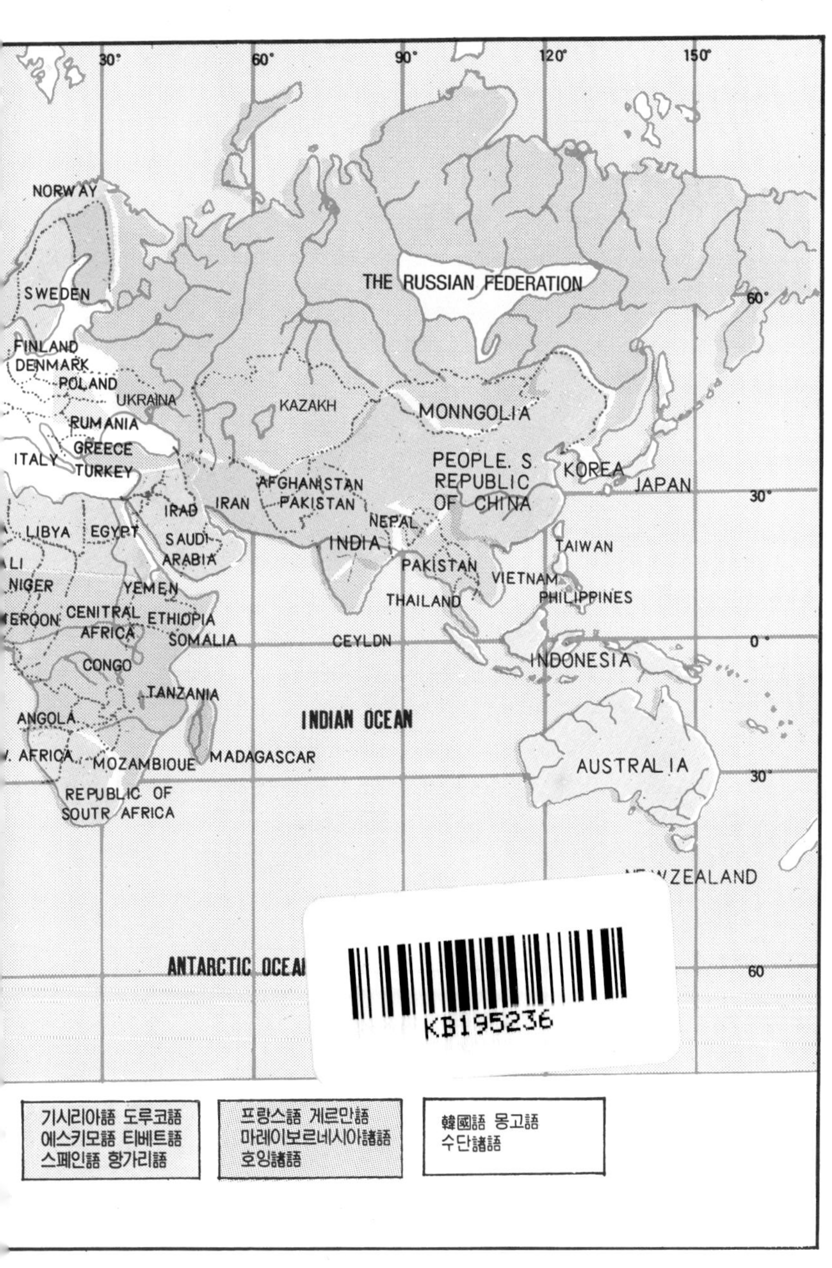
30°
60°
90°
120°
150°
NORWAY
SWEDEN
FINLAND
DENMARK
POLAND
UKRAINA
RUMANIA
GREECE
ITALY
TURKEY
THE RUSSIAN FEDERATION
60°
KAZAKH
MONNGOLIA
PEOPLE. S
REPUBLIC
OF CHINA
KOREA
JAPAN
30°
AFGHANISTAN
PAKISTAN
IRAD
IRAN
NEPAL
INDIA
LIBYA
EGYPT
SAUDI
ARABIA
TAIWAN
PAKISTAN
VIETNAM
NIGER
YEMEN
THAILAND
PHILIPPINES
CENITRAL
AFRICA
ETHIOPIA
SOMALIA
CEYLDN
0°
INDONESIA
CONGO
TANZANIA
ANGOLA
INDIAN OCEAN
AFRICA
MOZAMBIOUE
MADAGASCAR
AUSTRALIA
30°
REPUBLIC OF
SOUTR AFRICA
ZEALAND
ANTARCTIC OCEA
60
기시리아語 도루코語
에스키모語 티베트語
스페인語 항가리語
프랑스語 게르만語
마레이보르네시아諸語
호잉諸語
韓國語 몽고語
수단諸語

學生·職場人을 위한 最新英韓辭典 !!

CROWN

英韓辭典

ENGLISH-KOREAN DICTIONARY

삼성서관 編輯部編

삼성서관

머 리 말

언어의 중요성, 특히 영어의 중요성은 새삼스럽게 열거하지 않더라도 현대인이라면 누구나 절감하고 있는 바이다. 더구나 급변하는 국제 정세에 비추어 보건대 만국의 공통어라고 할 수 있는 영어를 모르고서는 도저히 국제 생활에 보조를 맞추지 못할 것이다.
한마디로 말하여 영어는 어느 한정된 나라 안에서만 제1외국어로 군림하는 것이 아니라 명실상부한 국제어로서 그 용도가 자못 크다 하겠다. 그러나 그처럼 중요한 영어를 자국어(自國語)와 같이 구사한다는 것은 결코 쉬운 일이 아니다. 정확히 읽고 듣는 것 뿐 아니라 정확히 쓰고 말할 수 있어야 한다.

사전이란 의미는 이러한 여러 가지 점을 집대성한 책자로서 학습상•일상 생활상 없어서는 아니 될 반려자라고 할 수 있다. 이에 우리는 사전 편찬인으로서의 의무를 절감하고, 지대한 목표를 향하여 사전 편찬에 착수하게 되었다.

그 첫 시도로 '베스트 영한사전'을 출간한 이래 수종의 사전을 출간하면서 여러 차례 중쇄(重刷)를 거듭하여 왔거니와, 그때 그때 편집부에서 발견한 오식이나 미비한 점, 독자 여러분이 편지로 혹은 전화로 지적해 주신 잘못들을 바로 잡아, 정확하고 충실한 사전이 되도록 늘 노력해 왔다.
그러한 축적된 경험들의 결과 본 사전은 단순히 영어 단어를 찾아보기 위한 사전이 아니라, 영어의 실용성을 다각적인 견지에서 다루어 놓음으로써 학습인은 물론 실무자에게도 실질적인 영어 지침서가 될 수 있게 하였다.

비록 충분한 지면은 아닐지라도 그 지면을 최대한 활용하여 영어생활 속의 반려자로서 그 구실을 다 할 수 있도록 심혈을 기울였으나 당초에 의도했던 '최고의 사전 편찬'이라는 목표가 어느 정도 달성되었는지 의문이다. 아무쪼록 여러분의 끊임없는 성원과 지도편달에 적응, 미흡한 점은 계속하여 보강, 수정해 나갈 작정이다.
끝으로 본 사전의 출간을 위해 시종일관 길잡이가 되어 주시고 난관에 봉착할 때마다 바쁜 시간 중에도 자문에 기꺼이 응해주신 관계자 여러분께 심심한 사의를 표함과 동시에 본 사전이 빛을 보게 된 오늘이 영광과 보람을 바라고 오랜 세월 동안 묵묵히 편찬과 교정에 참여해 주신 여러분께 충심으로 감사를 드립니다.

삼성서관

발음 기호들

기 호	철 자	발 음	기 호	철 자	발 음
iː	eat	[iːt]	p	pull	[pul]
i	in	[in]	b	book	[buk]
e	end	[end]	t	tree	[triː]
æ	black	[blæk]	d	hand	[hænd]
ɑ	doll	[dɑl]	k	walk	[wɔːk]
ɑː	father	[fɑːðər]	g	green	[griːn]
ɔ	ox	[ɔks]	m	home	[houm]
ɔː	all	[ɔːl]	n	noon	[nuːn]
u	put	[put]		son	[sʌn]
uː	food	[fuːd]	ŋ	long	[lɔ(ː)ŋ]
ʌ	sun	[sʌn]		ink	[iŋk]
ər	other	[ʌ́ðər]	l	cool	[kuːl]
əːr	earth	[əːrθ]	r	room	[ruːm]
ɑːr	arm	[ɑːrm]	f	foot	[fut]
ɔːr	fork	[fɔːrk]	v	even	[iːvn]
ə	about	[əbáut]	θ	month	[mʌnθ]
	holiday	[hɑ́lədei]	ð	with	[wið]
	today	[tədéi]	s	soon	[suːn]
	hundred	[hʌ́ndrəd]	z	zoo	[zuː]
	famous	[feiməs]	ʃ	shoes	[ʃuːz]
이중모음			ʒ	usual	[juːʒuəl]
			j	you	[juː]
ou	hope	[houp]	h	hook	[huk]
ei	rain	[rein]	w	wool	[wul]
ai	rice	[rɑis]	(h)w	when	[(h)wen]
au	cloud	[klɑud]	tʃ	catch	[kætʃ]
ɔi	voice	[vɔis]	dʒ	bridge	[bridʒ]
eər	care	[keər]	ts	its	[its]
uər	poor	[puər]	dz	besides	[besidz]
iər	here	[hiər]			

철자와 발음

(1) 단(短)모음

a=[æ] : b**at**, **ap**·ple [ǽpəl]
e=[ə] : h**e**n, l**e**ss [les], m**er**·ry [méri]
i,y=[i] : s**i**t, h**y**mn, bit·ter [bítər]
o=[ɑ/ɔ] : h**o**t, d**o**ll, d**ol**·lar [b]
u=[ʌ] : c**u**t, b**u**t·ter [b]
oo=[u] : b**oo**k

(2) 1모음자+r

ar=[ɑːr] : c**ar**, c**ar**d
er=[əːr] : h**er**, h**er**d

ir=[əːr] : s**ir**, b**ir**d

or=[ɔːr] : f**or**, n**or**th

ur=[əːr] : f**ur**, b**ur**n

(3) 1 모음자+**re**
2 모음자+**r**

are, air=[b] : c**are**, f**air**

ere, eer, ear, ier=[iər] : h**ere**, b**eer**, h**ear**, p**ier**
ire=[aiər] : f**ire**
ore=[ɔːr] : st**ore**
ure=[juər] : c**ure**

oor=[uər] : p**oor**
our=[auər] : s**our**

(4) 장모음, 이중모음

a, ai, ay=[ei] : c**a**se, f**ai**l, s**ay**

e, ee, ea, ie=[iː] : w**e**, **e**ve, s**ee**, s**ea**, fi**e**ld
i,y=[aiː] : f**i**ne, cr**y**
o, oa, ew=[ou] : st**o**ne, c**oa**t
u, eu, ew=[juː] : c**u**e, **u**se, f**eu**d, f**ew**
ah=[ɑː] : b**ah**
au, aw=[ɔː] : s**au**ce, s**aw**
oo=[uː] : t**oo**, m**oo**n
ou, ow=[au] : s**ou**nd, c**ow**
oi, oy=[ɔi] : **oi**l, b**oy**

(6)액센트가 약한 음절의 모음자+r

ar, er, o(u)r, u=[ər] : beg-g**ar**, b**e**t-**ter**, ac-tor, col-**o(u)r**, mur·mur

(6)액센트가 약한 음절의 모음자

a, e, o, u=[ə] : **a**·gó, sí·l**e**nt lém·**o**n, círc**u**s
i. y. e=[i] : pít·**i**·ful, cít·**y**, b**e**·gín

(8) 어미(語尾)의 **e**는 원칙적으로 묵음(黙音) ; 또 앞 모음을 길게 발음시켜, c, g, th 를 [s, dʒ, ð]로 발음시킨다 ; not**e**[nout], ac**e**[eis], ag**e**[eidʒ], bath**e** [beið]

(7) 자 음

b=[b] : **b**ig
c=[k] : **c**ut, cry
c(e, i, y,의 앞)=[s] : i**c**e, i**c**y , **c**ity
ch=[tʃ] : **ch**ild
ck=[k] : do**ck**

d=[d] : **d**og
dg=[dʒ] : e**dg**e
f=[f] : **f**ive
g=[g] : **g**o

g(e, i, y,의 앞)=[dʒ] : **g**em, **g**iant, **g**ypsy
h=[h] : **h**at
j=[dʒ] : **j**am
k=[k] : **k**ing
l=[l] : **l**itt**l**e
m=[m] : **m**oon
n=[n] : **n**oo**n**
n(k, c [k], g, x의 앞) = [ŋ] : ta**n**k, u**n**cle, ba**n**quet, sphi**n**x
ng=[ŋ] : ki**ng**
p=[p] **p**i**p**e
ph=[f] : **ph**oto
qu=[kw] : **qu**een
r(모음의 앞)=[r] : **r**ed
s=[s] : **s**even

sh=[ʃ] : **sh**ut
t=[t] : **t**eacher
tch=[tʃ] : ma**tch**
th(어두 · 어미)=[θ] : **th**ink
th(주로 말 가운데) =[ð] : fa**th**er
v=[v] : fi**v**e, **v**ictory

w(모음의 앞)=[w] : **w**ay
wh=[hw] : **wh**en
x=[ks] : bo**x**
y(모음의 앞)=[j] : **y**es
z=[z] : **z**ero, **z**ipper

A

A[1], **a**[1] [ei] (*pl.* **A's, *As*, a's, as** [-z]) (1) ⓤ,ⓒ 에이《영어 알파벳의 첫째 글자》. (2) ⓒ A 자 꼴(의 것) : an *A* tent, A 자꼴 천막. (3) ⓒ 첫째 〈제1〉 가정자(假定者), 갑(甲). (4) ⓒ (A) 1 류〈첫째〉의 것 ; (학업 성적의) 수(秀) : straight *A's* 전과목 에이. (5) (A) ⓤ 【樂】 가 음《고정(固定) 도 창법의 'la'》 ; 가 조 : / *A* major〈minor〉 가 장조〈단조〉. (6) ⓒ (흔히 *a* 자체로) 【數】 첫째 기지수(旣知數). (7) (A) ⓤ (ABO식 혈액형의) A형 ***from A to Z*** 처음부터 끝까지, 전부. ***not know A from B*** A와 B의 구별도 모르다, 낫 놓고 기억자도 모르다. 일자 무식이다. ***the A to Z of*** …에 관한 모든 것.

:a[2], **an** [强 ei, 弱 ə], [强 æn, 弱 ən] *indef. art.* [one 과 동어원] ※ [ei,æn]의 발음은 부정관사를 독립하여 읽거나 특히 강조해서 말할 경우에만 쓰임 :

☞ 語法 1) 자음으로 시작되는 말 앞에서는 a, 모음으로 시작되는 말 앞에서는 an ; *a* pen [ə-pén] / *an* egg [ən-ég] / *an* only child [ən-óunlitʃáild] / *a* 2 [ə-tuː] / *an* 8 [ən-eit]. 2) 모음으로 시작해도 발음이 j/ w인 경우 a를 쓴다 (3) 발음 되지 않는 h+모음으로 시작되는 말에는 an 을 쓴다 : *an* hour / *an* honest boy. h 를 발음하는 경우엔 a를 쓴다 : *a* hot day. h 가 발음되어도 그 음절에 악센트가 없을 때는 an 을 쓰는 일도 있지만, 일반적으로는 a 를 쓴다 : *a*(*n*) hotel [houtél] / *a*(*n*) historian. 각각 발음되는 약어에서 첫 자가 모음으로 시작되면 an을 씀 : *an* MP / *an* SOS.

(1) 〔많은 동종의 것 중 한 예를 가리킬 때 쓰이며, 흔히 번역하지 않음(one of many)〕:/ Call me *a* taxi. 택시를 불러다오. ※ 처음 화제에 오르는 단수 보통명사에 붙이는 a도 이 부류에 속함. 같은 명사가 두 번째 쓰일 때에는 the를 붙임 :
(2) 〔one 과 같은 뜻〕 **a**〕 하나의, 한 사람의 :
☞ 語法 1) 可算名詞의 단수형 앞에 와서(막연히) 어떤 하나〈한 사람〉의 뜻 : *a* poet and novelist 시인이자 소설가《한 사람》 ≒ a poet and a novelist 《두 사람》. 단, 한 사람이 양면 활동 또는 성질을 강조할 때에는 양쪽에 관사가 붙음 : He was *an* actor and *a* playwright. 그는 배우이며 또한 극작가였다.
2) 물질명사 앞에 a 를 붙여 보통명사화할 수 있음 : Waiter bring me *a* coffee. 웨이터, 커피 한 잔 갖다줘. We had *a* fire in the living room. 거실에 불이 났었다.

[ei] reply. 예, 일단 회답은 받았습니다(반)《불만스러움》.
(3) 〔any 의 뜻으로 총칭적 ; 흔히 번역하지 않음〕 …라는 것은, …은 모두 : ※ [1] 복수구문이라도 some, any 는 쓰지 않음 :
(4) 〔some, a certain 의 뜻으로〕 어떤〈어느〉 (정도의), 약간의, 조금의 :
(5) 〔흔히 抽象名詞나 動名詞에 붙어 일종의, 어떤 종류의 :
☞ 參考 유일물(唯一物)에 형용사가 붙을 때 a 가 쓰임. 이를테면 달은 유일물로서 일반적으로 *the* moon 이지만, a 가 올때도 있음 : What *a* (beautiful) moon! 얼마나 아름다운 달인가.

(6) 〔固有名詞에 붙여서〕 **a**〕 …라는 (이름의) 사람 : **b**〕 …와 같은 (재능·성질이 있는) 사람 : **c**〕 …가문〈문중〉의 사람, …가문 출신 : **d**〕 …의 작품, …의 제품 : a Ford 포드 차 / **e**〕 문어(文語)에서, 사람 등의 새로운 양상(樣相)이나 그때까지 알려지지 않은 면을 나타냄 : (7) 〔per 의 뜻〕 …당, 한 …에, 매 …에 (얼마) : (8) 〔관용어법으로〕few, little, good 〈great〉 many 의 앞에 붙임. 【cf.】 few, little, many.
(10) 〔基數司와 함께〕 약(about) :
(11) 〔序數伺와 함께〕 또 한번, 또 하나(의)(another) :
(12) 〔of a ...형태로〕 동일한, 같은(one and the same) : Birds *of a* feather flock togather 유유 상종(類類相從) / They are *of an* age 그들은 동갑이다
(13) 〔a+最上級〕 대단히〈무척〉 …한 :

☞ How beautiful *a* day it may be, .../ so good *a* student / as diligent *a* man as he 그 사람같이 부지런한 사람 /(3) no less 는 a 보다 앞섬: no less *a* person than himself 다른 사람 아닌 바로 그 사람 자신. ※ this. that,

a[3] [ə] *prep.* 《口·方》 = OF : thread *a* gold 금실 / kind *a* 〈sorta〉 다소(kind of).

A.A. Alcoholics Anonymous ; Antiaircraft ; 《英》 Automobile Association.(seaman) ; Bachelor of Arts. 마닐라삼 《필리핀 주산》. (2) ⓤ 그 섬유, 아바카.

aback [əbǽk] *ad.* 뒤로 ; 【海】 맞바람을 받아. ***all ~*** 【海】(돛이) 모두 맞바람을 받아, (배가) 정지(역행)하여, 《古》 뒤쪽으로. ***be taken ~ .*** 1) (뜻밖의 일)을 당하다, 깜짝 놀라(당황하)다 :
(1) 수판. (2) 【建】 (서양 건축에서) 기둥머리 맨 윗부분에 있는 편평한 판(板), 애버커스.

abaft [əbǽft, əbáːft] *ad.* 【海】 고물에〈로〉. —*prep.* 【海】(…보다)고물에 가까이 ; (…의) 뒤에 :

ab·a·lo·ne [æbəlóuni] *n.* (1) ⓤ 전복의 살. (2) ⓒ 【貝】 전복 (그 조가비로 단추·장식품을 만듦).

:aban·don[1] [əbǽndən] *vt.* (1) (사람·장소·지위 등)을 버리다, 버려두다 ; 버리고 떠나다 : (2) **a**〕 (중도에 계획·습관등)을 단념하다, 그만두다 ; **b**〕 《+目+前+名》 (…을) 그만두고 (…로) 하다《*for*》 : (3) 《+目+前+名》(나라땅요새)를 (…에게) 넘겨주다(surrender) ; …을〈…의〉 임의대로 내맡기다《*to*》 :/ He ~*ed* her son *to* his fate. 그는 자식을 운명에 내맡기었다. ㅁ abandonment *n.*
~ one***self to*** (drinking. grief) (술에) 젖다(빠지다). (비탄)에 빠지다〈잠기다〉.

aban·don[2] [əbǽndən] *n.* ⓤ 《F.》 방종, 방자. ***with*** 〈***in***〉 ***~*** 멋대로, 마음대로 ; 몸을 아끼지 않고 :

***aban·doned** [əbǽndənd] *a.* 〔限定的〕 (1) 버림받은 ; 자포자기한, 포기(폐기)된《집·차 등》 : (2) (사람·행위가) 방종한, 파렴치한, 닳고닳은

abase [əbéis] *vt.* (…의 지위·품격 등)을 깎아내리다, 낮추다 ; 떨어뜨리다. ~ one***self*** 자기의 품격을 떨어뜨리다 ; 비하하다.

abase·ment [ˊmənt] *n.* ⓤ (품위 등의) 실추 ;

A

굴욕, 비하.

abash [əbǽʃ] *vt.* 《주로 受動으로》 …을 부끄럽게 하다 ; (아무)를 당황하게 하다 : She seemed both ~*ed* and secretly delighted at Dan's gift. 그녀는 댄의 선물이 당혹한 듯하면서도 남몰래 기뻐하는 것 같았다. ***be* 〈*feel*〉 *~ed*** (부끄러워) 겸연쩍어하다《*at*》: She *was* 〈*felt*〉 *~ed at* the sight of the room filled with strangers. 낯선 사람으로 가득찬 방을 보고 그녀는 머뭇머뭇하였다.

abash·ment [-mənt] *n.* ⓤ 몹시 부끄러워 함, 곤혹,당혹.

*__abate__ [əbéit] *vt.* (1) (수·양·정도 따위)를 줄이다 ; (값)을 내리다 ; (세)를 낮추다, 감소 시키다 (make less) ; (고통·기세)를 덜다, 누그러뜨리다 ; (2) 【法】 (안온 방해)를 배제하다. (영장)을 무효로 하다 : ~ *vi.* (세력·심한 정도가)줄다 ; (기세 등이) 감소되다, 누그러지다 ; (폭풍우·유행병 등이) 가라앉다, 자다(비바람이) :/ The fighting in the area shows no sign of *abating*. 그 지역의 싸움은 누그러질 조짐이 보이지 않는다

abate·ment [´-mənt] *n* (1) **a**] ⓤ 감소 ; 감퇴 ; 감액 : b]ⓒ 감소액 ; (특히)감세액. (2) ⓤ 【法】(안온방해의) 배제, 중지, 각하, 실효.

ab·bess[ǽbis] *n.* ⓒ 여자 대수녀원장.

ab·bey [ǽbi] (*pl.* ***~s***) *n.* (1) ⓒ (본디 대수도원이었던) 대성당 또는 큰 저택(邸宅). (2) ⓒ (abbot 또는 abbess가 관할하는) 대수도원 : 그 건물. (3) (the A-) = WESTMINSTER ABBEY.

*__ab·bot__ [ǽbət] *n.* ⓒ 대수도원장. **~.ship** *n.*

:ab·bre·vi·ate [əbríːvièit] *vt.* (1) 《~+目/+目+前+名/+目+as 補》 (어·구)를 약(略)해서 쓰다, 생략〈단축, 요약〉하다 : (2) (이야기·방문 등)을 단축하다 (3) 약분하다(數).

:ab·bre·vi·a·tion [əbrìːviéiʃən] *n.* (1) ⓤ생략, 단축. (2) ⓒ 생략형, 약어, 약자 《*for*;*of*》

ab·di·cate [ǽbdikèit] *vt.* (1) (왕위 등)을 버리다. (2)(권리·책임 등)을 포기하다, 버리다. *vi.* (왕위 등에서) 퇴위하다 《*from*》 :파) **áb·di·cà·tor** [-tər] *n.* ⓒ 포기하는 사람 ; 양위자.

*__ab·do·men__ [ǽbdəmən, æbdóu--] (*pl.* ***~s,-dom·i·na*** [æbdámənə, əb- / -dɔ́m-]) *n.* ⓒ (1)【解】(사람·포유 동물의) 배, 복부. 〔2〕 (곤충 따위) 복부, ※ belly보다 품위있는 말.

·ab·dom·i·nal [æbdámənəl / -dɔ́m-] *a.* 배의 복부의 :

ab·duct [æbdʌ́kt] *vt.* (1) (…를 폭력·책략으로)유괴하다《*from*》 :(2)【生理】 (손·발 등)을 외전(外轉)시키다. 【opp.】*adduct*.

파) **ab·dúc·tion** [-ʃən] *n.* ⓤ (1) 유괴, 부녀 유괴.

ab·duc·tor [æbdʌ́ktər] *n.* ⓒ 유괴자

abeam [əbíːm] *ad.* 【海·空】 (배 〈항공기〉의 동체와) 직각 방향으로 ; 뱃전을 마주 보고 : The vessel was sailing with the wind directly ~. 배는 옆바람을 직각으로 받으며 항행하고 있었다.

Abel [éibəl] *n.* (1) 【聖】 아벨《Adam의 둘째 아들, 형 Cain에게 피살됨 : 창세기 Ⅳ:2》. (2) 남자이름.

ABEND [ɑ́ːbend] *n.* 【컴】 (작업의) 비정상 종료(終了)

Ab·er·deen [æ̀bərdíːn] *n.* (1) 애버딘(2) (犬)스코치테리어.

ab·er·rant [əbérənt, ǽbər-] *a.* 정도에 벗어난, 정도를 벗어난, 탈선적인 ; 【生】 이상형(異常型)의 : ~ behavior 정도를 벗어난 행동. 파) **~·ly** *ad.*

벗어남, 탈선(행위) : He said that the decline in the company's sales last month was just a temporary ~. 그는 지난 달 회사의 매출 감소는 단지 일시적인 이상 현상이라고 말했다. (2) 【醫】 정신 이상〈착란〉《특히 일시적인》. (3) 【生】 변이(變異), 이상(異常). (4) 【物】 (렌즈의) 수차(收差). (5) 【天】 광행차(光行差).

abet [əbét] (***-tt-***) *vt.* (1) (나쁜 일·범죄)를 부추기다, 선동(교사)하다. :(2) 《+目+前+名》 …을 부추겨 (나쁜 일·범죄를) 하게 하다《*in*》 ; (부)추기다, 선동(충동, 교사)하다

abey·ance [əbéiəns] *n.* ⓤ 중지(상태), 중단, 정지 ; 미정 : ***be in ~*** 일시 중지되다, 정지중이다 : Hostilities between the two groups have *been in* ~ since last June. 두 단체간의 적대 행위는 지난 6월부터 중단되었다. ***fall*〈*go*〉 *into ~*** (법률·규칙·제도 등이) 일시 정지되다 ; (습관 따위가) 사라지다 : The tradition has *fallen into* ~. 그 관례는 사라졌다. ***hold*〈*leave*〉 *. . . in ~***. …을 미정〈미결〉인 채로 두다.

ab·hor [æbhɔ́ːr] (***-rr-***) *vt.* …을 몹시 싫어하다. 혐오〈증오〉하다 ; 거부하다 : 【cf.】horror. □abhorrence *n.*

ab·hor·rence [æbhɔ́ːrəns, -hɑ́r-] *n.* ⓤ(또는 an ~) 증오, 혐오감 ; ⓒ 딱 질색인 것 : She looked at him in〈with〉 ~. 그녀는 증오에 찬 눈으로 그를 보았다. □ abhor *v.* ***have an ~ of*** = ***hold. . . in ~*** …을 몹시 싫어하다 :

ab·hor·rent [æbhɔ́ːrənt, -hɑ́r-] *a.* (1) **a**] (행위 등이) 가증스러운, 몹시 싫은 : **b**] 《敍述的》 (…을) 싫어하는《*of* 》 : (2) 《敍述約》 (…에)상반되는, 모순되는 《*to*》 ; (…와) 동떨어진《*from*》 : **c**] 〔敍述的〕 (사람 등에 있어) 혐오해야 할《*to*》.

:abide [əbáid] (*p.*, *pp.* ***abode*** [əbóud], ***abíded***) *vi.* 《+前+名》 (1) 머무르다, 묵다《*in*;*at*》 ; (아무의 곳에) 있다《*with*》 : (2) 살다《*at*;*in*》. —*vt.* 《~+目/+*to* do/-*ing*》 《can could와 함께 疑開·否定으로》 (…하는 것)을 참다 : I *cannot* ~ that rude man 저 막돼 먹은 사람에 대해선 참을 수 없다 /□ abode *n.* ***~ by*** 1) (약속·결의·규칙 등)을 지키다 : You must ~ *by* your promise. 자기의 약속은 지켜야 한다. 2) (협정·결정·운명 따위)에 따르다 ; …을 감수하다 : ***~ with*** a person 아무의 집에 머무르다 ; 아무와 함께 있다.

ab·i·gail [ǽbəgèil] *n.* ⓒ 시녀, 몸종, 여자이름.

:abil·i·ty [əbíləti] *n.* (1) ⓤ (…할) 능력(이 있음) 《*to* do》 ;(2) **a**] ⓤ 능력, 기량 ; 역량《*in* ; *for*》 : He has (an) unusual ~ *in* English. 그에게는 영어에 남다른 재능이 있다 / ~ *in* 〈*for*〉 one's work 일을 해낼 수 있는 능력 / **b**] ⓤ (흔히 *pl.*) 재능, 기량 : □ able *a.* ***a man of ~*** 〈***abilities***〉 수완가. ***to the best of*** one***'s ~*** 힘이 미치는 한, 힘껏. ***with great ~*** 아주 잘.

-ability *suf.*-able에 대한 명사 어미 : cap*ability*.

·ab·ject [ǽbdʒekt, -´] *a.* (1) 《限定的》 영락한, 비참한, 절망적인 《상태》 :(2) 야비한, 비열한, 경멸할, 비굴한《사람·행위》: 파) **~·ly** *ad.* 비참하게 ; 비굴하게.

ab·jec·tion [æbdʒékʃən] *n.* ⓤ (1) 영락(한 상태), (신분의) 천함. (2) 비열〈비굴〉(한 행위).

ab·ju·ra·tion [æ̀bdʒəréiʃən] *n.* ⓤ,ⓒ 《구체적으로는》 맹세하고 그만둠 ; (고국·국적) 포기 ; 이단 포기 선서 : ~ of the realm 영구 이국의 선언 oath of

~《美》고국 포기의 선서(귀화 지망자가 하는).

ab·jure [æbdʒúər / əb-] *vt.* (1) (권리·충성 등)을 맹세하고 포기하다. (2) (주의·신앙·나라 등)을 정식으로 취소하다, 버리다 : He ~*d* his religion.그는 맹세코 자신의 신앙을 버렸다 / He ~*d* his life of dissipation. 그는 방탕한 생활을 그만두었다.

Ab·kház Repúblic [æbkɑ́:z-] (the ~) 아브하즈 공화국《Gruziya 공화국 내의 자치 공화국》.

ab·la·tion [æbléiʃən] *n.* ⓤ (1) (수술 등에 의한)제거, 절제. (2) **[로켓]** 용발. 융제(融除)《우주선의 대기권 재돌입시 피복(被覆) 물질이 녹아 증발하는 현상》.

ablaze [əbléiz] *a.* 〔敍述的〕 (1) (활활) 타오르는 ;(2) **a**] (사물이 빛 따위로) 번쩍거리는, 빛나는《*with*》 : The sky was ~ *with* fireworks 하늘은 불꽃놀이 불꽃으로 빛나고 있었다. **a**] (분노·정열 등으로) 격하여, 흥분하여《*with*》 : His eyes were ~ *with* anger. 그의 눈은 노기로 이글거렸다. ***Set ~*** 타오르게 하다 : — *ad.* 불타 올라서.

:able [éibəl] (***abl·er ; -est***) *a.* (1) 〔敍述的〕 …할 수 있는, 해낼 수 있는《*to* do》 : a man ~ *to* speak English 영어를 말할 수 있는 사람.
(2) **a**] (일을 행함에) 유능한, 솜씨 있는 : He was an unusually ~ detective. 그는 아주 유능한 형사였다. **b**] (the ~) 〔名詞的, 集合約 ; 複數취급〕유능한 사람들 : □ ability *n.*

-able *suf.* (1) 타동사에 붙어서 '…할 수 있는' '…하기에 적합한' '…할 만한'의 뜻 : (2) 명사에 붙여 '…에 적합한' '…을 좋아하는' '…을 주는'의 뜻의 형용사를 만듦 : □-ability, **~•ness** *n.*

áble(-bodied) séaman **[海]** A.B.급 해원 〈선원〉

abloom [əblú:m] *a.* 〔敍述的〕 꽃이 피어, 개화하여(in bloom)《*with*》.

ably [éibli] *ad.* 유능하게, 교묘히, 솜씨 있게.

ab·ne·gate [ǽbnigèit] *vt.* (1) (소신·권리 따위)를 버리다, 포기하다. (2) (쾌락 따위)를 끊다.

:ab·nor·mal [æbnɔ́:rməl] (***more ~: most~***) *a.* 비정상의 ; 변칙의, 불규칙한 ; 변태의, 병적인. 【opp.】 *normal.* □ abnormality *n.* 파) **~·ly.** *ad.* 보통이 아니게, 예외적으로, 불규칙하게, 변태적으로: *-ly* cold 유별나게 추운.

abnórmal psychólogy 변태(이상)심리(학).

:aboard [əbɔ́:rd] *ad.* 배 〈비행기, 열차, 버스〉를 (타고) : have ... ~ …을 태우고〈싣고〉 있다 / It had taken two hours to load all the people ~. 사람들을 모두 태우는 데 두 시간 걸렸다. —*prep.* (1) …을 타고. (2) 《美》 기차〈비행기, 버스〉로 : ***All ~!*** 1) 여러분 승선〈승차〉해 주십시오《떠납니다》. 2) 전원 승선〈승차〉완료《출발 준비》. ***have ~*** 태우고(싣고) 있다. ***go ~*** …에 승선〈승차, 탑승〉하다. ***keep the land ~*** 육지를 따라 항행하다. ***take. . . ~*** …을 태우나 싣다. ***Welcome ~ !*** 이 배〈비행기, 차〉에 타신 것을 환영합니다.

:abode[1] [əbóud] *n.* ⓒ (흔히 *sing.*) 주소, 주거, 거처 : I went round the streets and found his new ~. 나는 거리를 여기저기 다녀 그의 새 거처를 찾았다. □ abide *v.* ***make*** 〈***take up***〉 one'***s~*** 거주하다, 주거를 정하다, 체재하다 《*at* ; *in*》 : ***without any fixed ~*** = ***of*** 〈***with***〉***no fixed ~*** 주소 부정의.

·abol·ish [əbɑ́liʃ / əbɔ́l-] *vt.* (관례·제도·법률등)을 폐지〈철폐〉하다 ; 완전히 파괴하다 : This evil custom must be ~*ed.* 이 나쁜 습속은 폐지되어야 한다. □abolition *n.* 파) ***~·a·ble*** *a.* 폐지할 수 있는.
~·ment *n.* 폐지.

·ab·o·li·tion [æ̀bəlíʃən] *n.* ⓤ (1) (법률·습관 등의)폐지, 철폐 전폐《*of* 》 : the ~ *of* the death penalty 사형 폐지. (2) 《때로 A-》《美》 노예(제도) 폐지. **~·ist** *n.* (노예 제도) 폐지론자.

ab·o·li·tion·ism [æ̀bəlíʃənìzm] *n.* ⓤ (사형·노예제도 등의) 폐지론.

A-bomb [éibɑ̀m / -bɔ̀m] *n.* ⓒ 원자 폭탄(atom bomb) 《※수소 폭탄은 H-bomb》. — *vt.* 원자폭탄으로 공격하다.

·abom·i·na·ble [əbɑ́mənəbəl / əbɔ́m-] *a.* (1) 지긋지긋한, 혐오스러운, 언어 도단의 : an ~ crime 극악 무도한 범죄. (2) 《口》 (사람·행위·날씨 등이) 지겨운, 불쾌한, 지독한 : / The weather was ~ last week. 지난 주는 대단한 악천후였다. 파) **-bly** *ad.* 가증스레 ; 《口》 몹시, 지독히, 지긋지긋하게.

abom·i·nate [əbɑ́mənèit / əbɔ́m-] *vt.* (1) (…을)지겨워하다. 혐오〈증오〉하다. /(2) 몹시 싫어하다, 질색하다 : 파) **-nà·tor** *n.*

·abom·i·na·tion [əbɑ̀mənéiʃən / əbɔ̀m-] *n.* (1) ⓒ **a**] 지겨운 사물〈행위〉 :/ commit ~*s* 꺼림칙한 행위를 하다. **b**] (…에게 있어) 아주 싫은 것《*to*》 : ***hold ... in ~*** …을 몹시 싫어하다(= hold an ~ for...). (2) ⓤ혐오, 증오, 싫음.

ab·orig·i·nal [æ̀bərídʒənəl] *a.* 〔限定的〕 (1) 원래〈토착〉의 : (2) **a**] (A-) 오스트레일리아 원주민. **b**]원주민〈토착민〉의 : / ~ languages 토박이말. —*n.* = ABORIGINE. 파) **~·ly** [-i] *ad.* 원시적으로, 태고적부터 ; 본래, 원래는. **àb·orìg·i·nál·i·ty** [-nǽləti] *n.* 원생 상태, 토착 ; 원시성.

ab·orig·i·ne [æ̀bərídʒəni:] *n.* ⓒ (1) (흔히 *pl.*) 원주민, 토착민. (2)(A-) 오스트레일리아 원주민. (3) (*pl.*)(어느 지역에) 고유한 동식물군(群).

abort [əbɔ́:rt] *vi.* (1) (여성이) 유산〈낙태〉하다 (miscarry), 임신 중절하다 : (2) **[生]** (동식물·기관(器官)등이) 발육하지 않다, 퇴화하다. (3) 〈병세 등〉 주춤하다, 〈계획·사람 등〉 실패하다. (4) 중지하다. —*vt.* (1) **a**] (태아)를 유산시키다, 낙태시키다. **b**] (임신)을 중절하다. : (2) **a**] (계획 등)을 중지하다 :**b**] (미사일 발사 등)을 중단〈중지〉하다 :

abor·tive [əbɔ́:rtiv] *a.* (1) 유산의 ; **[生]**발육 부전의, 미성숙의. (2) 실패한 : 파) **~·ly** *ad.*

·abound [əbáund] *vi.* (1) (동물·물건이 …에) 많이 있다《*in* ; *on*》 :(2) (장소 따위가 …로) 그득하다, 풍부하다, 충만하다《*in* ; *with*》 : *n.*
파) **~·ing** *a.* 풍부한, 많은, **~·ing·ly** *ad.*

:about [əbáut] *prep.* (1) …에 대〈관〉하여 : (2) …경(에), …(때)쯤 :/ He came ~ four o'clock. 그는 네 시쯤 왔다
(3) …의 근처〈부근〉에 (《주로 美》 around) ; (건물등의) 안 어디엔가 : 《※ around는 '막연한 부근', about는 꽤 한정된 부근을 나타냄》.
(4) …의 둘레〔주변〕에 ; …의 주위에〈를〉 ; …을 에워싸고 …의 여기저기를 : (5) 《文譜》 …의 몸에 지니고, …의 손 가까이에 ; …을 갖고 있어 : (6) 《흔히 there is 구문으로》 …의 신변에. (일)에는 : (7) …에 종사〈관계〉하고 : —*ad.* (1) 거의, 대체로, 대략, 약 : (2) 둘레〈주위〉에, 둘레〈주위〉를, (둘레를) 빙 둘러 : (3) 근처〈부근〉에(《美》 around) : (4) 여기저기에, 널려 있어, 빈둥빈둥(《주로 美》around) : (5) 《文語》 방향을 바꾸어, 반대 방향으로 ; 우회하여 : (6) 순번으로, 교대로 : ***~ and ~*** 《美》 비슷비슷하여, 거의

같아. ***About face!***《구령》 뒤로 돌아. ***f must ~*** 거의. o***ut and ~ out take turn ~*** 차례로. ***That's ~ it*** 대충 그렇다. ***put*** ~ 1) 널리 알리다, 퍼뜨리다. 2) 〔put .~〕 …을 감다, 두르다. 3) (배를) 반대 방향으로 바꾸다.
—*a.* 〔敍述約〕 (1) (침상에서) 일어난, 움직이는 ; 활동하는 : ⇨ be OUT and ~(成口) / ⇨ be UP and ~ (成句) / (2) (병·소문 등이) 퍼지는, 나도는 : ***be ~ to*** do 1) 막 …하려고 하다 : 2)《口 ; 주로 美》《흔히 否定形으로》 …할 의지가〈마음이〉 있다 : —*vt.* (배 따위)의 방향을 〈진로를〉 돌리다. ***About ship!*** **[海]** 바람 (불어오는) 쪽으로 돌려 〈돌릴 준비〉.

about-face [əbáutfèis] *n.* ⓒ (흔히 *sing*)《美》 (1) 뒤로 돌기, 거꾸로 되돌아감 (2) (주의(主義) 따위의) 전향 : —[-ˊ-ˊ] *vi.* 뒤로 돌다 ; 주의〈태도〉를 일변하다.

:above [əbʌ́v] *ad.* (1) **a**] 위쪽에〈으로〉 ; 위에〈로〉 ; 머리 위에〈로〉, 하늘에〈로〉 : **b**] 위층에 My bedroom is just ~. 내 침실은 바로 위에 있습니다 / (2) (지위·신분상)상위에〈로〉, 상급에〈으로〉 : / Report to the person ~. 상사에게 보고하세요. (3) (수량이) …이상으로 :(4) (책 따위의) 앞에, 상기에 : (5) (강 따위의) 상류에.
—*prep.* (1)《공간적·지리적》 **a**] …의 위에, …에 포개어져〈겹치어〉 ; …의 위층에 :/ He lives ~ me. 그는 내 위층에 살고 있다. **b**] …의 위(쪽), 보다 높이 : / The moon rose ~ the hill. 달이 언덕 위에 떴다 / Our plane was flying ~ the clouds. 우리 비행기는 구름 위로 날고 있었다. **c**]보다 멀리 ; 보다 상류에 ; 보다 북쪽에 There is a waterfall ~ the bridge. 이 다리 상류에 폭포가 있다 / 펜실베이니아 주의 북쪽에 있다. (2) **a**] (수량·나이 등이) …이상인〈으로〉. **b**] (신분·지위 등이) …보다 상위인 : **c**] …보다는 오히려 : (3) **a**]《우월》…보다 뛰어나 : **b**] …을 초월하여 : **c**] (능력 등이) 미치지 못하는 (곳에) : This book is ~ me 이 책을 내가 이해하기에 벅차다. **d**] (사람이 …등을) 하지 않는, (…하는 것을) 수치로 여기는 (do*ing*) : ***~ all*** 특히, ***~ all*** (***things***) 다른 무엇보다도 특(特)히, 우선 첫째로. (***else***) ⇨EVERYTHING ***be*** 〈***rise***〉 ~ one*self* 들떠 날뛰다. 들레다 ; 분수를 모르다, 우쭐하다.
—*a.* 상기(上記)한, 전술한, 위에서 말한 : —*n.* ⓤ (1) (the ~)《集合的 : 單·複數 취급》상기, 전술(한 사실) : (2) 천상(heaven) : (3) 상층부

:above·board [əbʌ́vbɔ̀ːrd] *ad.*, *a.* 〔形容詞로는 敍述赤〕 솔직히, (판위에서) ~의 뜻에서, 사실대로, 공명하게 ; 공명〈솔직〉한 : His dealings are all ~. 그의 거래는 모두가 공명정대하다. ***open and ~*** 아주 드러내 놓고 : My husband is *open and* ~ with me. 남편은 나에게 아무 것도 감추지 않는다.

above·ground [-gràund] *a.* 〔限定的〕 (1) (활동 등이) 공공연한. (2) 지상의〈에 있는〉 : stop ~ tests 지상 실험을 중지하다.

above-men·tioned [-ménʃənd] *a.* 〔限定的〕 위에 말한, 상술(上述)한, 전기의.

abrade [əbréid] *vt.* (1) (바위 따위)를 침식하다. (2) (피부)를 문질러〈비벼〉 닳리다, 비벼대어 벗기다. (3) 신경질나게 하다. —*vi.* (1) (피부가) 벗겨지다. (2) (바위 따위가) 닳다. 파) **abrád·er** *n.* ⓒ 연마기.

Abra·ham [éibrəhæ̀m, -həm] *n.* (1) 에이브러햄《남자 이름 : 애칭 Abe》. (2) **[聖]** 아브라함《유대인의 선조》. ***in ~'s bosom*** 행복하게 ; 천국에 잠들어. ***sham ~*** 미친 체하다, 꾀병을 부리다.

abra·sion [əbréiʒən] *n.* (1) **a**] ⓤ(피부의) 벗겨짐. **b**] ⓒ 찰과상, 벗겨진 곳 : (2) **a**] ⓤ (암석의) 삭마(削磨) ; (기계의) 마손, 마멸. **b**] ⓒ 마손된 곳.

abra·sive [əbréisiv, -ziv] *a.* (1) 문질러, 닳게 하는, 연마 용의 ; (겉이) 거친. (2) (목소리 등이) 귀에 거슬리는, (사람·태도 등이) 짜증나게 하는, 신경을 건드리는 : 〈성격〉 / I can't stand her ~ manner. 나는 그녀의 짜증스런 태도에 참을 수가 없다. — *n.* ⓤ,ⓒ 연마용구, 연마재《그라인더·샌드페이퍼 따위》, 금강사. 파) **~·ly** *ad.*

˙abreast [əbrést] *ad.* 병행하여, 나란히. : ***keep*** 〈***be***〉 ***~ of*** 〈***with***〉 (the times) (시류에) 뒤지지 않고 따라가다 : I can't *keep* ~ *of* the times any more. 이젠 시류에 따라갈 수 없게 되었다《※ 위의 예에서 of, with를 약하면 abreast 는 전치사 용법》.

˙abridge [əbrídʒ] *vt.* (1) (책·이야기)를 단축〈생략〉하다 ; 요약〈초록〉하다 ; an ~*d* edition 축약판 / This is ~*d from* the original. 이것은 원문을 요약한 것이다. (2) (시간·범위 등)을 단축하다, 축소하다, 줄이다 :

abridg·ment,abridge- [əbrídʒmənt] *n.* (1) ⓒ 단축〈요약〉된 것, 요약본, 축약본〈판〉 : (2) ⓤ 축소, 단축 ; (권리 등의) 제한.

:abroad [əbrɔ́ːd] *ad.* (1) 외국으로〈에〉, 해외로〈에〉 : (2) **a**] (소문 따위가) 퍼져서 : **b**] 널리, 여기저기에 : (3) **[古]** 문밖에 ; 외출하여 : ***be all ~*** **[口]** 전혀 짐작이 틀리다, 어쩔 줄을 모르다. ***at home and ~*** 국내외에서 : ***from ~*** 해외에서 : ***go ~*** 외국에 가다 ; 집밖에 나가다. ***get ~*** 외출하다 ; (소문이) 퍼지다 ; ***set ~*** (소문)을 퍼뜨리다.

ab·ro·gate [ǽbrəgèit] *vt.* (법률·관습 따위)를 폐지〈철폐, 파기〉하다 : **-ga·ble** [-gəbl] *a.* 파) **àb·ro·gá·tion** [-géiʃən] *n.* ⓤ

˙ab·rupt [əbrʌ́pt] (***more ~; most ~***) *a.* (1) 돌연한, 뜻밖의, 갑작스러운 :/ 〈서다〉. (2) (길 등이)험한, 가파른 : (3) (태도·언어 등이) 퉁명스러운, 무뚝뚝한 : 파) **~·ness** *n.*

˙ab·rupt·ly [əbrʌ́ptli] (***more ~ ; most ~***) *ad.* (1) 불시에, 갑자기, 느닷없이 : (2) 무뚝뚝하게, 퉁명스럽게 :

Ab·sa·lom [ǽbsələm] *n.* **[聖]** 압살롬《유대왕 다윗의 셋째 아들, 부왕에게 반역하여 살해됨》.

ab·scond [æbskánd / -skɔ́nd] *vi.* (1) 자취를 감추다, (나쁜 짓을 하고 몰래)도망치다. (2) **a**] (장소에서) 도망하다《*from*》 : 파) **~·er** [-ər] *n.*

:ab·sence [ǽbsəns] *n.* (1) ⓤ 부재, 결석, 결근《*from*》 : / during my ~ *from* home. 내가 집없는 동안에 / the long years of one's ~ *from* Seoul 서울을 떠나 있던 오랜 세월. (2) ⓒ (1 회의) 결석, 결근 ; 부재 기간 : (3) ⓤ,ⓒ 없음, 결여《*of*》. 〖opp.〗*presence*. ▫ absent *a.* ***~ of mind*** 방심. ***in a person's ~*** 1) 아무의 부재중에《이 뜻으로는 in보다 during이 일반적》. 2) 아무가 없는 곳에서. ***in the ~ of*** …이 없을 경우에 …이 없으므로.

:ab·sent [ǽbsənt] *a.* (1) 부재의, 결근의, 결석의. 〖opp.〗 *present*. 『 He is ~ in America 〈on a tour〉. 그는 미국에〈여행을〉 가고 없다. / He is ~ *from* school. 그는 학교를 결석하고 있다 / Long ~. soon forgotten.《俗談》 오래 떠나 있으면 소원해 진다. (2) 없는, 집을 비운, 결여된.(3)《限定約》방심 상태의, 멍한(~ -minded) : an ~ look on his face 그의 얼굴에 나타난 멍한 표정. ▫ absence *n.* ***in an ~ sort of way*** 방심한 상태로, 멍하게.

—[æbsént] *vt.* 〔다음 용법뿐〕 ~ one***self from*** …을 결석〈결근〉하다.
ab·sen·tee·ism [æbsəntíːizəm] *n.* ⓤ (1) 부재 지주 제도. (2) 계획적 결근《노동 쟁의 전술의 하나》; 장기결석〈결근〉.
ab·sent·ly [ǽbsəntli] *ad.* 멍하니, 얼빠져, 방심하여.
:ab·sent·mind·ed [ǽbsəntmáindid] *a.* 멍해 있는, 방심 상태의, 건성의, 얼빠진. 파) **~·ly** *ad.* 멍하니 멍청하게, 건성으로. **~·ness** *n.*
ab·sinth(e) [ǽbsinθ] *n.* ⓤ,ⓒ 압생트 ; 【植】 쓴쑥(wormwood).
:ab·so·lute [ǽbsəlùːt, ˌ-ˈ-] *a.* (1) 절대의 ; 절대적인. (2) 〔限定的〕 **a**〕 완 전한, 전적인 ; 순수한, 순전한. **b**〕 (다른 것에)제약을 받지 않는, 무조건의. **c**〕 확실〈명백〉한, 의문의 여지없는. (3) 전제적, 독재적. (4) 【文法】 독립한 ; 유리된 : an ~ participle 독립 분사. (5) 【物】절대 온도의 ; 【教】 절대 평가의 ; 【數】 절대값의. (6) 【컴】 절대의. —*n.* (the ~) 절대적인 것〈현상〉; (the A-) 【哲】 절대(자), 우주, 신.
파) **~·ness** *n.* 절대 ; 완전 ; 무제한 ; 전제, 독재.
:ab·so·lute·ly [æ̀bsəlúːti, ˈ-ˌ-] *ad.* (1) 절대적으로, 무조건(으로) ; 단호히, 완전히. (2) 【口】 〔힘줌말로서〕 **a**〕 참말로, 정말로. **b**〕 〔否定文으로〕 전혀 모른다. (3) 【口】 〔應答文으로〕 **a**〕 정말 (그렇다), 그렇고말고. **b**〕 〔否定文으로〕 절대로 안됩니다. (4) 【文法】 독립하여.
ábsolute majórity 절대 다수, 과반수.
ábsolute pítch 【樂】 절대 음감〈음고〉.
ábsolute témperature 【物】 절대 온도.
ábsolute válue 【數】 절대 값, 절대 치.
ábsolute zéro 【樂】 절대 영도《-273. 16℃》.
·ab·so·lu·tion [æ̀bsəlúːʃən] *n.* (1) ⓤ 【法】 면제, 석방(의 선언), 무죄 선고, 방면. (2) 【教會】 **a**〕 ⓤ 속죄《*from*;*of*》. **b**〕 ⓤ 사죄《고해 성사자에 대해 사제가 신을 대신하여 내리는》. **c**〕 ⓒ 사죄의 선언.
ab·so·lut·ism [ǽbsəlùːtizəm] *n.* ⓤ 전제주의, 전제 정치 ; 【哲】 절대론 ; 절대성. 파) **-ist**[-ist] *n.* ⓒ 전제주의자 ; 절대론자.
·ab·solve [æbzálv, -sálv / -zɔ́lv] *vt.* 《+目+前+名》 (1) …을 용서하다 ; 면제하다 ; (책임·의무)를 해제하다《*from*;*of*》. (2) **a**〕 (사제가) 사죄(赦罪)를 베풀다. **b**〕(…의 죄)를 용서하다《*from*;*of*》. ~ a person ***from*** (***his promise ; the blame***) (약속)을 해제하다 ; (책임)을 면하다. ~ a person ***of*** (***a sin***) 아무의 (죄)를 사면하다. 파) **-solv·er** *n.*
:ab·sorb [æbsɔ́ːrb, -zɔ́ːrb] *vt.* (1) **a**〕 (물기·빛·열 등)을 흡수하다, 빨아들이다. **b**〕 (소리·충격 등)을 흡수하다, 없애다, 완화시 키다, 지우다. (2) **a**〕 《~+目+前+名》 (작은 나라·도시·기업 따위)를 합병〈흡수〉하다《*into*》. **b**〕 (이민·사상 따위)를 흡수 동화하다. (3) **a**〕 (사람·마음)을 열중케 하다, 열중시키다. **b**〕 (시간·주의 따위)를 빼앗다. ▫absorption *n.*
파) **ab·sórb·a·ble** *a.* 흡수되는〈되기 쉬운〉, 흡수성의.
ab·sorbed [æbsɔ́ːrbd, -zɔ́ːrbd] *a.* (1) 〔限定約〕 열중한, 마음을 빼앗긴, 몰두한. (2) 〔敍述的〕 (아무가 …에) 열중〈몰두〉하여《*in*》. 파) **ab·sórb·ed·ly** [-bidli] *ad.* 열중하여, 열심히.
ab·sorb·ent [æbsɔ́ːrbənt, -zɔ́ːr-] *a.* 흡수하는《*of*》, 흡수력이 있는, 흡수성의.
—*n.* ⓤ,ⓒ 흡수성 있는 물건 ; 흡수제.
ab·sorb·er [æbsɔ́ːrbər, -zɔ́ːrb-] *n.* 흡수하는 물건〈사람〉. (2) 【物·化】 흡수기(器)〈체(體), 장치〉 ;【機】 흡수〈완충〉 장치(shock ABSORBER).
ab·sorb·ing [æbsɔ́ːrbiŋ, -zɔ́ːrb-] *a.* 열중〈탐닉〉케 하는, 무척 재미있는. 파) **~·ly** *ad.* 열중케 할 정도로, 열광적으로.
·ab·sorp·tion [æbsɔ́ːrpʃən, -zɔ́ːrp-] *n.* ⓤ (1)흡수〈작용〉. (2) 병합 ; 편입《*by* ; *into*》. (3) 열중《*in*》, 열심, 골똘함 ; 전념(專念). ▫ absorb *v.*
ab·sorp·tive [æbsɔ́ːrptiv, -zɔ́ːrp-] *a.* 흡수하는, 흡수성의, 흡수력 있는.
·ab·stain [æbstéin] *vi.* 《~+前+名》 (1) 음주 등을) 그만두다, 삼가다, 끊다 ; 금주하다《*from*》. (2) (투표를) 기권하다《*from*》. ▫ abstention, abstinence *n.* 파) **~·er** *n.* ⓒ 절제가, 《특히》 금주가.
ab·ste·mi·ous [æbstíːmiəs] *a.* 절제〈자제〉하는, 음식을 삼가는《*in*》; (음식이) 검박한.
파) **~·ly** *ad* 절제하여. **~·ness** *n.*
ab·sten·tion [æbsténʃən] *n.* (1) ⓤ(조심하여) 삼감, 절제, 자제《*from*》. (2) ⓤ,ⓒ (투표 등의) 기권.
▫ abstain *v.*
ab·sti·nence. -nen·cy [ǽbstə nəns], [-si] *n.* ⓤ 절제, 금욕, 금주《*from*》. ▫ abstain *v.*
:ab·sti·nent [ǽbstənənt] *a.* 금욕적인, 자제 〈절제〉하는, 금주하는 ; 절대 금주의, 파) **~·ly** *ad.*
ab·stract [ǽbstrækt] (***more ~ ; most~***) *a.* (1) 추상적인, 관념상의. 〖opp.〗 *concrete.* (2) 이론적인 ; 이상적인, 공상적인 ; 관념적인. 〖opp.〗*practical.* (3) 심원한, 난해한. (4) 《美術》 추상(파)의, 추상주의의. 〖opp.〗 *representational.*
—[-ˊ] *n.* (1) ⓤ **a**〕 (the ~)추상, 추상적인 사고. **b**〕 ⓒ 《美術》 추상주의의 작품. (2) ⓒ 적요, 요약. ***in the ~*** 추상적으로, 이론적으로. 〖opp.〗 *in the concrete.* 『 She has no idea of poverty but *in the* ~. 관념적으로밖에 가난을 모른다. ***make an ~ of*** (논문·책)을 요약하다.
—[-ˊ] *vt.* (1) (개념 따위)를 추상(화)하다. (2) 발췌하다, 요약〈적요〉하다. (3) 《+目+前+名》(…을, …에서) 끄집어내다, 추출하다 : A taxonomist ~*s* common features *from* different species. 분류학자는 여러가지 종(種)에서 공통의 특징을 추려낸다. (4) 《+目+前+名》 《婉》 …을 훔치다(steal) : ~ a purse *from* a person's pocket 아무의 주머니에서 지갑을 훔치다. 파) **~·ness** *n.*
ab·stract·ed [æbstrǽktid] *a.* 멍한, 마음을 빼앗긴. ***with an ~ air*** 멍하니, 얼이 빠져.
파) **~·ly** *ad.* 멍하니 **~·ness** *n.* 방심.
·ab·strac·tion [æbstrǽkʃən] *n.* (1) ⓤ 추상(작용) ; ⓒ 추상 개념〈명사〉. (2) ⓤ 분리 ; 【化】 추출. (3) ⓤ 방심. (4) ⓤ 【婉】훔침, 절취. (5) ⓤ 《美術》 추상주의 ; ⓒ 추상 자품. ▫ abstract *v.* 파) **~·ism**[-izəm] *n.* ⓤ 추상주의. **~·ist** *n.* ⓒ 추상파 화가.
:ab·surd [əbsə́ːrd, -zə́ːrd] (***more ~ ; most~***) *a.* (1) 불합리한, 부조리한. (2) 터무니없는 ; 우스꽝스런.
—*n.* (the ~) 부조리. 파) **~·ism** *n.* ⓤ 부조리주의. **~·ly** *ad.* (1) 불합리하게. (2) 《文章修飾》 우습게도, 어리석게도. **~·ness** *n.*
·ab·surd·i·ty [æbsə́ːrdəti, -zə́ːr-] *n.* (1) ⓤ 불합리, 부조리, 모순, 이치에 어긋남. (2) **a**〕 ⓤ 어리석음. 바보스러움 : the height of ~ 더없이 어리석음. **b**〕 ⓒ 엉터리없는 것〈일〉, 어리석은 언행.
Abu Dha·bi [áːbuːdáːbi] 아부다비《아랍 에미리트 연방 구성국의 하나 ; 동국 및 동연방의 수도》.
:abun·dance [əbʌ́ndəns] *n.* ⓤ (1) 풍부함, 부유

: 많음. (2) (an ~ of) 다량(의), 다수(의) : *an ~ of* valuable information 많은 귀중한 정보. (3) 유복, 부유 : a life of ~ 유복한 생활. ▫ abound *v.* ***in ~*** 풍부히, 많이 : Here are wild-folowers *in ~*. 여기에는 야생화가 많다.

:abun·dant [əbʌ́ndənt] (***more ~ ; most ~***) *a.* (1) 풍부한, 풍족한, 많은. (2) [敍述約] (자원 등이) 풍부한《*in* : *with*》. ▫ abound *v.* abundance *n.*

abun·dant·ly [əbʌ́ndəntli] *ad.* (1) 풍부히, 다량으로.

:abuse [əbjúːz] *vt.* (1) (지위·특권·재능·호의 등)을 남용하다, 악용하다, 오용하다 ; 저버리다. (2) …을 학대하다, 혹사하다(ill-treat), (여자를) 욕보이다. (3) …을 험하게 욕하다, 매도하다 : ~ one***self*** 자위〈수음〉하다.

-[əbjúːs] —*n.* (1) ⓤ,ⓒ 남용, 오용, 악용《*of*》 : drug and alcohol ~ 약(마약)과 알코올 남용. (2) ⓤ 학대, 혹사 : child ~ 어린이 학대. (3) ⓤ 욕, 능욕, 욕지거리, 욕설. (4) (종종 *pl.*) ⓒ 폐해, 악습 : civil ~*s* 시정(市政)의 난맥. 파) **abús·a·ble**[-zəbəl] *a.*

abu·sive [əbjúːsiv] *a.* (1) 욕하는, 매도하는, 입정 사나운. (2) (특히 육체적으로) 학대〈혹사〉하는. ▫ abuse *v.* 파) **~·ly** *ad.* **~·ness** *n.*

abut [əbʌ́t] (***-tt-***) *vi.* 경계를 접하다, 이웃〈인접〉하다《*on, upon*》 ; (건물의 일부가) 접촉하다, 연하다《*against* : *on*》.

—*vt.* …와 인접하다, 경계를 접하다 ; 아치대로 받치다.

abut·ment [əbʌ́tmənt] *n.* ⓒ (1) 접합점. (2)【建】아치대, 홍예 받침대 ; 교대(橋臺), 교각치, 의자 받침대.

·abyss [əbís] *n.* (1) ⓒ 심연(漂淵) ; 끝없이 깊은 구렁 ; 나락 ; (천지 창조 전의)혼돈 ;【海洋】심해 : the ~ of time 영원. (2) (the ~)지옥. ▫ abysmal *a.*

Ab·ys·sin·i·an [æ̀bəsíniən] *n.* 아비시니아 (사람, 말)의. —*n.* ⓒ 아비시니아 사람 ; 에티오피아 사람 : ⓤ 아비시니아 말.

aca·cia [əkéiʃə] *n.* (1) ⓒ【植】아카시아, 개아카시아(locust). (2) ⓤ 아라비아 고무.

acad. academic : academy.

ac·a·deme [ǽkədiːm, ˌ-ˌ] *n.* ⓤ (1) 학구적인 세계. (2) [集合的] 대학, 학문의 전당.

·ac·a·dem·ic [æ̀kədémik] (***more ~ ; most ~***) *a.* (1) 학원(學園)의, 《특히》대학의 ; 고등교육의. (2) 《美》 인문학과의, 문학부의, 일반 교양의. (3) **a**] 학구적인. **b**] 이론적인 ; 비실용적인. (4) 학사원의, 학회의. (5) 격식〈전통〉을 중시하는, 관학적인 ; 진부한. ▫ academy *n.*

—*n.* ⓒ 대학생, 대학 교수, 대학인 ; 학구적인 사람.

ac·a·de·mi·cian [əkæ̀dəmíʃən, əkæ̀də-] *n.* ⓒ (1) 예술원〈학술원〉 회원, 학회의 회원. (2) 학문〈예술〉적 전통의 존중자 ; 대학인 ; 학구적인 사람.

ac·a·dem·i·cism, acad·e·mism [æ̀kədéməsìzəm] [əkǽdəmìzəm] *n.* ⓤ (1) 학구적 태도 〈사고〉 (2) (학술·예술)전통주의. (3) 전통주의.

:acad·e·my [əkǽdəmi] *n.* ⓒ (1) 학술원 ; 예술원 ; 협회 ; 학회. (2) (the A-) 프랑스 학술원 ; 《英》 왕립 미술원. (3) 학원(學園), 학원(學院). 《美》 (특히 사립) 중등 학교 ; 전문 학교.
▫academic *a.*

acan·thus [əkǽnθəs] (*pl.* ***~·es, -thi*** [-θai]) *n.* ⓒ (1)【植】아칸서스. (2)【建】(코린트식 기둥머리 따위의) 아칸서스 무늬, 아칸서스 입장식.

a ca(p)·pel·la [àːkəpélə] 《It.》【樂】(1) 반주 없이, 아카펠라의〈로〉. (2) 교회 음악풍으로.

Aca·pul·co [àːkəpúːlkou] *n.* 아카풀코 .

ac·cede [æksíːd] *vi.* 《+前+名》 (1) (요구·제안 등에) 동의하다, 따르다, 응하다《*to*》. (2) (당에) 가입하다《*to*》 ; (조약에) 참가〈가맹〉하다《*to*》. (3) (높은 지위·왕위 등에) 오르다, 취임하다, 계승하다《*to*》.【cf.】accession. 파) **ac·céd·ence** [-əns] *n.*

accel. accelerando.

ac·ce·le·ran·do [æksèlərǽndou, -ráːn-] *ad.*, *a.* 《*It*》【樂】점점 빠르게〈빠른〉, 아첼레란도로(의). (*pl.* ***~s***) *n.* 아첼레란도(의 연주음〈악절〉).

·ac·cel·er·ate [æksélərèit] *vt.* (1) **a**] (차 등의 속도)를 가속하다, 속력을 빠르게 하다. (【opp.】 *decelerate*) 《※ 이 뜻으로는*vi.*가 일반적》. **b**] …을 진척〈촉진〉시키다. (2) (일의) 시기를 앞당기다. —*vi.* 가속하다, 빨라지다. ▫ acceleration *n.*

·ac·cel·er·a·tion [æksèləréiʃən] *n.* ⓤ (1) 가속 ; 촉진. (2)【物】가속도(【opp.】 *retardation*).

ac·cel·er·a·tor [æksélərèitər] *n.* ⓒ (1) 가속자. (2) 가속물〈기〉 ; 가속 장치, (자동차의) 액셀러 레이터. (3)【化·寫】(현상) 촉진제, 촉진 신경. (4)【物】원자 입자의 가속 장치.

ac·cel·er·om·e·ter [æksèlərɑ́mitər/-rɔ́m-] *n.* ⓒ (항공기·우주선의) 가속도계.

:ac·cent [ǽksent/-sənt] *n.* (1) ⓒ【音聲】악센트, 강세. (2) ⓒ 악센트 부호《발음의 억양·곡절 표시인 ´ ` ^ ; 시간·각도의 불초 표시인 ′ ″ ; 피트 ·인치 표시인 ′ ″ ; 변수(變數) 표시인 ′ 따위》.【cf.】stress pitch[1], tone. (3) ⓤ (흔히 the ~) 강조《*on*》. (4) (*pl.*) 어조. (5) ⓒ (지방〈외국〉) 사투리, 말투〈어투〉. (6) (*pl.*) 《詩》말. (7) ⓒ《韻》강음.

—[æksént] *vt.* (1) …에 악센트를 두다, 강하게 발음하다 ; …에 악센트 부호를 붙이다 . (2) …을 강조하다 ; 역설하다.

ac·cen·tu·al [ækséntʃuəl] *a.* (1) 악센트의〈가 있는〉. (2)【韻】음의 강약을 리듬의 기초로 삼는.

ac·cen·tu·ate [ækséntʃuèit, ək-] *vt.* (1) **a**] …을 강조〈역설〉하다. **b**] (색·악음등)을 두드러지게 하다, (그림 등을) 눈에 띄게 하다. (2) …에 악센트(부호)를 붙이다〈붙여 발음하다〉.

파) **ac·cèn·tu·á·tion** [-ʃən] *n.* (1)ⓤ 억양〈강약〉(법) ; 악센트(부호) 다는 법. (2) ⓤ,ⓒ 강조, 역설 ; 두드러지게 함.

:ac·cept [æksépt] *vt.* (1) **a**] (선물 등)을 받아들이다, 수납하다. **b**] (초대·제안·구혼 따위)를 수락하다, …에 응하다. **c**] (임무·명예 따위)를 수락하다, 맡다. **d**] (사태에 마지못해) 순응하다(상황·사태에), 감수하다. **e**] …을 (학생·회원으로서) 맞아들이다 : I was ~*ed* by the Open University. 나는 개방〈방송통신〉 대학에 입학하였다. (2) 《~+目/+目+*as* 補/+(*that*)節》(설명·학설 등)을 용인〈인정〉하다, 믿다 : No scientific theory has been ~*ed* without opposition. 과학적인 학설로서 지금까지 반대론 없이 인정된 것은 없다 / ~ Catholicism 가톨릭교를 믿다 / The theory is ~*ed as* true. 그 이론은 옳다고 인정받는다 / I ~ *that* the evidence is unsatisfactory. 증거가 불충분함을 인정한다. (3)【商】(어음을) 인수하다. 【opp.】*dishonor*. 『 We don't ~ personal checks. 개인 어음은 인수하지 않습니다.

—*vi.* (초대·제안 등을) 수락하다 ; (아무를) 받아들이

다 : The envoys ~ed of the terms offered 그 사절은 제시된 조건을 수락했다.
□ acceptance, acceptation *n.*

ac·cept·a·bil·i·ty [æksèptəbíləti] *n.* ⓤ 받아들여짐, 수용성 ; 만족함 ; 응낙.

·ac·cept·a·ble [ækséptəbəl] (***more ~ ; most ~***) *a.* (1) **a**] (제안·선물 등) 받아들일 수 있는. **b**] 마음에 드는, 기꺼운 : This is an ~gift to everyone. 이것은 누구나 좋아할 선물이다. (2) (어법·행위 등) 용인될 수 있는 □ acceptability *n.*
파) **-bly** *ad.* 기꺼이 받아들일 수 있게 ; 마음에 들도록.

·ac·cept·ance [ækséptəns] *n.* ⓤ,ⓒ (1) 받아들임, 수령, 수리, 가납(嘉納) : (2) 승인, 수락, 채용, 찬동, 호평. 【cf.】 acceptation (3)【商】 어음의 인수 ; ⓒ 인수필 어음. □ accept *v.* ***~ of persons*** 편파, 편애, 편들기. ***find***〈***gain, win***〉 ***~ with***〈***in***〉 …에게 찬성을 얻다 :**ac·cept·ant** [ækséptənt] *a.* (…을) 흔쾌히 수락하는《*of*》, ~을 기꺼이 받아들이다. —*n.* ⓒ 받아들이는 사람, 수락자.

ac·cep·ta·tion [æ̀kseptéiʃən] *n.* ⓒ (일반적으로 통용되는) 어구의 뜻. 어의(語義), 통념 : in the ordinary ~ of the word 그 말의 보통 의미로(는).
□ accept *v.*

ac·cept·ed [ækséptid]*a.* 일반에게 인정된 : 파) **~·ly** *ad.*

ac·cep·tor [ækséptər] *n.* ⓒ (1) 【商】 어음 인수인, 수납자, 승낙자. (2) 【電子】 억셉터(3) 【物·化】 수용체〈기〉. (4) 【通信】 여파기(濾波器)《특정 주파 수신 회로》.

:ac·cess [ǽkses] *n.* (1) **a**] ⓤ (장소·사람 등에의) 접근, 면접, 출입《*to*》: **b**] (자료 등의) 입수, 이용《*to*》. (2) ⓤ 접근〈출입·입수·이용〉하는 방법〈수단·권리·자유〉 : (3) ⓒ 진입로, 통로, 입구《*to*》 : (4) ⓤ 【컴】 접근 ;(5) ⓒ (병·노여움 등의) 발작, 격발 ***be easy***〈***hard, difficult***〉 ***of ~*** 가까이(면회)하기 쉽다〈어렵다〉. ***gain***〈***get***〉 ***~ to*** …접근하다 ; …를 면회하다 ***give ~ to*** …에 출입〈접근〉을 허락하다 : ***within easy ~ of***(Seoul) (서울)에서 쉽게 갈 수 있는 곳에〈의〉. ***have ~ to*** …에 접근〈출입·면회〉 할 수 있다 : —*vt.* (1) …에 다가가다, 들어가다 : (2) 【컴】 …에 접근하다.

ac·ces·si·bil·i·ty [æksèsəbíləti] *n.* ⓤ (1) 접근 가능성 ; 다가갈 수 있음. (2) 움직여지기 쉬움, 영향받기 쉬움.

·ac·ces·si·ble [æksésəbəl] *a.* (1) 접근〈가까이〉하기 쉬운, 가기 쉬운〈편한〉, 면회하기 쉬운, 손에 넣기 쉬운 : (2) 입수하기 쉬운, 이용할 수 있는 ; 이해하기 쉬운 : (3) 영향받기 쉬운, 감동되기 쉬운《*to*》 :/ a mind ~*to* reason 도리를 아는 사람. 파) **-bly** *ad.*

·ac·ces·sion [ækséʃən] *n.* (1) ⓤ (어떤 상태에로의) 근접, 접근 ; 도달《*to*》 :(2) ⓤ 즉위, 취임 : the 40th anniversary of the Queen's ~ to the throne 여왕 즉위 40주년 기념일. (3) **a**] ⓤ 증가, 추가. **b**] ⓒ 증가물 ; (도서관의) 신착본(新着本), 수납 도서 ; (미술관의) 수납 미술품《*to*》 :(4) ⓤ,ⓒ (요구·계획 등에 대한) 응낙, 동의 《*to*》 : (5) 《國際法》 (조약·협정 등의) 정식 수락 ; (당파·단체·국제 협정 등에의) 가입, 가맹 : Namibia's ~ to the Lome convention 나미비아의 로메 협정가입. — *vt.* (도서관의) 수납 원부에 기입하다. 파) **~·al** *a.* 추가의.

áccess mèthod 【컴】 접근법《주기억 장치와 입출력 장치간의 데이터 전송을 다루는 데이터 관리 방법》.

·ac·ces·so·ry [æksésəri] *n.* ⓒ (1) (흔히 *pl.*) **a**] 부속품, 부속물, 부대물 : **b**] (여성용의) 복식품, 액세서리(2) 【法】 종범, 방조자 : charge him as an ~ to the crime 그 범죄의 종범으로서 그를 고발하다. ***an ~ after the fact*** 사후 종범자. ***an ~ before the fact*** 교사범. —*a.* (1) 부속의, 보조〈부대〉적인 : (2) 【法】 **a**] 종범의. **b**] 〔敍述的〕 (…의) 종범으로《*to*》 : **áccess ròad** (어느 지역·고속도로 등으로의) 진입로.

áccess tìme 【컴】 호출시간, 접근시간《제어 장치에서 기억 장치로 정보 전송 지령을 내고 실제로 전송이 개시되기까지의 시간》.

ac·ci·dence [ǽksidəns] *n.* ⓤ (1) 【文法】 어형 변화(론)(morphology). (2) 초보, 입문.

⁑ac·ci·dent [ǽksidənt] *n.* ⓒ (1) (돌발) 사고, 재난, 고장, 상해, 재해 :/ *Accidents* will happen. 《俗談》 사고란 으레 따라다니는 법《재난을 당한 사람에게 위로하는 말》. / There was a traffic ~ 교통사고가 있었다 (2) 우연(성) ; 우연한 사태 ; 우연한 기회, 운좋음 : / It is no ~ that she became a doctor ; both her father and grandfather were doctors. 그녀가 의사가 된 것은 우연이 아니다. 그녀의 아버지와 할아버지가 다 의사였으니까. / They met through a series of ~*s*. 그들은 일련의 우연 속에 만났다 (3)부수적인 사항《성질》. ***a chapter of ~s*** 사고〈불행〉의 연속. ***by*** (***a mere***) ***~*** (아주) 우연히, 우연한 일로 : ***by ~ of*** …라는 행운에 의하여 : ***have***(***meet with***) ***an ~*** 불의의 변을 당하다. ***without ~*** 무사히 **:ac·ci·den·tal** [æ̀ksidéntl] (***more ~ ; most ~***) **a**] (1) 우연한, 뜻밖의, 우발적인, 고의가 아닌 : (2) 부수적인, 비본질적인《*to*》 : (3) 【樂】 임시표의 : — n. ⓒ (1) 우발적(부수적)인 사물 ; 비물질적인 것. (2) 【樂】 임시표 ; 변화음.

·ac·ci·den·tal·ly [æksidéntl] *ad.* (1) 우연히, 뜻밖에 : (2) 〔문장 전체를 수식〕 우연히도, 뜻하지 않게, 우연한 일로 : ~ ***~ on purpose*** 《口》 우연을 가장하고, 고의적으로.

ac·ci·dent-prone [ǽksidəntpròun] *a.* 사고다발의, 사고를 일으키기〈만나기〉 쉬운.

·ac·claim [əkléim] *n.* ⓤ 갈채, 환호 ; 절찬 : —*vt.* 《~+目/+目+(*as*)補》 갈채를 보내다, 환호로써 맞이하다 : 갈채를 보내어, …로 인정하다 :

ac·cla·ma·tion [æ̀kləméiʃən] *n.* (1) ⓤ (칭찬·찬성의) 갈채 : (2) ⓒ (흔히 *pl.*) 환호

ac·cli·mate [ǽkləmèit, əkláimit] *vt.* 《美》 (사람·동식물 등)을 새 풍토〈환경〉에 익히게 하다 ; 순치(馴致)시키다《*to*》 : ~ one***self to new surroundings*** 새 환경에 순응하다 : ***become ~d*** 풍토에 익숙해지다 : —*vi.* (새 풍토에) 순응하다《*to*》.

ac·cli·ma·tion [æ̀kləméiʃən] *n.* ⓒ,ⓤ (1) 새 환경 순응. (2) 【生】풍토 순화.

ac·cliv·i·ty *n.* ⓒ 오르막, 치받이 경사. 【opp.】 *declivity*.
(2) 나이트

:ac·com·mo·date [əkámədèit / əkɔ́m-] *vt.* (1) **a**] …에게 편의를 도모하다, 봉사하다 ; (…의 소원)을 들어주다 : **b**] 《+目+前+名》 (…을) …에게 마련해 주다, 융통해주다 : (2) 〔흔히 受動으로〕(건물·방 등)에 설비를 시설하다 : (3) **a**] (시설·탈것 등이) …의 수용력이 있다 : **b**] (손님 등)을 숙박시키다 : (4) (상위·대립 등)을 조절하다 ; (모순된 것)을 조화시키다 ; (분쟁)을 조정하다. (5) 《+目+前+名》 **a**] (…을 …에게) 적응시키다, 조절시키다 : **b**] 【再歸的】 (환경·

처지 등)에 순응하다 : —*vi.* 순응하다, 적응하다 ; 화해하다. □ accommodation *n.*

·ac·com·mo·da·tion [əkὰmədéiʃən / əkɔ̀m-] *n.* (1) ⓤ (《美》 *pl.*) (호텔·객선·여객기·병원 등의) 숙박〈수용〉 시설 ; (열차·비행기 등의) 좌석 : : / We need ~(*s*) for six 여섯 사람의 숙박 설비가 필요하다 / The hotel has ~(*s*) for 100 people 이 호텔은 100명을 수용할 수 있습니다. (2) **a**〕 ⓤ,ⓒ 편의, 도움 ; **b**〕 ⓤ 변통, 융통, 대금(貸金). (3) **a**〕 ⓤ 적응, 적합, 조절《*to*》. **b**〕 ⓤ,ⓒ 조정, 적응, 화해 : (4) ⓤ 【生理】 (눈의 수정체의)(원근) 조절.

accommodátion bill 〈**nòte, pàper**〉 융통 어음.

·ac·com·pa·ni·ment [əkʌ́mpənimənt] *n.* ⓒ (1) 따르는 것, 부속물, 부수물《*of* ; *to*》: Disease is frequent ~ *of* famine. 병은 종종 긴근에 수반하여 발생한다. (2) 【樂】 반주(부) : play one's ~ 반주하다 / I want to sing to his piano ~. 그의 피아노 반주로 노래하고 싶다. □ accompany *v.*

ac·com·pa·nist, -ny·ist [əkʌ́mpənist], [-niist] *n.* ⓒ (1) 【樂】 반주자. (2) 동반자.

:ac·com·pa·ny [əkʌ́mpəni] *vt.* (1) 《~+目/+目+前+名》…에 동반하다, 동행하다, …와 함께 가다 : May I ~ you *on* your walk? 산책에 따라가도 괜찮니 / We *accompanied* the guest *to* the door. 손님을 문까지 바래다주었다(2) (현상 따위가) …에 수반하여 일어나다, 동시에 일어나다 : strong winds *accompanied* by heavy rain 폭우에 수반한 강풍. (3) 《+目+前+名》 …에 수반시키다, 첨가시키다《*with*》 : / He *accompanied* his orders *with* a (4) 《~+目/+目+前+名》 【樂】 …의 반주를 하다《*on* ; *at* ; *with*》 : —*vi.* 【樂】 반주하다. ***be accompanied by*** (***with***) …을 동반하다 : □ accompaniment, accomplice *n.*

:ac·com·plish [əkámpliʃ / əkɔ́m-] *n.* (1) …을 이루다, 성취하다, 완수하다, 완성하다 ; (목적 등)을 달성하다 : (2) 〔흔히 受動으로〕 학문·기예를 가르치다.

·ac·com·plished [əkámpliʃt / əkɔ́m-] *a.* (1) **a**〕 (일 등을) 성취한, 완성한. **b**〕 (사실이) 기성의 : (2) 익숙(능란)한, 숙달된《*in*》 : (3) 교양 있는, 세련된 :

·ac·com·plish·ment [əkámpliʃmənt / əkɔ́m-] *n.* (1) ⓤ 성취, 수행, 완성, 실행, 이행 : (2) (*pl.*) 재예(才藝), 소양, 특기 :(3) ⓒ 공적, 업적 :

:ac·cord [əkɔ́ːrd] *vi.* 《~/+前+名》〔흔히 否定〕일치하다, 화합하다, 조화하다《*with*》. 【opp.】*discord.* —*vt.* (1) …을 일치시키다, 조화시키다, 적응시키다. (2) 《~+目/+目+目/+目+前+名》주다, 수여하다 : —*n.* (1) ⓤ 일치, 조화 ; 음〈소리 등〉의 융화. (2) ⓤ,ⓒ 【樂】 (협)화음. (3) ⓒ (국제·단체간의) 협정《*between*》 ; (타국가와의) 합의《*with*》. ***be in*** 〈***out of***〉 ~ ***with*** …와 조화하다 〈하지 않다〉 : ***be of one*** ~ (모두) 일치해 있다. ***of*** one***'s*** 〈***its***〉 ***own*** ~ 자발적으로, 자진하여 ; 저절로 : ***with one*** ~ 마음을 〈목소리를〉합하여, 다 함께, 익제히

:ac·cord·ance [əkɔ́ːrdəns] *n.* ⓤ 일치, 조화 ; 부합 ; 수여. ***in*** ~ ***with*** …에 따라, …대로, …와 일치하여. ***out of*** ~ ***with*** …와 일치하지 않고.

ac·cord·ant [əkɔ́ːrdənt] *a.* 일치하는, 화합한 ; 조화된《*with* ; *to*》 : **:ac·cord·ing** [əkɔ́ːrdiŋ] *ad.* = ACCORDINGLY. ~ ***as*** (conj.)(…함)에 따라서 ; …에 응해서 《뒤에 clause》 : —*a.* 일치한, 조화된, 《口》 …나름 : ~ ***to*** (*prep.*) 1) …(의 정도)에 따라 …에 비례하여, …여하에 따라 : 2) …(가 말한 바)에 의하면 : 3) …에 따라서 ; …한 대로 :

:ac·cord·ing·ly [əkɔ́ːrdiŋli] *ad.* (1) 〔접속 부사적으로〕 따라서, 그러므로((2) 〔動詞바로 뒤에서〕(그것에) 어울리게, 그것에 따라서 ;적절히

·ac·cor·di·on [əkɔ́ːrdiən] *n.* ⓒ 아코디언.

accórdion dóor 접었다 폈다 하는 문.

ac·cor·di·on·ist [əkɔ́ːrdiənist] *n.* ⓒ 아코디언 연주자.

accórdion pléats 아코디언 플리츠《스커트의 입체적인 가는 세로 주름》.

ac·cost [əkɔ́(ː)st, əkást] *vt.* (1) (주로 낯선 이)에게 다가가서 말을 걸다, 가까이 가서 말을 걸다. (인사 따위)의 말을 걸며 다가가다

ac·couche·ment [əkúːʃmɑːː-mənt] *n.* 《F.》 해산, 분만(分娩).

:ac·count [əkáunt] *n.* (1) ⓒ (금전상의)계산, 셈 ; 계산서, 청구서 : (2) ⓒ 계정《略 : A/C》 ; 은행예금 계좌 ; 외상셈 ; 신용 거래 : ⇨ / Short ~*s* make long friends.《俗談》대차 기간이 짧으면 교제 기간은 길어진다 ; 오랜 교제엔 외상 금물 / (3) ⓒ **a**〕 (금전·책임 처리에 관한) 보고(서), 전말서, 답변, 변명, 설명. **b**〕 (사건 등의) (자세한) 이야기 ; 기술, 기사 ; (흔히 *pl.*) 소문, 풍문《*of*》 : *Accounts* differ. 사람에 따라 말이 다르다. (4) ⓒ 고객, 단골. (5) **a**〕 고려, 감안 ; 평가, 판단 : Don't wait on my ~. 나 때문때 기다릴 것 없다. ⓤ **b**〕 이유, 근거 ; 원인, 동기 **c**〕 가치, 중요성 ; 이익, 유익. ***~ of*** 《口》 = on ~ of. ***be much ~***《口》 대단한 것이다. ***by*** 〈***from***〉 ***all ~s*** 어느 보도에서도 ; 누구에게 들어도 : ***by*** a person***'s own ~*** 본인의 말에 의하면 : By *his own* ~ he had a rather unhappy childhood. 그의 말에 의하면 그는 어렸을 적에 상당히 불행했다고 한다. ***call*** 〈***bring, hold***〉 a person ***to ~*** (***for***) (…에 관한) 아무의 책임을 묻다, 아무에게 해명을 요구하다 ; (…식의 일로) 꾸짖다 : ***give a good*** 〈***a poor***〉 ***~ of*** one***self*** (스포츠에서) 좋은〈신통치 않은〉 성적을 올리다 , 훌륭히〈서툴게〉 변명하다 ; 훌륭히〈서툴게〉행동하다 : ***give an ~ of*** …을 설명하다, …의 이야기를 하다, …에 대하여 답변하다, …의 전말을 밝히다, …을 기술하다 : ***go to*** one***'s*** (***long***) ~ 《口·婉》 = 《美》 ***hand in*** one***'s ~*** 죽다. ***have an ~ with*** …와 거래가 있다. (은행)에 계좌가 있다. ***hold … in*** (***of***) ***great ~*** …을 매우 중요시 하다. ***hold*** a thing ***in***〈***of***〉 ***no*** …을 경시하다. ***keep ~s*** 치부하다 ; 회계를 맡다. ***keep*** (***a***) ***strict*** 〈***careful***〉 ***~ of*** …을 세밀히 〈주의 깊게〉 장부에 기재해 두다 ; …을 세밀한 데까지 주의하여 보고 있다 : ***leave …out of ~ = take no account of.*** ***make much*** 〈***little, no***〉 ***~ of*** …을 중시하다 〈하지 않다〉. ***not … on any ~*** ⇨ on no ~. ***of much*** 〈***great***〉 ~ 중요한. ***of no*** 〈***little***〉 ~ 중요치 않은, 하찮은 : ***on ~*** 계약금으로, 선금으로 ; 할부로 ; 외상으로 : ***on ~ of*** (어떤 이유)때문에 ; (아무)를 위하여 : ***on all ~s*** = ***on every ~*** 모든 점에서 ; 꼭, 무슨 일이 있어도. ***on no ~*** 어떤 일이 있어도〈결코〉 …않다 : ***on*** a person***'s ~*** 아무를 위하여, 남을 위해서 ; 아무의 셈으로 : ***on*** one***'s own ~*** 자기 책임〈비용〉으로, 자신의 발의로, 독립하여 ; 자기를〈이익을〉 위해. ***on this*** 〈***that***〉 ~ 이〈그〉 때문에 : open (start) an ~ with …와 거래를 시작하다, (은행에) 계좌를 개설하다(트다). ***put …*** (***down***) ***to*** a person***'s*** ~ …을 아무의 셈에 달다. ***settle*** 〈***square, balance***〉 ***~s*** 〈***an ~,*** one***'s ~***〉 셈을 청산하다 ; (…에게)원한을 갚다《*with*》. ***take ~ of***

A

= ***take ... into ~*** …을 고려에 넣다. 참작하다 : …에 주의를 기울이다. : ***take no ~ of*** = ***leave ... out of ~*** …을 무시하다. ***turn*** 〈***put***〉 ***to good*** 〈***poor, bad***〉 ***~*** …을 이용하다, …을 활용하다〈하지 않다〉, …을 전하여 복이〈화가〉 되게 하다 : —*vt.* 《+目+(*to be*)補》 …을(…라고) 생각하다(consider), 간주하다 : —*vi.* 《+前+名》 (1) **a**] (사람이, …의 이유를) 밝히다, 설명하다《*for*》 : / There is no *~ing for* tastes.《俗談》 오이를 거꾸로 먹어도 제멋, 좋고 싫은 데엔 이유가 없다. **b**] (사실이 …의)설명이 되다, 원인이 되다《*for*》 : His reckless driving *~ed for* the accident.그의 무모한 운전이 사고의 원인이 되었다. / That *~s for* his absence. 그것으로 그의 결석 이유를 알았다 (2) (행위·의무 따위에) 책임을 지다, (한몸에, 손에) 떠맡다《*for*》 : We ask you to *~ for* your conduct. 너는 네 행동에 대해 책임을 져야 한다. (3) (맡은 돈 등의) 용도〈조처〉를 설명〈보고〉하다 : *~to* a treasurer *for* the money received 출납원에게 맡은 돈의 수지 결산을 하다. (4) 【獵】 잡다, 죽이다, 사로잡다.《*for*》 : The dog *~ed for* all the rabbits. 그 개가 토끼를 전부 잡았다. (5) (…의)비율을 점하다 : Semiconductors *~ for* sixty percent of our exports. 반도체가 우리 수출의 60%를 차지한다.

ac·count·a·bil·i·ty [əkàuntəbíləti] *n.* ⓤ 책임 : 석명(釋明)의무

·**ac·count·a·ble** [əkáuntəbəl] *a.* 〔敍述的〕 (1) 책임있는, 설명할 이유가 있는, 해명할 의무가 있는 : (2) 설명할 수 있는 ; 까닭이 있는 : ***hold*** a person ***~ for*** …의 책임을 아무에게 지우다 : 파) **-bly** *ad.* 해명〈설명〉할 수 있도록.

account·an·cy [əkáuntənsi] *n.* ⓤ 회계사의 직 ; 회계 사무.

ac·count·ant [əkáuntənt] *n.* ⓒ 회계원, 경리 사무원 ; 회계관 ; (공인) 회계사.

accóunt bòok 회계 장부, 출납부.

accóunt cúrrent 교호(交互) 계산《略 : A/C. a/c》. 「섭외부장.

accóunt exècutive (광고·서비스 회사의)

ac·count·ing [əkáuntiŋ] *n.* ⓤ (1) 회계(학) ; 회계 보고 ; 결산. (2) 【컴】 어카운팅

accóunt páyable (*pl.* ***accóunts páyable***)지불〈채무〉 계정, 외상 매입 계정.

ac·cou·ter, 《英》 **-tre-** [əkú:tər] *vt.* 〔흔히 受動으로〕 …에게 (특수한) 복장을 입히다 ; 군장(軍裝)시키다. ***be accoutered for battle*** 무장하고 있다. ***be accoutered with*** 〈***in***〉 …을 입고 있다.

ac·cou·ter·ment, 《英》 **-tre-** [əkú:tərmənt] *n. pl.* (1) 복장, 옷차림, 장신구. (2) 【軍】(무기·군복 이외의) 장비.

ac·cred·it [əkrédit] *vt.* (1) 〔흔히 受動으로〕 (어떤 일을) …의 공으로 《한 일로》 간주하다《*to*》, (사람, 물건 등에) …의 공(功)이 있다고 간주하다《*with*》 : (2) …을 신용하다, 신임하다 ; (신임장을 주어 대사·공사 따위)를 파견하다《*at* ; *to*》 : 파) **ac·crèd·i·tá·tion** *n.* ⓤ (학교·병원 등의) 인가 ; 신임장.

ac·cred·it·ed [-tid] *a.* 〔限定的〕 (1) (사람·학교 따위가) 인정된, 공인된, 기준 합격의 : (2) (신앙·학설 등이) 인정된, 정당한. (3) (외교관이) 신임장을 받은. (4) (우유 등) 기준 품질 보증의 : **ac·crete** [əkrí:t] *vi.* (1) (성장하여 하나로) 굳다, 융합하다, 일체가 되다. (2) (…에) 부착〈고착〉하다《*to*》. —*vt.* (성장하여) …에 부착시키다, (주위에) 모으다.

ac·cre·tion [əkrí:ʃən] *n.* (1) ⓤ (하나로)굳음, 융합, 합체 ; (부착에 의한) 증대 ; 첨가, 누적 : (2) ⓒ 증가물, 부착물 : a chimney blocked by an *~* of soot 검댕이가 엉겨붙어 막힌 굴뚝.

ac·cru·al [əkrú:əl] *n.* (1) ⓤ 자연 증식〈증가〉, 이자(의 발생). (2) ⓒ 부가 이자, 증가물, 증가액.

ac·crue [əkrú:] *vi.* (1) (이익·결과가)(저절로) 생기다 ; 자연증가로 생기다, (이자가) 붙다 : (2) 【法】 (권리로서) 생기다, 발생하다.

ac·cul·tur·ate [əkʌ́ltʃərèit] *vi.*, *vt.* (사회·집단·개인이〈을〉) 문화 변용(變容)에 의해 변화하다〈시키다〉, 문화가 변용하다.

ac·cul·tur·a·tion [əkʌ̀ltʃəréiʃən] *n.* ⓤ (1) 어떤 문화형〈사회 양식〉에 대한 어린이의 순응. (2)【社】 문화 변용(變容).

:ac·cu·mu·late [əkjú:mjəlèit] *vt.* (조금씩) …을 모으다. (재산 따위)를 축적하다 : —*vi.* 쌓이다 ; (돈 등이) 모이다, 축적되다, 붇다 ; (불행 등이)겹치다 : □ accumulation *n.*

:ac·cu·mu·la·tion [əkjù:mjəléiʃən] *n.* (1) ⓤ 집적, 축적, 축재, 누적 : (2) ⓒ 축적〈퇴적〉물, 모인 돈 : □ accumulate *v.*, accumulative *a.*

:ac·cu·ra·cy [ǽkjərəsi] *n.* ⓤ 정확, 정밀, 정밀도 : □ accurate *a.* ***with ~*** 정확하게.

:ac·cu·rate [ǽkjərit] (***more ~ ; most ~***)*a.* (1) 정확한 ; 정밀한 : (2) 〔敍述的〕(…에)착오를 안 내는, 정확한 : □ accurate *n.* 파) **~·ly** *ad.*

·**ac·curs·ed, ac·curst** [əkə́:rsid, əkə́:rst], [əkə́:rst] *a.* (1) 저주받은, 불행한, 운수가 사나운 (2) 《口》 저주할, 지겨운, 진저리나는

·**ac·cu·sa·tion** [æ̀kjuzéiʃən] *n.* ⓤ,ⓒ (1) 비난, 규탄《*against*》 : (2) 고발(告發), 고소. (3) 죄(과), 죄명(charge). □ accuse *v.* ***bring*** 〈***lay***〉 ***an ~*** (***of theft***) ***against*** …을 (절도죄로) 고발〈기소〉하다. ***under an ~ of*** 고소당한〈하여〉.

ac·cu·sa·ti·ve [əkjú:zətiv] *a.* 【文法】 (그리스어·라틴어 등의) 목적격(目的格)의 —*n.* (1) (the *~*) 대격 (2) ⓒ 대격어 ; 대격형.

·**ac·cu·sa·to·ry** [əkjú:zətɔ̀:ri / -təri] *a.* (1) (말·태도 등) 문책〈힐문〉적인, 비난어린, 고발하는 : an *~* look 힐난하는 듯한 표정. (2) 고소의, 구형의.

:ac·cuse [əkjú:z] *vt.* (1) 《~+目/+目+前+名/+目+*that* 節》 …을 비난하다, 힐난하다, 나무라다《*for* ; *of*》 / (2) 《~+目/+目+*as* 補/+目+前+名》 …을 고발하다, 고소하다 : …에게 죄를 씌우다《*of*》 : □ accusation *n.*

ac·cused [əkjú:zd] *a.* 고발된. —*n.* (the *~*)〔單·複數 취급〕 【法】 (형사) 피고인

:ac·cus·er [əkjú:zər] *n.* (형사) 고소인, 고발인 ; 비난자. 【cf.】 plaintiff.

ac·cus·ing [əkjú:ziŋ] *a.* 비난하는, 나무라는. ***point an ~ finger at*** …을 비난하다 파) **~·ly** *ad.* 비난하여 : look at a person *~ly* 아무를 나무라듯이 보다.

:ac·cus·tom [əkʌ́stəm] *vt.* 《+目+前+名》 (1) …에 익숙하게 하다, 익히다, 습관이 들게 하다《*to*》 : *~* a hunting dog *to* the noise of a gun 사냥개를 총성에 익숙하게 하다. (2) 〔再歸的〕 (…에) 익숙해지다, 길들다 : *~ oneself to* early rising 일찍 일어나는 습관을 들이다.

:ac·cus·tomed [əkʌ́stəmd] *a.* (1) 〔限定的〕 습관의, 언제나의 : (2) 〔敍述的〕 익숙한, 길든, 익숙해져서《*to*》 : She is not *~ to* hard work. 그녀는 중노동에 익숙하지 못하다. ***get*** 〈***become***〉 *~* ***to*** …에 익숙

A

해지다 : I soon *got* ~ *to* his strange ways. 나는 곧 그의 이상한 태도에 익숙해졌다.

·**ace** [eis] *n.* ⓒ (1) (카드·주사위의) 1 : (2) (테니스·베드민턴 등의) 상대가 못 받은 서브 ; 서브로 얻은 득점. (3) **a**] (어느 분야의) 제 1 인자, 명수. **b**] 【軍】 격추왕《5대 이상의 적기를 격추한》. **c**] 【野】 주전 투수, 최우수 선수 : Joe is the ~ of the pitching staff. 조는 투수진의 제1인자다 / ***an ~ of ~s*** 하늘의 용사 중의 용사. ***an ~ in the hole*** = ***an ~ up*** one'***s sleeve*** 최후에 내놓는 으뜸패 ; 《口》 비장의 술수(術數), 비결. ***hold***〈***have***〉 ***all the ~s*** 모든 것을 장악하고 있다. ***within an ~ of*** 자칫 〈거의〉 …할 뻔한 참에 : He came〈was〉 *within an* ~ of death 〈being killed〉 그는 하마터면 죽을 뻔했다.
—*a.* 〔限定的〕 (1) 《口》 우수한, 일류의 : (2) 《俗》 멋진, 훌륭한 : Thefilm was ~ ! 그 영화 참 좋았지.

ac·er·bate [ǽsərbèit] *vt.* (1) …을 쓰게〈떫게〉하다. (2) (아무)를 성나게〈짜증나게〉하다.

acer·bi·ty [əsə́:rbəti] *n.* 신맛, 쓴맛, 떫은 맛. (2) **a**] ⓤ (말 따위의) 가시돋침, 격렬함, 신랄함. **b**] ⓒ 신랄한 말〈태도 등〉.

ace·tic [əsí:tik, əsét-] *a.* 초의, 초질(醋質)의 ; (맛이) 신.

acé·tyl·sal·i·cýl·ic ácid 【化】 [əsí:təlsæ̀l-əsílik-, əsétl, ǽsə-] = ASPIRIN.

:ache [eik] *vi.* (1) **a**] (몸·마음이) 아프다, 쑤시다 : **b**] 《+前+名》 (…때문에) 아프다《*from* ; *with*》 : (2) 《+前+名》 마음이 아프다 ; 동정하다《*for* ; *to*》 : (3)《口》 《+前+名/+*to* do》간절히 바라다《*for*》 ; …하고 싶어 못 견디다《*to*》 : —*n.* ⓒ,ⓤ 아픔, 동통 : an ~ in one's head 두통

:achieve [ətʃí:v] *vt.* (1) (일·목적)을 이루다, 달성〈성취〉하다. (어려운 일)을 완수하다 : (2) (공적)을 세우다 ; (승리·명성)을 획득하다, 얻다(gain) : —*vi.* (소기의) 목적을 이루다.
파) **achíev·a·ble** [-əbəl] *a.* 완수할 수 있는. **achíev·er** *n.*

:achieve·ment [ətʃí:vmənt] *n.* (1) ⓤ 성취, 달성 : (2) ⓒ 업적, 위업, 공로 : (3) ⓒ 학력

Achil·les [əkíli:z] *n.* 【그神】 아킬레스~ ***and the tortoise*** 아킬레스와 거북 ***heel of ~*** = ACHILLES' HEEL.

Achilles héel 유일한 약점《아킬레스는 발꿈치 외에는 불사신이었다 함》.

achílles téndon 【解】 아킬레스힘줄 〈건(腱)〉.

achoo ⇨AHCHOO.

ach·ro·mat·ic [æ̀krəmǽtik] *a.* 수색성의, 무색의 ; 【光】 색지움의 :

achy [éiki] (***ach·i·er*** ; ***-i·est***) a. 통증이 나는, 아픈, 쑤시는 : I have an ~ back. 등이 아프다.

:ac·id [ǽsid] (***more ~*** ; ***most ~***) *a.* (1) 신, 신맛의: Lemons are ~. 레몬은 시다. (2) 【化】 산(성)의 : These shrubs must have an ~, lime-free soil. 이 관목은 석회질이 없는 산성 토양이 있어야 한다. (3) 언짢은 ;신랄한, 심술궂은 : —*n.* (1) ⓤ,ⓒ 산 : Some ~*s* burn holes in wood. 어떤 산은 나무를 태워 구멍을 내는 것도 있다. (2)ⓤⓒ 신 것〈액체〉. (3)ⓤ 《美俗》 =LSD. ,환각제.

ácid dròp 《英》 (타르타르산 등으로 신맛을 가미한) 드롭스, 신 캔디.

ac·id·head [ǽsidhèd] *n.* ⓒ 《俗》 LSD 상용자.

ácid hòuse 《英》 애시드 하우스《단조로운 리듬의 신시사이저 음악》.

acid·ic [əsídik] *a.* = ACID (2).

acid·i·fi·ca·tion [əsìdəfikéiʃən] *n.* 산성화, 산패(酸敗)

acid·i·fy [əsídəfài] *vt. vi.* 시게 만들다, 시게 하다 ; 시어지다 ; 【化】산성화(化)하다.

acid·i·ty [əsídəti] *n.* 신맛 ; 산도(酸度)

ac·id·ly [əsídli] *ad.* 신랄하게

ac·i·do·sis [æ̀sədóusis] *n.* ⓤ 【醫】 산독증, 산과다증, 산혈증.

ácid ráin 산성비.

acid·u·late [əsídʒəlèit] *vt.* 다소 신맛을 가하다〈갖게 하다〉. 파) **-lat·ed** [-id] *a.* (음료·과자 등) 신맛을 띤.

acid·u·lous, -lent [əsídʒələs], [-lənt] *a.* (1) (말·태도 등) 신랄한, 통쾌한. (2) 다소 신맛이 도는, 새콤한.

ack-ack [ǽkæ̀k] *n.* ⓤ,ⓒ 《口》 고사포(의 포화)

:ac·knowl·edge [æknálidʒ, ik- / -nɔ́l-] *vt.* (1) (편지·지불 등의) 도착〈수령〉을 통지하다 : (2) 《~+目/+目+*as* 補/+目+*to be* 補/+*that* 節/+~*ing*/+目+*done*》 …을 인정하다, 승인하다, 용인하다, 자인(自認)하다, 고백하다 : (3) 【法】(정식으로) 승인하다, 인지하다 : (4) (친절·선물 등)에 대한 사의를 표명하다 ; (인사 등)에 답례하다 ; (표정〈몸짓〉으로) …에게 알았음을 표시하다 : 파) **~d** [-d] *a.* 일반적으로 인정된, 정평 있는.

:ac·knowl·edg·ment 《英》 **-edge-** [æk-nálidʒmənt, ik- / -nɔ́l-] *n.* (1) ⓤ 승인, 인정, 용인 ; 자인, 자백, 고백 : (2) ⓤ **a**]감사, 사례, 인사. **b**] ⓒ감사의 표시, 답례품 : **c**] (*pl.*) (협력자에 대한 저자의) 감사의 말 : (3) ⓒ 수취 증명〈통지〉. 영수증 : ***bow*** one'***s ~s*** (of applause) (갈채에 대해서) 허리를 굽혀 답례하다. ***in ~ of*** …을 승하여, …의 답례로 …에 감사하여 : **ac·ne** [ǽkni] *n.* ⓤ 좌창(痤瘡), 여드름.

ac·o·lyte [ǽkəlàit] *n.* ⓒ (1) 【가톨릭】 **a**] (미사 신부를 돕는) 복사(服事). b]시제(侍祭)《하급 성직자의 하나》. (2) 조수, 수반자 ; 신참자.

ac·o·nite [ǽkənàit] *n.* (1) ⓒ 【植】 바곳 ; 백부자. (2) ⓤ 【藥】 바곳의 뿌리에서 채취하는 강심·진통제.

:acorn [éikɔ:rn, -kərn] *n.* ⓒ 도토리, 상수리.
come to the ~s 《美》 난국〈역경〉에 처하다.

ácorn cùp 각두(殼斗), 깍정이《도토리 등의》.

acous·tic [əkú:stik] *a.* (1) 청각의, 청신경의, 가청음의, 음파의 : (3) 【樂】 전기적으로 증폭하지 않은 : (건축 자재 등)방음의 : 어쿠스틱 기타 / 파) **-ti·cal·ly** [-tikəli] *ad.* 청각상 ; 음향상.

acous·tics [əkú:stiks] *n.* (1) 〔複數취급〕 (극장 따위의) 음향 효과〈상태〉 : (2) ⓤ 〔단수취급〕 음향학(音響學).

:ac·quaint [əkwéint] *vt.* 《+目+前+名》 (1) (…에게) …을 알려 주다, 기별하다《*with*》 : ~ the manager *with* one's findings 부장에게 자기의 조사 결과를 알리다. (2) **a**] …에게 숙지〈정통〉시키다《*with*》 : He ~*ed* her *with* new duties. 그는 그녀에게 새로운 일을 가르쳐주었다. **b**] 〔再歸的〕 (…에) 익숙하다, 정통하다《*with*》 : You must ~ *yourself with* your new job. 새로운 일에 정통해야만 한다. (3) 《주로 美》 …을 소개 하다, 친분을 맺어 주다《*with*》 : He ~*ed* his roommate *with* my sister. 그는 같은 방 동료를 내 누이동생에게 소개하였다.

:ac·quaint·ance [əkwéintəns] *n.* (1) ⓤ (또는 an ~)지식, 익히 앎《*with*》 : (2) ⓤ (또는 an ~)면

식, 친면 : (3) **a**] ⓒ 아는 사람, 아는 사이 **b**] (때로 *pl.*) 〔集合的〕 지기, 교제 범위 : ***cut*** 〈***drop***〉 one'***s ~ with*** …와 절교하다. ***for old ~('s) sake*** 옛 벗의 정리로. ***have a slight*** 〈***an intimate***〉 ***~ with*** …을 약간〈훤히, 잘〉 알고 있다. ***have personal ~ with*** …을 친하게〈직접〉 알고 있다. ***make the ~ of*** a person = ***make*** a person'***s ~*** 아무와 아는 사이가 되다 : ***scrape*** (***an***) ***~ with...*** ⇨ SCRAPE. ***new*** one'***s ~ with*** …와 옛정을 새로이 하다.
파) **~·ship** [-ʃip] *n.* ⓤ (또는 an ~) (1) 지기(知己)임, 면식《*with*》 : (2) 교제, 교우 관계 : He has a wide ~*ship* among bankers. 그는 은행가들 사이에 교제가 넓다.

:ac·quaint·ed [əkwéintid] *a.* 〔敍述的〕 (1) …을 아는, …와 아는 사이인《*with*》 : / I am 〈got, became〉 ~ *with* him. 나는 그를 알고 있다〈알게 되었다〉 / She and I have been long ~ *with* each other. 그녀와 나는 오랜 지기이다. (2) …에 밝은, 정통한 《*with*》 : ***get*** a person ~ 《美》 아무에게 친지를 만들어 주다, 소개해 주다. ***make*** 〈***bring***〉 a person ***~ with*** 1) 아무에게 …을 알리다. 2) 아무에게 …을 소개하다. ***on further*** 〈***closer***〉 ***~*** 좀 더 깊이〈가깝게〉 사귀어 보니 :

ac·qui·esce [ӕkwiés] *vi.* 《~/+前+名》 (마음에는 없으나) 잠자코 따르다, 묵인하다, (마지못해) 따르다《*in*》 : He's so strong willed that he'll never ~. 그는 의지가 강하므로 결코 묵묵히 동의하지 않을 것이다.

ac·qui·es·cent [ӕkwiésənt] *a.* 묵묵히 따르는, 묵인하는, 묵종하는, 순종하는 :

:ac·quire [əkwáiər] *vt.* (1) **a**] (노력하여 지식·학문 등)을 터득하다, 배우다, 습득하다 : **b**] (습관 등)을 붙이다 : (2) (재산·권리 등)을 취득하다 : He ~*d* a vast amount of wealth in these few years. 그는 요 몇해 사이에 막대한 재산을 손에 넣었다. (3) (비판·평판 등)을 받다, 초래하다 : (4) (레이더로) 포착하다 : ~ an enemy plane 적기를 포착하다. ㅁ acquirement, acquisition *n.*

·ac·quired [əkwáiərd] *a.* 취득한, 획득한 ; 습성이 된 ; 후천적인. 〖opp.〗 *inborn.* **[生]** 획득 형질.

·ac·quire·ment [əkwáiərmənt] *n.* (1) ⓤ 취득 ; 습득(하는 능력)《*of*》(2) ⓒ (종종 *pl.*) (내적으로) 습득된 것 ; 기예, 학식, 재능 :

·ac·qui·si·tion [ӕkwəzíʃən] *n.* (1) ⓤ취득, 획득 ; 습득《*of*》 : the ~ *of* land 토지의 취득 / (2)ⓒ취득물, 이득, 손에 넣은 물건 :

ac·quis·i·tive [əkwízətiv] *a.* 얻고자〈갖고자〉 하는《*of*》 ; 탐욕스런 ; 얻을 힘이 있는, 취득성〈습득성〉 있는 : an ~ person 욕심쟁이 / be ~ of knowledge 지식욕이 있다 / ~ instinct 취득 본능. 파) **~·ly** *ad.* **~·ness** *n.*

·ac·quit [əkwít] (***-tt-***) *vt.* (1) **a**] 《~+目/+目+前+名》 …을 석방하다, 무죄로 하다《*of*》 : (2) 〔再歸的〕(책 임·빚 등을) 갚다, 다하다《*of*》 : (3) 〔再歸的〕 행동하다, 처신하다 ; 다하다 : ㅁ acquittance *n.*

·ac·quit·tal [əkwítəl] *n.* ⓤ,ⓒ **[法]** (1) 석방, 방면, 면소 : (2) (빚의) 변제, 책임 해제. (3) (임무의) 수행.

ac·quit·tance [əkwítəns] *n.* (1) ⓤ (채무의) 면제, (빚의) 변제〈소멸〉. (2) ⓒ (전액) 영수증, 채무 소멸 증서.

:acre [éikər] *n.* (1) ⓒ에이커《역 4046.8㎡ ; 略 : a.》 : (2) (*pl.*) 토지, 논밭, 경지(field) : (3) (*pl.*) 《口》 대량 : ***God's Acre*** 묘지

acre·age [éikəridʒ] *n.* ⓤ (또는 an ~) 에이커 수(數), 평수, 면적 ; 에이커 단위로 팔리는〈분배 되는〉 토지 :

ac·rid [ǽkrid] *a.* (1) 아린, 쓴, 자극성의 역한 맛〈냄새〉 나는 :(2) 짓궂은, 가혹한, 심술 사나운, 혹독한, 신랄한 :파) **ac·ríd·i·ty** [-əti] *n.* ⓤ (1) (냄새·맛 등의) 자극성 ; 매움, 씀. (2) (말·태도 등의) 신랄함, 표독스러움.

ac·ri·mo·ni·ous [ӕkrəmóuniəs] *a.* (말·태도 등이) 매서운, 실랄한, 표독스런. 파) **~·ly** *ad.*

ac·ri·mo·ny [ǽkrəmòuni] *n.* ⓤ (태도·기질·말 등의) 표독스러움, 신랄함(bitterness).

ac·ro·bat·ic [ӕkrəbǽtik] *a.* 곡예적인, 재주 부리기의 : 파) **-i·cal·ly** *ad.*

ac·ro·bat·ics [ӕkrəbǽtiks] *n. pl.* (1) 〔單數취급〕 곡예(술), 줄타기 ; 〔複數취급〕 (곡예에서의) 일련의 묘기 :(2) ⓤ 〔複數취급〕 아슬아슬한 재주.

ac·ro·nym [ǽkrənìm] *n.* ⓒ 약성어(略成語), 두문자어(頭文字語) **ac·ro·pho·bia** [ӕkrəfóubiə] *n.* ⓤ **[心]** 고소(高所) 공포증. 파) **àc·ro·phó·bic** *a.*

acrop·o·lis [əkrɑ́pəlis/-rɔ́p-] *n.* (1) ⓒ (고대 그리스도시의 언덕 위의) 성채(城砦). (2) (the A-) 아크로폴리스 **:across** [əkrɔ́:s, əkrɑ́s] *prep.* (1) 〔방향·운동〕 …을 가로질러 ; …의 저쪽으로, 을 건너서 : (2) 〔위치〕 …을 건넌 곳에, …의 저쪽〈반대쪽〉에 : (3) …와 교차하여, …와 엇갈리어 : (4) …의 전역에서 :
—*ad.* (1) 가로 건너서〈질러서〉 저쪽에〈까지〉, 건너서 : (2) 지름으로, 직경으로, 나비로 : (3) 열십자로 교차하여, 엇갈리어, 어긋매껴 : (4) 《英方》 사이가 버성겨 《*with*》.
~ from 《美口》 …의 맞은쪽에(opposite) : ***~ the country*** 〈***world***〉 온 나라〈세계〉에, 전국〈전세계〉에. ***be ~ a horse's back*** 말을 타고 있다. ***be ~ to*** a person 아무의 책임〈역할〉이다, 임무이다. ***come ~*** ⇨COME. ***get ~*** a person 아무와 충돌하다, 틀어지다. ***get it ~*** (청중 등에) 호소하다, 이해되다. ***go ~*** 1) (…의) 저편으로 건너다. 2) (일이) 어긋나다 : ***lay ~ each other*** 열십자로 놓다.

acryl·ic [əkrílik] *a.* **[化]** 아크릴(성(性))의 : —*n.* ⓤ,ⓒ 아크릴.

acrýlic ácid **[化]** 아크릴산(酸)

acrýlic résin **[化]** 아크릴 수지.

:act [ӕkt] *n.* (1) ⓒ 소행, 행위, 짓 : / an ~ of faith 신념에 의거한 행위. (2) (the ~) 행동(중) ; 현행(3) (종종 A-) 법령, 조례 ; (회의·학회 따위의) 의사록 : (4) (the A-s) 〔單數취급〕 **[聖]** 사도행전 (5) ⓒ **a**] (종종 A-) **[劇]** 막 : **b**] (라디오·연예장 따위의) 연예, 상연물 ; 예능 그룹〈콤비〉. **c**] (an~) 《口》 꾸밈, 시늉 : ***~and deed*** (후일의) 증거(물). ***an ~ of God*** 불가항력, 천재. ***do a disappearing ~*** (필요할 때에) 자취를 감추다. ***get into*** 〈***in on***〉 ***the ~*** 《俗》 (수지 맞는) 계획에 한몫 끼다, 남이 시작한 일에 끼어들려 하다, 쓸데없이 참견하다. ***get*** 〈***have***〉 one'***s ~ together*** 《美俗》 일관성 있게 효율적으로 행동하다. ***in the*** (***very***) ***~ of*** …의 현행 중에, …을 하는 현장에서 : ***put on an ~*** 《口》 (어떤 효과를 위해) '연극'을 하다, 연기하다, 가장하다.
—*vi.* (1) **a**] 행동하다 ; 활동하다, 처신하다 ; 실행〈행동〉에 옮기다 :**b**] 《+前+名》 (…에 의거하여) 행하다, (충고 등에) 따르다《*on, upon*》 : (2) 《+副/+前+名》 작용하다 ; (약 따위가) 듣다《*on*》 :(3) 《+補/+前+名》 …처럼 행동하다, 체하다 ; 〔形容詞를 수반〕 동작〈거동〉이 …처럼 보이다 : (4) 《+副/+前+名》 연기

하다, 배우를 직업으로 삼다 ; (5)〔well 등의 樣態副詞를 수반〕(각본이) 상연에 적합하다 :(6) **a**〕《+as 補》(…으로서의) 직무를〈기능을〉 다하다《*as*》《※ as 다음의 명사는 종종 무관사》:**b**〕《+前+名》(…의) 대리를 하다, 대행하다《*for*》: (7) (기계 따위가) 잘 작동하다, 움직이다 ; (계획 등이) 잘 진척되다 : —*vt*. (1) **a**〕(어떤 인물)로 분장하다, (역)을 연기하다 : **b**〕(극)을 상연하다 : (2) …인 것처럼 행동하다, 시늉을 하다, …인 체하다, …을 가장하다 :/ / *Act* your age! 나이에 걸맞게 행동하라. ***~ for*** a person 1) 아무의 대리를 하다. 2) 아무를 위해 활동하다. ***~ on*** 〈***upon***〉 1) …에 작용하다, …에 영향을 미치다 : 2) (주의 · 충고 등)을 좇아 행동하다. ***~ out*** (사건 따위)를 몸짓을 섞어 가며 이야기하다 : **〔精神醫〕** (억압된 감정을) 무의식적으로 행동화하다 ; (욕망 등을) 실행에 옮기다. ***~ up*** 《口》 1) 예사롭지 않은 행동을 하다 : 멋대로의〈거친〉 행동을 하다 ; 이목을 끄는 행동을 하다, 희롱거리다 ; 2) (기계 따위가) 상태가 좋지 않다 ; 2) (병 · 상처 따위가) 다시 더치다, 재발하다. ***~ up to*** (주의 · 이상 · 약속 따위)에 따라 행동하다, (주의 · 이상 등)을 실천하다

:act·ing [ǽktiŋ] *a*. 〔限定的〕 대리의 ; 임시의 : —*n*. ⓤ 행함, 행위 ; 연기, 연출 ; 꾸밈, 꾸민 연극 :

ac·tin·ism [ǽktənìzəm] *n*. ⓤ 화학광선 작용, 화학선 작용.

:ac·tion [ǽkʃən] *n*. (1) ⓤ 활동, 행동, 실행 ; (2) ⓒ (구체적인) 행위(deed) ; (*pl.*) (평소의) 행실 :(3) ⓒ (신체(의 기관) · 기계 장치의) 작용, 기능 ; 작동 ; (피아노 · 총 등의) 기계 장치, 작동 부분, 액션 : (4) ⓤ,ⓒ (자연 현상 · 약 등의) 작용, 영향, 효과《*on*》: (5) ⓤ 조처, 방책(steps) : / ⇨ take ~《成句》. (6) **a**〕ⓤ (배우 등의) 몸놀림, 연기 : **b**〕ⓒ (운동 선수 · 말 · 개의) 몸짓, 발놀림 :(7) (the ~) (소설 · 각본의) 줄거리 ; 이야기의 전개 : *The* ~ of the play takes place in France. 그 극의 무대는 프랑스이다. (8) ⓒ **〔法〕** 소송(suit) : (9) ⓤ 결정, 판결, 의결. (10) ⓤ,ⓒ **〔軍〕** 교전(fighting), 전투(battle) : (11) ⓤ **〔美術〕** (인물의) 생명감, 약동감. (12) ⓤ,ⓒ 《俗》 도박 행위, 노름, 노름돈. (13) ⓤ 《俗》 흥분케 하는〈자극적인〉 행위. ㅁ act *v*.
A ~ ! 액션!, 연기시작!. ***~of the bowels*** 용변. ***a man of ~*** 활동가. ***a piece*** 〈***slice***〉 ***of the ~*** 《俗》 할당 몫, 분담. ***break off an ~*** 전투를 그치다. ***bring*** 〈***take***〉 ***an ~ against*** …을 상대로 소송을 제기하다. ***bring*** 〈***come***〉 ***into ~*** 1) 활동시키다〈하다〉 ; 발휘하다〈되다〉 ; 실행하다〈되다〉. 2) 전투에 참가시키다〈하다〉. ***go into ~*** 활동을〈전투를〉 개시하다. ***in ~*** 1) 활동〈실행〉하고 ; 경기 중인〈에〉 : I' ve heard she' s a marvellous player but I' ve never seen her *in* ~. 나는 그녀가 굉장한 배우라는 것을 들었으나 실제 연기하는 것은 본 적이 없다. 2) (기계 등) 작동하고. 3) 전투 중에 : ***out of ~*** 1) (기계 등) 움직이지 않아 ; (사람이 병 · 상처로) 움직이지 못하고 : This machine is *out of* . 이 기계는 작동되지 않는다. 2) (군함 · 전투기 등) 전투력을 잃고. ***put into*** 〈***in***〉 ***~*** (기계 따위를) 작동시키다, 운전키다 ; 실행〈실시〉하다. ***put ... out of ~*** (부상 등이 사람을) 활동하지 못하게 하다 ; (기계를) 움직이지 못하게 하다 ; (군함 · 비행기 등의) 전투력을 잃게 하다 : ***see ~*** 전투에 참가하다. ***take ~*** 1) 조처를 취하다 ; 착수하다《*in*》: 2) 소송을 제기하다. ***where the ~ is*** 《美俗》 가장 활발한 활동의 중심 ; 핵심

áction stàtion **〔軍〕** 전투 배치 《口》 전원 준비.

ac·ti·vate [ǽktəvèit] *vt*. (1) …을 활동〈작동〉 시키다 : (2)**〔化〕** …을 활성화하다 ; (가열 등으로 반응)을 촉진하다 ; **〔物〕** …에 방사능을 주다. (3) **〔水道〕** (호기성(好氣性) 세균에 의한 오수(汚水)의 분해 촉진을 위해 오수)을 기체와 접촉시키다, (하수를)정화하다. 파) **ác·ti·và·tion** [-ʃən] *n*. ⓤ 활동화 ; **〔化〕** 활성화 ; 촉진. **ác·ti·và·tor** [-tər] *n*. ⓒ 활동적으로 하는 사람〈물건〉 ; **〔化〕** 활성제(劑).

:ac·tive [ǽktiv] (***more ~ ; most ~***) *a*. (1) 활동적인, 활동하는, 일하는 : (2) 활동 중인《화산 따위》, 활동성의 ; (통신 위성 따위가) 작동하고 있는 : (3) (상황(商況) 등이) 활기 있는(lively), 활발한, 민활한 : (4) 적극적인, 의욕적인 ; 능동적인 〖opp.〗 *passive*. (5) 소용 닿는, 실제상의, 현실의, 실효 있는 ; (6) (약이) 특효 있는 :(7) **〔文法〕** 능동태의. 〖opp.〗 *passive*. (8)**〔軍〕** 현역의. 〖opp.〗 *retired*. —*n*. (흔히 the ~)**〔文法〕** 능동태(의 꼴). ***take an ~ interest in*** …에 강한 관심을 기울이다, …에 투신하다, …에 골몰하다. ***take an ~ part in*** …에서 활약하다 ; …에 관계하다 : 파) **~·ly** *ad*. (1) 활동하여, 활발히 ; 적극적으로. (2) **〔文法〕** 능동태로서. **~·ness** *n*. ⓤ 활동성, 적극성.

ac·tiv·ism [ǽktəvìzəm] *n*. ⓤ 행동〈실행〉주의. 파) **-ist** *n*. ⓒ 행동주의(자) ; 활동가.

:ac·tiv·i·ty [æktívəti] (*pl*. **-ties**) *n*. (1) ⓤ 활동, 활약 ; 행동 : (2) (종종 *pl*.) (여러) 활동 ; 활동 범위, 사업, 운동, 활동력 ; (학교 교과 외) 문화 활동 : / school *activities* 교내〈클럽〉 활동 / participate in community *activities* 지역사회 활동에 참가하다. (3) ⓤ 활발한 움직임, 활기 : (4) ⓤ (시장의) 활황, 호경기 : There' s increased ~ on the stock market. 주식시장은 점차 활기를 띠어왔다. ***be in ~*** (화산 등이) 활동 중이다. ***with ~*** 활발히, 민첩하게.

:ac·tor [ǽktər] *n*. ⓒ (1) 배우, 남(배)우 : (2) 참가자, 관계자. (3) **〔法〕** 행위자

:ac·tress [ǽktris] *n*. ⓒ 여(배)우. **〖cf.〗** actor. ***as the ~ said to the bishop*** 《口·戲》 별스러운 뜻이 아니라, 보통의 뜻으로.

:ac·tu·al [ǽktʃuəl] *a*. 〔限定的〕 (1) 현실의, 실제의, 사실의 : (2) 현행의, 현재의 : **〔商〕** 현물(現物). ***in ~ existence*** 현존하여. ***in ~ fact*** 사실상(in fact), 실제는

·ac·tu·al·i·ty [æ̀ktʃuǽləti](*pl*. **-ties**) *n*. (1) ⓤ 현실(성), 현존, 실제 ; 사실 : (2) ⓒ (*pl.*) 현상, 실정 :(3) ⓒ 실황 기록〈녹음, 방송〉 ; 다큐멘터리. ***in ~*** 현실적으로, 실제로 : The party *in* ~ contains only a small minority of extremists. 그 정당은 실제로는 극단론자를 소수밖에 포함하고 있지 않다.

ac·tu·al·ize [ǽktʃuəlàiz] *vt*., *vi*. (생각 · 계획 등을) 실현하다〈되다〉 ; 현실화하다 ; 사실적으로 그려 내다. 파) **àc·tu·al·i·zá·tion** [-ləzéiʃən] *n*.

:ac·tu·al·ly [ǽktʃuəli] *ad*. (1) 현실로, 실제로 :(2) 〔文章수식〕 실제(로)는, 사실은(really), 실은 : (3) 지금 현재로 :(4) 〔강조 또는 놀람을 나타내어〕 정말로(really), 참으로 : He ~ refused! 정말로 거절했다고요.

áctual sín **〔宗〕** 자죄(自罪).

ac·tu·ary [ǽktʃuèri/-əri] *n*. ⓒ 보험 계리인, 보험 수리사.

ac·tu·ate [ǽktʃuèit] *vt*. (1) (동력원이 기계)를 움직이다 ; (장치 등)을 가동〈시동, 작동〉시키다 : (2) (아무)를 자극하여 …하게 하다《*to do*》 ; 격려하다 : ***be ~d by*** (어떤 동기)에 의하여 행위를 하다 : 파)

àc·tu·á·tion [-ʃən] *n.* ⓤ 발동〈충격〉 작용.
acu·i·ty [əkjúːəti] *n.* ⓤ (1) (감각 · 재지(才智)의) 예민함 ; (2) (비늘 따위의) 예리함 ; (병의) 격렬함. ▫ acute *a.*
acu·men [əkjúːmən, ǽkjə-] *n.* ⓤ 예민, 총명 : 날카로운 통찰력 : business〈critical〉 ~ 예민한 상재(商才)〈비평안〉.
acu·mi·nate [əkjúːmənit, -nèit] *a.* **[植]** (잎 · 잎끝이) 뾰족한 (모양의), 날카로움. ― [-nèit] *vt.* 뾰족하게 〈날카롭게〉 하다, 예민하게 하다.
파) **acù·mi·ná·tion** [-nèiʃən] *n.*
ac·u·pres·sure [ǽkjuprèʃər] *n.* ⓤ 지압 (요법). 파) **-sur·ist** *n.* ⓒ지압(요법)사.
ac·u·punc·ture [ǽkjupʌ̀ŋktʃər] *n.* ⓤ 침술(鍼術), 침 치료, 침 요법 : 파) **-tur·ist** *n.* ⓒ
:acute [əkjúːt] (***acut·er, more ~ ; -est, most ~***) *a.* (1) 날카로운, 뾰족한. 〖opp.〗 *obtuse.* (2) (감각. · 재지 등) 민감한 ; 빈틈없는 ; 명민한 :(3) 모진, 살을 에는 듯한《아픔 · 괴로움 등》; 심각한《사태 등》; 격심한《결핍 · 부족 따위》:(4) **[數]** 예각의 ; **[樂]** (음이) 높은, 날카로운 ; 5) **[醫]** 급성의 ; (병원이) 급성 환자용의. 〖opp.〗 *chronic.* (6) 양음(揚音) 부호《'》가 붙은 ; 양음의. ▫ acuity *n.*
―*n.* = ACUTE ACCENT. 파) **~·ly** *ad.* 날카롭게 ; 격심하게 ; 예민하게. **~·ness** *n.* ⓤ 날카로움 ; 격심함 ; 명민함.
-acy *suf.* '성질, 상태, 직(職)' 뜻 : accur*acy*, celib*acy*, magistr*acy*.
·ad[1] [æd] *n.* ⓒ 《美口》 광고(advertisement) :***classified ads*** (신문의)안내〈3행〉 광고.
:A.D. [éidíː, ǽnou*d*ɑ́mənài, -nìː/-dɔ́m-] 그리스도 기원(서기) …, 서력 …《*Anno Domini* 《L.》『 A.D. 59 : 59 A.D. 서력 59년
ada·gio [ədɑ́ːdʒou, -ʒiòu] *ad.*, *a.*《It.》. **[樂]** 느리게 ; 느린. ―(*pl.* **~s**) *n.* ⓒ **[樂]** 아다지오 곡〈속도〉 ; 완만히 추는 발레 댄스.
·Ad·am [ǽdəm] *n.* **[聖]** 아담《인류의 조상, 창세기 Ⅱ:7》; 최초의 인간. (***as***) ***old as ~*** 태고부터의 ; 진부한《뉴스 등》. ***not know*** a person ***from ~*** 아무를 전혀 모르다. 본 일도 없다. ***the old ~*** (회개하기 전의) 본디의 아담 ; 인간의 약점(원죄), 인성(人性)의 악(惡). ***the second*** 〈***new***〉 ***~*** 제2의 〈새로운〉 아담《그리스도》.
ad·a·mant [ǽdəmənt, -mæ̀nt] *n.* ⓤ (1) (전설상의) 단단한 돌《옛날의 금광석(다이아몬드)으로 생각됨》. (2) 더없이 굳은〈견고무비한〉 것 : (***as***) ***hard as ~*** 쉬이 굴하지 않는 ; 매우 견고한.
―*a.* (1) 더없이 단단한, 철석 같은. (2) 〔敍述的〕 **a**] 강직한, 완강한 《*in* ; *on* ; *about*》 :**b**] 강경히 주장하는 《that ...》: ***be ~ to*** …에 완강히 응하지 않나.
파) **~·ly** *ad.* 단호히, 단호한, 완강하게
Ad·ams [ǽdəmz] *n.* 애넘스. (1) ***John ~*** 미국의 제2대 대통령(1735~1826). (2) ***John Quincy ~*** 미국의 제6대 대통령(1767~1848).
:adapt [ədǽpt] *vt.* 《+目+前+名》 (1) **a**] (필요 · 상황 등에) …을 적합〈적응〉시키다. 순응(조화)시키다 《*to* ; *for*》 : **b**] 〔再歸的〕 (새 환경 등)에 순응하다, 익숙해지다《*to*》 : (2) **a**] (소설 · 극 등)을 개작하다 ; 번안〈각색, 편곡〉하다(modify) 《*for* ; *from*》 : **b**] (건물 · 기계 등을 용도에 맞추어) 개조하다《*for*》 : ―*vi.* (환경 등에) 순응하다《*to*》 ≠adopt. ▫ adaptation *n.* ~ one***self to the company*** 동료와 보조를 맞추다.
adapt·a·ble [ədǽptəbəl] *a.* (1) 적응〈순응〉 할 수 있는《*to*》, 융통성 있는 :(2)개작〈각색〉할 수 있는, 개조할수 있는《*for*》.
파) **adàpt·a·bíl·i·ty** [-bíləti] *n.* ⓤ 적응〈융통〉성 ; 적합성.
:ad·ap·ta·tion [æ̀dəptéiʃən] *n.* (1) ⓤ 적응, 적합,
순응《*to*》; **[生]** 적응 ; 적응(하여 발달한) 구조〈형태, 습성〉 : (2) ⓤ,ⓒ 개작(물), 번안(물), 각색《*to*; *for*; *from*》 : ▫ adapt *v.*
adapt·ed [ədǽptid] *a.* (1) 〔敍述的〕 (…에) 적당한, dkfakwsms
. 어울리는《*for* ; *to*》 :(2) 개조한, 개작〈번안〉한, 각색한
adapt·er, adap·tor [ədǽptər] *n.* ⓒ (1) 적합하게 하는 사람〈것〉. (2) 각색자, 개작자, 번안자. (3) **[電 · 機]** 유도관, 어댑터. (4) **[컴]** 맞춤틀, 접하기.
adap·tive [ədǽptiv] *a.* 적합한, 적응하는 ; 적응될 수 있는 ; 적응을 돕는 : 파) **~·ly** *ad.* **~·ness** *n.*
A/D convérter [éidíː-] **[컴]** A/D변환기, 연속이산 변환기.
:add [æd] *vt.* (1) **a**] 《+目/+目+前+名》 …을 (…에)더하다, ; 증가〈추가〉하다《*to* ; *in*》 : **b**] 《+目+副/+目+前+名》 (덧셈에서) …을 더하다《*to*》 ; …의 합계를 내다, 합산하다《*up* ; *together*》 : (2) **a**] (말)을 첨가하다, 부언하다 : **b**] 《+*that* 節》 (…라고) 부언하다, 덧붙여 말하다 : (3) …을 포함하다《*in*》 : ―*vi.* (1)덧셈하다. (2) 《+前+名》 늘다, 붇다《*to*》. 〖opp.〗 *subtract.* 『 ▫ addition *n.* ***~ in*** 산입하다, 더하다, 포함하다 : ***~ on*** …을 덧붙이다, 보태다, 포함하다, 곁들이다 : ***~ up***(*vi.*) 계산이 맞다 ; 《口》 이치〈조리〉에 맞다, 이해 되다 :(*vt.*) 합계하다 ; …에 대해 결론을〈판단을〉 내리다 : ***~ up to*** 1) 총계 …이 되다 : 2) 《口》 요컨대 …의 뜻이 되다. …을 의미하다(mean) : ***to ~ to*** 〔흔히 문두에 써서〕 …에 더하여, 그 외에 또 : ―*n.* **[컴]** 가산, 더하기.
ádd·ed·vál·ue·tàx [ǽdidvǽljuː-] = VALUE-ADDED TAX. 부가가치세.
ad·den·dum [ədéndəm] (*pl.* **-da**[-də]) *n.* ⓒ (책의) 보유(補遺), 부록 ; 추가(사항).
ad·der[1] [ǽdər] *n.* ⓒ **[物]** (1) 유럽 북살모사《독사의 일종》. (2)(1) 비슷한 유독 · 무독의 뱀의 총칭.
add·er[2] *n.* ⓒ (1) 덧셈하는 사람, 계산하는 사람. (2) 가산기(器) ; **[컴]** 덧셈기.
ad·dict [ədíkt] *vt.* 《+目+前+名》〔흔히 再歸的 또는 受動으로〕, 상용시키다, 중독시키다. …을 빠지게 하다, 몰두〈탐닉〉시키다《*to*》 ; 마약 중독이 되게 하다 : He is ~*ed to* gambling. 그는 도박에 미쳐 있다 / ― [ǽdikt] *n.* ⓒ 어떤 습성에 탐닉하는 사람, 《특히》 (마약) 중독자 ; 열광적인 애호〈지지〉자 : 파) **ad·díc·tion** [-ʃən] *n.* ⓤ,ⓒ 열중, 탐닉《*to*》 ; (…) 중독 :**ad · díc · tive** [-tiv] *a.* (1) (약 따위가) 중독성인, 습관성인 : Morphine is highly ~. 모르핀은 습관성이 강하다. (2) 탐닉하기 쉬운.
Ad·dis-Aba·ba [ǽdis-ǽbəbə] 아디스 아바바《에티오피아(Ethiopia)의 수도》.
Áddison' s disèase 애디슨병《부신 기능 부전》.
:ad·di·tion [ədíʃən] *n.* (1) ⓤ 추가, 부가 : (2) ⓒ **a**] 추가 사항, 부가물 ; 새로 들어온 사람 : **b**] 《美》 (건물의) 증축 부분, (소유지의) 확장 부분 : (3) ⓤ,ⓒ **[數]** 덧셈. 〖opp.〗 *subtraction.* 『 ▫ add *v.* ***an ~ to a name*** 직함. ***in ~*** 게다가, 그 위에 : ***in ~ to*** …에 더하여, …위에 또(besides) :

A

:ad·di·tion·al [ədíʃənəl] *a.* 부가의, 추가의 ; 특별한 : 파) **~·ly** *ad.* 그 위에, 게다가, 부가적으로.

ad·di·tive [ǽdətiv] *a.* 부가적인, 추가의, 덧셈의. —*n.* ⓒ 부가물〈요소, 어(語)〉 ; 혼합〈첨가〉제 《내폭제·식품 첨가물 등》 : ㅁ add *v.*

ad·di·tive-free [-fríː] *a.* 첨가물이 들지 않은.

ad·dle [ǽdl] *a.* 썩은 《달걀》 ; 혼탁한(muddled) —*vi.*(머리가) 혼란하다 (계란이) 썩다. 파) **ád·dled** *a.*

ad·dle·brained [ǽdlbrèind] *a.* 머리가 혼란한 ; 머리 나쁜.

ad·dle·pat·ed [ǽdlpèitid] *a.* = ADDLEBRAINED.

add-on [ǽdɑ̀n, -ɔ̀ːn] *n.* ⓒ (1) (컴퓨터·스테레오 등의) 추가기기 ; an ~ to a computer 컴퓨터의 추가기기. (2) 추가 요금. (3) 덧붙인것, 추가조항, 부기 : This is just another legislative ~. 이것은 법률에 흔히 있는 부가 조항이다. (4) **[金融]** 애드온 방식 《원금과 이자를 합산하여 분할 변제하는 방식》 (= **ádd-on lóan**). —*a.* 〔限定的〕 부속〈부가〉의 : an ~ hard disk (컴퓨터에 접속한) 추가 하드 디스크.

:ad·dress[1] [ədrés] *n.* (1) [《美》 흔히 ǽdres] ⓒ **a**] 받는이의 주소·성명, (편지 따위의) 겉봉 ; 주소 : **b**] **[컴]** 번지《 1) 기억 장치의 데이터가 적혀 있는 자리 ; 그 번호. 2) 명령의 어드레스 부분》. (2) ⓒ (청중에의) 인사말, (3) ⓤ 응대하는 태도 ; 말하는〈노래하는〉 태도 : a man of pleasing ~ 응대 솜씨가 좋은 사람. (4) ⓤ 일처리 솜씨, 능란(한 솜씨) : (5) (*pl.*) 구애, 구혼 : (6) ⓤ **[골프]** (타구 전의) 칠 자세.

***deliver* 〈*give*〉 *an* ~** 일장의 강연을 하다. (a spoken 〈written〉 ***form of* ~** (구두로〈서명으로〉) 부르기, 직함, 칭호. ***opening*〈*closing*〉 ~** 개호〈폐회〉사., ***with* ~** 솜씨 좋게.

:ad·dress[2] [ədrés] *vt.* (1) **a**] …에게 이야기를 〈말을〉 걸다, …에게 연설〈인사〉하다 : b] 《+目+*as* 補》 …을(경칭·애칭 등으로 …라고)부르다 ; ~ a person *as* 'General" 아무를 "장군"이라고 부르다 / (2) **a**] 《~+目/+目+前+名》 (편지 등)을 보내다, (편지)에 받는이의 주소 성명을 쓰다, (편지)를 …앞으로 내다 《*to*》 : ~ a parcel 소포에 받는이의 주소·성명을 쓰다 / **b**] **[컴]** (데이터)를 기억 장치의 번지에 넣다. (3) 《+目+前+名》 **a**] (문서 따위)를 제출하다, (비평·기원·경고 따위)를 보내다, (…에게) 전하다《*to*》 : ~ a message *to* Congress (대통령이) 의회에 교서를 보내다 / . **b**] 〔再歸的〕 (…에게) 발언하다, 말을 걸다《*to*》 : (4) 《+目+前+名》 〔흔히 再歸的〕 (마음·정력 등)을 쏟다, 열심히 하다 : ~ one's attention *to* …에 주의를 집중하다. (5)(문제)를 다루다, 처리하다 : (6) **[골프]** (공)을 칠 자세를 취하다, 타구 자세를 취하다 ; **[弓]** (활)을 쏠 자세를 취하다.

áddress bùs **[컴]** 어드레스 버스, 번지 버스 《어드레스〈번지〉 지정 신호를 전송하는 버스》.

ad·dress·ee [æ̀dresíː, əd-] *n.* ⓒ (우편물·메시지의) 수신인, 받는이.

ad·dress·er, -dress·or [ədrésər] *n.* ⓒ 말을 거는 사람 ; 이야기하는 사람 ; 발신인.

ad·duce [ədjúːs] *vt.* (이유, 증거 따위)를 제시하다, 인증하다, 인용하다, 예증으로서 들다 :

ad·duct [ədʌ́kt] *vt.* **[生理]** (손·발 등)을 내전(內轉) 시키다. 〖opp.〗 *abduct.*

ad·duc·tion [ədʌ́kʃən] *n.* ⓤ (1) 이유 제시, 인용(引用), 인증(引證). (2) **[生理]** 내전(內轉).

ad·e·noid [ǽdənɔ̀id] *n.* **[解]** 인두(咽頭) 편도(扁桃) ; (*pl.*) **[醫]** 아데노이드, 선(腺)증식 비대(증) (= **´~ grówth**). —*a.* 선(상) (腺(狀))의, 아데노이드의 ; 인두 편도선의.

adept [ədépt] *a.* (1) 숙달된 : (2) 〔敍述的〕 숙련된, 숙달한 ; 정통한, 환한《*in* ; *at*》 : — [ǽdept] *n.* ⓒ 숙련자, 명인(expert), 달인(達人)《*in* ; *at*》 : 파) **~·ly** *ad.*

ad·e·qua·cy [ǽdikwəsi] *n.* ⓤ 적당〈타당〉함, 적절, 충분 ; 충분함.

:ad·e·quate [ǽdikwit] *a.* (1) (어떤 목적에) 어울리는, 적당한, 충분한 ; (직무수행할) 능력이 있는, 적임의《*to* ; *for*》 :
☞ *參考* (1) 서술적인 경우에는 *to*, 명사 앞에 쓰일 때는 *for*, 명사의 뒤에 쓰일 때는 *for* 또는 *to*. (2) 사람에 대하여 an ~ man 같은 표현은 쓰지 않음.
충분한 음식 / data ~ to prove an argument 논지를 입증하기에 적절한 자료 / (2) 겨우 필요 조건을 충족하는, 그런대로 어울리는, 그만그만한 : (3) **[法]** 법적으로 충분한〈근거〉.
파) **~·ly** *ad.* (1) 적절히, 충분히. (2) 그런대로, 보통으로.

:ad·here [ædhíər] *vi.* 《+前+名》 (1) (…에) 점착〈부착, 유착〉하다《*to*》, 들러붙다 : (2) (신앙·생각·계획 등을) 고수하다, 집착하다《*to*》 ; 신봉하다, 지지하다《*to*》 ㅁ adhesion, adherence *n.*

ad·her·ence [ædhíərəns] *n.* ⓤ (1) 고수, 묵수(墨守), 집착《*to*》 ; 충실한 지지 : ~ *to* a principle 주의(主義)의 고수. (2) 점착(粘着), 부착(adhesion) 《*to*》. ※ 대체로 adherence는 추상적, adhesion은 구체적인 뜻으로 쓰임.

·ad·her·ent [ædhíərənt] *a.* (1) 들러붙는, 접착성의, 부착력 있는, 부착하는《*to*》 : an ~ substance 점착성 있는 물질 / an ~ surface 끈적끈적한 표면. (2) **[植]** 착생하는.
—*n.* ⓒ 지지자, 신봉자, 신자《*of* ; 때로 *to*》 ; (*pl.*) 여당

ad·he·sion [ædhíːʒən] *n.* ⓤ (1) 점착, 부착, 고착, 흡착《*to*》 : (2) 집착, 애착, 고수《*to*》. (3) ⓤ,ⓒ **[物]** 부착(력) ; **[醫]** 유착 ; **[植]** 착생, 합착.

ad·he·sive [ædhíːsiv, -ziv] *a.* 점착〈접착〉성의 ; 들러붙어 떨어지지 않는 : —*n.* ⓒ 접착물, 접착제 ; 접착 테이프, 반창고 : 파) **~·ly** *ad.* 점착〈부착〉하여.

adhésive tàpe 〈plàster〉 접착 테이프, 반창고.

ad hoc [æd-hɑ́k, -hóuk] 《L.》 (= for this) 특별한 목적을 위하여〈위한〉, 특별히〈한〉, 임시의 ; 이 문제에 관하여〈관한〉 : an ~ election 특별 선거 /

·adieu [ədjúː] *int.* 안녕(히 가세요〈계세요〉), 안녕히 가시오 : —(*pl.* **~s**, **~x**[-z]) *n.* ⓒ 이별, 작별, 고별(good-bye), ***bid* ~ *to*** = ***make*〈*take*〉** one's **~ *of*** …에게 이별을 고하다.

ad in·fi·ni·tum [æd-ìnfənáitəm] 《L.》 영구히, 무한히《略 : ad. inf., ad infin.》.

ad·i·pose [ǽdəpòus] *a.* 〔限定的〕 지방(질)의, 지방이 많은(fatty) : —*n.* ⓤ 동물성 지방

ad·i·pos·i·ty [æ̀dəpɑ́səti/-pɔ́s-] *n.* ⓤ 비만(증), 지방 과다(증).

Adiróndack Móuntains (the ~) 애디론댁 산맥《미국 New York 주 북동쪽에 있는》.

ad·it [ǽdit] *n.* ⓒ (1) 입구. (2) **[鑛山]** 횡갱(橫坑).

adj. adjacent ; adjective, adjourned ; adjunct ; adjustment ; adjutant.

ad·ja·cen·cy [ədʒéisənsi] *n.* (1) ⓤ 인접《*to*》, 이웃 ; 근린. (2) ⓒ (흔히 *pl.*) 인접지.

·ad·ja·cent [ədʒéisənt] *a.* 접근한, 인접한, 부근의《*to*》. 【cf.】 adjoining. 『 ~ villages 인근 마을들 / ~ angles 【幾】 이웃각 / 파) **~·ly** *ad.* 인접하여.

ad·jec·ti·val [ӕdʒiktáivəl] *a.* 형용사(적)인 ; 형용사를 만드는《접미사》; 형용사가 많은《문체》: —*n.* ⓒ 형용사적 어구. 파) **~·ly** *ad.*

:ad·jec·tive [ǽdʒiktiv] *n.* ⓒ 「(명사에) 덧붙여진」의 뜻에서, 형용사.
—*a.* 형용사의〈적인〉 ; 부수〈종속〉적인 **:ad·join** [ədʒɔ́in] *vt.* (집·토지 등이) …에 인접〈이웃〉하다 : —*vi.* (두 가지 것이) 인접해 있다.

:ad·join·ing [ədʒɔ́iniŋ] *a.* 인접한, 인접하는 ; 부근〈이웃〉의. 〖cf.〗 adjacent. **:ad·journ** [ədʒə́:rn] *vt.* (1) …을 휴회〈산회, 폐회〉하다 : ~ the court 재판을 휴정하다.
(2)《~+目/+目+前+名》(심의 등)을 연기하다, 이월하다 : —*vi.* (1) 휴회〈산회, 폐회〉하다 ;《口》일을 중단하다 : (2)《+前+名》《口》자리를 옮기다《*to*》: Let's ~ *to* the hall. 홀로 옮기자.
파) **~·ment** *n.* ⓤ,ⓒ (의사(議事) 등의) 미룸 ; (회의 등의) 연기 ; 휴회 (기간) ; 자리 이동.

adjt . adjutant.

ad·judge [ədʒʌ́dʒ] *vt.* (1)《+目+(*to be*)補/+*that* 節》…을 …라고 선고하다, 판결하다 : (2)《+目+前+名》(심사하여 상품 따위)를 수여하다 ; 선정하다《*to*》: ~ a prize *to* a person 아무에게 상을 주다. (3)《+目+補》…로 생각하다 : / I was ~*d* an extremist. 나는 극단론자로 간주 되었다. 파) **ad·júdg(e)·ment** *n.* 판결 ; 선고 ; 심판, 판정 ; (심사에 의한) 시상, 수상(授賞).

ad·ju·di·cate [ədʒú:dikèit] *vt.* (1) …로 판결하다, 재정을 내리다, 재결하다 : (2)《+目+(*to be*)補》…로 선고하다 : —*vi.*《~/+前+名》(경기 등에서) 심판을 보다 ; 판결하다, 심판하다《*on, upon*》: We would like you to ~ at the flower show. 귀하께서 꽃 전시회 심사를 해 주시기 바랍니다. / He ~*d upon*〈*on*〉 the case of murder. 그가 그 살인 사건을 판결하였다. 파) **-cà·tor** [-tər] *n.* ⓒ 재판관, 심판관.

ad·ju·di·ca·tion [ədʒù:dikéiʃən] *n.* ⓤ,ⓒ 판결(을 내림) ; (파산 따위의) 선고를 함 :

·ad·junct [ǽdʒʌŋkt] *n.* ⓒ (1) 부속〈종속〉물, 보조적인 것《*to* ; *of*》; 보조자, 조수자 : (2) 【文法】 수식 어구, 부가사(附加詞). —*a.* (1) 부속된, 부수의. (2) 일시 고용의. 〖opp.〗 *permanent.*
파) **~·ly** *ad.* **ad·junc·tive** [ədʒʌ́ŋktiv] *a.* 부속의, 보조의. **-tive·ly** *ad.*

ad·junc·tion [ədʒʌ́ŋkʃən] *n.* ⓤ,ⓒ 부가 ; 첨가.

ad·ju·ra·tion [ӕdʒəréiʃən] *n.* ⓤ,ⓒ (1) 간청, 간원. (2) 임명, 권고.

ad·jure [ədʒúər] *vt.* (1) …에게 엄명하다《*to* do》: (2) …에게 간원하다, 간청하다, 탄원하다(entreat)《*to* do》: **:ad·just** [ədʒʌ́st] *vt.* (1)《~+目/+目+前+名》**a**] …을 …에 맞추다, 적합케 하다《*on* ; *to*》; (옷)의 치수를 맞추다 : **b**] (기계 등)을 조절〈조정〉하다, 정비하다, 매만져 바로잡다(adapt) : (2) 〔再歸的〕 (처지 등에) 순응하다《*to*》: (3) (분쟁 등)을 조정하다 : —*vi.*《~/~+前+名》순응하다 ; 조정되다 : 파) **~·a·ble** *a.* 조정〈조절〉할 수 있는.

ad·just·er, -jus·tor [ədʒʌ́stər] *n.* ⓒ (1) 조정〈조절〉자. (2) 조절기〈장치〉. (3) 【保險】 손해 사정인 ; 정산인. (4) 보통 adjustor 조정체.

:ad·just·ment [ədʒʌ́stmənt] *n.* ⓤ,ⓒ (1) 조정(調整) ; 조절 ; 조정(調停) : (2) 【保險】 정산(精算)(서).

ad·ju·tant [ǽdʒətənt] *a.* 보조의. —*n.* ⓒ (1)【軍】 부관, 조수(helper). (2) 【鳥】 무수리(= ´~ bìrd〈stòrk〉).

ad lib [ædlíb, ´´] 《口》〔副詞的〕 생각대로, 무제한, 자유로이 ; 〔名詞的〕 즉흥적인 연주〈대사〉, 임시 변통의 일 :

ad-lib [ædlíb, ´-] (**-bb-**) *vt.* 《口》 (1) (대본에 없는 대사 따위)를 즉흥적으로 주워대다〈연기하다〉. (2) (악보에 없는 것)을 즉흥적으로 노래〈연주〉하다. —*vi.* 애드리브로 하다〈연주하다〉, 즉흥적으로(즉석에서) 하다 : —*a.* 즉흥적인 ; 임의〈무제한〉의. —*n.* = AD LIB.

ad-lib·ber [ǽdlíbər] *n.* ⓒ 즉흥적인 연주자.

ad-lib·i·tum [æd-líbətəm] 《L.》 임의로, 수의로(의) ; 연주자 임의의《略 : ad lib》.

ad·man [ǽdmæ̀n, -mən] (*pl.* **-men** [-mèn, -mən]) *n.* ⓒ《口》광고업자, 광고 권유원《※ 여성형은 **ád·wòm·an**》.

ad·mass [ǽdmæs]《주로 英》*n.* ⓤ 매스컴을 이용한 판매 방식 ; 그 영향을 받기 쉬운 일반 대중.

ad·min [ǽdmin] *n.* ⓤ《口》정부(政府). [◁ *administration*]

·ad·min·is·ter [ædmínəstər, əd-] *vt.* (1) …을 관리하다, 운영하다, 지배〈통치〉하다 : (2)《~+目/+目+前+名》(법령·의식)을 집행하다, 시행하다 : (3)《~+目/+目+前+名》**a**] (…에게 치료 등)을 베풀다 ; (…에게 필요한 것)을 주다 ; 베풀다, 공급하다《*to*》: **b**] (약 따위)를 복용시키다 : (4)《+目+目/+目+前+名》(…에게 타격 따위)를 가하다, …을 과하다, 지우다, 강제하다《※ give가 일반적임》: (5)《+目+前+名》(…에게 선서)를 하게 하다, 선서 시키다《*to*》: —*vi.* (1) 관리하다 : 【法】 유산을 관리하다. (2)《+前+名》보충하다, 돕다 ; 공헌하다, 도움이 되다《*to*》: ㅁ administration *n.*, administrative *a.*

:ad·min·is·tra·tion [ædmìnəstréiʃən, əd-] *n.* (1) ⓤ **a**] 관리, 경영, 운영, 지배(management) ; (the ~) 〔集合的〕 관리 책임자들, 집행부, 경영진 : **b**] 행정, 통치 ; 행정〈통치〉 기간〈임기〉 : (2) ⓒ《美》행정 기관, 관청, 행정부 ; (3) ⓤ **a**] (법률 등의) 시행, 집행, 시행《*of*》; **b**] (종교 의식·식전 등의) 집행《*of*》. (4) ⓤ (요법 등의) 적용, (약 등의) 투여, (치료·원조 등의) 베풂 : ㅁ administer *v.* ***the ~ of justice*** 재판, 처벌.

·ad·min·is·tra·tive [ædmínəstrèitiv, -trə- , əd-] *a.* 관리〈경영〉의 ; 행정(상)의 : **~·ly** *ad.* 관리상, 행정상.

ad·min·is·tra·tor [ædmínəstrèitər, əd-] *n.* ⓒ (1) **a**] 관리자 ; 집행자 ; 이사 : a college ~ 대학의 관리자. **b**] 행정관, 통치자. **c**] (경영·행정적인) 관리 재능이 풍부한 사람 ; 【法】 관재인(管財人), 《특히》 유산 관리인.

·ad·mi·ra·ble [ǽdmərəbəl] *a.* (1) 감탄〈칭찬〉할만한, 감복할 만한, 감복할 :(2) 훌륭한, 장한(excellent). ㅁ admire *v.* 파) **-bly** *ad.* 훌륭히, 멋지게

·ad·mi·ral [ǽdmərəl] *n.* ⓒ 해군 대장(full ~) ; 해군 장성 ; (함대) 사령관, 제독《略 : Adm., Adml.》: a fleet ~《美》= an ~ of the fleet《英》해군 원수 /**~·shìp** *n.* ⓤ ~ 의 직〈직위〉.

ad·mi·ral·ty [ǽdmərəlti] *n.* (1) ⓤ admiral의 직〈지위〉. (2) (the A-)《英》해군 본부. (3) **a**] ⓤ 해사법. **b**] ⓒ《美》해사 법원.

:ad·mi·ra·tion [ӕdməréiʃən] *n.* ⓤ (1) 감탄, 찬

A

탄, 찬양, 경배, 칭찬《*of* ; *for*》 ; 탄복하여 바라봄《*of*》 :(2) (the ~) 칭찬의 대상《*of*》 :□ admire *v*. ***in ~ of*** …을 찬미하여〈기리어〉. ***stand in ~ before*** = ***be lost in ~ of*** …을 극구 찬탄하다. ***with ~*** 감탄하여. ***to ~*** (경치 등이) 너무나 아름다워〈훌륭하여〉.

:ad·mire [ædmáiər, əd-] *vt*. (1) **a**] 《~+目/+目+前+名》 …에 감복〈찬탄〉하다, 탄복하다, …을 칭찬하다, 사모하다《*for*》 : **b**] …을 감탄하여〈넋을 잃고〉 바라보다 : (2) 〔흔히 反語的〕 …에 감탄하다, 경탄하다 :(3) 《口》 (겉치레로) 칭찬하다, 극구 칭찬하다 :□ admiration *n*.

:ad·mir·er [ædmáiərər, əd-] *n*. ⓒ (1) 찬미자, 찬양자, 팬. (2) 구애자, 구혼자, 애인.

·ad·mir·ing [ædmáiəriŋ, əd-] a. 〔限定的〕 찬미하는, 감복〈감탄〉하는 :파) **~·ly** *ad*. 감탄하여 :

ad·mis·si·ble [ædmísəbəl, əd-] *a*. (1) 〔敍述的〕 참가〈입장, 입회, 입학〉할 자격이 있는, 들어갈 자격이 있는 ; (지위에) 취임할 자격이 있는《*to*》 :(2) (행위·생각·구실 따위가) 용납〈수락〉할 수 있는 :□admit *v*

:ad·mis·sion [ædmíʃən, əd-] *n*. (1) ⓤ 들어가는 것을 허용함, 입장(허가), 입학(허가), 입국(허가) 《*to* ; *into*》 : (2) ⓤ 입장료, 입회금(=~fee) ; 입장권(~ticket) : (3) ⓤ,ⓒ **a**] (사실에 대한) 용인, 승인, 시인, 허용《*of*》 :**b**] (죄·과실 등의) 자백, 자인《*of* ; *that*》 : □ admit *v*. ***by* 〈*on*〉** one***'s own ~*** 본인이 인정하는 바에 의하여. ***give free ~ to*** …을 자유로 출입케 하다 ; …에 무료 입장을 허락하다. ***make an ~ of*** (the fact) ***to*** a person 아무에게 (사실)을 고백하다. ***make* (*full*) *~ of*** one***'s guilt*** 죄상을 인정하다.

:ad·mit [ædmít, əd-] (**-tt-**) *vt*. (1) 《~+目/+目+前+名》 **a**] …을 들이다, …에게 입장〈입회·입학·입국〉을 허가하다《*in* ; *to* ; *into*》 :**b**] … 에게 신분〈특권〉 취득을 허락하다(permit, allow)《*to*》 :(2) (장소가) …을 수용할 수 있다, 들일 수 있다 : (3)《~+目/+目+*to be* 補/+*that* 節/+前+名+that節/+~*ing*/+(*that*)節》 …을 승인〈시인〉하다, 자백하다 ; (증거·주장)을 유효〈정당〉하다고 인정하다 :(4) 〔흔히 否定文으로〕 (사실·사정이) …의 여지를 남기다, 허용하다 : —*vi*. 《+前+名》 (1) 〔흔히 否定文〕 허용하다, 허락하다, 인정하다《*of*》 (의심·개선의) 여지가 있다《*of*》 :(2) 끌어들이다, (길이) 통하다《*to*》 :(3) 인정하다, 고백하다《*to*》 / (***while***) ***~ ting*** (***that***) …이라는 점은 일단 인정하지만, …이기는 하나.

□ admission, admittance *n*. (***While***) ***~ting*** (***that***) …라는 것〈점〉은 일단 인정하나, … 하긴 하나

ad·mit·tance [ædmítəns, əd-] *n*. ⓤ 입장(허가). 【cf.】 admission. □ admit *v*. ***gain* 〈*get*〉 *~ to*** …에 입장이 허락되다, …에 입장하다 :***No ~*** (***except on business***). (용무자 외) 입장 금지《게시》.

ad·mit·ted [ædmítid, əd-] *a*. 〔限定的〕 시인〈인정〉된, 공인된 ; 명백한

ad·mit·ted·ly [-li] *ad*. 일반적으로〈스스로도〉 인정하듯이 ; 틀림없이, 명백하게, 확실히

ad·mix [ædmíks, əd-] *vt*. (…에)…을 (뒤)섞다, 혼합하다(mix)《*with*》 —*vi*. (…와) 섞이다《*with*》.

ad·mix·ture [ædmíkstʃər, əd-] *n*. (1) ⓤ 혼합《*of*》 :(2) ⓒ (흔히 sing.) 혼합물 ; 첨가제《*of*》 :

·ad·mon·ish [ædmániʃ, əd-/-mɔ́n-] *vt*. (1) 《+目/+目+*to* do/+目+前+名/+目+*that* 節》 (아무)를 훈계하다, 설유하다, 타이르다(reprove), 깨우치다 ; (아무)에게 충고하다, 권고하다(advise)《*against* ; *for*》 :(2) 《+目+前+名/+目+*that* 節》 …을 경고하다(warn), (위험 등)을 알리다 (remind, inform), …의 주의를 촉구하다 《*of* ; *about* ; *for*》 : I ~*ed* him *of* 〈*about*〉 the danger. 나는 그에게 위험을 경고하였다 /□ admonition *n*. 파) **~·er** *n*. **~·ing·ly** *ad*. (부드럽게) 경고하여, 깨우쳐주어. **~·ment** *n*. = ADMONITION.

ad·mo·ni·tion [æ̀dməníʃən] *n*. ⓤ,ⓒ 훈계, 설유 ; 권고, 충고 ; 경고 :□ admonish *v*.

ad·mon·i·to·ry [ædmánitɔ̀:ri, əd-/-mɔ́nitəri] *a*. 훈계〈충고, 경고〉의 :

ad nau·se·am [æd-nɔ́:ziəm, -si-, -æ̀m] 《L.》 지겹도록, 구역질이 나도록 :

·ado [ədú:] *n*. ⓤ 〔흔히 much〈more, further〉~로〕 야단 법석, 소동 ; 노고, 수고, 고심 :***much ~ about nothing*** 공연한 법석. ***with much ~*** (야단) 법석을 떨며, 크게 법석거리며 ; 고심한 끝에. ***without more* 〈*further*〉 *~*** 그 다음은 애도 안먹고〈순조로이〉 ; 손쉽게, 척척 :

ado·be [ədóubi] *n*. (1) ⓤ (햇볕에 말려 만든) 어도비 벽돌 ; 어도비 제조용 찰흙. (2) ⓒ 어도비 벽돌집. —*a*. 〔限定的〕 어도비 벽돌로 지은.

ad·o·les·cence [æ̀dəlésəns] *n*. ⓤ 청년기, 사춘기, 청춘기《주로 10대의 대부분》.

ad·o·les·cent [æ̀dəlésənt] *a*. (1) 청춘(기)의, 청년기의 :(2) 미숙한, 풋내나는. —*n*. ⓒ 청춘기의 사람《남녀》, 청년, 젊은이 ;《경멸적》 나잇값도 못하는 풋내기 :【cf.】 adult.

Adon·is [ədánis, ədóu-] *n*. (1) 【그神】 아도니스《Aphrodite에게 사랑받은 미남》. (2) ⓒ ⓒ 미청년 ; 미남자, 멋쟁이(beau).

Adónis blúe 【蟲】 부전나비.

:adopt [ədápt/ədɔ́pt] *vt*. (1) 《~+目/+目+*as* 補/+目+前+名》 …을 양자〈양녀〉로 삼다《*into*》 :(2) **a**] (의견·방침·조처 등)을 채용〈채택〉하다(take up), 골라잡다 : **b**] (회의에서 의안·보고 등)을 채택〈승인〉하다 :(3) 《+目+*as* 補》《英》 (정당이 후보자)를 지명하다 :(4) 《+目+前+名》 【言】 (외래어로서) 받아들이다 :□ adoption *n*. ***~ out*** (자식을) 양자로 내보내다. 파) **adópt·er** *n*. ⓒ (1) 채용자. (2) 양부모.

adopt·ed [-id] *a*. 〔限定的〕 (1) 양자가 된 : (2) 채용된, 채택된.

adopt·ee [ədaptí:/-ɔp-] *n*. ⓒ (1) 양자. (2) 채용〈채택·선정·차용〉된 것.

·adop·tion [ədápʃən/ədɔ́p-] *n*. ⓤ,ⓒ (1) 채용, 채택《*of*》 :(2) 양자결연 :(3) (외국어의) 차용. □ adopt *v*. ***a son by ~*** 양자.

adop·tive [ədáptiv/ədɔ́p-] *a*. 〔限定的〕 (1) 채용하는. (2) 양자 관계의 :파) **~·ly** *ad*.

ador·a·ble [ədɔ́:rəbəl] *a*. (1) 존경〈숭배, 찬탄〉할 만한, 숭앙할 만한. (2) 《口》 사랑스러운, 귀여운, 반하게 하는 :□ adore *v*.

파) **~·ness** *n*. **-bly** *ad*.

ad·o·ra·tion [æ̀dəréiʃən] *n*. ⓤ (1) 예배, 숭배. (2) 애모, 동경《*for* ; *of*》 :□ adore *v*.

:adore [ədɔ́:r] *vt*. (1) 《~+目/+目+*as* 補》 …을 숭배하다(worship), 존경하다, 숭경(崇敬)하다 ; (신(神))을 받들다, 찬미하다 ; 경모〈사모, 흠모〉하다 :(2) 《~+目/+-*ing*》《口》 …(하기)를 매우 좋아하다 :□ adoration. *n*. 파) **adór·er** [-rər] *n*. ⓒ (1) 숭배자. (2) 열애자(熱愛者).

ador·ing [ədɔ́:riŋ] *a*. 〔限定的〕 숭배〈경모, 흠모〉하는 ; 애정 어린 :파) **~·ly** *ad*. 숭배하여 ; 경모〈흠모〉하여.

:adorn [ədɔ́:rn] *vt*. (1) 《~+目/+目+前+名》 …

을 꾸미다, 장식하다《with》【cf.】 decorate, ornament.(2) …에 광채를〈아름다움〉을 더하다, 아름다움을 돋보이게 하다 : 보다 매력적〈인상적〉으로 하다

:**adorn·ment** [-mənt] *n.* (1) ⓤ 꾸밈, 장식 :(2) ⓒ 장식품 :

ADP automatic data processing.

ADR American Depositary Receipt (미국 예탁(預託) 증권).

ad·re·nal [ədríːnəl] *a.* 신장〈콩팥〉 부근의 ; 부신의. —*n.* ⓒ (흔히 *pl.*) 부신(=**~glánd**).

adren·a·line [ədrénəlin, -lìːn] *n.* ⓤ 【化】 아드레날린(epinephrine) ; (부신 호르몬의 하나)《比》 흥분시키는 것, 자극제.

Adri·an [éidriən] *n.* 에이드리안《남성 이름》.

Adri·at·ic [èidriǽtik, æ̀d-] *a.* 아드리아해(海)의.

Adriátic Séa (the ~) 아드리아해(海).

adrift [ədríft] *ad., a.* 〔敍述的〕 (1) 물에 떠돌아다니는, 표류하여 :(2) (정처없이) 헤매어 ; 일정한 직업없이 방황하여 ; 목적 없이 :(3) (부품 등이) 헐거워져서, (사물이)풀리어, 벗어나 ; 상태가 고장나 :***be all ~*** 1) 표류하다. 2) 아주 망여자실해 있다 ; 예상에 벗어나다. ***cut*** 〈***set***〉***. . .*** ~ (매어 놓은 밧줄을 끊고 배를) 표류시키다. ***go ~*** 《口》 (물건이) 표류하다 ; (주제에서) 벗어나다《from》 ; 《口》 (물건이) 없어지다, 도둑맞다. ***turn*** a person ~ 아무를 내쫓다〈거리를 방황하게 하다〉 ; 해고하다.

adroit [ədrɔ́it] *a.* 교묘한, 손재주가 있는, 솜씨 좋은(dexterous) ; 기민한, 빈틈없는《at ; in》 : 파) **~·ly** *ad.*솜씨 있게, 훌륭히 :**~·ness** *n.* ⓤ

ad·sorb [ædsɔ́ːrb, -zɔ́ːrb] *vt.* 【化】 …을 흡착(吸着)하다 :파) **~·a·ble** *a.*

ad·sorb·ent [ædsɔ́ːrbənt, -zɔ́ːr-] *a.* 【化】 흡착성의, 흡착력이 있는. —*n.* ⓤ,ⓒ 흡착제.

ad·sorp·tion [ædsɔ́ːrpʃən, -zɔ́ːrp-] *n.* ⓤ 흡착(작용).

ad·sorp·tive [ædsɔ́ːrptiv, -zɔ́ːrp-] *a.* 흡착력있는.

ad·u·late [ǽdʒəlèit] *vt.* …에게 아첨하다, 빌붙다. 파) **àd·u·lá·tion** [-ʃən] *n.* ⓤ 아첨 :공연한 칭찬. **ád·u·là·tor** [-tər] *n.* ⓒ 아첨하는 사람. **ád·u·la·tò·ry** [-lətɔ̀ːri/-lètəri] *a.* 아첨하는.

:**adult** [ədʌ́lt, ǽdʌlt] *a.* (1) 어른의, 성장한, 성인이 된 ; 성숙한. (2) 《美》 성인만의(을 위한), 포르노의 :—*n.* ⓒ 성인, 어른(grown-up) ; 【法】 성년자 ; 【生】 성숙한 동식물. ***Adults Only*** 미성년자 사절《게시》.

adúlt educátion 성인 교육.

adul·ter·ant [ədʌ́ltərənt] *a.* 섞음질에 쓰는, 타는《물 따위》. —*n.* ⓒ 혼합물.

adul·ter·ate [ədʌ́ltərèit] *vt.* …에 섞음질을 하다, (섞음질하여) …의 질을 나쁘게 하다, 품질을 떨어뜨리다, 불순하게 하다 : 우유에 물을 타다. — [-rit, -rèit] *a.* (1) 섞음질을 한. (2) = ADULTEROUS.
파) **adùl·ter·á·tion** [-réiʃən] n. ⓤ 섞음질함 ; ⓒ 혼합물, 조악품. **adúl·ter·à·tor** [-rèitər] *n.* ⓒ 조악품 제조자.

adul·ter·er [ədʌ́ltərər] *n.* ⓒ 간부(姦夫).

adul·ter·ess [ədʌ́ltəris] *n.* ⓒ 간부(姦婦).

adul·ter·ous [ədʌ́ltərəs] *a.* 불의의, 간통의, 섞음질한, 불순한, 가짜의 : 파) **~·ly** *ad.*

·**adul·tery** [ədʌ́ltəri] *n.* ⓤ,ⓒ 간통, 불의(不義) :

adult·hood [ədʌ́lthùd, ǽdʌlt-] *n.* ⓤ 성인임, 어른임 ; 성인기 :

ad·um·brate [ædʌ́mbreit, ǽdəmbrèit] *vt.* (1) …의 윤곽을 슬쩍 똥겨주다, (어렴풋이) …의 윤 곽을 나타내다. (2) (미래)를 예시하다 :(3) …을 어둡게 하다, 흐릿하게 하다.
파) **ad·um·bra·tion** [æ̀dəmbréiʃən] *n.* ⓤ,ⓒ

adv. adverb ; adverbial(ly) ; advertisement.

ad·va·lo·rem [æd-vəlɔ́ːrəm] 《L.》 (= according to the price) 가격에 따라, 값에 따라《略 : ad val., a.v.》

:**ad·vance** [ədvǽns, -vɑ́ːns, əd-] *vt.* (1) 《~+目/+目+前+名》 …을 나아가게 하다, 앞으로 내보내다, 전격시키다, 진보시키다, 전진〈진출〉시키다《to》 :(2) 《~+目/+目+前+名》 (기일 따위)를 앞당기다《from ; to》 :(3) (작업 따위)를 진척시키다, 촉진시키다, 증진하다 :(4) (의견·요구·제의 따위)를 제출하다 : (반대·비판)을 감히 하다 : (5) (값 따위)를 올리다(raise) :(6) 《~+目/+目+前+名》 …을 진급〈승급〉시키다 ; 끌어 올리다《from ; to》 :(7) 《~+目/+目+前+名/+目+目》 …을 선지급하다《to》 : —*vi.* (1) 《~/+前+名》 **a**] 앞으로 나아가다, 전진하다《to ; toward》 :**b**] 진군하다 ; 〈험악스럽게〉 다가서다《against ; on, upon》 :(2) (밤이) 이슥해지다 :(3) 《+前+名》 (나이를) 먹다《in》 :(4) 《~/+前+名》 **a**] (지식·연구·출세 등에서) 진보〈발전, 향상〉하다《in》 :**b**] 승진하다《to》 :**c**] (연구·일 등이) 진척하다 :(5) 값이 오르다(rise in price), 등귀하다 :***~ in the world***〈***in life***〉 출세하다. ***~ on*** 〈***upon***〉 …에 밀어닥치다, …에 육박하다. —*n.* (1) ⓤ,ⓒ (흔히 *sing*) 전진, 진군, 진출 ; (시간의) 진행 :(2) ⓤ,ⓒ 진보, 진척, 증진, 향상 :(3) ⓒ 가격 인상, 등귀《in ; on》 :(4) ⓤ,ⓒ 승급, 승진. (5) ⓒ 선급, 선급금 ; 선도품(先渡品)《on》 :(6) (흔히 *pl.*) (교섭·교제의) 신청 ; (남녀간의) 구애, 유혹《to》 :***in ~*** 1) 미리, 앞당겨, 사전에 :2) 선두에 서서. 3) 선지급으로, 선금으로 :4) 입체하여 : ***in ~ of*** 1) …보다 앞에, …에 앞서서 :2) …보다 나아가서〈우수하여〉 :—*a.* 〔限定的〕 전진한 ; 전의 ; 미리미리의 :

advánce cópy 신간 견본《발매 전에 비평가 등에게 보내는》.

:**ad·vanced** [ədvǽnst, -vɑ́ːnst, əd-] (***more ~ ; most ~***) *a.* (1) 앞으로 나온〈낸〉 :(2) **a**] 진보한, 나아간 :b] (초급·중급을 지난) 상급〈고급〉의, 고등의 :(3) 진보적인 ; 앞선, 선구의 :(4) (연령이) 늙은 ; (밤이) 이슥한 ; (철이) 깊어진 :(5) (값이) 오른.

advánced lével 【英敎】 = A LEVEL.

advánced stánding 《美》 (1) (타대학에서 이수한) 단위 학점 인정. (2) 이 이수학점이 인정된 학생의 자격.

advánce guárd 【軍】 전위(부대).

·**ad·vance·ment** [ədvǽnsmənt, -vɑ́ːns-, əd-] *n.* ⓤ (1) 전진, 진출. (2) 진보, 발달 ; 촉진, 증진, 진흥 :(3) 승진, 출세(promotion) :(4) 선지급, 가지급.

:**ad·van·tage** [ədvǽntidʒ, -vɑ́ːn-, əd-] *n.* (1) ⓤ 유리 ; 이익 :(2) ⓤ 우세, 우월《of ; over》 :(3) ⓒ 이점, 장점《of ; over》 : (4) ⓤ 【테니스】 어드밴티지《deuce 후 1 점의 득점 ; 《美》 ad, 《英》 van 이라고도 함》 :***be of great*** 〈***no***〉 ***~ to*** …에게 크게 유리하다 〈조금도
유리하지 않다〉. ***buy at an ~*** 싼값에 사다. ***gain*** 〈***win***〉 ***an ~ over*** a person 아무를 능가하다, 아무보다 낫다, …보다 우월하다. ***have the ~ of*** 1) …의 장점이 있다 :2) 《英》 (상대가) 모르는 것을 알고 있다, …을 일방적으로 알고 있다 ; ***take ~ of*** 1) (기회 등

A

을) 이용하다 : (2) (무지등에) 편승하다; 속이다, (여자)를 유혹하다. ***take*** a person ***at ~*** …에게 기습을 가하다, …의 허를 찌르다. ***to ~*** 1) 유리하게, 형편 좋게 :2) 뛰어나게, 훌륭히 : ***to the ~ of*** …에 유리하게〈형편 좋게〉. ***turn to ~*** (…을) 이용하다, 이롭게〈유리하게〉 하다. ***with ~*** 유리〈유효〉하게 : —*vt.* …에 이롭게 하다, 이익을 가져오다 ; …을 촉진〈조장〉하다. 파) **~d** *a.* (태생 · 환경면에서) 혜택을 받은《아이 따위》. 【opp.】 *disadvantaged.*

·ad·van·ta·geous [æ̀dvəntéidʒəs] (***more ~ ; most ~***) *a.* (1) 유리한 , 이로운 ; 형편이 좋은 : (2) 〔敍述的〕 (…에게 있어) 유리한《*to*》 : 파) **~·ly** *ad.* 유리하게, 형편 좋게. **~·ness** *n.*

·ad·vent [ǽdvent, -vənt] *n.* (1) (the ~) (중요 인물 · 사건의) 도래(到來), 출현《*of*》 :. (2) (the A-) 예수의 강림〈재림〉 (the Second A-) ; 강림절《크리스마스 4 주 전 일요일을 포함하는 기간》.

Ad·vent·ist [ǽdventist, ædvént-] *n.* ⓒ 예수 재림론자.

ad·ven·ti·tious [æ̀dvəntíʃəs] *a.* (1) 우연의 (accidental) ; 외래의 : (2) 【動 · 植】 부정(不定)의 :(3) 【醫】 우발(偶發)의 : 파) **~·ly** *ad.* **~·ness** *n.*

Ádvent Súnday 강림절 중의 첫 일요일.

:ad·ven·ture [ædvéntʃər, əd-] *n.* (1) ⓤ 모험(심) :(2) ⓒ (종종 *pl.*) 모험담, 체험담, 기담(奇談) :(3) ⓒ 예사롭지 않은 사건, 뜻하지 않은 경험 :(4) ⓒ 모험적 행동, 위험한 행위(5) ⓤ,ⓒ 투기, 요행. ***a man of ~*** 모험가. —*vi.* (1) 위험을 무릅쓰다. (2) 《+前+名》 위험을 무릅쓰고 전진〈감행〉하다《*into* ; *on, upon*》

advénture gàme 【컴】 모험 놀이《컴퓨터게임》.

advénture plàyground 《英》 어린이의 창의성·자발성을 살리기 위해 목수 연장 · 건축 자재 · 그림 물감 따위를 마련해 둔 놀이터.

·ad·ven·tur·er [ædvéntʃərər, əd-] (*fem* ***-ess*** [-ris]) *n.* ⓒ (1) 모험가. (2) 투기꾼, 협잡꾼 :(3) 수단을 가리지 않고 부나 권력을 노리는 사람.

ad·ven·ture·some [ædvéntʃərsəm, əd-] *a.* 모험적인(adventurous).

ad·ven·tur·ism [ædvéntʃərìzəm, əd-] *n.* ⓤ 모험주의(특히·정치 외교에서의).

·ad·ven·tur·ous [ædvéntʃərəs, əd-] *a.* (1) 모험적인 ; 모험을 즐기는 :(2) 대담한 ; 위험한 : 파) **~·ly** *ad.* 대담하게 ; 모험적으로.

:ad·verb [ǽdvəːrb] *n.* ⓒ 【文法】 부사《略 : adv., ad.》 ⇨ INTERROGATIVE ADVERB. 의문부사 —*a.* = ADVERBIAL.

ad·ver·bi·al [ædvə́ːrbiəl] *a.* 부사의 ; 부사적 :〉. 파) **~·ly** *ad.*

ad·ver·sar·i·al [æ̀dvərsέəriəl] *a.* 반대자의 : 【法】 = ADVERSARY.

·ad·ver·sary [ǽdvərsèri/-səri] *n.* (1) 적, 반대자, 상대, 대항자 : (2) (the A-) 악마(Satan). —*a.* 반대하는, 적의 ; 【法】 당사자주의의.

·ad·verse [ædvə́ːrs, ⌐–] *a.* (1) 역(逆)의, 거스르는, 반대의, 반대하는(opposed)《*to*》 :(2) 불리한 ; 불운한, 적자의 ; 해로운 ; 불운〈불행〉한 : 파) **~·ly** *ad.* (1) 역으로, 반대로. (2) 불리하게, 불운하게.

·ad·ver·si·ty [ædvə́ːrsəti, əd-] (*pl.* ***-ties***) *n.* (1) ⓤ 역경 ; 불행, 불운 (2) (종종 *pl.*) 불행한 일, 재난

:ad·vert[1] [ædvə́ːrt, əd-] *vi.* 《+前+名》 유의하다, 주의를 돌리다, 논급하다, 언급하다《*to*》 : 파) **~·ly** *ad.*

ad·vert[2] [ǽdvəːrt] *n.* ⓤ,ⓒ 《英口》 광고(advertisement)

:ad·ver·tise [ǽdvərtàiz, ⌐–⌐] *vt.* (1) 《~+目/+目+*as* 補》 …을 광고하다, 선전하다 :(2) …을 공시하다, 일반에게 알리다 : (3) …을 짐짓 눈에 띄게 하다 :(4) (사정 등이) …을 돋보이게 하다 : —*vi.* (1) 《~/+前+名》 광고를 내다 ; 광고를 내어 구하다《*for*》 : (2) 자기 선전을 하다 : ~ one***self*** (***as***) (…라고) 자기 선전하다〈떠벌리다〉.

:ad·ver·tise·ment [æ̀dvərtáizmənt, ædvə́ːrtis-, -tiz-] *n.* ⓤ,ⓒ (1) 광고, 선전 : (2) 통고, 공시.

·ad·ver·tis·er [ǽdvərtàizər] *n.* ⓒ 광고자〈주〉 ; (the A-) '…신문'.

·ad·ver·tis·ing [ǽdvərtàiziŋ] *n.* ⓤ 광고(업). —*a.* 광고의, 광고에 관한

ádvertising àgency 광고 대행사(= **ád àgency**).

ad·ver·to·ri·al [æ̀dvərtɔ́ːriəl] *n.* ⓒ (잡지 등의) 기사 형식을 취한 광고, PR 기사〈페이지〉.

:ad·vice [ædváis, əd-] *n.* (1) ⓤ **a**〕 충고, 조언, 권고(counsel)《*on*》 :/ . **b**〕 (의사의) 진찰 ; (변호사의) 의견, 견해 :(2) (흔히 *pl.*) 알림, 보고 ; ⓒ 【商】 통지, 안내 : ***act on a person's ~*** 충고에 따라 행동하다. ***act against ~*** 충고를 거역하고 행동하다. ***act at 〈by, on, under〉 ~*** 충고대로 행동하다 : ***give 〈tender〉 ~*** 조언하다, 권고하다.

ad·vis·a·bil·i·ty [ædvàizəbíləti, əd-] *n.* ⓤ (1) 권할 만함, 적당함 ; 득책. (2) (계책의) 적부.

·ad·vis·a·ble [ædváizəbəl, əd-] *a.* 〔敍述的〕 (흔히 it is ~의 꼴로) 권할 만한, 적당〈타당〉한 ; 득책의, 현명한 :파) **-bly** *ad.*

:ad·vise [ædváiz, əd-] *vt.* (1) 《~+目/+目+*to* do/+目+*wh. to* do/+目+*wh.*節/+-*ing*/+目+前+名》 …에게 충고하다〈조언하다, 권하다〉《*on*》 :(2) 《+目+前+名/+目+*that* 節》 …에게 …을 알리다, 통지하다《*of*》 《※ 특히 상용문에서 흔히 씀》 : —*vi.* (1) 《~/+前+名》 (…에 대하여) 충고하다, 권하다《*on*》 :(2) 《+前+名》《美》 (아무의) 충고를 구하다, 상담하다, 의논하다《*with*》 : ~ one***self*** 숙고하다.

ad·vised [ædváizd, əd-] *a.* 숙고한 후의, 신중한, 곰곰이 생각한 끝의《주로 well-advised(분별 있는), ill-advised (무분별한)로 쓰임》 : 파) **ad·vís·ed·ly** [-idli] *ad.* 숙고한 뒤에 ; 짐짓, 고의로 :

ad·vise·ment [ædváizmənt, əd-] *n.* ⓤ 〔주로 《美》에서 take... under ~ 로〕 숙고, 상담, 협의, 숙려(熟慮)

·ad·vis·er, -vi·sor [ædváizər, əd-] *n.* ⓒ (1) 조언자, 충고자, 의논 상대자 ; 고문《*to*》 : (2) 【美大學】 과목 선택 지도 교수. ※ adviser 는 advise 하는 행위를, advisor 는 그 직책을 강조 ; adviser 가 보통.

ad·vi·so·ry [ædváizəri, əd-] *a.* 권고의, 조언하는, 조언을〈충고를〉 주는 ; 고문의 : —*n.* ⓒ 《美》 상황 보고, 《특히》 (태풍 정보 따위의) 기상 보고〈통보〉.

ad·vo·ca·cy [ǽdvəkəsi] *n.* ⓤ (1) 옹호, 지지 ; 고취, 창도(唱道), 주장 :(2) 변호사업.

·ad·vo·cate [ǽdvəkit, -kèit] *n.* ⓒ 옹호자, 고취자 ; 주창자《*of* ; *for*》 ; 《주로 Sc.》 변호사 ; (A-) 그리스도 : —[ǽdvəkèit] *vt.* 《~+目/+-*ing*》 …을 옹호〈변호〉하다, 지지하다 ; 주장하다

ad·vo·ca·tor [ǽdvəkèitər] *n.* ⓒ 옹호자, 주창자.

ad·vow·son [ædváuzən, əd-] *n.* ⓤ 【英法】 성직(聖職) 수여권.

adz, adze [ædz] *n.* ⓒ 까뀌.
A.E.A. 《英》 Atomic Energy Authority (원자력 공사).
Ae·gé·an Íslands [i(:)dʒíːən-] (the ~) 에게해 제도.
Aegéan Séa (the ~) 에게해, 다도해.
ae·gis [íːdʒis] *n.* (1) ⓤ 보호, 옹호 ; 《美》 주최, 찬조(贊助), 후원(patronage). (2) (the ~) 【그 神】 Zeus 신의 방패. ***under the ~ of*** …의 보호 아래, 후원 아래 ; …의 후원으로 :
Ae·ne·as [iníːəs] *n.* 【그·로 神】 아에네아스 《Troy 의 용사로, Anchises 와 Aphrodite 의 아들 ; 서사시 *Aeneid* 의 주인공》.
Ae·ne·id [iníːd] *n.* (The ~) Virgil 의 서사시(詩) 《Aeneas 의 유랑을 읊음》.
Ae·o·li·an [iːóuliən] *a.* 바람의 신 Aeolus 의.
aeólian hárp 〈**lýre**〉 에올리언 하프《바람을 받으면 저절로 울림》.
Ae·o·lus [íːələs] *n.* 【그 神】 아이올로그, 바람의 신.
ae·on, eon [íːən, -ɑn] *n.* ⓒ 무한히 긴 시대 ; 영구.
aer·ate [éəreit, éiərèit] *vt.* (1) 공기에 쐬다 ; …에 공기를 통하게 하다 :(2) 호흡에 의해서 (혈액에) 산소를 공급하다. (3) (탄산수 등을 만들기 위하여) 탄산가스를 넣다(포함시키다) :
파) **aer·á·tion** [-ʃən] *n.* ⓤ 공기에 쐼 ; 통기 ; 【化】 폭기(曝氣) ; 탄산가스 포화(처리) ; 【生】 (폐에 의한) 동맥혈화.
:aer·i·al [éəriəl, eiíər-] *a.* 〔限定的〕 (1) 공기의, 대기의 ; 기체의 : (2) 공중의 ; 공중에 치솟은 :(3) 공중에 사는〈생기는〉, 기생(氣生)의 :(4) 항공(기)의, 항공기에 의한《※ 현재는 air를 쓰는 경우가 많음》 : —[éəriəl] *n.* ⓒ (1) 【電】 안테나. (2) = AERIAL LADDER. (3) 【스키】 에어리얼《점프하여 회전하거나 몸을 비트는 등 연기의 프리 스타일 종목》.
파) **~·ly** *ad.*
aer·i·al·ist [éəriəlist, eiíər-] *n.* ⓒ (1) 공중 곡예사. (2) 《俗》 (지붕을 타고 들어가는 곡예사 같은) 침입 강도.
áerial làdder (소방용의) 접(摺) 사닥다리, 공중 사닥다리.
áerial tánker 공중 급유기.
aer·ie [éəri, íəri] *n.* ⓒ (1) (매 따위의) 둥지. (2) (매 등의) 새끼. (3) 높은 곳에 있는 집〈성〉.
aer·o·bat·ic [èərəbǽtik] *a.* 고등 비행의, 곡예 비행의 :
aer·o·bat·ics [èərəbǽtiks] *n. pl.* (1) 〔複數취급〕 곡예〈고등〉 비행 :(2) ⓤ 〔單數취급〕 곡예〈고등〉 비행술 : [◁ *aero* tcro*batics*]
aer·obe [éəroub] *n.* ⓒ 호기성(好氣性) 생물, 호기성 균(菌).
aer·o·bic [εəróubik] *a.* (1) 호기성의 , 호기성 세균의 ; 산소의 ; 산소에 의한 :(2) 에어로빅스의 :
aer·o·bics [εəróubiks] *n. pl.* 〔單數취급〕 에어로빅스《호흡 순환기의 산소 소비를 늘리는 운동을 하는 건강법》.
aer·o·drome [éərədròum] *n.* ⓒ 《주로 英》 소형〈간이〉 비행장, 공항(airdrome).
aer·o·dy·nam·ic [èəroudainǽmik] *a.* 〔限定的〕 공기 역학(상)의 : 파) **-i·cal·ly** *ad.* 공기 역학적으로.
aer·o·dy·nam·ics [èəroudainǽmiks] *n.* ⓤ 공기〈항공〉 역학 :**aer·o·foil** [èərəfɔ̀il] *n.* 【英空】 = AIRFOIL.
aer·o·gram, -gramme [éərəgræ̀m] *n.* ⓒ (1) 항공 서한(air letter). (2) 무선 전보.
aer·ol·o·gy [εərɑ́lədʒi/-rɔ́l-] *n.* ⓤ 고층(高層) 기상학. 파) **-gist** *n.* ⓒ 고층 기상학자.
aer·o·me·chan·ics [èəroumәkǽniks] *n.* ⓤ 항공 역학.
aer·o·naut [éərənɔ̀ːt] *n.* ⓒ 비행가 ; 기구〈비행선〉 조종사〈승무원〉.
aer·o·nau·tic, -ti·cal [èərənɔ́ːtik], [-əl] *a.* 항공학의, 항공술의, 비행술의 ; 기구〈비행선〉 승무원의.
aeronáutical chárt 항공도.
aer·o·nau·tics [èərənɔ́ːtiks] *n.* ⓤ 항공학 〈술〉.
aer·o·pause [éərəpɔ̀ːz] *n.* ⓤ 【空】 대기계면(大氣界面)《고도 20-23 km간의 대기층》.
:aer·o·plane [éərəplèin] *n.* ⓒ 《英》 비행기(《美》 airplane).
aer·o·sol [éərəsɔ̀ːl, -sɑ̀l] *n.* (1) ⓤ 【化】 에어로솔, 연무질(煙霧質), 연무제, 분무기. (2) = AEROSOL BOMB. —*a.* 〔限定的〕 에어로솔의, 분무기의 :
áerosol bòmb 〈**contàiner**〉 (압축가스를 이용한) 분무기.
aer·o·space [éərouspèis] *n.* ⓤ 대기권과 우주 ; 항공 우주 (산업) ; (항공) 우주 과학. —*a.* 항공 우주의 ; 항공 우주 (산업)의 ; 항공 제조의 :
aer·o·stat·ics [èərəstǽtiks] *n.* ⓤ 기체 정역학 ; 경항공기학 ; 경항공기 조종술.
:Ae·sop, Æ·sop [íːsəp, -sɑp/-sɔp] *n.* 이솝《그리스의 우화 작가 ; 620?-560? B.C.》 :파) **Ae·so·pi·an** [i(:)sóupiən] *a.* 이솝(류)의 ; 이솝 이야기 같은 ; 우의(寓意)적인.
aes·thete, es- [ésθiːt/íːs-] *n.* ⓒ 유미(唯美)〈탐미〉주의자 ; 심미가, 미술가연하는 사람.
·aes·thet·ic, es- [esθétik/iːs-], **-i·cal** [-ikəl] *a.* 미(美)의, 미술의 ; 미학의 ; 심미적인 ; 미적 감각이 있는 ; 심미안이 있는 ;파) **-i·cal·ly** *ad.* 미학적으로, 미학상 ; 심미적〈예술적〉으로.
aes·thet·i·cism, es- [esθétəsìzəm/iːs-] *n.* ⓤ 유미주의 ; 예술 지상주의.
aes·thet·ics, es- [esθétiks/iːs-] *n.* ⓤ 【哲】 미학(美學).
aes·ti·vate, es- [éstəvèit/íːst-] *vi.* 여름을 지내다〈보내다〉 ; 【動】 하면(夏眠)하다.
파) **àes·ti·vá·tion, ès-** [-ʃən] *n.* ⓤ 【動】하면.
ae·ta·tis [iːtéitis] *a.* 《L》 당년 …살(의) (at the age of) 《略 : aet[iːt], aetat[íːtæt]》 : ~17, 17살의.
aetiology [iːtiɑ́lədʒi/-ɔ́l-] *n.* = ETIOLOGY.
A.F. Air Force ; Allied Forces(연합군) ; Anglo-French. **Af.** Africa(n). **A.F., a.f.** audio frequency (가청 주파수).
·afar [əfɑ́ːr] *ad.* 멀리, 아득히(far)《※ far가 일반적임》. ***~off*** 멀리 저쪽에. —*n.* 〔다음成句로만〕 ***from ~*** 멀리서 :
AFB Air Force Base. **AFC** automatic flight 〈frequency〉 control. (자동 비행〈주파수〉 제어) ; American Football Conference. **AFDC, A.F.D.C.** 《美》 Aid to Families with Dependent Children (아동 부양 세대(世帶)보조).
af·fa·bil·i·ty [æ̀fəbíləti] *n.* ⓤ 상냥한, 붙임성 있음, 사근사근함.
af·fa·ble [ǽfəbəl] *a.* (1) (사람이) 말붙이기 쉬운, 친근감이 가는, 스스럽지 않은, 상냥한, 붙임성 있는, 사근사근한 : (2) (말·태도 등이) 상냥한, 부드러운.

공손한, 정중한 : 파) **-bly** *ad.* 붙임성 있게 ; 상냥하게.

:af·fair [əfέər] *n.* ⓒ (1) **a**] (해야 할) 일, 용건 : **b**] (*pl.*) (일상의) 업무, 용무, 직무, 사무 :(2) (세상을 떠들썩하게 하는) 사건 ; 생긴 일(event) :(3) (흔히 one's ~로) 개인적인 관심사 :(4) (주로) 불륜의 연애〈관계〉, 정사 :(5) 《口》〔形容詞를 수반하여〕 것 ; 물건, 물품 : ***a man of ~s*** 사무가, 실무가. ***as ~s* 〈*things, matters*〉 *stand*** 현상태로는 ; 현재로 봐서. ***have an ~ with*** …와 관계를 갖다. ***in the ~*** 그 건(件)으로. ***settle*** one***'s ~s*** ⇨ SETTLE. ***state of ~s*** 형세, 사태 : ***wind up*** one***'s ~s*** 신변의 정리를 하다, 업무를 결말 짓다 ; 가게를 닫다.

:af·fect[1] [əfékt] *vt.* (1) …에게 영향을 주다 ; 작용하다, …에게 악영향을 미치다 : (2) 《~+目/+目+前+名》 (병·고통이 사람·인체)를 침범하다, 걸리다《*with* ; *in*》 : (3) 《~+目/+目+前+名》 …을 감동시키다, …에게 감명을 주다《*at* ; *by* ; *with*》 : □ affection *n.*
—[ǽfekt] *n.* ⓤ,ⓒ 【心】 감정, 정서 : Love is an activity, not a passive ~. 사랑은 수동적인 것이 아니라 능동적인 행위이다.

·af·fect[2] [əfékt] *vt.* (1) 《~+目/+*to* do》 …인〈한〉 체하다, …을 가장하다, …인〈한〉 양 꾸미다 :(2) **a**] …을 즐기다, 즐겨 …을 사용하다 : **b**] (동식물이) …에 즐겨 살다〈생기다〉 :(3) (물건이 어떤 형태)를 잘 취하다 :□ affectation *n.*

af·fec·ta·tion [æ̀fektéiʃən] *n.* ⓤ,ⓒ (1) …인 체함, …연함《*of*》 :(2) 젠체함, 태깔부림 : ***without ~*** 체하지〈꾸미지〉 않고, 솔직히.

af·fect·ed[1] [əféktid] *a.* (1) 영향을 받은 ; (병 따위에) 걸린, 침범된, (더위 등을) 먹은 : (2) 감동된(touched), 슬픔에 잠긴 ; 변질된. (3) 〔副詞와 함께〕(…한) 마음을 품은 :

af·fect·ed[2] *a.* 짐짓 꾸민, …인 체하는, 유체스러운 ; 부자연한 : 파) **~·ly** *ad.* 젠체하여, 같잖게. **~·ness** *n.*

af·fect·ing [əféktiŋ] *a.* 감동시키는, 감동적인, 가련한 ; 애절한, 애처로운 : 파) **~·ly** *ad.* 감동적으로.

:af·fec·tion [əfékʃən] *n.* (1) ⓤ 애정, 호의《*for* ; *toward*》 ; (*pl.*) 애착, 연모, 사모 :(2) ⓤ 감정, 감동, 정의(情意) : (3) ⓒ 병(disease) ; 월경 : □ affect[1] *v.* ***gain* 〈*win*〉** a person***'s ~(s)*** 아무의 사랑을 얻어내다. ***set*** one***'s ~ on*** …에게 애정을 품다.

:af·fec·tion·ate [əfékʃənit] *a.* (1) (언어·행위 등이) 애정 깊은, 자애로운, 사랑이 넘친 :(2) 다정한, 친애하는, 사랑하는《*to* ; *toward*》 : 파) **:~·ly** *ad.* 애정을 다하여, 애정이 넘치게 :

af·fec·tive [əféktiv, ǽfektiv] *a.* (1) 감정〈정서〉적인, 감정을 움직이는 : (2) 【心】 정서의, 감정에 관한. 파) **~·ly** *ad.*

af·fer·ent [ǽfərənt] *a.* 【生理】 (혈관이)중심부로〈기관으로〉 인도되는 ; (신경이) 구심성(求心性)의. 【cf.】 efferent

af·fi·ance [əfáiəns] *n.* ⓤ 약혼 ; 서약 ; 《古》 신용, 신뢰(faith). —*vt.* 〔흔히 受動으로 또는 再歸的〕 …을 약혼시키다. ***be ~d to*** …의 약혼자이다 : ***the ~d* (*couple*)** 약혼 중인 두 사람.

af·fi·da·vit [æ̀fədéivit] *n.* ⓒ 【法】 선서서(宣誓書), 선서 진술서. ***swear* 〈*make, take*〉 *an ~*** (증인이) 진술서에 허위가 없음을 선서하다〈선서 진술서를 작성하다〉.

af·fil·i·ate [əfílièit] *vt.* 〔흔히 受動으로 또는 再歸的〕 …을 가입시키다, 회원으로 삼다 ; 관계를 맺다 ; 지부〈분교, 부속기관〉으로 하다 ; 합병하다《*with* ; *to*》 —*vi.* (1) 관계〈가맹, 가입〉하다, 입당〈입회〉하다 ; 제휴하다, 손잡다《*with*》. (2) 《美》 교제하다, 친분을 맺다, 친밀히 하다《*with*》.
—[əfíliit, -èit] *n.* ⓒ (1) 가입자, 회원. (2) 《美》 관계〈외곽〉 단체, 가맹단체, 지부, 분회, 계열〈자매〉회사 :

af·fil·i·at·ed [-id] *a.* (1) 관련 있는, 가맹〈가입〉한, 제휴〈합병〉한, 제휴하고 있는, 계열하〈지부〉의 :(2) 〔敍述的〕 …에 가입하여, …와 제휴〈합병〉하여《*with* ; *to*》

af·fil·i·a·tion [əfìliéiʃən] *n.* ⓤ,ⓒ (1) 가입, 입회, 합병, 합동, 가맹 :(2) 동맹, 연합 ; 제휴, 협력. (3) 양자 결연 ; 【法】 (사생아의) 부친의 확인. (4) (*pl.*) 《美》 관계, 우호관계 :

affiliátion òrder 【英法】 (치안판사가 부친에게 내리는) 비(比)적출자 부양료 지급 명령.

·af·fin·i·ty [əfínəti] *n.* (1) ⓤ,ⓒ **a**] 인척(관계) ; 동족 관계. 【cf.】 consanguinity. **b**] 유사, 친근성《*between* ; *with*》 : (2) **a**] (종종 an ~) (서로) 맞는 성질, (끌려) 좋아함《*for* ; *to*》 : **b**] ⓒ 뜻이 〈성미가〉 맞는 사람. (3) ⓤ,ⓒ 【化·生】 친화력 ; 유연(類緣)(성). 【cf.】 elective affinity. (4) 좋아함, 애호《*for*》.

:af·firm [əfə́ːrm] *vt.* (1) 《~+目/+*that* 節》 …을 확언하다, 단언하다, 주장하다 ; 긍정하다 :(2) 【法】 (상소에 대하여 원판결 따위)를 확인하다, 지지하다 : —*vi.* 단언〈긍정〉하다《*to*》 ; 【法】 무선서 증언을 하다 《퀘이커 교도 등이 이를 행함》 : 파) **~·a·ble** *a.* 확언〈긍정〉할 수 있는.

·af·fir·ma·tion [æ̀fərméiʃən] *n.* ⓤ,ⓒ 단언, 주장 ; 【論】 긍정 ; 확인 ; 【法】 (양심적 선서 거부자가 하는) 무선서(無宣誓) 증언.

:af·firm·a·tive [əfə́ːrmətiv] *a.* (1) 확언〈단언〉적인. (2) 긍정의, 승낙의, 찬성의.【opp.】*negative* —*n.* ⓒ (1) 확언, 단정 ; 긍정, 찬성. (2) 【論】 긍정문, 긍정어, 긍정 명제. ***in the ~*** 긍정〈승낙·동의〉하여 : 파) **~·ly** *ad.* 긍정적으로 :

affírmative áction 《美》 차별철폐 조처

affírmative séntence 【文法】 긍정문.

af·fix [əfíks] *vt.* (1) …을 첨부하다(fix), 붙이다《*to* ; *on*》 : (2) …에 서명 따위를 하다 ; (도장)을 찍다《*to*》 : —[ǽfiks] *n.* ⓒ 첨부물, 부착물 ; 【文法】 접사(接辭) 《접두사·접미사》.

af·fla·tus [əfléitəs] *n.* ⓤ (시인·예언자 등의) 영감, 인스피레이션.

:af·flict [əflíkt] *vt.* 《~+目/+目+前+名》 (사람)을 괴롭히다(distress) :***be ~ed at* 〈*by*〉** …으로 고민〈괴로워〉하다 : ***be ~ed with*** …으로 괴로움을 당하다 ; …을 앓나

·af·flic·tion [əflíkʃən] *n.* (1) ⓤ (심신의)고통, 고뇌, 고생(misery) :(2) ⓒ 불행의 원인《*to*》, 고통·고뇌의 원인〈씨〉.

af·flic·tive [əflíktiv] *a.* 괴로운, 고통을 주는.

af·flu·ence [ǽflu(ː)əns, əflúː-] *n.* ⓤ 풍부함, 풍요, 유복 :***live in ~*** 유복하게 살다.

af·flu·ent [ǽflu(ː)ənt, əflúː-] *a.* (1) 풍부한, 풍족한(abundant) ; 유복한 :(2) 도도히 흐르는. — *n.* ⓒ 지류(支流). 파)**~·ly** *ad.* 풍부히, 유복하게.

áffluent society(the ~) 풍요한 사회《J.K. Galbraith가 현대사회를 이른 말》.

af·flu·en·za [æ̀fluénzə] *n.* ⓒ 애플루엔저, 부자병《막대한 상속을 받은 여자가 무력감, 권태감, 자책감

따위를 갖는 병적 증상》.
af·flux [ǽflʌks] *n.* (an ~) (물 따위의) 흘러듦, 유입(流入).
:af·ford [əfɔ́ːrd] *vt.* (1) 〔흔히 can, be able to와 함께〕 a〕 (돈·시간)의 여유가 있다, …을 살〈지불할, 소유할〉 돈이 있다 : b〕《+*to* do》 …할 여유가 있다, …할 수 있다 : (2) 《~+目/+目+目/+目》 …을 주다, 제공하다, 산출하다, 낳다
af·ford·a·ble [əfɔ́ːrdəbəl] *a.* 줄 수 있는 ; 입수 가능한, (값이) 알맞은
af·for·est [əfɔ́(ː)rist, əfɑ́r-] *vt.* …에 조림〈식수〉하다, (토지를) 삼림으로 만들다.
파) **af•fòr•est•á•tion** *n.* ⓤ 조림, 식림.
af·fray [əfréi] *n.* ⓒ (1) (공공 장소에서의) 싸움, 난투 ; 법석, 소란, 소동. (2) 【法】 난동(죄), 소요(죄).
af·fri·cate [ǽfrikit] *n.* ⓒ 【音聲】 파찰음(破擦音) 《[tʃ, dʒ, ts, dz] 따위》.
af·fric·a·tive [əfríkətiv, ǽfrəkèi-] *n.* ⓒ *a.* 【音聲】 파찰음(의).
·af·front [əfrʌ́nt] *n.* ⓒ (대면한 자리에서의) 무례, 모욕 : ***offer an ~ to*** =***put an ~ upon*** …에게 모욕을 주다. ***suffer an ~*** 모욕을 당하다. — *vt.* (공공연히) …을 모욕하다, 무례한 언동을 하다, 욕보이다
Af·ghan [ǽfgən, -gæn] *a.* 아프가니스탄(사람, 말)의. — *n.* (1) ⓒ 아프가니스탄 사람. (2) ⓤ 아프가니스탄 말. (3) =AFGHAN HOUND.
Áfghan hóund 아프간 개《사냥개의 일종》.
af·ghani [æfgǽni, -gɑ́ːni] *n.* ⓒ 아프가니스탄의 화폐 단위《100 puls》.
Af·ghan·i·stan [æfgǽnəstæ̀n] *n.* ⓒ 아프가니스탄《수도는 카불(Kabul)》.
afi·cio·na·do [əfìʃiənɑ́ːdou] (*pl.* **~s**) *n.* ⓒ 《Sp.》 열애가(熱愛家), 열성가, 팬, 애호가 :
afield [əfíːld] *ad.* 들판에〈으로〉 ; 전장에〈으로〉 ; 집을 멀리 떠나 ; 정상을 벗어나, 상궤(常軌)를 벗어나서. ***far ~*** 멀리 떨어져〈까지〉 :
afire [əfáiər] *ad.*, *a.* 〔形容詞로는 敍述的〕 불타(on fire) ; 격하여, 흥분하여 : ***set ~*** 타게 하다 ; (정신적으로) 자극하다 : ***with heart ~*** 마음이 불타.
AFKN American Forces Korea Network.
aflame [əfléim] *ad.*, *a.* 〔形容詞로는 주로 敍述的〕 (1) 불타올라(ablaze), 이글이글〈활활〉 타올라 : (2) (얼굴이) 화끈 달아서, 낯을 붉혀, 성나서《*with*》 : (3) 빛나서《*with*》 : ***set ~*** (…을) 불태우다 ; (피가) 끓게 하다.
AFL-CIO American Federation of Labor and Congress of Industrial Organizations(미국 노동 총연맹 산업별 회의 ; 1955년 AFL과 CIO가 합쳐서 결성).
afloat** [əflóut] *ad.*, *a.* 〔形容詞로는 敍述的 또는 名詞 뒤에〕 (1) 떠서(floating about), (물·하늘에) 떠서 : (2) 해상에 ; 선상〈함사〉에 : (3) 침수〈범람〉하여 ; (4) (소문이) 퍼져서 : (5) 빚 안 지고, 파산하지 않고 : ***keep ~ 가라앉지 않도록 하였다. ***set ~*** …을 띄우다 ; 유통〈유포〉시키다 ; 발족시키다
***afoot** [əfút] *ad.*, *a.* 〔形容詞로서는 敍述的〕 (1) 진행중(에) ; 계획되어 ; 활동하여 : (2)\《文語》 도보로(on foot).
afore·men·tioned [əfɔ́ːrmènʃənd] *a.* (1) 〔限定的〕 앞에 말한, 전술〈전기〉한. (2) (the ~) 〔名詞的 ; 單·複數 취급〕 전술한 사람〈것, 일〉, 전술한 사항.
afore·said [-sèd] *a.* 앞서 말한, 전술한.
afore·thought [-θɔ̀ːt] *a.* 〔흔히 名詞 뒤에〕 미리 고려된, 계획적인 ; 고의(故意)의
a *for·ti·o·ri* [ei-fɔ̀ːrʃiɔ́ːrɑi] 《L.》 한층 더한 이유로, 더욱 확실히 ; 더 유력한 논거가 되는 :
afoul [əfául] *ad.*, *a.* 〔形容詞로는 敍述的〕 충돌하여 ; 엉클어져. ***run* 〈*fall*〉 *~ of*** …와 충돌하다 ; …로 말썽을 일으키다, 옥신각신하다 ; (법률 등에) 저촉되다 ; …로 귀찮게〈시끄럽게〉 되다.
Afr. Africa ; Africa.
:afraid [əfréid] (***more ~ ; most ~***) *a.* 〔敍述的〕 (1) A〕 두려워하는, 무서워하는《*of*》 : b〕 (…하기를) 겁내는, (겁이나) …못하는 ; (하기를) 주저하는《*of* do*ing* ; *to* do》 : (2) …(에 대해) 걱정〈염려〉하는, 불안한《*about* ; *for* ; *of* ; *that* ; *lest*》 : (3)a〕 …을 섭섭하게〈유감스럽게〉 생각하는, (유감이지만) …라고 생각하는《흔히 that을 생략한 명사절을 수반》 : b〕〔주로 병렬식 또는 삽입적으로〕 말하기 거북하다, 유감이지만 : ※ '…라고 생각하다'의 뜻을, 좋은 일일 때는 I hope …, 나쁜 일일 때는 I am *afraid*…로 표현함. (4) (…을) 싫어하는, 귀찮아 하는《*of* ; *to* do》 :
A-frame [éifrèim] *n.* ⓒ 《美》 A꼴 구조의 집, A자형의 것 ; A자 모양의 틀《무거운 물건을 받침》. ※ 우리 나라의 '지게'.
***afresh** [əfréʃ] *ad.* 새로이, 다시(again)
:Af·ri·ca [ǽfrikə] *n.* 아프리카.
:Af·ri·can [ǽfrikən] *a.* 아프리카(사람)의 ; 흑인의. — *n.* ⓒ 아프리카 사람 ; 흑인(Negro).
Af·ri·can-A·mer·i·can [ǽfrikənəmérikən] *n.* ⓤ, *a.* 아프리카계(系) 미국 흑인*의) (Afro-American).
Áfrican víolet 【植】 아프리카제비꽃《탕가니카 고지 원산》.
Af·ri·kaans [æ̀frikɑ́ːns, -z] *n.* ⓒ 아프리칸스어《영어와 함께 남아프리카공화국의 공용어》.
Af·ri·ka·ner [æ̀frikɑ́ːnər, -kǽn-] *n.* ⓒ 아프리카너 (=**Àf•ri•káa•ner**) 《남아프리카 태생의 백인 ; 특히 네덜란드계의》.
Af·ro [ǽfrou] (*pl.* **~s**) *n.* ⓒ 아프로《아프리카풍의 둥그런 머리형》. — *a.* 아프로형의 ; 아프리카 풍의.
파) **~•ed** [-d] *a.* 아프로형으로 한.
Af·ro-Amer·i·can [æ̀frouəmérikən] *n.* ⓒ *a.* 아프리카계 아메리카인(의), 아메리카 흑인(의).
Af·ro·Asian [æ̀frouéiʒən, -ʃən] *a.* 아시아 아프리카의 :
AFS American Field Service《미국의 국제 고교생 교환 단체》.
aft [æft, ɑːft] *ad.* 【海·空】 고물에〈쪽으로〉, 기미(機尾)에〈로〉, 후미에〈로〉 : ***fore and ~*** (이물에서 고물까지) 세로로, 앞뒤로. — a. 선미〈기미〉의, 후미의.
:af·ter [ǽfter, ɑ́ːf-] *ad.* 〔순서·시간〕 뒤〈후〉에, 다음에, 나중에 ; 늦게, 뒤처져서
☞ 語法 시간적인 순서가 아니라 단순히 '뒤에, 나중에'란 뜻의 부사로서는 after 대신 **afterwards, later**를 쓰는 것이 보통임
— prep. (1) 〔순서〕 …의 뒤에〈로〉, …의 뒤에 이어서 : (2) 〔시간〕 a〕 …후에 ; 《美》 …지나(《英》 past) : b〕〔앞뒤에 같은 名詞를 써서〕 …에 계속해서, …이고 :
(3) 〔인과 관계〕 …했으니, …고로, …했음에 비추어 : (4) 〔흔히 all과 함께 쓰여〕 …에도 불구하고, (그토록) …했는데도 :
(5) 〔목적·추구〕 …의 뒤를 따라〈쫓아〉, …을 찾아, …을 추구하여 : (6) 〔모방·순응〕 …을〈에〉 따라서,

A

…을 본받아〈본떠〉, …식〈풍〉의: (7) 〔관련〕 …에 대〈관〉하여 : **~ all** 1) 〔문두에 와서〕 뭐라고〈뭐니뭐니〉 해도, 어쨌든 : 2) 〔문미에 와서〕 결국, 요컨대, 역시 : **~ a while** 잠시 후에. **~ hours** ⇨ HOUR. **~** a person**'s own heart** ⇨ HEART. **After you** (, **please**). 먼저 (들어·나)가시죠. **After you with...** 당신이 마치고 나면 …을 돌려 주세요 : **be named ~** …의 이름을 따서 명명하다 **look ~ = look. one ~ another**⇨ONE. **one ~ the other**⇨ ONE.

— *conj.* …한 뒤〈다음〉에, 나중에 : ※ 위에서와 같이 after가 이끄는 부사절에서는 미래(완료) 대신 현재(완료)를 씀. 또 after에 의해, 앞뒤의 관계를 알 수 있으므로, 종종 완료형 대신 단순 시제(현재형·과거형)가 쓰임. **~ all is said** (**and done**) 역시, 결국(=after all).

— *a.* 〔限定的〕 (시간적·공간적으로) 뒤의, 나중의, 후방의 : 【海·空】 고물〈미익〉 (쪽)에 있는 :

af·ter·birth [ǽftərbə̀ːrθ, ɑ́ːf-] *n.* (the ~) 【醫】 후산(後産), 태(胎) ; 포리, 유복자.

af·ter·burn·er [-bə̀ːrnər] *n.* ⓒ (제트 엔진의) 재연소 장치.

af·ter·care [-kɛ̀ər] *n.* ⓤ (1) 병 치료 수〈산후〉의 몸조리. (2) 형기 따위를 마친 뒤의 보도(補導), 갱생(更生) 지도(형기 만료 후 등의).

af·ter·damp [-dæ̀mp] *n.* ⓤ 폭발 후에 남는 갱내의 유독 가스.

af·ter·deck [-dèk] *n.* ⓒ 【海】 후갑판.

af·ter-din·ner [-dínər] *a.* 〔限定的〕 식후의 :

af·ter·ef·fect [-ifèkt] *n.* ⓒ (흔히 *pl.*) (10 잔존 효과 ; 여파(餘波), 영향 ; (사고의) 후유증. (2)(약 따위의) 후속 작용〈효과〉 ; 【心】 잔효(殘效).

af·ter·glow [-glòu] *n.* ⓤ 저녁놀 ; 즐거운 회상〈추억, 쾌감〉 ; 【氣】 잔광(殘光).

af·ter-hours [-áuərz] *a.* 〔限定的〕 폐점〈영업시가, 후의 ; 근무시간 외의

af·ter·im·age [-ìmidʒ] *n.*ⓒ 【心】 잔상(殘像).

af·ter·life [-làif] (*pl.* **-lives**) *n.* (1) (the ~) 내세, 사후의 생활, 후세. (2) ⓤ (one's ~) 여생 :

af·ter·math [-mæ̀θ] *n.* (흔히 *sing.*) (1) 그루갈이, 두번째 베는 풀. (2) a〕 (전쟁·재해 등의) 결과, 여파, 영향 :b〕 (전쟁 따위의) 직후의 시기《*of*》 :

af·ter·most [ǽftərmòust, ɑ́ːf-/ ɑ́ːftərməst] *a.* 가장 뒤의 ; 【海】 최후부(部)의.

:af·ter·noon [æ̀ftərnúːn, ɑ̀ːf-] *n.* (1) ⓤⓒ 오후《정오에서 일몰까지》 : ※ 주로 특정한 날의 오후인 경우에는 on을 씀 :※ 다음의 예들에서는 전치사 없이 부사적으로 쓰임 :(2)(the ~) 후반, 후기《of》 : — [ㅅ-ㅅ, ㅅ-ㅅ] *a.* 〔限定的〕 오후의〈에 쓰는〉 **Good ~**. (오후의 인사) 안녕하십니까《내림조》; 안녕(히 가〈계〉십시오)《올림조》.

áfternoon dréss 애프터눈 드레스.

af·ter·noons [æ̀ftərnúːnz, ɑ̀ːf-] *ad.* 《美》 오후엔 꼭〈언제나〉, 오후에는 흔히

áfternoon téa 오후의 차〈다과회〉.

af·ters [ǽftərz, ɑ́ːf-] *n. pl.* 《英口》=DESSERT. 디저트.

af·ter·shave [æ̀ftərʃèiv] *a.* 면도한 뒤에 쓰는. — *n.* ⓤⓒ 애프터셰이브 로션(=**~ lòtion**).

af·ter·shock [-ʃɑ̀k/ -ʃɔ̀k] *n.* ⓒ 여진, 여파.

af·ter·taste [-tèist] *n.* (1) ⓒ (특히, 불쾌한) 뒷맛. (2) (흔히 an ~)(어떤 일을 겪은 뒤의)여운, 뒷맛

af·ter·tax [-tæ̀ks] *a.* 〔限定的〕 세금을 뺀, 실수령의.

af·ter·thought [-θɔ̀ːt] ⓒ 되씹어 생각함, 뒷 궁리, 때늦은 생각〈방편〉, 추가, 결과론, 추가표현.

:af·ter·ward [-wərd] *ad.* 뒤〈나중에〉, 그후 :

af·ter·wards [-wərdz] *ad.* 《英》 AFTERWARD.

af·ter·word [-wə̀ːrd] *n.* ⓒ 발문(跋文) 【cf.】 foreword.

Ag 【化】 *argentum* 《L.》 (=silver) ; August 《※ Aug 가 일반적》. **A.G.** Attorney General.

:again [əgén, əgéin] (1)다시, 또, 다시〈또〉 한번 :(2)본디 상태〈있던 곳으〉로 (되돌아와) :(3)(수량이) 두 배로, 다시 또 그만큼, 같은 분량만큼 더 (추가하여) :(4)그 위에 (더), 그 밖에 : (5)또 한편, 다른 한편, 그 반면, 그 대신 : **~ and ~** 몇 번이고, 되풀이해. (**all**) **over ~** 다시 한번 〈새로이〉. **back ~** 본디 있던 자리로,본래대로. **ever and~** 때때로. **never ~** 두번 다시 …안 하다. **now and ~** 때때로. **once ~** 다시 한번(once more). **once and ~**다시 되풀이해, 새로. **something else ~** 전혀 별개의 것. **then ~** 〔앞 문장을 받아서〕 그렇지 않고, 반대로. **time and** (**time**) **~**몇 번이고, 되풀이해.

:against [əgénst, əgéinst] *prep.* (1)…을 향하여, …에 대해서, …에 부딪치어 :(2)…에 반대하여, …에 적대하여, …에 거슬러 : (3)…에 대비(對比)하여 :(4)…에 기대어서 :(5)…을 배경으로 하여 : …와 대조하여 : (6)…와 교환으로 :(7)…에 대비하여 :(8)(기호·천성)에 맞지 않게 ; …에 불리하게 ; …의 부담〈지불〉으로서 : **as ~** …와 비교하여 …에 비하여, …에 대해서 :**close ~** …에 접하여. **over ~** ⇨ OVER. **run ~**…에 부딪치다 ; …와 우연히 만나다.

Ag·amem·non [æ̀gəmémnɑn, -nən] *n.* 【그 神】 아가멤논《Troy 전쟁 때 그리스군의 총지휘관》.

agape[1] [əgéip, əgǽp] *ad. a.* 〔形容詞로는 敍述的〕 입을 벌려 ; 기가 막혀, 어이없어, 멍이하, 아연하여 :

aga·pe[2] [ɑːgɑ́ːpei, ɑ́ːgəpèi, ǽgə-] (*pl.* **-pae** [-pai, -pài, -piː]) *n.* (1) ⓒ 애찬(愛餐) 《초기 기독교도의 회식》. (2) ⓤ (기독교적인) 사랑, 아가페《비타산적인 사랑》.

agar [ɑ́ːgɑːr, ǽgər] *n.* (1) ⓤ 한천(= **áger-ager**). (2)우뭇가사리류. (3)한천 배양기(培養基).

ag·a·ric [ǽgərik, əgǽr-] *n.* ⓒ 【植】 들버섯 ; 모균류의 버섯.

ag·ate [ǽgit] *n.* (1) ⓤ 【鑛】 마노(瑪瑙). (2) ⓒ(아이들의) 공기, 공깃돌. (3) ⓒ 《美》 【印】 애깃 (《英》 ruby)《5.5 포인트 활자》.

aga·ve [əgéivi, əgɑ́ː-] *n.* ⓒ 용설란속(屬)의 식물.

agaze [əgéiz] *ad. a.* 〔刑容詞로는 敍述的〕 응시하여, 바라보고 ; 눈이 휘둥그레져.

:age [eidʒ] *n.* (1) ⓤⓒ 나이, 연령 :(2) ⓒ 햇수, 연대 (3) ⓤ a〕성년, 정년(丁年)(full ~)《흔히 만 21세》 :b〕노년《흔히 65세》, 만년 ; 고령 ; 〔集合的〕 노인들 (the old). 【opp.】 *youth.* 『 (4) ⓤ 평균 수명, 일생 :(5) a〕ⓤ 시대 : 세대b〕(흔히 *pl.*) 시대의 사람들 : (6) ⓤ 《口》 (~s. an ~) 오랫동안 :**be** 〈**act**〉 one's ~ 나이에 걸맞게 행동하다 《※ 흔히 명령문으로 사용》. **come** 〈**be**〉 **of ~** 성년에 달하다.〈달해 있다〉 **feel** 〈**show**〉 one**'s ~** (피로할 때 등에) 나이를 느끼다〈느끼게 하다〉 **for** one**'s**~ 나이에 비해서(는) : **in all ~s** 예나 지금이나. **look** one**'s ~** 나이에 걸맞게 보이다 : 노쇠함을 드러내다. **middle** 〈**old**〉 **~** 중년〈노년〉. **of a certain ~**《婉》 (여자가) 나이든《젊지 않은》. **of all ~s** 모든 시대(연령)의. **over ~** 성년 이상의. **the ~ of consent** 승낙 연령《결혼 등의 승낙이

유효로 인정되는〉 ***the ~ of discretion*** 【法】 분별 연령《형법상의 책임을 지는 ; 영국법에서는 14세》. ***the Bronze Age*** 청동기 시대. ***the golden ~*** 황금 시대. ***to all ~s*** 만년까지도. ***under ~*** 나이가 덜 찬. ***with ~*** 나이 탓으로 고령으로 (인하여).
— (*p. pp.* ***aged*** [eidʒd] ; ***ág(e)·ing***) *vi* (1)나이 들다. 늙다 ;(2)원숙하다 ;(술·치즈 따위가) 익다. *vt.* (1)…을 늙게 하다 : (2)…을 낡게 하다 ; 묵히다 ; (술 등)을 익히다. 숙성시키다 :~ ***out*** 《美俗》 (약물 중독자가) 약이 듣지 않는 나이가 되다〈되어 약을 끊다〉《30-40대》.
áge bràcket 〈일정한〉 연령 범위〈층〉.
:aged (***more ~ ; most***) *a.* (1)[eidʒd] 〔敍述的 ; 數詞 를 수반하여〕 …살의 ;(2)[éidʒid] **a**]〔限定的〕 늙은, 나이 든 ; 오래된, 노화된, 노령 특유의 : **b**] (the ~) 〔名詞的, 集合的 ; 複數 취급〕 노인(들) : 파) **~·ness** [éidʒidnis] *n.* 노년.
age-group, -grade [éidʒgrù:p], [-grèid] *n.* ⓒ 【社】 연령 집단 ; 연령 계급〈층〉.
ageing ⇨ AGING.
age·ism, ag·ism [éidʒizəm] *n.* ⓤ 노인 차별, 연령 차별.
age·less [éidʒlis] *a.* 늙지 않는, 불로(不老)의, 영원의, 영구한. 파) **~·ly** *ad.* **~·ness** *n.*
age·long [éidʒlɔ̀(:)ŋ, -lɑ̀ŋ] *a.* 오랫동안의 ; 영속하는
:agen·cy [éidʒənsi] *n.* (1) ⓤ 기능, 작용 ; 행위, 힘 ; 매개적 수단, 매체, 매개자 :(2) ⓤ 대리〈권〉, 매개, 주선, 대리 행위 :(3) ⓒ 대리점, 취급점 :(4) ⓒ 《美》〈정부따위의〉기관, 청(廳), 국(局), : ***through* 〈*by*〉 *the ~ of*** …의 손을 거쳐, …의 작용으로, …의 중계로〈주선으로〉.
agen·da [ədʒéndə] 〔본디 agendum의 복수꼴 ; 흔히 單數 취급, *pl.* **~s, ~**〕 *n.* ⓒ 예정표, 안건, 의사 일정, 의제 ; 비망록, 메모장 (memorandum book) :
:agent [éidʒənt] *n.* ⓒ (1) **a**]대행자, 대리인 ; 취급인 ; 주선인 ; 대리점 ;《美口》 지점(의 담당 지구) 영업 지배인, 순회 판매원, 판매〈보험〉 외교원 : **b**] 《美》 정부 직원, 관리《경찰관·기관원 따위》 (FBI의) 특별 수사관 (**spécial ~**) ; 아메리카 원주민 관리관 (**Indian ~**) ; 첩보원, 간첩(secret ~) ; 【美史】 노상 강도(road ~) ;《英》 (정당의) 선거 운동 출납 책임자 :(2) **a**]어떤 행위를〈작용을〉하는 (능력있는) 사람〈것〉 ; 작용인(作用因), 동인(動因), 능인(能因), (efficient cause) ; 자연력 ; 【文法】 동작주(主) : **b**]화학적〈물리적, 생물학적〉변화를 주는것, 약품, …제(劑) ; 병원체 : ***a commission ~*** 위탁판매인, 중계상. ***a forwarding ~*** 운송업자 ; 운송점.
agen·tive [éidʒəntiv] *a. n.* ⓒ 【文法】 행위자를 나타내는 대리자〈점〉의 (접사(接辭), 어형).
ágent nòun 【文法】 행위사 명사《보기 : actor, maker》.
Ágent Órange 에이전트 오렌지 《미군이 월남전에서 사용한 고엽제 ; 암 유발의 시비를 낳음》.
ágent pro·vo·ca·téur [-prəvɑ̀kətə́:r/ -vɔ̀kə-] (*pl.* ***ágents provocatéurs*** [-s-]) 《F.》 공작원 《노조, 정당 등에 잠입하여 불법행위를 선동하는》, (권력층의) 밀정.
age-old [⌐òuld] *a.* 세월을 거친, 예로부터의 :
AGF Asian Games Federation (아시아 경기 연맹).
ag·glom·er·ate [əglɑ́mərèit/ -lɔ́m-] *vt. vi.* (…을) 한덩어리로 하다〈되다〉. — [-rit, -rèit] *a.* 덩어리진 — [-rit, -rèit] *n.* ⓤ (1)(때로 an ~) 덩이, (정돈되지 않은)집단. (2)【地】 집괴암(集塊岩). 【cf.】 conglomerate.
ag·glom·er·a·tion [əglɑ̀məréiʃən/ -lɔ̀m-] *n.* ⓤ 덩이짐, 덩어리로 만듦(됨), 응집(작용) ; ⓒ 단괴(團塊), 덩어리.
ag·glu·ti·nate [əglú:tənèit] *vt. vi.* (…을) 점착〈교착, 접합, 응집〉시키다〈하다〉 ; 들러붙다 ; 【言】 교착에 의하여 파생어를 만들다. — [-nit, -nèit] *a.* 교착한 ; (언어가) 교착성의.
ag·glu·ti·na·tion [əglù:tənéiʃən] *n.* ⓤ (1) 점착(粘着), 교착(膠着), 들러붙음 ; 유착(癒着). (2)(적혈구·세균 등의) 응집(凝集). (3)【言】 교착법 ; ⓒ 교착어형《보기 : steamboat》.
ag·glu·ti·na·tive [əglú:tənèitiv, -nə-] *a.* 점착〈교착〉하는, 집합적인 ; 【言】 교착성의 :
ag·gran·dize [əgrǽndaiz, ǽgrəndàiz] *vt.* (1)…을 크게 하다, 확대하다. (2) **a**](사람·국가등)의 지위를〈중요성 등을〉 강화하다. **b**]〔再歸的〕 세력을〈부를〉 강화〈증대〉하다. (3)…을 강대하게 보이게 하다, 과대하다. 파) **~·ment** [əgrǽndizmənt] *n.* ⓤ (부·지위 등의) 증대, 강화 :**·ag·gra·vate** [ǽgrəvèit] *vt.* (1)…을 악화시키다(make worse), (부담·죄) 등)을 한층 무겁게 하다 : (2)《口》 …을 성나게 하다, 괴롭히다 :
ag·gra·vat·ing [-vèitiŋ] *a.* (1)악화〈심각화〉하는. (2)《口》 화나는 :. 파) **~·ly** *ad.*
ag·gra·va·tion [-ʃən] *n.* (1) **a**]ⓤ 악화〈격화〉 (시킴), 중대〈심각〉화(함)《*of*》. **b**]ⓒ 악화〈격화〉시키는 것 (2) **a**]ⓤ 화남, 짜증, 약오름 **b**]ⓒ 짜증거리〈나게 하는 것〉.
·ag·gre·gate [ǽgrigèit] *vt.* …을 모으다. — *vi.* (1)모이다 ; 집합하다. (2)달하다, 총계 …이 되다.《*to*》 : — [-git, -gèit] *a.* 〔限定的〕 집합한 ; 합계〈총계〉의 : — [-git, -gèit] *n.* ⓤⓒ (1)집합, 집성 ; 집단 ; 총수 ; 집합체 ; (콘크리트의) 혼합재《모래·자갈등》. (2) 집계, 총계. ***in the ~*** 전체로서 ; 총계로.
ag·gre·ga·tion [ǽgrigéiʃən] *n.* (1) ⓤ 집합, 집성. (2) ⓒ 집단 ; 집합체, 집성물. 파) **~·al** *a.*
ag·gress [əgrés] *vi.* 싸움을 걸다, 공세로 나오다 《*against*》. — *vt.* …을 공격하다.
·ag·gres·sion [əgréʃən] *n.* ⓤⓒ (이유없는) 공격, 침략, 침범《*on, upon*》 :**·ag·gres·sive** [əgrésiv] (***more ~ ; most ~***) *a.* (1)침략적인, 공세의 ; 싸우기 좋아하는, 호전적인 ; 싸움조의 : (2)진취〈적극〉적인 ; 정력적인, 과감한 : ***assume* 〈*take*〉 *the ~*** 공세로 나오다, 공세를 취하다, 공격하다. 파) **~·ly** *ad.* 공격적으로 ; 적극적으로 **~·ness** *n.*
ag·gres·sor [əgrésər] *n.* ⓒ 공격〈침략〉자 ; 침략국.
ag·grieve [əgrí:v] *vt.* 〔흔히 受動으로〕 (사람)을 학대하다 ; (권리 등)을 침해하다 ; (감정·명예등)을 손상시키다.
ag·grieved [əgrí:vd] *a.* (1)괴롭혀진, 학대받은, 불만을 품은 ; 곤혹스런 : (2)【法】 권리를 침해당한 :
ag·gro [ǽgrou] *n.* ⓤ 《英俗》 (1)항쟁, 분쟁 ; 도발. (2)화남, 짜증
aghast [əgǽst, əgɑ́:st] *a.* 〔敍述的〕 소스라치게 〈깜짝〉 놀라서, 겁이 나서《*at*》 :
ag·ile [ǽdʒəl, ǽdʒail] *a.* (1)몸이 재빠른, 경쾌한, 기민〈민활〉한, 날랜 : (2)명민한, 머리 회전이 빠른 : 파) **~·ly** *ad.* 기민하게, 날렵하게.
agil·i·ty [ədʒíləti] *n.* ⓤ 민첩, 경쾌 ; 예민함, 민활함.
ag·ing [éidʒiŋ] AGE의 현재분사.

A

— *n.* ⓤ (1)나이를 먹음 ; 노화 ; (2)(술 등의) 숙성(熟成).

:ag·i·tate [ǽdʒətèit] *vt.* (1)…을 심하게 움직이다, 흔들어대다 ; (2)…을 쑤석거리다, 동요시키다 ; (물결·액체)를 휘젓다 ; (3)(마음·사람)을 동요시키다, 들먹이다, 흥분시키다《*by* ; *with*》; (4)(아무)를 선동하다, 부추기다 ; (5)(문제)를 열심히 논하다, 검토하다, …에 관심을 환기시키다 : — *vi.* 《+前+名》 여론〈세상의 관심〉을 환기시키다, 선동하다《*against* ; *for*》: ㅁagitation *n.* ~ one***self*** 초조해 하다, 안절부절 못하다.

ag·i·tat·ed [ǽdʒətèitid] *a.* 쑤석거린 ; 흥분한 ; 동요한 ; 세상의 관심을 환기한 : 파) **~·ly** *ad.* 동요하며 ; 흥분하여.

:ag·i·ta·tion [æ̀dʒətéiʃən] *n.* ⓤⓒ (1)(인심·마음)의 동요, 진동, 흥분 ; (2)선동, 운동, 아지테이션 ; 열띤 논의, 여론 환기 활동 ; (3)들썩임, 동요시킴 ; 휘저음 : ㅁagitate *v.* ***with*** **~** 흥분하여.

agi·ta·to [æ̀dʒətɑ́:tou] *a. ad.* 《It.》 【樂】 격한〈하여〉, 흥분한〈하여〉, 급속한〈히〉.

·agi·ta·tor [ǽdʒətèitər] *n.* ⓒ (1)선동자, 정치운동가, 선전원, 여론 환기자. (2)교반기(攪拌器).

ag·it·prop [ǽdʒətprɑ̀p/ -prɔ̀p] *n.* ⓤ *a.* 〔刑容詞는 限定的〕 (공산주의를 위한) 선동과 선전(의), 아지프로(의) :

agleam [əglí:m] *ad. a.* 〔刑容詞 로는 敍述的〕 번쩍번쩍(번쩍여서), 빛나서.

aglit·ter [əglítər] *ad. a.* 〔刑容詞 로는 敍述的〕 번쩍번쩍 빛나(서).

aglow [əglóu] *ad. a.* 〔刑容詞 로는 敍述的〕 (이글이글) 타올라 ; 벌개져서, 후끈 달아서, 흥분하여. ***be ~ with*** …으로 벌겋게 되어 있다, …으로 흥분해 있다.

ag·nail [ǽgnèil] *n.* ⓒ 손거스러미 ; 【醫】 표저(瘭疽).

ag·nos·tic [ægnɑ́stik/ -nɔ́s-] *a.* 【哲】 불가지론(자)의 — *n.* ⓒ 불가지론자.
파) **-ti·cism** [-təsìzəm] *n.* ⓤ 불가지론.

Ag·nus Dei [ǽgnəs-dí:ai, -déi, ɑ́:njus-déi:] 《L.》 (=lamb of God) (1)하느님의 어린 양《예수의 명칭》; 어린 양의 상(像)《예수의 상징》. (2)【가톨릭】이 구(句)로 시작되는 기도〈음악〉.

:ago [əgóu] *a. ad.* (지금부터) …전에, 거금(距今). 【cf.】 before. ***a moment ~*** 이제 막, 방금 ; ***a while ~*** 조금 전에. ***long ~*** 훨씬 전에. ***not long ~*** 얼마 전에.

agog [əgɑ́g/əgɔ́g] *ad. a.* 〔刑容詞로는 敍述的〕 (1)(기대·흥분으로) 술렁이는, 들끓어 ; (2)(…를 구하여) 근질근질하는《*for*》; (…하고 싶어) 안달하는《*to* do》;

à go·go [əgóugou, ɑ:-] *ad.* 《口》 충분히, 마음껏.

·ag·o·nize [ǽgənàiz] *vi.* 번민〈고민〉하다, 괴로워하다.《*over* ; *about*》; — *vt.* …을 괴롭히다,번민〈고민〉하게 하다

ag·o·nized [-zd] *a.* 〔限定的〕 괴로운 듯한, 고통에 찬

ag·o·niz·ing [-ziŋ] *a.* 괴롭히는, 고민하는 : 파) **~·ly** *ad.*

:ag·o·ny [ǽgəni] *n.* (1) a]ⓤ 고민, 고통 ; b](종종 A-) 【聖】 (Gethsemane 에서의) 예수의 고뇌《누가복음 XXⅡ : 44》. c]ⓒ (종종 *pl.*) (고통의) 몸부림 ;(2) ⓒ (종종 *pl.*) 죽음의 고통. (3) ⓒ 고통〈슬픔〉의 절정 ; (감정의) 격발(激發) : ***in ~*** 번민〈고민〉하여. ***put 〈pile, turn〉 on 〈up〉 the ~*** 《口》 (살을 붙여) 괴로움을 과장하여 말하다. ***prolong the ~*** 고통〈싫은 일〉을 필요 이상으로 끌다.

ágony àunt 《俗》 (신문·잡지의) 인생상담 여성회답자.

ágony cólumn (흔히 the ~) 《口》 (신문의)사사(私事) 광고란《찾는 사람·유실물·이혼 광고 등의》; (신문의) 신상 상담란.

ag·o·ra [ǽgərə] (*pl.* **-rae** [-rì:], **~s**) *n.* ⓒ 【古그】 시민의 정치집회 ; 집회장, 시장, 광장.

ag·o·ra·pho·bia [æ̀gərəfóubiə] *n.* ⓤ 【心】 광장공포증. 【cf.】 claustrophobia.
파) **-phó·bic** *a. n.* ⓒ 광장 공포증의 (사람).

agou·ti [əgú:ti] (*pl.* **~s, ~es**) *n.* ⓒ 【動】 아구티《라틴 아메리카산 설치류로 토끼 정도의 크기임》.

agrar·i·an [əgrέəriən] *a.* 토지의 ; 농지의, 경작지의 ; 농업〈농민〉의 ; — *n.* ⓒ 토지 균분〈재분배〉론자.
파) **~·ism** [-ìzəm] *n.* ⓤ 토지 균분론〈운동〉, 농지개혁 운동, 농민생활 향상 운동.

agrav·ic [əgrǽvik, ei-] *a.* 무중력(상태)의.

:agree [əgrí:] (*p. pp.* **~d** [-d] ; **~·ing**) *vi.* (1)《~/+前+名/+*to* do》 동의하다, 승낙하다, 응하다《*to*》; (2)《~/+前+名/+*that* 節》 의견이 맞다, 동감이다《*with* ; *among* ; *on*》:
(3)《~/+前+名》 마음이 맞다, 사이가 좋다《*with*》: (4)《~/+前+名》 합치하다, 일치〈부합〉하다, 조화하다 ; (그림 따위가) 비슷하다 ; (음식·기후 따위 가) 맞다《*with*》; (5)《+前+名》 (인칭·성·수·격 따위가) 일치〈호응〉하다《*with*》: — *vt.* (1)《~+*that* 節》 (…임)을 인정〈용인 승낙〉하다 ; (2)《주로 英》(조건·제안 등)에 (부동의·논의 뒤에) 동의〈찬성〉하다 ; (조정 후에)…에 합의하다 ; (3)(계정 등)을 일치시키다.
~ like cats and dogs 마음이 안 맞다, 서로 앙숙이다. ***~ to differ 〈disagree〉*** 서로의 견해차이를 인정하고 다투지 않기로 하다 ; ***unless otherwise ~d*** 별도결정이 없으면. ***I couidn't ~ (with you) more.*** 대찬성이다.

:agree·a·ble [əgrí:əbəl/əgríə-] (***more ~ ; most ~***) *a.* (1)기분 좋은, 유쾌한(pleasing) ;(2)마음에 드는, 뜻에 맞는 ;(3)호감을 주는, 상냥(싹싹)한. (4)〔敍述的〕 《口》 동조적인, 쾌히 동의(同意)〈승낙〉하는《*to*》; (5)합치하는, 조화되는, 모순〈위화감〉이 없는, (도리에) 맞는《*to*》 ;【opp.】*disagreeable.* ***~ to*** 1)…에게 상냥〈싹싹〉한. 2)…에 따라서…대로 ;***do 〈make〉 the ~*** 상냥하게 대하다.

agree·a·bly [əgrí:əbli/əgríə-] *ad.* 쾌히, 기꺼이 ; …에 따라서, 일치하여 ***~ to*** …에 따라서 …에 응하여.

agreed [əgrí:d] *a.* (1)협정한, 약속한 ; (모두)동의한 ;(2)〔敍述的〕 의견이 일치한《*on, upon*》; (3)(A-)〔感歎詞的〕 (제의에 대하여) 동감한, 승낙한 ;

:agree·ment [əgrí:mənt] *n.* (1) ⓤ 동의, 승낙 ;(2) ⓒ 협정, 협약(서);계약(서)《*on*》;(3) ⓤ 합치, 부합. (4) ⓤ 【文法】 일치, 호응. ***by ~*** 합의로, 협정에 따라. ***in ~ with*** …와 일치〈합의〉하여 ; …에 따라서 ***labor 〈trade〉 ~*** 노동 협약, ***make 〈enter into〉 an ~ with*** …와 협정을 맺다.

agré·ment [ɑ̀:greimɑ́:nt/əgréimɑ:ŋ] (*pl.* **~s** [-mɑ́:nts/ -mɑ:ŋ]) *n.* ⓤ 《F.》 【外交】 아그레망 ;

ag·ri·busi·ness [ǽgrəbìznis] *n.* ⓤ 농업 관련산업. 파) **~·man** *n.*

:ag·ri·cul·tur·al [æ̀grikʌ́ltʃərəl] *a.* 농업의, 경작의 ; 농예(農藝)의 ; 농학의 ㅁagriculture *n.* 파) **~·ly** *ad.* 농업상으로, 농업적으로.

agricúltural chémical 농약.

:ag·ri·cul·ture [ǽgrikʌ̀ltʃər] *n.* ⓤ (1)농업《넓은

뜻으로는 임업·목축을 포함》; 농경, 농예. (2)농학. ㅁ agricultural *a.* ***the Department of Agriculture*** 《美》 농무부《略 : DA》. ***the Secre-tary of Agriculture*** 《美》 농무장관.

ag·ri·cul·tur·ist [ægrikʌ́ltʃərist] *n.* ⓒ 농업가, 농업 종사자 ; 농학자, 농업 전문가.

ag·ro·bi·ol·o·gy [ægroubaiálədʒi/ -ɔ́lə-] *n.* ⓤ 농업 생물학.

ag·ro·chem·i·cal [ægrəkémikəl] *a.* 농예 화학의〈에 관한〉 — *n.* ⓒ 농약.

agro·e·co·log·i·cal [ægroueкəládʒikəl, -i:kə-ládʒ-/ -lɔ́dʒ-] *a.* 농업과 환경〈생태학〉에 관한.

ag·ro·ec·o·nom·ic [ǽgrouèkənámik, -nɔ́m-] *a.* 농업 경제의.

agron·o·mist [əgránəmist/əgrɔ́n-] *n.* ⓒ 농경가 〈학자〉.

agron·o·my [əgránəmi/əgrɔ́n-] *n.* ⓤ 작물재배학, 경종학(耕種學) ; 농학.

aground [əgráund] *ad. a.* 〔形容詞로는 敍述的〕지상에 ; 좌초되어. ***run 〈go, strike〉 ~*** (배가) 암초에 얹히다. 좌초하다 ; 계획이 좌절되다 :

ague [éigju:] *n.* ⓤⓒ 【醫】 학질 ; 오한, 한기 : ***fever and ~*** 말라리아. 파) **~d** *a.* 학질에 걸린.

agu·ish [éigju(:)iʃ] *a.* (1)학질에 걸리기 쉬운 : 학질에 걸린〈을 일으키는〉. (2)오한이 나는.

:ah [ɑ:] *int.* 아아! 《고통·놀라움·연민·한탄·혐오·기쁨 등을 나타냄》. ***Ah, but ...*** 그렇지만 말이야…. ***Ah me!*** 아아 어쩌지. ***Ah, well,*** ...뭐 하는수 없지 …. — *n.* '아아'라고 하는 발성(發聲).

·aha [ɑ:há:, əhá:], [ɑ:há:] *int.* 아하!

ah·choo, achoo [ɑ:tʃú:] *int. n.* 에치!《재채기 소리》.

:ahead [əhéd] (***more ~ ; most ~***) *ad.* (1)〔방향적〕 전방에〈으로〉, 앞에〈으로〉 : (2)〔시간적〕 앞에, 미리 ; 장래를 향해 : (3)앞서서, 능가하여《*of*》 ; 유리한 지위로〈입장으로〉 (향하여) : — *a.* 〔敍述的〕 가는 쪽〈앞〉에 있는 ; 유리한 지위〈입장〉에 있는. ***~ of time*** 시간 전에, 의외로 빨리 : ***be ~*** 《美口》 이기고〈리드하고〉 있다 ; 이익을 올리고 있다 : ***be ~ of*** …보다 앞에서 있다 ; …보다 앞서 있다〈빼어나다, 뛰어나다〉 : ***dead ~*** 《口》 (…의) 바로 앞에《*of*》, 곧바로 간 곳에. ***get ~*** 1)진보하다, 출세〈성공〉하다. 2)돈의 여유가 생기다 ; (적자를) 면하다, (빚을) 갚다《*of*》. ***get ~ in the world*** 출세하다. ***get ~ of*** (…의)앞으로 나서다, 앞쪽을 가다 ; (경쟁 상대 등을) 능가하다《*in*》 : ***go ~*** 1)전진하다, 진보하다, 진전하다 : 2)(계획 등을) 추진하다, 계속하다《*with*》 : ***Go ~ !*** 《口》 1)자 먼저《드시〈가시〉오. 따위》. 2)좋아, 하시오 ; 자 가거라《격려의 말》. 3)그래서 (다음은)《얘기를 재촉 할 때》 : 《美》【電話】 말씀하세요. 4)【海】 전진 ! ***right ~*** 바로 앞에.

ahem [əhém, mmm, hm] *int.* 으흠 !, 으음 !, 에에 !, 에에 ! 《주의의 환기, 의문을 나타내거나 또는 말이 막혔을 때 내는 소리》.

ahoy [əhɔ́i] *int.* 【海】 어어이! 《배따위를 부를때》. ***Ahoy there!*** 어어이 이봐요《멀리 있는 사람을 부를때》 ***Ship ~!*** 어어이 이봐 그배.

:aid [eid] *vt.* (1)《~+目/+目+*to* do/+目+前+名》 …을 원조하다, 돕다, 거들다《*in*》 : (2)《~+目/+目+*to* do》 …을 조성〈촉진〉하다 ; (아무가) …하는것을 돕다 : ~ recovery 회복을 촉진하다 / ~ a country *to* stand on its own feet 나라가 독립하는것을 돕다. — *vi.* 도움이 되다(assist). ***~ and abet*** 【法】 (범행을)방조하다 ; 교사하다. — *n.* (1) ⓤ 원조, 조력, 도움 :(2) ⓒ 보조물〈자〉, 원조자 ; 보조 기구, 《특히》 보청기 : ***~ and comfort*** 원조, 조력. ***by 〈with〉 the ~ of*** …의 도움으로 …의 도움을 빌려. ***call*** a person ***in ~*** 아무에게 원조를 청하다. ***call in*** a person***'s ~*** 아무의 원조를 청하다. ***come 〈go〉 to*** a person***'s ~*** 아무를 원조하러 오다 ***first ~*** 응급(應急) 조치〈치료〉 ***in ~ of*** 을 돕기 위하여〈위한〉 : …에 찬성하여. ***What's (all) this in ~of ?*** 《英口》 도대체 어쩌겠다는 거냐.

aide [eid] *n.* ⓒ (1)=AIDE-DE-CAMP. (2)측근〈보조〉자, 고문 ; 조수 ; 【軍】 부관(副官).

aide-de-cam, aid- [éiddəkǽmp, -ká:ŋ] (*pl.* ***aides-, aids-*** [éidz-]) *n.* ⓒ 《F.》 【軍】 장관(將官) 전속부관 :

AIDS [eidz] *n.* ⓤ 【醫】 에이즈, 후천성 면역 결핍증. [◁ *a*cquired *i*mmuno*d*eficiency 〈*i*mmune *d*eficiency〉 *s*yndrome]

áid stàtion 【美軍】 전방의 응급 치료소.

ai·gret(te) [éigret, -⌐] *n.* ⓒ (1)【鳥】 백로, 해오라기(egret). (2)【植】 관모(冠毛). (3)(투구 위의)백로 깃털 장식 ; 꼬꼬마, (모자 등의) 장식 깃털 ; (보석의) 가지 모양의 장식.

·ail [eil] *vt.* …을 괴롭히다, 고통을주다 : — *vi.* 〔대개 be ailing으로〕 아픔을 느끼다 ; (가벼이) 앓다, 찌뿌드드하다 : — *n.* 괴로움, 고민, 병.

ail·er·on [éilərɑ̀n/ -rɔ̀n] *n.* ⓒ (비행기의) 보조익 〈날개〉.

ail·ing [éiliŋ] *a.* 병든 ; 병약한 ; 건전치 못한 :

·ail·ment [éilmənt] *n.* ⓒ 불쾌, 우환, (특히 만성적인) 병 ; (정치·정세 따위의) 불안정. 【cf.】 disease《※

:aim [eim] *vt.* (1)《~+目/+目+前+名》(〔총·타격〕의 겨냥을 하다, 겨누어 …을 던지다《*at*》 :(2)《+目+前+名》(비판·비꼼 등)을 …에게 돌리다, 빗대어 말하다 ; (선전 등)을 …에게 겨냥하다《*at*》 : — *vi.* (1)《~/+前+名》 겨누다《*at*》 : (2)《~/+前+名/+*to* do》 목표삼다, 마음먹다, 지향하다《*at* ; *for*》 :2)~ at는 수동태가 가능하지만 ~ for는 불가능함》. (3) 《~+*to* do》《美》 …할 작정이다, …하려고 노력하다 : ***What do you ~ at ?*** 어떻게 할 작정이냐. — *n.* (1) ⓤ 겨냥, 조준 : (2) ⓒ 과녁, 표준 : (3) ⓒ 목적, 뜻, 계획 : ***the ~ and end*** 궁극의 목적. ***take ~ (at)*** (…을) 겨냥하다. ***with unerring ~*** 겨냥이 빗나가지 않고.

·aim·less [éimlis] *a.* 목적〈목표〉없는 : 정처 없는. 파) **~·ly** *ad.* **~·ness** *n.* ⓤ

:air [εər] *n.* (1) ⓤ 공기 :(2)(the ~) 대기 ; 하늘, 공중 : (3) ⓒ 산들바람, 실바람, 미풍 : (4) ⓒ 모양, 외견, 풍채, 태도 ; (*pl.*) 젠체하는 태도 : (5) ⓒ 【樂】 멜로디, 가락, 곡조 ; 영창(詠唱)(aria) : (6) ⓤ (흔히 the ~) 전파 송신 매체 ; 라디오〈텔레비전〉 방송 : (7)(장소의) 분위기, 지배적인 공기 : (8) ⓤ 항공 교통〈수송〉, 공군 ; 항공 우표.

~s and graces 젠체함, 짐짓 점잔뺌 : ***assume 〈give*** one***self, put on〉 ~s*** 젠체 하다, 뽐내다. ***beat the ~*** 허공을 치다, 헛수고 하다. ***(build) a castle in the ~*** ⇨ CASTLE. ***by ~*** 비행기로, 항공편으로 ; 무전으로 : ***clear the ~*** 1)(실내 따위의) 공기를 환기(換氣)하다. 2)오해를〈의혹을〉 제거하다 : ***fan the ~*** 《美》 허공을 치다, 헛치다, 삼진(三振)하다. ***get the ~*** 《美俗》 해고되다, 목이 잘리다 ; (친구·애인에게서) 버림받다. ***give*** a person ***the ~*** 《美俗》 아무를 해고하다, 내쫓다 ; (애인 등을) 차버리다. ***go up in the ~*** 《俗》 매우 흥분하다, 불끈하다, 격노하다 ; (배우가) 대사를 잊다. ***have an ~ of*** …의 모양을 하고

있다 : ***in the ~*** 1)공중에 ; (소문이) 퍼지어. 2)⇨ up in the ~. 3)적의 공격에 노출되어, 무방비로. 4)(일이) 벌어질 것 같은, (분위기가) 감돌아, 낌새가 있어. ***in the open ~*** 야외에서. ***into thin ~*** 그림자도 없이 : ***off the ~*** 1)방송되지 않고 ; 방송이 중단되어. 2)(컴퓨터가) 연산중이 아닌. ***on the ~*** 방송되어〈으로〉, 방송 중에 : ***out of thin ~*** 무에서 ; 허공에서 ; 표연히 ; 느닷없이 : ***take the ~*** 1)바람을 쐬다 ; 산책하다. 2)《美》 방송을 시작하다. ***tread*** 〈***float,walk***〉 ***on*** 〈***upon***〉 ~ 우쭐해하다, 의기양양해하다, 기뻐 어쩔줄 몰라하다. ***up in the ~*** 《口》 1)하늘 높이, 허공에 ; (계획 따위가) 미결정의, 막연하여. 2)흥분하여, 화나서 3)마음이 들떠서, 기뻐 어쩔줄 몰라.

— *a.* 〔限定的〕 공기의 ; 항공(기)의 ; 공군의 ; 방송의.

— *vt.* (1)…을 공기 〈바람〉에 쐬다, …에 바람을 통하게 하다〈넣다〉 : (2)(바람·공기에 쐬어) …을 말리다 : 《英》 (불·열에) 말리다 :(3)(의견)을 발표하다, (불평)을 늘어놓다 ; …을 떠벌리다, 자랑해 보이다 : (4)(프로그램)을 방송하다.

— *vi.* (1)바람을 쐬다, 산책을 나가다《*out*》 : (옷따위가 바람·열로) 마르다. (2)(프로그램 등이)방송되다. ~ one***self*** 바람쐬다, 산책하다.

áir bàg 에어백, 공기 주머니《자동차 충돌시 순간적으로 부푸는 안전 장치》

áir bàse 공군〈항공〉기지《미 공군에서는 미국 영토 밖의 것》.

áir bèd 《英》 공기 베드.

áir blàdder 【魚】 부레 ; 【植】 기포(氣胞).

air·borne [´bɔ̀ːrn] *a.* (1)공수(空輸)의 : (2)〔敍述的〕 이륙하여, (공중에) 떠 :(3)풍매(風媒)의.

áir bràke 공기 제동기, 에어〈공기〉 브레이크.

áir brìck 【建】(구멍 뚫린) 통풍 벽돌.

air·brush [´brʌ̀ʃ] *n.* ⓒ 에어브러시《도료·그림물감 등을 뿜는 장치》. — *vt.* …을 에어브러시로 뿜다 : (사진의 흠 따위)를 에어브러시로 지우다《*out*》 ; (무늬·사진의 세부 등)을 에어브러시로 그리다.

air·burst [´bə̀ːrst] *n.* ⓒ (폭탄의) 공중 폭발.

áir chàmber (펌프·구명구의) 공기실 : 【生】 기강(氣腔) ; (알의) 기실(氣室).

Áir Chìef Márshal 《英》 공군 대장.

áir clèaner 에어 클리너, 공기 정화기(淨化器).

áir còach (근거리·싼 요금의) 보통 여객기.

áir commànd 《美》 공군 총사령부《air force보다 상위의 부대 단위》.

Áir Cómmodore 《英》 공군 준장.

air-con·di·tion [´kəndìʃən] *vt.* …의 공기 조절을 하다, …의 온도〈습도〉조절을 하다, …에 냉난방 장치를 설치하다.

파) **-ed** [-d] *a.* 냉난방 장치를 설치한

áir conditioner 공기 조절장치, 냉난방 장치, 에어 컨디셔너, 에어컨.

·áir conditioning 공기 조절《실내의 공기정화,온도·습도의 조절》, 냉난방.

áir contaminátion 대기오염.

air-cool [´kùːl] *vt.* …을 공기 냉각하다 : (방)에 냉방장치를 하다. 파) **~ed** [-d] *a.* 공랭식의 ; 냉방장치가 있는 :

áir còrridor 공중 회랑(回廊), 항공기 전용로《국제협정에 의해 안전이 보장된》.

áir còver 【軍】 공중 엄호 (전투기대).

·air·craft [έərkræ̀ft, -krɑ̀ːft] (*pl.* ~) *n.* ⓒ 항공기《비행기·비행선·헬리콥터 등의 총칭》:

áircraft càrrier 항공모함.

áir·craft(s)·man [έərkræ̀ft(s)mən, -krɑ̀ːft(s)-] (*pl.* ***-men*** [-mən]) *n.* ⓒ 【英空軍】 항공 정비병, 공군 이등병.

áir cràsh (비행기의) 추락사고.

air·crew [έərkrùː] *n.* ⓒ 〔集合的〕 (항공기) 승무원.

air·crew·man [έərkùːmən] (*pl.* ***-men*** [-mən]) *n.* ⓒ (장교·조종사 이외의) 항공기 승무원.

áir cùrrent 기류.

áir cùrtain 에어 커튼《압착 공기를 분출시켜 실내와 외부 공기를 차단하는 장치》.

áir cùshion (1)공기 방석〈베게〉. (2)【機】 에어쿠션《완충 장치》. (3)(호버크라프트를 부상(浮上)시키는) 분사 공기.

air·date [´dèit] *n.* ⓒ 방송(예정)일.

air·drome [´dròum] *n.* ⓒ 《美》 비행장, 공항.

air·drop [´drɑ̀p/ ´drɔ̀p] *n.* ⓒ 공중 투하.

— (***-pp-***) *vt.* (물자 등)을 공중 투하하다《*to*》.

áir exprèss 《美》 공수 소화물, 소화물 공수(제제도), 항공 속달.

air·fare [´fὲər] *n.* ⓒ 항공 운임.

:air·field [έərfìːld] *n.* ⓒ 비행장.

air·flow [´flòu] *n.* (흔히 *sing.*) 기류《운동체 주위의》.

air·foil [´fɔ̀il] *n.* ⓒ 【空】 (항공기의) 날개《기체를 부양(浮揚)·제어하는 역할의 주익(主翼), 미익(尾翼), 프로펠러 날개등의 총칭》.

áir fòrce 공군《略 : A.F.》 :

air·frame [´frèim] *n.* ⓒ (비행기·로켓 따위의 엔진을 제외한) 기체(機體).

air·freight [´frèit] *n.* ⓤ (1)항공 화물편 ; 항공화물 요금. (2)〔集合的〕 항공화물. — *vt.* …을 항공화물로 보내다.

air·glow [´glòu] *n.* ⓤ 대기광《대기권 상공에서 태양 광선의 영향에 의한 작용으로 원자·분자가 발광하는 현상》.

áir gùn (1)공기총. (2)=AIRBRUSH. (3)공기 해머.

air·head[1] [´hèd] *n.* ⓒ 【軍】 공두보(空頭堡)《공수부대가 확보한 적지 내의 거점 ; 전선 공군기지》.

air·head[2] [´hèd] *n.* 《美俗》 바보, 멍청이. 파) **~ed** *a.*

áir hòle (1)통기공(孔). (선실 등의) 풍창(風窓). (2)【空】 =AIR POCKET. (3)(주물의) 기포.

áir hòstess (여객기의) 스튜어디스《※steward ess가 일반적임》.

air·i·ly [έərəli] *ad.* (1)경쾌하게 ; 쾌활하게 ; 가볍게 : (2)마음이 들떠서 ; 떠들면서. (3)젠체하며.

air·i·ness [έərinis] *n.* ⓤ (1)바람이 잘 통함 ; 바람받이. (2)경묘(輕妙)함 ; 경쾌함 ; 쾌활함. (3)공허함, 허무함. (4)젠체함.

air·ing [έəriŋ] *n.* (1) ⓤⓒ 공기에 쬠, 바람에 말림 :(2) ⓒ (흔히 *sing.*) 야외 운동, 산책 , 드라이브 :(3) ⓒ (흔히 *sing.*) (사상·제안·사실 따위의) 공표, 발표 :(4) ⓒ 《美口》 (라디오·TV) 방송.

áiring cùpboard 빨래가 마르도록 온수 파이프 주위에 만든 선반·장.

áir làne 항공로(airway).

air·less [έərlis] *a.* 환기가 나쁜 ; 공기가 없는.

áir lètter 항공우편 ; 항공서한, 항공 봉함엽서.

air·lift [έərlìft] *n.* ⓒ (1)(특히 응급책으로서의)공수. (2)(긴급) 공수용 항공기 ; 공수된 인원〈화물〉.

(3)공중 보급로〈선〉. — *vt.* …을 공수하다《*to*》.

:air·line [∠làin] *n.* ⓒ (1)(정기) 항공로. (2)(*pl.*)〔單數취급〕항공회사《종종 Air Lines 라고도 씀》. (3)(흔히 air line)《美》(두 점을 잇는) (공중) 최단 거리, 대권(大圈) 코스 ; 일직선.

áirline còde 항공회사 코드《국제 항공 운송 협회가 정함 ; 두 글자로.

·air·lin·er [∠làinər] *n.* ⓒ (대형) 정기 여객기.

áir lòck (1)【工】에어 로크, 기갑(氣閘)《잠함(潛函)의 기밀실》. (2)(우주선의) 기밀식(氣密式) 출입구 ; 감압실. (3)증기 폐색《펌프나 파이프 조직에 기포가 있어 기능을 막는일》.

:air·mail [έərmèil] *n.* ⓤ (1)항공 우편. 【opp.】 *surface mail.* (2)〔集合的〕항공 우편물. — *vt.* …을 항공편으로 보내다. — *a.*〔限定的〕항공편(便)의. — *ad.*항공편으로.

·air·man [έərmən] (*pl.* ***-men*** [-mən]) *n.* ⓒ (1)비행사〈가〉 ; 조종사, 항공기 승무원 ; 공군 요원〈병사〉 ; (2)【美軍】항공병 : **áir màss** 【氣】기단(氣騷) :

áir màttress 에어 매트리스《침대나 구명용》.

áir mìle 항공 마일《1.852 m》.

air-mind·ed [∠màindid] *a.* 항공(사업)에 열심인 ; 비행기를 좋아〈동경〉하는; 항공지식이 있는.

áir mìss 에어 미스《항공기의 니어 미스(near miss)에 대한 공식 용어》.

air·mo·bile [∠mòubəl, -bi:l/ -bail] *a.* 【美軍】(헬리콥터 따위로) 공수되는 ; 공수 부대의.

áir pìracy 항공기 납치(sky jacking) ; 하이잭(hi-jacking).

:air·plane [έərplèin] *n.* ⓒ《美》비행기(《英》aero-plane) :

áir plànt 〔植〕기생(氣生) 식물《핑의 비름과(科)》.

áir pòcket 에어포켓, (하강) 수직 기류 :

áir polìce (종종A-P-)【美軍】공군 헌병대《略 : AP》.

áir pollùtion 대기〈공기〉오염.

:air·port [έərpɔ̀ːrt] *n.* ⓒ 공항

áir pòwer 공군력 ; 공군.

áir prèssure 기압(atmospheric pressure).

air·proof [∠prù:f] *a.* 공기를 통하게 하지 않는, 기밀(氣密)의 (airtight).

áir pùmp 공기〈배기〉펌프.

áir ràid 공습.

air-raid [έərrèid] *a.* 공습의 :

áir rìfle (강선식) 공기총.

áir rìght 【法】공중권(權)《땅·건물 상공의 소유권·이용권》.

áir ròute 항공로(airway).

áir sàc 공기주머니 ; 【生】기낭(氣囊).

air·screw [∠skrù:] *n.* ⓒ《英》프로펠러.

áir-sea réscue [∠sì:-] 해공(海空) 협동 구난작업(대)《헬리콥터·선박 등에 의한》.

áir sèrvice 항공 근무 ; 항공 수송(사업) ; 항공업무(부), 공군 ; (육·해군의) 항공부.

áir shàft (광산·터널 등의) 통풍 수직갱(垂直坑)(air well).

:air·ship [∠ʃìp] *n.* ⓒ 비행선(船) :

áir shòw 에어쇼, 항공쇼.

air·sick [∠sik] *a.* 비행기 멀미가 난.
파) **~·ness** *n.* ⓤ 항공병(病), 비행기 멀미.

air·space [∠spèis] *n.* ⓤ (1)영공(領空) : (2)【軍】(편대(編隊)에서 차지하는) 공역(空域) ; (공군의) 작전 공역. (3)【建】(방습을 위한 벽안의) 공간, 공기층 ; (식물조직의) 기실(氣室).

air·speed [∠spì:d] *n.* ⓤⓒ (비행기의) 대기(對氣) 속도 ; 풍속. 【cf.】 ground speed.

áir stàtion 【空】(격납고·정비 시설이 있는)비행장 ; (잠수용) 압축공기 충전소.

air·stream [∠strì:m] *n.* ⓒ 기류, 《특히》 고층 기류 ; =AIRFLOW.

áir strìke 공습(air raid).

air·strip [∠strìp] *n.* ⓒ 【空】(임시·가설의) 활주로.

áir tàxi 에어 택시《근거리 부정기 여객기》.

áir tèrminal 공항에 있는 터미널 빌딩 ; 공항버스로 승객을 나르기 위해 마련한 도시내의 항공기 탑승객 집합소.

air·tight [∠tàit] *a.* (1)기밀(氣密)의, 밀폐한, 공기가 통하지 않게 한 : (2)《美》공격할 틈이 없는, (이론 따위가) 물샐틈(빈틈) 없는, 완벽한. 파) **~·ly** *ad.* **~·ness** *n.*

áir tìme (라디오·텔레비젼의)방송 개시 시간 ; (특히 광고의) 방송 시간.

air-to-air [∠tu∠, ∠tə∠] *a. ad.* 〔刑容詞로는 限定的〕비행기에서 딴 비행기로(의), 공대공(空對空)의 :

air-to-sur·face [∠təsə́:rfis] *a. ad.* 공대지(空對地)의(=air-to-ground) : — *ad.* 항공기에서 지상으로.

áir tràffic contròl 항공교통 관제(기관).

áir tràffic contròller 항공교통 관제관〈원〉.

Áir Vice-Már·shal [-vàismá:rʃəl]《英》공군 소장.

air·waves [∠wèivz] *n.* (*pl.*) (TV·라디오의) 방송 전파.

·air·way [∠wèi] *n.* (1) ⓒ 항공로(air route). (2)(A-) (종종 *~s*) 〔흔히 單數취급〕항공회사(《美》airlines) : British *Airways* 영국 항공(회사). (3) ⓒ (광산의) 통기〈바람〉 구멍.

air·wor·thy [∠wə̀:rði] *a.* 내공성(耐空性)이 있는, 비행에 견딜수 있는《항공기 또는 그 부속품》.
파) **-wòr·thi·ness** *n.* ⓤ 내공성.

·airy [έəri] (***air·i·er ; -i·est***) *a.* (1)바람이 잘 통하는 : (2)공기와 같은 ; 공허한, 환상적인 :(3)가벼운 ; 섬세한 ; 우아한 :(4)(태도 등이) 경쾌한 ; 경박한 ; (기분이) 쾌활한 : (5)《口》(짐짓) 점잔빼는, 젠체하는. (6)하늘 높이 솟은, 공중의 ; 대기(大)의 ; 항공의.

airy-fairy [-fέəri] *a.*《口》(1)요정 같은. (2)《蔑》근거 없는, 공상적인, 비현실적인《생각·계획 등》 :

·aisle [ail] *n.* ⓒ (1)《美》(좌석 사이나, 건물·열차 안의) 통로 ; 복도 :(2) a](교회당의) 측랑(側廊). b](교회당 좌석 줄 사이의) 통로. ***knock*** 〈***lay, rock, have***〉 (the audience) ***in the ~s*** (연극 따위가 청중을) 도취시키다, 감동시키다, 크게 웃기다. ***roll in the ~s***《口》(청중이〈을〉) 배꼽을 쥐다〈쥐게 하다〉, 포복절도하다〈시키다〉. ***walk down the ~*** 결혼하다.

áisle sèat (열차 등의) 통로 쪽의 자리. 【cf.】 window seat.

aitch [eitʃ] *n.* ⓒ H, h 의 글자 ; h음 ; H자(字)형의 것. ***drop*** one***'s ~es*** (무식쟁이가) h를 빼고 발음하다.

aitch·bone [éitʃbòun] *n.* ⓒ 소의 볼기 뼈(hip-bone), 둔골(臀骨) (=**rúmp bòne**) 소의 볼깃살.

ajar[1] [ədʒá:r] *ad. a.* 〔形容詞로는 敍述的〕(문이)조금 열리어 :

ajar[2] *ad. a.* 〔形容詞로는 敍述的〕조화되지 않아 ; 티격이 나서《*with*》

akim·bo [əkímbou] *ad. a.* 〔形容詞로는 敍述的〕손을 허리에 대고 팔꿈치는 옆으로 뻗어《여성이 상대에게

A

도전할 때의 포즈》《※ with(one's) arms ~로서 쓰임》.
·**akin** [əkín] *a.* 〔敍述的〕 혈족〈동족〉의《*to*》 ; 같은 종류의, 유사하여《*to*》 :
-al *suf.* (1) '…의, …와 같은, …성질의' 라는 뜻의 형용사를 만듦 : equ*al*. (2)동사에서 명사를 만듦 : tri*al*.
à la, a la [ɑ́:lə, -lɑ:] 《F.》 …식의〈으로〉, …풍의〈으로〉 ; 【料】 …을 곁들인
·**Al·a·bama** [æ̀ləbǽmə] *n.* 앨라배마《미국 남동부의 주 ; 주도 Montgomery(몽고메리) : Ala. AL :파) **-bám·an, -bám·i·an** [-n], [-miən] *a. n.* 앨라배마의 (사람).
·**al·a·bas·ter** [ǽləbæ̀stər, -bɑ̀:s-] *n.* ⓤ 설화 석고 ; 줄마노(瑪瑙) : — *a.* 〔限定約〕 (1)설화 석고의〈같은〉. (2)희고 매끄러운 : **à la carte** [ɑ̀:ləkɑ́:rt, æ̀lə-] 《F.》 정가표에 따라 : 정가표에 따라 : 일품 요리의, 좋아하는 요리의. 【cf.】 table d'hôte.
alac·ri·ty [əlǽkrəti] *n.* ⓤ 민활함, 기민함, (주저없이) 선선함. ***show ~*** 시원시원하다. ***with ~*** 민첩 하게 ; 선뜻 :
Al·a·mo [ǽləmòu] *n.* 【美史】 (the ~) 앨라모 요새《Texas주 San Antonio시 있는 가톨릭의 옛 전도소 ; 1836년 Texas 독립 전쟁시 멕시코군에 포위되어 수비대가 전멸함》.
à la mode [ɑ̀:ləmóud, æ̀lə-] *a. ad.* 《F.》 (1)유행을 따라서 ; 유행의 ; …양식의 : (2)〔흔히 名詞 뒤에 와서〕 【料】 (파이 따위에) 아이스크림을 곁들인. ***pie ~*** 아이스크림을 곁들인 파이.
:**alarm** [əlɑ́:rm] *n.* (1) ⓒ 경보, 비상 신호〈소집〉 :(2) ⓤ 놀람, (갑작스런) 공포, 불안 : (3) ⓒ 경보기〈장치〉 ; 경종 ; 자명종 : ***a fire ~*** 화재 경보(기). ***~ and despondency*** 의기 소침 ; 걱정, 불안. ***a thief ~*** 도난 경보(기). ***give a false ~*** 허보(虛報)를 전하다. ***give the* 〈*raise an*〉 *~*** 경보를 발하다. ***in ~*** 놀라서 ; 근심〈걱정〉하여. ***take* (*the*) *~*** (경보에) 놀라다, 경계하다 : ***with* 〈*in*〉 *great ~*** (크게) 놀라서. — *vt.* (1)…에게 경보를 발하다, 위급(함)을 알리다, 경계시키다. (2)…을 놀래다, 오싹하게 하다, 불안하게 하다《흔히 過去分詞로 形容詞的으로 씀》 :
alárm bèll 경종, 경령(警鈴), 비상벨.
:**alárm clòck** 자명종.
alarmed [əlɑ́:rmd] *a.* 〔敍述的〕 놀란, 불안을 느낀
·**alarm·ing** [əlɑ́:rmiŋ] *a.* 놀라운, 걱정〈불안〉스러운 ; (사태 등이) 급박한 : 파) **~·ly** *ad.* 놀랄만큼, 걱정되리만큼.
alarm·ist [əlɑ́:rmist] *a. n.* ⓒ 인심을 소란케 하는 (사람) : 군걱정하는 (사람).
:**alas** [əlǽs, əlɑ́:s] *int.* 아아, 슬프도다, 불쌍한지고《슬픔·근심 등을 나타냄》. ***Alas the day !*** 아 아, 참으로.
·**Alas·ka** [əlǽskə] *n.* 알래스카《미국의 한 주 (州) ; 略 Alas. : 【郵便】 AK》.
Alas·kan [əlǽskən] *a. n.* ⓒ 알래스카의 ; 알래스카 사람.
Aláska Península (the ~) 알래스카 반도.
Aláska (**stándard**) **tìme** 알래스카 표준시《GMT보다 10 시간 늦음》.
alb [ælb] *n.* ⓒ 【가톨릭】 장백의(長白依)《흰 삼베로 만든 미사 제복》. 【cf.】 chasuble.
al·ba·core [ǽlbəkɔ̀:r] (*pl.* **~s,** 〔集合的〕 ~) *n.*ⓒ 【魚】 날개다랑어.
Al·ba·nia [ælbéiniə, -njə] *n.* 알바니아《수도 Tirana》. 파) **-ni·an** [-n] *a. n.* 알바니아의 : ⓒ 알바니아 사람(의) ; ⓤ 알바니아 말(의).
Al·ba·ny [ɔ́:lbəni] *n.* 올버니《미국New York 주의 주도 ; 略 : Alb》.
al·ba·tross [ǽlbətrɔ̀(:)s, -trɑ̀s] *n.* ⓒ (1)【鳥】 신천옹(信天翁). (2)【골프】 앨바트로스《한 홀에서 par[1] 또는 bogey 보다 3타 적은 스코어》. 【cf.】 eagle.
al·bi·nism [ǽlbənìzəm] *n.* ⓤ 색소 결핍증 ; 【醫】 (선천성) 백피증(白皮症) ; 【生】 알비노증.
al·bi·no [ælbáinou/ -bí:-] (*pl.* **~s**) *n.* ⓒ (1)백피증의 사람. (2)【生】 알비노《색소가 현저히 결핍된 동·식물》.
Al·bi·on [ǽlbiən] *n.* 앨비언《잉글랜드(England)의 옛이름·아명(雅名)》.
:**al·bum** [ǽlbəm] *n.* ⓒ (1)앨범《사진첩·우표첩·내객 명부등》 : (2)(예전의 앨범식)음반첩 ; (레코드·카세트 테이프·CD의) 앨범.
al·bu·men [ælbjú:mən] *n.* ⓤ (1)(알의) 흰자위. (2)【植】 배유(胚乳), 배젖. (3)【生化】 =ALBUMIN.
al·bu·min [ælbjú:mən] *n.* ⓤ 【生化】 알부민《생체 세포·체액(體液)속의 단순 단백질》.
al·bu·mi·nose [ælbjú:mənòus] *a.* 알부민의, 알부민을 함유한 ; 【植】 배유(胚乳)가 있는.
Al·bu·quer·que [ǽlbəkə̀:rki] *n.* 앨버커키《미국 New Mexico주 중부의 주 최대 도시》.
Al·ca·traz [ǽlkətræ̀z] *n.* 앨커트래즈《California주 샌프란시스코 만(灣)의 작은 섬 ; 연방 교도소(1934 ~ 63)가 있었음》.
·**al·che·mist** [ǽlkəmist] *n.* ⓒ 연금술사(師).
·**al·che·my** [ǽlkəmi] *n.* ⓒ (1)연금술 ; 연단술. (2)《比》 평범한 물건을 가치 있는 것으로 변질시키는 마력, 비법.
:**al·co·hol** [ǽlkənɔ̀(:)l, -hɑ̀l] *n.* (1) ⓤ 알코올, 주정(酒精)(음료), 술 : (2)【化】 알코올류(類).
·**al·co·hol·ic** [æ̀lkəhɔ́(:)lik, -hɑ́l-] *a.* (1)알코올(성)의 (2)알코올 중독의 : — *n.* (1) ⓒ 호주(豪酒) ; 알코올 중독자. (2)(*pl.*) 알코올 음료, 주류.
Alcohólics Anónymous 《美》 알코올 중독자 갱생회《略 : AA》.
al·co·hol·ism [ǽlkəhɔ(:)lìzəm, -hɑl-] *n.* ⓤ 알코올 중독. 파) **-ist** *n.*
al·co·hol·om·e·ter [æ̀lkəhɔ(:)lɑ́mitər, -hɑl- / -hɔlɔ́m-] *n.* ⓒ 주정계(計) ; 알코올 비중계.
al·cove [ǽlkouv] *n.* ⓒ (1)방 안의 후미져 구석진 곳《침대·서가용》 ; 주실에 이어진 골방. (2)방벽의 오목한 곳, 반침 ; 다락 마루. (3)《古》 (공원·정원 따위의) 정자.
Alde·burgh [ɔ́:ldbɔrɔ] *n.* 올드버러《영국 Suffolk 주의 읍 ; 해마다 여름에 열리는 음악 축제로 유명함》.
al·de·hyde [ǽldəhàid] *n.* ⓤ 【化】 알데히드.
al·den·te [ældéntei, -ti] 《It.》 씹는 맛이 나도록 요리한《마카로니 따위》.
al·der [ɔ́:ldər] *n.* ⓒ 【植】 오리나무속(屬)의 식물.
al·der·man [ɔ́:ldərmən] (*pl.* **-men** [-mən]) *n.*ⓒ (1)《美·Can.등》 시의회 의원. (2)《英》 시 참사회원, 부시장. 파) **àl·der·mán·ic** [-mǽnik] *a.*
Al·der·ney [ɔ́:ldərni] *n.* (1)올더니 섬《영국 해협 Channel Islands 북단의 섬》. (2)젖소의 일종《영국 원산.》
:**ale** [eil] *n.* ⓤ 에일《larger beer 보다 독하나, porter 보다 약한 맥주의 일종》 ; ⓒ 《英》 (옛날의)시골 축제《에일을 마셨음》.
alee [əlí:] *ad.* 【海】 바람이 불어가는 쪽에〈으로〉.

〖opp.〗 *aweather.* 【cf.】 lee.

alem·bic [əlémbik] *n.* ⓒ (옛날의) 증류기 ; 정화기 ;《比》변화시키는〈정화하는〉것

:alert [ələ́:rt] (*more* ~ ; *most* ~) *a.* (1)방심 않는, 정신을 바짝 차린, 빈틈 없는(watchful)《*to*》: (2)(동작 등이) 기민한, 민첩한, 날쌘《*in*》:— *n.* ⓒ (1)경계 (체제) ; 경보(alarm). (2)경계경보 발령 기간. *on the* ~ (방심않고) 경계하여《*for* ; *to do*》: — *vt.* 《~+目/+目+前+名/+to do》…에게 경계시키다, 경보를 발하다《*to*》: 파) **~·ly** *ad.* 방심않고, 경계하여 ; 기민하게.

Al·eut [əlú:t, ǽliù:t] (*pl.* ~*s,* 〔集合的〕 ~) *n.* (1) a](the ~(s)) 알류트족《알류샨 열도·알래스카등지에 사는 종족》. b]ⓒ 알류트족의 사람. (2) ⓤ 알류트어.

Aleu·tian [əlú:ʃən] *a.* 알류샨의 ; 알류트 사람〈말〉 — *n.* (1)=ALEUT. (2)(the ~s) =ALEUTIAN ISLANDS.

Aléutian Íslands (the ~) 알류샨 열도《미국영토》.

Alexánder the Gréat 알랙산더 대왕(大王) (356-323 B.C)

Al·ex·an·dria [æ̀ligzǽndriə, -zɑ́:n-] *n.* 알렉산드리아《Nile 강 어귀의 이집트 항구 도시》.

Al·ex·an·dri·an [æ̀ligzǽndriən, -zɑ́:n-] *a.* (1)Alexandria의 ; (그곳에서 번성한) 헬레니즘 문화의. (2)알렉산더 대왕의. — *n.* ⓒ 알렉산드리아의 주민.

Al·ex·an·drine [æ̀ligzǽndrin, -dri:n, -zɑ́:n-] 【韻】 *n.* ⓒ, *a.* 알렉산더 시행(의)《억양격(格) 6시각(詩脚)으로 구성된 시행》; 그 시.

al·ex·an·drite [æ̀ligzǽndrait, -zɑ́:n-] *n.* ⓤⓒ 【鑛】 알렉산더 보석《낮에는 진초록, 인공 광선으로는 적자색으로 보임 ; 6월의 탄생석》.

alex·ia [əléksiə] *n.* ⓤ 【醫】 독서 불능증, 실독증(失讀症).

Al Fa·tah [ɑ̀:lfɑ:tɑ́:, ælfǽtə] 알파타《PLO의 주류 온건파》.

Álfred the Gréat 앨프레드 대왕《Wessex 왕국의 임금(849~899)》.

al·fres·co, al fresco [ælfréskou] *ad., a.* 〔刑容詞로는 限定的〕 야외에〈의〉: **al·ga** [ǽlgə] (*pl.* **-gae** [-dʒi:] ~*s*) *n.* (흔히 *pl.*)【植】 말, 조류(藻類).

:al·ge·bra [ǽldʒəbrə] *n.* ⓤ 대수학(代數學).

al·ge·bra·ic, -i·cal [æ̀ldʒəbréiik], [-əl] *a.* 대수학의. 파) **-i·cal·ly** *ad.*

al·ge·bra·ist [ǽldʒəbrèiist/ ⌐-⌐-] *n.* ⓤ 대수(代數)학자.

Al·ge·ria [ældʒíəriə] *n.* 알제리《북아프리카의 한 공화국 ; 수도 Algiers》. 파) **Al·gé·ri·an** [-n] *a., n.* ⓒ 알제리의 ; 알제리인(의).

ALGOL [ǽlgɑl, -gɔ(:)l] *n.* 【컴】 셈말《과학·기술 계산용 프로그램 언어》. [◁ *algo*rithmic *l*anguage]

Al·gon·ki(·a)n, -qui(·a)n [ælgɑ́ŋki(ə)n/ -gɔ́ŋ-], [-kwi-] (*pl*~, ~*s*) *n.* (1) a](the~(s)) 알곤킨족《북아메리카 원주민의 한 부족·Ottawa 강 유역에 삶》. b]ⓒ 알곤킨족 사람. (2) ⓤ 알곤킨 말《보통 **Algonquin**으로 씀》.

al·go·rism [ǽlgərìzəm] *n.* (1) ⓤ 알고리즘《1,2,3, …을 쓰는 아라비아 기수법 ; 아라비아 숫자 연산법 ; 산수》. (2)=ALGORITHM. *a cipher in* ~ 제로 ; 데데한 사람. 파) **àl·go·rís·mic** [-rízmik] *a.*

al·go·rithm [ǽlgəriðəm] *n.* ⓤ 알고리듬, 연산(演算)(방식) ; 【컴】 풀이법, 셈법.
파) **àl·go·ríth·mic** *a.*

Al·ham·bra [ælhǽmbrə] *n.* (the ~) 알함브라궁전《스페인의 무어왕(王)들의 옛 성》.

ali·as [éiliəs] *ad.* 《L.》 별명으로, 일명 : (*pl.* ~*es*) *n.* ⓒ 변명, 가명, 통칭, 별명 : *go by the* ~ *of* …라는 라는 별명으로 통하다.

·al·i·bi [ǽləbài] (*pl.* ~*s*) *n.* ⓒ (1)【法】 현장 부재증명, 알리바이 :(2)《口》 변명(excuse) : *prove* 〈*establish, set up*〉 *an* ~ 알리바이를 입증하다. — *vi.* 《美口》 변명하다 : — *vt.* 《口》 (아무)의 알리바이를 증언하다.

Al·ice-in-Won·der·land [ǽlisinwʌ́ndərlæ̀nd] *a. n.* 〔刑容詞로는 限定的〕《口》 공상적인〈도저히 믿을수 없는〉(일〈것〉).

·al·ien [éiljən, -liən] (*more* ~ ; *most* ~) *a.* (1)외국의, 이국의(foreign) : 외국인의 : (2)성질이 다른, 이질의《*from*》:(3)(생각 따위가) 맞지 않는, 서로 용납되지 않는《*to*》: (4)지구 밖의, 우주의. —*n.* ⓒ 외국인(foreigner) ; 재류(在留) 외국인 ; 따돌림받는 사람 ; 우주인《SF에서, 지구인에 대하여》.

al·ien·a·ble [éiljənəbəl, -liə-] *a.* 양도〈이양·매각〉할 수 있는.

al·ien·ate [éiljənèit, -liə-] *vt.* 《~+目/+目+前+名》 *vt.* (1)…을 멀리하다, 소원(疏遠)케 하다《*from*》; 이간하다, 불화(不和)케 하다《*from*》: 소외하다, 따돌리다《*from*》: (2)…을 딴 데로 돌리다 ; 양도〈매각〉하다 :

al·ien·a·tion [èiljənéiʃən, -liə-] *n.* ⓤ (1)멀리함 : 소원(疎遠, 티격남, (자기) 소외(감) :(2)【法】 양도 ; 소유물 처분권 ; (자금의) 전용(轉用), 유용(流用).

:alight[1] [əláit] (*p., pp.* ~*ed,* 《稀》 *alit* [əlít]) *vt.* (1)《+前+名》 (말·탈것에서) 내리다, 하차하다《*from*》 :(2)《~/+前+名》 【空】 착륙〈착수〉하다. (새가 나무·지면 등에) 내려앉다《*on*》 :(3)《+前+名》《文語》 (우연히) 만나다, 발견하다《*on. upon*》 :~ *on* one*'s feet* 뛰어내려서다 ; 부상을 면하다.

alight[2] *ad., a.* 〔形容詞로는 敍述的〕 불타고(on fire) ; 점화하여 : 비치어 ; 생기 있게 빛나는《*with*》 : *set* (a thing) ~ (…을) 타오르게 하다 ; (…에) 불을 켜다 : **align, aline** [əláin] *vt.* (1)…을 한줄로 하다, 일렬로 세우다, 정렬시키다, 일직선으로 맞추다《*with*》 : (2)《+目+前+名》 …을 같은 태도를 취하게 하다, (정치적으로)제휴시키다《*with*》 :— *vi.* (1)한 줄로 되다, 정렬하다. (2)제휴하다, 약속하다《*with*》. ~ one*self with* 제휴〈동조〉하다, …에게 편들다 :

align·ment, aline- [əláinmənt] *n.* ⓤⓒ (1)일렬 정렬, 배열 ; 정돈선 ; 조절, 정합 ; 조준 : (2)(사람들·그룹간의) 긴밀한 제휴, 협력, 연대, 단결.

:alike [əláik] (*more* ~ ; *most* ~) *a.* 〔敍述的〕 서로 같은, 마찬가지의 : — *ad.* 똑같이, 같이 : ~ A *and* B, A도 B도. *go share and share* ~ 균등하게 나누다.

al·i·ment [ǽləmənt] *n.* ⓤⓒ (1)음식, 자양물. (2)부조(扶助), 부양(비) ; 《比》 지지(支持), (마음의) 양식 ; 필수품.

al·i·men·tal [æ̀ləméntl] *a.* 음식물의, 영양분 있는 ; 양분이 많은《비료 따위》. 파) **~·ly** *ad.*

al·i·men·ta·ry [æ̀ləméntəri] *a.* (1)음식물의, 영양의, 영양이 되는(nutritious). (2)부양하는 ; 양식이 되는, 부조(扶助)가 되는.

aliméntary canál (the ~) 【解】 소화관(消化管)《입에서 항문까지》.

al·i·men·ta·tion [æ̀ləmentéiʃən] *n.* ⓤ (1)영양

A

(법) ; 영양 흡수〈섭취〉. (2)(생활의)지탱, 부양.
al·i·men·to·ther·a·py [æ̀ləméntouθèrəpi] *n.* ⓤⓒ 【醫】 식이 요법.
al·i·mo·ny [ǽləmòuni/ -mə-] *n.* ⓤ 【法】 별거 수당《흔히 남편이 아내에게 주는》; 이혼 수당 ; 생활비, 부양비.
A-line [éilàin] *a.* (여성의 드레스 따위가) 위가 꼭 끼고 아래가 헐렁하게 퍼진, A 라인의.
alit [əlít] 《稀》 ALIGHT[1]의 과거·과거분사.
·alive [əláiv] (***more ~ ; most ~***) *a.* 〔敍述的〕 (1)살아있는, 생존해 있는. 〚opp.〛 *dead.* (2)생생하여, 활발하여, 활동하여(active) :(3)북적거리는, 충만〈풍부〉한《*with*》:(4)(…에) 민감한, 감지(感知)하는, 지각〈의식〉하는《*to*》 : (5)활동 상태의 ; 소멸하지 않는 : (6)전류가 통하고 있는. ***~ and kicking*** 《口》 기운이 넘쳐 ; 신바람이 나서 ***~ and well*** (현존할 리가 없는 것이)건재하여 ; (소문에 반하여) 건강하여. ***all ~*** 《口》 원기왕성하여 ; 활기가 있어. ***as sure as I am ~*** 아주 확실히 ***bring ... ~*** 소생시키다 ; 활기 있게 하다. ***come ~*** 1)활발해지다, 흥미를〈관심을〉 갖게 되다. (2)(그림따위가)진짜로 보이다, 실물과 똑같아지다. ***come back ~*** 생환(生還)하다. ***know*** a person ***is ~*** 아무를 알아차리다. ***Look ~ !*** 《口》 꾸물거리지 말고 빨리 해. ***more dead than ~*** 《口》 피로에 지쳐서.
·al·ka·li [ǽlkəlài] (*pl.* ***~(e)s*** [-làiz]) *n.* ⓤⓒ 알칼리.
álkali métal 【化】 알칼리 금속(=**álkaline métal**).
al·ka·line [ǽlkəlàin, -lin] *a.* 알칼리속(屬)의 : 알칼리(성)의. 〚opp.〛 *acid.*
al·ka·loid [ǽlkəlɔ̀id] *n.* ⓒ 알칼로이드《식물에 함유된 염기성 물질》. — *a.* 알칼로이드의 ; 알칼리 비슷한.
:all [ɔːl] *a.* (1)모든, 전분의, 전체의, 온, 전(全) : (2)〔성질·정도를 나타내는 抽象名詞를 수식하여〕 있는 대로의, …한껏의, 할 수 있는 한의, 최대의, 최고의 : (3)〔this, the 등과 더불어 힘줌말로〕 막대한, 엄청난, 대단한 : (4)수사적 강조 표현으로서 補語나 同格에 써서〕 a〕〔抽象名詞를 수식하여〕 전적인, …그 자체로서 : b〕《몸의 일부분을 나타내는 名詞를 수식하여〕 온몸이 …뿐인 ; 온몸이 …이 되어 : (5)〔부정적인 뜻의 動詞나 前置詞 뒤에 와서〕 일체 아무런, 하등의(any) : (6)(그저) …뿐(only) :
☞ 語法 1)刑容詞로서의 all은 언제나 정관사·소유격·대명사·지시형용사에 선행(先行)함.
(2)"all+명사"에서, a〕"all the+명사"는 일정수·일정량의 것에, b〕"all+무관사+명사"는 일반적으로 총칭적인 뜻을 강조하는데 쓰임 : 3)무관사의 物質名詞·抽象名詞와 함께 써서 일반적인 뜻을 강조함 : 4)단수 보통명사 또는 고유명사와 함께 써서 the whole of의 뜻이 됨 : 5)〔否定文에서〕 a〕모두가 다 …은 아니다, (~라고 해서) 반드시 …은 아니다《부분 부정》 : b〕전부라노 …않나 .
— *pron.* (1)모든 사람, 전원, 모든 것, 만사 : (2)〔同格에 쓰여〕 …은〈을〉 전부, 모두, 누구나 :
☞ 語法 1)all이 사물을 나타낼 때는 단수, 사람을 나타낼 때는 복수로 취급함 : *All was* silent. 만물은 고요하였다 / 2)all은 복수꼴의 countable noun을 받을 때는 복수취급,물질명사·추상명사를 받을때는 단수 취급임 : *All* of the students were present. 학생들은 전원 출석했었다. 3)"all of+名詞"는 주로 미국 어법이며, 영국에서는 흔히 of를 쓰지 않음 :
— *n.* 〔흔히 one's~〕 전소유물, 전재산〈정력·관심〉 :
— *ad.* (1)전부, 완전히, 온통 ;《口》 전혀, 아주, 전연 ;《주로 美》〔疑問詞 뒤에서〕 대체 :(2)오직 …에만, 오로지 :(3)【競】 양쪽 다 : ***above ~*** 특히. ***after ~*** ⇨ AFTER. ***~ along*** (그동안) 죽, 내내, 처음부터 : ***~ around*** ⇨ AROUND. ***~ but*** 1)…을 제외한 전부 :(2)〔副詞的〕 거의, 거반(nearly, almost) : ***~ in*** 《美俗》 지쳐서, 기진맥진하여 ;《口》 무일푼이 되어. ***~ in ~*** 1)전부하여, 총계〈모두〉해서 : 2)대체로〈대강〉말하면, 대체로 : 3)소중〈귀중〉한 것 : ***~ of ...*** …전부, 모두, 각기, 각자 ;《美》 충분히, 넉넉히 : ***~ of a sudden*** 갑자기. ***~ one*** 같음 ; 결국 같은 ; ***~ out*** 1)전(속)력으로. 2)지쳐서, 기진맥진하여. 3)아주, 전혀. ***All out !*** 여러분 갈아타 주십시오 (《英》 All change!). ***~ over*** 1)완전히〈아주〉 끝나 : 2)도처에, 온몸에, 온 …에 : 3)모든 점에서, 아주 : 4)《俗》 …에 반하여. ***~ over with*** …이 요절〈결딴〉이 나서, …이 틀어져서, 가망이 없어 : ***~ right*** ⇨ RIGHT. ***~ the ...*** 1)…뿐 : 2)〔比較級을 수반하여〕 그 만큼, 더욱더, 크게 ***~ there*** 1)《口》〔흔히 否定文에서〕 제정신으로, 정신이 말짱하여 : 2)《俗》 빈틈없는, 약삭빠른, (정신이) 똑똑하여. ***~ the same*** ⇨ SAME. ***~ the time*** 〔副詞的〕 그 동안 죽, 내내 ;《美》 언제나, 항상. ***~ the way*** 도중 내내 ; 일부러 멀리서 ;《美》〔from...to_를 수반하여 副詞的으로〕 …에서 —에 이르까지 줄곧〈여러 가지로〉. ***~ the while*** = ~ the time. ***~ together*** 모두〈다〉 함께, 전부 ;《in ~ 보다 口語的》. ***~ told*** 전부 (합)해서, 합계 :***~ too*** 정말, 너무나(도) : ~ ***~ up*** 《口》 1)만사가 끝나서, 틀어져서, 가망이 없어 :2)부속품 일체를 포함한. ***~ very well 〈fine〉 (, but...)*** 〔反語的〕 정말 좋다(마는) : ***and ~*** 1)그 밖의 모두, 등등, …째로 :2)〔놀람을 강조〕 놀랍게도 정말 …이다 : ***and ~ that*** 그 밖의 여러 가지, …따위(and so forth): ***at ~*** 1)〔否定的〕 조금도, 전혀 : 아무리 보아도 :2)〔疑問文〕 도대체 : 3)〔條件約〕 일단 …이면, …할 바엔 : 4)〔肯定的〕 어쨌든, 하여간 : ***be ~ for*** … 에 대찬성이다, …을 강력히 지지하다 : ***for 〈with〉 ~ ...*** …이 있어도, …이 있는데도 (불구하고) : . ***in ~*** 모두 해서, 전부, 총계. ***of ~ ...*** 《口》 (그 많은 중에) 하필이면 : ***once for ~*** 한 번만 ; 이번만 : ***one and ~*** 누구나〈어느 것이나〉다, 모두, 모조리. ***That's ~***. 그것으로 끝이야, 그것 뿐이야. ***with ~ ...*** ⇨ WITH c) (3).
all-A·mer·i·can [ɔ́ːləmérikən] *a.* (1)전 미국 (대표)의 : (2)아메리카 사람만의. (3)모범적 미국인의. — *n.* ⓒ 전 미국대표 선수(로 구성한 팀).
all-around [ɔ́ːləráund] *a.* 〔限定的〕 (1)(지식 등이) 넓은, 해박한, 전반〈다방면〉에 걸친 (2)만능의 다재(多才)한(《英》 all-round) 파) **~·er** *n.* 만능 선수〈기술자, 학자, 직공〉.
·al·lay [əléi] *vt.* (노염·공포·불안 따위)를 가라 앉히다(calm) ; (고통·슬픔 등)을 누그러뜨리다, 경감〈완화〉시키다 :
all clear 공습 경보 해제(방공 연습 종료)의 사이렌 신호) :
all-day [ɔ́ːldéi] *a.* 〔限定姉〕 하루 걸리는 :
al·le·ga·tion [æ̀ligéiʃən] *n.* ⓤⓒ 주장, 진술, 증거 없는 주장, 단언. ◻ allege *v.*
:al·lege [əlédʒ] *vt.* (1)《~+目/+目+*as* 補/+*that* 節》 (충분한 증거 없이) …을 단언하다 (affirm ; assert positively) ; 강하게 주장하다 :(2)(법정 등에서 선서하고) …을 진술하다. (3)…을 (변명으로) 내세우다 : 파) **~·a·ble** [-əbəl] *a.*
al·leged [əlédʒd, -dʒid] *a.* 〔限定的〕 (근거 없이)주

장된, (주장자가) 말하는 ; 추정〈단정〉된 ; 진위가 의심스러운 : 파) **al·lég·ed·ly** [-idli] *ad.* 주장(하는 바)에 의하면 ; 소문〈전해진 바〉에 의하면

Al·le·ghé·ny Móuntains, Al·le·ghe·nies [æ̀ligéini-], [-niz] *n. pl.* (the ~) 앨리게이니 산맥《미국 동부의 Appalachian 산계(山系)의 일부》.

·al·le·giance [əlíːdʒəns] *n.* ⓤⓒ 충순(忠順), 충성, 충절, 충실 ; (친구·주의 등에 대한) 성실, 신의 (봉건 시대의) 신종(臣從) 의무《*to*》 :

·al·le·gor·ic, -i·cal [æ̀ligɔ́(ː)rik, -gár-], [-əl] *a.* 우의(寓意)의, 우화(寓話)적(인), 풍유(諷喩)의, 비유적인. 파) **-i·cal·ly** *ad.*

al·le·go·rist [ǽligɔ̀ːrist, -gər-] *n.* ⓒ 우화 작가, 풍유가(諷喩家).

al·le·go·rize [ǽligəràiz] *vt.* …을 우화화하다, 우화풍으로 이야기하다. — *vi.* 풍유를 사용하다.

al·le·go·ry [ǽləgɔ̀ːri/ -gəri] *n.* (1) ⓤ 우의(寓意), 풍유(諷喩), 비유. (2) ⓒ 비유담, 우화 :

al·le·gret·to [æ̀ligrétou] *a., ad.* 《It.》 알레그레토, 조금 빠른〈빠르게〉《allegro 와 andante의 중간》. — (*pl.* **~s**) *n.* ⓒ 알레그레토의 악장〈악절〉.

al·le·gro [əléigrou] *ad., a.* 《It.》 **【樂】** 알레그로, 빠르게 ; 빠른. — (*pl.* **~s**) *n.* ⓒ 빠른 악장.

al·le·lu·ia(h) [æ̀ləlúːjə] *int. n.* =HALLELUJAH ; (*pl.*) 《口》 절찬(絶讚)의 말.

all-em·brac·ing [ɔ́ːlembréisiŋ] *a.* 망라한, 포괄적인 :

al·ler·gic [ələ́ːrdʒik] *a.* (1)**【醫】** 알레르기(체질)의, 알레르기에 걸린 :(2)〔敍述的〕《口》 (…이) 질색인, (…을) 몹시 싫어하는《*to*》 : (…에) 신경과민한 :

·al·ler·gy [ǽlərdʒi] *n.* ⓒ (1)**【醫】** 알레르기, 이상반응《*to*》 :(2)《口俗》 반감, 혐오 (antipathy). ***have an ~ to* 〈*for*〉** …을 아주 싫어하다 :

al·le·vi·ate [əlíːvièit] *vt.* (고통·괴로움)을 경감하다 ; 완화하다, 누그러뜨리다, 덜다 **al·le·vi·a·tion** [əlìːviéiʃən] *n.* ⓤⓒ (고통의) 경감, 완화(물) :

al·le·vi·a·tive [əlíːvièitiv, -viə-] *a.* 경감〈완화〉하는, 누그러뜨리는. — *n.* ⓒ 경감〈완화〉하는 것.

·al·ley [ǽli] (*pl.* **~s**) *n.* ⓒ (1)《美》 뒷골목(back-lane) :《英》 좁은 길, 샛길, 소로(小路) ; (정원·숲 속 따위의) 오솔길(shady walk) : ⇨ BLIND ALLEY. (2)(볼링 등의) 레인(lane), 볼링장, 유희장. (3)(테니스 코트의) 앨리《더블용 코트의 양쪽 사이드 라인과 단식용의 양쪽 사이드 라인 사이의 좁은공간》. (***right* 〈*just*〉 *down* 〈*up*〉** one'**s~** 《口》 가장 장기(長技)로 치는 분야의 ; (꼭) 취미니 능력에 맞는 ;

álley càt 도둑고양이 ;《俗》 매춘부.

al·ley·way [ǽliwèi] (*pl.* **~s**) *n.* ⓒ (1)《美》 샛길, 골목길. (2)(건물 사이의) 좁은 통로.

all-fired [ɔ́ːlfàiərd] *a.* 《口》〔限定的〕 (최상급 ***~est***), 지독한, 굉장한, 극도의. — *ad.* 몹시, 극도로, 지나치게.

áll fóurs (1)(짐승의) 네 발 ; (인간의) 수족. (2)〔單數취급〕 카드놀이의 일종. ***on ~*** 네 발로 기어 : get down *on* ~ 납작 엎드리다 / go *on* ~ 기어가다.

·al·li·ance [əláiəns] *n.* ⓒ,ⓤ (1)동맹, 맹약(盟約) :〔集合的〕 동맹국〈자〉. (2)결혼, 결연 ; 인척관계 (3)협력, 제휴, 협조. (4)관련성, 유사(類似), 친화(親和) 관계. ㅁ ally *v.* ***in ~ with*** …와 연합〈협력〉하여 : ***make* 〈*enter into, form*〉 *an ~* (*with*)** (…와) 동맹하다 ; (…와) 결연하다 : ***the Holy Alliance*** **【史】** 신성 동맹.

:al·lied [əláid, ǽlaid] *a.* (1) a]동맹한 ; 연합〈제휴〉한. b](A~) 연합국의 : (2)관련이 있는 ; 동류의《*to*》 :

·Al·lies [ǽlaiz, əláiz] *n. pl.* (a-) 동맹국〈자〉 ; (the ~) (제1·2차 대전시의) 연합국.

·al·li·ga·tor [ǽligèitər] *n.* (1) ⓒ 앨리게이터《부리가 넓고 짧은 미국·중국산 악어》. **【cf.】** crocodile. (2) ⓒ《널리》 악어. (3) ⓤ 악어 가죽. (4) ⓒ 악어입처럼 생긴 맞물리는 각종 기계.

all-im·por·tant [ɔ́ːlimpɔ́ːrtənt] *a.* 극히 중요한 ;꼭 필요한 ; 없어서는 안 될.

all-in [ɔ́ːlín] *a.* 〔限定的〕《주로 英》 모든 것을 포함한 ; 전면적인

áll-in wréstling 자유형 레슬링.

all-in·clu·sive [´inklúːsiv] *a.* 모든 것을 포함한, 포괄적인(comprehensive).

al·lit·er·ate [əlítərèit] *vi. vt.* **【韻】** (…에) 두운(頭韻)을 달다 ; 두운을 사용하다.

al·lit·er·a·tion [əlìtəréiʃən] *n.* ⓤ 두운(頭韻). **【cf.】** rhyme.

al·li·ter·a·tive [əlítərèitiv, -rətiv] *a.* 두운(체)의《시 따위》. 파) **~·ly** *ad.*

·all-night [´náit] *a.* 〔限定的〕 철야의, 밤새도록하는 ~ (train) service (열차의) 철야 운행. 파) **~·er** *n.* ⓒ 밤새껏 계속되는 것《회의·경기 따위》 ; 철야 영업소.

al·lo·cate [ǽləkèit] *vt.* (1)(자금·비용·일 등)을 할당하다, 배분하다(assign)《*to*》 :(2)(아무)를 일·장소에 배치하다, 나누어 주 다《*to*》 : (3) …을 (어떤 목적으로) 떼어놓다《*for*》 :(4)**【컴】** 배정하다. **【cf.】** allot.

al·lo·cation [æ̀ləkéiʃən] *n.* (1) ⓤ 할당, 배당 ;배치 ; **【컴】** 배정. (2) ⓒ 배당액〈량〉 ; 배당된 것.

al·lo·morph [ǽləmɔ̀ːrf] *n.* (1) ⓒ **【鑛】** 이형가상(異形假像) ; **【言】** 이형태(異形態),

al·lo·path·ic [æ̀ləpǽθik] *a.* **【醫】** 대증 요법의.

al·lop·a·thy [əlápəθi/əlɔ́p-] *n.* ⓤ **【醫】** 대증 요법. **【opp.】** *homeopathy.*

al·lo·phone [ǽləfòun] *n.* ⓒ **【音聲】** 이음(異音)《동일한 음소(音素)에 속하는 다른 음 ; 예를 들면 *l*ark의 [l]과, coo*l* 의 [l]은 음소 [l]에 속하는 이음》. **【cf.】** phoneme.

all-or-none [ɔ́ːlərnʌ́n] *a.* 전부가 아니면 아예 포기하는.

all-or-noth·ing [ɔ́ːlərnʌ́θiŋ] *a.* 절대적인, 과단성 있는, 전부가 아니면 아예 포기하는.

:al·lot [əlát/əlɔ́t] (**-tt-**) *vt.* 《~+目/+目+目/+目+前+名》 (1)(일·책임·시간·돈 등)을 할당하다, 분배하다(assign), 주다《*to*》 ; ~ portions 〈profits〉 몫〈이익〉을 나누다 / We ~*ted* an hour *to* each speaker. = We ~*ted* each speaker an hour. 각 연사에게 한 시간씩 배정했다. (2)…을 (용도에) 충당하다, 맞추다《*for* ; *to*》 ; 지정하다 : ~ money *for* a new park 새 공원 몫으로 돈을 충당하다. ***the ~ted span*** **【聖】** 인간의 수명《70세》.

·al·lot·ment [-mənt] *n.* (1) ⓤ 분배, 할당. (2) ⓒ a]배당, 몫. b]**【美軍】** (봉급) 공제분《가족·보험 회사에 대한 직접 지급분》. (3) ⓒ **【英】** 분할대여된 농지. (4) ⓤ 운명, 천명(天命), 천수.

al·lo·trope [ǽlətròup] *n.* ⓒ **【化】** 동소체(同素體).

al·lot·ro·py, al·lot·ro·pism [əlátrəpi/əlɔ́t-], [-pìzəm] *n.* ⓤ **【化·鑛】** 동소(同素)체, 동질 이형(同質異形).

all-out [ɔ́ːláut] *a.* 〔限定的〕《口》 전력을 다한 ; 철저

〈완전〉한, 전면적인 : ***go ~*** …에 전력을 다하다 :
all·o·ver [ɔ́:lóuvər] *a.* 〔限定的〕 전면적인 : (무늬등이) 전면을 덮는 ; 사라사 무늬의.
:al·low [əláu] *vt.* (1)(행위따위)를 허락하다, 허가하다(permit) : (2)《+目+*to* do》 …에게 허락하다, 허가하다 :(3)《~+目/+目+*to* do》 (깜빡하여) …하는 대로 두다, (상관 않고) …하게 하다, …하는 대로 놔두다 :(4)《+目+目》 …에게 …을 주다, 지급하다(grant) : (5)《~+目/+目+*to be* 補/+*that* 節》 …을 인정하다, 승인하다(admit) :(6)《~+目/+目+前+名》(계산에서) …을 공제하다, 할인하다, 값을 깎다《*for*》 : (7)…에 (시간·비용 따위)의 여유를 두다 : 추정하다《*for*》 : — *vi.* 《前+名》 (1)(…이 …를) 인정하다, 허락하다 : (…의) 여지가 있다《*of*》 : (2)(사정 등을) 고려하다, 참작하다《*for*》 :□ allowance *n.* ***~ing that...*** …이라고 하더라도.
al·low·able [əláuəbl] *a.* 허용할〈승인될〉 수 있는 : 지장 없는, 정당한. — *n.* ⓒ 허용되는 것 : 석유 산출 허용량. 파) **~bly** *ad.*
:al·low·ance [əláuəns] *n.* (1) ⓒ **a**](정기적으로 지급하는) 수당, 급여, …비 : **b**](가족에게 주는)용돈(《英》 pocket money) : (2)(흔히 *pl.*) 참작 ; 여유. (3) ⓒ (허가되는) 한도, 정량 : (4) ⓒ 공제 : 할인 : ***an ~ for long service*** 연공 가봉《오래 근속한 공로에 따라 본봉외에 지급하는 봉급》. ***at no ~*** 마음껏, 아낌 없이, 충분히. ***make*** 〈***make no***〉 ***~*** (***s***) ***for*** …을 고려에 넣다〈넣지 않다〉 …을 참작하다〈하지 않다〉 : □ allow *v.*
al·low·ed·ly [əláuidli] *ad.* 허용되어 : 누구나 인정하듯이 (admittedly) : 명백히 :
·al·loy [ǽlɔi, əlɔ́i] *n.* ⓤⓒ 합금 : — *vt.* (1)…을 합금하다(mix)《*with*》 : (2)(섞음질하여) …의 품질을 떨어뜨리다(debase)《*with*》.
all-pow·er·ful [ɔ́:lpáuərfəl] *a.* 전능의.
all-pur·pose [´pə́:rpəs] *a.* 〔限定的〕 다목적(용)의 ; 만능의
all-round·er [´ráundər] *n.* ⓒ 다예 다능한 사람 : 만능 선수.
Áll Sáints' Dày 모든 성인(聖人)의 축일, 만성절(萬聖節) 《11월 1일》 【cf.】 Halloween.
Áll Sóuls' Dày 【가톨릭】 위령의 날 : 【聖公會】 제령일(諸靈日) 《죽은 독신자(篤信者)의 영혼제 : 11월 2일》.
all·spice [ɔ́:lspàis] *n.* (1) ⓒ 【植】 올스파이스나무 《서인도산》 ; 그 열매. (2) ⓤ 올스파이스 향신료 (pemento).
all-star [ɔ́:lstɑ̀:r/ ´´] *a.* 〔限定的〕 인기 배우 총출연의 ; 인기선수 총출전의 ;
all-terrain véhicle [´tərèin-] 전지형 만능차(全地形萬能車) 《略 : ATV》.
all-time [ɔ́:ltàim] *a.* 〔限定的〕 (1)전(全) 시간(근무)의(full-time). (2)공전의, 전례없는 :
·al·lude [əlú:d] *vi.* 《+前+名》 언급하다 : 〈넌지시〉 비추다, 암시하다《*to*》 : □ allusion *n.*
áll-up wéight [ɔ́:lʌ̀p-] 【空】 (공중에서의 비행기의) 전비(全備) 중량.
·al·lure [əlúər] *vt.* 《~+目/+目+*to* do/+目+前+名》 …을 꾀다, 부추기다, 유혹하다, 낚다《*into* : *from*》 :— *n.* ⓤ 매력, 매혹(charm). 파) **~·ment** *n.* (1) ⓤ 매력 ; 유혹 ; 매혹. (2) ⓒ 매혹〈유혹〉물 :
al·lur·ing [əlú(:)riŋ] *a.* 유혹하는, 매혹적 (fascinating) : 파) **~·ly** *ad.*
·al·lu·sion [əlú:ʒən] *n.* ⓤⓒ (1)암시, 변죽울림, 빗댐 ; 언급《*to*》 :(2)【修】 인유(引喩) 《*to*》. □ allude *v.* ***in ~ to*** 암암리에 …을 가리켜. ***make an ~ to*** …에 대해 간접적으로 언급하다 :
al·lu·sive [əlú:siv] *a.* (1)넌지시 비추는 ; 암시적인 《*to*》 :(2)인유(引喩)가 많은《시따위》. □ allude *v.* 파) **~·ly** *ad.* **~·ness** *n.*
al·lu·vi·al [alú:viəl] *a.* 【地質】 충적(沖積)의 ; 충적기의 : — *n.* ⓤ 충적토(=**~ sòil**).
al·lu·vi·um [əlú:viəm] (*pl.* ***~s, -via*** [-viə]) *n.* ⓤ ⓒ 【地質】 충적층, 충적토.
all-weath·er [´wèðər] *a.* 전천후(全天候)의《비행기·도로따위》; 내수(耐水)성의
:al·ly [əlái, ǽlai] *vt.* (1)《~+目/+目+前+名》〔흔히 受動으로〕 …을 동맹〈결연·연합·제휴〉하게 하다《*to* ; *with*》 :(2)《+目+前+名》〔흔히 受動으로〕 …을 결합시키다 ; 동류에 속하게 하다《*to*》 : — *vi.* 동맹〈결연·연합·재휴〉하다 : — [ǽlai, əlái] (*pl.* ***-lies***) *n.* ⓒ (1)동맹국〈자〉, 연합국 : (2)친척 ; 동류 ; 협력자, 자기 편. 【cf.】 alliance. ***the Allies*** ⇨ALLIES.
al·ma ma·ter [ǽlmə-mɑ́:tər, -méitər] 《L.》(=fostering mother) 모교(母校), 출신교《A- M- 으로도 씀》 ; 모교의 교가.
·al·ma·nac [ɔ́:lmənæ̀k] *n.* ⓒ (1)달력, (상세한)역서(曆事), (2)연감(year book).
:al·mighty [ɔ:lmáiti] (***al·might·i·er ; -i·est***) *a.* (1)(종종 A-) 전능한 : (2)〔限定的〕《美口》 굉장한 ; 극단의, 대단한 : — *n.* (the A~) 전능자, 신(God). — *ad.* 《美口》 대단히
·al·mond [ɑ́:mənd, ǽlm-] *n.* (1) ⓒ 편도(扁桃), 아몬드《열매·나무》. (2) ⓤ 엷은 황갈색.
al·mond-eyed [-àid] *a.* 편도 모양의 눈을 가진 《몽골 인종의 특징》.
al·mon·er [ǽlmənər, ɑ́:m-] *n.* ⓒ (1)(중세의 왕가·양육원 등의) 시여물(施與物)〈구휼품〉 분배 관리. (2)《英》 (병원의) 사회 사업부원.
:al·most [ɔ́:lmoust, -´] *ad.* (1)거의, 거반, 대체로 :(2)〔限定用法의 形容詞처럼 쓰여〕 거의 …라고 할 수 있는 : ***~ all*** 거의 전부(의) : ***~ never*** 〈***no, nothing***〉 거의…않다, 거의 없다
·alms [ɑ:mz] (*pl.* ~) *n.* ⓒ 보시(·施) ; 의연금 ; 《古》 자선 (행위)
alms·giv·er [´gìvər] *n.* ⓒ 시주(施主), 자선가.
alms·giv·ing [´gìviŋ] *n.* ⓤ (금품을) 베풂, 자선.
alms·house [´hàus] *n.* ⓒ 《英》 사설(私設) 구빈원 ; 《美古》 =POORHOUSE.
al·oe [ǽlou] (*pl.* ***~s*** [-z]) *n.* ⓒ (1)【植】 알로에, 노회(蘆·) ; (*pl.*) 〔單數취급〕 노회즙《하제》. (2)《美》 【植】 용실란(American ~ the century plant). (3)(*pl.*) 〔單數취급〕 【植】 침향(沈香).
aloft [əlɔ́(:)ft, -lɑ́-] *ad.* 위에, 높게 : 【海】 돛대·활대 등 높은 곳에, 돛대 꼭대기에
alo·ha [əlóuə, ɑ:lóuhɑ:] *n.* ⓤⓒ (송영(送迎)의) 인사. — *int.* 와 주셔서 반갑습니다 : 안녕히 계십시오〈가십시오〉《※ 하와이 말로 '사랑'의 뜻》.
alo·ha·oe [ɑ:lòuhɑ:ɔ́i, -óui] *int.* 어서 오십시오 :안녕히 가십시오.
alóha shìrt (the ~) 알로하 셔츠.
Alóha State 하와이 주의 속칭.
:alone [əlóun] (***more ~ ; most ~***) *a.* (1)〔敍述的〕 **a**]다만 홀로인, 단독인, 고독한 : 혼자 힘으로 나가는〈행동하는, 살아 가는〉 **b**]혼자인, 고립된 : 필적할 것이 없는《*in*》 : (2)〔名詞·代名調 뒤에서〕 다만 …뿐, …일 뿐(only) : ***all ~*** 완전히 혼자〈홀로〉 ; 누구 힘도

빌리지 않고.
leave 〈***let***〉 ***... ~*** …을 홀로 놔두다 : … 을 (그냥)내버려 두다 :《※ 흔히 命令文으로 씀》. ***leave*** 〈***let***〉 ***well*** (***enough***) ***~*** (현상태대로 만족스러우니까)쓸데 없이 집적거리지 않다, 긁어 부스럼 만들지 않다. ***let ~*** 〔흔히 否定文 뒤에서〕 …은 말할것도 없고, …은 고사하고 :***stand ~ in*** …에서는 겨룰자가 없다.
— *ad.* (1)홀로, 외돌토리로 : (2)혼자 힘으로, 남의 힘을 빌리지 않고 :(3)단지, 전혀. ***not ~ but*** (***also***) 《文語》 …일 뿐 아니라 또한(not only but (also)).

:along [əlɔ́ːŋ/əlɔ́ŋ] *prep.* (1)…을 따라 : (2)(방침 등)에 따라서 :(3)…동안에, …하는 도중에 : — *ad.* (1)〔흔히 by를 수반하여〕 따라, (따라) 죽 :(2)전방으로, 앞으로 : (3)《美口》〔흔히far, well 등에 수반되어〕 (시간이) 지나 ; (일 등이) 진척되어 ; (나이가) 먹어 :(4)함께 데리고〈가지고〉
☞ 語法 이 부사는 by, with 등의 '병렬·공존'을 나타내는 전치사와 함께 come, go move, take, bring 그 밖에 '진행의 동작'을 수반하는 동사의 강조로, 또는 어조를 고르게 하기 위해 쓰임 :
all ~ 1)(그 동안) 죽, 내내, 처음부터 : 2)…을 따라 끝에서 끝까지 :***~ about*** 《美口》 …즈음에. ***~ here*** 이쪽에〈으로〉.
~ with …와 함께〈같이〉 ; 더하여. ***be ~*** 《口》 (비교적 가까운 곳에) 가다, 오다, (…에) 도착하다 : ***Get ~ with you !*** 《口》 꺼져 버려 ; 어리석은 소리 !, 당치도 않은 ! ***go ~*** ⇨ GO.

along·shore [-ʃɔ́ːr] *ad. a.* 연안을 끼고〈낀〉, 해안〈강가〉 가까이에(의).

·along·side [-sáid] *ad., prep.* (…와) 나란히, (…의) 곁〈옆〉에〈을〉 ; (…에) 가〈옆으〉로 대어 ; (…의) 뱃전에. ***~ of*** …와 나란히 ; …에 접하여, …의 곁에 ; …와 함께 ; 《口》 …와 견주어.

aloof [əlúːf] (***more ~ : most ~***) *ad.* 멀리 떨어져, 멀리서. ***keep*** 〈***hold, stand***〉 ***~*** 멀리 (떨어져)있다, 초연해 있다《*from*》.
— (***more ~ ; most ~***) *a.* 〔흔히 敍述的〕 (태도등이) 서먹서먹한 ; 무관심한 ; 냉담한. 파) **~·ly** *ad.*쌀쌀하게, 무관심하게. **~·ness** *n.* ⓤ 쌀쌀함〈한 태도〉, 초연함.

al·o·pe·cia [æ̀ləpíːʃiə] *n.* ⓤ 탈모증, 독두병(禿頭病).

:aloud [əláud] *ad* .(1)소리를 내어《읽다 따위》. 〖opp.〗 *in a whisper.* (2)《古》 큰소리로 《외치다 따위》(loudly).

alow [əlóu] *ad.* 【海】 선저(船底)에〈로〉 ; 아래쪽에〈으로〉 : 덱(deck) 가까이에. 〖opp.〗 *aloft.* ***~ and aloft*** (갑판의) 위나 아래나, 어디에나(everywhere).

alp [ælp] *n.* ⓒ 높은 산, 고산(高山)(【cf.】 Alps) : (알프스 산 중턱의) 목장지.

al·paca [ælpǽkə] *n.* (1) ⓒ 【動】 알파카《남아메리카 페루산 야마의 일종》. (2) ⓤ 알파카의 털(로 짠 천). (3) ⓒ 그 천으로 만든 옷.

al·pen·horn [ǽlpənhɔ̀ːrn] *n.* ⓒ알펜호른《스위스의 목동 등이 쓰는 2m 이상 되는 긴 나무피리》(= **álp·hòrn**).

al·pen·stock [ǽlpənstɑ̀k/ -pinstɔ̀k] *n.* ⓒ 등산용 지팡이.

al·pha [ǽlfə] *n.* ⓤⓒ (1)그리스 알파벳의 첫 글자《A,α ; 로마자의 a 해당》. (2)제1위의 것, 제일, 처음 : 《英》 (학업 성적의) (3)(보통A-) 【天】 별자리 중의 제일 빛이 가장 강한 별. ***~ and omega*** 1)(보통 A- and O-) 처음과 끝《영원의 뜻 ; 계시록 I : 8》. (2)(the ~) 근본적인 이유〈뜻〉, 가장 중요한 부분, 중심이 되는 것, 최대의 특징.

:al·pha·bet [ǽlfəbèt/ -bit] *n.* (1) ⓒ 알파벳, 자모 :(2)(the ~) 초보, 입문《*of*》. (3) ⓒ 【컴】 영문자.

:al·pha·bet·ic,-·i·cal [æ̀lfəbétik], [-əl] *a.* 알파벳의 ; 알파벳순의〈을쓴〉 ; 【컴】 영문자의. ***in ~ order*** 알파벳순으로. 파) **~i·cal·ly** *ad.* 알파벳〈ABC〉 순으로.

al·pha·bet·ize [ǽlfəbitàiz] *vt.* (1)…을 알파벳순으로 하다. (2)…을 알파벳으로 표기하다.

álphabet sóup (1)알파벳 글자 모양의 파스타가 든 수프. (2)《美俗》 (특히 관청의) 약어《FBI 따위》.

al·pha·nu·mer·ic [æ̀lfənjuːmérik] *a.* 문자와 숫자를 짜 맞춘, 영숫자의 ; 【컴】 수문자의《문자와 숫자를 다 처리할 수 있는, 문자 숫자식(式)의》.

álpha pàrticle 【物】 알파 입자.

álpha rày 【物】 알파선(線).

álpha rhýthm 【生理】 (뇌파의) 알파 리듬.

álpha wàve 【生理】 (뇌파의) 알파파(波).

·al·pine [ǽlpain, -pin] *a.* (1)높은 산의 ; 극히 높은 ; 【生態】 고산성(高山性)의 :(2)(A-) 알프스 산맥의.

al·pin·ist [ǽlpənist] *n.* ⓒ 등산가 ; (A-) 알프스등산가.

:Alps [ælps] *n. pl.* (the ~) 알프스 산맥.

:al·ready [ɔːlrédi] *ad.* (1)〔흔히肯定文에서〕 이미, 벌써 (2)《美口》 (초조함을 나타내어) 지금 곧 (right now)

:also [ɔ́ːlsou] *ad.* …도 또한, 역시, 똑같이 :***not only*** A ***but ~*** B. A뿐만 아니라 B도 역시, 《not only 와 but also의 다음에는 보통 같은 품사의 말이 옴》. — *conj.* 《口》 그 위에.

al·so·ran [ɔ́ːlsourǽn] *n.* ⓒ 《口》 (1)(경마에서) 등외로 떨어진 말.
(2) a〕낙선자 ; 실격 선수. b〕범인(凡人) ; 하잘것없는 존재.

alt [ælt] *n.* ⓤ *a.* 〔주로 다음 成句로〕 ***in ~*** 알토로 : 《俗》 의기 양양하여, 우쭐하여.

Al·ta·ic [æltéiik] *n.* ⓤ, *a.* 알타이 어족(의) ; 알타이 산맥의.

Áltai Móuntains (the ~) 알타이 산맥.

:al·tar [ɔ́ːltər] *n.* ⓒ 제단 ; 제대(祭臺) ; (교회의)성찬대. ***lead*** a woman ***to the ~*** 여자를 아내로 삼다 (특히 교회에서) 여자와 결혼하다.

áltar bòy (미사 따위를 드릴 때의) 사제의 복사(服事).

al·tar·piece [ɔ́ːltərpìːs] *n.* ⓒ 제단의 뒤편·위쪽의 장식《그림·조각·병풍 따위》.

áltar ràil 제단의 난간.

:al·ter [ɔ́ːltər] *vt.* (1) a〕《~+目/+目+前+名》(모양·성질 등)을 (부분적으로) 바꾸다, 변경하다 ; (집 따위)를 개조하다《*into*》 :b〕(옷)을 고쳐 짓다, (기성복)의 치수를 고치다 :(2)《美口》 …을 거세(去勢)하다 ; …의 난소를 제거하다.
— *vi.* 변하다, 바뀌다, 고쳐지다 ; 일변하다. ≒ alter. ▫ alteration *n.* 파) **al·ter·a·ble** [ɔ́ːltərəbl] *a.* 바꿀〈고칠〉 수 있는.

·al·ter·a·tion [ɔ̀ːltəréiʃən] *n.* ⓒ,ⓤ (1)변경, 개변(改變) ; 개조 ; (기성복의) 치수 고치기 ; 【法】 법적문서의 내용 변경 : (2)변화, 변질, 변성(變性) ▫ alter *v.*

al·ter·cate [ɔ́ːltərkèit] *vi.* …와 언쟁〈격론(激論)〉하

다. 파) **àl·ter·cá·tion** [-ʃən] *n.* ⓤⓒ 언쟁, 격론.

ál·ter égo [ɔ́:ltər-, ǽltər] 《L.》 (1)제2의 나, 분신(分身). (2)둘도 없이 친한 벗

***al·ter·nate**[1] [ɔ́:ltərnit, ǽl-] *a.* (1)번갈아 하는, 교호(交互)의, 교체〈교대〉의 :(2)서로 엇갈리는, 하나 걸러의 :(3)【植】 호생(互生)의 : — *n.* 《美》 (미리 정해 놓은) 대리인, 교체자 ; 보결, 보충 요원 ; 대역(代役) ; 더블 캐스트 ; 【컴】 교체. 파) **~·ly** *ad.* 번갈아, 교대로 ; 하나 걸러. **~·ness** *n.*

·**al·ter·nate**[2] [ɔ́:ltərnèit, ǽl-] *vi.* (1)《~/+前+名》 번갈아 일어나다〈나타나다〉, 교체〈교대〉하다 , 엇갈리다《*in* ; *with* ; *between*》 :(2)【電】 교류하다. — *vt.* 《~+目/+目+前+名》 …을 교체〈교대〉 시키다 ; 번갈아〈갈마들어〉 사용하다《*with*》

álternate kéy 【컴】 교체(글)쇠, 교체키《IBM PC 나 그 호환기등의 자판(keyboard) 위의 키의 하나 ; 다른 키와 동시에 누름으로써 당해 키의 본래 코드와는 다른 코드를 발생시킴》.

al·ter·nat·ing [ɔ́:ltərnèitiŋ, ǽl-] *a.* 교호의 ; 【電】 교류의.

álternating cúrrent 【電】 교류《略 : A.C., a.c.》.

al·ter·na·tion [ɔ̀:ltərnéiʃən, æ̀l-] *n.* ⓤⓒ (1)교호, 교대, 교체 ; 하나 거름. (2)【數】 교대 수열(數列) ; 【電】 교류 ; 교번. ~ ***of generations*** 【生】 세 대 교번.

:**al·ter·na·tive** [ɔ:ltə́:rnətiv, æl-] *n.* ⓒ (1)(흔히 the ~) (둘 중, 때로는 셋 이상에서) 하나를 택할 여지 : (2)대안, 달리 택할 길, 다른 방도《*to*》 :(3)(*pl.*) (하나를) 선택해야 할 양자, 양자〈삼자〉택일 :— *a.* (1)양자〈삼자〉 택일의 :(2)달리 택할, 대신의 : (3)전통〈관습〉에 매이지 않는, 새로운 : ㅁ alternate *v.* 파) **~·ly** *ad.* 양자 택일로 ; 대신으로

altérnative conjúnction 【文法】 선택 접속사《or, either … or 등》.

altérnative quéstion 선택 의문(문)《보기 : Is this a pen or pencil?》.

al·ter·na·tor [ɔ́:lərnèitər, ǽl-] *n.* ⓒ 【電】 교류전원, 교류(발전)기.

alt·horn [ǽlthɔ̀:rn] *n.* ⓒ 【樂】 알토호른(alto horn)《고음(高音)의 취주악기용 금관악기》.

:**al·though** [ɔ:lðóu] *conj.* (1)비록 …일지라도, … 이긴 하지만, …이라 하더라도 :(2)그러나, 하지만

☞ 語法 1)although는 though 와 같은 뜻이지만, 2) 구어적으로는 '그렇지만'을 문미에 둘 때에는 although 는 쓸수 없음 : 3) 그 외의 점에서는 though 와 같은 뜻이고, 좀 형식을 차린 문체나 주절에 앞서는 절에 흔히 쓰이는 경향이 있음. 실제로 어느 것을 선택하는가는 그 글의 리듬에 따르는 수가 많음.

al·ti·me·ter [æltímitər, ǽltəmì:tər] *n.* ⓒ (1)(항공기의) 고도계. (2)고도 측정기.

:**al·ti·tude** [ǽltətjù:d] *n.* ⓤⓒ (1)(산·비행기 따위의) 높이, 고도, 표고(標高) ; 해발 ; 수위(水位) :(2)(흔히 *pl.*) 높은 곳, 고지, 고소 :(3)【天】 (천체의) 고도. ***at an* 〈*the*〉 *~ of* =*at ~s of*** …의 고도로.

áltitude sìckness 고공〈고산〉병.

al·to [ǽltou] (*pl.* **~s**) *n.* 《It.》 【樂】 (1) a]ⓤ 알토, 중고음(中高音)《남성 최고음(부), 여성 저음(부)》. b]ⓒ 알토의 음성. (2) ⓒ 알토 가수〈악기〉.
— *a.* 알토 :

álto clèf 【樂】 알토 음자리표《제 3선의 '다' 음자리표 ; C clef》.

:**al·to·geth·er** [ɔ̀:ltəgéðər, ⌐-⌐-] *ad.* (1)아주, 전혀, 전연(entirely) :(2)전부, 합계하여 :(3)〔文頭에 두어 문 전체를 수식〕 전체로 보아, 요컨대 :*n.* ⓤ 전체, 전체적인 효과 ; (the ~) 《口》 나체, 벌거숭이. ***in the*** ~ 나체로, 알몸뚱이로

álto hórn =ALTHORN.

al·to-re·lie·vo [æ̀ltourilí:vou] (*pl.* **~s**) *n.* 두드러진 양각(陽刻), 높은 돋을 새김(high relief).

al·tru·ism [ǽltru:ìzəm] *n.* ⓤ 애타〈이타〉주의. 【opp.】 *egoism.*

al·tru·ist [ǽltru:ist] *n.* ⓒ 애타〈이타〉주의자. 【opp.】 *egoist.*

al·tru·is·tic [æ̀ltru:ístik] *a.* 이타주의의, 애타적인 : 파) **-ti·cal·ly** *ad.* 이타(주의) 적으로.

al·um [ǽləm] *n.* 【化】 명반(明礬) ; 황산 알루미늄.

alu·mi·na [əlú:mənə] *n.* ⓤ 【化】 알루미나, 반토(礬土), 산화 알루미늄.

:**al·u·min·i·um** [æ̀ljumíniəm] *n.* ⓤ 《英·Can.》 =ALUMINUM.

alu·mi·nize [əlú:mənàiz] *vt.* …에 알루미늄을 입히다, …을 알루미늄으로 처리하다 ; (플라스틱 필름·종이 등)을 알루미늄박(箔)에 붙여 밀착시키다.

alu·mi·nous [əlú:mənəs] *a.* (1)명반의〈을 함유하는〉 ; 반토의〈를 함유하는〉. (2)알루미늄의〈을 함유하는〉.

:**alu·mi·num** [əlú:mənəm] *n.* ⓤ 《美》 【化】 알루미늄《금속원소 ; 기호 Al ; 번호 13》.

alum·na [əlʌ́mnə] (*pl.* **-nae** [-nai:]) *n.* ⓒ 《L.》 《주로 美》 =ALUMNUS 의 여성형.

alum·nus [əlʌ́mnəs] (*pl.* **-ni** [-mai]) *n.* ⓒ 《L.》 학생 ; 《美》 (특히 대학의) (남자) 졸업생, 교우(校), (학교) 선배 **al·ve·o·lar** [ælví:ələr] *a.* (1)【解】 치조(齒槽)의 ; 폐포(肺胞)의 ; 【動】 포상(胞狀)의 : ~ arch 치경. (2)【音聲】 치경(齒莖)(음)의 : ~ consonants 치경음《[t, d, n, s, z] 등》.

al·ve·o·lus [ælví:ələs] (*pl.* **-li** [-lài]) *n.* ⓒ(1)(벌집 모양의) 작은 구멍. (2)【解】 치조(齒槽) ; 폐포(肺胞) ; 【動】 포(胞). (3)(*pl.*) 치경(齒莖)《윗앞니 잇몸의 안쪽》.

:**al·ways** [ɔ́:lweiz, -wiz, -wəz] *ad.* (1)늘, 언제나, 항상 : 전부터(항상) :(2)언제까지나, 영구히

☞ 語法 always의 위치는 조동사, be동사의 다음 이며, 조동사+be동사면 그 사이에, 일반 동사의 경우엔 그 앞에 옴. 단 조동사나 be동사가 강조될 때에는 그 앞에 옴. 즉
(3)〔進行形과 함께〕 줄곧, 노상, 끊임없이 .

☞ 語法 always는 '평소의 습관'을 나타내므로 일반적으로 진행형은 피하는 것이 보통이나 위의 예문에서처럼 continually (줄곧〈끊임없이〉 …하
다)와 같은 뜻일 때에는 진행형과 함께 쓰임. 대
개 이 경우는 말하는 이의 감정이 내포되는 뜻이됨.

(4)《口》 언제라도, 언제건 ***almost* 〈*nearly*〉 ~** 거의 언제나, 대개 : **~ *expecting*** ⇨ EXPECTING. ***as* 〈*like*〉 ~** 언제나처럼. ***for* ~** 영구히. ***not ~ ...*** 반드시 …은 아니다〈…라고는 할 수 없다〉《부분부정》 :

Álz·hei·mer's dis̀ease [á:ltshàimərz-, ǽl-, ɔ́:l-] 알츠하이머병《노인에게 일어 나는 치매 ; 뇌동맥 경화증·신경의 퇴화를 수반함》.

:**am** [æm : 弱 əm, m] BE의 1인칭·단수·직설법·현재.

:a.m., A.M. [éiém] 오전《*ante meridiem* 《L.》(=before noon)의 간약형》: ※ 특별한 경우 외에는 소문자를 쓰고 반드시 숫자의 뒤에 놓임. 【cf.】 p.m., P.M.

amah [ɑ́:mə, ǽmə] *n.* ⓒ 《Ind.》 유모(wet nurse), 아이 보는 여자 ; 하녀(maid).

amal·gam [əmǽlgəm] *n.* ⓤⓒ (1)【化】 아말감《수은에 다른 금속을 섞은 것》. (2)아말감광(鑛). (3)혼합물 : 합성물 **aml·ga·mate** [əmǽlgəmèit] *vt. vi.* (1)(회사 등을) 합병〈합동〉하다 ; (이(異)종족·사상 등을)융합〈혼교, 혼합〉하다《*with*》: (2)(…을) 아말감화(化)하다.

amal·ga·ma·tion [əmæ̀lgəméiʃən] *n.* ⓤⓒ (1)(회사·사업의) 합동, 합병. (2)아말감 제련(법). (3)【人類】 이인종(異人種)의 융합 : 《美》 흑인과 백인과의 혼혈.

aman·u·en·sis [əmæ̀nju:énsis] (*pl.* **-ses** [-si:z]) *n.* ⓒ 《L.》필기자, 사자생(寫字生) ; 서기 ; 비서.

am·a·ranth [ǽmərænθ] *n.* (1) ⓒ 《詩》 (공상상의) 시들지 않는 꽃, 영원한 꽃. (2) ⓒ 【植】 비름속 (屬)의 식물《특히 당비름》. (3) ⓤ 자줏빛. 파) **am·a·ran·thine** [æ̀mərǽnθain, -θin] *a.* 시들지 않는 ; 불사(不死)의 ; 당비름의 ; 자줏빛의.

am·a·ryl·lis [æ̀mərílis] *n.* ⓒ 【植】 아마릴리스《석산과(科)의 관상식물》.

amass [əmǽs] *vt.* …을(긁어) 모으다 ; (재산)을 축적하다 ; 쌓다 : 파) **~·ment** *n.* ⓤⓒ 축적(蓄積) ; 축재.

:am·a·teur [ǽmətʃùər, -tʃər, -tər, æ̀mətə́:r] *n.*ⓒ (1)아마추어, 직업적이〈프로가〉 아닌 사람《*at* ; *in*》. 【opp.】 *professional.* (2)미숙한 자, 미경험자. (3)애호가, 팬(fan)《*of*》: — *a.* 〔限定約〕 (1)아마추어의, 직업적이 아닌 : (2)=AMATEURISH.

am·a·teur·ish [ǽmətʃúəriʃ, -tjúə-, -tə́:r-] *a.* 아마추어 같은〈다운〉 ; 서투른.
파) **~·ly** *ad.* **~·ness** *n.*

am·a·teur·ism [ǽmətʃuərìzəm, -tʃə-, -tjùər-, æ̀mətə́:rizəm] *n.* ⓤ (1)아마추어 솜씨 ; 도락. (2)아마추어의 입장〈자격〉. 【opp.】 *professionalism.*

am·a·to·ri·al, am·a·to·ry [æ̀mətɔ́:riəl], [ǽmətɔ̀:ri/ -təri] *a.* 연애의 ; 호색적인 ; 섹시한, 색욕적인.

:amaze [əméiz] *vt.* …을 깜짝 놀라게 하다, 아연케 하다, 자지러지게 하다 : ***be ~d at***〈***by***〉 …에 깜짝 놀라다, …에 아연하다.

amazed [əméizd] *a.* 깜짝 놀란 : an ~ look 놀란 얼굴. 파) **amáz·ed·ly** [-zidli] *ad.* 아연하여.

:amaze·ment [əméizmənt] *n.* ⓤ 깜짝 놀람, 경악 : ***in ~*** 놀라서, 어처구니 없어서 : ***to*** one***'s ~*** 놀랍게도.

:amaz·ing [əméiziŋ] (***more ~ : most ~***) *a.* 놀랄 정도의, 어처구니없는, 굉장한(astonishing) :

amaz·ing·ly *ad.* (1)놀라리만큼, 기막힐 정도로 : (2)〔文章 전체를 修·〕 놀랍게도

·Am·a·zon [ǽməzɑ̀n, -zɔ̀n/ -zən] *n.* (1) ⓒ a]【그神】 아마존《흑해 근방의 땅 Scythia에 살았다는 용맹한 여인족》. b](종종 a-) 여장부 ; (종종a-)사나운 계집. (2)(the ~) 아마존 강《남미의》.
파) **Am·a·zo·ni·an** [æ̀məzóuniən] *a.* (1)아마존과 같은. (2)(여자가) 남성적인, 난폭한. (3)아마존 강의.

:am·bas·sa·dor [æmbǽsədər] *n.* ⓒ (1)(…의 주재) 대사《*to*》 :(2)사절, 대표, 특사 :《美》 무임소〈순회〉 대사, 특사.

am·bas·sa·do·ri·al [æmbæ̀sədɔ́:riəl] *a.* 대사의 ; 사절의.

am·bas·sa·dor·ship [æmbǽsədərʃìp] *n.* ⓤⓒ ambassador 의 직〈지위, 임기〉.

am·bas·sa·dress [æmbǽsədris] *n.* (1)여자 대사〈사절〉. (2)대사 부인.

am·ber [ǽmbər] *n.* (1) ⓤ a]호박(琥珀). b]호박색 ; 황갈색. (2) ⓒ (교통 신호의) 황색 신호 :— *a.* 호박제(製)의 ; 호박색의 ; 황갈색의.

am·ber·gris [ǽmbərgrì:s, -gris] *n.* ⓤ 용연향(龍涎香)《향수 원료》.

am·bi·dex·ter·i·ty [æ̀mbidekstérəti] *n.* ⓤ (1)양손잡이. (2)비범한 손재주. (3)표리부동.

am·bi·dex·trous [æ̀mbidékstrəs] *a.* (1)양손잡이의. (2)빼어나게 잘 하는. (3)표리가 있는.

am·bi·ence [ǽmbiəns] *n.* ⓒ (1)환경. (2)(장소의) 분위기.

am·bi·ent [ǽmbiənt] *a.* 〔限定的〕 주위의 ; 둘러싼 ; (공기 따위가) 순환하는

ámbient áir stàndard 대기 오염 허용 한도(치) ; 대기 환경 기준.

·am·bi·gu·i·ty [æ̀mbigjú:əti] *n.* (1) ⓤ 애매〈모호〉함, 불명료함 ; 다의(多義). (2) ⓒ 모호한 표현 :

·am·big·u·ous [æmbígjuəs] *a.* (1)애매〈모호〉한, 분명치 않은, 불명료한 : (2)두〈여러〉 가지 뜻으로 해석되는 :파) **~·ly** *ad.* **~·ness** *n.* 애매함, 불확실성.

am·bit [ǽmbit] *n.* ⓤ 《文語》 (흔히 *sing.*) (1)(행동·권한·영향력 따위의) 범위, 영역 (sphere) ; 경계선 :(2)구내, 구역 ; 주변 지역.

:am·bi·tion [æmbíʃən] *n.* (1) ⓤⓒ 대망, 야심, 야망《*for* ; *to* do〈be〉》, 공명심, 권리욕 :(2) ⓒ 야심의 대상〈목표〉 : 파) **~·less** *a.*

:am·bi·tious [æmbíʃəs] (***more ~ ; most ~***) *a.* (1)대망을 품은, 야심있는《*for*》 :(2)야심적인, 대규모의《일 따위》 : (3)〔敍述的〕 열망하는, (…을 얻으려는) 야심이 있는《*of* ; *for* ; *to* do》 :(4)(계획·작품 등이) 거창한, 화려한 : 파) **~·ly** *ad.* **~·ness** *n.*

am·biv·a·lence [æmbívələns] *n.* ⓤ (1)부동성(浮動性), 유동(성) ; 동요, 주저 ; 모호함 ; 양의성(兩義性). (2)【心】 (애증 따위의) 반대 감정 병존. (상반되는) 감정의 교차 ; 양면 가치.

am·biv·a·lent [-lənt] *a.* (1)양면 가치의. (2)상반되는 감정〈태도, 의미〉를 가진 ; 유동적인 :

am·ble [ǽmbəl] *n.* (an ~) (1)측대보(側對步)《말이 같은 쪽 앞뒷발을 동시에 들어 걷는 걸음》. 【cf.】 canter, pace, trot. (2)느리게 걷는 걸음(걸이). — *vi.* (1)(말이) 측대보로 걷다. (2)(사람이)《*along* ; *about*》.

am·bler [ǽmblər] *n.* ⓒ 측대보(側對步)로 걷는말 ; 느리게 걷는 사람.

am·bro·sia [æmbróuʒiə] *n.* ⓤ (1)【그·로神】 신의 음식, 신찬(神饌)《먹으면 불로불사(不老不死)라고 함》. 【cf.】 nectar. (2)영적 음악 ; 맛있는 음식, 진미 ; =BEEBREAD.
파) **~l, ~n** [-l], [-n] *a.* (1)신(神)이 드는 음식 같은 ; 아주 맛있는〈향기로운〉. (3)신에 알맞는.

·am·bu·lance [ǽmbjuləns] *n.* ⓒ (1)야전병원. (2)(상병자를 나르는) 병원차, 구급차 ; 병원선 ; 상병자 수송기.

ámbulance chàser 《美口》 (교통사고 피해자를 들쑤셔 소송으로 돈버는) 악덕 변호사.

am·bu·lant [ǽmbjulənt] *a.* (1)걸을 수 있는《환자 따위》 ; 외래〈통원〉 환자를 위한. (2)이동하는, 순회하는.

am·bu·late [ǽmbjulèit] *vi.* 이동하다 ; 걷다, 걸어 다니다.
am·bu·la·to·ry [ǽmbjulətɔ̀ːri/ -təri] *a.* (1)이동하는 ; 보행〈휴대〉(용)의 ; 걸을 수 있는 ; 이동성의. (2) 【醫】 =AMBULANT (1).
— *n.* ⓒ 회랑([廻廊) 옥내 유보장(遊步場).
am·bus·cade [æ̀mbəskéid, ⌐-⌐] *n. vt. vi.* =AMBUSH. 파) **-cád·er** *n.*
·am·bush [ǽmbuʃ] (1) ⓤⓒ 잠복 ; 매복 ;(2) ⓒ 매복한 장소 ; 매복 공격. (3) ⓒ 〔集合的〕 복병. ***fall into an ~*** 복병을 만나다. ***lay*** 〈***set***〉 ***an ~*** 복병을 배치하다 ***lie*** 〈***hide***〉 ***in ~*** (***for***…) 매복하다 : — *vi. vt.* (…을) 숨어서 기다리다, 매복하다 ; 매복하여 습격하다 :
amé·bic dýsentery [əmíːbik-] 아메바 적리(赤痢).
Ame·lia [əmíːljə] *n.* 어밀리어《여자 이름》.
amel·io·rate [əmíːljərèit, -liə-] *vt.* …을 개선〈개량〉하다 :— *vi.* 좋아지다, 고쳐지다. 〖opp.〗 *deteriorate.*
amel·io·ra·tion [əmìːljəréiʃən, -liə-] *n.* ⓤⓒ 개선, 개량 ; 개정, 수정.
amel·io·ra·tive [əmíːljərèitiv/ -rətiv] *a.* 개량의 ; 개선적인.
·amen [éimén, ɑ́ː-] *int.* (1)아멘《헤브라이어로 '그렇게 되어지이다의 뜻 ; 기독교도가 기도 등의 끝에 부름》《※ 《美》에서 찬송가는 [ɑ̀ːmén] 기도 뒤에서는 [éimén]이 많고, 《英》 에서는 교회 내에선 [ɑ́mén], 일상생활에선 이 [éimén]이 많음》. (2)《口》 좋다, 그렇다 《찬성의 뜻》. — *n.* (1) ⓤⓒ 아멘을 부르는 일. (2) ⓤ 동의, 찬동. ***say ~ to*** ... …에 동의〈찬성〉하다.
ame·na·bil·i·ty [əmìːnəbíləti] *n.* ⓤ 유화, 순종 ; 복종(할 일).
ame·na·ble [əmíːnəbəl, əménə-] *a.* 〔敍述的〕 (1)(충고등에) 순종하는, 쾌히 받아들이는《*to*》 :(2)(법률 따위에) 복종할 의무가 있는 ; (법의) 제재를 받는 《*to*》 :(3)(비난 따위의) 여지가 있는《*to*》 :(4)(…에 의하여) 분석〈음미〉할 수 있는《*to*》 :
:amend [əménd] *vt.* (1)(의안 등)을 개정하다, 수정 하다, 정정 하다 :(2)(행실·잘못 등)을 고치다, 바로잡다 :— *vi.* 고쳐지다, 바르게 되다 ; 《文語》 개심하다. 파) **~·a·ble** *a.* 수정 가능한, 고칠 수 있는.
:amend·ment [əméndmənt] *n.* (1) ⓤⓒ 변경, 개선, 수정 :(2) ⓤⓒ (법안 등의) 수정(안), 보정, 개정 :(3)(the A-s)(미국헌법의) 수정 조항.
·amends [əméndz] *n. pl.* 〔單·複數취급〕 배상, 벌충《자기가 한 잘못에 대한 사과를 표시하는 행위》 :***make ~*** (***to*** a person) (***for***) (아무에게 …을) 보상하다.
·ame·ni·ty [əménəti, -míːn-] *n.* (1) ⓤ a](the ~)(장소·기후의) 기분 좋음, 쾌적함. b](사람이)상냥함, 나긋나긋함. (2) ⓒ (흔히 *pl.*) 쾌적한 설비〈시설〉, 문화적 설비 :(3)(*pl.*) (교제상의) 예의 :
aménity bèd 《英》 (병원의) 차액(差額) 베드 【cf.】 pay-bed.
Amer·a·sian [æ̀məréiʒən, ʃən] *n.* ⓒ 미국인과 동양인 사이의 혼혈아〈인〉.
:Amer·i·ca [əmérikə] *a.* (1)아메리카(합중국) 미국. (2)아메리카 대륙
Amer·i·can [əmérikən] *a.* (1)아메리카의, 미국의 아메리카사람〈원주민〉의 : (2)아메리카적인 ; 아메리카제의 : — *n.* (1) ⓒ 아메리카 사람《미국 사람 또는 아메리카 대륙의 주민》. 아메리카 원주민 :(2) ⓤ 아메리카 영어, 미어(美語).
Amer·i·ca·na [əmèrəkéinə, -kǽnə, -kɑ́ːnə] *n. pl.* 미국에 관한 문헌〈자료〉, 미국 사정〈풍물〉, 미국지(誌).
Américan Dréam 《때로 A- d-》(the ~) (1)미국 건국의 이상《민주주의·자유·평등》. (2)미국(인)의 꿈《물질적 번영과 성공》.
Américan éagle 【鳥】 흰머리수리《미국의 문장(紋章)》.
Américan Énglish 아메리카〈미국〉 영어. 【cf.】 british English.
Américan fóotball 《英》 미식축구《《美》에서는 단순히 football 이라 함》.
Américan Fóotball Cónference 아메리칸 풋볼 콘퍼런스《NFL 산하의 미국 프로 풋볼 리그 ; 略 : AFC》.
Américan Índian 아메리카 인디언(어
Amer·i·can·ism [əmérikənìzəm] *n.* (1) ⓤⓒ 미국 기질〈정신〉 ; 미국풍〈식〉. (2) ⓒ 미국 숭배 ; 친미주의. (3) ⓒ 미국어법(語法) ; 미국어투《cookie, prairie, store 따위》
Amer·i·can·i·za · tion [əmèrikənizéiʃən/ -kənai-] *n.* ⓤ (1)미국화(化). (2)미국 귀화.
Amer·i·can·ize [əmérikənàiz] *vt.* (1)…을 미국화하다, 미국풍〈식〉으로 하다 ; 미국어법(語法)을 쓰다. (2)(아무)를 미국으로 귀화시 키다. — *vt.* 미국풍으로 되다.
Américan plàn (the ~) 미국 방식《숙박비·식비·봉사료 합산의 호텔 요금 제도》. 【cf.】 European plan.
Américan Revolútion (the ~) 【美史】 미국의 독립혁명, 독립 전쟁(1775-83)(Revolutionary War).
Américan Sígn Lànguage 미국식 수화(手話) (Ameslan)《略 : ASL》.
Am·er·ind [ǽmərind] *n.* (1) ⓒ 아메리카 원주민 《인디언 또는 에스키모인》. (2) ⓤ 〔集合約〕 아메리카 인디언어(語).
Am·er·in·di·an [æ̀məríndiən] *n.* ⓒ, *a.* 아메리카 원주민(의).
am·e·thyst [ǽməθist] *n.* (1) ⓤⓒ 【鑛】 자수정, 자석영(紫石英). (2) ⓤ 진보라.
ami·a·bil·i·ty [èimiəbíləti] *n.* (1) ⓤ 사랑스러움, 애교 ; 상냥함, 친절, 온화, 온후.
·ami·a·ble [éimiəbəl] *a.* 호감을 주는 ; 붙임성 있는 ; 상냥한 ; 온후한, 친절한 : 파) **~·ness** *n.* **· -bly** *ad.* 상냥하게.
am·i·ca·bil·i·ty [æ̀mikəbíləti] *n.* (1) ⓤ 우호, 화친, 친선. (2) ⓒ 친선 행위.
·am·i·ca·ble [ǽmikəbəl] *a.* 우호적인, 친화적인, 평화적인, 원만한 : 파) **~·ness** *n.* **-bly** *ad.* 우호적〈평화적〉으로.
am·ice [ǽmis] *n.* ⓒ (1)개두포(蓋頭布)(2)모자, 두건, 완장.
:amid [əmíd] *prep.* (1)…의 한가운데에 〈사이에〉, …에 에워싸여〈섞이어〉 :(2)한창 …하는 중에.
amid·ship(s) [əmídʃip(s)] *ad. a.* 【海】 선체 중앙에〈의〉 ; 《比》 중앙에 ; 《俗》 명치에.
ami·go [əmíːgou, ɑː-] (*pl.* **~s**) *n.* 《美》 (특히 남자)친구 ; 에스파냐 말을 하는 친미(親美) 원주민.
Amish [ɑ́ːmiʃ, ǽm-] *n.* (the ~)〔複數취급〕 아만파(의 사람들) — *a.* 아만파의 【cf.】 Mennonite.
·amiss [əmís] *a.* 〔敍述的〕 (1)(…이) 적합하지 않은, 형편이 나쁜, 잘못한, 고장난《*with*》 :(2)〔흔히, 否

定文에서] 어울리지 않는. 부적당한 : — *ad.* 형편〈수〉 사납게, 잘못하여 ; 어울리지 않게, 부적당하게 : ***come*** **~** 달갑지 않다.신통치 않다 ; 기대에 어긋나다 : 《俗談》 시장이 반찬. ***go*** **~** (일이) 잘 되어가지 않다. 어긋나다. ***take*** a thing ~ 일을 나쁘게 생각〈해석〉하다. 어떤 일에 기분이 상하다 ; 화내다 : ***turn out*** **~** 좋지 않은 결과가 되다.

am·i·ty [ǽməti] *n.* ⓤ 친목, 친선, 우호(관계), 친교 : ***in*** **~** ***with*** …와 우호적으로, …와 사이좋게 :

Am·man [ɑ́:mmɑ:n, -ˊ] *n.* 암만《Jordan 왕국의 수도》.

am·me·ter [ǽmmì:tər] *n.* ⓒ 전류계, 암페어계. [◁ ampere+meter]

am·mo [ǽmou] *n.* ⓤ《口》탄약 ; 폭탄 발언의 자료 ; 돈. [◁ ammunition]

·am·mo·nia [əmóunjə, -niə] *n.* ⓤ 【化】 (1)암모니아《기체》. (2)암모니아수(水)

am·mo·ni·ac [əmóuniæ̀k] *a.* 암모니아의 ; 암모니아성(性)의, 암모니아를 함유한.

am·mo·nite [ǽmənàit] *n.* ⓒ 【古生】 암모나이트, 암몬 조개, 국석(菊石).

am·mo·ni·um [əmóuniəm] *n.* ⓤ 【化】 암모늄 :

·am·mu·ni·tion [æ̀mjuníʃən] *n.* ⓤ (1)탄약 ; 병기, 무기 :(2)자기 주장에 유리한 정보〈조언〉 ; 【比】 공격〈방어〉 수단 :

am·ne·sia [æmní:ʒə] *n.* ⓤ 【醫】 건망증, 기억 상실(증). 파) **am·ne·sic, -si·ac** [-ní:sik, -zik], [æmníziæ̀k, -ʒi-] *a. n.* 기억상실증의 (사람).

am·nes·ty [ǽmnəsti] *n.* ⓤⓒ 은사, 대사(大赦), 특사 : ***grant an*** **~** ***to*** 〈***for***〉 (criminals) (죄인)에게 은사를 내리다. — *vt.* …을 사면〈대사, 특사〉하다.

Ámnesty Internátional 국제 사면 위원회《사상, 정치범의 석방 운동을 위한 국제 조직》.

am·ni·on [ǽmniən] (pl. **~*s, -nia*** [-niə]) *n.* ⓒ 【解】 양막(羊膜).

amniótic flúid 양수(羊水).

amoe·ba [əmí:bə] (*pl.* **~*s, -bae*** [-bi:]) *n.* ⓒ 아메바 ;《俗》 아무 쓸모가 없는 사람.

am·oe·bic [əmí:bik] *a.* 아메바(성)의

:among [əmʌ́ŋ] *prep.* (1)…의 사이에(서), …에 둘러〈에워〉싸여 :(2)(패거리·동료·동류)중의 한 사람으로〈하나로〉 ; …의 가운데에(서) :(3)…의 사이〈…간〉에 서로 : …의 협력으로, …이 모여(도) :(4)…사이에 각자 :(5)…사이〈간〉 전체에 걸쳐 :**~** ***others*** 〈***other thing***〉 1)많은 가운데, 그 중에서도 특히. 2)그중의 한 사람으로 〈하나로〉, …을 포함하여, 한패〈동아리〉가되어 : **~** ***the rest*** 1)그 중에서도, 특히. 2)그 중의 한 사람으로〈하나로〉 : ***from*** **~** …의 중에서 : ***one*** **~** ***a thousand***천에 한사람.

amon·til·la·do [əmɑ̀ntəlɑ́:dou/əmɔ̀n-] *n.* ⓤ《SP.》 에스파냐산의 셰리 술.

amor·al [eimɔ́:rəl, æm-, -mɑ́r-] *a.* (1)도덕과는 관계 없는, 초(超)도덕의. (2)도덕 관념이 없는, 선악 판단이 없는 : 《※nonmoral 의 뜻 ; '부도덕의'는 immoral》.
파) **~·ly** *ad.* **àmo·rál·i·ty** [-rǽləti] *n.*

am·o·rous [ǽmərəs] *a.* (1) a]호색의. b]요염한, 색정적인 :(2)연애하고 있는, 연애의 ; …을 연모하고 있는《*of*》 : 파) **~·ly** *ad.* 호색적으로 ; 요염하게. **~·ness** *n.*

amor·phous [əmɔ́:rfəs] *a.* (1)무정형(無定形)의. (2)무조직의 ; 특성이 없는.
파) **~·ly** *ad.* **~·ness** *n.*

am·or·tize, 《英》 **-tise** [ǽmərtàiz, əmɔ́:rtaiz] *vt.* 【經】 (부채)를 정기적으로 상환하다.

Amos [éiməs/ -mɔs] *n.* (1)【聖】 a]아모스《헤브라이의 예언자》. b]아모스서《구약성서 중의 한편》. (2)남자 이름.

:amount [əmáunt] *vi.* 《+前+名》 (1)(총계·금액이) …이 되다, 총계 (…에) 달하다《*to*》 :(2)(…에) 해당〈상당〉하다, 결국 (…이)되다 ; (…이나) 매한가지다《*to*》 : (3)(어느 상태에) 이르다, 되다《*to*》 : — *n.* ⓤ (1)(the ~) 총계, 총액 :(2)〔a+형용사 : 형용사+~s〕 양, 액(額) :(3)(the ~) 요지, 귀결, 결과. ***any*** **~** ***of*** 1)아무리 많은 …(라도) :2)《口》 매우 많은 : ***in*** **~** 양으로 말하면 ; 총계, 도합 ; 요컨대. ***to the*** **~** ***of*** (ten thousand won) (1만원)까지 ; 총액(1만원)의.

amour [əmúər] *n.* ⓤ《F.》 정사(情事), 바람기, 연애(사건) : 정사의 상대《특히 여성》.

amp [æmp] *n.* ⓒ《美俗》 (1)(전축 등의) 앰프(amplifier) ; 전기 기타(amplified guitar). (2)마약 앰플(ampul).

am·per·age [æmpí:ridʒ, ǽmpər-] *n.* ⓤ 【電】 암페어수, 전류량.

·am·pere [ǽmpiər, -ˊ] ⓒ 【電】 암페어.

am·pere-hour [ǽmpiəráuər] *n.* ⓒ 암페어시(詩)《略 : AH, amp. -hr》.

am·pere·turn [ǽmpiərtə̀:rn] *n.* ⓒ 암페어 횟수(·數)《略 : At》.

am·per·sand [ǽmpərsæ̀nd] *n.* ⓒ &(=and)의 기호 이름 (=**shórt ánd**).

am·phet·a·mine [æmfétəmì:n, -mìn] *n.* ⓤⓒ 【藥】 암페타민《중추 신경을 자극하는 각성제》.

Am·phib·ia [æmfíbiə] *n. pl.* 【動】 양서류(兩棲類)《개구리·도롱뇽 따위》.

am·phib·i·an [æmfíbiən] *a.* (1)양서류(兩棲類)의. (2)수륙 양용의 : — *n.* ⓒ (1)양서 동물〈식물〉. (2)수륙 양용 비행기〈전차〉. (3)이중 인격자.

am·phib·i·ous [æmfíbiəs] *a.* (1)양서류의 :(2)수륙 양용의 ; 【軍】 육·해 ·공군 합동의(triphibious) : (3)【比】 이중 인격〈성격〉의.

am·phi·the·a·ter, 《英》 **-tre** [ǽmfəθì:ətər/ -fiθìə-] *n.* ⓒ (1)(옛 로마의) 원형 경기장, 투기장(關技場). (2)(현대의) 원형 경기장〈극장〉 ; (극장의) 계단식 관람석.

am·pho·ra [ǽmfərə] (*pl.* **~*s, -rae*** [-ri:]) *n.* ⓒ (고대 그리스·로마의) 두 족자리 〈양손잡이〉가 달린 항아리.

:am·ple [ǽmpl] (***am·pler ; am·plest***) *a.* (1)광대한, 넓은 (2)충분한, 넉넉한, 풍부한. 다량의. 【opp.】 *scanty.* 파) **~·ness** *n.* 광대(廣大), 풍부함.

am·pli·fi·ca·tion [æ̀mpləfikéiʃən] *n.* ⓤⓒ (1)확대. (2)(이야기 등의) 부연(敷衍). (3)【論】 확충(擴充) ; 증폭(增幅) ; 【光】 배율(倍率).

am·pli·fi·er [ǽmpləfàiər] *n.* ⓒ (1)【電·컴】 증폭기(增幅器), 앰프, 앰플리파이어 ; 확성기. (2)확대하는 사람 ; 덧렌즈, 확대경.

:am·pli·fy [ǽmpləfài] *vt.* (1)…을 확대하다, 확장하다. (2)《~+目/+目+前+名》 …을 상세히 설 명하다, 부연하다 :(3)【電】 …을 증폭하다. — *vi.* (1)확대하다. (2)《+前+名》부연하다, 상술하다《*on, upon*》 :

am·pli·tude [ǽmplitjù:d] *n.* ⓤ (1)(너비·범위등의) 크기, 넓이. (2)풍부함, 충분함. (3)【物·電·컴】 진폭 :

ámplitude modulátion 【電子】 진폭 변조《略 : AM, A.M.》.

am·ply [ǽmpli] *ad.* (1)널리, 충분히 : (2)상세히 :
am·pul(e), am·poule [ǽmpjuːl/ -puːl] *n.* ⓒ 앰풀《1회분 들이의 작은 주사액 병》.
am·pu·tate [ǽmpjutèit] *vt.* (1)(손이나 발)을 자르다, 절단하다《수술로》. (2)(문장 내용의 일부 등)을 삭제〈정리〉하다, 잘라내다.
— *vi.* 절단 수술을 하다.
am·pu·ta·tion [æ̀mpjutéiʃən] *n.* ⓤⓒ (1)절단(수술). (2)잘라내기, 정리.
am·pu·tee [æ̀mpjutíː/ ∸-∸] *n.* (손·발의) 절단 수술을 받은 사람.
Am·ster·dam [ǽmstərdæ̀m/ ∸-∸] *n.* 암스테르담《네덜란드의 수도》.
amuck [əmʌ́k] *n.* (동남 아시아 문화권에서) 맹렬한 살상욕을 수반하는 정신 착란. — *ad.* 미친듯이 날뛰어. ***run*** 〈***go***〉 ~ 죽이려고 날뛰다 : 미친듯이 설치며 행패부리다
am·u·let [ǽmjəlit] *n.* ⓒ 호부(護符), 부적.
:amuse [əmjúːz] *vt.* (1)《~+目/+目+前+名》 …을 즐겁게 하다, 재미나게 하다 ; …의 기분을 풀게 하다, 웃기다《*with*》 : (2)(여가)를 즐거이 보내게 하다. ~ one***self with*** 〈***by*** do***ing***〉 …을 하며 즐기다 : ***You ~ me.*** 웃기는군.
amused [əmjúːzd] *a.* (1)(표정 따위가) 즐기는 ; 즐거워〈재미있어〉하는 ; 명랑한, 흥겨운 :(2)〔敍述的〕(…을) 재미있어〈즐거워〉하는 《*at* ; *with* ; *by*》 :(3)〔敍述的〕 (…하고) 재미있게 생각하는《*to* do》 : 파) **amús·ed·ly** [-zidli] *ad.*
:amuse·ment [əmjúːzmənt] *n.* (1) ⓤ 즐거움, 위안, 재미 :(2) ⓒ 오락(물), 놀이
amúsement arcàde 《英》 (슬롯 머신 등이 있는) 게임 센터(《美》 game arcade).
amúsement cènter 환락(중심)지, 위락 지구〈센터〉 : 환락가(街).
amúsement pàrk 《美》 유원지.
:amus·ing [əmjúːziŋ] (***more ~ ; most ~***) *a.* 즐거운, 재미있는 ; 기분풀이가 되는, 유쾌한 : 파) **~·ly** *ad.* 즐겁게, 재미있게.
am·y·lase [ǽməlèis, -z] *n.* ⓤ 아밀라아제《녹말을 당화(糖化) 하는 요소》.
am·y·loid [ǽməlɔ̀id] *a.* 녹말질의, 녹말을 함유한. — *n.* 아밀로이드, 유사 녹말체.
:an[1] ⇨ A[2], AN.
an[2], **an'** [æn, 弱 -ən] *conj.* 《方》 =AND ; 《古》 = IF.
An·a·bap·tist [æ̀nəbǽptist] *n.* ⓒ 재침례〈재세례〉론자 ; (A-) 재침례 〈재세례〉 교도.
an·a·bol·ic [æ̀nəbálik/ -bɔ́l-] *a.* 【生】 동화 작용의, 신진 대사의. 〖opp.〗 *catabolic.*
anabólic stéroid 【生化】 단백 동화 스테로이드《근육 증강제 : IOC에서는 사용 금지》.
anab·o·lism [ənǽbəlìzəm] *n.* ⓤ 【生】 동화 (작용). 〖opp.〗 *catabolism.*
anach·ro·nism [ənǽkrənìzəm] *n.* (1) ⓤⓒ 시대착오 : 시대에 뒤떨어진 사람〈사물〉 :(2) ⓒ 연대〈날짜〉의 오기(誤記). 파) **anàch·ro·nís·tic, -ti·cal** *a.* 시대착오의. **anàch·ro·nís·ti·cal·ly** *ad.*
an·a·co·lu·thon [æ̀nəkəlúːθɑn/ -θɔn] (*pl.* ***-tha*** [-θə]) *n.* 【修】 (1) ⓤ 파격(破格) 구문. (2) ⓒ 파격구문의 문장 파) **-lú·thic** *a.* **- thi·cal·ly** *ad.*
an·a·con·da [æ̀nəkándə/ -kɔ́n-] *n.* ⓒ 아나콘다《독 없고 힘이 센 큰 뱀 ; 남아메리카산》; 〔一般的〕큰 뱀.
an·aer·obe [ǽnəròub, ænέəroub] *n.* ⓒ 【生】 혐기성(嫌氣性) 생물《미생물》. 파) **àn·aer·ó·bic** *a.*
an·a·gram [ǽnəgræ̀m] (1) ⓒ 글자 수수께끼, 철자 바꾸기 (2)(*pl.*) 〔單數취급〕 글자 수수께끼〈철자 바꾸기〉 놀이.
anal [éinəl] *a.* (1)항문(부근)의 :(2)【精神醫】 항문기(期)〈성격〉의.
an·a·lects [ǽnəlèkts] *n. pl.* 선집(選集), 어록. ***the Analects*** (***of Confucius***) 논어 .
ánal fín 【魚】 뒷지느러미.
an·al·ge·sia [æ̀nəldʒíːziə, -siə] *n.* ⓤ 【醫】 무통각증(無痛覺)(증), 통각 상실.
an·al·ge·sic [æ̀nəldʒíːzik, -dʒésik] *a.* 무통성(無痛性)의, 진통(鎭痛)의. — *n.* ⓤⓒ 진통제.
an·a·log [ǽnəlɔ̀ːg, -lɑ̀g/ -lɔ̀g] *n.* ⓒ 《美》 =ANALOGUE. — *a.* 〔限定的〕 (1)상사형(相似型)의. (2)아날로그의: ⇨ ANALOG COMPUTER. (3)아날로그 표시의. 【cf.】 digital.
ánalog compùter 【컴】 아날로그 컴퓨터, 연속형 전산기. 【cf.】 digital computer.
an·a·log·ic, -i·cal [æ̀nəlɑ́dʒik/ -lɔ́dʒ-], [-əl] *a.* 비슷한, 닮은, 유사한, 유추(類推)의, 유비(類比)의. 파) **-i·cal·ly** [-kəli] *ad.* 유추하여.
anal·o·gize [ənǽlədʒàiz] *vi.* 유추에 의해 설명하다, 유추하다 ; 유사하다《*with*》. — *vt.* …을 유추하다, (…에) 비기다《*to*》.
·anal·o·gous [ənǽləgəs] *a.* 〔敍述約〕 (…와) 유사한, 비슷한, 닮은, 상사(相似)한《*to* ; *with*》 ;【生】 상사 기관의 : 파) **~·ly** *ad.*
an·a·logue [ǽnəlɔ̀ːg, -lɑ̀g/ -lɔ́g] *n.* ⓒ (1)유사물. (2)【言】 동류어(同類語) ; 【生】 상사체〈기관〉 ;【化】 유사 화합물. (3)유사체 ; 유사(합성) 식품. (4)【電子】 아날로그, 연속형. — *a.* =ANALOG.
:anal·o·gy [ənǽlədʒi] *n.* (1) ⓒ,ⓤ 유사, 비슷함, 닮음《*between* ; *to* ; *with*》 : (2) ⓤ 유추, 유추에 의한 설명 ; 유추법 : 【生】 상사(相似). 【cf.】 homology. ***have*** 〈***bear***〉 ***~ to*** 〈***with***〉 … 와 유사하다.
:anal·y·sis [ənǽləsis] (*pl.* ***-ses*** [-siːz]) *n.* ⓤⓒ (1)분석, 분해 ; 분석적 고찰. 〖opp.〗 *synthe-sis.* (2)【文法】 분석 ; 【數】 해석(학). (3)【心】 (정신)분석. (4)【化】 분석 :(5)【컴】 분석. ***in the last*** 〈***final***〉 ***~*** 결국, 요컨대.
·an·a·lyst [ǽnəlist] *n.* ⓒ (1)분석〈분해〉자 ; 분석화학자, 사회〈정치〉 정세 분석 해설자 ; 통계 전문가. (2)정신 분석가(psychoanalyst). (3)【컴】 분석가, 시스템 분석자. ≒annalist.
·an·a·lyt·ic, -i·cal [æ̀nəlítik], [-əl] *a.* 분해〈분석〉의, 분석〈해석〉적인. 〖opp.〗 *synthetic.* 파) **-i·cal·ly** *ad.* 분해하여, 분석적으로.
analýtic geómetry 해석 기하학.
an·a·lyt·ics [æ̀nəlítiks] *n.* ⓤ 분석학, 해석학 ,【文法】 분석론.
an·a·lyz·a·ble [ǽnəlàizəbəl] *a.* 분해〈분석, 해부〉할 수 있는. 파) **àn·a·lỳz·a·bíl·i·ty** [-əbíləti] *n.*분석 가능성.
:an·a·lyze, 《英》 **-lyse** [ǽnəlàiz] *vt.* 《~+目/+目+前+名》 (1)…을 분석하다, 분해하다 : (2)…을 (분석적으로) 검토하다 : (3)【化·文法】 …을 분석하다 《*into*》 ; 【數】 해석 하다 :(4)(아무)를 정신 분석하다. ▫analysis *n.* 파) **·- lyz·er** *n.* ⓒ (1)분석기, 분석 장치. (2)분석자, 분석적으로 검토하는 사람. (3)【光】 검광자〈판〉.
an·a·pest, -paest [ǽnəpèst] *n.* ⓒ 【韻】 약약강격(弱弱强格)《××∸》 ; 단단장격(短短長格)《··—》 파)

àn·a·pés·tic, -páes·tic *a.*
anaph·o·ra [ənǽfərə] *n.* ⓤ (1)【그리스正教】 성찬 식문(文), 성체 기도. (2)【修】 수구(首句) 반복. (3)【文法】 대용어《명사의 반복을 피해서 쓰이는 대명사 등》. (4)【樂】 악절 반복.
an·a·phor·ic [æ̀nəfɔ́:rik, fɑ̀r- / -fɔ́r-] *a.* 【文法】 앞에 나온 어구를 가리키는〈에 관한〉, 앞의 문구와 대응적(對應的)인.
an·ar·chic, -chi·cal [ænɑ́:rkik], [-əl] *a.* (1)무정부(주의)의. (2)무정부 상태의 ; 무질서한.
파) **-chi·cal·ly** *ad.*
an·ar·chism [ǽnərkìzəm] *n.* ⓤ 무정부주의 ; 무정부 (상태).
an·ar·chist [ǽnərkist] *n.* 무정부주의자 ; 폭력혁명가.
an·ar·chis·tic [æ̀nərkístik] *a.* 무정부주의(자)의.
·an·ar·chy [ǽnərki] *n.* ⓤ (1)무정부 ; 무정부 상태. (사회적·정치적인) 무질서 상태 ; 무정부론. (2)〔一般的〕 무질서.
an·as·tig·mat [ənǽstigmæ̀t, æ̀nəstígmæt] *n.* ⓒ 【寫】 수차 보정(收差補正) 렌즈.
파) **àn·as·tig·mát·ic** *a.* (렌즈가) 수차 보정된.
anath·e·ma [ənǽθəmə] *n.* (1) ⓤⓒ **a**]교회의 저주, 아나테마 ; (가톨릭 교회에서의) 파문(破門). **b**]〔一般的〕 저주 ; 증오. (2) ⓒ 저주 받은 사람〈물건〉. (3) ⓤ (또는 an ~) 아주 싫은 것〈사람〉
anath·e·ma·tize [ənǽθəmətàiz] *vt.* …을 공식적으로 저주하다, 파문하다.
an·a·tom·ic, -i·cal [æ̀nətɑ́mik/ -tɔ́m-], [-əl] *a.* 해부의, 해부(학)상의. 파) **-i·cal·ly** *ad.* 해부학상, 해부(학)적으로.
anat·o·mist [ənǽtəmist] *n.* ⓒ (1)해부학자. (2)《比》(상세히) 분석 조사하는 사람.
anat·o·mize [ənǽtəmàiz] *vt.* (1)(동물체)를 해부하다(dissect). (2)…을 상세히 분해〈분석〉하다.
:anat·o·my [ənǽtəmi] *n.* (1) ⓤ 해부학, 해부술〈론〉 : (2) ⓤⓒ 해부. (3) ⓒ **a**](동식물의) 해부학적 구조〈조직〉. **b**]해부 모형, 해부용〈된〉 시체. (4) ⓒ《戲》 인체(人體). (5) ⓤⓒ (사물의) 상세하고 면밀한 분석〈조사〉 : ***pain in the ~***《俗》 싫은 일, 고민 거리.
:an·ces·tor [ǽnsestər, -səs-] (*fem.* **-tress**) *n.* ⓒ (1)선조, 조상 ; 【法】 피상속인. 〖opp.〗 *descendant.*『(2)원형(原型), 전신(前身), 선구자 :one'***s spiritual ~*** (자기가)사상적으로 가장 많은 영향을 받은 사람, 스승.
·an·ces·tral [ænséstrəl] *a.* 〔限定卿〕 조상(대대로)의 :
an·ces·tress [ǽnsestris] *n.* ⓒ 여성 조상.
·an·ces·try [ǽnsestri, -səs-] *n.* ⓤ (1)〔集合約〕조상 ; 선조. (2)가계(家系), 문벌 :(3)【生】 계통.
:an·chor [ǽŋkər] *n.* ⓒ (1)닻 :(2)(마음을) 받쳐주는 것, 힘이〈의지가〉 되는것 : (3)줄다리기의 맨 끝사람 ; (릴레이 따위의) 최종 주자. (4)《美》 =ANCHORMAN(3). ***be* 〈*lie, rids*〉 *at ~*** 정박해 있다. ***cast an ~ to windward*** 안전책을 강구하다 . ***cast* 〈*drop, let go*〉 *~*** 투묘하다, 정박하다. ***come to* (*an*) *~*** 정박하다, 정착하다, 안주하다. ***weigh ~*** 1)닻을 올리다, 출항하다. 2)출발하다, 떠나다. — *vt.* (1)(배)를 닻을 내려 멈추게 하다, 정박시키다. (2)《+目+前+名》 **a**](물건)을 정착〈고정〉시키다 ; 단단히 묶어 두다《*to*》 :**b**](주의·
마음 등)을 고정시키다 ; (소망 등)을 걸다《*in* ; *on*》 :(3)【競】 …의 최종 주자가 되다. (4)【放送】 …의 앵커맨〈종합 사회자〉노릇을 하다.
— *vi.* (1)《+前+名》 닻을 내리다, 정박하다 : (2)《+前+名》정착〈고정〉하다《*on* ; *to*》
An·chor·age [ǽŋkəridʒ] *n.* 앵커리지《미국 알래스카 주 남부의 항구·공항 도시》.
·an·chor·age [ǽŋkəridʒ] *n.* (1) ⓤ 닻내림, 투묘, 정박. (2) **a**]ⓒ 투묘지(投錨地), 정박지. **b**]ⓤ (또는 an ~) 정박세〈료〉(=**~ dues**). (3) ⓤⓒ 의지가〈힘이〉 되는 것.
an·cho·ress [ǽŋkəris] *n.* ⓒ 여자 은자(隱者).
an·cho·ret, an·cho·rite [ǽŋkərit, -rèt], [-ràit] *n.* ⓒ 은자(隱者), 은둔자《종교적 이유로 세상을 버린》.
an·chor·man [ǽŋkərmæ̀n, -mən] *n.* ⓒ (1)=ANCHOR(3). (2)중심 인물. (3)(*fem.* ***-wòm·an***) 【美放送】 종합 사회자, 앵커맨.
an·chor·per·son [-pə̀:rsən] *n.* ⓒ (뉴스 프로의) 종합 사회자《남녀 공통어》.
an·chor·wom·an [-wùmən] *n.* (*pl.* ***- women*** [-wìmin]) *n.* ⓒ《美》 여성 앵커.
an·cho·vy [ǽntʃouvi, -tʃəvi, æntʃóu-] *n.* 【魚】 안초비《멸치류 ; 지중해산》; ⓤ 멸치젓.
ánchovy pàste 안초비 페이스트《안초비를 짓이겨 향신료를 넣어서 갠 것》.
ánchovy sàuce 안초비로 만든 소스.
ánchovy tòast 안초비 페이스트를 바른 토스트〈빵〉.
an·cien ré·gime [ɑ̃sjǽreiʒí:m] 《F.》 구(·)제도, 구체제, 앙시앵 레짐《특히 1789년 프랑스 혁
명 이전의 정치 사회 조직》 : 시대에 뒤진 제도·풍습.
:an·cient [éinʃənt] (***more ~ ; most~***) *a.* (1)〔限定的〕 옛날의, 고대의《중세·근대에 대해》 :(2)예로부터의, 고래의 :(3)《古》 고령의, 나이 많은 :(4)《종종 戲》 구식(舊式)의. — *n.* ⓒ (1)고대인 ; (the ~*s*)고대 문명인《특히 그리스·로마·헤브라이의》. (2)고전 작가. (3)노인 ; 선조.
áncient hístory (1)고대사《476년 서로마 제국 멸망까지》. (2)《口》 이미 다 아는 이야기, 케케묵은 이야기.
an·cient·ly [éinʃəntli] *ad.* 옛날에는, 고대에(는).
an·cil·lary [ǽnsəlèri/ænsíləri] *a.* 보조의, 부수〈종속〉적인, 부(副)의《*to*》. — *n.* ⓒ《英》 조력자, 조수, 보조물, 부수물, 자(子)회사.
an·con [ǽŋkɑ̀n/ -kɔ̀n] (*pl.* ***an·co·nes*** [æŋkóuni:z]) *n.* ⓒ (1)【解】 팔꿈치. (2)【建】 첨자(·遮), 초엽(草葉). 파) **an·co·ne·al** [æŋkóuniəl] *a.*
:and [ənd, nd, ən, n ; 强 ænd] *conj.* (1)〔나란히 語·句·節을 이음〕 …와 —, …및—, …이나 — ; 그리고, …또(한)
☞ 語法 1)순서적으로 2인칭·3인칭 그리고 맨 나중에 1인칭이 옴 : 2)동등한 어구가 셋 이상 있을 때 보통 각 어구 사이를 콤마로 끊고, 마지막 어구 앞에만 and가 옴.《and 바로 앞에는 콤마를 붙이는 경우가 원칙임》 :
(2) **a**]〔동시성을 나타내어〕 (…와 동시에) 또, …하면서 : **b**]〔앞뒤의 관계를 보여서〕 …하고(나서), 그리고 나서 :(3)〔보통 ən〕 〔하나로 된 것〕 …와 —이〔합하여 일체가 된 것〕 :
☞ 語法 1) 관사를 붙일 때는 첫 말에만 붙임.
2) 이들 어구(語句) 주부(主部)로 될 때, 동사와의 수의 일치에 주의할 것
(4) **a**]〔반복·중복〕 …(한) 위에 또 —, …이고(—이고), 더욱 더 ; 씩 (짝을 지어) : **b**]〔比較級과 함께 써서〕 점점 더, 더욱 더 : (5)〔강조〕 더구나, 그뿐이랴 :

(6)〔의외·비난〕 더욱이, 더구나 …인데〔…한 터에〕, …한데 : (7)〔이유·결과〕 그래서, 그러자 : (8)〔命令文 또는 그 상당 어구 위에서〕 그렇게 하면, 그러면 : (9) a〕〔대립적인 내용을 보여〕 …이긴 하나, …인〈한〉데도, …이면서도 :b〕〔추가적으로덧붙여〕 그것도, 게다가 : (10)〔不定詞에 붙는 to 대신〕 …하러, …하기 위해 : 《※ 이런 용법은 구어적 이며, 주로 come, go, run, try 따위의 동사와 함께 쓰이고, 또 주로 명령·미래에 쓰임》.
(11)〔cannot 뒤에서〕 …하고 나서, 또 게다가 (…까지는 안된다) : (12)〔두 개의 形容詞를 연결하여 앞의 形容詞를 副詞格으로 함 ; 종종 단순한 강조〕 : (13)〔두 개의 動詞를 이어서 뒤의 動詞가 現在分詞的인 뜻을나타내어〕 …하면서 : (14)〔疑問文의 첫머리에서, 상대방의 말을 받아〕 그래서, 그러면 : 그런데 ; 그래 : (15)〔there are …의 구문 중에서 같은 名詞를 연결하여〕 여러(가지) : (16) a〕〔덧셈에서〕 …더하기… : Four ~ two make(s) 〈equal(s)〉 six. 4 더하기 2는 6. b〕〔數詞의 접속〕 : two hundred ~ thirty =230 / one thousand ~ two=1,002 / four ~ a half=4 $^1/_2$ / one ~ twenty 《古》 =21《=twenty-one : 1의 자리를 앞에, 10의 자리를 뒤로 돌리는 형식》 / two pounds ~ five pence, 2 파운드 5 펜스.

☞ 語法 1)100자리 다음에 and [ənd, ən] 가 옴. 그러나 《美》 에서는 종종 생략. 2)100의 자리가 0 일 때는 1,000 자리 다음에 and가 옴.

(17)〔두 개의 가로 이름을 연결하여, 그 교차점을 나타내어〕《美》 : ***~ all this*** 그리고 이것 모두. ***~ others*** 등(등). ***~ so forth*** 〈***on***〉 …따위, 등등《etc. 또는 &c.로 생략 ; 이 때 *and* etc., *and* &c.로 함은 중복이며 잘못》. ***~ what not*** =so forth ***~ yet*** 그럼에도, 게다가 (더욱).

An·da·lu·sia [æ̀ndlúːʒə, -ʃiə] *n.* 안달루시아《스페인 남부, 이베리아 반도의 최남단 지방》.

an·dan·te [ændǽnti, ɑːndáːntei] *a. ad.* 《It.》【樂】 느린(느리게), 안단테의〈로〉. — *n.* ⓒ 안단테의 악장〈악절〉.

an·dan·ti·no [æ̀ndæntíːnou, ɑ̀ːndɑːn-] *a., ad.* 《It.》【樂】 안단티노의 ; 안단테보다 좀 빠르게.
— (*pl.* ***~s***) *n.* ⓒ 안단티노의 악장〈악절〉.

An·de·an [ǽndíːən, ǽn-] *a.* 안데스 산맥(주민)의.

An·des [ǽndiːz] *n. pl.* (the ~) 안데스 산맥《남미의》.

and·i·ron [ǽndàiərn] *n.* ⓒ (흔히*pl.*)(난로의)철제 장작받침 (firedog).

and / or [ǽndɔ́ːr] *conj.* 및 / 또는, 양쪽 다 또는 어느 한 쪽(both or either) : **An·dor·ra** [ændɔ́ːrə, -dɑ́rə] *n.* 안도라《프랑스·스페인 국경의 산중에 있는 공화국 ; 수도 Andorra la Vella [-lɑːvélijɑː]》.

an·dro·gen [ǽndrədʒən, -dʒen] *n.* ⓤ【生化】 *a.* 남성 호르몬, 안드로겐.

an·drog·y·nous [ændrɑ́dʒənəs/ -drɔ́dʒ] *a.* 남녀양성의 : ~ clothing 남녀 공용의 옷 ; 자웅동체(雌雄同體)의, 【植】 자웅동화(同花)〈동주(同株)〉의.

an·droid [ǽndrɔid] *n.* ⓒ 인조 인간.

Andrómeda gàlaxy (the ~) 안드로메다 은하(銀河).

an·ec·dot·age [ǽnikdòutidʒ] *n.* ⓤ (1)〔集合的〕일화(집). (2)《戲》 (옛이야기를 하고 싶어하는) 늙은 나이《dotage에 붙여 만든 말》.

an·ec·do·tal [æ̀nikdóutl, ⌐-⌐-] *a.* 일화(逸話)의 ; 일화가 많은 ; 일화 같은. 파) **~·ly** *ad.*

:an·ec·dote [ǽnikdòut] *n.* (1)일화 ; 일사(逸事), 기담(奇談) :(2)(*pl.* ***~s, an·ec·do·ta*** [æ̀nikdóutə]) 비사(·史), 비화.

ane·mia [əníːmiə] *n.* ⓤ【醫】 빈혈증 ; 생기〈활력〉의 결핍. 파) **-mic** *a.* 빈혈(증)의 ; 무기력한, 활기 없는, 연약한 :**-mi·cal·ly** *ad.* 무기력하게.

anem·o·graph [ənéməgræ̀f, -grɑ̀ːf] *n.* ⓒ 자기(自記) 풍속계.

an·e·mom·e·ter [æ̀nəmɑ́mitər/ -mɔ́m-] *n.* ⓒ 풍력계, 풍속계.

·anem·o·ne [ənéməni] *n.* ⓒ (1)【植】 아네모네. (2)【動】 말미잘(sea ~).

an·er·oid [ǽnərɔ̀id] *a.* 액체를 쓰지 않는.
— *n.* ⓒ 아네로이드 기압계(~ barometer).

an·es·the·sia [æ̀nəsθíːʒə, -ziə] *n.* ⓤ【醫】 마취(법) ; (지각) 마비 :. ***local*** 〈***general***〉 ***~*** 국부 〈전신〉 마취(법).

an·es·the·si·ol·o·gy [ænəsθìːziɑ́lədʒi/ -ɔ́l-] *n.*ⓤ 마취학. 파) **-gist** *n.* ⓒ《美》 마취의(醫).

an·es·thet·ic [æ̀nəsθétik] *a.* (1)마취의 ; (지각) 마비의. (2)무감각한, 둔감한. — *n.* ⓒ 마취제 :파) **-i·cal·ly** *ad.* 마취 상태에서, 무감각하게.

anes·the·tist [ənésθətist, æníːs-] *n.* 《美》 마취사(士) ; 《英》 마취 전문 의사.

anes·the·ti·za·tion [ənèsθətizéiʃən, ænìːsθitai-] *n.* ⓤ 마취(법) ; 마취 상태.

anes·the·tize [ənésθətàiz, æníːs-] *vt.* …을 마취시키다, (…의 감각)을 마비시키다.

an·eu·rysm, -rism [ǽnjurizəm] *n.* ⓒ【醫】 동맥류(動脈瘤).

·anew [ənjúː] *ad.* (1)다시 :(2)새로

:an·gel [éindʒəl] *n.* ⓒ (1) a〕천사, 수호천사, 수호신(guardian ~) ; 천사상(像) : 【cf.】 hierarchy. b〕천사 같은 사람 ; 천진한〈사랑스러운〉 사람 :《※ Be an ~ and 는 남자 사이에서는 쓰지 않음》. (2)《口》 (연극 등의) 자금 후원자. (3)《口》 레이더 화면에 나타난 정체 불명의 신호《흰 반점》. ***an ~ of a*** (girl) 천사와 같은 (소녀). ***be on the side of the ~s*** 천사 편이 되다 : one***'s evil ~*** 악마.
— *vt.* 《美俗》 …원조하다《재정적으로》.

ángel dùst 《美俗》 합성 헤로인.

an·gel·fish [éindʒəlfiʃ] *n.* 【魚】 전자리상어 ; 에인젤피시《관상용 열대어의 일종》.

·an·gel·ic, -i·cal [ændʒélik], [-əl] *a.* 천사의 ; 천사와 같은 :파) **-i·cal·ly** [-kəli] *ad.* 천사처럼.

an·gel·i·ca [ændʒélikə] *n.* ⓤⓒ (1)멧두릅속의 식물《요리용·약용》. (2)그 줄기의 설탕 절임.

An·ge·lus [ǽndʒələs] *n.* (the ~) (1)【가톨릭】 삼종(三鐘) 기도《예수의 수태를 기념하는》 : 그 시간을 알리는 종(=~ **bèll**)《아침·정오·저녁에 울림》. (2)(The ~) '만종'《Millet 의》.

:an·ger [ǽŋgər] *n.* ⓤ 노염, 성, 화 : □ angry *a.* ***in ~*** 노하여, 성내어. — *vt.* …을 노하게〈화나게〉 하다《※ 종종 受動으로 '화를 내다' 의 뜻 ; 前置詞는 by, at》 :**an·gi·na** [ændʒáinə] *n.* ⓤ【醫】 (1)안기나, 후두염. (2)협심증《정식으로는 ~ pectoris》.

an·gio·sperm [ǽndʒiouspə̀ːrm] *n.* 【植】 피자(披子) 식물. 〖opp.〗 *gymnosperm.*

Ang·kor Wat [ǽŋkɔːrwɑ́ːt, ɑ́ːŋ-] 앙코르와트《캄보디아 앙코르에 있는 석조 대사원의 유적》.

An·gle [ǽŋgl] *n.* (1) ⓒ 앵글족 사람. (2)(the ~s) 앵글족(族)《5세기 영국에 이주한 튜턴 민족의 한 부족》.

:an·gle[1] [ǽŋgl] *n.* ⓒ (1)【數】 각, 각도 : (2)모(퉁이) ; 귀퉁이. (3)(보는) 각도, 견지, 관점 :(4)(사물의) 양상, 국면, 상황 : (5)《美口》 불순한 동기, 음모, 책략, 교활한 계획 :***at on*** ~ 비스듬히, 기울어 :***know all the ~s*** 《美口》 쓴맛 단맛을 다 알다. ***play*** 〈***all***〉 ***the ~s*** 《俗》 (목표 달성을 위해) 모든 수단을 쓰다. ***take the*** ~ 각도를 재다. — *vt.* (1)…을 어느 각도로 움직이다(굽히다) ; …을 비스듬히 하다, 기울이다 : (2)《~+目/+目+前+名》 《口》 (기사등)을 특정한 관점에서 쓰다, 왜곡하다 :— *vi.* 굽다, 구부러지며 나아가다.

an·gle[2] *vi.* (1)《~/+前+名》 낚시질하다 : (2)《+前+名》《比》 (…을 얻으려고) 갖가지 수를 쓰다 ; 낚다, 꾀어내다《*for*》 :

ángle brácket (1)【建】모서리용 까치발. 2)【印】(흔히 *pl.*) 꺾쇠 괄호《〈 〉》.

ángel pàrking (자동차의) 비스듬한 주차《주로 길가에서》.

·an·gler [ǽŋglər] *n.* ⓒ 낚시꾼. (2)【魚】 아귀 (=**án·gler ·fish**).

an·gle·worm [ǽŋglwə̀ːrm] *n.* ⓒ (낚싯밥으로 쓰는) 지렁이.

An·gli·an [ǽŋgliən] *a.*, *n.* 앵글족의 ; 앵글 사람 ; ⓤ 앵글어.

·An·gli·can [ǽŋglikən] *a.* 영국 국교의, 성공회의 ; 잉글랜드의. — *n.* ⓒ 영국 국교도.

Ánglican Chúrch (the ~) 영국 국교회, 성공회

Ánglican Commúnion (the ~) 영국 국교파, 영국 성공회.

An·gli·can·ism [ǽŋglikənìzəm] *n.* ⓤ 영국 국교회주의 ; 영국풍 숭상.

An·gli·cism [ǽŋgləsìzəm] *n.* ⓤⓒ (1)타국어에 채택된 영어적 표현. (2)영국풍〈식〉 ; 영국 영어풍〈식〉. (3)영어 특유의 어법 ; 영국식 편중.

An·gli·cize [ǽŋgləsàiz] *vt.* (1)…을 영국풍〈식〉 으로 하다. (2)(외국어)를 영어화하다.

an·gling [ǽŋgliŋ] *n.* ⓤ 낚시질 조어(釣魚).

·An·glo·A·mer·i·can [ǽŋglouəmérikən] *n.* ⓒ , *a.* 영미(간)의 ; 영국계 미국인(의).

An·glo-French [-fréntʃ] *a.* 영불(간)의 ; 앵글로 프랑스어의. — *n.* ⓤ 앵글로 프랑스어《노르만 시대에 영국에서 쓰인 프랑스 말》.

An·glo-In·di·an [-índiən] *a.* (1)영국과 인도의. (2)영·인 혼혈의 ; 인도 거주 영국인의. (3)인도 영어의. — *n.* (1) ⓒ 인도에 사는 영국인 ; 영인 혼혈아 ; =EURASIAN. (2) ⓤ 인도 영어.

An·glo-I·rish [-áiriʃ] *a.* (1)잉글랜드와 아일랜드(간)의. (2)영국인과 아일랜드인의 피를 잇는 ; 아일랜드 거주 영국인의. — *n.* ⓤ 영국계 아일랜드 사람 ; ⓤ 아일랜드 영어.

An·glo·ma·nia [æ̀ŋgləméiniə, -njə] *n.* ⓤ (외국인의) 영국 숭상〈심취〉. 영국광(狂). 파) **-ni·ac** [-niæ̀k] *n.* ⓒ 영국 숭상자〈심취자〉.

An·glo-Nor·man [æ̀ŋglounɔ́ːrmən] *n.* (1) ⓒ 【史】 노르만계 영국인. (2) ⓤ 앵글로노르만어(語) — *a.* (1)노르만인의 영국 지배 시대(1066-1154)의. (2)(영국 정복 후) 영국에 정주한 노르만인의, 노르만계 영국인의. (3)앵글로 노르만어의.

An·glo·phile [ǽŋgləfàil] *a.*, *n.* ⓒ 친영(親英)파의 (사람).

An·glo·phobe [ǽŋgləfòub] *n.* ⓒ 영국을 싫어하는 사람. 파) **Àn·glo·phó·bia** [-biə, -bjə] *n.* ⓤ 영국 혐오, 공영병(恐英病).

:An·glo-Sax·on [æ̀ŋglousǽksən] *n.* (1) a]ⓒ 앵글로색슨 사람. b](the ~s) 앵글로색슨 민족《5 세기 무렵 대륙에서 영국에 이주한 튜턴족의 한부족》. (2) ⓒ 영국계의 사람 ; 《특히》 영국계 미국인 ; 영어국(英語國)계의 사람 ; (현대의) 전형적인 영국인. (3) ⓤ 앵글로색슨어(語) (Old English) ; (외래어를 섞지 않은) 순수한 영어 ; 평이한 영어. — *a.* 앵글로색슨 사람〈어〉의. 파) **~·ìsm** *n.* ⓤ (1)영국인 기질. (2)앵글로색슨계의 언어.

An·go·la [æŋgóulə] *n.* (1)=ANGOLA(2). (2) 앙골라 《아프리카 남서부의 공화국 ; 1975년 독립 ; 수도 Luanda》.

An·go·ra [ǽŋgourə, æŋgɔ́ːrə] *n.* (1)Ankara의 구칭. (2)(a-) [æŋgɔ́ːrə] ⓒ 앙고라 고양이〈염소, 토끼〉 ; ⓤ 앙고라 모직물.

Angóra cát 앙고라 고양이《털이 김》.

Angóra góat 앙고라 염소

Angóra rábbit 앙고라 토끼.

Angóra wóol 앙고라 염소〈토끼〉털.

an·gos·tú·ra 〈**bárk**〉 [æ̀ŋgəstjúərə(-)] 앙고스튜라 수피; (A-) 그것으로 만든 강장 음료.

:an·gri·ly [ǽŋgrəli] *ad.* 성나서, 화내어

:an·gry [ǽŋgri] (***an·gri·er ; -i·est***) *a.* (1)성난, 화를 낸《※ 보통 일시적인 화를 말함》 :(2)(파도·바람 등이) 격심한, 모진 : (3)염증을 일으킨, 욱신거리는, 쑤시는(상처 등) :(4)(색깔 등이)강렬한, 타는 듯한. ㅁ anger *n.* ***be ~ at*** 〈***about***〉 a thing 무엇에 대해서 성을 내다 : ***be ~ with*** 〈***at***〉 a person 아무에게 성을 내다 : ***become*** 〈***get, grow***〉 ~ 성내다, 노하다, 화내다. ***feel*** ~ 괘씸하게 여기다, 노엽게 생각하다. ***have ~ words*** (***with***) (…와) 말다툼〈언쟁〉하다.

angst [ɑːŋkst] (*pl.* ***äng-ste*** [éŋkstə]) *n.* ⓤ 《G.》 불안한 마음 ; 고뇌.

ang·storm [ǽŋstrəm] *n.* (*or* A-) ⓒ 【物】 옹스트롬(=~ **ùnit**)《빛의 파장의 측정 단위 ; 1밀리의 1,000만분의 1 ; 기호 Å, A, AU.》.

·an·guish [ǽŋgwiʃ] *n.* ⓤ (심신의) 고통, 괴로움, 고민, 번민 : ***in*** 〈***for***〉 ~괴로워서, 괴로운 나머지

an·guished [ǽŋgwiʃt] *a.* 괴로워하는, 고민의 ; 고민에 찬.

·an·gu·lar [ǽŋgjələr] *a.* (1)각(角)을 이룬, 모진, 모난 ; 모서리진 : (2)모퉁이〈모서리〉에 있는 ; 각도로 잰 :(3)뼈가 앙상한, 말라빠진 :(4)까다로운, 고집센, 딱딱한, 모난. ㅁ angle[1] *n.* 파) **~·ly** *ad.*

an·gu·lar·i·ty [æ̀ŋgjəlǽrəti] *n.* (1) ⓤ 모남, 모짐 ; 뼈만 앙상함 ; 무뚝뚝함. (2) ⓒ (흔히 *pl.*) 모가 난 형상〈윤곽〉 ; 뾰족한 모서리.

ángular moméntum 【物】 각 운동량.

ángular spéed 〈**velócity**〉 【物】 각속도(角速度)《단위 시간당 방향의 변화량》.

an·hy·dride, -drid [ænháidraid], [-drid] *n.* ⓤ 【化】 무수물(無水物).

an·hy·drous [ænháidrəs] *a.* ⓤ 【化】 무수(無水)의

an·i·line, -lin [ǽnəlin, -làin], [-lin] *n.* ⓤ 【化】 아닐린《무색 유상의 액체》.

ániline dỳe 아닐린 염료

an·i·ma [ǽnəmə] *n.* 《L.》 (1) ⓤⓒ 생명, 영혼, 정신. (2)【心】 a](무의식화된) 내적 개성. 〖opp.〗 *persona.* b](the ~)(남성 중의) 여성적 요소.〖opp.〗 *animus.*

an·i·mad·ver·sion [æ̀nəmædvə́ːrʃən, -ʒən] *n.* ⓤ ⓒ (비평적인) 일언(一言), 비평《*on*》 ; 비난, 혹평

《on》.
an·i·mad·vert [æ̀nəmædvə́ːrt] *vt.* (…을) 비평하다, 비난하다《on》 :
:an·i·mal [ǽnəməl] *n.* (1) ⓒ 동물《인간까지 포함시켜》 :(2) ⓒ 짐승, (인간 이외의) 동물, 네발 짐승 :(3) ⓒ 짐승같은 인간, 사람 같지 않은 놈. (4)(the ~) (사람의) 수성(獸性) :— *a.* (1)〔限定的〕 동물의, 동물성〈질〉의. 【cf.】 vegetable.『(2)(정신적이 아닌) 동물적인, 짐승 같은, 육욕적인
ánimal húsbandry 축산〈가축〉학 ; 축산.
an·i·mal·ism [ǽnəməlìzəm] *n.* ⓤ (1)동물적 생활 ; 수성(獸性) 수욕주의. (2)인간 동물설
an·i·mal·is·tic [æ̀nəməlístik] *a.* (1)동물성〈수성(獸性)의〉 ; 동물의 성질을 가진. (2)수욕주의적인. (3)동물 모양을 한.
an·i·mal·i·ty [æ̀nəmǽləti] *n.* ⓤ (1)(인간의) 동물성, 수성(獸性). (2)동물임. (3)동물계.
ánimal kìngdom (the ~) 동물계.
ánimal mágnetism (1)【生】 동물 자기. 【cf.】 mesmerism. (2)육체적〈관능적〉매력.
ánimal ríghts 동물 보호 ; 동물권(權)
ánimal spírits 혈기,생기, 활기.
·an·i·mate [ǽnəmèit] *vt.* (1)…을 살리다, …에 생명을 불어 넣다 :(2)《~+目/+目+前+名》…에 생기를 주다, 활기를 띠게 하다, 기운을 돋우다 ; 격려하다, 고무하다《with ; to》 :(3)…을 활동시키다, 움직이다 :(4)…을 만화 영화〈동화(動畵)〉로하다 :ㅁ animation *n.* — [-mit] *a.* 산, 살아있는 ; 활기〈원기〉있는 ; 【文法】 유생(有生)의 :
an·i·mat·ed [ǽnəmèitid] *a.* (1)힘찬, 싱싱한 ; 활기찬, 한창인 ; (장소가) 번화한 ; 살아 있는 듯한 :(2) 만화 영화〈동화(動畵)〉의 : 파) **~·ly** *ad.* 생기있게, 활기에 넘쳐.
ánimated cartóon 〈dráwing〉 만화 영화,동화(動畵).
·an·i·ma·tion [æ̀nəméiʃən] *n.* (1) ⓤ 생기, 활발, 생기 넘침, 활기〈띠움〉, 고무. (2) ⓒ 【映】 동화(動畵), 만화 영화. (3) ⓤ 동화〈만화 영화〉 제작. (4)【컴】 움직꼴, 에니메이션. ㅁanimal *v.* ***with ~*** 활발히 힘차게**ani·ma·to** [àːnəmáːtou] *a, ad.* 《It.》 【樂】 활기있는〈있게〉, 힘차고 빠른〈빠르게〉.
an·i·ma·tor [ǽnəmèitər] *n.* ⓒ (1)생기를 주는것, 고무자 ; 활력소〈제〉. (2)【映】 만화 영화 제작자.
an·i·mism [ǽnəmìzəm] *n.* ⓤ (1)물활론(物活諦). 《목석 같은 것에도 영혼이 있다고 생각하는 신앙》. (2) 정령(精靈) 신앙《영혼·천사의 존재를 믿는 신앙》.
an·i·mist [ǽnəmist] *a. n.* ⓒ 물활론자(의) ; 정령(精靈) 숭배자(의).
an·i·mis·tic [æ̀nəmístik] *a.* 물활론의 ; 정령 숭배적인.
an·i·mos·i·ty [æ̀nəmásəti/ -mɔ́s-] *n.* ⓤⓒ 악의, 원한, 유한, 증오 적의 《*against* ; *toward* ; *between*》. ***have* (*an*) *~ against* 〈*toward*〉** …에 원한을 품다.
an·i·mus [ǽnəməs] *n.* ⓤ (1)(종종 an ~)적의, 원한, 증오. (2)의사, 의도(意驗) ; 생명의 원동력, 왕성한 정신. (3)(the ~)【心】 (여성 중의) 남성적 요소. 〖opp.〗 *anima.*
an·i·on [ǽnaiən] *n.* ⓒ 【化】 음(陰)이온, 아니온. 〖opp.〗 *cation.*
an·i·seed [ǽnisìːd] *n.* ⓤ 아니스의 열매《향미료》.
an·i·sette [æ̀nəzét, -sét, �╴] *n.* ⓤ 아니스 술 〈강심제〉.
:an·kle [ǽŋkl] *n.* ⓒ (1)발목 :(2)복사뼈.
an·klet [ǽŋklit] *n.* ⓒ (1)(흔히 *pl.*) 《美》 여성 〈어린이〕용 양말의 일종《발목까지 오는》. (2)발목 장식(이 있는 신) ; 차꼬.
an·ky·lo·sis [æ̀ŋkəlóusis] *n.* ⓤ (뼈와 뼈의) 교착 ; (관절의) 강직.
an·nal·ist [ǽnəlist] *n.* ⓒ 연대기(年代誇)의 편자, 연보(年譜)작자. ≒analyst.
·an·nals [ǽnəlz] *n. pl.* (1)연대기, 연대표. (2)역사적인 기록, 역사. (3)〔때로 單數취급〕 (학회 따위의) 연보(年報).
an·neal [əníːl] *vt.* (1)(강철·유리 등)을 달구어 서서히 식히다 ; 벼리다 ; 다시 달구다. (2)(의지·정신)을 단련〈강화〉하다.
an·ne·lid [ǽnəlid] *a. n.* ⓒ 【動】 환형(環形) 동물(의)《지렁이·거머리등》.
·an·nex [ənéks, æn-] *vt.* (1)《~+目/+目+前+名》…을 부가〈추가〉하다《to》 :(2)《~+目/+目+前+名》(영토 등)을 합병하다《to》 :(3)《口》 …을 훔치다, 착복하다. ㅁ annexation *n.* — (*pl.* ***~·es*** [-iz]) *n.* ⓒ (1)부가물 ; 부록 ; (조약 등의) 부속 서류. (2)(건물의) 부속 가옥, 증축 건물, 별관 :
an·nex·a·tion [æ̀nekséiʃən] *n.* (1) ⓤ 부가 ; 합병. (2) ⓒ 부가물, 합병된 영토.
·an·ni·hi·late [ənáiəlèit] *vt.* (1)(적 등)을 절멸〈전멸〉시키다 :(2)(법률 따위)를 무효로 하다, 폐지하다 :(3)(상대 따위를)를 지우다, 꺾다 ; 제압하다, 완패시키다
·an·ni·hi·la·tion [ənàiəléiʃən] *n.* ⓤ (1)전멸, 절멸 ; 붕괴 :(2)폐지, 무효화.
:an·ni·ver·sa·ry [æ̀nəvə́ːrsəri] *n.* ⓒ 해마다의 기념일, 기념제 ; …주년제, 주기(周忌), 기일(忌日)《略 : anniv》 :— *a.* 기념일의, 기념제의 ; 매년의, 예년의.
an·no Dom·i·ni [ǽnou-dámənài, -nìː, ɑːn- / -dɔ́m-] 《L.》 (그리스도)기원, 서기(《略 : A.D.》. 【cf.】 B.C.
an·no·tate [ǽnətèit] *vt.* …에 주를〈주석을〉 달다 : — *vi.* 주석〈주해〉하다. 파) **àn·no·tá·tion** [-ʃən] *n.* ⓤⓒ 주석, 주해. **án·no·tà·tor, -tàt·er** [-tər] *n.* ⓒ 주석자.
:an·nounce [ənáuns] *vt.* (1)《~+目/+目+前+名/+目+*to be* 補/+目+*that* 節/+目+*as*補》 …을 알리다, 고지〈발표〉하다, 공고〈공표〉하다, 전하다 ; 예고하다 :(2)(손님의 도착·식사가 마련되었음 등)을 큰 소리로 알리다 :(3)《~+目/+目+*to be* 補》…임을 나타내다, 감지케 하다 :(4)【放送】 (프로)를 아나운스하다 :— *vi.* 《+前+名》 (1)아나운서로 근무하다《*for*》 :(2)《美》 입후보할 것을〈지지를〉 선언하다《*for*》 :파) **~·a·ble** *a.*
:an·nounce·ment [ənáunsmənt] *n.* ⓤⓒ (1)알림, 공고, 고시, 발표, 공표, 성명, 예고 ; 통지서, 발표문, 성명서 :(2)【放送】 방송 문구, 《특히》 커머셜, 선전 문구, 광고. (3)(카드놀이의) 가진 패를 보이기 ***make an ~ of*** …을 발표하다.
:an·nounc·er [ənáunsər] *n.* ⓒ (1)【放送】 아나운서, 방송원. (2)고지자, 발표자.
:an·noy [ənɔ́i] *vt.* (1)(남)을 괴롭히다, 귀찮게〈성가시게〉 굴다, 속태우다 ; 화나게 하다 :(2)【軍】 (적)을 괴롭히다.
·an·noy·ance [ənɔ́iəns] *n.* (1) ⓤ 성가심 ; 불쾌감 ; 괴로움, 곤혹 :(2) ⓒ 곤란한 것〈사람〉, 골칫거리 :***to*** one***'s~*** 곤란하게도
an·noyed [ənɔ́id] *a.* (1)초조한, 화난 : 얼굴.

(2)〔叙述的〕(…에) 화내어 : 짜증내어《*with* ; *at* ; *about*》:

·an·noy·ing [ənɔ́iiŋ] *a.* 성가신, 귀찮은, 지겨운 : 파) **~·ly** *ad.* 귀찮게 : 〔文章 전체를 수식하여〕 귀찮게도.

:an·nu·al [ǽnjuəl] *a.* (1)일년의, 일년에 걸친 : (2)일년마다의, 예년의 ; 1년 1회의 :(3)**[植]** 일년생의 :— *n.* ⓒ (1) a]연간서(年刊書) ; 연보(年報), 연감(yearbook). b]《美》 졸업 앨범《따위》. (2)일년생 식물.

ánnual géneral méeting 연차 주주 총회.

·an·nu·al·ly [ǽnjuəli] *ad.* 해마다(yearly), 연년이, 연 1회 ; 1년분으로서.

ánnual ríng (나무의) 나이테.

an·nu·i·tant [ənjúːətənt] *n.* ⓒ 연금 수령인.

an·nu·i·ty [ənjúːəti] (*pl.* ***-ties***) *n.* ⓒ 연금(年金) ; 연간(年間) 배당금 :

an·nul [ənʌ́l] (***-ll-***) *vt.* (1)(의결·계약 등)을 무효로 하다, 취소하다 ; (법령 등)을 폐지〈폐기, 파기〉하다 :(2)(기억 등)을 지워버리다. (3)(열차 등)의 운행을 취소하다.

an·nu·lar [ǽnjələr] *a.* 고리 모양의, 환상(環狀)〈윤상(輪狀)〉의 : 파) **~·ly** *ad.* 고리 모양으로, 환상으로 (되어).

an·nul·ment [ənʌ́lmənt] *n.* ⓤ (1)취소, 실효(失效), 폐지, 폐기 :(2)(결혼) 무효 선언.

an·nu·lus [ǽnjələs] (*pl.* ***-li*** [-lài], ***~·es***) *n.* ⓒ (1)고리, 둥근 테. (2)**[數]** 환형 ; **[天]** 금환 ; **[動]** 체환(體環) ; **[植]** 환대(環帶). ◇ annual *a.*

an·num [ǽnəm] *n.* ⓤ 《L.》 연(年), 해(year)《略 : an.》. ***per ~*** 1년마다, 한 해에 (얼마).

an·nun·ci·a·tion [ənʌ̀nsiéiʃən] *n.* (1) ⓤ, ⓒ 포고, 통고, 예고. (2)(the A-) 수태 고지. (3)(the A-) **[가톨릭]** 성모 영보 대축일, **[聖公會]** 성수태고지일《3월 25 일》(=**Annunciátion Dáy**).

an·nun·ci·a·tor [ənʌ́nsièitər] ⓒ (1)알리는 사람〈장치〉 : 통고자. (2)신호 표시기《신호가 어느방〈층〉에서 왔는지를 가리킴》.

an·ode [ǽnoud] *n.* ⓒ **[電]** (1)(전자관·전해조의)양극(陽極), 애노드. 〖opp.〗 *cathode.* (2)(1차 전지·축전지의) 음극.

ánode rày **[電]** 양극선(陽極線).

an·o·dyne [ǽnoudàin] *a.* (1)진통의. (2)(감정을) 누그러지게 하는. — *n.* ⓒ (1)진통제. (2)누그러지게 하는〈위로가 되는〉것.

·anoint [ənɔ́int] *vt.* (1)《+目+前+名》 (상처 따위)에 기름을〈연고를〉 바르다《*with*》 :(2) a](사람)의 머리에 기름을 붓다《종교적 의식》 ; (국왕·사제 등)을 성별(聖別)하다 : b]…을 성직에 임명하다 : 선정하다, 임명하다《*as*》 : ***the*(*Lords*) *Anointed*** 1)기름 부어진 자, 구세주, 예수. 2)옛 유대의 임금 ; 신권에 의한 임금.

anoint·ment [əbɔ́intmənt] *n.* (1)기름을 바름 ; (연고 등의) 도포, 문질러 바름《*with*》. (2)**[教會]** 도유식, 기름 부음.

anom·a·lous [ənɑ́mələs/ənɔ́m-] *a.* (1)변칙의, 파격의, 이례의 ; 이상한. (2)**[文法]** 변칙의, 변칙적인 : ⇨ ANOMALOUS VERB / ⇨ ANOMALOUS FINITE. 파) **~·ly** *ad.* **~·ness** *n.*

anómalous fínite **[文法]** 불규칙 정형 동사(定形動詞)《be, have 및 조동사의 정형》.

anómalous vérb **[文法]** 불규칙 동사《be, do, have, may, shall, can 따위 12어(語)》.

anom·a·ly [ənɑ́məli/ənɔ́m-] (*pl.* ***-ies***) *n.* ⓤⓒ 변칙, 이례, 이상 ; 변칙적〈예외적〉인 것〈일〉

anon [ənɑ́n/ənɔ́n] *ad.* 《古》 (1)이내(곧) ; 머지않아. (2)조만간에 ; 즉시《※ sometimes, now와 대용하여 쓰임》 ***ever and ~*** 때때로 가끔.

an·o·nym [ǽnənìm] *n.* ⓒ (1) a]가명, 변명. b]익명자, 무명씨. (2) a]이름을 붙일 수 없는 개념. b]작자 불명의 저작.

an·o·nym·i·ty [æ̀nəníməti] *n.* (1) ⓤ 익명 (사용) ; 무명 ; 필자〈작자〉 불명 :(2)ⓒ 이름 없는 것, 정체 불명의 인물

·anon·y·mous [ənɑ́nəməs/ənɔ́nə-] *a.* (1)익명의, 변명〈가명〉의. 〖opp.〗 *onymous.* (2)성명 불명의, 작자〈발행자, 발송인, 산지 따위〉 불명의. (3)특징〈개성〉이 없는 : 파) **~·ly** *ad.* 익명으로.

anoph·e·les [ənɑ́fəlìːz/ənɔ́f-] (*pl.* ~) *n.* ⓒ 학질〈말라리아〉 모기.

an·o·rak [ǽnəræ̀k, ɑ́ːnərɑ̀ːk] *n.* ⓒ 아노락《후드 달린 방한용 코트》 ; 파카.

an·o·rex·ia [æ̀nəréksiə] *n.* ⓤ **[醫]** (1)식욕 부진. (2)=ANOREXIA NERVOSA.

anoréxia nervó·sa [-nəːrvóusə] **[醫]** (사춘기 (여성)의) 신경성 식욕 부진.

an·o·rex·ic [æ̀nəréksik] *a.* **[醫]** 식욕 부진의 ; 식욕을 감퇴시키는. — *n.* ⓒ 신경성 무식욕증 환자.

an·oth·er [ənʌ́ðər] *a.* (1)다른 하나의, 또 하나〈한 사람〉의(one more) : (2)다른, 딴, 별개의(different) : (3)〔數詞와 함께〕 다시〈또〉 …(개)의, 또 다른 …의 : ***~ day*** (언젠가) 다음 날, 후일 ***~ time*** 언젠가 딴 때에. ***feel*** one***self ~ man*** 소생한 기분이 들다. ***such ~*** 그러한 또 하나의.

— *pron.* (1)또 다른 한 개(의 것), 또 다른 한 사람 :(2)다른 물건, 별개의 것, 다른〈딴〉 사람 : (3)그와 같은 것, 그와 같은 사람 :***Ask ~!*** 《口》 당치 않은 소리 마라. ***Ask me ~!*** 《口》 알게 뭐야. ***one after ~*** ⇨ ONE. ***one ~*** ⇨ ONE. ***one way and ~*** ⇨ WAY. ***one way or ~*** ⇨ WAY. ***such ~*** 《古·詩》 그와 같은 것〈사람〉. ***taking* 〈*taken*〉 *one with ~*** 이것 저것 생각해 보면, 전체적으로 보아.

☞ 語法 1)another와other : 원래 another는 an+other에서 온 것으로the, this, that, my, your따위가 앞에 오지 않음. 이런 것을 붙이려면 other를 씀 : the *other* door 또 하나의 도어 /my *other* son 나의 또 하나의 아들《'나머지의 하나'의 뜻》. 비교 : *another* son of mine 나의 다른 하나의 아들《아직 화제에 올라 있지 않은》.
2)another는 원래 단수이며, 복수 명사를 수식하는 형용사로는 other를, 대명사의 복수로는 others를 씀이 원칙 : 3)another와 the other(s) : another는 암암리에 : 그 밖에도 몇 개〈사람〉 있다'라고 예상했을 때의'또 하나'이며, the other(s)는 '그 밖의 이것〈사람〉 밖에는 없다'라고 예상했을 때의 '나머지의 하나 (또는 몇몇)'을 가리킴. 예를 들면 둘 이상의 것 중 하나를 취하고, 그 다음에 '또 다른 하나 〈한 개〉'라는 뜻으로 another를 씀. 셋의 경우에는 one, another라고 하며 그 중 둘을 취하면 나머지는 the other가 되고, 넷 이상일 때는 one, another라고 하며 둘을 취하면 그 나머지를 일괄하여 the others《複數》, one, another, a third 식으로 셋을 취하면 그 나머지는 the other《單數》가 됨. 또 처음부터 둘만의 경우에는 당연히 one, the other로 대조시킴 :

an·ov·u·lant [ænɑ́vjulənt, ænóu- /ənɔ́v-] *n.* ⓤⓒ

배란 억제제. — *a.* 배란 억제(제)의.

:an·swer [ǽnsər, ɑ́:n-] *n.* ⓒ (1)대답, 회답, (응)답. 【cf.】 reply, response. (2)(문제의) 해답 ; (곤란한 사태에 대한) 해결(책) : (3)대응, 호응, 응수, 보복《*to*》. (4)답변, 변명, 해명 :(5)걸맞는〈상당하는〉 것〈사람〉, 상대자(counterpart) : ***in ~ to*** …에 답하여, …에 응하여. ***know all the ~s*** 《口》 머리가 좋다 ; 만사에 정통하다. ***What's the ~ ?*** 어쩌면 좋으냐.
— *vt.* (1)《~+目/+*that* 節/+目+目/+目+前+名》(사람·질문)에 답하다 : (2)…(노크·벨 소리)에 응하여 나오다 :(3) a](요구 따위)에 응하다, (소원 따위)를 들어〈이루어〉 주다 : b](목적 따위)를 채우다, 이루다, 충족시키다 :(4)…에 부합〈일치〉하다 :(5)《~+目/+目+前+名》(비난·공격 등)에 응수하다 ; …으로 갚다 :(6)(문제·수수께끼 따위)를 풀다 : — *vi.* 《~/+前+名》 (대)답하다, 회답하다《*to*》 :(2)응하다, 응답하다 : (3)《+前+名》 책임지다, 보증하다 :(4)《+前傳+名》 일치〈부합〉되다, 맞다《*to*》 :(5)《~/+前+名》 소용되다, 쓸모 있다, 적합하다《*for*》 :(6)잘 되어 나가다, 성공하다, 효과가 있다 :***~ back*** 《口》 말대꾸〈말대답〉하다 :***~ for it that***... …임을 보증하다. ***~ to the name of*** …라고 불리다, …라는 이름이다 : ***~ up*** 즉석에서〈분명히〉대 답하다 《*to*》.

·an·swer·a·ble [ǽnsərəbəl, ɑ́:n-] *a.* (1)〔敍述的〕 책임 있는《*for* something ; *to* a person》 :(2)(대)답할 수 있는 **an·swer·back** [ǽnsərbæ̀k, ɑ́:n-] *n.* ⓒ 【컴】 응답. — *a.* 응답의, 응답하는

an·swer·er [ǽnsərər, ɑ́:n-] *n.* ⓒ 회답자, 해답자 ; 답변인.

ánswering machìne (부재시의) 전화 자동응답 장치.

ánswering sèrvice 《美》 (부재시의) 전화 응답〈응대〉 대행업.

:ant [ænt] *n.* ⓒ 개미. 【cf.】 termite ※ ***have ~s in*** one'***s pants*** 《美俗》 하고〈말하고〉 싶어 좀이 쑤시다. : (불안해서) 안절부절 못하다 ; 흥분해 있다

an't [ænt, ɑ:nt, eint/ɑ:nt] 《美口》 are not, am not 의 간약형 ; 《方》 is not, has〈have〉 not의 간약형. 【cf.】 ain't.

ant·ac·id [æntǽsid] *a.* 산을 중화하는, 제산(성)(制酸(性))의. — *n.* ⓤⓒ 제산제(劑).

·an·tag·o·nism [æntǽgənìzəm] *n.* ⓤⓒ 적대(관계), 대립《*against* ; *to* ; *between* ; *toward*》 ; 반대, 반항 ; 반감, 적의(hostility) : ***be in*** 〈***come into***〉 ***~ with*** …와 반목하고 있다〈하기에 이르다〉. ***in ~ to*** …에 반대〈대항〉하여.

·an·tag·o·nist [æntǽgənist] *n.* ⓒ (1)적수, 적대자, 반대자 :(2)【解】 길항근(拮抗筋) ; 【藥】 길항약. 〖opp.〗 *agonist.*

an·tag·o·nis·tic [æntæ̀gənístik] *a.* 적대의, 반대하는 ; 상반〈모순, 대립〉되는, 서로 용납될 수 없는 : 파) **-ti·cal·ly** [-əli] *ad.* 반목〈적대〉하여.

an·tag·o·nize [æntǽgənàiz] *vt.* (1)…을 적으로 돌리다, …의 반감을 사다 :(2)(사람)에게 적대하다, 대립(대항)하다, 반복하다: 《美》 (사물에)반대하다 :(3) …에 반대로 작용하다, …을 중화하다. — *vi.* 적대 행동을 취하다, 적을 만들다.

:ant·arc·tic [æntɑ́:rktik] *a.* (종종 A-) 남극(지방)의. 〖opp.〗 *arctic.* — *n.* (the A-) 남극 (지방), 남극권《남극대륙 및 남극해》.

·Ant·arc·ti·ca [æntɑ́:rktikə] *n.* 남극 대륙.

Antárctic Círcle (the ~) 남극권.

Antárctic Cóntinent (the ~) 남극 대륙.

Antárctic Ócean (the ~) 남극해, 남빙양.

Antárctic Póle (the ~)

Antárctic Zòne (the ~) 남극대

ánt bèar 【動】 큰개미핥기《남미산》.

ánt còw 【蟲】 진디.

an·te [ǽnti] *n.* (1) ⓒ (흔히 *sing.*) 포커에서 패를 돌리기 전에 태우는 돈. (2)(the ~)《口》 할당금, 분담금. ***raise*** (***up***) ***the ~*** 《口》 태우는 돈〈출자금, 분담금 등〉의 액수를 올리다.
— *vt.* (*p.*, *pp.* ***~d, ~ed***) (위의 태우는 돈)을 걸다, 태우다《*up*》 ; 《美口》 (분담금 등)을 내다, 납입하다《*up*》. — *vt.* 돈을 걸다〈태우다〉《*up*》 ; 《美口》 지불을 끝내다《*up*》.

ant·eat·er [ǽntì:tər] *n.* ⓒ 【動】 개미핥기.

an·te·bel·lum [æ̀ntibéləm] *a.* 《L.》 전전(戰前)의 ; 《美》남북 전쟁 전(前)의. 〖opp.〗 *postbellum.* ***status quo ~*** 전전의 상태.

an·te·ced·ence, -en·cy [æ̀ntəsí:dəns], [-si] *n.* ⓤ (시간·공간·순위적인) 선행, 우선 ; 【天】 (행성의) 역행. ㅁ antecede *v.*

:an·te·ced·ent [æ̀ntəsí:dənt] *a.* (1)앞서는, 선행(先行)의, 우선하는, (…보다) 이전의《*to*》 : (2)【論】 추정적인, 전제의, 가정의. — *n.* ⓒ (1)선례 ; 앞서는〈이전의〉 일〈상황〉. (2)(*pl.*) a]경력, 신원, 내력 ; b]조상. (3)【文法】 (관계사의)선행사. (4)【論】 (가언적 판단의) 전건(前件). 〖opp.〗 *consequent.* (5)【數】 전항. (6)원형, 전신. 파) **~·ly** *ad.* 이전에, 앞서 ; 추정적으로.

an·te·cham·ber [ǽntitʃèimbər] *n.* ⓒ (큰 방으로 통하는) 작은 방, 대기실.

an·te·date [ǽntidèit, ⌐-⌐] *vt.* (1)(시기적으로) …에 앞서다, …보다 먼저 일어나다 :(2)(수표·증서 등)의 날짜를 실제보다 이르게 하다 ; (사건)의 발생일을 실제보다 이전으로 추정하다. (3)…의 실행〈발생〉을 재촉하다〈앞당기다〉 :— [⌐-⌐] *n.* ⓒ 전일부(前日附)(=**príor dàte**).

an·te·di·lu·vi·an [æ̀ntidilú:viən/ -vjən] *a.* (1)(Noah의) 대홍수 이전의. (2)《口》 태고 때의 ; 낡은, 고풍의. — *n.* ⓒ (1)대홍수 이전의 사람〈동식물〉. (2)파파 노인 ; 아주 낡은 것 ; 시대에 뒤진 사람.

an·te·lope [ǽntəlòup] (*pl.* ***~(s)***) *n.* (1) ⓒ 【動】 영양(羚羊) ; 《美》 뿔 갈라진 영양(pronghorn). (2) ⓤ 영양 가죽.

an·te me·rid·i·em [ǽnti-mərídiəm] 《L.》 (=before noon) 오전(에)《略 : a.m. 또는 A.M. 》. 〖opp.〗 *post meridiem.*

an·te·na·tal [æ̀ntinéitl] *a.* 〔限定的〕 출생 전의 ; 태아의 ; 임신 중의 ; *n.* ⓒ《英》 임신 중의 검진.

:an·te·nna [ænténə] *n.* ⓒ (1)(*pl.* ***~s***) 《美》 안테나, 공중선(aerial). (2)(*pl.* ***-nae*** [-ni:]) 【動】 촉각, 더듬이.

an·te·pe·nult [æ̀ntipí:nʌlt, -pinʌ́lt/ǽntipinʌ́lt] *n.* ⓒ 【音聲·詩學】 끝에서 세 번째 음절

an·te·post [æ̀ntipóust] *a.* 《英》 경쟁자〈말〉의 번호가 게시되기 전에 내기를 하는.

·an·te·ri·or [æntíəriər] *a.* (공간적으로) 전방〈전면〉의, 앞의《*to*》 ; (시간적·논리적·순위적으로) 전〈앞〉의, 앞선《*to*》 ; 〖opp.〗 *posterior.* [◁ *ante* 의 비교급] 파) **~·ly** *ad.* 앞에, 전에, 먼저.

an·te·room [ǽntirù:m, -rùm] *n.* ⓒ (1)곁방, (주실(主室)로 통하는) 작은 방. (2)대기〈대합〉실.

:an·them [ǽnθəm] *n.* ⓒ (1)성가, 찬송가. (2)〔一般的〕 축가, 송가 :

an·ther [ǽnθər] *n.* 【植】 약(葯), 꽃밥. 【cf.】 stamen.

ant·hill [ǽnthìl] *n.* ⓒ 개밋둑, 개미탑.

an·thol·o·gist [ænθálədʒist/ -θɔ́l-] *n.* ⓒ 명시선〈명가·명문집〉의 편자.

an·thol·o·gize [ænθálədʒàiz/ -θɔ́l-] *vt.* …을 명시선집에 수록하다. — *vi.* 명시선집을 편찬하다.

·**an·thol·o·gy** [ænθálədʒi/ -θɔ́l-] *n.* ⓒ (1)명시선집, 명문집. (2)(한 작가의) 선집. (3)명곡〈명화〉집.

an·thra·cite [ǽnθrəsàit] *n.* ⓤ 무연탄(炭)(= ~ **còal**).

an·thrax [ǽnθræks] (*pl.* ***-thra·ces*** [-θrəsìːz]) *n.* ⓤ 【醫】 비탈저(脾脫疽), 탄저(炭疽)(균).

an·thro·po·cen·tric [æ̀nθrəpouséntrik] *a.* 인간 중심의. 파) **-cén·tric·al·ly** *ad.*

an·thro·poid [ǽnθrəpɔ̀id] *a.* (1)〔限定的〕 (동물이) 인간 비슷한 ; 유인원류(類人猿類)의. (2)《口》 (사람이) 원숭이를 닮은. — *n.* ⓒ (1)유인원(=~ **ápe**). (2)유인원 같은 사람.

an·thro·po·log·ic, -i·cal [æ̀nθrəpəládʒik/ -lɔ́dʒ-], [-əl] *a.* 인류학(상)의. 파) **-i·cal·ly** *ad.*

·**an·thro·pol·o·gist** [æ̀nθrəpálədʒist/ -pɔ́l-] *n.* ⓒ 인류학자.

·**an·thro·pol·o·gy** [æ̀nθrəpálədʒi/ -pɔ́l-] *n.* 인류학(學) ; 【神·哲】 인간학 **an·thro·pom·e·try** [æ̀nθrəpámətri/ -pɔ́mi-] *n.* ⓤ 인체 측정학〈계측법〉 파) **an·thro·po·met·ric, -ri·cal** [æ̀nθrəmétrik], [-əl] *a.*

an·thro·po·mor·phic [æ̀nθrəpəmɔ́ːrfik] *a.* 의인화〈인격화〉된, 사람의 모습을 닮은〈닮게 한〉.

an·thro·po·mor·phism [æ̀nθrəpəmɔ́ːrfizəm] *n.* ⓤ 의인화, 인격화 : 신인 동형 동성론(神人同形同性論), 의인관(觀), 의인주의. 파) **-phist** *n.* 신인 동형 동성론자. **-phize** [-faiz] *vt. vi.* (신·동물 등을) 인격화〈의인화〉하다.

an·thro·poph·a·gi [æ̀nθrəpáfədʒài -pɔ́fəgài] (*sing.* ***-gus*** [-gəs]) *n. pl.* 식인종(cannibals). 파) **-gous** [-gəs] *a.* 식인(종)의, 사람 고기를 먹는. **-gy** [-dʒi] *n.* ⓤ 식인 풍습.

an·ti [ǽnti, -tai] (*pl.* ***~s***) *n.* ⓒ《口》 반대(론)자. — *a.* 반대(의견)의 : — [ㅅ-] *prep.* …에 반대하여 (against) :

an·ti·abor·tion [æ̀ntiəbɔ́ːrʃən, -tai-] *a.* 〔限定的〕 임신 중절을 반대하는. 파) **~·ism** *n.* **~·ist** *n.*

an·ti·air·craft [æ̀ntiέərkræ̀ft, -krɑ̀ːft, æ̀ntai-] *a.* 〔限定的〕 대공(對空)의, 방공(용)의 : — (*pl.* ~) *n.* (1) ⓒ 대공 화기. (2) ⓤ 대공 포화.

an·ti-A·mer·i·can [æ̀ntiəmérikən, -tai-] *a.* 반미(反美)의. — *n.* ⓒ 미국(의 방침〈정책〉)에 반대하는 사람, 반미주의자.

an·ti·au·thor·i·tar·i·an [æ̀ntiəθɔ̀ːrətέəriən, -tai-] *a.* 반(反)권위주의의. 파) **~·ism** *n.*

an·ti·bac·te·ri·al [æ̀ntibæktíəriəl, -tai-/æ̀ntibæktíəriəl] *a.* 항균(성)의.

an·ti·bal·lis·tic [æ̀ntibəlístik] *a.* 대(對)탄도탄의 :

an·ti·bi·ot·ic [æ̀ntibaiátik, /tai- /æ̀ntibaiɔ́t-] *a.* 항생(작용)의 ; 항생 물질의 :*n.* ⓒ (종종 *pl.*) 항생 물질 : 파) **-i·cal·ly** *ad.*

an·ti·body [ǽntibɑ̀di/ -bɔ̀di] *n.* ⓒ 【生】 (혈청 중의) 항체(抗體), 항독소.

an·tic [ǽntik] *a.* 기묘한, 기괴한, 색다른 ;《古》 익살맞은, 우스운 : — *n.* (흔히 *pl.*) 익살맞은 행동, 기괴한 짓

an·ti·can·cer [æ̀ntikǽnsər, -tai-] *a.* 【藥】 항암(성)의, 암에 잘 듣는 : ~ drugs 항암〈제암〉제.

an·ti-Cath·o·lic [æ̀ntikǽθəlik, -tai-] *a.*, *n.* ⓒ 반(反)가톨릭의 ; 가톨릭 반대자.

an·ti·choice [ǽntitʃɔ̀is, -tai-] *n.* ⓒ 임신 중절 반대파. — *a.* 임신 중절 반대(파)의.

An·ti·christ [ǽntikràist] *n.* (or a-) ⓒ (1)그리스도 반대자, 그리스도의 적. (2)적(敵) 그리스도《예수 재림전에 이 세상을 악으로 채울》.

:**an·tic·i·pate** [æntísəpèit] *vt.* (1)《~+目/+*ing*/+*that* 節+/ 目+前+名》 …을 예기하다, 예상하다, 예감하다, 내다보다 : 낙으로 삼고〈걱정하며〉기다리다, 기대하다 : (2)《~+目/+*that* 節/+*wh.* 節》 …을 미리 알고 손을 쓰다〈처리하다, 대처하다〉 (3)(상대)의 기선을 제하다, (상대)를 앞지르다 : …을 미연에 방지하다 :(4)(수입)을 예기하고 미리 쓰다 ; 기한 전에 지급하다 :(5)《+目+前+名》…에 앞서다, 선행하다 :— *vi.* 장래를 내다보고 말하다〈쓰다, 생각하다〉 : (증세 등이) 예상보다 빨리 나타나다. ㅁ anticipation *n.* ~ a person***'s desires*** 〈***wishes***〉 아무의 욕구를 〈소망을〉 재빨리 알아차리고 들어주다 : 아무를 가려운 데를 긁어 주듯이 돌봐주다 : ***~ the worst*** 최악의 경우를 각오하다. ***I ~d as much.*** 그렇게 될줄 알았다.

:**an·tic·i·pa·tion** [æntìsəpéiʃən] *n.* ⓤ (1)예기, 예상, 내다봄, 기대 : (2)선제 행동, 선수(先手) : 예상. (3)수입을 내다보고 미리 씀. ㅁanticipate *v.* ***in*** 〈***by***〉 ~ 미리, 사전(事前)에, 예견〈예측〉하고 : ***in ~ of*** …을 기대하여, …을 예기하고 : **an·tic·i·pa·tor** [æntísəpèitər] *n.* ⓒ (1)예상하고 있는 사람. (2)선수를 치는 사람.

an·tic·i·pa·to·ry [æntísəpətɔ̀ːri, -tòu-] *n.* (1)기대하는 ; 기대를 나타내는 ; 기대에 기인하는. (2)예측한, 예기한 ; 시기 상조의 : (3)【文法】 선행(先行)의 :

an·ti·cler·i·cal [æ̀ntiklérikəl, -tai-] *a.*, *n.* ⓒ 교권 반대하는 (사람) ; 성직자의 개입〈간섭〉에 반대하는 (사람). 파) **~·ìsm** *n.* ⓤ. **~·ist** *n.*ⓒ.

an·ti·cli·mac·tic [æ̀ntiklaimǽktik] *a.* (1)점강법(漸降法)의 ; 점강적인. (2)어처구니 없는 결말의, 용두사미의. 파) **-ti·cal·ly** *ad.*

an·ti·cli·max [æ̀ntikláimæks] *n.* (1) ⓤ 점강법(漸降法)(bathos)《장중〈엄숙〉한 말을 한 직후에 가벼운〈우스운〉 말을 계속하기 ; 〖opp.〗 *climax.* (2) ⓒ 어처구니 없는 격조 저하, 큰 기대 뒤의 실망, 용두 사미

an·ti·cli·nal [æ̀ntikláinl] *a.* 서로 반대 방향으로 경사진 : 【地質】 배사(背斜)의. 〖opp.〗*synclinal.* — *n.* =ANTICLINE. 파) **~·ly** *ad.*

an·ti·cline [ǽntiklàin] *n* .ⓒ 【地質】 배사(층).

an·ti·co·ag·u·lant [æ̀ntikouǽgjələnt, -tai-] *a.* 【藥·生化】 항응혈〈응고〉성의. — *n.* ⓤⓒ 항응혈〈응고〉약〈물질〉.

an·ti·co·lo·ni·al [æ̀ntikəlóuniəl, -tai-] *a.* 반(反)식민주의의. — *n.* ⓒ 반식민주의(운동)자.

·**an·ti·com·mu·nist** [æ̀ntikámjunist/ -kɔ́m-] *a.* 반공(反共)의, 반공주의의 : — *n.* ⓒ 반공주의자.

an·ti·cor·ro·sive [æ̀ntikəróusiv, -tai-] *a.* 〔限定的〕 방식(防蝕)의, 내식(耐蝕)의. — *n.* ⓤⓒ 방식재.

an·ti·cy·clon [æ̀ntisáikloun] *n.* ⓒ 고기압(권(圈)). 파) **àn·ti·cy·clónic** [æ̀ntisaiklánik, -tai-/æ̀ntisaiklɔ́n-] *a.* 고기압성(性)의.

an·ti·dem·o·crat·ic [æ̀ntideməkrǽtik, -tai-] *a.* 반(反)민주주의의.

an·ti·de·pres·sant [æ̀ntidiprésənt, -tai-] *a.* 【藥】 항울(抗鬱)의. — *n.* ⓤⓒ 항울약.

an·ti·dot·al [æ̀ntidóutl] *a.* 해독제의 ; 해독성의, 해독의 (효험이 있는). 파) **~·ly** *ad.*

·**an·ti·dote** [ǽntidòut] *n.* ⓒ (1)해독제. (2)(해악 따위의) 교정 수단, 대책《*for* ; *against* ; *to*》

an·ti·drug [æ̀ntidrʌ́g, -tai-] *a.* 마약 사용에 반대하는, 반(反)마약의, 마약 방지의.

an·ti·dump·ing [æ̀ntidʌ́mpiŋ, -tai-] *a.* 〔限定的〕(외국 제품의) 덤핑〈투매〉 방지의〈를 위한〉

an·ti·es·tab·lish·ment [æ̀ntiestǽbliʃmənt] *a.* 반(反)체제의.

an·ti·fe·brile [æ̀ntifíːbrəl, -tai-, -féb-] *a.* 해열의 ; 해열 효과가 있는. — *n.* ⓒ 해열제.

an·ti·fer·til·i·ty [æ̀ntifəːrtíləti, -tai-] *a.* 불임〈피임(용)〉의 :

an·ti·freeze [ǽntifrìːz] *n.* ⓤ 부동액(不凍液).

an·ti·fric·tion [æ̀ntifríkʃən, -tai-] *a.* 〔限定的〕 감마(減摩) 〈윤활〉용의 — *n.* ⓒ 감마(減摩) : 감마 장치 ; 감마제 윤활제.

an·ti·gen [ǽntidʒən] *n.* ⓒ 항원(抗原).

an·ti·grav·i·ty [æ̀ntigrǽvəti, -tai-] *n.* ⓤ 반중력(反重力). — *a.* 반중력의.

ànti-G sùit 내(耐)가속도복(服) ; 내중력복.

an·ti·he·ro [ǽntihìːrou, -tai-] (*pl.* **~es**) *n.* ⓒ 주인공답지 않은〈자질이 없는〉 주인공 : 반영웅(反英雄). 파) **àn·ti·he·ró·ic** [-hiróuik] *a.* 영웅적〈주인공〉 자질이 없는.

an·ti·his·ta·mine [æ̀ntihístəmìːn] *n.* ⓤⓒ 항(抗)히스타민제《알레르기·감기약》.

an·ti·hy·per·ten·sive [æ̀ntiháipərténsiv, -tai-] 【醫·藥】 *a.* 항고혈압(성)의, 고혈압에 듣는. — *n.* ⓤⓒ 항고혈압약《이뇨제 등》.

an·ti·im·pe·ri·al·ism [æ̀ntiimpíːriəlìzəm, -tai-] *n.* ⓤ (反)제국주의. 파) **-ist** *a., n.* 반제국주의의 : 반제국주의자.

an·ti·in·tel·lec·tu·al [æ̀ntiintəléktʃuəl, æ̀ntai-] *a.* ,*n.* ⓒ 반(反)지성주의의 (사람), 지식인〈지식편중〉에 반대하는 (사람).

an·ti·knock [æ̀ntinák, -tai- /æ̀ntinɔ́k] *n.* 앤티노크제(劑), 내폭제(耐爆劑)《내연 기관의 노킹 방지》. — *a.* 〔限定的〕 앤티노크〈내폭〉성의.

An·til·les [æntíliːz] *n. pl.* (the ~) 앤틸리스 제도《서인도 제도의 일부》.

an·ti·log·a·rithm [æ̀ntilɔ́(ː)gəriðəm, -riθəm, -lág-] *n.* ⓒ 【數】 진수(眞數). 역로그.

an·ti·ma·cas·sar [æ̀ntiməkǽsər] *n.* ⓒ 의자등받이〈팔걸이〉 덮개

an·ti·mag·net·ic [æ̀ntimægnétik, -tai-] *a.* (시계 등) 항(抗)〈내(耐)〉자성의, 자기(磁氣) 불감의, 자기화(磁氣化) 방지한.

an·ti·mat·ter [ǽntimæ̀tər, -tai-] *n.* ⓤ 【物】 반물질(反物質)《반입자(反粒子)로 이루어지는 가상물질》.

an·ti·mis·sile [æ̀ntimísəl, -tai- /æ̀ntimísail] 【軍】 *a.* 미사일 방어〈요격〉용의. — *n.* ⓒ 대(對)탄도 미사일 무기. 《특히》 대미사일용 미사일.

an·ti·neu·tron [æ̀ntinjúːtran, -tai- / -njúːtrɔn] *n.* ⓒ 【物】 반중성자《중성자와 같은 성질이며 자기(磁氣)적인 성질이 반대인 소립자》.

an·tin·o·my [æntínəmi] *n.* ⓤⓒ 모순 : 【哲】 이율배반.

an·ti·nov·el [ǽntinàvəl, -tai- / -nɔ̀v-] ⓤ 앙티로망(anti-roman), 반소설. 파) **~·ist** n.

an·ti·nu·cle·ar [æ̀ntinjúːkliər, -tai-] *a.* 〔限定的〕 (1)핵무기 반대의. (2)핵에너지 사용〈원자력 발전〉에 반대하는.

an·ti·par·ti·cle [æ̀ntipàːrtikəl, -tai-] *n.* ⓒ 【物】 반입자《반양성자·반중성자 따위》.

an·ti·pas·to [æ̀ntipǽstou, -páːs-] (*pl.* **~s, -ti** [-ti]) *n.* ⓒ 《It.》 전채(前菜), 오르 되브르.

an·ti·pa·thet·ic [æ̀ntipəθétik] *a.* 나면서부터 싫은, 공연히 싫은, 비위에 맞지 않는《*to*》 : 본질〈성격, 기질〉적으로 상반되는

an·tip·a·thy [æntípəθi] *n.* (1) ⓤ (또는 an ~) 반감, 혐오, 비위에 안 맞음 : (2) ⓒ 공연히〈몹시〉 싫은 것. 【opp.】 *sympathy.*

an·ti·per·son·nel [æ̀ntipəːrsənél, -tai-] *a.* 【軍】 인마(人馬) 살상을 목표로 하는《공격·폭탄 따위》, 대인(對人)(용)의

an·ti·per·spi·rant [æ̀ntipə́ːrspərənt] *n.* ⓤⓒ 발한(發汗) 억제제.
— *a.* 발한 억제의.

an·ti·phon [ǽntəfàn/ -fɔ̀n] *n.* ⓒ (1)번갈아 부르는 노래. (2)교창(交唱)(성가), 교창 시편.

an·tiph·o·nal [æntífənl] *a.* 번갈아 노래하는. — *n.* ⓒ 교창 성가집.
파) **~·ly** *ad.*

an·tiph·o·ny [æntífəni] *n.* ⓒ 응답 송가.

an·tip·o·dal [æntípədl] *a.* 대척지(對蹠地)의 : 대척적인, 정반대의《*to*》.

an·ti·pode [ǽntipòud] *n.* ⓒ 정반대(의 것)《*of* ; *to*》.

an·tip·o·de·an [æntìpədíːən] *a., n.* ⓒ 대척지(對蹠地)의 (주민) ; (때로 A-) 《英》 오스트레일리아의 (주민).

an·tip·o·des [æntípədiːz] *n. pl.* (1)대척지; 대척지의 주민. (2)〔때로 單數 취급〕 정반대의 사물《*of* ; *to*》. (3)(때로 the A-) 〔單·複數 취급〕 《英》 오스트레일리아와 뉴질랜드.

an·ti·pol·lu·tion [æ̀ntipəlúːʃən, -tai-] *n. a.* 〔限定的〕 공해 반대〈방지〉(의), 오염 방지〈경감·제거〉를 위한 (물질). 파) **~·ist** *n.* 오염〈공해〉 방지론자.

an·ti·pov·er·ty [æ̀ntipávərti, -tai- / -pɔ́v-] *n.*ⓤ *a.* 빈곤 퇴치(의) ; 《美》 빈곤 퇴치 계획.

an·ti·pro·ton [ǽntipròutan, -tai- /ǽntipròutɔn] *n.* ⓒ 【物】 반양성자(反陽性子).

an·ti·pyr·in(e) [æ̀ntipáirin, -tai-, -rən] *n.* ⓤⓒ 안티피린《해열·진통제》.

an·ti·quar·i·an [æ̀ntikwέəriən] *a.* (1)골동품 연구〈수집〉(가)의 ; 골동품 애호〈취미〉의. (2)희귀고서(古書)의 (매매를 하는).
— *n.* ⓒ =ANTIQUARY.
파) **~·ism** *n.* ⓤ 골동품에 관한 관심〈연구〉, 골동품 수집 취미.

an·ti·quary [ǽntikwèri] *n.* ⓒ 골동품〈고미술품〉연구〈수집〉가 ; 골동품〈고미술품〉상.

an·ti·quat·ed [ǽntikwèitid] *a.* (1)낡아빠진, 안쓰이는, 노후한 ; 오래된 뿌리 깊은 (2)구식의 시대에 뒤진. (3)노구(老軀)의.

·**an·tique** [æntíːk] (**more ~ : most ~**) *a.* (1)골동〈고미술〉(품)의. (2)고래(古來)의 ; 구식(취미)의, 시대에 뒤진. (2)〔限定約〕 (특히 그리스·로마 등의) 고대의 : 고대풍의 ; 고대 양식의.
— *n.* (1) ⓒ 골동품, 《美》 (백 년이상 된) 고(古) 가구〈고기(古器), 고미술품, 옛 장식품〉 : 구세대의 인물 : 고대〈옛〉 유물. (2) ⓤ (the ~) 고대풍 ; 고대 (미술) 양식.
— *vt.* …을 고풍으로 나타내다, 예스럽게 하다. ㅁ

antiquity *n.* 파) **~·ly** *ad.* **~·ness** *n.*

antíque shóp 골동품 상점.

·an·tiq·ui·ty [æntíkwəti] (*pl.* ***-ties***) *n.* (1) ⓤ 오래 됨, 고색(古色), 고아(古雅), 낡음 :(2) ⓤ 고대 :(3)〔集合的〕 고대인, 옛날 사람들. (4)(*pl.*) 고대〈옛〉 생활〈문화〉의 소산, 고대의 풍습·제도 ; (흔히 *pl.*) 고기(古器), 고대〈옛〉 유물〈유적〉 :□ antique *v.*

an·ti·rac·ism [æ̀ntiréisizəm, -tai-] *n.* ⓒ 인종차별 반대주의. 파) **-ist** *a., n.* ⓒ 인종차별 반대주의자 : 인종차별 반대주의(자)의.

an·tir·rhi·num [æ̀ntiráinəm] *n.* ⓒ 【植】 금어초속(屬)의 각종 초본.

an·ti·sat·el·lite [æ̀ntisǽtəlàit, -tai-] *a.* 【軍】 〔限定的〕 군사 위성을 공격하는《略 : ASAT》

an·ti·sci·ence [æ̀ntisáiəns, -tai-] *a.* 〔限定的〕반과학(反科學)의.

— *n.* ⓤ 반과학(주의), 과학 배격〈무용론〉.

an·ti·scor·bu·tic [æ̀ntiskɔːrbjúːtik, -tai-] *a.* 괴혈병(scurvy) 치료의 : — *n.* ⓤⓒ 항(抗)괴혈병약〈식품〉.

an·ti-Sem·ite [æ̀ntisémait, -síːm-, -tai-] *a., n.* ⓒ 반유대주의의 ; 반유대주의자.

파) **àn·ti-Se·mí·tic** [-simítik] *a.* 반(反)유대인의, 유대인 배척의. **àn·ti-Sém·i·tìsm** [-sémitìzəm] *n.*ⓤ 반유대주의, 유대인 배척론〈운동〉.

an·ti·sep·sis [æ̀ntəsépsis] (*pl.* ***-ses*** [-siːz]) *n.* ⓤⓒ 방부(防腐)(법), 소독(법).

an·ti·sep·tic [æ̀ntəséptik] *a.* (1)방부(防辯) (성)의 ; 방부제를 사용한. (2)무균의, 살균된. (3)지나치게〈매우〉 청결한. (4)비정하고 냉담한, 인간미가 없는.

— *n.* ⓤⓒ 방부제 ; 살균〈소독〉제.

파) **-ti·cal·ly** *ad.* 방부제로.

an·ti·se·rum [ǽntisìərəm] (*pl.* ***~s, -ra*** [-rə]) *n.* ⓤⓒ 항혈청, 면역 혈청.

an·ti·slav·ery [æ̀ntisléivəri, -tai-] *n.* ⓤ *a.* 〔限定的〕 노예 제도 반대(의).

an·ti·smok·ing [æ̀ntismóukiŋ, -tai-] *a.* 〔限定的〕 흡연 억지의, 흡연에 반대하는.

an·ti·so·cial [æ̀ntisóuʃəl, -tai-] *a.* (1)사회를 어지럽히는, 반사회적인 :(2)반사회주의의. (3)사교를 싫어하는, 사람을 싫어하는 ; 파) **~·ist** *n.* ⓒ 반사회주의자 ; 비사교가. **~·ly** *ad.*

an·ti·stat·ic [æ̀ntistǽtik, -tai-] *a.* 공전(空電)제거〈방지〉 ; 정전기〈대전〉 방지의.

— *n.* ⓒ 정전기 방지제.

an·tis·tro·phe [æntístrəfi] *n.* ⓒ (1)응답 가장(歌章) (2)【樂】 대조 악절, 응답 악절. 【cf.】 chiasmus.

an·ti·sub·ma·rine [æ̀ntisʌ́bməriːn, -tai-] *a.* 〔限定的〕 대(對)잠수함의, 대장(對潛)…

an·ti·tank [æ̀ntitǽŋk, -tai-] *a.* 〔限定的〕 【軍】 대전차(對戰車)용의 :

an·ti·ter·ror·ist [æ̀ntitérərist, tai-] *a.* 테러에 대항하는, 대(對) 테러리즘용의.

an·ti·theft [æ̀ntiθéft, -tai-] *a.* 도난 방지의

an·tith·e·sis [æntíθəsis] (*pl.* ***-ses*** [-sìːz]) *n.* (1) a]ⓤ 정반대, 대조(contrast). b]ⓒ 정반대의〈대조를 이루는〉 것. (2) a]ⓤ 【修】 대조법. b]ⓒ 대구(對句) ; 【論·哲】 (Hegel의 변증법에서) 반정립(反定立), 안티테제. 【cf.】 synthesis. thesis.

an·ti·thet·ic,-i·cal [æ̀ntiθétik], [-əl] *a.* (1)정반대의 ; (아주) 대조적인. (2)대구(對句)를 이루는. 파) **-i·cal·ly** [-ikəli] *ad.*

an·ti·tox·ic [æ̀ntitáksik/ -tɔ́ks-] *a.* 항(抗)독성의 ; 항독소의〈를 함유한〉.

an·ti·tox·in [æ̀ntitáksin/ -tɔ́ksin] *n.* ⓤⓒ (1)항독소 ; 면역소. (2)항독소 혈청, 항독약.

an·ti·trade [ǽntitrèid] *a.* 무역풍의 반대 방향으로 부는, 반대 무역풍의. — *n.* (*pl.*) 반대 무역풍.

an·ti·trust [æ̀ntitrʌ́st, -tai-] *a.* 《美》 【經】 트러스트 반대의, 트러스트를 규제하는

an·ti·viv·i·sec·tion [æ̀ntivìvəsékʃən, -tai-] *n.*ⓤ 생체 해부 반대, 동물 실험 반대. 파) **~·ism** *n.*ⓤ (동물의)생체 해부 반대 주의. **~·ist** *a. n.* ⓒ 생체 해부 반대주의자 ; 성체 해부 반대주의(자)의.

an·ti·war [æ̀ntiwɔ́ːr, -tai-] *a.* 반전(反戰)의 :

ant·ler [ǽntlər] *n.* ⓒ (사슴의) 가지진 뿔 ; (가지진 뿔의) 가지.

:an·to·nym [ǽntənim] *n.* ⓒ 반의어(反義語), 반대말 《略 : ant.》. 〖opp.〗 *synonym.*

an·ton·y·mous [æntánəməs] *a.* 반의어의, (…와) 반의어가 되어《*to*》.

ant·sy [ǽntsi] (***-si·er ; -si·est***) *a.* 《美俗》 안절부절 못 하는, 좀이 쑤시는

anus [éinəs] (*pl.* ***~·es, ani*** [éinai]) *n.* ⓒ 【解】 항문(肛門).

·an·vil [ǽnvəl] *n.* ⓒ (1)모루. (2)침골(砧骨). ***on* 〈*upon*〉 *the ~*** (계획 등이) 심의〈준비〉 중 (의).

:anx·i·e·ty [æŋzáiəti] *n.* (1) ⓤ 걱정, 근심, 불안(misgiving)《*about* ; *for*》 : (2) ⓒ 걱정거리 : (3) ⓤ 염원(念願), 열망(eagerness)《*for* ; *about* ; *to* do》 :□ anxious *a.* ***be in* (*great*) ~** 걱정하고 있다. ***with great ~*** 몹시 걱정하여.

:anx·ious [ǽŋkʃəs] (***more ~ ; most ~***) *a.* (1)〔敍述的〕 걱정하여, 염려하며《*about* ; *at* ;*for*》 ;(2)〔限定的〕 a]걱정되는, 불안한, 염려되는(uneasy) ; (얼굴 등이) 걱정〈불안〉스러운 듯한 :b]마음 죄게 하는, 조마조마하게 하는 :(3)〔敍述的〕 열망하는, 매우 하고 싶어 하는《*for* ; *to* do ; *that* 節》 : □ anxiety *n.* 파) **~·ness** *n.*

·anx·ious·ly [-li] (***more ~ ; most ~***) *ad.* (1)걱정하여, 마음을 졸이며 :(2)갈망하여 :

:any [éni, 弱 əni] *a.* (1)〔疑問文·條件節에서〕 무언가의, 얼마간의

☞ 語法 1)의문문 가운데서의 some과의 차이 : Did you do *any* work last night?는 보통의 질문 ; Did you do *some* work last night? 는 공부를 매일 하는 것으로 알고 있지만, 특히 진도·종류 따위를 알고 싶어서 하는 질문.

2)any에는 두 가지 용법 즉, a]수량(얼마쯤, 약간)의 뜻《보통은 강세 없음 [eni, əni] 과, b]지시(무언가, 누군가)의 뜻《보통은 상세 없음 [éni]》으로 쓰임. 복수 어미(語尾)를 취하는 명사일 때, 일반적으로 복수이면 a], 단수이면 b]의 뜻이 됨 : (3)다음의 경우, 형식은 의문문이지만 실질적으로는 명령문이므로 some을 씀 : 4) any와 some—상대로부터 yes 라는 대답을 예상할 수 있는 경우나 상대에게 무엇을 권할 때에는 some을 씀 : (2)〔否定의 平敍文에서〕 어떤〈어느〉 …도, 아무(…)도, 조금〈하나〉도, 그다지 (…없다〈않다〉)

☞ 語法 1)이 경우 not... any를 no로 바꾸어 I have *no* book(s). 와 같이 할 수 있음. 다만, have 외의 동사나 There is 〈are, etc〉... 이외의 구문에 no를 쓴 I *want no* book(s). 와 같은 표현은 일반적으로 딱딱하게 들리며, not... any 가 보다 구어적 임.

2)앞서의 경우와는 달리, 관계대명사 따위의 수식어가

붙지 않을 때의 any...가 주어로 되어 있는 경우, 그 부정은 No...로 함 3)not이 입어도 부정문(不定文)에 준하는 경우에는 any를 씀 :
3)〔肯定의 平敍文에서〕 어떤〈어느〉 …(라)도, 무엇이든, 누구든《강세〔强勢〕 있음》 : — *pron.* 〔單·複數취급〕〔形容詞의 경우와 같이 구분되며, 종종 any of의 구문으로, 또는 이미 나온 名詞를 생략할 때 씀〕 (1)〔疑問文·條件節에서〕 어느 것인가, 무언가, 누군가, 얼마쯤, 다소 : (2)〔否定의 平敍文〕에서 아무〈어느〉것도, 아무도, 조금도 : I do*n't* want ~ (of these). (이 중) 어느것도 필요 없다 / I cannot find ~ *of* them. 그들중 누구도 (아무도) 찾을 수 없다.
(3)〔肯定〕 어느 것이라도〈것이든〉, 무엇이든, 누구라도〈든지〉, 얼마든지 : — *ad.* (1)〔比較級 또는 different, too 앞에서〕 a〕〔疑問·條件〕 얼마쯤〈간〉 : 조금이라도 : b〕〔否定〕 조금도 (…않다〈없다〉) : (2)〔動詞를 수식하여〕《美》 조금(은), 좀, 조금도 : ***~ longer*** 이미, 이 이상. ***~ more*** ⇨ MORE. ***~ old***《口》=any《old는 뜻 없는 말》. ***~ (old) how***《俗》 되는대로, 적당히, 아무렇게나 : ***~ one*** 1)누구나, 누구든, 아무(라)도. 【cf.】 anyone. 2)어느 것이든, 어느 것이나 : ***~ which way*** =EVERY which way. ***as...as ~*** ⇨ AS. ***at ~ cost*** 어떤 대가를 치르더라도 ; 무슨 일이 있어도, 꼭. ***(at) ~ time*** 언제든지. ***not having 〈taking〉 ~*** 1)《口》 (어떤 일에 관여하거나, 남과 연루되는 것 등) 딱 질색이어서 : 2)《美口》《권하는 음식 따위를 사양할 때》 이젠 충분하여, 아주 만족하여 : ***not just ~*** ...단지 보통의 …은 아니다 :

:any·body [énibàdi, -bʌ̀di/ -bɔ̀di] *pron.* (1)〔疑問文·條件節에서〕 누군가, 누가, 누구〈아무〉라도 :(2)〔否定文에서〕 누구도, 아무도 : ☞ 語法 부정 구문에서 anybody를 사용할 경우에는 부정어를 선행시킨다.
(3)〔肯定文에서〕 누구든지, 아무라도
~ else 누구〈누군가〉 딴 사람 ; 다른 누구(라)도. ***~'s game 〈race〉***《口》 승부를 예상할 수 없는 경기〈경주〉. ***~'s guess*** 아무도 예상할 수 없는 일.
— (*pl.* ***-ies***) *n.* ⓒ (1)〔否定·疑問·條件文에서〕 어엿한〈버젓한〉 인물, 이름 있는 사람 (2)〔肯定文에서〕(종종just ~) 범인(凡人), 변변찮은 사람 :

:any·how [énihàu] *ad.* (1) a〕〔肯定文에서〕 어떻게 하든 : b〕 아무리 해도 (…않다) : (2) a〕〔接續詞約〕 여하튼, 좌우간, 어쨌든《※ 화제를 바꿀 때 등에》 : b〕…도 불구하고, 어쨌든 : (3)적당히 얼버무려, 아무렇게나 : 【cf.】 somehow.
〈all〉 ~《美口》 1)⇨ *ad.*(3). 2)무질서하게, 난잡하게. 3)무슨 일이 있어도. ***feel ~***《口》 어쩐지 기분이 좋지 않다.

any·more [ènimɔ́ːr] *ad.*《美》〔不定文·疑問文에서〕 이제는, 최근에는 :

:any·one [éniwʌ̀n, -wən] *pron.* (1)〔否定文에서〕 누구도, 아무도 : (2)〔疑問文· 條件節에서〕 누군가 : (3)〔肯定文에서〕 누구〈아무〉라도, 누구든지 : 【cf.】 anybody.

☞ 語法 anyone은 any one 으로도 쓰는데, 이때엔 '일정한 사람〈물건〉의 무리 중에서 임의로 선정된 한 사람〈물건〉' 이 되며 of 를 수반하는 일이 많음. 이때 one 의 뜻과 발음이 다 강조된다 :

:any·thing [éniθìŋ] *pron.* (1)〔疑問文·條件節에서〕 무언가 : (2)〔否定文에서〕 아무 것도, 어떤 것도(…않다) : (3)〔肯定文에서〕 무엇이든〈나〉, 어느〈어떤〉 것이든 : ***~ but*** 1)…외에는 무엇이든 : 2)…말고는 아무것도(…않다) : He never does ~ *but* heap up money. 그는 오로지 돈을 모을 뿐이다. 3)조금도 … 아닌 : He is ~ *but* a hero. 그는 도저히 영웅이랄 수가 없다. ***Anything doing ?*** 1)뭐 재미있는 게 있는가. 2)무언가 도울 일은.(1). ***Anything goes.***《종종 蔑》 무엇이든〈무엇을 해도〉 괜찮다 :***~ like*** 1)조금은, 좀 :2)〔否定文에서〕조금도 (…않다), …따위는 도저히 : ***~ of*** 1)〔疑問文에서〕 조금은 : 2)〔否定文에서〕 조금도 :***(as) ... as ~***《口》 몹시, 아주 : ***for ~***〔否定文에서〕 무엇을 준대도 ; 결코, 절대로 : ***for ~ I care*** 난 아무래도 상관 없지만 ***for ~ I know*** 잘은 모르지만, 내가 아는 바로는 : 어쨌든 ***if ~***〔比較級과 함께〕 어느 편이냐 하면, 어느 정도 : ***like ~*** 몹시, 맹렬히 : ... ***or ~***《口》...또는 무엇이든, …라든가 하면 :《※ '(…하지 않았)겠지' 처럼 망설이면서 다짐하는 데 쓰이기도 함 — *ad.* 조금이라도, 다소라도, 적어도 : Is it ~ like mine ? 그거 내것과 조금은 닮았니.

any·time [énitàim] *ad.* 언제든지 ; 언제나 (변함없이).

:any·way [éniwèi] *ad.* (1)어쨌든, 하여튼 ; 어떻게 해서든, 어차피 : (2)《화제를 바꾸거나 앞 화제로 되돌아갈때》 그건 그렇고, 여하간 : (3)적당히, 아무렇게나 : 【cf.】 anyhow.

:any·where [énihwὲər] *ad.* (1)〔否定文에서〕 어디에〈라〉도 :(2)〔疑問文·條件節에서〕 어디엔가 :(3)〔肯定文에서〕 어디(에)나 :《口》 아무데나 앉아라 / (4)조금이라도, 어느 정도라도 ;《美口》 대략, 대체로. ***~ between*** ...《口》 …의 사이라면 어디든지. ***~ from*** ... ***to*** __《美口》 대략 …에서 —까지의 범위에서 : ***~ near***《口》〔주로 否定文〕 거의 …쯤도 (안 되다) : ***get 〈go〉 ~*** ⇨ GET.

any·wise [éniwàiz] *ad.*《주로 美》 어떻게(해서)든 ; 조금이라도 ; 아무리 해도, 어떻게 해도, 결코.

A.O.B., a.o.b any other business.

A-OK. A-O.kay [èioukéi] *a. ad.*《口》 완벽한〈하게〉, 더할 나위 없는 :

A1, A-1, A one [éiwʌ́n] *a.* (1)제1등급의《Lloyd 선급 협회의 선박 검사 등급 부호》. (2)《口》일류의(first-class), 최장의, 우수한, 훌륭한

ao·rist [éiərist] *n.* 【그 文法】 부정(不定), 과거.

aor·ta [eiɔ́ːrtə] (*pl.* ***~s, -tae*** [-tiː]) *n.* ⓒ 【解】 대동맥. 파) **aór·tic** *a.*

AP《美》 Associated Press(연합 통신사). **A.P., AP** 【軍】 airplane. **Ap.** Apostle ; April.

·apace [əpéis] *ad.* (1)《文語》 급히, 속히, 빨리 : (2)=ABREAST《*of* ; *with*》.

Apache [əpǽtʃi] (*pl.* ***Apach·es, ~***) *n.* (1) ⓒ 아파치족《북아메 리카 원주민의 한종족》. (2) ⓤ 아파치어(語).

apache [əpάːʃ, əpǽʃ] *n.*《F.》 (주로 파리의) 깡패, 조직 폭력배.

:apart [əpάːrt] *ad.* (1)《시간·공간적으로》 떨어져서, 떨어지게 하여, 갈라져서 ; 따로따로 : (2)낱낱으로, 가리가리 : (3)한쪽으로, 띠로이 : (4) a〕별개로, 개별적으로 : b〕〔名詞·動名詞 뒤에서〕 …은 별도로 하고, 차치하고 : ***~ from*** 1)…에서 떨어져 : 2)…은 별 문제로 하고, …은 그렇다 치고(《美》 aside from) : ***know 〈tell〉 ~*** 식별하다 : *tell* the twins ~ 쌍둥이를 분별하다. ***put 〈set〉 ~ for*** …을 위하여 따로 떼어 놓다〈두다〉. ***stand ~*** 1)(사람·물건이 …에서) 떨어져(서) 있다《*from*》. 2)(사람이) 고립〈초연(超然)〉해 있다《*from*》. ***take ~*** ⇨ TAKE.
— *a.* 〔敍述的〕 (1)(…에서) 떨어진《*from*》 :(2다른 ;

《口》 의견이 갈라진 :(3)〔名詞 뒤 에 붙여〕 독특한, 특이한 : ***be worlds ~*** (…와) 아주 동떨어지다, 정반대이다, 전혀 다르다《*from*》

apart·heid [əpáːrtheit, -hàit] *n.* ⓤ《南아》(흑인에 대한)인종 차별〈격리〉(정책)《1991년 폐지됨》.

:**apart·ment** [əpáːrtmənt] *n.* ⓒ (1)《美》 a]아파트(《英》 flat)《공동 주택 내의 한 가구분의 구획》 :b]=APARTMENT HOUSE. (2)(종종 *pl.*)(궁전 등에서 특정인들을 위한) 넓고 화려한 방. (3)(*pl.*)《英》(보양지 등의 가구 달린 단기용) 셋방.

apártment hotél (1)《美》 아파트식 호텔《영구·장기 체류 손님도 받음》. 【cf.】 service flat.

apártment hòuse 〈**building**〉《美》 공동주택, 아파트《

ap·a·thet·ic [æ̀pəθétik] *a.* (1)무감동한, 무표정한. (2)냉담한, 무관심한. 파) **-i·cal·ly** [-kəli] *ad.* 무감정으로 : 관심 없이.

ap·a·thy [ǽpəθi] *n.* ⓤⓒ 냉담 : 무관심, 무감동, 무감각 : ***have an ~ to*** …에 냉담하다.

·**ape** [eip] *n.* ⓒ (1)원숭이《주로 꼬리 없는〈짧은〉 원숭이》. 【cf.】 monkey. (2)흉내쟁이. (2)유인원(4)《美俗》 흑인, 부랑자, 고릴라 같은 놈. ㅁ apish *a.* ***God's ~*** 천생의 바보. ***lead ~s*** (***in hell***))여자가) 일생 독신으로 지내다. ***play the ~*** 남의 흉내를 내다. ***say an ~'s paternoster*** (두려워 또는 추워서) 이가 덜덜 떨리다. — *a.*《俗》 미친, 열중한. ***go ~***《美俗》 발광하다 ; 열광하다 ;《*over* ; *for*》. ***go ~ shit*** =go ~. — *vt.* …의 흉내를 내다

APEC [éipek] *n.* 아시아 태평양 경제 협력 (각료)회의. [◁ Asia-Pacific Economic Cooperation Conference]

ape-man [éipmæ̀n] (*pl.* ***-men*** [-mèn]) *n.* ⓒ 원인(猿人).

ape·ri·ent [əpíəriənt] *a. n.* 용변을 순조롭게 하는. — *n.* ⓤⓒ 하제(下劑), 완하제.

ape·ri·tif [aːpèritíːf, əpèr-] (*pl.* ***~s***) *n.* ⓒ《F.》 아페리티프《식욕 증진을 위해 식전에 마시는 술》.

ap·er·ture [ǽpərtʃùər, -tʃər] *n.* ⓒ 빠끔히 벌어진 데, 구멍, 틈 ; (렌즈의) 구경(口徑) :

apex [éipeks] (*pl.* ***~es, api·ces*** [ǽpəsìːz, éi-]) *n.* ⓒ (1)정상(頂上), 꼭대기, 꼭지점 :(2)최고조(潮), 절정,극치 :(3)【天】 향점(向點) :

aphaer·e·sis [əférəsis] *n.* ⓤ 【語】 (어)두음절 탈락《보기 : 'tis,' neath》.

apha·sia [əféiʒiə] *n.* ⓤ 【醫】 실어증(失語症).
파) **apha·si·ac, -sic** [əféiziæ̀k], [-zik] *a. n.* 실어증의 (환자).

aphe·li·on [æfíːliən] (*pl.* ***-lia*** [liə]) *n.* ⓒ 【天】 원일점(遠日點). 〖opp.〗 *perihelion.*

aph·e·sis [ǽfəsis] *n.* ⓤ 【語】 어두(語頭) 모음.소실《보기 : squire〈esquire〉》.

aphis [éifis, ǽf-] (*pl.* ***aphi·des*** [-dìːz]) *n.* ⓒ 【蟲】 진디.

aph·o·rism [ǽfərìzəm] *n.* ⓒ 금언(金言), 격언 ; 경구(警句).

aph·o·rist [ǽfərist] *n.* ⓒ 경구를 말〈좋아〉하는사람 ; 금언〈격언〉 작자.

aph·o·ris·tic [æ̀fərístik] *a.* 격언(조)의, 격언체의, 경구적인, 경구가 풍부한.
파) **-ti·cal·ly** *ad.* 경구적〈격언적〉으로.

apho·tic [eifóutik] *a.* 빛이 없는, 무광의 ; (바다의) 무광층의 ; 빛 없이 자라는 : an ~ plant.

aph·ro·dis·i·ac [æ̀frouדíziæ̀k] *a.* 성욕을 촉진하는, 최음의. — *n.* ⓤⓒ 최음제, 미약(媚藥).

api·a·rist [éipiərist] *n.* ⓒ 양봉가.

api·ary [éipièri, -əri] *n.* ⓒ 양봉장(場).

ap·i·cal [ǽpikəl, éip-] *a.* (1)정상(頂上)〈정점〉 의. (2)【音聲】 혀끝의. — *n.* ⓒ 【音聲】 설첨음(舌尖音).

api·cul·ture [éipəkʌ̀ltʃər] *n.* ⓤ 양봉.

·**apiece** [əpíːs] *ad.* 하나〈한 사람〉에 대하여, 각자에게, 각각 :

ap·ish [éipiʃ] *a.* (1)원숭이(ape)와 같은. (2)남의 흉내내는. (3)어리석은 ; 되게 뽐내는 ; 장난 잘 치는. ㅁ ape *n.*

aplen·ty [əplénti] *ad.* 많이 ; 풍부하게.
— *a.* 〔敍述的으로 또는 後置하여〕 많이 있는, 많은

aplomb [əplám, əplʌ́ːm/əplɔ́m] *n.* ⓒ《F.》(1)연직(鉛直). (2)침착, 태연 자약 ; (마음의) 평정

APO, A.P.O. 《美》 Army Post Office (군사 우체국).

apoc·a·lypse [əpákəlìps/əpɔ́k-] *n.* (1) ⓒ 천계(天啓), 계시, 묵시. (2)(the A-) 요한 묵시록(the Revelation). (3)(the ~)《俗》세상의 종말 ; (전쟁·질병 등에 의한) 대재해, 대참사.

apoc·a·lyp·tic [əpàkəlíptik/əpɔ̀k-] *a.* (1)천계의, 계시〈묵시〉(록)의. (2) a]대참사의 도래를〈발생을〉 예언하는. b]이 세상의 종말을 방불케 하는, 종말론적인. 파) **-ti·cal·ly** [-tikəli] *ad.* 계시적으로.

apoc·o·pe [əpákəpi/əpɔ́k-] *n.* ⓤ 【言】 어미음(語尾音) 소실《보기 : my〈mine ; bomb 따위》.
【cf.】 aphaeresis, syncope.

Apoc·ry·pha [əpákrəfə/əpɔ́kri-] *n.* (1)(the ~s)〔單·複數 취급〕 (성서, 특히 구약의) 경외서(經外書), 위경(僞經)《현재의 보통 성서에서 생략되어 있는 것》. (2)(a-) 출처가 의심스러운 문서.
파) **-phal** [-fəl] *a.* (1)경외서의. (2)(a-) 출처가 의심스러운.

apod·o·sis [əpádəsis/əpɔ́d-] (*pl.* ***-ses*** [-siːz]) *n.* ⓒ 【文法】 (조건문의) 귀결절(節) 〖opp.〗 *protasis.*

ap·o·gee [ǽpədʒìː] *n.* ⓒ (1)최고점, 정점. (2)【天】 원지점(遠地點). 〖opp.〗 *perigee.*

apo·lit·i·cal [èipəlítikəl] *a.* (1)정치에 관심 없는. (2)정치적 의의가 없는. 파) **~·ly** [-kəli] *ad.*

:**Apol·lo** [əpálou/əpɔ́l-] (*pl.* ***~s***) *n.* (1)【그·로神】 아폴로《태양신 ; 음악·시·건강·예언 등을 주관함》 ; 【詩】 태양. (2)ⓒ (젊은) 굉장한 미남자.
(3) ⓒ《美》 아폴로 우주선 ; 아폴로 계획(=~ **Pròect**).

·**apol·o·get·ic** [əpàlədʒétik/əpɔ̀l-] *a.* (1)변명의, 해명의 ; 사과〈사죄〉의《*for* ; *about*》 :(2)변명하는 듯한, 미안해 하는 : ㅁ apology *n.* — *n.* ⓒ (문서에 의한) 정식 해명〈변명, 변호, 옹호〉《*for*》 ; =APOLOGETICS. 파) **-i·cal·ly** [-ikəli] *ad.* 사죄〈변명〉하여, 변명으로 ; 미안한 듯이.

apol·o·get·ics [əpàlədʒétiks/əpɔ̀l-] *n.* ⓤ *pl.* 〔흔히 單數취급〕 조직적인 옹호론〈변호론〉 ; 【神】 (기독교의) 변증론, 호교학(護敎學).

ap·o·l·o·gia [æ̀pəlóudʒiə] *n.* ⓒ 변명, 해명(서) ;ⓤ 변호〈변명〉론.

apol·o·gist [əpálədʒist/əpɔ́l-] *n.* ⓒ (1)변호〈옹호, 변명〉자《*for*》. (2)(기독교의) 변증자(辯證者), 호교론자(護敎論者).

:**apol·o·gize** [əpálədʒàiz/əpɔ́l-] *vi.* 《~/+前+名》 사죄하다, 사과하다 :(2)변명〈해명〉하다. 파) **-giz·er** *n.*

ap·o·logue [ǽpəlɔ̀ːg, -lɑ̀g/ -lɔ̀g] *n.* ⓒ 우화, 교훈담.

:apol·o·gy [əpɑ́lədʒi/əpɔ́l-] *n.* ⓒ (1)사죄, 사과《*for*》:(2)변명, 해명, 변호 :(3)《口》 명색뿐인 것, 임시 변통물 : 명색만의 여배우. ***accept an ~*** 사죄를 받아들인다. ***a letter of ~ =a written ~*** 사과 편지. ***in ~ for*** 에 대한 사과로 ; …을 변명〈해명〉하여. ***make an ~ for*** …을 사과하다.

ap·o·plec·tic [æ̀pəpléktik] *a.* (1)중풍의, 졸중성(卒中性)의 : (2)〔敍述的〕《口》 (화가 나서) 몹시 흥분한《*with*》: — *n.* ⓒ 중풍환자, 졸중성의 사람. 파) **-ti·cal** *a.* **-ti·cal·ly** *ad.* 몹시 흥분하여 ; 격노하여.

ap·o·plexy [ǽpəplèksi] *n.* ⓤ **[醫]** 졸중 : 일혈(溢血) :

aport [əpɔ́ːrt] *ad.* **[海]** 좌현(左舷)으로. ***Hard ~!*** 좌로 완전히 꺾어라.

apos·ta·sy [əpɑ́stəsi/əpɔ́s-] *n.* ⓤⓒ (1)배교(背敎). (2)탈당, 변절.

apos·tate [əpɑ́steit, -tit/əpɔ́stit, -eit] *a.* 〔限定的〕 신앙을 버린 ; 탈당〈변절〉한. — *n.* ⓒ (1)배교자. (2)탈당〈변절, 배반〉자.

apos·ta·tize [əpɑ́stətàiz/əpɔ́s-] *vt.* (1)신앙을 버리다. (2)탈당하다, 변절하다《*from* ; *to*》

apos·te·ri·o·ri [éi-pɑstìːriɔ́ːrai/ -pɔstèriɔ́ː-] 《L.》 *a. ad.* 귀납적인〈으로〉, 후천적인〈으로〉.〖opp.〗 *a priori.*

·apos·tle [əpɑ́sl/əpɔ́sl] *n.* ⓒ (1)사자(使者) : (A-) 사도《예수의 12제자의 한 사람》 : (2)(어느 지방의) 최초의 기독교 전도자, 개조(開祖). (3)(주의·정책 따위의) 주창자, 선구자, 개척자 :(4)《美》 (모르몬 교회의) 12주교(主敎)의 한 사람, 총무 위원. ***the Apostle of Ireland*** 아일랜드의 전도자(St. Patrick). ***the Apostle of the English*** 잉글랜드의 전도자(St. Augustine).

Apóstles' Créed (the ~) 사도 신경(信經).

apos·to·late [əpɑ́stəlit, -lèit/əpɔ́s-] *n.* ⓤ (1)사도〈주창자〉의 지위. (2)로마 교황의 직.

ap·os·tol·ic [æ̀pəstɑ́lik/ -tɔ́l-] *a.* (1)사도(시대)의. (2)(종종 A-) 로마 교황의.

apostólic succésion 사도 계승《교회의 권위는 사도에 의하여 계승된다는 설》.

:apos·tro·phe [əpɑ́strəfi/əpɔ́s-] *n.* (1) ⓒ 아포스트로피《※ 1)생략 부호 : 3)복수 부호 : 문자나 숫자의 경우, (2) ⓤⓒ **[修]** 돈호법(頓呼法)《시행(詩行)·연설 따위 도중에 그 곳에 없는 사람·사물 따위를 부르기》. 파) **-phize** [-fàiz] *vt. vi.* (…에) 아포스트로피를 붙이다 ; (연설 따위를) 돈호법으로 하다.

apóthecaries' wèight 약용식 중량, 약제용형량법(衡量法).

apoth·e·cary [əpɑ́θəkèri/əpɔ́θ-] *n.* ⓒ 《古》 약제사, 약방, 약국.

ap·o·thegm [ǽpəθèm] *n.* 《주로 美》 격언, 경구.

apoth·e·o·sis [əpɑ̀θióusis/əpɔ̀θ] (*pl.* **-ses** [-siːz]) *n.* (흔히 the ~) (1) a]ⓤ 신으로 받듦, 신격화 ; 신성시, 미화, 숭배《*of*》. b]ⓒ 신격화된 사람〈것〉《*of*》. (2) ⓒ 이상적인 상(像) ; 극치, 권화《*of*》 :파) **apoth·e·o·size** [əpɑ́θ-iəsàiz/əpɔ́θ-] *vt.* (1)…을 신으로 받들다, 신격화하다. (2)…을 신성시하다, 숭배하다.

Ap·pa·la·chi·an [æ̀pəléitʃiən, -lǽtʃi-] *a.* 애팔래치아 산맥(지방)의. — *n.* (1) ⓒ 애팔래치아 지방 사람. (2)(the ~s) 애팔래치아 산맥(=the **~ Móuntains**).

·ap·pall, 《英》 **-pal** [əpɔ́ːl] (***-ll***) *vt.* (사람)을 오싹 소름이 끼치게 하다, 섬뜩하게 하다《*at* ; *by*》 :

·ap·pall·ing [əpɔ́ːliŋ] *a.* (1)섬뜩하게 하는, 질색인 :파) **~·ly** *ad.*

ap·pa·nage [ǽpənidʒ] *n.* ⓒ (1)(출신·지위 등에 따르는) 임시〈부〉수입, 소득, 권리. (2)특성, 속성.

:ap·pa·ra·tus [æ̀pəréitəs, -rǽtəs] (*pl.* ~, **~·es**) *n.* ⓒ,ⓤ (1)(한 벌의) 장치, 기계, 기구 :(2)(정치 조직의) 기구, 기관 : (3)**[生理]** (일련의) 기관 :

·ap·par·el [əpǽrəl] *n.* ⓤ (1)〔흔히 修飾語를 수반하여〕《美》 의복, 의상 : ready-to-wear ~ 기성복 / intimate ~ 주로 여성의 속옷. (2)(화려한) 의상, 복장, 장식. — (***-l-,*** 《英》 ***-ll-***) *vt.* 《美·英古》 …에게 (옷을) 입히다(dress), …을 치장하다

:ap·par·ent [əpǽrənt, əpέər-] (***more ~, most ~***) *a.* (1)(눈에) 또렷한, 보이는 : (2)명백한, 곧 알 수 있는 :(3)외견(만)의, 겉치레의

:ap·par·ent·ly [əpǽrəntli, əpέər-] *ad.* (1)명백히, 분명히 :(2)(실제는 어떻든) 외관상으로는, 언뜻 보기에 :**·ap·pa·ri·tion** [æ̀pəríʃən] *n.* (1) ⓒ 유령, 귀신 ; 허깨비, 곡두, 환영. (2) ⓒ 불가사의한 현상, 뜻하지 않은 일 : ⓤ (유령 따위의) 출현.

:ap·peal [əpíːl] *vi.* 《+前+名》 (1)(법률·양심·무력 등에) 호소하다 :(2)《+前+名+*to* do》 (…에게 도움·조력 등을) 간청〈간원〉하다 :(3)흥미를 끌다, 마음에 들다《*to*》 : (4)**[스포츠]** (심판에게) 어필〈항의〉하다《*to* ; *against*》 :(5)**[法]** 상소하다, 상고하다, 항소하다《*to* ; *against*》 ; ~ to a higher court 상소하다 /*vt.* (사건)을 상고하다, 항소하다 : ***~ to the country*** ⇨ COUNTRY.

— *n.* ⓤⓒ (1)(여론 따위에의) 호소, 호소하여 동의를 구함 :(2)간청, 간원《*for* ; *to*》 (3)매력, 사람의 마음을 움직이는 힘 :(4)상소, 항소, 상고 ; 상소 청구〈권, 사건〉 (5)**[스포츠]** (심판에의) 항의《 *to*》

ap·peal·ing [əpíːliŋ] *a.* (1)호소하는 듯한, 애원적인 :(2)매력적인, 흥미를 끄는 : 파) **~·ly** *ad.* 호소〈애원〉하듯이 ; 매력적으로.

:ap·pear [əpíər] *vi.* (1)《~/+前+名》 나타나다, 보이게 되다, 출현하다 :(2) a]《+(*to be*+ 補/+*that* 節》 …로 보이다, …같다, …로 생각되다 :b]《+*to* do》 :(3) a]《+*as* 補/+前+名》 출연하다 :b]《+前+名》 (법정 등에) 출두하다 :(4)《~/+前+名》 (작품 따위가) 세상에 나오다 ; (신문 따위에) 실리다 : (5)《~/+*that* 節》〔it를 主語로 하여〕 (…한 것은) 명백하다, (증거 따위로) 뚜렷〈명료〉해지다: (6)〔it를 主讀로 挿入句로서〕 아무래도 …같다 : ***~ in sight*** 나타나다, 보이기 시작하다. ***It ~s as if 〈though〉*** . . . …인 것처럼 생각되다. ***strange as it may ~*** 이상하게 생각될지 모르지만

:ap·pear·ance [əpíərəns] *n.* ⓤⓒ (1) a]출현(함) : (모임 등에) 나타남, 출석 : b]출연, 출장(出場) c]**[法]** 출두, 출정 : d] 발표, 출판 :(2)기색, 징조 ; 현상 ;(3)(종종 *pl.*) 외관, 겉보기, 양상, 체면, 생김새, 풍채(風采)(personal ~) : (4)(*pl.*) (외면적인) 형세, 정세, 상황 : *Apperan-ces* are against him. 형세는 그에게 불리하다. ***for ~'*** (***s***) ***sake =for the sake of ~*** 체면상. ***in ~*** 보기에는, 외관상은. ***keep up 〈save〉 ~s*** 체면을 차리다, 겉치레하다. ***make a good 〈fine〉 ~*** 풍채가〈겉모양이〉 좋다. ***make*** one***'s ~*** 나타나다 : ***put in 〈make〉 an ~*** (극히 짧은 시간 동안) 얼굴을 내밀다《파티 등에》 : ***put on 〈give〉 the ~ of*** (innocence) (결백)한 체하다. ***to 〈by〉 all ~*** (***s***) 아무리 보아도, 어느 모로 보

나.
ap·peas·a·ble [əpíːzəbl] *a.* 진정시킬〈완화할〉수 있는.
·ap·pease [əpíːz] *vt.* (1)《~+目/+目+前+名》(사람)을 달래다 ; (노염·슬픔·미움 따위)를 진정〈완화〉시키다, 가라앉히다 : (2)(갈증)을 풀다, (식욕·호기심 따위)를 채우다 : 파) **~·ment** *n.* ⓤⓒ진정, 완화, 달램 ; (욕구의) 충족 ; ⓤ 유화, 양보
ap·pel·lant [əpélənt] *n.* ⓒ 항소인, 상소인 ; 청원자. — *a.* 상소의 ; 항소(수리(受理))의.
ap·pel·late [əpélit] *a.* 〔限定約〕 항소의, 상소의, 상소를 심리하는 권한이 있는
ap·pel·la·tion [æ̀pəléiʃən] *n.* ⓒ 명칭, 호칭.
ap·pel·la·tive [əpélətiv] *a.* 명칭〈호칭〉의 ; 《稀》【文法】 총칭적인, 보통 명사의. — *n.* ⓒ 명칭, 호칭, 칭호 ; 《稀》【文法】 보통〈총칭〉 명사《고유 명사에 대해》. 파) **~·ly** *ad.*
ap·pel·lee [æ̀pəlíː] *n.* ⓒ 피상소〈항소〉인.
ap·pend [əpénd] *vt.* 《~+目/+目+前+名》(실따위로) …을 달아매다 ; (표찰 등)을 붙이다 ; 덧붙이다, (서류 등)을 첨부하다 ; 추가〈부가〉하다 : 동봉하다 ; 부록으로 넣다《*to*》; 【컴】 추가하다
ap·pend·age [əpéndidʒ] *n.* ⓒ (1)부가〈부속〉물. (2)【生】 부속 기관(器官) ; 부속지(肢).
ap·pend·ant [əpéndənt] *a.* 부수하는 ; 부속의, 부대적인《*to*》 : — *n.* ⓒ 【法】 부대 권리. =APPENDAGE.
ap·pen·dec·to·my [æ̀pəndéktəmi] *n.* ⓤⓒ 【醫】 충양돌기 절제〈수술〉, 맹장 수술.
ap·pen·di·ci·tis [əpèndəsáitis] *n.* ⓤ 【醫】 충수염, 맹장염.
:ap·pen·dix [əpéndiks] (*pl.* **~·es, -di·ces** [-dəsìːz]) *n.* ⓒ (1) a]부속물, 부가물. b]부록, 추가, 부가 : (1)【解】 충수(蟲垂) :**ap·per·cep·tion** [æ̀pərsépʃən] *n.* ⓤ 【心】 통각(統覺)(작용·상태).
ap·per·tain [æ̀pərtéin] *vi.* 속하다《*to*》 ; 관련되다 (relate)《*to*》
:ap·pe·tite [ǽpitàit] *n.* ⓒ,ⓤ (1)식욕 : 마 잡히고 싶다. (2)〔一般的〕 욕구, (육체적·물적인) 욕망, (정신적인) 희구, 갈망《*for*》 : (3)기호, 좋아함. ***give*** a person ~ 아무의 식욕을 돋우다. ***have a good*** 〈***poor***〉 ~ 식욕이 좋다〈없다〉. ***have an ~ for*** (music) (음악)을 좋아하다. ***lose*** 〈***spoil***〉 one'***s*** ~ 식욕을 잃다〈잃게 하다〉. ***sharpen*** one'***s*** ~ 식욕을 돋우다〈왕성하게 하다〉. ***take the edge off*** ons'***s*** ~ (뭘 조금 먹어) 허기를 면하다, 요기하다. ***what*** a person'***s~*** 1)아무의 흥미를 돋우다 :2)아무에게 (…을) 더욱더 바라게 하다《*for*》. ***with a good*** ~ 맛있게.
ap·pe·tiz·er [ǽpitàizər] *n.* ⓒ 식욕 돋우는 음시 ; 식전의 음료〈술〉 ; 전채(塼菜) ; 식욕 촉진약.
·ap·pe·tiz·ing [ǽpitàiziŋ] *a.* (1)식욕을 돋우는, 맛있(어 보이)는 : (2)구미가 당기게 하는, 욕심나게 하는, 매력적인. 파) **~·ly** *ad.* 먹음직스럽게.
:ap·plaud [əplɔ́ːd] *vi.* 박수 갈채하다, 성원하다 ; 기리다 :— *vt.* (1)…에게 박수 갈채하다, …을 성원하다 : (2)《+目/+目+前+名》…을 칭찬하다, 찬양하다 : ㅁ applause *n.*
:ap·plause [əplɔ́ːz] *n.* ⓤ 박수 갈채 ; 칭찬 : ㅁ applaud *v.* ***general*** ~ 만장의 박수 ; 세상의 칭찬. ***win*** ~ 갈채를 받다.
:ap·ple [ǽpl] *n.* (1)사과 ; 사과나무 ; 사과 모양의 과실(이 열리는 나무〈야채〉) : (2)〔형태·색이〕 사과를 닮은것. (3)《美俗》 대도시, 번화가 :(4)(A-) 애플사(社)《미국의 퍼스널 컴퓨터 회사명》 및 그 제품《商標名》. ***a*** 〈***the***〉 ***bad*** 〈***rotten***〉 ~ 악영향을 미치는 것〈사람〉, 암적인 존재. ***polish ~s*** 〈***the ~***〉《美俗》 아첨하다. 【cf.】 apple-polish ***the ~ of conten-tion*** 〈***discord***〉 분쟁의 씨 ***the ~ of*** one'***s*** 〈***the***〉 ***eye*** 눈동자 ; 장중 보옥, 매우 소중한 것〈사람〉
ap·ple·cart [ǽplkàːrt] *n.* ⓒ 사과 행상인의 손수레. ***upset the*** 〈a person'***s***〉 ~ 《口》 아무의 계획〈사업〉을 뒤엎다〔망쳐놓다〕.
ápple gréen 밝은 황록색.
ap·ple·jack [-dʒæ̀k] *n.* ⓤ 《美》 사과 브랜디 (=~ **brándy**)
ápple píe 사과〈애플〉파이 《가장 미국적인 음식》. ***as American as*** ~ 가장 미국적인.
ap·ple-pie [-pài] a. 〔限定約〕《口》 (도덕관 따위가) 미국의 독특한, 순미국적인
ápple-pie órder 《口》 질서 정연한 상태
ap·ple·pol·ish [-pàliʃ/ -pɔ̀l-] *vi. vt.* 《口》 (…의) 비위를 맞추다, 아첨하다. 파) **~·er** *n.* ⓒ 《口》 아첨꾼.
ap·ple·sauce [-sɔ̀ːs] *n.* ⓤ (1)사과 소스 (2)《美俗》 객쩍은〈시시한〉 소리, 엉터리 ; 입에 발린 치사.
ápple trèe 사과나무
·ap·pli·ance [əpláiəns] *n.* ⓤⓒ (1)적용(물), 응용(물) : the ~ of modern irrigation method to agriculture 근대적인 관개방법의 농업에의 적용. (2)기구, 장치, 설비, (특히 가정·사무실용의) 전기〈가스〉 기구 ; 소방차 : home ~*s* 가전 제품 / office ~*s* 사무용품 / medical ~*s* 의료 기구. ㅁ apply *v.*
ap·pli·ca·bil·i·ty [æ̀plikəbíləti] *n.* ⓤ 적응성, 응용(가능)성, 적부(適否) ; 적절함.
·ap·pli·ca·ble [ǽplikəbəl, əplíkə-] *a.* 적용〈응용〉할 수 있는, 들어맞는, 적절한《*to*》 : Is the rule ~ *to* this case ? 그 규칙이 이 경우에 적용될까. 파) **-bly** *ad.* 적절히.
·ap·pli·cant [ǽplikənt] *n.* ⓒ 응모자, 지원자, 출원자, 후보자, 신청자 : an ~ *for* a position 구직자 / an ~ *for* admission *to* a school 입학지원자. ㅁ apply *v.*
·ap·pli·ca·tion [æ̀plikéiʃən] *n.* (1) ⓤ 적용, 응용 ; 응용법 ; 응용성, 실용성 ; 【컴】 응용 : a rule of general ~ 일반적으로 적용되는 규칙, 통칙 / the ~ of atomic energies *to* peaceful uses 원자력의 평화적 이용 / His invention had many ~*s in* the auto industry. 그의 발명은 자동차 산업에 여러가지로 응용되었다. (2) ⓤⓒ 신청, 지원(서), 출원(崙頭) ; 원서, 신청서 : an ~ form 〈blank〉 신청용지 / make an ~ *to* the authorities *for* a visa 당국에 비자를 신청히디. (3) ⓤ 열심, 근면 : a man of close ~ 열심인 사람 / with great ~ 일심 불란하게. (4) ⓤ (약·화장품·페인트등의) 도포, (붕대·습포 등의)사용 ; ⓒ 환부에 대는〈붙이는〉것《지혈대, 파스 등》, 바르는 약 : external 〈internal〉 ~ (약의) 외용〈내용〉 / The ~ soothed the pain. 그 약을 바르니까 아픔이 가셨다. ***have ~ to*** …에 적용되다, …와 관계가 있다 : It *has* no ~ *to* this case. 그것은 이 경우에는 적용되지 않는다〈관계가 없다〉. ***on ~*** 신청하는 대로, 신청에 의하여, 신청시.
applicátion pàckage 【컴】 응용 꾸러미〈패키지〉《특정한 응용 분야의 프로그램을 모은 소프트웨어의 집합체》.
applicátion prògram 【컴】 응용 프로그램〈풀그림〉.

applicátion(s) sòftware [컴] 응용 소프트웨어〈무른모〉《소프트웨어를 그 용도에 따라 두 개로 대별했을 때의 application이 속하는 카테고리》.

ap·pli·ca·tion·ware [æplikéiʃənwɛ̀ər] *n.* [컴]애플리케이션웨어《컴퓨터의 이용 분야》.

·ap·plied [əpláid] *a.* (실지로) 적용된, 응용의. 〖opp.〗 *pure, theoretical* 『 ~ chemistry 〈science〉 응용 화학〈과학〉 / ~ genetics 응용 유전학.

ap·pli·qué [æplikéi] *n.* 《F.》 ⓤ 아플리케, 꿰매붙인 장식, 박아 넣은 장식. — *a.* ~를〈로〉 한. — *vt.* …에 ~를 하다.

:ap·ply [əplài] *vt.* (1)《~+目/+目+前+名》 (1)(규칙·원리 등)을 적용하다, 응용하다, 이용하다 ; (규칙)을 발효시키다《*to*》 : (2)(장치·능력·힘 등)을 사용하다, 쓰다. (브레이크 등)을 작동시키다《*to*》 :(3)(표면)에 대다, 붙이다 ; (약 따위)를 바르다 :(4)(자본·사람 등을) (목적)에 충당하다《*to*》 :(5)(몸)을 바치다 ; (정신·정력 등)을 쏟다(direct)《*to*》 : — *vi.* (1)《+前+名》 꼭 들어맞다, 적합하다, 적용되다《*to*》 :(2)《+前+名》 신청하다, 지원하다, 출원하다 : (3)《+前+名》 문의하다, 조회하다, 의뢰하다 :(4)《+副》 (도료 등이) 묻다 :ㅁ application, appliance *n.* ~ one***self*** 〈one***'s mind***〉 ***to*** …에 열심히 종사하다, …에 전념하다 : 파) **ap·plí·er** *n.*

:ap·point [əpɔ́int] *vt.* (1)《~+目/+目+(*as*)+補/+目+(*to be*) 補/+目+前+名/+目+*to* do 》 …을 지명하다, (…로) 임명하다 ; 명하다, 지시하다 ;(2)《~+目/+目+前+名/+目+*as* 補》 (일시·장소따위)를 정하다, 지정하다(fix), 약속하다 :(3)〔흔히 受動으로〕 (집·방 등에 필요한) 비품을 〈설비를〉 갖추다. ㅁ appointment *n.*

·ap·point·ed [əpɔ́intid] *a.* (1)지정된, 정해진 ; 약속의 :(3)〔흔히 副詞를 수반하여 복합어를 이루어 〕설비된

ap·point·ee [əpɔ̀intíː, æpoin] *n.* ⓒ 피임명자, 피지명인.

ap·poin·tive [əpɔ́intiv] *a.* (1)임명〈지명〉에 의한 《elective 에 대해》 :(2)임명〈지명〉하는

:ap·point·ment [əpɔ́intmənt] *n.* (1) a]ⓤ 임명, 지명, 임용 : b]ⓒ 임명〈지명〉된 사람 ; 지위, 관직 : (2) ⓒ,ⓤ (회합·방문의) 약속 :(3) (*pl.*) (건물 따위의) 설비, 비품 :(內裝). ***by ~*** (일시·장소를) 지정〈약속〉하여, 결정에 따라 : ***keep*** 〈***break***〉 one***'s ~*** 약속을 지키다〈어기다〉《*with*》. ***make*** 〈***fix***〉 ***an ~*** 약속 일시〈장소〉를 정하다《*with*》. ***take up an ~*** 취임하다.

ap·por·tion [əpɔ́ːrʃən] *vt.* 《+目+前+名+目/+目》 …을 할당하다, 나누다 ; 배분〈배당〉하다《*to* ; *between* ; *among*》 :파) **~·ment** *n.* ⓤⓒ (1)분배, 배당 ; 할당 ; 분담. (2)《美》 (인구 비율에 의한) 의원수 〈연방세 (稅)〉의 할당.

ap·pose [əpóuz] *vt.* (두 가지 것)을 병치하다, 나란히 두다 ; (한 가지 것)을 (딴 것 옆에) 두다, 붙이다 《*to*》.

ap·po·site [ǽpəzit] *a.* 적당한, 적절한《*to* ; *for*》 : ㅁ apposition *n.* 파) **~·ly** *ad.* 적절히. **~·ness** *n.*

:ap·po·si·tion [æpəzíʃən] *n.* ⓤ (1)병치(竝置),가까이 놓음 ; 병렬〈근접〉된 상태. (2)[文法] 동격(同格)(관계) : ***in ~ to*** 〈***with***〉 …와 동격으로. ㅁ apposite *a.*
파) **~·al** *a.* **~·al·ly** *ad.*

ap·pos·i·tive [əpázətiv/əpɔ́zi-] [文法] *a.* 동격 — *n.* ⓒ 동격어〈구, 절〉.

ap·prais·al [əpréizəl] *n.* ⓤⓒ 평가, 감정, 사정(査定), 견적 ; 사정〈견적〉 가격, 사정액.

ap·praise [əpréiz] *vt.* (1)(사람·능력 등)을 평가하다 : (상황 등)을 인식하다 :(2)《~+目/+目+前+名》 (자산·물품 등)을 감정하다, 사정(査定)하다, 값을 매기다 : 파) **~·ment** *n.* ⓤⓒ 평가액 ; 견적, 감정. **ap·práis·er** *n.* ⓒ (1)평가인. (2)《美》 (세관·세무서의) 사정〈감정〉관. **ap·práis·ing** *a.* 평가하는 (듯한). **ap·práis·ing·ly** *ad.*

·ap·pre·ci·a·ble [əpríːʃiəbəl] *a.* 평가할 수 있는 ; 감지(感知)할 수 있을 정도의, 분명한, 상당한 정도의, 눈에 띌 정도의 : 파) **-bly** *ad.* 평가할 수 있게 ; 감지할 수 있을 정도로, 분명히, 상당히.

:ap·pre·ci·ate [əpríːʃièit] *vt.* (1)…의 진가를 인정하다 ; …의 좋음〈좋고 나쁨〉을 살펴 알다 :(2)(문학·예술 따위)를 감상하다, 음미하다 :(3)(중요성·위험 등)을 감지하다, 헤아리다 ; 식별〈인식〉하다; (…라는 것)을 알고 있다《*that*》 :(4)(호의)를 고맙게 여기다, 절실히 느끼다 :(5)…의 가격을〈시세를〉올리다 :〖opp.〗 *depreciate.* — *vi.* 가격이〈시세가〉 오르다 :ㅁ appreciation *n.*

:ap·pre·ci·a·tion [əpriːʃiéiʃən] *n.* ⓤ (1)(올바른)평가, 판단, 이해 ; 진가의 인정 : (2)(또는 an ~)감상〈력〉, 음미 ; 비평, 평론《*of*》 :(3)(또는 an ~) 감지, 인식 ; 식별 : (4)감사, 존중 :(5)(또는 an ~)(가격의) 등귀《*in*》 : 〖opp.〗 *depreciation.* ㅁ appreciate *v.* ***in~of*** …에 감사하여.

·ap·pre·cia·tive [əpríːʃətiv, -ʃièi-] *a.* (1)감상할 줄 아는, 눈이 높은《*of*》 : (2)감사의, 감사하는《*of*》 : 파) **~·ly** *ad.* **~·ness** *n.*

ap·pre·ci·a·tor [əpríːʃièitər] *n.* ⓒ 진가를 아는 사람 ; 감식자 ; 감상자 ; 감사하는 사람.

·ap·pre·hend [æprihénd] *vt.* (1)《~+目/+*that* 節》 …을 염려〈우려〉하다 :2)(범인 등)을 (붙)잡다, 체포하다 (3)…의 뜻을 파악하다, …을 이해하다, 감지하다 : — *vi.* 이해하다 ; 우려하다. ㅁ apprehension *n.*, apprehensive *a.*

ap·pre·hen·si·ble [æprihénsəbəl] *a.* 이해〈감지〉할 수 있는. 파) **-bly** *ad.*

·ap·pre·hen·sion [æprihénʃən] *n.* ⓤ (1)(종종 *pl.*) 염려, 우려, 불안, 걱정《*for* ; *of* ; *about*》 :(2)체포 : (3)이해(력) : ㅁ apprehend. *v.*

·ap·pre·hen·sive [æprihénsiv] *a.* (1) a]염려〔우려〕하는, 걱정〈근심〉하는《*of* ; *for* ; *about*》 ;b](…이 아닐까고) 염려하여, 걱정하여《*that*》 : (2)이해가 빠른, 빨리 깨치는 ; 감지(感知)하는《*of*》 : ㅁ apprehend *v.* 파) **~·ly** *ad.* **~·ness** *n.*

·ap·pren·tice [əpréntis] *n.* ⓒ (1)계시, 도제(徒弟) ; 수습(공)《*to*》 : (2)초심자 : — *vt.* …을 도제로 보내다 . 파) **~·ship** *n.* ⓤ 도제 제도, 도제의 신분, 계시살이 ; 도제〈수습〉 기간

ap·prise [əpráiz] *vt.* (…에게) …을 알리다, …에게 통고〈통지〉하다《*of*》

:ap·proach [əpróutʃ] *vt.* (1) a](공간적·시간적으로) …에 가까이 가다, 접근하다 : b](성질의 상태·수량 등으로) …에 가까이 가다, 근사하다 : (2)《~+目/+目+前+名》 (아무)에게 이야기를 꺼내다 ; (아무)와 교섭을 시작하다 ; (아무)에게 환심을 사려고 아첨하다 : (3)(문제 등)을 다루다 ; (일)에 착수하다 : — *vi.* (1)다가가다, 접근하다 : (2)《+前+名》 거의〈대략〉같다 : — *n.* (1) a]ⓤ (장소·시간적으로) 가까워짐, 접근《*of* ; *to*》 : b]ⓒ (성질·상태·정도 등의) 가까움, 근사함《*to*》 :(2) ⓒ (접근하는) 길, 입구《*to*》 ; (학문·연구·기능 따위에의) 실마리, 입문, 연구법 ;〔문제 따

위의] 다루는 방법, 접근법, 해결 방법 : (3) ⓒ (종종 *pl.*) (아무에의) 접근 ; (여자에게) 지근거림 ; (교제의) 신청 : (4)【空】 활주로에의 진입·강하(코스) :

ap·proach·a·ble [əpróutʃəbəl] *a.* (1)〔敍述的〕(장소가) 접근하기 쉬운 : (2)(사람이) 가까이 하기 쉬운, 사귀기 쉬운.

appróach ròad 《英》 (고속 도로 따위로 통하는) 진입로.

appróach shòt (1)【테니스】 어프로치 샷《네트 플레이로 나갈때 상대방 코트로 치는 스트로크》. (2)【골프】 =APPROACH. *n.* (5).

ap·pro·bate [ǽprəbèit] *vt.* 《美·稀》 …을 인가〈면허〉하다 ; …을 시인하다 ; (…에)찬동하다.

·ap·pro·ba·tion [æ̀proubéiʃən] *n.* ⓤ 허가, 인 가 ; 면허 ; 시인, 찬동 ; 추천 : ㅁ approbate *v.* ***meet with*** a person***'s*** **~** 아무의 동의를 얻다.

ap·pro·ba·to·ry [əpróubətɔ̀:ri, -tou-] *a.* 인가〈시인〉의 ; 찬성의 ; 추천의.

ap·pro·pri·a·ble [əpróupriəbəl] *a.* 전유(專有) 〈사용(私用)〉할 수 있는 ; 유용(流用)〈충당〉할 수 있는.

:ap·pro·pri·ate [əpróuprièit] *vt.* (1)《+目+前+名》 (어떤 목적에) …을 충당하다《*for* ; *to*》 : (2)《+目+前+名》 (정부가 어떤 금액)을 예산에 계상(計上)하다 ; (의회가) …의 지출을 승인하다 : (3)《~+目/+目+前+名》 …을 사유〈전유〉하다 ; 횡령〈착복〉하다 ; 훔치다 : ― [əpróupriit] (***more*** **~** ; ***most*** **~**) *a.* (1)(…에) 적합한, 적절〈적당〉한《*for* ; *to*》 : (2)특유의, 고유한《*to*》. ㅁ appropriation *n.*
파) **~·ly** [-li] *ad.* 적당히, 상당하게. **~·ness** *n.*

·ap·pro·pri·a·tion [əpròupriéiʃən] *n.* (1) ⓤ 전유(專有), 사물화 ; 유용(流用), 착복 : (2) ⓤⓒ 충당, 할당 ; 충당금〈물〉. (3) ⓒ (의회가 승인한) 지출금, 예산 (금액), …비(費)《*for*》 : ***make an*** **~** ***of*** (...dollars) ***for*** …을 위하여 (… 달러를) 지출하다.

ap·pro·pri·a·tor [əpróuprièitər] *n.* ⓒ 전용자, 사용자 ; 유용자, 충당〈충용〉자 ; 도용자.

ap·prov·a·ble [əprú:vəbəl] *a.* 시인〈찬성, 인가〉할 수 있는.

:ap·prov·al [əprú:vəl] *n.* ⓤ (1)승인, 찬성, 시인 ; (2)인가, 재가, 허가, 면허 : ***meet with*** a person***'s*** **~** 아무의 찬성을 얻다. ***on*** **~**【商】 써보고 좋으면 산다는 조건으로, 점검 매매 조건으로

:ap·prove [əprú:v] (1)…을 승인하다, …에 찬성하다 (2)…을 허가〈인가〉하다 : ― *vi.* 승인〈찬성〉하다《*of*》

appróved schóol 《英》 (이전의) 내무부 인가 학교

ap·prov·ing [əprú:viŋ] *a.* 찬성의, 만족한 : an ~ vote 찬성 투표. 파) **~·ly** *ad.* 찬성하여, 만족스레.

·ap·prox·i·mate [əprɑ́ksəmèit/ -rɔ́k-] *vi.* 《+前+名》 (위치·성질·수량 등이) …에 가까워지다, 접근하다, 가깝다《*to*》 : ― *vt.* (1)(수량·성질 따위가) …에 가까워지다〈가깝다〉 ; …와 비슷하다 : (2)《~+目/+目+前+名》 …을 가깝게 하다《*to*》 / (3)…을 어림〈견적〉하다《*at*》.
― [əprɑ́ksəmit/ -ɔ́k-] *a.* 근사한, 대체〈대략〉의 : ~ cost 대략의 비용 / 파) **:~·ly** [-mitli] *ad.* 대략, 대강, 얼추

·ap·prox·i·ma·tion [əprɑ̀ksəméiʃən/ -rɔ̀ksi-] *n.* (1) ⓤ 접근, 근사. (2) ⓒ 비슷한 것〈일〉 (3)어림셈(값) ;【數】 어림셈.

ap·pur·te·nance [əpə́:rtənəns] *n.* ⓒ (흔히*pl.*) 부속물, 종속물 ;【法】 종물(從物)

ap·pur·te·nant [əpə́:rtənənt] *a.* 부속의, 종속된《*to*》. ― *n.* 부속물〈품〉(appurtenance).

après-guerre [ɑ́:preigέər, æ̀prei-] *n. a.* 《F.》대전 후(의)

après-ski [⌐skí:] *a. ad.* 〔형용사는 限定的〕《F.》 스키를 탄 뒤의〈뒤에〉. ― *n.* ⓒ (스키 산장에서) 스키를 탄 뒤의 사교적 모임.

·apri·cot [éiprəkɑ̀t, ǽp- / -kɔ̀t] *n.* (1) ⓒ 살구(나무). (2) ⓤ 살구빛. ― *a.* 살구빛의, 황적색의.

:April [éiprəl] *n.* 4월《略 : Ap. ; Apr.》

Ápril fóol 에이프릴 풀《만우절에 감쪽같이 속아 넘어가는 사람》 ; 그 장난.

Ápril Fóols' Dày 만우절(All Fools' Day)《4월 1일》.

Ápril shòwer (초봄의) 소낙비.

a pri·o·ri [ɑ̀:priɔ́:ri, èi-praiɔ́:rai] 《L.》 연역적(演繹的)으로 ; 선천적으로, 선험적으로 ; 연역〈선천, 선험〉적인. 〖opp.〗 *a posteriori.*

:apron [éiprən] *n.* ⓤ (1) a)에이프런, 행주치마. b)마차에서 쓰는 가죽 무릎덮개. c)(영국 국교 주교의) 무릎덮개 천. (2)【空】 격납고 앞의 포장된 광장. (3) a)【劇】 불쑥 나온 앞무대(~ stage). b)【골프】 에이프런《그린(green)을 둘러 싼 지역》. 파) **~ed** [-d] *a.* 에이프런을 두른.

ápron stàge 앞 무대《오케스트라 앞의 내민 부분》 ; (엘리자베스 시대의) 튀어나온 무대《3방향에서 볼 수 있음》.

ápron strìng 앞치마 끈. ***be tied to*** one***'s mother's*** 〈***wife's***〉 **~** 어머니〈아내〉가 하라는 대로 하다.

ap·ro·pos [æ̀prəpóu] *ad.* 《F.》 적당〈적절〉히, 때 마침 : **~** ***of*** …에 대하여 , …에 관하여 ; 말이 났으니 말이지 : ― *a.* 〔敍述的〕 적당한, 적절한

ap·sis [ǽpsis] (*pl.* ***ap·si·des*** [-sədi:z, æpsài-di:z]) *n.* ⓒ【天】 원〈근〉일점 ;【建】 =APSE.

:apt [æpt] (**~·*er, more*** **~** ; **~·*est, most*** **~**) *a.* (1) a)…하기 쉬운, …하는 경향이 있는《*to* do》 ; b)《주로 美》 …할 것 같은 : (2)(목적·시기·장소 등에) 적절한, 적당한 : (3) a)적성이 있는, 영민〈똘똘〉한 : b)〔敍述的〕 …에 재능이 있는《*at*》 : 파) ***·*~·ly** *ad.* 적절히, 교묘히. **~·ness** *n.* (1)적합성, 적절함. (2)성향, 경향. (3)소질, 재능.

ap·ter·ous [ǽptərəs] *a.* (1)(곤충이) 무시(無翅)인 ; (새가) 날개 없는. (2)【植】 (줄기 등이) 익상물(翼狀物)이 없는.

ap·ter·yx [ǽptəriks] *n.* ⓒ【鳥】 키위(kiwi), 무익조(無翼鳥).

·ap·ti·tude [ǽptitù:d, -titjù:d] *n.* ⓤⓒ (1)경향, 습성《*to*》 : (2)적성, 소질, 재능 : (3)(학습 등에서의) 총명함, 똑똑함

áptitude tèst【教】 적성 검사.

aq·ua·cade [ǽkwəkèid, ɑ́:k-] *n.* ⓒ 《美》 수상〈수중〉 쇼.

aq·ua·cul·ture [ǽkwəkʌ̀ltʃər, ɑ́:k-] *n.* ⓤ (1)【農】 =AQUICULTURE. (2)【水産】 양어, 양식(養殖).

Aq·ua·lung [ǽkwəlʌ̀ŋ, ɑ́:k-] *n.* ⓒ 애퀴렁, (잠수용의) 수중 호흡기 ; (Aqua-Lung) 애퀴렁(商標名).

aq·ua·ma·rine [æ̀kwəmərí:n, ɑ̀:k-] *n.* ⓒ【鑛】 남옥(藍玉)《녹주석(綠柱石)의 일종》 ; ⓤ 청록색.

aq·ua·naut [ǽkwənɔ̀:t, ɑ́:k-] *n.* ⓒ (1)애퀴렁 잠수자 ; 잠수 기술자. (2)=SKIN DIVER.

aq·ua·plane [ǽkwəplèin, ɑ́:k-] *n.* ⓒ (모터 보트로 끄는) 수상 스키. ― *vi.* (1)수상 스키를 타고 놀

다. (2)(자동차 따위가) 노면의 수막(水膜)으로 미끄러지다(hydroplane).

Aquar·i·an [əkwέəriən] *a.* 물병자리 (Aquarius) (태생)의. — *n.* ⓒ 물병자리 태생의 사람《1월 20일—2월 18일 사이의 출생자》.

·aquar·i·um [əkwέəriəm] (*pl.* **~s, -ia** [-iə]) *n.*ⓒ (1)수족관. (2)(물고기·수초용의) 유리 수조, 유리 탱크 ; 양어지(池).

Aquar·i·us [əkwέəriəs] *n.* 【天】 물병자리(the Water Bearer) ; 보병궁(寶甁宮).

aquat·ic [əkwǽtik, əkwát- /əkwɔ́t-] *a.* (1)수생(本生)의 ; 물의, 물 속의, 물 위의 : (2)수상〈수중〉에서 행하는 : — *n.* (1) ⓒ 수생 동물 ; 수초(水草). (2)(*pl.*) 수상 경기, 수중 연기. 파) **-i·cal·ly** *ad.*

aq·ua·tint [ǽkwətìnt, áːk-] *n.* ⓤ 동판 부식법의일종 ; ⓒ 그 판화.

aq·ue·duct [ǽkwədʌ̀kt] *n.* ⓒ (1)도수관(導水管), 수도 ; 수도교(水道橋). (2)【生理】 도관(導管), 맥관.

aque·ous [éikwiəs, ǽk-] *a.* (1)물의, 물 같은. (2)【地質】 (암석이) 수성(水性)의.

áqueous húmor 【解】 (안구(眼球)의) 수양액(水樣液).

áqueous róck 수성암(水成岩).

aq·ui·cul·ture [ǽkwəkʌ̀ltʃər] *n.* ⓤ (1)수산(木産) 양식 ; (2)【農】 =HYDROPONICS.

aq·ui·fer [ǽkwəfər, áːk-] *n.* ⓤ 【地】 대수층(帶水層)《지하수를 함유한 다공질 삼투성 지층》.

aq·ui·line [ǽkwəlàin] *a.* (1)수리의〈같은〉. (2)(코·얼굴 생김새 등이) (수리 부리처럼) 굽은, 갈고리 모양의

:Ar·ab [ǽrəb] *n.* ⓒ (1)아라비아〈아랍〉 사람 ; (the ~s) 아랍(민)족. (2)아라비아종의 말. — *a.* 아라비아〈아랍〉(사람)의.

ar·a·besque [æ̀rəbésk] *a.* 아라비아풍〈식〉의 ; 당초(唐草) 무늬의 ; 기이한. — *n.* ⓒ (1)당초 무늬. (2)【발레】 아라베스크《한쪽 발을 뒤로 곧게 펴고, 한목팔을 앞으로, 다른 팔은 뒤로 뻗치는 자세》. (3)【樂】 아라베스크《아라비아풍의 화려한 악곡 : 특히 피아노곡》; 【文】 극히 정성들인 표현상의 기법.

:Ara·bia [əréibiə] *n.* 아라비아.

:Ara·bi·an [əréibiən] *a.* 아라비아(사람)의 : — *n.* ⓒ (1)아라비아인. (2)아라비아종의 말.

Arábian cámel 아라비아 낙타《혹이 하나》.

Arábian Níghts' Entertáinments (the ~) 아라비안 나이트, 천일 야화

Arábian Península (the ~) 아라비아 반도 (Arabia).

Arábian Séa (the ~) 아라비아해.

·Ar·a·bic [ǽrəbik] *a.* 아라비아의 ; 아라비아 사람의 ; 아라비아어〈글자, 문화, 숫자〉의 ; 아라비아풍(風)의 : — *n.* ⓤ 아라비아어.

Árabic númerals 〈fígures〉 아라비아 숫자《1, 2, 3 따위》. 【cf.】 Roman numerals

ar·a·ble [ǽrəbəl] *a.* 경작에 알맞은, 개간할 수 있는. — *n.* ⓤ 경지(耕地)(=~ **land**).
파) **àr·a·bíl·i·ty** *n.*

Árab Repúblic of Égypt (the ~) 이집트 아랍 공화국《Egypt의 공식명 : 수도 Cairo》.

arach·nid [ərǽknid] *n.* ⓒ 【動】 거미류의 절지동물《거미·전갈 따위》.

arach·noid [ərǽknɔid] *a.* 거미줄〈집〉 모양의 ; 거미줄막(膜)의. — *n.* ⓤ 【解】 거미줄막.

Ar·al·dite [ǽrəldàit] *n.* ⓤ 애럴다이트《에폭시 수지의 일종으로 강력 접착제·절연체용 : 商標名》.

Ár·al Séa [ǽrəl-] (the ~) 아랄 해《러시아 남서부의 내륙 염호》.

Ar·a·ma·ic [æ̀rəméiik] *n.* ⓤ 아람어《옛 시리아·팔레스타인 등의 셈계(系) 언어》.
— *a.* 아람(어)의.

Ar·an [ǽrən] *a.* 애란 편물의《애란 섬 특유의 염색 안한 굵은 양모로 짠 것을 이름》 : **Áran Íslands** (the ~) 애란 제도《아일랜드 서안 앞바다의 3섬》.

Ar·a·rat [ǽrəræ̀t] *n.* **Mount ~** 아라랏 산《터키 동부, 이란과 러시아의 국경 부근에 있는 화산 : 노아의 방주가 닿은 곳이라고 함 ; 창세기 Ⅷ : 4》.

ar·bi·ter [áːrbitər] (*fem.* **-tress** [-tris]) *n.* ⓒ (1)중재인, 조정자 ; 판정자. (2)《比》 일반의 동정을 좌우하는것〈사람〉, 결정적인 요소.

ar·bi·tra·ble [áːrbitrəbəl] *a.* 중재할 수 있는.

ar·bi·trage [áːrbitrɑ̀ːʒ/ ⌐-⌐] *n.* ⓤⓒ 【商】재정(裁定)〈차익(差益)〉 거래.

ar·bi·trag·er, -tra·geur [áːrbitrɑ̀ːʒər], [⌐-trɑːʒə́ːr] *n.* ⓒ 【商】 차익〈재정〉 거래자.

ar·bi·tral [áːrbitrəl] *a.* 중재의 :

ar·bit·ra·ment [ɑːrbítrəmənt] *n.* ⓤⓒ 중재 ; 재결(권), 판결(권).

·ar·bi·trary [áːrbitrèri, -trəri] (**more ~ ; most ~**) *a.* (1)임의의, 멋대로의 ; 방자한 : (2)전횡적인, 독단적인 파) **-trar·i·ly** *ad.* (1)자유 재량으로, 독단적으로. (2)임의로, 제멋대로. **-trar·i·ness** *n.*

ar·bi·trate [áːrbitrèit] *vi.* (…의 사이의) 중재를 〈조정을〉 하다《*between*》 : — *vt.* (쟁의 등)을 중재하다 ; (중재인으로서) …을 재정하다

ar·bi·tra·tion [ɑ̀ːrbitréiʃən] *n.* ⓤ 중재 ; 조정 ; 재정(裁定) ; 중재 재판 : **go to ~** (기업·근로자가) 중재를 의뢰하다, (쟁의가) 중재에 부쳐지다 :

ar·bi·tra·tor [áːrbitrèitər] *n.* ⓒ 중재인, 재결(裁決)자, 심판자.

·ar·bor[2], 《英》 **-bour** *n.* ⓒ (나뭇가지·덩굴 등을 얹은) 정자 ; 나무 그늘(의 산책길).

Árbor Dày 《美》 식목일《4월 하순부터 5월 상순에 걸쳐 미국 각 주에서 행함》.

ar·bo·re·al [ɑːrbɔ́ːriəl] *a.* (1)수목의, 나무 모양의. (2)(동물이) 나무에 사는.

ar·bo·res·cent [ɑ̀ːrbərésənt] *a.* 수목 같은, 수목성의 ; 수지상(樹枝狀)의.

ar·bo·re·tum [ɑ̀ːrbəríːtəm] (*pl.* **~s, -ta** [-tə]) *n.* ⓒ 수목〈식물〉원.

ar·bu·tus [ɑːrbjúːtəs] *n.* ⓒ 【植】 철쭉과의 일종《북미산》.

:arc [ɑːrk] *n.* ⓒ (1)호(弧), 호형(孤形) ; 궁형(弓形) : (2)【電】 아크, 전호(電弧). — *a.* 호의,. 아크의. —(**~(*k*)*ed*** ; **~(*k*)·*ing***) *vi.* 【電】 전호를〈호광(弧光)을〉이루다.

·ar·cade [ɑːrkéid] *n.* ⓒ (1)아케이드, 유개(有蓋) 가로〈상점가〉. (2)【建】 아치, 줄지은 홍예랑(虹霓廊).

Ar·ca·di·an [ɑːrkéidiən] *a.* (1)아르카디아의, (2)전원풍의 ; 목가적인 ; 순박한. — *n.* ⓒ (1)아르카디아 사람. (2)(종종 a-) 전원 취미의〈순박한〉 사람. 파) **~ìsm** *n.* ⓤ 전원 취미, 목가적 정취.

ar·cane [ɑːrkéin] *a.* 비밀의 ; 불가해한.

ar·ca·num [ɑːrkéinəm] (*pl.* **-na** [-nə]) *n.* ⓒ (1)(보통 *pl.*) 비밀, 신비(mystery). (2)(만능의) 비약.

árc fùrnace 【冶】 아크로(爐).

:arch[1] [ɑːrtʃ] *n.* ⓒ (1) a]【建】 아치, 홍예. b]아치

길 ; 아치문 : (2)호(弧), 궁형(弓形) ; 궁형으로 된 것 ; 궁형 지문(指紋) (【cf.】 loop, whorl) : (3) (발바닥의) 장심(掌心) (the ~ of the foot). ***a memorial ~*** 기념문. ***a triumphal ~*** 개선문. ***the* 〈*blue*〉 *~ of the heavens*** 창천(蒼天). —*vt.* (1) …을 활모양으로 하다 ; 활모양으로 굽히다 : (2) …에 아치를 만들다 :—*vi.* 《~/+前+名》 (…의 위에) 아치형〈활모양〉이 되다 :

arch[2] *a.* 〔限定的〕 (1) a] 교활한 ; 교활해 뵈는. b] 짓궂은, 휘둥거리는 장난치는 : (2) 주된, 주요한 : 파) **´~·ness** *n.* 교활함, 장난기.

ar·ch(a)e·o·log·i·cal [àːrkiəládʒikəl/-lɔ́dʒ-] *a.* 고고학의 파) **~·ly** ad. 고고학적으로, 고고학상(上).

ar·ch(a)e·ol·o·gist [àːrkiálədʒist/-ɔ́l-] *n.* ⓒ 고고학자.

·ar·ch(a)e·ol·o·gy [àːrkiálədʒi/-ɔ́l-] *n.* ⓤ 고고학.

ar·ch(a)e·om·e·try [àːrkiámətri] *n.* ⓤ 고고 (표본) 연대 측정(법).

ar·chae·op·ter·yx [àːrkiáptəriks/-ɔ́p-] *n.* ⓒ 【古生】 시조새(의 화석(化石)), 조류의 조상.

·ar·cha·ic [aːrkéiik] *a.* 고풍의, 고체의, 낡은 :. 파) **-i·cal·ly** *ad.*

archáic smíle 고졸(古拙)한 미소 《초기 그리스 조각상(像)의 미소 띈 듯한 표정》.

ar·cha·ism [áːrkeiìzəm] *n.* (1) ⓒ 고어, 옛풍스런 말, 옛말. (2) ⓤ 고문체(古文體) ; 의고체(擬古體) ; 고풍, 옛 투 ; 고어의 사용.

ar·cha·ist [áːrkeiist] *n.* ⓒ 고풍스러운 글을 쓰는 사람 ; 의고(擬古)주의자. 파) **àr·cha·ís·tic** *a.* 고풍의, 고체(古體)의 ; 의고적인.

arch·an·gel [áːrkèindʒəl] *n.* ⓒ 대천사(大天使), 천사장

arch·bish·op [àːrtʃbíʃəp] *n.* ⓒ (신교의) 대감독 ; (가톨릭교·그리스 정교의) 대주교. 파) **àrch·bísh·op·ric** [-rik] *n.* ⓤ,ⓒ ~의 직 〈관구,관할권〉.

árch brìdge 아치교(橋).

arch·dea·con [àːrtʃdíːkən] *n.* ⓒ bishop 버금가는 성직자, (신교의) 부(副)감독 ; (가톨릭의) 부주교.

arch·di·o·cese [àːrtʃdáiəsìːs, -sis] *n.* ⓒarchbishop 의 관구.

arch·du·cal [áːrtʃdúːkəl, -djúː-] *a.* 대공 (大公)(령(領))의.

arch·duch·ess [áːrtʃdʌ́tʃis] *n.* ⓒ 대공비(大公妃) ; (옛 오스트리아의) 공주(황녀).

arch·duchy [áːrtʃdʌ́tʃi] *n.* ⓒ 대공(大公)의 지위 ; ⓒ 대공국《archduke의 영지》.

arch·duke [áːrtʃdúːk, -djúːk] *n.* ⓒ 대공 ; (옛 오스트리아의) 왕자. (파) **árch·dúke·dom** [-dəm] *n.* = ARCHDUCHY.

arched [aːrtʃt] *a.* (1) 아치형의, 궁형의, 활〈반달〉 모양의 : (2) 아치〈홍예〉가 있는.

arch·en·e·my [áːrtʃénəmi] *n.* ⓒ 대적(大敵) ;

Ar·che·o·zo·ic [àːrkiəzóuik] *a.* 【地質】 시생대(始生代)의, 태고대(代)의. —*n.* (the ~) 시생대. 태고대.

·arch·er [áːrtʃər] (*fem.* ***~·ess***[-ris]) *n.* (1) ⓒ (활의) 사수, 궁쏘는 사람, 궁술가. (2) (the A-) 【天】 궁수자리, 인마궁(人馬宮) (Sagittarius).

·arch·ery [áːrtʃəri] *n.* ⓤ (1) 궁술, 궁도, 양궁. (2) 〔集合的〕 궁술가, 사수대(射手隊) ; 궁술용구.

ar·che·typ·al [áːrkitàipəl] *a.* 원형(原型)의, 원형적인 ; 전형적인

ar·che·type [áːrkitàip] *n.* ⓒ 원형(原型) ; 【心】 원형(原型)《인간의 정신 내부에 존재하는 조상이 경험한 것의 흔적》 ; 전형(典型) :

arch·fiend [áːrtʃfíːnd] *n.* (the ~) 마왕, 사탄.

Ar·chi·me·de·an [àːrkəmíːdiən, -mədíːən] *a.* 아르키메데스(의 원리 응용)의.

Archimédes' príncìple 아르키메데스의 원리.

ar·chi·pel·a·go [àːrkəpéləgòu] (*pl.* **~(*e*)*s***) *n.* (1) ⓒ ((주된 바다)의 뜻에서) 군도(群島) ; 섬 많은 바다, 다도해. (2) (the A-) 에게 해(海).

:ar·chi·tect [áːrkitèkt] *n.* ⓒ (1) 건축가〈사〉, 건축기사. (2) (건축 이외의) 설계자, 기획자 ; 건설자 : ***the*** (***Great***) ***Architect*** 조물주, 신(神). ***the ~ of*** one***'s own fortunes*** 자기 운명의 개척자.

ar·chi·tec·ton·ic [àːrkətektánik/-kitektɔ́n-] *a.* (1) 건축술의. (2) 구조상의, 구성적인, 지식체계의. —*n.* ⓤ (~s) 건축학.

·ar·chi·tec·tur·al [àːrkətéktʃərəl] *a.* 건축학〈술〉의, 건축상의 : an ~ engineer 건축 기사. 파) **~·ly** [-i] *ad.* 건축적으로, 건축(학)상.

:ar·chi·tec·ture [áːrkətèktʃər] *n.* ⓤ (1) 건축술〈학〉 : (2) 건축 양식 : (3) 〔集合的〕 건축물 : (4) 구조, 구성, 설계, 체계 : (5) 【컴】 얼개.

ar·chi·trave [áːrkətrèiv] *n.* ⓒ 【建】 (1) 평방 (2) 처마도리, (문·창·사진의) 틀.

ar·chi·val [aːrkáivəl] *a.* (1) 기록의 ; 고문서의. (2) 기록 보관소의.

ar·chive [áːrkaiv] *n.* ⓒ (흔히 ~*s*) (1) 기록〈공문서〉 보관소. (2) 문서, 기록.

ar·chiv·ing [áːrkaiviŋ] *n.* 【컴】 파일 보관.

ar·chi·vist [áːrkəvist] *n.* ⓒ 기록〈공문서〉 보관인.

arch·ly [áːrtʃli] *ad.* 교활하게, 능글맞게 ; 교활한 것같이 ; 짓궂게, 장난으로.

arch·way [áːrtʃwèi] *n.* ⓒ 아치 밑의 통로 또는 입구, 아치 길.

:arc·tic [áːrktik] (***more ~ ; most ~***) *a.* (1) (종종 A-) 북극의, 북극 지방의. 【opp.】 *antarctic.* (2) 극한(極寒)의 ; 극한용의 : an ~ winter 극한의 겨울. (3) 북극으로 〈극지로〉부터 부는 : (4) 쌀쌀한, 냉담한. —*n.* (1) (the A-) 북극 지방〈권〉. (2) [áːrktik] (*pl.*) 《美》 방한 방수용 덧신.

Árctic Círcle (the ~) 북극권.

Árctic Ócean (the ~) 북극해, 북빙양.

Árctic Zòne (the ~) 북극대(帶).

Arc·tu·rus [aːrktjúərəs] *n.* 【天】 대각성

árc wèlding 아크 용접.

·ar·dent [áːrdənt] (***more ~ ; most ~***) *a.* 열렬한 ; 불타는 (듯한) ; 격렬한 :파) **´~·ly** *ad.* **ar·den·cy** [áːrdənsi] *n.*

·ar·dor, 《英》 **-dour** [áːrdər] *n.* ⓤ 열정, 열의, 열성 ; 충성 : ***with ~*** 열심히.

·ar·du·ous [áːrdʒuəs/-dju-] *a.* (1) 힘드는, 곤란한 : (2) 분투적인, 끈기 있는, 끈질긴 : (파) **~·ly** *ad.* 애써, 분투하여. **~·ness** *n.*

:are[1] [aːr, 弱 ər] (1) BE 의 직설법 현재 2인칭 단수 : (2) BE의 직설법 현재 복수

:are[2] [ɛər, aːə] *n.* 《F.》 아르《100평방미터, 약30.25평 ; 略 : a.》

:ar·ea [ɛ́əriə] *n.* (1) ⓒ 지역, 지방, 지대, 지구, 구역 : (2) ⓒ 범위, 영역, 분야 : (3) ⓤ,ⓒ 면적 : (4)

ⓒ 《英》 지하실〈부엌〉 출입구《채광·통행을 위한 지하층 주위의 빈 터》 (《美》 areaway). (5) 【컴】 (기억) 영역.

área còde 시외 국번《미국·캐나다에서는 3자리 숫자》; 《英에서는 STD code》

área stùdy 지역 연구《특정 지역의 종합적 연구》

ar·ea·way [ɛ́əriəwèi] *n.* ⓒ 《美》 (1) = AREA (4). (2) 건물 사이의 통로.

ar·e·ca [ǽrikə, ərí:kə] *n.* ⓒ 【植】 빈랑(檳榔)나무(= ˊ~ pàlm) ; 그 열매 (betel nut).

·are·na [ərí:nə] *n.* ⓒ (1) 투기장《고대 로마의 원형경기장 중앙에 모래를 깐》; 〔一般的〕 경기장. (2) 투쟁·활동의 장소, 활무대, …계(界) :

ar·e·na·ceous [ærənéiʃəs] *a.* 모래의, 모래 많은, 모래질의 ; 모래땅에 나는 ; 무미 건조한.

aréna théater 원형 극장.

:aren't [ɑ:rnt] (1) are not의 간약형. (2) 《英口》 〔疑問文에 쓰이어〕 am not의 간약형 :

arête [əréit] *n.* ⓒ 《F.》 (주로 빙하의 침식에 의한) 험준한 산등성이.

ar·gent [ɑ́:rdʒənt] *n.* ⓤ 《古·詩》 은 ; 은빛 ; 【紋章】 은백(銀白).
—*a.* 《詩》 은의, 은 같은 ; 【紋章】 은백의.

·Ar·gen·ti·na [ɑ̀:rdʒəntí:nə] *n.* 아르헨티나《남미의 공화국 ; 수도 Buenos Aires》

Ar·gen·tine [ɑ́:rdʒəntì:n, -tàin] *a.* 아르헨티나(사람)의.
—*n.* (1) ⓒ 아르헨티나 사람. (2) (the ~) = ARGENTINA.

ar·gen·tine *a.* 은의, 은과 같은, 은빛

ar·gil [ɑ́:rdʒil] *n.* ⓤ 도토(陶土), 백점토.

ar·got [ɑ́:rgou, -gət] *n.* 《F.》 ⓤ,ⓒ 암호말, 은어, 곁말, (도둑 등의) 변말

ar·gu·a·ble [ɑ́:rgjuəbəl] *a.* (1) 논할 수 있는, 논증할 수 있는 : (2) 논의의 여지가 있는, 의심스러운 : 파) **-bly** *ad.* 〔文 전체를 수식하여〕 (충분히) 논증할 수 있는 일이지만, 아마 틀림없이 :

:ar·gue [ɑ́:rgju:] *vi.* 《~/+前+名》 논쟁하다 ; 논하다, 논의하다《*about* ; *on, upon* ; *with* ; *over*》; (…에) 찬성〈반대〉론을 주장하다《*for* ; *in favor of* ; *against*》 : —*vt.* (1) …을 논하다, 의론하다 : (2) 《+*that* 節》 …이라고 주장하다 : (3) 《+目+前+名/+目+副》 …을 설복〈설득〉하여 (…을) 하게 하다〈그만두게 하다〉 : He ~*d* me *into* complying with his wishes. 그에게 설득당하여 소원을 이루어주기로 했다 / She ~*d* me *out of* my decision. 그녀는 나를 설득하여 결심을 바꾸게 했다. (4) 《~+目/+目+(*to be*) 補/+*that* 節/+目+前+名》 …을 입증하나, 보이다 : His manners ~ good upbringing. 그의 예의 범절은 뱀뱀이가 있음을 입증한다 / It ~*s* him (*to be*) a villain. 그것으로 그가 나쁜 사람임을 안다 / His behavior ~*s* selfishness *in* him. 그의 행동으로 그가 이기적임이 분명하다 / His house ~*s that* he is poor. 그의 집을 보니 그가 가난함을 알겠다. □ argument *n.* **~ *in a circle*** 순환 논법을 쓰다 ; (개미 쳇바퀴 돌 듯)논의가 공전되다. **~ *the toss*** ⇨ TOSS(成句).
파) **ár·gu·er** *n.* ⓒ 논자, 논쟁자.

ar·gu·fy [ɑ́:rgiəfài] *vi.* 《口·方·戲》 귀찮게 따지다 (논쟁하다).

:ar·gu·ment [ɑ́:rgiəmənt] *n.* (1) ⓤ,ⓒ a] (…에 관한) 논의, 논쟁《*about* ; *over*》 : We had an ~ *about* the plan. 그 계획에 대하여 논의하였다. b] (…라는) 의론 ; 논쟁 ; 주장《*that* 節》 : The ~ *that* poverty is a blessing has often been put forward. 가난이 축복이라는 의론은 종종 주장되어 왔다. (2) ⓒ (…와 …에 대한) 언쟁, 말다툼《*with* ; *about* ; *over*》 : I had an ~ *with* my sister *about* who(m) to invite. 누구를 초대할 것인지에 대하여 누이동생과 언쟁하였다. (3) ⓒ (찬부의) 논증, 논거《*for* ; *in favor of* ; *against*》 : This is a strong ~ *in favor of* the theory. 이것은 그 이론을 지지하는 유력한 논거이다 / a strong ~ *against* war 전쟁 반대의 유력한 논거. (4) (주제의) 요지, 개요, (서책 따위의) 개략 ; (각본·소설 따위의) 줄거리. (5) 【컴】 인수(引數).

ar·gu·men·ta·tion [ɑ̀:rgjəmentéiʃən] *n.* ⓤ,ⓒ (1) 입론(立論), 논법, 변론. (2) 논쟁, 토의.

ar·gu·men·ta·tive [ɑ̀:rgjəméntətiv] *a.* 논쟁적인, 토론적인 ; 논쟁을〈시비를〉 좋아하는, 까다로운. (파) **~·ly** *ad.* 의론적으로. **~·ness** *n.*

Ar·gus-eyed [-àid] *a.* 감시가 엄중한, 빈틈없는, 경계하는, 눈이 날카로운.

ar·gy-bar·gy [ɑ̀:rgibɑ́:rgi] *n.* ⓤ,ⓒ 《口》 잡담, 언쟁.

Ar·gyle [ɑ́:rgail] *n.* ⓒ *a.* (때로 a-) 마름모 색무늬 (가 있는) ; (흔히 *pl.*) 아가일 무늬의 양말, 마름모 색무늬의 짧은 양말.

aria [ɑ́:riə, ǽər-] *n.* ⓒ 【樂】 《It.》 영창(詠唱), 아리아 ; 가곡, 선율.

-arian *suf.* 〔名詞·形容詞語尾〕 (1) '…파의(사람), …주의의 (사람)' : humanit*arian*, totalit*arian*. (2)'…세〈대〉의 (사람)' : octogen*arian*.

ar·id [ǽrid] *a.* (1) 건조한, (토지가) 바싹 마른, 불모(不毛)의, 메마른. (2) 무미 건조한《문장 등》 : 【生態】 건지성(乾地性)의. 파) **~·ly** *ad.*

arid·i·ty [ərídəti] *n.* ⓤ (1) 건조. (2) 빈약 ; 무미 건조.

Ar·ies [ɛ́əri; z, -riì:z] *n.* (1) 【天】 양(羊)자리(the Ram). (2) 【占星】 a] 백양궁(白羊宮). b] ⓒ (양자리) 백양궁 태생의 사람.

·aright [əráit] *ad.* 바르게, 정확히 : if I remember ~ 내 기억이 틀림없다면.

:arise [əráiz] (***arose*** [əróuz] ; ***aris·en*** [ərí-zən]) *vi.* (1) 《~/+前+名》 일어나다, 나타나다 ; (문제·사건·곤란·기회 등이) 발생하다, 생기다《*from* ; *out of*》 : A dreadful storm *arose*. 무서운 폭풍이 일었다 / Accidents *from* carelessness. 사고는 부주의에서 일어난다. (2) (태양·연기 따위가) 솟아 오르다, 피어오르다 : Smoke *arose from* the chimney. 굴뚝에서 연기가 올라왔다. (3) 일어서다 《*from*》 : When I *arose from* the chair, they were in deep conversation. 내가 의자에서 일어났을 때 그들은 은밀한 대화를 하고 있었다.

·ar·is·toc·ra·cy [æ̀rəstɑ́krəsi/ -tɔ́k-] *n.* (1) ⓤ, ⓒ 귀족 정치(의 나라). (2) ⓒ (the ~) 귀족 ; 귀족 사회(the nobility) ; 상류〈특권〉 계급《※ 집합체로 생각할 때는 단수, 구성 요소로 생각할 때는 복수 취급》 (3) 〔集合的〕 (각 분야의) 일류의 사람들《*of*》 an ~ *of* wealth 손꼽히는 부호들《※ (2)와 같음》

·aris·to·crat [ərístəkræ̀t, ǽrəs-] *n.* (1) ⓒ 귀족 ; 귀족적인 사람, 귀족티 내는 사람; 귀족 정치론자. (2) (어떤 것 중의) 최고의 것《*of*》.

·aris·to·crat·ic [ərìstəkrǽtik, æ̀rəs-] *a.* 귀족 정치의 ; 귀족의 ; 귀족적인 ; 당당한, 품위있는 ; 배타적인. 파) **-i·cal·ly** [-tikəli] *ad.* 귀족적으로. **ar·is·toc-**

ratism [ərístəkrætizəm/-tɔ́k-] *n.* ⓤ 귀족주의 ; 귀족 기질.

Ar·is·to·te·lian, -lean [æ̀ristətí:liən, -ljən] *a.* 아리스토텔레스(학파) 의. —*n.* ⓒ 아리스토텔레스 학파의 사람.

Ar·is·tot·le [ǽristɑ̀tl/-tɔ̀tl] *n.* 아리스토텔레스 《그리스의 철학자 ; 384-322 B.C》

:arith·me·tic[1] [əríθmətik] *n.* ⓤ (1) 산수, 산술 ; decimal ~ 십진법, 십진산 / mental ~ 암산. (2) 계산, 셈 ; 계산 능력. (3) ⓒ 산수책.

:ar·ith·met·ic[2]**, -i·cal** [æ̀riθmétik], [-əl] *a.* 산수(상)의. 파) **-i·cal·ly** *ad.*

arith·me·ti·cian [ərìθmətíʃən, æ̀riθ-] *n.* ⓒ 산술가.

·Ar·i·zo·na [æ̀rəzóunə] *n.* (북미 인디언 말 (작은 샘)의 뜻에서)애리조나《미국 남서부의 주(州) ; 주도 Phoenix ; 略 : Ariz, 【郵】 AZ ; 속칭 the Grand Canyon State》. 파) **-nan, -ni·an** [-nən], [-niən] *a., n.* ⓒ Arizona 주의 (사람).

·ark [ɑ:rk] *n.* ⓒ (1) 【聖】 (노아의) 방주(方舟) (Noah's ~). (2) 피난처. (3) 《美》 평저선(平底船). (4) 【聖】 계약의 궤, 결약의 궤(the Ark of the Covenant 〈Testimony〉) 《모세의 십계명을 새긴 두 개의 석판(石板)을 넣어둔 상자》 **(*come*) *out of the ~*** 《口》 아주 오래되다〈낡다〉 : This cash register must have *come out of* the ~. 이 현금 등록기는 아주 오래된 것임에 틀림없다.

·Ar·kan·sas [ɑ́:rkənsɔ̀:] *n.* (1) 아칸소《미국 중남부의 주 ; 주도 Little Rock ; 略 : Ark, 【郵】 AR ; 속칭 The Land of Opportunity》. (2) [ɑ:rkǽnzəs] (the ~) (Colorado 주에서 남류하는) Mississippi강의 지류.

arles [ɑ:rlz] *n. pl.* 《Sc.》 계약금, 착수금.

:arm[1] [ɑ:rm] *n.* ⓒ (1) 팔, 상지(上肢) ; (포유 동물의) 앞발, 앞다리, 전지(前肢) : the upper ~ 상박(上膊) / one's better ~ 오른팔, 주로 잘 쓰는 팔. (2) a] 팔 모양의 물건〈부분〉 : b] 까치발. c]안경의 귀걸이 테. d] (옷의) 소매. e] (의자의) 팔걸이. f] (나무의) 큰 가지. g] 후미, 내포(~ of the sea) ; 지류(支流) ; (산의) 지맥(支脈) : an ~ of a river 분류(分流). (3) ⓤ (정부·법률 따위의)힘, 권력 : the secular ~ 【史】 속권(俗權). (4) (조 직·기구의) 부문. ***~-in-~*** 서로 팔을 끼고《*with*》 : We walked ~-*in*- ~ along the river bank. 우리는 서로 팔을 끼고 강둑을 걸었다. ***as long as*** one***'s ~*** 《口》 (리스트·서류가) 몹시 긴. ***at ~ 's length*** ⇨ LENGTH. 팔을 뻗치면 닿는 곳에(서) ; 어느 거리를 두고, 쌀쌀하게. ***cost*** (a person) ***an ~ and a leg.*** 《口》 (물건·일이) 큰 돈이 들다 : The repairs *cost an ~ and a leg*. 수리하는 데 많은 비용이 들었다. ***have 〈carry, hold〉*** (a child) ***in*** one***'s ~s*** (아이를) 안다. ***keep*** a person ***at ~'s*** length 아무를 가까이 못 오게 하다, 멀리하다. ***make a long ~*** (물건을 집으려고) 팔을 쑥 내밀다〈뻗다〉. ***on the ~*** 《美俗》 신용 대부로, 외상으로 (on credit) ; 공짜로. ***put the ~ on*** 《美俗》 1) …에게(금품을)조르다, 강요하다《*for*》, 꾸다. 2) (…을 잡으려고)우격다짐으로 억누르다 ; (…에게) 폭력을 행사하다. one***'s right ~*** 오른팔 ; 유력한 부하. ***twist*** a person***'s ~*** 1) 아무의 팔을 비틀다. 2) 아무에게 압력을 가하다, 강요하다. ***with folded ~s*** 팔짱을 끼고〈낀 채〉 ; 방관하고. ***within ~s reach*** 손이 닿는 범위 내에. ***with open ~s*** 두 팔〈손〉을 벌려 ; 충심으로 환영하여.

:arm[2] *n.* (1) ⓒ (보통 *pl.*) 무기, 병기. (2) (*pl.*)군사(軍事), 전쟁, 전투, 투쟁 ; 무력(the force of ~*s*) : ~*s* control 군비 제한 / ~*s* reduction 군비 축소. (3) ⓒ 병종(兵種), 병과 ; the infantry ~ 보병과 / the air ~ of the army 육군의 항공병과. (4) (*pl.*) (방패·기(旗) 따위의) 문장(coat of ~s), 표지. ***a dead of ~s*** 무훈(武勳). ***appeal 〈go〉 to ~s*** 무력에 호소하다. ***~s, and the man*** 무기와〈전쟁과〉 인간 《Vergil의 말》 ; 무용담. ***bear ~s*** 무기를 휴대하다, 무장하다 ; 병역에 복무하다 《*for* one's country》 ; 싸우다 《*against*》. ***be 〈rise〉 up in ~s against 〈about〉*** …에 대해 무기를 들고 일어서다 ; 반기를 들다 ; 분격하다 : The whole town *is up in ~s about* the plan to build an airport nearby. 전시민이 근처에 비행장을 건설하려는 계획에 반대하고 일어섰다. ***by*** (***force of***) ***~s*** 무력에 호소하여. ***call to ~s*** 부대에 대해) 전투 준비를 명하다 ; (병력을) 동원〈소집〉하다. ***carry ~s*** 무기를 휴대하다 ; 병역에 복무하다. ***change ~s*** 총을 바꿔 메다. ***give up*** one***'s ~s*** 항복하여 무기를 내주다. ***in ~s*** 무장하여. ***lay down*** one***'s ~s*** 무기를 버리다 ; 항복하다. ***Order ~ s !*** 세워 총. ***Pile ~s !*** 걸어 총. ***Port ~s !*** 앞에 총. ***Present ~s !*** 받들어 총. ***Shoulder 〈Carry, Slope〉 ~s !*** 어깨 총. ***small ~s*** 소(小)화기. ***take*** (***up***) ***~s*** 무기를 들다 ; 무장궐기하다 ; 개전(開戰)하다《*against*》 ; 군인이 되다 : He called on his supporters to *take up ~s against* the state. 그는 국가와 싸우기 위해 자기 지지자들을 찾아다녔다. ***the suspension of ~s*** 휴전. ***To ~s !*** 전투 준비. ***turn*** one***' s ~s against*** …을 공격하다. ***under ~s*** 무장을 갖추고, 전쟁〈전투〉준비를 마치고 : get *under ~s* 무장하다.

—*vt.* 《~+目/+目+前+名》 (1) …을 무장시키다, …에게 무기를 주다 ; (배)를 장갑하다 : ~a person *with* a weapon 아무를 무장시키다 / *Arming* the police doesn't deter crime. 경찰을 무장시키는 것으로 범죄를 억제하지는 못한다. (2) 《+目+前+名》 (특별한 목적·용도 따위)에 대비하다 ; …을 갖추다 ; (병기 따위)에 장비하다《*with*》 : He came to the meeting ~*ed with* the pertinent facts. 그는 관련된 사실들을 준비하고 회의에 참석했다 / ~ a missile *with* a nuclear warhead 미사일에 핵탄두를 정착하다.

—*vi.* 무장하다, 무기를 들다 ; 싸울 준비를 하다 : ~ against the invation 적의 침입을 대비하여 무장을 하다. ***~ed to the teeth*** 빈틈없이 무장하고. ~ one-***self*** 무장하다 ; 빈틈없는 태세를 취하다《*against*》.

Ar·ma·ged·don [ɑ̀:rməgédən] *n.* (1) 【聖】 아마겟돈《세계 종말의 날의 선과 악의 결전장 ; 요한계 시록 XVI : 16》. (2) 〔一般的〕 최후의 대결전, 국제적인 대결전(상).

·ar·ma·ment [ɑ́:rməmənt] *n.* (1) ⓤ 군비, 구대, 무장 ; atomic ~ 핵무장 / an ~ race 군비경쟁. (2) ⓒ a] (종종 *pl.*) (한 나라의) 군사력, 군비 : the limitation 〈reduction〉 of ~*s* 군비 제한〈축소〉 / the ~s industry 군수산업. b] (전함·군용기 등의) 총포 ; a warship with an ~ of 16guns 대포 16문을 장비한 군함.

ar·ma·ture [ɑ́:rmətʃər, -tʃùər] *n.* ⓒ (1) 【動·植】. 보호 기관《가시·껍질 등》. (2) a] 【彫刻】 (제작 중인 점토·석고 등을 지지하는) 틀, 뼈대. b] 【建】 보강재(材). (3) a] 【電】 전기자(電機子) 《발전기·전동기 등의 회전자(回轉子)》. b] (자석의) 접극자(接極子), 접편(接片).

:arm·chair [ɑ́ːrmtʃɛ̀ər/ˊˋ] *n.* ⓒ 안락 의자.
—*a.* 〔限定的〕 이론뿐인, 평론가적인, 경험에 의하지 않은, 실천이 따르지 않는 ; 남의 경험에 의한 : an ~ critic(경험이 없는) 관념적인 비평가 / an ~ pilot 파일럿 경험도 없이 조종을 아는 체하는 사람 / an ~ detective 《《口》 sleuth》 안락 의자에 앉은 채 추리로 사건을 해결하는 탐정.

·armed [ɑːrmd] *a.* (1) 무장한 : an ~ship 무장선 / ~ neutrality 무장 중립 / ~ peace 무장 하(下)의 평화 / ~ robbery 무장 강도《행위》 / ~ eyes 안경 등으로 시력을 강화한 눈. (2) **[性]** (가시·엄니 따위의) 보호 기관을 갖춘.

ármed fórces (육·해·공의) 군, 군대 ; 전군.

Ar·me·nia [ɑːrmíːniə, -njə] *n.* 아르메니아《독립 국가 연합 구성 공화국의 하나》. 파) **-ni·an** *a.*, *n.* 아르메니아 (사람)의 ; 아르메니아 사람 ; ⓤ 아르메니아 말.

·arm·ful [ɑ́ːrmfùl] *n.* ⓒ 한 아름 (의 분량) 《*of*》 : an ~ *of* wood 한 아름의 장작 / an ~ of books 한 아름의 책.

arm·hole [ɑ́ːrmhòul] *n.* ⓒ (1) (옷의) 진동 둘레 ; 진동. (2) = ARMPIT.

·ar·mi·stice [ɑ́ːrməstis] *n.* ⓒ 휴전 ; (일시적인) 정전(停戰) (truce) : a separate ~ 단독 휴전 / make an ~ 휴전하다.

Ármistice Dày (1918년, 제1차 세계 대전의) 휴전 기념일(11월 11일)《※ 제2차 세계 대전을 포함해서 미국에서는 1954년 VETERANS' DAY로, 영국에서는 1946년 REMEMBRANCE SUNDAY로 개칭했음》.

arm·less [ɑ́ːrmlis] *a.* (1) 팔이 없는 ; (의자의) 팔걸이가 없는. (2) 무방비의, 무기가 없는.

arm·let [ɑ́ːrmlit] *n.* ⓒ (1) 팔찌, 팔장식, 팔고리, 완장. (2) 좁은 후미, 강의 지류, 작은 만.

:ar·mor [ɑ́ːrmər] *n.* ⓤ (1) 〔集合的〕 갑옷과 투구, 갑주 : a suit of ~ 갑옷 한 벌 / in ~ 갑옷를 입고 / Put on the ~ of God. **[聖]** 하느님의 전신 갑주를 입어라《Ephes. VI : 11》. (2) **[比]** 방비, 몸차림을 단단히 하기. (3) (군함 * 전차 등의) 장갑(강판) : a formidable warhead that can penetrate the ~ of most tanks 대개의 전차를 꿰뚫을 수 있는 위협적인 탄두. (4) a〕 (동식물의) 방호 기관《물고기의 비늘·가시 등》. b〕 방호복〈구〉 ; 잠수복. (5) **[軍]** 기갑 부대. —*vt.* …에 갑주를 입히다 ; 장갑하다 ; (유리 공예에서) (유리)를 강화하다.

ar·mor-clad [ɑ́ːrmərklæ̀d] *a.* 〔限定的〕 갑옷을 입은, 무장한 ; 장갑한 ; an ~ ship 장갑함.

ar·mored [ɑ́ːrmərd] *a.* (1) 갑옷을 입은, 장갑(裝甲)한 ; (콘크리트에) 철근을 넣은 : an ~ battery〈train, vehicle〉 장갑 포대〈열차, 차량〉 / a ~ cable 외장 케이블 / ~ concrete 철근 콘크리트. (2) 장갑차를 가진 : an ~ division 기갑 사단.

ármored cóncrete 철근(鐵筋) 콘크리트《ferroconcrete가 더 일반적임》.

ar·mor·er [ɑ́ːrmərər] *n.* ⓒ (1) 무구(武具) 장색 ; 병기공(兵器工) ; (군대의) 병기계(係). (2) 《美》 병기 공장, 병기고.

ar·mor·ri·al [ɑːrmɔ́ːriəl] *a.* 문장(紋章)의 : ~ bearings 문장.

ar·mor-plat·ed [ɑ́ːrmərplèitid] *a.* 장갑의〈으로 무장한〉, 장갑한.

·ar·mory [ɑ́ːrməri] *n.* ⓒ (1) 병기고. (2) 병기 제작소, 병기공장, 조병창. (3) 《美》 주군(州軍)·예비병 따위의 부대 본부〈훈련소〉.

arm·pit [ɑ́ːrmpìt] *n.* ⓒ 겨드랑이 ; 《美俗》 싫은〈더러운〉 장소.

arm·rest [ɑ́ːrmrèst] *n.* ⓒ (의자의) 팔걸이.

:ar·my [ɑ́ːrmi] *n.* (1) ⓒ 군대(armed force) ; (해·공군에 대해) 육군 ; 군(軍) : the national ~ 국민군 / a standing〈reserve〉 ~ 상비군〈예비군〉 / ~ life 군대 생활 / an ~ officer 육군 장교 / an ~ commander 군사령관. (2) ⓒ (종종 A-) 단체, 조직체 : the Salvation *Army* 구세군 / the Blue Ribbon *Army* 《英》 청색 리본단《금주 단체 이름》. (3) (an ~ of) 대군(大群), 떼 : *an ~ of* ants 개미의 큰 떼 / *an ~ of* workmen 한 떼의 노동자. ***be in the ~*** 육군〈군대〉에 있다, 군인이다. ***join*** 〈***go into, enter***〉 ***the ~*** 육군에 입대하다. ***leave the ~*** 제대〈퇴역〉하다. ***raise the ~*** 군사를 일으키다, 거병하다, 모병하다. ***serve in the ~*** 병역에 복무하다.

aro·ma [əróumə] *n.* ⓒ (1) 방향(芳香), 향기(fragrance) : the wonderful ~ of freshly baked bread 갓 구운 빵의 기막힌 향기. (2) (예술품의) 기품, 풍취.

aro·ma·ther·a·py [əròuməθérəpi] *n.* ⓤ 방향 요법《방향 물질을 이용한 건강법이나 미용법》.

ar·o·mat·ic [æ̀rəmǽtik] *a.* 향기 높은, 향기로운 ; **[比]** 방향족(芳香族)의. —*n.* ⓒ 향료 ; 향기 높은 식물 ; **[比]** 방향족 화합물 (= **~ cómpound**).

:around [əráund] *ad.* (1) 주위에〈를〉, 주변〈근처·일대〉에, 사방에〈으로〉 ; 빙《둘러싸다 따위》 : look ~ 주변을 둘러보다 / the scenery ~ 주위의 경치 / a tree 4 feet ~ 둘레가 4 피트인 나무. (2) 《美口》 a〕 (홱)돌아서 : She turned ~. 홱 돌아섰다. b〕 (빙그르르) 돌아, 빙글빙글, 빙 돌아서, 주변을 : The boat started to spin ~ in the water. 배는 물속에서 빙빙 돌기 시작했다 / The tree is four feet 〈foot〉 ~. 그 나무는 둘레가 4피트이다 .(3) a〕 여기저기에〈로〉, 이곳 저곳에〈으로〉 : travel ~ from place to place 삼지사방 두루 여행하다. b〕 근처에, 부근〈주변〉에(서) : Wait ~ awhile. 그 근처에서 잠시 기다려라 / stay ~ 멀리 가지 않고 있다. ※ 영국에서는 around를 '위치'에 쓰고, '운동'에는 round를 씀 ; 미국에서는 around를 '운동'에도 쓰므로 around는 round와 같은 용법 : all the year round 《《美》 around》, 1년 내내. (4) a〕 〔흔히 名詞 뒤에〕 존재하여, 활동하여, 현역으로 : She is one of the best singers ~. 그녀는 현존하는 최고 가수 중의 한 사람이다. b〕 (물건이) 나돌아 ; (병이) 퍼져 : There aren't many two-dollar bills ~. 2달러짜리 지폐는 많이 나돌지 않는다 / There's a lot of flu ~ at the moment. 현재 많은 사람이 인푸루엔자에 걸려있다. (5) 에돌아서, 멀리 돌아서, 우회 하여 : drive ~ by the lake 호수가를 에돌아 드라이브하다. (6) 〔數詞를 수반하여〕 약 : He owns ~ 200 acres. 그는 약 200에이커를 소유하고 있다. ***all ~*** 사방에, 도처에 ; 일동에게 《악수하다 따위》. ***be ~ and about*** 《美》 …에 전념하다. ***come ~*** ⇨ come. ***crowd ~*** (어중이떠중이들이) 주변에 몰려들다, 운집하다. ***get ~*** ⇨GET. ***have been ~*** 《口》 여러 가지 경험을 쌓고 있다, 세상일을 환히 알고 있다 : I've *been* ~ a bit. -I've learned a thing or two. 나는 세상 경험을 좀 했지 - 난 뭘 좀 알거든.
—*prep.* (1) …의 주변〈주위·둘레〉에, …을 둘러〈에워〉싸고 : ~ the garden〈house〉 뜰〈집〉 주위 에 / with one's friends ~ one 친구들에게 둘러싸이어.

(2) a] …의 주위를 돌아, 일주하여 : They sailed ~ the world. 그들은 배로 세계 일주를 하였다. b](모퉁이를) 돌아서, 돌아선 곳에 : There is a store ~ the corner. 모퉁이를 돌아선 곳에 가게가 있다. (3) 《口》 a] …의 여기저기〈이곳 저곳〉에 : There are many cafes ~ the city. 시내 여기저기에 카페가 있다. b] …주변에 〈을〉, …의 근처를 : ~ here 이 근처〈부근〉에 / stay ~ the house 집 근처를 떠나지 않다. (4) …에 종사하여 : He's been ~ the school for thirty years. 학교에 30년이나 근무하고 있다. (5) 《美口》 약 …, …쯤〈정도〉 《*about*》 : ~ the end of 1996. 1996년 말경《※ 이 뜻으로는 전치사로 보는 견해와, 수사(數詞) 앞의 around는 부사로 보는 견해가 있음 ; => ad. (6)》. (6) …에 의거하여, …에 입각하여, …을 중심으로 하여 : The novel is built ~ a little-known historical event. 그 소설은 얼마 알려져 있지 않은 역사상의 사건을 기초로 하고 있다.

arous·al [əráuzəl] *n.* ⓤ 각성 ; 환기 ; 격려 ; 자극.

:arouse [əráuz] *vt.* (1) 《+目+前+名》 (사람을 잠에서)을 깨우다 : ~ a person *from* sleep 아무를 깨우다. (2) 《~ +目/+目+前+名》 (아무)를 자극하다, 분기시키다, 자극하여 (…)하게 하다 : ~ anger 성나게 하다 / His speech ~*d* the people *to* revolt. 그의 연설은 사람들을 폭동으로 몰아세웠다. (3) (흥미·논쟁 등)을 환기시키다, 야기하다 : Her strange behavior ~*d* our suspicions. 그녀의 이상한 거동이 우리의 의혹을 불러 일으켰다 / ~ a person to action 〈activity〉 (자극하여) …을 활동 (분기)하게 하다.
—*vi.* 눈을 뜨다 ; 각성하다.

ar·peg·gio [ɑːrpédʒiòu, -dʒòu] (*pl.* **~s**) *n.* ⓒ 《It.》 **[樂]** 아르페지오《화음을 이루는 음을 연속해서 급속히 연주하는 법》 ; 그 화음, 펼침 화음.

ar·raign [əréin] *vt.* (1) **[法]** (피고)를 법정에 소환하여 죄상(charge)의 진위를 묻다 《*for* ; *on*》 : He was ~*ed on* charges of aiding and abetting terrorists. 그는 테러리스트들에 대한 지원·교사죄를 심문받았다. 《※ 종종 受動으로 받음》. (2) 《文語》 …을 책망〈비난〉하다, 나무라다, 규탄하다《*for*》. 파) **~·ment** ⓤ,ⓒ (1) **[法]** 죄상 진위 심문 절차. (2) 비난, 심문, 힐문.

:ar·range [əréindʒ] *vt.* (1) a] (물건)을 배열하다, 정돈하다 : ~ books on a shelf 책장의 책을 정리하다 / His books are neatly ~*d* in alphabetical order. 그의 책은 알파벳 순으로 깔끔히 배열되어 있다. b] (일 등)을 순서짓다, 정리하다 : ~ one's affairs 신변(의 잡일)을 정리하다. (2) …을 가지런히 하다 ; (미리)를 매만지다 : ~ flowers 꽃꽂이하다 / ~ one's hair 머리를 빗다. (3) 《~+目/+目+前+名/+that節》 …을 정하다 ; (…하는 것)을 미리 준비하다, 마련하다, 계획하다, 조처하다 : ~ the date of the marriage 결혼 날짜를 정하다 / The next meeting has been ~*d for* Monday evening. 다음 회합은 월요일 저녁으로 정해졌다 / T~ the details of a talk. 회담에 대한 세부 예정을 세워 놓다 / It was ~*d for* John to accompany her. = It was ~*d that* John should accompany her. 존이 그녀를 동반하도록 마련되었다. (4) …을 조정(調停)하다, 조정(調整)하다 : ~ The dispute 〈differences〉 between them 그들 사이의 다툼을 〈차이를〉 조정하다. (5) 《+目+前+名》 …을 개작(改作)하다, (방송용 따위)로 각색하다 ; **[樂]** 편곡하다 : ~ a novel *for* the stage 소설을 (상연용으로) 각색하다 / This piece for the violin is also ~*d for* the piano. 이 바이올린 곡은 피아노용으로도 편곡되어 있다.
—*vi.* 《+前+名/+*to* do/+前+名+*to* do》 결정하다, 타합하다, 협정하다, …하도록 짜놓다, 마련하다, 준비하다 : ~ *with* the grocer *for* regular deliveries 식료품점과 정기적인 배달에 대해 타합하다 / Let's ~ *to* meet here again tomorrow. 내일 또 여기서 만나기로 정하자 / We have ~*d for* the bus *to* pick us up here. 버스가 여기서 우리들을 태워가기로 되어 있다 / They ~*d to* start early in the morning 그들은 아침 일찍 출바랗기로 했다. ***(an) ~d marriage*** 중매 결혼. ***as previously ~d*** 미리 계획한 대로. ***at the hour ~d*** 예정된 시각에.
파) **ar·ráng·er** *n.* ⓒ ~ 하는 사람 ; 편곡자.

:ar·range·ment [əréindʒmənt] *n.* ⓤ,ⓒ (1) 배열, 배치 : I like the ~ *of* furniture in your apartment. 자네 아파트의 가구배치가 마음에 든다. (2) 정리, 정돈, (색의) 배합, 꾸밈 : flower ~ 꽃꽂이. (3) (흔히 *pl.*) 채비, 준비, 계획《*for* ; *to do*》 : an ~ committee 준비 위원회 / He has made ~*s* to spend his holiday in wales. 그는 웨일스에서 휴가를 보낼 준비를 해 두었다 / Let's make ~*s for* our trip. 여행 계획을 세우자 / I made ~*s for* you to stay there for a week. 네가 그곳에 1주일 머물 수 있도록 주선해 놓았다. (4) 조정(調停), 조절 ; 협정, 합의 : They've finally come to some ~ *about* the price. 그들은 가격에 대한 어느 정도의 합의를 겨우 마무리지었다. (5) (방송용의) 각색, 개작 ; ⓤ 편곡 ; ⓒ 편곡한 곡 《*for*》 : an ~ *for* the piano 피아노용으로 편곡한 곡.

ar·rant [ǽrənt] *a.* 〔限定的〕 악명 높은 ; 딱지붙은, 터무니없는, 철저한 : an ~ thief 소문난 도둑 / an ~ fool 형편 없는 바보 / an ~ lie 형편없는 거짓말.

·ar·ray [əréi] *vt.* 《~+目/+目+前+名》 (1) 〔再歸的 또는 受動的〕 …을 치장하다, 성장(盛裝)시키다, 차려입히다 : Even Solomon in all his glory *was* not ~*ed* like one of these (flowers). 솔로몬의 영광으로도 입은 것이 이 꽃 하나만 같지 못하였느니라《마태 VI : 29》 / They all ~*ed themselves* 〈*were* all ~*ed*〉 *in* ceremonial robes. 그들은 모두 예복으로 차려입었다〈차려입고 있었다〉. (2) …을 배열하다, (군대 등)을 정렬시키다 ; (증거 등)을 열거하다 : His soldiers *were* ~*ed* along the river bank. 그의 군사들은 강둑을 따라 배치되었다.
—*n.* (1) ⓤ 정렬, 배진(配陣), 포진, 군세(의 정비) : in battle ~ 진두 대형으로. (2) ⓒ 배열된 것 ; 세트 : an ~ of flags 쭉 줄지은 기(旗)의 행렬. (3) ⓤ 《詩·文語》 의상(衣裳), 치장 : bridal ~ 신부 차림. (4) **[컴]** 배열《어떤 원칙에 따라 정보를 처리한 기억 장치》. ***in battle ~*** 전투대형을 취하여. ***in fine ~*** 곱게 단장하고. ***in proud ~*** 당당히. ***set ... in ~*** …을 배열하다.

ar·rear [əríər] *n.* (흔히 *pl.*) (일·지급 등의) 늦음, 더딤, 지체 ; 밀림《*of*》 ; 지급 잔금, 연체금 : ~*s of* wages 임금의 체불 / We must find some way of paying off our rent ~*s*. 밀린 집세를 물 방도를 찾아내어야 한다. ***fall into ~s*** 지체하다 : His studies *fell into* ~*s*. 그의 연구는 지체되었다. ***in ~(s) with*** (payment 〈work〉) (지불〈일〉)이 지체되어 : The tenant is *in* ~ *with* his rent again. 그 세든 사람은 또 집세가 밀려 있다. ***work off ~s*** 일하여 지체된

것을 만회하다.

ar·rear·age [əríəridʒ] *n.* ⓤ,ⓒ (1) 연체, 밀린 것, 지체. (2)(흔히 *pl.*) 연체금, 미지급금.

:ar·rest [ərést] *vt.* (1) 《~+目/+目+前+名》【法】 …을 체포〈구속〉하다(apprehend) 《*for* ; *as*》 : ~ a person *for* murder 아무를 살인 혐의로 체포하다 / The police said seven people were *~ed for* minor offenses. 경찰은 7명이 경범죄로 구속되었다고 발표하였다. (2) …을 막다, 저지하다 : ~ progress 진보를 막다. (3)【醫】(병)의 진행을 억제하다 : The treatment has so far done little to ~ the spread of the cancer. 의료는 지금까지 암 확산 억제에 별로 기여하지 못하였다. (4) (사람 눈·주의 등을) 끌다 : ~ her attention 〈eyes〉 그녀의 주의를 끌다〈눈에 띄다〉. — *n.* ⓤ,ⓒ (1)【法】 체포 ; 구류 ; 억류 : Several *~s* had already been made. 이미 여러 명 체포되었다. (2) 정지, 저지 : a cardiac ~ 심장(박동) 정지 / ~ of development 발육 정지. ***~ of judgment*** 판결 저지. ***make an ~ of*** …을 체포하다. ***under ~*** 구금중인 : They are *under* ~ for attempted burglary. 그들은 절도 미수로 구금되어 있다 / Be *under* house ~. 자택연금중이다.

파) **~·a·ble** *a.* 【法】 (영장 없이) 체포할 수 있는. **ar·rést·er, -rés·tor** [-ər] *n.* ⓒ (1) 체포하는 사람. (2)【電】 피뢰기(lightning arrester) ; (전기 회로의)불꽃 방지 장치(spark arrester).

ar·rest·ing [əréstiŋ] *a.* 사람 눈을 끄는 ; 흥미있는, 인상적인 : an ~ sight 인상적인 광경.

:ar·riv·al [əráivəl] *n.* (1) ⓤ 도착 ; 도달 : his ~ *in* Seoul 그의 서울 도착 / ~ *at* a conclusion 결론에의 도달 / the *~s* and departures of trains 열차의 발착. (2) ⓤ 출현, 등장 : the ~ of a new bomb 신형 폭탄의 등장. (3) ⓒ 도착자〈물〉, (새)입하(入荷) : new *~s* 새로 도착한 사람〈물건, 책〉. (4) ⓒ 《口》 출생, 신생아 : The new ~ was a son 〈girl〉. 이번에 난 아이는 사내〈계집애〉였다. (5) 〔形容詞的 용법〕 도착의 ; 도착자〈품〉의 : an ~ list 도착 승객 명부 / an ~ station 도착역, 종점. ▫ arrive *v.* ***on ~*** 도착하는 대로 곧 : *on* my ~ at the airport 내가 공항에 닿으면〈닿는 대로〉.

:ar·rive [əráiv] *vi.* (1) 《~/+前+名》 도착하다, 닿다(〖opp.〗 *depart.*) : They have just *~d.* 이제 막 도착했다 / ~ back from a trip 여행에서 돌아오다 / ~ *at* the station 〈*in* Seoul〉 정거장〈서울〉에 도착하다《※ 어떤 지점일 때는 at, 어느 지역일 때는 in을 쓰는 것이 보통임》. (2) 《+前+名》 (어떤 연령·결론·확신 따위에) 도달하다《*at*》 : ~ *at* manhood 〈a conclusion〉 성년〈결론〉에 달하다. (3) (시기가) 도래하다, 오다 : The opportunity 〈The time for action, The time to act〉 has *~d.* 기회〈행동할 때〉는 왔다. (4) 《口》 (신생아가) 태어나다 : It's very unlikely that your baby will ~ before you got to hospital. 당신이 병원에 도착하기 전에 애를 출산할 가능성은 거의 없습니다. (5) 《~ / ~+as 補》 《口》 성공하다, (…로서) 명성을 얻다 : He *~d as* a writer. 그는 작가로서 성공했다 ▫ arrival *n*

·ar·ro·gance [ǽrəgəns] *n.* ⓤ 오만, 거만, 건방짐.

·ar·ro·gant [ǽrəgənt] (***more ~; most ~***) *a.* 거드럭거리는, 거만〈오만〉한, 건방진(haughty) : assume an ~ attitude 오만한 태도를 취하다.

파) **~·ly** *ad.*

ar·ro·gate [ǽrəgèit] *vt.* (1) 《~+目/+目+前+名》 (칭호·미덕 등)을 사칭하다 ; (권리 등)을 불법으로 전유하다《*to*》《※ to의 목적어로 oneself를 씀》 : He *~d* the chairmanship *to himself.* 그는 부당하게 의장이라고 사칭하였다. (2) 정당한 이유 없이 (아무에게) …을 돌리다, 억지로 …의 탓으로 하다 《*to*》.

ar·ro·ga·tion [æ̀rəgéiʃən] *n.* ⓤ,ⓒ 사칭 ; 횡탈, 가로챔 ; 차람, 월권(越權)(행위), 횡포.

:ar·row [ǽrou] *n.* ⓒ (1) 화살 : Robin Hood asked to be buried where his ~ landed. 로빈 후드는 그의 화살이 가 닿는 곳에 묻히기를 원하였다. (2) 화살 모양의 것, 화살표《→》. 【cf.】 broad arrow. 『I followed the *~s* to the car park. 나는 주차장으로 가는 화살표를 따라갔다.

ar·row·head [ǽrouhèd] *n.* ⓒ (1) 화살촉. (2)【植】 쇠귀나물속(屬).

ar·row·root [ǽrourù:t] *n.* (1) ⓒ【植】 칡의 일종 《열대 아메리카산 ; 뿌리를 독화살 상처 치료에 썼음》. (2) ⓤ (그 뿌리에서 얻는) 칡가루, 갈분.

ar·rowy [ǽroui] *a.* 화살 같은 ; 곧은, 빠른.

arse·hole [ɑ́:rshòul] *n.* 《英》 항문(《美》 asshole).

arse-lick·ing [-lìkiŋ] *n.* ⓤ 《英卑》 아첨, 간살.

ar·se·nal [ɑ́:rsənəl] *n.* ⓒ (1) 병기고. (2) 조병창, 병기〈군수〉 공장. (3) 군수품의 비축〈수집〉.

ar·son [ɑ́:rsn] *n.* ⓤ 【法】 방화(죄).

파) **~·ist** n. ⓒ 방화 범인 ; 방화광(放火狂).

:art[1] [ɑ:rt] n. (1) ⓤ 예술, 미술 《※ 회화나 조각 등 낱낱에 주목할 때는 복수형이 되기도 하나, 종교나 과학에 대응할 때는 단수로 무관사》 : a work of ~ 미술품, 예술품 / modern ~ 현대 예술 / *~s* and crafts 미술 공예. (2) ⓒ (특수한) 기술, 기예, 술(術) : the healing ~ 의술 / the industrial *~s* 공예 / the military ~ 무술 / the ~ of advertising 광고술 / the ~ of life 처세술 / the manly ~ 권투 / useful *~s* 수예. (3) ⓤ 숙련 ; 기교, 솜씨, 인공, 부자연함 : a smile without ~ 꾸밈 없는 미소 / This beautiful garden owes more to ~ than to nature. 이 뜰의 아름다움은 자연보다는 인공의 덕분이다. (4) ⓒ,ⓤ (흔히 *pl.*) 술책 ; 간책 : the innumerable *~s* and wiles of politics. 헤아릴 수 없는 정치적 권모 술수. (5) (흔히 *pl.*) 기초 과목 ; (대학의) 교과, 교양 과목(liberal arts) : *~s* and sciences 문과계와 이과계(의 과목) / the Faculty of *Arts* (대학의) 교양 학부. ***~ and part*** 계획과 실행, 교사 망도. ***~ for ~ school*** 예술 지상파. ***a Bache-lor of Arts*** 문학사《略 : B.A.》. ***a Master of Arts*** 문학 석사《略 : M.A》. ***by ~*** 인공으로 ; 숙련으로 ; 술책으로. ***have*** (***got***)***... down to a fine ~*** …을 완전히 마스터하다, …을 거의 완벽하게 하다 : She *has* the helpless maiden act *down to a fine* ~. 그녀는 난처해 하는 아가씨의 역을 썩 잘한다.

—*a.* 〔限定的〕 예술적인 ; 장식적인 : an ~ song 예술적인 가곡 / an ~ critic 미술 비평가 / an ~ school 미술학교.

ar·te·ri·al [ɑ:rtíəriəl] *a.* 〔限定的〕 (1)【解】 동맥의. 〖opp.〗 *venous.* 『~ blood 동맥혈 / Smoking is very damaging to the ~ walls. 흡연은 동맥 벽을 크게 해친다. (2) (도로 등의) 동맥 같은, 간선의 : an ~ road 간선 도로 / an ~ railway 철도 간선.

ar·te·ri·ole [ɑ:rtíəriòul] *n.* ⓒ【解】 소(小)동맥.

·ar·tery [ɑ́:rtəri] *n.* (1)【解】 동맥. 〖opp〗 *vein.* 『the main ~ 대동맥 / Hardening of coronary *arteries* can lead to heart attack. 관상동맥의 경화는 심장마비를 일으킬 수 있다. (2) (교통 등의) 간선 : a main ~ 주요 간선.

·art·ful [ɑ́ːrtfəl] *a.* (1) 교묘한, 기교를 부린. (2) 기교를 부리는, 교활한. (3) 인위적인.
파) **~·ly** [-li] *ad.* 교활하게 ; 교묘히. **~·ness** *n.*

ar·thrit·ic [ɑːrθrítik] *a.* 관절염의〈에 걸린〉 ; 노화 현상의. —*n.* ⓒ 관절염 환자

ar·thrit·is [ɑːrθráitis] *n.* ⓤ 【醫】 관절염.

ar·thro·pod [ɑ́ːrθrəpɑ̀d/-pɔ̀d] *n.* ⓒ *a.* 【動】 절지동물(의).

Ar·thur [ɑ́ːrθər] *n.* (1) 아서《남자 이름》. (2) King ~ 아서왕《^세기경 전설상의 영국왕》.

:ar·ti·cle [ɑ́ːrtikl] *n.* ⓒ (1) (동종의 물품의) 한 품목, 한 개 : ~*s* of clothing 의류 수점(數點) / an ~ of furniture 가구 1점. (2) 물품, 물건 : ~*s* of food 식료품/ toilet ~*s* 화장품 / domestic ~*s* 가정용품. (3)(신문·잡지의)기사, 논설:an ~ on Korea 한국에 관한 논설/ an editorial 〈《英》 a leading〉 ~ (신문) 사설/ city ~ 상업경제 기사. (4)(규칙·계약 등의) 조항, 조목(item): *Article* 50 of the UN Charter 유엔 헌장 제50조. (5)(*pl.*) 계약 : ~*s* of apprenticeship 연기(年期) (도제(徒弟)) 계약. (6) 【文法】 관사. ***~ by ~*** 조목조목, 축조(逐條)적으로. ***the ~s of association*** 《美》 (회사의) 정관. ***the ~s of faith*** 신앙 개조(箇條), 신조 : Nonviolence is *the* first ~ *of* my *faith*. 비폭력은 내 신조의 제 1조이다《Gandhi의 말》. ***the ~s of partnership*** 조합 규약. ***the ~s of war*** 군율. ***the definite ~*** 【文法】 정관사. ***the indefinite ~*** 【文法】 부정관사.
—*vt.* (1) …을 조목별로 쓰다. (2) …의 죄상을 열거하여 고발하다. (3) 《+目+前+名》 …을 연기(年期) 계약으로 고용하다《종종 受動으로》 : ~ a boy *to* a mason 소년을 연기 계약으로 석공의 도제로 보내다 / be ~*d to* …의 도제가 되다.
파) **~d** [-d] *a.* (1) 연기 계약의 : an ~*d* apprentice (연기 계약) 도제. (2) 《英》 (법률 사무소에서) 수습생으로 임명된 : She is ~*d to* a big law firm in the city of London. 그녀는 런던시의 대규모 법률 사무소의 수습생으로 일하고 있다.

ar·tic·u·lar [ɑːrtíkjələr] *a.* 관절의〈이 있는〉.

:ar·tic·u·late [ɑːrtíkjəlit] *a.* (1) (말·발음 등이) 분명(명료)한, 또렷하게 발음된 ; (음성 등이) 분절적인《음절이나 단어에 끊어짐이 있는》 : ~ speech 확실히 알아들을수 있는〈뜻을 알 수 있는〉 말. (2) 생각을 잘 쉬세 표현할 수 있는, 말〈발언〉할 수 있는 : They are ~ about their cause. 그들은 지신들의 주의주상을 분명히 말한다. (3) 마디가 있는 ; 관절이 있는 : an ~ animal 관절 동물. —[ɑːrtíkjəlèit] *vt.* (1) (음절·각 낱말)을 똑똑히 발음하다 ; 분명히 말하다 : *Articulate* your words. 말을 똑똑히 하여라. (2) 〔흔히 受動으로〕 (뼈 따위)를 관절로 잇다〈이어지다〉 《*with* ; *to*》 : The tibia is ~*d to* the femur. 정강이뼈는 대퇴골과 관절로 연결되어 있다.
—*vi.* (1) 똑똑히 발음하다. (2) 명확히 표현하다.
파) **~·ly** *ad.* 분명히. **~·ness** *n.*

ar·tic·u·la·tion [ɑːrtìkjəléiʃən] *n.* (1) ⓤ 【音聲】 유절(有節) 발음, (개개의) 조음(調音) ; 뚜렷한(명확한) 발음 ; 자음(子音). (2) ⓤ (생각 등의) 명확한 표현. (3) ⓒ 【植】 절(節), 마디 ; 【解】 관절. (4) ⓤ 관절 접합, 연결. ▫ articulate *v.*

ar·tic·u·la·tor [ɑːrtíkjəlèitər] *n.* ⓒ (1) 발음이 똑똑한 사람 (2) 【音聲】 조음(調音) 기관 《혀·입술·성대 등》.

ar·tic·u·la·to·ry [ɑːrtíkjələtɔ̀ːri] *a.* (1) 조음(調音)의 : ~ phonetics 조음 음성학. (2) 관절의.

ar·ti·fact [ɑ́ːrtəfæ̀kt] *n.* ⓒ (1) (천연물에 대해) 인공물, 가공품, 공예품, 예술품. (2) 【考古】 유사 이전의 고기물(古器物), 문화 유물. (3) 【生】 (세포·조직의) 인공물(人工物).

ar·ti·fice [ɑ́ːrtəfis] *n.* (1) a] ⓒ 고안(考案), 고안한 것. b] ⓤ 교묘한 솜씨. (2) a] ⓒ 책략, 술책. b] ⓤ 교활함. ***by ~*** 책략을 써서.

ar·tif·i·cer [ɑːrtífəsər] *n.* ⓒ (1) a] 기술공, 숙련공, 장색. b] 고안하는 사람, 발명가. (2) 【軍】 기술병. ***the Great Artificer*** 조물주.

:ar·ti·fi·cial [ɑ́ːrtəfíʃəl] (***more ~ ; most ~***) *a.* (1) 인공의, 인조의, 인공적인, 인위적인(〚opp.〛 *natural*) ; 모조의 ; 대용의 : ~ rain 〈organs〉 인공 강우 〈장기(臟器)〉 / an ~ booster heart 인공 보조 심장 / ~ ice 인조 얼음 / an ~ eye 〈limb, tooth〉 의안〈의지(義肢), 의치〉 / ~ flowers 조화 / ~ leather 인조 피혁 / ~ manure 〈fertilizer〉 인조〈화학〉 비료 / Many citizens feel that the division of their country is ~. 많은 국민들은 그들 나라의 분단은 인위적이라고 생각한다. (2) 부자연한 ; 일부러 꾸민 : an ~ smile 억지 웃음 / an ~ manner 지어 보이는 〈꾸민〉 태도 / ~ tears 거짓 눈물. ▫artifice *n.* 파) **~·ly** *ad.* 인위〈인공〉적으로 ; 부자연스럽게. **~·ness** *n.*

artifícial inseminátion 인공 수정(受精) 《略 : AI》.

artifícial intélligence 【컴】 인공 지능《추론·학습 등 인간 비슷한 동작을 계산기가 행하는 능력 ; 略 : AI》.

ar·ti·fi·ci·al·i·ty [ɑ̀ːrtəfiʃiǽləti] *n.* (1) ⓤ 인위〈인공〉적임 ; 부자연, 꾸밈. (2) ⓒ 인공물, 부자연한 것.

artifícial túrf 인공 잔디.

·ar·til·lery [ɑːrtíləri] *n.* (1) ⓤ 〔集合的〕 포, 대포(〚opp〛 *small arms*) : ⓒ (the ~) 〔單·複數취급〕 포병과, 포병(대) : an ~ duel 포병전 / ~ fire 포화 / the heavy〈field〉 ~ 중〈야전〉포병. (2) ⓤ 포술(gunnery).

ar·til·lery·man [-mən] *n.* ⓒ 포병, 포수.

ar·ti·san [ɑ́ːrtəzən/ɑ̀ːrtizǽn, ⌐-⌐] *n.* ⓒ 장색, 솜씨 좋은 직공, 기술공, 숙련공.

:art·ist [ɑːrtist] *n.* ⓒ (1) 〔一般的〕 예술가, 미술가 ; 《특히》 화가, 조각가 : Each poster is signed by the ~. 각 포스터에는 화가의 서명이 들어 있다. (2) 배우, 가수, 예능인 : He described her as one of the greatest film ~*s* of the 20th century. 그는 그녀를 20세기의 가상 위대한 영회 배우의 한 사람으로 기술하였다. (3) 예술〈미술·예능〉의 재능이 있는 사람. (4) 책략가. (5) 《古》 명인 (名人), 명장(名匠).

:ar·tis·tic [ɑːrtístik] (***more ~ ; most ~***) *a.* (1) 예술의, 미술의 ; 미술〈예술〉가의 : the campaign for ~ freedom 예술의 자유를 위한 캠페인. (2) 예술적인, 미술적인, 멋이 있는, 풍류 있는 : the ~ beauty of the garden 정원의 예술적인 아름다움.
파) **-ti·cal·ly** *ad.* (1) 예술적으로. (2) 〔文章修飾〕 예술적으로 보면〈보아〉.

art·ist·ry [ɑ́ːrtistri] *n.* ⓤ (1) 예술적 수완〈기교〉 : his ~ as a cellist 첼로 연주자로서의 그의 예술적 기교. (2) 예술〈미술〉적 효과 ; 예술성. (3) (직업으로서의) 예술 ; 예도(藝道)

art·less [ά:rtlis] *a.* (1) 꾸밈이 없는, 천진한, 소박한, 순진한, 순박한, 자연 그대로의 : his ~ air and charming smile 그의 소박한 풍채와 매력적인 미소. (2) 볼품없는, 서투른(clumsy) : an ~ translation 서투른 번역. 파) **~·ly** *ad* **~·ness** *n.*

Art Nou·veau [ɑ̀:rnu:vóu] (때로 a- n-) 《F.》 【美術】 아르누보《19세기 말부터 20세기 초에 걸친 프랑스·벨기에의 미술 공예 양식으로 곡선미가 특징임》.

art·sy-craft·sy [ά:rtsikrǽftsi/-krά:ft-] *a.* (1) 기능적이기보다 장식적인. (2) 예술가인 척하는.

art·work [ά:rtwə̀:rk] *n.* (1) ⓤ,ⓒ 수공예품(의 제작) ; (회화·조각 등의) 예술적 제작 활동. (2) ⓤ 【印】(본문에 대하여) 삽화, 도판(圖版), 도판 제작.

arty [ά:rti] (***art·i·er ; -i·est***) *a.* 《口》 (가구 등이) 사이비 예술의 ; 예술가연하는.

-ary *suf.* (1) '…의 장소, …하는 사람'의 뜻의 명사를 만듦 : api*ary*. (2) '…의, …에 관계 있는'의 뜻의 형용사를 만듦 : element*ary*.

Ar·y·an [έəriən] *a.* (1) 인도이란어의. (2) 《古》 아리안어족〈민족〉의. (3) (나치스 독일에서) 아리안인(종)의 《비유대계 백인의》.

—*n.* (1) ⓤ 인도이란어. (2) ⓤ 《古》 아리안어《※ 현대는 인도유럽〈게르만〉 (Indo-European〈-Germanic〉)어라고 함》. (3) ⓒ (나치스 독일에서) 아리아 사람《비유대계 백인》.

:as [æz, 보통은 弱 əz] *ad.* (1) (…와) 같을 정도로, 마찬가지로 : Tom is *as* tall as I (am). (내 키와같을 만큼 톰의 키가 크다⇨) 톰은 나와 같은 정도의 키다 / I love you as much as she (does). 나는 그녀 못지 않게 너를 사랑하고 있다 / This country is twice〈half〉 as large as that. 이 나라는 그 나라의 두 배나 되는〈절반되는〉 크기다《※ 배수(倍數)나 분수는 as...as의 바로 앞에 옴》.

☞ 語法 1) as...as__에서 앞의 as는 부사, 뒤의 as는 접속사임. 부사일 때는 딴 경우보다 강형인 [æz]로 발음할 때가 많음.
2) as...as 의 뒤의 절(節)에서는 동사가 종종 생략됨 : He is *as* tall as I. 《I am 의 생략》 이 때 구어에서는 I가 me로 될 때가 많음. 다만, 다음 점에 주의할 것 : I love him *as* much as she (= *as* much as *she* loves him). ≠ I love him *as* much as her(= *as* much as I love *her*)).
3) as...as 는 긍정문에 쓰고, 부정문에는 not so...as를 쓰는 것이 원칙이나, 구어에서는 not as...as 라고 하는 일도 있음 : He is *not so* 〈*as*〉tall *as* you. 그는 너만큼 키가 크지 않다 / Tom is *not as* honest *as* John. 톰은 존만큼 정직하지 못하다.
4) as...as 의 모양은 여러 가지로 생략됨 : It is (*as*) white as snow (is white). 그것은 눈처럼 희다 / She is *as* wise as (she is) fair. (그녀는 아름다움과 같을 정도로 어질다⇨) 그녀는 재색(才色)을 겸비하고 있다《동일인의 두 가지 성질의 비교》.

(2) 〔强意的〕 (…처럼) 매우《*as*...as__의 꼴로 쓰이며, …은 形容詞·副詞이고, —는 名詞. 《口》에서는 *as*가 종종 생략》 : (*as*) cool as a cucumber 매우 냉정한 / (*as*) good as gold 아주 행실이 좋은 / (*as*) black as thunder 몹시 화내어 / (*as*) cross as two sticks 몹시 기분이 언짢은 / (as) cool as a cucumber 아주 냉정하여 / (*as*) dead as a doornail 아주 숨이 끊어져 / He was (*as*) busy as a bee. 그는 벌처럼 분주했다.

—*conj.* (1) a] 〔양태〕 (—이 …한〈하는〉) 것과 같이, …대로, (…와) 마찬가지로 : Do *as* I tell you. 내 말대로 해라 / He went *as* promised. 그는 약속한 대로 갔다《*as* 다음에 it was〈had been〉이 생략되어 있음》 / You may dance *as* you please. 좋을대로 춤추어도 좋다 / Leave them as they are. 있는 그대로 둬 두어라.

☞ 語法 1) '…처럼'의 뜻인 as 다음에는 절이 오는데, 명사(구)가 올 때에는 like 가 됨 : He speaks Arabic *like* a native. 그는 원주민처럼 아랍말을 한다.
2) 구어에서는 흔히 as 대신에 like가 쓰임 : He was *like* (=as) he always was. 그는 여느 때와 다를 바가 없었다.
3) as yet(=yet), as compared with(=compared with)에서와 같이, 숙어적인 표현인 as는 여기서 설명한 의미에 속하는데, 이 때의 as는 없어도 뜻에는 거의 변함이 없음.

b] 〔생략 구문으로 前置詞的으로 쓰여〕 …와 같은 〈같이〉 (like) ; 예컨대 …(for instance) : Her face was *as* a mask. 그녀의 얼굴은 가면 같았다 / Some animals, *as* the fox and the squirrel, have bushy tails. 어떤 동물, 예컨대 여우와 다람쥐 같은 동물은 꼬리에 털이 많다《※ 보기를 열거할 때는 such as가 보통임》. c] 〔대조〕 …하〈이〉지만, (한편) …와 달리(while) : Men usually like wrestling *as* women do not. 여성은 레슬링을 좋아하지 않지만 남성은 보통 좋아한다.
(2) 〔비교〕 …와 같이, …와 같은 정도로, …만큼 : She's as tall *as* I〈me〉. 그녀는 나만큼 키가 크다《※ as의 앞뒤에 같은 말을 되풀이하여 '몹시', '무척', '아주'의 뜻을 나타낼 때가 있음 : (3) a] 〔때〕 …할 〈하고 있을〉 때, ~하자마자, …하면서, …하자(when), …하는 동안(while) : / Just as he began to speak, there was a loud explosion. 그가 말을 시작하자마자 큰 폭발이 일어났다.

☞ 語法 1) as 와 when 및 while 의 비교 : as는 두 일이 밀접한 관계에 있을 때 쓰며, when 은 한 때의 동작 또는 상태를 보이며, while 은 기간을 가리킬 때 씀. 다만, *as* a boy = *when* a boy = *when* I was a boy '어렸을 때'에 있어서의 as와 when은 거의 같은 뜻임.
2) as는 두 가지 일이 동시에 발생했음을 보이는 것이므로 아래에서와 같이 두 가지 일이 독립성을 가질 때에는 when을 as로 바꿀 수가 없음 : *When* I arrived at the station, the train had already left. 역에 도착했을 때에는 열차는 이미 떠나고 없었다.
3) 동시성을 강조하기 위해서는, just as..., as soon as...을 씀.

b] 〔추이〕 …함에 따라(서), …할수록, …에 비례〈평행〉하여 : As we go up, the air grows colder 높이 올라갈수록 공기가 차가워진다 / 《※ 흔히 'become〈grow, get〉+비교급 구문'과 함께 쓰임》.
(4) a] 〔흔히 文頭에 와서 원인·이유〕 …하여서, …이므로, …때문에 : *As* I am ill, I will not go. 병이 나서 안 가겠다. b] 〔形容詞〈副詞〉+as... 형태로〕 …이〈하〉므로 : (5) 〔양보〕 a] 〔形容詞〈副詞, 名詞〉+as... 형태로〕 (비록) …이〈하〉지만, …이긴 하나

(though) : Rich *as* she is, she is not happy. 부자이긴 하지만 행복하지는 않다 /《※ as 앞의 명사는 無冠詞》. b)〔原形動詞+as+主語+may〈might, will, would〉의 형태로〕(비록) …할 지라도, …해 보아도 : Laugh *as* they would, he maintained the story was true. 그들은 웃었으나, 그는 그 이야기가 정말이라고 우겼다.
(6)〔바로 앞의 名詞를 한정하여〕(…하는) 바와 같은, (…했을) 때의 : the English language *as* (it is) spoken in America 미국에서 쓰이고 있는 영어《※ it is 는 관용적으로 생략되며, 절이나 과거분사·형용사가 흔히 옴 : (7)《美口》(…한다)는 것(that)《부정(否定)의 know, say, see의 목적어가 되는 절(節)을 이끎》: I don't *know as* I can come. 올 수 있을지 모르겠다.
(8) …도 똑같이(and so) : He studies hard, *as* does his sister. 그는 열심히 공부를 하는데 그의 누이도 또한 같다.
—*rel. pron.* (1)〔as, such, the same 따위와 상관하여, 제한적 용법으로〕…(와) 같은, …하는 바의 : *As* many children *as* came were given some cake. 온 어린이들은 모두 (늘) 과자를 받았다 /
☞ 語法 1) 이 경우 바로 그 물건임을 나타낼 때에는 as 대신 that을 쓰는 것이 보통(다만, 이런 구별은 종종 무시됨) : This is *the same* watch *that* I lost. 이것은 내가 잃어버린 (바로 그) 시계이다.
2) 다만, 추상 관념일 때는 as, that 어느 것을 써도 무방함 : He has *the same* position *as*〈*that*〉 you have. 그는 자네와 같은 지위에 있네.
3) 또한 as는 종종 생략절을 이끎 : He works in *the same* building *as* you(=as you work in). 그는 너와 같은 건물에서 일하고 있다.

(2)〔앞 또는 뒤에 오는 주절을 선행사로 하여, 계속적 용법으로〕그것은 …이지만, 그 사실은 …이긴 하지만 : He was a foreigner *as* I knew from his accent. 그는 외국인이었다. (그것은) 그의 말투로써 안 일이지만《as = a fact which》.
—*prep.* (1) …로(서), …처럼〈같이〉: He treated me *as* a child. 그는 나를 어린애 취급을 했다 / He lived *as* a saint. 그는 성인으로서 생활을 했다 / (2)〔補語를 이끌어서〕…(이라)고, …으로 : consider〈regard〉 his remark *as* an insult〈*as* insulting〉 그의 말을 모욕〈모욕적〉으로 여기다.

as above 위와 같이, 상기와 같이. ***as against*** ⇨ AGAINST. **as before** 앞서와 같이. **as below** 아래(하기)와 같이. ***as a (general) rule*** ⇨ RULE. ***as all that*** 예상〈기대〉한 만큼 : He's not intelligent *as all that*. 그는 생각한 만큼 현명하지 않다. ***as ...as any*** 누구에게도 못지 않게, 누구에게도지지 않는 : He can run *as* fast *as any* other boy. 그는 어느 소년(에게도) 못지 않게 빨리 달릴 수 있다. ***as ...as*** one ***can*** 될 수 있는 대로, 힘 자라는 한 : ***as... as ever*** 변함없이, 여전히 : He is *as* poor *as ever*. 그는 여전히 가난하다. ***as ...as possible*** 될 수 있는 대로, 가급적(可及的) : Get up *as* early *as possible*. 될 수 있는 대로 일찍 일어나라. ***as...as*** one ***will*** 아무리 …하더라도 : Work *as* hard as he *will*, ... 아무리 열심히 공부해도 …. ***as before〈below〉*** 앞서〈아래〉와 같이. ***(as) compared with〈to〉*** ⇨ COMPARE. ***as far as*** ⇨ FAR. ***as follows*** ⇨ FOLLOW. ***as for***〔흔히 文頭에 써서〕… 은 어떠냐 하면, …로 말한다면, …에 관해서는(as to) : *As for* me, I would rather not go. 나는 어떠냐 하면, 차라리 가고 싶지가 않다 // *As for* the journey, we will decide about that later. 그 여행에 관해서는 나중에 결정하기로 하자. ***as from***《英》…(날)로부터 : *a* The agreement is effective *as from* March 1. 본 협정은 3월 1일 부터 발효(發效)한다. ***as good as*** ⇨ GOOD. ***as if***《※ as if절에서는 가정법을 쓰나 구어에서는 직설법도 씀》. 1) 마치 …처럼〈같이〉: He talks *as if*〈*as though*〉 he knew everything. 그는 마치 무엇이나 다 아는 것처럼 이야기를 한다. 2)〔as if to do로〕마치 …하는 것처럼〈…하듯이〉: He smiled *as if* to welcome her. 그는 그녀를 환영한다는 듯이 빙긋 웃었다. 3)〔It seems〈looks〉 as if...로〕…처럼〈같이〉(보이다, 생각되다) : 4)〔It isn't as if ...또는 As if ...로〕(설마) …은 아닐텐데 : *It isn't as if* he were poor. 그가 가난하지는 않을텐데 / ***as is***《美口》(상품 따위가) 그대로, 현상태로 : The car was sold *as is*. 그 차는 수리를 하지 않고 팔렸다. ***as is often the case*** 흔히 있는 일이지만, 흔히 있듯이. ***as it is***《※ 과거형은 as it was》. 1)〔보통 가정적 표현의 뒤에 오며, 文頭에서〕그러나 실상〈실정(實情)〉은 (그렇지 않으므로), 실제로는 : 2)〔文中·文尾에서〕현재 상태로, 지금 상태로도 ***as it were***〔文中·文尾에 와서〕말하자면(so to speak) : She is a grown-up baby, *as it were*. 그여자는, 말하자면 어른(이 된) 아기다. ***as long as*** ⇨ LONG. ***as many*** ⇨ MANY. ***as much*** ⇨ MUCH. ***as much as to say*** 마치 …라고 (말) 하기나 하려는 듯이. ***as of*** 1) (며칠날) 현재로〈에〉: *as of* May 1, 1995, 1995년 5월 1일 현재 / *as of* today 오늘 현재. 2) = as from. ***as of old*** 옛날 그대로. ***as opposed to*** ⇨ OPPOSED. ***as regards*** ⇨ REGARD. ***as ..., so*** ___ ⇨ SO. ***as soon as*** ⇨ SOON. ***as such*** ⇨ SUCH. ***as things are*** 지금 형편으로는. ***as though*** = as if. as ***to*** 1)〔文頭에 써서〕1) = as for. 2)〔文中에서〕…에 관(대)하여 : He said nothing *as to* the time. 그는 시간에 관해서 아무 말도 안했다. ※ 의문사절〈구〉 앞에서 as to 는 흔히 생략함. 3) …에 따라 : classify butterflies *as to* size and coloration 크기와 색에 따라 나비를 분류하다. ***as usual*** 여느〈보통〉 때와 같이. ***as we〈you, they〉 call it*** = ***as it is called*** 이른바, 소위. ***as well*** ⇨ WELL². ***as well as*** ⇨ WELL². ***as yet*** ⇨ YET. ***so(...) as to*** do ⇨ SO.

as·bes·tos [æzbéstəs, æs-] *n.* ⓤ【鑛】아스베스토, 석면 : ~ cloth 석면포(布).

as·bes·to·sis [æ̀sbestóusis] *n.* ⓤ【醫】아스베스토증, 석면 침착증(石綿沈着症)《허파 따위에 석면이 침착되는 직업병》.

:as·cend [əsénd] *vi.* (1)《~/+副/+前+名》올라가다, 기어오르다 ; (공중 따위로) 오르다 : The balloon *~ed high up in* the sky. 기구(氣球)는 하늘 높이 올라갔다 / The mist began to ~ *from* the lake. 호수에서 안개가 오르기 시작했다. (2)《~/+副》(길 따위가) 오르막이 되다 : (3) (지위 등이) 높아 지다 ; 올라가다 ; 승진하다 : The same year he *~ed to* power. 같은 해에 그는 권좌에 올랐다. (4) (물가 등이) 올라가다 ; (소리가) 높아지다. (5)《+前+名》거슬러 올라가다 ; ~ *to* the 18th century, 18세기로 거슬러 올라가다. —*vt.* (1) (오르막길·사다리 따위)를 올라가다, 오르다 : ~ a lookout tower 전망대에 오르다 / / ~ the stairs 계단을 올라가다.

(2) (강·시대 따위)를 거슬러 올라가다. (3) (…의 지위)에 오르다. 〖opp.〗 *descend*. ▫ ascent, ascension *n*. **~ *the throne*** 왕위에 오르다.

as·cend·an·cy, -en·cy [əséndənsi] *n*. ⓤ 우월, 우세 ; 주도〈지배〉권 : He's completely under his wife's ~. 그는 완전히 마누라의 지배하에 있다. ***have* 〈*gain*〉 *an*〈*the*〉 *~ over*** …보다 우세하다〈해지다〉, …을 제압〈지배〉하다 : Mr. James has *gained* (*the*) ~ *over* his rivals. 제임스씨는 경쟁 상대를 누르고 지배권을 잡았다.

as·cend·ant, -ent [əséndənt] *a*. (1) 올라가고 있는, 상승하는 ; 떠오르는(rising). (2) (지위·권력 등이) 욱일승천하는. (3) a] 【占星】 동쪽 지평선상의 b] 【天】 중천으로 떠오르는《별》. ―*n*. ⓤ (1) (the ~)우위, 우세《*over*》. (2) 【占星】 (황도 12 궁의 위치로 나타내는 탄생시의) 성위(星位), (성위로 차지한) 운세(hourscope). ***in the ~*** 극히 융성하여, 욱일승천의 기세로 : His star was *in the* ~. 그의 운이 트이기 시작했다.

as·cend·ing [əséndiŋ] *a*. 오르는, 상승의, 상승적인 ; 향상적인 : an ~ scale 【樂】 상승 음계 / ~ power 승멱 / Now draw ten dinosaurs in ~ order of size. 이제 공룡을 (작은 것부터) 크기 순으로 열 마리 그려라.

as·cen·sion [əsénʃən] *n*. (1) ⓤ 오름, 상승(cascent) ; 즉위. (2) (the A-) 예수의 승천(昇天). (3) (A-) = ASCENSION DAY. ▫ ascend *v*.

Ascénsion Dày 예수 승천일《부활절 (Easter) 후 40 일째의 목요일》.

:as·cent [əsént] *n*. (1) ⓤ,ⓒ a] 상승, 값이 오름 ; 등반. 〖opp.〗 *descent*. 「the ~ of smoke 연기의 솟아오름 / He made his first successful ~ of Everest last year. 그는 지난 해에 에베레스트 등정에 첫 성공을 거두었다. b] 향상 ; 승진 : the ~ *to* governorship 주지사로의 출세. (2) ⓒ 비탈, 오르막 : a rapid 〈gentle〉 ~ 급〈완만한〉 경사 / We struggled up the slippery ~. 우리는 미끄러운 언덕을 힘들게 올라갔다. ▫ ascend *v*.

***as·cer·tain** [æ̀sərtéin] *vt*. 《~+目/+目+*to* do/+*wh*. 節/+that節》 …을 확인하다 ; (사실 여부를) 조사(調査)하다, 알아 내다 : ~ the report (*to be* true) 그 보고를〈가 사실임을〉 확인하다 / ~ *what* really happened 일의 진상을 알아보다 / ~ *whether* 〈*that*〉 the report is true 그 보고의 사실 여부를 〈그 보고가 사실임을〉 확인하다.
파) **~·a·ble** [-əbl] *a*. 확인〈조사〉할 수 있는, **~-ment** [-mənt] *n*. 확인, 탐지.

as·cet·ic [əsétik] *n*. ⓒ 금욕주의자 ; 고행자, 수도자. ―*a*. 금욕주의의 ; 고행의, 수도의, 고행자 같은 : They live a very ~ life. 그들은 아주 금욕적인 생활을 한다. 파) **-i·cal** [-kəl] *a*. = ascetic. **-i·cal·ly** *ad*.

as·cet·i·cism [əsétəsìzəm] *n*. ⓤ 금욕주의 ; 고행〈수도〉 생활.

As·cot [ǽskət, -kɑt] *n*. (1) a] 애스컷 경마장《영국 Berkshire에 있는 유명한 경마장》. b] 애스컷경마《6월 셋째 주에 행해짐》. (2) (a-) 《美》 폭이 넓은 스카프 모양의 넥타이(= 《英》 **áscot tíe**).

as·crib·a·ble [əskráibəbəl] *a*. 〔敍述的〕 …에 돌릴 수 있는, 탓인, …에 기인하는《*to*》 : His success is ~ *to* hard work. 그의 성공은 노력에 기인한다.

·as·cribe [əskráib] *vt*. 《+目+前+名》 …에 돌리다(attribute), …에 기인하는 것으로 하다《*to*》 ; …에 속한다고 생각하다《*to*》 : ~ one's success *to* good luck 성공의 원인을 행운에 돌리다 / These poems are ~*d to* Eliot. 이 시들은 엘리엇의 작품으로 여겨지고 있다. ▫ ascription *n*.

as·crip·tion [əskrípʃən] *n*. (1) ⓤ 귀속시킴, 돌리기《*to*》 : the ~ of his failure *to* bad luck 그의 실패를 불운의 탓으로 돌림. (2) ⓒ 설교 끝의 송영(頌詠)《신의 찬미》.

asep·sis [əsépsis, ei-] *n*. ⓤ 【醫】 무균(상태) ; 방부법(防腐法) ; (외과의) 무균 치료.

asep·tic [əséptik, ei-] *a*. 무균의 ; 방부성의.
파) **-ti·cally** *ad*. 무균으로.

asex·u·al [eisékʃuəl] *a*. (1) 【生】 무성(無性)의, 성별이 없는 ; 무성 생식의 : two methods of reproduction, sexual and ~ 생식의 두 방식, 곧 유성 생식과 무성 생식. (2) 성과는 관계없는 : an ~ friendship 성별과는 관계없는 우정.
파) **~·ly** *ad*. **asèx·u·ál·i·ty** *n*. ⓤ

:ash[1] [æʃ] *n*. ⓤ (1) (흔히 *pl*.) 재, 화산재, 화산회 ; (화재에 의한) 폐허 : Fuel oil leaves no ~. 연료유는 (탄 다음에) 재가 없다 / soda ~ 소다회. (2) (*pl*.) 유골 ; 《詩》 주검, 유해 : 슬픔의 표시 : His ~*es* are in Westminster Abbey. 그는 웨스트민스터 성당에 묻혀 있다. (3) (*pl*.) 창백 ; 은회색 : as pale as ~*es* 새파랗게 질리어. ***~ in the mouth*** 달갑지 않은〈참기 어려운〉 일. ***be reduced* 〈*burnt*〉 *to ~es*** 소실(燒失)하다, 재가 되다 : The stately palace *was reduced to* ~*es*. 그 장려한 궁전은 잿더미로 변해버렸다. ***bring back the ~es*** 【크리켓】 설욕하다. ***haul*** one'***s ~es*** 떠나다. ***turn to dust and ~es*** (희망 따위가) 사라지다.

:ashamed [əʃéimd] (***more ~ ; most ~***) *a*. 〔敍述的〕 (1) (…을) 부끄러이 여겨 《*of* ; *of doing* ; *that*》 : be 〈feel〉 ~ *of* one's folly 자신의 바보짓을 부끄럽게 여기다 / She's ~ *of having* behaved so badly. 그녀는 그렇게 버릇없이 군 것을 부끄러이 여기고 있다 / He felt ~ *that* he had made an obvious mistake. 그는 분명한 실수를 저지른 것을 부끄럽게 여겼다. (2) 딱하게〈유감스럽게〉 여겨《*of* 》 : Behave yourself ! I am ~ *of* you. 예절바르게 해 동하라. 너한테는 질렸구나. (3) (…하는) 것이 부끄러워 ; 부끄러워 …할 마음이 나지 않는《*to* do》 : I am ~ *to* see you. 부끄러워서 만나고 싶지 않다. ***be ~ of*** do***ing*** … 하여 부끄럽다. ***be ~ of*** one***self for . . .*** …때문에 〈…하여〉 부끄럽다.
파) **ashám·ed·ly** [-idli] *ad*

ásh bín 《英》 쓰레기통, 재받이 통.

ásh-blond(e) [ǽʃblɑ̀nd/-blɔ̀nd] *a*. 엷은 금발의.

ash·en[1] [ǽʃən] *a*. 재의, 재같은, 잿빛의, 창백한 : She was ~ and trembling. 그녀는 창백하여 떨고 있었다.

ash·lar, -ler [ǽʃlər] *n*. (1) ⓒ (건축용의) 떼내어 다듬은 돌, 모나게 깎은 돌. (2) ⓤ 그 돌을 쌓기.

:ashore [əʃɔ́ːr] *ad*. 해변에(으로), 물가에〈로〉 ; 육상에서(의) (〖opp.〗 *aboard*) : life ~ 육상 생활 (〖opp.〗 *life afloat*) / ~ and adrift 육상 또는 해상에 / swim ~ 해안에 헤엄쳐 닿다 / Once ~, the vessl was thoroughly inspected. 그 배는 일단 뭍에 이르러서는 철저한 검사를 받았다. ***be ~ driven ~ =run ~*** (바람이나 파도 또는 실수로) 좌초되다. ***be washed ~*** 해안에 밀려 올려지다. ***come* 〈*go*〉 *~*** 상륙하다, 뭍에 오르다. ***take ~*** 물에 부리다, 양륙(揚陸)하다.

ash·pan [ǽʃpæ̀n] *n.* ⓒ (난로 안의) 재받이.
ash·tray [ǽʃtrèi] *n.* ⓒ 재떨이.
Ásh Wédnesday 재의 수요일《사순절(Lent)의 첫날 ; 옛날 이 날에 참회자 머리위에 재를 뿌린 관습에서》.
ashy [ǽʃi] (**asf·i·er ; -i·est**) *a.* (1)재의 ' 재투성이의. (2)재와 같은. (3)잿빛의, 창백한.
:Asia [éiʒə, -ʃə] *n.* 아시아.
:Asian [éiʒən, -ʃən] *a.* 아시아의, 아시아 사람〈풍〉의. — *n.* ⓒ 아시아 사람《※ 인종을 말할 경우 Asiatic 은 경멸의 뜻이 있다고 여겨져 Asian 쪽을 더 쓰는 경향이 있음》.
Ásian Devélopment Bánk 아시아 개발은행《略 : ADB》.
·Asi·at·ic [èiʒiǽtik/ -ʃi-] *a., n.* 《때로 蔑》 =ASIAN.
:aside [əsáid] *ad.* (1)곁에〈으로〉 ; 떨어져서 : turn ~ 옆으로 빗나가다 / The doctor pulled ~ the curtain and examined the patient. 의사는 커튼을 한쪽으로 당겨 놓고 환자를 진찰하였다. (2)[(動)名詞의 뒤에 와서] …은 따로 하여, …은 제쳐놓고 : joking 〈jesting〉 ~ 농담은 집어치우고 / (3)【劇】 방백(傍白)으로. (4)고려하지 않고, 잊어버리고 : He tried to put his troubles ~. 그는 고민거리를 생각 않으려고 하였다. ***~ from*** 《美》 …은 차치하고 ; …을 제외하고 : ***lay ~*** ⇨ LAY[1]. ***put ~*** ⇨ PUT. ***set ~*** ① = put aside. 2)(판결)을 파기하다. ***speak ~*** 옆을 향해 (살짝) 이야기하다 ; (무대 배우가) 방백(傍白)을 말하다. ***stand 〈step〉 ~*** 비켜서다, 길을 비키다. ***take 〈draw〉*** a person ~ 아무를 옆으로 불러 가다《사담(私談)을 위해》 : — *n.* ⓒ (1)귀엣말. (2)【劇】 방백. (3)여담, 잡담 ;탈선 : He spoke in an ~ of his family. 그는 여담으로 가족 이야기를 하였다.
as·i·nine [ǽsənàin] *a.* 나귀(ass)의〈같은〉 ; 우둔한(stupid) ; 고집이 센, 완고한. 파) **~·ly** *ad.*
as·i·nin·i·ty [æ̀sənínəti] *n.* ⓤ 아둔함 ; 완고함.
:ask [æsk, ɑ:sk] *vt.* (1) **a**]《~+目/+目+目/+目+前+名/+目*wh.* 節/+目+*wh.* *to* do》 (의문)을 묻다, 물어보다 ; …냐고 묻다 : I *~ed* him a question. 그에게 질문하였다(= I *~ed* a question *of* him) / **b**]《~+目/+目+前+名》 (길·시간 따위)를 묻다, 물어보다 : ~ the way *of* a policeman 순경에게 길을 묻다. **c**]《~+目/+目+前+名》 …에게 질문(을) 하다(inquire), 묻다 : ~ the policeman 순경에게 묻다 / I *~ed* him *about* his family. 그의 가족에 관해서 물어 보았다. (2) **a**]《~+目/+目+前+名》 …을 대가(代價)로〈대상(代償)으로〉 청구하다, 요구하다 : How much did he ~? 얼마라고 그러던가 / **b**]…을 필요로 하다 : This trial *~s* courage. 이 시도(試圖)에는 용기가 필요하다. (3)《~+目/+目+目/+目+前+名/+*to* do/+目+*to* do/+*that* 節》 …에게 바라다, 요구하다, …에게 부탁〈요청〉하다《*for*》 : ~ a person a favor = ~ a favor *of* a person 아무에게 부탁을 하다 / (4)《+目+前+名/+目+副》 …을 초대하다《*to* ; *for*》 : ~ a person *in* 아무를 자택에 초청하다《식사 따위에》 / ~ a person *up* 아무로 하여금 2층에 올라오도록 하다 ; 도시로 초청하다 / — *vi.* 《~/+前+名》 (1)묻다, 질문하다《*about*》 : ~ *about* a person's whereabouts 아무의 거처를 묻다 / If you don't see what you want, please ~. 《口》 원하는 것이 보이지 않을 때에는 부디 물어 주세요. (2) 요구〈청구〉하다 ; 요청하다《*for*》 : ~ *for* a person 아무에게 면회를 요청하다 / 【聖】 구하라 그러면 주실 것이요《*Matt.* VII : 7》. ***~ after*** a person('s health) 아무의 안부〈건강 상태〉를 묻다, (아무)를 문안하다. ***~ around*** (…에 대해서) 이곳저곳 묻고 다니다《*about* ; *for*》 : ***~ for*** 1)…을 청구하다, …을 달라고 부탁하다 : ~ *for* a lady's hand 결혼을 신청하다. 2)…을 필요로 하다. 3)…의 소식 따위를 묻다(ask after). ***~ for it 〈trouble〉*** 《口》 ⇨ TROUBLE. ~ a person ***in 〈over, up〉*** ⇨ *vt.* (4). ***~ me another*** 《口》 나는 모르겠네. ***~ out*** *vi.* 《美》 물러나다, 사직하다. *vt.* 초대하다. ***Don't ~ me.*** 《口》 모르겠어. ***for the ~ing*** ⇨ ASKING. ***I ~ you.*** 《美》 (지긋지긋해서) 이건 뭐냐, 기가 막히는군, 설마, 어떨까. ***if I may ~*** 이렇게 물으면 실례가 될지 모르겠습니다만 : How old are you, *if I may ~ ?* 실례지만 나이는. ***If you ~ me, ...*** 내가 보는〈생각하는〉 바로는…. ***It may be ~ed whether....*** …일지 어떨지는 의문이다.
askance [əskǽns] *ad.* 옆으로, 비스듬히 ; 곁눈질로, 흘기어 ; 의심하여. ***look ~ at*** …을 곁눈질로〈흘겨〉 보다《의심 또는 비난하여》 :
askew [əskjú:] *ad., a.* 〔形容詞로는 敍述的〕 비스듬하게 ; 비뚤어져, 일그러져 : She stood there, hat ~. 그녀는 모자를 비딱하게 쓰고 거기에 서 있었다. ***look ~ at*** …을 흘겨보다, 곁눈질하다.
ask·ing [ǽskiŋ, ɑ́:sk-] *n.* ⓤ 구함, 청구. ***for the ~*** 청구하는 대로, 거저, 무상으로(for noth-ing)
aslant [əslǽnt, əslɑ́:nt] *ad., a.* 〔形容詞로는 敍述的〕 비스듬하게, 기울어져 : walk with head ~ 머리를 기우뚱하고 걷다.
:asleep [əslí:p] *ad., a* 〔形容詞로는 敍述的〕 (1)잠들어(〖opp.〗 *awake*) : My three year-old son was ~ on the sofa. 내 세 살난 아들은 소파 위에서 자고 있었다《※ 制限的으로는 sleeping을 씀》. (2)영면하여, 죽어서(dead) ; 죽은 듯이 ; 활동을 멈추고. (3)(수족이) 마비되어, (몸이) 말을 안 들어(numb). ***be〈lie〉 fast〈sound〉 ~*** 깊이 잠들어있다 : ***fall ~*** 잠들다
aslope [əslóup] *ad., a.* 〔形容詞로는 敍述的〕 비탈이 져서, 경사져.
aso·cial [eisóuʃəl] *a.* (1)비사교적인 ; 반사회적인. (2)《口》 이기적(利己的)인.
asp [æsp] *n.* ⓒ 독사《남유럽·아프리카·아라비아산》 ; 이집트산 코브라.
:as·pect [ǽspekt] *n.* (1) ⓒ **a**](일·사태 등의) 양상, 면, 모습, 외관 : He was interested in all *~s* of the work here. 그는 이곳 일의 모든 면에 흥미를 가졌다 / **b**]국면, 양상 ; 정세 : the ~ of affairs 국면 / (2) ⓒ 견지, 견해 : both *~s* of a decision 어느 결정에 대한 두 가지 견해. (3) ⓤ,ⓒ (사람의) 표정, 용모 : wear an ~ of gloom 우울한 얼굴을 하고 있다. (4) ⓒ 〔방위를 나타내는 수식어를 수반하여〕 (집의) 방향 ; 경관
as·pen [ǽspən] *n.* ⓒ 【植】 사시나무포플러(quaking ~). — *a.* 〔限定的〕 포플러의 (잎 모양을 한) : tremble like an ~ leaf (사시나무 떨 듯)와들와들 떨다.
as·per·i·ty [æspérəti] (*pl.* **-ties**) *n.* (1) **a**]ⓤ (기질·말투 등의) 신랄함 ; 퉁명스러움 ; 귀거슬림 : answer with ~ 퉁명스럽게 대답하다. **b**]ⓒ (보통 *pl.*) 거친〈신랄한〉 말. (2) ⓤ (또는 *pl.*) (날씨의) 매서움 ; (처지의) 난감함. (3) **a**]ⓤ (표면의)꺼칠꺼칠함. **b**]ⓒ 꺼칠꺼칠한 곳 : the *asperities* of the ground.
as·perse [əspə́:rs] *vt.* …을 헐뜯다, 중상하다

《*with*》.

as·per·sion [əspə́ːrʒən, -ʃən] *n.* ⓤ,ⓒ 비방, 중상. 〔흔히 다음 成句로〕 ***cast ~s on*** …을 중상하다 :

as·phyx·ia [æsfíksiə] *n.* ⓤ 【醫】 질식(suffocation), 가사(假死), 기절.

as·phyx·i·ate [æsfíksièit] *vt.* 〔受動態 또는 再歸的〕 …을 질식시키다(suffocate) : *asphyxiating* gas 질식 가스 / The baby *~d herself* with a plastic bag. 그 여자애는 플라스틱 봉지로 인해 질식했다 / — *vi.* 질식하다.
파) **as·phỳx·i·á·tion** [-ʃən] *n.* ⓤ 질식, 가사(상태), 기절.

as·pir·ant [ǽspərənt, əspáiər-] *n.* ⓒ (명예·높은 지위 따위를) 열망하는 사람 ; 지망자, 후보자《*to* ; *after* ; *for*》. — *a.* 큰 뜻을 품은, 대망을 지닌.

as·pi·rate [ǽspərèit] *vt.* (1)…을 기음(氣音)을 내어 발음하다. (2)【醫】 (가스 등)을 흡출기(吸出器)로 빨아내다. — [ǽspərit] *n.* ⓒ (1)【音聲】 기음, h음 ; 기음 글자, h자 ; 대기음(帶氣音)《[kʰ, gʰ] 따위의 음》. (2)【醫】 흡출한 것. — [ǽspərit] *a.* 기(식)음의, h음의.
파) **as·pi·rat·ed** [ǽspərèitid] *a.*

:as·pi·ra·tion [æ̀spəréiʃən] *n.* ⓤ,ⓒ (1)열망 ; 포부, 향상심, 큰 뜻, 대망《*for* ; *after*》 : intellectual *~s* 지식욕 / his *~s for*〈*after*〉 fame 그의 명예욕. (2)동경〈염원, 소망〉(의 대상) : The presidency is the ~ of American boys. 대통령이 되는 것이 미국 소년들의 꿈이다. (3)흡기(吸氣). (4)【醫】 (흡출기로) 빨아냄(suction). (5)【音聲】 기(식)음 ; 대기음. ▫ (1)(2)는 aspire *v.* (3)-(5)는 aspirate *v.*

as·pi·ra·tor [ǽspərèitər] *n.* ⓒ (1)【化】 흡인기(吸引器). (2)【醫】 흡인기《가스나 고름 등을 빨아내는》.

:as·pire [əspáiər] *vi.* 《+前+名/+*to* do》 …을 열망하다, 포부를 갖다, 대망을 품다, 갈망하다 《*after* ; *to*》 : ~ *after* 〈*to*〉 fame 명성 얻기를 열망 하다 / ~ *to* attain to power 권력을 잡으려고 열망하다 / ~ *to* be a leader of men 사람들의 지도자가 될 뜻을 품다. ▫ aspiration *n.*

·as·pi·rin [ǽspərin] (*pl.* *~*(**s**)) *n.* ⓤ 【藥】 아스피린 ; ⓒ 아스피린 1정(錠) : He took some *~s* and went to bed. 그는 아스피린 몇 알을 먹고 잠자리에 들었다.

as·pir·ing [əspáiəriŋ] *a.* 향학심에 불타는, 포부가〈야심이〉 있는 : Aspiring ballet dancers need to be strong as well as agile. 발레 댄서 지망자는 몸이 잽싸면서도 강해야 한다. 파) **~·ly** *ad.*

asquint [əskwínt] *ad.*, *a.* 〔形容詞로는 敍述的〕 곁눈으로, 눈을 흘겨, 흘깃 : 비스듬히(obliquely). ***look ~*** 곁눈질하다.

:ass[1] [æs] *n.* ⓒ (1)당나귀(donkey) : A king without learning is but a crowned ~. 《俗談》 학문 없는 왕은 왕관을 쓴 당나귀에 불과하다. (2)[u.s] 바보 ; 고집쟁이 : Don't be an ~. 바보 같은 소리 마라. ***an ~ in a lion's skin*** 사자의 탈을 쓴 당나귀, 호가호위(狐假虎威). ***make an ~ of*** …을 우롱하다. ***make an ~ of*** one***self*** 어리석은 짓을 하다, 웃음거리가 되다

ass[2], **arse** [æs], [ɑːrs] *n.* 《卑》 〔《英》 arse, 《美》 ass, arse〕 (1) ⓒ 엉덩이 ; 항문. (2) ⓤ 〔a piece of ~ 로〕 성교 ; (성교의 대상으로서의) 여성.

as·sai [əsáːi] *ad.* 《It.》 【樂】 대단히, 극히. ***allegro ~*** 아주 빠르게.

·as·sail [əséil] *vt.* (1)《~+目/+目+前+名》 a〕(사람·진지 등)을 (무력으로) 습격하다, (맹렬히) 공격하다《*with*》 : b〕(비난·질문·요망 따위로) …을 추궁하다 ; 공박하다, 몰아세우다, 비난하다《*with*》 : (2)(일·연구 등)에 과감히 착수하다, (난국 등)에 맞부딪치다 : ~ the difficulty 곤란에 과감히 맞서다. (3)〔종종 受動으로〕 (의혹·공포 등이 사람·마음)을 괴롭히다《*by* ; *with*》 : 파) **~·a·ble** *a.* 공격할 수 있는 ; 약점이 있는.

·as·sail·ant [əséilənt] *n.* ⓒ 공격자 ; 가해자 ; 적.

·as·sas·sin [əsǽsin] *n.* ⓒ 암살자, 자객 : He hired an ~ to eliminate his rival. 적수를 제거하기 위하여 그는 자객을 고용하였다.

as·sas·si·nate [əsǽsənèit] *vt.* (1)…을 암살하다 : (2)(명예 등)을 손상시키다. 파) * **as·sàs·si·ná·tion** [-ʃən] *n.* ⓤ,ⓒ 암살. **as·sàs·si·ná·tor** [-tər] *n.* ⓒ 암살자.

:as·sault [əsɔ́ːlt] *n.* (1) ⓒ 강습, 습격 ; 맹렬한 비난, 공격《*on*》 : an ~ *on* traditional ideas 전통적인 생각에 대한 공격. (2) ⓤ,ⓒ a〕【法】 폭행, 폭력(행위) : b〕(여성에 대한) 폭행, 강간. ***~ and battery*** 【法】 폭행. ***by ~*** 강습하여 : carry〈take〉 a fortress by ~ 요새를 강습하여 점령하다《※ by ~는 무관사임》. ***make an ~ on***〈***upon***〉 …을 강습하다, …을 폭행하다. — *vt.* (1)(사람·진지)를 습격〈강습〉하다. (2) a〕(사람)을 폭행하다. b〕(여성)을 폭행〈강간〉하다.

as·say [ǽsei, æséi] (*pl.* **~s**) *n.* ⓒ 시금(試金), 분석(평가) ; 시금물(物) ; 분석물 ; 시금 결과, 분석표 : — [æséi] *vt.* (1)(광석)을 시금〈분석〉하다. (2)…을 분석(평가)하다 : ~ a person's ability 아무의 재능을 시험하다. — *vi.* 《+補》《美》 (광석이 금속의 특정 순분(純分)을) 함유하다 파) **~·a·ble** *a.*

as·say·er [æséiər] *n.* ⓒ 분석자, 시금자.

·as·sem·blage [əsémblidʒ] *n.* (1) ⓒ 〔集合的〕 a〕회중(會衆) ; 집단 ; 집합, 집회 ; 집합물 ; 회합《※ 집합체로 생각할 때는 단수, 구성요소를 생각할 때는 복수 취급》. 『 The ~ rose and cheered as one man. 회중은 하나같이 일어나서 갈채하였다. b〕(물건의) 집합, 수집. (2) ⓤ (기계의 부품)조립. ▫ assemble *v.*

:as·sem·ble [əsémbəl] *vt.* (1)…을 모으다, 집합시키다, 소집하다 : The manager *~d* the players on the field. 감독은 선수들을 운동장에 모았다. (2)(물건)을 모아 정리하다 : He is *assembling* evidence concerning a murder. 그는 살인에 관계된 증거를 모으고 있다. (3)《+目/ ~+目+前+名》 (기계)를 조립하다, (부품)을 조립하여(…으로) 만들다《*into*》 : ~ a motorcar 자동차를 조립하다. (4)【컴】 …을 짜맞추다, 어셈블하다. — *vi.* 모이다, 회합하다 : A large crowd had *~d* in the stadium. 많은 군중이 스타디움에 운집 했었다.

as·sem·bler [əsémblər] *n.* ⓒ (1)조립공. (2)【컴】 짜맞추개, 어셈블러《기호 언어로 쓰여진 프로그램을 기계어 프로그램으로 변환시킴》.

:as·sem·bly [əsémbli] *n.* (1) a〕ⓒ (사교·종교 등의 특별한 목적의) 집회, 회합 : an unlawful ~ 불법 집회 / b〕ⓤ (초등 학교 등의) 조회《등》. c〕ⓤ 집합(하기), 모임 ; 〔集合的〕 집회자, 회합자 : freedom of ~ 집회의 자유. (2) ⓒ a〕의회 : provincial〈city, municipal〉 ~ 도〈시(市)〉의회. b〕(the A-) 《美》 (주의회의) 하원 : the National *Assembly* (한국 등의) 국회 ; 국민의회《프랑스 혁명 때의》. (3) a〕ⓤ (자동차 등 부품의) 조립 : b〕ⓒ 조

립품, 조립 부속품. (4) ⓒ 【軍】 집합 신호《나팔·북 따위》; 집결. (5)【컴】 어셈블리《어셈블리 기계어로 적힌 프로그램으로의 변환(變換)》.

·**as·sent** [əsént] *vi.* 《~/+前/+*to* do》 (1)동의하다, 찬성하다(agree) 《*to*》: (2) (요구 따위에) 따르다, 굴하다《*to*》: — *n.* ⓤ 동의, 찬성, 인정, 승인 《*to*》: Royal *Assent* (의회를 통과한 법안 발효에 필요한) 국왕의 재가 / give a nod〈wink〉 of ~ 고개를 끄덕여〈눈짓으로〉 동의를 표시하다. ***by common ~*** 전원 이의 없이. ***give*** one'***s ~ to*** …에 동의하다. ***with one ~*** 만장일치로.

:**as·sert** [əsə́:rt] *vt.* (1)《~+目/+目+*to be* 補/+*that* 節》 …을 단언하다, 명언하다 ; 주장〈역설〉하다 : He ~*ed* his innocence. 그는 자기의 결백을 주장했다 / I ~ *that* he is 〈~ him *to be*〉 innocent. 그는 무죄라고 나는 단언한다. (2)(권리 따위)를 주장〈옹호〉하다(defend) : ~ one's rights〈claims, liberties〉 자신의 권리〈요구, 자유〉를 주장하다. (3)〔再歸的〕 a](자기의 권리·의견)을 주장하다, 우기다 : b](재능 등이) 나타나다 ; (어떤 일이) 명백히 되다 : / Justice will ~ *itself*. 사필귀정. ㅁ assertion *n.*

·**as·ser·tion** [əsə́:rʃən] *n.* ⓤ (종종 근거 없는) 단언, 주장 ; ⓒ (자기 개인의) 언설(言說) : an unwarrnted ~ 근거 없는 부당한 부당한 주장 / Despite her ~ that she was innocent, she was found guilty. 그녀는 결백하다고 주장하였지만 유죄로 판결되었다. ***make an ~*** 주장하다. ㅁ assert *v.*

as·ser·tive [əsə́:rtiv] *a.* 단정적인 ; 자기 주장적인 ; 독단적인, 우기는 (듯한) : an ~ sentence 【文法】 단정문(declarative sentence) / Women have become more ~ in the past decade. 지난 10년 동안 여성들은 더욱 당당히 자기 주장을 하게 되었다. 파) **~·ly** *ad.* 단호하게. **~·ness** *n.*

as·sess [əsés] *vt.* (1)《~+目/+目+前+名》(재산·수입 따위)를 평가하다, 사정하다《*at*》: (세금·벌금 따위)를 사정하다《*at*》 : ~ a house *at* 30,000,000 won 집을 3천만원으로 평가하다 / (2)《+目+前+名》(세금·기부금 따위)를 부과하다 ; 할당하다《*on, upon*》 : (3)(사람·사물 따위)의 성질을〈가치를〉 평가하다 : 파) **~·a·ble** [-əbəl] *a.* 사정〈평가〉할 수 있는 ; 부과할 수 있는 ; 과세해야 할.

·**as·sess·ment** [əsésmənt] *n.* (1) a]ⓤ (과세를 위한) 사정, 평가 ; 부과 : the standard of ~ 과세 기준. b]ⓒ 세액, 평가액, 사정액. (2)ⓤ,ⓒ(사람·사물 등의) 평가, 판단《*of*》 : ~ *of* a person's character 아무의 성격 판단 / an ~ of environment impact 환경 영향 평가.

as·ses·sor [əsésər] *n.* ⓒ (1)재산 평가인, 과세 평가인, 사정관. (2)배석 판사 ; 보좌역.

·**as·set** [ǽset] *n.* ⓒ (1)자산의 한 항목. (2)(*pl.*) a](개인·회사의) 자산, 재산 : fixed 〈permanent〉 ~*s* 고정 자산 / intangible ~*s* 무형재. b](대차 대조표의) 자산 항목 : ~*s* and liabilities 자산과 부채. (2) 가치를 지닌 것 ; 유용한 자질 ; 이점, 미점, 자랑(거리) 《*to* ; *for*》 : Sociability is a great ~ *to* a salesman. 사교성이란 외판원에게는 큰 자산이다. ***personal〈real〉 ~s*** 동산〈부동산〉.

ásset strìpping 【商】 자산 박탈《자산은 많으나, 경영이 부실한 회사를 사들여, 그 자산을 처분하여 이익을 얻는 일》.

as·sev·er·ate [əsévərèit] *vt.* …을 언명하다, 단언하다 ; …라고 단호히 주장하다《*that*》. 파) **as·sèv·er·á·tion** [-ʃən] *n.* ⓤ,ⓒ 단호한 주장, 단언.

as·si·du·i·ty [æ̀sidjú:əti] (*pl.* ***-ties***) *n.* (1) ⓤ 근면《*in*》. (2)(종종 *pl.*) (따뜻한) 배려, 마음씀. ***with ~*** 근면하게, 열심히.

as·sid·u·ous [əsídʒuəs] *a.* (1)근면한《*in*》 : be ~ *in* one's duties 의무에 충실하다. (2)〔限定的〕 주도면밀한.
파) **~·ly** *ad.* 근면하게, 열심히. **~·ness** *n.*

:**as·sign** [əsáin] *vt.* (1)《+目+前+名/+目+目》(일·물건·방 등)을 할당하다, 배당하다(allot) 《*to*》 : ~ work *to* each man 각자에게 일을 할당 하다 / (2)《+目+前+名》 (일 따위)를 부여하다, 주다 : The class was ~*ed* plenty of homework. 학생들은 많은 숙제를 받았다. (3)《+目+前+名/+目+*to* do》 (아무)를 선임(選任)하다(appoint), 선정하다《*for* ; *to*》 ; 지명하다, 임명하다 : The president himself ~*ed* me *to* this job. 사장 자신이 나를 이 직위에 임명하였다 / He ~*ed* me *to* watch the house. 그는 나에게 그 집을 지키도록 명했다. (4)《+目+前+名》 (때·장소 따위)를 지정하다 ; (제한 따위)를 (설)정하다《*for* ; *to*》 : ~ a day for a festival 축제일을 지정하다. (5)《+目+前+名》 (사건의 연대 등을) …의 것으로 하다, …의 위치를 정하다, 배속하다 : (6)《+目+前+名》 (원인(原因) 따위)를 …에 돌리다, …의 탓으로 하다 (ascribe) ; ~이 (속성·명칭·구조 등)을 가지고 있는 것으로 하다 ; (7)【法】 (재산·권리 등)을 양도하다《*to*》. ㅁ assignation *n.* 파) **~·a·ble** *a.* 할당할 수 있는, 지정되는 ; …의 탓으로 돌려지는 ; 양도할 수 있는.

as·sig·na·tion [æ̀signéiʃən] *n.* ⓒ 할당 ; (회합 장소·시간의) 지정 ; (특히 남녀간의 밀회의) 약속 《*with*》 ; ⓤ 【法】 양도 ; 원인을 …에 돌림(ascription) 《*to*》.

·**as·sign·ment** [əsáinmənt] *n.* ⓤ,ⓒ (1)(임무·작업 등의) 할당, 지정 ; 할당된 것 ; 【컴】 지정. (2) 【法】 양도 (증서). (3)할당함 ; 임명. (4)직위, 임무. (5)《美》 (자습)문제, 연구 과제 ; 숙제(homework) : give an ~ 숙제를 내다.

as·sim·i·la·ble [əsímələbəl] *a.* 동화〈융합〉할 수 있는. 파) **as·sìm·i·la·bíl·i·ty** [-bíləti] *n.* ⓤ 동화〈융합〉성.

·**as·sim·i·late** [əsímәlèit] *vt.* (1)(지식·문화 등)을 (제것으로) 받아들이다, 흡수하다, 이해하다 : (2)《~+目/+目+前+名》 …을 (문화적으로) 동화〈일치, 순응〉시키다《*to* ; *into* ; *with*》 : ~ the new immigrants 새 이민을 동화시키다 / ~ oneself *to* the charging world 변화하는 세상에 적응하다. (3)【生理】 (음식물)을 소화 흡수하다. (4)【音聲】 …을 동화시키다. 〖opp.〗 *dissimilate.* — *vi.* (1)흡수〈동화〉되다. (2)《+前+名》 (…에) 융합하다 ; 순응〈동화〉하다 동화하다《*to* ; *into* ; *with*》 : (3)【生理】 (음식물이) 소화흡수되다. (4)【音聲】 동화하다. 파) ***as·sìm·i·lá·tion** [-ʃən] *n.* ⓤ 동화(작용) ; 같게 함 ; 흡수, 융합 ; 소화. **as·sím·i·là·tive** [-lèitiv] *a.* 동화(작용)의, 동화력이 있는.

:**as·sist** [əsíst] *vt.* 《~+目/+目+前+名/+目 *to* do》 (1) a](아무)를 원조하다, 돕다, 거들다, 조력하다 : ~ a person financially 아무에게 재정상의 원조를 하다. b](아무)를 도와서 …케 하다 : ~ a sick person *into* a room〈*from* a bed〉 환자를 도와서 방으로 들이다〈침대에서 내려주다〉. c](아무가) …함을 돕다 : (2)(아무)의 조수 노릇을 하다. (3)(사물이) …의 도움이 되다, …을 조장〈촉진〉하다 : Civil turmoil ~*ed* the coup. 시민의 소요가 쿠데타를 조장했다 / A good light ~*s* the eyes *in* reading. 충분히 불이

밝으면 책을 읽는데 눈이 피로하지 않다. — *vi.* 《+前+名》 거들다, 돕다《*in*》 : — *n.* ⓒ 《美》 (1)원조, 조력 ; 보조 장치. (2)【野】 보살(補殺). (3)【蹴】 어시스트《슛하기에 알맞은 공을 동료에게 패스하여 득점시키는 플레이》.

:as·sist·ance [əsístəns] *n.* ⓤ 원조, 도움, 조력 : with a person's ~ 아무의 도움을 빌려. ▫ assist *v.* ***be of ~ to*** a person ***in*** ...한 경우에 아무의 도움이 되다 : ***come***〈***go***〉 ***to*** a person'***s ~*** 아무를 도우러 오다〈가다〉 : 원조하다 :

:as·sist·ant [əsístənt] *n.* ⓒ (1)조수, 보좌역, 보조자, 보조물 ; 보좌 : He was ~ *to* the office manager. 그는 지배인의 보좌를 하고 있었다. (2)《美》 (학생) 조수《대학원 학생이 임명되며 유급임》. (3)점원(= **shóp ~**) : — *a.* 〔限定的〕 보조의, 부…, 조…, …보(補) : an ~ clerk 서기보 / an ~ engineer 기원(技員) / an ~ manager 부지배인 / an ~ professor 《美》 조교수 / an ~ secretary 서기관보 ; 《美》 차관보.

as·sizes [əsáiziz] *n. pl.* 《英》 순회 재판(개정기〈지〉(開廷期〈地〉) 《1971년까지 England와 Wales 각 주에서 열렸음 ;

as·so·cia·ble [əsóuʃiəbəl] *a.* (1)연상될 수 있는, 관련될 수 있는《*with*》. (2)(국가나 주가) 경제공동체에 가맹하고 있는.

:as·so·ci·ate [əsóuʃièit] vt. 《+目+前+名》 (1)〔흔히 受動으로 또는 再歸的〕 …을 (…와) 연합시키다, 관계시키다 ; …에 참가시키다, 동료로 가입시키다 (join, unite) 《*with*》 : I *was ~d with* him in the enterprise. 그와 공동으로 그 회사를 경영했다 / ~ *oneself*〈be *~d*〉 *with* the cause 운동에 참가하다. (2)연상하다, (관련지어) 생각하다 ; …을 (…와) 관련짓다《*with*》 : (3)(물질)을 (물질과) 결합하다《*with*》. — *vi.* 《+前+名》 (1)(…와) 교제하다, 사귀다《*with*》 : I don't care to ~ *with* them. 그들과 교제하고 싶지 않다. (2)(…와) 제휴하다 : ~ *with* a person *in* something 어떤 일에 아무와 협력하다. ~ one***self with*** …에 찬동하다 ; …와 협동하다 : — [-ʃiit, -èit] *n.* ⓒ (1)동료, 한패, 친구 ; 공동 경영자 ; 조합원 ; 준회원 ; (종종 A-) 《美》 단기 대학 졸업생. (2)연상되는 것 ; 연상물.
— [-ʃiit, -èit] *a.* 〔限定的〕 (1)연합된 ; 동료의, 한패의 : an ~ partner. (2)준…: an ~ editor 《美》 부주필 / an ~ judge 배석 판사.

:as·so·ci·a·tion [əsòusiéiʃən, -ʃi-] *n.* (1) ⓤ연합, 관련, 결합, 합동, 제휴《*with*》. (2) ⓤ 교제, 친밀(한 관계). (3) ⓒ 협회, 조합, …회 : form an ~ *to* promote social welfare 사회 복지를 촉진시키기 위하여 협회를 세우다. (4) ⓤ (종종 *pl.*) 연상(聯想) ; ⓒ 연상되는 것. (5)【競】 축구, 사커(~ football). ▫ associate *v.* ***in ~ with*** …와 공동〈관련〉하여 :

as·so·ci·a·tive [əsóuʃièitiv, -si-, -ʃətiv] *a.* (1) 연합의, 연대의. (2)연상(聯想)의.

as·so·nance [ǽsənəns] *n.* ⓤ (1)음(音)의 유사 ; 유음(類音). (2)【韻】 유운(類韻) ; 모음 압운(母音押韻) 《강세가 있는 두 단어의 모음은 동음이나, 뒤이은 자음은 같지 않음 : man, sat ; penitent, reticent》 ; 부분적 일치〈부합〉.
파) **-nant** *a.* 유운의 ; 모운의.

as·sort [əsɔ́ːrt] *vt.* (1)(물건)을 분류하다, 유별(類別)로 정리하다(classify). (2)(가게)에 물건을 갖추다, (물품)을 구색 맞추다. — *vi.* 《+副/+前+名》 (1)(…와) 조화되다《*with*》 : (2)(…와) 교제하다, 사귀다《*with*》.

·as·sort·ed [əsɔ́ːrtid] *a.* (1)유별한, 여러 종류로 된, 다채로운, 잡다한 : a bunch of ~ wild flowers 잡다한 야생화의 한 다발. (2)한데 섞어 담은 : (3)〔well, ill 등과 複合語를 이루어〕 조화를 이룬 : a well- ~ pair 잘 어울리는 부부.

·as·sort·ment [əsɔ́ːrtmənt] *n.* (1) ⓤ 유별, 분류. (2) ⓒ 구색 갖춘 물건 : Our store has a wide ~ *of* candies. 우리 가게는 여러 가지 캔디를 갖추어 놓고 있습니다.

as·suage [əswéidʒ] *vt.* (1)(슬픔·분노·욕망 따위)를 누그러뜨리다, 진정〈완화〉시키다 : To ~ his wife's grief, he took her on a tour of Europe. 부인의 슬픔을 덜어주기 위해 그는 그녀를 유럽 여행에 데리고 갔다. (2)(식욕 등)을 만족시키다 : 파) **~·ment** *n.* (1) ⓤ 완화, 진정. (2) ⓒ 완화물.

as·sua·sive [əswéisiv] *a.* 누그러뜨리는, 가라앉히는, 완화적인.

as·sum·a·ble [əsjúːməbəl] *a.* 가정〈상상〉할 수 있는. ▫ assume *v.* 파) **-a·bly** *ad.* 아마, 십중 팔구.

:as·sume [əsjúːm] *vt.* (1) 《+目/+*that* 節/+目+*to* be 補》 (증거나 객관성 없이) …을 당연한 것으로〈진실로〉 생각하다 ; 추정하다, 추측〈가정〉하다 : (2)(임무·책임 따위)를 떠맡다 : ~ the chair 의장석에 앉다 / ~ the responsibility 책임을 지다 / (3)(습관 등)을 몸에 배게 하다 ; (태도·성질)을 띠다, 나타내다 : ~ the offensive 공세를 취하다 / (4) 《~+目/+*to* do》 …을 짐짓 가장하다, …인 체하다, 꾸미다 : ~ an air of innocence 결백한 체하다. (5)…을 자기 것으로 하다《*to*》 ; 횡령 하다(usurp) : ~ a right *to* oneself 권리를 독점하다. (6)(가명·별명)을 대다, 사칭하다. ▫ assumption *n.* ***assuming that...*** …라고 가정 하여, …라고 한다면 :

·as·sumed [əsjúːmd] *a.* 〔限定的〕 (1)가장한, 꾸민 : He was living in New York under an ~ name. 그는 뉴욕에 가명으로 살고 있었다 / an ~ voice 꾸민 목소리 / ~ ignorance 모르는 체함. (2)임시의, 가정의 : an ~ cause 상정상(想定上)의 원인. 파) **as·súm·ed·ly** [-idli] *ad.* 아마, 필시.

as·sum·ing [əsjúːmiŋ] *a.* 건방진, 외람된, 참람(僭濫)한, 주제넘은. 파) **~·ly** *ad.*

·as·sump·tion [əsʌ́mpʃən] *n.* (1) ⓤ,ⓒ (임무·책임 등의) 인수, 수락 ; 취임 : the ~ of office 취임. (2) ⓒ 가정, 억측 ; 가설 : a mere ~ 단순한 억측. (3) ⓤ 건방짐, 외람됨, 주제넘음. (4)(종종 the A-) 성모(聖母) 몽소승천(夢召昇天) ; (A-) 성모 몽소승천 축일《8월 15일》. (5) ⓤ,ⓒ 횡령 ; 탈취, 장악 《*of*》 : ~ *of* power 권력 장악. (6) ⓤ 위장(僞裝). ▫ assume *v.* ***on the ~ that...*** …라는 가정 아래. 파) **-tive** *a.* (1)가정의, 가설의. (2)건방진, 주제넘은. 3)짐짓 꾸민.

:as·sur·ance [əʃúərəns] *n.* (1) ⓒ 보증, 보장, (*pl.*) 보증의 말 : receive ~s of support 원조의 확약을 얻다 / (2) ⓤ 확신《*of*》 : We have full ~ *of* the results. 그 결과에 대해서는 정말 확신이 있다. (3) ⓤ 자신(self-confidence) ; 침착 : an easy ~ of manner 자신 있는 침착한 태도. (4) ⓤ 뻔뻔스러움, 철면피(impudence) : have the ~ *to*(do) 뻔뻔스럽게도 …하다. (5)《英》 (생명) 보험(life ~). ▫ assure *v.* (act) ***in the ~ of*** …을 확신하여(행동(을) 하다). ***with ~*** 확신을 가지고 :

:as·sure [əʃúər] *vt.* (1)《+目+*that* 節/+目+前+名》 a〕…에게 (…을) 보증하다, 보장하다《*that* ;

of》 : I (can) ~ you *of* her honesty. 그녀의 정직을 보증한다. b]…에게 (…을) 납득시키다, 확신시키다, 안심케 하다 : (2)…을 확실하게 하다, 확보하다, 보증하다 : (3)…을 보험에 들다(《美》 insure). ~ one***self of***〈***that***〉 …을 확인하다 : I *~d myself that* he was safe. 그가 안전하다는 것을 확인했다.

·as·sured [əʃúərd] *a.* (1)보증된, 확실한(certain) : an ~ position 보장된 지위 / an ~ income 확실한 수입. (2)확신이 있는, 자신 있는(confident) : an ~ manner 자신 있는 태도. (3)뻔뻔스러운(presumptuous). — (*pl.* **~, ~s**) n. (the ~) (보험의) 피보험자 ; 보험금 수취인. ***be*** 〈***feel, rest***〉 ***~ of*** 〈***that***〉 …을〈이라고〉 믿어 의심치 않다, …을 확신하다

·as·sur·ed·ly [əʃúːəridli] *ad.* (1)〔文章 修飾〕 확실히, 의심없이(surely) : Assuredly, he looked splendid in his new suit. 새로 지은 옷을 입은 그는 확실히 돋보였다. (2)자신을 가지고, 침착하게.

as·sur·ing [əʃúəriŋ] *a.* 보증하는 ; 확인하는 ; 확신〈용기, 자신〉을 주는. 파) **~·ly** *ad.* 보증하듯이 ; 자신을 갖게 하듯.

as·ter [ǽstər] *n.* ⓒ (1)【植】 애스터. a]까실쑥부쟁이속(屬)의 식물《탱알·쑥부쟁이 등》. b]과꽃(China ~). (2)【生】 (세포의) 성상체(星狀體).

as·ter·isk [ǽstərìsk] *n.* ⓒ 별표(*) ; 별 모양의 것 ; 【컴】 별표. — *vt.* …에 별표를 달다〈붙이다〉.

astern [əstə́ːrn] *ad.* 【海】 고물에, 고물쪽으로 ; 뒤에, 뒤로 : ***~ of*** …보다 뒤쪽에(서) (〖opp.〗 ahead *of*) : Halfway through the race, his boat was 3km ~ *of* the leader. 전(全)코스의 중간지점에서 그의 배는 선두 배보다 3km나 뒤쳐져 있었다. ***back ~*** 배를 후진시키다. ***drop*** 〈***fall***〉 ***~*** 딴 배에 뒤쳐지다〈추월 당하다〉. ***Go ~!*** 후진《구령》 (〖opp.〗*Go ahead !*).

as·ter·oid [ǽstərɔ̀id] *n.* ⓒ (1)【天】 소행성 (minor planet, planetoid)《화성과 목성의 궤도 사이에 산재하는》. (2)【動】 불가사리류. — *a.* (1)별모양의. (2)불가사리의〈같은〉. 파) **as·ter·oi·dal** [æ̀stərɔ́idl] *a.* 소행성의 ; 불가사리의.

asth·ma [ǽzmə, ǽs-] *n.* ⓤ 【醫】 천식.

asth·mat·ic [æzmǽtik, æs-] *a.* 천식의. — *n.* ⓒ 천식 환자. 파) **-i·cal·ly** *ad.*

as·tig·mat·ic [æ̀stigmǽtik] *a.* (1)난시(안)의 ; 난시용의. (2)【光】 비점 수차(非點收差)의. — *n.* ⓒ 난시의 사람. 파) **-i·cal·ly** *ad.* 난시같이.

as·tig·ma·tism [əstígmətìzəm] *n.* ⓤ (1)난시안(亂視眼), 난시. (2)【光】 (렌즈 따위의) 비점 수차(非點收差) (〖opp.〗 *stigmatism*).

astir [əstə́ːr] *ad.*, *a.* 〔形容詞로는 敍述的〕 (1)움직이어, 자리에서 일어나 : He was rarely ~ later than 7 o'clock. 그가 7시 이후에 일어나는 일은 드물었다. (2)법석대어, 떠들썩하여 ; 흥분하여《*with*》 :

:as·ton·ish [əstániʃ/ -tɔ́n-] *vt.* (아무)를 놀라게하다, 깜짝 놀라게 하다 :

·as·ton·ished [əstániʃt/ -tɔ́n-] (***more ~ ; most ~***) *a.* (깜짝)놀란 : with an ~ look 깜짝 놀란 얼굴로 / He looked ~. 그는 놀란 얼굴을 하고 있었다.

·as·ton·ish·ing [əstániʃiŋ/ -tɔ́n-] *a.* (깜짝) 놀랄 만한, 놀라운 : His first novel enjoyed an ~ success. 그의 첫 소설은 놀라운 성공을 거두었다. 파) **~·ly** *ad.* (1)놀랄 만큼 ; 몹시, 매우. (2) 〔文章修飾〕 놀랍게도.

:as·ton·ish·ment [əstániʃmənt/ -tɔ́n-] *n.* (1) ⓤ 놀람, 경악 : *Astonishment* deprived me of my power of speech. 놀라서 말을 못 하였다. (2) ⓒ 놀랄 만한 일〈것〉. ***in***〈***with***〉 ***~*** (깜짝) 놀라서, 소스라쳐서 :

·as·tound [əstáund] *vt.* (아무)를 놀라게 하다, 아연실색케 하다 : 파) **~·ing** *a.* 깜짝 놀라게 할 (만한), 아주 대단한 : an *~ing* victory〈success〉 아주 대단한 승리〈성공〉. **~·ing·ly** *ad.*

as·tound·ed [astáundid] *a.* 〔敍述的〕 …에 깜짝 놀라, 아연실색하여 : I was ~ *at* the sight. 나는 그 광경에 깜짝 놀랐다 / She was ~ *to* hear the news. 그녀는 그 소식을 듣고 깜짝 놀랐다.

astrad·dle [əstrǽdl] *ad.*, *a.* 〔形容詞로는 敍述的〕 걸터앉아, 걸터타고.

as·tral [ǽstrəl] *a.* 별의(starry) ; 별 모양의 ; 별이 많은 ; 별 세계의.

·astray [əstréi] *ad.*, *a.* 〔形容詞로는 敍述的〕 길을 잃어 ; 잘못하여 ; 타락하여. ***go ~*** 1)길을 잃다 ; (물건이) 행방불명되다 : Many items of mail being sent to him have *gone* ~. 그에게 부쳐진 많은 우편물들이 배달되지 않았다. 2)타락하다 : ***lead ~*** ⇨ LEAD[1].

astride [əstráid] *ad.*, *a.* 〔形容詞로는 敍述的〕 (…에) 걸터앉아 ; 두 다리를 쩍 벌리고. ***ride ~*** (말에) 걸터 타다. ***sit ~ of*** (a horse) (말에) 걸터앉다. ***stand ~*** 양 다리를 벌리고 서다. — *prep.* (1)걸터앉아, 말에 올라타고. (2)(내·도로 등)의 양쪽에 ; (넓은 지역, 긴 시간 등에) 걸쳐 : Brandenburg lies ~ the River Havel. 브란덴부르크는 하펠강 양안에 걸쳐 자리잡고 있다. ***sit ~ a horse*** 말에 올라타다.

as·trin·gen·cy [əstríndʒənsi] *n.* ⓤ (1)수렴성. (2)떫음. (3)엄격.

as·trin·gent [əstríndʒənt] *a.* (1)【藥】 수렴성의. (2)(맛이) 떫은. (3)엄격한(severe). — *n.* ⓤ,ⓒ 【藥】 수렴제(劑). (파) **~·ly** *ad.*

as·tro·bi·ol·o·gy [æ̀stroubaiálədʒi/ -ɔ́l-] *n.* ⓤ 우주〈지구 외〉 생물학(exobiology).

as·tro·chem·is·try [æ̀stroukémistri] *n.* ⓤ 우주〈천체〉 화학. 파) **-chém·ist** *n.*

as·tro·dome [ǽstrədòum] *n.* (1) ⓒ 【空】 (항공기의) 천체 관측창(astral hatch). (2)(the A-) 투명한 둥근 지붕의 경기장《미국 Houston에 있는 것이 유명함》.

as·tro·ge·ol·o·gy [æ̀stroudʒiálədʒi/ -ɔ́l-] *n.*ⓤ 천체〈우주〉 지질학.

as·trol·o·ger [əstrálədʒər/ -trɔ́l-] *n.* ⓒ 점성가(占星家), 점성학자.

·as·trol·o·gy [əstrálədʒi/ -trɔ́l-] *n.* ⓤ 점성학〈술〉. 【cf.】 astronomy.

·as·tro·naut [ǽstrənɔ̀ːt] *n.* ⓒ 우주 비행사.

as·tro·nau·ti·cal [æ̀strənɔ́ːtikəl] *a.* 우주 비행의, 우주 비행사의. 파) **~·ly** *ad.*

:as·tron·o·mer [əstránəmər/ -trɔ́n-] *n.* ⓒ천문학자.

·as·tro·nom·i·cal [æ̀strənámikəl/ -nɔ́m-] *a.* (1)천문학(상)의 : an ~ observatory 천문대 / ~ observations 천체 관측 / an ~ telescope 천체 망원경 / ~ time 천문시《하루가 정오에서 다음날 정오까지》. (2)(숫자·거리 등이) 천문학적인, 엄청나게 큰, 방대한 : ~ figures〈distance〉 천문학적 숫자〈대단히 먼 거리〉 / 파) **~·ly** [-ikəli] *ad.* 천문학상.

:as·tron·o·my [əstránəmi/ -trɔ́n-] *n.* ⓤ 천문학 ; ⓒ 천문학 논문〈서적〉.

as·tro·phys·i·cal [æ̀stroufízikəl] *a.* 천체 물리

학의.

as·tute [əstjú:t] *a.* 기민한, 빈틈 없는 ; 교활한 : an ~ lawyer〈businessman〉 빈틈 없는 변호사〈사업가〉. 파) **~·ly** ad. **~·ness** *n.*

·asun·der [əsʌ́ndər] *ad., a.* 〔形容詞로는 敍述的〕 (1)〔주로 break, rend, split, tear 등의 동사에 붙어〕 산산이 흩어져, 조각조각으로 ; 두 동강이로 : families *rent*〈*torn*〉 ~ by the revolution 혁명으로 뿔뿔이 흩어진 가족들 / (2)《文語》 (둘 이상의 것이 서로) 떨어져서, 따로따로(apart) : (성격·성질 따위가) 달라 : ***whole worlds ~*** 하늘과 땅만큼 떨어져서. ***wide ~*** 서로 떨어져서.

·asy·lum [əsáiləm] *n.* (1) ⓒ (보호)시설〈수용소〉《고아·정신 병자를 위한》 : an orphan〈a foundling〉 ~ 고아〈육아〉원. (2) ⓒ 《稀》 정신병원《오늘날에는 mental home 〈hospital, institution〉이 일반적》. (3) ⓒ 〔一般的〕 은신처, 피난처. (4) ⓒ **【國際法】** 정치범에게 주어지는 일시적 피난처《주로 외국 대사관》. (5) ⓤ 피난, 망명, 보호 : grant ~ to …에 망명을 허락하다 / seek political ~ 정치적 보호를 〈망명을〉 요청하다.

asym·met·ric, -ri·cal [èisimétrik, ǽs-], [-əl] *a.* 불균형〈부조화〉의 ; 비대칭의. 파) **-ri·cal·ly** *ad.*

asym·me·try [eisímətri, æs-] *n.* ⓤ 불균형, 부조화 ; **【數·化】** 비대칭 ; **【植】** 비상칭(非想稱).

asyn·chro·nous [eisíŋkrənəs, æs-] *a.* (1)때가 맞지 않는 ; 비동시성의. 〖opp.〗 *synchronous.* (2) **【電·컴】** 비동기(非同期)의 : an ~ generator 비동기 발전기 /*ad.*

:at [æt, 弱 eə] *prep.* 《※ 보통 [ət] 라고 발음되나, 문장 끝에 올 때는 강음이 됨》. (1) a]〔위치·지점〕 …에, …에서 : *at* a point 한 점(點)에 / *at* the center 중심에(서), 한복판에(서) / *at* the top 꼭대기에, 맨 위에서 /
b]〔출입의 점·바라보이는 곳을 나타내어〕 …에서, …으로(부터) : come in at the front door 정문으로 들어오다《through의 뜻》 / look out *at* the window 창문에서 밖을 내다보다{단지 '창으로'의 뜻이면 at 대신 out of를 씀》 / c]〔출석·참석 따위를 나타내어〕 …에(나가 있어 따위) : *at* a meeting 회의에 출석하여 / *at* the theater 극장에(가 있어) / d]〔도착지·도달점을 나타내어〕 …에 : arrive *at* one's destination 목적지에 도착하다.
(2)〔시점·시기·연령〕 …에, …때에 : *at* five (o' clock) 5 시에 / *at* daybread 〈sunset〉 새벽〈해질〉녘에 / at midnight 〈noon〉 한밤중〈정오〉에 / *at* present 지금은 / *at* this moment 현재, 바로 그 때 / *at* this time of (tho) year 〈day, night〉 이 계절〈이 시각, 밤의 이 시각〉에 / (*at*) what time …? 몇 시에《at은 흔히 생략》 / (3) a]〔상태·궁지·입장을 나타내어〕 …하여 : *at* a loss 어찌할 바를 몰라, 당혹〈당황〉하여 / a stag *at* bay 사냥개에 쫓긴 수사슴 / *at* a disadvantage 불리한 입장에 / *at* large ⇨ LARGE / *at* stake 위험에 직면하여. b]〔자유·임의·근거를 나타내어〕 …로, …으로 : *at* will 마음대로 / *at* one's convenience 형편 닿는 대로, 편리한 대로. c]〔평화·불화를 나타내어〕 …하여, …중(인) : be *at* peace 평화롭(게 지내)다 / be *at* war 전쟁중이다 / *at* odds (with) (…와) 불화하여. d]〔정지·휴지(休止)를 나타내어〕 …하여 : (4)〔행동·종사〕 a]〔종사중임을 나타내어〕 …에 종사하여, …을 하고 있는 ; …중에 《※ 관용구는 흔히 관사가 안 붙음》 : *at* breakfast 아침 식사 중 / *at* school (학교에서) 공부중 / What is he *at* now ? 그는 지금 무엇을 하고 있나. b]〔종사의 대상을 나타내어〕 …에 (달라붙어), …을 : work *at* math(s) 수학을 공부하다 / knock *at* the door 문을 노크하다.
(5)〔기능·성질을 나타내어〕 …에〈을〉, …점에서 : good〈poor〉 *at* swimming〈mathematics〉 수영〈수학〉을 잘하여〈못하여〉 / (6)〔방향·목적·목표를 나타내어〕 …을 (노리어), …을 향하여, …을 목표로 : aim *at* a mark 과녁을 겨누다 / look *at* the moon 달을 보다 / gaze *at* …을 뚫어지게 보다 / glance *at* …을 흘끗 보다 / laugh *at* a person 아무를 비웃다 / / stare *at* …을 응시하다 / throw a stone *at* a cat 고양이에게 돌을 던지다《비교 : throw a piece of meat to a cat 고양이에게 고기를 던져 주다》.
(7) 〔감정의 원인·사물의 본원〕 …에 (접하여), …을 보고〈듣고, 알고, 생각하고〉, …으로, …에서 〈로부터〉 : blush *at* a mistake 잘못을 저질러 얼굴을 붉히다 / do something *at* a person's sug-gestion 아무의 제안으로 무엇을 하다 / be sur-prised 〈astonished〉 *at* the result 결과에 놀라다 / (8)〔비율·정도〕 a]〔값·비용·속도·정도를 나타내어〕 …(의 비율)로, …하게 : buy〈sell, be sold〉 *at* ten cents, 10센트에 사다〈팔다, 팔리다〉 / *at* a low price 싼 값으로 / *at* (an angle of) 90°, 90도로 / estimate the crowd *at* 300, 군중을 3백 명으로 어림〈추산〉하다. b]〔대가·희생을 나타내어〕 …로서, …하고〈하여〉 : *at* any price 어떤 희생을 치르더라도 / (9)〔방식·양태로〕 …(한 방식)으로, …에 : *at* a run 뛰어서, 구보로 / *at* 〈《英》 *by*〉 whole sale 도매로 / *at* a blow 일격에 / *at* a stretch 〈stro-ke〉 단숨에 / *at* a mouthful 한 입에. ***all at once*** 갑자기, 홀연히. ***at about*** …쯤〈경〉 : ***at all*** ⇨ALL. ***at that*** ⇨ THAT. ***at*** (***the***) ***best*** 〈***least, most***〉 기껏 해봐야〈적어도, 많아도〉. ***be at...*** 1)(귀찮게 남편 등)에게 졸라대다 : 2)…에게 대들다 : *At* him! 그놈에게 대들어라. 3)…을 공격하다, …을 노리다 : 4)(남의 것 따위)를 만지작거리다 : 2) 《俗》 (사물에) 전념〈열중〉하다 ; 술에 빠지다.

at·a·vism [ǽtəvìzəm] *n.* ⓤ **【生】** 격세유전 : ⓒ 그 실례.

at·a·vist [ǽtəvist] *n.* ⓒ **【生】** 격세(隔世) 유전에 의한 형질을 가진 개체.

at·a·vis·tic [æ̀təvístik] *a.* 격세(隔世)유전의〈적인〉. 파) **-ti·cal·ly** *ad.*

atax·ia, ataxy [ətǽksiə], [ətǽksi] *n.* ⓤ(1)혼란, 무질서. (2)**【醫】** (특히 사지의) 기능장애 : 운동실조(증) : locomotor *ataxia* 보행 장애.

:ate [eit/et] EAT 의 과거.

-ate[1] *suf.* '…시키나, …(이 되게) 하다, …을 부여하다' 따위의 뜻 : loc*ate*, concentr*ate*, evapor*ate*.

-ate[2] *suf.* (1)ate를 어미로 하는 동사의 과거분사에 상당하는 형용사를 만듦 : anim*ate* (anim*ated*), situ*ate* (situ*ated*) (2) '…의 특징을 갖는, (특징으로 하여) …을 갖는, …의' 의 뜻 : passion*ate*, collegi*ate*.

-ate[3] *suf.* (1) '직위, 지위' 의 뜻 : consul*ate*. (2) '어떤 행위의 산물' 의 뜻 : leg*ate*, mand*ate*. (3) **【化】** '…산염(酸)' 의 뜻 : sulf*ate*.

at·el·ier [ǽtəljèi] *n.* ⓒ 《F.》 (화가·조각가의) 일터, 작업실, 화실(畵室) (studio), 아틀리에.

a tem·po [ɑ:témpou] *ad., a.* 《It.》 **【樂】** 본래의 속도로〈의〉 (tempo primo).

Ath·a·na·sius [æ̀θənéiʃəs] *n.* **Saint ~** 성 아타나

시오스〔Alexandria의 대주교로 삼위 일체론을 주장하여 Arianism 교의에 반대함 ; 295 ?-373》.

·athe·ism [éiθiìzəm] *n.* ⓤ 무신론 ; 무신앙 생활.

athe·ist [éiθiist] *n.* ⓒ 무신론자 ; 무신앙자.
파) **àthe·ís·tic, -ti·cal** [-tik], [-əl] *a.* 무신론(자)의.
àthe·ís·ti·cal·ly *ad.*

Athe·na [əθíːnə] *n.* = ATHENE.

A the·ne [əθíːni] *n.* 【그神】 아테네《지혜·예술·전술(戰術)의 여신(女神)》. 【cf.】 Minerva.

·A the·ni·an [əθíːniən] *a.* 아테네의. — *n.* ⓒ 아테네 사람.

·Ath·ens [ǽθinz] *n.* 아테네《그리스의 수도》.

athirst [əθə́ːrst] *a.* 〔敍述的〕《文語》 갈망하여 (eager) 《*for*》 :

·ath·lete [ǽθliːt] *n.* ⓒ (1) a]운동선수, 스포츠맨 : b]《英》 육상 경기자. (2)강건한〈정력적인, 활발한〉 사람. ▫ athletic *a.*

:ath·let·ic [æθlétik] *a.* (1)〔限定的〕 운동의, 체육의, 체육적, 경기의 : an ~ meet(ing) 운동회, 경기회 / ~ equipment 경기용 기재(器材). (2)운동가의〈와 같은〉, 운동을 잘하는 ; 운동가용의. (3)강건한, 체력이 있는, 매우 씽씽한 : ▫ athlete *n.*
파) **-i·cal·ly** [-ikəli] *ad.* 운동〈체육〉상, 경기적으로 ; 운동가와 같이. **-i·cism** [-isìzəm] *n.* ⓤ,ⓒ (전문으로서의) 운동 경기 ; 운동(경기) 열.

·ath·let·ics [æθlétiks] *n.* ⓤ (1)(각종) 운동경기, 스포츠 ; 《英》 육상경기《track과 field 종목만》 : do ~ 운동경기를 하다 / an ~ meeting 운동 경기회. (2)체육실기 ; 체육이론.

at-home [əthóum] *n.* ⓒ (가정적인) 초대회(招待會) : an ~ day 집에서 손님을 접대하는 날, 접객일(接客日) (= **at hóme**). — *a.* 〔限定的〕 가정용의, 집에서의

athwart [əθwɔ́ːrt] *ad.* (비스듬히) 가로질러(서) ; (…에) 거슬러서, (…뜻에) 반(反)하여 : — *prep.* …을 가로질러서, (목적 따위)에 어긋나서 : ***go ~*** a person***'s purpose*** 아무의 뜻대로 안 되다.

athwart·ships [-ʃìps] *ad.* 【海】 배의 앞을 가로질러서.

atilt [ətílt] *ad., a.* 〔形容詞로는는 敍述的〕 기울어, 기울여서(tilted).

-ation *suf.* '동작·상태·결과' 를 나타내는 명사를 만듦 : occup*ation*, civiliz*ation*.

-ative *suf.* 동사에 붙여 관계·경향·성질 따위를 나타내는 형용사를 만듦 : authorit*ative*, talk*ative*

At·lan·ta [ətlǽntə] *n.* 애틀랜타《미국 Georgia 주의 주도 ; 제 26회 하계 올림픽의 개최지》.

At·lan·te·an [ӕtlæntíːən] *a.* (1)아틀라스(Atlas)와 같은. (2)비길 데 없이 힘센. (3)Atlantis 섬의.

:At·lan·tic [ətlǽntik] *n.* (the ~) 대서양.
— *a.* (1)대서양의〈에 면한〉 ; 대서양안(岸)의 : the ~ islands 대서양 제도 /

:Atlántic Ócean (the ~) 대서양.

Atlántic (stándard) tìme 대서양 표준 시간 《略 : A(S)T》.

At·lan·tis [ətlǽntis] *n.* 아틀란티스 섬《바닷속에 잠겨 버렸다는 대서양상의 전설의 섬》.

:at·las [ǽtləs] *n.* (1) ⓒ 지도책 ; 도해서, 도감. 【cf.】 map. (2)(A-) 【그神】 아틀라스《신들을 배반한 벌로 하늘을 짊어지게 된 신》

:at·mos·phere [ǽtməsfìər] *n.* (1)(the ~) 대기 ; 천체를 둘러싼 가스체 : (2)(*sing.*) (어떤 장소의) 공기 : a refreshing mountain ~ 상쾌한 산 공기. (3)(*sing.*) a]분위기, 기분, 주위의 상황 : a tense ~ 긴장된 분위기 / b](예술품의) 풍격, 운치 ; (장소·풍경 따위의) 풍취, 정취 : (4) ⓒ 【物】 기압《압력의 단위 ; 1기압은 1,013 헥토파스칼 ; 略 : atm.》 : absolute ~ 절대 기압.

·at·mos·pher·ic [ӕtməsférik] *a.* (1)〔限定的〕대기(중)의, 공기의 ; 대기에 의한, 기압의 : an ~ depression 저기압 / an ~ discharge 공중 방전(放電 / ~ nuclear test 대기권 핵실험. (2)분위기의, 정조(情調)의 : ~ music 무드 음악 / 파) **-i·cal·ly** [-əli] *ad.*

atmosphéric préssure 기압, 대기 압력 : low〈high〉 ~ 저〈고〉기압.

at·mos·pher·ics [ӕtməsfériks] *n. pl.* 〔複數취급〕 (1)【電】 공전(空電) ; 공전 장애(에 의한 잡음). (2) ⓤ 공전학(空電學). (3)〔複數취급〕 우호적인 분위기(atmosphere).

at·oll [ǽtɔːl, ətál, ǽtoul/ǽtɔl, ətɔ́l] *n.* ⓒ 환상(環狀) 산호섬, 환초(環礁).

:at·om [ǽtəm] *n.* ⓒ (1)원자, (2)미분자, 티끌, 미진(微震) : break 〈smash〉 to ~*s* 가루로 부수다. (3)(an ~ of) 〔否定語를 수반하여〕 조금도 …않다 :

átom 〈atómic〉 bómb 원자 폭탄(A-bomb).

:atom·ic [ətámik/ətɔ́m-] *a.* (1)원자의《略 : at.》 : ~ physics 원자 물리학. (2) a]원자력에 의한〈을 이용한〉 : an ~ carrier〈ship, submarine〉원자력 항공 모함〈선, 잠수함〉. b]원자탄의〈을 이용하는〉 : an ~ explosion 핵폭발. (3)극소의, 극미의. 파) **-i·cal·ly** [-kəli] *ad.*

atómic cálendar 탄소 14법(法)에 의한 연대 측정 장치.

atómic clóud (원자 폭탄에 의한) 원자운(雲), 버섯 구름.

atómic cócktail 《口》 (암치료·진단용의) 방사성 물질 함유 내복약.

atómic énergy 원자 에너지, 원자력.

atómic físsion 원자핵 분열.

at·o·mic·i·ty [ӕtəmísəti] *n.* ⓤ 【化】 (1)(분자중의) 원자수. (2)원자가(價) (valence).

atom·ics [ətámiks/ətɔ́m-] *n.* ⓤ 원자학《원자력을 다루는 물리학의 한 부문》.

atómic théory 【哲】 원자론(atomic hypothesis) ; 【物】 원자 이론.

at·om·ism [ǽtəmìzəm] *n.* ⓤ 원자론〈설〉 ; 【哲】 원자론. 파) **-ist** *n.* **àt·om·ís·tic** *a.*

at·om·is·tics [ӕtəmístiks] *n.* ⓤ 원자 과학《특히 원자력의 개발·이용을 다룸》. 【cf.】 atomics.

at·om·i·za·tion [ӕtəmizéiʃən, -mai-] *n.* ⓤ (1)원자화. (2)분무 삭용.

at·om·ize [ǽtəmàiz] *vt.* …을 원자로 하다〈만들다〉 ; 세분화하다 ; 파) **át·om·iz·er** *n.* ⓒ (약제·향수의) 분무기.

aton·al [eitóunl/æ-] *a.* 【樂】 무조(無調)의. 〖opp.〗 *tonal.* 파) **~·ly** *ad.*

at·o·nal·i·ty [èitounǽləti, ӕt-] *n.* ⓤ 【樂】 무조성(無調性) 《일정한 조성(調性)에 입각하지 않은 작곡 양식》 ; 무조주의〈형식〉.

·atone [ətóun] *vi.* (죄 따위를) 보상〈배상〉하다, 속(贖)하다 ; 속죄하다《*for*》 : He wished to ~ *for* the wrong he done. 그가 범한 나쁜 일을 속죄해야겠다고 생각했다. — *vt.* …을 보상하다《*for*》

·atone·ment [ətóunmənt] *n.* ⓤ,ⓒ (1)보상, 죄(罪) 값《*for*》 : (2)(the A-) (예수의) 속죄. ***make ~***

for …을 보상하다.

at·o·ny [ǽtəni] *n.* ⓤ (1)【醫】 이완(弛緩), 무력, 아토니. (2)【音聲】 무강세.

atop [ətάp/ətɔ́p] 《文語》 *ad.* 정상에《*of*》 : ~ *of* a hill 언덕 위에. — *a.* 〔보통 後置〕 정상에 있는 : — *prep.* …의 정상에 :

at·ra·bil·i·ous [æ̀trəbíljəs] *a.* (1)우울증의 ; 침울한 ; 찌무룩한. (2)성마른, 신경질적인.

atri·um [éitriəm] (*pl.* ***atria*** [-triə], **~s**) *n.* ⓒ 【建】 안마당 ; (고대 로마 건축의) 안뜰(이 딸린 홀) ; 【解】 심이(心耳) ; 고실(鼓室) 《귀의》 ; 심방(心房).

˙atro·cious [ətróuʃəs] *a.* (1)흉악한, 잔학한 : an ~ crime 잔학한 범죄. (2)《口》 아주 지독한〈형편없는, 지겨운〉 : an ~ meal 형편 없는 식사.
파) **~·ly** *ad.*

˙atroc·i·ty [ətrάsəti/ətrɔ́s-] *n.* (1) ⓤ 흉악, 잔인. (2) ⓒ (흔히 *pl.*) 잔학 행위. (3) ⓒ 《口》 아주 지독한 것〈일〉, 대실책.

at·ro·phy [ǽtrəfi] *n.* ⓤ (1)【醫】 위축(萎縮). 〖opp.〗 *hypertrophy.* (2)【生】 (영양 장애에 의한) 발육 불능, (기능의) 감퇴, 쇠퇴. (3)(도덕심 따위의) 퇴폐. — *vt.* …을 위축시키다. — *vi.* 위축하다 : Their idealism had become totally *atrophied.* 그들의 이상주의는 완전히 위축되었다.

at·ta·boy [ǽtəbɔ̀i] *int.* 《美口》 좋아, 됐어, 잘한다. [◁ That's the boy].

:at·tach [ətǽtʃ] *vt.* (1)《+目+前+名》 …을 (물건에) 붙이다, 달다 ; 바르다《*to*》. 〖opp.〗*detach.* 『 ~ a label *to* one's trunk 트렁크에 이름표를 붙이다. (2)《+目+前+名》 〔종종 再歸的·受動으로〕 (사람·시설 등)을 (…에) 부속〈소속, 참가〉시키다 ; 【軍】 (부대·군사 등)을 일시적으로 타부대에 배속하다 : ~ a person *to* a company〈regiment〉 아무를 중대〈연대〉에 배속하다 / (3)《+目+前+名》 〔再歸用法〕 …에 들러붙다, 부착하다 : Shellfish usually ~ *themselves to* rocks. 조개는 보통 바위에 붙는다. (4) 《+目+前+名》 (중요성 등)을 (…에) 부여하다, 두다 : (5)《+目+前+名》 〔흔히 受動으로 또는 再歸的〕 …을(…에게) 애착심을 갖게 하다, 사모하게 하다 : (6)《+目+前+名》 …을 첨부하다, 가하다, (도장)을 찍다《*to*》 : (7)…을 압류하다 : 【法】구속하다(arrest). — *vi.* 《+前+名》 부착하다, 붙어〈따라〉 다니다《*to*》 ; 소속하다《*to*》 : 파) **~·a·ble** *a.* (1)부착시킬 수 있는. (2)【法】 체포〈압류〉할 수 있는.

at·ta·ché [æ̀təʃéi, ətǽʃei] *n.* ⓒ 《F.》 (대사·공사의) 수행원 ; 공사관〈대사관〉원, 외교관보 : a commercial ~ 상무관(商務官) / a military 〈naval〉 ~ 공〈대〉 사관부 육〈해〉군 무관.

attaché case [ətǽʃeikèis] 소형 서류 가방의 일종 ; = BRIEFCASE.

at·tached [ətǽtʃt] *a.* (1)매어져 있는, 첨부한 : an ~ form 첨부(신청) 용지. (2)부속의 : an ~ high school 부속 고등학교. (3)〔敍述的〕 a〕(…에) 소속된《*to*》 : b〕(…에) 가입하여《*to*》 : He's ~ to the Democrats. 그는 민주당에 속해 있다. (4)흠모(欽慕)하고 있는, …에 애정을 품고 있는《*to*》

:at·tach·ment [ətǽtʃmənt] *n.* (1) a〕ⓤ 부착, 접착, 흡착《*to*》. b〕ⓒ 붙이는 기구 ; 부착물, 부속품 ; 연결 장치 : ~*s to* a vacuum cleaner 진공 청소기의 부속품. (2) ⓤ (때로 an ~) 애정, 사모, 애착, 집착《*for* ; *to*》 ; 【心】 어태치먼트《애정의 연계》 : form *an* ~ *for* a woman 여자를 사랑하게 되다. (3) ⓤ 【法】 구속 ; 압류 ; ⓒ 그 영장.

:at·tack [ətǽk] *vt.* (1)(적·사람의 신체·주의·언동 따위)를 공격하다, 습격하다 ; 비난하다 : (2)(병이 사람)을 침범하다 ; (비·바람 등이 물건)을 침식〈부식〉하다 : The virus seems to have ~*ed* his throat. 바이러스가 그의 목에 침윤한 것 같다 / (3)(정력적으로 일 등) 에 착수하다 ; (식사 따위)를 왕성하게 하기 시작하다 : (4)(여자)에게 덮치다, 폭행하다.
— *vi.* 공격을 하다.
— *n.* (1) ⓤ,ⓒ 공격, 습격 ; 비난《*against* ; *on*》 : *Attack* is the best (form of) defense. 공격은 최선의 방어이다. (2) ⓒ 발병, 발작 ; (화학적) 파괴 작용의 개시 : have an ~ of flu 유행성 감기에 걸리다 / (3) ⓒ (일·경기·식사 따위의) (정력적인) 개시, 착수《*on*》 : make an ~ *on* a backlog of work 잔무에 달려붙다. (4) ⓤ 【樂】 어택《어떤 선율을〈악구를〉 일제히 시작함》. — *a.* 〔限定的〕 공격용의 : an ~ missile 공격용 미사일.
파) **~·er** *n.* 공격하는 사람 ; 【스포츠】 공격수.

:at·tain [ətéin] *vt.* (1)(장소·위치 등)에 이르다, 도달하다 : He ~*ed* the top of the mountain before dark. 그는 어둡기 전에 산마루에 이르렀다 / (2)(목적·소원)을 달성하다, …에 달하다 ; (명성·부귀 따위)를 획득하다, 손에 넣다 : He has ~*ed* the highest grade in his music exams. 그는 음악 시험에서 최고 평점을 얻었다 / — *vi.* 《+前+名》 (노력이나 자연적인 경과로) (도)달하다, 이르다《*to* ; *unto*》 : In the end he ~*ed to* a position of great influence. 그는 드디어 아주 세력 있는 지위에 올랐다.
파) **~·a·ble** *a.* 도달〈달성〉할 수 있는. **at·tain·a·bil·i·ty** [-əbíləti] *n.* 달성〈획득〉 가능성.

˙at·tain·ment [ətéinmənt] *n.* (1) ⓤ 도달, 달성 : the ~ of independence 독립의 성취. (2) ⓒ (노력하여 얻은) 능통한 것, 재간, 예능. (3) ⓒ(흔히 *pl.*) 학식, 재능, 조예(skill) :

at·tar [ǽtər] *n.* ⓤ 장미유(油) (= **~ of róses**) ; 〔一般的〕 꽃에서 채취한 향수〈기름〉.

:at·tempt [ətémpt] *vt.* (1) 《~+目/+*to* do/+-*ing*》 …을 시도하다, 꾀하다 : He ~*ed* a joke, but it was received in silence. 그는 농담을 시도했으나 그것은 침묵 속에 받아들여졌다 / (2)(인명 등)을 노리다, 뺏고자 하다 ; (요새 등)을 습격하다 ; 도전하다 : ~ one's own life 자살을 꾀하다 / — *n.* ⓒ (1)시도, 기도《*to* do ; *at* a thing》 : The prisoners made an ~ *to* escape〈*at* escaping〉. 죄수들은 도망치려고 시도했다《실패의 여운이 있음》 / (2)(사람의 목숨)을 앗으려는 시도 : 파) **~·ed** [-id] *a.* 시도한, 미수의 : ~*ed* burglary 〈murder, suicide〉 강도〈살인, 자살〉 미수.

:at·tend [əténd] *vt.* (1)(모임 등)에 출석하다 ; (학교·교회)에 다니다 : A large number of people ~*ed* the funeral〈meeting〉. 많은 사람들이 장례식〈모임〉에 참석하였다 / (2)《~+目/+目+前+名》 《文語》 (결과로서) …을 수반하다 : a cold ~*ed with* 〈*by*〉 fever 열이 나는 감기 / (3)…와 동행〈동반〉하다, …을 수행하다, 섬기다 : The Princess was ~*ed* by her ladies-in-waiting. 공주는 시녀가 딸려 있었다. (4)…을 시중들다, 왕진하다, (병자)를 간호하다 ; (고객)을 응대하다 : — *vi.* 《+前+名》 (1)출석하다《*at*》 : ~ *at* a ceremony 식에 참석하다. (2)시중들다, 섬기다《*on, upon*》 : ~ *on* the prince 왕자의 시중을 들다. (3)보살피다, 돌보다, 간호하다《*on, upon* ; *to*》 : Who ~*s to* the baby when you're at work? 당신이 일할 때에 누가 아기를 돌보지요 / (4)주의하다, 경청하다《*to*》 : ~ *to* a speaker (▫ attention *n.*). (5)정성을 들이다《*to*》 : ~ *to* one's work 일에 전념하다. (6)《文語》(결과로서) 수반하다《*on* ; *upon*》 : Tidal waves ~ *upon* earthquakes. 해일은 지진의 결과로 일어난다. ▫ attendance *n.*

:at·tend·ance [əténdəns] *n.* (1) ⓤ,ⓒ 출석(상황), 출근(상황), 참석《*at*》 : Is his ~ *at* school regular? 그는 학교에 제대로 출석하고 있습니까. (2) ⓒ 〔集合的〕 출석자(수), 참석자(수) 《*at*》 : There will be a large 〈small〉 ~ *at* the meeting. 그 회의에는 참석자가 많을〈적을〉 것이다. (3) ⓤ 시중, 간호 ; 돌봄 : He has a couple of secretaries in ~ (*on* him). 두 비서가 그를 돕고 있다. ***be in ~ on*** … 을 모시다, …에게 시중들다 : **:at·tend·ant** [əténdənt] *a.* (1)따라 모신, 수행의 : an ~ nurse 전속 간호사. (2)수반하다, 부수의, 부대의《*on, upon*》 : Miseries are ~ (*up*)*on* vice. 악덕에는 불행이 따른다 / ~ circumstances 부대 상황. (3)출석한, 참석한.

— *n.* ⓒ (1)시중드는 사람, 간호사 ; 수행원, 종(從者) : a medical ~ 단골 의사. (2)참석자, 출석자. (3)(주차장 등의) 종업원, 접객원 :

at·tend·ee [ətèndíː] *n.* ⓒ 출석자.

:at·ten·tion [əténʃən] *n.* (1) ⓤ 주의, 유의 ; 주의력 : He was all ~. 그는 모든 주의를 기울였다. (2) ⓤ 배려, 고려 ; 손질 ; 돌봄 : My car needs ~. 내 차는 손을 봐야겠다 / (3) ⓤ,ⓒ 친절〈정중〉(한 행위)(kindness) ; (*pl.*) (여성에 대한) 배려, 정성을 기울임 : Their ~*s* made the old man feel happy. 그들의 친절은 노인을 즐겁게 했다. (4) ⓤ 【軍】 차려 자세 : stand at ~ 차려 자세를 취하다. (5)【컴】 어텐션《외부로부터의 처리 요구》. ▫ attend *v.* ***arrest*** 〈***attract, draw***〉 ***~*** 주의를 끌다《*to*》 : ***Attention*** [ətènʃʌ́n] ***!*** 《구령》 차려《略 : 'Shun [ʃʌ́n] !》.

Attention, please. 여러분게 알려 드리겠습니다《장내 방송 등의 개시 말》. ***call*** a person***'s ~ to*** …에 아무의 주의를 환기시키다. ***devote*** one***'s ~ to*** …에 열중〈전념〉하다. ***direct*** 〈***turn***〉 one***'s ~ to*** …을 연구하다, 논하다 ; …로 주의를 돌리다. ***give***〈***pay***〉 ***~ to*** …에 주의하다 :***receive immediate ~*** 응급 치료를 받다. ***with ~*** 주의하여, 정중히 : listen *with* ~ 경청하다.

:at·ten·tive [əténtiv] (***more ~ ; most ~***) *a.* (1) 주의 깊은, 세심한《*to*》 : A good teacher is always ~ *to* his or her student's needs. 좋은 선생은 언제나 학생들의 요구에 주의를 기울인다. (2)경청하는《*to*》 : an ~ audience. (3)은근〈정중〉한, 마음쓰는, 상냥한《*to*》 : He was always ~ *to* his wife. 그는 언제나 아내에게 친질히 해 주었나.

파) ***~·ly** *ad.* (1)아주 주의하여 : He listened ~*ly* to what she told him. 그녀가 말하는 것을 그는 주의깊게 들었다. (2)친절히. **~·ness** *n.*

at·ten·u·ate [əténjuèit] *vt.* (1)(기체·액체)를 묽게 하다, 엷게 하다. (2)…을 가늘게 하다, 야위게 하다. (3)(힘·가치 따위)를 약화시키다, 덜다 : (4)(바이러스의 독성)을 감약〈감독(減毒)〉하다 : an ~*d* strain of the virus 감독된 바이러스 변종. — *vi.* 묽어〈엷아〉지다 ; 가늘어지다 ; 줄다, 약해지다. — [əténjuit, -èit] *a.* 희박한 ; 가는, 얇은 ; 약한 ; 【植】 점점 뾰족해지는.

파) **at·tèn·u·á·tion** [-èiʃən] *n.* 엷게〈묽게〉 함, 희박화(化) ; 가늘게 함 ; 감소.

·at·test [ətést] *vt.* (1)…을 증명하다, 입증하다 ; 증언하다 : I ~ the truth of her statement. 그녀의 진술이 사실임을 증명〈증언〉합니다. (2)(일이) …의 증거가 되다, 진실성을 보이다 ; (서명·유언서 등) 을 인증하다 : (3)…에게 서약시키다, (신병)을 선서하고 입대시키다 ; 나타내다.

— *vi.* 《+前+名》 (1)증명〈증언〉하다《*to*》 : (2)증명이 되다《*to*》 ; 입증하다《*to*》 : This ~*s* *to* his honesty. 이 일로 그가 정직함을 알 수 있다.

at·tes·ta·tion [æ̀testéiʃən] *n.* ⓤ,ⓒ 증명, 증거, 증언 ; 증명서 ; 인증(認證) 선서 ; 인증. ▫ attest *v.*

at·test·ed [ətéstid] *a.* 《英》 증명〈입증〉된 ; (소·우유가) 무병〈무균〉이 보증된.

At·tic [ǽtik] *a.* (1)(옛 그리스의) 아티카〈아테네〉의. (2)(종종 a-) 아테네식의, 고전풍의, 우아한.

— *n.* ⓒ 아티카〈아테네〉 사람 ; ⓤ 아티카 방언.

:at·tic *n.* ⓒ (1)더그매《지붕과 천장 사이의 공간》 ; 고미다락(방). (2)【建】 애틱《돌림띠 위의 장식벽 또는 낮은 이층》.

:at·tire [ətáiər] *n.* ⓤ 옷차림새 ; 복장, 의복 ; 성장(盛裝) : a girl *in* male ~ 남장(男裝)한 소녀 /*in* holiday ~ 나들이옷으로. 【cf.】 garb, garment.

— *vt.* 《~+目/+目+前+名 / 目+*as* 補》〔흔히 受動 또는 再歸的으로〕《文語》 …을 성장시키다《*in*》 ; 차려입히다《*in*》 : neatly ~*d* 단정한 복장을 한 / She was ~*d as* a man. 그녀는 남장을 하고 있었다.

:at·ti·tude [ǽtitjùːd] *n.* ⓒ (1)(사람·물건 등에 대한) 태도, 마음가짐《*to* ; *toward*》 : a critical ~ of mind 비판적인 마음가짐 / (2)자세(posture), 몸가짐, 거동 : in a relaxed ~ 편안한 자세로. (3)(사물에 대한) 의견, 심정《*to* ; *toward*》 : ***strike an ~*** 《옛투》 짐짓 점잔을 빼다 :

at·ti·tu·di·nal [æ̀titjúːdənl] *a.* (개인적인) 태도〈의견〉의〈에 관한〉.

at·ti·tu·di·nize [æ̀titjúːdənàiz] *vi.* 젠체하다, 점잔빼다 ; 태깔스럽게 말하다〈쓰다〉.

·at·tor·ney [ətə́ːrni] *n.* ⓒ (1)【法】 대리인. (2)《美》 변호사, 검사(public ~). ***a letter***〈***war-rant***〉 ***of ~*** (소송) 위임장. ***by ~*** (위임장에 의한) 대리인으로서. 【opp.】 *in person.* ***power***(***s***) ***of ~*** 위임권〈장〉.

at·tor·ney-at-law [-ətlɔ́ː] (*pl.* ***-neys-***) *n.* ⓒ 《美》 변호사 ; 《英》 (옛 common law 의) 사무 변호사 《현재는 solicitor 라고 함》.

attórney géneral (*pl.* ***attórneys géneral, attórney génerals***) 《略 : A.G., Att. Gen.》 (A-G-) 《美》 (연방 정부의) 법무 장관 ; 《美》 (각 주의) 검찰 총장 ; (A- G-) 《英》 법무 장관.

:at·tract [ətrǽkt] *vt.* (1)(주의·흥미 등)을 끌다, 끌어당기다《*to*》. 【opp.】 *distract.* 『 His novel has begun to ~ notice. 그의 소설은 (세상의) 주목을 끌기 시작했다 / A magnet ~*s* iron. 자석은 쇠를 끈다. (2)…의 마음을 끌다, …을 매혹하다 : ▫ attraction *n.*

파) **~·a·ble** *a.* **~·ant** *n.* ⓒ (특히 곤충을 유인하는) 유인 물질《특히 sex ~라고 불리는 화학 물질》. **-trác·tor, ~·er** *n.*

:at·trac·tion [ətrǽkʃən] *n.* (1) ⓤ (사람을) 끄는 힘, 매력, 유혹《*for*》 : She possesses personal ~. 그녀는 인간적 매력을 지니고 있다 / Sking holds no ~ *for* me. 스키는 타고 싶지 않다. (2) ⓒ 사람을 끄

는 물건, 인기거리 : the chief ~ *of* the day 당일 제일의 인기거리 / (3) ⓤ 끌어당김, 흡인 : 견인 : (4)【物】 인력 : the ~ of gravity 중력 / chemical ~ 친화력 / counter ~ 반대 인력 / magnetic ~ 자력(磁力). ㅁ attract *v.*

:at·trac·tive [ətrǽktiv] (***more ~ ; most ~***) *a.* (1)사람의 마음을 끄는 : 매력적인, 애교 있는 : an ~ personality 매력 있는 인품. (2)(의견·조건 등이) 관심을 끄는 : (3)인력이 있는 : ~ force 인력. 파) **~·ly** *ad.* 사람 눈을 끌게, 매력적으로. **~·ness** *n.*

at·trib·ut·a·ble [ətríbjutəbəl] *a.* 〔敍述的〕 (…에) 돌릴 수 있는〈기인하는〉 《원인 등》, …탓인《*to*》 : His success was largely ~ *to* his hard work. 그의 성공은 근면함에 기인하는 바가 컸다.

:at·trib·ute [ətríbju:t] *vt.* 《+目+前+名》 (1)…을 (…에) 돌리다, (…의) 탓으로 하다, (…의) 행위로〈소치로, 업적으로〉 하다《*to*》 : ~ one's success *to* a friend's encouragement 성공한 것을 친구의 격려 덕분으로 생각하다 / (2)(성질 따위)가 있다고 생각하다《*to*》 : We ~ prudence *to* Tom. 톰에게는 분별이 있다고 생각한다. (3)〔흔히 受動으로〕 …의 출처〈기원 따위〉를 (…의) 것으로 추정〈감정〉하다《*to*》 : — [ǽtribjù:t] *n.* ⓒ (1)속성, 특질, 특성 : Mercy is an ~ of God. 자비는 하느님의 속성이다. (2)(어떤 인물〈직분〉 등의) 부속물, 붙어 다니는 것, 상징 《Jupiter의 독수리, 국왕의 왕관 등》 : (3)【文法】 한정사(限定詞) 《속성·성질을 나타내는 어구 ; 형용사 따위》 : 속성. (4)【컴】 속성.

at·tri·bu·tion [æ̀trəbjú:ʃən] *n.* (1) ⓤ (원인 따위를 …에) 돌림, 귀속(歸屬)《*to*》 : The ~ of the accident *to* neglect of duty is wrong. 그 사고를 직무 태만의 탓으로 돌리는 것은 잘못이다. (2) ⓒ 속성 ; (부속의) 권능《*to*》, 직권.

at·trib·u·tive [ətríbjətiv] *a.* (1)속성의 ; 속성을 나타내는. (2)【文法】 한정적인, 관형적(冠形的)인《the *old* dog 의 *old* 따위》. 【cf.】 predicative.
— *n.* ⓒ 【文法】 한정 어구. 파) **~·ly** *ad.*

at·tri·tion [ətríʃən] *n.* ⓤ (1)마찰 ; 마멸, 마손. (2)소모, 손모(損耗) ; 약화 ; 감소. 【cf.】contrition. ***a. war of ~*** 소모〈지구〉전 : — *vt.* 《美》 (퇴직자를 보충하지 않고) 인원·업무를 줄이다《*out*》.

·at·tune [ətjú:n] *vt.* (1)【樂】 (악기 등)의 가락을 맞추다《*to*》, …을 조율하다. (2)(마음·이야기 등)을 맞추다, 조화〈순응〉시키다《*to*》 《흔히 과거분사로 形容詞的으로 쓰임》 : a style ~*d to* modern taste 현대인의 기호에 맞춘 양식 /

atyp·i·cal [eitípikəl] *a.* 전형적인 아닌, 부정형(不定形)이, 격식을 벗어난 ; 불규칙한 : He was an ~ English schoolboy. 그는 전형적인 영국 학생이 아니다. 파) **~·ly** *ad.*

au·ber·gine [óubərʒì:n, -be-, òubərsʒí:n] *n.* 《F.》 (1) ⓒ 【植】 가지(의 열매). (2) ⓤ 가지색, 암자색.

·au·burn [ɔ́:bərn] *a.* (머리털 따위가) 적갈색의, 황갈색의, 다갈색의 : My wife is ~ -haired. 나의 아내는 적갈색 머리이다. — *n.* ⓤ (머리털 따위의) 적갈색, 황갈색, 다갈색.

au cou·rant [ouku:rɑ́:ŋ] 《F.》 (1)현대적인. (2)〔敍述的〕 정세에 밝은 ; (사정 따위에) 정통한, 잘 알고 있는《*with* ; *of*》.

·auc·tion [ɔ́:kʃən] *n.* ⓤ,ⓒ 경매, 공매 : He bought the picture at ~ in London some years ago. 그는 그 그림을 몇 해 전에 런던의 경매에서 샀다. ***a public ~*** 공매(公賣). ***put up at***〈***for,*** 《英》 ***to***〉 ***~*** 경매에 부치다. ***sell*** a thing ***at***〈《英》 ***by***〉 ***~*** 경매로 무엇을 팔다 : — *vt.* …을 경매에 부치다, 경매하다《*off*》 : He ~*ed off* his furniture. 가구를 경매에 내놓았다.

au·da·cious [ɔ:déiʃəs] *a.* (1)대담한 ; 넉살좋은, 철면피의 : an ~ decision〈plan〉 대담한 결정〈계획〉 / What an ~ idea ! 얼마나 대담한〈무모한〉 생각이냐. (2)무례한, 안하무인의 : an ~ remark 무례한 말. 파) **~·ly** *ad.* **~·ness** *n.*

·au·dac·i·ty [ɔ:dǽsəti] *n.* (1) ⓤ 대담 무쌍 ; 뻔뻔스러움, 안하무인 ; 무례 : I was shocked at the ~ and brazenness of the gangsters. 나는 갱들의 대담하고 뻔뻔스러움에 충격을 받았다 / (2) ⓒ (흔히 *pl.*) 대담한 행위〈발언〉.

·au·di·ble [ɔ́:dəbl] (***more ~ ; most ~***) *a.* 들리는, 청취할 수 있는, 가청(可聽)의 : There was an ~ sigh of relief. 안도의 한숨 소리가 들렸다.
파) **au·di·bil·i·ty** *n.* 청취할〈들을〉수 있음 ; 가청도(可聽度).

au·di·bly [ɔ́:dəbli] *ad.* 들을 수 있도록, 들릴 만큼 : He sighed ~. 그는 남에게 들릴 만큼 한숨을 쉬었다.

:au·di·ence [ɔ́:diəns] *n.* (1) ⓒ 〔集合的〕 청중 ; 관객, (라디오·텔레비전의) 청취〈시청〉자 ; (잡지 따위의) 독자(층) : a large ~ 다수의 청중 / one of the ~ 청중의 한 사람 / (2) ⓤ,ⓒ (국왕·교황 등의) 공식 회견, 알현 ; 청취〈의견 발표〉의 기회. ***be received***〈***admitted***〉 ***in ~*** 배알을 허락받다《※ in ~ 는 무관사》. ***grant an ~ to*** …에게 배알을 허락하다. ***have ~ of*** = ***have an ~ with*** …을 배알하다 :

au·dio [ɔ́:diòu] *a.* 〔限定的〕 【通信】 가청 주파(可聽周波)의 ; 【TV·映】 음성 송신〈수신·재생〉 (회로)의. — (*pl.* ***-di·os***) *n.* ⓤ 【TV】 (음의) 수신, 송신, 재생, 수신〈재생〉 회로 ; 음성 부문 ; 【컴】 들림(띠), 가청(음역), 오디오.

au·di·o·an·i·ma·tron·ics [ɔ̀:diəæ̀nəmətrɑ́niks/ -trɔ́n-] *n. pl.* 〔單數취급〕 컴퓨터 시스템에 의한 애니메이션 제작. [◁ *audio*+*anima*tion+elec*tronics*]

au·di·o·cas·sette [ɔ̀:diou*k*æsét, -kə-] *n.* ⓒ 녹음 카세트, 카세트 녹음.

au·di·om·e·ter [ɔ̀:diɑ́mitər/ -ɔ́m-] *n.* ⓒ 청력계(聽力計), 오디오미터 ; 청력 측정기.

au·di·o·tape [ɔ́:diou*t*èip] *n.* ⓒ 녹음 테이프. 【cf.】 video tape.

au·di·o·vis·u·al [ɔ̀:diou*v*íʒuəl, -vízjuəl] *a.* 시청각의 : ~ education 시청각 교육.
— *n.* (*pl.*) 시청각 교재(= **~ álds**) 《영화·라디오·TV·테이프·사진·모형 따위》.

au·dit [ɔ́:dit] *n.* ⓒ (1)회계 감사(보고서) ; 청산(서), 결산(서) : (2)(건물·시설 등의) 검사. — *vt, vi.* (1)회계 감사하다 : Every year they ~ our accounts. 매년 그들이 우리 회계를 감사한다. (2)《美》 청강하다 :

au·di·tion [ɔ:díʃən] *n.* (1) ⓤ 청각 ; 청력 ; 시청(試聽) ; 《美大學》 청강. (2) ⓒ (가수·배우 등의) 음성 테스트, 오디션. — *vt,* (예능 지원자)의 오디션을 하다 : None of the actors we've ~*ed* is suitable. 우리가 오디션을 한 배우 중 아무도 적당치 않았다. — *vi,* 오디션을 받다《*for*》.

·au·di·tor [ɔ́:ditər] (*fem.* ***-tress*** [-tris]) *n.* ⓒ (1)듣는 사람, 방청자. (2)회계 감사관 ; 감사. (3)《美

大學》 청강생.
파) **àu·di·tó·ri·al** [-tɔ́ːriəl] *a.* 회계감사(관)의.
:au·di·to·ri·um [ɔ̀ːditɔ́ːriəm] (*pl.* **~s, -ria** [-riə]) *n.* ⓒ (1)청중〈관객〉석, 방청석. (2)강당, 큰 강의실 ; 공회당.
au·di·to·ry [ɔ́ːditɔ̀ːri, -ditòuri] *a.* 귀〈청각〉의, 청각 기관의 : an ~ tube 이관(耳管), 유스타키오관 / ~ sensation 청각.
au fait [ouféi] 《F.》 〔敍述的〕 …에 정통하여《*on* ; *with*》 ; 유능하여, 숙련하여《*in* ; *at*》 : ***put***〈***make***〉 a person **~ *of*** 아무에게 …을 가르치다.
au fond [oufɔ̃ː] 《F.》 근본은, 실제는 ; 근본적으로.
au·ger [ɔ́ːgər] *n.* ⓒ 오거, 타래〈나사〉 송곳 ; 굴착용 송곳 ;
·aught[1]**, ought** [ɔːt] 《古詩》 *pron.* 어떤 일〈것〉, 무언가, 뭣이나(anything). ***for ~ I care***《古》 아무래도 상관없다 : You may go *for ~ I care.* 네가 어디로 가든 내 알 바 아니다. ***for ~ I know*** 내가 알고 있는 한에서는, 잘은 모르지만, 아마.
·aug·ment [ɔːgmént] *vt.* …을 늘리다, 증대시키다, 증가시키다. 〖opp.〗 *diminish.* 『 She ~*ed* her income by working on the side. 그녀는 부업을 하여 수입을 보태었다. — *vi.* 늘다, 증대하다.
aug·men·ta·tion [ɔ̀ːgmentéiʃən] *n.* (1) ⓤ 증가, 증대 ; 증가율. (2) ⓒ 증가물.
aug·men·ta·tive [ɔːgméntətiv] *a.* 증가〈증대〉하는 ; 【言】 뜻을 확대하는. — *n.* ⓒ 【言】 확대사(辭) 《보기 : ballon = large ball》.
au·gur [ɔ́ːgər] *n.* ⓒ (1) 【古로】 복점관(卜占官) 《새의 거동 등으로 공사의 길흉을 판단한 사제》. (2)〔一般的〕 점쟁이 ; 예언자. — *vt.* …을 점치다 ; 예언하다 ; 전조가 되다, 예고하다 : anger. — *vi* 〔흔히 다음과 같은 成句로〕 ~ ***well***〈***ill***〉 길조〈흉조〉를 보이다, 징조가 좋다〈나쁘다〉《*for*》
au·gu·ry [ɔ́ːgjəri] *n.* (1) ⓤ 점복(占卜), 점. (2) ⓒ 전조, 조짐 ; 점치는 의식.
:Au·gust [ɔ́ːgəst] *n.* 8월《略 : Aug.》 : in ~, 8월에 / on ~ 7 = on 7 ~ = on the 7th of ~, 8월 7일에. [◁ Augustus Caesar]
·au·gust [ɔːgʌ́st] *a.* 당당한 ; 존엄한 ; 황공한 : your ~ father 춘부장 / 파) **~·ly** *ad.* **~·ness** *n.*
Au·gus·ta [ɔːgʌ́stə] *n.* 오거스타. (1)여자 이름. (2)미국 Georgia 주, Savannah 강에 임한 도시. (3) 미국 Maine 주의 주도.
Au·gus·tan [ɔːgʌ́stən] *a.* (1)로마 황제 Augustus 의 ; Augustus 시대의. (2)문예 전성기의 ; 고전주의의. (3)【英史】 Anne 여왕 시대의 ; 우아한, 고상한. — *n.* ⓒ (Augustus 황제〈Anne 여왕〉 시대와 같은) 문예 전성기의 문학자.
auk [ɔːk] *n.* ⓒ 【鳥】 바다쇠오리.
auld lang syne [ɔ́ːldlæŋzàin, -sáin] (1)흘러간 날, 즐거웠던 옛날(old long since, the good old days) : Let's drink to ~. 그리운 옛날을 생각하며 건배합시다. (2)(A- L- S-) Robert Burns의 시.
:aunt [ænt, ɑːnt] *n.* (1) ⓒ (A- ; 호칭시) 아주머니《이모, 백모, 숙모, 고모》. 〖opp.〗 *uncle.* (2)(A-) 아줌마《나이 지긋한 부인에 대한 애칭》. ***My***(***sainted***〈***giddy***〉) ***~!*** 《俗》 어머(나), 저런.
aunt·ie, aunty [ǽnti, ɑ́ːnti] *n.* (1) ⓒ 《口》 아줌마《aunt의 애칭》. (2)(A-) 《英俗》 영국 방송 협회.
au·ra [ɔ́ːrə] (*pl.* **~s, au·rage** [-riː]) *n.* ⓒ (1)(물체에서 발산하는) 기운, 영광(靈光) ; (방향(芳香) 따위의) 감각적 자극. (2)(사람이나 장소에서 느껴지는) 분위기, 느낌 : (3)오러《최면술사의 손끝에서 흘러나온다는 영기(靈氣)》.
au·ral [ɔ́ːrəl] *a.* 귀의 ; 청각의. oral. 『 an ~ aid 보청기 / 파) **~·ly** *ad.* 귀로〈에서〉, 청각으로.
au·ral-oral [-ɔ́ːrəl] *a.* (외국어 교수법이) 듣기와 말하기에 의한 : the ~ approach (외국어의) 듣기와 말하기에 의한 교수법.
au·re·ate [-ɔ́ːriit, -èit] *a.* (1)금빛의, 번쩍이는. (2)미사여구를 늘어놓은, 화려한.
au·re·ole [-ɔ́ːriòul] *n.* ⓒ (1) a](성자·순교자가 받게 될) 천상의 보관(寶冠), 영광. b](성상(聖像)의) 원광(圓光), 광륜(光輪). 【cf.】 halo, nimbus. (2) 《比》 광휘, 영광. (3)【氣】 (해·달의) 무리. (4)【地】 접촉 변성대(變成帶). (파) **~d** *a.*
au·ric [ɔ́ːrik] *a.* 금의 ; 【化】 제이금(第二金)의.
au·ri·cle [ɔ́ːrikl] *n.* ⓒ (1)【解】 a]외이(外耳), 귓바퀴. b](심장의) 심이(心耳). (2)【植·動】 이상부(耳狀部) ; 【動】 (해파리 따위의) 이상판(耳狀瓣). (파) **~d** *a.* ~이 있는.
au·ric·u·lar [ɔːríkjələr] *a.* (1) a]귀(모양)의 ; 청각의. b]귓속말〈비밀얘기〉의 : an ~ confession (목사에게 몰래 털어놓는) 비밀 참회. (2)【解】 심이(心耳)의.
au·rif·er·ous [ɔːrífərəs] *a.* 금을 산출하는 ; 금을 함유하는.
·Au·ro·ra [ərɔ́ːrə, ɔːrɔ́ː-] *n.* (1)【로神】 새벽의 여신, 오로라 : ~*'s* tears 아침 이슬. (2)오로라《여자이름》. (3)(a-) (pl. **~s, -rae** [-riː-] ⓒ 《詩》 서광, 여명(기) ; 극광 : *aurora* polaris 극광.
auróra aus·trá·lis [-ɔːstréilis] 남극광(the southern lights).
auróra bo·re·ál·is [-bɔ̀ːriǽlis, -éilis] 북극광(the northern lights).
au·ro·ral [ɔːrɔ́ːrəl] *a.* 새벽의 ; 서광의 ; 장밋빛의 ; 극광의〈과 같은〉 ; 빛나는, 휘황한.
aus·cul·tate [ɔ́ːskəltèit] *vt., vi.* 【醫】 (…을) 청진하다. 파) **àus·cul·tá·tion** [-ʃən] *n.* 청진(법). **áus·cul·tà·tor** [-tər] *n.* 청진기〈자〉.
·aus·pice [ɔ́ːspis] *n.* (1) ⓒ (새점(占)에 의한) 전조, 《특히》 길조. (2)(*pl.*) 후원, 찬조, 보호. ***under favorable ~s*** 조짐이 좋아. ***under the ~s of*** (the company) =***under***(the company's) ***~s*** (회사)의 찬조로〈후원으로〉 : The withdrawal of troops will be carried out *under* United Nations' ~*s*. 유엔의 보호 아래 병력 철수가 실행 될 것이다.
aus·pi·cious [ɔːspíʃəs] *a.* 길조의, 경사스런, 상서 로운 ; 행운의 : an ~ start〈beginnig〉 상서로운 출발〈시작〉. 파) **~·ly** *ad.* **~·ness** *n.*
Aus·sie [ɔ́ːsi/ɔ́(ː)zi] *n.* ⓒ, *a.* (1)《口》 오스트레일리아(사람의). (2)오스트레일리아산 테리어(= **Austrálian térrier**).
·aus·tere [ɔːstíər] (***aus·ter·er ; -est***) *a.* (1)엄(격)한, 준엄한, 가혹한 : have an ~ look 험한 표정을 하다. (2)꾸미지 않은, 간소한, 내핍의, 금욕적인 : ~ fare 금욕적인 식사 / live a ~ life 검소한 생활을 하다. (3)신, 떫은, 씁쓸한. ▫ aus-terity *n.* 파) **~·ly** *ad.* 엄(격)히, 호되게 ; 간소 하게.
·aus·ter·i·ty [ɔːstérəti] *n.* (1) ⓤ 엄격, 준엄 ; 간소. (2) ⓒ 내핍, (흔히 *pl.*) 내핍〈금욕〉 생활《특히 전시의》 : wartime *austerities* 전시의 내핍 생활 / (3) ⓤ 긴축 경제. ▫ austere *a.*

aus·tral [ɔ́:strəl] *a.* 남쪽의, 남국의 ; (A-) = AUSTRALIAN ; AUSTRALASIAN.

:Aus·tra·lia [ɔ:stréiljə] *n.* 오스트레일리아, 호주 《정식명 the Commonwealth of ~ ; 수도는 Canberra》.

:Aus·tra·lian [ɔ:stréiljən] *a.* 오스트레일리아의 ; 오스트레일리아 사람의. — *n.* ⓒ 오스트레일리아 사람.

:Aus·tria [ɔ́:striə] *n.* 오스트리아《수도 Vienna》.

:Aus·tri·an [ɔ́:striən] *a.* 오스트리아(사람)의. — *n.* ⓒ 오스트리아 사람.

Aus·tro·ne·sia [ɔ̀:strouní:ʒə] *n.* 오스트로네시아《태평양 중남부의 여러 섬》.

aut- ⇨ AUTO-.

au·tar·chy [ɔ́:tɑ:rki] *n.* (1) ⓤ 독재권, 전제정치 ; ⓒ 독재〈전제〉국. (2) = AUTARKY.

au·tar·ky [ɔ́:tɑ:rki] *n.* (1) ⓤ a](국가의) 경제적 자급 자족. b]경제 자립 정책. (2) ⓒ 경제 자립 국가.

·au·then·tic [ɔ:θéntik] (***more ~ ; most ~***) *a.* (1)믿을 만한, 확실한, 근거 있는 : an ~ document 믿을 만한 문서 / an ~ information 확실한 보도. (2)진정한, 진짜의 : This picture is an ~ Goya. 이 그림은 진짜 고야의 것이다 / an ~ signature 본인의 서명.
파) **-ti·cal·ly** [-kəli] *ad.* 확실히, 전거에 의하여.

au·then·ti·cate [ɔ:θéntikèit] *vt.* …이 믿을 만함〈진짜임〉을 입증하다 ; …을 법적으로 인증하다 : All the antiques have been ~*d* and recorded. 모든 골동품은 감정을 거쳐 등록되었다.
파) **au·thén·ti·cà·tion** [-ʃən] *n.* 입증, 인증. **au·thén·ti·cà·tor** [-tər] *n.* 입증자, 보증자 ; 인증자.

au·then·tic·i·ty [ɔ̀:θentísəti] *n.* ⓤ (1)확실성, 신빙성 : The ~ of her story is beyond doubt. 그녀의 이야기의 신빙성은 의심할 여지가 없다. (2)출처가 분명함, 진정(眞正)함〈임〉.

:au·thor [ɔ́:θər] *n.* ⓒ (1)저자, 작가, 저술가《여성도 포함》 : (2)(저자의) 저작(물), 작품 : find a passage in an ~ 어떤 문구를 어느 작가의 작품속에서 발견하다. (3)창조자, 창시자 ; (A-) 조물주(God) : He's the ~ of the company's recent success. 그는 회사의 최근의 성공의 장본인이다. ***the Author of all* 〈*our*〉 *being*** 조물주, 하느님. ***the ~ of evil*** 마왕. — *vt.* (1)…을 저작〈저술〉하다(wirte). (2)…을 창시〈고안〉하다 : She ~*ed* a new system for teaching chemistry. 그녀는 새로운 화학 교수법을 창안했다.

au·thor·ess [ɔ́:θəris] *n.* ⓒ 여류 작가《※ 여류 작가라도 author 라고 하는 것이 보통임》.

au·thor·i·tar·i·an [əθɔ̀:rətέəriən, əθɑ̀r-] *a.* 권위〈독재〉주의의 : an ~ government 독재 정부. — *n.* ⓒ 권위〈독재〉주의자. 파) **~·ìsm** *n.*

au·thor·i·ta·tive [əθɔ́:ritèitiv, əθɑ́rə- /ɔ(:)-θɔ́ritətiv] *a.* (1)(정보 등이) 권위 있는 ; 신뢰할 만한 : information from an ~ source 확실한 소식통의 정보. (2)(사람·태도 따위가) 위압적인, 독단적인 ; 엄연한 ; 명령적인 : an ~ tone of voice 명령적인 어조 / say with an ~ air 위압적인 태도로 말하다. (3)당국의, 관헌의.
파) **~·ly** *ad.* 권위 있게 ; 엄연히.

:au·thor·i·ty [əθɔ́:riti, əθɑ́r- /əθɔ́r-] *n.* (1) ⓤ 권위, 권력, 위신 : the ~ of a parent 어버이의 권위 / a 〈the〉 person *in* ~ 권력자. (2) ⓤ 권한, 권능, 직권《*to* do ; *for*》 : (3) ⓒ a](흔히 *pl.*) 당국, 관헌 : the *authorities* concerned = the proper *authorities* 관계 당국〈관청〉/ the civil 〈military〉 *authorities* 행정〈군〉 당국(자) / b]공공 사업기관 ; 공사(公社) : ⇨ ATOMIC ENERGY AUTHORITY. (4) ⓒ (확실한) 소식통 ; (믿을 수 있는) 근거, 전거《*of*》 ; 전적(典籍)《*on*》 : cite *authorities* 전거를 보이다 / (5) ⓒ (특정 문제에 대한) 권위자, 대가《*on*》 ; 권위서《*on*》 : an ~ *on* law 법률의 대가 / ***by the ~ of*** …의 권한으로 ; …의 허가를 얻어. ***have no ~ over*** 〈***with***〉 …에 대하여 권위가 없다. ***on*** one***'s own ~*** 1)독단으로, 자기 마음대로 : ***on the ~ of*** …을 근거로 하여. ***those in ~*** 당국자 : a deep distrust of *those in* ~ 당국자들에 대한 심한 불신. ***under the ~ of*** …의 지배〈권력〉하에.

au·thor·i·za·tion [ɔ̀:θərizéiʃən] *n.* (1) ⓤ 권한부여, 위임 ; 공인, 관허 ; (법적인) 강제력〈권〉. (2) ⓒ 수권서(授權書), 허가서.

·au·thor·ize [ɔ́:θəràiz] *vt.* (1)《+目+*to* do》 …에게 권한을 주다, 위임하다(empower) : (2)(행동·계획·지출 등)을 정식으로 인가〈허가〉하다 : Who ~*d* this expenditure ? 이 지출을 누가 허락하였는가. (3)(권위·관례에 의해) …을 확립하다, 인정하다 : ▫ authority *n.*

·au·thor·ized [ɔ́:θəràizd] *a.* 공인된, 검정필인 ; 권한을 부여받은 : an ~ textbook 검(인)정 교과서 / an ~ translation 원작자의 인가를 얻은 번역.

au·thor·ship [ɔ́:θərʃip] *n.* ⓤ (1)저작자임 ; 저술업 ; 원작자 :

au·tism [ɔ́:tizəm] *n.* ⓤ 【心】 자폐성(自閉性), 자폐증. 파) **au·tis·tic** [ɔ:tístik] *a.*, *n.* ⓒ 자폐성의 ; 자폐증 환자.

:au·to [ɔ́:tou] (*pl.* **~s**) *n.* 《美口》 (1) ⓒ 자동차《현재는 car가 일반적임》 :

auto-, aut- '자신의, 자기…; 자동차'의 뜻의 결합사 : *auto*cracy, *auto*park.

au·to·bi·og·ra·pher [ɔ̀:təbaiɑ́grəfər/ -ɔ́g-] *n.* ⓒ 자서전 작가.

au·to·bi·o·graph·ic, -i·cal [ɔ̀:təbàiəgrǽfik], [-əl] *a.* 자서전(체)의, 자전(自傳)(식)의 : 파) **-i·cal·ly** *ad.* 자서전적으로.

·au·to·bi·og·ra·phy [ɔ̀:təbaiɑ́grəfi/ -ɔ́g-] *n.* ⓒ 자서전 ; ⓤ 자서 문학(自敍文學) ; 자서전의 저술 : He published his ~ last summer. 그는 지난 여름에 그의 자서전을 출판하였다.

au·toch·tho·nous, au·toch·thon·ic [ɔ:tɑ́kθənəs/ -tɔ́k-], [ɔ:tɑkθɑ́nik/ -tɔkθɔ́n-] *a.* 토지 고유의, 토착의, 자생적인.
파) **-nous·ly** *ad.*

au·to·clave [ɔ́:təklèiv] *n.* ⓒ 압력솥〈냄비〉, 고압솥《소독·요리용》.

·au·toc·ra·cy [ɔ:tɑ́krəsi/ -tɔ́k-] *n.* (1) ⓤ 독재〈전제〉 정치 ; ⓒ 독재국. (2) ⓤ 독재권.

·au·to·crat [ɔ́:təkræ̀t] *n.* ⓒ 독재 군주 ; 독재자.

au·to·crat·ic, -i·cal [ɔ̀:təkrǽtik], [-əl] *a.* 독재자의 ; 독재적인 ; 독재〈전제〉 정치의〈와 같은〉. 【opp.】 *constitutional.* 파) **-i·cal·ly** [-ikəli] *ad.*

au·to·di·dact [ɔ̀:toudáidækt, -daidǽkt] *n.* ⓒ 독습자, 독학자.

au·to·er·o·tism [ɔ̀:touérətìzəm] *n.* ⓤ 【心】 (자위 따위에 의한) 자기 색정(의 만족).

au·tog·a·my [ɔ:tɑ́gəmi/ -tɔ́g-] *n.* ⓤ 【植】 자화수분(受粉) ; 【動】 자가 생식.

·**au·to·graph** [ɔ́:təgræ̀f, -grɑ̀:f] *n.* ⓒ 자필, 친필, 육필 ; 자서(自署) ; 자필 원고 — *vt.* …에 자필로 쓰다 ; 자서⟨서명⟩하다.

au·to·graph·ic [ɔ̀:təgrǽfik] *a.* (1)자필의 ; 자서의. (2)(계기(計器)가) 자동 기록식의, 자기(自記)의 (self-recording).

au·to·im·mune [ɔ̀:touimjú:n] *a.* 【醫】 자기 면역의. 파) **-im·mú·ni·ty** [-nəti] *n.* 자기면역. **-im·mu·ni·zá·tion** [-nizéiʃən/ -naiz-] *n.* 자기면역화.

au·to·in·tox·i·ca·tion [ɔ̀:touintɑ̀ksəkéiʃən/ -intɔ̀ks-] *n.* ⓤ 【醫】 자가 중독.

au·to·mat [ɔ́:təmæ̀t] *n.* ⓒ (1)자동 판매기. (2)자동 판매식 음식점, 자급 식당.

au·to·mate [ɔ́:təmèit] *vt.* …을 오토메이션⟨자동⟩화하다 : — *vi.* 자동 장치를 갖추다, 자동화되다. 파) **-màt·ed** [-id] *a.* 자동화한 : an ~*d* factory 오토메이션⟨자동 조작⟩ 공장.

:**au·to·mat·ic** [ɔ̀:təmǽtik] *a.* (1)(기계·장치 등이) 자동의, 자동적인, 자동(제어) 기구를 갖춘 ; (무기가) 자동의 ; = SEMIAUTOMATIC : an ~ telephone 자동 전화. (2)【生】 (근육 운동 등이) 자동성의, 자율성의 : (3)(행동 등이) 무의식의, 반사적인 ; 필연적인. — *n.* ⓒ (1)자동 기계, 자동 장치. (2)《口》 자동 변속 장치(가 달린 자동차). (3)자동화기, 자동 권총(~ pistol). 파) **-i·cal** [-ikəl] *a.* = AUTOMATIC **-i·cal·ly** [-ikəli] *ad.* 자동적으로 : 기계적으로.

automátic dáta prócessing [컴] 자동 정보 처리《略 : ADP》.

automátic diréction fìnder (특히 항공기의) 자동 방향 탐지기《略 : ADF》.

automátic pílot [空] 자동 조종 장치 : be (put) on ~ 자동 조정으로 비행하고 있다《on ~ 은 무관사》.

automátic tráin contròl 열차 자동 제어 장치《略 : ATC》.

:**au·to·ma·tion** [ɔ̀:təméiʃən] *n.* ⓤ (1)오토메이션, (기계·장치의) 자동화, 자동 조작⟨제어⟩. (2)자동화된 상태. (3)【컴】 자동화.

au·tom·a·tism [ɔ:tɑ́mətizəm/ -tɔ́m-] *n.* ⓤ (1)자동성, 자동 작용, 자동⟨기계⟩적 활동. (2)【生理】 (심장 따위의) 자동 운동.

:**au·to·mo·bile** [ɔ́:təməbì:l, ⌐-⌐, ɔ̀:təmóu-] *n.* ⓒ (1)《美》 자동차(《英》 motor car) 《※ 일반적으로는 car가 흔히 쓰임》. (2)《美俗》 일이 빠른 사람, 기민한 사람. — *a.* 〔限定的〕 자동차의 : ~ insurance 자동차 보험 / the ~ industry 자동차 공업.

au·to·mo·bil·ism [ɔ̀:təməbí:lizəm, -móubilìzəm] *n.* ⓤ 《美》 (특히 자가용) 자동차의 운전⟨사용, 여행⟩. 파) **àu·to·mo·bíl·ist** [-ist] *n.* 《美》 ⓒ 자동차 상용⟨사용⟩자《※ motorist 가 일반적》.

au·to·mo·tive [ɔ̀:təmóutiv, ⌐-⌐-] *a.* 자동차의 ; 자동의 ; 동력 자급의 ; 자동 추진의.

au·to·nom·ic [ɔ̀:tənɑ́mik/ -nɔ́m-] *a.* (1)자치의 ; 자동적인. (2)【生理】 자율의《신경》, 자율 신경계의 : the ~ nervous system 자율 신경계.

au·ton·o·mous [ɔ:tɑ́nəməs/ -tɔ́n-] *a.* (1)자치권이 있는, 자치의 : an ~ province⟨republic⟩ 자치주⟨공화국⟩. (2)독립한 : (3)【生理】 = AUTONOMIC.

·**au·ton·o·my** [ɔ:tɑ́nəmi/ -tɔ́n-] *n.* ⓤ (1)자치 ; 자치권 : (2) ⓒ 자치 단체. (3)【生理】 자율성. 〖opp.〗 *heteronomy.*

au·top·sy [ɔ́:tɑpsi, -təp- / -tɔp-] *n.* ⓒ (1)검시(檢屍), 시체 해부, 부검(剖檢) : (2)실지 검증.

au·to·re·verse [ɔ̀:tourivə́:rs] *n.* ⓤ 【電子】 (카세트 테이프 등의) 자동 역전 기능. — *a.* 〔限定的〕 자동 역전 기능의.

au·to·sug·ges·tion [ɔ̀:tousəgdʒéstʃən/ -sə-dʒés-] *n.* ⓤ 【心】 자기 암시, 자기 감응. 파) **àu·to·sug·gést** *vt.* …에 자기 암시를 걸다.

:**au·tumn** [ɔ́:təm] *n.* (1) ⓤ,ⓒ (때로 the ~) 가을, 추계《영국에서는 8·9·10월, 미국에서는 9·10 ·11월》 : (2)(the ~) 성숙기 ; 조락기(凋落期), 초로기(初老期) : in *the* ~ of one's life 만년에. (3)〔形容詞的〕 가을의 :

·**au·tum·nal** [ɔ:tʌ́mnəl] *a.* (1)가을의 : ~ ⟨autumn⟩ tints 추색, 단풍 / the ~ equinox 추분(점) (【cf.】 the VERNAL equinox). (2)가을에 피는 ; 가을에 여무는. (3)인생의 한창때를 지난, 중년의, 초로의. 파) **~·ly** *ad.*

:**aux·il·ia·ry** [ɔ:gzíljəri, -zílə-] *a.* (1)보조의《*to*》, 부(副)의 : ~ coins 보조 화폐 / ~ troops (외국으로부터의) 지원 부대, 원군 / an ~ language (국제적) 보조 언어《Esperanto 따위》 / an ~ engine 보조 기관. (2)예비의 : an ~ power system in case of a blackout 정전시에 대비한 예비 발전 장치. — *n.* ⓒ (1)조력자 ; 보조물 ; 지원 단체. (2)(*pl.*) (외국으로부터의) 지원군, 외인 보조 부대. (3)《美》 보조함(艦), 특무함. (4)【文法】조동사(~ verb).

:**avail** [əvéil] *vi.* 〔흔히 否定〕 《~/+副/+前+名》 소용에 닿다, 쓸모가 있다 ; 가치가 있다, 이익이 있다 : Such arguments — *vt.* 〔흔히 否定〕 《+目+副》 …의 소용에 닿다, …에 효력이 있다, …을 이롭게 하다 : ~ one***self of*** = 《美口》 ***~ of*** …을 이용하다, …을 틈타다⟨편승하다⟩ : — *n.* ⓤ 이익, 효용, 효력《현재는 of, to 따위에만 쓰임》. ***be of ~*** 소용이 되다, 쓸모가 있다. ***be of no*** ⟨***little***⟩ ***~*** 전혀⟨거의⟩ 쓸모가 없다 ; 무익 하다 : Our presents *were of no* ~. 우리 선물은 아무 소용이 없었다. ***to no ~*** = ***without ~*** 무익 하게, 보람도 없이

avail·a·bil·i·ty [əvèiləbíləti] *n.* (1) ⓤ 이용도, 유효성. (2) ⓒ 소용에 닿는 사람, 이용할 수 있는것 : local *availabilities* 그 고장에서 이용⟨입수⟩할 수 있는 것.

avail·a·ble [əvéiləbəl] (***more ~ ; most ~***) *a.* (1)이용할 수 있는, 쓸모 있는 ; 【法】 유효한《*for* ; *to*》 : a train ~ *for* second-class passengers 이등 승객용 열차 / tickets ~ on the day of issue 발행 당일만 유효한 표 / Plenty of time is ~. 시간은 충분히 있다. (2)손에 넣을 수 있는, 입수⟨이용⟩ 가능한 ; (아파트가) 입주할 수 있는 : ~ facilities 이용할 수 있는 시설 / (3)(아무가 일 따위에) 전심할 수 있는 ; 손이 비어 있는 ; 여가가 있는 ; 면회⟨일⟩할 틈이 있는 ; (여자가) 결혼 상대가 아직 없는 : He is not ~ for the job. 그는 (달리 일이 있어) 이 일에는 쓸 수 없다 / (4)《美》 (원고 따위가) 채용 가치가 있는. ***make*** one***self*** ~ 즉시 응할 수 있는 상태로 해 두다《*to* ; *for*》 : I *made myself* ~ *to* him for legal consultations. 틈을 내어 그에게 법률 상담을 해주기로 했다. (파) **-bly** *ad.*

·**av·a·lanche** [ǽvəlæ̀ntʃ, -lɑ̀:nʃ] *n.* ⓒ (1)눈사태 : Skiers should avoid the area because of the high risk of ~*s.* 그 지역은 눈사태의 위험이 높기 때문에 스키어들은 그곳을 피해야 한다. (2)(흔히 an ~ of …로) (질문·편지 등의) 쇄도

avant-garde [əvɑ̀:ntgɑ́:rd, əvæ̀nt-, æ̀vɑ:nt-, ɑ̀:vɑ:nt-] *n.* 《F.》 ⓤ (흔히 the ~) 〔集合的〕 (예술

상의) 전위파, 아방가르드. — *a.* 〔限定的〕 ~의 : ~ pictures 전위 영화.

·**av·a·rice** [ǽvəris] *n.* ⓤ (금전에 대한) 탐욕, 허욕(虛慾).

·**av·a·ri·cious** [æ̀vəríʃəs] *a.* 탐욕스러운, 욕심 사나운. 파) **~·ly** *ad.*

av·a·tar [ǽvətɑ̀ːr, ⌐-⌐] *n.* **[**Ind. 神**]** 화신, 권화(權化) ; 구체화.

·**avenge** [əvéndʒ] *vt.* 《~+目/+目+前+名》 (아무)의 원수를 갚다, 복수를 하다, (원한)의 앙갚음을 하다 ; (…에 대해) …의 원수를 갚다《*on*》 : Hamlet planned to ~ his father. 햄릿은 부친의 원수를 갚으려고 계획하였다 / □ vengeance *n.* ~ one***self*** 〈***be ~d***〉 ***on*** …에게 원한을 풀다, …에게 복수하다 : I will ~ *myself* on you for this. 이 일로 반드시 너에게 앙갚음할 것이다.

aveng·er [əvéndʒər] *n.* ⓒ 복수자, 보복자.

aven·tu·rine [əvéntʃəriːn, -rin] *n.* ⓤ 구릿가루 따위를 뿌려 꾸민 유리 ; 사금석(砂金石).

:**av·e·nue** [ǽvənjùː] *n.* ⓒ (1)가로수길. (2)《英》 (특히 대저택의 대문에서 현관까지의) 가로수길. (3)《美》 (번화한) 큰거리, 한길, 도로 : (4)가까이〈접근〉하는 수단, 방법 : an ~ to 〈of〉 success 성공에의 길. ***explore every ~*** 가능한 모든 수단을 강구하다.

·**aver** [əvə́ːr] (**-rr-**) *vt.* (1)…을 (진실이라고) 확언하다, 단언〈주장〉하다 : He ~*red* his innocence. 그는 자기의 결백을 주장했다 / (2)《+*that* 節》 **[**法**]** …라고 증언하다 : She ~*red that* he had done it. 그녀는 그가 그것을 했다고 증언했다.

:**av·er·age** [ǽvəridʒ] *n.* (1) ⓒ 평균(값) : an arithmetical ~ 산술 평균 / Prices have risen by an ~ of 4% over the past year. 지난 일년 동안에 물가는 평균 4% 올랐다. (2) ⓤ,ⓒ (일반) 표준, 보통 : ***above*** 〈***below***〉 ***the ~*** 보통〈평균〉 이상〈이하〉 : talents *above the* ~ 비범한 재능. ***on*** (***an*** 〈***the***〉) ~ 1)평균하여 : 2)대체로 : *On* ~, people who don't smoke are healthier than people who do. 대체로 담배를 안 피우는 사람이 피우는 사람보다 더 건강하다. ***strike*** 〈***take***〉 ***an ~*** 평균을 잡다, 평균하다. ***up to the ~*** 평균에 달하여. — *a.* (1)〔限定的〕 평균의 : ~ prices 평균 가격 / the ~ life span 평균 수명 / an ~ crop 평균작. (2)보통의 : the ~ man 보통 사람《'보통 사람들'은 ~ people 이라 하지 않고 ordinary people이라고 함》 / an article of ~ quality 보통 물건. — *vt., vi.* (1)수(數)를 평균〈균분〉하다 : (2)평균 …하다〈이되다〉 : He ~*s* eight hours' work a day. 그는 하루 평균 8시간씩 일한다. ***~ out to*** 〈***at***〉 《口》 평균 …에 달하다 .

aver·ment [əvə́ːrmənt] *n.* ⓤ,ⓒ 단언(함), 주장 ; **[**法**]** 사실의 주장, 항변의 증언.

·**averse** [əvə́ːrs] *a.* 〔敍述的〕 싫어하여 ; 반대하고 《*to* ; *to do* ; *to doing*》 : I am not ~ *to* a good dinner. 성찬이라면 싫지 않다 / 파) **~·ness** *n.*

·**aver·sion** [əvə́ːrʒən, -ʃən] *n.* (1) ⓤ (또는 an ~) 혐오, 반감《*to* ; *from* ; *for* ; *to doing*》 : (2) ⓒ 아주 싫은 사람〈물건〉. one***'s pet*** 〈***chief***〉 **~** 아주 싫은 물건〈것〉 : Greed is *my pet* ~. 탐욕은 내가 가장 싫어하는 것이다.

aver·sive [əvə́ːrsiv, -ziv] *a.* 혐오의 정을 나타낸 ; 기피하는《유해한 자극》. (파) **~·ly** *ad.*

·**avert** [əvə́ːrt] *vt.* (1) 《+目+前+名》 (눈·얼굴 따위)를 돌리다, 비키다《*from*》 : She ~*ed* her eyes *from* his stare. 그녀는 그의 응시하는 눈을 피했다. (2)(타격·위험)을 피하다, 막다 : ~ danger 위험을 피하다 /

avi·an [éiviən] *a.* 조류의.

avi·ary [éivièri] *n.* ⓒ (큰) 새장, (대규모의) 조류 사육장.

·**avi·a·tion** [èiviéiʃən, æ̀v-] *n.* ⓤ (1)비행, 항공 ; 중(重) 항공기의 조종(술), 비행술, 항공학. (2)〔集合的〕 항공기 ; 《특히》 군용기. (3)(중(重)) 항공기 산업. ***civil ~*** 민간 항공.

·**avi·a·tor** [éivièitər, ǽv-] *n.* ⓒ 《옛투》 비행사, 비행기 조종사, 비행가《현재는 pilot, captain이 보통》.

av·id [ǽvid] *a.* (1)〔敍述的〕 갈망하는, 몹시 탐〈욕심〉내는《*of* ; *for*》 : (2)〔限定的〕 열심인, 열렬한 : an ~ reader 열심히 독서가. (파) **~·ly** *ad.* 게걸스럽게.

avid·i·ty [əvídəti] *n.* ⓤ 탐욕 ; 갈망, (맹렬한) 욕망. ***with ~*** 탐하여, 게걸스럽게.

avi·on·ics [èiviániks/ -ɔ́n-] *n.* ⓤ 항공 전자 공학. [◁ *avi*ation+electr*onics*]

av·o·ca·do [æ̀vəkɑ́ːdou, ɑ̀ːvə-] (*pl.* ***~s, ~es***) *n.* ⓒ 아보카도(alligator pear, = **~ pèar**) 《열대 아메리카산(産) 녹나뭇과(科)의 과실》 ; 그 나무.

av·o·ca·tion [æ̀voukéiʃən] *n.* ⓒ (1)부업, 내직(內職) ; 《古》 여기(餘技), 취미, 도락. (2)본직(本職), 직업. ※ (2)의 뜻으로 현재는 흔히 vocation 을 씀.

av·o·cet [ǽvəsèt] *n.* **[**鳥**]** 뒷부리장다리물떼새.

:**avoid** [əvɔ́id] *vt.* (1) 《~+目/ +-*ing*》 …을 피하다, 회피하다《do*ing*》 : ~ danger 위험을 피하다 / / He could not ~ laugh*ing*. 그는 웃지 않을 수 없었다 / He ~*ed* going into debt by selling his house. 그는 집을 팖으로써 빚을 면하였다. (2)**[**法**]** …을 무효로 하다, 취소하다.

파) *~·a·ble** [-əbəl] *a.* (회)피할 수 있는. **~·a·bly** *ad.*

·**avoid·ance** [əvɔ́idəns] *n.* ⓤ (1)회피, 기피 : The ~ of injury should take priority in sports like rugby. 럭비와 같은 스포츠에서는 부상을 피하는 것이 우선이다. (2)**[**法**]** 취소 ; 무효.

avouch [əváutʃ] 《文語》 *vt.* (1)…을 확언하다. (2)…을 보증하다. (3)〔再歸的〕 …을 자백하다, 자인하다. ~one*self* (as〈to be〉) a coward 자신이 비겁자임을 자인하다. — *vi.* 《~/+前+名》 보증하다 : I can ~ *for* the quality. 품질은 보증할 수 있습니다. 파) **~·er** *n.* **~·ment** *n.*

avow [əváu] *vt.* (1)…을 공언하다 : (2) a](과실 등)을 인정하다 ; 자백하다 : The terrorists ~*ed that* they regretted what they had done. 테러리스트들은 자신들이 한 일을 후회한다고 고백하였다. b]〔再歸的〕 (자신이) …임을 인정하다, 자백 하다 :

avow·al [əváuəl] *n.* ⓤ,ⓒ 공언, 언명 ; 공인 : His public ~*s* to reduce crime have yet to be put into effect. 범죄를 줄인다는 그의 공언은 아직 실행되지 못하였다.

avowed [əváud] *a.* 스스로 인정한, 공언한 ; 공공연한, 공인된 : He is an ~ liberal. 그는 진보파를 자인하는 사람이다 / 파) **avow·ed·ly** [əváuidli] *ad.* 공공연하게, 명백히.

avun·cu·lar [əvʌ́ŋkjulər] *a.* 백부〈숙부〉의, 삼촌의 ; 백부〈숙부〉같이 자애로운 : He began to talk in his most gentle and ~ manner. 그는 아주 부드럽고 인자한 태도로 말하기 시작하였다.

파) **~·ly** *ad.*

:**await** [əwéit] *vt.* (1)(사람이) …을 기다리다, 대

기하다(wait for), 예기하다(expect) : I ~ your reply. 자네의 회답을 기다리네. (2)(사물이) …을 기다리고 있다, 준비되어 있다(be prepared for) : A hearty welcome *~s* you. 충심으로 당신을 환영할 것입니다 / A bright future *~s* you. 밝은 미래가 당신을 기다리고 있습니다.

:awake [əwéik] (***awoke*** [əwóuk], 《稀》 ***~d*** [əwéikt] ; ***~d,*** 《稀》 ***awoke, awok·en*** [əwóu-kən]) *vt.* (1)《~+目/+目+前+名》 …을 (잠에서) 깨우다, 눈뜨게 하다 : A shrill cry *awoke* me *from*〈*out of*〉 my sleep. 날카로운 고함 소리에 잠이 깼다. (2)《+目+前+名》 …을 각성시키다, …에서 눈뜨게 하다《*from*》 ; 의식시키다, 자각시키다《*to*》 : (3)《+目+前+名》 (기억·의구·호기심 따위)를 불러일으키다《*in*》 : His voice *awoke* memories of childhood in me. 그의 목소리를 들으니 어릴 때의 기억이 생각났다. ― *vi.* (1)《~/+前+名/+*to* do》 (잠에서) 깨다 : I *awoke at* six o'clock. 나는 여섯 시에 깨어났다 / I *awoke with* a start. 나는 깜짝 놀라 눈을 떴다. (2)《~/+前+名》 각성〈자각〉하다, 깨어나다 ; 분기 하다 : (3)《+前+名》 깨닫다《*to*》 : ~ *to* the danger 위험을 깨닫다.
― *a.* 〔敍述的〕 (1)깨어서 ; 자지 않고 : I was wide ~ all night. 밤새 한눈도 붙이지 않았다 / The children stayed ~ waiting for their father. 아이들은 자지 않고 부친이 돌아오기를 기다리고 있었다. (2)(…을) 알아채고, (…을) 자각하고 : ***lie ~*** 깬 채 누워 있다.

:awak·en [əwéikən] *vt.* (1)《~+目/+目+前+名》 …을 (잠에서) 깨우다, 일으키다 : be *~ed from* sleep 잠에서 깨다. (2)《+目+前+名》 …을 자각시키다, 일깨우다 : (3)(기억·의구·호기심 따위)를 불러일으키다 : Her story *~ed* our interest. 그녀의 얘기는 우리의 흥미를 불러일으켰다.
― *vi.* (1)깨다, 일어나다. (2)깨닫다, 자각하다. ※ 주로 비유적인 뜻으로 흔히 타동사로 쓰임.

awak·en·ing [əwéikəniŋ] *n.* ⓤ,ⓒ 눈뜸, 깸, 각성 ; 자각, 인식 ; (종교에 대한 관심의) 부활 : ***have* 〈*get*〉 *a rude ~*** 갑자기 불쾌한 사실을 알게 되다, 심한 환멸을 느끼다. ― *a.* 〔限定的〕 잠을 깨우는 ; 각성의.

:award [əwɔ́ːrd] *vt.* (1)《+目/+目+前+名》 (심사·판정하여) …을 수여하다, (상)을 주다 ; 지급하다 : ~ a prize *to* a person〈~ him a prize〉 아무〈그〉에게 상을 주다 / (2)(중재·재판 등에서) (…에게 배상금 등)을 재정(裁定)하다 ; 재정 하여 주다 : ― *n.* ⓒ (1)상(賞) ; 상품, 상금 ; 장학금《따위》 : The highest ~ went to Mr. Green. 최고의 상은 그린씨가 받았다. (2) 심사, 판정, 재정 ; 판정서, 재정서 ; (손해 배상 등의) 재정액.

:aware [əwɛ́ər] *a.* (1)〔敍述的〕 깨닫고, 의식하고, 알고《*of* ; *that*》 : I was ~ *that* something was wrong. 어딘가 잘못 되어 있음을 알아차렸다 / (2)(…에 대한) 의식 〈인식〉이 있는 : a politically ~ student 정치 의식이 강한 학생. (3)《口》 빈틈없는 : an ~ person 실수가 없는 사람. 파) **~·ness** *n.* ⓤ (1) 알아채고 있음, 앎 ; 자각 : (2)의식 : political *~ness* 정치 의식.

awash [əwɔ́ːʃ, əwɑ́ʃ/əwɔ́ʃ] *ad.*, *a.* 〔形容詞로는 敍述的〕 (1) **a)**【海】 (암초·침몰선 따위가) 수면을 스칠 정도로〈의〉 ; 물을 뒤집어 쓰고 : **b)**파도에 시달려. (2)(장소·사람 등이) …로 꽉찬, 넘치는《*with* ; *in*》 ; 《美俗》 술 취한 ; 《口·比》 파묻힌《*with*》 : / a garden ~ *in* brilliant colors 오색 영롱한 정원.

:away [əwéi] *ad.* (1)〔위치·이동〕 떨어져서, 멀리, 저쪽으로〈에〉, 딴 데로, 옆으로〈에〉《*from*》 : miles ~ 몇 마일이나 떨어져서 / go ~ 떠나다, 어딘가로 가 버리다 / go ~ *from* …을〈에서〉 떠나다 ; …에서 멀리 떨어지다 / run ~ 도망하다 / (2)부재하여, 집에 없어《*from*》 : My father is ~ on a trip. 아버지는 여행을 가서 안 계십니다 / He is ~ *from* his office. 그는 사무실에 없다. (3)〔감소·소실〕 사라져, 없어져 : (4)〔연속〕 잇따라, 끊임없이 : work ~ 부지런히 일하다〈공부하다〉 / talk ~ 계속 지껄여 대다 / puff ~ 담배를 뻐끔뻐끔 빨다 / (5)《美口》 〔强意的〕 훨신(way) : ~ below the average 평균 이하로 훨씬 밑돌아. (6)〔보통 命令形〕 즉시, 곧 : Speak ~. 빨리 말해라 / (7)【野】 아웃이 되어 : with one man ~ 원아웃으로. (8)《美卑》 (교도소에) 복역 중으로 : be put ~ for robbery 절도로 교도소에 수감중이다. ***Away !*** 저리로 가(Go ~!). ***~ back*** 《美口》 훨씬 전. ***Away with him !*** 그를 쫓아 버려라. ***do* 〈*make*〉 *~ with*** ⇨ DO. ***far* 〈*out*〉 *and ~ the best*** ⇨ FAR. ***from ~*** 《美》 멀리서부터. ***get ~ from it all*** 《口》 일상생활〈일〉의 번잡에서 떠나다. ***get ~ with*** ⇨ GET. ***once and ~*** 한 번뿐, 이것을 마지막으로. ***right* 〈*straight*〉 *~*** 《美》 즉시, 곧. ***well ~*** ⇨ WELL². ***Where ~?*** ⇨ WHERE.
― *a.* (1)〔限定的〕 상대방의 본거지에서의 : an ~ match 원정 경기. (2)〔敍述的〕【野】 아웃이 되어 :

:awe [ɔː] *n.* ⓤ 경외(敬畏), 두려움 : She gazed in ~ at the great stones. 그녀는 거대한 돌들을 경외의 눈으로 바라보았다. ***a feeling of ~*** 경외 하는 마음. ***be struck with ~*** 경외심에 눌리다. ***keep*** a person ***in ~*** 아무를 항상 두려운 마음이 들게 하다. ***stand* 〈*be*〉 *in ~ of*** …을 두려워〈경외〉하다 : ― *vt.* (1)…에게 두려운 마음을 일게 하여 …시키다《*into*》 : He *~d* them *into* obedience. 그의 위세에 눌려서 그들은 복종했다. (2)…을 두려워하게 하다, 경외 시키다 :

awe-in·spir·ing [ɔ́ːinspàiriŋ] *a.* 경외케 하는, 장엄한 : The higher we climed, the more ~ the scenery became. 높이 오를수록 경관은 더욱 장엄 해졌다.

awe·some [ɔ́ːsəm] *a.* (1)두려운, 무서운 : the giant's ~ powers 거인의 괴력. (2) 위엄 있는, 경외하고 있는, 경외케 하는. (3)《美俗》 최고의, 멋진, 근사한 : an ~ new car 근사한 새 차.
파) **~·ly** *ad.* **~·ness** *n.*

:aw·ful [ɔ́ːfəl] (***more ~ ; most ~***) *a.* (1)두려운, 무시무시한 ; 《文語》 공포를 느끼게 하는 : an ~ storm 대단한 폭풍. (2)《古》 경외를 느끼게 하는, 장엄한. (3)《口》 대단한, 불유쾌한, 보기 흉한, 굉장한, 터무니없는 : an ~ fool 지독한 바보. (4)《口》 큰 : an ~ lot of money 대단한 큰 돈.
― *ad.* 《口》 몹시, 굉장히 : I'm ~ glad. 아주 기쁘다. 파) **~·ness** *n.*

:aw·ful·ly [ɔ́ːfəli] (***more ~ ; most ~***) *ad.* (1)《口》 아주, 무척, 몹시 : It's ~ hot. 몹시 덥다 / I'm ~ sorry. 참으로 죄송합니다 / It's ~ kind of you. 정말 감사합니다. (2)장엄하게. (3)《古》 두려워서, 경외하여.

·awhile [əhwáil] *ad.* 《文語》 잠깐, 잠시 : stay ~ 잠시 머무르다

awhirl [əhwə́ːrl] *ad.*, *a* 〔形容詞로는 敍述的〕 소용돌이쳐서, 빙빙 돌아서.

:awk·ward [ɔ́ːkwərd] (***~·er ; ~·est***) *a.* (1)(사람

·동작 등이) 섣부른, 서투른《*at* ; *with*》 : 어줍은, 무무한 ; 눈치 없는 ; 몰골스러운《*in*》 ; 침착하지 못한 : an ~ workman 서투른 직공 / be ~ *with* one's hands 솜씨가 서투르다 / ~ *in* one's movements 동작이 어줍은. (2)거북한, 어색한 : an ~ excuse 괴로운 변명 / an ~ silence 어색한 침묵. (3)(정세·시간 따위의) 계제가 좋지 않은, 곤란한, (입장·문제 따위가) 어려운 : (4)(사건·인물 따위가) 다루기 곤란한, 귀찮은 ; (물건이) 쓰기 나쁜, 불편한 : an ~ tool 다루기 힘든 연장. ***at an ~ moment*** 계제가 좋지 않은 때에, 곤란한 때에. ***feel ~*** 거북스레 여기다 : *feel* ~ with a person 아무의 앞에서 쑥스러워하다.
파) **~·ly** *ad.* **~·ness**

·**awn·ing** [ɔ́:niŋ] *n.* ⓒ (비나 해를 가리기 위해창에 댄) 차일 ; (갑판 위의) 천막.

AWOL, awol [é:ɔ̀:l, èidʌ̀bljuòuél] *a.*, *n.* ⓒ 【軍】 무단 이탈〈외출〉의(병사) ; 〔一般的〕 무단 결석〈외출〉한 〈자〉. ***go ~*** 무단 결근〈외출〉하다 : 탈영하다. [◁ *a*bsent 〈*a*bsence〉 *w*ithout *l*eave]

awry [ərái] *ad.*, *a.* 〔形容詞로는 敍述的〕 (1)굽어서, 휘어서, 일그러져, 뒤틀려 : His dark hair was all ~. 그의 검은 머리는 온통 헝클어져 있었다. (2)잘못되어, 틀려서 : Our plans went ~. 우리의 계획은 실패했다 / ***look ~*** 곁눈질로 보다, 눈을 모로 뜨고 보다. ***tread the shoes ~*** 타락하다 ; 불의(不義)를 저지르다.

:ax, 《英》 **axe** [æks] (*pl.* ***ax·es*** [ǽksiz]) *n.* (1) ⓒ 도끼. axis. ※ (2)(the ~) 참수 ; (경비·인원의) 삭감 ; 해고. (3) ⓒ 《美俗》 악기《기타·색소폰 따위》. ***get the ~*** 해고당하다 ; 퇴교당하다 ; (연인 등에게) 채이다《*from*》 ; (예산 따위가) 삭감되다 ; (계획 등이) 중지〈축소〉되다. ***give the ~*** 《口》 거절하다, 거들떠보지 않다 ; 《美俗》 추방하다, 해고하다. ***have an ~ to grind*** 《美口》 속배포가 있다, 마음 속에 딴 속셈〈마음〉이 있다 : — *vt.* (1)…을 도끼로 베다〈깎다〉. (2)(인원·예산 따위)를 삭감하다 : Research grants are to be *axed* next year. 내년에는 연구 보조금이 삭감될 것이다. (3)…을 해고 하다.

ax·i·al [ǽksiəl] *a.* 굴대(모양)의, 축(軸)의 ; 축성(軸性)의 ; 축을 이루는 ; 축의 둘레의 ; 축 방향의 ; 파) **~·ly** *ad.* 축의 방향으로.

ax·il [ǽksil] *n.* ⓒ 【植】 엽액(葉腋), 잎겨드랑이.

ax·il·la [æksílə] (*pl.* ***-lae*** [-li:] *n.* ⓒ (1)【解】겨드랑이, 액와(腋窩). (2)【植】 엽액, 잎겨드랑이.

ax·il·lary [ǽksəlèri] *a.* (1)【解】 겨드랑이의. (2)【植】 잎겨드랑이, 액생(腋生)의. — *n.* ⓒ (새의) 겨드랑이 깃.

ax·i·om [ǽksiəm] *n.* ⓒ (1)자명한 이치, 원리, 원칙, 통칙 ; 격언, 금언. (2)【論·數】 공리.

ax·i·o·mat·ic [æ̀ksiəmǽtik] *a.* 공리의 ; 자명한. 파) **-i·cal·ly** [-kəli] *ad.* 자명하게 ; 공리로서.

·**ax·is** [ǽksis] (*pl.* ***ax·es*** [-si:z]) *n.* ⓒ (1)굴대, 축(軸), 축선(軸線) ; 【天】 지축(地軸) ; 【數】 (좌표의) 축 : (2)【植】 경축(莖軸), 엽축(葉軸), 잎줄기 ;

·**ax·le** [ǽksəl] *n.* ⓒ (차륜의) 굴대, 축, 차축 : The back ~ is broken. 뒤 차축이 부러졌다.

ax·le·tree [ǽksltrì:] *n.* ⓒ 차축, 굴대.

ax·man [ǽksmən] (*pl.* ***-men*** [-mən]) *n.* ⓒ 도끼를 쓰는 사람, 나무꾼《※ 《英》은 axe-man》.

:ay, aye [ai] *int.* (1)찬성! 《표결을 할 때의 대답》. (2)예! : A*y*(*e*), ~, sir! 【海】 예예《상관에 대한 대답》.
— (*pl.* ***ayes***) *n.* (1) ⓤ 찬성, 긍정. (2) ⓒ 찬성(투표)자. ***the ayes and noes*** 찬반 쌍방의 투표자. ***The ayes, have it.*** 찬성자 다수《의회 용어》.

aye-aye [áiài] *n.* ⓒ 【動】 (Madagascar 원산의) 다람쥐원숭이.

AZ 【美郵便】 Arizona.

azal·ea [əzéiljə] *n.* ⓒ 【植】 진달래.

az·i·muth [ǽzəməθ] *n.* ⓒ 【天】 방위 ; 방위각. ***a magnetic ~*** 자기(磁氣) 방위.

Az·tec [ǽztek] *n.* ⓒ 아즈텍 족《멕시코의 원주민》 ; ⓤ 아즈텍 말.
— *a.* 아즈텍 사람〈말〉의.

Az·tec·an [ǽztekən] *a.* = AZTEC.

·**az·ure** [ǽʒər] *a.* 하늘색의, 담청의 ; 푸른 하늘의, 맑은 ; 〔後置〕 감색(紺色)의.
— *n.* (1) ⓤ 하늘색, 담청색, 남빛, 푸른 빛 안료.

B

B, b [biː] (*pl.* **B's, Bs, b's, bs** [-z]) (1)비《영어 알파벳의 둘째 글자》. (2) ⓒ B자 모양의 것 ; B가 나타내는 소리. (3) ⓤ 【樂】 나음(音)《고정 도(do) 창법의 '시'》 ; 나조(調). (4) ⓒ 【數】 (종종 b-)둘째 기지수(旣知數). (5) ⓤ 가정(假定)의 둘째〈제2〉, 을(乙). (6) ⓤ,ⓒ (B) 2류〈둘째〉의 것 : 2품절의 것 ; 《美》(학업 성적의) 우(優), B(급) : He got a *B* in English, 그는 영어에서 B 학점을 땄다.
B 【체스】 bishop ; 【鉛筆】 black ; 【化】 boron.
baa [bæ, bɑː/bɑː] *n.* ⓒ 매《양·염소 따위의 울음 소리》. — (***baaed. baa'd***) *vi.* 매 하고 울다 : From the field we could hear sheep ~*ing*. 들에서 양떼가 우는 소리를 우리는 들을 수 있었다.
Ba·al [beiəl] (*pl.* ***Ba·al·im*** [béiəlim]) *n.* (1)【聖】 바알 신(補)《고대 페니키아 신》; 태양신《페니키아 사 람의》. (2)(때로 b-) ⓒ 사신(邪神), 우상.
·bab·ble [bǽbəl] *vi.* (1)(어린이 따위가) 떠듬거리며 말하다 ; 쓸데없는 말을 하다《*about*》. (2)(냇물 따위가) 졸졸 소리내(며 흐르)다《*away* ; *on*》 ; (새가)계속 지저귀다 : — *vt.* …을 실없이 지껄거리다 : (비밀 따위)를 지껄여 누설하다《*out*》. — *n.* ⓤ (또는 a ~) (1)떠듬거리는 말 ; 서투른 말 ; 허튼 소리 ; 지껄임 ; (군중의) 왁자지껄임 ; (새의) 지저귐. (2)(시냇물의) 졸졸 흐르는 소리. (3)(전화 따위의) 잡음.
bab·bler [bǽblər] *n.* ⓒ (1)수다쟁이 ; 서투르게 지껄이는 어린애. (2)비밀을 누설하는 사람. (3)지저귀는 새 ; 【鳥】 꼬리치레.
:babe [beib] *n.* ⓒ (1)《英詩》 갓난아기, 유아(baby). (2)어린애 같은 사람, 물정에 어두운 사람. (3)《美俗》 (귀여운) 계집아이 ; 《종종 호칭》 아가씨 : Hi, there, ~ ! 이봐요, 아가씨. ***a ~ inarms*** 갓난아기 ; 미숙자, 풋내기. ***a ~ in the wood (s)*** 잘 속는 사람, 세상 물정에 어두운 사람. ***~ s and sucklings*** 유아나 젖먹이 ; 철부지 들. ***real ~***《美俗》 멋진 남자〈여자〉
Ba·bel [béibəl, bǽb-] *n.* (1)=BABYLON. (2)【聖】 바벨탑《=**the Tower of Babel :** Babylon 에서 하늘까지 치닿게 쌓으려다 실패한 탑 ; 창세기 Ⅺ : 4-9》. (3) ⓒ (b-) a]고층 건물, 마천루. b]가공(架空)의 계획. (4) ⓤ,ⓒ (b-) 왁자지껄한 말소리 ; 떠들석한 상태〈장소〉 :
·ba·boon [bæbúːn/bə-] *n.* ⓒ (1) 【動】 비비, 개코원숭이. (2) 《俗》 추악한 인간, 야비한 인간.
:ba·by [béibi] *n.* ⓒ (1)갓난아기, 아기, 젖먹이 make a ~ of a person =treat a person like a ~ 아무를 어린애 취급하다
(2) 어린애 같은 사람, 미덥지 못한 사람 : Don't be such a ~ 1 그런 겁쟁이어서는 안된다. (3) (the ~) 막내, 최연소자 ; 갓 태어난 동물의 새끼 : (4) 《俗》 a] 자랑스런 발명품 : b] 멋진 것, 자랑하는 것 : Is that car there your ~? 저기 있는 저 차가 네가 자랑하는 차냐? (5) 《俗》 아가씨, 아내, 애인, 귀여운 임. (6) (the ~, one's ~) 관심사, 귀찮은 일, 책임 : (7) 《美俗》 녀석, 난폭자 : He is a tough ~. 지독한 놈이다.
be a person***'s ~*** 아무의 소임〈맡겨진 일〉이다 : — 그것은 존의 소관일세. ***hold(carry) the ~ = be left holding the ~*** 성가신 일(책임)을 맡다. ***start a ~*** 《英口》임신하다. ***throw the ~ out with the bath water*** 《口》 중요한 것을 필요 없는 것과 함께 버리다 ; 작은 일에 구애되어 큰일을 망치다. ***wet the ~'s head*** 《口》 아기 탄생의 축배를 들다.
— (***ba·bi·er ; - bi·est***) *a.* 〔限定的〕 (1) 갓난아이의〈를 위한〉 : a ~ bottle 젖병 / ~ food 유아식(乳兒食). (2) 어린애 같은, 앳된, 유치한 : a ~ wife 앳된 아내. (3) 작은, 소형의 : a ~ camera.
— (*p., pp.* ***ba·bied ; be·by·ing***) *vt.* (1) …을 어린애 취급하다 ; 어하다, 응석받다. (2) (물건 따위)를 주의해서 쓰다, 소중히 다루다 : ~ one's new car 새 차(車)를 소중히 다루다.
báby blúe 《美》 부드럽고 밝은 청색.
báby bòom 베이비 붐《제2차 세계 대전 후 미국에서 출생률이 급격히 상승한 현상》.
ba·by·hood [béibihùd] *n.* ⓤ 유년 시대, 유아기 ; 나이어림 ; 유치 ; 【集合的】 젖먹이, 아기 :
ba·by·ish [béibiiʃ] *a.* 갓난애〈어린애〉 같은 ; 유치한, 어리석은. 파) **~·ly** *ad.* **~·ness** *n.*
ba·by·like [béibilàik] *a.* 아기와 같은, 어린애와 같은.
Bab·y·lon [bǽbələn, -lɑ̀n] *n.* (1)바빌론《고대 Babylonia 의 수도》. (2) ⓒ 화려한 악(惡)의 도시.
Bab·y·lo·nia [bæ̀bəlóuniə, -njə] *n.* 바빌로니아《아시아 남서부에 있던 고대 제국》.
Bab·y·lo·ni·an [bæ̀bəlóuniən, -njən] *a.* (1)바빌론의 ; 바빌로니아 제국〈사람〉의. (2)퇴폐적인, 죄많은. (3) 바빌로니아 말의.
— *n.* ⓒ 바빌로니아 사람 ; ⓤ 바빌로니아 말.
·ba·by-sit [béibisìt] (*p . pp.* ***-sat ; -sit·ting***) *vi. vt.* (부모 부재중에) 아이를 보다《*for* ; *with*》 ; 〔一般的〕 (아이를) 보살피다〈봐 주다〉 : I often ~ *for* my big sister. 나는 때때로 언니의 부재중 에는 아이를 보살핀다 /
:ba·by-sit·ter [-sìtər] *n.* ⓒ 베이비시터《집을 지키며 아이를 돌봐주는 사람》 : She left her baby with a ~. 그녀는 아기를 베이비시터에게 맡겼다.
bac·ca·lau·re·ate [bæ̀kəlɔ́ːriit, -lɑ́r-] *n.* ⓒ 학사 학위(=**báchelor' s degrèe**) ; 《美》 (대학졸업생에 대한) 기념 설교(=**~́ sèrmon**) ; (프랑스의) 대학 입학자격 시험.
bac·cha·nal [bǽkənl] *a.* =BACCHANALIAN. — [bɑ̀ːkənɑ́l, bæ̀kənǽl, bǽkənl] *n.* ⓒ (1) 바커스 예찬자. (2) 술마시며 떠들어 대는 사람.
Bac·cha·na·lia [bæ̀kənéiljə, -liə] (*pl.* ~, **~s**) *n.* ⓒ (1) 바커스제(祭), 주신제(酒神祭). (2) (b-) 떠들석한 술잔치, 야단법석(orgy).
파) **bàc·cha·ná·li·an** *a., n.* (1) 바커스〈주신〉제의 ; 바커스 예찬자(의). (2) 취해 떠드는 (사람).
bac·chant [bǽkənt, bəkǽnt, -kɑ́ːnt] (*pl.* ***~s, -chan·tes*** [bəkǽntiːz, -kɑ́ːnt] *n.* ⓒ (1) 바커스의 사제(司祭)〈신자〉. (2) 취하여 떠드는 사람.
— *a.* 술을 좋아하는 ; 술 마시고 떠드는.
bac·chan·te [bəkǽnti, -kɑ́ːnti] *n.* ⓒ (1) 바커스의 여사제〈무당〉. (2) 여자 술꾼.
Bac·chus [bǽkəs] *n.* 【그神】 바커스《술의 신》. 【cf.】 Dionysus. ***a son of ~*** 술꾼, 대주가.
:bach·e·lor [bǽtʃələr] *n.* ⓒ (1) 미혼〈독신〉 남자 《※ 흔히 a single 〈an unmarried〉 man을 씀》.

【cf.】 spinster. 『 a ~'*s* flat 독신 남성(전용) 아파트 / He is a confirmed ~. 그는 독신주의자다. (2) 학사.

bach·e·lor·hood [bǽtʃələrhùd] *n.* ⓤ (남자의)독신 (생활), 독신 시절.

bac·il·lary [bǽsəlèri, bəsílər] *a.* 간상(桿牀)의 : 바실루스의 : 간균(桿菌)에 의한.

B

·ba·cil·lus [bəsíləs] (*pi.* **-li** [-lai]) *n.* ⓒ (1)바실루스, 간상균(桿牀菌). 【cf.】 coccus. (2)(흔히 *pl.*) 세균, 박테리아, 《특히》 병원균(病原菌).

:back [bæk] *n.* (1) ⓒ 등, 잔등, 등뒤 : All I had left were the clothes on my ~. 내게 남은 것이란 걸치고 있는 옷뿐이었다. (2) ⓒ 등뼈(backbone), 짐〈책임〉을 지는 힘 : have a strong ~ 무거운 짐을 질 수가 있다. (3) ⓒ 배면(背面) : (칼 따위의) 등 : (4)(the ~) a] 뒤, 뒷〈이〉면, 뒤쪽(【opp.】 *front*) : (보이지 않는) 저쪽 : 《比》 (일의) 진상 : *the* ~ of a house 집 뒤편. b] 안, 안쪽 : (탈것의) 뒷좌석 : 《比》 속, (머리나 마음속의) 한구석 : c] 뒤뜰(backyard). d] 【劇】 무대의 배경 : (혀의) 뿌리. (5) 【蹴·하키】 ⓒ, ⓤ 후위. 【opp.】 *forward.* ***at*** a person'***s ~*** 1)아무를 지지하여 : ***at the ~ of =***《美》 ***~ of = at one's ~...*** 1) …의 뒤에 : 《口》 …을 뒤에서 조종하여 : 2) …을 추구하여. 3) …을 후원하여. (the) ***~ of beyond*** 원격지 : 벽지 : I live at *the* ~ *of beyond.* 나는 벽지에 살고 있다. ***~ to ~*** 1)(…와) 등을 맞대어〈고〉《*with*》. 2) 계속 하여 : We played two games ~ *to* ~. 우리는 계속해서 두 번 경기를 했다. 【cf.】 back-to-back. ***~ to front*** 1)앞뒤를 반대로 : 3) 난잡하게. ***behind*** a person'***s ~*** 아무의 등뒤에서 : 모래, 살짝. ***break*** a person'***s ~*** 1) 아무에게 무거운 짐을 지우다. 2) 아무를 실패〈파산〉하게 만들다. ***break*** one'***s ~*** 《口》 열심히 〈뼈빠지게〉 일하다《*at*》. ***break the ~ of*** 1) =break a person's ~. 2) 《口》 (일)의 어려운 부분을 끝내다. 고비를 넘기다 : ***fall on*** ~ 등을 돌려서(보여서) 넘기다. ***get off*** a person'***s ~*** 〈***neck***〉 《口》 아무를 그냥 놔두다, 간섭하지 않다 : *Get off* my ~ ! 내버려 둬라. ***get*** 〈***put, set***〉 a person'***s ~ up*** 아무를 성나게 하다. ***get*** (have) one'***s ~ own ~*** 《英口》 (…에게) 원수를 갚다, 보복〈앙갚음〉하다《*on*》. ***give*** a person ***a ~ =make a ~ for*** a person 아무에게 발판이 되어 주다 : (말타기놀이 따위에서) 말이 되어 주다. ***have*** one'***s ~ to*** 〈***against***〉 ***the wall*** 몰려서 궁지에 빠지다. ***in ~ of*** 《美口》 …의 뒤에(서) (at the ~ of) ***in*** 〈***at***〉 ***the ~ of*** one'***s mind*** 마음 속 깊이, 마음 한구석에. ***know . . . like the ~ of*** one'***s hand*** (장소 따위)를 구석구석까지 알고 있다 : He *knows* New York *like the ~ of* his *hand.* 그는 뉴욕을 사기 손바닥처럼 훤히 알고 있다. ***Mind your ~*** (***s***)***!*** 지나가게 해줘. ***on*** a person'***s ~*** 아무의 등에 업혀 : (불평하여) 아무를 괴롭히고 ***on*** one'***s ~*** 반듯이 누워 등에 시고 , 병으로 누워 ; 꼼짝할 수 없게 되어 ***put*** one'***s ~ into*** 〈***to***〉 …에 힘쓰다〈전념하다〉. ***see the ~ of*** …을 쫓아 버리다 : I am glad to *see the ~ of* Tom. 톰이 가버려 시원하다. ***show the ~ to*** …에 등을 보이다. ***slap*** a person ***on the ~*** (다정하게) 등을, 두드리다. 칭찬하다. ***to the ~*** 골수까지. ***turn*** one'***s ~ on*** …에 등을 돌리다. …을 저버리다 : 무시하다 : ***with*** one'***s ~ to*** 〈***against***〉 ***the wall*** 궁지에 몰리어.

— *a.* 【限定的】 (1) 뒤의, 배후의 : 안의 : 속의. 【opp.】 *front.* 【cf.】 rear. 『 a ~ yard 《美》 뒤뜰 / a ~ alley 뒷골목 / seats in the ~ row 뒷좌석. (2) 먼, 떨어진 : 《美》 매우 궁벽한, 오지(奧地)의 : 늦은, 뒤떨어진 a ~ settler 변두리에 사는 사람 : 벽지(僻地)에 사는 사람 / a ~ slum 빈민가 / ~ teeth 어금니 / the ~ ceuntry 《美》 시골, 벽지. (3) 반대 방향의, 되돌아 가는, 뒤로 물러나는 : a ~ curren 역 류. (4) 시대〈시기〉에 뒤진 : 이전의, 기왕의 : 제달에 늦은, 달수 넘은, (지급이) 밀린, 미납의 : ~ files (철해 둔) 묵은 자료 / (5) 【音聲】 후설(後舌)의〈에서 발음되는〉 : 【골프】 (18 홀 중) 후반의 9홀의.

— *ad.* (1) 뒤로, 배후에〈로〉, 후방에 : look ~ 뒤돌아 보다: 회상하다 / step ~ 물러나다. (2) 안쪽에〈으로〉, 물러나(서) : 떨어져(서) :(3) 거슬러 올라가, 옛날에 : two years ~, 2년 전에 / for some time ~ 얼마 전부터 / ~ in 1890. 1890년으로 거슬러 올라가 / (4) 본디 위치〈상태〉로, (되)돌아와서 : Come ~ 돌아오다《*from*》 / send ~ 돌려 보내다 / *Back!* =Go ~ ! 돌아가라, 물러가라 / (5) 답례로, 보답하여 : write ~ 답장을 쓰다 / She hit him ~. 그녀는 그를 되받아쳤다. (6) (뒤에) 감추어, 숨겨 : (7) 《口》 다시 :다시 한번 읽어주게. (8) 지체되어. ***answer*** (***talk***) ***~*** 말대꾸하다. ***~ and forth*** 〈***forward***〉 왔다갔다, 앞뒤로 : 《美俗》 이리저리 (로). ***~ of*** 《美口》 = at the ~ of. ***get ~ on***〈at〉 …에게 앙갚음하다. ***go ~ on*** (친구 따위)를 배신하다 : (약속 따위)를 어기다. ***hold ~*** (눈물 따위를) 참다, 억제하다 : 보류하다 : 넘겨주지 않다 :***keep ~*** ⇨ KEEP. ***to . . . and ~*** …까지의 왕복(往復) : What is the fare *to* Pusan *and* ~ ? 부산까지 왕복 요금은 얼마입니까.

— *vt.* (1) 《~+目/+目+前+名》 …을 뒤로 물러나게 하다, 후퇴시키다, 역행(逆行)시키다《*up*》 : ~ a car (*up*) 차를 후진시키다 / ~ oars 배를 뒤로 젓다. (2) …의 뒤에 위치하다〈서다〉 : …의 배경이 되다. (3) …에 뒤를 대다, (책·벽 따위)를 보강하다, 배접하다 《*with*》 : ~ a curtain *with* stiff material 커튼을 빳빳한 천으로 배접하다. (4) 《~+目/+目+副》 …을 후원하다, 지지하다《*up*》 : ~ a candidate 후보자를 지지하다. / (5) (주장 따위)를 강화〈뒷받침〉하다《*up*》 : ~ *up* a theory with facts 이론을 사실로써 뒷받침하다. (6) (경마에 돈)을 걸다 : ~ a winner 승리마에 돈을 걸다. (7) 《美》 …의 뒷면에 이름을 쓰다. (수표에) 배서하다. (8) …에 반주〈코러스〉를 넣다 : ~ oars 노를 뒤로 젓다. ~ the field (경마에서) 인기말 이외의 말에 걸다. ~ water 배를 후진 시키다.

— *vi.* (1) 《~/+前+名》 후퇴하다, 뒷걸음치다, 뒤로 물러서다 : (2) 【海】 (북반구(北半球)에서 바람이) 좌선회하다. 【opp.】 *veer.* (3) 등을 맞대게 되다. ***~ and fill*** 【海】 (바람이 조류(潮流)와 반대일 때) 돛을 교묘히 다루며 전진하다 : 《美口》 생각〈마음〉이 흔들리다 : 망설이다. ***~ away*** (두렵거나 싫어서) 물러서다, 후퇴하다 : 철회하다《*from*》 : ~ *away from* one's earlier opinion 전의 의견을 철회하다. ***~ down*** (*vi.*) 1) 뒤로 물러다《*from*》 : 취소하다, 약속 따위를 철회하다《*on*》 : 양보하나 《*on*》 , (주장 도근 잘못을) 인정하다, 포기하다 :(*vt.*) 2) (노를 저어) 보트를 뒤로 가게 하다. ***~ off*** (뒤로)물러서다 : 취소하다, 철회하다《*on*》 : (…에서) 손을 떼다, 양보하다 :***~ onto*** 〈***against, on***〉 (건물따위가) …와 배후에서 접하다 : …에 등을 대고 있다 : ***~ out*** (*vi.*) 1) 후퇴하다 : 뒷걸음으로 나가다《*of*》. 2) 《口》 (계약·약속을) 깨다, 취소하다 : (…에서) 손을 떼다《*of* : *from*》 :(*vt.*) 3) …을 후퇴시키다 : …을 후진시켜 내보내다 《*of*》 : ~ a car *out of* a garage 차를 후진시켜 차

고에서 내다. **~ *the wrong horse*** ⇨ HORSE. **~ *up*** 1) 후원〈지지〉하다, 후위를 맡다. 2) (차를) 후진시키다 ; (강·물을)막다. 3)《美》(교통 등을) 정체케 하다 ; 4)후퇴하다. (물이) 역류〈범람〉하다. 5)【컴】(데이터 파일)의 카피를 만들다. **~ *water*** =BACK-WATER (*vi.*)

back·ache [´èik] *n.* ⓤ,ⓒ 요통(腰痛), 등의 아픔.

back·bite [´bàit] (**-bit ; -bit·ten, -bit ; -bit·ing**) *vt. vi.* 뒤에서 험담하다, 중상하다.
파) **-bit·er** [-ər] *n.* **-bìt·ing** *n.* 험담.

back·board [´bɔ̀ːrd] *n.* ⓒ (짐차의) 뒤판(板) ; (액자의) 뒤판 ; (농구대의) 백보드.

back·boil·er [´bɔ́ilər] *n.* ⓒ 난로 등의 뒷부분에 마련한 물 데우는 탱크 (=**wáter bàck**).

:**back·bone** [´bòun] *n.* (1)(the ~) 등뼈, 척추(spine). (2)(the ~) 등뼈 비슷한 것 ; (산맥의) 분수령, 척량(脊梁) 산맥 ; (책의) 등《※ spine 이 일반적》. (3)(the ~) 중심적인 지주, 중견, 기간, 중축(中軸), 중추 : *the* ~ of a nation 국가의 동량 / The middle class forms *the* ~ of a country. 중산층은 한 나라의 기간을 이룬다. (4) ⓤ 기골, 용기 (firmness) : ***to the* ~** 철저히, 철두철미하게〈한〉, 골수의, 순수한

back·break·er [´brèikər] *n.* ⓤ 몹시 힘드는 일, 중노동 ; 맹렬하게 일하는 사람.

back·break·ing [´brèikiŋ] *a.* 대단히 힘드는《일 따위》.

back·comb [´kòum] *vt.* (부풀리기 위해) 머리카락을 거꾸로 빗질하다.

back·coun·try [´kʌ̀ntri] *n.* (the ~)《美》오지(奧地), 벽자, 두메 ; 미개간지.

back·court [´kɔ̀ːrt] *n.* ⓒ (테니스·농구 등의)백코트(테니스에서는 service line과 base line 사이). 【opp.】 *forecourt.*

báck cràwl 배영(背泳) (backstroke).

back·cross [´krɔ̀(ː)s, ´kràs] *vt.* 【遺】 …을 역(逆)교배하다《잡종(雜種) 제1대를 그 선대(先代)와 교배하다》.
— *n.* ⓒ, *a.* 역교배(의) ; 역교배에 의한 개체.

back·date [´dèit] *vt.* (서류 따위에서) …을 실제보다 날짜를 거슬러 올라가게 하다《*to*》; 소급하여 적용하다 ;

báck dóor (1) 뒷문. (2) 뒷구멍 ; 은밀〈부정〉한 수단, 비밀 수단. ***get in by* 〈*through*〉 *the* ~** 뒷구멍으로 취직〈입사〉하다 ; 뒷구멍으로 입학하다.

back·door [´dɔ̀ːr] *a.* (1) 뒷문의. (2) 내밀한, 부정한, 간사한, 정규가 아닌 : a ~ treaty 비밀 조약 / ~ business 〈dealings〉 뒷거래.

back·down [´dàun] *n.* ⓒ (1) (주장 등의) 철회. (2) (논쟁에서) 패배를 인정하기.

back·drop [´dràp/ ´drɔ̀p] *n.* ⓒ (1) 【劇】 배경막. (2) (사건 등의) 배경.

backed [bækt] *a* (1) 〔흔히 複合語를 이루어〕 등〈안〉을 댄 ; 후원받은 ; 지지를 받는 : (2) 【商】 배서가 있는.

back·er [bǽkər] *n.* ⓒ (1) (흥행 등의) 후원자. (2) (경마에서) 돈을 거는 사람. (3) 지지물 ; (타자기의) 대지(臺地).

back·field [´fìːld] *n.* ⓤ 〔集合的〕【美蹴】 후위 ; 공격측 라인에서 1 야드 떨어진 후방 지역.

back·fill [´fil] *vt.* (판 구멍)을 도로 메우다.

back·fire [´fàiər] *n.* ⓒ (1)《美》맞불《연소 방지를 위한》. (2) (내연 기관의) 역화(逆火). (3) (총포의) 역발(逆發). — *vi.* (1) 맞불놓다. (2) (내연 기관에) 역화를 일으키다 ; (총·포 등이)역발하다. (3) (계획 등이) 예상을 뒤엎다,불리한 결과가 되다 ; 실패하다《*on*》

back·for·ma·tion [´fɔːrméiʃən] *n.* 【言】 (1) ⓤ 역성(逆成)《기존어를 파생어로 잘못 알고 원말로여겨지는 신어를 만듦 ; 보기 : *beg*〈beggar, *edit*〉 editor》. (2) ⓒ 역성어.

:**back·ground** [´gràund] *n.* (1) ⓒ 배경, 원경(遠景). 【opp.】 *foreground.* 『 in the ~ 배경〈원경〉에 / form 〈build up〉 a ~ 배경을 이루다 / The skyscraper rose against a ~ of blue sky. 그 고층 건물은 파란 하늘을 배경으로 하여 높이 솟아 있었다. (2) ⓒ 【劇】 무대의 배경. (3) ⓒ(직물 따위의) 바탕(색). (4) ⓒ 눈에 띄지 않는 곳, 이면(裏面) : keep (oneself) 〈stay, be〉 in the ~ 표면에 나타나지 않고 있다. 막후에 도사리고 있다. (5) ⓒ (사건 따위의) 배경, 배후 사정 : (6) ⓤ,ⓒ (아무의) 경력, 경험, 소양, 전력(前歷). 기초〈예비〉 지식 : a man with a college 〈good family〉 ~ 대학 출신의 〈가문이 좋은〉 남자 /(7) ⓤ =BACKGROUND MUSIC. (8) 【物】 백그라운드 방사선 ; 자연계에 존***on* ~** 공표하지 않고, (정보 제공자 등의 이름을) 감추고.
— *a.* 〔限定約〕 배경의 ; 표면에 나타나지 않는 : ~ information 예비 지식, 참고 자료 / ~ noise (무선 수신 때의) 잡음. — *vt.* …에게 예비 지식〈배경 설명〉을 알려〈해〉주다 ; …을 배경에 두다.

back·hand [´hæ̀nd] *a.* 【球技】 = BACK HANDED (1). — *n.* ⓒ (1) 【技】 백핸드, 백핸드로 치기 : *forehand.* (2) 왼쪽으로 기운 필적《여성에 많음》.
— *ad.* (1)백핸드로 : hit 〈catch〉 a ball ~ 공을 백핸드로 치다〈잡다〉. (2)왼쪽으로 기울게 : write ~.
— *vt.* …을 백핸드로 치다〈잡다〉. **~·*er*** *n.* 역타 : 간접공격 ; 덤으로 부어주는 한잔 술.

back·hand·ed [´hæ̀ndid] *a.* 〔限定約〕 (1) 백핸드의 : a ~ return 백핸드로 되받기. (2) (필적이) 왼쪽으로 기운. (3) 간접적인, 빗대어 말하는 ; 악의 있는 : a ~ compliment 비꽈서 하는 칭찬.
— *ad.* 백핸드로. 파) **~·ly** *ad.* **~·ness** *n.*

back·hand·er [´hæ̀ndər] *n.* ⓒ (1) 【球技】 백핸드의 ; 역공(逆攻). (2)《口》행하, 팁, 뇌물. (3)《口》모욕〈비판〉(적인 말).

back·ing [bǽkiŋ] *n.* (1) ⓤ 역행, 후퇴, 지지, 후원(support) ; 〔集合的〕 후원자(단체) : get labor ~ 노조의 지지를 얻다 (2) ⓤ,ⓒ 【工】 뒤붙임 ; (제본의) 등붙이기 ; 【建】 속 널, 안벽. (3) ⓤ 【樂】 (포플러 음악의) 반주.

back·less [bǽklis] *a.* 등이 없는(의자들).

back·list [´lìst] *n.* ⓒ 재고 목록, 기간(旣刊) 도서 목록, (신간에 대한) 기간서《전체》.

back·log [´lɔ̀(ː)g, ´làg] *n.* ⓒ (1)《美》(화력 을 좋게 하기 위해 난로 깊숙이 넣어두는) 큰 장작. (2) (흔히 *sing.*) 주문 잔액, 체화(滯貨), 잔무(殘務) ; 축적, 저장품, 예비《*of*》: a ~ *of* orders 수주(受注) 잔고 /

back·pack [´pæ̀k] *n.* ⓒ (1) (하이커용의) 냅색의 일종, 배낭(캠핑용·우주비행사용 등). (2) (우주 비행사 등이 짊어지는) 생명 유지 장치(PLSS).
— *vi.* 등짐을 지로 도보 여행하다.
— *vt.* …을 백팩으로 나르다.
파) **~·er** *n.* **~·ing** *n.*

báck pássage《婉》직장(直腸) (rectum).

back·rest [´rèst] *n.* ⓒ (의자 따위의) 등받이, 등받침.

B

báck róad 《美》 (포장하지 않은) 시골길, 뒷길.
báck ròom (1) 안쪽 방. (2) 비밀의 정지적 회합 ; 비밀 연구소.
back·scat·ter [스skætər] *n.* ⓤ 【物】 (방사선 따위의) 후방 산란(散亂) (=**báck scàttering**).
— *vt.* (방사선 등을) 후방 산란시키다.
báck scràtcher (1) 서로의 이익을 위해 한 패가 된 사람 : mutual ~ 서로 편의를 도모하기. (2) 등긁개 (scratchback). 효자손 ; 《口》 아첨꾼.
back·seat [스sí:t] *n.* ⓒ (1) 뒷자리. (2) 눈에 띄지 않는 위치, 말석. ***take a ~*** 남의 밑에 서다 ; (일이) 다음으로 미루어지다.
báckseat dríver 《口》 (1) 자동차의 객석에서 운전자가 원하지 않는 운전 지시를 귀찮게 하는 사람. (2) 덥적대기 잘하는 사람, 오지랖 넓은 사람.
back·side [bǽksàid] *n.* ⓒ (1) 후부, 후방 ; 배면 ; 뒤뜰 (2) (종종 *pl.*) 《口》 궁둥이, 둔부 :
báck slàng 발음을 거꾸로 읽어 만든 은어《보기 : slop '경찰' [◁ policel]》.
back·slap [_slæp] *n.* ⓤ 《美俗》 (친숙만 표시로) 등을 툭툭 치기 ; 몹시 친숙한 태도.
— *vt. vi.* (친숙한 표시로) 등을 툭툭 치다, 과장해서 (친밀감을 보이다). 파) **-slàp·per** *n.* ⓒ 친숙하게 구는 사람. **-slàp·ping** *a.*, *n.*
back·slide [스slàid] (***-slid*** [스slìd] ; ***-slid, -slid·den*** [스slìdn] *vi.* (본디 상태로) 되돌아가다, 다시 잘못〈죄〉에 빠져들다, 다시 타락하다《*into*》.
파) **-slid·er** [-ər] *n.* ⓒ **-slid·ing** *n.*
back·space [스spèis] *vi.* 한 자 물리다, 백스페이스하다. — *n.* ⓒ (흔히 *sing.*)(타자기의) 백스페이스〈역행〉 키 ; 【컴】 뒷(글)쇠 (=**báck·spàcer, ~kèy**).
back·stage [스stéidʒ] *ad.* 【劇】 무대 뒤 분장실에서(막후에서) ; 무대의 뒤쪽으로 ; 몰래.
— *a.* 〔限定約〕 무대 뒤의, 무대 뒤에서 일어난 ; 연예인의 사생활의〈에 관한〉 ; 비밀
back·stair(s) [스stɛ́ər(z)] *a.* 〔限定約〕 (1)몰래 꾸미는 : ~ deals 이면 공작 / ~*s* intrigues 음모. (2)중상적인 : ~ gossip 중상적인 험담.
back·stay [스stèi] *n.* ⓒ 【海】 (돛대의) 뒷버팀줄 ; 【機】 뒷받침.
back·stitch [스stìtʃ] *n.* ⓒ 백스티치, 박음질.
— *vt. vi.* (…을) 박음질로 박다 ; 박음질하다..
báck stréet 뒷거리, 뒷골목. 【cf.】 side street.
back·swept [스swèpt] *a.* 뒤쪽으로 기울어진.
báck tàlk 《美》 건방진〈무례한〉 말대답(《英》 backchat).
back-to-back [스təbǽk] *a.* 등을 서로 맞댄 ; 《美口》연속적인 : ~ typhoons 잇따라 내습하는 태풍.
— *n.* ⓒ 《英口》 등을 맞대고 선 연립 주택.
back·track [스træk] *vi.* (1)(왔던 길을) 되돌아가다. (2)(앞서 한 말을) 철회〈수정〉하다《*from, on*》 : ~ *on* the statements 진술을 철회하다.
back·up [스ʌp] *n.* (1) ⓤ 뒷받침 ; 후원, 지원. (2) ⓒ 체화(滯貨) ; 저장 ; 막힘, 넘침 ; (차량따위의) 정체. (3) ⓒ 예비(품〈인원〉) ; 대체품 ; 보충품. (4) ⓤ,ⓒ 【컴】(뒷받침 자료인) 디스켓 여벌.
— *a.* 〔限定約〕 (1) 지원하는, 반주의 ; 예비의 ; 대체〈보충의〉의 ; a ~ candidate 예비 후보 / a ~ plan 대안 / ~ troops 지원 부대. (2) 【컴】 (뒷받침 자료인) 디스켓 여벌의, 보완의 : a ~ file 여벌 (기록)철 / a ~ system 보완 시스템.
báckup líght 《美》 (차의) 후진등, 백라이트 (reversing light).
:back·ward [bǽkwərd] *ad.* (1)뒤에〈로〉 ; 후방에〈으로〉 ; 뒤를 향해. 【opp.】 *forward*(s). 『 walk ~ 뒤로 물러서다 / look ~ over one's shoulder 어깨너머로 뒤돌아보다 / He fell ~ onto the sand. 그는 모래밭에 벌렁 자빠졌다. (2)타락하여, 퇴보〈악화〉하여 :(3)거꾸로, 끝에서부터, 뒤로부터 : flow ~ 역류하다 / count ~ 거꾸로 세다 / (4)(이전으로) 거슬러 올라가서 : five years ~, 5년 전에 /**~(*s*) *and forward*(*s*)** 앞뒤로, 왔다갔다 ; 여기저기(에). ***bend*** 〈***lean, fall***〉 ***over ~*** 1)먼저와는 딴판으로 …하다《*to* do》. 2)(마음에 들려고) 필사적으로 (…하려고) 애쓰다《*to* do》 : ***know*** something ~ …을 잘 알고 있다. go ~ 되돌아 가다, 퇴보(타락)하다. ring the bells ~ 한벌의 종을 거꾸로 치다, 화급을 알리다.
— *a.* (1) 〔限定約〕 뒤로의 ; 뒤를 향한 ; 거꾸로의, 퇴보적인(retrogressive) : without a ~ glance뒤돌아보지 않고 / a ~ movement 역행, 후퇴 / That's a ~ way of doing things. 그것은 거꾸로 하는 방법이다. (2) a)진보가 늦은, 뒤진 : a ~ country 후진국 《a developing country)가 보통임》 / a ~ child 지진아. b)〔敍述的〕 (…에) 뒤쳐진, 뒤진 《*in*》 : (3) 〔敍述的〕 수줍은, 스스러워하는, 주저하는《*in*》 : 파) **~·ly** *ad.* **~·ness** *n.*
:back·wards [스wərdz] *ad.* =BACKWARD.
back·wash [스wɔ̀(:)ʃ, 스wɑ̀ʃ] *n.* (*sing* : 때때로 the ~) ⓤ (1) (해안에) 밀려왔다 돌아가는 파도 ; 【海】 (배의 스크루·노 따위로) 밀리는 물, 역류 ; 【空】 (비행기의 추진기 들에 의해 생기는 공기의) 후류(後流). (2) (사건의) 여파, 결과, 반향, 후유증 :
back·wa·ter [스wɔ̀:tər, 스wɑ̀t-] *n.* (1) ⓤ 역수(逆水), 둑이 부딪쳐 되밀리는 물, 역류. (2) ⓒ (문화 등의) 뒤진 지역 ; 침체 ; 벽지. — *vi.* 【海】 (배를)후진시키다, 뒤로 젓다.
back·woods [스wúdz] *n. pl.* (the ~) 〔單數 취급〕 ⓤ 《美》 변경의 삼림 (森林)지대, 벽지 ; 변경의 미개 척지 ; 궁벽한 땅.
back·yard [스já:rd] *n.* 《美》 (1) ⓒ 뒤뜰. 【cf.】 front yard. ※ 《美》 에서는 잔디, 《英》 에서는 콘크리트를 깔고 있음. (2)《比》 근처, (자기의) 세력 범위, (친근감에서) 이웃. ***in*** one'***s own ~*** 바로 근처에, 몸 가까이.
·Ba·con [béikən] *n.* **Francis ~** 베이컨《영국의 수필가·정치가·철학자 : 1561-1626》.
:ba·con [béikən] *n.* ⓤ 베이컨《돼지의 배나 등의살을 소금에 절여 훈제한 것》 : a slice of ~ 베이컨 한 조각.
Ba·co·ni·an [beikóuniən] *a* 베이컨의 ; 베이컨의 학설〈학파〉의 ; 귀납적인 : the ~ method 귀납법.
— *n.* ⓒ 베이컨 철학의 신봉자, 베이컨설의 주장자.
:bac·te·ria [bæktíəriə] (*sing.* ***-ri·um*** [-riəm]) *n. pl.* 박테리아, 세균 ; 세균류. ※단수형bacterium 을 쓰는 경우는 극히 드묾.
bac·te·ri·al [bæktíəriəl] *a.* 박테리아〈세균〉의, 세균성의 : a ~ infection 세균에 의한 감염.
bac·te·ri·o·log·ic, -i·cal [bæktìəriəládʒik / -lɔ́dʒ-], [-ikəl] *a.* 세균학(상)의 ; 세균 사용의.
bac·te·ri·ol·o·gy [bæktìəriáləd3i/ -ɔ́l-] *n.* ⓤ 세균학 ; 세균의 생태. 파) **-gist** *n.* ⓒ 세균학자.
:bad [bæd] (***worse*** [wə:rs] ; ***worst*** [wə:rst] *a.* (1) (도덕적으로) 나쁜 ; 악질(惡質)의. 【opp.】 *good.* a) 악한, 불량한, 부정한 : a ~ habit 악습 / ~ conduct 부정 행위 / b) 행실이 나쁜 ; 말썽꾸러기인 ; 말을 듣지 않는 : a ~ boy 행실이 나쁜 소년 /

John Isn't as ~ he seemed. 존은 보기보다 말생꾸러기는 아니다. c〕(말씨가) 야비한, 난잡한, 험한 : a ~ word 야비한 말 / use ~ language 험담을 하다 : 난잡한 말을 쓰다.
(2) 나쁜, 열악한. a〕(날씨 등이) 거친, 험악한 : ~ weather 악천후. b〕(품질이) 열악한, 위조의 : a ~ diamond 질이 나쁜 다이아몬드 / ~ food 악식 / ~ coin 악화(惡貨). c〕표준 이하의, 불충분한 : (3) 솜씨가 없는, 익숙하지 않은 : a ~ worker 솜씨없는 직공 / He's a ~ driver. 그는 운전이 서투르다 / ~ at writing 글씨가 서투른.
(4)〔敍述的〕(…에) 유해하여, 건강에 해로워《for》:
(5) (병 따위가) 악성의, 무거운, 심한 : a ~ headache〈accident〉심한 두통〈사고〉.
(6) a〕불리한, 불길한, 불쾌한, 불운한 : ~ luck 불운 / ~ times 불경기. b〕부적당한, 계제 나쁜 : (7) a〕(맛·냄새가) 불쾌한, 상한, 썩은 : a ~ smell 불쾌한 냄새 / The taste is ~. 맛이 고약하다. b〕(식품·치아등이) 상한, 부패한 : a ~ egg 부패한 계란 / a ~ tooth 충치 / (8) a〕아픈, 기분이 언짢은 : I feel〈I'm〉~ today. 오늘은 기분이 좋지 않다. / I felt ~ from eating too much. 과식해서 속이 거북하다. b〕〔敍述的〕(…을) 앓고 있는, 걸린《with》: I am ~ *with* fever. 나는 열병에 걸려 있다.
(9)〔敍述的〕a〕〔흔히 too ~ 로〕《口》애석한, 안타까운 : b〕(…을) 후회하는, 슬퍼하는《*about, that*》: She felt ~ *that* she had hurt his feeling. 그의 감정을 상하게 하여 그녀는 슬펐다.
(10)무효의 : a ~ debt 대손(貸損) / a ~ check 부도수표.
(11)(***bad·der ; had·dest***)《美俗》멋진, 최고의. ***act in ~ faith*** 불성실한 짓을 하다. ***have a ~ time(of it)*** 혼이 나다, 불쾌한 시간을 갖다. ***in a ~ way***《口》(건강·사업 등이) 어렵게 되어, 위험한 상태로, (병이) 중하여. ***not (so 〈half〉) ~***《口》(1)꽤나 좋은. (2)그리 어렵지 않은.
That can't be ~ !《口》거 대단하군요〈나쁘지 않군요〉.
— *n.* ⓤ 나쁜 일, 악 ; 나쁜 상태, 악운. ***go from ~ to worse*** 점점 악화하다. ***go to the ~*** 타락하다 ; 파멸하다. ***in ~***《口》곤란하게 되어 ; (…에게) 혐오되어 .
— *ad.*《美口》=BADLY.

:badge [bædʒ] *n.* ⓒ (1) 휘장(徽章), 배지, 기장 : a school ~ 학교의 배지 / a good conduct ~ 선행장. (2) 상징(symbol) : ***a ~ of rank*** (군인의) 계급장.

·badg·er [bǽdʒər] (*pl.* **~s.**〔集合的〕~) *n.* ⓒ 오소리 : ⓤ 그 털가죽. — *vt.*《~+目/+目+前 +名/+目+*to* do》(질문 등으로) …을 괴롭히다, (장난삼아) 집적내나《*with*》: (물선)을 삿고 싶다고 소르다《*for*》: 졸라서 (…)하게 하다《*into* do*ing*》: (…해 달라고) …에게 끈질기게 말하다《*to* do》: / ~ him *for*〈*to* buy〉a new car 그에게 새 차를 사달라고 조르다 /

bád gùy《美口》나쁜 놈.

bad-hu·mored [´hju:mərd] *a* 심기가 나쁜 : 화를 잘 내는.

bad·i·nage [bæ̀diná:ʒ, bǽdinidʒ] *n.* ⓤ《F.》농담, 야유(banter).
— *vt.* …을 놀리다, 야유하다.

bad·lands [bǽdlæ̀ndz] *n. pl.*《美》불모지, 황무지.

bád lánguage 욕, 악담 : Stop using ~ in front of the children. 어린이 앞에서 욕설을 하지 마라.

:bad·ly [bǽdli] (***worse*** [wə:rs] ; ***worst*** [wə:rst] *ad.* (1)나쁘게(wrongly), 부당하게, 호되게 :(2)서투르게(poorly), 졸렬하게 : (3)대단히, 몹시(greatly)〔want, need 따위와 함께〕, 심히 : ~ wounded 심한 부상을 당하여 / I ~ *want* it〈*want* it ~〉. 그것을 몹시 갖고 싶다 / ***be ~ off*** 생계가 궁핍하다 (【opp.】*be well off*) ; (…이) 없어 곤란하다《*for*》: The country *is ~ off for* food. 그 나라는 식량난으로 어려움을 겪고 있다. ***be ~ off for*** …이 없어서 곤란하다. ***speak ~ of*** …을 나쁘게 말하다.
— *a.*〔敍述的〕병으로, 기분이 나쁜 ; 의기소침한 : 슬퍼하는, 후회 하는《*about*》《※ 보통 bad를 사용, badly는 격식차린 표현》.

:bad·min·ton [bǽdmintən] *n.* ⓤ【競】(1) 배드민턴. (2) 적포도주에 소다수 등을 탄 청량 음료.

bád móuth《美俗》욕, 중상, 비방, 혹평.

bad-mouth [bǽdmàuθ, -màuð] *vt.*《美俗》…을 끈질기게 혹평하다, 욕하다, 헐뜯다.

bad·ness [bǽdnis] *n.* ⓤ 나쁨 : 불량 : 열악 : 유해 ; 불길, 흉.

bád néws (1)흉보 :《口》골치 아픈 문제, 난처한 일. (2)《美俗》귀찮은 사람.

bad-tem·pered [bǽdtèmpərd] *a.* 씨무룩한 : 뚱한, 심술궂은. 파) **~·ly** *ad.*

Bae·de·ker [béidikər] *n.* ⓒ 베데커 여행 안내서《독일의 출판업자 Karl Baedeker 가 시작함》:〔一般的〕여행 안내서.

baf·fle [bǽfəl] *vt.* (1)《~+目/+目+前 +名》…을 좌절시키다, 낭패하게 하다, 실패로 끝나게 하다, ...의 의표를 찌르다 : ~ the enemy's plan 적의 전략의 의표를 찌르다 / (2) …을 곤란케 하다, 당황케 하다 : That murder case ~*d* the police. 그 살인 사건은 경찰을 당혹게 했다. (3) …을 차단하다 : — *n.* ⓒ (스피커의)배플(=~́ **bòard**〈**plàte**〉)《기류·수류·음향 따위의 정류〈조절〉장치, 격벽》.

baf·fle·ment [bǽflmənt] *n.* ⓤ 좌절시킴, 방해 ; 훼방 ; 당혹 :

baf·fling [bǽfəliŋ] *a.* 좌절의 ; 저해하는(hindering) ; 당황케 하는 ; 이해할 수 없는 (inscrut able) : a ~ remark 뜻모를 말 / a ~ situation 난처한 입장. 파) **~·ly** *ad.*

báffling wínds 【氣·海】방향이 일정치 않은 바람.

:bag [bæg] *n.* ⓒ (1) 자루, 부대 ; 한 자루분(량)(bagful) : a paper ~ 종이봉지 / a sleeping ~ 침낭 / a ~ of wheat 밀 한 부대 / (2) (손)가방, 백, 핸드백(handbag). (3) 지갑 : consult one's ~ 주머니 사정을 고려하다. (4) 사냥 부대 ; (하루) 사냥물(의 분량) ; 사냥감, 낚을 것 ; (법정)포획량.
(5) 자루 모양의 것〈부분〉; 암소의 젖통이 (udder) ;《俗》음낭 ; 눈 밑에 처진 살. (6)《俗》헐렁한 바지 ; (*pl*)《英口》바지, 슬랙스. (7)《野球俗》베이스, 누(壘). (8)《俗》여자 ; 추녀 ; 잔소리 심한 노파 : You old ~ ! 이 할망구야. (9)《俗》재즈의 스타일. (10) (*pl.*)《口》다량, 다수(plenty)《*of*》: ~*s of* time〈money〉많은 시간〈돈〉. (11)《俗》매우 좋아하는 것, 취미, 전문 : ***a ~ of bones***《口》마른 사람〈동물〉, 몹시 야윈 동물. ***~ and baggage***〔副詞的〕가재〈소지품〉전부를 갖고 ; 몽땅 ; 완전히(completely) :***bear the ~*** 돈주머니를 쥐고 있다, 돈을 맘대로 쓰

다. ***be left holding the ~*** 《美》 (과실 등의) 모든 책임을 혼자 떠맡다. ***in the ~*** 《口》 확실한, 손에 넣은 : ***let the cat out of the ~*** 깜박 실수하여 비밀을 누설하다. ***good***〈***poor***〉 ***~*** (사냥에서) 많이(적게) 잡다. ***pack*** one'***s ~s*** 《口》 (직장 등을) 떠나다, 그만두다 : ***pull …out of the ~*** 뒤늦게 나마 방도를 발견하다. ***the*** 〈***a***〉 (***whole***) ***~ of tricks*** 《口》 모두 ; 갖은 수단.

B

— (***-gg-***) *vt.* (1) …을 불룩하게 하다. (2) …을 자루에 넣다. (3) (사냥감)을 잡다 ; 죽이다 ; 《口》 (의석·좌석 등)을 획득하다, 차지하다 : He ~ *ed* the best seat. 그는 가장 좋은 자리를 차지했다. (4) 《口》 (악의 없이 남의 물건)을 훔치다(steal)

— *vi.* (자루처럼) 불룩해지다(swell)《*out*》 ; 자루처럼 축 처지다 : ~ (*out*) at the knees (바지가) 무릎이 나오다.

bag·a·telle [bæ̀gətél] *n.* (1) ⓒ 사소한, 하찮은 일〈물건〉 : (2) ⓤ 일종의 당구놀이. (3) ⓒ 【樂】 (피아노용의) 소곡(小曲).

bag·ful [bǽgfùl] (*pl.* ***~s, bágs·ful***) *n.* ⓒ 한자루(의 분량), 다량.

:bag·gage [bǽgidʒ] *n.* (1) ⓤ 〔集合的〕 a]【美】수화물(《英》 육상에서 luggage. 배·비행기에서는 baggage) : b]【軍】 (텐트·침구 등) 휴대 장비.

bággage càr 《美》 (철도의) 수화물차(《英》 luggage van).

bággage chèck 《美》 수화물 물표.

bággage clàim (공항의) 수화물 찾는 곳.

bággage òffice 《美》 수화물 취급소.

bággage ràck 《美》 (기차의) 그물 선반.

bággage ròom 《美》 수화물 일시 보관소(《英》 left-luggage office).

bággage tàg 《美》 수화물의 꼬리표(《英》 luggage label).

bag·gy [bǽgi] (***-gi·er ; -gi·est***) *a.* 자루 같은 ; 불룩한, 헐렁헐렁한《바지 따위》.

파) **bág·gi·ness** *n.*

bag·man [bǽgmən] (*pl.* ***-men*** [-mən]) *n.* ⓒ (1)《英口》 외판원. (2)《美》 (부정한 돈을 등치거나 그 것을 분배하는) 중개인.

·bag·pipe [bǽgpàip] *n.* ⓒ (종종 the ~s) 풍적, 백 파이프《스코틀랜드 고지 사람이 부는 피리》 : play *the ~s* 백파이프를 불다. 파) **-pìp·er** *n.* ⓒ

ba·guet(te) [bægét] *n.* ⓒ (1) 갸름한 네모꼴로 깍은 보석. (2) 바게트《가늘고 긴 프랑스 빵》.

bah [bɑː, bæ(ː)] *int.* 흥! 《경멸·혐오의 감정을 나타냄》 :

Ba·ha·Ism [bəhɑ́ːizəm, -hɑ̀i-] *n.* ⓤ 바하이교《1863년에 페르시아에서 일어난 종교 : 인류의 융화·세계 평화 등을 창도함》. 파) **-ist, -ite** *a.*, *n.*

Ba·ha·mas [bəhɑ́ːməz, -héi-] *n.* (1)(the ~) 〔複數 취급〕 바하마 제도. (2)〔單數 취급〕 바하마 《바하마 제도로 이루어진 독립국 : 수도는 Nassau》. 파) **Ba·há·mi·an, -há·man** *a.*, *n.* ⓒ

Bah·rain, -rein [bɑːréin] *n.* 바레인《페르시아 만의 바레인 섬을 중심으로 한 독립국 : 수도 Manama》.

·bail[1] [beil] *n.* 【法】 (1) ⓤ 보석 ; 보석금(= ~ money) : set ~ at $5000, 보석금을 5천 달러로 하다. (2) ⓒ 보석 보증인. ***accept*** 〈***allow, take***〉 ***~*** 보석을 허가하다. ***~grant*** 〈***refuse***〉 a person ~ …에게 보석을 허가하다〈허가하지 않다〉. ***admit*** a parson ***to ~*** …에게 보석을 인정하다. ***be out*** 〈***free***〉 ***on ~*** (피고가) 보석〈가출옥〉중이다 (=be under ~). ***give*** 〈***offer***〉 ***~*** 보석금을 납부하다. ***go*** 〈***put up, stand***〉 ***~ for*** …의 보석 보증인이 되다 ; …에 보석금을 납입하다. ***jump*** 〈***skip, forfeit***〉 (one'***s***) ***~*** 보석중에 행방을 감추다 ; (보석 중 피고가) 출정을 안해 보석금을 몰수당하다. ***on ~*** 보석금을 내고 : be released *on* ~ 보석금을 내고 석방되다. take(give) leg ~ (익살) 탈주하다.

— *vt.* (1) 《+目+副》 …을 보석하다 ; (보증인이) 보석을 받게 하다《*out*》 : (2) (화물)을 위탁하다. (3) …을 자금지원으로 구제하다《*out of*》 : ~ a person *out of* (financial) trouble 아무를 (재정적) 곤란으로부터 구하다. (4) …에서 탈출하다《*out of*》 : ~ *out of* a painful marriage 괴로운 결혼(생활)에서 탈출하다.

bail[2] *n.* ⓒ 파래박《뱃바닥에 괸 물을 퍼내는》.

— *vt.* 《+目+前+名/+目+副》 (배에서 물)을 퍼내다《*out of*》 ; (배의) 바닥에 괸 물을 퍼내다《*out*》 : ~ water *out* = ~ *out* a boat 보트에 괸 물을 퍼내다. — *vi.* (1)(보트 안의) 괸 물을 퍼내다《*out*》. (2)낙하산으로 탈출하다《*out*》.

bail[3] *n.* ⓒ 【크리켓】 삼주문(三柱門) 위의 가로장 ; 《英》 (마구간의) 칸막이 가로대.

bail·a·ble [béiləbəl] *a.* 【法】 보석시킬 수 있는《범죄, 범인 따위》.

bai·ley [béili] *n.* ⓒ 성벽 ; 성안의 뜰.

bai·liff [béilif] *n.* ⓒ (1)집행관《sheriff의 부하》. (2)(지주의) 토지 관리인. (3)《美》 법정 경위(警衛) (《英》 usher). 파) **~·shìp** *n.*

bail·i·wick [béiləwìk] *n.* ⓤ (1)bailiff의 직〈관할 구역〉. (2)(능숙한) 분야, 전문 영역.

bail·ment [béilmənt] *n.* ⓤ 【法】 위탁 ; 보석.

bails·man [béilzmən] (*pl.* ***-men*** [-mən] *n.* ⓒ 보석 보증인.

bairn [bɛərn] *n.* ⓒ 《Sc.》 유아(幼兒), 어린이.

:bait [beit] *n.* ⓤ (또는 a ~) (1) 미끼, 먹이 : *an* artificial ~ 제물〈보조〉 낚시 / *a* live ~ 산 미끼 / put *a* ~ on a hook 낚시바늘에 미끼를 달다. (2) 유혹(물)(lure). ***an aritificial ~*** 제물(모조) 낚시. ***jump at the ~*** 미끼에 쉽게 덤비다. ***swallow the ~*** 먹이〈꾐〉에 걸려들다. — *vt.* (1)…에 미끼를 달다《*with*》 : ~ a hook *with* a worn 낚시바늘에 지렁이를 달다. (2)…을 미끼로 꾀다 : 유혹하다《*with*》 :(3)(묶어〈가두어〉 놓은 동물)에 개를 시켜서 괴롭히다《*with*》. (4)…을 괴롭히다, 지분거리다 :

:bake [beik] *vt.* (1)(직접 불에 대지 않고 빵 등)을 굽다 : (2) (벽돌 따위)를 구워 굳히다, 구워 말리다 :(3) (햇볕이 피부 따위)를 태우다 . (햇볕이 지번)을 바싹 말리다 ; (과실)을 익게 하다 : The sun ~*d* the land. 햇볕이 땅을 바싹 마르게 했다.

— *vi.* (빵 등이) 구워지다 : ;《口》 더워지다 : ~ in the sun 양지에서 살을 태우다 / I'm ~*ing* 더워 죽을 지경이다.

— *n.* ⓒ (1)구움, (빵)굽기. (2)《美》 즉석구이 파티《clambake 따위》.

baked [beikt] *a.* 구운.

báked béans 베이크트 빈스《찐 콩과 베이컨 등을 구운 요리》.

bak·er [béikər] *n.* (1) ⓒ 빵 굽는 사람, 빵류 제조 판매업자. 【cf.】 bakery. 『 ~'*s* yeat 제빵용 이 스트 / at the ~'*s* 빵집에서. (2)《美》 휴대용 오븐.

Ba·ker Strèet 베이커가(街)《London 거리의 이

름. 이 거리에서 Sherlock Holmes 가 살았다고 함》.

***bak·ery** [béikəri] *n.* ⓒ 빵집 ; 제빵소 ; 《美》 제과점 ; 빵과자 판매점.

bake·Shop [béikʃɑ̀p/ -ʃɔ̀p] *n.* 《美》 =BAKERY.

bak·ing [béikiŋ] *n.* (1) ⓤ 빵굽기. (2) ⓒ 한 번 굽기 ; 한 가마(분). — *a. ad.* 빵을 굽는 ; 《口》 타는 듯한〈듯이〉 : ~ heat 뙤약볕, 땡볕 / ~ hot 탈듯이 뜨거운.

báking pòwder 베이킹 파우더.

báking shèet 《美》 비스킷을 굽는 운두가 낮고 평평한 냄비.

báking sòda 탄산수소나트륨.

bak·sheesh, -shish [bǽkʃiːʃ, -ˊ] *n.* ⓤ (터키·이집트 등에서의) 행하, 팁.

Ba·ku [bɑːkúː, bʌ-] *n.* 바쿠《카스피 해에 면한 Azerbaijan 공화국의 수도 ; 채유(採油)의 대중심지》.

Bal·a·cla·va [bæ̀ləklɑ́ːvə] *n.* ⓒ 발라클라바 모자(= **~ helmet** 〈**hòod**〉)《눈만 내놓고 귀까지 덮는》.

bal·alai·ka [bæ̀ləláikə] *n.* ⓒ 발랄라이카《러시아의 guitar 비슷한 삼각형의 현악기》.

:**bal·ance** [bǽləns] *n.* (1) ⓒ 천칭, 저울 : a pair of ~*s* 저울 한 대 / a spring ~ 용수철 저울/ weigh things in a ~ 물건을 저울에 달다. (2)ⓤ (또는 a ~) a] 평균, 균형, 조화, 평형 ; 대조(對照) : ~ of mind and body 심신의 조화 / b] (의장 따위의) 조화 ; 침착 ; (마음·몸의) 안정, (마음의) 평정 : recover one's ~ 침착성을 되찾다. c] 【體操】 평균 운동. (3) ⓒ 균형을 잡는 것 ; 균형점 ; (4) ⓒ (흔히 *sing.*) 【商】 수지, 국제수지 ; 차액, 차감 잔액 : a credit ~ 대변 잔액 / the ~ of accounts 계정 잔액. (5) (the ~) 《口》 나머지 (remainder) ; 거스름돈 : Keep *the* ~. 거스름돈은 가져라 / In *the* ~ of class time be answered our question. 수업시간 끝머리에 그는 우리 질문에 대답해주었다. (6) (the B-) 【天】 천칭자리(Libra).
(7) (*sing.* 흔히 the ~) 우위, 우세(優勢) : *The* ~ of advantage is with us. 승산은 우리쪽이다 / ~ brought forward (전부터의) 이월 잔액. ~ carried forward (다음으로의) 이월 잔액. ***~ of** (**interna-tional**) **payments*** (종종 the ~) 국제수지. ***~ of trade*** 【經】 무역 수지 : a favorable 〈an unfavor-able〉 ~ *of trade* 수출〈수입〉 초과. ***in the ~*** 어느쪽으로도 결말이 나지 않아 : The company's future is 〈hangs〉 *in the* ~. 그 회사의 장래는 불안정한 상태다. ***hold the ~*** (***of power***) 결정권을 쥐다. ***keep*** 〈***lose***〉 one***'s ~*** 몸의 균형을 유지하다〈잃다〉 ; 평정을 유지하다〈잃다〉. ***off*** 〈***out of***〉 ***~*** 균형〈평정〉을 잃고, 불안정 히여 :***on ~*** 모든 것을 고려하여, 결국은. ***strike a ~*** (***between***) 1)수지를 결산하다. 2) (양자간의) 중도를 채택하다 ; (양자간의) 균형을 취하다 : *strike a ~ between* export and imports 수출입의 균형을 잡다. ***throw*** 〈***catch***〉 a person ***off*** (his) ~ 아무의 몸〈마음〉의 평정을 잃게 하다, 넘어뜨리다, 허를 찌르다. 당혹케 하다. ***tip the ~*** 사태를〈국면을〉 바꾸다. 결과에 결정적인 영향을 주다 : — *vt.* (1) 《~+目/+目+前+名》 a]…의 균형을 잡다〈맞추다〉 : ~ a pole (곡예사가) 막대를 세우다 / ~ a book *on* one's head 책을 머리에 균형게 얹다. b]〔再歸的〕 (넘어지지 않게) 몸의 균형을 잡다 : ~ *oneself* on one leg 한 발로 몸의 균형을 잡다 ; (2) 《~+目/+目+前+名》 …을 비교〈대조〉하다, …의 이해 득실을 평가하다 : ~ two plans *in* one's mind 두 계략(의 우열)을 가늠해보다 / ~ one thing *with* 〈*by, against*〉 another 어떤 것을 딴 것과 견주어 보다. (3) (딴것)과 에끼다, 상쇄하다 ; (잔액)을 없애다《지급하여》 ; 균형을 이루다《*out*》 ; (4) 【會計】 (대차·수지 따위)를 차감하다. ***~ accounts*** 〈***the book***(***s***)〉 장부를 마감하다, 결산하다.
— *vt.* (1) 균형이 잡히다, 평균을 이루다《*with*》 ; (계산·장부끝이) 맞다 ;(2) 【會計】 (대차 계정이) 일치하다, 맞아 떨어지다 : The accounts ~*d.* 대차 계정은 일치했다.

bálance bèam 저울대 ; (체조의) 평균대.

bal·anced [bǽlənst] *a.* 〔限定的〕 균형이 잡힌, 안정된 : a ~ budget 균형 예산 / have a ~ diet 균형있는 식사를 하다.

bal·anc·er [bǽlənsər] *n.* ⓒ (1)균형을 잡는 사람〈것〉 ; 평형기, 청산인. (2)곡예사.

bálance shèet 【商】 대차 대조표.

bálancing àct (위험한) 줄타기 ; (대립하는 양자를 만족시키는) 양면 공작, 책략.

bal·brig·gan [bælbrígən] *n.* ⓤ 무명 메리야스의 일종《양말·속옷용》 ; (*pl.*) 무명 메리야스의 긴 양말〈파자마〉.

bal·co·nied [bǽlkənid] *a.* 발코니가 있는.

:**bal·co·ny** [bǽlkəni] *n.* ⓒ 발코니, 노대(露臺) ; (극장의) 2층 특등석

:**bald** [bɔːld] (***~er ; ~est***) *a.* (1)(머리가) 벗어진, 털이 없는, 대머리의 ; 머리에 흰 얼룩이 있는《새·말 따위》 : a ~ man 대머리 / (2)(털·나무가 없어) 민둥민둥〈민숭민숭〉한 ; 꺼끄러기가 없는 : a ~ mountain 민둥산. (3)있는 그대로의, 드러낸 ; 노골적인 : a ~ lie 빤한 거짓말 / (4)꾸밈 없는(unadorned) ; 단조로운 : a ~ prose style 아취없는 문체. ***as ~ as an egg*** 〈***a coot***〉 머리가 홀렁벗어진. ***get*** 〈***go***〉 ***~*** 머리가 벗겨지다.
— *vt.* (머리가) 벗어지다. 파) **~·ness** *n.* 노골적임, 무미 건조함.

báld éagle 【動】 흰머리독수리《북아메리카산(産) ; 1782년 이래 미국의 국장(國章)》.

bald·head [ˊhèd] *n.* ⓒ 대머리(인 사람), 흰관 비둘기.

bald·head·ed [ˊhèdid] *a.* 대머리의.
— *ad.* 무모하게 go ~ 마구 달려들다.

bald·ing [bɔ́ːldiŋ] *a.* 머리가 벗겨지기 시작한.

bald·ly [bɔ́ːldli] *ad.* 드러내놓고, 노골적으로 (plainly) : to put it ~ 노골적으로 말하면.

bald·pate [ˊpèit] *n.* ⓒ (1) 대머리《진 사람》. (2) 【鳥】 아메리카홍머리오리(widgeon).

bal·dric, -drick [bɔ́ːldrɪk] *n.* ⓒ 어깨띠《어깨에서 허리에 어긋매껴 둘러메어 칼·나팔 따위를 다는》.

·**bale**[1] [beil] *n.* (1) (운반용의) 곤포(梱包), 고리짝, 꾸러미 : a ~ of cotton 면화 한 꾸러미. (2)한 꾸러미의 분량. — *vt.* …을 곤포〈고리짝으로〉로 꾸리다, 짐짝으로 만들다.

bale[2] *n., vt., vi.* =BAIL[3].

bale·ful [béilfəl] *a.* 재앙의, 악의있는, 불길한, 해로운(evil, harmful) : a ~ glare 악의에 찬 눈초리. 파) **~·ly** *ad.* **~·ness** *n.*

bal·er [béilər] *n.* ⓒ 짐짝을 꾸리는 사람〈기계〉.

Ba·li [bɑ́ːli] *n.* 발리 섬《인도네시아의 섬》.

Ba·li·nese [bɑ̀ːliníːz] (*pl.* ~) *a., n.* ⓒ 발리 섬의 ; 발리 섬 주민(의) ; ⓤ 발리어(語) (의).

·**balk, baulk** [bɔːk] *n.* ⓒ (1)장애, 훼방, 방해(물) ; 좌절(挫折), 실패 : a ~ to the plan 계획의

B

장애(물). (2) 【建】 각재(角材) ; 들보감. (3) 【競】 보크《도약자가 도움닫기하여 보크라인을 밟고 나서 중지하는 일》 ; 【野】 (투수의) 보크. — *vt*. (1) 《~+目/+目+前+名》 …을 방해〈저해〉하다 ; 의표를 찌르다 ; 좌절시키다 : (2)(의무·화제)를 피하다. (기회)를 놓치다 : ~ an opportunity 기회를 놓치다. — *vi*. (1)멈춰서다 ; (말이) 갑자기 서서 나아가지 않다. 뒷걸음치다 : (2)《~/+前+名》 갑자기 주저하다《*at*》 : ~ *at* mak*ing* a speech 연설하기를 망설이다. (3) 【野】 보크하다. ㅁ balky *a*. be ~ed of (목적 등을) 이루지 못하다. ~이 꺽이다.

·Bal·kan [bɔ́ːlkən] *a*. 발칸 반도〈산맥, 제국(諸國)〉 (사람)의. — *n*. (the ~s) 발칸 제국(the ~ Staates).

Bal·kan·ize [bɔ́ːlkənàiz] *vt*. (종종 b-) …을 할거케 하다. (서로 적대시하는) 소국으로 분열시키다 ; 발칸화(化)하다.
파) **Bàl·kan·i·zá·tion** [-əzéiʃən/ -aizéi-] *n*. (종종 b-) 소국 분할(주의〈정책〉).

balky [bɔ́ːki] (***balk·i·er*** ; ***-i·est***) *a*. (말등이) 갑자기 멈추는 버릇이 있는 ; (사람 등이) 말을 듣지 않는.
파) **bálk·i·ness** *n*.

:ball[1] [bɔːl] *n*. (1) ⓒ 공, 구(球), 볼 ; 공 같은 것 : a ~ of string 실꾸리 / the ~ of the eye 눈알 / crumple a piece of paper into a ~ 종이를 구겨서 뭉치다. (2) ⓤ,ⓒ 탄알, 포탄. 【cf.】 bullet, shell. 『 powder and ~ 탄약 / (3) ⓒ 천체, 《특히》 지구. (4) ⓤ 구기(球技), 《특히》 야구. (5) 【크리켓·野】 (1회의) 투구 ; 【野】 볼. 【cf.】 strike 『 a curve ~ 커브볼 / a fast〈slow〉 ~ 속구〈느린 공〉. (6) (*pl*.) 《卑》 a] 불알. b] 배짱, 용기. c] 〔感歎詞的〕 바보 같은〈허튼〉(nonsense). d] 헛된 기도(企圖). ***~ and chain*** =***chain and ~*** 《美》 (옛날에) 쇳덩이가 달린 차꼬《죄수용》 ; 〔一般的〕 거치적거림, 구속, 속박. ***~ of fortune*** 운영에 시달린 사람. ***~ of the eye*** 눈알. ***~ of the thumb*** 〈***foot***〉엄지손가락〈발가락〉 뿌리의 붕긋한 살. ***carry the ~*** 《美口》 책임을 지다 ; 솔선해서 하다. ***have the ~ at*** one***'s feet*** 성공의 기회를 눈앞에 두다. ***keep the ~ in the air*** (토론 등을) 잘 진행시키다. ***keep the ~ rolling*** =***keep the ~ up*** (이야기·파티를) 잘 진행시켜 흥을 깨지 않다. ***on the ~*** 《口》 빈틈없이. ***play ~*** 구기를 하다 ; 【野】 경기개시, 플레이 볼 ; 활동을 시작하다 ; 《口》 협력하다《*with*》. ***start*** 〈***get, set***〉 ***the ~ rolling*** 일을 시작하다〈궤도에 올리다〉. 말하기 시작하다. ***take up the ~*** 다른 사람 이야기를 받아 계속하다. ***The ~ is in your court*** 〈***with you***〉. 《比》 (담화 등에서) 다음 차례는 너다.
— *vt*. *vi*. 공을〈둥글게〉 만들다《*up*》 : 공이〈둥글게〉 되다 : He ~ *ed up* the letter and tossed it away. 그는 편지를 둘둘 뭉쳐 휙 내버렸다. ***~ up*** 1) 둥글게 만들다. 2) 《美口》 뒤범벅을 만들다. 엉망이 되게 하다 : 혼란케 하다(《英》 balls up) :

:ball[2] *n*. (1) ⓒ 무도회 : (2)(a ~) 《俗》 썩 즐거운 한때 : have(oneself) a ~ 즐거운 한때를 보내다. lead the ~ 춤의 선두가 되다. open the ~ 무도회에서 맨 먼저 춤추다.
— *vt*. 《美俗》 (매우) 즐겁게 지내다, 떠들며 놀다. — *vt*. 〔다음 成句로 쓰임〕 ***~ it up*** 즐겁게 하다, 유쾌히 지내다.

bal·lad [bǽləd] *n*. ⓒ (1)민요, 속요(俗謠) ; 이야기. (2)발라드《민간 전설·민화따위의 설화시, 또 여기에 가락을 붙인 가요》 ; 느린 템포의 감상적〈서정적〉인 유행가.

bal·lade [bəlɑ́ːd, bæ-] *n*. ⓒ 《F.》 (1) 【韻】 발라드《7〈8〉 행씩의 3절과 4행의 envoy 로 된 프랑스 시형(詩形), 각 절 및 envoy의 끝이 같은 구(句)로 끝남》. (2) 【樂】 발라드, 서사가(곡), 담시곡(譚詩曲).

báll-and-sóck·et jòint [bɔ́ːlənsɑ́kit- / -sɔ́kit-] (1)【機】 볼 조인트《축을 임의의 방향으로 회전시키는》. (2)【解】 (무릎·어깨의) 구상(球狀) 관절.

·bal·last [bǽləst] *n*. ⓤ (1)【海】 밸러스트, (배의) 바닥짐 ; (기구·비행선 등의) 모래〈물〉 주머니 ; (철도·도로 등에 까는) 자갈. (2)(마음의) 안정감(感) ; (경험 등의) 견실미(味) : 【電】 안정기〈저항〉 : have〈lack〉 ~ 마음이 안정돼 있다〈있지 않다〉. ***in ~*** 【海】 바닥짐만으로, 실은 짐 없이.
— *vt*. (1) (배에) 바닥짐을 싣다 ; (기구에) 밸러스트를 달다 ; 자갈을 깔다. (2) (사람의)마음을 안정시키다.

·bal·let [bǽlei, bæléi] *n*. (1) ⓤ,ⓒ 발레, 무용극. (2) ⓒ 발레곡〈악보〉. (3) (the ~) 발레단 : ~suite 발레의 조곡 : *the* Bolshoi Theater *Ballet* 볼쇼이 발레단.

bállet dàncer 발레 댄서.

bállet slìpper〈**shòe**〉 발레화 ; 발레화 비슷한 여성 구두.

báll gàme (1)구기《특히 야구》, 소프트 볼. (2) 《美口》 상황, 사태 :

bal·lis·tic [bəlístik] *a*. 탄도(학)의 ; 비행물체의.

:ballístic míssile 탄도 유도탄〈미사일〉. 【cf.】 guided missile. 『 an intercontinental ~ 대륙간 탄도 유도탄《略 : ICBM》.

bal·lis·tics [bəlístiks] *n*. ⓤ 탄도학, 사격학, 발사학.

bal·locks [bɑ́ləks/bɔ́l-] *n*. *pl*. 《卑》 (1)〔複數 취급〕 불알. (2)〔單數 취급〕 실없는 소리(nonsense). — *vt*. …을 엉망으로 만들다《*up*》.

:bal·loon [bəlúːn] *n*. ⓒ (1)기구 ; 풍선, 고무 풍선 ; (형세를 보기위한) 시험 기구 : send up an observation ~ 관측기구를 띄우다 / ride in a hot-air ~ 열기구에 타다. (2) 만화 속 인물의 대화를 입에서 낸 풍선 꼴로 나 타낸 윤곽. a captive(free) ~ 계류(자유)기구 like a lead ~ 아무런 효과 없이. ***go over*** 〈《英》 ***down***〉 ***like a lead ~*** (농담 등이) 효과를 못보다《상대가 이해 못하다》. ***when the ~ goes up*** 《口》 (걱정하던 일이) 현실화될 때에 (는). — *vi*. (1)(풍선처럼) 부풀다《*out* ; *up* ; *into*》 ; 급속히 증대하다 : (2)기구를 타다〈로오르다〉. — *vt*. …을 부풀게 하다.

bal·loon·ing [bəlúːniŋ] *n*. ⓤ 기구 조종(술) ; 기구타기《경기》 ; 기구 여행.

bal·loon·ist [bəlúːnist] *n*. ⓒ 기구 조종사 : He's a keen ~. 그는 우수한 기구 조종사다.

·bal·lot [bǽlət] *n*. (1) ⓒ (무기명) 투표 용지《원래는 작은 공》 : cast a ~ (for〈against〉...) (…에 찬성〈반대〉) 투표를 하다 / elect(vote) by ~ 투표로 선거하다(결정하다). (2) ⓤ,ⓒ 무기명 투표, 비밀 투표 ; 〔一般的〕 투표 ; 제비뽑기 : an open ~ 기명〈공개〉 투표. (3) a]ⓤ (흔히 the ~) 투표〈선거〉권. b]ⓒ 입후보자 명단. c]ⓒ 투표 총수. ***put to the ~*** 투표에 부치다.
— *vi*. 《~/+前+名》 (무기명으로) 투표하다《*for* ; *against*》, 투표로 뽑다〈결정하다〉, 제비를 뽑다《*for*》 : ~ *against* 〈*for*〉 a candidate 후보자에 반대〈찬성〉

투표하다 / ~ for turns 심지뽑기로 순번을 정하다. — *vt.* (1)(…에 대해서) …의 표결(表決)을 구하다《*on* ; *about*》: (2)…을 투표로 정하다《*for*》:

bállot pàper 투표용지.

báll pàrk 《美》(야)구장 ; 《比》 활동〈연구〉 분야 ; 《美口》 대략적인 범위, 근사치. ***in*** 〈***within***〉 ***the*** ~ 《口》 (질·양·정도가) 해당 범위내에 있는, 대체로 타당한

ball·park [bɔ́ːlpɑ̀ːrk] *a.* 〔限定的〕 (견적·추정이) 대강의, 대체로 정확한, 만족할만 한 : a ~ figure 개수(概數).

ball·play·er [bɔ́ːlplèiər] *n.* ⓒ 야구〈구기〉를 하는 사람 ; (직업으로서의)프로 야구 선수.

balls-up [bɔ́ːlzʌ̀p] *n.* ⓒ《英俗》 혼란, 당황, 실수.

ballsy [bɔ́ːlzi] *a.* (***balls·i·er*** ; ***-i·est***) 《美卑》 배짱이 있는, 강심장의, 위세 좋은, 용감한.

bal·ly [bǽli] *a. ad.* 《英俗》 지겨운, 지긋지긋하게, 빌어먹을, 대단한 ; 지독한 ; 도대체 《※ bloody 의 완곡어》 : a ~ fool 지독한 바보 /

bal·ly·hoo [bǽlihùː] *n.* ⓤ 《口》 큰 소동 ; 떠들석하고 요란한〈과대〉 선전, 떠벌림 ; 떠들어 댐《*for*》. — [ˊ-ˋ, ˋ-ˊ] *vt.* …을 요란스레 선전하다.

·balm [bɑːm] *n.* (1) ⓤ,ⓒ 〔一般的〕 향유 ; 방향있는 연고. (2) ⓤ,ⓒ 진통제 ; 위안(물) : (3) ⓒ 【植】 멜리사, 서양박하. ▫ balmy *a.*

Bal·mor·al [bælmɔ́(ː)rəl, -mɑ́r-] *n.* ⓒ (1) 줄무늬의 나사제 페티코트. (2)(b-) 일종의 편상화. (3) (b-) 둥글 납작하고 챙 없는 스코틀랜드 모자.

·balmy [bɑ́ːmi] (***balm·i·er*** ; ***-i·est***) *a.* (1) a]향기로운, 방향이 있는, 향유의. b] 상쾌한, 온화한 : ~ weather 싱그러운 날씨 / the ~ days of April, 4월의 온화한 나날. (2) 아픔을 덜어주는. (3) 《俗》 얼빠진, 얼간이의 : go ~ 얼빠지다. 파) **balm·i·ly** *ad.* **i·ness** *n.*

ba·lo·ney [bəlóuni] *n.* (1) ⓤ 《美俗》 잠꼬대, 실없는 소리, 허튼 수작(boloney). (2) ⓒ 《美口》 =BOLOGNA (2).

bal·sa [bɔ́ːlsə, bɑ́ːl-] *n.* (1) ⓒ 【植】 발사《열대 아메리카산의 높은 나무》. (2) ⓤ 그 재목. (3) ⓒ 그 뗏목〈부표(浮標)〉.

bal·sam [bɔ́ːlsəm] *n.* (1) ⓤ 발삼, 방향성 수지(樹脂) ; ⓒ 발삼을 분비하는 나무. (2) ⓤ,ⓒ 향유, 향고(香膏) ; 위안물;진통제 : (3) ⓒ 【植】 봉숭아(garden ~).

·Bal·tic [bɔ́ːltik] *a.* 발트해의 ; 발트해 연안 제국의, 발트어파의.
— *n.* ⓤ 발트어(語) ; (the ~) 발트해.

Báltic Séa (the ~) 발트해(海).

Báltic Státes (the ~) 발트 제국 《Estonia, Latvia, Lithuania 와 때로 Finland 를 포함하는 여러 나라》.

Bal·ti·more [bɔ́ːltəmɔ̀ːr] *n.* 볼티모아 미국 Maryland주(州)의 항구 도시 ; (b-) ⓒ 【鳥】 찌르레기.

Báltimore óriole 【鳥】 미국꾀꼬리《북아메 카산(産)》.

bal·us·ter [bǽləstər] *n.* ⓒ 【建】 난간 동자 ; (*pl.*) 난간(banister).

bel·us·trade [bǽləstrèid, ˋ-ˊ] *n.* ⓒ (계단의)난간. 파) **-trad·ed** [-id] *a.* 난간이 달린.

bam·bi·no [bæmbíːnou, bɑːm-] (*pl.* ***~s, -ni***[-niː] *n.* ⓒ 《It.》 어린아이;어린 예수의 상〈그림〉.

:bam·boo [bæmbúː] (*pl.* ***~s***) *n.* ⓒ 대(나무) ; ⓤ 죽재(竹材), 대나무 장대. — *a.* 〔限定的〕 대(나무)의 ; 대로 만든 : ~ work 죽세공(竹細工).

bam·boo·zle [bæmbúːzəl] *vt.* 《口》 (1)《+目 +前+名》 …을 속이다, 교묘한 말로 꾀다, 감쪽같이 속여 …시키다《*into* ; *out of*》 : (2)…을 당혹케 하다, 미혹시키다.

·ban [bæn] *n.* ⓒ (1)금지, 금지령, 금제《*on*》 ; (여론의) 무언의 압박, 반대《*on*》 : a press ~ 게재 금지 / There's a ~ *on* smoking here. 이곳에서는 금연. (2)사회적 주방의 선고 ; 【宗】 파문(excommunicatlon) ; 추방. (3)공고, 포고. (4)(*pl.*) =BANNS. 결혼예고. ***lift*** 〈***remove***〉 ***the*** ~ (***on***) (…을) 해금(解禁)하다. ***nuclear test*** ~ (***treaty***) 핵(核)실험 금지(조약). ***place*** 〈***put***〉 ***under a*** ~ 금지하다 ; 파문하다. ***under*** (***the***) ~ 금지되어 : 파문〈추방〉되어.
— (***-nn-***) *vt.* (1)《~+目/+目+前+名》 …을 금(지)하다(prohibit) : (2)《古》 파문하다.

ba·nal [bənǽl, bənɑ́ːl, béinl] *a.* 평범(진부)한(commonplace) : 파) **~·ly** *ad.* **ba·nal·i·ty** [bənǽləti, bei-] *n.* ⓤ 평범 ; ⓒ 진부한 말〈생각〉.

:ba·nana [bənǽnə] *n.* (1) ⓒ(서아프리카 토착어에서) 바나나 《나무·열매》 : a hand〈bunch〉 of ~*s* 바나나 한 송이. (2) ⓤ 바나나색(grayish yellow).

banána repùblic 《蔑》 바나나 공화국《과일 수출·외자(外資)로 경제를 유지하는 라틴 아메리 카의 소국》.

ba·nan·as [bənǽnəz] *a.* 《美俗》 머리가 돈, 몰두한, 열광한, 흥분한 : drive a person ~ 몰두시키다, 열광시키다 / go ~ 머리가 돌다, 열광〈흥분〉하다. — *int.* 미친 소리 !

:band [bænd] *n.* ⓒ (1)〔集合的 : 單·複數 취급〕일대(一隊), 그룹, 무리, (신앙 따위 한가지 목표를 지향하는) 한무리의 사람들(party) : a ~ of robbers 〈thieves〉 도적 무리. (2)악대, 악단, 밴드 : the B ~ of Hope 《英》 절대금주단 / a military ~ 군악대. (3) 동물〈가축〉의 떼 : a ~ of wild dogs 한 무리의 들개. (4) 끈, 밴드, 띠 ; 쇠테 ; (새 다리의) 표지 밴드 ; 【建】 띠 장식 ; 【機】 벨트(belt), 피대 ; 【製本】 등 꿰매는 실 : a rubber ~ 고무 밴드, 고무줄 / wear a ~ around one's head 머리에 머리띠를 두르다. (5) (흔히 *pl.*) (예복의) 폭이 넓은 흰 넥타이. (6) 줄(무늬) (stripe) : (7) 【通信】 (일정한 범위의) 주파수대(帶), 대역(帶域) ; (레코드)의 홈 ; 【컴】 띠, 대역 《자기 드럼의 채널》. ***to beat the*** ~ 《口》 활발히 ; 많이, 풍부히 ; 몹시, 출중하게 :***when the*** ~ ***begins to play*** 《俗》 일이 크게 벌어지면.
— *vt.* 《~+目/+目+副/+目+前+名》 …을 끈으로〈띠로〉 동이다 ; 줄무늬를 넣다 ; (새다리에) 표지 밴드를 달다 ; 단결(團結)시키다《*together*》: — *vi.* 《+副/+前+名》 단결하다, 동맹하다《*together*》:

:band·age [bǽndidʒ] *n.* ⓒ (1)붕대 ; 눈가리개 ; 안대(眼帶) : put a ~ on a wound 상처에 붕대를 감다 / take a ~ off a wound 상처의 붕대를 풀다. (2)쇠테, 쇠 띠. (3)동여매는 강철 띠. ***apply a*** ~ 붕대를 감다《*to*》. — *vt.* 《~+目+副》 …에 붕대(繃帶)를 감다《*up*》:

Band-Aid [bǽndèid] 《美》 *n.* ⓤ,ⓒ (1)밴드에이드 《구급용 반창고 ; 商標名》. (2)(band-aid) (문제·사건의) 일시적 해결, 응급책.

band·box [bǽndbɑ̀ks/ -bɔ̀ks] *n.* ⓒ (모자 따위를 넣는) 판지 상자 ; 그런 꼴의 건조물. ***look as if*** one ***came*** 〈***had come***〉 ***out of a*** ~ 말쑥한 차림을 하고 있다.

ban·deau [bændóu, ´-] (*pl.* **~x** [-z]) *n.* ⓒ 《F.》 반도《여자 머리에 감는 가는 리본 ; 폭이 좁은 브래지어》.

ban·de·rol, -role [bǽndəròul] *n.* ⓒ (창·돛대 따위에 다는) 작은〈좁다란〉 기, 기드림 : 조기(弔旗)(bannerol) ; 명(銘)을 써 넣은 리본.

·ban·dit [bǽndit] (*pl.* **~s, ban·dit·ti** [bændíti]) *n.* ⓒ 산적, 노상 강도, 도둑 ; 악한(outlaw) : ***a set* 〈*gang*〉 *of ~s*** 산적떼.

band·mas·ter [bǽndmæ̀stər, -mɑ̀ːs-] *n.* ⓒ 밴드마스터, 악장(樂長).

ban·do·leer, -lier [bæ̀ndəlíər] *n.* ⓒ 【軍】 (어깨에 걸쳐 띠는) 탄띠, 탄약대 : wear a ~ across one's shoulders 탄띠를 어깨에 걸치다.

Ban·dung [bɑ́ːndu(ː)ŋ, bǽn-] *n.* 【地】 반둥《인도네시아의 도시》.

band·wag·on [bǽndwæ̀gən] *n.* ⓒ 《美》 (서커스 따위 행렬의 선두의) 악대차, (선거운동·경쟁 등에서) 우세한 쪽. ***climb* 〈*get, jump, hop, leap*〉 *on* 〈*aboard*〉 *the ~*** 《口》 승산이 있을 것 같은 후보자를〈주의를, 운동을〉 지지하다, 시류에 영합하다, 편승하다.

ban·dy [bǽndi] *vt.* (1) 《~+目/+目+前+名》 (공 따위)를 마주 던지다, 서로 치다 ; (말다툼·치 렛말·주먹질 따위)를 서로 주고받다《*with*》 : ~ blows〈words〉 *with* a person 아무와 치고받기를 하다(언쟁하다). (2) 《+目+副》 (소문 따위)를 퍼뜨리고 다니다, 토론하다《*about*》《※ 종종 受動으로》 : — (**-di·er ; -di·est**) *a.* = BANDY-LEGGED.

ban·dy-leg·ged [-lègid] *a.* 안짱다리의(bow-legged) : He was short and ~. 키가 작은 데다안짱다리였다.

bane [bein] *n.* 독 ; 쥐약, (the ~) 파멸(의 원인) 《*of*》 : Gambling 〈Drink〉 was *the ~ of* his existence. 도박〈술〉이 그의 인생 파멸의 원인이 되었다.

bane·ful [béinfəl] *a.* 파멸케 하는 ; 해로운, 유독한 : a ~ influence 악영향 / a ~ look 악의(惡意) 있는 눈초리. 파) **~·ly** *ad.* **~·ness** *n.*

:bang[1] [bæŋ] *n.* ⓒ (1)강타하는 소리《딱, 탕, 쾅, 쿵》 : the ~ of a gun 쾅하는 대포 소리. (2)강타, 타격, 충격 : get 〈give a person〉 a ~ on the head 머리를 쾅 얻어맞다〈때리다〉. (3)(a ~) 원기, 기력 ; 스릴, 흥분 ; 즐거움 : get *a* ~ out of music 음악으로 흥분하다. ***with a ~*** 1)쾅〈펑, 탕〉하고 갑자기 ; 기세 좋게 : 2)멋지게, 훌륭히 go over 〈《英》 off〉 *with a* ~ (총이) 쾅하고 발사되다. ; (공연 등이) 성황을 이루다. — *ad.* (1) 철썩하고 ; 쿵〈쾅, 펑, 탕〉하고 : *Bang !* went the gun. 탕하고 총소리가 울렸다. (2)난데없이 ; 바로, 갑자기, 정면으로, 마침 : stand ~ in the center 바로 한 가운데에 서다. ***~ off*** 《英口》 즉시, 곧. ***~ on*** 《英口》 = ***~ up*** 《美口》 딱 들어맞는〈게〉, 정확하〈히〉. ***go ~*** 1) 펑하고 터지다 ; 탕하고 닫히다. (2) 《比》 [도치하여] 휙 사라지다 : ~ to rights 현행범으로 잡혀, 증거가 들어나서, 틀림없이.

— *vi* .(1) 《~/+補》 (문 따위가) 탕하고 닫히다, 큰 소리를 내다 : The door ~*ed* shut. 문이 탕하고 닫혔다. (2) 《+前+名/+副》 a] 쾅〈쿵〉 소리나다 《*away* ; *about*》 : b] 쾅〈쿵〉부딪치다 《*against* ; *into* ; *on*》 : *against* something. 무엇에 탕 부딪치다 / c] 탕탕 두드리다《*on* ; *at*》 ; 탕하고 발포하다.

— *vt.* (1) 《~ +目/+目+副/+目+前+名》 …을 세게 치다〈두드리다〉, 세게 부딪뜨리다 ; 쾅 닫다, 거칠게 다루다 : ~ a drum 드럼을 세게 치다 / Don't ~the musical instrument *about*. 악기를 거칠게 다투지 마시오 // He ~*ed* his head *against* a tree. 그는 나무에 머리를 쾅 부딪쳤다. (2) 《+目+補》 …을 쳐서 소리를 내다《*out*》 ; (총포 따위를) 탕〈땅〉 쏘다《*off*》 : (3) 《+目+補+名》 (지식을) 주입 하다 《*into*》 : ~ grammar *into* a boy's head 아이에게 문법을 무리하게 가르치다.

(4) 《卑》 …와 성교하다. ***~ awgy*** 1) 열심히 하다. 2) 내리 발포하다《*at*》 : ~ *away at* a flock of wild ducks 들오리 떼를 향해 마구 쏘아대다. ***~ into***... 1) ⇨*vi.*(2). 2) …와(우연히)마주치다. ***~ off*** 탕 치다, 쾅 울리다. ***~ out*** 《口》 곡을 시끄럽게 연주하다 ; 《口》 (타이프로 기사 따위를) 쳐내다. ***~ up*** 의 모양을 못쓰게〈엉망으로〉 만들다 ; 상처입다, 다치다 : ~ *up against* …에 부딪히다.

bang[2] *n.* ⓒ (흔히 *pl.*) 단발머리의 앞머리.

— *vt.* 앞머리를 가지런히 깎다 ; (말따위의) 꼬리를 바싹 자르다 : wear one's hair ~*ed* 가지런히 자른 앞머리를 하고 있다.

Bang·kok [bǽŋkɑk, -´ / bæŋkɔ́k, ´-] *n.* 【地】 방콕《Thailand의 수도》.

Ban·gla·desh [bɑ̀ːŋglədéʃ, bæ̀ŋ-] *n.* 방글라데시 《1971년에 독립한 공화국 ; 수도 Dacca》.

파) **-déshi** (*pl.* **~, -desh·is**) *n.* ⓒ, *a.* 방글라데시(인)(의)

ban·gle [bǽŋgəl] *n.* ⓒ 팔찌 ; 발목 장식, 장식 고리.

ban-up [bǽŋʌ̀p] *a.* 《口》 극상의, 상등의.

:ban·ish [bǽniʃ] *vt.* 《~+目/+目+前+名》 (1) …(벌로서 국외로)을 추방하다, 유형에 처하다 ; 내쫓다 : ~ a person *from* the country 아무를 국외로 추방하다 / (2) a] (아무)를 멀리하다 : ~ a person *from* one's presence... 아무를 면전에서 멀리하다. b] (근심 따위)를 떨어버리다《*from* ; *out of*》 : ~ anxiety 〈fear〉 걱정(두려움)을 떨어버리다. / ~ something *from* one's memory 어떤 일을 잊다 / 파) **~·ment** *n.* ⓤ 추방, 배척, 유형 : go into ~*ment* 추방〈유형〉당하다.

ban·is·ter [bǽnəstər] *n.* ⓒ (계단의) 난간 동자(baluster) ; (종종 *pl.*) 계단의, 난간.

ban·jo [bǽndʒou] (*pl.* **~(*e*)*s***) *n.* 【樂】 밴조《5현의 현악기》 파) **~·ist** *n.* ⓒ 밴조 연주자.

:bank[1] [bæŋk] *n.* (1) ⓒ 둑, 제방 ; (*pl.*) (강·늪따위의) 가, 기슭 ; 양안 : the ~*s* of a rler 강의 양쪽 기슭 /the right 〈left〉 ~ (강 하류를 향해) 우안〈좌안〉. (2) ⓒ (둑 모양의) 퇴적, 덮쳐 쌓임 ; 구름의 층 :(3)ⓒ 모래톱, 사주(砂洲) ; 대륙붕(이깅). (4) ⓒ (인공적으로 만든) 비탈, 구배(勾配), 경사. (5) ⓤ 【空】 뱅크《비행기가 선회할 때 좌우로 경사하는 일》 : the angle of ~ 뱅크각《자동차·비행기의 선회중의 좌우 경사각》, give a person down the ~s …을 꾸짖다.

— *vt.* (1)《~+目/+目+副/ 目+前+名》 …에 둑(제방)을 쌓다, …을 둑으로 에워싸다《*up* ; *with*》 : ~(*up*) the river 강에 둑을 쌓다 / (2)《+目+副》 (흐름)을 막다《*up*》 《둑을 쌓아서》 : ~ *up* a stream 개울을 막다. (3)《+目+副》 (재를 불위에 덮어)불을 오래 가게 하다. ~ *up* a fire 잿더미를 쌓아 불을 보존하다. (4)《~+目/+目+副》 둑 모양으로 쌓다 : ~ the snow *up*. (5)(도로·선로의 커브)를 경사지게 하다 ; 【空】 뱅크〈경사 선회〉시키다.

— *vi.* (1)《+副》 (구름·눈이) 겹겹이 쌓이다《*up*》 ; 층을 이루다 : (2)【空】 뱅크하다, 옆으로 기울다 ; (차가)

기울다 ; 차체를 기울이다.

:bank[2] *n.* (1) ⓒ 은행 : a national ~ 국립 은행 / have money in the ~ 은행에 예금이 있다. (2)(the B-) 잉글랜드 은행. (3)(the ~) 노름판의 판돈 ; (노름의) 물주(banker). (4) ⓒ 저금통 ; 저장소 : an eye ~ 안구 은행 / a blood ~ 혈액 은행. ***~ of deposit***〈***issue***〉 예금〈발권〉 은행. ***break the ~*** (도박에서) 물주를 파산시키다 ; …을 무일푼으로 만들다. ***in the ~*** 《英》 빚을 지고(in debt).
— *vi.* (1)《+前+名》 은행과 거래하다《*with*》 ; 은행에 예금하다《*at*》 : (2)은행을 경영하다 ; (노름판의) 물주가 되다.
— *vt.* …을 은행에 예치하다 : He ~*ed* the money under another name. 그는 타인 명의로 돈을 은행에 출금했다. ***~ on***〈***upon***〉《口》 …을 믿다(확신하다), …에 의지하다〈기대다〉(depend on) :

bank[3] *n.* ⓒ (갤리선의) 노젓는 사람의 자리 ; 한줄로 늘어선 노 ; 열, 층 ; **【樂】** 건반의 한 줄 ; 작업대 (신문의) 부(副)제목(subhead) ; **【電氣】** 뱅크 《동시에 작동할 수 있도록 배열한 스위치 또는 단자》. — *vt.* …을 줄지어 늘어놓다《*with*》

bank·a·ble [bǽŋkəbəl] *a.* (1) 은행에 담보하기에 가능한. (2) (영화·연극 등이) 성공이 확실한.

bánk accòunt 은행 예금 구좌 ; 당좌 예금.

bánk bàlance 은행(예금) 잔고.

bánk bìll 은행 어음 ; 《美》 은행권, 지폐.

bank·book [⌐bùk] *n.* ⓒ 은행 통장, 예금 통장(passbook)

bánk càrd 은행 발행의 크레디트 카드.

bánk crèdit 은행 당좌 대월, 보증 대부, 은행 신용(장).

bánk dràft 은행 환어음《略 : B/D》

bank·er [bǽŋkər] *n.* (1) ⓒ 은행가, 은행업자 ; 은행의 간부직원 ; 〔一般的〕 은행원 ; (one's ~s)거래 은행 : (2) ⓒ (도박의) 물주. (3) ⓤ '은행놀이' 《카드놀이의 일종》 : play ~ 은행놀이하다.

bánker's bìll 은행 (환)어음

·bánk hòliday 《美》 (일요일 이외의 연4회) 은행 휴일 ; 《英》 일반 공휴일(《美》 legal holiday)《연7회의 법정 공휴일》.

·bank·ing[1] [bǽŋkiŋ] *n.* ⓤ 은행업(무).

bank·ing[2] *n.* ⓤ 둑 쌓기, 제방 쌓기, 제방 공사 ; **【空】** 횡(橫)경사.

bánk ìnterest 은행 이자.

bánk lòan 은행 대부, 뱅크론.

·bánk nòte 은행권 (=**bánk·nòte**)

bánk ràte (종종 the ~) 은행의 할인율《특히 중앙은행의》, 은행 일변(日邊).

bank·roll [bǽŋkròul] *n.* ⓒ 《美》 돈 디발 ; 자금(원), 수중의 돈. — *vt.* 《美口》 (사업 등)에 자금을 공급하다.

·bank·rupt [bǽŋkrʌpt, -rəpt] *n.* ⓒ (1) 파산자 ; 지급불능자《略 : bkpt.》. (2) 성격적 파탄〈불구〉자 : a moral ~. — *a.* (1) 파산한 ; 지불 능력이 없는 : He has been declared ~. 그는 파산선고를 받았다. (2)〔敍述的〕 (…을) 잃은, 상실한, (…이) 없는《*of* ; *in*》 : ~ both *in* name and fortune 명성과 재산을 함께 잃은 / ***go***〈***become***〉 ***~*** 파산하다. ▫bankruptcy *n.* — *vt.* …을 파산시키다, 지급불능케 하다.

bank·rupt·cy [bǽŋkrʌptsi, -rəpsi] *n.* (1) ⓒ,ⓤ 파산, 도산(倒産). (2) ⓤ(또는 a ~) (명성 등의) 실추《*of*》 ; (성격의) 파탄 : the ~ *of* a writer's imagination 작가의 상상력의 고갈. ***a trustee in ~*** **【法】** 파산 관재인. ***go into ~*** 파산하다, 도산하다.

·ban·ner [bǽnər] *n.* ⓒ (1)기(旗), 국기, 군기. (2)기치, 표지, 주장, 슬로건 : the ~ of revolt 반기. (3)(광고·선전 등의) 현수막, 횡단막 : welcoming ~*s* 환영의 현수막. (4)**【新聞】** = BANNER HEAD(LINE). ***carry the ~ for*** …을 표방〈지지〉하다, …을 편들다 ; …의 선두에 서다 ; …을 인도〈지휘〉하다. ***join***〈***follow***〉 ***the ~ of*** …의 휘하에 참가하다, …의 대의를 신봉〈지지〉하다. ***under the ~ of*** …의 기치 밑에 : — *a.* 〔限定的〕 일류의, 두드러진, 최상급의 ; a ~ crop 풍작 / a ~ year 번영의 해.

:ban·quet [bǽŋkwit] *n.* ⓒ 연회《특히 정식의》 ; 향연 ; 축연(祝宴). ***give***〈***hold***〉 ***a ~*** 연회를 베풀다 / a regular ~ 진수성찬. — *vt.* …를 연회를 열어 대접하다 : They ~*ed* the visiting prime minister in grand style. 내방중의 수상을 성대한 연회를 베풀어 대접했다. — *vi.* 연회를 열다 ; 연회에 참석하다 ; (요리를)대접 받다 ; 즐기다《*on*》.
파) **~·er** [-ər] *n.* 향연의 손님.

bánquet ròom (레스토랑·호텔의) 연회장.

ban·quette [bæŋkét] *n.* ⓒ (참호 따위의 속에 있는) 사격용 발판 ; (역마차의) 마부석 뒤의 자리 ;《美南部》 (차도보다 높게 된) 인도(sidewalk) ; (레스토랑 등의) 벽가의 긴 의자.

ban·tam [bǽntəm] *n.* ⓒ (1)(종종 B-) 밴텀닭, 당(容)닭. (2)암팡지고 싸움을 좋아하는 사람. (3)=BANTAMWEIGHT. — *a.* 〔限定的〕 몸집이 작은 ; 공격적인 ; 건방진 ; 소형의; 앙팡의 ; **【拳】** 밴텀급의.

·ban·ter [bǽntər] *n.* ⓤ (악의 없는) 조롱, 희롱, 농담, 놀림 : — *vt., vi.* (…을) 조롱하다, 놀리다 ; 까불다 ; 희롱거리다 ; (…와) 농담을 주고받다.
파) **~·er** [-rərr] *n.* ⓒ 조롱하는(놀리는) 사람. **~·ing·ly** [-riŋli] *ad.*

Ban·tu [bǽntu:] (*pl.* **~, ~s** [-z]) *n.* ⓒ 반투 족 《아프리카의 중·남부에 사는 흑인종의 총칭》 ; ⓤ 반투어(語). — *a.* 반투어의.

ban·yan [bǽnjən] *n.* ⓒ **【植】** 반얀 나무, 벵골보리수(=**~ trèe**)《인도원산의 상록수로, 거목이 되며 힌두교에서 성수(聖樹)로 받듦》.

ba·o·bab [béioubæ̀b, bá:-, bàubæb] *n.* ⓒ **【植】** 바오밥(=**~ tree**)《아프리카산(産)의 큰 나무》.

bap [bæp] *n.* ⓒ 《Sc.》 작은 (롤)빵.

·bap·tism [bǽptizəm] *n.* ⓤ,ⓒ 세례, 침례, 영세(領洗) ; 명명(식) : the clinic ~ 병상〈임종〉 세례. ***the ~ by immersion***〈***effusion***〉 침수(浸水)〈관수(灌水)〉 세례. ***the ~ of blood*** 피의 세례 ; 순교. ***the ~ of***〈***by***〉 ***fire*** 포화의 세례 ; 첫 출전 ; 괴로운 시련.

bap·tis·mal [bæptízməl] *a.* 〔限定的〕 세례(洗禮)의 : a ~ cermony 세례식. 파) **~·ly** *ad.*

·Bap·tist [bǽptist] *n.* (1) ⓒ 침례교도. (2)(the ~) **【聖】** 세례 요한 《마태복음 Ⅲ》. (3) ⓒ (b-) 세례 주는 사람. — *a.* 〔限定的〕 침례파의 : the ~ Church 침례 교회.

bap·tis·tery, -try [bǽptistəri], [-tri] *n.* ⓒ 세례 주는 곳, 세례당(堂) ; 세례용 물통.

·bap·tize [bæptáiz, ⌐-] *vt.* (1)《~+目/+目+前+名》 …에게 세례를 베풀다 : (2)《+目+補》 …에게 세례명을 붙이다 ; (일반적으로)을 명명하다 : He was ~*d* (by the name of) Jacob. 그는 야곱이라는 세례명을 받았다. (3)(정신적으로) …을 깨끗이 하다. —

vi. 세례를 베풀다. 파) **-tíz·er** *n.*

:bar [bɑːr] *n.* ⓒ (1) 막대기 ; 방망이 : She picked up a metal ~ and waved it threateningly. 그녀는 쇠막대기를 집어들더니 무섭게 휘둘렀다. (2) 방망이 모양의 물건 ; 조강(條鋼) ; 봉강(棒鋼) ; (전기 난방기의) 전열선 : a chocolate ~ 막대초콜릿 / a ~ of gold 막대금, 금괴(金塊). (3) 빗장, 가로장 ; 창살. (4) 장애, 방해물, 장벽 : / a ~ *to* happiness 〈one's success〉 행복〈성공〉을 가로막는 장애. (5) (항구·강 어귀의) 모래톱. (6) 줄, 줄무늬, (색깔 등의)띠 : a ~ of light 한 줄기의 광선. (7) (술집 따위의) 카운터 ; 술집, 바 a snack ~ 스낵바 / a quick lunch ~경식당. (8) a] (법정내의 방청석과 구분짓는) 난간 ; 피고석, 법정 : be tried at (the) ~ (피고가) 법정에서 심리를 받다. b] 재판, 심판, 제재 : the ~ of conscience 양심의 가책 / Such an act will be judged at the ~ of public opinion. 그러한 행위는 여론의 제재를 받을 것이다. ***a prisoner at the ~*** 형사 피고인. ***be admitted* 〈《英》*called*〉 *to the ~*** 변호사 자격을 얻다. ***be at the Bar*** 변호사를 하고 있다. ***be called within the ~*** 《英》법정 변호사로 임명되다. ***behind ~s*** 옥에 갇혀, 옥중에서. ***cross the ~*** 죽다. ***go to the ~*** 법정 변호사가 되다. ***in ~ of*** …을 방지하기 위해. ***practice at the ~*** 변호사를 개업하다.

— (***-rr-***) *vt.* (1) …에 빗장을 지르다 ; (창 따위)에 가로대를〈창살을〉 대다 : ~ a door. 문을 잠그다 / ~ All exits are ~*red.* 모든 출구는 폐쇄되었다. (2) 《~+目/+目+前+名/+-*ing*》 …을 방해하다 ; (길)을 막다(block) ; 금하다 ; 반대하다, 싫어하다 :Regulations ~ import*ing* weapons. 무기 수입은 규정에 금지되어 있다. (3) 〔흔히 受動으로〕 …에 줄을 〈줄무늬를〉 치다《*with*》 : The sky was ~*red with* black cloud. 하늘에는 검은 구름이 길게 뻗혀 있었다. (4) 《+目+前+名》 …을 제외하다 ; 추방하다 《*from*》 : They ~*red* him *from* the contest. 그를 경기에서 제외했다. ***~ in*** 가두다 : *i* ***~ out*** 쫓아내다. ***~ up*** 빗장을 질러 완전히 폐쇄하다.

— *prep.* …을 제외하고(barring), …외에 : The whole class was present, ~ Ann. 앤을 제외하고는 전(全)클래스가 출석했다. ***all over ~ the shouting*** 사실상 끝나, 대세가 결정나. ***~ none*** 예외없이, 전부, 단연 :

bar-, baro- '기압, 중량'의 뜻의 결합사.

Ba·rab·bas [bərǽbəs] *n.* 【聖】 바라바《예수 처형 때 대신 방면된 도둑》.

barb [bɑːrb] *n.*ⓒ (살촉·낚시 따위의) 미늘 ; (철조망 따위의) 가시 ; (새 날개의) 깃가지 ; (메기 따위의 수염 ; (수녀의 목에 두르는) 흰 린네르천 ; 《比》 가시 돋친 말, 예리한 비판. — *vt.* 가시를〈미늘을〉 달다.

·bar·bar·i·an [bɑːrbɛ́əriən] *n.* ⓒ (1) 야만인, 야만스러운 사람, 미개인. (2) 속물(浴物), 교양 없는 사람. (3) 【史】 이방인《그리스·로마 사람이 이르는》 ; 이교도《그리스도교도가 보아》 : The Roman Empire was overrun by Nordic ~*s.* 로마 제국은 북유럽 이방인의 침략을 받았다. — *a.* 야만인의, 미개인의 ; 교양 없는, 야만스러운 ; 이방의 : a ~ king 미개인의 왕.

bar·bar·ic [bɑːrbǽrik] *n.* 미개한, 야만인 같은 ; 무무한 ; 지나치게 야한, (문체 따위가) 세련되지 못한 ; 파) **-i·cal·ly** [-ikəli] *ad.*

·bar·ba·rism [bɑ́ːrbərìzəm] *n.* (1) ⓤ 야만, 미개, 무지 ; 조야(粗野) ; 포학, 만행. (2) ⓒ 무무한 행동〈말투〉, 비어, 파격적인 구문, 상말.

bar·bar·i·ty [bɑːrbǽrəti] *n.* ⓤ,ⓒ 야만, 만행 ; 잔인(한 행위) ; 난잡 ; 야비함.

bar·ba·rize [bɑ́ːrbəràiz] *vt. vi.* …을 야만화하다 ; 불순〈조잡〉하게 하다〈해지다〉.

·bar·ba·rous [bɑ́ːrbərəs] (***more ~ ; most ~***) *a.* (1) a]야만스러운(savagr), 미개한 ; 잔인한 : a ~ king 잔인한 왕 / a ~ act 야만스러운 행동. b]무무한, 상스러운 ; 교양없는 ; (말이) 표준용법이 아닌 (2)이국어(異國語)의 《그리스어·라틴어 외의》 ; 이국의 ; 야비한 ; 귀에 거슬리는.
파) **~·ly** *ad.* **~·ness** *n.*

Bárbary Státes (the ~) 바르바리 제국(諸國) 《16-19세기 터키 지배하의 바르바리 지방에서 반독립 상태에 있던 Morocco, Algeria, Tunis, Tripoli》.

·bar·be·cue [bɑ́ːrbikjùː] *n.* ⓤ,ⓒ (통구이용) 불고기틀 ; (돼지·소 따위의) 통구이, 바비큐, 야외파티 : (고기)를 바비큐 소스로 간하다.

barbed [bɑːrbd] *a.* 미늘이〈가시가〉 있는 ; 신랄한 : ~ words〈wit〉 가시있는 말〈날카로운 재치〉.

bárbed wíre 가시 철사, 유자 철선

barbed-wire [ˊwáiər] *a.* 〔限定的〕 가시 철사의 : ~ entanglements 철조망 / a ~ fence 가시철사를 친 울타리.

bar·bel [bɑ́ːrbəl] *n.* ⓒ (물고기의) 수염 ; 【魚】 돌잉어류.

bar·bell [bɑ́ːrbèl] *n.* ⓒ 바벨《역도에 쓰는》.

:bar·ber [bɑ́ːrbər] *n.* ⓒ 이발사(師)(《英》 hair dresser) : at the ~'*s* 이발소에서 / the ~('*s*) pole (적·백색의) 이발소 간판(기둥).
— *vt.* …의 머리를〈수염을〉 깎다 ; 잔디를 깎다.

bar·ber·shop [bɑ́ːrbərʃɑ̀p/ -ʃɔ̀p] *n.* ⓒ 《美》 이발소(《英》 barber's shop). *a.* (무반주) 남성 4부 합창의 : a ~ quartet 남성 4부 합창.

bar·bi·can [bɑ́ːrbikən] *n.* ⓒ 【築城】 망대, 성문탑, 외보.

bar·bi·tal [bɑ́ːrbətɔ̀ːl, -tæ̀l] *n.* ⓤ 【藥】 바르비탈 《진정·수면제 ; 商標名 : Veronal》.

bar·ca·rol(l)e [bɑ́ːrkəròul] *n.* ⓤ (곤돌라의)뱃노래 ; 뱃노래풍의 노래, 곡.

Bar·ce·lo·na [bɑ̀ːrsəlóunə] *n.* 【地】 바르셀로나 《스페인 북동부의 항구 도시 ; 제25회 올림픽 개최지 (1992)》.

bár chàrt 막대 그래프〈bar graph〉.

bár còde 바코드, 줄무늬 기호군, 막대 부호《광학 판독용의 줄무늬 기호 ; 상품 식별 등에 쓰임》. 〖cf.〗 Universal Product Code.

bar-code [bɑ́ːrkòud] *vi. vt.* (물건에) 바코드를 붙이다.

·bard [bɑːrd] *n.* ⓒ 옛 Celt 족의 음유(吟遊)〈방랑〉 시인 ; (서정)시인 : ***the Bard*** (***of Avon***)셰익스피어의 속칭.

bard·ic [bɑ́ːrdik] *a.* 음유시인의. ~ poetry 음영시가.

:bare [bɛər] (***bar·er ; -est***) *a.* (1) a]벌거벗은, 노출된, 알몸의, 가리지 않은, 드러낸 : with (one's) ~ hands 맨주먹〈맨손〉으로 / a ~ sword 집에서 빼든 칼 / have one's head ~ 모자를 쓰지 않다 / He is ~ from the it waist up. 그는 허리 위로 아무것도 걸치지 않았다 / b]〔限定的〕 (일·이야기가)사실 그대로의, 적나라한 : the ~ facts 있는 그대로의 사실. (2) 휑뎅그렁한, 세간이 없는《방 등》, 꾸밈 없는, 살풍경한 : a ~ hill 민둥산 / a ~ room 가구 없는 방 /

a ~ wall 액자 등이 없는 벽(壁). (3) 닳아 무지러진, 써서 낡은 : a ~ carpet 닳고닳은 카펫. (4) 〔限定的〕 부족한, 겨우 …한 ; 그저〈겨우〉 …뿐인, 가까스로의 : a ~ hundred pounds 가까스로〈겨우〉 100 파운드 / a ~ living 겨우 살아가는 생활 / the ~ necessities of life 목숨을 이어가기에만 필요한 필수품 / (by)a ~ majority 가까스로의 과반수(로) / ***at the ~ thought***(***of*** ...)(…을) 생각만 해도. be ~ of …이 없다. believe something on a person's ~ word …의 말만으로 그냥 믿는다. ***lay ~*** 1) 털어놓다, 폭로하다, 해명하다 : *lay* one's heart ~ 마음속을 털어놓다. 2) 알몸을 드러내다. lay one's breast ~ 가슴을 드러내다. ***with ~ life*** 겨우 목숨만 건지어 : escape *with* ~ *life* 구사일생으로 도망하다.

— *vt.* (1) 《~+目/+目+前+名》 …을 벌거벗기다 ; 노출시키다, 드러내다 ; 떼어내다《*of*》 : / ~ a tree *of* its leaves 〈fruits〉 나무에서 잎을〈열매를〉 따내다. (2) (비밀·마음 등)을 털어놓다, 폭로하다 : ~ a secret 비밀을 폭로하다 / (3) (칼을) 빼다.

파) **~·ness** *n.* 알몸 ; 드러냄, 꾸밈없음, 텅 빔.

bare·back(ed) [∠bæ̀k(t)] *a.* 〔限定的〕, *ad.* 안장 없는 말의 ; (말에) 안장 없이 : ride ~ 안장없는 말을 타다.

bare·boned [∠bòund] *a.* (사람이) 야윈 ; (병·굶주림으로) 말라빠진, 쇠약한.

bare·faced [∠fèist] *a.* 〔限定的〕 (1) 맨얼굴의 ; 수염이 없는. (2) 뻔뻔스러운, 철면피한 : (3) 노골적인 : a ~ insult 노골적인 모욕.

파) **~·ness** *n.*

bare·faced·ly [∠fèisidli, ∠fèistli] *ad.* 넉살좋게.

·bare·foot [∠fùt] *a.*, *ad.* 맨발의〈로〉 : We took off our shoes and socks and walked ~ along beach. 우리는 신발과 양말을 벗고 맨발로 해변을 걸었다.

bare·foot·ed [∠fùtid] *a.* 맨발의.

bare·hand·ed [bέərhǽndid] *a.*, *ad.* 맨손의〈으로〉, 혼자 힘으로.

bare·head(·ed) [∠hèd(id)] *a.*, *ad.* 모자를 쓰지 않은〈않고〉 ; 맨머리의〈로〉.

báre infínitive [文法] 원형 부정사《to 없는 부정사 ; 보기 : I saw him run. 의 run》.

bare·leg·ged [∠hègid, -lègd] *a.*, *ad.* 발을〈정강이를〉 드러낸〈내놓고〉 ; 양말을 안 신은〈신고〉.

:bare·ly [bέərli] *ad.* (1) 간신히, 가까스로, 겨우 ; 거의 …없다. 〖cf.〗 scarcely, hardly. 『 He is ~ of age 그는 이제 막 성년이 되었다 / (2) 드러내놓고 ; 숨김 없이, 사실대로, 꾸밈 없이 : a ~ furnished room 가구가 거의 없는 방.

barf [bɑːrf] *vi. vt.* (1)《美俗》 (…을) 토하다, 게우다(vomit). (2)(컴퓨터가) 에러를 내다 ; 작동하지 않다. — *n.* ⓤ 구토 : a ~ bag 구토 주머니 《비행기 안의》.

bar·gain [bɑ́ːrgən] *n.* ⓒ (1)매매, 거래. (2)(매매) 계약, 거래 조건. (3)(싸게) 산 물건, 매득(買得) : 떨이 : a bad 〈good〉 ~ 비싸게〈싸게〉 산 물건 / ~s in furniture 가구의 염가 판매 / (4) 〔形容詞的으로〕 싸구려의, 매득의 : a ~ sale〈price〉 특매〈특가〉 / ~ goods 특매품. a ~ 싸게(cheap) I got this a ~ 싸게 샀다. ***A ~'s a ~.*** 약속은 약속《꼭 지켜야 딴다》. ***at a*** (***good***) ***~*** 싸게 : I got this *at a* ~. 이것을 싸게 샀다. ***conclude*** 〈***settie***〉 ***a ~*** 계약을 맺다. ***drive a*** 〈***hard***〉 ***~*** (…와) (…에 대해) 유리한 조건으로 거래〈메매, 상담〉하다《*with* ; *over*》. ***into*** 〈***in***〉 ***the ~*** 게다가, 그 위에. ***make the best of a bad ~*** 역경을 참고 견디다, 악조건하에서 최선을 다하다. ***pick up ~s*** 헐한 물건을 우연히 손에 넣다. ***sell a person a ~*** 우롱하다. ***strike*** 〈***make, close***〉 ***a ~*** 매매계약을 맺다, 협정하다 : ***Thst's***〈***It's***〉 ***a ~!*** 이것으로 성립됐다.

— *vi.* 《~/+前+名》 (1) (매매의) 약속을 하다, 계약하다 : We ~ *ed with* him *for* the use of the property. 우리는 그와 그 땅의 사용에 대해 계약했다. (2) 흥정을 하다 ; 매매 교섭을 하다 : (3) a〕〔흔히 否定語나 more than을 수반하여〕 (…을) 예상하다 ; 예기하다《*for* ; *on*》 1 didn't ~ *for* that. 그것은 전혀 예상밖의 일이었다 / His serve was *more than* I ~*ed for*. 그의 서브가 그렇게 강하리라고는생각지 못했다. b〕 (…을) 기대하다《*on*》 : ~ *on* a person's help 아무의 원조를 기대하다. — *vt.* (1) 《+*that* (절)》(…이란) 조건을 붙이다. (하도록) 교섭하다 :(2) 《+*that* (절)》 …을 기대하다, 보증하다 : I'll ~ *that* he will compete at the next Olympic games. 그는 다음 올림픽 경기에 참가하게 될 것이다. (3) 《+目+前+名》〔一般的〕 바꾸다《*for*》 : ~ a horse *for* another 다른 말과 바꾸다. He ~ed his watch for a meal. 그는 자기 시계를 한 끼의 식사와 바꾸었다. ***~ away*** 헐값으로 팔아 버리다 :

bar·gain·ing [bɑ́ːrgəniŋ] *n.* ⓤ 거래, 교섭 ; 계약 : collective ~ 단체 교섭. — *a.* 단체 교섭의.

·barge [bɑːrdʒ] *n.* ⓒ (1)거룻배, 부선, 바지《바닥이 평평한 짐배》. (2)유람선 ; 의식용 장식배. (3)함재정(艦載艇). 대형 함재 보트《사령관용》. — *vt.* …을 거룻배로 나르다 ; 《口》 …을 헤치고 나아가다. — *vi.* (1)느릿느릿 움직이다. (2)《口》 난폭하게 부딪치다〈돌진하다〉《*into* ; *against*》. (3)《+前+名》《口》 난입〈틈입(闖入)〉하다. …에 끼어들다, 말참견하다《*in* ; *into*》 : He ~*d into* our conversation. 그는 우리 이야기에 억지로 끼어들었다. ***~ about*** 난폭하게 뛰어다니다. ***~ in on*** 난입하다, …에 쓸데없이 말참견하다 : ~ into(against) …에 부딪치다. ~ one's way (through the crowd) 군중을 밀어제치고 나아가다.

barge·man [bɑ́ːrdʒmən] (*pl.* ***-men*** [-mən]) *n.* ⓒ 거룻배·유람선의 사공.

bár gràph 막대 그래프(bar chart).

bar·hop [bɑ́ːrhɑ̀p/ -hɔ̀p] (***-pp-***) *vi.* 여러 술집을 돌아다니며 술을 마시다.

bar·i·tone [bǽrətòun] *n.* [樂] (1) ⓤ 바리톤, 바리톤 목소리《tenor 와 bass 의 중간음》. (2) ⓒ 바리톤 가수. (3) ⓒ 관악기의 하나. — *a.* 바리톤의 : a ~ voice 바리톤의 음성.

bar·i·um [bέəriəm, bǽər-] *n.* ⓤ [化] 바륨《금속원소 ; 기호 Ba ; 번호 56》.

:bark[1] [bɑːrk] *vi.* (1) 《~/+前+名》 a〕 (개·여우따위가) 짖다 ; 짖는 듯한 소리를 내다 : *Barking* dogs seldom bite. 《俗談》 짖는 개는 물지 않는다. b〕 고함치다 :(2) (총·대포 따위가) 꽝 울리다. (3) 《美口》 (흥행장 등에서) 큰 소리로 손님을 부르다. — *vt.* 《~+目/+目+前+名/+目+副》 짖는 투로 말하다 ; (명령 등)을 외쳐대어 말하다《*out*》 ; …을 혹평〈매도〉하다 ; 큰 소리로 (상품을) 선전하다 : ***~ up the wrong tree*** 《口》〔흔히 進行形으로〕 헛다리짚다, 어뚱한 사람을 추적하다, 잘못 짚다 :— *n.* ⓒ (1)짖는 소리. (2) 《口》 기침 소리. (3)포성, 총성. ***give a ~*** 짖다. ***His ~ is worse than his bite.*** 겉보기처럼 고약한 사람이 아니다.

·bark[2] *n.* ⓤ (1)나무 껍질 ; 기나피(幾那皮) ; 탠 껍

질(tanbark). (2)견과를 넣은 초콜릿 캔디. (3)《俗》 피부. — *vt.* (1)…의 나무 껍질을 벗기다. (2)…을 나무 껍질로 덮다〈싸다〉. (3)(…의 피부)를 까다, 벗기다

bark[3]**, barque** [bɑːrk] *n.* ⓒ 바크《세대박이 돛배》; (흔히 bark)《詩》 배(ship).

bar·keep(er) [bɑ́ːrkìːp(ər)] *n.* ⓒ《美》 술집주인 ; 바텐더(bartender).

B

bark·er [bɑ́ːrkər] *n.* ⓒ (1) 짖는 동물 ; 고함치는 사람. (2) (가게·흥행장 따위의) 손님 끄는 사람.

:bar·ley [bɑ́ːrkər] *n.* ⓤ 보리 : They looked out across the fields of waving~. 그들은 넘실거리는 보리밭 저쪽을 바라보았다. 〖cf.〗 oat, wheat, rye.

bar·ley·corn [-kɔ̀ːrn] *n.* ⓒ 보리(알) ; 3분의 1 인치《옛 길이의 단위》. John B ~ 보리로 만든 술의 별명(맥주·위스키의 의인화).

bárley mòw 보리 낟가리.

bárley sùgar 보리 물엿〈조청〉.

bárley wàter 보리차〈미음〉《환자용》.

bárley wìne 발리와인《도수 높은 맥주》.

barm [bɑːrm] *n.* ⓤ (맥주 등의) 효모, 맥아 발효주의 거품.

bar·maid [bɑ́ːrmèid] *n.* ⓒ 술집 여자, 접대부, 바여급.

bar·man [bɑ́ːrmən] (*pl.* ***-men*** [-mən]) *n.* =BARTENDER.

Bar·me·cid·al [bɑ̀ːrməsáidəl] *a.* 허울뿐인, 이름만의 ; 가공의.

Bar·me·cide [bɑ́ːrməsàid] *n.* ⓒ 빈허물좋은 향연(친절)을 베푸는 사람, 겉치레만의 대접을 하는 사람. — *a.* =BARMECIDAL.

barmy [bɑ́ːrmi] (***barm·i·er ; -i·est***) *a.* 효모 투성이의, 효모질의 ; 거품이 인, 발효중의 ;《英俗》 미친 사람 같은, 머리가 돈. ***go ~*** 머리가 돌다.

:barn [bɑːrn] *n.* ⓒ (1)(농가의) 헛간, 광《곡물·건초 따위를 두는 곳, 미국에서는 축사 겸용》. (2)《美》 전차 차고(car ~). (3)휑뎅그렁한 건물. (4)**【物】** 반《원자의 충돌 과정의 단면적 단위 : $=10^{-24}cm^2$, 기호 b》.

bar·na·cle [bɑ́ːrnəkəl] *n.* ⓒ (1)**【貝】** 조개삿갓, 굴등. (2)붙들고 늘어지는 사람, 집착(執着)하는 사람. (3)(낡은 관습 등과 같은) 진보 발전을 방해하는 것. (4)**【鳥】** 흑기러기의 일종(=~ **góose**)《북유럽산》. 파) **~d** *a.* 굴등이 붙은.

bar·ney [bɑ́ːrni] (*pl.* ***-s***) *n.* ⓒ《口》 법석, 격론, 싸움 ; 떠들썩한 논쟁 ; 실수, 실책.

barn·storm [bɑ́ːrnstɔ̀ːrm] *vi.* 《美口》 지방 순회 공연을 하다 ; 지방을 유세하다 ; (지방에서) 곡예비행을 하다. 파) **~·er** *n.* ⓒ《美口》 지방 순회〈떠돌이〉배우 ; 엉터리 배우 ; 지방 유세자.

bárn swàllow 제비.

·barn·yard [∠jɑ̀ːrd] *n.* ⓒ 헛간의 앞마당, 농가의 안마당(farmyard). — *a.* 시시한, 천박한 : ~ witticism 촌스러운 익살 / a ~ fowl 닭.

baro- ⇨ BAR.

bar·o·gram [bǽrəgræ̀m] *n.* ⓒ **【氣】** 자기(自記) 기압계의 기록(선).

bar·o·graph [bǽrəgræ̀f, -grɑ̀ːf] *n.* ⓒ 자기 기압계〈청우계〉.

:ba·rom·e·ter [bərɑ́mitər/ -rɔ́m-] *n.* ⓒ (1)바로미터 ; 기압계 ; 고도계. (2)표준, (여론 등의) 지표(指標), 척도, 바로미터

bar·o·met·ric [bæ̀rəmétrik] *a.* 기압(계)의, 기압상의 : ~ pressure 기압 / ~ maximum 〈minimum〉 고〈저〉기압. 파) **-ri·cal** [-əl] *a.* =BARO-METRIC. **-ri·cal·ly** [-əli] *ad.* 기압계로, 기압상.

***bar·on** [bǽrən] *n.* ⓒ (1)남작(男爵)《최하위의 귀족》. ※ 성(姓)과 함께 쓸 때 영국인에게는 Lord A. 외국인에게는 Baron A. (2)**【英史】** (영지를 받은) 귀족, 호족. (3)〔종종 合成語〕 대실업가 ; 실력자 : a mine 〈press〉 ~ 광산〈신문〉왕.
파) **~·age** [-idʒ] *n.* ⓤ 〔集合的〕 남작들, 남작 계급 ; 남작의 지위〈신분〉 ; 남작 명감 : a mine(coal) ~ 광산왕(석탄왕).

bar·on·ess [bǽrənis] *n.* ⓒ 남작 부인 ; 여남작.

bar·on·et [bǽrənit, -nèt] *n.* ⓒ 준(准)남작《baron의 아래, Knight의 윗계급이나 귀족은 아니며 칭호는 세습》. — *vt.* 준남작의 지위를 주다.
파) **~·age** [-idʒ] *n.* ⓤ 〔集合約〕 준남작들, 준남작계급 ; 준남작의 지위〈신분〉 ; 준남작 명감(名鑑).
~·cy [-si] *n.* ⓒ 준남작의 지위〈신분〉.

ba·ro·ni·al [bəróuniəl] *a.* 〔限定的〕 (1)남작 영지(領地)의 ; 남작으로서 어울리는 ; 귀족풍의. (2)(건물 등이) 당당한.

bar·o·ny [bǽrənil] *n.* ⓒ 남작령(領) ; 남작의 지위〈신분〉 ;《수식어와 함께》 …왕국, 재벌.

·ba·roque [bəróuk] *a.* 《F.》 (1)기이한, 기괴한. (2)장식이 과다한 ; (취미 따위가) 저속한 ; (문체가) 지나치게 수식적인. (3)**【建·美】** 바로크식의《곡선 장식이 많은》 ; **【樂】** 바로크(스타일)의. (4)(진주가) 변형한.
— *n.* (1)(the ~) **【建·美·樂】** 바로크식 ; 바로크작품. (2) ⓒ 장식이 과다한 양식, 별스러운 취미(작품). (3) ⓒ 변형된 진주. 파) **~·ly** *ad.*

·bar·rack[1] [bǽrək] *n.* ⓒ (1)(흔히 *pl.*) 〔單·複數 취급〕 막사, 병영 : break ~*s* 탈영하다 / There stands an army ~*s* over there. 저쪽에 병사(兵舍)가 한 채 서 있다. (2) ⓒ 크고 엉성한 건물, 바라크(식 건물). — *vt.* …을 막사에 수용하다. — *vi.* 막사 생활을 하다.

bar·rack[2] 《Austral·英口》 *vt.* (선수·팀·연사등)을 야유하다 ; 성원하다. — *vi.* 야유하다《*at*》 ; 성원하다《*for*》.

bar·rage [bərɑ́ːdʒ/bǽrɑːʒ] *n.* ⓒ (1)**【軍】** 탄막(彈幕), 연발 사격, 일제 엄호사격. (2)(질문 따위의) 연발 : a ~ of questions 질문 공세. (3)[bɑ́ːridʒ] **【土】** 댐(공사). — *vt.* (…에 대해) 탄막 포화를 퍼붓다, (질문 등을) 연달아 퍼붓다, 격렬하게 공격하다《*with*》 : ~ the speaker *with* questions 연설자에게 질문을 퍼붓다.

barráge ballòon **【軍】** 조색(阻塞)〈방공(防空)〉기구(氣球).

barred [bɑːrd] *a.* (1)줄무늬가 있는 ; 〔敍述的〕(…으로) 무늬를 한, (…의) 무늬를 지닌《*with*》 : (2)가로대가 있는 ; 빗장을 지른 ; (가로대를 걸어) (출입이) 금지된

:bar·rel [bǽrəl] *n.* ⓒ (1)(중배 부른) 통 ; 한 통의 분량, 1배럴《액량·건량의 단위 : 영국에서는 36갤런 ; 미국에서는 31.5 갤런 ; **【石油】** 42 미 갤런, 35 영 갤런》 : (2)총열, 포신 ; (윈치 따위의)원통 ; (시계의)태엽통 ; (북 따위의) 통 ; (마소의) 몸통 ; 깃촉 ;(귀의) 고실(鼓室) ; 중이(中耳) (~ of the ear). ***a ~ of*** =***barrls of***《口》 많은, 가득 찬 : *a ~of* money : ~*s of* money 많은 돈 / we had *a ~ of* fun. 무척 재미있었다. ***have*** a person ***over a ~*** 아무를 좌지우지하다 ; 아무를 궁지에 몰아넣다. ***on the ~*** 현금으

로. ***over a (the)*** ~ 궁지에 빠져, 꼼짝 못하여. ***scrape*** (***the bottom of***) ***the*** ~《口》 취할 방도가 없어지다 ; 남은 것을 사용하다〈그러모으다〉.
— (**-l-,**《英》 **-ll-**) *vt.* (1)…을 통에 가득 채워넣다. (2)(노면)을 봉긋하게 하다 ;《美俗》(차)를 쾌속으로 몰다 ; (화물)을 속히 나르다. — *vi.*《美俗》 무서운 속도로 달리다《*along*》.

bar·rel·ful [-fùl] (*pl.* **~s, bar·rels-**) *n.* ⓒ 한통(의 양) ; 다수, 대량.

bar·rel·house [bǽrəlhàus] *n.*《美俗》 (1) ⓒ 하급 술집, 대폿집, 통술집. (2) ⓤ 배럴하우스《20세기초, 미국 New Orleans 의 싸구려 술집에서 시작된 강렬한 리듬의 재즈》 : ~ jazz 소란한 재즈.

:bar·ren [bǽrən] *a.* (1)(땅이) 불모의, 메마른 ; (식물이) 열매를 못 맺는 : a ~ flower 수술〈자방〉이 없는 꽃 / a ~ stamen 화분이 생기지 않는 수술. (2) 애를 못 낳는, 임신을 못하는, 열매를 맺지 않는 : a ~ woman 아이 못 낳는 여자, 석녀. (3)〔限定的〕 (정신적으로) 불모의 ; 평범한 ; 효과없는 ; 무미건조한 ; 빈약한 ; 무능한 ; 무익한 : a rather ~ novel 너무도 무미건조한 소설 / (4)〔敍述的〕 …을 결한, 빈약한, …이 없는《*of*》 : a hill ~ *of* trees. 나무 없는 산 / — *n.* (종종 *pl.*) 메마른 땅, 불모지.
파) **~·ly** *ad.* **~·ness** *n.*

bar·ri·cade [bǽrəkèid, ˌ-ˊ] *n.* (1) ⓒ 방책(防柵), 바리케이드 ; 통행 차단물 ; 방색 ; 장애물 : They put up a ~ across the street. 그들은 거리에 바리케이드를 쳤다. (2) (*pl.*) 전장(戰場), 논쟁의 장(場). — *vt.*《+目+前+名》 바리케이드를 쌓다(치다) ; (가로)막다 : ~ one***self*** 바리케이드를 치고 그 안에 틀어박히다《*in*》 : He ~*d* him*self in* his study. 그는 문을 잠그고, 서재에 틀어박혔다.

:bar·ri·er [bǽriər] *n.* ⓒ (1) 울타리, 방벽 ; 요새 ; 관문. (2) 장벽, 장애(물), 방해《*to*》 : the language ~ 언어의 장벽 / tariff ~ 관세 장벽 /(3) (*pl.*) (경기장 따위의) 울짱, 울타리. ***put a ~ between*** …의 사이를 갈라놓다. — *a.* 불투과성의.

bar·ring [bɑ́:riŋ] *prep.* …이 없다면, …을 제외하고는 : ~ accidents 사고만 없으면 / We'll be home by sunset ~ accident. 사고만 없다면 해지기까지는 집에 도착할 것이다.

bar·ris·ter [bǽrəstər] *n.* ⓒ (1)《英》 법정(法廷) 변호사《barrister-at-law의 약칭》. 〖cf.〗 solicitor. (2)《美口》〔一般的〕 변호사, 법률가.

bar·room [bɑ́:rrù(:)m] *n.* ⓒ (호텔 등의)바.

Bar·row [bǽrou] *n.* **Point ~** 배로 곶(串)《알래스카의 최북단》.

bar·row[1] [bǽrou] *n.* ⓒ (1) (바퀴가 하나나 둘인) 행상인의 2륜 손수레. (2) 들것식의 화물 운반대. (3) 손수레 한 대분의 짐.

bar·row[2] *n.* ⓒ (1)무덤, 분묘, 고분. (2)짐승의 굴(burrow). (3)《英》 언덕《지명에서》.

BART [bɑ:rt] Bay Area Rapid Transit《샌프란시스코 시의 고속 통근용 철도》.

bar·tend·er [bɑ́:rtèndər] *n.* ⓒ《美》 술집 지배인, 바텐더.

·bar·ter [bɑ́:rtər] *vi.*《~/+前+名》 물물 교환하다, 교역하다《*with*》 : — *vt.* (1)《+目+前+名》 …을 교환하다, 교역하다《*for*》 : ~ furs *for* powder 모피를 화약과 교환하다. (2)《+目+副》 헐하게 팔아 버리다 : (이익을 탐(貪)하여 명예·지위 따위)를 팔다《*away*》 : — *n.* ⓤ 바터, 물물 교환 ; 교역(품) : 파) **~·er** *n.* ⓒ 물물 교환자.

bar·ti·zan [bɑ́:rtəzən, bɑ̀:rtəzǽn] *n.* ⓒ 【建】(벽면에서 밖으로 내어민) 작은 탑, 망대, 망루.

bar·y·on [bǽriɑ̀n/ -ɔ̀n] *n.* ⓤ 【物】 바리온, 중(重)입자《핵자(核子)와 hyperon의 총칭》.

bar·y·ta [bəráitə] *n.* ⓤ 【化】 바리타, 중토(重土)《산화 바륨》 ; 수산화 바륨.

bar·y·tone [bǽrətòun] *n. a.* 【樂】 =BARITONE.

ba·sal [béisəl, -zəl] *a.* 기초의, 근본의, 바리톤, 바닥의 : a ~ reader 기초〈초급〉 독본 / ~ characteristics 기본 특징.
ㅁ base[1] *n.* 파) **~·ly** *ad.*

ba·salt [bəsɔ́:lt, bǽsɔ:lt, béi-] *n.* ⓤ 현무암 ; 일종의 흑색 자기(磁器).

ba·sal·tic [bəsɔ́:ltik] *a.* 현무암(질)의, 현무암을 함유하는.

:base[1] [beis] *n.* ⓒ (1)기초, 기부(基部), 바닥, 저부(底部), 토대(기둥·비석 따위의) 대좌(臺座), 주추 ; 주요소(主要素) ; 기슭 : the ~ of a lamp 램프받침 / the ~ of a mountain 산기슭 / At the ~ of the cliff was a rocky beach. 절벽의 아래쪽은 바위가 많은 해안이었다. (2)(생각·일의) 기초, 근거 ; 원리 : the ~ of national life 국민생활의 기초 / (3)【植·動】 기부. (4)【化】 염기(鹽基) ; 양성자(陽性子)를 받아들이는 분자 ; 【染】 색이 날지 않게 하는 약 ; 전색제(展色劑). (5)【醫】 주약(主藥). (6)【數】 기수(基數) ; 기선 ; 밑변 ; 밑면 ; (로그의)밑 ; 【컴】 기준. (7)【競】 출발점 ; (하키 따위의) 골 ; 【野】 누(壘), 베이스 : third ~, 3 루 / three-~ hit, 3루타(打) / The ~*s* are loaded. 만루(滿壘)다. (8)【文法】 어간(stem). (9)【軍】 기지 : a naval〈an air〉 ~ 해군〈공군〉 기지 / a ~ of operations 작전 기지. (10)【側】 기선(基線). (11)【紋章】 방패 무의의 하부. (12)(페인트·화장 등의) 초벌칠. ***at the ~ of*** …의 근처(밑바닥)에. ***~ on balls*** 【野】 포볼(four ball)에 의한 출루 : an intentional ~ *on ball* 고의 (故意) 사구(四球). ***be off ~*** 【野】 누를 떠나다 ;《美口》(아무가) 몹시 잘못하고 있다 ; (허를 찔리어) 마음의 평정을 잃고 있다 ; 머리가 돌아 있다 : (생각 따위가) 틀려 있다 : *be* caught *off* ~ 견제구(牽制球)로 죽다 ; 허를 찔리다 / ***catch*** a person ***off ~*** 허를 찔러 아무를 당황케 하다 : ***get to first ~*** ⇨ FIRST BASE. ***on ~*** 출루하여 : three runners *on* ~ 만루. ***touch all the ~s*** 만사에 빈틈없게 하다. ***touch ~ with*** …와 연락을 취하다 ; …와 협의하다 ; …와 접촉하다 : — *vt.* (1)《+目+前+名》 …의 기초〈근거〉를 형성하다, 근거를 두다《*on, upon*》 : (2) …의 기지를 두다, …을 주둔시키다 : — *vi.* (1) (…에) 의거하다《*on*》. (2) 기지를 두다《*at* ; *on*》 : They had ~*d on* Greenland. 그들은 그린랜드에 기지를 두고 있었다. ~ one***self on***〈***upon***〉 …에 기대다〈의지하다〉.

:base[2] (***bas·er*** ; ***-est***) *a.* (1) 천한, 비열〈야비〉한, 치사한 : a ~ action 비열한 행위. (2) (금속이)열등한, 하등의, 열위의 ; (주화가) 조악한, 가짜의 : ~ coins의 악화, 위조지폐. (3)태생이 비천한 ; 서출(庶出)의. (4) (언어가) 순정(純正)치 않은, 속된.
〖opp.〗 *classical.* 파) **ˊ~·ly** *ad.* **ˊ~·ness** *n.*

:base·ball [béisbɔ̀:l] *n.* ⓤ 야구 : a ~ game〈park, player〉 야구 경기〈장, 선수〉.

base·board [ˊ-bɔ̀:rd] *n.* ⓒ 【美建】 벽 아랫도리의 굽도리널.

báse càmp (등산의) 베이스 캠프.

based [beist] *a.* 〔흔히 복합어를 이룸〕 (…에) 보급·작전의 기지를 가진 ; …를 기초로 한 ; 근거가 있는

base·less [béislis] *a.* 기초〈근거〉 없는, 이유 없는(groundless) : ~ fears 기우(杞憂).
파) **~·ly** *ad.* **~·ness** *n.*
base·line [ˊlàin] *n.* ⓒ 기(준)선 ; **【野】** 베이스선, 누선 ; **【테니스】** 코트의 한계선.
base·man [béismən] (*pl.* **~men** [-mən]) *n.* ⓒ **【野】** 내야수, 누수(壘手) : the first ~.
:base·ment [béismənt] *n.* ⓒ (1)(건물의) 지하층, 지계, 지하실《※ 미국 백화점에서는 주로 특매장이 있음》 :(2)(구조물의) 최하부, 기초.
báse métal 비(卑)금속(〖opp.〗 *nobel metal*) ; (합금의) 주(主)금속 ; (도금의) 바탕 금속, 지금(地金) ; (금속 가공의) 모재(母材).
báse ráte (시간급·능력급 등의) 지급 기준, 기본급여율 ; 《英》 기준 이율(利率).
báse rùnner **【野】** 주자.
báse rùnning **【野】** 주루(走壘).
bas·es-load·ed [béisizlòudid] *a.* **【野】** 만루의 : a ~ homer 만루 호머.
bash [bæʃ] *vt.* 《口》 …을 후려갈기다, 세게 때리다 ; 때려 (움푹) 들어가게 하다 ; 비난하다 : — *vi.* 충돌하다《*against*》. **~ *on* 〈*ahead*〉** 《英俗》 …을 완강히 계속하다《*with*》.
— *n.* ⓒ 후려갈기기, 강타, 세게 때림 ; 《口》 아주 즐거운 파티 : ***have* 〈*take*〉 *a* ~ (*at*)** 《俗》 …을 해보다 (attempt).
·bash·ful [bǽʃfəl] *a.* 수줍어하는, 부끄러워하는, 숫기 없는. 파) **~·ly** *ad.* **~·ness** *n.*
:ba·sic [béisik] (***more* ~ ; *most* ~**) *a.* (1) **a**]기초적인, 근본적인 : 근본(根本)의 : ~ principles 근본 원리 / **b**]〔敍述的〕 (…에) 기본적인《*to*》 : Mathematics is ~ *to* all sciences. 수학은 모든 과학의 기초이다. (2)**【化】** 염기〈알칼리〉성(性)의 : ~ colors 염기성 색소 / the ~ group 염기성류. (3) **【鑛】** 염기성의. — *n.* (보통 *pl.*) 기본, 기초, 원리 ; (*pl.*) 기본적인 것, 필수품 :
BASIC, Basic [béisik] *n.* **【컴】** 베이식《회화형 프로그래밍 언어》. 【cf.】 COBOL, FORTRAN. 〈◁ *B*eginner's *A*ll-purpose *S*ymbolic *I*nstruc-tion *C*ode〉
·ba·si·cal·ly [béisikəli] *ad.* 기본〈근본〉적으로 ; 《문장 전체를 수식하여》 원래 **bas·il** [bǽzəl, bǽs-, béiz-, béis-] *n.* ⓤ 향미료·해열제로 쓰는 박하 비슷한 향기 높은 식물.
ba·sil·i·ca [bəsílikə, -zíl-] *n.* ⓒ (1) (옛 로마의) 바실리카 공화당《법정·교회 따위로 사용된 장방형의 회당》, 초기 기독교 교회당. (2) 바실리카 양식의 교회당. (3) **【가톨릭】** (전례상의 특권이 주어진) 대성당.
bas·i·lisk [bǽsəlìsk, bǽz-] *n.* ⓒ (1) 바실리스크《전설상의 괴사(怪蛇) ; 한 번 노려보거나 입김을 쐬면 사람이 죽었다 함》. (2) **【動】** 도마뱀의 일종《열대 아메리카산》. (3) (뱀무늬가 있는) 옛날 대포, 사포. — *a.* 〔限定的〕 바실리스크 같은.
:ba·sin [béisən] *n.* ⓒ (1) **a**]물동이, 수반 ; 대야 ; 세면기〈대〉 ; 저울판. **b**]한 동이〈대야〉 가득한 분량 : a ~ of water 물 한 동이. (2)물웅덩이, 못 ; 내포(內浦), 내만(內灣) ; 독(dock), 갑문(閘門) 달린 선거(船渠) : a yacht ~ 요트 계류장 / a collecting ~ 집수지(集水池) / a setting ~ 침전지(沈澱池). (3)분지 ; (하천의)유역(river ~) ; 해분(海盆)(ocean ~) ; **【地質】** 분지 구조; 퇴적 구조(에 있는 석탄·암염 등의 매장물).
:ba·sis [béisis] (*pl.* **-ses** [-siːz]) *n.* ⓒ (1) 기초, 기저, 토대. (2) 기본 원리, 원칙, 기준 ; 기초 ; 이유, 근거《*of* ; *for*》 ; …체제 : on a commercial ~ 상업 베이스로 / the ~ *of*〈*for*〉 argument 논거 / on a five-day week ~ 주 5일제로 / (3) (조제 등의) 주성분. (4) **【軍】** 근거지. (5) **【數】** 기저(基底). ㅁ basic *a.* ***on the* ~ *of*** …을 기초로 하여 :
·bask [bæsk, bɑːsk] *vi.* 《+前+名》 (1) 몸을 녹이다, 햇볕을 쬐다《*in*》, 불을 쬐다 : ~ *in* the sun. (2) (은혜 따위를) 입다, 행복한 처지에 있다《*in*》 :
:bas·ket [bǽskit, bɑ́ːs-] *n.* ⓒ (1)바구니, 광주리 : a shopping ~ 시장 바구니. (2)한 바구니(의 분량) ; 바구니에 담은 물건: a ~ of eggs. (3)바구니 모양의 것 ; (기구 따위의) 조롱 ; (농구의) 골의 그물 ; 득점. ***~ of clips*** 유쾌한 일. ***be left in the* ~** 팔리지 않고. ***have* 〈*put*〉 *all* one*'s eggs in on*** ⇨ EGG.
파) **~·lìke** *a.*
:bas·ket·ball [-bɔ̀ːl] *n.* ⓤ **【球技】** 농구 ; ⓒ 농구공.
·bas·ket·ful [bǽskitfùl, bɑ́ːs-] *n.* ⓒ 한 바구니(분), 바구니 가득 ; 상당한 양《*of*》.
bas·ket·ry [bǽskitri, bɑ́ːs-] *n.* ⓤ 〔集合的〕 바구니 ; 바구니 세공품〈기술〉.
Basque [bæsk] *n.* ⓒ 바스크 사람《스페인 서부 Pyrenees 산지에 삶》 ; ⓤ 바스크 말 ; (b-) ⓒ 몸에 꼭 끼는 bodice·짧은 웃옷.
— *a.* 바스크 사람〈말〉의.
bas-re·lief [bɑ̀ːrilíːf, bæ̀s-, ˊˊ] (*pl.* **~s**) *n.* ⓤ ⓒ 얕은 부조(浮彫), 얕은 돋을 새김.
·bass[1] [beis] *n.* ⓤⓒ **【樂】** 베이스, 저음 ; (가곡의) 낮은음부(= **~ lìne**) ; 낮은음역 ; ⓒ 낮은음 가수〈악기〉 ; 《口》 =BASS GUITAR, CONTRABASS. — *a.* 〔限定的〕 **【樂】** 낮은음(부)의.
bass[2] [bæs] (*pl.* **~·es**, 〔集合的〕 ~) *n.* ⓒ **【魚】** 배스《농어의 일종》.
bass[3] [bæs] *n.* =BASSWOOD : BAST. 안피로 만든 제품.
báss clèf [béis-] **【樂】** 낮은음 자리표. 【cf.】 clef.
báss drúm [béis-] **【樂】** 큰북.
bas·set [bǽsit] *n.* =BASSET HOUND.
báss guitár [béis-] **【樂】** 베이스 기타.
báss hórn [béis-] **【樂】** =TUBA. 베이스 호른.
bas·si·net [bæ̀sənét, ˊ-ˊ] *n.* ⓒ 포장 달린 요람〈유모차〉 ; (중세의) 철모(=**básinet**).
bass·ist [béisist] *n.* ⓒ 저음가수 ; 저음악기 주자(奏者).
bas·so [bǽsou, bɑ́ːs-] (*pl.* **~s, -si** [-siː]) *n.* ⓒ 《It.》 **【樂】** 베이스 가수 ; 저음부《略 : b.》.
bas·soon [bəsúːn, bæs-] *n.* ⓒ **【樂】** 바순, 파곳《낮은음 목관악기》 ; (풍금의) 낮은음 음전(音栓).
파) **~·ist** [-ist] *n.* ⓒ 바순 취주자.
bast [bæst] *n.* (1) ⓤ =BASSWOOD. (2) ⓤ **【植】** (참피나무 따위의) 인피(靭皮) ; 내피(內皮), 인피 섬유.
·bas·tard [bǽstərd] *n.* ⓒ (1)서자, 사생아《※ bastard는 경멸적인 뜻이 있으므로 illegitimate child를 쓰는 것이 바람직함》. (2)가짜, 열등품, 질이 나쁜 물건. (3)(동식물의) 잡종. (4) **a**]《美俗·蔑》 (개)자식, 새끼 : **b**]놈, 녀석《호칭할 때 친근함을 나타내기도 함》 : — *a.* 〔限定的〕 서출의, 사생아의; 잡종의 ; 가짜의, 모조〈위조〉의 ; 보통이 아닌, 비정상적인 : a ~ apple 변종 사과 / a ~ acacia 개아카시아애 / ~ charity 위선. ㅁ bastardize *v.*
bas·tard·ize [bǽstərdàiz] *vt.* …을 비적자(非嫡

子)〈서출〉로 인정하다 ; 타락시키다 ; 질을 떨어뜨리다, 나쁘게 하다. ─ *vi.* 타락하다 ; 나빠지다, 질이 떨어지다..

bas·tar·dy [bǽstərdi] *n.* ⓤ 서출(庶出).

baste[1] [beist] *vt.* …을 가봉하다.

baste[2] *vt.* 버터를 바르다《고기를 구우면서》, 양념을 치다 :

baste[3] *vt.* …을 치다, 때리다 ; 야단치다.

bas·tion [bǽstʃən, -tiən] *n.* ⓒ (1)【築城】 능보(稜堡). (2)요새 ;《比》(사상·자유 등의) 방어 거점. (3)성채, 보루(堡壘) :

:bat[1] [bæt] *n.* ⓒ (1) a](야구·탁구 따위의) 배트, 타봉 ; 막대기, 곤봉 ;《口》(기수의) 채찍. b]《口》강타 ; 타구, 칠 차례 ; 타자(batsman). (2)(진흙) 덩어리, (기와의) 파편. (3)《美俗》술잔치 ; 야단법석. ***at ~*** 【野】 타석에 들어가 : the side *at* ~ 공격측. ***behind the ~*** 【野】 포수로서. ***carry*** 〈***take***〉 (***out***) one***'s ~*** 【크리켓】 1회가 끝날 때까지 아웃이 안 되고 남다 ;《口》끝까지 버티다, 결국 성공하다. ***come to ~*** (일·시련 따위에) 직면하다 ; 타자가 되다. ***cross ~s with*** …와 시합하다. ***go*** (***at***) ***full ~*** 전속력으로 나아가다. ***go on a ~***《俗》법석을 떨다. ***go to ~ for***《口》…을 지지〈변호·옹호〉하다 ; …의 대타(代打)를 하다, …을 적극 원조하다. ***off*** one***'s own ~***《口》자기의 노력으로 ; 제힘으로 ; 자발적으로. (***right*** 〈***hot***〉) ***off*** 〈***from***〉 ***the ~***《口》즉시 : ─ (***-tt-***) *vt.* …을 (배트 따위로) 치다 ; 쳐서 주자를 보내다 ; …의 타율로 치다, …의 타율을 얻다 / ─ *vi.* 치다 ; 타석에 서다 ; 연타하다. ***~ along***《俗》(차가) 쑥쑥 움직이다, 빨리 달리다 ; =~ *around* : 【野】 (1회에) 타자 일순하다. ***~ around***(*back and forth*)《俗》(거리 따위를) 이리저리 뛰어〈걸어〉다니다, 어슬렁거리다. ***~ a runner home*** (공을) 쳐서 주자를 생환시키다. ***~ in*** 타점을 올리다 : ~ *in* two runs 2타점을 올리다. ***~ out*** 【野】 삼진이 되다 ;《美俗》급조하다, 조잡하게 만들다. ~ the breeze 이런얘기 저런얘기를 하다(talk idly).

:bat[2] *n.* ⓒ 【動】 박쥐 ; 박쥐 폭탄《목표물에 자동 유도되는 유익(有翼) 폭탄》 : (***as***) ***blind as a ~*** 장님이나 다름없는. ***be (go) ~ s*** 머리가 돌다. ***have ~s in the*** 〈one***'s***〉 ***belfry***《口》머리가 돌다, 실성하다. ***like a ~ out of hell***《口》맹속력으로.

bat[3] (***-tt-***) *vt.*《美口·英方》(눈)을 깜작〈깜박〉거리다 : ***do not ~ an eyelid*** 〈***eye, eyelash***〉《口》눈 하나 깜박이지 않다, 꿈쩍도 안 하다, 놀라지 않다 ; 한잠도 안 자다.

batch [bætʃ] *n.* ⓒ (1)한 벌 ; 한 묶음 ; 한 떼, 일단(一團)《*of*》; 【컴】 묶음, 배치《묶음 처리되는 작업단위의 집합》. (2)(빵·도기 따위의) 한 가마, 한 번 구워낸 것. ─ *vt.* 1회분으로 정리(정돈)하다.

batch-proc·ess [bǽtʃprɑ̀ses/ -pròuses] *vt.* 【컴】 묶음 처리하다.

ba·teau, bat·teau [bætóu] (*pl.* **~x** [-z]) *n.* ⓒ《Can.》(하천용(河川用)의) 평저선(平底船).

Bath [bæθ, bɑːθ] *n.* (1)《英》바스 훈위(勳位)(the Order of the ~). (2)영국 Avon 주의 온천지. ***Go to ~!*** 빌어먹어라 ; 나가 : the order of the ~ 바스 훈위(훈장).

:bath [bæθ, bɑːθ] (*pl.* **~s** [bæðz, -θs, bɑː-]) *n.* ⓒ (1)목욕, 입욕(入浴) : a cold 〈hot〉 ~ 냉수욕〈온수욕〉 / a solid ~ 고체욕(浴)《모래찜 따위》 / a succession ~ 냉온 교대 목욕. (2)흠뻑 젖음 : in a ~ of sweat 땀에 흠뻑〈흠씬〉 젖어. (3)목욕통(桶) ; 욕실(bathroom) : (4)(종종 *pl.*) 공동 목욕탕 ; (*pl.*) 욕장, 탕치장(湯治場), 온천장(場) : seawater ~*s* 옥내 해수풀 / a room and ~ 욕실 딸린 방 / a private ~ 전용 욕실 / a public ~ 공중 목욕탕. (5)목욕물; 용액(조(槽)); 전해조(電解槽): a hypo ~ 【寫】 현상 정착액(조). (6)(모래·물·기름 등의) 매개물에 의한 가열〈냉각〉 장치. ***a ~ of blood*** 피투성이; 대살육. ***give*** a person ***a ~*** 아무를 목욕시키다 :***take*** 〈《英》 ***have***〉 ***a ~*** 1)목욕하다. 2)《美口》파산하다 ; 큰 손해를 보다. private ~ 전용 목욕실. public ~ 공중목욕탕. steam(vapor) ~ 증기 목욕. ***take the ~s*** 온천 요양하다.
─ *vt.*《英》(아이나 환자 등)을 목욕시키다.
─ *vi.*《英》목욕하다 ;《美俗》크게 손해보다.

Báth 〈**báth**〉 **chàir** 환자용의 차양 달린 차(車)의자. 【cf.】 wheelchair.

:bathe [beið] *vt.* (1)《~+目/+目+前+名》…을 목욕시키다 ; (물·목욕물 따위)에 잠그다, 담그다 ; 적시다 ; 씻다《*in*》: ~ a baby 갓난아기를 목욕시키다 / (2)(파도 등이 기슭)을 씻다. (3)《~+目/+目+前+名》〔종종 受動으로〕 (빛·온기 따위)를 가득 채우다 ; (온몸)을 감싸다 ; (땀·눈물이) …을 덮다 : (4)《+目+前+名》(스펀지로 환부 따위)를 씻다. ─*vi.* (1)《~/+前+名》입욕〈목욕〉하다 ; 헤엄치다 ; 일광욕하다 :(2)(물 따위로) 덮이다. ~ (one***self***) ***in water*** 〈***the sun***〉 미역감다〈일광욕하다〉. ~ one***'s hands in blood*** 손을 피로 물들이다, 살인하다. ─ *n.* (a ~)《英》미역감기, (해)수욕. ***go for a ~*** 미역감으러〈해수욕하러〉 가다. ***have*** 〈***take***〉 ***a ~ in the sea*** 해수욕하다, 미역감다《※ take 〈have〉 a bath (목욕하다)와 구별해야 함》. 파) **báth(e)·a·ble** [-əbəl] *a.* 목욕할 수 있는.

bath·er [béiðər] *n.* ⓒ 입욕자, 탕치객(湯治客) ;《英》수영자.

ba·thet·ic [bəθétik] *a.* 평범한, 진부한 ; 【修】 점강적(漸降的)(bathos)인.

bath·house [bǽθhàus, bɑ́ːθ-] *n.* ⓒ 목욕장〈탕〉 ;《美》(해수욕장 따위의) 탈의장.

:bath·ing [béiðiŋ] *n.* ⓤ 미역감기, 수영 ; 목욕, 탕에 들어감 : ~place 해수욕장, 수영장 / ─ *a.* 수욕〈수영〉용의 : a ~ hut 〈box〉《英》해수욕장의 탈의장 / a ~ beach 해수욕장.

báthing càp 수영모.

báthing còstume 〈**drèss**〉 수영복(여성용)《英》=BATHING SUIT

báthing sùit (특히 여성용의) 수영복.

báth màt 목욕탕용 매트.

ba·thom·e·ter [bəθɑ́mitər/ -θɔ́m-] *n.* ⓒ 수심 측정기.

ba·thos [béiθɑs/ -θɔs] *n.* ⓤ (1)【修】 점강법《장중한 어조에서 갑자기 흐름을 약하게 바꾸는 표현법》 : a serious play with moments of comic ~ 희극적인 점강법의 계기가 있는 심각한 연극. (2)평범, 진부함. (3)거짓〈과도한〉 감상(感傷), 부실한 감상.

bath·robe [bǽθròub, bɑ́ːθ-] *n.* ⓒ《美》실내복, 화장옷《목욕전후》

:bath·room [bǽθrùː(ː)m, bɑ́ːθ-] *n.* ⓒ (1)목욕실 ; 화장실 : Where's the ~ ? 화장실이 어딥니까. (2)《美》변소 : go to the ~ 화장실에 가다.

Bath·she·ba [bæθʃíːbə, bǽθʃəbə] *n.* 【聖】 밧세바《전 남편 우리아(Uriah)가 죽은 뒤 다윗의 아내가 되어 솔로몬을 낳음》.

bath·tub [bǽθtʌ̀b, bɑ́ːθ-] *n.* ⓒ《美》목욕통《※《英》에서는 일반적으로 bath가 사용되며, bathtub는

주로 고정되어 있지 않은 것을 말함》:

bath·y·sphere [bǽθəsfìər] *n.* ⓒ (깊은 바다의 생물 조사용의) 구형(球形) 잠수 장치.

ba·tik [bətíːk, bǽtik] *n.* ⓤ 납결《밀(랍)을 이용한 염색법》; 그 피륙.
— *a.* 〔限定的〕 납결 염색의.

B

ba·tiste [bətíːst, bæ-] *n.* ⓤ 얇은 평직의 삼베 〈무명 등〉.

Bat·man [bǽtmən] (*pl.* ***-men*** [-mən]) *n.* ⓒ 배트맨(망토를 이용하여 하늘을 나는 만화의 초인). 【英】 육군 장교의 당번병.

·ba·ton [bətάn, bæ-, bǽtən] *n.* ⓒ (1)(관직을 나타내는) 지팡이, 사령장(司令杖). (2)경찰봉 : Police used ~*s* to beat back two groups of demonstrators. 경찰은 두 시위대를 퇴거시키려고 경찰봉을 사용했다. (3)【軍·樂】 지휘봉 :(4)【競】 (릴레이의) 배턴 : ~ passing 배턴 터치.

ba·ton-charge [bǽtəntʃὰːrdʒ] *vt., vi.* 《英》 (폭동 등에 대해) 경찰봉으로 공격하다. — *n.* ⓒ (폭동 등에 대해) 경찰봉으로 하는 공격 : The police retaliated with ~*s*, tear-gas and water-cannons. 경찰은 경찰봉 공격, 최루탄과 물대포로 보복했다.

bats [bæts] *a.* 〔敍述的〕 《俗》 정신 이상의, 미친 (crazy) : go ~ 머리가 돌다.

bats·man [bǽtsmən] (*pl.* ***-men*** [-mən]) *n.* ⓒ (야구 따위의) 타자.

batt. battalion ; battery.

·bat·tal·ion [bətǽljən] *n.* (1) ⓒ 【軍】 대대 : 대부대, 집단. (2)(종종 *pl.*) 큰무리, 많은 사람들.

bat·ten[1] [bǽtn] *n.* ⓒ 작은 널빤지, (작은) 오리목 : 【海】 누름대, 활대. — *vt.* …에 마루청을 깔다; — *vi.* (마루청을 깔아) 안전 대책을 세우다《*down*》. ~ ***down*** (the hatches) 누름대로 (승강구)를 밀폐하다 : **bat·ten**[2] *vi.* (1)살찌다. (2)《+前+名》 배불리 먹다《*on*》. (3)(남을 착취하여) 호화로운 생활을 하다《*on*》 : ~ *on* cheap labor 값싼 노동력을 사용하여 사복(私腹)을 채우다 / ~ *on* one's parents 부모에게 얹혀 살다. — *vt.* …을 살찌게 하다. (토지 등)을 기름지게 하다.

:bat·ter[1] [bǽtər] *n.* ⓒ (야구·크리켓의) 타자.

bat·ter[2] *n.* ⓤ (우유·달걀·밀가루 등의) 반죽.

:bat·ter[3] *vt.* (1)《~+目/+目+前+名》 …을 연타〈난타〉하다, 강타하다 ; (파도 등이) …을 사납게 때리다 : Heavy seas ~*ed* the ship. 거친 파도가 배를 사납게 때렸다 / ~ a person *about* the head 아무의 머리를 난타하다. (2)《+目+副》 …을 쳐〈때려〉부수다《*down*》 : . (3)(모자·문 따위)를 마구 써서 쭈그러뜨리다. (4)…을 난폭하게 다루어 상하게 하다 ; 【印】 (활자)를 닳게 하다. (5)…을 학대〈혹평〉하다. — *vi.* 《+前+名》호되게 두드리다.

·bat·tery [bǽtəri] *n.* (1) ⓒ 【軍】 포열(砲列) ; 포병 중대 ; 포대 ; (군함의) 비포(備砲). (2) ⓤ 【法】 구타, 폭행. (3) ⓒ 한 벌〈조〉의 기구〈장치〉 : a cooking ~ 요리 도구 한 벌 : 일련(set)《*of*》 : undergo a ~ *of* tests 일련의 테스트를 받다 / (4) ⓒ 【電】 전지《cell을 몇 개 연결한 방식의》 : 【野】 배터리《투수와 포수》 ; (아파트 모양의 다단식의) 일련의 계사(鷄舍) : ***the Battery*** New York시 Manhattan 섬에 있는 공원(=**Báttery Párk**).

·bat·ting [bǽtiŋ] *n.* ⓤ (1)타격 : 【野】 배팅. (2)정제면(綿).

:bat·tle [bǽtl] *n.* (1) ⓤ 전투, 싸움 ; 전쟁 : (2) ⓒ 투쟁 ; 경쟁 : the ~ of life 생존의 투쟁. (3)(the ~) 승리, 성공 : ***accept*** ~ 응전하다. ***a dose*** ~ 접전. ***a general's*** ~ 전략. ***half the*** ~ 《口》 절반의 성공〈승리〉 : Youth is *half the* ~. 젊음이란 것이 성공의 반을 차지한다. ***have*** 〈***gain, win***〉 ***the*** ~ 이기다. ***the line of*** ~ 전선. ***the order of*** ~ 전투 서열.
— *vi.* 《+前+名》 (1)…와 싸우다《*against* ; *with*》 : ~ *against* the invaders *for* independence 독립을 위해 침략자와 싸우다. (2)(…을 위해) 투쟁〈고투〉하다《*for*》 : ~ *for* freedom 자유를 위해 싸우다.
— *vt.* (1)…와 싸우다. (2)〔~ one's way로〕 싸워〈애써〉 나아가다 : ~ ***it out*** 《口》 결전을 벌이다, 끝까지 싸우다. ~ ***one's way*** 싸우며 전진하다, 노력해 나아가다.

battle-ax(e) [-æ̀ks] *n.* ⓒ 전부(戰斧) ; 《口》 앙알거리는 여자《특히 아내》.

báttle crùiser 순양 전함.

báttle crỳ 함성 ; 표어, 슬로건.

bat·tle·dore [bǽtldɔ̀ːr] *n.* ⓒ 깃털 제기 채, 빨래 방망이. ***play ~ and shuttlecock*** 깃털 제기차기를 하다.

·bat·tle·field [bǽtlfìːld] *n.* ⓒ 전장, 싸움터 ; 《比》 투쟁 장소 :

bat·tle·ground [-gràund] *n.* ⓒ 전쟁터 ; 논쟁의 원인

bat·tle·ment [bǽtlmənt] *n.* (흔히 *pl.*) 총안(銃眼)이 있는 성가퀴. 【cf.】 parapet. 『 The ~*s* gave the place the air of an intimidating fortress. 성가퀴는 그 곳이 무서운 요새라는 분위기를 자아냈다.

báttle róyal *n.* ⓒ 대혼전 ; 대논전(大論戰) ; (투계(鬪鷄)의) 큰 싸움, 격렬한 논쟁, 사투.

bat·tle-scarred [-skὰːrd] *a.* 전상(戰傷)을 입은 ; 역전(歷戰)을 말해 주는 ; 닳고 헌.

·bat·tle·ship [bǽtlʃìp] *n.* ⓒ 전함 (【cf.】 warship) ; 《俗》 대(大)기관차

báttle wàgon 《美口》 전함(battleship). 《英》 고급 자동차.

bat·ty [bǽti] (***batt·i·er*** ; ***-ti·est***) *a.* 박쥐의〈같은〉 ; 《口》 머리가 돈(crazy) ; 어리석은(silly).

bau·ble [bɔ́ːbəl] *n.* ⓒ 값싼 물건 ; 시시한 것 ; 장난감 ; 【史】 마술사의 마술지팡이

baux·ite [bɔ́ːksait, bóuzait] *n.* ⓤ 【鑛】 보크사이트 《알루미늄의 원광》.

Ba·var·ia [bəvέəriə] *n.* 바바리아, 바이에른《독일 남부의 주》.

bawd [bɔːd] *n.* ⓒ 포주, 뚜쟁이 ; 창녀 ; 음담.

bawdy [bɔ́ːdi] (***bawd·i·er*** ; ***-i·est***) *a.* 추잡한, 음란〈음탕〉한 : ~ jokes 음란한 농담 / ~ stories 추잡한 이야기.

·bawl [bɔːl] *vt.* (1)《~+目/+目+副》 …에게 고함치다, 외치다《*out*》 ; …을 소리쳐(서) 팔다 : 《口》 …에게 호통치다《*out*》 : She ~*ed* him *out* for his mistake. 그녀는 그의 잘못에 대하여 호통을 쳤다 / (2)《+目+補》〔再歸的〕 외쳐서 (…한 상태가) 되다 : ~ *oneself* hoarse 너무 외쳐 목이 쉬다.
— *vi.* 《~/+副/+前+名》 (…을 향해) 호통치다 ; 소리치다, 엉엉울다《*at* ; *to*》 : Don't ~ *at* her. 그녀에게 호통치지 마라 / ~ *for* help 소리쳐서 도움을 청하다.
— *n.* ⓒ 외치는〈고함치는〉 소리 ; 울음 ; 아우성. 파) **~·er** *n.*

:bay[1] [bei] *n.* ⓒ (1)만(灣), 내포《gulf와 cove의 중간으로 어귀가 비교적 넓은 것》 : the Bay of Biscay

비스케이만 / (2)산으로 삼면이 둘러싸인 평지. (3)《美》 산림으로 둘러싸인 초원.

bay[2] *n.* ⓒ (1)【建】 기둥과 기둥 사이 ; 교각의 사이. (2)내받이창《밖으로 내민 창》. (3)건초〈곡물〉 두는 칸 : a house ~ 마굿간 : 주차 구획 ; (역의) 측선(側線) 발착 플랫폼 : (4)【海】 중갑판 앞부분의 한 구획《병실용》 ; 【空】 (비행기 동체의) 격실, 칸.

·**bay**[3] *n.* ⓤ (1)궁지 ; (짐승이 사냥개에게) 몰린 상태 : A frightened animal at ~ can turn violent. 궁지에 몰린 놀란 동물은 사납게 돌변할 수 있다. (2)짖는 소리《특히 짐승을 쫓아가는 사냥개의》. ***be* 〈*stand*〉 *at* ~** 궁지에 빠져 있다. ***bring* 〈*drive*〉 *to* ~** 궁지에 몰아넣다. ***hold* 〈*have*〉 *at* ~** 바짝 몰아넣어 안 놓치다. ***keep* 〈*hold*〉 *... at* ~** (적을) 다가오지 못하게 하다 ; 저지〈견제〉하다 : ***turn* 〈*come*〉 *to* ~** 궁지에 몰려 반항하다.
— *vi.* 《~/+前+名》 짖다, 짖어대다《*at*》 : — *vt.* …을 보고 짖다 ; 짖으며 …을 가리키다 ; 몰아넣다: ~ a defiance 큰 소리로 반항하다. ~ **(*at*) *the moon*** 달을 보고 짖다 ; 무익한 짓을 기도하다.

bay[4] *n.* (1)ⓒ 【植】 월계수. (2)(*pl.*) 월계관 ; 영관(榮冠), 명성.

bay[5] *a.* 적갈색의. — *n.* ⓒ 구렁말 ; ⓤ 적갈색.

bay·ber·ry [béibèri, -bəri] *n.* ⓒ 월계수의 열매 ; 속나무 무리의 나무 ; 【植】 소귀나무의 일종 ; 그 열매 《초의 원료》 ; 【植】 야생 정향나무《bay rum의 원료》.

báy lèaf 월계수의 말린 잎《향미료로 씀》.

·**bay·o·net** [béiənit, -nèt, bèiənét] *n.* ⓒ 총검 ; (the ~) 무력 ; (*pl.*) 보병, 군세(軍勢) : by *the* ~ 무력으로 / 2,000 ~*s* 보병 2천 / a ~ charge 총검돌격 / ~ drill 〈fencing〉 총검술(術) / ***by the* ~** 무력으로. ***Fix* 〈*Unfix*〉 ~*s!*** 꽂아〈빼어〉 칼《口令》.
— *vt.* (**-*tt*-**) (1)…을 총검으로 찌르다〈죽이다〉, …에게 총검을 들이대다. (2)《+目+前+名》 …을 무력으로 강제하다 : ~ people *into* submission 사람들을 무력으로 굴복시키다. — *vi.* 총검을 사용하다.

bay·ou [báiuː, -ou] (*pl.* **~*s***) *n.* ⓒ 《美南部》 (늪 모양의) 호수의 물목, 강 어귀.

báy rúm 베이럼《머리용 향유》.

báy trèe 【植】 월계수 (=**báy láurel**).

báy wíndow 퇴창, 내민 창 ; 《俗》 올챙이배.

·**ba·zaar, ba·zar** [bəzáːr] *n.* ⓒ (중동의) 시장, 저잣거리, 마켓 ; 잡화전, 특매장 ; 바자, 자선시(慈善市) : Christmas ~ 크

ba·zoo·ka [bəzúːkə] *n.* ⓒ 【軍】 바주카포(砲)(휴대용 대전차 로켓포).

B.C. Bachelor of Chemistry〈Commerce〉 ; British Columbia ; battery commander ; birth control ; before Christ .

B / C bill for collection.

BCG váccine [bìːsìːdʒíː-] 【醫】 비시지 백신. [◁ *B*acillus *C*almette-*G*uérin vaccine]..

Bde. Brigade.

be. ft board foot〈feet〉.

⁝**be** [biː, 弱 bi] (*pp.* ***been*** [bin/biːn, bin]) *vi.*, *aux. v.* (1)《+補/+副/+-*ing*/+*to* do/+前+名/+*that* 節/+*wh.* 節/+*wh. to* do》 …(이)다 : John *is* my friend. 존은 나의 친구다 / Iron *is* hard. 쇠는 단단하다 / Twice two *is* four. 둘의 (두) 곱은 넷이다(2×2=4) / That's what I wanted to say 그건 내가 말하고 싶었던 것이다 / *How are* you ?—I *am* fine 〈very well〉, thank you. 어떠십니까 -덕분에 별 탈 없습니다 / The trouble *is that* she does not like it. 곤란한 것은 그녀가 그것을 좋아하지 않는다는 것이다 / The question *is not what to* do but *how to* do it. 문제는 무엇을 해야 하는가가 아니라 어떻게 하여야 하는가이다 / Seeing *is* believ*ing*. 백문이 불여일견《-ing형은 동명사》 / Paper *is of* great use. 종이는 대단히 유용하다 / Everyone was *against* me. 모두가 나에게 반대였다〈반대했다〉 / I *am* quite well 〈in good health〉. 나는 건강하다 / *Be* quiet. 조용히 하시오 /

B

직 설 법

시제	인칭	단 수 형	복수형	
현재	1	**I am** (I'm)	we	**are**
	2	you **are** (you're) (《古》 thou **art**)	you	
	3	he she **is** it	they	
과거	1	**I was**	we	**were**
	2	you **were** (《古》 thou **wast**〈**wert**〉)	you	
	3	he she **was** it	they	

가 정 법

인 칭	현 재	과 거
I	be	were
we		
you		
《古》 thou	be	wert
he	be	were
she		
it		
they		

부정사 (to) **be** 명령형 **be**

am [æm, 弱 əm, m], **is** [iz, 弱 z, s], **are** [ɑːr, 弱 ər] ; **was** [wɑz, 弱 wəz/wɔz], **were** [wəːr, 弱 wər] ; 《古》 **art** [ɑːrt] ; **wast** [wɑst, 弱 wəst/wɔst], **wert** [wəːrt 弱 wərt] ; not 과의 간약형 **isn't** [íznt], **aren't** [ɑːrnt] ; **was·n't** [wáznt, wáz-/wɔ́z-], **were·n't** [wəːrnt, -wə́ːrənt] ; 대명사와의 간약형 **it's** [its], **I'm** [aim], **we're** [wiər], etc.

(2)《~/+前+名/+副》 〔장소, 때를 나다내는 부사(구)와 함께〕 (…에) 있다 ; (…에) 가〈와〉 있다, (…에) 나타나다 ; 〔副詞 따위와 결합하여〕 돌아오다, 끝나다 ; (언제·어느 날)이다 : The vase *is on* the table. 꽃병은 테이블 위에 있다 / *Where is* Rome? — It *is in* Italy. 로마는 어디 있는가—이탈리아에 있다/《도착 예정의 선언 ; I'll go 라고는 안 함》 / Will you wait here? I'll *only be a minute*. 기다려 주시오. 곧 돌아올 테니까요〈끝납니다〉 / When's your birthday?—It's *on* the 19th of June. 생일은 언제죠—6월 19일입니다.
(3) a)〔there is 〈are〉의 형태로〕 …가 있다 : There is a book on the desk 책상위에 책이 한권 있다 / *Is there* a book on the desk?—Yes, *there is*. 책

상 위에 책이 있습니까—네, 있습니다 / b)(신(神)·사람·물건)이 존재하다(exist), 생존〈실재〉하다(live), 잔존〈지속〉하다; 일어나다 : / Whatever *is*, is right. 무릇 존재하는 것이면 무엇이나 옳다 / To *be* or not to *be* ; that is the question. 사느냐 죽느냐, 그것이 문제로다 / Woe *be* to you! 너에게 재앙이 있으라 / How can such things *be*? 이런 일이 어찌 있을〈일어날〉 수 있을까《※ '존재하다' 란 뜻의 이 용법은, 위와 같은 특수한 예에 국한되며, 보통은 a) there is 의 형식》.

B

(4)〔be의 특수 용법〕 a)〔조건절·양보절 등을 나타내는 假定法現在에서〕《文語》: If it *be* fine... 만일 날씨가 좋으면…《지금은 If it is fine... 이 보통》/ *Be* it ever so humble, there's no place like home. 아무리 초라하다 해도 내 집만한 곳은 없다(=However humble it may be, ...). b)〔요구·명령·제안 등을 나타내는 동사 또는 이에 준하는 형용사에 잇따르는 that-節 중에서〕《《英》에서는 흔히 should be》:
(5)〔be+to (do)의 형식으로〕 a)〔예정을 나타내어〕 …하기로 되어 있다, …할 예정이다 : We *are to* meet at 5. 5시에 모이기로 되어 있다 / He *was to* have arrived at 4. 그는 4시에 도착하기로 되어 있었는데 (아직 도착 안 했다) / They *were to* have been married. 그들은 결혼하기로 되어 있었는데《完了不定詞를 쓰면 실현되지 않은 예정을 나타냄》. b)〔의무·명령을 나타내어〕 …할 의무가 있다 ; …하여야 하다 : I am to inform you that ~ …임을 알려드리는 바입니다 / c)〔가능〕《흔히 否定文에서》 …할 수 있다《to be done을 수반함》: Not a soul *was to* be seen on the street. 거리엔 사람하나 볼 수 없었다. d)〔운명〕《흔히 過去時制로》 …할 운명이다 : He *was* never *to* see his home again. 그는 고향에 다시는 못 돌아갈 운명이었다. e)〔필요〕《조건절에서》 …하는 것이 필요하다면 ; …해야 한다면 : f)〔목적〕 …하기 위한 것이다 : The letter *was to* announce their engagement. 편지는 그들의 약혼을 알리기 위한 것이었다.
(6)〔if... were to (do)〕 …한다고 하면《실현성이 없는 가정을 나타내어》: *If* I *were to* 〈*Were* I *to*〉 live again, I would like to be a musician. 다시 한번 인생을 산다면 음악가가 되고 싶다.
(7)〔be+現在分詞로 進行形을 만들어〕 a)…하고있다, …하고 있는 중(中)이다 : She *is waiting* for you. 그녀가 당신을 기다리고 있습니다 / He is sining now 그는 지금 노래를 부르고 있다. b)〔흔히 미래를 나타내는 副詞語句를 수반하여〕 …할 작정이다, …하기로 돼 있다 ;〔왕래·발착을 나타내는 동사와 함께〕 …할 예정이다 : I must *be going*. 이만 가봐야겠다 / c)〔always, constantly, all day 따위와 함께 써서, 종종 비난의 뜻을 내포〕 끊임없이 …하고 있다 : He is *always smoking*. 그는 늘 (줄)담배를 피운단 말야.
(8)〔be+他動詞의 過去分詞의 꼴로, 受動態를 만들어〕 …되다, …받다《동작》, …되어 있다《상태》: He *is trusted* by everyone. 그는 누구에게나 신뢰를 받는다 / The letter has *been posted*. 편지는 (이미) 투함되었다 / I *was born* in 1963. 나는 1963년에 태어났다 / (9)〔be+being+過去分詞〕 …되고 있는 중이다《수동태 진행형》: Houses *are being built*. 집들이 건축되고 있는 중이다.
(10)〔be+自動詞의 過去分詞 꼴로 完了形을 만들어〕 …하였다, …해(져) 있다 : Winter *is gone*. 겨울은 지나갔다 / The sun *is set*. 해가 졌다 / How he *is grown!* 그 애 놀랍게 자랐군 / (11)〔be+being+補語의 형식으로〕《口》 지금〈현재〉 …하다, …하고 있다, …처럼〈하게〉 행동하다〈굴다〉 : I *am being* happy. 나는 지금 행복하다 / ***as it were*** ⇨ AS. ***be about to*** ⇨ ABOUT. ***be it ever so... = so be it*** 비록 아무리 …라도. ***be it that...*** …아무리 …이라 할지라도 ; …하다면. ***Be yourself*** 자기답게 해라, 나이값을 해라. ***have been*** 왔다, 찾아 왔다 : *Has* any guest *been* yet? 손님이 벌써 오셨나. ***have been to*** 1)…에 가 본 일이 있다 : 2)…에(를) 갔다 오는 길이다 : I *have* just *been to* the library. 지금 도서관에 갔다 오는 길이다. ***if it had not been for...*** ⇨ IF. ***if it were not for...*** ⇨ IF. Don't be long 시간을 끌지 마라. for be it from me (to do) ⇨ for. ***if need be*** ⇨ NEED.

be- *pref.* (1)동사에 붙여 '널리, 전부에 ; 전혀, 완전히 ; 심하게, 지나치게, 아주, 따위의 뜻 : *be*sprinkle ; *be*dazzle ; *be*laud. (2)'떼어내다' 의 뜻의 동사를 만듦 : *be*head, *be*reave. (3)자동사에 붙여 타동사를 만듦 : *be*moan ; *be*smile. (4)형용사·명사에 붙여 '…으로 만들다' 따위의 뜻의 타동사를 만듦 : *be*cripple ; *be*fool. (5)명사에 붙여 '…으로 덮다, …으로 장식하다, …을 비치하다' 의 뜻을 지니는 타동사를 만듦 : *be*grime(d) ; *be*jewel(ed).

:beach [bi:tʃ] *n.* (1) ⓒ 해변, 물가, 바닷가, 해안, 호숫가, 강변 : We're vacationing at the ~. 바닷가에서 휴가를 즐기고 있다. (2) ⓒ 해수욕장 ; 수영장 : (3) ⓤ《古》〔集合的〕(바닷가의) 모래, 조약돌.
on the ~ 물가〈해변〉에서 ; 뭍에 올라 ;〔一般的〕(선원 등이) 실직하여 ; 영락하여 ; (해군이) 육상 근무가 되어.
— *vt.* (배)를 바닷가에 올려놓다〈끌어올리다〉: The boat had been *~ed* near the rocks. 보트를 암초 근처 해변에 끌어올렸다.

béach bàll 비치볼《해변·풀용의 대형 공》, 큰 고무공.

beach·comb·er [⌐kòumər] *n.* ⓒ (1)(해변에 밀어닥치는) 큰 물결, 놀. (2)해변에서 표류물을 주워 생활하는 사람 ; 백인 부랑자《특히 태평양 제도의》, 부두건달, 좀때기.

béach flèa 【動】 갯벼룩(sand hopper).

beach·head [⌐hèd] *n.* ⓒ (1)【軍】 해안 교두보, 상륙 거점. 【cf.】 bridgehead. (2)발판, 거점, 출발점 :

·bea·con [bí:kən] *n.* ⓒ (1)횃불, 봉화 ; 봉화대〈탑〉; 등대; 신호소: As part of the centenary celebrations a chain of *~s* was lit across the region. 백년 축제의 일부로써 봉화연락망은 그 지역을 건너질러 점화되었다. (2)수로(水路)〈항공, 교통〉 표지 ; 무선 표지(radio ~). (3) 지침(指針), 경고, 성세. (4)(B-)《英》…산, …봉(峰).
— *vt.* (표지로) …을 인도하다 ; …에 표시를 달다〈세우다〉; 경고하다 ; (횃불 따위로) 비추다.
— *vi.* (표지와 같이) 빛나다, 도움이〈지침이, 경계가〉 되다.

·bead [bi:d] *n.* ⓒ (1)구슬, 유리알, 비즈, 염주알 ; (*pl.*) 염주, 로사리오(rosary) ; (*pl.*) 목걸이 : (2)(이슬·땀 따위의) 방울 ; (청량 음료 등의) 거품 《*of*》: *~s of* sweat 〈perspiration〉 구슬 같은 땀 / *~s of* dew 이슬 방울. (3)(총의) 가늠쇠 ; 【建】 구슬선. (4)(the ~s)《美俗》 운명(destiny), 숙명(fate).
draw* 〈*get*〉 *a ~ on* 〈*upon*〉**《口》 …을 겨누다〈겨냥하다〉. ***in ~s 방울을 이루는, 염주 모양의. ***pray without*** one***'s ~s*** 계산 착오를 하다, 기대가 어긋나

다. ***say*** 〈***tell, count, bid***〉 one***'s ~s***《文語》(염주를 돌리며)염불하다, 기도를 올리다.
— *vt.* …을 염주 모양으로 꿰어 잇다 ; 구슬로 꾸미다 ; (땀·이슬 따위가) 구슬처럼 달리다《종종 受動으로 되며, 전치사는 *with*》: — *vi.* 구슬 모양으로 되다; 거품이 일다.

bead·ed [bi:did] *a.* (1)구슬이 달려 있는, 구슬 같은 된 : a ~ handbag 구슬(핸드)백. (2)거품이 인. (3)땀방울이 맺힌.

bead·ing [bíːdiŋ] *n.* ⓤ 구슬 세공〈장식〉, 비즈, 비즈세공 ; 레이스 모양의 가장자리 장식 ; 【建】 구슬선(장식).

bea·dle [bíːdl] *n.* ⓒ《英》(1)교구〈법정〉의 하급 관리. (2)(행렬시) 대학 총장 직권의 표지를 받드는 속관. 파) **~·dom** [-dəm] *n.* ⓤ 하급 관리 근성. **~·ship** *n.* ~의 직분〈권위〉.

bead·work [bíːdwə̀ːrk] *n.* ⓤ 비즈세공, 구슬세공〈장식〉; 【建】 구슬선.

beady [bíːdi] (***bead·i·er ; -i·est***) *a.* 구슬 같은〈달린〉, 비즈로 장식한, 거품이 이는 : ~ eyes 작고 반짝이는 동그란 눈.

bea·gle [bíːgəl] *n.* ⓒ 비글《토끼 사냥용의 귀가 처지고 발이 짧은 사냥개》, 스파이, 탐정, 집달리. 파) **-gling** [-gliŋ] *n.* ⓤ 비글을 써서 하는 토끼 사냥.

:beak [biːk] *n.* ⓒ (1)(육식조(鳥의)) 부리. 【cf.】 bill[2]. 『 Birds use their ~*s* to pick up food. 새들은 먹이를 쪼아먹기 위해서 부리를 쓴다. (2)부리같이 생긴 물건 ; (주전자 등의) 귀때 ; (거북 등의) 주둥이 ;《俗》코,《특히》매부리코 ; 【建】 누조(漏槽) ; 【船】 이물. (3)《英俗》치안 판사 ;《美俗》재판관 ;《英學生俗》교사, 교장. dip the ~ 건배하다.
파) **~ed** [-t] *a.* 부리가 있는 ; 부리 모양의.

beak·er [bíːkər] *n.* ⓒ (굽달린) 큰 컵 ; 컵 한잔 분 ; 비커《화학 실험용》.

be-all (**and end-all**) [bíːɔ̀ːl(əndéndɔ̀ːl)] *n.* (the ~) 가장 중요한 것, 궁극의 목적, 핵심 ; 정수(精髓)《*of*》: The ~ *and end-all of* a capitalist business is profits and dividends. 자본주의 기업의 궁극의 목적은 이윤과 배당금이다.

:beam [biːm] *n.* ⓒ (1)(대)들보, 도리. (2)【船】 가로 들보 ; 선복(船腹) ; (최대) 선폭(船幅) ;《俗》허리폭(幅). (3)저울대, (쟁기)의 성에 ; 저울 ; (4)광선, 광속(光束) ; 전자류(流) ;《比》(표정의) 빛남, 밝음, 웃는 얼굴. (5)【通信】 신호전파, 지향성(指向性) 전파, 빔(radio ~) ; ; 가청(有效可聽) 범위 ; 방송. (3)=BEAM COMPASS. ***on the ~*** 【空】 지시 전파에 올바로 인도되어,《口》바른 방향으로, 궤도에 올라, 바로 이해하고, ***on the*** 〈one***'s***〉 ***~('s) ends*** 배가 몹시 기울어 ; 위험에 직면하여, 파산 직전에. ***the ~ in*** one***'s*** (***own***) ***eye*** 【聖】 제 눈 속에 있는 들보《스스로 깨닫지 못하는 큰 결점 ; 마태복음 VII : 3》.
— *vi.* (1)빛나다 ; 빛을 발하다 : (2)《~/+前+名》기쁨으로 빛나다《*with*》, 밝게 미소짓다《*on, upon* ; *at*》: He ~*ed with* joy. 희색이 만면했다.
— *vt.* (1)(빛)을 발하다, 비추다 ; (기쁨·즐거움 등)을 미소로 나타내다 : (2)《~+目/+目+前+名》【通信】 (전파)를 향하게 하다(direct)《*at* ; *to*》; (프로그램)을 방송하다 ; (방향 지시 전파로) 발신하다 ; 레이더로 탐지하다 : ***~ upon***〈***on***〉 a person 아무에게 방긋 미소짓다: Good fortune ~*ed on* him. 행운이 그에게 미소지었다. ***~ with health*** 건강이 넘치다.

·beam·ing [bíːmiŋ] *a.* 빛나는 ; 밝은, 웃음을 띤, 기쁨에 넘친, 희색이 만연한.

beamy [bíːmi] (***beam·i·er ; -i·est***) *a.* 빛나는(광선을 방사하는) ; 대들보 같은, 굵은 ; (배가) 폭 넓은.

:bean [biːn] *n.* ⓒ (1)콩 (2)(콩 비슷한) 열매, 그 나무. (3)콩꼬투리. (4)《美俗》음식, 먹을 것. (5)(*pl.*)《口》보잘 것 없는 것 ;《美口》〔주로 否定文〕 조금, 소량 : (6)《美俗》머리. (7)《英俗》〔주로 否定文〕 돈 ; 약간의 돈 : I haven't a ~. 한 푼도 없다. (8)(*pl.*)《俗》엄벌, 때림 : Every ~ has it's black 사람에겐 누구나 결점이 있다 .
full of ~s 1)어리석은 ; 틀린, 오해한. 2)《口》원기가 넘쳐. ***get ~s***《俗》꾸중듣다, 야단맞다 ; 얻어맞다. ***give*** a person ***~s***《俗》…을 꾸짖다, 야단치다; 벌주다. ***have too much ~s*** 원기가 넘쳐흐르다. ***know ~s***《美》지혜가 있다, 정통하다. ***know how many ~s make five*** 약다 ; 빈틈없다. ***know*** one***'s ~s***《美俗》자기 전문에 정통하다. ***not worth a ~*** 한푼어치 가치도 없는
— *vt.*《口》(머리)를 치다 ; 【野】 (투수가) 공을 던져 (타자)의 머리를 맞히다.

bean·bag [ˊbæ̀g] *n.* ⓒⓤ 천 조각으로 만든 작은 주머니에 마른 콩 따위를 넣어 만든 놀이 기구 ; 또는 그것으로 하는 놀이, 공기(장난감).

bean·ie [bíːni] *n.* ⓒ 베레(모), 두건 같은(둥글고 작은) 학생(여성) 모자.

bean·pod [bíːnpɑ̀d/ ˊpɔ̀d] *n.* ⓒ 콩꼬투리.

bean·pole [ˊpòul] *n.* ⓒ 콩 섶, 콩의 줄기 ;《口》키다리.

béan spròut 〈**shòot**〉 (흔히 *pl.*) 콩나물.

bean·stalk [ˊstɔ̀ːk] *n.* ⓒ 콩줄기, 콩대.

:bear[1] [bɛər] (***bore*** [bɔːr], 《古》 ***bare*** [bɛər] ; ***borne, born*** [bɔːrn]) *vt.* (1)《~+目/+目+前+名/+目+副》…을 운반하다, 가져〈데려〉가다《*to*》:
(2)…의 자세를 취하다.
(3)〔再歸的〕 처신〈행동〉하다.
(4)(표정·모습·자취 따위)를 몸에 지니다 : ~ an evil look 인상이 험악하다.
(5)(무기·문장(紋章)등)을 지니다, 차다, 갖고 있다.
(6)《~+目/+目+目/+目+前+名》(악의·애정 따위)를 (마음에) 품다, 지니다《*against* ; *for* ; *toward*》: ~ a person love 아무에게 애정을 갖다 / ~ a grudge *against* …에게 원한을 품다 / I ~ you no grudge 너에게 아무런 원한도 없다.
(7)(이름·칭호 등)을 지니다 ; (광석이) …을 함유하다 : (8)(소문·소식)을 가져오다, 전하다, 퍼뜨리다, (증언)을 해주다 ; 제공하다《*to*》: ~ news 〈tales〉 뉴스를〈소문을〉 퍼뜨리다.
(9)《~+目/+目+副》(무게)를 지탱하다, 버티다《*up*》: pillars that ~ a ceiling 천장을 떠받치고 있는 기둥 / The board is too thin to ~ (*up*) the weight. 판자는 너무 얇아 무게를 지탱하지 못한다.
(10)(의무·책임)을 지다, 떠맡다 ; (비용)을 부담하다 ; 분담하다 ; (손실 따위)에 견디다, (손실)을 입다 ; (비난·벌)을 받다 ; 경험하다 : (11)《~+目/+-*ing*》…해도 좋다, …할 수 있다, …하기에 알맞다, …할 만하다 : The accident ~*s* two explanations. 그 사고는 두 가지로 설명할 수 있다 / (12)《~+目/+*to* do/+目+*to* do/+-*ing*+目+-*ing*》(고통 따위)를 참다, 배기다《※ can, could 등을 수반하여 특히 부정문이나 의문문에 쓰이는 일이 많음》: I *can* ~ the secret *no* longer. 이 이상 더 비밀을 지킬 수는 없다 / The strain must have been enormous but she ~ it well. 긴장감은 엄청났겠지만 그녀는 잘 참아냈다.

B

(13)《～＋目/＋目＋目》 (아이)를 낳다, 출산하다 : (14)(열매)를 맺다 ; (꽃이) 피다, (열매가) 열리다. (15)《比》 (이자 따위)를 낳다, 생기게 하다. (16)《＋目＋前＋名》 (관계·비율 따위)를 갖다 : ～ a resemblance to …와 닮다〈비슷하다〉 / ～ a part in it. 그 일에 관계〈협력〉하다. (17)(권력 따위)를 쥐고 있다, 남용하다. (18)《＋目＋副》 (남의 의견 따위)를 지지하다, (진술 따위)를 확인하다, 증명〈입증〉하다《*out*》 : You will ～ me *out*. 내 말을 지지하겠지. (19)《＋目＋副》 …을 밀다, 몰아내다, 쫓다(drive, push) : — *vi.* (1)지탱하다, 버티다 (2)《＋前＋名》 견디어 내다, 참다《*with*》 : I can't ～ *with* him. 그에겐 분통이 터진다. (3)《＋前＋名》 (…위에) 덮치다, 걸리다, 기대다, 내리누르다《*on, upon* ; *against*》 : (4)《＋前＋名》 (…을) 누르다, 압박하다《*on, upon*》 : (5)영향을 주다, 작용을 미치다, 관계하다, 목표하다《*on, upon*》 : a question that ～*s on* the welfare of the country. 국가의 복지에 관계되는 문제. (6)《＋前＋名/＋副》 방향을 잡다, 향하다, 나아가다, 구부러지다《*to*》 : ～ *to* the right 오른쪽으로 나아가다 / (7)《＋副》 (어떤 방향에) 위치하다, 자리잡다 : The island ～*s* northward. 섬은 북쪽에 위치한다. (8)아이를 낳다 ; 열매를 맺다 : ***～ a hand*** 거들다. ***～ and forbear*** 꾹 참다. ***～ a part*** 협력하다《*in*》. ***～ a rein upon a horse*** 고삐로 말을 어거하다. ***～ arms*** 무기를 들다〈휴대하다〉, 병역에 복무하다; 배반하다《*against*》 ; 【紋章】 문장(紋章)을 달다. ***～ away*** 1)가져가다, (상(賞) 따위를) 타다, 쟁취하다 ; (사태·감정 등이 사람을) 몰다 : 2)【海】 (바람불어 가는 쪽으로) 침로를 바꾸다 ; 출항하다. ***～ back*** 물러서다 ; (군중 등을) 밀쳐내다 ; 제어하다. ～ a person ***company*** 아무와 동행하다 ; 아무의 상대를 하다. ***～ date*** 날짜가 적혀 있다. ***～ down*** (적 따위를) 압도하다 ; (반대 따위를) 꺾어 누르다 ; 크게 분발하다 ; (배가) 서로 다가가다 ; (해산 때) 용쓰다 : ～ *down* all resistance 모든 저항을 꺾어 버리다. ***～ down on*** 〈***upon***〉 …에 엄습하다, …에 급습하다 ; …을 내리누르다 ; …의 기세를 꺾다 ; ***～ in hand*** 억제하다(control) ; 주장하다, 약속하다. ***～ in mind*** 마음에 새기다, 명심하다. ～ ***in with*** ～의 방향으로 항행하다. ***～ off*** 1)(*vt.*) …을 견디다, 빼앗다, (상을) 타다 ; …의 목숨을 빼앗다. 2)(*vi.*) 【海】 (육지·딴 배에서) 멀어지다 ; 점점 옆으로 빗나가다, 서서히 멀어지다《*toward*》. ***～ on*** 〈***upon***〉 ⇨ *vi.* (4) : …쪽을 향하다 ; …에 관계가〈영향이〉 있다. ***～ out*** ⇨ *vt.* (18). 지탱하다, 지원하다, 확증하다, ***relation to*** …에 관계를 가지다, ***～ up*** ⇨ *vt.* (9) : 【海】 진로를 바람 방향을 따라 돌리다. ***～ up for*** 〈***to***〉 【海】 …을 향하여 나아가다. ***～ watching*** 볼〈주목할〉 가치가 있다; 경계(警戒)를 요하다. ***～ with*** …을 참다, …에 견디다. ***be borne away by*** (anger) (노여움이) 북받치다. ***be borne in upon*** a person 아무에게 확신을 주다 : It is *borne in upon* (me) that... (나는) …라고 알고〈확신하고〉 있다. ***bring to ～*** 1)(힘 따위를) 집중하다, 발휘하다 ; 압력을 가하다《*on, upon*》 : 2)돌리다 : *bring* a gun *to* ～ *upon* the mark 총을 표적에 돌리다. ***grin and ～ it*** (불쾌한 일을) 고소하고 참아버리다.

:bear[2] [bɛər] *n.* (1) ⓒ 곰《※ 새끼는 cub, whelp》 : a black ～ 흑곰. (2)(the B-) 【天】 큰〈작은〉곰자리 (Ursa Major 〈Minor〉). (3) ⓒ 난폭한 사람 : a regular ～ 우락부락한 놈 ; 음흉한 사내 ; (어떤 일을) 잘 하는〈견디는〉 사람, 열성가《*for*》. (4) ⓒ 【證】 파는 쪽, 시세 하락을 내다보는 사람. 【cf.】 bull[1]. (5)(the B-) 《口》 러시아. ***be a ～ for*** (일 따위)에 잘 버텨내다. ***be on the other ～*** 파는 편이 되다. ***cross as a ～*** =***like a ～ with a sore head*** 몹시 찌무룩하다〈심사가 나쁘다〉. ***feed the ～s*** 《美俗》 속도위반에 걸리다 ; 주차 위반의 벌금을 물다. ***sell the skin before*** one ***has killed the ～*** 너구리 굴을 보고 피물돈 내 쓴다. ***skin the ～ at once*** 《美口》 단적으로 요점을 찌르다.
— *a.* 〔限定的〕 【證】 (시세가) 내림세의 ; 약세의 : a ～ market. 약세시장.

bear·a·ble [bɛ́ərəbəl] *a.* 견딜 수 있는, (추위·더위 등이) 견딜 만한.

bear·cat [bɛ́ərkæ̀t] *n.* ⓒ 【動】 작은 판다.

:beard [biərd] *n.* ⓒ (1)(턱)수염. 【cf.】 mustache, whisker. (2)(염소 따위의) 수염 ; 굴·조개의 아가미 ; (섭조개의) 족사(足絲) ; 새의 부리 밑동의 깃털 : (3)(낚시·화살 따위의) 미늘 ; (보리 따위의) 꺼끄러기 (awns). (4)활자의 면과 어깨 사이. ***in spite of*** a person***'s ～*** ～의 의사에 반하여. ***laugh in*** one***'s ～*** 비웃다. ***speak in*** one***'s ～*** 중얼거리다. ***take*** a person ***by the ～*** 【聖】 대담하게 공격하다《사무엘서 上 XVII : 35》. ***wear a ～*** 수염을 기르고 있다.
— *vt.* (1)…의 수염을 잡아뽑다. …에게 공공연히 반항하다(defy). (3)(화살·낚시 바늘 따위)에 미늘을 붙이다. ***～ the lion in his den*** 〈***lair***〉 벅찬 상대에게 대담히 맞서다, 호랑이 굴에 들어가다.

beard·ed [bíərdid] *a.* (턱)수염이 난 ; (화살·낚시 바늘 등에) 미늘이 있는 ; 〔複合語를 만들어〕 (…의) 수염이 있는 **beard·less** [bíərdlis] *a.* (턱)수염이 없는 ; 풋내기의. 파) **～·ness** *n.*

·bear·er [bɛ́ərər] *n.* ⓒ (1)나르는 사람 ; 짐꾼. (2)(어음·수표 등의) 지참인 ; (소식 등을) 갖고 온 사람, 사자(使者) : a note payable to ～ 지참인 불 어음〈일람출급어음〉. (3)〔흔히 修飾語를 수반하여〕 열매 맺는 〈꽃피는〉 초목. (4) 지위(관직)를 가진 사람.

béarer bònd 무기명 채권.

·bear·ing [bɛ́əriŋ] *n.* (1) ⓤⓒ 태도(manner), 거동, 행동거지 : noble ～ 당당한 거동〈태도〉. (2)ⓤⓒ 관계, 관련(relation)《*on, upon*》 ; 취지, 의의미, 뜻 : (3)(종종 *pl.*) 방위(方位)(각) ; (상대적인) 위치. (4) ⓤ 인내(력). (5)(흔히 *pl.*) 【機】 베어링 ; 【建】 ⓒ 지점(支點), 지주(支柱). (6)(흔히 *pl.*) (방패의) 문장(紋章). (7) ⓤ 해산, 출산 (능력) ; 결실 (능력) ; 생산〈결실〉기 ; ⓤⓒ 수확. ***consider*** 〈***take***〉 (a thing) ***in all*** (its) ***～s*** 모든 방면에서 고찰하다. ***get*** 〈***find***〉 one***'s ～s*** 자기 입장을〈처지를〉 알다, ***have no*** 〈***some***〉 ***～ on*** …에 관계가 없다〈약간 관계가 있다〉. ***lose*** 〈***be out of***〉 one***'s ～s*** 방향을〈방위를〉 잃다 ; 어찌할 바를 모르다. ***take*** one***'s*** 〈***the***〉 ***～s*** 자기의 위치를 확인하다 ; 주위의 형세를 살피다.

bear·ish [bɛ́əriʃ] *a.* (1)곰 같은, 난폭한, 무례한. (2)【證】 약세의, 내림 시세의. 〖opp.〗 *bullish*. (3)〔一般的〕 비관적인. 파) **～·ly** *ad.*

bear·skin [bɛ́ərskìn] *n.* ⓤ 곰 가죽〈모피〉 ; ⓒ 곰 가죽 제품〈옷〉 ; 검은 털가죽 모자《특히 영국 근위병의》 ; ⓤ (외투용) 거친 나사 천.

:beast [biːst] *n.* (1) ⓒ (인간에 대한) 짐승 ; 금수 ; (the B-) 그리스도의 적. (2) ⓒ 동물, 《특히》네발 짐승《※ 이 뜻으론 animal이 보통 ; 단, the king of *beasts* 백수(百獸)의 왕》. (3) ⓒ (*pl.* ***～s, ～***) 마소, 가축 ; 《英》〔集合的〕 육우(肉牛) : (4) ⓒ 짐승 같은

놈, 비인간 ; (the ~) (인간의) 야수성. 【opp.】 *angel.* ▫ beastly *a.* ***a ~ of burden*** 〈***draft***〉 짐 나르는〈짐마차를 끄는〉 짐승《마소·낙타 등》. ***a ~ of prey*** 맹수, 육식 짐승. ***a*** 〈***perfect***〉 ***~ of a day*** 날씨가 (몹시) 나쁜 날. ***a wild ~*** 야수. ***Don't be a ~*** 심술부리지 마라. ***make a ~ of*** one***self*** 야수처럼 되다.

béast fàble 동물 우화.

·beast·ly [bíːstli] *a.* (1)짐승 같은 ; 잔인한 ; 불결한. (2)《口》 불쾌한, 지겨운 — *ad.* 《口》 몹시, 아주.

:beat [biːt] (**~ ; ~·en** [bíːtn], 《古》 ~) *vt.* (1) 《~+目/+目+前+名》 (연거푸) …을 치다, 두드리다 ; (벌로) 때리다, 매질하다 ; 탈곡하다 : ~ a person *on* the head 아무의 머리를 치다. (2)《~+目/+目+前+名》 …에 부딪치다 : rain ~*ing* the trees 나무를 때리는 빗발 / ~ one's head *against* the wall 벽에 머리를 부딪치다 / (3)(새가) 날개 치다. (4)(북 따위)를 쳐서 울리다〈신호하다〉 : ~ a charge 돌격의 북을 치다. (5)《~+目/+目+副/+目+前+名》 (달걀 등)을 휘저어 섞다, 거품 일게 하다《*up*》 : ~ drugs 약을 섞다 / (6)《+目+前+名/+目+補/+目+副》 …을 때려 부수다, 빻다《*against*》 ; (금속 따위)를 두드려서 펴다, 두드려 만들다《*into* ; *out*》 : ~ gold *into* a leaf 금을 두드려 금박을 만들다 / ~ gold flat 금을 두드려 납작하게 하다 / ~ *out* gold 금을 두드려 펴다. (7)《~+目/+目+前+名》 (길)을 밟아 고르다〈굳히다〉 ; 진로를 열다 : ~ a path 길을 내다; 진로를 개척하다 / ~ one's way *through* a crowd 군중 속을 뚫고 나아가다. (8)【樂】 (박자)를 맞추다. (9)《+目+前+名》 …을 때려 박다 ;《比》 …을 주입시키다 : ~ a stake *into* the ground 말뚝을 지면에 때려 박다 / (10)《~+目/+目+*to* do》【獵】 (숲 따위)를 뒤지며 찾아 (돌아)다니다《*for*》 : ~ the woods *for* 〈in search of〉 the lost child 잃어버린 아이를 찾아 숲 속을 뒤지다 / (11)《~+目/+目+前+名》 …에 이기다《*at* ; *in*》 ; …보다 낫다 : No other hotel can ~ this *for* good service. 서비스에 있어서 이 호텔보다 나은 곳은 없다. (12)《口》 …을 당혹시키다, 손들게 하다, …을 난처하게〈쩔쩔매게〉 하다 : (13)《~+目/+目+前+名》《美口》 …을 속이다, 사취하다 : He ~ the child *out of* a dollar. 그 어린애를 속여 1달러를 빼앗았다 : That ~s everything I have heard. 이렇게 괴상한 일은 금시 초문이다. (14)《~+目/+目+前+名》 …보다 앞서 있다, …을 앞지르다 : (15)…을 두드려 내쫓다 ; 격퇴하다《*away* ; *off*》 ; …을 털어 버리다《*out of*》.

— *vi.* (1)《+前+名》 계속해서 치다, 퉁퉁 두드리다《*at* ; *on*》 : Stop ~*ing at*〈*on*〉 the door. 문을 그만 두드려라. (2)(심장·맥박 따위가) 뛰다(throb), 고동치다 : (3)《+前+名/+副》 (비·바람·물결 등이) 치다 ; (해가) 내리쬐다《*against* ; *on*》 :(4)《~/+副》 (북 따위가) 둥둥 울리다 : Chimes ~ *out* merrily. 차임이 낭랑하게 울렸다. (5)《口》 이기다(win). (6)《+副》 (달걀 따위가) 섞이다 : (7)(날개를) 퍼덕이다(flap). (8)【海】 바람을 거슬러 나아가다《*about*》. ***~ about*** 1) 이리저리 찾아 헤매다《*for*》. 2)⇨ *vi.* (8). ***~ about*** 〈《美》 ***around***〉 ***the bush*** 덤불 언저리를 두드려 짐승을 몰아내다 ; 넌지시 떠보다, 에두르다, 변죽 울리다 ; 요점을 말하지 않다 : ***~ all*** (***anything, everything***) 〔흔히, it, that를 주어로 하여〕《口》 무엇보다 재미있다, 최고다 ; 사람을 놀라게 하다 : Doesn't *that* ~ *all* ! 그건 놀라운 일이로구먼! ***~*** (***all***) ***hollow*** (***all to sticks***) 《口》 결정적으로 패배시키다 ; 《口》 …보다(도) 훨씬 우수하다. ***~ a path*** 〈***track***〉 ⇨ *vt.* (7). ***~ a retreat*** 퇴각의 북을 치다 ; 퇴각하다 ; 달아나다 : ***~ away*** 계속해 치다, 연거푸 치다 ; 두드려 털다 ; 두드려 내쫓다. ***~ back*** 격퇴(擊退)하다 ; 불길을 막다. ***~ down*** 타도하다, 쓰러뜨리다 ; 낙담〈실망〉시키다 ; (비가)(…에) 내리다 ; (햇빛이) 내리쬐다《*on*》 ; 값을 깎다. ***~ in*** 쳐부수다, 쳐박다, 때려 넣다 ; (문을) 두들겨 열다 ; …를 때려 상처 입히다. ~ a thing ***into*** a person***'s head*** ⇨ vt. (9). ***~ it*** 《口》 (급히) 떠나다, 나가다 ; 달아나다, 내빼다 ;《俗》《명령문》 꺼져라 : ***~ off*** 격퇴하다 ; (경쟁 상대를) 떼어내다. 【海】 바람 불어가는 쪽으로 엇비스듬히 나아가다. ***~ on*** …을 덮치다 ; (파도 따위가) 세차게 내리치다. ***~ out*** ⇨ *vt.* (6). ; (불을) 두들겨 끄다 ; (음악·신호를) 쳐서 울리다 ; (아무를) 기진케 하다 ;《美》 (상대를) 이기다, 격파하다 ; …를 능가하다 ;【野】 (평범한 땅볼을) 내야 안타로 만들다 ; 타이프를 치다. ~ a person***'s brains out*** 《口》 ⇨BRAIN. ~ a person ***out of*** 아무에게서 …을 속여 빼앗다, ~으로 하여금 ~을 단념시키다. ~ one***'s brains*** (***out***) 머리를 짜내(게 하)다 ; 열심히 일하다. ~ one***'s breast*** 〈***chest***〉 가슴을 치다《변명·장담을 위해》 (【cf.】 breast-beating). ***~ the devil around the bush*** 《口》 에둘러 말하다〈찾다〉. ***~ the clock*** ⇨ CLOCK. ***~ the*** 〈***a***〉 ***drum*** 야단스럽게 선전하다 ; 마구 떠들어대다. ***~*** (***the***) ***hell out of...*** ⇨ HELL. ***~ time to*** …에 박자를 맞추다. ~ a person ***to it*** 〈***the draw, the punch***〉 아무의 기선을 제하다, 앞지르다. ***~ up*** 1)기습하다 ; 놀라게 하다 :2)북을 두드려 소집하다. 3)⇨ *vt.* (5). 4)(경관 등이 담당 구역을) 돌다. 5)《俗》 마구 때리다, 괴롭히다, 꾸짖다. 6)【海】 바람부는 쪽으로 엇거슬러 나아가다 : ~ up and down 여기저기 쫓아다니다 / ~ up for ~을 모집하다. ***Can you ~ that*** 〈***it***〉 ***?***〈***!***〉 《俗》 (어때) 듣고〈보고〉 놀랐지 ; 그런 일 본〈들은〉 적이 있나. ***to ~ the band***〈(***the***) ***hell, the cars, the devil, the Dutch***〉 《美口》 세차게, 맹렬히, 몹시 ;《美口》 대량으로. ***It ~s me. =Beats me.*** 《口》 (전혀) 모른다 :

— *n.* (1) ⓒ (연속하여) 때림 ; (북·종 따위의) 치는 소리 ; (시계) 소리 ; (심장의) 고동. (2) ⓒ (경찰관 등의) 순찰 (구역) : on one's 〈the〉 ~ 담당 지역 순시중. (3) ⓒ (손·발 따위로 맞추는) 박자, 장단 ; (재즈 등의) 강렬한 리듬 ; (지휘봉의) 한 번 흔들기. (4) ⓒ 【物】 맥놀이, 비트. (5) ⓒ (운각(韻脚)의) 강음(stress). ***be in*** 〈***out of, off***〉 one***'s ~*** 《口》 자기분야이다, 전문 영역〈영역밖〉이다. ***get a ~ on*** ~보다 우위에 서다, ~을 앞지르다. ***off*** 〈***on***〉 (***the***) ***~*** 박자〈템포〉가 맞지 않아〈맞아〉 ; 상태가 좋지 않아〈좋아〉 ***pound a ~*** 《美俗》(경찰이) 도보순찰을 하다. A person***'s heart skips*** 〈***misses***〉 ***a ~***. 놀람〈공포, 기쁨〉으로 심장이 멎을 것 같다.

— *a.* 《口》 (1)〔敍述的〕 기진 맥진하여, 녹초가 되어 : (2)〔限定的〕《口》 비트족의. (3)〔敍述的〕 놀라서.

:beat·en [bíːtn] BEAT의 과거분사.

— *a.* 〔限定的〕 (1)두들겨 맞은. (2)진, 패배한. (3)두드려 편 : She was wearing a necklace of ~ gold. 그녀는 두드려만든 금박 목걸이를 하고 있었다. (4)밟아 다져진. (5)기진 맥진한 ; (옷 따위가) 해어진. (6)뒤섞인, 거품이 인. ***off the ~ track***〈***path, road***〉 사람이 별로 가지 않는〈알지 못하는〉 ; 상궤를 벗어난, 관습을 깨고 ; 신기한

beat·er [bíːtər] *n.* ⓒ (1)때리는 사람 ; 몰이꾼. (2)두드리는 기구 ; (달걀의) 거품 내는 기구 ; (믹서의) 회전 날..

B

be·a·tif·ic, -i·cal [bìːətífik], [-əl] *a.* (1)《文》 축복을 내리는. (2)행복에 빛나는, 기쁜.
be·at·i·fi·ca·tion [biːæ̀təfikéiʃən] *n.* ⓤ 축복 ; 【가톨릭】 시복(諡福)(식).
be·at·i·fy [biːǽtəfài] *vt.* …을 축복하다 ; 【가톨릭】 …에게 시복(諡福)하다.
·beat·ing [bíːtiŋ] *n.* (1)ⓤ 때림 ; 매질 ; 타도. (2)(a ~) 패배 : take 〈get〉 a terrible ~ 참패를 맛보다. (3) ⓤ (심장의) 고동. (4) ⓤ 날개치기, (날개를) 퍼덕거림 ; 【海】 바람을 엇거슬러 나아가기. (5) ⓤ 【泳】 물장구질 ; (금속을) 두들겨 펴기. (6)(a ~) 정신〈물질〉적 타격 : ***get*** 〈***give***〉 ***a good ~*** 호되게 얻어맞다〈때리다〉. ***take some*** 〈***a lot of***〉 ~ 이기기 어렵다, (물건이) 질기다 :
be·at·i·tude [biːǽtətjùːd] *n.* ⓤ 지복(至福), 더할 나위 없는 행복 ; 【聖】 팔복(八福)《마태복음 V : 3-11》.
Bea·tles [bíːtlz] *n. pl.* (the ~) 비틀스.
beat·nik [bíːtnik] *n.* ⓒ 비트족의 사람.
beat-up [bíːtʌ̀p] *a.* 〔限定的〕《美口》 오래 써서 낡은 ; 지친.
beau [bou] (*pl.* ***~s, ~x*** [-z]) *n.* ⓒ 멋쟁이〈상냥한〉 남자, 미남 ; 여자의 상대〈호위〉를 하는 남자 ; 구혼자, 연인, 보이프렌드.
beaut [bjuːt] *n.* ⓒ *a.* 〔종종 反語적〕 미인, 아름다운 (것).
beau·te·ous [bjúːtiəs] *a.* 〔限定的〕《詩》 황홀할 정도로 아름다운.
beau·ti·cian [bjuːtíʃən] *n.* ⓒ 미용사 ; 미용원 경영자.
beau·ti·fi·ca·tion [bjúːtəfikéiʃən] *n.* ⓤ 미화 ; 장식.
:beau·ti·ful [bjúːtəfəl] (***more ~ ; most ~***) *a.* (1)아름다운, 고운, 예쁜. (2)산뜻한, 훌륭한, 빼어나게 : He has ~ manners. 그는 훌륭한 매너를 갖고 있다. (3)더할 나위 없는, 훌륭한, 돋보이는.
— *n.* (the ~) 아름다움(beauty) ; 〔集合的〕 아름다운 것, 미녀들. — *int.* 《口》 좋아 !, 됐어 ! 《적극적인 만족감을 나타낼 때》 : 파) **:~·ly** *ad.* 아름답게 ; 《口》 매우.
***beau·ti·fy** [bjúːtəfài] *vt.* …을 아름답게 하다, 미화하다, 훌륭하게 하다.
— *vi.* 아름다워지다. ▫ beautification *n.*
:beau·ty [bjúːti] *n.* (1) ⓤ 아름다움, 미 ; 미모 : manly 〈womanly, girlish〉 ~ 남성〈여성, 처녀〉 미 / ~ art 미용술 / *Beauty* is but skin-deep. 《俗談》 미모는 거죽만의 것《겉보다는 마음씨》 / (2) ⓒ 아름다운 것, 훌륭한 것 ; 미인 : Well, you are a ~. 사넨 내난한 친구군〈괴짜군〉. (3)〔集合的〕 가인(佳人)들 : the wit and ~ of the town 장안의 제사 가인들. (4)(종종 *pl.*) 미점, 좋은 점 ; (문학서의) 절묘한 대목 ; 가경(佳境).
beaux [bouz] BEAU 의 복수.
beaux-arts [bouzáːr] *n. pl.* 《F.》 미술(fine arts).
:bea·ver[1] [bíːvər] (*pl.* ***~s, ~***) *n.* (1) ⓒ 비버, 해리(海狸). (2) ⓤ 비버 모피 ; ⓒ 비버 모피로 만든 모자, 실크해트 ; 두꺼운 나사의 일종. (3) ⓒ 《口》 (일·공부에) 끈질긴 사람 ; 일벌레 (【cf.】 eager beaver) ; 지나치게 양심적인 일꾼. (4) ⓒ 《美卑》 여자의 성기 ; 《美俗》 여자. ***work like a ~*** 《口》 부지런히 일하다.
— *vi.* 《口》 부지런히 일하다《*away* (*at*)》.
bea·ver[2] *n.* ⓒ (투구의) 턱가리개.
bea·ver·board [bíːvərbɔ̀ːrd] *n.* ⓒ 목재 섬유로 만든 가벼운 판자.
be·bop [bíːbɑ̀p/ -bɔ̀p] *n.* ⓤ 모던 재즈 음악의 가장 초기의 형식.
be·calm [bikáːm] *vt.* (1)【海】 바람이 자서 (돛배)를 멈추게 하다《※ 보통 과거분사로 쓰임》 : (2)진정시키다, 잠잠하게〈가라앉게〉 하다(calm) : the ~*ed* peace talks 진전없는 평화회담.
:be·came [bikéim] BECOME 의 과거.
:be·cause [bikɔ́ːz, -káz, -kʌ́z/ -kɔ́z] *conj.* 〔副詞節을 이끌어〕 (1)(왜냐하면) …이므로〈하므로〉, …한 이유로, … 때문에 : (2)〔否定語에 수반되어〕 …라고 해서(-은 아니다)《※ 이 뜻의 경우 comma는 붙지 않음》 :You should not despise a man simply ~ he is poor. 가난하다는 것만으로 사람을 경멸해서는 안된다 / Just ~ a man is rich, you can't say (that) he is happy. 사람이 부자라고 해서 그것만으로 행복하다고는 할 수 없다《※ because 節은 just, only, simply, chiefly 따위 정도를 나타내는 副詞로 한정될 때가 많음》.
all the more ~ …하기〈이기〉 때문에 더 한층〈오히려 더〉 : I want to go *all the more* ~ I learned she's going too. 그녀 또한 간다기에 더욱 더 가고 싶다. ***~ of*** …한〈의〉 이유로, … 때문에(owing to) : I didn't go out ~ of the rain. 비 때문에 외출하지 않았다 / We changed our plans ~ *of* her late arrival. 그녀가 지각했기 때문에 계획을 바꿨다《... because she arrived late가 구어적임》. ***none the less ~*** …임에도 불구하고 (역시), …한데도 (그래도) : I like him *none the less* ~ he is too good-natured. 그는 지나치게 착하기만 한데 도리어 호감이 간다.
beck[1] [bek] *n.* ⓒ 고갯짓(nod), 끄덕임 ; 손짓(으로 부름) ; 《주로 Sc.》 절(bow). ***be at*** a person***'s ~*** (***and call***) 아무가 하라는〈시키는〉대로 하다. ***have at*** one***'s ~*** 마음대로 부리다.
— *vt.*, *vi.* 《古》 =BECKON.
beck[2] *n.* ⓒ《英北部》 시내(brook), 계류(溪流).
·beck·on [békən] *vt.* (1)《~+目/+目+*to* do/+目+副》 손짓〈고갯짓, 몸짓〉으로 (사람)을 부르다 ; (머리·손 따위로) …에게 신호하다《*to*》 : He ~*ed* (to) me *to* come in. 내게 들어오라고 손짓〈신호〉했다. (2)…을 유인〈유혹〉하다.
— *vt.* 《+前+名》 손짓해 부르다 ; 신호하다《*to*》 : I ran to the side and ~ed to John. 나는 옆으로 달려가서 존에게 신호했다 ; 부르다 ; 유혹하다 : The blue sea ~*s*. 푸른 바다가 유혹한다.
be·cloud [bikláud] *vt.* …을 흐리게 하다 ; 어둡게 하다 ; (뜻을) 모호하게 하다 ; (의론 따위를) 혼란시키다.
:be·come [bikʌ́m] (***be·came*** [bikéim] ***; be·come***) *vi.* (1)《+補/+*done*》 …이〈으로〉 되다 : She then *became puzzled*. 그러자 그녀는 뭐가 뭐지 모르게 되었다 / / How did you ~ acquainted with him? 그와는 어떻게 알게 되었느냐?.2)오다 ; 생기다. — *vt.* (1)…에 어울리다, 알맞다. (2)…답다.
~ of 〔疑問詞 what을 主語로 해서〕 …이 (어떻게) 되다 : *What* has ~ *of* him? 그는 어찌 되었을까; 《口》어디 갔을까.
·be·com·ing [bikʌ́miŋ] *a.* 어울리는, 알맞은, 적당한(suitable)《*for* ; *to* ; *in*》 : That kind of behavior is not very ~ *for* a teacher. 그 같은 행동은 교사에게는 너무나 어울리지 않는다 / The necklace is very ~ to her. 그 목걸이는 그녀에게

썩 잘 어울린다.
파) **~·ly** *ad.* **~·ness** *n.*

:bed [bed] *n.* (1) ⓒ 침대, 침상 ; (가축의) 잠자리, 깔 짚(litter) : He is too fond of his ~. 그는 게으름뱅이다. (2) ⓒ,ⓤ 취침(시간), 숙박 ; 동침, 결혼, 부부 관계 ;《口》성교(性交). (3) ⓒ 〔종종 複合語를 만들어〕 모판, 꽃밭(flower bed) ; (굴 따위의) 양식장. (4) ⓒ 병원의 환자 수용수(數). (5) ⓒ 토대 ; 포상(砲床), 총상(銃床) ; (철도의) 노반(路盤), 도상(道床) ; 지층, 층 (stratum) ; (벽돌·타일 따위의) 밑면 : (6) ⓒ 하천 바닥, 하상(河床) ; 호수 바닥. (7) ⓒ 조선대(造船臺). (8)ⓒ《比》무덤(grave).
a ~ of roses 안락한 신분〈경우, 살림〉. ***a ~ of dust*** =***a narrow ~*** 무덤. ***a ~ of honor*** 전몰용사의 무덤. ***a ~of sickness*** 병상(病床). ***a ~ of thorns*** 〈***nails***〉 괴로운 처지; 바늘방석. ***be brought to ~*** (***of a child***) 아이를 낳다, 해산하다. ***be confined to*** one***'s ~*** =***keep*** one***'s bed*** 병상에 누워 있다. ***~ and board*** 숙박과 식사, 침상을 함께 함 ; 결혼 생활. ***before ~*** 취침 전에. ***be in ~*** 자고 있다 ; 성교를 하고 있다. ***change a ~***《美》침대의 커버를 바꾸다. ***die in*** one***'s ~***《口》제명대로 살다가 죽다. ***early to ~ and early to rise*** 일찍 자고 일찍 일어나기. ***get a ~at*** (an inn) (여관)에 투숙하다. ***get out of ~*** 잠자리에서 일어나다. ***get up on the right*** 〈***wrong***〉 ***side of the ~*** (그 날의) 기분이 좋다〈나쁘다〉(= get out of ~ on the right 〈wrong〉 side). ***go to ~*** 1)잠자리에 들다, 자다. 2)(이성과) 동침하다《*with*》. ***Go to ~!***《俗》입 닥쳐, 시끄러워. ***go to ~ with chickens*** 일찍 자다. ***have*** one***'s ~*** 출산 자리에 들다(=take to (a) ~). ***keep*** one***'s ~*** 병으로 누워 있다. ***leave*** one***'s ~*** (병이 나아서) 자리를 털고 일어나다. ***lie in*** 〈***on***〉 ***the ~*** one ***has made*** 자기가 한 일에 책임을 지다. ***make a*** 〈***the,*** one***'s***〉 ***~*** 잠자리를 깔다〈개다〉, 잠자리를 정돈하다 : ***make up a ~*** (손님용으로) 침상을 준비하다, 새 잠자리를 마련하다, 임시 잠자리를 준비하다. ***put to ~*** (아이를) 재우다 ; 인쇄기에 걸다, 인쇄에 돌리기 전 마무리하다. ***share the ~*** 잠자리를 같이하다. ***sit up in ~*** 잠자리에서 일어나 앉다. ***take to*** one***'s ~*** 앓아 눕다. ***take up the ~*** 자리를 털고 일어나다. ***wet the***〈one***'s***〉 ~ (아이가) 자면서 오줌을 싸다.
— (**-dd-**) *vt.* (1) 잠자리를 주다. (2)…을 재워 주다《*down*》. (3)《~+目/+目+副/+目+前+名》(외양간)에 깔짚을 깔아 주다《*down*》. (4)《+目(+副)》…을 화단〈묘판〉에 심다《*out* ; *in*》. (5)《~+目/+目+前+名》(돌·벽돌 따위)를 반반하게 놓다, 쌓아 올리다 : (6)《+目+前+名》…을 묻다 : — *vi.* (1)자다(~ down), 숙박하다(in) : be accustomed to ~ early 일찍 자는 버릇에 익숙해지다. (2)《口》동침하다, (남녀가) 동거하다《*with*》. (3)(…위에) 자리잡다〈놓이다〉, 앉다《*on*》 : ***~ down*** (사람·짐승을) 잠자리를 깔아주다 ; 잠자리에 들다.
~ out 【園】 화단〈모판〉에 심다.

be·dab·ble [bidǽbəl] *vt.* 튀기나, 끼얹나, (물 따위)를 튀겨서 더럽히다《*with*》 : His clothes were ~*d with* paint. 페인트가 튀어 옷을 버렸다.

be·daub [bidɔ́ːb] *vt.* …을 처덕처덕 바르다, 마구 칠하다, 매대기치다 ; 더럽히다《*with*》 ; 지나치게 꾸미다 ; 처바르다《*with*》 :

be·daz·zle [bidǽzəl] *vt.* …을 현혹시키다, 어찌할 바를 모르게 하다 ; 눈이 어두워지게 하다《*with*》. 파) **~·ment** *n.*

bed·bug [bédbʌ̀g] *n.* ⓒ 빈대.

bed·cham·ber [⌐tʃèimbər] *n.* ⓒ《美·英古》침실.

bed·da·ble [bédəbəl] *a.*《口》성적으로 헤픈 ; 침대가 되는, 침대로 알맞은.

bed·ding [bédiŋ] *n.* ⓤ 침구《담요·시트 따위》 ; (가축의) 깔짚 ; 정식(定植) ; 【建】 토대.

be·deck [bidék] *vt.* (화려하게) …을 장식하다, 장식하다《*with*》.

be·dev·il [bidévəl] (**-l-,**《英》**-ll-**) *vt.* …을 귀신 들리게 하다 ; (편견 따위가) …에 붙어 떨어지지 않다; …을 괴롭히다; 미혹시키다; 매혹하다 : Serious economic problems are ~*ling* the country. 심각한 경제문제가 그 나라를 괴롭히고 있다.

be·dewed [bidjúːd] *a.* 〔敍述的〕 (눈물)로 젖은《*with*》 : a face ~ *with* tears 눈물젖은 얼굴.

bed·fel·low [⌐fèlou] *n.* ⓒ 아내 ; (특히, 일시적인) 동료(associate), 친구, 잠자리를 같이 하는 친구 : an awkward ~ 까다로운 사람 / Adversity 〈Misery〉 makes strange ~*s*. 동병상련(同病相憐).

be·dimmed [bidímd] *a.* 〔敍述的〕 …로 흐려진《*with*》 : eyes ~ *with* tears 눈물로 흐려진 눈.

bed·lam [bédləm] *n.* ⓤ 소란한 장소 ; 대혼란, 소란, 미친 짓, 수라

bed·mak·ing [⌐mèikiŋ] *n.* ⓤ 침상 정돈 ; 침대제조.

bed·mate [⌐mèit] *n.* ⓒ 동침자, 아내, 남편.

Bed·ou·in [béduin] (*pl.* **~, ~s**) *n.* ⓒ 베두인 사람 ; 유목민, 방랑자.

bed·pan [⌐pæ̀n] *n.* ⓒ (환자용) 변기, 요강 ; 난상기(暖床器).

bed·post [⌐pòust] *n.* ⓒ (네 귀의) 침대 기둥, 침대 다리 : He had to spend two years ~ with an injury. 그는 부상 때문에 2년간을 병상에서 보내야 했다. ***between you and me and the ~*** 우리만의 이야기인데, 내밀히 : ***in the twinkling of a ~*** 삽시간에, 즉석에서.

be·drag·gled [bidrǽgəld] *a.* (구정물 따위로) 더럽힌, 지저분하게 된.

bed·rid(·den) [bédrìd(n)] *a.* 몸져 누워 있는, 일어나지 못하는, 누워서만 지내는《환자·노쇠자 따위》.

bed·rock [bédràk/ ⌐rɔ̀k] *n.* ⓤⓒ 【地質】 기반(基盤)(암), 임상(臨床) ; 기본(foundation) ; 최하부 ; 최하 가격 ; 기본 원리(原理) : Mutual trust is the ~ of a relationship. 상호 신뢰는 대인 관계의 기초다. ***get*** 〈***come***〉 ***down to the ~***《口》진상을 규명하다 ;《美俗》빈털터리가 되다.
— *a.* 〔限定的〕 밑바탕의 ; 기본적인.

bed·roll [bédròul] *n.* ⓒ 취낭(寢囊), 휴대용 침구.

:bed·room [bédrùːm, ⌐rùm] *n.* 침실. — *a.* 〔限定的〕 성적(性的)인 ; 침실(용)의 ; 통근자가 거주하는.

·bed·side [bédsàid] *n.* ⓒ 침대 곁, 베갯머리, 머리맡《특히 환자의》. — *a.* 〔限定的〕 베갯머리의, 침대 곁의, 임상(臨床)의. ***be at*** 〈***by***〉 a person***'s ~*** 아무의 머리맡에서 시중들다.

bed·sore [⌐sɔ̀ːr] *n.* ⓒ 【醫】 욕창(褥瘡).

bed·spread [⌐sprèd] *n.* ⓒ 침대 커버(장식용).

bed·spring [⌐sprìŋ] *n.* ⓒ (침대의) 스프링.

bed·stead [⌐stèd] *n.* ⓒ 침대틀〈프레임〉.

·bed·time [⌐tàim] *n.* ⓤ 취침 시간, 잘 시각 : ~ story 취침시에 아이들에게 하는 공상적인 동화.

bed·wet·ting [⌐wètiŋ] *n.* ⓤ 야뇨증.

:bee [biː] *n.* ⓒ (1)꿀벌 ; 〔一般的〕 벌 ; 일꾼. (2)〔흔히 busy ~로〕 열심히 일하는 사람 ; 되게 바쁜

B

사람. (3)《美》(일·오락 경쟁을 위한) 회합, 모임. ***a queen* 〈*working*〉 ~** 여왕〈일〉벌. **(*as*) *busy as a* ~** 몹시 바쁜. ***be the bee's knees*** 《英口》 뛰어나다, 빼어나다. ***have* 〈*got*〉 *a* ~ *in* one*'s bonnet* 〈*head*〉 (*about*** something) 《口》 1)어떤〈한 가지〉 생각에 골똘하다, 뭔가를 골똘히 생각하다 : 2)머리가 좀 이상해지다〈돌다〉. ***a spelling* ~** 철자 경기회 ***swarm like ~s*** 밀집하다. ***work like a* ~** 꿀벌처럼 열심히 일하다.

bee·bread [bíːbrèd] *n.* ⓤ 꿀벌이 새끼벌에 주는 먹이《꽃가루와 꿀로 만든 것》: 꿀벌의 식량.

·beech [biːtʃ] *n.* ⓒ 너도밤나무 ; ⓤ 그 목재.

béech màst 너도밤나무 열매.

beech·wood [∸wùd] *n.* ⓤ 너도밤나무 목재.

:beef [biːf] *n.* (1) ⓤ 쇠고기 : 고기 : The spaghetti sauce is made from minced ~. 스파게티 소스는 잘게 썰어 다진 쇠고기로 만들어진다 : roast ~ 불고기. (2)(*pl.* **beeves** [biːvz]) ⓒ 육우(肉牛). (3) ⓤ《口》 근육 ; 체력 ;《口》 살집, 몸무게 : (4)(*pl.* **~s**) ⓒ 《俗》 불평, 불만 : a ~ session 불평 모임 /**~ *and muscle*** 완력, 근력. ***put* ~ *into...*** 《俗》 …에 힘을 들이다〈쏟다〉 : *put* too much ~*into* a stroke 타구(打球)에 너무 힘을 들이다 / *Put* some ~ *into* it ! 열심히 일해라.

— *vi.* 《俗》 불평하다《*about*》 ; 흠잡다. **~ *up*** 《口》 강화〈보강〉하다, 증강하다 ; …에 큰돈을 들이다.

beef·burg·er [∸bə̀ːrgər] *n.* ⓒ 쇠고기 햄버거.

beef·cake [∸kèik] *n.* ⓤ 〔集合的〕《美俗》 (1)(남성의) 육체미 사진(【cf.】 cheesecake). (2)(a piece of ~) 늠름한 사내, 육체미의 남자. (3)근육이 늠름한 체격

beef·eat·er [∸ìːtər] *n.* ⓒ (1)쇠고기를 먹는 사람 ; 몸이 다부진 근육질의 사람. (2)(종종 B-) 영국 왕의 근위병 ; 런던탑의 수위. (3)《俗》 영국인.

:beef·steak [∸stèik] *n.* ⓤ 두껍게 저민 쇠고깃점. 【料】 ⓒ 비프스테이크.

beefy [bíːfi]b (***beef·i·er* ; *-i·est***) *a.* 건장〈뚱뚱〉한, 살찐, 옹골찬 ; 굼뜬(stolid).

파) **béef·i·ness** *n.*

bee·hive [bí;hàiv] *n.* ⓒ (꿀벌의) 벌집, 벌통 ; 사람이 붐비는 장소. ***as busy as a* ~** (무리가) 분주히 왔다갔다 하여.

bee·keep·er [∸kìːpər] *n.* ⓒ 양봉가(家).

bee·keep·ing [∸kìːpiŋ] *n.* ⓤ 양봉(養蜂).

bee·line [bíːlàin] *n.* ⓒ 직선 ; 최단 코스〈거리〉. ***in a* ~** 일직선으로. ***take* 〈*make*〉 *a* ~ *for*** 《口》 …로 똑바로 가다 : ~ for ~애 일직선으로 나아가다.

bee·mas·ter [bíːmæ̀stər, -mɑ̀ːs-] *n.* =BEEKEEPER.

:been [bin/biːn, bin] BE 의 과거분사.

beep [biːp] *n.* ⓒ (경적 따위) 삑하는 소리, 양봉자 신호경적 ; (인공위성의) 발신음. — *vi., vt.* 삑하고 경적을 울리다, 삑 소리를 내다 ; 삑하고 발신하다.

beep·er [bíːpər] *n.* ⓒ (1)신호 발신 장치. (2)무선 호출 장치(pager)《긴급시 삐삐 호출 신호를 냄》.

:beer [biər] *n.* (1) ⓤⓒ 맥주 : We drank a few pints of ~. 우리는 맥주 몇 파인트를 마셨다. (2) ⓤ (알코올분이 적은) 음료. (3) ⓒ 맥주 한 잔(a drink of ~) : order a ~. ***in* ~** 맥주에 취하여; 거나하여. ***Life is not* (*all*) ~ *and skittles.*** ⇨ SKITTLE. ***on the* ~** 《俗》 늘 맥주〈술〉에 젖어 ; 《俗》 마시고 떠들어.

béer èngine =BEER PUMP.

béer gàrden 비어 가든, 노천 맥주점.

béer hàll 비어 홀, 맥줏집.

beer·house [∸hàus] *n.* ⓒ 《英》 비어 홀.

béer pùmp 맥주 펌프.

beery [bíəri] (***beer·i·er* ; *-i·est***) *a.* 맥주의, 맥주에 취한, 맥주 냄새가 나는 ; 맥주로 맛을 낸.

bees·wax [bíːzwæ̀ks] *n.* ⓤ 밀(랍). — *vt.* …에 밀(랍)을 바르다〈먹이다〉, 밀랍으로 닦다.

·beet [biːt] *n.* ⓒ 【植】 비트《근대·사탕무 따위》 ; 《美》 =BEETROOT.

:bee·tle[1] [bíːtl] *n.* ⓒ (1)투구벌레(류), 딱정벌레(insect). (2)(B-) 《俗》 =VOLKSWAGEN. ***black* ~** 바퀴《벌레》. — *vi.* 《口》(눈알 따위가) 바쁘게 움직이다 ; 《英俗》 급히 가다, 허둥지둥 달리다《*off* ; *along*》. **~ *off*** 무턱대고 뛰어다니다, 뺑소니치다 ; 급히 떠나(가)다 :

bee·tle[2] *n.* 메, 큰 망치, 달구 ; 막자, 공이. ***between the* ~ *and the block*** 궁지에 빠져.

— *vt.* (메·공이 따위로) 치다.

bee·tle[3] *vi.* (눈썹·벼랑 따위가) 튀어나오다(overhang)《*over*》: The cliff ~*s over* the sea. 그 벼랑은 바다로 튀어나왔다. — *a.* 〔限定的〕 불쑥 나온 ; 털이 짙은《눈썹 따위》 ; 찡그린 얼굴의 : ~ brows 굵은 눈썹 ; 찌푸린 눈살〈얼굴〉.

bee·tle-browed [-bràud] *a.* 눈썹이 검고 짙은, 짙은 눈썹의 ; 상을 찌푸린, 뚱한(sullen).

bee·tling [bíːtliŋ] *a.* 〔限定的〕 툭〈불쑥〉 나온(beetle)《벼랑·눈썹·고층 빌딩 따위가》.

·be·fall [bifɔ́ːl] (***be·fell*** [bifél] ; ***be·fall·en*** [bifɔ́ːlən]) *vi.* (1)《~/+前+名/+*that* 節》 (…의 신상에) 일어나다, 생기다, 닥치다《*to*》, (…할) 운명이 되다 : A misfortune *befell to* his sister. 불행한 일이 그의 누이에게 닥쳤다. (2)《古》 (…에게) 속하다, (…의) 소유물이 되다《*to*》. — *vt.* (…의 신상)에 일어나다, 생기다, 미치다, 닥치다(happen to) :

be·fit [bifít] (**-tt-**) *vt.* …에 적합하다, …에 걸맞다 ; …에 어울리다 : ㅁ fit *a.* ***It ill ~s* 〈*does not* ~〉** a person ***to*** do. …하는 것은 아무에게 걸맞지 않다. ***as ~s*** …에게 어울리게.

be·fit·ting [bifítiŋ] *a.* 어울리는, 상응하는, 알맞은(proper)《*to*》. 파) **~·ly** *ad.*

be·fog [bifɑ́g, -fɔ́(ː)g] (**-gg-**) *vt.* …을 안개로 덮다〈가리다〉 ; (문제·진상 따위를) 흐리게 하다(obscure) ; 사람을 어리둥절하게 하다, 얼떨떨하게 하다(bewilder), ~의 설명을 어물어물하다.

be·fool [bifúːl] *vt.* …를 놀리다, 조롱〈우롱〉하다, 바보 취급하다 ; 속이다.

:be·fore [bifɔ́ːr] *ad.* (1)〔위치·방향〕 앞에, ~전에, 진방에 , 앞(장)서《ahead를 쓰이 보통임》 : look ~ and after 앞뒤를 보다〈생각하다〉 / go ~ 앞(장)서서 가다. (2)〔때〕 a〕(지금보다, 그때보다) 이전에, 그때까지 ; 좀 더 일찍, 앞서, 이미 : I had not met him ~, 그때까지 그를 만난 일이 없었다《그때가 초면이었다》/ You should have told me so ~. 좀 더 일찍 그리 일러주었더라면 좋았을 것을.

b〕(정해진 시각보다) 일찍, 전에(earlier) : Begin at five, not ~. 5시 정각에 시작해라. 그 전에는 안 된다. ***long* ~** 훨씬 이전에. **(*the*) *day* 〈*night*〉 ~** 그 전날〈전날 밤〉에.

— *prep.* (1)〔위치〕 a〕〔종종 비유적으로〕 …의 앞에, …의 면전〈안전〉에. 〖opp.〗 *behind.* 『 stand ~ the King 왕 앞에 나오다 / ~ my very eyes 바로 내 눈 앞에서 ; 공공연히 : Problems ~ the meeting 회의에 상정된 문제들 / : *in front of* the house. 또 숙

어적인 표현에서는 before가 쓰임 : *before* my eyes / *before* court 법정에서. **b**]…의 전도〈앞길〉에, …을 기다리고 : His whole life is ~ him. 그의 생애는 이제부터다. **c**]…힘〈기운, 기세〉에 눌리어 : bow ~ authority 권력 (앞)에 굴복하다.
(2)〔때〕 **a**]…보다(도) 전(前)에〈먼저〉, 일찍. 〖opp.〗 *after.* 『 ~ dark 어두워지기 전에 / ~ the agreed time 정각전에 / (on) the day ~ yesterday 그저께 《※ 명사구·부사구 모두에 사용되나 부사용법의 경우 《美》 에서는 종종 the 까지도 생략함》 / (in) the April ~ last 작년 4월에《《英》 에서는 종종 in을 붙임》 / the day ~ my birthday 내 생일 전날 /**b**]《美》(…분) 전(to) : five (minutes) ~ three. 3시 5분 전 (five to three)《미국에서는 of 도 씀》.
(3)〔순위·우선·선택〕 **a**]…보다 앞에〈먼저〉, …에 앞서, …에 우선하여 : be ~ others in class 반에서 수석이다 / put freedom ~ fame 명성보다 자유를 중히 여기다. **b**]〔would와 함께〕 …하느니 오히려 : I would die ~ yielding. 굴복하느니 차라리 죽을 테다. ***~ all*** (***things***) =~ everything. ***~ Christ*** 예수 탄생 전, 서력 기원전(前)《略 : B.C.》. ***~ dark*** 어두워지기 전에. ***~ everything*** 우선〈다른〉 무엇보다(도) : She put her family ~ *everything.* 그녀는 가정제일주의자이다. ***~ long*** ⇨ LONG. ***~ now*** 지금까지에, 더 일찍.
— *conj.* (1)(아직) …하기 전에, …하기에 앞서 : They had rented the house a week ~ we arrived. 그들은 우리가 도착하기 1주일 전에 셋집을 얻어놓았다
(2)〔would·will과 함께〕 …(을) 하느니 차라리(⇨ *prep.* (3)b]) : I will die ~ I give in. 굴복하느니 차라리 죽겠다, 죽어도 항복은 안 한다 / (3)〔形容詞節을 이끌어〕 …하기 전의 : The year ~ they were married he often sent her flowers. 결혼하기 전해에 그는 그녀에게 자주 꽃을 보냈다. ***it is not long ~*** 오래지〈얼마 있지〉 않아…, 이내〈곧〉… (soon) :

:be·fore·hand [bifɔ́ːrhæ̀nd] *ad., a.* 〔形容詞로는 敍述的〕 (1)미리, 벌써부터, 전부터 : Let me know ~. 미리 알려주시오 / you can san knife 아차하는 순간에 / (2)(그 때보다) 전에(는). (3)지레짐작으로. ***be ~ in*** one***'s suspicions*** 지나치게 마음을 쓰다. ***be ~ with*** …에 미리 대비하다 ; …의 기선을 제압하다, 앞지르다. **~·ed·ness** *n.*

be·foul [bifául] *vt.* (이름·명예 따위)를 더럽히다 ; 헐뜯다, 깎아 내리다, 중상하다.
파) **~·er** *n.* **~·ness** *n.*

be·friend [bifrénd] *vt.* …의 친구가 되다, …와 친하게 지내다 ; …에(게) 편들다, 돕다, …을 돌봐주다 : Alone in the big city, he was *~ed* by an old lady. 대도시에 혼자 있는 그는 나이든 부인과 사귀었다. ㅁ friend *n.*

be·fud·dle [bifʌ́dl] *vt.* 〔종종 受動으로, 전치사 with를 수반함〕 (1)정신을 잃게 하다 : He*'s ~d with* drink. 그는 억병으로 취해 있다. (2)어리둥절하게〈당황하게〉 하다 : 파) **~·ment** *n.*

:beg [beg] (***-gg-***) *vt.* (1)《~+目/+目+前+名》(먹고 입을 것·돈·허가·은혜 따위)를 빌다, 구걸하다, 구하다(ask for) : ~ forgiveness 용서를 빌다 / ~ money *of* charitable people 자선가에게 금전을 빌다 / I ~ a favor *of* you. 부탁이 있습니다. (2)《+目+前+名/+目+*to* do/+*to* do/+*that* 節》 …에게 간절히 바라다, 간청하다, 부탁하다 : He *~ged* the king *for* his life. 그는 왕에게 구명을 간청했다 / I ~ *that* you will tell the truth. 부디 사실을 말씀해 주십시오. (3)(문제·요점)을 회피하다, …에 답하지 않다.
— *vi.* (1)《~/+前+名》 청하다, 빌다 ; 구걸〈비럭질〉하다《*for*》 : ~ from door to door 가가호호 구걸하고 다니다 / ~ *for* food 음식을 구걸〈청〉하다. (2)《+前+名》(…에게) 부탁하다, 간청하다《*of*》 : I ~ *of* you not to say it again. 제발 두 번 다시(는) 그 말을 하지 말아 주시오.

☞ 語法 I *begged* (*of*) Mary to stay on for another week. 메리에게 1주일만 더 있어 달라고 부탁(을) 했다. I *begged for* Mary to stay on for another week. 메리를 1주일만 더 묵게 해 달라고 (어떤 딴 사람에게) 부탁했다.

(3)(개가) 뒷발로 서서 재롱부리다 : *Beg !* (개를 보고) 뒷발로 섯. ***~*** (***for***) one***'s bread*** 빌어먹다. ***~ leave to*** do =***~ to*** do …하는데 허가를 청(請)하다, 실례를 무릅쓰고 …하다 : I ~ (*leave*) *to* disagree. 실례지만 찬성 못 하겠습니다. ***~ of*** a person ***to*** do 아무에게 …해 달라고 청하다 : I ~ *of* you not *to* punish him. 그를 처벌치 마시기를 부탁드립니다. ~ a person ***off*** 사정하여 아무를 용서받게 해주다 : ***~ off*** (의무·약속 등을) 변명하여 거절하다 : He *~ged off from* speaking at the club. 그는 클럽에서의 연설을 면제받았다. ~ one***'s way to*** (London) (런던)까지 구걸해가며 여행하다. ***~ the question*** 〈***point***〉 **[論]** 문제점을 증명하지 않은 채 진(眞)이라 가정하고 논하다 ; 논점을 교묘하게 회피하다. ***Beg*** 〈***I ~***〉 ***your pardon.*** 미안합니다《※ 올림조로 말할 경우에는 '다시 한 번 말씀해 주십시오'의 뜻》. ***go ~ging*** 1)구걸하고 다니다. 2)살〈맡을〉 사람이 없다 :

be·get [bigét] (***be·got,*** 《古》 ***be·gat ; be·got·ten, be·got ; be·get·ting***) *vt.* (1)〔주로 아버지를 主語로 하여〕 (아이)를 보다, 낳다《※ 어머니에는 bear[1]를 씀》. (2)…을 생기게 하다, 일으키다 ; (결과로서) 초래하다 : Money *~s* money. 돈이 돈을 번다.

:beg·gar [bégər] *n.* ⓒ (1)거지《※ 남자 거지는 beggar-man, 여자 거지는 beggar-woman》 ; 가난뱅이 ; (자선 사업 따위의) 기부금을 모으는 사람 : *Beggars* must not be choosers 〈《美》choosy〉. 《俗談》 빌어먹는 놈이 이밥 조밥 가리랴. (2)《口·戱》〔反語的〕 녀석 ; 악한; 꼬마, 애송이 (fellow)《★ 흔히 수식어를 수반함》. (3)빈털터리. ***a ~ for work***《口》 일하기 좋아하는 사람, 일벌레.
— *vt.* 〔종종 再歸的으로〕 (1)거지로〈가난하게〉 만들다 : ~ *oneself* by betting 노름으로 알거지가 되다. (2)(표현·비교)를 무력〈빈약〉하게 하다 : It *~s* (=is beyond) (all) description. 필설로 다할 수 없다 / ~ oneself 알거지가 되다 / 파) **~·dom** [-dəm] *n.* 거지 패거리〈사회, 생활, 상태〉. **~·hòod** *n.*

beg·gar·ly [bégərli] *a.* 〔限定的〕 거지같은, 가난한 ; 얼마 안 되는 ; 빈약한, 비천한 ; (지적(知的)으로) 모자라는 : a few ~ pounds 겨우 2, 3파운드. 파) **-li·ness** *n.*

beg·gary [bégəri] *n.* ⓤⓒ 거지 신세, 극빈, 거지생활 ; 〔集合的〕 거지 ; 거지의 소굴 : reduce to ~ 가난하게 만들다.

:be·gin [bigín] (***be·gan*** [-gǽn] ; ***be·gun*** [-gʌ́n] ; ***be·gín·ning***) *vi.* (1)《~/+前+名》 시작되다, 시작하다, 착수(着手)하다《*at* ; *in* ; *by* ; *on* ; *with*》

(2)일어나다, 나타나다, 생겨나다 : When did life on the earth ~? 지구상의 생물은 언제 발생하였는가.
— *vt.* (1)《~+目/+*to* do/+-*ing*》 …을 시작하다, 착수하다 ; 창시〈창안〉하다. (2)…을 일으키다, 창설〈개설〉하다 : ~ a dynasty 왕조를 세우다. (3)《+*to* do》《口》〔否定語와 함께〕 전혀 (할 것 같지) 않다 : ~ again 다시 시작하다. ***~ at the wrong end*** 첫걸음을 그르치다. ***~ with*〈*by*〉** …부터 시작하다〈되다〉, 우선 …하다《doing인 경우 by를 씀》 : He *began with* a joke〈*by* scold*ing* us〉. 그는 우선 농담부터 말하고〈우리들을 꾸짖고〉 시작했다. ***to ~ with*** 1)〔獨立副詞句〕 우선 첫째로 : **:be·gin·ner** [bigínər] *n.* ⓒ 초심자, 초학자 ; 창시자《*of*》.

:be·gin·ning [bigíniŋ] *n.* (1) ⓒ 처음 ; 시작 ; 기원(origin). (2)(흔히 *pl.*) 초기(단계), 어린 시절 : the ~*s* of science 과학의 초기. ***at the*** (***very***) ***~*** 최초에, 맨 처음에. ***begin at the ~*** 처음부터 시작하다. ***from ~ to end*** 처음부터 끝까지. ***make a ~*** 길을 터놓다《*for*》 ; 착수하다. ***rise from humble*** 〈***modest***〉 ***~s*** 비천한 신분에서 입신하다. ***the ~ of the end*** 최후의 결과를 예시(豫示)하는 첫 징조.
— *a.* 〔限定的〕 초기의 ; 최초의.

be·gone [bigɔ́(:)n, -gán-] *vi.* 떠나다, 물러가다《※ 흔히 명령법·부정사(不定詞) 등으로 씀》 : *Begone !* 가, (썩) 꺼져.

be·go·nia [bigóunjə, -niə] *n.* ⓒ 【植】 추해당, 베고니아.

be·grime [bigráim] *vt.* …을 (연기·때·검댕으로) 더럽히다《*with*》 ;《比》 부패시키다, 더럽게 하다《※ 보통 과거분사꼴로 쓰이며 종종 受動으로 됨》 :

be·grudge [bigrʌ́dʒ] *vt.* (1)《~+目/+目+目》 …을 시새우다, 시기하다 : ~ a person his good fortune 아무의 행운을 질시(嫉視)하다. (2)《~+目/+目+目/+-*ing*/+*to* do》 …에게 (무엇을) 주기를 꺼리다, …을 내놓기 아까워하다 ; (…하기를) 꺼리다 : He did not ~ his money for buying books. 그는 책을 사는 데 돈을 아끼지 않았다 / We don't ~ your go*ing* to Italy. 너의 이탈리아행을 반대하지 않는다.

be·grudg·ing·ly [bigrʌ́dʒiŋli] *ad.* 마지못해, 아까운 듯이.

·be·guile [bigáil] *vt.* (1)《~+目/+目+前+名》 …을 현혹시키다, 미혹시키다 ; …을 속이다, 기만하다 ; …을 속여서 …하게 하다《*into*》 : He ~*d* me *into* consenting. 나를 속여서 승낙케 했다. (2)《+目+前+名》 …을 속여 빼앗다《*of* ; *out of*》 : ~ a person out of his money …의 돈을 사취하다 / ~ John *of* 〈*out of*〉 his money 존을 속여 돈을 빼앗다. (3)《~+目/+目+前+名》 (어린이 따위)를 기쁘게 하다, 위로하다《*with* ; *by*》 ; (지루함 따위)를 잊게 하다, (시간)을 즐겁게 보내다《*with* ; *by*》 파) **~·ment** [-mənt] *n.* ⓤⓒ 기만 ; 기분전환. **be·guil·er** [-ər] *n.* ⓒ 속이는 사람〈물건〉 ; (마음을) 전환시키는 사람〈물건〉. **be·guíl·ing** [-iŋ] *a.* 속이는 ; 기분을 전환시키는, 재미있는. **~·ly** *ad.*

:be·half [bihǽf, -há:f] *n.* 〔다음 慣用句로만〕 측, 편 ; 이익, 지지. ***in ~ of*** =***in*** a person'***s ~*** …(의 이익)을 위하여 : plead *in ~ of* a cause 어떤 주의를 옹호하여 변론하다 / in this (that) ~ 이것 (그것)에 관하여. ***on ~ of*** a person =***on*** a person'***s ~*** 1)(아무)의 대신으로, …을 대표하여 : 2)…에 관하여, …을 위하여 : **:be·have** [bihéiv] *vi.* (1)《~/+副》 행동하다 ;《특히》 예절 바르게 행동하다 : Whenever there was a full moon he would start ~*ing* strangely. 만월이 될 때마다 그는 이상한 행동을 시작하곤 했다. (2)《+副》 (기계 따위가 순조롭거나 순조롭지 못하게) 움직이다, 가동하다 ; (약·물건 등이) 작용하다, 반응〈성질〉을 나타내다 : — *vt.* 〔再歸的〕 행동하다 : ~ *oneself* like a man 사내답게 행동하다 / He ~d himself like a gentleman 그는 신사답게 처신했다. ***Behave yourself !*** 점잖게〈얌전히〉 굴어라.

be·haved [bihéivd] *a.* 〔複合語를 이루어〕 행동거지가 …한 : well-〈ill-〉~ 행실이 좋은〈나쁜〉.

:be·hav·ior, 《英》 **-iour** [bihéivjər] *n.* ⓤ (1)행동, 행실, 행동거지 ; 동작, 태도 ; 품행 : (2)(기계·자동차 등의) 움직이는 품, 움직임, 운전 ; 성질, 작용, 반응. (3)【心】 행동, 습성. ▫ behave *v.* 파) **~·ìsm** [-rìzəm] *n.* ⓤ 【心】 행동주의. **~·ist** *n.*, *a.* 행동주의자〈적인〉. **be·hàv·ior·ís·tic** *a.* 행동주의적인.

be·hav·ior·al [bihéivjərəl] *a.* 〔限定的〕 행동의, 행동에 관한 : She studied ~ psychology at college. 그녀는 대학에서 행동과학을 연구했다.

behávioral scíence 행동 과학(인간 행동의 일반 원리를 탐구하는 사회과학 ; 심리학·사회학·인류학 등에 이용됨).

behávior modificàtion 【心】 행동 수정.

behávior pàttern 【社】 행동 양식.

behávior thèrapy 【精神醫】 행동 요법.

be·head [bihéd] *vt.* (형벌로서) 목을 베다, 참수하다.

be·hest [bihést] *n.* 《文語》〔흔히 單數로〕 명령 ; 간절한 부탁 :

:be·hind [biháind] *ad.* (1)〔장소〕 뒤에, 후방에, 배후에. (2)〔名詞 뒤에 와서〕 뒤의 : (3)배후〈이면〉에, 그늘에서 ; 숨어서 : There is nothing ~. 배후 관계는 없다. (4)늦어서. (5)뒤에 처져서, 남아서 : (6)(일·진보 등이) 밀려서, 뒤져서 : fall ~ in one's rent 지대〈집세〉가 밀리다. ***be ~ in*** 〈***with***〉 (work) (일·진보 따위가) 뒤져 있다 : He'*s ~ in* 〈*with*〉 his work. 그는 일이 뒤져 있다. ***fall*** 〈***drop, lag***〉 ***~*** 남에게 뒤지다. ***from ~*** (...). (…의) 뒤에서. ***look ~*** 뒤돌아보다 ; 회고하다. ***remain*** 〈***stay***〉 ***~*** 뒤에 남다, 출발하지 않다.
— *prep.* (1)〔장소〕 …의 뒤에, ~의 뒤쪽에, 그늘에, 저쪽에(beyond). 〖opp.〗 *before*. (2)…의 배후에, 이면에 (〖opp.〗 *before*) ; …의 원인이 되어, …을 후원〈지지〉하여 : the conditions ~ inflation 인플레이션의 원인이 된 여러 사정 /(3)뒤에 남기고, 사후에 : (4)〔시간〕 늦어서 (5)…보다 못하여(inferior to) : I am ~ him in English. 나는 영어에서 그에게 뒤진다. ***be ~*** a person 1)아무를 지지하다, 원조하다. 2)아무에게 뒤지다, …만 못하다. 3)아무의 지나간〈과거의〉 일이다 : ~ a person'***s back*** 아무가 없는 곳에서, 뒤에서 : Don't speak ill of others ~ *their backs*. 뒤에서 남의 욕을 하지 마라. ***~ schedule*** 예정〈정각〉에 늦어. ***~ the times*** 시대에 뒤떨어져 ***go*〈*get, look*〉** ~ a person'***s words*** 아무의 말의 이면〈참뜻〉을 캐다. ***put*** a thing ~ 무엇을 물리치다, 받아들이지 않다 : — *n.* ⓒ 뒤, (윗옷의) 등 ;《口·婉》엉덩이.

be·hind·hand [-hæ̀nd] *ad.*, *a.* 〔形容詞로는 敍述的〕 (1)(시기·시각·시대에) 뒤지어, 늦게 (되어) : be ~ in one's idea 생각이 뒤떨어지다〈낡다〉. (2)(학업 따위가) 늦어《*in*》 ; (일·집세 따위가) 밀리어《*with* ;

in》: be ~ *in* one's circumstances 살림이 어렵다.

be·hind-the-scenes [-ðəsíːnz] *a.* 〔限定的〕 비밀의, 은밀한, 비밀리〈흑막〉의 : a ~ conference 비밀 회담 / a ~ negotiation 막후 협상.

:be·hold [bihóuld] (*p., pp* ***be·held*** [-héld]) *vt.* …을 보다(look at) : — *vi.* 〔命令形〕 보라.

be·hold·en [bihóuldən] *a.* 《文語》 〔敍述的〕 은혜를 입고, 신세를 지고 :

be·hold·er [bihóuldər] *n.* Ⓒ 보는 사람, 구경꾼(onlooker) : The picture was very pleasing to *~s*. 그 그림은 관람자를 매우 즐겁게 했다.

be·hoof [bihúːf] *n.* 《文語》 〔다음 慣用句로만〕 이익(advantage). ***in* 〈*for, to, on*〉** a person***'s ~*** =***in* 〈*for, to, on*〉 (*the*) *~ of*** a person 아무를 위해서.

be·hoove, 《英》 **-hove** [bihúːv], [-hóuv] *vt.* 《古》〔非人稱構文을 취함〕 (1)(…하는 것이) 의무이다, …할 필요가 있다 : *It ~s* every one *to* do his duty. 직분을 다하는 것은 모든 사람의 의무이다. (2)…할 가치가 있다, 이익이 있다 :

beige [beiʒ] *n.* ⓤ 원모로 짠 나사〈모직물〉; 베이지색. — *a.* 베이지 색의.

Beijing ⇨ PEKING.

:be·ing [bíːiŋ] BE 의 현재분사·동명사.
— *a.* 현재 있는, 지금의. ***~ as* (*that*)** 이므로. ***for the time ~*** 당분간, 우선은. — *n.* (1) ⓤ 존재 ; 생존 ; 생명 : (2) Ⓒ 존재자 ; 생물(living things) ; 인간 : human *~s* 인간, 인류. (3) Ⓒ (the B-) 신(神) : the Supreme Being 신. (4) ⓤ 본질, 본성 ; 성질. ***call* 〈*bring*〉*... into ~*** …을 생기게 하다, 낳다. ***come into ~*** 생기다, (태어)나다, 효력을 발생하다 : ***in ~*** 현존의, 생존해 있는 : the record *in* ~ 현존 기록.

be·jew·eled, 《英》 **be·jew·elled** [bidʒúː; -əld] *a.* (1)보석으로 장식한. (2)〔敍述的〕 (…로) 장식된, (…을) 박은.

bel [bel] *n.* Ⓒ 【物】 벨《전압·전류나 소리의 강도의 단위 ; =10 decibels ; 실제로는 decibel이 쓰임 ; 기호 b》.

be·la·bor, 《英》 **-bour** [biléibər] *vt.* (1)(문제 등)을 오랫동안 검토하다〈말하다〉. (2)…을 세게 치다, 때리다 ; 호되게 꾸짖다.

Be·la·rus [bìːlərúːs] *n.* 벨로루시《CIS구성 공화국》.

·be·lat·ed [biléitid] *a.* (1)늦은, 뒤늦은 (2)(사람·편지 등이) 늦게 온, 지각의. (3)시대에 뒤진, 구식의.

be·lay [biléi] (*p., pp.* ***be·layed***) *vt.* 【海·登山】 (밧줄걸이에) 밧줄을 감아 매다 ; (명령 등)을 취소하다.
— *vi.* 밧줄을 안정시키다, 밧줄을 꼭 죄다 ; 〔命令形〕 《口》 그만둬라 : *Belay* there! 《海口》 이제 그만. — *n.* Ⓒ 【登山】 빌레이, 확보(確保).

be·láy·ing pìn [biléiiŋ-] 【海】 밧줄걸이.

·belch [beltʃ] *vt.* 트림을 하다 ; (폭언 따위)를 터뜨리다《*out* ; *forth*》; (연기 따위)를 뿜어 내다 : — *vi.* 트림하다 ; 분출하다 ; (험담 따위를) 내뱉다 ; (명령 등을) 내뱉듯이 말하다《*forth*》. — *n.* Ⓒ (흔히 *sing.*) 트림 (소리) ; 폭발(음) ; 분출하는 불길.

be·lea·guer [bilíːgər] *vt.* 〔종종 受動으로〕 (1)…을 에워싸다 ; 포위 공격하다. (2)귀찮게 붙어 다니다, 괴롭히다《*by* ; *with*》. 파) **~·er** [-gərər] *n.* 포위자, 포위 공격자. **~·ment** *n.*

bel·fry [bélfri] *n.* Ⓒ (1)종각, 종루(bell tower) ; (종루 안의) 종이 걸려 있는 곳. (2)《俗》 머리, 마음 ; 《俗》 두뇌, 재능 : have bats in one's ~ 머리가 이상해져 있다.

·Bel·gian [béldʒən] *a.* 벨기에의 ; 벨기에 사람의. — *n.* Ⓒ 벨기에 사람.

·Bel·gium [béldʒəm] *n.* 벨기에.

Bel·gra·via [belgréiviə] *n.* 벨그레이비어《런던의 Hyde Park 남쪽의 상류 주택 구역》.

be·lie [bilái] (*p., pp.* ***~d ; be·ly·ing***) *vt.* …을 거짓〈잘못〉 전하다, 잘못〈틀리게〉 나타내다, 속이다 ; 그릇된 것임을 나타내어 보다 : (약속·기대)를 어기다 ; 실망시키다 : His acts ~ his words. 언행(言行)이 다르다 / 파) **be·lí·er** *n.*

:be·lief [bilíːf, bə-] *n.* (1) ⓤ 확신 ; 신념, 소신, 믿음 : My ~ is 〈It is my ~〉 that it is possible. 난 그것이 가능하다고 믿고 있다. (2) ⓤ 신뢰, 신용《*in*》. (3) ⓤⒸ 신앙《*in*》: one's religious *~s* 종교적 신앙. (4)(the B-) 사도 신경(the Apostles'Creed). ▫ believe *v.*
beyond ~ 믿을 수 없는, 놀라운 :***have ~ in*** …을 신용하다〈믿다〉 ; …의 존재를 믿다. ***in the ~ that...*** …라고 믿고, …라고 생각하고. ***light of ~*** 경솔하게 믿기 쉬운. ***past all ~*** 도저히 믿기 어려운. ***to the best of my ~*** 내가 확신하는 바로는.

be·liev·a·ble [bilíːvəbəl, bə-] *a.* 믿을 수 있는, 신용할 수 있는.

:be·lieve [bilíːv, bə-] *vt.* (1)《~+目/+*that* 節》…을 믿다, (말·이야기 등)을 신용하다, …의 말을 믿다 : Never ~ anything a married man says about his wife. 결혼한 남자가 자기 아내에 관해 말하는 것은 무엇이든 결코 믿지 마라 / (2)《+*that* 節/+how 節/+目+(*to be*)補/+目+*to* do》 …이라고 생각하다, 믿다, 여기다 : I ~ (*that*) he is honest. =I ~ him (*to be*) honest. 나는 그가 정직하다고 생각한다 / Nobody will ~ *how* difficult it was. 그것이 얼마나 힘들었다는 것을 누구도 믿지 않으려 할 것이다 / She is *~d to have* died 〈to *be dying*〉 of cancer. 그녀는 암으로 죽은 것 〈죽을 것〉 같다고 여겨지고 있다 / — *vi.* 《~/+前+名》 (1)존재(存在)를(사람을) 믿다《*in*》: ~ *in* God 신의 존재를 믿다, 신을 믿다. (2)인격〈능력〉을 믿다《*in*》: I ~ *in* him. 그는 훌륭〈유능〉한 사람이라고 생각한다, 그의 인격〈역량〉을 믿는다. (3)좋은 점을〈효과를〉 믿다, 가치를 인정하다《*in*》: I don't ~ *in* aspirin. 아스피린은 듣지 않는 것 같다. (4)신용하다, 믿다《*in*》:(5)생각하다 ***~...of*** a person 〔흔히 would, could와 함께 부정문으로 쓰임〕 아무라면 …을 할 것이라고 믿다〈생각하다〉 : Jill's getting a divorce again? I *wouldn't* ~ it *of* her. 질이 또 이혼을 한다고? 그녀가 그런 일을 하리라고는 믿기지 않는다. ***~ it or not*** 《口》 참말같지 않겠지만. ***~ me*** 〔挿入的으로〕 정말이야 ; 실은, 정말은 : ~ one***'s ears* 〈*eyes*〉** 들은〈본〉 것을 그대로 정말이라고 믿다. ***I ~ so.*** 그렇다고 생각합니다. ***make ~*** …로 보이게〈믿게〉 하다, …인 체하다, 속이다 : ***You('d) better ~ it.*** 《美俗》 (찬의를 나타내어) 그래, 정말이야.
파) **be·líev·er** *n.* Ⓒ 신자, 신봉자

be·liev·ing [bilíːviŋ, bə-] *a.* 신앙심 있는, 믿음이 있는. — *n.* ⓤ 믿음 : Seeing is ~. 《俗談》 백문이 불여일견. 파) **~·ly** *ad.*

be·lit·tle [bilítl] *vt.* …을 작게 하다, 축소하다 ; 작게 보이다; 얕잡다, 하찮게 보다 : ~ one***self*** 비하하다 ; 자기의 품위를 떨어뜨리다, 인망을 잃다 : Don't ~ *yourself*. 자기 비하하지 마라.

B

:bell[1] [bel] *n.* (1) ⓒ 종 ; 방울, 초인종, 벨 ; (흔히 *pl.*) 【海】 시종(時鐘)《배 안에서 반시간마다 침》. (2) ⓒ 종 모양의 것 ; 종상 화관(鐘狀花冠) ; (해파리의) 갓 ; (나팔·확성기·굴뚝 따위의) 벌어진 입. ***answer the ~*** 손님을 맞이하다. ***a chime* (*peal*) *of ~s*** (교회)차임(종 들) 소리 ***(as) clear as a ~*** 매우 맑은 ; 《口》 매우 명료하여. ***(as) sound as a ~*** (아무가) 매우 건강하여, (물건이) 나무랄 데 없는 상태로. ***be saved by the ~*** 【拳】 공 소리로 살아나다 ; 《口》 다른 사정으로 간신히 살아나다. ***ring a ~*** 《口》 공감을 불러일으키다 ; 생각나게 하다, 마음에 떠오르다. ***ring* 〈*hit*〉 *the ~*** 《口》 잘 되다, 히트치다《*with*》. ***with ~s on*** 1)《口》〔보통 未來形〕 기꺼이 ; 열심히, 선드러지게, 차려 입고: 2)《美俗》〔비난·비평에 곁들여〕 바로, 확실히 : He's a jughead *with ~s on.* 그 녀석은 정말 얼간이야.
— *vt.* (1)…에 방울〈종〉을 달다. (2)종 모양으로 부풀게 하다《*out*》.
— *vi.* (1)(전차 따위가) 종을 울리다 ; 종 같은 소리를 내다. (2)종 모양으로 되다 ; (식물이) 개화하다. ***~ the cat*** 자진하여 어려운 일을 맡다《이솝우화에서》.

bell[2] *n.* ⓒ (교미기의) 수사슴의 울음소리.
— *vi., vt.* (교미기의 수사슴이) 울다.

bel·la·don·na [bèlədánə/ -dɔ́nə] *n.* 【植】 ⓒ 벨라도나《가짓과의 유독 식물》 ; 【藥】 ⓤ 벨라도나 제제(製劑)《진통제 따위》.

bell-bot·tom [´bàtəm/ ´bɔ̀t-] *a.* 판탈롱의, 바지자락이 넓은 나팔 바지의 : He was clothed in maroon ~ trousers. 그는 밤색의 판탈롱 바지를 입고 있었다. 파) **~·ed** *a.*

bell-bot·toms [´bàtəmz/ ´bɔ̀t-] *n. pl.* (선원(船員)의) 나팔바지 ; 판탈롱.

bell·boy [´bɔ̀i] *n.* ⓒ (호텔·클럽의) 사환.

béll bùoy 【海】 타종 부표(打鐘浮標), 종이 달린 부남.

béll càptain 《美》 (호텔의) 급사장.

·belle [bel] *n.* (1) ⓒ 미인, 가인, 미녀. (2)(the ~) (어떤 자리에서의) 가장 아름다운 여성〈소녀〉《*of*》 : the ~ *of* society 사교계의 여왕.

belles-let·tres [bellétər, bellétr] *n.* ⓤ 《F.》 미문학(美文學), 순(純)문학.

bell·flow·er [bélflàuər] *n.* ⓒ 【植】 초롱꽃과(科)의 각종 식물 : a Chinese ~ 도라지 / an autumn ~ 용담.

bell·hop [´hàp-/ ´hɔ̀p] *n.* 《美》 =BELLBOY. (호텔 클럽의) 사환

bel·li·cose [bélikòus] *a.* 호전적인 : The general made some ~ statements about his country's military strength. 장군은 그 나라의 군사력에 관하여 다소 호전적인 성명을 발표했다.
파) **~·ly** *ad.* **~·ness** *n.*

bel·li·cos·i·ty [bèlikásəti/ -kɔ́s-] *n.* ⓤ 호전성, 전쟁을 좋아하는 성격, 전투적 기질 ; 싸움을 즐김.

bel·lied [bélid] *a.* (1)〔複合語를 이루어〕 …의 배를 한〈지닌〉 : empty-~ children 배곯은 아이들. (2)배가 큰, 비만한.

bel·lig·er·ence [bəlídʒərəns] *n.* ⓤ 호전성, 투쟁성 ; 교전(상태), 전쟁 (행위).
파) **-en·cy** [-rənsi] *n.* ⓤ 교전 상태.

·bel·lig·er·ent [bəlídʒərənt] *a.* 〔限定的〕 교전중인 ; 교전국의 ; 호전적인 : — *n.* ⓒ 교전국, 교전자 ; 전투원. 파) **~·ly** *ad.*

béll jàr 종 모양의 실험용 유리 용기, 유리 종.

bell·man [bélmən] (*pl.* ***-men*** [´mən]) *n.* ⓒ (1)종을 치는(울리는) 사람. (2)어떤 일을 동네에 알리는 사람(town crier) ; 야경꾼. (3)잠수부의 조수.

·bel·low [bélou] *vi.* (1)(소가) 큰 소리로 울다 ; 짖다. (2)《~/+前+名》 (고통 따위로) 신음하다《*in* ; *with*》; 호통치다, 꾸짖다《*at*》, 큰소리치다 : He ~*ed at* his servant. 그는 하인에게 호통쳤다. (3)(대포소리 따위가) 크게 울리다 ; (바람이) 윙윙대다. — *vt.* 《~+目/+目+副》 …을 큰소리로 말하다, 고함치다, 으르렁거리다 ; (아픔 따위로) 신음하다 : — *n.* ⓒ (황소의) 우는 소리 ; 울부짖는〈신음〉 소리 ; 울리는 소리.

·bel·lows [bélouz, -ləz] (*pl.* ~) *n.* ⓒ (1)풀무. (2)(풍금·아코디언의) 송풍기, 바람통 ; (사진기의) 주름 상자 ; 《口》 허파 : blow the ~ 풀무질하다 / have ~ to mend (말이) 숨이 차서 헐떡이다.

béll pùsh (벨의) 누름단추.

béll rìnger 종치는〈벨을 울리는〉 사람〈장치〉, 타종법.

béll tènt 종 모양의 천막.

béll tòwer 종루, 종탑. 【cf.】 campanile.

bell·weth·er [bélwèðər] *n.* ⓒ 길잡이 양 ; 선도자 ; 주모자 :

·bel·ly [béli] *n.* ⓒ (1)배, 복부 : a child with a swollen ~ 배가 불룩 나온 아이 : an empty ~ 공복. (2)위(胃). (3)(the ~) 식욕, 대식 ; 탐욕 : *The* ~ has no ears. 《俗談》 금강산도 식후경, 수염이 대자라도 먹어야 양반. (4)(병·악기 따위의) 중배. (5)(비행기·선박 따위의) 안 ; 하부 ; 동체. ***go ~ up*** 《俗》 1)물고기가 죽다. 2)실패하다 ; 도산하다. ***lie on the ~*** 엎드려 눕다. — *vt., vi.* 부풀(리)다, 불룩해지다 ; 포복하다 ; 배를 내밀고 걷다《*out*》. ***~ in*** 동체 착륙하다. ***~ up to ...*** 《美俗》 …에 곧장 나아가다, 서슴없이 다가서다.

bel·ly·ache [-èik] *n.* ⓤ 복통 ; 《俗》 푸념, 불평 : *vi.* 《俗》 (빈번히) 투덜거리다, 불평을 하다《*about*》.

bel·ly·ful [béliful] *n.* ⓒ 한 배 가득, 만복, 충분《*of*》 ; 지긋지긋할 정도의 양(量). ***have had a ~ of*** 《口》 (충고·불평 따위를) 진저리나도록 듣다.

bel·ly-land [-lǽnd] *vi.* 《口》 동체 착륙하다.
— *vt.* …을 동체 착륙시키다. 파) **~ing** *n.*

:be·long [bilɔ́(:)ŋ, -láŋ] *vi.* (1)《+前+名》 (…에) 속하다, (…의) 것이다, (~의) 소유물이다, (…의) 소유이다《*to*》. (2)《+前+名》 (일원으로서) 소속하다 : He ~*s to* (=is a member of) our club. 《美》 그는 우리 클럽의 회원이다. (3)《+前+名》 (분류상 …에) 속하다, 소속하다, 부류(部類)에 들다《*among* ; *to* ; *in* ; *under* ; *with*》 ; … 속에 있어야 마땅하다 : (4)《+前+名》 (본래) …에 있어야〈속해야〉 하다《*in*》 : He doesn't ~ *in* this job. 그는 본래 이 일에 맞지 않는다 / (5)《+前+名》 (…에) 관계하고 있다, (…와) 조화되고 있다《*with* ; *to*》 : Cheese ~*s with* salad. 치즈는 샐러드에 맞는다 /(6)《口》 사교성이 있다, 주위 사람과 어울리다. (7)《美方》 (당연히) …하여〈해〉야 한다(ought)《*to do*》. ***~ here*** 여기〈이 항목〉에 속하다 ; 이 곳 사람이다. ***~ in ...*** 《美》 …에 살다. ***~ together*** (물건이) 세트로 되어 있다 ; 서로 애인 사이이다.

·be·long·ing [bilɔ́(:)ŋiŋ, -láŋ-] *n.* (1)(*pl.*) 소유물(possessions), 재산(property). (2)(*pl.*) 소지품, 부속물 : (3) ⓒ,ⓤ 성질, 재능. (4)(*pl.*) 가족, 친척. (5) ⓤ 귀속(의식), 친밀(일체)(감). ***a sense of ~*** 귀속 의식, 일체감.

:be·lov·ed [bilʌ́vid, -lʌ́vd] *a.* (1)〔限定的〕 사랑하는, 귀여운, 가장 사랑하는 ; 애용하는, 소중한. (2)〔敍述的〕 사랑 받는 ; 사랑 받아《*by* ; *of*》 : — *n.* (1)(흔히 one's ~) 가장 사랑하는 사람. (2)(신자 상호간의) 친애하는 여러분《호칭》.

:be·low [bilóu] *prep.* (【opp.】 *above*) (1)…의 아래에〈에서, 로〉 : ~ one's eyes 눈 아래에 ; …의 남쪽에. (2)…의 하류에〈에서, 로〉 : There is a waterfall ~ the bridge. 이 다리 하류에 폭포가 있다. (3)…이하의 ; …보다 낮게 : ~ the average 평균 이하에〈로〉. (4)…보다 하위에〈인〉, …보다 못하여 : She is ~ me in the class. 그녀는 학급 석차가 나보다 밑이다. (5)…할 만한 가치가〈도〉 없는: ~ contempt 경멸할 가치조차 없는 / ~ one's notice 주의할 만한 가치가 없는; 무시할 수 있는.
— *ad.* (1)아래에〈로, 에서〉, 밑에(서). 【opp.】*above*. (2)(공중에 대해) 지상에, 하계에〈로, 에서〉 ; (지상에 대해) 지하에, 무덤 속에, 지옥에〈으로, 에서〉. (3)(위층에 대해) 아래층에〈으로, 에서〉 ; (상갑판에 대해) 밑의 선실에〈로, 에서〉(【opp.】 *on deck*) ; 【劇】 무대 앞쪽에〈으로〉. (4)하위에〈의〉, 밑〈하급〉의. (5)하류에 ; (페이지) 하부에, (책·논문 등의) 하단에 : See ~. 하기 참조. (6)영하(~ zero) : ***down ~*** 훨씬 아래쪽에 ; 지하〈무덤, 지옥〉에 ; 물 속에 ; 구렁텅이에 ; 【海】 선창(船艙)에(서).

:belt [belt] *n.* ⓒ (1)띠, 밴드, 혁대, 가죽 띠 ; (백작·기사의) 예장대(禮裝帶). (2)지대, 지방 ; 환상〈순환〉 지대 《도로 따위》 ; 에워 싸는 것, 고리《*of*》 : the commuter ~ (대도시 교외의) 통근자 거주지구 ; 베드타운. (3)줄, 줄무늬. (4)【機】 벨트, 피대 ; 【空】 안전 벨트 ; 【天】 구름테《토성·목성 따위의》 ; 【軍】 (자동소총 따위의) 탄띠 ; 쌓은 돌〈담〉의 가로선. (5)해협(strait), 수로. (6)《口》 강한 일격, 펀치 : She gave him a ~ in the mouth. 그의 입에 일격을 가했다. (7)《美俗》 도수가 높은 술(의 한 잔), 음주, 과음. ***hit* 〈*strike*〉 *below the ~*** 【拳】 허리띠 아래를 치다《반칙》 ; 《口》 비겁한 짓을 하다. ***~ and braces*** 혁대와 멜빵. ***in*** one'***s ~*** 1)뱃속에. 2)소유하고. ***tighten* 〈*put in*〉** one'***s ~*** 허리띠를 조르다, 배고픔을 참다 ; 내핍생활을 하다 ; 《口》 어려울 때를 대비하다 : ***under*** one'***s ~*** 《口》 1)뱃속에 넣고, 먹고, 마시고 : with a good meal *under* one's ~ 잔뜩 먹고서. 2)손안에, 재산으로서 소지하고. 3)《口》 이미 경험하고 :
— *vt.* (1)…에 띠를 매다《*on*》, 벨트를 걸다 ; 【機】 …에 피대를 감다. (2)《+目+副》 …을 띠로 잡아매다, 허리에 띠다 : The knight *~ed* his sword on. 기사는 허리에 칼을 차고 있었다. (3)…에 에두르다《*with*》 : a garden *~ed with* trees 나무로 둘러싸인 정원. (4)(혁대로) …을 치다, (주먹으로) 때리다 ; 《美野俗》 히트를 치다 : (5)《美俗》 (술)을 들이마시다 ; 게걸스레 마시다. (6)…에 폭넓은 줄무늬를 넣다; …을 신나게 노래하다〈연주하다〉《*out*》.
— *vi.* 《口》 질주하다《*along* ; *off*》 ; 활발하게 움직이다 : ***~ out*** 때려 눕히다, 힘차게 노래하다***~ up*** 《口》 안전띠를 조이다 ; 《俗》〔命令形〕 조용히 해라, 듣기 싫어.

belt·ed [béltid] a. 〔限定的〕 띠〈벨트〉를 두른 ; 예장대를 두른 ; (동물 따위가) 넓은 줄이 있는.

bélt hìghway 《美》 (도시 주변의) 순환 도로.

belt·ing [béltiŋ] *n.* (1) ⓤ 〔集合的〕 띠, 벨트 종류. (2) ⓤ 띠의 재료 ; 【機】 벨트 (장치). (3)《口》 ⓒ (혁대 따위로) 때리기.

belt·line [béltlàin] *n.* ⓒ 허리통, 허릿매.

bélt tìghtening 긴축 (정책), 내핍 (생활).

be·lu·ga [bəlúːgə] *n.* ⓒ 【魚】 용상어 ; 【動】 흰돌고래(white whale)《북극해산》.

bel·ve·dere [bélvədìər, ⌐-⌐] *n.* (1)ⓒ 【建】 (고층 건물의) 전망대, 망루 ; (정원 따위의) 전망용 정자. (2)(B-) 바티칸 궁전의 회화관(繪畵館).

be·mire [bimáiər] *vt.* …을 흙투성이로 만들다 ; 흙탕에 빠뜨리다.

be·moan [bimóun] *vt.* …을 슬퍼하다, 한탄하다 : ~ one's situation (자신이 처한) 환경을 한탄하다.

be·muse [bimjúːz] *vt.* …을 멍하게 만들다 ; 어리벙벙하게 하다 ; 생각에 잠기게 하다 ; 〔흔히 受動으로〕 …의 마음을 사로잡다.

ben *n.* ⓒ 《SC. Ir.》 봉우리, 산꼭대기, 산정《※ 주로 *Ben* Nevis처럼 산이름과 같이 씀》.

:bench [bentʃ] *n.* (1) ⓒ 벤치, 긴 의자 ; 【野】 벤치, 선수석(a players' ~) ; ⓤ 〔集合的〕 보결 선수 ; (보트의) 노 젓는 자리(thwart) : a ~ polisher 《野俗》 보결 선수《※ 집합체로 볼 때는 단수, 구성요소로 생각할 때에는 복수취급》. (2)(영국 의회의) 의석. (3)(the ~ ; 종종 the B-) 판사석 ; (열석한) 판사 일동 ; 〔集合的〕 ⓤ 재판관 : ~ and bar 재판관과 변호사. (4) ⓒ (목수 등의) 작업대, 세공대 ; 동물 품평회, (동물 품평회의) 진열대. 【cf.】 bench show. ***be raised* (*elevated*) *to the ~*** 판사로 승진하다. ***front ~*** 정당 당수석. ***on the ~*** 1)판사가 되어. 2)(선수가) 보결이〈후보가〉 되어. ***warm the ~*** (선수가) 벤치만 지키다, 후보로 대기하다. — *vt.* (1)…에 벤치를 비치하다. (2)…에 위원〈판사 따위〉의 자리를 주다. (3)(선수)를 출전 멤버에서 빼다. (4)(품평회 따위에서 개 따위)를 진열대에 올려놓다.

bench·er [béntʃər] *n.* ⓒ (1)벤치에 걸터앉는 사람 ; (보트의) 노 젓는 사람. (2)《英》 법학원(Inns of Court)의 간부 ; 국회 의원.

bench·mark [⌐màːrk] *n.* ⓒ (1)【컴】 견주기《여러 가지 컴퓨터의 성능을 비교·평가하기 위해 쓰이는 표준 문제》. (2)(일반적인) 기준, 척도 : (3)표준 가격. — *vt.* 【컴】 견주기 문제로 테스트하다.

:bend[1] [bend] (*p.*, *pp.* ***bent*** [bent], 《古》 ***bénd·ed***) *vt.* (1)《~+目/+目+副/+目+前+名》 …을 구부리다 ; (머리)를 숙이다 ; (무릎)을 꿇다(stoop) ; (활)을 당기다 ; (용수철)을 감다 ; (사진 봉투 따위)를 접다 : ~ a piece of wire *into* a ring 철사를 구부려 고리로 만들다 / (2)《~+目/+目+前+名》 (뜻)을 굽히다, 굴복시키다《*to*》 ; (법·규칙 등을 편리하도록) 굽히다, 악용하다 : ~ one's will 자기 뜻을 굽히다 / ~ a person *to* one's will 아무를 자기 뜻에 따르게 하다. (3)《+目+前+名》 (눈·걸음)을 딴 데로 돌리다《*to* ; *toward(s)*》 ; (마음·노력·정력 따위)를 기울이다, 쏟다《*on* ; *to* ; *toward*》 :(4)《+目+前+名》 【海】 (돛·밧줄 등)을 동여매다 : be bent with age ~ 나이를 먹어 허리가 굽다.
— *vi.* (1)구부러지다 ; 휘다《*to*》 : The branch *bent*. 가지가 휘었다. (2)《+副/+前+名》 몸을 구부리다, 웅크리다 : ~ *down* 웅크리다 / ~ *over* work 몸을 굽히고 일하다 / Better ~ than break. 《俗談》 꺾이는 것보다 구부리는 것이 낫다, 지는 것이 이기는 것. (3)《+前+名》 무릎을 꿇다 ; 굴복하다, 따르다《*to* ; *before*》 : (4)《+前+名》 힘을 쏟다, 기울이다《*to*》 :(5)《+前+名》향하다《*to*》. ***be bent with age*** 나이를 먹어 허리가 굽어져 있다. ***~ an ear*** ⇨ EAR. 귀를 기울이다 ***~ back*** 몸을 젖히다. ***~ forward*** 앞으로 굽히다 ; 앞으로 몸을 내밀다. ***~* 〈*lean*〉 *over back-***

ward(s) 비상한 노력을 하다 ; (지나친 점을 시정하기 위해) 전과 반대되는 태도를 취하다. ~ a person'***s ear*** 말을 많이 하다, 성가시게 이야기하다 :~ one'***s mind to 〈on, upon〉*** …에 전념하다. ~ one'***s steps*** (homeward) 발길을 (집으로) 돌리다. ***~ the knee to 〈before〉*** ⇨ KNEE. ***~ to the oars*** 열심히 젓다. ***~ to*** a person'***s wishes*** 아무의 소원을 마지못해 들어주다.

— *n.* (1) ⓒ 굽음, 굽은 곳, 굴곡〈만곡〉(부) : a sharp ~ *in* the road 도로의 급커브. (2) ⓒ 몸을 굽힘, 인사. (3)【海】 밧줄(을) 맨 매듭 ; (*pl.*) 배의 대판(帶板) : above one's ~ 힘에 겨운.

bend[2] *n.* ⓒ 【紋章】 우경선(右傾線)《방패의 왼쪽 위에서 오른쪽 아래로 비스듬히 내리그은 띠 줄》(=~ ***déxter***). 〖opp.〗 *bend sinister.*

bend·ed [béndid] 《古》 BEND[1] 의 과거·과거분사. — *a.* 〔다음 成句로만 쓰임〕 ***with ~ bow*** 활을 당겨. ***on ~ knee(s)*** 무릎을 꿇고, 애원하여 : with ~ bow 활을 힘껏 당겨서.

bend·er [béndər] *n.* ⓒ (1)굽히는 사람〈기구〉. (2)《口》 주흥(酒興), (법석대는) 술잔치, 흥청거림 : go on a ~ 술 마시며 떠들다. (3)【野】 커브.

bendy [béndi] (***bend·i·er ; -i·est***) *a.* 마음대로 구부리기 가능한, 유연한 : (길 등이) 꼬불꼬불한.

bene- *pref.* '선(善), 양(良)' 따위의 뜻.

:be·neath [biní:θ, -ní:ð] *ad.* (바로) 아래〈밑〉에, 아래쪽에 ; 지하에 : — *prep.* (1)(위치·장소가) …의 아래〈밑〉에(서) ; (무게·지배·압박 등의) 밑〈하〉에, …을 받아서 ; 〔비유적으로〕 …의 이면에 : There was a core of truth ~ the joke. 농담의 이면에는 진실의 핵이 숨겨 있었다. (2)…의 아래쪽〈기슭〉에. (3)(신분·직위·가치 등이) …보다 낮게, …이하로 : marry ~ one 자기보다 지체가 못한 사람과 결혼하다 / be ~ the average 평균보다 떨어지다. (4)…할 가치가 없는, ~답지 않은, …의 품위에 어울리지 않는

Ben·e·dic·i·te [bènədísəti/ -dái-] *n.* (1)【基】 Benedicite 로 시작되는 찬송가 ; 또 그 악곡. (2)(b-) ⓤ 축복의 기도, (식전의) 감사의 기도.

ben·e·dic·tion [bènədíkʃən] *n.* ⓤⓒ (1)(예배 따위의 끝) 기도, (식전·식후의) 감사 기도. (2)축복, 감사 : She could only raise her head in a gesture of ~. 그녀는 축복을 원한다는 몸짓으로 머리를 들 수 있을 뿐이었다. (3)(B-) 【가톨릭】 (성체) 강복식.

ben·e·dic·to·ry [bènədíktəri] *a.* 축복의.

Ben·e·dic·tus [dènədíktəs] *n.* (1)*Benedictus qui venit* 《L.》 (=Blessed is he who ...)로 시작되는 찬송가. (2)그 악곡.

ben·e·fac·tion [bènəfǽkʃən, ⌐-⌐-] *n.* (1) ⓤ 은혜를 베풂 ; ⓤⓒ 자비, 은혜, 선행 ; 희사(喜捨). (2) ⓒ 기부금, 공양물, 시혜물.

·ben·e·fac·tor [bénəfæ̀ktər, ⌐-⌐-] (*fem.* ***-tress*** [-tris]) *n.* ⓒ 은혜를 베푸는 사람, 은인 ; 후원자 ; 기부자 : **ben·e·fice** [bénəfis] *n.* ⓒ 【基】 (1)성직록(聖職祿), 【英國敎】 vicar 또는 rector 의 수입 ; 교회의 수입. (2)성직록을 받는 성직.

파) **~d** [-t] *a.* 〔限定的〕 성직록을 받는.

·be·nef·i·cence [bənéfəsəns] *n.* ⓤ 선행, 은혜 ; 자선, 자선행위.

·be·nef·i·cent [bənéfəsənt] *a.* 자선심이 많은, 기특한.

·ben·e·fi·cial [bènəfíʃəl] *a.* (1)유익한, 유리한 《*to*》. (2)〔敍述的〕 (…에) 유익한《*to*》.

ben·e·fi·ci·ary [bènəfíʃièri, -fíʃəri] *n.* ⓒ 수익자 ; (연금·보험금 등의) 수취인 ; 《美》 급비생(給費生) ; 【法】 신탁 수익자 ; 【가톨릭】 성직록(聖職祿)을 받는 사제 : The main *beneficiaries* of the new law will be those living on a below the poverty line. 새 법률의 주요 수혜자는 빈곤층 생활자들이 될 것이다.

:ben·e·fit [bénəfit] *n.* (1) ⓤⓒ 이익 ; 【商】 이득 : (a) public ~ 공익(公益). (2) ⓒ 은혜 ; 은전(恩典) : (3) ⓒ 자선 공연, 구제〈흥행, 경기 대회〉 : a ~ concert 자선 콘서트. (4) ⓤⓒ 《英》 (종종 *pl.*) (보험·사회 보장 제도의) 급부금, 연금, 수당 : a medical ~ 의료 급부금 / ***be of ~ to*** …에 유익하다 : Traveling abroad *was of* great ~ *to* me. 외국 여행은 내게 크게 유익했다. ~ of clergy 교회의 승인. ***for*** a person'***s ~*** =***for the ~ of*** a person 아무를 위하여 ; 〔反語的〕 …를 골리기 위하여, …에게 빗대어 : *For your ~*, today is Tuesday, not Wednesday. 안됐지만, 오늘은 화요일이지, 수요일이 아닐세. ***give*** a person ***the ~ of the doubt*** 아무의 의심스러운 점을 선의로 해석해 주다 ; 의심스러운 점에 대해서는 벌하지 않다: ***without ~ of*** …의 도움도 없이 : *without ~ of* search warrants 수색 영장도 없이.

— *vt.* …의 이(利)가 되다 ; …에게 이롭다.

— *vi.* 《+前+名》 이익을 얻다《*by* ; *from*》 : You will ~ *by* a holiday. 휴가로 득을 볼 것이다. ▫ beneficial *a.* 파) **~·er** *n.* 수익자.

Ben·e·lux [bénəlʌ̀ks] *n.* 베네룩스《*B*elgium, *Ne*therlands, *Lux*emburg의 세 나라의 총칭 ; 또 이 나라들이 1948년에 맺은 관세 동맹 ; 1960년에 경제 동맹이 되었음》.

·be·nev·o·lence [bənévələns] *n.* (1) ⓤ 자비심, 박애. (2) ⓒ 선행, 자선. (3) (명) 덕세(강제 헌금)

·be·nev·o·lent [bənévələnt] (***more ~ ; most ~***) *a.* (1)자비심 많은, 호의적인, 친절한《*to* ; *toward*》 :

Ben·gal [beŋgɔ́:l, ben-, béŋgəl, béŋ-] *n.* 벵골.

Ben·ga·lese [bèŋgəlí:z, -lí:s, bèn-] *a.* 벵골(인, 어)의. — *n.* (*pl.* ~) ⓒ 벵골사람.

Ben·ga·li, -ga·lee [beŋgɔ́:li, ben-] *a.* 벵골(인, 어)의. — *n.* ⓒ 벵골인 ; ⓤ 벵골어.

be·night·ed [bináitid] *a.* 밤길로 접어든, 길이 저문, 문화가 뒤진; 미개한. 파) **~·ly** *ad.* **~·ness** *n.*

be·nign [bináin] *a.* (1)자비로운, 친절〈다정〉한 ; 온유한 : a ~ smile 온유한 미소 / ~ neglect (외교·경제 관계에서) 은근한 무시 ; 무책이 상책. (2)온화한 ; 비옥한《기후·토지 따위》 ; 길운(吉運)인 ; 【醫】 양성(良性)의

be·nig·nan·cy [binígnənsi] *n.* ⓤ (1)온정 ; 인자. (2)(기후 등의) 온화. (3)【醫】 양성(良性), 인자한, 상냥한.

be·nig·nant [binígnənt] *a.* (1)자비로운, 친절한. (2)온화한 ; 유익한 ; 이로운. (3)【醫】 양성(良性)의.

be·nig·ni·ty [binígnəti] *n.* ⓤ (1)인자, 친절한 행위, 은혜, 자비. (2)(기후 등의) 온난.

Ben·ny [béni] *n.* Benjamin 의 애칭.

·bent [bent] BEND[1]의 과거·과거분사.

— *a.* (1)굽은, 구부러진, 뒤틀린 : a man ~ *with* age 늙어 허리가 굽은 사람. (2)〔敍述的〕 열중한, 마음이 쏠린, 결심한《*on, upon*》 : be ~ *on* doing …을 결심하고 있다, …에 열중하고 있다He's ~ *on* mastering English. 그는 영어를 마스터하려고 열중하고 있다. (3)《英俗》 정직하지 않은 ; (관리 따위가) 부패한. (4)《美俗》 (마약·술에) 취한 ; 성적 도착의, 호모

의 ; 《英》 머리가 돈〈이상한〉 ; 격노한 ; 고장이 난. ***be ~ home-ward*** 발길을 집으로 향하다.

— *n.* ⓒ (1)경향, 성벽, 좋아함, 소질(素質) : have a natural ~ *for* music 음악의 소질을 타고나다. (2)【建】 교각. (3)굴곡〈만곡〉(부). ***follow*** one'***s*** **~** 마음 내키는 대로 하다, 성미에 따르다. ***have a ~ for*** …을 좋아하다 ; …에 소질이 있다. ***to*** 〈***at***〉 ***the top of*** one'***s*** **~** 힘껏, 마음껏 ; 충분히 만족할 때까지.

bent·wood [béntwùd] *n.* ⓤ 굽은 나무《가구용》.

— *a.* 〔限定的〕 굽은 나무로 만든《의자 따위》.

be·numb [binʌ́m] *vt.* 〔흔히 受動으로〕 감각을 잃게 하다, 마비시키다, 저리게 하다《*by* ; *with*》 ; 실신케 하다 ; 멍하게 하다 : My fingers *are* ~*ed with* cold. 추위로 손가락이 마비되어 있다.

ben·zene [bénzi:n, -ˊ] *n.* ⓤ 【化】 벤젠《콜타르에서 채취한 무색의 액체》 : ~ hexachloride 벤젠 헥사클로라이드《살충제 ; 略 : BHC》/ a ~ nucleus 벤젠핵 / **ben·zine** [bénzi:n, -ˊ] *n.* ⓤ 【化】 벤진《석유에서 채취하는 무색의 액체》《※ benzene과 구별하기 위하여 benzoline 이라고도 함》.

ben·zo·ic [benzóuik] *a.* 안식향성의.

ben·zo·in [bénzouin, -ˊ-] *n.* ⓤ 안식향, 벤조인 수지(방향성 수지) ; 【化】 벤조인《의약품·향수용》.

ben·zol, -zole [bénzɑl, -zɔ(:)l] [-zoul, -zɑl] *n.* ⓤ 【化】 벤졸《benzene의 공업용 조(粗)제품》.

ben·zo·line [bénzəlì:n] *n.* =BENZINE.

·be·queath [bikwí:ð, -kwí:θ] *vt.* (1)《+目+前+名/+目+目》 (동산)을 유증(遺贈)하다《*to*》 :/ Field's will ~*ed* his wife and son the sum of twenty thousand dollars. 필드 씨는 유언으로 부인과 아들에게 2만 달러를 유증했다《※ 부동산의 경우는 devise를 씀》. (2)《+目+前+名》 (이름·작품 따위)를 남기다, (후세에) 전하다《*to*》 : 파) **~·al** [-əl], **~·ment** *n.* =BEQUEST.

be·quest [bikwést] *n.* (1) ⓤ 유증, 유증물. (2) ⓒ 유산, 유물, 유품.

be·rate [biréit] *vt.* (사람)을 호되게 꾸짖다.

Ber·ber [bə́:rbər] *n.* (1) ⓒ 베르베르 사람《북아프리카 원주민의 한 종족》. (2) ⓤ 베르베르 말.

— *a.* 베르베르 사람〈말, 문화〉의.

·be·reave [birí:v] (*p.*, *pp.* **~d** [-d], ***be·reft***) *vt.* 《+目+前+名》 (1)(사람에게서 이성·희망 등)을 앗아 가다《*of*》 : Astonishment *bereft* him *of* speech. 너무 놀라 그는 할말을 잃었다. (2)〔*pp.* 는 흔히 ***~d***〕 (육친 등)을 빼앗아가다《*of*》 ; (뒤에 헛되게) 남기다《*of*》 : 파) **~·ment** *n.* ⓤⓒ 사별(死別) : **be·réav·er** *n.*

be·reaved [-d] BEREAVE 의 과거·과거분사.

— *a.* (1)〔限定的〕 (가족·근친과) 죽음을 당한 ; 뒤에 남겨진. (2)(the -) 〔名詞的 ; 單·複數 취급〕 (가족〈근친〉과) 사별한 사람(들), 유족.

·be·reft [biréft] BEREAVE 의 과거·과거분사.

— *a.* 빼앗긴, 잃은《*of*》

be·ret [bəréi, bérei] *n.* ⓒ 《F.》 베레모(帽) ; 【英軍】 베레식 군모, 군대모.

berg [bə:rg] *n.* ⓒ 빙산(iceberg).

ber·ga·mot [bə́:rgəmɑ̀t/ -mɔ̀t] *n.* (1) ⓒ 【植】 베르가모트(=**~ òrange**) ; 배의 일종. (2) ⓤ 베르가모트 향유 ; 박하의 일종.

be·rib·boned [biríbənd] *a.* 리본으로 장식한 ; 훈장을 단.

beri·beri [béribéri] *n.* ⓤ 【醫】 각기(脚氣)병.

Béring (**stándard**) **tìme** 베링 표준시《G.M.T. 보다 11시간 늦음 ; 略 : B(S)T》.

Béring Stráit (the ~) 베링 해협.

berk [bə:rk] *n.* ⓒ 《俗》 얼간이, 지겨운 놈.

ber·ke·li·um [bərkí:liəm, bə́:rkliəm] *n.* ⓤ 【化】 버클륨《방사성 원소 ; 기호 Bk ; 번호 97》.

Berk·shire [bə́:rkʃiər/bɑ́:rk-] *n.* (1)잉글랜드 남부의 주《略 : Berks. [bə:rks/bɑ:rks]》. (2) ⓒ 버크셔, 흰점이 박힌 검은 돼지(버로셔 원산의 검은 돼지).

Ber·lin [bə:rlín] *n.* 베를린《독일의 수도》.

Ber·mu·da [bə(:)rmjú:də] *n.* (1)버뮤다《대서양상 영령(英領) 군도 중 최대의 섬》 ; (the ~s) 버뮤다 제도. (2)(*pl.*) =BERMUDA SHORTS ; 《美俗》 양파. 파) **Ber·mú·di·an** [-diən], **-mú·dan** *a.*, *n.*

Bermúda Tríangle (the ~) 버뮤다 삼각 해역.

:ber·ry [béri] *n.* ⓒ (1)씨 없는 식용 소과실《주로 딸기류》 ; 【植】 장과(漿果)《포도·토마토·바나나 등》. (2)말린 씨《커피·콩 따위》 ; (곡식의) 낟알 ; 들장미의 열매(hip). (3)(물고기·새우의) 알의 낟알 : a lobster *in* ~ 알을 밴 새우. — *vi.* 장과를 맺다 ; 장과를 따다. ***go ~ing*** (야생의) 딸기 따러 가다. 파) **~less** *a.* **~like** *a.*

ber·serk [bə:rsə́:rk, -zə́:rk, ˊ-] *n.* =BERSERKER. — *a.* 〔敍述的〕 광포한, 맹렬한《주로 다음 成句로》. ***go***〈***run***〉 **~** 광포해지다, 난폭해지다. ***send*** a person ~ 아무를 난폭해지게 하다.

ber·serk·er [bə:rsə́:rkər, -zə́:rk-, ˊ--] *n.* ⓒ (1)(북유럽 전설의) 광포한 전사(戰士). (2)폭한(暴漢).

·berth [bə:rθ] *n.* ⓒ (1)침대《기선·기차·여객기 따위의》, 층(層)침대 : (2)정박〈조선(操船)〉 여지〈거리, 간격〉 ; (배의) 투묘지(投錨地), 정박 위치; 주차 위치 : a foul ~ (충돌할 우려가 있는) 나쁜 위치. (3)숙소, 거처. (4)적당한 장소 ; 《口》 직장, 지위 : have a (good) ~ with …에 (좋은) 일자리〈지위〉가 있다 / find a snug ~ 편안한 일자리를 찾다. ***give a wide ~ to*** =***keep a wide ~ of*** 《口》 …에서 멀리 떨어져서 정박하다 ; …을 경원하다〈피하다〉. ***on the ~*** 정박중인〈에〉. ***take up a ~*** 정박위치에 대다.

— *vt.* (1)…을 정박시키다. (2)…에게 침대를 마련해 주다 ; 취직시키다. — *vi.* (1)정박하다. (2)숙박하다.

ber·tha [bə́:rθə] *n.* ⓒ (여성복의) 넓은 깃, 장식 깃《흰 레이스로 어깨까지 드리워짐》.

ber·yl [bérəl] *n.* ⓤⓒ 【鑛】 녹주석(綠柱石).

be·ryl·li·um [bəríliəm] *n.* ⓤ 【化】 베릴륨《금속원소 ; 기호 Be ; 번호 4》.

·be·seech [bisí:tʃ] (*p.*, *pp.* ***be·sought*** [-sɔ́:t], **~*ed***) *vt.* (1)《+目/+目+前+名/+目+*to* do/+目+*that* 節》 …을 간절히 원하다, 간청하다, 탄원하다《*for*》 : I ~ your favor. 세발 부탁합니나 / She *besought* the King *that* the captive's life might be saved. 그녀는 포로의 목숨을 살려 주도록 왕에게 탄원했다. (2)…에게 청하다 ; 구하다 : —*vi.* 탄원하다. 파) **~·er** *n.*

be·seech·ing [bisí:tʃiŋ] *a.* 〔限定的〕 (표정·눈빛이) 탄원〈애원〉하는 듯한, 간청하는.

be·seem [bisí:m] *vt.* 《古》 〔주로 it를 主語로 하며, 흔히 well, ill을 수반함〕 …에게 어울리다〈맞다〉 : *It ill ~s* 〈It does not ~〉 you *to* complain. 불평을 하는 것을 너답지 않다.

파) **~·ing** *a.* 어울리는. **~·ing·ly** *ad.*

·be·set [bisét] (*p.*, *pp.* ~ ; **~·*ting***) *vt.* (1)…을 포위하다, 에워싸다 ; (도로 따위)를 막다, 봉쇄하다

《with》: be ~ by enemies 적에게 포위되다 / the forest that ~s the village 그 마을을 에워 싼 숲. (2)《比》(위험·유혹 등이) …에 따라다니다, 몰려들다, 습격하다, 괴롭히다《with ; by》: a man ~ with〈by〉entreaties 탄원 공세에 시달리는 사람 / (3) 꾸미다, 박아 넣다《with》: Her necklace was ~ with gems. 그녀 목걸이에는 보석이 박혀 있었다.
파) **~·ting** [-iŋ] a. 〔限定的〕 에워싸는 ; 끊임없이 괴롭히는 : a ~ting temptation〈sin〉 빠지기 쉬운 유혹〈죄〉.

:be·side [bisáid] prep. (1)…의 곁〈옆〉에, …와 나란히 : I sat down ~ my wife. 나는 아내 옆에 앉았다. (2)…와 비해서 : (3)…을 벗어나(apart from). (4)…외에(besides) ; …에 더하여(in addition to). ~ one**self** 제 정신을 잃고, 흥분하여《with joy, rage, etc.》: ~ oneself with joy 미칠 듯이 기뻐서. ***~ the mark*** 〈***point***〉 ⇨ MARK[1]. ***~ the question*** 문제 밖에. — ad. 《古》 곁〈옆〉에 ; =BESIDES.

:be·sides [bisáidz] ad. (1)그 밖에, 따로 : I bought him books and many pictures ~. 그에게 책과 그밖에 많은 그림을 사 주었다. (2)게다가.
— prep. (1)…외에(도), …에다가 또 : Besides a mother, he has a sister to support. 어머니 외에 부양할 누이가 있다. (2)〔否定·疑問文에서〕 외에(는), …을 제외하고(는).

·be·siege [bisíːdʒ] vt. (1)…을 포위 공격하다 ; …을 에워싸다 ; …에 몰려들다〈쇄도하다〉; 〔종종 受動으로〕 (공포 등이) …을 휩싸다 ; 괴롭히다 : He was ~d by fear. 그는 공포에 휩싸였다. (2)《+目+前+名》(요구·질문 따위로) 공세를 퍼붓다, 괴롭히다《with》: ***the ~d*** 〔複數 취급〕 농성군(籠城軍).
파) **~·ment** n. ⓤ 포위(공격). **be·síeg·er** n. ⓒ 포위자 ; (pl.) 포위군.

be·smear [bismíər] vt. …을 뒤바르다《with》; 더럽히다, 온통 칠하다 : faces ~ed with mud 진흙이 더덕더덕 묻은 얼굴.

be·smirch [bismə́ːrtʃ] vt. …을 더럽히다 ; 변색시키다 ; (명예·인격 따위)를 손상하다.
파) **~·er** n. **~·ment** n.

be·sot·ted [bisátid/ -sɔ́t-] a. (1)정신을 못 가누게 된 ; 〔敍述的〕 (술에) 취해버린《with》: a ~ drunkard 취한(醉漢). (2)〔敍述的〕 (사랑·권력 등에) 정신이 멍한, 이성을 잃은 : (3)바보 같은, 어리석은, 치매 상태의.
파) **~·ly** ad. **~·ness** n.

be·span·gle [bispǽŋgəl] vt. 〔종종 受動으로〕 (번쩍번쩍하는 것을〈으로〉) …에 흩뿌리다〈덮다, 장식하다〉, 번쩍거리게 하다《by ; with》:

be·spat·ter [bispǽtər] vt. (흙탕물 따위)를 튀기다 ; 튀기어 더럽히다《with》; (욕 따위)를 퍼붓다(abuse) : The backs of my legs were ~ed with mud after walking home in the rain. 나는 비를 맞으며 집으로 걸어갔기 때문에 다리 뒤쪽은 진흙이 튀겨 더러워졌다.

be·speak [bispíːk] (***-spoke*** [-spóuk], 《古》 ***-spake*** [-spéik] ; ***-spo·ken*** [-spóukən], ***-spoke***) vt. (1)…을 예약하다 ; 주문하다 : Every seat is already bespoken. 모든 좌석이 이미 예약되었다. (2)…을 미리 의뢰하다. (3)…을 나타내다, 보이다, …이라는 증거이다 ; …의 징조이다 : This ~s a kindly heart. 이것으로 친절한 것을 알 수 있다. (4) ~에게 말을 걸다

be·spec·ta·cled [bispéktəkəld] a. 〔限定的〕 안경을 낀 : Mr. Merrick was a slim, quiet, ~ man. 메릭씨는 갸날프고 조용한 안경 낀 남자다.

be·spoke [bispóuk] BESPEAK 의 과거·과거분사.
— a. 〔限定的〕 (1)《英》 주문한, 맞춘(custommade) (【opp.】 ready-made) ; 주문 전문의《구둣방》: a ~ bootmaker 맞춤 구둣방 / Habits made by a ~ tailor are an expensive item. 맞춤전문 양복점에서 만든 의복은 고가품이다. (2)【컴】 (요구에 맞추어) 제작한 (소프트웨어).

be·spo·ken [bispóukən] BESPEAK 의 과거분사.

be·sprin·kle [bispríŋkəl] vt. …을 흩뿌리다, ~에 반점을 찍다, 살포하다(sprinkle)《with》.

Bess [bes], **Bes·sie, Bes·sy** [bési] n. 여자 이름《Elizabeth 의 애칭》.

Bes·se·mer [bésəmər] n. **Henry ~** 베세머《영국의 기술자·발명가 ; 1813-98》.

Béssemer pròcess 【冶】 베세머 제강법(製鋼法).

:best [best] a. 〔good, well[2] 의 最上級〕 (1)가장 좋은, 최선의, 최상의, 지상의, 최고의. 【opp.】 worst. 『 the ~ man for the job 그 일의 최적임자. (2)최대의 ; 대부분의 : the ~ part of a day 하루의 태반, 거의 하루 종일. (3)〔敍述的〕 (몸의 상태가) 최상인, 최고조인 : (4)〔反語的〕 지독한, 철저한 : the ~ liar 지독한 거짓말쟁이.
one***'s ~ fellow*** 〈***girl***〉 연인. ***put*** one***'s ~ foot*** 〈***leg***〉 ***foremost*** 〈***forward***〉 《美》 자기 장점을 보이다, 좋은 면을 보이다 ; 전력을 다하다 ; 《英》 최대한으로 서두르다.
— n. ⓤ (1)(the ~, one's ~) 최선, 최상 ; 최선의 상태 : the next〈second〉 ~ 차선 / be in the ~ of one's health 더할 나위 없이 건강하다 / look one's ~ (건강·외관 등이) 최선의 상태로〈매력적으로〉 보이다. (2)(the ~) 최선의 것〈부분〉: We are the ~ of friends. 우리는 더없이 친한 친구다 / (3)(the ~, one's ~) 최선의 노력 : I tried my ~ to convince him. 최선을 다해 그를 납득시키려 했다. (4)(the ~) 일류급 사람(들). (5)(흔히 one's ~) 제일 좋은 옷. (6)《美口》 (편지 등에서) 호의(好意).
(***all***) ***for the ~*** 최선의 결과가 되도록 ; 가장 좋은 것으로 여기고, 되도록 좋게 생각하여 : ***All the ~!*** 《口》 그대에게 행복을《작별·건배·편지 끝맺음 등의 말》. ***at*** one***'s*** 〈***its***〉 ***~*** 최선의 상태로 ; (꽃 따위가) 만발하여. ***at*** (***the***) ***~*** 아무리 잘 보아주어도, 잘 해야, 고작 : ***at the very ~*** =at (the) ~《센 뜻》. ***do*** 〈***try***〉 one***'s ~*** 전력을 다하다 : do one's poor ~ 미력이나마 최선을 다하다. ***do*** one***'s level ~*** 《口》 할 수 있는 힘을 다하다. ***for the ~*** 가장 좋다고 생각하여, 되도록 잘하려고 : I did it for the ~. 좋다고 여겼기에 한 것이다. ***get*** 〈***have***〉 ***the ~ of*** a person 《口》 아무를 이기다 ; 꼭뒤지르다, 속이다 : ***get*** 〈***have***〉 ***the ~ of it*** 〈***the bargain***〉 《口》 (논쟁 따위에서) 이기다, 우월하다 ; (거래 따위를) 잘 해내다. ***get the ~*** 〈***most, utmost***〉 ***out of*** …을 가능한 한 유효하게 사용하다, 최대한 활용하다. ***give*** a person 〈a thing〉 ***the ~*** 상대방의 승리를 인정하다 ; …에 굴복하다. ***give it ~*** 《口》 단념하다. ***make the ~ of*** (불리한 기회, 불충분한 시간을) 될 수 있는 대로〈최대한〉 이용하다 ; (싫은 일을) 단념하고 하다, (불쾌한 조건을) 어떻게든 참다 : make the ~ of a bad job 〈bargain〉 ⇨ JOB, BARGAIN. ***make the ~ of both worlds*** 영혼과 육체를 조화되게 하다, 세속적

이해와 정신적 이해를 조화되게 하다. ***make the ~ of*** one***self*** 자기를 가능한 한 가장 좋게 〈매력적으로〉, ~을 최대한으로 (되도록 잘). ***make the ~ of*** one***'s way*** (되도록) 길을 서두르다. ***the ~ and brightest*** 엘리트 계급, 정예, 뛰어난 사람들. ***the ~ of***《美》…의 대부분. ***The ~ of British(luck) !***《英俗》〔反語的〕 행운을 빈다. ***the ~ of it is (that...)*** 가장 재미있는 곳은 (…이다). — *ad.* 〔well² 의 最上級〕 (1)가장 좋게, 제일 잘 ; 가장 : I like football (the) ~ *of* all sports. 스포츠 중에서 축구를 제일 좋아한다
(2)〔反語的〕 더 없이, 몹시 : the ~ abused book 가장 평판이 나쁜 책. (3)〔複合語를 이루어〕 가장. ***as ~ (as)*** one ***can 〈may〉*** 될 수 있는 대로 잘, 힘이 닿는 데까지. ***~ of all*** 우선 무엇보다도, 첫째로. ***for reason ~ known to*** one***self*** 자기만의 이유로 ; 개인적인 이유로. ***had ~*** do …하는 것이 제일 좋다, 꼭 …해야 한다.
— *vt.* 《口》…에게 이기다, …을 앞지르다(outdo)

bést-before dáte (포장식품 등의) 최고 보증기한의 날짜 :

bést bét 가장 안전하고 확실한 방법〈수단〉.

bes·tial [béstʃəl, bíːs- /béstiəl-] *a.* 짐승의〈과 같은〉 ; 수성(獸性)의 ; 흉포한, 야만스런, 잔인한 ; 상스러운 : 파) **~·ly** *ad.*

bes·ti·al·i·ty [bèstʃiǽləti, bìːs- /bèsti-] *n.* (1)ⓤ 수성(獸性) ; 수욕(獸慾) ; 【法】 수간(獸姦). (2)ⓒ 잔인한 짓

bes·ti·ary [béstʃièri, bíːs- /béstiəri] *n.* ⓒ (중세의) 동물 우화집.

be·stir [bistə́ːr] (**-rr-**) *vt.* 〔다음 용법뿐임〕 ~ one***self*** 분발하다 ; 노력하다.

:best-known [béstnóun] *a.* 〔well-known의 최상급〕 가장 유명한, 가장 잘 알려진.

bést mán 최적임자 ; 신랑 들러리 :

:be·stow [bistóu] *vt.* (1)《+目+前+名》 …을 주다, 수여〈부여〉하다, 증여하다 : ~ a title *on*〈*upon*〉 a person 아무에게 칭호를 주다. (2)《+目+前+名》 …을 사용하다, 쓰다, 들이다 : ~ all one's energy *on* a task 일에 온 정력을 쏟다
파) **~·al** [-əl] *n.* ⓤ 증여, 수여.

be·strew [bistrúː] (***~ed ; ~ed, ~n*** [-strúːn]) *vt.* 《+目+前+名》 …을 흩뿌리다, 살포하다 ; …을 뒤덮다《*with*》, …에 널려있다 : ~ the path *with* flowers 길에 꽃을 흩뿌리다《환영의 뜻으로》/

be·stride [bistráid] (***-strode*** [-stróud]***, -strid*** [-stríd] ***; -strid·den*** [-strídn]***, -strid***) *vt.* 가랑이를 벌리고 걸터타다〈서다〉 ; (가랑이를 벌리고) 뛰어넘다 ; (부지개가) …에 서다, 교량 등이 놓이다 ; 지배하다, 좌지우지하다.

best·sell·er [béstsélər] *n.* ⓒ 베스트셀러《책·음반 등》; 그 저자〈작자〉(=**bést séller**)

best-sell·ing [béstséliŋ] *a.* 〔限定的〕 베스트셀러의

:bet [bet] *n.* ⓒ (1)내기, 걸기. (2)건 돈〈물건〉. (3)내기의 대상《사람·물건·시합 등》 : a good 〈poor〉 ~ 유망한〈가망성 없는〉 것〈사람, 후보자〉 / It's a ~, then? 그럼 내기를 할까《둘 중에서 누가 옳은가를》. (4)취해야 할 방책 ; 잘 해낼 수 있을 듯한 사람, 잘 될 것 같은 방법 : (5)《口》 생각, 의견. ***a good ~*** 유망한 사람(물건). ***cover〈hedge〉*** one***'s ~s*** 《口》 손실을 막기 위해 양쪽에 걸다. ***make 〈lay, take〉 a ~*** (아무와) 내기를 하다《*with*》, (무엇을) 걸다《*on*》. ***win 〈lose〉 a ~*** 내기에 이기다〈지다〉.
— (*p., pp.* **~, ~·ted** [bétid] ; **~·ting**) *vt.* (1)《~+目/+目+前+名/+目+目》 (돈 등)을 걸다《*on*》 : What will you ~ ? 자넨 무얼 걸겠나 / He ~ 30 dollars *on* the racehorse. 그는 그 경주 말에 30달러 걸었다 / (2)《+目+前+名》…에 대하여 내기하다《*on, upon*》 : ~ a person *on* a thing 무엇에 대하여 아무와 내기하다. (3)《+目+*that* 節》 (돈)을 걸고 (…임)을 주장하다, 단언〈보증〉하다 : — *vi.* (1)《~/+前+名》 내기 걸다, 내기를 하다 : I never ~. 나는 내기를 절대 안 한다 / ~ both ways 〈《英》 each way〉 경마에서 단승(單勝)과 복승(複勝)의 양쪽에 걸다 /(2)보증하다, 책임지다.
~ against …에 반대로 내기하다, …하지 않을 것이라고 내기하다 :***~ each way*** (경마에서) 연승식(連勝式)에 걸다. ~ one***'s boots 〈bottom dollar, life, shirt〉*** 《口》 있는 돈을 모두 걸다 ; 절대 확신〈보증〉하다《*on* ; *that*》. ***I('ll) ~ (you)***. . . / ***I('ll) betcha〈betcher〉***. . . 《美口》 확실히 …이다 : *I* ~ it'll rain tomorrow. 내일 틀림없이 비가 올 것이다. ***I wouldn't ~ on it*** 기대하지 않는다 ; 불가능하다고 생각한다. ***What's the ~ting?*** 《口》 어떻게 되리라고 생각합니까, 형편이 어떻습니까. ***You ~?*** 틀림없느냐 (Are you sure?). ***You ~ (you)!*** 《口》 정말이야, 틀림없어, 물론 ; 맞아 ; 무슨 일이람

be·ta [béitə/bíː-] *n.* (1) ⓤⓒ 그리스 자모의 둘째 글자《*B*, *β*》. (2) ⓒ (종종 B-) 제 2 위(의 것) ; (시험 평점의) 제 2등급 베타 학점〈급〉 : They gave him (a) ~ for history. 그들은 그의 역사 과목에 대해 B 학점을 주었다. (3)(B-) 【天】 베타성. (4)【化】 베타《화합물 치환기(置換基)의 하나》. 【cf.】 alpha. (5)【物】 =BETA PARTICLE, BETA RAY. ***~ plus 〈minus〉*** 《英》 (시험 성적 등의) 2 등의 위〈아래〉.

be·take [bitéik] (***-took*** [-túk] ; ***-taken*** [-téikən]) *vt.* 〔再歸用法〕 ~ one***self to*** 1)…로 향하다, 왕림하다, 가다《*to*》. 2)해보다, …에 온 정력을 쏟다〈기울이다〉 : *Betake yourself to* your work. 일에 전력을 다해라.

be·ta·tron [béitətrɑ̀n/bíːtətrɔ̀n] *n.* ⓒ 【物】 베타트론《자기 유도 전자 가속 장치》.

be·tel [bíːtəl] *n.* ⓤⓒ 【植】 구장《인도산 후춧과》.

bétel nùt 빈랑나무의 열매.

bête noire [bèitnwɑ́ːr] (*pl.* ***bêtes noires*** [-z]) 《F.》 몹시 싫은 것〈사람〉..

Beth·a·ny [béθəni] *n.* 베다니《Jerusalem의 마을로, 나사로와 그의 자매가 살던 곳》.

beth·el [béθəl] *n.* ⓒ 벧엘 성지(聖地), 거룩한 곳 ; 《英》 비국교도의 예배당.

·be·think [biθíŋk] (*p., pp.* ***-thought*** [-θɔ́ːt]) *vt.* (1)〔再歸的〕 《~+目/+目+前+名/+目+*wh.*節/+目+*that* 節》 …을 숙고하다, 생각해 내다《*of* ; *how* ; *that*》 ; 생각이 들다 : I *bethought myself of* a promise. 나는 약속이 있음을 생각해 냈다 / (2)《+*to* do》 (…하기로) 결심하다 : He *bethought to* regain it. 그는 그것을 되찾기로 결심했다.

Beth·le·hem [béθliəm, -lihèm] *n.* 베들레헴.

be·tide [bitáid] *vt.* …의 신상에 일어나다, …에 생기다(happen to).
— *vi.* 일어나다《*to*》 ; 몸에 닥치다 : We will remain true to one another, whatever ~*s* (us) in years *to* come. 우리는 앞날에 어떤 일이 있어도 여전히 서로 진실한 사이로 남을 것이다. ***whatever (may) ~*** 무슨 일이 일어나든. ***Woe ~ him !*** 그에게 화 있으라

be·times [bitáimz] *ad.* 《文·戲》이르게(early) ; 늦지 않게 ; 때 맞춰, 때 마침(occasionally) ; 《古》곧(soon) : be up ~ 아침 일찍 일어나다.

be·to·ken [bitóukən] *vt.* …의 조짐이〈전조가〉 되다(portend) ; 보이다(show) ; 나타내다 : Red skies in the morning ~ a storm. 아침놀은 폭풍의 조짐이다.

:be·tray [bitréi] *vt.* (1)《~+目/+目+前+名》 …을 배반〈배신〉하다 ; (조국·친구 등)을 팔다《*in* ; *into*》 ; (남편·아내·여자 등)을 속이다 : Judas *~ed* his Master, Christ. 유다는 스승 그리스도를 배반하였다 / ~ one's country *to* the enemy 적에게 조국을 팔다. (2)(신뢰·기대·희망 따위)를 저버리다, 어기다 : ~ a person's trust 아무의 신뢰를 저버리다《*in*》. (3)《+目(+前+名)》 (비밀)을 누설하다, 밀고하다《*to*》 :/ ~ a secret *to* a person 아무에게 비밀을 누설하다. (4)《~+目》 (감정·무지·약점 등)을 무심코 드러내다 : People learned never to ~ their anger. 사람들은 자신의 분노를 무심코 드러내서는 결코 안된다는 것을 배웠다 / ~ one's ignorance 무지를 드러내다. (5)《+*that* 節/+目+(*to* be)補》 …임을 나타내다 ; …이 …임을 알다 : ~ one***self*** 까딱 실수로 제 본성〈본심, 비밀〉을 드러내다.
파) **~·al** [-əl] *n.* ⓤⓒ 배반 (행위) ; 폭로 ; 밀고, 내통(內通). **~·er** *n.* ⓒ 매국노(奴)(traitor) ; 배반자, 배신자 ; 밀고자 ; 유혹자.

·be·troth [bitrɔ́:θ, -tróuð] *vt.* 《~+目/+目+前+名》 …를 약혼시키다(engage)《*to*》 : They were *~ed*. 그들은 약혼했다 / ***be 〈become〉 ~ed to*** a person 아무와 약혼 중이다〈하다〉. 파) **~·al** [-əl] *n.* ⓤⓒ 약혼(식) (=**be·tróth·ment**).

be·trothed [bitrɔ́:θt, -tróuðd] *a.* (1)〔限定的〕 약혼한(engaged), 약혼자의. (2)〔敍述的〕 (…와) 약혼하여 : the ~ (pair) 약혼 중인 남녀.
— *n.* (one's ~) 약혼자 ; (the ~) 〔複數취급〕 약혼자들《두 사람》.

Bet·sy, -sey [bétsi] *n.* 여자 이름《Elizabeth의 애칭》.

:bet·ter¹ [bétər] *a.* (1)〔good의 比較級〕 보다 좋은, …보다 나은《양자 중에서》 : It's ~ than nothing. 없는 것보다 낫다. (2)〔敍述的〕〔well²의 比較級〕 차도가 있는. (3)〔good의 比較級〕 보다 많은〈큰〉 : the ~ part of the week 일주일의 대부분. (4)〔막연히〕 보다 나은.
be* (*feel*) ~ ~** 기분이 전보다 낫다. ***be ~ than* one*'s word ⇨ WORD. ***be no ~ than* one *should be*** 《古·蔑》 부도덕하다, 도덕관념이 없다 ; 《美俗》 (여성이) 무절조하다. ***be the ~ for*** …때문에 오히려 이익을 얻다 ; …때문에 오히려 더 좋다〈낫다〉 : I'*m* none *the* ~ *for* it. 그것으로 이득을 볼 것은 조금도 없다. ***~ days*** 좋은 시절. ***Better late than never.*** ⇨ NEVER. ***feel ~*** 전보다 기분이 낫다(be ~) ; 몸의 상태가 좋다 ; 마음이 놓이다 ; 안심하다. ***for ~* (*or*) *for worse*** =***for ~ or worse*** 어떤 운명이 되더라도 (오래도록)《결혼식 선서 때의 말》 ; 좋든 싫든 간에 : ***no* 〈*little*〉 *~ than*** 1)…나 매한가지, …에 지나지 않다 :***not any ~ than...*** =no〈little〉 ~ than. one***'s ~ feelings*** 양심, 본심. one***'s ~ self*** 분별, 양심.
— *ad.* 〔well²의 比較級〕 (1)보다 좋게〈낫게〉 ; 보다 잘 : write ~ 보다 잘 쓰다. (2)더욱, 한층, 더욱 많이 : (3)보다 이상 : ~ than a mile to town 읍내까지 1마일 남짓. ***(all) the ~ for*** …때문에 그만큼 더〈많이〉 : I like her (*all*) *the* ~ *for* it. 그렇기 때문에 한층 더 그녀를 좋아한다. ***be ~ off*** 전보다 살림살이가〈형편이〉 낫다, 한결 더 잘 살다, 전보다 잘 지내다. ***~ and ~*** 점점〈더욱더〉 잘〈좋게〉. ***had〈'd〉 ~ do*** …하는 편이 좋다 : You *had* ~ go〈not go〉. 가는〈안 가는〉 편이 좋다 / ***know ~*** (***than that*** 〈***to*** do〉) 한층 분별이 있다, …하는 것이 좋지 않음〈어리석음〉을 알고 있다. ***know no ~*** 그 정도의 지혜〈머리〉밖에 없다. ***think ~ of*** a thing 고쳐 생각하다, 마음을 바꾸다 ; 다시 보다.
— *n.* ⓒ 보다 나은 것〈사람〉, 더 좋은 것 : for want of a ~ 그 이상의 것이 없으므로. ***for the ~*** 나은 쪽으로 : ***get* 〈*have*〉 *the ~ of*** …에게 이기다, …을 극복하다. ***think* (*all*) *the ~ of*** …을 다시 보다.
— *vt.* …을 개량〈개선〉하다 ; …을 능가하다.
— *vi.* 나아지다 ; 향상하다. ~ one***self*** 훌륭하게 되다 ; 승진〈출세〉하다 ; 독학〈수양〉하다, 교양을 높이다.

bet·ter², -tor [bétər] *n.* ⓒ 내기를 하는 사람.

bétter hálf (one's ~) 《口·戲》 배우자 ; 아내.

bet·ter·ment [bétərmənt] *n.* (1) ⓤ 개량, 개선, 증진, (지위의) 향상, 출세 : (2)(*pl.*) 【法】 (부동산의) 개량, 개선.

bet·ter-off [bétərɔ́(:)f, -áf] *a.* 부유한, 유복한.

bet·ting [bétiŋ] *n.* ⓤ 내기(에 거는 돈).

:be·tween [bitwí:n] *prep.* (1)〔공간·시간·수량·위치〕 …의 사이에〔의, 를, 에서〕 : / (a distance) ~ two and three miles from here 여기서 2 내지 3 마일(의 거리). (2)〔성질·종류〕 …의 중간인, ~의 양쪽 성질을 겸비함, 어중간한 : something ~ a chair and a sofa 의자인지 소파인지 분간하기 어려운 것. (3)〔관계·공유·협력〕 …의 사이에〔에서, 의〕 :(4)〔공동·협력〕 …의 사이에서 서로 힘을 모아, 공동으로 : We completed the job ~ the two of us. 우리 둘이 협력해서 일을 마쳤다. (5)〔차별·분리·선택〕 …의 사이에(서) ; …중 하나를 : the difference ~ the two 둘 사이의 차이 /(6)〔원인〕 …(이)다 -(이)다 해서 : *Between* astonishment *and* delight, she could not speak even a word. 놀랍기도 하고 기쁘기도 하여 그녀는 한 마디도 못했다.
~ a rock and a hard place 고경(苦境)에 빠져, 어려운 상황에 빠져. ***~ ourselves*** = ***~ you and me*** = ***~ you, me, and the gatepost*** 《口》 우리끼리만의 이야기이지만, 이것은 비밀인데. ***come* 〈*stand*〉 *~*** ⇨ COME. ***There is no love lost ~ them.*** 그들은 서로 미워한다.
— *ad.* (양자) 사이〈간〉에 ; 사이를 두고 : be 〈stand〉 ~ (…의) 중간에 서다, 중재〈방해〉하다 ; 갈라놓다 / I can see nothing ~. 사이에는 아무 것도 안 보인다. ***(few and) far ~*** 극히 드물게, ***from ~*** 사이에서. ***in ~*** (…의) 사이에, 중간에, 여가에 :

be·twixt [bitwíkst] *prep., ad.* 《古·詩·方》 =BETWEEN. ***~ and between*** 이도 저도 아닌 ; 중간으로.

bev·a·tron [bévətràn/ -trɔ̀n] *n.* ⓒ 【物】 베바트론《양자·전자를 가속하는 고(高) 에너지의 싱크로트론(synchrotron)의 일종》.

bev·el [bévəl] *n.* ⓒ (1)사각(斜角), 빗각 ; 경사, 사면. (2)각도 측정기.
— *a.* 〔限定的〕 빗각의.
— (**-l-,** 《英》 **-ll-**) *vt.* (1)빗각을 이루다. (2)…을 비스듬하게 자르다.

bével gèar 〈**whèel**〉 【機】 우산 톱니바퀴.

bével squàre 각도 측정기.

·bev·er·age [bévəridʒ] *n.* ⓒ (보통 물 이외의) 마

실 것, 음료. ***alcoholic*** 〈***cooling***〉 ***~s*** 알코올〈청량〉 음료 : We do not sell any *alcoholic ~s*. 우리는 알코올 음료를 판매하지 않는다.

bevy [bévi] *n.* ⓒ (1)무리, 떼《많은 고급 주택지 따위의》. (2)(소녀·여성의) 일단(一團)

·be·wail [biwéil] *vt.* (죽음·불운 따위)를 몹시 슬퍼하다, 통곡하다, 비탄하다.
— *vi.* 비탄〈슬픔〉에 젖다.
파) **~·ing·ly** *ad.* **~·ment** *n.* ⓤ

:be·ware [biwέər] *vi., vt.* 《~/+目/+*wh.* 節/+前+名/+*that* 節》〔어미 변화 없이 命令形· 不定詞뿐임〕 조심〈주의〉하다, 경계하다 : *Beware what yon say.* 말조심하시오

be·whisk·ered [bihwískərd] *a.* (1)구레나룻을 기른. (2)(익살 등이) 진부한.

be·wigged [biwígd] *a.* 가발을 쓴.

:be·wil·der [biwíldər] *vt.* 〔주로 受動으로〕 …을 어리둥절케〈당황케〉 하다(confuse), 놀라 어쩔 줄 모르게 하다 :파) **~•ed** *a.* 당황한 : a *~ed* look 어리둥절한 표정. **~•ed·ly** *ad.*

·be·wil·der·ing [biwíldəriŋ] *a.* 어리둥절케〈당황케〉 하는. 파) ***~·ly** *ad.* 당황케 할만큼.

·be·wil·der·ment [biwíldərmənt] *n.* ⓤ 당황, 어리둥절함. ***in ~*** 당혹하여.

·be·witch [biwítʃ] *vt.* (1)…에 마법을 걸다, ~ 요술을 걸다. (2)…을 호리다, 매혹하다, 황홀케 하다 《*into* ; *with*》: 파) **~·ing** *a.* 매혹시키는, 황홀케 하는. **~·ing·ly** *ad.* **~·ment** *n.* ⓤ 마력 ; 매혹, 매력 ; 매혹 당한 상태, 황홀경 ; 주문(呪文).

:be·yond [bijɑ́nd/ -jɔ́nd] *prep.* (1)〔장소〕 …의 저쪽에, …을 넘어서〈건너서〉: ~ the river 강 건너에. (2)〔시각·시기〕 …을 지나서 : / ~ the usual hour 여느 때의 시각을 지나서. (3)〔정도·범위·한계〕 …을 넘어서, …이 미치지 않는 곳에 : ~ endurance 참을 수 없는. (4) …이상으로, …에 넘치는 : live ~ one's income 수입 이상의 생활을 하다. (5)〔주로 否定·疑問文에서〕 …외에, 그밖에 (더) :***~ all praise*** 이루 다 칭찬할 수 없을 만큼.
~ all things 무엇보다도 먼저. ***~ measure*** 헤아릴 수 없을 정도(로) : 매우. ***~ the grave*** 〈***tomb***〉 저승에서 : The message came from a voice from *~ the grave*. 소식이 저승에서 목소리로 전달되어 왔다. ***~ the mark*** 과도하게. ***go ~*** one***self*** 도를 지나치다, 자제력을 잃다 ; 평소 이상의 힘을 내다.
— *ad.* (1)(멀리) 저쪽에, 이상으로 : a hill ~ 저쪽 언덕 / the life ~ 저 세상 / (2)그밖에(besides) : There's nothing left ~. 그밖엔 아무 것도 남지 않았다. (3)더 늦게. ***go ~*** ⇨ GO.
— *n.* (the ~) 저쪽(의 것) ; 저승, 내세(the great ~). ***the back of ~*** 세계의 끝.

bez·el [bézəl] *n.* ⓒ (날붙이의) 날의 빗면, 날저 ; 보석의 사면(斜面) ; (시계의) 유리 끼우는 홈 ; (반지의) 보석 끼우는 홈, 거미발.

bhang, bang [bæŋ] *n.* ⓤ 대마 잎과 작은 가지를 말려 만든 끽연·마취제용.

Bhu·tan [bu:tɑ́:n, -tǽn] *n.* 부탄(히말라야 산맥 속의 작은 왕국).

bi [bai] *n., a.* 《俗》 =BISEXUAL.

bi-[1] *pref.* '둘, 양, 쌍, 중(重), 복(複), 겹'의 뜻.

bi-[2] (모음의 앞에 올 경우의) BIO-의 이형(異形).

bi·a·ly [biɑ́:li] *n.* ⓒ 비알리《납작하고 중앙이 우묵한 롤빵 ; 잘게 썬 양파를 얹음》.

bi·an·nu·al [baiǽnjuəl] *a.* 1년에 2번의, 반년마다의 파) **~·ly** *ad.*

·bi·as [báiəs] *n.* ⓤⓒ (1)(직물의 발에 대한) 사선(斜線), 엇갈림, 바이어스《옷감 재단·재봉선의》: She uses ~-cutting techniques to give the clothes grace and fluidity. 그녀는 옷에 우아함과 유동성을 주려고 사선 재단 기법을 사용한다. (2)선입관《*toward, to*》, 편견《*for* ; *against*》 ; 마음의 경향 ; 성벽(性癖) : a man with a scholarly ~ 학자기질의 사람 / (3)【球技】 (볼링 등의) 공의 치우침〈편심〉 ; (공)의 비뚤어진 진로. (4)【通信】 편의(偏倚), 바이어스. (5)【統】 치우침.
have 〈***be under***〉 ***a ~ toward*** …의 경향이 있다, …에 치우쳐 있다 : He *has a ~ toward*〈against〉 the plan. 그 계획에 처음부터 호의를〈반감을〉 가지고 있다. ***on the ~*** 비스듬히, 엇갈리게 : cut cloth *on the ~* 천을 비스듬히 자르다. 【opp.】 *on the straight*.
— *a., ad.* 비스듬한〈히〉 ; 엇갈리게, 【通信】 편의의.
— (***-s-,*** 《英》 ***-ss-***) *vt.* (1)…에 편견을 갖게 하다, 한쪽으로 치우치게〈기울게〉 하다, 휘게 하다, 편견을 품게 하다 : (2)(전극에) 바이어스를 걸다. ***be ~ed against*** …에 편견을〈악의를〉 품다. ***be ~ed in favor of*** a person 아무에 호의를 품다.
파) **~ed,** 《英》 **~sed** [-t] *a.* 치우친 ; 편견을 가진 : The newspapers gave a very *~ed* report of the meeting. 신문들은 그 회합에 대해 매우 치우친 보도를 했다. **~(s)ed·ly** *ad.* **~·ness** *n.*

bías bìnding 【洋裁】 바이어스 테이프(=**bías tàpe**).

bi·ath·lete [baiǽθli:t] *n.* ⓒ biathlon 선수.

bi·ax·i·al [bàiǽksiəl] *a.* 【物】 축이 둘 있는.

bib [bib] *n.* ⓒ 턱받이 ; (에이프런 따위의) 가슴 부분 ; (펜싱의 마스크에 달린) 목구멍받이 ; = BIBCOCK : ***~ and brace*** 바지에 가슴받이와 멜빵이 달린 작업복. ***in*** one***'s best ~ and tucker*** 《口》 나들이옷을 입고.

bib·cock [bíbkɑ̀k/ -kɔ̀k] *n.* ⓒ (아래로 굽은) 수도꼭지(=**bíbb còck**).

:Bi·ble [báibəl] *n.* (1)(the ~) 성서(聖書), 성경《the Old Testament 와 the New Testament》. 【cf.】 Scripture. 『 *Bible*-reading classes are held in the church hall every Thursday evening. 성경 강독 연구회가 매주 목요일 저녁에 교회 회관에서 열린다. (2) ⓒ (b-) 권위 있는 서(3) ⓒ 〔一般的〕 성전(聖典), 경전(經典). ***live*** one***'s ~*** 성서의 가르침을 실행하다. ***on the ~*** 성서에 맹세하여, 굳게.

·bib·li·cal [bíblikəl] *a.* (or B-) 성경의 ; 성경에서 인용한 ; 성서의 : the *Biblical* story of Noah 노아에 관한 성경 이야기. 파) **~·ly** *ad.*

biblio- '책, 성서'의 뜻의 결합사.

bib·li·og·ra·pher [bìbliɑ́grəfər/ -ɔ́g-] *n.* ⓒ (1)도서학자, 서지학자, 서적 해제자. (2)서지 편집자.

bib·li·o·graph·ic, -i·cal [bìbliəgrǽfik], [-əl] *a.* 서지(書誌)의, 도서 목록의.
파) **-i·cal·ly** [-ikəli] *ad.*

bib·li·og·ra·phy [bìbliɑ́grəfi/ -ɔ́g-] *n.* (1) ⓤ 서지학(書誌學), 서지 해제. (2) ⓒ 서지 ; (어떤 제목·저자에 관한) 저서 목록, 출판 목록 ; 참고서목〈문헌〉 목록, 인용 문헌

bib·li·o·ma·nia [bìblioumέiniə, -njə] *n.* ⓤ 장서벽, ⓒ 서적광《특히 진귀한 책을 찾아 모으는 일》. 파) **-ni·ac** [-niæ̀k] *n.* ⓒ, *a.* 장서벽(의), 서적광(의). **bìb·li·o·ma·ní·a·cal** [-mənáiəkəl]

bib·li·o·phile, -phil [bíbliəfàil], [-fil] *n.* ⓒ 애서가, 서적 수집가, 장서(도락)가, 진서 수집가.

bib·li·o·ther·a·py [bìblioʊθérəpi] *n.* ⓤ 독서 요법《신경증에 대한 심리 요법》.

bib·li·ot·ics [bìbliátiks/ -ɔ́t-] *n. pl.* 〔單·複數 취급〕 필적 감정학.

bib·u·lous [bíbjələs] *a.* 술 좋아하는, 물을 빨아들이는, 흡수성의.

bi·cam·er·al [baikǽmərəl] *a.* 【議會】 상하 양원제의, 이원제의.
파) **~·ìsm** *n.* 양원제, 이원제. **~·ist** *n.* 이원제론자.

bi·car·bo·nate [baikáːrbənit, -nèit] *n.* ⓤ 【化】 탄산수소염, 중탄산염. ***~ of soda*** 탄산수소나트륨.

bi·cen·ten·ni·al [bàisenténiəl] *a.* 2 백년(째)의 ; 2 백년(기념)제(祭)의《※ 《英》에서는 bicentenary로 씀》.
— *n.* ⓒ 2 백년(기념)제(祭) ; 2 백년기(忌) ; 2 백년(째) : 파) **~·ly** *ad.*

bi·ceps [báiseps] (*pl.* ~, **~·es** [-iz]) *n.* ⓒ 【解】 이두근(二頭筋) : ~ of the arm 이두박근 ; ⓤ《口》 근력(筋力).

bi·chlo·ride [baiklɔ́ːraid] *n.* ⓤ 【化】 이(二)염화물(dichloride) : ~ of mercury 염화 제2수은, 승홍(昇汞).

bick·er [bíkər] *vi.* 말다툼하다(quarrel), (언쟁)《*about, over*》 :(2)(개천 따위가) 졸졸 흐르다(babble) ; (비가) 후두둑거리다. (3)(불빛·불꽃 따위가) 가물〈깜박〉거리다 ; 흔들리다.
— *n.* ⓒ 말다툼, 언쟁 ; 졸졸거림 ; 후두둑거림 ; 가물거림 : 파) **~·er** [-rər] *n.* 언쟁자.

bi·coast·al [baikóustəl] *a.* 《美》 태평양·대서양의 양해안의 〈에 있는〉.

bi·col·or(ed), 《英》 **-our(ed)** [báikʌ̀lər(d)] *a.* 이색(二色)의.

bi·con·cave [baikánkeiv, ⌐-⌐ / -kɔ́n-] *a.* 양쪽이 오목한 : a ~ lens 양 오목 렌즈.

bi·con·vex [baikánveks, ⌐-⌐ / -kɔ́n-] *a.* 양쪽이 볼록한(convexo-convex), 양볼록의 : a ~ lens.

bi·cul·tur·al [baikʌ́ltʃərəl] *a.* 두 문화(병존)의. 파) **~·ìsm** *n.* ⓤ (한 지역〈나라〉에) 이질적인 두 문화 병존.

bi·cus·pid [baikʌ́spid] *n.* ⓒ 【解】 앞어금니, 소구치(小臼齒).
— *a.* 뾰족한 끝이 둘 있는.

:bi·cy·cle [báisikəl, -sàikəl] *n.* ⓒ 자전거 : go *by* ~ =go *on* a ~ 자전거로 가다《*to*》《※ by ~ 에서는 무관사로 쓰며 《口》 에서는 bike 를 쓰기도 함》. ***ride (on) a ~*** 자전거를 타다 : — *vi* 자전거를 타다 자전거를 타고 가다《※ 동사로는 cycle이 보통》.
— *vt.* 자전거로 여행하다.
파) **-cler** *n.* =BICYCLIST.

bi·cy·clist [báisiklist, -sàik-] *n.* ⓒ 자전거를 타는 사람.

:bid [bid] (***bade*** [bæd/beid], ***bid ; bid·den*** [bidn], ***bid ; bíd·ding***) *vt.* (1)《~+目/+目+do》《古·詩》 …에게 명하다, ~ 명령하다《※ to를 붙이지 않는 것이 보통임. 그러나 수동태에서는 원형이 to do가 됨》 : *Bid* him *depart.* 그에게 떠나라고 하시오 / She *bade* me enter. 그녀는 내게 들어오라고 했다. (2)《+目+目/+目+前+名》 (인사 따위)를 말하다 : ~ a person farewell 〈welcome〉 = ~ farewell 〈welcome〉 *to* a person 아무에게 작별〈환영〉인사를 하다. (3)《~+目/+目+前+名》 (값)을 매기다 ; 입찰하다 ; (도급 등)의 조건을 제시하다 : ~ ten pounds. 10파운드로 값을 매기다 / (4)《古》 발표하다, 공고하다. (5)《古》 초대하다. (6)【카드놀이】 비드를 선언하다. — *vi.* (1)《~/+前+名》 값을 매기다, 입찰하다《*against ; for ; on*》 : ~ *for* 〈*on*〉 (the construction of) the school 학교 건축 공사에 입찰하다. (2)명령하다. (3)《+前+名》 (지지·권력 따위를) 얻으려고 노력하다, 온갖 수단을 쓰다《*for*》 : ***~ against*** a person ~와 맞서서 입찰하다. ***~ defiance*** 도전하다 ; 저항하다. ***~ fair to*** do 가망이 있다, …할 것 같다 : ***~ in*** (경매에서 소유주가) 자신에게 경락〈낙찰〉시키다. ***~ up*** (값을) 다투어 올리다.
— *n.* ⓒ (1)입찰, 입찰 가격, 입찰의 기회〈차례〉 ; 【法】 경매 가격 신고 : She made a ~ of ten dollars *on*〈*for*〉 the radio. 그녀는 라디오에 10달러의 값을 매겼다. (2)《美口》 초대. (3)(인기·동정 따위를 얻고자 하는) 노력, 시도《*for*》. (4)【카드놀이】 비드《브리지에서, 으뜸패와 자기편이 딸 패수의 선언》. (5)《美口》 초대, 《특히》 입회 권유, 제안. ***in a ~ to*** do …할 목적을 위해, …하기 위하여 : ***make a*** 〈one***'s***〉 ***~ for*** …에 입찰하다 ; (인기 따위를) 얻고자 노력하다.

bid·da·ble [bídəbəl] *a.* 유순한(obedient) ; 경매로 구입할 수 있는 ; 【카드놀이】 끗수가 겨룰 만한《수 따위》.

bid·der [bídər] *n.* ⓒ 값을 부르는 사람, 입찰〈경매〉자 ; 입후보자 ; 명령자 ; 《美口》 초대자 : the highest 〈best〉 ~ 최고가 입찰자 ; 자기를 가장 높이 평가해 주는 사람.

·bid·ding [bídiŋ] *n.* ⓤ 명령 ; 입찰, 값을 부름 ; 입후보 ; 초대. ***at the ~ of*** a person =***at*** a person***'s ~*** …의 분부〈뜻〉대로 : ***do*** a person***'s ~*** 아무의 분부대로 하다.

bid·dy *n.* ⓒ 《美·英方》 병아리 ; 암탉 ; 《口·흔히 蔑》 말 많은 노파 ; 여자.

·bide [baid] (***bid·ed, bode*** [boud] ; ***bid·ed,*** 《古》 ***bid*** [bid]) *vt.* …을 기다리다. ~ one***'s time*** 시절〈호기〉를 기다리다.

bi·det [bidéi, bidét/bíːdei] *n.* ⓒ 《F.》 비데《국부·항문 세척기(器)》 ; 작은 승용마(馬)(승마용 조랑말).

bi·en·ni·al [baiéniəl] *a.* (1)〔限定的〕 2년에 한 번의 ; 2년마다의. 【cf.】 biannual. (2)2년간 계속되는. (3)【植】 2년생의.
— *n.* ⓒ 【植】 2년생 식물 : 2년마다 일어나는 일 ; 2년마다의 시험〈모임〉, 2년마다 있는 행사 : 파) **~·ly** [-i] *ad.* 2년마다.

bier [biər] *n.* ⓒ 관가(棺架) ; 영구차 ; 시체.

biff [bif] *n.* ⓒ 《俗》 일격, 타격, 강타.
— *vt.* (1)…을 강하게 때리다. (2)(사람의) 신체의 일부를 강타하다《*on*》《※ 신체의 부분을 나타내는 명사의 앞에 the를 쓴다》.

bi·fo·cal [baifóukəl] *a.* 초점이 둘인 ; 원시·근시 양용의《안경 따위》 — *n.* (1)ⓒ 이중초점 렌즈. (2)(*pl.*) 원근(遠近) 양용 안경.

bi·fur·cate [báifərkèit, baifə́ːrkeit] *vi.* 두 갈래로 갈리다(나누어지다) : A sample of water was taken from the point where the river ~*s.* 물의 표본은 강물이 두 갈래로 갈라지는 지점에서 채취했다.
— *vt.* …을 두 갈래로 가르다.
— [-kit] *a.* 두 갈래진(=**bifurcated**).
파) **~·ly** *ad.* **bì·fur·cá·tion** *n.* ⓤ 분기(分岐)(함) ; ⓒ 【解】 분기점 ; (분기한 한 쪽의) 분지(分枝).

:big [big] (***bíg·ger ; -gest***) *a.* (1)큰 ; 커진, 성장한 ; (소리가) 큰, 광광 울리는 ; (수량이) 큰 : a ~

man 거인 / a ~ voice 큰 소리. (2)〔敍述的〕《흔히 ~ with child》 임신한. (3)〔敍述的〕 가득찬《*with*》; 《比》 찬 : eyes ~ *with* tears 눈물어린 눈 / a year ~ *with* events 다사한 한 해. (4)(사건·문제가) 중대한 :(5)(사람이) 중요한, (잘)난, 훌륭한 ; 《美口》〔敍述的〕 유명한, 인기 있는. (6)(태도가) 난 체하는, 뽐내는, 거드럭대는 : feel ~ 자만심을 갖다. (7)〔敍述的〕 (마음이) 넓은, 관대한《*of*》. (8)《美俗》〔敍述的〕 …에 열광하는, …을 아주 좋아하는《*on*》. (9)〔限定的〕 연상의 ; 《美學生俗》 …형, …누나《부를 때 이름 앞에 붙여, 경의·친절을 나타냄》 : one's ~ brother 〈sister〉 형〈누나〉 / ~ John 존형. (10)〔행위자를 나타내는 名詞를 수식하여〕 정력적인, 대단한 : a ~ success 대성공. (11)(때때로 비·바람 등이) 세찬, 강한 : a ~ storm / a ~ wind 강풍.

(as) ~ as life 실물 크기의, 틀림없이. ***~ on...*** 《美口》 …에 열중하여 ; …을 아주 좋아하다 : I'm ~ *on* movies. 영화에 미쳐 있다. ***get 〈grow〉 too ~ for one's boots 〈breeches〉*** (신체사이즈가) 커져서 구두〈바지〉가 안 맞게 되다 ; 《口》 자만하다, 뽐내다.

— *ad.* 《口》 잘난 듯이, 뽐내어 ; 다량으로, 크게 ; 《美口》 잘, 성공하여 ; 《方》 매우 : think ~ 터무니없는 일을 생각하다 ; 야심적으로 생각하다 / act ~ 잘난 체 행동하다, 성공하다. ***look ~*** 젠체하다. ***make (it) ~*** 《美口》 대성공하다. ***talk ~*** 《口》 허풍을 치다, 난 체하며 떠들다.

— *n.* ⓒ 《口》 중요 인물 ; 대기업 ; (Mr. B-) 《口》 거물, 두목, (막후) 실력자 ; (the ~s)《野球俗》 대(大)리그.

big·a·mist [bígəmist] *n.* ⓒ 중혼자(重婚者).

big·a·mous [bígəməs] *a.* 중혼의 ; 중혼(죄를 범)한, 중혼 생활의. 파) **~·ly** *ad.*

big·a·my [bígəmi] *n.* ⓤ 중혼(죄), 이중 결혼.

bíg báng (the ~, 종종 the B- B-) **[天]** (우주생성 때의) 대폭발.

bíg báng thèory (the ~) 우주 폭발 기원론(수소의 폭발로 우주가 생성되었다는 설).

Bíg Bén 빅벤《영국 국회 의사당 탑 위의 큰 시계(종〈탑〉)》.

Bíg Bóard (the ~, 때로 the b- b-) 《美口》 뉴욕 증권 거래소(상장의 주가(株價) 표시판).

bíg bróther (1)형. (2)고아·불량 소년 등을 선도하기 위해 형 대신이 되는 남자. (3)(B- B-) 독재 국가의 독재자, 독재 국가. (4)《美空俗》 관제탑 레이더.

bíg búg 《俗》 중요 인물, 명사, 거물(bigwig), 보스.

bíg búsiness 《蔑》 재벌 ; 대기업.

bíg déal (1)중대 사건, 대규모 거래. (2)〔비꼼·조소를 나타내어, 感歎詞的으로〕 참 대단하군, 그뿐인가, 별거 아니군. ***make a ~ about*** …에 대하여 떠들어대다〈과장하여 생각하다〉. ***make a ~ out of nothing*** 대단치도 않은 것을 가지고 떠들어대다.

Bíg Dípper (1)(the ~) 《美》 **[天]** 북두칠성. (2)(b- d-) 《英口》 =ROLLER COASTER.

bíg énd [機] 대단부(大端部)《커넥팅 로드의》.

Bíg Fóur (the ~) 4대국《제2차 대전 후의 미국·영국·옛 소련·프랑스》.

bíg gáme (1)큰 시합, 중요한 시합. (2)큰 사냥감《사자·코끼리·큰 물고기 따위》. (3)(위험이 따르는) 큰 목표.

big·gie [bígi] *n.* ⓒ 《口》 중요한 것 ; 중요 인물, 거물 :

big·gish [bígiʃ] *a.* (1)약간 큰, 큰 편인. (2)중요〈위대〉한 듯한.

bíg gún (1)대포. (2)《俗》 유력〈실력〉자, 중요 인물, 고급 장교 ; 중요한 사물. ***bring out 〈up〉 one's ~s*** (논쟁·게임 등에서) 결정적인 수〈으뜸패〉를 내놓다.

big·head [bíghèd] *n.* ⓤⓒ 《美》 우두머리 ; 자만심 ; 《口》 자만(하는 사람).

파) **-héad·ed** *a.* 《口》 젠체하는, 우쭐한.

big·heart·ed [bíghá:rtid] *a.* 마음이 넓은 ; 활수한. 파) **~·ly** *ad.* **~·ness** *n.*

big·horn [bíghɔ̀:rn] *n.* (1) ⓒ (*pl.* **~, ~s**) **[動]** 로키산맥의 야생양(羊)(=**~ shèep**), 큰뿔 양. (2)(the B-) 빅혼강(=**Bíg Hòrn**)《Wyoming 주 북쪽에서 Yellowstone 강으로 흘러듦》.

bight [bait] *n.* ⓒ 해안선〈강가〉의 완만한 굴곡 ; 후미, 만(灣) ; 밧줄의 중간〈고리로 한〉 부분.

bíg móney 거금(巨金), 큰 이익.

big·mouth [bígmàuθ] *n.* ⓒ 《俗》 수다스러운 사람, 일방적으로 잘 지껄이는 사람 : You're got such a ~. 너는 수다스러운 사람이다.

big-mouthed [-ðd, -θt] *a.* 입이 큰 ; 목소리 큰.

bíg náme 〈nóise〉 《口》 명사, 중요 인물, 일류 연기자.

big-name [bígnèim] *a.* 〔限定的〕 《口》 (1)유명한. (2)유명인(그룹)의.

big·ot [bígət] *n.* ⓒ 고집통이, 괴팍한 사람.

big·ot·ed [bígətid] *a.* 완미(頑迷)한, 편협한, 고집불통의 : 파) **~·ly** *ad.*

big·ot·ry [bígətri] *n.* ⓤ (1)완미한 신앙〈행동〉, 편협한 신앙. (2)편협, 완고, 고집 불통.

bíg shòt 《俗》 거물, 중요 인물(bigwig). (2)(the b- s-) 《英》 대도시, 멜버른, 시드니.

bíg stíck (정치 또는 경제적인) 압력, 위압 ; 무력·힘의 과시 ; 《俗》 (소방용의) 긴 사닥다리. ***wield 〈carry〉 a ~ (over...)*** (…에게) 심하게 힘〈권력〉을 휘두르다.

big-tick·et [bígtíkit] *a.* 〔限定的〕 《美口》 비싼 (가격표가 붙은).

big-time [bígtàim] *a.* 《俗》 일류의, 최고의.

파) **-tim·er** [-tàimər] *n.* ⓒ (the ~) 일류 배우〈인물〉 ; 대사업가, 거물급 인사 ; 메이저리그의 선수.

bíg tóe 엄지발가락(great toe).

big·wig [bígwìg] *n.* ⓒ 《口》 높은 양반, 거물, 중요 인물 :

bi·jou [bí:ʒu:, -⌐] (*pl.* **~s, ~x** [-z]) *n.* ⓒ 《F.》 보석(jewel), 주옥 ; 작고 아름다운 장식. — *a.* 〔限定的〕 작고 우미한 :

bike [baik] *n.* ⓒ 《口》 자전거, 오토바이(motor bike).

— *vi.* 자전거를 타고 가다.

bik·er [báikər] *n.* ⓒ (1)《口》 =BICYCLIST. (2)《美口》 (폭주족 등의) 오토바이 타는 사람.

bike·way [báikwèi] *n.* ⓒ 《美》 자전거(전용)도로.

Bi·ki·ni [bikí:ni] *n.* (1)비키니《마셜 군도에 있는 환초(環礁) ; 미국의 원수폭 실험장(1946-58)》. (2) ⓒ (b-) 투피스의 여자 수영복, 비키니.

파) **bi·kí·nied** *a.* 비키니를 입은.

bi·la·bi·al [bailéibiəl] *a.* **[音聲]** 두 입술의 ; **[植]** =BILABIATE.

— *n.* ⓒ 양순음《[p, b, m] 따위》.

bi·la·bi·ate [bailéibièit, -biit] *a.* **[植]** 두 입술모양의.

bi·lat·er·al [bailǽtərəl] *a.* 양측의〈이 있는〉, 두 면이 있는 ; 좌우 동형의 ; **[生]** 좌우 상칭(相稱)의 ; **[法**

·商] 쌍무적인 ; 【社】 (부모) 쌍계(雙系)의.

bil·ber·ry [bílbèri, -bəri] *n.* ⓒ (1)【植】 월귤나무속(屬)의 일종. (2)그 열매.

bile [bail] *n.* ⓤ (1)담즙. (2)기분이 언짢음, 짜증, 역정, 분통. ***black ~*** 우울. ***rouse*** 〈***stir***〉 a person***'s ~*** 아무를 성나게 하다 ; 아무의 기분을 상하게 하다.

bilge [bildʒ] *n.* (1) ⓒ 【海】 배 밑 만곡부 ; ⓤ 뱃바닥에 괸 더러운 물. (2) ⓒ (통의) 중배. (3) ⓤ 《口》 데데한 이야기〈생각〉, 허튼 소리(nonsense) ; 웃음거리.

— *vi.* (1)(배 밑에) 구멍을 뚫다 ; 구멍이 나다. (2)불룩하게 하다〈되다〉.

— *vt.* (배 밑)에 구멍을 만들다.

bil·i·ary [bílièri, bíljəri] *a.* 담즙(bile)〈담관, 담낭〉의 ; 《古》 =BILIOUS.

·bi·lin·gual [bailíŋgwəl] *a.* 두 나라 말을 하는 ; 두 나라 말로 쓴, 2개 국어를 병용하는.

— *n.* ⓒ 2개 국어를 쓰는 사람 ; 2개 국어로 기록한 것.

파) **~·ìsm** *n.* ⓤ 2개 국어 병용. **~·ly** *ad.* **bi-lin·gual·i·ty** [⌐liŋgwǽləti] *n.*

bil·ious [bíljəs] *a.* (1)담즙(성)의. (2)담즙과다의, 담즙 이상(異常)의〈에 의한〉. (3)성미 까다로운 ; 매우 불쾌한.

bilk [bailk] *vt.* (외상 값, 빚, 셈할 것)을 떼어먹다, 먹고〈돈을 안 내고〉 달아나다 ; (추적자 등)에서 용하게 벗어나다, 따돌리다 ; (남)을 속이다, 등치다. — *n.* ⓤⓒ 떼어먹음 ; 사기 ; 사기꾼.

:bill[1] [bil] *n.* ⓒ (1)계산서(account), 청구서. (2)전단, 벽보, 포스터, 광고 (쪽지) ; (연극·흥행물 따위의) 프로(그램) : (3)목록, 표, 명세서, 메뉴. (4)【商】 증서, 증명서, 증권 ; (환)어음. (5)《美》 지폐 ; 《美俗》 100 달러 (지폐). (6)(의회의) 법안, 의안 : (7)【法】 기소장, 소장(訴狀), 조서(調書). (8)(세관의) 신고서. ***a ~ at sight*** 일람출급〈요구불〉 어음. ***a ~ discounted*** 할인 어음. ***a ~ of credit*** 신용장. ***a ~ of debt*** 약속 어음. ***a ~ of entry*** 입항(入港) 신고 ; 통관 신고서. ***a ~ of exceptions*** 【法】 항고서(書). ***a ~ of exchange*** 환어음《略 : b. e.》. ***a ~ of fare*** 식단, 메뉴 ; 《比》 예정표, 프로그램. ***a ~ of health*** 【海】 (선원·승객의) 건강 증명서《略 : B/H》. ***a ~ of lading*** 선하(船荷) 증권《略 : B/L, b.l.》 ; 화물 상환증(《英》 consignment note) : *a* clean 〈foul〉 ~ *of lading* 무고장(無故障)〈고장〉 선하 증권. ***a ~ of work*** 【宇宙】 작업 프로그램《특정 비행체의 정비 점검에 필요한 작업을 상세히 기록한 스케줄》. ***a ~ payable*** 〈***receivable***〉 지급〈받을〉 어음. ***a long-dated*** 〈***short-dated***〉 ***~*** 장기〈단기〉 어음. ***a set of ~s*** =***a ~ in sets*** 복수 어음. ***~ at sight*** 일람(요구불). ***draw a ~ on*** a person 아무 앞으로 어음을 떼다〈발행하다〉. ***fill*** 〈***fit***〉 ***the ~*** 요구를 충족시키다 ; 《英》 인기를 독차지하다. ***find a true ~*** (대배심이) 기소장을 시인하다《공판에 돌리다》. ***foot the ~*** 셈을 치르다 ; 《比》 책임을 떠맡다. ***ignore the ~*** 【法】 기소장을 부인하다. ***sell*** a person ***a ~ of goods*** 《美口》 아무를 속이다. ***sole ~*** 단일 어음. ***the ~ of rights*** 1)기본적 인권의 선언. 2)(the B- of R-) 《美》 권리장전. ***top*** 〈***head***〉 ***the ~*** 《口》 표의 최초〈상단〉에 이름이 나다, 글 머리에 있다.

— *vt.* (1)…을 계산서에 기입하다 ; 표로〈목록〉으로만들다. (2)…에 계산서〈청구서〉를 보내다〈내다〉. (3)…에 전단을 붙이다. (4)전단으로 광고〈발표〉하다 ; 프로에 써 넣다, 프로로 짜다 :

:bill[2] [bil] *n.* ⓒ (1)부리《특히 가늘고 납작한》. 【cf.】 beak. (2)부리 모양의 것 ; 가위의 한쪽 날 ; 좁다란 곶. (3)《美口》 (사람의) 코 ; (모자의) 챙.

— *vi.* (1)(비둘기 한쌍이) 부리를 서로 비벼대다. (2)서로 애무하다. ***~ and coo*** (남녀가) 서로 애무하며 사랑을 속삭이다. ***dip the ~*** 한 잔하다.

bill·board [bílbɔ̀ːrd] *n.* ⓒ (흔히 옥외의 큰) 광고〈게시〉판, 프로의 배역, 스폰서 소개.

billed [bild] *a.* 〔흔히 複合語로〕 (…한) 부리를 가진 : a long-~ bird 부리가 넓은 새.

bil·let[1] [bílit] *n.* ⓒ (1)【軍】 (민가에의) 숙박 할당 명령서 ; (민가 등의) 군인 숙소. (2)지정 장소, 목적지 : — *vt.* 【軍】 …에게 숙사를 할당하다, 숙박시키다《*on* ; *in* ; *at*》

bil·liard [bíljərd] *a.* 〔限定的〕 당구(용(用))의.

— *n.* 〔美撞球〕 =CAROM.

·bil·liards [bíljərdz] *n.* ⓤ **당구** : play (at) ~ 당구를 치다 / have a game of ~ 당구를 한 판 치다.

bill·ing [bíliŋ] *n.* ⓤ (1)(삐라 등에 의한) 선전, 광고, 게시. (2)청구서 작성〈발송〉. (3)(배우 등의) 광고·프로그램상의 서열.

·bil·lion [bíljən] *n.* (1)(*pl.* **~s,** 數詞뒤에서 ~)《美》 10억《million의 천 배》 ; (2)(*pl.*) 막대한 수《*of*》 : ~*s of* stars 무수한 별.

— *a.* 10억의 ; 1조의 ; 무수한.

bil·lion·aire [bìljənέər, ⌐-⌐] *n.* ⓒ 억만 장자.

·bil·low [bílou] *n.* ⓒ (1)큰 물결, 놀 ; 《詩》 파도 ; (the ~(s)) 《詩》 바다. (2)굽이치는〈소용돌이치는, 밀어닥치는〉 것 : ~s of smoke 소용돌이치는 연기.

— *vi.* (1)놀치다, 큰 파도가 일다, 크게 굽이치다. (2)부풀다《*out*》 : Her skirt ~*ed out.* 그녀의 치마가 (바람으로) 부풀었다.

bil·lowy [bíloui] (***bil·low·i·er*** ; ***-i·est***) *a.* 놀치는, 물결이 높은, 소용돌이치는 ; 부풀어 오른.

bil·ly[1] [bíli] *n.* ⓒ 곤봉 ; 《美》 경찰봉(棒).

bil·ly[2] *n.* ⓒ 야외용 주전자《양철로 만든》.

bílly gòat 《口》 숫염소.【cf.】 nanny.

bil·ly-o(h) [-òu] *n.* 〔다음 成句로〕 ***like ~*** 《英口》 맹렬히(fiercely), 비상하게, 마구.

bi·man·u·al [baimǽnjuəl] *a.* 양손을 쓰는.

bi·met·al [baimétl] *a.* =BIMETALLIC.

— *n.* ⓒ 바이메탈 ; 두 가지 금속으로 된 물질.

bi·me·tal·lic [bàimətǽlik] *a.* 두 가지의 금속으로 이뤄진 ; 【經】 (금은) 복본위제의.

bi·met·al·lism [baimétəlìzəm] *n.* ⓤ (금은) 복본위제. 파) **-list** *n.* 복본위제론자.

bi·month·ly [baimʌ́nθli] *a.*, *ad.* (1)한 달 걸러의〈서〉, 격월의〈로〉. (2)월 2회(의)((1)과 혼동하기 쉬워 semimonthy를 씀).

— *n.* ⓒ 격월〈월 2회〉 발행의 간행물.

·bin [bin] *n.* ⓒ (1)뚜껑 있는 큰 궤 ; 저장통〈장소〉. (2)《英》 쓰레기통(dust~) ; 빵을 넣는 큰 그릇(breadbin).

bi·na·ry [báinəri] *a.* (1)둘〈쌍, 복〉의 ; 이원(二元)의 ; 이지(二肢)의, 2항식의. (2)【化】 두 성분으로〈원소로〉 된. (3)【數】 이원의, 2진법의 ; 【컴】 2진(법)의, 2진수의 ; 【樂】 2악절의〈로 된〉, 2박자의. (4)【天】 쌍성의.

— *n.* ⓒ (1)【天】 쌍성(雙星)(~ star). (2)2연체, 2원체, 쌍체 ; 2진수.

bínary códe 【컴】 2진 코드〈부호〉.

bínary dígit [컴] 2진 숫자《0과 1》.
bínary stár [天] 쌍성, 연성(공통된 중심 둘레를 공전함).
bínary sỳstem [天] 쌍성계(雙星系) ; [物·化] 이성분계(二成分系), 이원계(二元系) ; (the ~) [數] 2진법.
bi·na·tion·al [bainǽʃənl] *a.* 두 나라로 이루어 진, 두 나라의.
bin·au·ral [bainɔ́ːrəl, bin-] *a.* (1)귀가 둘 있는 ; 두 귀의〈에 쓰는〉. (2)입체(立體) 음향의.
:bind [baind] (***bound*** [baund] ; ***bound,*** 《古》 ***bound·en*** [báundən]) *vt.* (1)《~+目/+目+前+名/+目+副》 …을 묶다, 동이다(tie)《*up ; together ; with*》 ; 포박하다《*to ; on*》 : ~ (up) one's hair *with* a ribbon 리본으로 머리를 묶다 / (2) a]《~+目/+目+前+名/+目+*to* do》《比》 …을 얽매다, 묶이게 하다, 구속〈속박〉하다《약속·의무 따위로》 : be *bound by* a contract 계약에 묶이다. b]〔목적어로 oneself를 취하여〕 구속되다 ; 약속〈보증〉하다 : (3)《比》 …을 맺게 하다, 단결시키다《*together*》. (4)…을 감다, 감싸다 ; 붕대로 감다《*up ; with*》. (5)(동맹·계약·상담(商談))을 맺다, 체결〈타결〉하다. (6)《~+目/+目+前+名/+目+副》 (시멘트 따위)로 굳히다 ; (얼음·눈 따위가) 꼼짝 못 하게 하다, 발을 묶다 ; ~ stones (*together*) *by* cement 시멘트로 돌을 굳히다. (7)《~+目/+目+前+名/+目+副》 (원고·서적 등)을 제본〈장정〉하다 : a book *bound in* cloth 〈leather〉 클로스 〈가죽〉 장정의 책. (8)《~+目/+目+前+名》 (의복·카펫 따위)에 가선을 두르다, 가장자리를 달다 : ~ the edge of cloth 천의 가장자리를 감치다. (9)《+目+前+名/+目+(*as*)補》 (계약을 맺고) 도제로 보내다《*out*》. (10) [컴] 변수에 값을 할당하다.
— *vi.* (1)(시멘트·눈 따위가) 굳어지다. (2)(약속·계약 등이) 구속력이 있다. (3)(의복 등이) 꼭 끼다. ***be bound apprentice to ~*** …의 계시(도제)로 들어가다. ***be bound to*** …에 매이다 ; …을 따르다. ***be bound to*** do 확실히 …하다, 반드시 …해야 하다 ; 《美口》 …하려고 마음먹다. ***be bound up in*** 1)…에 열중하다. 2)=be bound up with. ***be bound up with*** …와 밀접한〈이해〉 관계가 있다. ***~ down*** 〔종종 受動으로〕 구속하다, 묶다. ***~ out*** 도제로 내보내다. ~ one***self to*** do …할 것을 맹세〈약속〉하다 : ***I dare 〈will〉 be bound.*** 보증한다, 단언한다.
— *n.* (1) ⓒ 묶는〈동이는〉 것《끈·밧줄·실 따위》묶임새 ; (식물의) 덩굴. (2) ⓒ [樂] 결합선《slur 및 tie》. (3) ⓒ《俗》 성가신 존재, 곤란한〈지루한〉 것〈사람, 일〉 ; (a ~)《美》 구속 상태, 곤경. ***in a ~***《美口》 난처하게 되어, 곤경에 처해.
·bind·er [báindər] *n.* (1) ⓒ 묶는(동이는) 사람 ; 제본하는 사람. (2) ⓒ 묶는〈동이는, 매는〉 것, 《특히》 실, 끈 ; 붕대 ; (서류 따위를) 철하는 표지, 바인더 ; 산후 복대. (3) ⓒ [農] 베어서 단으로 묶는 기계, 바인더.
·bind·ing [báindiŋ] *a.* (1)접합〈결합〉하는, 연결의. (2)속박〈구속〉하는 ; 구속력 있는, 의무 지우는. (3)변비를 일으키는. — *n.* ⓤⓒ 묶음 ; 구속 ; 제본, 장정(裝幀), 표지 ; 묶는 것; 선 두르는 재료《리본 따위》 ; 접합재, 결합제 ; [스키] 바인딩, 죄는 기구 : books in cloth ~ 클로스(천)로 제본한 책들. 파) **~·ly** *ad.* 속박하여. **~·ness** *n.*
bínding ènergy [物] 결합 에너지《분자·원자(핵) 등의 분할에 필요한》.
bind·weed [báindwìːd] *n.* ⓤ 메꽃무리.
bine [bain] *n.* ⓒ (1)덩굴(식물의)《특히 hop의》. (2) [植] =WOODBINE ; BINDWEED.
binge [bindʒ] *n.* ⓒ《口》 법석대는 술잔치, 법석.
bin·go [bíŋgou] (*pl.* ***~s***) *n.* ⓤ 빙고《수를 기입한 카드의 빈칸을 메우는 복권식 놀이》, 훙청거리는 판 ; (B-! 《*int.*》)《口》 맞았다, 해냈다.
bin·oc·u·lar [bənɑ́kjələr, bai- / -nɔ́k-] *a.* (1)두 눈(용)의. (2)〔限定的〕 쌍안경(용)의.
— *n.* 〔흔히 *pl.*, 單數 취급도 함〕 쌍안경, 쌍안 망원(현미)경 :
bi·no·mi·al [bainóumiəl] *a.* (1)[數] 2항(식)의. (2) [生] (속명과 종명(種名)으로 이루어지는) 이명법(二名法)의. — *n.* ⓒ (1)[數] 이항식. (2)[生] 이명법의 이름.
bio- '생명·생물'의 뜻의 결합사 : *bio*logy.
bi·o·a·vail·a·bil·i·ty [bàiouəvèiləbíləti] *n.* ⓤ (약물의) 생물학적 이용 효능.
bi·o·chem·ic [bàioukémik] *a.* =BIOCHEMICAL. 생화학의.
bi·o·chem·i·cal [bàioukémikəl] *a.* 생화학의, 생화학적인.
bi·o·chem·ist [bàioukémist] *n.* ⓒ 생화학자.
bi·o·chem·is·try [bàioukéməstri] *n.* ⓤ 생화학 ; 생화학적 조성(組成)〈특징〉.
bi·o·cide [báiəsàid] *n.* ⓤⓒ 생명 파괴제, 실생물제.
bi·o·clean [báiouklìːn] *a.* 무균(無菌) (상태)의.
bi·o·cli·ma·tol·o·gy [bàiouklàimətɑ́lədʒi/ -tɔ́l-] *n.* ⓤ 생물 기후학.
bi·o·com·pat·i·ble [bàioukəmpǽtəbəl] *a.* 생물학적 적합(성)의.

bi·o·crat [báioukræ̀t] *n.* 생물 과학자〈전문가·기사〉.
bi·o·de·grad·a·ble [bàioudigréidəbəl] *a.* 생물 분해성이 있는 : ~ detergents 생물 분해성 세제 / ~ wastes 생물 분해성 폐기물 / *Biodegradable* packaging helps to limit the amount of harmful chemicals released into the atmosphere. 생물 분해성 포장은 유독한 화학 물질들이 대기 중에 퍼지는 것을 억제하도록 한다.
bi·o·de·grade [bàioudigréid] *vi.* (미생물에 의해) 생물 분해를 일으키다.
bi·o·di·ver·si·ty [bàioudivə́ːrsəti, -dai-] *n.* ⓤ 생물의 다양성.
bi·o·e·col·o·gy [bàiouikɑ́lədʒi/ -kɔ́l-] *n.* ⓤ 생물생태학. 파) **-gist** *n.* **-èc·o·lóg·i·cal** *a.*
bi·o·e·lec·tro·mag·net·ics [bàiouilèktroumægnétiks] *n.* ⓤ 생체 전자기학.
bi·o·e·lec·tron·ics [bàiouilektrɑ́niks/ -trɔ́n-] *n.* ⓤ 생체 전자 공학.
bi·o·en·gi·neer·ing [bàiouèndʒəníəriŋ] *n.* ⓤ 생체〈생물〉 공학.
bi·o·eth·ics [bàiouéθiks] *n.* ⓤ [生] 생명 윤리(학)《장기 이식 등 생물학·의학의 발달에 따른윤리 관계 문제를 다룸》.
bi·o·fu·el [báioufjùː(ː)əl] *n.* ⓒ 생물체 연료《석탄·석유 등 전에 생물체였던 물질로 된 연료》.
bi·o·gen·e·sis [bàioudʒénəsis] *n.* ⓤ 속생설(續生說), 생물 발생설.
bi·o·gen·ic [bàioudʒénik] *a.* 유기물에 의해 생긴 생물 기원의 ; 생물유지에 불가결한.
·bi·og·ra·pher [baiɑ́grəfər, bi- / -ɔ́g-] *n.* ⓒ 전기

(傳記) 작가.

·bi·o·graph·ic, -i·cal [bàiougrǽfik], [-əl] *a.* 전기의, 전기적인.

:bi·og·ra·phy [baiágrəfi, bi- / -ɔ́g-] *n.* ⓒ 전기(傳記), 일대기 ; ⓤ 전기 문학.

·bi·o·log·ic, -i·cal [bàiəládʒik/ -lɔ́dʒ-], [-əl] *a.* 생물학(상)의 ; 응용 생물학의: recent *biological* breakthroughs 최근의 생물학상의 괄목할 진보. — *n.* ⓒ **[藥]** 생물학적 약제《혈청·백신 등》.

·bi·ol·o·gist [baiálədʒist/ -ɔ́l-] *n.* ⓒ 생물학자.

:bi·ol·o·gy [baiálədʒi/ -ɔ́l-] *n.* ⓤ (1)생물학. (2)(the ~) (어느 지역·환경의) 동식물(상) ; 생태..

bi·ol·y·sis [baiáləsis/ -ɔ́l-] *n.* ⓤ 생물 분해《미생물에 의한 생체물의 분해》.

bi·o·me·chan·ics [bàioumikǽniks] *n.* ⓤ 생물역학.

bi·o·med·i·cine [bàioumédəsin] *n.* ⓤ 생물 의학《생물 화학과 기능의 관계를 다루는 임상 의학》.

bi·o·me·te·or·ol·o·gy [bàioumì:tiərálədʒi/ rɔ́l-] *n.* ⓤ 생기상학《생물과 기온·습도 등 대기상황과의 관계를 연구하는》, 생물 환경학.

bi·o·met·rics [bàiouмétriks] *n.* ⓤ 생물 측정학〈통계학〉 ; 수명 측정(법).

bi·on·ic [baiánik/ -ɔ́n-] *a.* (1)생체〈생물〉 공학적인 ; (SF에서) 신체 기능을 기계적으로 강화한. (2)《口》 초인적인 힘을 지닌, 정력적이고 억센 ; 수준 이상의, 우량한.

bi·on·ics [baiániks/ -ɔ́n-] *n.* ⓤ 생물 공학. [◁ *bi*ology+electr*onics*](생체 조직의 기능을 전자 공학적으로 개발·활용하려는 전자공학).

bi·o·phys·ics [bàioufíziks] *n.* ⓤ 생물 물리학.
파) **-phýs·i·cal** *a.* **-phýs·i·cist** *n.*

bi·op·sy [báiɑpsi/ -ɔp-] *n.* ⓤ 생체 조직 검사, 생체 검사법.

bi·o·rhythm [báiouriðəm] *n.* ⓤⓒ 바이오리듬, 생체리듬《이를테면 체온·혈압 등에 일어나는 주기적인 현상으로서, 신체·감정·지력(知力)에 영향을 미친다고 함》.

bi·o·sci·ence [báiousàiəns] *n.* ⓤ 생물 과학, 우주 생물학.

bi·o·tech·nol·o·gy [bàiouteknálədʒi/ -nɔ́l-] *n.* ⓤ 생물 공학.

bi·ot·ic, -i·cal [baiátik/ -ɔ́tik], [-əl] *a.* (1)생물의. (2)생명의(생명에 관한).

bi·o·tin [báiətin] *n.* ⓤ 비오틴《비타민B 복합체》.

bi·o·tite [báiətàit] *n.* ⓤ **[鑛]** 흑(黑)운모.

bi·o·tope [báiətòup] *n.* ⓒ **[生]** 생태 환경.

bi·par·tite [baipá:rtait] *a.* 〔限定的〕 2부(部)로 된《조약서 등》 ; **[植]** 두 갈래로 째진《잎 등》 ; 양자가 나누어 가지는, 상호의, 협동의 : a ~ agreement 상호 협정. 파) **~·ly** *ad.*

bi·ped [báiped] *a.* 두 발의, 두 발 동물의. — *n.* ⓒ 두 발 동물《인간·새 등》.

bi·ra·cial[bairéiʃəl] *a.* 두 인종의〈으로 이루어진〉.

·birch [bə:rtʃ] *n.* (1) ⓒ **[植]** 자작나무(류의 총칭) ; ⓤ 자작나무재(材) : (2) ⓒ 자작나무 회초리(=**~ ròd**)《학생을 벌하기 위한》. — *a.* 〔限定的〕 자작나무의 ; 자작나무 재목으로 된. — *vt.* (자작나무 가지의) 회초리로 때리다.
파) **~·en** [-ən] *a.* 자작나무의, 그 가지로 만든 회초리의.

:bird [bə:rd] *n.* (1) ⓒ 새. (2) ⓒ 엽조(獵鳥) ; (사격의) 클레이(clay pigeon) ; (배드민턴의) 깃털공(shuttlecock). (3) ⓒ 〔흔히 修飾語를 수반하여〕《口》 사람, 놈, 《특히》 괴짜 : (4) ⓒ 〔burd와의 혼동에서〕《英俗》 (귀여운) 여자, 아가씨, 여자 친구, 연인 ;《美卑》 계집년 : a bonny ~ 예쁜 아가씨. (5)(the ~)《俗》 (극장 따위에서의) 야유, 조롱하는 소리 :(6) ⓒ **[空]**《俗》 비행체〈기〉 ; 헬리콥터 ; 로켓, 유도탄, 인공위성 ; 우주선(船)《따위》. (7) ⓤ《英俗》 옥살이, 형기 ; 투옥 판결 : in ~ 투옥되어. (8) ⓤ《美卑》 가운데손가락을 세워 손등 쪽을 상대에게 향하게 하는 거동《Fuck you. 의 뜻의 비속한 경멸을 표시》.
a ~ in the hand 수중에 든 새, 확실히 들어온 이득 : ***a ~ of*** one***'s own brair*** 자기자신의 생각. ***a ~ of ill omen*** 불길한 새 ; 불운한 사람 ; 언제나 불길한 말만 하는 사람. ***a ~ of paradise*** **[鳥]** 풍조과의 각종 새《뉴기니 주변산》 ; **[植]** 극락 조화 ; (the B- of P-) **[天]** 극락조자리(=**Apus**). ***a ~ of passage*** 철새 ;《口》 떠돌이, 뜨내기. ***a ~ of peace*** 비둘기(dove). ***a ~ of prey*** 맹금(猛禽)《독수리·매 등》. ***a ~ of*** one***'s own brain*** 자기 자신의 생각. ***A little ~ has told me.*** = ***I heard a little ~ sing so.*** 어떤 사람에게서 들었다. ***~s of a feather*** 같은 깃털의 새 ;《종종 蔑》 비슷한 또래, 동류 : ***do ~*** 교도소에서 형(刑)을 살다 : They warned him that next time he'd find himself *doing bird.* 그들은 그가 다음번에는 교도소에서 형을 살게 될 것이라고 경고했다. ***eat like a ~*** (새처럼) 적게 먹다. ***for the ~s***《俗》 시시한, 자잘한, 하잘 것 없는 : ***get the ~*** 피피하고 야유당하다. ***kill two ~s with one stone*** 일석 이조하다, 일거 양득하다. ***like a ~*** 유쾌하게〈일하다〉, 명랑하게《노래하다》 ;《口》 (기계·차가) 쾌조로. ***my ~*** 귀여운 아이. ***the ~ in*** one***'s bosom*** 양심, 속마음. ***the ~ of freedom*** 자유의 새《미국 국장(國章)에 그려진 독수리》. 【cf.】 bald eagle. ***the ~ of Minerva*** 〈***night***〉 올빼미(owl). ***the ~ of Washington*** =BALD EAGLE. ***the ~ of wonder*** 불사조(phoenix). ***the ~s and the bees***《口》《婉》 (아이들에게 가르치는) 생명 탄생의 비밀, 성에 대한 지식《새와 꿀벌을 예로 드는 데서》 : — *vi.* 새를 잡다〈쏘다〉 ; 들새를 관찰하다.

bird·bath [ˊbæ̀θ, ˊbɑ̀:θ] (*pl.* ***-baths*** [ˊbæ̀ðz/ ˊbɑ̀:ðz]) *n.* ⓒ 새의 미역용 물 쟁반, 수반.

bird·brained [ˊbréind] *a.* 얼빠진, 어리석은.

bird·cage [ˊkèidʒ] *n.* ⓒ 새장, 조롱.

bird·call [ˊkɔ̀:l] *n.* ⓒ (1)새 울음소리. (2)새소리 흉내. (3)우레.

bird-dog [ˊdɔ̀:g] (***-gg-***) *vi.* 《美口》 BIRD DOG 로서 일하다. — *vt.* …을 엄중히 감시하다, …을 집요하게 추구하다, …의 뒤를 밟아 탐정하다.

bird-eyed [ˊàid] *a.* 새눈 같은 ; 눈치빠른 ; (말이) 잘 놀라는.

bírd fàncier 애조가(愛鳥家) ; 새장수.

bird·house [ˊhàus] *n.* ⓒ 새장, 새집.

·bird·ie [bə́:rdi] *n.* ⓒ (1)《兒》 새, 작은 새《애칭》. (2)**[골프]** 기준 타수(par)보다 하나 적은 타수로 구멍에 넣음. 【cf.】 eagle. : ***Watch the ~ !*** 자 새를 보세요, 이쪽을 보세요《사진 찍는 신호의 말》.
— *vt.* **[골프]** (홀)에 버디를 넣다.

bird·ing [bə́:rdiŋ] *n.* ⓤ 들새 관찰.

bird·lime [ˊlàim] *n.* ⓤ (새 잡는)끈끈이 ; 함정, 감언.

bírd sànctuary 조류 보호구(保護區).

bird·seed [ˊsì:d] *n.* ⓤ 새 모이 ;《俗》 우수리.

bird's-eye [bə́ːrdzài] *a.* (1)위에서 내려다 본, 조감(鳥瞰)적인 ; 개관적인 : a ~ photo 조감 사진. (2)새눈 무늬의.
— *n.* (1) ⓒ 새눈 무늬의 (직물). (2) ⓒ 【植】 설앵초, 복수초 ; 살담배의 일종. (3) ⓤ 작은 마름모무늬의 직물.
(2)개관 : take a ~ of American history 미국사를 개관하다.

bírd's nèst 새둥지, 제비집 ; (요리용의) 제비 둥지 ; 야생 당근 ; =CROW'S-NEST ; 《俗》 엉킨 낚시줄.

bird's-nest [∠nèst] *vi.* 새둥지를 뒤지다 : go ~*ing* 새둥지를 뒤지러 가다.

bird·song [∠sɔ̀(ː)ŋ, ∠sàŋ] *n.* ⓒ 새의 울음소리 :

·**Bir·ming·ham** [bə́ːrmiŋəm] *n.* (1)버밍엄《영국 West Midlands주의 공업 도시 ; 略 : Birm.》. (2)[bə́ːrmiŋhæ̀m] 버밍햄《미국 Alabama 주의 도시》.

Bi·ro [báiərou] (*pl.* ***~s***) *n.* ⓒ 《英》 볼펜의 일종《商標名》.

:birth [bəːrθ] *n.* (1) ⓤⓒ 탄생, 출생 ; 《比》 신생(新生), 갱생(更生) ; 출산 : (2) ⓒ 《古》 태어난 것. (3) ⓤ 태생, 출신, 혈통, 집안, 가문 : a man of ~ 〈no ~〉 가문이 좋은〈좋지 않은〉 사람 / a man of noble〈humble, mean〉 ~ 명문의〈태생이 미천한〉 사람 / (4) ⓤ (사물의) 기원. ***by ~*** 태생은 ; 타고난. ***give ~ to*** …을 낳다 ; …을 생겨나게 하다 ; …의 원인이 되다 :

bírth certìficate 출생 증명서〈기록〉.

bírth contròl 산아 제한, 가족 계획.

birth·date [∠dèit] *n.* ⓒ 생년월일.

:birth·day [∠dèi] *n.* ⓒ 생일 ; 창립(기념)일, 탄생일.

bírth pàrent 친부모, 낳아준 부모.

·**birth·place** [∠plèis] *n.* ⓒ (1)출생지, 고향 : Salzburg is famous as Mozart's ~. 잘츠부르크는 모차르트가 출생한 곳으로 유명하다. (2)발상지 : Athens, the ~ of the ancient Olympics. 아테네는 고대 올림픽 경기의 발상지이다.

birth·rate [∠rèit] *n.* ⓒ 출산율.

bis [bis] *ad.* (1)두 번, 2회. (2)【樂】 반복하여.

:bis·cuit [bískit] (*pl.* ***~s, ~***) *n.* (1) ⓒ 비스킷, 과자모양의 빵(《美》 cookie). (2) ⓒ 《美》 (말랑말랑한) 소형 빵. (3) ⓤ 담갈색. (4) ⓤ 유약을 안 입힌 도기, 질그릇(bisque[1]). ***take the ~*** 《英俗》 극도로 혹은 특별히 즐겁거나 당황하거나 놀라게 되는 일을 하다 :

bi·sect [baisékt] *vt.* …을 양분하다, 이등분하다 : The new road will ~ the town. 새로운 도로로 인해 도시는 양분될 것이다. — *vi.* (도로 등이) 두 갈래로 갈라지다.

bi·sec·tor [baiséktər, báisek-] *n.* ⓒ 양분하는 것 ; 【數】 (선분·각 등의) 2등분선.

bi·sex·u·al [baisékʃuəl] *a.* (자웅(雌雄)) 양성(兩性)의 ; 양성(기관)을 갖춘 ; 양성애(愛)의.
— *n.* ⓒ 양성 동물, 자웅 동체〈동주〉 ; 양성애자.
파) **bi·sex·u·ál·i·ty, ~·ìsm** *n.* **~·ly** *ad.*

:bish·op [bíʃəp] *n.* (1) ⓒ (가톨릭의) 주교 ; (신교의) 감독 ; (그리스 정교의) 주교. (2) ⓒ 【체스】 비숍(주교의 모자꼴로서 비스듬히 사방으로 움직일 수 있음). (3) ⓤ 음료의 일종《포도주에 레몬·설탕을 넣어 데운 것》. (4) ⓒ 【鳥】 금란조.
파) **~·ric** [-rik] *n.* ⓒ 【宗】 bishop의 직〈관구〉.

Bis·marck [bízmaːrk] *n.* **Otto von ~** 비스마르크《독일 제국의 정치가 ; 1815-98》.

bis·muth [bízməθ] *n.* ⓤ 【化】 비스무트.

·**bi·son** [báisən, -zən] (*pl.* ~) *n.* ⓒ 바이슨, 들소《아메리카종은 American bison 또는 American buffalo, 유럽종은 wisent라는 이칭을 가짐》 :

bisque[1] [bisk] *n.* ⓤ 설구이한 도기 ; 비스크 구이《인형용의 설구이한 백자》 ; 분홍빛을 띤 황갈색. — *a.* 분홍빛이 도는 황갈색의.

bisque[2], **bisk** *n.* ⓤ (1)새우〈게, 새고기, 야채 등〉의 크림 수프. (2)으깬 호두가〈마카롱이〉 든 아이스크림.

bis·ter, 《英》 **-tre** [bístər] *n.* ⓤ 비스터, 진한 갈색의 채료 ; 고동색.

bis·tro, -trot [bístrou] *n.* ⓒ 《F.》 작은 술집〈나이트클럽〉 ; 그 주인.

:bit[1] [bit] *n.* (1) ⓒ 작은 조각, 토막, 작은 부분 : break into ~*s* 산산이 깨지다. (2)(a ~) a]소량, 조금 : b][종종 副詞的으로] 《口》 잠시, 잠깐 (동안). (3) ⓒ (음식의) 한 입. (4) ⓒ 잔돈, 소액 화폐 ; 《美口》 12센트 반 : a long〈short〉 ~ 《美方》 15〈10〉센트 / two ~*s* 25센트. (5) ⓒ 뜨내기역(役), 단역(端役). (6) ⓒ 소경(小景) ; (풍경화의) 소품. (7) ⓒ 《美》 짧은 공연물 ; 판에 박은 짓거리〈계획, 행사 (등)〉. ***a ~ much*** 너무한, 지나친 : ***a ~ and a sup*** 소량의 음식. ***a ~ of*** 한 조각의 ; 조금의, 소량의《a piece of 보다 '소량'의 뜻이 강하고 더욱 구어적》 : ***a ~ of a*** 1)어느 편이냐 하면, 좀(rather a). 2)작은 : *a ~ of a* girl 소녀. ***a ~ on the side*** 《口》 바람 피움. ***a good ~*** 꽤 오랫동안 ; 훨씬《연상(年上) 따위》. ***a little ~*** 약간. ***a*** (***little***) ***~ of all right*** 《英口》 즐거운 것, 호감이 가는 사람. ***a nice ~ of*** (money) 꽤 많은 (돈). ***a*** 〈a person***'s***〉 (***nice***) ***~ of goods*** 〈***shirt, stuff, fluff, crumpet, tail, mutton***〉 《俗》 (예쁜) 여자, (성적) 매력이 있는 여자. ***be thrilled to ~s*** 《英口》 몹시 기뻐하다 ; 크게 감동하다. ***~ by ~*** =***by ~s*** 조금씩 ; 점차. ***~s of*** …하찮은, 작은《가구·아이 등》. ***every ~*** ⇨ EVERY. ***every ~ as...***(***as...***) …와 아주 똑같이 …한(just as) : ***for a ~*** 잠깐 사이. ***give*** a person ***a ~ of*** one***'s mind*** 아무에게 기탄없이 말하다, 잔소리하다, 꾸짖다. ***in ~s*** 낱낱이, 산산히(to pieces). ***not a ~*** (***of it***) 조금도 …하지 않다〈아니다〉, 별말씀을(not at all) : ***quite a ~*** (***of***) 《口》 꽤, 상당한. ***take a ~ of*** do***ing*** 꽤 힘이 들다. ***tear to ~s*** 1)(물건을) 갈기갈기〈조각조각〉 찢다. 2)(…을) 냉엄하게 비판하다〈조사하다〉. ***to ~s*** 가루가 되게, 조각조각으로 ; 잘게 ; 《口》 몹시 《흥분하다》.

bit[2] *n.* ⓒ (1)(말의) 재갈 ; 구속(물) (restraint). (2)(대패·도끼 따위의) 날 ; (송곳 따위의) 끝 ; (집게 따위의) 물리는 부분 ; (열쇠의) 끝 ; (파이프·궐련의) 빠는 곳. (3)손으로 돌리는 드릴용의 송곳. (4)【機】 비트《착암기 따위의 끝 날》. ***a brace and ~*** 굽은 손잡이가 달린 송곳. ***champ*** 〈***chafe***〉 ***at a*** 〈***the***〉 ***~*** 《口》 출발〈전진, 개시〉하고 싶어 안달하다《※ 본디 말(馬)에 대하여 썼음》. ***take*** 〈***get, have***〉 ***the ~ between*** 〈***in***〉 ***the*** 〈one***'s***〉 ***teeth*** 〈***mouth***〉 1)(말이) 이빨로 재갈을 물고 반항하다, 날뛰어 어쩔 수 없다. 2)멋대로 행동하다, 우기다 ; 결연히 일에 달려들다 : — (***-tt-***) *vt.* 재갈을 물리다 ; 《比》 억제〈구속〉하다.

bit[3] *n.* (1) ⓒ 【컴】 비트, 두값 《1) 정보량의 최소 단위. 2)2진법에서의 0 또는 1》. (2)(*pl.*) 정보 ; 지식 : a 32-bit computer, 32비트 컴퓨터《한번에 32비트의 정보를 처리하는 컴퓨터》.

bitch [bitʃ] *n.* ⓒ 암컷《개·이리·여우 따위의》 : ~ fox 암여우 ; 《俗》 심술궂은 여자 ; 음란한 여자 ; 불

평 ; 불쾌한 것 ; =a SON of a ~: The ~ told him what I'd said 그 심술궂은 여자는 내가 한 말을 그에게 말해버렸다. — *vi.* 《口》 불평하다《*about*》. — *vt.* 《俗》 …을 망쳐놓다, 깨어부수다《*up*》 ; …에게 심술궂게 대하다 ; …에 대해 불평하다. ***~ up*** 《美俗》 …을 망쳐놓다.

bitchy [bítʃi] (***bitch·i·er ; -i·est***) *a.* 《口》 굴러먹은 여자 같은 ; 음란한 ; 성질이 고약한, 심술궂은, 짓궂은.

:bite [bait] (***bit*** [bit] : ***bít·ten*** [bítn], ***bit*** : ***bít·ing***) *vt.* (1)《~+目/+目+副/+目+前+名》 …을 물다, 물어뜯다 : 물어 끊다《*off* ; *away* ; *out*》 : Don't ~ your nails. 손톱을 물어뜯지 마라 / The tiger *bit off* a piece of meat. 범이 고기를 한 조각 물어 뜯었다 / (2)(모기·벼룩 등이) 쏘다, 물다 ; (개가) 물다(sting). (3)(추위가) 스미다 ; (후추 따위가) 콕〈톡〉 쏘다, 자극하다. (4)(서리 등이) 상하게 하다 ; (산(酸) 따위가) 부식하다 :(5)(톱니바퀴·줄 따위가) 맞물다, 걸리다 ; (닻 따위가) 바닥에 걸리다 ; (죔쇠·버클 등이) 물고 죄다 ; (칼이) 베어 들어가다. (6)《口》 [受動으로] 속이다. (7)《口》 괴롭히다, 약올리다 : What's *biting* 〈*bitten*〉 you? 《口》 무얼 고민해요. (8)(사람)을 열중케 하다, 미치게 하다 : He *was* completely *bitten with* the angling mania. 그는 완전히 낚시에 미쳐 있었다《※ 흔히 수동으로 '(…에) 미치다, 열중하다'는 뜻이 되며, 전치사로는 by, with를 수반함. 이 뜻의 능동은 없음》.

— *vi.* (1)《~/+前+名》 물다, 깨물다, 대들어 물다《*at*》 : Barking dogs seldom ~. 《俗談》 짖는 개는 물지 않는다. (2)자극하다 : (3)부식하다《*in*》 ; 뜨끔거리다, 자극하다 ; (풍자가) 먹히다, 감정을 상하게 하다. (4)(톱니바퀴가) 맞물리다, 걸리다 ; (칼붙이·톱·송곳 따위가) 들다 : Wheels won't ~ on a slippery surface. 바퀴는 미끄러운 표면에서는 물림 작용이 잘 안되어 미끄러지게 될 것이다. (5)(물고기가) 미끼를 물다 ; (6)《+前+名》 (유혹 따위에) 걸려들다《*at*》 : ~ *at* a proposal 제의에 덤벼들다. (7)(수수께끼·질문 따위에서) 모름을 자인하다 : I'll ~, who is it ? 모르겠는데, 대체 누구야. (8)(법률·정책 등이) 영향을 미치다, 효과를 나타내다 : ***be*** (***much***) ***bitten over*** 〈***with***〉 …에 열중하다〈반해버리다, 심취하다〉, ~에 걸려들다. ***~ at*** …에 대들어 물다; …에 대들다. ***~ back*** (입술을 깨물고) 할 말을 참다; 하품을 참다. ***~ in*** 〈***into***〉 …을 잠식하다 ; ……을 부식하다, …을 먹기 시작하다. ***~ off*** 물어 끊다〈뜯다〉 ; (방송프로를) 잘라내다. ***~*** (***on***) ***the bullet*** ⇨ BULLET. ***~ a person's head off*** 아무에게 쌀쌀하게 대답하다. ***~ one's lip***(***s***) 입술을 깨물어 화를〈웃음을〉 꾹 참다. ***~ the dust*** ⇨ DUST. ***~ the hand that feeds one*** 은혜를 원수로 갚다. ***~ the tongue*** 혀를 물다, 침묵하다.

— *n.* (1) ⓒ 묾. (2) ⓒ 한번 깨묾, 한 입, 소량 ; 《口》 먹을 것. (3) ⓒ 물린〈쏘인〉 상처 ; 자상 ; 동상 ; ⓤ (산의) 부식 (작용). (4) ⓤ (상처 등의) 모진 아픔 ; (찬바람의) 스며드는 차가움 ; (음식의) 얼얼한 맛 ; (풍자 등의) 신랄한 맛, 통렬미. (5) ⓤ (기계의) 맞물림, 걸림. (6) ⓒ (낚시질에서 물고기의) 입질, 미끼를 묾 ; 유혹에 걸려듦. (7) ⓒ《美口》 (급여 등에서) 공제되는 금액(金額) :

bit·er [báitər] *n.* ⓒ 무는 사람〈것〉 ; 물어 뜯는 짐승《특히 개》; 미끼를 잘 무는 물고기 ; 사기꾼

·bit·ing [báitiŋ] *a.* 쏘는 듯한, 물어 뜯는, 무는, 몸에 스미는 ; 얼얼한 ; 날카로운 ; 신랄한 ; 부식성의, 자극성의.

bit-map·ped [bítmæ̀pt] *a.* 【컴】 두값본 방식의《컴퓨터 그래픽스에서 메모리의 1비트를 화면(畫面)의 1도트(dot)에 대응시키는 방식》.

:bit·ter [bítər] (***~·er ; ~·est***) *a.* (1)쓴(【opp.】 *sweet*), (맥주가) 쓴(【opp.】 *mild*). (2)모진, 쓰라린, 살을 에는 (듯한). (3)호된, 가차〈용서〉없는, 신랄한. (4)견디기 어려운, 고통스러운, 괴로운, 쓰라린 ; 몹시 슬픈. (5) 원한을 품은 ; 적의(敵意)에 찬 : ~ hatred 적의에 찬 증오. ***a ~ pill***(***to swallow***) 참아야 할 귀찮은 일. ***to the ~ end*** ⇨ BITTER END.

— *ad.* 쓰게 ; 몹시, 호되게(bitterly).

— *n.* (1)(the ~) 쓴 맛 ; 《英》 비터(=~ **bèer**)《홉이 잘 삭은 쓴 맥주》 ; (*pl.*)비터즈《칵테일에 섞는 쓴 술》 : gin and ~*s* 비터즈를 친 진. (2)(종종 pl.) 괴로움 / taste the sweets and ~s of life 인생의 쓴맛 단맛을 맛보다..

:bit·ter·ly [bítərli] *ad.* 쓰게 ; 몹시, 통렬히.

bit·tern [bítə(ː)rn] *n.* ⓤ 【化】 간수, 고염, 고미제 ; ⓒ 【鳥】 알락해오라기.

·bit·ter·ness [bítərnis] *n.* ⓤ 쓴맛, 씀 ; 신랄함, 빈정댐 ; 슬픔, 괴로움.

bit·ter·sweet [bítərswìːt] *a.* 달콤씁쓸한, (초콜릿이) 단맛을 뺀 ; 괴로우면서도 즐거운 ; 짙은 붉은 색이 도는 : — [∠-∠] *n.* ⓤ 들큼씁쓸함 ; 고통을 수반하는 기쁨 ; ⓒ 【植】 노박덩굴, 배풍등류.

bit·ty [bíti] *a.* (1)《종종 蔑》 소부분으로 된, 토막난, 단편적인. (2)《兒·口·方》 조그만.

bi·tu·men [baitjúːmən, bi-] *n.* ⓤ 역청, 아스팔트 ; 암갈색.

bi·tu·mi·nous [baitjúːmənəs, bi-] *a.* 역청질(·青質)〈아스팔트질〉의.

bitúminous cóal 역청탄, 유연탄.

bi·va·lence, -len·cy [baivéiləns, bívə-], [-lənsi] *n.* ⓤ (1)【化】 이가(二價). (2)【生】 상동 염색체가 접착하여 쌍을 이룸〈이룬 상태〉.

bi·va·lent [baivéilənt, bívə] *a.* (1)【化】 이가(二價)의. (2)(염색체가) 이가인.

bi·valve [báivæ̀lv] *a.* 【貝】 양판(兩瓣)〈쌍각〉의.

— *n.* ⓒ 쌍각류의 조개.

·biv·ou·ac [bívuæ̀k, -vəwæ̀k] *n.* ⓒ (군대의 천막 없는) 야영(지).

— (***-acked ; -ack·ing***) *vi.* 야영하다.

bi·week·ly [baiwíːkli] *a.*, *ad.* (1)2주(週)에 한 번(의), 격주의〈로〉(fortnightly)《※ 간행물에서는 흔히 이 뜻》. (2)1주에 두 번의.

— *n.* ⓒ 격주 〈주 2회〉 간행물.

bi·year·ly [hàijíərli] *a.*, *ad.* 1년에 두 번(의) (biannual(ly)) ; 2년에 한 번(의) (biennial(ly))..

bi·zarre [bizáːr] *a.* 기괴한(grotesque), 이상야릇한, 좀 별난, 별스러운 ; (색·스타일 등이) 색다른 ; 기상천외의《결말 따위》 : 파) **~·ly** *ad.* **~·ness** *n.*

blab [blæb] (***-bb-***) *vt.* (비밀)을 누설하다《*off* ; *out*》 : — *vt.* 재잘재잘 지껄이다. — *n.* ⓤⓒ 허튼 이야기 ; 수다(떠는 사람). 파) **∠·by** *a.*

blab·ber [blǽbər] *vt.*, *vi.* 재잘거리다 : He's always ~ *ing* on about computers. 그는 항상 컴퓨터에 대해서 수다떨고 있다. — *n.* ⓒ 수다쟁이, 입이 가벼운 사람.

:black [blæk] (***~·er ; ~·est***) *a.* (1)검은, 흑색의(【opp.】 *white*) ; 암흑의, 거무스름한《하늘·물 따위》 ; 때묻은《손·헝겊 따위》. (2)밀크를〈크림을〉 치지 않은, 블랙의《커피》. (3)살이 검은 ; 흑인의 ; 검은 털의

《말》. (4)검은 옷을 입은. (5)사악한, 속 검은, 엉큼한 : a ~ heart 음험(한 사람) / a ~ augury 흉조(凶兆). (6)어두운, 암담한, 음울한, 불길한 : (7)찌무룩한 ; 성난 ; 험악한 : ~ in the face (격노로) 안색이 변하여, 얼굴이 새파랗게 질리어 / ~ looks 험악한 얼굴 / (8)(농담이나 문학 작품이) 병적인, 불유쾌한, 그로테스크한 : ⇨ BLACK HUMOR. (9)암거래의 ; 내밀한 ;《英》비조합원에 의해 다루어지는. (10)《英》(노동 조합에 의한) 보이콧 대상의《일·상품 등》. (11)【會計】 흑자의. ***(as) ~ as a crow*** 〈***a raven's wing, death***〉 =***as ~ as ink*** 〈***coal***〉 새까만. ***~ and blue*** 멍이 들어. ***~ as night*** 캄캄한. ***go ~*** (실신해서) 캄캄해지다 ; 안 보이다. ***look ~*** 뚱해 있다, 노려보다《*at* ; *on*》 ; (사태가) 험악하다. ***not so ~ as*** one ***is painted*** ⇨ PAINT. ***of*** (***the***) ***blackest*** 〈***deepest***〉 ***dye*** ⇨ DYE.

— *n*. (1) ⓤ 흑(黑), 검정, 검은색(〖opp.〗 *white*) ; ⓒ 검은 잉크〈그림 물감〉, 흑색물감 ; 먹. (2) ⓤⓒ 검은 옷 ; 상복(喪服) : be in ~ 상복을 입고 있다. (3) ⓒ 흑인(Negro). (4) ⓤⓒ (말의) 검은 털 ; 가라말. ***~ or white*** 백이냐 흑이냐, 중간은 용납 안 되다. ***prove that ~ is white*** =***talk ~ into white*** =***swear ~ is white*** 검은 것을 희다고 우기다, 괘변을 농하다.

— *vt*. (1)…을 검게 하다 ; 더럽히다, 때려서 눈에 검은 멍이 들게 하다. (2)(구두약으로 신)을 닦다. (3)《英》(노동조합이 상품·업무 등)을 보이콧하다. — *vi*. 검어지다, 어두워지다 ; (비행중에) 눈이 아찔해지다 ;《英》보이콧하다. ~ ***out*** 1)먹칠을 해서 지워버리다, 말살하다. 2)(무대를) 캄캄하게 하다 ; 등화 관제를 하다. 3)(방송을) 방해〈중지〉하다 ; (전화·송신이) 망그러지다 ; 보도 관제를 하다 : (일시적으로) 의식을 잃다.

black·ball [´bɔ̀:l] *n*. ⓒ 반대 투표, (반대투표용의) 검은 공. — *vt*. (1)…에 반대 투표를 하다(vote against) :

bláck bèlt (1)(미국 남부의) 흑인지대. (2)(the ~ ; 종종 B- B-)《美》흑인이 태반을 차지하는 남부 제주(諸州) ; (Alabama, Mississippi 양주의) 옥토 지대 ; 흑인가〈거주 지역〉. (3)(체육 유단자의) 검은 띠(의 사람) :

·black·ber·ry [´bèri/ ´bəri] *n*. ⓒ 검은 딸기《나무딸기류 ; 열매가 검음》.

— *vt*. 검은 딸기를 따다.

bláck bíle 우울 ; 흑담즙.

·black·bird [´bə̀:rd] *n*. ⓒ《英》지빠귀(의 무리) ;《美》찌르레기(의 무리).

:black·board [´bɔ̀:rd] *n*. ⓒ 칠판.

bláck bóx《口》블랙박스《1)비행 기록 장치(flight recorder) ; 2)핵실험 탐지용 자동 지진계. 3)내용을 알 수 없는 밀폐된 전자 장치》.

bláck bréad (호밀로 만든) 흑빵.

black·cap [´kæ̀p] *n*. ⓒ (1)(머리가 검은) 명조(鳴鳥)《유럽산》;《美》박새류. (2)《美》검은 열매를 맺는 나무딸기류(=´ **ràspberry**).

bláck cómedy 블랙 코미디《black humor가 있는 희극》.

Bláck Cóuntry (the ~) (영국 중부의) 대공업 지대.

Bláck Déath (the ~) 흑사병, 페스트.

·black·en [blǽkən] *vt*. (1)…을 검게 하다, 어둡게 하다. (2)…에게 누명을 씌우다, 헐뜯다, 중상하다 : — *vi*. 검게 되다 ; 어두워지다.

bláck éye (1)검은 눈. (2)(a ~) (얻어맞아) 멍든 눈 : (3)(흔히 a ~)《口》패배 ; 불명예, 수치 ; 중상 : These quarters are *a* ~ to our town. 이들 지역은 우리 마을의 수치이다.

black-eyed [´àid] *a*. (1)눈이 까만. (2)눈 언저리가 퍼런, 멍이 든.

black·face [´fèis] *n*. ⓤ (1)흑인으로 분장한 연예인, 검은 얼굴의 연양. (2)【印】 굵은〈블랙〉 활자.

파) **-faced** [-fèist] *a*. (1)얼굴이 검은 ; 음침한 얼굴을 한. (2)굵은 블랙 활자.

bláck flág (the ~) (1)해적기. (2)검은 기《예전의 사형 종료 신호》.

black·fly [´flài] *n*. ⓒ 진디등엣과(科)의 곤충《파리매, 털날개, 진딧물 등》 ; 흑색(암갈색)의 곤충 : Blackflies lay their eggs in rivers or streams. 파리떼는 강이나 시내에 알을 낳는다.

black·head [blǽkhèd] *n*. ⓒ (1)머리가 검은 각종 새《물오리 따위》. (2)(꼭지가 검어진) 여드름 : Mark was in the bathroom squeezing the ~*s* on his chin. 마크는 목욕탕에서 턱에 있는 여드름을 짜고 있었다. (3)흑두병(黑頭病)《칠면조·닭 따위의 전염병》.

black-heart·ed [´há:rtid] *a*. 뱃속이 검은, 사악한, 음흉한.

Bláck Hóle (1)【天】 블랙홀《초중력에 의해 빛·전파도 빨려든다는 우주의 가상적 구멍》. (2)(the B- H-) 더럽고 비좁은 곳 ; 가두는 곳,《특히》군교도소.

bláck húmor 블랙 유머《풍자적이고 빈정거리는 병적인 유머》.

black·ing [blǽkiŋ] *n*. ⓤ 검게 함〈닦음〉 ; 흑색 도료 ; 검정 구두약(지금은 shoe polish가 일반적임).

black·ish [blǽkiʃ] *a*. 거무스름한.

black·jack [´dʒæ̀k] *n*. ⓒ (1)큰 술잔《옛날엔 검은 가죽, 지금은 금속제》. (2)해적기(black flag). (3)《美》가죽 곤봉. (4)【카드놀이】 =TWENTY-ONE.

— *vt*. …을 곤봉으로 때리다 ; 협박하여 …하게 하다《*into doing*》.

bláck léad 흑연, 석묵.

black·lead [´léd] *vt*. 흑연(黑鉛)을 칠하다〈으로 닦다〉.

bláck léopard 흑표범.

bláck létter 【印】 흑체〈블랙〉 활자.

black-let·ter [´létər] *a*. (1)흑체〈블랙〉 활자(체)의, 고딕 활자의. (2)불길한.

bláck líght 불가시 광선.

bláck lìst 블랙리스트, 요시찰인 명부.

black-list [´lìst] *vt*. …을 블랙리스트에 올리다

bláck lúng (탄진에 의한) 흑폐진증, 탄진폐.

black·ly [blǽkli] *ad*. (1)검게, 어둡게, 암흑으로. (2)음침하게. (3)사악하게.

black·mail [´mèil] *n*. ⓤ (1)등치기, 공갈, 갈취(한 돈). (2)《古》공납《약탈을 면하고자 산적에게 바쳤던》.

— *vt*. (1)…을 을러서 빼앗다《*for*》: She ~*ed* him *for* $2,000. 그녀는 그를 등쳐 2,000달러를 우려냈다. (2)을러서 …하게 하다《*into*》. 파) **~·er** *n*.

bláck márket (1)암시장. (2)암거래.

black-mar·ket [´má:rkit] *vt*. …을 암시장에서 팔다. — *vi*. 암시장에서 매매하다.

bláck máss (1)【가톨릭】 위령 미사, 장례 미사. (2)(B- M-) 악마의 〈검은〉 미사.

bláck móney 검은 돈, 부정〈음성〉 소득.

Bláck Mónk (검은 옷을 입은) 베네딕트회의 수사.

black·out [´àut] *n*. ⓒ (1)등화 관제《전시 중의》 ; 정전(停電), 소등 : (2)(무대의) 암전. (3)(비행 중의) 의식〈시각〉의 일시적인 상실, 일시적 시각〈의식, 기억〉

상실. (4)말살, 삭제 ; (법률 등의) 일시적 기능 정지 ; (뉴스 따위의) 발표 금지 ; (보도 기관의 파업에 의한) 보도 두절 ; 전리층(ionosphere)의 교란으로 전신이 두절됨 ; 블랙아웃《우주선의 대기권 돌입시 지상과의 통신이 일시 중단되는 일》 :

bláck pépper 후춧가루《껍질째 빻은》.

bláck plágue 페스트, 흑사병..

:black·smith [ˊsmìθ] *n.* ⓒ (1)대장장이, 제철공. (2)편자공.

black·snake [ˊsnèik] *n.* ⓒ (1)먹구렁이. (2)《美》 쇠가죽의 긴 채찍.

bláck spót (1)(도로의) 위험〈사고 다발(多發), 문제가 많은〉 지역 : The city is one of Britain's worst unemployment ~*s*. 이 도시는 영국에서 가장 실업률이 높은 지역 중의 하나이다. (2)【植】 흑반병.

bláck téa 홍차(【cf.】 GREEn TEA) : ~ fungus 홍차버섯《러시아 카프가스 지방산의 건강 차》.

black·thorn [ˊθɔ̀ːrn] *n.* ⓒ (1)【植】 자두나무의 일종《유럽산》. (2)산사나무의 일종《북미산》.

bláck tíe (1)검은 나비 넥타이. (2)남자용 야회복, 약식 예장 ; 신사, 명사.

black-tie [ˊtái] *a.* 약식 정장의, 정식의 : a ~ dinner 정찬 / a ~ meeting 반공식적인 모임 / a ~ party 약식 예장을 착용하는 파티.

black·top [ˊtɑ̀p/ ˊtɔ̀p-] *n.* (1) ⓤ(도로 포장용의) 아스팔트. (2) ⓒ 아스팔트 도로 : — *vt.* (도로)를 아스팔트로 포장하다.

bláck vélvet stout 맥주와 샴페인의 칵테일.

bláck wálnut 【植】 검은 호두나무《북미산》, 그 열매, 그 재목.

bláck·wa·ter féver [ˊwɔ̀ːtər-] 【醫】 흑수열.

bláck wídow 흑거미《미국산의 독거미》.

blad·der [blǽdər] *n.* ⓒ (1)【解】 방광 : empty the ~ 방뇨(放尿)하다. (2)(물고기의) 부레, 부낭. (3) 【植】 (해초 등의) 기포 ; 물집 ; 공기 주머니. (4) 【醫】 (피부의) 물집, 수포.

blad·der·wort [ˊwə̀ːrt] *n.* ⓒ 【植】 통발.

:blade [bleid] *n.* ⓒ (1)(풀의) 잎, (잎꼭지에 대하여) 엽신(葉身), 엽편 : a ~ of grass 풀 한 잎. (2) a](칼붙이의) 날, 칼몸, 도신(刀身) : This ~ needs sharpening. 이 칼날은 예리하게 갈아야 한다. b](the ~) 《文語》 칼(sword) ; 검객(swordsman). (3)노깃 ; (스크루의) 날개 ; (혀·뼈의) 평평한 부분 ; 어깨뼈, 견갑골(scapula). (4)(스케이트화의) 블레이드 ; 【考古】 돌칼, 블레이드《박편 석기의 하나》 ; (the ~) 【音聲】 혀끝. (5)기세 있는〈명랑한〉 사내 ; 《美俗》 (약은 체하는) 젊은이 : a ***in the ~*** (이삭이 안 난) 잎사귀 때에.

blad·ed [bléidid] 〔종종 複合語를 이루어〕 *a.* 잎사귀가 있는 ; 날이 있는 : a two-~ knife 양날이 있는 나이프.

blag [blæg] *n.* ⓤ 《英口》 강도, 강탈 ; 편취. — (**-gg-**) *vt.* …을 강탈하다. — *vi.* 강도짓하다.

blah [blɑː] *n.* ⓤ 【俗】 어리석은 짓, 바보스런 일, 허튼 소리 (=**bláh·bláh**) ; — *int.* 시시해 ! — *a.* 시덥잖은, 재미도 없는 ; 《美俗》 시큰둥한, 만사 귀찮은 《기분》 ; 우울한, 맥빠진.

blam·a·ble [bléiməbl] *a.* 비난할 만한, 흠잡힐 만한.

:blame [bleim] *vt.* 《~ +目/+目+前+名》 (1) (아무)를 나무라다, 비난하다《*for*》 : (2)책임을 ~에게 지우다, …의 책임〈원인〉으로 돌리다 《*on* ; *for*》 : (3)…의 죄를 …에게 씌우다, 과실〈허물〉을 덜미씌우다 : They ~*d* the accident *on* me. 그들은 사고의 책임을 나에게 씌웠다. (4)《美俗》 저주하다, 지옥에 떨어뜨리다《damn의 대용》 : *Blame* this hat! 우라질 모자 같으니라구 ***be to ~*** 책임을 져야 마땅하다, 책임이 있다《*for*》 : I *am to* ~ *for* it. 그건 내 잘못이다 / No one *is to* ~. 아무 에게도 죄는 없다. ***Blame it!*** 염병할, 빌어먹을.

— *n.* ⓤ (1)비난, 나무람. (2)《古》 책임, 죄, 허물 : The ~ lies with him. 죄는 그에게 있다. ***bear*** 〈***take***〉 ***the ~*** 책임을 지다. ***incur*** (***great***) ***~ for*** … 으로 해서 〈때문에〉 비난을 가져오다. ***lay*** 〈***fasten, put***〉 ***the ~ on*** 〈***upon***〉 a person ***for*** …한 책임을〈죄를〉 아무에게 씌우다

blame·a·ble [bléiməbl] *a.* =BLAMABLE.

blame·ful [bléimfəl] *a.* 비난받을나무랄 만한.

·blame·less [bléimlis] *a.* 비난할 점이 없는.

blame·wor·thy [bléimwə̀ːrði] *a.* 질책당할 만한, 나무랄만한, 비난받을 만한(culpable) :

·blanch [blæntʃ, blɑːntʃ] *vt.* (1)…을 희게 하다, 바래다, 표백하다(bleach) ; (공포·추위로) 창백하게 하다 ; (채소 등)을 연화(軟化) (재배)하다. (2)(껍질을 벗기기 쉽게 과일)을 더운물에 담그다, (야채·고기 등)을 데치다.

— *vi.* 희어지다, 창백해지다 ; 새파래지다《*with* ; *to do* ; *at*》 : ~ a thing ***over*** (실책 따위)를 교묘히 속이다〈둘러대다〉. ***~ with*** …로 새파래지다. 파) ***ˊ·er*** *n.*

blanc·mange [bləmɑ́ːndʒ/ -mɔ́ndʒ] *n.* ⓤ 젤리의 일종 ; 블라망주《우유를 갈분·우무로 굳힌 과자》.

·bland [blænd] *a.* (1)(기후가) 온화한(mild). (2)(말·태도가) 온후한, 부드러운 ; 침착한, 덤덤한. (3)(약·담배 따위가) 맛이 좋은, 순한, 입에 맞는. (4) 재미없는, 지루한. 파) ***ˊ·ly*** *ad.* ***ˊ·ness*** *n.*

blan·dish [blǽndiʃ] *vt.* …에게 아첨하다, …을 감언으로 속이다, 이양부리다.

:blank [blæŋk] (***ˊ·er*** ; ***ˊ·est***) *a.* (1)공백의, 백지의, 기입하지 않은 : (2)【商】 백지식의, 무기명의. (3)(공간 등이) 빈, 텅 빈, 휑한. (4)내용이 없는, 무미 단조로운. (5)(창도 장식도 없이) 펀펀한《벽 따위》 ; 채 가공하지 않은《화폐·열쇠 따위》. (6)멍청한, 마음속이 텅 빈, 생기〈표정〉 없는. (7)아주, 순전한. (8)【카드놀이】 (좋은) 패가 없는 : be ~ in spades 스페이드가 한 장도 없다. (9)《俗》 〔damn 대신 완곡한 모욕어로〕 지긋지긋한 :(10)〔명시를 피해〕 모(某)...., ○○.

go ~ (마음 따위가) 텅 비다 ; (텔레비전 화면 등에) 갑자기 사라지다〈백색이 되다〉.

— *n* ⓒ (1)공백 여백 ; 【컴】 빈자리 ; 기억의 공백 : (2)백지 ; 비어있는 종이 ; 《美》 (공란에 써넣는) 기입 용지(《英》 form) ; 《英》 의안 중 사체(斜體)로 씌어진 미결의 부분. (3)공허(emptiness) ; 단조로움. (4)(제비뽑기의) 꽝. (5)(과녁 중심의) 흰 점; 목표, 목적. (6)생략을 나타내는 대시. ***draw*** (***a***) ***~*** (세비에서) 꽝을 뽑다, 허탕짚다 ; 실패하다《*in*》 ; 무시당하다 ; 물건이 생각나지 않다 ; 찾지 못하다 :***fill in*** 〈***out***〉 ***a ~*** 빈곳에 써넣다 ; 기입 용지에 써넣다. ***in ~*** (수표 따위를) 백지식으로 ; 공백으로.

— *vt.* (1)…을 희게 하다 ; 지우다, 무효로 하다《*out*》. (2)(틈새 등)을 막다, (파이프의 흐름)을 차단하다《*out* ; *off*》. (3)《美》 영패시키다(shut out).

— *vi.* 점차 흐릿해지다《*out*》 ; (기억·인상 등) 희미해져 가다《*out*》 ; 의식을 잃다, 멍청해지다《*out*》. 파) ***ˊ·ness*** *n.* 공백, 단조.

blánk bìll 백지 어음, 수취인 기재가 없는 어음.
blánk chéck (1)백지식〈무기명〉 수표. (2) 마음대로 행동할 수 있는 권리 ; 백지위임.
:blan·ket [blǽŋkit] *n.* ⓒ (1)담요. (2)전면을 덮는 것, 피복(被覆) : a ~ of snow 온 누리를 덮은 눈. (3)[印] (오프셋 인쇄기의) 블랭킷. ***throw a cold* 〈*wet*〉 *~ over* 〈*on*〉** …의 흥을 깨다〈열을 식히다〉, …에 찬물을 끼얹다. ***a wet ~*** (불을 끄기 위한) 젖은 담요 ; 흥을 깨뜨리는 사람 ; 희망이나 열의를 꺾는 것.
— *a.* 〔限定的〕 (1)총괄적〈포괄적〉인 ; 전면에 통하는 : (2)전파 방해의.
— *vt.* (1)〔흔히 受動으로 사용되며, 전치사는 with, in〕 …을 담요로 싸다〈덮다〉 ; (담요로 덮듯이) 온통 덮다 : (2)덮어 감추다 ; 《口》 (추문 따위를) 덮어 버리다. (3)(전파·수신 등을) 방해하다, 끄다《*out*》. (4)(법률·비율 따위가) …의 전반에 적용되다.
blánket stitch 블랭킷 스티치.
blank·e·ty (**-blank**) [blǽŋkiti(blǽŋk)] *n., ad.* 바보, 멍청이, 《美俗》 괘씸한 ; 당치도 않게《damned, bloody 같은 저주하는 어구의 완곡어》.
blank·ly [blǽŋkli] *ad.* (1)망연히, 멍청히, 멍하니. (2)딱 잘라, 단호히, 완전히, 충분히.
blare [blɛər] *vi.* (나팔이) 울려 퍼지다 ; (소가) 울다. — *vt.* (나팔·경적 등)을 울리다 ; 외치다, 고래고래 소리지르다.
— *n.* ⓤ 〔흔히 單數꼴로〕 (나팔의) 울림 ; 귀에 거슬리는 큰 소리 ; 번쩍거리는 색채 ; 요염함 : The music begins with a ~ of trumpets. 그 음악은 트럼펫 소리로 시작된다.
blar·ney [blάːrni] *n.* ⓤ 알랑대는 말, 아첨, 아양 ; 허튼 소리, 난센스 : — *vt.* …에게 아첨하는 말을 하다. — *vt.* 아첨하다.
bla·sé [blɑːzéi, ⌒-] *a.* (1)《F.》 환락 등에 지친. (2)무관심〈무감동〉한 ; 세정에 밝은.
·blas·pheme [blæsfíːm, ⌒-] *vt.* (신·신성한 것)에 대해 불경스러운 말을 하다. — *vi.* 모독적인 말을 하다 ; 욕하다《*against*》 : 파) **-phém·er** [-ər] *n.* 모독자, 벌받을 소리를 하는 사람.
blas·phe·mous [blǽsfəməs] *a.* (1)불경한. (2)(말이나 내용 등이) 모독적인 ; 말씨 사나운.
·blas·phe·my [blǽsfəmi] *n.* (1) ⓤ 신에 대한 불경, 모독. (2) ⓒ 벌받을 언행 ; 독설.
:blast [blæst, blɑːst] *n.* ⓒ (1)한바탕의 바람, 돌풍, 폭풍, 분사한 공기〈증기 등〉 : a ~ of wind 일진의 돌풍. (2)(풀무·풍금 따위의) 송풍(送風). (3)(나팔·피리의) 소리, 울려퍼짐, 취주 ; (*int.*) 뚜우, 붕 : a ~ on a trumpet 나팔 소리 / blow a ~ on the siren 사이렌을 울리다. (4)폭발, 폭파 ; (1회분의) 폭발약. (5)일진의 바람이 몰고 오는 것《진눈깨비 따위》 ; (바람에 의한 식물의) 고사병, 독기. (6)(감정의) 폭발, 심한 비난 ; 급격한 재액, 타격. (7)《美俗》 (마시고 소란한) 파티. (8)《俗》 즐거운 한때, 즐거움 ; 《美俗》 대만족, 스릴. (9)[野] 맹타, 《특히》홈런 ; (*int.*) 제기랄 : *Blast* and damnation ! 이런 젠장할. ***at a* 〈*one*〉 *~*** 단숨에, 한번 불어. ***at* 〈*in*〉 *full ~*** 한창 송풍 중에; 전력〈전속력〉을 다하여 ; (라디오 등) 음량을 (한껏) 올리고. ***in* 〈*out of*〉 *~*** (용광로가) 작동〈정지〉하여.
— *vt.* (1)…을 폭파하다, ~을 발파하다, …에 발파약을 놓다 ; (터널 따위)를 남포를 놓아 만들다. (2)《比》 (명예·희망 등)을 결딴내다 : (3)《口》 (상대팀)을 대패시키다 ; [野] 강〈장〉타를 치다. (4)(총으로) 해치우다, 사살하다. (5)이울게 하다 ; (식물)을 마르게 하다. (6)(나팔 따위)를 불다. (7)…에 맹공을 가하다; 몹시 비난하다. (8)〔앞에 (May) God 을 생략하고 저주하는 말로〕 …을 저주하다 : *B* — *vi.* 이울다 ; 마르다 ; (명예·희망 등이) 결딴나다 ; (총을) 쏘다 ; (소란스러운 소리를) 내다. ***~ away*** 《口》 몹시 나무라다, 큰소리를 내다 ; 맹렬히 공격하다 : ***~ off*** 1)(로켓·미사일 등을) 쏘아 올리다 : 2)《俗》(연회석 등에서) 뛰쳐나가다. ***~ the hell out of*** =beat 〈knock〉 the HELL out of.
blast·ed [blǽstid, blάːst-] *a.* 〔限定的〕 (1)시든, 마른, 서리 맞은(ruined) ; 무너진《희망》 : ~ heath (서리로) 말라버린 히스 벌판. (2)지긋지긋한 :
— *ad.* 괘씸하게, 몹시.
blást fùrnace 용광로.
blast·ing [blǽstiŋ, blάːst-] *n.* ⓤ 폭파 ; (서리 따위가 초목을) 말림〈시들게 하기〉 ; 《俗》 호된 비평.
blast-off [blǽstɔ̀ːf/blάːstɔ̀f] *n.* ⓤ (로켓·미사일의) 발사, 이륙 :
blat [blæt] (**-tt-**) *vt.* …을 시끄럽게 지껄이다.
— *vi.* (송아지·양이) 울다.
bla·tant [bléitənt] *a.* 소란스러운, 떠들썩한 ; 몹시 주제넘게 구는 ; (복장 따위가) 야한, 난한 ; 심히 눈에 띄는, 빤한《거짓말 따위》, 뻔뻔스러운 :
파) **blá·tan·cy** *n.* ⓤ 소란함 ; 야함 ; 노골적임 ; 뻔뻔스러움 : the sheer *blatancy* of the crime. 진짜 뻔뻔스러운 범죄. **~·ly** *ad.*
blath·er [blǽðər] *vi.* 지절거리다, 대중없이 지껄여대다.
— *n.* ⓤ 쓸데없는〈허튼〉 말 : 소란. 파) **~·er** *n.*
blath·er·skite [-skàit] *n.* ⓤ 수다(를 떪) ; ⓒ 떠버리, 수다쟁이.
:blaze[1] [bleiz] *n.* ⓒ (1)(흔히 *sing.*) (확 타오르는) 불길, 화재, 화염. (2)(흔히 *sing.*) 번쩍거림, 광휘. (3) (흔히 *sing.*) 확 타오름 ; (감정 등의) 격발 ; (명성의) 발양(發揚) ; 타오르는 듯한 색채《*of*》 : (4)(흔히 *pl.*) 《俗》 지옥. (5)(the ~s) 〔疑問의 强調〕 도대체 : What *the* ~*s* do you mean? 대관절 무슨 뜻이냐. ***Go to ~s*** 빌어먹을! ***in a ~*** 활활 타올라. ***in a ~ of anger* 〈*passion, temper*〉** 불같이 노하여. ***like ~s*** 《俗》 맹렬히, 바지런히《일을 하다》.
— *vi.* (1)타오르다, 불꽃을 일으키다 : (2)빛나다, 번쩍이다 ; 밝게 빛나다. (3)격노하다, 격앙하다《*with*》. ***~ away* 〈*off*〉** 1)(총 따위를) 탕탕 쏘아대다《*at*》. 2)맹렬히〈흥분하여〉 지껄여대다《*at, about*》. 3)부지런히 일하다《*at*》. 4)계속 타오르다. ***~ out* 〈*up*〉** 확 타오르다 ; 발끈하다, 격분하다. ***~ with fury*** 화가 머리끝까지 치밀다.
blaze[2] *n.* ⓒ 나무의 껍질을 벗긴 안표(眼標)《도표(道標)·경계표로서 또는 벌채(伐採) 표시로서》 ; (말·소의 안면에 있는) 흰 점 또는 줄, 흰 표적.
— *vt.* (나무)의 껍질에 안표를 만들다 ; (길 따위)를 헤쳐 열다. ***~ a* 〈*the*〉 *trail* 〈*way, path*〉** 길잡이 표적을 새기다 ; (새 분야에의) 길을 열다《*in*》 ; 선구자로서 활약하다 ; 선구자가 되다:
blaze[3] *vt.* 〔흔히 受動으로〕 (말)을 퍼뜨리다, 포고(布告)하다. ***~ about* 〈*abroad*〉** 말을 퍼뜨리다, 퍼지게 하다.
blaz·er *n.* ⓒ (1)블레이저 코트《화려한 스포츠용상의》. (2)(밑에 불이 담긴) 보온 접시. (3)《美》 실수 ; 새빨간 거짓말.
blaz·ing [-bléiziŋ] *a.* 〔限定的〕 불타는 (듯한) ; 빤한《거짓말》, 대단한 :
bla·zon [bléizən] *n.* ⓒ (1)문장(紋章) ; (문장 있는) 방패 ; 문장 해설〈도해(圖解)〉. (2)과시(誇示).

— *vt.* (1)(방패에)문장을 그리다〈해설하다〉. (2)(색을 써서) 그리다 ; 치장하다《*with*》;과시하다. (3)공표하다, 떠벌려 퍼뜨리다《*abroad* ; *forth* ; *out*》.
파) **~·er** *n.* **~·ing** *n.* **~·ment** [-mənt] *n.*

bla·zon·ry [bléizənri] *n.* ⓤ (1)문장(紋章) 해설〈화법(畵法)〉. (2)화사한 겉치레, 과시 ; 미관.

bldg(s). building(s). **bldr.** builder.

·bleach [bli:tʃ] *vt.* …을 희게 하다, 표백〈마전〉하다. — *n.* ⓤⓒ 표백 ; 표백제, 표백도.

bleach·ing [blí:tʃiŋ] *n.* ⓤ 표백(법). — *a.* 표백하는〈성의〉: ~ powder 표백분.

·bleak [bli:k] (*~·er ; ~·est*) *a.* (1)황폐한, 쓸쓸한. (2)바람받이의 ; 차가운, 찬바람이 휘몰아치는. (3)냉혹한, 모진 ;엄연한. (4)암담한, 구슬픈(sad).

blear [bliər] *a.* (눈이) 흐린, 침침한 ; 희미한.
— *vt.* (눈을)…을 흐리게 하다, (눈)을 침침하게 하다 ; (윤곽 따위)를 뿌옇게 하다.

blear·y [blíəri] (*blear·i·er ; -i·est*) *a.* 눈이 흐린 ; (윤곽 등이) 어렴풋한.

·bleat [bli:t] *vi.* (1)(양·염소 송아지가) 매애 울다. (2)우는소리를 하다. — *vt.* …을 푸념하듯이 〈징징 울듯이〉 말하다《*out*》.
— *n.* ⓒ (염소 등의) 울음소리 ; 우는 소리.

bleb [bleb] *n.* ⓒ 【醫】 물집, 수포 ; 기포(氣泡).

:bleed [bli:d] (*p., pp.* ***bled*** [bled]) *vi.* (1)출혈하다 :(2)《~/+前+名》 (나라·주의를 위해) 피를 흘리다, 죽다《*for*》: (3)《~/+前+名》 마음 아파하다《*for, at*》: (4)《口》 큰 돈을 지불하다, 돈을 뜯기다. (5)(염색한 색이) 날다, 번지다. (6)(식물이) 진을 흘리다.
— *vt.* (1)(사람·짐승)에게서 출혈시키다 ; …에게 피나는 느낌을 주다. (2)《口》 (아무)에게서 짜내다《*for*》: ~ a person *for* money 아무에게서 돈을 우려내다. (3)(나무가 진)을 내다; …의 진을 채취하다. (4)【機】 …에서 액체를 빼다. ***~ to death*** 출혈이 많아 죽다. ~ a person ***white*** 〈***dry***〉 아무로부터 짜낼 대로 다 짜내다. ***make*** a person***'s heart ~*** 아무의 동정을 불러 일으키다.

bleed·ing [blí:diŋ] *n.* ⓤ 출혈, 유혈(流血).
— *a.* 〔限定的〕 출혈하는, 피투성이의 : 《英卑》 끔찍한. — *ad.* 《英卑》 몹시.

bleep [bli:p] *n.* ⓒ 삐하는 신호음 ; 《口》 무선 호출기(bleeper)《속칭 삐삐》. — *vi.* 삐삐를 발(發)하다 ; (의사 등을) 포켓벨로 불러내다, 삐삐로 부르다《*for*》.
— *vt.* 삐삐로 (사람)을 부르다 ; (부적당한 곳)을 삐하는 소리로 지우다.
파) **~·er** *n.* 무선 호출기.

·blem·ish [blémiʃ] *n.* ⓒ 흠, 오점, 결점. ***without*** *~* 완전한〈히〉. — *vt.* …에 흠을 내다, (명예 따위)를 더럽히다.

blench[1] [blentʃ] *vi.* 뒷걸음치다, 움츠리다, 주춤〈움찔〉하다 ; 회피하다(avoid).

blench[2] *vi., vt.* 희게〈새파랗게〉 되다〈하다〉.

:blend [blend] (*p., pp.* ***~·ed,*** 《詩》 ***blent*** [blent]) *vt.* 《~+目/+目+前+名》…을 (뒤)섞다, 혼화하다 ; (다른 술·담배·커피 등을 혼합하여) 조제하다 : — *vi.* (1)섞이다, 혼합되다 ; 뒤섞이다, (색 따위가) 한데 어우러지다〈융합하다〉: Oil and water do not ~. (2)《~/+前+名》잘 되다, 조화되다 : — *n.* ⓒ 혼합(물) ; 혼색 ; 【言】 혼성어 : Her approach to decor is an exciting ~ of old and new. 그녀의 무대 장식에 대한 접근 방식은 옛 것과 새로운 것을 흥미진진하게 혼합하는 방식이다.
파) **~·ed** *a.* 〔限定的〕 (차·술 등) 혼합된 ; (직물이) 혼방인 : ~*ed* coffee 블렌드 커피 / ~*ed* fabric 혼방 직물.

blénded whískey 《美·Ir.》 블렌드 위스키.

blend·er [bléndər] *n.* ⓒ (1)혼합하는 사람〈기계〉. (2)《美》 (부엌용의) 믹서(《英》 liquidizer).

blend·ing [bléndiŋ] *n.* (1) ⓤ 혼합융합, 조합(법). (2) ⓤ 【言】 (어·구·구문 등의) 혼성. (3) ⓒ 【言】 혼성어《보기 : *smog* [◁ *smoke*+*fog*]》.

:bless [bles] (*p., pp.* ***~ed*** [-t], ***blest*** [blest]) *vt.* (1)〔종종 受動으로〕《~+目/+目+前+名》…에게 은총을 내리다, 은혜를 베풀다 ; …복을 베풀다《*with*》. (2)《+目+前+名》 (악(惡)에서) …을 지키다《*from*》: *Bless* me *from* all evils ! 모든 악으로부터 지켜 주소서. (3)…를 위해 신의 은총을〈가호를〉 빈다, 축복하다 : (4)(신)을 찬미하다 ; (신 등)에게 행복을 감사하다. (5)(종교적 의식에 의해) 신성화하다, 정(淨)하게 하다 : ~ bread at the altar 빵을 제단에 바쳐 정결케 하다. (6)《口》〔感歎의 표현으로〕: (7)〔反語的 ; if 절의 강한 부정·단정〕 …을 저주하다 : I'm ~*ed if* I know. 그런 거 알게 뭐야. ***be ~ed by*** … (기획 등이) …의 찬성〈동의〉을 얻고 있다. ***be ~ed in*** …로 행복하다 : I *am* ~*ed in* my children. 자식복이 있다. ***be ~ed with*** 1)…을 누리다, …복을 받다, 혜택을 입다 : She *is* ~*ed with* immense talent and boundless energy. 그녀는 무한한 재능과 끝없는 정력을 누리고 있다. 2)〔反語的〕 …으로 곤란받고 있다. ~ one***self*** (성호(聖號)를 그어) 신의 축복을 기원하다 ; 잘 됐구나하고 생각하다 :

·bless·ed [blésid] *a.* (1)은총 입은, 행복한, 행운의, 축복 받은 :(2)〔限定的〕 즐거운, 기쁜, 고마운. (3)신성한, 정결한. (4)〔反語的〕 저주할, 버력 입을 : those ~ noises 지긋지긋한 소음들. (5)〔强意的〕 마지막까지의, 최후의 : the whole ~ day 온 하루〈종일〉 / every ~ cent 한푼 남기지 않고. ***of ~ memory*** 고인이 된. ***the ~*** 하늘나라에 있는 성도들. ***the land of the ~*** 천국. 파) **~·ly** *ad.* 다행히 ; 행복하게 ; 즐겁게. **~·ness** *n.* ⓤ 행운, 행복 : single ~*ness* 《戱》 독신(으로 마음 편한 신세).

:bless·ing [blésiŋ] *n.* (1) ⓒ 축복(의 말) ; 식전〈식후〉의 기도. (2) ⓒ 신의 은총〈가호〉, 은혜 ; 행복 : (3) ⓒ 고마운 것, 즐거운 것. (4) ⓤ 찬성 : with my father's ~ 아버지의 찬성을 얻어. ***a ~ in disguise*** 불행처럼 보이나 실은 행복한 것 :***ask*** 〈***say***〉 ***a ~*** 식전〈식후〉의 기도를 하다. ***count*** one***'s ~s*** (불행할 때에) 좋은 일〈축복 받은 일〉들을 회상하다. ***give*** one***'s ~ to*** …을 시인하다.

:blew [blu:] BLOW[1·3]의 과거.

·blight [blait] *n.* (1) ⓤ (식물의) 마름병(病), 동고병, 줄기〈잎〉마름병 : 그 병인(病因)《세균·바이러스·대기오염 등》 ; 《英》 (특히 과수를 해치는) 진딧물(aphis). (2) ⓒ 해충, 해치는〈파괴하는〉 것 ; (사기·희망 따위를) 꺾는 것〈사람〉, (앞길의) 어두운 그림자. (3) ⓤ (도시의) 황폐(지역). ***cast*** 〈***put***〉 ***a ~ on*** 〈***upon***〉 …에 어두운 그림자를 던지다.
— *vt.* …을 마르게 하다, (초목 따위)를 이울게 하다(wither up) ; …을 파괴하다, 황폐시키다 ; (희망 따위)를 꺾다 : — *vi.* 마르다 ; 꺾이다

blight·er [bláitər] *n.* ⓒ 《英口》 지긋지긋한〈성가신〉 놈 ; 바보 ; 악당, 놈(fellow), 해를 주는 것.

bli·m(e)y [bláimi] *int.* 《英俗》 〔다음 成句로〕 (***cor***) ***~*** 아뿔싸 !, 빌어먹을 !, 제기랄 ! [◁ (God) blind me !]

blimp [blimp] *n.* ⓒ (1)소형 비행선. (2)(B-)

=COLONEL BLIMP. 파) **~·ish** *a.*

:blind [blaind] (**~·er ; ~·est**) *a.* (1)눈 먼. (2)장님(용)의, 잘 안 보이는. (3)문맹의, 무학의. (4)맹목적인, 분별없는, 마구잡이의 ;《俗》취한 : ~ obedience 맹종 / a ~ purchase 충동 구매 / Love is ~.《俗談》사랑은 맹목적인 것. (5)(결점·미점·이해 따위를) 보는 눈이 없는 ; 몰이해한《*to*》: ~ *to* all arguments 아무리 설명해도 알아듣지 못하는. (6)무감각한, 무의식의 : He was ~ *with* sorrow. 그는 슬픔에 젖어, 망연자실하고 있었다. (7)시계(視界)가 없는, 어림짐작의, 계기(計器) 비행의 : ~ flying 계기 비행 / a ~ guess 어림짐작. (8)(도로·교차점 따위가) 잘 보이지 않는, 숨은. ***as ~ as a bat*** 〈***mole, beetle***〉 장님이나 마찬가지인. ***be ~ to*** …을 깨닫지 못하다. ***be ~ with*** …에 눈이 멀다 : He's ~ *with* love 〈rage〉. 그는 사랑〈분노〉에 눈이 멀어 있다. ***~ of an eye*** 〈***in one eye***〉 애꾸눈의. ***~ to the world***《俗》곤드레 만드레가 되어. ***go ~ on*** 어림짐작으로 하다. ***not a ~*** (***bit of***)《口》조금도 …않다 ***the ~ leading the ~*** 【聖】 장님을 인도하는 장님, 위험천만《마태복음 XV : 14》. ***turn a*** 〈one***'s***〉 ***~ eye to*** …을 보고도 못 본 체하다, 모르는 척 하다.

— *vt.* (1)…을 눈멀게 하다 : He was ~*ed* in the accident. 그는 사고로 실명했다. (2)…의 눈을 가리게 하다, …에게 눈가림을 하다. (3)(빛 등)을 덮어 가리우다, 어두워지게 하다 ; (시야에서) 가리다《*form*》 (4)《~+目/+目+前+名》…의 판단력을 잃게 하다, …을 맹목적으로 하다 : Love ~*s* us *to* all imperfections. 제 눈에 안경. (5)…의 광채를 잃게 하다, 무색하게 하다, …보다 강하게 빛나다 : (6)〔~ oneself로〕 …을 못 본 체하다 ; 외면하다《*to*》: — *vi.*《英俗》(자동차로) 무턱대고 달리다. ***~ with science*** 전문적 지식으로 현혹하다, 혼란시키다.

— *ad.* 앞뒤 생각 없이, 맹목적으로. ***~ drunk*** 곤드레 만드레 (있는). ***fly ~*** 계기 비행하다. ***go it ~*** =***go ~ on*** 맹목적으로 하다. ***swear ~*** 엄숙히 서약하다 ; 단언하다.

— *n.* ⓒ (1)덮어 가리는 물건 ; 블라인드, 차양, 덧문 ; 발. (2)《美》(사냥꾼·동물 관찰자 등의) 잠복소 ; 은신처. (3)눈을 속이기 위해 쓰이는 것 ; 속임(수), 책략, 구실 ;《俗》미끼.

blínd cóal 무연탄.

blind·er [bláindər] *n.* ⓒ (1)현혹하는 사람〈것〉, 눈을 속이는 사람(것). (2)(흔히 *pl.*)《美》(말의) 곁눈가리개(blinkers). (3)《英俗》왁자한 파티. (4)《英俗》지난(至難)한〈멋진〉 것, 절묘한 파인플레이.

blind·fold [bláindfòuld] *vt.* …에 눈가리개를 하다, 보이지 않게 하다 ; …의 눈을 속이다 :

— *n.* ⓒ 눈 가리개, 눈 가리는 천, 눈을 속이는 것. — *a.*, *ad.* 눈 기리게를 한〈하고〉, 눈이 가리워진〈져서〉 ; 저돌적인〈으로〉.

blínd gút (the ~) 맹장.

blind·ing [bláindiŋ] *a.* 눈을 어지럽히는, 현혹시키는 ; 사려 분별을 잃게 하는 ; 굉장한, 뚜렷한.

·blind·ly [bláindli] *ad.* 맹목적으로, 무턱대고 ; 손으로 더듬으며 ; 막다른 골목이 되어.

blind·man [bláindmən] (*pl.* **-men** [-mən]) *n.* ⓒ (1)까막잡기하는 사람. (2)《英》(우체국의) 수신인 주소 성명 판독원.

:blind·ness [bláindnis] *n.* ⓤ (1)맹목. (2)무분별(recklessness) ; 문맹, 무지(ignorance).

blínd síde (1)(애꾸눈이의) 못 보는 쪽 ; 보지〈주의하지〉 않는 쪽 ; 약점, 허(虛) ; 무방비한 곳. (2)(the ~) 【럭비】 (스크럼 등의) 블라인드 사이드. ***on the ~*** 약한 곳을, 예기치 않은 곳을.

blind·side [⁴sàid] *vt.* (상대)의 무방비한 곳〈약점〉을 치다〈찌르다〉.

·blink [bliŋk] *vi.* (1)깜작이다(wink), 눈을 깜박거리다 ; 눈을 가늘게 뜨고〈깜박이며〉 보다. (2)(등불·별 등이) 깜박이다, 명멸하다 : (3)《+前+名》못 본 체하다, 무시하다, 보아 넘기다《*at*》: (4)놀라서 보다, 깜짝 놀라다《*at*》.

— *vt.* (1)(눈)을 깜작거리다, (눈물)을 깜박여서 떨다《*away* ; *back* ; *from*》. (2)(빛)을 명멸시키다 ; 빛을 명멸시켜 (신호)를 보내다. (3)〔종종 否定文으로〕 …을 보고 못 본 체하다, 무시〈묵인〉하다 : — *n.* ⓒ (1)깜박임 ; 한 순간 ; 번득임, 섬광. (2)《英·Sc.》흘끗 봄. ***on the ~***《口》(기계들이) 파손〈못쓰게〉되어, 상태가 나빠서, 컨디션이 나빠서.

blink·er [blíŋkər] *n.* ⓒ (1)깜작이는 사람 ; 힐끔 보는 사람. (2)(건널목 따위의) 명멸 신호(등). (3)(흔히 *pl.*) (자동차의) 방향지시등 ; (*pl.*)《俗》먼지 가리개 안경. (4)(흔히 *pl.*) (말의) 곁눈 가리개 ;《俗》=BLACK EYE : 판단〈이해〉의 장애, 눈가리개. ***be*** 〈***run***〉 ***in ~s***《比》주변 형세를 모르고 있다〈달리다, 행동하다〉.

blink·ing [blíŋkiŋ] *a.* 〔限定的〕 (1)반짝이는, 깜박거리는 ; 명멸하는. (2)《英俗》지독한, 심한. — *ad.*《口》매우, 몹시, 되게. 파) **~·ly** *ad.*

blip [blip] *n.* ⓒ (1)블립《레이더의 스크린에 나타나는 영상》. (2)【라디오·TV】 (불미스러운 말이나 영상을 지워 없앤 테이프 부위에 나타나는 삑삑하는) 짧은 잡음. (3)기록, 메모.

:bliss [blis] *n.* ⓤ (더 없는) 행복, 천국의 기쁨 ; 희열. — *v.* 〔다음 成句로〕 ***~ out***《美俗》더없는 행복을 맛보다, 황홀해지다〈케 하다〉.

·bliss·ful [blísfəl] *a.* 더없이 행복한, 기쁨에 찬 ; 깨끗이 잊은 : They sat there together in ~ silence. 그들은 너무나 행복하게 아무말 없이 거기에 같이 앉아 있었다.

·blis·ter [blístər] *n.* ⓒ (1)물집, 수포, 불에 데어 부푼 것. (2)(페인트칠·금속·플라스틱 표면의) 부풀음, 기포 ; (식물면의) 병변(病變). (3)【醫】 발포제(發泡劑). (4)(비행기의) 반구형 기총 총좌 =RADOME. (5)【寫】 (필름·인화지 막면의) 물집. (6)《口》싫은 녀석, 불쾌한 놈 ;《美俗》여자, 매춘부, 여자 거지. — *vt.* (1)…에 물집이 생기게 하다, 불에 데어 부풀게 하다. (2)《俗》괴롭히다, 싫증나게 하다 ; (꼬집거나 비평 등으로 사람)에게 상처를 주다. — *vi.* 물집이 생기다, 불에 데어 부풀다.

blis·ter·ing [blístəriŋ] *a.* (1)후끈거릴 정도로 뜨거운, 물집이 생기게 하는(듯한) : ~ heat 혹서, 혹열. (2)통렬한 ; 맹렬한 ; 호된《비평 등》. (3)〔副詞的으로〕 후끈거릴 만큼.

·blithe [blaið] *a.* (1)즐거운, 유쾌한 ; 쾌활한. (2)경솔한, 부주의한. 파) **~·ly** *ad.* **~·ness** *n.*

blith·er [bliðər] *vi.* 허튼 소리를 하다.

파) **~·ing** [-riŋ] *a.*《口》〔限定的〕 허튼 소리 하는, 골빈 소리를 하는 ; 한심한, 형편없는 ; 경멸할 만한.

blithe·some [bláiðsəm] *a.* 쾌활한.

bliz·zard [blízərd] *n.* ⓒ (1)심한 눈보라, 폭풍설 : (2)(사건 등의) 돌발 ; 쇄도《*of*》.

bloat [blout] *vt.* (1)(청어 따위)를 훈제(燻製)로 하다. (2)부풀게 하다(swell)《*with*》, 붓게 하다. (3)…을 (…으로) 우쭐하게 하다《*with*》.

— *vi.* 부풀다(swell)《*out*》; 자부하다《*out*》.

bloat·ed [blóutid] *a.* (1)부푼 ; 부어오른, 부은 ; (조직 등이) 팽팽한. (2)거만한, 우쭐하는, 뽐내는 《*with*》. (3)비대한, 뚱뚱한, 너무 살찐. (4)(생선이) 훈제의.
파) **∸·er** *n.* 훈제한 청어〈고등어〉. **~·ness** *n.*

blob [blab/blɔb] *n.* ⓒ (1)(잉크 등의) 얼룩 ; (걸쭉한 액체의) 한 방울 ; 물방울. (2)형태가 뚜렷하지 않은〈희미한〉 것 :

˙bloc [blak/blɔk] *n.* ⓒ 《F.》 (1)블록, …권(圈)《정치·경제상의 특수이익을 위해 제휴한 여러 국민, 여러 단체의 일단》. (2)《美》 (특정 목적을 위한 여·야당의) 의원 연합. ~ ***economy*** 블록 경제. ***en*** ~ 총괄하여, 총체로.

:block [blak/blɔk] *n.* ⓒ (1) a](나무·돌·금속 따위의) 큰 덩이, 큰 토막 ; 건축용 석재. b] (장난감의) 집짓기 나무(building ~). c](건축용의) 블록 : concrete ~*s* 콘크리트 블록. (2)받침, 받침나무 ; 도마 ; 모탕 ; 경매대 ; 승마대 ; 단두대 ; 선대(船臺) ; (구두닦이의) 발받침. (3)【印】 판목(版木) ; 【製本】 철판면(凸板面), 놋쇠판(版). (4)모자골 ; 형(型), 식(式). (5)도르래, 겹도르래. (6)(표·증권 따위의) 한 조〈벌, 묶음〉 ; (한 장씩 떼어 쓰게 된) 종이철 : a ~ of tickets 한 권의 티켓. (7)《英》 (한 채의) 대(大)건축물《아파트·상점을 포함》 ; 《美》(시가의 도로로 둘러싸인) 한 구획, 가(街) ; 그 한 쪽의 길이〈가로〉. (8)장애(물), 훼방 ; (교통 따위의) 두절, 폐색 ; 《英》 (의안에 대한) 반대 성명 ; 【競】 방해 ; 【크리켓】 블록《배터가 배트를 쉬고 있는〈공을 멈추는〉 위치》. (9)《俗》 (사람의) 머리 ; 바보, 멍청이(blockhead). (10)【政】 =BLOC. ***a ~ and tackle*** 도르래 장치, 활차 장치, 고패. ***a chip off the old ~*** ⇨ CHIP[1]. ***as like as two ~s*** 아주 닮은, 쏙뺀. ***go*** 〈***be sent, come***〉 ***to the ~*** 단두대에서 목이 잘리다, 참형 당하다 ; 경매에 부쳐지다. ***in*** (***the***) ***~*** 일괄하여, 총괄적으로. ***knock*** a person***'s ~ off*** 《口》 때려눕히다. ***lay*** 〈***put***〉 one***'s head on the ~*** 《口》 위험을 무릅쓰다 ; 목숨을 걸다 :***on the ~*** 1)경매에 〈팔려고〉 내놓은. 2)단두대 위에서. ***put the ~s on*** …을 저지하다, 막다.
— *vt.* (1)《~+目/+目+前+名/+目+副》 (통로·길·관 따위)를 막다, (교통 따위)를 방해하다, 폐색(閉塞)〈봉쇄〉하다《*up*》 : (road) Blocked! (게시) 통행금지 ; (빛·조명 등)을 차단하다《*off* ; *out* ; *up*》 : (Road) *Blocked* 《게시》 통행금지. (2)(진행·행동)을 방해하다, …의 장애가 되다 ; 【競】 (상대 플레이)를 방해하다 ; 【크리켓】 (공)을 삼주문(wicket) 바로 앞에서 배트로 쳐 막다 ; 【美蹴】 (공을 가지고 뛰는 자)를 가로막다. (3)〔흔히 過去分詞꼴로〕 【經】 동결하다, 봉쇄하다 : ~*ed* currency 〈funds〉 동결 통화〈자금〉. (4)【醫】 (신경)을 마비시키다. (5)《英》 (반대 성명을 내어 의안 통과)를 방해하다. — *vi.* (각종 경기에서) 상대측 경기자를 방해하다. ***~ in*** 막다, 봉쇄하다, 폐쇄하다, 가누다 ; 약도를 그리다, 설계〈계획〉하다. ***~ off*** (도로 따위)를 막다, 차단하다. ***~ out*** 지우다, 윤곽을 그리다, 대충의 계획을 세우다 ; (빛·조명 등)을 막다, 어둡게 하다 ; (생각·정보 등)을 제외하다. ***~ up*** (길)을 막다 ; 방해하다 ; …을 가두다 ; 틀어막다.

block·ade [blakéid/blɔk-] *n.* ⓒ (항구 따위의) 봉쇄(선), 폐색 ; 봉쇄대(隊) ; 폐색물 ; (교통의) 두절, 방해. ***break a ~*** 봉쇄를 돌파하다. ***lift*** 〈***raise***〉 ***a ~*** 봉쇄를 풀다. — *vt.* …을 봉쇄하다, 방해하다.

block·age [blákidʒ/blɔ́k-] *n.* ⓤ 봉쇄, 방해, 저해 ; ⓒ 방해물, (파이프 따위에) 막혀 있는 것 :

block·bust·er [∸bʌ̀stər] *n.* ⓒ 《口》 (1)초대형 고성능폭탄. (2)압도적〈위협적〉인 것, 유력자, 큰 영향력을 가진 것〈사람〉, 쇼크를 주는 것. (3)막대한 돈을 들인 영화〈소설〉 ; (신문 따위의) 대광고 ; 초(超)대작《영화 따위》.

block·bust·ing [∸bʌ̀stiŋ] *n.* ⓤ 《美》 블록버스팅 《이웃에 흑인 등이 이사온다는 소문을 퍼뜨려, 백인 거주자에게 집이나 땅을 싸게 팔게 함》.

block·head [∸hèd] *n.* ⓒ 멍텅구리, 얼간이 : Those ~*s* have screwed up the whole project. 저 바보들이 전체 계획을 망쳐버렸다《※ 흔히 남자 사이에 씀》.

block·house [∸hàus] *n.* ⓒ (1)(총구멍을 갖춘) 작은 요새〈보루〉, 토치카. (2)(원폭실험 등의) 관측용 피난소. (3)각재(角材)로 지은 집. (4)(로켓 기지 등의) 철조 콘크리트의 건물(열·돌풍·방사능 등을 막는).

block·ish [blákiʃ /blɔ́k-] *a.* 목석 같은, 우둔한, 다듬지 않은.

blóck lèngth 【컴】 블록 길이《블록 크기의 척도》.

blóck lètter 【印】 목판 글자 ; 블록체(굵기가 일정하고 세리프 없는 글씨체).

blóck prìnt 목판화.

blóck prìnting 목판 인쇄, 판목 날염(법).

blocky [bláki/blɔ́ki] (***block·i·er ; -i·est***) *a.* 뭉툭한 ; 농담(濃淡)이 고르지 않은.

bloc-vote [∸vòut] *n.* ⓒ 블록 투표《투표자의 표가 대표하는 인원수에 비례한 효력을 갖는 투표》 (=**blóck vòte**).

:blond [bland/blɔnd] (***∸·er ; ∸·est***) *a.* (1)금발의, 블론드의, (머리털이) 아마빛의 ; (피부가) 희고 혈색이 좋은. (2)금발·흰 살결·푸른 눈의. — *n.* ⓒ (1)(살결이 흰) 금발의 사람. (2)비단 레이스.

:blonde [bland/blɔnd] *n.* ⓒ (살결이 흰) 금발의 여성 : a blue-eyed ~ 푸른 눈의 금발 여인. — *a.* (여성이) 금발의. ※ blonde는 여성형 ; 현재는 남녀 모두 blond를 사용하는 경우가 많음.

:blood [blʌd] *n.* (1) ⓤ 피, 혈액 ; 생혈, 〔一般的〕 생명 ; (하등 동물의) 체액 : give one's ~ for one's country 나라에 목숨을 바치다. (2) ⓤ 붉은 수액(樹液), (붉은) 과즙. (3) ⓤ 유혈(bloodshed) ; 살인(murder) ; 희생. (4) ⓤ 선정 소설, 폭력 소설. (5) ⓤ 핏줄 ; 혈통, 가문, 집안, 명문 ; (the ~) 왕족 : *Blood* will tell. 피는 숨길 수 없는 것 / of noble ~ 고귀한 집안에 태어난 / a prince 〈princess〉 of *the* ~ 왕자〈공주〉 / (6) ⓤ 혈연, 살붙이, 푸네기. (7) ⓤ (말의) 순종. (8) ⓤ 기질(temperament) ; 혈기, 활력 ; 기질 ; 격정 : a man of hot ~ 격렬한 감정을 가진 자 / be in 〈out of〉 ~ 기운이 있다〈없다〉 / a young ~ 팔팔한 젊은이. ***~ and thunder*** 유혈과 폭력 : a novel full of ~ *and thunder* 피비린내 나는 모험 소설. ~, ***cannot get ~ from*** (***out of***) ***a stone*** 돌에서 피를 구할 수는 없다. ***sweat and tears*** 피와 땀, 그리고 눈물 ; 커다란 희생. ***draw ~*** 상처 입히다, 고통을 주다. ***flesh and ~*** ⇨ FLESH. ***freeze*** 〈***curdle, chill***〉 a person***'s*** 〈***the***〉 ***~*** 아무를 (공포로) 오싹 소름끼치게 하다. ***get*** 〈***have***〉 a person***'s ~ up*** 아무를 성나게 하다 : ***have*** a person***'s ~ on*** one***'s hands*** 〈***head***〉 아무의 죽음〈불행〉에 책임이 있다. ***in cold*** 〈***cool***〉 ***~*** 냉혹하게, 냉정히 ; 태연히, 예사로 : commit murder *in cold* ~ 태연히 사람을 죽이다. ***in hot*** 〈***warm***〉 ***~*** 불끈〈격노〉하여. ***let ~*** 방혈하다. ***like getting ~ from*** 〈***out of***〉 ***a stone*** 돈 내려고

생각지도 않는 사람에게서 돈을 얻으려는 것처럼 ; 떡 줄 놈 생각도 않는데 김칫국부터 마시는 것처럼. ***make*** a person***'s ~ boil*** 〈***run cold***〉 아무를 격앙시키다〈오싹하게 하다〉. ***out for*** a person***'s ~*** 아무를 해치울 작정으로. ***put*** one***'s ~ into*** …에 심혈을 기울이다. ***run*** 〈***be***〉 ***in*** one***'s ~*** 혈통을 이어 받다 : ***stir the*** 〈a person***'s***〉 ***~*** 아무를 흥분〈발분〉시키다. ***sweat ~*** 《口》 1)피땀 흘리며 일하다. 2)몹시 걱정하다, 불안해하다. ***taste ~*** 1)(야수 등이) 피맛을 알다. 2)처음으로 경험하다, 첫 성공에 맛들이다. ***to the last drop of*** one***'s ~*** 목숨이 다하기까지. ***warm*** a person***'s ~*** 아무의 몸을 덥게 하다, 마음 편하게 하다. ***with ~ in*** one***'s eyes*** 살기 등등하여 ; 눈에 핏발을 세우고. — *vt.* (1)(사냥개)에게 피를 맛보이다, (군인)을 유혈 행위에 익숙케 하다. (2)〔종종 受動으로〕 …에게 새로운 경험을 시키다.

blóod bróther (1)친형제. (2)혈맹자.

blóod cèll 〈**còrpuscle**〉 혈구(血球) : a red 〈white〉 ~ 적〈백〉혈구.

blood·cur·dling [⌐kə̀ːrdliŋ] *a.* 〔限定的〕 소름이 끼치는, 등골이 오싹해지는. 파) **~·ly** *ad.*

blóod dòping 혈액 도핑《운동선수의 기능을 높이기 위해, 채혈하여 보존해 둔 혈액을 시합 전에 수혈하기》.

blood·ed [blʌ́did] *a.* (1)〔흔히 複合語로〕 …의 피를 〈기질을〉 지닌 : warm-~ animals 온혈 동물. (2)(가축 따위가) 순종의, 혈통이 좋은 : a ~ horse 순종의 말. (3)(군대가) 전투를 경험한 (군대) ; 〔一般的〕 새로운 경험을 쌓은.

blóod gròup 혈액형(blood type).

blood·i·ly [blʌ́dəli] *ad.* 피투성이가 되어 ; 무참하게 ; 참혹하게.

blood·less [blʌ́dlis] *a.* (1)핏기 없는, 창백한, 빈혈의. (2)피를 흘리지 않는 :

Blóodless Revolútion (the ~) 【英史】 무혈〈명예〉 혁명(English Revolution).

blood·let·ting [blʌ́dlètiŋ] *n.* ⓤ (1)【醫】 방혈 ; 사혈(瀉血). (2)(전쟁·복싱 등에서의) 유혈.

blood·lust [⌐lʌ̀st] *n.* ⓤ 유혈〈살인〉의 욕망.

blood·mo·bile [⌐moubìːl] *n.* ⓒ 이동 채혈차, 혈액차.

blóod mòney (1)사형에 해당하는 큰 죄인을 고발한 사람에게 주는 보상금. (2)(청부 살인자에게 주는) 살인 사례금. (3)피살자의 근친에게 주는 위자료.

blóod plàsma 혈장(血漿).

blóod pòisoning 패혈증(敗血症) :

blóod prèssure 혈압 : high (low) ~ 고(저)혈압.

blóod rèd 핏빛 ; 짙은 빨간색.

blood·red [⌐réd] *a.* 피에 물든, 피처럼 새빨간.

blóod relátion 〈**rélative**〉 혈족.

blood·root [⌐rùːt, ⌐rùt] *n.* ⓒ (뿌리가 붉은) 양귀비꽃과의 식물(북미산).

blóod róyal (the ~) 〔集合的〕 왕족.

blóod sàusage 《美》 블러드 소시지《돼지고기와 그 피를 섞어서 만든 거무스름한 소시지》.

blóod sèrum 혈청(血清).

·blood·shed [⌐ʃèd] *n.* ⓤ 유혈(의 참사), 살해 ; 학살 : To prevent further ~, the two sides agreed to a truce. 보다 더 많은 유혈사태를 막기 위해 양측은 휴전에 합의했다.

blood·shot [⌐ʃàt/ ⌐ʃɔ̀t] *a.* (눈이) 충혈된, 핏발이 선 ; 혈안이 된.

blóod spòrt (흔히 *pl.*) 피를 보는 스포츠《수렵·투우·권투 등》 :

blood·stain [⌐stèin] *n.* ⓒ 핏자국 ; 혈흔(血痕).

blood·stained [⌐stèind] *a.* (1)핏자국이 있는, 피투성이의, 피로 물들인. (2)살인죄〈범〉의, 살인의.

blóod sùgar 혈당(血糖).

blóod transfùsion 수혈.

blóod tỳpe 혈액형(blood group).

blóod vèssel 혈관 : Veins and arteries are ~*s.* 정맥과 동맥은 혈관이다. ***burst a ~*** (격분하여) 혈관을 파열시키다 ; 《口》 몹시 흥분하다..

:bloody [blʌ́di] (***blood·i·er ; -i·est***) *a.* (1)피나는, 피를 흘리는(bleeding), 유혈의, 피투성이의 :(2) 피의, 피 같은, 피에 관한 ; 피빛(깔)의. (3)살벌한, 잔인한. (4)《英俗》 〔强意的〕 어처구니없는, 지독한 (damned). ***get a ~ nose*** 자존심이 상처받다.

— *ad.* 《英俗》굉장히, 무척, 지독하게 : All is ~ fine. 다들 무척 원기 왕성하다. ***Not ~ likely !*** 《英俗》 〔종종, 분노를 나타내어〕 말도 안 되는 소리야 !, 그걸 누가 해 !

— (***blood·ied***) *vt.* …을 피로 더럽히다〈물들이다〉, 피투성이가 되게 하다.

:bloom [bluːm] *n.* (1) ⓒ 꽃《특히 관상 식물의》 (=flower). ※ 집합적으로도 씀. (2) ⓤ 꽃의 만발, 활짝 핌 ; 개화기 ; (the ~) 한창때, 최성기《*of*》. (3) ⓤ (볼의) 도화색, 홍조, 건강미, 건강한 빛 ; 신선미, 청순함. (4) ⓤ 【植】 (과실·잎 따위에) 생기는 뿌연 가루, 과분(果粉). (5) ⓤ 【鑛】 화(華). (6) ⓤ (포도주의) 향기, 부케(bouquet). ***come into ~*** 꽃피다; (재능 등이) 꽃피다. ***in*** (***out of***) ***~*** 꽃이 피어(져) ; 한창(때)이고. ***take the ~ off*** 《口》 (…의) 신선미를〈아름다움을〉 없애다. — *vi.* (1)꽃이 피다, 개화하다. (2) 번영하다, 한창때이다. (3)〔흔히 進行形으로〕 (여성이) 건강미가 넘치다《*with*》 :***~ into*** …로 되다; 꽃피다 :

·bloom·ing [blúːmiŋ] *a.* (1)꽃이 핀(in bloom). (2)한창인, 꽃같은, 꽃다운 ; 청춘의, 젊디젊은 ; 번영하는《도시 따위》. (3)《英口》 지독한 ; 어처구니없는, 굉장한《bloody의 대용어》 : a ~ fool 큰 바보.

— *ad.* 《英俗》 지독히, 터무니없이. 파) **~·ly** *ad.*

bloop·er [blúːpər] *n.* ⓒ 《美口》 (1)(사람 앞에서의) 큰 실수 : make a ~ 큰 실수를 하다. (2)《野球俗》 역회전 시킨 높은 공 ; 텍사스 히트.

:blos·som [blάsəm/ blɔ́s-] *n.* (1) ⓤ 개화, 만발 ; 개화기 ; (the ~)(발육·발달의) 초기 ; 청춘, 전성기 : *The ~ of youth* 청춘의 개화기. ***come into ~*** 꽃이 피기 시작하다. ***in ~*** 꽃이 피어. ***in full ~*** 만발하여. (***my***) ***little ~*** 귀여운 애, 애인. (2) 《集合的으로는 ⓤ》 꽃 《특히 과수의》. 《※ 집합적으로 한 나무의 모든 꽃을 뜻하기도 함》.

— *vi.* (1) (나무가) 꽃을 피우다 ; (꽃이)피다《*out ; forth*》. 《※ 흔히 blossom은 열매를 맺는 종자식물·과수에, bloom은 열매를 맺지 않은 식물에 쓰이나《美》에서 양자의 구별 없이 쓰이고 있음》. (2) 《+前+名/+*as*補/+副》 발전하다, 번영하다, (한창) 번성하게 되다 ; 발달하여 …이 되다《*out ; into*》 (3) 쾌활해지다, 활기 띠다《*forth ; out*》. 파) **~·less** *a.*

~y [-i] *a.* 꽃이 한창인, 꽃으로 뒤덮인.

:blot [blαt/ blɔt] *n.* ⓒ (1) (인격·명성 등의) 흠, 오점 ; 오명《*on*》 : a ~ *on* one's character 〈record〉 인격〈경력〉의 오점. (2) (잉크 등의) 얼룩, 더러움, 때.

— (***-tt-***) vt. (1) …을 더럽히다, …을 얼룩지게 하다 ; (명성 따위)에 오점을 남기다. (2) 지우다 ; (압지 따위

로) 빨아들이다. (3)(경치·소리 등)을 가리다, 지우다《*out*》: — *vi.* (1) (잉크·종이 따위가) 번지다 ; 〈천이〉 더럼을 잘 타다. (2) (압지가) 잘 빨아들이다. (3) (펜이) 잉크를 흘리다. **~ out** ⇨ (글자·기억을) 지우다, 없애다 ; (적·도시 등을) 진멸하다, 파괴하다, 섬멸하다 : ~ *out* the enemies 적을 섬멸하다. ~ one***'s copybook*** ⇨ COPY BOOK.

blotch [blɑtʃ/ blɔtʃ] *n.* ⓒ (피부의) 검버섯 ; 부스럼, 종기 ; (잉크따위의) 큰 얼룩, 반점. — *vt.* (얼룩으로) …을 더럽히다. 파) **~ed** [-t] *a.* 얼룩진〈이 묻은〉

blotchy [blɑ́tʃi/ blɔ̀tʃi] (***blotch•i•er ; -i•est***) *a.* 얼룩〈부스럼〉투성이의.

blot·ter [blɑ́tər/blɔ́t-] *n.* ⓒ (1) (거래·매상 등의) 기록〈예비〉장부 ; (경찰의) 사건 기록부. (2) 압지 :

:blót·ting pàper [blɑ́tiŋ-/ blɔ́t-] 압지.

***blouse** [blaus, blauz] *n.* ⓒ (1) 작업복, 덧옷 (smock). (2) 블라우스(《美》 shirtwaist) :(3) 군복의 상의.

:blow[1] [blou] (***blew*** [bluː]; ***blown*** [bloun]) *vi.* (1) a) 《~/+前+名》 숨을 몰아쉬다, 입김을 내뿜다 ; (송풍기로) 바람을 보내다 : ~ *into* the tube 튜브 안으로 바람을 불어넣다 /He *blew on* his red hands. 빨개진 손에 입김을 내뿜었다. b) (숨을) 헉헉 쉬다, 헐떡이다. 3) 휘파람을 불다 ; (선풍기 따위가) 바람을 내다. (2) a) 《~/+副》 (바람이) 불다 ; 〔it를 主語로 하여〕바람이 불다 : b) 바람에 날리다. (3) 《~/+前+名》《口》 (4) (피리·나팔 따위가) 울리다. (5) 폭발〈파열〉하다《*out* ; *up* ; *in*》 ; 【電】 (퓨즈·진공관·필라멘트 등이) 끊어지다 ; (타이어가) 펑크나다 《*out*》 ; 《俗》 격노하다. (6) (고래가) 물을 내뿜다. (7) 《俗》(갑자기〈몰래〉) 가버리다, 허둥지둥 달아나다 : *Blow!* 나가, 나가줘요. — *vt.* (1) a) 《~+目/+目+前+名/+目+補/+目+副》 …을 불다, 불어대다, 불어서 날리다, (먼지 긍을) 불어서 털다 :b) 〔同族目的語를 취하여〕 불다. c) …에 숨〈바람〉을 불어넣다 ; (불)을 불어 붙이다 ; (풀무로) 바람을 일으키다 ; (비눗방울·유리 기구 따위)를 불어서 만들다 : ~ smoke rings 담배 연기를 뿜어내어 고리를 만든다. (2)a) (나팔 따위)를 불다, 취주하다. b)…의 속을 불어서 빼다, 바람을 불어 …하다. (3)〔흔히 受動으로〕 숨차게 하다, (말 따위)를 헐떡이게 하다. (4) a) 《~+目/+ 目+副》 …을 폭파하다《*up*》, 폭발로 날려버리다《*off*》. b) 타이어에 펑크를 내다, 타이어를 펑크시키다. (5) 《~+目/+目+前+名》《俗》 (돈)을 낭비하다 ; …에게 한턱 내다《*to*》 : ~ a fortune *on* …에 재산을 낭비하다. (6) (파리 따위가) …에 쉬를 슬다. (7) 《+目+副》 (소식을) 전하다, 발표하다, 소문내다 ; 《美俗》(비밀)을 누설하다, 배신하다, 밀고하다 : (8)추어 올리다, 자만심을 품게 하다. (9) (*pp.* 는 ***blówed***)《俗》저주하다(damn). (10) 《美俗》실수 〈실패〉하다, 망치다, (좋은 기회 따위)를 놓치다. (11)《俗》 …에서 (갑자기〈몰래〉) 떠나가다, 뺑소니치다 : ~ town 읍을 도망쳐 나가다. **~ about** (잎이) 바람에 흩날리다 〈흩어지다〉. ~ a person ***a kiss*** 아무에게 키스를 보내다. ***~ away*** (불어) 날려버리다, 날리다, 휩쓸어 버리다, 가버리다 ; 사살하다 ; 압도하다(stun) : ~ a person *away* 《美俗》 아무를 압도하다, 감동시키다. ***~ down*** 불어 쓰러뜨리다〈떨구다〉 ; (보일러의 증기를) 배출하다 : ***~ high. ~ low*** 《美》 바람이 불든 안 불든; 어떤 일이 일어나든. ***~ hot and cold*** (추었다 헐뜯다 하며) 태도를 늘 바꾸다, 변덕스럽다《*about*》. ***~ in*** 1)(바람이) 들어오다 : ~ *in* at the window 창으로 바람이 들어오다. 2) 《口》(사람이) 느닷없이(불쑥) 나타나다. 3) 《美俗》낭비하다. (돈을) 다 써버리다. 4) (유정이) 석유·가스를 분출하기 시작하다. ***~ into*** 《口》 …에 불시에 찾아오다. ***Blow it!*** 제기랄. ***~ it*** 《美俗》 실수하다. ***~ itself out*** (바람이) 자다. ***~ off*** (*vt.*) 1) (모자 따위가) 바람에 날리다 ; (먼지 따위)를 불어 날려버리다〈깨끗이 하다〉. 2) (증기·물 따위가) 분출하다. 3) 《口》 노여움을 폭발시키다. 4) (*vi.*) 《口》 허풍 떨다 ; 《英俗》 방귀뀌다. ***~ off steam*** ⇨ STEAM. ***~ on*** …에 입김을 불다 ; 평판을 나쁘게 하다. (문장 등을) 고리타분하게 만들다 ; …의 험담을 하다. ***~ out*** (*vt.*) 1) (불 따위를) 불어 끄다. 2) 〔再歸用法〕(폭풍이) 자다 : 3) …을 밖으로 불어 날리다 ; 폭파하다, 폭발시키다. 4) 타이어를 펑크내다 ; 퓨즈가 끊어지다. 5) 〔흔히 受動으로〕 (물건·사람 등을) (공기·음식 따위로) 가득 채우다. (*vi.*) (1) (등불이) 바람으로 꺼지다. 2) (전기기구가) 멈추다, 작동하지 않다. 3) (타이어가) 펑크나다 ; 폭발하다 ; (퓨즈가) 끊어지다. 4) (가스·유전 등이) 분출하다. (물건 등이) 날리다. 5) 《美俗》 낭비하다. ***~ out*** one***'s brains*** (권총으로 머리를 쏘아) 자살하다. ***~ over*** (폭풍 따 위가) 지나가다, 멎다, 잠잠해 지다 ; ~ one***'s cool*** 침착성을 잃다, 허둥대다 ; 흥분하다. ~ one***'s cover*** 자신의 정체를 드러내다 :***~ short*** 헐떡이다. ~ one***'s mind*** 1) 냉정을 잃다 ; (쌓인) 감정을 나타내다. 2) 크게 감동하다, 깊은 감명을 받다. ~ one***'s own trumpet*** 〈***horn***〉 자화자찬하다, 자기선전을 하다, 허풍떨다, 과시하다, 자만하다. ~ one***'s top*** 〈***cap, cork, lid, lump, noggin, roof, stack, topper, wig,*** etc〉 《俗》 노발대발 하다 ; 《口》 미치다 ; 《美俗》 자살하다 ; 《美俗》 멋대로 지껄이다 : ***~ the whistle on...*** ⇨ WHISTLE. ~ a person ***to a drink*** 아무에게 한잔 내다. ***~ to blazes*** 〈***glory, kingdom come***〉(폭발물로 사람을) 날려보내다〈죽이다〉. ***~ to pieces*** 산산조각으로 폭파하다. ***~ town*** 《美俗》(허겁지겁) 도시등을 떠나다. ***~ up*** (*vt.*) 1) (불을) 불어 일으키다 : 부풀리다, (타이어)에 공기를 넣다 ; 폭파하다 ; 못쓰게 만들다. 2) 《口》 (사진·지도 등) 확대하다 ; (소문·능력 등)을 과장해 말하다. (사람)을 심하게 꾸짖다. (*vi.*) 1) 폭발〈파열〉하다. (폭풍이) 더욱 세게 불다, 심해지다 : 2) 공기가 꽉 들어가다; 부풀어 오르다. 3) 나타나다, 눈에 띄다. 4) 《口》 뼛성을 내다《***at ; over***》 (의론 등이) 들끓다, 격렬해지다. ***~ upon*** 1) …을 진부하게 하다. 2) …의 신용등을 잃게 하다. 3) 《口》 …을 흠구덕하다, 욕하다, …을 고자질하다. ***~ (wide) open*** 《口》 (비밀 등을) 알려지다, 폭로하다, 밝히다, 드러내놓다 ; (신인 등이 경기·승부)의 행방을 알 수 없게 만들다.

— *n.* (1) ⓒ 한 번 불기, 붊 ; 일진(一陣) 광풍〈바람〉; 강풍, 폭풍. (2) ⓒ 코를 풀기 ; (고래의) 물뿜기. (3) ⓒ 《口》 자만, 허풍. (4) ⓒ 《口》 휴식, 바람 쐬기. (5) ⓤ 《美俗》 (헤로인·코카인을) 마심; 코카인 (cocaine). (6) 【컴】 (PROM이나 EPROM에 프로그램의) 기입. have〈go for〉 a ~ 《口》 바람쐬러 가다.

:blow[2] *n.* ⓒ (1) (정신적) 타격, 불행, 재난 (calamity) :(2) 강타(hit), 구타 ; 급습 : ***at a*** 〈***one***〉 ~ 일격에, 일거에, 단번에, 갑자기. ***at ~s*** 격투를 하여. ***~ below the belt*** 비열한 행위. ***come*** 〈***exchange***〉 ***to ~s*** 주먹질(싸움)을 시작하다 ; 싸우기 시작하다. ***deal*** 〈***give, strike***〉 ***a ~ against*** 〈***for***〉 …에 반항〈가세(加勢)〉하다. ***get a ~ in*** 《口》 (멋지게) 일격을 가하다 ; (토론 등에서) 아픈 데를 찌

르다. ***without*** (***striking***) ***a ~*** 힘 안 들이고, 쉬이.

blow[3] (***blew*** [bluː] ; ***blown*** [bloun]) *vi., vt.* 《古·詩》 꽃 피우다 ; 꽃이 피다. — *n.* ⓤ 개화(開花). ***in full ~*** 만발하여.

blow·ball [blóubɔ̀ːl] *n.* ⓒ (민들레의) 관모구(冠毛球).

blow-by-blow [blóubàiblóu] *a.* 〔限定的〕 매우 세세한《권투 실황 방송에서 생긴 말》, 묘사가 자세한. ***a ~ account*** (***of...***) …에 대한 극히 상세한 설명 :

blow-dry [blóudrài] *n.* ⓒ (머리를)드라이어로 매만지기. — *vt.* (머리)를 드라이어로 매만지다.

blow·er [blóuər] *n.* ⓒ (1) 송풍기〈장치〉 ; 헤어 드라이어. (2) 부는 사람〈물건〉 : a glass ~ 유리를 불어 만드는 직공. (3) 《俗》 떠버리, 허풍선이. (4) (the ~)《英口》 전화.

blow·gun [´gʌ̀n] *n.* ⓒ 취관(吹管), 불어서 내쏘는 화살(통), 바람총; 분무기.

blow·hard[´hɑ̀ːrd] *n.* ⓒ《美口》 떠버리;허풍선이.

blow·hole [´hòul] *n.* ⓒ (1) (고래·바다표범 따위가 호흡하러 오는) 얼음 구멍. (2) (고래의) 분수 구멍. (3) (지하실 등의) 통풍구멍. (4) (주물의)기포, 공기집.

:blown[1] [bloun] BLOW[1, 3]의 과거분사.
— *a.* (1) 숨을 헐떡이는, 기진한. (2) 부푼, 불어〈부풀려〉 만든 : ~ glass. (3) (파리의) 쉬 투성이인. (4) 펑크난, (퓨즈가) 끊어진 ; 결딴난.

blown[2] *a.* 〔限定的〕 (꽃이) 핀, 만발한.

blown-up [blóunʌ̀p] *a.* (사진이) 확대된 ; 파괴된 ; 과장된 : a ~ estimate 과대평가.

blow·out [´àut] *n.* ⓒ (1) 《口》 (먹고 마시고 흥청이는)성찬, 큰 잔치(banquet), 성대한 파티 :(2) 파열, 폭발 ; 【電】 (퓨즈의) 녹아 끊어짐 ; (타이어의) 펑크(난 곳) ; (유정(油井) 등의) 분출(에 의한 고갈).

blow·pipe [´pàip] *n.* ⓒ (유리 세공용의) 취관(吹管) ; 불 부는 대롱 ; =BLOWGUN.

blowsy [bláuzi] *a.* 《蔑》 (1) 배려가 주도하지 못한《계획 따위》, 날림인. (2) (여자가) 붉은 얼굴에 뚱뚱하고 추레한 ; 어질러진, 누추한《방 따위》.

blow·up [´ʌ̀p] *n.* ⓒ (1) 《口》 발끈 화냄, 야단침. (2) 파열, 폭발(explosion). (3) 【寫】 확대 ; 【映】 클로즈업 ; 《美》 파산.

blowy [blóui] (***blow•e•r*** ; ***-i•est***) *a.* 바람에 날리기 쉬운 ; 바람이 센(windy).

blt [blit] *vi.* 《美俗》 한 묶음으로 다루는 정보의 집합(block)을 컴퓨터의 기억 장치 내부에서 이동시키다. 〔◀ *Block Transfer*〕

blub [blʌb] (***-bb-***) *vi.* 《口》 잉잉 울다:

blub·ber [blʌ́bər] *n.* ⓤ (1) (또는 a ~) 엉엉 울기, 느껴〈늘켜〉 울기 : be in a ~ 흐느껴 울다. (2) 고래의 기름 ; (사람의) 여분의 지방.— *vt., vi.* 엉엉〈느껴〉울다 ; (얼굴·눈)을 울어서 붓게 하다 ; 울며 말하다《*out*》. 파) **~•er** *n.* ⓒ 울보, 우지. — *a.* (입술이) 두툼한, 불러진.
파) **~y** [-ri] *a.* (1) 지방질이 많은, 뚱뚱한. (2) (눈이) 울어 부은, (얼굴이) 울어 일그러진.

bludg·eon [blʌ́dʒən] *n.* ⓒ 공격의 수단 ; 곤봉.
— *vt.* 《~+目/+目+前+名/+目+補》 …을 몽둥이로 때리다; …에서 강제로 빼내다《*out of*》 ; 위협하다; (남)을 강제로 시키다《*into*》 : ~ a person *to* death 아무를 때려 죽이다 /~ a confession *out of* the suspect 피의자에게 강제로 자백시키다 /~ a person senseless 사람을 때려 실신시키다.

:blue [bluː] (***blú•er*** ; ***blú•est***) *a.* (1) (추위·공포 따위로) 새파래진, 창백한 : 그녀가 들어왔을 때 그녀의 손은 추위서 새파래져 있었다. (2) 푸른, 하늘 빛의, 남빛의 : a ~ sky 푸른 하늘. (3) 〔敍述的〕 (사람·기분이) 우울한 ; (형세 따위가) 비관적인. (4)푸른 옷을 입은. (5) (여자가) 청탑파의, 인텔리의. (6) 《英》 보수당(Tory)의 ; (B-) 《美》 (남북 전쟁 때의) 북군의. (7) (도덕적으로) 엄격한. (8) 추잡한, 외설한 : ~ stories. (9) (곡이) 블루스조의.
be〈***go***〉 ***~ in the face*** (피로하여) 얼굴이 창백하다 ; 몹시 노해있다. ***drink till all's ~*** 녹초가 되도록 마시다. ***feel ~*** 우울하다. look ~ 우울해 보이다 ; 기분이 나빠보이다 ; (형세가) 좋지 않다. ***once in a ~ moon*** 극히 드물게. ***till all is ~*** 철저하게, 끝까지. ***till*** one ***is ~ in the face*** 얼굴이 창백해지도록, 언제까지나, 끝까지. ***turn ~ with fear*** 공포로 얼굴이 창백해지다, 새파랗게 질리다.
— *n.* (1) ⓤⓒ 파랑, 청(색), 남빛. (2) ⓤⓒ 파란 〈남빛〉 (그림)물감 ; 푸른 것《천·옷 따위》 ; 《美》 (남북 전쟁 때의) 북군의 군복〈병사〉. (3) (the ~)《文語》 창공, 푸른 바다. (4) ⓒ 《英》 보수당원(a Tory) ; ⓒ 《英》 (Oxford, Cambridge) 대학 대항 경기의 출전 선수(의 청장(青章)). (5) ⓒ 여자 학자.
— (*p., pp.* ***blúed*** ; ***blú***(***e***)***•ing***) *vt.* (1) …을 푸른 빛〈청색〉으로 하다〈물들이다〉. (2) 《俗》 (돈)을 낭비하다. 파) **~•ly** *ad.*

blúe alért 청색 경보《제 2단계의 경계 경보 ; yellow alert의 다음 단계》.
).

Blue·beard [´bìərd] *n.* (1) ⓒ 푸른 수염 같은 남자, 잔인하고 변태적인 남자〈남편〉. (2)푸른 수염의 사나이《6명의 아내를 차례로 죽였다는, 이야기 속의, 잔혹 무정한 남자》.

***blue·bell** [´bèl] *n.* ⓒ 【植】 푸른 종 모양의 꽃이 피는 풀《초롱꽃 등》.

***blue·ber·ry** [´bèri/ ´bəri] *n.* ⓒ 【植】 월귤나무 《월귤나무속의 총칭》 ; 그 열매.

***blue·bird** [´bə̀ːrd] *n.* ⓒ 【鳥】 블루버드, 푸른울새, 《특히》 지빠귓과의 일종《미국산》.

blue-black [´blǽk] *a.* 진한 남빛의

blue blood (1) 귀족〈명문〉의 사람. (2) 귀족의 혈통.

blue-blood·ed [´blʌ́did] *a.* 귀족 출신의, 명문의.

blúe bòok (1) 《美口》 신사록(紳士錄) ; 국가 국무원 명부. (2) 《英》(종종 B- B-) 청서《영국 의회나 정부 발행의 보고서》).

blue·bot·tle [´bɑ̀tl/´bɔ̀tl] *n.* ⓒ (1) 금파리(=´~ flý). (2) 【植】 수레국화.

blúe chèese 블루 치즈《우유제(製)의 푸른곰팡이로 숙성시킨 치즈》.

blúe chíp (1) 【證】 일류주(株), 우량주(株) ; 우량 사업〈기업〉, 흑자 기업. (2) 【카드놀이】 (포커의) 블루 칩《높은 점수용》.

blue-chip [´tʃíp] *a.* (회사들이) 일류의, 우량한, 탁월한 ; 확실하고 우량한《증권》. 【cf.】 gilt-edged. .

blue-col·lar [´kɑ́lər/ ´kɔ́l-] *a.* 〔限定的〕 작업복의, 블루칼라의 ; 육체 노동자의.

blúe-collar wórker 공원, 육체 노동자 ; 숙련 노동자 :

blue-eyed [´àid] *a.* 마음에 드는 ; 푸른 눈을 가진 : a ~ boy《英》마음에 드는 사람 /He was the media's darling, the government's ~ boy 그는

대중매체가 가장 사랑하는 사람이었고 정부의 마음에 드는 사람이었다.

blue·fish [ˊfìʃ] (*pl.* **~, ~es**) *n.* ⓒ 【魚】 전갱이류《푸른 빛깔의 물고기류》.

blúe flàg 붓꽃《북아메리카산》.

blue·gill [ˊgìl] *n.* ⓒ 【魚】 송어의 일종《미국 미시시피 강 유역산의 식용어》.

blúe hélmet (국제 연합의) 국제 휴전 감시 부대원.

Blúe Hèn Státe (the~) 미국 Delaware 주(州)의 속칭.

***blueish** ⇨ BLUISH. .

blúe móld 〈《英》 **móuld**〉 (빵·치즈에 생기는) 푸른곰팡이 ; 【植】 푸른곰팡공이병(病).

blúe Mónday 《美口》 (또 일이〈학교가〉 시작되는) 우울한 월요일.

blue·nose [blúːnòuz] *n.* ⓒ (극단적으로) 청교도적인〈도덕적으로 엄격한〉 사람.

blue-pen·cil [ˊpénsəl] *vt.* (검열관·편집자가 원고 등을) 파란 연필로 수정〈삭제〉하다.

Blúe Péter (the ~)(종종 b- p-) 【海】 출범기 (出帆旗).

blue·print [ˊprìnt] *n.* ⓒ (1) 상세한 계획, 설계(도), 청사진 : It is unlikely that their ~ for economic reform will be put into action. 경제 개혁의 청사진이 시행될 가망이 없다. (2) 청진. — *vt.* (1) …의 청사진을 뜨다. (2) …의 설계도를 작성하다 ; 면밀한 계획을 세우다.

blúe ríbbon (1) 최우수〈최고 영예〉상. (2) (Garter 훈장의) 푸른 리본. (3) (금주 회원의) 푸른 리본 기장. (4) 【海】 블루 리본상《대서양을 최고 속도로 횡단한 배에 수여함》 ; 영예의 표시.

blue-rib·bon [ˊríbən] *a.* 정선된, 품질이 우수한, 탁월한 ; 최상의

blúe-ríbbon júry (**pánel**) 《美》(중대 형사사건의) 특별 배심원(special jury)..

blue-rinse(d) [blúːríns(t)] *a.* 《美》 (정갈한 차림으로 사회 활동을 하는) 연로한 여성들의.

blues [bluːz] *n.* ⓤ (1) (또 a ~)〔集合約; 單·複數취급〕블루스《노래·곡》. (2) (the ~) 《口》 울적한 기분, 우울증 : be in the ~ 기분이 울적하다. ***have* 〈*get*〉 *the* ~** 마음이 울적하다. ***sing the* ~** 기운이 없다, 우울하다.
— *a.* 〔限定的〕블루스의.

blúe ský (1) 《美俗》 헤로인. (2) 푸른 하늘.

blue-sky [ˊskái] *a.* 〔限定的〕 (1) 《美》 막연한, 구제성이 없는 비현실적인, 공상적인, 이상에 치우친. (2) 푸른 하늘의. (3) (특히 증권이) 확실하지 않은, 위험한. (4) (법이) 부정 증권 매매를 금지한. .

blue·stock·ing [ˊstɑ̀kiŋ/ ˊstɔ̀k-] *n.* ⓒ 《蔑》 학자연하는〈문학 취미를 가진〉 여자 ; 여류 문학자.

blúe tít 【鳥】 푸른 박새.

blúe wáter (the ~) 공해, 내양.

blúe whàle 큰고래, 장수경(長鬚鯨).

***bluff**[1] [blʌf] (**ˊ•er ; ˊ•est**) *a.* (1) 통명스러운, 무뚝뚝한, 솔직한, (2) 절벽의, 깎아지른 듯한 ; (앞부분이) 폭이 넓고 경사진. — *n.* ⓒ 절벽, 단애. 파) **~•ly** *ad.* **~•ness** *n.*

bluff[2] *vt.* (1) 《+目+前+名》 (허세부려)…에게 …하게 하다《*into*》 ; (허세부려) …에게 …하지 못하게 하다《*out of*》 : (2) …에 허세부리다, 으르다. (허세부려) 얻다. (3) 〔~ one's way로〕 …에서 속여 빠져나오다
— *vi.* 허세를 부려 아무를 속이다, 엄포 놓다, 남을 으르다 : — *n.* ⓤⓒ 엄포, 허세, 으름장 ; 허세부리는 사람. ***call*** a person***'s* ~** 【포커】 허세를 부려 상대와 동액(同額)의 판돈을 걸다; 아무의 허세에 도전하다: It is time to *call their* ~. 그들의 허세에 도전할 때이다. make a ~ = play a game of ~ (허세를 부리며) 으르다, 을러메다.

blu·ing [blúːiŋ] *n.* ⓤ (1) (강철 표면의) 청소법(青燒法), (2) 푸른 색이 도는 표백용 세제(洗劑).

***blu·ish, blue-** [blúːiʃ] *a.* 푸른 빛을 띤.

***blun·der** [blʌ́ndər] *n.* ⓒ 대(大)실책, 큰 실수 : ***commit* 〈*make*〉 *a* ~** 큰 실수를 하다. — *vi.* (1) 《~/+前+名》 (큰) 실수를〈실책을〉 (범)하다《*in doing*》. (2) 《~/+副/+前+名》 머뭇거리다, 우물쭈물하다 ; (방향을 몰라) 어정어정하다, 어물어물 하며〈곱드러지며〉 나가다《*about ; along ; on*》 : (3) 《+前+名》 (…을) 우연히 발견하다《*on, upon*》 ; (…에) 실수로 들어가다《*into ; in*》 :
— *vt.* 《+目+副》 (1) (비밀 등)을 무심코 입 밖에내다《*out*》 :(2) 서툰 짓을 하다, 실수하다 ; 잘못하여 …을 놓치다(잃다)《*away*》

blun·der·buss [blʌ́ndərbʌ̀s] *n.* ⓒ 나팔총《총 부리가 넓은 옛 총》.

blun·der·er [blʌ́ndərər] *n.* ⓒ 얼간이 ; 실수하는 자.

blun·der·ing [blʌ́ndəriŋ] *a.* 서투른 ; 실수하는 ; 어색한. 파) **~•ly** *ad.*

:**blunt** [blʌnt] (**ˊ•er ; ˊ•est**) *a.* (1) 둔한, 어리석은. (2) 무딘, 날 없는.(3) 무뚝뚝한, 퉁명스러운, 둔감한 ; 솔직한.
— *n.* ⓒ 짧고 굵은 것《짧은 엽궐련·굵은 바늘 등》.— *vt.* (1) …을 무디게 하다, 날이 안 들게 하다. (2) 둔감하게 하다. — *vi.* 무디어지다, (칼날 등이)들지 않게 되다. 파) ***ˊ•ly** *ad.* **ˊ•ness** *n.*

blur** [bləːr] *n.* ⓒⓤ (1) (도덕적인) 결점, 오점, 오명. (2) 더러움, 때, 얼룩. (3) (시력·인쇄 따위의) 흐림, 불선명 : — (**-rr-**) *vi.* (1) (눈·시력·시야·경치가) 희미해지다, 부예지다. (2) 더러워지다 ; 흐려지다. — *vt.* (1) (눈·시력·시계 등)을 희미하게〈흐리게〉 하다. (2) 또렷하지 않게 하다. (3) …에 얼룩을 묻히다, 더럽히다. **~ *out 지워버리다; 흐리게 하다.

blurb [bləːrb] *n.* ⓒ 《口》 (책 커버 따위의) 추천문, 선전문구 ; 추천 광고 ; 과대 선전.

blur·ry [bləːri] *a.* 흐릿한, 또렷하지 않은(blurred); 더러워진 : 파) **-ri•ly** *ad.* **-ri•ness** *n.*

blurt [bləːrt] *vt.* 무심결에 누설하다, …을 불쑥 말하다, 누설하다《*out*》 :

:**blush** [blʌʃ] *vi.* (1) 《+前+名/+*to* do》 부끄러워하다〈지다〉《*at;for*》 : I ~*ed at* my ignorance. 자신의 무지를 부끄럽게 생각했다 /I ~ to admit it. 부끄럽게도 그것은 사실입니다. (2) 《~/+補/+副/+前+名》 얼굴을 붉히다, (얼굴이 …으로) 빨개지다《*at ; for ; with*》 — *vt.* …을 붉게 하다 ; 얼굴을 붉혀 …를 알리다. **~ *up to the temples* 〈*ears*〉** (부끄러워) 귀까지 새빨개지다.
— *n.* (1) ⓒ 얼굴을 붉힘; 홍조. (2) ⓤ (장미꽃 등의) 붉음. ***at* 〈*on*〉 (*the*) *first* ~** 언뜻 보아. ***put*** a person ***to the* ~** 아무를 부끄럽게 만들다. ***spare*** a person***'s* ~*es*** 《口》 아무에게 수치심을 주지 않도록 하다 : *Spare my ~es.* 너무 치켜올리지 말게. 파) **~•er** *n.* (1) ⓒ 곧잘 얼굴을 붉히는 사람. (2) ⓤⓒ 볼연지.

blush·ful [blʌ́ʃfəl] *a.* 수줍어하는, 얼굴을 붉히는 ;

불그레한. 파) **~•ly** *ad.* **~•ness** *n.*

blush·ing·ly [blʌ́ʃiŋli] *ad.* 부끄러운 듯이. 얼굴을 붉히고.

***blus·ter** [blʌ́stər] *vi.* (1) 《~/+前+名》 고함〈호통〉치다《*at*》; 뽐내다, 허세 부리다 : (2) (바람·물결이) 거세게 몰아치다 ; (사람이) 미친 듯이 날뛰다 : — *vt.* 《+目+副/+目+前+名》 …에게 고함〈야단〉치다, (…을) 고함치며 말하다, 고래고래 말하다《*out* ; *forth*》; (남을)고함쳐 …하게 하다《*into*》 : — *n.* ⓒ (바람이) 사납게 휘몰아침, (파도의) 거센 움직임 ; ⓤ 고함 ; 시끄러움 ; 허세.

blus·ter·ing [blʌ́stəriŋ] *a.* 시끄러운 ; 사납게 몰아치는 ; 고함치는, 호통치는, 뽐내는.

boa [bóuə] *n.* ⓒ (1) 보아《여성용 모피 또는 깃털로 만든 목도리》: (2) 보아 《남북 아메리카 대륙에 많은 독이 없는 구렁이》, 왕뱀(=**~ constríctor**).

***boar** [bɔːr] *n.* (1) ⓒ 멧돼지(wild ~) ; ⓤ 멧돼지 고기. (2) ⓒ(거세하지 않은) 수퇘지 ; ⓤ 수퇘지 고기. 【cf. 】 hog. (3) ⓒ 모르모트(quinea pig)의 수컷.

:board [bɔːrd] *n.* (1) a〕 판지(板紙), 두꺼운 마분지 ; 책의 두꺼운 표지. b〕 【카드놀이】 보드《1) stud poker에서 각자 앞에 까놓은 모든 패. 2) 브리지에서 까놓은 것 대신에 내놓는 패》. (2) ⓒ a〕 널, 판자《엄밀하게 말하면 너비 4. 5인치 이상, 두께 2. 5인치 이하》. 【cf. 】 plank. b〕 선반 널 ; (다리미 따위의) 받침 ; 게시판;《美》칠판, 흑판 ; (체스 따위의) 판 ; 【컴】 기판, 판. c〕 다이빙판(diving ~) ; (*pl.*)하키링의 판자울, 보드 ; (농구의)백보드 ; (파도타기의) 서프보드 ; (스케이트보드의) 보드(deck). d〕 (the ~s) 무대(stage). (3) ⓒ 식탁 ; ⓤ 식사, 식사대 : ~ and lodging 식사를 제공하는 하숙 /⇨ ROOM AND BOARD. (4) ⓒ 회의용 탁자; 회의, 평의원(회), 중역(회), 위원(회) ; (증권 거래소) 입회장(board-room). (5) ⓒ (정부)부(部), 원(院), 청(廳), 국(局), 성(省);《美》(종종 B-)증권거래소. (6) ⓒ 뱃전 ; 배 안 ;**~ and** 〈**by. on**〉 **~** (두 배가) 뱃전을 맞대고. ***fall***〈***run***〉 ***on ~ of*** …와 충돌하다 ; …을 공격하다. ***full ~*** 세 끼를 제공하는 하숙. ***go*** 〈***pass***〉 ***by the ~*** (돛대 따위가) 부러져 배 밖(바닷속)으로 떨어지다; (풍습 따위가) 무시되다, 버림받다 ; (계획 등이) 실패하다. ***on even ~ with*** …와 뱃전을 나란히 하여 ; …와 동등한 조건으로. ***on the ~s*** 1) 채택되어 ; 토의〈설계〉되어. 2) 배우가 되어 ; 상연되어〈중이어서〉. ***put on the ~s*** 상연하고 있다. ***sweep the ~*** (태운 돈 따위를) 몽땅 쓸다. 전승(全勝)하다. ***take... on ~*** 1) (술 등을)마시다. 2) (생각 등을) 받아들이다, 이해하다. 3) (일·책 등을) 맡다. ***the ~ of directors*** 이사〈중역, 임원〉회.

— *vt.* (1) 《~+目/+目+副》 …에 널을 대다, 널로 두르다《*up* ; *over*》: (2) 《~+目/+目+前+名》 (아무의) 밥시중을 들다, 하숙시키다, 식사시키다 ; (말·개 등)을 맡아 기르다 : — *vi.* 《~/+前+名》 하숙하다, 기숙하다 ; (…에서) 식사를 하다 : ~ *at* a hotel 호텔에서 식사하다 /I'm ~*ing at* my uncle's 〈*with* my uncle〉. 나는 삼촌집에 기숙하고 있다. ***~ in*** 집에서 식사하다. ~ ***out*** 외식하다.; (아이 등을) 남의 집〈기숙

사〉에 맡기다. ***~ up*** 〈***over***〉 (…에) 널을 치다, 판자로 두르다〈막다〉. ***~ with*** …의 집에 하숙하다.

:board·er[bɔ́ːrdər] *n.* ⓒ(1) 기숙생:take in ~*s* 하숙인을 두다. 【cf. 】 day boy. (2)기숙〈하숙〉인.

bóard fòot 《美》 목재의 계량 단위《1피트 평방에 두께 1인치 ; 略 : bd. ft. 》.

***board·ing** [bɔ́ːrdiŋ] *n.* ⓤ (1) (식사 딸린) 하숙. (2) 널판장(대기), 판자울 ; 〔集合的〕널 : (3) 선내 임검. (4) 승선〈차〉, 탑승.

bóarding càrd (여객기) 승선 카드; 탑승권.

board·ing·house [-hàus] *n.* ⓒ (식사 제공하는) 기숙사 ; 하숙집

bóarding lìst (여객선의) 승선명부, (여객기의)탑승객 명부.

bóarding pàss (여객기의) 탑승(패스)권.

bóarding ràmp (항공기의) 램프 (ramp), 승강대.

bóarding schòol 기숙사제 학교:

board·room [ˊrùːm] *n.* ⓒ (중역·이사의) 회의실.

board·sail·ing [ˊsèiliŋ] *n.* ⓤ 보드 세일링.

board·walk [ˊwɔ̀ːk] *n.* ⓒ 《美》(공사장의) 발판, 가설된 통로 ; (해변의)판자를 깐 보도〈산책로〉.

:boast [boust] *vi.* 《~/+前+名》 자랑하다, 떠벌 리다, 자랑하다《*of* ; *about*》. — *vt.* (1) 《+*that*節/+目+(*to* be)補》 …을 자랑하다, 호언장담하다, 큰소리치다 : (2) (자랑거리)를 가지다, …을 자랑으로 삼다 : (3) (물건이) …을 가지고 있다 : — *n.* ⓒ 자랑(거리) ; 허풍 :

***boast·ful** [bóustfəl] *a.* (1) 과장된《말 따위》. (2) 자랑하는, 자랑하고 싶어 하는, 허풍 떠는, 자화 자찬의《*of*》

:boat [bout] *n.* ⓒ (1) 《美口》 자동차, 배 모양의 탈것 : (2) 보트, 작은 배, 단정(短艇), 어선, 범선, 모터보트; (비교적 소형의) 배, 선박, 기선 ;〔흔히 複合語로〕선(船), 정(艇) : (3) 배 모양의 그릇. ***be*** (***all***) ***in the same ~*** 《口》 똑같은 어려움에 처해 있다, 운명〈위험·처지 등〉을 같이하다 : ***burn*** one***'s ~s*** (***behind***) 배수진을 치다. ***by a ~'s length*** 한 배 길이의 차로. ***have an oar in every man's ~*** 누구의 일에나 참견〈간섭〉하다. ***miss the ~*** 〈***bus***〉 《口》 배〈버스〉를 놓치다 ; 호기를 놓치다. ***push the ~ out*** 《英口》 떠들썩한 파티를 열다 ; 돈을 (활수하게) 쓰다. ***rock the ~*** 배가 흔들다 ; 문제〈풍파〉를 일으키다. ***row*** 〈***sail***〉 ***in one*** 〈***the same***〉 ***~*** (***with***) =be in the same ~. ***take***(***a***) ***~ for*** ... …행의 배를 타다. ***take to the ~*** (난파선에서) 구명 보트로 옮겨 타다 ; 《比》 갑자기 일을 포기하다.

— *vi.* 《~/+前+名》 배를 젓다〈타다〉, 배로 가다 ; 뱃놀이하다 : go ~*ing* on the lake 호수로 보트 놀이를 가다/~ *down*〈*up*〉 a river 강을 보트로 내려〈거슬러 올라〉가다. — *vt.* …을 배에 태우다 ; 배로 나르다; 뱃속에 두다〈놓다〉; 배로 건너다. ***~ it*** 배로 가다 ; 범주(帆走)하다 ; 노를 젓다. ***Boat the oars!*** 《口令》 노 거둬.

boat·a·ble [ˊəbəl] *a.* (강이) 보트로 건너갈 수 있는 ; 항행 가능한, 〈강등이〉 거슬러 올리 갈수 있는.

boat·el [boutél] *n.* ⓒ (1) 보트 여행자들을 위해 부두나 해안에 위치한 호텔《선착장을 구비하고 있음》

bóat hòok 갈고리 장대.

boat·house [bóuthàus] *n.* ⓒ 보트 창고, 보트하우스.

boat·ing [bóutiŋ] *n.* ⓤ 보트 젓기 ; 뱃놀이 ; 작은 배에 의한 운송업.

boat·load [bóutlòud] *n.* ⓒ 한 배분의 화물, 배의 적재량

boat·man** [bóutmən] (*pl.* ***-men [-mən]) *n.* ⓒ 사공 ; 배 젓는 사람 ; 보트 세놓는 사람.

bóat pèople 작은 배로 고국을 탈출하는 표류 난민《특히 1970년대 후반의 베트남 난민》, 보트 피플: He has expressed his concern over the decision to turn away the ~. 표류난민들을 송환한다는 결정에 대하여 그는 우려를 표명했다.

bóat ràce (1) (the B- R-) 《英》 Oxford와 Cambridge 대학 대항 보트 레이스《매년 Thames 강에서 부활절 전에 실시함》. (2) 보트 레이스, 경조(競漕).

boat·swain [bóusən, bóutswèin] *n.* ⓒ (상선의) 갑판장(長).

bóat tràin (기선과 연락하는) 임항(臨港)열차 :

Bob [bɑb/ bɔb] *n.* Robert의 애칭. (***and***) ***~'s*** 〈***bob's***〉 ***your uncle*** 《英口》 만사 오케이.

bob**[1] [bɑb/ bɔb] (-bb-***) *vi.* (1) 《+前+名》 (머리를 꾸뻑 숙여) 인사한다, (여성이 무릎을 굽히며) 절하다 《*at* ; *to*》 : ~ *at* 〈*to*〉 a person. (2) (상하 좌우로) 홱홱〈깐닥깐닥, 까불까불〉 움직이다(흔들다, 튀다), (머리·몸을) 갑작스럽게 움직이다, 부동(浮動)하다.

— *vt.* (1) 《~+目/+目+副》 홱 잡아당기다, 살짝밀다, …을 갑자기 아래위로 움직이다《*up*; *down*》 : (2) (가볍게 움직여) …을 나타내다. ***~ a greeting*** 머리를 꾸뻑하여 인사하다. ***~ for cherries***〈***apples***〉 매달리거나 물에 띄운 버찌〈사과〉를 입으로 물려하다《유희》. ***~ up*** 불쑥 떠오르다〈나타나다〉 ; 벌떡 일어서다. ***~ up*** (***again***) ***like a cork*** 힘차게 (다시) 일어나다, 발딱 일어나다 ; 불쑥 나타나다 ; 떠오르다, 부상하다, 세력을 만회하다

bob[2] *n.* ⓒ (1) (진자(振子)·측연·연꼬리 등의) 추 ; 귀걸이의 구슬. (2) a〕 (여자·아이들의) 단발(bobbed hair) ; 고수머리(curl) ; 머리를 묶음 ; (말·개 따위의) 자른 꼬리 : b〕 《口·英方》 송이, 다발, 묶음. (3) 뭉친 갯지네《낚싯밥》 《美》낚시찌(float). (4) =BOBSLED, SKIBOB. — (***-bb-***) *vt.* (머리)를 짧게 자르다, 단발로 하다:She wears her hair ~*bed.* 그녀는 단발머리를 하고 있다.

bob[3] (***-bb-***) *vt.* …을 가볍게 치다. — *n.* ⓒ 경타(輕打).

bob[4] (*pl.* ~) *n.* ⓒ 《英口》 순경 ; 《英俗》 실링(shilling) ; 《美俗》1달러, 돈.

bobbed [bɑbd/ bɔbd] *a.* 단발의〈을한〉 :

bob·bin [bábin/ bɔ́b-] *n.* ⓒ 보빈, 얼레 ; 가느다란 끈 ; 【電】 전깃줄 감개 ; (문고리) 손잡이.

bóbbin làce 바늘 대신 보빈을 사용하여 짜는 수직(手織) 레이스.

bob·ble [bábəl/ bɔ́bəl] *vt.* (1) 【野球】 (공)을 범블하다. (2) 《美口》…을 실수하다; (공)을 놓치다.

— *vi.* (1) 《英》가볍게(깐닥깐닥) 위아래로 움직이다. (2) (잘못을)실수를 하다.

— *n.* ⓒ (1) 《美口》 실수, 실책. (2) (가볍게) 상하로 움직이기. (3) 【野球】 (공)을 헛잡음, 범블(bumble[1]). (4) (장식용) 작은 털실 방울.

Bob·by [bábi/ bɔ́bi] *n.* Robert의 애칭.

bob·by *n.* ⓒ 《英口》순경

bob·by-daz·zler [bábidæ̀zələr/ bɔ́b-] *n.* ⓒ《英方》 매력적인 아가씨 ; 화려한〈굉장한〉 것.

bob·by·socks, -sox [bábisàks/ bɔ́bisɔ̀ks] *n. pl.* 《美》 소녀용 짧은 양말.

bob·by·sox·er, -sock·er [bábisàksər/ bɔ́bisɔ̀ksər], [-sàkər/-sɔ̀k-] *n.* ⓒ 《흔히 蔑》(유행에 열을 올리는) 십대 소녀, 사춘기의 소녀.

bob·sled, -sleigh [bábslèd/bɔ́b-], [-slèi] *n.* ⓒ 봅슬레이《앞뒤에 두 쌍의 활주부(runner)와 조타 장치를 갖춘 2-4인승의 경기용 썰매로, 최고 시속이 130km 이상이나 됨》 ; (옛날의) 두 대의 썰매를 이은 연결 썰매. — (***-dd-***) *vi.* ~를 타다.

bob·sled·ding [bábslèdiŋ/bɔ́b-] *n.* ⓤ 봅슬레이 경기.

bob·tail [⌐tèil] *n.* ⓒ (1) 《軍俗》면직 ; (the ~) 사회의 쓰레기. (2) 자른 꼬리 ; 꼬리 잘린 동물《개·말 따위》. ***ragtag and ~*** 〔集合的〕 사회의 지스러기, 하층민. — *a.* =BOBTAILED.

— *vt..* …의 꼬리를 짧게 자르다.

파) **~ed** [-d] *a.* (짧게) 잘라 버린 ; 꼬리 자른 ; 불충분한, 불완전한.

bock [bɑk/ bɔk] *n.* ⓤ 독한 흑맥주.

bode[1] [boud] *vt.* 징후를 보이다, …의 전조가 되다. — *vi.* 전조가 있다, 징후를 보이다 :

bode[2] BIDE의 과거.

bod·ice [bádis/ bɔ́d-] *n.* ⓒ 보디스 ; 여성복의 몸통 부분《꽉 끼는》.

bod·i·less [bádilis/ bɔ́d-] *a.* 실체가 없는 ; 동체가〈몸통이〉 없는 ; 무형의.

:bod·i·ly [bádəli/ bɔ́d-] *a.* 〔限定的〕 (1) 유형의, 구체(具體)의. ***in ~ fear*** 몸의 안전을 염려하여. (2) 신체의, 육체상의, 육체적인. — *ad.* (1) 육체 그대로, 유형〈구체〉적으로. (2) 통째로, 송두리째, 몽땅. (3) 일체가 되어, 일제히, 모두; 자기 자신이.

bod·kin [bádkin/ bɔ́d-] *n.* ⓒ 돗바늘 ; 뜨개바늘 ; 긴 머리핀 ; 송곳 바늘 ; 【印】 핀셋.

:body [bádi/bɔ́di] *n.* (1) ⓒ 《口》사람, 《특히》 여성, 섹시한 젊은 여성:(2) ⓒ 몸, 신체, 육체 ; 시체 ; (범인 등의) 신병 : (3) ⓒ 【動】 동체 ; 나무줄기(trunk). (4) ⓒ (사물의) 주요부 ; 본체 ; (군대 등의) 주력, 본대(本隊) ; (편지·연설·법문 따위의) 본문, 주문 (注文) ; (악기의) 공명부(共鳴部). (5) ⓒ (자동차의) 차체 ; 선체 ; 선체 ; (비행기의) 동체 ; (옷의) 몸통 부분, 동옷. (6) ⓒ 〔集合的〕 통일체, 조직체 ; 【法】 법인. (8) (the ~) (단체 따위의) 대부분 《*of*》. (9) ⓒ 【數】 입체 ; 【物】 물체 ; (액체·고체 따위로 말할 때의) …체(體). (10) ⓤ (작품 따위의) 실질 ; (음색 따위의) 야무지고 힘참 ; (기름의) 점성(粘性) 밀도, 농도, (술 따위의) 진한 맛 : (11) ⓤ (도기의) 밑바탕. ***as a ~*** 전체로서. ***~ and soul*** 몸과 마음을 다하여, 전적으로, 완전히 : ***here*** 〈***there***〉 ***in ~, but not in spirit*** 비록 몸은 여기 있으나, 마음은 다른 곳에 있다. ***in a ~*** 일단이 되어: ***in ~*** 스스로, 친히, 몸소. ***keep ~ and soul together*** 겨우 살아가다 :

— *vt.* (1) …에 형체를 부여하다《*for*》. (2) …을 구체화하다, 체현하다 ; 【哲·心】 표상(表象)하다《*forth* ; *out*》 : ***~ forth***(…을) 마음에 그리다 ; (…을) 구체적으로 나타내다; (…을) 상징〈표상〉하다. ***~ out*** 부연(敷衍)하다.

bódy blòw 【拳】 통격(痛擊) ; 보디 강타, 큰 타격 ; 대단한 실망 :

bod·y·build·er [-bìldər] *n.* ⓒ 보디빌딩을 하는 사람.

bódy bùilding 육체미 조형, 보디빌딩.

bódy chèck 【아이스하키】 몸통 부딪치기 ; 【레슬링】 (상대방의 움직임을) 온몸으로 막기.

bódy córporate (*pl.* ***bodies ~***) 【法】 법인.

bódy còunt (사건 등의)사망자수, 적의 전사자수.

bod·y·guard [-gɑ̀:rd] *n.* ⓒ 호위병, 경호원 ; 〔集合的〕호위대, 수행원, 보디가드 : Her ~ was unable to protect her. 그녀의 경호원은 그녀를 보호할 수 없었다.

bódy hèat 【生理】 동물열(animal heat), 체열.

bódy lànguage 신체 언어, 보디 랭귀지.
bódy-line bòwling [-làin-] **[크리켓]** 타자에 부딪칠 정도로 접근시키는 속구.
bódy rejéction (장기(臟器) 이식 등에 나타나는) 거부〈거절〉 반응.
bódy sèarch (공항 등에서 하는) 신체검사.
bod·y-search [-sə̀:rtʃ] *vt.* …의 신체를 검사〈수색〉하다
bódy shòp 《美俗》 매춘굴, 유곽 ; (자동차) 차체 수리〈제조〉 공장 ; 직업 소개소.
bódy snàtcher 사체 도둑.
bódy stòcking 보디 스타킹《스타킹식 속옷》
bod·y·suit [-sù:t] *n.* ⓒ 몸에 착 붙는 셔츠와 팬티가 붙은 여성용 속옷.
bod·y-surf [-sə̀:rf] *vi.* 파도를 타다《서프보드 없이》.
Boe·ing [bóuiŋ] *n.* 보잉사(社).
Boer [bɔ:r, bouər] *n.* ⓒ 보어 사람(의).
boff [bɑf/ bɔf] *n.* ⓒ《美俗》(1) 폭소(를 자아내는 익살). (2) (주먹의) 일격. (3) (연극 따위의) 대성공, 히트. — *vt.*《美俗》 주먹으로 치다 ; …에게 폭소를 자아내게 하다.
bof·fin [báfin/ bɔ́f-] *n.* ⓒ《英口》과학자, 연구원.
bof·fo [báfou/ bɔ́f-] *a.*《美俗》 크게 성공〈히트〉한, 세상을 깜짝 놀라게 하는, 아주 인기 있는; 호의적인《비평》 — (*pl.* **~s, ~es**) *n.*《美俗》(1)=BOFF. (2) 1달러.
***bog** [bɑg, bɔ(:)g] *n.* (1) ⓒ (흔히 *pl.*)《英俗》 옥외 변소. (2) ⓤⓒ (沼澤地). 습지 ; 수렁, 늪, 습원.
— (**-gg-**) *vt.* 〔흔히 受動으로〕 …을 소택지에 가라앉히다. — *vi.* 수렁에 가라앉다, 수렁에 빠지다. ***be* 〈*get*〉 *~ged*** 늪에 빠지다 ; 궁지에 빠지다. ***~ down*** 수렁에 빠져 들다 ; 막다른 길에 이르다. ~in《오스口》 기세좋게(일을) 시작하다 ; 먹기 시작하다.
bo·gey [bóugi] *n.* (1) **[골프]** 보기《(각구멍의) 기준 타수(par)보다 하나 많은 타수》《英》(범용한 골퍼용의) 기준 타수(par) ; (경기회 따위의) 기준 횟수. (2) =BOGY. (3)《軍俗》 국적 불명의 비행기, 적기.
— (**~•ed ; ~•ing**) *vt.* (홀)을 보기로 하다.
bo·gey·man [bóugimæ̀n] (*pl.* **-men** [-mèn]) *n.* ⓒ 악귀, 무서운 것〈사람〉 ; 도깨비 ; 고민거리.
bog·gle [bágəl/ bɔ́gəl] *vi.* (1) 속이다 ; 시치미 떼다, 말을 얼버무리다《*at*》, 실수하다, 실패하다.
bog·gling [bágliŋ, bɔ́g-] *a.* 압도적인, 경이적인, 믿을 수 없는.
bog·gy [bági, bɔ́:gi/ bɔ́gi] (**bog•gi•er ; -gi•est-**) *a.* 늪, 습원, 늪이 많은.
be·gie [bóugi] *n.* ⓒ (1)《英鐵》전향 대차(轉向臺車), 보기차(車) (=**~ càr**)《차축이 자유롭게 움직이는 차량》;
bo·gle[bágəl/ bɔ́gəl] *n.* ⓒ 도깨비, 유령 ; 허귀신, 요괴.
bo·gus [bóugəs] *a.* (1)《美俗》(10대 사이에서) 모르는, 뒤지고 있는; 믿을 수 없는. (2)위조〈가짜〉의.
bo·gy [bóugi] *n.* ⓒ (1)《軍俗》 국적 불명기(機)〈비행물체〉, 적기. (2) 도깨비, 유령, 악귀, 악령 ; 무서운 사람〈것〉(bogey, bogie) ; =BOGEYMAN ; 사람에게 좇아다니는 것; (까닭 없는) 불안. (3)《俗》 마른 코딱지.
***Bo·he·mi·an** [bouhí:miən] *a.* (1) (종종 b-) 방랑의 ; 자유 분방한, 인습에 얽매이지 않은. (2) 보헤미아(인)의 ; 보헤미아의
— *n.* (1) ⓒ 보헤미아 사람 ; ⓤ 체코말. (2) ⓒ (종종 b-) 자유 분방한 사람, 방랑인, 집시.
파) **~•ism** *n.* ⓤ 자유 분방한 생활〈기질, 주의〉.
Bóhr thèory 보어 이론《보어의 원자 구조론》
:boil[1] [bɔil] *vi.* (1)《~/+前+名》 (피가) 끓어오르다 ; (사람이) 격분하다, 핏대올리다《*with*》 : (2) 끓다, 비등하다. (3) (바다 따위가) 파도치다, 물결이 일다 ; (물이) 솟아오르다, 분출하다. (4)삶아〈데쳐〉지다, 익다. (5) (군중 따위가) 돌진하다 (rush) — *vt.* (1) …을 끓이다, 비등시키다 : (2)《~+目/+目+補/+目+目》 삶다, 데치다 ; (…에게) …을 익혀 대접하다. (3) (설탕·소금 등)을 졸여서 만들다. ***~ away*** (물이) 끓어 증발하다. (그릇이 빌 때까지) 계속 끓이다 ; (흥분 따위가) 식다〈가라앉다〉. ***~ down*** 졸이다, 졸아들다 ; 요약하다. ***~ down to***《口》 결국 …이 되다, 요컨대 …이 되다. ***~ dry*** (액체가) 끓어서 없어지다. ***~ forth*** 입에서 게거품을 뿜으며 마구 떠들어대다. ***~ off*** 끓여(삶아) 제거하다. ***~ over*** 끓어 넘치다 ; 노여움을 터트리다 ; (다툼 따위가) 확대하다: (사태가) 폭발하여 …에 이르다《*in, into*》. ***~ up*** 끓다 ; 끓여서 소독하다; (분쟁 등이) 일어나다〈일어나려하고 있다〉. ***keep the pot ~ing*** (이럭저럭) 생계를 꾸려 나가다 ; (일을) 기세좋게(할)(차게) 계속해 나가다.
— *n.* (a ~) 끓임, 삶음 ; (the ~) 끓는 점. ***be on* 〈*at*〉 *the ~*** 끓고 있다. ***bring* 〈*come*〉 *to the ~*** 끓게 하다, 끓기 시작하다 ;《比》위기의 사태로 몰다〈이르다〉. ***give a ~*** 끓이다, 삶다. ***go off the ~*** 끓지 않게 되다; 흥분이〈열기가〉 가시다.
boil[2] *n.* ⓒ **[醫]** 종기, 부스럼, 절양(癤瘍).
boil·a·ble [bɔ́iləbəl] *a.* (물건이) 끓여도 소재에 악영향을 주지 않는.
boiled [bɔild] *a.* 〔限定的〕 삶은, 끓인, 데친.
bóiled shírt《美俗》 딱딱한 사람〈태도〉, 젠체하는 (점잔빼는) 바보, (앞가슴이 빳빳한) 예장용 와이셔츠.
***boil·er** [bɔ́ilər] *n.* ⓒ 기관, 보일러 ; 끓이는 그릇《주전자·냄비·솥 따위》.
boil·er·mak·er [-mèikər] *n.* ⓤ《美》 맥주를 chaser로 마시는 위스키, 맥주를 탄 위스키
bóiler ròom 보일러실.
bóiler sùit《英》 (위아래가 붙은) 작업복(overall, coverall).
***boil·ing** [bɔ́iliŋ] *a.* (1)(바다가 뒤끓듯이) 거칠고 사나운. (2) 끓어 오르는, 비등하는 ; 뒤끓는 듯한. (3) 찌는 듯이 더운. (4) (정열 따위가) 격렬한. — *ad.* 찌듯이, 맹렬히, 지독하게. — *n.* 끓음 ; 비등.
bóiling pòint (1) (the ~) 격노(하는 때) ; 흥분의 극 : (2) **[物]** 끓는점《100℃; 212°F; 略: b. p.》.
***bois·ter·ous** [bɔ́istərəs] *a.* (1) 시끄러운, 명랑한, 떠들썩한, 활기찬 : The children were having a ~ game in the playground. 아이들은 운동장에서 떠들썩한 놀이를 하고 있었다. (2) (비·바람·물결 따위가) 몹시 사나운, 거친. (3) (사람·행위 따위가) 거친, 난폭한.
bo·la(s) [bóulə(s)] (*pl.* **-las(•es)**) *n.* ⓒ《Sp.》 쇠뭉치〈돌멩이〉가 달린 올가미《짐승의 발에 던져 휘감기게 해서 잡음》.
:bold [bould] (**ˊ~•er; ˊ~•est**) *a.* (1) 불손(不遜)한, (2) 대담한(daring), 담찬, 용감한. (3) 용기가 필요한, 과감한. (4) (상상력·묘사 따위가) 힘찬, 분방한. (5) (윤곽이) 뚜렷한, 두드러진(striking) ; (선·글씨가) 굵은. (6) (벼랑 따위가) 깎아지른, 가파른(steep). (7) **[印]** =BOLD-FACED. ***as ~ as brass*** 아주 뻔뻔스러운. ***be* 〈*make*〉 (*so*) *~* (*as*) *to*** do 실

례지만 …하다, 감히 …하다 : ***in ~ relief*** 뚜렷이 부상(浮上)하여. ***make ~ (free) with*** (남의 물건을) 멋대로 마구 쓰다 ; (남에게) 무례한 태도를 취하다. ***put a ~ face on*** …에 대하여 태연한 얼굴을 하다〈체하다〉.

bold·face [´-fèis] *n.* ⓤ *a.* 【印】【컴】 획이 굵은 활자〈글씨〉 (의).

bold·faced [´-fèist] *a.* (1) 【印】 획이 굵은 활자의. 【opp.】 *light-faced.* (2) 철면피한, 뻔뻔스러운.

***bold·ly** [bóuldli] *ad.* (1) 뚜렷하게 ; 굵게. (2) 대담하게 ; 뻔뻔스럽게.

***bold·ness** [bóuldnis] *n.* ⓤ 배짱, 뱃심, 대담, 무모 ; 철면피 ; 호방함 ; 분방 자재(奔放自在), 두드러짐

bole [boul] *n.* ⓒ 나무줄기(trunk).

bo·le·ro [bəléərou] (*pl.* **~s**) *n.* ⓒ (1)(여성용) 짧은 웃옷의 일종. (2)볼레로《스페인 무용의 일종》 그 곡:

***Bo·liv·ia** [bəlíviə] *n.* 볼리비아.

boll [boul] *n.* ⓒ (아마·목화 등의) 둥근 꼬투리.

bol·lard [bálərd/ bɔ́l-] *n.* 《英》 도로 중앙에 있는 안전 지대의 보호주(柱) ; (선창에 있는) 배매는 기둥, 계선주(繫船柱), 볼라드

bol·lix, bol·lox [báliks/ bɔ́l-], [-ləks] *vt.* 《口》 …을 잡치다, 엉망으로 하다 ; 실수하다 ; 혼란시키다, 못쓰게 만들다《*up*》. — *n.* ⓒ 실수, 혼란. — *int* (곤혹·불신을 나타내어) 젠장, 흥.

bóll wéevil 《美俗》 비조합원, 비협조자 ; 【蟲】 목화다래바구미 ;《美政俗》 보수적인 민주당원. 《美》에서는 큰 해를 끼치는 사람을 비유함.

Bo·lo·gna [bəlóunjə] *n.* (1) ⓤ (b-) 《美》 볼로냐 소시지(=**~ sáusage**)《대형 훈제 소시지》 : (2) 이탈리아 북부의 도시.

bólo (bóla) tie 《美》 끈 넥타이, 볼로 타이.

***Bol·she·vik** [bálʃəvìk, bóul-, bɔ́(:)l-] (*pl.* **~s, -viki** [-vìki:] *n.* 옛 소련 공산당원 ; 볼셰비키 ; (때로 b-) 《蔑》 극단적인 과격주의자. 【cf.】 Menshevik. — (2) (때로 b-) 과격파 의.

Bol·she·vism [bálʃəvìzəm, bɔ́(:)l-] *n.* ⓤ 옛 소련의 공산주의 ; 볼셰비키의 정책〈사상〉 ; (때로 b-) 과격주의.

Bol·she·vist [báʃəvist, bɔ́(:)l-] *n.* ⓒ, *a.* (때로 b-) 과격론〈사상〉(의); 볼셰비키의 일원(의).

Bol·shie, -shy [bóulʃi:, bál-, bɔ̀(:)l-] *a.* (1) =Bolshevik. (2) 《英俗》과격파의, 체제에 반항하는. — *n.* ⓒ 과격(급진) 주의자 : 《蔑》 옛 소련인.

bol·ster [bóulstər] *n.* ⓒ 덧대는 것, 채우는 것 ; (베개 밑에 까는 기다란) 덧베개 ; 떠받침 ; 【機】 받침대, (차량의) 가료대, 장어.

— *vt.* …에 덧베개를 받치다《*up*》 ; (사람)을 기운나게 하다, …의 기운을 북돋우다 ; (약한 것)을 받치다, (약한 조직·주의 등)을 지지〈후원〉하다 ; 튼튼하게 하다, 보강〈강화〉하다《*up*》 :

:bolt[1] [boult] *n.* ⓒ (1) 볼트, 나사〈죔〉못. 【cf. 】 nut. (2) 빗장, 자물쇠청, 걸쇠 ; (총의) 놀이쇠. (3)(쇠뇌의) 굵은 화살. (제재 전의) 원목, 짧은 통나무. (4) 전광, 번개 ; (물 따위의) 분출 ; 도주, 뺑소니 ; 결석, (회합에서) 빠져나오기. (5)(도배지 따위의) 한 필〈묶음, 통〉. (6) 《美》 탈퇴, 탈당 ; 《美》 자기당의 정책〈공천 후보〉 거부 ; 예상하지 못한 뜻밖의 일, 해프닝. ***make a ~ for*** …를 향해 돌진하다 ***do a ~***= ***make a ~ for it*** 《口》 도망치다. (***like***) ***a ~ from***〈***out of***〉 ***the blue*** 〈***sky***〉 청천 벽력(과 같이) : ***shoot*** one***'s*** (***last***) **~** (최후의) 큰 화살을 쏘다 ; 최선을 다하다, 마지막 시도를 하다 : — *vi.* (1) 《~/+副/+前+名》 내닫다, 뛰다 ; 달아나다, 도망하다 : (2) 《美》 탈당〈탈퇴, 탈회〉하다 ; 자당에의 지지를 거부하다. (3) (음식을) 급히 먹다. (씹지도 않고) 삼키다. (4) (문이) 걸쇠로 잠기다 ; 볼트로 죄어지다 : (5) (식물이) 너무 자라다.

— *vt.* (1) (문)을 빗장을 걸어 잠그다《*up*》 ; 볼트로 죄다《*on*》. (2) (토끼·여우 따위)를 굴에서 쫓아 내다《*out*》 ; 가두다《*in*》. (3) …을 불쑥 〈무심코〉 말하다《*out*》. (4) 《美》 (정당)을 탈퇴하다 ; (자당에의 지지·참가를) 거부하다. (5) (음식물을) 급하게 먹다, (잘 씹지도 않고) 마구 삼키다《*down*》. ~ a person ***in***〈***out***〉 아무를 가두다〈내쫓다〉.

— *ad.* 똑바로, 직립하여. ***~ upright*** 똑바로, 곧추 서서.

bolt[2] *vt.* …을 세밀히 조사하다, 음미하다(=**boult**) ; 체질하여 가르다.

bolt·er[1] [bóultər] *n.* ⓒ 탈주자 ; 내닫는 사람 ; 《美》 탈당〈탈회〉자, 당론(黨論) 위반자.

bolt·er[2] *n.* ⓒ 체질하는 사람〈기구〉, 체(sieve).

bólt hòle 도피소, 피난 장소.

bo·lus [bóuləs] *n.* ⓒ 둥근 덩어리 ; 큰 알약《동물용》 ;《俗》 싫은 것《고언(苦言) 따위》

:bomb [bɑm/ bɔm] *n.* (1) ⓒ 방사성 물질을 나르는 납 용기. (2) ⓒ 폭탄 ; 수류탄 ; (the ~) (최 고 병기로서의) 원자〈수소〉 폭탄, 핵무기. (3) ⓒ (살충제·페인트 따위의) 분무식 용기, 스프레이, 봄베. (4) ⓒ 폭탄적인 것 ; 돌발 사건 ;《美俗》 (연극·공연 등의) 대실패. (5) (a ~) 《英口》 한 재산〈밑천〉 큰 돈 : make a ~ 한 밑천 잡다. ***cost a ~*** 큰 돈이 들다. ***drop a ~ on*** …에 폭탄을 던지다 ; 충격을 주다, 크게 동요시키다. ***go down a ~*** 《口》 대성공하다, 큰 인기를 얻다. ***go like a ~*** 《口》 1) 대 성공하다, 크게 히트치다 ; (일이) 잘 진행되다: 2) (자동차가) 잘 달리다, 초스피드를 내다. ***put a ~ under*** a person 《口》 아무에게 빨리 하도록 재촉하다. ***spend a ~*** 《英口》 큰 돈을 쓰다. — *vt.* …에 폭탄을 투하하다, …을 폭격〈폭파〉하다 ; 【競技】 (아무)를 완패시키다.

— *vi.* (1) 폭탄을 투하하다. (2) 《俗》 큰 실패를 하다, 큰 실책을 범하다. (3)(쇼 등에서) 전연 인기가 없다《*out*》 : 《俗》 질주하다 ***bom·bard** [bɑmbá:rd/ bɔm-] *vt.* (1) 《比》 …을 공격하다, 몰아세우다, (질문·탄원 등)을 퍼붓다《*with*》. (2) …을 포격〈폭격〉하다 : (3) 【物】 …에 (입자 따위로) 충격을 주다.

bom·bar·dier [bɑ̀mbərdíər/ bɔ̀m-] *n.* ⓒ 《英》포병 하사관, (폭격기의) 폭격수.

***bom·bard·ment** [bɑmbá:rdmənt/bɔm-] *n* ⓒⓤ 폭격, 포격 ; 【物】 충격.

bom·bast [bámæst/ bɔ́m-] *n.* ⓤ 호언 장담, 과장된 말.

bom·bas·tic [bɑmbǽstik/ bɔm-] *a.* 과장된, 과대한, 한. **-ti·cal·ly** [tikəli] *ad.*

bómb dispósal 불발탄 기폭(起) ; 불발 폭탄 처리〈제거〉 : a ~ squad 불발탄 처리반.

bombed [bɑmd/ bɔmd] *a.* 《俗》(마약·술에)취한.

bombed-out [´-àut] *a.* 큰 타격을 받은 ; 공습으로 타버린 : a ~ economy 큰 타격을 받은 경제.

bomb·er [bámər/ bɔ́m-] *n.* ⓒ 폭파범 ; 폭격기〈수〉

bomb·ing [bámiŋ/ bɔ́m-] *n.* ⓤⓒ 《比》 (상대방을) 무찌르기; 폭격.

bomb·let [bámlit/ bɔ́m-] *n.* 소형 폭탄.

bomb·proof [bámprù:f/ bɔ́m-] *n.* ⓒ (지하 따위의) 방탄 구축(물)

bómb scàre (전화에 의한) 폭파예고〈협박〉.
bomb·shell [´ʃèl] *n.* ⓒ (1) (a ~) (사람을) 놀라게 하는 일〈사람〉, 폭발적 인기(의 사람), 돌발사건 ; 매우 매력적인 미인 ;《美俗》염문으로 유명한 유명한 여자〈쇼걸〉 (2) 폭탄, 포탄.
bómb shèlter 방공호.
bomb·sight [´sàit] *n.* ⓒ 폭격 조준기.
bomb·site [´sàit] *n.* ⓒ 공습 피해지역, 피폭(被爆) 구역
bómb thròwer 폭탄 투하〈발사〉 장치; 폭격수.
bo·na fide[bóunə-fáidi, -fàid] 《L.》 성의 있는, 진실한;진실을〈성의를〉 가지고, 선의로〈의〉(in good faith);a ~ offer (허위 표시가 아닌)진정한 제의.
bo·na fi·des [búnə-fáidi:z] 《L. 》 성의, 진실, 선의.
bon ami [bɔ́nɑmí:] 《F. 》좋은 벗(good friend); 애인《남성》.
be·nan·za [bounǽnzə] *n.* ⓒ 노다지 ; (금 · 은의) 부광대(富鑛帶) ; 대성공, 뜻밖의 행운 ; (농장의) 대풍년, 보고(寶庫). ***in ~*** 행운으로, 대성공을 거두어. ***strike a ~*** 대성공을 거두다.
bon·bon [bánban/ bɔ́nbɔn] *n.* ⓒ 봉봉《과자》.
:bond [band/ bɔnd] *n.* (1) ⓒ 유대, 맺음, 인연 ; 결속, 결합력 : (2) ⓒ 묶는〈매는〉 것 ; 끈, 띠, 새끼. (3) (흔히 *pl.*) 속박하는 것, 차꼬; 속박, 의리. (4)ⓒ 계약, 약정, 맹약; 동맹, 연맹. (5) ⓒ (채무) 증서, 계약서 ; 공채 증서, 차용 증서; 채권《보통 장기적인 것》, 사채(社債). (6) ⓒ 증권 용지. (7) ⓤ 보증 ; ⓒ《古》보증인(人). (8) ⓤ 보세 창고 유치(留置) (9) 【保險】 지급 보증계약 ; 【法】 ⓤⓒ 보증금, 보석금 : (10) 【化】 ⓒ 결합. (11) ⓤⓒ 접착〈접합〉제, 본드. (12) ⓒ 【建】 (벽돌 따위의) 맞추어〈포개어〉 쌓기, 조적(組積) 구조〈공법〉 ; 부착물, 접착물. ***be under ~*** 담보에 들어 있다 ; 보석중(中)이다. ***enter into a ~ (with)*** (…와) 계약을 맺다. ***give ~ to*** do 《美俗》 …한다는 보증을 주다〈하다〉. ***in ~*** 보세 창고에 유치되어. ***in ~s*** 속박〈감금〉되어.
— *vt.* (1) …을 담보〈저당〉잡히다. (차입금)을 채권으로 대체하다 : be heavily ~*ed* (물건이) 다액의 저당에 들어 있다. (2) (채권을 발행하여 차입금 따위의) 지급을 보증하다. (3) (수입품)을 보세 창고에 맡기다. (4) …을 묶다 ; 접착시키다, 접합하다《*to*》 ; 【建】 잇다, (돌 · 벽돌 따위)를 쌓아 올리다, 조적(組積)하다:
— *vi.* 이어지다, 접착〈부착, 고착〉하다《*together*》 ; (돌 · 벽돌 따위가 …에) 접합〈접착〉하다《*to*》. .
***bond·age** [bándidʒ/ bɔ́nd-] *n.* ⓤ 천역(賤役), 농노〈노예〉의 신분 ; (정욕 따위의) 노예가 되어 있음 ; 속박 ; 감금, 굴종 :
bond·ed[1] [bándid/ bɔ́nd-] *a.* (1) 보세 창고에 유치된, 보세품의. (2) 공채〈채권〉로 보증된; 담보가 붙은
bond·ed[2] *a.* 특수 접착제로 붙인《섬유 따위》.
bónded góods 보세 화물.
bónded wárehouse (stóre) 보세 창고.
bóned whískey 《美》 병에 넣은 보세 위스키《최저 4년간 정부 관리하에 놓아 두었다가 병에 넣은 알코올 함량 50%의 생(生)위스키》. .
bond·er[bándər/ bɔ́ndər] *n.* ⓒ보세화물의 소유주.
bond·hold·er [bándhòuldər/bɔ́nd-] *n.* ⓒ 공채 증서 (회사채)소유자.
bond·ing [bándiŋ/ bɔ́nd-] *n.* 【電】 결합, 접속 ; 【建 · 石工】 조적(組積)식 쌓기; 접합, 본드 접착; 【人類】(공동 생활로 인한) 긴밀한 유대
bond·man [´mən] (*pl.* ***-men*** [-mən]) *n.* ⓒ 농노 ; 남자 노예.
bónd sèrvant 종, 노예, 노복.
bonds·man [bándzmən/ bɔ́ndz-] (*pl.* ***-men*** [-mən]) *n.* ⓒ 농노, 노예
bond·wom·an [bándwùmən/ bɔ́nd-] (*pl.* ***-wom•en*** [-wìmin]) *n.* ⓒ 여자 노예.
:bone [boun] *n.* ⓒ (1)(*pl.*) 해골, 시체, 유골; 골격 ; 신체 : (2)뼈 ; 뼈 모양의 것《상아 · 고래의 수염 따위》 :(3) ⓤ 골질 ; 살이 붙은 뼈. (4) (흔히 *pl.*)(이야기 따위의) 골자, (문학 작품의) 뼈대 ; 본질, 핵심 ; (기본적인) 틀 ; (마음의) 깊은 속, 바탕 : the main ~ 골자, (5) 골〈상아〉 제품 : (6) (*pl.*) 《口》 주사위 ; (*pl.*) 【樂】 캐스터네츠 ; (*pl.*) 코르셋 따위의 뼈대, 우산 살 ;《美俗》1 달러, (*pl.*) 돈. (7) 《美俗》 공부만 하는 학생 ; (*pl.*) 《美俗》 말라깽이, 《英口》 (외과)의사. ***a ~ of contention*** 불화의 원인. ***(as) dry as a ~*** 바싹 마른(bone-dry). ***bred in the ~*** 타고난 《성질 따위》 ; 뿌리 깊은. ***cast (in) a ~ between*** …의 사이에 불화를 일으키다. ***close to the ~*** = ***near the ~*** 매우 인색한; 곤궁한, 빈곤하여; (이야기 따위가) 외설스러운, 아슬아슬한. ***cut to the ~*** (비용 따위를) 최소한도로 줄이다. ***feel in*** one***'s ~s*** 확신하다 ; 직감하다 ; …라는 예감이 들다.
— *vt.* (1) …의 뼈를 발라내다. (2) (우산 · 코르셋 따위)에 고래 수염으로〈뼈로〉 살을 넣다. (3)《俗》 …을 훔치다. — *vi.* 《美口》 공부만 들이파다, 벼락 공부하다 《*up*》. .
— *ad.* 《口》 철저하게, 몹시 : I am ~ tired 〈hungry〉 몹시 피곤하다〈배가 고프다〉.
bone·black [´blæ̀k] *n.* ⓤ 안료 · 골탄(骨炭)《표백제》.
bone-chil·ling [´tʃìliŋ] *a.* 살을 에는 듯한.
bóne chína 골회 자기(骨灰磁器).
boned [bound] *a.* (1) 뼈가 …한 ; (2) 뼈를 제거한. (3) 고래수염을 넣은《코르셋 따위》.
bone-dry [´drái] *a.* (1) 《美口》 절대 금주의 ; (파티 등이) 술이 없는. (2) (목이) 바싹 마른 ; (샘이) 물이 마른
bóne dùst 골분(bone meal)《비료 · 사료용》.
bone·head [´hèd] *n.* ⓒ 《口》 얼간이, 바보.
bone·i·dle, bone·la·zy [´áidl], [´léizi] *a.* 매우 게으른.
bone·less [bóunlis] *a.* 무기력한, 뼈 없는, 알맹이 빠진, 엉성한, 힘〈박력〉 없는《문장 따위》. .
bóne màrrow 골수
bóne mèal (사료 · 비료용의) 골분.
bon·er [bóunər] *n.* ⓒ 《俗》 (1) (옷에) 고래뼈를 넣는 공인(工人), (2) 대실책, 얼빠진 실책.
bone·set·ter[´sètər] *n.* ⓒ (무면허의)접골의사.
bone·set·ting [´sètiŋ] *n.* ⓤ 접골술.
bone·shak·er [´ʃèikər] *n.* ⓒ 《口 · 戱》 구식 털터리 자전거.
bon·fire** [bánfàiər/ bɔ́n-] *n.* ⓒ (한데에서의) 모닥불 ; (축하 · 신호의)큰 화톳불. ***make a ~ of …을 태워버리다 ; …을 제거하다.
bon·go [báŋgou/ bɔ́ŋ-] (*pl.* **~(*e*)*s***) *n.* 봉고《쿠바 음악의 작은북》 ((= **bongo drum**).
bon·ho(m)·mie [bànəmí:, ´-´/ bɔ́nəmì:] *n.* 《F.》 ⓤ 쾌활, 온후
bon·ism [bánizəm/ bɔ́n-] *n.* ⓤ (현세를 최선은 아니나 선(善)으로 보는) 낙관설.
bo·ni·to [bəní:tou] (*pl.* **~(*e*)*s***) *n.* ⓒ 【魚】 가다랭이 ; 줄삼치 : a dried ~ 가다랭이포.

bon·jour [bɔ̃:ʒúːr] *int.* 《F.》 안녕하십니까.
bonk [baŋk/ -ɔ-] *vt., vi.* 통통하고 치다 〈두드리다, 때리다, 소리 내다〉.
— *n.* 그런 소리, 일격 ; 《俗》 성행위.
bon·kers [báŋkərz/ bɔ́ŋ-] *a.* 〔敍述的〕 《俗》 정신이 돈(mad), 머리가 이상한 ; 미친, 빠진, 열중하여.
bon mot [bánmóu/ bɔ́n-] (*pl.* ***bons mots***)《F.》명언, 가구(佳句), 명문구
***Bonn** [ban/ bɔn] n. 본.
bonne amie [bɔ́namíː] 《F.》 좋은 여자 친구.
:bon·net [bánit/bɔ́n-] *n.* ⓒ (1) 스코틀랜드 모자 《남자용의 챙 없는》. (2) 보닛《턱 밑에서 끈을 매는 여자·어린이용의 챙 없는 모자》. (3) (아메리카 인디언의) 깃털 머리 장식. (4) 보닛 모양의 덮개《굴뚝의 갓, 기계의 커버 따위》
bon·ny, bon·nie[báni/ bɔ́ni] (***-ni•er ; ni•est***) *a.* 《Sc.》 (1) 〔限定的〕 교묘한, 멋진, 훌륭한. (2)젊은 처녀 등이) 예쁘장한, 사랑스러운, 귀여운, 고운 ; 건강해 보이는.
***bo·nus** [bóunəs] *n.* ⓒ (1) 《英》 특별〈이익〉 배당금, 할증금. (2) 상여금, 보너스 ; 특별 수당 ; 장려금; 보상물자. (3) 리베이트(rebate); 예기치 않았던것, (물건 살 때의) 덤, 경품
bónus sỳstem (**plàn**) (초과 노동에 대한) 보상금 제도.
bony**[bóuni] (bon•i•er ; -i•est***) *a.* 뼈뿐인, 뼈의, 골질(骨質)의, 뼈와 같은, (생선이) 뼈가 많은 ; 뼈만 앙상한 ; 여윈.
boo [buː] (*pl.* ***~s***) *n.* ⓒ, *int.* 우왁 !《남을 놀라게 〈위협〉할 때의 소리》. 피이 !《비난·경멸 할 때의》. ***can 〈will〉 not say ~ to a goose*** 《口》 몹시 겁이 많아 할 말도 못하다. —*vi., vt.* 피이하다 ; 야유하다, 놀라게 하다 ; 피이〈우우〉하여 퇴장시키다《*off*》.
boob [buːb] *n.* ⓒ 《俗》 얼뜨기, 얼간이, 호인 ; 《美俗》 촌뜨기 ; 《口》 실수, 실패 ; (*pl.*) 《俗》 젖통(breast).
— *vi.* 《口》 (큰) 실수를 저지르다
boo-boo [búːbùː] *n.* (*pl.* ***~s***) 《美俗》 실책, 실수 ; 《兒》 타박상, 가벼운 찰과상. ***pull a*** ~ 실수를 하다. ***What's the ~?*** 어디가 잘못됐단 말인가.
bóob tùbe (1) ⓒ 텔레비전 수상기. (2) (the ~) 텔레비전.
boo·by [búːbi] *n.* ⓒ 얼간이, 멍청이 ; (경기의) 꼴찌 ; **[鳥]** 가마우지의 일종.
bóoby hàtch 《美俗》 (1) 교도소 ; 《英俗》 =WORKHOUSE. (2) 정신 병원.
boo·by·ish [búːbiiʃ] *a.* 바보의, 어리석은.
bóoby prìze 최하위상, 꼴찌상.
bóoby tràp (1) 반쯤 열린 문 위에 물건을 얹었다가 문을 열고 들어오는 사람 머리 위에 떨어지게 하는 장난
boo·by-trap [búːbitræ̀p] (***-pp-***) *vt.* …에 부비트랩(은폐된 폭팔물)을 장치하다.
boo·dle [búːdl] 《俗》 *n.* (1) ⓤ 뇌물, 매수금. (2) (the ~) 《蔑》 패거리, 동아리, 무리. (3)대금(大金). (4) 훔친 물건, 노획품. ***the whole kit and ~*** 어중이떠중이 할 것 없이 모두.
파) **~r** [-ər] n. 수회자(收賄者).
boog·ie *vi.* 《美俗》 (디스코 음악에 맞추어) 몸을 흔들다 ; 급히 가다.
boog·ie-woog·ie [bú(ː)giwú(ː)gi] *n.* **[樂]**. 부기우기《템포가 빠른 재즈 피아노곡 ; 그 춤》.
boo·hoo [bùːhúː] (*pl.* ***~s***) *vi.* 울고불고하다, 엉엉 울다. — *n.* ⓒ 엉엉 욺〈우는 소리〉.
:book [buk] *n.* ⓒ (1) (the B-) 성서(the Bible) ; (2) 책, 책자, 서적 ; 저술, 저작 ; (3) (서적의)권, 편(篇). (4) (연극의) 대본 ; (오페라의) 가사(libretto). **【cf. 】** score. (5) 치부책, 장부 ; (전화번호 따위의) 기입장 ; (수표·차표·성냥 따위의 떼어 쓰는) 묶음철(綴) ; (6) (경마 따위의)건 돈을 기입하는 대장, 도박 대장. (7) **[카드놀이]** 6장 갖추기. (8)(담뱃잎 따위의) 한 묶음. (9) 기준, 규칙 ; 《比》지식〈규범〉의 원천 ; (*pl.*) 학과, 과목. (10) 전화 번호부 : ***according to the ~***=by the ~. ***at*** one***'s ~s*** 공부하고 있는 중. ***by the ~*** 전거에 의하여, 정확하게, 규칙대로, 정식으로. ***close the ~s*** 1) 회계 장부를 마감하다, 결산하다. 2) (모집을) 마감하다《*on*》. ***come to ~*** 죄〈과실〉에 대한 보상을 하게 되다. ***cook the ~s*** 《口》 장부를 고치다〈속이다〉. ***hit the*** 〈one***'s***〉 ***~s*** ⇨ HIT. ***in my ~*** 나의 의견〈판단〉으로는. ***in*** a person***'s good*** 〈***bad, black***〉 ***~s*** 아무의 마음에 들어〈들지 않아, 미움을 받아〉 ; ***in the ~***(***s***) 명부에 올라 ; 《口》 기록되어, 존재하여. ***keep ~s*** 치부하다, 기장하다. ***like a ~*** 충분히, 모두, 정확하게; 주의 깊게 : ***make ~*** (노름판에서) 물주가 되다 ; 돈을 걸다《*on*》 ; …을 보증하다. ***off the ~s***(회원 명부에서) 제명되어 : ***one for the ~*** 특기할 만한 사건〈물건〉. ***on the ~s*** 명부에 올라, 등록되어, 기록되어. ***suit*** a person***'s ~*** 아무의 목적에 적합하다. ***swear on the Book*** 성서를 두고 맹세하다. ***take a leaf out of*** a person***'s ~*** 아무의 행동을 본뜨다. ***the Book of the Dead*** 사자(死者)의 서(書)《고대 이집트인 이 사자의 내세의 명복을 빌어 부장(副葬)한 기도문·주문서(呪文書) 등》 ***the ~ of fate*** '운명의 서(書)'《사람의 미래가 기록되어 있다고 함》. ***the ~ of hours*** 기도서. ***the ~ of life*** **[聖]** '생명의 책'. ***throw the ~*** (***of rules***) ***at*** …을 종신형에 처하다 ; 엄벌에 처하다. ***without ~*** 전거(典據)없이 ; 암기하여.
— *vt.* (1) (문서·명부에 이름 따위)를 기입〈기장〉하다. (2) (예약자)의 이름을 기입하다. (3) (신청자)에게 표를 〈예매권을〉 발행하다. (4) 《~+目/+ 目+前+名》 a〕 (방·좌석 따위)를 예약하다《to ; for》 ~ a room *for* a person at a hotel 아무를 위해 호텔에 방을 하나 예약해 두다. b〕 (…행 차표)를사다 《*for*》 ; (화물)을 탁송하다 : (5) (아무)에게 약속시키다. (6) 《+目+前+名》《美》 (사람·회사)를 계약에 의해 고용하다, …와 출연계약을 하다《*for*》. (7) (…을 위해) 시간을 비워두다, 출연 계약을 하다《*for*》. (8) (…의 혐의로) 경찰 기록에 올리다, 입건하다《*for*》. (9)(노름에서) …의 물주가 되다
— *vi* (1) 이름을 등록하다. (2) 좌석 등을 예약하다. (3) 표를 사다; 신청 하다, 예약하다. ***be ~ed to*** do …하게 되어 있다. ***be ~ed up*** 예매가 매진되다 ; 선약이 있다《*for*》 ; 《선약 때문에》 바쁘다 : ***~ orders*** 주문을 받다. ***~ out*** 호텔을 나오다. (아무가) 호텔을 나오는 일자를 빌다; (책 따위를) 서명(署名)하고 차용하다. ***~ up*** (열차·비행기의 좌석이나 호텔 방을) 예약하다.
— *a.* (1) 책의〈에 관한〉. (2) 책에서 얻은, 탁상의. (3) 장부상의.
book·a·ble [búkəbəl] *a.* 《주로 英》 (좌석 따위가) 예약할 수 있는:
book·a·hol·ic [bùkəhɔ́ːlik, -hál-] *n.* (1) 장서광(藏書狂), (2) 독서광.
book·bind·er [´-bàindər] *n.* ⓒ (1) (서류의) 바인더. (2) 제본업자〈직공〉, 제본소.

book·bind·ery [⌐bàindəri] *n.* (1) ⓒ 제본소. (2) ⓤ 제본(술).
book·bind·ing [⌐bàindiŋ] *n.* ⓤ 제본술〈업〉.
bóok bùrning 금서, 분서; 사상 탄압.
:book·case [⌐kèis] *n.* ⓒ 책꽂이, 책장.
bóok clùb (1) 독서회. (2) 독서 클럽 ; 서적 반포회.
book·end [⌐ènd] *n.* ⓒ (흔히 *pl.*) 북엔드《여러 책들을 세워 꽂아두는 데. 》
***book·ing** [búkiŋ] *n.* ⓤⓒ (1) 예약 등의 기입 ; 《口》 경찰의 조서 기입. (2)(좌석 따위의) 예약 ; 출연〈강연〉의 계약.
bóoking clèrk 예약계; 출찰계.
bóoking òffice 《英》 (역의) 매표소, 출찰소.
book·ish [búkiʃ] *a.* (1) 학구적인 ; 딱딱한 ; 학자연하는. (2) 서적상(上)의 ; 독서의, 문학적인.
***book·keep·er** [⌐kìːpər] *n.* ⓒ 부기〈장부〉계.
book·keep·ing** [⌐kìːpiŋ] *n.* ⓤ 부기. ***~ by single 〈double〉 entry 단식〈복식〉부기.
book-learned *a.* (1) [⌐lə̀ːrnid] 학문에 정통한, (문학 등에) 조예가 깊은. (2) [⌐lə̀ːrnd] 책으로만 배운, 탁상(卓上) 학문의, 실정에 어두운.
bóok lèarning (1) 학교 교육. (2) 책상물림의〈책으로만 배운〉 학문.
***book·let**[⌐lit] *n.* ⓒ 팸플릿, 소책자
book·mak·er [⌐mèikər] *n.* ⓒ (1) 마권(馬券) 영업자. (2) (이익 본위의) 저작자, 서적 제조업자.
book·mak·ing [⌐mèikiŋ] *n.* ⓤ (1) 마권 영업. (2) 서적 제조.
book·man [⌐mən] (*pl.* ***-men*** [⌐mən]) *n.* ⓒ (1) 서적상인, 출판업자 ; 제본소 ; 편집자. (2) 문인, 학자 ; 독서인.
bóok màtches 종이 성냥.
book·mo·bile [⌐moubìːl] *n.* ⓒ 이동 도서관.
book·plate [⌐plèit] *n.* ⓒ 장서표(ex libris)
book·rest [⌐rèst] *n.* ⓒ 독서대(臺)
bóok rèview (신간) 서평(書評).
bóok revìewer (신간 서적의) 서평가.
***book·sel·ler** [⌐sèlər] *n.* ⓒ 서점, 서적상.
book·shelf** [⌐ʃèlf] (*pl.* ***-shelves [⌐ʃèlvz]) *n.* ⓒ 서가.
:book·shop [⌐ʃɑ̀p/ ⌐ʃɔ̀p] *n.* ⓒ《 英》서점, 책방.
***book·stall** [⌐stɔ̀ːl] *n.* ⓒ (1) (역 등의) 신문·잡지 매점. (2) 보통 노점의) 헌책방.
book·stand [⌐stæ̀nd] *n.* ⓒ (1) 독서대(臺). (2) 책장. (3) 서점.
:book·store [⌐stɔ̀ːr] *n.* ⓒ《美》=BOOKSHOP
book·work [⌐wə̀ːrk] *n.* ⓤ 서적〈교과서〉에 의한 연구《실습·실험에 대해》
***book·worm** [⌐wə̀ːrm] *n.* ⓒ 반대좀《책에 붙는벌레》《종종 蔑》독서광, '책벌레'.
:boom[1] [buːm] *n.* ⓒ (1) (벌 따위의) 윙윙거리는 소리. (2) (대포·북·천둥 종 따위의) 울리는 소리, 우루루〈꽝, 쿵〉 하는 소리 : (3) 벼락 경기, 붐 ; (도시 따위의) 급속한 발전; (가격의) 폭등. — *a.* 〔限定的〕 붐에 의한 ; 붐을 탄 ; 급등한.
— *vt.* (1) (대포 천둥 따위가) 울리다, 우루루〈꽝, 쿵〉 하다 ; 소리 높이〈울리는 것처럼〉 말하다 〈소리 지르다〉 《*out*》. (2) (벌 따위가) 윙윙거리다. (3) 갑자기 경기가 좋아지다〈발전하다〉 ; 폭등하다 : — *vt.* (1) 《~+目/+目+副》 울리는〈우렁찬〉 소리로 알리다《*out*》 : (2) …을 낭랑하게 외다《*out*》 : (3) 《~+目/+目+前+名》 …의 붐을 일으키다, 활기를 띠우다 ; 인기를 올리다, …을 맹렬히 선전하다 : (4) (사람을 …로 추대하려고) 활발히 선전〈운동〉하다.
boom[2] *n.* ⓒ (1) 【林業】 흘러내리는 재목을 유도하기 위해 강에 쳐놓은 밧줄 ; (항구 따위에서 목재의 유실을 방지하는) 방재(防材)(구역). (2) 【海】 돛의 아래 활대. (3) 마이크로폰 〈텔레비전 카메라〉 따위의 조작용 가동암(可動 arm). (4) 【工】 기중기의 암《물건을 수평·수직으로 이동시킴》 : — *vt.* (1) 아래 활대에 (돛)을 달다 : ~ *out* a sail 돛을 달다. (2) …을 기중기로 끌어올리다〈운반하다〉. — *vi.* 전속력으로 항행하다 《*along*》
boom·er [búːmər] *n.* ⓒ《美俗》 신흥지 따위에 하는 사람 ;《美俗》신흥지 따위에 몰려드는 사람
***boom·er·ang** [búːməræ̀ŋ] *n.* ⓒ《比》 자업자득이 되는 것, 긁어 부스럼의 논쟁, 공격(등) ; 부메랑《던진 사람에게 다시 돌아오는 무기로서 오스트레일리아 원주민이 사용했던 것》.
— *vi.* (부메랑처럼)
boom·ing [búːmiŋ] *a.* 〔限定的〕 급등하는, 벼락경기의 ; 대인기의 ; 급증하는.
boom·town [búːmtàun] *n.* ⓒ 신흥 도시.
boomy [búːmi] (***boom•i•er ; -i•est***) *a.* 활황(活況)의 ; 경제적 붐의 ;
boon**[1] [buːn] *n.* ⓒ (흔히 *sing.*) 혜택, 은혜, 이익 : ***ask a ~ of a person …에게 청탁하다. ***be 〈prove〉 a great ~ to...*** …에게 큰 혜택이 되다
boon[2] *a.* 유쾌한, 재미있는, 찬밀한 :
boon·docks [búːndɑ̀ks/ -dɔ̀ks] *n. pl.* (the ~) 《美俗》 산림, 숲, 정글 ; 산간 벽지.
boon·dog·gle [búːndɑ̀gəl/ -dɔ̀gəl] *n.* ⓒ《美口》 (1) 가죽으로 싼 장식 끈《보이스카우트가 목둘레에 걺》. (2) (가죽·나뭇가지 따위로 만드는) 간단한 세공품. (3) (시간과 돈이 드는) 쓸데없는〈무익한〉 일. — *vi.* 쓸데없는 일을 하다.
boor [buər] *n.* ⓒ (1) 시골뜨기, 촌놈. (2) 소작농. (3) 무례한 사람.
boor·ish [búəriʃ] *a.* 야비한, 상스러운, 촌스러운
boost** [buːst] *vt.* (1) …을 격려하다, 밀어주다, 후원하다 ; 후원하여 좋은 일자리에 앉히다《*into*》 ; 경기를 부양시키다 ; 선전하다《*up*》. (2) …을 밀어 올리다. (3) (값·삯)을 끌어올리다 ; (생산량)을 증대〈증가〉시키다 : (4) (사기·기력)을 높이다. (5) (전압)을 올리다. 승압하다. — *n.* ⓒ (1) 밀어올림 ; 로켓 추진. (2) (인기 등을) 밀어줌, 후원, 지지 ; 격려 ; 경기의 부추김, 경기의 활성화. (3) (값·임금의) 인상, 등 귀 ; (생산량의) 증가 : a tax ~ 증세(增稅) /a ~ in salary 승급. ***give a person ***a ~*** 아무를 후원하다.
boost·er [búːstər] *n.* ⓒ (1) 【電】 승압기 ; 【라디오·TV】 증폭기(amplifier). (2) 원조자, 후원자 : 《美口》 열광적 지지자. (3) 부스터《로켓 따위의 보조 추진 장치》
:boot[1] [buːt] *n.* ⓒ (1) 《英》 (마차·자동차의) 짐 넣는 곳, 트렁크(《美》trunk) (2) (*pl.*) 《美》 장화, 부츠, 《英》 목이 긴 구두. 【cf.】 shoe. (3) 《口》흥분, 스릴, 유쾌. (4) 《美口》 (해군·해병대의) 신병. (5) (구둣발로) 차기(kick). (6) (the ~)《俗》해고. (7) 【野】 (내야에서의) 실책, 펌블 ; ***pull on 〈off〉*** one***'s ~s*** 장화를 잡아당기면서 신다〈벗다〉. ***put the ~ in*** 세게 차버리다 ; 단호한 태도를 취하다 ;《俗》 맹렬히 공격하다, 혹독하게 다루다. ***sink into 〈to〉*** one***'s ~*** (마음·기분 따위가) 가라앉다. ***The ~ is on the other 〈wrong〉 leg.*** '번지수가 다르다' ; 책임은 상대방에

게 있다 ; 사태는 역전했다. ***wipe*** one***'s ~s on*** …을 구둣발로 밟아 버리다, …을 모욕하다. ***You can* 〈*may*〉 *bet your ~s,*** 틀림없다, 틀림없이 …이다.
— *vt., vi.* (1) …에게 구두를 신기다 ; 부츠를 신다. (2) 《口》 신발로 차다 ; 차내다《*out* ; *about*》.. (3) 〔흔히 受動으로〕《俗》 내쫓다, 해고하다《*out*》 : He *was ~ed out* of the firm. 그는 회사에서 쫓겨났다. (4) 【野】 (땅볼을) 펌블하다 ; 《俗》 실수로 (기회를) 놓치다. (5) 【컴】 띄우다《(운영 체제를) 컴퓨터에 판독시키다 ; 그 조작으로 가동할 수 있는 상태로 하다》《*up*》 ***~ it*** 건다, 행진하다 ; 실패하다.

boot[2] 《古·詩》 *n.* 이득, 이익 ; 구조 ; 《方》 (교환 하기 위한) 덤. ***to ~*** 게다가, 덤으로 :— *vt., vi.* 〔보통 it를 主語로〕쓸모 있다, 이롭다. ***It ~s*** (me) ***not* 〈*nothing*〉**. (내게는) 아무 쓸모없다. ***What ~s it to*** (cry)!(울어서) 무슨 소용 있나.

boot·black [⊿blæ̀k] *n.* ⓒ 【稀】 구두닦이.

bóot càmp 《口》 (미국 해군·해병대의) 신병 훈련소

boot·ee, -tie [búːtiː, -⊿] *n.* ⓒ (흔히 *pl.*) 털실로 짠 소아용 부츠, 가벼운 여성용의 편상화.

:booth [buːθ] (*pl.* **~s** [buːðz]) *n.* ⓒ (1) 칸 막은 좌석〈방〉 ; (어학 연습실의) 부스 ; 투표 용지 기입소 (polling ~). (2) 노점, 매점. (3) 공중전화 박스 (telephone ~) ; 영사실 ; (레코드의) 시청실. (4) 임시로 지은 오두막 ; 초사(哨舍), 초소 ; 파수막. 전시실.

boot·leg [⊿lèg] (***-gg-***) *vt., vi.* (술 따위를) 밀매〈밀수입, 밀조〉하다 : — *a.* 〔限定的〕 밀매〈밀조, 밀수입〉된 ; 불법의, 금제(禁制)의 : — *n.* ⓤ 밀매〈밀조〉주(酒) ; ⓒ (레코드의) 해적판.

boot·leg·ger [búːtlègər] *n.* ⓒ (특히, 미국의 금주법 시대의) 주류 밀매〈밀수, 밀조〉자 : 파) **-ging** *n.*

boot·less [búːtlis] *a.* 헛된, 무익(無益)한. 〔◀ boot[2]〕 파) **~·ly** *ad.* **~·ness** *n.*

boot·lick [⊿lìk] *vt., vi.* 《口》 (…에) 아첨하다, 알랑거리다. 파) **~·er** *n.* ⓒ, **~·ing** *n.* ⓤ 《美俗》아첨.

boot·strap [búːtstræ̀p] *n.* ⓒ (흔히 *pl.*) (1)《比》 혼자 힘. (2) 편상화의 손잡이 가죽. (3) 【컴】 띄우기 《예비 명령에 의하여 프로그램을 로딩(loading)하는》.
— *a.* 〔限定的〕 자기 스스로 하는 ; 자발〈자급〉의 ; 【컴】 띄우기 식의.

***boo·ty** [búːti] *n.* ⓤ 〔集合的〕 (1) (사업 등의) 이득. (2) a〕 노획물, 전밀〈약탈〉품. b〕 (도둑의) 장물.

booze [buːz] *vi.* 《口》 술을 많이 마시다《*up*》
— *n.* (1) ⓒ 술잔치, 주연(酒宴). (2) ⓤ 술

booz·er [búːzər] *n.* ⓒ 《英口》 술집(pub) ; 《口》술꾼

booze up [búːzʌ̀p] *n.* ⓒ 《英俗》 주연(酒宴).

boozy [búːzi] (***booz·i·er ; -i·est***) *a.* 《口》 술꾼의, 몹시 취한, 술로 지내는 :

bop[2] (***-pp-***) *n.* ⓒ 《俗》 구타. — *vt.* …을 주먹으로 치다〈때리다〉,

bo-peep [boupíːp] *n.* ⓤ 《英》 '깍꾹, 아웅' 놀이 (《美》peekaboo)《숨어 있다가 갑자기 나타나 아이를 놀래주는 장난》. ***play ~*** 아웅〈깍꾹〉놀이를 하다.

bo·rate [bóureit, bɔ́ː-] *n.* ⓤ 【化】 붕산염(鹽).

bo·rax [bóuræks, bɔ́ː-] *n.* ⓤ 【化】 붕사.

bor·del·lo [bɔːrdélou] *n.* ⓒ 《美》매춘굴(brothel).

:bor·der [bɔ́ːrdər] *n.* (1) ⓒ 경계, 접경, 국경(지방) ;《美》 변경, 변두리 : (2)ⓒ 테두리, 가장자리 : (3)(the B-) 잉글랜드와 스코틀랜드의 경계 지방. (the ~) 미국과 캐나다·맥시코와의 국경 (4) ⓒ (종종 *pl.*) 영토, 영역 ; 국경지대 :(5) (여성복·가구·융단 등의) 선 장식 ; (화단의) 테두리. ***on the ~ of...*** …의 가〈경계〉에; 이제 막 …하려고 하여.
— *vi.* (1) 접경하다, 인접하다《*on* ; *upon*》. (2) 거의 …이라고 말할 수 있다. 근사하다《on; upon》 countries *~ing on* the Pacific 태평양 연안 나라들. — *vt.* (1) …에 접경하다, …에 접하다. (2) …에 테를 두르다《*with*》 : ~ a dress *with* lace.

bor·der·er [-rər] *n.* ⓒ 국경〈변경〉의 주민《특히 잉글랜드와 스코틀랜드 접경의》.

bor·der·land [-læ̀nd] *n.* (1) (the ~) 소속이 불확실한 경계점, 어중간한 상태《*between*》 :(2) ⓒ 국경지대 ; 분쟁 지역.

***bor·der·line** [-làin] *a.* (1) (어느편이라고)결정하기 어려운 :(2)〔限定的〕 국경선상의 ; 경계의(3) 아슬아슬한 :

:bore[1] [bɔːr] *vt.* (1) 《~+目/+目+前+名》(구멍·터널)을 뚫다, 도리다: (2) …에 구멍을 뚫다, 도려내다 (3)밀치고 나아가다 — *vi.* (1) 《~/+前+名》 구멍을 뚫다《*into* ; *through*》 ; 시굴〈굴착〉하다《*for*》 : ~ (2) 구멍이 나다 : (3)밀치고 나아가다. (곤란을 헤치고) 나아가다: — *n.* ⓒ (1) (송곳 따위로 뚫은) 구멍, 시굴공. (2) (파이프·튜브 등의) 구멍 ; 총구멍. (3) =BORE. HOLE. (4) 굴착〈천공〉기.

:bore[2] *n.* ⓒ (a ~) 따분한 사람, 싫증나게 하는 사람〈것, 일〉 — *vt.* …을 지루하게〈따분하게〉 하다 《*with*》

bore[3] *n.* ⓒ 해일《강어귀 따위에 밀려 오는》, 고조(高潮).

:bore[4] BEAR[1] 의 과거.

bo·re·al [bɔ́ːriəl] *a.* (1) (흔히 B-) 【生態】 한대(寒帶)의, 《특히》 북방의《동식물》. (2) 북쪽의 ; 북풍의.

bored [bɔːrd] *a.* 싫증나는, 지루한

***bore·dom** [bɔ́ːrdəm] *n.* ⓤ 권태, 지루함 ; 지루한 일.

bore·hole [bɔ́ːrhòul] *n.* ⓒ 【採鑛】(수맥(水脈)·석유 탐사용) 시추공(試錐孔) :

bor·er [bɔ́ːrər] *n.* ⓒ 송곳, 구멍을 뚫는 사람〈기구〉 ; 【蟲】 나무좀 ; 【貝】 좀조개.

bore·some [bɔ́ːrsəm] *a.* 싫증나는, 지루한.

bo·ric [bɔ́ːrik] *a.* 【化】 붕소의

bóric àcid 【化】 붕산.

bo·ride [bɔ́ːraid] *n.* 【化】 붕소화물.

***bor·ing**[1] [bɔ́ːriŋ] *n.* ⓒ 【採鑛】 보링 ; 보링작업 ; ⓤ 구멍을 뚫음 ; (*pl.*) 송곳밥.

bor·ing[2] *a.* 따분한, 지루한

:born [bɔːrn] BEAR[1] '낳다'의 과거분사《by를 수반하지 않는 수동에만 쓰임》. 【cf.】 borne[1]. ***be ~*** 태어나다 : ***be ~ again*** 다시 태어나다, 갱생하다. ***be ~ before*** one***'s time*** 시대에 앞서다 ; 너무 일찍 태어나다. ***be ~ of*** …에게서 태어나다 : …에서 생겨나다. ***be ~ to*** (sorrows) (불우)하게 태어나다. ***be ~ to* 〈*into*〉 *wealth*** 부자로 태어나다. ***be ~ with a silver spoon in*** one***'s mouth*** ⇨ spoon
— *a.* (1) 〔限定的〕 타고난, 선천적인 : a ~ poet 타고난 시인. (2)〔複合語〕 …으로 태어난, …태생의:(3) (… 하도록〈되도록〉) 태어난:

born-a·gain [bɔ́ːrnəgèn] *a.* (1) 건강을 회복한. (2)(종교적 체험에 의해) 거듭난 : a ~ Christian.

:borne [bɔːrn] BEAR[1]의 과거분사《※ '낳다'의 뜻으로는 완료형 및 by를 수반하는 수동일 때만 쓰임》. 【cf.】 born.

-borne *suf.* '…으로 운반되는'의 뜻.

bo·ron [bɔ́ːrɑn/ -rɔn] *n.* ⓤ 【化】 붕소(硼素)《비금속 원소 ; 기호 B ; 번호 5》.

***bor·ough** [bə́:rou/ bʌ́rə] *n.* ⓒ (1) 하원 의원 선거구로서의 도시 : buy 〈own〉 a ~ 선거구를 매수〈소유〉하다. (2) 《美》 자치 읍면《어떤 주에서》 (New York 시의)(다섯) 행정구 ; (Alaska 의) 군《다른 주의 county에 상당》. (3) 《英》 (옛날의) 자치〈특권〉 도시 《Royal Charter (칙허장)에 따라 특권을 가진》. .

:bor·row [bɔ́(:)rou, bár-] *vt.* 《~+目/+目+前+名》 (1) (풍습 · 사상 · 언어 등)을 빌어쓰다, 모방〈차용〉하다 《*from*》 :(2) …을 빌리다, 차용(借用)하다 ; 돈을 꾸다 《*from* ; *of*》. 【cf.】lend, loan, (3) 【婉】 …을 무단 차용하다, 들고 가다 : — *vi.* (…으로부터) 빌리다, 차용하다《*from*》 : He neither lends nor ~*s.* 그는 남에게 빌려주지도 않고 빌리지도 않는다. ***live on ~ed time*** (노인 · 병자 등이) 기적적으로 연명하다.

bor·row·er [bɔ́(:)rouər, bár-] *n.* ⓒ 차용인

bor·row·ing [bɔ́(:)rouiŋ, bár-] *n.* (1) ⓒ 빌린 것 ; 【言】 차용(어). (2) ⓤ 빌림, 차용. .

Bor·stal [bɔ́:rst] *n.* ⓤⓒ (종종 B-) 《英》 감화원, 소년원《detention centre라 함》. .

bosh [baʃ/ bɔʃ] *n.* 《口》 ⓤ 터무니없는 말, 허튼 소리. — *int.* 《口》 허튼 소리 마!

bosky [báski/ bɔ́ski] *a.* 《文語》 나무 그늘이 많은 (shady), 숲의 ; 숲이 우거진.

:bos·om [búzəm, bú:-] *n.* (1) ⓒ(의복의) 흉부, 품 ; 《美》 와이셔츠의 가슴. (2) ⓒ 《文語》 가슴. (3) ⓒ 【婉】 여성의 유방 : (4) ⓤ 가슴속(의 생각), 내심 ; 친애의 정, 애정:(5) ⓤ 속, 내부 ; 깊숙한 곳 ; (바다 · 호수 따위의) 한복판— *a.* 〔限定的〕 친한, 사랑하는 : a ~ friend〈pal〉 마음의 벗, 친구.

bos·omy [búzəmi, bú:z-] *a.* 《口》 (여성이) 가슴이 풍만한.

Bos·po·rus, -pho·rus [báspərəs/ bɔ́s-], [-fərəs] *n.* (the ~) 보스포러스 해협 ; (b-) 해협.

:boss[1] [bɔ(:)s, bas] *n.* ⓒ 《口》 (1)《美 · 蔑》(정당의) 영수. (2) 두목, 보스 ; 사장, 소장, 주임 (등) (3) 왕초; 실력자, 거물.

— *vt.* 《~+目/+目+副》 …의 두목이〈보스가〉 되다; 지배〈감독〉하다; 쥐고 흔들다, 부려먹다《*around* ; *about*》:— *a.* (1) 〔限定的〕두목의, 보스의, 주임의. (2) 주요한, 지배하는. (3) 일류의, 뛰어난 : a ~ car 고급차.

boss[2] *n.* ⓒ (1) 【建】(평평한 표면에 붙인)돋을 새김 (장식), 부조(浮彫). (2) 돌기물, 돌기 ; (방패 한가운데의) 점. — *vt.* …을 부조로 장식하다.

bos·sa no·va [básənóuvə/ bɔ́s-] 《Port.》 보사노바 음악〈춤〉.

boss·dom [bɔ́(:)sdəm, bás-] *n.* ⓤ 정계 보스의 영향 범위 ; 정계의 보스임 ; 보스 정치.

boss-eyed [bɔ́(:)sàid, bás-] *a.* 《英口》 사팔뜨기의 ; 애꾸눈의.

boss·ism [bɔ́(:)sizəm, bás-] *n* ⓤ 《美》 영수의 정당 지배, 보스제도〈정치〉.

boss-shot [´ʃàt/ ´ʃɔ̀t] *n.* ⓒ 서투른 겨냥〈계획〉.

bossy[1] [bɔ́(:)si, bási] *a.* 돌기물이 붙은 ; 부조로 꾸민, 돋을새김(장식)이 붙은.

bossy[2] (***boss•i•er ; -i•est***) *a.* 으스대는, 두목 행세하는.

:Bos·ton [bɔ́(:)stən, bás-] *n.* 보스턴《Massachusetts 주의 주도》, (b-) 보스턴 왈츠《사교춤의 하나》.

bot, bott [bat/ bɔt] *n.* (1) (the ~s) 말 피부병의 일종. (2) ⓒ 말파리의 유충.

***bo·tan·ic, -i·cal** [bətǽnik], [-əl] *a.*〔限定的〕 식물성의 ; 식물(학)의. (2) 식물에서 채취한.

파) **-i•cal•ly** [-ikəli] *ad.*

botanical garden(s) 식물원.

***bot·a·nist** [bátənist/ bɔ́t-] *n.* ⓒ 식물학자.

bot·a·nize [bátənàiz/ bɔ́t-] *vt.* (한 지역의) 식물을 연구하다, 식물학적 목적으로 답사하다.

— *vi.* 식물 채집을〈실지 연구를〉 하다.

:bot·a·ny [bátəni/ bɔ́t-] *n.* (1) ⓤ (한 지방의)식물 (전체) ; 식물 생태: geographical ~ 식물 지리학〈분포학〉. (2) ⓤ 식물학. (3) ⓒ 식물학 서적.

botch [batʃ/ bɔtʃ] *vt.* …을 (실수하여) 망쳐 버리다 《*up*》 ; 어설프게 깁다〈수선하다〉《*up*》. — *n.* ⓒ 보기 흉하게 기운것 ; 서투른 손질; 서투른 일, 실패작. ***make a ~ of*** …을 실수하다, 망쳐 놓다.

botchy [bátʃi/ bɔ́tʃi] (***botch•i•er ; -i•est***) *a.* 실수한, 서투른, 어설픈.

파) **botch•i•ly** *ad.* **bótch•i•ness** *n.*

bot·fly [bátflài/ bɔ́t-] *n.* ⓒ 【蟲】 말파리.

:both [bouθ] *a.* (1) 〔not과 함께 部分否定을 나타내어〕양쪽 다는... (아니다) ; 양쪽이 다 …(은 아니다) : (2)〔肯定文 속에서〕양쪽의, 쌍방〈양방〉의, 둘 다의

☞ 語法 1) both는 정관사 · 소유형용사 · 지시형용사에 앞섬. 2) both 뒤의 the는 종종 생략됨. 3) both these 〈Jack's〉... 의 경우에도 평이한 말로 both *of* these 〈Jack's〉... 로 함이 보통임.

— *pron.* (1) 〔肯定文 속에서 ; 複數 취급〕양(兩)쪽, 양자, 쌍방, 둘 다〈모두〉 : *Both* are good. 양쪽 다 좋다 / (2) 〔not과 함께 部分否定을 나타내어〕두 쪽〈양쪽〉다는 …(아니다): 양쪽이 다…(은 아니다) :

— *ad.* 〔and와 함께 相關接續詞를 이루어〕 …도 -도 (둘 다), …뿐 아니라 -도 :

:both·er [báðər/ bɔ́ð-] *vt.* (1) …에게 폐를 끼치다 : (2) 《~+目/+目+前+名/+目+*to* do》 …을 괴롭히다, …을 귀찮게하다, 성가시게 하다〈조르다〉《*with*》 : (3) 《口》 제기랄《가벼운 짜증의 뜻으로》 : — *vi.* (1) 《~/+前+名》 심히 걱정하다, 근심〈고민〉하다, 걱정하다《*about* ; *with*》 (2) 《+*to* do/+-*ing*》〔否定文에서〕일부러 …하다, …하도록 애쓰다 : **~** one***'s head*** 〈one***'s brains,*** one***self***〉 ***about*** …에 대하여 근심〈걱정〉하다, 끙끙 앓다. ***Bother you!*** 귀찮다! ***cannot be ~ed to*** do = ***not ~ to do*** 《口》…조차 하지 않다; 일부러 …하고 싶지 않다 : — *n.* (1) ⓤ 성가심, 귀찮음. (2) (a ~) **a**〕 귀찮은 일 ; 소동, 말썽 : Planning meals is *a* great ~. 식단(食單) 짜기는 아주 귀찮은 일이다 /What is all this ~ *about*? 대체 이 무슨 소동이냐. **b**〕 골칫덩어리 ; 귀찮은 사람 : What a ~ he is! 참 귀찮은 놈이군.

— *int.* 《英》 싫다, 귀찮다 : Oh, ~! 성가시군.

both·er·a·tion [bàðəréiʃən/ bɔ̀ð-] *n.* ⓤⓒ 《口》 성가심, 속상함 ; 귀찮은 것, — *int.* 귀찮다 ; 속상하다 : *Botheration*, I forgot my glasses. 젠장, 안경을 잃었다. Oh, ~! 빌어먹을.

both·er·some [báðərsəm/ bɔ́ð-] *a.* 성가신, 귀찮은, 주체스러운.

both-hand·ed [bóuθhǽndid] *a.* 양손잡이의 ; 양손을 쓰는.

:bot·tle [bátl/ bɔ́tl] *n.* (1) ⓒ 한 병에 든 양《*of*》 (2) ⓒ 병, 술병 : (3) 젖병 ; (젖병의) 우유 : (4) (the ~) 술 : (5) ⓤ 《英俗》 용기, 배포 ***bring up*** 〈***raise***〉 (a child) ***on the ~*** (아이를) 우유로 기르다. ***fight a ~*** 《美俗》 병째로 술을 마시다. ***hit the ~*** 《口》 술을 많이 마시다 ; 《俗》 취하다. ***on the ~*** 《口》 늘 술에 젖어〈취해〉서. ***over a*** 〈***the***〉 **~** 술을 마시면서.

take to the ~ 술을 즐기다.
— *vt.* (주류)를 병에 넣다 ; 《英》 (과실 · 야채 등)을 병에 담아 간수하다, 병조림하다. ***bottle it !*** 《美》 조용히, 그만. ***~ up*** 1) (노여움 등)을 억누르다 : ~ up one's anger 분노를 참다 / It is far better to cry than to ~ *up* your feeling. 감정을 참느니보다 큰 소리로 말해버리는 게 훨씬 낫다. 2) (적 따위)를 봉쇄하다 : The enemy ships were ~*d up* in port. 적함은 항내에 봉쇄됐다. (3) 《俗》 붙들다. B ~ it! 조용히!, ~off (통에서) 병으로 옮겨 담다.
bot·tled [bɑ́tld/ bɔ́t-] *a.* 병에 넣은〈든〉
bot·tle-fed [-fèd] *a.* 〔限定的〕 인공 영양의, 우유로 자란. 【cf.】 breast-fed.
bot·tle-feed[-fiːd] *vt.* (아기)를 우유로 키우다
bot·tle·ful [-fùl] *n.* ⓒ 한 병(의 양)《*of*》.
bot·tle·neck [-nèk] *n.* ⓒ (1) 좁은 통로〈거리〉, 교통 정체가 되는 곳, 병목. (2) 병의 목. (3) 장애, 애로. — *a.* (병목처럼) 좁은, 잘록한.
bóttle òpener 병따개.
bóttle pàrty 술을 가지고 모이는 파티.
bot·tler [bɑ́tlər/ bɔ́t-] *n.* (1) ⓒ 병조림업자. (2) 탄산음료 제조업자. (3) 멋진〈근사한〉 사람(것).
:bot·tom [bɑ́təm, bɔ́t-] *n.* (1) (the ~) 기초, 토대 : 근본 : 진상 : (2)ⓒ 밑바닥 : (우물 따위의) 바닥 ; 강〈바다〉 바닥 ; (의자의) 앉는 데 ; 《口》 엉덩이 (3) (the ~) 밑바닥 부분, 하부 ; (나무의) 밑둥, (언덕 · 산의) 기슭 ; (페이지의) 아래쪽. (4) (the ~) (학급의) 꼴찌 ; (5) (the ~) (뜰 · 후미 따위의) 안쪽; (가로의) 막다른 곳 ; (6) ⓒ (인두 · 다리미 따위의) 바닥. (7) ⓒ 【海】 배 밑, 함선의 바닥, 선복(船腹); 선박. (8) (*pl.*)(파자마의)바지 ; (양복 바지 등의) 엉덩이 부분. (9) ⓒ 【野】 한 회(回)의 말(末)(【opp.】 *top*[1]) ; 하위 타자《타순(打順)에서 7번-9번 까지의 세 사람》 :***at the ~ of*** 1) …의 기슭〈바닥〉에***from*** 〈***to***〉 ***the ~ of*** one***'s*** 〈***the***〉 ***heart*** 마음속으로부터〈까지〉, 진심으로. ***get to the ~ of*** …의 진상을 규명하다 ; 탐구하다. ***have no ~*** 이루 헤아릴 수 없다. ***knock the ~ out of*** 《口》 (의논 · 계획 따위)를 송두리째 뒤엎다. ***reach the ~*** 최저가격이 되다. ***send to the ~*** 가라 앉히다. ***sift … to the ~*** 철저하게 조사하다. ***stand on*** one***'s own ~*** 독립〈자영〉하다. ***start at the ~ of the ladder*** 비천한 신분으로부터 입신 출세하다. ***The ~ drops*** 〈***falls***〉 ***out***(***of...***) (일의) 기반이 무너지다 ; (시세 · 가격이) 바닥을 이루다. ***to the ~*** 밑바닥까지 ; 철저하게. ***touch*** 〈***hit***〉 ***~*** 좌초하다 ;《口》 (값 · 운명 따위가) 밑바닥에 닿다. 최악의 사태에 빠지다 ; 최심부에 미치다. — *vt.* (1) …에 바닥을 대다 ; (의자에) 앉을 자리를 대다. (2) (물가 · 시세가) 바닥 시세가 되다. (3) …의 진상을 규명하다. (4) (배가) 좌초하다.
— *vi.* (1) (…에) 기초를 두다《*on*》. (2) (배 따위가) 바닥에 닿다. ***be ~ed on*** 〈***upon***〉 …을 근거로 하다, …에 근거를 두다. ***~ out*** 1)경〈바나〉의 바닥에 이르다. 2) (증권 따위가) 바닥 시세가 되다.
bóttom gèar 《英》 최저속(最低速) 기어(《美》
bot·tom·less** [bɑ́təmlis/ bɔ́t-] *a.* (1) 의자의 seat가 없는. (2) 밑바닥 없는 : (4)전라(全裸)의, 누드의. (5) 《美》 근거가 없는 파) ***~•ly *ad.* ***~•ness*** *n.*
bóttom lìne (the ~) (1) 최종 결과, 결론. (2) 결산표의 맨 밑줄(손익 표시)숫자, 순이익〈손실〉. (3) 일의 핵심(점) ; 요점:
bot·ton·most [bɑ́təmmòust/ bɔ́təmməst] *a.* (1) 〔限定的〕 최저의, 제일 아래의 (2) 가장 기본적인.

bouf·fant [buːfɑ́ːnt] *a.* 《F.》 (머리 · 의상 따위가) 불룩한 : ~ hairdo 부풀린 머리 스타일.
:bough [bau] *n.* ⓒ 큰 가지 : leafy ~s 잎이 많은 큰가지. 【cf.】 branch, twig[1].
:bought [bɔːt] BUY의 과거 · 과거분사.
bou·gie [búːdʒiː, -ˊ] *n.* ⓒ 【醫】 소식자(消息子), 부지.
bouil·la·baisse [bùːljəbéis] *n.* ⓒⓤ 《F.》부야베스 《마르세유 명물인 생선 스튜》.
bouil·lon [búljɑn/ búljɔn] *n.* ⓤ 《F.》부용《맑은 고기수프》 ; (세균 배양용의) 고기 국물
boul·der [bóuldər] *n.* ⓒ 옥석, 둥근 돌《풍우 · 빙하 작용 등에 의한 큰 돌》, 표석표석.
boul·e·vard [bú(ː)ləvɑ̀ːrd] *n.* ⓒ 《F.》 (1) (종종 B-로 가로 이름에 씀) 《美》 큰길, 대로《略 : blvd, boul.》.
***bounce** [bauns] *vi.* (1) 《+前+名》 (사람이 거칠게 뛰어 오르다〈돌아다니다〉, 뛰어들다《*in*》 ; 뛰어 나오다《*out*》 (2) 《~/+副/+前+名》 (공 따위가) 튀다, 바운드하다《*off*》 ; (사람이) 펄쩍 뛰다《*up*》 ; 뛰어다니다《*about*》 (3) 《口》 (어음 따위가) 부도가 나 되돌아오다. (4) 《英俗》 허풍치다, 뻥까다.
— *vt.* (1) (공 따위)를 튀게 하다, 바운드시키다 : (2) 《+目+前+名》 …을 을러서 …하게 하다《*into*》 ; 위협하여 빼앗다 : (3) 《+目+前+名》《俗》 (아무)를 내쫓다, 해고하다 : He was ~*d from* his job. 해고당했다. (4) (수표)를 부도처리하다. ***~ back*** 1) 되튀다. 2) (패배 · 타격 · 질병 따위에서) 곧 회복하다 《*from*》《口》 (…에) 영향을 미치다《*on*》 : — *n.* (1) ⓤⓒ 되튐, 튐, 바운드 ; 튀어오름, 뛰어 오름. (2) ⓤ 탄력 : This ball has lost its ~. 이 공은 탄력이 없어졌다. (3) ⓤ 《口》 활력, 활기 : be full of ~ 활기에 넘치다. (4) ⓤ 《英俗》 허풍, 허세, 으름장. (5) (the ~) 《美俗》 추방, 해고 : get〈give〉 *the* ~ 해고당하다〈시키다〉 ; 내쫓기다〈내쫓다〉. — *ad.* 갑자기, 불쑥 ; 급히 뛰어.
bounc·er [báunsər] *n.* ⓒ (1) 튀는 사람〈물건〉. (2) 거대한 사람〈물건〉. (3) 《口》 (바 · 나이트클럽 등의) 경비원.
bounc·ing [báunsiŋ] *a.* 〔限定的〕 (1)(아기 등이) 기운 좋은, 씩씩한 (2) 잘 튀는. (3) 허풍떠는, 과장된. (4) 거대한 ; 거액의.
bouncy [báunsi] (***bounc•i•er ; -i•est***) *a.* 기운 좋은, 활기있는, 쾌활한 ; 탄력 있는
:bound[1] [baund] *n.* (흔히 *pl.*) (1) 경계 부근의 영토, 경역(境域). (2) 경계(선) ; 출입허가 구역; 영역내 (3) (사물의)범위 ; 한계 : ***beyond*** 〈***outside***〉 ***the ~s of*** …의 범위를 넘어서 ; …이 미치지 못하는. ***break ~s*** 도가 지나치다; 경계 밖으로 나가다. ***know no ~s*** 끝(한)이 없다. ***out of all ~s*** 터무니없는, 지나친. ***It is within ~s to say that...*** …라고 해도 과언은 아니다 ; …은 있음직한 일이다; …인지도 모른다. ***keep within ~s*** 제한내에 머물다 ; 정도를 넘지 아니하다. — *vt.* 〔흔히 受動으로〕 (1) …의 경계가 되다, (…와) 경계를 접하다《*by*》 (2) …을 제한하다, 한정하다 — *vi.* 《+前+名》 인접하다, 접경하다 《*on*》 : Canada ~*s on* the United States. 캐나다는 미국과 접경해 있다.
:bound[2] *vi.* (1) 튀다, 바운드하다, 퉁기다. (공이) 되튀다, 뛰어오르다. (2) 《~/+副/+前+名》(사슴 · 망아지 따위가) 뛰어가다 ; (가슴이) 뛰다 : — *n.* ⓤⓒ (1) (공 따위의) 튐, 반동 : catch a ball on the ~ 튀어오른 공을 받다. (2)튀어오름, 도약 ; 약동. ***at a***

(**single**) ~ =**with one ~** 단숨에, 일약. **by leaps and ~s** 착착, 순조롭게.

*__bound³__ BIND의 과거·과거분사. — *a.* (1) 〔敍述的〕《~+*to* do》…하지 않을 수 없는, …할 의무가〈책임이〉 있는 :(2) a〕 묶인b〕〔종종 複合語로〕얽매인 : duty-~ 의무에 얽매인. (3)《~+*to* do》《口》 반드시 …할 결심으로 (4) 제본한, 장정(裝幀)한 : a book ~ in cloth 천으로 장정한 책. (5) 【化】 결합〈화합〉한. **be ~ up in** …에 열중하다, 깊이 관여하다 : **~ up with** …와 이해를 같이하여 ; …와 밀접한 관계로 : **I'll be~. =I'm~.** 《口》 책임지겠다, 장담한다.

:**bound⁴** *a.* (1) 〔흔히 複合語로〕 …로 가는 (2) 〔敍述的〕…행(行)의 ; (아무가) …로 가는 길인《*for* ; *to*》 :

:**bound·a·ry** [báundəri] *n.* ⓒ (1)(종종 *pl.*) 한계, 한도, 영역 :(2) 경계(선(線))《*between*》

bound·en [báundən] *a.* 〔限定的〕 필수(必須)의, 의무적인〔다음 成句로만〕 one'**s ~ duty** 본분.

bound·er [báundər] *n.* ⓒ (1) 《英口·稀》 (도덕적으로) 천한 사람, 버릇없는 놈. (2) 바운드가 큰 땅볼 (grounder).

*__bound·less__ [báundlis] *a.* 한없는, 무한한 파) **~•ly** *ad.* **~•ness** *n.*

*__boun·te·ous__ [báuntiəs]《文語》*a.* =BOUNTIFUL.

boun·ti·ful [báuntifəl] *a.* (1)풍부한, 윤택한 : (2) 물건을 아까워하지 않는, 활수한 ; 손이 큰 : a ~ giver 활수한 사람.
파) **~•ly** *ad.* **~•ness** *n.*

*__boun·ty__ [báunti] *n.* (1) ⓒ 하사품(下賜品); 축하금 ; 상여금. (2) ⓤ 활수함, 관대함(generosity) ; 박애. (3)ⓒ 보상금, 상금 ; (정부의) 장려〈보조, 조성〉금《*on* ; *for*》 :

bóunty hùnter 현상금을 탈 목적으로 범인〈야수〉을 좇는 사람.

bou·quet [boukéi, buː-] *n.* 《F.》 (1) ⓤⓒ (술 따위의) 향기, 방향(芳香) (2) ⓒ 부케, 꽃다발 :

*__bour·geois__ [buərʒwáː, ⌐-] (*pl.* ~) *n.* ⓒ 《F.》 유산자, 중산계급의 시민《주로 상인 계급》 ; 자본가, 부르주아. 【opp.】 *proletarian.* — *a.* 중산〈유산〉계급의 ; 부르주아 근성의 ; 자본주의의.

bourn(**e**) [buərn, bɔːrn] *n.* ⓒ 개울.

bourse [buərs] *n.* ⓒ 《F.》 (유럽의 여러 도시, 특히 파리의) 금융 시장 ; 증권 거래소.

*__bout__ [baut] *n.* ⓒ (1) 한바탕의 일《*of*》 : (2) (권투 등의) 한판 승부 (3)(병의) 발작, 발병 기간

bou·ton·nière, -niere [bùːtəníər, bùːtənjɛ́ər] *n.* ⓒ 《F.》 단춧구멍에 꽂는 장식꽃.

bo·vine [bóuvain] *a.* 소같은 ; 소속(屬)의 ; 둔중한 (dull). — *n.* ⓒ 소속의 농불 ; 느리광이.
파) **bo•vin•i•ty** [bouvínəti] *n.*

bov·ver [bávir/ bɔ́v-] *n.* ⓤⓒ 《英俗》 (불량 소년들에 의한) 싸움, 소란, 난투. .

bóvver bòy 《英俗》 깡패, 불량 소년.

:**bow¹** [bou] *n.* ⓒ (1) (악기의) 활 ; 활로 한 번 켜기 :(3) 활 모양의 것〈곡선〉 ; 무지개 ; 나비 넥타이 (~ tie) ; 나비 매듭 : (4) =BOW WINDOW. (5) 《美》 안경의 테〈다리〉.
— *vt., vi.* (1) 활 모양으로 휘(어지)다. (2) (악기를) 활로 켜다.

:**bow²** [bau] *n.* ⓒ 경례, 절 ; 허리를 굽힘 : **take a ~**(지휘자가) 박수에 응하여 무대에 나타나다 ; (배우가) 박수에 답례하여 인사하다. — *vi.* (1) 《+/+前+名/+副》 (인사·예배 따위를 위해) 허리를 굽히다, 절하다《*to*》 :(2) 《+前+名/+副》굴복하다 《(*down*) *before* ; *to*》 (3) 《文語》 (아래를 향해) 굽다, 구부리다 : — *vt.* (1) (머리)를 숙이다, (허리·무릎)을 구부리다 :(2) 《+目+副》〔종종 受動으로〕 …을 굽게 하다, …의 기를 꺾다 : (3) (감사·동의의 뜻 따위)를 절하여 나타내다 : (4) 《+目+副/+目+前+名》…을 인사하며 안내하다《*into*》 ; 인사하며 배웅하다《*out of*》 (5) 〔再歸的〕인사를 하고 들어가다〈나가다〉 (6) (몸·의지 따위)를 굽히다, 굴복시키다. **be ~ed** (**down**) **with** (age 〈care〉) (나이 탓으로) 허리가 굽다 〈(근심으로) 기가 꺾이다〉. **~ the knees to** …에게 경의를 표하다. **~ and scrape** 굽실거리다《오른발을 뒤로 빼면서 절하다는 뜻에서》. **~ down** 인사하다《*to*》 ; 굴복하다《*to* ; *before*》. **~ out** (절하고) 물러나다 ; 사퇴하다, 사직하다. 손을 빼다 **~ to no one** 아무에게도 머리를 숙이지 않다〈뒤지지 않다〉.

bow³ [bau] *n.* ⓒ (1) =BOW OAR. (2)(종종 *pl.*) 이물, 뱃머리. 【opp.】 *stern²* 『 a lean 〈bold, bluff〉 ~ 뾰족한〈평평한〉 뱃머리. **a shot across the** 〈a person'**s**〉 **~s** 경고(警告). **be ~s under** 1) 뜻대로 되지 않다. 2) 당황하다. **~s on** (배가) 쏜살같이 곧장. **on the ~** 이물쪽에《정면에서 좌우 45° 이내에》. **on the port** 〈**starboard**〉 **~** 좌현〈우현〉 이물에.

Bów bélls [bóu-] 런던의 St. Mary-le-Bow 성당의 종 ; 그 소리가 들리는 범위. **born within the sound of ~** 보벨스의 종소리를 듣고 태어난 ; 런던 토박이의.

bowd·ler·ize [bóudləràiz, báud-] *vt., vi.* (저작물의) 불온〈외설〉한 부분을 삭제하다

:**bow·el**[báuəl] *n.* ⓒ (1)(*pl.*) (지구 따위의)내부: the ~s of the earth 땅 밑. (2)창자의 일부 : (흔히 *pl.*) 창자, 내장; 《口》결장(結腸)

bówel mòvement 변통(便通), 배변(排便).

bow·er¹ [báuər] *n.* ⓒ (1) 여성의 내실(內室) (boudoir), 은둔처. (2) 나무 그늘 ; 나무 그늘이 있는 휴식소, 정자

bower² *n.* ⓒ 이물의 닻(= ~́ **ànchor**).

bów·ie (**knife**) [bóui(-), búːi(-)] 《美》 일종의 사냥칼《칼집 달린 단도》.

bow·ing [bóuiŋ] *n.* ⓤ 【樂】 (바이올린의) 운궁법(運弓法), 활 놀리는 법.

bow·knot [bóunàt/ -nɔ̀t] *n.* (넥타이의) 나비 매듭 : tie a ~ 나비 매듭으로 하다.

:**bowl¹** [boul] *n.* ⓒ (1) (보시기·공기 따위의) 한 그릇, 《美俗》 수프 한그릇 (2) 사발, 탕기(湯器), 보시기, 공기, 주발, 볼 ; 큰 (술)잔 (3) (파이프의) 대통; (저울의) 접시 ; (숟가락의) 우묵한 곳 ; 수세식 변기 ; 우묵한 땅. (4) 《美》 (보시기처럼 우묵한) 야외 원형 극장 〈경기장〉.

:**bowl²** *n.* (2) ⓒ (구기용의) 나무공 ; (구기의) 투구 (投球) — *vt.* (공·원반 등을) 굴리다 ; 【볼링】 (점수 등)을 얻다 ; 【크리켓】 (공)을 던지다. — *vi.* 공굴리기를 하다 ; 볼링을 하다 ; 【크리켓】 투구하다 ; 데굴데굴 움직이다 ; 술술〈미끄러지듯〉 나아가다《*along*》 **~ down** 【크리켓】 공으로 (wicket)을 쳐 넘어뜨리다 《俗》 (사람)을 때려 눕히다. **~ off** 【크리켓】 (wicket의 가로대를) 쳐 떨어뜨리다. **~ out** 【크리켓】 (타자)를 아웃시키다 ; = ~ down. **~ over** 【볼링】 넘어뜨리다 ; 〔一般的〕 때려눕히다 ;《口》 당황하게 하다 ; 〈좋은(나쁜) 소식등이〉 …을 깜짝 놀라게 하다.

bow·leg [bóulèg] *n.* ⓒ (흔히 *pl.*) 【醫】 O형 다리, 내반슬(內反膝). 파) **~•ged** [-lègid] *a.*

*__bowl·er¹__ [bóulər] *n.* ⓒ 【크리켓】 투수, 【볼링】 볼

링하는 사람〈선수〉.
bowl·er² (**hát**) *n.* ⓒ《英》 중산모(帽) (《美》derby (hat)).
bowl·ful [bóulfùl] *n.* ⓒ 공기〈보시기〉 한 그릇(의 분량).
bow·line [bóulin, -lài n] *n.* ⓒ (1) 【海】 볼라인 매듭, 일종의 옭매듭(=**~ knòt**). (2) 【海】 가로돛의 양끝 밧줄.
*__bowl·ing__ [bóuliŋ] *n.* ⓤ 볼링(【cf.】ninepins, tenpins, lawn ~) ; 【크리켓】 투구.
bow·man¹ [bóumən] (*pl.* ***-men*** [-mən]) *n.* ⓒ 궁술가(archer), 활잡이, 궁수.
bow·man² [báumən] (*pl.* ***-men*** [-mən]) *n.* ⓒ 이물〈뱃머리〉의 노젓는 사람.
bów òar [báu-] 뱃머리의 노(젓는 사람).
bow·shot [bóuʃàt/ -ʃɔ̀t] *n.* ⓒ 활쏘기에 알맞은 거리《약 300m》; 화살이 닿는 거리.
bow·sprit [báusprit, bóu-] *n.* ⓒ 【海】 제 1 사장(斜檣)《이물에서 앞으로 튀어나온 돛대 모양의 둥근 나무》.
bow·string [bóustrìŋ] *n.* ⓒ 활시위.
bów wíndow[bóu-] 【建】 (활 모양으로 내민)내달이 창.
bow·wow [báuwáu] *n.* ⓒ (1) [스] 《兒》멍멍《개》. (2) 개 짖는 소리. (3) (*pl.*) 파멸, 영락. go to the ~s 《俗》 망하다, 영락하다.
:box¹ [baks/bɔks] *n.* (1) (the ~) 돈궤 (2) ⓒ 상자. (3) ⓒ 상자 가득(한 양). (4) ⓒ 《英》 (상자들이의) 선물 (5) ⓒ (극장 등의) 박스, 특등석, (법정의) 배심석, 증인석 ; 운전대, 마부석, 《화차·외양간 따위의) 한 칸 ; 【野】 타자〈투수·포수·코치〉석 ; 활자판의 한 칸. (6) ⓒ 대기소, 경비 초소 ; 신호소 ; 파출소 ; 사냥막 ; 전화박스 ; 고해실(告解室) ; (7) ⓒ (기계 등의) 상자 모양의 부분: (8) ⓒ (종이에 그린) 사각(형) ; 테, 둘레《신문·잡지 등에서 선을 두른 부분》. (9) ⓒ 《俗》퍼스널 컴퓨터. (10) (the ~) 《口》 텔레비전. (11) ⓒ 《美》 사서함 ; =LETTER BOX. ***a ~ and needle*** 나침반. ***in a*** (***bad***〈***hot, tight***〉) ***~*** 《口》 어찌할 바를 몰라, 궁지에 빠져. ***in the same ~*** 같은 처지〈상태〉에 있어. ***in the wrong ~*** 1) 장소를 잘못 알아. 2) 난처한 입장에 처하여.
— *vt.* (1) 상자에 (채워) 넣다《*up*》: (2)(좁은 곳에) (사람을) 가두다《*in* ; *up*》 ***~ in*** 1) (사람)을 가두다 : I feel ~*ed in.* (갇힌 것처럼) 답답하다. (2) (상대주자·경주마의) 진로를 방해하다. ***~ off*** 칸막이 하다 ; (칸을 막아) 격리하다《*from*》. ***~ the compass*** 1) 나침반의 32방위를 차례로 읽어가다. 2)(의론 따위가) 다시 워점으로 돌아오다. ***~ up*** 1) …을 상자에 넣다〈포장하다〉 : 좁은 곳에 밀어넣다. 상자에 넣다(포장하다). 2) (감정 등)을 억제하다.
box² *n.* ⓒ 따귀 때림 ; 손바닥〈주먹〉으로 침 — *vt.*, *vi.* 주먹〈손〉으로 때리다 ; 권투하다《*with, against*》
box³ *n.* ⓤ 회양목재 ; ⓤⓒ 【植】 회양목.
bóx cámera 상자병 구식 사진기《주름 상자가 없음》..
box·car [<kɑ̀:r] *n.* ⓒ 《英》 유개 화차(=《英》) **bóx wàgon**).
*__box·er__ [báksər/ bɔ́ks-] *n.* ⓒ (1) 복서《개의 한 품종》. (2) 복서, 권투 선수.
bóxer shòrts 《美》고무 밴드를 단 느슨한 반바지.
box·ful [báksfùl/ bɔ́ks-] *n.* ⓒ 한 상자의 분량.
:box·ing¹ [báksiŋ/ bɔ́ks-] *n.* ⓤ 복싱, 권투
box·ing² *n.* (1) ⓒ 창문틀, (창문의)두껍닫이. (2) ⓤ 상자에 담는 직업, 포장, 상자에 꾸리기(작업) ; 상자 재료.
bóxing rìng (복싱)링.
bíx òffice (1)(극장 등의) 대만원, 대인기, 대만원의 흥행, 큰 히트《※ 종종 BO로 생략함 : a Bo film 〈star〉 히트한 영화〈인기 배우〉》.
box-of·fice [<ɔ̀:fis/ <ɔ̀fis] *a.* 《口》 흥행면에서의
bóx sèat (극장·경기장의)박스석, 칸막이의 좌석
bóx stàll (외양간·마구간의) 칸막이.
box·wood [<wùd] *n.* ⓤ회양 목재 ; ⓒ회양목.
bóx wrènch 박스 스패너.
boxy [báksi/ bɔ́ksi] (***box•i•er ; -i•est***) *a.* 네모진, 모난 ; 상자 모양의
:boy [bɔi] *n.* (1) ⓒ 소년처럼 미경험·미숙한 사람 (2) ⓒ 소년, 남자아이《17, 18세까지》; 젊은이, 청년. 【cf.】 lad, youth. (3)ⓒ (종종 one's ~) (나이에 관계 없이) 아들, 자식 :(4) ⓒ 남학생 : a college ~ 대학생. (5)《친밀감을 나타내기 위한 호칭으로》 남자, 녀석(fellow) (6) (흔히 *pl.*)《俗》…들, 한패, 동아리 : (7) (the ~s) 《口》 술〈놀이〉 친구 ; 《俗》 불량배들 ; 《口》 추종〈지지〉자들. (8) ⓒ (종종 one's ~) 애인《남자》. (9) ⓒ 사환, 보이《(10) (the〈our〉 ~s) (특히 전시의) 병사들 : (11) ⓒ 〔修飾語와 함께〕《美口》 (어느 지방 출신의) 남자 ***my ~***《호칭》 애야《자기 아들에게》 이봐 자네, 여보게《친구에게》. ***one of the ~s***《口》 여럿이서 떠들썩하게 지내는 것을 좋아하는 남자. ***That's*** 〈***there's***〉 ***the*** 〈***my***〉***~!*** 잘했다, 좋아, 훌륭해. ***the ~s in blue***《英口》〔集合的〕 경찰관.
— *int.* 《口》 여, 이런, 참, 물론《유쾌·놀람·경멸·실망·지루함 등을 나타내는 소리 ; 종종 Oh, ~! 라고도 함》.
boy-and-girl [bɔ́iəndgə́:rl] *a.* 어린, 소년소녀의.
boy·chik, -chick [bɔ́itʃik] *n.* ⓒ《美俗》 젊은 남자, 소년, 아이. 〔Yid=little boy〕
*__boy·cott__[bɔ́ikat/ -kɔt] *vt.* …을 불매(不買) 동맹을 하다, 보이콧하다, 배척하다 ; (모임·회의 등의)참가를 거부하다 — *n.* ⓒ 보이콧, 불매 동맹 ; 배척
:boy·friend [bɔ́ifrènd] *n.* ⓒ (친한), 보이프렌드; 남자 친구, 애인
:boy·hood [bɔ́ihud] *n.* (1) 〔集合的〕 소년들. (2)ⓤ (또는 a ~) 소년기
*__boy·ish__ [bɔ́iiʃ] *a.* 소년다운 ; 아이 같은 ; 순진한, 천진 난만한 ; (계집아이가) 사내아이 같은 파) **~·ly** *ad.* **~·ness** *n.*
boy-meets-girl [bɔ́imì:tsgə́:rl] *a.* (소년이 소녀를 만나면 사랑을 한다는 식의) 흔해빠진, 판에 박은듯한 로맨스의, 정석대로의(이야기 따위).
*__bóy scout__ 소년단원, 보이 스카우트 단원《영국은 1908년, 미국은 1910년에 창설된 the Boy Scouts의 한 사람》. 【cf.】 girl scout.
*__brace__ [breis] *n.* (1) ⓒ 꺾쇠, 거멀못 ; (brace and bit의) 급은 자루. (2) ⓒ 버팀대, 지주(支柱). (3)(흔히 *pl.*) 중괄호({ }). (4) ⓒ (흔히 *pl.*) 【齒】. 치열 교정기. (5) (*pl.*) 《英》 바지 멜빵(《美》suspenders). ***take a ~***《美口》 (운동 선수 등이) 분발하다.
— *vt.* (1) …을 버티다, 버팀대로, 떠받치다 ; 보강하다《*up* ; *with*》 (2) …을 죄다 ; (활에 시위)를 팽팽히 메다《*up*》 : (다리)를 힘껏 디디고 버티다《*up*》 : (3) 〔再歸的〕 (…하기 위하여) …을 분발〈분기〉시키다, 각오케 하다 ; (곤란 등)에 대비하다《*for* ; *against*》 : (4) …을 긴장시키다《*up*》 ;

— *vt.* 기운을 내다《*up*》 ; 분발하다《*for*》. 【opp.】 *relax.*

bráce and bít ㄷ자형(字型) 손잡이가 달린 타래 송곳의 일종.

***brace·let** [bréislit] *n.* (1) (*pl.*) 《俗》 수갑. (2) ⓒ 팔찌. (3) (활 쏠때의) 팔씌우개.

brac·er[1] [bréisər] *n.* ⓒ 죄는 사람〈것〉, 지탱하는 것〈사람〉 ; 밧줄 ; 띠

brac·er[2] *n.* ⓒ (활쏘기 · 격검 등의) 손목 보호대, 팔찌.

brac·ing [bréisiŋ] *a.* 기운을 돋우는 ; 긴장시키는 ; 상쾌한. — *n.* ⓒ 【建】 버팀대, 지주(支柱)(brace) ; 원기 돋움.

brack·en [brǽkən] *n.* ⓤ 【植】 고사리(류의 숲).

***brack·et** [brǽkit] *n.* ⓒ (1) 돌출한 선반 ; 까치발 붙은 전등〈가스등〉, 브래킷 조명 기구. (2) 까치발, 선반받이. (3) (*pl.*) 각괄호《[ ], 〔 〕, 드물게( ), 〈 〉, { }》 (4) 하나로 일괄(一括)한 것, 동류, 부류 : (5) (수입으로 구분되는) 납세자의 계층 :
— *vt.* (1) …에 까치발을 대다. (2) …을 괄호로 묶다《*off*》. (3) 《~+目/+目+前+名》 하나로 몰아다루다, 일괄하다

brack·ish [brǽkiʃ] *a.* (1) 맛없는, 불쾌한. (2)소금기 있는 : a ~lake 소금기 있는 호수.
파) **~•ness** *n*

bract [brækt] *n.* ⓒ 【植】 포엽(苞葉), 포(苞).

brad [bræd] *n.* ⓒ 무두정(無頭釘) ; 곡정(曲釘)《대가리가 갈고리처럼 굽은 못》. .

***brag** [bræg] (**-gg-**) *vi.* 《~/+前+名》 자만하다, 자랑하다, 허풍떨다《*of* ; *about*》 : — *n.* (1) ⓤ 자랑, 허풍 ; 자랑거리 : make ~ of …을 자랑하다. (2)ⓒ 자랑꾼이.

brag·ga·do·cio [brӕgədóuʃiòu] (*pl.* **~s**) *n.* (1) ⓤ 큰 허풍. (2) ⓒ 대허풍(선이).

brag·gart [brǽgərt] *n.* ⓒ 자랑꾼, 허풍선이.

Bra(h)·ma [brɑːm], [brɑ́mə] *n.* 【힌두敎】 범(梵)《세계의 최고 원리》 ; 창조신(神).
【cf.】 Vishnu, Siva.

Brah·min [brɑ́ːmin] *n.* (1) 《美口》 《때로 蔑》지식 계급의 사람, 지식인《특히 New England의 명문 출신》. (2)=BRAHMAN.

Brahms [brɑːmz] *n.* **Johannes ~** 브람스《독일의 작곡가 ; 1833-97》. .

braid** [breid] *n.* (1) ⓤ 몰 : gold〈silver〉 ~ 금〈은〉몰. (2) ⓒ 노끈, 끈 끈. (3) ⓒ (종종 *pl.*) 땋은 머리, 변발. ***a straw ~ 밀짚으로 꼰 납작한 끈.
— *vt.* (1)(머리)를 땋다〈땋아 늘어뜨리다〉, 짜다 ; 끈으로 꾸미다〈테두르다〉 : wear one's hair in ~*s* 머리를 땋아 늘이고 있다. (2) …을 몰로 꾸미다.

braid·ed [bréidid] *a.* 몰로 장식한 ; (머리를) 땋은, 땋아내린 ; 꼰 ; 짠.

braid·ing [bréidiŋ] *n.* ⓤ 〔集合的〕 꼰 끈, 짠 끈, 합사 ; 몰 자수.

braille [breil] *n.* ⓤ(종종 B-) 브라유식 점자(點字)(법)《프랑스인 Louis Braille(1809-52)의 고안《:

:brain [brein] *n.* (1) ⓤⓒ (종종 *pl.*) 두뇌, 지력 : (2) ⓒ 뇌 ; 뇌수(腦髓) ; (*pl.*) 골. (3)ⓒ《口》 (the ~s) (흔히 *pl.*) 《口》 지적 지도자, 브레인 ; 《口》 머리가 좋은 녀석 (4) ⓒ (미사일 따위의) 전자 두뇌, (컴퓨터 등의) 중추부. ***beat*** 〈***cudgel, drag, rack***〉 one***'s ~***(***s***) (***out***) 머리를 짜내다. ***beat*** a person***'s ~ out*** …의 머리를 몹시 때리다. ***blow*** one***'s ~s out***= ***blow out*** one***'s ~s*** 《口》 (총으로) 머리를 쏘아 자살하다 ; 《美俗》 열심히 일하다. call on the best ~s 널리 인재를 모으다. ***crack*** one***'s ~***〈***~s***〉 미치다, 발광하다. ***give ~s*** 지혜를 빌려주다. ***have*** (***good***) 〈***have no***〉 ***~s*** 머리가 좋다〈나쁘다〉. ***have*** 〈***get***〉 (something) ***on the*** 〈one***'s***〉 ***~*** (어떤 일)이 언제나 머리에서 떠나지 않다 ; …에 열중하다. ***pick*** 〈***suck***〉 a person***'s ~***(***s***)《口》아무의 지혜를 빌리다 : — *vt.* (1) …의 골통을 때려 부수다. (2) 《俗》 …의 머리를 때리다.

bráin bòx 《口》 컴퓨터.

bráin cèll 【解】 뇌(신경)세포.

brain·child [⌐tʃàild] *n.* (*sing.*) 《口》 두뇌의 소산, (독자적인) 생각, 발명품, 창작물〈안〉, 아이디어

brain-dead[⌐dèd] *a.* 【醫】뇌사의 징후를 보이는, 뇌사의

bráin dèath 【醫】 뇌사(腦死).

bráin dràin 《口》 두뇌 유출, 인재의 구외이주

brain-drain [⌐drèin] *vi.*, *vt.* 《口》 두뇌 유출하다〈시키다〉.

-brained [breind] '…한 머리를 가진' 의 : mad-~.

bráin fèver 뇌(막)염(encephalitis).

bráin gàin 두뇌 유입. 【cf.】 brain drain.

brain·less [bréinlis] *a.* 어리석은, 머리가 나쁜.

brain·pan [⌐pæ̀n] *n.* ⓒ 《美》머리 ; 두개(頭蓋).

bráin stèm (the ~) 뇌간(腦幹).

brain·storm [⌐stɔ̀ːrm] *n.* ⓒ (1) 《口》 갑자기 떠오른 묘안, 인스피레이션, 영감 : (2) (발작적인) 정신착란 (3) 엉뚱한 생각.
— *vi.* 브레인스토밍하다.

brain·storm·ing [⌐stɔ̀ːrmiŋ] *n.* ⓤ 브레인스토밍《회의에서 모두가 차례로 아이디어를 제출하여 그 중에서 최선책을 결정하는 방법》. .

Bráins Trùst 《英》 (1)=BRAIN TRUST. (2)【放送】 (청취자의 질문에 대한) 전문 해답자단(團).

brain·teas·er, twist·er[⌐tìːzər], [⌐twìstər] *n.* ⓒ 난문제 ; 퍼즐

bráin trùst 《美》 두뇌 위원회, 브레인 트러스트, (정부의) 전문 고문단

brain·wash [⌐wɑ̀ʃ, ⌐wɔ̀(ː)ʃ] *vt.* (1) …을 세뇌하여 …시키다《*into*》. (2) …을 세뇌하다 : — *n.* ⓒ 세뇌.

brain·wash·ing [-iŋ] *n.* ⓤ (강제적인) 사상 개조 공작, 세뇌

bráin wàve (1) (*pl.*) 【醫】 뇌파. (2) 《英口》 영감, 묘안

brainy [bréini] (***brain•i•er ; -i•est***) *a.* 《口》 머리가 좋은, 총명한. 파) **brain•i•ness** *n.*

braise [breiz] *vt.* (고기나 야채)를 기름으로 살짝 튀긴 후 약한 불에 끓이다.

:brake[1] [breɪk] *n.* ⓒ (1) 제동, 억제《*on*》 (2) (종종 *pl.*) 브레이크, 제동기〈장치〉 ***slam*** 〈***jam***〉 ***the ~s on*** 《口》 급(急)브레이크를 밟다.
— *vt.* …에 브레이크를 걸다 : a ~ car. — *vi.* 브레이크가 걸려 차가 서다, 차가 브레이크에 걸리다 : The car ~*d* for a traffic light 차는 교통 신호로 섰다.

brake[2], **bráke fèrn** *n.* ⓤ 〔集合的〕 【植】 (1)봉의 꼬리, (2) 고사리.

brake[3] *n.* ⓒ 덤불, 숲 ; 푸나무서리.

bráke drùm 【機】 브레이크 드럼, 제동 통.

bráke flùid (유압 브레이크의) 브레이크액(液).

bráke hórsepower (flywheel 따위의) 제동 마력, 브레이크 마력《略 : bhp》. .

brake·man, 《英》 **brakes-** [bréikmən], [bréiks-]

(*pl.* **-men** [-mən]) *n.* ⓒ《美》(대륙 횡단 철도의) 보조 차장 ; 제동수(制動手).
bráke pèdal 【機】 브레이크 페달.
bráke vàn 《英》(열차의) 제동 장치가 있는 차. 완급차(緩急車).
bráke whèel 제동륜(輪). 브레이크 차륜.
bram·ble [brǽmbəl] *n.* ⓒ 【植】 들장미, 가시나무 ; 나무딸기 ;《英》검은딸기.
bram·bling [brǽmbliŋ] *n.* ⓒ 【鳥】 되새.
bram·bly [brǽmbli] (***bram•bli•er ; -bli•est***) *a.* 가시덤불의, 가시가 많은.
bran [bræn] *n.* ⓤ 겨, 밀기울, 왕겨. ***bolt to the ~*** 정사(精査)하다.
:branch [bræntʃ, brɑːntʃ] *n.* ⓒ (1) 분파 ; 지맥(支脈), 지류(支流) ; 지선(支線) ; 분가(分家) ; 분관(分館), 지부, 지국, 지점(~office), 출장소 : (2) 가지, 분지(分枝) : 가지 모양의 것《사슴뿔 따위》. (3) 분과(分科), 분과(分課), 부문 ; 【言】 (언어 분류상의) 어족(語族) ; 어파(語派) (4) 【컴】 (프로그램의) 가름 ; 【電】 지로(支路). ***root and ~*** 철저하게, 근본적으로.
— *vi.* (1) 가지를 내다〈뻗다〉〈***forth ; out***〉 (2) (길·철도 강 등이) 갈라지다《*away* ; *off* ; *out*》 ; (…로) 분기하다《*into* ; *to*》 : (3) (…에서) 파생하다《*from*》 : (4) 【컴】 가름 명령을 실행하다. ***~ off*** ⇨ *vi.*(1) ; (열차·차 등이) 지선으로〈곁길로〉들다. ***~ out*** ⇨ *vi.*(1) ; (장사·사업 따위의) 규모를 확장〈확대〉하다, 새 분야에 진출하다《*into*》 ; 관심사가 다방면에 걸치다.
branch·let [brǽntʃlit, brάːntʃ-] *n.* ⓒ 끝가지, 작은 가지.
bránch lìne (도로·철도 등의) 지선.
bránch òffice 지점. 【cf.】 home office.
bránch wàter 《美》(1) (위스키등에 타는) 맹물 (2) (시내·개울 등의) 끌어들인 물.
branchy [brǽntʃi, brάːntʃi] (***branch•i•er; -i•est***) *a.* 가지가 많은〈우거진〉.
:brand [brænd] *n.* ⓒ (1) a〕 (가축 따위의 소유주를 밝히는) 소인(燒印). b〕 낙인《옛날 죄인에게 찍은》 ; 오명(disgrace) : (2) 상표, 브랜드 ; 품질 ; (특별한) 종류《*of*》 :(3)타다 남은 나무《동강 따위》 : ***the ~ of Cain*** 가인의 낙인《살인죄》.
— *vt.* (1) …에 소인을 찍다 :(2)《+目+*as*補》…에 낙인을 찍다, …이란 오명을 씌우다 (3)《+目+前+名》(기억 따위)에 강한 인상〈감명〉을 주다《*on* ; *in*》
bránding ìron 낙인 찍는 쇠도장.
bran·dish [brǽndiʃ] *vt.* (검·곤봉·채찍 등)을 머리 위로 쳐들다, 휘두르다《*at*》
bránd nàme 상표명(trade name).
brand-name [ˊnèim] *a.* 〔限定的〕 (유명) 상표가 붙은 : a ~ item 메이커 제품.
brand-new [brǽndnjúː] *a.* 신품의, 아주 새로운, 갓 만들어진〈들여온〉
***bran·dy** [brǽndi] *vt.* (과일 등)을 브랜디에 담그다 ; …을 브랜디로 맛을 내다. — *n.* ⓤⓒ 브랜디
brash [bræʃ] *a.* (1) a〕뻔뻔스러운, 건방진 : He is ~in his attitude toward the umpire. 그는 심판에 대한 태도가 건방지다. b〕 기운찬, 정력적인. (2) 성마른, 경솔한 ; 무모한. (3) (목재가) 부러지기 쉬운, 무른. (4) 귀에 거슬리는.
파) **~·ly** *ad.* **~·ness** *n.*
Bra·sil·ia[brɑːzíljə] *n.* 브라질리아《브라질의 수도》.
:brass [bræs, brɑːs] *n.* (1) a〕 ⓒ 【樂】 금관 악기. b〕(the ~)〔集合的〕(악단의) 금관 악기부. (2) ⓤa〕 놋쇠, 황동 :b〕 놋제품. (3) ⓤ《英俗》돈. (4) (the~)《口》철면피, 뻔뻔스러움 :(5) ⓤ (the ~) 〔集合的〕《口》 고급 장교〈경찰관〉(~hat) ; 고관, 높은 사람. (6) ⓒ (초상·문장을 조각한) 놋쇠 패(牌). — *a.*〔限定的〕 놋쇠로 만든 ; 놋쇠빛의 : a ~ instrument 금관 악기. ***(as) bold as ~*** 아주 뻔뻔스러운. ***have the ~ to do*** 뻔뻔스럽게도 ~하다. ***not... a ~ farthing***《口》 전혀〈조금도〉…않다 : don't care *a ~ farthing* 조금도 상관없다.
— *vt.* 【冶】 …에 놋쇠를 입히다. ***be ~ed off***《俗》싫증이 나다, 진절머리가 나다《*with*》.
bráss bánd 취주악단(吹奏樂團).
brass-col·lar [ˊkάlər/ ˊkɔ́lər] *a.* 《美口》 정당에 절대 충실한.
bráss hát 《俗》고급 장교《금테 모자에서》.
brass·ie [brǽsi, brάːsi] *n.* 【골프】 밑바닥에 놋쇠를 씌운 골프채《우드(wood)의 2번》.
bráss knúckles (*pl.*) 《美》 (격투할 때) 손가락 마디에 끼우는 쇳조각.
brass-rub·bing [ˊrʌ̀biŋ] *n.* ⓤ (황동 묘비 등의) 탁본을 뜸, 묘비의 탁본.
brass-smith [ˊsmìθ] *n.* ⓒ 놋쇠 세공사.
bráss tácks 《口》 (사물의) 요점, 핵심. ***get 〈come〉 down to ~***《口》중대한 일을 다루다, 본론으로 들어가다
brass·ware [ˊwὲər] *n.* ⓤ 놋쇠 제품, 유기.
bráss wìnds 금관 악기류, 브라스밴드.
brassy [brǽsi, brάːsi] (***brass•i•er ; -i•est***) *a.* 놋쇠 같은 ; 놋쇠(빛)의 ; 겉만 번드레한 ; 귀에 거슬리는, 쇳소리의 ;《口》뻔뻔스러운, 철면피한.
brat [bræt] *n.* ⓒ《蔑》개구장이, 선머슴.
Bra·ti·sla·va [brǽtəslάːvə, brὰːt-] *n.* 브라티슬라바《슬로바키아 공화국의 수도》.
bra·va [brάːvɑː, -ˊ] *int.*, *n.* 여성에 대한 bravo 《⇨ BRAVO[1]》.
bra·va·do [brəvάːdou] (*pl.* **~(*e*)*s***) *n.* (1) ⓒ 분별없는 행동. (2) ⓤ 허장 성세, 허세. — *vi.* 허세부리다.
:brave [breiv] (***brav•er ; brav•est***) *a.* (1)《文語》훌륭한, 화려한, 차려입은, 화사한 ; 멋진. (2) 용감한. 【opp.】 *cowardly.* — *n.* ⓒ 용사 ;《특히》아메리카인디언의 전사. — *vt.* (위험 따위)를 무릅쓰다, 문제 삼지 않다 ; 무시하다 ; …에 용감하게 맞서다 : ~ misfortune. ***~ it out*** 태연히〈용감하게〉 밀고 나가다.
:brave·ly [bréivli] *ad.* 용감〈훌륭〉하게.
:brav·ery [bréivəri] *n.* ⓤ (1)《文語》 훌륭함, 화려한 빛깔, 화려 ; 치장 :(2) 용기, 용감(성), 용맹 ; 용감한 행위
bra·vo[1] [brάːvou, -ˊ] *int.* 좋아!, 잘한다 !, 브라보! : — (*pl.* **~s** [-z], **-vi** [-viː]) *n.* ⓒ브라보〈갈채의〉 소리《※ 여성에 대해선 brava》
bra·vo[2] [brάːvou] (*pl.* **~(*e*)*s*** [-z], **-vi** [-viː]) *n.* ⓒ 자객(刺客), 폭한.
bra·vu·ra [brəvjúərə] *a.* 〔限定的〕(연주 등이) 대담한, 화려한.
brawl [brɔːl] *vi.* (1) (냇물이) 콸콸 흐르다. (2) (길거리·공공장소에서) 큰소리로 싸우다.
brawn [brɔːn] *n.* (1) ⓒⓤ《英》브론《삶아서 소금에 절인 돼지고기 ;《美》headcheese》. (2) ⓤ (억센) 근육 ; 완력
bráwn dràin 운동선수의 해외 유출(근육 유출)
brawny [brɔ́ːni] (***brawn•i•er ; -i•est***) *a.* 억센, 근

골(筋骨)이 늠름한. 파) **brawn·i·ness** *n.*

bray [brei] *n.* ⓒ (1)시끄러운 나팔 소리. (2)당나귀의 울음 소리. — *vi.* (1)(당나귀가) 울다, 소리 높이 울다. (2)(나팔 소리가) 시끄럽게 울리다

braze [breiz] *vt.* …을 납땜하다. — *n.* 납땜. 땜질.

bra·zen** [bréizən] *a.* (1) 놋쇠빛의. (2) 놋쇠로 만든. (3) 귀따가운, 시끄러운 (4) 철면피한, 뻔뻔스런 :— *vt.* (비난 따위)에 넉살 좋게〈뻔뻔스럽게〉 대처하다 : ~ out scolding 잔소리를 해도 못 들은 척하다: ***~ it out 〈***through***〉 (욕하건 말건) 뱃심 좋게 밀고 나아가다, 넉살 좋게 굴다. ***~*** one***'s way out*** 배짱으로 곤란을 타개해 나가다.

파) **~·ly** *ad.* 뻔뻔스럽게, 철면피하게. **~·ness** *n.*

bra·zen·face [-fèis] *n.* ⓒ 철면피한 사람, 뻔뻔스러운 사람.

bra·zen-faced [-fèist] *a.* 철면피한, 뻔뻔스러운. 파) **-fac·ed·ly** [-fèisidli] *ad.* 뻔뻔스럽게(도).

bra·zier¹ [bréiʒər] n. ⓒ(금속으로 만든 요리용화로).

bra·zier² *n.* ⓒ 놋갓장이.

bra·ziery [bréiʒəri] *n.* 놋쇠 세공(장).

:Bra·zil [brəzíl] *n.* (1)브라질《정식 명칭은 the Federative Republic of ~ ; 수도 Brasilia).(2) ⓤ (b-) a〕= BRAZILWOOD. b〕 brazilwood에서 채취되는 적색염료(=**brazíl rèd**); =BRAZIL NUT.

Bra·zil·ian [brəzíljən] *n.* ⓒ 브라질 사람. — *a.* 브라질의.

Brazíl nùt 【植】 브라질 호두《식용》.

bra·zil·wood [brəzílwùd] *n.* ⓤ 【植】 다목류《바이올린의 활 만드는 데 쓰임》, 빨간 물감을 채취하는 나무.

breach** [briːtʃ] *n.* (1) ⓤⓒ (약속·법률·도덕 따위를) 어김, 위반, 불이행, 침해《*of*》 : a ~ *of* the law 위법(행위) (2) ⓒ(성벽 등의) 갈라진 틈 ; 돌파구 : (3) ⓒ 절교, 불화 (4) ⓒ (고래가) 물위로 뛰어오름. ***a ~ of confidence 비밀 누설. ***a ~ of contract*** 【法】 계약 위반〈불이행〉. ***a ~ of duty*** 【法】 배임, 직무태만. ***a ~ of faith*** 배신. ***a ~ of prison*** 【法】 탈옥. ***a ~ of promise*** 【法】 약속 위반〈불이행〉, 위약, 약혼불이행. ***a ~ of the peace*** 【法】 치안 방해. ***heal the ~*** 화해시키다. ***in ~ of*** …에 위반하여. ***~ of trust*** 신탁위반, 배임. ***stand in*** 〈***throw*** one***self into***〉 ***the ~*** 난국에 대처하다, 공격에 맞서다. ***step into the ~*** (위급시에) 구원의 손길을 뻗치다 ; 대신하다. — *vt.* (성벽 등)을 깨뜨리고 지나가다 ; 돌파하다. — *vi.* (고래가) 물위로 뛰어오르다.

:bread [bred] *n.* ⓤ (1) 생계, 식량 : (2) 빵 :3)《俗》 돈, 현금(dough). ***~ and butter*** 버터 바른 빵 ; 생계. ***cast*** 〈***throw***〉 one***'s ~ upon the waters*** 보상을 바라지 않고 남을 위해서 힘쓰다, 음덕을 베풀다. ***in good ~*** 행복하게 살아. ***know*** 〈***on***〉 ***which side*** one***'s ~ is buttered*** 자기의 이해 관계를 살 알고 있다. 빈틈없다. ***make ~ out of*** …로 생계를 이어가다. ***make*** 〈***earn***〉 one***'s ~*** 생활비를 벌다. ***out of ~***《俗》 실업(失業)하여. quarrel with one's ~ and butter 밥줄을 잃기 쉬운 짓을 하다. ***take*** (***the***) ***~ out of*** a person***'s mouth*** 아무의 생계의 길을 빼앗다. ***the ~ of life*** 【聖】 생명의 양식. — *vt.* 【料】 빵부스러기를 묻히다.

bread-and-but·ter [brédnbʌ́tər] *a.*〔限定的〕 (1)《口》통속적인, 평범한, 보통의. (2) 생계를〈생활을〉 위한 (3) 환대를 감사하는

bread·bas·ket [↗bæ̀skit, ↗bɑ̀ːs-] *n.* (1) (the ~) 주요 곡물 생산지, 곡창 지대 : The Eastern Province is the country's ~. 동부 지방은 그 나라의 곡창 지대다. (2) ⓒ 빵 바구니《식탁용》. (3) (the ~)《俗》 밥통, 위(胃).

bread·bin [↗bìn] *n.* ⓒ《英》 뚜껑 달린 빵 그릇, 빵 상자.

bread·board [↗bɔ̀ːrd] *n.* ⓒ 빵을 써는 도마, 빵을 반죽하는 대(臺).

bréad crùmb (1) (흔히 *pl.*) 빵부스러기, 빵가루. (2) 빵의 말랑말랑한 부분. 【cf.】 crust.

bread·fruit [brédfrùːt] *n.* (1) ⓒ 【植】 빵나무《폴리네시아 원산》. (2) ⓤⓒ 빵나무의 열매.

bread·stuff [↗stʌ̀f] *n.* ⓤ (1) 빵(종류). (2) 빵의 원료《밀가루 따위》.

:breadth [bredθ, bretθ] *n.* (1) ⓒ (피륙 따위의) 일정한 폭. (2) ⓤⓒ 나비, 폭 : eight feet in ~ 폭 8피트. (3) ⓒ (수면·토지 등의) 광대한 평면. (4) ⓤ (마음·견해의) 넓음, 관용(寬容), 활달함 : ~ of mind 마음의 여유 /by a hair's 아슬아슬하게. over the length and ~ of …의 전반에 걸쳐.

breadth·ways, -wise [↗wèiz], [↗wàiz] *ad., a.* 가로로〈의〉.

bréad trèe 망고(mango) ; 빵나무(bread-fruit) ; 바오밥(baobab).

bread·win·ner [brédwìnər] *n.* ⓒ (1) 한 가정의 벌이하는 사람 (2) 생업, 생계수단(도구, 기술).

:break [breik] (***broke*** [brouk],《古》 ***brake*** [breik]; ***bro·ken*** [bróukən],《古》 ***broke***) *vt.* (1) …의 뼈를 부러뜨리다. 탈구(脫臼)시키다 ; (살갗을) 벗어지게 하다, 까지게 하다 : (2)《~+目/+目+前+名》 …을 깨뜨리다, 부수다, 쪼개다, 찢다 ; (가지등)을 꺾다:(로프 따위)를 자르다 (3) (대열·보조 따위를 흩뜨리다 ; (텐트)를 건다, 접다. (4) (한 벌로 된 것·갖추어진 것)을 나누다, 쪼개다 (5)《~+目/+目+補》(문 따위)를 부수다, 부수고 열다(~open); 부수고 들어가다〈나오다〉 : ~ a dwelling 집에 침입하다/~ jail 탈옥하다.

(6) (기계 등)을 부수다, 고장내다.

(7) (약속·법규 따위)를 어기다, 범하다, 위반하다 (8) (단조로움·침묵·평화 등)을 깨트리다, 어지르다 : ~silence.

(9) (여행 따위)를 중단하다, 끊기게 하다 ; (전기회로)를 단절하다. (전류)를 끊다 (10) (적)을 무찌르다 ; 【테니스】 (상대방의 서비스 게임)에 이기다, 브레이크하다. (기를) 꺾다, 압도하다, 약화시키다 (11) (고기 따위가 수면 위)로 뛰어오르다 (돛·기따위)를 올리다.

(12)《~+目/+目+副/+目+前+名》 (말 따위)를 길들이다 : (13)《+目+前+名》 …의 버릇〈습관〉을 고치다《*of*》 : (14) (암호 따위)를 해독하다, 풀다(solve) ; (사건 따위)를 해결하다 ; (일리바이 따위)를 깨뜨리다 : (15) (길)을 내다 ; (땅)을 갈다, 개척하다 : ~ a path 길을 내나 /~ new ground (연구·사업 등의) 새로운 분야를 개척하다.

(16)《~+目/+目+前+名》 (비밀 따위)를 털어놓다, 누설하다 ; (이야기 따위)를 공표〈공개〉하다 : (17) …을 파산시키다《과거분사는 broke》 ; 해직하다 ; 삭탈관직하다, 강등시키다 : (18) (경기 따위의 기록)을 깨다, 갱신하다 : (19) (투구(投球))를 커브시키다 ; 【拳】 (서로 껴안고 있는 선수에게) 브레이크를 명하다.

— *vi.* (1)《~/+副/+前+名》 깨어지다, 쪼개지다, 부서지다; 부러지다 ; 끊어지다 ; (파도가) 바닷가를 치다 : (2) (갑자기) 멈추다, 중지〈중단〉하다 ; 휴식하다 ; (전류가) 끊어지다: (3)《~/+前+名》 갑자기 변하다, (기후가) 변하다 ; (소리·질·색깔 등이) 돌변하다 ;

(물집 · 종기 따위가) 터지다《*in* ; *into* ; *from* ; *forth* ; *out*》 : (4) 《~/+前+名》 교제〈관계〉를 끊다, 헤어지다, …와 관계가 끊어지다《*with*》 ; 떨어져 나가다《*away* ; *off*》 ; 뿔뿔이 흩어지다, 해산하다《*up*》 : 퇴각하다 : (5) 헤치고 나아가다《*in* ; *through*》《美》돌진하다《*for* ; *to*》 ; 침입하다《*in*》 : (6) 《~/+副》 돌발하다, (한숨 · 웃음이) 터지다, 나타〈일어〉나다 : (7) (날이) 새다 : (8) 싹이 나다, 움이 트다, (꽃망울이) 봉오리지다 : The bough ~*s*. 가지에 움이 튼다.
(9) (물고기가) 물 위에 떠오르다 : (10) 《~/+前+名》 분해하다《*off*》 ; (압력 · 무게 등으로) 무너지다, (구름 · 안개 따위가) 없어지다《*away*》 ; (서리가) 녹다.
(11) (건강 · 체력 · 시력이) 약해지다, 쇠하다 ; 기력을 잃다, 꺾이다 ; 못쓰게 되다, 고장나다 : (12) (주식 · 주가가) 폭락하다.
(13) (군대가) 패주하다, 어지러워지다 ; 파산하다 ; (신용 · 명예 · 지위 등이) 떨어지다 (14) **[球技]** (공이) 커브하다.
(15) (뉴스 등이) 공표되다, 알려지다, 전해지다.
(16) **[拳]** (클린치에서) 떨어지다, 브레이크하다.
(17) 《美口》 (사건 등이) 생기다, 발생하다, (어떤 상태로) 되다 : ***~ away*** 1)(*vt.*) …을 부숴버리다; (습관 따위)를 갑자기 그만두다. 2) (*vi.*) 도망하다, 떠나다, 풀리다, (주제 · 패거리 등으로부터) 벗어나다, 이탈하다, 정치적으로 독립하다《*from*》 ; 무너져 떨어지다 ; (구름 따위가) 흩어지다, 개다 ; 배반하다. **[競]** 상대방의 골에 돌진하다〈을 급습하다〉 ; **[競馬]** 스타트 신호 전에 내닫다. ***~ back*** 꺾이어 들어가다. (상대방의 수비를 혼란시키기 위하여) 급히 반대 방향으로 달리다. ***~ down*** 1) (*vt.*) …을 부숴버리다 ; 압도하다 ; (장애 · 적의 따위)를 극복〈억제〉하다; 분석하다; 분류하다 : 그 계획에 대한 그들의 반대를 억제할 수가 없었다. 2) (*vi.*) (기계 따위가) 고장나다, 찌그러지다 ; (연락 따위가) 끊어지다; 정전(停電)되다 ; (질서 · 저항 따위가) 무너지다. (계획 · 교섭 따위가) 실패하다 ; 건강을 해(害)치다 ; 자백하다 ; 정신없이 울다 ; (화학적으로) 분해되다《*into*》 : ***~ in*** 1) 뛰어들다, 난입하다 ; 말참견하다 : 2) (말 따위)를 길들이다 ; 단련시키다, (어린아이 등)을 훈육하다《*to*》. 3) (처녀지)를 개간하다. 4) 《美俗》 옥에 들어가다. ***~ in on 〈upon〉*** 갑자기 …잘 습격하다 ; 중단하다, (회화 등에 끼어들어) 방해하다 ; 언뜻(가슴에) 떠오르다 : ***~ off*** 1) (*vt.*) …을 꺾어 〈찢어〉내다 ; 끊다, 그만두다 ; 약속을 취소하다. 2) (*vi.*) 꺾여 떨어지다 ; (결혼 등을 파기하고) (…와) 헤어지다, 절교하다《*with*》 ; (일을 그치고) 휴식하다. ***~ off from(with)*** …와 절교하다. ***~ on 〈upon〉*** …에 불쑥 나타나다 ; (파도가) …으로 밀려오다 ; …이 분명해지다. ***~ out*** (전쟁 · 화재 등이) 일어나다 ; 탈출하다, 탈주〈탈옥〉하다 ; 갑자기 소리 지르다 ; (땀 · 종기 등이) 나오다 : ~ *out in pimples* 여드름이 나다. ***~ out into*** 갑자기 …하기 시작하다 : ~ *out into abuses* 욕설하기 시작하다. ***~ over*** (파도가) 부딪쳐 … 위를 넘다 ; 《比》 (갈채 따위가) …에게 쏟아지다 ; 《美俗》예외를 만들다〈인정하다〉. ***~ the back of*** ⇨ BACK. ***~ the ice*** ⇨ICE. ***~ through*** …을 헤치고 나아가다 ; (구멍 따위)를 뚫다 ; (햇빛이) …의 사이에서 새다〈나타나다〉 ; — *n.* (1) ⓒ 갈라진 틈, 깨짐, 파괴, 파손, 깨진 곳 : a ~ in the wall. (2) ⓤ 새벽(~ of day). (3) ⓒ 중단, 중지, 끊김 ; 잠시의 휴식(시간) : take a ~ 잠시 쉬다. (4) ⓒ 단락, 구분. (5) ⓒ 분기점 : a ~ in one's life 인생의 분기점. (6) ⓒ 《電》 (회로의) 차단, 단절. (7) ⓒ 《英口》 실책, 실수, 실언. (8) ⓒ 《口》 행운 ; 좋은 기회 : Give him a ~. 한 번만 봐 주어라. (9)ⓒ **[拳]** 브레이크. (10) ⓒ 갑작스런 변화 ; 시세의 폭락. (11) ⓒ **[撞球]** 연속 득점 ; **[球技]** 커브, 곡구 ; **[테니스]** 브레이크《상대방의 서비스 게임에 이김》. (12) ⓒ 내닫기 ; 돌파 ; 《특히》탈옥.

break·a·ble [bréikəbəl] *a.* 깨지기 쉬운, 망가뜨릴〈부술, 깨뜨릴〉수 있는, 무른. — *n.* (*pl.*) 깨지기〈부서지기〉 쉬운 것, 깨진 것.

break·age [bréikidʒ] *n.* (1) ⓒ 깨진 곳 ; (*pl.*) 파손물, 파손 부분. (2) ⓤ 파손, 손상, 파괴.

break·a·way [bréikəwèi] *n.* ⓒ 절단, 분리 ; 탈출, 도주; (무리에서의) 이탈, 결별 ; 전향(轉向)

***break·down** [bréikdàun] *n.* ⓒ (1) (정신적) 쇠약 : (2) (기계의) 고장, 파손. (3) 몰락, 붕괴, 와해 : (4) (교섭 등의) 결렬 ; 좌절. (5) (자료 등의) 분석, 분류.

bréakdown trùck (lòrry) 《英》 레커차 (wrecker).

***break·er** [bréikər] *n.* ⓒ (1) 깨는사람〈물건〉, 파괴자 : **[電]** 차단기. (2) (해안 · 암초 따위의) 부서지는 파도, 쇄파(碎波) (3) 조마사(調馬師), 조련사(調練師).

break-e·ven [bréikíːvən] *a.* 이익도 손해도 없는, 수입액이 지출액과 맞먹는.

:break·fast [brékfəst] *n.* (1) ⓒ (시간에 관계없이)그날의 첫 번째 식사. (2) ⓤⓒ 아침 식사 : have (one's) ~ 조반을 들다. — vi.《+前+名》조반을 먹다《*on*》 : ~ *on* bacon and eggs 베이컨과 달걀로 조반을 먹다. [◀ break+fast]

bréakfast fòod 조반용으로 가공한 곡류 식품《cornflakes, oatmeal 따위》.

break-in [bréikìn] *n.* ⓒ (1) 시운전. (2) 가택 침입, 밤도둑. (3) (사업 등의) 개시, 시작.

brèaking and éntering **[法]** 주거 침입(죄).

bréaking pòint (the ~) (1)(체력 · 인내 등의) 극한, 한계점 : (2)(재질(材質)의) 파괴점; (장력(張力) 등의)한계점.

break·neck [bréiknèk] *a.* (1) 몹시 가파른 : (2) (목이 부러질 정도로) 위험천만한, 무모한 :

break·out [⌐àut] *n.* ⓒ (1) 탈주 ; (집단) 탈옥. (2) **[軍]** 포위 돌파.

break·point [⌐pɔ̀int] *n.* ⓒ (1) **[컴]** (일시) 정지 지점. (2) (어느 과정에서의) 중지점, 휴식지점. (3)(테니스 등에서) (서비스의) 브레이크포인트.

break·through [⌐θrùː] *n.* ⓒ (1) (과학 · 기술 등의) 커다란 약진〈진전, 발견〉《*in*》 : (2) **[軍]** 적진 돌파(작전).

break·up [⌐ʌ̀p] *n.* (흔히 *sing.*) ⓒ (1) 《英》 (학기말의) 종업. (2) 분리, 분산, 해체 ; 해산. (3)(부부 등의) 불화, 이별.

break·wa·ter [⌐wɔ̀ːtər, ⌐wɑ̀t-] *n.* ⓒ (항구 등의)방파제.

:breast [brest] *n.* ⓒ (1) 가슴 속, 마음 속, 심정: (2) 가슴 ; 옷가슴. (3) 젖통이, 유방. (4) (산 · 언덕 따위의) 허리 ; (기물 등의) 옆면 : — *vt.* (1) 《~+目/+目+前+名》 (곤란 등)에 감연히 맞서다. (2) (배가 파도)를 가르고 나아가다 The boat ~*ed* the waves. (3)(러너가 가슴으로 테이프)를 끊다. (4) (산 따위)를 끝까지 오르다.

breast-beat·ing[⌐bìːtiŋ] *n.* ⓤ (고충 · 슬픔 등을) 감정을 과장되게 표현함; 가슴을 치면서 한탄함.

breast·bone [bréstbòun] *n.* ⓒ 가슴뼈(sternum).
breast·fed [bréstfèd] *a.* 〔限定的〕 모유로 키운.
breast·feed [⌐fìːd] *vt.* (아기)를 모유로 기르다
breast·high [⌐hái] *a., ad.* 가슴 높이의〈로〉
breast·pin [bréstpìn] *n.* ⓒ 가슴에 다는 장식핀, 브로치(brooch).
breast·plate [bréstplèit] *n.* ⓒ (거북 따위의) 가슴패기 ; (갑옷·마구 따위의) 가슴받이
bréast pòcket (상의의) 주머니 : I kept the list in my ~. 나는 그 명단을 상의 윗주머니에 보관했다.
breast·stroke [bréststròuk] *n.* ⓤ 평영(平泳), 개구리 헤엄.
breast·work [bréstwə̀ːrk] *n.* ⓒ 【軍】 (급조한 방어용) 흉벽, 흉장(胸牆).
:breath [breθ] *n.* (1) ⓒ (바람의) 한 번 붊 ; 미풍 ; 살랑거림 ; (은근한) 향기; 조그만 징조〈암시〉 ; 속삭임 : (2) ⓤ **숨, 호흡** ; ⓒ 한 호흡, 한숨. (3) ⓤ 【音聲】 무성음 《voice(유성음)에 대해》. (4) ⓤ 생기(生氣), 활기; 생명. (5) ⓤⓒ (일)순간; 휴식 시간. ***be short of ~*** 숨이 차다. ***catch*** one***'s ~*** (놀라움 따위로) 숨을 죽이다, 움찔하다 ; 숨을 내쉬다, 한 차례 쉬다. ***draw ~*** 숨을 쉬다, 살아 있다 : ***get*** one***'s ~*** (***back***) (***again***) (운동 따위를 한 후) 호흡이 원상태로 돌아오다. ***hold*** 〈***keep***〉 one***'s ~*** 1) (놀라움·감동으로) 숨을 죽이다, 마른침을 삼키다. 2) (진찰, 뢴트겐 사진을 위해) 호흡을 멈추다. ***in one ~*** 1) 단숨에 : (2) 동시에. ***in the next ~*** 다음 순간. ***in the same ~*** 1) 동시에 : 2) (상반되는 것을) 동시에, 잇따라 : ***knock the ~ out of*** a person***'s body*** 아무를 깜짝 놀라게 하다 ; (아무를 흠씬 때려) 숨을 못쉬게 만들다. ***lose*** one***'s ~*** 숨을 헐떡이다. ***not a ~ of*** …가 전혀 없는 : *not a ~ of* suspicion 의심할 여지가 없는. ***out*** 〈***short***〉 ***of ~*** 숨이 차서, 헐떡이며. ***save*** one***'s ~*** 잠자코 있다. one***'s last*** 〈***dying***〉 ***~*** 임종, 최후 ***spend*** 〈***waste***〉 one***'s ~*** 허튼소리 하다. ***take a deep*** 〈***long***〉 ***~*** 한숨 돌리다, 심호흡하다. ***take ~*** 한숨 돌리다, 잠시 쉬다. ***take*** a person***'s ~*** (***away***) 아무를 깜짝 놀라게 하다. ***the ~ of life*** 사는 데에 불가결한 것.
breath·a·ble [bríːðəbl] *a.* (1) (옷감이) 통기성이 있는. (2) (공기가)호흡에 적당한, 호흡할 수 있는.
breath·a·lyze, 《英》 **-lyse** [bréθəlàiz] *vt.*《英》 …에 음주 여부를 검사하다.
breath·a·lyz·er, 《英》 **-lys·er** [bréθəlàizər] *n.* 음주〈주기(酒氣)〉 검사기《B- 商標名》 =**bréath analỳzer**).
:breathe [briːð] *vi.* (1) 휴식하다, 한숨 돌리다 : (2)호흡하다, 숨을 쉬다 ; 살아 있다 : ~ *in* 〈*out*〉 숨을 들이〈내〉쉬다. (3) (바람이) 살랑살랑 불다 ; (향기가) 풍기다 ; 암시하다《*of*》 : — *vt.* (1) …을 호흡하다 ; 빨아들이다 ; (공기 따위)를 내뿜다. (2) 《+目+前+名》 (생기(全氣)·생명·영혼 따위)를 불어넣다 《*into*》 : (3) (향기 따위)를 발산하다 : ~ forth fragrance. (4) …을 (태도로) 나타내다, 표현하다 : (5) …을 속삭이다, 작은 소리로 말하다 ; (불평 따위)를 말하다, 토로하다. (6) (말 따위)에 한숨 돌리게 하다, 쉬게 하다. (7) …을 무성음으로 발음하다. breath *n.* ***As I live and ~!*** 《口》 어머나, 저런《놀라움을 나타냄》. ***~ again*** 〈***easy, easily, freely***〉 안도의 한숨을 내쉬다, 위기를 벗어나다. ***~ a word against*** …에게 한 마디 불평을 하다. ***~ down*** a person***'s neck*** =NECK. ***~ hard*** 괴로운 숨을 쉬다. ***~ in*** …을 호흡하다, 빨아들이다 ; …에 귀를 기울이다 : ~ *in* every word 한마디도 빠뜨리지 않고 듣다. ***~ on*** 〈***upon***〉 1) …에 입김을 내뿜다, 흐리게 하다 : ~ *on* one's glasses 안경을 닦으려고 입김을 불어 흐리게 하다. 2) 더럽히다 ; 비난하다. ***~*** one***'s last*** (***breath***) 마지막 숨을 거두다, 죽다. ***do not ~ a word*** 〈***syllable***〉 한 마디도 말하지 않다《비밀 따위를 지킴》
breathed [breθt, briːðd] *a.* 【音聲】 무성음의.
breath·er [bríːðər] *n.* ⓒ (1) 《口》 잠깐의 휴식 (2) 숨쉬는 사람, 생물: a heavy ~ 숨이 거친 사람. (3) 통기공, 연기 빼는 구멍. (4) 산책
bréath gròup 【音聲】 기식의 단락, 기식군(氣息群) 《단숨에 발음하는 음군(音群)》..
***breath·ing** [bríːðiŋ] *n.* (1) ⓒ (a ~)한 번 숨쉴〈숨쉴 시간〉, 순간. (2) ⓤ 호흡, 숨결 : deep ~ 심호흡. (3) ⓒ 잠시 쉼, 휴식.
bréathing capàcity 폐활량.
bréathing spàce 숨 돌릴 여유 ; (움직이거나 일하는) 여유.
***breath·less** [bréθlis] *a.* (1) 숨을 거둔, 죽은. (2) 숨찬, 헐떡이는 : (3) 바람 한 점 없는 : (4) **숨도 쉴 수 없을 정도의**, 숨막히는, 마음 죄는 : 파) **~·ly** *ad.* 숨을 헐떡이며〈죽이고〉. **~·ness** *n.*
***breath·tak·ing** [bréθtèikiŋ] *a.* 굉장한, 감동적인, 움찔〈깜짝〉 놀랄 만한 ; 아슬아슬한 파) **~·ly** *ad.*
bréath tèst 《英》 (음주 운전의) 알코올 농도 검사.
breathy [btéθi] (***breath·i·er ; -i·est***) *a.* (1)【音聲】 기식의. (2) 기식음(氣息音)이 섞인 ; 숨소리가 들리는. 파) **bréath·i·ty** *ad.* **-i·ness** *n.*
***bred** [bred] BREED의 과거·과거분사.
breech [briːtʃ] *n.* ⓒ 포미(砲尾), 총개머리 ; 《古》 (사람의) 궁둥이, 볼기.
bréech bìrth 【醫】 도산(倒産).
breech·cloth, -clout [⌐klɔ̀(ː)θ, ⌐klɑ̀θ], [⌐klàut] *n.* ⓒ (인디언 등의) 허리에 두르는 천, 기저귀.
breech·es [brítʃiz] *n. pl.* 《口》 (반)바지 ; 승마용 바지
bréeches bùoy (바지 모양의 즈크제) 구명 부대(浮袋).
breech·load·er [bríːtʃlòudər] *n.* ⓒ 후장총(後裝銃)〈포〉. 【cf.】 muzzleloader.
:breed[briːd] (*p., pp.* ***bred*** [bred]) *vt.* (1)《~+目/+目+副/+目+(*to* be)補/目+*to* do/+目+前+名》 …을 기르다 ; 양육하다 ; (…하도록) 가르치다 : be *bred* (*up*) in luxury 사치스럽게 자라다/He was *bred* (*to be*) a gentleman. 그는 자라서 신사가 되었다 /(2) (동물이 새끼)를 낳다, (새가) 알을 까다, 부화시키다. (3) (품종)을 개량하다, 만들어내다 ;번식시키다 :~ cattle 가축을 사육하다.
— *vi.* (1)새끼를 낳다〈배다〉 ; (동물이)번식하다, 자라다. (2)《蔑》자식을 많이 낳다 — *n.* ⓒ 종류 ; 유형 ; 품종 ; 종족《*of*》 : a different ~ *of* man 다른 유형의 인간 /dogs *of* mixed ~ 잡종개.
***breed·er** [bríːdər] *n.* ⓒ (1) 양육〈사육〉자 ; 품종개량가, 육종가. (2) **종축**(種畜), 번식하는 동물〈식물〉. (3) =BREEDER REACTOR 〈PILE〉.
bréeder reàctor (**pìle**) 증식형 원자로.
***breed·ing** [bríːdiŋ] *n.* ⓤ (1) 교양, 예의 범절 : (2) 번식, 양식(養殖) 부화 ; 양육, 사육, 품종개량 : (3) 【物】 (원자핵의) 증식.

bréeding gròund (plàce (1) (악 따위의) 온상《of ; for》: ~s for passport forgery 여권 위조의 온상. (2) 사육장, 번식지《of ; for》.

:breeze¹ [bri:z] n. (1) ⓒ《英口》싸움, 분란, 소동 : (2) ⓤⓒ 산들바람, 미풍 ; 연풍(軟風) ; 【氣】초속 1. 6-13. 8m의 바람. 【opp.】 gust, gale. (3) (a ~)《口》쉬운 일 : be a ~ 여반장이다 /The test was a ~. 시험은 식은죽 먹기였다. ***fan the ~***《美俗》=shoot〈bat〉the ~. ***shoot*** 〈***bat***〉 ***the ~***《美俗》허튼소리하다, 종작없이 지껄이다. (***win***) ***in a ~*** 손쉽게 (이기다).
— vi. (1) 〔It를 主語로 하여〕산들바람이 불다 : (2)《+副/+前+名》《口》(바람처럼) 휙 가다〈나가다, 나아가다, 움직이다〉: ***~ in***〈***out***〉 1) 재빠르게 들어오다〈나가다〉. 2) 낙승하다

breeze·less [brí:zlis] a. 바람 없는.

breeze·way [brí:zwèi] n. ⓒ (건물 사이를 잇는) 지붕 있는 통로.

breezy [brí:zi] (***breez·i·er ; -i·est***) a. (1) (성질·태도 등이) 기운찬, 쾌활한 : his bright and ~ personality 그의 명랑하고 쾌활한 개성. (2) 산들바람이 부는, 바람이 잘 통하는. 파) **breez·i·ly** ad. 산들바람이 불어; 힘차게. **-i·ness** n.

Brén (gùn) 브렌 기관총《제 2차 세계 대전 중에 영국군이 사용》.

Bret. Breton.

:breth·ren [bréðrən] n. pl. (종교상의) 동일 교회원〈교단원〉, 형제 ; 동일 조합원, 동업자 ; 동포

breve [bri:v] n. ⓒ 단음(短音) 기호《단모음 위에 붙이는 발음 부호(˘)》; 【樂】2온음표《|○|, |=|》.

bre·vet [brəvét, brévit] 【軍】 a.〔限定的〕명예 진급의〈에 의한〉: a ~ rank 명예 계급. — n. ⓒ 명예 진급 사령장(辭令狀). — (***-t***(***t***)***-***) vt. …을 명예 진급시키다. by ~ 명예 집급에 의하여.

bre·vi·ary [brí:vièri, brév-] n. (종종 B-) 【가톨릭】 성무 일도서(聖務日禱書).

***brev·i·ty** [brévəti] n. ⓤ 간약, 간결; (시간의) 짧음. 【cf.】 brief.

brew** [bru:] vt. (1) (음모 따위)를 꾸미다, (파란)을 일으키다《up》: (2) (맥주 등)을 양조하다 : — vi. (1) 양조하다 ; 차를 끓이다《up》. (2) 〔흔히 進行形으로〕(음모 따위가) 꾸며지고 있다 ; (소동·폭풍우 따위가) 일어나려고 하다 : — n. ⓤⓒ (1) 달인 차《커피 등》. (2) 양조(량). (3) (주류(酒類)의) 품질. (4) 양조법 ;《美俗》맥주. ***the first ~ of tea 첫탕 차(茶). ***the poor ~ of tea*** 잘못 끓인 차.
파) **brew·er** [-ər] n. 양조자〈회사〉. **brew·ery** [-əri] n. ⓒ (맥주) 양조장.

bréwer's yéast [brú:ərz-] 맥주 효모, 양조용이스트.

brew·house [brú:hàus] n. ⓒ (맥주) 양조장.

brew·ing [brú:iŋ] n. (1) ⓒ (1회분의) 양조량, (2) ⓤ (맥주) 양조장. (3) 폭풍우의 전조, 검은 구름.

***briar** [bráiər] n. = BRIER[1, 2].

:bribe [braib] vt. (1)《~+目/+目+前+名/+目+to do》…을 매수하다, 뇌물로 꾀다 ; …에게 뇌물을 쓰다 : (2) 〔~ oneself 또는 ~ one's way 로〕뇌물을 써서 (지위 따위)를 얻다 : — n. ⓒ 뇌물 : — vi. 뇌물을 쓰다. ~ a person ***into silence*** 뇌물로 아무의 입을 막다.

***brib·ery** [bráibəri] n. ⓤ 증회, 뇌물(을 주는〈받는〉 행위), 수회 :

bric-a-brac, bric-à-brac [bríkəbræ̀k] n. ⓤ《F.》〔集合的〕골동품:

:brick [brik] n. (1) ⓒ 벽돌 모양의 덩어리 : (2) ⓤⓒ 벽돌 (한 개) : (3)《英》(장난감의) 집짓기 블록(《美》block). (4) ⓒ《口》믿음직한 사람, 쾌남아, 유쾌한 놈 : (5)〔形容詞的〕벽돌로 만든, 벽돌과 같은; 벽돌색의 : (***come down***) ***like a ton*** 〈***pile***〉 ***of ~s***《口》맹렬한 기세로 (떨어지다) ; 무조건 (호통치다). ***drop a ~***《口》실수하다, 실언하다. ***drop*** a thing 〈a person〉 ***like a hot ~*** 황급히〈아낌없이〉버리다. ***hit the ~s***《美俗》스트라이크하다, 파업하다. ***make ~s without straw*** 필요한 재료도 없이 만들려고 하다, 헛수고하다. — vt.《~+目/+目+副》…을 벽돌로 에두르다《in》; 벽돌로 막다《up》; …에 벽돌을 깔다 : ~ up a window 창문을 벽돌로 막다.

brick·bat [bríkbæ̀t] n. ⓒ (1) 비난, 혹평, 독설, 모욕 : (2) 돌 조각〈부스러기〉.

brick chéese《美》벽돌 모양의 (미국산)치즈.

brick·field [bríkfi:ld] n. ⓒ《英》벽돌 공장(《美》brickyard).

brick·kiln [ˊkìln] n. ⓒ 벽돌 (굽는) 가마.

brick·lay·er [ˊlèiər] n. ⓒ 벽돌공〈장이〉.

brick·lay·ing [ˊlèiiŋ] n. ⓤ 벽돌쌓기〈공사〉.

brick-red [ˊréd] a. 붉은 벽돌색의.

brick wáll 큰 장벽; 벽돌 담.

brick·work [ˊwə̀:rk] n. ⓤ 벽돌 쌓기〈공사〉

brick·yard [bríkjɑ̀:rd] n. ⓒ 벽돌 공장.

***brid·al** [bráidl] a.〔限定的〕신부의, 새색시의 : 혼례의 :

:bride [braid] n. ⓒ 새색시, 신부:

:bride·groom [ˊgrù(:)m] n. ⓒ 신랑.

brides·maid [bráidzmèid] ⓒ 신부 들러리.

brides·man [ˊmən] (pl. ***-men*** [-mən]) n. ⓒ 신랑 들러리(best man).

bride-to-be [ˊtəˊ] (pl. ***brides-***) n. ⓒ 신부가 될 사람.

:bridge¹ [bridʒ] n. ⓒ (1) 【船】 함교(艦橋), 선교, 브리지. (2) 다리, 교량 ; 육교 ; 철도 신호교: (3)《比》연결, 연락, 다리(놓기), 중개(자) : (4) 다리 모양의 것 ; 콧마루 ; (현악기의) 기러기 발 ; 【齒】가공의치(架工義齒), 브리지, (의치의) 틀 ; 【撞球】큐대(臺), 레스트(rest) ; 【레슬링】브리지 ; (안경의)원산(遠山). (5) 【電】전교(電橋), 교락(橋絡). ***a ~ of boats*** 배다리, 부교(浮橋). — vt. …에 다리를 놓다 ; 다리를 놓아 길을 만들다 : a river 강에 다리를 놓다. (2) …의 중개역을 하다, (간격 따위)를 메우다

bridge² n. ⓤ 브리지《카드놀이의 일종》

bridge·head [ˊhèd] n. ⓒ (1) 거점(據點). (2) 【軍】교두보

Bridg·et [brídʒət] n. 브리지드《여자 이름》

brídge tòwer 교탑(橋塔).

bridge·ward [brídʒwɔ̀:rd] n. ⓒ 다리 감시인, 다리지기.

bridge·work [ˊwə̀:rk] n. ⓤ 【齒】가공(架工) 의치(술) ; 교량 공사.

brídging lòan (집을 바꾼다든지 할 때의) 일시적인 융자〈대부금·차입금〉(= **bridge loan**).

:bri·dle [bráidl] n. ⓒ (1) 구속, 속박, 제어 ; 구속〈제어〉하는 것《on》: put a ~ on one's temper 화를 참다. (2) 굴레《재갈·고삐 따위의 총칭》고삐. ***draw ~*** 고삐를 당겨 말을 멈추다 ;《比》자제하다. ***give the ~ to*** = ***lay the ~ on the neck of*** …의 고삐를 늦추어 주다 ; …을 자유롭게 활동시키다. — vt. (1) …에 굴레를 씌우다. (2) (감정 따위)를 억제하다

: He ~*d* his anger with a effort. 그는 지그시 분노를 참았다. — *vi.* 《~/+前+名/+副》(여자가) 머리를 곧추 세우며 새치름해 하다《*up*》: (…을 듣고〈보고〉) 화내다, 역정내다《*at*》: She ~*d* (*up*) at the insinuation. 그 비꼬는 말에 그녀는 새침해졌다.

brídle pàth 승마길《수레는 못 다님》.

Brie [briː] *n.* 브리(치즈)《희고 말랑말랑한 프랑스 원산의 치즈》.

:brief (**∠•er ; ∠•est**) *a.* (1) 간결한, 간단한 : (사람이) 말수가 적은 무뚝뚝한 :(2) 짧은, 단시간의 : 덧없는 : (3) (옷이) 짧은 : a ~skirt (극단적으로) 짧은 스커트. ㅁ brevity *n.* ***~ and to the point*** 간결하고 요령 있는. ***to be ~*** 간단히 말하면.
— *n.* (1) ⓒ 적요, 대의 ; 【法】 소송 사건 적요서 : 소송의뢰 사건 ; 이의신청. (2) ⓒ (권한·임무 따위를 규정하는) 지시(사항) ; 《比》 임무, 권한 ; (출격시 내리는) 간결한 지시〈지령〉. (3) ⓒ 【가톨릭】 (교황의) 훈령. (4)(*pl.*) 브리프《짧은 팬츠》: — *vt.* (1) …을 요약하다. (2) 《英》 (변호사)에게 소송 사건 적요서에 의한 설명을 하다 ; …에게 변호를 의뢰하다. (3) 《+目+前+名》…에게 사정을 충분히 알리다, 요점을 추려 말하다《*on*》; …에게 간단히 지시하다 : 파) **∠•ness** *n.*

brief·case [bríːfkèis] *n.* ⓒ(주로 가죽으로 만든) 서류 가방.

brief·ing [bríːfiŋ] *n.* ⓤⓒ. (1) 【空軍】 (출격 전에 탑승원에게 내리는) 요약보고. (2) 상황 설명(회)

brief·less [bríːflis] *a.* 소송 의뢰자가 없는.

:brief·ly [bríːfli] (***more ~ ; most ~***) *ad.* (1)(2)짧게, 간단히, 간단히 말해서

bri·er**[1] [bráiər] *n.* ⓒ 찔레〈가시〉나무. ***~s and brambles 우거진 가시나무〈덤불〉.

***bri·er**[2] *n.* ⓒ【植】 브라이어《석남과(科) 에리카속의 식물; 남유럽산》; (보통 briar) 그 뿌리로 만든 파이프 : Will you have a ~ or a weed? 파이프로 하겠니 시가로 하겠니.

bri·er·root [-rù(ː)t] *n.* ⓒ brier[2]의 뿌리(로 만든 파이프).

brig [brig] *n.* ⓒ (1) 【美軍】 영창《특히 군함 내의》, 교도소. (2) (가로돛의) 쌍돛대 범선의 일종.

***bri·gade** [brigéid] *n.* ⓒ 【軍】 (군대식 편성의) 대(隊), 조(組) ; 여단(旅團) : a fire ~ 소방대 /a mixed ~ 혼성 여단 /John and Kim fought in the same ~ during the war. 존과 킴은 전쟁 중에 같은 여단에서 싸웠다.

brig·a·dier [brìgədíər] *n.* ⓒ 【英軍】 육군 준장《여단장의 계급》; 여단장 ; 【美軍】

brígadier géneral 【美軍】 준장 《略 : Brig. Gen》.

brigand [brígənd] *n.* ⓒ 도적, 산적, 약탈자.

brig·and·age [-idʒ] *n.* ⓤ 산적 행위 ; 강탈.

:bright [brait] (**∠•er ; ∠•est**) *a.* (1) 빛이 충만한, 밝은 ; (색깔이)선명한 ; 빛나는 (2) (반짝반짝) 빛나는, 광채나는 ; 화창한 ; 밝은 : (3) 유망한 : (4) 머리가 좋은, 영리한, 민첩한, 기지가 있는 (5)원기 있는, 명랑한. and clear 맑게갠. ***~ and early*** 아침 일찍.
— *ad.* =BRUGHTLY.

:bright·en [bráitn] *vt.* (1) …을 환하게 하다. (2) …을 반짝이게 하다, 빛내다 : (3) 《~+目/+目+副》을 상쾌〈쾌활〉하게 하다 ; 유망하게 하다; 원기있게 하다, 행복하게 하다 : — *vi.* (1) 반짝이다, 빛나다 ; 밝아지다 : (2) 개다 : (3)《~/+副》 쾌활〈유쾌〉해 지다, 명랑한 기분이 되다《*up*》:

bright-eyed [∠àid] *a.* (1) 생기가 넘치는. (2)눈이〈눈매가〉 시원한 〈또렷한〉, 순진한.

bríght·èyed-and-búsh·y-tàiled *a.* 생기발랄한, 기운찬.

bright lights (the ~) 번화가 ; (도시의)눈부신〈화려한〉 생활.

:bright·ly [bráitli] *ad.* (1) 환하게, 빛나게. (2)반짝거려 ; 밝게 : (3) 쾌활하게, 밝게 : (4)선명히〈하게〉.

:bright·ness [bráitnis] *n.* ⓤ 밝음, 빛남 ; 휘도(輝度), 광도; 선명, 산뜻함 ; 총명, 영특; (표정 등의) 밝음.

Bríght's disèase 【醫】 브라이트병《신장염의 일종》.【cf.】 nephritis.

brill[1] [bril] (*pl.* **~s**〔集合的〕**~**) *n.* ⓒ 【魚】 넙치.

***bril·liance, -cy** [bríljəns], [-i] *n.* ⓤ 광택, 광휘, 광명 ; 훌륭함 ; 명민 ; 재기 발랄. 【cf.】 hue[1]. saturation.

:bril·liant [bríljənt] *a.* (1) 훌륭한, 화려한 : (2) 찬란하게 빛나는, 번쩍번쩍 빛나는, 눈부신 : (3) 두뇌가 날카로운, 재기 있는 : — *n.* (1) ⓒ 브릴리언트형으로 다듬은 다이아몬드〈보석〉. (2) ⓤ 브릴리언트 활자《3. 5포인트》.【cf.】 diamond.

bril·lian·tine [bríljəntiːn] *n.* ⓤ 브릴리언트《포마드의 일종》, 윤내는 머릿 기름. .

***bril·liant·ly** [bríljəntli] *ad.* (1) 훌륭하게 : (2) 번쩍번쩍, 찬연히.

:brim [brim] *n.* ⓒ (1) 《古》 (시내·못 등의) 물가. (2) (컵 등의) 가장자리, 언저리 : (3)(모자의) 양태: — (**-mm-**) *vi.* 《~/+副/+前+名》 가장자리까지 차다《*with*》: 넘칠 정도다, 넘치다《*over*》: — *vt.* 《+目+前+名》 …에 넘치도록 채우다, 넘치도록 붓다《*with*》: ~ a glass *with* wine 술로 잔을 가득 채우다. the ~ 넘칠 정도로, 넘쳐 흐르는.

brim·ful(l) [brímfúl] *a.* 넘칠 정도의《*of* ; *with*》 파) **-fúl•ly** *ad.* **-fúl(l)•ness** *n.*

brim·less [brímlis] *a.* 테 없는 ; 가장자리 없는.

(•) **brimmed** [brimd] *a.* (…한) 넘칠듯한 ;

brim·mer [brímiŋ] *n.* ⓒ 찰랑찰랑 넘치게 따른 잔〈그릇 따위〉; 가득 찬 잔.

***brim·ming** [brímiŋ] *a.* 넘치게 따른, 넘칠듯한 : 파) **-ly** *ad.*

brim·stone [brímstòun] *n.* ⓤ 황(黃)《sulfur의 옛이름》. ***fire and ~*** (죄인에 대한) 형벌《계시록 XX: 10》.

brin·dle [bríndl] *n.* ⓒ 얼룩빛, 얼룩 ; 얼룩빼기의 동물《특히 개》. — *a.* =BRINDLED. 파) **~d** *a.* (소·고양이 따위가) 얼룩빛의, 얼룩빼기의.

brine [brain] *n.* (1) (the ~)《詩》 바닷물, 바다 : the foaming ~ 거친 바다. (2) ⓤ (절임·식품 보존용(用)의) 소금물. — *vt.* …을 소금물에 절이다〈담그다〉.

:bring [briŋ] (*p.*, *pp.* ***brought*** [brɔːt]) *vt.* (1) 《~+目/+目+前+名》 …을 오게 하다 : (2) 《+目+目/+目+前+名/+目+副》(물건)을 가져오다, (사람)을 데려오다: (3) 《~+目/+目+前+名》 (상태 따위)를 초래하다, 일으키다《*to* ; *into* ; *under*》: (4) 《+目+前+名》 …을 생각나게 하다 : (5) 《+目+前+名》 …하도록 하다, 이끌다 : (6)《+目+to do》〔흔히 否定文·疑問文〕…(설득하여)할 마음이 생기게 하다: (7) 《~+目/+目+前+名》 (이유·증거 따위)를 제시하다 ; 【法】 (소송)을 제기하다, 일으키다《*against* ; *for*》: (8) 《~+目/+目+目》 (상태·수입 따위)를 가져오다, 올리다 ; (얼마)로 팔리다 : ***~ about*** …을

일으키다, 야기하다 : 【海】 (배를) 반대 방향으로 돌리다: ~ a person ***around*** 1) (아무)를 데리고 오다. 2) …의 의식〈건강〉을 회복시키다 : 3) (아무)를 납득시키다, 설득하다, 생각을 바꾸게 하다《*to*》 : ~ ***back*** 1) 갖고〈데리고〉 돌아오다 : 2) …을 생각나게 하다《*to*》 : 3) (제도·습관 등)을 부활시키다 : ~ ***down*** 1) (짐)을 내리다 : 2) (물가)를 하락시키다. (나는 새)를 쏘아 떨어뜨리다. (적기)를 격추하다 : 3) (정부·통치자)를 넘어뜨리다 : 4) (재앙)을 초래하다. (벌)을 받게 하다《*on*》 : ~ ***down the house*** ⇨ HOUSE. 만장을 떠들게 하다. down the earth 현실적인 생각을 하다. ~ ***forth*** 1) …을 낳다 ; 생기다 : (싹)이 돋다; (열매)를 맺다 : 2) (증거 등)을 참고로 내놓다 ; 폭로하다 ; 발표하다. ~ ***forward*** 공표하다 : (의견을)제출하다 ; 앞당기다 ; 【簿記】 이월하다 : ~ ***home the bacon*** 〈《美俗》***the groceries***〉 《口》 생활비를 벌다 : 《口》. 성공〈입상〉하다. ~ a thing ***home to*** 무엇을 …에게 명심시키다. 절실히 느끼게 하다. ~ ***off*** 1) 날라〈가져〉가다. 2) 훌륭하게 해내다 : 3) (난파선)에서 사람을 구출하다. ~ ***on*** …을 가져오다 ; (논쟁·전쟁)을 일으키다 ; (병이) 나게 하다 ; (학업 따위)를 향상시키다 ; (화제 따위)를 꺼내다 ; 등장시키다 : ~ ***out*** …을 꺼내다. (색·성질 등)을 나타내다 ; (뜻)을 분명히 하다 ; 발표하다 ; (능력 따위)를 발휘하다 ; (배우·가수)를 세상에 내놓다 ; 출판하다 ; (딸)을 사교계에 내보내다 : 상연하다 : (노동자)에게 파업을 시키다. ~ a person ***out of*** him***self*** 아무를 적극적인 사람이 되게 하다. ~ ***over*** 데려오다. 넘겨주다《*to*》 : 개종시키다. 제편으로 끌어들이다. (사람)을 데리고 방문하다 : 【海】 (돛)을 돌리다. ~ ***round*** =~ around. (화제를 딴 데로) 돌리게 하다《*to*》 : 회생시키다: ~ ***through*** (환자)를 살리다 ; (곤란·시험 따위)를 극복하게 하다 : ~ ***to*** 1) (*vi.*) 【海】 배가 멎다. 2)(*vt.*) (***bring*** a person ***to*** (him***self***)) 아무를 제정신이 들게 하다 ; (***bring*** one***self to*** do) 할 마음이 생기게 하다(⇨ *vt.*(6)). (***bring... to...***) (…이 계산 따위)를 합계 …로 만들다 : ~ ***to an end*** 〈***a close, a stop, a halt***〉 …을 끝내다. 멈추게 하다. ~ ***to bear*** ⇨ BEAR[1]. ~... ***to mind*** ⇨ MIND. ~... ***to pass*** ⇨ PASS. 생기게 하다, 해내다. ~ ***together*** …을 모으다. 소집하다. (특히, 남녀)를 맺어주다. 결합시키다 : ~ ***under*** 진압하다. 굴복시키다 ; (권력·지배)하에 넣다 ; (…을 ~로) 분류하다 : ~ ***up*** 1) …을 기르다. 훈육하다. 가르치다 : He is well *brought up*. 그는 본데 있게 자랐다. 2) (논거·화제 등)을 내놓다 : ~ the matter *up* for discussion. 3) (차)를 딱 멈추다. (차가) 멎다 ; 【海】 닻을 내리다. 4) 토하다. 토해 내다 : 5) (계산)을 이월하다. 6) (재판)에 출두시키다. 기소하다; (부대·물자를 전방으로) 보내주다. ~***up against*** (…을 불리한 사태에) 직면하게 하다. ~ ***up the rear*** ⇨ BEAR[1]. ~ ***with*** …을 데리고〈갖고〉오다:

bring-and-bùy sàle [briŋəndbáɪ-] 《英》 지참 매매 자선 바자《각자 가지고 온 물건을 서로 사고 팔아서 그 매상금을 자선 등에 씀》. .

bring·ing-up[bríŋiŋʌ́p] *n.* ⓤ 훈육(upbringing) ; 양육.

brink** [briŋk] *n.* ⓒ (1) (…하기) 직전. (아슬아슬한) 고비. (2) (벼랑 따위의) 가장자리 ; (산 따위의) 정상. 【cf.】 edge, verge. ***on〈***at***〉 ***the ~ of*** (멸망·죽음 등)에 임하여, …의 직전에 :

brink·man·ship, brinks- [ˊ(s)mənʃip] *n.* ⓤ (아슬아슬한 상태까지 밀고 나가는) 극한 정책.

briny [bráini] (***brin•i•er ; -i•est***) *a.* 바닷물의, 소금물의 ; 짠.
— *n.* (the ~) 《口》 바다, 대양.

brio [brí:ou] *n.* ⓤ 《It.》 【樂】 활발 ; 생기.

bri·oche [brí:ouʃ, -ɑʃ/ brí:ɔʃ] *n.* ⓒ 《F.》 브리오슈《버터·달걀이 든 롤빵》. .

bri·quet(te) [brikét] *n.* ⓒ 연탄(煉炭).

:brisk [brsk] (***ˊ•er ; ˊ•est***) *a.* (1) (장사 따위가) 활기 있는, 활황의 : (2) (사람·태도 등이) 팔팔한, 민첩한, 활발한, 기운찬 : (3) (날씨 따위가) 쾌적한, 상쾌한 : — *vt.*, *vi.* (…이〈을〉) 활발해지다 〈하게 하다〉, 활
기띠다〈띠우다〉《*up*》. ~ ***about*** 활발히 돌아다니다.

bris·ket[brískət] *n.* ⓤⓒ (소 따위의)가슴(고기).

:brisk·ly [brískli] *ad.* 팔팔하게, 활발히, 세차게

***bris·tle** [brísəl] *n.* ⓒ 강모(剛毛), 뻣뻣한 털 : — *vi.* (1) (짐승이) 털을 곤두세우다《*up*》. (2) 벌컥화내다, 신경질 내다 : (3) (장소에 건물 등이) 임립하다, 빽빽이 들어서다《*with*》 : — *vt.* (털)을 곤두세우다, (화·용기 등을) 불러 일으키다《*up*》.

bris·tle·tail [-tèil] *n.* ⓒ 【蟲】 반대좀《총칭》 .

bris·tly [brísəli] (***bris•tli•er ; -tli•est***) *a.* (1) 불끈거리는. (2) 뻣뻣한 털의〈이 많은〉.

:Brit·ain [brítən] *n.* (1)= BRITISH EMPIRE. (2) =GREAT BRITAIN. 영국 및 스코트랜드.

:Brit·ish [brítiʃ] *a.* (1) 영연방의. (2) 영국의, 영국 국민의. (3) 고대 브리튼 사람의. (4) 영본국 사람.
— *n.* (1) ⓒ (the ~) 〔集合的〕 영국인. (2) ⓤ (영국) 영어. ***The best of ~!*** (종종 비꼬아) 행운을 비네, 잘 해보게.

Brítish Acádemy (the ~) 대영 학사원《略 : B.A.》. .

Brítish Áirways 영국 항공.

Brítish Bróadcasting Corporátion (the ~) 영국 방송 협회《略 : B.B.C. 》. .

Brítish Colúmbia 캐나다 남서부의 주.

Brítish Cómmonwealth (of Nátions) (the ~) 영연방《현재는 그저 the Commonwealth (of Nations)라고 함》. .

Brítish Cóuncil (the ~) 영국 문화 협회.

Brítish Émpire (the ~) 대영제국《the Commonwealth (of Nations) (영연방)의 옛이름》.

Brítish Énglish 영국 영어.

Brit·ish·er [brítiʃər] *n.* ⓒ 《美》 영국 사람.

Brítish Líbrary (the ~) 영국 (국립) 도서관.

Brítish Muséum (the ~) 대영 박물관.

Brítish Ópen (the ~) 【골프】 영국 오픈《세계 4대 토너먼트의 하나》. .

Brítish Súmmer Tìme (시간절약을 위한) 영국 하계 시간《3월-10월 말까지 : 略 : BST》. .

***Brit·on** [brítn] *n.* ⓒ (the ~s) 브리튼족《옛날 브리튼섬에 살았던 켈트계의 민족》 ;《文語》영국인, 대브리튼 사람. North ~ 스코트랜드 사람.

brit·tle** [brítl] (brit•tler ; -tlest***) *a.* (1) (약속 등이) 미덥지 못한 : (2) (유리 따위가) 부서지기〈깨지기〉 쉬운 : (3) (사람이) 걸핏하면 화내는, 차가운 : (4) (소리가) 날카로운 : 파) ~***•ness*** *n.*

broach [broutʃ] *n.* ⓒ (1) (구멍 뚫는) 송곳. (2)고기 굽는 꼬챙이 ; (촛대의) 초꽂이. — *vt.* (1) (술병·술통 등) 에 구멍을 내다. (2) 말을 꺼내다. (화제 따위)를 끄집어내다《*to* ; *with*》

:broad [brɔ:d] (***ˊ•er ; ˊ•est***) *a.* (1) (경험·식견

따위가) 넓은, 광범위한 ; (마음이) 관대한 : (2) 폭이 넓은 ; 광대한 : (3) 마음이 넓은, 도량〈포용력〉이 큰 ; (4) 〔限定的〕 대강의, 대체로의 ; 주요한 : (5) (햇빛 따위가) 넘쳐 흐르는 : (6) 드러낸, 명료한 (7) 조심성 없는, 내놓은, (말이) 노골적인 ; 야비한 ; 순사투리의 : (8) 【音聲】 개구음(開口音)의 : ~ a 《half, laugh 따위의 [ɑː]음》. ***as ~ as it is 〈it's〉 long*** 폭과 길이가 같은; 결국 마찬가지인, 오십보 백보로. ***in a ~ way*** 대체로 말하면. ***in daylight*** 백주에, 대낮에 : — *ad.* = BROADLY : ~ awake 완전히 잠이 깨어 /speak ~ 순 사투리로 말하다. — *n.* (1) 폭. (2) 넓은 부분 ; 손바닥 ; (영국 Norfolk 지방에서 강으로부터 생긴) 늪, 호수. (3) 《美俗》 여자, 역겨운 여자, 매춘부.

bróad árrow 굵은 화살표인(印)《영국의 관물(官物)에 찍음》.

broad·ax(e) [brɔ́ːdæ̀ks] *n.* ⓒ 큰도끼, 전부(戰斧).

broad·band[⁄bæ̀nd] *a.* 【通信】 광대역(廣帶域)의.

bróad bèan 【植】 잠두, 누에콩.

:broad·cast [⁄kæ̀st, ⁄kɑ̀ːst] (*p., pp.* **~, ~•ed**) *vt.* (1) (씨따위를) 흩뿌리다; (소문 등을) 퍼뜨리다 :(2) …을 방송〈방영〉하다 : (3) (비밀 등을) 무심코 누설하다《적 따위에게》. — *vi.* (1) 방송〈방영〉하다. (2) 씨를 뿌리다. — *n.* ⓒ (1) 방송, 방영 ; 방송〈방영〉 프로 : listen to the noon news ~ 정오의 뉴스를 듣다. (2) (씨를) 뿌리기. — *a.* 방송의 ; 널리 퍼진 ; 흩뿌린, 살포한. — *ad.* 광범위하게 ; 흩뿌리어. 파) **~•er** [-ər] *n.* ⓒ (1) 방송자 ; 방송장치 · 시설 : (2) 흩뿌리는 것, (씨) 살포기.

broad·cast·ing [⁄⁄iŋ] *n.* ⓤ 방영, 방송

bróadcast mèdia 전파 매체.

bróadcast sàtellite 방송 위성.

broad·cloth [⁄klɔ̀ːθ/ ⁄klɔ̀θ] *n.* ⓤ 폭이 넓고 질이 좋은 나사의 일종 ; 《美》 =POPLIN.

:broad·en [brɔ́ːdn] *vi.* 확장되다, 넓어지다《*out*》 ; (넓어지며)…로 되다 : — *vt.* (지식 등)을 넓히다 : Travel ~s mind. 여행은 사람의 마음을 넓힌다.

broad-gauge, -gauged [⁄gèidʒ], [⁄gèidʒd] *a.* (1) 마음이 넓은. (2) 광궤(廣軌)의.

bróad jùmp (the ~) 《美》 멀리뛰기(《英》long jump)

broad·loom [⁄lùːm] *a.* 〔限定的〕 폭 넓게 짠《융단 따위》

***broad·ly** [brɔ́ːdli] *ad.* (1) 노골적으로, 드러내서. (2) 넓게, 널리 : smile ~ 만면에 웃음을 띄우다. (3) 《문장 전체를 수식하여》 대체로, 총괄적으로

broad·ly-based [⁄béist] *a.* (조직 · 사회운동 등이) 많은 찬동을 얻은, 지지층이 넓은

***broad·mind·ed** [⁄máindid] *a.* 도량이 큰, 마음이 넓은, 관대한, 편견이 없는 파) **-ly** *ad.* **~•ness** *n.*

broad·ness [brɔ́ːdnis] *n.* ⓤ (1) 관대, 너그러움. (2) 폭넓음, 넓이. ※ '폭, 너비'의 뜻으로는 breadth를 씀. (3) 야비(함) ; 노골적임

broad·sheet [⁄ʃìːt] n. ⓒ 한 면만 인쇄한 대판지(大版紙)《광고 · 포스터 따위》, 한쪽면만 인쇄된 인쇄물 ; 보통 크기의 신문 《타블로이드 따위와 구별하여 씀》.

broad·side [⁄sàid] *n.* ⓒ (1) (특히 신문에서의) 맹렬한 공격 ; 《比》 퍼붓는 욕설. (2) 뱃전 ; 〔集合的〕 우현 포는 좌현의 대포 ; 그 일제 사격. (3)〔形容詞的〕 일제히 행하는. (4) =BROADSHEET.
— *ad.* 뱃전을 돌려대고, (자동차 등의) 측면으로 충돌하는 ; 일제히. ***~ on* 〈*to*〉** …에 뱃전을 향하여 : The ship hit the breakwater ~ on. 배는 방파제에 측면으로 충돌했다.

broad-spec·trum [⁄spéktrəm] *a.* 【藥】 광역(항균) 스펙트럼의.

broad·sword [⁄sɔ̀ːrd] *n.* ⓒ (두 손으로 휘둘러야 하는) 날〈몸〉이 넓은 칼. 【cf.】 backsword.

Broad·way** [⁄wèi] *n.* 브로드웨이《뉴욕시의 남북을 관통하는 큰 거리; 부근에 극장이 많음》. ***go to ~ (지방에서 돌다가) 중앙 무대에 진출하다.

broad·wise, -ways [⁄wàiz], [⁄wèiz] *ad.* 측면을 향하여, 옆〈측면〉으로.

bro·chette[brouʃét] *n.* ⓒ 《F.》(요리용)구이꼬치.

bro·chure [brouʃúər, -ʃɔ́ːr] *n.* ⓒ 《F.》소책자, 가(假)제본책, 팸플릿.

bro·gan [bróugən, -gæn] *n.* ⓒ (흔히 *pl.*) 질기고 투박한 작업용 가죽 단화.

brogue¹ [broug] *n.* ⓒ (흔히 *pl.*) 투박한 신, 생가죽 신 ; (구멍을 뚫어 장식한) 일상용 단화

brogue² *n.* ⓒ (흔히 *sing.*) 《특히》 아일랜드 사투리.

***broil¹** [brɔil] *vt.* (1) (햇살이) …에 내리쬐다. (2) (고기 따위)를 불에 굽다. — *vi.* (1) (고기가) 구워지다. (2) 〔흔히 進行形으로〕 타는 듯이 덥다

broil² 《文語》 *n.* ⓤ 말다툼, 싸움, 소동.
— *vi.* 싸움하다, 말다툼하다.

broil·er [brɔ́ilər] *n.* ⓤ (1) 《口》 찌는 듯이 더운 날. (2) 고기 굽는 기구, 브로일러 ; (대량 사육에 의한) 구이용 영계.

broil·ing [brɔ́iliŋ] *a.* 혹서의, 찌는 듯한

:broke [brouk] BREAK의 과거 · 《古》과거분사.
— *a.* (1) 《方》 파 뒤집은: new ~ ground 새 개간지. (2)〔敍述的〕《口》 파산한, 무일푼의 (penniless)

:bro·ken [bróukən] BREAK의 과거분사.
— *a.* (1) 고장난 : (2) 부서진, 망그러진, 깨어진 : a ~ cup. (3) 낙담한 ; 시달리어 풀이 죽은 ; 비탄에 잠긴 : a ~ man 실의에 빠진 사람. (4) 파산한 ; (가정 등이) 파괴된, 결판난 : (5) (날씨 따위) 불안정한: ⇨ BROKEN WEATHER. (6) (약속 · 계약 등이) 파기된 : a ~ promise. (7)띄엄띄엄한 : (8) (땅이) 기복이 많은 : ~ field. (9) 엉터리의 : ~ English (10) 우수리의 : ~ money 잔돈. (11) (말이) 길들여진.

bro·ken-down [-dáun] *a.* (1) (사람이) 건강을 해친. (2) (기계 · 가구 · 말 따위가) 쓸모 없게 된, 부서진, 괴멸한. (3) 붕괴된, 파괴된.

bróken héart 절망, 실의; 실연.

***bro·ken·heart·ed**[-hɑ́ːrtid] *a.* 비탄에 잠긴 ; 기죽은 ; 상심한 ; 실연한. 파) **~·ly** *ad.* **~·ness** *n.*

bróken hóme 결손 가정《사망 · 이혼 등으로 한쪽 부모가〈양친이〉 없는 가정》.

bróken réed 상한 갈대, 믿을 수 없는 사람〈것〉.

bróken wáter 놀치는 파도, 거센 물결.

bróken wéather 변덕스러운 날씨.

bro·ken-wind·ed [-wíndid] *a.* 【獸醫】 숨가빠하는, (말 따위가) 천식〈폐기종〉에 걸린.

***bro·ker** [bróukər] *n.* ⓒ (1) (결혼) 중매인. (2)중개인, 브로커 ; 증권 중개인 : (3) 《英》 (압류물의) 감정인(鑑定人).

bro·ker·age [bróukəridʒ] *n.* ⓤ (1) 중개 수수료, 구전. (2) 거간, 중개(업).

brol·ly [brɑ́li/brɔ́li] *n.* 《英口》 박쥐 우산《umbrella의 사투리》.

brom-, bromo- '브롬, 취소(臭素)'의 뜻의 결합

사.
bro·mide [bróumaid] *n.* (1) ⓒ 진정제. (2) ⓤ 【化】 브롬화물. (3) ⓒ《口·比》평범한 사람, 진부한 생각, 틀에 박힌 문구, 흔해빠진 일.
bro·mid·ic [broumídik] *a.* 낡아 빠진, 평범〈진부〉한, 하찮은.
bro·mine [bróumi(:)n] *n.* ⓤ 【化】 브롬《비금속 원소 ; 기호 Br ; 번호 35》
bron·chi·al [bráŋkiəl/brɔ́ŋ-] *a.* 【解】 기관지의 : 파) **~·ly** *ad.*
brónchial ásthma 【醫】 기관지 천식.
brónchial catárrh 【醫】 기관지염(炎).
bron·chi·tis [braŋkáitis, bran-/brɔŋ-, brɔn-] *n.* ⓤ 【醫】 기관지염.
bron·chus [bráŋkəs/brɔ́ŋ-] (*pl.* ***-chi*** [-kai]) *n.* ⓒ 【解】 기관지.
:bronze [branz/ brɔnz] *n.* (1) ⓤ 청동색(의 그림물감). (2) ⓤ 청동, 브론즈 ; ⓒ 청동 제품. — *a.* 〔限定的〕 (1) 청동제(製)의 : a ~ statue 동상. (2) 청동색의. — *vt., vi.* (1) 청동빛으로 만들다〈되다〉. (2) (햇볕에 태우거나 하여) 갈색으로 만들다〈되다〉. 【cf.】 tan. 파) **brónzy, ~·like** *a.*
Brónze Àge (the ~) (1) (b- a-) 【그·로神】 청동 시대《silver age에 계속되는 전쟁의 시대》. (2) 【考古】 청동기 시대. 【cf.】 Stone 〈Iron〉 Age.
brónze médal 동메달《3등상》
***brooch** [broutʃ, bru:tʃ] *n.* 브로치.
:brood [bru:d] *n.* ⓒ (1) (한 집안의) 아이들. (2) 〔集合的〕 한 배 병아리 ; (동물의) 한 배 새끼 : (3) (사람·동물·물건 따위의) 무리, 종족, 종류, 품종. — *a.* 〔限定的〕 (1) 씨 받기 위한, 증식용의. (2) 알을 까기 위한. — *vi.* (1) 알을 품다, 알을 안다 : (2)《+前+名》생각에 잠기다, 마음을 앓다《*over* ; *on*》: (3)《+前+名》(구름·안개 따위가) 낮게 깔리다, 덮다《*over* ; *on*》: — *vt.* (1)(알)을 품다. (2) 가만히 생각하다.
brood·er [-ər] *n.* ⓒ (1) 알 품은 암탉. (2) 병아리 보육 상자. (3) 생각에 잠긴 사람.
bróod hèn 씨암탉, 알 품는 닭.
brood·mare [brú:dmὲər] *n.* ⓒ 씨받이 암말.
broody [brú:di] (***brood·i·er ; -i·est***) *a.* (1)《英口》(여자가)아이를 낳고 싶어하는 ; 번식에 알맞은. (2) (암탉이) 알을 품고 싶어하는, 새끼를 많이 낳는. (3) 생각에 잠기는.
:brook[1] [bruk] *n.* 시내. 【cf.】 rivulet, stream.
brook[2] *vt.*《文語》〔흔히 否定文으로〕 (1) (일이) 지체를 허용하다 : (2) (모욕) 등)을 참다
brook·let [brúklit] *n.* ⓒ 작은 시내, 실개천.
***Brook·lyn** [brúklin] *n.* 브루클린《롱아일랜드에 있는 뉴욕 시의 한 구·공업 지구》.
bróok tròut 【魚】 강송어《북아메리카 동부산》
:broom [bru(:)m] *n.* ⓒ (1) 【植】 금작화. (2) 비 — *vt.* …을 비로 쓸다, 쓸어내다.
broom·stick [-stik] *n.* ⓒ빗자루.
Bros., bros. [brʌ́ðərz] brothers《※ 형제가 경영하는 회사·상점 이름에 붙임》. Smith *Bros.* & Co. 스미스 형제 상회.
broth** [brɔ(:)θ, braθ] (*pl.* ***~s [-s]) *n.* ⓤⓒ (살코기·물고기의) 고깃국 ; 묽은 수프.
broth·el [brɔ̀(:)θəl, bráθ-, brɔ́(:)ð-, bráð-] *n.* ⓒ 갈보집.
:broth·er [brʌ̀ðər] (*pl.* ***~s***, (4)에서는 종종 ***breath·ren*** [bréðrən]) *n.* (1) 친구, 한패, 동료 : (2) 형제, 형 또는 아우 : (3) 같은 시민, 동포. (4) (종교상의) 형제, 동신자, 같은 교회〈교단〉원 ; 【가톨릭】 평수사(平修士); 동일 조합원 ; 동업자, 같은 클럽 회원 : (5) 경(卿)《군주·재판관끼리의 호칭》. (6)《口》(특히 모르는 남성에 대해)여보시오, 형제 : — *int.*《口》〔흔히, Oh, ~ ! 로〕(놀람·혐오·실망을 나타내어) 어렵쇼 ; 이 녀석; 실망했군 (등).
***broth·er·hood** [brʌ́ðərhùd] *n.* (1) ⓒ 단체, 협회, 조합 ; 동료 ;〔集合的〕동업자 : (2) ⓤ a〕 형제 관계 ; 형제애. b〕 맹우(盟友)관계, 우호 관계. (3) ⓒ (함께 생활하는) 성직자〈수도사〉단(團).
broth·er-in-law** [brʌ́ðərinlɔ̀:] (*pl.* ***brothers-) *n.* 의형(제) ; 매부, 처남, 사숙, 아내 또는 남편의 자매의 남편《따위》.
broth·er·li·ness [brʌ́ðərlinis] *n.* ⓤ 형제애 ; 형제다움 ; 우애, 우정.
***broth·er·ly** [brʌ́ðərli] *a.* 형제다운 ; 형제의 ; 친숙한
:brought [brɔ:t] BRING의 과거·과거분사.
brou·ha·ha [bru:há:ha:, ⌐-⌐] *n.* ⓤ《口》소동 ; 소음.
:brow [brau] *n.* (1) (흔히 *pl.*) 눈썹(eyebrows) : (2) ⓒ 이마 : (3) ⓒ《詩》얼굴(표정): (4) (the ~) 벼랑의 가〈돌출부〉; 산〈언덕〉마루
brow·beat [⌐bi:t] (***~ ; ~·en***) *vt.* (표정·말 따위로) …을 위협하여 …하게 하다 ; 을러대다
:brown (***~·er ; ~·est***) *a.* (1) (살갗이) 볕에 그을린〈탄〉 : (2) 다갈색의 : (***as***) ***~ as a berry***《英》알맞게 살갗이 그은. ***do... ~*** 【料】 엷은 갈색으로 굽다 ;《英俗》감쪽같이 속이다(cheat). ***do it up ~*** 철저히 하다, 완벽하게 하다, 더할 나위없이 하다. ***in a ~ study*** 상념에 잠겨 있는.
— *n.* (1) ⓤⓒ 다갈색 ; ⓒ 갈색의 그림물감〈염료〉. (2) ⓒ 갈색의 옷〈옷감〉.
— *vt., vi.* 갈색으로 하다〈되다〉; (빵 따위를) 갈색으로 굽다 ; 거무스름하게 하다〈되다〉: Her hands had been ~*ed* by sun. 그녀의 손은 햇볕으로 거무스름하게 되었었다. ***be ~off***《英口》낙심하다 ; 싫증이 나다: He ~*ed off* with his job. 그는 일에 싫증이 났다.
brown-bag [⌐bæ̀g] (***-gg-***) *vt.*《美》(1) (식당 등)에 술을 가지고 들어가다. (2) (회사 등에) 도시락을 누런 봉투에 싸가지고 가다.
brówn béar 불곰《북아메리카·유럽산》
brówn bréad《美》당밀 든 찐빵; 흑빵.
brówn cóal 갈탄(lignite).
***brown·ish** [bráuniʃ] *a.* 갈색을 띤(=**browny**).
brown·nose [bráunnòuz]《俗》*vt.* …의 알랑거리다, 환심을 사다, 아첨하다.
brown·out [bráunàut] *n.*《美》ⓤ (1) (결전을 위한) 전압 저감(低減). (2) 경계〈준비〉 등화 관제《전력 절약·공습 대비의》. 【cf.】 blackout.
brówn páper 하도롱지, 갈색 포장지.
brówn rát 【動】 시궁쥐(water rat).
brówn ríce 현미(玄米).
brown·stone [⌐stòun] *n.* ⓤ 적살색의 사암(砂岩)《고급 건축용》; ⓒ 그것을 사용한 건축물.
brówn stúdy (a ~) 공상(reverie), 생각에 잠김 : be in a ~ (어떤) 생각에 골몰하다.
brówn súgar 흑설탕.
brówn wáre (보통의) 도기(陶器).
browse** [brauz] *n.* ⓤ (1) (a ~)(책 따위를) 여기저기 골라서 읽음《*through*》. (2) 어린 잎, 새싹, 어린 가지《가축의 먹이》. ***be at ~ to 새잎을 먹고 있다.

— *vt*. (1) 《+目+副》 (가축)이 어린 잎을 먹다 : (2)a〕(책)을 여기저기 읽다《*through*》: b〕(살 생각도 없이 상품)을 이것저것 구경하다. — *vi*. (1) (소·사슴 등이) 어린 잎을 먹다(graze)《*on*》. (2) 막연히 읽다《*through*》.

:**bruise** [bru:z] *n*. ⓒ (1) (과실·식물 따위의) 흠 ; (마음의) 상처. (2) 타박상, 좌상(挫傷) ; 상처 자국. — *vt*. (1) …에게 타박상을 입히다, …에게 멍이 들게 하다 (2) (감정)을 상하게 하다 : (3) (약제·음식물 따위)를 찧다, 빻다. — *vi*. (1) 멍이 들다 ; 흠집이 나다 : Apples ~ easily. 사과는 흠이 잘 난다. (2) (감정을) 상하다 : His feelings ~ easily.

bruis·er [brú:zər] *n*. ⓒ (1) 《口》 힘세고 덩치 큰 남자, 난폭한 자. (2) (프로)권투 선수.

bruit [bru:t] *n*. ⓒ 《古》 소동 ; 풍설. — *vt*. 소문〈말〉을 퍼뜨리다《*about* ; *abroad*》

brunch [brʌntʃ] *n*. ⓤⓒ 《口》 늦은 아침, 조반 겸 점심, 브런치

Bru·nei [brú:nai, -nei] *n*. 브루나이《보르네오 섬북부의 독립국; 1983년 독립》.

*__brunt__ [brʌnt] *n*. ⓒ (the ~) 공격의 예봉〈주력〉《*of*》. ***bear the ~ of*** …을 정면에서 맞다.

:**brush**[1] [brʌʃ] *n*. (1) ⓒ (a ~) 솔질 (2) ⓒ 솔, 귀얄《※ 종종 복합어를 만들기도 함》(3) ⓒ 붓, 화필: (the ~, one's ~) 화법, 화풍(畵風), 화류(畵流) (4) ⓒ 【電】 브러시 (방전); 【컴】 붓. (5) (흔히 *sing*.) a〕 가벼운 접촉 : b〕작은 싸움, 작은 충돌《*with*》: have a ~ *with* …와 작은 충돌을 빚다. (6) ⓒ 여우 꼬리《여우 사냥의 기념》. (7) (the ~) 퇴짜, 거절 : — *vt*. (1)《~ +目/+目+補》 …에 솔질을 하다 ; 털다 ; …을 닦다 : (2) 《+目+副》(솔·손으로) 털어버리다, 털어내다《*away* ; *off*》 : (3)《+目+前+名》 (페인트 등을) (벽 등에) 칠하다 : (4) …을 가볍게 스치다, 스치다 : — *vi*. (1)(먼지 따위가) (솔질로) 떨어지다《*off*》. (2) (…을) 스치고 지나가다, 스치다《*across* ; *against* ; *over*》: A big dog ~*ed* past〈by〉 me. 큰 개가 내 곁을 쑥 지나갔다. (3) (말이) 질주하여 지나가다. ***~ against*** (…을) 스치고 지나가다 ; (곤란 등을) 만나다. ***~ (...) aside*** 〈***away***〉 ⇨ *vt*. (2) ; …을 무시하다, 가볍게 응대하다 : ***~ back*** 【野】 (타자)에게 빈 볼을 던지다 ; (머리)를 뒤로 빗어 넘기다. ***~ off*** 1) (…에서 솔로 먼지 등을) 솔질하여 없애다, (먼지 따위가) 떨어지다 : 2) (아무)를 무시하다 ; 와 손을 끊다 : ***~ up*** (***on***) 1) (의류 따위)에 솔질을 하다, (물건을) 다듬다 ; 몸단장하다 : 2) (공부)를 다시 하다

brush[2] *n*. (1) (the ~) 《美口》 (잡목림의) 미개척지. (2) ⓒ 숲. 잡목〈관목〉림(林)

brushed [brʌʃt] *a*. 솔질한 ; (천 따위) 우모(羽毛) 가 있는 ; 기모(起毛)시킨.

brúsh fìre 산불, 숲 따위의 소규모의 불, 산불《forest fire에 대해》

brush·fire [´-fàiər] *a*. (전투가) 국지적인, 소규모의. — *n*. 소규모 전투, 국지전.

brush-off [´-ɔ̀:f/ ´-ɔ̀f] *n*. ⓒ (흔히 the ~) 《口》매정한 거절 ; 해고

*__brush·up__ [´-ʌ̀p] *n*. ⓒ (1) 닦음 ; (여행·운동 후 따위의) 몸차림
(2) (전에 배웠거나 잊혀진 것을) 다시 하기, 복습

brush·wood [´-wùd] *n*. (1) ⓒ (관목의) 숲, 총림. (2) ⓤ 베어 낸 작은 나뭇가지.

brush·work [´-wɔ̀:rk] *n*. ⓤ (1) (화가의) 화풍, 화법. (2) 필치(筆致). delicate ~ 섬세한 필치.

brushy[1] [brʌ́ʃi] (***brush•i•er*** ; ***-i•est***) *a*. 털 많은 ; 솔같은, 덤불진.

brushy[2] (***brush•i•er*** ; ***-i•est***) *a*. 떨기나무〈잔디〉가 무성한.

brusque [brʌsk/ brusk] *a*. 퉁명스러운(= **brusk**) 《*with*》 ; 무뚝뚝한 파) **~•ly** *ad*. **~•ness** *n*.

*__Brus·sels__ [brʌ́səlz] *n*. 브뤼셀《벨기에의 수도》.

brut [bru:t] *a*. (특히 샴페인이) 단맛이 없는(very dry).

:**bru·tal**[brú:tl] (***more ~ ; most ~***) *a*. (1) 짐승의〈같은〉, 야수적인. (2)잔인한, 사나운: (3) (사실 등이) 냉엄한, 틀림없는 :□ brute *n*. 파) **~·ly** *ad*. **~·ism** [-təlìzəm] *n*. ⓤ 야수성, 잔인 무도한 마음 ; 잔학.

bru·tal·i·ty [bru:tǽləti] *n*. (1) ⓒ 야만적 행위, 만행 : (2) ⓤ 잔인(성), 야만성, 무자비.

bru·tal·ize [brú:təlàiz] *vt*. 잔인하게 다루다, 학대하다 ; …을 짐승처럼 하다 : — *vi*. 짐승처럼 되다, 잔인하게 굴다.
파) **brù•tal•i•zá•tion** [-lizéiʃən] *n*. 야만〈야수〉화.

*__bru·tal·ly__ [brú:təli] *ad*. 난폭하게, 야만스레.

:**brute** [bru:t] *n*. (1) ⓒ 비인간(非人間) ; 짐승같은 놈 : (2) ⓒ 짐승, 금수 ; (3) (the ~)(인간 속의) 수욕(獸慾), 야수성 【cf.】 beast. — *a*. 〔限定的〕 (1) 금수와 같은, 잔인한 ; 야만적인(savage). (2) 이성이 없는, 맹목적인, 무감각한 : ~ courage 만용. (3)수욕적인, 육욕의: (a) ~ instinct 동물적 본능. □ brutal, brutish *a*. 파) **~•hood** *n*.

brut·ish [brú:tiʃ] *a*. 짐승같은, 야비한, 야만적인 ; 잔인한 ; 육욕적인. 파) **~·ly** *ad*. **~·ness** *n*. ⓤ 야만.

bub [bʌb] *n*. ⓒ 《美口》 아가 ; 소년, 젊은 친구

:**bub·ble** [bʌ́bəl] *n*. (1) ⓒ 허무 맹랑한 계획〈야심〉, 사기, 실체가 없는 사업〈경영〉, 버블 : (2) ⓒ 거품 ; 기포(氣泡)《유리 따위 속의》. (3) ⓤ 거품이 이는 소리. (4) ⓒ a〕 작고 둥근 돔 모양의 건물〈방〉. b〕【空】 (조종석 위의 투명한) 둥그런 바람막이 뚜껑. — *vi*. (1) 거품이 일다 ; 부글부글 끓다 : (2) 《+副》 (샘 따위가) 부글부글 솟다〈소리내다〉《*out* ; *up*》 :(3) 《+前+名》 흥분하다, (감정 따위가)끓어오르다 ; 넘치다 ***~ over*** 1) 거품이 일다〈일어 넘치다〉. 2) 〔흔히 進行形으로〕(기쁨·노염 등이) 끓어오르다, 흥분하다《*with*》 : He was bubbling over *with* excitement. 그의 가슴은 흥분으로 차 있었다.

búbble bàth 목욕용 발포제(發泡劑)(를 넣은 목욕탕).

búbble càr (투명 돔이 있는) 소형 자동차 (=**búbbletop càr**).

búbble còmpany 유령회사.

búbble gùm (1) 10(代) 취향의 저속한 음악. (2) 풍선껌.

búbble mèmory 【컴】 자기(磁氣) 버블 메모리.

búbble pàck (물건이 보이도록) 투명 재료를 쓴 포장.

bub·bly [bʌ́bli] (***bub•bli•er*** ; ***-bli•est***) *a*. (1)기운찬, 명랑한 : (2) 거품 이는, 거품투성이의, 거품이 많은.
— *n*. ⓤ(종종 the ~) 《口》 샴페인 술.

buc·ca·neer, -nier [bʌ̀kəníər] *n*. ⓒ 해적《특히 17-18세기 아메리카 대륙의 스페인령 연안을 휩쓴》 : 악덕 정치가.

*__buck__[1] [bʌk] *n*. ⓒ (1) 《口》 혈기 넘치는 젊은 이 (2) 수사슴 — *a*. 수컷의 ; 《俗》 젊은 사내의 : a ~ party 남자들만의 파티.

buck[2] *vi*. (1) 《+前+名》 《美口》 …에 완강(頑强)하

게 저항하다, 강력히 반대하다. (2) (말이 갑자기 등을 구부리고) 뛰어 오르다 : (3) 《美口》 (차가) 덜커덕하고 움직이다. (4) 《英》 자랑하다, 뽐내다, 허풍을 떨다 《about》. (5) 《美》 (승진 · 지위 등을)구하다, 구하려고 기를 쓰다《for》.
— vt. (1) 《+目+副》 (말이 탄 사람)을 날뛰어 떨어뜨리다《off》 : ~ off a person. (2) 《美口》 완강하게 반항하다, 강경히 반대하다. (3) 《美口》 (머리 · 뿔 따위로) …을 받다 ; 걷어차다, …에 돌격〈돌진〉하다 《against》. (4) 기운을 북돋우다. (5) 【美蹴】 공을 가지고 적진에 돌입하다. — n. ⓒ (말이 등을 굽히고) 뛰어오름.

buck[3] n. (1) (the ~) 《口》 책임. (2) ⓒ (포커에서) 다음에 카드를 돌릴 사람앞에 놓는 패. ***pass the ~ to*** 《口》 …에 책임을 전가하다. ***The ~ stops here.*** 책임 전가는 여기서 끝난다. — vt. 《美口》 (책임 등)을 남에게 떠맡기다《to, onto》.

buck[4] n. 《美俗》 달러《개척 시대의 교역 단위가

buck[5] n.《英》(체조용의) 도약대(臺); 톱질 모탕.

buck·board [bʌ́kbɔ̀ːrd] n. 《美》 4륜 짐마차《좌석을 탄력판(板) 위에 얹은》.

bucked [bʌkt] a. 《口》 즐거운(happy), 행복한, 용기를 얻은 :

:buck·et [bʌ́kit] n. ⓒ (1) (준설기의) 버킷. (2)버킷, 양동이, 두레박 : (3) a) 버킷〈양동이〉 가득한 (양)(bucketful). b) (흔히 pl.)대량, 다량《of》 : (4) 【컴】 버킷《직접 액세스(access) 기억 장치에서의 기억 단위》. ***a drop in the ~*** 큰 바다의 물 한방울, 창해 일속(滄海一粟). ***cry ~s*** 《口》 눈물을 흘리며 엉엉 울다. ***give a person the ~*** 《俗》 아무를 해고하다. ***kick the ~***《口 · 종종 戱》 죽다 ; 뻗다.
— vt. (1) …을 버킷으로 긷다〈나르다, 붓다〉《up ; out》. (2) 《英口》(말)을 난폭하게 몰다.
— vi. (1) 〔종종 it를 主語로〕(비가) 억수로 오다 《down》. (2) (말 · 차를) 난폭하게 몰다 ; 달리다 《down》.

buck·et·ful [bʌ́kitfùl] n. ⓒ (pl. ***~s, buck-ets•ful***) n. 버킷〈양동이〉 하나 가득(의 양)《of》 : a ~ of water 버킷에 가득한 물.

búcket sèat 버킷 시트《자동차 · 비행기 따위의 1인용 접의자》.

búcket shòp 《口》 (1) 《英》 (무허가) 할인 항공권 판매소. (2) (무허가) 거래소.

***buck·le** [bʌ́kəl] n. ⓒ (1) a) (판금(板金)따위의) 굽음, 휨, 비틀림. b) (노면(路面)의) 기복(起伏). (2) 죔쇠, 혁대 장식, 버클. — vt. (1) 《~+目/+目+副》 …을 (죔쇠로) 죄다, (죔쇠)를 채우다《on ; in ; up》 : ~ (up) one's belt 벨트를 버클로 죄다. (2) (열 · 압력을 가하여) …을 구부리다. — vi. (1) (열 · 압력으로) 굽어지다, 뒤틀리다《up》. (2) (벨트 · 구두 따위가) 죔쇠로 조여지다 : (3) 붕괴하다, 짜부러지다. (4) (공격 · 압력 등에) 굴종〈양보〉하다(5) (…에) 전력(全力)을 기울이다, 열심히 일하다《down to》

buck·ler [bʌ́klər] n. ⓒ (1) 방호물(防護物) (protector). (2) (왼손에 드는) 작은 원형의 방패.

buck-na·ked[bʌ́knéikid] a. 《美南部》 벌거벗은.

buck-pass·ing [bʌ́kpæ̀siŋ, -pɑ̀ːs-] n., a. 《美口》 책임 전가(轉嫁)(를 하는) :

buck·shot [bʌ́kʃɑ̀t/ -ʃɔ̀t] n. ⓤ (사슴 사냥용) 대형 산탄

buck·skin [´skìn] n. (1) (pl.) 녹비 바지. (2)ⓤ 녹비《양가죽 따위를 무두질한 것도 말함》

buck·thorn [´θɔ̀ːrn] n. ⓒ 【植】 털갈매나무.

buck·tooth [´túːθ] (pl. ***-teeth*** [-tíːθ]) n. ⓒ 뻐드렁니. 파) **~ed** [-θt] a. 뻐드렁니의.

buck·wheat [´hwìːt] n. ⓤ 【植】 메밀(의 씨), 메밀가루 : ~flour.

bu·col·ic, -i·cal [bjuːkɑ́lik/ -kɔ̀l-], [-kəl] a. 목가적인(pastoral), 시골풍의, 전원생활의, 농경의: — n. ⓒ (흔히 pl.) 목가, 전원시 ; 전원 시인 ; 촌사람, 농부.

:bud[1] [bʌd] n. ⓒ (1) 【動 · 解】 아체(芽體), 아상(芽狀) 돌기. (2) 싹, 눈 : (3) 발달이 덜 된 물건 ; 소녀, 아이. ***a ~ of promise*** 《口》 사교계에 나가려고 하는 젊은 여성. ***come into ~*** (나무가) 싹을 트다. ***in the ~*** 봉오리〈싹틀〉 때에 ; 초기에. ***nip〈check, crush〉... in the ~*** …을 봉오리 때에 따다 ; 미연에 방지하다.
— (***-dd-***) vi., vt. (1)봉오리를 맺다 ; 발아하다〈시키다〉《out》. (2) 발육하기〈자라기〉 시작하다 ; 젊다, 장래가 있다. (3) 【園藝】 눈접(接)하다. ~off from 싹터서 분리하다, 분리하여 새 조직을 만들다.

bud·ded [bʌ́did] a. 움튼, 싹튼, 봉오리맺은 ; 눈접(接)한.

***Bud·dha** [búːdə] n. (1) ⓒ 불상(佛像). (2) (the ~) 불타, 부처《석가모니의 존칭》

Bud·dha·hood [-hùd] n. ⓒ 보리(菩提), 불교의 깨달음의 경지.

***Bud·dhism** [búːdizəm] n. ⓤ 불도(佛道), 불교.

***bud·dhist** [búːdist] a. 불타의 ; 불교(도)의 : a ~ temple 절. — n. ⓒ 불교도.

Bud·dhis·tic, -ti·cal [buːdístik], [-kəl] a. 불교(도)의; 불타의. 파) **-ti·cal•ly** ad.

bud·ding [bʌ́diŋ] a.〔限定的〕 (1) 소장(少壯)의, 신진의 : (2) 싹트기 시작한 ; 발육기의 : — n. ⓤ 발아 ; 싹틈 ; 아접(接).

bud·dy [bʌ́di] 《口》 n. ⓒ (1) 《美俗》 (호칭으로, 특히 화났을 때) 어이, 이봐 젊은이. (2) 《口》 형제, 동료, 친구. — vi. 친해지다《up, with》.

bud·dy-bud·dy [bʌ́dibʌ́di] a. 〔敍述的〕 《口》 사이가 좋은, 매우 친한 ; 매우 정다운. — n. 친구 ; 《美俗》 적, 미운녀석.

búddy sỳstem (사고 방지를 위한) 2인 1조(組) 방식《수영 · 캠프에서》.

budge [bʌdʒ] vi. 〔흔히 否定文〕 (1) 의견〈생각〉을 바꾸다 : (2) 몸을 조금 움직이다 : — vt. (1) …을 조금 움직이다 : I can't ~ it. 꼼짝도 않는다. (2) …의 의견을 바꾸게 하다.

budg·er·i·gar [bʌ́dʒərigɑ̀ːr] n. 【鳥】 잉꼬《오스트레일리아산》.

:budg·et [bʌ́dʒit] n. ⓒ (1) 〔一般的〕 경비, 운영비 ; 가계(家計), 생활비 : (2) (종종 B-) (정부) 예산 ; 예산안 : (3) (물건의) 모은것, (편지·서류 등의) 한 묶음. — vi. 《+前+名》 예산에 계상하다〈짜다〉 : ~ for the coming year 내년도 예산을 세우다.
— vt. (1) (…의) 예산〈자금 계획〉을 세우다《for》 : ~ medical expenses 의료비를 예산에 넣다. (2) …의 사용 계획을 세우다 : ~ one's time carefully 시간의 배분을 신중히 계획하다.

búdget accòunt (은행 등의) 자동 지급 계좌 ; (백화점의) 할부 방식.

budg·et·ary [bʌ́dʒitèri/ -təri] a. 예산(상)의.

Búdget Mèssage (the ~) (미국 대통령이 의회에 보내는) 예산 교서.

búdget plàn =INSTALLMENT PLAN : 분할부제, 할부제 ; on the ~ 할부로.

buff** [bʌf] *n.* (1)(the ~)《口》(사람의) 맨살 ; 버프《렌즈를 닦는 부드러운 천》; 높은 양반 ;《美口》…팬, …광(狂) : a Hi-Fi ~ 하이파이광. (2) ⓤ(물소 등의) 담황색의 연한 가죽 ; 담황색. ***(all) in the ~ 벌거벗고, 알몸으로. ***strip to the ~*** 발가 벗다. — *vt.* …을 연한 가죽으로 닦다 ; (가죽)을 부드럽게 하다; 담황색으로 물들이다. — *a.* 담황색의, 황갈색의 ; 담황색 가죽으로 만든.

:buf·fa·lo [bʌ́fəlòu] (*pl.* **~(e)s,**〔集合的〕**~**) *n.* ⓒ《美》아메리카들소(bison) ; 물소(water ~) ;《軍俗》수륙 양용(水陸兩用) 탱크 ;《美俗》사내, 놈, 남편

buff·er[1] [bʌ́fər] *n.* ⓒ (1) 완충물, 쿠션. (2) (철도 차량 등의) 완충기〈장치〉(《美》bumper). (3) 완충국 ; 【化】 완충제〈액〉; 【컴】 사이칸, 버퍼, 완충역(域). — *vt.* (1) (충격·관계 등) 완화하다 ; …을 보호하다, 지키다 : ~ oneself against shocks 충격에 대해 자신을 지키다. (2) (어린이 등)을 보호하다, 지키다《*from*》

buff·er[2] *n.* ⓒ 〔흔히 old ~로〕《英俗》쓸모없는 사람 : an *old* ~ 늙은이.

búffer mèmory 【컴】 완충 기억기.

búffer regíster 【컴】 주기억 장치에 넣기 전에 1차적으로 데이터를 모아 전송하는 컴퓨터의 한부분.

búffer solùtion 【化】 완충액(緩衝液).

búffer stàte(zòne) 완충국〈지대〉.

***buf·fet**[1] [bʌ́fit] *n.* ⓒ (1) (풍파 따위에 의한) 타격 ; (운명 따위의) 희롱 : (2) (주먹으로 하는) 타격(blow). — *vt.* (1) …을 치다, 때려 눕히다. (2)《~+目(+副)》〔종종 受動으로〕(풍파·운명이) …을 괴롭하다, 희롱하다《*about*》: (3)《~+目/+目+前+名》(운명 따위)와 싸우다

buf·fet[2] [bəféi, búfei / bʌ́fit] *n.* ⓒ (1) (식당·다방의) 카운터. (2) 찬장. (3) [búfei] buffet가 있는 간이 식당, (역·열차·극장 안의) 식당, 뷔페. (4) 카테일파티식〈입식(立食)식〉요리. — *a.* 〔限定的〕뷔페식의 : ~ lunch〈supper〉뷔페식 점심〈저녁〉식사.

buffét càr (간이) 식당차.

buf·foon [bəfúːn] *n.* ⓒ 익살꾼(clown), 어릿광대. ***play the ~*** 익살부리다.

buf·foon·ery [-əri] *n.* ⓤ 해학, 익살.

bug** [bʌg] *n.* ⓒ (1)《口》병원균 ; 병 : (2) 곤충, 벌레 ;《주로 英》빈대(bedbug). (3)《美俗》(기계 따위의) 고장, 결함. (4)《口》도청기. (5) 열광(자) ; 〔the ~; 修飾語와 함께〕 일시적인 열중 : (6) 도락(hobby) ; 흥미 : *vt.* (1)《俗》…을 귀찮게 하다 ; 괴롭히다. (2)《口》…에 도청 장치를 하다, 도청하다 : I found out my phone was ~*ged.* 나는 내 전화가 도청되고 있다는 것을 알았다. ~ off 〔종종 명령법〕《美俗》가버리다. ***~ out《美俗》급히〈허둥지둥〉달아나나. ***Don't ~ me.*** 나에게 상관 말아주게.

bug·bear [bʌ́gbɛ̀ər] *n.* ⓒ (1) (알 수 없는) 두려움, 공포, 걱정거리 : (2) (나쁜 아이를 잡아 먹는다는) 도깨비.

bug-eyed [∠àid] *a.*《俗》(놀라서) 눈이 휘둥그레진, 눈이 튀어나온.

bug·ger[1] [bʌ́gər] *n.* ⓒ (1)《俗》자식, 놈 ;《英俗》귀찮은 일. (2)《卑》비역〈남색〉쟁이(sodomite).
— *vt.*《卑》(1) …와 비역하다. 2)《英》몹시 지치게 하다 ; (…을) 고장내다, 못쓰게 만들다. — *vi.*《卑》비역하다. ***~ about 〈around〉***《英俗》1) 남에게 폐를 끼치다, 괴롭히다. 2) 바보같은 짓을하다. ***Bugger it 〈me, you〉!*** 제기랄, 젠장. ***~ off!***《英俗》꺼져. ***~ up*** (…을) 엉망으로 만들다, 망쳐놓다.

bug·ger[2] *n.*《美俗》도청 전문가.

búgger áll《英俗》전무(全無)(nothing), 아무것도 없음

bug·gered [∠gərd] *a.*《英俗》(1) 기절 초풍한. (2) 지친.

bug·gery [bʌ́gəri] *n.* ⓤ《卑》계간, 비역, 수간.

Bug·gins's turn [bʌ́ginziz-] 연공 서열에 의한 승진.

bug·gy[1] [bʌ́gi] (***bug·gi·er ; -gi·est***) *a.* (1)《俗》미친, 머리가 돈(crazy) ; 열중한《*about*》. (2)벌레투성이의.

***bug·gy**[2] *n.* ⓒ《美》(한〈두〉필의 말이 끄는) 4륜 마차 ;《英》(말 한 필이 끄는 가벼운) 2륜 마차 ;《美》유모차(baby ~).

bug·house [bʌ́ghàus] *a.*《美俗》미치광이의, 실성한, 터무니없는.
— *n.* ⓒ《美俗》정신 병원. ***a ~ fable*** 터무니없는 말〈일〉.

***bu·gle** [bjúːgəl] *vi., vt.* 나팔을 불(어 모으)다.
— *n.* ⓒ (군대용) 나팔. ***like a ~ call*** 갑자기.

bu·gler [bjúːglər] *n.* ⓒ 나팔수(手).

:build [bild] (*p., pp.* ***built*** [bilt]) *vt.* (1)《~+目/+目+前+名》(기계 따위)를 조립하다(construct) ; (둥주리)를 틀다 ; (불)을 피우다 : (2)《~+目/+目+前+名/+目+目》…을 세우다, 건축〈건조, 건설〉하다, (도로·철도 따위를) 부설하다 : (3) 이룩하다, 확립하다 : (사업·재산·명성 등)을 쌓아 올리다 (4)《+目+前+名》(기대 따위)를 걸다《*on*》(5) (성격을)도야하다, 훈련하다《*into*》. (6) 늘리다, 확대〈증강, 강화〉하다.
— *vi.* (1) 건축〈건조〉하다 ; 건축〈건설〉사업에 종사하다. (2) 〔be ~ing의 형태〕 건축중이다(be being built): (3)《+前+名》기대하다, 의지하다《*on, upon*》; (…을) 원금〈밑천〉으로 하다《*on*》: ***be ~ing*** (집이) 건축 중이다(=be being built). ***be built up of*** …으로 되어 있다. ***~ a fire*** 불을 지피다. ***~ a fire under*** …을 격려〈자극〉하다. ***~ in*** (용재(用材)를) 짜 맞추어 넣다 ; 붙박이로 짜 넣다 ; 건물로 에워싸다 ***~ into*** (벽에 장식장 따위를) 붙박다 ; (계약 따위에 조건 등을) 끼워넣다《※ 흔히 受動으로 쓰임》 1) (희망·의론 따위를) …에 의거하게 하다 ; (성과 따위를) 기초로 일을 추진하다 ; …을 의지하다 : 2) …에 증축하다《*to*》. ***~ out*** 증축하다. ***~ over***〔흔히 受動으로〕(토지를) 건물로 가득 채우다. ***~ (a)round*** 건물로 둘러싸다. ***~ up*** 1) (부·명성 따위)를 쌓아 올리다 ; (군비)를 증강하다 ; (사기)를 높이다. 2) 〔흔히 受動으로〕건물로 막다. 3) (건강)을 증진시키다 : *up* one's health. 4)《俗》…을 부추기다; 칭찬하다 ; 선전하다 5) (긴장·압력 등이) 고조되다, (바람 등이) 강해지다 ; (날씨가) 험해지다 ; (교통 따위가) 막히다 : 체증을 일으키다.
— *n.* ⓤⓒ (1) 만듦새, 구조, 얼개 ; 건축 양식

:build·er [bíldər] *n.* ⓒ (1) 〔흔히 複合語로〕증진시키는 것, 증진물 : (2) 건축(업)자, 건설자, 청부업자

:build·ing [bíldiŋ] *n.* (1) ⓒ 건축물, 빌딩, 가옥, 건조물 (2) ⓤ 건축(술), 건조, 건설 (3) (*pl.*) 부속 건물.

búilding blòck (장난감) 집짓기나무 ; 건축용 블록.

búilding socìety《英》주택조합.《美》건축조합. =SAVINGS AND LOAN ASSOCIATION.

build·up[bíldʌ̀p] *n.* ⓒ (1) (신인·신상품 등의) 선

전, 지나친 찬사의 선전 : (2) 조립, 조성 ; (병력·체력·산업 등의) 증강, 증진; 강화《*of* ; *in*》: (3)(극의 내용을 최고조로 돋우는)줄거리.

:built [bilt] BUILD의 과거·과거분사.
— *a.* (1) 〔限定的 ; 흔히 複合語를 이루어〕…한 체격의; …로 만들어진 : (2) 조립식의.

***built-in** [´ìn] *a.* 〔限定的〕 (1) (성질 등의) 타고난, 내재적인, 마음 속에 새겨진 : (2)박아 넣은, 붙박이로 맞추어 넣은 ; 짜 넣은《카메라의 거리계 따위》: — *n.* 붙박이 비품.

built-up [´ʌ́p] *a.* 〔限定的〕 (1) 건물이 빽빽하게 들어선, 건물로 둘러싸인; 계획적으로 만든 가죽을 겹쳐서 만든《구두의 뒤축》

:bulb [bʌlb] *n.* ⓒ (1) (온도계 등의) 구(球) ; 전구(electric ~) ; 진공관. (2) (양파 등의) 구근(球根), 알뿌리, 구경(球莖), 알줄기. (3) (카메라의) 벌브 노출. ***~ of the spinal cord*** 연수. ***the ~ of a hair*** 모근(毛根).

bulb·let [bʌ́lblit] *n.* 【植】 구슬눈, 구아(球芽).

bulb·ous [bʌ́lbəs] *a.* (1) 불룩한, 구근상의 :(2)〔限定的〕구근(상)의, 구경(球莖)의; 구근에서 성장하는 : a ~ plant 구근식물. 파) **-ly** *ad.*

***bulge**[bʌldʒ] *n.* ⓒ (1) (수량의) 일시적 증가, 부풀어 오름, 팽창 (2) 부푼 것, 불룩한 부분 ; (물통 따위의) 중배 : (3)《英》 (the ~) =BABY BOOM. (4)《俗》 유리, 우세(advantage) : get 〈have〉 the ~ on《美俗》 …보다 우세하다 ; …을 지우다, …을 이기다
— *vi.* (1)《~/+副/+前+名》 부풀다, 불룩해지다《*out*》: His muscles *~d out*. 그의 근육은 불룩 솟아 있었다 /The sack *~s with* oranges. 자루는 오렌지로 불룩하다. (2) (눈이) 튀어 나오다 : *bulging* eyes 퉁방울 눈 /His eyes seemed to ~ *out of* sockets. 그는 (놀라서) 눈이 튀어나 올 것만 같았다. (3)《口》 당황하여〈갑자기〉 뛰어들다〈날아들다〉《*in* ; *into*》 — *vt.* (1)《~+目/+目+前+名》 …을 부풀리다《*with*》: he *~d* his cheeks. 그는 볼을 불룩하게 했다 /He ~d his pockets *with* apples. 호주머니가 사과로 불룩해 있었다. (2) (배 밑바닥을) 파손하다.

bulgy [bʌ́ldʒi] (***bulg•i•er ; -i•est***) *a.* 불룩한, 부푼. 파) **bulg•i•ness** *n.*

bu·lim·ia [bju:límiə] *n.* ⓤ【醫】 다식증(多食症).

:bulk [bʌlk] *n.* (1) ⓤ 부피, 크기, 용적: (2) (the ~) 대부분, 주요(主要)한 부분《*of*》: (3) ⓤ (선박의) 적하(積荷)(cargo). (4) ⓤ 섬유질의 음식물. ***break ~*** 짐을 부리기 시작하다. ***by ~*** (저울을 쓰지 않고) 적하한 채로, 눈대중으로. ***~ buying*** 생산품, 견랑매겁. ***~ production***《美》 대량생산. — *vi.* (1) 부피가 부풀다, 커지다《*up*》. (2) (흔히 ~ large로) 크게 보이다, (중요성이 있다고) 보여지다 (3) (종이 따위가) …의 두께이다. — *vt.* (1) …을 크게 하다, 일괄하다, 부풀게 하다 : ~ large〈small〉 (in one's eyes) 크게〈작게 보이다 ; 중요하지 알게 보이다. (2) ~을 한 무더기로 하다.

bulk-buy·ing [´báiiŋ] *n.* ⓤ (생산품의) 대량 구입.

búlk càrgo (선박의) 포장하지 않은 짐.

bulk·head [bʌ́lkhèd] *n.* ⓒ (종종 *pl.*) (1)(갱내 따위의) 받침벽, 차단벽. (2) 【船】 격벽(隔壁)

búlk máil 요금별납 우편《대량 인쇄물 등에 적용》

bulky** [bʌ́lki] (bulk•i•er ; -i•est***) *a.* (커서) 다루기 힘든, (무게에 비해) 부피가 큰 파) **búlk•i•ly** *ad.*

búlk•i•ness *n.* ⓤ 부피가 늚, 부피의 크기.

:bull[1] [bul] *n.* ⓒ (1) (코끼리·고래 같은 큰 짐승의) 수컷 : (2) (거세 않은) 황소. 【cf.】 ox. (3) 【證】 사는 쪽의, 시세가 오르리라고 내다보는 사람. 【cf.】 bear[2]. (4)《美俗》 경관, 교도관. (5) (황소처럼) 건장한 남자. (6) (과녁의) 중심점(~'s eye). (7) (the B-) 【天】 황소자리. (8)《美俗》 허풍, 허튼소리. — *a.* 〔限定的〕 (1) 수컷의 ; 황소와 같은 ; 큰 : a ~ whale 수고래. (2)【證】 사는 쪽의, 시세 상승을 예상하는 : a ~ market 강세(强勢)시장. ***~ dance*** 남자들만의 댄스.
— *vt.* (1) 【證】 (값이 오르도록) …을 자꾸 사들이다. (2) (계획·법안 따위)를 억지로 밀고 나아가다 : ~ a bill through Congress 의안을 의회에서 강제로 통과시키다 /~ ahead 앞쪽으로 나아가다. — *vi.* 밀고 나아가다. (3) 【證】 …의 값을 끌어올리려 하다.

bull[2] *n.* ⓒ (로마 교황의) 교서.

bull[3] *n.* ⓒ (언어상의) 우스운 모순(Irish ~)《'이 편지를 받지 못할 경우에는 알려 주십시오'라고 하는 따위》.

***bull·dog** [´dɔ̀:g/ ´dɔ̀g] *n.* ⓒ (1) 완강한 사람. (2) 불독. (3)《英俗》(Oxford, Cambridge 대학의) 학생감(학생감) 보좌역. (4)=BULLDOG CLIP.
— *a.* 〔限定的〕 불독 같은, 용맹스럽게 끈덕진. ***the ~breed*** 영국민《속칭》. — *vt.* (1) 불독처럼 (맹렬히)…을 공격하다. (2)《美》 (사슴·송아지의 뿔)을 붙들고 넘어뜨리다.

búlldog clip 큰 종이 집게.

bull·doze [búldòuz] *vt.* (1) a〕 (의안 등)을 억지로 통과시키다. b〕〔~ one's way로〕…을 강제로 밀고나가다, 고집대로 하다. (2)《口》《+目+前+名》 위협하다 ; 을러대다〈못하게 하다〉《*into* do*ing*》:(3) (땅)을 불도저로 고르다

***bull·doz·er** [búldòuzər] *n.* ⓒ (1)《口》 협박자. (2) 불도저

:bul·let [búlit] *n.* ⓒ (권총, 소총 등의) 총탄, 탄알. 【cf.】 ball[1], shell.

bul·let·head·ed [-hèdid] *a.* (사람이) 작고 둥근 머리의 :《口》 바보, 고집쟁이 — *a.* **-héad•ed** [-id] 머리가 둥근.

:bul·le·tin [búlətin] *n.* ⓒ (1) 공보 ; (방송의) 뉴스 속보 (2) 게시, 고시. (3) (학회 등의) 보고(서) ; (협회 등의) 정기 보고; (학회 등의) 회보; (회사 등의) 사보〈잡지〉. — *vt.* 고시〈게시〉하다.

bùlletin bòard《美》 게시판

bul·let·proof [-prù:f] *a.* (1) 완전한, 비판〈실패〉의 여지가 없는 (2) 방탄의

bull·fight [búlfàit] *n.* ⓒ (스페인의) 투우.
파) **~•er** *n.* ⓒ 투우사. **~•ing** *n.* ⓤ 투우.

bull·finch [´fìntʃ] *n.* ⓒ 【鳥】 (1) 피리새, 멋쟁이새의 일종. (2) 높은 산울타리.

bull·frog [´fràg, ´frɔ̀(:)g] *n.* ⓒ (몸집이 크고 우는 소리가 소 같은 북아메리카산) 식용개구리.

bull·head [´hèd] *n.* ⓒ (1) 완고한 사람. (2)【魚】 머리가 큰 물고기《독중개·메기류》.

bull·head·ed [´hédid] *a.* 고집센, 완고한, 우둔한(stupid).
파) **-ly** *ad.* **~•ness** *n.*

bull·horn [´hɔ̀:rn] *n.* ⓒ《美》 핸드 마이크(《英》 loudhailer), 휴대용 확성기.

bul·lion [búljən] *n.* ⓤ 금은괴(塊)〈압연봉〉, 금은의 지금(地金) ; 순금, 순은. 파) **~·ìsm** *n.* 금은 통화주의, 경화주의.

bull·ish [búliʃ] *a.* (1) **[證]** 오르는 시세의, 상승하는, 오를 것 같은《시세 등》. (2) 수소와 같은파) **~•ly** *ad.* **~•ness** *n.*
búll márket **[證]** 강세 시장, 상승 시세.
bull-necked[´nèkt] a.자라목의, 굵고 짧은 목의.
bull·nose [´nòuz] *n.* ⓒ (1) **[建]** (벽돌·타일·벽모서리의) 둥근 면. (2) 주먹코.
bul·lock [búlək] *n.* ⓒ (네 살 이하의 거세한)소《식용》.
bull·ring [búlrìŋ] *n.* ⓒ 투우장.
bull's-eye [búlzài] *n.* ⓒ (1) 둥근 채광창 ; 반구〈볼록〉렌즈(가 붙은 휴대용 남포). (2) (과녁의) 흑점 ; 정곡 ; 정곡을 쏜 화살〈탄알〉. (3) 눈깔사탕. (4) 정곡을 찌른 발언. ***hit* 〈*make, score*〉 *the* 〈*a*〉 ~** 1) 표적의 중심을 맞히다. 2) 급소를〈정곡〉을 찌르다. 3)《美口》히트하다, 성공을 거두다.
bull·shit [búlʃìt] *n.* ⓤ《卑》거짓말, 허풍, 허튼 소리 : He's talking ~. 허튼 소리를 하고 있다.
— *vt., vi.* 허풍떨다, 거짓말하다. — *int.* 거짓말 마! 엉터리!.
búll tròut《英》송어류.
*__bul·ly__[1] [búli] *n.* ⓒ 약한 자를 괴롭히는 사람 ; 싸움대장 — *a.*《口》멋진, 훌륭한 : What a ~ car ! 정말 멋진 차구나.
— *int.*《口》멋지다, 잘했다. ***Bully for you* 〈*us*〉 *!*** 잘한다《※반어(反語)적으로도 쓰임》.
— *vt.* (약한 자)를 들볶다, 위협하다 : — *vi.* 마구 뽐내다, 으스대다. **~** a person ***into* 〈*out of*〉** do***ing*** 아무를 들볶아서 …시키다〈…을 그만 두게 하다〉. **~** (a thing) ***out of*** a person 위협하여 아무에게서 (물건을) 빼앗다. — *vt.* 마구 뻐기다.
bul·ly[2] *n.* ⓤ 통조림〈절임〉쇠고기.
bul·ly[3] [búli] *n.* **[하키]** 경기 개시, 불리. — *vi.* 경기를 개시하다《*off*》.
bul·ly·boy [-bɔ̀i] *n.* ⓒ 폭력 단원; 정치 깡패.
bul·ly-off [-ɔ̀(ː)f, -ɑ́f] *n.* ⓒ **[하키]** 시합 개시.
bul·ly·rag [-ræ̀g] (***-gg-***) *vt.*《口》…을 곯리다, 위협하다, 꾸짖다, 학대하다.
bul·rush [búlrʌ̀ʃ] *n.* ⓒ **[植]** 애기부들《속칭 cat's tail》; 큰고랭이 ; **[聖]** 파피루스(papyrus).
*__bul·wark__ [búlwərk] *n.* ⓒ (1) 방벽 ; 방어물〈자〉. (2)성채, 보루 ; 방파제 : (3) (*pl.*) **[船]** 현장(舷墻).
— *vt.* …을 성채로 견고히 하다 ; 옹호〈방비〉하다.
bum[1] [bʌm] *n.* ⓒ《口》(1) 놀이〈오락〉에 열중하는 사람. (2) a〕부랑자, 거지 ; (the ~) 거지 생활. b〕룸펜, 게으름뱅이: You lazy ~ ! 이 식충아. (3) 쓸모없는〈무능한〉사람. ***on the ~*** 부랑 생활을 하여; 파손되어, 못쓰게 되어. (4) (발 따위) 다친 : a ~ leg. (5)틀린, 거짓의 : (6)《美俗》상대를 가리지 않는 여자. — *a.* 〔限定的〕(1) 가치 없는, 쓸모 없는.
— (***-mm-***) *vi.*《口》(일할 수 있는 데도) 놀고 지내다 ; 남의 신세를 지고 살다. ***~ along*** (차를 타고) 일정한 속도로 가다. ***~ around***《美口》빈둥빈둥 돌아다니다. — *vt.*《口》《+目+前+名》거저 얻다, 울러 빼앗다, 조르다《*from* ; *off*》
bum[2] *n.* ⓒ《英俗》궁둥이.
bum·ber·shoot [bʌ́mbərʃùːt] *n.* ⓒ《美俗》박쥐우산(umbrella).
bum·ble[1] [bʌ́mbəl] *vi.* (1) 떠듬거리며 말하다. (2) 실수하다, 실패하다.
bum·ble[2] *vi.* (벌 따위가) 윙윙거리다.
bum·ble·bee [bʌ́mbəlbìː] *n.* ⓒ **[蟲]** 뒝벌.
bumf [bʌmf] *n.* ⓤ《英俗》(1)〔敍述的〕공문서, 휴지: (2) 화장지.
bum·mer[1] [bʌ́mər] *n.* ⓒ《美俗》부랑자, 건달.
bum·mer[2]《美俗》*n.* ⓒ (1) 실망(시키는 것) (2) (마약 등의) 불쾌한 경험.
:**bump** [bʌmp] *vt.* (1) …에 부딪치다, …와 충돌하다 (2)《+目+前+名》(머리 따위를) …에 부딪치다《*against* ; *on*》: (3)《+目+前+名》부딪쳐서 …을 쿵하고 떨어뜨리다《*off* ; *from*》: (4) (지위 등을 이용해) …을 항공기 예약에서 밀어내다 (5) (가격·임금 등을) 올리다. ***~ off***《美俗》폭력으로 제거하다, 죽이다. ***~ up*** (값을) 올리다.《美》승진시키다.
— *vi.*《+前+名》(1) 충돌하다《*against* ; *into*》: (2) (차가) 덜거덕거리며 지나가다《*along*》: (3)《美俗》(춤에서 도발적으로) 허리를 앞으로 내밀다. ***~ into*** a person 1) 아무에게 부딪치다. 2)《口》아무와 우연히 만나다 : ***~ off***《美俗》…을 죽이다, 처치하다 —
n. ⓒ (1) 충돌, 추돌 ; (부딪칠 때의)탕〈딱〉하는 소리: with a ~ 탕 하고 ; 갑자기. (2) 때려 생긴 혹. (3) (도로상의) 융기(隆起) : *Bump* ahead! 전방에 턱이 짐《공사장 등의 게시》. (4) **[空]** (돌풍에 의한) 비행기의 동요. (5) (스크립쇼 등에서) 하복부를 쑥 내미는 동작. ***have a ~ of*** …에 능력〈재능〉이 있다.
— *ad.* 탕〈쿵〉하고 : come ~ on the floor 쿵 하고 마루에 떨어지다.
*__bump·er__ [bʌ́mpər] *n.* ⓒ (1) (축배 때의) 가득 찬 잔. (2) 범퍼(《英》buffer)《자동차 앞뒤의 완충 장치》《美》(기관차의) 완충기. (3)《口》풍작 ; 성황, 만원. (4) (WHIST에서) 3판 승부서 먼저 얻은 2승. — *a.* 〔限定的〕대단히 큰, 풍작의
búmper càr 범퍼 카《유원지 등에서 서로 맞부딪치기하는 작은 전기 자동차》.
bump·er-to-bump·er [-tə-] *a.* (1) (교통이) 정체된 : ~ traffic. (2) 자동차가 꼬리를 문.
bump·kin [bʌ́mpkin] *n.* ⓒ 투박한 시골 사람.
bump·tious [bʌ́mpʃəs] *a.* 건방진, 오만한, 거만한 : ~ officials 오만한 관리들.
파) **~•ly** *ad.* **~•ness** *n.*
bumpy [bʌ́mpi] (***bump•i•er ; -i•est***) *a.* (1) (수레가) 덜컹거리는 :(2) (길따위가) 울퉁불퉁한 : a ~ road. (3) a〕**[空]** 돌풍이 많은, 난기류가 있는 b〕(인생 등이) 부침이 심한. (4) (음악·시 등이) 박자가 고르지 않은.
파) **búmp•i•ly** *ad.* **-i•ness** *n.*
búm's rúsh (the ~)《美口》강제 추방〈퇴거〉
*__bun__ [bʌn] *n.* ⓒ (1) (여성들이 빵 모양으로 뒤에) 묶은 머리. (2) 롤빵《건포도를 넣은 달고 둥근 빵》. (3) (*pl.*)《俗》엉덩이(buttocks). ***get* 〈*have*〉 *a ~ on*** 취해 있다. ***have a ~in the oven***《口·戲》임신하고 있다《남성이 쓰는 표현》. take the ~《俗》1등을 하다.

:**bunch** [bʌntʃ] *n.* ⓒ (1)《口》동료, 패거리 ; (마소의) 떼《*of*》(2) 다발, 송이. — *vt.* (1) …을 다발로 만들다. (2) (한 떼로) 모으다《*up* ; *together*》: *bunch up* together and keep warm. 한데 모여 온기(溫氣)를 유지하라. (3) (옷에) 주름잡다. (4) 집중 안타를 치다. — *vi.* (1) 다발로 되다. (2) 한 떼가 되다. (3) 혹이 되다. (4) 주름 잡히다.
bunchy [bʌ́ntʃi] (***bunch•i•er ; -i•est***) *a.* 다발로 된, 송이 모양의〈이 된〉. 파) **búnch•i•ly** *ad.*
bun·co [bʌ́ŋkou] (*pl.* ***~s***)《美口》*n.* 속임수 내기, 야바위 ; 사기. — *vt.* …에게 사기치다, 속이다.
:**bun·dle** [bʌ́ndl] *n.* ⓒ (1) 꾸러미(로 만든 것)《*of*》

: (2) 묶음, 묶은 것 :(3)〔흔히 a ~ of …로〕《口》 덩어리, 일단(group) (4)《俗》 큰돈 : It cost a ~. 큰돈이 들었다.
— *vt.* (1)《~+目/+目+副》…을 다발짓다, 꾸리다, 묶다, 싸다《*up*》 : ~ *up* papers 신문을 묶다 /I ~*d up* everything. 모든 것을 한데 꾸렸다. (2)따뜻하게 옷으로 감싸다《*up*》. (3)《+目+前+名》 뒤죽박죽〈마구〉 던져 넣다《*into*》 : She ~*d* clothes *into* a drawer. 그녀는 옷을 서랍에 쑤셔넣었다. (4)《+目+副/+目+前+名》 (사람을) 거칠게 내어몰다, (…에서) 쫓아버리다《*off* ; *out* ; *away*》 ; (사람을) 몰아넣다《*into*》 : They ~*d* the children *off to* bed. 그들은 어린이들을 잠자리로 쫓아 버렸다. ***~ away*** 〈***off, out***〉 척척 치우다.
— *vi.* (1)《+前+名/+副》 급히 물러가다〈떠나다〉, 급히 나가다《*off* ; *out* ; *away* ; *out of*》 ; (무리져서) 들어가다, 타다《*in, into*》 : (2)(옷을 두텁게 입고) 따뜻하게 하다《*up*》. ~ a person ***out*** 〈***off, away***〉 아무를 내쫓다, 서둘러 가게 하다

bung[bʌŋ] *n.* ⓒ (통따위의)마개; =BUNGHOLE.
— *vt.* (1)《英口》《俗》 (돌 따위)를 던지〈던져주〉다 ; …을 쑤셔넣다 : (2) …에 마개를 하다;〔흔히 受動으로〕《俗》 …을 막다 ;

***bun·ga·low** [bʌ́ŋgəlòu] n. ⓒ《Ind. 》주위에 베란다가 있는 작은목조 단층집 ; 방갈로《보통 별장식의 단층집》.

bung-ho[bʌ́ŋhóu] *int.* 안녕히《이별의 인사》; 건배.

bung·hole [bʌ́ŋhòul] *n.* ⓒ 통의 따르는 구멍.

bun·gle [bʌ́ŋgəl] *vt.* …을 모양새 없이 만들다, 서투른 방식으로 하다 ; 망치다, 실수하다: — *n.* 서투른 솜씨 ; 실수, 망침 : make a ~ of …을 망쳐버리다.

bun·gler [bʌ́ŋgələr] *n.* ⓒ 실수하는 사람, 서투른 직공.

bun·ion [bʌ́njən] *n.* ⓒ 【醫】 엄지발가락 안쪽의 염증《활액낭(滑液囊)의 염증》

bunk[1] [bʌŋk] *n.* ⓒ《口》침상 : (배·기차 등의 벽에 붙인) 침대 ; — *vi.* (1) (열차) 침대에서 자다. (2)《口》 아무렇게나 뒹굴러 자다《*down*》 : ~ up《英俗》 …와 성관계를 가지다 /~ *down* with friends 친구들과 등걸잠을 자다.

bunk[2] *n.* ⓤ《俗》 남의 눈을 속임, 허풍. 〔◀ bunkum〕. — *vt.* 터무니 없는 소리를 하다.

bunk[3] 《口》 *vi.* 달아나다, 도망가다 ; (수업을) 빼먹다. — *n.* ⓒ 도망.〔다음 成句뿐〕 ***do a ~*** 도망가다, 사라지다

búnk bèd 2단 침대《아이들 방 따위의》 :

bunk·er [bʌ́ŋkər] *n.* ⓒ (배의) 석탄궤〈상자〉, 연료 창고 ; 【골프】 벙커《모래땅의 장애 구역《美》sand trap》 ; 【軍】 벙커, 지하 엄폐호 : — *vt.*〔흔히 受動으로〕 (1) (배)에 연료를 싣다. (2) 【골프】 (공)을 벙커에 쳐 넣는다. (3) …을 궁지에 몰아넣다: She *is ~ed*. 그녀는 곤경에 빠져 있다.

búnker òil 벙커유(油).

bunk·house [bʌ́ŋkhàus] *n.* ⓒ《美》 (인부·광부 등의) 작은 합숙소.

bun·kum, -combe [bʌ́ŋkəm] *n.* ⓤ (1) 부질없는 이야기〈짓〉. (2) (선거민에 대해서) 인기를 끌기 위한 연설.

bunk-up [∠ʌ̀p] *n.* ⓒ (흔히 *sing.*)《英口》 (올라 갈 때에) 뒤밀어 주기, 받쳐 주기

***bun·ny** [bʌ́ni] *n.* ⓒ (1) 버니 걸(=∠ **girl**)《미국 Playboy Club의 호스티스: 토끼를 본뜬 복장에서》. (2)《兒語》 토끼(=~rabbit), 다람쥐.

Bún·sen búrner [bʌ́nsən-] 분젠 버너.

***bunt** [bʌnt] *n.* ⓒ (1) 【野】 번트, 연타(軟打). (2) (소 따위가) 받기, 밀기. — 파) **~·er** *n.*

bunt·ing [bʌ́ntiŋ] *n.* ⓤ (1)〔集合的〕기 종류; (엷은) 깃발천, 포근한 옷, 포대기. (2) 기포(旗布); (*pl.*) (경축을 위한 가로·건물 따위의) 장식 천, 가느다란 기.

Bun·yan [bʌ́njən] *n.* **John ~** 버니언《영국의 설교사로 *Pilgrim's Progress*의 저자; 1628-88》.

:buoy [búːi, bɔi] *n.* ⓒ (1) 구명 부이(life ~). (2) 부이, 부표 — *vt.* (1)…을 뜨게 하다《*up*》 : (2)《~+目/+目+副》【海】 (암초 등)을 부표로 표시하다, 부표를 달다《*out* ; *off*》 : (3)《~+目/+目+副》〔종종 受動으로〕 (희망·용기 따위)를 걸다, 지탱하다, 기운을 북돋우다《*up*》 : — *vi.* 뜨다, 떠오르다(float).

buoy·an·cy [bɔ́iənsi, búːjən-] *n.* ⓤ (1) (타격을 받고도 곧) 회복하는 힘, 쾌활성 ; 낙천적 기질. (2)부력, 부양력 ; 뜨는 성질. (3) 【商】 (시세의) 오를낌새, 호시세 기미.

***buoy·ant** [bɔ́iənt, búːjənt] *a.* (1) 경쾌한, 낙천적인, 탄력 있는, 회복력이 좋은 (2) 잘 뜨는, 부력(浮力)이 있는: force 부력. (3)(주가·경기 등이) 상승 경향의, (시세가) 강세의 파) **~·ly** *ad.*

bur [bəːr] *n.* ⓒ (1) (가시처럼) 달라 붙는 〈성가신〉 것. (2) (밤·도꼬마리 따위 열매의) 가시 ; 가시 돋친 열매를 맺는 식물 ; (치과·가계 등의) 절삭기.

bur·ble [bə́ːrbəl] *vi.* (1)《+前+名》 (흥분하여) 정신 없이 지껄이다, 입에 거품을 내며 말하다《*on* ; *away*》 ; 킬킬 웃다 : ~ *with* mirth 킬킬 웃다. (2) (시냇물이) 졸졸 흐르다《*on*》. — *vt.* …을 재잘거리다, 지껄이다.

burbs [bəːrbz] *n. pl.*《美俗》 도시의 주택지역, 교외, 베드 타운. 〔◀ *sub*urbs〕

burd [bəːrd] *n.* ⓒ《주로 Sc. 》소녀, 숙녀.

:bur·den[1][bə́ːrdn] *n.* ⓒⓤ (1)(정신적인) 짐, 부담 ; 걱정, 괴로움, 고생 (2)무거운 짐, 짐. (3)(배의)적재량, 적재력.
— *vt.*《~+目/+目+前+名》 (1) …에게 짐을 지우다《*with*》 : ~ a horse *with* firewood 말에 장작을 잔뜩 지우다. (2)〔종종 受動으로〕 …에게 부담시키다 ; 괴롭히다《*with* ; *by*》 : He is ~*ed with* debts. 그는 빚을 지고 있다 /They were ~*ed with* heavy taxes. 그들은 무거운 세금에 시달렸다.

bur·den[2] *n.* (1) (the ~) (연설 따위의) 본지(本旨), 취지《*of*》 ***like the ~ of a song*** 몇 번이고 되풀이하여. (2) ⓒ (노래나 시의) 반복, 후렴《※ refrain 이 더 일반적》

bur·den·some [bə́ːrdnsəm] *a.* 짐스러운 ; 무거운 짐이 되는; 어려운, 힘드는, 골치 아픈 :

bur·dock [bə́ːrdàk/ -dɔ̀k] *n.* ⓒ 【植】 우엉.

:bu·reau [bjúərou] (*pl.* **~s** [-z], **~x** [-z]) *n.* ⓒ (1)《주로 美》(관청의)국 : 사무〈편집〉국 (3) 사무소 (3)《美》 옷장《보통 거울 달린 침실용의》. (4)《英》 서랍 달린 사무용 책상.

bu·reau·cra·cy [bjuərάkrəsi/-rɔ́k-] (1) (the ~) 관료사회. (2) ⓤ a〕 관료제. b〕 관료 정치〈제도주의〉. c〕 (관청식의) 번문욕례(red tape) ; 관료적인 번잡한 절차 (3)〔集合的〕 관료.

bu·reau·crat [bjúərəkræ̀t] *n.* ⓒ 관료 ; 관료적인 사람 ; 관료〈독선〉주의자

bu·reau·crat·ic [bjùərəkrǽtik] *a.* 관료식의〈적인〉 ; 관료 정치의 ; 번문욕례의, 절차가 번잡한 파) **-i·cal·ly** [-ikəli] *ad.*

bu·reau·crat·ism [bjúərəkrætìzəm, bjuərɑ́-krətì-/-rɔ́krætì-] *n.* ⓤ 관료주의, 관료 기질.

burg [bəːrg] *n.* ⓒ 시(city), 《美口》 읍(town) ; 《英》 =BOROUGH ; 《古》 성시(城市).

bur·geon, bour- [bə́ːrdʒən] *n.* ⓒ 어린 가지(shoot), 초목의 눈, 싹. — *vi.* (1) 싹을 내다, 싹이 트다《*forth* ; *out*》 (2) (급격히) 성장, 〈발전〉하다

-burger '…을 쓴 햄버거식의 빵, …제(製)의 햄버거' 란 뜻의 결합사 : cheese*burgar* 치즈버거.

burgh [bəːrg/ bʌ́rə] *n.* ⓒ 읍, 시 ; 《Sc.》 자치 도시(borough).

burgh·er [bə́ːrgər] *n.* ⓒ (자치 도시의) 시민, 공민 : the ~*s* of New York 뉴욕 시민.

:bur·glar [bə́ːrgər] *n.* ⓒ (주거 침입) 빈집털이, 강도《※ 전에는 밤도둑만 말했으나 현재는 구별하지 않음》

búrglar alàrm 도난 경보기.

bur·glar·i·ous [bəːrglέəriəs] *a.* 주거 침입(죄)의, 강도(죄)의, 밤도둑(죄)의. 파) **~•ly** *ad.*

bur·glar·ize [bə́ːrglərὰiz] *vt.*, *vi.* 《美口》 불법 침입하여 강도질하다.

bur·glar·proof [bə́ːrglərprùːf] *a.* 도난 예방〈방지〉의.

bur·gla·ry [bə́ːrgləri] *n.* ⓤⓒ 【法】 밤도둑죄, (절도·상해·강간 등을 목적으로 한)주거 침입(죄), 강도질 : commit a ~.

bur·gle [bə́ːrgəl] *vi.* 밤도둑질 하다. — *vt.* …에 불법 침입하다, …에 침입하여 강도질하다 : ~ a safe 금고를 털다.

:bur·i·al [bériəl] *n.* (1) ⓒ 매 장식. 〔◀ bury〕. (2) ⓤⓒ 매장

búrial gròund (**plàce**) 공동 묘지, 매장지

bu·rin [bjúərin] *n.* ⓒ (대리석 조각용) 끌, 정, 동판용 조각칼 ; 조각의 작풍〈양식〉.

burl [bəːrl] *n.* ⓒ 나무의, 옹두리 ; (피륙의) 올의 마디. — *vt.* 마디를 베거하다.
파) **~•ed** *a.* 마디 있는, 혹이 있는.

bur·lap [bə́ːrlæp] *n.* ⓤ 올이 굵은 삼베《포장·부대용》.

***bur·lesque** [bəːrlésk] *n.* ⓤⓒ 광문(狂文), 광시(狂詩), 희작(戲作) ; 익살 연극, 해학극 ; 《美》 저속한 소극(笑劇), 스트립쇼. — *a.* 〔限定的〕 익살부리는, 해학의, 광대의. — *vt.* 해학화하다, 우습게 하다, 광대짓하다 ; 흉내내다, 익살부리다.

bur·ly [bə́ːrli] (***bur·li•er*** ; ***-li•est***) *a.* (사람이) 건장한

***Bur·ma** [bə́ːrmə] *n.* 버마《Myanmar의 구칭》.

:burn [bəːrn] (*p.*, *pp.* ***burned, burnt***) *vi.* (1)(놀이 날아서) 열을 내다 ; 바싹 미르다 ; (빛이) 빛나다 : There was a light ~*ing* in the window. 창에는 불이 켜져 있었다. (2) 《~/+副/+補》 (불·연료가) 타다: (물건이)(불)타다, 눋다 (3) (난로 따위가) 타오르다《*up*》 ; 화끈거리다, 달아 오르다 ; 【化】 연소〈산화〉하다, 【物】 (핵연료가) 분열〈융합〉하다 ;《俗》 담배를 피우다. (4) 《~/+前+名》 타는 듯이 느끼다, 화끈해지다: (혀·입·목이) 얼얼하다《*with* pepper》 ; (귀·얼굴이) 달아오르다《*with* fever》 (5)《~/+前+名/+*to* do》 흥분하다 ; 열중하다·불끈하다, 성나다《*for*》 ; 열망하다 (6) 《+副》 (피부가)볕에 타다〈그을다〉, (가구나 물들인 천이) 볕에 바래다 (7) (술래가) 숨은 사람〈숨긴 물건〉에 가까이 가다, (퀴즈 따위에서) 정답에 가까워지다 (8)〔副詞(句)를 수반하여〕 《俗》 차가 쏜살같이 달리다. (9) 【宇宙】 (로켓 엔진이)연소하여 추진력을 내다. (10) (기사·일 등이)(마음에) 강한 인상을 주다《*in, into*》. (11) (산이) 금속을 부식하다.
— *vt.* (1) (연료 따위)를 불태우다, 때다, (가스·초 등에) 점화하다, 불을 켜다. (2) 《+目+前+名》〔一般的〕 (물건)을 태우다, 그을리다 ; 불사르다; 눋게 하다, (불에) 데다 (3) (구멍)을 달구어 뚫다 ; 구워서 굳히다, (숯·기와 따위)를 굽다, 구워 만들다 (4)(낙인·명(銘))을 찍다《*into, in*》 【컴】 (PROM, EPROM)에 프로그램을 써넣다. (5) 〔흔히 受動으로〕…을 감명시키다《*in, into*》 (6) (색)을 바래게 하다 ; (태양이 땅)을 바싹 태우다, (초목)을 시들게 하다: (7) …을 화형에 처하다. (8) 얼얼하게 하다, 쓰라리게 하다. (9) (상처·아픈 부분 등)을 지지다《*away* ; *off* ; *out*》 ; 【化】 (산·부식제로) …을 부식〈산화〉시키다. (10) 《口》〔종종 受動으로〕…을 속이다, 사취하다 : get ~*ed* 속아넘어가다. (11)【物】 (우라늄·토륨 등의) 원자 에너지를 사용하다 ; 【化】 …을 연소시키다. (12) 〔宇宙〕(로켓 엔진)을 분사시키다.

be burnt out (***of house and home***) (집이) 몽땅 타버리다. ***be ~ed to death*** 타 죽다. ***~... alive*** …을 화영에 처하다. ***~ away*** 다 태우다〈타서 없어지다〉, 태워버리다; 계속해 타다 : ***~ down*** 다 태워버리다; 전소하다, 소진(燒盡)하다 ; 불기운이 죽다 : ***~ in*** 【寫】 (인화지의 일부를) 진하게 인화하다 ;《比》 마음에 새기다. ***~ into*** …을 부식(腐蝕)하다 ; (마음에) 새겨지다〈새기다〉 ***~ low*** 불기운이 약해지다. ***~ off*** 불살라 버리다 ; (페인트의 얼룩·오점 따위를) 달구어 지우다; (햇빛이) 안개 따위를 소산시키다 ; (개간을 위해) 잡목들을 태워 없애다 :***~ out*** 다 타다, 다 태워버리다 ; (로켓 따위가) 연료를 다 써버리다; (아무를) 불로 내쫓다 : ~ one***self*** 데다. ~ one***self out*** 다 타버리다 ; 정력을 소모하다. ~ one***'s fingers*** 손가락을 데다, 공연히 참견〈무리를〉하여 호되게 혼나다《*over*》. ~ one***'s lip*** 열을 올려 지껄이다. ~ one***'s money*** 돈을 다 써버리다. ***~ the candle at both ends*** 돈〈정력〉을 심하게 낭비하다. ***~ the midnight oil*** 밤 늦게까지 공부〈일〉하다 ***~ to the ground*** 전소하다. ***~ together*** 용접하다. ***~ up*** 1) 다 태워〈타〉버리다 ; (불이) 확 타오르다 2) 《美口》 노(하게) 하다. 3)《俗》 (차가 도로)를 질주하다, (차로) 폭주하다. 4)연료 등을 소진하다 ; (차가 가솔린을) 지나치게 소모하다 : — *n.* ⓒ (1) 태워 그슬림 ; 화상 ; 볕에 탐 ; 아릿한 느낌 : get 〈have〉 a ~ 화상을 입다〈입고 있다〉. (2)(벽돌·도자기 따위의) 구움. (5) (숲의) 불탄 자리 ; 화전(火田). (4) (로켓 엔진의) 분사. (5) 《俗》 사기(詐欺).

burn·a·ble [bə́ːrnəbəl] *a.* 가연성의, 태울〈구울, 달굴〉 수 있는.

burned-out [bə́ːrndáut] *a.* 〔限定的〕 (1) (전구 따위가) 끊어진. (2) 다 타버린, 못쓰게 된, 식은 ; 화재로 집을 잃은. (3) (과로로) 지친, 기진 맥진한.

burn·er** [bə́ːrnər] *n.* ⓒ (1) 버너, 연소기 : a gas ~ 가스 버너. ***on the back〈***front***〉 ~ ⇨ BACK〈FRONT〉 BURNER. (2) 〔흔히 複合語로〕태우는〈굽는〉 사람 : a brick ~ 벽돌공.

:burn·ing [bə́ːrniŋ] *a.* (1) (격)심한, 지독한 : (2) 불타는(듯한), 열렬한; 뜨거운 ; 강렬한 (3) 가장 중요한〈심각한〉, 중대한 ; 초미의

***bur·nish** [bə́ːrniʃ] *vt.* (금속 등)을 갈다, 닦다.
— *vi.* (갈아서) 빛나다, 번쩍이다, 윤이 나다, ; 광나다: ~ well 광이 잘 나다. — *n.* ⓤ 광, 광택.

burn·out [bə́ːrnàut] *n.* (1) ⓤ (스트레스에 의한) 심신의 피로, 탈진. (2) ⓒ 【로켓】 연료 소진(燒盡); 【電·機】 소손(燒損).

burn·sides [bə́ːrnsàidz] *n. pl.* 《美》 짙은 구레 나

룻《턱수염만 깎고 콧수염과 이어짐》.
*__burnt__ [bəːrnt] BURN의 과거·과거분사.
— *a.* 그을은 ; 탄 ; 불에 덴
búrnt óffering (**sácrifice**) 번제(燔祭)《신에게 구워 바치는 제물》.
búrnt pláster 소석고(燒石膏).
búrnt siénna 구운 새에나토(土), 적갈색 (채료).
burp [bəːrp] *n.* ⓒ, *vt.*, *vi.* (젖먹이에게 젖을 먹인 후 등을 문질러) 트림을 시키다 ;《口》트림(이 나다).
búrp gùn《美》소형 경기관총, 자동 권총.
*__burr__[1] [bəːr] *n.* ⓒ (1) (치과 의사 등의) 절삭도구. (2) (동판 조각 따위의) 깔쭉깔쭉한 부분.
burr[2] *n.* ⓒ (흔히 *sing.*) (1) 【音聲】 r의 후음(喉音). (2) 드릉드릉, 윙윙《기계 소리》 — *vt.*, *vi.* (…을) 후음으로 발음하다.
bur·ri·to [bəríːtou] (*pl.* ***~s***) *n.* ⓒⓤ 부리토《육류·치즈를 tortilla로 싸서 구운 멕시코 요리》.
bur·ro [bə́ːrou, bʌ́r-, búər-] (*pl.* ***~s***) *n.* ⓒ (짐나르는) 작은 당나귀.
*__bur·row__ [bə́ːrou, bʌ́r-] *n.* ⓒ (1) 숨은 곳, 피난〈은신〉처. (2) 굴《여우·토끼 따위의》. — *vi.* (1)《+前+名》(토끼 따위가) 굴을 파다, 진로를 트다《*into* ; *under* ; *in* ; *through*》 :(2) 굴에서 살다, 숨다. (3) 몰두하다: 깊이 파고들다〈조사하다〉《*in*, *into*》 : — *vt.* (1) (굴)을 파다, 굴을 파면서 나아가다 :(2) …을 숨기다, 파묻다, 잠복하다. (3) (몸)을 …에 비벼붙이다 ; 파묻다《*into*》
bur·sar [bə́ːrsər] *n.* ⓒ (대학의) 출납원, 회계원 ; (대학의) 장학생.
bur·sa·ry [bə́ːrsəri] *n.* (1) (대학의) 장학금(scholarship). (2) ⓒ (대학의) 회계과(사무실).
:**burst** [bəːrst] (*p.*, *pp.* ***burst***) *vi.* (1)《+前+名》 터지다 ; (물 따위가) 뿜어 나오다: (싹이) 트다, 》(꽃봉오리가) 벌어지다, 부풀어 터지다 ; (거품·종기·밤이) 터지다《*into*》 (2)《~/+前+名》 파열하다, 폭발하다《*into*》 (3)《+*to* do /+前+名》〔進行形〕 (가슴이) 터질 것 같다 ; …하고 싶어 못 견디다, 안달내다 ; (터질 것 같이) 충만하다《*with*》 (4)《+前+名/+副》 갑자기 보이게〈들리게〉되다, 갑자기 나타나다, 갑자기 (들어)오다〈나가다, 일어나다〉 (5)《+前+名》 갑자기 …한 상태가 되다, 갑자기 …하다《*into*》 : ~ *into* tears 〈laughter〉 울음〈웃음〉을 터뜨리다. (6)《俗》 (회사·사업이) 망하다. 【cf.】 bust[2].
— *vt.* (1)《~+目/+目+補》…을 파열시키다, 터뜨리다 (2) …을 찢다, 끊다 ; 밀쳐 터뜨리다, (충만하여) 미어지게〈뚫어지게〉하다 (4)〔再歸的〕 (과식·과로로 몸)을 해치다. ***a bold ressel***《美口》 몹시 흥분하다. ***~ at the seams*** (가득 차서) 터질 것 같이지다 ; 대만원이다 ***~ away*** 파열하다. ***~ forth*** 갑자기 나타나다 ; 뛰쳐나가다 ; 돌발하다 ; (눈물·피가) 와락 흘러나오다, (꽃 따위가) 활짝 피다; (외침 소리가) 갑자기 일어나다. ***~ forth*** 〈***out***〉 ***into*** 갑자기 …을 하기 시작하며 ***~ in*** (문을 안으로 쾅) 열다 ; (방 안으로) 뛰어들다, 난입하다. ***~ in on***〈***upon***〉 (남의 얘기)에 끼어들다, (회화 등을) 갑자기 가로막다 ; …에게 밀려들다, 난입하다: ***~ into*** 1)…에 난입하다: ~ into a room 방 안으로 뛰어들다. 2) 갑자기 …하다, 저도 모르게 …하다 : ***~ on*** =~ upon. ***~ open*** (문 따위가) 홱 열리다 ; (꽃이) 활짝 피다 : ***~ out*** =~ forth ; 갑자기 …하기 시작하다 — *n.* ⓒ (1) 파열, 폭발(explosion) ; 파열〈폭발〉구, 갈라진 틈. (2) 돌발, (감정의) 격발 : (3) 분발 ; (말의) 한바탕 달리기 (4) (자동 화기의) 연사(連射), 집중 사격, 연속 발사탄 수, (5) 【컴】 한 단위로 간주되는 일련의 신호. ***at a*** 〈***one***〉 ***~*** 단숨에. ***be***〈***go***〉 ***on the ~***《口》 술마시고 떠들다.
burst-proof [bə́ːrstprùːf] *a.* (자물쇠 따위가) 강한 충격에 견디는.
bur·ton [bə́ːrtn] *n.* 〔다음 成句로〕 ***go for a ~***〈***Burton***〉 1) (사람이) 살해되다 ; (비행사가) 전사하다, 행방불명이 되다. 2) (물건이) 부서지다, 쓸모없게 되다.
:**bury** [béri] (*p.*, *pp.* ***bur•ied ; ~•ing***)《철자와 발음 차이에 주의》 *vt.* (1) …의 장례식을 하다, 매장하다 (2) …을 묻다《*in* ; *under*》 ; (흙 따위로) 덮다 (3)《+目+前+名》…을 찔러 넣다《*in*, *into*》 : (4)《+目+前+名》〔再歸用法 또는 受動으로〕생각에 잠기다 (5)《比》 묻어 버리다 ; (애써) 잊어버리다 (6)〔再歸用法 또는 受動으로〕 눈에 안 띄다, 숨다《*in*》 (7)《~+目/+目+前+名》 …을 덮어 가리다, 숨기다 ***be buried alive*** 생매장되다 ; 세상에서 잊혀지다 ***~... at sea*** …을 수장(水葬)하다. ***~*** one***'s head in the sand*** ⇨ HEAD. ***~ the hatchet*** 〈***tomahawk***〉 ⇨ HATCHET.
:**bus** [bʌs] (*pl.* ***bus•(s)es*** [bʌ́siz]) *n.* ⓒ (1)《口》 비행기, 자동차. (2) 【電·컴】 =DATA BUS. (3) 버스 — (*p.*, *pp.* ***bus•(s)ed*** [-t]; ***bus•(s)ing***) *vi.* (1) 버스에 타다〈로 가다〉. (2) (레스토랑 등에서) busboy 〈bus girl〉로서 일하다. — *vt.* (1) 〔~ it로〕 버스로 가다. (2) (인종 차별을 없애기 위해 먼 데 학생)을 강제로 버스로 나르다.
bús condùctor 버스 차장.
bús dèpot《美》 (장거리) 버스 정거장(=**bus tèrminal**).
:**bush**[1] [buʃ] *n.* (1) ⓒ 수풀, 덤불 (2) ⓒ 관목(shrub). (3) ⓤ (종종 the ~) (오스트레일리아·아프리카의) 미개간지, 오지(奧地). (4) ⓒ 담쟁이의 가지《옛날 술집의 간판》 : (5) ⓒ 더부룩한 털. ***beat about*** 〈***around***〉 ***the ~*** 1) 짐승을 몰아내다. 2)우회하여 간접적으로 말하다 — *vi.* 무성하게 자라다 ; 두발이 더부룩해지다.
— *vt.* …을 덤불로 덮다.
bush[2] *vt.* ~를 달다. — *n.* 【機】 =BUSHING.
bushed [buʃt] *a.*《口》 지쳐 버린, 어찌할 바를 모르는
:**bush·el** [búʃəl] *n.* ⓒ (1) 대량, 다수《*of*》 (2) 부셸《약 36리터 ; 略 : bu.》.
bush·ing [búʃiŋ] *n.* ⓒ (1) 【電】 부싱, 투관(套管). (2) 【機】 축투(軸套), 베어링통, 끼움쇠테《구멍 안쪽에 끼워서 마멸을 방지하는》
bush·man [búʃmən] (*pl.* ***-men*** [-mən]) *n.* ⓒ (1) (B-)(남아프리카의) 부시맨. (2)《Austral.》 총림지대의 주민〈여행자〉.
búsh tèlegraph 소문〈정보〉 (등의 빠른 전달) 정보망, 구두 전달 방식
bush·whack [búʃhwæ̀k] *vt.*, *vi.*《美》 (게릴라 병이) 기습하다 ; (덤불을) 베어 헤치다〈헤치고 나아가다〉.
*__bushy__ [búʃi] (***bush•i•er ; -i•est***) *a.* 털이 덥수룩한 ; 관목과 같은〈이 무성한〉, 덤불이 많은, 덤불처럼 우거진. 파) **bush•i•ly** *ad.* **-i•ness** *n.*
:**bus·i·ly** [bízəli] *ad.* 바쁘게, 분주하게, 부지런히, 귀찮게
:**busi·ness** [bíznis] *n.* ⓤ (1) 〔흔히 one's ~로〕 직업 ; 가업 ; 직무 (2) 실업 ; 상업, 장사, 거래, 매매: (3) 사무, 업무, 집무(執務), 영업 (4) ⓒ 사업,

상업, 실업, 기업, 점포, 상사(5) 용건, 일, 볼일, 관심사 ;〔反語的 또는 否定文으로〕(관계〈간섭〉할) 권리 (6)ⓒ 사건, 일; 귀찮은 일 (7) 의사(議事) (일정) (8) 【劇】 몸짓, 연기. at ~ 집무중, 출근하여. ***be* (*back*) *in* ~**《口》 재개하다, 다시 형편이 좋아지다. ***be in the* ~ *of*** 1) …에 종사하고 있다. 2)〔否定文에 쓰여〕…할 생각은 없다 ***~ as usual*** 제나처럼 ;〔게시〕평상대로 영업합니다 ; (위기에 대한) 무관심. ***Business is ~.*** 장사는 장사다, 계산은 계산이다 ; 일이 제일. ***come* 〈*get down*〉 *to* ~** 일을 시작하다 ; (이야기의 본론으로 들어가다. ***do ~ with*** …와 거래하다 ***do good ~*** 장사가 잘 되다, 번창하다. ***do*** a person***'s ~*** 아무를 해치우다, 죽이다(=do the ~ for a person) ***give... the ~***《俗》…에 최대한의 노력을 기울이다 ;《美俗》(아무를) 혼내주다. ***go about one's ~*** 자기 할일을 하다 : ***have ~ with*** a person 아무에게 용무가 있다, … 에게 말〈이야기〉하고 싶은 것이 있다. ***have no ~ to do*** …할 자격이〈권리가〉 없다 ***like nobody's*** 〈***no*** one***'s***〉 **~**《口》 맹렬히, 몹시, 대단히 ; 슬슬, 훌륭히 : He ***sings like nobody's ~.*** 그는 노래를 아주 잘 부른다. ***make a great ~ of it*** 매우 귀찮아하다, 처치 곤란해하다. ***make it*** one***'s ~ to do*** …할 것을 떠맡다 : 자진하여 …하다, 반드시 …하다 : ***mean ~***《口》 진정이다: ***send* 〈*see*〉** a person ***about his ~*** 아무를 쫓아 버리다〈해고하다〉. one***'s man of ~*** 대리인 (agent), 법률 고문(solicitor). ***out of ~*** 파산〈폐업〉하여, 은퇴하여 :

búsiness addrèss 근무처 주소.
búsiness administràtion 경영학.
búsiness àgent 《美》 (노동 조합의) 교섭 위원 ;《英》 대리점〈인〉.
búsiness càrd 업무용 명함.
búsiness clàss (항공기의) 비즈니스 클래스《tourist class보다는 고급이고 first class 보다는 값이 쌈》; 싼 여행조건 : I always travel ~. 나는 항상 비즈니스 클래스로 여행한다.
búsiness cόllege 《美》 (속기 · 타자 · 부기 따위를 가르치는) 실업 학교.
búsiness communicàtion sỳstem 【컴】 상업용 통신 시스템.
búsiness cỳcle 《美》 경기순환(《英》trade cycle).
búsiness dày 평일, 영업일.
búsiness ènd (the ~)《口》 일을 하는 요긴한 부분《총의 총신, 칼의 날 따위》
búsiness Ènglish 상업 영어.
búsiness gàme 【컴】 비즈니스 게임《몇 가지 경영 모델을 놓고 의사 결정 훈련을 시키는 게임》.
búsiness hòurs 영업〈집무〉 시간.
búsiness lètter 업무용〈사무용〉 통신문; 상용〈업무용〉 편지.
***busi·ness·like** [bíznislàik] *a.* 능률적인, 사무〈실제〉적인, 조직적인
búsiness machìne 사무 기기《계산기 등》.
:busi·ness·man [bíznismæ̀n] (*pl.* ***-men*** [-mèn]) *n.* ⓒ (1) 실무자, 상인. (2) 실업가《특히 기업 경영자, 책임 있는 지위의 사람》
búsiness pàrk 오피스 지구; 상업 지구〈단지〉.
búsiness pèople 《美》 실업가《남성 · 여성에 대해 같이 씀》. .
búsiness pràctice 상관습(商慣習).
búsiness quàrters 번화가, 중심가.
búsiness stùdies (경영 따위의) 실무 연수.
búsiness sùit 《美》 (직장에서 입는) 신사복(《英》 lounge suit).
busi·ness·wom·an [bízniswùmən] (*pl.* ***-wom•en*** [-wìmin]) *n.* ⓒ 여류 실업가.
búsiness yèar 사업 연도.
bus·ing [bʌ́siŋ] *n.* ⓤ《美》(인종차별 종식을 위한) 학생 버스 수송, 강제 버스 통학.
busk·er [bʌ́skər] *n.* ⓒ《英》 (거리의) 뜨내기 연예인〈악사, 요술쟁이 (등)〉.
bus·kin [bʌ́skin] *n.* (1) (the ~)《文語》비극. ***put on the ~s*** 비극을 쓰다〈연출하다〉. (2)(*pl.*) 버스킨《옛 그리스 · 로마의 비극배우의 편상 반장화》.
bús làne 버스 전용 차선.
bus·man [bʌ́smən] (*pl.* ***-men*** [-mən]) *n.* ⓒ 버스 운전사.
búsman's hóliday 《口》 (a ~) 이름뿐인 휴가, 평상 근무일처럼 일하며 보내는 휴가〈휴일〉.
buss [bʌs] *n.*, *vt.*, *vi.* 《古 · 方》 키스(하다).
bús shèlter 《英》 (지붕 있는) 버스 정류소.
bús stàtion 버스역《버스의 시발 · 종점이 되는》.
bús stòp (거리의) 버스 정류장.
:bust[1] [bʌst] *n.* ⓒ (1) 상반신 ; (여성의) 가슴둘레, 흉위 (2) 흉상, 반신상. (3)《婉》(여성의) 유방.
bust[2] *vt.* (1) …을 파산〈파멸〉시키다. (2)《口》…을 부수다 ;《口》 파열〈폭발〉시키다 ; (다리 따위)를 부러뜨리다 : ~ one's leg. (3) (트러스트)를 해체하여 작은 회사로 분할하다. (4)《美》 (야생마 등)을 길들이다(tame). (5)《美口》 (장교)를 강등(降等)시키다《*to*》 :(6)《俗》 (현행범)으로 체포하다, 처넣다 ;《俗》 (특히 경찰이) 급습하다(raid), (가택)을 수색하다. — *vi.*《口》 (1) 파열되다, 부서지다 : (2) 파산하다. ***~ out*** (*vi.*)《美》 1) 꽃이 빨리 피다〈잎이나다〉 2)《俗》 도망치다, 탈옥하다《*from*》. 3) 낙제하다, 퇴학당하다. (*vt.*) (사관 생도)를 낙제〈퇴학〉시키다. ***~ up*** (*vi.*)《俗》 1) 부상하다, 다치다. 2) (부부 · 친구가) 헤어지다. 3) 폭발하다, 파열하다. 4) 찌부러지다, 파산하다. (*vt.*) (물건)을 결딴내다.
— *n.* ⓒ (1)《美口》 파열 ; (타이어의) 펑크. (2) 실패, 파산, 불황 : boom and ~ 번영과 불황. (3)《美俗》 낙제〈제적〉통지, 강등 명령. (4) a〕《俗》(경찰의) 습격, 검문, 단속 : a drug ~ 마약 단속. b〕《美俗》 후려침. (5) 마시며 흥청망청 떠듦: have a ~ =go on the ~ 술마시며 법석떨다.
— *a.*《英口》 (1) 깨진, 망그러진. (2) 파산〈파멸〉한 : go ~ (회사 따위가) 파산하다. 〔◀ burst〕
bus·tard [bʌ́stərd] *n.* ⓒ 【鳥】 능에.
bust·ed [bʌ́stid] *a.*《口》 (1) 파산〈파멸〉한. (2)부상한, 다친.
bust·er [bʌ́stər] *n.*《口》 (1) ⓒ 파괴하는 사람〈물건〉 ;《美》 트러스트〈기업 활동〉 해체를 꾀하는 사람 〈trust~〉. (2) ⓒ《美》 거대한 물건, 굉장한 것.
:bus·tle[1] [bʌ́sl] *vi.* (1)《~+副》 부산떨다, 바쁘게 돌아다니다《*about* ; *around*》 : (2)《+前+名》 (사무실 따위가) 붐비다, 북적거리다《*with*》 :— *vt.*《~+目+副》 …을 부산떨게 하다, 재촉하다《*off*》 : ***~ up*** 서두르다, 부지런히 일하다. — *n.* ⓤ (종종 a ~) 큰 소동, 혼잡《*of*》
bus·tle[2] *n.* ⓒ 버슬, 허리받이《옛날, 스커트의 뒤를 부풀게 하기 위해 허리에 대던》.
bus·tling [bʌ̀sliŋ] *a.* 바쁜 듯한 ; 분잡한.
파) **~·ly** *ad.*
bust-up [bʌ́stʌ̀p] *n.* ⓒ《口》 (1)《美》 떠들썩한 파티. (2)《英》 드잡이 싸움. (3) (결혼 등의) 파탄
busty [bʌ́sti] *a.* (여자가) 가슴이 풍만한.

:busy [bízi] (**bus·i·er** [bíziər]〉 ; **-i·est** [bíziist]〉 *a.* (1) (사람·생활이) 바쁜, 분주(奔走)한《*at* ; *over* ; *with*》: (2) 참견하기 잘하는. (3) 사람들의 왕래가 잦은, 교통이 빈번한, 번화한. (4)《美》(전화선이) 통화 중인 ;〈방 따위〉사용 중인 :(5) a] 번화한 b] (디자인이) 너무 복잡한 ***be ~ at*** 〈***over, with***〉 …으로 분주하다 ***be ~***(***in***) do***ing*** …하기에 바쁘다 : ***get ~***《口》일에 착수하다. ***keep*** one***self ~*** 바쁘다 :
— (*p.*, *pp.* **bus·ied ; ~·ing**) *vt.* …을 바쁘게 하다, 바쁘게 일시키다. ~ one***self*** 〈one'***s hands***〉 ***with*** 〈***about, at, in***〉 ... = ~ one***self*** (***in***) do***ing*** …로 바쁘다 :

búsy bée 대단한 일꾼.

bus·y·body [bízibàdi/ -bɔ̀di] *n.* ⓒ 참견하기 좋아하는 사람, 중뿔난 사람

bus·y·ness [bízinis] *n.* ⓤ 다망(多忙), 분주함

búsy sìgnal 【電話】'통화중'의 신호.

bus·y·work [bíziwə̀:rk] *n.* ⓤ (학교에서) 시간을 보내기 위해 시키는 학습활동.

but [bʌt, bət] *conj.* A]〈等位接續同〉(1) a]〔앞의 문장·어구와 반대 또는 대조의 뜻을 갖는 대등 관계의 문장·어구를 이끎〕그러나, 하지만, 그렇지만 b]〔(it is) true, of course, indeed, may 따위를 지닌 節의 뒤에 와서 양보를 나타내어〕(하긴) …하지만 : (2)〔앞에 否定語가 있을 때〕a] …하지는 않지만 (그러나) : b] …이 아니 고〈아니라〉《이 때에는 새길 때 '그러나' 로 하지 말 것》:
☞ 語法 not A *but* B는 B를 앞에 놓으면 B and not A 형식이 된다. 종종 뒤의 and가 생략되어 B, not A 가 되기도 한다 : He did what his father told him to do *and not* what he thought best. 그는 아버지가 지시한 것을 하였을 뿐 자 신이 최상이라고 생각한 것을 한 것은 아니다.

(3)〔感歎詞·감동 표현 따위의 뒤에서 별뜻없이 쓰여〕(4)〔文頭에서〕a]〔이의·불만 따위를 나타내어〕하지만 : b]〔놀라움·의외의 기분을 나타내어〕아니, 그거야 : (5)《口》〔이유〕…하므로, …해서, …하여서 (because) : B]〔從屬接續詞〕〔副詞的 從屬節을 이끌어〕(1) …을 제외하고는〈빼놓고는〉, …외에는 : (2)〔종종 but that 으로 조건을 나타내는 副詞節을 이끎〕…이 아니면 (—할 것이다), …하지 않으면 (unless), …(한 것) 외에(는) : (3)〔主節이 否定文일 때〕a] …않고는 (—안하다) (*without doing*), …하기만 하면 반드시(—하다) b]〔종종 ~ that으로, 주절의 so, such와 상관적으로 쓰여〕…않을〈못할〉만큼 (that … not) : (4)〔종종 ~ that〈what〉으로, 名詞節을 이끌어서〕a)〔主節에 doubt, deny, hinder, impossible, question, wonder 따위 否定 적인 뜻이 否定되어 있을 때〕…하다는〈이라는〉것(that) : b]〔흔히 believe, expect, fear, know, say, think, be sure 따위의 否定文·疑問文 뒤에 쓰이어〕…이 아닌〈이라는〉(것을), 않(는)다는 (것을) (that not) :
— *ad.* (1) 단지, 다만, 그저 …일 뿐(only) ; …에 지나지 않는 : He is still ~ a child ! 그는 아직 그저 어린애일 뿐이다 / I spoke ~ in jest. 그저 농담으로 말했을 뿐이다 / Life is ~ an empty dream. 인생은 허무한 꿈에 불과하다.
(2) 그저 …만이라도, 적어도 : If I had ~ known ! 그저 알기만이라도 했으면 / If I could ~ see him ! 그저 그 사람을 만나보기라도 했으면.
(3)《美口》〔副詞를 강조해서〕아주, 절대로, 단연 (absolutely) ; 그것도 ; Go there ~ now ! 그곳으로 가거라, 그것도 바로 지금 / That horse is ~ fast. 그말은 정말 빠르다 / Oh, ~ of course. 아 물론이지요.
— *prep.* (1) a]〔흔히 no one, nobody, none, nothing, anything, all, every one 또는 who 같은 疑問 따위의 뒤에 와서〕…외엔〈외의〉, …을 제외하고〈제외한〉(except) : b]〔the first〈next, last〉~ one〈two, three〉의 형태로〉《英》첫째〈다음, 마지막〉에서 두〈세, 네〉번째의 : (2)〔that 節을 이끌어〕…라는 것 이외에는(except that) : — *rel. pron.*〔否定文 속의 말을 先行詞로 하여〕《that〈who〉… not의 뜻을 나타내며 接續詞의 경 우와 마찬가지로 but that, but what 이 사용될 때도 있음》…하지 않는(바의) : ***all*** ~ 1) …을 빼놓고는 전부. 2) 거의)almost, very nearly) : ***anything*** ~ ⇨ ANYTHING. ~ ***for*** 1)〔假定法〕…가 아니라면〈없으면, (if it were not for), …가 없었더라면〈아니었더라면〉(if it had not been for) : 2)〔直說法〕…을 별도로 하면 : ~ ***then*** ⇨ THEN. ***cannot*** ~ do ⇨ CAN[1](成句). ***cannot choose*** ~ do=***have no*** (***other***) ***choice*** ~ ***to*** do …하지 않을 수 없 다 : I *cannot choose* ~ go. 갈 밖에 도리가 없다. ***do nothing*** ~ do …하기만 하다 : …라고 해서가 아니라 -이기 때문이다 : ***not*** ~ ***that*** 〈***what***〉.. …않는다〈아니라〉는 것은 아니다〈아니지만〉: — *n.* (~*s*) 예외, 반대, 이의(異議) : No ~*s* about it. 두말 말고 해.
— *vt.* …을 '그러나' 라고 말하다. ***But me no ~s***. = ***Not so many ~s, please***. '그러나, 그 러나' 라고만 말하지 말게《But은 동사, ~s 는 명사 의 용법》.

bu·tane [bjú:tein, -⊿] *n.* ⓤ【化】부탄《가연성 가스상(狀)의 탄화수소 ; 연료용》.

butch [butʃ] *n.* ⓒ《俗》(1) 억센 남자, 터프가이. (2) 남자 같은 여자, 레스비언의 남성역.

butch·er [bútʃər] *n.* ⓒ (1) 푸주한, 고깃간〈정육점〉주인 : (2) 학살자. (3)《美》(열차·관람석에서의) 판매원. ***the ~, the baker, the candlestick maker*** 가지각색 의 상인들.
— *vt.* (1) (가축 따위를 식용)으로 도살하다. (2) 학살하다(massacre). (3)《比》(솜씨가 서툴러 일)을 망쳐놓다 : That hairdresser really ~*ed* my hair! 저 이발사가 내 머리를 이꼴로 만들었다.

butch·er·bird [bútʃərbə̀:rd] *n.* ⓒ《口》【鳥】때까치(shrike)《속칭》.

butch·er·ly [bútʃərli] *a.* 도살자 같은 ;《比》잔인한(cruel).

butch·er' s [bútʃərz] *n.* ⓒ 고깃간, 푸줏간, 정육점.

butch·ery [bútʃəri] *n.* ⓒ 도살장 ; ⓤ 푸주 ; 도살(업) ; ⓤ 학살, 살생.

bu·teo [bjú:tiòu] (*pl.* **~s**) *n.* ⓒ【鳥】말똥가리.

but·ler [bʌ́tlər] *n.* ⓒ 집사, 피용자 우두머리《식기류(類), 술창고를 관리》.

bútler' s pàntry (부엌과 식당 사이의) 식기실(食器室).

butt[1] [bʌt] *n.* ⓒ (1) (무기·도구 따위의) 굵은 쪽의 끝 ; (총의) 개머리 ; 나무의 밑동 ; 잎자루의 아 랫부분. (2)《美》담배 꽁초(cigar〈cigarette〉

butt[2] *n.* (1) ⓒ (흔히 pl.) (활토의) 무겁 ; (pl.) 표적, 과녁 ; (*pl.*) 사격장. (2) (조소·비평 등의) 대 상《*of* ; *for*》make a person the ~ *of* contempt 아무를 모멸의 대상으로 삼다.

butt[3] *vt.* (1)《~+目/+目+前+名》(머리·뿔 따위

로) …을 받다〈밀치다〉 (2) 부딪치다 — *vi.* (1) 《+前+名》 (…에 머리로부터) 부딪치 다. (정면에서) 충돌하다《*against* ; *into*》 : In the dark I ~ed into a man 〈*against* the fence〉. 어 둠 속에서 어떤 사람〈담〉에 부딪쳤다. (2) 돌출하다 《*on* ; *against*》. ~ ***into*** 《口》 말참견을 하다.
— *n.* ⓒ 머리로 받음 ; 【펜싱】 찌르기. ***give*** a person ***a*** ~ 아무를 머리로 받다.
butt[4] *n.* ⓒ 큰 술통 ; 한 통《용적 단위 : 영국에선 108-140, 미국에선 126갤런》. 【cf.】 hogshead.
but·ter [bʌtər] *n.* ⓤ (1) a] 버터. b] 버터 비슷 한 것 : apple ~ (일종의) 사과 잼 ; 《美方》 능변. (2) 《口》 아첨. ***lay on the*** ~ = ***spread the*** ~ ***thick*** 알랑거리다. (***look as if***) ~ ***would not melt in*** one'***s mouth*** 《口》 시치미 떼다.
— *vt.* (1) …에 버터를 바르다〈로 맛을 내다〉 : ~ed toast 버터바른 토스트. (2) 《口》 …에 아첨하 다《*up*》 : *Butter* him *up* a bit. 그에게 조금 아첨 해 봐라. ~ ***both sides of bread*** 쓸데없는 낭비 를 하다. ***know which side*** one'***s bread is*** ~***ed on*** 어느 쪽이 유리한가를 살펴 알다, 자기의 이해관계에 민감하다.
but·ter·ball [bʌ́tərbɔ̀ːr] *an.* ⓒ (1) 《口》 살찐 사람. (2) 버터볼《작은 구상(球狀)으로 만든 버터》.
bútter bèan 【植】 (흔히 *pl.*) 리마콩(lima-bean) ; 강낭콩(kidney bean).
but·ter·bur [bʌ́tərbə̀ːr] *n.* ⓒ 【植】 머위.
but·ter·cream [-krìːm] *n.* ⓤ 버터크림.
but·ter·cup [kʌ̀p] *n.* ⓒ 【植】 미나리아재비.
but·tered [bʌ́tərd] *a.* 〔限定的〕 버터를 바른, 버 터가 딸린.
but·ter·fat [bʌ́tərfæ̀t] *n.* ⓤ 유지방(乳脂肪) 《우유의 지방 ; 버터의 주요성분》.
but·ter·fin·gered [-fiŋgərd] *a.* (1) 물건을 잘 떨어뜨리는. (2) 서투른, 솜씨 없는.
but·te·fin·gers [-fiŋgərz] *n. pl.* 〔單數 취급〕 (1) 공〈물건〉을 잘 떨어뜨리는 사람. (2) 솜씨가 없 는 사람.
but·ter·fly [-flài] *n.* ⓒ (1) 【蟲】 나비. (2) 바람둥이《흔히, 여성》 (3) (흔히 pl.) 《口》 안달, 초조 : (4) =BUTTERFLY STROKE. ***butterflies dance in*** one'***s stomach*** = ***have butterflies*** (***in the stomach***) 《口》 (걱정으로) 속이 조마조마하다, (가슴이) 두근두근거 리다.
bútterfly stróke 【泳】 접영(蝶泳), 버터플라이(butterfly).
but·ter·milk [bʌ́tərmìlk] *n.* ⓤ 버터밀크《버터 채취 후의 우유 ; 우유를 발효시켜 만든 식품》.
but·ter·nut [bʌ́tərnʌ̀t] *n.* ⓒ 【植】 호두(나무)의 일종 ; 버터너트《Guyana 산의 나무》 ; 그 열매.
butter sauce 버터 소스《버터를 녹여, 레몬, 달걀 노른자,밀가루 따위를 섞은 소스》.
but·ter·scotch [-skɑ̀tʃ/-skɔ̀tʃ] *n.* ⓤ 버터를 넣은 캔디, 버터볼 ; 그 맛을 낸 시럽 ; 갈색.
but·tery[1] [bʌ́təri] *a.* 버터와 같은, 버터를 바른 ; 《口》 알랑거리는.
but·tery[2] *n.* ⓒ 식료품〈술〉 저장실 ; 《英文學》 학생에게 맥주·빵·광일 등을 파는 간이 식당.
but·tock [bʌ́tək] *n.* ⓒ (흔히 *pl.*) 궁둥이(mates) 《앉으면 의자에 닿는 부분 ; hip 보다 좁은 부분》.
but·ton [bʌ́tn] *n.* ⓒ (1) 단추, 버튼 (2) 단추 모양의 물건 ; (벨따위의) 누름 단추 ; 배지(badge) (3) (*pl.*) 〔單數 취급〕 《英口》 (금단추 제복을 입은 호텔 등의) 사환(page). (4) 봉오리, 싹 ; (갓 이 아직 피지 않은) 어린 버섯. (5) 〔a ~ ; 不定形〕 하잘것없는 것, 아주 조금. ***a boy in*** ~***s*** (금단추 제복의) 사환. ***have all*** one'***s*** ~***s*** 〔흔히 否定文 으로〕 정상적이다, 제정신이다. ***hold*** 〈***take***〉 a person ***by the*** ~ 아무를 붙들어 두고 놓아주지 않다 〈길게 얘기하다〉. ***not care a*** ~ 《口》 조금도 개의치 않는. ***not worth a*** ~ 한푼의 가치도 없는. ***on the*** ~ 정확히, 딱 맞게, 정각에. ***press*** 〈***push***〉 a person'***s*** ~***s*** 《美俗》 아무의 반감을 사다, 아무를 화나게 하다. ***press*** 〈***push***, ***touch***〉 ***the*** ~ (버저 등의) 버튼을 누르다 ; 단추를 눌러 복잡한 기계장치를 시동하다 ; 《比》 사건의 실마리를 만들다.
— *vt.* (1) 《~+目/+目+副》 …의 단추를 끼우다, 단추로 잠그다《*up*》 : Button (*up*) your coat, it's cold out. 코트단추를 끼워라, 밖은 춥다 / ~ one's blouse 블라우스의 단추를 채우다 / ~ *up* one's coat (to the chin) 옷단추를 (턱까지 꼭) 채우다 / ~ *up* one's purse 지갑을 채우다 ; 돈을 내놓으려고 하지 않다. (2) …에 단추를 달다. (3) 일을 완성하다.
— *vi.* (1) 《~/+前+名》 단추로 채워지다《*up*》: Her new blouse ~*s* at the back. 그녀의 새 블라우스는 단추가 등에 있다 / This jacket ~*s* (up) easily. 이 재킷의 단추는 채우기 쉽다. (2) 《~+副》 〔흔히 命令法〕 입을 다물다 : Button *up* ! 입닥쳐. ~ *up* 《俗》 잠자코 있다, 입이 무겁다. ~ ... ***up*** 《口》 〔흔히 受動으로〕 …을 훌륭히 해내다, …의 준비를 마치다 : The report is all ~*ed up*. 보고 서는 완전히 끝났다. ~ (up) one's lip 〈***mouth***〉 = ~ up.
but·ton-down [-dàun] *a.* 〔限定的〕 (1) (깃이) 단추로 채우는. (2) (셔츠가) 버튼다운(깃)의. (3) 틀에 박힌, 보수적인.
búttoned úp 〔敍述的〕 말이 없는
but·ton·hole [bʌ́tnhòu] *n.* ⓒ (1) 단춧구멍. (2) 단춧구멍에 꽂는 장식 꽃 — *vt.* (1) …에 단춧구 멍을 내다. (2) (아무)를 붙들고 긴 이야기를 하다
búttonhole stìtch (단춧구멍의) 사뜨기.
but·ton·less [bʌ́tnnlis] *a.* 단추가 없는〈떨어진〉.
but·ton-through [∸θrùː] *a.* (여성복 따위가) 위에서 아래까지 단추가 달린.
but·tress [bʌ́tris] *n.* ⓒ (1) 【建】 부축벽(扶築壁), 버팀벽, 부벽(扶壁) (2) 버팀 ; 의지가 되는〈방호하는〉 것, 지지자〈물〉 《*of*》
but·ty [bʌ́ti] *n.* ⓒ 《口》 동료(mate).
bu·tý·ric ácid 【比】 부티르산.
bux·om [bʌ́ksəm] (***~·er*** ; ***~·est***) *a.* (여자가) 가슴이 풍만한 ; 건강하고 매력적인 파) ***~·ly*** *ad.* ***~·ness*** *n.* ⓤ 풍만, 쾌활.
buy [bai] (*p.*, *pp.* ***bought***) vt. (1) 《~+目/+目+前+名/+目+目/+目+補》 (물건)을 사다, 구입하다. 【opp.】 *sell*. (2) 《~+目/+目+ 前+名》 (대가·희생을 치르고) …을 손에 넣다, 획득하다 《*with*》 : (3) (사람·투표 등)을 매수하다(bribe) : (4) 《口》 (아무의 의견 따위)를 받아들이다, …에 찬성하다 : (5) 살 수 있다, 값어치가 있다 : — *vi.* 물건을 사다 ; 사는 쪽이 되다. ***~ a pig in a poke*** 물건을 잘 보지도 않고 사다 ; 얼결에 떠맡다. ***~ back*** 되사다. ***~ for a song*** 헐값으로 사다. ***~ in*** (물가상승을 예측하여 물건을 많이) 사들이다 ; (경매에서, 살 사람이 없거나 부르는 값이 너무 싸서) 자기가 되사다 ; 《口》 = ~ into. ***~ into*** (주를 사서) …의 주 주가 되다 ; (돈을 내고 회사 따위)의 임원이 되다. ***~ it*** 《俗》 살해당하다. ***~ off*** …을 매수

하다. (협박자 등을) 돈을 주어 내쫓다 ; (의무 따위를) 돈을 주고 모면하다 : ~ *off* some members of the House 의원들을 매수하다 / They tried to ~ the guard at the bank *off* but he told the police and the gang were arrested. 그들은 은행 경비원을 매 수하려고 했으나 경비원은 경찰에 신고해서 강도는 체포되었다. **~ out** (아무 회사 등의) 주〈권리 (등)〉를 사들이다. **~ over** …을 매수하다. **~ up** …을 매점하다 ; (회사 따위를) 접수하다 : ~ up stock in a company 어떤 회사의 주(株)를 매점하 다. **~ one's way into** 돈을 주고 …에 가입하다, 들어가다 : He *bought his way into* college. 그는 돈을 주고 대학에 들어갔다. — *n.* ⓒ (1) 물건사기(purchase) ; 산 물건. (2) 《口》 싸게 산 물건 : The book is a good ~ at 5.5 달러라면 그 책은 아주 싸게 산 거다. (파) **~·a·ble** [-əbl] *a.* 살 수 있는.

buy·er [báiər] *n.* ⓒ 사는 사람, 사는 쪽, 소비 자 ; 바이어, (회사의) 구매원. 【opp.】 *seller.*

búyers' associátion 구매 조합.

buyer' s màrket (a ~) (수요보다 공급이 많은) 매주(買主) 시장. 【opp.】 sellers' market.

búyers' strìke (소비자) 불매(不買) 동맹.

búying pòwer 구매력(purchasing power).

buy-out [báiàut] *n.* ⓒ (회사 주식의) 매점(買占).

buzz [bʌz] *vi.* (1) (벌·기계 따위가) 윙윙거리다 《*about*》 : (2) 《+前+名》 (장소가) 와글거리다, 북적거리다 《*with*》 : (3) 바쁘게 돌아다니다 《*about* ; *around*》 (4) 《+前+名/+前+名+*to* do》 (아무)를 버저로 부르다《*for*》 : ~ *for* one's secretary *to* come soon 비서를 곧 오도록 버저로 부르다. (5) (컴퓨터의 프로그램이) 계속 연산을 행하다. — *vt.* (1) …을 요란하게 소문내다. (2) (날개나 버저)를 울리다 : (3) …에게 버저로 신호하다 ; 《美口》 …에게 전화를 걸다 : (4) 【空】 …위를 낮게 날다《경고를 위해》 : **~ off** 1) 〔命令形〕 꺼져 ! 2) 전화를 끊다.

— *n.* (1) ⓒ (윙윙) 울리는 소리 ; 소란스런 소리 ; (기계의) 소음 : The crowd was in a ~ 군중들은 웅성거렸다. (2) (a ~) 《口》 전화의 호출(음) : I'll give him *a* ~. 그에게 전화를 걸겠다. (3) (the ~) 소문 ; 쓸데없는 말 : *The* ~ went around that … …라는 소문이 나돌았다. 〔imit.〕

buzz·er [bʌ́zər] *n.* ⓒ (1) 윙윙〈붕붕〉 거리는 것. (2) 기적, 사이렌, 버저

búzz sàw 《美》 둥근 톱(circular saw).

buzz·word [bʌ́zwə̀ːrd] *n.* ⓒ (실업가·정치가· 학자 등의) 현학적인 전문 용어, 전문적 유행어 :

B.V.D. [bìːvìːdíː] *n.* 비브이디《남성용 내의 : 商標名》.

B.V.M. *Beata Virgo Maria* 《L.》 (=Blessed Virgin Mary 성모 마리아).

by¹ [bai] *ad.* (1) 〔위치〕 곁에, 가까이에 : (2) a〕 〔흔히 동작 動詞와 함께〕 곁을 (지나서), 지나서, (때가) 흘러가서 : b〕 〔흔히 come, drop, stop 따위를 수반하여〕 《美口》 남의 집에〈으로〉 (3) 〔흔히 lay, put, set과 함께〕 (대비를 위해) 곁 〈옆〉으로, 따로 (떼어) **by and large** 1) 전반적으로 (보아), 대체로 (on the whole)2) 【海】 (돛배가) 바람을 받았다 안 받았다 하며. **close** 〈**hard**, **near**〉 **by** 바로 곁에. **keep** a thing **by** 물건을 따로 떼어두다, 간수해〈챙겨〉 두다. **put**〈**set**, **lay**〉 a thing **by** 1) (무엇을) 따로 떼어〈챙겨〉 두다 : 2) 무엇을 곁에 제쳐놓다 : — *prep.* (1) 〔위치〕 …의 (바로) 옆에, …곁에 〈의〉, …에 가까이〔near 보다 더 접근〕 ; 〔흔히 have, keep과 함께〕 수중〈신변〉에 (갖고)

☞ 語法 at은 by보다 더 가까운 접근을 나타냄. 또 by, beside는 접근이 우연임에 대해, at은 목적 있는 접근을 나타냄 : There is a cherry tree *by* the gate. 문 곁에 벚나무가 있다 / maidservant is *at* the well. 하녀가 우물가에 있다.

(2) 〔방위〕 (약간) …쪽인 : north *by* east 약간 동쪽인 북, 북미동(北微東).
(3) 〔통과·경로를 나타내어〕 a〕 …의 옆을, …을 지 나 (…쪽으로)《past가 보통임》 :b〕 (…)을 지나, …을 따라서〈끼고서〉 c〕 …을 거쳐 (4) 〔때〕 a〕 〔기간〕 …동안에, …사이(during) :《※ by 뒤의 명사는 무관사임》. b〕 〔시한〕 (어느 때) 까지는 (not later than) (5) 〔수단·방법·원인·매개〕 a〕 〔수송·전달의 수 단을 나타내어〕 …에 의해(서), …로

☞ 語法 1) by 뒤에 교통·통신기관 등을 나타내는 명사는 冠詞가 없지만, 특정의 시간을 나타내거나 명사가 형용사로 수식되거나 할 때에는 관사가 붙음 : *by an* early train 새벽 열차로 / *by the* 6:30 train, 6시 30분발 열차로. 2) 소유격 不定冠詞가 붙는 경우라면 on이나 in을 씀 : *in* my car 내 차로 / *on* a bicycle 자전거로, 자전거를 타고.

b〕 〔수단·매개를 나타내어〕 …(으)로, …에 의하여 c〕 〔do*ing*을 목적어로〕 (…)함에 의해서, …함으로써 d〕 〔원인·이유를 나타내어〕 …때문에, …으로(인해) (6) 〔動作主를 보이어〕 …에 의해서, …에 의한《수동형을 만드는 데 쓰임》 (7) 〔준거〕 a〕 〔규칙·허가 따위〕 …에 따라(서), … 에 의거하여, …에 의해서 b〕 〔척도·표준〕 … 에 의해, …에 따라(서) c〕 〔*by* the…의 형태로 단위를 나타내어〕 …을 단위로〈기준으로〉, …로, …에 따라, (…)에 얼마로 정하고 : (8) 〔연속〕 (…)씩, (조금)씩 : (9) a〕 〔차(差)·정도·비율〕 …만큼, …정도만큼, …의 차로, …하게 : b〕 〔곱하기와 나누기·치수를 나타내어〕 …로, …하여 (10) 〔동작을 받는 몸·옷의 부분〕 (사람·무엇의) … 을 (붙잡고, 잡아 끌고 따위) 《흔히 定冠詞가 붙음》 (11) 〔관계 따위를 나타내어〕 …에 관하여는〈관해서 말하면〉, …점에서는, …은《by 뒤의 명사는 관사가 붙지 아니함》 : (12) 〔흔히 do, act, deal과 함께〕 …에 대하여, …을 위하여 : (13) a〕 (부모로서의 남자〈여자〉에게서 태어난 : b〕 (말 따위가 혈통상) …을 아비로 가진 (14) 〔맹세·기원〕 …에 맹세코, (신)의 이름을 걸고 (15) …별 : density *by* regions 지역별 인구 밀도. **(all) by oneself** ⇨ ONESELF. **by far** ⇨ FAR.

by² ⇨ BYE.

by- *pref.* (1) 곁〈옆〉의, 곁〈옆〉을 지나는 : (2) 곁의, 곁으로의 : a *by*-door 협문 /(3) 부대적인, 이차적인

by-and-by [báiəndbái] *n.* ⓤ (the~) 미래, 장래 (future).

by-coun·try [∸kʌ̀ntri] *a.* 국별(國別)의.

bye¹, by² [bai] *int.* 《口》 안녕(good-bye) : *Bye now* ! 《美口》 그럼, 안녕.

bye², by² *n.* ⓒ 종속적인 것〈일〉, 지엽 ; 《英》 【골프】 match play에서 패자가 남긴 홀 ; (토너먼트에서) 짝지을 상대가 없는 사람, 남은 사람〈팀〉 ; 【크리켓】 공이 타자와 수비자 사이를 지나간 경우의 득점. **by the** ~ 말이 나왔으니 말이지, 그건 그렇다 치고, 그런데. **draw a** ~ 제비로 부전승이 되다.

bye-bye¹ [báibài] *n.* ⓤⓒ 이별, 바이바이.

— *ad.* 밖에〈으로〉 : Baby wants to go ~. 애기가 밖에 나가고 싶어하다. — *int.* 《口》 안녕, 바이바이 (Good-bye!).

bye-bye[2] *n.*, *ad.* 《兒》 코(하러) ((to) sleep). ***go to*** ~ **(*s*)** =***go*** ~ 코하다. 〈imit. ; 자장가 중의 말〉

by-e·lec·tion [´ilèkʃən] *n.* ⓒ 《英下院 · 美議會의》 보궐 선거.

by·gone [´gɔ̀ːn, ´gɑ̀n, ´gɔ̀n] *a.* 〔限定的〕 과거의, 지나간 : — *n.* (*pl.*) 과거(사) : Let ~s be ~s. 《俗談》 과거사는 물에 흘려 보내라, 과거는 잊어라.

by·law , bye·law [´lɔ̀ː] *n.* ⓒ (지방 자치 단체 · 회사 등의) 내규 ; (법인의) 정관.

by-line [báilàin] *n.* ⓒ (신문〈잡지〉 기사의 표제 밑의) 필자명을 넣는 행.

by-name [´nèim] *n.* ⓒ (1) (first name 에 대하여) 성(姓). (2) 별명.

B.Y.O.B., BYOB bring your own booze 〈bottle〉 (파티 등 안내장에) 주류(酒類) 각자 지참할 것.

by·pass [báipæ̀s, -pɑ̀ːs] *n.* ⓒ (1) 바이패스《도심(都心)을 피해 설치된 자동차용 우회도로》. (2) (가스·수도의) 측관(側管), 보조관. (3) **【電】** 측로(側 路). (4) **【醫】** 바이패스 형성 수술(= **~ operátion**).

— *vt.* (1) (도심 · 장애 등)을 우회하다 : If we take the ~ we'll avoid the town center. 우회로를 이용하면 도심을 피해 갈 수 있다. (2) a] …에 우회로를 만들다. b] (액체 · 가스)를 측관으로 보내다. (3) …을 회피하다. (절차 등)을 무시하다 : He ~*ed* his immediate boss and appealed to the manager directly. 그는 직속 상관을 거치지 않고 곧장 지배인에게 호소했다.

by·play [´plèi] *n.* ⓤⓒ (대사가 없는) 조연(助演) ; (본 줄거리에서 벗어난) 부차적인 사건.

by-prod·uct [´prɑ̀dəkt, -dʌkt / -prɔ̀d-] *n.* ⓒ 부산물

by-road [báiròud] *n.* ⓒ 샛길, 옆길.

by·stand·er [báistæ̀ndər] *n.* ⓒ 방관자, 구경꾼

by·street [´strìːt] *n.* ⓒ 뒷골목, 뒷거리.

byte [bɑit] *n.* ⓒ **【컴】** 바이트《정보 단위로서 8비트로 됨》

by-time [´tàim] *n.* ⓤ 여가.

by·way [´wèi] *n.* ⓒ (1) 옆길, 빠지는 길, 샛길. (2) (the ~*s*) (학문·연구 따위의) 별로 알려지지 않은 측면〈분야〉《*of*》.

by·word [´wɔ̀ːrd] *n.* ⓒ (1) 유행어, 시체말, (일반적인) 통용어 : (2) (나쁜것의) 본보기《*for*》

By·zan·tine [bízəntìːn, -tàin, báizen-, bizǽn-tin] *a.* (1) 비잔티움(Byzantium)의 ; 동로마 제국 의 ; 비잔틴식의《건축 따위》. (2) 《때로 b-》 미로 같이 복잡한 ; 권모술수의 : — *n.* ⓒ 비잔틴 사람 ; 비잔틴파의 건축가 · 화가.

Býzantine Émpire (the ~) 동로마제국.

Býzantine schóol (the ~) **【美術】** 비잔틴파.

By·zan·tin·ism [bizǽntənìzəm] *n.* ⓤ 비잔틴식 ; **【宗】** 국가 지상권(至上權) 주의.

By·zan·ti·um [bizǽnʃiəm] *n.* 비잔티움 《Constantinople의 옛 이름 ; 지금의 Istanbul》.

C

C, c [siː] (*pl.* **C's, Cs, c's, *cs*** [-z]) *n.* (1) ⓤⓒ 시《영어 알파벳의 셋째 글자》; (2) ⓤ 【樂】 다음 (音) ; 다조(調) : *C* clef 다음 기호 / *C* major 다장조. (3) ⓒ C자 모양의 것. (4) ⓤ (로마 숫자의) 100 : CXV=115. (5) ⓤⓒ 《美》 (학업 성적의) C, 양(良) : He got a *C* in biology. 그는 생물에서 양을 받았다. (6) ⓤ (품질의) C급. (7) ⓤ 【컴】 (16 진수의) C《10 진법의 12》.

:cab [kæb] *n.* ⓒ (1) 택시 : catch 〈grab〉 a ~ 시를 잡다. (2) 승합 마차(hansom). (3) (기관차의) 기관사실 ; (트럭·기중기 등의) 운전대.
— (***-bb-***) *vi.* 택시로 가다.

ca·bal [kəbǽl] *n.* ⓒ (1) (정치적) 음모, 권모술수. (2) 〔集合的〕 비밀결사 ; (정치적) 음모단.

cab·a·la [kǽbələ, kəbɑ́ːlə] *n.* (1) ⓤ 유대교〈중세 기독교〉의 신비철학. (2) ⓒ 〔一般的〕 비법 ; 비의 (秘議) ; 비교(秘敎).
파) **càb•a•lís•tic, -ti•cal** [-lístik], [-əl] *a.*

ca·bal·le·ro [kæ̀bəljέərou] (*pl.* **~*s***) *n.* ⓒ 《Sp.》 (스페인의) 신사, 기사(knight).

ca·bana [kəbǽnjə, -bɑ́ː-] *n.* ⓒ 《Sp.》 (1) (바닷가의) 탈의장. (2) 작은 별장.

cab·a·ret [kæ̀bəréi/ㅡㅡㅅ] *n.* 《F.》 (1) ⓒ 카바레 《《美》는 보통 nightclub》. (2) ⓤⓒ 카바레의 쇼.

:cab·bage [kǽbidʒ] *n.* (1) ⓒ,ⓤ 양배추. (2) ⓤ 《美俗》 지폐(buck). (3) ⓒ 《美口》 무관심파, 무기력한 사람.

cábbage bùtterfly 【蟲】 배추흰나비(류).

cábbage pàlm 〈**trèe**〉 【植】 야자나무의 일종.

cab·bage·worm [-wəːrm] *n.* ⓒ 【蟲】 배추벌레, 배추흰나비의 유충.

cab·driv·er [kǽbdràivər] *n.* ⓒ (1) 택시 운전사. (2) 승합마차의 마부.

ca·ber [kéibər] *n.* ⓒ 《Sc.》 (통나무 던지기에 쓰는) 통나무.

:cab·in [kǽbin] *n.* ⓒ (1) 오두막(hut). (2) (1·2 등 선객용의) 선실, 객실 : a ~ deluxe 특등 선실. (3) 【空】 (비행기의) 객실, 조종실 ; (우주선의) 선실. (4) 《美》 (트레일러의) 거실. — *ad.* (객선의) 특별 2 등의 : travel ~ 특별 2등으로 여행하다. — vi. 오두막에 살다〈틀어박히다〉. — *vt.* …을 (좁은 데에) 가두다(confine).

cábin bòy 선실 보이.

cábin clàss (객선의) 특별 2등, 캐빈 클래스.

cab·in-class [kǽbinklæ̀s, -klɑ̀ːs] *a.*, *ad.* 특별 2 등의〈으로〉.

cábin crùiser (거실이 있는) 행락용 대형 모터 보트.

:cab·i·net [kǽbənit] *n.* ⓒ (1) (일용품을 넣는) 장, 캐비닛 ; 진열용 선반 ; 진열용 유리장 : a record ~ 레코드판의 정리선반. (2) (전축·TV등 의) 케이스. (3) 회의실, 《특히》 각의실. (4) (박물관의) 소진열실. (5) (흔히 C-) 《美》 내각 (【cf.】 shadow cabinet) ; 《美》 (대통령의) 고문단 : form a ~ 조각(組閣)하다. — *a.* 〔限定的〕 (1) (종종 C-) 《美》 내각의 : a ~ meeting 〈council〉 각의(閣議) / a *Cabinet* minister 〈member〉 각료. (2) 진열장용의 ; 가구(제작)용의 ; 가구장이〈소목〉용의. (3) 카비네판의 : a ~ photograph 카비네판 사진.

cab·i·net·mak·er [kǽbənitmèikər] *n.* ⓒ (고급) 가구상, 소목장이.

cábinet pùdding 카스텔라·달걀·우유로 만든 푸딩.

cab·i·net·work [-wəːrk] *n.* ⓤ (1) 〔集合的〕 고급 가구류. (2) 고급 가구 제조〈세공〉.

cábin féver 벽지나 좁은 공간에서 생활할 때 생기는 극도의 정서 불안.

:ca·ble [keibəl] *n.* ⓤⓒ (1) a〕 (철사·삼 따위의) 케이블, 굵은 밧줄, 강삭(鋼索). b〕 케이블《피복(被覆) 전선·해저 전선》. (2) ⓒ 해저 전신 ; 해외전 보, 외전 : send a ~ 외전을 치다. (3) ⓒ 【海】 닻 줄. (4) ⓒ 【海】 =CABLE('S) LENGTH. (5) ⓤ 【物】 CABLE-STITCH. (6) ⓤ 《美》 = CABLE TELEVISION. — *vt.* (1) a〕 《+目+前+名》 (연락사항)을 전신으로 치다 b〕 《+目+ *to* do》…에게 (…하도록) 타전하다 c) 《(+目+that〔절〕》 …에게 (…라고) 타전하다 (2) …에 밧줄 장식을 달다. — *vi.* (1) 외전을 치다, 전신으로 통신하다. (2) 밧줄무늬로 뜨다.

cable càr 케이블 카.

ca·ble-cast [-kæ̀st, -kɑ̀ːst] (*p.*, *pp.* ***-cast***, ***-cast•ed***) *vt.*, *vi.* (…을) 유선 텔레비전으로 방송하다. — *n.* ⓒ 유선 텔레비전 방송.

ca·ble·gram [-græ̀m] *n.* ⓒ 해저 전신 ; 해외 전보, 외전(外電).

cáble ràilway 케이블〈강삭〉 철도.

ca·ble-stitch [-stìtʃ] *n.* ⓤ 밧줄무늬(뜨개질).

cáble télevision 유선 텔레비전.

cáble trànsfer 《美》 전신환(송금).

ca·ble·way [-wèi] *n.* ⓒ 공중 삭도〈케이블〉.

ca·boo·dle [kəbúːdl] *n.* ⓤ 《口》 무리, 패(거리). ***the*** whole ~ 전부, 모조리.

ca·boose [kəbúːs] *n.* ⓒ (1) 《美》 (화물열차 등의 맨끝의) 승무원차(guard's van). (2) 《英》 (상 선(商船) 갑판 위의) 요리실(galley).

cab·ri·o·let [kæ̀briəléi] *n.* ⓒ 《F.》 (1) 한 마리가 끄는 2 륜 포장마차. (2) (쿠페(coupé)형의) 접포장이 붙은 자동차.

cab·stand [kǽbstæ̀nd] *n.* ⓒ 택시 주차장.

ca' can·ny [kɔːkǽni, kə-] *n.* ⓤ 《英》 태업.

ca·cao [kəkɑ́ːou, -kéi-] (pl. ~s) *n.* ⓒ (1)카카오. (2) 카카오나무

cacáo bùtter 카카오 기름《화장품·비누 원료》.

cach·a·lot [kǽʃəlɑ́t, -lòu / -lɔ̀t] *n.* ⓒ 【動】 향유고래.

cache [kæʃ] *n.* ⓒ (1) (귀중품 등의) 숨겨두는 장소, 저장소. (2) 생물, 은닉물. (3) 【컴】 시링.
— *vt.* …을 은닉처에 저장하다 ; 숨기다(hide).

cáche mémory 【컴】 시렁 기억(장치).

ca·chet [kæʃéi, ㅡㅅ] *n.* 《F.》 (1) ⓒ 공식 인가의 표시 ; (공문서 등의) 봉이(seal). (2) ⓒ 양질(良質) 〈순수함·우수함 등〉을 표시하는 것〈인(印), 특징〉. (3) ⓤ 위신 ; 높은 신분 ; 명성(名聲) (4) ⓒ 【樂】 교갑(膠匣) 캡슐(capsule).

ca·chou [kəʃúː, kǽʃuː] *n.* ⓒ 《F.》 구중 향정(口中香錠).

cack-hand·ed [kǽkhǽndid] *a.* 《口》 (1) 왼손 잡

이의. (2) 어색한. 파) ~·**ly** *ad.* ~·**ness** *n.*

·cack·le [kǽkəl] *n.* (1) ⓤ (종종 the ~) 꼬꼬댁〈꽥꽥〉하고 우는 소리. (2) ⓒ 찌지는 듯한 웃음(소리) : (3) ⓤ 수다. ***Cut the*** ~. 《口》 입 닥쳐. — *vi.* (1) 꼬꼬댁〈꽥꽥〉 울다《암탉 등이》. (2) 깔깔대다〈웃다〉. — *vt.* …을 재잘거리다《*out*》. 파) **-ler** *n.* 수다쟁이.

ca·cog·ra·phy [kækágrəfi / -kɔ́g-] *n.* ⓤ (1) 오기(誤記) ; 오철(誤綴). (2) 악필.

ca·coph·o·nous [kækeáfənəs / -kɔ́f-] *a.* 불협화음의 ; 귀에 거슬리는.

ca·coph·o·ny [kækáfəni / -kɔ́f-] *n.* (*sing.*) 【樂】 불협화음 ; 불쾌한 음조. 【opp.】 *euphony.*

·cac·tus [kǽktəs] (*pl.* ***~·es, -ti*** [-tai]) *n.* ⓒ 【植】 선인장.

CAD [kæd, síːéidíː] computer-aided design(전산(도움) 설계).

cad [kæd] *n.* ⓒ 상스러운〈비열한〉 사내.

ca·dav·er [kədǽvər, -déi-] *n.* ⓒ 송장, (특히 해부용) 시체(corpse).

ca·dav·er·ous [kədǽvərəs] *a.* (1) 시체와 같은. (2) 창백한(pale). (3) 여윈, 수척한.

cad·die, -dy [kǽdi] *n.* ⓒ 【골프】 (1) 캐디. (2) = CADDIE CART. — (*p., pp.* ***-died ; cad · dy · ing***) *vi.* 캐디의 일을 보다.

cáddie càrt ‹càr› 캐디 카트《골프 도구를 나르는 2 륜차》.

cad·dis·fly [kǽdisflài] *n.* ⓒ 【蟲】 날도래.

cad·dish [kǽdiʃ] *a.* 비신사적인, 비열한, 예절없는, 천한 : ~ behavior 비열한 행동.

cad·dy[1] [kǽdi] *n.* ⓒ 차통(茶筒) (tea ~)

ca·dence [kéidəns] *n.* ⓤⓒ (1) 운율(韻律), 리듬. (2) (낭독하는) 억양. (3) 【樂】 (악장 · 악곡의) 종지(법).

ca·denced [kéidənst] *a.* 운율적인.

ca·den·za [kədénzə] *n.* ⓒ 《It.》 【樂】 카덴차《협주곡 · 아리아 따위에서 독주〈독창〉자의 기교를 나타내기 위한 장식(부)》.

ca·det [kədét] *n.* ⓒ (1) 《美》 사관 학교 생도 ; 사관〈간부〉 후보생 : an air-force ~ 공군 사관 후보생. (2) 막내아들 ; 동생. (3) 《美俗》 펨프(pander, pimp). — *a.* 〔限定的〕 (1) (장남 이외의) 아들의 ; 동생의. (20 《美》 견습〈실습〉생의 : a ~ teacher 교육 실습생.

cadét còrps 《英》 〔集合的 ; 單·複數 취급〕 학도 군사 훈련단.

cadge [kædʒ] 《口》 *vi.* (1) 구걸하다(beg). (2) 달라고 조르다 — *vt.* …을(…에게) 졸라서 입수하다 《*from* ; *off*》 : He ~d a cigarette *from* me. 그는 나에세 서 담배 한 대를 얻어 갔다. 파) **cádg·er** *n.*

cad·mi·um [kǽdmiəm] *n.* ⓤ 【化】 카드뮴《금속 원소 ; 기호 Cd ; 번호 48》. 파) **cad · mic** *a.*

cádmium céll 카드뮴 전지.

cádmium yéllow 카드뮴 옐로, 선황색.

Cad·mus [kǽdməs] *n.* 【그神】 카드모스《용을 퇴치하여 Thebes를 건설한 페니키아의 왕자》.

ca·dre [kǽdri, kɑ́ːdrei] *n.* ⓒ 《F.》 (1) 〔집합적 ; 單 · 複數 취급〕 기간 요원《편성 · 훈련을 맡은 장교 · 하사관들》 ; 간부단 ; (정치 · 종교 단체 등의) 중핵(中核). (2) 간부의 일원. (3) 뼈대, 구조.

ca·du·ce·us [kədjúːsiəs, -ʃəs] (*pl.* ***-cei***[-siài]) *n.* 【그神】 Zeus의 사자(使者) Hermes의 지팡이 《두 마리의 뱀이 감기고 꼭대기에 쌍날개가 있는 지팡이 ; 평화 · 상업 · 의술의 상징 ; 미육군 의무대의 기장》.

caecum ⇨ CECUM.

Cea·sar [síːzər] *n.* (1) **Julius** ~ 카이사르《로마의 장군·정치가·역사가 ; 100-44 B.C.》. (2) 로마 황제. (3) (일반적으로) 황제, 전제 군주 (autocrat, dictator).

Cae·sar·e·an, -sar·i·an [sizέəriən] *a.* (1) Caesar의. (2) 로마 황제의. — *n.* ⓒ (1) 카이사르파 사람 ; 전제(專制)주의자. (2) = CAESAREAN SECTION.

Caesárean séction 〈operátion〉 【醫】 제왕 절개(술).

Cae·sar·ism [síːzərìzəm] *n.* ⓤ 전제군주주의 (autocracy) ; 제국주의(imperialism).

Cae·sar·ist [síːzərist] *n.* ⓒ 제국주의자, 독재 〈전재〉주의자.

Cáesar sálad 샐러드의 일종.

cae·su·ra, ce- [siʒúrə, -zúrə, -zjú-] (pl. ~***s***, ~ · ***rae*** [-riː]) *n.* ⓒ (1) 휴지(休止), 중단. (2) 행(行)중 휴지(休止). 파) **-ral** a.

·ca·fé, ca·fe [kæféi, kə-] *n.* ⓒ 《F.》 (1) (가벼운 식사도 할 수 있는) 커피점(coffeehouse), 경식당, 레스토랑. (2) 《美》 바, 나이트클럽.

café au lait [kǽfeiouléi, kɑːféi-] 《F.》 (1) 우유를 탄 커피. (2) 엷은 갈색.

café noir[-nwɑ́ːr] 《F.》 블랙커피.

:caf·e·te·ria [kæ̀fitíəriə] *n.* ⓒ 《美》 카페테리아 《셀프 서비스 식당》.

caf·feine [kæfíːn, kǽfiːin] *n.* ⓤ 【化】 카페인.

caf·tan, kaf·tan [kǽftən, kɑːftɑ́ːn] *n.* ⓒ (터키 사람의) 띠 달린 긴 소매 옷.

:cage [keidʒ] *n.* ⓒ (1) 새장(birdcage) ; 우리. (2)포로 수용소. (3) (격자로 두른 은행 등의) 창구. (4) (승강기의) 칸 ; (기중의) 운전실 ; (곧은 바닥의) 승강대. (5) 【野】 (타격 연습용의) 배팅 케이지(batting ~) ; 【籠】 바스켓 ; 【하키】 골.

— *vt.* …을 장〈우리〉에 넣다 ; 감금하다 : a ~*d* bird 새장의 새. ~ ***in*** 〔종종 受動으로〕 (동물 등) 을 가두다 ; (사람)의 자유를 구속하다.

cáge bìrd 새장에서 기르는 새.

cage·ling [kéidʒliŋ] *n.* ⓒ 새장의 새.

cag·ey, cagy [kéidʒi] (***cag · i · er ; -i · est***) *a.* 《口》 (1) 빈틈없는, 조심성 있는(cautious). (2) 〔敍述的〕 (…에 대하여) 꺼리는, 삼가는, 분명히 말하지 않는《*about*》 : 파) **cág·i·ly** *ad.* **cág·ey·ness, cág·i·ness** *n.*

ca·goule, ka·gool [kəgúːl] *n.* ⓒ 카굴《무릎까지 오는 얇고 갸벼운 아노락(anorak)》.

ca·hoot [kəhúːt] *n.* (*pl.*) 《俗》 공동 ; 공모, 한패. ***in*** ~(***s***) 《俗》 공모하여, 한통속이 되어《*with*》.

Cain [kein] *n.* (1) 【聖】 카인《아우 Abel을 죽인, Adam의 장남》. (2) ⓒ 살인자. ***raise*** ~ 《俗》 큰 소동을 일으키다 ; 노발대발하다.

ca·ique, -ique [kɑːíːk] *n.* ⓒ 카이크, (터키의) 경주(輕舟) ; (지중해의) 작은 범선.

cáirn térrier 몸집이 작은 테리어의 일종.

·Cai·ro [káiərou] *n.* 카이로《이집트 아랍 공화국의 수도》.

cais·son [kéisən, sɑn / -sən] *n.* ⓒ (1) 【軍】 탄약상자 ; 폭약차 ; 지뢰상자. (2) 【工】 케이슨, (수중공사의) 잠함(潛函). (3) 【工】 (dock등의) 철판 수문.

cáisson disèase 케이슨병, 잠함병.

ca·jole [kədʒóul] *vt.* (1) …을 구슬리다 ; 구워삶

C

다 ; 구슬려서 하게 하다《*into*》: (2) …을 구슬려서 빼앗다《*from* ; *out of*》 파) ~·**ment** *n.*

ca·jol·ery [kədʒóuləri] *n.* ⓤ 감언, 아첨.

Ca·jun, -jan [kéidʒən] *n.* (1) ⓒ Acadia 출신의 프랑스인의 자손인 루이지애나 주의 주민. (2) a] ⓒ 앨라배마 주·미시시피 주 남동부의 백인과 인디언 및 흑인의 혼혈인. b] ⓤ 이 사람들의 방언.

:cake [keik] *n.* (1) ⓤⓒ **케이크**, 양과자 ; 둥글넓적하게 구운 과자 (2) ⓒ (딱딱한) 덩어리 ; (고형물의) 한 개(3) ⓒ 어육(魚肉) 단자. ***a piece of*** ~ 1)케이크 한 조각. 2) 쉬운 〈유쾌한〉 일. ***a slice*** 〈***cut, share***〉 ***of the*** ~《口》 이익의 몫. ~***s and ale*** 인생의 쾌락, 속세의 재미. ***like hot*** ~***s*** 날개 돋친 듯이 팔리다. ***take the*** ~ 《口》 1) 상을 타다. 2) 빼어나다. 3) 보통이 아니다, 뻔뻔스럽다 — *vt.* 을 두텁게 바르다《*with*》: His shoes were ~*d with* mud. 그의 구두에는 진흙덩어리가 달라붙어 있었다. — *vi.* 굳다, 덩어리지다.

cake·walk [kéikwɔ̀ːk] *n.* ⓒ (1) (남녀 한 쌍의) 걸음걸이 경기《흑인의 경기 ; 상으로 과자를 줌》 (2) 일종의 스텝댄스(곡). (3)《俗》 식은죽 먹기, 누워서 떡먹기.

cal·a·bash [kǽləbæ̀ʃ] *n.* ⓒ (1) 호리병박. (2) 호리병박 제품《술잔·파이프 따위》.

cal·a·boose [kǽləbùːs, ─́─] *n.* ⓒ《美口》 교도소 ; 유치장(lockup).

ca·la·di·um [kəléidiəm] *n.* ⓒ 【植】 칼라듐《토란속(屬)의 관상 식물》.

Cal·ais [kǽlei, -́, kǽlis] *n.* 칼레《Dover 해협에 면한 북프랑스의 항구 도시》.

cal·a·mine [kǽləmàin, -min] *n.* ⓤ 【藥】 칼라민《연고 또는 물약으로 된 피부염증 치료제》.

cálamine lótion 칼라민 로션《햇볕에 탄 자리 등에 바르는 로션》.

ca·lam·i·tous [kəlǽmitəs] *a.* 몹시 불행한, 비참한 ; 재난을〈참사를〉 초래하는.

ca·lam·i·tous·ly [kəlǽmitəsli] *ad.* 비참하게.

:ca·lam·i·ty [kəlǽməti] *n.* (1) ⓒ 큰 불행〈재난〉, 참사 (2) ⓤ 비참(한 상태) ; 참화

cal·a·mus [kǽləməs] (*pl.* ***-mi*** [-mài]) *n.* ⓒ (1) 【植】 창포. (2) 창포의 뿌리 줄기.

ca·lan·do [kɑːlɑ́ːndou] *a.*, *ad.*《It.》【樂】 칼란도, 점점 느린〈느리게〉, 점점 약한〈하게〉.

ca·lash [kəlǽʃ] *n.* ⓒ 2륜 또는 4륜 포장 마차.

cal·car·e·ous, -i·ous [kælkέəriəs] *a.* 석회(질)의 ; 칼슘(질)의 : ~ earth 석회질의 흙.

cal·cic [kǽlsik] *a.* 칼슘의 ; 칼슘을 함유한.

cal·cif·er·ous [kælsífərəs] *a.* 탄산 칼슘을 생성하는〈함유한〉.

cal·ci·fi·ca·tion [kæ̀lsəfikéiʃən] *n.* ⓤ (1) 석회화(化). (2) 【生理】 석회성 물질의 침착(沈着).

cal·ci·fy [kǽlsəfài] (*p.*, *pp.* ***-fied ; ~·ing***) *vt.*, *vi.* (…을) 석회질화하다.

cal·ci·na·tion [kǽlsənéiʃən] *n.* ⓤ (1) 【化】 하소. (2) 【治】 배소(焙燒)법.

cal·cine [kǽlsɑin, -sin] *vt.* …을 구워서 생석회(가루)로 만들다, 하소하다 : ~*d* lime 생석회 / ~*d* alum 백반(白礬). — *vi.* 구워져서 생석회가 되다. : 구워져서 회(灰) 〈횟가루〉가 되다.

cal·cite [kǽlsɑit] *n.* ⓤ 【鑛】 방해석(方解石).

·cal·ci·um [kǽlsiəm] *n.* ⓤ 【化】 **칼슘**《금속 원소 ; 기호 Ca ; 번호 20》.

cálcium cárbide 탄화 칼슘, (칼슘)카바이드.

cálcium cárbonate 탄산 칼슘.

cálcium óxide 산화 칼슘, 생석회(quicklime).

cal·cu·la·ble [kǽlkjələbəl] *a.* (1) 계산〈예측〉할 수 있는. (2) 신뢰할 수 있는. 파) **-bly** *ad.*

:cal·cu·late [kǽlkjəlèit] *vt.* (1)《~+目/+目+前+名》…을 **계산하다**(reckon), 산정〈산출〉하다, 추계하다 : (2)《+目+前+名/+目+to do》〔흔히 受動으로〕 (어느 목적에) …을 적합하게 하다 ; 의도(意圖)하다 : (3) (장래의 일)을 계산해 내다, 예측하다, 어림하다 (estimate), 추정하다, 평가하다 (4)《+(*that*)〔절〕/+*to* do》《美口》…라고 생각하다, 상상하다 ; …을 꾀하다, 기도하다 : — *vi.* (1) 계산하다 ; 어림잡다. (2)《+前+名》 기대하다, 기대를 걸다(rely)《*on*》 (3) 생각한다(guess) **cal·cu·lat·ed** [kǽlkjəlèitid] *a.* (1)〔限定的〕 계 산된 ; 계획적인, 고의적인(intentional). (2) 예측 〈추정〉된 (3)〔敍述的〕…할 것 같은 (likely)《*to* do》: (4)〔敍述的〕…에 적합한(fit)《*for*》: 파) ~·**ly** *ad.*

cal·cu·lat·ing [kǽlkjəlèitiŋ] *a.* (1)〔限定的〕 계산하는, 계산용의 (2) 신중한, 빈틈없는. (3) 타산적인, 이기적인

:cal·cu·la·tion [kæ̀lkjəléiʃən] *n.* (1) a] ⓤⓒ 계산(하기) b] ⓒ 계산(의 결과) : (2) ⓤⓒ 추정(하기), 추계 ; 예상(하기) (3) ⓤ 숙려(熟慮) ; 신중한 계획 ; 타산. ◻ calculate v.

cal·cu·la·tive [kǽlkjəlèitiv] *a.* (1) 계산(상)의 ; 예상〈추측〉의. (2) 타산적인 ; 빈틈없는.

cal·cu·la·tor [kǽlkjəlèitər] *n.* ⓒ (1) 계산자(者). (2) 계산기. (3) 계산표.

cal·cu·lus [kǽlkjələs] (*pl.* ~·***es, -li*** [-lài]) *n.* (1) ⓒ 【醫】 결석(結石) (2) ⓤ 【數】 미적분학

Cal·cut·ta [kælkʌ́tə] *n.* 캘커타《인도 북동부의 항구》.

cal·de·ra [kældíːrə, kɔːl-] *n.* ⓒ 【地質】 칼데라.

Cald·well [kɔ́ːldwel] *n.* **Erskine** ~ 콜드웰《미국의 소설가 ; 1903-87》.

Cal·e·do·nian [kæ̀lidóuniən] *a.*, *n.* ⓒ (고대) 스코틀랜드의 (사람).

:cal·en·dar [kǽləndər] *n.* ⓒ (흔히 the ~) (1) 달력 (almanac) (2) 역법(曆法) : (3) (흔히 sing.) a] 일정표, 연중 행사표 ; 일람표 ; (공문서의) 연차(年次)목록. b] 법정 일정(法廷日程) ;《美》 (의회의) 의사일정(표) : c]《英》 (대학의) 요람 (《美》 catalog) — *vt.* …을 달력을 적다 ; (연)표에 올리다.

cálendar dáy 역일(曆日)《자정에서 자정까지의 24시간》.

cálendar mónth 역월(月)《1년의 12분(分)의 1》. 【cf.】 lunar month.

cálendar yéar 역년《fiscal year 따위에 대하여》 : 1년간.

cal·en·der [kǽləndər] *n.* ⓒ 【機】 캘린더《윤내는 기계》. — *vt.* …을 윤내다.

cal·ends, kal- [kǽləndz] *n. pl.* 초하루날《고대 로마력의》.

calf[1] [kæf, kɑːf] (*pl.* ***calves*** [-vz]) *n.* (1) a] ⓒ 송아지. b] ⓤ 송아지 가죽 : bound in ~ 송아지 가죽으로 장정한. (2) ⓒ (하마·무소·사슴·코끼 리·고래 따위의) 새끼. (3) ⓒ《口》 어리석은 젊은 이 ; 얼간이. ***in*** 〈***with***〉 ~ (소가) 새끼를 배어. ***kill the fatted ~ for*** (…을 맞아) 최대로 환대하 다, 성찬을 마련하다《누가 XV : 27》.

:calf-[2] (*pl.* ***calves***) *n.* ⓒ 장딴지, 종아리.

cálf lòve (보통 연상(年上)의 이성(異性)에게 품는,

또는 사춘기 남녀의 일시적인) 풋사랑.

calf·skin [kǽfskìn] n. ⓤ 송아지 가죽.

cal·i·ber, 《英》 **-bre** [kǽləbər] *n.* (1) ⓒ a] (원통꼴 물건의) 직경. b] (총포의) 구경 ; (탄알의) 직경 (2) ⓤ a] (인물의) 국량, 재간(ability), 관록 b] (사물의) 품질 ; 가치의 정도

cal·i·brate [kǽləbrèit] *vt.* (1) …의 사정거리를 측정하다. (2) 《英》 (총포)의 구경을 측정하다 ; (3) (온도계·계량기 등)의 눈금을 조사〈조정〉하다 ; …에 눈금을 긋다.

cal·i·bra·tion [kæ̀ləbrèiʃən] *n.* (1) ⓤ 사정 거리〈눈금〉 측정. (2) ⓒ 눈금.

cal·i·bra·tor [kǽləbrèitər] *n.* ⓒ 구경〈눈금〉 측정기.

·**cal·i·co** [kǽlikòu] (*pl.* ~(**e**)**s**) *n.* ⓤⓒ (1) 《美》 사라사《여러가지 무늬를 날염한 평직(平織)의 무명직물》. (2) 《英》 캘리코, 옥양목. — *a.* 〔限定的〕 (1) 《美》 사라사의 ; 《英》 캘리코의. (2) 《美》 얼룩얼룩한 : a ~ cat 얼룩 고양이.

Calif. California. ※ Cal.은 비공식 생략형.

:Cal·i·for·nia [kæ̀ləfɔ́ːrnjə, -niə] *n.* 캘리포니아 《미국 태평양 연안의 주 ; 주도는 Sacramento ; 略 : Calif., Cal., 【美邦】 CA ; 속칭 the Golden State》.

Cal·i·for·nian [kæ̀ləfɔ́ːnjən, -niən] *n., a.* 캘리포티아주(州) 사람(의).

Califórnia póppy 【植】 금영화(金英花)《California의 주화(州花)》.

cal·i·for·ni·um [kæ̀ləfɔ́ːrniəm] *n.* ⓒ 【化】 칼리포르늄《방사성 원소 ; 기호 Cf ; 번호 98》.

cal·i·per [kǽləpər] *n.* ⓒ 〔흔히 *pl.* 또는 a pair of ~s로〕 캘리퍼스《내경 (內徑)·두께 따위를 재는 기구》, 측경기(測徑器)

·**ca·liph, -lif** [kéilif, kǽl-] *n.* ⓒ 칼리프.

cal·i·phate, -if- [kǽləféit, -fit, kéilə-] *n.* ⓤⓒ caliph의 지위〈직, 영토〉.

cal·is·then·ic [kǽləsθénik] *a.* 미용〈유연〉체조의.

cal·is·then·ics [kæ̀ləsθéniks] *n.* (1) ⓤ 미용 〈건강〉 체조법. (2) 〔複數취급〕 미용〈유연〉 체조.

calk² [kǽk] *n.* ⓒ 뾰족징, (편자·구두 따위의) 바닥징. —*vt.* …에 뾰족징을 박다.

:call [kɔːl] *vt.* (1) 《~+目/+目+副/+目+前+名》 …을 부르다, (아무)를 소리내어 부르다, 불러일으키다(awake) ; 아무에게 전화를 걸다 ; …을 불러내다 《무선 통신으로》 (2) (이름)을 부르다 (3) 《~+目/+目+前+名/+目+目》 …을 불러오다, 오라고 하다, 초대하다 ; 재청하다, 앙코르를 청하다 (4) 《~+目/+目+前+名》 (관청 따위에) …을 불러내다 ; (회의 따위)를 소집하다 (5) (아무의 주의 따위)를 불러일으키다 : ~ a person's attention to the fact 그 사실에 대해서 아무의 주의를 환기시키다.

(6) (아무)에게 주의를 주다, 비난하다《*on*》 (7) 《+目+補》 …라고 이름짓다, …라고 부르다 (name) (8) 《+目+補》 …라고 말하다, …라고 생각하다, …으로 여기다 (9) (소리내어) …을 읽다, 부르다 : ~ a list 목록 을 읽다 / ~ a roll 출석을 부르다, 점호하다.

(10) 《~+目/+目+補》 …을 명하다 ; (채권 등)의 상환을 청구하다 ; (경기)의 중지〈개시〉를 명하다 ; (심판이) …에게 판정을 내리다:【카드놀이】(상대방 의 패)를 보이라고 하다, 콜하다 — *vi.* (1) 《+前+名/+前+名+*to* do》 소리쳐 부르다, 외치다(shout) 《*to*》 ; (멀리 있는 사람을) 어이 하고 부르다《*to*》

(2) 전화를 걸다 (telephone), 통신을 보내다 (3) 《~/+前+名》 들르다, 방문하다 ; 정차하다, 기항하다 《*at* ; *on*》. 【cf.】 visit. (4) 【카드놀이】 상대방의 패를 보이라고 요구하다.

(5) (새가) 힘차게 울다 ; 신호를 울리다.

~ ***a spade a spade*** 곧이 곧대로 말하다. ~ ***away*** 불러서 가게 하다, 불러내다 ~ ***back*** 1) 뒤돌아보고 부르다. 2) 되부르다 ; 생각나게 하다. 3) (실언 따위를) 취소하다. 4) 소환하다. 5) …에게 회답의 전화를 걸다 ; (후에) 다시 전화하다 :3) 비방하다. ~ ***for*** 1) …을 불러오다, (갈채하여 배우 등)을 불러내다. 2) (술 따위)를 청하다, (물건 따위)를 가져오게 하다. 3) …을 요구하다, …을 필요로 하다 4) (아무를) 데리러〈부르러〉 가다 〈들르다〉 ; …을 들러서 받다 ~ ***forth*** (용기 따위)를 불러일으키다, 환기하다. ~ ***in*** 1) 불러들이다 ; (의사 따위)를 초청하다 : ~ *in* the police 〈an expert〉 경찰을〈전문가를〉 부르다. 2) (통화·외상값·빚돈 등)을 회수하다. 3) (…에) 들르다, 기항하다 《*at*》. ~ ***in sick*** (근무처에) 전화로 병결(病缺)을 알리다. ~ .. ***into play*** …을 이용하다, 활동케 하다. ~ ***off*** 1) (약속)을 취소하다, 손을 떼다 ; …의 중지를 명하다 : ~ *off* a strike 파업을 중지하다. 2) …을 불러 떠나게 하다 : Please ~ *off* your dog. 개 좀 쫓아 주십시오. ~ ***out*** 1)외쳐 구하다 ; 큰 소리로 부르다 ; 불러내다 ; 꾀어내다 ; (노동자를 파업에) 몰아넣다 ; (군대·소방대를) 출동시키다 ; = ~ forth ; 【野】 (심판이) …에게 아웃을 선언하다. 2) (상대)에게 도전하다, 결투를 신청하다. ~ ***round*** (집을) 방문하다, 들르다《*at*》. ~ ***to order*** (의장이) …에게 정숙을 명하다 ; 《美》 …의 개회를 선언하다 : ~ ***up*** 1) (위층에 대고) 부르다. 2) 전화로 불러내다 (ring up) 3) 상기시키다. 4) (병역(兵役)에) 소집하다 : be ~*ed up* 응소하다. 5) (정보 등을 컴퓨터 화면에) 불러내다. ***Don't ~ us, we'll ~ you.*** 전화하지 마세요, 이쪽에서 걸테니까《응모자에게 관심이 없을 때 쓰이는 말》. ***what*** *one* ~***s*** =***what is*** ~***ed*** =***what we*** 〈***you, they***〉 ~ 소위, 이른바 : — *n.* ⓒ (1) 부르는 소리, 외침(cry, shout) ; (새 의) 지저귐 ; (나팔·피리의) 신호 소리 : I heard a ~ for help. 사람 살리라고 외치는 소리를 들었다.

(2) (전화의) 통화, 전화를 걺, 걸려온 전화 ; (무선의) 호출 ; (기·등불 따위의) 신호 ; 【컴】 불러내기 : I have three ~s to make. 전화를 세 군데 걸 어야 한다.

(3) (짧은) 방문, 내방, 들름《*on*》 ; (배의) 기항, (열차의) 정차 : pay a formal ~ *on* a person 아무를 정식 방문하다.

(4) 초청, 초대 ; 앙코르 ; 소집(명령) ; 점호, 출석 호명(roll ~) ; a ~ to arms 군대로의 소집.

(5) (하느님의) 소명(召命), 사명(감) ; 천직 : fel a ~ to be a minister 성직자가 되겠다는 사명감을 느끼다.

(6) 매력, 유혹 ; 충동 : fel the ~ of the sea 〈the wild〉 바다〈야성〉의 매력에 끌리다.

(7) 요구 (demand) 《*on*》 ; 필요(need)《*to*》, 기회 ; 주금(株金)·사채 등의) 납입 청구 ; (거래소의) 입회(立會) ; 【證】 콜, 매수 선택권 (【opp.】 *put¹*) ; 요구불(拂) ; 【카드놀이】 콜《패를 보이라〈달라〉는 요구》 ***a ~ of nature*** 대소변이 마려움. ***at ~*** ⇨ on ~. ***at*** a person'***s*** ~ 아무의 부름에 응하여 ; 대기하여. ***on***〈***at***〉 ~ 1) 당좌로, 요구불로. 2) (의사 등) 부르면 곧 응할 수 있는, 언제나 준비되어 있는

cal·la [kǽlə] *n.* ⓒ 【植】 칼라《관상용》.

call·back [kɔ́ːlbæ̀k] *n.* ⓒ (자동차 등의 결함 제품

의 수리를 위한, 메이커의) 제품 회수.
call·board [kɔ́:lbɔ̀:rd] n. ⓒ 고지판(告知板)《극장에서 리허설·배역 변경을 알리는 판 따위》.
cáll bòx (1)《美》(우편의) 사서함 : (거리의) 경찰〈소방〉서 연락용 비상전화. (2)《英》공중전화 박스 (《美》 telephone booth).
call·boy [kɔ́:lbɔ̀i] n. ⓒ (1) (무대로의) 배우 호출원 (2) =BELLBOY, PAGE.
cálled gáme 【野】 콜드 게임.
call·er [kɔ́:lər] n. ⓒ (1) 방문자. (2) 호출인 : 초청인 : 소집자. (3)《美》전화 거는 사람. (4) (빙고 게임 등에서) 숫자를 부르는 사람.
C
cáller ÍD 발신자 번호 통지 서비스.
cáll fórwarding 자동 전송《어떤 번호로 걸려온 통화가 자동적으로 지정된 번호로 연결되는 서비스》.
cáll gìrl 콜걸.
cal·lig·ra·pher [kəlígrəfər] n. ⓒ 달필가, 서예가.
cal·li·graph·ic, -i·cal, [kæ̀ligrǽfik], [-əl] a. 서예의 : 달필의. (파) **-i•cal•ly** ad.
cal·lig·ra·phy [kəlígrəfi] n. ⓤ (1) 달필. 【opp.】 cacography. (2) 서도, 서예. (3) 필적.
call-in [kɔ́:lìn] a. 〔限定的〕 콜인. TV·라디오에서 시청자〈청취자〉가 참여하는.
call·ing [kɔ́:liŋ] n. (1) ⓤⓒ 부름, 외침 : 점호 : 소집 : 소환(summons) : 초대 : (2) ⓒ 신의 부르심, 소명, 천직 : 직업, 생업(profession) (3) ⓒ (어떤 직업·활동 등에 대한) 강한 충동, 욕구《*for* : *to* do》
Cal·li·o·pe [kəláiəpi] n. (1) 【그神】 칼리오페《웅변과 서사시의 여신 : Nine Muses의 하나》. (2) (c-) ⓒ 증기로 울리는 건반악기.
cáll lòan 【商】 콜론, 요구불 단기 대부금.
cáll mòney 【商】 콜머니, 요구불 단기 차입금.
cáll nùmber 〈**màrk**〉 (도서관의) 도서 정리 〈신청〉 번호〈기호〉. 【cf.】 pressmark.
cal·los·i·ty [kəlɑ́səti] n. (1) 【醫】 a] ⓤ (피부의) 경결(硬結). b] ⓒ 못. (2) ⓤ 무감각 : 냉담.
cal·lous [kǽləs] a. (1) (피부가) 굳은, 못이 박힌. (2) 무감각한, 무정한, 냉담한《to》. 파) **~•ly** ad. 무정하게. **~•ness** n. 무정.
call-over [kɔ́:lòuvər] n. ⓒ《英》점호.
cal·low [kǽlou] a. (1) (새가) 깃털이 나지 않은. (2) 경험이 없는, 풋내기의. 파) ~ · **ly** ad. ~ · **ness** n.
cáll ràte 콜레이트《콜론의 이율》.
cáll sìgn 〈**sìgnal**〉 【通信】 콜사인, 호출 부호.
call-up [kɔ́:lʌ̀p] n. ⓒ 징집〈소집〉령.
cal·lus [kǽləs] (*pl.* **~•es, -li** [-lai]) n. ⓒ (1) 【醫】 굳은살, 못. (2) 【植】 유합(癒合) 조직, 가피(假皮). 파) **~•ed** a.
cáll wáiting 《美》 통화 중에 걸려온 상대방과 통화할 수 있는 방식의 전화.
calm [kɑ:m] a. (1) 고요한, 조용한(quiet), 온화한, 바람이〈파도가〉 잔잔한(【opp.】 *windy*) : a ~ sea. (2) 침착한, 냉정한. (3)《英》자신만만한, 우쭐해 하는. — n. ⓤ (1)고요함 : 잔잔함 : the region of ~ (적도 부근의) 무풍 지대. (2) 평온, 무사. (3) 냉정, 침착 : — vt. (분노·흥분)을 진정시키다 : 달래다 : 가라 앉히다《*down*》 : ~ *down* a child 어린애를 달래다 / ~ one's nerves 신경을 가라앉히다.
— vi. (바다·기분·정정(政情) 등이) 가라앉다 : 진정하다《*down*》 : The sea soon ~*ed down*. 바다는 곧 조용〈잔잔〉해졌다 ~ one***self*** 마음을 가라앉히다.

calm·ly [kɑ́:mli] ad. 온화하게 : 조용히 : 냉정히.
calm·ness [kɑ́:mnis] n. ⓤ 평온, 냉정, 침착.
cal·o·mel [kǽləməl, -mèl] n. ⓤ 【化】 감홍(甘汞)《염화 제 1 수은》.
ca·lor·ic [kəlɔ́:rik, -lɑ́r- / -lɔ́r-] a. (1) 열의, 열에 관한. (2) 칼로리의, 열량의. (3) 고(高) 칼로리의.
cal·o·rie, -ry [kǽləri] n. ⓒ 【物·化】 칼로리《열량 단위》.
cal·o·rif·ic [kæ̀llərífik] a. 〔限定的〕 (1) 열을 내는, 발열의 : 열의, 열에 관한 : ~ value〈power〉 발열량. (2) (음식물이) 칼로리가 높은.
cal·o·rim·e·ter [kæ̀lərímitər] n. ⓒ 열량계.
cal·u·met [kǽljəmèt] n. ⓒ 북아메리카 인디언이 쓰는 긴 담뱃대《평화의 상징》.
ca·lum·ni·ate [kəlʌ́mnièit] vt. …을 비방하다, 중상하다(slander).
ca·lum·ni·a·tion [kəlʌ̀mniéiʃən] n. ⓤⓒ 중상 〈비방〉함 : 중상, 비방.
ca·lum·ni·a·tor [kəlʌ́mmnièitər] n. ⓒ 중상〈비방〉자.
ca·lum·ni·ous [kəlʌ́mniəs] a. 중상적인.
ca·lum·ny [kǽləmni] n. ⓤⓒ 중상, 비방.
Cal·va·ry [kǽlvəri] n. (1) 예수가 십자가에 못 박힌 땅. (2) (c-) ⓒ 예수 십자가상(象). (3) (c-) ⓒ 수난, 고통, 시련.
calve [kæv, kɑ:v] vi., vt. (송아지를) 낳다 : (사슴·고래 따위가 새끼를) 낳다.
calves [kævz, kɑ:vz] n. CALF의 복수.
Cal·vin [kǽlvin] n. **John ~** 칼뱅《프랑스의 종교 개혁자 : 1509-64》.
Cal·vin·ism [kǽlvənìzəm] n. ⓤ 칼뱅교(敎), 칼뱅주의.
Cal·vin·ist [-nist] n. ⓒ 칼뱅교도 : 칼뱅파(派).
Cal·vin·is·tic, -ti·cal, [kæ̀lvənístik], [-əl] a. Calvin의 : 칼뱅주의〈파〉의.
calx [kælks] (*pl.* **~•es, cal•ces** [kǽlsi:z]) n. ⓒ 【化】 금속회, 광회(鑛灰).
ca·lyx [kéiliks, kǽl-] (*pl.* ~ · **es, ca · ly · ces** [-lisì:z]) n. ⓒ 【植】 꽃받침.
cam [kæm] n. ⓒ 【機】 캠《회전운동을 왕복 운동 또는 진동으로 바꾸는 장치》.
ca·ma·ra·de·rie [kæ̀mərǽdəri, -rɑ́:d, kɑ̀:mərɑ́:d-] n. ⓤ《F.》동지애, 우정.
cam·ber [kǽmbər] n. ⓤⓒ (1) (도로·갑판(甲板) 따위의) 위로 볼긋한 볼록꼴, 퀸셋형. (2) 【空】 캠버《날개의 만곡》. (3) 【自動車】 캠버. — vt. …을 가운데가 돋게 만들다. — vi. (가운데가) 위로 휘다〈불룩해지다〉
Cam·bo·di·an [kæmbóudiən] a. 캄보디아(인)의. —n. (1) ⓒ 캄보디아인. (2) ⓤ 캄보디아어.
Cam·bria [kǽmbriə] n. 캠브리어《Wales의 옛이름》.
Cam·bri·an [kǽmbriən] a. (1) Cambria의. (2) 【地質】 캄브리아기〈계〉.
cam·bric [kǽimbrik] n. ⓤ 일종의 흰 삼베 또는 무명《손수건 따위에 쓰임》.
cámbric téa 《美》 홍차 우유《어린이용 음료》.
Cam·bridge [kéimbridʒ] n. 케임브리지《1) 영국 남동부의 지명. 2) 미국 동부의 지명》.
Cámbridge blúe 《英》 담청색. 【cf.】 Oxford blue.
Cam·bridge·shire [kéimbridʒìər, -ʃər] n. 케임브리지셔《잉글랜드 동부의 주(州)》.

Cámbridge Univèrsity 케임브리지 대학《Oxford 대학과 함께 오랜 전통을 갖는 영국의 대학: 12세기에 창립》.
cam·cord·er [kǽmkɔ̀ːrdər] *n.* ⓒ 캠코더《일체형 비디오 카메라》.
:came [keim] COME의 과거.
:cam·el [kǽməl] *n.* (1) ⓒ 【動】 낙타. (2) ⓤ 낙타색, 엷은 황갈색. (3) ⓒ 【海】 부함(浮函)《얕은 물을 건널 때 배를 띄우는 장치》. — *a.* 담황갈색의, 낙타색의.
cam·el·back [kǽməlbæ̀k] *n.* ⓒ 낙타의 등. ※보통 다음의 성구(成句)로. ***on*** ~ 낙타를 타고.
ca·mel·lia [kəmíːljə] *n.* ⓒ 【植】 동백나무.
Cam·e·lot [kǽməlɑ̀t/-lɔ̀t] *n.* 캐밀롯《영국 전설에 Arthur 왕의 궁전이 있었다는 곳》.
cámel's hàir (1) 낙타털. (2) 낙타털로 느슨하게짠 모직물.
Cám·em·bert (chèese) [kǽməmbɛ̀ər (-)] *n.* ⓤ 카망베르《프랑스산의 크림치즈》.
cam·eo [kǽmiòu] (*pl.* ***-e·os***) *n.* ⓒ (1) a] 조가비·마노(瑪瑙) 따위에 한 돋을새김, 카메오 세공. b] 이런 세공을 한 조가비〈마노〉. (2) (연극 따위의) 인상적 장면〈묘사〉. (관객을 끌기 위해 단역으로 나오는 명배우의) 특별 출연.
:cam·era [kǽmərə] *n.* ⓒ (1) (*pl.* ***-er·as***) 카메라 ; 텔레비전카메라. (2) (*pl.* ***er·ae***) 판사실. ***in*** ~ 1) 【法】 (공개가 아닌) 판사(判事)의 사실(私室)에서. 2) 비밀로. ***on***〈***off***〉 ~ 【TV·映】 (주로 배우가) 촬영카메라 앞에서〈에서 벗어나〉.
cam·era·man [kǽmərəmæ̀n] (*pl.* ***-men*** [-mèn]) *n.* ⓒ 카메라맨, 촬영 기사.
camera ob·scú·ra [-ɑbskjúərə / -ɔb-] (사진기 등의) 어둠상자.
cam·era·shy [-ʃài] *a.* 사진 찍기를 싫어하는.
Cam·e·roon, Cam·e·roun [kæ̀mərúːn] *n.* 카메룬《서아프리카의 공화국 ; 수도 Yaoundé》.
Cam·e·roon·i·an [-iən] *a.* 카메룬의 ; 카메룬사람의. — *n.* ⓒ 카메룬 사람.
cam·i·sole [kǽmisòul] *n.* ⓒ 캐미솔《여성용 속옷의 일종》: a silk ~ 실크 캐미솔.
cam·o·mile [kǽməmàil] *n.* ⓒ 【植】 카밀레《말린 꽃은 건위제·발한제》.
cámomile tèa 카밀레꽃을 달인 약.
·cam·ou·flage [kǽmuflɑ̀ːʒ, kǽmə-] *n.* ⓤⓒ (1) 【軍】 위장(僞裝), 미채(迷彩), 카무플라주 (2) 변장 ; 기만, 속임. — *vt.* …을 위장하다 ; 속이다 : ~ one's anger with a smile (억지) 웃음으로 노여움을 숨기다.
:camp[1] [kæmp] *n.* (1) ⓒ a] (군대의) 야영지, 주둔지, 막사 : b] (포로) 수용소 : c] (산·해안 따위의) 캠프장 : a ~ by a river 강변의 캠프장. (2) ⓒ a] 〔종종 集合的〕 텐트 ; 오두막 b] 〔集合的〕 야영대, 야영하는 사람들. (3) ⓤ a] 캠프(생활), 천막 생활 : 야영 be in ~ 캠프 (생활) 중이다. b] 군대 생활, 병역(兵役). (4) ⓒ 〔集合的〕 진영(陣營), 동지, 동아리 (5) ⓒ《美》(시골의) 피서지. — *vi.* (1) 천막을 치다 ; 야영〈캠프〉하다 (2) (어떤 곳에)임시로 살다《*in* ; *with*》(3) (어떤 장소에서) 버티다. — *vt.* (1) …을 야영시키다. (2) …에게 임시 거처를 제공하다
camp[2] *n.* ⓤ《口》(1) 과장되게 체하는 태도 〈행동, 예술 표현〉. (2) 호모의 과장된 여성적인 몸짓. — *a.* (1) 점잔 빼는 ; 과장된. (2) a] 동성애의. b] (남자가) 여자 같은 : a ~ voice 여자 같은 목소 리. — *vi.* 일부러 과장되게 행동하다. ~ ***it up***《口》 일부러 눈에 띄게 행동〈연기〉하다.
:cam·paign [kæmpéin] *n.* ⓒ (1) 캠페인, (조직적인) 운동, 《특히》 사회 운동 ; 유세 (2) (일련의) 군사 행동 ; 회전(會戰), 전역(戰役) ; 작전 ***on*** ~ 1) 종군하여. 2) 캠페인에 나서. 3) 선거 운동에 나서. — *vi.* (1) 종군하다. (2)《+前+名》(선거 등의) 운동을 하다〈에 참가하다〉《*for* ; *against*》: ***go*** ~ ***ing*** 종군하다 ; 운동하다.
cam·paign·er [kæ̀mpéinər] *n.* ⓒ (1) 종군자 ; 노련가 ; 노병(veteran) : an old ~ (일반적으로) 노련한 사람. (2) (사회·정치 따위의) 운동가.
cam·pa·ni·le [kǽmpəníːli] (*pl.* ~***s, -li*** [-níːliː]) *n.* ⓒ 종루(鐘樓), 종탑(bell tower).
cam·pa·nol·o·gy [kæ̀mpənɑ́lədʒi / -nɔ́l-] *n.* ⓤ (1) 명종술(鳴鐘術). (2) 주종술(鑄鐘術).
cam·pan·u·la [kæmpǽnjələ] *n.* ⓒ 【植】 초롱꽃속의 식물《풍경초·잔대 따위》.
cámp bèd (캠프용) 접침대, 야전 침대.
cámp chàir (캠프용) 접의자.
Cámp Dávid《美》Maryland 주에 있는 대통령 전용 별장 : ~ accords 캠프 데이비드 협정.
·camp·er [kǽmpər] *n.* ⓒ (1) 야영자, 캠프 생활자. (2) 캠프용 트레일러.
·camp·fire [kǽmpfàiər] *n.* ⓒ 모닥불, 캠프 파이어. (2)《美》(모닥불 둘레에서의) 모임.
cámp fòllower (1) 부대 주변 민간인《상인·매춘부 등》. (2) (단체·주의(主義) 등의) 동조자.
camp·ground [⊿gràund] *n.* ⓒ《美》(1) 야영지, 캠프장. (2) 야외 전도(傳道) 집회소.
·cam·phor [kǽmfər] *n.* ⓤ 장뇌(樟腦).
cam·phor·at·ed [kǽmfərèitid] *a.* 장뇌가 든, 장뇌를 넣은 : ~ oil 장뇌유《화농 방지》.
cámphor bàll 장뇌알《방충용》.
cam·phor·ic [kæmfɔ́(ː)rik, -fɑ́r-] *a.* 장뇌(질)의, 장뇌를 넣은.
cámphor trèe 〈lèurel〉 【植】 녹나무《장뇌의 원료로 쓰임》.
camp·ing [kǽmpiŋ] *n.* ⓤ 천막 생활 ; 야영, 캠핑.
cam·pi·on [kǽmpiən] *n.* ⓒ 【植】 석주과의 식물《장구채·전추라 따위》.
cámp mèeting 〔美〕 야외〈텐트〉 전도(傳道) 집회.
cam·po·ree [kæ̀mpəríː] *n.* ⓒ《美》캠퍼리《보이스카우트〈걸스카우트〉 지방 대회》. 【cf.】 jamboree.
camp·site [⊿sàit] *n.* ⓒ 캠프장, 야영지.
·cam·pus [kǽmpəs] *n* ⓒ (1) (주로 대학의) 교정, 구내, 캠퍼스 : the university ~ 대학교정. (2) 대학, 학원 ; 대학의 분교(分校) : the Berkeley ~ of the University of California 캘리포니아 대학 버클리 분교. (3) 〔形容詞的〕 대학의, 학원〈학교〉의.
cam·shaft [kæ̀mʃæ̀ft, -ʃɑ̀ːft] *n.* ⓒ 【機】
:can[1] [kæn, kən] *aux. v.* (현재 부정형 ***cannot*** [kǽnɑt, kænɑ́t / kǽnɔt, -nət], 현재 부정 간약형 ***can't*** [kænt / kɑːnt]; 과거 ***could*** [kud, kəd], 과거 부정형 ***could not***, 과거 부정 간약형 ***could·n't*** [kúdnt]. (1) 〔능력〕 a] …할 수 있다
☞語法 지각 동사 see, hear, smell, taste, feel 따위 및 remember 와 함께 쓰이어 종종 '능력'의 뜻이 약화되어 진행형과 같은 뜻이 됨 : *Can* you smell something burning ? 뭐 타는 냄새가 나지 않는가 / *Can* you hear that noise ? 저 소리가 들리는가 / I

C

~ remember it well. 그 일은 잘 기억하고 있다.

(2) 〔가능〕 …할 수 있다 (3) 〔허가〕 …해도 좋다
☞語法 1) '허락하다, 허가하다'의 can과 may : 위의 예문들에서 can은 모두 may와 바꿔칠 수 있음. 허가를 바라는 의문문에서는 일반적으로 may가 공손하며, can은 허물없는 표현으로 볼 수가 있음 : *May* I come in ?=*Can* I come in ? 들어가도 좋습니까.
2) can은 주어가 무생물일 때도 있음 : Penciles *can* be red. 연필은 빨강도 좋다.
3) 과거 때의 허가는, 특히 獨立門에 있어서는 could가 일반적임 : In those days, anyone *could* 〈《드물게》 might〉 enroll for this course. 당시에는 이 코스에 등록하는 것이 인정되고 있었다.
4) 다음과 같은 관용구에서는 보통 may만을 씀 : How old are you, *if* I *may ask* ? '실례지만, 연세가 얼마나 되셨습니까'《글자 그대로는 '만약물어봐도 괜찮다면…'》.

(4) 〔가벼운 명령〕 a〕〔肯定文에서〕 하시오, …하면 좋다, 해야 한다 : (3), b〕〔否定文에서〕 …해서는 안 된다, …하지 말아야 한다《may not 보다 일반적 ; 강한 금지를 나타낼 때에는 must not 이 쓰임》 : (5) 〔가능성·추측〕 a〕〔肯定文에서〕 …이 있을 수 있다, …할〈일〉 때가 있다 : b〕〔否定文에서〕 (…은 있을 수가 없다 →) …할〈일〉리가 없다, …이면 곤란하다 : c〕〔疑問文에서〕 …일〈할〉 리가 있을까, (도대체) …일 수(가) 있을까, 대체 …일까 : d〕〔cannot have+過去分詞로〕 …했을 리가 없다 : e〕〔can have+ 過去分詞〕 …하기를 다 마치고 있을 거다《미래를 나타내는 副詞句를 동반함》 : (6) 〔Can you …로 의뢰를 나타내어〕 …해 주(시)겠습니까《Could you …가 보다 공손한 표현임》
☞參考 1) be able to 에 의한 보충 : (a) can에서 없는 여러 형태는 다음과 같이 보충함 : 〔未來形〕 *will〈shall〉* be able to ; 〔不定詞〕 (*to*) be able to ; 〔動名詞·現在分詞〕 be*ing* able to ; 〔完了 形〕 *have* 〈*has, had*〉 *been* able to. (b) 이 방법으로 다른 조동사와 결합도 할 수 있음 : He *may* be able to swim. 그는 헤엄칠 줄 알지도 모른다. (c) 다만, be able to 새의 형식은 사람〈동물〉 이외의 주어에는 일반적으로 부자연스러움. 또 be able to be done과 같은 수동태도 일반적으로 자연스럽지 못함.
2) 과거형 could 와 was〈were〉 able to : can에는 본래의 과거형 could가 있는데, could는 가정법으로 쓰일 때가 많음. 그 때문에 예를 들어 I *could* buy it.은 '살 수 있었다'인지 '살 수 있을 텐데'인지 분간이 안가서 전자의 뜻을 분명히해 주기 위해서 I *was able to* buy it.을 쓰는 수가 많음.
3) How can … ?의 의문문에서 can은 단순히 가능성을 묻는 뜻에서 바뀌어 '잘도 (태연히) …하실 수 있군요'와 같이 놀라움·의외·기가 참을 나타냄 : How *can* you stand all these noises ? 이와 같은 소음에 잘도 견디시는 군요. 이와 같은 경우에 내해 비난 비유을 따위를 나타내는 경우라면 How dare … ? : *How dare* you stand all these noises ? 이런 시끄러운 소음에 용케도 배겨낼 수 있군(어딘가 잘못된 것 아냐).
4) so that 節 안에서는 can〈could〉과 may (might) 는 서로 바꿔칠 수 있음. 다만, 전자(前者)가 보다 구어적임 : I stepped aside *so that* he *could* 〈might〉 come in. 그가 들어올 수 있도록 옆으로 비켰다(=I stepped aside for him to come in).

as .. as(..) ~ be 더없이 …, 그지없이 …, 아주 … ***cannot but*** do=***cannot help*** do***ing*** …하지 않을 수 없다, …하지 않고는 못 배기다, …할 (수)밖에 없다 :

:can² [kæn] *n.* ⓒ a〕 양철통, (통조림의) 깡통 ; 통조림《*of*》(《英》 tin) : b〕 한 깡통(분량)《*of*》 : a *of* milk 한 깡통의 밀크. (2) 《英》 금속제의 액체 용기《손잡이·뚜껑·주둥이가 있는》 ; (물)컵. (3) 깡통 그릇, 용기 : a coffee 〈milk〉 ~ 커피〈우유〉통. (4) (the ~) 《美俗》 a〕 교도소, 유치장 : b〕 변소. ***a ~ of worms*** 《口》 귀찮은 문제 ; 복잡한 사정 : ***get a ~ on*** 《美俗》 취하다. ***in the ~*** 1) 【映】 준비가 다 되어, 개봉 단계가 되어. 2) 교도소에 갇히어. ***take 〈carry〉 the ~*** 《美俗》 책임지다. — (**-nn-**) *vt.* (1) …을 통조림으로 만들다(《英》 tin) : ~ned beer 캔 맥주. (2) (핵연료)를 밀봉하다. (3) 《口》 (음악 등)을 (테이프 등에) 녹음하다. (4) 《美俗》 a〕 …을 해고하다 (fire) : get ~ned 해고 당하다. b〕 (학생)을 퇴학시키다. c〕 (이야기 따위)를 그만두다

Ca·naan [kéinən] *n.* (1) 【聖】 가나안《지금의 서(西) 팔레스타인》 ; 약속의 땅. (2) ⓒ 낙원, 이상향.

Ca·naan·ite [-àit] *n.* ⓒ 가나안 사람.

:Can·a·da [kǽnədə] *n.* 캐나다《수도 Ottawa》.

Cánada Dày 캐나다 데이《캐나다 자치기념일로, 캐나다의 경축일 ; 7월 1일》.

Cánada góose 【鳥】 캐나다기러기.

:Ca·na·di·an [kənéidiən] *a.* 캐나다(사람)의 : ~ whiskey 캐나디안 위스키. — *n.* ⓒ 캐나다 사람.

Ca·na·di·an·ism [-nìzm] *n.* ⓤⓒ (1) 캐나다 특유의 풍속·습관. (2) 캐나다 영어《어법, 단어》.

:ca·nal [kənǽl] *n.* ⓒ (1) 운하 ; 수로 : (2) (동식물 체내의) 관(管), 도관(導管)(duct) : the alimentary ~ 소화관.

canál bòat (운하용의 좁고 긴) 짐배.

ca·nal·i·za·tion [kənæ̀lizéiʃən, kæ̀nəl-] *n.* ⓤ (1) 운하 개설(화(化)). (2) 운하망(網). (3) (수도 · 가스·전기 등의) 배관 계통.

ca·nal·ize [kənǽlaiz, kǽnəlàiz] *vt.* a〕 (육지)에 운하〈수로〉를 파다. b〕 (하천)을 운하화하다. (2) (물·감정 따위)의 배출구를 마련하다 ; …을 어떤 방향으로 이끌다.

Canál Zòne (the ~) 파나마 운하 지대.

ca·nard [kənɑ́ːrd] *n.* ⓒ 《F.》 허위 보도, 와전.

:ca·nary [kənέəri] *n.* (1) ⓒ 【鳥】 카나리아(= bird). (2) ⓤ 카나리아빛, 샛노랑(~ yellow). (3) ⓒ 《俗》 밀고자(informer).

ca·nary-col·ored [-kʌ̀lərd] *a.* 카나리아색의, 선황색(鮮黃色)의.

Canáry Íslands (the ~) 카나리아 제도.

canáry yéllow 카나리아 빛《선황색》.

ca·nas·ta [kənǽstə] *n.* ⓤ 두 벌의 패〈카드〉를 가지고 하는 카드놀이.

can·can [kǽnkæ̀n] *n.* ⓒ 《F.》 캉캉춤.

:can·cel [kǽnsəl] (**-l-**, 《英》 **-ll-**) *vt.* (1) …을 지우다, 삭제하다 ; 말소하다 : (2) a〕 …을 무효로 하다, 취소하다 b〕 (세획 따위)를 중지하다 ; (3) a〕 (차표 등)에 펀치로 찍다. b〕 (우표 등)에 소인을 찍다 : (4) …을 소멸시키다, 상쇄하다 ; (빚 따위)를 에끼다《*out*》 : (5) 【數】 …을 맞줄임〈약분〉하다. — *vi.* (1) 상쇄되다《*out*》. (2) 【數】 약분되다 : The two *a*'s on each side of an equation ~. 방정식 의 두 변의 *a* 는 약분된다. — *n.* (1) ⓤ 취소 ; (계약의) 해제. (2) ⓤⓒ 【印】 삭제 부분. (3) 【컴】 없앰.

can·cel·la·tion [kæ̀nsəléiʃən] *n.* (1) a〕 ⓤ 취소 b〕 ⓒ 취소된 것《방 따위》. (2) ⓒ 소인(消印) (된

것).

:can·cer [kǽnsər] *n.* (1) ⓤⓒ 【醫】 암 ; 암종 : (2) ⓒ (사회의) 적폐(積弊), 사회적인 암. (3) ⓤⓒ 【動】 게류(類). (4) (C-) ⓤ 【天】 게자리(the Crab[1]). ***the Tropic of Cancer*** 북회귀선, 하지선.

can·cer·ous [kǽnsərəs] *a.* 암의 ; 암에 걸린.

cáncer stìck 《俗》 궐련(cigarette).

can·de·la [kændíːlə] *n.* ⓒ 칸델라《광도 단위》.

can·de·la·brum [kæ̀ndilάːbrəm] (*pl.* ***-bra*** [-brə], **~*s***) *n.* ⓒ 가지촛대, 큰 촛대.

can·des·cence [kændésəns] *n.* ⓤ 백열.

can·des·cent [kændésənt] *a.* 백열(白熱)의, 작열의.

:can·did [kǽndid] (***more*** ~ ; ***most*** ~) *a.* (1) 정직한, 솔직한 ; 노골적인, 거리낌 없는 : (2) 공정한, 공평한(impartial) : (3) 【寫】 포즈를 취하지 않은 ; 있는 그대로의. ***to be quite*** 〈***perfectly***〉 ~ (***with you***) 솔직히 말하면《흔히 문두(文頭)에 씀》.

can·di·da·cy [kǽndidəsi] *n.* ⓤⓒ 《美》 입후보 《*for*》.

:can·di·date [kǽndidèit] *n.* ⓒ (1) a] 후보자 《*for*》 : b] 지 원자《*for*》 : (2) …이 될〈을 얻을〉듯한 사람《for》

cándid cámera 소형 스냅 사진기.

can·did·ly [-li] *ad.* (1) 솔직히, 기탄없이 (2) 〔文意修飾〕 솔직히〈터놓고〉 말한다면

can·died [kǽndid] *a.* 〔限定的〕 (1) 당화(糖化) 한 ; 설탕절임한 ; 설탕을 뿌린 : ~ plums 설탕 절 임한 자두. (2) 휘황한 ; 달콤한, 발림말의 : ~ words 달콤한 말.

:can·dle [kǽndl] *n.* ⓒ (1) (양)초 : (2) 빛을 내는 것 ; 등불 ; (특히) 별. ***burn the*** ~ ***at both ends*** ⇨ BURN. ***cannot*** 〈***be not fit to***〉 ***hold a*** ~ 〈***stick***〉 ***to*** …와는 비교도 안 되다, …의 발밑에도 못 따라가다 : ***hide*** one's ~ ***under a bushel*** ⇨ BUSHEL. ***not worth the*** ~ 애쓴 보람이 없는, 돈들일 가치가 없는.

·can·dle·light [-lὰit] *n.* ⓤ (1) 촛불(빛). (2) 불 켤 무렵, 저녁.

Can·dle·mas [kǽndlməs, -mæ̀s] *n.* ⓤ 【가톨릭】 주의 봉헌 축일《1년간 쓸 초를 축복 ; 2월 2일》.

can·dle·pin [pìn] *n.* ⓒ 캔들핀, 십주희(十柱)(tenpins)에서 쓰는 핀.

can·dle·pow·er [-pὰuər] *n.* ⓤ 【光】 촉광.

can·dle·stick [-stìk] *n.* ⓒ 촛대.

can·dle·wick [-wik] *n.* ⓒ 초의 심지.

can-co [kǽndúː] *a.* 《美俗》 의욕적인, 할 마음이 있는. —*n.* 의욕적임.

·can·dor, 《英》 **-dour** [kǽndər] *n.* ⓤ 공정 ; 정직, 솔직

C & W country-and-western *n.*

:can·dy [kǽndi] *n.* (1) ⓤⓒ 《美》 캔디, 사탕(《英》 sweets) (2) 《英》 얼음 사탕(sugar ~). —*vt.* (1) …에 설탕을 뿌리다 ; (과일 따위)를 설탕절임으로 하다. (2) (당밀)을 얼음사탕처럼 굳히다. (3) (표현 등)을 달콤하게〈즐겁게〉 하다. — *vi.* 설탕을 둘러싸이다 ; 설탕절임으로 만들어지다.

cándy àss 《美俗》 소심한 사람, 겁쟁이.

cándy strìpe 흰 색과 붉은 색으로 된 줄무늬.

can·dy-striped [-strὰipt] *a.* (의복 따위) 흰 색과 (흔히) 붉은 색의 줄 무늬가 든.

:cane [kein] *n.* (1) a] ⓒ (등나무로 만든) 지팡이, 단장(walking stick). b] ⓒ (처벌용의) 회초리, 막대기. (2) a] (마디 있는) 줄기《등·대·종려 나무·사탕수수 등》. b] ⓤ 등류(類) 《용재로서》. — *vt.* (1) 《+目+前+名》 (학생 등)을 매로 치다 ; 매로 가르치다 : (2) (바구니·의자 등받이 따위)를 등나무로 만들다〈엮다〉.

cane·brake [∠brèik] *n.* ⓒ 《美》 등나무 숲.

cáne cháir 등나무 의자.

cáne sùgar 사탕수수 설탕. 【cf.】 BEET SUGAR.

cane·work [∠wə̀ːrk] *n.* ⓤ 등 세공(품).

can·ful [kǽnfùl] *n.* ⓒ (깡)통 가득한, 그 분량.

ca·nine [kéinɑin, kǽn-] *a.* 개의, 개와 같은 ; 갯과(科)의 : — *n.* ⓒ (1) 개 ; 갯과의 짐승. (2) =CANINE TOOTH.

cánine tòoth 송곳니, 견치.

can·ing [kéiniŋ] *n.* ⓤⓒ 매질.

Cá·nis Májor [kéinis-] 【天】 큰개자리.

Cánis Mínor 【天】 작은 개자리.

can·is·ter [kǽnnistər] *n.* ⓒ (1) 양철통, (차·담배·커피의) 통 : a tea ~ 차 (깡)통. (2) (가스탄(彈) 등의) 원통탄(圓筒彈).

·can·ker [kǽŋkər] *n.* (1) ⓤⓒ 【醫】 옹(癰) ; 구강 궤양〈암〉. (2) ⓤ 【獸醫】 말굽 종창. (3) ⓤ 【植】 (과수의) 암종병(癌腫病) ; 뿌리혹병. (4) ⓒ 해독 ; (마음을 좀먹는) 고민. — *vt.* (1) …을 canker에 걸리게 하다. (2) 정신적으로 해치다 ; 서서히 파괴하다. — *vi.* canker에 걸리다.

can·ker·ous [kǽŋkərəs] *a.* (1) canker의 〈같은〉 ; canker가 생기는. (2) 마음을 좀먹는.

can·ker·worm [∠wə̀ːrm] n ⓒ 【蟲】 자벌레.

can·na [kǽnə] *n.* ⓒ 【植】 칸나.

can·na·bis [kǽnəbis] *n.* ⓤ (1) 【植】 대마(大麻). (2) 칸나비스《마약의 원료》 ; 마리화나.

·canned [kænd] CAN²의 과거·과거분사. — *a.* (1) 통조림한(《英》 tinned) : (2) 《俗》 녹음〈녹화〉한 (3) 《俗》 (연설 따위가) 미리 준비된. (4) 〔敍述的〕 《俗》 취한 ; 마약을 쓴.

can·nel [kǽnl] *n.* ⓤ 촉탄(燭炭) (=coal).

can·nel·lo·ni [kæ̀nəlóuni] *n.* ⓤ 《It.》 【料】 원통형의 대형 pasta 또는 그 요리.

can·ner [kǽnər] *n.* ⓒ 통조림 제조업자.

can·nery [kǽnəri] *n.* ⓒ 통조림 공장.

Cannes [kænz] *n.* 【地】 칸《프랑스 남동부의 보양지 ; 매년 열리는 국제 영화제로 유명》.

·can·ni·bal [kǽnəbəl] n ⓒ (1) (인육을 먹는 사람, 식인자. (2) 서로 잡아먹는 동물. — *a.* 〔限定的〕 (1) 식인의 : a ~ tribe 식인종. (2) 서로 잡아먹는.

can·ni·bal·ism [kǽnəbəlìzəm] *n.* ⓤ (1) 식인 (풍습). (2) 서로 잡아먹기.

can·ni·bal·is·tic [kǽnəbəlístik] *a.* (1) 식인의 〈과 같은〉. (2) 서로 잡아먹는 (습성의).

can·ni·bal·ize [kǽnəbəlὰiz] *vt.* (1) (사람)의 고기를 먹다 ; (동물이) 서로 잡아먹다. (2) a] (낡은 차·기계 등)을 분해하다, 해체하다 ; 해체하여 이용 가능한 부분을 사용하다. b] (낡은 차량 등)에서 (부품)을 떼내다

can·ni·kin [kǽnəkin] *n.* ⓒ 작은 양철통

can·ning [kǽniŋ] *n.* ⓤ 통조림 제조(업).

:can·non¹ [kǽnən] (*pl.* ~s, 〔集合的〕 ~) *n.* ⓒ (1) 대포《지금은 흔히 gun》. (2) 【空】 기관포. — *vi.* 포격하다 ; 대포를 쏘다.

can·non² *n.* ⓒ 《英》 【撞球】 캐넌 (《美》 carom) 《친 공이 두 표적공에 맞는 일》. — *vi.* (1) 【撞球】 캐넌을 치다 . (2) (…에) 부딪히다, 충돌하다 《*against*

; *into*》
can·non·ade [kæ̀nənéid] *n.* ⓒ 연속 포격《※ 지금은 보통 bombardment》. — *vt.* …을 연속 포격 하다(bombard).
can·non·ball [-bɔ̀ːl] *n.* ⓒ (1) (옛날의 구형(球形)의) 포탄《지금은 보통 shell》. (2) 무릎을 껴안고 하는 다이빙, 캐넌볼 : do a ~ 캐넌볼을 하다. (3) 【테니스】 강속 서브 ; 탄환 서브. (4) 《美口》 특급〈탄환〉열차. — *a.* 〔限定的〕 고속의, 재빠른.
cánnon fòdder 〔集合的〕 대포의 밥, 병사들.
·can·not [kǽnɑt, -⌐, kənɑ́t / kǽnɔt, kənɔ́t] (간약형 ***can't*** [kænt / kɑːnt]) can not의 연결형
can·nu·la [kǽnjələ] (*pl.* **~s, -lae** [-lìː]) *n.* ⓒ 【醫】 캐뉼러《환부에 꽂아 넣어 액을 빼내거나 약을 넣는 데 씀》.
can·ny [kǽni] (***can·ni·er ; -ni·est***) *a.* (1) 약은, 영리한. (2) (금전 문제에 있어서) 빈틈없는 ; 검약한 ; 주의 깊은, 세심한. 파) **-ni·ly** [-nəli] *ad.* **-ni·ness** *n.*
:ca·noe [kənúː] *n.* ⓒ 카누 ; 마상이, 가죽배 ***paddle*** one' ***s own*** ~ 독립해서 해 나가다 ; 자활하다. — (*p., pp.* ***-noed ; -noe·ing***) *vi.* 카누를 젓다 ; 카누로 가다. 파) ~·**ist** [-ist] *n.* ⓒ 카누를 젓는 사람.
can·on¹ [kǽnən] *n.* (1) ⓒ 【基】 교회법 ; 교회 법규집. (2) ⓒ (흔히 *pl.*) 규범, 기준, 표준 (3) (the ~) a] 【基】 (외전(外典)에 대한) 정전(正典) b] 진짜 작품 (목록). (4) (the ~) 【가톨릭】 a] 미사 전문(典文). b] 성인록(錄). (5) ⓒ 【基】 카논, 전칙곡(典則曲).
can·on² *n.* ⓒ 【基】 대성당 참사회 의원.
ca·non·i·cal [kənɑ́nəkəl / -nɔ́n-] *a.* (1) 교회법에 의한. (2) 정전(正典)으로 인정된. (3) 정규의, 표준〈기준〉적인. — *n.* (*pl.*) (성직자의) 제의(祭衣). 파) ~·**ly** *ad.*
can·on·ic·i·ty [kæ̀nənísəti] *n.* ⓤ (1) 교회법에 맞음. (2) 규범〈기준〉성.
can·on·i·za·tion [kæ̀nənizéiʃən / -nɑiz-] *n.* (1) ⓤ 시성(諡聖). (2) ⓒ 시성식(式).
can·on·ize [kǽnənɑ̀iz] *vt.* …을 시성(諡聖)하다
cánon láw 교회법, 종규(宗規).
can·noo·dle [ənúːdl] *vi.* 《美俗》 키스하다, 껴안다, 애무하다(fondle).
·can·o·py [kǽnnəpi] *n.* ⓒ (1) 닫집 ; 닫집 모양의 덮개〈차양〉. (2) (the ~) 하늘 (3) 【空】 (조종석의 투명한) 덮개. (4) 낙하산의 갓. — *vt.* …을 닫집 (같은 것)으로 덮다.
canst [kænst, kənst] *aux v* 《古》 =CAN¹ 《주어가 thou 일 때》.
cant¹ [kænt] *n.* ⓤ (1) 위선적인〈젠체하는〉 말투. (2) 변말, 은어 : thieves' ~ 도둑의 은어. (3) (한때의) 유행어(~ phrase). — *vi.* (1) 청승맞은 소리를 내다 ; 점잔을 빼고 말하다. (2) 변말을 쓰다.
cant² *n.* ⓒ (1) 경사(slope), 기울 ; (둑·결정체 따위의) 사면(斜面) (slant) ; 경각(傾角). (2) (기울어지게 할 정도로) 갑자기 밀기 ; 홱 굴리기. (3) 【鐵】 캔트《커브에서 바깥쪽 레일을 높게 만든 것》.
— *a.* 〔限定的〕 경사진 ; 모서리를 잘라낸. — *vt.* (1)…을 비스듬히 베다〈자르다〉《*off*》. (2) …을 (갑자기) 기울이다 ; 뒤집다, 전복시키다《*over*》. (3) …을 비스듬히 찌르다〈밀다〉. — *vi.* (1)기울다, 기울어지다. (2) 뒤집히다《*over*》.
:can't [kænt / kɑːnt] CANNOT의 가약형《※ 구어에서 mayn't 대신 많이 씀》
can·ta·bi·le [kɑːntɑ́ːbilèi / kɑːntɑ́ːbilè] *a., ad.* 【樂】 《It.》 칸타빌레, 노래하듯(한). — *n.* (1) ⓒ 칸타빌레(의 악장). (2) ⓤ 칸타빌레 양식.
Can·ta·brig·i·an [kæ̀ntəbrídʒiən] *a.* (1) Cambridge의 ; Cambridge 대학의. (2) (미국 Massachusetts 주의) Cambridge의 ; Harvard 대학의. — *n.* ⓒ (1) (영국의) Cambridge 대학의 학생〈출신자〉. (2) (미국의) Cambridge 사람,주민〉 ; Harvard 대학의 재학생〈출신자〉. 【cf.】 Oxonian.
can·tan·ker·ous [kæntǽŋkərəs, kæn-] *a.* 심술궂은(ill-natured), 툭하면 싸우는. 파) ~·**ly** *ad.*
can·ta·ta [kəntɑ́ːtə] *n.* ⓒ 【樂】 《It.》 칸타타, 교성곡(交聲曲).
can·teen [kæntíːn] *n.* ⓒ (1) a] 영내 매점(《美》 Post Exchange). b] (군인의) 위안소〈오락장〉. c] (광산·바자 등의) 매점. d] (회사·학교 등의)식당 (2) (군인·하이커 (hiker)용의) 수통, 빨병. (3) 《英》 나이프·포크·스푼의 세트.
can·ter [kǽntər] *n.* (a ~) 【馬】 캔터, 느린 구보. ***win at*** 〈***in***〉 ***a*** ~ (경주에서 말이) 낙승하다. — *vi., vt.* (…을) 느린 구보로 나아가(게 하)다.
·Can·ter·bury [kǽntərbèri, bəri] *n.* 캔터베리《잉글랜드 Kent 주의 도시 ; 영국 국교(國敎)의 중심인 캔터베리 대성당의 소재지》.
cánt hòok (통나무를 다루는) 갈고랑 장대.
can·ti·cle [kǽntikəl] *n.* (1) ⓒ 찬(송)가. (2) ⓒ 영국 국교의 기도서 중의 송영 성구(頌詠聖句)의 하나.
can·ti·lev·er [kǽntəlèvər, -lìːvər] *n.* ⓒ 【建】 캔틸레버, 외팔보.
cántilever brìdge 캔틸레버식 다리.
can·til·late [kǽntəlèit] *vt.* (전례문(典禮文))을 영창하다, 가락을 붙여서 창화(唱和)하다.
파) **can·til·la·tion** *n.*
can·tle [kǽntl] n. ⓒ 《美·英古》 (1) 안미(鞍尾), 안장 뒷가지. (2) 조각, 끄트러기, 쪼가리.
·can·to [kǽntou] (*pl.* **~s**) *n.* ⓒ (장편시의) 편(篇)《산문의 chapter에 해당》. 【cf.】 book, stanza.
Can·ton·ese [kæ̀ntəníːz] *a.* 광둥(廣東) (말)의 : ~ cuisine 광둥 요리. — (*pl.* ~) *n.* (1) ⓒ 광둥 사람. (2) ⓤ 광둥 사투리.
can·ton·ment [kæntóunmənt, tɑ́n- / -túːn-] *n.* ⓒ 【軍】 숙영지.
can·tor [kǽntər] *n.*ⓒ (성가대의) 선창자.
·can·vas [kǽnvəs] *n.* (1) ⓤ 즈크, 범포(帆布) (2) ⓒ 텐트, 덮개. (3) a] ⓒ 캔버스, 화포. b] ⓒ (화포에 그려진) 유화(油畫) (oil painting), 그림 (picture). c] ⓤ (역사 따위의) 배경, 무대《*of*》 : (4) (*the* ~) 권투〈레슬링〉의 링바닥 : (5) ⓤ 〔集合的〕 돛. ***on the*** ~ 1) (권투에서) 다운되어. 2) 패배 직전에. ***under*** ~ 1) (배가) 돛을 달고(under sail). 2) (군대가) 천막을 치고 ; 야영 중에.
can·vas·back [kǽnvəsbæ̀k] *n.* ⓒ (북아메리카산) 들오리의 일종.
·can·vass [kǽnvəs] *vt.* (1) 《~+目/+目+前+名》 (투표·기부·주문 등을 어느 지역·사람들)에게 간청하다, 부탁하다 ; (어느 지역)을 (부탁하며) 다니다, 유세하다 : (2) …을 정사(精査)하다, 검토하다 ; 토의〈토론〉하다 (3) 《美》 (투표)를 공식적으로 점검하다. — *vi.* (1) 《~/+前+名》 선거운동을 하다 ; 권유하다 《*for*》. (2) 《美》 투표(수)를 점검하다. (3) 토론하다. — *n.* ⓤ 선거운동, 유세 ; 권유 ; 조사, 《美》 (투표의) 점검 : make a ~ of a neighborhood 지역 유

세를 하다.

can·vass·er [kǽnvəsər] *n.* ⓒ (1) (호별 방문에 의한) 권유원, 주문받으러 다니는 사람. (2) 선거 운동원, 호별 방문하는 운동원.

·**can·yon** [kǽnjən] *n.* ⓒ (개울이 흐르는 깊은) 협곡. ***the Grand Canyon*** ⇨ GRAND CANYON.

can·zo·ne [kænzóuni / -tsóu-] (*pl.* ~***s, -ni*** [-niː]) *n.* ⓒ 《It.》 칸초네, 민요풍의 가곡.

can·zo·net [kænzənét], **-net·ta** [-nétə] *n.* ⓒ 칸초네타《서정적인 소(小)가곡》.

caou·tchouc [káutʃúːk, káuːtʃuk] *n.* ⓤ 탄성고무(India rubber) ; 생고무(pure rubber).

:**cap** [kæp] *n.* ⓒ (1) a] (양태 없는) 모자 ; 제모. b] 《英》 선수 모자 (2) 씌우는 (모자 같은) 것. a] 뚜껑 ; (칼)집, (만년필 따위의) 두겁 ; (시계의) 속딱지 ; (병의) 쇠붙이 마개 b] (버섯의)갓 ; (구두의) 코(toe ~) ; 종지뼈. (3) a] 【建】 대접받침. b] 【船】 장모(檣帽). (4) a] 뇌관(percussion ~). b] (소량의 화약을 종이에 싼) 딱총알. (5) 최고부, 정상(top) : the ~ of fools 바보 중의 바보. (6) 〔흔히 複合語를 이루어〕 《比》 1) 모자를 벗고, 공손한 태도로. 2) 황공하여. ***feather in*** one's ~ 자랑할 만한 공적. ***put on*** one's ***thinking*** 〈***considering***〉 ~ 《口》 숙고하 다, 차분히 생각하다. ***set*** one's ~ ***for*** 〈***at***〉 《口》 (남자의) 애정을 사려고 하다. ***The*** ~ ***fits.*** (비평이) 적중하다 — (**-pp-**) *vt.* (1) …에 모자를 씌우다 : a nurse 《美》 (간호학교 졸업생)에게 간호사 모자를 씌우다. (2) (기구·병)에 마개를 하다 : ~ a bottle 병에 마개를 하다. (3) 《~+目 / 目+前+名》 …의 위를〈표면을〉 덮다《*with*》 (4) …보다 낫다 (surpass). 능가하다 (5) (일화·인용구 등)을 다투어 꺼내다 (6) …을 매듭짓다 ; …의 유종의 미를 거두다《*with* ; *with doing*》. (7) 《Sc.》 …에게 학위를 수여하다 ; (경기자)를 맴버에 넣다 .
— *vi.* (경의를 표하여) 모자를 벗다. ***to*** ~ (***it***) ***all*** 필경은, 결국〈마지막〉에는

·**ca·pa·bil·i·ty** [kèipəbíləti] *n.* (1) ⓤⓒ a] 할 수 있음 ; 능력, 역량, 재능(ability) 《*of doing* ; *to do*》 : b] 역량, 자격 《*for*》 (2) ⓤ (…하는) 특성, 성능 《*for*》 (3) (*pl.*) (뻗을 수 있는) 소질, 장래성 : 성능 ; 【電】 가능 출력 (4) ⓤ (나라의) 전투 능력

ca·pa·ble [kéipəbəl] (***more*** ~; ***most*** ~) *a.* (1) 유능한, 역량 있는《*for*》 (2) (…할) 능력이 있는《*of* ; *of doing*》 :(3) (나쁜 짓 따위)까지도 (능히) 할 수 있는, …도 불사하는《*of*》 (4) …할 수 있는 ; …될 수 있는, (…이) 가능한《*of*》

ca·pa·bly [kéipəbəli] *ad.* 유능〈훌륭〉하게, 잘.

:**ca·pa·cious** [kəpéiʃəs] *a.* (1) (방 따위가) 널찍한, 너른(wide). (2) (용량이) 큰, 듬뿍 들어가는 (3) 도량이 큰, 너그러운 **ca·pac·i·tance** [kəpǽsətəns] *n.* ⓤ 【電】 정전(靜電) 〈선기〉 용량 ; 콘덴서(condenser)의 용량.

ca·pac·i·tate [kəpǽsətèit] *vt.* …을 가능하게 하다(enable) 《*to* do》, …에게 능력〈자격〉을 주다 (make competent) 《for》.

ca·pac·i·tor [kəpǽsətər] *n.* ⓒ 【電】 축전기.

:**ca·pac·i·ty** [kəpǽsəti] *n.* (1) ⓤ (또는 a ~) a] 수용량 ; (최대) 수용 능력 (2) ⓤ (또는 a ~) (공장 등의) 최대 생산력. (3) a] ⓤ 포용력, 도량 ; 재능 b] ⓤⓒ 능력, 이해력《*for* ; *to* do》 c] ⓤⓒ (…에 대한) 적응력, 내구력 ; 가능성, 소질《*for*》 (4) a] ⓒ 《흔히 in one's ~ as …로》 자격, 입장 b] ⓤ 【法】 (행위) 능력, 법정 자격.

:**cape**[1] [keip] *n.* ⓒ 곶(headland), 갑(岬) : the *Cape* of Good Hope 희망봉.

·**cape**[2] *n.* ⓒ 케이프, 어깨 망토, 소매 없는 외투.

·**ca·per**[1] [kéipər] *vi.* 뛰어돌아다니다, 깡충거리다. — n ⓒ (1) 뛰어돌아다님. (2) 장난, 희롱거림 ; (종종 *pl.*) 광태 (spree). (3) 《俗》 (강도 등의)나쁜 짓, 범죄(계획). ***cut*** ~***s*** 〈***a*** ~〉 뛰어돌아다니다, 깡충거리다, 장난치다, 광태부리다.

ca·per[2] *n.* (1) ⓒ 풍조목속(風鳥木屬)의 관목《지중해 연안산》. (2) (*pl.*) 그 꽃봉오리의 초절임.

cap·er·cail·lie, -cail·zie, [kæ̀pərkéilji], [-kéilzi] *n.* ⓒ 【鳥】 유럽산 뇌조의 일종.

Ca·per·na·um [kəpə́ːrneiəm, -niəm] *n.* 가버나움《팔레스타인의 옛 도시 ; 그리스도의 갈릴리 전도의 중심지》.

cape·skin [kéipskìn] *n.* (1) ⓤ 케이프스킨《남아프리카산(産) 양가죽》. (2) ⓒ 케이프스킨 제품.

cap·ful [kǽpfùl] *n.* ⓒ 모자 가득(한 양).

cap·il·lar·i·ty [kæ̀pəlǽrəti] *n.* ⓤ 【物】 모세관 현상.

cap·il·lary [kǽpəlèri / kəpíləri] *a.* 〔限定的〕 털(모양)의 ; 모세관(현상)의 : a ~ vessel 모세관. — *n.* ⓒ (1)모세관. (2) 【解】 모세 혈관.

cápillary attráction 모세관 인력(引力).

:**cap·i·tal** [kǽpitl] *n.* (1) ⓒ 수도 ; 중심지. (2)ⓒ 대문자, 머리글자 (3) a] ⓤ 자본, 자산 b] ⓤ (또는 a ~) 자본금, 원금, 밑천 (4) ⓤ (종종 C-) 〔集合的〕 자본가 (계급) (5) ⓒ 【建】 대접받침. ≠capitol. ***make*** ~ (***out***) ***of*** …을 이용하다, …에 편승하다 : — *a.* 〔限定的〕 (1) a] 주요한, 매우 중요한 b] 으뜸〈수위〉의 (2) 우수한 ; 훌륭한 (excellent), 일류의 (3) 원래의 (original) ; 밑천의, 원금의, 자본의 (4) 대문자의 (5) 사형에 처할 만한《죄 따위》 : 중대한, 치명적인 (fatal)

cápital expénditure 【商】 자본 지출.

cápital gáin 자본 이득, 자산 매각 소득.

cápital góods 자본재.

cap·i·tal-in·ten·sive [kǽpitlinténsiv] *a.* 자본 집약적, 자본을 많이 필요로 하는

cápital invéstment 자본 투자.

·**cap·i·tal·ism** [kǽpitəlìzəm] *n.* ⓤ 자본주의.

·**cap·i·tal·ist** [kǽnpitəlist] *n.* ⓒ (1) 자본가, 전주. (2) 자본주의자. — *a.* =CAPITALISTIC : a ~ country 자본주의 국가.

cap·i·tal·is·tic [kæ̀pitəlístik] *a.* 자본주의〈자본가〉의.

cap·i·tal·is·ti·cal·ly [-tikəli] *ad.* 자본주의적으로, 자본가적으로

cap·i·tal·i·za·tion [kæ̀pitəlizéiʃən] *n.* (1) ⓤ a] 자본화, b] 투자. c] 현금화. (2) (a ~) a] 자본금. b] 자본 견적액, 현가 계상액. (3) ⓤ 대문자 사용.

cap·i·tal·ize [kǽpitəlàiz] *vt.* (1) …을 대문자로 쓰다〈인쇄하다〉, 대문자로 시작하다. (2)…에 투자〈출자〉하다 ; …을 자본화하다, 자본으로 산입하다 (3) (수입·재산 따위)를 현가 계상하다. — *vi.* 이용〈편승〉하다《*on*》 : ~ *on* another's weakness 남의 약점에 편승하다 / ~ (*on*) one's opportunities 기회를 잡다.

cápital lèvy 자본 과세.

cap·i·tal·ly [kǽpətəli] *ad.* 《英》 (1) 훌륭하게, 멋있게, (2) 극형(極刑)으로

cápital stóck (회사) 주식 자본.

cápital súm (지급되는 보험금의) 최고액.

C

cápital térritory 수도권.
cap·i·ta·tion [kæ̀pətéiʃən] *n.* (1) ⓤ 머릿수 할당. (2) ⓒ 인두세(稅) (poll tax) ; 머릿수 요금.
capitátion gránt (교육 등의) 인두(人頭) 보조금.
·Cap·i·tol [kǽpitl] *n.* (1) 카피톨《옛 로마의 주피터 신전》. (2) 《美》 a] (the ~) 국회의사당. b] (보통 c-) 주의회 의사당(statehouse). ≠capital.
Cápitol Híll (1) 미국 국회 의사당이 있는 작은 언덕. (2) ⓤ 미국 의회 : on ~ 의회에서.
Cap·i·to·line (Híll) [kǽpitəlàin-] (the ~) 옛 로마 7 언덕의 하나.
ca·pit·u·late [kəpítʃəlèit] *vi.* (1) 【軍】 (조건부로) 항복하다. (2) (본의 아니게) 굴복하다, 따르다 《to》.
ca·pit·u·la·tion [kəpìtʃəléiʃən] *n.* (1) a] ⓤⓒ (조건부) 항복《to》. b] ⓒ 항복 문서. (2) ⓒ (회의·조약 등의) 합의 사항. (3) ⓤ 복종《to》.
ca·pon [kéipən, -pɑn] *n.* ⓒ (거세한) 식용 수탉.
cap·puc·ci·no [kæ̀putʃíːnou, kɑ̀ːpu-] (*pl.* ~**s**) *n.* ⓒ 《It.》 카푸치노《espresso coffee에 뜨거운 밀크를 가한 것》.
ca·pric·cio [kəpríːtʃiòu] (*pl.* ~**s**) *n.* ⓒ 【樂】 카프리치오, 광상(狂想)곡.
·ca·price [kəpríːs] *n.* (1) ⓤ 변덕, 종작 없음 (whim), 줏대 없음, 무정견 : act from ~ 변덕스럽게 굴다. (2) ⓒ 예상〈설명〉하기 어려운 급변. (3) 【樂】 =CAPRICCIO.
ca·pri·cious [kəpríʃəs] *a.* (1) 변덕스러운. (2) 갑자기 변하기 쉬운. 파) **~·ly** *ad.* **~·ness** *n.*
Cap·ri·corn [kǽprikɔ̀ːrn] *n.* 【天】 염소자리(the Goat) ; 마갈궁(磨羯宮)《황도(黃道)의 제 10 궁》. ***the Tropic of ~*** 남회귀선, 동지선.
cap·ri·ole [kǽpriòul] *n.* ⓒ (1)(댄스 등의) 도약. (2) 【馬】 카프리올, 수직 도약. — *vi.* 도약하다 ; 껑충 뛰다 ; (말이) 카프리올을 하다.
cap·si·cum [kǽpsikəm] *n.* ⓒ 고추 (열매).
cap·size [kǽpsaiz, -⏊] *vt.* (배)를 전복시키다
cap·stan [kǽpstən] *n.* ⓒ 캡스턴《1) 닻 따위를 감아 올리는 장치. 2) 테이프 리코더에서 테이프를 일정 속도로 주행시키는 회전체》.
cap·stone [kǽpstòun] *n.* ⓒ (1) (돌기둥·담 등의) 갓돌, 관석(冠石) (coping). (2) 최고점, 절정, 정점 : the ~ of one's political career 아무의 정치 생활의 절정.
cap·su·lar [kǽpsələr / -sju-] *a.* 캡슐의, 캡슐 모양의 ; 캡슐에 든.
cap·su·lat·ed [kǽpsəléitid, -sju-] *a.* 캡슐에 든.
·cap·sule [kǽpsəl / -sjuːl] *n.* ⓒ (1) (약·우주 로켓 등의) 캡슐. (2) 꼬투리, 삭과(果). (3) 【生理】 피막(被膜). (4) (강연 등의) 요지, 개요(digest). — *vt.* (1) …을 캡슐에 넣다, 캡슐로 싸다. (2) …을 요약하다. — *a.* (1) 소형의. (2) 요약한 : a ~ report 간결한 보고.
:cap·tain [kǽptin] *n.* ⓒ (1) 장(長), 두령(chief) (2) a] 선장, 함장, 정장(艇長). b] (민간 항공기의) 기장(機長). (3) 【陸軍】 대위 ; 【海軍】 대령 ; 【空軍】 대위. (4) a] (공장 등의) 감독 ; 단장, 반장. b] 소방서장〈대장〉 ; 《美》 (경찰의) 지서장, 경위(警衛). c] 《美》 (호텔·레스토랑의) 보이장, 급사장. d] (스포츠 팀의) 주장. (5) 명장, (육해군의) 지휘관 — *vt.* …의 주장〈지휘관〉이 되다, …을 통솔하다.
cap·tion [kǽptʃən] *n.* ⓒ (1) (기사 따위의) 표제, 제목(heading). (2) (삽화의) 설명문. (3) 【映】 자막(subtitle) ; (4) (법률 문서의) 머리말, 전문(前文). — *vt.* …에 표제를〈설명문을, 타이틀을〉 붙이다 ; 【映】 …에 자막을 넣다.
cap·tious [kǽpʃəs] *a.* (1) (공연히) 헐뜯는, 흠〈탈〉잡기 좋아하는, 잔소리가 심한. (2) 심술궂은, 말꼬리 잡고 늘어지는 파) ~·**ly** *ad.* ~·**ness** *n.*
cap·ti·vate [kǽptəvèit] *vt.* 〔종종 受動으로〕 …의 넋을 빼앗다, …을 현혹시키다, 뇌쇄〈매혹〉하다 : *be ~d with* 〈*by*〉 her charms 그녀의 아름다움에 매혹〈매료〉되다.
cap·ti·vat·ing [kǽptəvèitiŋ] *a.* 매혹적인 : a ~ smile 매혹적인 미소. 파) ~·**ly** *ad.*
cap·ti·va·tion [kæ̀ptəvéiʃən] *n.* ⓤ (1) 매혹(함). (2) 매료(된 상태). (3) 매력.
:cap·tive [kǽptiv] *n.* ⓒ (1) 포로 ; 감금된 사람. (2) (사랑 따위의) 노예, (…에) 매료된〈사로잡힌〉 사람 《*to* ; *of*》 : — (***more*** ~; ***most*** ~) *a.* (1) a] 포로의〈가 된〉 : the ~ soldiers 포로가 된 병사들. b] 사로잡힌, 속박된, 유폐된 ; (동물이) 우리에 갇힌 ; (2) 매혹된 ; (3) 정 위치의 ; (4) 싫든 좋든 들어야〈보아야〉 하는 : **·cap·tiv·i·ty** [kæptívəti] *n.* ⓤ 사로잡힘, 사로잡 힌 몸〈기간〉, 감금 ; 속박 : hold〈keep〉 a person in ~ 아무를 감금〈속박〉하다.
cap·tor [kǽptər] (*fem.* ***-tress*** [-tris]) *n.* ⓒ 잡는 사람, 체포자(【opp.】 captive).
:cap·ture [kǽptʃər] *n.* (1) a] ⓤ 포획, 체포 ; 빼앗음. b] ⓒ 포획물〈동물〉, 포획선(船). (2) ⓤ 【컴】 포착, 갈무리 ; ⇨ DATA CAPTURE.
— *vt.* (1) …을 붙잡다, 생포하다 : ~ three of the enemy 적병 3명을 포로로 잡다. (2) …을 점령〈공략〉하다. (3) …을 획득하다, 손에 넣다 : ~ a prize 상을 타다. (4) (마음·관심)을 사로잡다. (5) 【컴】 (데이터)를 검색하여 포착하다.
:car [kɑːr] *n.* ⓒ (1) 차, 자동차. (2) 〔흔히 複合語를 이루어〕 《美》 (전차·기차의) 차량 ; (*pl.*) 《美》 열차 (the train) ; 객차, 화차 ; 《英》 …차. 【cf.】 carriage, coach, van. : a passenger ~ 객차. (3) 궤도차 ; ⇨ STREETCAR, TRAMCAR. (4) (비행선·기구(氣球)의) 곤돌라 ; 《美》 (엘리베이터의) 칸.
car·a·bi·neer, -nier [kæ̀rəbiníər] *n.* ⓒ 기총병(騎銃兵).
ca·rafe [kərǽf, -rɑ́ːf] *n.* ⓒ (식탁·침실·연단(演壇)용) 유리 물병.
·car·a·mel [kǽrəməl, -mèl] *n.* (1) ⓤ 캐러멜, 구운 설탕《색깔·맛을 내는 데 씀》. (2) ⓒ 캐러멜 과자. (3) ⓤ 캐러멜빛, 담갈색.
car·a·mel·ize [kǽrəməlàiz] *vt.*, *vi.* (…을) 캐러멜로 만들다〈이 되다〉.
car·a·pace [kǽrəpèis] *n.* ⓒ (1) (게 따위의) 딱지. (2) (거북 따위의) 등딱지.
·car·at [kǽrət] *n.* ⓒ (1)캐럿《보석류의 무게 단위 : 200 mg》. (2) =KARAT
:car·a·van [kǽrəvæ̀n] *n.* ⓒ (1) 〔集合的〕 (사막의) 대상(隊商) ; 여행대(隊) ; 대열(隊列) (2) (서커스·집시 등의) 포장 마차. (3)《英》 (자동차로 끄는) 이동 주택, 트레일러 하우스(trailer). — (~***ned,*** 《美》 ~***ed*** ; ~·***ning,*** 《美》 ~·***ing***) *vi.* 《英》 트레일러로 여행하다〈생활하다〉.
car·a·van·sa·ry, car·a·van·se·rai [kæ̀rəvǽnsəri] *n.* ⓒ (1) (중앙에 큰 안뜰이 있는) 대상(隊商) 숙박소. (2) 큰 여관, 호텔.
car·a·vel, -velle [kǽrəvèl] *n.* ⓒ (15-16세기경

스페인 · 포르투갈의) 경쾌한 돛배.
car·a·way [kǽrəwèi] *n.* (1) ⓒ 【植】 캐러웨이《회향풀의 일종》. (2) ⓤ 〔集合的〕 캐러웨이 열매.
car·bide [káːrbaid, -bid] *n.* ⓤ 탄화물, 카바이드.
car·bine [káːrbin, -bain] *n.* ⓒ (1) 카빈 총. (2) (옛날의) 기병총(銃).
·**car·bo·hy·drate** [kàːrbouháidreit] *n.* ⓒ (1)탄수화물, 함수탄소. (2) (흔히 *pl.*) 탄수화물이 많이든 식품《많이 먹으면 살이 찜》.
·**car·bol·ic** [kàːrbálik / bɔ́l-] *a.* 탄소의 ; 콜타르성(性)의 : ~ acid 석탄산, 페놀.
cár bòmb (테러에 쓰이는) 자동차 폭탄.
:**car·bon** [káːrbən] *n.* (1) ⓤ 【化】 탄소《비금속 원소 ; 기호 C ; 번호 6》. (2) ⓒ 【電】 탄소봉. (3) a] ⓤⓒ 카본지, 복사지, 묵지(~ paper). b] ⓒ =CARBON COPY (1).
car·bo·na·ceous [kàːrbənéiʃəs] *a.* 탄소(질)의 ; 탄소를 함유하는.
car·bon·ate [káːrbənèit] *vt.* (1) …을 탄산염으로 바꾸다 ; 탄화하다. (2) …에 탄산가스를 함유시키다. — [-nèit, -nit] *n.* ⓒ 탄산염. ~ ***of lime*** 〈***soda***〉 탄산 석회〈소다〉. 파) ***càr · bon · á · tion*** [-ʃən] *n.* ⓤ 탄산염화〈포화〉 ; 탄(산)화.
cárbon cópy (1) (복사지에 의한) 복사본, 사본《略 : c.c.》. (2)《比》 꼭 닮은 사람〈물건〉《*of*》.
cárbon cỳcle (the ~) (생물권의) 탄소 순환. 탄소사이클.
car·bon-date [-dèit] *vt.* …의 연대를 방사성 탄소로 측정하다.
cárbon dàting 【考古】 방사성 탄소 연대(年代) 측정법《carbon 14를 이용》.
cárbon dióxide 이산화탄소, 탄산가스.
cárbon 14 【化】 탄소 14《탄소의 방사성 동위원소 ; 기호 ^{14}C ; tracer 등에 이용》.
·**car·bon·ic** [kàːrbánik / -bɔ́n-] *a.* 탄소의 : ~ acid 탄산(炭酸).
Car·bon·if·er·ous [kàːrbənífərəs] *n.* 【地質】 (the ~) 석탄기(紀) ; 석탄층. —*a.* (1) 석탄기의. (2) (c-) 석탄을 함유〈산출〉하는.
car·bon·i·za·tion [kàːrbənizéiʃən] *n.* ⓤ 탄화(법), 석탄 건류(乾溜).
car·bon·ize [káːrbənàiz] *vt.* (1) …을 숯으로 만들다, 탄화하다. (2) …에 탄소를 함유시키다, …을 탄소와 화합시키다. (3) (종이)에 탄소를 바르다. —*vi.* 탄화하다.
cárbon monóxide 【化】 일산화탄소.
cárbon tetrachlóride 【化】 4염화탄소《드라이클리닝 약품·소화용(消火用)》.
Car·bo·run·dum [kàːrbərʌ́ndəm] *n.* ⓤ 《美》 카보런덤《연마재(硏磨材) 따위로 사용하는, 탄화규소(硅素) ; 금강사(金剛砂) ; 商標名》.
car·boy [káːrbɔi] *n.* ⓒ 상자〈채롱〉에 든 대형 유리병《강(强)한 산(酸) 용액 등을 담음》.
car·bun·cle [káːrbʌŋkəl] *n.* ⓒ (1) 【醫】 옹(癰). (2) (머리 부분을 둥글게 간) 석류석 (보석).
car·bu·ret [káːrbərèit, -bjərèt] (***-t-,*** 《주로英》 ***-tt-***) *vt.* (1) (원소)를 탄소와 화합시키다. (2) (공기·가스)에 탄소 화합물을 혼입하다.
car·bu·re·tor, ret·er, 《英》 **-ret·tor** [káːrbərèitər, -bjə-, -re-] *n.* ⓒ (내연기관의) 기화기(氣化器), 카뷰레터.
·**car·cass,** 《英》 **car·case** [káːrkəs] *n.* ⓒ (1) a] (짐승의) 시체 ; (죽인 짐승의 내장 따위를 제거한) 몸통. b] (사람의) 시체 ; (살아 있는) 인체. (2) (건물·배 따위의) 뼈대《*of*》 : ~ roofing (이지 않은) 민지붕. (3)《比》 형해(形骸), 잔해(殘骸)《*of*》.
car·cin·o·gen [kaːrsínədʒən] *n.* ⓒ 【醫】 발암(發癌)(성) 물질, 발암 인자(因子).
car·ci·no·gen·e·sis [káːrsənoudʒénənəsis] *n.* ⓤ 【醫】 발암 (현상).
car·ci·no·ge·nic [kàːrsənoudʒénik] *a.* 【醫】 발암성의.
car·ci·no·ma [káːrsənóumə] (*pl.* ~ · ***ta*** [-tə], ~***s*** [-z]) *n.* ⓒ 【醫】 암(종) (cancer) ; 악성 종양.
cár còat 카코트《짧은 외투》.
:**card**[1] [kaːrd] *n.* (1) ⓒ a] 카드 ; 판지(板紙), 마분지. b] 【컴】 = PUNCH CARD. c] …장, …권 ; …증 : d] 명함 e] 엽서 : ⇨ POST. CARD. (2) a] ⓒ 카드, 놀이 딱지. b] (*pl.*) 〔單·複數취급〕 카드놀이. (3) ⓒ 목록(표) ; 식단. (4) ⓒ (스포츠·경마의) 프로그램 ; (극장 등의) 상연표 ; 행사, 흥행 ; 시합 (5) a] ⓒ 【카드놀이】 좋은수 ; 〔一般的〕 수단, 방책 b] (the ~) 적절한 일〈것〉, 어울리는〈그럴듯한〉 일〈것〉 (6) ⓒ 《口》 〔여러 가지 形容詞를 붙여서〕 …한 녀석 〈인물〉 ; 재미있는〈별난〉 사람〈것〉 : (7) (*pl.*) 《口》 (고용주측이 보관하는) 피고용자에 관한 서류.
have a ~ up one'***s sleeve*** 비책을 간직하고 있다. ***in*** 〈***on***〉 ***the ~s*** 《口》 (카드점(占)에 나와 있는→) 예상되는, 있을 수 있는, 아마(…인 듯한). ***make a ~*** (카드놀이에서) 한 장의 패로 한 판의 패를 모두 차지하다. ***No ~s.*** (신문의 부고(訃告) 광고에서) 개별 통지 생략. ***play*** one'***s best*** 〈***trump***〉 ~ (비장의) 수법〈방책〉을 쓰다. ***play*** one'***s ~s well*** 〈***right, badly***〉 《口》 일을 잘〈적절히, 서툴게〉 처리하다 : ***put***〈***lay*** (***down***)〉 (***all***) one'***s ~s on the table*** 계획을 공개하다〈드러내다〉, 의 도를 밝히다 —*vt.* (1) …에게 카드를 도르다. (2) …에 카드를 붙이다. (3) …을 카드에 적다〈표하다〉 ; 카드에〈로〉 붙이다.
card[2] *n.* ⓒ (1) 금속빗〈솔〉《양털·삼 따위의 헝클어짐을 없앰》 ; 와이어브러시. (2) (직물의) 괴깔 〈보풀〉 세우는 기계. —*vt.* (1) (양털 따위)를 빗(질하)다, 가리다. (2) …의 보풀을 일으키다.
·**card·board** [káːrdbɔ̀ːrd] *n.* ⓤ 판지, 마분지. —*a.* 〔限定的〕 (1) 판지의〈로 된〉 : a ~ box 판지 상자. (2)《比》 명색뿐인, 비현실적인, 실질(實質)이 없는 : a ~ character 깊이가 없는 사람.
card-car·ry·ing [káːrdkæ̀riiŋ] *a.* 〔限定的〕 (1) 회원증을 가진 ; 정식 당원〈회원〉인. (2)《口》 진짜의 ; 전형적인.
card·er [káːrdər] *n.* ⓒ (1) (털 따위를) 빗는 사람, 보풀 일으키는 직공. (2) 소모기(梳毛機).
cárd gàme 카드놀이.
cardi-, cardio- '심장'의 뜻의 결합사《모음 앞에서는 cardi-》.
car·di·ac [káːrdiæ̀k] *a.* 〔限定的〕 【醫】 (1) 심장(병)의 : ~ surgery 심장 외과. (2) 분문(噴門)의. —*n.* ⓒ 심장병 환자.
car·di·gan [káːrdigən] *n.* ⓒ 카디건《앞을 단추로 채우는 스웨터(= ~ **swèater**)》.
·**car·di·nal** [káːrdənl] *a.* (1) 〔限定的〕 주요〈중요〉한 ; 기본적인 (2) 심홍색의, 붉은, 주홍색의. —*n.* (1) ⓒ 【가톨릭】 추기경. (2) ⓤ 심홍색. (3) = CARDINAL NUMBER. (4) = CARDINAL BIRD.
cárdinal bìrd 【鳥】 홍관조(紅冠鳥).
cárdinal flòwer 【植】 빨간 로벨리아, 잇꽃.
cárdinal vírtues (the ~) 기본 도덕, 덕목

cárd ìndex 카드식 색인〈목록〉.
card·in·dex [ká:rdìndeks] *vt.* (1) (자료·책 등)의 카드식 색인을 만들다. (2) (체계적으로) …을
car·di·ol·o·gy [kà:rdiálədʒi / -5l-] *n.* ⓤ 심장(병)학(學). 파) **càe•di•ól•o•gist** *n.*
car·di·o·pul·mo·nary [kà:rdioupʌ́lməneri / -nəri] *a.* 심폐의, 심장과 폐의.
card·phone [ká:rdfòun] *n.* ⓒ 【英】 카드식 공중전화.
card·play·er [ká:rdplèiər] *n.* ⓒ 카드놀이하는 사람, 카드 도박사.
cárd shàrk 《口》 (1) 카드놀이 명수. (2) 카드놀이 사기꾼(= **cárd · shàrp(-er)**).
cárd vòte 〈**vòting**〉 《英》 대표 투표《노동조합대회 등에서 대표 투표자가 한 투표는 그 조합원 수와 같은 효력을 지님》.
CARE [kɛər] *n.* 케어《미국 원조 물자 발송 협회》 : ~ goods 케어 물자. 〈◀ Cooperative for American Relief to Everywhere〉.
·care [kɛər] *n.* (1) a] ⓤ 걱정, 근심. b] ⓒ (종종 *pl.*) 걱정거리 (2) ⓤ 주의, 조심(attention), 배려 (3) ⓤ 돌봄, 보살핌, 보호 ; 관리 (4) ⓒ 관심사, 책임(대상) ~ ***of*** = 《美》 ***in*** ~ ***of*** …씨 댁〈방(方)〉, 전교(轉交) 《略 : c/o》 : Mr. *a.* c/o Mr. B., B씨방〈전교〉 A씨 귀하. ***give*** ~ ***to*** …에 주의하다. ***have a*** ~ 조심〈주의〉하다, ***have the*** ~ ***of*** = take ~ of 1). ***take*** ~ 조심〈주의〉하다 : ***take*** ~ ***of*** 1) …을 돌보다, …을 보살피다 ; …에 조심하다 2) 《口》 …을 처리〈해결〉하다 : 3) 《俗》 …을 제거하다, 죽이다.
—*vi.* (1) 《~/+*wh.*[절]/+前+名》〔흔히 否定文·疑問文으로〕 걱정〈염려〉하다, 관심을 갖다, 마음을 쓰다 《*about* ; *for*》 : (2) 《+前+名》 돌보다, 보살피다 ; 병구완을 하다 《for》 : 감독하다 ; (기계 따위를) 유지하다 《for》 : (3) 《+前+名/+*to* do》〔疑問·否定文으로〕 하고자 하다, 좋아하다《*for*》 : ***A*** (***fat***) ***lot you*** 〈***I***〉 ~ ***!*** 전혀 상관 없다, 아무렇지 않다. ***for all I*** ~ 《口》 1) 나는 상관하지 않는다, 내 알 바가 아니다
ca·reen [kəríːn] *vt.* 【海】 (1) (바람이 배)를 기울이다. (2) (배)를 기울이다 《뱃바닥의 수리·청소 따위를 위하여》 ; 기울여서 수리(따위)를 하다.
—*vi.* (1) 【海】 (바람 따위로 배가) 기울(어지)다. (2) 《美》 (차가) 기우뚱거리며 질주하다.
:ca·reer [kəríər] *n.* (1) ⓒ (직업상의) 경력, 이력, 생애 : (2) (일생의) 직업(profession) 《군인·외교관 등》 : (3) ⓤ 질주, 쾌주 —*a.* 〔限定的〕 직업적인, 전문의, 본직의(professional) : a ~ diplomat 〈soldier〉 직업 외교관〈군인〉 / a ~ woman 직업 여성, 커리어 우먼.
—*vi.* 질주하다《*about*》 : 돌진하다 : He ~*ed* into a wall. 그는 담으로 돌진했다.
ca·reer·ism [-ríərizəm] *n.* ⓤ 출세(제일) 주의.
ca·reer·ist [-rist] *n.* ⓒ 출세 제일주의자.
·care·free [kɛ́ərfriː] *a.* 근심〈걱정〉이 없는 ; 무관
:care·ful [kɛ̀ərfəl] (***more*** ~ ***; most*** ~) *a.* (1) a] (사람이) 주의 깊은, 조심스러운(cautious) b] 〔敍述的〕 …에 조심스러운, 신중한《*in* ; *with* ; *to* do》 c] 〔敍述的〕 …을 소중히 하는, …에 신경을 쓰는《*of* ; *about*》 (2) 〔限定的〕 꼼꼼한, 면밀한(through), 정성들인 (3) 〔敍述的〕 《英口》 (돈에 대하여) 인색한, 째째한 파) ~ · **ness** *n.* ⓤ 조심, 신중함, 용의주도.
:care·ful·ly [kɛ́ərfəli] (***more*** ~ ***; most*** ~) *ad.* (1) 주의 깊게 ; 면밀히, 신중히. (2) 정성들여, 고심하여
cáre làbel (의류 따위에 단) 취급 표시 라벨.
:care·less [kɛ́ərkus] (***more*** ~ ***; most*** ~) *a.* (1) a] (사람이) 부주의한, 경솔한, 조심성 없는 b] 〔敍述的〕 …에 부주의한《*about* ; *in* ; *of*》 (2) a] (일이)소홀한, 적당히 해두는 : ~ work 적당히 아무렇게나 하는 일. b] (생활 따위가) 걱정이 없는, 속이편한, 태평한 c] (태도 따위가) 자연스러운, 꾸밈 없는, 신경을 쓰지 않는, 무관심한 파) ~ · **ness** *n.*
·care·less·ly [-li] *ad.* 부주의〈소홀〉하게 ; 아무렇게나.
car·er [kɛ́ərər] *n.* ⓒ 돌보는 사람, 간호사.
·ca·ress [kərés] *n.* ⓒ 애무《키스·포옹·쓰다듬 기 따위》. —*vt.* …을 애무하다 ; 쓰다듬다
ca·ress·ing·ly [kərésiŋli] *ad.* 애무하듯이, 달래듯이.
car·et [kǽrət] *n.* ⓒ 【校正】 탈자(脫字) 부호《∧》.
care·tak·er [kɛ́ərtèikər] *n.* ⓒ (1) 돌보는 사람 ; (건물·토지 등의) 관리인, (집)지키는 사람. (2) 《英》 (학교·공공시설 등의) 관리인.
cáretaker gòvernment (총사직 후의) 과도정부, 선거 관리 내각.
care·worn [kɛ́ərwɔ̀:rn] *a.* 근심 걱정으로 여윈, 고생에 찌든
car·fare [ká:rfɛ̀ər] *n.* ⓤ 《美》 전(동)차 요금, 버스요금, 승차 요금.
:car·go [ká:rgou] (*-pl.* ~(***e***)***s***) *n.* ⓤ, ⓒ (선박·항공기 등의) 적하(積荷) (load), 뱃짐, 선하(船荷), 화물.
car·hop [ká:rhàp / -hɔ̀p] *n.* ⓒ 《美》 드라이브인 에서 일하는 급사《특히 여급사》.
Car·ib [kǽrəb] (*pl.* ~***s***, 〔集合的〕 ~) *n.* (1) a] (the ~(s)) 카리브 족(族) 《서인도 제도 남부·남아메리카 북동부의 원주민》. b] ⓒ 카브리족 사람. (2) ⓤ 카리브 말.
·car·i·ca·ture [kǽrikətʃùər, -tʃər] *n.* (1) ⓒ (풍자) 만화, 풍자〈만화〉 예술, 풍자하는 글〈그림〉 (2) ⓤ 만화화(化) ; 우스운 〈익살맞은〉 얼굴. (3) ⓒ 서투른 모방. —*vt.* …을 만화식〈풍자적〉으로 그리다〈묘사하다〉, 희화화하다.
car·i·ca·tur·ist [-rist] *n.* ⓒ 풍자 (만)화가.
car·ies [kɛ́əriːz] *n.* ⓤ 《L.》 【醫】 카리에스, 골양(骨瘍) ; (특히) 충치 : dental ~ 충치.
car·il·on [kǽrəlàn, -lən / kəríljən] *n.* ⓒ (1) (한 벌의) 편종(編鐘), 차임. (2) 명종곡(鳴鐘曲).
car·ing [kɛ́əriŋ] *n.* (1) ⓤ 동정(함), 다정함. (2) 돌봄. —*a.* 〔限定的〕 돌보아주는.
car·i·ous [kɛ́əriəs] *a.* 【醫】 (1) 카리에스에 걸린, 골양(骨瘍)의. (2) 충치의
car·jack·ing [ká:rdʒæ̀kiŋ] *n.* ⓤ 자동차 강탈.
Carl [kɑ:rl] *n.* 칼《남자 이름》.
car·load [kɑ:rlòud] *n.* ⓒ (1) 화차 한 대 분(의 화물) 《*of*》. (2) 자동차 한 대 분.
Car·lyle [kɑ:rláil] *n.* **Thomas** ~ 칼라일《영국의 평론가·사상가·역사가 ; 1795-1881》.
car·mak·er [ká:rmèikər] *n.* ⓒ 자동차 제조업자〈회사〉 (automaker).
car·min·a·tive [kɑ:rmínətiv, ká:rmənèi-] *a.* 【藥】 위장내의 가스를 배출시키는. —*n.* ⓒ 구풍 제(驅風劑).
car·mine [ká:rmin, -main] *n.* ⓤ (1) 카민, 양홍(洋紅)《채료》. (2) 양홍색. —*a.* 양홍색의.
car·nage [ká:rnidʒ] *n.* ⓤ 살육, 대량 학살 : a scene of ~ 수라장.

:car·nal [ká:rnl] *a.* 〔限定的〕 (1) 육체의(fleshly). (2) 육감적인, 육욕적인 (3) 현세〈세속〉적인(worldly). 파) ~·**ly** *ad.*
car·nal·i·ty [ka:rnǽləti] *n.* ⓤ 육욕(행위) ; 음탕 ; 세속성(worldliness).
:car·na·tion [ka:rnéiʃən] *n.* (1) 【植】 카네이션. (2) ⓤ 연분홍, 핑크색, 살색(pink).
·Car·ne·gie [ká:rnəgi, ka:rnéigi] *n.* **Andrew** ~ 카네기《미국의 강철왕 ; 1835-1919》.
car·nel·ian [ka:rní:ljən] *n.* ⓒ 【鑛】 카넬리안, 홍옥수(紅玉髓)《보석》.
:car·ni·val [ká:rnəvəl] *n.* (1) ⓤ 카니발, 사육제(謝肉祭)《일부 가톨릭교국에서 사순절(Lent) 직전 3일 내지 1주일간에 걸친 축제》. (2) ⓒ 법석떨기, 광란 (3) ⓒ (여흥·회전 목마 등이 있는) (순회) 오락장 ; 순회 흥행물. (4) ⓒ 행사, 축제, 제전, …대회 ; 경기, 시합
car·ni·vore [ká:rnəvɔ̀:r] *n.* ⓒ (1) 육식 동물. 【cf.】 herbivore. (2) 식충(食蟲) 식물.
car·niv·o·rous [ka:rnívərəs] *a.* (1) a] (동물이) 육식(성)의 b] (식물이) 식충성의. (2) a] 육식 동물의. b] 식충 식물의.
car·ny [ká:rni] (*pl.* **-nies,** ~**s**) *n.* ⓒ《美俗》 (1) = CARNIVAL. (3) (2) 순회 오락장에서 일하는 사람, 순회 배우.
car·ob [kǽrəb] *n.* ⓒ 【植】 쥐엄나무 비슷한 교목《지중해 연안산》.
:car·ol [kǽrəl] *n.* ⓒ (1) (종교적) 축가 ; 찬가. (2) 크리스마스 캐럴. —(**-l-**, 《英》 **-ll-**) *vt.* (1) (노래)를 즐겁게 부르다. (2) (사람 등)을 노래를 불러 찬양하다. —*vi.* (1) 축가를 부르다 ; (특히 크리스마스 이브에) 크리스마스 캐롤을 부르며 다니다. (2) (사람이) 즐겁게 노래부르다.
파) ~·**er,** 《英》 ~·**ler** *n.* ~ 을 부르는 사람.
Cároline Íslands (the ~) 캐롤라인 제도.
Car·o·lin·i·an [kæ̀rəlíniən] *a.* 미국의 남〈북〉 Carolina 주의. —*n.* 남〈북〉 Carolina 주의 주민.
car·o·tene, car·o·tin [kǽrətì:n] *n.* ⓤ 【化】 카로틴《일종의 탄수화물》.
ca·rot·id [kərátid / -rɔ́t-] *n.* ⓒ 경동맥(頸動脈). —*a.* 경동맥의 : the ~ arteries 경동맥.
ca·rous·al [kəráuzəl] *n.* ⓤ, ⓒ 큰 술잔치.
car·ou·sel [kèrusél, -zél] *n.* ⓒ (1) 회전 목마. (2) (공항에서 승객의 짐을 나르는) 회전식 컨베이어.
·carp[1] [ka:rp] (*pl.* ~**s**, 〔集合的〕 ~) *n.* ⓒ 잉어 (과의 물고기).
carp[2] *vi.* 시끄럽게 잔소리하다 ; 흠을 잡다《*at.*》.
car·pal [ká:rpəl] *a.* 【解】 손목(관절)의, 완골(腕骨)의. —*n.* ⓒ 완골.
cár pàrk 《英》 주차장(《美》 parking lot).
:car·pen·ter [ká:rpəntər] *n.* ⓒ (1) 목수, 목공 (2) 【劇】 무대 장치원(員). —*vi.* 목공 일을 하다. —*vt.* …을 나무를 다루어 만들다.
car·pen·try [ká:rpəntri] *n.* ⓤ (1) 목수직 ; 목공일. (2) 목공품〈세공〉.
:car·pet [ká:rpit] *n.* ⓒ (1) 융단, 양탄자 ; 깔개. 【cf.】 rug. (2) 융단을 깐 듯한 것《꽃밭·풀밭 따위》 ***be on the*** ~ (문제 따위가) 심의〈연구〉 중이다 ; 《口》 (하인 등이) 야단맞고 있다(【cf.】 be on the MAT). ***pull the*** ~ 〈***rug***(***s***)〉 (***out***) ***from under*** …에 대한 원조〈지지〉를 갑자기 중지하다. ***sweep*** 〈***brush, push***〉 ***under*** 〈***underneath, beneath***〉 ***the*** ~ 《口》 (수치스런〈난처한〉 일을) 숨기다.
—*vt.* (1) 《~+目/+目+前+名》 …에 융단을 깔다. (2) (꽃 따위로) …을 온통 덮다 : The stone is ~*ed with* moss. 그 돌은 이끼로 덮여 있다. (3) 《口》 (하인 등을 불러서) 야단치다 : He was ~*ed* by his boss for failing to turn up to work last week. 그는 지난 주에 일하러 나오지 못해서 상사 에게 야단을 맞았다.
car·pet·bag [-bæ̀g] *n.* ⓒ 융단제 손가방《구식 여행 가방》.
car·pet·bag·ger [-bæ̀gər] *n.* ⓒ《蔑》 (1) 【美史】 뜨내기 북부인《남북 전쟁 후 이익을 노려 북부에서 남부로 간》. (2) a] (선거구에 연고가 없는) 뜨내기 정치인. b] 뜨내기.
cárpet bòmbing 융단 폭격.
car·pet·ing [ká:rpitiŋ] *n.* ⓤ (1) 깔개용 직물, 양탄자 감. (2) 〔集合的〕 깔개.
cárpet slìpper (흔히 *pl.*) 가정용 슬리퍼.
cárpet swèeper 양탄자 (전기) 청소기.
cár phòne 자동차 전화, 이동 전화, 카폰.
carp·ing [ká:rpiŋ] *a.* 흠잡는, 시끄럽게 구는, 잔소리하는 : a ~ tongue 독설. 파) ~·**ly** *ad.*
cár pòol 《美》 카풀, 자가용차의 합승 이용.
car·pool [ká:rpù:l] *vi.* 자가용차를 합승(이용)하다 : ~ to work 자동차를 합승하여 통근하다.
car·pus [ká:rpəs] (*pl.* **-pi** [-pai]) *n.* ⓒ (1) 손목(wrist). (2) 손목뼈.
car·rel (**l**) [kǽrəl] *n.* ⓒ (도서관의) 개인 열람석〈실〉.
:car·riage [kǽridʒ] *n.* (1) ⓒ a] 차, 탈 것 ; 《특히》 (자가용) 4륜 마차. b] 《英》 (철도의) 객차, (객차의) 차량 c] 《美》 유모차(= **báby** ~). (2) ⓒ a] (기계의) 운반대, 대가(臺架). b] (대포의) 포가(砲架) (gun ~). c] (타자기의) 캐리지《타자 용지를 이동시키는 부분》. (3) ⓤ 운반, 수송. (4) ⓤ 운임, 송료 (5) ⓤ (또는 a ~) 몸가짐, 자세 ; 태도(bearing)
cárriage fórward 《英》 운임〈송료〉 수취인 지급으로(《美》 collect).
car·riage·way [kǽridʒwèi] *n.* ⓒ《英》 (1) 차도. (2) 차선(車線).
:car·ri·er [kǽriər] *n.* ⓒ (1) a] 나르는 사람, 운반선. b] 《美》 우편 집배원(《美》 postman) ; 신문배달(원). c] 운수업자, 운수 회사《철도·기선·항공 회사 등을 포함》 (2) a] 운반차, 운반 설비〈기계〉 b] (자전거의) 짐
받이. (3) 【醫】 보균자〈물〉 (disease ~) ; 전염병 매개체(germ ~)《모기·파리 따위》. (4) 항공 모함.
cárrier pìgeon 전서구(傳書鳩).
cárrier wàve 【電】 반송파(搬送波).
car·ri·ole [kǽriòul] *n.* ⓒ (1) 말 한 필이 끄는 소형 마차. (2) 유개(有蓋) 짐수레.
car·ri·on [kǽriən] *n.* ⓤ 사육(死肉), 썩은 고기. —*a.* 〔限定的〕 (1) 썩은 고기의〈같은〉. (2) 썩은 고기를 먹는.
cárrion cròw 【鳥】 (유럽산) 까마귀.
·car·rot [kǽrət] *n.* (1) ⓒ,ⓤ 당근. (2) ⓒ 《比》 설득 의 수단, 미끼 ; 포상. (3) (*pl.*) 〔單數취급〕《俗》 붉은 머리털(의 사람). (***the***) ~ ***and*** (***the***) ***stick*** 상(賞)과 벌, 당근과 채찍《회유와 위협의 비유》
car·rot-and-stick [kǽrətəndstík] *a.* 〔限定的〕 당근과 채찍의
car·roty [kǽrəti] (car·rot·i·er ; -i·est) *a.* (1) 당근 같은, 당근색의. (2) 《俗》 (머리털이) 붉은.
:car·ry [kǽri] (*p., pp.* ***car·ried ; car·ry·***

ing) *vt.* (1) 《~+目/+目+前+名/+目+副》 …을 운반하다, 나르다(transport), 실어 보내다, (동기(動機)·여비(旅費)·시간 등이 사람)을 가게 하다 ; 휴대하다, (소리·소문 따위)를 전하다, (병 따위)를 옮기다 (2) 《+目+前+名/+目+副》《比》 …을 (…까지)이끌다 ; (…까지) 이르게 하다 (conduct), 추진하다, (안전하게) 보내다 : (3) 《+目+前+名/+目+副》 (도로 등)을 연장하다 ; (건물)을 확장〈증축〉하다 ; (전쟁)을 확대하다 ; (일·논의 등)을 진행시키다 (4) …을 (손에) 가지고 있다, 들다, 안다, 메다 : She is ~*ing* a child in her arms. 그녀는 아기를 안고 있다 / He is ~ *ing* a suitcase on his shoulder. 여행 가방을 어깨에 메고 있다.

C

(5) 《~+目/+目+前+名》 …을 휴대하다, 몸에지니다 ; (장비 등)을 갖추다 ; (아이)를 배다 (6) 《+目+副/+目+前+名》 (몸의 일부)를 …한 자세로 유지하다 ; 〔再歸用法으로〕 …한 몸가짐을 하다, 행동하다 (7) 《~+目/+目+前+名》 …을 따르다 ; (의무·권한·벌 등)을 수반하다, (의의·무게)를 지니 다, 내포하다 ; (이자)가 붙다 (8) …을 실어가다, 빼앗다 ; 손에 넣다, 쟁취하다 (win), (선거에) 이기다 ; 【軍】 (요새 등)을 함락시키다 ; (관중)을 감동시키다 (9) …의 위치를 옮기다, 《比》 …을 나르다, 옮기다 : (10) (주장·의견 따위)를 관철하다 ; 납득시키다 ; (의안·동의 따위)를 통과시키다 ; (후보자)를 당선시키다

(11) 《~+目/+目+前+名》 (무거운 물건)을 받치고 있다. 버티다(support), (…파운드의 압력)에 견디다 (12) 《美》 (정기적으로 기사)를 게재하다, 내다, 싣다, (정기적으로) 방송하다 ; (명부·기록 등에) 올리다 (13) 《+目+前+名》 …을 기억해 두다 : (14) 《美》 (물품)을 가게에 놓다, 팔다, 재고품을 두 다 (15) (가축 따위)를 기르다(support) ; (토지가 작 물)의 재배에 적합하다 (16) (술)을 마셔도 취하지 않다 (17) …의 책임을 떠맡다 ; …을 재정적으로 떠받치다 〈원조하다〉 (18) (수)를 한 자리 올리다 ; 【簿記】 (다음 면으로) 전기(轉記)하다, 이월하다 ; …에 신용 대부하다, 외상 판매를 하다.

(19) (나이 등)을 숨기다 —*vi.* (1) 들어 나르다 ; 운송업(業)을 경영하다.

(2) 〔흔히 進行形〕 임신하고 있다. (3) (소리·탄알 따위가) 미치다, 달하다 ; 【골프】 (공이 힘차게〈정확하게〉) 날다 : His voice *carries* well. 그의 목소리는 잘 들린다. (4) (신·말굽 등에 흙이) 묻다 (stick). 5) (말 따위가) 고개를 쳐들다. (6) (법안등이) 통과되다 : The law *carried* by a small majority. 그 법률은 근소한 표차로 통과했다. (7) 【拳】 약한 상대와 팔을 늘어뜨리고 싸우다. (8) (사냥개가) 냄새를 좇다 ; (땅이) 냄새 흔적을 간직하다. (9) (선수가) 팀 승리의 원동력이 되다. ~ ***all*** 〈***everything, the world***〉 ***before*** one 무엇 하나 성공 않는 것이 없다 ; 파죽지세로 나아가다. ~ ***away*** 〔受動으로의 경우가 많음〕 1) …에 넋을 잃게 하다, 도취시키다 : He *was carried away by* his enthusiasm. 그는 열중한 나머지 스스로를 잊었다. 2) …에 빠지게 하다 : He *was carried away* into idleness. 그는 게으름에 빠졌다. 3) 가지고 가버리다, 휩쓸어가다 : The bridge *was carried away by* the flood. 다리가 홍수로 떠내려갔다. 4) …의 목숨을 뺏다 : He was carried away by a disease. 그는 병으로 죽었다. ~ ***back*** 1) 되가져가〈오〉다. 2) (아무에게) 옛날을 회상〈상기〉시키 다《to》 : The picture *carried* me *back to* my childhood (days). 그 사진은 나의 어린 시절을 상기시켰다. ~ ***forward*** 1) (사업 등을) 진척시키다, 앞으로 나아가게 하다. 2) (금액·숫자를) 차 기〈다음 해〉로 이월하다 ; 다음 페이지로 넘기다. ~ ***it off*** (***well***) 태연히 버티어 나가다, 시치미를 떼다. ~ ***off*** 1) 빼앗아〈채어〉 가다 ; (아무를) 유 괴하다 ; (병 따위가 사람의) 목숨을 빼앗다. 2) (상품 따위를) 타다, 획득하다(win) : Tom *carried off* all the school prizes. 톰은 학교의 상을 독차지했다. 3) 해치우다, 이룩하다, 밀고 나가다 : ~ things *off* with a high hand 만사 고자세로 굴다. 4) 남에게 받아들이게 하다 : Her wit *carried off* her unconventionality. 그 여자는 재치로써 상례를 벗어난 일을 밀고 나갔다. ~ ***on*** 1) 계속하다, 속행하다 : They decided to ~ *on*. 그들은 계속하기로 결정했다. 2) (장사 따위를) 경영〈영위〉하다, (회의 등을) 열다. 3) 성행하다 ; 꾸준히 해나가다. 4) (낱말 따위를) 다음 행(行)에 잇다. 5) 《口》 어리석은〈분별 없는, 난잡한〉 짓을 하다. 6) 《口》 화내다, 이성을 잃다. 7) 《口》 떠들다《*about*》 : He was shouting and ~*ing on*. 그는 소리지르며 떠들어대고 있었다. 8) 【海】 (날씨에 비해서) 지나치게 돛을 펴고 나아가다. 9) (일·곤경등을) 끈기있게 견디다. ~ ***out*** 1) 성취하다, 실행하다, (의무 따위를) 다하다 : These orders must be *carried out* at once. 이 명령은 곧 실행되어야 한다. 2) 들어내다, 실어내다 : They are ~*ing* their things *out*. 그들은 소지품을 실어내고 있다. ~ ***over*** 1) 넘기다, 넘겨주다. 2) 이월하다(~ forward) ; 뒤로 미루다. 3) 미치(게 하)다 《*into*》. ~ ***the day*** 승리를 거두다. ~ ***through*** 1) (일·계획을) 완성하다, 성취하다 : The money is not enough to ~ *through* the undertaking. 그 사업을 완성시키기에는 돈이 모자란다. 2) (아무에게) 난관을 극복하게 하다, 지탱해 내다, 버티어 내다 : His strong constitution *carried* him *through* his illness. 그는 체질이 튼튼해서 병을 이겨냈다.

—(*pl.* ***-ries***) *n.* (1) ⓤ (또는 a ~) (총포의) 사정(射程) ; 골프 공 따위가) 날아간 거리(flight). (2) ⓤ (또는 a ~) (두 수로를 잇는) 육로 운반, 그육로. (3) ⓤ 【컴】 올림.

car·ry·all¹ [kǽriɔ̀:l] *n.* ⓒ (1) 한 필이 끄는 마차. (2) 《美》 (양쪽에 마주 향한 좌석이 있는) 버스.

car·ry·all² *n.* ⓒ 《美》 대형의 가방〈백〉(《美》 holdall).

cár·ry·ing capàcity [kǽriiŋ-] (1) a] 수송력, 적재량. b] (케이블의) 송전력(送電力). (2) 【生態】 (목초지 등의) 동물 부양 능력, 목양력(牧養力).

cárrying chàrge 《美》 월부 판매 할증금.

car·ry·ings-on [kǽriiŋzɑ́n / -ɔ́n] *n. pl.* 《口》 (1) 떠들썩한〈어리석은〉 짓거리, (눈에 거슬리는) 행실. (2) (남녀의) 농탕치기, 새롱거리기.

cárrying tràde 운수업, 해운업.

car·ry-on [-ɑ̀n / ɔ́n] *n.* (1) ⓒ (비행기내로) 휴대할 수 있는 소지품.

car·ry-o·ver [-òuvər] *n.* ⓒ (흔히 sing.) (1) 【簿記】 이월(移越) (액). (2) 【商】 이월품, 잔품(殘品).

car·sick [kɑ́:rsìk] *a.* 탈것에 멀미난

:cart [kɑ́:rt] *n.* ⓒ (1) 짐마차, 달구지 : a water ~ 살수차. (2) 2륜 경마차. (3) 손수레. ***in the*** ~ 《英口》 곤경에 빠지어, 혼이 나. ***put*** 〈***set, get, have***〉 ***the*** ~ ***before the horse*** 《口》 본말(本末)을 전도하다.

—*vt.* (1) a] …을 수레로 나르다《*out of*》 : ~ (*away*) rubbish *out of* the backyard 뒤뜰에서 쓰레기를 짐수레로 날라가다. b] (사람)을 (탈 것에 태워) 나르다. c] (성가신 짐 따위)를 (고생스럽게) 나르다.

(2) (사람)을 (강제로) 끌고가다, 데려가다.
cart·age [kɑ́ːrtidʒ] *n.* ⓤ 짐수레〈트럭〉 운송(료) ; 짐마차 삯.
carte blanche [kɑ́ːrtblɑ́ːnʃ] (*pl.* ***cartes blanches*** [kɑ́ːrtsblɑ́ːnʃ]) *n.* 《F.》 (서명이 있는) 백지 위임(장).
car·tel [kɑːrtél] *n.* ⓒ (1) 【經】 카르텔, 기업 연합. (2) 【政】 당파 연합.
car·tel·ize [-aiz] *vt.*, *vi.* 카르텔로 하다〈되다〉, 카르텔화(化)하다.
cart·er [kɑ́ːrtər] *n.* ⓒ 짐마차꾼, 마부 ; 운송인.
Car·thage [kɑ́ːθídʒ] *n.* 카르타고《아프리카 북부에 있던 고대 도시 국가》. 파) **Car·tha·gin·i·an** [kɑ̀ːrθədʒíniən] *a.*, *n.* ⓤ 카르타고의 (사람).
cárt hòrse 짐마차 말.
Car·thu·sian [kaːrtθúːʒən] *n.* (1) (the ~s) 카르투지오 수도회《1086년 St. Bruno 가 프랑스의 Chartreuse 에 개설》. (2) ⓒ 카르투지오 수도회의 수사〈수녀〉. —*a.* 카르투지오 수도회의.
car·ti·lage [kɑ́ːrtilidʒ] *n.* 【解】 (1) ⓒ 연골. (2) ⓤ 연골 조직.
car·ti·lag·i·nous [kaːrtilǽdʒənəs] *a.* (1) 【解】 연골성〈질〉의. (2) 【動】 (물고기가) 골격이 연골로 된.
cart·load [kɑ́ːrtlòud] *n.* ⓒ (1) 한 바리(의 짐). (2) 《口》 대량《of》.
car·tog·ra·pher [kaːrtágrəfər / -tɔ́g-] *n.* ⓒ 지도 제작자, (지도의) 제도사.
car·to·graph·ic, -i·cal [kɑ̀ːrtəgrǽfik], [-əl] *a.* 지도 제작법〈제작 관계〉의.
car·tog·ra·phy [kaːrtágrəfi / -tɔ́g-] *n.* ⓤ 지도 제작(법), 제도(법).
car·ton [kɑ́ːrtən] *n.* ⓒ (판지로 만든) 상자 ; (우유 등을 넣는) 납지〈플라스틱〉 용기, 카턴.
·car·toon [kaːrtúːn] *n.* ⓒ (1) (한 컷짜리) 시사만화 ; (신문 등의) 연재 만화 ; 만화 영화. (2) (벽화 등의) 실물 크기 밑그림. — *vt.* 만화를 그리다 ; 밑그림을 그리다.
car·toon·ist [-ist] *n.* ⓒ 만화가.
·car·tridge [kɑ́ːrtridʒ] *n.* ⓒ (1) 탄약통, 약포(藥包) ; 약협(藥莢) (2) 카트리지. a] 만년필의 잉크나 녹음기의 테이프 등의 교환·조작을 쉽게 하기 위한, 끼우는 식의 용기. b] 【寫】 (카메라에 넣는) 필름통. c] (전축의) 카트리지 《바늘을 꽂는 부분》.
cártridge bèlt 소총·기관총용의) 탄띠.
cártridge pàper 약포지(藥包紙) ; 하도롱지.
cárt road 〈tràck, wày〉 (울퉁불퉁한) 짐수렛길.
·cart·wheel [kɑ́ːrthwìːl] *n.* ⓒ (1) (짐마차의) 바퀴. (2) 《美俗》 1 달러짜리 은화, 대형 주화. (3) (곡예사의) 옆재주 넘기. —*vi.* (1) (손을 짚고) 옆으로 재주넘다. (2) (수레) 바퀴처럼 움직이다.
cart·wright [kɑ́ːrtràit] *n.* ⓒ 수레 제작인.
:carve [kaːrv] *vt.* (1) 《+目+前+名》 …을 새기다, 파다, …에 조각하다(inscribe) (2) 《+目+前+名》 …을 새겨 넣다〈만들다〉 : (3) 《~+目/+目+副》 (진로·운명 등)을 트다, 타개하다《*out*》 (4) (식탁에서 고기 등)을 베다, 저미다 —*vi.* (1) 고기를 베어 나누다. (2) 조각을 하다 : This marble ~*s* well. 이 대리석은 조각하기가 쉽다. ~ ***up*** 1) (고기 따위를) 가르다, 저미다. 2) 《蔑》 (토지·유산 따위를) 분할하다 : When the old man died the estate was ~*d up* and sold. 그 노인이 죽자 재산은 분할되어 매각되었다. 3) 《英俗》 (나이프로) 마구 찌르다. 4) 《英俗》 (다른 차를) 빠른 속도로 추월하다.
·carv·er [kɑ́ːrvər] *n.* (1) ⓒ 조각사. (2) ⓒ 고기를 써는 사람. (3) a] ⓒ 고기 베는 나이프. b] (*pl.*) 고기 써는 나이프와 포크.
car·ve·ry [kɑ́ːrvəri] *n.* ⓒ 고기(요리)를 제공하는 레스토랑.
carve-up [⊿ʌ̀p] *n.* (a ~) 《英俗·蔑》 (훔친 물건 등의) 분배.
·carv·ing [kɑ́ːrviŋ] *n.* (1) ⓤ 조각(술). (2) ⓒ 조각물. (3) ⓤ 고기 베기〈썰기〉.
cárving fòrk 고기를 써는 데 쓰는 큰 포크.
cárving knìfe 고기 베는〈써는〉 큰 칼.
cár wàsh 세차(장), 세차기(機).
cas·sa·ba [kəsɑ́ːbə] *n.* ⓒ,ⓤ 【植】 카사바《머스크멜론의 일종》.
Cas·a·blan·ca [kæ̀səblǽŋkə, kɑ̀ːsəblɑ́ːŋkə] *n.* 카사블랑카《모로코 서북부의 항구》.
Cas·a·no·va [kæ̀zənóuvə, -sə-] *n.* (1) **Giovanni Giacomo** ~ 카사노바《1725-98 : 엽색꾼으로서 알려진 이탈리아의 소설가》. (2) ⓒ (*or* c-) 엽색(獵色)꾼, 색마(lady-killer).
·cas·cade [kæskéid] *n.* ⓒ (1) (작은) 폭포 (【cf.】 cataract) ; (계단 모양의) 분기(分岐) 폭포, 단폭(段瀑) ; (정원의) 인공 폭포. (2) 폭포 모양의 레이스 장식. (3) 【園藝】 현애(懸崖) 가꾸기. (4) 【電】 종속(從續). (5) 【컴】 층계형. —*vi.* 폭포가 되어 떨어지다, 폭포처럼 떨어지다. —*vt.* …을 폭포처럼 떨어뜨리다.
:case[1] [keɪs] *n.* (1) ⓒ 경우(occasion), 사례(事例) (2) ⓤ, ⓒ 사정, 입장, 상태, 상황 (3) (the ~) 실정, 진상, 사실(fact) (4) ⓒ 사건(occurrence), 문제(questi-on) (5) ⓒ 귀찮은 문제를 안고 있는 사람 (6) ⓒ 병증(disease) ; 환자 (7) 【法】 판례 ; 소송(사건) (suit) ; (소송의) 신청 (8) ⓒ (사실·이유의) 진술, 주장 ; 정당한 논거 (9) ⓤ, ⓒ 【文法】 격(格). (10) ⓒ 《口》 …한 사람〈녀석〉 ; 괴짜, 다루기 힘든 놈 : He is a ~. 놈은 괴짜다. ***as is often the*** ~ (…에) 흔히 있는 일이지 마는《*with*》. ***as the*** ~ ***may be*** (그때의) 사정〈경우〉에 따라서 ~ ***by*** ~ 하나하나, 한 건(件)씩 ***in any*** ~ 어떠한 경우에도, 어쨌든, 어떻든(anyhow) ***in*** ~ ***of*** …의 경우에는 (*in* the event of). ***in nine ~s out of ten*** 십중 팔구. ***in no*** ~ 결코 …이 아니다 : You should *in no* ~ forget it. 결코 그것을 잊어서는 안 된다. ***in that 〈such a〉*** ~ 그러한 경우에는. ***just in*** ~ 만 일에 대비하여, …하면 안 되므로 : Wear a raincoat, *just in* ~. 만일에 대비하여 우비를 입어라. ***meet the*** ~ 적합하다. ***put 〈set〉 the*** ~ 설명하다《*to a person*》 ; (…라고) 가정(假定) 〈제안〉하다《*that*》.
:case[2] *n.* ⓒ (1) 상자(box), 갑, 짐상자(packing ~) ; 한 상자의 양《*of*》 (2) 용기(容器), 그릇, 케이스, …주머니(bag) ; (칼) 집(sheath), 통 ; 서류함, 가방(briefcase) ; (기계의) 덮개, 뚜껑 ; (시계의) 딱지(watch ~) ; (진열물의) 유리 상자〈장〉. (3) (창·문)틀 (window ~). (4) 【印】 활자 케이스 —(*p.*, *pp.* ***cased ; cas·ing***) *vt.* (1) …을 상자 〈집·주머니 따위〉 속에 넣다. (2) (…으로 벽 따위) 를 싸다 (cover), 에워싸다, 덮다《*with*》. (3) 《俗》 (범행 장소 등)을 미리 조사해 두다. ~ ***the joint*** (도둑이) 목표(건물 따위)를 미리 조사하다.
case·book [kéisbùk] *n.* ⓒ 케이스북《법·의학 등의 구체적 사례집》, 판례집.
case·bound [⊿bàund] *a.* 표지를 판지로 제본한.

하드커버(hard cover)의.
cáse ènding [文法] 격(변화)어미《소유격의 's 따위》.
case·hard·en [kéishὰ:rdn] vt. (1) [冶] (쇠)를 담금질하다, 열처리하다, 표면을 경화시키다. (2) (아무)를 철면피〈무신경〉하게 만들다.
cáse hístory 〈**recórd**〉 (1) 개인 경력〈기록〉, 신상 조사(서). (2) 병력(病歷).
ca·sein [kéisi:n, -siən] n. ⓤ [生化] 카세인, 건락소(乾酪素)《우유 속의 단백질 ; 치즈의 원료》.
cáse làw [法] 판례법. [cf.] statute law.
C
case·load [kéislòud] n. ⓒ (법정·병원 등의 일 정 기간 중의) 취급〈담당〉 건수.
·**case·ment** [kéismənt] n. ⓒ (1) 두 짝 여닫이창(문) (=~ **wíndow**) ; 여닫이창문 틀. (2) 《詩》 창. (3) 테 ; 덮개 ; 싸개.
ca·se·ous [kéisiəs] a. [生化] 치즈질(質)의〈같은〉, 건락성의.
cáse shòt (대포의) 산탄(散彈). [cf.] shrapnel.
cáse stúdy (1) [社] 사례(事例) 연구. (2) = CASE HISTORY (2).
·**case·work** [kéisʌ̀wə̀:rk] n. ⓤ 케이스워크《사회 복지 대상자의 생활 실태 조사 및 그 지도》.
case·work·er [-wə̀:rkər] n. ⓒ 케이스워커, casework에 종사하는 사람.
:**cash**[1] [kæʃ] n. ⓤ (1) 현금 ; 현찰 ; 《口》 돈 ; [證] 현물. (2) 즉시불《현금·수표에 의한》, 맞돈 ~ ***down*** 맞돈으로, 즉시불(로) : pay ~ *down* 맞돈으로 지급하다. ~ ***on delivery*** 《英》 화 물 상환불(拂), 대금 상환 인도 (《美》 collect (on delivery)) 《略 : C.O.D., c.o.d.》. —a. 〔限定的〕 현금〈맞돈〉의 :— vt. …을 현금으로〈현찰로〉 하다 ; (수표·어음 따위)를 현금으로 바꾸다 : ~ a check / get a check ~*ed* 수표를 현금으로 바꾸다. ~ ***in*** 1) 현금을 예금하다. 2) (수표 따위를) 현금으로 바꾸다. 3) 《口》 (돈을) 벌다. ~ ***in on*** 《口》 1) …에서 이익을 얻다 : 2) …을 이용하다 3) …에 돈을 걸다〈내다〉. ~ ***in*** one's ***checks*** 〈***chips***〉 《美口》 1) (포커에서) 칩을 현금으로 바꾸다. 2) 죽다. ~ ***up*** 1) (상점에서, 그날의 매상을) 계산하다. 2) 《口》 (필요한 비용을) 치르다〈내다〉.
cash[2] n. ⓒ 〔單·複數동형〕 (중국·인도 등의) 구멍 뚫린 동전.
cash·able [kǽʃəbl] a. (어음 등을) 현금으로 바꿀 수 있는.
cash-and-carry [kǽʃənkǽri] n. ⓤ, ⓒ 현금 판매 방식〈상점〉. —a. 〔限定的〕 배달 없이 현금 판매 방식의 : a ~ market 현금 거래 시장.
cash·book [kǽʃbùk] n. ⓒ 현금 출납장.
cash·box [ˊbὰks / ˊbɔ̀ks] n. ⓒ 돈궤 ; 금고.
cásh càrd 캐시〈현금 인출〉 카드.
cásh còw 《俗》 (기업의) 재원(財源), 달러 박스, 돈벌이가 되는 부문〈상품〉.
cásh cròp 환금〈시판용〉 작물 (= 《美》 **móney cròp**).
cásh dèsk 《英》 카운터, 계산대.
cásh díscount 현금 할인.
cash·ew [kǽʃu:, kəʃú:] n. ⓒ (1) 캐슈《열대 아메리카산 옻나뭇과 식물 ; 점성 고무를 채취하고 열 매는 식용》. (2) = CASHEW NUT.
cáshew nùt 캐슈의 열매《식용》.
cásh flòw (또는 a ~) [會計] 현금 유추입, 현금 자금.
·**cash·ier**[1] [kæʃíər, kə-] n. ⓒ (1) 출납원 ; 회계원. (2) 《美》 (은행의 현금 운용을 관장하는) 지배 인.
cash·ier[2] [kæʃíər] vt. (사관·관리)를 면직하다 ; 추방〈해고〉하다.
cash·less [kǽʃlis] a. 현금 불요(不要)의.
cash·mere [kǽʃmiər, kǽʒ-] n. (1) ⓤ a] 캐시미어《캐시미어 염소의 부드러운 털》 ; 그 옷감, 캐시 미어직(織). b] 모조 캐시미어《양모제(製)》. (2) ⓒ 캐시미어제의 숄.
cásh règister 금전 등록기.
cas·ing [kéisiŋ] n. (1) ⓤ 상자〈집〉 등에 넣기, 포장재. (2) ⓒ 싸개, 덮개 ; 케이스, (전깃줄의) 피 복. (3) ⓒ (창·문짝 등의) 틀 ; 액자틀 ; 테두리. (4) ⓒ a] (소시지의) 껍질. b] 《美》 타이어 외피.
ca·si·no [kəsí:nou] (*pl.* ~***s***, ***-ni*** [-ni:]) n. ⓒ 《It.》 카지노《연예·댄스 따위를 하는 도박장》.
·**cask** [kæsk, kɑ:sk] n. ⓒ (1) 통(barrel). (2) 한 통(의 양) 《of》 : a ~ *of* beer 맥주 한 통.
·**cas·ket** [kǽskit, kɑ́:s-] n. ⓒ (1) (귀중품·보석 등을 넣는) 작은 상자, 손궤. (2) 《美》 관(coffin).
Cás·pi·an Séa [kǽspiən-] (the ~) 카스피 해.
casque [kæsk] n. ⓒ [史] 투구(helmet).
cas·sa·va [kəsɑ́:və] n. (1) ⓒ [植] 카사바《열대산》. (2) ⓤ 카사바 녹말《tapioca의 원료》.
cas·se·role [kǽsəròul] n. 《F.》 (1) ⓒ 식탁에 올리는 뚜껑있는 찜냄비. (2) ⓒ,ⓤ 냄비요리, 카세롤. (3) [化] 카세롤《자루 달린 실험용 냄비》. —vt. …을 찜냄비로 요리하다, 카세롤을 만들다.
·**cas·sette** [kæsèt, kə-] n. ⓒ (1) (녹음·녹화용의) 카세트(테이프) ; 카세트 플레이어〈리코더〉. (2) (사진기의) 필름 통.
Cas·si·o·pe·ia [kæsiəpí:ə] n. [天] 카시오페이아 자리.
cas·sock [kǽsək] n. ⓒ (성직자의) 통상복.
cas·so·wary [kǽsəwέəri] n. ⓒ [鳥] 화식조(火食鳥) 《오스트레일리아·뉴기니산》.
:**cast** [kæst, kɑ:st] (*p., pp.* ***cast***) vt. (1) 《~+目/+目+前+名》 …을 던지다 (2) (그물)을 던지다, 치다 ; (낚싯줄)을 드리우다 ; (닻·측연)을 내리다 (3) 《+目+前+名/+目+目》 a] (빛·그림자)를 던지다, 투사하다 :b] (시선)을 돌리다, (마음·생각)을 쏟다, 향하다 (4) 《+目+前+名》 (…에게 비난·저주)를 퍼붓다 《*on* ; *over*》 (5) a] (불필요한 것)을 내던져버리다, 물리치다 b] (옷)을 벗다 ; (뱀이 허물)을 벗다(shed) ; (새가 깃털을, 사슴이 뿔)을 갈다 ; (말이편자)를 빠뜨리다 ; (나무가 잎·과실)을 떨어뜨리다. (6) 《~+目/+目+ 前+名》 …을 거푸집에다) 뜨다, 주조하다 (7) 《+目+前+名》 …의 배역을 정하다 ; (역)을 맡기다, 배역하다 (8) 《~+目/+目+副》 (숫자)를 계산하다 ; 가산하다 《*up*》 (9) (운수)를 판단하다, 점치다 ; (점괘)를 뽑다(draw) ; 예언하다 — vi. (1) a] 물건을 던지다. b] 투망을 치다 ; 낚싯줄을 드리우다. (2) 주조되다. ~ ***about***〈***around***〉 1) 두루 찾다《*for*》 2) 궁리하다 연구하다 : ~ *about* how to do 어떻게 하면 될까 하고 궁리하다. ~ ***aside*** 1) (친구 등)을 버리다 ; 물리치다. 2) (원한 따위)를 잊어버리다. ~ ***away*** 1) 버리다 ; 배척하다. 2) 〔흔히 受動 으로〕 (배가 난파하여, 사람을) 표류시키다 ***~ down*** 1) (시선을) 떨어뜨리다, (눈 을) 내리깔다. 2) 〔흔히 受動으로〕 낙담시키다 ~ ***loose*** (배를) 풀어놓다 ; 밧줄을 풀다. ~ ***off*** 1) 포기하다, 버리다. 2) (옷을) 벗어버리다. 3) [海] (밧줄 따위를) 풀어 놓다 ; (배 가) 출항하다. 4) (= ~ ***off stitches***) (편물의 코를) 풀리지 않도록 마무르다 (finish off). 5) (스퀘어 댄스에서) 다른 커플의 위치와

바꾸다. ~ ***on*** 1) 재빠르게 입다. 2) (= ~ ***on stitches***) 뜨개질의 첫 코를 잡다〈뜨다〉. ~ one***self on***〈***upon***〉 1) …에 몸을 맡기다, …에 의지하다. 2) (소파 따위 에) 몸을 내던지다. 3) 운수를 하늘에 걸고 해보다. ~ ***out*** 내던지다 ; 추방하다. ~ ***up*** 1) (파도가) …을 기슭으로 밀어 올리다. 2) 합계하다.
— *n.* (1) ⓒ a] (주사위·돌·그물 따위를) 던지기. b] 던진 거리, 사정(射程). c] (주사위의) 한 번 던지기, 모험(적시도) (2) ⓒ a] 던져진〈던져지는〉 것. b] (뱀·벌레 따위의) 허물. c] (지렁이의) 똥. (3) a] 주형(鑄型), 거푸집. b] 주조물. c] 깁스 (4) (*sing.*) a] (얼굴 생김새 성질 등의) 특색, 생김새 b] 색조(色調), …의 기미(氣味) : a yellowish ~ 누르스름한빛. (5) ⓒ 〔集合的〕 배역, (the ~) 출연 배우들《※ 집합체로 생각할 때에는 단수, 구성 요소를 생각할 때에는 複數 취급》: a good ~ 좋은 배역 / an all-star ~ 인기 배우 총출연. (6) (흔히 *sing.*) 사팔뜨기 : have a ~ in the right eye 오른쪽 눈이 사팔뜨기이다.

cas·ta·net [kæ̀stənét] *n.* ⓒ (흔히 a pair of ~*s*) 캐스터네츠《타악기》.

cast·a·way [kǽstəwèi, kɑ́ːst] *n.* ⓒ (1) 난파한 사람, 표류자. (2) 버림받은 사람 : 무뢰한. — *a.* (1) 난파한(wrecked). (2) (세상에서) 버림받은.

·**caste** [kæst, kɑːst-] *n.* (1) a] ⓒ 카스트, 4성(姓) 《인도의 세습적인 계급 : Brahman, Kshatriya, Vaisya, Sudra》. b] ⓤ 4성 제도. (2) ⓒ 〔排他的〕 특권 계급. (3) ⓤ 사회적 지위 : lose ~ 사회적 지위를 잃다, 위신〈면목〉을 잃다.

cas·tel·lat·ed [kǽstəlèitid] *a.* (1) (건물 교회 등이) 성곽풍의, 성 같은 구조의 (2) (지역이) 성이 많은.

·**cast·er** [kǽstər, kɑ́ːstər] *n.* ⓒ (1) a] 던지는 사람. b] 투표자. c] 계산자(者). (2) a] 주조자, 주물 공. b] 배역 담당자. (3) 피아노 의자 등의 다리 바 퀴, 캐스터. (4) a] 양념병. b] 양념병대(臺) (cruet stand). ※ (3)(4)는 castor로도 씀.

cas·ti·gate [kǽstəgèit] *vt.* (1) …을 매질하다, 견책하다, 벌하다(punish). (2) …을 혹평하다 파) **cás·ti·gà·for** [-ər] *n.* **cás·ti·ga·tò·ry** [-gətɔ̀ːri /-gèitə] *a.*

cas·ti·ga·tion [-géiʃən] *n.* ⓤⓒ (1) 가책, 징계. (2) 혹평.

Cas·tile [kæstíːl] *n.* (1) 카스티야《스페인 중부에 있던 옛 왕국》. (2) =CASTILE SOAP.

Castíle sóap 카스틸 비누《올리브유로 만드는 고급 비누》.

Cas·til·ian [kæstíljən] *a.* 카스티야의. — *n.* (1) ⓒ 카스티야(사람). (2) ⓤ 카스티야어(語) 《스페인의 표준어》.

cast·ing [kǽstiŋ, kɑ́ːst-] *n.* (1) a] ⓤ 주조. b] ⓒ 주물 : a bronze ~ 청동 주물. (2) ⓤ 낚싯줄 드리 우기. (3) ⓒ a] (뱀의) 허물, 탈피. b] (지렁이의) 똥. (4) ⓤ 【劇】 배역, 캐스팅.

cásting nèt 투망, 좽이(cast net).

cásting vóte 캐스팅 보트《찬부 동수인 경우에 의장이 던지는 결정 투표》: have〈hold〉 a ~ 캐스팅 보트를 쥐다.

cást íron 주철, 무쇠. 【cf.】 wrought iro*n*.

cast·iron [´áiərn] *a.* (1) 주철〈무쇠〉로 된. (2) (규칙 따위가) 엄격한. (3) 튼튼한, 불굴의.

⁝**cas·tle** [kǽsl, kɑ́ːsl] *n.* ⓒ (1) 성, 성곽 (館) (2)대저택,관(mansion). (3) 【체스】 성장(城將) (rook) 《장기의 차(車)에, 해당함》. (***build***) ***a*** ~ ***in the air*** 〈***in Spain***〉 공중 누각 (을 쌓다), 공상(에 잠기다). — *vt.*, *vi.* (1) (…에) 성을 쌓다, 성곽을 두르다. (2) (체스에서) 성장(城將)으로 (왕을) 지키다.

cas·tled [-d] *a.* (어떤 지역에) 성이 있는.

cast·off [kǽstɔ̀ːf, kɑ́ːs-/-ɔ̀f] *a.* 〔限定的〕 (1) (옷따위가 낡아서) 버려진 ; 벗어버린. (2) (사람이) 버림받은. — *n.* ⓒ (1) 버림받은 사람〈것〉. (2) (흔히 *pl.*) 헌 옷.

cas·tor² *n.* (1) ⓤ 비버〈해리(海狸)〉 향(香) 《약품·향수 원료용》. (2) ⓒ 비버털 모자.

cástor bèan 아주까리(열매).

cástor óil 아주까리 기름, 피마자유.

cás·tor-óil plànt [kǽstərɔ́il-, kɑ́ːst-] 【植】 아주까리.

cástor sùgar 《英》 가루 백설탕 《양념병(caster) 에 담아서 치는 데서》.

cas·trate [kǽstreit] *vt.* (1) (남성, 동물의 수컷) 을 거세하다(geld). (2) …을 알맹이 없는 빈껍데기로 만들다.

cas·tra·tion [kæstréiʃən] *n.* ⓤ (1) 거세. (2) (사물의) 빈껍데기.

⁝**cas·u·al** [kǽʒuəl] (***more*** ~ ; ***most*** ~) *a.* (1) 우연한(accidental), 뜻밖의 (2) 그때그때의, 일시적인, 임시의(occa- sional) (3) 무심결 의 (4) a] 무(관)심한 ; 변덕스러운 b] 〔敍述的〕 (…에) 무관심한, 대범한 《*about*》 (5) 격식을 차리지 않는, 가벼운, 허물없는 ; (옷 따위가) 약식의 평상시에 입는 : ~ wear 평상복.
— *n.* (1) ⓒ 임시〈자유〉 노동자, 부랑자. (2) (*pl.*) 《英》 임시 보호를 받고 있는 사람. (3) (흔히 *pl.*) a] 평상복, 캐주얼 웨어(= ~ **clóthes**). b] 캐주얼 슈즈(= ~ **shóes**). 파) ~**·ness** *n.*

·**cas·u·al·ly** [kǽʒuəli] ad. (1) 우연히 ; 불쑥, 어쩌다가, 문득 : 별생각없이, 무의식적으로. (2) 임시로, 가끔, 부정기적으로. (3) 평상복으로.

·**cas·u·al·ty** [kǽʒuəlti] *n.* (1) ⓒ (불의의) 사고(accident), 재난, 상해(傷害) : ~ insurance 상해 보험. (2) ⓒ 사상자, 희생자, 부상자. (3) (*pl.*) 사상자 수 ; (전시의) 손해.

cásualty wàrd 《英》 (병원의) 응급 의료실〈병 동〉(= casualty department).

cas·u·ist [kǽʒuist] *n.* ⓒ (1) 결의론자(決疑論 者), 도학자. (2) 궤변가(sophist).

cas·u·is·tic, -ti·cal [kæ̀ʒuístik], [-əl] *a.* 결의론(決疑論)적인 ; 궤변의. 파) **-ti·cal·ly** *ad.*

cas·u·ist·ry [kǽʒuistri] *n.* ⓤ (1) 【哲】 결의론(決疑論). (2) 궤변, 부회.

ca·sus bel·li [kéisəs-bélai, kɑ́ːsəs-béliː] 《L.》 개전(開戰)의 이유(가 되는 사건·사태).

⁝**cat** [kæt] *n* ⓒ (1) 고양이(2) 고양이 같은 사람 ; 심술궂은 여자. (3) 구승편(九繩鞭) (~ -o'-nine-tails) 《아홉 가닥의 채찍》. (4) 《俗》 사내, 놈(guy), 《특히》 재즈 연주자, 재즈광(狂) (hepcat).
bell the ~ ⇨ BELL¹ *vt.* ***fight like*** ~***s and dogs*** = ***fight like Kilkenny*** [kilkéni] ~***s*** 쌍방이 쓰러질 때까지 싸우다. ***grin like a Cheshire*** ~ 《口》 공연히 능글맞게 웃다. ***Has the*** ~ ***got your tongue***? 《口》 입이 없어, 왜 말이 없지《흔히 겁 먹고 말 안하는 아이에 대해서》. ***let the*** ~ 〈***the*** ~ ***is***〉 ***out of the bag*** 《口》 무심결에 비밀을 누 설하다〈이 새다〉. ***like a*** ~ ***on hot tin roof*** = ***like a*** ~ ***on hot bricks*** 《口》 안절부절 못하여. ***not a*** ~ ***in hell's chance*** = ***not a*** ~***'s chance*** 《口》 전혀 기회가〈가망이〉 없는. ***play*** ~ ***and mouse with*** 1) …을 가지고 놀다, 곯리다. 2) … 을 불시에 치다, 앞지르다. ***put*** 〈***set***〉 ***the*** ~ ***among the***

pigeons 〈***the canaries***〉《英口》 소동〈내분〉을 불러일으키다〈도록 시키다〉. ***rain*** 〈***come down***〉 ~***s and dogs*** (비가) 억수로 쏟아지다. ***see***〈***watch***〉 ***which way way the*** ~ ***will jump*** = ***see how the*** ~ ***jumps*** = ***wait for the*** ~ ***to jump*** 《口》 형세를 관망하다, 기회를 엿보다.
— (***-tt-***) *vt.* 【海】 (닻)을 닻걸이에 끌어올리다.
— *vi.* 《俗談》 여자를 찾아〈낚으러〉 어슬렁거리다 《*around*》.

cat(a)-, cath- *pref.* '하(下), 반(反), 오(誤), 전(全), 측(側)'의 뜻.

C

cat·a·bol·ic [kǽtəbɑ́lik / -bɔ́l-] *a.* 【生化】 이화 (異化) 작용의.

cat·a·clysm [kǽtəklìzəm] *n.* ⓒ (1) 대홍수 (deluge). (2) 【地質】 지각 변동. (3) (정치·사회적) 대변동, 격변. 파) **càt·a·clýs·mic** *a.*

cat·a·comb [kǽtəkòum] *n.* (1) (흔히 *pl.*) 지하 묘지. (2) (the ~ s, the C-s) (로마의) 카타콤《초기 기독교도의 박해 피난처》.

cat·a·falque [kǽtəfæ̀lk] *n.* (1) ⓒ 영구대(靈柩臺). (2) 무개(無蓋) 영구차(open hearse).

Cat·a·lan [kǽtələn, -læ̀n] *n.* (1) ⓒ 카탈로니아 지방의 주민. (2) ⓤ 카탈로니아 말《Andorra의 공용 어》.
— *a.* 카탈로니아(사람〈말〉)의.

cat·a·lep·tic [-tik] *a.*, *n.* ⓒ 강경증의 (환자).

:cat·a·log, -logue [kǽtəlɔ̀ːg, -lɑ̀g / -lɔ̀g] *n.* ⓒ (1) 목록, 카탈로그, 일람표 ; (도서의) 출판 목록 ; 도서관의 색인 목록〈카드〉(2) 열기(列記)한 것, 일람표《*of*》 (3) 《美》 (대학의) 요람, 편람(《英》 calendar). ※ 미국에서도 catalogue 로 철자하는수가 종종 있으나 《특히》 (2)의 뜻으로 씀.
—(*p.*, *pp.* ***-log***(***u***)***ed*** ; ***-log***(***u***)***·ing***) *vt.*, *vi.* (…의) 목록을 만들다 ; (…을) 분류하다 ; 목록에 싣다〈실리다〉
파) **cát·a·lòg**(**u**)**·er** [-ər] *n.* ⓒ 목록 편집자.

ca·tal·pa [kətǽlpə] *n.* ⓒ 【植】 개오동나무.

ca·tal·y·sis [kətǽləsis](*pl.* ***-ses*** [-sìːz]) *n.* (1) ⓤ 【化】 촉매 현상〈작용〉, 접촉 반응 : by ~ 촉매 작용에 의해. (2) ⓒ 유인(誘因).

cat·a·lyst [kǽtəlist] *n.* ⓒ (1) 【化】 촉매. (2) 기폭제 ; 《比》 촉매 작용을 하는 사람〈것, 사건〉.

cat·a·lyt·ic [kæ̀təlítik] *a.* 촉매의〈에 의한〉.

catalýtic cràcker (석유 정제의) 접촉 분해기 (= **cát cràcker**).

cat·a·lyze [kǽtəlàiz] *vt.* 【化】 …에 촉매 작용을 미치게 하다 ; (화학 반응)을 촉진시키다.

cat·a·ma·ran [kæ̀təmərǽn] *n.* ⓒ (1) 뗏목(배). (2) (2개의 선체를 나란히 연결한) 배의 일종, 쌍동선(雙胴船). (3) 《口》 바가지 긁는 여자.

cat·a·mount [kǽtəmàunt] *n.* ⓒ 고양잇과의 야 생동물《퓨마·아메리카표범(cougar) 따위》.

cat·a·moun·tain [kæ̀təmáuntən] *n.* ⓒ (1) 살쾡이. (2) 싸움꾼.

cat·and·dog [kǽtəndɔ̀ːg / -dɔ̀g] *a.* 〔限定的〕 심한, 사이가 나쁜

cat-and-mouse [kǽtənmáus] *a.* 〔限定的〕 (1) 쫓고, 쫓기는. (2) 습격의 기회를 엿보는.

·cat·a·pult [kǽtəpʌ̀lt] *n.* ⓒ (1) 노포(弩砲), 쇠 뇌. (2) 투석기 ; 《英》 (장난감) 새총(《美》 slings- hot). (3) 【空】 캐터펄트《항공 모함의 비행기 사출 장치》. (4) 글라이더 시주기(始走器).
— *vt.* (1) …을 ~로 쏘다 ; (돌 등)을 ~로 날리다. (2) …을 갑자기 방출하다, 내던지다《부사구(句)》 : be ~ed *from* one's seat 자리에서 내던져지다. (3) (비행기)를 캐터펄트를 발진 시키다.
— *vi.* (1) (비행기)가 캐터펄트로 발진하다. (2) (갑자기) 힘차게 움 직이다〈뛰어오르다, 튀다〉《부사구(句)》 : ~ *into* the air 공중으로 튀어오르다.

·cat·a·ract [kǽtəræ̀kt] *n.* (1) ⓒ a〕 큰 폭포. 【cf.】 cascade. b〕 억수, 호우 ; 홍수(deluge). c〕 (흔히 *pl.*) 분류(奔流). (2) ⓤⓒ 【醫】 백내장(白內障).

·ca·tarrh [kətɑ́ːr] *n.* ⓤ (1) 【醫】 카타르 ; 《특히》 코〈인후〉 카타르. (2) 콧물 ; 《英》 코감기.
파) ~**·al** [-rəl] *a.* 카타르성의.

·ca·tas·tro·phe [kətǽstrəfi] *n.* ⓒ (1) (희곡의) 대단원(大團圓) ; (비극의) 파국(denouement). (2) 대이변 ; 큰 재해. (3) 대실패, 파멸. (4) 【地質】 (지각(地殼)의) 격변, 대변동〈이변〉 (cataclysm).

cat·a·stroph·ic [kæ̀təstrɑ́fik] *a.* (1) 대 변동〈큰 재해〉의. (2) 대단위의 ; 파멸적인, 비극적인.
파) **-i·cal·ly** *ad.*

cat·bird [kǽtbə̀ːrd] *n.* ⓒ 【鳥】 개똥지빠귀의 일 종.

cat·boat [kǽtbòut] *n.* ⓒ 외대박이 작은 돛배.

cát bùrglar (천창(天窓)이나 이층 창으로 침입 하는) 밤도둑.

cat·call [kǽtkɔ̀ːl] *n.* ⓒ (집회·극장 따위에서 의) 고양이 울음 소리를 흉내내어 하는 야유〈휘파람〉. — *vi.*, *vt.* (…을) 야유하다.

:catch [kætʃ] (*p.*, *pp.* ***caught***) *vt.* (1) 《+目+前+名》 …을 붙들다, (붙)잡다, 쥐다
(2) …을 쫓아가서 잡다, (범인 따위)를 붙잡다 ; (새·짐승·물고기 따위)를 포획하다 (3) (아무)를 따라잡다 ; (열차·버스 따위의)의 시간 에 (맞게) 대다, …에 타다.
(4) (기회 따위)를 포착하다, 잡다.
(5) 《~+目/+目+前+名/+目+ *-ing*》 …을 (갑자기) 달려들어 붙들다, 잡아채다. (-가 …하고 있는 것을) 붙들다, 발견하다 (6) 《+目+副》 …을 불시에 습격하다 ; 함정에 빠뜨리다, 올가미에 걸다 ; (감언 따위로) 속이다 : (7) 《~+目/+目+前+名》〔종종 受動으로〕 (사고·폭풍 따위가) …을 엄습하다, 휘말다, 말려들게 하다 을 받다 (9) (물)을 긷다 ; (돛이 바람)을 받다, 안다.
(10) (빛)을 받다 ; (시선)을 끌다 .
(11) 《+目+前+名》 (낙하물·던진 것·가까이 온 것 따위가) …에 미치다, …에 맞다 ; …을 맞히다 〈치다〉 (12) (소리·냄새 따위가 귀·코)에 미치다, …의 주 의를 끌다 (13) (빛이) …을 비치다 ; (시선이) …에 미치다, 마 주치다 : (14) …을 파악하다, 이해하다 ; (말·소리)를 알아 듣다 (15) (성격·분위기 따위)를 정확히 나타내다〈묘사 하다〉《그림·작품 따위가》 (16) (남의 이목·주의)를 끌다, 매혹하다, …의 마음에 들다.
(17) (물건이) …을 걸리게 하다, 휘감기게 하다 (18) 《+目+前+名》〔受動으로〕 (못·기계 따위에) 걸리다, 휘감기다, 말려들다 (19) 《+目+前+名》 (사람이) …을 (~에) 걸다, 휘감다 (20) (불이) …에 붙다〈옮겨 붙다〉, (불)을 댕기다 (21) (버릇)이 몸에 배다, (말에 사투리)를 띠다.
(22) (병)에 걸리다 : (a) cold 감기에 걸리다.
(23) 〔종종 it을 目的으로 수반하여〕 (타격·비난)을 받다, 꾸지람 듣다, 벌을 받다 (24) 《+目+目》 (타격)을 주다, 때리다, 치다 (25) 〔종종 再歸用法〕 (숨)을 죽이다, 억누르다, 그만두다 (26) 《口》 (연극·텔레비전 등)을 보다, 듣다 (27) 〔受動으로〕 《英口》 …을 임신하게 하다 — *vi.* (1) 《+前+名》 붙들려고 하다, (붙)잡으려고 하다, 급히 붙들다《*at*》 (2) 《+前+名》 기대다, 매달리다 《*at*》 (3) 《+前+名》 걸리다, 휘감기다(4) (자물쇠·빗장이) 걸리다 ; (톱니바퀴가) 서로 물리다 ; (요리의 재료가) 들러붙다, 눌어붙다《냄비에》. (5) 퍼지다 ; (불이) 댕

기다, 번지다 ; (물건이) 발화하다 ; (병이) 전염〈감염〉하다 (6) **[野]** 캐처 노릇을 하다. ~ ***on*** 1) …을 붙잡다《to》. 2)《口》…을 이해하다 3)《口》인기를 얻다《*with*》; 유행하다4)《口》(일 따위를) 익히다, 터득하다. 5)《口》일자리를 얻다, 고용되다. ~ ***out*** 1) **[野·크리켓]** 포구(捕球)하여 아웃시키다. 2) (아무의) 잘못〈거짓〉을 간파하다. ~one's ***breath*** (놀라서) 숨을 죽이다, 헐떡거리다. ~ one's ***death of cold*** 지독한 감기에 걸리다. ~ ***up*** 1) …을 급히 접어〈들어〉올리다 ; 움켜잡다 ; (비평·질문으로) …을 방해하다〈가로막다〉 2) …을 따라잡다, …에게 뒤쫓아 미치다《*with*》; (수면 부족 등을) 되찾다《*on* ; *with*》:3) (곧) 채택〈채용〉하다, …을 받아들이다 : He *caught up* the habit of smoking. 곧 담배 피우는 습관을 붙였다. 4)《美》(탈 말을) 준비하다. 5) 잘못을 지적하다《on》. 6)《美俗》부정의 현장을 덮치다. 7) (최신 정보에) 정통하게 되다《*on*》. 8) (악인 등을 붙들어) 처벌〈체포〉하다《*with* ; *on*》. 9) 응보가 있다. 10) (옷소매·머리 등을) 올려서 고정시키다 ; (옷·머리 등을) …에 걸다, 감다《*in*》. 11) 〔受動으로〕 (군중·사건 등에) 휘말리다, (활동·생각에) 열중케 하다, 몰두시키다《*in*》: — *n.* ⓒ (1) 붙듦, 잡음, 포획, 어획, 포착 ; 파악. (2) a] **[野]** 포구, 포수(catcher). b] ⓤ 캐치볼(놀이). (3) 잡은 것, 포획물〈고〉, 어획물〈고〉: a good ~ of fish 풍어. (4) 횡재물 ; 인기물 ; 〔否定的〕 대단한 것 : a great ~ 인기 있는 사람. (5) 붙들 만한 가치가 있는 사람〈물건〉,《특히》좋은 결혼 상대 : a good ~ 좋은 결혼 상대. (6) (숨·목소리의) 막힘 ; 끊김. (7) (문의) 걸쇠, 고리, 손잡이, (기계의) 톱니바퀴 멈추개. (8) 함정, 올가미, 책략 : There's a ~ in it. 속지 마라. (9) **[樂]** (익살맞은 효과를 노리는) 윤창곡, 돌려 부르기. — *a.* 〔限定的〕 (1) (질문 등) 함정이 있는, 사람을 속이는 것 같은 : a ~ question (시험에서) 함정이 있는 문제, 난문. (2) 사람을 매혹시키는, 흥미를 돋구는 : a ~ line 흥미를 자아내는 선전 문구.

catch·all [⌐ɔ̀ːl] *n.* ⓒ (1) 잡낭, 잡동사니 주머니 〈그릇〉; 쓰레기통. (2) 포괄적인 것. — *a.* 〔限定的〕 일체를 포함하는, 다목적의.

catch-as-catch-can [⌐əzkǽtʃkǽn] *n.* ⓤ 자유형 레슬링. — *a.* 〔限定的〕《口》닥치는 대로의. 계획성 없는 : in a ~ fashion 무계획적으로.

cátch cròp 간작(間作) 작물.

:catch·er [kǽtʃər] *n.* ⓒ (1) a] 잡는 사람〈도구〉. b] **[野]** 포수, 캐처. (2) (고래잡이의) 포경선.

catch·fly [kǽtʃflài] *n.* ⓒ **[植]** 끈끈이대나물.

catch·ing [kǽtʃiŋ] *a.* (1) 전염성의 : Yawns are ~. 하품은 옮는다. (2) 매력적인.

catch·ment [kǽtʃmənt] *n.* (1) ⓤ 집수(集水), 담수(湛水), 집수된 물. (2) ⓒ 집수〈저수〉량.

cátchment area ‹bàsin› (1) (저수지의) 집수지역, 유역(流域). (2)《英》담당〈관할〉 구역.

catch·pen·ny [⌐pèni] *a.* 〔限定的〕 싸구려의 ; 일시적 유행을 노린 : a ~ book 〈show〉 속된 인기를 노린 책〈쇼〉. — *n.* ⓒ 일시적 유행을 노린 상품 ; 한때 인기를 노린 것 ; 싸구려 물건.

cátch phràse 캐치프레이즈, 사람의 주의를 끄는 글귀, (짤막한) 유행어, 경구, 표어.

catch-22 [⌐twèntitúː] *n.* ⓒ (때로 C-)《口》(착 잡한 법으로) 꼭 묶인 상태, 꼼짝할 수 없는 상태, 딜레마. — *a.* 〔限定的〕 꼼짝할 수 없는.

catch-up [kǽtʃʌ̀p] *n.* ⓤ 따라잡으려는 노력, 회 복 ; 격차 해소

catch·weight [⌐wèit] *n.* ⓤ. *a.* **[競]** 무제한 급(의).

catch·word [⌐wə̀ːrd] *n.* ⓒ (1) (정치·정당의) 표어, 슬로건. (2) (사서류의) 난외 표제어, 색인어 (guide word). (3) **[劇]** 상대 배우가 이어받도록 넘겨 주는 대사.

catchy [kǽtʃi] (***catch·i·ir*** ; ***-i·est***) *a.* (1) 인기 를 끌 말한. (2) (재미있어) 외기 쉬운《곡조 등》. (3) 걸려들기 알맞은, 틀리기 쉬운 ; 현혹되기 쉬운. (4) (바람 등이) 변덕스러운, 단속적인.

cat·e·chet·ic, -i·cal [kæ̀təkétik] *a.* (교수법이) 문답식의 ; 교리 문답의

cat·e·chism [kǽtəkìzəm] *n.* (1) a] ⓤ 교리 문답. b] ⓒ 교리 문답책. (2) ⓒ 〔一般的〕 문답식 교과서, 문답집. (3) ⓒ 계속적인 질문 공세.

cat·e·chist [kǽtəkist] *n.* ⓒ 교리 문답 교수자 ; 전도사.

cat·e·chize, -chise [kǽtəkàiz] *vt.* (1) …을 문답식으로 가르치다《특히 기독교 교의에 대하여》. (2) …을 심문하다, 캐묻다. 파) **-chiz·er** *n.*

cat·e·chu [kǽtətʃùː] *n.* ⓤ 아선약(阿仙藥)《지사제(止瀉劑)》.

cat·e·chu·men [kæ̀təkjúːmən / -men] *n.* ⓒ **[教會]** (교의 수강 중인) 예비 신자 ; 입문자.

cat·e·gor·i·cal [kæ̀təgɔ́ːtikəl, gár- / -gɔ́r-] *a* (1) 절대적인, 무조건의, 무상(無上)의, 지상의. (2) 명백한 (explicit), 명확한, 솔직한 (3) **[論]** 직언적인, 단언적인 (positive). (4) 범주에 속하는.
파) ~**·ly** *ad.*

cat·e·go·rize [kǽtigəràiz] *vt.* …을 분류하다, 유별하다

cat·e·go·ry [kæ̀təgɔ́ːri / -gəri] *n.* ⓒ (1) **[論]** 범주, 카테고리. (2) 종류, 부류, 부문 : They were put into two categories. 그들은 두 부분으로 나뉘었다.

cat·e·nary [kǽtənèri / kətíːnəri] *n.* ⓒ (1) **[數]** 현수선(懸垂線). (2) (전차의 가선(架線)을) 달아매는 선, 카테나리. — *a.* 〔限定的〕 현수선의.

cat·e·nate [kǽtənèit] *vt.* …을 연쇄(連鎖)하다, 쇠사슬(꼴)로 연결하다. 파) **càt·e·ná·tion** *n.*

ca·ter [kèitər] *vi.* 《+前+名》 (1) 음식물을 조달 〈장만〉하다《*for*》: (2) 요구〈분부〉에 응하다, 만족을 주다 ; 영합하다《*for* ; *to*》:— *vt.* …의 음식을 〈요리를〉 준비하다, …을 조달하다.

cat·er·cor·ner, -cor·nered [kǽtərkɔ̀rnər, kǽti-], [-nərd] *a.*, *ad.* 대각선상의〈으로〉, 비스담한〈히〉

ca·ter·er [kéitərər] (*fem.* ***-ess*** [-ris]) *n.* ⓒ (1) 요리 조달자, 음식을 마련하는 사람. (2) (호텔 따위의) 연회 담당자.

:cat·er·pil·lar [kǽtərpìlər] *n.* ⓒ (1) 모충(毛蟲), 풀쐐기《유충》. (2) **[機]** a] 무한 궤도(차) ; 캐터필러. b] (C-) 무한 궤도식 트랙터《商標名》.

cáterpillar trèad 무한 궤도.

cat·er·waul [kǽtərwɔ̀ːl] *vi.* (1) (고양이가) 암 내나서 울다. (2) (고양이처럼) 서로 으르렁대다, 아우성치다, 서로 꽥꽥거리다. — *n.* ⓒ (1) 암내난 고양이의 울음소리. (2) 서로 으르렁대는 소리.

cat·fish [kǽtfìʃ] (*pl.* ~(***es***)) *n.* ⓒ 메기의 일종.

cat·gut [kǽtgʌ̀t] *n.* ⓤ 장선(腸線), 거트《현악기· 라켓에 쓰이는》.

ca·thar·sis [kəθáːrsis] (pl, ***-ses*** [-siːz]) *n.* ⓤⓒ (1) **[醫]** 통리(通利), 배변(排便). (2) **[文]** 카타르시스《작위적 경험, 특히 비극에 의한 정신의 정화》. (3) **[精神**

醫】 정화(법) 《정신요법의 일종》.
ca·thar·tic [kəθɑ́:rtik] *n.* ⓒ 하제(下劑). — *a.* (1) 통리(通利)의, 설사의. (2) 정화의.
Ca·thay [kəθéi, kə-] *n.* 《古·詩》 중국.
cat·head [kǽthèd] *n.* ⓒ 【海】 닻걸이, 양묘가.
ca·the·dra [kəθɑ́:drə] (*pl.* **-drae** [-dri:], **~s**) *n.* ⓒ (대성당의) 주교좌.
:ca·the·dral [kəθí:drəl] *n.* ⓒ 주교좌 성당, 대성당《주교좌가 있는 교구의 중심 교회》. — *a.* 〔限定的〕 (1) a〕 주교좌가 있는. b〕 대성당의〈이 있는〉 : a ~ city 대성당이 있는 도시. (2) 권위 있는.
C
Cath·e·rine wheel [kǽθərin-] (1) 【建】 바퀴 모양이 원창. (2) 윤전 불꽃(pinwheel).
cath·e·ter [kǽθətər] *n.* ⓒ 【醫】 카테터.cath(ode *n.* ⓒ 【電】 (1) (전해조·전자관의) 음극. (2) (축전지 등의 양극. 【opp.】 anode.
cáthode ràỳ 【電】 음극선.
cath·ode-ray tube [kǽθoudrèi-] 【電子】 음극 선관, 브라운관《略 : CRT》.
Cath·o·lic [kǽθəlik] (**more ~ ; most ~**) *a.* (1) 《특히》 (로마) 가톨릭교의, 천주교의 ; (신교에 대 해) 구교의 ; (동방 정교회에 대해) 서방 교회의. (2) (동서 교회 분열 이전의) 전(全)그리스도 교회 의. (3) (c-) (관심·홍미·취미 따위가) 광범위한, 다방면의, 보편적인, 전반적인 (universal) ; 포용적인 ; 마음이 넓은, 관대한(broad-minded) 《*in*》 : He's *catholic in* his tastes. 그는 취미가 다방면에 걸쳐 있다.
— *n.* ⓒ 《특히》 (로마) 가톨릭교도, 구교도, 천주교도.
ca·thol·i·cal·ly [kəθɑ́likəli / -θɔ́l-] *ad.* 보편적 〈전반적〉으로 ; 가톨릭교적으로 ; 관대히.
Cátholic Chúrch (the ~) (로마) 가톨릭 교회.
Cátholic Epístles (*pl.*) (the ~) 【聖】 공동 서한 《James, Peter, Jude 및 John 이 일반 신도에게 보낸 7 교서》.
Ca·thol·i·cism [kəθɑ́ləsìzəm/-θɔ́l-] *n.* ⓤ 가톨릭교의 교의(敎義) ; 가톨릭주의.
cath·o·lic·i·ty [kæ̀θəlísəti] *n.* ⓤ (1) 보편성 ; 관심〈홍미〉의 다방면성 ; 관용, 도량(generosity). (2 (C-) 가톨릭교의 교의〈신앙〉 (Catholicism).
ca·thol·i·cize [kəθɑ́ləsàiz / -θɔ́l-] *vt.* (1) …을 일반화〈보편화〉하다. (2) (C-) …을 가톨릭교도로 하다. — *vi.* (1) 일반화〈보편화〉되다. (2) (C-) 가톨릭교도가 되다.
cat·house [kǽthàus] *n.* ⓒ 《美俗》 갈봇집.
cat·i·on [kǽtàiən] *n.* ⓒ 【化】 양(陽)이온, 가티온. 【opp.】 *anion.*
cat·kin [kǽtkin] *n.* ⓒ 【植】 (버드나무·밤나무 등의) 유제 화서.
cat·like [kǽtlàik] *a.* 고양이 같은 ; 재빠른, 몰래다니는.
cat·mint [kǽtmìnt] *n.* ⓒ 【植】 개박하.
cat·nap [kǽtnæ̀p] *n.* ⓒ 선잠. — *vi.* 선잠〈풋잠, 노루잠〉을 자다.
cat·nip [kǽttnìp] *n.* = CATMINT.
cat-o' -nine-tails [kæ̀tənáintèilz] *n.* ⓒ 〔單·複數동형〕 아홉 가닥으로 된 채찍《체벌용》.
CAT scan [sìèití:-, kǽt-] 【醫】 컴퓨터 엑스선 체축(體軸) 단층 사진.
CAT scànner 【醫】 컴퓨터 엑스선 체축 단층 촬영 장치, CT 스캐너.
cát' s cràdle 실뜨기 (놀이).
cat' s-eye [kǽtsài] *n.* ⓒ (1) 【鑛】 묘안석(猫眼 石) 《보석》. (2) 야간 반사경〈반사 장치〉 《도로상·자동차 뒤 따위의》.
cát' s pajámas (the ~) = CAT('S) WHISKER.
cat' s-paw [kǽtspɔ̀:] *n.* ⓒ (1) 【海】 미풍, 연풍 (軟風). (2) 앞잡이, 끄나풀, 괴뢰.
cat·suit [kǽt-sù:t] *n.* ⓒ 점프슈트《비행복처럼 위아래가 연결된 옷》.
cat·sup [kǽtsəp, kétʃəp] *n.* = KETCHUP.
cát('s) whìsker (the ~s) 《俗》 자랑거리, 굉장한 것〈사람〉.
cat·tail [kǽttèil] *n.* ⓒ 【植】 부들(개지).
cat·tery [kǽtəri] *n.* ⓒ 고양이 사육장.
cat·tish [kǽtiʃ] *a.* 고양이 같은 ; (언동이) 심술궂은, 악의 있는 : a ~ remark 악의 있는 비평.
cat·tle [kǽti] *n.* 〔集合的〕 (1) 소, 축우(cows and bulls) : twenty (head of) ~ 소 20마리 / Are all the ~ in? 소는 모두 들여놓았느냐. (2) 《蔑》 하층민, 짐승같은 것들, 벌레 같은 인간.
cáttle càke 《英》 소에게 줄 덩어리로 된 사료.
cáttle grìd 《英》 = CATTLE GUARD.
cáttle guàrd 《美》 가축 탈출 방지용의 도랑.
cat·tle·man [kǽtlmən, mæ̀n] (*pl.* **-men** [-mən]) *n.* ⓒ 《美》 (1) 목장 주인, 목축업자. (2) 소치는 사 람, 목동, 소몰이꾼.
cat·tle·ya [kǽtliə] *n.* ⓒ 【植】 카틀레야《양란(洋蘭)의 일종》.
cat·ty [kǽti] (**cat·ti·er ; -ti·est**) *a.* = CATTISH.
CATV community antenna television 유선〈공동 안테나〉 텔레비전. 【cf.】 cable TV.
cat·walk [kǽtwɔ̀:k] *n.* ⓒ (1) 좁은 통로《건축장의 발판·비행기 안·교량 등의 한 쪽에 마련된》. (2) (패션쇼 따위의) 객석으로 튀어나온 좁은 무대.
Cau·ca·sia [kɔ:kéiʒə, -ʃə / -zjə] *n.* 카프카스, 코카서스《흑해와 카스피 해 사이의 한 지방》.
Cau·ca·sian [kɔ:kéiʒən, -ʃən / -zjən] *a.* 카프카tm〈코카서스〉 지방〈산맥〉의 ; 카프카스 사람의 ; 백색 인종의. — *n.* ⓒ 백인 ; 카프카스〈코카서스〉 사람.
Cau·ca·soid [kɔ:kəsɔ̀id] *n.*, *a.* ⓒ 카프카스 인종〈백색 인종〉 (의).
Cau·ca·sus [kɔ́:kəsəs] *n.* (the ~) 카프카스〈코 카서스〉 산맥〈지방〉.
cau·cus [kɔ́:kəs] *n.* ⓒ 〔集合的〕 (1) 《美》 (정당 의 정책 결정·후보지명 등을 토의하는) 간부 회의. (2) 《英》 정당 지부 간부회(제도).
— *vi.* 《美》 간부회를 열다.
cau·dal [kɔ́:dəl] *a.* 【解·動】 꼬리의 ; 미부(尾部) 의 ; 꼬리 비슷한. 파) **~·ly** [-dəli] *ad.*
caught [kɔ:t] CATCH 의 과거·과거 분사.
caul [kɔ:l] *n.* ⓒ 【解】 대망막(大網膜) 《태아가 간혹 머리에 뒤집어쓰고 나오는 양막(羊膜)의 일부》.
caul·dron [kɔ́:ldrən] *n.* ⓒ 큰 솥〈냄비〉.
cau·li·flow·er [kɔ́:ləflàuər] *n.* (1) ⓒ 콜리플라 워 꽃양배추. (2) ⓤ (식용으로서의) 콜리플라워.
cáuliflower éar (권투선수 등의) 찌그러진 귀.
caulk [kɔ:k] *vt.* (1) (뱃널 틈)을 뱃밥으로 메우다. (2) (창틀 등의 틈)을 메우다, 코킹하다.
caulk·ing [kɔ́:kiŋ] *n.* ⓤ (뱃밥 등으로) 틈 음매 등을 메우기, 코킹.
caus·al [kɔ́:zəl] *a.* 원인의 ; 원인이 되는 ; 원인을 나타내는 ; 인과 (관계)의 : a ~ conjunction 원인을 나타내는 접속사《since, because, for 따위》.
파) **~·ly** *ad.* 원인으로서 ; 인과 관계로.
cau·sal·i·ty [kɔ:zǽləti] *n.* ⓤ (1) 인과 관계 ; 인 과

율(the law of ~). (2) 작인(作因).
cau·sa·tion [kɔːzéiʃən] *n.* ⓤ (1) 원인(작용). (2) 인과 관계 : the law of ~ 인과율.
caus·a·tive [kɔ́ːzətiv] *a.* (1) a] 원인이 되는 : a ~ agent 작인(作因). b] (…을) 일으키는《*of*》: Slums are often ~ *of* crime. 슬럼가는 종종 범죄 를 야기시킨다. (2) 【文法】 원인 표시의 ; 사역(使役)의 : ~ verbs 사역동사《make, let 따위》.
— *n.* ⓒ 사역동사, 사역형.
파) ~·**ly** ad. 원인으로서 ; 【文法】 사역적으로.
cause [kɔːz] *n.* (1) ⓤⓒ 원인. 【opp.】 *effect.* the ~ of death 사인. (2) ⓤ 이유(reason) ; 까닭, 근거, 동기《*for*》: a ~ *for* a crime 범죄의 동기 / show ~ 【法】 정당한 이유를 제시하다. (3) ⓒ 주 의, 주장 ; …운동《*for* ; *of*》: the temperance ~ 금주 운동 / work *for* a good ~ 대의를 위해서 일 하다. (4) ⓒ 【法】 소송(사건) ; 소송의 이유 : a ~ of action 소인(訴因). ***in* 〈*for*〉 *the* ~ *of*** …을 위 해서 : They were fighting *in the* ~ *of* justice. 그들은 정의를 위해 싸우고 있었다. ***make* 〈*join*〉 *common* ~ *with*** …와 제휴〈협력〉하다, 공동 전선을 펴다《*against*》.
— *vt.* (1) …의 원인이 되다 ; …을 일으키다. (2) 《+目+to do》 …로 하여금 …하게 하다 : This ~*d* her to change her mind. 이것 때문에 그녀는 마음이 변했다. (3) (남에게 걱정 따위)를 끼치다.
·**cause** [kɔːz, kʌz, kəz] *conj.* 《口》 = BECAUSE.
cause·less [kɔ́ːzlis] *a.* 우발적인, 까닭 없는 : ~ anger 이유 없는 분노. 파) ~·**ly** *ad.*
cau·se·rie [kòuzəríː] *n.* ⓒ 《F.》 (1) 잡담, 한담. (2) (신문 등의) 수필, 만필, 《특히》 문예 한담.
cause·way [kɔːzwei] *n.* ⓒ (1) 둑길. (2) (차도보다 높게 돋운) 인도 ; 포도.
caus·tic [kɔ́ːstik] *a.* (1) 〔限定的〕 부식성의, 가 성(苛性)의 (2) 신랄한(sarcastic), 통렬한 : — *n.* ⓤⓒ 부식제, 소작제(燒灼制). 파) **-ti·cal·ly** *ad.*
cau·ter·i·za·tion [kɔ̀ːtərizéiʃən] *n.* ⓤ 【醫】 소작(법) ; 부식 ; 뜸.
cau·ter·ize [kɔ́ːtəràiz] *vt.* …을 소작(燒灼)하다 ; …에 뜸을 뜨다 ; 부식시키다.
cau·tery [kɔ́ːtəri] *n.* (1) ⓤ 【醫】 소작(燒灼)법 ; 뜸질 ; 부식(제). (2) ⓒ 소작기, 소작 인두.
:**cau·tion** [kɔ́ːʃən] *n.* (1) ⓤ 조심, 신중(carefulness) (2) ⓒ 경고, 주의(warn- ing) ; 계고(戒告). (3) (a ~) 《口》 괴짜 ; 놀라운 〈우스꽝스러운〉 것〈사람〉 다.
— *vi.* (1) 《~+目/+目+前+名/+目+*to* do》 …에게 조심시키다, 경고하다(warn) 《*against*》 : The policeman ~*ed* the driver. 경관은 운전사에게 주의를 주었다 / I ~*ed* him *against* 〈*to* avoid〉 dangers. 그에게 위험을 피하도록 경고하였다. (2) (사람) 에게 (…에 대하여) 주의를 주다《*about*》 : The flight attendant ~*ed* the passengers *about* smoking. 비행기의 승무원이 승객들에게 흡연에 대하여 주의를 주었다.
cau·tion·ary [-nèri / -nəri] *a.* 〔限定的〕 경계 〈주의〉의, 훈계의 : a ~ tale 훈화(訓話).
:**cau·tious** [kɔ́ːʃəs] (***more*** **~ ;** ***most*** **~**) *a.* (1) 조심스러운, 신중한 (2) 〔敍述的〕 주의 깊은, 신중한, 조심하는《*of* ; *in* ; *about*》 파) ~·**ly** *ad.* ~·**ness** *n.*
cav·al·cade [kǽvəlkéid] *n.* ⓒ (1) 기마〈마차〉 행렬〈행진〉 ; (화려한) 행렬, 퍼레이드 (2) (행사 등의) 연속《*of*》.
·**cav·a·lier** [kæ̀vəlíər] *n.* ⓒ (1) 《美·英口》 기사(knight). (2) 예절 바른 신사《기사도 정신을 가진》 ; (여성을 에스코트하는) 호위자(escort). (3) (C-) 【英史】 (Charles 1세 시대의) 기사당원. 【opp.】 *Round head.*
— *a.* 〔限定的〕 (1) 대범한, 호방(豪放)한. (2) 거만한, 오만한(arrogant). 파) ~·**ly** *ad.*,
a. 기사답게〈다운〉 ; 호탕〈거만〉하게〈한〉.
·**cav·al·ry** [kǽvəlri] *n.* ⓤ 〔集合的〕 (1) 기병, 기병대 : heavy 〈light〉 ~ 중〈경〉기병. (2) 《美》 기갑부대.
※ 집합체로 생각할 때는 단수, 구성요소로 생각할 때는 복수 취급. 【cf.】 infantry.
cav·al·ry·man [kǽvəlrimən] (*pl.* ***-men*** [k-mən]) *n.* ⓒ 기병.
cav·a·ti·na [kǽvətíːnə] (*pl.* ***-ne*** [-nəi]) *n.* ⓒ 《It.》 【樂】 카바티나《짧은 서정 가곡·기악곡》.
:**cave**[1] [keiv] *n.* ⓒ (1) 굴, 동굴. (2) (땅의) 함몰(陷沒). — *vt.* (1) …에 굴을 파다. (2) 《+目+副》 …을 꺼지게 하다, 함몰시키다, 욱이다《in》 : He ~*d* my hat *in.* 그는 내 모자를 우그러뜨렸다. (3) 《口》 (사람을) 녹초가 되게 하다. — *vi.* (1) 《+副》 꺼지다, 함몰하다, 움푹 들어가다, 욱다《in》 : After the long rain the road ~*d in.* 오랜 장마 끝에 도로가 내려앉았다. (2) 《+副》 《口》 양보하다, 굴복하다, 항복하다《in》 : Germany ~*d in* due lack of goods. 독일은 물자 결핍 때문에 굴 복했다. (3) 《口》 동굴을 탐험하다.
ca·ve·at [kéiviæ̀t] *n.* ⓒ (1) 【法】 소송 절차 정지 통고《against》. (2) 경고, 제지.
cáveat émp·tor [-emptɔːr] 《L.》 【商】 매주(買主)의 위험 부담.
cáve dwèller (1) (선사 시대의) 동굴 주거인 ; 《比》 원시인. (2) 《口》 (도시의) 아파트 거주자.
cave-in [kéivìn] *n.* ⓒ (광산의) 낙반 ; (토지의) 함몰(장소).
cáve màn (1) (석기 시대의) 동굴 거주인. (2) 《口·比》 (여성에 대해) 난폭한 사람.
·**cav·ern** [kǽvərn] *n.* ⓒ (1) 동굴, 굴(cave). (2) 【醫】 (폐 따위의) 공동(空洞).
cav·ern·ous [kǽvərnəs] *a.* (1) 동굴의, 동굴이 많은. (2) 동굴 모양의 (3) 움푹 들어간《눈 따위》.
파) ~·**ly** *ad.*
cav·i·ar(e) [kǽviɑ̀ːr, ⌐-⌐] *n.* ⓤ 캐비아《철갑 상어의 알 젓》 ; 진미, 별미. ~ ***to the general*** 《文語》 보통 사람은 그 가치를 모를 일품(逸品), 돼지에 진주.
cav·il [kǽvəl] (***-l-***, 《英》 ***-ll-***) *vi.* 《+前+名》 흠잡다, 트집잡다《about ; at》 : I found nothing to ~ *about.* 흠잡을 데가 없었다. ~*n.* ⓤ 흠잡기, 트집(잡기), 오금박기.
·**cav·i·ty** [kǽvəti] *n.* ⓒ (1) 구멍(hole), 공동. (2) 【解】 (신체의) 강(腔) : the mouth〈oral〉 ~ 구강 / the nasal ~ 비강. (3) 충치(의 구멍) : I have three *cavities.* 나는 충치가 세 개 있다.
cávity wall 【建】 중공벽(中空壁) 《단열·방음용》.
ca·vort [kəvɔ́ːrt] *vi.* 《口》 (1) (말 따위가) 날뛰 다. (2) (사람이) 껑충거리다 ; 신나게 뛰놀다.
caw [kɔː] *vi.* (까마귀가) 울다 ; 까악까악 울다 《out》.
— *n.* ⓒ 까악까악《까마귀의 소리》.
cay [kei, kiː] *n.* ⓒ 작은 섬, 암초, 사주(砂洲).
cay·énne (pépper) [kaién(-), kei-] 고추 (red pepper), 고춧가루.
cay·man [kéimən] (*pl.* ~***s***) *n.* ⓒ 【動】 큰 악어 《라틴아메리카산》.
CD-ROM [síːdìːrám / -rɔ́m] *n.* ⓤ compact disk read-only memory(콤팩트 디스크형 판독 전용 메모리).
CD-video [síːdìːvídiou] *n.* ⓒ 콤팩트 디스크 비 디오.
:**cease** [siːs] *vt.* 《~+目/+-*ing*/+*to* do》 …을 그만두다(desist), 멈추다, …하지 않게 되다.—*vi.* (1) 그치

다, 끝나다(stop) : The rain ~*d* at last. 비는 마침내 그 쳤다. (2) 《~/+前+名》 그만두다, 중지하다 《*from*》 :~ *from* fighting 싸움을 그만두다. ※ 현재는 주로 문어적이며, 보통은 stop을 씀. —*n.* 중지, 정지《다음 관용구로 씀》. ***without*** ~ 끊임없이.

cease-fire [síːsfáiər] *n.* ⓒ (1) '사격 중지'의 구 령 : The ~ was sounded. 사격 중지의 나팔이 울 렸다. (2) 정전, 휴전 : call a ~ 휴전을 명하다.

·cease·less [síːslis] *a.* 끊임없는.

ce·cum, cae- [síːkəm] (*pl.* ***-ca*** [-kə]) *n.* 【醫】 맹장.
파) **cè·cal** *a.* 맹장의.

C

·ce·dar [síːdər] *n.* (1) ⓒ 【植】 히말라야 삼목, 삼 목 ; 삼목 비슷한 각종 나무. (2) ⓤ 삼목재.

cede [síːd] *vt.* (1) 《~+目/+目+前+名》 …을 인 도(引渡)하다, (권리)를 양도하다, (영토)를 할양하다 《to》 :(2) (권리·요구 따위)를 인정하다, 허용하다.

ce·dil·la [sidílə] *n.* ⓒ 《F.》 세디유, 처럼 c자 아래 붙이는 부호《c가 a, o, u 앞에서 〈s〉로 발음됨을 표시함 ; 보기 : facade, Francois》.

:ceil·ing [síːliŋ] *n.* ⓒ (1) 천장(널) ; 【船】 내장 판자(2) (가격·임금 따위의) 최고 한도(top limit) 《*on*》 (3) 【空】 상승 한도 ; 시계(視界) 한도 ; 【氣】 운저(雲底) 고도 ***hit*** 〈***go through***〉 ***the*** ~ 《口》 1) (가격이) 최고에 달하다 〈허용 한도를 넘다〉. 2) 《口》 뺏성을 내다.

cel·a·don [sélədàn, -dn / -dɔ́n] *n.* ⓤ (1) 청자(靑磁). (2) 청자색, 엷은 회록색.

cel·an·dine [séləndàin] *n.* ⓒ 【植】 애기똥풀 ; 미 나리아재비의 일종.

cel·e·brant [séləbrənt] *n.* ⓒ (1) (미사·성찬식 의) 집례 사제. (2) 종교 식전의 참석자 ; 축하자《이 뜻으로는 celebrator 가 보통》.

:cel·e·brate [séləbrèit] *vt.* (1) 《~+目/+目+ 前+名》 (식을 올려) …을 경축〈축하〉하다 ; (의식)을 거행하다 (2) 《+目+前+名》 (용사·훈공 따위)를 찬양하다(praise), 기리다 (3) …을 세상에 알리다, 공표하다.
— *vi.* (1) 축전〈의식〉을 행하다. (2) 《口》 축제 기분 에 젖다, 쾌활하게 법석거리다. celebration *n.*

cel·e·brat·ed [séləbrèitid] *a.* (1) 고명한, 유명한 (2) 〔敍述 的〕 (…으로) 세상에 알려진《*for*》

·cel·e·bra·tion [sèləbréiʃən] *n.* (1) a] ⓤ 축하 : in ~ of …을 축하하여. b] ⓒ 축전, 의식 ; 축하회 : hold a ~ 축하회를 열다. (2) ⓤ (의식, 특히 미사 등의) 거행, 집행.

cel·e·bra·tor, -brat·er [séləbrèitər] *n.* ⓒ (1) 축하하는 사람. (2) 의식 거행자.

·ce·leb·ri·ty [səlébrəti] *n.* (1) ⓤ 명성(名聲) (fame). (2) ⓒ 유명인, 명사 (3) 〔形容詞的〕 명사적인, 유명한.

ce·ler·i·ty [səlérəti] *n.* ⓤ 《古·文語》 신속, 민첩.

·cel·ery [séləri] *n.* ⓤ 【植】 셀러리.

ce·les·ta [səléstə] *n.* ⓒ 【樂】 첼레스타《종소리 같은 음을 내는 작은 건반 악기》.

·ce·les·tial [səléstʃəl] (***more ~ ; most ~***) *a.* (1) 하늘의 ; 천체의 (【opp.】 terrestrial) (2) 천국의(heavenly) ; 거룩한(divine) ; 절묘한, 뛰어나게 아름다운, 굉장한 — *n.* ⓒ 천인(天人),
천사(angel). 파) **~·ly** *ad.*

celéstial equátor (the ~) 천구상의 적도.

celéstial sphére (the ~) 천구(天球).

cel·i·ba·cy [séləbəsi] *n.* ⓤ 독신(생활) ; 독신주 의 ; 금욕.

cel·i·bate [séləbit, bèit] *n.* ⓒ 독신(주의)자 《특히 종교적 이유에 의한》. — *a.* 독신(주의)의.

:cell [sel] *n.* ⓒ (1) 작은 방 ; (수도원 따위의) 독 방, (교도소의) 독방, 【軍】 영창. (2) 【生】 세포 ; 《比》 (공산당 따위의) 세포 ; 【컴】 낱칸, 셀《비트 기억 소자》 (3) (벌집의) 봉방(蜂房). (4) 【電】 전지

:cel·lar [sélər] *n.* (1) ⓒ 지하실, 땅광, 움 ; (지하의) 포도주 저장실(wine ~). (2) ⓒ 포도주 저장 ; 저장한 포도주 (3) (the ~) 《口》 【競】 최하위 : be *the* ~ 맨 꼴찌다. — *vt.* …을 지하실에 저장하다.

cel·lar·age [-ridʒ] *n.* ⓤ (1) 〔集合的〕 지하(저 장)실 ; 지하(저장)실 설비. (2) 지하실의 평수〈총 면적〉. (3) 지하(저장)실 보관(료).

céll biólogy 세포 생물학.

cell·block [sélblɑ̀k / -blɔ̀k] *n.* ⓒ (교도소의) 독방 동(棟).

cel·list, cel·list [tʃélist] *n.* ⓒ 첼로 연주가, 첼로 주자.

céll mèmbrane 【生】 세포막.

·cel·lo, cel·lo [tʃélou] (*pl.* ***~s***) *n.* ⓒ 《It.》 【樂】 첼로(violoncello).

cel·lo·phane [séləfèin] *n.* ⓤ 셀로판.

cel·lu·lar [séljələr] *a.* (1) 세포로 된, 세포질〈모 양〉의 (2) 성기게 짠《셔츠 따 위》 ; 다공(多孔)성의《바위》 (3) 【通信】 셀 방식의, 지역별 이동전화 시스템의. (4) 독방 사용.

céllular phóne 〈**télephone**〉 셀식 무선 전화.

cel·lule [sélјuːl] *n.* ⓒ 【생】 작은 세포.

cel·lu·lite [séljəlàit, -lìːt] *n.* ⓤ 셀룰라이트《지방·물·노폐물로 된 물질》.

·cel·lu·loid [séljəlɔ̀id] *n.* ⓤ (1) 셀룰로이드《원래 商標名》. (2) 《口》 영화(필름) 《*on*》 **·cel·lu·lose** [séljəlòus] *n.* ⓤ 【化】 셀룰로오스, 섬유소(素).

céllulose ácetate 【化】 아세트산 셀룰로오스, 《사진 필름용》.

céllulose nítrate 【化】 질산 섬유소《폭약용》.

céll wàll 【生】 세포벽.

Cel·si·us [sélesiəs] *n.* **Anders** ~ 셀시우 tm《스웨덴의 천문학자 ; 1701-44》.

Célsius thermómeter 섭씨 온도계.

Celt, Kelt [selt, kelt], [kelt] *n.* (1) ⓒ 켈트 사람. (2) (the ~s) 켈트족《아리안 인종의 한 분파》.

·Celt·ic, Kelt·ic [séltik, kélt-], [kélt-] *a.* 켈트의, 켈트 사람〈족〉의, 켈트 말의. —*n.* (1) ⓒ 켈트 사람. (2) ⓤ 켈트 말.

Céltic cróss 켈트 십자가《중심부에 고리가 있음》.

cem·ba·lo [tʃémbəlòu] (*pl.* ***-ba·li*** [-lìː], ~s) *n.* ⓒ 【樂】 쳄발로(harpsichord) ; 덜시머(dulcimer).

:ce·ment [simént] *n.* ⓤ (1) 시멘트, 양회 ; (치과용) 시멘트. (2) 접합제〈물〉. (3) (우정 따위의) 유대. (4) 【解】 = CEMENTUM — *vt.* (1) …을 시멘트 로 접합하다《together》 ; …에 시멘트를 바르다.
(2) (우정 따위)를 굳게 하다 : We would do the company some good by ~*ing* relationships with business contacts. 우리는 사업상의 접촉을 통한 유대 강화로 회사에 이익을 가져올 것이다.

ce·men·ta·tion [sìːmentéiʃən, -mən-] *n.* ⓤ 시멘트 결합 ; 접합 ; 교착(膠着).

ce·men·tum [siméntəm] *n.* ⓤ 【解】 (이의) 시 멘트질.

:cem·e·tery [sémətèri / -tri] *n.* ⓒ (교회 묘지가 아닌) 묘지, 《특히》 공동 묘지. 【cf.】 churchyard,

graveyard.
ce·no·bite, coe- [síːnəbàit, sénə-] *n.* ⓒ (공동생활하는) 수도자, 수사. 【cf.】 anchorite, hermit.
cen·o·taph [sénətæ̀f, -tàːf] *n.* (1) ⓒ 기념비(monument). (2) (the C-) 런던에 있는 제 1·2차 세계대전의 전사자 기념비.
Ce·no·zo·ic, Cae- [sìːnəzóuik, sènə-] *a.* 【地質】 신생대의 : the ~ era 신생대. —*n.* (the ~) 신생대(층).
·**cen·ser** [sénsər] *n.* ⓒ (쇠사슬에 매달아 흔드는 향로(香爐).
·**cen·sor** [sénsər] *n.* (1) ⓒ 검열관《출판물·영화·서신 따위의》. (2) ⓒ 【古로】 감찰관《풍기 단속을 담당한》. (3) ⓤ]精神分析[검열《잠재의식에 대한 억압력》. — *vt.* (1) (출판물·영화·서시 등)을 검열 하다. (2) (출판물 등)을 검열하여 삭제하다.
cen·so·ri·al [sensɔ́ːriəl] *a.* 검열(관)의.
cen·so·ri·ous [sensɔ́ːriəs] *a.* 검열관 같은 ; 비판적인 ; 탈잡(기 좋아하)는 파) ~·**ly** *ad.* ~·**ness** *n.*
cen·sor·ship [sénsərʃìp] *n.* ⓤ (1) 검열(계획, 제도) (2) 검열관의 직〈직권, 임기〉. (3) 【精神分 析】 검열《잠재의식에 대한 억압력》.
cen·sur·a·ble [sénʃərəbəl] *a.* 비난할(만한). 파) **-bly** *ad.*
·**cen·sure** [sénʃər] *vt.* 《~+目/+目+前+名》 … 을 비난하다, 나무라다 ; (비평가가) 혹평하다 — *n.* ⓤⓒ 비난 ; 혹평 ; 질책, 책망, 견책
cen·sus [sénsəs] *n.* ⓒ (통계) 조사 ; 인구〈국세〉 조사 : ~ paper 국세 조사표 / take a ~ (of the population) 인구〈국세〉 조사를 하다.
cent [sent] *n.* (1) ⓒ 센트《미국·캐나다 등의 화 폐 단위, 1달러의 100분의 1》 (2) (a ~) 〔흔히 否定文〕 《美》 푼돈, 조금(3) 백(百)《단위로서의》.
cen·te·nar·i·an [sèntənɛ́əriən] *a.* 100년의 ; 100년 이상의. — *n.* ⓒ 100살(이상)의 사람.
·**cen·ten·ary** [séntənèri / sentíːnəri] *a.* 100의 ; 100년(마다)의 ; 100년제의. — *n.* ⓒ (1) 100년간. (2) 100년제(祭), 100 주년 기념일 ※ 이백년제 2)부터 천년제 10)까지의 순으로 : 2) bicentenary, 3) tercentenary, 4) quatercen- tenary, 5) quincentenary, 6) sexcentenary, 7) septingenary, 8) octocentenary = octingente- nary, 9) nongenary, 10) millenary.
·**cen·ten·ni·al** [senténiəl] *a.* 100년마다의 ; 100년제의 ; 100세의, 100년(간)의. — *n.* ⓒ 100년제 (祭). 파) ~·**ly** *ad.* 100년마다.
:**cen·ter,** 《英》 **-tre** [séntər] *n.* (1) ⓒ (흔히 the ~) 중심 ; 핵심 ; 중앙 ; (중)축 ; 중추 ; 【數】 중점 (2) ⓒ 중심지(구) ; 종합 시설, 센터 ; 인구 밀집지 : (3) ⓒ 【地球】 중견(수) ; 센터 ; 센터로 보내 는 공〈타구〉. (4) (the C-) 【政】 중도파, 온건파. (5) ⓒ 【軍】 (양익에 대하 여) 중앙 부대, 본대. (6) ⓒ 본원(本源) (source) (7) ⓒ (the ~) (사건·흥미 따위의) 중심 ; 중심 인물 ; 표적 :
(8) ⓒ (과일·캔디 등의) 속. @central *a.*
— *vt.* (1) 《+目+前+名》 …을 중심에 두다 ; 중심으로 모으다 ; (렌즈)의 광학적 중심과 기하학적 중심을 일치시키다 ; …을 집중시키다《*on* ; *in*》 :(2) …의 중심을 차지하다 〈장식하다〉 :(3) 【蹴·하키】 (공·퍽)을 센터로 차다〈보내다〉, 센터링하다.
— *vi.* (1) 《+前+名》 중심에 있다, 중심이 되다, 집중되다, (문제 따위가 …을) 중심으로 하다《*on* ; *about* ; *at* ; *around* ; *round* ; *in*》 : — *a.* 〔限定的〕 (1) 중심의. (2) 중도파의 《※ 최상급은 center most》.
cénter bìt 【機】 타래송곳.
cen·ter·board [séntərbɔ̀ːrd] *n.* ⓒ 【船】 센터보 드, 자재 용골(自在龍骨).
cénter fíeld 【野】 센터(의 수비 위치).
cénter fíelder 【野】 중견수, 센터필더.
cen·ter·fold [séntərfòuld] *n.* ⓒ (1) 잡지의 중간 에 접어서 넣은 페이지《그림·사진 따위를 접어 넣은 것》. (2) 접어 넣은 페이지에 실린 것〈사람〉.
center·piece [⌐pìːs] *n.* ⓒ (1) (테이블 등의) 중앙 장식, 테일블피스. (2) (계획·연설 등의) 핵심.
cénter sprèad (신문·잡지의) 중앙의 마주보는 양면(의 기사·광고).
cen·tes·i·mal [sentésəməl] *a.* (1) 100분의 1 의. (2) 【數】 백분법의, 백진법의. 【cf.】 decimal.
centi-, cent- '100, 100분의 1'의 뜻의 결합사. 【cf.】 hecto-.
·**cen·ti·grade** [séntəgrèid] *a.* (종종 C-) 섭씨의 (【cf.】 Fahrenheit) : twenty degrees ~ 섭씨 20 도(20 ℃). — *n.* = CENTIGRADE THERMOMETER.
céntigrade thermómeter 섭씨 온도계.
cen·ti·gram, 《英》 **-gramme** [séntəgræ̀m] *n.* ⓒ 센티그램《略 : cg ; 100분의 1 그램》.
cen·ti·li·ter, 《英》 **-li·tre** [séntəlìːtər] *n.* ⓒ 센티리터《略 : cl. ; 100분의 1리터》.
:**cen·ti·me·ter,** 《英》 **-tre** [séntəmìːtər] *n.* ⓒ 센티미터《略 : cm ; 1 미터의 100분의 1》.
cen·ti·mo [séntəmòu] (*pl.* ~**s**) *n.* ⓒ 센티모《tm페인어권 나라들의 화폐 단위》.
·**cen·ti·pede** [séntəpìːd] *n.* ⓒ 【動】 지네.
:**cen·tral** [séntrəl] (*more* ~ ; *most* ~) *a.* (1) 중심의, 중앙의 ; 중심부〈중앙부〉의. (2) 중심적인 ; 기본적인 ; 주요한 : (3) 〔敍述的〕 (…에게는) 중심인 《*to*》 : (4) a〕 (장소 등이) 중심에 가까워서 편리한 : b〕 〔敍述的〕 (어떤 장소에 가는 데에) 편리한 《*for*》 :(5) 집중 방식의 : ⇨ CENTRAL HEATING. (6) 중추 신경계의. (7) 【音聲】 중설(中舌)의.
Céntral Áfrican Repúblic (the ~) 중앙 아프리카 공화국《수도 Bngui》.
Céntral Amérìca 중앙 아메리카.
Céntral Amérìcan *a.*, *n.* 중앙 아메리카의(사람).
Céntral Européan Time 중부 유럽 표준 시간 《GMT 보다 1시간 빠름 ; 略 : CET》.
céntral góvernment (지방 정부에 대해) 중 앙정부.
céntral héating 집중〈중앙〉 난방(장치〉.
Céntral Intélligence Agency (the ~) 《美》 중앙 정보국《略 : CIA》.
cen·tral·ism [séntrəlìzəm] *n.* ⓤ 중앙 집권주의 〈제도〉. 파) **cèn·tral·ís·tic** *a.*
cen·tral·i·ty [sentræ̀ləti] *n.* ⓤ (1) 중심임 ; 중심성. (2) 중요한 지위.
cen·tral·i·za·tion [sèntrəliéiʃən] *n.* ⓤ (1) 중앙으로 모임, 집중(화). (2) 중앙 집권.
cen·tral·ize [séntrəlàiz] *vt.* (1) a〕 …을 중심에 모으다, 한 점에 집합시키다. b〕 …을 집중시키다 《*in*》. (2) (국가 등)을 중앙 집권제로 하다. —*vi.* (1) a〕 중심〈중앙〉에 모이다. b〕 집중하다《in》. (2) 중앙 집권화하다.
céntral nérvous sýstem 【解】 중추 신경계.
céntral prócessing ùnit 【컴】 중앙 처리 장치 《略 : CPU》.
céntral reservátion 《英》 (도로의) 중앙 분리 대 (《美》 median strip).

C

C

céntral víwel [音聲] 중설음(中舌音).
cen·tric, -tri·cal [séntrik], [-əl] *a.* 중심의, 중추적인.
cen·trif·u·gal [sentrífjəgəl] *a.* (1) 원심(성)의 ; 원심력을 응용한 : ~ force 원심력 / a ~ machine 원심분리기. (2) 지방 분권적인. 【opp.】 centripetal. — *n.* [機] 원심 분리기. 파) ~·**ly** *ad.*
cen·tri·fuge [séntrəfjù:dʒ] *n.* ⓒ 원심 분리기.
cen·trip·e·tal [sentrípətl] *a.* 구심(성)의 ; 구심 력을 응용한. 【opp.】 *centrifugal*. 력. 파) ~·**ly** *ad.*
cen·trism [séntrizəm] *n.* ⓤ (종종 C-) 중도〈온건〉주의, 중도 정치.
cen·trist [séntrist] *n.* ⓒ (종종 C-) 중도파〈온건파〉의원〈당원〉.
cen·tu·ri·on [séntjúəriən] *n.* ⓒ [古로] 백부장 (百夫長). 【cf.】 century.
:**cen·tu·ry** [séntʃuri] *n.* ⓒ (1) 1 세기, 백년 : (2) [古로] 백인조(組) 《투표 단위 ; 100명이 한 표를 가 짐》 ; 백인대(百人隊) 《군대의 단위 ; 60 centuries 가 1 legion을 이룸》. (3) 백, 100개 ; [크리켓] 100점(= 100 runs).
céntury plànt [植] 용설란(龍舌蘭) 《북아메리 카 남부산 ; 백년에 한 번 꽃이 핀다고 함》.
ce·phal·ic [səfǽlik] *a.* 〔限定的〕 머리의, 두부의.
ceph·a·lo·pod [séfələpɑ̀d, -pɔ̀d] *n.* ⓒ 두족류 (頭足類)의 동물《오징어·문어 따위》.
ce·ram·ic [sərǽmik] *a.* 요업의, 세라믹의, 도기 (陶器)의 ; 제도술의 : — *n.* ⓒ 도예품, 요업제품.
ce·ram·ics [sərǽmiks] *n. pl.* (1) 〔單數취급〕제 도술(製陶術), 요업. (2) 〔複數취급〕 도자기류
cer·a·mist [sérəmist] *n.* ⓒ 제도업자, 요업가 : 도예가.
:**ce·re·al** [síəriəl] *n.* (1) ⓒ a) (흔히 *pl.*) 곡물, 곡류. b) 곡초류. (2) ⓤⓒ 곡물식(穀物食), 시리얼 : — *a.* 곡류〈곡물〉의〈로 만든〉 : ~ crops 곡물.
cer·e·bel·lum [sèrəbéləm] (*pl.* ~**s**, **-bel·la** [-bélə]) *n.* ⓒ [解] 소뇌.
cer·e·bral [sérəbrəl, sərí:-] *a.* (1) [解] 대뇌의 : 뇌의 :(2) 지성에 호소 하는, 지적인 ; 사색적인
cérebral áccident ‹ápoplexy› [醫] 뇌졸중.
cérebral anémia [醫] 뇌빈혈.
cérebral córtex 대뇌 피질.
cérebral déath [醫] 뇌사(腦死) (brain death).
cérebral hémorrhage [醫] 뇌일혈.
cérebral pálsy [醫] 뇌성 (소아) 마비.
cer·e·brate [sérəbrèit] *vi.* 뇌를 쓰다, 생각하다.
cer·e·bra·tion [sérəbréiʃən] *n.* ⓤ (1) (대)뇌 작 용 ; 사고(思考) (작용), (2) (심각한) 사색(思索).
cer·e·bric [sérəbrik, sərí:] *a.* (대)뇌의.
cer·e·bri·tis [sérəbráitis] *n.* ⓤ 뇌염.
cer·e·bro·spi·nal [sèrəbrouspáinəl, sərí:] *a.* [解] (1) 뇌척수의. (2) 중추 신경계의.
cer·e·brum [sérəbrəm, sərí:] (*pl.* ~**s**[-z], **-bra** [-brə]) *n.* ⓒ [解] 대뇌 ; 뇌.
·**cer·e·mo·ni·al** [sèrəmóuniəl] *a.* (1) 의식의 ; 의례상의 (2) 격식을 차린 ; 정식의, 공식의(formal). —*n.* (1) ⓒ 의식, 의례 ; [가톨릭] 전례서(典禮書), 전례. (2) ⓤ 의식 순서. 파) ~·**ism** [-izəm] *n.* ⓤ 의식〈형식〉 존중주의. ~·**ist** *n.* ⓒ 예법가 ; 형식주의자. ~·**ly** *ad.*
cer·e·mo·ni·ous [sèrəmóuniəs] *a.* 예의의 ; 예 의 바른 ; 격식을 차리는, 딱딱한 파) ~·**ly** *ad.* ~·**ness** *n.*
:**cer·e·mo·ny** [sérəmòuni / -məni] *n.* (1) ⓒ 식, 의식 (2) ⓤ 의 례, 예법, (사교상의) 형식, 예의 ; 허례, 딱딱함 ***master of ceremonies*** 사회자《略 : M.C.》 ; 《英》 의전(儀典) 장관. ***stand on‹upon›*** ~ 《口》 너무 의식적이다, 〔흔히 反語的〕 딱딱하다 : Please don't *stand on* ~. 편히 쉬세요〈지내세 요〉.
ce·rise [sərí:z, rí:z] *n.* ⓤ 《F.》 버찌비치, 선홍색. — *a.* 선홍색의.
cer·i·um [síəriəm] *n.* ⓤ [化] 세륨《희토류 원소 ; 기호 Ce ; 번호 58》.
cert [sə:rt] *n.* ⓒ (흔히 sing.) 《英俗》 (1) 확실함, 반드시 일어남(2) (경마의) 강력한 우승 후보.
:**cer·tain** [sə́:rtən] (***more*** ~ ; ***most*** ~ : (1)(2)(3)) *a.* (1) 〔敍述的〕 (아무가) 확신하는, 자신하는 (sure) 《*of* ; *that* ..》 :(2) (일이) 확실한, 신뢰할 수 있는, 반드시 일어나는 ; (지식·기술이) 정확한 (3) 〔敍述的〕 반드시 …하는, …하게 정해져 있는《*to* do》 (4) 〔限定的〕 (어떤) 일정한, 어떤 정해진(definite) (5) (막연히) 어떤 【cf.】 some. (6) 어느 정도의, 다소의 (7) 〔代名 詞的으로 쓰이어〕 몇 개의 물건, 몇몇 사람
·**cer·tain·ly** [sə́:rtənli] (***more*** ~ ; ***most*** ~) *ad.* (1) 〔文章修飾〕 확실히, 꼭 ; 의심없이, 반드시, 〔强意的〕 정말 (2) 〔대답으로〕 물론이오, 그렇고 말고요 ; 〔부탁을 받 고〕 좋고 말고요 ; 알았습니다 《《美》에서는 sure를 흔히 씀》
·**cer·tain·ty** [sə́:rtənti] *n.* (1) ⓤ (객관적인) 확실 성 : objective ~ 객관적 확실성. (2) ⓒ 확실함 ; 필 연적 (必然的) 사물 (3) 확신 (conviction)《*of* ; *that*..》
cer·ti·fi·a·ble [sə́:rtəfàiəbəl] *a.* (1) 증명〈보증〉 할 수 있는. (2) 《英口》 정신병으로 인정할 수 있는
·**cer·tif·i·cate** [sərtifəkit] *n.* ⓒ (1) 증명서 ; 검정서 ; 면(허)장 : a birth‹death› ~ 출생〈사망〉증명서. (2) (학위 없는 과정(課程)의) 수료〈이수〉 증명서. — [sə́:rt] *vt.* 《~+目/+*that*〔절〕》 …에게 증명서를 주다《※ 종종 과거분사로서 형용사적으로씀》 : a ~*d* teacher 유자격 교원.
cer·ti·fi·ca·tion [sè:rtəfəkéiʃən] *n.* (1) ⓤ 증명, 검정, 보증 (2) ⓒ 증명서. (3) 《英》 정신이상 증명.
·**cer·ti·fied** [sə́:rtəfàid] *a.* (1) 증명된(testified), 보증된 ; 《美》 (공인 회계사 따위가) 공인한 (2) 《英》 (법적으로) 정신 이상자로 인정된.
·**cer·ti·fy** [sə́:rtəfài] *vt.* (1) 《~+目/+目+〔보〕/+目+as〔보〕/+*that*〔절〕》 …을 증명〈보증〉하다 ; 증언 하다 ; 검정〈허가〉하다, 공인하다 (2) 《美》 (은행이 수표)의 지급을 보증하다. (3) …에게 증명서를〈면허증을〉 교부〈발행〉하다. (4) (의사가) …가정신병자임을 증명하다. ⓐ certification *n.*
cer·ti·tude [sə́:rtetjù:d] *n.* ⓤ 확신 ; 확실성《※ certainty 가 더 일반적임》.
ce·ru·le·an [sərú:liən] *a.* 하늘색의.
cer·vi·cal [sə́:rvikəl] *a.* [解] (1) 목의, 경부(頸 部)의. (2) 자궁 경관(頸管)의.
cer·vix [sə́:rviks] (*pl.* ~**·es**, **cer·vi·ces** [sərvái si:z, sə́rvəsi:z]) *n.* ⓒ [解] (1) 목, 경부(頸部). (2) 자궁 경부.
ce·si·um, cae- [sí:ziəm] *n.* ⓤ [化] 세슘《금속 원소 ; 기호 Cs ; 번호 55》.
césium clòck 세슘 시계《원자 시계의 일종》.
·**ces·sa·tion** [seséiʃən] *n.* ⓤⓒ 정지, 휴지, 중지
ces·sion [séʃən] *n.* (1) ⓤ (영토의) 할양(割讓), (권리의) 양도 ; (재산 따위의) 양여(讓與), (2) ⓒ 할양된 영토. ≠ session.
cess·pool [séspù:l] *n.* ⓒ (1) 구정물 구덩이, 시 궁창 ; 분뇨 구덩이. (2) 불결한 장소《of.》 ***a*** ~ ***of iniqui-***

ty 죄악의 소굴.
ces·tode [séstoud] *n.* ⓒ 【動】 촌충(寸蟲).
CET 《略》 Central European time(중앙 유럽 표준시) 《G.M.T. 보다 1시간 빠름》.
ce·ta·cean [sitéiʃən] *a.*, *n.* ⓒ 고래류(Cetacea) 의 (동물).
Cey·lon·ese [sìːləníːz, sèi-] *a.* 실론(인)의.
— (*pl.* ~) *n.* ⓒ 실론 사람.
cha·dor, -dar [tʃʌ́dər] *n.* ⓒ 차도르《인도·이란 등지의 여성이 숄로 사용하는 커다란 천》.
·**chafe** [tʃeif] *vt.* (1) (손 따위)를 비벼서 따뜻하게 하다 (2) …을 쓸려서 벗겨지게 하다 (3) …을 노하게 하다 ; 안달나게 하다. — *vi.* 《~/+前+名》 (1) 쓸려서 벗어지다〈끊어지다〉, 쓸려서 아프다《*from* ; *against*》 (2) 노하다, 안달나다《*at* ; *under* ; *over*》 (3) (짐승이) 몸을 비비다《*on* ; *against*》 ; (냇물이 벼랑 등에) 부딪치다 《against》 *n.* (1) ⓒ 마찰 ; 찰상. (2) (a ~) 약오름 ; 안달, 초조 : in *a* ~ 약이 올라 ; 안달나서.
chaf·er [tʃéifər] *n.* ⓒ 【蟲】 풍뎅이류(類) 《특히 cockchafer》.
·**chaff**[1] [tʃæf / tʃɑːf] *n.* ⓤ (1) 왕겨 ; 여물《사료》. (2) 폐물, 찌꺼기 ; 하찮은 것. ***separate*** (***the***) ***wheat***〈***grain***〉 ***from***(***the***) ~ 가치있는 것과 그렇지 않은 것을 구별하다. — *vt.* (짚 등)을 썰다.
chaff[2] *n.* ⓤ (악의 없는) 놀림, 희롱.
— *vt.* … 을 놀리다, 희롱하다.
chaff·cut·ter [tʃǽfkʌ̀tər / tʃɑ́ːf-] *n.* ⓒ 작두.
chaf·fer [tʃǽfər] *n.* ⓤ 흥정 ; 값을 깎음.
— *vi.* 흥정하다 ; 값을 깎다(haggle) 《*down*》
chaf·finch [tʃǽfintʃ] *n.* ⓒ 【鳥】 되새·검은방울 새류의 작은 새.
chaffy [tʃǽfi, tʃɑ́ːfi] (***chaff·i·er*** ; ***-i·est***) *a.* (1) 왕겨 같은 ; 왕겨가 많은. (2) 시시한.
chaf·ing dish [tʃéifiŋ-] 풍로가 달린 냄비.
cha·grin [ʃəgrín / ʃǽgrin] *n.* ⓤ 분함, 유감 : to one's ~ 유감스럽게도. — *vt.* …을 유감스럽게 〈분하게〉 하다《※ 종종 受動으로 써서 "분해하다, 유감으로 생각하다"의 뜻으로 쓰임 ; 전치사는 *at* ; *by*》
⁝**chain** [tʃein] *n.* (1) a] ⓤⓒ 사슬 b] ⓒ 목걸이. c] ⓒ (자전거의) 체인 (2) ⓒ 연쇄(連鎖), 일련(一連), 연속(물) ; (방송의) 네트워크 (3) ⓒ 연쇄점, 체인스토어. (4) (흔히 *pl.*) 매는 사슬, 속박 ; 구속, 구금 ; 족쇄 (5) 【測】 측쇄. (6) ⓒ 【化】 (원자의) 연쇄. (7) ⓒ 【生】 (세균의) 연쇄. ***in*** ~***s*** 쇠사슬에 묶여, 감금되어 ; 노예가 되어.
— *vt.* (1) 《~+目/+目+副/+目+前+名》 …을 사슬로 매다《*up* ; *down*》 (2) 《+目(+副)+前+名》 …을 묶다 《*down* ; *to*》 ; 속박〈구속〉하다, 감금하다 (3) 【測】 …을 측쇄로 재다.
cháin ármor 사슬 갑옷.
cháin brìdge 사슬 적교(吊橋).
cháined líst 【컴】 연쇄 리스트.
cháin gàng 한 사슬에 매인 죄수.
cháin gèar 【機】 체인 톱니바퀴.
chain·ing [tʃéiniŋ] *n.* 【컴】 체이닝, 연쇄.
cháin lètter 행운의〈연쇄〉 편지.
cháin máil = CHAIN ARMOR.
cháin reàction 【物】 연쇄반응 ; (사물의) 연쇄 반응 : set off〈up〉 a ~ 연쇄 반응을 일으키다.
cháin sàw (휴대용) 동력(動力) 사슬톱.
chain-smoke [˂smòuk] *vi.* 줄담배를 피우다.
— *vt.* (담배)를 연거푸 피우다.
cháin smòker 줄담배를 피우는 사람.
cháin stìtch 【裁縫·手藝】 사슬 모양으로 뜨기.
chain-stitch [˂stìtʃ] *vt.*, *vi.* (…을) 사슬(모양) 뜨기로 뜨다.
cháin stòre 체인 스토어, 연쇄점(連鎖店) (《英》 multiple shop〈store〉).
⁝**chair** [tʃɛər] *n.* (1) ⓒ (1인용의) 의자. (2) ⓒ (대학의) 강좌 ; 대학 교수의 직(professorship) (3) (*the* ~) 의장석〈직〉 ; 의장, 위원장 ; 《英》 시장의 직 (4) (the ~) 《美口》 전기 의자 (5) ⓒ 【鐵】 좌철(座鐵), 레일 고정쇠. ***take the*** ~ 의장석에 앉다 ; 개회하다 ; 취임하다.
— *vt.* (1) …을 착석시키다. (2) …을(권위 있는) 직〈지위〉에 앉히다. (3) 《口》 …의 의장직을 맡다 (4) (시합에 이긴 사람 등)을 의자에〈목말을〉 태우고 다니다.
cháir bèd 긴의자 겸용 침대.
chair·borne [tʃɛ́ərbɔ̀ːrn] *a.* 《口》 지상 근무의
cháir càr 【美鐵】 (1) 리클라이닝 시트를 설치한 객차. (2) = PARLOR CAR.
⁝**chair·man** [˂mən] (*pl.* ***-men*** [˂mən]) *n.* ⓒ (1) a] 의장 ; 사회자 ; 회장, 위원장 : the ~ of the board 중역회장,【cf.】 chairwoman. b] (대학 학부의) 학과 장, 주임 교수. (2) a] 휠체어(Bath chair)를 미는 사람. b] (sedan chair의) 교군꾼.
chair·man·ship [-ʃìp] *n.* (1) ⓒ (흔히 *sing.*) chairman의 직〈지위〉. (2) ⓤ chairman의 재능.
chair·per·son [tʃɛ́ərpə̀ːrsn] *n.* ⓒ (1) 의장, 사 회자, 회장. 【cf.】 chairman. (2) (대학의) 학과장〈주 임〉
chair·wom·an [tʃɛ́ərwùmən] (*pl.* ***-wom·en*** [˂wìmin]) *n.* ⓒ 여자 의장〈회장, 위원장, 사회자〉 (chairlady). 【cf.】 chairman.
chaise [ʃeiz] *n.* ⓒ 2륜〈4륜〉의 경쾌한 유람마차.
chaise longue (*pl.* ~***s***, ***chaises longues***) 《F.》 긴 (침대) 의자의 일종.
chal·ced·o·ny [kælsédəni, kǽlsidòuni] *n.* ⓤⓒ 【鑛】 옥수(玉髓).
Chal·de·an [kældíː(ː)ən] *a.* 칼데아(사람)의 ; 점 성술(占星術)의. — *n.* (1) ⓒ 칼데아 사람. (2) ⓤ 칼데아 말. (3) ⓒ 점성가 ; 마법사.
cha·let [ʃæléi, ˂-] *n.* ⓒ 《F.》 (1) 샬레《스위스의 양치기들의 오두막집》 ; 스위스의 농가(풍의 집). (2) (스위스풍의) 산장, 별장 ; 방갈로.
chal·ice [tʃǽlis] *n.* ⓒ (1) 【基】 성작(聖爵). (2) 【植】 잔 모양이 꽃.
⁝**chalk** [tʃɔːk] *n.* (1) ⓤ 백악(白堊). (2) ⓤⓒ 초크, 분필 ; (크레용 그림용의) 색분필 (3) ⓒ a] (점수 등) 분필로 적은 기호. b] 《英》 (승부 의) 득점(score). (***as***) ***different***〈***like***〉 ***as*** ~ ***from*** 〈***and***〉 ***cheese*** (겉은 비슷하나 본질은) 전혀 다른. ***by a long*** ~ = ***by*** (***long***) ~***s*** 《英口》 훨씬, 단연(by far). ~ ***and talk*** (칠판과 대화하는) 선동직 교수법. ***not by a long*** ~ 《英口》 전혀 …아니다. ***walk the*** ~ (***line*** 〈***mark***〉) 《美口》 1) (취하지 않은 증거로) 똑바로 걷다. 2) 올바르게 행동하다 ; 명령을 좇다. — *vt.* (1) …을 분필로 표를 하다〈적다〉 《*down*》. (2) …에 분필칠을하다. (3) …을 초크로 쓰다〈그리다〉. ~ ***out*** 1) ch 크로 윤곽을 그리다. 2) 계획하다 《종종 ~ *out for oneself* 라고도 함》. ~ ***up*** 1) (칠판 따위에) 초크로 쓰다 ; (득점 등)을 기록으로 적어두다, 기록하다 3) 탓으로 돌리다.
chalk·board [˂bɔ́ːrd] *n.* ⓒ 《美》 칠판.
chalky [tʃɔ́ːki] (***chalk·i·er*** ; ***-i·est***) *a.* (1) 백악 질의 ; 백악이 많은. (2) 백악색(色)의.
⁝**chal·lenge** [tʃǽlindʒ] *n.* (1) ⓒ 도전, 시합〈결투〉의 신청 ; 도전장《to》 (2) ⓒ (보초의) 수하 (3) ⓒ 해

C

볼 만한 일, 노력의 목표, 난제 ; 야심작(野心作) (4) ⓒ a] 설명〈증거〉의 요구 ; 항의, 힐난《to》 : b] 《美》 투표(자의 자격)에 대한 이의(異議) 신청. (5) ⓒ 【法】 (배심원에 대한) 기피. —*vt.* (1) 《~+目/+目+前+名/+目+*to* do》 …에 도전하다, (논전·시합 따위)를 신청하다 ; (아무)에게 …하도록 도전 〈요구〉하다 :(2) …에게 사죄를 요구하다 (3) …을 수하하여 불러 세우다. (4) (정당성·가치 등)을 의심하다 ; 조사하다 ; 논의하다 (5) 【法】 (배심원·진술 따위)에 이의를 신청하다, 기피하다 ; (증거 따위)를 거부하다(deny). (6) 《美》 (투표(자)의 유효성〈자격〉 따위)에 이의를 제기하다. (7) …을 감히 요구하다 ; …에 견딜 수 있다, …에 대항할 수 있다 (8) (감탄· 비판)을 불러일으키다 ; (관심)을 환기하다 ; 자극하다 ; (난제 등이 아무의 능력)을 시험하다

C

chal·leng·er [tʃǽlindʒər] *n.* ⓒ (1) 도전자. (2) 수하하는 사람. (3) 【法】 기피자, 거부자.

chal·leng·ing [tʃǽlindʒiŋ] *a.* (1) 도전적인 ; 도발적인. (2) 의욕을 돋우는, 곤란하지만 해〈맞붙어〉 볼만한

:cham·ber [tʃéimbər] *n.* (1) ⓒ 방, 독방 ; 《특히》 침실. (2) ⓒ (공관 등의) 응접실. (3) (*pl.*) 판사실 ; 사무실. (4) ⓒ 회관(hall) ; 회의소, 의장(議場). (5) (the ~) 의원, 의회 (6) ⓒ a] (총의) 약실(藥室). b] 【機】 (공기· 증기 따위의) 실(室). (7) ⓒ (동물 체내의) 소실(小室), 공동(空洞) ~ ***of commerce*** 상공 회의소.
— *a.* 〔限定的〕 실내용으로 만들어진 ; 실내악〈연주〉의 : ⇨ CHAMBER MUSIC.

cham·bered [tʃéimbərd] *a.* 〔合成語로〕 …(의) 실(室) 〈약실〉이 있는.

·cham·ber·lain [tʃéimbərlin] *n.* ⓒ (1) 시종(侍從). (2) (귀족의) 가령(家令). (3) 《英》 (시·읍·면 등의) 출납 공무원.

cham·ber·maid [tʃéimbərmèid] *n.* ⓒ (호텔의) 객실 담당 여종업원.

chámber mùsic 실내악.

chámber òrchestra 실내악단.

chámber pòt 침실용 변기, 요강.

cha·me·le·on [kəmíːliən, ljən] *n.* ⓒ (1) 【動】 카멜레온. (2) 변덕쟁이, 경박한 사람.

cha·me·le·on·ic [kəmìːliánik / -ɔ́n-] *a.* 카멜레온 같은 ; 변덕스러운, 무절조(無節操)한.

cham·fer [tʃǽmfər] *n.* ⓒ 【建】 (가구 등의 모서리를 깎은) 목귀. — *vt.* 【建】 목귀질하다.

cham·ois [ʃǽmi / ʃǽmwɑː] (*pl.* ~, ***-oix*** [-z]) *n.* (1) ⓒ 【動】 샤무아《남유럽·서남 아시아산 영양류(類)》. (2) 〈英+ [ʃǽmi] 〉 a] ⓤ 새미 가죽《영양·양· 염소·사슴 등의 부드러운 가죽》. b] ⓒ 새미 가죽제 행주.

champ¹ [tʃæmp] *vt., vi.* (1) (말이 재갈을) 자꾸 씹다〈물다〉. (2) a] (여물을) 우적우적 씹다. b] (사람이) 말처럼 우적우적 먹다. (3) a] (흥분하여) 이를 갈다 《with》 : ~ *with* anger 화가 나서 이를 갈다. b] 〔흔히 進行形으로〕 (…하고 싶어) 안달복 달하다《*to* do》 ~ ***at a*** 〈***the***〉 ***bit*** (말이) 재갈을 씹다 ; (…하고 싶어) 안달하다 《*to* do》

champ² *n.* 《口》 = CHAMPIO*n.*

·cham·pagne [ʃæmpéin] *n.* (1) ⓤⓒ 샴페인. (2) ⓤ 샴페인 빛깔《황록색 또는 황갈색》.

cham·paign [ʃæmpéin] *n.* ⓒ 《文語》 평야, 평 원.

cham·pi·gnon [ʃæmpínjən] *n.* ⓒ 샴피뇽《송이 과의 식용 버섯 ; 유럽 원산》.

:cham·pi·on [tʃǽmpiən] (*fem.* ~***·ess*** [-is]) *n.* ⓒ (1) a] (경기의) 선수권 보유자, 챔피언 ; 우승자. b] (품평회 따위에서) 최우수품. (2) 《口》 남보다 뛰어난 사람〈동물〉. (3) 투사, 옹호자 — *a.* (1) 〔限定的〕 우승한 ; 선수권을 획득한 : a ~ boxer 권투의 챔피언. (2) 《口·方》 일류의, 다시없는 : a ~ idiot 지독한 바 보. — *ad.* 《口·方》 그 이상 더 없이, 멋지게. — *vt.* 투사로서 활동하다, 옹호하다 : ~ the cause of human right 인권 운동을 옹호하다.

chámpion bèlt 챔피언 벨트.

:cham·pi·on·ship [-ʃìp] *n.* (1) ⓒ 선수권, 우승, 우승자의 명예〈지위〉 :(2) ⓒ (종종 *pl.*) 선수권 대회, 결승전 (3) ⓤ (사람·주의 등의) 옹호

:chance [tʃæns, tʃɑːns] *n.* (1) ⓤⓒ 우연 ; 우연한 일, 운 (2) ⓒ a] 기회 《*to* do》 ; 호기 b] 【野】 척살〈포살〉의 호기 ; 【크리켓】 타자를 아웃시킬 호기. (3) ⓤⓒ (종종 *pl.*) 가망, 승산, 가능성 (4) ⓒ a] 위험, 모험《*of*》 b] 복권의 추첨권. (5) 《美口》 상당수〈량〉《of》 ***as ~ would have it*** 우연히 ; 공교롭게도. ***by any ~*** 혹시 ; 만약에 ***Chances are*** (***that***) .. 아마 …일 것이다 ***Chance would be a fine thing !*** 그런 기회가 있으며 좋으련만. ***given half a ~*** 조금만 기회가 주어진다면. ***on the ~ of*** 〈***that***..〉 …을 기대(期待)하고, …을 믿고. ***stand a good*** 〈***fair***〉 ~ (***of***) (…의) 가망성이 충분히 있다 ***take a*** (***long***) ~ = ***take*** (***long***) ~***s*** 운명에 맡기고 해보다. ***take*** one's 〈***the***〉 ~ 결연히 해보다 ; 기회를 잡다. — *a.* 〔限定的〕 우연한 — *vi.* (1) 《+*to* do/+*that*[절]》 어쩌다가 …하다 ; 우연히 일어나다 (2) 《+前+名》 우연히 만나다〈발견하다〉《*on, upon*》 — *vt.* …을 해보다, 운에 맡기고 하다, 부닥쳐 보다《종종 it을 수반함》 : I'll have to ~ *it* whatever the outcome. 결과야 어찌 되든 해봐야겠다.

chan·cel [tʃǽnsəl, tʃɑ́ːn-] *n.* ⓒ 성단소(聖壇所), (교회의) 성상 안치소.

chan·cel·lery, chan·cel·lory [tʃǽnsələri, tʃɑ́ːn-] *n.* ⓒ (1) chancellor (법관·장관〈대신〉 등) 의 지위. (2) chancellor 의 관청〈법정, 사무국〉. (3) 대사관〈영사관〉 사무국(직원들).

·chan·cel·lor [tʃǽnsələr, tʃɑ́ːn-] *n.* ⓒ (1) (C-) 《英》 대법관·재무장관의 칭호. (2) (독일 등의) 수상 : *Chancellor* Kohl 콜 수상. (3) a] 《美》 대학 총장, 학장 《흔히 President 라고 함》. b] 《英》 명 예 총장. 【cf.】 vice-chancellor. (4) 《美》 (형평법 재판소의) (수석) 판사. (5) 《英》 대사관 일등 서기 관. ***the Chancellor of the Exchequer*** (영국의) 재무장관. ***the Lord*** (***High***) ***Chancellor*** = ***the Chancellor of England*** (영국의) 대법관.

chance-med·ley [tʃǽnsmèdli, tʃɑ́ːns-] *n.* ⓤ (1) 【法】 과실 살인. (2) 우연한 행위.

chan·cery [tʃǽnsəri, tʃɑ́ːn-] *n.* (1) ⓒ 《美》 형평 법(衡平法) 재판소, (2) (C-) 《英》 대법관청《지금은 고등 법원의 일부》 (3) ⓒ 공문서 보관소.

chan·cre [ʃǽŋkər] *n.* ⓤ 【醫】 하감(下疳).

chancy [tʃǽnsi, tʃɑ́ːn-] (***chanc·i·er ; -i·est***) *a.* (1) 우연의 ; 불확실한, 불안(정)한. (2) 《口》 위험한(

chan·de·lier [ʃændəlíər] *n.* ⓒ 샹들리에.

chan·dler [tʃǽndlər, tʃɑ́ːn-] *n.* ⓒ 《美·英古》 (1) 양초 제조인 〈장수〉. (2) 잡화상

chan·dl·er·y [-ləri] *n.* (1) ⓤ 잡화상. (2) (*pl.*) 잡화(류).

:change [tʃeindʒ] *vt.* (1) 《~+目/+目+前+名》 …을 바꾸다, 변경하다, 고치다, 갈다 (2) 《+目+前+名》 …을 바꿔 …으로 하다 ; (재산 따위)를 다른 형태로 하다《*into*》 (3) 《~+目/+目+前+名》 …을 교환하다, 갈다 (4) …의 장소를 옮기다 ; (아무)를 경질하다 (5) 《~+目/+目+目/+目+前+名》 …을 환전하다, 잔돈으로 바꾸다 ; (수표·어음)을 현금으로 바꾸다 (6) 《+

目+前+名》 …을 갈아타다《for》(7) (침대)의 시트를 갈(아대)다, (아기)의 기저귀를 갈아채우다 : ~ a bed〈baby〉.
— *vi.* 《~/+前+名》 (1) 변하다, 바뀌다, 변화하다, 바뀌어 …이 되다 (2) 변경되다, 갈리다, 고쳐지다 ; (역할·자리·차례 따위를) 바꾸다《with》 (3) (열차·버스 등을) 갈아타다 (4) (…로) 갈아입다《into》 (5) (소리가) 낮아지다 ; 변성하다. (6) (자동차의) 기어를 바꾸다. ~ ***back into***.. (모양·성격 따위가) 본래의 …으로 (되)돌아가다 〈되돌리다〉. ~ ***gear*** (자동차의) 기어를 바꿔 넣다. ~ ***off*** 교대하다《at ; with》 : ~ *off at* driving. 교대로 운전하다. ~ ***over*** 1) (아무가 …을) (…에서 -로) 바꾸다, 변경(變更)하다 《from ; to》 : ~ *over from* gas to electricity 가스에서 전기로 바꾸다. 2) (기계 장치 따위가) (자동적으로 …에서 -로) 바뀌다, 전환되다. 3) (두 사람이) 역할을〈입장, 위치(따위)를〉 서로 바꾸다. 4) **[體]** (선수·팀이) 코트(따위)를 바꾸다. ~ ***round*** 1) (바람의) 방향이 (…에서 -로) 바뀌다《from ; to》 2) = ~ over 3) 4). 3) (항목 등의) 순서를 바꾸다, (…을) 바꿔넣다. ~ one'***s tune*** 태도를 바꾸다.
— *n.* (1) ⓤⓒ 변화 ; 변경, 변천 ; 색다른〈새로운〉 것 (2) ⓒ a] 교환, 교체 ; 이동 b] 갈아타기. c] 갈아입기. (3) ⓤ 거스름돈, 우수리 ; 잔돈 (4) (C-) 거래소 《Exchange의 간약체로 잘못 생각하여, 'Change 라고 쓰기도 함》. (5) ⓒ (흔히 *pl.*) **[樂]** 여러 가지 다른 종을 치는 법 ; 전조(轉調), 조바꿈. ***a*** ~ ***of pace*** 항상 하던 방법을 바꿈 ; 기분 전환 ; **[野]** (투수가) 구속(球速)을 바꾸는 일. ***get no*** ~ ***out of*** a person 《英口》 아무에게서 아무것도 알아〈얻어〉 내지 못하다. ***get short*** ~ 무시당하다, 냉대받다. ***give*** a person ~ 아무를 위해 애쓰다 ; 앙갚음하다. ***give*** a person ***short*** ~ 《口》 아무를 무시하다, 냉대하다. ***It makes a*** ~. 평소와 다른 것은 즐겁 다. ***ring the*** ~***s*** 여러 가지 수단을 바꿔 시도해 보다 ; 같은 말을 여러 가지로 바꿔 말하다.

change·a·bil·i·ty [tʃèindʒəbíəlti] *n.* ⓤ 변하기 쉬운 성질, 가변성 ; 불안정.

:change·a·ble [tʃéindʒəbəl] *a.* (1) 변하기 쉬운, (날씨 따위가) 변덕스러운 ; 불안정한 (2) (조약의 조항 등) 가변성의. (3) (비단 따위가 광선·각도에 의하여) 색이 여러 가지로 변화하여 보이는.
파) **-bly** *ad.* ~**·ness** *n.*

change·ful [tʃéindʒəfəl] *a.* 변화가 많은 ; 변하기 쉬운, 불안정한. 파) ~**·ly** *ad.*

chánge gèar [機] 변속기〈장치〉.

change·less [tʃéindʒəlis] *a.* 변화 없는 ; 불변의. 일정한(constant). 파) ~**·ly** *ad.*

change·ling [tʃǽindʒəliŋ] *n.* ⓒ 바꿔친 아이(elf child)《요정이 빼앗아간 예쁜 아이 대신 두고 가는 자고 못난 아이》.

change·o·ver [∠òuvər] *n.* ⓒ (1) (정책 따위의) 변경, 전환. (2) (내각 따위의) 경질, 개각. (3) (형세의) 역전《from ; to》. (4) (설비의) 대체.

chánge rìnging 조(調) 바꿈 타종법.

change-up [tʃéindʒʌ̀p] *n.* ⓒ **[野]** 체인지업.

cheáng·ing ròom [tʃéindʒiŋ] 《英》 (운동장 등의) 탈의실.

:chan·nel [tʃǽnl] *n.* (1) ⓒ 해협《strait 보다 큼》 ; 수로《하천·항만 따위의 물이 깊은 부분》 : the (English) *Channel* 영국 해협. (2) ⓒ a] 액체를 통 하는 도수관. b] (길가의) 도랑. (3) (*pl.*) 경로, 루트《지식·보도 등의》 (4) ⓒ (화제·행동·사상의) 방향 ; (활동의) 분야 (5) ⓒ a] **[放 送]** 채널 ; (할당된) 주파수대. b] **[電]** 채널. c] **[컴]** 통신로, 채널. (6) ⓒ 하상(河床), 강바닥.
— (***-l-,*** 《英》 ***-ll-***) *vt.* 《~+目/+目+前+名》 (1) a] …에 수로를 열다〈트다〉 ; (길)을 열다. b] …에 홈을 파다 (2) 수로〈경로〉를 통해서 나르다〈보내다〉 ; 《比》 이끌다, 일정 방향으로 돌리다〈이끌다〉 ; 보내다, (정보 등을) 전하다 : ~ more money *into* welfare 복지에 더 많은 돈을 돌리다 / He ~*ed* all his energy *into* fixing his bicycle. 그는 온 힘을 자전거 수리에 돌렸다.

Chánnel Túnnel (the ~) 영불해협 터널, 도 버 터널《1994년 개통 ; 별명 Eurotunnel》.

chan·son [ʃǽnsən / ʃɑːŋsɔ́ːŋ] *n.* ⓒ 《F.》 노래, 샹송.

·chant [tʃæent, tʃɑːnt] *n.* ⓒ (1) 노래, 멜로디. (2) 성가 ; 영창《시편 따위의 글귀를 단조롭게·읊는 일》. (3) 영창조(調) ; 단조로운 말투〈어조〉 ; 슬로 건.
— *vt.* (1) (노래·성가)를 부르다. (2) …을(시가(詩歌)로) 기리어 노래하다 ; 칭송하다. (3) (찬사 따위)를 되풀이하다 ; 단조로운 말을 하다.
— *vi.* (1) 영창하다 ; 성가를 부르다. (2) 단조로운 말투로 이야기하다.

chant·er [tʃǽntər, tʃɑ́ːnt-] *n.* ⓒ (1) (chant를) 읊조리는 사람 ; 영창자. (2) 성가대원〈장〉.

chant·ey [ʃǽnti, tʃǽn-] (*pl.* ~***s***) *n.* ⓒ (선원의) 뱃노래.

chan·ti·cleer [tʃǽntəklìər] *n.* ⓒ 수탉(rooster) 《cock의 의인화》.

chan·ty [ʃǽnti, ʃǽn-] (*pl.* -ties) *n.* = CHANTEY.

·cha·os [kéiɑs] *n.* ⓤ (1) (C-) (천지 창조 이전의) 혼돈. **[opp.]** *cosmos*. (2) 무질서, 대혼란

cha·ot·ic [keiɑ́tik / -ɔ́t-] *a.* 혼돈된 ; 무질서한, 혼란한 파) **-i·cal·ly** *ad.*

:chap[1] [tʃæp] *n.* ⓒ 《口》 놈, 녀석(fellow, boy) ; 사나이 : od ~ 《英》 여보게《※ 형용사를 수반할때가 많고, 호칭으로도 쓰임》.

chap[2] *n.* ⓒ (흔히 pl) 동창(凍瘡). —(***-pp-***) *vt.*, *vi.* (살갗이) 트게 하다 ; 트다

chap·ar·ral [tʃæ̀pərǽl, ʃæ̀p-] *n.* ⓒ 《美》 작은 떡갈나무의 덤불.

chap·book [tʃæpbùk] *n.* ⓒ 가두 판매되는 싸구려 책《이야기·가요 따위 책자》.

cha·peau [ʃæpóu] (*pl.* ~***x*** [-z], ~***s***) *n.* ⓒ 《F.》

:chap·el [tʃǽpəl] *n.* (1) ⓒ 채플, 예배당《큰 교회·학교·병원·개인 저택내의》. (2) ⓒ 《英》 (영국 비국교도의) 교회당. (3) ⓤ 〔無冠詞〕 (대학 따위의) 예배(에의 출석) (4) 인쇄공 조합. — *a.* 〔敍述的〕 《英》 비국교도의.

chápel gòer 《英》 채플에 잘 가는 사람.

chap·er·on(e) [ʃæ̀pəròun] *n.* ⓒ 샤프롱, (사교 세에 나가는 젊은 여성의) 보호자. — *vt.* (젊은 여성)의 보호자로서 동반하다. — *vi.* 샤프롱 역할을 히다.

chaper·on·age [ʃǽəròunidʒ] *n.* ⓤ 샤프롱 노릇.

chap·fall·en [tʃǽpfɔ̀ːlən] *a.* 풀이 죽은, 낙담한.

·chap·lain [tʃǽplin] *n.* ⓒ(1) 예배당 목사《궁정·학교 따위의 예배당에 소속》. (2) (교도소의) 교회사(敎誨師). (3) 군목(軍牧).

chap·lain·cy [-si] *n.* ⓒ (1) chaplain 의 직〈임기〉 (2) chaplain 이 근무하는 곳.

chap·let [tʃǽplit] *n.* ⓒ (1) 화관(花冠). (2) **[가톨릭]** 묵주. (3) 구슬 목걸이. 파) ~**·*ed*** *a.* 화관을 쓴.

chap·man [tʃǽpmən] (*pl.* ***-men*** [-mən]) *n.* ⓒ 《英》 행상인.

chap·py [tʃǽpi] *a.* 피부가 많이 튼.

chaps [tʃæps] *n. pl.* 《美》 챕스《카우보이가 다리를 보호하기 위해 바지 위에 덧입는 가죽 바지》.

:chap·ter [tʃǽptər] *n.* ⓒ (1) (책·논문 따위의) 장(章) 《略 : chap., ch., c.》 (2) a] (역사상·인생 등의) 중요한 한 시기〈한 부분〉 b] 《英》 (일련의) 사건, 연속 《*of*》 (3) 〔集合的〕 참사회《cathedral 또는 대학 부속 교회의 성직자 canons가 조직하는》 ; (수도회의 최고 권한을 갖는) 총회, 수도회 총회 ; 〔一般的〕 총회. (4) 지부, 분회. ~ ***and verse*** 1) 【聖】 장과 절 ; 정확한 출처, 전거 2) 《美俗》 규칙집 ; 상세한 정보. 3) 상세히.

C

chápter hòuse (1) 성당 참사회 회의장. (2) 《美》 (대학 동창회 등의) 지부 회관.

char[1] (*-r-,* 《英俗》 *-rr-*) *vi.* 날품으로 잡역부일을 하다. — *n.* ⓒ 날품팔이 잡역부.

char[2] [tʃɑːr] (*-rr-*) *vt.* …을 숯으로 만들다, 숯이 되도록 굽다 ; (시꺼멓게) 태우다. —*vi.* 숯이 되다, 시꺼멓게 타다〈눋다〉. —*n.* (1) ⓤ 숯, 목탄(charcoal) ; (제당용) 골탄. (2) ⓒ 새까맣게 탄 것.

char[3] (*pl.* ~***s***, 〔集合的〕 ~) *n.* ⓒ 【魚】 차, 곤들매기류(類).

char[4] *n.* ⓤ 《英俗》 차(tea) : cup of ~ 차 한잔.

char·a·banc [ʃǽrəbæ̀ŋk] *n.* ⓒ 《英》 대형 관광 〈유람〉 버스.

:char·ac·ter [kǽriktər] *n.* (1) ⓤⓒ 특성, 특질, 성질, 성격 (2) ⓤ 인격, 품성 (3) ⓤ 고결함, 고아한 품격, 기골(氣骨) (4) ⓒ 성망, 명성 ; 평판 (5) ⓒ a] 〔修飾語와 함께〕 (유명한) 사람, 인물(person) b] 《口》 개성이 강한 사람, 기인, 괴짜 : He is quite a ~. 그는 정말 재미있는 사람이다. (6) ⓒ (소설의) 등장 인물, (연극의) 역(role) (7) ⓒ (흔히 *sing.*) 신분, 자격, 지위 (8) ⓒ 인물 증 명서, 추천장《전의 고용주가 사용인에게 주는》. (9) ⓒ (물건의 성질을 나타내는) 부호, 기호 (10) ⓒ 문자(letter), 자체, 서체 : 【컴】 문자, 캐릭터 (11) ⓒ 【遺】 형질 ***in*** ~ 격에 맞는, 걸맞는 ; 어울리는 《*with*》 ***out of*** ~ 격에 맞지 않는, 걸 맞지 않는 ; (옷 등이) 어울리지 않는.

cháracter àctor 〈**àctress**〉 성격 배우〈여배우〉.

cháracter assassinàtion 중상, 비방.

char·ac·ter-based [kǽriktərbéist] *a.* 【컴】 문 자 단위 표시 방식의.

cháracter dènsity 【컴】 문자 밀도.

:char·ac·ter·is·tic [kæ̀riktərístik] (***more*** ~ ; ***most*** ~) *a.* (1) 독특한, 특징적인. (2) 〔敍述的〕 … 에 특유한, …의 특징을 나타내는 — *n.* ⓒ 특질, 특색, 특징 ; 특성 **char·ac·ter·is·ti·cal·ly** [-kəli] *ad.* 특징으로서 ; 개성적으로 ; 과연 … 답게

char·ac·ter·i·za·tion [kæ̀riktərizéiʃən] *n.* ⓤⓒ (1) 특징을 나타냄, 특성짓기. (2) (연극이나 소설에서의) 성격 묘사.

·char·ac·ter·ize [kǽriktəràiz] *vt.* (1) …의 특색을 이루다, 특징지우다 ; …의 성격을 나타내다 (2) …의 특성을 기술〈묘사〉하다 **char·ac·ter·less** [kǽriktərlis] *a.* 특징 없는.

cháracter skètch 인물 촌평 ; 성격 묘사.

cha·rade [ʃəréid / -rɑ́ːd] *n.* (1) (*pl.*로 *sing.* 취급) 제스처 놀음《몸짓으로 판단하여 말을 한 자씩 알아 맞히는 놀이》. (2) ⓒ (그 게임의) 몸짓 ; 몸짓으로 나타내는 말.

char·broil [tʃɑ́ːrbrɔ̀il] *vt.* (고기)를 숯불에 굽다.

·char·coal [tʃɑ́ːrkòul] *n.* (1) ⓤ 숯, 목탄. (2) ⓒ 목탄화(~ drawing). (3) = CHARCOAL GRAY.

chárcoal búrner (1) 숯 굽는 사람, 숯군. (2) 숯 풍로, 화로.

chárcoal grày 진회색.

chard [tʃɑ́ːrd] *n.* ⓤⓒ 【植】 근대.

:charge [tʃɑːrdʒ] *vt.* (1) (차·배 따위)에 짐을 싣 다. (2) 《~+目/+目+前+名》 (전지)에 충전하다 ; (총)에 장전하다《*with*》 (3) 《+目+前+名》 …에 담다, 채우다 (4) 《+目+前+名》 (의무·책임 등)을 …에게 지우다, 과(課)하다 ; 위탁하다《*with*》 : ~ a person *with* a task 아무에게 임무를 과하다. (5) 《+目+to do》 …에게 명령〈지시〉하다 (6) 《+目+前+名/+*that* 〔절〕》 (죄·실태 따위)를 …에 돌리다, …의 탓으로하다 ; (죄 따위)를 …에게 씌우다(impute) ; 책망하다 ; 고발하다, 고소하다 (7) 《+目+前+名/+*that*〔절〕》 …을 비난하다《*with*》 (8) 《+目+前+名/+目+目》 (세금·요금 등 또는 일정액)을 …에게 부담시키다, 청구하다, 물리다《*for*》 (9) 《+目+前+名》 …의 요금을 과하다〈징수하다〉 ; …의 대가를 징수하다 (10) 《~+目/+目+前+名》 …의 앞으로 달아 놓다, …의 차변(借邊)에 기입하다《*to*》 : *Charge* it, please. (가게에서) 대금을 내 앞으로 달아 놓으시오. (11) (총검)을 겨누다 ; (적)을 향하여 돌격하다, …을 공격하다 — *vi.* (1) 요금을 받다, 지불을 청구하다 《*for*》 (2) 돌격하다, 돌진하다《*on* ; *at*》 : ~ *into* a room 방으로 뛰어들다. (3) 충전되다.
— *n.* (1) ⓒ 짐, 화물. (2) ⓤⓒ a] 충전 ; 전하 : (a] positive〈negative〉 ~ 양〈음〉전하. b] (총의) 장전, (1 발분의) 장약 ; (용광로 1 회분 원광(原鑛)의) 투입량 ; 충전〈장약, 투입〉량. (3) ⓤⓒ 책임, 의무 ; 책무, 직무 : assume a responsible ~ 책임 있는 직책을 맡다. (4) ⓤ 위탁, 관리, 돌봄, 보호 ; 담임《*of*》 : a child in ~ *of* a nurse 유모에게 맡겨진 아이 / I've got ~ *of* this class this school year. 나는 이번 학년 이 학급의 담임을 맡고 있다. (5) ⓒ 맡고 있는 것〈사람〉 ; 담당한 학생〈신도〉. (6) ⓤ 명령, 지시(指示) : receive one's ~ 지시를 받다. (7) ⓒ 비난 ; 고발, 고소 ; 죄과 : He is wanted on a ~ of burglary 〈murder〉. 그는 강도〈살인〉 혐의로 수배된 자이다 / face a ~ 혐의를 받다. (8) ⓒ 부담, 요금, (치러야 될) 셈 : a ~ on the state 국가의 부담 / a list of ~s 요금표(表) / No ~ is made for the service. 서비스료는 받지 않습니다 / put down a sum *to* a person's ~ 총액을 아무 앞으로 달다. (9) ⓒ 청구 금액 ; 부과금, 돈 ; (종종 *pl.*) (제반) 비용. (10) ⓒ 【軍】 돌격, 진격 : make a ~ (at..) (…에) 돌격하다. (11) ⓒ (흔히 sing.) 《俗》 스릴, 즐거운 경험, 흥분 : get a ~ out of dancing 댄스를 즐기다. ***give*** a person ***in*** ~ 《英》 아무를 경찰에 넘기다. ***in*** ~ 1) 담당의, 담임의《of》. 2) 《英》 체포되어. ***in the*** ~ ***of*** = ***in*** a person's ~ …에 맡겨져 있는.

charge·a·ble [tʃɑ́ːrdʒəbəl] *a.* 〔敍述的〕 (1) (세금이) 부과되어야 할《*on*》 (2) 돌리져 야 할《*to*》 ; 지워져야 할 《*on* ; *with*》 (3) 비난받아야 할, 고발되어야 할《*with*》

chárge accòunt 《美》 외상 거래 계정(《英》 credit account).

char·ge d'af·faires [ʃɑːrʒéidæféər] (*pl.* ***char·ges d'af·faires*** [ʃɑːrʒéiz- / ʃɑ́rʒəizdəfέrʒ]) *n.* ⓒ 《F.》 대리 대사〈공사〉.

chárge nùrse (병동의) 수석간호사.

charg·er [tʃɑːrdʒər] *n.* ⓒ (1) 습격자 ; 돌격자. (2) (장교용의) 군마. (3) 탄약 장전기. (4) 충전기.

chárge shèet 《英》 (경찰의) 사건 기록부(簿) ; 기소용 범죄자 명부.

char·i·ly [tʃέərili] *ad.* (1) 조심스럽게, 경계하면서. (2) 아까운 듯이.

·char·i·ot [tʃǽriət] *n.* ⓒ (1) (고대의) 전차(戰車). (2) (18세기의) 4륜 경마차.

char·i·o·teer [tʃæ̀riətíər] *n.* ⓒ 전차 모는 전사.
cha·ris·ma [kərízmə] (*pl.* ~**·ta** [-mətə]) *n.* (1) ⓒ 【神學】 성령의 은사(恩賜), 특별한 능력. (2) ⓤ 카리스마, (특정 개인이나 지위에 따라붙는) 권위 ; (대중을 신복시키는) 교조적(敎條的) 매력〈지도 력〉.
char·is·mat·ic [kæ̀rizmǽtik] *a.* (1) 카리스마적 인 (2) 【基】 카리스마파의《병 치료 따위 성령의 초자연력을 강조하는 일파》. — *n.* ⓒ 카리스마파 신자.
파) **-i·cal·ly** *ad.*
·char·i·ta·ble [tʃǽrətəbəl] *a.* (1) 자비로운 (2) 관대한 (3) 〔限定的〕 자선의〈을 위한〉
파) ~**·ness** *n.*
char·i·ta·bly [-təbli] *ad.* 자애롭게, 자비롭게 ; 관대하게.
:char·i·ty [tʃǽrəti] *n.* (1) ⓤ 자애, 자비, 박애(심), 사랑 (2) ⓤ 관용, 관대함 (3) ⓤ 자선 (행위) ; 보시(布施), 자선을 위한 기부 (4) (*pl.*) 자선 사업. (5) ⓒ 자선 단체 ; 양육원, 요양원.
chárity schòol (옛날의) 자선 학교.
chárity shòw 자선쇼〈흥행〉.
cha·riv·a·ri [ʃərìvəríː, ʃivəríː / ʃɑ̀ːrəvɑ́ːri] *n.* ⓒ 결혼 축하로 시끌벅적함. — *vt.* …을 시끌벅적하게 떠들다.
char·la·tan [ʃɑ́ːrlətən] *n.* ⓒ 크게 풍떠는 협잡 꾼, 《특히》 돌팔이 의사(quack) 파) **chár·la·tan·ism** [-lətənìzəm], **chár·la·tan·ly** *n.* ⓤ 허풍, 아는 체함 ; 사기적인 행위.
Charles' s Wain [tʃɑ́ːrlzizwéin] 《英》 【天】 (1) 북두칠성. (2) 큰곰자리.
Charles·ton [tʃɑ́ːrlztən, -ls-] *n.* (1) ⓒ 《美》 찰 스 턴《춤의 일종》. (2) 미국 West Virginia 주의 주 도. (3) 미국 South Carolina 주의 항구 도시.
chárley hòrse 《美俗》 (운동 선수 등의) 근육 경직.
char·lie *n.* 《英俗》 (1) ⓒ 바보. (2) (*pl.*) (여자의) 유방.
char·lock [tʃɑ́ːrlək, -lɑk / -lɔk] (*pl.* ~) *n.* ⓒ 배추속(屬)의 식물, 겨자류의 잡초.
char·lotte *n.* ⓤⓒ 샬럿《찐 과일 등을 빵·케이크로 싼 푸딩》.
:charm [tʃɑ́ːrm] *n.* (1) ⓤⓒ 매력(fascination) ; (흔히 *pl.*) 아름다운 점 ; 미관 ; (여자의) 아름다운 용모, 요염함 (2) ⓤⓒ 마력 (spell) ; 주문(呪文) (3) ⓒ 부적 《*against*》 (4) ⓒ 작은 장식물 《시곗줄 따위》. ***like a*** ~ 《口》 마법에 걸린 것처럼 ; 신기하게, 감쪽같이 — *vt.* (1) 《~+目/+目+前+名》 …을 매혹하다, 호리다, 황홀하게 하다 ; 기쁘게 하다 (2) 《+目+[보]/+目+副/+目+前+名》 …을 마법에 걸다 ; …을 마력으로 지키다 ; (비밀·동의 따위)를 교묘히 이끌어 내다《*out of*》 (3) (뱀)을 길들이다, 부리다. — *vi.* (1) 매력적이다, 매력을 갖다. (2) 마법을 걸다.
chárm brácelet 작은 장식이 달린 팔지.
charmed [-d,《詩》 -id] *a.* (1) 매혹된 ; 마법에 걸린 ; 저주받은. (2) 마력으로 지켜진
charm·er [tʃɑ́ːrmər] *n.* ⓒ (1) 매혹하는 사람 ; 마법사 ; ⇨ SNAKE CHARMER. (2) 매력적인 사람.
:charm·ing [tʃɑ́ːrmiŋ] (***more*** ~ ; ***most*** ~) *a.* (1) 아주 멋있는, 매력적인, 아름다운 ; 호감이 가는 (2) (사물이) 멋진, 아주 재미있는〈즐거운〉.
charm·ing·ly [-li] *ad.* 매력적으로, 멋있게
:chart [tʃɑ́ːrt] *n.* (1) ⓒ 해도, 수로도. (2) ⓒ 도표, 그래프, 표 (3) (the ~s) 잘 팔리는 음반의 리스트 ; 히트 차트 (4) ⓒ 【醫】 병력(病歷), 카르테. —*vt.* (1) …을 해도, 도표로 만들다〈나타내다〉. (2) …을 계획〈입안〉하다.
:char·ter [tʃɑ́ːrtər] *n.* (1) ⓒ 헌장, (목적·강령 등의) 선언서 (2) ⓒ (회사 등의) 설립 강령(서), 설립. (3) ⓒ 특허장, 면허장《주권자가 자치도서의 창설 때 주는》 ; (협회·조합·대학 등의) 지부 설립 허가(장). (4) ⓒ 특권, 특별면제. (5) ⓤⓒ (버스·비행기 등의) 대차계약(서), 전세 ; (선박의) 용선계약 — *a.* 〔限定的〕 (1) 특허에 의한 ; 특권을 가진. (2) 전세 낸《비행기·선박 따위》 : a ~ plane 전세기. — *vt.* (1) …에게 특허〈면허〉를 주다. (2) (회사 등)을 설립하다. (3) (비행기·버스·선박 등)을 전세 내다(hire) : The group ~*ed* a coach. 그 일행은 장거리버스를 전세냈다.

chárter cólony 【美史】 특허 식민《영국왕이 교부한 특허장으로 건설된 식민지》.
char·tered [tʃɑ́ːrtərd] *a.* (1) 전세낸, 용선계약을 한 : a ~ ship 용선(傭船). (2) 특허 받은, 공인된 : ~ rights. 특권. 3) 세상에서 공인된 : a ~ liber- tine 천하에 이름난 방탕꾼〈아〉.
chártered accóuntant 《英》 공인 회계사 (《美》 certified public accountant ; 略 : C.A.).
chárter mémber (협회 등의) 창립 위원.
chárter pàrty 용선 계약(서) 《略 : C/P》.
Chart·ism [tʃɑ́ːrtizəm] *n.* ⓤ 【英史】 차티스트 운동 《인민 헌장을 내건 운동 ; 1837-48》.
Chart·ist [-ist] *n.* ⓒ 차티스트 운동 참가자.
char·treuse [ʃartrúːz / -trúːs] *n.* (1) ⓤⓒ 샤르트뢰즈 주(酒). (2) ⓤ 연둣빛.
char·wom·an [tʃɑ́ːrwùnən] (*pl.* ***-wom·en*** [-wìmin]) *n.* ⓒ 《英》 날품팔이 잡역부(婦), 파출부
chary [tʃέəri] (***char·i·er ; -i·est***) *a.* (1) 조심스 러운, 신중한《*of*》 (2) 몹시 망설이는, 쉽사리 행동하지 않는《*in doing*》 ; 부끄럼(을) 타는《*of*》 (2) 〔敍述的〕 물건을 아끼는 ; 아까워하는, 인색한《*of* ; *in*》 파) **char·i·ly ad. -i·ness** *n.*
:chase[1] [tʃeis] *vt.* (1) …을 쫓다, 추적하다 ; 추격하다 (2) 《+目+前+名/+目+副》 …을 쫓아버리다 《*away* ; *off*》 ; 몰아내다《*from* ; *out of*》 ; 몰아넣다 《*into* ; *to*》 ;(3) 《口》 …을 손에 넣으려고 애쓰다, …의 뒤를 쫓다 ; (여자)를 귀찮게 따라다니다 : (4) …을 사냥하다. — *vi.* (1) 《+前+名》 뒤쫓다, 추적하다 《*after*》 (2) 《口》 서두 르다, 달리다, 뛰어다니다 ~ ***down*** 1) (독한 술 뒤에 …을) 마시다 《*with*》 2) = ~ up. ~ ***up*** 《口》 (사람·정보 등을 서둘러) 찾아내다〈내려 하다〉. ***Go*** (***and***) ~ ***yourself !*** 《口》 꺼져! —*n.* (1) ⓤⓒ 추적, 추격, 추구 (2) (the ~) 사냥, 수렵 (3) ⓒ 쫓기는 사람 〈짐승, 배〉 ; 사냥감.
chase[2] *vt.* (1) (금속)에 돋을새김을 하다 ; (무늬) 를 양각하다(emboss) (2) …에 보석을 박다.
chase[3] *n.* ⓒ (1) (벽면(壁面)의) 홈. (2) (포신(砲身)의) 앞부분.
chas·er[1] [tʃəisər] *n.* ⓒ (1) 쫓는 사람, 추적자. (2) 사냥꾼. (3) 《美》 여자의 뒤꽁무니를 쫓아 다니는 사내. (4) 《口》 독한 술 뒤에 마시는 음료《물·탄산수》, 체이서.
chas·er[2] *n.* ⓒ 양각사(陽刻師) ; 조각 도구.
·chasm [kǽzəm] *n.* ⓒ (1) (지면·바위 따위의) 깊게 갈라진 틈 ; 깊은 구렁 ; 균열 (2) (의견 따위의) 소격(疏隔), 차이《*between*》 **chas·sis** [ʃǽsiː] (*pl.* ~ [-z]) *n.* ⓒ (1) (자동차 ·마차 따위의) 차대. (2) (비행기의) 각부(脚部). (3) (포가(砲架)가 이동하는) 포좌(砲座). (4) 라디오·텔레비전 세트를 조립하는 대, 밑판.
·chaste [tʃeist] (***chast·er ; chast·est***) *a.* (1) 정숙한, 순결한 (2) 고상한. (3) 순정(純正)한. (4) 조촐한, 간소한. ⓐ chastity *n.*

파) ~·**ly** *ad.* ~·**ness** *n.*
·**chas·ten** [tʃéisən] *vt.* (1) a] (신이 사람)을 징벌 하다. b] (고생이 사람)을 단련하다. (2) a] (감정따위)를 억제하다, 누그러지게 하다 ; 순화시키다. b] (작품 따위)를 세련하다. 파) ~***ed*** *a.* 징벌을 받은 ; 원만해진, 누그러진. ~·***er*** *n.* 응징자.
·**chas·tise** [tʃæsteɑiz] *vt.* 《文語》 …을 응징하다 ; 매질하여 벌하다, 질책하다.
chas·tise·ment [tʃæsteɑizmənt, tʃǽstiz-] *n.* ⓤⓒ 응징, 징벌 ; 엄한 질책.
·**chas·ti·ty** [tʃæstəti] *n.* ⓤ (1) 정숙 ; 순결 (2) 고상 ; 순정(純正). (3) (문체·취미 따위의) 간소.
chástity bèlt 정조대.
chas·u·ble [tʃǽzjəbəl, tʃǽs-] *n.* ⓒ 【가톨릭】 제 의(祭衣) 《사제가 미사 때 alb 위에 있음》.
:**chat** [tʃæt] (**-tt-**) *vi.* 《~/+前+名》 잡담하다, 담소하다, 이야기하다 ― *vt.* (허물없이 여자)에게 말을 건네다 《*up*》 ――*n.* ⓤⓒ 잡담, 한담, 세상 얘기.
cha·teau [ʃætóu] (*pl.* ~***s***, ~***x*** [-z]) *n.* ⓒ 《F.》 (1) a] 성(城). b] 대저택, 별장. (2) (C-) 샤토《프랑스의 보르도주(酒) 산지(產地)의 포도원(園)》.
chat·e·laine [ʃætəlèin] *n.* ⓒ (1) a] 성주의 마님 ; 여자 성주. b] 대저택의 여주인 ; 여주인(hostess). (2) (여성용) 허리띠의 장식용 사슬.
chát shòw 《英》 토크쇼.
chat·tel [tʃǽtl] *n.* ⓒ 【法】 동산 ; 소지품 ; (*pl.*) 가재(家財) : goods and ~s -〉 GOODS.
chattel mortgage 《美》 동산 저당.
:**chat·ter** [tʃǽtər] *vi.* (1) (뜻도 없이) 재잘재잘 지껄이다 (2) (새가) 지저귀다 ; (원숭이가) 캑캑 울다 (3) (기계 따위가) 달각달각 소리내다 ; (이 따위가) 딱딱 맞부딪치다《*with*》 ― *n.* ⓤ (1) 지껄임, 수다. (2) 지저귐 ; 캑캑 우는 소리. (3) (기계 따위의) 달각달각하는 소리, (이 따위가) 맞부딪쳐 딱딱하는 소리.
chat·ter·box [tʃǽtərbɑ̀ks / -bɔ̀ks] *n.* ⓒ 수다쟁이.
chat·ter·er [tʃǽtərər] *n.* ⓒ (1) 수다쟁이. (2) 잘 우는 새.
chat·ty [tʃǽti] (***chat·ti·er*** ; ***-ti·est***) *a.* (1) 수다 스러운, 이야기 좋아하는. (2) 기탄없는, 잡담(조) 의 : a ~ letter 기탄없이 쓴 편지.
·**chauf·feur** [ʃóufər, ʃoufə́:r] *n.* ⓒ 《F.》 (주로 자 가용차의) 운전사 ― *vt.* (1) …의 운전사로서 일하다. (2) …을 (차에) 태우고 가다. ― *vi.* 자가용차 운전사 노릇을 하다.
chau·vin·ism [ʃóuvənìzəm] *n.* ⓤ 쇼비니즘. (1) 맹목〈호전〉적 애국〈배외〉주의. (2) 극단적인 배타 〈우월〉주의 : ⇨ MALE CHAUVINISM.
(파) **-ist** *n.* **chàu·vin·ís·tic** *a.* **-ti·cal·ly** *ad.*
:**cheap** [tʃi:p] (~·***er*** ; ~·***est***) *a.* (1) 싼, 값이 싼. 【opp.】 *dear.* (2) 싸게 파는, 싼 것을 파는 (3) 값싸게 소넹 들어오는〈들어온〉 ; 힘들이지 않은 (4) 싸구려의, 시시한, 속(俗)[illegible]한 (5) (인플레 등으로) 구매력이 〈교환 가치가〉 떨어진 ; 저리(低利)의 (6) 《英》 할인한 (7) 《美口》 인색한(stingy). (***as***) ~ ***as dirt*** = ***dirt*** ~ 《口》 대단히〈퍽〉 싼, 헐값의. ***feel*** ~ 멋쩍게 느끼다, 풀이 죽다, 손들다 ***hold*** a person〈thing〉 ~ 아무를〈무엇을〉 갈보다. ― *ad.* 싸게
cheap·en [tʃí:pən] *vt.* (1) (물건)을 싸게 하다 ; …의 값을 깎아 주다. (2) (물건·사람)을 경시하다, 얕보다 (3) 〔再歸的〕 자신의 평판을 떨어뜨리다. ― *vi.* (값)싸지다.
cheap·ie [tʃí:pi] *n.* ⓒ 《美口》 (1) 싸구려 물건〈영화〉. (2) 인색한 사람. ―《美口》 *a.* 싸구려의.
cheap-jack [tʃí:pdʒæ̀k] *n.* ⓒ 행상인 ; 싸구려 물건을 파는 사람. ― *a.* 〔限定的〕 싸구려의, 품질이 나쁜. 파) ~·**ly** *ad.* ~·**ness** *n.*
chéap shòt 《美俗》 비열〈부당〉한 언행.
cheap·skate [tʃí:pskèit] *n.* ⓒ 《口》 구두쇠.
:**cheat** [tʃi:t] *vt.* (1) …을 기만하다, 속이다. (2) 《+目+前+名》 …을 사취하다, 사기하다《(*out*) *of*》 ; …을 속여서 …하게 하다《(*into*) *doing*》 (3) 용케〈계략을 써서〉 면하다〈벗어나다〉 ― *vi.* (1) 《~/+前+名》 부정(不正)한 짓을 하다, 협잡질하다《*at* ; *in* ; *on*》 (2) 《口》 부정(不貞)을 저지르다《*on*》 ―*n.* (1) ⓤⓒ 속임수, 사기 ; (시험의) 부정 행위. (2) ⓒ 사기꾼.
cheat·er [⌐ər] *n.* ⓒ 사기〈협잡〉꾼.
:**check** [tʃek] *n.* (1) ⓤⓒ 저지, 억제, 정지 ; (돌연한) 방해 ; 반격 ; 좌절 (2) ⓒ 저지물, 막는 물건. (3) ⓤ 감독, 관리, 지배. (4) ⓒ 대조, 점검 ; 대조 표시 《∨》 체크 ; 【컴】 검사 (5) ⓒ 꼬리표 ; 부신(符信) ; 물표, 상환권 : ⇨ BAGGAGE CHECK. (6) ⓒ 《美》 수표 (《英》 cheque) ; 《美》 (상점·식당 등의) 회계 전표 (7) ⓤⓒ 바둑판〈체크〉 무늬(의 천). 【cf.】 chequer. (8) 【체스】 장군, 체크 (9) ⓒ 【카드놀이】 칩 ~***s and balances*** 《美》 억제와 균형《미국의 정치 원리》.
― *vt.* (1) …을 저지하다(hinder), 방해하다 ; 반격하다 (2) 억제하다, 억누르다 (restrain) (3) 《~+目/+目+前+名/+目+副》 대조〈검사〉하다, 점검하다 (4) …에 대조 표시를 하다《*off*》. (5) 《~+目/+目+前+名/+目+副》 …에 꼬리표를 달다 ; 《美》 (물건을) 물표를 받고 보내다〈맡기다〉 ; 《美》 영수증과 맞바꾸어 넘겨주다 : 《美》 (일시적으로) 두다, 맡(기)다 (6) …에 바둑판〈체크〉 무늬 를 놓다. (7) 【체스】 장군을 부르다 : ~ a king.
― *vi.* (1) 《美》 일치〈부합〉하다《*with*》 : (2) 《~/+前+名》 조사하다, 체크하다《*on, upon*》 (3) 조회하다 《*with*》 (4) 【체스】 장군을 부르다 ; 【포커】 체크하다. ~ ***in*** 1) (*vi.*) a] (호텔·공항 등에 도착하여) 기장하다, 체크인하다 : ~ *in* at a hotel 호텔에 체크인하다. b] 《美口》 (타임리코더를 기록하여) 출근하다, 도착하다 2) (*vt.*) …을 위해 (호텔)에 예약을 잡다《*at*》 ; (손님 등)의 도착을 기록하다 ; 체크하여〈절차를 밟아〉 (책·짐 따위를) 수납하다〈맡기다, 돌려주다〉. ~ ***into*** 《美口》 (호텔 등)에 기장하다, 체크인하다. ~***off*** (*vi.*) 《英》 퇴사하다. (*vt.*) 《美》 1) 체크〈점검〉하다, 대조필의 표를 하다. 2) 떼다, 공제하다 《급료에서 공제 조합비 등을》. ~ ***out*** (*vi.*) 1) (호텔 따위에서) 셈을 치르고 나가다, 체크아웃하다 《from》. 2) (타임리코더로 기록하고) 퇴사하다, 떠나나. 3) 《俗》 사직하다 ; 죽다. 4) (조사하여) 잘 갖추어져 있음을 알다, (사실 따위와) 꼭 일치하다《*with*》 ; 능력〈성능〉 테스트에 합격하다. (*vt.*) 1) (손님 등)의 출발을 기록하다 ; 체크하고 〈절차를 밟고〉 (책·짐 등을) 빌려주다〈찾아 내다, 빌려 반다〉 《*of* ; *from*》. 2) 조사하여 확인〈승인〉하다. 3) (슈퍼마켓 등에서 총액 계산을 하고) 상품의 대금을 받다〈지급하다〉. ~***over*** 철저하게 조사하다. ~ ***up*** (1) 대조하다 ; 자세히 조사하다. 2) 《美》 (양·능률·정확도 등을) 검사하다 《*on*》.
― *int.* (1) 《美口》 좋아!, 옳지!, 알았어! (2) 【체스】 장군!
― *a.* 〔限定的〕 (1) 검사〈대조〉용의. (2) 바둑판〈체크〉 무늬의 : a ~ suit 체크 무늬 옷.
check·book [⌐bùk] *n.* ⓒ 《美》 수표장(《英》 chequebook) : ~ assistance 재정 지원.
chéckbook jóurnalism 큰 돈을 지불하고 기사

나 인터뷰를 독점하는 관행.
chéck càrd 《美》 체크 카드, (은행이 발행하는) 크레디트 카드.
checked [tʃekt] *a.* 바둑판 무늬의, 체크 무늬의
·**check·er**[1] [tʃékər] *n.* (1) ⓒ 바둑판 무늬. (2) (*pl.*) 《美》 서양 장기(《英》 draughts), 체커. —*vt.*
check·er[2] *n.* ⓒ (1) 검사자. (2) (휴대품 따위) 일시 보관원. (3) (슈퍼마켓 따위의) 현금 출납원.
check·ered [tʃékərd] *a.* (1) 바둑판 무늬의 ; 가지각색의. (2) 변화가 많은
check·ers [-z] *n.* ⓤ 《美》 서양 장기, 체커(《英》 draughts).
check·in [ˊin] *n.* ⓤⓒ (호텔 따위에서의) 숙박 절차, 체크인 ; (공항에서의) 탑승 절차. — *a.* 〔限定的〕 체크인의.
chéck lìst 《美》 대조표, 점검표, 체크리스트.
chéck màrk 대조 표시《∨》.
check-mark [ˊmɑːrk] *vt.* …에 대조 표시를 하다.
check·mate [ˊmèit] *n.* ⓤⓒ (1) **[체스]** 장군(mate) (2) 좌절 — *int.* **[체스]** 장군! 《※ Mate!라고도 함》. — *vt.* (1) **[체스]** …에게 장군하다, 장군으로 이기다. (2) …을 저지하다 ; 격파하다, 좌절〈실패〉시키다.
check·off [tʃékɔ̀ːf, -ɑ̀f] *n.* ⓤ (급료에서의) 조합 비 공제.
check·out [ˊàut] *n.* (1) ⓤⓒ (호텔 등에서의) 퇴숙 절차〈시각〉. (2) ⓒ (기계·항공기 등의) 점검, 검사. (3) ⓤ (슈퍼마켓의) 계산(대). (4) ⓒ 《美》 (도서관의) 도서 대출 절차.
chéck-out còunter 계산대.
chéck-out dèsk (도서관의) 도서 대출 데스크.
check·point [ˊpɔ̀int] *n.* ⓒ (1) 검문소, 체크포인트. (2) **[컴]** 체크포인트, 검사점.
check·rein [ˊrèin] *n.* ⓒ (말이 머리를 숙이지 못하게 하는) 제지 고삐.
check·room [ˊrù(ː)m] *n.* ⓒ 《美》 (외투·모자·가방 등의) 휴대품 보관소(cloakroom).
check·up [ˊʌ̀p] *n.* ⓒ (1) 대조 ; 점검, 검사. (2) 건강 진단 : get〈have〉 a ~ 건강 진단을 받다.
check·writ·er [ˊràitər] *n.* ⓒ 수표금액 인자기 (印字器)
:cheek [tʃiːk] *n.* (1) ⓒ 뺨, 볼 ; (*pl.*) 양볼 (2) (*pl.*) 기구의 측면. (3) ⓤ (또는 *a* ~) 《口》 뻔뻔스러움, 건방진 말씨〈태도〉 (4) ⓒ 《俗》 궁둥이. ~ ***by jowl*** 꼭 붙어서 ; 정답게 《*with*》 ***turn the other*** ~ 부당한 처우를〈모욕을〉 얌전히 받다. ***with*** one***'s tongue in*** one***'s*** ~ = (***with***) ***tongue in*** ~ ⇨ TONGUE.
— *vt.* 《口》 …에게 건방진 말을 하다, …에게 거만하게 굴다.
cheek·bone [ˊbòun] *n.* ⓒ 광대뼈.
cheeked [tʃiːkt] *a.* 〔흔히 複合語로〕 볼이 …한, …한 볼의 : red- ~ 볼이 빨간.
cheekyㅋ [tʃiːki] (***cheek·i·er*** ; ***-i·est***) *a.* 《口》 건방진, 뻔뻔스러운(impudent) 파) **cheek·i·ly** *ad.* **-i·ness** *n.*
cheep [tʃiːp] *vi.* (병아리 따위가) 삐악삐악 울다, (쥐 따위가) 찍찍 울다. —*n.* ⓒ 삐악삐악〈찍찍〉 우는 소리. 파) **~·er** *n.* 새끼 ; 갓난아기.
:cheer [tʃiər] *n.* (1) ⓒ 환호, 갈채, 만세 (2) ⓤ 격려 (3) ⓒ (스포츠의) 응원, 성원 (4) ⓤ 활기, 쾌활, 원기 ; 기분 ; 《古》 표정, 안색 (5) ⓒ 성찬, 음식 (6) (C-s!) 〔感歎詞的〕 《口》 a] 건배. b] 《英口》 안녕 c] 고맙소 — *vt.* (1) 《+目+前+名》 …에 갈채를 보내다, …을 성원하다, 응원하다 :(2) 《+目+副》 …을 격려하다, 기쁘게 하다, …의 기운을 북돋우다 (encourage) — *vi.* (1) 갈채를 보내다. (2) 《+副》 기운이 나다
cheer·ful [tʃiərfəl] (***more*** ~ ; ***most*** ~) *a.* (1) 기분좋은, 기운찬. (2) 마음을 밝게 하는, 즐거운. 기분이 상쾌한 (3) 기꺼이 …하는, 마음으로부터의
cheer·ful·ly [-li] *ad.* 쾌활하게 ; 즐겁게.
cheer·ful·ness [-nis] *n.* ⓤ 유쾌〈쾌활〉함, 기분좋음.
cheer·i·ly [tʃiərəli] *ad.* 기운차게, 쾌활하게, 밝게〈명랑하게〉.
cheer·ing [tʃiəriŋ] *a.* (1) 원기를 돋우는, 격려하는, 신나게 하는. (2) 갈채하는 **cheer·io(h)** [tʃiərióu] *int.* 《英口》 (1) 잘 있게, 또 봄세《작별인사》. (2) 축하합니다, 건배!

·**cheer·lead·er** [tʃiərliːdər] *n.* ⓒ 《美》 (보통 여성인) 응원단장.
cheer·less [tʃiərlis] *a.* 음산한, 쓸쓸한, 어두운. 파) **~·ly** *ad.* **~·ness** *n.*
cheery [tʃiəri] (***cheer·i·er*** ; ***-i·est***) *a.* 기분이 좋은 ; (보기에) 원기있는(lively), 명랑한, 유쾌한. 파) **cheer·i·ness** *n.*
:cheese[1] [tʃiːz] *n.* (1) ⓤⓒ 치즈 : a piece of ~ 치즈 한 개〈조각〉. (2) ⓒ 치즈 모양의〈비슷한〉 것. ***hard*** ~ 《英》 불운 : *Hard* ~ ! 참 안됐군요. ***Say "cheese"!*** '치즈'라고 말하세요. 자 웃으세요《사진을 찍을 때 하는 말》.
cheese[2] *n.* ⓒ 《俗》 (the big ~) 높은 사람, 보스(boss).
cheese[3] *vt.* 《口》 …을 그만 두다. 《※ 주로 다음 成句》. ***Cheese it !*** 1) 그만둬! ; 뛰어라! 2) 조심해!
cheese-board [ˊbɔ̀ːrd] *n.* ⓒ (1) 치즈보드《치즈를 담는 판》. (2) (판 위의) 여러 가지 치즈.
cheese·burg·er [ˊbə̀ːrgər] *n.* ⓤⓒ 치즈버거 《치즈와 햄버거를 넣은 샌드위치》.
cheese·cake [ˊkèik] *n.* ⓤⓒ (1) 치즈케이크《과자》. (2) ⓤ 《俗》 〔集合的〕 성적 매력을 강조한 누드 사진.
cheese·cloth [ˊklɔ̀ːθ, ˊklɑ̀θ] *n.* ⓤ 일종의 투박한 무명(《英》 butter muslin).
cheesed [tʃiːzd] *a.* 〔敍述的〕 《英俗》 진절머리나 는, 아주 싫증나는《*off*》
cheese·mon·ger [ˊmʌ̀ŋgər] *n.* ⓒ 치즈·버터 장수.
cheese·par·ing [ˊpɛ̀əriŋ] *n.* ⓤ 인색함, 쩨쩨함. — *a.* 〔限定的〕 인색한(stingy).
chéese stràws 치즈스트로《가루 치즈를 발라 구운 길쭉한 비스킷》.
cheesy [tʃiːzi] (***chees·i·er*** ; ***-i·est***) *a.* (1) 치즈 질(質)의, 치즈 맛이 나는 : ~ biscuits 치즈맛 비스킷. (2) 《俗》 하치의, 하찮은, 씨구려의.
chee·tah [tʃiːtə] *n.* ⓒ 치타《표범 비슷한 동물 ; 길들여 사냥에 씀 ; 남아시아·아프리카산》.
chef [ʃef] *n.* ⓒ 《F.》 주방장 ; 요리사, 쿡.
che·la [kíːlə] (*pl.* ***-lae*** [-liː]) *n.* (새우·게 등의) 집게발.

:chem·i·cal [kémikəl] *a.* 화학의, 화학상의 ; 화 학용의 ; 화학적인 — *n.* ⓒ (종종 *pl.*) 화학 제품 〈약품〉.
chem·i·cal·ly [-kəli] *ad.* 화학 작용으로 ; 화학적으로
·**che·mise** [ʃəmíːz] *n.* ⓒ 슈미즈《여성용 속옷의 일종》.
:chem·ist [kémist] *n.* ⓒ (1) 화학자. (2) 《英》 약

사. 약장수(《美》 druggist).
:chem·is·try [kémistri] *n.* ⓤ (1) **화학** (2) 화학적 성질, 화학 작용. (3) 《比》 이상한 변화. (4) 궁합(이 맞음) ; 공명공감
che·mo·ther·a·py [kèmouθérəpi, lìː-] *n.* ⓤ 화학요법. 파) **che·mo·ther·a·peu·tic** *a.*
chem·ur·gy [kémərdʒi] *n.* ⓤ 농산화학. 파) **che·mur·gic** *a.*
·cheque [tʃek] *n.* ⓒ 《英》 수표(《美》 check).
cher [ʃεər] *a.* 《俗》 매력적인 ; 유행에 정통한.
:cher·ish [tʃériʃ] *vt.* (1) …을 **소중히 여기다**, 귀여워하다 (2) 《~+目/+目+前+名》 (소원 등)을 품다
che·root [ʃərúːt] *n.* ⓒ 양끝을 자른 여송연.
:cher·ry [tʃéri] *n.* (1) ⓒ **버찌** ; 체리. (2) ⓒ **벚나무**. (3) ⓤ 벚나무 재목. (4) ⓤ 버찌색. (5) (*sing.*) 《卑》 처녀막〈성〉: lose one's ~ 처녀성을 잃다. ***make* 〈*take*〉 *two bites at* 〈*of*〉 *a*** ~ 한번에 될 일을 두 번에 하다 ; 꾸물거리다. — *a.* (1) 버찌(빛깔)의 ; 버찌가 든 : ~ lips 빨간 입술. (2) 〔限定的〕 벚나무 재목으로 만든. (3) 《俗》 a〕 처녀의. b〕 경험이 없는 ; 새것인.
chérry blòssom (흔히 *pl.*) 벚꽃.
chérry brándy 버찌를 넣어 만든 브랜디.
chérry pìcker 사람을 올리고 내리는 이동식 크레인.
chérry píe 체리 파이.
cherry·stone [´stòun] *n.* ⓒ 버찌씨.
chérry tomàto 체리 토마토, 방울 토마토.
:chérry trèe 벚나무.
chert [tʃəːrt] *n.* ⓤ **【鑛】** 수암(燧岩), 각암(角岩).
cher·ub [tʃérəb] (*pl.* **~s, cher·u·bim** [-ìm]) *n.* ⓒ (1) **지품천사**(智品天使), **게루빔**《제 2계급에 속 하는 천사 ; 지식을 맡음》. (2) (*pl.* **~s**) **【美術】** 천동(天童) 《날개를 가진 귀여운 아이의 그림》. (3) (천사처럼) 순진한 어린이, 통통히 살찐 귀여운 아이 ; 동안(童顔)인 사람. **【cf.】** seraph. 파) **~·like** *a.*
che·ru·bic [tʃərúːbik] *a.* 천사의, 천사같은 ; 천진스러운, 귀여운 파) **-bi·cal·ly** *ad.*
cher·u·bim [tʃérəbìm] *n.* cherub 의 복수형.
:chess [tʃes] *n.* ⓤ **체스**, 서양 장기 : play (at) ~ 체스를 하다.
chess·board [´bɔ̀ːrd] *n.* ⓒ 체스판.
ches·sel [tʃésəl] *n.* ⓒ 치즈 제조용의 틀.
:chest [tʃest] *n.* ⓒ (1) (뚜껑 달린) **대형 상자**, 궤 (2) (공공 단체의) 금고 ; 《比》 **지금**. (3) 흉곽, **가슴** (4) (가스 등의) 밀폐 용기. ***get .. off*** one'***s*** ~ (염려된 것을) 털어 놓아 시원하다. ***have.. on*** one'***s*** ~ 《口》 …이 마음에 걸리다.
chest·ed [tʃéstid] *a.* 〔주로 複合語로〕 가슴이 …한
ches·ter·field [tʃéstərfìːld] *n.* ⓒ 체스터필드. (1) (벨벳깃을 단) 싱글 외투의 일종. (2) 침대 겸용의 대형 소파.
:chest·nut [tʃésnʌ̀t, -nət] *n.* (1) ⓒ **밤** ; **밤나무** (=(2) ⓤ 밤나무 재목 (~ wood). (3) ⓤ 밤색 고동색 (4) ⓒ 구렁말. (5) ⓒ 《口》 케케묵은 이야기〈재담, 곡(曲)〉 ***pull*** a person'***s*** **~*s out of the fire*** 불속의 밤을 꺼내다, 남을 위해 위험을 무릅쓰다.
— *a.* 밤색의, 적갈색의.
chést vòice **【樂】** 흉성(胸聲), 가슴소리.
chesty [tʃésti] (***chest·ier ; -i·est***) *a.* (1) 《口》 가슴이 넓은 ; (특히, 여성의) 가슴이 풍만한. (2) 《美俗》 뽐내는, 거만한. (3) 《英口》 가슴 질환의 징후가 있는 ; 가슴을 앓은.
che·vál glàss [ʃəvǽl-] 체경(體鏡).
chev·a·lier [ʃévəlìər] *n.* ⓒ 《F.》 (1) (중세의) 기 사 (knight). (2) (프랑스 등의) 훈작사(勳爵士). (3) 기사 다운 사나이, 의협적인 사람.
chev·i·ot [tʃéviət, tʃíːv-] *n.* ⓤ 체비엇 양털로 짠 두꺼운 모직물.
Chev·ro·let [ʃèvrəléi, ʃévrəléi] *n.* ⓒ 시보레《자동차 이름 ; 商標名》.
chev·ron [ʃévrən] *n.* ⓒ 갈매기표 수장(袖章) 《영 국에서는 근무 연한, 미국에서는 계급을 표시》.
:chew [tʃuː] *vt.* (1) …을 씹다 (2) a〕 …을 깊이 생각하다, (심사) 숙고하다《over ; on》 : b〕 …을 충분히 의논하다《*over*》 —*vi.* (1) 씹다《*at*》 (2) 《美口》 씹는 담배를 씹다. ***be ~ed up*** …을 몹시 걱정하다. ***bite off more than*** one ***can*** ~ 《口》 힘에 겨운 일〈큰 일〉을 하려고 하다〈에 손을 대다〉. ~ ***out*** 《美俗》 호되게 꾸짖다, 호통치다 ~ ***the cud*** ⇨ CUD. ~ ***the fat*** 《口》 지껄이다, 재잘거리다. ~ ***the rag*** 《美俗》 지껄이다, 논하다 ; 《英口》 불평하다, 투덜거리다. ~ ***up*** 1) 짓씹다. 2) 파괴하다, 못쓰게 만들다. — *n.* (1) (a ~) 저작, 씹기 ; 한 번 씹기 : have *a* ~ of gum 껌을 십다. (2) ⓒ 씹는 과자《캔디 따위》.
chew·a·ble [-əbəl] *a.* 씹을 수 있는. — *n.* ⓒ 씹을 수 있는 것.
chéwing gùm 껌.
chewy [tʃúːi] (***chew·i·er ; -i·est***) *a.* (1) 잘 씹 어지지 않는. (2) 잘 씹을 필요가 있는.
chi·a·ro·scu·ro [kiɑ̀ːrəskjúːrou] *n.* 《It.》 (1) ⓤ **【美術】** 명암〈농담〉의 배합 ; **【文藝】** 명암(대조)법. (2) ⓒ 명암의 배합을 노린 그림〈목판화〉.
Chi·ca·go [ʃikɑ́ːgou, kɔ́ː-] *n.* 시카고《미국 중부 의 대도시》.
Chi·ca·go·an [-ən] *n.* ⓒ 시카고 시민.
chi·cane [ʃikéin] *n.* (1) = CHICANERY. (2) ⓒ **【카드놀이】** 으뜸패가 한 장도 없는 사람(에게 주어지는 득점). (3) ⓒ 시케인《자동차 경주 도로의 감속용 장애물》. — *vi.* 궤변으로 얼버무리다, 둘러대다. — *vt.* (1) …을 속이다. (2) (사람)을 속여서 …하게 하다〈빼앗다〉.
chi·can·ery [ʃikéinəri] *n.* ⓤⓒ 꾸며댐, 발뺌, 속 임수, 궤변 ; 책략 : political ~ 정치적 책략.
chi·chi [tʃíːtʃìː] *a.* (1) (복장 등) 현란한 ; 멋을 부 린. (2) 멋진, 세련된. — *n.* (1) ⓤ 멋을 부림. (2) ⓒ (현란한) 장식, 멋진 것.
chick [tʃik] *n.* ⓒ (1) **병아리**, 새새끼. (2) 《애칭》 어린애. (3) 《俗》 아가씨, 계집애.
chick·a·dee [tʃíkədìː] *n.* ⓒ **【鳥】** 박새류.
:chick·en [tʃíkin] (*pl.* ~(**s**)) *n.* (1) ⓒ **새새끼** ; 《특히》 병아리 (2) a〕 ⓒ 닭(fowl). b〕 ⓤ 닭고기. (3) ⓒ 〔흔히 no ~으로〕 《口》 아이, 애송이 ; 《특히》 계집아이 《口》 이젠 젊지 않다, 꽤 나이다. (4) ⓒ 《俗》 겁쟁이 : 신병(新兵). ***count*** one'***s ~s before they are hatched*** 떡줄 놈은 생각도 않는데 김칫국부터 마신다. ***go to bed with the ~s*** 일찍 자다. ***play*** ~ 《美俗》 상대가 물러서기를 기대하면서 ㄹ 도전하다.
— (***more*** ~ ; ***most*** ~) *a.* (1) 〔限定的〕 닭고기의〈가 든〉 : ~ soup 닭고기국. (2) 〔限定的〕 작은, 사소한 : a ~ lobster 잔 새우. (3) 〔敍述的〕 《俗》 겁많은, 비겁〈비열〉한 : He's ~. 그는 겁쟁이다.
— *vi.* 〔다음 成句로〕 ~ ***out*** 《口》 겁을 먹고(…에서) 물러서다, 꽁무니 빼다《*of*》 : ~ *out of* jumping. 겁이 나서 점프하는 것을 그만두다.
chick·en-and-egg [tʃíkinənd́ég] *a.* (논의 따위가) 닭이 먼저냐 달걀이 먼저냐의, 해결이 되지 않는.
chícken brèast 새가슴.
chick·en-breast·ed [-brèstid] *a.* 새가슴의.

chícken fèed 《口》 잔돈 ; 푼돈 : He's earning ~ compared to what you get. 그는 네가 버는 것 에 비하면 쥐꼬리만큼 벌고 있다.
chick·en-fried [⌐fràid] *a.* 《美》 닭을 튀김옷을 입혀서 튀긴.
chick·en-heart·ed 〈**-liv·ered**〉 [-hɑ́:rtid〈-lívərd〉] *a.* 겁많은, 소심한(timid).
chícken pòx 【醫】 수두(水痘), 작은 마마.
chícken wìre (그물눈이 육각형으로 된) 철망. 《※ 닭장에 잘 쓰이는 데서》.
chick·pea [tʃíkpì:] *n.* ⓒ 이집트콩, 병아리콩.
chick·weed [tʃíkwì:d] *n.* ⓤ 【植】 별꽃.
chic·le [tʃíkəl] *n.* ⓤ 치클《sapodilla에서 채취하는 껌의 원료》.
chic·o·ry [tʃíkəri] *n.* ⓤ 【植】 치코리《유럽산 ; 잎은 샐러드용, 뿌리는 커피의 대용》.
·**chide** [tʃaid] (*chid* [tʃid], *chid·ed* [tʃeaidid] ; *chid·den* [tʃídn], *chid, chid·ed*) *vt.* (1) …을 꾸짖다(scold), 나무라다《for doing》 (2) 꾸짖어서 …하게 하다 《*into*》
⁝**chief** [tʃi:f] (*pl.* ~**s**) *n.* ⓒ (1) 장(長), 우두머리, 지배자. (2) (종족의) 추장, 족장. (3) 장관, 국장, 과장, 소장. (4) 《俗》 상사, 보스(boss), 두목. ***in*** ~ 1) 최고위의, 주된 : the editor *in* ~ 편집장 / ⇨ COMMANDER IN CHIEF. 2) 주로(chiefly) ; 특히.
chíef cónstable 《英》 (시·주의) 경찰서장.
chíef inspéctor 《英》 (경찰의) 경위.
chíef jústice (the ~) 재판장 ; 법원장. ***the Chief Justice of the United States*** 미연방 대법원장.
:**chief·ly** [tʃí:fli] *ad.* (1) 주로(mainly) (2) 무엇보다도, 우선, 특히
·**chief·tain** [tʃí:ftən] *n.* ⓒ (1) 지도자 ; (산적 등의) 두목 : the legendary British ~, King Arthur 영국의 전설적인 지도자 아서왕. (2) (스코틀랜드 고지의 씨족, 인디언 부족의) 족장, 추장.
파) ~·**cy** [-si], ~·**ship** [-ʃip] *n.*
chif·fon [ʃifɑ́n, ⌐- / ⌐fɔn] *n.* 《F.》 (1) ⓤ 시퐁, 견(絹) 모슬린. (2) (*pl.*) (여성복의) 가장자리 장식 《레이스·리본 따위》. — *a.* (1) 시퐁과 같이 얇은 〈부드러운〉. (2) (거품 환자 따위를 넣어) 말랑한 《파이·케이크 등》.
chif·fo·nier [ʃìfəníər] *n.* ⓒ 양복장《폭이 좁고 높으며, 대개 거울이 달림》.
chig·ger [tʃígər] *n.* ⓒ (1) 진드기의 일종. (2) 벼룩의 일종(chigoe).
chi·gnon [ʃí:njan, ʃi:nʌ́n] *n.* ⓒ 《F.》 시뇽《뒷머리 에 땋아 붙인 여성의 쪽머리의 하나》.
chig·oe [tʃígou] *n.* ⓒ 모래벼룩(snad flea) 《사람·가축의 피부에 기생》.
Chi·hua·hua [tʃiwwɑ́:wɑ:, -wə] *n.* ⓒ 치와와《멕시코 원산의 작은 개의 품종》.
chil·blain [tʃíblèin] *n.* ⓒ (흔히 *pl.*) 동상(凍傷) 《frostbite 보다 가벼움》.
chil·blained [-d] *a.* 동상에 걸린.
⁝**child** [tʃaild] (*pl.* ***chil·dren*** [tʃíldrən]) *n.* ⓒ (1아이 ; 사내〈계집〉 아이, 어린이, 아동 ; 유아 (2) 자식, 아들, 달《연령에 관계 없이》 ; 자손(offspring) 《*of*》 (3) 어린애 같은 사람, 유치하고 경험 없는 사람 (4) 《比》 제자(disciple), 숭배자《*of*》 (5) (어느 특수한 환경에) 태어난 사람, (어느 특수한 성질에) 관련 있는 사람 《*of*》 (6) (두뇌·공상 등의) 소산, 산물 — *a.* 어린이의 ; 어린이인
chíld abùse 어린이 학대.
child·bear·ing [⌐bɛ̀əriŋ] *n.* ⓤ 해산.
— *a.* (나이가) 임신 가능한
child·bed [⌐bèd] *n.* ⓤ 산욕(産褥) ; 해산, 분만
chíld bénefit 《英》 (국가에서 지급하는) 아동 수당.
child·birth [⌐bə̀:rθ] *n.* ⓤⓒ 분만, 해산(par- turition) : a difficult ~ 난산.
chíld càre 《英》 아동 보호.
child·care [⌐kɛ̀ər] *a.* 육아의, 보육의.
:**child·hood** [tʃáildhùd] *n.* ⓤⓒ (1) 어린 시절, 유년 시절 (2) 초기의 시대, 초기 단계. ***in*** one'***s*** ~ 어릴 적에. ***in*** one'***s second*** ~ 늘그막에.
:**child·ish** [tʃáildiʃ] (**more** ~ ; ***most*** ~) *a.* (1) 어린애 같은, 앳된, 유치한 ; 어른답지 못한 ; 어리 석은 (2) 어린애의, 어린. 【cf.】 childlike. 파) ~·**ly** *ad.* ~·**ness** *n.*
chíld lábor 미성년 노동《미국서는 15세 이하》.
child·less [tʃáildlis] *a.* 아이가 없는.
·**child·like** [⌐làik] *a.* 〔좋은 듯으로〕 어린애 같은 〈다운〉 ; 순진한, 귀여운.
child·mind·er [⌐máindər] *n.* ⓒ 《英》 애보는 사람 ; 보모.
child·proof [⌐prù:f] *a.* 어린애는 다룰 수 없는 ; 어린애에게 안전한
chíld psychólogy 【心】 아동 심리학.
⁝**chil·dren** [tʃíldrən] *n.* CHILD의 복수.
chíld' s plày 〔항상 無冠詞〕 《口》 (1) 아이들장 난(같이 쉬운 일) : It's mere ~ for him. 그에게 있어서 그건 식은죽 먹기다. (2) 시시한 일.
·**Chile** [tʃíli] *n.* 칠레《남아메리카 남서부의 공화국 ; 수도 Santiago》.
Chil·e·an [-ən] *a.* 칠레〈사람〉의. —*n.* ⓒ 칠레 사람.
chíli sàuce 칠레 고추를 넣은 토마토 소스.
⁝**chill** [tʃil] *n.* (1) ⓒ (흔히 *sing.*) a〕 냉기, 한기 (2) ⓒ 오한, 한기 ; 감기 : take〈catch〉 a ~ 오한이 나다〈감기가 들다〉. (3) (*sing.*) 냉담, 쌀쌀함 ; 흥을 깸, 불쾌 ***take the*** ~ ***off*** (물·술 따위를) 약간 데우다, 거냉하다.
— (~·***er*** ; ~·***est***) *a.* (1) 차가운, 냉랭한 ; 오싹하는 (2) 《文語》 냉담한, 쌀쌀한 (3) 〔副詞的〕 《美俗》 완전한〈히〉, 정확한〈히〉, 완벽한〈히〉. —*vt.* (1) …을 식히다, 냉각하다, (음식무·포도주)를 차게 하여 맛있게 하다 ; 냉장하다. (2) …을 춥게 하다, 오싹하게 하다 :(3) (정열 따위)를 식히다 ; …의 흥을 깨다, 낙담시키다 : ~ a person's hopes 아무의 희망을 꺾어버리다. (4) 【治】 (쇳물)을 급랭 응고시키다. (5) 《美俗》 …을(때려) 기절시키다, 죽이다. — *vi.* (1) 차지다, 식다. (2) 추위를 느끼다, 으스스〈오싹〉해지다(3) 【治】 (쇳물이) 급랭 응고하다. ~ ***out*** 《美俗》 침착해지다, 냉정해지다. ~ a person'***s blood*** 아무의 간담을 서늘하게 하다.
chilled [-d] *a.* (1) 차가워진, 냉각한, 냉장한 (2) 【治】 (강철 등이) 냉경(冷硬)된, 급랭 응고된
chi·ller [-lər] *n.* ⓒ (1) 냉동〈냉장〉 장치, 냉장실〈담당원〉. (2) 《口》 오싹하게 하는 이야기〈영화〉, 괴기 소설.
chil·li·ly [tʃíləli] *ad.* 쌀쌀하게.
chill·i·ness [tʃílinis] *n.* ⓤ 냉기, 한기 ; 냉담.
:**chil·ly** [tʃíli] (***-li·er*** ; ***-li·est***) *a.* (1) (날·날씨 따위) 차가운, 으스스한 : a ~ morning 차가운 아침. (2) (사람이) 추위를 타는 : feel〈be〉 ~ 추위를 느끼다. (3) 냉담한, 쌀쌀한. — *ad.* 냉담하게.
:**chime** [tʃaim] *n.* (1) ⓒ 차임, (조율을 한) 한 벌의 종 ; (흔히 *pl.*) 관종(管鐘) 《오케스트라용(用) 악기》 ; (종종 *pl.*) 그 종소리 (2) ⓒ a〕 (문·시계 등의) 차임(장치). b〕 (종종 *pl.*) 차임 소리. (3) ⓤ 해조(諧調), 선율(melody). (4) ⓤ 조화, 일치 : — *vt.* (1)

(차임· 종)을 울리다. (2) (선율·음악)을 차임으로 연주하다. (3) 《~ +目/+目+副/+目+前+名》 (시간)을 차임으로 알리다 ; (사람)을 차임으로 모이게 하다 — *vi*. (1) (차임이) 울리다. (2) (차임처럼) 조화되어 울려퍼지다. (3) 조화하다, 일치하다(agree) 그 음악은 그녀의 기분과 잘 맞았다. ***~ in*** 1) 맞장구치다, (사람·계획 등에) 찬성하다《*with*》. 2) (노래에) 맞추다. 3) 이야기에 끼어들어(의견 따위를) 말하다《*with*》, (…라고 말하며) 끼어들다《*that*》 4) (…와) 조화하다《*with*》.

chi·me·ra [kimíːrə, kɑi-] *n*. (1) (C-) (그리스 신화의) 키메라. (2) ⓒ 망상(妄想), 기괴한 환상(wild fancy) (3) ⓒ 【發生】 (이조직(異組織)의) 공생체.

chi·mer·ic, -i·cal [kimérik, kɑi-], [-əl] *a*. 공상적인, 괴물 같은 ; 정체 불명의, 터무니없는 파) **-i·cal·ly** [-ikəli] *ad*.

:chim·ney [tʃímni] *n*. ⓒ (1) 굴뚝. (2) 굴뚝 모양의 것. a] (화산의) 분연구(噴煙口). b] (램프의) 등피. c] 【登山】 (몸을 넣고 기어오를 정도의) 암벽의 세로로 갈라진 틈.

chímney brèast 벽난로의 방에 돌출한 부분.

chímney còrner 난롯가, 노변《옛날식의 큰 난로 앞의 따뜻한 자리》.

chímney pòt 굴뚝 꼭대기의 연기 나가는 구멍.

chímney stàck (1) 여러 개의 굴뚝을 한데 모아 맞붙인 굴뚝. (2) (공장 따위의) 높은 굴뚝.

chímney swàllow (1) 《英》 (굴뚝에 둥지를 치는) 제비. (2) 《美》 【鳥】 칼새(~ swift).

chímney swèep(er) 굴뚝 청소부.

·chim·pan·zee [tʃìmpænzíː, -pǽn-] *n*. ⓒ 【動】 침팬지《아프리카산》.

:chin [tʃin] *n*. ⓒ 턱 ; 턱끝. 【cf.】 jaw. ***~ in air*** (화가 나서) 턱을 내밀고. ***Chin up !*** 힘내라 : Chin up ! It'll be over soon. 힘내 ! 곧 끝난다. ***keep*** one***'s ~ up*** 낙담 하지 않다. ***stick*** 〈***put***〉 one***'s ~ out*** 《口》 = stick one's NECK[1] out(成 句). ***take ...*** 〈***take it***〉 (***right***) ***on the ~*** 《口》 (턱·급소를) 얻어맞다 ; 패배하다, 완전히 실패하다 ; (고통·벌을) 참고 견디다 — ***(-nn-)*** *vt*. (1) (바이올린 등)을 턱에다 갖다 대다, 턱으로 누르다. (2) 〔再歸的〕 (철봉에서) 턱걸이하다. —*vi*. (1) 턱걸이를 하다. (2) 지껄이다(talk).

:Chi·na [tʃáinə] *n*. 중국. ***from ~ to Peru*** 세계 도처에. ***the People's Republic of ~*** 중화 인민 공화국, 중국. — *a*. 〔限定的〕 중국(산)의.

:chi·na [tʃáinə] *n*. ⓤ (1) 자기(porcelain). (2) 〔集合的〕 도자기 : a ~ shop 도자기 가게, 옹기전. — *a*. 〔限定的〕 도자기제(製)의 : a ~ vase 도자기 꽃병.

chína clày 도토(陶土), 고령토(kaolin(e)).

chína clòset 찬장 《특히 유리를 낀》.

Chi·na·man [tʃáinəmən] (*pl*. ***-men***[-mən]) *n*. ⓒ 중국인《Chinese 보다 좀 경멸적》.

Chína Séa (the ~) 중국해(海).

China syndrome 중국 증후군(群) 《원자로의 노심용융(爐心熔融)에 의한 가설적 원전 사고 : 용융물이 대지에 침투, (미국의) 지구 반대쪽인 중국에까지 미친다는 상상에 의거한 말》.

Chína téa 중국차(茶).

Chi·na·town [tʃáinətàun] *n*. ⓒ 중국인 거리.

chi·na·ware [-wɛ̀ər]*n*. ⓤ 도자기.

chinch [tʃintʃ] *n*.ⓒ(1)빈대. (2) = CHINCH BUG.

chínch bùg 【蟲】 긴노린재류(類)《밀의 해충》.

chin·chil·la [tʃintʃílə] *n*. (1) ⓒ 친칠라《다람쥐 비슷한 짐승 ; 남아메리카산》. (2) ⓤ 친칠라 모피.

chine [tʃain] *n*. ⓒ (1) 등뼈(backbone). (2) (요리용의) 살이 붙은 등뼈, 등(뼈)살.

·Chi·nese [tʃainíːz, -níːs] *a*. 중국의 ; 중국풍의 ; 중국인의 ; 중국어의. —(*pl*. ~) n. (1) ⓒ 중국인. (2) ⓤ 중국어.

Chinese bóxes 크기의 차례대로 포개 넣을 수 있게 만든 그릇이나 상자.

Chínese cábbage 배추.

Chínese cháracter 한자.

Chínese chéckers, 《英》 ***chequers*** 다이아몬드 게임.

Chínese lántern (장식용의) 종이 초롱.

Chínese púzzle (1) 매우 복잡한 퀴즈. (2) 난문(難問).

Chínese Wáll (the ~) 만리 장성.

Chink [tʃiŋk]*n*. ⓒ《俗·蔑》 중국인.

chink[1] [tʃiŋk]*n*. ⓒ (1) 갈라진 틈, 금 : (2) 틈새로 들어오는 광선. (3) (법률 등의) 빠져나갈 구멍, 맹점(盲點). ***a*** 〈***the***〉 ***~ in*** oen***'s armor*** 《口》 (작으나 치명적인) 약점.
— *vt*. …의 갈라진 틈〈금〉을 메우다《*up*》.

chink[2] n. (a ~) 짤랑짤랑, 땡그랑《 화폐·유리 그릇 등의 소리》.
— *vi*., *vt*. (…을) 쩽그랑〈땡그랑〉 울리다.

chin·less [tʃínlis] a. 용기 없는, 나약한.

Chino- '중국'의 뜻의 결합사 : Chino-Korean 중한(中韓)의 《※ Sino-Korean이 더 일반적임》.

Chi·nook [ʃinúːk, -núk, tʃi-] (*pl*. ***~s***, ~) *n*. (1) a] (the ~(s)) 치누크족《미국 북서부 컬럼비아 강 유역에 살던 아메리카 원주민》. b] ⓒ 치누크 사람. (2) ⓤ 치누크 말. (3) ⓒ (c-) 【氣】 치누크 바람(wet ~) 《미국 북서부에서 겨울부터 봄까지 부는 따뜻한 남서풍》.

chin stràp (모자의) 턱끈.

chintz [tʃints]*n*. ⓤ 사라사 무명.

chintzy [tʃíntsi] (***chintz ·i·er, more ~ ; -i·est, most ~***) *a*. (1) chintz 같은 ; chintz로 꾸민 (것 같은). (2) 《口》 값싼, 싸구려의. (3) 인색한.

chin-up [tʃínʌ̀p] *n*. ⓒ 턱걸이.

chin·wag [tʃínwæ̀g] *n*. ⓒ 《俗》 수다, 잡담.

·chip [tʃíp] *n*. ⓒ (1) (나무) 토막, 지저깨비, (금속의)깎아낸 부스러기 ; (모자, 상자 등을 만드는) 대팻밥, 무늬목. (2) (도자기 등의) 이빠진 자국, 흠 : This bowl has a ~ in it. 이 사발은 한군데 떨어진 데가 있다. (3) (흔히 *pl*.) (음식의) 얇은 조각. (4) (연료용) 가축의 말린 똥 ; 무미 건조한 것 ; 시시한 것 (5) (포커 따위의) 칩. (6) 《口》 알이 잔 다이아몬드. (7) (*pl*.) 《俗》 돈. (8) 【골프】 = CHIP SHOT. (9) 【컴】 칩《집적 회로를 붙인 반도체 조각》 : 집적 회로. ***a ~ of*** 〈***off***〉 ***the old block*** (기질· 외모 등이) 아버지를 꼭 닮은 아들. ***a ~ on*** one***'s shoulder*** 《口》 시비조 ; 원한〈불만〉을 지님 ***cash*** 〈***hand, pass***〉 ***in*** one***'s ~s*** 1) (포커에서) 칩을 현금으로 바꾸다. 2) 《俗·婉》 죽다. ***have had*** one***'s ~s*** 《口》 실패하다, 패배하다; 살해당하다. ***in the ~s*** 《美俗》 돈 많은. ***let the ~s fall where they may*** 결과야 어쨌든〈남이야 뭐라 하든〉 (상관 않다). ***when the ~s are down*** 《口》 위급할 때, 일단 유사시 —***(-pp-)*** *vt*. (1) …을 잘게 썰다, 깎다, 자르다, 쪼개다 《*off* ; *from*》(2) 깎아서 …을 만들다《*out of*》 : ~ a toy *out of* wood 나무를 깎아 장난감을 만들다. (3) (병아리가 달걀껍데기)를 깨다. (4) (감자)를 얇게 썰어 튀기다. (5) (포커 따위에서) 칩을 내고 걸다.

— *vi.* (1) (돌·사기 그릇 등이) 이가 빠지다, 떨어져 나가다《*off*》. (2) 【골프】 chip shot을 치다. (3) (병아리가) 달걀 껍데기를 깨다.
~ (***away***) ***at*** …을 조금씩 깎아내다〈쪼아내다, 갉아내다〉, …을 조금씩 못쓰게 하다 ***~ in*** 《口》 1) (논쟁·싸움 등에) 말참견하다, 끼어들다《*with*》. 2) 《口》 기부하다, 추렴하다《*for* ; *forward*(*s*)》 ; (포커 등에서) 판돈〈칩〉을 지르다 : They all ~*ped* in to pay the doctor's bill. 그들은 모두 의사의 치료비를 치르기 위해 추렴하였다.

chíp bàsket 《英》 대팻밥〈무늬목〉으로 결은〈만든〉 바구니.

chip·board [tʃípbɔ̀ːrd] *n.* ⓤ 칩 보드. (1) 두꺼운 판지. (2) (지저깨비로 만든) 합성판(合成板).

chip·munk [tʃípmʌŋk] *n.* ⓒ 얼룩다람쥐.

chípped béef 잘게 썬 훈제 쇠고기.

Chip·pen·dale [tʃípəndèil] *n.* ⓤ 〔集合的〕 치펜데일풍의 가구. — *a.* 치펜데일풍의《곡선이 많고 장식적인 디자인을 일컬음》.

chip·per [tʃípər] *a.* 《美口》 쾌활한 —*vt.* …의 기운을 돋우다《*up*》.

chip·ping [tʃípiŋ] *n.* (흔히 *pl.*) (나무나 돌 등을 도끼·정 따위로) 깎아낸 부스러기, 단편(斷片).

chípping spàrrow 작은 참새의 일종.

chip·py [tʃípi] *n.* ⓒ (1) 《英口》 fish-and-chips 가게. (2) 《英口》 목수. (3) 《美俗》 창녀.

chi·rog·ra·pher [kairágrəfər] *n.* ⓒ 서도가.

chi·rog·ra·phy [kairágrəfi/-rɔ̀g-] *n.* ⓤ (1) 필법 ; 서체 ; 필적. (2) 서도(書道).

chi·ro·man·cy [káirəmæ̀nsi] *n.* ⓤ 수상술(手相術), 손금보기. (파) ***-màn·cer*** [-sər] *n.*

chi·rop·o·dist [kirápədist, kai-/-rɔ́p-] *n.* ⓒ 발 치료 전문의사.

chi·rop·o·dy [kirápədi, kai- / -rɔ́p-] *n.* ⓤ 발치료(학).

chi·ro·prac·tic [kàirəprǽktik] *n.* ⓤ 【醫】 척추 조정〈지압〉 요법, 카이로프랙틱.

chi·ro·prac·tor [káirəprǽktər] *n.* ⓒ 척추 지압사(師).

:chirp [tʃəːrp] *n.* ⓒ 짹짹《새·벌레의 울음 소리》. — *vi.* (1) 짹짹〈찍찍〉 울다〈지저귀다〉 (2) (새된 음성으로) 이야기하다. — *vt.* …을 새된 음성으로 말하다《*out*》 : ~ (*out*) a hello 새된 소리로 이봐라고 외치다.

chirpy [tʃə́ːrpi](***chirp·i·er ; -i·est***) a. (1) 짹짹 우는. (2) 《口》 쾌활한, 활발한.
파) **chírp·i·ly** *ad.* **chirp·í·ness** *n.*

chirr [tʃəːr] *vi.* (여치·귀뚜라미 따위가) 찌르르 찌르르〈귀뚤귀뚤〉 울다. — *n.* ⓒ 찌르르찌르르〈귀뚤귀뚤〉 우는 소리.

chir·rup [tʃírəp, tʃə́ːrəp] *n.* ⓒ 짹짹 ; 쩟쩟《새 울음 소리 또는 혀 차는 소리》. — *vi.*, *vt.* (새·벌레 따위가) 짹짹 울다, 지저귀다 ; (아기를) 혀를 차며 어르다 ; (말 따위를) 혀를 차서 격려하다.

·chis·el [tʃízl] *n.* (1) ⓒ 끌, 조각칼, (조각용) 정 : a cold ~ (금속용) 정. (2) (the ~) 조각술.
—(***-l-***, 《英》 ***-ll-***) *vt.* (1) 《+目+前+名》 …을 끌로 깎다, 끌로 파다〈새기다〉 ; 끌로 만들다 ; 마무르다《*out* (*of*) ; *from* ; *into*》 (2) 《+目+前+名》 《俗》 …을 속이다 ; 사취하다《*out of*》 — *vi.* (1) 끌을 쓰다, 조각하다. (2) 《+前+名》 부정한 짓을 하다《*for*》 ***~ in*** …에 끼어 들다《*on*》

chis·el·er, 《英》 **-el·ler** [tʃízlər] *n.* ⓒ (1) 끌로 세공하는 사람, ; 조각하는 사람. (2) 《口》 부정을 하는 사람, 사기꾼.

chit[1] [tʃit] *n.* ⓒ (1) 어린아이. (2) (a ~ of a girl로) 계집아이.

chit[2] *n.* ⓒ (1) (짧은) 편지, 메모. (2) (음식점 따위에서의) 청구 전표.
— *vi.* 한담〈잡담〉하다.

chi·tin [káitin] *n.* ⓤ 【生化】키틴질(質), 각소(角素)《곤충·갑각류의 표면 껍질의 성분》.

chi·tin·ous [-əs] *a.* 키틴질의.

chit·ter [tʃítər] *vi.* 지저귀다.

chit·ter·lings [tʃítlinz, -liŋz] *n. pl.* (돼지 따위의) 곱창 요리.

chi·val·ric [ʃivǽlrik / ʃivəl-] *a.* 【詩】 기사도(정신)의, 기사적인 ; 의협적인.

·chiv·al·rous [ʃívəlrəs] *a.* (1) 기사적인 ; 용기 있고 예의바른 ; 의협적(義俠的)인 ; 여성에게 정중한. (2) 기사도 시대〈제도〉의. ▫ chivalry *n.*
파) **~·ly** *ad.* **~·ness** *n.*

·chiv·al·ry [ʃívəlri] *n.* ⓤ (1) 기사도, 기사도적 정신《여성에게 상냥하고 약자를 돕는》. (2) ⓤ (중세의) 기사도 제도.

chive [tʃaiv] *n.* ⓒ 【植】 (흔히 pl.) 골파《잎은 조미료》.

chiv(·v)y [tʃívi] *n.* ⓒ 추적, 사냥. — *vt.* (1) 사람들)을 쫓아다니다 ; 몰다. (2) …을 귀찮게 괴롭히다《*along* ; *up*》 ; 귀찮게 해 …시키다《*into*》

chlo·ral [klɔ́ːrəl] *n.* ⓤ 【化】 (1) 클로랄《무색의 유상(油狀) 액체》. (2) = CHLORAL HYDRATE.

chlóral hydrate 【化】 함수 클로랄《수면제》.

chlo·rate [klɔ́ːreit, -rit] *n.* ⓤ 【化】 염소산염.

chlo·rel·la [klərélə] *n.* ⓤ, ⓒ 【植】 클로렐라, 《녹조(綠藻)의 일종, 우주식(食)으로 연구되고 있음》.

chlo·ric [klɔ́ːrik] *a.* 【化】 염소(鹽素)의, 염소를 함유하는 : ~ acid 염소산.

chlo·ride [klɔ́ːraid, -rid] *n.* ⓤ 【化】 염화물.

chlo·ri·nate [klɔ́ːrənèit] *vt.* (물따위)를 염소로 처리〈소독〉하다. 파) **chlò·ri·ná·tion** [-ʃən] *n.* ⓤ

chlo·rine [klɔ́ːrin] *n.* ⓤ 【化】 염소, 클로르《비금속원소 ; 기호 Cl ; 번호 17》.

chlo·ro·form [klɔ́ːrəfɔ̀ːrm] *n.* ⓤ 클로로포름《무색 휘발성 액체 ; 마취약》. — *vt.* (1) (사람 등)을 클로로포름으로 마취시키다〈죽이다〉. (2) …을 클로로포름으로 처리하다.

chlo·ro·plast [klɔ́ːrouplæ̀st] *n.* ⓒ 【植】 엽록체.

choc [tʃɑk/tʃɔk-] *n.* 《英口》 = CHOCOLATE (1).

chock [tʃɑk/tʃɔk] *n.* ⓒ (1) 굄목, 쐐기《통·바퀴 밑에 괴어 움직임을 막음》. (2) 【海】 뿔 모양의 밧줄걸이 ; 받침 나무《갑판 위의 보트를 얹는》.
— *vt.* (1)…을 쐐기로 괴다. (2) (보트)를 받침 나무에 얹다.

chock-a-block [tʃɑ́kəblɑ́k/tʃɔ́kəblɔ́k] *a.* (1) 【海】 (겹도르래에서) 위아래의 도르래가 꽉 당겨진, 완전히 감아올려진. (2) 〔敍述的〕 꽉 (들어) 찬《*with*》 : The street were ~ *with* tourists during the festival. 도로는 축제 기간 중 관광객으로 꽉 차 있었다.

chock-full [tʃɑ́kfúl/tʃɔ́k-] *a.* 〔敍述的〕 꽉 들어찬《*of*》.

choc·o·hol·ic [tʃɔ̀ːkəhɔ́ːlik, -hɑ́lik, tʃɑ̀kə-] *n.* ⓒ 초콜릿을 유난히 좋아하는 사람.

:choc·o·late [tʃɔ́ːkəlit, tʃɑ́k-/ tʃɔ́k-] *n.* (1) ⓤ, ⓒ a] 초콜릿 : a ~ bar 판초콜릿. b] 초콜릿 음료. (2) ⓤ 초콜릿빛. —*a.* (1) 초콜릿(빛)의. (2) 〔限定的〕 초

콜릿으로 만든, 초콜릿이 든.

choc·o·late-box [-bɑ̀ks] *a.* (초콜릿 상자처럼) 장식적이며 감상적인, 아름다운.

:choice [tʃɔis] *n.* (1) ⓤⓒ 선택(하기), 선정 : the ~ of one's company 친구의 선택. (2) ⓤ 선택권, 선택의 자유〈여지〉: Let him have the first ~. 그에게 먼저 골라잡게 하십시오. (3) (흔히 a ~ of…로) (골라잡을 수 있는) 종류, 범위, 선택의 풍부함 : a wide 〈great〉 ~ of candidates 다양한 후보자. ***at*** one**'s *own*** ~ 멋대로, 자유 선택으로. ***by*** ~ 좋아서, 스스로 택하여 : I live here by ~. 나는 좋아서 이곳에 살고 있다. ***for*** ~ 고른다면, 어느 쪽이냐 하면. ***from*** ~ 자진하여. ***have no*** ~ ***but to*** do …할 수밖에 없다 : We *have no* ~ *but to* close the hospital. 우리는 병원 문을 닫을 수밖에 없다. ***have no*** (***particular, special***) ~ 어느 것이 특히 좋다고 할 수 없다, 무엇이나 상관없다. ***have*** one**'s** ~ 자유로 선택할 수 있다. ***make*** ~ ***of***…을 고르다. ***make*** 〈***take***〉 one**'s** ~ 골라잡다, 어느 하나를 택하다. ***of*** ~ 고르고 고른, 특상의. ***of*** one**'s** (***own***) ~ 자기가 좋아서〈고른〉.

— (***chóic·er*** ; ***chóic·est***) *a.* (1) 〔限定的〕 고르고 고른, 정선한 ; 《美》 (쇠고기가) 상등의 : the choicest Turkish tobacco 특선 터키 담배 / in ~ words 적절한 말로 / a ~ spirit 뛰어난 사람, 지도자. (2) 가리는, 까다로운 : He is ~ of his food. 식성이 까다롭다.

choice·ly [⌐li] *ad.* 정선(精選)하여, 신중히.

choice·ness [-nis] *n.* ⓤ 정선 ; 정교〈우량〉함.

:choir [kwáiər] *n.* ⓒ (1) 〔集合的〕 합창단, 《특히》 성가대. (2) (흔히 sing.) (교회의) 성가대석.

choir·boy [kwáiərbɔ̀i] *n.* ⓒ (성가대의) 소년 성가 대원.

choir·mas·ter [-mæ̀stər, -mɑ̀ːs-] *n.* ⓒ 성가대〈합창단〉 지휘자.

chóir schòol 《英》 (대성당부속) 성가대 학교《성가대 소년 대원을 중심으로 한 preparatory school》.

choke [tʃouk] *vt.* (1) 《~+目/+目+前+名》 …을 질식시키다, …을 숨막히게 하다 : ~ a person into unconsciousness 목졸라 기절케 하다 / I was almost ~*d* by〈with〉 the smoke. 나는 연기 때문에 거의 질식할 지경이었다. (2) 《~+目/+目+副/+目+前+名》 …을 막다, 메우다《*up*》: Sand is choking the river. 모래 때문에 강이 메워지고 있다. — *vi.* (1) 숨이 막히다, 목메다 ; 막히다 ; (파이프 따위가) 메다 : ~ with smoke 연기로 숨이 막히다 / ~ on 〈over〉 one's food 음식이 목에 걸리다. (2) (감정이 격하여) 말을 못하다 《*with*》. ~ ***back*** (감정 등을) 억제하다 참다 : I ~*d* back my anger. 나는 화를 억눌렀다. ~ ***down*** (음식물을) 겨우 삼키다 ; (감정·눈물 등을) 꾹 참다. ~ ***off*** 1) 목을 졸라 죽이다. 2) 그만두게 하다, (계획 따위를) 포기시키다 ; (공급 등을) 정지시키다. 3) 《口》 (…한 일로) 야단치다《*for*》. ~ ***up*** 1) 막다, 막히게 하다《*with*》 ; 말라 죽게 하다. 2) 《口》 감정이 격하여 말을 못하 (게 하)다. 3) (긴장하여) 얼다 ; 흥분하여 실력을 발휘하지 못하다 : He ~*d up* and dropped the ball. 그는 긴장하여 공을 떨어뜨리고 말았다.

— *n.* ⓒ (1) 질식. (2) (파이프 등의) 폐색부(閉塞部) (= ***chóke·bòre***). (3) **【電】** 초크 코일(~coil). (4) **【機】** 초크《엔진의 공기 흡입을 조절하는 장치》.

choked [tʃoukt] *a.* (1) 꽉 막힌 ; 질식한. (2) 《英口》 〔敍述的〕 넌더리나는, 실망한 : be 〈feel〉 ~ 넌더리나다.

choke·point [tʃóukpɔ̀int] *n.* ⓒ 《美》 험한 곳 ; 교통 정체 지점.

chok·er [tʃóukər] *n.* ⓒ (1) 숨을 멈추게〈죄게〉하는 것〈사람〉. (2) a) 초커《목 둘레에 바짝 붙는 목 거리》. b) 높은 스탠드 칼라.

chok·ing [tʃóukiŋ] *a.* 〔限定的〕 (1) 숨막히는. (2) (감동으로) 목이 멘 듯한 : a ~ voice.
— *n.* ⓤ 숨막힘. (파) **~·ly** *ad.*

choky[1] [tʃóuki] (***chok·i·er*** ; ***-i·est***) *a.* (1) 숨막히는 : a ~ room 숨막힐 듯한 방. (2) 목이 메는 듯한 ; 감정을 억제하는 기질의 : in a ~ voice 목이 메는 듯한 목소리로.

choky[2] *n.* 《英俗》 (the ~) 유치장, 교도소.

chol·er [kɑ́lər / kɔ́l-] *n.* ⓤ (1) 《詩》 성질 급함 ; 불뚱이. (2) 《古》 담즙《옛날, 이것이 너무 많으면 성질이 급해지는 것으로 생각했음》.

·chol·era [kɑ́lərə / kɔ́l-] *n.* ⓤ 콜레라.

cho·les·ter·ol [kəléstərɔ̀ul, rɔ̀ːl / -rɔ̀l] *n.* ⓤ **【生化】** 콜레스테롤《지방·혈액 따위에 있음》.

chomp [tʃɑmp / tʃɔmp] *vt.*, *vi.*, *n.* (…을) 물다 ; (어적어적) 깨물다 ; 어적어적 씹음.

:choose [tʃuːz] (***chose*** [tʃouz] ; ***cho·sen*** [tʃóuzn]) *vt.* (1) 《~+目/+目+前+名/+目+目》 (많은 것 가운데서) …을 고르다, 선택하다 ; 선정하다 : ~ whatever one likes 아무거나 마음에 드는 것을 고르다. (2) 《+目+補/+目+前+名/+目+as 補/+目+to be補》 …을 …으로 선출하다 : ~ a person President 아무를 대통령으로 선출하다 / They chose him for their leader. = They chose him *as* their leader. = They chose him *to* be their leader. 그들은 그를 자기들의 지도자로 선출했다. (3) 《+to do》 (…하는 편이 좋다고) 결정하다 ; (…하려고) 결심하다 : He chose *to* run for the election. 그는 출마하기로 결심했다. — *vi.* (1) 《~/+前+名》 고르다 : ~ between the two 둘 중에서 고르다. (2) 원하다 : You may stay here if you ~. 원한다면 여기 머물러도 좋소.
cannot ~ ***but*** do …하지 않을 수 없다. ~ ***up*** (***sides***) 《美口》 두 팀으로 만들다, 선수를 뽑다 ; (야구 등 시합을 위해) 두 팀으로 갈리다. ***pick and*** ~ 정성들여 고르다. ***There is nothing*** 〈***not much***〉 ***to*** ~ ***between*** (them). (양자) 간에 우열은 전혀〈거의〉 없다.
파) ***chóos·er*** *n.* ⓒ 선택자 ; 선거인.

choosy [tʃúːzi] (***choos·i·er*** ; ***-i·est***) *a.* 《口》 가리는, 까다로운《about》.

·chop[1] [tʃɑp/tʃɔp] (***-pp-***) *vt.* (1) 《~+目/+目+副/+目+前+名》 …을 팍팍 찍다, 자르다, 빠개다, 잘게 〈짧게〉 자르다, 잘라 만들다《도끼·식칼 따위로》 : He ~*ped* the tree down. 그는 그 나무를 베어 쓰러뜨렸다. (2) (고기·야채 따위)를 저미다, 썰다《*up*》. (— *vi.* (1) 《~/+前+名》 찍다, 자르다, 베다. (2) **【테니스】** 공을 깎아치다. (3) 촙으로〈수도로〉 내리치다 ; He ~*ped* at my neck. 내 목에 수도로 가격했다.
— *n.* (1) ⓒ a) 절단. b) (프로레슬링 등의) 촙, 수도(手刀). (2) ⓒ 잘라 낸 한 조각 ; 두껍게 베어 낸 고깃점《흔히 뼈가 붙은》. (3) ⓤ 역랑(逆浪), 삼각파(波). (4) ⓒ **【테니스】** 깎아치기, 촙. ***be for the*** ~ 《英口》 1) (건물이) 무너질 듯하다. 2) 살해〈해고〉될 듯 싶다. ***get the*** ~ 《英口》 1) 해고되다. 2) 살해되다.

chop[2] *n.* (1) (흔히 *pl.*) 턱. (2) (*pl.*) 《俗》 입, 구강. (3) (*pl.*) (관악기 등의) 부는 부분, 마우스피스. (4) (*pl.*) 《美俗》 음악적 재능 ; 악기 연주 솜씨. ***lick***

〈*smack*〉 one'*s* ~*s* 1)

chop³ (*-pp-*) *vi.* (1) 《~+副/+前+名》 (바람 등이) 갑자기 바뀌다《*about* ; *around*》 : The wind ~*ped round* from west to north. 풍향이 갑자기 서에서 북으로 바뀌었다. (2) 생각이 흔들리다, 마음이 바뀌다{about}. ~ ***and change*** 《口》 (방침·직업·의견 등)을 자꾸 바꾸다《*about*》. ~ ***logic*** 〈***words***〉 구실을 늘어놓다, 생떼쓰다.

chop⁴ *n.* ⓒ (1) 《古》 (인도·중국에서) 인감, 관인(官印) ; 출항〈양륙, 여행〉 허가증, 인가장 : put one's ~ on …에 인감을 찍다. (2) 《英口》 품종, 품질, 등급 : the first ~ 1급(품) / a writer of the first ~ 일류작가.

chop·house [tʃáphàus/tʃɔ́p-] *n.* ⓒ (육류 전문의) 간이 음식점.

chop·per [tʃápər / tʃɔ́p-] *n.* ⓒ (1) 자르는 사람. (2) 도끼 ; 고기 자르는 큰 식칼(cleaver). (3) (흔히 *pl.*) 《俗》 이(teeth), 《특히》 틀니. (4) 《口》 헬리콥터 : These days we usually go by ~. 요즈음 우리는 보통 헬리콥터로 간다. — *vt.*, *vi.* 《俗》 (…을) 헬리콥터로 날다〈나르다〉.

chóp·ping blòck [tʃápiŋ-/tʃɔ́p-]도마.

chópping knìfe 잘게 써는 식칼.

chop·py [tʃápi/tʃɔ́pi] (***-pi·er*** ; ***-pi·est***) *a.* (1) 삼각파가 이는, 파도가 치는 : The sea suddenly turned from smooth to ~. 잔잔하던 바다에 갑자기 파도가 쳤다. (2) (손 따위가) 터서 갈라진.

chop·stick [tʃápstìk/tʃɔ́p-] *n.* (흔히 *pl.*) 젓가락.

chóp sú·ey [tʃápsúːi /tʃɔ́p-] 《Chin.》 잡채《미국식 중국 요리》.

cho·ral [kɔ́ːrəl] *a.* (1) 합창대의 ; 합창(곡〈용〉)의 : the Choral Symphony 합창 교향곡《Beethoven의 제 9교향곡의 별칭》.

cho·rale [kərǽl, kourɑ́ːl/kɔrɑ́ːl-]*n.* ⓒ (1) 합창곡 ; 성가. (2) 합창단(= ~ ***society***).

·**chord¹**[kɔːrd] *n.* ⓒ (1) (악기의) 현, 줄. (2) 심금(心琴), (특수한) 감정 : strike 〈touch〉 the right ~ 심금을 울리다. (3) 【數】 현(弦). (4) 【解】 힘줄, 건(腱).

chord² *n.* ⓒ 【音】 화음, 화현(和絃).

chore [tʃɔːr] *n.* (1) ⓒ 귀찮은〈지루한, 싫은〉 일 : It's such a ~ to change diapers. 기저귀를 갈아 채우는 것은 아주 귀찮은 일이다. (

cho·re·o·graph [kɔ̀ːriəgræ̀f, -grɑ̀ːf] *vt.* (음악 ·시 따위)에 안무하다.

cho·re·og·ra·pher [kɔ̀ːriágrəfər/kɔ̀ːriɔ́g-]*n.* ⓒ 안무가 ; 무용가〈교사〉.

cho·re·o·graph·ic [kɔ̀ːriəgrǽfik] *a.* 무용술의.

cho·re·og·ra·phy [kɔ̀ːriágrəfi/kɔ̀ːriɔ́g-]*n* .ⓤ (무용·발레의) 안무(법) , 안무 기술법 ; 무용술.

cho·ric [kɔ́ːrik, kár-/kɔ́r-] *a.* 【그劇】 합창곡의 ; 가무단(歌舞團)의, 합창 가무식의.

cho·ris·ter [kɔ́ːristər, kár-/kɔ́r-] *n.* ⓒ (1) 성가대원《특히 소년 대원》. (2) 《美》 성가대 지휘자.

chor·tle [tʃɔ́ːrtl] *vi.* 《口》 (만족한 듯이) 크게 웃다, 우쭐해지다《*about* ; *over*》 : He ~*d* with delight. 그는 기뻐서 크게 웃었다. — *n.* 《口》 (a ~) 의기 양양한 홍소.

cho·rus [kɔ́ːrəs] *n* . ⓒ (1) 【樂】 합창 ; 합창곡 ; (노래의) 합창 부분, 후렴(refrain). (2) 〔集合的〕 합창대 ; 【古그劇】 (종교의식·연극의) 합창 가무단 ; (뮤지컬의) 합창단, 군무(群舞)단. (3) 제창 ; 일제히 발하는 소리〈웃음, 외침〉 : a ~ of protest 일제히 일어나는 반대. ***in*** ~ 이구동성으로, 일제히 : sing *in* ~ 합창하다 / protest *in* ~ 일제히 항의하다.
— *vt.*, *vi.* (1) (…을) 합창하다. (2) (…을) 이구동성으로〈일제히〉 말하다 : The crowd ~*ed* their approval (of the decision). 군중은 일제히 (그 결정에) 찬성한다고 말했다.

chórus gìrl 코러스 걸《가극·뮤지컬 따위의 가수 겸 댄서》.

:chose [tʃouz]CHOOSE의 과거.

:cho·sen [tʃóuzn]CHOOSE의 과거분사.
— *a.* (1) a] 선발된 ; 정선된 ; 좋아하는 : a ~ book 선정(選定) 도서 / one's ~ field 자기가 선택한〈좋아하는〉 분야. b] (the ~) 〔名詞的·集合的 ; 複數 취급〕 신의 선민. (2) 신에게 선발된 : the ~ people 신의 선민.

chow [tʃau]*n.* ⓤ 《俗》 (1) 음식물(food) ; 식사(때) : It was 10 o'clock before we finally got our ~ that night. 그날 밤 우리는 10시가 지나서야 드디어 식사를 하였다. (2) ⓒ (중국산) 개의 일종(chow chow) 《혀가 검음》.
— *vi.* 먹다《*down*》.

chrism [krízəm] *n.* ⓤ 【가톨릭】 성유(聖油).
파) **chrís·mal** [-əl]*a.* 성유의.

:Christ [kraist] *n.* 그리스도《구약 성서에서 예언 된 구세주의 출현으로서 기독교 신도들이 믿은 나사렛 예수(Jesus)의 호칭 ; 뒤에 Jesus Christ 로 고유명사화됨》 : before ~ 기원전《略 : B.C. ; 20 B.C. 처럼 씀》. ***by*** ~ 맹세코, 꼭.
— *int* 《卑》 저런, 제기랄, 뭐라고《놀람·노여움 따위를 표시》 : ~, it's cold. 제기랄, 되게 추우네!

·**chris·ten**[krísn] *vt.* (1) …에게 세례를 주다, (세례를 주어) …을 기독교도로 만들다(baptize) : She's being ~*ed* in June. 그녀는 6월에 세례를 받는다. (2) 《+目+補》 …에게 세례를 주고 이름을 붙여주다 : The baby was ~*ed* Luke. 그 아기는 누가라는 세례명을 받았다.

Chris·ten·dom [krísndəm] *n.* ⓤ 〔集合的〕 (1) 기독교계(界), 기독교국(國). (2) 기독교도 전체.

chris·ten·ing [krísniŋ] *n.* (1) ⓤ 세례. (2) ⓒ 명명〈세례〉식.

Chris·tian [krístʃən] *n.* ⓒ (1) 기독교도, 기독교 신자, 크리스천. (2) 《口》 문명인, 훌륭한 사람 ; 《口·方》 (짐승에 대하여) 인간(【opp.】 *brute*.).

·**Chris·ti·an·i·ty**[krìstʃiǽnəti]*n.* ⓤ 기독교 신앙, 기독교적 정신〈주의, 사상〉 ; 기독교.

Chris·tian·ize [krístʃənàiz] *vt.*, *vi.* 기독교도가 되다 ; 기독교화하다.

Chris·tian·ly [krístʃənli] *a.*, *ad.* 기독교도다운 〈답게〉.

:Christian náme 세례명(given name)《세례 때 명명되는 이름 ; ⇨ NAME》.

Chris·tie's [krístiz]*n.* 런던의 미술품 경매 회사《정식명은 Christie, Mason & Woods, Ltd.》.

Christ·like [kráistlàik]*a.* 그리스도 같은 ; 그리스도적인.

:Christ·mas[krísməs] *n.* ⓤ (종종 a~) 크리스마스, 성탄절(~ Day) 《12월 25일 ; 略 : Xmas》 : a green ~ 눈이 오지 않는 〈따뜻한〉 크리스마스.
— *a.* 〔限定的〕 크리스마스(용)의.

Chrístmas hólidays (the ~) 크리스마스 휴가《Christmastide 의 휴가·겨울 방학》.

Chrístmas púdding 《英》 크리스마스 푸딩.

Chrístmas stócking 크리스마스 스타킹《산타 클로스 선물을 받기 위해 내거는 양말》.
Chríst·mas·tide [krísməstàid] *n.* ⓤ 크리스마스 계절《12월 24일 - 1월 6일》.
Chríst·mas·time [⌐tàim] *n.* = CHRISTMAS-TIDE.
chro·mat·ic [kroumǽtik]*a.* (1) 색채의 ; 채색한. 〖opp.〗 *achromatic.* 『~ color 유채색 / ~ printing 색채 인쇄. (2) 【生】 염색성의. (3) 【樂】 반음계의 : the ~ scale 반음계 / a ~ semitone 반음계적 반음. 파) **-i•cal•ly** [-ikəli] *ad.*
chro·mate [króumeit] *n.* ⓤ 【化】크롬산염.
chro·mat·ics [kroumǽtiks] *n.* ⓤ 색채론, 색채학.
chro·ma·tin [króumətin]*n.* ⓤ 【生】 크로마틴, 염색질(染色質).
chro·ma·tog·ra·phy [kròumətágrəfi / -tɔ́g-] *n.* ⓤ 【化】 색층(色層) 분석, 크로마토그래피.
chrome [kroum] *n.* ⓤ (1) 【化】 크롬(chromium). (2) = CHROME YELLOW. (3) a] 크롬 합금. b] 크롬 도금.
chróme stéel 크롬강(鋼).
chróme yéllow 크롬황(黃) ; 황연.
chro·mic [króumik]*a.* 【化】 (3가(價)의) (크롬을 함유하는, 크롬의 : ~ acid 크롬산.
chro·mite [króumait] *n.* (1) ⓤ 【鑛】 크롬철광. (2) ⓒ 【化】 아(亞) 크롬산염.
chro·mi·um [króumiəm] *n.* ⓤ 【化】 크롬, 크로뮴《금속 원소 ; 기호 Cr ; 번호 24》.
chro·mo·so·mal [kròuməsóuəl] *a.* 【生】염색체의 : ~ abnormality 염색체 이상.
chro·mo·some [króuməsòum]*n.* ⓒ 【生】염색체. 【cf.】 chromatin.
chrómosome màp 【化】 염색체 지도《염색체상의 유전자의 상대적 위치관계를 나타낸 그림》.
·**chron·ic, -i·cal**[kránik/krɔ́n-], [-kəl]*a.* (1) 【醫】 만성의, 고질의. 〖opp.〗 *acute.* 『 a chronic disease 만성병 / a chronic case 만성병 환자. (2) 오래 끄는《내란 등》 : a chronic rebellion 오랜 반란. (3) 〔限定的〕 습관이 된, 상습적인 : a chronic grumbler 늘 불평만 늘어놓는 사람. 파) **-i·cal·ly** [-ikəli] *ad.* 만성적으로 ; 오래 끌어 ; 상습적으로.
·**chron·i·cle**[kránikl/krɔ́n-] *n.* (1) ⓒ 연대기(年代記) ; 편년사(編年史).
chron·i·cler [kránikləɾ/krɔ́n-]*n.* ⓒ 연대기 편자 : 기록자.
chron·o·graph [kránəgræ̀f, -grɑ̀ːf/krɔ́n-]*n.* ⓒ 크로노그래프《시간의 경과를 도형적으로 기록하는 장치》
chron·o·log·ic, -i·cal [krànəládʒik/krɔ̀nəlɔ́dʒik], [-kəl]*a.* (1) 연대순의 : I have arranged these stories in chronological order. 나는 이 이야기들을 연대순으로 정리했다. 파) **-i·cal·ly** [-kəli] *ad.* 연대순으로 ; 연대기적으로.
chro·nol·o·gist [krənálədʒist/-nɔ́l-]*n.* ⓒ 연대학자, 연표(年表)학자, 편년사가(編年史家).
chro·nol·o·gy [krənálədʒi/-nɔ́l-] *n.* (1) ⓤ 연대학. (2) ⓒ 연대기, 연표. (3) ⓒ (사건의) 연대순 배열.
chro·nom·e·ter [krənámitəɾ/-nɔ́m-] *n.* ⓒ (1) 크로노미터《천문·항해용의 정밀 시계》. (2) 정밀 시계.
chrys·a·lis [krísəlis] (*pl.* **~·es, chry·sali- des**) [krisǽlədìːz]*n.* ⓒ (1) 번데기, 유충《특히 나비의》. (2) 미숙기, 준비 시대, 과도기.
·**chry·san·the·mum** [krisǽnθəməm]*n.* ⓒ (1) 【植】 국화 ; (C-) 국화속(屬). (2) 국화의 꽃.
chrys·o·lite [krísəlàit]*n.* ⓤ ,ⓒ 귀감람석(貴橄欖石).
chub·by [tʃʌ́bi] ***(chub·bi·er ; -bi·est)*** *a.* 토실토실 살이 찐, 오동통한 : a ~ face 토실토실한 얼굴. 파) **-bi·ness** *n.*
chuck[1] [tʃʌk]*vt.* (1) (턱 밑 따위)를 가볍게 치다〈어루만지다〉, 다독거리다 (2) …을 획 던지다, 팽개치다 : ~ a ball to a person 아무에게 공을 던지다. (3) 《口》《~+目/+目+副/+目+前+名》 (친구 등)을 버리다 ; (…에서 아무)를 쫓아내다 ~ ***away*** 내버리다 ; (돈·시간)을 헛되이 써버리다 ; (기회)를 놓치다 ~ ***it*** 《俗》 그만두다 ; 〔命令 形〕 그만둬, 잔소리마라. ~***up*** 《口》 (싫어져서) 그만두다, 단념하다, 내던지다.
— *n.* (1) ⓒ(턱 밑을) 가볍게 침, 다독거림. (2) ⓒ 《口》 획 던짐 ; 포기. (3) (the ~) 《美口》 해고 : get the ~ 해고당하다
chuck[2] *n.* (1) ⓒ 【機】 척《선반(旋盤)의 물림쇠》 ; 척, 지퍼(zipper). (2) ⓤ (쇠고기의) 목과 어깨의 살. (3) ⓒ (쐐기·꺾쇠 등으로 쓰는) 통나무.
chuck[3] *vi.* (암탉이) 꼬꼬하고 울다.
chuck·hole [tʃʌ́khòul] *n.* ⓒ 도로 위의 구멍.
:**chuck·le** [tʃʌ́kl] *n.* ⓒ 낄낄 웃음, 미소 : give a ~ 낄낄 웃다. —*vi.* 낄낄 웃다 ; (혼자서) 기뻐하다《*at* ; *over*》 : ~ while reading 책을 읽으면서 낄낄 웃다.
chuffed [tʃʌft] *a.* 〔敍述的〕 《英俗》 매우 기쁜
chug-a-lug [tʃʌ́gəlʌ̀g] (***-gg-***) *vt., vi.* 《美俗》 (…을) 단숨에 마시다, 꿀꺽꿀꺽 마시다.
chuk·ka bòot [tʃʌ́kə-] (흔히 *pl.*) 처커부츠, 복사뼈까지 오는 부츠.
:**chum**[1] [tʃʌm] 《口》 *n.* ⓒ 단짝, 짝 : In Dublin he met an old school ~. 더블린에서 그는 옛 학교 친구를 만났다.
chum[2] *n.* ⓤ (낚시의) 밑밥. — (***-mm-***) *vt.* (고기)를 밑밥을 뿌려 유인하다.
chum·my [tʃʌ́mi] (***-mi·er ; -mi·est***) *a.* 《口》 사이가 좋은, 아주 친한 : …와 단짝인《*with*》.
chump [tʃʌmp] *n.* ⓒ (1) 큰 나무 토막. (2) 《口》 얼간이, 바보 ; 잘 속는 사람, 봉. ***go off*** one***'s*** ~ 《口》 머리가 좀 돌다, 미치다 ; 흥분하다.
chunk [tʃʌŋk] *n.* ⓒ 《口》 (1) (장작 따위의) 큰 나무 토막 ; (치즈·빵·고기 따위의) 큰 덩어리 : a ~ *of* bread 빵 덩어리.
chunky [tʃʌ́ŋki] (***chunk·i·er ; -i·est***) *a.* 《口》 (1) 짧고 두터운 ; 모착한 ; 덩어리진 : a ~ man 땅딸막한 사람. (2) (천·옷 따위) 두툼한.
:**church** [tʃəːrtʃ] *n.* (1) a) ⓒ (흔히 기독교의) 교회(당), 성당. 영국에서는 국교의 교회당을 말함. 【cf.】 chapel. b) ⓤ 예배 : ~ time 예배 시간 / after ~ 예배 후. (2) 〔集合的〕 기독교도 ; 회중 ; 특정 교회의 신도들 (3) (C-) 교파 : the Methodist Church 감리교파. 【cf.】 Broad Church, High Church, Low Church.
(***as***) ***poor as a ~ mouse*** 몹시 가난하여. ***go into*** 〈***enter***〉 ***the Church*** 성직에 앉다, 목사가 되다. ***go to*** 〈***attend***〉 ~ 예배에 참석하다. ※ 단지 교회에 간다는 뜻으로는 다음과 같이 씀. 『 *go to* the church to sweep the chimney 굴뚝 청소하러 교회에 가다.
— *vt.* (1) …을 교회에 데리고 가다
Church Commíssioners (the ~) 《英》 국

교 재무 위원회.
church·go·ing [⌐gòuiŋ] *n.* ⓤ 교회에 다니기.
— *a.* 교회에 잘 다니는.
·Church·ill [tʃə́:rtʃil] *n.* Sir **Winston ~** 처칠《영국의 정치자(1874-1965) ; 1953년 Nobel 문학상 수상》.
church·less [tʃə́:rtʃlis] *a.* (1) 교회가 없는. (2) 교회에 안 다니는〈속하지 않는〉, 무종교의.
church·ly [tʃə́:rtʃli] *a.* 교회의 ; 종교상의 ; 교회에 어울리는.
church·man [⌐mən] (*pl.* **-men** [⌐mən]) *n.* ⓒ (1) 성직자, 목사. (2) a] 교회 신도. b] 《英》 영국 국교도.
chúrch sèrvice (1) 예배(식). (2) (영국 국교의) 기도서.
chúrch schòol 교회(부속) 학교.
church·wom·an [⌐wúmən](*pl.* **-wom·en** [-wìmin]) *n.* ⓒ (열성적인) 여자 신도 ; (특히 영국 국교회의) 여자 신도.
:church·yard [⌐jɑ̀:rd] *n.* ⓒ 교회 부속 뜰, 교회 경내 ; (교회 부속) 묘지. 【cf.】 cemetery, graveyard. 『 a ~ cough. 다 죽어가는 맥없는 기침 / A green Christmas 〈Yule〉 makes a fat ~. 《俗談》 크리스마스에 눈이 안 오면 병이 돌아 죽는 이가 많아진다.
churl [tʃə(:)rl] *n.* ⓒ (1) 야비한 사람 ; 버릇없는 사람. (2) 촌뜨기.
churl·ish [⌐iʃ] *a.* 야비한 ; 버릇이 없는 ; 촌뜨기의. 파) **~·ly** *ad.* **~·ness** *n.*
churn [tʃə:rn] *n.* ⓒ (1) 교유기(攪乳器) 《버터를 만드는 큰 (양철)통》. (2) 《英》 큰 우유통.
—*vt.* (1) **a)** (우유·크림)을 교유기로 휘젓다. b) 휘저어 (버터)를 만들다. (2) (물·흙 따위)를 세차게 휘젓다 ; 휘저어 거품을 일게 하다 ; (바람 따위가) (물결)을 일게 하다 : — *vi.* (1) 교유기로 버터를 만들다. (2) (물결 따위가) 기슭에 철썩거리다, 거품이 일다 ; 거품을 일으키며 나아가다 ; 파도가 일다. (3) (스크류 따위가) 세차게 돌아가다. **~ *out*** 《口》 대량으로 생산〈발행〉하다 ; (변변치 못한 것을) 마구 만들어 내다.
churr [tʃə:r] *vi.* (쏙독새·자고새·귀뚜라미 따위가) 쪽쪽〈찍찍〉하고 울다. — *n.* ⓒ 쪽쪽〈찍찍〉우는 소리.
chute [ʃu:t] *n.* ⓒ (1) 활강로(滑降路), 비탈진 (물)도랑, 자동 활송(滑送) 장치《물·재목·광석 따위를 아래로 떨어뜨리는 경사진 길·파이프 따위》 《口》 낙하산(parachute).
chut·ney [tʃʌ́tni] *n.* ⓤ 처트니《인도의 달콤하고 매운 양념》.
chutz·pah, -pa [hútspə] *n.* ⓤ 《口》 (1) 뻔뻔스러움, 후안무치. (2) 대담함, 호방함.
Ci curie. **C.I.** Channel Islands. **CIA, C.I.A.** Central Intelligence Agency.
ciao [tʃau] *int.* 《It.》《口》 차오, 안녕《만남·작별 인사》.
·ci·ca·da [sikéidə, -kɑ́:də] (*pl.* **~s, -dae** [-dí:]) *n.* ⓒ 매미.
cic·a·trice, -trix [síkətris] , [⌐trìks] (*pl.* **cic·a·tri·ces** [sìkətráisi:z]) *n.* ⓒ (1) 【醫】 흉터 ; 상처 자국. (2) 【植】 엽흔(葉痕) ; 탈리흔(脫離痕).
Cic·e·ro [sísəròu] *n.* **Marcus Tullius ~** 키케로《로마의 웅변가·정치가·철학자 ; 106-43 B.C.》.
Cic·e·ro·ni·an [sìsəróuniən] *a.* 키케로적인, 키케로풍의 ; 웅변의(eloquent), (문체가) 전아(典雅)한(classical).

-cide *suf.* '…살해범'의 뜻 : homi*cide*.
·ci·der [sáidər] *n.* ⓤⓒ 사과즙 ; 사과술 : ~ brandy (사과술로 만든) 모조 브랜디. ¶ 알코올성 음료로서 사과즙을 발효시킨 것은 hard ~, 발효시키지 않은 것은 sweet ~ ; 한국의 '사이다'는 탄산수(soda pop).
cider prèss 사과 착즙기(搾汁機).
:ci·gar [sigɑ́:r] *n.* ⓒ 여송연, 엽궐련, 시가.
:cig·a·ret(te) [sìgərét, ⌐-⌐] *n.* ⓒ 궐련 : a pack of ~*s* 담배 한 갑.
cigarétte càse 담뱃갑.
cigarétte lighter 담배용 라이터.
C in C, C. in C. Commander in Chief.
cinch [sintʃ] *n.* (1) ⓒ 《美》 안장띠, (말의) 뱃대끈. (2) (a ~) 《美口》 꽉 쥠 : have a ~ on …을 꽉 쥐다. (3) (a ~) a) 《口》 확실한 일 ; 우승〈유력〉후보. b) 《口》 쉬운 일, 식은 죽 먹기.
— *vt.* (1) 《美》 (말)에 뱃대끈을 매다 ; 《美口》 …을 꽉 쥐다. (2) 《口》 …을 확실히 하다.
Cin·cin·nati [sìnsənǽti] *n.* 신시내티《미국 Ohio 주의 도시》.
cinc·ture [síŋktʃər] *n.* ⓒ (1) 둘레를 둘러싸는〈감는〉 것. (2) 《文語》 띠(girdle) ; 【가톨릭】 장백의 위로 매는 띠.
— *vt.* (1) …을 띠로 감다. (2)…을 둘러싸다, 에워싸다.
cin·der [síndər] *n.* (1) a] ⓒ 타다 남은 찌꺼기 ; 뜬숯 : burned to a ~ (요리 따위) 시꺼멓게 탄. b] c] ⓤ (용광로에서 나오는) 쇠똥, 광재(鑛滓). (2) ⓒ (화산에서 분출한) 분석(噴石).
cínder blòck 《美》 (속이 빈 건축용) 콘크리트 블록(《英》 breeze block).
Cin·der·el·la [sìndərélə] *n.* (1) 신데렐라《계모와 자매에게 구박받다가, 마침내 행복을 얻은 동화 속의 소녀》.
cine- '영화'의 뜻의 결합사.
cin·e·ast, cin·e·aste [síniæ̀st, -əst] [-æ̀st] *n.* ⓒ (열광적인) 영화팬.
cin·e·cam·era [sínəkæ̀mərə] *n.* ⓒ 《英》 영화 촬영기(《美》 movie camera).
cin·e·ma [sínəmə] *n.* (1) ⓒ 《英》 영화관 《美》 movie theater) : go to the 〈a〉 ~ 영화보러 가다. (2) ⓤ (the ~) a] 〔集合的〕 영화 《美》 movies). b] 영화 제작〈산업〉. c] (예술로서의 영화 : a ~ actor〈star〉 영화 배우.
cin·e·ma·tic [sìnəmǽtik] *a.* (1) 영화의, 영화에 관한. (2) 영화와 같은, 영화적인.
cin·e·mat·o·graph [sìnəmǽtəgræ̀f, -grɑ̀:f] *n.* ⓒ 《英》 (1) 영사기. (2) 영화 촬영기.
cin·e·mat·o·graph·ic [sìnəmæ̀təgrǽfik] *a.* (1) 영화(촬영술)의. (2) 영사의. 파) **-i·cal·ly** *ad.*
cin·e·ma·tog·ra·phy [sìnəmətɑ́grəfi -tɔ́g-] *n.* ⓤ 영화 촬영술〈법〉.
cin·e·pro·jec·tor [sínəprədʒèktər] *n.* ⓒ 《英》 영사기.
Cin·er·ama [sìnərɑ́:mə, -rǽmə] *n.* ⓤ 【映】 시네라마《대형 호상(弧狀) 스크린에 3대의 영사기로 동시에 영사하여 파노라마 효과를 냄 ; 商標名》.
cin·e·rar·i·um [sìnəréəriəm] (*pl.* **-ia** [-iə]) *n.* ⓒ 납골당(納骨堂).
cin·er·ary [sínərèri/-rəri] *a.* 유골의, 유골을 넣는.
cin·na·bar [sínəbɑ̀:r] *n.* ⓤ (1) 【鑛】 진사(辰砂) 《수은(水銀)의 원광》. (2) 주홍색(vermilion).

·**cin·na·mon** [sínəmən] *n.* (1) a) ⓤ 육계(肉桂); 계피. b) ⓒ 【植】 육계나무. (2) ⓤ 육계색, 황갈색. — *a.* 육계색의, 갈색의.

·**ci·pher**, 《英》 **cy-** [sáifər] *n.* (1) ⓒ 영(零)의 기호, 제로. (2) ⓒ 아라비아 숫자《특히 자릿수를 표시하는 것으로서의》

cir·ca [sə́ːrkə] prep. 《L.》 대략, …쯤, 경《略 : C., ca, cir., circ.》 : Plato was born ~ 427 B.C. 플라톤은 기원전 427년경에 태어났다.

:**cir·cle** [sə́ːrkl] *n.* ⓒ (1) 원, 원주 : draw a ~ 원을 그리다. (2) 원형의 것. a) 환(環), 고리(ring). b) 원진(圓陣). c) (철도의) 순환선 ; (주택가의) 순환도로 ; (C-) (London의) 지하철 순환선. d) 《美》 로터리. (3) (시간 따위의) 주기(週期)(period), 순환(循環), 주행(周行), 일주《*of*》 : the ~ *of* the seasons 사계(四季)의 순환. (4) 【地】 위도(권(圈)) ; 위선(緯線) ; 권(圈) : the arctic Circle 북극권. (5) (극장의) 원형 관람석 : the dress ~ 2층 정면석(席). (6) (서커스의) 곡마장(= **círcus rìng**). (7) (교제·활동·세력 등의) 범위(sphere) : a large ~ of friends 광범한 교우(交友). (8) (종종 *pl.*) 집단, 사회, …계(界)(coterie), 패, 동아리 : literary ~s 문인들, 문학계 / the family ~ 친족. (9) (전) 계통, 전역, 전체 : the ~ of the sciences 학문의 전계통. (10) 【論】 순환논법.
— *vt.* (1) (하늘)을 선회하다, 돌다 ; …의 둘레를 돌다 :(2) a) …을 에워〈둘러〉싸다(encircle) b) 동그라미를 치다 : Circle the correct answer. 옳은 답에 동그라미를 쳐라. (3) (위험을 피하여) 우회하다.
— *vi.* 《~/+前+名/+副》 돌다, 선회하다 : ~ round 빙빙 돌다. **~ *back*** (출발점을 향해) 되돌아 오다.

cir·clet [sə́ːrklit] *n.* ⓒ (1) 작은 원. (2) (금· 보석 등의) 장식 고리 ; 반지(ring) ; 헤드밴드.

:**cir·cuit** [sə́ːrkit] *n.* ⓒ (1) 순회, 회전 ; 순회 여행, 주유(周遊) : She ran four ~s of the track. 그녀는 트랙을 네 바퀴 달렸다. (2) 우회로〈코스〉. (3) 주위, 범위 (4) 순회 재판(구) ; 〔集合的〕 순회 재판 변호사 ; (목사의) 순회 교구 ; 정기적인 순회 : a ~ judge 순회 판사 / go on ~ 순회 재판을 하다. (5) 【電】 회로, 회선 ; 배선(도) ; 【컴】 회로. 【cf.】 short circuit. ¶ open〈break〉 the ~ 회로를 열다. (6) (극장·영화관 따위의) 흥행 계통, 체인. (7) 리그, (축구·야구 등의) 연맹 : a baseball ~ 야구 연맹. (8) (자동차 경주의) 경주로.

círcuit brèaker 【電】 회로 차단기.

círcuit cóurt 순회 재판소.

cir·cu·i·tous [sə(ː)rkjúːitəs] *a.* (1) 돌아가는 길의, 우회(로)의. (2) (말 따위를) 빙 둘러서 하는, 에두르는, 완곡한. 파) **~·ly** *ad.*

círcuit rìder 《美》 (개척 시대의 감리 교회의) 순회 목사.

cir·cu·i·ty [sə(ː)rkjúːəti] *n.* ⓤ (1) 멀리 돌아감. (2) 에두름, 에둘러 말하기.

:**cir·cu·lar** [sə́ːrkjələr]***(more ~ ; most ~)*** *a.* (1) 원형의, 둥근 ; 빙글빙글 도는 : a ~ stair 나선계단 / a ~ motion 원운동. (2) 순환(성)의 / a ~ number 【數】 순환수. (3) 순회하는 ; 회람의 : a ~ letter 회장(回章). (4) 완곡한, 에두른, 간접적인 : a ~ expression 에두른 표현.
파) **~·ly** *ad.* 원을〈고리를〉 이루어, 둥글게 ; 순환적으로.

cir·cu·lar·i·ty [sə̀ːrkjəlǽrəti] *n.* ⓤ (1) 원형, 원상, 환상(環狀). (2) (논지(論旨) 등의) 순환성.

cir·cu·lar·ize [sə́ːrkjələràiz] *vt.* (1) …에 광고전단을〈안내장, 회람을〉 돌리다 ; 앙케트를 보내다 (2) …을 회람하다.

:**cir·cu·late** [sə́ːrkjəlèit] *vi.* 《~/+前+名》 (1) 돌다, 순환하다 《*through* ; *among* ; *in*》 : Blood ~*s through* the body. 피는 체내를 순환하다. (2) a) 원 운동을 하다, 빙글빙글 돌다. b) (술잔이) 차례로 돌다. (3) 【數】 (소수가) 순환하다. (4) (화폐·어음 따위가) 유통하다. (5) 《美》 순회하다.
— *vt.* (1) …을 돌리다, 순환시키다 ; (술잔 등)을 차례로 돌리다. (2) (풍문 따위)를 유포시키다 ; (신문·책자 따위)를 배부〈반포〉하다 ; (통화 따위)를 유통시키다, 발행하다 ; …에게 회람시키다

cir·cu·lat·ing [sə́ːrkjəlèitiŋ] *a.* 순환하는, 순회하는 : ~ capital 유동 자본.

círculating lìbrary 대출〈이동〉 도서관.

:**cir·cu·la·tion** [sə̀ːrkjəléiʃən] *n.* (1) ⓤⓒ 순 환 : the ~ of the blood 혈액의 순환. (2) ⓤ (화폐 따위의) 유통 ; (풍설 따위의) 유포 : Two-dollar bills are not in ~ now. 2달러짜리 지폐는 이제 유통되지 않고 있다. (3) (sing.) (서적·잡지 따위의) 발행 부수, 보급(도) ; (도서의) 대출 부수 : (4) 〔集合的〕 통화 ; 유통 어음. ㅁ circulate *v.* ***be in ~*** 유포〈유통〉되고 있다 ***be out of ~*** 1) (책·통화 등이) 나와 있지 않다, 사용되지 않다. 2) 《美口》 (사람이) 활동하지 않다, 남과 사귀지 않다 ***put in 〈into〉 ~*** 유포〈유통〉시키다 : put a commemorative coin in ~ 기념 주화를 유통시키다.

cir·cu·la·tor [sə́ːrkjəlèitər] *n.* ⓒ (1) (보도·소문·병균 따위를) 유포시키는 사람, 전달자. (2) 순환기. (3) 【數】 순환 소수.

cir·cu·la·to·ry [sə́ːrkjələtɔ̀ːri/ᅀ-léitəri] *a.* (혈액·물·공기 따위의) 순환의 ; 순환성의.

cir·cum·am·bi·ent [sə̀ːrkəmǽmbiənt] *a.* (특히 공기·액체가) 에워싸는, 주위의.

cir·cum·am·bu·late [sə̀ːrkəmǽmbjəlèit] *vi.* 두루 돌아다니다, 순행하다. 파) **-àm·bu·lá·tion** [-ʃən] *n.* ⓤ 두루 돌아다님, 순행.

cir·cum·cise [sə́ːrkəmsàiz] *vt.* (1) …에게 할례(割禮)를 베풀다. (2) 【醫】 …의 포피(包皮)를 자르다, 음핵 포피를 자르다.

cir·cum·ci·sion [sə̀ːrkəmsíʒən] *n.* ⓤⓒ (1) 할례《유대교 따위의 의식》. (2) 【醫】 포경 수술.

·**cir·cum·fer·ence** [sərkʌ́mfərəns] *n.* ⓤⓒ (1) a) 원주(圓周) : the ~ of a circle 원주. b) 주위, 주변(2) 주변의 길이, 주위의 거리, 영역 ; 경계선.

cir·cum·fer·en·tial [sərkʌ̀mfərénʃəl] *a.* 원주의 ; 주위의 ; 주위〈주변〉를 둘러싸고 있는.

cir·cum·flu·ent [sərkʌ́mfluənt] *a.* 돌아 흐르는, 환류(還流)하는.

cir·cum·flu·ous [sərkʌ́mfluəs] *a.* 환류하는 ; 물에 에워싸인.

cir·cum·fuse [sə̀ːrkəmfjúːz] *vt.* (1) (빛·액체 ·기체 등)을 주위에 붓다〈쏟다〉《*about* ; *round*》. (2) …을 에워싸다(surround), 감싸다《*with*》.
파) **-fu·sion** [-fjúːʒən] *n.*

cir·cum·lo·cu·tion [sə̀ːrkəmloukjúːʃən] *n.* ⓤⓒ 에두름 ; 에두른〈완곡한〉 표현 : use ~ 빙빙 에둘러서 말하다.

cir·cum·loc·u·to·ry [sə̀ːrkəmlákjətɔ̀ːri -lɔ́k-jetəri] *a.* (표현이) 에두른 ; 완곡한.

cir·cum·lu·nar [sə̀ːrkəmlúːnər] *a.* 달을 에워싼,

달의 주위를 도는 : a ~ flight 달궤도 비행.
cir·cum·nav·i·gate [sə̀ːrkəmnǽvəgèit] *vt.* …을 배로 일주하다. (세계·섬 따위)를 주항(周航)하다. 파) **cìr·cum·nàv·i·gá·tion** [-ʃən] *n.*
cir·cum·po·lar [sə̀ːrkəmpóulər] *a.* 【天】 극에 가까운 ; 천극(天極)을 도는 ; 【地質】 극지(방)의.
cir·cum·scribe [sə̀ːrkəmskráib, ⌐-⌐] *vt.* (1) …의 둘레에 선을 긋다, …의 둘레를 (선으로) 에두르다 ; …의 경계를 정하다. (2) …을 제한하다(limit)
cir·cum·scrip·tion [sə̀ːrkəmskrípʃən] *n.* ⓤ (1) 한계를 정함 ; 제한 ; 경계선. (2) 범위, 영역, 구역. (3) 【數】 외접(시킴).
cir·cum·spect [sə́ːrkəmspèkt] *a.* (1) 【敍述的】 신중한(prudent), 주의 깊은 : (2) 충분히 숙고한 끝의《행동 따위》, 용의 주도한. 파) **~·ly** *ad.*
cir·cum·spec·tion [sə̀ːrkəmspèkʃən] *n.* ⓤ 세심한 주의 ; 용의 주도함 ; 신중함
:cir·cum·stance [sə́ːrkəmstæ̀ns/-stəns] *n.* (1) (흔히 *pl.*) 상황, 환경 ; 주위의 사정 : if ~*s* admit 사정이 허락한다면 /(2) (*pl.*) (경제적인) 처지, 생활 형편 : (3) ⓒ 사건(incident), 사실(fact) (4) ⓤ 부대 상황 ; 상세한 내용, 제목 (5) ⓤ 형식<격식>에 치우침(ceremony), 요란함(fuss) ***according to ~s*** 경우에 따라, 임기 응변으로. ***under* 〈*in*〉 *no ~s*** 여하한 일이 있어도 …않다 ***under* 〈*in*〉 *such* 〈*the, these*〉 *~s*** 그러한〈이러한〉 사정으로(는) : What can I do under the ~*s* ? 이런 상황에서 내가 무엇을 할 수 있겠는가?
cir·cum·stanced [sə́ːrkəmstæ̀nst/-stənst] *a.* 〔敍述的〕〔흔히 副詞를 동반하여〕 (…한) 사정에 있는 ; (경제적으로 …한) 처지에 있는
cir·cum·stan·tial [sə̀ːrkəmstǽnʃəl] *a.* (1) (증거 등이) 상황에 의한, 추정상의 : ~ evidence 【法】 상황 증거. (2) 상세한(detailed). (3) 우연한, 부수적인 : a ~ conjunction(of events) (사건의) 우연한 동시 발생. (4) 형식에 치우친, 딱딱한.
cir·cum·stan·tial·ly [-li] *ad.* (1) 상황〈경우〉에 따라. (2) 부수적으로, 우연히. (3) 상세하게. (4) 상황 증거에 의하여.
cir·cum·stan·ti·ate [sə̀ːrkəmstǽnʃièit] *vt.* (1) …을 상세하게 설명하다. (2) (상황 증거에 의하여) …을 실증하다.
cir·cum·vent [sə̀ːrkəmvént] *vt.* (1) …의 의표를 찌르다, …보다 선수를 쓰다, …을 꼭뒤지르다 (2) …을 함정에 빠뜨리다(entrap) ; (교묘하게) 회피하다 : ~ dangers 위험을 회피하다. (3) …을 우회하다 ; 일주하다 (4) …을 에워싸다, 포위하다.
파) **~·er, -vén·tor** *n.*
cir·cum·ven·tion [sə̀ːrkəmvénʃən] *n.* ⓤ (1) 우회(迂廻). (2) 회피.
:cir·cus [sə́ːrkəs] *n.* ⓒ (1) 서커스, 곡마, 곡예 ; 곡마단 : a flying ~ 공중 곡예 / run a ~ 서커스의 흥행을 하다. (2) (원형의) 곡마장, 흥행장 ; (옛 로마의) 경기장(arena). (3)《英》(방사상으로 도로가 모이는) 원형 광장. 【cf.】 square. 『 ⇨ PICCADILLY CIRCUS. (4)《口》 유쾌하고 소란스러운 사람〈일〉 ; 즐거운 한때 ; 구경거리 : have a real ~ 마구 유쾌하게 소란을 떨다.
cir·ro·cu·mu·lus [sìroukjúːmjələs] (*pl.* ***-li*** [-lài, -lìː]) *n.* ⓒ 【氣】 권적운(卷積雲), 조개구름, 털쌘구름《기호 Cs》.
cir·ro·stra·tus [sìroustréitəs, -strǽː-] (*pl.* **-ti** [-tai], ~) *n.* ⓒ 【氣】 권층운(卷層雲), 털층구름, 솜털구름《기호 Cc》.
cir·rus [sírəs] (*pl.* **-ri** [-rai]) *n.* ⓒ (1) 【植】 덩굴손, 덩굴(tendril). (2) (원생(原生) 동물의) 모상 돌기(毛狀突起), 극모(棘毛). (3) 【氣】 권운(卷雲), 털구름《기호 Ci》.
cis·al·pine [sisǽlpain, -pin] *a.* (로마에서 보아) 알프스 산맥 이쪽의, 알프스 산맥 남쪽의. 재(鑛滓).
cis·lu·nar [sislúːnər] *a.* 달과 지구 사이의.
·cis·tern [sístərn] *n.* ⓒ(1) 물통, 수조(水槽), 물탱크《특히 송수용의》 : The water supply to the ~ was turned off. 물탱크의 물공급이 끊겼다. (2)(천연의) 저수지.
·cit·a·del [sítədl] *n.* ⓒ(1)(도시를 지키는) 성채; 요새. (2) 최후의 거점.
ci·ta·tion [saitéiʃən] *n.* (1) a] ⓤ(구절·판례·예증(例證) 따위의) 인증, 인용. b]ⓒ 인용문(quotation). (2)ⓤⓒ (사실·예 따위의) 언급, 열거(enumeration). (3)【法】 a] ⓤ 소환. b] ⓒ 소환장. (4)ⓒ 표창장, 감사장《군인·부대 따위에 주어지는》
·cite [sait] *vt.* (1) a] …을 인용하다(quote), 인증하다 ; 예증하다(mention) ; 열거하다. b] (권위자 등)을 증언하게 하다. (2) 【法】 …을 소환하다(summon); 소집하다 (3) (공보(公報) 등)에 특기하다 ; 표창하다 (4) …에 언급하다, 상기시키다. ▫ citation *n.*
cit·i·fy [sítəfài] *vt.*《口》…을 도시(인)화하다; 도시풍으로 하다. 파) **cít·i·fied** [-fàid] *a.* 도시(인) 화한, 도시풍의〈티가 나는〉.
cit·i·zen [sítəzən] (*fem.* ***~·ess*** [-is]) *n.* ⓒ (1) (도시의) 시민(townsman). (2)(한 나라의) 공민, 국민(3) 주민(resident)《*of*》 ; 《널리》구성원, 멤버 : a ~ *of* Washington 워싱턴의 주민. (4)《美》 일반인, 민간인(civilian)《군인·경찰 따위와 구별하여》. ***a ~ of the world*** 세계인(cosmopolitan).
cit·i·zen·ry [sítəzənri, -sən-] *n.* ⓤ 〔集合的; 單·複數 취급〕 (the ~) (일반) 시민.
cit·i·zen·ship [-ʃìp] *n.* ⓤ 시민의 신분〈자격〉; 시민〈공민〉권.
cit·rate [sítreit, sáit-] *n.* ⓤ 【化】 구연산염, 시트르산염.
cit·ric [sítrik] *a.* 【化】 레몬의, 레몬에서 채취한; 시트르산〈성〉의: ~ acid 시트르산.
cit·rine [sítriːn] *a.* 레몬(빛)의, 담황색의.
— *n.* ⓤ(1) 레몬빛. (2)【鑛】 황수정(黃水晶).
cit·ron [sítrən] *n.*【植】 (1)ⓒ 시트런《레몬 비슷한 식물; 불수감(佛手柑) 따위》; 또, 그 열매.
cit·rus [sítrəs] (*pl.* ***~, ~·es***) *n.* ⓒ 【植】 밀감속(屬), 감귤류. — *a.* 〔限定的〕 감귤류의: a ~ fruit 감귤류의 과일.
:city [síti] *n.* (1) ⓒ a] 도시, 도회. ※ town 보다 큼. b] 시《영국에서는 bishop이 있는 도시 또는 왕의 특허장에 의하여 city로 된 town, 미국에서는 주로부터 자치권을 인가받은 시장·시의회가 다스리는 자치 단체, 캐나다는 인구에 입각한 고위의 자치체》 :(2) (the ~) 〔集合的: 보통 單數 취급〕 전(全) 시민 (3) a] (the C-) 시티 《런던의 상업·금융의 중심 지구》. b]《英》 재계, 금융계. ***the City of God*** 천국.
cíty bànk 시중 은행.
Cíty Cómpany 런던시 상업 조합
cíty cóuncil 시의회.
cíty cóuncilor 시의회 의원.
cíty éditor (1)《美》(신문사의) 사회부장; 지방기사 편집장. (2) (종종 C- e-)《英》(신문사·잡지사의)

경제 기사 편집장.

cíty háll (1) ⓒ 시청, 시의회 의사당. (2) ⓤ 시당국. (3) ⓤ 관료 지배.

cíty páge 《英》 (신문의) 경제란(欄) (=《美》 **fináncial páge**).

cíty plánning 도시 계획.

cit·y·scape [sítiskèip] *n.* ⓒ(1) 도시 풍경〈경관〉. (2)도시의 풍경화.

cit·y-state [sítistéit] *n.* ⓒ (옛 그리스의) 도시 국가《고대 아테네, 스파르타 따위》.

cívet cát 사향고양이.

·**civ·ic** [sívik] *a.* 〔限定的〕 (1)시의, 도시의 : ~ life〈problem〉 도시 생활〈문제〉. (2) 시민〈공민〉의 : ~ rights 시민〈공민〉권.
(파) **-i•cal•ly** [-ikəli] *ad.* 시민으로서, 공민답게.

cívic cénter 도시의 관청가, 도심.

civ·ic-mind·ed [sívikmáindid] *a.* 공덕심이 있는; 사회 복지에 관심이 있는.

civ·ics [síviks] *n.* ⓤ(1) (학교의) 도덕 과목. (2) 시정(市政)학, 시정 연구.

:**civ·il** [sívəl] (***civ•i•ler, more ~ ; -i•est, most ~***) *a.* (1) 〔限定的〕 시민〈공민(公民)〉의, 공민으로서의, 공민적인. (2) 문명(사회)의(civilized); 시민 사회의; 집단 활동을 하는. (3)정중한, 예의바른, 친절한; (4) 〔限定的〕 (무관에 대하여) 문관의; (군에 대하여) 민간의, 일반인의; (성직에 대하여)세속의; ~ administration 민정. (5) 국가의, 국내의, 사회의, 내정의; ~ affairs 내정 문제 / a ~ war 내란. (6) 【法】 민사의; a ~ case 민사 사건. 【cf.】 criminal. (7) 보통력(曆)의 : the ~ day 역일(曆日). ***keep a ~ tongue*** (***in*** one***'s head***)입을 조심하다.

cívil defénse 민방공(民防空); 민방위 대책〈활동〉 : a ~ corps 민방위대.

cívil disobédience 시민적 저항〈불복종〉《납세 거부 등의 시민의 공동 반항》.

cívil engineér 토목 기사《略 : C.E.》.

cívil engineéring 토목 공학〈공사〉.

·**ci·vil·ian** [sivíljən] *n.* ⓒ(1)(군인·성직자가 아닌) 일반인, 민간인.(2)비전투원, 군무원. (3)(무관에 대하여) 문관. — *a.* 〔限定的〕 (1)일반인의, 민간의; 비군사적인 : a ~ airman 〈aviator〉 민간 비행가. (2)(군인에 대하여) 문관의, 문민(文民)의

·**ci·vil·i·ty** [sivíləti] *n.* (1) ⓤ (형식적인) 정중함,공손함; 예의바름. (2) (*pl.*) 정중한 말〈행위〉; exchange *civilities* 정중한 말로 인사를 교환하다.

:**civ·i·li·za·tion**, 《英》 **-sa-** [sìvəlizéiʃən] *n.* (1) ⓤⓒ 문명(文明), 문화 : western ~ 서양 문명. (2) ⓤ 문명화, 교화, 개화. (3) ⓤ 〔集合的〕 문명국(민); 문명 사회〈세계〉; 문화 생활

:**civ·i·lize**, 《英》 **-lise** [sívəlàiz] *vt.* (1) …을 문명화하다; (야만인)을 교화하다(enlighten);(2) …을 세련되게 하다; 《戱》 (사람)을 예의바르게 하다

civ·i·lized [sívəlàizd] *a.* (1) 문명화된, 개화된. (2) 예의바른, 교양이 있는, 세련된.

cívil láw (1) 민법, 민사법《criminal law에 대하여》. (2) (종종 C- L-) 로마법(Roman law). (3)국내법《국제법에 대하여》.

civ·il·ly [sívəli] *ad.* (1) 시민적으로, 시민〈공민〉답게. (2) 예의바르게, 정중하게. (3) 민법상, 민사적으로.

cívil márriage 민법상 결혼, 민사혼(民事婚), (종교 의식에 의하지 않은) 신고 결혼.

cívil ríghts (1) 시민권, 공민권; 공민권 운동. (2) 《美》 (특히 흑인 등 소수 민족 그룹의) 평등권.

civ·il-rights [-ráits] *a.* 〔限定的〕 시민권〈공민권〉의, 시민적 권리의.

cívil sérvant 공무원, 문관.

cívil sérvice (the ~) (1) 행정부(기관). (2) 〔集合的〕 문관, 공무원 : join 〈enter〉 the~ 공무원이 되다.

·**cívil wár** (1) 내란, 내전. (2) (the C- W-) a〕《美》 남북 전쟁《1861-65》. b〕《英》 Charles 1세와 의회의 분쟁《1642-46, 1648-52》.

civ·vies [síviz] *n.*(*pl.*)(군복에 대한) 사복, 평복.

clack [klæk] *vi.* (1)찰칵 소리를 내다 : (2)재잘재잘 지껄이다(chatter). (3) (암탉이) 구구구 울다. — *n.* (*sing.*) (1) 찰칵하는 소리. (2)수다(chatter).

·**clad**[1] [klæd] 《古·文語》 CLOTHE 의 과거·과거분사. — *a.* 〔종종 複合語로〕 장비한, 입은, 덮인 iron*clad* vessels 철갑선.

clad[2] (*p., pp.* **~ ; ~ding**) *vt.* (금속)에 다른 금속을 입히다〈씌우다〉, 클래딩하다.

clad·ding [klǽdiŋ] *n.* ⓤ 클래딩. (1)금속표면에 다른 금속을 입히는 일. (2)건물 외벽에 타일 따위를 붙이기, 외장(外裝).

:**claim** [kleim] *vt.* (1) (당연한 권리로서) …을 요구하다, 청구하다 (2) (유실물)을 제것이라고 주장하다, 되찾다, (기탁물)을 찾(아 내)다 (3) (권리·사실)의 승인을 요구하다, 주장하다. (4)《+*to* do/+*that* 節》 …을 공언하다 ; 자칭하다 ; 주장하다 : (5) (남의 주의)를 끌다, 구하다(call for) ; (주의·존경 따위의) 가치가 있다(deserve) : (6) (병·재해 등이 인명)을 빼앗다 —*vi.* 《+前+名》 권리를 주장하다; (손해 배상을) 요구하다《*against*》~ ***back*** …의 반환을 요구하다; 되찾다.
—*n.* (1) ⓒ (당연한 권리로서의) 요구, 청구(demand)《*for*》 ; (배상·보험금 등의) 지급 요구, 지급 청구, 클레임 ; (기탁물의) 인도 요구 (2) ⓤⓒ (요구하는) 권리, 자격《*on*; *to*》(3) ⓒ 청구물; (특히 광구 따위의) 불하 청구지 (4) ⓒ (소유권·사실 등의) 주장《*to* do》 (5)ⓒ 필요한 일《*on*》 ***lay*** 〈***make***〉 ***~ to*** 1)…에 대한 권리를〈소유권을〉 주장하다 2)〔흔히 否定文으로〕을 자칭하다 : *lay* ~ to being the finder자기가 발견자라고 주장하다. ***put in*** 〈***send in, file***〉 ***a ~ for*** …에 대하여 요구를 제출하다. ***stake a*** 〈one***'s***〉 ***~*** (…의) 권리를〈소유권을〉 주장하다《*to*; *on*》

·**claim·ant, claim·er** [kléimənt], [kléimər] *n.* ⓒ(1)요구자, 청구〈주장〉자. (2)【法】 (배상 따위의) 원고.

clair·voy·ant [klɛərvɔ́iənt] *a.* (1)투시의; 투시력이 있는. (2)통찰력이 있는. —(*fom.* **-ante**[-ənt]) *n.* ⓒ 천리안의 사나이, 투시자.

·**clam** [klæm] *n.* ⓒ (1)대합조개 : shut up like a ~ 갑자기 입을 다물다. (2)《口》 뚱한 사람, 말이없는 사람. —(***-mm-***) *vi.* 대합조개를 잡다. ***~ up***《口》 (상대의 질문에 대해) 입을 다물다〈다물고 있다〉, 침묵을 지키다; 묵비(默秘) 하다.

clam·bake [klǽmbèik] *n.* ⓒ 《美》 (1)(대합을 구워 먹는) 해변의 피크닉〈파티〉(의 요리), (해변에서의) 대합 구워 먹기. (2)《口》 떠들썩한 회합〈파티〉.

·**clam·ber** [klǽmbər] *vi.* 기어오르다, (애쓰며)기어오르다〈내려가다〉《*up*; *down*; *over*, etc.》 — *n.* (a ~) 등반, 기어올라가기. 파) **~•er** *n.* ⓒ 등반자.

clam·my [klǽmi] (***clam•mi•er ; -mi•est***) *a.* 끈끈한, 끈적끈적한; (날씨 따위가) 냉습한.

파) **clám•mi•ly** *ad.* **-mi•ness** *n.*
:clam·or, 《英》 **-our** [klǽmər] *n.* ⓒ (1) (흔히 *sing.*) 외치는 소리(shout) ; 왁자지껄 떠듦, 소란(uproar) : the ~ of voices. (2) 소리 높은 불평〈항의〉 ; (여론의) 아우성소리《*against*; *for*》 —*vi.* 《~/+副/+前+名/+*to* do》 와글 와글 떠들다, (반대하여) 시끄럽게 굴다〈요구하다〉《*against*; *for*》 —*vt.* 《~+目/+目+副/+*that* 節》 …을 시끄럽게 말하다, 와글와글 떠들다
·clam·or·ous [klǽmərəs] *a.* 시끄러운, 소란스런, 떠들썩한(noisy) : be ~ for better pay 임금 인상을 요구하여 떠들다. 파) **~•ly** *ad.* **~•ness** *n.*
·clamp[1] [klæmp] *n.* (1) ⓒ 꺾쇠, 거멀장, 죔쇠; (나사로 죄는) 죔틀. (2) ⓒ 【建】 접합부에 대는 오리목. (3) (*pl.*) a] 집게. b] (외과용) 겸자(鉗子). —*vt.* (1) …을 (꺾쇠로) 고정시키다, (죔쇠로) 죄다 **~ *down*** (***on***)《口》 죄다 ; (강력히) 단속하다, (폭도 등을) 탄압〈압박〉하다
clamp[2] *n.* ⓒ 《英》 (1) (쓰레기·벽돌 따위의) 퇴적(堆積). (2) (겨울철 보존을 위해 흙·짚을 덮은 감자 따위의) 더미(pile).
clamp·down [klǽmpdàun] *n.* ⓒ 《口》 엄중 단속, 탄압《*on*》.
clam·shell [klǽmʃèl] n. ⓒ(1) 대합조개(clam)의 조가비. (2) = CLAMSHELL BUCKET.
clan [klæn] *n.* ⓒ(1)(스코틀랜드 고지인의) 씨족(氏族), 일문(一門), 벌족(閥族). 【cf.】 sib. (2)당파, 도당 ; 파벌(clique).
clan·des·tine [klændéstin] *a.* 〔限定的〕 비밀의(secret), 은밀한(underhand), 남모르게 하는 : a ~ meeting 비밀 회합. 파) **~•ly** *ad.* 은밀히, 남몰래.
·clang [klæŋ] *vt.*, *vi.* (…을) 쩽그렁〈뗑그렁〉 울리다 ; 뗑그렁 울다 —*n.* (*sing.*) 쩽그렁, 뗑그렁(소리); 【樂】 악음(樂音), 복합음.
clang·er [klǽŋər] *n.* ⓒ(1)뗑그렁 울리는 것〈사람〉. (2)《英口》 큰 실책〈실수〉. ***drop a ~*** 《口》 큰 실수를 저지르다.
clan·gor, 《英》 **-gour** [klǽŋgər] *n.* (*sing.*) 쩽그렁〈뗑그렁〉 울리는 소리. —*vi.* 쩽그렁〈뗑그렁〉 울다, 울리(어 퍼지)다.
clan·gor·ous [klǽŋgərəs] *a.* 울리(어 퍼지)는. (파) **~•ly** *ad.* 쩽그렁〈뗑그렁〉하고.
clank [klæŋk] *vt.*, *vi.* (무거운 쇠붙이 따위가〈를〉) 절거덕하고 소리나(게 하)다 —*n.* (*sing.*) 철꺽, 탁, 철커덩(하는 소리).
clan·nish [klǽniʃ] *a.* (1)당파적인 ; 배타적인. (2) 씨족의. 파) **~•ly** *ad.* **~•ness** *n.*
clan·ship [klǽnʃip] *n.* ⓤ(1)씨족 제도. (2)씨족정신 ; 족벌적 감정.
:clap[1] [klæp] (***-pp-***) *vt.* (1)…을 쾅〈철썩〉 때리다〈부딪 치 다 〉(2)(손 뼉)을 치다 ; 박수갈채하다 : ~ one's hands 박수를 치다. (3)《+目+前+名》 …을 찰싹 때리다, 가볍게 치다 (4)…을 탁탁〈찰싹, 쾅〉 소리를 내다; (새 따위가) 홰치다 (5)《+目+副/+目+*done*/+目+前+名》 …을 쾅하고 놓다〈움직이다〉, 갑자기 움직이다《*to*; *on*》 : —*vi.* (1)쾅〈철썩〉하고 소리를 내다 ; (문 등이) 쾅하고 닫히다: The door ~*ped to.* 문이 쾅하고 닫혔다. (2)손뼉을 치다, 박수하다. ***~ eyes on*** 《口》 …을 우연히 보다, …을 보다
—*n.* (1) ⓒ 콰르릉, 쾅, 짝짝《천둥·문 닫는 소리 따위》 : a ~ of thunder 천둥 소리. (2)(a ~)(손바닥으로 우정·칭찬 등의 표로 잔등 따위를) 가볍게 침《*on*》 (3)(a ~) 박수(소리): give a person *a* good ~ 사람에게 많은 박수를 보내다.
clap[2] *n.* (the ~)《俗》 임질(gonorrhea).
clap·per [klǽpər] *n.* ⓒ(1)박수치는 사람. (2)(종·방울의) 추(tongue). (3)딱딱이. (4)《俗》 혀 ; 수다쟁이. ***like the (merry) ~s*** 《英俗》 매우 빨리, 맹렬히
clap·trap [klǽptræ̀p] *n.* ⓤ(1)인기를 끌기 위한 말〈짓, 술책〉. (2)허튼 소리 : A lot of ~ is talked about the 'dignity of labor'. '노동의 존엄성'에 관해 허튼 소리들을 많이 한다.
clar·et [klǽrit] *n.* (1)ⓤⓒ (프랑스 Bordeaux 산)붉은 포도주. (2)ⓤ 붉은 자줏빛.
clar·i·fi·ca·tion [klæ̀rəfikéiʃən] *n.* ⓤ(1)정화;청징 ; (액체 등을) 깨끗이 하기. (2)명시, 해명, 설명
clar·i·fi·er [klǽrəfàiər] *n.* ⓒ(1)a] 정화하는 것. b] 정화기(器)〈제(劑)〉. (2)청징제(淸澄劑).
·clar·i·fy [klǽrəfài] *vt.* (1)(의미·견해 따위)를 분명〈명료〉하게 하다, 해명하다(explain). (2)(공·액체 따위)를 맑게 하다, 정화하다(purify): *clarified* butter 정제 버터. (3)(사고(思考) 따위)를 명쾌하게 하다. —*vi.* (1)(의미따위가) 분명〈명료〉해지다. (2)(액체가) 맑아지다.
·clar·i·net [klæ̀rənét, klǽrinət] *n.* ⓒ 【樂】 클라리넷.
clar·i·net·(t)ist [-tist] *n.* ⓒ 클라리넷 연주자.
·clar·i·on [klǽriən] *n.* ⓒ (1)클라리온《예전에 전쟁 때 쓰인 나팔》. (2)《詩》 낭랑히 울리는 클라리온 소리 ; (오르간의) 클라리온 음전. —*a.* 〔限定的〕 낭랑하게 울려 퍼지는, 명쾌한 : a ~ voice 낭랑하게 울려 퍼지는 목소리.
·clar·i·ty [klǽrəti] *n.* ⓤ(1)(사상·문체 따위의)명석, 명료, 명확 : with great ~ 대단히 명쾌하게. (2)(액체 따위의) 투명(도), 맑음 ; (음색의) 맑고 깨끗함.
:clash [klæʃ] *n.* (1)(*sing.*) 쟁그랑 울리는 소리; 서로 부딪치는 소리. (2)ⓒ(의견·이해 따위의)충돌, 불일치(disagreement); 부조화 : a ~ of viewpoints 견해의 불일치. (3)(행사·시간 따위의) 겹침. —*vi.* (1)《~/+前+名》 부딪치는〈쩽그렁〉 소리를 내다,(소리를 내며) 충돌하다《 *into*; *against*; *upon*》 (2)《~/+前+名》(의견·이해·시간 등이) 충돌하다, 겹치다 ; (규칙 등에) 저촉되다《*with*》 (3)격렬한 소리를 내다. (4)《~/+前+名》 (색이) 조화되지 않다 —*vt.* (1)《~+目/+目+前+名》 (종 따위)를 치다. (2)(소리를 내어)(맞)부딪치다《*against*》
:clasp [klæsp, klɑːsp] *n.* ⓒ(1)걸쇠, 버클죔쇠, 메뚜기, 훅 (2) 악수, 포옹(embrace).—*vt.* (1)…을 걸쇠로 걸다〈잠그다〉; …에 걸쇠를 달다; (띠 따위)를 버클로 죄다 : ~ a necklace round one's neck 목에 네크리스를 감아 걸다. (2)《~+目/+目+前+名》 …을 (손으로) 꽉 잡다; 끌어안다 (3)(덩굴 따위가) …에 휘감기다. —*vi.* (걸쇠 등으로) 걸다, 잠그다 ; 꽉 쥐다〈껴안다〉.
:class [klæs, klɑːs] *n.* (1)ⓒ(공통 성질의) 종류, 부류 (2)ⓒ 등급 : a first ~ restaurant 일류 레스토랑. (3)ⓒ(흔히 *pl.*) (사회) 계급 (4)(the ~es) 유산〈지식〉 계급; 상류사회. (5)ⓒ학급, 반, 학년(《美》 grade ; 《英》 from, standard) : He is (at the) top of the ~. 그는 반의 수석이다. (6)ⓤⓒ (클래스 의) 학 습 시 간 , 수업(lessons) / in ~ 수업중에. (7)ⓒ 〔集合的〕 《美》 동기 졸업생〈학급〉; (군대의) 동기병(同期兵) : the ~ of 1990, 1990년도 졸업생 / the 1990 ~, 1990년

(입대)병. (8)ⓤ a]《口》 고급, 우수: 제일류(의 기술 따위) b](복장·행위〈매너〉 등의) 우아함, 기품 : She has ~. 그녀는 기품이〈품위가〉 있다. (9)ⓒ 《英》 우등 학급 《특별 전공이 허락되는 우등생 후보의 반》; 우등(등급). (10)ⓒ 【生】 강《phylum과 order의 중간》. ▫ classify *v.* ***in a ~ by itself*** 〈one***self***〉 = ***in a ~ of*** 〈***on***〉 ***its***〈***his***〉 ***own*** 비길 데 없이, 단연 우수하게 ***no ~*** 《口》 등외로, 열등한, 형편없는.

—*vt.* (1)《~+目/+目+補/+目+*as* 補/+目+前+名》 …을 분류하다(classify); …의 등급을 정하다 : a ship ~*ed* A 1. 최고급의 배 /(2) 반(班)으로 나누다 ; (학생 등을) …급〈부류〉에 넣다《*with*; *among*》. (3) 【英大學】 …에게 우등급을 주다. —*vi.* 《+*as* 補》 (어느 class로) 분류되다, 속하다 **cláss áction** 【法】 집단 소송(class suit).

class·book [ˊbùk] *n.* ⓒ 《美》 동기생(졸업 기념) 앨범.

class-feel·ing [ˊfìːliŋ] *n.* ⓤ 계급간의 적대감정, 계급(적) 감정.

:clas·sic [klǽsik] *a.* 〔限定的〕(1)(예술품 따위가)일류의, 최고 수준의, 걸작의 (2)(학문연구·연구서 따위가) 권위있는, 정평이 나 있는; 전형적인(typical)《예 따위》, 모범적인 (3)고전의, 그리스·로마 문예(文藝)의; 고대 그리스·로마의 예술 형식을 본받은; 고전풍의, 고전적인(classical); 전아(典雅)한, 고상한 : ~ architecture 고전 건축. (4)전통적인, 역사적〈문화적〉 연상(聯想)이 풍부한, 유서 깊은; 고전적인 : ~ground(*for*...) (…으로) 유서 깊은 땅, 사적(史跡) /(5)(복장 따위가) 전통적인 스타일의; 유행에 매이지 않는, 싫증이 나지 않는.

—*n.* (1)ⓒ 고전 (작품) 《특히 고대 그리스·로마의》; 〔一般的〕 명작, 걸작 (2)ⓒ 고전 작가 《특히 옛 그리스·로마의》; 《古》 고전 학자〈주의자〉. (3)ⓒ (고전적) 대문학자, 문호(文豪); 대예술가; (특정 분야의) 권위자. (4)(the ~s) 고전 문학, 고전어. (5)ⓒ 전통적 행사〈시합〉; 【野】 = WORLD SERIES. (6)ⓒ 최고의 것〈작품〉; 전통적 스타일의 옷 〈자동차, 도구〉

:clas·si·cal [klǽsikəl] (***more ~ ; most ~***) *a.* (1)(문학·예술에서) 고전적인, 정통파의 (2) (문학·미술에서) 고전주의〈풍〉의, 의고적(擬古的)인; 고전 음악의. 【cf.】 romantic. 『 ~ music 고전 음악 (3)고대 그리스·라틴 문화〈문학, 예술〉의; 고전어의 : the ~ languages 고전어《옛 그리스어·라틴어》. (4)모범적인, 표준적인, 제 1 급의. (5)(방법 따위가) 전통적인, 종래의 ; 낡은 : ~ arms 재래식 무기. (6)인문적인, 일반 교양적인(【opp.】 technical). 파) **~•ly** *ad.* 고전적으로, 의고(擬古)적으로. **~•ness** *n.*

clas·si·cism [klǽsəsìzəm] *n.* ⓤ(1)고전주의; 고전 숭배, 의고(擬古)주의. (2)고전적 어법; 고전학; 고전의 지식. 【cf.】 romanticism.

clas·si·cist [klǽsəsist] *n.* ⓒ(1)고전학자, 고전문학자. (2)고전주의자; 고전어 교육 주장자.

clas·si·fi·a·ble [klǽsəfàiəbəl] *a.* 분류할 수 있는.

·clas·si·fi·ca·tion [klæ̀səfikéiʃən] *n.* ⓤⓒ (1)분류(법), 유별(법), 종별; 등급별, 급수별, 등급〈등차〉 매기기(2) 【圖書】 도서 분류법. (3)《美》 (공문서의) 기밀 종별(4)【生】 (동식물의) 분류. ※ 동·식물 분류는 다음과 같음. 【動】 phylum 〈【植】 division〉 문(門), class 강(綱), order 목(目), family 과(科), genus 속(屬), species 종(種), variety 변종(變種). ▫ classify *v.*

·clas·si·fied [klǽsəfàid] *a.* 〔限定的〕 (1)분류된, 유별의; (광고 따위가) 항목별의; 《英》 분류 번호가 붙은 《도로 따위》 : a ~ catalog(ue) 분류 목록. (2) 《美》 기밀 취급으로 지정된; 《口》 (서류 따위가) 비밀의 (【cf.】 confidential, top secret) : ~ information 비밀 정보. (3)《英》 스포츠〈축구 등〉의 경기 결과가 실려 있는《신문》. —*n.* = CLASSIFIED AD.

clássified ád 〈**ádvertising**〉 항목별 소(小) 광고(란), 3행 광고, 분류 광고《구인·구직·임대·분실물 등 항목별로 분류된》.

:clas·si·fy [klǽsəfài] *vt.* (1)…을 분류하다, 유별하다; 등급으로 나누다《*into*; *under*》 : ~ books by subjects 책을 주제별로 분류하다. (2)《美》 (공문서)를 기밀 취급으로 하다.

class·ism [klǽsizm] *n.* ⓤ 계급주의; 계급 차별의 태도, 계급적 편견.

class·less [klǽslis, kláːs-] *a.* (1)(사회가) 계급이 없는. (2)특정 계급에 속하지 않는. 파) **~•ness** *n.*

cláss lìst (1)학급 명부. (2)【英大學】 우등생 명부.

:class·mate [ˊmèit] *n.* ⓒ 동급생, 급우.

:class·room [ˊrùː(ː)m] *n.* ⓒ 교실.

class·work [ˊwə̀ːrk] *n.* ⓤ 교실 학습. 【opp.】 homework.

:clat·ter [klǽtər] *n.* ⓤ(1)(나이프·포크·접시기계·말굽 따위의) 덜걱덜걱〈덜커덕덜커덕, 딸그락딸그락〉하는 소리 : the ~ of dishes being washed 접시 씻는 딸그락소리. (2)시끄러움, 시끄러운 (말)소리《of》 : the ~ of the street 거리의 소음〈시끄러움〉. —*vi.* (1)덜걱덜걱〈덜커덕덜커덕〉 소리나다. (2)《+副》 소란스런 소리를 내며 움직이다 :(3)재잘대다 그들은(그들의 불만 사항에 대해) 지껄댔다. —*vt.* …을 덜걱덜걱〈덜커덕덜커덕〉 소리나게 하다 파) **~•er** *n.* 덜커덕 소리를 내는 것; 수다쟁이.

:clause [klɔːz] *n.* ⓒ(1)(조약·법률 등의) 조목, 조항 : a penal ~ 벌칙 / a saving ~ 유보 조항, 단서. (2)【文法】 절(節).

claus·tro·pho·bia [klɔ̀ːstrəfóubiə] *n.* ⓤ 【醫】 밀실 공포, 폐소 공포증. 【opp.】 agoraphobia.

claus·tro·pho·bic [-bik] *a.* 【醫】 폐소 공포증의. —*n.* ⓒ 폐소 공포증 환자.

clav·i·chord [klǽvəkɔ̀ːrd] *n.* ⓒ 【樂】 클라비코드《피아노의 전신》.

clav·ier [klǽviər] *n.* ⓒ 【樂】 (1)건반(鍵盤). (2) [kləvíər] 건반 악기《피아노 따위》.

:claw [klɔː] *n.* ⓒ(1)(고양이·매 따위의) 발톱(talon). (2)(게·새우 따위의) 집게발. (3)발톱 모양의 것《장도리의 노루발 따위》. ***cut***〈***clip, pare***〉 ***the ~s of*** …의 발톱을 잘라 내다, …을 무력하게 만들다. ***get*** one***'s ~s into*** …을 붙잡다; 공격하다; 《口》 (불쾌한 말로써) 반감을 표시하다 ; 《口》 (남자를) 낚다《결혼하기 위해》.

—*vt., vi.* (1)a] (…을) 손〈발〉톱으로 할퀴다; (구멍을) 후비어 파다〈헤집다〉 : ~ a hole 손톱 따위로 구멍을 내다(파다). b] (을) 깁으려고 손으로 더듬다 : ~ *for* a light switch in the dark 어둠속에서 스위치를 더듬다. (2)(…을) 손〈발〉톱으로 움켜잡다; 《美俗》 체포〈포박〉하다 ; (돈 따위를) 그러모으다 : *Claw* me and I'll ~ thee. 《俗談》 오는 말이 고와야 가는 말이 곱다. (3)(가려운 곳을) 긁다. ***~ back*** 《英》 1) 서서히〈애써서〉 되찾다. 2)《英》 (부적절한 급부금 따위를) 부가세의 형식으로 회수하다. ~ one***'s way*** 기듯이 나아가다

cláw hàmmer (1)노루발 장도리. (2)《美口》 연미복.

:clay [klei] *n.* ⓤ(1)점토(粘土), 찰흙; 흙(earth): potter's ~ 도토(陶土) (2)a](육체의 재료라고 생각한) 흙; (죽으면 흙이 되는) 육체 b] 자질, 천성; 인격, 인품 ***as ~ in the hands of the potter*** (사람·물건이) 마음대로되는. ***feet of ~*** (사람·사물이 지니는) 인격상의〈본질적인〉 결점; 뜻밖의 결점〈약〉

clay·ey [kléii] (***clay•i•er ; -i•est***) *a.* (1)점토질〈점토 모양〉의. (2)점토를 바른〈로 더러워진〉.

clay·ish [kléiiʃ] *a.* 점토같은, 점토가 좀 포함된〈들어 있는〉.

:clean [kliːn] (***∠•er ; ∠•est***) *a.* (1)청결한, 깨끗한, 더럼이 없는; 갓〈잘〉 씻은. 〖opp.〗 *dirty.* (2)(사능 따위에) 오염 안 된; 감염되어 있지 않은; 병이 아닌 (3)혼합물이 없는,순수한. (4)새로운; 아무것도 씌어 있지 않은《종이 따위》, 백지의 (5)결점(缺點)〈흠〉 없는 : a ~ record 〈slate〉 깨끗한 이력. (6)(거의) 정정 기입이 없는《원고·교정쇄 따위》, 읽기 쉬운 : a ~ copy 청서. (7)장애물 없는 : a ~ harbor 안전한 항구. (8)순결한(chaste), 청정 무구한; 부정이 없는, 전과 없는, 정직한 (9)깔끔한, 단정한; 《口》 추잡하지〈외설되지〉 않은. (10)몸매가〈모양이〉 좋은, 미끈〈날씬〉한, 균형 잡힌(trim) : ~ limbs 미끈한 팔다리. (11)(유대인 사이에서) 몸에 부정(不淨)이 없는; (고기·생선이) 식용으로 허가된〈적합한〉 : ~ fish 먹을 수 있는 생선《산란기가 아닌》. (12)교묘한, 솜시좋은, 능숙한, 멋진 : ~ fielding 【野】 훌륭한 수비 / a ~ hit 【野】 클린히트. (13)완전한(complete), 철저한, 남김 없는. (14)당연한(proper) (15)【海】 배 밑바닥에 해초나 조개가 붙지 않은 ; (배가) 짐을 싣지 않는. (16)《美俗》 권총을 몸에 지니지 않은 ; 범죄와 관련 없는. (17)방사성 낙진이 없는〈적은〉.

come ~ 《口》 자백〈실토〉하다(confess) ***keep*** one***'s nose ~*** 《口》 귀찮은〈성가신〉 일에 말려들지 않게 하다. ***make a ~ breast of*** …을 몽땅 털어 놓(고 이야기하)다.

—*ad.* (1)아주, 전혀, 완전히 : ~ mad 완전히 실성하여. (2)보기 좋게, 멋지게; 정통으로 : jump ~ 보기 좋게 뛰어넘다. (3)청결하게, 깨끗이 —*vt.* (1) …을 깨끗하게 하다, 정결〈말끔〉히 하다, 청소하다 ; 세탁하다 ; 손질하다 ; (이를) 닦다 : ~ one's teeth 이를 닦다 (2)a] (먹어서 접시 등)을 비우다(empty) b] (요리전에 닭·생선 등)의 창자를 빼내다. —*vi.* 청소를 하다, 깨끗이 하다. ***~ down*** (벽 따위를) 깨끗이 쓸어 내리다 ; (말 따위를) 씻어 주다. ***~ out*** 1) 깨끗이 청소하다 ; (방을) 치우다, 비우다 ; (재고품 따위를) 일소하다. 2)(아무를) 쫓아내다 ; (돈을) 다 써버리다. 3)《口》 (도박에서) 아무를 빈털터리로 만들다, (돈을) 털어먹다. ***~ up*** 1) 청소하다 2)(부패·정계 등을) 정화〈숙정〉하다 3)(잔적·진지 등을) 일소〈소탕〉하다. 4)《口》 (일 따위를) 마무르다. 5)《口》 큰 돈을 벌다. ***~up on*** 《美俗》 파) ***∠•a•ble*** *a.* ***∠•ness*** *n.*

clean-cut [∠kʌ́t] *a.* (1)윤곽이 뚜렷한〈선명한〉 : ~ features 이목구비가 (반듯하고) 뚜렷한 얼굴 (2)미끈한, 말쑥한, 단정한 : a ~ gentleman 단정한 신사. (3)(뜻이) 명확한 : a ~explanation 명확한 설명.

:clean·er [klíːnər] *n.* ⓒ(1)깨끗이 하는 사람 ; 청소부, 청소 작업원. (2)a] 세탁 기술자, 세탁소 주인. b] (흔히 the ~s, the ~'s) 세탁소. (3)진공 청소기(vacuum ~). (4)세제(洗劑). ***take 〈send〉*** a person ***to the ~s*** 《俗》 1) 아무를 빈털터리로 만들다. 2) 혹평하다.

clean-hand·ed [∠hǽndid] *a.* 결백한.

cléan hánds (금전 문제·선거 등에서) 부정을 저지르지 않음 ; 결백 : have ~ 결백하다.

:clean·ing [klíːniŋ] *n.* ⓤ 청소 ; (옷 따위의) 손질, 세탁, 클리닝 : general ~ 대청소.

cléaning wòman 〈làdy〉 (가정·사무소의) 청소부(婦).

clean·li·ly [klénlili] *ad.* 깨끗이, 말끔히.

clean-limbed [klíːnlímd] *a.* 팔다리의 균형이 잘 잡힌, 미끈한, 날씬한.

·clean·li·ness [klénlinis] *n.* ⓤ 청결(함); 깨끗함을 좋아함.

clean-liv·ing [klíːnlíviŋ] *a.* (도덕적으로) 깨끗한 생활을 하는, 청렴 결백한.

:clean·ly[1] [klénli] (***clean•li•er ; -li•est***) *a.* 깔끔한, 청결한, 깨끗한(것을 좋아하는). ▫ cleanliness n.

·clean·ly[2] [klíːnli] (***more ~ ; most ~***) *ad.* (1)깨끗하게, 정하게 : live ~ 깨끗하게 살다. (2) 솜씨 있게, 멋지게 : The boy caught the ball ~. 소년은 공을 멋지게〈솜씨좋게〉 잡았다.

cléan ròom (우주선·병원 등의) 청정(淸淨)실, 무균실.

cleans·a·ble [klénzəbəl] *a.* 깨끗이 할 수 있는.

·cleanse [klenz] *vt.* (1)(상처 따위)를 정결하게 〈깨끗이〉하다 : ~ a wound 상처를 소독하여 깨끗이 하다. (2)a] (죄 따위)를 씻어 깨끗이 하다 ; 정화하다 《*of*》. b] (좋지 않은 것·사람)을 제거하다 ; 숙청하다 《*of*》 : ~ one's garden *of* weeds 정원의 잡초를 뽑다. —*vi.* 깨끗해지다.

cleans·er [klénzər] *n.* (1)ⓒ 청소〈세정〉 담당자. (2)ⓤⓒ 세제(洗劑), 세척제, 연마분(硏磨粉).

cleans·ing [klénziŋ] *n.* ⓤ 깨끗이 함 ; 죄를 정화함. —*a.* 깨끗이〈맑게〉 하는, 정화하는.

cléansing crèam 세안(洗顔) 크림.

clean·up [klíːnʌ̀p] *n.* (1)(a ~) a] 대청소 : This room could do with a good ~. 이 방을 말끔히 청소하면 좋겠다. b] (손발을 씻고) 몸을 단정히 하기 c] 일소 ; 숙청. d] 재고 정리. (2)ⓒ 《口》 큰 벌이. (3) ⓤⓒ 【野】 4번 (타자) : John bats ~ in our team. 우리 팀에서는 존이 4번을 친다. —*a.* 〔限定的〕 【野】 4번(타자)의.

:clear [kliər] (***∠•er ; ∠•est***) *a.* (1)맑은, 투명한(transparent), 갠, 깨끗한 : ~ water 맑은 물. (2)(색·음 따위가) 청아한, 산뜻한, 밝은 :(3)(모양·윤곽 등이) 분명한, 뚜렷한(distinct) (4)(사실·의미·진술 따위가) 명백한(evident), 확연한, 의심할 여지 없는(5)(두뇌 따위가) 명석한, 명료한, 명쾌한(lucid) : a ~ head 명석한 두뇌.(6)(명료하게) 이해된 : Is this ~ *to* you? 이 점 확실히 이해하시겠습니까 (7)(눈을) 가리는 것이 없는, 통찰력이 있는 : get a ~ view 주위가 잘 보이다.(8)거칠 것이 없는, 자유로이 움직일 수 있는 : a ~ space 빈터, 공백 / a ~ channel 전용 채널.(9)(…에) 방해받지 않는《of》 : see one's way ~ 전도에 장애가 없다. (10)흠〈결점〉 없는. a] 결백한, 죄없는, …가 없는 (11)(…을) 지고 있지 않은, (…에) 시달리지 않는 ; (…에서) 떨어진 《*of* ; *from*》 (12)확신을 가진, 분명히 알고 있는《*on* ; *about*》 (13)깔축 없는, 정량의(net), 완전한 : three ~ months 꼬박 석 달 / a hundred pounds ~ profit 백 파운드의 순익.(14)(숫적으로) 압도적인 : ~ majority 절대 다수.(15)짐 따위를 내려놓은, 빈

(*as*) *~ as a bell* ⇨ BELL[1] (成句). (*as*) *~ as day* 〈*crystal*〉 대낮처럼 밝은 ; 지극히 명료한, 명약 관화한. *The coast is ~.* ⇨ COAST.
—*ad.* (1)분명히, 명료하게, 흐림 없이, 뚜렷하게 :(2)완전히, 전혀, 아주(utterly) (3) 떨어져서, 닿지 않고 (4)《美》 줄곧, 계속해서 쭉(all the time〈way〉) —*vt.* (1)(물·공기 등)을 맑게 하다, 깨끗이 하다, (하늘)을 맑게 하다《*up*》 : ~ the muddy water 흙탕물을 맑게 하다. (2)《~+目/+目+前+名》 …을 깨끗이 치우다, (…의 장애)를 제거하다(remove)《*of*》 ; (토지 따위)를 개간하다, 개척하다(open) : ~ the table 식탁을 치우다 / ~ land 토지를 개간하다. ※ clear the land와 혼동하지 말 것. ⇨ *vt.* .(3)《+目+前+名》 …을 해제하다, 풀다 《*from* ; *of*》 (4)《~+目/+目+副/+目+前+名》 …을 밝히다, 해명하다 ; (의심 등)을 풀다, 떨어버리다 ; (의문·문제)를 해소〈해결〉하다 : ~ one's honor 명예를 회복하다 / ~ *up* ambiguity 미심쩍은 점을 밝히다〈풀다〉.
(5) …의 결말을 내다 ; (빚)을 갚다 ; (문제·헝클어진 실 따위)를 풀다(disentangle) ; 【軍】 (암호)를 해독하다 (6)《~+目/+目+前+名》 (육지)를 떠나다 ; (출항·입항 절차)를 마치다 ; 【商】 (관세)를 납입하다, …의 통관 절차를 마치다 ; (법안이 의회)를 통과하다 ; (선박)의 출입항을 허가〈승인〉하다, (관제탑에서 비행기)의 이착륙을 허가하다《*for*》 : (당국의〈이〉) 허가를 받다〈하다〉 (7)【商】 (어음)을 교환에 의해 결제하다 ; (셈)을 청산하다 ; (재고품)을 정리하다, 투매하다 (8)(순익)을 올리다 (9) …을 이익으로 지변(支辨)하다 (10) …와 떨어지다, 충돌을 피하다 ; (장애물 따위)를 거뜬히〈깨끗이〉 뛰어넘다 (11)(목)의 가래를 없애다 ; (목소리)를 또렷하게 하다 : ~ one's throat 헛기침을 하다. (12)【컴】 (자료·데이터)를 지우다. —*vi.* (1)《~/+副》(액체가) 맑아지다 ; (하늘·날씨가) 개다, (구름·안개가) 걷히다(disperse) ; (안색 등이) 밝아지다《*away* ; *off* ; *up*》 (2) (입국·출국의) 통관 절차를 마치다 ; 출항하다 : ~ *for* New York 뉴욕으로 출항하다. (3) 《+前+名》《俗》 떠나다, 물러가다 (4)【商】 재고를 정리하다. (5)【商】 (어음 교환소에서) 교환 청산하다.
~ away 1)(구름·안개가) 걷히다, 개다. 2)제거하다, (걷어) 치우다 ; 일소(一掃)하다 ***~ off*** 1)제거하다, 치우다 ; (빚 따위를) 갚다. 2)(구름·안개 따위가) 걷히다 ;《俗》 (침입자가) 도망쳐 버리다 ; 떠나다, 작별하다 ***~ out*** 1)청하다 ; 비우다 ;《口》 지갑을 톡톡 털다, 빈털터리가 되게하다. 2)(배가) 출항하다 2)《口》 암운〈의혹, 걱정 등〉을 일소하다 : A frank discussion can help to ~ *the air.* 솔직한 토론이 의혹을 일소하는데 도움이 될 수 있다. ***~ the decks*** (갑판 위를 치우고) 전투 준비를 하다 ; 갑판의 짐을 부리다. ***~ up*** 1)(날씨가) 개다. 2)깨끗이 치우다, 정돈하다 3)(빚)을 갚다. 4)(난문제·의심 따위)를 풀다, 해결하다. 5)(병 따위)를 고치다, 낫게 하다.
—*n.* ⓒ(1)빈 터, 공간. (2)【배드민턴】 클리어 샷《호를 그리며 상대방 등 뒤, 엔드라인 안으로 떨어지는 플라이트》. (3)【컴】 지움, 지우기. ***in the ~*** 1)(암호가 아닌) 명문(明文)으로

clear·a·ble [klíərəbəl] *a.* 깨끗하게 할 수 있는.

·clear·ance [klíərəns] *n.* (1)ⓤ (또는 a~) 치워버림, 제거 ; 정리 ; 재고 정리 (판매) ; (개간을 위한) 산림 벌채 (2)ⓤⓒ 출항〈출국〉 허가(서) ; 통관절차 ; 【航空】 관제(管制) 승인《항공 관제탑에서 내리는 승인》 (3)ⓒ 【機】 빈틈, 틈새 (4)ⓤ 【商】 어음 교환(액) ; (증권 거래소의) 청산 거래 완료. (5)(비밀 정보 이용·보도 등의) 허가.

cléarance sàle 재고 정리 판매, 떨이로 팖.

clear-cut [klíərkʌ́t] *a.* (1)윤곽이 뚜렷한〈선명한〉

clear·head·ed [klíərhédid] *a.* 명민한, 두뇌가 명석한. 파) **~·ly** *ad.* **~·ness** *n.*

·clear·ing [klíəriŋ] *n.* (1)ⓤ a] 청소. b] (장애물의) 제거 ; 【軍】 소해(掃海). (2)ⓒ (산림을 벌채해 만든) 개간지, 개척지. (3) a] ⓤ 【商】 청산, 어음 교환. b] (*pl.*) 어음 교환액.

:clear·ly [klíərli] (***more ~ ; most ~***) *ad.* (1) 똑똑히, 분명히 ; 밝게(빛나는) : I can't hear you ~. 잘 안 들립니다《전화 등에서》. (2)의심할 여지없이, 확실히 : (3)아무렴, 그렇고 말고요《대답으로서》. ***put it ~*** 분명히 말하면.

·clear·ness [klíərnis] *n.* ⓤ 맑음, 밝음 ; 분명함, 명료, 명확 ; 무장애 ; 결백.

clear-sight·ed [∠sáitid] *a.* (1)시력이 날카로운. (2)명민한(discerning) ; 선견지명이 있는.
파) **~·ly** *ad.* **~·ness** *n.* ⓤ

cleat [kliːt] *n.* ⓒ(1)쐐기 모양의 보강재(補强材). (2)(구두창 따위의) 미끄럼〈마멸〉막이. (3)【船】 지삭전(止索栓)(wedge), 밧줄걸이, 삭이(索耳), 클리트. (4)【電】 (사기제(製)의) 전선 누르개.

·cleave[1] [kliːv] (***cleft*** [kleft], ***cleaved, clove*** [klouv], 《古》 ***clave*** [kleiv] ; ***cleft, cleaved, clo·ven*** [klóuvən]) *vt.* (1)《~ +目/+目+副/+目+補/+目+前+名》 …을 쪼개다, 찢다 ; 쪼개어 가르다 ; 분열시키다 ; …에 금을 내다, …을 떼어놓다 : (2)《~+目/+目+前+名》 (공기·물 등)을 가르고 나아가다 (3)《+目+前+名》 길을 트다 (4)《~+目+前+名》 (사람·장소를 …으로부터) 격리하다

cleave[2] (***~d***, 《古》 ***clave*** [kleiv], ***clove*** [klouv] ; ***~d***) *vi.* (1)(주의·주장 따위를) 고수하다 ; (…에) 집착하다

cleav·er [klíːvər] *n.* ⓒ (1)쪼개는 사람〈물건〉. (2)고기를 토막내는 큰 칼.

clef [klef] *n.* ⓒ 【樂】 음자리표 : a C ~ 다 음자리표《가온음자리표》 /

·cleft [kleft] CLEAVE[1]의 과거·과거분사.
in a ~ stick 진퇴 양난에 빠져 ; 궁지에 몰려.
—*n.* ⓒ(1)터진 금, 갈라진 틈 ; 쪼개진 조각 ; (두 부분 사이의 V형의) 오목한 곳 : a ~ in a rock 바위의 갈라진 틈. (2)(당파간의) 분열, 단절 : a ~ between labor and management 노사간의 단절.

clem·en·cy [klémənsi] *n.* ⓤ(1)(성격·성질의) 온화, 온순, 관대, 자비

clem·ent [klémənt] *a.* (1)온후한 ; 자비스러운, 관대한(merciful). (2)(기후가) 온화한, 온난한(mild).

·clench [klentʃ] *vt.* (1)(이)를 악물다 ; (주먹)을 쥐다 (2)(물건)을 단단히 〈움켜〉잡다〈쥐다〉 (2)단단히 잡기〈쥐기〉.

·Cle·o·pat·ra [klìːəpǽtrə, -pάːtrə] *n.* 클레오파트라《이집트 최후의 여왕 : 69-30 B.C.》.

·cler·gy [klə́ːrdʒi] *n.* 〔集合的·複數 취급〕 (the ~) 목사, 성직자들《목사·신부·랍비 등》

:cler·gy·man [-mən] (*pl.* ***-men*** [-mən]) *n.* ⓒ 성직자, 목사《영국 국교회에서는 bishop(주교)이외의 성직자》.

cler·ic [klérik] *n.* ⓒ 성직자, 목사(clergyman).

·cler·i·cal [klérikəl] *a.* (1)목사의, 성직(자)의 : a ~ collar 성직자용 칼라, 로만 칼라《빳빳하고 가는 띠 모양의 백색칼라》. (2)서기의, 사무원의 : a ~ error 오기(誤記), 그릇 베낌

cler·i·cal·ism [klérikəlìzəm] *n.* ⓤ (1) 성직자 〈성직권〉 존중주의, 교권주의. (2)《蔑》 성직자의(부당한 정치적) 세력.

:clerk [kləːrk / klɑːrk] *n.* ⓒ (1)(관청·회사 따위의) 사무원〈관〉, 사원, (은행의) 행원 ; (법원·의회·각종 위원회 따위의) 서기 (2)《美》 점원, 판매원(salesclerk) 《남녀 공히》. (3) 【宗】 교구의 집사, 《英》 교회의 서기. ***a ~ in holy orders*** 《英》 (영국 국교회의) 성직자, 목사(clergyman). ***a ~ of (the) work(s)*** 《英》 (청부 공사의) 현장 감독.
—*vi.* 《+前+名》 사무원〈서기, 점원〉으로 근무하다 : ~ *for* 〈*in*〉 a store 점원 일을 보다.

clerk·ship [⌐ʃìp] *n.* ⓤⓒ (1)서기〈사무원, 점원〉의 직〈신분〉. (2)목사의 직〈신분〉 ; 성직자의 신분.

:clev·er [klévər](*~·er ; ~·est*) *a.* (1)영리한 (bright), 똑똑한, 재기 넘치는 ; (2)(말·생각·행위 등을) 잘하는, 솜씨 있는 : 재치 있는 (3)(손)재주 있는(adroit), 잘하는 (4)독창적인, 창의력이 풍부한 ; 훌륭한. ***too ~ by half*** 《英口·蔑》 (좀) 지나치게 똑똑한, 재주를 내세우는〈자랑하는〉, 너무 똑똑한 체하는.

clev·er-clev·er [klévərklévər] *a.* 똑똑한 체하는 ; 겉으로 영리한 체하는.

cléver Dìck 《英口》 (자칭) 똑똑한 사람 ; 똑똑한 체 하는〈아는 체 하는〉 사람.

·clev·er·ly [klévərli] *ad.* (1)영리하게. (2)솜씨있게, 잘.

·clev·er·ness [klévərnis] *n.* ⓤ(1)영리함. (2)솜씨 있음.

clew [kluː] *n.* (1)ⓒ 실꾸리 ; 길잡이 실몽당이《그리스 신화에서, 미궁에서 빠져 나오는 길잡이》. (2)(1)(실)을 둥글게 감다《*up*》. (2)(돛)을 활대에 끌어 올리다《*up*》.

·cli·ché [kli(ː)ʃéi] n. ⓒ 《F.》 (1)진부한 표현〈사상, 행동〉. (2)상투적인 문구.

·click [klik] *vi.* (1)짤까닥〈째깍〉 소리나다〈소리내며 움직이다〉 (2)《口》 a] (극 따위가) 성공하다, 히트하다 《*with*》 b] 마음이 맞다, 의기 상통하다 ; (서로) 반하다《*with*》 c] (사물이 갑자기) 알아지다, 이해되다 ; 퍼뜩 깨닫다 《*with*》 (3)【컴】 마우스의 단추를 누르다. —*vt.* (1) …을 째깍〈찰깍〉 하고 울리게 하다〈움직이게 하다〉 (2)【컴】 (마우스의 단추)를 누르다, (마우스의 조작으로 화면의 항목)을 선택하다.
—*n* ⓒ (1)째깍(하는 소리). (2)【機】 제동자(制動子), 기계의 후진을 막는 장치.

clíck bèetle 【蟲】 방아벌레.

·cli·ent [kláiənt] *n.* ⓒ(1) 소송〈변호〉 의뢰인. (2) 고객, 단골 손님. (3)사회 복지 혜택을 받는 사람. (4) = CLIENT STATE.

cli·en·tele [klàiəntél, klìːɑːntéil] *n.* ⓒ 〔集合的 ; 單·複數 취급〕 (1)소송 의뢰인. (2)고객 ; 단골 손님 : a banks ~ 은행의 고객들

clíent stàte (대국의) 종속국 ; 예속〈의존〉국.

:cliff [klif] *n.* ⓒ (특히 해안의) 낭떠러지, 벼랑.

cliff·hang·er [⌐hæ̀ŋər] *n.* ⓒ(1)(영화·텔레비전 (소설 따위의) 연속 모험물(物), 스릴 만점의 영화. (2) 마지막 순간까지 손에 땀을 쥐게 하는 경기〈경쟁〉.

cli·mac·ter·ic [klaimǽktərik, klàimæktérik] *n.* ⓒ (1)갱년기, 폐경기(閉經期). (2)액년(厄年)《7년마다의》. (3)위기, 전환기. —*a.*

cli·mac·tic [klaimǽktik] *a.* 클라이맥스의 ; 정 점 (頂點)의, 절정의 파) **-ti·cal·ly** *ad.*

:cli·mate [kláimit] *n.* ⓒ (1)기후(2)풍토 ; 《比》 환경, 분위기, (회사 따위의) 기풍, (어느 지역·시대의) 풍조, 사조(思潮) (3)(기후상으로 본) 지방, 지대 (region)

cli·mat·ic, -i·cal [klaimǽtik], [-ikəl] *a.* (1)기후상의. (2)풍토적인. 파) **-i·cal·ly** *ad.*

cli·ma·tol·o·gy [klàimətɑ́lədʒi/-tɔ́l-] *n.* ⓤ 기후〈풍토〉학.

:cli·max [kláimæks] *n.* (1)ⓒ (사건·극 따위의) 최고조, 절정(peak) ; 정점, 극점《*of*》 (2)ⓤ 【修】 점층법《점차로 문세(文勢)를 높여 가는》. (3)ⓤⓒ 오르가슴

:climb [klaim] (*p., pp.* ***~ed,*** 《古》 ***clomb*** [kloum]) *vt.* (1)(산 따위)에 오르다, 등반하다 : ~ a mountain 등산을 하다. (2)《~+目/+目+副》 (손발을 써서) …을 기어오르다《*up*》 (3)(식물이 벽 따위)를 기어오르다 —*vi.* (1)《~/+副/+前+名》 (나무·로프 따위를) 기어오르다, (산·계단 따위를) 오르다 (2)(해·달·연기·비행기 따위가 서서히) 솟다, 뜨다, 상승하다 (3)《+前+名》 (노력하여 높은 지위에)오르다, 승진하다, 출세하다《*to*》 (4) (식물이) 휘감아〈덩굴이 되어〉 뻗어오르다 (5)(길이) 오르막이 되다. (6)《+副/+前+名》 (손발을 써서자동차·비행기 등에) 타다 (7)《+前+名》 (옷을) 급히 입다《*into*》 ; (옷을) 급히 벗다《*out of*》 ***~ down*** 1) (…을) 내리다, (…을) 기어 내리다 : ~ *down* from a tree 나무에서 내려오다. 2)《口》 (지위에서) 떨어지다《*from*》 ; 물러나다, 양보하다 ; 주장을〈요구를〉 버리다〈철회하다〉 —*n.* ⓒ (흔히 *sing.*) (1)오름, 기어오름, 등반. (2)(기어오르는) 높은 곳 ; 오르막길. (3)(물가·비행기의) 상승《*in*》 (4)승진, 영달《*to*》

climb-down [⌐dàun] *n.* ⓒ (1)기어내림. (2)《口》 양보 ; (주장·요구 등의) 철회, 단념.

climb·er [kláimər] *n.* ⓒ (1)기어오르는 사람 ; 등산가(mountaineer). (2)《口》 출세주의자

climb·ing [kláimiŋ] *a.* 기어오르는 ; 등산용의 : ~ boots 등산화. —*n.*

clímbing ìrons (등산용의) 슈타이크아이젠.

clime [klaim] *n.* ⓒ 《詩》 (1)(종종 *pl.*) 나라, 지방. (2)기후, 풍토.

·clinch [klintʃ] *vt.* (1)(박은 못)의 끝을 두드려 구부리다 ; …을 못박다 ; 고정시키다, 죄다 : (2)(의론·계약 따위)의 매듭을 짓다, 결말을 내다 : ~ a deal 거래를 매듭짓다. (3) 【海】 …을 밧줄 끝을 반대로 접어서 동여매다. (4)(—*vi.* (1)【拳】 껴안다, 클린치하다. (2)《口》 —*n.* (1) ⓒ 못 끝을 두드려 구부림 ; 두드려 구부린 못〈나사〉 ; 고착(시키는 것). (2)(a ~) 【拳】 클린치 : The boxers got into a ~ and had to be separated by the referee. 권투 선수들이 클린치가 되어 심판이 떼어 놓아야만 했다. (3)(a ~) 《俗》 격렬한 포옹.

clinch·er [klíntʃər] *n.* ⓒ (1)두드려 구부리는 도구 ; (볼트 따위를) 죄는 도구, 클램프(clamp), 꺾쇠. (2)《口》 결정적인 의론〈요인, 행위〉, 상대를 꼼짝 못하게 하는 말 : That was the ~. 그 한 마디로 결말이 났다.

clin·da·my·cin [klìndəmáisin] *n.* ⓤ 【藥】 클린다마이신《항균제》.

·cling [kliŋ] (*p., pp.* ***clung*** [klʌŋ]) *vi.* 《+前+名》 (1)착 들러〈달라〉 붙다, 고착〈밀착〉하다《*to*》 : The wet clothes *clung to* my skin. 젖은 옷이 살 에 달라붙었다. (2)매달리다, 붙들고 늘어지다, 서로 껴안다 《*onto* ; *to*》 : She *clung onto* his arm. 그녀는 그의 팔에 매달렸다. (3)(습관·생각 따위에) 집착〈애착〉하다, 고수하다《*to*》 : ~ *to* the last hope 끝까지 희망을 버리지 않다. (4)(냄새·편견 따위가) …에 배어들

다《*to*》 ~ ***together*** 1)(물건이) 서로 들러붙다. 떨어지지 않게 되다. 2)단결하다.

cling·ing [klíŋiŋ] *a.* (1)들러붙는, 점착성의. (2)(옷이) 몸에 찰싹 달라붙는. (3)남에게 의존하는〈매달리는〉. 파) **~·ly** *ad.*

·clin·ic [klínik] *n.* ⓒ (1)a] 임상 강의〈실습〉; 임상. b] 〔集合的〕 임상 강의 수강 학생. c] 〔集合的〕 진료소의 의사들. (2)(외래 환자의) 진료소, 진찰실 ; (대학 등의) 부속 병원 ; 개인〈전문〉 병원, 클리닉 ; (병원 내의) 과(科) (3)《美》 상담소 ; (어떤 특정 목적으로 설립된) 교정소(矯正所) (4)《美》 (의학 이외의) 실지 강좌, 세미나, …교실 : a golf ~ 골프 강습회.

·clin·i·cal [klínikəl] *a.* (1)진료소의 ; 임상(강의)의 ; 병상의 ; 병실용의 (2)《比》 (태도· 판단·묘사 따위가 극도로) 객관적인, 분석적인, 냉정한 ; 실제적인, 현실적인.
파) **~·ly** *ad.* 임상적으로.

clínical thermómeter 체온계.

clink[1] [kliŋk] *vi., vt.* (금속편·유리 따위가) 쨍그랑〈짤랑〉하다 —*n.* (*sing.*) 쨍그랑하는 소리.

clink[2] *n.* (the ~) 《口》 교도소, 구치소(lockup).

clink·er[1] [klíŋkər] *n.* ⓒ (1)《美俗》 큰 실패, 실 수, (영화 따위의) 실패작, 《특히》 연주의 실수. (2)《英口》 특상품, 일품.

clink·er[2] *n.* (1) ⓒ (단단한) 클링커 벽돌 ; 투화(透化) 벽돌. (2) ⓤⓒ 용재(溶滓) 덩이, (용광로의) 클링커, 광재(鑛滓).

cli·nom·e·ter [klainámitər/-nɔ́m-] *n.* ⓒ 【測】 경사계(傾斜計), 클리노미터.

:clip[1] [klip] (***-pp-***) *vt.* (1)…을 자르다, 베다, 가위질하다, (털)을 깎다(shear)《*off* ; *away*》 (2)a] (신문·잡지 기사 따위)를 오려내다《*out*》 (3)a] (기간 따위)를 단축하다(curtail). b] (경비 따위)를 삭감하다. c] (권력 따위)를 제한하다. (4)《口》 …을 세게 때리다. (5) …에게서 (부당하게) 돈을 빼앗다 —*vi.* (1) 잘라내다. (2)《美》 (신문·잡지 따위의) 오려내기를 하다. (3)《口》 질주하다 ; 빨리 날다. ~ a person'***s wings*** 아무의 활동력을 뺏다, 아무를 무력하게 하다. —*n.* (1)ⓒ (머리·양털 따위의) 깎(아 내) 기. (2)ⓒ 깎아낸 것 ; 《특히》 (한철에 깎아낸) 양털의 분량.

clip[2] *n.* ⓒ (1) 클립. a] 종이〈서류〉집게〈끼우개〉: a paper- ~. b] 머리에 꽂아 고정시키는 핀 : a hair-~. c] (만년필의) 끼움쇠. (2) 클립으로 고정하는 장신구《귀고리·브로치 따위》. —(***-pp-***) *vt.* (1) (물건)을 클립으로 고정시키다, (서류 따위)를 클립으로 철하다《*on* ; *together*》

clip·board [⊿bɔ̀ːrd] *n.* ⓒ (1)종이 끼우개(판) 《필기용》. (2)【컴】 오려둠판, 오림판.

clip-on [⊿àn/⊿ɔ̀n] *a.* (장신구 따위가) 클립으로 고정되는 : ~ earrings 클립식 귀고리.

clipped [klipt] *a.* (1)(머리 따위가) 짧게 자른〈깎은〉. (2)(말이) 빠르고 시원스러운, 발음이 빠른. (3)(낱말이) 단축된, 발음을 생략한

clip·per [klípər] *n.* ⓒ (1)가위질하는 사람 ; 깎는〈치는〉 사람. (2)(흔히 *pl.*) 나뭇가지를 치는 가위, 큰 가위 : hedge ~*s* 전정가위.

clip·ping [klípiŋ] *n.* (1)ⓤ 가위질, 깎기. (2)ⓒ a] (종종 *pl.*) 가위로 베어 낸 털〈풀 따위〉. b] 《美》(신문·잡지의) 오려낸 기사(《英》 cutting) c] 【컴】 오려냄, 오려 내기, 클리핑. —*a.* 〔限定的〕 (1)베어내는, 잘라내는. (2)《口》빠른.

cli·quish [klíːkiʃ] *a.* 당파심이 강한, 파벌〈배타〉 적인. 파) **~·ness** *n.* ⓤ 당파심, 파벌 근성.

cli·to·ris [klítəris, klái-] *n.* ⓒ 【解】 음핵(陰核), 클리토리스.

:cloak [klouk] *n.* (1)ⓒ (흔히 소매가 없는) 외투, 망토. (2)(*sing.*) a] 덮는 것(covering) ***under the ~ of*** 1) …의 가면을 쓰고, …을 빙자하여 2) …을 틈타서 *vt.* (1) …에게 외투를 입히다. (2)(사상·목적 등)을 가리다, 숨기다

cloak-and-dag·ger [⊿əndǽgər] *a.* 〔限定的〕 스파이 활동의, 음모의 ; (연극·소설 따위가) 스파이〈첩보〉물의.

cloak·room [⊿rù(ː)m] *n.* ⓒ (1) (극장·호텔 따 위의) 휴대품 보관소 ; (역의) 수화물 임시 예치소.

clob·ber[1] [klábər/klɔ́b-] *n.* ⓤ 〔集合的〕 《英俗》(1)옷. (2) 소지품.

clob·ber[2] *vt.* 《俗》 (1) (사람)을 사정 없이 치다, 때려눕히다 (2) a] (상대)를 참패시키다 : The Tigers ~*ed* the Giants. 타이거즈 팀은 자이언츠 팀에게 압승했다. b] (진지 따위)에 큰 타격을 주다 (3)(…을) 호되게 꾸짖다, 신랄하게 비판하다.

:clock[1] [klak/klɔk] n. ⓒ (1)시계《괘종·탁상 시계 따위 (2)《口》 지시 계기《속도계·택시 미터 따위》, (자동) 시간 기록기, 스톱워치. (3)《英俗》 사람의 얼굴. ***against the ~*** 시간을 다투어 : work *against the ~* 어느 시간까지 끝내려고 열심히 일하다. ***around* 〈*round*〉 *the~,*** 24시간 내내 ; 쉬지 않고. ***beat the ~*** 예정 시간 이내에 일을 마치다. ***kill* 〈*run out*〉 *the ~*** (축구 등의 경기에서 리드하고 있는 쪽이) 시간 끌기 작전을 펴다. ***like a ~*** 아주 정확하게, 규칙적으로. ***put* 〈*set, turn*〉 *the ~ back*** 1)시계를 늦추다. 2)《比》 진보를 방해하다, 역행하다, 구습을 고수하다. ***put the ~ on* 〈*forward,* 《美》 *ahead*〉** (여름·겨울에 시간을 바꾸는 제도의 지역에서) 시계 바늘을 앞당겨 놓다. ***watch the ~*** 끝나는 시간에만 정신을 쓰다 —*vt.* (1) …의 시간을 재다〈기록하다〉 (2) …의 기록을 내다. (3)《英俗》(아무의) 얼굴을 때리다. **~ *in* 〈*on*〉** (타임 리코더로) 출근 시각을 기록하다 **~ *out* 〈*off*〉** (타임 리코더로) 퇴근 시각을 기록하다 ; 퇴근하다. **~ *up*** 《口》 기록을 내다, 기록〈달성〉하다 ; (스포츠 기록 등을) 쌓다, 보유하다

clock[2] *n.* ⓒ 양말 목의 자수 장식.

clock·mak·er [⊿mèikər] *n.* ⓒ 시계공.

clóck ràdio 시계〈타이머〉가 있는 라디오.

clóck tòwer 시계탑.

clock-watch [⊿wàtʃ]*vi* 일이 끝나는 시각에만 신경을 쓰고 일하다. 파)**clóck·wàtch·ing** *n.*

clock·wise [⊿wàiz] *a., ad.* (시계 바늘처럼) 오른쪽으로 도는 〈돌아서〉

clock·work [⊿wɔ̀ːrk] *n.* ⓤ 시계〈태엽〉 장치 . (as) regular as ~ 매우 규칙적인〈적으로〉.
like ~ 《口》 규칙적으로, 정확히 ; 원활하게 —*a.* 〔限定的〕 (1) 시계〈태엽〉 장치의 : a ~ toy 태엽 장치가 되어 있는 장난감, (2) 기계적인, 자동적인, 정밀한.

·clod [klad/klɔd] *n.* (1) a] ⓒ (흙 따위의) 덩어 리《*of*》 b] (the ~) 흙. (2) ⓒ 소의 어깨살. (3) ⓒ 바보 ; 시골뜨기.

clod·dish [kládiʃ/klɔ́d-] *a.* 바보 같은 ; 투미한, 어리석은. 파) **~·ly** *ad.* **~·ness** *n.*

clod·hop·per [⊿hàpər/⊿hɔ̀p-] *n.* ⓒ (1) 《口》시골뜨기 ; 무지렁이. (2) (흔히 *pl.*) (농부들이나 신는, 발에 안 맞는) 털럭거리는 (투박한) 신발.

·clog [klag/klɔg] *n.* (1)ⓒ 방해물, 장애물 ; (짐승·사람의 다리에 다는) 차꼬. (2)(*pl.*) 나막신 —(***-gg-***) *vt.* 《~+目/+目+副/+目+前+名》 (1)a] (…의 움직

임〈기능〉〉을 방해하다《up》 b] 차 따위로 (도로)를 막다《up》 c] (파이프 따위)를 막히게 하다《up》 (2) (근심·걱정·불안 등으로 마음·기분)을 무겁게 하다, 괴롭히다 : Fear *~ged* his mind. 불안으로 그의 마음은 무거웠다. —*vi.* (1)막히다, 메다 ; 들러붙다 ; 잘 안 움직이게〈돌아가지 않게〉 되다 (2) 나막신춤을 추다.

clog·gy [klági/klɔ́gi] (**-gi•er ; -gi•est**) *a.* (1) 막히기 쉬운. (2) 잘 들러붙는. (3) 덩어리 투성이의, 울룩불룩한.

·clois·ter [klɔ́istər] *n.* (1) ⓒ 수도원(2) ⓒ (흔히 *pl.*) (수도원 따위의 안뜰을 에우는) 회랑(回廊). (3) (the ~) 은둔〈수도원〉 생활. —*vt.*

clois·tered [klɔ́istərl] *a.* 〔限定的〕 (1) 수도원에 틀어박혀 있는 (2) 회랑이 있는.

clone [kloun] *n.* (1) ⓤⓒ 【生】 분지계(分枝系), 영양계(系), 클론《어떤 생물의 한 개체로부터 무성 생식에 의해 증식된 자손》. (2) ⓒ (복사한 것처럼) 빼쏜 사람〈것〉 ; 복제 생물 (3) ⓒ 【컴】 복제품. —*vt., vi.* 【生】 (무성 생식을) 하다〈시키다〉, (단일 개체로 부터) 클론을 만들다 ; 꼭 닮게 만들다 그들은 지금 이들 유전자로부터 클론을 만들기 위해 유전자 공학을 응용하고 있다.

:close[1] [klouz] *vt.* (1) 《~+目/+目+前+名/+目+副》 (눈)을 감다, (문·가게 따위)를 닫다(shut) ; (우산)을 접다 ; (책)을 덮다 ; (통로·입구·구멍 따위)를 막다, 차단하다, 메우다 ; (가·사무소)를 폐쇄하다, 휴업하다 (2) …을 종결하다, 끝내다 ; (회합)을 폐회하다 ; (계산·장부)를 마감하다, (셈)을 청산하다 (3) (교섭)을 마치다, 타결하다 ; (계약)을 맺다, 체결하다 (4) (대열)의 간격을 좁히다 : ~ (*up*) the ranks (줄을 지어 행진하는 부대가) 줄〈열〉의 간격을 좁히다. (5) 【海】 …에 다가가다, 옆으로 대다.
—*vi.* (1)《~/+前+名》 (문 따위가) 닫히다 ; (꽃이) 오므라들다 ; (상처가) 아물다 ; (사무소 따위가) 폐쇄되다, 폐점하다 ; (극장이) 휴관하다 (2) 완결하다, 끝나다(end) ; (말하는 사람·필자가) 연설을〈인사를, 문장을〉 끝맺다 (3)《+副》 접근〈결합〉하다, 한데 모이다, 결속하다 ; …와 합의〈타결〉하다 (4) 다가서다, 다가가다 ; 육박하다 ; (팔 따위가 …을) 조르다〈죄다〉 《(*a*)*round*》 **~ down** 폐쇄하다, 중지하다 ; 《英》 방송을 끝내다 ; (반란 따위를) 진압하다 ; 《美》 안개가 끼다 《*on*》 : The magazine was forced to ~ *down.* 그 잡지는 강제적으로 폐간되었다. **~ in** 1) 포위하다. 2)《口令》 집합! 3) (적·밤·어둠 따위가) 다가오다, 몰려〈밀려〉오다《*on, upon*》 ; (문·창 따위를) 안에서 닫다 **~ out** 《美》 (재고품을) 팔아 치우다 ; 떨이로 팔다 ; 폐점하다, (업무를) 폐쇄하다. ~ a person**'s eye** 아무의 눈을 쳐서 붓게 하다. **~ the ranks** 〈**lines**〉 대열의 간격을 좁히다 ; (정당 따위가) 동지의 결속을 굳히다. **~ up** 1) 끝내다, 결말을 짓다. 2) 폐업하다, 폐쇄하다 ; 막다. **~ with** 1) …에 바짝 다그다, …에 육박하다 ; …와 격투〈교전〉하다. 2)…와 협정을 맺다, …와 거래를 결정짓다 ; …에 응하다. —*n.* ⓒ (1)(*sing.*) 끝, 종결, 결말

:close[2] [klous] (**clós•er ; clós•est**) *a.* (1)(거리적·시간적으로) 가까운(near), 접근한《*to*》 (2) (관계가) 밀접한, 친밀한(intimate) (3) (성질·수량이) 가까운, 근소한 차의, 거의 호각 (互角)의, 유사한 《*to*》 :(4) a] 닫은, 밀폐한. b] (방 따위) 통풍이 나쁜, 숨이 막힐 듯한 (stifling) : a hot, ~ room 덥고 답답한 방. (5) (날씨가) 찌는 듯이 더운, 답답한(oppressive). (6) 빽빽한, (직물의 올이) 촘촘한 ; 밀접한 ; (비가) 세찬 : ~ print 빽빽이 행간을 좁혀서 조판한 인쇄. (7) (머리털·잔디 등이) (짧게) 깎인 : a ~ haircut 짧게 깎은 머리. (8) 좁은, 옹색한 ; (옷 따위가) 꼭끼는 : a ~ coat 몸에 꼭 끼는 웃옷 / a ~ place 옹색한 장소. (9) 정밀한, 면밀한, 주도한 ; 원전에 충실한 : a ~ translation 직역(直譯). (10) 숨은, 내밀한 ; 비공개의, 일반에게 입수될 수 없는 ; 감금된 : ~ privacy 비밀, 극비 / a ~ design 〈plot〉 음모. (11) (성질이) 내성적인 ; 말 없는 ; 입이 무거운 : a ~ disposition 입이 무거운 성질. (12) 인색한 (stingy)《*with*》 (13) 금렵(禁獵)의(《美》 closed). (14) 입수하기 어려운, (금융이) 핍박한 (15) 【音聲】 (모음이) 입을 좁게 벌리는. 【opp.】 *open.* 『 ~ vowels 폐(閉) 모음 《[i, u] 등》. **at ~ quarters** 접근하여, 육박하여.
—(**clós•er ; clós•est**) *ad.* (1) 밀접하여, 곁에, 바로 옆에《*to*》 (2) 딱들어맞게, 꼭 : fit ~ ⇨ (成句). (3) 촘촘히, 빽빽이, 꽉 들어차서 (4) 면밀히, 주도하게 ; 친밀히 : listen 〈look〉 ~ 경청〈주시〉하다. (5) 짧게 ; 좁혀서, 죄어. (6) 비밀히. (7) 검소하게 : live ~ 검소하게 살다.
~ at hand 아주 가까이에 **~ by** 바로 곁에 : **~ on**〈**upon**〉 거의, 약, 대략 ; …에 가까운 **~ to home** 《口》 (발언이) 정곡을 찔러, 통절히, 마음에 사무치도록 **fit ~** (옷 따위가) 딱 맞다. **go ~** 【競馬】 이기다, 신승하다. **press** a person ~ 아무를 호되게 추궁〈압박〉하다. **run** a person ~ 바싹 따라붙다, 거의 맞먹다.
—*n.* ⓒ (1) (개인 소유의) 울 안의 땅(enclosure). (2)《英》 구내, 경내(境內). (3) 교정(校庭). (4) a] 막다른 골목. b]《Sc.》 골목.

close-by [klóusbái] *a.* 〔限定的〕 바로 곁의, 인접한.

clóse cáll〈**sháve**〉 《口》 위기 일발, 구사 일생(

close-cropped [∠krápt/-krɔ́pt] *a.* (머리·잔 디 를) 짧게 깎은.

:closed [klouzd] *a.* (1) 닫힌, 밀폐한 ; 폐쇄한 ; 비공개의 ; 배타적인 ; 업무를 정지한 ; 교통을 차단한 : with ~ eyes 눈을 감고. (2) (차의) 지붕을 씌운, 상자형의. (3) 《美》 (수렵기가) 금지 중인, 금렵 기간 중의 : the ~ season 금렵기. (4) 자급(자족)의 : a ~ economy 자급 경제. (5) (전기 회로·냉난방이) 순환식의. **~ doors** 비공개로, 내밀하게. **with ~ door** 1) 문을 걸어 잠그고. 2) 방청을 금지하여.

clósed bóok 《口》 (*sing.*) (1) 까닭을 알 수 없는 일 ; 정체를 알 수 없는 인물.

closed-loop [klóuzdlù:p] *a.* (1) (자동 제어가) 피드백 기구에서 자동 조정되는. (2) (컴퓨터가) 폐회로의.

close·down [klóuzdàun] *n.* (1) ⓒ a] 작업〈조업〉 정지. b] 《美》 공장 폐쇄 (2) ⓤⓒ 《英》 방송 종료.

close·fist·ed [klóusfístid] *a.* 인색한, 구두쇠 의, 다라운.

close-fit·ting [klóusfítiŋ] *a.* (옷이) 꼭 맞는. 【opp.】 *loose-fitting.*

close-grained [klóusgréind] *a.* 촘촘한, 결이 고운.

close-knit [klóusnít] *a.* (1) (사회적·문화적으 로) 긴밀하게 맺어진, 굳게 단결한 ; (정치·경제적으로) 밀접하게 조직된.

close-lipped [klóuslípt] *a.* 입이 무거운 ; 말수가 적은(close-mouthed).

:close·ly [klóusli] (**more ~ ; most ~**) *ad.* (1) 바싹, 접근하여 : resemble ~ 아주 비슷하다. (3) (몸에) 꼭맞게 ; 빽빽이 ; 꽉 차서〈채워서〉 (4) 면밀히, 주도하게 ; 엄밀히 (5) 열심히, 주의하여 : listen ~ 주

의해서 듣다.
close-mouthed [klóusmáuðd, -θt] *a.* 말 없는, 서름서름한 ; 입이 무거운.
close·ness [klóusnis] *n.* ⓤ (1) 접근, 친밀 ; 근사(近似). (2) (천 따위의) 올이 촘촘함〈고움〉. (3) 정확, 엄밀〈치밀〉함. (4) 밀폐 ; 숨막힘, 답답함
close-out [klóuzàut] *n.* ⓒ (폐점 등을 위한) 재고 정리(상품) : a ~ sale 폐점 대매출.
clóse quárters (*pl.*) (1) 비좁은 장소, 옹색한 곳. (2) 접근 ; 육박(전) ; 드잡이 : come to ~
close-set [klóussét] *a.* (서로) 가지런히 근접해 있는, 다닥다닥 붙어 있는, 밀집한.
clóse sháve (a ~) 위기 일발 : I had *a* ~ with death. 까딱하면 죽을뻔했다.
:clos·et [klázit/klɔ́z-] *n.* ⓒ (1) 《美》 반침, 벽장, 찬장, 찬방(《英》 cupboard). (2) 작은 방 ; 사실(私室) ; 서재. (3) 변소(water ~). ***come out of the ~*** 《美俗》 자기가 호모임을 드러내다 ; (숨겼던것을) 공개하다. (2) 탁상 공론의, 비현실적인. —*vt.* 《+目+前+名/+目+副》 (1) 〔흔히 受動으로〕 (사업이나 정치상의 일로) (아무)를 밀담케 하다《*with* ; *together*》 (2) 〔흔히 再歸用法〕 (방 등)에 틀어 박히다
close-up [klóusʌ̀p] *n.* ⓤⓒ (1) 【映·寫】 대사(大寫), 근접 촬영, 클로즈업 (2) 상세한 조사 〈검사, 관찰〉.
·clos·ing [klóuziŋ] *n.* (1) ⓤ 폐쇄. (2) ⓤⓒ 종결, 종료 ; 마감. (3) ⓤ a] 결산. b] 【證】 종가. (2) 【證】 마감하는, 종장의 : ~ price (거래소 의) 종가(終價).
clo·sure [klóuʒər] *n.* (1) ⓤⓒ 마감, 폐쇄, 폐지 ; 종지 ; 폐점, 휴업 (2) ⓒ (흔히 *sing.*) 《英》 (의회 등의) 토론 종결(《美》 cloture). —*vt.*
clot [klɑt/klɔt] *n.* ⓒ (1) (엉긴) 덩어리《*of*》 : a ~ *of* blood 핏덩이. (2) 떼, 무리《*of*》. (3) 《英口》 바보. —(***-tt-***) *vi.* 덩어리지다 ; 응고하다 —*vt.* (1) …을 응고시키다, 굳히다. (2) 〔종종 受動으로〕 (…이 굳어져서, 가득하여) …을 움직일 수 없게 하다 :
:cloth [klɔ(:)θ, klɑθ] (*pl.* ***~s***[-ðz, -θs] *n.* (1) ⓤ a] 천, 헝겊, 직물, 양복감 ; 나사 : two yards of ~ 옷감 2 야드 / cotton ~ 면직물. b] 책의 표지포, 클로스. (2) ⓒ 〔흔히 複合語로 사용하여〕 천조각 ; 식탁보 ; 행주, 걸레 : lay the ~ ⇨ (成句) / ⇨ DISHCLOTH, TABLECLOTH / Clean the surface with a damp ~. 젖은 걸레로 표면을 닦아라. (3) a] ⓒ (종교상의 신분을 나타내는) 검은 사제복. b] (the ~) 성직, 〔集合的〕 성직자(the clergy). □ clothe *v.* ***lay the ~*** 식탁 준비를 하다. —*a.* 〔限定的〕 (1) 천의, 천으로 만든. (2) 클로스 장정의.
:clothe [klouð] (*p.* *pp.* ***~d*** [-ðd] 《古·文語》 ***clad*** [klæd]) *vt.* (1) …에게 옷을 주다 (2) 《+目+前+名》 《比》 싸다, 덮다 ; (말로) 표현하다 (3) 《~+目/+目+前+名》 …에게 옷을 입히다 (4) 《+目+前+名》 (권력·영광 따위)를 주다《*with*》
cloth-eared [-ìərd]*a.* 《口》 약간 귀가 먼, 난청의.
:clothes [klouðz] *n. pl.* (1) 옷, 의복 : a suit of ~ 옷 한 벌 (2) (침대용의) 시트·담요《따위》, 침구 (bed clothes).
clothes·brush [-brʌ̀ʃ] n. ⓒ 옷솔.
clothes·horse [-hɔ̀ːrs] *n.* ⓒ (1) 빨래 말리는 틀. (2) 《俗》 옷치장하는 사람, 몸치장밖에 모르는 사람.
clothes·line [-làin] *n.* ⓒ 빨랫줄.
clothes·press [-près] *n.* ⓒ 옷장.
clóthes pròp 《英》 = CLOTHESPOLE(2).
clóthes trèe 《美》 (가지가 있는) 기둥 모양의 모자〈외투〉걸이.
cloth·ier [klóuðjər, -ðiər] *n.* ⓒ (1) (남자용) 양복 소매상. (2) 옷(감)장수.
:cloth·ing [klóuðiŋ] *n.* ⓤ 〔集合的〕 의복, 의류, 피복(cloth) : an article of ~ 의류 한 점.
clo·ture [klóutʃər] *n.* ⓒ (흔히 *sing.*) 《美》 (의회의) 토론 종결. 【cf.】 closure. —*vt.* (토론)을 종결하다.
:cloud [klaud] *n.* (1) ⓒⓤ 구름 (2) ⓒ 구름 같은〈모양의〉 것 ; (자욱한) 먼지〈연기 따위〉 (3) ⓒ 다수, (벌레 ·새 따위의) 떼 (4) ⓒ (거울·보석 따위의) 흐림, 흠. (5) ⓒ (안면·이마에 어린) 어두움 ; (의혹·불만·비애 등의) 암영(暗影) ; (덮어씌워) 어둡게 하는 것, 암운, (어두운) 그림자. ***in the ~s*** 1) 마음이 들떠, 건성으로 2) 가공적인, 비현실적인, ***on a ~*** 득의〈행복〉의 절정에 ; 《美俗》 마약에 취해. ***on ~ nine*** 〈***seven***〉 = on a ~. ***under a ~*** 의심을〈혐의를〉 받아.
—*vt.* (1) 《+目/+目+前+名》 …을 흐리게 하다 (2) a] (마음·얼굴 등)을 어둡게 하다, 우울하게 하다 《*with*》 : Her mind *was ~ed with* anxiety. 그녀 마음은 걱정으로 어두워져 있었다. b] (명성·평판)을 더럽히다. (3) (기억 등)을 모호하게 하다 ; (시력·판단 등)을 흐릿하게 하다, 무디게 하다 : Tears *~ed* her vision. 눈물로 그녀의 시계가 흐려졌다. —*vi.* 《~/+副》 (하늘·마음 등이) 흐려지다 : It's beginning to ~ (*over*). 하늘이 흐려지기 시작했다.
cloud·bank [-bæ̀ŋk] *n.* ⓒ 【氣】 운제(雲堤), 구름둑《제방처럼 보이는 길게 연결된 구름띠〈층운(層雲)〉》.
cloud·burst [-bə̀ːrst] *n.* ⓒ (갑작스러운) 호우, 억수
cloud-capped [-kæ̀pt] *a.* (산이) 구름을 머리에 인, 구름 위에 솟은.
clóud chàmber 【物】 안개 상자.
cloud-cuck·oo-land [-kúkuːlæ̀nd] *n.* (때로 C-C-L-) ⓤ 이상〈공상〉향 ; 공상의 세계, (속세와 동떨어진) 꿈나라.
cloud·ed [kláudid] *a.* (1) 흐린, 구름에 덮인 : ~ glass 젖빛 유리. (2) 암영이 감도는 ; (마음이) 우울한 (gloomy). (3) (머리·생각·의미 따위가) 흐릿한, 애매한. (4) 구름 모양의 (무늬가 있는) : ~ leopard 대만표범《동남 아시아산》.
cloud·land [-læ̀nd] *n.* (1) ⓤⓒ 꿈나라, 선경, 이상향. (2) (the ~) 하늘.
·cloud·less [kláudlis] *a.* (1) 구름 없는, 맑게 갠. (2) 어두운 그림자가 없는, 밝은 : a ~ future 밝은 장래. 파)**~·ly** *ad.* 구름(한 점) 없이.
cloud·scape [-skèip] *n.* ⓒ 구름 경치(그림)
:cloudy [kláudi] (***cloud·i·er ; -i·est***) *a.* (1) 흐린 (2) 구름의〈같은〉 : ~ smoke 구름 같은 연기. (3) 구름이 낀 ; (다이아몬드 등) 흐린 데가 있는 ; 탁한 : ~ marble 흐린 데〈구름 무늬〉가 있는 대리석. (4) 몽롱〈냉성〉한 : ~ recollection 막연한〈몽롱한〉 기억. (5) 걱정스러운, 기분이 언짢은 : ~ looks 우울한 얼굴.
clout [klaut] *n.* (1) ⓒ (손에 의한) 강타, 타격. (2) ⓒ 《野球俗》 안타, 장타. (3) ⓤ 《口》 강한 영향력, (특히) 정치적 영향력 : —*vt.* 《口》 (1) (주먹·손바닥으로) …을 때리다 : He was *~ed* on the head. 그는 머리를 탁 얻어맞았다. (2) 【野】 (공)을 강타하다.
clove[1] [klouv] *n.* ⓒ 【植】 (백합 뿌리 등의) 소인 경(小鱗莖) : a ~ of garlic 마늘 한 쪽.
clove[2] [klouv] *n.* ⓒ (1) 【植】 정향(丁香)나무. (2) (흔히 *pl.*) 정향《정향나무 꽃봉오리를 말린 것;향신료》.

:**clo·ver** [klóuvər] *n.* ⓤⓒ 【植】 클로버, 토기풀 : ⇨ FOUR-LEAF CLOVER. ***in*** (***the***) **~** 호화롭게

clo·ver·leaf [-lìːf] (*pl.* **~s, -leaves**) *n.* ⓒ (1) 클로버 잎. (2) 클로버 잎 모양의 것 ; (특히) (네잎 클로버꼴의) 입체 교차로〈점〉.

·**clown** [klaun] *n.* ⓒ (1) 어릿광대. (2) 익살꾼, 괴사스러운 사람, 뒤틈바리 : play the ~ 익살떨다.

clown·ery [kláunəri] *n.* ⓤ 어릿광대짓 ; 익살.

clown·ish [kláuniʃ] *a.* 어릿광대의, 익살맞은 ; 괘사스러운. 파) **~·ly** *ad.* **~·ness** *n.*

cloy [klɔi] *vt.* (1) …을 물리게 하다 ; 싫증나도록 먹이다《*with*》: be ~*ed with* sweets 과자에 물리다. (2) …을 (쾌락·사치 등에) 넌더리나게 만들다《*by* ; *with*》:

cloy·ing [klɔ́iiŋ] *a.* 물리는, 넌더리나는. 파) **~·ly** *ad.*

cloze [klouz] *a.* 클로즈법 (= ′ **~ procedure**) 《글 중의 결어(缺語)를 보충하는, 독해력 테스트》의.

:**club** [klʌb] *n.* ⓒ (1) **곤봉** ; 타봉(打棒) 《골프·하키 따위의》. (2) (사교 따위의) **클럽**, 동호회 ; 클럽실〈회관〉 : ⇨ ALPINE 〈COUNTRY〉 CLUB. (3) 특별 회원 판매 조직 : a record ~. (4) 나이트클럽, 카바레. (5) (카드놀이의) 클럽(♣) ; (*pl.*) 클럽의 패(suit). ***in the*** (***pudding***) **~** 《俗》 임신하여. ***Join the ~ !*** 《英口·戲》 (운이 나쁘기는) 나도〈피차〉 마찬가질세. ***on the ~*** 《口》 공제회의 구제를 받아.
—(**-bb-**) *vt.* 《~+目/+目+前+名》 …을 곤봉으로 치다, 때리다 ; (총 따위)를 곤봉 대신으로 쓰다 : ~ a rifle 총을 거꾸로 쥐다. ***~ together*** (공동 목적을 위해) 협력하다, 추렴하다 : ~ *together* to rent the gymnasium 체육관을 빌리기 위해 돈을 추렴하다.

club·ba·ble [ˊəbəl] *a.* 클럽회원 되기에 적합한 ; 사교적인.

clúb càr (안락 의자·바 등을 갖춘) 특별〈사교〉 열차(lounge car).

club·foot [ˊfùt] (*pl.* **-feet**) *n.* (1) ⓒ 안짱다리. (2) ⓤ 발이 안으로 굽음〈상태〉. 파) **~·ed** *a.* 발이 안으로 굽은.

club·house [ˊhàus] *n.* ⓒ (1) 클럽 회관. (2) 운동 선수용 라커 룸.

club·man [ˊmən, ˊmæ̀n](*pl.* **-men**[ˊmən, ˊmèn]) *n.* ⓒ 클럽 회원.

·**cluck** [klʌk] *vi.* (암탉이) 꼬꼬 울다. —*vt.* (혀)를 차다, (비난·반대 따위)를 혀를 차서 나타내다. —*n.* ⓒ (1) 꼬꼬 우는 소리. (2) 《美俗》 얼간이 (dumb ~).

·**clue** [kluː] *n.* ⓒ (수수께끼를 푸는) **실마리**, (십자말풀이의) 열쇠, (조사·연구의) 난서《*to*》 【cf.】 clew. ***do not have a ~*** 《口》 어림이 안 잡히다, 《口》 무지〈무능〉하다 —*vt.* …을 암시로 보여 주다, …에게 난서를 주다, 실마리를 제공하다《*about* ; *on*》 : Please ~ me *in on* what to do. 어떻게 해야 좋은지 가르쳐 주시오. ***be*** (***all***) ***~d up*** (…에 대해) 잘 알고 있다.

clue·less [ˊlis] *a.* (1) 단서 없는. (2) 《口》 어리석은, 무지한, 무능한. 파) **~·ly** *ad.* **~·ness** *n.*

·**clump**[1] [klʌmp] *n.* ⓒ (1) 수풀, (관목의) 덤불 (2) (건물의) 집단 (3) **a**] (흙의) 덩어리 : a ~ of earth 흙덩어리. **b**] 세균 덩어리.

clump[2] *n.* (*sing.*) 무거운 발걸음 소리 —*vi.* 쿵하고 밟다, 쿵쿵(무겁게) 걷다.

clumpy [klʌ́mpi](**clump·i·er ; -i·est**) *a.* (1) 덩어리의〈가 많은〉, 덩어리 모양의. (2) 나무가〈덤불이〉 많은, 울창하게 우거진.

·**clum·sy** [klʌ́mzi] (**-si·er ; -i·est**) *a.* (1) 솜씨 없는, 서투른 : He's ~ at tennis. 그는 테니스가 서투르다. (2) 꼴 사나운 ; 다루기〈사용하기〉 힘든 : ~ shoes 신기 어려운 구두. 파) **-si·ly** *ad.* **-si·ness** *n.*

:**clung** [klʌŋ] CLING의 과거·과거분사.

clunk [klʌŋk] *n.* (1) (a ~) (금속 따위가 부딪치는) 땡하고 소리. (2) ⓒ 《口》 강타 ; 일격. (3) ⓒ 《口》 털털이 기계〈자동차〉.

clunk·er [klʌ́ŋkər] *n.* ⓒ 《美俗》 (1) 털털이 기계 〈자동차〉. (2) 하찮은 것 ; 쓸모없는 것 ; 바보.

:**clus·ter** [klʌ́stər] *n.* ⓒ (1) (과실·꽃 따위의) 송이, 한덩어리(bunch) 《of》 : a ~ *of* grapes 포도 한 송이. (2) (같은 종류의 물건·사람의) 떼, 집단 (group)(3) 【컴】 다발《데이터 통신에서 단말 제어장치와 그에 접속된 복수 단말의 총칭》.
—*vi.* (1) 송이를 이루다, 줄줄이 열리다. (2) (…의 주변에) 군생하다《*around*》 —*vt.* …을 군생시키다 ; 밀집시키다, 무리짓게 하다

:**clutch**[1] [klʌtʃ] *vt.* 《~+目/+目+前+名》 …을 (꽉) 잡다, 단단히 쥐다 ; 붙들다, 부여잡다 —*vi.* 《+前+名》 꽉 잡다 ; 붙잡으려고 하다, 와락 붙잡다《*at*》
—*n.* (1) (a ~) 붙잡음, 움켜쥠 : His ~ made my arm numb. 그는 내 팔을 저릴 정도로 꽉 붙잡았다. (2) **a**] (*sing.*) (잡으려는) 손《*of*》 : a mouse in the ~ *of* an owl 부엉이 발톱에 걸린 생쥐. **b**] ⓒ (흔히 *pl.*) 수중, 지배력 (3) ⓒ 《美俗》 위기, 위급 : in the ~ 일단 유사시에. (4) ⓒ **a**] 【機】 클러치, (자동차의) 전동 장치. **b**] = CLUTCH BAG. ***fall*** 〈***get***〉 ***into the ~es of*** …의 손아귀에 붙잡히다. ***get out of*** (***the***) ***~es of*** …의 손아귀〈독수(毒手)〉

clutch[2] *n.* ⓒ (1) **a**] (암탉이) 한번에 품는 알. **b**] 한배에 깐 병아리. (2) (사람 등의) 한 떼

clut·ter [klʌ́tər] *n.* (1) ⓤ 〔集合的〕 어질러진 것 . (2) (a ~) 혼란

co- *pref.* '공동, 공통, 상호, 동등'의 뜻 : 1) 〔名詞에 붙여〕 *co*author, *co*partner. 2) 〔形容詞·副詞 에 붙여〕 *co*operative, *co*eternal. 3) 〔動詞에 붙여〕 *co*(-)operate, *co*adjust.

CO 【美郵】 Colorado. **Co** 【化】 cobalt. 《※ 회사명을 나타 낼 때는 Co.》 ; county. **C.O.** Commanding Officer ; conscientious objector.

:**coach** [koutʃ] *n.* ⓒ (1) **4륜 대형마차** ; (철도가 생기기 전의) 역마차 (2) **a**] 세단형 자동차. **b**] 《英》 장거리 버스 (3) **a**] 《美》 (parlor car, sleeping car와 구별하여) 보통 객차. **b**] 《英》 객차. (4) = COACH CLASS. (5) 【競】 **코치** ; 지도원 ; 연기〈성악〉 지도자 : a baseball ~. (6) 가정 교사《수험 준비를 위한》. ***drive a ~ and horses*** 〈***four, six***〉 ***through ...*** 《口》 (법률·규칙 따위)를 피해 가다〈빠져나가다〉. —*vt.* (1) (경기 지도원이) …을 코치하다 ; 【野】 (주자)에게 지시를 내리다. (2) (가정 교사가) …에게 수험 지도를 하다.

coach·build·er [ˊbìldər] *n.* ⓒ 《英》 자동차 차체 제작공(工).

coach-built [ˊbìlt] *a.* 《英》 (자동차의 차체가) 숙련공에 의해 손으로 만들어진.

cóach clàss 《美》 (여객기의) 2등, 이코노미 클래스《※ economy class 가 더 일반적임》.

·**coach·man** [ˊmən] (*pl.* **-men** [ˊmən]) *n.* ⓒ 마부 ; (버스) 운전사.

co·ad·ju·tor [kouǽdʒətər, kòuədʒúːtər] *n.* ⓒ (1) 조수, 보좌인(輔佐人). (2) 【가톨릭】 보좌 주교.

co·ag·u·lant [kouǽgjələnt] *n.* ⓤⓒ 응고제 ; 응혈〈지혈〉약.
co·ag·u·late [kouǽgjəlèit] *vt., vi.* (…을) 응고시키다〈하다〉 (clot), 굳(히)다 : The blood ~*s* to stop wounds bleeding. 피는 상처의 출혈을 멎게 하기 위해서 응고한다.
co·ag·u·la·tion [kouæ̀gjəléiʃən] *n.* ⓤ 응고(작용), 응집, 엉김
:coal [koul] *n.* (1) ⓤ 석탄 : brown ~ 갈탄 / hard ~ 무연탄. (2) (*pl.*) 《주로 英》 석탄의 작은 덩어리《연료용》(3) ⓤ 목탄, 숯(charcoal). (4) (장작 따위의) 타다 남은 것, 잉걸불. ***call*** 〈***drag, fetch, haul, rake, take***〉 a person ***over the ~s*** 아무를 야단치다. ***carry*** 〈***take***〉 ***~s to Newcastle*** 괜한 짓을 하다, 헛수고하다. ***heap*** 〈***cast, gather***〉 ***~s of fire on*** a person***'s head*** 【聖】 (악을 선으로써 갚아) 아무를 매우 부끄럽게 하다《로마서(書) XII : 20》. —*vt.*
cóal bèd 탄층.
coal-black [⌐blǽk] *a.* 새까만, 칠흑의.
cóal bùnker 석탄 저장고(庫) ; (배의) 저탄고.
coal·er [kóulər] *n.* ⓒ (1) 석탄 배 ; 석탄 수송 철도〈차〉. (2) (배의) 석탄 싣는 인부.
co·a·lesce [kòuəlés] *vi.* (1) (부러진 뼈가) 유합(癒合)하다. (2) (정당 등이) 합체(合體)하다, 합동하다, 연합하다
co·a·les·cence [kòuəlésns] *n.* ⓤ (1) 유합(癒合). (2) 합체, 합동, 연합.
co·a·les·cent [-nt] *a.* (1)유합하는. (2)합체한, 합동한.
coal·face [kóulfèis] *n.* ⓒ 【鑛】 막장.
coal·field [⌐fi:ld] *n.* ⓒ 탄전(炭田).
cóal gàs 석탄 가스.
·co·a·li·tion [kòuəlíʃən] *n.* (1) ⓤ 연합, 합동. (2) ⓒ (정치적) 연립, 제휴(提携)
cóal mèasures (*pl.*) 【地質】 석탄계(系), 협탄층(夾炭層).
cóal mìne 탄갱 ; 탄광.
cóal mìner 광원.
cóal òil 《美》 (1) 석유(petroleum). (2) 《특히》 등유(kerosene ; 《英》 paraffin oil).
coal·pit [⌐pìt] *n.* ⓒ 탄갱(coal mine).
cóal sèam 탄층(coal bed).
cóal tàr 콜타르.
coam·ing [kóumiŋ] *n.* ⓒ (때로 *pl.*) 【船】 (갑판 승강구 등의) 테두리판《물이 들어옴을 막음》.
:coarse [kɔ:rs] (***coars•er ; -est***) *a.* (1) 조잡한, 조악(粗惡)한, 열등한 : ~ fare〈food〉 조식(粗食). (2) a] (천·그물·살결 따위가) 거친, 올이 성긴 : ~ cloth 올이 성긴 천. b] (알갱이 등이) 굵은 : ~ sand. (3) (태도 따위가) 거칠고 야비한, 상스러운
coarse-grained [⌐gréind] *a.* (1) 올이 성긴. (2) 무무한, 상스러운, 거칠고 막된
coars·en [kɔ́:rsən] *vt., vi.* (1) (피부 따위)를〈가〉 거칠게 하다〈되다〉. (2) 조잡〈야비〉하게 하다〈되다〉
:coast [koust] *n.* (1) a] ⓒ 연안, 해안 : on the ~ 해안에서, 연안에. b] (the ~) 연안 지방. c] (the C-) 《美口》 태평양 연안 지방. (2) a] (a ~) (언덕을 내릴 때의) 자전거 타력 주행(惰力走行) ; (썰매의) 활강(滑降), 활주(滑走) ;b] ⓒ 《美》 활주용의 사면(斜面). ***from ~ to ~*** 《美》 대서양 연안에서 태평양 연안까지, 전국 방방곡곡에. ***The ~ is clear.*** 《口》 (상륙하는 데) 아무도 방해하는 사람이 없다《밀수꾼의 용어》.
—*vt.* …의 연안을 항행〈비행〉하다. —*vi.* (1) 연안 항행〈무역〉을 하다. (2) (썰매로) 활강하다 : (자전거·자동차로) 타주(惰走)하다 《*along* ; *down*》 (3) 아무 노력도 없이 순조로이 해나가다
·coast·al [kóustəl] *a.* 〔限定的〕 연안〈해안〉의, 근해의 : a ~ nation 〈city〉 연안국〈도시〉 / a ~ plain 해안 평야. 파) **~•ly** *ad.*
coast·er [kóustər] *n.* ⓒ (1) 연안(무역)선. (2) 《美》 썰매, 터보건. (3) (유원지의) 코스터. (4) 《美》 (술잔 따위의) 받침 접시.
cóast guàrd (종종 the C- G-) 〔集合的 ; 單·複數 취급〕 연안 경비대.
coast·land [⌐lǽnd] *n.* ⓤ 연안 지역.
·coast·line [⌐làin] *n.* ⓒ 해안선 : a rocky and treacherous ~ 바위가 많고 위험한 해안선.
coast-to-coast [⌐təkóust] *a.* 〔限定的〕 《美》 대서양 연안에서 태평양 연안에 이르는, 전미국의
coast·ward [⌐wərd] *a.* 해안을 향한. —*ad.* 해안을 향하여, 해안 쪽으로.
coast·wise [⌐wàiz] *a.* 연안의 : ~ trade 연안 무역. —*ad.* 연안을 따라.
:coat [kout] *n.* ⓒ (1) (양복의) 상의 ; 외투, 코트. (2) (짐승의) 외피《모피·털·깃털》 (3) 가죽(skin, rind), 껍질(husk) ; (먼지 따위의) 층 : the ~*s* of an onion 양파 껍질. (4) (페인트 등의) 칠, (금속의) 도금 : a new ~ of paint. (5)【解】 막, 외막(外膜). ***a ~ of arms*** (방패 꼴의) 문장 ; (전령·기사가 갑옷 위에 덧입는) 문장 박힌 겉옷. ***a ~ of mail*** 쇠미늘 갑옷. ***cut*** one***'s ~ according to*** one***'s cloth*** 분수에 알맞게 살다. ***trail*** one***'s ~*** 〈***coattails***〉 싸움〈말다툼〉을 걸다《옷자락을 끌어 남이 밟게 하는 데서》. ***turn*** 〈***change***〉 one***'s ~*** 변절하다 ; 개종하다.
—*vt.* (1) …을 덮다, (상의)를 입히다, (상의 따위로) 가리다 ; …에 씌우다
coat·ed [kóutid] *a.* (1) 상의를 입은. (2) a] 겉에 바른〈입힌〉. b] 광을 낸《종이 따위》 : ~ paper 아트지(紙). c] (혀가) 이끼가 낀 것처럼 하얗게 된 : ~ tongue 설태가 낀 혀.
cóat hànger 양복걸이.
·coat·ing [kóutiŋ] *n.* (1) ⓤⓒ a] 덮음, 입힘, 씌우개. b] (음식물의) 겉에 입히는 것. c] 칠, 덧칠, 도장(塗裝) (2) ⓤ 코트용 옷감 : new woolen ~ 새로운 모직 코트감.
coat·tail [⌐tèil] *n.* ⓒ (흔히 *pl.*) (야회복·모닝 등의) 상의의 뒷자락. ***on*** a person***'s ~s*** 아무(의 명성 등)에 힘입어.
co·au·thor [kouɔ́:θər] *n.* ⓒ 공저가, 공동 집필 자. —*vt.* …을 공동 집필하다.
·coax [kouks] *vt.* (1) 《+目+副/+目+*to* do/+ +目+前+名》 …을 감언으로 설득하다, 어르다, 달래다, 꾀다 (2) 《+目+前+名》 …을 감언으로 얻어〈우려〉 내다 : ~ a thing *out of* a person = ~ a person *out of* a thing 감언으로 아무로부터 무엇을 우려 내다. (3) 《+目+*to* do/+目+前+名》 (물건)을 잘 다루어 뜻대로 되게 하다
cob [kab/kɔb] *n.* ⓒ (1) 옥수수속(corncob) : eat corn on the ~ 옥수수속에 붙어 있는 채로의 옥수수를 먹다. (2) 다리가 짧고 튼튼한 말 ; 《美》 다리를 높이 올리며 걷는 말.
·co·balt [kóubɔ:lt] *n.* ⓤ (1) 【化】 코발트《금속 원소 ; 기호 Co ; 번호 27》. (2) 코발트 채료〈그림물감〉 ; 코발트색.
cóbalt blùe (1) 코발트청(靑)《안료》. (2) 암청

색, 짙은 청색.
cob·ble[1] [kábəl/kɔ́bəl] *n.* ⓒ (흔히 *pl.*) 조약돌, 자갈 —*vt.* (도로)에 자갈을 깔다.
cob·ble[2] *vt.* (1) (구두)를 수선하다, 깁다. (2) …을 조잡하게 주어 맞추다《*up* ; *together*》
·**cob·bler** [kábləɾ/kɔ́bl-] *n.* (1) ⓒ 신기료 장수, 구두장이 : The ~'s wife goes the worst shod. 《俗談》 대장장이 집에 식칼이 논다. (2) ⓒ 서투른 장색. (3) ⓤⓒ 청량 음료의 일종.
cob·ble·stone [-stòun] *n.* ⓒ (철도·도로용의) 조약돌, (밤)자갈(cobble[1]).
COBOL, Co·bol [kóubɔːl] *n.* ⓤ 【컴】 코볼《사 무용 프로그래밍 언어》.
·**co·bra** [kóubrə] *n.* ⓒ 【動】 코브라 《인도·아프리카산의 독사》.
·**cob·web** [kábwèb/kɔ́b-] *n.* (1) ⓒ 거미집〈줄〉. (2) (*pl.*) 헝클어짐 ; (머리의) 혼란, (자다 일어난 때의) 흐리마리함. (3) ⓒ 올가미, 함정. ***blow* 〈*clear*〉 *the ~s away*** 《口》 (바깥 바람을 쐬어) 기분을 일신하다.
cob·web·by [kábwèbi/kɔ́b-] *a.* (1) 거미집의 〈같은〉 ; 가볍고 얇은. (2) 거미줄투성이의.
co·ca [kóukə] *n.* (1) ⓒ 【植】 코카나무《남아메리카산의 약용 식물》. (2) ⓤ 〔集合的〕 코카 잎.
Co·ca-Co·la [kóukəkóulə] *n.* ⓤⓒ 《美》 코카콜 라(Coke)《청량 음료의 일종 ; 商標名》.
co·cain(e) [koukéin, kóukein] *n.* ⓤ 【化】 코카 인 《coca의 잎에서 채취하는 마취제, 마약》.
co·chair [koutʃέəɾ] *vt.* (위원회·토론회 따위)의 공동 의장을 맡다.
:**cock**[1] [kak/kɔk] *n.* (1) ⓒ 수탉. 〖opp.〗 *hen.* 《俗談》 서당개 3년에 풍월한다. (2) ⓒ 〔보통 複合語를 이루어〕 (새의) 수컷 (3) (남자들끼리 상대를 부를 때) 이 사람, 자네 : old ~ 여보게. (4) ⓒ (통·수도·가스 따위의) 마개, 전(栓), 꼭지 (《美》 faucet) : turn on〈off〉 a ~. (5) ⓒ (총의) 공이치기, 격철(擊鐵). (6) ⓒ (수탉 모양의) 바람 개비, 풍향계(weather-cock). (7) ⓒ a〕 (코끝이) 위로 젖혀짐. b〕 눈을 칩떠보기, 눈짓. c〕 (모자챙의) 위로 젖혀짐. (8) ⓤ 《英俗》 실없는 말, 허튼소리《cock-and-bull story에서》 : talk a load of old ~ 허튼소리를 하다. (9) ⓒ 《卑》 음경(陰莖). **(*the*) *~ of the walk* 〈*dunghill*〉** 유력자 ; 두목, 독불장군. ***go off at half ~*** ⇨ HALF COCK. ***live like fighting ~s*** 잘먹고 호사하며 지내다. —*vt.* (1) (총)의 공이치기를 당기다 ; (때리려고 주먹 따위)를 뒤로 끌다 ; (카메라 셔터 따위)를 누를 준비하다. (2) (모자의 챙)을 치켜 올리다 ; (모자)를 삐딱하게 쓰다. (3) (귀·꽁지)를 쫑긋 세우다《*up*》 : The dog ~*ed up* its ears. (4) 눈을 칩띠 …을 보다. (5) (코)를 위로 치올리다《경멸을 나타냄》. —*vi.* (귀·꼬리 다위가) 쫑긋《곧추》 서다. ***~ up*** 1) (위로) 치올리다 ; 쫑긋 서다. 2)《英俗》 (계획·의식 등)을 엉망으로 만들다
cock[2] *n.* ⓒ (원뿔 모양의) 건초〈곡물, 두엄, 이암(泥岩), 장작 따위〉의 더미, 가리.
cock-a-hoop [kɑ̀kəhúːp/kɔ̀kə-] *a.* (1) 〔敍述的〕 의기양양한 ; 뽐내는 : He was ~ about his promotion. 그는 승진하여 의기양양하였다. (2)《美》 혼란한, 난잡하게 된.
cóck-and-búll stòry [kákənbúl-/kɔ́k-] 엉 터리없는〈황당무계한〉 이야기.
cock·chaf·er [-tʃèifəɾ] *n.* ⓒ 풍뎅이의 일종.
cock·crow, -crow·ing [-kròu], [-iŋ] *n.* ⓤ 새벽, 이른 아침, 여명 : at ~ 새벽에.
cócked hát (1)삼각모《해군장교 등의 정장용》. (2)(좌우 또는 앞뒤의) 챙이 젖혀진 모자
cock·eyed [-àid] *a.* (1)사팔뜨기의. (2)《俗》 기울어진, 비뚤어진 (3)바보 같은 ; 괴짜의 : a ~ story. (4)취한, 인사 불성의 ; 제정신이 아닌.
cock·fight [-fàit] *n.* ⓒ 투계, 닭싸움.
cock·figting [-fàitiŋ] *n.* ⓤ 투계.
cock·horse [-hɔ̀ːrs] *n.* ⓒ (1)흔들목마(木馬). (2)(장난감) 말《지팡이나 빗자루 따위》. —*ad.* 말타듯 올라 타고
cock·le[1] [kákəl/kɔ́kəl] *n.* ⓒ (1) 【貝】 새조개. (2) = COCKLESHELL. ***the ~s of*** a person***'s* 〈*the*〉 *heart*** 마음 속
cock·le[2] *n.* ⓒ 【植】 선옹초《잡초》.
cock·le·shell [-ʃèl] *n.* ⓒ (1) 새조개의 조가비. (2) 바닥이 얇은 배.
·**cock·ney** [kákni/kɔ́k-] *n.* (종종 C-) (1)ⓒ 런 던내기《특히 East End 방면의》. 【cf.】 Bow bells. ¶ a *Cockney* cab driver. (2)ⓤ 런던 사투리〈말씨〉. —*a.* 런던내기(풍)의 ; 런던 말씨의 : He speaks with a ~ accent. 그의 말씨에는 런던 사투리가 있다.
cock·ney·ism [kákniìzəm/kɔ́k-] *n.* ⓤⓒ 런던 말씨〈사투리〉《'plate'를 [pláit], 'house'를 [ǽus] 로 발음하는 따위》.
·**cock·pit** [kákpìt/kɔ́k-] *n.* ⓒ (1)a〕 투계장(鬪鷄場). b〕 싸움터, 전란의 터 : the ~ of Europe 유럽의 고전장(古戰場)《벨기에를 말함》. (2)(비행기·우주선·요트 따위의) 조종〈조타〉실.
cock·roach [-ròutʃ] *n.* ⓒ 【蟲】 바퀴.
cocks·comb [kákskòum/kɔ́ks-] *n.* ⓒ (1)(닭의) 볏. (2)【植】 맨드라미. (3)(어릿광대의) 깔때기 모자.
cóck spárrow (1) 수참새. (2) 걸핏하면 싸우려 드는 팔팔한 사내.
cock·sure [kákʃúəɾ/kɔ́k-] *a.* (1)(사람·태도 따위가) 독단적인, 자만심이 강한. (2)〔敍述的 ; 종종 강조어를 동반하여〕 확신하는, 자신만만한
·**cock·tail** [káktèil/kɔ́k-] *n.* (1)ⓒ 칵테일. (2) ⓒⓤ (전채(前菜) 로서의) 칵테일.
cock-up [kákʌ̀p/kɔ́k-] *n.* ⓒ《英俗》 실수, 혼란 (상태), 지리멸렬 : make a complete ~ of …을 엉망으로 만들다.
cocky [káki/kɔ́ki] (***cock•i•er ; -i•est***) *a.* 《口》건방진, 자만심이 센 : Don't be too ~. 너무 자만하지 마라. 파) **cóck•i•ly** *ad.* **-i•ness** *n.*
co·co [kóukou] (*pl.* **~s** [-z]) *n.* ⓒ (1) 【植】 (코코) 야자나무(coconut palm). (2) = COCONUT.
:**co·coa** [kóukou] *n.* ⓤ (1) 코코아《cacao 씨의 가루》. (2) 코코아(음료) : a cup of ~ 코코아 한 잔. (3) 코코아색, 다갈색. —*a.* 코코아(색)의.
cócoa bèan 카카오 콩《카카오나무의 열매 ; 코코아·초콜릿의 원료》.
·**co·co·nut** [kóukənʌ̀t] *n.* ⓒ 코코넛《코코야자의 열매
cóconut màtting 코코야자 깔개《코코야자 열매의 섬유로 만든 깔개》.
cóconut pàlm 〈**trèe**〉 야자나무.
cóconut shỳ 《英》 코코넛 떨어뜨리기《공을 던져서 야자열매를 맞쳐 떨어뜨리는 유원지 등에서의 게임》.
co·coon [kəkúːn] *n.* ⓒ (1)고치. (2)(거미 따위의) 난낭(卵囊). (3 (고치처럼) 폭 감싸는 것, 보호하

는 것 ; 보호 피막(被膜)《기계류·함선 따위가 녹슬지 않도록 입히는 피복재》. —*vi.* 고치를 만들다. —*vt.* (1)(고치처럼) …을 꼭 덮다, 감싸다 (2)(총·비행기 따위)에 보호 피막을 입히다. (3)…을 감싸서 보호하다 ; 격리하다.

co·cotte [koukát/-kɔ́t] *n.* ⓒ 《F.》 (1)(파리의) 매춘부. (2) 소형 내화(耐火) 냄비.

·**cod**[1] [kɑd/kɔd] (*pl.* **~s,** 〔集合的〕 ~) *n.* (1) ⓒ 【魚】 대구(codfish). (2) ⓤ 대구 살.

cod[2] (**-dd-**) *vt.* 《英俗》 (1) …을 속이다. (2) …을 놀리다.

co·da [kóudə] *n.* ⓒ 《It.》 (1)【樂】 코다. (악곡·악장 등의) 종결부. (2) (연극 등의) 종결 부분.

cod·dle [kádl/kɔ́dl] *vt.* (1)(사람·동물)을 어하여〈소중히〉 기르다《*up*》 (2) (계란·과일 따위)를 뭉근한 불로 삶다.

⁝code [koud] *n.* ⓒ(1)법전: the civil 〈criminal〉 ~ 민〈형〉법. (2)(어떤 계급·사회·동업자 등의) 규약, 규칙 (3)신호법; 암호, 약호 : a ~ telegram 암호 전보. (4)【컴】 코드, 부호. (5)【遺】 (생물의 특징을 정하는) 암호 : a genetic ~ 유전 암호.
—*vt.* (1)…을 법전으로 작성하다. (2)(전문(電文))을 암호〈신호〉화하다 : ~ a message 통신을 암호로 하다. (3)【컴】 (프로그램)을 컴퓨터 언어로 고치다, 코드화하다.

códe bòok 전신 약호장 ; 암호책.

códe convérsion 【컴】 코드 변환.

códe convérter 【컴】 코드 변환기.

códe nàme 암호용 문자〈이름〉, 코드명(名).

co·dex [kóudeks] (*pl.* **-di·ces**[-disìːz]) *n.* ⓒ (성서 · 고전의) 사본.

cod·fish [kádfiʃ/kɔ́d-] (*pl.* **~·es,** 〔集合的〕 ~) *n.* ⓒ,ⓤ 【魚】 대구(cod).

codg·er [kádʒər/kɔ́dʒər] *n.* ⓒ 《口》 괴짜, 괴팍한 사람《주로 노인에 대하여》 : You old ~ ! 이 (괴팍한) 늙은이 같으니.

cod·i·cil [kádəsil/kɔ́d-] *n.* ⓒ (1) 【法】 유언 보족서(補足書). (2) 추가 조항, 부록.

cod·i·fi·ca·tion [kàdəfikéiʃən, kòu-] *n.* ⓤⓒ 법전 편찬 ; 성문화, 법전화.

cod·i·fy [kádəfài, kóu-] *vt.* (법률)을 법전으로 편찬하다 ; 성문화하다.

cod·ing [kóudiŋ] *n.* ⓤⓒ (1) 법전화. (2) 전문의 암호화 ; 【컴】 부호화《정보를 계산 조작에 편리한 부호로 바꾸는 일》.

cod·ling[1], **-lin** [kádliŋ/kɔ́d-] *n.* ⓒ (1) 덜 익은 작은 사과. (2) 갸름한 요리용 사과.

cod·ling[2] (*pl.* ~, **~s**) *n.* ⓒ 【魚】 새끼 대구.

co-driv·er [kòudráivər] *n.* ⓒ (특히 자동차 경주 따위에서) 교대로 운전하는 사람.

cods·wal·lop [kádzwáləp/kɔ́dzwɔ̀ləp] *n.* ⓤ 《英俗》 어처구니 없음 ; 허튼소리, 난센스.

co·ed, co-ed [kóuéd] (*pl.* **~s**) *n.* ⓒ 《美口》 (1) (남녀 공학 대학의) 여학생. (2) 남녀 공학 학교〈대학〉. —*a.* 〔限定的〕 (1) 남녀 공학의

co·ed·i·tor [kouéditər] *n.* ⓒ 공편자(共編者).

·**co·ed·u·ca·tion** [kòuedʒukéiʃən] *n.* ⓤ 남녀공학. (파) **~·al**[-əl] *a.*

co·ef·fi·cient [kòuəfíʃənt] *n.* ⓒ (1) 【數】 계수(係數) (2) 【物】 계수, 율(率) : a ~ of expansion 〈friction〉 팽창〈마찰〉 계수. (3) 【컴】 계수.

co·e·qual [kouíːkwəl] *a.* 동등한, 동격의《*with*》 —*n.* ⓒ 동등한 사람, 동격인 사람《*with*》. 파) **~·ly** [-əli] *ad.*

·**co·erce** [kouə́ːrs] *vt.* (1)《~+目/+目+前+名/+目 *to* do》 …을 강요하다, 강제하다(force) 《*into*》 (2)《법률 · 권위 따위 로) …을 억압하다, 구속하다, 지배하다.

co·er·cion [kouə́ːrʃən] *n.* ⓤ (1) 강제, 강요 (2) 위압 ; 압제 정치.

co·er·cive [kouə́ːrsiv] *a.* 강제적인, 위압적인 : ~ measures 강제 수단. 파) **~·ly** *ad.* **~·ness** *n.*

co·e·val [kouíːvəl] *a.* 같은 시대의 ; 동연대의 ; 동기간의《*with*》. —*n.* ⓒ 동시대〈동연대〉의 사람 〈것〉.

co·ex·ist [kòuigzíst] *vi.* (1) **a**] (같은 장소에) 동시에 존재하다. **b**) …과 공존하다《*with*》. (2) (두 나라가) 평화 공존하다.

co·ex·ist·ence [kòuigzístəns] *n.* ⓤ 공존(共存), 병립(併立) : peaceful ~ 평화 공존.

co·ex·ist·ent [kòuigzístənt] *a.* 공존하는《*with*》.

co·ex·ten·sive [kòuiksténsiv] *a.* 같은 시간〈공간〉에 걸치는《*with*》

⁝cof·fee [kɔ́ːfi, káfi/kɔ́fi] *n.* (1) ⓤⓒ 커피《음료》 (2) ⓤ 〔集合的〕 커피콩(~ bean). (3) ⓤ 커피색, 흑갈색. (4) ⓒ 커피나무.

cóffee bàr 《英》 다방 겸 경양식점.

cóffee brèak (오전 · 오후의) 차 마시는 시간, 휴게 (시간). 【cf.】 tea break. 『 take〈have〉 a ~ 커피를 마시면서 잠깐 쉬는 시간을 갖다.

cóffee càke 커피케이크《아침 식사에 먹는 과자 빵 종류》.

cóffee cùp 커피 잔.

cóffee hòur (1) (특히 정례의) 딱딱하지 않은 다과회. (2) = COFFEE BREAK.

cof·fee·house [-hàus] *n.* ⓒ (가벼운 식사를 할 수 있는) 커피점, 커피하우스《영국에서는 17-18 세기엔 문인 · 정객의 사교장》.

cóffee klàt(s)ch 《美》 커피를 마시며 잡담하는 모임.

cóffee màker 커피 끓이는 기구.

cóffee mìll 커피 가는 기구.

cóffee mòrning 아침의 커피 파티《자선 모금 을 위해 열림》.

cof·fee·pot [-pàt/-pɔ̀t] *n.* ⓒ 커피포트, 커피 (끓이는) 주전자.

cóffee shòp (1) 다방 ; (호텔 등의 간단한 식당을 겸한) 다실. (2) 커피콩 파는 가게.

cóffee spòon demitasse cup 용의 작은 스푼.

cof·fer [kɔ́ːfər, káf-] *n.* (1) ⓒ 귀중품 상자, 돈궤. (2) (*pl.*) 금고 ; 자산, 재원(funds) : the state ~*s* =the ~*s* of the state 국고(國庫). (3) ⓒ 【建】 (소반란자 능의) 소란(小欄), 정간(井間). (4) = COFFERDAM.

cof·fer·dam [-dæ̀m] *n.* ⓒ (1) (일시적으로 물을 막는) 방죽. (2) 【工】 잠함(潛函).

·**cof·fin** [kɔ́ːfin, káf-] *n.* ⓒ 관(棺), 널 ***drive a nail into*** one'***s*** **~** (부절제 · 고민 등으로) 수명을 줄이다. —*vt.* …을 관에 넣다, 입관하다.

cog [kɑg/kɔg] *n.* ⓒ (1) (톱니바퀴의) 이. (2) 필요하지만 그리 중요하지 않은 사람

co·gen·cy [kóudʒənsi] *n.* ⓤ (의론 · 추론의) 적절함, 설득력.

co·gen·er·a·tion [kòudʒenəréiʃən] *n.* ⓤ 열전병급(熱電併給), 열병합(熱併合) 발전《발전시에 생긴 배열(排熱)을 난방 따위에 이용하는 일》

co·gent [kóudʒənt] *a.* 적절한, 설득력 있는 : a ~

argument 설득력 있는 의론. 파) **~·ly** *ad.*

cogged [kagd/kɔgd] *a.* 톱니바퀴가 달린.

cog·i·tate [kádʒətèit/kɔ́dʒ-] *vi.* (…에 대하여) 숙고하다, 궁리하다《*about* ; *on, upon*》 : I was just *cogitating about*〈*on, upon*〉 the meaning of life. 나는 인생의 의의에 대해 좀 생각하고 있었다.

cog·i·ta·tion [kádʒətèiʃən/kɔ́dʒ-] *n.* ⓤⓒ 사고(력), 숙고, 명상 : After much

cog·i·ta·tive [kádʒətèitiv/kɔ́dʒətə-] *a.* 사고력 있는 : 숙고하는 : 생각에 잠기는.

·**cog·nate** [kágneit/kɔ́g-] *a.* (1) 조상이 같은, 동족의(kindred) : ~ families 동족 가족. (2) 같은 기원의 ; 같은 성질의, 동종의 : ~ tastes 같은 종류의 취미 / a science ~ *with*〈*to*〉 economics 경제학과 동종의 과학. (3) 【言】 같은 어원〈어족〉의 《*with*》 —*n.* ⓒ (1) 동계자(同系者) ; 친족 (relative). (2) 기원〈성질〉이 같은 것. (3) 【言】 같은 어원〈어계, 어파〉의 말.

cog·ni·tion [kagníʃən/kɔg-] *n.* (1) ⓤ 인식(력·작용), 인지(認知). (2) ⓒ 인식〈인지〉된 것.

cog·ni·tive [kágnətiv/kɔ́g-] *a.* 인식〈인지〉의 ;

cog·ni·za·ble [kágnəzəbl, kagnái-/kɔ́gnə-] *a.* (1) 인식〈인지〉할 수 있는. (2) 사법 관할 내에 있는, 심리되어야 할. 파) **-bly** *ad.*

cog·ni·zance [kágnəzəns/kɔ́g-] *n.* ⓤ (1) 인식 ; 지각 ; (사실의) 인지 (2) 인식 범위

cog·ni·zant [kágnəzənt/kɔ́g-] *a.* 〔敍述的〕 인식하고 있는《*of*》

cog·no·men [kagnóumən/kɔgnóumen] (*pl.* **~s, -nom·i·na** [-námənə/-nɔ́m-]) *n.* (1) 성 (姓). (2) 이름, 명칭 ; 별명, 칭호.

cog·wheel [kághwìːl/kɔ́g-] *n.* ⓒ 【機】 톱니바퀴 : ~ railway 아프트식 철도.

co·hab·it [kouhǽbit] *vi.* (1) (미혼 남녀가) 동거하다, (이종 동물 따위가) 함께 서식하다《*with*》. (2) (두 가지 일〈것〉이) 양립하다 : More people choose to ~ rather than marry. 더 많은 사람들 이 결혼보다는 오히려 동거를 택한다.
파) **co·hàb·i·tá·tion** [kouhæ̀bətéiʃən] *n.*

co·hab·i·tant [kouhǽbətənt] **co·hab·it·er** [-hǽbətər] *n.* ⓒ 동서자(同棲者).

co·heir [kouέər] (*fem.* **~·ess** [-ris]) *n.* ⓒ 【法】 공동 상속인.

co·here [kouhíər] *vi.* (1) 밀착하다 ; (분자가) 응집(凝集)하다. (2) (문체·이론 등이) 조리가 서다, 시종 일관하다 (3) (생각·이해 관계 등이) 일치하다《*with*》

co·her·ence, -en·cy [kouhíərəns], [-ənsi] *n.* ⓤ (1) 부착(성) ; 응집(성) ; 결합 (2) (문체·이론 등의) 통일, 시종 일관성 : (a) lack of ~ 일관성의 결여 / lack ~ 일관성이 없다.

co·her·ent [kouhíərənt] *a.* (1) 응집성의, 밀착한《*with* ; *to*》. (2) (이야기 등이) 조리가 선, 시종 일관한 파) **~·ly** *ad.*

·**co·he·sion** [kouhíːʒən] *n.* ⓤ (1) 점착(粘着) ; 부착, 결합(력). (2) 【物】 (분자의) 응집(력).

·**co·he·sive** [kouhíːsiv] *a.* (1) 점착력이 있는 ; 밀착〈결합〉하는 : a ~ organization 단결된 조직. (2) 【物】응집력의〈있는〉. 파) **~·ly** *ad.* **~·ness** *n.*

co·hort [kóuhɔːrt] *n.* ⓒ (1) 【古로】 보병대《300-600 명으로 구성》. 【cf.】 legion. (2) (종종 *pl.*) 군세, 군대. (3) 《美》 친구, 동료. (4) 【人口統計】 코호트《통계 인자를 공유하는 집단 ; 동시출생 집단 등》. (5) 【生】 코호트《보조적인 분류상 계급의 하나》 ; 아강(亞綱)《아과(亞科)의 하위 계급》.

coif·feur [kwɑːfə́ːr] *n.* ⓒ 《F.》 이발사.

coif·feuse [kwɑːfə́ːz] *n.* ⓒ 《F.》 여자 이발사.

coif·fure [kwɑːfjúər] *n.* ⓒ 《F.》 이발의 양식, 머리 모양 ; 조발(調髮) ; (여성용) 머리 장식(head - dress). —*vt.* (머리)를 세트하다, 조발하다.

coign [kɔin] *n.* ⓒ (벽 따위의) 돌출한 모서리, 뿌다구니. ***a ~ of vantage*** (관찰·행동 따위에) 유리한 지점 ; 유리한 처지, 우위(優位).

:**coil**[1] [kɔil] *n.* ⓒ (1) (밧줄·철사 등의) 둘둘 감은 것 ; 그 한 사리 ; wind up a rope in ~*s* 로프를 둥그렇게 둘둘 말다. (2) 피임링. (3) 곱슬털 —*vi.* 《~/+副/+前+名》 (1) 사리를 틀다, 고리를 이루다, 감기다 (2) 꾸불꾸불 움직이다〈나아가다〉 —*vt.* (1) 《~+目/+目+前+名》 …을 똘똘 말다〈감다〉《*around* ; *round*》 (2) 《~+目/+目+副》 (몸)을 사리다, 똘똘 휘감다

coil[2] *n.* ⓒ 《古·詩》 혼란, 소란. ***this mortal ~*** 이 속세의 괴로움 : shuffle off this mortal ~ 속세 의 괴로움을 벗다 ; 죽다.

:coin [kɔin] *n.* (1) ⓒ,ⓤ 〔個別的 또는 集合的〕 경화(硬貨), 주화(鑄貨) : a copper ~ 동전 / toss a ~

☞ *參考* 인물의 두상(頭象)이 있는 겉〈앞〉 (head) 과 숫자 등이 있는 안〈뒤〉 (tail)으로 이루어져 있다. 미국의 경화는 1센트(penny), 5센트 (nickel), 10센트 (dime), 25센트(quarter), 50 센트(fifty-cent piece), 1달러가 있고, 영국에서는 1페니, 2펜스, 5펜스, 10펜스, 20펜스, 50펜스, 1파운드가 있다. 【cf.】 paper money.

(순번을 정하기 위해) 경화를 던지다 (2) ⓤ 《口》 금전, 돈 : small ~ 잔돈 / Much ~, much care. 《俗談》 돈이 많으면 걱정도 많다. ***pay*** a person (***back***) ***in*** his ***own*** 〈***the same***〉 **~** 아무에게 대갚음하다. ***the other side of the ~*** (사물의) 다른 면〈처지, 입장〉 —*vt.* (1) (경화)를 주조하다(mint) ; (지금(地 金))을 화폐로 주조하다. (2) (신어·신표현)을 만 들어 내다 : a ~*ed* word 신조어(新造語). —*vi.* (1) 《英》 가짜 돈을 만들다. (2) 화폐를 주조하다. ***~ a phrase*** 새 표현을 만들어 내다 : to ~ *a phrase* 〔反語的〕 참신한 표현을 쓴다면《상투구를 쓰는 구실》. **~** (***the***) ***money*** 〈***it***〉 (***in***) 《口》 마구 돈을 벌다.

·**coin·age** [kɔ́inidʒ] *n.* (1) ⓤ 화폐 주조. (2) ⓤ 〔集 合的〕 주조 화폐. (3) ⓤ 화폐 주조권 ; 화폐 제도. (4) **a**] ⓤ (낱말 등의) 신조 : a word of recent ~ 최근의 신조어. **b**) ⓒ 신(조)어 ; 만들어 낸 것.

cóin bòx (1) (공중 전화·자동 판매기 따위의) 동전〈요금〉 상자. (2) 공중 전화 (박스).

·**co·in·cide** [kòuinsáid] *vi.* (1) 《~/+前+名》 동시에 같은 공간을 차지하다, (장소가) 일치하다 ; 동시에 일어나다《*with*》 ; (둘 이상의 일이) 부합 〈일치〉하다《*with*》 (2) 《~/+前+名》 (의견·취미·행동 따위가) 맞다, 조화〈일치〉하다《*with*》 ; 의견을〈견해를〉 같이하다《*in*》 : ~ in opinion 의견이 일치하다. ▫ coincidence *n.*

·**co·in·ci·dence** [kouínsədəns] *n.* (1) ⓤⓒ (우연의) 일치, 부합 : a casual ~ 우연의 일치. (2) **a**] ⓤ (일이) 동시에 발생함, 동시 발생 : the ~ of two accidents 두 사고의 동시 발생. **b**] ⓒ 동시에 일어난 사건. ▫ coincide *v.*

·**co·in·ci·dent** [kouínsədənt] *a.* (1) 일치〈부합〉하는 (2) 동시에 일어나는 파) **~·ly** *ad.*

co·in·ci·den·tal [kouìnsədéntl] *a.* (1) (우연의) 일치에 의한 (2) 동시에 일어나는. (파) **~·ly** *ad.*

coin·er [kɔ́iuər] *n.* ⓒ (1) **a**] 화폐 주조자. **b**] 《英》 사전(私錢)꾼(《美》 counterfeiter). (2) (신어 등의) 안출자.

co·in·sur·ance [kòuinʃúərəns] *n.* ⓤ 공동 보험.

coke[1] [kouk] *n.* ⓤ 코크스. —*vt.* (석탄)을 코 크스로 만들다.

coke[2] *n.* (1) ⓤ 《速》 코카인. (2) ⓒ 콜란 한 병〈잔〉.

coke·head [kóukhèd] *n.* ⓒ 《美俗》 (1) 코카인 중독자. (2) 얼간이, 바보.

col [kɑl/kɔl] n. ⓒ (산과 산 사이의) 안부(鞍部), 고갯마루.

co·la[1] [kóulə] *n.* (1) ⓒ 【植】 콜라《아프리카산》. (2) ⓤⓒ 콜라(음료).

co·la[2] COLON의 복수형의 하나.

col·an·der [kʌ́ləndər, kɑ́l-] *n.* ⓒ (씻은 채소 따위의) 물기 거르는 그릇, 여과기.

⁝cold [kould] *a.* (1) 추운, 찬, 차게 한. 【opp.】 *hot.* 『 a ~ bath 냉수욕 (2) 냉정한, 냉담한 ; 냉혹한, 무정한. 【opp.】 *warm.* (3) (마음이) 불타지 않는, 내키지 않는 (4) 《俗》 죽은 ; 《俗》 (때려 눕혀져) 의식을 잃은 (5) (관능적으로) 불감증의 ; 《俗》 (여성이) 성교를 혐오하는. (6) 마음을 침울케 하는 ; 흥을 깨는, 관심을 〈흥미를〉 보이지 않는, 시들한, (분위기가) 쌀쌀한 ; (자극 · 맛이) 약한 : a ~ kiss 시들한 키스. (7) 【美術】 찬 색의 : ~ colors 한색(寒色) 《청색 · 회색 따위》. (8) 【獵】 (짐승이 남긴 냄새가) 희미한 (9) (찾는 물건 · 알아맞히기 놀이에서) 어림이 빗나간. 【opp.】 *hot.* ***get*** 〈《美》 ***have***〉 a person ~ 《口》 (약점을 잡고) 아무를 꼼소리 못하게 하다. ***in ~ blood*** 냉정하게, 냉혹하게, 예사로 : He murdered the old man *in ~ blood.* 그는 노인을 냉혹하게 살해했다. ***leave*** a person ~ 아무의 흥미를 돋우지 않다, 감명을 주지 않다 : That *leaves* me ~. 그런 것은 흥미 없다. ***throw*** 〈***pour***〉 ***~ water on*** (계획 따위에) 트집을 잡다, 찬물을 끼얹다 —*ad.* (1) 아주(entirely), 완전히, 확실하게 : refuse a person's offer ~ 사람의 제의를 딱〈완전히〉 거절하다. (2) 준비 없이 ; 예고 없이, 돌연 : quit a job ~ 갑자기 사직하다. —*n.* (1) ⓤ (흔히 the ~) 추움, 추위, 한랭. 【opp.】 *heat.* 『 shiver with (the) ~ 추위에 떨다. (2) ⓤ 어는점 이하의 한기 : twenty degrees of ~ 영하 20°. (3) ⓒ,ⓤ 감기, 고뿔 : a ~ sufferer 감기 걸린 사람. ***catch*** 〈***take***〉 (***a***) ***~*** 감기들 다 ***come*** 〈***bring*** a person〉 ***in from*** 〈***out of***〉 ***the ~*** 《比》 고립무위의 상태에서 벗어나다. (***out***) ***in the ~*** 따돌림을 당하여, 무시당하여 : They left me out in the ~. 나는 그들에게 따돌림을 당했다.

cold-blood·ed [⌐blʌ́did] *a.* (1) 냉혈의 : a ~ animal 냉혈 동물. (2) 추위에 민감한〈약한〉. (3) 냉혹한, 냉담한, 냉혈적인. 【opp.】 *warm-blooded.* 『 a ~ murderer 냉혹한 살인범. (파) **~·ness** *n.* 냉담 ; 냉정.

cóld cáll (물건을 살 듯한 손님에 대한) 권유 전 화 〈방문〉.

cóld chìsel (가열하지 않은 보통 상태의 금속을 절단하거나 깎거나 할 수 있는) 정.

cóld cómfort (위로가 될 것 같으면서도) 전혀 위로가 되지 않는 일 : It's ~ to be told so. 그런 말을 들어도 위로가 되지 않는다.

cóld féet 《口》 겁내는 모양, 도망칠 자세 : hare 〈get〉 ~ 겁을 먹다, 도망치려 하다.

cóld fràme 【園藝】 냉상(冷床).

cóld frònt 【氣】 한랭 전선. 【opp.】 *warm front.*

cold-heart·ed [⌐hɑ́:rtid] *a.* 냉담한, 무정한. 파) **~·ly** *ad.* **~·ness** *n.*

cold·ish [kóuldiʃ] *a.* 약간 추운.

cóld líght 무열광(無熱光) 《인광 · 형광 등》.

:cold·ly [kóuldli] *ad.* (1) 차게, 춥게. (2) 냉랭하게, 냉정〈냉담〉하게.

·cold·ness [kóuldnis] *n.* ⓤ (1) 추위, 차가움. (2) 냉랭한, 냉담. (3) 냉정(冷靜)

cóld shóulder (*sing.*) (the ~) 《口》 냉대 ; 무시

cold-shoul·der [⌐ʃóuldər] *vt.* 《口》 …을 냉대〈무시〉하다.

cóld snàp 한파(寒波) ; 갑작스러운 추위의 엄습.

cóld stórage (1) (식품 등의) 냉장. (2) (사태의) 동결, (계획 따위의) 보류

cóld swéat (a ~) (공포 · 충격에 의한) 식은 땀 : in *a* ~ 식은땀을 흘려.

cold-wa·ter [⌐wɔ́:tər] *a.* 〔限定的〕 (1) 냉수의〈를 사용하는〉 ; (술이 아니고) 물을 마시는, 금주 (禁酒)의. (2) 온수 공급 설비가 없는《아파트 등》

cóld wàve (1) 【氣】 한파. 【opp.】 *heat wave.* (2) 콜드 파마.

cole·slaw [kóulslɔ̀:] *n.* ⓤ 양배추 샐러드.

col·icky [kɑ́liki/kɔ́l-] *a.* 산통(疝痛)의, 산통을 일으키는〈일으킨〉.

col·i·se·um [kɑ̀lisí:əm/kɔ̀l-] *n.* (1) ⓒ 체육 관, (대)경기장. (2) (the C-) =COLOSSEUM.

co·li·tis [kəláitis, kou-] *n.* ⓤ 대장염, 결장염.

·col·lab·o·rate [kəlǽbərèit] *vi.* (1) 《~+前+名》 공동으로 일하다, 협력〈협동〉하다 ; 합작하다, 공동 연구하다 (2) 《+前+名》 (자기편을 배반하고 적에게) 협력하다《*with*》

·col·lab·o·ra·tion [kəlæ̀bəréiʃən] *n.* (1) a] 공동 연구 ; 협조, 제휴. b] ⓒ 합작, 공저(共著). (2) ⓤ 이적(利敵) 협력〈행위〉. ***in ~ with*** …와 협력하여

col·lab·o·ra·tor [kəlǽbərèitər] *n.* ⓒ (1) 협력자, 합작자, 공저자(共著者). (2) 이적(利敵) 협력자, 이적 행위자.

col·lage [kəlɑ́:ʒ] *n.* 《F.》 【美術】 (1) ⓤ 콜라주, 붙이기《인쇄물 오려낸 것 · 눌러 말린 꽃 · 헝겊 등을 화면(畵面)에 붙이는 추상 미술의 수법》. (2) ⓒ 콜라주 작품.

col·la·gen [kɑ́lədʒən/kɔ́l-] *n.* ⓤ 【生化】 교원질(膠原質), 콜라겐《결합 조직의 성분》 : ~ disease 교원병(膠原病)

:col·lapse [kəlǽps] *vi.* (1) (건물 · 지붕 따위가) 무너지다, 내려앉다 ; (풍선 · 타이어 따위가) 찌부러지다, 터지다 (2) (제도 · 계획 따위가) 무너지다, 실패하다 ; (교섭 따위가) 결렬되다 (3) (가격이) 폭락하다 : The price of rubber ~*d* within a year. 고무 값이 1년 내에 폭락했다. (4) (사람이) 맥없이 쓰러지다〈주저앉다〉, 실신하다 ; (갑작스레) 쇠약해지다 ; 의기가 소침해지다 ; (폐 · 혈관 등이) 허탈 상태가 되다 (5) (의자 따위가) 접어지다 : This chair ~*s.* 이 의자는 접었다 폈다 한다.
—*vt.* (1) …을 무너뜨리다, 붕괴시키다. (2) (기구)를 접다 : ~ a folding chair 접의자를 접다. (3) (폐 · 혈관 등)을 허탈케 하다. —*n.* ⓤ (1) 붕괴, 와해 : the ~ of an old bridge 오래된 다리의 붕괴. (2) (제도의) 도괴(倒壞) ; (계획의) 좌절 ; (가격의) 폭락

:(3) 【醫】 (건강의) 쇠약 ; 의기 소침 ; 허탈 : suffer a nervous ~ 신경 쇠약에 걸리다.

col·laps·i·ble [kəlǽpsəbəl] *a.* 접는 식의 : a ~ chair 접의자.

:col·lar [kɑ́lər/kɔ́lər] *n.* ⓒ (1) **칼라**, 깃, 접어 젖힌 깃 : a turndown ~ 접어넘긴 깃 / turn up one's ~ 윗도리〈코트〉의 깃을 세우다《추울 때 등》. (2) (훈장의) 경식장(頸飾章) ; (여자의) 목걸이 ; (개 등의) 목걸이 ; 목에 대는 마구(馬具). (3) (동 물의 목 둘레의) 변색부 ; 【植】 경령(頸領)《뿌리와 줄기와의 경계부》. (4) 【機】 칼라, 이음고리. (5) a] 속박 b] 《美口》 체포 : have one's ~ felt 체포되다. ***hot under the ~*** 《美俗》 화가 나서 ; 흥분하여 ; 당혹하여 : Don't get *hot under the* ~. 그렇게 흥분하지 마라.

—*vt.* (1) …에 깃을〈목걸이를〉 달다 : (2) …의 목덜미를 잡다 ; …을 체포하다 : He was ~*ed* at the airport. 그는 비행장에서 체포되었다. (3) 《俗》 …을 훔치다, 슬쩍하다.

col·lar·bone [-bòun] *n.* (1) ⓒ 【解】 쇄골(鎖骨).

col·lard [kɑ́lərd/kɔ́l-] *n.* (1) ⓒ 【植】 칼러드《미국 남부에서 재배되는 kale의 한 변종》. (2) (*pl.*) 칼러드의 잎《식용》.

col·late [kəléit, kou-, kɑ́leit] *vt.* (1) 《~+目/+目+前+名》 …을 맞추어 보다, 대조하다 (2) 【製本】 (책 따위)의 페이지를 추려 가지런히 하다, 페이지의 순서를 확인하다 ;…을 합치다.

·col·lat·er·al [kəlǽtərəl/kɔl-] *a.* (1) **평행한**, (2) a] 부차적인 ; 부수적인 : a ~ surety 부(副)보증인. b] 직계(直系)가 아닌, 방계(傍系)의. 【cf.】 lineal. 『 ~ relatives 방계 친족. (3) 담보로 한 : a ~ security 근저당 ; 부가 저당물《약속 어음 지급의 담보로서 내놓은 주권 따위》. —*n.* (1) ⓒ 방계친(傍系親), 분가(分家). (2) ⓒ 부대(附帶) 사실〈사정〉. (3) ⓤ (또는 a ~) 담보물, 대충(代充) 물자 : as (*a*) ~ for a loan 대부금의 담보로서.

(파) **~·ly** *ad.*

colláting séquence 【컴】 조합(組合) 순서《일련의 데이터 항목의 순서를 정하기 위해 쓰는 임의의 논리적 순서》.

col·la·tion [kəléiʃən, kou-, kɑl-] *n.* (1) ⓤ 대조 ; (책의) 페이지〈낙장〉 조사. (2) ⓒ 【카톨릭】 (단식 일에 허용되는) 가벼운 식사.

col·la·tor [kəléitər, kou-, kɑl-] *n.* ⓒ (1) 대조〈교정〉자. (2) 【製本】 낙장 유무를 조사하는 사람 ,기계〉. (3) 【컴】 (전공 카드의) 조합기(組合機).

col*league [kɑ́li:g/kɔ́l-] *n.* ⓒ (같은 관직 · 전문직 등의 직입상의) 동료.

:col·lect[1] [kəlékt] *vt.* (1) …을 **모으다**, 수집하다 (2) (세금 · 기부금 · 요금 따위)를 수금하다, 모으다, …의 대금을 징수하다 (3) (생각)을 집중〈정리〉하다, (마음)을 가라앉히다 ; (용기)를 불러일으키다 ; (기력 따위)를 회복하다 : *Collect* your thoughts before you begin your work. 일을 시작하기 전에 생각을 잘 정리하시오. (4) 《口》 (수화물 따위)를 받으러 가다〈받아오다〉 —*vi.* (1) **모이다**, 모아지다 (2) (눈 · 쓰레기 따위가) 쌓이다 (3) 기부금을 모금 하다 ; 수금하다 《*for*》 —*a.*, *ad.* 《美》 요금 수신인 지급의〈으로〉 (《英》 carriage forward) : a ~ call 요금 수신인 지급

전화, 컬렉트 콜.

col·lect[2] [kɑ́lekt/kɔ́l-] *n.* ⓒ 【카톨릭】 본기도 (本祈禱) 《말씀의 전례 직전의 짧은 기도》.

col·lect·a·ble [kəléktəbəl] *a.* (1) 모을 수 있는. (2) 징수할 수 있는, 거둘 수 있는. —*n.* ⓒ (흔히

col·lect·ed [kəléktid] *a.* (1) 모은, 모인 : the ~ edition (한 작가의) 전집. (2) (집중력을 잃지 않고) 침착한, 냉정(冷靜)한 파) **~·ly** *ad.* 침착하게, 태연하게.

:col·lec·tion [kəlékʃən] *n.* (1) ⓤⓒ **수집**, 채집 : make a ~ of stamps 우표를 수집하다. (2) ⓒ 수집〈채집〉물, (표본 · 미술품 등의) 소장품, 컬렉션 (3) ⓤⓒ 우편물의 수집 ; 수금, 징세 : the ~ of national taxes 국세의 징수. (4) ⓤⓒ 기부금 모집 ; 기부금, 헌금. (5) ⓒ 쌓인 것, 퇴적

·col·lec·tive [kəléktiv] *a.* (1) **집합적** : 집합된 : a ~ effort 결집된 노력. (2) **집단적** ; 공동적 : ~ property 공유 재산 / a ~ note (여러 나라가 서명한) 공동 각서. (3) 【文法】 집합적인. —*n.* ⓒ (1) 집단, 공동체 ; 집단 농장. (2) 【文法】 집합명사(~ noun). 파) **~·ly** *ad.*

colléctive fárm (소련의) 집단 농장, 콜호스.

colléctive frúit 【植】 집합과(集合果)《오디 · 파인애플 따위》.

colléctive nóun 【文法】 집합명사《crowd, people 따위》.

col·lec·tiv·ism [kəléktəvìzəm] *n.* ⓤ 집산(集散)주의《토지 · 생산 수단 따위를 국가가 관리함》.

col·lec·tiv·i·ty [kɑ̀lektívəti/kɔ̀l-] *n.* (1) ⓤ 집합성 ; 집단성 ; 공동성. (2) ⓒ 집단, 집합체. (3) ⓤ 〔集合的〕 민중, 전국민.

col·lec·tiv·ize, 《英》 **-ise** [kəléktəvàiz] *vt.* (1) (사회 등)을 집산주의화하다. (2) (토지)를 집단 농장화하다. 파) **col·lèc·ti·vi·zá·tion** *n.*

·col·lec·tor [kəléktər] *n.* ⓒ 〔흔히 複合語를 이루어〕 (1) **수집자〈가〉** ; 채집자 : an art ~ 미술품 수집가. (2) **수금원** ; 징세원 ; 《美》 세관원 ; (역의) 집찰계 : a tax ~ 징세(공무)원. (3) 수집기〈장치〉 : a solar ~ 태양열 수집기. (4) 【電】 컬렉터, 집전자(集電子).

colléctor's ìtem 〈**pìece**〉 수집가의 흥미를 끄는 물건, 일품(逸品).

:col·lege [kɑ́lidʒ/kɔ́l-] *n.* (1) ⓤⓒ 《美》 **칼리지** ; 학부, (단과) 대학 : a women's ~ 여자 대학 / be at 〈《美》 in〉 ~ 대학에 재학하다. (2) ⓒ 《美》 (Oxford, Cambridge 등의 대학을 구성하는) **학료**(學寮) (3) ⓤⓒ 《英》 (일부의) 공공 학교 (public school) (4) ⓒ 특수 전문 학교 : a ~ of music 음악학교 / a ~ of theology 신학교. (5) ⓒ 단체, 협회 : the American College of Surgeons 미국 외과의사회.

—*a.* 〔限定的〕 college의, 대학의 ; 대학생 취향의 : a ~ student 대학생.

Cóllege Bòards (*pl.*) 《美》 대학 입학 자격 시험 : take (the) ~ 대학 입학 자격 시험을 치다.

col·le·gian [kəlí:dʒiən] *n.* ⓒ college의 학생, 대학생.

col·le·giate [kəlí:dʒit, -dʒiit] *a.* (1) college (의 학생)의 ; 대학 정도의 : I enjoy ~ life. 나는 대학생활을 즐겁게 하고 있다. (2) 《英》 (대학이) 학료(學寮) 조직으로 된

collégiate chúrch (1) 《美》 협동〈합동〉 교회 《여러 교회의 연합》. (2) 《英》 참사회(參事會) 관리 〈조직〉의 교회《bishop(주교)이 아니고 dean(성당 참사 회장)이 관리하는 교회》.

《*against* ; *with*》: Two bicycles ~*d* at the corner. 두 대의 자전거가 모퉁이에서 충돌했다. (2) (의견·이해 등이) 일치하지 않다, 상충〈저촉〉 되다《*with*》 — *vt.* …을 충돌시키다. ▫ collision *n.*

col·lier [káljər/kɔ́l-] *n.* ⓒ《주로 英》(1) 탄광 원. (2) 석탄선 ; 석탄선의 선원.

col·liery [káljər/kɔ́l-] *n.* ⓒ《英》탄광《※ 관련되는 모든 설비를 포함하여 말함》.

:col·li·sion [kəlíʒən] *n.* ⓤⓒ (1) 충돌, 격돌 (2) (의견·이해 따위의) 불일치, 충돌 (3) 【컴】 부딪힘. ▫ collide *v.* ***come into ~*** (***with***) (…와) 충돌하다 ***in ~ with*** …와 충돌하여 : The liner was *in* ~ *with* an oil-tanker. 정기선이 유조선과 충돌했다.

col·lo·cate [káləkèit/kɔ́l-] *vt.* (1) …을 한 곳에 두다, 나란히 놓다. (2) …을 (적절히) 배치하다, 배열하다. —*vi.* 【文法】 연결되다, 연어를 이루다《*with*》

·col·lo·ca·tion [kàləkéiʃən] *n.* (1) ⓤ 병치(竝置) ; 배열, 배치 ; (문장 속의) 말의 배열. (2) ⓒ 【文法】 연어(連語).

☞ *參考* 연어란, commit a crime (죄를 범하다), form a. judgment (판단을 내리다) 등과 같이 idiom (숙어) 만큼 긴밀한 결합은 아니나 비교적 자연스럽게 결합하는 말을 가리킨다. 부사+형용사(예 : abundantly clear (아주 명백한), 형용사+명사(예 : heavy debt) (큰 빚) 등의 연어도 있다.

col·loid [kálɔid/kɔ́l-] *n.* ⓤ 【化】 콜로이드, 교상체(膠狀體), 교질(膠質). 〖opp.〗crystalloid.
—*a.* =COLLOIDAL.

:col·lo·qui·al [kəlóukwiəl] *a.* 구어(口語)의, 일상 회화의 ; 구어체의, 회화체의. 【cf.】 literal, vulgar.

col·lo·qui·al·ism [kəlóukwiəlìzəm] *n.* (1) ⓤ 구어체, 회화체. (2) ⓒ 구어(적) 표현.

col·lo·qui·al·ly [kəlóukwiəli] *ad.* (1) 구어로. (2) 구어 표현을 사용하여.

col·lo·qui·um [kəlóukwiəm] (*pl.* ***~s, -quia***[-kwiə]) *n.* ⓒ (대학 등에서의) 연구 토론회, 세 미나.

col·lo·quy [káləkwi/kɔ́l-] *n.* ⓤⓒ (1) 대화, 대담. (2) 회담, 회의.

col·lude [kəlú:d] *n.* (…와) 결탁하다, 공모하다

col·lu·sion [kəlú:ʒən] *n.* ⓤ (1) 공모, 결탁, 담합(談合)《*with* ; *between*》

col·lu·sive [kəlú:siv] *a.* 공모의, 담합의 : a ~ agreement on prices 가격 협정. 파) **~·ly** *ad.*

col·ly·wob·bles [káliwàblz/kɔ́liwɔ̀b-] *n. pl.* (the ~)〔單·複數 취급〕《口》(1) (신경성) 복통, 복명(腹鳴). (2) 정신적 불안.

Co·lom·bia [kəlʌ́mbiə] *n.* 콜롬비아《수도 Bogotá》. 파) **-bi·an** *a.* 콜롬비아(사람)의. —*n.* ⓒ 콜롬비아 사람.

·co·lon[1] [kóulən] *n.* ⓒ **콜론**《 : 의 기호 ; 구두점의 하나》. 【cf.】 semicolon.

☞ *參考* **콜론의 용법** 1) 대구(對句)의 사이, 또는 설명문(구)·인용문(구), 환언(換言) 하는 말 등의 앞에 쓴다. 『She has been to numerous countries : England, France, Spain, to name but a few. 그녀는 많은 나라에 간 일이 있다. 몇 나라만 든다면 영국, 프랑스, 스페인 등.
2) 시(간)·분·초를 나타내는 숫자 사이에 쓴다. 『10 : 30 : 25, 10시 30분 25초.
3) 성서의 장·절 사이에 쓴다. 『Matt. 5 : 7 마태복음 5장 7절.
4) 대비를 나타내는 숫자 사이에 쓴다. 『4 :3, 4대 3《four to three 라고 읽는다》/ 2 : 1=6 : 3, 2대 1은 6대 3《※ Two is to one as six is to three. 라 읽음》.

col·lon[2] (*pl.* ***~s, co·la***[kóulə]) *n.* ⓒ 【解】 결장(結腸).

co·lon[3] (*pl.* ***co·lo·nes***[-eis], ***~s***) *n.* ⓒ 콜론《코스타리카 및 엘살바도르의 화폐 단위》.

·colo·nel [kə́:rnəl] *n.* ⓒ 【美陸軍·空軍·海兵隊·英陸軍】 대령.

:co·lo·ni·al [kəlóuniəl] *a.* (1)〔限定的〕 식민(지)의 ; 식민지풍의 (2)〔限定的〕(종종 C-)《美》(미국 독립 이전의) 영국 식민지 시대의 ; (건축 등) 식민지 시대풍의 : the old ~ days 미국의 영국 식민지 시대 / ~ architecture 미국 초기의 건축 양식. (3) 【生】 군락〈군체〉의. ▫ colony *n.*
—*n.* ⓒ (1) 식민지 주민. (2) 콜로니얼식 건축.
파) **~·ism**[-ìzəm] *n.* ⓤ (1) 식민지주의, 식민(지 화) 정책. (2) 식민지풍〈기질〉. **~·ist** *n.*, *a.* 식민지 주의자(의).

:col·o·nist [kálənist/kɔ́l-] *n.* ⓒ 식민지 사람, (해외) 이주민, 입식자(入植者), 식민지 개척자.

col·o·ni·za·tion [kàlənizéiʃən] *n.*ⓤ 식민지 건설, 식민지화 ; 입식(入植).

col·o·nize [kálənàiz/kɔ́l-] *vt.* (1) 식민지로 만들다 ; …에 입식(入植)하다 (2) (사람들)을 이주(移住)시키다.

col·o·niz·er [kálənàizər/kɔ́l-] *n.* ⓒ (1) 식민지를 개척하는 나라. (2) 식민지 개척자, 입식자(入植者).

col·on·nade [kàlənéid/kɔ̀l-] *n.* ⓒ (1) 【建】 (지붕을 받치는) 열주(列柱), 주랑(柱廊). (2) (도로 양쪽의) 가로수. 【cf.】 avenue.
파) **-nád·ed** *a.* 열주〈가로수〉가 있는.

:col·o·ny [káləni/kɔ́l-] *n.* (1) ⓒ 식민지. (2) ⓒ〔集合的 ; 單·複數 취급〕 식민〈이민〉단. (3) ⓒ 재류외(국)인, 거류민 ; 거류지(구) ; …인(人) 거 리 (4) ⓒ (같은 인종·동업자 따위의) 집단 거주지, 촌락 : a ~ of artists 미술가촌(村). (5) ⓒ 【生】 군체(群體), 군생(群生), 집단, 콜로니 (6) (the Colonies) a]《英》구(舊) 대영 제국령. b] 【美史】 독립 이전의 북아메리카 동부 13 주의 영국 식민지.

:col·or,《英》**-our** [kʌ́lər] *n.* (1) ⓒ,ⓤ 색, 빛깔, 색채 ; 채색, 색조 ; (그림자) 명암 (2) (*pl.*) 안료, 물감 ; 그림물감 : oil ~ 유화 그림물감. (3) ⓤ (또는 a ~) 안색, 혈색, (얼굴의) 붉은 기 ; 홍조 : have *a* high ~ 혈색이 좋다 / gain ~ 혈색이 좋아지다. (4) ⓤ (피부의) 빛, 유색,《특히》흑색 : a man of ~ 유색인,《특히》흑인 / ~ prejudice 흑인에 대한 편견. (5) ⓤ **a**] (고장의) 특색 ; (개인의) 개성 ; (문학 작품 따위의) 특색, 문채(文彩) : local ~ 지방색. **b**] 【樂】 음색 (6) ⓤ (또는 a ~) 외관, …의 맛 ; 가장, 겉치레, 구실 : some ~ of truth 다소의 진실미(味) / give ~ to … (이야기 따위를) 진실한 것처럼 꾸며 보이다 / have the ~ of …인 듯한 기미가 보이다. (7) ⓒ (*pl.*) (보통 one's true ~s로) 입장 ; 본성, 본심 : see a thing in *its true* ~*s* …의 진상(眞相)을 알다. (8) **a**] (*pl.*) 국기 ; 군기, 군함기, 선박기 : a ship under British ~*s* 영국 국기를 단 선박. **b**] (the ~s) 군대 : join 〈follow〉 *the* ~*s* 입대하다 / serve(with) *the* ~*s* 현역에 복무하다. ***change ~*** 안

serve(with) *the ~s* 현역에 복무하다. ***change ~*** 안색이 변하다 ; 빨개〈파래〉지다. ***give*** 〈***lend***〉 ***~ to*** (이야기 등을) 그럴싸하게 만들다 ***have the ~ of***… 같은 눈치〈낌새〉가 보이다. ***lay on the ~s*** (***too thickly***) 1) (더덕더덕) 분식(粉飾)하다. 2) 대서특필하다, 극구 칭찬하다, 과장해서 말하다. ***lose*** one***'s ~*** 핏기가 가시다 ; 색깔이 바래다. ***lower*** 〈***haul down, strike***〉 one'***s ~s*** 기를 내리다 ; 항복하다 ; 주장을 철회하다. ***nail*** one'***s ~s to the mast*** 태도를 분명히 하다, 주장을 꺾지 않다. ***off ~*** 기분이 개운찮은, 꺼림칙한 ; 건강이 좋지 않은 ; 퇴색한. ***paint*** (a thing) ***in bright*** 〈***dark***〉 ***~s*** 1) 칭찬하여〈헐뜯어〉 말하다. 2) 낙관〈비관〉적으로 말하다. ***sail under false ~s*** 1) 국적을 속이고 항해하다. 2) 세상을 속이고 살아가다. ***see the ~ of*** a person'***s money*** 아무의 지급 능력〈주머니 사정〉을 확인하다 : ***show*** 〈***display***〉 one'***s*** (***true***) ***~s*** 태도를 분명히 하다 ; 실토하다. ***stick to*** one'***s ~s*** 자기의 주의를 굳게 지키다. ***under ~ of*** …을 구실삼아. ***with flying ~s*** ⇨ FLYING COLORS.

—*vt.* (1) …에 착색〈채색〉하다 ; 물들이다(dye) : ~ a wall gray 벽을 회색으로 칠하다. (2) (얼굴)을 붉히다《*up*》 (3) …에 색채〈광채〉를 더하다 ; …을 분식(粉飾)하다 ; (이야기 따위)에 윤색하다 ; …에 영향을 끼치다 : an account *~ed* by prejudice 편견으로 왜곡된 보고. (4) …을 특색짓다 : Love of nature *~ed* all of the author's writing. 자연에 대한 사랑이 그 작가의 작품 전체의 특징이 되어 있었다. —*vi.* (1) 빛을 띠다, (색으로) 물들다. (2) (얼굴이) 붉어지다, 얼굴을 붉히다《*up*》 : She *~ed up* to her temples. 그녀는 관자놀이까지 빨개졌다. ***~ in*** …에 색을 칠하다.

col·or·a·ble [kʌ́lərəbəl] *a.* (1) 착색할 수 있는. (2) 그럴듯한, 겉치레의. (3) 거짓의. 파) **-bly** *ad.*

col·or·ant [kʌ́lərənt] *n.* ⓤ 《美》 착색제(劑).

col·or·a·tion [kʌ̀ləréiʃən] *n.* ⓤ (1) 착색법 ; 배색 ; 채색. (2) (생물의) 천연색 : protective ~ 보호색.

col·o·ra·tu·ra [kʌ̀lərətjúərə, kʌ̀l-/kɔ̀l-] *n.* 《It.》 【樂】 (1) ⓤ **a**] 콜로라투라《성악곡의 장식적인 부 분》. **b**] 콜로라투라곡(曲). (2) ⓒ 콜로라투라 가 수

cólor bàr 흑 * 백인 차별 장벽.

col·or-blind [kʌ́lərblàind] *a.* (1) 색맹의. (2) 피부색으로 인종 차별을 않는 : The law should be ~. 법은 인종적 편견이 없어야 한다.

cólor blìndness 색맹.

col·or·cast [kʌ́lərkæ̀st, -kɑ̀ːst] *n.* ⓒ 컬러 텔레비전 방송. — (**~, ~·ed**) *vt., vi.* (…을) 컬러로 텔레비전 방송을 하다.

cólor còde (식별용의) 색 코드.

col·or-code [kʌ́lərkòud] *vt.* …을 색 코드로 구별〈분류〉하다.

·col·ored [kʌ́lərd] *a.* (1) 착색한, 채색된 : ~ glass 색유리. (2) 〔흔히 複合語로〕 색의 : orange ~ 오렌지색의. (3) 유색(인)의, 《美》《특히》 흑인의 : ~ people 유색 인종, 흑인. (4) 수식한 《문체 따위》, 과장한. (5) 편견의, 색안경으로 본 : a ~ view 비뚤어진 견해, 편견 —*n.* (1) ⓤ (the ~) 유색인종. (2) ⓒ 유색인 ; 유색 혼혈인《남미의》.

col·or·fast [kʌ́lərfæ̀st, -fɑ̀ːst] *a.* 색갈이 바래지 않는. 파) **~·ness** *n.*

col·or·field [kʌ́lərfìːld] *a.* (추상화에서) 색체면이 강조된.

:col·or·ful [kʌ́lərfəl] (***more ~ ; most ~***) *a.* (1) 색채가 풍부한, 다채로운 ; 극채색(極彩色)의 : ~ folk costumes 다채로운 민속 의상. (2) 그림 같은 ; 호화로운, 화려한 : a ~ life 화려한 일생. 파) **~·ly** *ad.* **~·ness** *n.*

·col·or·ing [kʌ́ləriŋ] *n.* (1) ⓤ 착색(법) ; 채색(법) : artificial ~ 인공 착색. (2) ⓤⓒ 착색제(着色劑), 안료, 그림물감, 색소 : food ~ 식품 착색제. (3) ⓤ (얼굴의) 혈색 ; 안색.

col·or·ist [kʌ́lərist] *n.* ⓒ (1) 채색자, 채색을 잘하는 사람. (2) 채색파 화가〈디자이너 등〉.

col·or·i·za·tion [kʌ̀lərizéiʃən, -aiz-] *n.* ⓤ 전자채색《흑백 영화를 컬러 영화로 재생하는 기법》

col·or·ize [kʌ́lərὰiz] *vt.* (흑백 필름)을 (컴퓨터 처리로) 착색하다.

·col·or·less [kʌ́lərlis] *a.* (1) 호릿한 ; 무색의 (2) 핏기가 없는. (3) 정채(精彩)가 없는, 특색이 없는, 시시한, 재미가 없는 : a ~ personality 재미 없는 성격(의 사람). (4) 한쪽에 치우치지 않은, 중립적인. 파) **~·ly** *ad.* **~·ness** *n.*

cólor télevision 〈**TV**〉 (1) 컬러 텔레비전 방송. (2) 컬러 텔레비전 수상기.

col·or-wash [∠wɑ̀ʃ/∠wɔ̀(ː)ʃ] *vt.* …을 수성 페인트로 칠하다.

·co·los·sal [kəlɑ́səl/-lɔ́sl] *a.* (1) 거대한 : a ~ high-rise office building 거대한 고층 오피스 빌딩. (2) 《口》 어마어마한, 굉장한 : a ~ fool 큰 바보. (파) **~·ly** *ad.* 대단 히, 굉장히, 어마어마하게 : a *~ly* popular singer 대단한 인기 가수.

Co·los·sian [kəlɑ́ʃən/-lɔ́ʃ-] *a.* 골로사이(사람)의. —*n.* (1) ⓒ 골로사이 사람 ; 골로사이의 그리 스도 교회의 교인. (2) (the ~s) 〔單數취급〕 【聖】 골로새서(書) 《신약성서 중의 한 편 ; 略 : Col.》.

:colour ⇨ COLOR.

Colt [koult] *n.* ⓒ 콜트식 자동 권총《商標名》.

·colt *n.* ⓒ (1) 망아지《4살 미만의 수컷》. 【cf.】 filly. ※ 성장한 말로서 작은 말은 pony. (2) 애송이, 미숙한 자, 신출내기.

colt·ish [kóultiʃ] *a.* (1) 망아지 같은. (2) 날뛰며 장난치는 ; 다루기 어려운. (파) **~·ly** ad.

Co·lum·bia [kəlʌ́mbiə] *n.* (1) 《詩》 미국〈미대륙〉을 의인화한 이름. (2) 미국 South Carolina의 주도. ≠Colombia. (3) (the ~) 컬럼비아 강. (4) 【宇宙】 컬럼비아호《미국의 우주 왕복선 제1호》. ***the District of ~*** 컬러비아 특별지구《미국 수도 워싱턴의 소재지 ; 略 : D. C.》.

Co·lum·bi·an [kəlʌ́mbiən] *a.* 미국의.

col·um·bine [kɑ́ləmbàin/kɔ́l-] *n.* (1) ⓒ 【植】 매발톱꽃. (2) (C-) 【劇】 콜롬바인《이탈리아의 옛날희극 등에서, Pantaloons의 딸로서, Harlequin의 애인의 이름》.

·Co·lum·bus [kəlʌ́mbəs] *n.* ***Christopher ~*** 콜럼버스《서인도 제도를 발견한 이탈리아의 탐험가》.

Colúmbus Dày 《美》 콜로버스(아메리카 대륙 발견) 기념일《10월의 둘째 월요일로 지킴 ; 법정 휴일》.

:col·umn [kɑ́ləm/kɔ́l-] *n.* ⓒ (1) 기둥, 원주, 지주. (2) 기둥 모양의 것 : a ~ of smoke 한 줄기의 연기 / the spinal ~ 척추, 등뼈. (3) (신문 등 인쇄물의) 세로 단(段), 세로줄 ; 칼럼, 난, 특별 기고란 (4) 【數】 (행렬식의) 열. (5) **a**] 【軍】 종대 ; (함선의) 종렬 : ⇨ FIFTH COLUMN. **b**] (사람 · 자동차 등의) 행렬, 대열 ; a long ~ of cars 길게 늘어서 있는 자동차 행렬. (6) 【컴】 세로(칸), 칼럼. ***dodge***

the ~《口》 의무를 게을리하다, 일을 게을리하다.
col·umned [kάləmd/kɔ́l-] *a.* 원주의〈가 있는〉; 기둥꼴의.
co·lum·ni·a·tion [kəlʌ̀mnéiʃən] *n.* ⓤ 두리기둥 사용(법); 원주식 구조.
col·um·nist [kάləmnist/kɔ́l-] *n.* ⓒ (신문·잡지 등의) 특별 기고가, 칼럼니스트 : an advice ~ (신문 등의) 인생 상담 조언 칼럼니스트.
col·za [kάlzə/kɔ́l-] *n.* ⓒ 【植】 평지의 일종.
COM [kɑm/kɔm] computer-output microfilm (컴퓨터 출력 마이크로 필름). **Com.** Commander ; Commodore. **com.** comedy ; comic ; comma ; commerce ; commercial ; commission(-er) ; committee ; common(ly) ; communication ; community.
com- *pref.* '함께, 전혀'의 뜻《b, p, m의 앞》.
co·ma[1] [kóumə] *n.* ⓤⓒ 【醫】 혼수(昏睡) (상태) : go into a ~ 혼수 상태에 빠지다.
co·ma[2] (*pl.* ***-mae***[miː]) *n.* ⓒ (1) 【天】 코마《혜성의 핵 둘레의 대기(大氣)》. (2) 【植】 씨(에 난) 솜털.
com·a·tose [kóumətòus, kάm-] *a.* (1) 【醫】 혼수상태의 (2) 졸리는, 졸려서 견딜 수 없는 ; 기운이 없는, 무기력한 : in a ~ sleep 죽은 듯이 깊이 잠들어(있는).
:comb [koum] *n.* (1) **a**] ⓒ 빗 : the teeth of a ~ 빗살 / ⇨ FINE-TOOTH COMB. **b**] ⓒ (양털 등을) 빗는 기구 ; 소모기(梳毛機). **c**] (a ~) 빗으로 빗는 일, 빗질 (2) **a**] (닭의) 볏. **b**] 볏 모양의 것. (3) 벌집(honeycomb). —*vt.* (1) (머리카락·동물의 털 따위)를 빗질하다, 빗다 (2) (3) (먼지 따위)를 빗질하여 제거하다《비유적으로도 씀》 :(4) 《+目+前+名》 (찾느라고) …을 뒤지다, 철저히〈샅샅이〉 찾다 : —*vi.* (파도가) 흰 물결을 일으키며 치솟다〈부닥쳐 흩어지다〉 : ~*ing* waves 치솟는 흰 물보라. **~ *out*** 1) (머리를) 빗다, 빗질하여 매만지다. 2) (불순물 따위를) 제거하다. 3) (불필요한 인원을) 정리하다. 4) 철저히 수색하다 ; (자료 따위를) 면밀히 조사하다.
comb. combination(s) ; combined.
:com·bat [kάmbæt, kʌ́m-] *n.* ⓤⓒ (1) 전투, 격투, 싸움 : do ~ with …와 싸우다 / be killed in ~ 전투하다〈중에〉 죽다. (2) 항쟁, 투쟁 : ~ between capital and labor 노사간의 투쟁.
—[kəmbǽt, kάmbæt, kʌ́m-] (***-tt-***) *vt.* …와 싸우다, …을 상대로 항쟁하다 : ~ the enemy 적과 싸우다. —*vi.* 《~/+前+名》 싸우다, 격투하다 ; 투쟁하다《*with* ; *against*》
·com·bat·ant [kəmbǽtənt, kάmbət-/kʌ́m-] *a.* (1) 격투하는 ; 싸우는 ; 교전 중의 ; 전투에 임하는 : the ~ armies 일전 부대. (2) 선투석, 호전적. —*n.* ⓒ (1) 전투원. 〖opp.〗 *non-combatant.*
cómbat jàcket 전투복.
:com·bi·na·tion [kὰmbənéiʃən/kɔ̀m-] n. (1) ⓤⓒ 결합, 짝맞추기 ; (색 등의) 배합 (2) (*pl.*) 《英》 콤비네이션《아래위가 붙은 속옷》. (3) **a**] ⓤ (…와의) 연합, 동맹《*with*》 : enter into ~ *with* …과 협력하다. **b**) ⓒ 연합체, 공동체. (4) 【化】 ⓤⓒ 화합(물). (5) ⓒ 【數】 조합, 결합 ; 【컴】 짜맞춤, 조합. (6) ⓒ (자물쇠 따위를 열기 위해) 맞추는 번호 : = COMBINATION LOCK. ▫ combine *v.* ***in ~ with*** …와 공동〈협력〉하여
combinátion lòck 숫자 맞춤 자물쇠.
:com·bine [kəmbáin] *vt.* (1) 《~+目/+目+前+名》 …을 결합시키다, 연합〈합병, 합동〉시키다 ; (색 따위)를 배합하다 (2) 《~+目/+目+前+名》 …을 겸하다, 겸비하다, 아울러 가지다《*with*》 : ~ work *with* pleasure 일에 재미도 겸하게 하다. (3) 【化】 … 을 화합시키다 —*vi.* (1) 《~/+前+名》 결합하다, 합동하다 (2) 연합하다, 합체하다, 합병하다, 협력하다 (3) 《+前+名》 【化】 화합하다《*with*》 ⓒ (1) 《未口》 기업 합동, 카르텔 ; (정치상의) 연합, 【cf.】 syndicate. (2) 【農】 콤바인(~ harvester)《수확과 탈곡을 동시에 할 수 있는 기계》.
com·bined [kəmbáind] *a.* 〔限定的〕 결합〈연 합, 화합〉된, 화합〈협동〉의 : ~ operations 〈exercises〉 합동〈연합〉작전 / It took a ~ effort of four men to move the piano. 피아노를 움직이는 데는 네 사람의 결합된 힘이 필요했다.
comb·ing [kóumiŋ] *n.* (1) ⓤⓒ 빗으로 빗음 : give one's hair regular ~ 보통 때와 같이 머리를 빗다. (2) (*pl.*) 빗질하여 빠진 머리카락.
com·bo [kάmbou/kɔ́m-] (*pl.* ***~s***) *n.* ⓒ (1) 《口》 결합, 연합. (2) 〔集合的 ; 單·複數 취급〕 캄보《소(小) 편성의 재즈 밴드》.
com·bus·ti·bil·i·ty [kəmbʌ̀stəbíləti] *n.* ⓤ 연소력, 가연성.
com·bus·ti·ble [kəmbʌ́stəbəl] *a.* (1) 타기 쉬운, 가연성의. (2) (사람·성격이) 격하기 쉬운.
·com·bus·tion [kəmbʌ́stʃən] *n.* ⓤⓒ (1) 연소 ; 발화(發火) : an incomplete ~ 불완전 연소. (2) 격동 ; 소동.
com·bus·tive [kəmbʌ́stiv] *a.* 연소(성)의.
Commander. **Comdt.** Commandant.
:come [kʌm] (***came***[keim] ***; come***) *vi.* (1) 《~ /+副/+*to* do/+前+名/+do*ing*》 오다 May I ~ to your house ? 댁으로 찾아가도 되겠습니까 / He's *coming*. 그가 온다《그가 오는 것을 보고》 / *Come* here 〈this way〉, please. 이리 오십시오 / *Come to* see me. 놀러 오십시오 / He *come* run-*ning*. 그는 달려왔다. (2) 《+前+名/+副》 도착하다, 도달하다(arrive) (3) (시기·계절 등이) 도래하다, 돌아오다, 다가오다 ; 〔*to* ~을 形容詞的으로 써서〕 앞으로 올, 장래〈미래〉의 : Winter has ~. 겨울이 왔다 / the years *to* ~ 다가올 세월 / in time(s) *to* ~ 장차. (4) 《+前+名》 이르다, 미치다, 닿다《*to*》 (5) 《~/+*to* do》 (순서로서) 오다 : (6) 《~/+前+名》 보이다, 나타나다 : The light ~*s* and goes. 빛이 나타났다가는 사라진다 / A smile *came to* his lips. 그의 입술에 미소가 떠올랐다. (7) 《~/+前+名》 손에 들어오다, 팔고 있다 ; 공급되다 ; 〔現在分詞 꼴로〕 당연히 받아야 할 (8) 《~/+前+名/+*that* 節》 (일이) 생기다, 일어나다 ; (일·사물이) 돌아오다, 찾아오다 (9) 《+前+名》 (어떤 때에) 해당하다, …에 들다 : (10) 《~/+前+名》 (생각 따위가) 떠오르다 (11) 《~/+前+名》 (사물이) 세상에 나타나다, 생기다, 발생하다, 이루어지다, (아이가) 태어나다 : The wheat began to ~. 밀이 싹트기 시작하였다 / A chicken ~*s from* an egg. 알에서 병아리가 깬다. (12) 《+前+名》 (결과로서) 생기다, …으로 말미암다, …에 원인이 있다《*of* ; *from*》 : Your illness ~*s of* drink-ing too much. 네 병은 과음이 원인이다. (13) 《+前+名》 (…의) 출신〈자손〉이다, 태생이다《*from* ; *of*》 : I ~ *from* Seoul. 서울 출신이다 / (14) 《+*to* do》 … 하게 되다, …하기에 이르다 : (15) 《+補/+*done*》 …의 상태로 되다, … 이 되다 : ~ true (꿈이) 현실이 되다, (예감 등 이) 들어맞다 / Things will ~ all right. 만사가 잘 될거다 / ~ untied 〈undone〉 풀어

지다 / ~ ten years old 열 살이 되다. (16) 《+前+名》 …의 상태로 되다, 들어 가다, 이르다《*into, to*》 : ~ *into* sight 보이기 시작하다 (17) 《+前+名》 합계 …이 되다 ; 요컨대 …이 되다, …와 같다 : What you say ~*s to* this. 요컨대 이렇다는 뜻이지. (18) 〔명령·재촉·제지·주의 따위〕 자, 이봐 ; 《美》 (문을 두드리는 사람에게) 들어와(*Come* in !) (19) 〔가정법 현재를 接續詞的으로 써서〕 …이 오면 ※ and 를 넣어 쓰기도 함. 『 *Come* summer *and* we shall meet again. 여름이 오면 다시 만나자. (20) 《卑》 오르가슴에 이르다, 사정(射精)하다.

—*vt*. (1) …을 하다, 행하다, 성취하다 : He cannot ~ that. 그는 그것을 못한다 (2) 《口》 …인 체하다, …인 것처럼 행동하다 : ~ the moralist 군자인 체하다. ※ 보통 정관사 붙은 명사가 따름. ***as. . . as they* ~** 특별히 뛰어나게 …한. **~ *about*** 1) (일이) 일어나다, 실현하다 **~ *across*** 1) (사람·물건을) 뜻밖에 만나다, 우연히 발견하다. 2) (말·소리가) 전해지다, 이해되다 3) …라는 인상을 주다《*as*》 4) …을 가로지르다, 횡단하다. 5) (생각 등이 머리에) 떠오르다 (6) (요구하는 것을) 주다 ; (빚을) 갚다《*with*》 **~ *after*** 1) …의 뒤로 오다. 2) …의 뒤를 잇다, …의 뒤를 쫓다 : A big dog was *coming after* me. 큰 개가 나를 쫓아오고 있었다. 3) …에 계속되다. **~ *again*** 1) 다시 오다, 되돌아오다. 2) 〔Come again ? 으로서〕 뭐라고, 다시 한 번 말해주세요. **~ *along*** 1) 따라오다, 함께 가다《*with*》 2) (일 따위가) (잘) 진행되다 : How's the work *coming along* ? 일은 잘 되어 가고 있습니까. 3) 〔命令形〕 따라와, 자 빨리. 4) (일이) 일어나다, 나타나다. ***Come and get it !*** 《口》 식사 준비가 되었어요. **~ *and go*** 오가다 : Money will ~ *and go*. 돈이란 돌고 도는 것. **~ *apart*** 낱낱이 흩어지다, (육체적·정신적으로) 무너지다. **~ *apart at the seams*** 《美口》 놀라서 어찌할 바를 모르다, (계획 등이) 실패로 돌아가다 ; 건강이 나빠지다. **~ *around*** 《美》 = ~ round. **~ *at*** 1) …에 이르다, …에 손을 뻗치다, …을 얻다. 2) …을 알게 되다, 파악하다 : ~ *at* the truth 진실을 알게 되다. 3) …을 향해 오다, 공격하다 : **~ *away*** 1) (감정·인상을 품고) 떠나다, 돌아가다《*with*》 2) (절로) 떨어지다《*from*》. 3) 《英》 (… 에서) 나오다《*from*》 **~ *back*** 1) 돌아오다. 2) 《口》 (원상태로) 복귀하다, 회복하다 ; (스타일 등이) 다시 유행하다 : Miniskirt have ~ *back*. 미니스커트가 다시 유행하기 시작했다. 3) 생각나다. 4) 말대답하다, 대들다《*at* ; *with*》 **~ *before*** 1) …의 앞에 〈먼저〉 오다〈나타나다〉. 2) …의 앞에 제출되다, …의 의제가 되다 : That question *came before* the committee. 그 문제는 위원회에 제출되었다. 3) …보다 앞서나. **~ *between*** 1) …의 사이에 끼다. 2) …의 사이를 이간하다. **~ *by*** 1) (…의 곁에) 지나다. 2) …을 손에 넣다 : ~ *by* money 돈이 손에 들어오다. 3) 《美俗》 들르다. **~ *clean*** 모두 말해버리다 ; 자백하다. **~ *close to* do*ing*** 거의 …하 게 되다 ; 자칫 …할 뻔하다. **~ *down*** 1) 내려가 다 ; (위층에서) 내려오다. 2) 떨어지다 ; (비 따위 가) 내리다 ; (머리카락이) 드리워지다, 흘러내리다 ; (값이) 내리다, 하락하다 ; (비행기가) 착륙 〈불시착〉하다, 격추되다. 3) (사람이) 영락하다 ; 영락하여〈면목 없게도〉 …하게 되다《*to* do*ing*》. 4) (건물·사람이) 쓰러지다. 5) 전래하다, 전해지다《 *from* ; *to*》. 6) 〔handsomely, generously 따위를 수반하여〕 《口》 (아끼지 않고) 돈을 내다. (7) 의사 표시를 하다,결정을 내리다. (8) (London 따위의) 대도시를 떠나다, 시골로 가다 ; 낙향하다《*from* ; *to*》. 9) 총계해서〈결국은〉 …이 되다, 귀 착하다《*to*》. 10) 《英》 (대학을) 졸업하다, 나오다《*from*》. 11) 각성제〈마약〉 기운이 깨다〈떨어지다〉. 12) 《美俗》 일어나다, 생기다 **~*down on*〈*upon*〉** 1) …을 급습하다. 2) …을 호되게 꾸짖다《*for*》. 3) …에게 청구〈강요〉하다. **~ *down with*** 1) (병에) 걸리다. 2) 《英》 (돈을) 내다 **~ *for*** 1) …할 목적으로 오다 : What have you ~ *for* ? 무슨 목적으로 〈일로〉 오셨어요. 2) …을 가지로 오다, …을 맞이하러 오다. 3) 덮치다, 덮치려 하다. **~ *forward*** 1) 앞으 로 나서다 ; (후보자로서) 나서다, 지원하다. 2) (…에) 쓸모가 있다, 소용되다. 3) (문제가) 검토〈제출〉되다. **~ *in*** 1) 집〈방〉에 들어가다 ; 도착하다 ; 입장하다 2) (밀물이) 들어오다. 3) (…등으로) 결승점에 들어오다, 입상하다. 4) (잘못 따위가) 생기다. 5) (돈·수입이) 생기다 ; 자금이 걷히다. 6) (계절로) 접어들다 ; (식품 따위가) 제철이 되다, 익다 : Oysters

8) 입장이 (…하게) 되다 ; 쓸모있게 되다, 힘을 발휘하다 ; 간섭하다 : Odds and ends will ~ *in* some day. 잡동사니도 언젠가는 쓸모가 있게 된다. 9) 취임하다 ; 당선되다 ; (정당이) 정권을 잡다 10) **【放送】** (해설자 등이) 방송〈토론〉에 가담하다 ; 말참견하다 ; (신호에 대해서) 응답하다 11) 〔補語 를 수반하여〕 (라디오·TV가) (…하게) 들리다〈비치다〉 : ~ *in* clear 〈strong〉 선명하게 되다. 12) 《美》 (유정(油井)이) 생산을 시작하다. **~ *in for*** 1) (몫·유산 따위)를 받다. 2) (칭찬·비난 따위)를 받다 **~ *in on*** (계획·사업 등)에 참가하다. **~ *into*** 1) …에 들어오다, …에 들어가다 : ~ *into* the world 태어나다. 2) (재산 따위)를 물려받다 : ~ *into* a fortune 재산을 물려받다. **~ *it* (*over*〈*with*〉. . .)** 《美口》 (…에 대하여) 잘난 체〈대담하게〉 행동하다, 뻔뻔스럽게 〈건방지게〉 굴다 **~ *it strong*** 《俗》 과감하게 하다 ; 과장하다. **~ *near*** (…에) 맞먹다. **~ *near* (*to*) (do*ing*)** 하마터면 …할 뻔하다 : ~ *near* being run over 거의 치일 뻔하다. **~ *of age*** 성년이 되다. **~ *off*** 1) 떠나다, (배 등에서) 내리다 ; (말에서) 떨어지다. 2) (단추·자루·신발굽 등이) 떨어지다 ; (머리·이 따위가) 빠지다 ; (도료가) 벗겨지다 ; (얼룩이) 빠지다 ; (뚜껑이) 열리다 3) (어떤 일이) 행해지다 ; 실현되다, 성공하다 4) (일 따위)에서 손을 떼다 ; …을 해내다 ; 공연을 그만두다. 5) (가격·세)에서 공제되다, (세금 등이 물품 따위)에서 면제되다. 6) (특별한 상태 뒤에) 정규 활동으로 돌아오다. 7) 〔補語를 수반하여〕 …이 되다 : ~ *off* a victor 〈victorious〉 승리자가 되다. 8) 《卑》 사정(射精)하다, 오르가슴에 이르다. **~*off it !*** 《口》 1) 젠체하지마 ; 허튼 생각 그만해. 2) 사실을 말해. **~ *on*** 〔on 이 副詞일 때는 on 만을, 前置詞일 때에는 upon도 씀〕 1) 다가오다 ; (밤·겨울 따위가) 오다 ; (발작·병·고통이) 엄습하다 ; 시작되다 ; (비 등이) 내리기 시작하다 : It *came on* to rain. 비가 내리기 시작했다. 2) 뒤에서 따라오다 : Go first. I'll ~ *on*. 먼저 떠나라, 나중에 갈게. 3) 달려들다, 돌진하다. 4) 전진하다, 진보하다, 진척하다 ; 발전하다 ; (아이 따위가) 자라다 : The team is *coming on*. 그 팀은 손발이 맞기 시작한다. 5) …의 부담이 되다 ; …에게 요구하다. 6) (극·영화 따위가) 상연〈상영〉되다 ; (TV 따위에서) 보이다, (전화 따위에서) 들리다. 7) (배우가) 등장하다 ; (축구 따위에서, 선수가) 도중에〈교체하여〉 출장하다. 8) 〔形容詞 또는 as 구를 수반하여〕 《口》 (…라는) 인상을 주다. 9) 성적 관심을 나타내어 보이다《*to* ; *with*》. 10) (장치가) 작동하기 시작하다, (전기·수도 따위가) 사용 가능하게 되다. 11) …을 우연

히 만나다, …을 발견하다. 12) (문제가) 제기되다, (의안이) 상정되다 : ~ *on* for trial 공판에 회부되다. 13) 〔命令形〕 이리로 오시오, 이리 와, 자 오라, 덤벼라 ; 〔재촉〕 자아 : *Come on*, let's play. 자, 놉시다. 14) 〔感歎詞的〕 무슨 소리야, 설마, 말도 안 된다. ***~ on down*** 〈***in, out, round, up***〉 〔命令形〕 자자 들어오세요《come 보다 더 열성스런 권유》. ***~ out*** 1) (밖으로) 나가다 ; 사교계에 처음으로 나가다, 첫무대에 서다 ; (싹이) 나다, (꽃이) 피다 ; (별 따위가) 나타나다 ; (책이) 출판되다 ; 공매에 붙여지다 ; (새 유행이) 나타나다, (비밀·본성 등이) 드러나다 ; (수학의 답이) 나오다, 풀리다. 2) (사진이) 현상(現像)되다 ; 사진이〈에〉 …하게 찍히다. 3) 〔結果〕 …이 되다 : ~ *out* first 일등〈수석〉이 되다. 4) 스트라이크를 하다(= ***~ out against*** 〈***for***〉 …에 반대〈찬성〉하다 : He *came out* strongly *against* 〈*for*〉 the plan. 그는 그 계획에 강력히 반대〈찬성〉했다. ***~ out in*** (얼굴 등이 부스럼 따위)로 뒤덮히다 : I *came out in* a rash. 발진(發疹)이 생겼다. ***~ to that*** 《口》 = ***if it ~(s) to that*** 그 일에 관해서는, 또한 : He looks just like his dog - ~ *to that*, so does his wife ! 그는 꼭 자기 개를 닮았다 - ~ 또한, 자기 부인도 그렇고 ! ~ *to think of it* 생각해 보니 ; 그러고 보니 : When I ~ *to think of it*, he's the very man for the post. 생각해 보니, 그이야말로 적임자다. ***~ true*** 사실이 되다 ; (예감 등이) 들어맞다. ***~ under*** 1) …의 밑에 오다〈들어 가다〉 ; …에 부문〈항목〉에 들다 ; …에 편입〈지배〉 되다 ; …에 상당 〈해당〉하다. 2) …의 영향을 〈지배를〉 받다 : ~ *under* a person's notice 아무에게 눈치채이다. ***~ up*** 1) 오르다, (해 따위가) 뜨다. 2) (씨·풀 따위에) 지상으로 머리를 내밀다, 싹을 내다, (수면 따위에) 떠오르다 ; 《口》 (먹은 것이) 올라오다. 3) **[比]** 두드러지다, 빼어나다. 4) 상경하다, 북상하다 ; 《英》 (대학에) 진학하다《*to*》 ; 출세 〈승진〉하다. 5) 오다, 다가오다《*to* ; *on*》 ; 모습을 나타내다 ; 출두하다 : He *came up to* me and said : "Come on, John." 그는 나에게 다가와 '존, 이리 와.'라고 말했다. 6) (…까지) 달하다《*to* ; *as far as*》. 7) (물자 따위가 전선에) 송달되다. 8) (폭풍 등이) 일어나다, (기회·결원 등이) 생기다. 9) 유행하기 시작하다. 10) (화제(話題)에) 오르다 ; (선거·입회 등의) 후보〈지망〉자로서 나오다《*for*》. 11) 《口》 (추첨 따위에서) 당선되다, 뽑히다. 12) (닦는다든지 해서) 광택 등이 나다, (곱게) 마무리되다. 13) 더 빨리 (나아)가다 《특히, 말에 대해 명령으로 쓰임》. 14) **[海]** (돛줄 따위)를 서서히 늦추다. ***~ up against*** (곤란이나 반대)에 직면한다. ***~ upon*** => ~ on ***~ up to*** 1) …쪽으로 오다. 2) …에 달하다, …에 이르다. 3) (기대)에 부응하다, (표준·견본)에 맞다 ; …에 필적하다 : ~ *up* to expectations 기대에 부응하다. ***~ up with*** 1) …을 따라잡다〈따라붙다〉. 2) …을 제안〈제공〉하다. 3) (해답 등)을 찾아내다 ; 생각해내다 ***~ what may*** 어떠한 일이 일이 날지라도. ***coming up*** 《口》 (요리 따위가) '다 되었습니다'《주문받은 것이 곧 나간다는 뜻으로 웨이터 등이 쓰는 말》. ***First ~, first*** 〈***best***〉 ***served.*** 《俗談》 빠른 놈이 장땡. ***have. . . coming*** (***to one***) ⇨HAVE. ***How ~. . . ?*** 《口》 왜 그런가 ***How ~s it***(that…) ? 왜 그렇게 (…하게) 되었나. ***Light***(***ly***) ***~, light*** (***-ly***) ***go.*** ⇨ LIGHT². ***not know if*** 〈***whether***〉 one ***is coming or going*** 《口》 ***when it ~s*** (***down***) ***to. . .*** …(의 이야기·문제)라 하면

come-at-a·ble [kʌmǽtəbəl] *a.* 《口》 (1) 가까이 하기 쉬운. (2) 입수하기 쉬운, 입수할 수 있는.

come·back [kʌ́mbæ̀k] *n.* ⓒ (1) 회복 ; 복귀, 컴백 ; (인기 따위의) 재봉춘(再逢春)

˙co·me·di·an [kəmíːdiən] *n.* ⓒ 희극 배우, 코미디언 ; 익살꾼.

co·me·dic [kəmíːdik, -méd-] *a.* 코미디의〈에 관한〉 ; 희극풍의, 희극적인.

co·me·di·enne [kəmìːdién, -mèid-] *n.* ⓒ 《F.》 희극 여우(女優).

com·e·do [kámədòu/kɔ́m-] (*pl.* ***~·nes***[ˋ-ˊniːz]**, *~s***) *n.* ⓒ 여드름.

come·down [kʌ́ndàun] *n.* ⓒ 《口》 (1) (지위·명예의) 하락, 실추(失墜), 몰락. (2) 실의 (失意) ; 실망시킴 ; 기대에 어긋남 :

:com·e·dy [kámədi/kɔ́m-] *n.* ⓒ,ⓤ 희극, 코미디 ; 희극적인 장면〈사건〉 ; 희극적 요소

come-hith·er [kʌ̀mhíðər] *a.* 〔限定的〕 《口》 (특히 성적으로) 도발적인, 유혹적인.

˙come·ly [kʌ́mli] (***more~, come·li·er ; most ~, -li·est***) *a.* 잘생긴, 미모의, 아름다운《얼굴 따위》. 파) **-li·ness** *n.*

come-on [ˊàn/ˊɔ̀n] *n.* ⓒ 《口》 (1) 유혹하는 듯한 태도〈눈〉. (2) 유혹하는 것 ; 선전 삐라 ; 눈길을 끄는 싸구려 상품.

˙com·er [kʌ́mər] *n.* (1) **a**〕 ⓒ 〔흔히 修飾語와 함께〕 오는 사람 ; 새로 온 사람 : a late ~ 지각자. **b**〕 〔all ~s로〕 누구든지 오는 사람은 모두《희망자·응모자 등》. (2) ⓒ 《口》 유망한 사람〈것〉.

co·mes·ti·ble [kəméstəbəl] *a.* 먹을 수 있는 (edible). —*n.* ⓒ (흔히 *pl.*) 식료품.

:com·et [kámit/kɔ́m-] *n.* ⓒ **[天]** 혜성, 살별.

:com·fort [kʌ́mfərt] *n.* (1) ⓤ 위로, 위안. (2) a〕 ⓒ 위안이 되는 것 〈사람〉 : (3) ⓤ 안락, 편함 ; 마음 편한 신세 —*vt.* (1) 《+目/+目+前+名》 …을 위로하다, 위문하다《*for*》 (2) (몸)을 편(안)하게 하다.

:com·fort·a·ble [kʌ́mfərtəbəl] (***more ~ ; most ~***) a. (1)기분 좋은, 편한, 위안의 ; 고통〈불안〉이 없는. (2) 《口》 (수입이 안락한 생활을 하기에) 충분한 : She has a ~ income. 그녀는 충분한 수입이 있다. (3) 〔敍述的〕 마음 편한, 느긋한 ; 불안〈의문〉을 안 느끼는 —*n.* ⓒ《美》 이불(comforter). 파) **~·ness** *n.*

˙com·fort·a·bly [kʌ́mfərtəbəli] *ad.* 기분 좋게 ; 안락하게, 고통〈곤란, 부자유〉없이 : I was sitting ~. 나는 편안하게〈기분 좋게, 느긋하게〉 앉아 있었다 / live ~ 안락하게 살다 / win ~ 낙승하다 / be ~ off 꽤 잘 살고 있다.

˙com·fort·er [kʌ́mfərtər] *n.* (1) a〕 ⓒ 위로하는 사람〈것〉, 위안자. b〕 (the C-) **[神學]** 성령(聖靈) (the Holy Spirit)《요한 복음 XIV : 16, 26》. (2) ⓒ 《美》 이불. (3) ⓒ 《英》 고무 젖꼭지.

com·fort·ing [kʌ́mfərtiŋ] *a.* 격려가 되는 기 운을 돋우는, 위안이 되는. 파) **~·ly** *ad.*

com·fort·less [kʌ́mfərlis] *a.* 위안〈낙〉이 없 는 ; 쓸쓸한 : a ~ room 쓸쓸한 방.

cómfort stàtion 《美》 공중 변소.

:com·ic [kámik/kɔ́m-] *a.* (1) 희극의, 희극적인. 〖opp.〗 *tragic*. 『 a ~ actor 희극 배우. (2) 익살스런, 우스운 : have a ~ look on one's face 익살스러운 표정을 짓다. (3) 〔限定的〕 《美》 만화의 : ⇨ COMIC STRIP. ㅁ comedy *n.*

—*n.* (1) ⓒ 희극 배우, 코미디언 : When the ~ comes on they'll all laugh. 희극 배우가 등장하면 그들은 모두 웃을 것이다. (2) ⓒ = COMIC BOOK ;

COMIC STRIP. (3) (the ~s) (신문 · 잡지 등의) 만화란.
com·i·cal [-ik*ə*l] *a*. 익살맞은 ; 우스꽝스러운. 파) **cómi·cal·ly** *ad*.
cómic bòok 만화책〈잡지〉
cómic ópera 희가극(의 작품).
cómic relíef 【劇 · 映】 (비극적 장면에 삽입하 는) 기분 전환 (장면).
cómic strìp 연재 만화(comic)《1회에 4컷》.
:com·ing [kʌ́miŋ] *a*. 〔限定的〕 (1) (다가)오는, 다음의 : the ~ generation 〈week〉 다음 세대〈주〉. (2) 《口》 신진의, (지금) 한창 팔리기 시작한, 장래성 있는《배우 등》 : a ~ singer〈writer〉 지금 한창 팔리고 있는 가수〈작가〉. —*n*. (1) (*sing.*) 도래 : with the ~ of spring 봄이 오면. (2) (the (Second) C-) 그리스도의 재림. ***~s and going*** 《口》 오고 감, 왕래 : the *~s and going* of tourists 여행자의 왕래.
com·i·ty [kɑ́məti/kɔ́m-] *n*. ⓤ 예의, 예양(禮讓).
:com·ma [kɑ́mə/kɔ́mə] *n*. ⓒ (1) 쉼표, 콤마《,》. (2) 【樂】 콤마《큰 음정 사이의 미소한 음정차》.
:com·mand [kəmǽnd, -mɑ́:nd] *vt*. (1) 《~+目/+目+*to* do/+(*that*) 節》 …에게 명(령)하다, …에게 호령〈구령〉하다, 요구하다. 〖opp.〗 *obey*. 『He *~ed* his men to attack. = He *~ed* (*that*) his men (should) attack. 그는 부하에게 공격하라고 명령하였다. ※ that 절의 경우 구어에서는 흔히 should를 쓰지 않음. (2) …을 지휘하다, …의 지휘권을 갖다 ; …을 통솔하다 : A ship is *~ed* by its captain. 배는 선장이 지휘한다. (3) (감정 따위)를 지배하다, 누르다, 제어하다 : ~ one's passion 감정을 억제하다. (4) (남의 존경 · 동의 따위)를 모으다, 일으키게 하다 ; (사물이) …을 강요하다 ; … 할 만하다, …의 값어치가 있다 : ~ respect 존경할 만하다, 존경을 얻다〈모으다〉. (5) …을 자유로이 쓸 수 있다, 마음대로 하다, 소유하다 ; (어느 가격)으로 팔리다 : ~ a good price 좋은 값으로 팔리다. (6) …을 내려다보다, 전망하다 : The tower *~s* a fine view. 그 타워는 전망이 참 좋다 / a hill *~ing* the sea 바다를 한눈에 내려다볼 수 있는 언덕.
—*vi*. 명령하다. **~ one*self*** 자제〈극기〉하다. ***Yours to ~*** 《古》 여불비례(餘不備禮), 경백 (Yours obediently) 《편지의 맺음말》.
—*n*. (1) ⓒ 명령, 분부 : at 〈by〉 a person's ~ 아무의 명령〈지시〉에 따라. (2) ⓤ 지휘(권), 지배(권), 통제 : give a person ~ 아무에게 지휘권을 주다 / Who is in ~ here ? 여기는 누가 지휘하고 있느냐 ? (3) ⓤ **a**] 억제, 제어력 : have ~ of oneself 자제할 수 있다. **b**] 지배권 : get〈have〉 ~ of the air 제공권을 쥐다〈쥐고 있다〉. **c**] (또는 a ~) (언어의) 구사력 (mastery), 유창함 ; (자본 등의) 운용(액), 시재액 : She has (*a*) perfect ~ of French. 그녀는 프랑스어를 자유롭게 구사할 수 있다. (4) ⓤ **a**] 【軍】 (요새 따위를) 내려다보는 위치〈고지〉 (의 점유). **b**] 조망(眺望), 전망 : The hill has ~ of the whole city. 그 언덕에서는 시 전체를 조망할 수 있다. (5) ⓒ 【軍】 〔集合的 · 單 · 複數취급〕 관구, 예하 부대〈병력, 선박 등〉 ; (흔히 C-) 사령부. (6) ⓒ 【컴】 명령, 지시, 지령. ***at ~*** 장악하고 있는, 자유로 쓸 수 있는. ***at* 〈*by*〉** a person'***s ~*** 아무의 명령에 의해. ***at the word of*** 명령 일하(命令一下). ***in ~ of*** …을 지휘하여. ***on* 〈*upon*〉 *~*** 명령을 받고. ***take ~ of*** …을 지휘하다. ***under* (*the*) *~ of*** …의 지휘하에.
com·man·dant [kɑ́məndæ̀nt, -dɑ:nt/kɔ̀mən-dǽnt, -dɑ́:nt] *n*. ⓒ 지휘관, 사령관.
com·man·deer [kɑ̀məndíə*r*/kɔ̀m-] *vt*. (1) 【軍】 (장정 등)을 징집〈징용〉하다 ; (물자)를 징발 하다. (2) 《口》 강제로 뺏다, (남의 것)을 제멋대로 쓰다
:com·mand·er [kəmǽndə*r*, -mɑ́:nd-] *n*. ⓒ (1) 지휘관, 사령관 ; 명령자 ; 지휘자, 지도자. (2) (해군 · 미국 해안 경비대의) 중령 ; (군함의) 부함장 ; 런던 경찰국의 총경급 경찰관 ; 경찰 서장.
commánder in chíef (*pl*. ***commanders in chief***) (1) (전군의) 최고 사령관. (2) (육 · 해군의) 총사령관. (3) (나라의) 최고 지휘관
·com·mand·ing [kəmǽndiŋ, -mɑ́:nd-] *a*. (1) 〔限定的〕 지휘하는 : What is your ~ officer ? 당신의 지휘관은 누굽니까. (2) (태도 · 풍채 따위가) 당당한, 위엄이 있는, 위압하는 것 같은 (3) 〔限定的〕 전망이 좋은 ; 유리한 장소를 차지한. 파) **~·ly** *ad*.
·com·mand·ment [kəmǽn*d*mənt, -mɑ́:n*d*-] *n*. ⓒ (1) 율법, 계율. 【cf.】 Ten Commandments. (2) 명령.
commánd mòdule (우주선의) 사령선《略 : CM》. 【cf.】 lunar excursion module.
commánd pòst 【美陸軍】 (전투) 지휘소《略 : C.P》.
·com·men·o·rate [kəmémərèit] (1) (축사 · 의식 등으로) …을 기념하다, 축하하다, …의 기념식을 거행하다. (2) (기념비 · 날 등이) …의 기념이 되다
·com·mem·o·ra·tion [kəmèməréiʃ*ə*n] *n*. (1) ⓤ 기념, 축하 : (2) ⓒ 기념식〈축제〉, 축전; 기념물. ▫ commemorate *v*.
com·mem·o·ra·tive [kəmémərèitiv, -rə-] *a*. (1) 기념의 : a ~ stamp 기념 우표. (2) 〔敍述的〕 …을 기념하는《*of*》 : a series of stamps ~ *of* the Olympic Games 올림픽 기념 우표 한 세트.
—*n*. ⓒ 기념품, 기념 우표, 기념 화폐.
:com·mence [kəméns] *vt*. 《~+目/+-*ing*/+*to* do》 …을 시작하다, 개시하다 —*vi*. (1) 《~/+前+名》 시작되다 : ~ *on* a research 조사에 착수하다. (2) 《+前+名》《英》 (M.A. 등의) 학위를 받다.
·com·mence·ment [kəménsmənt] *n*. ⓤ (또는 a ~) (1) 시작, 개시 ; 착수. (2) (Cambridge, Dublin 및 미국 여러 대학의) 학위 수여식(날) ; 졸업식(날)
·com·mend [kəménd] *vt*. (1) 《~+目/+目+前+名》 …을 칭찬하다(praise) 《*for*》 : be highly *~ed* 격찬받다. (2) 《+目+前+名》 권하다, 추천 〈천거〉하다《*to*》 (3) 《+目+前+名》 맡기다, 위탁하다《*to*》 : ~ one's soul *to* God 신에게 영혼을 맡기다《안심하고 죽다》. ▫ commendation *n*. ***Commend me to...*** 1) 《古》 …에게 안부 전해 주십시오《※ remember me to …가 보통임》. 2) 《口》 나에게는 …이 제일 좋다 : ~ one***self*** 〈it***self***〉 ***to*** …에게 좋은 인상을 주다, …의 마음을 끌다
com·mend·a·ble [kəméndəb*ə*l] *a*. 칭찬할 만한, 훌륭한, 기특한 **·com·men·da·tion** [kɑ́məndéiʃ*ə*n/kɔ̀m-] *n*. (1) ⓤ **a**] 칭찬 : be worthy of ~ 칭찬할 만하다. **b**] 추천. (2) ⓒ 상, 상장 《*for*》. ▫ commend *v*.
com·mend·a·to·ry [kəméndətɔ̀:ri/-təri] *a*. 칭찬의 ; 추천의 : a ~ letter 추천장.
com·men·su·ra·ble [kəménʃərəb*ə*l] *a*. (1) 〔敍述的〕 …와 같은 기준으로〈척도로〉 잴 수 있는, 동일 단위로 계량할 수 있는《*with* ; *to*》 (2) 【數】 약분〈통약〉할 수 있는《*with*》 : 10 is ~ *with* 30. 10은 30과

약분할 수 있다.

:com·ment [kάmənt/kɔ́m-] *n.* (1) ⓤⓒ (시사 문제 등의) 논평, 평언(評言), 비평, 견해, 의견《*on, upon*》 (2) ⓤⓒ 주석, 설명, 해설 : ~*s* on a text 본문의 주석. (3) ⓤ (항간의) 소문, 풍문, 평판 : excite considerable ~ 물의를 빚다.
—*vi.* 《+前+名》 비평하다, 논평하다, 의견을 말하다 ; 주석하다 ; 이러니저러니하다《*on, upon* ; *about*》 — *vt.* 《+*that* 節》 …이라고 의견을 말하다〈논평하다〉

com·men·tary [kάməntèri/kɔ́məntəri] *n.* (1) ⓒ 주석서(書) ; 논평, 비평 : a Bible ~ 성서 주해. (2) ⓤⓒ 【放送】 (시사) 해설 ; 실황 방송 : (3) (*pl.*) 실록, 회고록《*on*》.

com·men·tate [kάməntèit/kɔ́mən-] *vi.* (1) 해설자로서 일하다, 해설자가 되다. (2) 《+前+名》 …의 해설〈논평〉을 하다《*on, upon*》 — vt. …을 해설〈논평〉하다.

·com·men·ta·tor [kάməntèitər/kɔ́mən-] *n.* ⓒ (1)평론자, 주석자. (2) 【放送】 (시사) 해설자 ; 실황 방송원 : a news ~ 뉴스 해설자 / a sports ~ 스포츠 실황 방송 아나운서.

:com·merce [kάmərs/kɔ́m-] *n.* ⓤ (1) 상업 ; 통상, 무역, 거래 : foreign〈international〉 ~ 해외〈국제〉 무역.

:com·mer·cial [kəmə́ːrʃəl] (***more~ ; most~***) *a.* (1) 〔限定的〕 상업〈통상, 무역〉의, 상업〈무역〉상의 : 상업에 종사하는, 거래에 쓰이는 ; a ~ transaction 상거래 / ~ flights (군용이 아닌) 민간 항공편 / a ~ school 상업 학교. (2) 〔限定的〕 영리적인, 돈벌이 위주인 : a ~ company 영리 회사. (3) (화학 제품 등이) 공업용〈시판용〉의 ; 대량 생산된 ; 덕용(德用)의, 중간치의 : ~ soda 시판용 소다 / a ~ grade of beef 일반 등급의 쇠고기. (4) 【라디오 · TV】 민간 방송의 ; 광고〈선전〉용의 : ~ television〈TV〉 민간 방송 텔레비전. —*n.* ⓒ 【라디오 · TV】 광고〈상업〉 방송 : a TV ~ 텔레비전의 광고 방송. 파) **~·ly** *ad.*

commércial árt 상업 미술.

commércial bánk 시중〈상업〉 은행.

commércial brèak 【放送】 (TV · 라디오 방송 프로 중의) 광고 방송 시간.

cim·mer·cial·ism [kəmə́ːrʃəlìzəm] *n.* ⓤ (1) 상업주의〈본위〉, 영리주의, 상인 근성. (2) 상관습(商慣習) ; 상용어(상용어) (법).

com·mer·cial·i·za·tion [kəmə̀ːrʃəlizéiʃən] *n.* ⓤ 상업〈상품〉화, 영리화.

com·mer·cial·ize [kəmə́ːrʃəlàiz] *vt.* (1) …을 상업〈영리〉화하다 : New scientific discoveries are quickly ~*d.* 과학상의 새로운 발견은 곧 상업화된다. (2) …을 상품화하다.

commércial pàper 상업 어음.

commércial tráveler, 《英》 **tráveller** 순회〈지방 담당〉 외판원(traveling salesman).

com·mie (*pl.* ***-mies***) *n.* ⓒ (종종 C-) 《口 · 흔히 蔑》 공산당원, 빨갱이.

com·mi·na·tion [kὰmənéiʃən/kɔ̀m-] *n.* ⓤ (신벌이 내린다는) 위협, 협박.

com·min·gle [kəmíŋgl] *vt.* …을 혼합하다.
—*vi.* 섞이다《*with*》.

com·mi·nute [kάmənjùːt/kɔ́m-] *vt.* …을 가루로 만들다(pulverize) ; 분쇄하다. —a. 분쇄한.

com·mis·er·ate [kəmízərèit] *vt.* 《~+目/+目+前+名》 …을 가엾게 여기다, 불쌍하게〈딱하게〉 생각하다 —*vi.* 《+前+名》 동정하다 ; 불쌍하게 여기다《*with*》 : ~ *with* her *on* her misfortune 그녀의 불행에 동정하다.

com·mis·er·a·tion [kəmìzəréiʃən] *n.* (1) ⓤ 가엾게 여김, 동정(compassion)《*on* ; *for*》. (2) (*pl.*) 동정의 말 : Thank you for your ~*s.* 동정해 주시니 고맙습니다.

com·mis·sary [kάməsèri/kɔ́məsəri] (*pl.* ***-saries***) *n.* ⓒ (1) 【軍】 병참 장교. (2) 《美》 (군대 · 광산 · 산판 따위의) 불자 배급소, 매점.

:com·mis·sion [kəmíʃən] *n.* (1) **a**〕 ⓤ (임무 · 직권의) 위임, 위탁 : ~ of powers〈authority〉 to …에 대한 권한의 위임. **b**〕 ⓒ 위임장. (2) ⓒ (위임된) 일, 임무 ; 의뢰, 주문 : go beyond one's ~ (위임된) 권한 밖의 일을 하다. (3) ⓒ **a**〕 (종종 C-) 위원회 **b**〕 〔集合的 ; 單 · 複數 취급〕 위원회 위원. (4) ⓒ 【軍】 (장교의) 임관, 장교의 계급 ; 임관 사령 : get a 〈one's〉 ~ 장교로 임관된다. (5) ⓒ 의뢰, 부탁, 청탁 : I have a few ~*s for* you. 당신에게 부탁할 일이 두 세 가지 있습니다. (6) **a**〕 ⓤ 【商】 중개, 거간, 대리(권). **b**〕 ⓤⓒ 수수료, 구전, 커미션 : allow 〈get〉 a ~ of 5 percent, 5%의 수 수료를 내다〈받다〉 (7) ⓤ 죄를〈과실을〉 범하기, 범행《*of*》. ***in ~*** 1) 현역의 ; (군함이) 취역 중의 ; (무기 등이) 아직 쓸 수 있는 2) 위임된 : have it *in* ~ *to* do …하도록 위탁받고 있다. ***on ~*** 1) 위탁을 받고 : sell *on* ~ 위탁판매하다. 2) 수수료를 받고 : work *on* a 10%-수수료 1할 받고 일하다. ***out of ~*** 1) 퇴역한, 예비의 : take a ship *out of* ~ (해군의) 배를 퇴역시키다. 2) (무기 따위) 사용 불능의. 3) 《口》 (사람이) 일하지 못하는, 쓸모없는.
—*vt.* (1) 《+目+補/+目+*to* do》 …에게 위탁〈위임〉하다, 위촉하다 ; (일 따위)를 의뢰하다, 주문하다 (2) 《~+目/+目+補》 …을 장교로 임명하다 (3) (군 함)을 취역시키다 ; (기계 따위)를 작동시키다.

commíssion àgent (1) 중개인, 거간꾼. (2) 사설 마권(馬券) 영업자(bookmaker).

com·mis·sioned [kəmíʃənd] *a.* (1) 임명된. (2) (군함이) 취역된 : a ~ ship 취역함(艦).

commíssioned ófficer 사관, 장교.

com·mis·sion·er [kəmíʃənər] *n.* ⓒ (1) (정부가 임명한)위원, 이사. (2) (관청의) 장, 국장. (3) (식민지의) 판무관. (4) 커미셔너《직업 야구 따위의 최고 책임자》.

:com·mit [kəmít] (***-tt-***) *vt.* (1) 《+目+前+名》 … 을 위임하다, 위탁하다《*to*》 ; …을 회부하다《*to*》 (2) 《+目+前+名》 (기록 · 기억 · 처분 · 망각 등에) …을 맡기다, 부치다《*to*》 : *Commit* these words *to* memory. 이 말을 기억해 두어라. (3) 《~+目/+目+前+名》〔再歸的〕 (문제 · 질문에 대해) 처지〈태도〉를 분명히 하다, (의향 · 감정 등)을 언명하다 (4) (죄 · 과실)을 범하다, 저지르다 : ~ a blunder 큰 실수를 하다 / ~ suicide 〈murder〉 자살〈살인〉하다 (5) 〔再歸的 또는 受動으로〕 (위험한 일 따위)에 관계하다, 말려들다《*in*》 (6) 《+目+前+名》〔종종 受動으로〕 (정신 병원 · 시설 · 싸움터 따위에) …을 보내다, 수용〈구류〉하다《*to*》 : ~ a troop *to* the front 부대를 전방에 보내다 / The man *was* ~*ted to* prison 〈*to* a mental hospital〉. 그 남자는 투옥〈정신 병원에 수용〉되었다. (7) 《~+目/+目+前+名/~目+*to* do》〔再歸的 또는 受動으로〕 (약속 · 단언 따위로 자신)을 구속하다, 의무를 지우다 ; 공약하다, 약속하다, 언질을 주다 ; (명예 · 체면)을 위태롭게 하다 ; 전념하다 : ~ *oneself to* a promise 확약하다 / Do not ~ *yourself.* 언질을 주

지 마라.

·**com·mit·ment** [kəmítmənt] *n.* (1) ⓤⓒ 범행 ; (범죄의) 실행, 수행. (2) ⓤ 위임 ; 위원회 회부. (3) ⓤⓒ 공약〈서약〉함, 언질을 줌 ; (…한다는) 공약, 서약, 약속《*to* ; *to* do》 (4) ⓒ 책임, 책무, 의무 : Now that you have married, you have various ~*s*. 자네는 결혼을 했으니까 여러 가지 책임이 있네. (5) ⓤⓒ (…에의) 참가, 연좌 ; (주의·운동 등에의) 몰두, 헌신《*to*》; (작가 등의) 현실 참여 : make a ~ *to* …에 마음을 쏟다. (6) ⓤⓒ (정신 병원으로의) 인도 ; 투옥, 구류(拘留)《*to*》.

com·mit·ted [kəmítid] *a.* (1) (어떤 주의·주장·목적·일에) 전념하는, 헌신적인 : a ~ nurse 헌신적인 간호원. (2) 〔敍述的〕 약속을 한〈해 놓고 있는〉, 언질을 준 :

:**com·mit·tee** [kəmíti] *n.* ⓒ (1) 위원회 : a budget ~ 예산 위원회 / The ~ meets today at three. 위원회는 오늘 3 시에 열린다. (2) 〔集合的 ; 單·複數 취급〕 위원 (전원) ***in*** **~** 1) (의안이) 위원회에 회부되어 2) 위원회에 출석하여.

com·mit·tee·man [-mən, -mæ̀n] (*pl.* ***-men***) *n.* ⓒ 위원(의 한 사람).

com·mit·tee·wom·an [-wùmən] (*pl.* ***women***[-wìmin]) *n.* ⓒ 여성 위원.

com·mode [kəmóud] *n.* ⓒ (1) (서랍·선반이 있는 낮은) 장. (2) (의자식) 실내 변기. (3) (아래에 장이 달린) 이동식 세면대.

com·mo·di·fi·ca·tion [kəmɑ̀dəfikéiʃən/-mɔ̀d-] *n.* ⓤ 상품화.

:**com·mod·i·ty** [kəmɑ́dəti/-mɔ́d-] (*pl.* ***-ties***) *n.* ⓒ (1) (흔히 *pl.*) 일용품, 상품 : prices of *commodities* 물가. (2) 유용한 물건, 쓸모 있는 것.

·**com·mo·dore** [kɑ́mədɔ̀ːr/kɔ́m-] *n.* ⓒ (1) (미 해군의) 준장. (2)《英》 함대 사령관. (3)《경칭》 제독 《선임〈고참〉 선장〈함장〉·요트 클럽의 회장 등》.

:**com·mon** [kɑ́mən/kɔ́m-] (***~·er, more ~ ; ~·est, most ~***) *a.* (1) **a**] (둘 이상에) 공통의, 공동의, 공유(共有)의 : ~ ownership 공유(권) / a ~ language 공통의 언어. **b**] 〔敍述的〕《+*to*+目》 (…에) 공통인 : Love of fame is ~ *to* all people. 명예욕은 만인에게 공통된다. (2) 협동의, 협력의 : a ~ defense 공동 방위. (3) 공유(共有)의, 공공의, 공중의 : ~ welfare 공공의 복지 / the ~ good 공익(公益). (4) **a**] **b**] 보통의, 일반적인, 평범한, 흔히 있는, 자주 일어나는(【opp.】 *rare*) : the ~ people 평민, 서민 / a ~ soldier 병졸 / a ~ event 흔히 있는 사건 / a ~ being 보통 사람. (5) 비속한, 품위 없는, 하치의 : an article of ~ make 변변치 않는 제품 / ~ manners 버릇없는 태도. (***as***) ***~ as muck*** 〈***dirt***〉 품위 없는, 교양 없는. ***make ~ cause with*** ⇨ CAUSE (成句). ***to use a ~ phrase*** 〈***word***〉 이른바, 흔히 말하는.

―*n.* (1) (the ~) (마을 따위의) 공유지, 공용지 (公用地)《울타리 없는 황무지》; (도시 중앙부의) 공원. (2) ⓤ 【法】 (목장 등의) 공유권, 공동 사용 권(right of ~) : ~ of piscary 〈fishery〉 (공동) 어업권, 입어권(入漁權). (3) (*pl.*) = COMMONS. (4)《俗》 = COMMON SENSE. ***above*** 〈***beyond***〉 ***the ~ = out of*** (***the***) **~** 비범한 ; 진귀한. ***in*** **~** 공동으로, 공통으로〈의〉. ***in ~ with*** …와 같은〈같게〉, 공유의, 공통하여, 공통한 : *In ~ with* many other people, he thought it was true. 다른 많은 사람과 같이 그도 그것이 진실이라고 생각했다.

com·mon·age [kɑ́mənidʒ/kɔ́m-] *n.* ⓤ (1) 공동 소유, 공동 사용권. (2) 공용지.

com·mon·al·i·ty [kɑ̀mənǽləti/kɔ̀m-] *n.* ⓤ (1) 공통성(共通性). (2) = COMMONALTY.

com·mon·al·ty [kɑ́mənəlti/kɔ́m-] *n.* (the ~) 〔集合的〕 ; 單·複數 취급〕 평민 ; 서민.

cómmon cárrier 운송업자.

com·mon·er [kɑ́mənər/kɔ́m-] *n.* ⓒ (1) 평민, 서민. (2)《英》 (Oxford 대학 따위의) 자비생 ; 보통 학생.

Cómmon Éra (the ~) 서력 기원 (Christian era).

cómmon fráction 【數】 분수.

cómmon génder 【文法】 통성(通性)《남녀 양 성에 통용되는 parent, baby 등》.

cómmon gróund (이익·상호 이해 등의) 공통점, 견해의 일치점 : be on ~ 견해가 일치하다.

cómmon knówledge 주지의 사실, 상식. 【cf.】 general knowledge.

com·mon·land [kɑ́mənlæ̀nd/kɔ́m-] *n.* ⓤ 【法】 공공 용지, 공유지.

com·mon-law [kɑ́mənlɔ̀ː/kɔ́m-] *a.* 〔限定的〕 (1) common law의, 관습법의. (2) 관습법상의 : (a) ~ marriage 관습법상의 결혼, 내연 관계.

:**com·mon·ly** [kɑ́mənli/kɔ́m-] *ad.* (1) 보통, 일반적으로, 상례로 : The Executive Mansion is ~ called the White House. 미국 대통령 관저는 보통 화이트하우스라고 불린다. (2)《蔑》 천하게, 품위 없게, 싸구려로 : a girl ~ dressed 천한〈품위 없는〉 복장을 한 아가씨.

cómmon mán 일반인.

Cómmon Márket (1) (the ~) 유럽 공동 시장 《the European Union의 구칭》. (2) (c- m-) 공동 시장.

cómmon nóun 【文法】 보통 명사.

com·mon-or-gar·den [kɑ́mənərgɑ́ːrdn /kɔ́m-] *a.*《英口》 보통의, 흔해 빠진, 일상의 ; 표 준형의

:**com·mon·place** [kɑ́mənplèis/kɔ́m-] (***more ~ ; most ~***) *a.* (1) 평범한, 개성이 없는. (2) 진부한, 흔해빠진 : a ~ topic 평범한 화제. ―*n.* ⓒ 평범한 물건〈일〉 ; 진부한 말, 상투어 ; 평범〈진부〉 함

cómmonplace bòok 메모 수첩, 비망록.

cómmon pléas (1) 민사 소송. (2) (the C- P-) 〔單數취급〕 민사 법원(the COURT of Common Pleas).

cómmon práyer 【英國國敎】 (1) 공통 기도문 《모든 공적 교회 집회의 예배의식을 위한 기도 문》. (2) (the C- P-) = *the* Book of Common PRAYER : *the* Sealed Book of *Common Prayer* 【英國國敎】 기도서 표준판(版)《찰스 2세의 국새(國璽)가 찌혀 있음》.

cómmon ròom (1) (학교 등의) 휴게실, 사교실. (2) 〔英〕 (대학의) 특별 연구원 사교〈휴게〉실 ; 학생의 사교〈휴게〉실.

com·mons [kɑ́mənz/kɔ́m-] *n. pl.* (1) 평민, 서민. (2) **a**] (C-) (영국의) 하원 의원. **b**] (the C-) = HOUSE of Commons (成句). (3) 〔單數취급〕 공동 식탁(이 있는 식당) ; (많은 인원에 배분되는) 음식. ***on short ~***《英》 불충분한 식사로.

cómmon sált 식염, 소금.

·**cómmon sénse** 상식, 양식《체험하여 얻은 사려·분별》 ; 일반인 공통의 견해〈감정〉《*of*》. 【cf.】 common knowledge. .

com·mon·sense [kámənséns/kɔ́m-] *a.* 〔限定的〕 상식적인, 상식〈양식〉이 있는.
자》.

·com·mon·wealth [kámənwèlθ/kɔ́m-] *n.* (1) **a**] ⓒ 국가(body politic), 민주국가, 공화국 (republic). **b**] ⓤ 〔集合的 ; 單·複數 취급〕 국민. (2) **a**] ⓒ (공통의 목적과 이익으로 맺어진) 연방(聯邦). **b**] (the C-) 영국 연방, 영연방(the Commonwealth of Nations). (3) (공통의 목적·이익으로 맺어진) 단체, 사회 : the ~ of learning 학계. (4) (the C- of…) 《美》 주(州) ***the Commonwealth*** (***of Australia***) 오스트레일리아 연방. ***the Commonwealth*** (***of England***) 잉글랜드 공화국《왕정이 폐지되었던 1649-60년 간》. ***the Commonwealth of Independent States*** 독립 국가 연합《소련의 해체 이후에 발족, 略 : CIS》.

cómmon yèar 평년. 【cf.】 leap year.

·com·mo·tion [kəmóuʃən] *n.* ⓤⓒ 동요 ; 홍분 ; 소동, 소요, 폭동 : be in ~ 동요하고 있다.

·com·mune[1] [kəmjúːn] *vi.* (1) 《+前+名/+副》 친하게 사귀다《*together*》 ; …와 친하게 이야기〈교제〉하다《*with*》 (2) 《美》 성찬(聖餐)을 받다, 영성체(領聖體)하다. □communion *n.*

com·mune[2] [kámjuːn/kɔ́m-] *n.* ⓒ (1) 코뮌《프랑스·벨기에 등의 최소 지방 자치체》. (2) **a**] 지방 자치체. **b**] 〔集合的·單·複數 취급〕 지방 자치체의 주민. (3) (중국 등의) 인민 공사, 집단 농장. (4) 공동 생활체.

com·mu·ni·cant [kəmjúːnikənt] *n.* ⓒ 성찬을 받을 (자격이 있는) 사람 ; 영성체하는 사람.

:com·mu·ni·cate [kəmjúːnəkèit] *vt.* (1) (사상·지식·정보 따위)를 전달하다, 통보하다《*to*》(2) 《+目+前+名》 (열 따위)를 전도하다, 전하다 ; (병)을 감염시키다《*to*》 ; 〔再歸的〕 (감정 등이) 전해지다, 분명히 알다《*to*》 (3) 【基】 …에게 성찬을〈성체를〉 주다. (4) 《+目+前+名》 …을 서로 나누다《*with*》 : ~ opinions *with* …와 의견을 교환하다. —*vi.* (1) 《+前+名》 (길·방 따위가) 통해 있다, 이어지다《*with*》 (2) 《~/+前+名》 통신하다, 교통하다, 의사를 서로 통하다《*with*》 (3) 【基】 성찬을〈성체를〉 받다.

:com·mu·ni·ca·tion [kəmjùlnəkéiʃən] *n.* (1) ⓤ 전달, 보도 ; 공표, 발표 ; (병의) 전염 : mass ~ 대중 전달, 매스컴. (2) ⓤⓒ 통신, 교신 ; 정보, 소식, 편지 : receive a ~ 통신문을〈정보를〉 받다 / be in ~ with …와 교신〈통신〉하고 있다. (3) ⓤⓒ 교통, 교통 수단〈기관〉 : a means of ~ 교통 기관. (4) ⓤ 왕래, 연락, 교제, (개인간의) 친밀한 관계 : be in ~ with a person 아무와 연락을 취하고 있다. (5) (*pl.*) 보도 기관《신문·라디오 등》, 통신 기관《전신·전화 등》 : an international ~*s* network 국제 통신망.

communicátion engineèring 통신 공학.

communicátions sàtellite 통신 위성.

communicátion(s) thèory 정보 이론.

com·mu·ni·ca·tive [kəmjúːnəkèitiv, -kətiv] *a.* (1) 수다스러운(talkative), 이야기(하기)를 좋아하는

·com·mun·ion [kəmjúːnjən] *n.* (1) ⓤ 친교 ; (영적) 교섭. (2) **a**] ⓤ 신앙·종파 등을 같이함 : in ~ with …과 같은 종파에 속한〈하여〉. **b**] ⓒ (같은 신앙·종파의) 한 동아리, 신우(信友) ; 종교 단체 :⇨ ANGLICAN COMMUNION. (3) ⓤ (C-) 【基】 성찬식 (~ service), 영성체

com·mu·ni·qué [kəmjúːnikèi, -ˋ-ˊ] *n.* ⓒ 《F.》 공식 발표, 성명, 코뮈니케

:com·mu·nism [kámjənìzəm/kɔ́m-] *n.* ⓤ (종종 C-) 공산주의.

:com·mu·nist [kámjənist/kɔ́m-] *n.* ⓒ (1) 공산주의자. (2) (C-) 공산당원. —*a.* (1) 공산주의(자)의. (2) (C-) 공산당의 : a ~ cell 공산당 세포.

com·mu·nis·tic [kàmjənístik/kɔ̀m-] *a.* 공산주의(자)의, 공산주의적인. 파) **-ti·cal·ly**[-kəli] *ad.* 공산주의적으로.

Cómmunist párty 공산당.

:com·mu·ni·ty [kəmjúːnəti] *n.* (1) ⓒ **a**] (정치·문화·역사를 함께 하는) 공동 사회, 공동체, 지역(공동) 사회. **b**] (큰 사회 중에서 공통의 특징을 갖는) 집단, 사회, …계(界) : the financial ~ 재계. **c**] (이해 관계 등을 공유하는) 국가군 (群) (2) (the ~) 일반 사회. (3) ⓒ (생물) 군집(群集) ; (동물의) 군서(群棲) ; (식물의) 군락. (4) ⓤ (사상·이해 따위의) 공통(성), 일치 ; (재산의) 공유, 공용 (5) ⓒ 일정한 계율에 따라 공동 생활을 하는 집단

commúnity anténna télevision 공동시청 안테나 텔레비전《略 : CATV》.

commúnity cènter 지역 문화회관 ; 공회당 ; 코뮤니티 센터《교육·문화·후생·오락 등의 설비 가 있는 사회 사업 센터》.

commúnity hòme 《英》 소년원 (《美》 reformatory).

commúnity próperty 【美法】 (부부의) 공동 재산.

commúnity sérvice òrder (경범자에게 벌로서 과해지는) 사회 봉사 활동 명령.

commúnity sínging (참석자 일동의) 전원 합창, 제창.

commúnity spírit 공동체 의식.

com·mut·a·ble [kəmjúːtəbəl] *a.* (1) 전환〈대체·교환〉할 수 있는. (2) 【法】 감형할 수 있는.

com·mu·tate [kámjətèit/kɔ́m-] *vt.* 【電】 (전류)의 방향을 전환하다, …을 정류(整流)하다.

com·mu·ta·tion [kàmjətéiʃən/kɔ̀m-] *n.* (1) ⓤ 교환, 변환. (2) ⓤⓒ (지불 방법 따위의) 대체, 환산《물납을 금납으로 하는 등》. (3) ⓤⓒ (형벌 등의) 감면, 감형. (4) ⓤ 【電】 정류(整流).

commutátion tìcket 《美》 횟수(回數) 승차권. 【cf.】 season ticket.

com·mu·ta·tive [kəmjúːtətiv, kámjətèi-] *a.* (1) 교환의. (2) 【數】 교환 가능한, 가환(可換)의.

com·mu·ta·tor [kámjətèitər/kɔ́m-] *n.* ⓒ 【電】 정류〈전환〉기(器), 정류자(子).

com·mute [kəmjúːt] *vt.* (1) 《+目+前+名》 (돈 따위)를 …로 교환〈변환〉하다《*for* ; *to* ; *into*》 ; …의 지급 방법을 바꾸다, …을 대체(對替)하다 《*for* ; *into*》 (2) 《+目+前+名》 (벌·의무 따위)를 감형〈경감〉하다 《*for* ; *into* ; *to*》 (3) 【電】 (전류)의 방향을 바꾸다, …을 정류(整流)하다.

vi. (1) (열차 등으로) 통근하다 (2) 돈으로 대신 갚다《*for* ; *into*》 ; 분할불 대신 일괄 지불하다. (3) 【數】 교환 가능하다.

—*n.* ⓒ 통근 ; 통근 거리 : black workers making a long ~ to rich white areas 부유한 백인 지역으로 먼 거리를 통근하는 흑인 근로자들.

com·mut·er [-tər] *n.* ⓒ (교외) 통근자, 정기권 사용자 : ~ trains 통근 열차.

:com·pact[1] [kəmpǽkt, kámpækt] (***more ~ ; most ~***) . (1) 빽빽하게 찬, 밀집한 (2) **a**] (천 따위가) 날이 촘촘한, 바탕이 치밀한. **b**] (체격이) 꽉 짜인

: He is a ~ build. 그는 몸이 올차다〈체격이 단단하다〉. (3) (집 따위가) 아담한 ; (자동차가) 소형(이고 경제적)인 : a ~ car 소형 자동차. (4) (문체 따위가) 간결한 —*vt*. (1) …을 빽빽이 채워 넣다. (2) …을 압축하다 ; 굳히다 —[kámpækt/kɔ́m-] *n*. ⓒ (1) 콤팩트《휴대용 분갑》. (2) 《美》 소형 자동차(= ~ càr). 파) **~·ly** *ad*. (1) 꽉(차게), 밀집하여. (2) 간결하게. **~·ness** *n*. ⓤ (1) 긴밀함. (2) 간결함 ; 소형이고 경제적임.

·com·pact² [kámpækt/kɔ́m-] *n*. ⓒ 계약, 맹 약.

cómpact dísc (1) 콤팩트 디스크. (2) 【컴】 압축(저장)판 ; 짜임 (저장)판《略 : CD》.

cómpact dísc plàyer 콤팩트 디스크 플레이어(CD player).

com·pac·tion [kəmpǽkʃən] *n*. ⓤ (1) 꽉 채움〈찬 상태〉. (2) 간결화. (3) 【農】 다지기. (4) 【컴】 압축.

com·pac·tor [kəmpǽktər] *n*. ⓒ (1) 굳히는 사람〈물건〉 ; 압축기. (2) (묘포·노반을 만들 때 쓰는) 다지는 기계.

:com·pan·ion¹ [kəmpǽnjən] *n*. ⓒ (1) 동료, 상대, 친구 ; 반려(comrade, associate) (2) 말동무 ; (우연한) 벗, 동반자 : a travel ~ 여행의 길동무. (3) (귀부인 등의) 말상대로서 고용되는 안잠자기. (4) 쌍〈조〉의 한 쪽, 짝《*to*》 : a ~ volume *to* …의 자매편. (5) (C-) 최하급 나이트〈훈작사〉. (6) (책이름으로서의) 지침서(guide), 안내서, '…의 벗' —*vt*. …을 모시다, …와 동반하다(accompany).

com·pan·ion² *n*. ⓒ 【海】 (1) (갑판의) 지붕창.

com·pan·ion·a·ble [kəmpǽnjənəbəl] *a*. 벗삼기에 좋은, 친하기 쉬운, 사교적인.

com·pan·ion·ate [kəmpǽnjənit] *a*. (1) 동료의 ;우애적인 : ~ marriage 우애 결혼. (2) (옷이) 잘 어울리는, 잘 조화된.

·com·pan·ion·ship [kəmpǽnjənʃip] *n*. ⓤ 교우 관계, 교제

:com·pa·ny [kʌ́mpəni] *n*. (1) **a**] ⓒ 〔集合的 ; 單·複數 취급〕 (…의) 일행 ; 일단(一團), 일대 (一隊), 극단 **b**] ⓤ 〔集合 的〕 친구, 동아리 《俗談》 ⇨ TWO(成句). (2) ⓤ 〔集合的〕 모인 사람들, 한 자리의 사람들 : mixed ~ 남녀〈여러 사람들〉의 모임 / in ~ 사람들〈앞〉에서. (3) ⓒ 회사, 상사, 상회, 조합(guild) ; ⓤ 〔集合的〕 (회사명에 인명이 표시되지 않은) 사원들《略 : Co. [kóu, kʌ́mpəni]》: a publishing ~ 출판사.

☞參考 1) 인명을 포함하는 회사명으로서는 and Company《원래 '및 그 동료'의 뜻》의 형태로 쓰이는 일이 많음 : McCormick & Co., Inc. 매코믹 유한 책임 회사.
2) 회사명으로 쓰이지 않을 때는 firm이 보통임 : get a job in a *firm* downtown 도심지의 회사에 취직하다.

(4) ⓤ 〔集合的〕 동석한 사람(들), (한 사람 또는 두 사람 이상의) 내객. (5) ⓤ 교제, 사귐 ; 동석 : in ~ (with a person) (아무와) 함께 / give a person one's ~ 아무와 교제를 하다. (6) ⓒ 【軍】 〔集合的〕 보병〈공병〉 중대 : a ~ commander 중대장. (7) ⓒ 〔集合的〕 (흔히 a ship's ~ 의 꼴로) / (8) 중앙정보국(CIA) ; 연방 수사국(FBI). ***for ~*** (적적할 때의) 상대로 ; 교제상 : He has only a cat *for* ~. (외로운) 그는 상대라고는 고양이 한 마리 뿐이다. ***in good ~*** 1) 좋은 친구와 사귀어. 2) 《口》 (어떤 일을 못하여도) 다른〈잘난〉 사람들과 마찬가지로 ***keep ~ with*** …와 교제하다 ; …와 다정하게 사귀다《특히 애인으로서》. ***keep to*** one'***s own ~*** 홀로 있다. ***part ~ with*** …와 갈라지다, 절교하다 ; 의견을 달리하다.

cómpany làw 《英》 회사법 (《美》 corporation law).

cómpany mànners 남 앞에서의 예의.

cómpany ùnion 《美》 (외부와 연계 관계가 없는) 단독 조합 ; 특히 어용 조합.

·com·pa·ra·ble [kámpərəbəl/kɔ́m-] *a*. (1) 비교되는《*with*》 ; 필적하는《*to*》 : (2) 유사한, 동등한, 상당하는 파) **-bly** *ad*. 동등하게, 비교될 정도로. **com·pa·ra·bil·i·ty** [-bíləti] *n*.

·com·par·a·tive [kəmpǽrətiv] *a*. (1) 비교의, 비교에 의한 : ~ analysis 비교 분석. (2) 비교적인, 비교상의 ~ merits 딴 것과 비교해 나은 점. (3) 상당한, 상대 적인 : live in ~ comfort 비교적 편하게 살다. (4) 【文法】 비교(급)의 : the ~ degree 비교급. —*n*. (the ~) 【文法】 비교급.

compárative linguístics 비교 언어학.

compárative líterature 비교 문학.

com·par·a·tive·ly [kəmpǽrətivli] *ad*. (1) 비교적 ; 꽤, 상당히 : The task is ~ easy. 그 일은 비교적 쉽다〈간단하다〉. (2) 비교하여, 비교하면 : ~ speaking 비교해 말하면.

:com·pare [kəmpέər] *vt*. (1) 《~+目/+目+前+名》 …을 비교하다, 대조하다《*with*》 ※ 'A를 B와 비교하다'는 *compare* A *with* B가 옳으나, *compare* A *to* B 라고 하는 일도 있음. ※ cp.라고 생략함. (2) 《目+前+名》 …을 비유하다, 비기다《*to*》 (3) 【文法】 (형용사·부사)의 비교 변화형《비교급, 최상급》을 나타내다. 【cf.】 inflect.
—*vi*. 《+前+名》 (1) 〔흔히 否定文〕 비교되다, 필 적하다《*with*》 (2) 〔양태(樣態)의 副詞를 동반하여〕 (…와) 비교하여 …하다《*with*》 : His school record ~*s* favorably 〈poorly〉 *with* hers. 그의 학교 성적은 그녀와 비교하여 우수하다〈못하다〉. ▫ comparison *n*. (***as***) ***~d with***〈***to***〉 …와 비교하여 : Breast milk always looks thin, ~*d to* cow's milk. 사람 젖은 우유와 비교하여 항상 묽어 보인다. ***not to be ~d with*** …와 비교할 수 없는 ; …보다 훨씬 못한. ***~ notes*** ⇨ NOTE(成句).
— *n*. 비교. ※ 다음 성구(成句)로 쓰임. ***beyond*** 〈***past, without***〉 ***~*** 비할 바 없이, 비교가 안 되는

:com·par·i·son [kəmpǽrisən] *n*. (1) ⓤⓒ 비교, 대조《*between* ; *with* ; *to*》 : by ~ 비교하면, 비교하여. (2) ⓤ 〔흔히 否定文으로〕 유사, 필적(하는 것) 《*between* ; *with*》 (3) ⓤⓒ 비유(하는 일), 비김《*to*》 : (4) ⓤⓒ 【文法】 (형용사·부사의) 비교, 비교 변화. ▫ compare *v*. ***bear*** 〈***stand***〉 ***~ with*** …에 필적하다 ***beyond*** 〈***past, without***〉 ***~*** 비할〈비길〉 데 없이〈없는〉. ***in ~ with*** 〈***to***〉 …와 비교하면 (보면).

·com·part·ment [kəmpá:rtmənt] *n*. ⓒ (1) 칸막이, 구획 : the ice ~ in a refrigerator 냉장고의 제빙실 / ⇨ GLOVE COMPARTMENT. (2) (객차·객선내의) 칸막이방 : a smoking ~ (열차의) 흡연실 / I had a first-class ~ to myself. 내 전용으로 1등 칸막이 방이 하나 있었다. ※ 미국의 경우는 침대차의 화장실이 달린 특별 사실(私室) ; 영국 등 그 밖의 나라에서는 객차를 가로로 칸막이한 방으로서 3, 4 인용 좌석이 마주보도록 설치되어 있음.

:com·pass [kʌ́mpəs] *n*. ⓒ (1) 나침반, 나침의 ;

(the C-es) 【天】 나침반자리 : a mariner's ~ 선박용 나침의. (2) (흔히 *pl.*) (제도용 (用)) 컴퍼스 : a pair of ~*es* 컴퍼스 하나. (3) (*sing*) **a**] 한계, 범위 (extent, range) ; 둘레, 주위 : in a small ~ 조촐하게, 간결하게 / within ~ 정도껏, 분수에 맞게 /**b**] 【樂】 음역 : a voice of great ~ 음역이 넓은 목소리. ***box the ~*** 1) 【海】 나침반의 방위를 차례로 읽어 나가다. 2) (의견 · 의론 따위가) 결국 출발점으로 돌아오다. —*vt*. (1) (담 등)을 두르다《*with*》 ; 〔흔히 受動으 로〕 …을 에워싸다《현재는 encompass 라고 함》 ; …을 돌아서 가다 : a country ~*ed* by the sea 바다로 둘러싸인 나라. (2) …을 이해하다 (3) (음모 등)을 꾸미다, 계획하다, 궁리하다(plot). (4) …을 달성하다, 수행하다.

˙**com·pas·sion** [kəmpǽʃən] *n*. ⓤ 불쌍히 여김, (깊은) 동정(심) : have 〈take〉 ~ (up) on …을 불쌍히 여기다.

˙**com·pas·sion·ate** [kəmpǽʃənit] *a*. 자비로운, 동정심이 있는 ; 정상을 참작한, 온정적인 ; 【英軍】 특별 배려에 의한 : ~ leave 특별 휴가

com·pat·i·bil·i·ty [kəmpæ̀təbíləti] *n*. ⓤ (1) 적합(성)《*with*》. (2) 【TV · 라디오】 양립성. (3) (컴퓨터 따위의) 호환성(互換性).

˙**com·pat·i·ble** [kəmpǽtəbəl] *a*. (1) 〔敍述的〕 양립하는, 모순되지 않는, 조화되는, 적합한《*with*》 (2) 【TV】 양립성의. (3) 【컴】 호환성 있는. (파) **-bly** *ad*. 사이좋게 ; 적합하게.

com·pa·tri·ot [kəmpéitriət/-pǽtri-] *n*. ⓒ 동국인, 동포 —*a*. 같은 나라의, 동포의.

com·peer [kəmpíər, kámpiər/kɔ́m-] *n*. ⓒ (1) (지위 · 신분이) 대등한 사람, 동배. (2) 동료.

:**com·pel** [kəmpél] (***-ll-***) *vt*. (1) 《+目+前+名 /+目+*to* do》 …을 강제하다, 억지로 …시키다 (2) 《+目+*to* do》〔受動으로〕 …하지 않을 수 없다, 할 수 없이 …하다 : He *was* ~*led to* go. 가지 않을 수 없었다. (3) 《~+目/+目+前+名》 …을 강요〈강제〉하다 (4) 《~+目/+目+前+名》 (강제적으로) …을 끌어들이다, 끌어내다

˙**com·pel·ling** [kəmpéliŋ] *a*. (1) …하지 않을 수 없는, 강제적인, 강력한 : a ~ order 강제적인 명령 (2) 강한 흥미를 돋우는, 감탄을 금할 수 없는. 파) **~·ly** *ad*.

com·pen·di·ous [kəmpéndiəs] *a*. (책 등이) 간결한, 간명한. 파) **~·ly** *ad*. **~·ness** *n*.

com·pen·di·um [kəmpéndiəm] (*pi*. ***s.-dia*** [-diəl]) *n*. ⓒ 대요, 개략, 요약, 개론.

˙**com·pen·sate** [kámpənsèit/kɔ́m-] *vt*.(1) 《~+目+前+名》 (손실 · 결점 등)을 (…로) 보충〈벌충〉하다, 상쇄하다《*with*》 (2) 《~+目/+目+前+名》 …에게 보상하다, 변상하다 ; 【美】 보수 〈급료〉를 주다.《*for*》 : ~ a person *for* loss 아무에게 손실을 배상하다 /— *vi*. 《+前+名》 보충하다, 벌충되다《*for*》 ; 보상하다《*to*》 : Industry and loyalty sometimes ~ *for* lack of ability 근면과 성실이 때로는 재능의 부족을 매워 준다. ㅁ compensation *n*.

:**com·pen·sa·tion** [kàmpənséiʃən/kɔ̀m-] *n*.(1)ⓤ (또는 a ~) a] 보상〈배상〉금《*for*》 : *a* ~ *for* removal 퇴거 보상금/ *a* ~ *for* damage 손해 배상. **b**] 《美》 보수, 급료수당. work without ~ 무보수로 일하다 (2) a] 배상, 변신 벌충《*for*》 : monetary ~ 금전에 의한 배상 / make ~ *for* .…에 대한 배상 〈보상〉을 하다. b] ⓒ 보충이 되는 것, 대상물

com·pen·sa·to·ry [kəmpénsətɔ̀:ri/-təri] *a*. 보상의, 대상적인: 보충의

com·pere [kámpɛər/kɔ́m-] *n*. ⓒ《英》〈방송 연예의〉 사회자. — *vt, vi*. 【英】 (…의) 사회를 하다. 사회를 맡다《*to*》.

:**com·pete** [kəmpí:t] *vi*.~ 《~+前+名》 *n*.(1)〈흔히 否定文〉 필적하다. 어깨를 겨루다《*with* ; *in*》:(2)겨루다. 경쟁하다 : 서로 맞서다 《*against* ; *for*》: Several candidates were *competing against* 〈with〉 each other *for* the nomination 몇 사람 의 후보자가 지명을 받으려고 서로 겨루고 있었다. ㅁ competition *n*.

˙**com·pe·tence, -ten·cy** [kámpətəns/kɔ́m-] *n*. ⓤ (1) 적성, 자격. 능력《*for* ; *to* do》 : one's ~ *for* the task 그 일을 할 능력. (2) ⓤ 【法】 권능, 권한.(3) ⓤ 【言】 언어 능력. (4) (a ~) 상당한 자산

˙**com·pe·tent** [kámpətənt/kɔ́m-] 〈***more ~ ; most~*** 〉 a. (1)a]유능한, 능력 있는. a ~player 〈teacher〉 유능한 선수〈교사〉. b] (敍述約)‥할 능력이 있는《*for*》 (2)충분한. 상당한. a ~ knowledge of English 충분한 영어지식 / a ~ Income 상당한 수입. (3) 〈법정〉 자격이 있는《법관 · 증인 따위》 ; 관할권 있는 the ~ authorities 소관 관청. (4) 〔敍述的〕(행위 등이)합법적인, 정당한 It is ~ for you to take the post. 자네가 그 지위에 앉는 것은 정당하다.

ㅁ competence *n*. 파) **~·ly** *ad*.

com·pe·ti·tion [kàmpətíʃən/kɔ̀m-] *n*. (1) ⓤ 경쟁, 겨루기《*between* ; *for* ; *with*》 2)ⓒ시합, 경기 〈대회 : 경쟁시험 : the Olympic ~ 올림픽 경기/ a wrestling ~ 레슬링 경기 /enter a ~경기에 참가하다. (3)ⓤ 〔集合的〕 경쟁자, 경쟁 상대자, 라이벌 : The ~ is very strong this time 이번 경쟁 상대는 대단히 강하다. ㅁ compete *v*.

:**com·pet·i·tive** [kəmpétətiv] a. 경쟁의,경쟁적인. 경쟁에 의한 ~ games 경기 종목 / 파) **~·ly** *ad*. 경쟁하여. **~·ness** *n*.

˙**com·pet·i·tor** [kəmpétətər] (*fem*. ***-tress*** [-tris] *n*.ⓒ 경쟁자, 경쟁 상대(rival).

com·pi·la·tion [kàmpəléiʃən/kɔ̀m-] n.(1)ⓤ 편집, 편찬《*of*》 : the ~ *of* a dictionary 사전의 편찬. (2)ⓒ 편집물. ㅁ compile *v*.

˙**com·pile** [kəmpáil] *vt*. (1) …을 편집하다. 편찬하다.(2)《~+目/+目+前+名》〈자료 따위〉를 수집하다. 집계하다 (3)【컴】 (프로그램)을 컴퓨터 언어로 번역하다.

com·pil·er [kəmpáilər] *n*. ⓒ (1)편집 〈편찬〉자(2) 【컴】 옮김틀, 번역기, 컴파일러

com·pla·cence, -cen·cy [kəmpléisəns], [-sənsi] *n*. ⓤ 안심, 자기 만족 . 만족감을 주는 것 위안이 되는 것 :

com·pla·cent [kəmpléisənt] *a*. 만족한, 자기 만족의 ; 안심한: We cannot afford to be ~about the energy problem 우리는 에너지 문제에 대해 안심할 수 없다. 파) **~·ly** *ad*. 만족하여.

:**com·plain** [kəmpléin] (1) 《~/+前+名》 불평하다. 우는소리하다. 한탄하다《*of* ; *about*》 : ~ *of* little supply 공급이 적다고 불평하다. (2)《+前+名》(경찰 등에) 고소〈고발〉하다《*to*》(3) 《+前+名》〈병고 · 고통을〉 호소하다《*of* ; *about*》 : She ~*ed of* a headache. 그녀는 두통을 호소했다. — *vt*. 《~+ *that*節/前+名+*that*節》 …라고 불평〈한탄〉하다 : He ~*ed to* his mother *that* his allowance was too small.어머니에게 용돈이 너무 적었다고 투덜거렸다.

□ complaint *n.* **~ against** ···에 관하여 하소연하다, ···을 고소하다.

com·plain·ant [kəmpléinənt] *n.* © 【法】 원고, 고소인(plaintiff).

com·plain·ing·ly [kəmpléiniŋli] *ad.* 불만스레, 불평하며.

:com·plaint [kəmpléint] *n.* (1)ⓤ© 불평, 불만, 찡찡거림, 우는소리, 불평거리, 고충 : a *~s* box〈고충〉 투서함 / make a ~ about ···의 일로 불평을 말하다 (2)© 【法】 (민사의) 고소, 항고 : 《美》 (민사소송에서) 원고의 최초의 진술 : make 〈lodge, file, lay〉 a ~ against ···을 고소하다. (3)© 병 : have〈suffer from〉 a heart ~ 심장병을 앓고 있다, 심장이 나쁘다. □ complain *v.*

:com·ple·ment [kámpləmənt, kɔ́m-] *n.* © (1)보충〈보족〉물, 보완하는 것. (2)【文法】 보어(補語). (3)【數】 여각(餘角), 여호(餘弧), 여수(餘數) ; 여집합 ; 【컴】 채움수. (4)(필요한) 전수, 전량 ; 【海】 승무원 정원 ;(직공·공장 인원의) 정수(定數) □ complete *v.* — [-mènt] *vt.* ···을 보충〈보완〉하다, ···의 보충이 되다.

·com·ple·men·ta·ry [kàmpləméntəri/kɔ̀m-] *a.* (1)〔敍述的〕 ···을 보족하는《*to*》 (2)보충하는, 보족(補足)의 ; 서로 보완하는 : ~ colors 보색 / a ~ angle 여각(旅角). 파) **-ri·ly** *ad.* 보충으로.

:com·plete [kəmplíːt] (***more ~, com·plet·er; most ~, -est***) *a.* (1)【文法】 완전한 : a ~ verb 완전 동사. (2)완전한, 완벽한 ; 흠잡을데 없는, 완비된 : Sun, sand and romance — her holiday was ~. 태양과 모래와 낭만 — 그녀의 휴일은 흠잡을 데 없었다. (3)전부의, 전부 갖춘《*with*》 (4)《稀》 능란한, 숙달한 : a ~ angler 낚시의 명수. (5)전면적인, 철저한 a ~ failure 완(전한 실)패 / a ~ stranger 생소한 타인. ※ complete는 의미상 비교를 할 수 없는 형용사이지만 특히 '완전함'의 정도를 강조하기 위해 비교 변화를 쓰는 수가 있음.
— *vt.* (1) ···을 완성하다, 마무르다, (작품 따위)를 다 쓰다 ; 완결하다 ; (목적)을 달성하다 (2)···을 완전한 것으로 만들다 ; 전부 갖추다 ; (수·양)을 채우다 ; (기간)을 만료하다 ; (계약 등)을 이행 하다 파) **~·ness** *n.* 완전함.

com·plete·ly [-li] *ad.* (1)완전히, 철저히, 완벽하게, 아주 (2)〔否定文에서〕 완전히 ···한 것은 아니다: I *don't* ~ agree with him.나는 그에게 전적으로 찬성하는 것은 아니다.

***com·ple·tion** [kəmplíːʃən] *n.* ⓤ 성취, 완성, 완결 ; (목적의) 달성 ; 졸업 ; (기간의) 만료 : bring... to ~ ···을 완성시키다, 완성하다

com·ple·tist [kəmplíːtist] *n.* © 완전주의자. — *a.* 완전주의자의.

:com·plex [kəmpléks, kámpleks/kɔ́mpleks] (***more ~ ; most ~***) *a.* (1)복합(체)의, 합성의(composite). (2)복잡한, 착잡한. 【opp.】 *simple*. 『 The plot of the novel is quite ~. 그 소설의 줄거리는 아주 복잡하다. (3)【文法】 복문의 : ⇨COMPLEX SENTENCE □ Complexity *n.*
— [kámpleks/kɔ́m-] *n.* © (1)(건물 따위의) 복합〈집합〉체 ; 공업 단지, 콤비나트 : a building ~ 종합 빌딩 / a great industrial ~ 대공업단지 / a petrochemical ~ 석유화학 콤비나트. (2)(밀접하게 관련된 조직·부분·활동 등의) 복합〈연합〉체, 합성물(~ whole)《 *of*》 : Conflicts usually develop out of a ~ *of* causes. 다툼은 보통 복합적인 이유에서 생긴다. (3)【精神分析】 콤플렉스, 복합 ; 《口》 고정관렴, 과도한 혐오〈공포〉《*about*》 : 파) **~·ly** *ad.* 복잡하여, 뒤얽혀.

·com·plex·ion [kəmplékʃən] *n.* (1) (*sing.*)(사태의) 외관, 모양 ; 양상, 국면 : the ~ of the war 전황 (2)© 안색, 피부색, 얼굴의 윤기 ; 얼굴의 살갗 : a ruddy〈pallid〉 ~ 혈색이 좋은〈창백한〉 얼굴 / He said I had a good ~. 그는 내 안색 이 좋다고 말했다.

com·plex·ioned [kəmplékʃənd] *a.* 〔주로 合成語〕 ···한 안색〈피부색〉을 한 : dark- ~ 가무잡잡한 / fair-~ 살갗이 흰.

·com·plex·i·ty [kəmpléksəti] *n.* (1) © 복잡한 것〈일〉 : the *complexities* of tax law 세법의 복잡성. (2) ⓤ 복잡성, 착잡 : problems of varying ~ 여러 가지 복잡한 문제.

cómplex séntence 【文法】 복문.

·com·pli·ance, -an·cy [kəmpláiəns], [-i] *n.* © (1)사람의 말〈청〉을 잘 받아들임, 고분고분함 ; 추종 ; 순종 (2)승낙, 응낙 : secure a person's ~ 아무의 승낙을 얻다. □ comply *v.* ***in ~ with*** ···에 따라 : The company said that it had always acted *in ~ with* environment laws. 그 회사는 항상 환경법을 준수해왔다고 했다.

com·pli·ant [kəmpláiənt] *a.* 남이 시키는 대로 하는, 고분고분한 : a more ~ attitude 더 고분고분한 태도. 파) **~·ly** *ad.* 고분고분하게.

·com·pli·cate [kámplikèit/kɔ́m-] *vt.* (1)〔흔히 受動으로〕 (병)을 악화시키다 (2) ···을 복잡하게 하다, 까다롭게 하다 : That *~s* matters. 그렇게 되면 일이 복잡하게 〈까다롭게〉 된다. — [-kit] *a.* 복잡한, 성가신.

:com·pli·cat·ed [kámplikèitid/kɔ́m-] (***more ~ ; most ~***) *a.* 복잡한, 까다로운 ; 번거로운, 알기 어려운 : a ~ machine 복잡한 기계 / a ~ fracture 【醫】 복잡 골절 / a ~ question 어려운〈까다로운〉 질문. 파) **~·ly** *ad.* **~·ness** *n.*

·com·pli·ca·tion [kàmplikéiʃən/kɔ̀m-] *n.* (1)ⓤ 복잡(화) ; (사건의) 분규, 혼란. (2)© (종종*pl.*) (예상 외로) 곤란한 일〈문제〉, 말썽거리 : run into new *~s* 새로운 귀찮은 문제에 직면하다 / A ~ has arisen. 곤란한 문제가 생겼다. (3)© 【醫】합병증, 여병(餘病) : a ~ of diabetes 당뇨병의 여병(합병증) / A ~ set in. 여병(餘病)이 병발했다.

com·plic·i·ty [kəmplísəti] *n.* ⓤ 공모, 연루《*in*》 : ~ with another *in* crime 공범 관계.

:com·pli·ment [kámpləmənt/kɔ́m-] *n.* (1)(*pl.*)치하, 축사 ; (의례적인) 인사말 : the *~s* of the season 계절의 (문안) 인사/ Give 〈Send, Present〉 my *~s* to ···에게 안부 전해 주세요 / make 〈pay, present〉one's *~s* to a person ···에게 인사하다 / With the ~s of (the author) =With (the author's) *~s* (저자) 근정(謹呈)《증정본의 속표지에 쓰는말》. (2)©찬사, 칭찬의 말 ; (사교상의) 인사치레의 (칭찬의) 말. (3)© 경의의 표시 ; 영광스러운 일 : Your presence is a great ~ 참석하여 주셔서 큰 영광입니다. — [-mènt] *vt.* 《+目+前+名》 (1)···에게 증정하다《*with*》 ~ a person *with* a book ···에게 책을 증정하다. (2)···에게 찬사를 말하다. 칭찬하다《 *on*》 ; ···에게 인사치레의 (칭찬의) 말을 하다 : ~ a person into compliance ···에게 듣기좋은 말을하여 승낙시키다. (3) ···에게 축사를 하 다. 축하하다《 *on*》 : ~ a person *on* his success 아무의 성공을 축하하다.

·com·pli·men·ta·ry [kàmpləméntəri/kɔ̀mplə-] *a.* (1)(호의 또는 경의를 표한) 초대의, 무료의, 우대의 (2) 칭찬의, 찬사의, 찬양하는 : a ~ address 축사,

찬사 / a ~ remark 칭찬의 말, 찬사 / ~ about my picture. 내 그림을 칭찬해 주다.

:com·ply [kəmplái] *vi* . 《~/+前+名》 (요구·희망·규칙 등)에 응하다, 따르다《*with*》

·com·po·nent [kəmpóunənt] *a.* 구성하고 있는, 성분을 이루는 : ~ parts 구성 요소〈부분〉, 성분.
— *n.* ⓒ (1)【物】 성분. (2)성분, 구성 요소〈부분〉, 부품.

com·port [kəmpɔ́ːrt] *vt.* 〔再歸的〕 처신하다, 행동(거동)하다(behave)

com·port·ment [-mənt] *n.* ⓤ 거동, 태도, 행동.

:com·pose [kəmpóuz] *vt.* (1)《~+目/+目+前+名》〔흔히 受動으로〕 …을 조립하다, 조직하다, 구성하다 (3) (시·글)을 만들다, 작분하다 :작곡하다 : (그림)의 구도(構圖)를 잡다 : ~ an opera 오페라를 만들다 / ~ a poem 시를 만들다 /(4)(논쟁·쟁의 따위)를 진정시키다, 조정하다, 수습하다. (5)《~+目/+目+前+名》 (안색·태도 따위)를 부드럽게 하다, 누그러뜨리다 (6)【印】 …을 식자〈조판〉하다 ; (활자)를 짜다(set up). — *vi.* (1)활자를 짜다, 식자〈조판〉하다. (2)문학〈음악〉 작품을 창작하다. (글·시를) 짓다, 작곡하다.
▫ composition *n.*

·com·posed [kəmpóuzd] *a.* (1)(마음이) 가라앉은, 침착한, 차분한 : a ~ face 침착한 얼굴. (2)〔敍述的〕 (…으로) 성립된, 구성된《 *of*》 파) **com·pós·ed·ly** [-idli] *ad.* 마음을 가라앉혀 태연하게, 침착하게, 냉정하게. **compós·ed·ness** [-idnis] *n.*

:com·pos·er [kəmpóuzər] *n.* ⓒ (1)(소설·시 등의) 작자(作者). (2)작곡가, 조정자.

·com·pos·ite [kəmpázit, kɑm-/kɔ́mpɔzit] *a.* (1)(C-) 【建】 혼합식의 : the *Composite* order 혼합 양식, 콤퍼지트 오더. (2)여러 가지의 요소를 함유하는 ; 혼성〈합성〉의 ⓒ (1)【建】 혼합식. (2)합성물, 복합물 ; 혼합 객차.

:com·po·si·tion [kάmpəzíʃən/kɔ̀m-] *n.* (1)ⓒ 구성물, 합성물〈품〉, 혼합물 : 모조품《종종 compo로 생략》. (2)ⓤ 구성, 조립 : 조직 ; 합성, 혼성 ; 성분 : the ~ of the atom 원자의 구조. (3) ⓤ 【文法】(말의) 복합(법), 합성. (4)ⓤ 기질, 성질 (5)ⓤⓒ 《美術》 구성, 배치(配置), 배합(arrangement). (6)ⓤ 작문(법), 작시(법), 문체 ; 저작, 저술 ; a ~ book《美》 작문 공책 / (7) a〕 ⓤ 작곡(법). b〕 ⓒ (음악·미술의) 작품. (8)ⓒ 화해, 타협 ; 화해금 ; (채무의) 일부 변제〈금〉 (10)ⓤ 【印】 식자, 조판. ▫ compose *v.*

com·pos·i·tor [kəmpázitər/-pɔ́z-] *n.* ⓒ 【印】식자공(植字工)(typesetter), 식자기(機).

com·post [kάmpoust/kɔ́m-] *n.* ⓤ (1)혼합물, 합성물, (2) 퇴비 — *vt.* …에 퇴비를 주다 ; (풀 따위)를 썩혀서 퇴비로 만들다.

·com·po·sure [kəmpóuʒər] *n.* ⓤ 침착, 냉정, 평정, 자제 : keep 〈lose〉 one's ~ 마음의 평정을 유지하다 〈잃다〉

com·pote [kάmpout/kɔ́m-] *n.* 《F.》 (1)설탕 조림(전인) 과일. (2)ⓒ (과자나 과일 담는)굽달린 접시.

:com·pound[1] [kəmpáund, kάmpaund/kɔ́mpaud] *vt.* (1)〔종종 受動으로〕 …을 (하나로) 합성하다, 조합(調合)하다. (요소·성분)을 혼합하다.(mix)(2) …을 (하나로) 만들어 내다, 조성하다: (약)을 조제하다. ~ a medicine 약을 조제 하다. (3)(분쟁)을 가라앉히다. 【法】(돈으로) 무마하다, 화해하다. (4)〔종종 受動 으로〕 …을 증가〈배가〉하다, 더욱 크게 〈심하게〉 하다. (5)(이자)를 복리로 지급〈계산〉하다.
— *vi.* (1)《+前+名》 타협하다 : 화해하다.《*with*》 ~ *with* a person *for* a thing 어떤 일로 아무와 타협하다. (2)서로 섞이다, 혼합하다I《*with*》 Hydrogen ~*s* *with* oxygen to form water. 수소는 산소와 화합하여 물을 형성한다.
— [kάmpaund, -⁄/kɔ́m-] *a.* (1)합성의, 복합의, 혼성의 (【opp.】 *simple*) ; 복잡한, 복식의 : 화합한 : 집합의 ~ ratio (proportion)복비례. (2)【文法】 (문장이) 중문(重文)의 : (말이) 복합의 a ~ noun 복합 명사.
— [kάmpaund/kɔ́m-] *n.* ⓒ (1)합성〈혼합〉 물. (2)화합물. (3)복합어(~ word). 【opp.】 *simple.*

cóm·pound[2] [kάmpaund/kɔ́m-] *n.* ⓒ (1)구내(構內): (동양에서) 울타리친 백인 거주 구역. (2)수용소 따위의) 울을 친 구역.

cómpound fráction 【數】 번(繁)분수(complex fraction)

cómpound frácture 【醫】 복잡 골절.

cómpound ínterest 복리 (複利).

cómpound léaf 【刻】 복엽(複葉), 겹잎.

cómpound pérsonal prónoun 【文法】복합 인칭 대명사《인칭 대명사 뒤에 -self가 붙은 것》.

cómpound séntence 【文法】 중문(重文) .

cómpound wórd 복합 (합성)어.

:com·pre·hend [kὰmprihénd/kɔ̀mpr-] vt.(1) …을 〈완전히〉 이해하다. 파악하다. 깨닫다(2)…포함〈내포〉하다파) **~·ing·ly** *ad.* 이해하여.

com·pre·hen·si·bil·i·ty [kὰmprihènsəbəl/kɔ̀m-] *n.* ⓤ (1) 이해할 수 있음, 알기 쉬움. (2) 포용성(包容性)

com·pre·hen·si·ble [kὰmprihénsəbəl/kɔ̀m-] *a.* (1) 이해할 수 있는, 알기 쉬운 (2)포괄(包括))할 수 있는.
파) **-bly** *ad.* 알기 쉽게.

com·pre·hen·sion [kὰmprihénʃən/kɔ̀m-] *n.* ⓤ (1)이해 ; 터득; 이해력 (2)포함, 함축.
▫ comprehend *v.*

:com·pre·hen·sive [kὰmprihénsiv/kɔ̀m-] a.(1) 포괄적인, 포용력이 큰, a ~ mind 넓은 마음. (2) 범위가 넓은 (3)이해〈력〉의, 이해력이 있는, 이해가 빠른 : the ~ faculty 이해력. ▫comprehend *v.* — *n.* 파) **~·ly** *ad.* 포괄적으로 광범위하게. **~·ness** *n.*

comprehénsive schòol 《英》 종합(중등)학교.

☞參老 공립 중등 학교가 grammar school 이나technical school 등의 계열로 나누어져 있는 것응 폐해가 있다고 보고, 지능이나 능력에 관계없이 일정 지역의 11새 이상의 학생에게 교육을 실시할 목적으로 만들어졌음. 많은 학생들이 이 학교에 진학했는데, 보통과·직업과 등 여러 가지과정이 있어서, 능력·적성·진로에 부응한 교육이 이루어짐.

·com·press [kəmprés] *vt.* (1) …을 압축하다. 압착하다 …을 단축하다. 축소하다. (2)(말·사상·따위)출 요약하다《*into*》 — [kάmpres/kɔ̀m-] *n.* ⓒ (혈관을 압박하는) 압박 붕대 ; 습포(濕布) : a cold 〈hot〉 ~ 냉〈온〉습포.

·com·pressed [kəmprést] *a.* 압축〈압착〉된(사상·문제 따위가) 간결한 ~ air 압축 공기 / a ~ expression 간결한 표현.

com·press·i·ble [kəmprésəbəl] *a.* 압축〈압착〉 할 수 있는, 압축성의

·com·pres·sion [kəmpréʃən] *n.* ⓤ (1)압축, 압착, 가압, (2)〈사상·언어 등의〉 요약.

com·pres·sive [kəmprésiv] *a.* 압축력이 있는, 압축의〈을 가하는〉. 파) **~·ly** *ad.*

·com·pres·sor [kəmprésər] *n.* ⓒ (1)컴프레서〈공기·가스 등의〉 압축기〈펌프〉 : an air ~ 공기 압축기. (2)【鳥】 지혈기(止血器). 혈관 압박기.

·com·prise [kəmpráiz] *vt.* (1) …을 함유하다. 포함하다 ; …으로 이루어져 있다 (2) 〔종종 受動으로〕 …의 전체를 형성하다 . …을 구성하다《*of*》

:com·pro·mise [kámprəmàiz/kɔ́m-] *n.* (1)ⓤⓒ 타협, 화해 양보(2)ⓒ 타협〈절충〉안 : 절충〈중간〉물《*between*》 a ~ — *vt.* (1)《+目+前+名》 …을 타협(절충)하여 처리하다. 화해하다: ~ a dispute *with* a person …와 타협하여 분쟁을 해결하다. (2)〈주의·원칙〉을 양보하다. 굽히다 (3)a)〈명예·평판·신용따위〉를 더럽히다. 손상하다. b)〔再膽的〕 (폭행 따위로) 자기 체면을 손상하다. 신용을 떨어뜨리다. — *vi.* 《~+前+名》 타협하다. 화해하다. 절충하다.《*with* ; *on* ; *over*》 ; (불리한·불명예스러운) 양보를 하다《*with*》

com·pro·mis·ing [kámprəmàiziŋ/kɔ́m-] a. 명예를〈평판을〉 손상시키는, 의심받을 : He is in a ~ situation. 그는 의심을 받아도 어쩔 수 없는상황에 빠져 있다.

compu- 'computer'의 뜻의 결합사 : *compu-*word 컴퓨터 용어.

·com·pul·sion [kəmpʌ́lʃən] *n.* (1) ⓤ강요, 강제 : by ~ 강제적으로 /under 〈on. upon〉 ~ 강제되어, 부득이. (2) ⓒ 【心】 강한 충동, 누르기 어려운 욕망《*to do*》

·com·pul·sive [kəmpʌ́lsiv] *a.* (1)강제적인, 억지로의. (2)강박감에 사로잡힌(것 같은) : a ~ drinker 술을 마시지 않고는 못 배기는 사람.
파) **~·ly** *ad.* 강제적으로 **~·ness** *n.*

·com·pul·so·ry [kəmpʌ́lsəri] *a.* (1) 강제된, 강제적인 : ~ measures 강제 수단. (2) 의무적인 :필수의.《英》 필수 과목(《美》 required subject) / In Britain. ~ education 〈schooling〉 begins at the age of five. 영국에서 의무교육은 다섯살에 시작된다. — *n.* ⓒ 【競】 (피겨 스케이트 · 체조 등의) 규정(연기). ㅁ compel *v.*

com·punc·tious [kəmpʌ́ŋkʃəs] *a.* 후회 하는, 양심에 가책되는. 파) **~ · ly** *ad.* 후회하여.

com·put·a·ble [kəmpjú:təbəl] *a.* 계산할 수 있는. 파) **com · pùt · a · bíl · i · ty** [-əbíləti] *n.*

com·pu·ta·tion [kàmpjutéiʃən / kɔ̀m-] *n.* (1) ⓤ ⓒ 계산, 평가. (2) ⓒ 계산의 결과, 산정(算定)수치 파) **~· al** *a.*

computátional linguístics 【言】 컴퓨터 언어학.

·com·pute [kəmpjú:t] *vt.* (1) 《~+目/+目+前+名》 (수 · 양)을 계산〈측정〉하다, 산정(寡定)하다, 평가하다 ; 어림잡다《*at*》 ; (…이라고) 추정하다《*that*》 (2) …을 컴퓨터로 계산하다.

:com·put·er [kəmpjú:tər] *n.* ⓒ 전산기(電算機)(electronic ~). 셈틀, 컴퓨터 **com·pút·er-based léarning** [-bèist-] 컴퓨터를 학습 도구로 이용하는 일 《略:CBL》.

compúter-based méssaging system 컴퓨터를 사용한 정보 전달 시스템《略:CBMS》.

com·put·er·ese [kəmpjù:tərí:z] *n.* ⓤⓒ 컴퓨터 전문 용어 ; 컴퓨터 기술자의 전문 용어

compúter flùency 컴퓨터를 자유로이 사용할수 있음.

compúter gràphics 컴퓨터 그래픽스《컴퓨터에 의한 도형 처리》.

compúter hácker 컴퓨터 해커《컴퓨터 시스템에 불법 침입해서 피해를 입히는 사람》.

compúter illiterate 컴퓨터 사용에 익숙지 않은 사람. ※ 형용사적으로는 computer-illiterate.

com·put·er·ist [kəmpjú:tərist] n.ⓒ 컴퓨터 일을 하는 사람 ; 컴퓨터에 열중하는 사람.

com·put·er·ize [kəmpjú:təràiz] *vt.* …을 컴퓨터로 처리〈관리, 자동화〉하다 ; (정보)를 컴퓨터에 기억시키다 ; (어떤 과정)을

com·put·er·ized [kəmpjú:təràizd] *a.* (사무실등이) 컴퓨터화(化)된 ; (자료 등이) 컴퓨터에 입력된 : ~ diagnosis 컴퓨터〈화 된〉 진단법.

compúter lànguage 컴퓨터(용) 언어.

com·put·er·like [kəmpjú:tərlàik] *a.* 컴퓨터 같은 : with ~ precision 컴퓨터 같은 정확성으로.

compúter lìteracy 컴퓨터 언어의 이해 능력, 컴퓨터 사용 능력.

com·put·er·lit·er·ate [-lítərət] *a.* 컴퓨터를 사용할 수 있는, 컴퓨터에 숙달된.

com·put·er·man [kəmpjú:tərmæ̀n] (*pl.* **-men**[-mèn]) *n.*ⓒ 컴퓨터 전문가.

compúter mòdel 컴퓨터 모델《시뮬레이션 따위를 하기 위해 시스템이나 프로젝트의 내용 동작을 프로그램화한 것》.

com·put·er·nik [kəmpjú:tərnìk] *n.* ⓒ 《口》 컴퓨터 전문가 ; 컴퓨터에 관심을 가진 사람, 컴퓨터화(化) 추진자.

com·put·er·ol·o·gy [kəmpjù:təráləd ʒi / -rɔ́l-] *n.* ⓤ 컴퓨터학.

com·put·er·phone [kəmpjú:tərfòun] *n.* ⓒ 컴퓨터폰《컴퓨터와 전화를 합친 통신 시스템》.

compúter revolùtion 컴퓨터 혁명《컴퓨터의 발전에 의한 정보 혁명을 중심으로 한 사회 혁명》.

compúter scìence 컴퓨터 과학《컴퓨터 설계, 자료 처리 등을 다루는 과학》.

compúter scìentist 컴퓨터 과학자〈전문가〉.

compúter scrèen 컴퓨터 스크린《컴퓨터로부터의 출력을 나타내는 장치의 화면》.

compúter secùrity 컴퓨터 보안《컴퓨터와 그관련 사항을 고장, 파괴, 범죄 등으로부터 지키기위한 보안 대책 〈조치〉》.

com·pu·ter·speak [kəmpjú:tərspì:k] *n.* ⓤⓒ 컴퓨터어, 컴퓨터 언어.

compúter vìrus 컴퓨터 바이러스, 셈틀균《기억장치 등에 숨어들어 정보나 기능을 훼손시키는 프로그램》.

com·put·e·ry [kəmpjú:təri] *n.* ⓤ 〔集合的〕 컴퓨터 (시설) : 컴퓨터 사용〈기술 · 조작〉.

com·pu·tis·ti·cal [kàmpjətístikəl / kɔ́m-] *a.* 컴퓨터 집계의 , 컴퓨터로 통계 처리한.

com·pu·toc·ra·cy [kàmpjutákrəsi / kɔ̀m-pjutɔ́k-] *n.* ⓤ 컴퓨터 중심의 정치〈사회〉.

com·pu·to·pia [kàmpjutóupiə / kɔ̀m-] *n.* 컴퓨토피아《컴퓨터 발달로 실현되리라는 미래의 이상적 사회》. 〈◁ *computer*+u*topia*〉

:com·rade [kámræd, -rid / kɔ́m-] *n.* ⓒ (1)동료, 동지, 친구, 벗 : ~*s* in arms 전우들. (2)《口》(공산당의) 당원, 동지 : *Comrade* Smith 스미스 동지 / the ~*s* 공산당원, 빨갱이들《외부에서 말할 때》. 파)**~ · ly** *a.* 동지의〈에 걸맞는〉.

com·rade·ship [-ʃìp] *n.* ⓤ 동지로서의 교제, 동료 관계, 우애, 우정 : a sence of ~ 동료의식.

con[1] [kan / kɔn] (**-nn-**) *vt.* 《美 · 英古》 …을 정독〈숙독〉하다 ; 배우다 ; 암기하다; 자세히 조사하다

《over》: ~ by rote 무턱대고 암기하다.

con² (-*nn*-) *vt.* (배)의 조타(操舵)를 지휘하다, 침로를 지령하다. 【cf.】 conning tower.

con³ *ad.* 반대하여 : pro and ~ 찬성 및 반대로 — *n.* ⓒ (흔히 *pl.*) 반대 투표(자) ; 반대론(자). 【opp.】 *pro²* 『 (the) pros and ~*s* 찬부 양론(兩論). 이해 득실.

con⁴ *n.* ⓒ 횡령 ; 신용 사기 (《美》 confidence game) ; 사기(꾼) — (-*nn*-) *vt.* (1) …을 속이다(swindle), 사기하다(cheat)(2) …을 속여서 (…을) 하게 하다《*into*》; …을 속여서 (…을) 빼앗다《*out of*》

con⁵ *n.* ⓒ 죄수, 전과자(convict).

con- *pref.* =COM- 《b, h, 1, p, r, w 이외의 자음 글자 앞에서》.

con·cat·e·nate [kankǽtənèit / kɔn-] *vt.* …을 사슬같이 잇다, (사건 따위)를 연결시키다.

con·cat·e·na·tion [kankæ̀tənéiʃən / kɔn-] *n.*.(1) ⓤ 연쇄, 연결. (2) ⓒ (사건 따위의) 연속

·con·cave [kankéiv, ⌐- / kɔn-] *a.* 옴폭한, 오목한, 요면(凹面)의. 【opp.】 *convex.* 『 a ~ lens오목렌즈 / a ~ mirror 요면경(鏡), 오목 거울 / a ~ tile 둥근 기와, 암키와. — [⌐-] *n.* (1)ⓒ 요면 ; 요면체. (2)(the ~) 하늘.

con·cav·i·ty [kankǽvəti / kɔn-] *n.* (1)ⓤ 가운데가 옴폭함, 요상(凹狀). (2)ⓒ 요면(凹面), 함몰부(部).

con·ca·vo·con·vex [kankéivoukanvéks / kɔnkéivoukɔnvéks] *a.* 요철(凹凸)의, 한 면은 오목하고 한 면은 볼록한.

:con·ceal [kənsíːl] *vt.* 《~+目/+目+前+名》 (1)…을 숨기다, 비밀로 하다 (2) 〔再歸的〕 숨다 : He ~*ed himself* behind a tree. 그는 나무 뒤에 숨었다.

·con·ceal·ment [kənsíːlmənt] *n.* ⓤ 숨김, 은폐 ; 숨음, 잠복

·con·cede [kənsíːd] *vt.* (1) 《~+目/+目+前+名+*that*절》 …을 인정하다, 시인하다(admit) : ~ defeat 패배를 인정하다. (2) …을 양보하다 (3) 《~+目/+目+目+前+名》 …을 (권리·특권으로) 용인하다 : (특권 등)을 양여하다, 부여하다《*to*》. 〈*to*〉 all employees 종업원 전원에게 더 긴 휴가를 주다. (4) (경기 따위에서 득점 따위)를 허용하다 We ~*d* two points *to* our opponents. 상대에게 2점을 허용했다. (5) …의 패배를 인정하다《공식 결과가 나오기 전에》 : ~ an election 선거에서 상대방의 승리를 인정하다. — *vi.* (1)《+前+名》 (…에게) 양보하다. (…을)용인하다: ~ *to* a person 아무에게 양보하다./ ~ *to* his request 그의 요구에 응해주다. (2)《美》 (경기·선거 따위에서) 패배를 인정하다. ▫ concession *n.*

con·ced·ed·ly [kənsíːdidli] *ad.* 명백히

:con·ceit [kənsíːt] *n.* (1) ⓤ 자부심, 자만, 자기과대 평가. (2) ⓒ 마음에 떠 오른〈생각난 것〉, 생각. (3)ⓒ 【文】 (시문 등의) 기발한 착상, 기상(奇想), 기발한 표현. ***in*** one' ***s own ~*** 제 딴에는 : He is a big man *in his own* ~. 저 사람을 제딴에는 거물인 줄도 알고 있다.

:con·ceit·ed [kənsíːtid] *a.* 자만심이 강한.

·con·ceiv·a·ble [kənsíːvəbəl] *a.* 생각〈상상〉할수 있는 ; 있을 법한

con·ceiv·a·bly [-vəbəli] *ad.* 생각되는 바로는, 상상으로는, 생각건대, 아마 : I can't ~ beat him. 나는 그에게는 도저히 이길 것 같지 않다.

·con·ceive [kənsíːv] *vt.* (1) (감정·의견 따위)를 마음에 품다, 느끼다: ~ a hatred 증오를 느끼다 / ~ a love〈dislike〉 for a person 아무가 좋아지다〈싫어지다〉. (2) (계획 등)을 착상하다, 고안하다 : ~ a plan 입안하다 / a badly ~*d* scheme 졸렬한 기획. (3) 이해하다 : I ~ you. 기분은 잘 압니다. (4) 《+目+(to be)保/ +that節/+*wh.*節/+*wh.* +to do》 …을 마음속에 그리다, 상상하다, 생각하다, …라고 생각하다 : ~ something(*to be*) possible 어떤 일을 가능하다고 생각하다. (5) 〔보통 受動으로〕 …을 말로 나타내다, 진술하다 : ~*d* in plain terms 쉬운 말로 표현된〈씌어진〉. (6) (아이)를 임신하다, 배다 : ~ a child 아이를 배다. — *vi.* (1) 〔종종 否定文〕 《+前+名》 (…을) 상상하다 ; 생각하다 ; 생각이 나다(2) 임신하다 : About one in six couples has difficulty *conceiving.* 여섯 쌍 중 한 쌍은 임신에 어려움이 있다. ▫ conception *n.*

:con·cen·trate [kánsəntrèit / kɔ́n-] *vt.* (1)《~+目/+目+前+名》 (주의·노력 따위)를 집중〈경주〉하다 : 한 점에 모으다《*on, upon*》 : ~ one's attention 〈efforts〉 *on* 〈*upon*〉 …에 주의를〈노력을〉 집중하다 (2)《+目+前+名》 (부대 등)을 집결시키다《*at*》 : ~ troops *at* one place 군대를 한 곳에 집결시키다. (3)(액체)를 농축하다 ; 응집하다. — *vi.* (1) 《+前+名》 …에 집 중하다 : 한 점에 모이다《*at* ; *in*》 (2) (부대 등이) 집결하다. (3)《+前+名》 전념하다, 주의〈노력 따위〉를 집중하다. 전력을 기울이다.《*on, upon*》 : *Concentrate on* your driving. 운전에 전념해라. ▫ concentration *n.* — *n.* ⓤⓒ 농축물〈액〉 : a ~ of grape juice 농축 포도 주스.

con·cen·trat·ed [-id] *a.* 〔限定的〕 (1) 집중한 : ~ hate 모진 증오 / a ~ attack on …에 대한 집중 공격. (2) 농축〈응집, 응축〉된 ; 농후한 : ~milk 농축 우유 / ~ feed 농축 사료.

·con·cen·tra·tion [kànsəntréiʃən / kɔ̀n-] *n.* (1) ⓤⓒ (사람이나 물건의) 집중 ; (군대 등의) 집결 (2) ⓤ (노력·정신 등의) 집중, 집중력, 전념 : This book needs great ~ 이 책을 읽는 데는대단한 집중력을 요한다 (3) a〕 ⓤ 농축. b〕 (*sing.*) (액체의) 농도. ▫ concentrate *v.*

·con·cept [kánsept / kɔ́n-] *n.* ⓒ (1) 개념, 생각 (2) 【哲】 개념 : the ~ (of) 'horse' '말'이라는 개념.

:con·cep·tion [kánsépʃən / kɔ́n-] *n.* (1) ⓤ 개념, 생각(concept) (2) ⓤ 개념 작용 : 파악, 이해. 【cf.】 perception (3) ⓒ 구상, 착상, 창안, 고안, 계획 : a grand ~ 웅대한 구상 / It was a clever ~. 그것은 좋은 착상 〈생각〉이었다. (4) ⓤ 임신 : the nine months between ~ and birth 임신과 출산 사이의 9개월. ▫ conceive *v.*

con·cep·tu·al [kənséptʃuəl] *a.* 개념상의

con·cep·tu·al·i·za·tion [kənsèptʃuəlizéiʃən] *n.* ⓒ 개념화

con·cep·tu·al·ize [kənséptʃuəlàiz] *vt.* …을 개념화하다, 개념적으로 설명하다.

·con·cern [kənsə́ːrn] *vt.* (1) …에 관계하다, …에 관계되다 : …의 이해에 관계되다(affect). …에 있어서 중요하다 (2) 《+目+前+名》 〔受動 또는 再歸的으로〕 관계하다, 관여하다, 종사하다《*in* ; *with* ; *about*》. 【cf.】 concerned 『 I *am* not ~*ed* with that matter.= I do not ~ *myself with* that matter. 나는 그 일과는 관계 없다 / you'd better not ~ *yourself in* such things. 너는 그런 일에는 관여하지 않는 것이 좋다. (3) 《~+目/+目+前+名》 〔受動 또는 再歸的으로〕 관심을 갖다, 염려하다, 걱정하다 《*about*; *for*; *over*》 ***as ~s...*** …에 대〈관〉해서는. ***be ~ed to do*** (1)

…하여 유감이다 : I *am* (much) ~*ed to* hear that …라는 것을 듣고 (매우) 유감으로 생각합니다. (2) …하고 싶다, …하기를 원하다〈노력하다〉 ***as* 〈*so*〉 *far as...be ~ed*** …에 관한 한 : This is all rubbish *as far as* I'*m* ~*ed.* 나에 관한 한 이것은 모두 하찮은 것이다. ***To whom it may ~*** 관계자 제위(諸位). ***where ... be ~ed*** …에 관한 한, …에 관한 일이 라면. — *n.* (1) ⓒ 관계, 관련《*with*》; 이해 관계《*in*》 (2) ⓤ (보통 of ~) 중대한 관계, 중요성 : a matter *of* the upmost ~ 매우 중대한 사건. (3) ⓤ (또는 a ~)관심 ; 염려, 걱정《*for* ; *over* ; *about*》 with 〈without〉 ~ 염려하여〈걱정없이〉 show deep ~ at the news 그 뉴스에 깊은 관심을〈우려를〉 나타내다 / a matter of ~ 관심사. (4) ⓒ (종종 *pl.*) 관심사, 용건, 사건 (5) ⓒ 사업, 영업 : a paying ~ 수지가 맞는 〈벌이가 되는〉 장사. (6) ⓒ 회사, 상회 ; 콘체른, 재벌. (7) ⓒ 《口》 (막연한) 일, 것 ; 《蔑》 사람, 놈 : The war smashed the whole ~ 전쟁이 모든 것을 망쳐 버렸다 / everyday ~*s* 일강의 일들 / a selfish ~ 이기적인 놈.

·con·cerned [kənsə́ːrnd] *a* .(1) 걱정하는, 염려하는; 걱정스러운 : feel ~ 염려하다 / with a ~ air 걱정스러운 태도로. (2) a) 〔흔히 名詞 뒤에서〕 관계하고 있는, 당해(當該)…; the authorities〈parties〉 ~ 당국〈관계〉자. b) 〔敍述的〕 …에 관계가 있는 : 관심을 가진《*in* ; *with*》

con·cern·ed·ly [-sə́ːrnidli] *ad.* 염려하여

:con·cern·ing [kənsə́ːrniŋ] *prep.* … 에 관하여, … 에 대하여 : He refused to answer questions ~ his private life. 그는 자기 사생활에 관한 질문에는 대답하기를 거절했다.

con·cern·ment [kənsə́ːrnmənt] *n.* ⓤ (1) 중요성, 중대성 : a mater *of* (vital) ~ (대단히) 중대한 일. (2) 걱정, 근심, 우려. (3)관계, 관여.

:con·cert [kánsə(ː)rt / kɔ́n-] *n.* (1) ⓒ 연주회, 음악회, 콘서트 : a ~ hall 연주회장 / give a ~연주회를 개최하다. (2) ⓤ **【樂】** 협화음. (3) ⓤ 협력,협조, 제휴, 협약(協約). ***in ~*** (1) 소리를 맞추어, 일제히. (2)제휴하여《*with*》 — [kənsə́ːrt] vt.…을 협정〈협조〉)하다. — *vi.* (…와) 협력〈협조〉하다《*with*》.

con·cert·ed [kənsə́ːrtid] *a.* (1) 합의한, 협정된 ;협력한, 일치된 : take ~ action 일치된 행동을 취하다 (2) **【樂】** 합창용〈합주용〉 으로 편곡된. 파) **~ · ly** *ad.*

con·cert·go·er [kánsə(ː)rtgòuər/kɔ́n-]*n.* ⓒ 음악회에 자주 가는 사람 : 음악 애호가.

con·cer·ti·na [kànsərtíːnə / kɔ̀n-] *n.* ⓒ**【樂】** 콘서티나《아코디언 비슷한 6각형 악기》. — *a.* 〔限定的〕 콘서티나의〈같은〉. — *vi.* (1) 콘서티나처럼 접을 수 있다. (2) (차가 충돌하여 론서티나처럼)납작하게 찌부러지다

con·cer·to [kəntʃértou] (*pl.* ***~ti*** [-tiː], ***~s***) *n.* ⓒ **【樂】** 협주곡, 콘체르토 : a piano 〈violin〉 ~ 피아노 〈바이올린〉 협주곡.

cóncert òverture **【樂】** 연주회용 서곡.

cóncert pitch **【樂】** 연주회용 표준음. ***at ~*** (1) 몹시 흥분〈긴장〉한 상태에서. (2) (…에) 대해 만반의 준비가 갖추어져《*for*》): The new musical is *at* ~ *for* its opening on Saturday. 그 최신 뮤지컬은 토요일의 개연(開演)을 앞두고 만반의 준비가 갖추어져 있다.

·con·ces·sion [kənséʃən] *n.* (1) ⓤⓒ 양보, 용인《*to*》 : We will never make any ~*s to* terrorists. 테러리스트들에게 절대로 양보하지 않겠다. (2) ⓒ 용인된 것 ; (주로 정부에 의한) 허가, 면허, 특허, 이권(利權), 특권 : have oil ~*s* in the Middle East 중동에서 석유 채굴권을 갖다. (3) ⓒ거류지, 조계(租界), 조차지(租借地). (4) ⓒ 《美》 (공원 따위에서 인정되는) 영업 허가, 영업 장소, 구내 매점 ㅁ concede *v.*

con·chol·o·gy [kaŋkálədʒi / kɔŋkɔ́l-] *n.* ⓤ 패류학. 파) **-gist** *n.* 패류학자.

con·chy [kántʃi / kɔ́n-] *n.* ⓒ **【俗】** 양심적〈종교적〉 참전〈병역〉 거부자 (conscientious objector).

con·ci·erge [kànsiɛ́ərʒ / kɔ̀n-] *n.* ⓒ 《F.》 수위 (doorkeeper) ; (아파트 따위의) 관리인.

con·cil·i·ate [kənsílièit] *vt.* (1) …을 달래다, 무마〈회유〉하다 (2) (친절을 다하여) …의 호의를〈존경을〉 얻다. (아무)의 환심을 사다《*with*》 (3) …을 화해시키다, 알선〈조정〉하다. 파) **~ · a · tor** *n.*

con·cil·i·a·tion [kənsìliéiʃən] *n.* ⓤ 회유 ; 달램, 의무 ; 화해, 조정 : a ~ board 조정 위원회.

con·ci·i·a·to·ry [kənsíliətɔ̀ːri / -təri] *a.* 달래는〈듯한〉, 회유적인, 타협적인 : a ~ gesture 회유적인 언동, 달래는 제스처

·con·cise [kənsáis] 〈***more ~, con· cis· er ; most ~, con· cis· est***〉 *a.* 간결한, 간명한 파) **~ · ly** *ad.* **~ · ness** *n.*

con·ci·sion [kənsíʒən] *n.* ⓤ 간결, 간명 : with ~ 간결〈간명〉하게.

con·clave [kánkleiv, káŋ- / kɔ́n-, kɔ́ŋ-] *n.* ⓒ (1) 비밀 회의. (2) **【가톨릭】** 콘클라베, (비밀로 행하여지는) 교황 선거 회의 (장소)

:con·clude [kənklúːd] *vt.* (1) 《~+目/+目+前+名》 …을 마치다, 끝내다, …에 결말을 짓다, …을 종결하다《*by* ; *with*》 : ~ an argument 논증을 마치다 (2) 《+that節》《美》 …이라고 결론을 내리다 : 단정하다 (3) 《+that節/+目+to be+保》 …이라고 추단〈추정〉하다 : ~ a rumor *to be* true 소문이 사실이라고 판단하다. (4) 《+that節》《美》 …이라고 결정하다, 결의하다 : He ~d *that* he would go 그는 가기로 결정했다. (5) 《~+目/+目+前+名》 (협약 등)을 체결하다, 맺다《*with*》 — *vi.* (1) (…으로써) 말을 맺다 : The letter ~*d* as follows. 편지는 이렇게 끝맺고 있었다. (2)(글 · 이야기 · 모임 등이) 끝나다: (3) 결론을 내다《*to do*》 ; 합의에 도달하다 ㅁ conclusion *n.* ***(and) to ~*** (그리고) 마지막으로 ; 결론으로 말하면.

:con·clu·sion [kənklúːʒən] *n.* (1) ⓒ 결말, 종결, 끝(맺음), 종국《*of*》 : (분쟁 따위의) 최종적 해결 bring ... to a ~ …을 마치다, 끝내다. (2) ⓒ a) 결론, 단정 : draw a ~ from evidence 증거에 의해 단정하다 / jump to ~*s* 〈a ~〉 속단하다, 지레짐작하다. b) 결론, 귀설. 【opp.】*premise.* (3) ⓤ (조약 따위의) 체결 《*of*》. ㅁconclude *v.* ***a foregone ~*** 처음부터 뻔한 결론 ***come to* 〈*reach*〉 *the ~ that ...*** … 라는 결론에 달하다. ***in ~*** (논의 · 진술을) 마치 면서, 결론으로서 (finally. ***try ~s with*** 결전을 시도하다, 우열을 겨루다.

·con·clu·sive [kənklúːsiv] *a.* 결정적인, 확실한, 단호한 ; 종국의 : a ~ answer 최종적인 답변 / ~ proof 결정적인 증거 ㅁ conclude *v.* 파) **~ · ly** *ad.* **~ · ness** *n.*

con·coct [kankákt, kən- / kənkɔ́kt] *vt.* (1) (재료를 혼합하여 음식물 따위)를 만들다 조합〈調合〉하다 (2) (이야기 따위)를 조작하다 : (음모 따위)를 꾸미다 : ~ a story 이야기를 날조하다.

con·coc·tion [kankákʃən, kən- / kənkɔ́k-] *n.* (1)

ⓤ 혼합, 조합(調合). (2) ⓒ 조합물, 조제약 ; 혼합 수프〈음료〉 : a ~ of potatoes and leeks 감자와 부추 요리. (3) ⓤ 날조. (4) ⓒ 꾸며낸 이야기 ; 책모, 음모.

con·com·i·tance [kɑnkámətəns,, kən- / kənkɔ́m-] *n.* ⓤ 수반, 부수(accompaniment).

con·com·i·tant [kɑnkámətənt, kən- / kən-kɔ́m-] *a.* 부수〈수반〉하는, 동시에 일어나는— *n.* ⓒ 부수물 ; (흔히 *pl.*) 부수 사정 : the infirmities that are the ~*s* of old age 되는 질병. 파) **~·ly** *ad.* 부수적으로

:con·cord [káŋkɔːrd, káŋ- / kɔ́ŋ-, kɔ́n-] *n.* (1) ⓤ (의견·이해 따위의) 일치 ; 화합, 조화(harmony). (2) ⓒ (국제간의)협조, 협정 ; 친선협약. (3) **[樂]** ⓤ 어울림음. 〖opp.〗 *discord.* (4) ⓤ **[文法]** (수·격·성·인칭 따위의) 일치, 호응《many a book은 단수로, many books는 복수로 받는 따위》.
— *vi.* [-ˊ] 일치〈조화〉시키다.

·con·cord·ance [kɑnkɔ́ːrdəns, kən- / kɔn-] *n.* (1) ⓤ 조화, 일치, 화합. (2) ⓒ (성서·시작〈詩作〉등의〉 용어 색인

con·cord·ant [kɑnkɔ́ːrdənt, kən- / kɔn-] *a.* 화합하는, 조화하는, 일치하는《*with*》 파) **~·ly** *ad.*

·con·course [kánkɔːrs, káŋ- / kɔ́ŋ-, kɔn-] *n.* ⓒ (1) (사람·물질·분자의) 집합 ; (강 따위의) 합류〈점〉 ; 군집 (2)(공원 등의) 중앙 광장 ; (역·공항 홀 : The ticket office is at the rear of the station ~ 매표소는 역 중앙홀 뒤쪽에 있다

:con·crete [kánkriːt, káŋ-, kɑnkríːt / kɔ́ŋ-] (***more ~; most ~***) *a.* (1) 〔限定的〕 유형의, 구체적인, 구상(具象)의. 〖opp.〗 *abstract.* 『 a ~ example 구체적인 실례 / a ~ noun **[文法]** 구상명사. (2) 현실의, 실제의, 명확한 : Our project is not yet ~. 우리의 계획은 아직 구체화되지 않았다. (3) a] 콘크리트(제)의 : a ~ block 콘크리트 블록. b]응고한, 고체의, — *n.* (1) ⓒ 구체물 ; 응고물 (2) ⓤ a] 콘크리트 : reinforced(armored) ~ 철근 콘크리트. b] 콘크리트 포장면. (3) (the~) 구체(성), 구상(성). ***in the ~*** 구체적으로(인) — *vi.* 굳다, 응결하다. ▫ concretion *n.*
파) **~·ly** *ad.* 구체적〈실제적〉으로 **~·ness** *n.*

cóncrete míxer 콘크리트 믹서.

cóncrete músic [樂] 구체 음악, 뮈지크 콩크레트《F.》 *musique concrete*) 《테이프에 녹음한 인공음·자연음을 합성한 전위 음악》.

cóncrete númber [數] 명수(名數)《*two* men, *five* days 따위 ; 단순한 *two*나 *five*는 abstract number》.

con·cre·tion [kɑnkríːʃən, kɑŋ-, kən-] *n.* (1) ⓤ 응결. (2) ⓒ 응고물. (3) ⓒ **[醫]** 결석(結石).

con·cu·bine [káŋkjəbàin, kán- / kɔ́ŋ-, kɔ́n-] *n.* ⓒ (1) 첩 ; 내연의 처. (2) (일부(一夫)다처제에서) 제1부인 이외의 처.

con·cu·pis·cence [kɑnkjúːpisəns, kɑŋ- / kɔŋ-, kən-] *n.* ⓤ 강한 욕망 ; 《특히》 색욕, 정욕.

·con·cur [kənkə́ːr] (***-rr-***) *vi.* (1) 《~/+前+名》 진술이 같다, 일치하다, 동의하다《*with*》 : 시인하다《*in* ; *on*》 :(3) (…와) 동시에 일어나다, 일시에 발생하다《*with*》 : Her wedding day ~*red with* her birthday. 그녀의 결혼식날은 그녀의 생일과 겹쳤다. — *vt.* (…이라는 사실)에 동의하다《*that*》. ▫ concurrence *n.*

con·cur·rence [kənkə́ːrəns, -kʌ́rəns] *n.* ⓤⓒ (1) 찬동, (의견의) 일치 : a ~ of opinion 의견의 일치. (2) 동시 발생, 병발 (3) **[컴]** 병행성《2개 이상의 동작 또는 사상(事象)이 동일 시간대에 일어나는 일》. ▫ concur *v.*

con·cur·rent [kənkə́ːrənt, -kʌ́rənt] *a.* (1) 동시(발생)의, 동반하는《*with*》 / ~ insurance 동시 보험. (2) 공동으로 작용하는, 협력의. (3) 일치의 ; 찬동의, 같은 의견의. 파)**~·ly** *ad.* (…와) 동시에, 함께, 일치하여, 겸임하여《*with*》.

con·cuss [kənkʌ́s] *vt.* (1) 〔흔히 受動으로〕 …에게 (뇌)진탕을 일으키게 하다 (2) …을 세차게 흔들다, 격동케 하다.

con·cus·sion [kənkʌ́ʃən] *n.* ⓤ (1)진동, 충격(shock). (2) **[醫]** 진탕 : ~ of the brain 뇌진탕.

:con·demn [kəndém] *vt.* (1) 《~+目/+目+前+名/+目+as+補》 …을 비난하다, 나무라다 , 규탄〈매도〉하다 (2) 《~+目/+目+前+名+目+to do》 …에게 유죄 판결을 내리다 ; 형을 선고하다 (3) (얼굴·행동 따위가 아무)의 죄를 추정케 하다 : His looks ~ him.그가 했다고 얼굴에 써 있다. (4) (환자)를 불치라고선고하다. (5) (물품)을 불량품으로 결정하다. 폐기처분하다 : The bridge was ~*ed* and closed. 그 다리는 통행 불가능으로 인정되어 폐쇄되었다. (6) 《+目+前+名/+目+to do》 ‥…을 운명지우다.《*to*》 : be ~*ed to* lead a hopeless life 희망없는생활을 하게 운명지워져 있다. (7) **[美法]** (공용을위해) ‥…을 접수하다, 수용하다. ▫ condemnation *n.*

con·dem·na·ble [kəndemnəbəl] *a.* 비난〈규탄〉할 만한; 벌받아 마땅한 ; 폐기할.

·con·dem·na·tion [kàndemnéiʃən / kɔ̀n-] *n.* (1) ⓤⓒ 비난 (2) ⓤⓒ 유죄 판결, 죄의 선고 (3) ⓒ (흔히 *sing.*) 비난〈선고〉 이유〈근거〉 ▫condemn *v.*

con·dem·na·to·ry [kəndemnətɔ̀ːrk / -təri] *a.* (1)비난의, 비난을 나타내는. (2)유죄 선고의.

con·demned [kəndemd] *a.* (1) 유죄를 선고받은 : 사형수의 : ~ cell 사형수 감방. (2) 불량품으로 선고된, 몰수로 정해진

con·dens·a·ble [kəndensəbəl] *a.* (1) 〈응축〉압축할수 있는. (2) 요약〈단축〉 할 수 있는.

con·den·sa·tion [kándensə́iʃən / kɔ̀n-] *n.*ⓤⓒ(1) 압축, 응축 ; 응결(한 것) ; 액화(한 것). (2)응축 상태, 응축들. (3) (사상 ·문장의) 간략화, 요약(한 것). ▫ condense *v.*

con·dense [kəndens] *vt.* (1) 《~+目/+目+前+名》 ‥…을 응축하다, 압축〈축합(縮合)〉하다 ; 농축하다《*to, into*》 ~ milk 우유를 농축하다. (2) (렌즈가 광선)을 모으다 ; (전기의 세기)를 더하다 : a *condensing* lens 집광(集光) 렌즈. (3) 《~+目/+目+前+名》 (사상·문장 따위)를 요약하다 ; (표현)을 간결히 하다 — *vi.* (1) 요약하다, 단축하다. (2) 응결〈응축〉하다《*into*》 : The steam ~*ed into* waterdrops. 증기는 응축하여 물방울이 되었다. ▫ condensation *n.*

con·densed [kəndenst] a. 응축〈응결〉한 ;요약한, 간결한 ; ~ type **[印]** 폭이 좁은 확자체,

condénsed mílk 연유(煉乳).

con·dens·er [kəndenser] *n.* ⓒ (1) 응결기, 응축기, 냉각기. (2) **[電]** 축전기, 콘덴서.

con·de·scend [kàndisénd / kɔ̀n-] *vi.* (1) 《+前+名/+*to* do》 겸손하게 굴다 : 으스대지 않고 ‥…하다, **[cf.]** deign. (2) 《+前+名》 (우월감을 의식하면서) 짐짓 친절〈겸손〉하게 굴다, 생색을 내다 (3) 《+*to* do/+前+名》 자신을 낮추다《*to*》 : 부끄럽을 무릅쓰고 ‥…하다 : ~ *to* accept bribes 지조를 버리고 뇌

물을 받다 / ~ *to* trickery 영락하여 사기를 치다.

con·de·scend·ing [kàndiséndiŋ / kɔ̀n-] *a.* (1) (아랫 사람에게) 겸손한. (2) 짐짓 겸손하게 구는, 생색을 부리는: in a ~ manner 짐짓 생색을 내는듯한 태도로. 파) **~·ly** *ad.*

con·de·scen·sion [kàndisénʃən / kɔ̀n-] *n.* ⓤ(아랫 사람에 대한) 겸손, 정중 ; 생색을 내는 태도〈행동〉

con·dign [kəndáin] *a.* 당연한, 적당한, 타당한 (형벌 따위) 파) **~·ly** *ad.*

con·di·ment [kándəmənt / kɔ́n-] *n.* ⓤⓒ 양념 (seasoning)《고추·겨자 따위》, 조미료.

:con·di·tion [kəndíʃən] *n.* (1) ⓒ 조건 ; 필요조건 ; (*pl.*) (제)조건, 조목, 조항 : the ~ of all success 모든 성공의 필수 요건. (2) (종종 *pl.*) 주위의 상황, 형세, 사정 : housing ~*s* 주택 사정. (3) ⓤ 상태 ;《특히》건강 상태, (경기자의) 컨디션 (4) ⓒ 지위, 신분,《특히》좋은 신분 ; 사회적 지위, 처지 : a man of ~신분 있는사람 (5) ⓒ 【法】 조건, 규약, 규정 : the ~*s* of peace 강화 조건. (6) (*pl.*) 지불 조건 : the ~*s for* a loan 대부금의 지불 조건. (7) ⓒ 【美】 (가(假)입학·가진급 학생의) 재시험(과목) : work on ~*s* 추가 시험을 치르다. (8) ⓒ《口》병, 질환 : have a heart ~ 심장이 나쁘다. ***be in no ~ to*** do ……하기에 적당치 않다. ***in a delicate* 〈*a certain, an interesting*〉 *~*** 《英古》 임신하여. ***in* 〈*out of*〉 *~*** 건강〈건강치 못〉하여 ; 양호〈불량〉한 상태로 ; 사용할 수 있는〈없는〉 상태로 ***on ~ that...*** ……이라는 조건으로, 만약 ……이라면. ***on no ~*** 어떤 조건으로도 ……않은, 결로 ……않은 — *vt.* (1)《~+目/+目+前+名/+目+*to* do》(사물이) ……의 필요 조건이 되다. (사정 따위가)……을 결정하다, 제약하다, 좌우하다 ; ……의 생존에 절대 필요하다 (2)《+目+前+名/+that節/+目+*to* do》……을 조건부로 승낙하다, ……을 조건으로 하다 ; (……이라는) 조건을 설정하다 (3)《+目+前+名》개량하다《*for*》 ; (자기·소 ·말 등)의 컨디션을 조절하다 : (상품)의 신선도를 유지하다 ; (실내 공기의 습도·온도)를 조절하다(air-~) : ~ a horse *for* a race 경마에 대비하여 말을 조교(調教)하다. (4)《+目+*to* do/+目+前+名》……하도록 습관화 시키다, 적응시키다, 훈련하다 ; 【心】 ……에 조건 반사를 일으키게 하다 : ~ a dog *to* bark at strangers 낯선 사람을 보면 짖도록 개를 훈련하다. (5)《美》(재시험을 치른다는 조건부로) ……을 가진급 시키다, ……으로 가진급〈입학〉을 허가하다.
— *vi.* 조건을 붙이다.

con·di·tion·al [kəndíʃənəl] (***more~ ; most~***) *a.* (1) a] 조건부의 ; 잠정적인, 가정적인, 제한이 있는 : a ~ contract 조건부 계약, 가계약. b] 〔敍述的〕 (··을) 조건으로 한, ……하기 나름인《*on, upon*》 : *It is ~ on* your ability. 그건 너의 능력여하에 달렸다. (2) 조건을 니타내는: a ~ clause 조건을 나타내는 조항 : 【文法】 조건절《보통 if, unless, provided 따위로 시작됨》. — *n.* ⓒ 【文法】 조건 어구《provided that등》 : 조건문〈절〉 ; 조건법. 파) **~·ly** *ad.* 조건부로.

con·di·tioned [kəndíʃənd] *a.*(1) 조건부의 : a ~ reflex 조건 반사. (2) 〔흔히 well, ill 등의 부사와 함께〕 (··한) 상태에 있는 : *well~* 〈*ill~*〉 ~ 양호〈불량〉한 상태의. (3) 조절〈냉방, 난방〉된. (4)《美》(조건부) 가진급의.

con·di·tion·ing [kəndíʃəniŋ] *n.* ⓤ (1) a] 조건부. b] (심신의)조정. c] (동물 등의)조련, 조교. (2) (공기) 조절.

con·do [kándou / kɔ́n-] (*pl.* **~s**) *n.*《美口》맨션, 분양 아파트. (◁ condominium)

con·dole [kəndóul] *vi.* 조상(弔喪)하다 ; 조위 (弔慰)하다 ; 위로하다, 동정하다《*with*》 파) **-dól·er** *n.* 애도자, 조문자.

con·do·lence [kəndóuləns] *n.* (1) ⓤ 애도, 조문《*on*》. (2) ⓒ (종종 *pl.*) 애도의 말, 조사

con·dom [kándəm, kʌ́n- / kɔ́n-] *n.* ⓒ (피임용의) 콘돔.

con·do·min·i·um [kàndəmíniəm / kɔ̀n-] *n.* (1) ⓒ《美》구분 소유 공동 주택, 콘도미니엄 ; 분양 아파트 (2) a] ⓤ 공동 주권(joint sovereignty). b]ⓒ 【國際法】 공동 통치〈관리〉국〈지〉.

con·done [kəndóun] *vt.* (죄·과실 특히 간통)을 용서하다, 너그럽게 봐주다.

con·du·cive [kəndjú:siv] *a.* 〔敍述的〕 도움이 되다, 이바지하는, 공헌하는《*to*》: Exercise is ~ to health. 운동은 건강을 돕는다. 파) **~·ness** *n.*

***con·duct** [kándʌkt / kɔ́n-] *n.* ⓤ(1) 행위 ; 행동, 품행, 행상(行狀) (2) 지도, 지휘, 안내. (3) 경영, 운영, 관리 *vt.* (1)《+目/+目+前+名/+目+富》……을 인도하다 , 안내하다, 호송하다 (2) ……을 지도하다, 지휘하다 : ~ an orchestra 악단을 지휘하다. (3) (업무 등)을 집행하다 ; 처리〈경영, 관리〉하다 : ~ business 사무를 처리하다. (4) 〔再歸的 ; 양태(樣聾)의 부사와 함께〕 행동하다, 거동하다, 처신하다 (5) 【物】 (열·전기·음파 등)을 전도하다 : a ~*ing* wire 도선. — *vt.* 지휘하다.

con·duct·i·ble [kəndʌ́ktəbəl] *a.* (열 따위를) 전도(博導)할 수 있는, 전도성의 ; 전도되는.

con·duc·tion [kəndʌ́kʃən] *n.* ⓤ (1) (파이프로 물 따위를) 끌기 ; 유도 (작용). (2) 【物】 (전기 ·열 등의) 전도

con·duc·tive [kəndʌ́ktiv] *a.* 전도(성)의, 전도력이 있는

***con·duc·tor** [kəndʌ́ktər] (*fem.* **-tress** [-tris]) *n.* ⓒ (1) (여행)안내자. (2) 관리자, 경영자. (3) (전차·버스·《美》열차의) 차장. 【cf.】 guard. (4) 【樂】 지휘자, 컨덕터. (5) 【物·電】 전도체; 도체, 도선(導線): a good 〈bad〉 ~ 양〈불량〉 도체.

condúctor ràil 도체(導體)레일《전차에 전류를보내는 데 쓰이는 레일》.

·cone [koun] *n.* ⓒ (1) 원뿔체, 원뿔꼴 ; 【數】 원뿔. (2) a] 원뿔꼴의 것. b] (아이스크림을 넣는)콘. c] 폭풍 경보구(球)(storm ~). d] 【植】 구과(毬果), 솔방울.

Con·es·to·ga (wàgon) [kànəstóugə(-) / kɔ̀n-] 대형 포장마차《미국 서부 개척 때 서부로의 이수자들이 사용함》.

Có·ney ísland [kóuni-] 코니아일랜드《뉴욕시 Long Island에 있는 해안 유원지》.

con·fab·u·late [kənfǽbjəlèit] *vi.* 이야기하다, 담소하다《*with*》.

con·fab·u·la·tion [kənfæ̀bjəléiʃən] *n.* ⓤ 간담, 담소, 허물없이 하는 의논

con·fac·tion [kənfékʃən] *n.* ⓒ 과자, 캔디.

con·fac·tion·er [kənfékʃənər] *n.* ⓒ 과자〈캔디〉 제조인 ; 과자장수, 제과점 : at a ~'*s* (shop) 과자점에서.

con·fec·tion·ery [kənfékʃənèri / -nəri] *n.* (1) ⓤ 〔集合的〕 과자류《pastry, cake, jelly, pies 따위의 총칭》. (2) ⓤ 과자 제조〈판매〉. (3) ⓒ 제과점과자〈빵〉 공장.

ˈcon·fed·er·a·cy [kənfédərəsi] *n.* ⓒ (1)동맹, 연합(league) (2)연합체, 연맹국, 동맹국, 연방.(3)도당 : a ~ of thieves 절도단.

ˈcon·fed·er·ate [kənfédərit] *a.* (1) 동맹한, 연합한 : 공모한. (2)(C-)《美史》 남부 연방의 ⓒ (1) 동맹국, 연합국. (2) 공모자, 일당, 한패 : his ~*s* in the crime 그의 공범자들. (3)(C~)《美史》 남부 연방측의 사람, 남군 병사. 〖opp.〗

ˈcon·fed·er·a·tion [kənfèdəréiʃən] *n.* (1)ⓤ 동맹, 연합. (2) ⓒ 동맹국, 연합국 ;《특히》연방. (3)(the C~) **[美史]** 아메리카 식민지 동맹.

ˈcon·fer [kənfə́ːr] **(-rr-)** *vt.* 《+目+前+名》(칭호·학위 등)을 수여하다, 증여하다, 베풀다《*on, upon*》 — *vi.* 《+前+名》 의논하다, 협의하다《*with*》

con·fer·ee [kànfəríː / kɔ̀n-] *n.* ⓒ (1) 의논상대 ; 회의 출석자 : 평의원. (2) (칭호나 기장을) 받는 〈타는〉 사람.

:con·fer·ence [kánfərəns / kɔ́n-] *n.* (1) ⓤ 회담, 협의, 의논 : meet in ~ 협의하다 모이다. (2) ⓒ 회의, 협의회 : a general ~ 총회 / hold a ~ 회의를 개최하다. (3) ⓒ《美》경기 연맹, 리그, 콘퍼런스 ▫ confer *v.* ***be in*** **~** 협의〈회의〉중이다《*with*》

cónference càll (여럿이 하는) 전화에 의한회의.

con·fer·en·tial [kànfərénʃəl/ kɔ̀n-] *a.* 회의의.

con·fer·ment [kənfə́ːrmənt] *n.* ⓤⓒ 수여, 증여, 서훈(敍勳): the ~ of a B.A. degree 문학사 학위의 수여.

:con·fess [kənfés] *vt.* (1) 《~+目/+目+前+名/(+前+名)+*that*節》 (과실·죄)를 고백〈자백〉하다, 실토하다, 털어놓다 : ~ one's fault *to* a person 아무에게 자기의 과실을 고백하다 (2)《+*that*節/+目+(to be)補》 …을 인정하다, 자인하다 : 사실을 말하면 …이다 (3) **[가톨릭]** (신부에게 죄)를 고해하다, (신부가) …의 고해를 듣다 : The priest ~*ed* her. 신부는 그녀의 고해를 들어 주었다.

— *vi.* (1) 《~/+前+名》 죄를 인정하다 : 자백하다. 《*to*》 : He refused *to* ~.그는 자백하려 하지 않았다. (2) (과실·약점을) 인정하다 ***to ~ the truth*** 사실은 《독립구》.

con·fessed [kənfést] *a.* (일반에게) 인정된, 정평있는(admitted), 의심할 여지가 없는, 명백한 ;자백한 : a ~ fact 명백한 사실 / a ~ thief 스스로 도둑이라고 자백한 사람. ***stand ~ as*** …하다는것이 〈…의 죄상이〉 명백하다

con·fess·ed·ly [-sidli] *ad.* 명백하게, 널리 인정되어 ; 스스로 인정한 대로, 자백에 의하면.

:con·fes·sion [kənféʃən] *n.* (1) ⓤⓒ 고백, 실토, 자백, 자인 : a ~ of guilt 죄의 자백 / the suspect made a full ~. 용의자는 모든 것을 다 자백 했다. (3) ⓤ **[가톨릭]** 고해 : go to ~ 고해하러 가다 / hear ~ (신부가) 고해를 듣다. ▫ confess *v.*

con·fes·sion·al [kənféʃənəl] *a* (1) 자백에 의 한 ; 고해의. (2)신앙 고백의. — *n.* **[가톨릭]** (1) ⓒ 고해소.(2) (the ~) 고해 (제도).

con·fes·sor [kənfésər] *n.* ⓒ (1) 고백자. (2) (기독교) 신앙 고백자 ; 참회자 : (종종 C-) (신앙을지킨) 증거자. (3) 고해 신부(father ~).

con·fet·ti [kənféti(ː)] *n. pl.* 《It.》 (1) 〔單數 취급〕 색종이 조각《혼례·축제 같은 때에 뿌림》. (2) 〔集合的〕 사탕, 캔디, 봉봉.

:con·fide [kənfáid] *vt.* (1) 《+目+前+名/+目+*that*節》 (비밀 따위)를 털어놓다《*to*》(1) 《+目+前+名》 (믿고) …을 맡기다, 부탁하다《*to*》 — *vi.* 《+前+名》 (1) 신용하다, 신뢰하다《*in*》 : You can ~ *in* his good faith. 그의 성실함은 신뢰해도 좋다. (2) 비밀을 털어놓다《*in*》

:con·fi·dence [kánfidəns/ kɔ́n-] *n.* (1) ⓤ (남에 대한) 신용, 신임, 신뢰 : have〈enjoy〉 one's employer's ~ 고용주에게 신뢰를 받고 있다 / a vote of (no) ~ (불)신임 투표 / a want of ~ *in* the Cabinet 내각 불신임. (2) ⓒ 속내말 ; 비밀, 내밀한 일 : exchange ~*s* with …와 서로 비밀을 털어놓다 / betray a ~ 비밀을 누설하다. (3) ⓒ (자기에 대한) 자신, 확신. 〖opp.〗 *difference.* 『 be full of ~ 자신만만하다 / have ~ *in* one's ability 자기의 능력에 자신이 있다. (4) 대담, 배짱 ***in (strict) ~*** (절대) 비밀로. ***in the ~ of*** …에게 신임을 받아 ; …의 기밀에 참여하여. ***make ~s*** 〈***a ~***〉 ***to*** a person = ***take*** a person ***into*** one's **~** 아무에게 자신의 비밀을 털어놓다.

— *a.* 신용 사기 〈야바위〉의.

ːcon·fi·dent [kánfidənt / kɔ́n-]*vt.* (***more ~ ; most ~***) *a.* (1) 〔敍述約〕 확신하는《*of* : *that*》 (2) 자신이 있는, 자신만만한《*in*》 : a ~ manner〈smile〉 자신만만한 태도〈미소〉. ▫ confide *v.*

— *n.* = CONFIDANT 파) **~·ly** *ad.* 확신을 갖고 대담하게, 자신 만만하게.

ˈcon·fi·den·tial [kànfidénʃəl / kɔ̀n-] (***more ~ ; most ~***) *a.* (1) a〕 은밀한, 내밀한(secret), 기밀의 b〕 (c-) 친전《겉봉에 씀》; 3급 비밀의《문서》. (2) 속사정을 터 놓을수 있는, 친한, in a ~ tone 친밀한 〈터놓고 말하는〉 어조로. (3) 신임이 두터운, 심복의, 신뢰할 수 있는 : a ~ clerk 비서, 심복 점원

con·fi·den·ti·al·i·ty [kànfidènʃiǽləti / kɔ̀n-] *n.* ⓤ 비밀〈기밀〉성 : 신임이 두터움

con·fi·den·tial·ly [kànfidénʃəli / kɔ̀n-]*ad.* (1) 은밀히, 내막적으로 : Speaking ~, …을 은밀히 (당신한테만) 하는 말인데. (2) 털어놓고, 격의없이.

con·fid·ing [kənfáidiŋ] *a.* 남을 (쉽게) 믿는, 믿고 의심하지 않는 파) **~·ly** *ad.* 신뢰하여, 철석같이 믿고.

con·fig·u·ra·tion [kənfigjəréiʃən] *n.* ⓒ (1) 〈지표 등의〉 형상, 지형(地形): (전체의) 형태, 윤곽《of》 : the ~ *of* the earth's surface 지구 표면의 형상, 지형. (2) **[컴]** 구성.

:con·fine [kənfáin] *vt.* (1) 《+目+前+名》 a〕 …을 제한하다, 한정하다《*to* : *within*》 b〕 〔再歸的〕 …에 한정되다 …에 그치다 : I will ~ *myself* to making a few short remarks 두세마디만 짧게 말하겠다. (2) 《~+目/+目+前+名》 …을 가둬 넣다, 감금하다《*in* : *within*》: 들어박히게 하다《*to*》 — [kánfain / kɔ́n-] *n.* ⓒ 〈흔히 *pl.*〉 (1) 경계, 국경 ; 경계지〈선〉 : within 〈beyond〉 the ~*s* of the country 국내〈국외〉에(서). (2) 한계, 범위: on the ~*s* of bankruptcy 파산 직전에(서)

con·fined [kənfáind] *a.* (1) 제한된, 좁은 : It wasn't easy to sleep in such a ~ space. 그렇게 좁은 공간에서 잠자기란 쉽지 않았다. (2) 〔敍述的〕 산욕(産褥)에 있는 : She expects to be ~ in May. 5월에 해산할 예정이다.

ˈcon·fine·ment [kənfáinmənt] *n.* (1) ⓤ 제한, 국한. (2) ⓤ 감금, 유폐, 금고, 억류 : He is under ~. 그는 (교도소)에 갇혀 있다 (3) ⓤⓒ 해산 (delivery). ▫ confine *v.*

:con·firm [kənfə́ːrm] *vt.* (1) …을 확실히 하다,

확증하다, 확인하다, …이 옮음〈정확함〉을 증명하다 (2) 《~+目/+目+前+名》 (재가(裁可) 비준(批准) 등으로) …을 승인〈확인〉하다 ; 추인(追認)하다: ~ an agreement 〈a treaty〉 협정〈조약〉을 승인하다 / (3) (결심 등)을 굳히다 : His support ~*ed* my determination to run for mayor. 그의 지지가 나의 시장 출마의 결의를 더욱 굳혔다. (4) 《+目+前+名》 (소신·의지·버릇) 등을 더욱 굳게 하다《*in*》 : The experience ~*ed* him *in* his dislike of music. 그 경험으로 그는 더욱더 음악이 싫어졌다. (5) **[敎會]** …에게 견진 성사를 베풀다 ㅁ confirmation *n.*

·con·fir·ma·tion [kànfərméiʃən/ kɔ̀n-] *n.* ⓤⓒ (1) 확인 ; 확증: in ~ of …의 확증으로서, …을 확인하여 / see ~ of …의 확인을 구하다 / We have (a) ~ that he is going to resign. 그가 사임하려 하고 있다는 확증을 가지고 있다. (2) **[敎會]** 견진(성사) ; **[유대敎]** 성인식(城人式) ㅁ confirm *v.*

con·firm·a·to·ry [kənfə́ːrmətɔ̀ːri / -təri] *a.* 확실히 〈확증〉하는, 확인하는.

·con·firmed [kənfə́ːrmd] *a.* 〔限定的〕 (1) 확립된 ; 확인된 : a ~ report 확인된 보고. (2) 굳어 버린, 만성의, 상습적인 : a ~ drunkard 모주꾼, 주정뱅이 / a ~ disease 고질, 만성병 / a ~ habit 아주 굳어 버린 버릇.

·con·fis·cate [kánfiskèit, kənfís- / kɔ́n-] *vt.* …을 몰수〈압수, 압류〉하다 :

con·fis·ca·tion [kànfiskéiʃən / kɔ̀n-] *n.* ⓤⓒ 몰수, 압수, 압류.

con·fis·ca·tor [kánfiskèitər / kɔ́n-] *n.* ⓒ압류자, 몰수자.

con·fis·ca·to·ry [kənfískətɔ̀ːri / -təri] *a.* (1) 몰수의, 압수〈압류〉의. (2) (세금 등) 모질게 징수하는.

·con·fla·gra·tion [kànfləgréiʃən / kɔ̀n-] *n.* ⓒ 큰불, 대화재.

con·fla·tion [kənfléiʃən] *n.* ⓒ,ⓤ **[書誌]** 이문융합(異文融合)

:con·flict [kánflikt / kɔ́n-] *n.* ⓒ,ⓤ (1) 싸움, 투쟁, 전투, 분쟁 (2) (의견·사상·이해(利害) 등의) 충돌, 대립, 불일치, 쟁의 ; 알력, 마찰 : a ~ of opinions 의견의 충돌 / (a) ~ of interest 이해〈관계〉의 대립. (3) **[心]** (마음의) 갈등 ***come into ~ with*** …와 싸우다 ; ·…와 충돌〈모순〉되다. ***in ~ with*** …와 충돌〈상충〉하여 : His statements are *in* ~ *with* his actions. 그의 말은 행동과 일치하지 않는다. — [kənflíkt] *vi.* (1) 《+前+名》 충돌하다, 모순되다, 양립하지 않다《*with*》 : His testimony ~*s with* yours. 그의 증언은 너의 것과 어긋난다 (2)다투다, 싸우다.

con·flict·ing [kənflítiŋ] *a.* 서로 싸우는 ; 충돌하는, 일치하지 않는 : ~ emotion 상반되는 감정

con·flu·ence [kánfluəns / kɔ́n-] *n.* (1) ⓤⓒ (강 따위의) 합류(점)《*of*》 : the ~ *of* the rivers Darwen and Ribble 다원강과 리블강의 합류지점 (2) ⓒ (사람 등의) 집합, 군중.

con·flu·ent [kánfluənt / kɔ́n-] *a.* 합류하는, 만나 합치는.

con·fo·cal [kɑnfóukəl / kɔn-] *a.* **[數]** 초점이 같은, 초점을 공유하는.

·con·form [kənfɔ́ːrm] *vt.* (1) 《+目+前+名》(규범·관습따위)에 적합〈순응〉 시키다 ; 따르게 하다《*to* ; *with*》:~ oneself *to* the fashion 유행을 따르다. (2) …을 같은 모양〈성질〉이 되게 하다《*to*》.
—*vi.* 《+前+名》 (1)적합하다《*to*》 ; 따르다, 순응하다 《*to*》 : ~*to*〈*with*〉 the laws 법률에 따르다. (2) 같은 모양〈성질〉이 되다《*to*》 : ~ in shape *to* another part 다른 부분과 형태가 같아지다. ㅁ conformity *n.*

con·form·a·ble [kənfɔ́ːrməbəl] *a.* 〔敍述的〕 (1) 적합한, 일치된; 따르는《*to*》 (2) 순종〈순응〉하는, 유순한《*to*》 : We seek employees who are ~ *to* company needs. 우리는 회사의 요구에 맞는〈잘 따르는〉 사원을 구하고 있다. (3) **[地質]** (지층이) 정합(整合)의 파) **-bly** *ad.* 일치하여 ; 유순히.

con·form·ance [kənfɔ́ːrməns] *n.* ⓤ 적합, 일치, 순응 《*to* ; *with*》.

con·for·ma·tion [kànfɔːrméiʃən / kɔ̀n-] *n.* (1) ⓤⓒ 구조(構造), 형태. (2) ⓤ 적합, 일치《*to*》.

con·form·ist [kənfɔ́ːrmist] *n.* ⓒ (1)순응자(順應者), 준봉자(遵奉者). (2) (종종 C-) **[英史]** 영국 국교도. **[cf.]** dissenter. nonconformist.

·con·form·i·ty [kənfɔ́ːrməti] *n.* ⓤ (1) 적합,일치 ; 상사(相似), 유사《*to* ; *with*》. (2) 준거, 복종 ; 순응주의《*with* ; *to*》. (3) (종종 C-) **[英史]** 국교신봉. ㅁ conform *v.* ***in ~ with*** 〈***to***〉 …와 일치하여

·con·found [kənfáund, kɑn- / kɔn-] *vt.* (1) 《~+目/+目+前+名》 …을 혼동하다, 뒤죽박죽으로 하다《*with*》 : ~ right and wrong 옳고 그름을 분간 못 하다 / ~ means *with* end 수단을 목적과 혼동하다 (2) …을 논파(論破)하다 ; 《古》 (계획·희망 등)을 깨뜨리다, 좌절시키다, 실패하게 하다 : ~ an imposter 사기꾼의 정체를 까발리다. (3) (아무)를 당황케 하다, 어리둥절케 하다 (4) 《口》 …을 저주하다. ㅁ confusion *n.*

·con·found·ed [kənfáundid, kɑn- / kɔn-] *a.* (1) 곤혹스러운 ; 당황한 : I was temporarily ~ by my new software. 새로운 소프트웨어에 잠시 당황했다. (2)〔限定的〕《口》 말도 안 되는, 엄청난, 지독한 : She is a ~ nuisance 그녀는 아주 귀찮은 존재다. 파)~ · **ly** *ad.* 《口》 지독하게, 엄청나게, 지겹게 : It's ~*ly* difficult. 정말〈지독하게〉 어렵다.

con·fra·ter·ni·ty [kánfrətə́ːrnəti / kɔ́n-] *n.* ⓒ (종교·자선 사업 등의) 단체, (어떤 목적·직업 따위의) 조합, 협회 ; 결사.

:con·front [kənfrʌ́nt] *vt.* (1) 《~+目/+目+前+名》 …에 직면하다, …와 마주 대하다 ; …와 만나다 《*with*》 (2) (적·위험 따위) 대항하다, …와 맞서다 : Wellington ~*ed* Napoleon at Waterloo. 웰링턴은 워털루에서 나폴레옹에게 대항했다. (3) 《+目+前+名》 (아무)를 마주 대하게 하다, 맞서게 하다《*with*》 : (법정에서) 대결시키다《*with*》 ; (증거 등을) ; …에게 들이대다 (4) 《+目+前+名》 …을 대조하다, 비교하다 《*with*》 : ~ an account *with* another 한 계정을 딴 계정과 대조하다 ㅁ confrontation *n.*

con·fron·ta·tion [kànfrəntéiʃən / kɔ̀n-] *n.* ⓤⓒ (1) (법정에서의) 대면, 대결. (2) (군사적·정치적인) 대립, 충돌《*between* ; *with*》 (2) (법정에서의)대면, 대결.

Con·fu·cian [kənfjúːʃən] *a.* 공자의 ; 유교의.
— *n.* ⓒ 유생(儒生).

Con·fu·cian·ism [-ìzəm] *n.* ⓤ 유교.

Con·fu·cius [kənfjúːʃəs] *n.* 공자《552~479 B.C ; 중국의 사상가, 유교의 시조》.

:con·fuse [kənfjúːz] *vt.* (1) 《~+目/+目+前+名》 …을 혼동하다, 헛갈리게 하다, 잘못 알다 (2) (순서·질서 등)을 혼란시키다, 어지럽히다 : ~ an enemy by a rear attack 배후 공격으로 적을 혼란시키다. (3) 〔흔히 受動으로〕 …을 어리둥절케 하다, 당황케 하

다 : He *was* ~*d* at the news. 그 소식을 듣고 그는 어리둥절했다. ▫confusion *n.*

:con·fused [kənfjúːzd] *a.* (1) 혼란한, 헛갈리는 ; 지리 멸렬한 (2)〔敍述的〕당혹〈곤혹〉스러운, 어리둥절한 파) **-fú·sed·ly** [-zidli] *ad.* (1) 혼란스럽게, (2) 당황하여.

˙con·fus·ing [kənfjúːziŋ] *a.* 혼란시키는 : 당황케 하는 파) **~·ly** *ad.*

:con·fu·sion [kənfjúːʒən] *n.* ⓤ (1) 혼동《*of*》(2) 혼란 (상태) : 혼잡 : 분규 : 착잡 : I lost my purse in the ~. 그 혼잡 속에서 나는 지갑을 잃어버렸다. (3) 당황, 얼떨떨함

con·fute [kənfjúːt] *vt.* …을 논파〈논박〉하다 : 끽소리 못하게 만들다(silence)

con·ga [káŋgə / kɔ́n-] *n.* ⓒ 콩가《아프리카에서전해진 쿠바의 춤》: 그 곡 : 그 반주에 쓰는 북(= **~ drùm**). 「GAME

con·gé [kánʒei / kɔ́n-] *n.* ⓒ《F.》(1)(돌연한) 면직, 해임 : give a person his ~ 아무를 면직하다 /get one's ~ 해직되다. (2)작별〈인사〉: 출발〈퇴거〉허가 : take one's ~ 작별 인사를 하다.

con·geal [kəndʒíːl] *vt* …을 얼리다, 응결시키 다. — *vi.* 얼다, 응결하다 ▫ congelation *n.*

con·ge·la·tion [kàndʒəléiʃən / kɔ̀n-] *n.* (1) ⓤ동결, 응결(2) ⓒ 동결물, 응결물. ▫congeal *v.*

con·gen·ial [kəndʒíːnjəl] *a.* (1) 같은 성질의, 마음이 맞는, 같은 정신의, 같은 취미의《*to*》: ~ spirits 뜻이 맞는 동지 (2)〔敍述的〕(건강·취미 따위에) 적합한, 기분좋은, 쾌적한《*to*》(3)붙임성 있는, 인상이 좋은 : a ~ host. ▫ congeniality *n.*

con·ge·ni·al·i·ty [kəndʒiːniǽləti] *n.* ⓤⓒ (1)〈성질·취미 등의〉합치. (2) 적응(적합성) : 쾌적함.

con·gen·i·al·ly [kəndʒíːnjəli] *ad.* 성질이〈성미가, 취미가〉맞아

con·gen·i·tal [kəndʒénətl] *a.* (병·결함 등) 타고난, 선천적인 : a ~ deformity〈idiot〉선천적 불구〈백치〉. 파) **~·ly** [-li] *ad.* 선천적으로.

˙con·gest [kəndʒést] *vt.* (1) …에 충만시키다 : 넘치게 하다 ; …을 혼잡하게 하다 : The parade ~*ed* the street. 퍼레이드로 거리는 혼잡했다. (2)【醫】충혈〈울혈〉시키다. — *vi.*【醫】충혈〈울혈〉하다. ▫ congestion *n.*

con·gest·ed [kəndʒéstid] *a.* (1) (사람·교통 등이) 혼잡한 : 밀집한 : (화물 등이) 정체한 : a ~ area〈district〉인구 과밀 지역. (2)【醫】충혈〈울혈〉된.

˙con·ges·tion [kəndʒéstʃən] *n.* ⓤ (1) 혼잡, 붐빔 : (인구) 과잉, 밀집 ; (화물 따위의) 폭주 : traffic ~ 교통 정체〈혼잡〉. (2)【醫】충혈, 울혈

con·ges·tive [kəndʒéstiv] *a.*【醫】충혈(성)의.

con·glom·er·ate [kənglámərət / -glɔ́m-] *a.* (1) 밀집하여 뭉친 뭉치어 덩이진, 집괴(集塊)를 이루는. (2)복합기업의, 복합적인. (3)【地質】역암질 (叢崙質)의. — *n.* ⓒ (1) 집성체, 집괴, 집단. (2)【經】(거대) 복합기업《많은 다른 기업들을 흡수 병합한 다각 경영의 대회사》: a mining〈chemical〉~. (3)【地質】역암(轢岩). — [-rèit] *vt. vi.* (…을) 모아서 군히다, 결합시키다 : 집괴〈덩이〉를 이루다, 결합하다.

con·glom·er·a·tion [kənglàməréiʃən / -glɔ̀m-] *n.* ⓒ (1) 덩이, 집괴(集塊). (2) 잡다한 혼합 〈집합〉물, 여러가지 것을 (그러) 모은 것 : The book is a ~ of ideas by many people. 그 책은 많은 사람들의 사상의 집합이다.

Con·go [káŋgou / kɔ́ŋ-] *n.* (1) (the ~) 콩고강《중부 아프리카의 강》. (2) (흔히 the ~)콩고 인민 공화국《아프리카 중부에 있는 공화국

con·go·lese [kàŋgəlíːz / kɔ̀ŋ-] *a.* 콩고의, 콩고 사람의. — (*pl.* ~) *n.* ⓒ 콩고 사람. (2) ⓤ 콩고 말.

con·grats [kəngrǽts] *int.*《口》축하합니다.

:con·grat·u·late [kəngrǽtʃəlèit] *vt.* (1)《~+目 /+目+前+名》…을 축하하다, …에 축사를 하다《*on*》(2)〔再歸的〕기뻐하다《*on, upon*》: He ~*d himself on* his escape. 그는 용케도 탈출한 것을 기뻐했다 ▫ congratulation *n.*

:con·grat·u·la·tion [kəngræ̀tʃəléiʃən] *n.* (1) ⓒ 축하, 경하《*on*》: a speech of ~ 축사, 축하의 말 (2) a〕(*pl.*) 축사 : Please accept my sincere ~*s upon* your success. 성공하신 것을 진심으로 축하합니다. b〕〔*Congratulations !* ; 感歎詞的〕축하합니다. ▫ congratulate *v.*

con·grat·u·la·tor [kəngrǽtʃəlèitər] *n.*ⓒ 축하하는 사람, (축)하객.

con·grat·u·la·to·ry [kəngrǽtʃələtɔ̀ːri / -təri] *a.* 축하의 : a ~ address 축사 / send a ! telegram 축전을 치다.

˙con·gre·gate [káŋgrigèit / kɔ́ŋ-] *vt.* …을 모으다, 집합시키다. — *vi.* 모이다, 집합하다

˙con·gre·ga·tion [kàŋgrigéiʃən / kɔ̀ŋ-] *n.* (1) ⓤ 모이기, 집합, 회합. (2) ⓒ a〕(사람의) 모임 ;(종교적인) 집회. b〕〔集合的 ; 單·複數 취급〕(교회의) 회중(會衆), 신도들

con·gre·ga·tion·al [kàŋgrigéiʃənəl / kɔ̀ŋ-] *a.*(1) 집회의, 회중(會中)의. (2) (C-)회중파(會衆派) 교회제(制)의, 조합(組合) 교회의 파) **~·ism** *n.* ⓤ 회중파 교회제〈주의〉, 조합 교회주의 . **~·ist** *n.* ⓒ 회중파 교회 신자, 조합 교회원.

:con·gress [káŋgris / kɔ́ŋgris] *n.* (1) ⓒ (대표자·사절·위원 따위의) 회의, 대회, 대의원회, 학술대회 (2) (C-)ⓤ〔흔히 無冠詞〕의회, 국회《미국 및 라틴 아메리카 광화국의》: 국회의 개회기 : a member of *Congress* 국회 의원 / in *Congress* 국회 개회중에. ※ 긴 형태인 *the Congress* of the United States of America에는 관사가 붙음. ▫ congressional *a.*

˙con·gres·sion·al [kəngréʃənəl, kəŋ- / kɔŋ-] *a.* (1) 회의의 ; 입법부의 : ~ debates 회의〈국회〉의 토론. (2) (종종 C-)《美》의회의, 국회의

˙con·gress·man [káŋgrismən / kɔ́ŋ-] (*pl.* **-men** [-mən]) *n.* ⓒ (종종 C-)《美》국회 의원,《특히》하원 의원.

con·gress·per·son [káŋgrispə̀ːrsn / kɔ́ŋ-](*pl.* **-pèo·ple**) *n.* ⓒ (종종 C-)《美》하원 의원《남녀 공통어》.

con·gress·wom·an [káŋgriswùmən/ kɔ́ŋ-] (*pl.* **-wom·en** [-wìmin]) *n.* ⓒ《美》여자 국회 의원《특히 하원의》.

con·gru·ence [káŋgruəns, kəngrúːəns / kɔ́ŋ-] *n.* ⓤ (1) 일치, 합치 ; 조화(성). (2)【數】(도형의) 합동. 「=CONGRUOUS.

con·gru·i·ty [kəngrúːiti, kəŋ- / kɔŋ-] *n.* (1) a〕ⓤ 적합(성), 일치, 조화. b〕ⓒ (흔히 *pl.*) 일치점. (2) ⓤ【數】(도형의) 합동(성).

con·gru·ous [káŋgruəs / kɔ́ŋ-] *a.* (1) …와 일치하는, 적합한, 어울리는, 조화하는《*with* ; *to*》(2)【數】합동의.
파)**~·ly** *ad.*

con·if·er·ous [kouníf∂r∂s] a. 구과(毬果)를 맺는, 침엽수의 : a ~ tree 침엽수
con·jec·tur·al [k∂ndʒéktʃ∂r∂l] a. (1) 추측적인, 추측상의. (2) 억측〈추측〉을 좋아하는.
˙**con·jec·ture** [k∂ndʒéktʃ∂r] n. ⓤⓒ 추측, 억측 ; (사본 따위의) 판독 : hazard a ~ 추측해 〈헤아려〉보다, 짐작으로 말하다. — vt. 《~+目/+that節》 …을 추측〈억측〉하다 : ~ the fact from... 그 사실을 …에서 추측하다. — vi. 추측하다, 짐작으로 말하다. 【cf.】 guess, surmise.
con·join [k∂ndʒɔ́in] vt. vi. (…을) 결합하다 ; 합치다 ; 합쳐지다.
con·joint [k∂ndʒɔ́int, kɑn- / k∂ndʒɔ́int] a. (1) 연합한, 결합한. (2) 공동〈연대〉의. 파) **~·ly** ad. 결합〈공동〉하여 ; 연대하여.
˙**con·ju·gate** [kándʒ∂gèit / kɔ́n-] vt. 【文法】 (동사)를 활용〈변화〉시키다. — vi. (1) 【文法】 (동사가) 활용〈변화〉하다. (2) 교미〈교접〉하다 : 【生】 접합하다. — [kándʒ∂git, -gèit / kɔ́n-] a. (1) (쌍으로) 결합된. (2) 【植】 (잎이) 쌍을 이룬, (한) 쌍의. (3) 【文法】 어원이 같은. (4) 【生】 접합의.
con·ju·ga·tion [kàndʒ∂géiʃ∂n / kɔ̀n-] n. (1) ⓤⓒ 【文法】 (동사의) 활용, 어형 변화. (2) ⓤⓒ 결합, 연결, 배합. (3) ⓤ 【生】 (단세포생물의) 접합. ▫ conjugate v.
˙**con·junc·tion** [k∂ndʒʌ́ŋkʃ∂n] n. (1) ⓤⓒ 결합, 연결, 접속 ; 합동 ; 관련 : in ~ with …와 관련〈접속〉하여 : …와 합동〈연락〉하여, …와 함께 (2) ⓒ 【文法】 접속사. (3) ⓤ 【天】 합삭(合朔).
con·junc·ti·va [kàndʒʌŋktáiv∂ / kɔ̀n-] (pl. **~vas, ~vae** [-vi:]) n. ⓒ 【解】 (눈알의) 결막.
˙**con·junc·tive** [k∂ndʒʌ́ŋktiv] a. (1) 연결 〈결합〉하는 ; 연결된, 결합된 ; 공동의. (2) 【文法】 접속(사)적인. ▫ conjunction n. — n. ⓒ 【文法】 접속사(어). 파) **~·ly** ad. 결합하여, 접속적으로.
con·junc·ture [k∂ndʒʌ́ŋktʃ∂r] n. ⓒ (1) (중대한) 국면, 위기, 비상 사태 : at this ~ 이 위기에. (2) (여러 가지 사건·사정 등의) 복합.
con·jur·a·tion [kàndʒ∂réiʃ∂n / kɔ̀n-] n. ⓤ 주술, 마법 ; 주문 ; 요술.
˙**con·jure**[1] [kándʒ∂r, kʌ́n-] vt. (1) 주문(呪文)을 외어 (영혼)을 불러내다《up》 (2) a] 마법〈요술〉을 써서 (…에서) …을 꺼내다, 출현시키다《out of》 b] …을 마법〈주문〉으로 쫓아내다《away》 : ~ evil spirits away 마법을 써서 악령을 쫓다. — vi. 마법〈요술〉을 쓰다. ***a name to ~with*** 중요한 〈영향력 있는〉 이름 : By 1920. ***~ up*** (1) 주문을 외어 〈마법으로〉 죽은 사람의 영혼을 불러내다. (2) …을 눈앞에 떠올리다.
con·jure[2] [k∂ndʒúər] vt. 《+目+to do》 …을 탄원하다. 기원하다
con·jur·er [kándʒ∂r∂r, k∂ndʒú∂r∂r, kʌ́nɔʒ∂r-] n. ⓒ (1) 마법사 ; 강신술사. (2) 요술쟁이.
con·jur·ing [kándʒ∂riŋ, kʌ́n-] n.. ⓤ a. 요술〈마술〉(의).
conk[1] [kɑŋk / kɔŋk] 【俗】 n. ⓒ (1) a] 머리. b] 코. (2) 머리〈코〉를 때리기. — vt. …의 머리〈코〉를 때리다.
conk[2] vi. 《口》 (1) 〈기계가〉 망그러지다《out》 (2) a] (사람이) 실신하다 ; 죽다《out》. b] 《美》 깊이 잠들다.《off ; out》.
conk·er [káŋk∂r / kɔ́ŋ-] n. 《英》 (1) (pl.) 〔單數〕 도토리 놀이《실에 매단 도토리를 상대편 것에 부딪혀서 깨뜨린 사람이 이김》.
con·nacht [kánɔ:t / kɔ́n-] n. 코노트《아일랜드 공화국의 북서부 지역 ; 略 : Conn》.
con·nate [káneit / kɔ́n-] a. (1) 타고난, 선천적인. (2) 쌍생의, 동시 발생의. (3) 【生】 합착(合着)의, 합생(合生)의. 파) **~·ly** ad.
:con·nect [k∂nékt] vt. (1)《~+目/+目+前+名》 …을 잇다, 연결〈접속〉하다 (2) 《~+目/+目+前+名》 (사람·장소 등)을 전화로 연결하다 (3) 《~+目/+目+前+名》〔흔히 受動으로 또는 再歸的〕 (사업 따위로) …을 (…와) 관계시키다 ; (결혼 따위로) …을(…와) 인척 관계로 하다《with》 (4) 《+目+前+名》 …을 연상하다, 결부시켜 생각하다《with》 : ~ prosperity with trade 번영을 무역과 결부시켜 생각하다. (5) (논설 따위)의 조리를 세우다 ,…을 시종 일관되게 하다. — vi. (1)이어지다. 연속〈접속〉하다《with》 : The two rooms ~ by a corridor. 그 두 방은 복도로 이어져있다. (2) 《+前+名》 (열차·항공기 따위가) 연락〈접속〉하다.《with》 This train ~s with another at Albany. 이 열차는 올버니에서 딴 열차와 접속된다. (3) 《+前+名》 (문맥·생각 따위가) 연결되다 This paragraph doesn't ~ with the others. 이 구절은 다른 구절과 연결이 안된다. (4) 《口》 【野】 강타하다《for》 ; 【競】 득점과 연결하다 ; 《美俗》 잘 하다, 성공하다《for》. ▫ connection n.
con·nect·ed [k∂néktid] a. (1) 연결된, 일관된, 관계가 있는 (2) 〔敍述的〕 (직무 등으로 …에) 관계〈관련〉하고 있는《with》 3) (…의) 친척인, (…와) 친척〈연고〉 관계가있는《with》 : She's ~ with the family by marriage. 그녀는 그 일족과 인척 관계가 있다. 파) **~·ly** ad.
con·nec·ting [k∂néktiŋ] a. 연결〈연락〉하는 : a ~ door (두 방 사이의) 연결〈연락〉문.
:con·nec·tion, 《英》 -nex·ion [k∂nékʃ∂n] n. (1) ⓤ 연결, 결합《to ; with》(2) ⓤⓒ 관계, 관련 : (문장의) 전후 관계, 앞뒤 (3) ⓤⓒ (흔히 pl.) (열차·항공기 등의) 연락, 접속 : The are good ~s between buses in Seoul. 서울에서는 버스의 접속이 잘 된다. (4) ⓤⓒ (인간 상호의) 관계 ; 교섭, 교제 ; 연고(緣故), 연줄 ; (흔히 pl.) 연고 관계의 사람, 친척(관계) (5) ⓒ 거래처, 단골 : a business with a good ~ 좋은 단골이 있는 장사. (6) ⓤⓒ (기계 도관 등의) 연접, (전신·전화의) 연결, 접속 : a pipe ~ 파이프의 이음매(연결부) / have a bad~ (전화의) 접속 상태가 나쁘다. (7) ⓒ 마약 밀매인 : (마약 따위의); 밀수 조직, 비밀 범죄 조직, 커넥션. ▫ connect v. ***in ~ with*** …와 관련하여 ; …에 관한, …와 연락하여 ***in this ~*** 이와 관련하여, 이 점에 대해서. ***make ~ at*** …에서 연락〈접속〉하다.
con·nec·tive [k∂néktiv] a. (1) 연결하는, 접속의. (2) 【文法】 연결의. — n. ⓒ (1) 연결물, 연계(連繫). (2) 【文法】 연결사
con·nec·tiv·i·ty [kàn∂ktív∂ti] n. ⓤ (1) 연결성 (2) 【컴】 상호 통신 능력.
con·nec·tor [k∂nékt∂r] n. ⓒ (1) 연결하는 것 〈사람〉. (2) (철도의) 연결기(coupling), 연결수, 커넥터. (3) 【電】 접속용 소켓; 【컴】이음기, 연결기.
:connexion 《英》 ➔ CONNECTION.
cón·ning tòwer [kániŋ- / kɔ́n-] (군함·잠수함의)사령탑. 【cf.】 con[2].
con·niv·ance [k∂náiv∂ns] n. ⓤ (1) 묵인, 묵과 《at ; in》 (2) 공모(共謀)《with》 : in ~ with …와 공모하여.

con·nive [kənáiv] *vi.* (1) 눈감아주다, 묵인하다 (2) 공모〈묵계〉하다, 서로 짜다《*with*》: ~ *with* a person in crime 아무와 공모하여 범죄를 저지르다.

con·nois·seur [kɑ̀nəsə́ːr, -súər / kɔ̀n-] *n.* ⓒ (미술품 등의) 감식가 ; 전문가, 권위자《*of* ; *in*》: a ~ *of* Italian operatic music 이탈리아 오페라음악의 권위자. 파)~ · **shìp** *n.* ⓤ 감식안.

con·no·ta·tion [kɑ̀noutéiʃən/kɔ̀n-] *n.* (1) ⓤⓒ 함축,언외(言外)의 의미(2) ⓤ 【論】 내포(內包). 〖opp.〗 *denotation.*

con·no·ta·tive [kánoutèitiv, kənóutə- / kɔ́noutèi-] *a.* (1) 함축적인 ; (다른 뜻을) 암시하는《*of*》: a ~ sence 함축적인 의미 (2) 【論】 내포적.〖opp.〗 denotative. 파) ~•**ly** *ad.*

con·note [kənóut] *vt.* (1) (말이 언외(言外)의 뜻)을 갖다, 함축하다, 암시하다. (2) (결과 · 부수 상황으로서) …을 수반하다 (3) 【論】 …을 내포하다. 〖opp.〗 *denote.*

:con·quer [káŋkər / kɔ́ŋ-] *vt.* (1) ….을 정복하다, 공략하다 : ~ the enemy 적을 치다. (2) (명예 따위)를 획득하다 (3) (어려운 고비 · 곤란 · 격정 · 유혹 · 버릇 따위)를 극복하다, …을 이겨내다 : ~ a bad habit. 나쁜 버릇을 극복〔타파〉 하다. (4) (이성)을 따르게 하다.
— *vi.* (1)정복하다. (2)승리를 얻다, 이기다 : Justice will ~. 정의는 승리한다.
□ conquest *n.* 파) ~ · **a·ble** [-rəbəl] *a.* 정복 가능한, 이겨낼 수 있는; 타파 할 수 있는.

:con·quer·or [káŋkərər / kɔ́ŋ-] *n.* (1) ⓒ 정복자; 승리자, 극복자 (2) (the C-) 《英史》 정복왕 William I 세 《1066년 영국을 정복함》.

:con·quest [káŋkwest / kɔ́ŋ-] *n.* (1) ⓤ 정복《*of*》: The ~ *of* cancer is imminent. 암의 정복은 곧 이루어질 것이다. (2) ⓤ 획득 : 성〈애정〉의 획득 : the ~ of fame 명성의 획득. (3) ⓒ 획득물 : 전리품, 정복지 ; 애정에 끌린 이성. (4) (the C-)

con·quis·ta·dor [kɑnkwístədɔ̀ːr, kɔ(ː)ŋ-, kən-] (*pl.* **~s, ~do·res** [-kwìstədɔ́ːris, -kì(ː)s-] *n.* ⓒ 정복자(conqueror).

con·san·guin·e·ous [kɑ̀nsæŋgwíniəs/ kɔ̀n-] *a.* 혈족의, 혈연의, 동족의 파) ~ · **ly** *ad.*

con·san·guin·i·ty [kɑ̀nsæŋgwínəti / kɔ̀n-] *n.* ⓤ 혈족 (관계) ; 밀접한 관계〈결합〉: degrees of ~ 촌수.

:con·science [kánʃəns / kɔ́n-] *n.* ⓤ (1) 양심, 도의심, 도덕 관념 (2) 의식 · 자각. □ conscientious *a.* ***ease*** a person' **s ~** 아무를 안심시키다. ***for ~('***) ***sake*** 양심에 걸려, 양심 때문에, 핑계〈위안〉삼아 ; 제발. ***have ... on*** one' **s ~** 을 심로(心勞)하다, …을 떳떳지 않게 생각하다 : He *has* a lot *on his.* ~ 그는 여러 가지 일에 신경을 쓰고 있다. ***in*** (***all***) **~** 《口》 (1) 양심에 비추어, 도의상 (2) 확실히, 꼭(surely). ***on*** 〈***upon***〉 one' **s ~** 양심에 걸고, 기필코.

con·science·less [kánʃənslis / kɔ́n-] *a.* 비양심적인, 파렴치한.

cónscience mòney 보상의 헌금

con·sci·en·tious [kɑ̀nʃiénʃəs / kɔ́n-] *a.*(1) 양심적인, 성실한 : a ~ study 양심적인 연구 / a ~ worker 성실하게 일하는 사람. (2) 주의깊은, 신중한, 면밀한 파) ~ · **ly** *ad.* ~ · **ness** *n.*

con·scion·a·ble [kánʃənəbəl / kɔ́n-] 《古》 *a.* 양심적인 ; 바른, 정당한.

:con·scious [kánʃəs / kɔ́n-] (***more ~ ; most ~***) *a.* (1) 〔敍述的〕 의식〈자각〉하고 있는, 알고 있는《*of* ; *that*》.(2) 의식적인 : with ~ superiority 우월감을 갖고 / a ~ liar 나쁜 줄 알면서 거짓말하는 사람. (3) 〔敍述的〕지각〈의식〉 있는, 제정신의 : become ~ 제정신이 들다 / He's still ~ 그는 아직 의식이 (남아) 있다. (4)〔限定的〕 의식적인 ; 자의식이 강한, 남을 의식하는 : a ~ smile (겸연쩍은) 억지 웃음 / speak with a ~ air (남을 의식하여) 조심스럽게 말하다. — *n.* (the ~) 【心】 의식. 파)*~ · **ly** *ad.* 의식적으로, 자각하여.

:con·scious·ness [kánʃəsnis / kɔ́n-] *n.* ⓤ (1) 자각, 의식 ; 알고 있음, 알아챔 (2) 【心】 의식, 지각 : moral ~ 도덕 의식. ***the stream of ~*** 【心】 의식의 흐름.

con·script [kánskript / kɔ́n-] *a.* 〔限定的〕 징집된 : a ~ soldier 신병, 징집병. — *n.* ⓒ 징집병. — [kənskrípt] *vt.* …을 군인으로 뽑다 ; 징집하다

con·scrip·tion [kənskrípʃən] *n.* ⓤ (1) 징병(제도), 모병 ; 징모, 징집 : the ~ system 징병 제도 / evade ~ 징병을 기피하다. (2) 징발, 징용 :~ of wealth 재산의 징발.

con·se·crate [kánsikrèit / kɔ́n-] *vt.* (1)《~+目/+目+前+名》 a〕 …을 신성하게 하다, 성화(聖化)하다 ; 【가톨릭】 (미사에서 빵과 포도주를) 축성(祝聖)하다b〕 봉헌하다 : ~ a church to divine service 헌당(獻堂)하다. (2)《+目+前+名》 (어떤목적)에 …을 바치다, 전념하다

con·se·cra·tion [kánsikréiʃən / kɔ̀n-]*n.*(1) ⓤ 신성화, 정화《*of*》. (2)a〕 (the ~ ; 종종 C-) 【가톨릭】 축성(祝聖). b〕 ⓤⓒ (교회의) 헌당(식);성직 수임.(3) ⓤ 헌신, 정진(精進).

con·sec·u·tive [kənsékjətiv] *a.* (1) 연속적인, 잇따른 ; (논리적으로) 모순 · 비약이 없는, 시종일관된 (2) 【文法】 결과를 나타내는 : a ~ clause 【文法】 결과를 나타내는 부사절. 파) ~ · **ly** *ad.* 연속적으로.

con·sen·sus [kənsénsəs] *n.* ⓤ (또는 a~) (의견 · 증언 등의) 일치 ; 총의 ; 컨센서스

:con·sent [kənsént] *vi.* 《~/+前+名+*to* do/+*that*節》 동의하다, 찬성하다, 승인하다, 허가하다 — *n.* ⓤ (1)동의, 허가 승낙《*to*》: He gave his ~ *to* the proposal. 그는 그 제안에 동의했다 / silence gives ~. (俗談) 침묵은 승낙의 표시. (2) (의견 · 감정의) 일치 : by common 〈general〉 ~ =with one ~ 만장일치로 이의 없이 / give 〈refuse〉 one's ~ 승낙하다〈않다〉. ***the age of ~*** 【法】 승낙 연령《결혼 따위가 법적으로 인정되는 나이》.

:con·se·quence [kánsikwèns / kɔ́nsikwəns] *n.*(1) ⓒ 결과 : 결말 : take 〈answer for〉 the ~s (자기 행동의) 결과를 감수하다〈책임지다〉 /(2) ⓤ (영향의) 중대성, 중요함 ; (사람의) 사회적 지위〈중요성〉 : of (great) ~ (매우) 중대한 / It's a matter of no ~. 그것은 하찮은 것이다. (3) ⓒ 【論】 귀결, 결론. ***as a ~*** (***of***) = ***in~*** (***of***) …의 결과, …때문에. ***with the ~that...*** 그 결과 로서 당연히 …이 되다.

con·se·quent [kánsikwènt / kɔ́nsikwənt] *a.* 결과로서 일어나는《*on, upon*》 ; (논리상) 필연의, 당연한 파) ~ · **ly** *ad.* 따라서, 그 결과로서.

con·se·quen·tial [kɑ̀nsikwénʃəl / kɔ̀n-] *a.* (1) 결과로서 일어나는 ; 당연한, 필연의. (2) a〕 중요한, 중대한 b〕 거드름부리는, 젠체하는. 파) ~ · **ly** [-ʃəli] *ad.* 그 결과로서, 필연적으로 ; 짐짓 젠체하여.

con·serv·an·cy [kənsə́ːrvənsi] (*pl.* **~cies**) *n.* (1) ⓤ(자연 · 등의) 보존, 보호, 관리 (2) ⓒ 《英》〔集合

的 ; 單 · 複數취급] (하천 등의) 관리 위원회 〈사무소〉

con·ser·va·tion [kɑ̀nsərvéiʃən / kɔ̀n-] *n.* ⓤ(1) (자연 · 자원의) 보호, 관리 ; 보존, 유지, 존속 ; nature ~ 자연보호 / ~area (자연 · 사적 등의) 보호 지역 (2) 【物】 보존《*of*》 : ~ *of* energy 에너지의 보존 / ~ *of* mass 〈matter〉 【物】 질량 보존. ◻ conserve *v.*
파) **~ · ist** *n.* ⓒ (자연 · 자원) 보호론자.

ˑ**con·serv·a·tism** [kənsə́ːrvətìzəm] *n.* ⓤ (1) 보수주의 ; 보수적 경향. (2) (종종 C-) (영국) 보수당의 주의 〈강령〉.

:**con·serv·a·tive** [kənsə́ːrvətiv] (***more ~ ; most ~***) *a* (1) 보수적인, 보수주의의. (2) (C-) 영국 보수당의. (3) 전통적인, 인습적인 (4) 조심스러운, 신중한 : a ~ estimate 줄잡은 어림. (5) (옷차림 등이) 수수한 : He prefers ~ clothes. 그는 수수한 옷을 좋아한다. — *n.* ⓒ (1)보수주의자, 보수적인 경향의 사람. (2) (C-) 보수당원《특히 영국》. ◻ conserve *v.*
파) **~•ly** *ad.* 보수적으로; 조심스레, **~•ness** *n.*

con·ser·va·toire [kənsə̀ːrvətwɑ́ːr, -ˊ-ˋ] *n.* ⓒ 《F.》 (주로 프랑스의) 국립 음악〈미술, 연극〉

con·ser·va·tor [kɑ́nsərvèitər, kənsə́ːrvətər / kɔ́n-] (*fem.* **-trix** [-triks]) *n.* ⓒ(1) 보호자, 보존자. (2) (박물관 등의) 관리인.

con·serv·a·to·ry [kənsə́ːrvətɔ̀ːri / -təri] (*pl.* **-ries**) *n.* ⓒ(1) 온실. (2) 음악〈미술, 연극〉학교.

ˑ**con·serve** [kənsə́ːrv] *vt.* (1) …을 보존하다, 보호하다 ; 낭비하지 않다 (2) …을 설탕 절임으로 보존하다. ◻conservation *n.* — [kɑ́nsəːrv, kənsə́ːrv / kənsə́ːrv, kɔ́nsəːrv] *n.* ⓤⓒ (흔히 *pl.*)(과일 따위의) 설탕 절임 ; 잼 ; strawberry ~ 딸기 잼.

:**con·sid·er** [kənsídər] *vt.* 《~+目/+*that*節+*wh.*節/+*wh. to* do /+-*ing*》 …을 숙고하다, 두루 생각하다, 고찰하다 : ~ a matter in all its aspects 일을 여러 면에서 생각하다. (2) 《~+目/+as補+/目+(*to be*)補》 …을 (…으로) 생각하다〈간주하다〉 : I ~ him (*to be*〈*as*〉) a coward. 나는 그를 겁쟁이라고 생각한다. (3) …을 참작하다, 고려에 넣다 : We should ~ his youth. 그의 젊음을 참작해야 할 것이다. (4) …에 주의를 기울이다, …을 염려하다 (5) …을 존경하다, 존중하다 (6) (구입 · 채택)에 대해 고려하다 : ~ an apartment 아파트를 살〈세(貰)들〉 생각을 하다.— *vi.* 잘 생각하다, 숙려하다 *n.* ***all things ~ed*** 만사를 고려하여 (보니), 이것 저것 생각해 보니 : *All things ~ed* it was quite a productive meeting. 이것 저것 생각해보니 정말 생산적인 모임이었다.

:**con·sid·er·a·ble** [kənsídərəbəl] (***more ~ ; most ~***) *a.* (1) (사람이) 중요한, 유력한, 고려할, 무시할 수 없는 : a ~ personage 저명 인사. (2) (수량이) 꽤 많은, 적지 않은 : 상당한 : a ~ distance 상당한 거리. — *n.* ⓤ 《美口》 다량

:**con·sid·er·a·bly** [kənsídərəbəli] *ad.* 적지 않게, 매우, 꽤, 상당히 : He's ~ older that I (am). 그는 나이가 나보다는 상당히 위다.

:**con·sid·er·ate** [kənsídərit] (***more ~ ; most~***) a. 동정심 많은, 인정이 있는《*of*》 ◻ consider *v.* ***It is very ~ of you to*** do …에 주셔서 정말 고맙습니다. 파) **~ · ly** *ad.* **~ · ness** *n.*

ˑ**con·sid·er·a·tion** [kənsìdəréiʃən] *n.* (1)ⓤ 고려, 숙려(熟慮), 고찰(2) ⓤ (남에 대한) 동정, 헤아림《*for*》 (3) (*sing.*) 보수,사례, 팁, 【法】 대가(對價) : a ~ paid for the work 일 에 대하여 지급되는 보수. ***in ~ of*** (1) …을 고려하여 ; *in ~ of* his youth 연소함을 감안하여. (2) …의 사례〈보수〉로서 ***leave... out of ~*** …을 도외시하다. ***on*** 〈***under***〉 ***no ~*** 결코 …않는 : *On no ~* must you divulge this to him. 이 일은 그에게 절대로 누설해서는 안 된다. ***take... into ~*** 고려에 넣다, …을 참작하다. ***Under ~*** 고려 중에〈의〉 : The plan is now *under ~* by the government. 그 계획은 현재 정부가 검토 중이다.

con·sid·ered [kənsídərd] *a.* 〔限定約〕 (1) 충분히 고려한 끝의, 신중한 : ~ judgment 숙려한 끝의 판단. (2) 《바로 앞에 副詞를 수반하여》 존경받는, 중히 여기는

:**con·sid·er·ing** [kənsídəriŋ] *prep.* …을 고려하면, …을 생각하면, …에 비해서 — *conj.* 〔흔히 that을 수반하여〕 …임을 생각하면, …임에 비해서, …이니까 : *Considering that* he is an American, he speaks Korean fluently. 미국인치고는 한국말이 유창하다. — *ad.* 《口》 그런대로, 그렇게 비교적 : That is not so bad, ~. 그것은 그런대로 그렇게 나쁘지는 않다.

ˑ**con·sign** [kənsáin] *vt.* (1) 《+目+前+名》 …을 건네주다, 인도하다 ; 교부하다 ; 위임하다, (돈)을 맡기다《*to, into*》 : ~ the body *to* the flames시체를 화장하다 ~ a letter *to* the post 편지를 우송하다. (2) 《~+目/+目+前+名》 【商】(상품을) 위탁하다 ; 탁송하다《*to*》

con·sign·ment [kənsáinmənt] *n.* 【商 (1) ⓤ 위탁(판매), 탁송(託送) : on ~ 위탁 판매로〈의〉 (2) ⓒ 위탁 화물, 적송품(積送品) ; 위탁 판매품.

con·sion·or [kənsáinər] *n.* ⓒ (판매품의) 위탁자, 적송인(積送人) (shipper), 하주.

:**con·sist** [kənsíst] *vi.* 《+前+名》 (1) (…으로) 되다, (부분 · 요소로) 이루어지다《*of*》 《※ '*consists of*' = is made of '*consists in*' =is》. 3) (…와) 양립하다, 일치하다《*with*》 : Health does not ~ *with* intemperance. 건강과 부절제는 양립하지 않는다 / ~ *with* reason 도리에 합치하다.

con·sist·ence [kənsístəns] *n.* = CONSISTENCY.

ˑ**con·sist·en·cy** [kənsístənsi] *n.*(1) ⓤ 일관성, 언행 일치 : 모순이 없음《*of ; with*》 : Their policy lacks ~. 그들의 정책에는 일관성이 없다. (2) ⓤⓒ 농도, 밀도 : 경도(硬底)

ˑ**con·sist·ent** [kənsístənt] *a.* (1) (의견 · 행 동 · 신념 등이) (…와) 일치〈조화 · 양립〉하는(2) (주의 · 방침 · 언행 등이) 불변한, 견지하는, 시종일관된, 견실한《*in*》 : An explanation must be ~. 설명은 시종 일관해야 한다 / a ~ advocate of political reform 정치 개혁의 일관된 주창자. (3) (성장 등이) 착실한, 안정된 : ~ growth 착실한 성장 파) **~ · ly** *ad.*

con·sis·to·ry [kənsístəri] *n.* ⓒ (1) 종교 법원(회의실). (2) 【가톨릭】 추기경 회의. (3) (영국국교의) 감독 법원 ; (장로 교회의) 장로 법원.

con·sol [kɑnsál / kɔnsɔ́l] *n.* =CONSOLS.

con·sol·a·ble [kənsóuləbəl] *a.* 위안이 되는, 마음이 가라앉는.

ˑ**con·so·la·tion** [kɑ̀nsəléiʃən / kɔ̀n-] *n.* (1) 위로, 위안 (2) ⓒ 위안이 되는것〈사람〉 : She was his only ~. 그녀는 그의 유일한 위안이었다. (3) 《形容詞的》 패자 부활의 : a ~ race 폐자 부활전.

ˑ**con·sole¹** [kənsóul] *vt.* 《~+目/+目+前+名》 …

을 위로하다, 위문하다《for ; on》

con·sole² [kánsoul/ kɔ́n-] n. ⓒ (1) 《建》 소용돌이꼴 까치발. (2) 〈파이프오르간의〉 연주대(臺)《건반·페달 포함》. (3) (전축·TV 등의) 콘솔형 캐비닛. (4) 【컴】조종대, 제어 탁자. (5) =CONSOLE TABLE.

cónsole tàble [kánsoul/ kɔ́n-] 벽에 붙여 놓는 테이블.

·con·sol·i·date [kənsálədèit / -sɔ́l-] vt. (1) 《~+目/+目+前+名》 …을 결합하다, 합체(合體)시키다 ; (토지·회사·부채 따위)를 통합정리하다 (2) …을 굳게 하다, 공고〈견고〉히 하다, 강화하다 — vi. (1) 합체〈통합〉하다 : The two banks ~d and formed a single large bank. 그 두 은행은 합병하여 하나의 큰 은행을 만들었다. (2) 굳어지다.

con·sol·i·dat·ed [kənsálədèitid / -sɔ́l-] a. 합병정리된, 통합된 ; 고정〈강화〉)된 : a ~ ticket office 《美》 (각 철도의) 연합 차표 판매소 / a ~ balance sheet 연결 대차 대조표.

consólidated annúities 《英》=CONSOLS.

con·sol·i·da·tion [kənsàlədéiʃən / -sɔ̀l-] n. ⓤ (1) 굳게 함 ; 강화 (2) 합동, 합병, (회사 등의) 정리 통합 (【cf.】 merger) : ~ funds 정리 기금 / the ~ of small businesses 소기업의 합병.

con·som·mé [kànsəméi / kɔnsɔ́mei] n. ⓤ 《F.》 【料】 콩소메, 맑은 수프. 【cf.】 potage.

con·so·nance [kánsənəns / kɔ́n-] n. (1) ⓤ 조화, 일치 : in ~ with …와 조화〈일치〉하여, …와 공명하여. (2) ⓤⓒ 【樂】 협화(음) ; 【物】 ; 공명.

:con·so·nant [kánsənənt / kɔ́n-] (**more ~ ; most ~**) a. 〔敍述約〕 (1) 일치하는, 조화하는《with ; to》 (2) 【樂】 협화음 (3) 한정적〔限定的〕 【音聲】 자음의 : a ~ letter 자음자 n. ⓒ 【音聲】 자음 ; 자음 글자.

con·so·nan·tal [kànsənǽntl / kɔ́n-] a. 자음의, 자음적인.

·con·sort [kánsɔːrt / kɔ́n-] n. ⓒ (1) (특히 국왕·여왕 등의) 배우자. 【cf.】 queen 〈prince〉 consort. (2) 요선(僚船), 요함, 요정(僚艇) ; 동료. (3) 【樂】 콘소트《옛날 악기를 연주하는 합주단 또는 그 악기군(群)》. **in ~ (with)** (…와) 함께.
— [kənsɔ́ːrt] vi. 《+前+名》 (1)교제하다, 사귀하다《together ; with》(2) 일치하다, 조화하다 — vt. …을 조화 있게 결합하다.

con·sor·ti·um [kənsɔ́ːrʃiəm, -sɔ́ːrtiəm] (pl. **-tia** [-ʃiə], **~s**) n. ⓒ (1) (국제) 협회, 조합. (2) (국제) 차관단.

con·spec·tus [kənspéktəs] n. ⓒ(1)개관. (2)개요, 적요

·con·spic·u·ous [kənspíkjuəs] (**more ~ ; most ~**) a. (1) 눈에 띄는, 똑똑히 보이는 : a ~ star 잘 보이는 별 / a ~ error 분명한 착오. (2) 특징적인, 이채를 띠는

·con·spir·a·cy [kənspírəsi] n (1) ⓤⓒ 모의 : 음모 in ~ 공모〈작당〉하여 / a ~ of silence 묵살하자는(덮어주자는)모의. (2) ⓒ 음모단. ▫ conspire

conspíracy of sílence 묵인 〈묵살〉하자는 약조〈결탁〉.

·con·spir·a·tor [kənspírətər] (fem. **-tress-** [tris]) n. ⓒ 공모자 ; 음모자(plotter) ▫ conspire v.

con·spir·a·to·ri·al [kənspìrətɔ́ːriəl] a. 음모의 공모의 : a ~ wink 음모의 〈공모하는 듯한〉 눈짓 / a ~ group 음모 집단. 파)~ · **ly** ad.

·con·spire [kənspáiər] vi. (1) 《+to do》 협력하여 〈서로 도와〉 …하다 ; (어떤 결과를 초래하도록 사정이) 서로 겹치다, 일시에 일어나다 — vt. (음모)를 꾸미다 꾀하다(Plot) : ~ his downfall 그의 실각(失脚)을 기도하다. (2) 《~/+前/+名+/to do》 공모(共謀)하다. 작당하다《against》 ; (…와) 기맥(氣脈)을 통하다《with》 : ~ against the state 〈a person's life〉 반란〈암살〉을 꾀하다

·con·sta·ble [kánstəbl/kʌ́n-] n. ⓒ (1)【英史】 옛날의 성주(城主). (2)치안관《英》 순경 ; 경관(policeman). a special ~ 특별순경.

con·stab·u·lary [kənstǽbjəlèri/ -ləri] 경찰관의 : the ~ force 경찰력. —n. ⓒ《集合的 ; 單·複數 취급》(한 지구의) 경찰대〈력〉, 경찰관할구.

·con·stan·cy [kánstənsi/kɔ́n-] n. ⓤ (1) 지조, 수절, 견고 ; 절조 ; 정절. (2) 불변성, 항구성.

:con·stant [kánstənt/kɔ́n-] (**more ~ ; most ~**)a. (1) (…에) 성실한, 충실한, 절개가 굳은(faithful) a ~ friend 충실한 벗 / a ~ sweetheart 마음이 변하지않는 애인. (2) 변치 않는(불변의), 일정한. (3)끊임없는, 부단한 : ~ hard work 끊임 없는 중노동. — n. ⓒ 【數·物】 상수(常數), 불변수〈량〉.

·Con·stan·ti·no·ple [kànstæntinóupl/kɔ̀n-] n. 터키의 도시 《지금은 Istanbul》.

:con·stant·ly [kánstəntli/kɔ́n-] (**more ~ ;most~**) ad. 변함없이 ; 항상 ; 끊임없이(continually) ; 빈번히

·con·stel·la·tion [kànstəléiʃən/kɔ́n-] n. ⓒ (1) (사상·관념의) 집단, 배치. (2)멋진차림의 신사 숙녀〈쟁쟁한 인사〉들의 무리(galaxy) (3) 【天】 별자리, 성좌, 성운 : the ~ Orion 오리온 자리.

con·ster·nate [kánstərnèit/kɔ́n-] vt. 《흔히 受動으로》 …을 (깜막·섬뜩) 놀라게 하다. be ~d 깜짝 놀라다.

con·ster·na·tion [kànstərnéiʃən/kɔ̀n-] n. ⓤ 섬뜩 놀람, 소스라침, 당황 throw into ~ 놀라게 하다.

con·sti·pate [kánstəpèit/kɔ́n-] vt. 〔흔히 受動으로〕 【醫】 …을 변비에 걸리게 하다 파) **~pat·ed** [-id] a . 변비증이 있는.

con·sti·pa·tion [kànstəpéiʃən/kɔ̀n-] n. ⓤ 변비(비유)침체 : relieve ~ 변이 잘 나오게 하다.

con·stit·u·en·cy [kənstítiʃuənsi] n. ⓒ 《集的合的 ; 單·複數 취급》 (1) 단골, 고객(clients) ; (정기 간행물의) 구독자 ; 후원자, 지지자들. **nurse** one'**s** ~ 《英》 (의원이) 선거구의 기반을 보강하다. (2) (한 지구의) 선거인, 유권자 ; 선거구, 지반.

·con·stit·u·ent [kənstítʃuənt] a 《限定約》 (1) 구성하는, 만들어내는 ; 조직하는 ; …의 성분을〈요소를〉 이루는 (2) 선거권〈지명권〉을갖는 ; 헌법 제정〈개정〉의 권능이 있는 : a ~ body 선거 모채 / a ~ assembly 헌법 제정〈개정〉 의회. — n. ⓒ (1) 요소, 성분 ; 구성〈요선〉를 : the chemical ~s of a substance 물실의 화학적 성분. (2) 선거인 서거구 주민. (3) 【言】 구성 요소. ▫ constitute v.

:con·sti·tute [kánstətjùːt/kɔ́n-] vt. (1) (법령 등)을 제정하다 ; (단체 등)을 설립하다 : ~ an acting committee 임시 위원회를 설치하다. (2) 《+目+補》 a] …을 (…로) 선정하다(elect)을 (…로) 임명 〈지명〉하다 : ~ a person an arbiter …를 조정인으로 지명하다. b] 《再歸的》 자진해서 나서다 (3) a] …을 구성하다, 조직하다 ; …의 구성 요소가 되다 ; (상태)를 성립시키다, 만들어 내다 : (=One year consists of twelve months.). b]《+目+副》〔受動으로〕 …한 성질〈체질〉

이다 ㅁ constitution *n.*

:**con·sti·tu·tion** [kɑ̀nstətjú:ʃən/kɔ̀n-] *n.* (1) ⓤ 체질, 체격 : a good 〈poor〉 ~ 건전한〈허약한〉체질. (2) ⓒ 소질, 성질, 성격 (3) ⓤ 구성(構成). 조성 ; 구조, 조직(composition)《*of*》 : the ~ *of* society〈the earth〉 사회 〈지구〉의 구조. (4) ⓤ 〈단체 · 회사 따위의〉설립, 설치 ; 제정 : the ~ of law 법의 제정. (5) ⓤ 정제(政體) ; 헌법

˙**con·sti·tu·tion·al** [kɑ̀nstətjú:ʃənəl/kɔ̀n-] a. (1) 헌법의. 합헌(合憲) 의 ; 입헌적인, 법치(法治)의. 〖opp.〗 *autocratic.* 『 a ~ law 헌법. (2) 구조상의, 조직의 : a ~ formula 【化】 구조식. (3) a] 체질상의, 소질의, 타고난b] (산책 등) 건강을 위한. 보건의 : a ~ walk 건강을 위한 산책. — *n.* ⓒ 보건 운동, 산책 : take 〈go for〉 a ~ 산책을 하다〈하러 가다〉. 파) **~·ism** [-izəm] *n.* ⓤ 입헌 제도〈정치〉 ; 헌법 론자. **~·ist** *n.* ⓒ (1)입헌주의자, 헌법 옹호자. **~·ize** [-ʃənəlàiz] *vt.*. *vi.* 입헌제도로〈입헌적으로〉 하다 **~·ly** [-ʃənəli] *ad.* (2) 헌법학자.

con·sti·tu·tion·al·i·ty [kɑ̀nstətjù:ʃənǽləti/kɔ̀n-] *n.* ⓤ 합헌성, 합법성

con·sti·tu·tive [kɑ́nstətjù:tiv/kɔ́n-] *a.* (1) 설정권〈제정권〉이 있는. (2) 구성하는, 조직하는, 구성 성분인, 본질의, 요소의. 파) ~ · **ly** *ad.*

:**con·strain** [kənstréin] *vt.* 《~+目/+目+*to* do》 〔흔히 受動으로〕 …을 강제하다, 강요하다(compel), 무리하게 …시키다/ ***feel ~ed to*** do …하기를 거북하게 느끼다 ; …하는 것은 부득이하다고 생각하다 : be *~ed* to do 부득이(어쩔수 없이) …하다.

con·strained [kənstréind]*a.* (1) 부자연스러운, 갑갑한, 무리한 ; 어색한 (2) 강제된, 압박당한, 강제적인 : a ~ confession 강제 자백.

con·strain·ed·ly [kənstréinidli] *ad.* 억지로, 무리하게, 강제 적으로 : 부자연스럽게, 난처하여.

˙**con·straint** [kənstréint] *n.* (1) ⓤ 거북함, 조심스러움. (2) ⓒ 제약〈속박〉하는 것《*on*》 (3) ⓤ 강제, 압박, 속박 : by ~무리하게, 억지로

con·strict [kənstríkt] *vt.* (1)(활동 등)을 억제하다, 제한하다. (2)(혈관 등)을 압축하다 ; 죄다 ; 수축시키다 : The tight collar *~s* my neck. 칼라가 너무 꼭 끼어서 목이 거북하다.

con·stric·tion [kənstríkʃən] *n.* (1) 죄(어지)는 것. (2) ⓤ 죄어 드는 느낌, 압박감(3) ⓤ 압축. 수축, 긴축 : ~ of a blood vessel 혈관의 수축.

con·stric·tive [kənstríktiv] *a.* 압축하는 ; 수축성의, 괄약적(括約的)인, 수렴성의.

con·stric·tor [kənstríktər] *n.* ⓒ (1) (동물을 졸라 죽이는) 왕뱀. (2)【解】 괄약근(括約筋), 수축근. 【cf.】 dilator. (3) 압축하는 물건〈사람〉.

:**con·struct** [kənstrʌ́kt] *vt.* (1) 【數】 …을 삭노하다, 그리다. (2) (기계 · 이론 등)을 꾸미다, 구성하다, 연구〈고안〉하다(3) …을 조립하다, 짜맞추다 ; 세우다. 건조〈축조 · 건설〉하다.*n.* ⓒ (1)구조물, 건조물. (2) 【心】구성(개념). ㅁ construction *n.*

:**con·struc·tion** [kənstrʌ́kʃən] *n.* (1) ⓒ 【文法】 구문, (어구의) 구성. (2) ⓒ 건조물. 건축물 (3) ⓤⓒ 구조, 구성 : a toy of simple ~ 간단한 구조의 장난감. (4) ⓒ (어구 · 법률 · 행위 등의) 해석 (5) ⓤⓒ 건설, 건조, 건축, 구성 ; (건조 · 건축 · 건설) 공사, 작업 *Construction* ahead. 《美》 전방 공사중《게시》. ㅁ construct *v.*. (4)는 construe *v.* 파) **~·al** [-ʃənəl] *a.* 건설의, 구조상의, 해석상의. **~·al·ly** *ad.* **~·ist** *n.* ⓒ (법률 따위의) 해석(학)자.

˙**con·struc·tive** [kənstrʌ́ktiv] *a.* (1)【法】 해석에 의한. 추정〈인정〉의. 준(準) …a ~ contract 인정 계약 / ~ crime 준범죄. (2)건설적인, 적극적인.(3) 구조상의, 조립의, 구성적인. 파) **~·ly** *ad.* 건설적으로. **~·ness** *n.* **-tiv·ism** [-izəm] *n.* ⓒ 【美術】 구성파. 구성주의.

con·struc·tor [kənstrʌ́ktər] *n.* ⓒ 건설〈건조〉자, 건축업자 ; 조선(造船) 기사.

˙**con·strue** [kənstru:] *vt.* (1) 《~+目+前+名》 (어 · 구)를 짜맞추다. 문법적으로 결합하다《with》 (2) (문장)의 구문법을 설명하다, (문장)을 구성 요소로 분석하다. (3) …을 축어적으로〈구두로〉 번역하다. (4) 《~+目/+目+as+補》 …을 해석하다, 추론하다 — *vi.* (구문을) 해석 〈해부〉되다. : 해석되다 ; (문법상) 분석〈해부〉되다

con·sue·tude [kɑ́nswitjù:d/kɔ́n-] *n.* ⓤ (사회적) 관습, (법적 효력이 있는) 관례, 관행, 불문율.

˙**con·sul** [kɑ́nsəl/kɔ́n-] *n.* ⓒ (1) 【프史】 집정(執政). (2)【로史】 집정관. (3) 영사

con·su·lar [kɑ́nsələr/kɔ́nsjul-] *a.* (1)집정관의. (2) 영사(관)의 : a ~assistant 영사관보(補) / a ~ attache〈clerk〉 영사관원. — *n.* 집정관과 동격인 사람.

con·su·late [kɑ́nsəlit/kɔ́nsju-] *n.* (1) ⓒ 영사관. (2) ⓤ 영사의 직〈임기〉.

:**con·sult** [kənsʌ́lt] *vt.* (1) (득실 · 편의 등)을 고려하다, 염두에 두다(consider) (2) 의논하다. 협의하다 : (변호사 등에게) 조언을 구하다《*with*》. (1) (회사 등의) 고문〈컨설턴트〉 노릇을 하다《*for*》. (2) (사전 · 서적 등)을 참고하다. 찾아보다, 보다 : ~ a dictionary 사전을 찾아보다 / ~ a mirror〈watch〉 거울을〈시계를〉 보다. (3) …의 의견을 듣다, …의 충고를 구하다 ; …의 진찰을 받다 , 상담(상의)하다 : ~ one's lawyer 변호사의 자문을 구하다 /~ a doctor 의사의 진찰을 받다. — *vi.* ㅁ consultation *n.*

con·sult·an·cy [kənsʌ́ltənsi] *n.* ⓤⓒ 컨설턴트업(業), 상담 ; 고문 ; 고문 의사직(職)

˙**con·sult·ant** [kənsʌ́ltənt] *n.* ⓒ (1) 고문 전문의사(consulting physician) (2) (전문적인)상담역, 컨설턴트, 고문 ; a management ~ 경영 컨설턴트.

con·sul·ta·tion [kɑ̀nsəltéiʃən/kɔ̀n-] *n.* (1) ⓒ 전문가의 협의〈심의〉회. (2)ⓤⓒ 상담, 협의 ; 자문 ; 진찰〈감정〉을 받음《*with*》. 대통령의 고문들과 협의 중이다. (3) ⓤ (책 따위를) 참고하기, 찾아보기, 참조《*of*》. ㅁ consult *v.*

con·sult·ing [kənsʌ́ltiŋ] *a.* 《限定的》 전문적 조언을 주는, 자문의, 고문(자격)의 ; (의사가) 진찰전문의 : a ~ engineer 고문 기사 / ~ hours 진찰 시간 / — *n.* ⓒ 상담, 조언 ; 진찰.

con·sum·a·ble [kənsú:məbəl] *a.* 소비 〈소모〉할 수 있는 : a ~ ledger 소모품 대장 / demand for ~ articles 소모품에 대한 수요.
— *n.*. ⓒ (흔히 *pl.*) 소모품. ㅁ consume *v.*

:**con·sume** [kənsú:m] *vt.* (1) 〔흔히 受動 또는 再歸的〕 …의 마음을 빼앗다, …을 열중시키다, 사로잡다 《*with* ; *by*》 (2) …을 다 마셔〈먹어〉 버리다 : ~ a whole bottle of whisky 위스키 한 병을 다 마셔버리다.(3)…을 다 써버리다 ; 소비하다. 소모하다 ; 낭비하다 (4) …을 다 태워 버리다(destroy) ㅁ consumption *n.*

˙**con·sum·er** [kənsú:mər] *n.* ⓒ 소비자(消費者), 수요자. 〖opp.〗 *Producer.* 『 an association of *~s* =《美》 a ~s' union 소비자 협동조합.

con·sum·er·ism [kənsúːmərìzəm] *n.* ⓤ 소비자중심주의 ; 소비자 (보호) 운동.
consúmer príce ìnedx 【經】 소비자 물가 지수 《略 : CPI》.
consúmer reséarch 소비자 (수요) 조사.
˙**con.sum·mate** [kánsəmèit/kɔ́n-] *vt.* (1) 신방에 들어감으로써 〈결혼〉을 완성하다. (2) …을 성취〈완성〉하다 ; 극점에 달하게 하다 — [kənsʌ́mət] *a.* (1)《限定的》 a] 매우 심한. 형편없는 : a ~ ass 지지리 바보. b] 유능한 : a ~ artist 명화가. (2) 완성된. 더 할 나위 없는 완전한〈perfect〉: ~ happiness 더할 나위 없는. 파)~ · **ly** *ad.*
con·sum·ma·tion [kànsəméiʃən/kɔ̀n-] *n.* (1) ⓤ 완성. 완료 ; (목적 · 소망 따위의) 달성. 성취 : the ~ of a contract 계약의 완료. (2) ⓒ (흔히 *sing.*) 정점. 도달점. 극치 (3) (첫날밤〈신방〉 치르기에 의한) 결혼의 완성 : the ~ of marriage.
:**con·sump·tion** [kənsʌ́mpʃən] *n.* ⓤ (1) 소모성의 병. (특히) 폐병(pulmonary ~) (2) a]소비 ; 소비량〈액〉. 【opp.】 *production.* 『 our annual ~ of sugar 우리나라의 연간 설탕 소비량 / a ~ guild 〈association〉 소비 조합. b] 소모. 소진. 멸실. ㅁ consume *v.*
con·sump·tive [kənsʌ́mptiv] *a.* (1) 폐병(질)의. (2) 소비의 ; 소모성의. —*n.*. ⓒ
:**con·tact** [kántækt/kɔ́n-] *n.* (1) ⓒ 【醫】 보균 용의자. 접촉자 (2) ⓤ 【軍】 접전 ; (비행기에 의한 지상 부대와의) 연락 ; (비행기로부터의) 육안에 의한 지상 관찰 ; fly by ~ 시계(視界) 비행을 하다. (3) ⓤ 【數】 접촉. 상접(相接) (4) ⓒ 연줄.유력한 지인 (知人) ;《口》 (거래상의) 사이에 서는 사람. 중개자 : a good business ~ 좋은 사업상의 연줄. (5) ⓤ 【數】 접촉. 상접(相接) (6) a] ⓤ 접촉. 서로 닿음 ; 인접 a] ⓒ 접촉물 ; = CONTACT LENS. (7) ⓤⓒ 관계. 교제. 연락. 〈무선〉교신 《*with*》 ***break*** ~ 전류를 끊다. 회로를 끊다. ***come in*** 〈***into***〉 ~ ***with*** …와 접촉하다. …와 만나다 : everyone who *came into* ~ *with* her 그녀와 접촉한 사람은 누구나. — *a.* 《限定約》 (1) 【空】 시계(視界) 비행의 : ⇨ CONTACT FLYING. (2)접촉의 ; 접촉에 의한 ; 경기자의 몸과 몸 이 서로 부딪치는 ; 접하고 있는《토지》. —*ad.* 【空】 시계 비행으로 : fly ~ 【空】 시계 비행하다 — [kántækt, kəntǽkt/kɔ́ntækt] *vt.* …와 접촉하다. 연락하다 ; …에 다리를 놓다. …와 만나다 : —*vi.*. 접촉하다.
cóntact flỳing 【空】 시계 (視界) 비행.
cóntact lèns 콘택트렌즈.
cóntact màn (거래 따위의) 중개인.
cóntact prìnt 밀착 인화.
con·ta·gion [kəntéidʒən] *n.* (1) ⓤ 나쁜 영향(2) ⓒ (접촉) 전염병 : a ~ ward 전염 병동. (3) ⓤ 접촉 전염. 감염.
˙**con·ta·gious** [kəntéidʒəs] *a.* (1) 옮기 쉬운 (catching) : Yawning is ~. 하품은 잘 옮는다. (2) 《敍述的》 (사람이) 전염병을 가지고 있는. 보균자인. (3) (접촉) 전염성의 ; 만연하는. 전파하는 : a ~ disease (접촉) 전염병 / · **ly** *ad.* 전염하여. 전염적으로. ~ · **ness** *n.* 전염성.
:**con·tain** [kəntéin] *vt.* (1) 【數】 a] (변이 각)을 끼고 있다. (도형)을 둘러싸다: a ~*ed* angle 끼인각. b] (어떤 수)로 나누이다 : 10 ~*s* 5 and 2.10은 5와 2로 나누인다. (2) (적 등)을 견제하다 ; 억제하다. 저지하다 ; 봉쇄하다 (3)《흔히 否定文》 a] (감정 따위)를 억누르다. 참다 : I can*not* ~ my anger. 화가 나서 견딜 수가 없다. b] 〔再歸的〕 자제하다. 참다 : She could *not* ~ *herself* for joy. 그녀는 기뻐서 가만히 있을 수가 없었다. (4) a] …을 (속에) 담고 있다. 함유하다. 포함하다 : The box ~*s* diamonds〈apples〉. 이 상자에는 다이아몬드〈사과〉가 들어 있다 . b] (얼마)가 들어가다 ; (수량이) …에 상당하다〈와 같다〉 : A pound ~*s* 16 ounces. 1파운드는 16 온스이다 / A yard ~*s* 36 inches. 1야드는 36인치다.
con·tained [kəntéind] *a.* 자제 〈억제〉하는 ; 침착 한 조심스러운
˙**con·tain·er** [kəntéinər] *n.* ⓒ (1) 컨데이너《화물 수송용의 큰 금속 상자》. (2)그릇. 용기
contáiner càr 컨테이너용 차량.
con·tain·er·ize [kəntéinəràiz] *vt.* (화물)을 컨테이너로 수송하다
con·tain·er·ship [kəntéinərʃìp] *n.* ⓒ 컨테이너선 (船) .
con·tain·ment [kəntéinmənt] *n.* ⓒ (1)억제. 견제. (2) 봉쇄 : adopt a policy of ~ 봉쇄 정책을 쓰다.
con·tam·i·nate [kəntǽmənèit] *vt.* (1) (사람 · 마음 등)을 악에 물들게 하다(taint). 타락시키다. (2) …을 (접촉하여) 더럽히다 ; (방사능 · 독가스 따위로) 오염되게 하다
˙**con·tam·i·na·tion** [kəntæ̀mənéiʃən] *n.* (1) ⓤⓒ 【言】 혼성(混成)(blending). 혼성어(blending). (2) ⓒ오탁물. 해독을 끼치는 것. (3) ⓤ(특히 방사능에 의한) 오염(상태)
:**con·tem·plate** [kántəmplèit/kɔ́ntem-] *vt.* (1) …을 예측〈예기〉하다. 기대하다 (2) …을 잘 생각하다. 심사숙고하다. 묵살하다 : ~ a problem 문제를 숙고하다. (3)《~+目/ ~+-*ing*》 …을 계획〈기도〉하다. …하려고 생각하다(intend) (4) …을 찬찬히 보다. 정관하다. 관찰하다 — *vi.* 명상하다. 심사숙고하다 ㅁ contemplation *n.*
˙**con·tem·pla·tion** [kàntəmpléiʃən/kɔ̀ntem-] *n.* ⓤ (1) 의도. 계획 (3) 기대. 예기. 예시 : in ~ of great rewards 큰 보수를 기대하고 (4) 숙고. 명상 : be lost in ~. 묵상에 잠겨 있다. ㅁ contemplate *v.*
con·tem·pla·tive [kəntémplətiv, kántəmplèi-/kɔ́ntemplèi-] *a.* 명상적인. 정관적인. 명상에 잠기는
:**con·tem·po·rary** [kəntémpərèri/-pərəri] a. (1) (우리와 동시대인) 현대의. 당대의 ; 최신의《※ ①의 뜻과의 혼동을 피하기 위해 modern. presentday를 대신 쓰는 경우도 있음》 : ~ literature 〈writers〉 현대 문학〈작가〉/ ~ opinion 시론(時論). (2) (…과) 동(同)시대의 ; (그) 당시의《*with*》 : ~ accounts 당시의 기록 / our contemporaries 우리와 같은 시대의 사람들. *n.*. ⓒ (1) 동갑내기. 동기생 (2) 동시대〈동년대〉의 사람〈것〉 현대인 **con·tem·po·rar·i·ly** [-rérəli] *ad.*
:**con·tempt** [kəntémpt] *n.* ⓤ (1) 【法】 모욕죄 . ~ of court 법정 모욕죄. (2) 치욕 체면 손상 : 수치 (disgrace). bring〈fall〉 into ~ 창피를 주다〈당하다〉. (3) 경멸. 모욕《for》 : show ~ *for* the new rich 졸부를 경멸하다 / ~ of court 법정 모욕죄.
˙**con·tempt·i·ble** [kəntémptəbəl] *a.* 멸시할 만한. 경멸할 만한. 비열한 ; 말할 거리도 안 되는.하찮은 *n.* 파) ~·**ly** *ad.* 비열하게.
con·temp·tu·ous [kəntémptʃuəs] *a.* 남을 얕보는 (…을) 경멸하는《*of*》 : a ~ smile 남을 얕보는 듯한 웃음 ㅁ contempt 파) ~ · **ly** *ad.* ~ · **ness** *n.* 오만무례.
:**con·tend** [kənténd] *vi.* 《+前+名》 (1) 논쟁하다

《with》 ; 주장〈옹호〉하다《for》 — *vt.* 《+*that* 절》 ….을 (강력히) 주장하다 : I ~ *that* honesty is always worthwhile 정직은 항상 그만한 가치가 있다고 주장합니다. (2) 다투다. 경쟁하다 ; (적 · 곤란 따위와) 싸우다 ~ *against* drought 〈one' fate〉 가뭄〈운명〉과 싸우다 / ~ *with* the enemy 적과 싸우다. ㅁ contention *n.* 파) **~·er** *n.* 경쟁자, 주장자.

con·tent[1] [kəntént] (***more ~ ; most~***) *a.* 〔敍述的〕 (…에) 만족하는《*with*》 ; (…함에) 불평 없는, 기꺼이 …하는《*to* do》 / I feel very ~ *with* my life. 나는 내 인생에 아주 만족하고 있다.
— *vt.* 《~+目/+目+前+名》 〔주로 再歸代名詞와 결합〕 …에 만족을 주다, 만족시키다 : Nothing ~*s* her. 그녀는 무슨 일에나 만족하는 일이 없다.
— *n.* ⓤ 만족 : live in ~ 만족하고〈불만없이〉 살다 / smile with ~ 만족스레 웃다. ***to*** one' ***s heart' s*** ~ 마음껏, 만족할 때까지.

:con·tent[2] [kántent/kɔ́n-] *n.* (1) ⓤ (때로 *pl.*) (어떤 용기의) 용량, 용적 : solid 〈cubic〉 ~(*s*) 용적, 부피. (2) (*pl.*) (서적 따위의) 목차, 목록, 내용 (일람)(table of ~*s*). (3) ⓒ 함유량, 산출량 : the iron ~ of an ore 광석의 철 함유량 / the vitamin ~ of …의 비타민 함유량 / moisture ~ of a gas 기체의 습도. (4)(*pl.*) (구체적인) 내용(물), 알맹이 (5) ⓤ ;(문서 등의) 취지, 요지, 진의 ; (형식에 대한) 내용 【哲】 개념 내용 : *Content* determines form. 내용이 형식을 결정한다.

˙con·tent·ed [kənténtid] *a.* 만족하고 있는 《*with ; in*》. 느긋해 하는 ; 기꺼이 …하는《to do》 파)~ · **ly** *ad.*~ · **ness** *n.*

˙con·ten·tion [kənténʃən] *n.* (1) ⓒ 논쟁점,주장 ; 취지 (2) ⓤ 싸움, 투쟁 ; 말다툼, 논쟁 ; 논전 : This is not a time for ~.지금은 논쟁할 때가 아니다. ㅁ contend *v.* ***a bone of*** ~ 쟁인(爭因).

con·ten·tious [kənténʃəs] *a.* (1) 【法】 계쟁(係爭)의 : a ~ case 계쟁〈소송〉 사건. (2) 이론(異論) 있는 (3) 다투기 좋아하는, 토론하기 좋아하는. 파) ~ · **ly** *ad.* ~ · **ness** *n.*

con·tent·ment [kənténtmənt] *n.* ⓤ 만족(하기)

:con·test [kántest/kɔ́n-] *n.* ⓒ (1) 다툼, 싸움 (2) **경쟁**, 경기, 경연, 콘테스트 : a beauty ~ 미인 콘테스트 (3) 논쟁, 논전. — [kəntést] *vt.* (1) 《~+目/+目+前+名》 ‥을 얻고자 겨루다 (2) …에 이의를 제기하다, …을 의문시하다 : ~ a decision 결정에 대하여 이의를 제기하다. (3) …을 목표로 싸우다 ; …에 관하여 논쟁하다. …을 (의론으로) 다투다 : ~ a point 어떤 점에 관해 논쟁하다 / ~ a suit 소송을 다투다 / — *vi* 다투다 ; 겨루다 ; 논쟁하다《*with* ; *against*》 : ~ *with* a person (*for* a prize) 아무와 (상을) 다투다.

con·test·ant [kəntéstənt] *n.* ⓒ (1)경쟁자. 경쟁 상대 ; 경기 참가자 (2) 논쟁자, 항의자

con·testa·tion [kàntestéiʃən/kɔ̀n-] *n.* ⓤ 논쟁, 쟁론, 소송 ; 쟁점, 주장 : in ~ 계쟁 중(인).

˙con·text [kántekst/kɔ́n-] *n.* ⓤ ⓒ (1) 상황, 사정, 환경《*of*》 : in the ~ *of* politics 정치라는 면에서(는) / In what ~did he say that? 어떤 상황에서 그는 그렇게 말했는가. (2) (글의) **전 후 관계**, 문맥, 맥락 : in this ~ 이 문맥에서 (는)

con·tex·tu·al [kəntékstʃuəl] *a.* 문맥상의. 전후 관계의〈로 판단되는〉 : ~ analysis 문맥의 분석.

con·tig·u·ous [kəntígjuəs] *a.* (1) 【敍述的】끊이지 않는, 연속된. (2) 접촉하는 ; 접근 하는, 인접한 《*to* ; *with*》 파) ~ · **ly** *ad.*~ · **ness** *n.*

con·ti·nence [kántənəns/kɔ́n-] *n.* ⓤ (1) 배설 억제능력 (2) 자제, (성욕의) 절제, ㅁcontain *v.*

:con·ti·nent[1] [kántənənt/kɔ́n-] *n.* ⓒ (1) (the C-) 유럽 대륙《영국의 입장에서》 (2) 대륙 : on the African ~ 아프리카 대륙에서《※ 보통은Asia, Europe, Africa, North America, South America, Australia, Antarctica의 7대륙으로 나뉨》.

con·ti·nent[2] *a.* (1)배설을 억제할 수 있는. (2)자제하는, 욕망〈성욕〉을 절제 할 수 있는, 금욕적인.

:con·ti·nen·tal [kàntənéntl/kɔ̀n-] *a.* (1) 《美》 북아메리카〈대륙〉의. (2) 대륙의 ; 대륙성의. (3) (C-) 《美》 (독립 전쟁 당시의) 아메리카 식민지의. (4) (흔히 C~) 유럽 대륙(풍)의 비 (非)영국적인 — *n.* ⓒ (1) 대륙사람 ; (흔히 C-)유럽 대륙의 사람 (2) 《美》(독립 전쟁 당시의) 아메리카 대륙의 병사. ***not worth a*** ~ 한 푼의 가치도 없는. 파) ~ · **ly** *ad.*

continéntal bréakfast 빵과 뜨거운 커피〈홍차〉 정도의 간단한 아침 식사. 【cf.】 English breakfast.

continéntal divíde (the ~) 대륙 분수령 ; (the C- D-) 로키 산맥 분수령.

con·tin·gen·cy [kəntíndʒənsi] *n.* (1) ⓒ 우발 사건, 뜻하지 않은 사고 ; (어떤 사건에 수반되는) 부수적인 사건 〈사태〉 (2) ⓤ 우연(성), 우발(성), 가능성 : not… by any possible ~ 설마 …아니겠지.

contíngence fùnd 우발 위험 준비금.

con·tin·gent [kəntíndʒənt] *a.* (1) 【法】 불확정의 ; 【論】 우연적〈경험적〉인 ; 【哲】 자유로운, 결정론에 따르지 않는 : ~ remainder 불확정 잔여금 / a ~ truth 우연적 진리《' 영원한 진리' 에 대한》. (2) 사정 나름의, …을 조건으로 하는(Conditional)《*on, upon*》: a fee ~ *on* success 성공 사례금 (3)혹 있을 수 있는(possible) ; 우발적인, 불의의, 우연의 ; 부수적인《*to*》. 본질적이 아닌 : a ~ event 불의의 사건 — *n.*ⓒ . (1) 분견대 〈함대〉 ; 파견단, 대표단. (2) 우연한일, 뜻하지 않은 사건; 부수적인 사건 파)~ · **ly** *ad.* 우연히, 불시에 ; 부수적으로, 경우에 따라서. (2) 우연한일. 뜻하지 않은 사건 ; 부수적인 사건

:con·tin·u·al [kəntínjuəl] (***more~ ; most~***) *a.* (1) 계속적인, 빈번한 *v.* (2) 잇따른, 계속되는, 연속적인 : ~ invitations 잇따른 초대 / a week of ~ sunshine 내리 좋은날씨의 일주일간 / I' m tired of this ~ rain. 내리 계속되는 비에 진절머리가 난다.

: con·tin·u·al·ly [kəntínjuəli] (***more ~ ; most~***)*ad.* 계속적으로, 잇따라, 끊임없이 ; 빈번히, 줄곧.

con·tin·u·ance [kəntínjuəns] *n.* (1) ⓤ 【法】 (재판의) 연기 (2) ⓤ (또는 a ~) a〕 (어떤 상태 · 장소 등에) 머무름. 체재 ; 지속, 존속《*in*》 during one' s ~ *in* office 재지 중에. b〕 계속 기간. c〕 계속, 연속 ; (이야기의) 계속, 속편

con·tin·u·ant [kəntínjuənt] 【音】.*a.* 계속음의. — *n.* ⓒ 계속 〈연속〉음《[f, s, z, m, l] 따위》.

˙con·tin·u·a·tion [kəntìnjuéiʃən] *n.* (1) ⓒ 연장(부분) ; 이어댐, 증축《*to*》. (2) ⓤⓒ (이야기의) 계속 ; 속편 ; 연속 간행물 ; (중단 후의) 재개 (3) ⓤ 계속(하기), 연속 ; 지속, 존속(continuance)《*of*》 : request the ~ *of* a loan 계속 대부를 부탁하다. ㅁ continue *v.*

con·tin·u·a·tive [kəntínjuèitiv, -ətiv] *a.* (1) 【文法】 진행을 나타내는, 계속 용법의, 비제한적인 : the ~ use 【文法】 (관계사의) 계속 용법

:con·tin·ue [kəntínju:]*vt.* (1) 【法】 (재판)을 연기

하다. (2) 《~+目/+~*ing*/+to do》 …을 계속하다. 지속하다 : They ~ *d* their journey. (3) …을 (앞에) 이어서 말하다 : "Well," he ~*d*, "what I want to say is..." '그런데, 내가 말하고 싶은 것은...' 하고 그는 말을 계속했다. (4) 《~+目/+目+前+名》 (중단 후 다시) …을 계속하다, 속행하다 ; (지위 등)에 머물러 있게 하다 (5) 【商】 …을 이월〈이연〉하다. (6) …을 계속시키다, 존속시키다, 연장하다(prolong) : ~ a boy at school. 소년을 학교에 계속 다니게 하다. — *vi.* (1) 《+補》여전히 …이다 ; 계속 …하다 **~*d story*** 연재 소설. (2) (한번 정지한 뒤에) 다시 계속되다 : The dancing ~*d* after dinner. 댄스는 만찬 후 다시 계속되었다. (3) 《+前+名》 존속하다 ; 체재하다 . 머무르다 ; 유임하다 《*at* ; *in*》 ~ *at* one's post 유임하다 / ~ *in* power 권좌에 계속 머무르다. 런던에 머물렀다. (4) 《~/+前+名》 연속하다, 계속되다 ; (도로 등이) 계속되어 있다 ; (일 따위를 쉬지 않고) 계속하다 《*with*》

˙con·tin·nu·i·ty [kɑ̀ntənjú:əti/kɔ̀n-] *n.* (1) ⓒ 【映 · TV】 a] 촬영용 대본 : a ~ writer 촬영 대본 작가. b] (방송 프로그램 사이의) 이음, 연결《방송자의 말이나 음악》. ▫ continue *v.* (2) ⓒ 연속된 것, 일련《*of*》: a ~ *of* scenes 일련의 연속된 장면. (3) ⓤ 연속(성), 연속 상태, 계속, (논리의) 밀접한 관련 《*in* ; *between*》

:con·tin·u·ous [kəntínjuəs] (***more~ ; most~***) *a.* (시간 · 공간적으로) 연속〈계속〉적인, 끊이지 않는, 부단한, 잇단 그칠줄 모르는

:con·tin·u·ous·ly [kəntínjuəsli] *ad.* 잇따라, 연속〈계속〉적으로, 간단〈끊임〉 없이.

con·tin·u·um [kəntínjuəm] (*pl.* ***-tin·ua*** [-njuə]) *n.* ⓒ (1) 【數】 연속체. (2) 【哲】 (물질 · 감각 · 사건 따위의) 연속(체). a space-time ~사용 연속체.

con·tort [kəntɔ́:rt] *vt.* (1) 《종종 受動으로》 일그러뜨리다《*with*》 : a face ~*ed with* pain 고통으로 일그러진 얼굴. (2) …을 비틀다, 뒤틀다 ; 구부리다, (의미 등)을 왜곡〈곡해〉하다 《*out of*》 : ~ one's limbs 수족을 비틀다. — ***vi.*** (얼굴 등이) 일그러지다 ; 일그러져서 (…하게) 되다《*into*》

con·tor·tion [kəntɔ́:rʃən] *n.* ⓤⓒ (1) (어구 · 사실 등의) 곡해, 왜곡 : verbal ~*s* 말의 억지(로 갖다 붙임). (2) 뒤틂, 뒤틀림, 일그러짐 ; 찡그림 : 기괴한 모양 : the ~*s of* a pitcher throwing a ball 공을 던지는 투수의 몸의 비틀림 / make ~*s of* the face 얼굴을 찡그리다.

con·tor·tion·ist [-ist] *n.* ⓒ (몸을 맘대로 구부리는) 곡예사.

˙con·tour [kɑ́ntuər/kɔ́n-] *n* (1) =CONTOUR LINE. (2) ⓒ (종종 *pl.*) 윤곽(outline). 외형《*of*》: a woman with beautiful ~*s* 몸의 선이 아름다운〈아름다운 곡선미의〉 여성. — *a.* 〔限定的〕 (1) (의자 따위를) 체형에 맞게 제작한. (2) a] 윤곽을〈등고를〉 나타내는: a ~ map 등고선 지도. b] 【農】 등고선을 따라서 고랑이나 두둑을 만든 : ~ ploughing 등고선 경작 / ~ farming 등고선 농업 〈재배〉. — *vt.* …의 윤곽을 그리다 ; 등고선을 기입하다 ; (길 따위를, 산중턱의) 자연 지형을 따라 만들다 ; (경사지)를 등고선을 따라 경작하다.

cóntour lìne 【地】 등고선.

contra- *pref* '반대, 역, 대응' 따위의 뜻.

con·tra·band. [kɑ́ntrəbæ̀nd/kɔ́n-] *n.* ⓤ 금(禁) 제품 ; 암거래(품), 밀매(품), 밀수(품) : ~ of war 전시 금제품 /— *a.* (수출입) 금지의, 금제의, 불법의 : a ~ trader 밀수업자 / ~ weapons (수출입) 금지 무기. 파) **~ · ist** *n.* ⓒ 금제품 매매자 ; 밀수업자.

con·tra·bass [kɑ́ntrəbèis/kɔ́n-] *n.* ⓒ 【樂】 콘트라베이스(double bass)《최저음의 대형 현악기》. 파) **~ · ist** *n.* 콘르라베이스 연주자.

con·tra·cep·tive [kɑ̀ntrəséptiv/kɔ̀n-] *a.* 피임(용)의: a ~ device 피임 용구. —*n.* ⓒ 피임약 ; 피임 용구.

:con·tract [kɑ́ntrækt/kɔ́n-] *n.* ⓒ (1) 【카드놀이】 =CONTRACT BRIDGE. (2) 청부 ; 【俗】 살인 청부, 살인 명령 : a ~ for work 공사의 도급 / ~ price 도급 가액 /put out a ~ 【俗】 살인 청부업자를 고용하다. (3) (정식) 약혼 : a marriage ~혼약, 약혼. (4) 계약, 약정 ; 계약서 cancel〈annul〉 a ~ 계약을 취소하다. — [kəntrǽkt] *vt.* (1) (나쁜 습관)에 물들다 ; (병)에 걸리다 ; (빚)을 지다 : ~ bad habits 나쁜 버릇이 들다 / I have ~*ed* a bad cold. 독감에 걸렸다. (2) 《~+目/+目+前+名》〔흔히 受動으로〕 (약혼 · 친교)를 맺다 : ~ amity *with* …와 친교를 맺다. (3) [kɑ́ntrækt] …와 계약하다, 계약을 맺다, …을 도급〈청부〉맡다 (4) …을 좁히다, 제한하다 ; 줄이다 ; (글이나 말)을 단축〈축약〉하다 (5) (근육 따위)를 수축시키다 ; 죄다 ; 축소하다 *vi.* (1) 약혼하다. **~*in*** 계약을 하고 참가하다. (2) [kɑ́ntrækt] 계약하다 ; 도급 맡다《*for*》 : I ~*ed for* a new car. 나는 새 차의 구매 계약을 맺었다. (3) 줄(어 들)다 ; 좁아지다, 수축하다 **~ *out*** 계약에 의해 (일을) 주다, 하청으로 내다, 외주(外注)하다《*to*》. ~ (One***Self***) ***in*** 참가 계약을 하다.《*to* ; *on*》. ~ (One***Self***) ***out*** (***of***···) 《英》 (계약 · 협약)을 파기하다, …에서 탈퇴하다, …의 적용 제외 계약을 하다.

cóntract brìdge 카드 놀이의일종 《auction bridge의 변종》.

con·tract·ed [kəntrǽktid] *a.* 〔限定的〕 (1)수축된, 오그라든, 줄어든, 단축된, 축약된 : a ~form 【文法】 단축〈축약〉형. (2) (얼굴 등을) 찡그린

˙con·trac·tion [kəntrǽkʃən] *n.* (1) ⓤ a] (병에) 걸림 b] (버릇이) 붙기, c] (빚을) 걸머짐. (2) ⓤⓒ 수축, 단축 ; 위축, (자궁의) 수축 : the ~of a muscle 근육의 수축 (3) a] ⓤ (말이나 글의) 단축, 축약, b] ⓒ 단축 〈축약〉 형.

con·trac·tive [kəntrǽktiv] *a.* 줄어드는.

con·trac·tor [kəntrǽktər/kɑ́ntræktər] *n.* ⓒ 계약자 ; 도급자, (공사) 청부인

con·trac·tu·al [kəntrǽktʃuəl] *a.* 계약(상)의, 계약적인.

˙con·tra·dict [kɑ̀ntrədíkt/kɔ̀n-] *vt.* (1) …와 모순되다 ; …에 반하는 행동을 하다 (2) (진술 · 보도 따위)를 부정 〈부인〉하다. 반박하다 ; (남의 말)에 반대하다, 반론하다 ; …이 옳지 않다고 〈잘못이라고〉 언명하다. — *vi.*. 반대하다, 부인 〈반박〉하다. ▫ contradiction *n*

˙con·tra·dic·tion [kɑ̀ntrədíkʃən/kɔ̀n-] *n* ⓤⓒ (1) 부인, 부정 ; 반박, 반대 : in ~ to …와 정반대로. (2) 모순, 당착 ; 모순된 행위〈사실, 사람〉 ; 【論】 모순 원리〈율(律)〉:

con·tra·dic·to·ry [kɑ̀ntrədíktəri/kɔ̀n-] *a.* (1) (성격 등) 논쟁〈반대〉하기 좋아하는, 반항〈반박〉적인 《※ contradictions보다 더 일반적임》 (2) 모순된, 양립지 않는, 자가 당착의 파) **-ri · ly** *ad.*

con·tra·dis·tinc·tion [kɑ̀ntrədistíŋkʃən/kɔ̀n-] *n.* ⓤⓒ 대조 구별, 대비(對比): in ~ to 〈from〉 …와 대비하여, …와는 구별되어.

con·tra·flow [kɑ́ntrəflòu/kɔ́n-] *n.* ⓒ 《英》 (도로

공사를 위한) (일시적) 일방 통행.

con·tra·in·di·cate [kàntrəíndikeit/kɔ̀n-] *vt.* 【醫】.(약 · 요법 따위)에 금기(禁忌)를 보이다.

con·tra·in·di·ca·tion [kàntrəindikéiʃən/kɔ̀n-] *n.* ⓤ 【醫】 금기(禁忌).

con·tra·po·si·tion [kàntrəpəzíʃən/kɔ̀n-] *n.* ⓤⓒ 대치(對置) ; 대조 ; 대립. ***in ~to(with)*** …에 대치하여, …와 대조하여.

con·tra·ri·ly [kántrerəli/kɔ́n-] *ad.* (1) 《口》 [+kəntrέərəli] 완고하게 ; 심술궂게. (2)이에 반해

con·tra·ri·ness [kántrerinis/kɔ́n-] *n.* ⓤ (1) 《口》 [+kəntrέərinis] 외고집, 옹고집, 심술. (2) 반대, 모순.

con·tra·ri·wise [kántreriwàiz/kɔ́n-] *ad.* (1) 고집세게, 심술궂게. (2) 이에 반(反)하여. (3) 반대로, 반대방향으로. (3) 반대로, 반대 방향으로.

:con·tra·ry [kántreri/kɔ́n-] (***more ~ ; most ~***) *a.* (1)[+kəntrέəri] 《口》 고집센, 옹고집의 (2) 적합치 않은, 불순(不順)한, 불리한 : ~ weather 악 천 후. (3) 반대의 …에 반(反)하는, 반대 방향의, …와 서로 용납치 않는 ; 역(逆)의《*to*》 : look the ~way 외면하다 / a ~ current 역류/ ~ propositions 모순되는 명제 / ~ *to* fact 〈reason〉 사실과 상반되는 〈도리에 어긋나는〉 It's ~ *to* rules. 그것은 규칙 위반이다. — *n.* (the ~) (정)반대, 모순 ; (종종 *pl.*) 반대〈상반되는〉 것〈일〉 ; 반대어 *The* ~ of "high" is "low". '높은 〈높다〉'의 반대(어)는 '낮은〈낮다〉'이다. ***by contraries*** 정반대로, 거꾸로 ; 예상과는 달리 : Dreams go by *contraries.* 꿈은 실제와는 반대. ***on the~*** 이에 반하여, 그러하기는, …은 커녕 : ***to the ~*** 그와 반대로〈의〉, 그렇지 않다는, 그와는 달리〈다른〉 …임에도 불구하고 : an evidence *to the* ~ 반증.
— *ad.* 반대로, 거꾸로《*to*》: act ~ *to* rules 규칙에 반하는 행동을 하다.

:con·trast [kántræst/kɔ́ntrɑ:st-] *n.* (1) ⓒ 대조가 되는 것, 정반대의 물건 〈사람〉《*to*》 : She is a great ~ *to* her sister 동생과는 아주 딴판이다. (2) ⓤⓒ 현저한 차이〈상이〉《*between*》 (3) ⓤ 대조, 대비 《*with ; to ; between*》 *vt.* (1) …을 대조하여 뚜렷이 드러나게 하다《*with*》 (2) 《~+目/+目+前+名》 …을 대조〈대비〉시키다《*with*》 : ~ two things 둘〈두 개의 것〉을 대조하다/ ~ light and shade 명암을 대조하다. — *vi.* 《+前+名》 (두 개의 것이) 대조적이다. (…와) 좋은 대조를 이루다 《※ compare는 유사 · 차이 어느 쪽에도 쓰이나, contrast는 차이에만 쓰임》. ***as ~ed*** (***with*** A). (A와)대조해 보면.

con·tras·tive [kəntrǽstiv] *a.* (1) 【言】 (두 언어 사이의) 일치 · 상위를 연구하는, 대비 연구하는

con·tra·vene [kàntrəví:n/kɔ̀n-] *vt.* (1) (법률따위)를 위반하다 범하다(go against) ; (남의 자유 · 권리 따위)를 무시하다 (2) (의론 따위)를 부정하다. 반대하다(oppose). (3) (주위 따위)와 모순되다(conflict with), 일치하지 않다.

con·tra·ven·tion [kàntrəvénʃən/kɔ̀n-] *n.* ⓤⓒ (1)반대, 반박. (2)위반(행위). 위배 : act in ~ of the law 법률을 위반하다.

:con·trib·ute [kəntríbju:t] *vt.* (1) 《+目+前+名》 (글 · 기사)를 기고하다《*to*》 (2) 〈조언 · 원조 따위〉를 제공하다, 주다, 기여〈공헌〉하다《*to ; for*》 (3) 《~+目/+目+前+名》 〈금품 따위〉를 기부하다, 기증하다 《*to ; for*》 — *vi.* 《+前+名》 (1) 기고〈투고〉하다《*to*》 : ~ money to relieving the poor. 빈민구제를 위해 돈을 기부하다. ㅁ contribution *n.* (2) (…에) 힘을 빌리다. (…에) 도움이 되다, (…의) 한원인이 되다, 기여〈공헌〉하다. 《*to* ; *toward*》 (3) 기부를 하다《*to*》 ~ *to* the community chest 공동 모금에 기부하다.

:con·tri·bu·tion [kàntrəbjú:ʃən/kɔ̀n-] *n.* (1) ⓒ a〕 기부금, 기증품 : political ~*s* 정치 헌금. b〕 기고 작품〈기사〉. ㅁcontribute *v.* (2) ⓤ a〕 (또는 a ~) 기부, 기증 ; 공헌, 기여《*to* ; *toward*》 b〕 기고, 투고《*to*》

con·trib·u·tor [kəntríbjətər] *n.* ⓒ (1) 기고 〈투고〉가《*to*》. (2) 기부 〈공헌〉 자《*to*》. 파) **~·ly** *ad.*

con·trib·u·to·ry [kəntríbjətɔ̀:ri/-təri] *a.* (1) (연금 · 보험이) 각출 〈분담〉제의. (2) 〔敍述脚〕 …에 공헌하는, 이바지하는, (…에) 도움이 되는《*to*》. (3) 기부의, 출자의, 의면(義捐)적인. (4) 기여하는 : a ~ cause of the accident 사고의 유력한 원인.

con·trite [kəntráit, kántrait/kɔ́ntrait] *a.* 죄를 깊이 뉘우치고 있는 ; 회개한 ; 회오의 : ~ tears 회오의 눈물. 파) **~ · ly** *ad.*

con·triv·a·ble [kəntráivəbəl] *a.* 고안, 〈안출〉할 수 있는, 궁리할 수 있는.

·con·triv·ance [kəntráivəns] *n.* (1) ⓒ (흔히 *pl.*) 계획, 음모 ; 계략(artifice). (2) ⓤ 고안, 발명 ; 고안〈연구〉의 재간. (3) ⓒ 고안품 ; 장치. ㅁ contrive *v.*

:con·trive [kəntráiv] *vt.* (1) …을 연구하다 ;고안〈발명〉하다 ; 설계하다(design) / ~ an excuse 구실을 마련하다. (2) 《~+目+*to* do》 용케 …하다, 이럭저럭 …을 해내다(manage) ; 〔反語的〕 일부러 (불리한 일)을 저지르다, 불러들이다 (3) 《~+目+*to* do》 …을 꾀하다, 하고자 획책〈도모〉하다 : ~ a plan for an escape 도망 계획을 세우다 / ~ *to* kill her 그녀를 죽이려고 꾀하다. — *vi.* (1)궁리하다 ; 고안하다, 획책하다. (2) (살림 따위를) 잘 꾸려나가다 cut and ~ 용케 꾸려 나가다: cut and~ (살림 따위를) 용케 꾸려 나가다 /

con·trived [kəntráivd] *a.* 인위적인, 부자연스러운, 무리를 한 ; a ~ ending of a play 〈story〉 극〈이야기〉의 부자연스러운 결말 /

:con·trol [kəntróul] *n.* (1) 【컴】 제어(制御). (2) ⓒ (실험 결과의) 대조 표준 ; 대조부(簿), (기록 따위의) 부본(副本). (3) ⓤ 지배(력); 관리, 통제, 다잡음, 단속, 감독(권)《*on; over; of*》 군대를 장악하다. (4) ⓒ (흔히 *pl.*) a〕 통제〈관리〉 수단 : wage ~*s* 임금 억제책. b〕 (기계의) 조종장치 ; (텔레비전 등의) 조정용 스위치 : adjust the ~*s* for tone and volume 조정 스위치를 조정하여 음색과 음량을 맞추다. (5) ⓒ (심령술에서) 영매(靈媒)를 지배하는 영혼. (6) ⓤ 억제, 제어 ; (야구 투수의) 제구력(制球力) : thought ~ 사상 통제 — (***-ll-***) *vt.* (1) (지출 등)을 제한〈조절〉하다. (2) …을 지배하다 ; 통제 〈관리〉하다, 감독하다 (3) …을 검사하다. ; (실험결과를 딴 실험이나 표준과) 대조하다. (4) a〕 …을 제어〈억제〉하다 : ~ one's anger 분노를 억제하다. b〕 〔再歸的〕 자제하다.

contról expèriment 대조 실험《다른 실험에 조사(照査) 기준을 제공하기 위한 실험》.

con·trol·la·ble [kəntróuləbəl] *a.* 지배 〈제어, 조종〉할 수 있는.

·con·trol·ler [kəntróulər] *n.* ⓒ (1) 【컴】 제어기 (2) 관리인, 지배자. (3) (항공) 관제관. (4) 제어 〈조정〉 장치. (5) 감사, (회계) 감사관, 감사역, (회사의) 경리부장 《관명으로는 comptroller》.

con·tro·ver·sial [kàntrəvə́:rʃəl/kɔ̀n-] *a.* 논쟁 의 ;

논의의 여지가 있는, 논쟁의 대상인, 물의를 일으키는 파) **~·ly** *ad.*~ **·ist** *n.* ⓒ 논객 ; 논쟁자.

con·tro·ver·sy [kántrəvə̀ːrsi/kɔ́n-] *n.* ⓤⓒ 논쟁, 논의, (특히 지상(紙上)의) 논전 : ~ about 〈over〉 educational reform 교육 개혁에 관한 논쟁/ arouse(cause)much ~ 크게 물의를 일으키다. ▫ controvert *v.*

con·tro·vert [kàntrəvə̀ːrt/kɔ́n-] *vt. vi.* (1) (…을) 반박하다, 부정하다. (2) (…을) 논의〈논쟁〉하다. ▫ controversy *n.*

con·tu·ma·cious [kàntjuméiʃəs/kɔ̀n-] *a.*(1) (법정의 명령 등에) 응하지 않는, 반항적인. 파) **~·ly** *ad.*

con·tu·ma·cy [kántjuməsi/kɔ́n-] *n.* ⓤ (법정명령 등에) 불응하는 일, 관명 항거.

con·tu·me·ly [kəntjúːməli, kántjuməːli/kɔ́n-] *n.* ⓤⓒ (언어·태도 따위의) 오만 무례 ; 모욕적 언동.

con·tu·sion [kəntjúːʒən] *n.*ⓒ,ⓤ **【醫】** 타박상 : The victim's left arm was broken and there was a large ~ to the right shoulder. 희생자의 왼쪽 팔이 부러 졌고 오른쪽 어깨에는 큰 타박상이 있었다.

co·nun·drum [kənʌ́ndrəm] *n.* ⓒ (1) (수수께끼처럼) 어려운 문제. (2) 수수께끼, 재치문답.

con·va·les·cent [kànvəlésnt/kɔ̀n-] *a.* 차도를 보이는, 회복기(환자)의: a ~ patient 회복기 환자 / a ~ hospital 〈home〉 병후 요양소.
— *n.*. ⓒ 회복 환자.

con·vec·tion [kənvékʃən] *n.* ⓤ **【物】** (열·전기의) 대류(對流), 환류(環流) ; **【氣】** 대류.

con·vec·tive [kənvéktiv] *a.* 대류(對流) 〈환류(環流)〉의 ; 전달성의.

con·vec·tor [kənvéktər] *n.* ⓒ 대류식 (對流式)난방기 〈방열기〉.

con·vene [kənvíːn] *vt.* …을 모으다. (회·회의) 를 소집하다 : ~ (the members of) a committee 위원회를 소집하다. — *vi.* 모이다, 회합하다 : The Diet will ~ at 2 p.m. tomorrow .국회는 내일 오후 2시에 개회할 것이다.

:con·ven·ience [kənvíːnjəns] *n.* (1) ⓒ《英》(공중) 변소 : a public ~ 공중 변소. (2) ⓤ 편리, 편의 ; 편익 : a marriage of ~ 물질을 노린 결혼,정략 결혼 / for ~ of explanation 설명의 편의상 / as a matter of ~ 편의상 / make a ~ of …을 멋대로 이용하다 / We use frozen food for ~. 우리는 편의상 냉동식품을 쓴다. (3) ⓒ 편리한 것〈도구〉, (문명의) 이기(利器) : (*pl.*) (편리한) 설비, (의식주의) 편의 : gas, electricity, TV, radio and other ~s 가스, 전기, 텔레비전, 라디오와 그 밖의 문명의 이기들. (4) ⓤ 형편이 좋음. 형편이 좋은 기회, 유리〈편리〉한 사정

convénience fóod 인스턴트 식품.

convénience stóre (24시간) 편의점.

:con·ven·ient [kənvíːnjənt] (***more ~ ; most ~***) *a* (1) (물건이) 편리한, 사용하기 좋은〈알맞은〉 우리는 모임을 위해 편리한 시간과 장소를 정해야 한다. (2) 〔敍的〕(…에) 가까이에《*to* ; *for*》(3) 〔敍述的〕 (물건·시간 따위가 …에) 계제가 좋은《to; *for*》 : If it is ~ *to* you, ...형편이 좋다면 …/ make it ~ *to* (do) 형편을〈계게를〉 보아서 …하다 /《※ 서술적 용법 에서는 사람을 주어로 하지 않음. 《美》에서는 전치사로 to보다는 for가 더 일반적》.

˙con·ven·ient·ly [-li] *ad.* (1)《文章修飾》(아주) 편리하게도 (2) 편리하게, 알맞게, 형편좋게 a bus stop ~ placed 편리한 곳에 있는 버스 정류장.

˙con·vent [kánvənt/kɔ́n-] *n.* ⓒ (1) 수녀원 : a ~ school 수녀원 부속 학교 / go into 〈enter〉 a ~ 수녀가 되다. (2) 여자 수도회.

con·ven·ti·cle [kənvéntikəl] *n.* ⓒ 비밀 집회 (소) ; **【英史】** (비국교도·스코틀랜드 장로파의) 비밀 집회(소).

˙con·ven·tion [kənvénʃən] *n.* (1) ⓤⓒ (무대 따위의) 약속 ; (카드놀이 따위의) 규칙, 규약 : stage ~*s* 무대 위에서의 약속. (2) ⓒ a] (정치·종교 따위의) 집회, 대표자 회의, 정기 총회 b] 〔集合的 ;軍·複數 취급〕 대회 참가자, 대표자. (3) ⓒ《美》(전국·주·군 등의) 당대회 : ⇨ NATIONAL CONVENTION. (4) ⓒⓤ 풍습, 관례, 관습 ; 인습.

:con·ven·tion·al [kənvénʃənəl] (***more ~ ; most ~***) *a.* (1) **【藝】** 양식화된. (2) 전통적인 ; 인습적인, 관습적인 : ~ morality 인습적인 도덕 / ~ ways 종래의 방법. (3) (무기가) 재래식인, 보통의, 비핵(非核)의 (4) 형식적인, 판에 박인, 상투적인, 진부한, 독창성〈개성〉이 결여된 : exchange ~ greetings 형식적인 인사를 교환하다. (5) 협정〈조약〉에 관한, 협정〈협약〉상의 : a ~ tariff 협정 세율. 파) **~·ly** [-nəli] *ad.* 인습적으로, 판에 박은 듯이.

con·ven·tion·al·ism [kənvénʃənəlìzəm] *n.* (1) ⓒ 관례, 판에 박힌 관습 ; 상투적인 말. (2) ⓤ 인습〈전통〉주위, 관례 존중주의. 파) **-ist** [-ʃənəlist] ⓤ 인습주의자 : 관례 답습자, 평범한 사람.

con·ven·tion·al·i·ty [kənvènʃənǽləti] *n* (1) ⓒ 인습, 상투, 관례, (2) ⓤ관례〈전통, 인습〉존중, 인습성, 입습적임.

con·ven·tion·al·ize [kənvénʃənəlàiz] *vt* (1) **【醫】** 양식화하다. (2) …을 인습 〈관례〉에 따르게 하다.

con·verge [kənvə́ːrdʒ] *vi.* (1)《+前+名》한 점〈선〉에 모이다(2) **【物·數·生】** 수렴(收斂)하다. (3)《+前+名/+*to do*》(사람·차 등이) 몰려 들다. (의견·행동 따위가) 한데 모이다, 집중하다 Our interest ~*d on* that point. 우리 흥미는 그 점에 집중되었다. 〖opp.〗 *diverge.* — *vt.* …을 한 점에 모으다. 집중시키다.

con·ver·gent [kənvə́ːrdʒənt] *a.* (1) **【物·數·生理】** 수렴성의. (2) 점차 한 점으로 향하는, 포위 집중적인.

con·vers·a·ble [kənvə́ːrsəbəl] *a.* 이야기하기좋아하는 ; 말붙이기 쉬운 ; 붙임성있는

con·ver·sance [kənvə́ːrsəns] *n.* ⓤ 친교, 친밀 ; 숙지, 정통《*with*》.

con·ver·sant [kənvə́ːrsənt, kánvər-/kɔ́nvər-] *a.* 〔敍述的〕 정통하고 있는

:con·ver·sa·tion [kànvərséiʃən/kɔ̀n-] *n.* (1) ⓒ (외교상의) 비공식 회담. (2) ⓤⓒ **【컴】** (컴퓨터와의) 대화. (3) ⓤⓒ 회화, 대담, 대화, 좌담(familiar talk)《*with*》~ in English 영어 회화 /hold 〈have〉 a ~ *with* …와 회담〈담화〉하다 / make ~ 잡담하다 ; 세상이야기를 하다 / I was in ~ *with* a friend. 나는 친구와 이야기하고 있었다 ▫ converse[1] *v.*

˙con·ver·sa·tion·al [kànvərséiʃənəl/kɔ̀n-] a. (1) 이야기하기 좋아하는, 말 잘하는. (2) 회화(체)의, 좌담석의 ; (말씨가) 스스럼없는 파) **~·ly** [-i] *ad.* 회화투로 ; 스스럼 없이. **~·ist** [-ʃənəlist] *n.* ⓒ 이야기하기 좋아하는 사람, 입담 좋은 사람, 좌담가 : a good ~ 좌담 잘하는 사람.

conversE móde **【컴】** 대화(對話) 형 식《단말장치를 통하여 컴퓨터와 정보를 교환하면서정보처리를 하는 형태》.

con·verse[1] [kənvə́ːrs] *vi.* (1)《~+前+名》…와 담화하다. 함께 이야기하다(talk)《*with* ; *on*; *about*》 ~ *with* a person …와 이야기를 하다 (2) 【컴】 컴퓨터와 교신하다. ▫ conversation *n.*

con·verse[2] [kənvə́ːrs, kánvəːrs/kɔ́nvəːrs] *a.* 역(逆)의, 반대의, 뒤죽박죽인 — [kánvəːrs/kɔ́n-] *n.* ⓤ (the ~) (1)【數】 역. (2) 역, 반대 ; 역의 진술 : He argued *the* ~ of her view. 그는 그녀와는 반대의 의견을 말했다. (3) 【論】 전환 명제《*of*》. 파) **~·ly** *ad.* (1) 〔文章修節〕 거꾸로 말하면. (2) 거꾸로, 반대로 : 그것에 비해.

con·ver·sion [kənvə́ːrʒən, -ʃən] *n.* (1) ⓤⓒ 변환, 전환, 전화(轉化)《*of*; *from*; *to*; *into*》 (2) ⓤⓒ 【럭비·美蹴】 콘버트《트라이·터치다운한 후 주어진 보너스 득점 플레이를 성공시키기》; 그 득점. (3) ⓤⓒ (건물 등의)용도변경 ; 개장(改裝), 개조《*of*; *from*; *to*; *into*》 : the ~ *of* stables to 〈*into*〉 flats 마구간을 아파트로 개조. (4) ⓤⓒ (의견·신앙·당파 등의) 전환, 전향, 개종《특히 기독교로》《 *of* ; *from*; *to*》 (5) ⓤ 【物】 전환《핵연료 물질이 다른 핵연료 물질로 변화하기》. (6) ⓤ (지폐의) 태환 ; (외국 화폐간의) 환산, 환전 ~ of won into dollars 원의 달러로의 교환〈환전〉 / the ~ rate 환산율. (7) ⓤ 【컴】 (데이터 표현의) 변환 ; 이행(移行)《데이터 처리 시스템 〈방법〉의 변환》 ; (테이프를) 펀치카드에 옮기기. ▫ convert *v.*

:con·vert [kənvə́ːrt] *vt.* (1) 【럭비·美蹴】(트라이·터치다운)을 콘버트하다. (2)《+目+前+名》 …을 전환하다. 전화(轉化)시키다, 바꾸다 (3) 《+目+前+名》…을 태환하다 ; 환산하다, 환전하다 ; 현금화하다 : Can I ~ won *into* dollars here ? 여기서 원을 달러로 바꿀 수 있습니까. (4) 《~+目/+目+前+名》 …을 개장〈개조〉하다, 가공하다, 전용(轉用)하다 : ~ a study *into* a nursery 서재를 육아실로 개조하다. (5) 【컴】 …을 변환하다. (6) 《+目+前+名》 …을 개심 〈개종〉시키다 ; 전향시키다(*to*)(7) 【商】 (증권 따위)를 교환하다 ; (공채 따위를 차환하다 : ~ some shares *into* cash 주권을 환금하다. — *vi.* (1) 【美·蹴】 콘버트하다. (2) 개종하다, 전향하다 ;(3) 바꾸다 ; 바뀌다 ; 개조되다 : This sofa ~*s into* a bed. 이 소파는 침대로도 쓴다. ▫ conversion *n.* ~ …***to*** *one's* ***own use*** (공금 등을) 횡령하다. — [kánvəːrt/kɔ́n-] *n.* ⓒ 개심자 ; 개종자 ; 귀의자(*to*) ; 전향자 : a Catholic ~ 가톨릭 개종자 / make a ~ of …을 개종〈전향〉시키다.

con·vert·ed [kənvə́ːrtid] *a.* 전환(轉換)된 ; 개조된 ; 전향한, 개종한.

con·vert·er [kənvə́ːrtər] *n.* ⓒ (1) 개종〈진향〉시키는 사람, 교화자. (2) 【冶】 전로(轉爐). (연료의)전환기. (3)【電】 변환기, 변류기. (4) 【컴】 변환기《데이터 형식을 변환하는 장치》. (5) 【라디오· TV】 주파수〈채널〉 변환기.

˙con·vert·i·ble [kənvə́ːrtəbəl] *a.* (1) (자동차가) 접는 포장이 달린. (2) 바꿀 수 있는, 개조〈전용(轉用)〉할 수 있는 (3) (말·표현이) 같은 의미의 : ~ terms 동의어. (4) 교환〈태환〉할 수 있는 : ~ note 〈paper money〉 태환지폐. — *n.* ⓒ 접는 포장이 달린 자동차. 파) **~·bly** *ad.*

˙con·vex [kanvéks, kən-/kɔnvéks] *a.* 볼록한, 철면(凸面)의. 〚opp.〛 *concave.* 『 a ~ lens 〔mirror〕 볼록」렌즈〈거울〉. — [kánveks/kɔ́nveks] *n.* ⓒ 볼록렌즈. 파) **~·ly** *ad.*

:con·vey [kənvéi] *vt.* (1)《~+目/+目+前+名》 (재산 등)을 양도하다 파) **~·a·ble** [-əbəl] *a.* (2) …을 나르다. 운반하다 (3) (소리·열·전류따위)를 전하다 ; (전염병)을 옮기다 (4) 《~+目/+目+前+名》 …을 전달하다 ; (전갈·지식 등)을 전하다 ; (사상·감정 따위)를 전하다 ; (말·기술(記述)·몸짓 따위가) …을 뜻하다

˙con·vey·ance [kənvéiəns] *n* (1) a〕 ⓤ 【法】 (부동산의) 양도. b〕 ⓒ 양도 증서. (2) ⓤ 운반, 수송 (3) ⓤ 전달, 통달, 통신. (4) ⓒ 수송 기관, 탈것 : public ~*s* 교통기관.

con·vey·anc·er [-sər] *n.* ⓒ 【法】 부동산 양도 취급인 ; 양도 증서 작성 변호사.

con·vey·er, -or [kənvéiər] *n.* ⓒ (1) 【法】 양도인 《※ 주로 conveyor》. (2) 운송업자 ; 운반인 ; 전달자. (3) 운반 장치 ; (유동 작업용) 컨베이어

convéyor bèlt 컨베이어 벨트.

˙con·vict [kənvíkt] *vt.* 〈흔히 受動 으로〉《~+目/+目+前+名》 (1) …에게 죄〈과오〉를 깨닫게하다 (2) …의 유죄를 입증하다, …을 유죄라고 선고하다.《*of*》 There was insumcient evidence to ~ him. 그의 유죄를 입증할 충분한 증거가 없었다. —[kánvikt/kɔ́n-] *n.* ⓒ 죄인 ; 죄수, 기결수.

:con·vic·tion [kənvíkʃən] *n* (1) ⓒ,ⓤ 유죄의 판결〈선고〉 : a murder ~ 살인의 유죄 판결 / previous ~*s* 전과(前科). (2) ⓤ 설득(력), 설득 행위 (3) ⓤⓒ 신념, 확신 : hold a strong ~ 강한 확신을 가지다 / speak with ~ 확신〈신념〉을 가지고 말하다. ▫ convict *v.*

:con·vince [kənvíns] *vt.* 《+目+前+名/+目+*that* 節》 …을 납득시키다, 깨닫게 하다, 확신시키다

con·vinced [kənvínst] *a.* 확신을 가진, 신념이 있는

con·vinc·ing [kənvínsiŋ] *a.* 설득력 있는, 납득〈수긍〉이 가는《증거 따위》 ; a ~ explanation 납득이 가는 설명 / a ~ lie 그럴 듯한 거짓말 / a ~ argument 설득력 있는 논지. 파) **~·ly** *ad.*

con·viv·i·al [kənvíviəl] *a.* (1) 연회를 좋아하는 ; 명랑한, 쾌활한. (2) 주연(연회)의 : ~ party 친목회(親睦會). 파) **~·ly** *ad.*

con·viv·i·al·i·ty [kənvìviǽləti] *n.* ⓤ 주연, 연회 ; 유쾌함, 기분 좋음.

con·vo·ca·tion [kὰnvəkéiʃən/kɔ̀n-] *n.* ⓤ (1)《英》 (대학의) 평의회. (2) (C~) a〕《美》(감독교회의) 성직 회의, 주교구(主教區) 회의. b〕 【英國教】 (Canterbury 또는 York의) 성직자 회의, 대주교 구회의. (3)(회의·의회의) 소집. ▫ Convoke *v.* 파) **~·al** [-ʃənəl] *a.* 소집〈집회〉의.

con·vo·lute [kánvəlùːt/kɔ́n-] *a.* 회선상의, 서려 감긴 ; 【動】 포선(包旋)하는 ; 【植·見】한쪽으로 말린. — *vt. vi.* (…을) 둘둘 감디〈말디〉 ; 회선하다, 포선체. 파) **~·ly** *ad.*

con·vo·lut·ed [kánvəlùːtid/kɔ́n-] *a* (1) 【動】 회선상의(spiral), 둘둘 말린, 소용돌이 모양의. (2)뒤얽힌, 매우 복잡한 : ~ reasoning 복잡한 추론(推論).

con·vo·lu·tion [kὰnvəlúːʃən/kɔ̀n-] *n.* ⓒ (흔히 *pl.*) (1) 언쟁, 분규. (2) 【解】 뇌회(腦回)《흔히 말하는 대뇌의 주름》. (3) 소용돌이, 회선(回旋) (상태) : the ~*s* of a snake 뱀의 사림.

˙con·voy [kánvɔi/kɔ́n-] *n.* (1) ⓒ 〔集合的 ; 單·複數 취급〕 호위자〈대〉 ; 호위함〈선〉 ; (호송 되는) 수송차대(隊) ; 피호송선(단) ***in*** ~ 호위집단〈선단〉을 조직하여. (2) ⓤ 호송, 호위 : under ~ (of...) (…에) 호위되어. — [kánvɔi, kənvɔ́i/kɔ́nvɔi] *vt.* …을 호위

〈경호, 호송〉하다.(escort).

con·vulse [kənvʌ́ls] *vt.* (1) 《+目+前+目》 (농담 등으로 사람)을 몹시 웃기다 : be ~*d with* laughter 포복 절도하다 (2) (흔히 受動으로) …에게 경련을 일으키게 하다 ; 몸부림치게 하다《*by* ; *with*》 (3) a] …을 진동시키다 b] (흔히 受動으로) …에 큰소동을 일으키다

·con·vul·sion [kənvʌ́lʃən] *n.* ⓒ (1) a] (자연 계의) 격동, 변동 : a ~ of nature 천재지변. b] (사회·정계 등의) 이변, 동란. (2) (*pl.*) 포복 절도, 터지는 웃음 (3) (흔히 *pl.*) 경련, (특히 소아의) 경기(驚氣). □ convulse *v.*

con·vul·sive [kənvʌ́lsiv] *a.* (1) 경련을 일으키는 경련성의. (2) 격동적인 ; 발작적인 ; 급격한 : a ~ effort 필사의 노력(사력을 다해) / a ~ rage 발작적인 격노. 파) **~·ly** *ad.*

co·ny, co·ney [kóuni] *n.* (1) ⓤⓒ 토끼의 모피. (2) ⓒ 토끼.

·coo[1] [ku:] (*p, pp.* ***cooed ; cóo·ing***) *vi.* (1) (연인들이) 정답게 말을 주고 받다 : He was ~*ing* in her ear. 그는 그녀의 귀에 속삭이고 있었다.
— *vt.* …온 달콤하게 속삭이다. (2) (비둘기 따위가) 꾸꾸꾸 울다 (3) (아기가) 옹알거리며 좋아하다. ***bill and*** ~ ⇨BILL[2] — (*pl.* ~*s*)*n.* ⓒ 꾸꾸꾸《비둘기 울음소리》.

coo[2] *int.* 《英俗》 거참, 허《놀람·의문을 표시》.

⁝cook [kuk] *vt.* (1) …을 요리〈조리 〉하다. 음식을 만들다 (2) 《~+目/+目+補》《口》 (장부·이야기 따위)를 조작하다, 날조하다《*up*》: ~ accounts 장부를 조작하다 / ~ *up* a story 이야기를 날조하다. (3) …을 열〈불〉을 쬐다 : 굽다 (1) 《英俗》 〔흔히 受動으로〕 …을 몹시 지치게 하다, 못쓰게 하다. — *vi.*(1) 《口》 생기다, 일어나다(happen). What's ~*ing?* 무슨 일이야, 어떻게 됐어, 어쩔 셈이야 / I'm sure something is ~*ing.* 아무래도 무엇인가 있을〈일어날〉 것 같다. (2) 《~/+副》 요리를 만들다 : 요리사로 일하다 : Do you like to ~ ? 요리 만드는 일을 좋아하십니까. (3) 《~/+副》 삶아지다. 구워지다 : Early beans ~ *well.* 햇콩은 잘 삶아진다 / ~ a person'***s goose*** 《俗》 아무를 해치우다. 실패케 하다. **~ *out*** 밖〈야외〉에서 요리하다. ***~ the books*** 장부를 속이다. ***~ up*** …을 속이다 ; (이야기 따위)를 조작〈날조〉하다.
— *n.* ⓒ 쿡, 요리사《남녀》《※ 자기 집에서 고용하고 있는 쿡을 가리킬 때에는 보통 관사를 붙이지 않고 고유명사 취급을 함》.

cook·book [kúkbùk] *n.*ⓒ 《美》 요리 책 (《英》 cookery book). 자세한 설명서.

cóok-chìll [kúktʃíl] *a.* 《英》 조리(調理)후 냉동한 : ~ foods 조리된 냉동 식품.

cook·er [kúkər] *n.*ⓒ (1) 《美》 요리 〈조리〉 기구 《냄비 솥 따위》: a pressure ~ 압력솥. (2) 《英》 오븐, 레인지 : a gas ~ 가스 레인지. (3) (흔히 *pl.*) (삶거나 굽거나 하는) 요리용 과일.

·cook·ery [kúkəri] *n.* (1) ⓒ 《美》 조리실. (2) ⓤ 《英》 요리법 : a~ course 요리 강좌.

cóokery bòok 《英》 =cookbook.

cook·house [kúkhàus] *n.* ⓒ (1) 【軍】 야외 취사장. (2) (배의) 취사장.

·cook·ie [kúki] *n.* ⓒ (1) 《英》 쿠키《비스킷류》 : 《Sc.》 롤빵 (2) 《美俗》 귀여운 소녀, 애인《애정을 표시하는 호칭》. (3) 《美俗》놈, 사내, 사람 : a clever 〈smart〉 ~ 영리한 놈〈녀석〉. ***That's the way the ~ crumbles.*** 《口》 이런 것이 인간 세상이다〈불행한 일이 생겼을 때 쓰는 말〉. ***toss***〈***drop***〉 one'***s ~s*** 《美俗》 토하다.

cook·ie-cut·ter [kúki:kʌ̀tər] *a.* (1)개성이 없는, 판에 박힌. (2)같은 모양 〈생김새〉의, 빼쏜.

:cook·ing [kúkiŋ] *n.* ⓤ 요리〈법〉.
— *a.* 요리(용)의 : a ~ stove =COOKSTOVE

cook·out [kúkàut] *n.* ⓒ 《美口》 야외 요리(파티).

cook·stove [∠stòuv] *n.* ⓒ 《美》 요리용 레인지.

cooky [kúki] *n.* =COOKIE ①.

⁝cool [ku:l] *a.* (1) (사냥감의 냄새 따위가) 희미한. (2) (재즈가) 조용한 클래식조의 ⇨ COOL JAZZ (3) 《口》훌륭한, 근사한 (4)서늘〈시원〉한 ; 좀 찬 ; (의복 따위가) 시원스러운. (5)냉정한, 침착한, 태연한 ; 냉담한, 뻔뻔스런, 넉살 좋은《*to*》 (6) 《口》 정미(正味) …, 에누리없는 : The car cost a ~ seventy thousand dollars. 그 차는 에누리없이 7만 달러나 들었다. (7) 식은 : The coffee isn't ~. 커피는 식지 않았다. ***as~ as a cucumber*** 아주 냉정〈침착〉한. ***~, calm, and collected*** 《口》 매우 침착하여 : keep ~, *calm, and collected* 냉정함을 잃지 않다.
— *n.* ⓤ (1)(the ~) 서늘한 기운, 냉기 (2) (one's ~) 《俗》 냉정함, 침착함 : keep *one's* ~ 침착하다, 냉정하다 / blow 〈lose〉 *one's* ~ 냉정을 잃다, 흥분하다.
— *ad.* 《口》 냉정하게. ***play it*** ~ 《口》 (난국·위험에 처하여) 냉정한 태도를 취하다. 아무렇지도 않은 체하다.
— *vt.* (1) …을 냉정하게 하다, 진정시키다 ; 가라앉(히)다.《*down* ; *off*》 (2) …을 차게 하다: 식히다: 시원하게 하다 ~ soup 수프를 식히다 — *vi.* (1)시원해지다. (2)진정되다 ; 냉정해지다 ~ ***it.***《俗》 냉정하게 되다, 침착해지다 *Cool it.* 침착해요, (그렇게) 흥분하지 말아요.

cool·ant [kú:lənt] *n.* ⓤⓒ 【機】 냉각제(劑) ; 냉각수.

cóol bàg ‹bòx› 쿨러 《피크닉 등에 쓰이는 식품 보냉(保冷) 용기》.

:cool·er [kú:lər] *n.* (1)ⓒ 냉방 장치. (2) ⓒ (차가운)청량 음료, (3)ⓒ 냉각기

cool-head·ed [kú:lhédid] *a.* 냉정〈침착〉한.

coo·lie [kú:li] *n.* ⓒ (인도·중국 등지의) 쿨리, 막노동자.

cóoling tòwer 냉각탑, 냉수탑.

cool·ish [kú:liʃ] *a.* 약간 차가운〈싸늘한〉.

cóol jázz 쿨 재즈《모던 재즈의 한 형식》.

·cool·ly [kú:*l*li] *ad.* (1) 냉담하게, 쌀쌀하게. (2)냉정하게, 침착하게 (3)서늘하게.

cool·ness [kú:lnis] *n.* ⓤ (1)냉담, 쌀쌀함. (2)시원함, 시늘함, 신신함 (3)냉정함, 침착함 : show ~ in behavior 행동에 냉정함을 보이다.

coomb, comb(e) [ku:m] *n.* ⓒ 《英》 험하고 깊은 골짜기 ; 산 중턱의 골짜기.

coon [ku:n] *n.* ⓒ (1)【動】《口》 너구리의 일종(raccoon). (2)《蔑》 깜둥이 (negro)

coon·hound [∠hàund] *n.* ⓒ 아메리카 너구리

coon·skin [∠skìn] *n.* (1)ⓒ 아메리카 너구리의 털가죽으로 만든 제품 〈모자〉. (2)ⓤ 아메리카 너구리의 털가죽.

coop [ku(:)p] *n.* ⓒ (1)비좁아서 답답한곳. (2)닭장, 우리, 장, ***fly the ~*** 《美俗》 탈옥하다, 도망치다. — *vt.*. (흔히 受動으로) (1)…을 〈좁은 곳에〉 가두다《*up* ; *in*》 : (2)(닭)장〈우리〉에 가두어 넣다.

coop·er [kú(:)pər] *n.* ⓒ 통메장이, 통장이, 통제조업자.

:co(-)op·er·ate [kouápərèit/-ɔ́p-] *vi.* (1)《~/+*to do*》(여러 사정 등이) 서로 작용하여〈겹쳐져서, 합쳐져서〉 …하다 (2)《~/ +前+名》 협력하다, 협동하다 《*with; for; in; in doing*》: ~ *with* them 그들과 협력하다. ㅁ co(-)operation *n.*

:co(-)op·er·a·tion [kouàpəréiʃən/-ɔ̀p-] *n.* (1)ⓒ 협동 조합. (2)ⓤ 협조성 ; 원조. (3) ⓤ 협력, 협동, 제휴

·co(-)op·er·a·tive [kouápərèitiv, -ərətiv/-ɔ́pərətiv] (*more ~ ; most ~*) *a.* (1)협력적인, 협조적인, 협동의 (2)협동조합의 — *n.*. ⓒ (1)《美》 조합식〈공동〉 아파트. (2)협동 조합〈매점〉 : The restaurant is run as a ~. 그 식당은 협동 조합으로 운영된다. 파) **~·ly** *ad.*

co(-)op·er·a·tor [kouápərèitər/-ɔ́p-] *n.* ⓒ (1) 협동 조합원. (2)협력자.

co-opt [kouápt/-ɔ́pt] *vt.* (1)《美》(사람·분파 등)을 흡수하다. (2)(위원회 따위가 사람)을 신(新)회원으로 선출〈선임〉하다.

co-op·ta·tion, co-op·tion [kòuaptéiʃən/-ɔp-], [-ʃən] *n.* ⓤ (1)신(新)회원 선출. (2)《美》(사람 분파 등을) 흡수함.

·co·or·di·nate [kouɔ́ːrdənit, -nèit] *a.* (1)동등한, 동격의, 동위의《*with*》 (2)【文法】 등위(等位)의. (3) 【數】 좌표의 :【컴】 대응시키는, 좌표식의 : ~ indexing 정합(整合) 색인법. — *n.* (1)(*pl.*) 【服飾】 코디네이트《색깔·소재·디자인 따위가 서로 조화된 여성 복》. (2) ⓒ 【文法】 등위 어구. (3)(*pl.*) 【數】좌표 ; 위도와 경도〈로 본 위치〉 (4)ⓒ 동등한것, 동격자. — [kouɔ́ːrdənèit] *vt.* (1)…을 동위(同位)로 하다, 대등하게 하다. (2)…을 조정하다, 조화시키다 : ~ our schedules 우리의 예정을 조정하다 / She ~*s* her clothes well. 그녀는 입는 것을 잘 조화시킨다. — *vi.* (1)조화하다 ; 동조하다. 파) **~·ly** (2)대등하게 되다.

co·ór·di·nat·ing conjúnction [-nèitiŋ-] 【文法】 등위 접속사《and, but, or, for 따위》.

:co·or·di·na·tion [kouɔ̀ːrdənéiʃən] *n.* ⓤ (1)【生理】 (근육 운동의) 협조, 공동 작용. (2)동등(하게 함) ; 대등(의 관계) ; 동위, 등위(等位) ; (작용·기능의) 조정, 일치. ㅁ coordinate *v.*

co·or·di·na·tive [kouɔ́ːrdənèitiv, -nət-] *a.* 동위의, 동격의, 동등한 ; 조정된.

co·or·di·na·tor [kouɔ́ːrdənèitər] *n.* ⓒ (1)조정자 ; 진행계(進行係), 코디네이터. (2)동격으로 하는 사람(것). (3) 〔文法〕 대견적 접속사.

coot [kuːt] *n* ⓒ (1)큰물닭《유럽산》 ; 검둥오리《북아메리카산》. (2)《口》 얼간이 (노인).

coot·ie [kúːti] *n.* ⓒ《俗》 이(louse).

cop[1] [kap/kɔp] *n.* ⓒ《口》 순경(policeman) : play ~*s* and robbers 술래잡기 놀이를 하다.

cop[2] (*-PP-*) *vt.* (1)《英俗》 (범인)을 잡다 ~ a person stealing 아무가 훔치고 있는 것을 붙잡다. (2)(~ it로) 꾸지람을 듣다. 벌을 받다. (3)《美俗》 …을 훔치다. ~ ***hold of*** …을 (꽉) 잡다, 붙 잡다. ~ ***out*** 《俗》 (싫은 일·약속에서) 손을 떼다 ; 책임을 회피하다. ***Cop that!*** 저것 봐 !

cop. copyright(ed).

co·pa·cet·ic, -pe·set- [kòupəsétik] *a.* 《美俗》 훌륭한, 만족스러운, 순조로운.

co·pal [kóupəl, -pæl] *n.* ⓤ 코펄《천연 수지 ; 니스·래커 등의 원료》.

co·part·ner [koupáːrtnər] *n.* (기업 따위의) 협 동자, 공동 출자자 ; 조합원 ; 공범자. 파) **~ship** *n.* 협동 ; 조합.

:cope[1] [koup] *vi.* (1)《口》 그럭저럭 잘 해 나가다. (2) 대항하다, 맞서다, 만나다.《*with*》 ~ *with* a disability 신체 장애와 싸우다〈에 지지 않다〉. (3)《+前+名》 (어려운 일 등을) 잘 처리하다, 대처하다, 극복하다 《*with*》 : ~ *with* a difficulty 어려운 문제를 잘 처리하다. — *vt.* 《口》 대항하다 ; 대처하다.

cope[2] *n.* ⓒ (1)덮개 : the ~of night 밤의 장막. (2)코프《성체 강복(降福) 때 성직자가 걸치는 망토 모양의 긴 겉옷》. (3)종의 거푸집 맨 윗부분 ; (담의)갓돌. (4)창공, 하늘. — *vt.* (1)코프를 입히다. (2)갓돌을 얹다. — *vt.* 덮이다.

·Co·pen·ha·gen [kòupənhéigən, -háː-] *n.* 코펜하겐《덴마크의 수도》.

Co·per·ni·can [koupə́ːrnikən] *a.* (1)코페르니쿠스(설)의. 【cf.】 Ptolemaic. 『 the ~ theory〈system〉 지동설. (2)코페르니쿠스적인, 획기적인 : a ~ revolution (사상·기술 따위의) 코페르니쿠스적 대변혁.

·Co·per·ni·cus [koupə́ːrnikəs] *n.* **Nicolaus ~** 코페르니쿠스《지동설을 제창한 골란드의 천문학자 ; 1473-1543》.

cope·stone [kóupstòun] *n.* ⓒ 갓돌, 관석(冠石)

cop·i·er [kápiər/kɔ́p-] *n.* ⓒ (1)복사기 ; 복사하는 사람. (2)사자생(寫字生) (transcriber). (3)모방자, 표절자.

co·pi·lot [kóupàilət] *n.* ⓒ 【空】부조종사.

cop·ing [kóupiŋ] *n.* ⓒ 【建】 (1)(난간·담장 등의 위에 대는) 가로대, 횡재(橫材), (2)(돌담·벽돌담 따위의) 정층(頂層), 갓돌, 관석(冠石).

cóping stòne =COPESTONE.

·co·pi·ous [kóupiəs] *a.* (1)내용〈지식〉이 풍부한 (2)매우 많은, 풍부한 : a ~ stream 수량이 풍부한 개울 / ~ profits 막대한 이익.
파) **~·ly** *ad.* **~·ness** *n.*

cop·out [kápàut/kɔ́p-] *n.* ⓒ 《俗》 책임 회피 ; (일·약속 등에서) 손을 떼기, (비겁한) 도피 : Quitting the race like that was a ~. 그런 식으로 레이스를 포기했다는 것은 비겁하다.

:cop·per[1] [kápər/kɔ́pər] *n.* (1)ⓤ 구릿빛, 적갈색. (2) ⓤ 구리, 동(銅)《금속원소 : 기호 Cu ; 번호 29》 : red ~ 적동광 / ~ nitrate 질산구리. (3)ⓒ 구리 그릇 ; 《英》 (본디는 구리로 된) 취사용〈세탁용〉 보일러 〈큰 가마〉 ; (*pl.*) 배의 목욕물 끓이는 솥, 구리 단지 ; 동판. (4)ⓒ 동전

cop·per[2] *n.* ⓒ 《俗》 경찰관, 순경(cop[1]).

cop·per·as [kápərəs/kɔ́p-] *n.* ⓤ 【化】 녹반(綠礬) (green vitriol).

cop·per·bot·tomed [kápərbátəmd, kɔ́pər-/kápərbɔ́t-, kɔ́pər-] *a* (1)《口》(재정적으로) 신뢰할 수 있는, 건전한 ; 진짜의 (2)(배·보일러 따위) 바닥에 동판을 댄〈깐〉, 바닥이 동판으로 된.

cop·per·head [-hèd] *n.* ⓒ (1)【動】 독사의 일종 《북 아메리카산》. (2)남북 전쟁 당시 남부에 동정한 북부 사람.

cop·per·plate [-plèit] *n.* (1)ⓤ 구리판, 동판. (2) ⓤ 동판 조각(彫刻) (3)ⓒ 동판 인쇄. (4)ⓤ (동판조각처럼) 가늘고 예쁜 초서체의 글씨

cop·per·smith [-smìθ] *n.* ⓒ 구리 세공인 ; 구리 그릇 제조인.

cópper súlfate 〈《英》 **súlphate** 〉 【化】 황산구리.

cop·pery [kápəri/kɔ́p-] *a.* (1)구릿빛의, 적갈색의 :

~ leaves. (2)구리 같은. (3)구리를 함유한
cop·pice [kápis/kɔ́p-] *n.* ⓒ 작은 관목 숲, 잡목 숲 (copse).
cop·ra [káprə/kɔ́p-] *n.* ⓤ 코프라《야자의 과육(果肉)을 말린 것 ; 야자유의 원료》.
cóp shòp 《口》 파출소, 경찰서.
Cop·tic [káptik/kɔ́p-] *a.* 콥트 인〈어〉의 ; 콥트 교회의 — *n.* ⓤ 콥트어(語)《현재는 스러져서, 콥트 교회의 전례(典禮)에만 쓰임》. ***the ~Church*** 콥트 교회《이집트 재래의 기독교파》.
cop·u·la [kápjələ/kɔ́p-] (*pl.* **-las -lae** [-liː]) *n.* ⓒ 【文法】 계합사(繫合詞), 연사(連辭)《subject와 predicate 를 잇는 be 동사 등》. 파) **-lar** *a.*
cop·u·late [kápjəlèit/kɔ́p-] *vi.* 성교하다 ; (동물이) 교접〈교미〉 하다. — [-lət] *a.* 연결한, 결합한. 파) **còou · lá ·tion** [-léiʃən] *n.* ⓤ
cop·u·la·tive [kápjəlèitiv, -lə-/kɔ́p-] *a.* (1)연결하는, 결합의. (2)성교의 ; 교접〈교미〉의
— *n.* ⓒ 【文法】 계합사 《be 따위》 ; 재합 접속사《and 따위》. 【cf】 disjunctive. 파) **~ · ly** *ad.*
:copy [kápi/kɔ́pi] *n.* (1)ⓤ 광고문(안) ,카피 (2)ⓒ 사본, 부본(副本) ; 복사 ; 카피 【cf.】 script. (3)ⓒ (책 따위의) 부, 권 : a ~ 〈*two copies*〉 *of Life* magazine 라이프지 한(두)권. (4)ⓤ 원고, 초고 : follow ~ 원고대로 짜다. / knock up ~ (신문 따위의) 원고를 정리하다. (5)ⓤ 【新聞】 기사 ; 〔good, bad를 붙여서〕제재(題材),기삿거리 : It will make *good* ~. 그것은 좋은 기삿거리가 될것이다.
— *vt.* (1)…을 모방하다 (2)…을 베끼다, 복사하다 ; 모사하다 ; 표절하다 — *vi.* 《~/+前+名》 (1)모방하다, 흉내내다 ;《英》 (시험에서 남의 답안을) 몰래 베끼다《*after* ; *from out of* ; *off*》 (2)a〕복사하다, 베끼다 b〕〔양태(樣態)의 부사를 동반하여〕 (…에) 복사가 되다 : Penciled notes ~ poorly on a fax. 연필로 쓴 메모는 팩스에 잘 나오지 않는다.
cop·y·book [-bùk] *n.*ⓒ (1)습자책 ; 습자 〈그림〉 본. (2)(문서 등의) 복사부(簿), 비망록. ***blot*** one' ***s*** ~ 이력에 오점을 남기다. (경솔한 짓을 해 서) 평판을 잃다.
— *a.* 〔限定的〕 (1)인습적인, 진부한, 판〈틀〉에 박힌 : ~ maxims (습자책에 있는 것 같은) 진부한 격언〈교훈〉. (2)본보기대로의.
cop·y·boy [-bɔ̀i] (*fem.* ***-girl*** [-gə̀ːrl]) *n.* ⓒ (신문사의) 원고 심부름하는 사람.
cop·y·cat [-kæ̀t] *n.* ⓒ 모방하는〈흉내 내는〉 사람. — *a.* 흉내 낸, 모방한
cópy dèsk 《美》 (신문사의) 편집자용 책상.
cop·y-ed·it [-èdit] *vt.* (원고)를 정리하다.
cop·y·hold [-hòuld] *n.* ⓤ 【英史】 등본 보유권(에 의해 소유하는 부동산). 【cf.】 freehold. 『 in ~ 등본 소유권에 의해.
cop·y·hold·er [-hòuldər] *n.* ⓒ (1)【英史】 (등본 보유권에 의한) 토지 보유자. (2)보조 교정원. (3)(타자기의) 원고 누르개 ; (식자공의) 원고걸이.
cóp·y·ing machìne [kápiiŋ-/kɔ́pi-] 복사기.
cop·y·ist [kápiist/kɔ́pi-] *n.* ⓒ (1)모방자. (2)(고문서 따위의) 필생, 필경(생).
cop·y·read [kápiriːd/kɔ́p-] *vt.* (원고)를 정리하다.
cop·y·read·er [-rìːdər] *n.* ⓒ (신문사의) 원고정리 〈편집〉 부원.
·cop·y·right [-ràit] *n.* ⓤⓒ 판권, 저작권 : a ~holder 판권 소유자. — *a.* 판권〈저작권〉을 갖고있는, 판권으로 보호된(copyrighted). — *vt.* …의 판권을 얻다 ; (작품)을 저작권으로 보호하다 : Lawyers say the play used ~*ed* music without permission. 변호사들은 그 연극에서 허가 없이 저작권 있는 음악을 썼다고 말한다.
cópyright líbrary 《英》 납본 도서관《영국내에서 출판되는 모든 서적을 1부씩 기증받는 도서관 ; British Library(대영 도서관) 등》.
·cop·y·writ·er [-ràitər] *n.* ⓒ 광고문안 작성자,카피라이터.
co·quet [koukét] (***-tt-***) *vi.* (여자가) 교태를 짓다, 아양을 부리다, '꼬리치다' (flirt)《*with*》.
co·quet·ry [kóukitri, -ㅅ-] *n.* (1)ⓒ 아양, 교태. (2)ⓤ 아양부리기
co·quette [koukét] *n.* ⓒ 교태 부리는 여자 ; 바람둥이 여자, 요부(妖婦)(flirt).
co·quet·tish [koukétiʃ] *a.* 요염한, 교태를 부리는 : She gave him a ~ glance. 그녀는 그에게 요염한 눈길을 보냈다. 파) **~ · ly** *ad.*
cor [kɔːr] *int.*《英俗》 앗, 이런《놀람 · 감탄 · 초조할 때》.
cor·a·cle [kɔ́ːrəkəl, kár-/kɔ́r-] *n.* ⓒ(고리로 엮은 뼈대에 짐승 가죽을 입힌) 작은 배《웨일스나 아일랜드의 호수 따위에서 씀》.
·cor·al [kɔ́ːrəl, kár-/kɔ́r-] *n.* (1)ⓤ 산호빛. (2)a〕ⓤⓒ 산호. b〕ⓒ 【動】 산호충. (3)ⓒ 산호 세공. — *a.* (1)산호빛의 : ~ lipstick.
córal ísland 산호섬.
córal rèef 산호초.
cor·bie·step [kɔ́ːrbistèp] *n.* ⓒ 【建】 박공단(段)《박공 양편에 붙이는》(corbel-step,crwstep).
:cord [kɔːrd] *n.* (1)ⓒ 【解】삭상(索狀) 조직, 인대(靭帶): the spinal ~ 척수 / the umbilical ~ 탯줄. (2)a〕 ⓒ 골지게 짠 천의 골. b〕 ⓤ 코르덴. c〕 (*pl.*) 코르덴 바지. (3)ⓒ (종종 *pl.*) 구속, 기반〈羈絆〉《*of*》 : the ~*s of* love 사람의 기반〈유대〉. (4)ⓤⓒ a〕줄, (노)끈《※ rope보다 가늘고 string보다 굵음》. This hat has ~*s* attached. 이 모자는 끈이 달려 있다. b〕【電】코드 : connect ~*s* 코드를 잇다. — *vt.* …을 밧줄로〈끈으로〉 묶다.
cord·age [-idʒ] *n.* 〔集合的〕 (1)(배의) 삭구(索具). (2)밧줄, 삭조(索條).
cor·date [kɔ́ːrdeit] *a.* 【植】심장형의, 하트형의.
cord·ed [kɔ́ːrdid] *a.* (1)골지게 짠. (2)(근육 따위가) 힘줄이 불거진. (3)밧줄로 묶은 〈동인〉.
:cor·dial [kɔ́ːrdʒəl/-diəl] (***more ~ ;most ~***) *a.* (1)충심으로부터의, 따뜻한, 성실성의의 ; 친절한, 간곡한 : a ~ welcome 따뜻한 환영 / a ~ reception 진심에서 우러나온 환대 / express one' s ~ thanks 충심으로 부터의 감사를 표하다. (2) (혐오 · 미움이) 마음속으로 부터의 — *n.* ⓤⓒ 코디얼《알로올음료》. 파) **~ · ness** *n.*
cor·di·al·i·ty [kɔ̀ːrdʒiǽləti, kɔ̀ːrdʒæl-/-diæl-] *n.* (1)(*pl.*)친절한 말〈행위〉 ; 진정이 깃들인 인사. (2)ⓤ진심, 온정 ; 진정한 우정
·cord·dial·ly [kɔ́ːrdʒəli] *ad.* (1)정말, 몹시《미워하다》 : dislike〈hate〉 a person ~ 아무를 정말 싫어하다〈미워하다〉. ***Cordially yours*** =***Yours*** ~ 여불비례(餘不備禮), 경구(敬具)《편지의 끝맺음》. (2)진심 으로 ; 성심껏
cor·dil·le·ra [kɔ̀ːrdəljέərə, kɔːrdílərə] *n.* ⓒ《Sp.》 (대륙을 종단하는) 큰 산맥, 산계(山系).
cord·ite [kɔ́ːrdait] *a.* ⓤ 끈 모양의 무연 화약.
cord·less [kɔ́ːrdlis] *a.* 【通信】 전화선 없는, 코 드

가 (필요) 없는 : a ~ phone 무선 전화기.
cor·don [kɔ́:rdn] *n.* ⓒ (1)장식끈 ; (어깨에서 겨드랑 밑으로 걸치는) 수장(綬章) : the grand ~ 대수장. (2)【軍】 초병선(哨兵線) ; (경찰의) 비상〈경계〉선 ; (전염병 발생지의) 교통 차단선, 방역선— *vt.* …에 비상선을 치다 : 교통을 차단하다《*off*》 : The area surrounding the office had been ~*ed off*. 그 관청 주변지역에는 비상선이 쳐졌다.
cord·don bleu [kɔ́:rdɔ̃ŋblə́:] (*pl.* ***cor·dons bleus*** 〈-〉)《F.》 (1)(그 방면의) 일류 ;《특히》 일류 요리사. (2)청수장(靑綬章)《부르봉 왕조의 최고 훈장》.
cor·do·van [kɔ́:rdəv(ə)n] *n.a.* 코도반 가죽(의)
cor·du·roy [kɔ́:rdərɔ̀i, ⌐-⌐] *n.* ⓤ (1)(*pl.*)코르덴 양복〈바지〉. (2)코르덴. — *a.* 〔限定的〕 코르덴 제(製)의 ; 코르덴 같은, 골이 진
córduroy róad 《美》 (습지 따위에) 통나무를 놓아 만든 길.
CORE [kɔ:r] 《美》 Congress of Racial Equality (인권 평등 회의).
˙core [kɔ:r] *n.* (1) ⓒ (과일의) 응어리, 속 : remove the ~ from the apple 사과 속을 떼〈도려〉내다. (2) ⓒ 중심(부) ; (나무의) 고갱이 ; (부스럼 따위의) 근 (4)ⓒ 【地】 (지구의) 중심핵.(5) ⓒ (원자로의)노심(=**reáctor ~**). (6) ⓒ 【컴】 알맹이. (자기(磁氣)) 코어. 자심(磁心)(magnetic core). ***to the ~*** 속속 들이, 철두철미하게 : true *to the* ~ 진짜의, 틀림 없는. —*vt.* (과일)의 속을〈응어리를〉빼 〈도려〉내다《*out*》 : ~ an apple 사과 속을 떼〈도려〉내다.
Co·rea [kərí:ə, kourí:ə] *n.* =KOREA.
Co·re·an [kərí:ən, kourí:ən] *a. n.* : KOREAN.
córe curriculum 【敎】 코어 커리큘럼, 핵심 교육과정《개별 과목에 구애하지 않고 사회 생활을 널리 경험시키는 데 중점을 둔 교과 과정》.
co·re·li·gion·ist [kòurilídʒənist] *n.* ⓒ 같은 종교를 믿는 사람, 같은 신자《*of*》.
co·re·op·sis [kɔ̀:riápsis/kɔ̀riɔ́p-] *n.* ⓒ (*pl.*~) 【植】 기생초 종류.
cor·er [kɔ́:rər] *n.* ⓒ (사과 등의) 속을 빼〈도려〉 내는 기구 : an apple ~ 사과 속 빼 내는 기구.
co·re·spond·ent [kòurispándənt/-pɔ́nd-] *n.* ⓒ 【法】 (특히 간통으로 인한 이혼 소송의) 공동 피고인
córe tìme 코어 타임《flextime 에서 반드시 근무해야 하는 시간대》.
co·ri·an·der [kɔ̀:riǽndər/kɔ̀ri-] *n.* ⓤⓒ 【植】고수풀《열매는 양념 · 소화제로 씀 ; 미나릿과》.
Cor·inth [kɔ́:rinθ, kár-/kɔ́r-] *n.* 코린트《옛 그리스의 예술 · 상업의 중심지》.
˙Cor·in·thi·an [kərínθiən] *a.* (1)코린트의 ; 코린트 사람의〈과 같은〉. (2)【建】 코린트식의 : 우아한 — *n.* (1)ⓒ 코린트 사람. (2)〔~*s* ; 單數 취급〕 【聖】 고린도서 (= **Epístlnes to the ⌐s**) 《略 : Cor.》.
cor·i·um [kɔ́:riəm] (*pl.* ***-ria*** [-riə]) *n.* ⓤ (1)【蟲】 (반시초(半翅·)의) 혁질부(革質部). (2)【解】 진피(眞皮)(dermis).
˙cork [kɔ:rk] *n.* (1) =CORK OAK. — *vt.* (2) ⓤ 코르크 ; 【植】 코르크질 〈층〉(phellem)《나무 껍질의 내면 조직》. (3)ⓒ 코르크마개 ; 코르크 부표(浮標)(float) : draw 〈pull out〉 the ~ (병의) 코르크 마개를 빼다. — *a.* 〔限定的〕 코르크로 만든
cork·age [kɔ́:rkidʒ] *n.* ⓤ (1)(손님이 가져온 술병의) 마개 뽑아 주는 서비스료. (2)코르크 마개를 끼움(뺌).
corked [kɔ:rkt] *a.* (1)(포도주가) 코르크 탓으로 맛이 떨어진. (2)코르크 마개를 한 (3)《英俗》 술취하여. (4)코르크 먹으로 화장한.
cork·er [kɔ́:rkər] *n.* ⓒ (1)《口》 놀랄만한 사람〈것〉 ; 굉장한 물건〈사람〉 (2)《俗》 (상대의 반박 여지를 두지 않는) 결정적 의론 ; 결정적 일격. (3) (코르크) 마개를 막는 사람〈기계〉.
cork·ing [kɔ́:rkiŋ] 《美俗》 *a.* 굉장한. 아주 〈썩〉 좋은 ; 대단히 큰. — *ad.* 굉장히. 대단히. = very.
córk òak 【植】 코르크나무.
cork·screw [kɔ́:rkskrù:] *n.* ⓒ 타래송곳《마개뽑이 · 목공용》. — *a.* 〔限定的〕 나사 모양의
corky [kɔ́:rki] (***corki·er : -i·est***) *a.* (1)코르크의〈같은〉. (2)(술이)코르크 냄새가 나는(corked). (3)《口》 쾌활한, 들뜬.
corm [kɔ:rm] *n.* ⓒ 【植】 구경(球莖), 알뿌리.
cor·mo·rant [kɔ́:rmərənt] *n.* ⓒ (1)대식가 ; 욕심 사나운 사람. (2)【鳥】 가마우지(sea crow). — *a.* 많이 먹은 ; 욕심 ; 많은.
⁝corn[1] [kɔ:rn] *n.* (1) ⓤ 《口》 a〕 하찮은 것 ; 진부〈평범〉한것. b〕감상적인 음악. (2)ⓒ 낟알 : a ~ of wheat 한 알의 밀알. (3)〔集合的〕 곡물, 곡류, 곡식《영국에서는 밀 · 옥수수류의 총칭》 : Up ~, down horn.《俗談》 곡식 값이 오르면 쇠고기 값이 떨어진다. (4)ⓤ 곡초(穀草)《밀 · 보리 · 옥수수 따위》. (5)ⓤ 《美口》 옥수수 위스키(corn whiskey). (6)〔集合的〕 (특정 지방의) 주요곡물. a〕《Can. · Austral · 美》 옥수수 : eat~ on the cob 옥수수 속대에 붙은 옥수수를 먹다. b〕《英》 밀. c〕 《Sc. · Ir.》 귀리. — *vt.* …에 소금을 뿌리다, …을 소금에 절이다. earn one's ~ 《口》 생활비를 벌다 Up ~, down horn. 곡식 값이 오르면 쇠고기 값이 내린다.
corn[2] *n.*ⓒ (발가락의) 못, 티눈, 물집. ***tread〈step. trample〉 on*** a person' ***s ~s*** 《口》 남의 아픈 데를 찌르다, 기분을 상하게 하다.
córn brèad 《美》 옥수수빵(Indian bread).
córn chìp 《美》 콘칩《옥수수가루를 반죽하여 엷게 튀긴 식품》.
corn·cob [⌐kàb/⌐kɔ̀b] *n.* ⓒ (1)옥수수의 속대. (2)그것으로 만든 곰방대 (= **⌐pípe**).
córn còckle 【植】 선옹초.
corn·crake [⌐krèik] *n.* ⓒ 【鳥】 흰눈썹뜸부기.
corn·crib [⌐krìb] *n.* ⓒ 《美》 옥수수 창고.
cor·nea [kɔ́:rniə] *n.* ⓒ 《解》 각막(角膜) 파) **cór·ne·al** 〈~nial〉 *a.* 각막의 : a *corneal* transplant 각막 이식.
˙corned [kɔ:rnd] *a.* 소금에 절인(salted).
córned béef 콘비프《쇠고기 소금절이》.
cor·nel [kɔ́:rnəl] *n.* ⓒ 【植】 산딸기나무속(屬)관목의 일종, 꽃층층나무.
cor·nel·ian [kɔ:rní:ljən] *n.* ⓒ 【鑛】 홍옥수(紅玉髓)
cor·nel·ous [kɔ́:rniəs] *a.* 각질의(horny).
⁝cor·ner [kɔ́:rnər] *n.* ⓒ (1)【蹴】 코너킥 (~ kick). ***around 〈round〉 the ~*** (2)모퉁이, 길모퉁이 : a store at〈on〉 the ~ (길) 모퉁이의 가게. (3)a〕 (방 · 상자 따위의) 구석, 귀퉁이 : put〈stand〉 a boy in the ~ of a room (벌로서) 소년을 방구석에 새워놓다. (4)한쪽 구석, 사람 눈에 띄지 않는 곳 ; 인가에서 떨어진 곳, 변두리 b〕 비밀 장소 (5)(흔히 a ~) 궁지 (6) (흔히 *sing.*) 사재기, 매점(買占) (7)(때로 *pl.*) 지방, 방면 (1)임박하여 ***cut ~s***= ***cut*** (***off***) ***the〈a〉*** ~ 질러 가다 ***turn the*** ~ 모퉁이를 돌다 : (병 · 불경기 등이) 고비를 넘기다. (2) 길모퉁이를 돈 곳에 ; 바로 어귀〈근처에〉에 : — *a.* 〔限定的〕 (1)길모

통이의 〈에 있는〉 : a ~ drugstore 길모퉁이의 약방. (2)구석에 두는〈에서 사용하는〉 : a ~ table 코너 테이블《방의 구석에 놓는 3각 테이블》. (3)【競】 코너의. — *vt*. (1)《~+目/ +目+前+名》 …에 모(서리)를 내다 (2)…을 구석에 밀어 붙이다〈몰아넣다〉 : 궁지에 빠뜨리다 (3)…을 사재기〈매점(買占)〉하다. ~ the market 주식을〈(시장의) 상품을〉 매점하다. — *vi*. (1)(운전자·자동차가) 모퉁이를 돌다 : He ~*s* well. 그는 코너를 도는 솜씨가 좋다.

cor·ner·back [kɔ́ːrnərbæ̀k] *n*. ⓒ 【美蹴】 코너백《디펜스의 가장 바깥쪽을 지키는 하프백 ; 좌우 각 1인씩 배치됨 ; 略 : CB》.

cor·nered [kɔ́ːrnərd] *a*. (1)〔흔히 複合語로〕 모가진 : (…의) 경쟁자가 있 는 (2)구석〈궁지〉에 몰린, 진퇴 유곡의 : like a ~ rat 궁지에 몰린 쥐처럼 .

córner shóp p f英) (길 모퉁이의) 작은 상점.

cor·ner·stone [kɔ́ːrnərstòun] *n*. ⓒ 모퉁잇돌, 초석, 귓돌(quoin), 토대, 기초, 요긴한 것〈사람〉, 근본적인 것

cor·ner·wise, -ways [-wàiz], [-wèiz, -wəz] *ad*. 비스듬하게, 대각선으로.

cor·net [kɔːrnét, kɔ́ːrnit] *n*. ⓒ (1)(과자 따위를 담는) 원뿔꼴의 종이 봉지. (2)코넷《악기》. (3)《英》 =ICE-CREAM CONE.

cor·net·(t)ist [kɔːrnétist, kɔ́ːrnit-] *n*. ⓒ 코넷 주자(奏者).

córn exchànge 《英》 곡물 거래소.

corn·fac·tor [kɔ́ːrnfæ̀ktər] *n*. ⓒ 곡물 도매상.

corn·fed [-́fèd] *a*. (1)《美口》 뚱뚱하고 건강해 보이는. (2)《美》 옥수수로 기른.

˙**corn·field** [-́fìːld] *n*. ⓒ (2)《英》 밀밭. (1)《美》 옥수수밭.

corn·flakes [-́flèiks] *n*. *pl*. 콘플레이크

córn flòur (1)《美》 옥수수 가루.

corn·flow·er [-́flàuər] *n*. ⓒ 【植】 (1)선옹초. (2)수레국화.

corn·husk [-́hʌ̀sk] *n*. ⓒ 《美》 옥수수 껍질.

corn·husk·ing [-́hʌ̀skiŋ] *n*. (1) ⓤ 옥수수 껍질 벗기기. (2) =HUSKING BEE.

cor·nice [kɔ́ːrnis] *n*. ⓒ (1)【登山】 벼랑 끝에 처마 모양으로 얼어 붙은 눈더미. (2)【建】 배내기《벽 윗부분에 장식으로 두른 돌출부》.

Cor·nish [kɔ́ːrniʃ] *a*. Cornwall의 : Cornwall 사람〈말〉의. — *n*.

Córnish pásty 양념을 한 야채와 고기를 넣은 Cornwall 지방의 파이 요리.

córn mèal (1)《美》 옥수수 가루. (2)《Sc.》=

córn òil 옥수수 기름.

córn pòne 《美南中部》 옥수수빵.

córn pòppy 【植】 개양귀비.

corn·row [kɔ́ːrnròu] *n*. ⓒ 콘로(헤어스타일)《머리칼을 가늘고 단단하게 세 가닥으로 땋아 붙인 흑인이 머리형》. — *vt*. (머리)를 콘로형(型)으로 땋다.

córn sìlk (美) 옥수수의 수염.

corn·stalk [-́stɔ̀ːk] *n*. ⓒ 《美》 옥수수대 : 《英》 밀짚.

corn·starch [-́stàːrtʃ] *n*. ⓤ 《美》 옥수수 녹말.

córn sùgar 《美》 옥수수 녹말당(dextrose).

cor·nu·co·pia [kɔ̀ːrnjukóupiə] *n*. (1) ⓒ 원뿔꼴의 종이 봉지. (2) ⓒ 뿔 모양의 장식품(3)(a ~) 풍요(abundance), 풍부《*of*》(4)(the ~)【그神】 풍요의 뿔(horn of plenty)

córn whiskey 《美》 옥수수 위스키.

corny [kɔ́ːrni] (***corn·i·er ; -i·est***) *a*. (1)《口》 (재즈 따위) 감상적인 ; 멜로드라마적인. (2)곡물〈옥수수〉의, 곡물이 풍부한. (3)《口》 촌스러운, 세련되지 않은, 시시한 ; 진부한, 구식의

co·rol·la [kərálə/-rɔ́lə] *n*. ⓒ 【植】 화관, 꽃부리.

co·ol·lary [kɔ́ːrəlèri, kár-/kərɔ́ləri] *n*. ⓒ 【論·數】 계(系) ; 추론(推論) ; 당연한 결과.

˙**co·ro·na** [kəróunə] (*pl*. ***~s, -nae*** [-niː])*n*. ⓒ (1)【氣】 (해·달의 둘레의) 광환(光環). 무리(【cf.】 halo). (2)【天】 코로나《태양의 개기식(皆旣蝕) 때 그 둘레에 보이는 광관(光冠)》. (3)원형 촛대.

cor·o·nal [kɔ́ːrənəl, kár-/kɔ́r-] *n*. ⓒ (1)화관 ; 화환. (2)보관(寶冠).
— [kəróunəl, kɔ́ːrə-, kárə-/kɔ́rə-] *a*. 【天】 코로나의 ; 광환(光環)의.

cor·o·nary [kɔ́ːrənèri, kár-/kɔ́rənəri] *a*. 【解】 (1)관상(冠狀) (동맥)의 (2)심장의 : ~ trouble 심장병. — *n*. =CORONARY THROMBOSIS.

˙**cor·o·na·tion** [kɔ̀ːrənéiʃən, kár-/kɔ́r-] *n*. ⓒ 대식(식), 즉위(식)

cor·o·ner [kɔ́ːrənər, kár-/kɔ́r-] *n*. ⓒ (1)【法】 검시관(檢屍官) (2)매장물 조사관 파) **~·ship** *n*.

˙**cor·o·net** [kɔ́ːrənit, kár-/kɔ́r-] *n*. ⓒ (1)(여자의) 소관 모양의 머리 장식《보석이나 꽃을 붙임》.

˙**cor·po·ral**[1] [kɔ́ːrpərəl] 육체의, 신체의 ; 개인의 : a ~ possession 사유물 / ~ punishment 체형《주로 태형》. 파) **~·ly** [-i] *ad*. 육체적으로.

cor·po·ral[2] *n*. ⓒ 【軍】 상병.

˙**cor·po·rate** [kɔ́ːrpərit] *a*. (1)단체의, 집합적인, 공동의 : ~ action 공동 행위, 단체 행동 / ~ responsibility 공동 책임. (2)〔限定的〕 법인〈회사〉(조직)의, 단체〈협회〉의 : a ~ body=a body ~ 법인 / ~ bonds 사채(社債) / ~ property 법인 재산 / in one's ~ capacity 법인의 자격으로. ㅁ corporation n. 파) **~·ly** *ad*. 법인으로서.

:**cor·po·ra·tion** [kɔ̀ːrpəréiʃən] *n*. ⓒ (1)【法】 법인, 사단 법인《국왕·교황 따위》. (2)《美》 유한 회사, 주식 회사(jointstock ~) : a trading ~ 상사(商事) 회사 / the ~ law 《美》 회사법. (3)(자치) 단체 : 조합. (4)(때로 C-) 《英》 도시 자치제 : 시(市)의회 : 시제(市制) 지구 : ~ houses 시영 주택. (1)《口》 올챙이배(potbelly). ㅁ corporate *a*.

corporátion làw 《美》 회사법(《美》 company

corporátion tàx 법인세. ㄴlaw).

cor·po·re·al [kɔːrpɔ́ːriəl] *a*. (1)【法】 유형 〈유체(有體)의 (2)육체적인, 신체상의(bodily) ; 물질적인 파) **~·ly** *ad*.

:**corps** [kɔːr] (*pl*. ***corps*** [kɔːrz]) 《單·複數의 발음 차이에 주의》 *n*. ⓒ 〔單·複數 취급〕 (1)【軍】 군단, 병단 : 특수 병과, …부〈대〉 : (특수 임무를 띤) …단(團) : 부대 (2)(행동을 같이하는) 단체, 집단 단 (3)(독일 대학의) 학우회 ~ ***de ballet*** [-dəbæléi/-bǽlei] 코르드 발레, 무용단《전원의 군무(群舞)》.

˙**corpse** [kɔːrps] *n*. ⓒ (특히 사람의) 시체(dead body).

córpse càndle (1)시체 곁에 켜 놓는 촛불. (2)도깨비불(= ~́ **light**).

corps·man [kɔ́ːrmən] (*pl*. ***-men*** [-mən]) *n*. ⓒ 【美陸軍】 위생병 : 【美海軍】 위생 하사관.

cor·pu·lence, -len·cy [kɔ́ːrpjələns], [-si] *n*. ⓤ 비만, 비대.

cor·pu·lent [kɔ́ːrpjələnt] *a*. 뚱뚱한

˙**cor·pus** [kɔ́ːrpəs] (*pl*. ***-po·ra*** [-pərə], ***~·es***) *n*.

ⓒ《L.》(1)신체 ; (사람·동물의) 시체. (2)(문서 따위의) 집성, 전집 ; (지식·증거의) 집적. (3)(이자·수입등에 대한) 원금, 자금.

cor·pus·cle [kɔ́ːrpəsəl, -pʌsəl] *n.* ⓒ 【生理】 소체(小體) ; 혈구(血球)

córpus de·líc·ti [-dilíktai] (*pl.* ***-po · ra-***) 《L.》 【法】 범죄의 주체, 죄체(罪體)《범죄의 실질적 사실》.

cor·ral [kərǽl/kɔráːl] *n.* ⓒ《美》(1)(야영할 때 습격에 대비하여) 수레로 둥글게 둘러친 진. — (***-ll-***) (2)가축 우리, 축사(pen). (1)《美口》…을 손에 넣다, 잡다. (2)(가축)을 우리에 넣다. (3)(수레)를 둥글게 늘어놓아 진을 치다.

:cor·rect [kərékt] (***more ~ ; most ~***) *a.* (1)정당한 ; 예절에 맞는, 품행 방정한 ; 의당한, 온당〈적당〉한 (2)옳은, 정확한. □ correctness *n.* — *vt.* (1)【數·物·光】 (계산·관측·기계(器械) 등)을 수정하다, 조정하다, 보정(補正)하다. □ correction *n.* ***stand ~ed*** 정정을 승인하다 (2)…을 바로잡다, 고치다, 정정하다 ; 첨삭하다 ; 교정하다 (3)…의 잘못을 지적하다 (4)《+目+前+名》 …을 꾸짖다, 나무라다, 징계〈제재〉하다 파) **~·a·ble** *a.* 정정 가능한. **~·ness** *n.* 정확함 ; 방정, 단정.

·cor·rec·tion [kərékʃən] ⓤⓒ (1)【컴】 바로잡기. (2)정정, 수정, (틀린 것을) 바로잡기 ; 첨삭 (3)교정(敎正) ; 제재 ; 징계, 벌 (4)【數·物·光】보정(補正), 조정. □ correct *v.* ***a house of ~*** 감화원, 소년원. ***under ~*** 정정의 여지를 인정하고 파) **~·al** *a.* 정정〈수정〉의 ; 교정의 ; 제재의.

cor·rect·i·tude [kəréktətjùːd] *n.* ⓤ (품행의)바름, 방정 ; (동작 따위의) 단정함.

cor·rec·tive [kəréktiv] *a.* 고치는, 개정하는 ; 바로잡는, 교정(矯正)의 — *n.* ⓒ 개선〈조정〉책 ; 교정물 파) **~ · ly** *ad.*

corréctive máintenance 【컴】 고장 수리.

·cor·rect·ly [kəréktli] (***more ~ ; most ~***) *ad.* (1)【文章 修飾】 정확히 말하면, 바르게는 (2)바르게, 정확히

cor·rec·tor [kəréktər] *n.* ⓒ (1)교정(矯正)자 ; 징벌자. (2)바로잡는 사람, 첨삭자 ; 교정(校正)자

·cor·re·late [kɔ́ːrəléit, kár-/kɔ́r-] *n.* ⓒ 서로 관계있는 것〈말〉, 상관 있는 물건〈사람〉, 상관 현상 — *vt.* 《~+目/+目+前+名》 …을 서로 관련시키다 《*with* ; *to*》: ~ the two 둘을 연관시키다. — *vi.* 《~ /前+名》 서로 관련하다. 상관하다 《*to* ; *with*》 Her research ~*s* with his. 그녀의 연구는 그의 것과 관련이 있다.

·cor·re·la·tion [kɔ̀ːrəléiʃən, kàr-/kɔ̀r-] *n.*ⓤⓒ 상호 관계, 상관성, 상관〈관계〉《*between* ; *with*》

cor·rel·a·tive [kərélətiv] *a.* 상호 관계 있는, 상관적인 : ~ terms 【論】 상관 명사(名辭)《'아버지'와 '아들' 따위》/ ~ words 【文法】 상관어(구)—*n.* ⓒ (1)상관물(物)《*of*》 (2)【文法】 상관 어구. 파)~ · **ly** *ad.* 상관하여.

cor·rel·a·tiv·i·ty [kərèlətívəti] *n.* ⓤ 상호 관계 ; 상관성.

:cor·re·spond [kɔ̀ːrəspánd, kàr-/kɔ̀rəspɔ́nd] *vi.* (1)《~ /+前+名》교신하다, 서신 왕래를 하다《*with*》 (2)《+/前+名》 부합〈일치〉하다, 조화하다《*to* ; *with*》 (3)《+前+名》 (구조·가능·양 등이)같다, 상당하다, (…에) 해당하다《*to*》*n.*

:cor·re·spond·ence [kɔ̀ːrəspándəns, kàr-/kɔ̀rəspɔ́nd-] *n.* ⓤ (1)통신, 교신, 서신 왕래 ; 편지, 서한집 (2)대응, 해당, 상사(相似) 《*to*》(3)일치, 조화, 부합

correspóndence cólumn (신문·잡지의) 독자, 통신란, 투고란.

correspóndence schòol 통신 교육 학교 ; (대학의) 통신 교육부.

:cor·re·spond·ent [kɔ̀ːrəspándənt, kàr-/kɔ̀rəspɔ́nd-] *n.* ⓒ (1)【商】 (특히 원거리의) 거래처〈선〉. (2)통신자, 편지를 쓰는 사람 (3)(신문·방송 등의) 특파원, 통신원, 기자 ; (신문의) 투고자 : a special ~ (*for*) (…신문사의) 특파원 / a war ~종군 기자 / our London ~ 본사 런던 통신원《신문용어》. (4)일치〈상응, 대응〉하는것. ≒corespondent — *a.* 일치〈대응, 상응〉하는(corresponding)《*to* ; *with*》 파) **~ · ly** *ad.*

·cor·re·spond·ing [kɔ̀ːrəspándiŋ, kàr-/kɔ̀rəspɔ́nd-] *a.* (1)부합 하는, 일치하는, 조화하는 (2)대응하는, 상응하는 ; 유사한 : duties ~ *to* rights 권리에 상응하는 의무 / the ~ period of last year 지난 해의 같은 시기. (3)통신 (관계)의 : a ~ clerk 〈secretary〉 (회사 따위의) 통신계 / a ~ member(학회 등의) 통신 회원, 객원(客員). 파)~ · **ly** *ad.* 상응하여, 상당하도록, 거기에 상응하게.

:cor·ri·dor [kɔ́ːridər, kár-, -dɔ̀ːr/kɔ́ridɔ̀ːr] *n.* ⓒ (1)복도, 회랑(回廊), 통로 (2)화랑 지대《내륙국 등이 타국내를 통과하여 바다에 이르는 좁은 지역》. (3)=AIR CORRIDOR.

córridors of pówer (the ~) 권력의 회랑,정치 권력의 중심《정계·관계의 고관 따위》.

cor·ri·gen·dum [kɔ̀ːridʒéndəm, kàr-/kɔ̀ri-] (*pl.* ***-da*** [-də] *n.* ⓒ (1)(*pl.*) 정오표 【cf.】 errata. (2)(정정해야 할) 잘못 : 오식(誤植).

cor·ri·gi·ble [kɔ́ːridʒəbəl, kár-/kɔ́r-] *a.* 고칠수 있는, 바로잡을 수 있는, 교정(矯正) 가능한.

cor·rob·o·rate [kərábərèit/-rɔ́b-] *vt.* (소신·진술 등)을 확실히 하다. 확증〈확인〉하다 ; (법률따위)를 정식으로 확인하다

cor·rob·o·ra·tion [kəràbəréiʃən/-rɔ̀b-] *n.*ⓤ (1)확실히 하기 ; 확증 ; 확증적인 사실〈진술〉 (2)【法】 보강 증거.

cor·rob·o·ra·tive [kərábərèitiv, -rət-/-rɔ́bə-] *a.* 확인의, 확증적인, 뒷받침하는 파) **~ · ly** *ad.*

cor·rob·o·ra·to·ry [kərábərətɔ̀ːri/-rɔ́bərətəri] *a.* 확실히 하는, 확증하는.

cor·rode [kəróud] *vt. vi.* (1) (…을) 부식〈침식〉시키다 (2)(마음을) 좀먹다 ; 마음에 파고들다 ; (힘·성격을) 약화시키다 □ corrosion *n.*

cor·ro·sion [kəróuʒən] *n.* ⓤ (1)(걱정이) 마음을 좀먹기. (2)부식 (작용). 침식

cor·ro·sive [kəróusiv] *a.* (1)(정신적으로) 좀먹는 (2)부식하는, 부식성의 ~ action 부식 작용. (3) (말 따위가) 신랄한. — *n.* ⓤⓒ 부식물, 부식제 파) **~·ly** *ad.* **~·ness** *n.*

cor·ru·gate [kɔ́ːrəgèit, kár-/kɔ́r-] *vt.* …을 주름〈골〉지게 하다 ; 물결 모양으로 만들다.
— *vi.* 주름〈골〉지다 ; 물결 모양이 되다.

cor·ru·gat·ed [kɔ́ːrəgèitid, kár-/kɔ́r-] *a.* 주름살 잡힌, 골진; 물결모양의: ~ cardboard 골판지.

cor·ru·ga·tion [kɔ̀ːrəgéiʃən, kàr-/kɔ̀r-] *n.* ⓤⓒ 주름잡음 ; 주름(짐) ; (함석 등의) 골.

:cor·rupt [kərʌ́pt] (***more ~ ; most ~***) *a.* (1)부패한, 썩은 ; 더러워진, 오염된 : ~ air 오염된 공기. (2) 부정한, 뇌물이 통하는 ; 독직(瀆職)의 ; 타락한, 퇴폐한 ; 부도덕한 ; 사악한 (3)(언어가) 사투리화한 ;

전와(轉訛)된, 틀린 ; (텍스트 등이) 원형이 훼손된, 틀린데 투성이인 — *vt.* (1)…을 매수하다 : ~ a politician 정치가를 매수하다. (2)(아무)를 타락시키다 (3)(원문)을 개악하다 ; (언어)를 불순화하다, 전와시키다. (4)…을 부패시키다. — *vi.* (1)타락〈부패〉하다. (2)(원문이)개악되다. (3)(언어가) 전와되다. ▫ corruption *n.*
파) **~·ly** *ad.* **~·ness** *n.*

cor·rupt·i·ble [kərʌ́ptəbəl] *a.* 부패〈타락〉 하기 쉬운 ; 뇌물이 통하는 파) **-bly** *ad.*

·cor·rup·tion [kərʌ́pʃən] *n.* (1)ⓒ (흔히 *sing.*) (언어의) 전와(轉訛) ; (원문의) 개악, 변조 (2)ⓤ 타락 ; 퇴폐. (3) ⓤ 매수, 독직 (4) ⓤ (시체·유기물의) 부패. ▫ corrupt *v.*

cor·rup·tive [kərʌ́ptiv] *a.* 부패시키는, 부패성 의 ; 타락시키는《*of*》: be ~ *of* …을 타락시키다.

cor·sage [kɔːrsɑ́ːʒ] *n.* ⓒ (1)《美》(여성이 허리·어깨에 다는) 꽃장식, 코르사주. (2)(여성복의) 가슴부분 조끼.

cor·sair [kɔ́ːrsɛər] *n.* ⓒ (1)해적. (2)(특히 Barbary 연안 에 출몰했던) ; 해적 선.

corse·let(te), cors·let [kɔ́ːrslit] *n.* ⓒ (1) [kɔ̀ːrsəlét] 코르셋과 브래지어를 합친 속옷.

·cor·set [kɔ́ːrsit] *n.* ⓒ 코르셋. — *vt.* (1)…에 코르셋을 착용하다 ; 죄다. (2)…을 엄중히 규제하다. 파) **~·ed** 〈~id〉 *a.* 코르셋을 착용한.

cor·tege, *cor·tège* [kɔːrtéiʒ] *n.* ⓒ《F.》(1)행렬 ; 장례 행렬. (2)수행원.

cor·tex [kɔ́ːrteks] (*pl.* ***-ti·ces*** [-təsìːz], ***~·es***)*n.*ⓒ (1)【植】 피층, 나무 껍질. (2)【解】 외피 ; (대뇌) 피질 : the cerebral ~ 대뇌 피질.

cor·ti·cal [kɔ́ːrtikəl] *a.* 외피의 ; 피질〈피층〉의.

cor·ti·sone [kɔ́ːrtəsòun, -zòun] *n.* ⓤ 코티손《부신(副腎) 피질 호르몬의 일종 ; 류머티즘·관절 염의 치료약》.

cor·run·dum [kərʌ́ndəm] *n.* ⓤ 강옥(鋼玉).

cor·us·cate [kɔ́ːrəskèit, kɑ́r-/kɔ́r-] *vi.* (1)번 쩍이다(glitter), 번쩍번쩍 빛나다(sparkle). (2)(재치 따위가) 번득이다 파) **-ca · tion** [kɔ̀ːrəskéiʃən, kɑ̀r-/kɔ̀r-] *n.*

cor·vette [kɔːrvét] *n.* ⓒ 코르벳함(艦)《옛날의평갑판·일단 포장(~段砲裝)의 목조 범장(帆裝)의 전함

cor·vine [kɔ́ːrvain, -vin] *a.* 까마귀의〈같은〉.

co·ry·za [kəráizə] *n.* ⓤ 【醫】 코감기.

cos[1] [kɑs/kɔs] *n.* ⓒ,ⓤ 【植】 상추의 일종 (cos lettuce).

cosh [kɑʃ/kɔʃ] *n.* ⓒ《英口》(납 따위를 채운) 곤 봉. — *vt.* 을 곤봉으로 치다.

cosh·er [kɑ́ʃər/kɔ́ʃ-] *vt.* …을 귀여워하다, 어하다

co·sign [kousáin] *vt. vi.* (약속 어음등의) 연대 보증인으로 서명하다 ; 연서(連署)하다.

co·sig·na·to·ry [kousígnətɔ̀ːri/-təri] *a.* 〔限定的〕 연서(連署) 한 : the ~ Powers 연서국(連署國) — *n.* ⓒ 연서인, 연판자(連判者) ; 연서국.

·cos·met·ic [kɑzmétik/kɔz-] *n.* ⓒ (흔히*pl.*)화장품 : buy some ~*s* at a shop 가게에서 화장품을 사다. — *a.* (1)장식〈표면〉 적 인 : a ~ compromise 표면상의 타협 (2)〔限定的〕 화장용의

cos·me·ti·cian [kɑ̀zmətíʃən/kɔ̀z-] *n.* ⓒ (1)미용사, 화장 전문가. (2)화장품 제조〈판매〉인.

cos·me·tol·o·gy [kɑ̀zmətɑ́lədʒi/kɔ̀zmətɔ́l-] *n.* ⓤ 화장품학, 미용술.

·cos·mic, ·mi·cal [kɑ́zmik/kɔ́z-], [-əl] *a.* (1)광대무변함 (2)우주의 ; 우주론의.
파) **cós·mi·cal·ly** [-kəli] *ad.* 우주 법칙에 따라서 ; 우주적으로 ; 대규모로.

cósmic dúst 【天】 우주진(塵).

cósmic ráys 우주선(線).

cos·mog·o·ny [kɑzmɑ́gəni/kɔzmɔ́g-] *n.* (1) ⓤ 우주〈천지〉의 발생〈창조〉. (2) ⓒ 【天】 우주 진화론, 우주 기원론. 파) **-nìst** *n.*

cos·mog·ra·phy [kɑzmɑ́grəfi/kɔzmɔ́g-] *n.* ⓤ 우주 지리학, 우주 구조론.

cos·mol·o·gy [kɑzmɑ́lədʒi/kɔzmɔ́l-] *n.* ⓤ 우주 철학, 우주론. 파) **-gist** *n.*

cos·mo·naut [kɑ́zmənɔ̀ːt/kɔ́z-] *n.* ⓒ (특히 러시아의) 우주 비행사, 우주 여행자.

cos·mop·o·lis [kɑzmɑ́pəlis /kɔzmɔ́p-] *n.* ⓒ 국제도시.

·cos·mo·pol·i·tan [kɑ̀zməpɑ́lətən /kɔ̀zmə-pɔ́l-] *n.* ⓒ 세계인, 국제인, 세계주의자. — *a.* (1)세계를 집으로 삼는〈여기는〉, 세계주의의 (2) 세계 공통의, 전세계적인, 국제적인 (3) 【生】 전세계에 분포하는 파) **~·ìsm** *n.* ⓤ 세계주의, 사해 동포주의.

cos·mop·o·lite [kɑzmɑ́pəlàit /kɔzmɔ́p-] *n.* = COSMOPOLITAN.

·cos·mos [kɑ́zməs/kɔ́zmɔs] (*pl*~, **~·es**) *n.* (1) (the ~)(질서와 조화의 구현으로서의) 우주, 천지 만물. (2) ⓤ (관렴 등의) 질서 있는 체계, 완전 체계 (3) ⓒ 【植】 코스 모스. (4)소련이 쏘아올린 위성 이름.

cos·set [kɑ́sit /kɔ́s-] *n.* ⓒ 손수 기르는 새끼양〈동물〉, 페트.

:cost [kɔːst /kɔst] *n.* (1)(*sing.* 종종 the ~) 가격, 원가 ; (상품·서비스에 대한) 대가 (2) ⓒ (종종 *pl.*) 비용, 지출, 경비 : the ~ of living 생계비. (3) ⓤ (흔히 the ~) (돈·시간·노력 등의) 소비, 희생, 손실 (4) (*pl.*) 【法】 소송 비용. ***at a ~ of*** …의 비용으로 ***at all ~s*** = ***at any ~*** 어떤 회생을 치르더라도, 반드시 : 《※《美》에서는 in any cost 라고도 함》. ***at ~*** 원가로 : sell *at* ~ 원가로 팔다. ***at the ~ of*** …을 희생하여 : work *at the* ~ *of* health 건강을 해칠 정도로 일하다. ***count the ~*** 비용을 어림잡다 ; 앞일을 여러 모로 내다보다. ***to*** one' ***s ~*** 자신의 부담으로, 피해〈손해〉를 입고 ; 쓰라린 경험을 하여 : as I know it *to my* ~ 나의 쓰라린 경험으로 아는 일이지만. — (*p.*, *pp.* ***cost ; cost·ing***) *vt.* (1)《~+目/+目+目》〔受動 불가〕 …의 비용이 들다. 값이 …하다〈들다〉 (2)《~+目/+目+目》 (노력·시간) 따위가 걸리다, 요하다 :(귀중한 것)을 희생시키다, 잃게 하다 (3)《~+目+目》 …에 부담을〈수고를〉 끼치다, …에 짐이 되다 (4)《口》〔受動불가〕 비싸게 먹히다 (5) (***~, ~·ed***) 【商】 …의 원가〈생산비〉를 견적하다. 《※ cost는 본래 자동사이므로 수동으로 쓸 수 없음》 They ~*ed* construction at $ 50,000. 그들은 그 공사비를 5만 달러고 매김 했다〈내공 삽았나〉. — *vi.* 원가를 산정〈계산〉하다. ***~ an arm and leg*** 굉장히 많은 돈이 들다. ***~ out*** 경비의 견적을 내다. ***~ the earth*** 막대한 양, 큰돈.

co·star [kóustɑ̀ːr] *n.* ⓒ 공연 스타, (주역의)공연자 — [ᐩᐩ] (***-rr-***) *vi.* 공연하다《*with*》: He ~*red with* Dustin Hoffman in that movie. 그는 그 영화에서 더스틴 호프만과 공연했다.

Cósta Rí·can [-ríːkən] *a.* 코스타리카(인)의. — *n.* ⓒ 코스타리카인.

cost·ben·e·fit [kɔ́ːstbénəfit/kɔ́st-] *a.* 【經】비용과 편익(便益)의

cost·ef·fec·tive [⌐iféktiv] *a.* 비용 효율이 높은, 비용 효과가 있는〈높은〉: ~ analysis 비용 효과 분석. 파) **~·ness** *n.* 비용 효과.
cos·ter, cos·ter·mon·ger [kástər /kɔ́s-] [-mʌ̀ŋgər] *n.* ⓒ《英》과일〈생선〉 행상인.
cos·tive [kástiv/kɔ́s-] *a.* (1) 변비(성)의, 변비를 하고 있는. (2) 인색한, 쩨쩨한.
파) **~·ly** *ad.* **~·ness** *n.*
:cost·ly [kɔ́:stli /kɔ́st-] (*-li·er ; -li·est*) *a.* (1) 값이 비싼, 비용이 많이 드는 (2) 희생이 큰, 타격이 큰《실패》 파) **-li·ness** *n.*
cóst - of - lív·ing ìndx [kɔ́:stəvlíviŋ-](종종 the ~) 생계비 지수, 소비자 물가 지수 (consumer price index).
cost·plus [⌐plʌ́s] *a.* 이윤 가산 생산비의, 코스트 플러스 방식의
cóst price 원가, 매입 가격 : at ~ 원가로.
cóst - push inflátion [⌐púʃ(-)] 【經】 코스트 푸시, 인플레이션《생산 요소 비용중 주로 임금의 상승으로 인한 인플레이션》.
cóst rísk anàlysis [컴] 코스트 리스크 분석
:cos·tume [kastju:m /kɔ́s-] *n.* (1) ⓤⓒ a] (어떤 시대·민족·계급·직업 등에 특유한)복장, 의상, 복식 ; 풍속《헤어스타일·장식 등을 포함하는》 b] 【劇】 (무대)의상, 시대 의상 : stage ~ 무대 의상. (2) ⓒ a] 상의와 스커트를 같은 복지로 만든 여성복, 슈트. b] (특수한 목적의) …복, …옷 : a street ~ 외출복
cóstume pìece (**plày**) 시대극《시대 의상을 입고 연기하는》.
cos·tum·er [kástju:mər, -⌐- /kɔ́s-, -⌐-] *n.* ⓒ 의상업자《연극·무용 등의 의상을 제조·판매 또 는 세 놓음》. (연극의) 의상계(係)(담당자).
cot[1] [kat / kɔt] *n.* ⓒ (1)(양·비둘기 등의) 집, 우리(cote). (2)《詩》 시골집, 오두막집. (3)《美》(손가락에 끼우는) 고무색(sack).
cot[2] *n.* ⓒ (1)《美》(캠프용의) 간이 침대《英》camp bed). (2)《英》어린이용 흔들침대(《美》crib).
cót dèath《英》요람사(搖籃死)(sudden infant death syndrome).
cote [kout] *n.* ⓒ〔흔히 複合語를 이루어〕(양 따위의) 우리, (비둘기 따위의) 집 【cf.】 dovecote.
co·ten·ant [kouténənt] *n.* ⓒ 공동 차지인(借地人)〈차가(借家)인〉, 부동산 공동 보유자.
co·te·rie [kóutəri] *n.* ⓒ《F.》(사교·문학 연구 등을 위해 자주 모이는) 한패, 동인(同人), 그룹
co·ter·mi·nous [koutə̀:rmənəs] *a.* (1) 공통 경계의, 경계가 접해 있는. (2) (시간·공간·의미 따위가) 동일 한계의, 동일 연장의, 완전히 겹치는.
파) **~ · ly** *ad.*
co·til·lion [koutíljən] *n.* ⓒ (1) 코티용(2)《美》(debutantes등을 소개하는) 정식무도회.
Cost·wold [kátswould, -wəld / kɔ́ts-] *n.* ⓒ 몸이 크고 털이 긴 양(羊)의 일종.
:cot·tage [kátidʒ / kɔ́t-] *n.* ⓒ (1) 시골 집,작은 집, 아담한 집 ; (양치기·사냥꾼 등의) 오두막. (2) (시골풍의) 소별장
cóttage hòspital《英》지방의 작은 병원.
cóttage ìndustry 가내 공업, 영세 산업.
cóttage lòafe《英》크고 작은 두 개를 포갠 빵.
cot·tag·er [kátidʒər / kɔ́t-] *n.* ⓒ (1) 시골 집에 사는 사람. (2)《美·Can.》(피서지의) 별장객
cot·ter [kátiər / kɔ́t-] *n.* ⓒ (1) 【機】 코터, 가로쐐기, 쐐기전(栓). (2) 비녀못, 코터핀 (cotter

:cot·ton [kátn / kɔ́tn] *n.* ⓤ (1) a] 솜, 면화 : raw ~ 원면, 면화 / ⇨ ABSORBENT COTTON. b] 【植】 목화 : ~ grower 목화 재배자 / a ~ field 목화밭. (2)무명실 : a needle and ~ 무명실을 꿴 바늘 / ⇨ SEWING COTTON. (3) 무명, 면직물 : ~ goods 면제품. (4) (식물의) 솜털. — *vt.* …을 솜으로 싸다. —《口》*vi.* 의견이 일치하다《*with*》; 친해지다《*to* ; *with*》; (…이) 좋아지다《*to*》: (제안 등에) 호감을 갖다, 찬성하다《*to*》 **~ on** (**to**)《口》(…이) 좋아지다. (…을) 이해하다, (…을) 깨닫다
cótton mill 방적 공장, 면직 공장.
cot·ton·mouth [-máuθ] *n.* ⓒ water moccasin의 별명《그 입이 흰 데서》.
cot·ton - pick·ing, - pickin' [kátnpìkən, -kiŋ/kɔ́tn-], [-pìkin] *a.*《美俗》변변찮은, 쓸모없는 ; 시시한.
cot·ton·seed [-si:d] *n.* ⓤⓒ 목화씨.
cótton·seed òil 면실유(綿實油).
cótton wóol (1) 원면, 솜 (2)《英》탈지면~《口》응석받이로 기르다, 과보호하다.
cot·tony [kátni / kɔ́t-] *a.* (1) 솜 같은, 부풀부풀한 ; 보드라운. (2) 솜털이 있는〈로 뒤덮인〉. (3)(천이) 무명 같은, 투박한.
cot·y·le·don [kàtəlí:dən / kɔ̀t-] *n.* ⓒ 【植】 자엽(子葉), 떡잎. 파) **~·ous** [-dənəs] *a.* 떡잎이 있는, 떡잎 모양의 .
:couch [kautʃ] *n.* ⓒ (1) a] 침대의자, 소파. b] (정신과 의사 등이 환자를 눕히는) 베개 달린 소파. (2) a]《文語·詩》침상, 잠자리 b] 휴식처《풀밭 따위》. ***on the ~*** 정신 분석을《정신병 치료를》 받고.
— *vt.*〔흔히 受動으로〕(1) …을 누이다, 재우다 (2)《+目+前+名》…을 말로 표현하다, 변죽 울리다 — *vi.* (1) 쉬다, 눕다. (2)(달려들려고) 웅크리다, 쭈그리다 ; 매복하다.
couch·ant [káutʃənt] *a.* 【紋章】 (사자 따위가) 머리를 쳐들고 웅크린《※ 흔히 명사 뒤에 놓음》:a lion ~ 머리를 쳐들고 웅크리고 있는 사자.
cou·chette [ku:ʃét] *n.* ⓒ 【鐵】 침대찻간 : 그침대《낮에는 접으면 의자가 됨》.
cóuch gràss 【植】 개밀의 일종.
cóuch potàto《美俗》소파에 앉아 TV 만 보며 많은 시간을 보내는 사람.
:cough [kə(:)f, kaf] *n.* (1) (a ~) 기침, 헛기침 ; 기침 병〈기침이 나다〉. (2) ⓒ 콜록거림 ; 기침(같은) 소리. — *vi.* (1)(헛)기침을 하다 (2) (내연 기관이) 불연소음을 내다 (3)《俗》(죄를) 자백하다. — *vt.* (1)《~+目+副》(기침을 하여) …을 뱉어내다《*up* ; *out*》 (2)《+目+補/+目+副》(기침을 하여) …을—이 되게 하다 (3) 기침을 하면서 …을 말하다, 마지 못해 고백하나
:could [kud, 弱 kəd] (could not의 간약형 ***could·n't*** [kúdnt] ; 2인칭 단수《古》(thou) ***couldst*** [kudst], ***could·est*** [kúdist]) *aux. v.* A)〔直說法에서〕(1)〔능력·가능의 can의 과거형으로〕…할 수 있었다《부정문否定文의 경우, hear, see 따위의 知覺動詞와 함께 쓰인 경우, 습관적인 뜻을 나타내는 경우 이외에는 肯定文의 could는 B) (3)의 용법과 혼동되므로 was〈were〉 able to do, managed to do, succeeded in doing으로 대용함》 (2)〔과거시의 가능성·추측〕a]〔주어+could do〕…하였을〈이었을〉 게다 (3)〔과거시의 허가〕…할 수 있었다, …하는 것이 허락되어 있었다 (4) a]〔시제 일치를 위하여 종속절의 can이 과거형으로 됨〕…할 수 있다, …해도 되

다 He said (that) he ~ go. 그는 갈 수 있다고 말했다.《비교 : He said, "I can go." / He asked me if he ~ go home. 집에 가도 되느냐고 내게 물었다》.

B) 〔假定文에서〕 (1)〔가정법 1 : 사실에 반하는 가정 · 바람〕 (만일) …할 수 있다면, …할 것을《※ 이상의 예문은 실제의 때가 過去이면 각기 다음과 같이 됨 : If he *had been able to* come, I should have been glad. '만약 그가 올 수 있었더라면 나는 기뻤을 텐데'. How I wished that I ~ see her! '그녀를 만날 수 있기를 얼마나 바랐던가'. 이처럼 主節의 동사가 과거형(wished)으로 되어 있어도 that에 이끌리는 名詞節 속의 could는 had been able to로 되지 않는 점에 주의할 것. 즉 법은 시제에 우선한다는 원칙에 따름》.

(2)〔가정법 2 : 가정에 대한 결과의 상상〕 할 수 있을 텐데《※ 이상의 예문은 실제의 때가 과거이면, 각기 다음과 같이 됨 : I ~ *have done* it if I had tried. '했더라면 할 수 있었을 텐데'. It was so quiet there that you ~ *have heard* a pin drop. '그곳은 핀 떨어지는 소리도 들을 수 있을 정도로 조용한 곳이었다'. 이 때의 that節(부사절)에서는, *could* hear가 *could* have heard로 바뀜에 주의할 것》.

(3) 〔가정법 3 : 감정적인 표현〕《가정법 could의 가장 주요한 용법으로서 문법적으로는 (2)의 if 이하의 생략으로 설명할 수 있음. 뜻은 can에 '의념, 가능성 ; 허가를 요구하는 겸손'이 가미되고, could not의 경우는 '절대의 불가능' 또는 '극히 회박한 가능성'을 의미함》

☞ 參考 (1) **could**와 **might** could와 might는 마음대로 바뀌칠 수 있을 때가 있다 : We *could*〈*might*〉 get along without his help. 그의 도움없이도 잘 해나갈 수 있을 것 같다.

(2) **if ... could have done**의 형태 would, should, might 등에는 "if ...would〈should, might〉 have done"의 형식은 없으나, could에 한해서 if ... could have done의 형식을 취할 수 있음 : *If* I *could have found* him, I would have told him that. 그를 볼 수 있었다면 그에게 그것을 말해 주었을 것을.

:could·n't [kúdnt] could not의 간약형.

cou·lee [kú:li] *n.* ⓒ (1) 【地質】 용암류(熔岩流). (2) 《美》 쿨리《호우 · 눈녹은 물 등으로 생긴 깊은 협곡으로, 여름에는 보통 바싹 마른 상태임》.

cou·lomb [kú:lɑm -lɔm] *n.* ⓒ 【電】 쿨롱《전기량의 실용 단위 ; 略 : C》.

:coun·cil [káunsəl] *n.* ⓒ (1) 회의 : 심의회, 평의회 : a faculty ~ (대학의) 교수회 / in ~ 회의중에. (2) 지방 의회《시의회, 읍의회 따위》 : a county ~ 《英》 주(州)의회 / a municipal〈city〉 ~ 시의회. (3) (대학 등의) 평의원회.

coun·cil·man [káunsəlmən] (*pl.* **-men**) *n.* ⓒ 《美》 시〈군〉 의회 의원(《英》 councillor).

˙coun·cil·or, -cil·lor [káunsələr] *n.* ⓒ (1) (시의회 등의) 의원 : ➜ CITY COUNCILOR. (2) 평의원 ; 고문관. (3) (대사관의) 참사관.

cóuncil schòol 《英》 공립 학교

:coun·sel [káunsəl] *n.* (1) ⓤ 의논, 협의, 평의 (consultation). (2) ⓤ 조언, 권고, 충언 : ask ~ of …의 조언을 구하다 / give ~ 조언하다. (3) ⓒ 〔單 · 複數 동형〕 법률 고문, 변 호인(단) 변호사 ***keep** one's* **(*own*)~** 자기의 생각을 남에게 털어놓지 않다. — (***-l-***, 《英》 ***-ll-***) *vt.* (1) 《~+目/+目+*to* do》 …에게 조언〈충고〉하다《*to* do》 : (2) (물건 · 일)을 권하다 — *vi.* (1) 의논하다, 협의〈심의〉하다《*about*》. (2) 《+前+名》 (…하도록) 권하다《*for*》 ; (…하지 않도록) 권하다《*against*》 : She ~*ed against*〈*for*〉 issuing a vehement denial. 그녀는 강하게 부정하지 않도록〈부정하도록〉 권했다.

coun·sel·ing 《英》 **-sel·ling** [káunsəliŋ] *n.* ⓤ 카운슬링《학교 등에서의 개인 지도 · 상담》.

:coun·sel·lor, 《英》 **-sel·lor** [káunsələr] *n.* ⓒ (1) 고문, 상담역 ; 의논 상대. (2) 《美》 카운슬러 (3) 《美》 법정 변호사. (4) (대 · 공사관의) 참사관. (5) 캠프의 지도원.

:count[1] [kaunt] *vt.* (1) …을 세다, 계산하다 ; 세어나가다 (2) …을 셈에 넣다, 포함시키다《*in* ; *among*》 (4) (공적따위)를 돌리다, …의 탓으로 하다. (5) 《+*that*節》《美口》 …라고 추측하다, 생각하다 — *vi.* (1) (수를) 세다, 계산하다 ; 〈계정〉에 넣다 : The child can't ~ yet. 그 아이는 아직 수를 세지 못한다. (2) 수적으로 생각하다, 합계 …이 되다. (3) 《+*as* 補》 …로 보다〈간주되다〉, 축에 들다 (4) 《~/+前+名》 중요성을 지니다, 가치가 있다 (5) 《+前+名》 의지하다, 기대하다, 믿다《*on, upon*》 : ~ *on* others 남에게 의지하다 / **~ *against*** …에게 불리해지다〈하다고 생각하다〉 **~ *down*** (로켓 발사 따위에서) 초(秒)읽기를 하다《*to*》 : ~ *down to* lift~off 발사까지 초읽기를 하다. **~ *for*** …의 가치가 있다 : ~ *for* little 〈nothing〉 대단치 않다. **~ *in*** …을 셈〈동료〉에 넣다 **~ *off*** (1) (…의) 수를 확인하다. (2) 《美》 【軍】 〔종종 命令法으로〕 (병사가 정렬하여) 번호를 부르다(《英》 number off). (3) 세어서 따로 하다, 세어서 반(半)으로 가르다. **~ *out*** (1) (하나하나) 세어서 꺼내다 ; (세어서) 덜다 ; 소리내어 세다. (2) 《口》 제외하다, 따돌리다 ; (아이들 놀이에서) 셈노래를 불러 놀이에서 떼내다 〈술래로 지명하다〉 (3) 【英議會】 (정족수의 부족으로 의장이) 토의를 중지시키다, 유회를 선포하다. (4) 《美口》 (개표시에)득표의 일부를 빼내 …를 낙선시키다. (5) 【拳】(10초를 세어) 녹아웃을 선언하다. **~ *up*** 총계하다 ; 일일이 세다.

— *n.* (1) ⓤⓒ 계산, 셈, 집계 (2) ⓒ (흔히 *sing.*) 총계, 총수 : blood ~ 혈구수 / hold a census ~ 인구 조사를 하다. (3) ⓒ 【法】 (기소장의) 소인(訴因), 기소 조항 ; 문제점, 논점 (4)ⓤ (the ~) 【拳】 카운트 : get up at *the* ~ of five 카운트 5에서 일어나다. (5) ⓒ 【野】 볼 카운트, 스코어 ; 【볼링】 스페어 후의 제1투로 쓰러뜨린 핀의 수. (6) 【컴】 계수.

keep ~ of ... (1) …을 계속 세다, …의 수를 세어나가다 (2) …의 수를 외고 있다. ***lose ~ of*** …을 셀 수 없게 되다 ; …수를 잊어버리다 ***out for the ~*** (1) 【拳】 녹아운되어. (2) 《口》 의식을 잃어, 숙면하여. (3) 《口》 몹시 지쳐 활동을 계속 못 할, ***out of ~*** 셀 수 없는, 무수한. ***set ~ on*** …을 중시하다. ***take the ~*** 【拳】 10초를 세다〈셀 때가지 못 일어나다〉, 카운트아웃이 되다 ; 패배하다 : *take the* last 〈long〉 ~ 《美俗》 죽다.

˙count[2] (*fem.* ***cóunt·ess*** [-is]) *n.* ⓒ (종종 C-)(영국 이외의) 백작《영국에서는 earl. 단 earl의 여성은 countess》.

˙count·a·ble [káuntəbəl] *a.* 셀 수 있는 : a ~ noun 가산 명사. 〖opp.〗 *uncountable*. — *n.* ⓒ

count·down [káuntdàun] *n.* ⓒ (로켓 발사 때 등의) 초(秒)읽기, 카운트다운.

coun·te·nance [káuntənəns] *n.* (1) ⓒ 생김 새, 용모, 안색, 표정 : a sad ~ 슬픈 표정 Ⅳ : 5》. (2) ⓤ침착함, 냉정함 : lose ~ 냉정을 잃다, 감정을 나타내다 / in~ 침착하게. (3) ⓤ 장려, 지지, 찬조, 후원

change ~ (노여움 등으로) 안색이 변하다. ***out of*** ~ 당혹하여 *vt.* …에게 호의를 보이다 ; …을 찬성〈지지〉하다 ; 후원하다 ; 묵인하다, 허락하다

:count·er¹ [káuntər] *n.* ⓒ (1) (은행 · 상점 등의) 계산대, 판매대, 카운터 (1) (식당 · 바의) 카운터, 스탠드 ; (주방(廚房)의) 조리대 : a lunch ~《美》간이 식당. (3) 계산하는 사람 ; (기계의) 회전 계수기 ; 계산기. (4) **[컴]** 계수기. (5) 산가지《카드놀이 등에서 득점계산용 칩(chip)》. (6) 모조화폐(어린이 장난감의). (7)(야구의) 득점. ***over the*** ~ (1) 판매장레서 ; (거래소에서가 아니고) 증권업자의 점포에서(주식 매매에 이름) ; (도매업자가 아니라) 소매업자를 통해.(2) (약을 살때) 처방전 없이 pay over the ~ 카운터에 돈을 치르다. ***under the*** ~ 몰래, 부정하게, 암거래(시세)로

˙count·er² *a.*(1) 반대의,역의 (2)》짝의, 한 쪽의 ; 버금(부(副)의 : a~list의 비치 명부.

— *ad.* 반대로, 거꾸로 : run 〈go, act〉 ~ (to)(…에) 반하다, 거스르다. — *vt.* (1) …에 반대하다 ; …에 거스르다 (2) …에 반격하다, 반론하다 (3) (권투 · 체스 등에서) …을 되받아 치다, 역습하다.

— *vi.* **[拳]** 되받아 치다, 카운터를 먹이다.

— *n.* ⓒ (1) 역, 반대의 것 ; 대항력〈활동〉. (2)**[拳]** 받아치기, 카운터블로(counterblow). (3) **[팬싱]** 칼끝으로 원을 그리며 받아넘기기.

˙coun·ter·act [kàuntərǽkt] *vt.* (1) …와 반대로 행동하다, …을 방해하다 ; 좌절시키다 ; 반작용하다. (2) (효과 등)을 없애다 ; 중화(中和)하다

coun·ter·ac·tion [-ʃən] *n.* ⓤⓒ (1) (약의) 중화(작용) ; (계획의) 방해, 저항. (2) 반작용,반동.

coun·ter·ac·tive [kàuntərǽktiv] *a.* 반작용의 ; 방해하는 ; 중화성의. — *n.* ⓒ 반작용제(制)

coun·ter·ar·gu·ment [káuntərà:rgjəmənt] *n.* ⓒ 반론(反論) : offer a ~ 반론을 제기하다.

coun·ter·at·tack [káuntərətæ̀k] *n.* ⓒ 반격, 역습 : mount a ~ 반격을 제시하다. — [⌐--⌐] *vt., vi.* …을 반격〈역습〉하다.

coun·ter·bal·ance [kàuntərbǽləns] *vt.* (1) …의 균형을 맞추다, 평형시키다 (2) (…의 부족)을 메우다 ; 〈효과〉를 상쇄하다. — [⌐-⌐-] *n.* ⓒ (1) 평형량(平衡量) ; **[機]** 평형추(錘)(counterweight). (2) 평형균형을 이루는 세력, 평형세력, 대항세력.

coun·ter·blast [káuntərblæ̀st, -blá:st] *n.* ⓒ 심한 반발, 맹렬한 반대《*to*》《※ 신문에 잘 쓰임》.

coun·ter·blow [káuntərblòu] *n.* ⓒ (1) 반격, 역습, 보복.(2) **[拳]** 카운터 블로

coun·ter·change [kàuntərtʃéindʒ] *vt.* (1) …의 위치를〈특성을〉 바꾸다, (2) 체크 무늬

coun·ter·charge [káuntərtʃà:rdʒ] *n.* ⓒ 역습 반격 ; 반론 : make a ~ 역습〈반론〉하다.

coun·ter·check [káuntərtʃèk] *n.* ⓒ (1) 대항〈억제〉 수단, 저지, 방해. (2) (정확 · 안전을 기하기 위한) 재대조(再對照). — [⌐-⌐]

coun·ter·claim [káuntərklèim] *n* ⓒ 반대요구, 《특히》 반소(反訴). — [⌐-⌐] *vi.* 반소하다,반소를 제기하다《*for* ; *against*》

coun·ter·clock·wise [kàuntərklákwàiz / -klɔ́k-] *a., ad.* 시계 바늘과 반대 방향의〈으로〉, 왼 쪽으로 도는〈돌게〉.

coun·ter·cul·ture [káuntərkʌ̀ltʃər] *n.* ⓤ 반체제 문화, 대항(對抗) 문화 파) **-tur · al** *a.*

coun·ter·cur·rent [káuntərkə̀:rənt] *n.* ⓒ 역류(逆流).

coun·ter·es·pi·o·nage [kàuntəréspiənidʒ, -nà:ʒ] *n.* ⓤ (적의 스파이 활동에 대한) 대항적 스파이 활동, 방첩.

coun·ter·ex·am·ple [káuntərigzæ̀mpəl, -zà:mpəl] *n.* ⓒ (공리 · 명제에 대한) 반례, 반증.

˙coun·ter·feit [káuntərfìt] *a.*(1) 모조〈가짜〉의 (2) 허위(屬僞)의 : ~ illness 꾀병. — *n.*ⓒ 가짜 ; 모조품, 위작(僞作). 파) ~ · **er** [-ər] *n.* 《특히》 화폐위조자(《英》 coiner).

coun·ter·force [káuntərfɔ̀:rs] *n.* ⓒ 반대로 작용하는 힘, 반대〈저항〉 세력.

coun·ter·in·tel·li·gence [kàuntərintélə-dʒəns] *n.* ⓤ 대적(對敵) 정보 활동, 방첩 활동.

coun · ter · man [káuntərmæ̀n] (*pl.* **-men** [-mèn]) *n.* ⓒ (cafeteria의) 카운터에서 손님 시중드는 사람 ; 점원.

coun·ter·mand [kàuntərmǽnd, -má:nd] *vt.* (1)(명령 · 주문)을 〈철회〉하다 ; 반대 명령에의해 …에 대한 명령을〈요구를〉 취소하다 (2) (군대 등)에 철수를 명하다.

— [⌐-⌐] *n.* ⓤⓒ (1) 반대 〈철회, 최소〉 명령. (2) (주문〈명령〉의) 취소.

coun·ter·march [káuntərmà:rtʃ] *n.* ⓒ **[軍]** 반대 행진 ; 후퇴.

coun·ter·meas·ure [káuntərmèʒər] *n.* ⓒ (상대방의 책략 · 행동 등에 대한) 대책, 대응책,대항

coun·ter·move [káuntərmù:v] *n.* ⓒ 반대 운동, 대항 수단(counter measure).

coun·ter·of·fen·sive [kàuntərəfénsiv] ⓒ 역습, 반격.

coun·ter·of·fer [kàuntərɔ́(:)fər, -áf-, ⌐-⌐-] *n.* ⓒ (1) 대안(代案 · 對案).(2) **[商]** 반대〈수정〉 신청, 카운터오퍼.

coun·ter·pane [káuntərpèin] *n.* ⓒ 침대의 겉 덮개, (장식적인)이불.

˙coun·ter·part [káuntərpà:rt] *n.* ⓒ (1) 정부(正副) 두 통 중의 한 통. 《특히》 부본, 사본 (2)짝의 한 쪽. (3)상대물〈인〉, 대응물〈자〉, 동(同)자격자

coun·ter·plot [káuntərplàt / -plɔ̀t] *n.* ⓒ 적의 의표를 찌르는 계략, 대항책《*to*》. — (**-tt-**) *vt.*

coun·ter·point [káuntərpɔ̀int] *n.* **[樂]** (1)ⓤ 대위법. (2) ⓒ 대위, 선율.

coun·ter·poise [káuntərpɔ̀iz] *vt.* …와 걸맞게 하다, 평형(平衡)시키다, 평형(균형)을 이루게 하다.

coun·ter·pro·duc·tive [kàuntərprədʌ́k-tiv] *a.* 역효과의(를 초래하는) : The censorship was ~. 검열은 역효과였다.

coun·ter·pro·pos·al [kàuntərprəpóuzəl] *n.* ⓤⓒ 반대 제안.

coun·ter·punch [káuntərpʌ̀ntʃ] *n.* ⓒ 반격(counterblow), 역습.

Cóunter Reformátion (the ~) 반종교 개혁《종교개혁에 유발된 16~17세기 가톨릭 내부의 자기개혁 운동》.

coun·ter·rev·o·lu·tion [kàuntərrèvəlú:ʃən] *n.* ⓤⓒ 반혁명 : stage a ~ 반혁명을 꾀하다 /

coun·ter·scarp [káuntərskà:rp] *n.* ⓒ **[築城]** (해자의) 외벽(外壁), 외안(外岸).

coun·ter·sign [káuntərsàin] *n.* ⓒ (1) **[軍]** 암호 (password)《보초의 수하에 대답하는》 ; 응답 신호 : give the~ 암호를 말하다. (2) 부서(副署). — [⌐-sáin] *vt.* …에 부서하다 ; …을 확인〈승인〉 하다 : ~ a check 수표에 부서하다.

coun·ter·sig·na·ture [kàuntərsígnətʃər] *n.* ⓒ 부서(副署), 연서(連署) ; 확인 도장.
coun·ter·sink [káuntərsìŋk, ⌐-⌐] (*-sank* [-sæ̀ŋk] ; *-sunk* [-sʌ̀ŋk]) *vt.* (1)(구멍)의 아가리를 넓히다 ; …에 나사못대가리 구멍을 파다. (2) (나사못 등의 대가리)를 구멍에 박아 넣다. — *n.* ⓒ (1) (못대가리 구멍을 파는) 송곳. (2) 입구를 넓힌 구멍.
coun·ter·spy [káuntərspài] *n.* ⓒ 역(逆)스파이.
coun·ter·stroke [káuntərstròuk] *n.* ⓒ 되받아〈맞받아〉 치기, 반격.
coun·ter·trade [káuntərtrèid] *n.* ⓤ 대응 무역《수입측이 그 수입에 따르는 조건을 붙이는 거래》.
coun·ter·vail [kàuntərvéil] *vt.* …을 상쇄하다, 상계(相計)하다 ; 메우다, 보상하다 ; …에 대항하다《*against*》. — *vi.* 대항하다《*against*》.
:count·ess [káuntis] *n.* ⓤ (종종 C-) (1) 백작 부인《count²및 영국의 earl의 부인》. (2) 여(女) 백작.
cóunting·hòuse (회사 등의) 회계과, 경리부 ; 회계〈경리〉실.
:count·less [káuntlis] *a.* 셀 수 없는, 무수한 (innumerable)
cóunt nòun 【文法】 가산명사 (countable).
coun·tri·fied [kʌ́ntrifàid] *a.* (1) (사람이) 촌티가 나는, 촌스러운. (2)(경치 따위가) 전원〈시골〉풍의, 야취(野趣)가 있는.
:coun·try [kʌ́ntri] (*pl.* *-tries*) *n.* (1)ⓒ 나라, 국가 ; 국토 (2)(the ~) 시골, 교외, 지방, 전원 (3)(흔히 one's ~) ⓒ 조국, 고국 ; 고향 (4)ⓤ 지세적(地勢的)으로 본, 또는 특정인물과 관계가 깊은)지방, 지역, 고장 (5) ⓤ (어떤) 영역, 분야, 방면 : (6)(the ~) 〔集合的 ; 單數취급〕 국민, 선거민, 민중 (7) ⓤ 《口》 = COUNTRY MUSIC.
across ~ 들을 가로질러, 단교(斷郊)의《경주 따위》. ***appeal 〈go〉 to the ~*** 《英》 (의회를 해산하여) 국민의 총의를 묻다 — *a.* (1) 시골(풍)의 ; 시골 에서 자란 : ~ life 전원 생활 / a ~boy 시골에서 자란 소년. (2) 컨트리뮤직의 : a~ singer 컨트리 뮤직 가수.
cóuntry cóusin : 【蔑】 시골친척, 도회지에 갓 올라온 시골 사람.
coun·try-dance [-dæ̀ns, -dɑ̀:ns] *n.* ⓒ (영국의) 컨트리댄스《남녀가 두 줄로 마주 서서 춤》.
cóuntry géntleman 시골에 토지를 소유하고 넓은 주택에 거주하는 신사〈귀족〉 계급의 사람
cóuntry hòuse 《英》 시골에 있는 대지주의 저택 (【cf.】 town house); 《美》 별장.
˙coun·try·man [-mən] (*pl.* *-men* [-mən]) *n.* ⓒ (1) (one's ~) 동국인, 동포, 동향인. (2) 어떤 지방의 주민〈출신자〉. (3) 시골 사람, 촌 사람.
cóntry mùsic 《口》 컨트리 뮤직
cóuntry ròck 【樂】 로큰롤조(調)의 웨스턴 뮤직 (rockabilly).
coun·try·seat [-sì:t] *n.* ⓒ 시골에 있는 대 저택 (country house).
:coun·try·side [-sàid] *n.* (1) ⓤ 시골, 지방 전원 지대 (2) (the ~) 〔集合的 ; 單數 취급〕 지방민.
coun·try·wide [-wáid] *a.*전국적인 — *ad.* 전국적으로. 【cf.】 nationwide.
coun·try·wom·an [-wùmən] (*pl.* *-women* [-wìmin]) *n.* ⓒ (1) (one's ~) 같은 나라〈고향〉 여자 ; 한지방 출신의 여성. (2) 시골여자.
:coun·ty [káunti] *n.* ⓒ (1)《美》 군(郡)(2)《英》 주(州)《최대의 행정 · 사법 · 정치 · 구획》 (3)(the ~) 〔集合的〕 《美》 군민, 《英》 주민(州民). — *a.* 《英》 주(州) 명문(名門)의.
cóunty bórough 《英》 특별시《인구 10만 이 상의 행정상 county와 동격인 도시 : 1974년 폐지》.
cóunty cóuncil 《英》 주의회.
cóunty cóurt (1)《美》 군(郡)법원. (2)《英》 주(州) 법원.
cóunty fáir 《美》 (연 1회의) 군의 농 · 축산물품평회.
cóunty fámily 《英》 주〈지방〉의 명문.
cóunty schòol 《英》 주립 학교, 공립 학교.
cóunty séat 《英》 군청 소재지, 군의 행정 중심지.
cóunty tówn (1)《英》 주(州)의 행정 중심지, 주청 소재지.
coup [ku:] (*pl.* *~s* [ku:z]) *n.* ⓒ 《F.》 (1)멋진〈불의의〉의 일격 ; (사업등의) 대히트, 대성공 : make 〈pull off〉 a ~대성공을 거두다. (2)쿠테타.
coup de grâce [ku:dəgrɑ́:s] (*pl.* *coups de grâce* [-]) 《F.》 (1)최후의 일격, 결정적인 일격 (2) 인정〈자비〉의 일격 《중상을 입고 신음하는 사람 · 동물을 즉사시키는 일격》.
coup d'e·tat [kù:deitɑ́: / kú:] (*pl.* *coups d état* [kù:z- / kú:z-]) 《F.》 쿠데타, 무력 정변.
:cou·ple [kʌ́pəl] *n.* ⓒ (1) (짝〈쌍〉이 되어 있는) 둘, 두 사람, 한 쌍《*of*》

☞ 解法 '한 쌍을 이루고 있는 두 사람'에 중점이 주어져 있을 때는 단수형 이나 복수 취급을 하는 일이 있다 : The ~ seem to be happy. 그 부부는 행복해 보인다 / A ~ are dancing in the hall. 한 쌍의 남녀가 홀에서 춤을 추고 있다.
(3)(같은 종류의 것) 둘, 두 사람《*of*》 (4)【物】 짝힘, 우력(偶力). (5)【電】 커플, ***a~ of*** 〔1〕두 개〈사랑〉의 (two). 〔2〕《口》 몇몇의, 두셋의(a few) 《of를 생략하기도 함》 — ***vt.*** (1) …을 (두 개씩) 잇다, 연결하다 (link) (2)…을 결혼시키다 ; 짝지우다 ; (짐승)을 흘레붙이다. (3)《~+目/+目+前+名》 …을 연상하다, 결부시켜 생각하다《*together*》 — *vi.* (1)연결되다, 협력하다. (2)짝이 되다, 교미하다. (3)결혼하다 (marry).
cou·pler [kʌ́plər] *n.* ⓒ (1)【鐵】 연결수 ; 연결기〈장치〉. (2)커플러《오르간 등의 연동 장치》
cou·plet [kʌ́plit] *n.* ⓒ (1)(시(詩)와 대구(對句), 2행 연구(連句). 【cf.】 heroic couplet.
cou·pling [kʌ́pliŋ] *n.* (1)ⓤ 연결, 결합, (2)ⓒ 【機】 커플링, 연결기(장치).
***cou·pon** [kjú:pɑn / -pɔn] *n.* ⓒ (1)회수권의 한 장 ; (철도의) 쿠폰식 (연락)승차권 ; (광고 · 상품등에 첨부된) 우대권, 경품권 (2)(판매 광고에 첨부된) 떼어 쓰는 신청권〈용지〉 ; 《英》 (내기 등에의) 참가신청 용지. (3)【商】 (무기명 이자부 채권의) 이표(利標).
:cour·age [kə́:ridʒ, kʌ́r-] *n.* ⓤ 용기, 담력, 배짱. ㅁcourageous *a.* ***take*** one' ***s ~ in both hands***대담하게 해보다.
:cou·ra·geous [kəréidʒəs] (***more ~ ; most ~***) *a.* 용기 있는, 용감한, 담력 있는, 씩씩한. 파)~ · **ly** *ad.* ~ · **ness** *n.*
cour·gette [kuərdʒét] *n.* 《英》 =ZUCCHINI.
cou·ri·er [kúriər, kə́:ri-] *n.* (1)ⓒ 급사(急使), 특사 ; 밀사, 스파이 ; 밀수꾼. (2)ⓒ 여행 안내인 (단체 여행의) 안내원, 가이드. (3)(C=) (신문의 이름에 붙여서) …신문, 신보(新報)
:course [kɔ:rs] *n.* ⓒ (1)진로, 행로 : 물길 (물의) 흐름 ; (경주 · 경기의) 주로(走路), 코스, 《특히》경마장

(race course), 골프코스(golf course)(2)ⓤ 진행, 진전, 추이 ; (시간의)경과 ; (사건의) 되어감 ; (일의) 순서 ; (인생의) 경력 (career) (3)ⓒ (행동의) 방침, 방향, 방식 수단 ;(*pl.*) 행동, 행실 (4)(연속)강의, (학교의) 교육과정 ; 【美大學】 과목, 단위, 강좌 (5)ⓒ 【料】(차례로 한 접시적 나오는) (일품)요리 /《※ 보통 soup, fish, meat, sweets, cheese, dessert의 6품》. (6)ⓤ 【獵】 사냥개의 추적. (7)ⓒ 【建】 (벽돌 따위의) 옆으로 줄지은 층. (8)ⓒ 【海】 큰 가로돛 : the main 〈fore, mizzen〉 ~ 큰 돛대〈앞 돛대, 뒷 돛대〉의 가로돛. (9)ⓒ (*pl.*) 월경. **(*as*) *a matter of ~*** 당연한 일(로서). ***in due ~*** 당연한 추세로, 순조롭게 나가면 ; 미구에. ***in the ~ of*** …의 경과 중에, …동안에(during) ***in* (*the*) *~ of time*** 때가 경과함에 따라, 마침내, 불원간에. ***of ~*** (1)당연한, 예사로운. (2) 당연한 귀추로서. (3)〔문장 전체에 걸려〕 물론, 당연히 ; (아) 그래, 그렇군요, 확실히 : *Of* ~ not. 물론 그렇지 않다. ***run* 〈*take*〉 *its* 〈*their*〉 ~** 자연의 결과를 좇다 ; 자연히 소멸하다. ***stay the ~*** 〔1〕끝까지 버티다 〔2〕쉽사리 체념〈단념〉하지 않다.

cours·er [kɔ́:sər] *n.* ⓒ 《文語》 준마, 군마.

:court [kɔ:rt] *n.* (1)ⓒ 안뜰, 뜰(yard, courtyard) 《담 · 건물로 둘려 있는》 (2)ⓒ (뜰에 세워진) 건물, 큰 저택 ;《美》 모텔 (motor ~) (3)ⓒ 궁전, 왕실 : a ~ etiquette 궁중 예법. (4)ⓤ (the ~, one's ~) 〔集合的〕 조정의 신하 (5) ⓤⓒ 알현(식) : 어전 회의. (6)ⓤ (군주에 대한) 충성 ; 아첨 (7)ⓤ (여성에 대한) 구애 (8)(테니 스 · 농구 등의) 코트. (9)ⓒ (비교적 넓은) 골목길,막다른 골목. (10)ⓒ 법정(法廷); ⓤ 공판 ;〔集合的〕 법관 ***at ~*** 궁정에서 : be presented *at* ~ (외교사절 · 사교계 자녀 등이) 알현하다. ***go to ~*** 소송을 제기하다. ***hold ~*** 《比》 숭배 자와〈팬과〉 이야기를 나누다. ***out of ~*** 법정 밖에서, 비공식으로 ; 각하된 : 《比》 하찮은, 문제가 되지 않는 ***put* 〈*rule*〉 *... out of ~*** …을 문제삼지 않다 ; 무시하다. ***take*** a person ***to ~*** 아무를 법정에 고소하다. ***The bell is in your ~*** ⇨ BALL[1].

— *vt.* (1)…의 환심을 사다, 비위를 맞추다. (2)…을 지싯거리다, …에게 구혼하다. (3)(칭찬 따위)를 구하다, 받고자 하다 (4)(화를) 자초하다 — *vi.* 구애하다, 서로 사랑하다.

cóurt càrd 《英》 (카드의) 그림패 (face card).

cóurt drèss (입궐용의) 대례복, 궁중복, 입궐복.

:cour·te·ous [kə́:rtiəs / kɔ́:r-] (***more ~ ; most ~***) *a.* (1)예의바른, 정중한 : ~ greetings 정중한 인사. (2)〔敍述的〕 친절한 파) ***~·ly** *ad.* **~·ness** *n.*

cour·te·san [kɔ́:rtəzən, kə́:r-] *n.* ⓒ 고급 창부 ; (옛 왕후(王侯) 귀족의) 정부(情婦).

˙cour·te·sy [kə́:rtəsi] *n.*(1)ⓤ 예의(바름), 공손〈정중〉함, 친절함 (2)ⓒ 정중〈친절〉한 말〈행위〉 (3) ⓒ 호의(favor), 우대, 특별 취급

cóurtesy càrd (호텔·은행·클럽 등의) 우대카드.

cóurtesy lìght (문을 열면 켜지는) 자동차의차내등.

cóurtesy title 관례 · 의례적인 경칭

court·house [kɔ́:rthàus] *n.* ⓒ (1)법원. (2) 《美》군청사.

cour·ti·er [kɔ́:rtiər] *n.* ⓒ (1)정신(廷臣), 조신(朝臣). (2)알랑쇠.

court·ing [kɔ́:rtiŋ] *a.* 연애중인, 결혼할 것 같은 a ~ couple.

˙court·ly [kɔ́:rtli] (***court·li·er ; -li·est***) *a.* (1)궁정의 ; 예절 있는, 품격 있는 ; 우아한 — *ad.* (1)궁정풍으로 ; 우아하게, 품위 있게. (2)아첨하여. 파) **-li·ness** *n.*

court-mar·tial [kɔ́:rtmɑ́:rʃəl] (*pl.* ***courts-*** [kɔ́:rts-] ; ***~s***) *n.* ⓒ 군법 회의. —

cóurt òrder 법원 명령.

court·room [kɔ́:rtrù(:)m] *n.* ⓒ 법정.

court·ship [kɔ́:rtʃip] *n.* (1)ⓤ (여자에 대한) 구애, 구혼 :(새 · 동물의) 구애 (동작): (2)ⓒ 구혼 기간.

cóurt tènnis 《美》 실내 테니스 《lawn tennis에 대하여》.

court·yard [kɔ́:rtjɑ̀:rd] *n.* ⓒ 안뜰, 안마당.

:cous·in [kʌ́zn] *n.*(1)사촌 : a first 〈full (2)a〕 재종, 삼종 ; 친척, 일가. b〕 근연(近緣) 관계에 있는 것 .(3)경《국왕이 타국의 왕이나 자국의 귀족에게 쓰는 호칭》. (4)(민족·문화 등) 같은 계통의 것. (5)《F.》 친한 친구 ; 얼간이.

cous·in-ger·man [kʌ́zndʒə́:rmən] (*pl.* ***cousins-***) *n.* ⓒ 친사촌(first cousin).

cous·in-in-law [kʌ́zninlɔ̀:] (*pl.* ***cous· ins-***)*n.* ⓒ 사촌의 아내〈남편〉.

cous·in·ly [kʌ́znli] a. ad. 사촌 간의 ; 사촌 같은 (같이).

cou·ture [ku:tjúər] *n.* ⓤ 《F.》 고급 여성복 조제〈디자인〉 :〔集合的〕 고급 여성복 양재사들 ; 패션 디자이너.

cou·tu·ri·er [ku:túərièi] (*fem.* ***-rière*** [-riər]) *n.* ⓒ 《F.》 (남자) 고급 여성복 양재사, 드레스메이커

***cove[1]** [kouv] *n.* ⓒ (1)후미, 작은 만(灣) (2)(작은 산간의)골짜기, 협곡, 산모퉁이(nook). (3)《建》 홍예식 천장 — *vt.* 《建》 (천장등을) 아치형으로 만들다.

cove[2] *n.* ⓒ 《英俗》 녀석, 자식.

cov·en [kʌ́vən, kóu-] *n.* ⓒ 마녀 집회 : 13인의 마녀단.

˙cov·e·nant [kʌ́vənənt] *n.* (1)ⓒ 계약, 서약, 맹약. (2)ⓒ 계약서, 날인 증서, 제약 조항. (3)(the C-) 【聖】 (하느님과 인간 사이의) 계약 — *vt.*《~+目/+ *to* do》 계약에 의해 …을 동의하다 : He ~*ed* to do it. 그는 그것을 하겠다고 서약하였다.

Cóv·ent·Gárden [kʌ́vənt-, kɑ́v- / kɔ́v-] (1)런던 중심 지구의 하나(2)이곳의 오페라 극장

:cov·er [kʌ́vər] *vt.* (1)《~+目/+目+前+名》 …을 덮다, 씌우다, 싸다 (2)《~+目/+目+前+名》 …에 모자를 씌우다, 뚜껑을 하다 ; 온통 뒤바르다 ; …의 표지를 붙이다 (3)《~+目/+目+前+名》 …을 덮어 가리다, 감추다, 숨기다 : ~ one's feelings 감정을 숨기다 / ~ one's bare shoulder *with* a shawl 드러난 어깨를 숄로 가린다. (4)《~+目/+目+前+名》 …을 감싸다, 보호하다(shield, protect) ; 《軍》 호위하나, …의 엄호 사격〈폭격〉을 하다, …를 방위하다 ; (길 따위)를 감시〈경비〉하다 ; 【競】 …의 후방을 지키다;(상대방)을 마크하다 ; 【野】 커버하다《잠시 비어 있는 베이스를》 ; 【테니스】 (코트)를 지키다 ; 【美蹴】 (패스 플레이에서) …을 마크하다 The cave ~*ed* him *from* the snow. 동굴에서 눈을 피하다. (5)《+目+前+名》〔再歸用法〕 …을 짊어지다, 몸으로 받다, 뒤집어쓰다 (6)…을 떠맡다, …의 대신 노릇을 하다 ; (판매원이 어느 지역)을 담당하다 (7)(어느 범위)에 걸치다(extend over), …을 포함하다(include), 망라하다 (8) (기자가 사건 등)을 뉴스로 보도하다, 취재하다 (9)(어느 거리)를 가다, (어떤 지역)을 여행〈답파〉하다(travel) : (10)(물건 · 위험)에 보험을 들다 ; (어음) 의 지불금을 준비하다 : (채권자)에게 담보를 넣다 ; (내기에서 상대)와 같은 돈을 태우다 (11)(손실)을 메우다 ; (경비)

를 부담하다. …하기에 충분하다 (12)【商】(선물(선물(先物))을 되사다. (13)(닭이 알)을 품다 : (동물의 수컷이 암컷)에 올라타다. (14)《~+目/+目+前+名》)【軍】(대포 따위가 목표)를 부감하다(command) ; (사람)을 겨누다 ; …을 사정 안에 두다 (15)【카드놀이】(상대)보다 높은 패를 내다.
— *vi.*(부재자의) 대신 노릇을 하다 **~ in** 〔1〕(무덤 따위에) 흙을 덮다. (구멍을) 흙으로 메우다. 〔2〕(하수도 따위에) 뚜껑을 하 다. 〔3〕(집에) 지붕을 이다. **~ over** 〔1〕(물건의 흠 등을) 덮어 가리다. 〔2〕(실책 등을)숨기다. **~ up** 〔1〕완전히 덮다 〈싸다〉 〔2〕(형적·감정·과오 등을) 덮어 가리다〈숨기다〉 〔3〕감싸다, 비호하다《*for*》: She tried to ~ *up for* Ted. 그녀는 테드를 감싸려고 애썼다.
— **n.** (1)ⓒ 덮개 ; 뚜껑 ; 책의 표지《소위 '커버'는 jacket》; 봉투 , 포장지 (2)ⓤ 은신처 , 잠복처(shelter) ; (사냥감의) 숨는 곳《숲이나 덤불따위》; 【軍】엄호물, 은폐물 ; 상공 엄호 비행(air ~) ; (폭격기의) 엄호 전투기대 ; (어둠·밤·연기 따위의)차폐물 (3)ⓤ 구실, 핑계. (4)ⓒ (식탁 위의) 1인분 식기《나이프·포크따위)(5) =COVER CHARGE. (6)ⓒ (손해)보험 ; 보험에 의한 담보 ; 보증금(deposit), 담보물. ***break ~*** (동물이) 숨은 곳에서 튀어나오다(break covert). ***from ~to ~*** 책의 처음부터 끝까지《읽는 따위》. ***take ~*** 【軍】지형(지물)을 이용하여 숨다〈피난하다〉. ***under ~*** 〔1〕엄호〈보호〉 아래. 〔2〕봉투에 넣어서, 편지에 동봉하여《*to*》. 〔3〕숨어서 ; 몰래 : We sent an agent *under* ~ to investigate. 우리는 조사를 위해 은밀히 스파이를 파송했다. ***nuder separate ~*** 별편(別便)으로

˙**cov·er·age** [kʌ́vəridʒ] *n.* (1)적용〈통용, 보증〉범위. (2)보도〈취재〉(의 규모) ; (라디오·TV의) 유효 시정 범위 시청범위(service area], (광고의) 유효 도달 범위 (3)(보험의) 전보(塡補) (범위),보상범위 보상액

cov·er·all [kʌ́vərɔ̀ːl] *n.*ⓒ (흔히 *pl.*) 커버롤《벨트가 달린 내리닫이 작업복》. 【cf.】overall.

cóver chàrge (카바레 따위의) 서비스료.

cóver cròp 피복(被覆) 작물

cov·ered [kʌ́vərd] *a.* (1)지붕〈뚜껑〉이 있는

cóvered brídge 지붕이 있는 다리.

cóvered wágon 《美》(개척 시대에 사용한)포장마차.

cóver gìrl 잡지 표지에 나오는 미인, 커버 걸.

:cov·er·ing [kʌ́vəriŋ] *n.* (1)ⓒ 덮개 ; 지붕. (2)ⓤ 덮기, 피복 ; 엄호 ; 차폐(遮蔽).

cóvering lètter 〈nòte〉 (봉함물의) 설명서, 첨부장 : (동봉물(同封物)·구매 주문서에 붙인) 설명서.

cov·er·let, cov·er·lid [kʌ́vərlit] [-lìd] *n.* ⓒ 침대의 덮개 ; 베드 커버.

cóver nòte 【保險】가(假)증서.

cóver stòry 잡지 표지의 그림이나 사진에 관련된 특집기사.

cov·ert [kʌ́vərt, kóu-] *a.* 숨은 ; 암암리의, 은밀한. 【opp.】*overt*. — *n.* ⓒ (1)덮어 가리는 것 ;구실. (2)(사냥감의) 은신처(cover) 파)**~·ly** *ad.* 남몰래.

cóvert còat 《英》커버트 코트 《사냥·승마용의 짧은 외투》.

cov·er·ture [kʌ́vərtʃər] *n* (1)ⓤⓒ 덮개, 피복물(被覆物) ; 엄호물 ; 은신처, 피난처. (2)ⓤ 【法】(남편 보호하의) 아내의 지위〈신분〉.

cov·er·up [kʌ́vərʌ̀p] *n.* (1)(a ~) 숨김 ; 은닉 은폐《*for*》 2)ⓒ 위에 걸치는 옷《수영복 위에 걸치는 비치코트 따위》.

˙**cov·et** [kʌ́vit] *vt.* (1)(남의 것)을 몹시 탐내다, 바라다, 선망하다 All ~, all lose《俗談》대탐대실(大貪大失). (2)…을 갈망하다, 절망〈열망〉하다.

cov·et·ous [kʌ́vitəs] *a.* (남의 것을) 탐내는(*of* ; *to* do) ; 탐욕스러운 ;열망하는 : be ~ *of* another person's property. 다른 사람의 재산을 탐내다 / ~ eyes 탐욕스런 눈길. 파) **~·ly** *ad.* **~·ness** *n.*

cov·ey [kʌ́vi] *n.* ⓒ (1)(사람의) 일단(一團), 일대(一隊), 한 무리. (2)한 배의 병아리 : (메추라 기 등의) 무리, 떼 : a ~ of quail 메추라기의 떼.

:cow[1] [kau] (*pl.* **~s**,《古》***kine*** [kain]) *n.* ⓒ (1)암소 ; (특히) 젖소

☞ 參老 bull은 거세하지 않은 황소, ox는 거세한 황소로, 소의 총칭으로도 사용됨. calf는 송아지, 쇠고기는 beef, 송아지 고기는 veal, 우는 소리는 moo.

(2)a〕(코끼리·무소·고래 따위의) 암컷. b〕《複合語》로 사용하여) 암…: a ~ elephant 암코끼리. (3)《俗》여자. ***have a ~*** 《美口》흥분하다, 화내다. ***till the ~s come home*** 《口》오랫동안, 영구히.

cow[2] *vt.* (1)…을 으르다, 위협〈협박〉하다《*down*》: a ~*ed* look 겁먹은 얼굴〈표정〉. (2)을러서 ….하게 하다《*into*》

:cow·ard [káuərd] *n.* ⓒ 겁쟁이 ; 비겁한 자

˙**cow·ard·ice** [káuərdis] *n.* ⓤ 겁, 소심, 비겁

˙**cow·ard·ly** [káuərdli] *a.* 겁 많은, 소심한, 비겁한 — *ad.* 겁내어, 비겁하게.
파) **-li·ness** [klinis] *n.*

cow·bell [káubèl] *n.* ⓒ (1)(있는 곳을 알 수 있도록) 소의 목에 단 방울. (2)【樂】카우벨《무용음악에 쓰이는 타악기》.

:cow·boy [⌐bɔ̀i] *n.* (1)카우보이, 목동. (2)a〕무모한 〈무서운 줄 모르는, 턱도 없는 짓을 서슴지않는〉 남자 b〕스피드광, 난폭한 운전수. (3)《美俗》서부식 샌드위치 ; (카드의) 킹 ; 갱단의 두목. ***~s and Indians*** 서부극놀이.

cówboy hàt 카우보이 모자.

cow·catch·er [káukæ̀tʃər] *n.* (1) ⓒ《美》(기관차의) 배 장기 (排豚器) (fender,《英》plough) (2)(TV·라디오 등의 어떤 프로 직전에 넣는) 짧은 광고.

cow·er [káuər] *vi.* 움츠러들다 ;《英》웅크리다

cow·girl [káugə̀ːrl] *n.* ⓒ《美》(1)목장에서 일하는 여자. (2)소 치는 여자.

cow·heel [⌐hìl] *n.* ⓤⓒ 족편, 카우힐《쇠족을양파 따위로 양념하여 끓인 요리》.

cow·herd [⌐hə̀ːrd] *n.* (1)ⓒ 소치는 사람.

cow·hide [⌐hàid] *n.* (1)ⓤⓒ (털 달린) 우피 (牛皮) ; 쇠가죽 (2) ⓒ《美》쇠가죽 채찍.

cow·house [⌐hàus] *n.* ⓒ 外양간 (cowshed).

cowl [kaul] *n.* ⓒ (1)두건이 달린 수사(修士)의 겉옷 ; 그 두건. (2)(굴뚝의) 갓 ;《증기 기관의 연통 곡대기에 댄》불똥막의 철망. (3)카울《자동차의 앞창과 계기판(板)을 포함하는 부분》. (4) =COWLING.

cow·lick [káulìk] *n.* ⓒ (이마 위 등의) 일어선 머리털.

cow·man [káumən] (*pl.* **~men** [-mən]) *n.* ⓒ (1)소치는 사람(cowherd). (2)목축 농장주, 목장주, 목축업자(ranchman).

co-work·er [kóuwə̀ːrkər, ⌐⌐-] *n.* ⓒ 함께 일하는

사람, 협력자, 동료 (fellow worker).

cow·pat [káupæ̀t] *n.* ⓒ 쇠똥(의 둥근 덩이).

cow·pea [ˊpìː] *n.* ⓒ 【植】 광저기 《소의 사료》.

cow·pox [ˊpàks / ˊpɔ̀ks] *n.* ⓒ 【醫】 우두.

cow·slip [ˊslìp] *n.* ⓒ 《植》 (1)앵초(櫻草)의 일종 (2)《美》 눈동이나물의 일종.

cox [kɑks / kɔks] 《口》 *n.* ⓒ (특히, 경기용 보트의) 키잡이(~ swain), 콕스. — *vt.vi.* (…의)키잡이가 되다

cox·comb [kákskòum / kɔ́k-] *n.* ⓒ (1)멋쟁이, 맵시꾼(dandy). (2)【植】 = COCKSCOMB.

cox·swain, cock·swain [káksən, -swèin / kɔ́k-] *n.* ⓒ 정장(艇長); (보트의) 키잡이 《略 : cox》 : a ~'s box 키잡이석(席). — *vt.* (보트)정장 노릇을 하다. 파) **~shìp** *n.* ⓤ 키잡이 노릇.

***coy** [kɔi] *a.* ⓒ (1)수줍어 하는, 스스럼을 타는 ; (여자의 태도등이) 집짓 부끄러운 체하는 (2)너무 말이 없는, 일부러 숨기려 하는, 비밀주의의 파) **ˊ·ness** *n.*

coy·ly [kɔ́ili] *ad.* 부끄러운 듯이.

coy·ote [káiout, kaióuti / kɔ́iout, -ˊ] (*pl.* **~s.** 〔集合的〕 ~) *n.* ⓒ 코요테 악당, 망나니.

coy·pu [kɔ́ipuː] (*pl.* **~s.** 〔集合的〕 ~) *n.* ⓒ 코이푸, 뉴트리아(nutria)

coz·en [kʌ́zn] *vt., vi.* (…을) 속이다; 속여 빼앗다. 《*of* ; *out of*》; 속여 …하게 하다.《*into*》 파) **~·er** *n.*

coz·en·age [kʌ́zənidʒ] *n.* ⓤ (1)속임(수), 기만, 사기. (2)속음.

co·zy** [kóuzi] (co·zi·er*** ; ***-zi·est***) *a.* (1) (방·장소 등이) 아늑한, 포근한, 아담한, 안락한 (2)(사람이) 편안한, 기분 좋은, 마음이 탁 풀리는 — *n.* (1) ⓒ 보온 커버 : a tea ~ 찻주전자 보온 커버. (2)차양이 있는 2인용 의자. — *vt.* (1)(거실 등)을 아늑하게 만들다《*up*》. (2) 《英口》 (사람)을 (속여서) 안심시키다《*along*》.

— *vi.* 〔다음 成句로〕 ***~ up to*** 《美口》 …와 친해지려고 〈가까워지려고〉 하다, …의 마음에 들고자 하다. 파) ***có·zi·ly*** *ad.* ***có·zi·ness*** *n.*

cp. compare; coupon. **cp., c.p.** candlepower. **C.P.** Command Post; Common Prayer; Communist Party; Court of Probate. **c/p** charter party. **CPA** 【컴】 critical path analysis; Certified Public Accountant (공인 회계사). **cpd.** compound. **CPI** consumer price index. **Cpl., Cpl.** corporal. **CPM** 【컴】 monitor control program for microcomputers. **CPO, C.P.O.** Chief Petty Officer (해군상사). **cps, c.p.s** cycles per second. **CPU** 【컴】 central processing unit(중앙 처리 장치). **CQ** 《CB俗》 call to quarters (통신 교환 호출 신호) **CR** 【컴】 carriage return《CR키; 명령어가 끝났음을 표시하기 위하여 입력하는 키》. **Cr** 【化】 chromium. **cr.** credit; crown.

⁑**crab**[1] [kræb] *n.* (1) ⓒ 【動】 게 ; 게 비슷한 갑각류. (2) ⓒ 이동 윈치(= **ˊ wìnch**). 【蟲】 사면발이(~ louse). (3) ⓤ 게의 살 (4)(the C-) 【天】 게자리. **catch a** ~ 노를 잘못 저어 배가 균형을 잃다.

— (**-bb-**) *vi.* 게를 잡다

crab[2] (**-bb-**) 《口》 *vt.* (남)을 기분 나쁘게 하다, 화나게 하다.

cráb àpple 【植】 야생 사과, 능금, 그 나무.

crab·bed [kræ̀bid] *a.* (1)심술궂은; 까다로운(2) (필적 등이) 알아보기 힘든. (3) (문체 등이) 난해한, 어려운: a ~ style 난잡한 문체. 파) **~·ly** *ad.* **~·ness** *n.*

crab·by[1] [kræ̀bi] (***crab·bi·er*** ; ***-bi·est***) *a.* 게 같은, 게가 많은.

crab·by[2] (***crab·bi·er*** ; ***-bi·est***) *a.* 심술궂은, 까다로운(crabbed).

cráb gràss 【植】 바랭이류의 잡초.

cráb lòuse 【蟲】 사면발이

crab·wise, -ways , [kræ̀bwàiz], [-wèiz] *ad.* 게같이, 게걸음으로, 옆으로, 비스듬히

⁑**crack** [kræk] *vt.* (1)…을 날카롭게 소리나게 하다; (채찍)을 철썩 소리나게하다 (2) (책)을 펼치다 ; (병·깡통 따위)를 열다, 따고 마시다; 《俗》 (금고)를 비집어 열다 (3) (호두 따위)를 우두둑 까다; 금가게 하다: ~ an egg 달걀을 깨다 (4) (목)을 쉬게 하다 ; (신용 따위)를 떨어뜨리다, 손상시키다 (5) 【化】 (석유·타르 등)을 (열)분해하다, 분류(分溜) 하다. (6) (사건 해결·수수께끼)의 실마리를 열다; (사건)을 해결하다 ; (7) (농담)을 지껄이다: ~ a joke 농담을 지껄이다.

— *vi.* (1) (총·채찍 따위가) 딱 소리를 내다, 찰깍(땅, 지근) 하며 깨지다(부서지다) (2)금가다; 쪼개지다, 탁 깨지다. (3) (목이) 쉬다, 변성하다 (4)《 +前+名》 엉망이 되다, 맥을 못추다; (압력을 받고) 물러 앉다, 항복하다(5) 【化】 (석유가) 크래킹하다, (열)분해하다. ***~ a crib*** 《俗》 (강도가) 집에 침입하다. ***~ a smile*** 《口》 쌩끗 미소짓다. ***~ down*** (***on***) 《口》 단호한 조처를 취하다, (…을) 엄하게 단속하다, (…을) 탄압하다. ***~ up*** 〔흔히 受動으로〕 《口》 1) (…이라고)칭찬하다, 평판하다《*to be* ; *as*》. 2) 《口》 (차·비행기가〈를〉) 부서지다〈부스러뜨리다〉, 분쇄하다(crash) 3)《口》 (육체적·정신적으로) 질리다, 지치다, 기진하다. 4)갑자기 웃기〈울기〉 시작하다 ; 《俗》 배꼽이 빠지게 웃다, 크게 웃기다. ***get ~ing*** ⇨ CRACKING.

— *n.* (1) ⓒ (돌연한) 날카로운 소리《딱·탕·우지끈 등》; 채직 소리; 총소리(2) ⓒ (찰싹 하고) 치기, 타격, 날카로운 일격 3) ⓒ 갈라진 금, 금 ; 틈 ; (문 등의) 조금 열림 (4) ⓒ 사소한 결함〈결점〉. (5) ⓒ 변성 ; 목쉼. (6) ⓒ (흔히 *sing.*)《口》(…에 대한)호기, 기회 ; 노력, 시도《*at*》: have〈take〉 a ~ *at* …을 시도해 보다. (7) ⓒ 재치 있는말, 경구(警句)(*about*) : make a ~ *about* …에 재치 있는 말을 하다. (8) ⓒ 《英口》 수다 떪, 잡담. (9) ⓤ 《俗》 코카인을 정제한 환각제.

a fair ~ of the whip 《英口》 공평한(공정한) 기회〈취급〉. ***at*** (***the***) ***~ of dawn*** 〈***day***〉 새벽에. ***paper*** 〈***paste, cover***〉 ***over the ~s*** 결함〈난점〉을 감싸 숨기다, 임시모면하다. ***the ~ of doom*** 최후의 심판일의 천둥 소리; 모든 종말의 신호. — *ad.* 날카롭게(sharply), 찰싹, 딱, 탁, 꽝.

crack·brained [ˊbrèind] *n.* (1) 머리가 돈, 미친. (2) 어리석은, 분별없는

crack·down [ˊdàun] 《口》 *n.* ⓒ 엄중한 단속

cracked** [krækt] *a.* (1) 금이 간, 깨진(2) (인격·신용 따위가) 손상된, 떨어진. (3) 목이 쉰 ; 변성(變聲)한. (4) 〔敍述的〕《口》 미친(crazy) ; 바보 같은. ***be ~ up to be... 《口》 〔흔히 否定文〕 …라는 평판이다.

***crack·er** [kræ̀kər] *n.* (1) ⓒ 크래커《얇고 파삭파삭한 비스킷》.(2) ⓒ 딱총, 폭죽; 크래커 봉봉

crack·er-bar·rel [-bæ̀rəl] *a.* 《美》 격의없는; 시골풍의, 사람이 좋고, 소박한.

crack·er·jack [-dʒæ̀k] 《美口》 *n.* ⓒ 우수한 물품; 출중한 사람. — *a.* 아주 우수한, 초일류의

crack·ers [krǽkərz] *a.* 《英口》〔敍述的〕 (1)머리가 돈(crazy), 멍한 (2) 열중한 《*over* ; *about*》
crack·head [ˊhèd] *n.* ⓒ 《俗》 마약 상용자.
cráck hòuse 《俗》 마약 거래점〈밀매소〉.
crack·ing [krǽkiŋ] *n.* ⓤ 【化】 분류(分溜), (석유의) 열분해(= ~ **distillátion**). — *a.* 멋있는, 굉장한. **get** ~ 《口》 서두르다. 신속히 시작하다.
crácking plànt (석유) 분류소.
crack·jaw [ˊdʒɔ̀ː] *a.*, *n.* ⓒ 《口》 아주 발음하기 힘든 (어구 · 이름 따위); 야릇한.
***crack·le** [krǽkəl] *n.* ⓤ (1) 딱딱〈바삭바삭 · 꽝〉하는 소리: the ~ of distant rifle fire 땅땅 하고 멀리서 들려오는 라이플 총소리. (2) (도자기의) 잔금무늬, 병렬무늬, 잔금이 나게 굽기. —*vi.* 딱딱 소리를 내다; (도기 등에) 금이 가다—*vt.* …을 딱딱 소리나게 하다; 딱딱 부수다 〈깨뜨리다〉; …에 금을 내다, 잔금무늬를 넣다.
crack·le·ware [-wὲər] *n.* ⓤ 잔금이 나게(
crack·ling [krǽkliŋ] *n.* (1) ⓤ 딱딱 소리를 냄. (2) a] ⓤ구은 돼지고기의 바삭바삭한 살가죽. b] ⓒ (흔히 *pl.*) (비계에서 기름을 빼버리고 난) 찌꺼기. (3) ⓤ 《口》 〔集合的〕 매력적인 여성들
crack·ly [krǽkli] (***crack·li·er ; -li·est***) *a.* 바삭바삭(오득오득)한.
crack·nel [krǽknəl] *n.* ⓒ (1) 얇은 비스킷의 일종. (2) (*pl.*) 《美》 바싹 튀긴 돼지고기.
crack·pot [krǽkpɑ́t/ -pɔ̀t] 《口》 *n.* ⓒ좀 돈 것 같은 별난 사람.
cracks·man [krǽksmən] (*pl.* ***-men*** [-mən]) *n.* ⓒ 《俗》 밤도둑, 강도(burglar);(특히)금고털이.
crack-up [krǽkʌ̀p] *n.* ⓒ (1) (차 · 비행기 등의) 충돌, 격돌(collision); 대파손.
-cracy *suf.* '정체, 정치, 사회 계급, 정치 세력, 정치 이론'의 뜻: demo*cracy*. ※ 주로 그리스말의 o로 끝나는 어간에 붙지만, 때로 영어 단어에 -ocracy 의 꼴로 결합함 : cottono*cracy* 면업 (綿業) 왕국.
‡cra·dle [kréidl] *n.* (1) ⓒ 요람, 유아용 침대(cot). (2) (the ~) 요람 시절, 어린 시절 《속담》 어릴 때 배운 것은 죽을 때까지 잊혀지지 않는다, 세살 적 버릇이 여든 까지 간다. (3) (the ~) 《比》 (예술 · 국민 등을 육성한) 요람의 땅, (문화등) 발상지(4) ⓒ (전화 수화기 · 배 · 비행기 · 대포 등을 얹는) 대 (臺); 자동차 수리용대 《그 위에 누워서 차 밑으로 기어듦》(5) ⓒ 【鑛】 선광대 (選鑛臺). (6) ⓒ 【造船】 (진수할 때의) 진수가(架). ***from the ~*** 어린 시절부터. ***rob*** 〈***rock***〉 ***the ~*** 《口》 자기 보다 훨씬 어린 〈배우자〉를 고르다. —*vt.* (1) …을 요람에 넣다; 흔들어 재우다, 흔들어 어르다: ~ a baby in one's arms 아기를 안고 흔들어 어르다. (2) (수화기)를 전화기 위에 올려놓다. (3) (배 · 비행기 등)을 받침대에 올리다. —*vi.* 요람에 눕다, 덧살댄 낫으로 작물을 베다.
crádle snàtcher 《口》 훨씬 연하(年下)인 사람과 결혼하는〈에게 반하는〉 사람.
cra·dle·song [-sɔ̀ːŋ/ -sɔ̀ŋ] *n.* ⓒ 자장가(lullaby).
‡craft [kræft, krɑːft] *n.* (1) ⓤ 기능; 기교; 기술, 솜씨(skill)(2) ⓒ (특수한 기술을 요하는) 직업; (특수한) 기술, 재간; 수공업; 공예(3) ⓒ 〔集合的 ; 單 · 複數 취급〕 동업 조합; 동업자들. (4) ⓤ 교활, 간지, 술책(cunning)잔꾀 (5) ⓒ 〔흔히 單 · 複數 동형〕 선박, 항공기; 우주선:
-craft *suf.* '기술 · 기능, 재능, 업(業), 탈것'등의뜻을 가진 결합사: state*craft*, space*craft*.

crafts·man [krǽftsmən, krɑ́ːfts-] (*pl.* ***-men*** [-mən]) *n.* ⓒ (1) 장인(匠人), 기공(技工)(2) 기예가; 명공(名工).
crafts·man·ship [-ʃìp] *n.* ⓤ (장인(匠人)의) 솜씨, 기능, 숙련.
cráft ùnion (숙련 직업 종사자의)직업별 조합
crafty** [krǽfti, krɑ́ːf-] (craft·i·er; -i·est***) *a.* 교활한(cunning); 간악한 파) **cráft·i·ly** [-tili] *ad.* 교활하게, 간사하게 **-i·ness** *n.*
***crag** [kræg] *n.* ⓒ 울퉁불퉁한 바위, 험한 바위산.
crag·ged [krǽgid] *a.* =CRAGGY.
crag·gy [krǽgi] (***crag·gi·er; -gi·est***) a. (1) 바위가 많은; (바위가) 울퉁불퉁하고 험한. (2) (얼굴이) 딱딱하고 위엄 있는, 우왁스럽게 생긴
crags·man [krǽgzmən] (*pl.* ***-men***[-mən]) *n.* ⓒ 바위 잘 타는 사람, 바위타기 전문가.
crake [kreik] (*pl.* **~s, ~**) *n.* ⓒ 【鳥】 뜸부기
cram** [kræm] (-mm-***) *vt.* (1) 《~+目/+目+前+名》 (장소 · 용기 등)에 억지로 채워 넣다(stuff), 밀어넣다 《with》(2) 《~+目/+目+前+名》 …을(장소 · 용기 속에) 채워 넣다, 다져넣다, 밀어넣다 (stuff) 《into; down》 (3) 《~+目/+目+前+名》 …에게 배가 터지도록 먹이다(overfeed): (4) 《口》 (시험을 위해) …에게 주입식 공부를 시키다; (학과)를 건성으로 외우다《up》: —*vi.* (1) 잔뜩 먹다. (2) 《口》 (시험을 위해) 주입식〈당일치기〉 공부를 하다: ~ *for* the exam 시험 때문에 무조건 암기식 공부를 하다. (3) (와) 몰려들다, 밀어닥치다—*n.* 《口》 (1) ⓤ 주입식 공부, 벼락공부. (2) (사람을) 빽빽이 들어참, 북적임.
cram-full [krǽmfúl] *a.* 【敍述的】빽빽하게 찬, 꽉찬《*of; with*》: Her suitcase was ~ *of* clothes. 그녀의 슈트케이스는 옷으로 꽉 차 있었다.
cram·mer [krǽmər] *n.* ⓒ (1) 주입 제일주의의 교사 〈학생〉; 당일치기 공부를 하는 학생. (2) 주입식 공부를 시키는 학교 〈학원〉; 주입식 공부용의 책.
cramp**[1] [kræmp] *n.* ⓒ (1) 꺾쇠(~ iron); 죔쇠(clamp). (2) 속박(물). — *a.* (1) 답답한, 비좁은. (2) (글씨체가) 읽기 어려운, 알기 어려운. — *vt.* (1) …을 꺾쇠로 바싹 죄다. (2)a] …을 속박하다, 제한하다; b] …을 가두다《*up*》. ~ a person's style*** 《口》 ~를 방해하다. ~의 능력을 충분히 발휘하지 못하게 하다.
***cramp**[2] *n.* (1) ⓤⓒ (손발 등의)경련, 쥐 : have a ~ in one's leg 다리에 경련이 일어나다/ a ~ in the calf (수영할 때) 종아리에 나는 쥐. (2) (*pl.*) 갑작스런 복통. — *vt.* 〔흔히 受動으로〕 …에 경련을 일으키다, 쥐가 나게 하다.
cramped [kræmpt] *a.* (1)비좁은, 갑갑한, 꽉 끼는: ~ quarters 비좁은 숙사 / feel ~ 비좁아서 답답하다. (2) (글씨가 너무 다닥다닥 붙어서) 알아보기 어려운, 배배꼬인.
파) ˊ-**ness** *n.* ⓤ 갑갑함, 회삽(晦澁).
crámp ìron 꺾쇠, 죔쇠 (cramp).
cram·pon, 《美》 **-poon** [krǽmpən], [-púːn] n. (1) (*pl.*) (구두 바닥에 대는) 스파이크창; 【登山】 아이젠, 동철(冬鐵).
crám schòol (보습)입시 학원.
cran·ber·ry [krǽnbèri/ -bəri] *n.* ⓒ 【植】 덩굴월귤 ; 그 열매, (소스 재료의 원료).
‡crane [krein] *n.* ⓒ (1) 두루미, 학; 《美》 왜가리, (2) 기중기, 크레인: a traveling 〈bridge〉 ~ 이동 〈교형(橋形)〉 기중기. — *vt.* (1) (목)을 쭉 빼다(내밀다): ~ one's neck to see better 잘 보려고 목을 길

게 빼다. (2)기중기로 나르다〈옮기다〉. — *vi*. 목을 길게 빼다. (말이) 멈추고 머뭇리다《*out*; *over*; *down*》: people *craning* to see a car accident 자동차 사고를 잘 보려고 목을 길게 빼고 있는 사람들.

cra·ni·al [kréiniəl, -njəl] *a*. 두개(골)의: the ~ bones 두개골/ the ~ nerves 뇌신경.

cra·ni·um [kréiniəm] (*pl*. **~s. -nia** [-niə]) *n*. ⓒ **[解]** 두개(頭蓋); 두개골(skull).

*__crank__[1] [kræŋk] *n*. ⓒ (1) **[機]** 크랭크. (2)《口》괴짜, 변덕(fad) 괴팍한 사람(faddist)— *vt*. (1) …을 크랭크 모양으로 구부리다; 크랭크로 연결하다. (2) 크랭크를 돌려 시동걸다〈촬영하다〉~ ***in*** …을 시작하다. ~ ***out*** (기계적으로) 척척 만들어 내다~ ***up*** 1) (*vi*.)《口》시작하다; 준비하다《*for*》. 2) (*vt*.) (일의) 능률을 (애써) 높이다 ; 시동시키다, (엔진에 시동을 걸기 위해) 크랭크를 돌리다; 자극하다. 활성화하다; 흥분시키다:

crank[2] *a*. (1) = CRANKY(3). (2)〔限定的〕《美》괴짜의, 괴짜 같은.

crank·case [⌐kèis] *n*.ⓒ(내연 기관의) 크랭크실(室).

crank·shaft [⌐ʃæ̀ft, ⌐ʃɑ̀:ft] *n*. ⓒ크랭크축(軸).

cranky [krǽŋki] (***crank·i·er; -i·est***) *a*. (1) 색다른; 변덕스러운(2)《美》성미 까다로운, 심기가 뒤틀린, 꽤 까다로운. (3)〈기계 등이〉불안정한, 흔들 흔들하는, 덜거덩거리는, 수리를 요하는.

cran·nied [krǽnid] *a*. 금이 간, 갈라진.

cran·ny [krǽni] *n*. ⓒ 벌어진 틈, 갈라진 틈, 틈새기

crap *n*. (1) ⓤ《俗》쓰레기; 잡동사니. (2) ⓤ《卑》배설물, 똥; (a ~) 배변(排便): have〈take〉a ~ 배변하다. (3) ⓤ《俗》실없는 소리—*vi*.《卑》똥누다. — *int*. 엉터리다

*__crape__ [kreip] *n*. ⓤⓒ 검정프레이프의 상장(喪章).

crápe mỳrtle **[植]** 백일홍.

crap·py [krǽpi] (***crap·pi·er ; -pi·est***) *a*.《俗》질이 나쁜, 쓰잘때 없는, 변변치 못한, 시시한

craps [kræps] *n*. ⓤ〔單數 취급〕《美》크랩스《주사위 2개로 하는 노름의 일종》:

crap·shoot·er [krǽpʃù:tər] *n*. ⓒ《美》craps 도박꾼.

crap·u·lence [krǽpjələns] *n*. ⓤ 과음〈과식〉으로 인한 메슥거림, 숙취.

crap·u·lent, -lous [krǽpjələnt], [-ləs] *a*. 과음·과식으로 거북한(몸을 버린).

‡**crash**[1] [kræʃ] *n*. ⓒ (1) 갑자기 나는 요란한 소리《쨍그랑·와르르》; **[劇]** 그 음향 효과 장치 (2) (차 등의) 충돌; (비행기의) 추락(3) (사업·장사 등의) 도산, 파멸; (시세) 급락. (4) **[컴]** (시스템의) 고장, 폭주.

— *vi*. (1)《~/+副/+前+名》와르르 소리내며 무너지다〈망가지다, 깨지다, 부서지다〉: (2)《~/+前+名》(충돌하여) 요란한 소리를 내다; (요란한 소리를 내면서) 돌진하다 ; 충돌하다 (3) (비행기가) 추락하다, 불시착하다(4)(장사·계획 따위가) 실패하다, 파산하다 (5) **[컴]** (시스템·프로그램이) 갑자기 기능을 멈추다, 폭주하다. (6)《口》(초대받지 않은 파티등에) 밀고 들어가다. (7)《俗》(어떤 곳에, 일시적으로) 묵다, 자다, 눕다《*in* ; *on*》(8)《俗》(마약이 떨어져서) 불쾌감을 경험하다, 마약의 효과가 떨어지다.

— *vt*. (1)《~+目/+目+前+名》…을 와르르 부수다; 산산이 부수다(2)《~+目/+目+前+名》(요란한 소리를 내면서) …을 달리다. 밀고 나가다《*in* ; *through* ; *out*》(3) (비행기)를 불시착〈격추〉시키다; (자동차 등)을 충돌시키다 (4) (극장·파티 등)에 표 없이〈불청 객으로〉들어가다. 밀어닥치다:~ a dance 댄스 파티에 밀어 닥치다. — *ad*. 요란스러운 소리 내며, 쨍그랑 하고: go ~ 와르르 무너지다. —*a*〔限定的〕응급(應急)의; 속성(速成)의: a ~ diet 응급 감식/ a ~ course in German 독일어 속성 코스 / a ~ job 단기 속성 공사.

crash[2] *n*. ⓤ (타월·커튼용의) 성긴 삼베.

crásh bàrrier《英》(도로 경주로 등의) 가드 레일, 중앙 분리대, 방호 울타리.

crásh dive (잠수함의) 급속 잠항.

crash-dive [⌐dàiv] *vi*. (잠수함이) 급속히 잠항하다. — *vt*. (잠수함)을 급속 잠항시키다, (비행기를) 급하강 시키다.

crásh hàlt =CRASH STOP.

crásh hèlmet (자동차 경주자용의) 안전헬멧.

crash·ing [⌐iŋ] *a*.〔限定的〕《口》완전한, 철저한

crash-land [⌐lǽnd] *vt*., *vi*. 동체 착륙시키다〈하다〉.

crásh lànding 불시착, 동체 착륙: make a ~ 동체 착륙을 하다.

crásh pàd (1)(자동차 내부의) 안전 패드. (2)《俗》(긴급할 때의) 임시 숙박소, (가출자 등의) 무료 숙박소.

crash·proof [⌐prù:f] a. (차 따위) 충돌해도 안전한 : a ~ car.= CRASH-WORTHY

crásh stòp 급정거 (crash halt).

crash·wor·thy [⌐wə̀:rði] *a*. 충돌〈충격〉에 강한, 견딜수 있는 : ~ motorcycle helmet.

crass [kræs] *a*. (1) 아둔한, 우둔한, 아주 어리석은 (2) (어리석은 정도가) 심한, 지독한: ~ ignorance〈stupidity〉심한 무지〈우둔〉. 파) **~ ·ly** *ad*.

crate [kreit] *n*. ⓒ (1) 크레이트(나무상자)《가구·유리그릇·과실 따위의 운송용 상자》

*__cra·ter__ [krétər] *n*. ⓒ (1) (화산의) 분화구. (2) (달 표면의) 크레이터; 운석공(隕石孔). (3) (폭발로 인한 지상의) 폭탄 구멍.

cra·vat [krəvǽt] *n*. ⓒ 크리바트, 넥타이.

*__crave__ [kreiv] *vt*. (1)《~+目/+*that*節/+*to do*》…을 열망〈갈망〉하다 (2) (사정이) …을 필요로 하다, 요구하다(require). (3)《~+目/+目+前+名》(열심히) ~에게 …을 구하다, 간절히 원하다—*vi*. 간절히 원하다, 갈망〈열망〉하다《*for* ; *after*》《※ wish, desire, long for 등보다 뜻이 강함》.

cra·ven [kréivən] *n*.ⓒ 겁쟁이, 소심한 사람; 비겁자. — *a*. 겁많은, 비겁한 —*vt*. (古) 겁나게 하다, 기세를 꺾다.
파) **~ ·ly** *ad*. 겁이나서, 비겁하게도. **~ ·ness** *n*.

*__crav·ing__ [kréiviŋ] *n*. ⓒ 갈망, 열망.

craw [krɔ:] *n*.ⓒ (1)(새의) 모이주머니, 소낭. (2) (동물의) 밥통. ***stick in*** a person***'s ~*** 화가 나다, 참을 수 없다, 소화가 되지 않는다

craw·fish [krɔ́:fiʃ] (*pl*. **~, ~·*es***)*n*. ⓒ (1) = CRAYFISH. (2)《美口》꽁무니 빼는 사람 ; 변절자.—*vi*.《美俗》손떼다;《美口》꽁무니 빼다《*out*》.

‡**crawl** [krɔ:l] *vi*. (1)《~/+副/+前+名》(네 발로) 기다, 포복하다(2) 구물구물 움직이다, 천천히 가다, 서행(徐行)하다 ; (시간이) 천천히 흐르다 (3)《+前+名/+副》비굴하게 굴다, 아첨하다, 굽실거리다《*to* ; *before*》; 살살 환심을 사다《*into*》(4)《+前+名》(벌레 따위가 지면·마룻바닥에) 득실거리다, 근질근질하다《*with*》(5) (벌레가 기듯이) 스멀스멀하다: ~ all over 온몸이 근질거리다. (6) 크롤로 헤엄치다. — *n*.

(1)(a ~) 기어〈느릿느릿〉 가기, 포복 : go at *a* ~ 슬슬 걷다 (2) ⓤ (흔히 the~) 크롤 수영법(=~ **stròke**)

crawl·er [krɔ́:lər] *n.* (1) ⓒ a] 기는 사람〈동물〉; 파충류 b] =CRAWLER TRACTOR (2) (흔히 *pl.*) 아기가 길 무렵에 입는 옷, 롬퍼스. (3) ⓒ 크롤 수영자 (4) ⓒ 《俗》 아첨꾼.(비굴한) 알랑쇠.

crawl·y [krɔ́:li] (*crawl·i·er; -i·est*) *a.* 《口》 근실근실한; 오싹한, 으스스한

cray·fish [kréifiʃ] (*pl.* **~, ~ ·es**) *n.*ⓒ 가재; ⓤ 가재살, 왕 새우, 대하.

‡cray·on [kréiən, -ɑn/ -ɔn] *n.* ⓒ (1) 크레용: a box of ~*s* 크레용 한 통/ draw with a ~ 〈~*s*〉 크레용으로 그리다. (2) 크레용화.

—*vt.*, *vi.* (…을) 크레용으로 그리다, 대략적인 계획을 세우다.

***craze** [kreiz] *vt.* (1) 〔흔히 受動〕 으로 …을 미치게 하다; 발광시키다; 열광〈열중〉하게 하다 《*with*》(2) (도자기)를 잔금(빙렬 이 가게 굽다. —*n.* ⓒ 광기(insanity), 발광; (일시적인) 열광, 열중; 대유행 (rage) : Large women's hats are the ~ this year. 금년엔 대형의 여성 모자가 대유행이다. ▫ crazy *a.*

cra·zi·ly [kréizili] *ad.* 미친 듯이, 미친 사람처럼 ; 열광하여.

‡cra·zy [kréizi] (*-zi·er ; -zi·est*) *a.* (1) 미친,흥분해 있는, 미치광이의(2) 얼빠진 짓의, 무리한, 무분별한 : a ~ scheme 무모한 계획. (3) 《口》 열중한, 열광한, 홀딱 빠진《*for* ; *about* ; *over*》 (4) 《口》 아주 좋은, 최고의 ***like ~*** 《口》 무서운 기세로, 맹렬히: run *like* ~ 필사적으로 달리다/ be ~ to do 꼭 …하고 싶어 하다.

crázy pàving (정원의) 다듬지 않은 돌·타일로 만든 산책길.

crázy quilt 조각보 이불 ; 쪽모이 세공(patchwork).

***creak** [kri:k] *n.* ⓒ 삐걱(거리는) 소리 : — *vi.* 삐걱거리다; 삐삐걱삐걱 소리를 내며 움직이다

creaky [kri:ki] (*creak·i·er ; -i·est*) *a.*삐걱거리는. 파) **créak·i·ly** *ad.* **créak·i·ness** *n.*

‡cream [kri:m] *n.* (1) ⓤ 크림 : With ~ ? (커피에) 크림을 넣습니까. (2) ⓤⓒ 크림 이 든 과자〈요리〉; (크림을 함유하는) 진한 수프; 크림 모양의 물건: a chocolate ~ 초콜릿 크림/ (an) ice ~ 아이스크림. (3) ⓤⓒ 화장용〈약용〉 크림 : ⇨ COLD CREAM,VANISHING CREAM. (4) (the ~) 가장 좋은 부분, 정수(精髓): *the* ~ of youth 고르고 고른 젊은이들. (5) ⓤ 크림색. ***~ of tartar*** 주석영(酒石英) 《타르타르산칼륨》. ***the ~ of the crop*** 《口》 최상의 것〈사람들〉 the ~of society 최상층 사회. — *vt.* (1) (크림 따위)를 떠내다. (2) …의 가장 좋은 부분을 취하다. (3) (커피 따위)에 크림을 넣다〈치나〉. (4) …을 그림 모양으로 만들다 · 크림으로〈우유·크림 소스로〉 요리하다: ~*ed* spinach 시금치를 크림에 익힌〈찐〉 요리.

***creamy** [krí:mi] (*cream·i·er ; -i·est*) *a.* (1) 크림 같은; 매끄럽고 보드라운. (2) 크림이 (많이)든; 크림맛이 나는. (3) 크림색의. 파) **créam·i·ness** *n.* 크림질(質).

crease [kri:s] n. ⓒ (1)(옷 따위에 생기는) 주름(살); (종이·천 등) 접은 금; (양복 바지의) 주름: She smoothed down the ~s in her dress. 그녀는 자기 옷의 주름을 폈다. (2) **[크리켓]** 투수〈타자〉의 한계선. ▫ creasy *a.* —*v t.*, *vi.*

‡cre·ate [kri:éit] *vt.*(1) …을 창조하다 : 창시하다 ; **[컴]** 만들다 : All men are ~*d* equal. 만인은 평등하게 창조되었다《미국 독립 선언에서》. (2) (독창적인 것)을 창작하다 ; 안출〈고안〉하다 ; 유행형 등)을 디자인하다 : ~ a work of art 예술품을 창작하다/ ~ a new fashion 새 유행을 만들어내다. (3) 《~+目/+目+補》 …에게 위계〈작위〉를 수여하다: ~*d* a baron. 남작의 작위를 수여 받았다.

‡cre·a·tion [kri:éiʃən] *n.* (1) a] ⓤ 창조; 창작; 창설: the ~ of a new company 새로운 회사의 창설. b](the C-) 천지 창조: since *the Creation* (of the world) 천지 창조 이래. (2) ⓤ 〔集合的〕 (신의) 창조물; 우주, 삼라만상: the whole ~ 만물, 전우주/the lords of (the) ~만물의 영장 (man) (익살) 남자. (3) ⓒ 창작품, 고안물 ; (유행의) 새 디자인: A literary〈artistic〉~ 문학〈예술〉 작품.

cre·a·tion·ism [-ìzm] *n.* ⓤ (1) **[神學]**영혼 창조설. (2) **[生]** 특수 창조설《만물은 신의 특수한 창조에 의한 것이라는 설; 진화론의 대(對)가 됨》(opp evolutionism).

cre·a·tive** [kri:éitiv] (more ~ ; most ~***) *a.* (1)창조적인, 창조력이 있는, 창작적인, 독창적인 (originative): ~ power 창조력; 창작력/ ~ writing 창작(문학). (2) 〔敍述的〕(…을) 빚어내는, 낳는 《*of*》: His speech was ~ *of* controversy. 그의 연설은 물의를 빚어냈다〈일으켰다〉. ▫ create *v.* 파) **~·ly** *ad.* **·ness** *n.*

cre·a·tiv·i·ty [krì:eitívəti] *n.* ⓤ 창조성〈력〉; 창조의 재능, 창조적임 : show〈display〉 ~ 창조성〈독창성〉을 보이다.

cre·a·tor** [kri:éitər] (fem. ***-tress [-tris]) n. (1) ⓒ 창조자 ; 창작가 ; 창설자. (2) ⓒ 새 디자인 고안자 (3) (the C-) 조물주, 신. 파) **~·ship** *n.*ⓤ 창조라임

‡crea·ture [krí:tʃər] *n.* ⓒ (1) (신의) 창조물, 피조물. (2) 생물, 《특히》 동물 ; 《美》 마소, 가축 : dumb ~*s* 말 못하는 동물, 가축류. (3) 〔경멸·동정·애정을 곁들여〕놈, 녀석, 년, 자식 : a pretty ~ 귀여운 아가씨 / an odd ~ 괴짜. (4) 예속자, 부하, 앞잡이 ; 괴뢰 : a ~ of circumstance(s) 〈habit〉 환경〈습관〉.의 노예.

créature cómforts (종종 the ~) 육체적인 안락을 주는 것; 의식주.

creche [kreiʃ] *n.* ⓒ 《F.》 (1)탁아소; 고아원. (2) (크리스마스에 흔히 장식하는) 구유 속의 아기 예수상(像).

cre·dence [krí:dəns] *n.*ⓤ 신용(belief credit): a letter of · 신용장/ find ~ 신임받다 / give (refuse) ~to ~을 믿다 (믿지않다).

cre·den·tial [kridénʃəl] *n.* (*pl.*) (1) 자격 증명서, 성적〈인물〉 증명서:show one's ~s 증명서를 보 이다 ~s committee 자격 상사 위원회. (2) (대사 등에게 주는) 신임장: present one's ~ s (대사 등이) 신임장을 제출하다. 파) **~·ism** *n.*증명서 (학력) 편중주의

cred·i·bil·i·ty [krèdəbíləti] *n.* ⓤ 믿을 수 있음 ; 신용, 신뢰성, 신빙성, 위신: After the recent scandal the government has lost all ~. 최근 스캔들이 있은 후 정부는 신뢰성을 모두 잃었다.

credibílity gàp (1) (정부 등에 대한) 불신감. (2) (정치가 등의) 언행 불일치.

cred·i·ble [krédəbəl] *a.* 신용〈신뢰〉할 수 있는 ; 확실한: a ~ story 믿을 수 있는 말. credit *v.*

cred·i·bly [krédəbəli] *ad.* 확실히, 확실한 소식통에서 : I am ~ informed that he is dead. 그가 죽었다는 것을 확실한 소식통으로부터 들었다.

‡cred·it [krédit] *n.* (1) ⓤ 신용, 신뢰 : a letter of ~ 신용장 / gain ⟨lose⟩ ~ (with …) (…의) 신용을 얻다⟨잃다⟩. (2) ⓤ 명성, 평판, 신망: a man of ~ 평판이 좋은 사람, 신망이 있는사람/ get ~ for …의 명성을 얻다. (3) ⓤ a] 영예, 공적; 칭찬: The ~ of the discovery belongs to him. 그 발견의 공적은 그의 것이다. b] (a ~) 명예가 되는 것⟨사람⟩: He is a ~ to the school. 그는 학교의 자랑(명예)이다. (4) ⓤ (금융상의) 신용; 신용 대부⟨거래⟩, 외상판매 ; 채권; 예금 : give a person ~ 에게 신용 대부하다, 신용하다/ have ~ with …에 신용이 있다. —*vt.* (1) …을 신용하다, 신뢰하다, 믿다. (2) …의 명예가 되다, …에게 면목을 세워주다. (3) 《+目+前+名》 (공적·명예 등을) …에게 돌리다, 덕분으로 돌리다《*to*》, …의 소유자⟨공로자, 행위자⟩로 생각하다

***cred·it·a·ble** [kréditəbəl] *a.* 명예로운(honorable) ; 칭찬할 만한(praiseworthy), 훌륭한: a ~ achievement 훌륭한 업적. 파) **-bly** [-bəli] *ad.* 훌륭히, 썩잘. **cred·it·a·bil·i·ty** [krèditəbíləti] *n.*

crédit lìne 크레디트 라인. (1) 뉴스·TV프로·영화·사진·그림 등에 곁들이는 제작자·연출자·기자·제공자의 이름. (2) (신용 대부의) 대출 한도액, 신용한도 (credit limit).

crédit nòte 대변 전표(임금·반품때 판 사람이 보내는 전표). 【opp】 *debit note.*

***cred·i·tor** [kréditər] *n.* ⓒ 채권자, 대주(貸主): The company couldn't pay its ~*s*. 그 회사는 채권자들에게 빚을 갚을수 없었다. (2) 【簿】 대변《略 : cr.》. 【opp】 *debtor.*

crédit rating (개인·법인의) 신용 등급⟨평가⟩.

crédit sìde 【簿】 대변. 【opp】 *debitside.* 「on the ~ 대변에.

crédit tìtles 【映·TV】 원작자⟨제작 관계자·자료 제공자⟩ 등의 이름의 자막.

crédit ùnion 소비자 신용 조합.

cred·it·wor·thy [kréditwə̀ːrði] *a.* 【商】 신용 있는, 지불 능력이 있는, 신용도 높은: The bank refused to give me the loan because they said I wasn't ~. 그들이 나는 지불 능력이 없다고 했기 때문에 은행은 나에게 대출을 거부했다. 파) **-thi·ness** *n.*

cre·do [kríːdou, kréi-] (*pl.* **~s**) *n.* (1)ⓒ 신조(creed) : It's a ~ I live by. 그것은 나의 생활 신조의 하나다. (2) (the C-) 사도 신경, 니케아신경(Nicene Creed)

***cre·du·li·ty** [kridjúːləti] *n.* ⓤ (남을)쉽사리 믿음, 고지식함, 경신(성) (輕信(性)).

***cred·u·lous** [krédʒələs] *a.* (1) (남을) 쉽사리 믿는, 고지식한, 속아 넘어가기 쉬운 【opp】 incredulous: a ~ person 고지식한 사람/ He's ~ of rumors. 그는 쉽게 소문을 믿어버린다. (2) 쉽게 믿는데서 오는⟨기인하는⟩. 파) **~·ly** *ad.* 경솔히 믿어서 **~·ness** *n.*

Cree [kriː] (*pl.* **~(s)**) *n.* (1) a] (the~(s)) 크리족(族) 《ⓤ본디 캐나다 중앙부에 살았던 아메리카 원주민》. b]ⓒ 크리족 사람. (2) ⓤ 크리어(語).

‡creed [kriːd] *n.* (1) a] ⓒ (종교상의) 신경: the Athanassian *Creed* 아타나시오 신경. b] (the C-) 사도 신경(the Apostles'Creed). (2) ⓒ 신조, 신념, 주의, 강령.

‡creek [kriːk, krik] *n.* ⓒ (1)《美》 시내, 크리크, 샛강《brook[1]보다 약간 큼》. (2)《英》 (해안·강기슭 등의) 후미, 소만(小灣), 작은 항구. ***up the ~*** 《俗》 1) 꼼짝달싹 못하게 되어, 궁지⟨곤경⟩에 빠져. 2) 미친 듯한, 상궤를 벗어난, 심한.

creel [kriːl] *n.* ⓒ (1) (낚시질의) 물고기 바구니. (2) 통발.

‡creep [kriːp] (*p.*, *pp.* ***crept*** [krept]) *vi.* (1) 기다, 포복하다. (2)《~/+副/+前+名》 살금살금 걷다, 발소리를 죽이며 가다; 천천히 나아가다⟨걷다⟩ : ~ *on* tiptoe 발끝으로 살금살금 걷다 / When did he ~ *out*? 그는 언제 몰래 빠져 나갔는가 / Age ~*s up* on us. 노년은 부지불식간에 다가오는 법이다. (3) 스멀스멀하다 ; 섬뜩하다 (4) 《+前+名》《口》 비굴하게 굴다, 은근히 환심을 사다: ~ *into* a person's favor 남에게 살살 빌붙다⟨비위를 맞추다⟩.

creep·er [kríːpər] *n.* (1) ⓒ 기는 것 (특히 기는); 곤충 ; 파충류(reptile). (2) ⓒⓤ 【植】 덩굴 식물, 만초(蔓草), 《특히》 양담쟁이(Virginia ~). (3) ⓒ 【鳥】 나무에 기어오르는 새, 《특히》 나무발바리. (4) (*pl.*) (갓난 아이의) 내리닫이. (5) (*pl.*) (구두창의 미끄럼 방지용) 스파이크 달린 얇은철판. (6) (*pl.*) 《俗》 (도둑이 신는) 고무창 구두.

creep·ing [kríːpiŋ] *a.* (1) 기어 돌아다니는 : ~ plants 덩굴식물 / ~ things 파충류. (2) 느린, 서서히⟨슬며시⟩ 다가오는 은밀한: ~ inflation 서서히 진행 하는 인플레이션. (3) 근실거리는 느낌의, 섬뜩한. (4) 살살 빌붙는, 비루한. —*n.* 《口》 기기·보폭·서서히움직임.

créepingJésus 《英俗》 숨어 다니는 사람, 비겁자 ; 위선자.

creepy [kríːpi] (***creep·i·er*** ; ***-i·est***) *a.* (1) 기어 다니는 ; 느릿느릿 움직이는. (2) 근실거리는, 근지러운; 오싹하는: feel ~ 섬뜩하다.
파) **créep·i·ly** *ad.* **-i·ness** *n.*

creep·y-crawly [kríːpikrɔ́ːli] *a.* (1) 기어다니는. (2) 섬뜩한, 오싹한. —*n.* ⓒ《口》 기어다니는 벌레, 곤충.

cre·mate [kríːmeit, kriméit] *vt.* (시체)를 화장하다, (물건을) 소각하다(burn).

cre·ma·tor [kríːmeitər, kriméitər] *n.* ⓒ (1) (화장터의) 화부. (2) 화장로(爐). 파) ~ist *n.*화장론자.

crème de la crème [krémdəlɑːkrém] 《F.》 빼어난 사람들, 사교계의 꽃 ; 정화(精華).

cren·el, cre·nelle [krénl], [krinél] *n.* (1)ⓒ 총안(銃眼). (2)(*pl.*) 총안이 있는 흉벽(胸壁).

Cre·ole [kríːoul] *n.* (1) ⓒ 크리올 사람 《1) 미국 Louisiana주에 이주한 프랑스 사람의 자손. 2)남 아메리카 제국·서인도 제도·Mauritius 섬 태생의 프랑스 사람·스페인 사람. 3) (c-) 프랑스 사람·스페인 사람과 흑인의 혼혈아(=~ **Négro**). 4) (c-) 《古》 (서인도·미대륙 태생의) 토착 흑인》. (2) ⓤ 크리올 말 《Louisiana 말투의 프랑스 말》. (3) (종종 c-) 크리올 요리. — *a.* (1) 크리올 사람의. (2) (토마토·피망·양파 등 각종 향료를 쓴) 크리올식의.

cre·o·sote [kríː(ː)əsòut] *n.* ⓤ (1) 【化】 크레오소트《목재 방부·의료용》. (2) =CREOSOTE OIL.
—*vt.* …을 크레오소트로 처리하다: Wooden gates will last a long time if you ~ them every now and then. 나무문은 가끔 크레오소트를 바르면 오래 간다.

***crepe, crêpe** [kreip] *n.* 《F.》 (1)ⓤ 크레이프,

축면사(縮緬沙)주름진 비단의 일종. (2)ⓒ 검은 크레이프 상장(喪章) (crape). (3) =CREPE PAPER. (4) =CREPE RUBBER (5) ⓒ 크레이프《얇게 구운 팬케이크》.

crêpe de Chine [krèipdəʃíːn] 《F.》 크레이프 드신《바탕이 오글오글한 비단의 일종》.

crêpe pàper (조화용의) 오글오글한 종이, 구름종이.

crêpe rùbber 크레이프 고무《구두창 용》

crèpe su·zétte [krèipsu(ː)zét] (*pl.* ***crèpes suzétte*** [krèips-], **~s** [-su(ː)zéts]) 《F.》크레이프 수젯《크레이프에 리큐어를 넣은 뜨거운 소스를 쳐서 내놓음 ; 디저트용》.

crep·i·tate [krépətèit] *vi.* 딱딱 소리나다(crackle).

:crept [krept] CREEP의 과거 · 과거분사.

cre·pus·cu·lar [kripʌ́skjələr] *a.* (1) 황혼의(dim), 새벽〈해질〉 무렵의: 어둑어둑한. (2) 어스레한 때에 활동〈출현〉하는《박쥐 따위》. (3) (시대가) 반(半) 개화한, (문명의) 여명기의. a ~period 반 개화시대.

cre·scen·do [kriʃéndou] *ad.* 《It.》 (1) 【樂】 점점 세게, 크레센도로《略 : cres(c).: 기호 〈》. 〖opp〗 *diminuendo.* (2) (감정 · 동작을) 점차로 세게. — *a.* 【樂】 점강음(漸强音)의. — (*pl.* ~(***e***)***s***) n.

***cres·cent** [krésənt] *n.* (1) ⓒ 초승달. (2) ⓒ 초승달 모양의 물건 ; 《주로 英》 초승달 모양의 가로〈광장〉; 《美》 초승달 모양의 빵. (3) ⓒ 초승달 모양의 기장(旗章)《터키 국기》. (4) (the C-) 이슬람교 : the Cross and *the Crescent* 기독교와 이슬람교. — *a.*〔限定的〕 (1) 초승달 모양의. 【cf.】 decrescent. (2) (달이) 점점 더 커지는(차가는) (waxing).

cress [kres] *n.* ⓤ 겨자과의 야채, 《특히》 다닥냉이 (garden cress) 《샐러드용》. the ~garden ~논냉이.

Cres·si·da [krésidə] *n.* 【中世傳說】 크레시다《애인인 Troilus를 배반한 Troy의 여인》.

:crest [krest] *n.* ⓒ (1) 볏(comb) : 도가머리(tuft of hair), 관모(冠毛). (2) (투구의) 깃장식, 장식털: (투구의) 앞꽂이 장식 (3) a〕 【紋章】 꼭대기 장식. b〕 (봉인 (封印) · 접시 · 편지지의) 문장(紋章). (4) 【建】 마룻대 장식. (5)(산)꼭대기: (파도의) 물마루; 최상, 극치, 최고조, 클라이맥스

crest·ed [ˊ-id] *a.* 관모(冠毛) 〈볏, 마룻대 장식 따위〉가 있는.

crest·fall·en [ˊ-fɔ̀ːlən] *a.* 풀이 죽은 ; 맥빠진 ; 기운이 없는(dejected): The cricket player strode confidently out on to the pitch, but returned ~ a few minutes later, with a score of only one. 그 크리켓 선수는 자신 만만하게 피치로 걸어 나갔으나, 몇 분 후에 겨우 1점을 늑점하고 풀이 죽어 돌아갔다.

cre·ta·ceous [kritéiʃəs] *a.* (1) 백악(白堊)(질)의 (chalky). (2) (C-)【地質】 백악기(紀)의. — *n.* (the C-) 백악기〈계(系)〉

cre·tin [kríːtn/ krétin] *n.* ⓒ (1)크레틴병 환자. (2) 《口》 바보: 백치.

cre·tin·ism [-ìzəm] *n.* ⓤ 크레틴병《알프스 산지 등의 풍토병: 갑상선 호르몬의 결핍에 의한 것으로 소인증과 정신박약을 특징으로 함》.

cre·tin·ous [kríːtnəs/ krétin-] *a.* (1) 크레틴병의〈에 걸린〉 (2) 바보 같은, 백치의(같은).

cre·tonne [kritán, kríːtan/ kretɔ́n, krétɔn] *n.* 《F.》 크레톤사라사《커튼 · 의자 커버 휘장용 》.

cre·vasse [krivǽs] *n.* ⓒ 《F.》 (1)갈라진 틈, (빙하의) 균열 크레바스 : He fell down a ~. 그는 크레바스 아래로 떨어졌다. (2) 《美》 (둑의) 터진 〈파손된〉 곳(틈).

***crev·ice** [krévis] *n.* ⓒ (벽 · 바위 등의) 갈라진 틈새, 균열, 터진 곳 : a huge boulder with rare ferns growing in every ~ 갈라진 틈새마다 희귀한 양치류가 자라고 있는 거대한 표석 (漂石).

***crew**[1] [kruː] *n.* ⓒ〔集合的 : 單 · 複 취급〕 (1) (배 · 열차 · 비행기의) 탑승원, 승무원: (흔히 고급 선원을 제외한) 선원 : The whole ~ was 〈All the ~ were〉 saved. 승무원은 모두 구조되었다. (2) 《口》 동료, 패거리 ; (set, gang)(노동자의) 일단: a noisy, disreputable ~ 시끄럽게 떠드는 패거리.

crew·el·work [-wə̀ːrk] *n.* ⓤ 털실 자수.

crew·man [krúːmən] (*pl.* **-men** [-mən]) *n.* ⓒ (배 · 비행기 · 우주선 등의) 탑승〈승무〉원.

crib** [krib] *n.* ⓒ (1) a〕 구유, 여물통, 마구간, 외양간. b〕 구유 속의 아기 예수상(像) (crèche). (2) 《美》 (소아용) 테두리 난간이 있는 침대, 어린이 침대 (《英》 cot). (3) a〕《美》 (곡식 · 소금 따위의) 저장통, 저장소, 곳간, 헛간. b〕 조그마한 집〈방〉. (4) 《口》(남의 글 · 학설 따위의) 도용, 표절(plagiarism). (5) 《口》 커닝 페이퍼. (6) a〕 (the ~) 선(先)이 가지는 패. b〕《口》 =CRIBBAGE. — (-bb-***) *vt.*

crick [krik] *n.* ⓒ (흔히 *sing.*) (목 · 등 따위의) 근육〈관절〉 경련, 급성 경직, 쥐〈*in*〉 : get〈have〉 a ~ *in* one's neck 목 근육에 경련을 일으키다.

— *vt.* …에 경련을 일으키다, 삐다. ~에 쥐가나다.

:crick·et[1] [kríkit] *n.* ⓒ 【蟲】 귀뚜라미. (***as***) ***chirpy*** 〈***lively, merry***〉 ***as a ~*** 《口》 아주 쾌활〈명랑〉하게.

:crick·et[2] *n.* ⓤ (1) 크리켓《영국에서 하는 구기의 하나》: ~ bag 크리켓 백《크리켓 용구를 넣음》/ ~ bat.크리켓 배트. (2) 《口》 공정한 시합(태도), 정정당당한 태도(fair play). ***not*** (***quite***) ~ 《口》 공정을 결한, 비열한. play ~크라켓을 하다 정정당당하게 행동하다. — *vi.* 크리켓을 하다. 파) **~·er** [-ər] *n.* ⓒ 크리켓 경기자.

cri·er [kráiər] *n.* ⓒ (1) 외치는〈우는〉 사람: 잘 우는 아이, 울보. (2) (법정의) 경위(警衛). (3) 큰 소리로 포고(布告)를 알리고 다니던 고을의 관원 (town ~). (4) 외치며 파는 장사꾼(도붓장수). cry *v.*

:crime [kraim] *n* (1) a〕 ⓒ (법률상의) 죄, 범죄(행위): a ~ against the State 국사범 / a capital ~ 사형에 해당하는 중죄. b〕 ⓤ〔集合的〕 범죄: organized ~ 조직 범죄/ the prevention of ~ 범죄 방지. 【cf】 sin. (2) ⓒ 죄악, 반도덕적 행위

Criméan Wár (the ~) 【史】 크림 전쟁 《러시아 대(對)영 · 프 · 오스트리아 · 터키 · 프로이센 · 사르디니아 연합국의 전쟁 ; 1853-56》.

:crim·i·nal [krímənl] (***more ~ ; most ~***) *a.* (1) 범죄의 ; 죄있는 ; 죄되는 : a ~ act 범죄 행위/ have a ~ record 전과가 있다. (2) 형사상의《civil에 대해》 〖opp〗 civil : a ~ case 〈action〉 형사 사건〈소송〉/ a ~ court 형사 법원/ a ~ offense 형사범. (3) 《口》〔敍述的: 주로 it's ~ to do로〕 어리석은: 괘씸한, 한심스러운

crim·i·nal·ize [krímənəlàiz] *vt.* …을 법률로 금지하다: (사람 · 행위)를 유죄로 하다.

crim·i·nate [krímənèit] *vt.* (1) …에게 죄를 지우다: …을 고발〈고소〉하다, 유죄의 증언을 하다 : ~ oneself 스스로 죄가 있다고 밝히다. (2) …을 비난하다.

crim·i·na·tion [krìmənéiʃən] *n.* ⓤⓒ (1) 고발,

고소. (2) 비난, 기소.

crim·i·nol·o·gy [krìmənálədʒi / -nɔ́l-] *n.* ⓤ 범죄학, 《널리》 형사학. 파) **-gist** *n.* 범죄학자

crimp [krimp] *vt.* (1) a] (머리)를 곱슬곱슬하게 하다, 지지다. b] (천 따위)에 주름을 잡다. c] (철판·판지)에 물결무늬를 넣다. d] (어육)에 칼집을 내어 수축시키다. (2) 《美口》 …을 가로막다, 방해하다.

crim·ple [krímpl] *vt.* …에 주름을 잡다 ; …을 오글오글하게 하다. — *vi.* 주름지다, 오글오글해지다. — *n.* 주름살 · 주름 · 구김살.

Crimp·lene [krímpli:n] *n.* ⓤ 크림플린《주름이 잘 지지 않는 합성 섬유; 商標名》.

crimpy [krímpi] (***crimp·i·er ; -i·est***) *a.* 곱슬곱슬한 ; 물결 모양의 : ~ hair 곱슬머리, (오그라진만큼) 추운 ~weather 추운(쌀쌀한) 날씨.

:crim·son [krímzən] *n.* ⓤ 진홍색: The western sky glowed (with) ~. 서쪽하늘은 빨갛게 불타고 있었다. — *a.* 진홍색의, 연지색의(deep red).

cringe [krindʒ] *vi.* (1) 굽신 거리다, 움츠리다 《*at*》: ~ *at* the sight a snake 뱀을 보고 움츠리다 / ~ *away* 〈*back*〉 (from ...) (…에서) 무서워 물러나다, 꽁무니빼다. (2) 굽실거리다. 아첨하다

crin·kle [kríŋkl] *n.* ⓒ (1) 주름, 물결모양, 굴곡. (2) (종이 따위가) 버스럭거리는 소리. — *vt.*, *vi.*

crin·kly [kríŋkli] (***more ~, crin·kli·er ; most ~, -kli·est***) *a.* (1) 주름(살)이 진, 주름 투성이의; 오글오글〈곱슬곱슬〉한; 물결 모양의 : ~ plastic packing material 오글오글한 플라스틱 포장재. (2) 버스럭거리는. 파) **crín·kli·ness** *n.*

crin·o·line [krínəli:n] *n.* (1) ⓤ 크리놀린, (옛날 스커트를 부풀게 하기 위하여 쓰던 말총으로 짠 딱딱한 천) 실감. (2) ⓒ 그것으로 만든 페티코트 ; 버팀테를 넣은 페티코트〈스커트〉.

:crip·ple [krípl] *n.* ⓒ 불구자, 지체 장애자, 다리병신, 절뚝발이. — *vt.* (1) …을 불구〈절름발이〉가 되게 하다 《※ 종종 과거분사로서 형용사적으로 쓰임; ⇨ crippled(1)》 : The injury ~*d* him for life. 그 상처로 일생 그는 불구가 되었다. (2) …을 무력하게 하다, 불능〈무능〉케 하다. — a. 불구의 절름거리는

crip·pling [kríplıŋ] *a.* (기능을 상실할 정도의) 큰 손해를〈타격을〉주는 : a ~ blow 재기 불능케할 정도의 강타

:cri·sis [kráisis] (*pl.* ***-ses*** [-si:z]) *n.* ⓒ (1)위기, 결정적 단계 (정치상 · 재정상 따위의) 중대 국면, 난국 : a financial ~ 금융〈재정〉 위기 / come to 〈reach〉 a ~ 위기에 이르다/ bring to a ~ 위기로 몰아 넣다 / face a ~ 난국을 맞다. (2) (운명의) 갈림길 ; (병의) 위기, 고비;come to (reach) a~ 위기에 달하다. critical *a.*

:crisp [krisp] (***ˊ~ ·er ; ˊ~· est***) *a.* (1) a] 파삭파삭한, 아삭아삭하는, 딱딱하고 부서지기 쉬운 : ~ crackers 파삭파삭한 크래커. b] (야채 · 과일 등이) 신선한: a ~ leaf of lettuce 신선한 양상추 잎. (2) (종이 따위) 빠각빠각 소리나는 ; (지폐 따위) 빳빳한: ~ bills 빳빳한 지폐. (3) 힘찬《동작 · 문체 따위》; (말씨가 또렷하고 시원시원한 : walk at a ~ pace 힘찬 걸음으로 걷다.

criss·cross [krískrɔ̀:s/ -krɔ̀s] *n.* ⓒ (1) 열십자(十)《글씨 못 쓰는 사람의 서명 대신》 ; 십자 모양. (2) 십자형(교차). — *a.* 〔限定的〕 열십자 모양의 ; 교차된 : a ~ pattern 십자 무늬. — *ad.* (1) 열십자로 ; 교차하여. (2) 어긋나게 : go ~ (일이) 잘 안되다, 어긋나다.

cri·te·ri·on** [kraitíəriən] (*pl.* ***-ria [-riə], ***~s***) *n.* ⓒ (비판 · 판단의) 표준, 기준

:crit·ic [krítik] *n.* ⓒ (1) 비평가, 평론가, (고문서 등의) 감정가 : an art ~ 미술 평론가 / a Biblical ~ 성서(聖書) 비평학자. (2) 혹평가, 흠잡는 〈탈잡는〉 사람(faultfinder)

:crit·i·cal [krítikəl] (***more ~ ; most ~***) *a.* (1) 비평의, 평론의; 비판적인: a ~ writer 평론가/ a ~ essay 평론. (2) 비판력 있는, 감식력 있는 ; 엄밀한 ; 정밀한 : a ~ reader 비평력이 있는 독자. (3) 꼬치꼬치 캐기 좋아하는, 흠잡기를 좋아하는, 혹평적인 : a ~ disposition 남의 흠잡기를 좋아하는 성질

***crit·i·cal·ly** [krítikəli] *ad.* (1) 비평〈비판〉적으로; 혹평하여. (2) 정밀하게: abserve ~ 정밀하게 관찰하다. (3) 위급하게, 위태롭게, 위독 상태로; 아슬아슬하게 : She's ~ill. 그녀는 위독하다.

crítical máss 【物】 (1) 임계(臨界) 질량. (2) 바람직한 결과를 얻기 위한 충분한 양.

crit·i·cism [krítisìzəm] *n.* (1) ⓒⓤ 비판, 비난, 흠잡기 / be above 〈beyond〉 ~ 나무랄 데가 없다, 비판〈비난〉의 여지가 없다. (2) ⓤ 비평, 평론 : literary ~ 문학 평론. (3) ⓒ 비평문〈서〉. ▫ critical *a.*

:crit·i·cize, 《英》 **-cise** [krítisàiz] *vt.*, *vi* (1) (…을) 비평하다, 비판〈평론〉하다 : ~ a novel favorably 소설을 호의적으로 비평하다. (2) (…의) 흠을 찾다 ; (…을) 비난하다 : The police were ~*d for* failing to capture the criminal. 경찰은 범인 체포에 실패했다고 비난을 받았다. ▫ critic *n.*

cri·tique [kríti:k] *n.* ⓒⓤ (문예 작품 따위의) 비평, 비판; 평론, 비판문; 비평법.

***croak** [krouk] *n.* (1) ⓒ 깍깍(개골개골) 우는 소리 《까마귀 개구리 등이》. (2) (a ~) 쉰 목소리.
—*vi.* (1) (까마귀, 개구리 등이) 개골개골 〈깍깍〉 울다: A frog was ~ing in the distance. 개구리가 먼데서 개골개골 울고 있었다. (2) 목쉰 소리를 내다. (3) 불길한 예언을 하다. (4) 《俗》 뻗다, 죽다 (die). — *vt.*

cro·chet [krouʃéi/ ˊ–, -ʃi] *n.* ⓤ 코바늘 뜨개질 : a ~ hook 〈needle〉 코바늘. —(*p.*, *pp.* ***~ed*** [-d]) *vt.*, *vi.* (…을) 코바늘(로) 뜨개질하다.

crock[1] [krɑk/ krɔk] *n.* ⓒ (1) 오지그릇, 항아리 : a ~ of butter.버터 한 단지. (2) (화분(花盆)의 밑 구멍을 막는) 사금파리.

crock[2] *n.* ⓒ (1) 폐마(廢馬), 늙어빠진 말. (2) 노약자, 병약자. (3) 고물차, 털털이 차. — *vt.*, *vi.* 《口》 폐인이 되(게 하)다, 쓸모없게 하다〈되다〉, 결딴나다〈내다〉《*up*》. ***~ of shit*** 《美俗》 엉터리, 난센스. 파) ***~ed*** [-t] *a.* (1) 《俗》 술취한. (2) 《英》 부상한.

crock·ery [krɑ́kəri/ krɔ́k-] *n.* ⓤ 〔集合的〕 도자기, 토기, 오지그릇.

***croc·o·dile** [krɑ́kədàil/ krɔ́k-] *n.* (1) ⓒ (아프리카 · 아시아산) 악어. 【cf】 alligator. (2) ⓤ 악어 가죽. (3) ⓒ 《英口》 (두 줄로 걸어가는) 학생 행렬 ; (자동차 따위의) 긴 행렬.

crócodile tèars 거짓 눈물: shed 〈weep〉 ~ 거짓 눈물을 흘리다.

croc·o·dil·i·an [krɑ̀kədíliən/ krɔ̀k-] *a.* (1) 악어의 〈같은〉. (2) 위선적인, 불성실한. — *n.* ⓒ 악어류.

cro·cus** [króukəs] (*pl.* ***~ ·es, -ci [-sai, -kai]) *n.* ⓒ 【植】 크로커스《사프란속(屬)》

croft [krɔ:ft/ krɔft] *n.* ⓒ (1) 《英》 《주택에 인접한》 작은 농장. (2) (특히, crofter의) 소작지.

croft·er [ˊ–ər] *n.* ⓒ 《英》 (스코틀랜드 고지(高地)

등의) 소작인.

crois·sant [krəsɑ́ːnt] *n.* ⓒ《F.》크루아상《초승달 모양의 롤빵》: the traditional French breakfast of coffee and ~*s* 커피와 크루아상의 전통적 프랑스 아침 식사.

crone [kroun] *n.* ⓒ 쭈그렁 할멈, 늙은 암양.

Cro·nos, Cro·nus [króunəs] *n.* 【그神】 크로노스《제우스의 아버지, 제우스 이전에 우주를 지배한 거인 ; 로마 신화의 Saturn》.

cro·ny [króuni] *n* ⓒ 친구, 옛벗(chum). 파) ~-**ìsm** *n.* ⓒ 편파, 편애, (정치상의) 연줄, 연고.

***crook** [kruk] *n.* ⓒ (1) 굽은 것〈물건〉 ; 구부러진 ; 갈고리 ; (불 위에 냄비를 거는) 만능 갈고리; (양치는 목동의) 손잡이가 구부러진 지팡이 : a shepherd's ~. (2) (길·강 따위의) 굴곡(부), 만곡: a ~ in a stream 개울의 만곡(부)/ in the ~ of one's arm 구부린 팔꿈치의 안쪽에/ a~in one's lot 불행, 역경. (3)《口》악한, 도둑, 사기꾼: He is a real ~ . 그는 진짜 사기꾼이다. (2)《~ +目/+目+前+名》…을 사취하다 ;《美俗》훔치다 (steal) : ~ a thing *from* a person ~로부터 물건을 사취하다. — *vi.*

crook·back [∸bæ̀k] *n.* ⓒ 곱추(hunchback). 파) **~ed** [-t] a. 꼽추의〈인〉.

⁑crook·ed [krúkid] *a.* (1) **a**] 꼬부라진, 구부러진, 굴곡된, 비뚤어진 : a ~ road 굽은 길. **b**] 늙어 허리가 꼬부라진 : a man with a ~ back 등이 굽은 남자. **c**] 기형(奇型)의. (2) **부정직한**, 마음이 비뚤어진 ; 부정 수단으로 얻은 : a ~ business deal 부정한 상거래. 파) **~ ·ly** [-idli] *ad.* 구부러져서 ; 부정(不正)하게. **~ ·ness** *n.* 굽음; 부정.

croon [kruːn] *vt., vi.* (…을) 작은 소리로 노래하다〈중얼대다〉, 입속 노래를 부르다 ; 작은 소리로 노래하여 …하게 하다《*to*》: ~ a lullaby 작은 소리로 자장가를 부르다

⁑crop [krɑp/ krɔp] *n.* (1) ⓒ **a**] **수확**(고): 생산하고 : a wheat ~ 밀수확/ an average ~ 평년작 / an abundant 〈a poor〉 ~ 풍〈흉〉작. **b**] **농작물**, 《특히》 곡물 : harvest〔gather in〕a ~ 작물을 수확하다/ a rice ~ 미작. (2) (the ~*s*) 한 지방 〈한 계절〉의 전 농작물〈총 수확고〉. ※ 아주 통속적인 말이므로 harvest 처럼 '결과·응보'등의 비유적인 뜻으로 쓰이는 일은 없음. (3) (a ~) (일시에 모이는 물건·사람 등의) 한 떼, 다수: 속출: *a* ~ of questions 질문의 속출. — (**-pp-**) *vt.* (1) (나무·가지 따위)의 우듬지를〈끝을〉잘라내다, 베어내다, …의 털을 깎다 (2)(물건)의 끝〈일부분〉을 베어내다: ~ a photograph 사진의 가장자리를 잘라내다. (3)《~+目/+目+補》…을 짧게 베다〈자르다〉. (짐승이 풀 끝)을 뜯어먹다 (4) (귀)의 끝을 자르다《표시·본보기로》. (5) …을 수확하다, 거두어들이다(reap).

crop-dust·ing [∸dʌ̀stiŋ] *n.* ⓤ농약의 공중살포, 농작물 소득.

crop·per [krɑ́pər/ krɔ́p-] *n.* ⓒ (1) **a**] 농작물을 심는 사람. **b**] 작물을 베는 〈수확하는〉 사람; 베는 기계. (2)《業》(반타작의) 소작인 (sharecropper). (3) 수확이 있는 작물: a good 〈bad〉 ~ 잘 되는〈되지 않는〉 농작물. ***come* 〈*fall, get*〉 *a* ~**《口》

cro·quet [kroukéi/ ∸-, -ki] *n.* ⓤ 크로케《잔디 위에서 목구(木球)를 나무 망치로 쳐서, 작은 아치형(形)의 철문을 차례로 통과시키는 놀이》. —*vi*·*vi* (상대편 공을 다른 방향으로) 제치다.

cro·sier, -zier [króuʒər] *n.* ⓒ 【가톨릭】 목장(牧杖), 주교장(主敎杖).

⁑cross [krɔːs/ krɔs] *n.* (1) ⓒ **십자형**, 열십자 기호: St. George's ~ 흰 바탕에 빨간 색의 정(正) 십자형《잉글랜드의 기장(旗章)》. (2) **a**] ⓒ **십자가**, 책형대. **b**] (the C-) (예수가 처형된) 십자가: *the* holy *Cross* 성십자가. **c**] ⓤⓒ 예수의 수난(도), 속죄 ; 기독교(국) (3) ⓒ (흔히 *sing.*) 수난, 고난 ; 시련: bear one's ~ ⇨ (成句) / No ~, no crown.《俗談》고난 없이는 영광도 없다. (4) ⓒ 십자형의 것 ; 열십자 장식; 십자 훈장; (대주교의) 십자장(杖) ; (시장·묘비 따위를 표시하는) 십자표 ; 십자로(路), 교차점(부근) : a boundary 〈market〉 ~ 경계를〈시장을〉 표시하는 십자표. (5) ⓒ **a**] ×표《무식 쟁이의 서명 대용》. **b**] (맹세·축복할 때 공중 또는 이마·가슴 위에 긋는) 십자 : make the sign of the ~ 십자를 긋다. **c**] 키스《편지에서 ××로 씀》; 가로 획《t 자 등의》, (수표의) 횡선. (6) ⓒ **잡종** : 이종(異種) 교배; 혼혈, 튀기(hybrid) : a ~ *between* a Malay and a Chinese 말레이인과 중국인과의 혼혈아. (7) ⓒ 중간물, 절충《*between*》. — *vt.* (1) …을 **교차시키다** ; (손·발 따위)를 엇걸다 : with one's legs ~*ed* 다리를 꼬고. (2) …와 교차하다; 서로 엇갈리다 : ~ each other on the road 노상에서 서로 엇갈리다. (3) …을 **가로지르다** ; (강·바다·다리 따위)를 건너다 ; (문턱·경계선 따위)를 넘다: ~ a road 〈river〉 길〈강〉을 건너다 / ~ a border 국경을 넘다. (4)《~+目/+目+副》…에 횡선을 긋다. (수표)를 횡선으로 하다 ; (선을 그어) …을 지우다, 말살하다 ***《out ; off》*** : ~ a check 수표에 횡선을 긋다 / ~ names *off* a list 명부에서 이름을 지우다. (5)《~+目/+目+前+名》…을 방해하다 ; …에 반대하다 : be ~*ed in* one's plans ~의 계획이 방해당하다. (6) …에 십자를 긋다 : 열십자를 쓰다 : ~ one's heart 가슴에 십자를 긋다. (7) (동식물)을 교잡하다《*with*》; 잡종 조성〈형성〉하다, 잡종으로 하다 : ~ a tiger and 〈*with*〉 a lion 호랑이와 사자를 교잡하다. (8) 【海】 (활대)를 돛대에 대다. (9)《俗》(안장 따위)에 걸터앉다 : ~ a horse 말에 올라앉다. (10)《俗》…을 배신하다, 속이다.
— *prep.* = ACROSS. 파) **∸ ·ness** *n.* 언짢음.

cross·beam [∸bìːm] *n.* ⓒ 【建】 대들보.(girder)

cross·bench [∸bèntʃ] *n.* ⓒ (흔히 *pl.*) 무소속, 〈중립〉 의원석. — *a.* 중립의, 치우치지 않은 have the ~mind 한당 한패에 치우치지 않은.

cross·bill [∸bìl] *n.* ⓒ 【鳥】 잣새《부리가 교차함》.

cross·bones [∸bòunz] *n. pl.* 2개의 대퇴골(大腿骨)을 교차시킨 그림《죽음·위험의 상징》. ***skull and* ~** ⇨ SKULL AND CROSSBONES.

cross·bow [∸bòu] *n.* ⓒ (중세의) 격발식 활.

cross·bred [∸brèd] *n.* ⓒ, *a.* 잡종(의).

cross·breed [∸brìːd] *n.* ⓒ 잡종(hybrid).
— (*p., pp.* **-brèd**) *vt., vi* 교잡하다, 잡종을 만들다. 교잡 육종(交雜育種)하다 : ~ sheep 양을 이종(異種) 교배시키다.

***cross-coun·try** [∸kʌ́ntri] *a.* (도로가 아닌) 늘을 횡단하는; 전국적인: a ~ race 크로스컨트리 경주.
— *ad.* 들판을〈나라를〉 지나. — *n.* ⓤⓒ 크로스컨트리 경주.

cross-cul·tur·al [∸kʌ́ltʃərəl] *a.* 문화 상호간의, 이(異) 문화간의, 비교 문화의.

cross·cur·rent [∸kə̀ːrənt, ∸kʌ̀rənt] *n.* ⓒ(1) 본류와 교차하는 물줄기, 역류. (2) (흔히 pl.) 반주류적((反圭流的) 경향, 상반되는 경향《*of*》: the ~*s of* public pinion 여론의 상반되는 경향.

cross·cut [∸kʌ̀t] *a.* (1) 〔限定的〕 가로 켜는 : a

~ saw 동가리톱. (2) 가로로 자른. — *n.* ⓒ 샛길, 지름길. — (*p., pp.* ***-cut ; -cut·ing***) *vt.* …을 가로지르다.
cross-dress[ˊdrés] *vi.* 이성(異性)의 옷을 입다.
crossed [krɔːst/krɔst] *a.* (1) 열십자로 된, 교차된. (2)(수표가) 횡선을 그은 ; (열십자 따위를 그어) 지운 : a ~ check 횡선수표.
cross-ex·am·i·na·tuon [ˊgzæ̀mənéiʃən] *n.* ⓤⓒ (1) 힐문, 추궁. (2) 【法】 반대 신문.
cross-ex·am·ine [ˊigzǽmin] *vt.* (1) 【法】 …에게 반대 신문하다 : The accussed's lawyers will get a chance to ~ him. 피고측 변호인은 그에게 반대 신문할 기회를 갖을 것이다. (2) …을 힐문하다, 추궁하다.
cross-eye [ˊài] *n.* ⓤ 내사시(內斜視).
cross-fer·ti·li·za·tion [ˊfəːrtəlizéiʃən] *n.* ⓤ (1) 【動】 타가 수정. (2) (이질 문화의) 교류.
cross-fer·ti·lize [ˊfə́ːrgəlàiz] *vt., vi.* (1) 【生】 타가(他家) 수정시키다〈하다〉. (2) (이질 문화를〈가〉) 상호 교류시키다〈하다〉.
cróss fìre (1) 【軍】 십자 포화. (2) (질문 따위의) 일제 공격 : be caught in a ~ of questions 질문 공세를 받다. (3) 둘 사이에 끼어 꼼짝 못함
cross-grained [ˊgréind] *a.* (1)(목재가) 나뭇결이 불규칙한. (2) (사람이) 비뚤어진, 빙퉁그러진, 꾀까다로운.
cross-hatch [ˊhæ̀tʃ] *vt., vi.* (도판(圖版) 등에) 그물눈의 음영(陰影)을 넣다. 【cf.】 hatch[3].
cross·head [ˊhèd] *n.* ⓒ (1) 【新聞】 중간 표제 《긴 기사의 매듭을 구분키 위해 세로 난의 중간에 둠》. (2) 【機】 크로스헤드《피스톤의 꼭지》.
:cross·ing [krɔ́ːsiŋ/krɔ́s-] *n.* (1) ⓒ 교차점, 건널목, 십자로 ; 횡단 보도 : a pedestrian ~ 횡단 보도 / a railroad ~ (철도의) 건널목 / a ~ gate 건널목 차단기. (2) ⓤⓒ 횡단, 도항(渡航) : the Channel ~ 영국 해셥 횡단 / the night ~ 밤의 도항(편)
***cross·ly** [krɔ́ːsli/krɔ́s-] *ad.* (1) 가로, 옆으로 ; 비스듬히. (2) 거꾸로, 반대로. (3) 심술궂게 ; 비뚤어져, 지르퉁하여.
cross·o·ver [ˊòuvər] *n.* (1) ⓒ (입체) 교차로 ; 육교 . (2) ⓒ 《英》 【鐵】 전철(電鐵) 선로《상행선과 하행선을 연락하는》. (3) (the ~) 【樂】 크로스오버《재즈와 다른 음악과의 혼합 ; 그 음악이나 연주자》.
cross·patch [ˊpæ̀tʃ] *n.* ⓒ 《口》 꾀까다로운 사람 ; 토라지기 잘하는 여자〈어린이〉.
cross·piece [ˊpìːs] *n.* 가로장, 가로대(나무).
cross-pol·li·nate [ˊpáləneit/ ˊpɔ́l-] *vt.* 【生】 타화(他花) 〈이화(異花)〉 수분(受粉)시키다.
cross-pur·pose [ˊpə́ːrpəs] *n.* ⓒ 상반되는 목적, 엇갈린 의향 (pl)동문서답식 문답놀이,
cross-ques·tion [ˊkwéstʃən] *n.* ⓒ 반대 신문; 힐문. — *vt.* …을 반대 신문하다, 힐문하다.
cross-re·fer [ˊrifə́ːr] (***-rr-***)*vt., vi.* 앞뒤를 참조하다〈시키다〉.
***cross·road** [ˊròud] *n.* (1) (흔히 pl.) 〔單·複數 취급〕 a〕 십자로, 네거리: traffic accidents at a ~*s* 네거리에서의 교통사고. b〕 기로: stand〈be〉 at the ~*s* 기로에(갈림길) 서다. (2) ⓒ 교차 도로; 갈림〈골목〉길《간선 도로와 교차되는》.
cróss sèction (1) 횡단(면) ; 단면도. (2) (사회의) 단면, 대표적인 면, 축도《*of*》 : a ~ *of* American city life 미국 도시 생활의 한 단면.
cróss tàlk (1) 【通信】 혼선, 혼신. (2) 《英》 임기응변의 문답(대화, 응답).
cross·town [ˊtàun] *a.* 도시를 가로지르는 : a ~ road 〈bus〉 시내 횡단 도로 〈버스〉. — *ad.* 《美》 도시를 가로질러.
cross wind [ˊwìnd] *n.* ⓒ 【空】 옆바람: ~ landing 〈takeoff〉 옆바람 착륙〈이륙〉.
***cross·wise** [ˊwàiz] *ad.* (1) 옆으로, 십자형으로, 엇갈리게, 비스듬히: sit ~ in a chair 의자에 비스듬히〈옆을 향해〉 앉다. (2) 거꾸로, 거슬러, 심술궂게.
crotch [kratʃ/ krɔtʃ] *n.* ⓒ (1) (인체의) 샅. (2) (나무의) 아귀(fork). (3) (바지·팬츠 등의) 사타구니 부분〈천〉.
crotch·et [krátʃit/ krɔ́tʃ-] *n.* ⓒ (1) 별난〈묘한〉 생각; 변덕. (2) 《英》 【樂】 4분 음표(《美》 quarter note).
crotch·ety [krátʃiti/ krɔ́tʃ-] (***-et·i·er; -etiest***) *a.* (1) 별난 생각을 갖고 있는, 변덕스러운, 괴벽스러운, . (2) (노인이) 꽤 까다로운, 푸념이 많은, 외고집.
⁑crouch [krautʃ] *vi.* (1) 쭈그리다, 몸을 구부리다 ; 웅크리다《*down*》 : ~ *down* to talk to a child 아이에게 말을 걸려고 몸을 구부리다. 【cf】 cower, squat. (2) 《+前+名》 굽실거리다《*to*》 : He ~*ed to* his master. 그는 주인에게 굽실거렸다. — *n.* (a ~) 쭈그림; 웅크림; 쭈그린 자세
croup[1] [kruːp] *n.* ⓤ (종종the ~) 【醫】 크루프, 위막성 후두염 (僞膜性喉頭炎).
croup[2] [kruːp] *n.* ⓒ (말의) 엉덩이.
crou·pi·er [krúːpiər] *n.* ⓒ (노름판의) 도박대 책임자《판돈을 긁어모으고 지급하고 하는 일을 맡음》.
Crow [krou] (*pl.* ~(***s***)) *n.* (1) **a**〕 (the ~(s))크로족《아메리카 원주민의 한 종족; Montana 주에 삶》. **b**〕 ⓒ 크로족 사람. (2) ⓤ 크로 말.
⁑crow[1] [krou] *n.* ⓒ 【鳥】 까마귀《raven[1], rook[1], jackdaw, chough, carrion crow 따위의 총칭》. ※ 울음 소리는 caw 또는 croak. ***as the ~ flies = in a ~ line*** 일직선으로, 직선 거리로 ***eat*** (***boiled***) ***~*** 《美》 1) (마지못해) 하기 싫은 일을 하다〈말하다〉. 2) 굴욕을 참다. 과오를〈잘못을〉 인정하다. ***Stone*** 〈***Starve, Stiffen***〉 ***the ~s !*** 《英口》 어렵쇼《놀람·불신·혐오의 표현》.
crow[2]** (crowed,*** 《古》 ***crew*** [kruː]; ***crowed***) *vi.* (1) (수탉이) 울다, 때를 알리다: The cock ~*ed.* 수탉이 홰를 치면서 울었다. (2) (아기가) 까르륵 웃다 ; 기뻐하며 소리치다. (3) 《~/+前+名》 의기양양해지다. 환성을〈개가를〉 올리다 《*over*》 ; 자랑〈자만〉하다 (boast) 《*about*》 : ~ *over* one's victory 자기의 승리를 크게 기뻐하다/ ~ *about* one's success 성공을 자만하다.
⁑crowd [kraud] *n.* (1) ⓒ 〔集合的 ; 單·複數취급〕 군중; (사람의) 혼잡, 북적임《※ 많은 사람을 강조하기 위하여 복수로 쓰는 경우도 있음》 : large ~*s* in the streets 도로상의 많은 군중들 / a holiday ~ 휴일의 사람들의 북적임. (2) (the ~)민중, 대중(3) 〔a (whole) ~ of … 또는 ~*s of*로 ; 複數 취급〕 다수, 많은 수 (4) ⓒ 《口》 패거리, 한 동아리: a good〈the wrong〉 ~ 좋은 〈나쁜〉 동아리 / the college ~ 대학생 패거리. ***follow*** 〈***go with***〉 ***the ~*** 대중에 따르다. 여럿이 하는 대로 하다, 부하뇌동하다. ***pass in a ~*** 그만그만한 정도다, 특히 이렇다 할 흠은 없다. — *vt.* (1) (방·탈것 등) 에 빽빽이 들어차다, 밀어닥치다, 몰려 들다, 군집하다(2) …을 밀치락 달치락하다 《*together*》. (3) 《+目+前+名》 …을 꽉꽉 채우다, 쑤

셔 넣다《into》: ~ books *into* a box= ~ a box *with* books 책을 상자 속에 채워 넣다. (4)《+目+前+名》《美口》…에게 강요하다(compel) ; (귀찮게) 요구〈재촉〉하다 — *vi.*《+前+名》(1) 떼지어 모이다, 붐비다《*around* ; *round*》: They ~*ed around* the singer. 그들은 가수 주위에 몰려들었다. (2) 밀어닥치다. 밀치락달치락하며 들어가다 **~ on** 〈**upon, in upon**〉 (생각이) 자꾸 떠오르다 ; …에 쇄도하다. **~ out** 〔흔히 受動으로〕 (장소가 좁아서) 밀쳐내다, 밀어젖히다; 내쫓다

:crowd·ed [kráudid] (**more ~ ; most ~**) *a.* (1) 〔空間的〕 붐비는, 혼잡한, 꽉 찬; 만원의 : a ~ bus 만원 버스 / The room was ~ with furniture. 방에는 가구가 꽉 들어차 있었다. (2)〔時間的〕 (일 따위로) 꽉 짜인: a ~ schedule 바쁜 일정. 파) **~·ness** *n.*

crówd pùller 《口》 많은 관객을 끌어들이는 사람〈것〉, 인기인〈물〉.

crow·foot [króufùt] (*pl.* **-feet** [-fì:t]) *n.* ⓒ (1)(*pl.* 흔히 **~s**) 【植】 미나리아재비 (buttercup) 따위의 속칭. (2) 【海】 (천막 따위의) 달아매는 밧줄. (3) (흔히 *pl.*) 눈초리의 주름(crow's-feet).

:crown [kraun] *n.* (1) a] ⓒ 왕관, 면류관 : wear the ~ 왕관을 쓰다. b] (the ~ ; the C-) 제왕〈여왕〉의 신분, 왕위(王位) : 왕권; (군주국의) 주권, 국왕의 지배〈통치〉: succeed to *the* ~ 왕위를 잇다. (2) ⓒ (승리의) 화관, 영관 : 영광, 명예 (의 선물)(reward): a ~ of victory 승리의 화관 / the martyr's ~ 순교자가 지니는 영예. (3) ⓒ 왕관표 ; 왕관표가 붙은 것. (4) ⓒ 화폐의 이름《영국의 25펜스 경화, 구 5실링 은화》. (5) ⓒ 꼭대기 ; (모자의) 춤 ; (산의) 정상 ; 최고부, 중앙부; 정수리 ; 머리; 볏, 계관 : the ~ of a hill 산꼭대기. (6) (the ~) 절정, 극치: *the* ~ of Renaissance architecture 르네상스 건축의 극치. (7) ⓒ 【醫】 치관(齒冠), 금관(金冠). ***a ~ of thorns*** (예수가 쓴) 가시관. — *vt.* (1)《~+目/+目+補》…에게 왕관을 씌우다; …을 왕위에 앉히다 (2)《+目+前+名》…의 꼭대기에 얹다〈올려 놓다〉(3)《~+目/+目+前+名》…에게 영관(榮冠)을 주다 : (종국에 가서) 갚다, 보답하다 ; …의 최후를 장식하다, …을 마무르다, 성취하다 (4) (이에) 금관을 씌우다. (5)《口》(머리)를 때리다. ***to ~ (it) all*** 결국에 가서, 게다가, 그 위에 더

(-)crowned [kraund] *a.* (1) 왕관을 쓴, 왕위에 오른; 왕관 장식이 있는: the ~ heads 국왕과 여왕들. (2) 〔흔히 複合語로〕 (…이) 꼭대기 부분에 있는: (모자의) 운두가〈춤이〉 있는: snow- ~ mountains 정상에 눈을 이고 있는 산들/ a high-〈low-〉~ hat 춤이 높은〈낮은〉 모자.

crown·ing [kráuniŋ] *a.* 〔限定的〕 (1) 정상(頂上)을 이루는 : a ~ point 정점. (2) 최후를 장식하는, 최고의, 할 나위 없는/ the ~ moment of my life 내 생애 최고의 순간.

Crówn Òffice 【英法】 (the ~) (1) 고등법원의 형사부. (2) Chancery의 국새부(國璽部).

crow's-foot [króuzfùt] (*pl.* **-feet**) *n.* ⓒ (흔히 *pl.*) 눈꼬리의 주름.

crow's-nest [króuznèst] *n.* ⓒ 【海】 돛대 위의 망대.

***cru·cial** [krú:ʃəl] *a.* 결정적인, 중대한《*to* ; *for*》: a ~ moment 결정적 순간, 위기/ a ~ decision 최종 결정 / This is ~ *to*〈*for*〉 our future. 이것은 우리의 장래에 대단히 중요한 일이다. 파) **~·ly** [-i] *ad.* 결정적으로.

cru·ci·ble [krú:səbl] *n.* ⓒ (1) 【冶】 도가니. (2) 가혹한 시련 : be in the ~ of …의 모진 시련을 겪고 있다.

cru·ci·fer [krú:səfər] *n.* ⓒ (1) 【植】 평지과의 식물. (2) (행열의 앞에서) 십자가를 드는 사람.

cru·ci·fix [krú:səfìks] *n.* ⓒ (1) 십자가에 못박힌 예수상(像), 십자 고상(苦像). (2) 십자가.

cru·ci·fix·ion [krù:səfíkʃən] *n.* (1) ⓤ 십자가에 못박음. 책형. (2) a] (the C-) 십자가에 못박힌 예수. b] ⓒ 그 그림 또는 상(像). (3) ⓤ 괴로운 시련, 고난.

cru·ci·form [krú:səfɔ̀:rm] *a.* 십자형의, 십자가 모양의: a ~ church 십자형 교회당.

***cru·ci·fy** [krú:səfài] *vt.* (1) …을 십자가에 못박다, 책형에 처하다. (2) …을 몹시 괴롭히다 ; 박해하다 (3) …을 혹평하다.

crud [krʌd] *n.*《俗》(1) ⓒ 불쾌한 인물, 지겨운 놈. (2) ⓤ 굳어진 침전물, 부착물 (3) ⓒ 무가치〈무의미〉한 것.

:crude [kru:d] (**crúd·er ; crúd·est**) *a.* (1) 가공하지 않은, 천연 그대로의, 날것의, 생짜의: ~ oil 원유 / ~ material(s) 원료 / ~ rubber 생고무. (2) (생각 · 이론 등) 미숙한, 미완성의, 생경(生硬)한: ~ theories 미숙한 이론. (3) 조잡하게 만든, 거친, 투박한: a ~ computing device 조잡한 계산 장치. (4) 점잔치 못한, 조야(粗野)한, 버릇없는: a ~ person 〈manner, answer〉 거친〈막된〉 사람〈태도, 대답〉. (5) 노골적인(bare); 있는 그대로의 : ~ reality 있는 그대로의 현실. — *n.* ⓤ 원유(crude oil). 파) **~·ness** n.

crude·ly [krú:dli] *ad.* (1) 천연 그대로. (2) 천박하게; 노골적으로, 지독하게.

cru·di·ty [krú:dəti] *n.* (1) ⓤ 생짜임, 미숙 ; 생경(生硬) ; 조잡. (2) ⓒ 막된 말〈행위〉, 잔인한행위. (3) ⓒ (예술 따위의) 미숙한 것, 미완성품.

:cru·el [krú:əl] (**~·er ; ~·est ;**《英》**~·ler ; ~·lest**) *a.* (1) 잔혹〈잔인〉한 ; 무자비한 : a ~ person〈act〉 잔인한 사람〈행동〉 be ~to animals 동물을 학대하다. (2) 참혹한, 비참한 : a ~ sight 참혹한 광경 /(3)《口》 냉혹한, 무정한(merciless), 대단한, 지독한 (1) 참혹히, 박정하게, 냉혹하게. (2) 지독하게, 몹시.

:cru·el·ty [krú:əlti, krúəl-] *n.* (1) ⓤ 잔학〈잔인〉함, 무자비함; 끔찍함: treat a person with ~ 사람을 잔인하게 다루다. (2) ⓒ 잔인한 행위; 학대

cru·et [krú:ət] *n.* ⓒ (1) (식탁용) 양념병 ; 또, 양념병 스탠드(=**crúet stànd**). (2) 【가톨릭】 주수병(酒水甁)《미사용의 술과 물을 담는 병》.

***cruise** [kru:z] *vi.* (1) (배가) 순항하다. (2) (비행기 · 자동차가) 순항〈경제〉 속도로 비행하다〈달리다〉. (3) (택시 등이 손님을 찾아) 돌아다니다 : a ~ taxi 손님을 찾아 천천히 돌아다니는 택시. (4) a] (사람이) 이렇다 할 목적도 없이 돌아다니다, 주유(周遊)하다. b]《口》(이성을 구하며) 어슬렁거리다, 연애상대를 찾아다니다.

***cruis·er** [krú:zər] *n.* ⓒ (1) 순양함. (2) (캐빈과 그밖의 설비를 갖춘) 대형 모터보트〈요트〉, 유람용 요트 (cabin ~). (3) a] (손님을 찾아) 돌아다니는 택시. b] 순항 비행기. (4)《美》 경찰(순찰차). a battle~순양전함.

***crumb** [krʌm] *n.* (1) ⓤ (흔히 pl.) 작은 조각, 빵부스러기 ; 빵가루. (2) ⓒ 소량, 약간《*of*》: ~*s of* knowledge 약간의 지식 / to a~ 자살한 때까지 엄말히. (3) ⓤ 빵의 속《빵의 껍데기가 아닌 말랑말랑한 부분》. 【cf】 crust. (4) ⓒ《美俗》 변변치 않은 놈 ; 쓸모

없는 몸. — *vt.* (1) (빵)을 부스러뜨리다. (2) 【料】 …에 빵가루를 묻히다. (3)《口》 (식탁)에서 빵부스러기를 치우다.

:crum·ble [krʌ́mbl] *vt.* (빵 등)을 부스러뜨리다, 부수다, 가루로 만들다 ~ one's bread(*up*) 빵을 부스러뜨리다. — *vi.* (1) 부서지다, 가루가 되다 (2) 《~/+副/+前+名》 (건물·세력·희망 따위가) 힘없이 무너지다; 망하다; 허무하게 사라지다: The temples ~*d* into ruin. 신전은 무너져서 폐허가 되었다

crum·bly [krʌ́mbli] (*more ~, -bli·er; most ~, -bli·est*) *a.* 부서지기 쉬운, 무른, 푸석푸석한 (brittle).

crumby [krʌ́mi] (*crumb·i·er; -i·est*) *a.* (1) 빵가루 투성이의; 빵가루를 묻힌. (2) 말랑말랑하고 연(軟)한(〖opp〗 *crusty*).

crum·my [krʌ́mi] (*-mi·er; -mi·est*) *a.* 《口》 (1) 하찮은, 값싼, 지저분한 / It's a ~ job but somebody has to do it. 하찮은 일이지만 누군가가 해야 한다. (2) 언짢은, 기분이 쾌하지 못한.

crump [krʌmp] *vt.* (폭탄)을 폭발〈작렬〉시키다, 대형 폭탄으로 폭격하다 ; 강타하다. — *vi.* (1) 우두둑 우두둑〈뿌드득뿌드득〉 소리를 내다. (2) 폭음을 내며 폭발하다. — *n.* ⓒ (1) 우두둑우두둑 하는 소리. (2) a]폭발음, 폭음, 쿵. b]폭탄, 강타(hard hit).

***crum·ple** [krʌ́mpl] *vt.* (1) 《~+目/+目+副/+目+前+名》 …을 구기다, 구김살 투성이로 만들다 (crush); 찌부러뜨리다《up》(2) (상대)를 압도하다, 찌부러뜨리다《*up*》 : ~ *up* the enemy 적군을 압도하다. — *vi.* (1) 구겨지다. 쭈글쭈글하게 되다 ; 찌부러지다 : This cloth ~*s* easily. 이 천은 잘 구겨진다〈구김이 잘 간다〉. (2) 《+前+名/+副》 압도되다, 짜부라지다, 붕괴되다, 굴하다《*up*》

crunch [krʌntʃ] *vt.* (1) …을 파삭파삭〈어적어적〉깨물다, 우지끈〈우지직〉 부수다.(2) (자갈길이나 얼어붙은 눈 위 등)을 저벅저벅 밟다— *vi.* (1) 파삭파삭 〈어적 어적〉 먹다《on》: A dog was ~*ing on* a bone 개가 뼈를 어적어적 소리를 내며 씹고 있었다. (2) 버적버적 부서지다; 버적버적 소리를 내며 가다

crunchy [krʌ́ntʃi] (*crunch·i·er; -i·est*) *a* 우두둑우두둑〈저벅저벅〉 소리를 내는, 자박자박 밟는.

***cru·sade** [kru:séid] *n.* ⓒ (1) (종종 C-) 【史】 십자군. (2) (종교상의) 성전(聖戰).(holy war) (3) 강력한 개혁 〈숙청, 박멸〉 운동 : a ~ *against* drinking = a temperance ~ 금주 운동. — *vi.* (1) 십자군에 참가하다. (2) (개혁·박멸 따위) 운동을 (추진)하다 : ~ *for* 〈*against*〉 ... …에 찬성〈반대〉하는 운동을 하다. 파) ***cru·sád·er** [-ər] *n.* ⓒ (1) 십자군 전사(戰士). (2) 개혁(운동)가.

:crush [krʌʃ] *vt.* (1) 《~+目/+目+補/+目+前+名》 …을 눌러서 뭉개다, 짓밟다, 짜부라뜨리다 : My hat was ~*ed* flat. 모자가 납작하게 짜부라졌다 . (2) 《+目+前+名》 …을 억지로 밀어넣다 밀치고 들어가다〈나가다〉 (3) …을 갈아서〈찧어서〉 가루로 만들다, 분쇄하다 ; 깨뜨려서 …으로 만들다 : ~ (up) rock 암석을 분쇄하다 / ~ (up) stone into gravel 돌을 깨뜨려 자갈을 만들다. (4) 《~+目/+目+副》 …을 짜다, 압착하다《*up; down*》 : ~ (*out*) the juice *from* grapes 포도에서 과즙을 짜내다. (5) 《+目+副/+目+前+名》 …을 짓구기다《*up*》 ; (힘있게) 포옹하다 (6) 《~+目/+目+前+名》 …을 진압(鎭壓)하다, 격파하다 ; (희망 따위를) 꺾다《*out*》 : ~ a rebellion 반란을 진압하다/ ~ a person's ambition 아무의 야망을 꺾다 — *vi.* (1) 《+副》 (내려 눌려서) 짜부라지다 ; 깨지다 ; 짓구겨지다 (2) 《前+名》 서로 밀치며 들어가다, 쇄도하다 《*into ; through*》 — *n.* (1) ⓤ 으깸 ; 분쇄(粉碎) ; 진압, 압도 (2) (*sing.*) 밀치락달치락(서로 밀치기), 쇄도(殺到), 붐빔 : be〈get〉 caught in the ~ 군중의 붐빔 속에 휘말리다.

crush·er [krʌ́ʃər] *n.* ⓒ (1) a] 눌러서 터뜨리는〈으깨는〉 것. b] 분쇄기, 쇄석기(碎石機), 파쇄기(破碎機). (2) 《口》 a] 맹렬한 일격. b] 압도하는 것, 꼼짝 못하게 하는 논쟁 〈사실〉 : The decision was a ~ on us. 우리는 그 결정에 대해 찍소리 못했다.

crush·ing [krʌ́ʃiŋ] *a* (1) 눌러 짜부라뜨리는, 분쇄하는, 박살내는. (2) 압도적인, 궤멸적인 : a ~ reply 두말 못하게 하는 대답 . (3) 결정적인 : a ~ blow 결정적인 일격.

:crust [krʌst] *n.* ⓤⓒ (1) (딱딱한) 빵 껍질 《crumb에 대해》 ; 파이 껍질 : ~ of bread 빵 껍질 (2) ⓒ 딱딱해진 빵 한 조각(보잘것 없는 음식) ; 생활의 양식 ; 《Austral. 俗》 생계 : beg for ~s 매일의 양식을 구걸하다. (3) ⓤⓒ a] (물건의) 딱딱한 외피〈표면〉. b] 【地質】 지각(地殼): the ~ of the earth 지각, 지표/ ~ movement 지각 운동. c] 쌓인 눈의 얼어붙은 표면(表面), 크러스트. d] (포도주 등의) 술버캐(scum); 탕(湯)더께. (4) ⓤⓒ 【動】 갑각(甲殼), 외각(外殼). (5) ⓤ 《俗》 철면피, 뻔뻔스러움(impudence) ***off** one's* ~ 《俗》 미쳐서, 실성해서, earn one's ~밥벌이를 하다.
— *vt.* …을 외피로〈외각으로〉 덮다〈싸다〉

crust·ed [krʌ́stid] *a* (1) 외피〈외각〉가 있는. (2) (포도주가) 술버캐가 앉은 ; 오래된, 해묵은. (3) (습관·사람 등) 오래 된, 예스러운 ; 고객이 깃든 ; (아주) 굳어버린: ~ habits 구습, 굳어버린 습관 / a ~ joke 진부한 농담.

crusty [krʌ́sti] (*crust·i·er; -i·est*) *a.* (1) 피각질(皮殼質)의, 외피〈외각(外殼)〉이 있는. (2) (빵의) 거죽이 딱딱하고 두꺼운(〖opp〗 *crumby*). (3) (눈이) 표면이 딱딱해진. (4) 심술궂은 : 쉬이 화를 내는(irritable); 꾀까다로운; 무뚝뚝한. 파) ***~·i·ly*** ad 굳어져, 성마르게 . ***-i·ness*** *n* ⓤ 딱딱함.

***crutch** [krʌtʃ] *n.* ⓒ (1) 목다리, 협장(脇杖) 《※ 흔히 a pair of ~es 라고 함》 : walk〈go about〉 on ~*es* 목발을 짚고 걷다〈다니다〉. (2) 버팀, 지주(支柱) ; 의지; (가랑이진) 버팀나무. (3) (사람·옷의)샅, 가랑이 (crotch). — *vt.* …을 ~로 버티다; …에 ~를 대다: ~ (*up*) a leaning tree 기울어진 나무에 버팀목을 대다. — *vi.* 목다리를 짚고 걷다, 버팀목을 대다.

crux [krʌks] (*pl.* ***~ ·es*** [krʌ́ksiz] ***cru· ces*** [krú:si:z]) *n.* (1) ⓒ 가장 중요한 점, 핵심 ; 가장 어려운 점(2) (the C-) 【天】 남십자성(the Southern Cross).

cru·zei·ro [kru:zéirou] (*pl.* ~***s***) *n.* ⓒ 브라질의 화폐 단위. (기호 cr$ = 100 centavos)

:cry [krai] (*p., pp.* ***cried; crý·ing)*** *vi.* (1) 《~/+前+名/+副》 소리치다, 외치다; 큰소리로 말하다; 소리쳐 부르다(2) (새·동물)이 울다, 짖다 (3) 《~/+前+名/+副》 (소리내어)울다, 탄성을 울리다 ; 훌쩍거리며 울다(4) 삐걱거리다.— *vt.* (1) 《~+目/+*that* 節》 …을 큰 소리로 말하다〈부르다〉, 소리쳐 알리다; "That's good." he *cried*. '좋았어'라고 그는 소리쳤다/(2) …을 광고하며 다니다; 소리치며 팔다 ~ fish 생선을 외치며 팔다. (3) …을 구하다, 요구하다, 애원하다: ~ shares 몫을 요구하다. (4) 《~+目/+目+補/+目+前+名》 (눈물)을 흘리다; 울어서 (어떤 상태에) 이르게 하다: ~ bitter tears 피〈비통의〉 눈

물을 흘리다/ ~ a person *into* ... 울어서 아무에게 …하게 하다. ***~ down*** 비난하다, 야유를 퍼붓다, 매도하다. ***~ for*** …의 다급함을 호소하다; …을 울면서 청하다 ; …을 애걸하다 ; …을 꼭 필요로 하다 : ~ *for* mercy 자비를 구하다. ***~ off*** (교섭 · 계약 등에서) 손을 떼다 《*from*》; (계약 등을) 파기하다 ;《英》핑계를 대어 거절하다 ***~ out*** 1) 소리치다, 울부짖다; 소리높이 항의하다《*against*》 ~ *out against*〈*on*〉 a person ~를 비난 공격하다. 2) 소리쳐 요구하다《*for*》; (사태 따위가) 필요로하다 ***~ over*** (불행 등을) 한탄하다: It is no use ~*ing over* spilt milk.《俗談》엎지른 물은 다시 주워 담지 못한다. ***~ one****self blind* 눈이 퉁퉁 붓도록 울다~ one*'s eyes*〈*heart*〉 ***out*** 몹시 울다, 하염없이 울다. ***~ up*** 칭찬하다. ***~ wolf*** ⇨ WOLF. ***for ~ing out loud***《口》1) 이거참, 뭐라고, 야 잘됐다《불쾌감 · 놀람 · 기쁨 따위를 나타냄》. 2) 〔명령을 강조하여〕 알았지, 꼭 …하는 거야. ***give ... something to ~ for*** 〈***about***〉 ⇨ GIVE.

— *n.* ⓒ (1) 고함, 환성: give a ~ of pain 〈joy〉 아파서〈기뻐서〉 소리지르다. (2) (사람의) 울음 소리; 소리내서 욺, 한 바탕 욺(3) (새 · 짐승의) 울음소리: the ~ *of* (the) hounds 사냥개 짖는 소리. (4) 알리며 다니는 소리; 함성; 표어, 슬로건: ⇨ WAR CRY/ 'Safety first' is their ~. '안전 제일'이 그들의 표어다. (5) 외치며 파는 소리 : street *cries* 거리의 행상〈노점상〉의 외치는 소리. (6) 소문, 평판; 여론(의 소리), 요구《*for; against*》: a ~ *for*〈*against*〉 reform 개혁에 찬성〈반대〉하는 여론. ***a far ~*** 먼 거리; 큰 격차〈차이〉, 아주 다른 것. ***a hue and ~*** 범인 추적의 함성; 비난의 소리. ***all ~ and no wool*** = ***more ~ than wool*** = ***much*** 〈***a great***〉 ***~ and little wool*** 헛소동. ***in full ~*** (사냥개가) 일제히 추적하여; 모두 달려들어(서), 일제히. ***within ~ of*** …에서 부르면 들릴 곳에, 지호지간(指呼之間)에.

cry·ba·by [ˊbèibi] *n.* ⓒ 울보, 겁쟁이, (실패등에) 우는 소리를 늘어놓는 사람: He's a dreadful ~. 그는 지독한 울보다.

cry·ing [kráiiŋ] *a.* 〔限定的〕 (1) 외치는; 울부짖는. (2) a〕 긴급한, 내버려 둘 수 없는: a ~ evil 내 버려 둘 수 없는 해악/ a ~ need 긴요한 일. b〕 (나쁜 것이) 심한, 너무한: a ~ shame 큰 수치.

cry·o·gen·ic [kràiədʒénik] *a.* 저온학의; 극저온의; 극저온을 필요로 하는: ~ engineering 저온 공학.

cry·o·sur·gery [kràiəsə́ːrdʒəri] *n.* ⓤ 【醫】 동결〈냉동〉 외과; 저온(냉동) 수술.

crypt [kript] *n.* ⓒ (주로 성당의) 지하실《납골소(納骨所) · 예배용 등》.

cryp·tic, -ti·cal [kríptik], [-əl] *a.* (1) 숨은, 비밀의(mystic). (2) 신비스러운, 불가해한, 수수께끼 같은: a *cryptical* doctrine 신비적인 교의. (3) 【動】 몸을 숨기기에 알맞은: *cryptical* coloring 보호색.
파) **-ti·cal·ly** [-ikəli] *ad.* 은밀히; 불가해하게.

cryp·to·gram [kríptougræ̀m] *n.* ⓒ (1) 암호(문). (2) 비밀 기호.

⁑crys·tal [krístl] *n.* (1) a〕 ⓤⓒ 수정(水晶) (rock ~): liquid ~ 액정(液晶). b〕 ⓒ (장식 · 보석용의) 수정(구슬), 수정 제품: a necklace of ~*s* 수정 목걸이. (2) ⓤ 크리스털 유리, 컷 크라스(~ glass); 〔集合的〕 크리스털 유리제 식기류: silver and ~ 은식기와 유리 식기. (3) ⓤⓒ 【鑛 · 化】 결정, 결정체: ~*s* of snow 눈의 결정/ Salt forms in ~*s*. 소금은 결정체를 이룬다. (4) ⓒ 《美》 (시계의) 유리 뚜껑(《英》 watchglass). (5) ⓒ 【電子】 (검파용) 광석, 광석 검파기; 결정 정류기(整流器). ***(as) clear as ~*** 맑고 깨끗한. — a. (1) 수정의〈과 같은〉; 크리스털 유리제의. (2) (수정과 같이) 투명한: ~ water 투명한 물. (3) 【電子】 a〕 수정 발진식(發振式)의: a ~ watch〈clock〉 쿼츠 시계 《※quartz watch〈clock〉가 더 일반적임》. b〕 광석을 사용하는, 광석식의: a ~ receiver 광석 (라디오) 수신기.

crýstal báll (점쟁이의) 수정 구슬: peer into 〈dust off〉 the ~ 점치다, 예언하다.

crys·tal-clear [-klíər] a. (1) (물 따위) 아주 맑은(투명한). (2) 명명백백한.

crýstal gàzing (1) 수정점《수정 알에 나타나는 환영(幻影)으로 점침》. (2) 미래의 예측.

***crys·tal·line** [krístəlin, -təlàin] *a.* (1) 결정(질)의, 결정체로 이루어진. (2) 수정과 같은, 투명한

crys·tal·li·za·tion [krìstəlizéiʃən] *n.* (1) a〕 ⓤ 결정화: To make diamond, the ~ of carbon must be done at extremely high pressure. 다이아몬드를 만들려면 초고압 상태에서 탄소의 결정이 이루어져야 한다. b〕 ⓒ 결정체. (2) a〕 ⓤ 구체화. b〕 ⓒ 구체화된 것.

***crys·tal·lize** [krístəlàiz] *vt.* (1) …을 결정(화)시키다 (2) (사상 · 계획 등)을 구체화 하다(3) …을 설탕 절임으로 만들다 : ~*d* fruits 설탕 절인 과일. — *vi.* (1) 《~/+*to* do》 결정(結晶)하다: Water ~s *to* from ice. 물은 결정하여 얼음이 된다. (2) 《~/+前+名》 (사상 · 계획 따위가) 구체화하다

crys·tal·loid [krístəlɔ̀id] *a.* 결정과 같은; 정질(晶質)의. — *n.* 【化】 ⓤ 정질(晶質). 〖opp〗 *colloid*.

crýstal wédding 수정혼식《결혼 15주년 기념》.

Cs 【化】 cesium; 【氣】 cirrostratus. **C.S.** Christian Science 〈Scientist〉; Civil Service.

CT 【醫】 computed 〈computerized〉 tomography (컴퓨터 단층 촬영); Central time; 【美郵】 Connecticut. **ct.** carat(s); cent(s); county; court. **C.T.C.** centralized traffic control (열차 중앙 제어 장치). **cts.** centimes; cents.

***cub** [kʌb] *n.* ⓒ (1) (곰 · 이리 · 여우 · 사자 · 호랑이 따위) 야수의 / 새끼 ; 고래〈상어〉의 새끼. (2) 애송이, 젊은이: an unlicked ~ 버릇없는 젊은이. (3) = CUB SCOUT. (4) 《口》 수습〈풋내기〉 기자 (~ reporter). — *n.* 견습의, 풋내기의.

***Cu·ba** [kjúːbə] *n.* 서인도 제도의 최대의 섬; 쿠바 공화국《수도 Havana》.

cub·by·hole [kʌ́bihòul] *n.* ⓒ아담하고 기분 좋은 방〈장소〉;반침

⁑cube [kjuːb] *n.* ⓒ (1) 입방체, 정 6면체 ; 입방체의 물건《주사위 · 벽돌 등》: ~ sugar 각 설탕 / Cut the meat into ~*s*. 고기를 모나게 썰어라. (2) 【數】 입방, 세제곱. 【cf】 square. 『 6 feet ~, 6피트 입방 / The ~ of 3 is 27. 3의 세제곱은 27.

— *vt.* (1) …을 입방체로 하다 ; 입방체 모양으로 베다 : ~ potatoes 감자를 모나게 썰다. (2) …을 세제곱하다 ; …의 체적을 구하다: 5 ~*d* is 125. 5의 세제곱은 125이다 / ~ a solid 어떤 입방체의 체적을 구하다.

⁑cu·bic [kjúːbik] *a.* (1) 입방의 ; 세제곱〈3차〉의. ~ content 용적 · 체적 / ~ crossing 입체 교차 / a ~ equation, 3차 방정식. (2) 입방체의, 정육면체의. — *n.* ⓒ 3차 곡선〈방정식, 함수〉.

cu·bi·cal [kjúːbikəl] *a.* 입방체의, 정육면체의 ; 체적〈용적〉의.

cu·bi·cle [kjúːbikl] *n.* ⓒ (1) 칸막이한 작은 방〈침

실〉; a seperate shower ~ 칸막이한 샤워실. (2) (도서관의) 특별〈개인〉 열람실.

cub·ism [kjú:bizəm] *n.* ⓤ 【美術】 입체파, 큐비즘.

cúb scòut (때로 C- S-) (Boy Scouts의) 유년단원《미국은 8-10세, 영국은 8-11세》.

cuck·old [kʌ́kəld] *n.* ⓒ 오쟁이진 남편, 부정한 아내의 남편. — *vt.* (남편)을 속여 부정한 것을 하다 : His wife had ~*ed* him. 그의 아내는 그를 속여 서방질했다. 파) **~·ry** *n.* ⓤⓒ 유부녀의 서방질.

⁑cuck·oo [kú(:)ku:] (*pl.* **~s**) *n.* ⓒ (1) 뻐꾸기 ; 《널리》 두견잇과의 새. (2) 뻐꾹《뻐꾸기의 울음소리》. (3) 《俗》 얼간이, 멍청이. ***the ~ in the nest*** 사랑의 보금자리의 침입자 (평화를 교란하는) 방해자 .
— *a.* 《俗》 멍청한, 어리석은; 미친. — *vt.* 단조롭게 되풀이하다.

cu·cum·ber** [kjú:kʌmbər] *n.* ⓒⓤ 오이. (as***) ***cool as a ~*** 1) 아주 냉정하게, 태연자약한. 2) 기분 좋게 신선한〈서늘한〉.

***cud·dle** [kʌ́dl] *vt.* …을 꼭 껴안다, 부둥키다, (어린아이 등)을 껴안고 귀여워하다(hug · fondle)

cud·dly [-i] *a.* 꼭 껴안고 싶은, 아주 귀여운: a ~ little boy 아주 귀여운 사내아이.

cudg·el** [kʌ́dʒəl] *n.* ⓒ 곤봉, 몽둥이. ***take up the ~s for …을 강력히 변호〈지원〉하다, 논쟁에 끼이다.
— (**-l-**, 《英》 **-ll-**) *vt.* …을 곤봉으로 치다. ~ one***'s brains*** 머리를 짜내어 생각하다《*for*》.

***cue¹** [kju:] *n.* ⓒ (1) 【劇】 큐《대사의 마지막 말 ; 다음 배우 등장 또는 연기의 신호가 됨》 (2) 【樂】 (연주의) 지시 악절(樂節). (3) 단서, 신호, 계기, 실마리 : on~ (~에게서) 신호를 받고(from) :시기적절하게.
— (***cu***(***e***)***·ing***) *vt.* (1) …에게 신호〈지시〉하다. (2) 【劇】 …에게 큐를 주다. (3) 【樂】 …에 큐를 넣다《*in* ; *into*》 ; (음 · 효과 따위)를 삽입하다《*in*》. ~a person in 《口》 ~에게 알리다, 정보를 주다《*on*》

cuff¹** [kʌf] *n.* (1) ⓒ 소맷부리, 소맷동, 커프스 ; (긴 장갑의) 손목 윗부분. (2) ⓒ 《美》 바지의 접어젖힌 아랫단. (3) 《口》 (흔히 *pl.*) 수갑 (handcuffs). ***off the ~ 《口》 즉흥적인〈으로〉, 즉석의〈에서〉 : speak *off the* ~ before an audience 청중 앞에서 즉석으로 이야기 하다. ***on the ~*** 《口》 1) 외상의〈으로〉, 월부의〈로〉. 2) 무료의〈로〉.
— *vt.* (1) …에 커프스를 달다. (2) …에 수갑을 채우다. 파) **~·ed** [kʌft] *a.* **~́ ·less** *a.*

cuff² *n.* ⓒ 손바닥으로 때리기(slap) : be at ~*s* with …와 서로 주먹다짐하다 / ~sand kicks 치고박고 go (fall) to ~s 주먹질 (싸움)을 하다. — *vt.* …을 손바닥으로 때리다.

cul-de-sac [kʌ́ldəsæ̀k, kúl-] (*pl.* ***~s, culs-*** [kʌ́lz-]) *n.* ⓒ 《F.》 (1) 막힌 길, 막다른 골목 : live in a quiet ~ 조용한 막다른 골목에 살다. (2) (피할 길 없는) 곤경, 궁지

cu·li·nary [kʌ́lənèri, kjú:-/ -nəri] *a.* 주방(용)의; 요리(용)의

cull [kʌl] *vt.* (1) (꽃)을 따다, 따 모으다(pick). (2) 《~+目/+目+前+名》 추려내다, …을 고르다 ; …에서 발췌하다(3) (무리 중에서 노약한 양 따위)를 가려 내다, 도태하다 — *n.* ⓒ (1) 선택, 선별 ; 도태. (2) (열등품 · 찌꺼기로서) 추려낸 것.

cul·let [kʌ́lit] *n.* ⓤ (재활용(再活用)의) 지스러기 유리.

culm [kʌlm] *n.* ⓤ (1) (질이 나쁜) 가루 무연탄. (2) (C-) 【地質】 쿨름층《하부 석탄층의 혈암(頁岩)〈사암〉층》.

***cul·mi·nate** [kʌ́lmənèit] *vi.* (1) 《~/+前+名》 정점에 이르다 ; 절정에 달하다, 전성을 극하다《종종 내리막을 암시함》
/ ~ *in* amount 최고량에 달하다. (2) 【天】 남중(南中)하다, (천체가) 자오선상에 말하다.

cul·mi·na·tion [kʌ̀lmənéiʃən] *n.* ⓤ (1) (흔히 the ~) 최고점, 최고조, 정점, 정상; 절정, 극치 《*of*》: *the* ~ *of* his political career 그의 정치 생활의 절정. (2) 【天】 남중(南中)(southing), (천체의) 자오선 통과. ▫ culminate *v.*

cu·lottes [kju:láts/ -lɔ́ts] *n. pl.* 《F.》 퀼로트《여성의 운동용 치마바지》.

cul·pa·ble [kʌ́lpəbl] *a.* 책잡을 만한, 비난할 만한〈해야할〉, 과실(허물) 있는, 괘씸한 ; 부주의 파) **-bly** [-bli] *ad.* 괘씸하게도, 무법하게도

***cul·prit** [kʌ́lprit] *n.* ⓒ 죄인, 범인(offender)

***cult** [kʌlt] *n.* ⓒ (1) (종교상의) 예배(식), 제사 : the ~ of Apolo 아폴로 신앙. (2) (사람 · 물건 · 사상 따위에 대한) 숭배, 예찬 ; 유행, …열(熱) ; 숭배의 대상 (3) 〔集合的〕 숭배자〈예찬자〉의 무리: a nudist ~ 나체주의 예찬〈신봉〉자. (4) a〕 신흥 종교, 사이비 종교. b〕 〔集合的〕 신흥(사이비) 종교의 신자들. — *a.* 〔限定的〕 (1)신흥 종교의. (2) 소수 열광자 그룹의.

cul·ti·va·ble, -vat·a·ble [kʌ́ltəvəbəl], [-vèitəbəl] *a* (1) 경작〈재배〉할 수 있는. (2) (사람 · 능력 따위를) 개발〈교화〉할 수 있는.

⁑cul·ti·vate [kʌ́ltəvèit] *vt.* (1) (땅)을 갈다, 경작하다 ; (재배 중인 작물 · 밭)을 사이갈이하다 (2) a〕 …을 재배하다: ~ tomatoes. b〕 (물고기 · 진주 등)을 양식하다: ~ oysters 굴을 양식하다. c〕 (세균)을 배양하다. (수염을)기르다 (grew) (3) a〕 (재능 · 정신 따위)를 신장하다, 개발〈연마〉하다 ~ one's mind 정신을 도야하다. b〕 (문학 · 기예)를 닦다, 연마하다: ~ an art 기예를 닦다. c〕 (사람)을 교화하다. d〕 (예술 · 학술 등)을 장려하다, ~의 발달에 노력하다.

***cul·ti·vat·ed** [kʌ́ltəvèitid] *a.* (1) 경작된; 개간된 ; 재배된 ; 양식된 ; 배양된 : ~ land 경(작)지 / ~ strawberries 재배된 딸기. (2) (사람 · 취미가) 교양있는, 세련된, 품위있는, 우아한: ~ manners 세련된 예절 〈태도〉.

⁑cul·ti·va·tion [kʌ̀ltəvéiʃən] *n.* ⓤ(1) 경작 ; 개간 (2) (작물의) 재배. (3) (굴 따위의) 양식(養殖); (세균 따위의) 배양: the ~ of oysters 굴의 양식. (4) 교화, 양성 ; 장려. (5) 수련 ; 교양 ; 세련, bring (land) under (토지를) 개간하다. ▫ cultivate *v.*

***cul·ti·va·tor** [kʌ́ltəvèitər] *n.* ⓒ (1) 경작자, 재배자. (2) 양성자 ; 개척자 ; 연구자. (3) 경운기.

⁑cul·tur·al [kʌ́ltʃərəl] *a.* (1) 문화의, 문화적인 : ~ development 문화의 발달/ ~ history 문화사 / ~ assets〈goods〉 문화재. (2) 교양의 ; 계발적인 : ~ studies 교양 과목. (3) 배양하는 ; 경작의 ; 재배의; 개척의. 파) **~ ·ly** *ad.* (1) 교양적으로, 교양상. (2) 문화적으로, (3) 재배상(으로).

⁑cul·ture [kʌ́ltʃər] *n.* (1) ⓤⓒ 문화(cf) KULTUR, 정신 문명, 개화《※ civilization 이 주로 물질 문명을 지칭하는 데 대하여, culture는 정신면을 강조함》 : Greek ~ 그리스 문화. (2) ⓤ 교양 ; 세련: a man of ~ 교양 있는 사람. (3) ⓤ 수양 ; 교화; 훈육: moral ~ 덕육(德育)/ physical 〈intellectual〉 ~ 체육〈지육〉. (4) ⓤ 재배 ; 양식; 경작: the ~ of cotton목화(면화) 재배. (5) a〕 ⓤ (세균 등의) 배양. b〕 ⓒ 배양균〈조직〉. — *vt.* (세균을) 배양하다.

cul·tured [kʌ́ltʃərd] *a.* (1) 교양있는, 수양을 쌓은; 세련된; 점잖은 문화를 가진. (2) 배양〈양식〉된: a ~ pearl 양식 진주.
cúlture shòck 문화 쇼크(다른 문화에 처음 접했을 경우에 받는 충격): suffer〔experience〕 ~ 문화 쇼크를 받다〈경험하다〉.
cul·vert [kʌ́lvərt] *n.* ⓒ (1) 암거, 배수 도랑, 지하 수로. (2) 전선용(電線用) 매설구(溝).
cum [kʌm] prep. 《L.》 …이 붙은〈딸린〉, …와 겸용의 《※ 흔히 複合語를 만듦》. 〖opp〗 ex. 『a house-~-farm 농장이 딸린 주택/ a dwelling-~- workshop 주택 겸 공장.
cum·ber [kʌ́mbər] *vt.* (1) …을 방해하다(2) …를 성가시게 하다, 괴롭히다. — *n.* ⓤ 방해(물).
cum·ber·some [kʌ́mbərsəm] *a.* (무거워서, 또는 너무 부피가 커서) 다루기 힘든, 방해가 되는, 귀찮은 : a ~ trunk〈package〉 (너무 커서) 다루기 힘든 트렁크〈화물〉. 파) **~·ly** *ad.* **~·ness** *n.*
cùm dívidend 【證】 배당부(配當附)《略 : c.d., cum div.》 【cf】 ex div.
cum·in [kʌ́min] *n.* ⓤ (1) 커민《미나릿과의 식물》. (2) 그 열매《요리용 향료 · 약용》.
cum·mer·bund [kʌ́mərbʌ̀nd] *n.* ⓒ 《Ind.》 폭 넓은 띠, 장식띠 : 허리띠《 턱시도를 입을 때 조끼 대신 두름》.
***cu·mu·la·tive** [kjúːmjəlèitiv, -lət-] *a.* 점증적인, 누가적인, 누적하는 : ~ offense 【法】 누범/ ~evidence(proof)중복증거(입증). 파) **~·ly** *ad.*
cu·mu·lo·nim·bus [kjùːmjəlounímbəs] *n.* ⓤⓒ 【氣】 적란운(積亂雲), 쌘비구름, 소나기구름 《略: Cb》.
cu·mu·lous [kjúːmjələs] *a* 적운(積雲) 〈산봉우리 구름〉 같은.
cu·mu·lus [kjúːmjələs] (*pl.* **-li** [-lài, -lìː]) *n.* (1) (a ~) 퇴적, 누적. (2) ⓤⓒ 【氣】 적운(積雲), 쌘구름, 산봉우리 구름, 뭉게구름《略: Cu》.
cu·ne·i·form [kjúːniəfɔ̀ːrm, kjuːníːə-] *a.* (1) 쐐기 모양의 : ~ characters 쐐기 문자. (2) 쐐기〈설형〉 문자의〈로 쓰인〉. — *n.* ⓤ (바빌로니아 · 아시리아 등지의) 쐐기〈설형〉 문자(에 의한 기록).
cun·ni·lin·gus [kʌ̀nilíŋgəs] *n.* ⓤ 쿤닐링구스 《여성 성기의 구강(口腔) 성교》.
:cun·ning [kʌ́niŋ] (***more ~ ; most ~***) *a.* (1) 약삭빠른 ; 교활한, 간교한: a - look 교활한 눈짓. (2) 《美口》 (아이 · 웃음 따위가) 귀여운 : a ~ baby 귀여운 아기. — *n.*
:cup [kʌp] *n.* (1) ⓒ (홍차 · 커피용의, 귀가 달린) 찻종, 찻잔: a coffee ~ 커피잔/ a breakfast ~ 조식용 컵《보통의 약 2배 크기》. (2) ⓒ 찻잔 한 잔(의 양)(약240cc) : a ~ of tea 〈coffee〉 홍차 〈커피〉 한 잔/ a ~ of flour 밀가루 컵 하나. (3) a〕 ⓒ 성찬배(聖餐杯). b〕 (the ~) 성찬의 포도주.(chalice) (4) ⓒ (때로 the C-) 우승컵, 상배: a~event 결승시합. (5) (the ~) 술; (*pl.*) 음주: He's fond of *the* ~. 그는 술을 좋아한다. (6) ⓒ 운명의 잔; 운명; 경험 (7) ⓒ 찻종 모양의 물건 ; 분지(盆地) ; (꽃의) 꽃받침 ; (도토리의) 깍정이 ; 【醫】 흡각(吸角), 부항(附缸); 【解】 배상와(杯狀窩) ; 【골프】 (그린 위의 공 들어가는) 금속통, 홀; (브레지어의) 컵. (8) ⓤⓒ 컵《샴페인 · 포도주 따위에 향료 · 단맛을 넣어 얼음으로 차게 한 음료》 : cider ~ 사이다 컵《사과술을 넣은 컵》. ***in*** one***'s ~s*** 취하여, 거나한 기분으로one***'s ~ of tea*** 《口》 기호에 맞는 것, 마음에 드는 것, 취미 : Golf isn't *his* ~ *of* tea. 골프는 그의 성미에 맞지 않는다.
— (**-pp-**) *vt.* (1) 《~+目/+目+前+名》 …을 찻종에 받다〈넣다〉 ; (오목한 것에) 받아 넣다 (2) 손바닥을 찬 모양으로 하다〈하고 …을 덮다〈받치다〉〉 (3) 【醫】 …에 흡각〈부항〉을 대다. 파) ***cúp-like*** a. 잔 모양의
:cup·board [kʌ́bərd] *n.* ⓒ (1) 찬장, 식기장, (2) 《英》작은 장, 벽장.
cup·ful [kʌ́pfùl] (*pl.* ***~s, cúps·fùl***) *n.* ⓒ 찻종〈컵〉으로 하나 (가득)《약 반 파인트(half pint); 약 220cc》 : two ~s of milk 두 컵의 우유.
***Cu·pid** [kjúːpid] *n.* (1) 【로神】 큐피트《사랑의 신》. (2) (c-) ⓒ a〕 큐피드의 그림〈조상(彫像)〉. b〕 사랑의 사자.
cu·pid·i·ty [kjuːpídəti] *n.* ⓤ 물욕, 탐욕
cu·po·la [kjúːpələ] *n.* ⓒ (1)둥근 지붕 〈천장〉 (cf) VAULT ; (특히 지붕 위의)돔. (2) = CUPOLA FURNACE.
cu·pre·ous [kjúːpriəs] *a.* 구리(빛)의, 구리같은.
cu·pro·nick·el [kjúːprənikəl] *n.* ⓤ 백(白)통.
cu·prum [kjúːprəm] *n.* ⓤ 【化】 구리《금속 원소; 기호 Cu; 번호 29》. 『달; 겁쟁이.
cur [kəːr] *n.* ⓒ (1) 들개; 똥개. (2) 불량배, 건
***cur·a·ble** [kjúərəbəl] *a.* 치료할 수 있는, 고칠 수 있는, 낫는: Some types of cancer are ~. 어떤 유형의 암은 고칠 수 있다. 파) **-bly** *ad.*
cur·a·bil·i·ty [kjùərəbíləti] *n.* ⓤ 치료 가능성.
cu·rate [kjúərit] *n.* ⓒ (1) 【英國國敎會】 목사보(補), 부목사. (2) 【가톨릭】 보좌 신부, perpetual ~(부교구) 목사 (vicar).
cúrate's égg (the ~) 《戱》 장단점이 있는 것, 옥석 혼효.
cur·a·tive [kjúərətiv] *a.* 치료용의; 치유력(力)이 있는. — *n.* ⓒ 치료(법); 의약.
cu·ra·tor [kjúəréitər] *n.* ⓒ (특히 박물관 · 도서관 따위의) 관리자, 관장; 감독, 관리인〈지배〉인.
***curb** [kəːrb] *n.* ⓒ (1) (말의) 재갈, 고삐 (2) 구속, 속박, 억제, 제어《on》: place〈put〉 a ~ *on* expenditures 경비를 제한하다. (3) (보도(步道)의) 연석(緣石) (《英》 kerb): on the~ 가두(장외)에서.
— *vt.* (1) (말)에 재갈을 물리다. (1) …을 억제하다 (restrain): ~ one's desires 욕망을 억제하다 /(3) (길)에 연석을 깔다.
curb·side [kə́ːrbsàid] *n* (the ~) 《美》 연석(緣石)이 있는 보도(步道) 가장자리.
curb·stone [kə́ːrbstòun] *n.*ⓒ 《美》 (보도의) 연석(緣石) (《英》 kerbstone). — *a.* 장외 거래의.
***curd** [kəːrd] *n.* ⓤⓒ (1) (종종 *pl.*) 엉겨 굳어진 것, 응유(凝乳), 커드《치즈의 원료》. 【cf】 whey. (2) 응유 모양의 식품 : bean ~ 두부. ~s and whey응유 제품 (junket).
cur·dle [kə́ːrdl] *vi.* (1) (우유가) 응유(凝乳)가 되다, 엉기다, 응결하다: Milk ~*s* when kept too long.우유는 너무 오래 두면 응결한다. (2) (피가, 공포로) 응결하다— *vt.* (1) (우유)를 엉기게 하다. (2) (공포로 피)를 응결시키다.
:cure [kjuər] *n.* (1) ⓤⓒ 치료 ; 요양 ; 치료법〈제〉 / undergo a ~ 치료를 받다. (2) ⓤ 치유, 회복. (3) ⓤⓒ 구제책, 교정법(remedy), 해결법(4) ⓤⓒ (영혼의) 구원; 신앙 감독; 성직. (5) ⓤⓒ (생선 · 고기 등의) 저장(법), 소금절이. — *vt.* (1) 《~+目/+目+前+名》 (병이나 환자)를 치료하다, 고치다 be ~d of a disease 병이 낫다. (2) (나쁜 버릇 등)을 교정하다, 고치다 : ~ bad habit 나쁜 버릇을 고치다. (3) (건조 · 훈제 · 소금 절이 등을 하여, 고기 · 물고기 등)을 보

존 처리하다 : ~ meat 고기를 소금에 절이다〈훈제 처리하다〉. — *vi.* (1) (병이) 낫다. (2) (생선 · 고기 등이) 보존에 적합한 상태가 되다, (고무가) 경화되다.

cure·less [kjúərlis] *a.* (1) 치료법이 없는, 불치의. (2) 교정(矯正)이 불가능한, 구제할 수 없는.

cu·rette [kjurét] *n.* ⓒ 【醫】 소파기(搔爬器), 퀴레트《소파 수술에 쓰는 숟가락 모양의 기구》.
— *vt.* …을 퀴레트로 긁어내다, 소파하다.

cur·few [kə́ːrfjuː] *n.* ⓤⓒ (1) (중세기의) 소등(消燈) 〈소화〉 신호의 만종(晩鐘), 그 종이 울리는 시각. (2) (부모 · 기숙사 등이 정하는) 폐문 시간, 야간 외출 금지 시간 : It's past ~. 폐문 시간이 지났다. (3) (계엄령 시행중의) (야간) 통행 금지 (시각); 【美軍】 귀영(歸營) 시간: lift the ~ 야간 통행〈외출〉 금지령을 해제하다.

Cúrie pòint 【物】 퀴리점(자기 전이(磁氣轉移)가 일어나는 온도).

cu·rio [kjúəriòu] (*pl.* **~s**) *n.* ⓒ 골동품; 진품(珍品): a ~ dealer 골동품상.

⁑cu·ri·os·i·ty [kjùəriɑ́səti/ -ɔ́sə-] *n.* (1)ⓤ 호기심, 캐기 좋아하는 마음 : from 〈out of〉 ~ 호기심에서 (2) a] ⓤ 진기함: a thing of little ~ 진기하지도 않은 물건〈것〉. b] ⓒ 진기한 물건, 골동품(curio): It is a ~ in this district. 그것은 이 지방에서는 진기한 것이다. ▫ curious *a.*

⁑cu·ri·ous [kjúəriəs] (***more ~; most ~***) *a.* (1) 호기심 있는, 사물을 알고 싶어하는 ; 꼬치꼬치 캐기 좋아하는: ~ neighbors 남의 일을 캐기 좋아 하는 이웃 사람들 / (2) 진기한; 호기심을 끄는; 기묘한 ;《口》 별난 : a ~ fellow 괴짜 / a ~ sight 진기한 광경 / ~ old coins 진귀한 고전(古錢) / a ~ sound 이상한 소리. ***~ to say*** (좀) 이상한 얘기지만. ***~er and ~er*** 《俗》 갈수록 신기해지는. 파) **~·ness** *n.*

***cu·ri·ous·ly** [kjúəriəsli] *ad.* (1) 진기한 듯이, 호기심에서 (2)〔文章修飾〕 이상하게도: *Curiously* (enough), he already knew. 이상하게도(신기하게도) 그는 이미 알고 있었다.

⁑curl [kəːrl] *vt.* (1) (머리털)을 곱슬곱슬하게 하다, 컬하다 (2)《~+目+前》…을 꼬다, 비틀다《*up*》 둥굴게 감다 : He had his mustache ~*ed up*. 그는 콧수염을 꼬아 올리고 있었다. (3) a]〔再歸的〕 동그랗게 하고 눕다b] (종이 · 잎) 따위를 동그랗게 말다, 감다.
— *vi.* (1) 곱슬털 모양이 되다 (2)《~/+前+名》 비틀리다, 뒤틀리다:. 웅크리다 ; (연기가) 소용돌이치다 : (길이) 굽이치다: (종이 · 잎 등이) 동그랗게 말리다 **~** a penon***'s hair*** = ***make*** a person***'s hair ~*** 를 소름끼치게 〈간담을 서늘하게〉 하다.
— *n.* (1) ⓒ 고수머리, 컬 : Mary's hair has a natural ~. 메리의 머리털은 자연적으로 곱슬곱슬하나. (2) ⓤ 곱슬머리 상태, 곱슬곱슬히게 되어(비틀려) 있음 : keep the hair in ~ 머리를 곱슬하게 해두다 / go out of ~ (머리의) 컬이 풀리다. (3) ⓤ 컬하기, 말기. (4) ⓤ (감자 따위의) 위축병.

curl·i·cue [kə́ːrlikjùː] *n.* ⓒ 소용돌이 (장식) ; (소용돌이 모양의 장식서체(hourish).

curl·ing [kə́ːrliŋ] *n.* ⓤ《Sc.》 컬링《얼음판에서 둥근 대리석을 미끄러뜨려 과녁 주위의 하우스(house)에 넣어 득점을 겨루는 놀이》.— a. 말리기 쉬운, 머리지지는데 쓰이는.

curly** [kə́ːrli] (curl·i·er; -i·est***) *a.* (1) 오그라든, 고수머리의 : ~, brown hair 컬한〈곱슬곱슬한〉 갈색머리. (2) a] 소용돌이 모양의. b] (잎이) 푸르르 말린; 오그라진(뿔 따위) 꼬부라진. 파) **-li·ness**

cur·mudg·eon [kərmʌ́dʒən] *n.* ⓒ 노랭이, 구두쇠; 심술궂은 사람〈노인〉. 파⇨ ***~ · ly*** a. 인색한, 심술궂은

cur·rant [kə́ːrənt, kʌ́r-] *n.* ⓒ (1) (알이 잘고 씨없는) 건포도. (2) 【植】 까치밥나무《red ~, white ~, black ~ 따위의 종류가 있음》.

⁑cur·ren·cy [kə́ːrənsi, kʌ́r-] *n.* (1) ⓤ (화폐의) 통용, 유통 ; (사상 · 말 · 소문 등의) 유포 ; 유통〈유행〉 기간; 현재성: acquire 〈attain, gain. obtain〉 ~ 통용〈유포〉되다, 널리 퍼지다 / pass out of ~ 쓰이지 않게 되다 / give ~to …을 통용 (유포) 시키다 (circulate) / be in common 〈wide〉 ~ 일반에〈널리〉 통용되고 있다. (2) ⓤⓒ 통화, 화폐《경화 · 지폐를 포함》; 통화 유통액: (a) metalic ~ 경화 / (a) paper ~ 지폐 / change foreign ~ (은행 등에서) 외국의 통화를 교환하다.

⁑cur·rent [kə́ːrənt, kʌ́r-] (***more ~ ; most ~***) *a.* (1) 통용하고 있는, 현행의 : ~ money통화 / a ~ deposit 당좌 예금 / ~ news 시사 뉴스 / the ~ price 시가 / ~ events 시사(時事) / ~ English 현대 〈시사〉 영어. (2) (의견 · 소문 등) 널리 행해지고 있는, 유행하는, 유행〈유포〉되고 있는 : the ~ practice 일반적인 습관 (3) (시간이) 지금의, 현재의 : the ~ month 〈year〉 이 달〈금년〉 / the 5th ~ 이달 5일 / ~ topics 오늘의 화제/ the ~ issue 〈number〉 (잡지 따위의) 이달〈금주〉호/ his ~ interest 그의 목하 〈현재〉의 관심. ***go*** 〈***pass, run***〉 ~일반적으로 통용되다. 세간에 인정되고 있다. 널리 행해지다.
— *n.* (1) ⓒ 흐름 ; 해류; 조류: air ~*s* 기류/ an ocean ~ 해류/ ~ of traffic. 교통의 흐름. (2) ⓒ (여론 · 사상 따위의) 경향, 추세, 풍조 : the ~ of event 사건의 추이 / swim wile the ~ 시류에 따르다. (3) ⓤⓒ 전류(electric ~): a direct ~ 직류 / an alternating ~ 교류 / switch on the ~ 전류를 통하다/ swim with the ~세상풍조를 따르다.

cur·rent·ly [kə́ːrəntli, kʌ́r-] *ad.* (1) 일반적으로, 널리(generally) (2) 현재, 지금은 : I am ~ working on the problem. 나는 지금 그 문제에 달라붙어 있다. (3) 손쉽게, 거침없이, 수월하게.

⁑cur·ric·u·lum [kəríkjələm] (*pl.* **~s. -la** [-lə]) *n.* ⓒ 커리큘럼. 교육〈교과〉 과정; 이수 과정.

currículum ví·tae [-váitiː] (*pl.* ***cur·ric·u·lavitae*** [-lə-]) 이력(서).

cur·rish [kə́ːriʃ, kʌ́r-] *a* (1) 들개 같은 ; 딱딱거리는(snappish), 심술궂은. (2) 상스러운(ill-bred). 파) **~·ly** *ad.*

cur·ry**[1] [kə́ːri, kʌ́ri] *n.* (1) ⓤ 카레가루(= ~ ***pòwder). (2) ⓒⓤ 카레요리 : ~ and rice 카레라이스 give a person~ …을 야단치다. — *vt.* …을 카레로 맛을 내다〈요리하다〉.

cur·ry[2] *vt.* (1) (말 따위)를 빗질하다, 손질하다. (1) (무두질 한 가죽)을 다듬다, 마무르다. ***~ fevor with*** …의 비위를 맞추다; …에게 빌붙다.

⁑curse [kəːrs] (*p., pp.* **~d** [-t], 《古》 ***curst*** [-t]) *vt.* (1) …을 저주하다, 악담〈모독〉하다. (2) …에게 욕설을 퍼붓다, 욕지거리 하다 (3) 〔흔히 受動으로〕 …에 빌미붙다 ; …을 괴롭히다《with》: We *were ~d with* bad weather during the tour. 우리는 여행 중 악천후로 실컷 속만 태웠다. (4) 【宗】 …을 파문하다. — *vi.* 《~/+前+名》 저주하다; 욕설을 퍼붓다; 함부로 불경한 말을 하다《*at*》; ~ *at* a person 아무를 매도(罵倒)하다. ***Curse it!*** 제기랄, 빌어먹을. ***Curse***

you! 뒈져라.
— *n.* (1) ⓒ 저주 ; 악담 ; 욕설 ; 저주〈독설〉의 말(2) ⓒ 재해, 화(禍), 불행; 불행〈재해〉의 씨; 저주받은 것, 골칫거리: Drinking is a ~. 술은 재해의 근원. (3) ⓒ 【宗】 파문. (4) (the ~) 《口》 월경(기간): She's got the ~. 그녀는 월경중이다.

curs·ed** [kə́ːrsid, kə́ːrst] *a.* (1) 〔限定的〕 저주를 받은, 빌미붙은. (2) 저주할, 지겨운, 지긋지긋한 : This ~ fellow! 이런 염병할 놈. 파) ***~·ness n. ⓤ 저주받은 (천벌받고 있는) 상태, 저주스러움.

cur·sive [kə́ːrsiv] *a.* 필기체의, 흘림으로 쓰는. — *n.* ⓒ 필기체 글자, 초서체로 쓴것. 파) **~·ly** *ad.*

cur·so·ri·al [kəːrsɔ́ːriəl] *a.* 【動】 달리기에 알맞은 (발을 가진), 주행성(走行性)의: ~ birds 주금류(走禽類) 《타조·화식조 등》.

cur·so·ry [kə́ːrsəri] *a.* 몹시 서두른(rapid), 조잡한, 엉성한

curt [kəːrt] *a.* (1) 간략한, 간결한, 짧게 자른. (2) 무뚝뚝한, 퉁명스런: a ~ answer 퉁명스러운 대답 / be ~ *to* a person ~에게 무뚝뚝하다〈퉁명스럽다〉. 파) **ˊ·ly** *ad.* **ˊ·ness** *n.*

***cur·tail** [kəːrtéil] *vt.* (1) …을 짧게 줄이다(shorten) ; 생략하다 ; (원고 따위)를 간략하게 하다 ; 삭감하다 ~ a program 예정 계획을 단축하다 (2) 《~+目/+目+前+名》 …을 박탈하다, 빼앗다《*of*》 : ~ a person *of* his privilege ~의 특권을 박탈하다.

⁑**cur·tain** [kə́ːrtən] *n.* (1) ⓒ 커튼, 휘장 : open 〈close〉 a ~ 커튼을 열다〈닫다〉 / draw the ~(*s*) 커튼을 잡아 당기다《대개의 경우 닫는 것을 의미함》. (2) a] ⓒ (극장의) 막, 휘장 : The ~ rises. 막이 오르다. 개막되다. b] ⓤ 개막〈개연(開演)〉 (시간). (3) ⓒ 막 모양의 것 ; 뒤덮는〈가리우는〉 것《*of*》. a ~ *of* mist 자욱한 안개 / a ~ of fire 탄막(彈幕) / a ~ *of* secrecy 비밀의 베일. (4) (*pl.*) 《俗》 죽음, 최후, 종말 ***behind the ~*** 비밀리에, 배후에서; 막후에서 ; 남몰래. ***draw the ~ on*** …에 커튼을 치고 가리다, …을 (다음은 말 않고) 끝내다. ***lift the ~ on...*** 1) 막을 올리고 …을 보이다 2) …을 시작하다. 3) …을 터놓고 이야기하다. ***ring up 〈down〉 the ~*** 벨을 올려서 막을 올리다〈내리다〉 ; 개시를〈종말을〉 고하다《*on*》 take a ~(배우가) 관중의 갈채에 응하여 막 앞에 나타나다. — *vt.* 《~+目/+目+副》 …에 (장)막을 치다; …을 (장막)으로 덮다 ; (장)막으로 가리다〈막다〉《*off*》 : ~*ed* windows 커튼을 친 창문.

cúrtain wàll 【建】 외벽, 막벽, 칸막이 벽《건물의 무게를 지탱하지 않는》.

curt·sy, curt·sey** [kə́ːrtsi] (*pl.* ***curt·sies, -seys) *n.* ⓒ (여성이 무릎과 상체를 살짝 굽히고 하는)인사, 절: make 〈drop, bob〉 a ~ (여성이) 인사〈절〉하다.
— (***curt·sied, curt·sy·ing; curt·seyed, curt·sey·ing***) *vi.* (여성이) 무릎을 굽혀 인사하다. 깅이며

cur·va·ceous, -cious [kəːrvéiʃəs] *a* 《口》 곡선미가 있는, 성적 매력이 있는 : a ~ blonde 날씬한 금발 미인.

cur·va·ture [kə́ːrvətʃər] *n.* ⓤⓒ (1) 굴곡·만곡(灣曲). (2) 【數】 곡률(曲率). (3) 【醫】 (신체 기관의) 비정상적인 만곡: spinal ~ 척추의 만곡.

⁑**curve** [kəːrv] *n.* ⓒ (1) 만곡(부), 굽음, 커브, 곡선 : go round a ~ 커브를 돌다 / draw a ~ 곡선을 그리다. (2) a] 곡선 모양의 것. b] (제도용의) 곡선자 : a French ~ 운형자. (3) 【野】 곡구(曲球)(curve ball). (4) 【統】 곡선도표, 그래프 (5) 【敎】 상대평가, 커브 평가《학생의 인원 비례에 의함》 : mark on a〈the〉 ~ 상대 평가로 평점하다. (6) 책략, 속임 (7) (흔히 *pl.*) (여성의) 곡선미 : a woman with ample ~*s* 곡선미가 풍부한 여성. — *vt.* (1) …을 구부리다; 만곡시키다. (2) 【野】 …을 커브시키다. — *vi.* 《~/+前+名》 구부러지다, 만곡하다; 곡선을 그리다

curved [kəːrvd] *a.* 굽은, 만곡한, 곡선 모양의 : a ~ line 곡선/ the ~ surface of a lens 렌즈의 만곡한 면. 파) ***~·ness*** [-vidnis] *n.*

cur·vi·lin·e·al, -e·ar [kə̀ːrvilíniəl], [-niər] *a.* 곡선의〈으로 된〉, 곡선을 이루는: *curvilinear* motion 곡선운동 / a *curvilinear* angle 곡선각.

curvy [kə́ːrvi] (***curv·i·er; -i·est***) *a* (1) (도로 등) 구불구불 구부러진, 굽은(데가 많은) : Eileen has a ~ figure. 에일린은 자세가 굽었다. (2) 곡선미의.

⁑**cush·ion** [kúʃən] *n.* ⓒ (1) 쿠션, 방석 ; (쿠션) 베개. (2) 쿠션 모양의 물건 ; 받침 방석 ; 바늘겨레 (pin ~) ; (스커트 허리에 대는) 허리받이. (3) 완충물, 완충재(材); 충격을 완화하는 것; 완화책〈제(制)〉 — *vt.* (1) …에 쿠션으로 받치다 ; …을 방석 위에 놓〈앉히〉다: ~*ed* seats 쿠션이 있는 좌석. (2) (충격·자극·악영향 등)을 완화시키다, 흡수하다 (3) 《+目+前+名》 (…으로부터 사람)을 지키다, 보호하다

cushy [kúʃi] (***cush·i·er; -i·est***) *a.* 《口》 (1) 편한, 쉬운, 편하게 돈버는《일·지위 따위》 : a ~ job 편한 일. (2) 《美》 (좌석 따위가) 부드러운, 쾌적한.

cuss [kʌs] 《口》 *n.* ⓒ (1) 저주, 욕설, 악담. (2) 놈, 녀석, 새끼: an odd ~ 이상한 녀석 be not worth a(tinker's) ~한푼의 가치도 없다. — *vt.*, *vi.* (…을) 저주하다, 악담하다; 비방하다.

cus·to·di·an [kʌstóudiən] *n.* ⓒ (1) (공공 건물 등의) 관리인 ; 수위. (2) 후견인, 보호자.

***cus·to·dy** [kʌ́stədi] *n.* ⓤ (1) 보관, 관리: have (the) ~ of …을 보관〈관리〉하다 / have ~of (a child) (아이)를 보호하다, have the ~of …을 보관하다. (2) 보호〈후견〉 (의 권리) (3) 구류, 구치, 감금 (imprisonment) : He was taken into ~. 그는 구류되었다.

⁑**cus·tom** [kʌ́stəm] *n.* (1) ⓤⓒ a] 관습, 풍습, 관행: keep up a ~ 관습을 지키다 / follow an old ~ 구습에 따르다 *Custom* makes all things easy. 《俗談》 배우기보다 익혀라. b] 【法】 관례, 관습〈법〉. (2) ⓤⓒ (개인의) 습관, 습관적 행위《※ 이 의미로는 habit이 일반적임》: (3) ⓤ (상점 등에 대한 손님의) 애호, 애고(愛顧); 〔集合的〕 고객 : increase 〈lose〉 ~ 단골을 늘리다〈잃다〉. (4) (*pl.*) 관세 : pay ~*s* on jewels 보석에 관세를 물다. (5) (the ~*s*) 〔單數 취급〕 세관: pass〈go through〉 (*the*) ~*s* 세관을 통과하다. ***as is one's ~*** 여느 때처럼 — *a.* 〔限定的〕 《美》 (기성품에 대해) 맞춘, 주문한: ~ clothes 맞춤 옷 (tailor-made 〈made-to-measure〉 clothes)/ a ~ car 특별 주문차. 관적으로, 관례상.

⁑**cus·tom·ary** [kʌ́stəmèri/ -məri] *a.* 습관적인, 재래의, 통례의 ; 【法】 관례에 의한, 관습상의: a ~ practice 관행 / It is ~ to tip bellboys in hotels. 호텔에서는 보이에게 팁을 주는 것이 관례이다 / *a* ~ law 관습법.

⁑**cus·tom·er** [kʌ́stəmər] *n.* ⓒ (1) (가게의) 손님, 고객; 단골, 거래처: a regular ~ 단골 손님 〈언제나 옳다〉《고객을 소중하게 여기라는 표어》. (2) 《口》 〔修飾語와 함께〕 놈, 녀석 : a queer ~ 이상한 녀석 /

a cool ~냉정한놈 an awkward(a run) ~다루기 어려운 녀석 .

:cut [kʌt] (*p., pp.* **~; ~·ting**) *vt.* (1) 《~+目/+目+補》 (칼 따위로) …을 베다, ~ one's finger 손가락을 베다 / ~ something open 무엇을 절개하다. (2) a] 《~+目/+目+目/+目+前+名/+目+補/+目+副》 …을 절단하다《*away* ; *off* ; *out*》 (나무)를 자르다 ; (풀 · 머리 · 등)을 깎다; (책의 페이지)를 자르다 ; (고기 · 빵 등)썰다(carve) b] 《+目(+*up*)》 (이익)을 분할하다, 분배하다: Let's ~ (*up*) the profits 70-30.이익은 7대 3로 나누자.
(3) (선 따위가 다른 선 따위)와 교차하다 ; (강 따위가) …을 가로질러 흐르다(4) 《~ +目/ 目+前+名》 〔~ one's 〈a〉 way의 꼴로〕 (물 등)을 헤치고 나아가다 《*through*》 ; (길) 을 내다, 파다《*through*》 ~ a canal 〈trench〉 운하를 개척하다〈도랑을 파다〉.
(5) 《~+目/+目+前+名》 (보석)을 잘라서 갈다, 깎다 ; (상(像) 등)을 새기다, 파다 ; (천 · 옷)을 재단하다, 마르다 : ~ a diamond 다이아몬드를 갈다/ a figure ~ *in* stone 돌에 새긴 상(像) / ~a coat 상의를 재단하다 (6) …을 긴축하다, (값 · 급료)를 깎다 《*down*》 ; (비용)을 줄이다 : ~ the pay 급료를 삭감하다 (7) (이야기 따위)를 짧게 하다, (영화 · 각본 따위)를 컷〈편집〉하다 : ~ a speech 연설을〈이야기를〉 짧게 하다 / ~ bedroom scenes (영화 등의) 베드신을 컷하다.
(8) 【라디오 · TV】 〔命令形〕 (녹음 · 방송)을 그만 두다, 중단하다, 컷하다《*out*》.
(9) (두드러진 동작 · 태도 따위)를 보이다, 나타내다 : ~ a poor figure 초라하게 보이다.
(10) 《+目+前+名》 (채찍 따위로) …을 세게 치다 ; (찬 바람 따위가) …의 살을 에다 ; …의 마음을 도려내다 (11) 《口》 …을 짐짓 모른 체하다, 몽따다, 무시하다 ; 《比》 …와 관계를 끊다, 절교하다(*off*) : 《口》 …을 포기〈단념〉하다; 《口》 (회합 · 수업 등)을 빼먹다, 빠지다 (12) …을 용해하다 ; (술 따위)를 묽게 하다 : Soap ~*s* grease. 비누는 유지를 녹이는 성질이 있다 (13) (어린이가 새 이)를 내다 : ~ a tooth이가 나다.(14) 【카드놀이】 (패)를 떼다; (공)을 깎아치다, 컷하다.(15) (테이프로) …을 녹음하다.
(16) …을 차단하다, 방해하다 ; (엔진 · 수도)를 끄다, 끊다《*off*》 : ~ (*off*) the (supply of) gas 가스를〈의 공급을〉 끊다.
(17) (말 따위)를 거세하다.— *vi.* (1) 《+副》 베어지다, (날이) 들다 (2) 《+前+名》 곧바로 헤치고 나아가다, 뚫고 나아가다(3) 《+前+名》 지름길로 가다, 가로지르다(4) 《+副/+前+名》 (채찍 따위로) 세차게 치다 ; (배트 등을) 휘두르다 ; (찬바람 따위가) 살을 에나 . 남의 간정을 해치다, 급수에 사무치다; 핵심을 찌르다 (5) 《口》 급히 떠나다〈가다〉, 질주하다, 도망치다 : I must ~. 나는 빨리 돌아가야 해. (6) (이가) 나다. (7) 【카드놀이】 (패를) 떼다. (8) (구기 에서) 공을 깎아치다. (9) 【映】 〔흔히 命令法으로〕 촬영을 그만하다, 컷하다***be ~ out for*** 〈***to*** be, ***to*** do〉 〔흔히 否定文으로〕 …에 〈하기에〉 적합하다〈적임이다, 어울리다〉. ***~ a caper***(***s***) ⇨ CAPER[1]. ***~ across*** 1) (들판 따위를) 질러가다. 2) …와 엇갈리다. 3) 《比》 …을 초월하다. ***~ a dash*** ⇨ DASH. ***~ a*** (***fine***) ***figure*** 두각을 나타내다, 이채를 띠다. ***~ and run*** 1) (배가) 닻줄을 끊고 급히 출범(出帆)하다. 2) 《口》 허둥지둥 달아나다. ***~ back*** 1) (나뭇가지 따위를) 치다.3) (영화 · 소설 등에서, 앞에 묘사한 장면 · 인물 등으로) 되돌아가다, 컷백하다. 【cf】 cutback. ***~ both ways*** 유리 · 불리의 양면을 지니다, 좋은 면도 나쁜 면도 있다. ***~ corners*** 빠른길〈지름길〉을 택하다, 시간〈노력, 비용〉을 절감하다; 값싸게〈쉽게〉 일을 끝내다. ~ a person ***dead*** 아무를 아주 모르는 체하다. ***~ down*** 1) (나무)를 베어 넘기다. 2) (적)을 베어 죽이다, 때려눕히다. 3) (값)을 깎다, 에누리하다《*to*》 : (비용 · 수당)을 삭감하다. 4) (헌 옷)을 줄여 고치다, 줄이다. 5) (질병 따위가 사람)을 쓰러뜨리다 ***..down to size*** (과대 평가된 사람 · 능력 · 문제 등을) 그에 상응한 수준에 까지 내리다, …의 콧대를 꺾다. ***~ in*** 1) 끼어들다; (남의 이야기 따위에) 참견하다 《*on*》 2) (사람 · 자동차가) 새치기하다《*on*》 3) (춤 추는데) 춤 상대를 가로채다《*on*》. ***~ into*** 1) (고기 · 케이크 등)에 칼을 대다. 2) (이야기 · 줄 따위)에 끼어들다, …을 방해하다. 3) (일 등이 시간을) 잡아먹다. 4) (예금 등을 하는 수 없이) 헐어서 쓰다, (이익 · 가치 등을) 줄이다***~ it*** 1) 《美俗》 (주어진 처지에서) 훌륭히〈잘〉 하다. 2) 《俗》 달리다, 내빼다. 3) 〔命令法〕 그만둬라, 입닥쳐. ***~ it fine*** (돈 · 시간 따위를) 바짝〈최소한도로〉 줄이다. ***~ loose*** 1) 사슬〈구속〉을 끊고 놓아주다; 관계를 끊다; 도망치다. 2) 《口》 거리낌없이 행동하다, 방자하게 굴다; 법석을 떨다, 통음(痛飮)하다. 3) 활동〈공격〉을 개시하다. ***~ no ice*** 《俗》 아무런 효과도 없다. ***~ off*** (*vt.*) 1) …을 베어〈잘라〉내다, 떼어내다; 삭제하다《*from*》 2) …을 중단하다, (가스 · 수도 · 전기 따위)를 끊다; (수당 등)을 끊다 3) (통화 · 연락 등)을 방해하다; (통화중) 상대의 전화를 끊다 4) (퇴로 · 조망 등)을 차단하다; (사람 · 마을 · 부대 따위)를 고립시키다 5) (엔진등)을 멈추다. 6) 〔흔히 受動으로〕 (병 따위가 아무)를 쓰러뜨리다 7) 폐적(廢嫡)〈의절〉하다. 8) 【野】 (외야로부터의 공)을 컷하다. (*vi.*) 1)서둘러 떠나다. 2) (기계가) 서다. ***~ off*** one***'s nose to spite*** one***'s face*** 짓궂게 굴다가 오히려 자기가 손해보다, 남을 해치려다 도리어 제가 불이익을 받다. ***~ out*** 1) 오려내다, 잘라내다 《*of*》 : 제외하다, 제거하다 ; (차량을) 분리하다. 2) 잘라서 만들다, (옷을) 재단하다. 3) 〔흔히 *pp.*〕 예정하다, 준비하다; 알맞게 하다. 4) 《比》 (아무)를 대신하다, (경쟁 상대를) 앞지르다, (상대를) 제쳐놓다, 이기다. 5) 【海軍】 (적의 포화를 뚫고 가서, 또는 항구 안에서 적의 배를) 나포하다 : 【카드놀이】 (패를 떼어) 게임을 쉴 사람을 정하다, 쉬게 하다; 게임을 쉬다 ; 《美 · Austral.》 (동물을) 그 무리에서 떼어놓다, 고르다 ; 《Austral.》 양털 깎기를 마치다; (활동을) 마치다, (재잘거림 등을) 그만하다; (흡연 등을) 그만두다 ; (앞차를 추월하려고) 차선을 벗어나다: *Cut out!* 그만둬 / ~ *out* tobacco 〈smoking〉 담배를 끊다. 6) (엔진이) 멈추다 : (기계를) 세우나 . 히터 따위가 저절로 정지하다 ; 《Austral.》 (도로 등이) 막다르다 7) 《口》 급히 떠나다〈도망하다〉. 8) 【印】 컷을〈삽화를〉 넣다. 9) (침식(浸蝕)에 의하여) 형성하다. ***~ short*** ⇨ SHORT. ~ one***'s teeth on*** ⇨TOOTH. ***~ up*** 1) 근절하다 ; 째다, 난도질하다; 분할하다 ; 《口》 …에게 자상을 입히다 ; (적군)을 괴멸시키다. 2) 《口》 매섭게 혹평하다. 3) 《口》 〔흔히 受動으로〕 (몹시) …의 마음을 아프게 하다, 슬프게 하다《*at* ; *about*》. 4) (몇 벌로) 재단되다, 마를 수 있다 《*into*》. 5) 《美》 (소란을) 일으키다, 장난치다. 6) 《俗》 짬짬이 시합을 하다. 7) 《美口》 까불다, 익살 떨다(clown) ***~ up rough*** 〈***savage, rusty, stiff, ugly, nasty***〉 《口》 성내다 ; 난폭하게 굴다, 설치다.
— *a.* 〔限定的〕 (1) 벤; 베인 상처가 있는 ; 베어낸 : ~ flowers (꽃꽂이용으로) 자른〈베어 낸〉 꽃. (2) 짧

게 자른, 잘게 썬 : ~ tobacco 살담배. (3) 새긴 판. (4) 삭감한, 바짝 줄인, 할인한: ~ prices 할인 가격, 특가(特價). (5) 거세한. (6) 《俗》 술취한: ***~ and dried*** 〈***dry***〉 =CUT-AND-DRIED.

— *n.* (1) ⓒ 절단; 한 번 자르기, 일격: 《美野球俗》 타격, 치기, 스윙(2) ⓒ 베인 상처 (3) ⓒ 단편, 절단〈삭제〉 부분. (4) ⓒ a] (각본·필름 등의) 컷, 삭제; 【映·TV】 급격한 장면 전환, 컷 : make ~*s* in a play 극본의 몇 군데〈군데군데〉를 삭제하다. b] (값·경비 등의) 삭감, 깎음, 할인, 임금 인하(5) ⓒ (철로의) 개착 ; 해자(垓字), 수로 ; (배경을 올리고 내리는 무대의 홈. (6) ⓒ 지름길 (shortcut) ; 횡단로. (7) ⓒ 한 조각, 고깃점, 베어낸 살점, 큰 고깃덩어리: a ~ of beef 쇠고기 한 덩어리 / a ~ of a pie 파이 한 조각. (8) ⓒ 《口》 (이익·약탈품의) 배당, 몫 (share): His ~ is 20%. (9) (*sing.*) a] (옷의) 재단(법): a suit of poor ~ 재단을 잘못한 옷. b] (조발의) 형. c] (사람의) 형, 종류: (10) ⓒ 목판(화) ; 삽화, 컷. (11) ⓒ 신랄한 비꼼 ; 냉혹한 취급《*at*》 : give a ~ *at* a person 아무의 마음을 모질게 상처주다. (12) ⓒ 《口》 a] (아는 사람에게) 모르는 체함: give a person the ~ 아무에게 모르는 체하다. b] (수업 따위의) 무단 결석, 빼먹기. (13) ⓒ 【카드놀이】 패를 떼기, 패떼는 차례. (14) ⓒ 【球技】 공을 깎아치기, 커트; (공의)회전. (15) (*sing.*) a] (목재의) 벌채량. b] (양털 등의) 깎아낸 양, 수확량. ***a ~ above*** 〈***below***〉 《口》 …보다 한 수 위〈아래〉: *a* ~ *above* one's neighbors 이웃사람들보다 한층 높은 신분. ***make the ~*** 목적에 도달하다; 성공하다. ***the ~ of*** a peron***'s jib*** ⇨ JIB[1].

cut-and-dried, -dry [ˊəndd̀ráid], [-drái] *a.* 틀에 박힌, 평범한, 신선함이 없는, 무미 건조한

cut·a·way [kʌ́təwèi] *a.* (1) (웃옷의) 앞자락을 뒤쪽으로 어슷하게 재단한. (2) (설명도 등) 안이 보이도록 표층부를 잘라낸. — *n.* ⓒ (1) 모닝코트(= ˊ~ **cóat**). (2) 절단면《안이 보이는 설명도》.

cute** [kjuːt] (cút·er; cút·est***) *a.* (1) 《口》 기민, 〈영리〉한, 빈틈없는 a ~ merchant 빈틈없는 상인/ a ~ lawyer 기민한〈머리가 영리한〉 변호사. (2) 《口》 (아이·물건 등이) 귀여운, 예쁜: a ~ little girl 귀여운 여자애/ a ~ watch 예쁜 시계. (3) 《美口》 젠체하는, 눈꼴신, 태깔스러운, 거드럭거리는, 점잖빼는: Don't get ~ with me! 내 앞에서 젠체해 봐야 소용없네. 파) ˊ~ **·ly** *ad.* ˊ~ **·ness** *n.*

cu·ti·cle [kjúːtikl] *n.* ⓒ (1) 【解】 표피(表皮), 외피, (2) 【植】 상피 (上皮). (3) (손톱 뿌리 쪽의) 연한 살갗, 엷은 껍질.

cu·tie, 《美》 **cut·ey** [kjúːti] *n.* ⓒ (1)《美口》〔호칭으로〕 귀여운(예쁜) 처녀. (2) 《俗》 (상대의 의표를 찌르려는) 사람〈선수〉, 모사(謀士) ; 아는 체하는 〈건방진〉 놈. (3) 《俗》 교묘한 작전; 책략.

cut·lery [kʌ́tləri] *n.* ⓤ 〔集合的〕 칼붙이 ; 칼 제조(판매)업; 식탁용 날붙이《나이프·포크 따위》

***cut·let** [kʌ́tlit] *n.* ⓒ (특히 소·양의) 얇게 저민 고기 ; (저민고기·생선살 등의) 납작한 크로켓 : lamb ~*s*.

cut·line [kʌ́tlàin] *n.* ⓒ (신문·잡지의 사진 등의) 설명 문구(caption).

cut·off [ˊɔ̀ːf, ˊɑ̀f/ ˊɔ̀f] *n.* (1) ⓒ a] 절단, 차단. b] (회계의) 마감일, 결산일. (2) ⓒ 【機】 (파이프를 통하는 물·가스·증기 등의) 차단 장치. (3) ⓒ 《美》 지름길, (고속 도로의) 출구. (4) (*pl.*) 무릎께 까지 자른 청바지 — *a.* 마감하는.

cut·out [ˊàut] *n.* ⓒ (1) 도려내기〈오려내기〉 세공 (applique); 오려낸 그림; (각본·필름 등의) 삭제 부분. (2) 【電】 안전기(器), 개폐기.

cut-price [ˊpràis] *a.* (1) 할인 가격의, 특가(特價)의 : ~ goods 특가품. (2) 〔限定的〕 특가품을 파는, 할인 판매하는 : a ~ store 할인 판매점.

cut-rate [ˊréit] *a.* 할인한: a ~ ticket 할인표.
— *n.* 할인가격(요금), 특가.

***cut·ter** [kʌ́tər] *n.* ⓒ (1) a] 자르는〈베는〉 사람; 재단사. b] 【映】 필름 편집자. (2) 절단기, 재단기. (3) a] 군함용의 소정(小艇), 커터. b] 《美》 밀수 감시선, 연안 경비선, 외돛대의 소형 법선.

cut·throat [kʌ́tθròut] *n.* ⓒ (1) 살인자(murderer). (2) 《英》 (날 덮는 집이 없는) 서양 면도날 (=**cútthroat rázor;** 《美》 **stráight rázor**). — *a.* 〔限定的〕 (1) 살인의, 흉포한: a ~ rogue 흉포〈흉악〉한, 파괴적인, 악한. (2) (경쟁 따위가) 격렬〈치열〉한, 살인적인

‡**cut·ting** [kʌ́tiŋ] *n.* (1) ⓤⓒ 절단, 재단, 도려〈베어〉내기 ; 벌채. (1) ⓒ 《英》 (철도 등을 위한 산중의) 깎아낸〈파서 뚫은〉 길. (3) ⓒ 꺾꽂이 묘목, 삽목묘(揷木苗) (4) ⓒ 《英》 (신문 등의) 오려낸 것(《美》 clipping). (5) ⓤ 【映】 필름 편집, 녹음 테잎 편집. — *a.* (1) 〔限定的〕 (날이) 잘 드는, 예리한: a ~ blade 예리한(칼)날. (2) (눈 등이) 날카로운(penetrating). (3) (바람 등이) 살을 에는 듯한 : a ~ wind 살을 에는 듯한 찬바람. (4) (말 따위) 통렬한, 신랄한

cut·tle·fish [-fìʃ] (*pl.* ***-fish·es,*** 〔集合的〕 ***-fish***) *n* (1) ⓤ 【動】 오징어. (2) ⓒ 오징어의 몸.

cút·ty sárk [kʌ́ti-] (1) 《Sc.》 짧은 여성복《셔츠, 스커트, 슬립 등》. (2) 《C- S-》 커티 사크《스카치 위스키의 한 종류; 商標名》.

cut·up [kʌ́tʌ̀p] *n.* ⓒ《口》개구쟁이, 장난꾸러기 ; 흥겨워 떠들석함, 유쾌한 연회.

cut·wa·ter [ˊwɔ̀ːtər, ˊwɑ̀t-] *n.* ⓒ (1) 이물〈뱃머리〉의 물결 헤치는 부분. (2) (물살이 갈라져 쉽게 흐르게 하기 위한) 교각(橋脚)의 모난 가장자리(물가름).

cy·a·nide [sáiənàid, -nid] *n.* ⓤ 【化】 시안화물 ; 《특히》 청산칼리 : mercury ~ 시안화수은.
— *vt.* 시안으로 처리하다.

cy·a·no·sis [sàiənóusis] (*pl.* ***-ses*** [-siːz]) *n.* ⓤ 【醫】 청색증(青色症), 치아노오제《혈액중의 산소결핍 때문에 피부나 점막이 암자색(暗紫色)으로 변하는 상태》.

cy·ber·na·tion [sáibərnéiʃən] *n.* ⓤ 사이버네이션《컴퓨터에 의한 자동 제어》.

cy·ber·net·ics [sàibərnétiks] *n.* ⓤ 인공 두뇌학, 사이버네틱스(제어와 전달의 이론 및 기술을 비교 연구하는 학문).

cy·borg [sáibɔːrg] *n.* ⓒ 사이보그《우주 공간처럼 특수한 환경에서도 살 수 있게 신체기관의 일부가 기계로 대치된 인간·생물체》.

cy·cla·mate [sáikləmèit] *n.* ⓤⓒ 【化】 사이클러메이트《무영양의 인공 감미료》.

‡**cy·cle** [sáikl] *n.* ⓒ (1) 순환, 한 바퀴 : ⇨BUSINESS CYCLE / the ~ theory 【經】 경기 순환설/ the ~ of the seasons 계절의 순환(변동). (2) 주기, 순환기: on a ten year ~ 10년 주기로. (3) 한 시대, 긴 세월. (4) (사시(史詩)·전설따위의) 일군(一群) (5) 【電】 사이클, 주파 : ~*s* per second 초당〈매초〉 사이클《略: Cps, c.p.s.》. (6) 자전거 ; 3륜차(tricycle) ; 오토바이: by ~ 자전거〈3륜차, 오토바이〉로《※ by ~ 은 관사가 붙지 않음》. (7) 【컴】 주기, 사이클《1) 컴퓨터의 1회 처리를 완료하는데 필요한 최소 시간 간격,

2) 1단위로서 반복되는 일련의 컴퓨터 동작》.

cy·cle·track, -way [sáikltræ̀k], [-wèi] *n.* ⓒ 자전거용 도로, 자전거 길.

cy·clic, -li·cal [sáiklik, sík-], [-əl] *a.* (1) 주기(週期)의, 주기적인, 순환하는; 윤전하는 (2) (cyclic) 사시(史詩)〈전설〉에 관한: the ~ poets 호메로스에 이어 트로이 전쟁을 읊은 시인들. 파) **cý·cli·cal·ly** *ad.*

***cy·cling** [sáikliŋ] *n.* ⓤ (1) 사이클링, 자전거 타기, 자전거 여행 : go ~ 자전거 여행을 가다. (2) 【競】 자전거 경기〈경주〉, 순환운동.

***cy·clist** [sáiklist] *n.* ⓒ자전거 타는 사람〈선수〉.

cy·clone [sáikloun] *n.* ⓒ (1) 《口》 선풍, 큰 회오리바람. 【cf】 tornado. (2) 【氣】 구풍, (인도양 방면의) 폭풍우, 사이클론

cy·clon·ic, -i·cal [saiklánik/ -klɔ́n-], [-əl] *a.* (1) 사이클론〈선풍(성)〉의. (2)세찬, 강렬(强烈)한.

cy·clo·pe·dia, -pae- [sàikloupíːdiə] *n.* ⓒ 백과사전《※ encyclopedia의 생략형》. 파) **-dic** *a.*백과 사전의; 백과적인, 여러 방면에 걸친, 다양한.

Cy·clops [sáiklɑps/ -klɔps] (*pl.* ***Cy·clo·pes***) [saiklóupiːz]) *n.* ⓒ (1) 【그神】 키클롭스《외눈의 거인》. (2) (c-) 외눈박이.

cy·clo·tron [sáiklətrɑ̀n/ -trɔ̀n] *n.* ⓒ 【物】 사이클로트론《원자 파괴를 위한 이온 가속 장치》.

cyg·net [sígnit] *n.* ⓒ 백조〈고니〉의 새끼.

****cyl·in·der** [sílindər] *n.* ⓒ (1) 원통 ; 【數】 원기둥 ; 주면체(注面體). (2) 【機】 실린더, 기통 : a five ~ engine 5기통 엔진. (3) (회전식 권총의) 회전 탄창(彈倉). (4) 【컴】 원통, 실린더《자기(磁氣) 디스크장치의 기억 장소의 단위》. ***function* 〈*click, hit, operate*〉 *on all* 〈*four, six*〉 *~s*** (엔진이 모두 가동하고 있다; 《比》 전력을 다하고 있다, 풀 가동이다. ***miss on all* 〈*four*〉 *~s*** 상태가 나쁘다, 저조하다. — *vt.* 실린더를 달다, 실린더의 작용을 받게 하다.

cy·lin·dric, -i·cal [silíndrik], [-əl] *a.* 원통(모양)의; 원주 (모양)의: a *cylindrical* tank 원통형 탱크. 파) **-cal·ly** *ad.*

***cym·bal** [símbəl] *n.* ⓒ (흔히 *pl.*) 【樂】 심벌즈《타악기》.

Cym·ric [kímrik, sím-] *a.* 웨일스 사람〈말〉의. — *n.* ⓤ 웨일스 말《略 : Cym.》.

***cyn·ic** [sínik] *n.* (1) ⓒ (c-) 키니코스〈견유(犬儒)〉학파의 사람. (2) (the C-s) 키니코스〈견유〉학파《Antisthenes가 창시한 고대 그리스 철학의 한파》. (3) ⓒ 냉소하는 사람, 비꼬는 사람, 빈정대는 사람. — *a.* (1) (C-) 견유학파의〈적인〉. (2) = CYNICAL.

***cyn·i·cal** [sínikəl] *a.* 냉소적인(sneering), 비꼬는; 인생을 백안시하는: a ~ smile 냉소적인 웃음. 파) **~·ly** *ad.*

cyn·i·cism [sínəsìzəm] *n.* (1) ⓤ (C-) 견유(犬儒)주의, 견유철학, 시니시즘. 【cf.】 CYNIC. (2) a] ⓤ 냉소, 비꼬는 버릇, 비꼬는 말

cy·no·sure [sáinəʃùər, sínə-] *n.* ⓒ 만인의 주목(찬미)의 대상《*of*》.

Cyn·thia [sínθiə] *n.* (1) 【그神】 킨티아 《달의 여신 Artemis 〈Diana〉의 별명》. (2) ⓤ 《詩》 달.

***cy·press** [sáipris] *n.* (1) ⓒ 【植】 삼(杉)나무의 일종 ; 그 가지《애도의 상징》. (2) ⓤ 그 재목 : japanese ~ 노송나무.

Cyp·ri·an [sípriən] *a.* (1) Cyprus의. (2) 사랑의 여신 Aphrodite 〈Venus〉의.
— *n.* (1) ⓒ Cyprus 사람. (2) (the ~) 여신 Aphrodite 〈Venus〉 (※ Cyprus인의 뜻으로는 지금은 Cypriot가 보통》.

Cy·ril·lic [sirílik] *a.* 키릴 자모〈문자〉의(로 쓰여진). — *n.* (the ~) 키릴 자모(字母)《현 러시아어 자모의 모체》.

cyst [sist] *n.* ⓒ 【生】 포낭(包囊). (2) 【醫】 낭포(囊胞), 낭종(囊腫): the urinary ~ 방광.

cys·tic [sístik] *a* (1) 포낭이 있는. (2) 【醫】 방광의 ; 담낭의(gall bladder).

cys·ti·tis [sistáitis] *n.* ⓤ 방광염.

cy·tol·o·gy [saitálədʒi/-tɔ́l-] *n.* ⓤ 세포학.

cy·to·plasm [sáitouplæ̀zm] *n.* ⓤ 【生】 세포질.

***czar** [zɑːr] *n.* ⓒ (1) 황제, (종종 C-) 차르, 러시아 황제. (2) 전제 군주(autocrat); 독재자, 권력자. (3) 제일인자, 권위, 대가 : a ~ of industry =an industrial ~ 공업왕《※ tsar, tzar라고도 씀》.

cza·ri·na [zɑːríːnə] *n.* ⓒ (1) (제정 러시아의) 황후. (2) (제정 러시아의) 여제(女帝).

czar·ism [záːrizəm] *n.* ⓤ (특히 제정 러시아 황제의) 독재〈전제〉 정치.

***Czech, Czekh** [tʃek] *n.* (1) 체코 공화국《수도는 Prague》. (2)ⓒ 체크인(Bohemia와 Moravia에 사는 슬라브 민족). (3) ⓤ 체크어(語).— a. 체코(공화국)의 ; 체크인의 ; 체크어의.

Czéch Repúblic (the ~) 체코 공화국《유럽 중부의 독립국; 1993년 체코슬로바키아가 해체되면서 분리 독립; 수도는 Prague》.

Czer·ny [tʃérni, tʃə́ːrni] *n.* **Karl ~** 체르니《오스트리아의 피아니스트 : 1791-1857》.

D

D,d [diː] (*pl.* **D's, Ds, d's, ds** [-z]) (1) ⓤⓒ 디《영어 알파벳의 넷째 글자》. D for David David의 D. (2) ⓤⓒ (D)《美》가(可)《학업 성적의 최저 합격점》(3) ⓤⓒ (연속된 경우의) 네번째 사람〈것〉. (4) ⓤ 【樂】 라음《고정 도창법의 '레'》; 라조(調): D major 〈minor〉 라장조〈단조〉. (5) ⓒ D 자형의 것: a *D* valve. D형 밸브. (6) ⓤ (로마 숫자의) 500 : CD =400. (7) ⓤ 【컴】 (16진수)의 D《10진법 에서 13》.

D density; deuterium. **D.** December; Democrat(ic); *Deus*《L.》(=God); Dutch. **d** deci-; dated; daughter; dead *or* died; degree; dele; denarius *or* denarii; diameter; dime; dividend; dollar(s); dose. **DA**《美》District Attorney.

dab[1] [dæb] (***-bb-***) *vt.* (1)《~+目/+目+前+名》…을 가볍게 대다〈두드리다〉 (2) (페인트・고약 등)을 아무렇게나 쓱 바르다 — *vi.*《+前+名》가볍게 두드리다〈스치다, 대다〉

— *n.* (1) ⓒ 가볍게 두드리기. (2) ⓒ (페인트・약 따위를) 가볍게 (쓱) 바르기. (3) ⓒ《口》소량《*of*》: a ~ of peas 한 줌의 완두콩. (4)《英俗》지문(指紋).

***dab·ble** [dǽbəl] *vt.* (물속에서 손발)을 철벅거리다, 튀겨서 적시다. — *vi.*《+前+名》(1) 물장난하다; 물장구치다 : ~ *in* water 물장난을 치다. (2) 장난(취미)삼아 해보다《*in; at; with*》: ~ *at* painting 취미로 그림을 그리다.

dab·bler [-ər] *n.* 취미삼아 하는 사람, 도락삼아 하는 사람.

dáb hánd《英俗》명인(名人)《*at*》: He's a ~ *at* chess. 그는 체스의 명수다.

DAC《美》Development Assistance Committee (개발 원조 위원회; OECD의 하부 기관).

dac·ty·lol·o·gy [dæ̀ktəlɑ́lədʒi/ -lɔ́l-] *n.* ⓤⓒ (농아자의) 수화(手話)(법), 지화(指話)법〈술〉.

***dad** [dæd] *n.* ⓒ《口》아빠, 아버지(낯선 사람에게).

da·da (**·ism**) [dɑ́ːdɑː(izəm), dɑ́ːdə(-)] (때로 D-) *n.* ⓤ 다다이즘《허무적 예술의 한 파》.

***dad·dy** [dǽdi] *n.* ⓒ《口》아버지 ; 아빠(dad). 【cf】 mammy.

dad·dy-long·legs [dǽdilɔ́ːŋlegz/ -lɔ́ŋ-] (*pl.* ~) *n.* (1)《美》장님거미 (harvestman). (2)《英》꾸정모기 (crane fly).

da·do [déidou] (*pl.* ~(***e***)***s***) *n* ⓒ (1) 【建】 징두리 판벽《벽면의 하부》. (2) 기둥뿌리《둥근 기둥 하부의 네모난 데》. — *vt.*…에 징두리 판벽을 붙이다. (판자 등에) 홈을 파다.

Daed·a·lus [dédələs/ díː-] *n.* 【그神】 다이달로스《Crete섬의 미로(迷路) 및 비행 날개를 만든 명장(名匠)》.

dae·mon·ic [diːmɑ́nik/ -mɔ́n-] *a.* =DEMONIC.

‡daf·fo·dil [dǽfədìl] *n.* (1) ⓒ 【植】 나팔수선화. (2) ⓤ 담황색.

daf·fy [dǽfi] (***daf·fi·er; -fi·est***) *a.*《口》(1) 어리석은(silly). (2) 미친(crazy). ***~ about*** ~에 반하여(미쳐, 열중하여).

daft [dæft, dɑːft] *a.* (1) 어리석은, 얼빠진, 미친; 발광하는, 들떠서 떠들어대다. (2)〔敍述的〕(…에) 열중〈골몰〉한. ***go ~*** 발광하다. 파) **~·ly** *ad.* **~·ness** *n.*

‡dag·ger [dǽgər] *n.* ⓒ (1) (양날의) 단도, 단검. (2) 【印】 칼표 ; 대거《†》. ***at ~s drawn*** 몹시 적의를 품고; 견원지간의 사이로서. ***look ~s at*** …을 노려보다. ***speak ~s to*** …에게 독설을 퍼붓다.

da·go [déigou] (*pl.* ~(***e***)***s***) *n.* (종종 D-)《俗・蔑》이탈리아〈스페인, 포르투칼〉(계의) 사람.

da·guerre·o·type [dəgέərətàip, -riə-] *n.* (1) ⓤ (옛날의) 은판 사진술. (2) ⓒ 은판 사진.

— *vt.* (옛날의) 은판 사진으로 찍다.

Dag·wood [dǽgwud] *n.* ⓤⓒ《美俗》(종종 d-) 대그우드 샌드위치.

***dahl·ia** [dǽljə, dɑ́ːl-/ déil-] *n.* ⓒ 【植】 달리아; 달리아 꽃. ⓤ 달리아 빛..

‡dai·ly [déili] *a.*〔限定的〕(1) 매일의; 일상적인: ~ exercise 매일의 운동 / ~ life 일상 생활. (2) 날마다의, 일당으로 하는 : a ~ wage 일당 / ~ interest 일변(日邊). (3) (신문 등) 일간의 : a ~ (news) paper 일간 신문. — *ad.* 매일(everyday), 끊임없는. — (*pl.* ***-lies***) *n.* ⓒ (1) 일간 신문. (2)《英》통근하는 파출부(= **~ hélp**). — *ad.* 매일, 날마다.

dáily bréad (흔히 one's ~) 그날그날 필요한 양식, 생계: earn *one's* ~ 생활비를 벌다.

‡dain·ty [déinti] *a.*(1)우미한, 고상한, 미려한: a ~ dress 우아한 옷. (2)맛좋은, 풍미있는 : a ~ dish 맛있는 요리. (3) (기호가) 까다로운, 사치를 좋아하는, (음식을) 가리는.

— *n.* ⓒ 맛좋은 것, 진미(珍味).

파) **-ti·ly** [-tili] *ad.* **-ti·ness** [-tinis] *n.*

‡dairy [dέəri] *n.* ⓒ (1) (농장 안의) 착유장 ; 버터・치즈 제조장. (2) 우유〈버터〉 판매점. — *a.*〔限定的〕낙농의 : ~ products 낙농〈유〉제품/ a ~ farmer 낙농업자.

dáiry càttle〔集合的; 複數 취급〕젖소. 【cf】 beef cattle.

dair·y·maid [-mèid] *n.* ⓒ 낙농장에서 일하는 여자, 젖짜는 여자

dair·y·man [-mən] (*pl.* ***-men*** [-mən]) *n.* ⓒ (1) 낙농장 일꾼. (2)우유 장수; 낙농제품 판매업자.

‡dai·sy [déizi] *n.* ⓒ (1) 데이지 (《美》English ~); 프랑스 국화(=**óxeye ~**). (2)《俗》훌륭한〈제 1급의〉 물건〈사람〉, 일품, 귀여운 여자. **(*as*) *fresh as a ~*** 발랄하여, 매우 신선하여 ***push up* (*the*) *daisies***《俗》죽다, 죽어서 매장되다.

dáisy chàin (1) 데이지 화환《아이들이 목걸이로 함》. (2) 일련의 관련된 사건.

— *a.* 훌륭한, 아주 좋은. — *ad.*《美俗》굉장히(very)

***dale** [deil] *n.* ⓒ《詩・北英》(구능 지대 등의 널찍한) 골짜기. 【cf】 vale, valley.

dal·li·ance [dǽliəns] *n.* ⓤⓒ (1) (남녀간의) 희롱, 장난, 농탕(flirtation). ⓤ (시간의) 낭비.. (2) 빈들거림.

dal·ly [dǽli] *vi.*《~/+前+名》(1) a] (생각・문제 등을) 우물쭈물하다《with》: Bob *dallied with* the offer for days. 보브는 며칠이나 그 제안을 두고 꾸물거렸다. b] (이성과) 농탕치다 : ~ *with* a lover. (2) 빈들거리다 ; (시간 따위를) 허비하다

— *vt.*《+目+副》(시간 따위)를 낭비하다, 헛되이하다《*away*》: ~ *away* one's chance 호기(好機)를 헛되

이 놓치다, 시간을 낭비하다. 파) **dál·li·er** *n.*

Dal·ma·tian [dælméiʃən] *n.* ⓒ (흔히 d-) 달마티아 개(=**~ dóg**) 《흰 바탕에 검거나 적갈색의 작은 반점이 있는 큰 개》.

⁑**dam**[1] [dæm] *n.* ⓒ 댐, 둑 : build a ~ across the river 강을 가로질러 댐을 건설하다. — (**-mm-**) *vt.* 《~+目/+目+副》 (1) …에 댐을 건설하다 ; (흐름)을 둑으로 막다: ~ off the flow of the river 강의 흐름을 댐으로 막다. (2) (감정)을 억누르다 《*in* ; *up*; *back*》 : ~ *back* one's tears 눈물을 참다 / ~ *up* one's anger 분노를 억누르다.

⁑**dam·age** [dǽmidʒ] *n.* (1) ⓤ 손해, 손상, 피해(injury) : do〈cause〉 ~ to …에 손해 〈피해〉를 끼치다. (2) (the ~(s)) 《口》 대가(代價), 비용(cost) 《*for*》 : What's *the* ~ ? 비용은 얼마냐〈얼마나 주면 되겠소〉. (3) (pl.) 【法】 손해액, 배상금: claim〈pay〉 ~*s* 손해배상을 요구〈지불〉하다. — *vt.* (1) …에 손해를 입히다, (건강)을 해치다. (2) (남의 명예·체면)을 손상시키다.

※ damage는 '물건'의 손상, '사람·동물'의 손상은 injure.

dam·ag·ing [dǽmidʒiŋ] *a.* (1) 손해〈피해〉를 입히는, 해로운. (2) (법적으로) 불리한(진술 등) : a ~ statement 불리한 진술 / ~ evidence 불리한 증거.

Dam·a·scene [dǽməsìːn, ㅅ-ㄹ] *a.* (강철이) 물결 무늬가 있는, (금속에) 물결 무늬가 있게 하는 장식법의.

dam·ask [dǽməsk] *n.* ⓤ, *a.* (1) 단자(緞子)(의). 능직(綾織)(의). (2) 연분홍색(의).
— *vt.* 문직으로 하다, 무늬를 나타내다.

dámask róse (1) 다마스크 로즈《향기로운 연분홍색 장미의 일종》. (2) 연분홍색.

dame [deim] *n.* (1) ⓒ a] (특히 남성의 희극역을 하는) 중년 여자. 《古·詩》 귀부인. b] 《美俗》 여자: an old ~ 노부인. (2) 《英》 (D-) knight에 상당하는 작위가 수여된 여자의 존칭; knight 또는 baronet의 부인의 정식 존칭. (3) (D-) (자연·운명 등) 여성으로 의인화된 것에 붙이는 존칭: *Dame* Fortune 〈Nature〉 운명〈자연〉의 여신.

dam·mit [dǽmit] *int.* 《口》 염병할, 빌어 먹을 (damn it).

⁑**damn** [dæm] *vt.* (1) …을 비난하다, 매도하다: 악평하다. (2) …을(damn 이라 하며) 욕지거리하다. (3) (신이 사람)을 지옥에 떨어뜨리다, 벌주다: 저주하다. (4) 〔感歎詞的〕 제기랄, 젠장칠. — *vi.* '제기랄, 젠장맞을'하고 매도하다《※ damn을 속어로 여겨 그냥 d—n 또는 d— 이라 말하기도함》. ***Damn it!*** 빌어먹을 〈염병할〉것 같으니. ***~ with faint praise*** 추어느는 듯하면서 비난하다. ***I'll be*** 〈***I am***〉 ***~ed if ...*** 〔否定을 강조〕절대로 …않다: *I'll be ~ed if* I('ll) do such a thing. 그 따위 짓은 절대로 않겠다. (***Well,***) ***I'll be ~ed !*** 《口》 저런, 어머나, 허《놀람·초조·노염 따위를 나타내는 감탄사》. ***do*** (***know***) ***~ all*** 전혀 아무 일도 하지 않다.
— *n.* (1) ⓒ damn이라고 말하기, 저주, 매도. (2) 《口》 (a ~) 〔否定語와 함께〕 조금도 (않다): do *not* care a ~ =*don't* give a ~ 《口》 조금도 개의치 않다 / *not* worth a ~ 한푼의 가치도 없는.
— *a.*, *ad.* 《口》 =DAMNED : a ~ lie 새빨간 거짓말 / ~ cold 지독히 추운. ***a ~ thing*** 《俗》 =ANYTHING. ***~ all*** 《英俗》 아무것도 …않다 . You'll get ~ *all* from him. 그에게서 아무것도 얻을 게 없다. ***~ well*** 《俗》 확실히 (certainly), 훤히 (알고 있다 등).

dam·na·ble [dǽmnəbəl] *a.* (1) 지옥에 갈, 저주받을 만한. (1) 《口》 가증한, 지긋지긋한(confounded) ; 지독한 : ~ weather 지독한 날씨 / a ~ liar 형편없는 거짓말쟁이.
파) **-bly** [ㅅbəli] *ad.* 언어 도단으로 ; 《口》 지독하게 : *damnably* unkind 아주 불친절한.

dam·na·tion [dæmnéiʃən] *n.* (1) ⓤⓒ 비난, 악평 《*of*》. (2) ⓤ 지옥에 떨어뜨림, 천벌 ; 파멸(ruin) : (May) ~ take you! 이 벼락맞을 놈. — *int.* 아뿔사, 빌어먹을, 쳇. — *int.* 제기랄, 젠장, 분하다 (damn!)

damned** [dæmd, 《詩》 dǽmnid] (ㅅ-er; ㅅ-est, dámnd·est***) *a.* (1) a] 저주받은. b] (the ~) 〔名詞的; 複數 취급〕 지옥의 망자들. (2) 〈종종 d—d 라고 써서 [dìːd, dæmd]라 발음〕 《口》 지겨운, 지독한 : None of your ~ nonsense! 시시한 소리 작작 해라. —*ad.* 〔强意語〕 《口》 지독하게, 굉장히, 몹시 : It's ~ hot. 지독하게 덥다.

Dam·o·cles [dǽməklìːz] *n.* 【그神】 Syracuse 의 왕 Dionysus의 신하. ***the sword of ~*** = ***~ sword*** 신변에 따라다니는 위험《Dionysius왕이 연석에서 Damocles 머리 위에 머리카락 하나로 칼을 매달아, 왕위에 따르는 위험을 보여준 일에서》.

⁑**damp** [dæmp] *a.* 축축한, 습한, 습기찬 : ~ air 〈weather〉 습한 공기〈날씨〉 / a ~ cloth 축축한 천.
— *n.* ⓤ (1) 습기 ; 물기, 이내 : catch a chill in the evening ~ 저녁의 습기로 한기를 느끼다. (2) 기세를 꺾는 것〈일〉; 실의, 낙담. — *vt.* (1) …을 적시다, 축이다. (2) 《~+目/+目+副》 (기)를 꺾다, 좌절시키다; 낙담시키다. (3) (불·소리 등)을 약하게 하다, 끄다. (불)을 잿속에 묻다. (4) 【樂】 (현(絃) 따위)의 진동을 멈추게 하다. — *vi.* 【園藝】 (식물이) 습기 때문에 썩다, 시들다《*off*》. 파) **ㅅ·ly** *ad.* **ㅅ·ness** *n.* 습기.

damp·er [dǽmpər] *n.* ⓒ (1) 헐뜯는 〈기를 꺾는〉 사람〈것〉 ; 악평, 야료, 생트집: put a ~ on the show 쇼의 흥을 깨다. (2)(난로 따위의) 바람문, 통풍조절판(瓣), 댐퍼. (3) a] (피아노의) 소음 장치, 댐퍼. b] (바이올린의) 약음기(弱音器). c] (자동차의) 댐퍼, 충격 흡수 장치. — *vt.* 《口》 …의 흥을 깨다.

damp·proof [dǽmppruːf] *a.* 습기를 막는, 방습성의 : a ~ course =DAMP COURSE.

dámp squíb 《英口》 불발로 끝난〈헛짚은〉 계획, 헛일.

⁑**dance** [dǽns, dɑːns] *vi.* (1) 《~/+前+名》 춤추다《*with*》 : I ~*d with* her to the piano music. 피아노곡에 맞춰 그녀와 춤을 추었다. (2) 《~/+副》 뛰어 돌아다니다, 기뻐서 껑충껑충 뛰다 : (파도·나뭇잎 등이) 흔들리다: ~ *about* for joy 기뻐 날뛰다.
— *vt.* (1) (어떤 춤)을 추다 : ~ a〈the〉 waltz 왈츠를 추다. (2) ~를 춤추게 하다, …을 리드하다 ; (아이)를 춤추듯 어르다. (3)《+目+補/+目+前+名/+目+副》 (…이 될 때까지) 춤추게 하다 : ~ a person weary 아무가 녹초가 되도록 춤의 상대를 시키다. ***~ attendance on*** 〈***upon***〉 …의 뒤를 따라다니다, …의 비위를 맞추다. ***~ to*** a person***'s pipe*** 〈***tune, whistle***〉 남이 시키는 대로 행동하다. — *n.* (1) ⓒ a] 댄스, 춤 : a social ~ 사교 댄스. (2) ⓒ 댄스파티(dancing party) : 무도회《※ 영어로는 다른 파티 (a cocktail party등) ~와 구별하는 경우 아니면 a dance party 라고 하지 않음》 : go to a ~ 댄스파티에 가다 / give a ~ 무도회를 개최(開催)하다 / the

~ of death 죽음의 무도. ***lead*** a person ***a*** (***pretty, merry***) ~ 남을 여기저기 끌고 다니다〈계속 애먹이다〉.

dance·a·ble [dǽnsəbəl, dɑ́:ns-] *a.* (곡 등이) 댄스〈춤〉에 적합한, 댄스용의.

:danc·er [dǽnsər, dɑ́:ns-] *n.* ⓒ (1) 춤추는 사람. 무용가: She is a good ~. 그녀는 춤을 잘 춘다 (2)(직업적인) 댄서, 무희, 무용가: a ballet ~.

***dan·de·li·on** [dǽndəlàiən] *n.*ⓒ【植】민들레.

dan·der [dǽndər] *n.* ⓤ《口》노여움, 분노 (temper). ***get*** one***'s*** 〈a person***'s***〉 ***~ up***《口》성내다〈~를 성나게 하다〉.

dan·di·fied [dǽndifàid] a. 번드르르하게 차린 : 멋부린, 잔뜩 치장한, 스마트한.

dan·dle [dǽndl] *vt.* (갓난 아이)를 안고 어르다; 귀여워하다, 달래다.

dan·dy** [dǽndi] *n.* ⓒ (1) 멋쟁이 : 맵시꾼(fop). (2)《口》훌륭한 물건, 일품. — (-di·er; -di·est***) *a.* 《口》굉장한, 일류의, 단정한. — *ad.* 훌륭하게, 멋지게.

***Dane** [dein] *n.* (1) ⓒ 덴마크 사람. (2)**a**] (the ~s)【英史】데인족(族)《9-11세기경 영국에 침입한 북유럽인》. **b**] ⓒ 데인족의 사람.

:dan·ger [déindʒər] *n.*(1) ⓤⓒ 위험 (상태), 위난 (peril) : at ~ (신호가) 위험을 나타내다 / His life is in ~. 그는 위독하다〈생명이 위험하다〉/ *Danger* past, God forgotten.《俗談》뒷간에 갈 적 마음 다르고 올 적 마음 다르다. (2) ⓒ 위험 인물 : 위험물, 위협; 장애물: He is a ~ to the government 그는 정부에 위험 인물이다. ***at ~*** (신호가) 위험을 나타내어. ***be in ~ of*** …의 위험이 있다. ***out of ~*** 위험을 벗어나서 : The patience is *out of* ~ now. 환자는 이제 고비를 넘겼다. ***make ~ of*** …을 위험시하다.

:dan·ger·ous [déindʒərəs] (***more ~; most ~***) *a.* 위험한, 위태로운, 위해를 주는, 무시무시한 : a ~ drug 마약.
파) ***~ ·ly** *ad.* (1) 위험하게, 위태로운. (2) 위험할 정도로: be ~*ly* ill 위독하다. **~ ·ness** *n.*

dan·gle** [dǽŋgəl] *vi.*《+前+名》(1) 매달리다, 흔들흔들하다. — *vt.* (1) …을 매달다 : ~ one's legs in the water 물속에 발을 늘어뜨리다. (2) (유혹물)을 달랑거려 보이다 : ~ a carrot before a horse 말에게 당근을 내보이다. ***keep a person ***dangling*** ~에게 확실한 것을 알리지 않고 두다, ~를 애타게(안달복달하게) 하다.

dán·gling párticiple [dǽŋgliŋ-]【文法】현수(懸垂)분사《participle의 의미상의 주어가 주절의 주어와 같지 않은 분사 : 보기 : *Coming to the river*, the bridge was gone. 강에 와 보니 다리는 없었다》.

Dan·iel [dǽnjəl] *n.*(1) 남자 이름. (2)【聖】다니엘《히브리의 예언자》: 다니엘서《구약성서 중의 한편》. (3) ⓒ (다니엘 같은) 명재판관.

***Dan·ish** [déiniʃ] *a.* 덴마크(사람·어)의. — *n.* (1) ⓤ덴마크어. (2)=DANISH PASTRY.【cf】Dane.

Dánish pástry (과일·땅콩 등을 가미한) 파이 비슷한 과자빵.

dank [dæŋk] *a.* (차갑고) 축축한, 몹시 습한: a ~ basement 차갑고 습한 지하실.

***Dan·te** [dǽnti] *n.* **~ Alighieri** 단테《이탈리아의 시인 : 1265-1321: *La Divina Commedia* (신곡)의 작자》.

***Dan·ube** [dǽnju:b] *n.* (the ~) 다뉴브 강《남서 독일에서 흘러 흑해로 들어감 : 독일명 Donau》.

dap·per [dǽpər] *a.* (작은 몸집의 남자가) 말쑥한, 단정한; (동작이) 날렵한, 작고 민첩한, 다부진: a ~ little man 작은 몸집의 동작이 잰 사람.

dap·ple [dǽpəl] *n.* (1) ⓒⓤ 얼룩. (2) ⓒ 얼룩이《말·사슴 따위》. — *a.* 얼룩진 : 얼룩이 있는. — *vt.*, *vi.* …을〈이〉 얼룩지게 하다〈되다〉.

dap·pled [dǽpəld] *a.* 얼룩진, 얼룩덜룩한: a ~ horse 얼룩말.

Dar·by and Joan [dɑ́:rbiəndʒóun] *n.* 〔複數취급〕금실 좋은 노(老)부부《옛 노래에서》.

Dar·da·nelles [dɑ̀:rdənélz] *n.* (the ~) 다르다넬스 해협《Marmara해와 에게 해 사이를 연결하는 유럽·아시아 대륙간의 해협》.

:dare [dεər] (*p.* ***~d.***《古》***durst*** [də:rst]) *aux. v.* 감히 …하다, 뱃심좋게 …하다(venture), 대담하게〈뻔뻔스럽게도〉…하다 : *Dare* he do it? 감히 할 수 있을까 / I ~*n't* go there. 난 거기에 갈 용기가 없다. ***How ~ you...!***〈***?***〉 감히〈뻔뻔스럽게도〉…하다니.
— (***~d,***《古》***durst ; ~d***) *vt.* (1)《+~to do》감히 …하다, 대담하게(뻔뻔스럽게도) …하다, …할 수 있다. ※ 본동사로서의 dare는 부정·의문에 do를 취함. dare 다음에는 to부정사나 to 없는 부정사 모두 쓰임. (2) **a**] (위험 등)을 무릅쓰다, 부딪쳐 나가다 : He was ready to ~ any danger. 어떠한 위험도 무릅쓸 각오가 되어 있었다. **b**] (새로운 일 등)을 모험적으로 해보다, 도전하다. (3)《+目+*to* do/+目+前+名》…에 도전하다 ; …에게 할 수 있거든 …해 보라고 하다. — *vi.* (…할) 용기가 있다 : I would do it if I ~*d.* 할 수만 있다면 하겠는데. ***Don't you ~ !*** = ***Just you ~ !*** 그만 둬라. — *n.* ⓒ 감히 함, 도전 : take a ~ 도전에 응하다.

dare·dev·il [dέərdèvəl] *n.* ⓒ 무모한〈물불을 안 가리는〉 사람. — *a.* 〔限定的〕 무모한, 물불을 가리지 않는.

dare·say [dὲərséi] *vi.*, *vt.* 〔I 를 主語로 하여〕 아마 …일 것이다.【cf】dare『 I ~ we will soon be finished. 아마 곧 끝날 것이다.

:dar·ing [dέəriŋ] *n.* ⓤ 대담 무쌍, 호담(豪膽). — *a.* 대담한, 용감한; 앞뒤를 가리지 않는, 무모한 : 참신한 a ~ act 대담한 행동 / a ~ idea 참신한 생각.
파) **~ ·ly** *ad.*

Dar·jee·ling [dɑ:rdʒí:liŋ] *n.* ⓤ 다르질링 홍차 (=**~ tea**)《인도 동부 다르질링산의 고급 홍차》.

:dark [dɑ:rk] (***~ ·er ; ~ ·est***) *a.* (1) 어두운, 암흑의.【opp】*light*.『 a ~ room 〈alley〉 어두운 방〈뒷골목〉. (2) 거무스름한 ;(피부·머리털·눈이) 검은 (brunette); 가무잡잡한. (3) (색이) 짙은: (a) ~ green 진초록. (4) 비밀의 ; (문구 따위가) 모호한, 알기 어려운. (5) 무지한, 어리석은. (6) (안색이) 흐린, 슬픈 듯한; (사태가) 음울한, 암담한. (7) 사악한, 음험한 : ~ deeds 나쁜 짓, 비행 / ~ designs 〈plots〉 흉계.
— *n.* (1) (the ~) 암흑, 어둠. (2) ⓤ 땅거미 (nightfall), 밤. (3) ⓤⓒ 어두운 색; 어두운 부분〈장소〉, 음영(陰影): lights and ~*s* (그림의) 명암. ***in the ~*** 어둠 속에(서); 비밀히〈로〉 ; (…을) 알지 못하고 : a leap in the ~ 무모한 짓.

:dark·en [dɑ́:rkən] *vt.* (1) …을 어둡게 하다; 거무스름하게 하다 : She flicked the switch and ~*ed* the room. 그녀는 스위치를 꺼서 방을 어둡게 했다. (2) …을 애매하게 하다. (3) (마음·얼굴 등)을 우울〈험악〉하게 하다 : Anxiety ~*ed* his face. 근심으로

그의 안색이 흐려졌다. —*vi*. (1) 어두워 지다 : ~*ing* skies 어두워지는 하늘. (2) (얼굴 등이) 우울〈험악〉해지다. ~ a person**'s door**(**s**) 〈**the door**〉 〔흔히 否定文〕 ~를 방문하다.

dark·ish [dá:rkiʃ] *a*. 어스름한 ; 거무스름한.

dark·ling [dá:rkliŋ] *ad*., *a*.《詩》어둠 속에〈의〉.

*__dark·ly__ [dá:rkli] *ad*. (1) 어둡게 ; 검게. (2) 음침〈험악〉하게 : She looked at me ~. 그녀는 험한 눈길로 나를 보았다. (3) 막연히, 어렴풋하게; 희미하게.

‡**dark·ness** [dá:rknis] *n*. ⓤ (1) 암흑, 검음 : The cellar was in complete ~. 지하실은 칠흑같은 암흑이었다. (2) 무지 ; 미개 ; 맹목. (3) 속 검음. (4) 애매, 불명료 : deeds of ~ 나쁜 짓, 범죄All of his past is ~. 그의 과거는 일체 불분명 하다.

‡**dar·ling** [dá:rliŋ] *n*. ⓒ 가장 사랑하는 사람, 귀여운 사람 ; 소중한 것. ***My ~!*** 여보, 당신, 얘야《부부 · 연인끼리 또는 자식에 대한 애칭》. — *a*. 〔限定的〕 (1) 마음에 드는 ; 가장 사랑하는; 귀여운. 【cf】 dear. 『one's ~ child. (2)《口》훌륭한, 매력적인, 멋진《주로 여성어》: What a ~ dress! 어머, 멋진 드레스네요.

darn¹ [da:rn] *vt*. …을 감치다, 깁다, 꿰매다 : ~ (a hole in) a socks 양말(의 구멍)을 깁다.
— *n*. ⓒ 꿰맨 곳, 기움질, 짜깁기.

darn² *v*., *n*., *a*., *ad*.《美口 · 婉》=DAMN.

darn·ing [dá:rniŋ] *n*. ⓤ (1)감침질. (2)〔集合的〕 기운 것, 꿰맬 것 : a ~ last (ball) 감침질 받침.

dárning nèedle (감치는) 바늘.

*__dart__ [da:rt] *n*. ⓒ (1) 던지는 창〈살〉 : throw a ~. (2)(*pl*. ~*s*) 〔單數취급〕 창 던지기놀이 : have a game of ~*s*. (3) (a ~) 급격한 돌진 : make a sudden ~ at …에 갑자기 달려들다. (4) ⓒ (양재의) 다트.
— *vt*. 《~+目/+目+副/+目+前+名》 (창 · 시선 · 빛 따위)를 던지다, 쏘다, 발사하다(forth) ; (혀 따위)를 쑥 내밀다.

Dart·moor [dá:rtmuər] *n*. (1) 다트무어《영국 Devon주의 바위가 많은 고원; 선사 유적이 많고 국립공원 Dartmoor National Park가 있음》. (2) 다트무어 교도소(= **~ Príson**).

Dart·mouth [dá:rtməθ] *n*. 다트머스《영국 Devon 주의 항구; 해군 사관 학교가 있음》.

*__Dar·win__ [dá:rwin] *n*. **Charles ~** 다윈《영국의 생물학자; 진화론의 주창자 : 1809-82》.

Dar·win·i·an [da:rwíniən] *a*. (1) 다윈의. (2) 다윈설의. — *n*. ⓒ 다윈의 신봉자, 다윈설의 (신봉자).

Dar·win·ism [dá:rwinìzəm] *n*. ⓤ 다윈설, 진화론 (자연 도태와 적자 생존을 기조로 하는).

DASD 【컴】 direct access storage device(직접 접근 기억장치 ; 임의의 정보에 직접 도달함).

‡**dash** [dæʃ] *vt*. (1) 《+目+前+名/+目+副》 …을 내던지다, 부딪뜨리다. (2) 《~+目/+目+前+名》 …을 때려 부수다 ; (희망)을 꺾다, 낙담시키다, (계획 따위)를 좌절시키다 ; 실망시키다. (3) 《+目+前+名》 (물 등)을 끼얹다, 튀기다. (4) 세차게 …하다, 급히 …하다〈쓰다, 그리다, 만들다〉《*down* ; *off*》: ~ *down* a letter 편지를 급히 쓰다 (5) 《+目+前+名》 …에 조금 섞다, …에 가미하다 《*with*》: ~*tea with* brandy 홍차에 브랜디를 좀 타다. (6) 《英口 · 婉》 …을 꾸짖다, 저주하다《※ damn을 'd—'로 줄이는 데서》
— *vi*. (1) 《前+名/+副》 돌진(매진)하다. (2) a〕 (세게)충돌하다. b〕 《+副》 부딪쳐 깨어지다. ***Dash it !*** 빌어먹을. **~*off*** 1) 급히 쓰다; 단숨에 해치우다. 2) 돌진하다, 급히 떠나다 : I must ~ *off* now. 지금 급히 가야 된다. 3) 부딪쳐 쓰러뜨리다 : I'll be ~ed (damned) if it is so. 절대로 그렇지 않다.
— *n*. (1) a〕 (a ~) 돌진 ; 충돌 ; 돌격(onset) : make *a* ~ *at* the enemy 〈*for* shelter〉 적을 향해〈숨을 곳을 찾아〉 돌진하다. b〕 ⓒ (흔히 *sing*.) 단거리 경주 (2) ⓤ (흔히 the ~) (파도 · 비 따위의) 세차게 부딪치는 소리. (3) ⓤ 예기(銳氣), 위세: with ~ and spirit 기운차게. (4) a〕 (a ~ of...) (가미하는) 소량(少量) ; (…의) 기미: red with *a* ~ *of* purple 보랏빛을 띤 빨강. b〕 (a ~) 〔흔히 否定文〕조금도 (…않다) : I *don't* care *a* ~ about him. 나는 그에게 조금도 관심이 없다. (5) ⓒ 일필휘지(一筆揮之), 필세(筆勢). (6) ⓒ 【電信】 (모스 부호의) 장음(長音). (7) ⓒ 대시〈—〉. (8) 《口》 = DASHBOARD(1). (9) (a ~) 외양; 훌륭한 외관. ***at a ~*** 단숨에. ***cut a ~*** 《口》 멋부리다; 허세부리다.

dash·board [ˊbɔ̀:rd] *n*. ⓒ (1) (조종석 · 운전석 앞의) 계기반〈판〉. (2) (마차 · 썰매 등의 앞에 단) 흙받이, 넉가래판 ; (이물의) 파도막이판.

dash·er [dǽʃər] *n*. ⓒ (1)돌진하는 사람〈것〉. (2) 교반기 (攪拌器). (3) 씩씩한 사람.

DAT digital audio taperecorder. **dat**. dative.

‡**da·ta** [déitə, dá:tə, dǽtə] (*sing*. ***-tum*** [-təm]) *n*. *pl*. (1) 〔單 · 複數취급〕 자료, 데이터 : The ~ was collected by various researchers. 데이터는 여러 조사원들에 의해 수집되었다. (2) (관찰에 의해 얻어진) 사실, 지식, 정보: These ~ are 〈This ~ is〉 doubtful (accurate) 이 데이터는 의심스럽다(정확하다). (3) (흔히 *sing*.) 【컴】 데이터.

dáta bìnder 데이터 바인더《컴퓨터로 부터의 프린트 아웃을 철하는》.

dat·a·ble [déitəbəl] *a*. 시일 (時日) 을 추정할 수있는.

datá fòrmat 데이터〈자료〉 형식《컴퓨터에 입력하는 데이터의 배열》.

dáta intégrity 【컴】 데이터〈자료〉 보전성《입력된 데이터가 변경 · 파괴되지 않은 상태》.

dáta lìnk 【컴】 데이터 링크《데이터 전송에 있어 두 장치를 잇는 접속로 ; 略 : D/L》.

da·ta·ma·tion [dèitəméiʃən, dà:tə-, dæ̀tə-] *n*. ⓒ 【컴】 (1) 자동 데이터 처리. (2) 데이터 처리재 (材) 제조 〈판매, 서비스〉 회사.

dáta print óut file 【컴】 필요한 데이터를 검색하고, 소요 형식으로 프린트 아웃된 기록 보지(保持)용 파일.

dáta pròcessing 데이터〈자료〉 처리 : the ~ industry 정보 처리 산업.

dáta sèt 데이터 세드《데이터 처리상 한 단위로 취급하는 일련의 기록 ; 데이터 통신에 쓰이는 변환기》.

dáta transmission 【컴】 데이터〈자료〉 전송(博送), 자료 내보냄.

‡**date¹** [deit] *n*. (1) ⓒ 날짜, 연월일: the ~ of birth 생년월일《※ 요일을 물을 때는 What day is it?》. (2) ⓒ 기일(期日) ; (사건 따위가 일어난) 시일 ; (예정)날짜 : fix the ~ for a wedding 결혼 날짜를 정하다. (3) ⓒ《口》 (일시를 정한) 면회 약속 ; 데이트(특히 이성과 만나는 약속). (4) ⓒ《美口》 데이트의 상대. (5) ⓤ 시대, 연대: of an early ~ 초기〈고대〉의/ of recent ~ 최근의. (6) (*pl*.) 생존 기간, 생몰년. ***out of ~*** 시대에 뒤진, 구식의: Your dictionary's terribly *out of* ~ — it hasn't got any

of the latest words. 네 사전은 형편없는 구닥다리다. 최신 단어가 하나도 없다. ***to ~*** 지금까지(로서는). ***up* 〈*down*〉 *to ~*** 〔叙述的〕 최신(식)의, 최근의, 지금 유행하는. 【cf】 up-to-date.

date² *n.* ⓒ 대추야자(~palm)(의 열매).

date·a·ble [déitəbəl] *a.* =DATABLE.

dat·ed [déitid] *a.* (1) 날짜가 있는〈붙은〉. (2) 진부한 구식의(old-fashioned). 파) **~·ness** *n.*

date·less [déitlis] *a.* (1) 날짜가 없는; 오래 되어 연대를 모르는. (2) 무한〈영원〉한(endless). (3) 여전히 흥미 있는. (4) 《美口》 교제(상대)가 없는.

dáte lìne (the~) (1)날짜 변경선. (2)국제 날짜변경선(동경 또는 서경 180도의 자오선).

date·line [déitlàin] *n.* ⓒ (신문·편지 등의) 날짜〈발신지〉 표시란. — *vt.* …에 날짜〈발신지〉를 표시하다.

dáte pàlm 【植】 대추야자.

D

dat·er [déitər] *n.* ⓒ 날짜 스탬프.

dáting bàr 《美》 독신 남녀용 바(singles bar).

da·tive [déitiv] *a.* 【文法】 여격의: the ~ case여격 《명사·대명사 따위가 간접 목적어가 될 때의격》. — *n.* ⓒ 여격(dative case). 파) **~·ly** *ad.* 여격으로서.

da·tum** [déitəm, dá:-, dǽ-] *n.* ⓒ《L.》(*pl.* ***-ta [-tə]) 자료.

daub·er [dɔ́:bər] *n.* ⓒ (1) 칠하는 사람; 서투른 환쟁이. (2) 그림 도구, 칠하는 솔(도구).

:daugh·ter [dɔ́:tər] *n.* ⓒ (1) 딸. 【opp】 *son* 『 She is the ~ of a retired Army officer. 그녀는 퇴역 육군 장교의 딸이다. (2) (한 집단·종족의) 여자 자손 ; 부녀자. (3) 양녀(養女). (4) 딸에 비유된것; 소산(所産). (5)(단체 등의) 여성 구성원《*of*》.
— *a.* 딸로서의, 딸다운, 딸과 같은 관계에 있는.
파) **~·hood** *n.* ⓤ 딸 된 신분, 처녀시절.

dáughter élement (방사성 원소의 붕괴에 의해 생기는) 딸원소. 【cf】 parent element.

daugh·ter-in-law [dɔ́:tərinlɔ̀:] (*pl.* ***daughters-***) *n.* ⓒ 며느리; 의붓딸.

daunt** [dɔ:nt] *vt.* 〔종종 受動으로〕 위압하는, …을 주춤〈움찔〉하게 하다, …의 기를 꺾다《*by*》: They were ~*ed by* the difficulties. 그들은 여러 고난에 꺾이고 말았다. ***nothing ~ed 조금도 굴하지 않고 《nothing은 부사》.

***daunt·less** [dɔ́:ntlis] *a.* 불굴의, 겁 없는, 꿈쩍도 않는, 용감한(brave): a ~ explorer 불굴의 탐험가. 파) **~·ly** *ad.* **~·ness** *n.*

Dave [deiv] *n.* 데이브《남자 이름 ; David의 애칭》.

dav·en·port [dǽvənpɔ̀:rt] *n.* ⓒ (1)《英》 (경사진 뚜껑과 측면에 서랍이 달린) 작은 책상. (2)《美》 침대 겸용의 대형 소파.

da Vin·ci [dəvíntʃi] *n.* **Leonardo ~** 다빈치《이탈리아의 화가·조각가·건축가·과학자 ; 1452-1519》.

Dávis Cùp (the ~) 데이비스컵 (쟁탈)전 《1900년 미국 정치가 D.F. Davis가 기증한 국제 테니스 경기의 우승 은배》.

dav·it [dǽvit, déivit] *n.* ⓒ 【海】 (보트·닻을 달아 올리고 내리는) 철주, 대빗.

daw [dɔ:] *n.* 【鳥】 갈가마귀(jackdaw).

daw·dle [dɔ́:dl] *vi.* 《~/+前+名》 빈둥거리다, 꾸물거리다, 빈둥빈둥 시간을 보내다《*along*》: ~ all day 종일 빈둥거리다. —*vt.* 《+目+副》 (시간)을 부질없이〈헛되이〉 보내다

daw·dler [dɔ́:dlər] *n.* ⓒ 빈둥빈둥 노는 사람, 게으름뱅이; 태평한 사람.

:dawn [dɔ:n] *n.* (1) ⓤⓒ 새벽, 동틀녘 : 여명(daybreak) : *Dawn* breaks. 날이 샌다. (2) (the ~) 단서, 처음, 시작/ at *the* ~ of a new era 새 시대의 시작.
***from ~ till dusk* 〈*dark*〉** 새벽부터 저녁 까지.
— vi. (1) 날이 새다 ; (하늘이) 밝아지다 : It 〈Day, Morning〉 ~*s.* 날이 샌다. (2) 시작하다, (사물이) 나타나기 시작하다. (3) 《+前+名》 (일이) 점점 분명해지다, (생각이) 떠오르다《*on, upon*》 : It ~*ed on*〈*upon*〉 me that he was a fool. 그가 바보라는 것을 나는 알기 시작했다.

:day [dei] *n.*(1) ⓤ 낮, 주간 ; 일광. 【opp】 *night.* 『 work during the ~ 낮에 일하다 / in broad ~ 대낮에. (2) ⓒ 하루, 일주야, 날; (행성의) 자전 주기 : the ~ before 그 전날 / once a ~ 하루 한 번 / every ~ 매일. (3) ⓒ 기일, 약속일; (특정한)날; 축제일. (4) ⓒ 하루의 노동 시간 : an eight-hour ~ 하루 8시간 노동(제)/ put in a hard ~'*s* work 종일 중노동을 하다. (5) ⓒ a〕 (종종 *pl.*) 시대, 시절, 그때 당시. b〕 (the ~) 그 시대, 당시; 현대. (6) (흔히 the ~, one's ~) a〕 (~의) 전성 시대. b〕 (*pl.*) (사람의) 일생: end *one's* ~*s* 일생을 마치다, 죽다. (7) (the ~) 어느 날의 사건; 《특히》 싸움, 승부, 승리: lose〈win〉 *the* ~ 지다〈이기다〉/ carry *the* ~ 승리를 얻다 ; 성공하다.
a ~ of ~s 중대한 날. ***all ~* (*long*)= *all the ~*** 종일. ***any ~* (*of the week*)** 어떤 날〈오늘〉이라도 ; 어떤 경우〈조건이〉라도 ; 아무리 생각해 보아도. **(*as*) *clear as ~*** 낮과 같이 밝은, 아주 명백한 ; 대낮같이 분명한. ***at the end of the ~*** 여러 모로 고려해서, 결국. ***by ~*** 낮에는, 주간에는. 【opp.】 *by night.* ***by the ~*** 하루〈일당〉 얼마에《일 〈지급〉하다 등》. ***call it a ~*** 《口》 하루를〈의 일을〉 마치다. ***~ after ~*** 매일 매일, 며칠이고 끝이 없이. ***~ and night*** 주야로, 끊임없이. ***~ by ~ =from ~ to ~*** 나날이. ***~ in,* (*and*) *~ out*** 날이면 날마다, 언제나. ***every other* 〈*second*〉 *~*** 하루 걸러. ***for a rainy ~*** 비오는 날을 위해 ; 만일에 대비하여. ***from one ~ to next*** 이틀 계속하여. ***get*〈*have, take*〉 *a ~* 〈*... ~s*〉 *off*** 하루〈…일〉의 휴가를 얻다. ***Have a good* 〈*fine, nice*〉 *~.*** (그럼) 잘있어《작별 인사》. ***have* one*'s ~*** 때를 만나다, 전성기가 있다. ***in all* one*'s born ~s*** 오늘에 이르기까지. ***in broad ~*** 백주에. **(*in*) *these* 〈*those*〉 *~s*** 요즈음〈그 당시〉. ***in this ~ and age*** 오늘날은, 요즘은. ***make* a person*'s ~*** 《口》 ~를 유쾌하게 하다. ***name the ~*** (특히 여자가) 결혼 날짜를 지정하다, 결혼을 승낙하다. ***not have all ~*** 《口》 시간적 여유가 없다. ***of the ~*** 당시의 ; 현대의 : the best actors *of the* ~ 당대 일류의 배우들. ***one ~*** 어느 날; 언젠가는. ※ one day는 과거에 있어서의 '어느 날'의 뜻 some day는 미래의 '언젠가 ' 막칠 날의 뜻. ***one ~ or other*** 언젠가는. ***one of these* (*fine*) *~s*** 근일 중에. ***on of those ~s*** 운이〈재수〉없는 날. ***some ~*** 머지않아, 언젠가. ***That'll be the ~!*** 《口·戱》 설마그럴 수 있을까. ***the ~ after tomorrow* 〈*before yesterday*〉** 모레 〈그저께〉. ※ 미국 구어에서는 the를 생략하기도 함. ***the other ~*** 요전에, 며칠전에. ***this ~ week* 〈*month, year*〉** 내주〈내달, 내년〉의 오늘; 지난 주〈지난 달, 작년〉의 오늘. ***Those were the* (*good old*) *~s!*** 그 시절은 좋았었다〈즐거웠지〉. ***till* 〈*up to*〉 *this ~*** 오늘(날)까지. ***to a ~*** 하루도 어김 없이, 꼬박. ***to this* 〈*that*〉 *~*** 오늘〈그 당시〉에 이르기까지. ***without ~*** 무기한

(無期限)으로, 날짜를〈기한을〉 정하지 않고.

day·book [déibùk] *n.* ⓒ (1) 일기. (2) 【商】 (거래) 일기장.

day·break [déibrèik] *n.* ⓤ 새벽녘, 동틀녘: at ~ 새벽녘에/ *Daybreak* came. 날이 샜다.

day·care [déikὲər] **, dáy càre** *n.* ⓤ 데이케어 《미취학 아동·고령자·신체 장애자 등에게 행하는 주간만의 보살핌》.

day-care *a.* 〔限定的〕 (일나간 부모의 아이를 맡는) 주간 탁아의 : a ~ center (주간) 탁아소.

dáy còach 《美》 보통 객차. 【cf.】 CHAIR CAR.

day·dream [déidrì:m] *n.* ⓒ 백일몽, 공상(castle in the air) :He is often lost in ~*s*. 그는 곧잘 공상에 잠긴다.

— *vi.* 공상에 잠기다.

day·dream·er [-ər] *n.* ⓒ 공상가.

dáy gìrl 《英》 (기숙사제 학교의) 여자 통학생.

⁑**day·light** [∠làit] *n.* ⓤ (1) a] 일광, 빛(light). b] 낮(동안), 주간 : by ~ 어두워지기 전에 / in broad ~ 대낮에, (백주에) 공공연히. (2) ⓤ 새벽 : at ~ 새벽에/ before ~ 날새기 전에. (3) ⓤ (똑똑히 보이는) 틈, 간격. (4) ⓤ 주지(周知), 공공연함. (5) (*pl.*) 《俗》 의식, 제정신. ***see ~*** 1) 납득〈이해〉하다. 2) (물건이) 햇빛을 보다, 세상에 알려지다 ; (사람이) 태어나다. 3) 해결의 서광이 비치다, 전망이 보이다.

dáy núrsery 탁아소, 보육원.

dáy schòol (1) 주간 학교. 〖opp〗 *night school*. (2) 통학 학교. 〖opp〗 *boarding school*.

dáy shift (1) 주간 근무(시간). (2) 〔集合的 : 單·複數취급〕 주간 근무자 : The ~ comes off at 3:30. 주간 근무자는 3시 30분에 퇴근한다.

⁑**day·time** [∠tàim] *n.* (the ~) 주간. 〖opp〗 *night time*『 in *the* ~ 주간에, 낮에. — *a.* 〔限定的〕 주간의 : ~ activities낮동안의 활동 / ~ burglaries 백주의 강도.

day-to-day [déitədéi] *a.* (1) 매일의, 일상적인 : ~ occurances 일상적인 일. (2) 하루살이의, 그날 그날의: lead a ~ existence 그날 벌어 그날 살다.

day-trip·per [∠trìpər] *n.* ⓒ 당일치기 여행자〈손님〉.

⁑**daze** [deiz] *vt.* 〔종종 受動으로〕 (남)을 멍〈얼떨떨〉하게 하다(stupefy), 눈부시게 하다《*by* ; *with*》: *be ~d by* a blow 얻어맞고 멍해지다. — *n.* (a ~) 멍한 상태《※ 흔히 다음 成句로 쓰임》. ***in a ~*** 눈이 부셔서〈아찔하여〉, 현기증이 나서 ; 멍하니.

daz·ed·ly [déizidli] *ad.* 눈이 부셔, 멍하니.

⁑**daz·zle** [dǽzəl] *vt.* (1)(강한 빛 따위가) …의 눈을 부시게 하다. (2) (화려함 따위로) …을 현혹시키다, 김딘시기다, 압도하다 : I *was ~d* by her charm. 나는 그녀의 매력에 현혹되었다. —*n.* ⓤⓒ 현혹 ; 눈부신 빛.

***daz·zling** [dǽzliŋ] *a.* 눈부신, 휘황찬란한, 현혹적인 : ~ advertisement 현혹적인 광고 / ~ sunlight 〈diamonds〉 눈부신 햇빛〈다이아몬드〉. 파) **~·ly** *ad.*

DB 【컴】 data base. **dB, db**. decibel(s). **DBMS** 【컴】 data base management system. (데이터 베이스 관리 시스템). **D.C.** da capo ; District of Columbia. **D.D., d.c.** direct current. **DD** 【컴】 double density (배(倍)기록 밀도). **D. D.** Doctor of Divinity.

D-day [dí:dèi] *n.* ⓒ 【軍】 공격 개시일; 〔一般的〕 계획 개시 예정일.

DDP 【컴】 distributed data processing. **DDT** 【컴】 dynamic debugging tool(디버그 작업에 쓰이는 프로그램).

DDT, D.D.T. [dì:dì:tí:] *n.* ⓤ 【藥】 살충제의 일종. [◁ *d*ichloro-*d*iphenyl-*t*richloro-ethane]

DDX 【컴】 digital data exchange.

de- *pref.* (1)'…에서; 분리, 제거'의 뜻: *de*pend, *de*tect. (2)'저하, 감소'의 뜻: *de*mote, *de*value. (3)'비(非)…반대'의 뜻: *de*merit, *de*nationalize. (4) '완전히' 의 뜻: *de*scribe, *de*finite.

dea·con [dí:kən] *n.* ⓒ (1) 【가톨릭】 부제(副祭). (2) (개신교의) 집사.

***dea·con·ess** [dí:kənis] *n.* ⓒ 여성 deacon, (기독교의) 자선 사업 여성 회원.

⁑**dead** [ded] *a.* (1) 죽은, 생명이 없는 ; (식물이) 말라 죽은. ~ leaves 마른 잎 / ~ flowers 시든 꽃. (2) a] 죽은 듯한; 무감각한, 조용해진: a ~ sleep 깊은 잠 / a ~ faint 실신(失神. b] (바람이) 잠잠해진: The wind fell ~. 바람이 잠잠해졌다. (3) a] 활기가〈생기가, 기력이〉 없는; 잠잠한. b](술이) 김빠진: ~ beer 김빠진 맥주. (4) (석탄 따위가) 불이 꺼진, (화산 따위가) 활동하지 않는 : ~ coals 불꺼진 석탄 / a ~ volcano 사화산. (5) (시장 따위가) 활발치 못한; (상품 따위가) 안 팔리는. (6) (땅이) 메마른; 쓸모 없는; 비생산적인 : ~ soil 메마른 땅 / ~ capital 유휴자본. (7) (법률 따위가) 폐기된; (관습 따위가) 없어진 ; 무효의 ; 【法】 재산권(시민권)을 빼앗긴(잃은): a ~ language 사어(死語) 《라틴어 따위》 / a ~ law 사문(死文) / a ~ mine 폐광. (8) 출입구가 없는, 막힌: a ~ wall. (9) 《口》 녹초가 된: We are quite ~. 우린 녹초가 됐다. (10) a] 【골프】 (공이) 홀(hole) 가까이 있는. b] (공이) 튀지 않는. c] (그라운드가) 공이 잘 굴러가지 않는. (11) 〔限定的〕 순전한, 절대의; 돌연한: (a) ~ silence 완전한 침묵(정적). (12) a] 【電】 전류가 통하지 않는: a ~ circuit 전류가 흐르지 않는 회선. b] (전화가) 끊어진, 불통의. ***(as) ~ as mutton*** 〈***a herring, a doornail***〉 아주 죽은; 완전히 쇠락하여〈한〉. ***~ and buried*** 완전히 죽어〈끝나〉. ***~ and gone up*** = ***~ above ears*** 《口》 우둔한, 머리가 텅 빈. ***flog a ~ horse*** 헛수고하다. ***~ to rights*** 《美》 현행범. ***~ to the world*** 〈***the wise***〉 의식이 없는, 푹 잠들어 버린. ***over my ~ body*** 살아 생전에는 〈내 눈에 흙이 들어가기 전에는〉 …하지 못한다 ; 《口》 마음대로 해라, 될 대로 되라. ***would*** 〈***will***〉 ***not be seen ~*** =***refuse to be seen ~*** 《口》 참을 수 없다.

— *ad.* (1) 완전히, 아주, 전적으로 : ~ drunk 억병으로 취하여 / ~ sure 설내로 확실한. (2) 정확히 ; 곧장 ; 직접 : Go ~ ahead. 곧장 가거라. (3) 갑자기, 돌연, 느닷없이 ; 딱 : stop ~ 딱 서다〈멈추다〉. ***be ~ set*** …을 굳게 결심하고 있다《*on*》 ; (…에 반대할) 결심이다 . ***drop ~*** ⇨DROP. — *n.* (1) (the ~)〈集合的〉 사자(死者). (2) ⓤ 한창 (…하는 중), 죽은 듯한 고요한 때.

파) **∠·ness** *n.*

dead·beat[1] [dédbì:t] *n.* ⓒ (1) 게으름뱅이. (2) 《口》 빈털터리, 식객 . (3) 《美俗》늘 빚지 는 사람 ; 빚을 떼먹는 사람, 기차를 거저 타는 방랑자.

dead·beat[2] [∠bì:t] *a.* 【機】 (계기의 지침이) 흔들리지 않고 바로 눈금을 가리키는, 속시(速示)의.

déad dúck (성공할 가망이 없는)계획, 사람 :

dead·en [dédn] *vt.* (1)(소리·고통·광택·속도·힘 등)를 누그러 뜨리다, 줄이다, 약하게 하다.

(2) (벽·마루·천장 등) 방음 장치를 하다: Thick walls ~ noise. 두꺼운 벽은 방음을 한다. — *vi.* 사멸하다, 소멸하다, 김이 빠지다.

dead-end [dédénd] *a.* (1) 막다른 : a ~ street 막다른 길. (2) 빈민가의, 뒷골목의: a ~ kid 빈민가의 소년. (3) (정책·일 등의) 장래〈발전〉성이 없는 : a ~ job 장래성이 없는 직업(직위).
— *vi.*, *vt.* 막다르게 되다.

dead·head [⁻hèd] *n.* ⓒ (1) (초대권·우대권을 쓰는) 무료 입장자(승객). (2) 무용지물《사람》. (3) 《美》 회송차(回送車). (4) 가라앉은〈가라앉으려는〉 유목(流木). — *vi.* 《美》 회송차를 운전하다.
— *a.*, *ad.* 회송의(으로).

déad létter (1) 배달 불능 우편물. (2) (법률따위의) 공문(空文), 사문(死文).

***dead·line** [⁻làin] *n.*ⓒ (신문·잡지의) 원고 마감 시간 ; 최종 기한 : There's no way I can meet that ~. 그 마감 시간에 댈 방법이 없다 / set a ~ *for* …의 기한을 정하다.

D

dead·li·ness [dédlinis] *n.* ⓤ 치명적임, 집념이 강한.

***dead·lock** [⁻làk/ ⁻lɔ̀k] *n.* (1) ⓤⓒ a] (교섭 등의) 정돈(停頓), 정돈 상태 : be at〈come to〉 a ~ 정돈 상태에 있다〈빠지다〉. b] 【컴】 수렁, 교착《두사람〈둘〉 이상의 사람〈작업〉이 동시에 진행하려 하여 컴퓨터가 응할 수 없음》. (2) ⓒ 이중 자물쇠.
— *vi.*, *vt.* 정돈되다(시키다).

déad lóss (1) 전손(全損). (2) 《口》 쓸모없는 사람〈물건〉, 무용지물.

dead·ly** [dédli] (dead·li·er, more ~; -li·est, most ~***) *a.* (1) 죽음의, 생명에 관계되는, 치명적인: a ~ poison 맹독 / a ~ wound 치명상 / a ~ weapon 흉기. (2) 〔限定的〕 죽은 것〈사람〉 같은(death like) : a ~ silence 죽음 같은 고요. (3) 〔限定的〕 (정신적으로) 죽어야 마땅한, 용서할 수 없는. (4) 죽이고야 말, 앙심 깊은; 살려둘 수 없는: a ~ enemy 불구대천의 원수. (5)활기 없는, 따분한: a ~ lecture 지루한 강의. (6) 〔限定的〕 《口》 a] 맹렬한, 심한, 지독한: ~ dullness 참을 수 없는 무료함. b] 아주 정확한: a ~ shot 아주 정확한 사격. ***the*** (***seven***) ***~ sins*** 【神】 일곱 가지의 큰 죄. — (***dead-li·er, more ~ ; -li·est, most ~***) *ad.* (1) 죽은 듯이. (2) 《口》 대단히 몹시 : ~ tired 기진맥진한.

déad·man's hándle [dédmæ̀nz-] 【機】 데드맨 장치(裝置) 《손을 떼면 자동적으로 동력원이 끊어지는 비상 제어 장치》.

dead-on [dédán, -ɔ́:n] *a.* 아주 정확한, 완벽한.

dead·pan [⁻pæ̀n] *a.*, *ad.* 《口》 (특히 농담을 할때도) 무표정한〈하게〉, 천연스러운〈스럽게〉 : in a ~ manner 태연히. — *vi.* 무표정한 얼굴을 하다(로 말하다).

déad rínger 《俗》 똑같이 닮은 사람〈물건〉.

Déad Séa (the ~) 사해《Palestine의 염수호》.

déad shót (1) 명사수. (2) 명중탄.

déad sóldier 《俗》 빈 술병(dead men).

dead·stock [⁻sták/ ⁻stɔ́k] *n.* ⓤ 《英》 〔集合的〕 죽은〈도살된〉 가축. 【cf】 livestock.

déad tìme 【電子】 (연속된 동작이 서로 간섭하지 않도록 두 동작 사이에 설정되는) 불감(不感) 시간, 대기 시간, 데드타임.

dead·weight [⁻wéit] *n.* ⓤ (또는 a ~) (1)무거운〈육중한〉 것. (2) (부채 등) 무거운 짐《*of*》. (3) 중책(重責). (4) 【鐵】 자중(自重).

déadweight tón 중량톤《2,240 파운드》.

dead·wood [dédwùd] *n.* ⓤ (1)말라 죽은 가지〈나무〉, 삭정이. (2) 〔集合的〕 쓸모 없는 것〈사람〉: She cleared out the ~ as soon as she took over the company. 그녀는 회사를 인수하자마자 쓸모없는 사람들은 정리했다 / have the ~ on …보다 유리한 입장에 서다.

⁑**deaf** [def] *a.* (1) 귀머거리의, 귀먹은 ; (the ~) 〔名詞的 用法〕 청각 장애인 : He is ~ *of* 〈in〉 one ear. 한 쪽 귀가 안 들린다 / a ~ person 청각 장애인 / a school for the ~ 농아 학교. (2) 귀를 기울이지 않는, 무관심한《*to*》. ㅁ deafen. *v.* (***as***) ***~ as a post*** 전혀 듣지 못하는. ***turn a ~ ear to*** …에 귀를 기울이지 않다. 파) **⁓·ness** *n.*

deaf-aid [défèid] *n.* ⓒ 보청기(hearing aid).

deaf-and-dumb [défəndʌ́m] *a.* 〔限定的〕 농아(聾啞)의 : the ~ alphabet 지화(指話) 문자.

***deaf·en** [défən] *vt.* (사람)의 귀를 안들리게〈먹먹하게〉 하다 : the noise of the typewriters ~*ed* her. 타이프라이터의 소음이 그녀의 귀를 멍 멍하게 했다.

deaf·en·ing [-iŋ] *a.* 귀청이 터질 것 같은 : ~ cheers 귀청이 터질 정도의 환성. — *n.* ⓤ 방음장치, 방음재료. 파) **~ ·ly** *ad.*

deaf-mute [défmjù:t, ⁻⁻] *n.* ⓒ 농아자.
— *a.* 농아〈청각 장애〉의.

⁑**deal**[1] [di:l] (*p.*, *pp.* ***dealt*** [delt]) *vt.* (1) 《~+目/+目+前+名》 …을 분배하다, 나누(어 주)다. (2) 《+目+前+名/+目+目》 (타격)을 가하다. (3) 《~+目/+目+目》 (카드)를 돌리다 : *Deal* the cards. 패를 돌리시오. (4) 《俗》 (마약)을 매매하다, 취급하다.
— vi. (1) 《前+名》 a] 다루다, 처리하다, 관계하다, 논하다. b] (책·강연 등이) (주제 등을) 다루다. (2) 《前+名/+副》 (사람에 대하여) 행동하다, 다루다, 상대〈교제〉하다《*with* ; *by*》 : Let me ~ *with* him. 그 사람은 내가 상대하지. (3) 《+前+名》 장사하다, 취급하다. (4) 카드를 돌리다 : Whose turn to ~ ? 패는 누가 돌릴 차례입니까. (5) 《俗》 마약을 매매 〈취급〉하다.
— *n.* (1) ⓒ 《口》 (상업상(上)의) 거래 ; 관계 : conduct a ~ *with* …와 거래하다. (2) ⓒ 타협, 협정《종종 비밀 또는 부정한》. (3) (a ~) 《口》 취급, 대우. ***It's***〈***That's***〉 ***a ~***. 좋아 알았다 ; 계약하자, 결정 짓자.

deal**[2] *n.* (a ~) 분량(quantity), 다량 ; 정도 ; 액(額). ***a good 〈***great***〉 ***~*** = 《口》 ***a ~*** 1) 많은(양), 상당량 ; 다량이《*of*》. 2) 〔副詞的〕 상당히, 꽤 : *a good* ~ better 훨씬 나은. ***a vast ~*** 대단히.

deal[3] *n.* ⓤ (소나무·전나무의) 제재목(木).
— *a.* 〔限定的〕 소나무〈전나무〉 재목의 : a ~ table 소나무(전나무)로 된 테이블.

⁑**deal·er** [dí:lər] *n.* ⓒ (1) 상인 ; 상(商)《*in*》 : a wholesale ~ 도매상 / a car ~ = a ~ in cars 자동차 판매업자. (2) (the ~) (카드를) 돌리는 사람. (3) (주식 시장의) 딜러. (4) 마약 판매인.

deal·er·ship [dí:lərʃip] *n.* (1) ⓤ 판매권, 허가권. (2) ⓒ 판매 대리점, 특약점.

***deal·ing** [dí:liŋ] *n.* (1) (*pl.*) (거래) 관계, 상거래, 교제《*with*》 : have 〈have no〉 ~*s with* …와 (거래) 관계가 있다〈없다〉. (2) ⓤ (남에게 대한) 취급, 처사 : fair〈honest〉 ~ 공평한 처사.

⁑**dealt** [delt] DEAL[1]의 과거·과거분사.

***dean** [di:n] *n.* ⓒ (1) (cathedral 등의) 수석 사재

*__dean__ [diːn] *n.* ⓒ (1) (cathedral 등의) 수석 사제(司祭) : (영국 국교의) 지방 부감독. (2) (대학의) 학부장 : (Oxford, Cambridge 대학의) 학생감; 《美》(대학·중학교) 학생 과장. (3) (단체의) 최고참자, 장로.
— vi. dean직을 맡아보다. 파) **~ship** *n.* ⓤ dean의 직(지위·임기)

__dear__ [diər] (~·er ; ~·est*) *a.* (1) 친애하는, 친한 사이의, 사랑하는, 귀여운. (2) 귀중한, 소중한 : hold a person 〈life〉 ~ 아무를〈생명을〉 소중히 하다. (3) a] 비싼, 고가의《※ 현재는 《英》에서 쓰는 일이 많으며, 《美》 에서는 expensive를 많이 씀》.. ※ dear 에는 '가격'의 뜻이 포함되므로, The price is *dear.* 라고는 별로 안 하며, The price is *high.* 가 옳음. b] 물건을 비싸게 파는 : a ~ shop 비싸게 파는 가게. (4) a]중요한, 귀한 : one's ~*est* wish 간절한 소원. b] 〔叙述的〕 (…에게) 소중해서, 중요해서. ***Dear* 〈*My ~*〉 *Mr.* 〈*Mrs., Miss*〉** A 1) 저 여보세요 A씨〈씨 부인, 양〉《회화에서 정중한 호칭 ; 때로 빈정댐이나 항의 등의 뜻을 내포함》. 2) 근계《편지의 서두 ; 《英》에서는 My dear... 의 편이 Dear... 보다 친밀감이 강하나 《美》에서는 그 반대임》. ***Dear Sir(s)*** 근계 《편지의 서두 ; 단수형은 미지의 남성〈여성〉에 대한 격식 차린 말씨, 복수형은 회사·단체 앞으로 보낼 때 씀》.
— *n.* ⓒ 친애하는 사람, 귀여운 사람; 애인 ; (호칭으로 써서) 여보, 당신. ***There's* (*That's*) *a* ~.** 착하기도 해라 《해주렴, 울지 말고》 ; (잘했어, 울지 말고) 착해라.
— (*~·er ; ~·est*) *ad.* 비싸게 ; 큰 대가를 치르고 : .
— *int.* 어머(나), 아이고, 저런《놀라움·근심·슬픔·동정 따위를 나타냄》 : *Dear,* ~ ! = *Dear* me! = Oh ~ ! 어어, 야 참, 저런《※ Oh ~ ! 가 일반적》/ Oh ~(,) no! 원, 당치도 않다〈천만에〉.
파) **~·ness** *n.*

Déar Jóhn (**lètter**) 《美口》 (여성의, 애인·약혼자에 대한) 절교장, 파혼장.

⁑**dear·ly** [díərli] (***more ~ ; most ~***) *ad.* (1) 끔찍이, 애정으로, 마음으로부터. (2) 비싼 값으로 : a ~ bought victory 막대한 희생을 치르고 얻은 승리. ※ 흔히 sell 〈buy〉 dear (비싸게 팔다〈사다〉)에는 *dearly*를 쓰지 않음.
sell** one**'s life ~ 적에게 큰 손해를 입히고 죽다.

*__dearth__ [dəːrθ] *n.* (a ~) 부족, 결핍(lack)《*of*》 : *a* ~ *of* housing 〈food〉 주택〈식량〉난/ *a* ~ *of* information 정보 (지식) 부족.

⁑**death** [deθ] *n.* ⓤⓒ (1) 죽음, 사망: be burnt 〈frozen, starved〉 to ~ 타〈얼어, 굶어〉 죽다 / die a natural ~ 천수를 다하다. (2) (the ~) a]죽음의 원인, 사인, 생명을 앗아가는 것. b] 죽도록 괴롭히는 것. (3) (the ~) 절멸, 소멸, 파멸《*of*》 : He ~ *of* a word 어떤 언어의 소멸. (4) 살인(murder), 살해; 사형: put a person to ~ …을 처형하다. (5) (D-) 사신(死神)《큰 낫을 든 해골로 상징함》. (6) 사망 사건〈사례〉. (***as***) ***pale as ~*** (송장같이) 창백하여. (***as***) ***sure as ~*** 틀림없이, 확실히. ***be ~ on*** 《口》 1) …에 대해서 놀라운 솜씨를 가지고 있다, …에 백발 백중이다: The cat *is* ~ *on* rats. 저 고양이는 쥐를 잘 잡는다. 2) …을 무척 싫어하다. 3) …을 매우 좋아하다: . 4) (약 따위가) …에 잘 듣다. ***be in at the ~*** (여우 사냥에서) 여우의 죽음을 지켜보다; (사건의) 전말을 최후까지 보다. ***catch*〈*take*〉 one*'s ~* (*of cold*)** 《口》 심한 감기에 걸리다. ***do... to ~*** …을 죽이다 ; 《口》 …을 물리도록 반복하다. ***hang* 〈*hold, cling,* etc.〉 *on like grim ~*** 죽어도 놓지 않다, 결사적으로 달라붙다. ***like ~* (*warmed up*)** 《口》 중병으로, 몹시 지쳐서 : feel 〈look〉 *like* ~ (*warmed up*〈*over*〉) 몹시 지쳐 있다〈보이다〉. ***put to ~*** 죽이다, 처형하다. ***to ~***

death·blow [déθblòu] *n.* ⓒ (흔히 *sing.*) 치명적인 타격, 치명상《*to*》 : The word Processor has dealt a ~ *to* typewriter. 워드프로세서는 타자기에 치명적 타격을 주고 있다.

déath certificate (의사가 서명한)사망 진단서.

death·ly [déθli] *a.* 죽음 같은 ; 치명적인 : a ~ wound 치명상.
— *ad.* (1) 죽은 듯이 : ~ pale〈cold〉 죽은듯이 창백한〈차가움〉. (2) 몹시, 극도로, 극단적으로 : He's ~ afraid of earthquake. 그는 지진을 몹시 겁낸다.

déath pènalty (the ~) 사형.

déath ràte 사망률.

déath squàd (군사 정권하에서 경범자·좌파 등에 대한) 암살대.

déath tàx 《美》 유산 상속세 (= **déath dùty**).

déath tòll (사고 등으로 인한) 사망자수.

death·trap [déθtræ̀p] *n.* ⓒ 《口》 죽음의 함정《인명 피해의 우려가 있는 위험한 건물·탈것·장소·상황》.

Déath Válley 죽음의 계곡《미국의 California 주와 Nevada주에 걸쳐 있는 해면보다 86m 낮은 메마른 혹서(酷暑)의 저지대》.

déath wàrrant (1) 【法】 사형집행 영장. (2) 치명적 타격, (의사의) 임종 선언.

death·watch [déθwɑ̀tʃ/-wɔ̀tʃ] *n.* ⓒ (1) (초상집의) 경야(經夜). (2) 【蟲】 살짝수염벌레《그 소리 를 죽음의 전조로 믿었음》.

déath wìsh 자기〈남〉의 죽음을 바람, 죽고 싶은 생각.

deb [deb] *n.* 《口》 =DEBUTANT(E).

dé·bâ·cle, de·ba·cle [deibɑ́ːkl, -bǽkl, də-] *n.* ⓒ 《F.》 (1) (군대·군중 따위의) 와해, 패주; (정부 등의) 붕괴. (2) (시장의) 폭락, 도산. (3) (강의 얼음이 깨져) 쏟아져 내림.

de·bag [diːbǽg] *vt.* 《英俗》 (장난·벌로서, 아무개)의 바지를 벗기다, 정체를 폭로하다.

de·bar [dibɑ́ːr] (**-rr-**) *vt.* (1) (어떤 장소·상태)에서 내쫓다, 제외하다《*from*》. (2) (…하는 것)을 방해하다; 금하다.

de·base [dibéis] *vt.* (1) (품질·가치 따위)를 떨어뜨리다, 저하시키다. (2) (품성·평판 등)을 떨어뜨리다 : ~ one's name 이름을 더럽히다.

de·base·ment [dibéismənt] *n.* ⓤ (인품·품질 따위의) 저하; (화폐의) 가치 하락, 학화, 타락.

de·bat·a·ble [dibéitəbəl] *a.* (1)논쟁의 여지가 있는, 문제 되는. (2) 미해결의, 계쟁중의 ; 논쟁중인 : a ~ land 〈ground〉 (국경 따위의) 계쟁지(係爭地).

⁑**de·bate** [dibéit] *n.* ⓤⓒ (1) 토론, 논쟁, 토의 ; 숙고. (2) 토론회.
— *vi.* (1) 《+前+名》토론하다, 논쟁하다, 토론에 참가하다. (2) 숙고하다, 검토하다.
— *vt.* (1) (문제 등)을 토의〈논의〉하다 : ~ an issue 어떤 문제를 토론하다. (2) 《+*wh.* to do》 숙고〈숙의〉하다.

de·bat·er [dibéitər] *n.* ⓒ (1)토론자 (2)논객.

de·bauch [dibɔ́ːtʃ] *vt.* (1) 〔종종 受動으로〕 (도덕적으로) …을 타락시키다; (생활·취미 등)을 퇴폐시키다. (2) 【經】 (가치)를 저하시키다.

파) **~·er** *n.* 방탕자.
— *n.* ⓒ 방탕, 난봉; 폭음, 폭식. — *vi.* 주색에 빠지다, 방탕하다

de·bauched [dibɔ́:tʃt] *a.* 방탕한: a ~ person.

de·bauch·ery [dibɔ́:tʃəri] *n.* ⓤⓒ 방탕, 주색에 빠짐, 도락: a life of ~ 방탕 생활, (*pl.*) 유흥, 환락.

de·ben·ture [dibéntʃər] *n.* ⓒ (1) (공무원이 서명한) 채무증서. (2) 《英》사채(社債), 사채권(券) (=~ **bònd**). (3) 《美》 무담보 사채, (세관의) 관세환불 증명서.

de·bil·i·tate [dibílətèit] *vt.* …을 쇠약하게 하다: a *debilitating* climate 몸에 아주 나쁜 기후.

de·bil·i·ty [dibíləti] *n.* ⓤ (더위·질병 등으로 인한) 쇠약.

deb·it [débit] *n.* ⓒ (1) 차변(借邊)《略 : dr.》. 【opp】 *credit*. (2)차변 기입: a ~ slip 출금 전표.
— *vt.* (금액)을 차변에 기입하다《*against* ; *with* ; *to*》: ~ $ 1,000 *to*〈*against*〉 him 〈his account〉 = ~ him 〈his account〉 *with* $ 1,000. 달러를 그의 차변에 기입하다.

débit sìde (the ~) 차변, 장부의 좌측《略 : dr》 : 【opp】 *credit side*. 『 on the ~ 차변에.

de·bone [di:bóun] *vt.* (새·물고기 등)의 뼈를 발라내다.

de·bouch [dibú:ʃ, -báutʃ] *vi.* (1) (군대가 좁은 곳에서 넓은 데로) 나오다. (2) (강이 넓은 곳으로) 흘러나오다, 유출하다.
— *vt.* (넓은 곳으로) 유출(진출)시키다.

de·bouch·ment [dibú:ʃmənt, -báutʃ-] *n.* (1) ⓤ 진출; (하천의) 유출. (2) ⓒ 진출하는 데(곳) : (하천의) 유출구.

de·bris, dé- [dəbrí:, déibri:/ déb-] (*pl.* ~ [-z]) *n.* ⓤ (파괴물의) 부스러기, 파편(의 더미): the ~ of buildings after an air raid 공습 뒤의 건물의 잔해.

;debt [det] *n.* (1) a] ⓒ 빚, 부채, 채무. b] ⓤ 빚(진 상태) : fall in ~ 빚지다. (2) ⓤⓒ 의리, 은혜: ***a ~ of honor*** 신용(信用)빚, 《특히》 노름빚. ***be in*** a person***'s ~*** = ***be in ~ to*** a person ~에게 빚이 있다 : ~에게 신세를 지고있다.

***debt·or** [détər] *n.* ⓒ (1) 채무자 ; 차주(借主) : I'm your ~. 네게 빚이 있다. (2) 【簿記】 차변 《略 : dr》. 【opp】 *creditor*.

de·bug [di:bʌ́g] (**-gg-**) *vt.* (1) (정원수 등)에서 해충을 없애다. (2) 《口》(기계·계획 등)의 결함〈잘못〉을 조사하여 제거하다. (3) 《口》(방 ·건물에서) 도청 장치를 제거하다. (4) 【컴】 (프로그램의) 결함을 발견해 수정하다.
n. ⓤ 【컴】 벌레잡기, 오류 수정.

de·but, dé·but [deibjú:, di-, déi-, déb-] *n.* ⓒ 《F.》 무대 〈사교계〉에 첫발 디디기, 첫 무대〈출연〉, 데뷔, (사회생활의) 제 1보 : make one's ~ 데뷔하다 : 사교계에 처음으로 나서다.
— *vi.* 데뷔하다, 첫 무대를 밟다.

deb·u·tant, dé- [débjutà:nt, -bjə-] (*fem.* -***tante*** [-tà:nt]) *n.* ⓒ 《F.》 첫 무대에 서는 사람〈배우〉; 사교계에 처음 나서는 사람.

deb·u·tante [débjutà:nt] *n.* ⓒ 처음으로 사교계에 나오는〈왕궁에 사후(伺候)하는〉 소녀; 첫 무대의 여배우; 첫 출연하는 여류 음악가.

DEC Digital Equipment Corp. ***Dec.** December. **dec**. deceased; decimeter; declaration ; declension; decrease.

***dec·ade** [dékeid/ dəkéid] *n.* (1) 10년간 : for (the last) several ~*s* (지난) 수 10년 간. (2) [dékəd] 【카톨릭】 로사리오의 한 단(端).

dec·a·dence, -cy [dékədəns, dikéidns,] [-i] *n.* ⓤ (1) 쇠미 ; 타락. (2) (문예상의) 퇴폐, 데카당파의.

dec·a·dent [dékədənt, dikéidənt] *a.* 쇠퇴기에 접어든 ; 퇴폐적인 ; 데카당파의.
— *n.* ⓒ (1) 퇴폐적인 사람. (2) 데카당파의 예술가 《특히 19세기 말 프랑스의》.

de·caf·fein·ate [di:kǽfiənèit] *vt.* (커피 등에서) 카페인을 제거하다〈줄이다〉 : ~*d* coffee.

dec·a·gon [dékəgàn/ -gən] *n.* ⓒ 【數】 10각형의, 10변형, 10각형.
파) **de·cag·on·al** [di:kǽgənəl] *a.*

dec·a·gram, 《英》 -gramme [dékəgræ̀m] *n.* ⓒ 데카그램《10 그램》.

de·cal·co·ma·nia [dikæ̀lkəméiniə] *n.* (1)ⓤ데칼코마니《특수한 종이에 그린 도안·무늬를 유리나 도자기 같은 데 넣는 법》. (2)ⓒ 그 도안·무늬.

Dec·a·logue, -log[dékəlɔ̀:g, -làg] *n.* (the ~) 【聖】 (모세의) 십계명(the Ten Commandments).

de·camp [dikǽmp] *vi.* (1)캠프를 거두고 물러나다 《*with*》. (2)(갑자기 몰래) 도주하다(run away) 《*with*》: ~ *with* money 돈을 가지고 달아나다. 파) **~·ment** *n.* ⓤ 철영(撤營) ; 도망.

de·cap·i·tate [dikǽpətèit] *vt.* …의 목을 베다, 참수하다《특히 처형으로》.

de·cap·i·ta·tion [dikæ̀pətéiʃən] *n.* ⓤ 목베기, 참수.

dec·a·pod [dékəpàd/ -pɔ̀d] *n.* ⓒ 【動】 십각목(十脚目)《게·새우 따위》, 십완목(十腕目)《오징어 따위》.
— *a.* 십각목의; 십완목의.

de·cath·lon [dikǽθlαn, -lən/ -lɔn] *n.* ⓤ (흔히 the ~) 10종 경기. 【cf】 pentathlon.

;de·cay [dikéi] *vi.* (1) 썩다, 부패〈부식〉하다, 문드러지다(rot)《※ rot가 일반적》 : ~*ing* food 썩어가는 음식. (2) 충치가 되다. (3) 쇠하다, 감쇠 〈쇠미, 쇠퇴〉하다. (4) 【物】 (방사성 물질이) (자연) 붕괴하다. — *vt.* (1) …을 썩이다; (이가) 벌레먹게 하다: a ~*ed* tooth 충치. (2) 쇠하게 하다 : a ~*ed* civilization 쇠퇴한 문명.
— n. ⓤ (1)부패, 부식 ; (충치의) 부식부《*of*》 : the ~ *of* the teeth 치아의 부식, 충치가 됨. (2) 감쇠, 쇠미, 쇠약, 쇠퇴; (도덕 등의) 퇴락: the ~ *of* civilization 문명의 쇠퇴/ mental ~ 지력 감퇴. ***be in ~*** 쇠퇴하고 있다. ***go to ~*** = ***fall into ~*** 썩다, 부패하다; 쇠미하다.

Dec·can [dékən, -æn] *n.* (the ~)데칸 《1) 인도의 반도부를 이루는 고원. 2) 인도의 Narmade강 이남의 반도부》.

***de·ceased** [disí:st] *a.* 【法】 (1) 죽은, 고(故)… : one's ~ father 아무의 망부(亡父). (2) (the ~) 〔名詞的; 單·複數 취급〕 고인(故人) : *The* ~ was respected by all who knew him. 고인은 그를 아는 모든 사람의 존경을 받았다.

;de·ceit [disí:t] *n.* (1) ⓤ 속임 ; 사기 ; 허위, 불성실: practice ~ on one's friend 친구를 속여먹다. (2) ⓒ 책략, 계략. ◻ deceive *v.*

***de·ceit·ful** [disí:tfəl] *a.* (1) 사람을 속이는, 거짓의. (2)남을 오해하게〈현혹하게〉 할 만한《언동·외견 따위》 : a ~ action 남을 오해하게 만드는 행위. 파) **~·ly** *ad.* 속여서, 속이려고. **~·ness** *n.*

;de·ceive [disí:v] *vi.* (1)《~+目/+目+前+名》 (사람)을 속이다, 기만하다, 현혹시키다 : (…의 기대)를

저버리다, 배반하다 ; (남)을 속여서 …하게 만들다. (2)〔再歸的〕 잘못 생각하다《※ 종종 수동으로 써서 '잘못 생각하다, …을 잘못 보다'《*in*》의 뜻이됨》. —*vi.* 사기치다, 속이다. ▫ deceit, deception *n.*

de·ceiv·er [disíːvər] *n.* ⓒ 사기꾼.

de·cel·er·a·tion [diːsèləréiʃən] *n.* ⓤ (1)감속. (2) 【理】 감속도(度). 〖opp〗 *acceleration*.

⁑De·cem·ber [disémbər] *n.* 12월《略 : Dec.》 : in ~,12월에 / on ~ 19th=on 19 ~: on the 19th of ~,12월 19일에.

***de·cen·cy** [díːsnsi] *n.* (1) ⓤ (사회적 기준에서) 보기 싫지 않음, 품위; 체면; 예절바름, (언동이)점잖음, 고상함: for ~'s sake 체면상. (2) (the decencies) a] 예의, 예절 : observe *the decencies* 예의를 지키다. b] 보통의 살림에 필요한 것(의류 · 가구 등). (3)(the ~) 친절, 관대.

⁑de·cent [díːsənt] (***more ~ ; most ~***) *a.* (1) (복장 · 집 등이) 버젓한, 알맞은, 볼꼴 사납지〈남부끄럽지〉 않은 : ~ clothes 단정한 복장 / quite a ~ house 꽤 훌륭한 집. (2) (태도 · 사상 · 언어 등이) 예의 바른, 예법에 의거한, 도덕에 걸맞은 ; 품위 있는, 점잖은 : be ~ in manner 태도가 단정하다. (3) 어지간한, 남만한, 일정 수준의. (4)《口》(남 앞에 나설 정도의) 옷을 입은, 벗은 상태가 아닌. (5) 친절한, 관대한 ; 호감이 가는.

de·cent·ly [díːsəntli] *ad.* (1)보기싫지 않게, 단정히. (2) 꽤, 상당히. (3) 친절하게, 상냥하게 대하다, 예의 바르게 .

de·cen·tral·i·za·tion [diːsèntrəlizéiʃən] *n.* ⓤ (1)집중 배제, 분산. (2)지방 분권. (3)인구 분산.

de·cen·tral·ize [diːséntrəlàiz] *vt.* (행정권 · 인구)를 분산시키다 ; 지방 분권으로 하다 : ~ authority 권력을 분산시키다. — *vi.* 분산화하다.

***de·cep·tion** [disépʃən] *n.* (1) ⓤ 사기, 속임 : 기만. (2) ⓒ 사기 수단, 속임수 : There is no ~. 아무 속임수도 없다. ▫ *deceive v.*

de·cep·tive [diséptiv] *a.* (사람을) 현혹시키는, 속이는, 거짓의 : 믿지 못할, 오해를 사는.
파) **~·ly** *ad.* **~·ness** *n.*

deci- *pref.* '10분의 1'의 뜻.

⁑de·cide [disáid] *vt.* (1) 《+*to* do/+*that*節/+*wh.* +*to* do/+*wh.*절》 …을 결심〈결의〉하다. (2) 《~+(*that*)절》 …하는 것을 (결)정하다. (3) 《~+目/+目+前+名》 (문재 · 논쟁 · 투쟁 등)을 해결하다, 재결〈결정〉하다. (판사가) 판결하다, (승부를) 정하다 / The court ~*d* the case *against* the plaintiff. 법원은 원고에게 불리한 판결을 했다. (4) 《~+目/+目+*to* do》 …을 결심시키다 / His advice ~*d* me *to* carry out my plan. 그의 충고로 계획을 실천하려고 결심했다. — *vi.* (1) 《~/+*to* do/+前+名》 결심하다, 결정하다 : I have ~*d to* go. = I have ~*d on* 〈*for*〉 going. 가기로 정했다. (2) 《+前+名》 판결을 내리다.

⁑de·cid·ed [disáidid] (***more ~ ; most ~***) *a.* (1) 분명한, 명확한(distinct) : a ~ difference 뚜렷한 차이. (2) (성격등이) 단호〈확고〉한, 과단성 있는: in a ~ tone 〈attitude〉 단호한 어조〈태도〉로.

de·cid·ed·ly [-li] (***more ~ ; most ~***) *ad.* (1) 확실히, 분명히, 단연 : answer ~ 분명히 대답하다. (2) 단호〈확고〉하게.

de·cid·ing [disáidiŋ] *a.* 결정적인 ; 결승〈결전〉 의 : He cast the ~ vote. 그는 찬부를 결정하는 한 표를 던졌다.

de·cid·u·ous [disídʒuːəs] *a.* (1) 【生】 a]낙엽성의 : a ~ tree 낙엽수. b] (이 · 뿔 등이 어느 시기에) 빠지는 : a ~ tooth 젖니 (milk tooth). (2)일시적인, 덧없는, 영존하지 않는. 〖opp.〗 *persistent*.

***dec·i·mal** [désəməl] *a.* 【數】 (1) 십진법의 :the ~ system 십진법 / (a) ~ classification 십진 분류법 《도서의》 / go ~ (통화에서) 십진제를 채용하다. (2) 소수의 : a ~ point 소수점. — *n.* ⓒ 소수(~ fraction) : a circulating〈recurring, repeating〉 ~ 순환 소수. 파) **~·ly** *ad.* 십진법으로; 소수로. **~•ism** *n.* 십진법(제). **~•ist** *n.* 십진법 주장(주의)자.

dec·i·mal·i·za·tion [dèsəməlizéiʃən] *n.* ⓤ (화폐 · 도량형의) 십진법화(十進法化), 십진법 채용.

dec·i·mal·ize [désəməlàiz] *vt.* (통화 · 도량형)을 십진법으로 하다.

dec·i·mate [désəmèit] *vt.* (1) (특히 고대 로마에서 반란죄 등의 처벌로) 10명에 1명꼴로 제비뽑아 죽이다(제거하다). (2) (전쟁 · 역병 따위가) …의 많은 사람을 죽이다.
파) **dèc·i·má·tion** *n.*

de·ci·pher [disáifər] *vt.*(1) (암호문 등)을 해독하다(decode).. (2) (판독이 어려운 문자 등)을 판독하다. 파) **~•a•ble** *a.* 해독(판독)할 수 있는. **~ ·ment** *n.*

⁑de·ci·sion [disíʒən] *n.* (1) ⓤⓒ 결정, 결단 ; 해결, 판결. (2) ⓤⓒ (…하려는) 결심, 결의 / a man of ~ 과단성 있는 사람. (3) ⓤ 결단력, 과단성: act with ~ 결연히 행동하다.

de·ci·sion-mak·ing [disíʒənmèikiŋ] *n.* ⓤ *a.* 정책〈의사〉 결정(의) : the ~ process (정책·방향) 결정 과정.

decísion trèe 【컴】 의사 결정(을 위한) 분지도(分枝圖)《여러 가지 전략 · 방법 등을 나뭇가지 모양으로 도시(圖示)한 것》.

⁑de·ci·sive [disáisiv] (***more ~ ; most ~***) *a.* (1) 결정적인, 결정하는 힘이 있는 ; 중대한 : ~ evidence 〈proof〉 확증, 결정적인 증거/ ~ ballots 【法】 결선 투표. (2) 결단력이 있는 ; 단호한, 확고한 : a ~ tone of voice 단호한 어조 / be ~ of ··을 결정하다, 결단을 내리다. (3) 명백한, 의심할 여지가 없는: a ~ advantage over them. 그들보다 분명히 유리했다. ▫ decide *v.* 파) **~ ·ness** *n.*

⁑deck [dek] *n.* ⓒ (1) 갑판. (2) (전차 · 버스 따위의) 바닥; 층. (3)《美》 카드의 한 벌(《英》 pack)《52매》 : a ~ of cards 카드 한 벌. (4) 【컴】 덱, 대(臺), 천공(穿孔) 카드를 모은 것. (5)《俗》 작은 마약 봉지. (6) 테이프 덱: ⇨ TAPE DECK. ***clear the ~s*** (***for action***) 1)갑판을 청소하다. 2)진투〈활동〉 준비를 하다. ***hit the ~*** 《口》 1) 일어나다, 기상하다. 2) 전투〈활동〉 준비를 하다. 3) 바닥에 쓰러지다〈엎드리다〉. ***on ~*** 1) 【海】 갑판에 나가; 당직하여 : be *on* ~ 갑판에 나가 있다. 2) 《주로 美》 (활동) 준비가 된 ; 【野】 다음 차례에〈의〉.

deck·er [dékər] *n.* ⓒ 〔複合語를 이루어〕 (…층의) 버스 · 선박 (등): a double- ~ (bus), 2층 버스/ a triple- ~ sandwich, 3층으로 된 샌드위치.

de·claim [dikléim] *vt.* (시 · 문장을) 과장해서 낭독하다《*to*》. — *vi.* 낭독〈연설〉조로 이야기하다 ; 열변을 토하다; 격렬하게 공격〈비난〉하다 《*against*》 : ~ *against* ~을 열변으로 항의하다, 몹시 규탄하다.

dec·la·ma·tion [dèkləméiʃən] *n.* (1)ⓤ 낭독

D

(법): 웅변(술). (2)ⓒ 거침없는 과장된 연설, 열변.

de·clam·a·to·ry [diklǽmətɔ̀:ri/ -təri] *a.* 연설조의, 웅변가투의 ; 낭독조의; (문장이) 미사 여구 를 늘어놓은.

de·clar·a·ble [diklέərəbəl] *a.* (1)선언〈언명〉할 수 있는. (2) (물품을 세관에서) 신고해야 할: ~ goods (통관시) 신고해야 할 물품.

:dec·la·ra·tion [dèkləréiʃən] *n.* (1) ⓤⓒ 선언(서), 포고(문)(announcement) ; 공표, 발표; (사랑의) 고백《*of*》: a ~ *of* war 선전 포고 / a ~ *of* war neutrality 중립 선언. (2) ⓒ (세관·세무서에의) 신고(서): a ~ of income 소득(의) 신고. (3) ⓒ 【法】 (원고의) 최초 진술; 신청서. (4) ⓒ 【카드놀이】 (브리지의) 으뜸패 선언. ▫ declare *v.* ***the Declaration of Human Rights*** 세계 인권 선언《1948년 12월 유엔 제3차 총회에서 채택》. ***the Declaration of Independence*** (미국) 독립 선언《1776년 7월 4일 채택》.

***de·clar·a·tive** [diklǽrətiv] *a.* 진술의 ; 서술의: a ~ sentence 【文法】 평서문. 파) **~·ly** *ad.*

:de·clare [diklέər] *vt.* (1) 《 ~+目/+目+補/+目+(to be)補/+目+前+名/+that節》 …을 선언〈언명〉하다, 발표 〈포고, 단언, 성명, 공언〉 하다; …을 밝히다, 분명히 하다, 표시하다: ~ one's position 입장을 분명히 하다. (2) (세관·세무서에서 과세품·소득액)을 신고하다: Have you anything to ~ ? 신고할 과세품을 가지고 계십니까. (3) 【카드놀이】 (손에 든 패)를 알리다 ; (어떤 패)를 으뜸패로 선언하다. — *vt.* (1) 《~/+前+名》 선언〈언명, 단언〉하다 ; 의견〈입장〉을 표명하다《*against* ; *for*》: ~ against 〈for, in favor of〉 …에 반대(찬성)한다고 언명하다 / He ~*d for* our idea. 그는 우리 의견에 찬성한다고 분명히 밝혔다. (2)【크리켓】 (중도에서) 회(回)의 종료를 선언하다. ~ one***self*** 소신을 말하다 ; 신분을 밝히다. ***Well, I (do) ~!*** 저런, 설마, 원!.

de·clared [diklέərd] *a.* 〔限定的〕 (1) (선언) 공언한, 공표된, 공공연한 : a ~ candidate 입후보를 선언〈표명〉한 사람. (2) 신고된, 가격을 표기한 : ~ value (수입품의) 신고 가격.

de·clas·si·fy [di:klǽsəfài] *vt.* …을 기밀 정보 리스트에서 삭제하다. 파) **de·clàs·si·fi·cá·tion** [-fikéiʃən] *n.* ⓤ 비밀 취급의 해제.

de·clen·sion [diklénʃən] *n.* 【文法】 (1) ⓤ 어형변화《명사·대명사·형용사의 성(性)·수(數)·격에 의한 굴절》. (2) ⓒ 동일 어형변화의 어군(語群), 변화형. 【cf】 inflection, conjugation.

de·clin·a·ble [dikláinəbəl] *a.* 【文法】 격변화 〈어형변화〉를 하는.

:de·cline [dikláin] *vi.* (1) (정중히) 사절〈거절〉하다: ~ with thanks. 좋은 말로(고맙다고 하며) 거절하다. (2) (아래로) 기울다, 내리막이 되다: (해가) 져 가다 ; (인생 따위) 끝에 다가서다, 종말(황혼)에 가까워지다. (3) (힘·건강 등이) 쇠하다, 감퇴하다. He has ~*d* in health. 건강이 쇠약해졌다. (4)(인기·물가 등이) 떨어지다. (5) 【文法】 어형〈격(格)〉변화하다. — *vt.* (1) 《~+目/+*to* do/+-*ing*》 (초대·제의 등)을 정중히 사절하다, 사양하다: ~ an offer 제의를 정중하게 거절하다 / ~ *to* accept the appointment 임명을 사절하다. ※ 목적어로서는 《+~*to* do》의 형이 보통. (2) …을 기울이다, (머리)를 숙이다 : with one's head ~*d* 머리를 숙이고. (3) 【文法】 (명사·대명사·형용사)를 (격)변화시키다. 【cf.】 conjugate. ▫ declination *n.*

—*n.* ⓒ (흔히 *sing.*) (1)쇠퇴, 쇠미, 퇴보 ; 만년 : in the ~ of a person's life 만년에 (2) (가격의) 하락, (혈압, 열 등의) 저하《*in*》: a (sharp) ~ *in* prices 물가의 하락〈급락〉 (3) 경사, 내리받이. ***go* 〈*fall*〉 *into a* ~** 쇠퇴하다 ; 폐병에 걸리다. ***on the* ~** 기울어져 ; 내리받이 〈내리막길〉로 ; 쇠퇴하여.

de·cliv·i·ty [diklívəti] *n.* ⓤⓒ (내리받이의) 경사, 내리받이. 【opp.】 *acclivity*. 『 a sudden ~ 급한〈가파른〉 내리받이.

de·coc·tion [dikάkʃən/ -kɔ́k-] *n.* (1)ⓤ 달이기. (2) ⓒ 달인 즙〈약〉.

de·cod·er [di:kóudər] *n.* ⓒ (1) 암호 해독자〈해독기〉. (2) 【컴】 디코더, 새김기, 복호기(復號器)《부호화된 신호를 원형으로 환원시킴》.

dé·colle·té [deikὰləté́i/ deikɔ́ltei] (*fem.* ***-tee*** [--]) *a.* 《F.》 어깨와 목을 많이 드러낸《옷》 ; 데콜테옷을 입은. ***a robe* ~** 로브데콜테《여성의 야회복》.

de·col·o·nize [di:kάlənàiz/ -kɔ́l-] *vt.* (식민지)에 자치를〈독립을〉 허락하다, 비식민지화 하다. 파) **de·còl·o·ni·zá·tion** [-nizéiʃən/ -nai-] *n.* ⓤ 비식민지화.

de·col·or 《英》 **-our** [di:kʌ́lər] *vt.* …에서 색을 지우다, 탈색〈표백〉하다. 【cf.】 discolor.

de·com·mis·sion [dì:kəmíʃən] *vt.* (1) (배·비행기 등)을 퇴역시키다. (2) (원자로)를 폐로(廢爐) 조치하다.

de·com·mu·nize [dì:kάmjunàiz/ -kɔ́m-] *vt.* (1) …을 비(非)공산화하다. (2) (국가·제도 등)을 비생산화(非生産化)하다.

파) **de·còm·mu·ni·zá·tion** [-nizéiʃən] *n.*

***de·com·pose** [dì:kəmpóuz] *vt.* (1) 《~+目/+目+前+名》 …을 (성분·요소로) 분해시키다《*into*》: A prism ~*s* sunlight into its various colors. 프리즘은 일광을 여러색으로 분해한다. (2) …을 썩게 하다, 변질시키다.

—*vi.* (1) 분해하다. (2) 썩다, 부패하다. 파) **-pos·a·ble** *a.* 분해(분석)할 수 있는.

***de·com·po·si·tion** [dì:kampəzíʃən/ -kɔm-] *n.* ⓤ (1) 분해(작용). (2) 부패, 변질.

de·com·press [dì:kəmprés] *vt.* (1) 에어록(air lock)으로 압력을 감소시키다, …의 압력을 줄이다; 감압하다. (2) (잠수부 등)을 보통 기압으로 되돌리다. — *vi.* (1) 감압하다. (2) 《口》 긴장이 풀리다, 편해지다.

de·com·pres·sion [dì:kəmpréʃən] *n.* ⓤ 감압《심해 다이버 등을 정상 기압으로 되돌리는》 : ~ chamber 감압실.

de·con·struct [dì:kənstrʌ́kt] *vt.* (1) (구조·체계 등)을 해체〈분해〉하다. (2) (문학 작품 등)을 탈(脫)구축(deconstruction)의 방법으로 분석하다.

de·con·struc·tion [dì:kənstrʌ́kʃən] *n.* ⓤ 【文藝】 탈(脫)구축, 해체 구축《구조주의 문학 이론 이후에 유행한 비평 기법》.

de·con·tam·i·nate [dì:kəntǽmənèit] *vt.* (1) …을 정화(淨化)하다. (2) (독가스·방사능 따위)의 오염을 제거하다. (3) (기밀 문서에서) 기밀부분을 삭제하다.

de·con·trol [dì:kəntróul] (***-ll-***) *vt.* (정부)의 관리를 해제하다, 통제를 풀다. — *n.* ⓤⓒ 관리〈통제〉 해제 : (the) ~ of domestic oil prices 국내 석유 가격의 통제 해제.

de·cor, dé·cor [deikɔ́:r, ∠-] *n.* ⓤⓒ 《F.》 장식, 실내 장식; 무대 장치.

:dec·o·rate [dékərèit] *vt.* (1) 《~+目/+目+前+

名》 …을 꾸미다, 장식하다《with》 : a beautifully ~*d* room 아름답게 꾸며진 방. (2) (방·집)에 칠을 하다, 도배하다. (3) 《+目+前+名》 (~)에게 훈장을 주다 / a heavily ~*d* general 가슴에 훈장을 잔뜩 단 장군.
— *vi.* 벽〈방〉에 도배하다, 칠을 하다.

dec·o·ra·tion [dèkəréiʃən] *n.* (1)ⓤ 장식(법) : ~ display (상점의) 장식 진열/ interior ~ 실내 장식. (2)ⓒ (흔히 *pl.*) 장식물: Christmas (tree) ~*s* 크리스마스(트리)의 장식물. (3) ⓒ 훈장.

***dec·o·ra·tive** [dékərèitiv, -rə-] *a.* 장식(용)의, 장식적인: ~ art 장식 미술, 화사한 (여성복 등). 파) **~·ly** *ad.* **~·ness** *n.*

***dec·o·ra·tor** [dékərèitər] *n.* ⓒ 장식자 ; 실내 장식가〈장식업자〉 (interior ~).

dec·o·rous [dékərəs] *a.* 예의 바른, 품위있는 ; 점잖은, 단정한. 파) **~·ly** *ad.* **~·ness** *n.*

de·co·rum [dikɔ́:rəm] *n.* ⓤ (1) (동작의) 단정 ; 예의 바름 : observe proper ~ 단정하고 예의바르게 처신하다. (2) ⓒ (종종 *pl.*) 예법(품위있는).

***de·coy** [dí:kɔi, dikɔ́i] *n.* ⓒ (1) 유인하는 장치, 미끼(bait), 후림새 : a ~ bird 후림새. (2) 미끼로 쓰이는 것〈사람〉 : a police ~ 위장 잠입 형사. (3) (오리 사냥 따위의) 유인 못, 유인장소.
— [dikɔ́i] *vt.* 《~+目/+目+前+名》 …을 (미끼로) 유혹〈유인〉하다 ; 꾀어내다〈들이다〉.

:de·crease [dí:kri:s, dikrí:s] *n.* (1) ⓤⓒ 감소, 축소, 감퇴《in》 : a ~ *in* export 수출 감소. (2) ⓒ 감소량〈액〉. 〖opp.〗 *increase*. ***be on the ~*** 점점 줄어가다, 점감 하다.
— [dikrí:s] *vi.* 《~/+前+名》 줄다 ; 감소〈저하〉하다 : ~ *in* number 수가 줄다

:de·cree [dikrí:] *n.* ⓒ (1) 법령, 포고, 명령: issue a ~ 법령을 발포하다. (2) 【法】 판결, 명령. — *vt.* 《~+目/+*that* 節》 (1) …을 법령으로 포고하다 ; 판결하다 : ~ the abolition of slavery 노예 제도 폐지를 포고하다. (2) (하늘·운명)이 정하다. — *vi.* 법령을 공포(公布)하다.

dec·re·ment [dékrəmənt] *n.* (1)ⓤ 점감, 감소, 소모. (2)ⓒ 감소량;감소율. 【opp】 *increment*.

de·crep·i·tude [dikrépitjù:d] *n.* ⓤ (1) 노쇠(상태), 늙어빠짐, 허약. (2) 노후(老朽).

de·crim·i·nal·ize [di:krímənəlàiz] *vt.* (포르노·약물 등)을 해금(解禁)하다 ; (사람·행위)를 기소〈처벌〉 대상에서 제외하다.

de·cry [dikrái] *vt.* …을 공공연히 비난〈중상〉하다, 헐뜯다, 비방하다.

dec·u·ple [dékjupl] *n.*, *a.* 10배(의) (tenfold).
— *vt.* …을 10배로 하다.

:ded·i·cate [dédikèit] *vt.* (1) 《+目+前+名》 …에 바치다《시간·생애 등을》. (2) 《~+目/+目+前+名》 봉납〈헌납〉하다 : ~ a new church building 신축 교회당을 헌당하다. (3) 《+目+前+名》 (저서·작곡 따위를) 헌정(獻呈)하다《to》 : *Dedicated to* ~. (이 책을) ~에게 드립니다《Dedicated는 생략하는 일이 많음: 책의 속표지에 적음》. **~ one*self to*** …에 몸을 바치다, 전념하다.

ded·i·cat·ed [dédikèitid] *a.* (1) (이상·주의(主義) 등에) 일신을 바친, 헌신적인: a ~ nurse 헌신적인 간호사. (2) 【컴】 (컴퓨터나 프로그램이) 오로지 어떤 특정 목적에만 쓰이는, 전용의 : a ~ system 전용 시스템. (3) 〔敍述的〕 …에 봉납되어 : a chapel ~ to the Virgin Mary 성모 마리아에게 봉납된 예배당.

***ded·i·ca·tion** [dèdikéiʃən] *n.* (1) ⓤⓒ 헌신, 전념《to》: ~ *to* one's duty 의무(수행)에의 전념. (2) ⓤⓒ 봉납, 봉헌. (3) ⓒ 헌정의 말 ; 헌당식(獻堂式); 개관식.

ded·i·ca·tor [dédikèitər] *n.* ⓒ (1) 봉납자, 헌납자. (2) (저서 등의) 헌정자.

***de·duce** [didjú:s] *vt.* 《~+目/+目+前+名/+*that* 節》 (결론·진리 따위)를 연역(演繹) 하다, 추론〈추측〉하다 (infer).

de·duc·i·ble [didjú:səbəl] *a.* 연역〈추론〉할 수 있는《from》 : It is ~ *from* the known facts. 그것은 이미 아는 사실들에서 추론할 수 있다.

***de·duct** [didʌ́kt] *vt.* 《~+目/+目+前+名》 (세금 따위)를 공제하다, 빼다《*from* ; *out of*》 : ~ 10% *from* the salary 급료에서 1 할을 공제하다/ ~ tax at source 세금을 원천징수하다.

de·duct·i·ble [-əbəl] *a.* 공제할 수 있는, 세금 공제를 받을 수 있는.

***de·duc·tion** [didʌ́kʃən] *n.* (1) a] ⓤⓒ 뺌, 공제, 삭감. b] ⓒ 차감액, 공제액. (2) a] ⓤⓒ 【論】 연역(법). 〖opp.〗 *induction*. b] ⓒ 연역에 의한 결론 ; 추론(推論)(에 의한) 결론.

de·duc·tive [didʌ́ktiv] *a.* 【論】 추리의, 추론적인, 연역적인. 〖opp.〗 *inductive*. 『 (the) ~ method 연역법/ ~ reasoning 연역적 추리, 연역법. 파) **~·ly** *ad.*

:deed [di:d] *n.* ⓒ (1) 행위, 소위(所爲) ; 공훈, 업적, 공적. (2)【法】 (정식 날인한) 증서, 권리증: a ~ of covenant 약관 날인 증서 / a ~ to a piece of real estate 한 부동산의 권리증. —*vt.* 《美》 증서를작성하여 (재산을) 양도하다.

***deem** [di:m] *vt.* 《文語》 《+目+(to be)補/+*that* 節》 …으로 생각하다(consider), …로 간주하다.

:deep [di:p] (**∠·*er*; ∠·*est***) *a.* (1) 깊은, 깊숙이 들어간(〖opp〗 *shallow*) ; 깊이가 있는: a pond ten feet ~ 깊이 10피트의 못. (2) 속으로 깊은 데〈깊숙이〉 있는 : from the ~ bottom 깊은 밑바닥에서. (3) 깊이 파묻힌 : ~ *in* snow 깊이 눈에 파묻힌. (4) 몰두〈골몰〉하고 있는: ~ *in* love 사랑에 빠진. (5) (정도가) 강한, 심한; (사상 등이) 깊은, 심원한 ; (슬픔·감사 등이) 깊은, 마음으로부터의: a man of ~ learning 학문이 깊은 사람 / ~ sleep 깊은 잠. (6) (색깔이) 짙은 〖opp.〗 *faint, thin*) ; (음성이) 낮고 굵은 . (7) 낮게 늘어진, 낮은 데까지 달하는 : a ~ bow 큰절 / a ~ dive 급강하. (8) (심원해서) 헤아리기 어려운, 은밀한 ; 《口》 속 검은: a ~ secret 극비 / a ~ meaning 심원한 의미. (9) 〔敍述的〕 (시간·공간적으로) 멀리 떨어져 : ~ in the past 먼 옛날. (10) 【醫】 신체 심부의 : ~ therapy (X 선에 의한) 심부 치료. (11) 【野·크리켓】 타자에게서 멀리 떨어진: a ~ fly 깊숙한 외야 플라이. ***throw*** a person ***in at the ~ end*** ⇨ END
— *ad.* (1) 깊이, 깊게: Still waters run ~. 《俗談》 잔잔한 물이 깊다. (2) (밤)늦게까지 read ~ into the night 밤늦도록 독서하다.
— *n.* (the ~) 《詩》 바다, 대양, 심연, 깊숙한 못 : *the* great ~ 창해(滄海) . 파) **∠·ness** *n.*

:deep·en [dí:pən] *vt.* (1) …을 깊게 하다 : ~ a well 우물을 깊게 파 내려가다. (2) (인상·지식 등)을 깊게 하다. (3) (불안 등)을 심각하게 하다. (4) (색)을 짙게 하다. — *vi.* (1)깊어지다, 짙어지다 : the ~*ing* colors of leaves 차츰 색깔이 짙어지는 나뭇잎

D

들. (2) (불안 등)이 심각해지다.
deep-freeze [⌐fríːz] (**~d, -froze; -fro·zen**) *vt.* (식품)을 급속 냉동하다 ; 냉동 보존하다.
deep-laid [⌐léid] *a.* 감쪽같이〈면밀히〉 꾸민《음모 따위》: a ~ plan 〈scheme〉.
⁑**deep·ly** [díːpli] (**more ~ ; most ~**) *ad.* (1) 깊이 ; 철저히, 대단히, 몹시 : study the problem ~ 문제를 깊이 연구하다. (2) (음모 등이) 교묘히 꾸며져 : a ~ laid intrigue 교묘하게 꾸민 음모. (3) (소리가) 굵고 낮게. (4) (색이) 짙게.
déep móurning (1) 정식 상복(喪服)《검고 무광택의》. 【cf.】 half mourning. (2)(고인에의) 깊은 애도: He was in ~ for his father. 그는 부친의 사망으로 비탄에 빠져 있었다.
deep-root·ed [⌐rúːtid, -rút-] *a.* 깊이 뿌리박은, 뿌리 깊은(deeply-rooted): ~ hatred 뿌리깊은 증오.
D
deep-seat·ed [⌐síːtid] *a.* 심층(深層)의 ; (원인·병 따위가) 뿌리 깊은, 고질적인《병 따위》 : a ~ distrust 〈fear〉 뿌리깊은 불신감〈공포〉.
déep síx 《美俗》(1) 매장, 《특히》 해장(海葬). (2) 폐기(처분).
déep spáce (지구에서 아주 먼)우주공간, 심(深)우주(=**déep a ský**).
déep strúcture 【文法】 심층 구조《생성 변형 문법에서, 표현 생성의 근원이 되는 기본 구조》.
⁑**deer** [diər] (*pl.* **~, ~s**) *n.* (1) ⓒ 사슴
※ 수사슴 stag, hart, buck; 암사슴 hind, doe, roe ; 새끼사슴 calf, fawn. (2) ⓤ 사슴 고기.
deer·stalk·er [⌐stɔ̀ːkər] *n.* ⓒ (1) 사슴 사냥꾼. (2) 헌팅캡의 일종(= **⌐ hàt**).
de-es·ca·late [diːéskəlèit] *vt.* (범위·규모 등)을 단계적으로 줄이다〈축소하다〉, 점감시키다. ― *vi.* 단계적으로 축소되다. 파) **de-ès·ca·lá·tion** [-ʃən] *n.*
def. defective; defendant; deferred; defined; definite; definition.
de·face [diféis] *vt.* (1) …의 외관을 손상하다, 더럽히다 ; 흉하게 하다. (2) (비석 따위의 표면)을 마멸시키다. (3) (문지르거나 낙서를 하거나 하여) …을 판독하기 어렵게 하다 : ~ a poster 포스터에 낙서를 하여 읽기 어렵게 만들다. 파) **~·ment** *n.*
de fac·to [diː-fǽktou, dei-] *ad.*, *a.* 《L.》 사실상(의) : a ~ government 사실상의 정부.
de·fal·cate [difǽlkeit, -fɔ́ːl-] *vi.* 【法】 유용〈횡령〉하다.
de·fal·ca·tion [dìːfælkéiʃən, -fɔːl-] *n.* (1) ⓤ 위탁금 횡령. (2) ⓒ 부당 유용액.
def·a·ma·tion [dèfəméiʃən] *n.* ⓤ 명예 훼손, 중상, 비방 : ~ of character 명예 훼손.
de·fam·a·to·ry [difǽmətɔ̀ːri/ -təri] *a.* 명예 훼손의, 중상적인, 비방하는 : ~ statement 중상적 진술.
de·fame [diféim] *vt.* (사람·단체)를 비방〈중상〉하나 …의 명예를 훼손하다, 모욕하다
de·fault [difɔ́ːlt] *n.* ⓤ (1) a] (의무·약속 따위의) 불이행, 태만. b] 채무 불이행 : go into ~ 채무 불이행 상태에 빠지다. (2) 【法】 (법정에의) 불출두, 결석 : make ~ 결석하다. (3) 【競】 경기 불참가, 불출장, 기권 : win a game by ~ 부전〈기권〉승하다. (4) 【컴】 a] 애초 (=**⌐ òption**)《지정이 생략된 경우의 선택》. b] 애초값(=**⌐ válue**)《생략시의 값》. ***go by ~*** 결석〈결장〉하다: (권리 등이) 태만으로 인해 무효화되다. ***in ~ of*** …이 없어서, …의 불이행시(時)에는.
― *vi.* (1) 《+前+名》 (약속·채무 따위를) 이행하지 않다, 태만히〈게을리〉 하다《*on*》 : ~ *on* £5000 in loans, 5천 파운드의 채무를 이행하지 않다. (2) 【法】 (재판에) 결석하다. (3) 경기에 출장하지 않다: 부전패로 되다.
de·fea·si·ble [difíːzəbəl] *a.* 무효로 할 수 있는, 해제 가능한.
⁑**de·feat** [difíːt] *vt.* (1) 《~+目/+目+前+名》 패배시키다, 쳐부수다, 지우다. (2) 《~+目/+目+前+名》 (계획·희망 등)을 좌절시키다 ; (사람)의 기를 꺾다〈죽이다〉 : be ~*ed* in one's Plan 계획이 무너지다 .
― *n.* (1)ⓤ (상대)를 지우기, 격파, 타파. (2) ⓤⓒ 패배 : four victories and 〈against〉 three ~*s*, 4승 3패. (3) ⓤ 좌절, 실패《*of*》 : The ~ *of* his plan was a shock to his wife 그의 계획의 실패는 그의 아내에게는 충격이었다 .
de·feat·ist [-ist] *n.* ⓒ 패배주의자. ― *a.* 패배주의(자)적인.
def·e·cate [défikèit] *vi.* 배변(排便)하다.
def·e·ca·tion [dèfikéiʃən] *n.* ⓤ 배변.
⁑**de·fect** [difékt, ⌐-] *n.* ⓒ 결점, 결함 : 단점, 약점 ; 흠 : ~ in one's character 성격상의 결함.
― [difékt] *vi.* (주의·당 따위를) 이탈하다 ; 변절하다《*from*》, 망명하다.
de·fec·tion [difékʃən] *n.* ⓤⓒ 이반(離反): 탈당, 망명《*to*》 ; 의무의 불이행《*from*》 ; 변절, 탈퇴.
***de·fec·tive** [diféktiv] (**more ~; most ~**) *a.* (1) a] 결함〈결점〉이 있는, 불완전한: a ~ car 결함차 . b] 〔敍述的〕 결여되어 있는. (2) (사람이) 지능이 평균 이하의. (3) 【文法】 어형변화의 일부가 없는.
― *n.* ⓒ (1)심신 장애자, 《특히》 정신 장애자: a mental ~ 지능 장애자. (2) 【文法】 결여어.
파) **~·ly** *ad.* **~·ness** *n.*
de·fec·tor [diféktər] *n.* ⓒ 도망〈탈당〉자: 배반자, 망명자, 탈락자.
⁑**de·fence** [diféns] *n.* 《주로 英》 =DEFENSE.
⁑**de·fend** [difénd] *vt.* (1) 《~+目/+目+前+名》 …을 지키다. (2) (언론 등에서, 의견·주의 ·행동 등)을 옳다고 주장하다, 변호하다: ~ one's ideas 자기 의견을 옹호하다. (3) 【法】 항변〈답변〉하다 : ~ the accused (변호사가) 피고의 변호를 맡다. (4) (포지션·타이틀 등)을 지키다, 방어하다. ***~ oneself*** 자기를 변호하다. ***God ~!*** (그런 일은) 절대로 없다.
― *vi.* (1)방어〈변호〉하다. (2)【競】 지키다.
***de·fend·ant** [diféndənt] *n.*, 피고(인). *a.*【法】 피고(의). 【opp】 *plaintiff*. 『 How does the ~ plead? 피고는 죄상을 인정하는가(아니면 부인하는가).
de·fend·er** [diféndər] *n.* ⓒ (1) 방어자 ; 옹호자. (2)【競】 선수권 보유자 【opp.】 *challenger*. ***the Defender of the Faith 신교 옹호자 《Henry 8세 (1521) 이후의 영국 왕의 전통적 칭호》.
⁑**de·fense** [diféns, díːfens] *n.* (1) ⓤ 방위, 방어, 수비. 【opp.】 *offense, attack*. 『 legal ~ 정당 방위. (2) a] ⓒ 방어물. b] (*pl.*) 【軍】 방어 시설 : build up ~*s* 방어 시설을 증강하 다. (3)【法】 ⓤⓒ (흔히 *sing.*)변명; 변호, 답변(서) ; (피고의) 항변. (4)(the ~)〔集合的; 單·複數 취급〕 피고측《피고와 그의 변호인》. 【opp.】 *prosecution*. (5) 【競】 a] ⓤ 수비(방법): Our football team is weak in ~. 우리 축구팀은 수비에 약하다. b] (the ~) 〔集合的;單·複數 취급〕 수비측. ㅁ defend *v.*
***de·fense·less** [difénslis] *a.* 무방비의 ; 방어할 수 없는: a ~ city 무방비 도시. 파) **~·ness** *n.*

defénse mèchanism 【生理·心】 방어 기구(機構)〈기제(機制)〉. 【cf.】 escape mechanism.
de·fen·si·bil·i·ty [difènsəbíləti] *n.* ⓤ 방어〈변호〉 가능성.
de·fen·si·ble [difénsəbəl] *a.* 방어할 수 있는; 옹호할 수 있는 ; 변호할 수 있는.
***de·fen·sive** [difénsiv] *a.* 방어적인, 자위(自衛)상의, 수비의, 변호의. ***be* 〈*stand, act*〉 *on the* ~** 수세. 파) **~·ly** *ad.* **~·ness** *n.*
***de·fer**[1] [difə́ːr] (**-rr-**) *vt.* (1) 《~+目/+-ing》 …을 미루다, 물리다, 연기하다(postpone) : ~ departure 출발을 연기하다. (2) 《美》 …의 징병을 일시 유예하다. — *vi.* 늦춰지다, 연기〈지연〉되다. ▫ deferment *n.*
de·fer[2] (**-rr-**) *vi.* (사람에게) 경의를 표하다, (경의를 표하여) 양보하다, 따르다.
def·er·ence** [défərəns] *n.* ⓤ 복종 ; 존경, 경의 《*to* ; *toward*》 : blind ~ 맹종 / ~ for one's elders 윗사람에 대한 경의. ***in* 〈*out of*〉 *~ to …을 존중(고려)하여 …에게 경의를 표하여, …에 따라서 : *in* ~ *to* your wishes 당신의 희망을 존중하여〈에 따라서〉. ***pay* (*show*) *~ to*〈*toward*〉** …에게 경의를 표하다. ***with all* (*due*) *~ to you*** 지당한 말씀이오나, 죄송하오나.
def·er·en·tial [dèfərénʃəl] *a.* 경의를 표하는 공손한: offer〈receive〉 ~ treatment 예의를 갖춘대접을 하다〈받다〉. 파) **~·ly** *ad.*
de·fer·ment [difə́ːrmənt] *n.* ⓤⓒ 연기·거치. (2) 《美》 징병 유예.
de·ferred [difə́ːrd] *a.* 연기한 ; 거치(据置)된 : ~ payment 연불, 분할급/ ~ savings 거치 저금.
de·fi·ance** [difáiəns] *n.* ⓤⓒ (1) (공공연한) 도전 ; 저항 ; 반항〈도전〉적 태도 : show ~ toward … 에 대하여 반항〈도전〉적인 태도를 보이다. (2) (명령 등에 대한 공공연한) 반항, 무시《*of*》. ▫ defy *v.* ***bid ~ to ...* = *set ... at ~ …에 도전〈반항〉하다 ; …을 무시하다. ***in ~ of*** …을 무시하여, …에 상관치 않고 : *in ~ of* the law 법률을 무시하고.
***de·fi·ant** [difáiənt] *a.* 도전적인, 반항적인, 시비조의, 오만한 / his ~ answer 그의 반항적인 대답. 파) **~·ly** *ad.*
***de·fi·cien·cy** [difíʃənsi] *n.* (1) ⓤⓒ **a**] 결핍, 부족, 결여 / a ~ of good sense 양식의 결여. b] (정신·육체적) 결함. (2) ⓒ 부족분〈액·량〉 : supply a ~ 부족분을 메우다 / a ~ of £500. 오백 파운드의 부족(액).
de·fi·cient** [difíʃənt] (more ~; most ~***) *a.* (1)(…이) 부족한 ; 불충분한《*in*》 : a ~ supply *of* food 식량의 불충분한 공급 . (2) 결함이 있는 ; 머리가 모자라는, 불완전한 : He is mentally ~. 그는 정신 박약사나〈저능아다〉. 파) **~·ly** *ad.*
***def·i·cit** [défəsit] *n.* ⓒ (1)부족(액)《*in* ; *of*》《※ 《美》에서는 *in*이 일반적》 : a ~ *in* 〈*of*〉 oil 석유 부족. (2) (금전의) 부족, 결손, 적자. 【opp.】 *surplus*. 『 trade ~*s* 무역 적자의.
déficit spénding (적자 공채 발행에 의한) 적자 재정 지출.
de·fi·er [difáiər] *n.* ⓒ 도전자, 반항자.
de·file[1] [difáil] *vt.* (1) …을 더럽히다, 불결(부정)하게 하다. (2) …의 신성을 더럽히다. 파) **~·ment** [-mənt] *n.* ⓤⓒ 더럽히기, 오염.
de·file[2] [difáil, díːfail] *vi.* 일렬 종대로 행진하다 — *n.* ⓒ (종대가 지나갈 정도의) 좁은 길.
de·fin·a·ble [difáinəbəl] *a.* 한정할수 있는, 정의를 내릴 수 있는.
***de·fine** [difáin] *vt.* (1) 《~+目/+目+as 補》 (어구·개념 등)의 정의를 내리다, 뜻을 명확히 밝히다. (2) …의 경계를 정하다 ; (경계·범위 등)을 한정하다, 규정짓다 ; …의 윤곽을 뚜렷이 하다. (3) (진의·입장 등)을 분명하게 하다.
def·i·nite** [défənit] (more ~; most ~***) *a.* (1)명확하게 한정된, 일정한 : a ~ period of time 정해진 기간. (2) 확정적인, 명확한, 확실한: a ~ answer 확답 / ~ evidence 확증
def·i·nite·ly [défənitli] (***more ~; most ~***) *ad.* (1) 명확히, 한정적으로, 확실히: refuse ~ 딱 잘라 거절하다. (2) a]〔대답으로〕《口》 그렇고 말고(certainly) : "So you think he is correct ?" —"Yes, ~ 〈*Definitely*〉." '그래, 그의 말이 맞다는 거지' '응, 그렇고말고.' b] 《口》〔否定語와 함께〕 절대로 (…아니다).

def·i·ni·tion** [dèfəníʃən] *n.* (1) ⓒ 정의(定義): . (2) ⓤ (TV·렌즈·녹음 등의) 선명도; (윤곽 등의) 명확도. ▫ define *v.* ***by ~ 1) 정의에 의하면〈의하여〉. 2) 정의상, 당연히.
de·fin·i·tive [difínətiv] *a.* (1) 결정적인, 최종적인: a ~ proof 결정적 증거. (2) (전기(傳記)·연구 등이) 가장 권위있는, 정확한, 일정한, 명확한 : a ~ edition 결정판(版). 파) **~·ly** *ad.*
de·flate [difléit] *vi.* (1) (타이어·기구 등)의 공기(가스)를 빼다, 움츠리다. (2) (자신·희망 등을) 꺾다. (3) 【經】 (통화)를 수축시키다. 【opp.】 *inflate*. 『 ~ the currency (팽창한) 통화를 수축시키다. — *vi.* (1)공기가 빠지다. (2)(통화가) 수축하다.
***de·fla·tion** [difléiʃən] *n.* (1) ⓤ 공기 〈가스〉를 빼기. (2) ⓤⓒ 【經】 통화 수축, 디플레이션. 【opp】 *inflation*.
de·flect [diflékt] *vt.* (1) (탄알 등)을 (한쪽으로)비끼게 하다, 빗나가게 하다. (2)(생각 등)을 편향(偏向)시키다, 구부리다.
de·flec·tive [difléktiv] *a.* 편향적인, 빗나가는〈기울어짐〉의.
de·flo·ra·tion [dèfləréiʃən, dìːflɔː-] *n.* ⓤ (1)꽃을 땀. (1) (처녀) 능욕.
de·flow·er [difláuər] *vt.* …의 처녀성을 빼앗다.
de·fog [difɔ́ːg/ -fɔ́g] *vt.* 《美》 (차창·거울 등에서린) 김〈물방울〉을 제거하다.
de·fog·ger [difɔ́ːgər] *n.* ⓒ (자동차 유리·거울등의) 김 제거기.
de·fo·li·ant [di(ː)fóuliənt] *n.* ⓤⓒ 고엽제.
de·fo·li·ate [di(ː)fóulièit] *vt.* …에 고엽제를 뿌리다.
de·fo·li·a·tion [di(ː)fòuliéiʃən] *n.* ⓤ (1) 잎이 떨어지게 함. (2)【軍】 고엽 작전.
de·for·est [diːfɔ́ːrist, -fár-/ -fɔ́r-] *vt.* 산림을 벌채하다, 수목을 베어내다. 【opp.】 *afforest*.
de·for·es·ta·tion [diːfɔ̀ːristéiʃən] *n.* ⓤ (1) 산림 벌채, 산림 개척. (2) 남벌(濫伐) : *Deforestation* leads to erosion of the soil. 남벌은 토양 침식 (浸蝕)을 가져온다.
de·form [difɔ́ːrm] *vt.* (1) …의 외관〈외형〉을 흉하게 만들다, 볼품없게 하다, 일그러뜨리다. (2) …을 기형으로 만들다.
***de·for·ma·tion** [dìːfɔːrméiʃən, dèf-] *n.* (1) ⓤⓒ 모양을 망침, 추함, 흉한 모습, 볼품없음 ; 기형. (2) ⓤ 【美術】 변형, 데포르마시옹.

***de·formed** [difɔ́ːrmd] *a.* 볼품없는 ; 보기 흉한 ; 기형의《사람인 경우에는 handicapped라 함이 좋음》: a ~ baby 기형아 / It accident left him ~. 사고로 그는 몸이 기형이 됐다.

***de·form·i·ty** [difɔ́ːrməti] *n.* (1) ⓤ 모양이 흉함. (2) ⓒ (몸의) 기형. (3) ⓤⓒ (인격·예술품 등의) 결함.

***de·fraud** [difrɔ́ːd] *vt.* 《~+目/+目+前+名》 속여서 빼앗다, 횡령하다, (남의 것)을 편취하다, 사취하다

de·frock [di(ː)frɑ́k/ -frɔ́k] *vt.* …의 성직을 박탈하다 (unfrock).

de·frost [diːfrɔ́ːst, -frɑ́st/ -frɔ́st] *vt.* (1) (냉장고 등)의 서리를〈얼음을〉 제거하다. (2) (냉동 식품 등)을 녹이다. — *vi.* (1) (냉장고 등의) 성에가 〈얼음이〉 없어지다. (2) (냉동 식품 등이) 녹다.

de·frost·er [diːfrɔ́ːstər, -frɑ́stər/ -frɔ́stər] *n.* ⓒ (자동차·냉장고 등의) 성에 제거 장치.

D

deft [deft] *a.* (일의) 솜씨가 좋은, 능란한, 능숙한 (skillful): a ~ blow 멋진 일격 / with a ~ hand 능숙하게. 파) **~·ness** *n.*

deft·ly [déftli] *a.* 능숙하게.

de·funct [difʌ́ŋkt] *a.* (1) 고인이 된, 죽은. (2) (법률 등이) 소멸한; 현존하지 않는.

de·fuse [di(ː)fjúːz] *vt.* (1) (폭탄·지뢰)의 신관을 제거하다. (2) …의 위험〈불안〉을 제거하다 ; …의 (긴장)을 완화하다.

:de·fy [difái] (*p., pp.* ***-fied ; ~·ing***) *vt.* (1)《~ +目+ *to* do》…에 도전하다. (2) (적·공격 등)에 굴하지 않다, 용감히 맞서다. (3) (연장자·정부·명령 등)에 반항하다 ; (법률·권위 따위를) 무시하다, 얕보다. (4) (사물이) …을 거부하다, 받아들이지 않다

de·gauss [diːgáus] *vt.* (군함 따위에) 자기(磁氣) 기뢰 방어 장치를 하다.

de·gen·er·a·cy [didʒénərəsi] *n.* ⓤ (1) 【生】 퇴화. (2) 타락. (3) 성적 도착.

***de·gen·er·ate** [didʒénərèit] *vi.* (1) 《~/+前+名》 나빠지다, 퇴보하다《*from*》 ; 타락하다. (2) 【生】 퇴화하다《*to*》.

— [-nərit] (***more ~; most ~***) *a.* (1) 타락한; 퇴보한; 퇴폐한. (2) 【生】 퇴화한: ~ forms of life 퇴화한 생물류.

— [-nərit] *n.* ⓒ (1)퇴화 동물 ; 타락자. (2)변질자 ; 성욕 도착자.

***de·gen·er·a·tion** [didʒènəréiʃən] *n.* ⓤ (1)퇴보; 악화, 타락, 퇴폐. (2) 【醫】 변성, 변질 ; 【生】 퇴화. ☐ degenerate *v.*

de·gen·er·a·tive [didʒénərèitiv, -rət-] *a.* (1) 퇴화적인; 퇴행성의. (2)【生】 변질〈변성(變性)〉의.

de·grad·a·ble [digréidəbəl] *a.* 【化】 (화학적으 로) 분해 가능한.

***deg·ra·da·tion** [dègrədéiʃən] *n.* ⓤⓒ (1)강직(降職), 좌천 ; 강등. (2) (명예·가치의) 하락; 타락; 퇴폐 : live in ~ ; 영락한 생활을 하다. (3) 【生】 퇴화, 퇴보. (4) 【化】 분해, 변질. ☐ degrade *v.*

***de·grade** [digréid] *vt.* (1) …의 지위를 낮추다, 격하하다, 좌천시키다, 면직하다 ; 강등시키다. (2) …의 품위를 떨어뜨리다. (3) 【生】 퇴화시키다. — *vi.* 【生】 퇴화하다, 품위가 떨어지다, 타락하다.

de·grad·ing [digréidiŋ] *a.* 품위를〈자존심을〉 떨어뜨리는, 비열한, 불명예스런, 치사한 : a ~ job 품위에 관계되는 치사한 일.

:de·gree [digríː] *n.* (1) ⓤⓒ 정도 ; 등급, 단계 : a high of ~ 정도의 문제 / a high ~ of skill 고도의 기술 . (2)ⓒ 칭호, 학위. (3) ⓤ《古》 계급, 지위 : a soldier of high ~ 계급이 높은 군인. (4) ⓒ (온도 각도·경위도 등의) 도(度)《부호°》 : zero ~s centigrade 섭씨 0도《※ 0이라도 복수형을 씀》. (5) ⓒ 【文法】 급(級)《형용사·부사의 비교의》: the positive 〈comparative, superlative〉 ~ 원(原) 〈비교, 최상〉 급. (6) ⓒ 【美法】 (범죄의) 등급. (7) ⓒ 【法】 촌수. ***by ~s*** 점차, 차차로 : *by* slow *~s* 서서히, 조금씩. ***in a ~*** 조금은. ***a greater or less ~*** (정도의 차는 있으나) 다소라도. ***in some ~*** 얼마간. ***not in the slightest 〈least, smallest〉 ~*** 조금도 …않는. ***to a ~*** 다소는 ;《口》 꽤, 몹시. ***to the last ~*** 극도로.

de·hu·man·ize [diːhjúːmənàiz] *vt.* …의 인간성을 빼앗다, (사람)을 비인간화하다.

de·hu·mid·i·fy [dìːhju(ː)mídəfài] *vt.* (대기에서) 습기를 없애다 ; (공기를) 건조시키다.

de·hy·drate [diːháidreit] *vt.* …를 탈수하다, 수분을 빼다, 건조시키다: ~d eggs〈foods, vegetables〉 탈수 계란〈식품, 야채〉. — *vi.* 수분이 빠지다.

de·hy·dra·tion [dìːhaidréiʃən] *n.* ⓤ (1) 탈수, 건조. (2) 【醫】 탈수증.

de·ice [diːáis] *vt.* (1)(항공기 날개·자동차 앞유리·냉장고 등)에 제빙(除氷) 등 장치를 하다. (2) …에서 얼음을 제거하다.

de·ic·er [diːáisər] *n.* ⓒ 제빙 장치.

de·i·fi·ca·tion [dìːəfəkéiʃən] *n.* ⓤ (1)신으로 섬기기, 신격화. (2) 신성시(神聖視).

deign [dein] *vt.* 〔흔히 否定文〕 (지체 높은사람, 윗사람이) 황송하게도 …하시다, 해주시다

de·ist [díːist] *n.* ⓒ 이신론자(理神論者), 자연신 교봉신자.

***de·i·ty** [díːəti] *n.*(1)ⓒ 신(god): pagan *deities* 이교(異敎)의 신들. (2) ⓤ 신위, 신성, 신격. (3) 천제(天帝)(God).

***de·ject·ed** [didʒéktid] *a.* 낙담〈낙심(落心)〉한, 풀이 죽은 (depressed): a ~ look 낙심한 표정. 파) **~·ly** *ad.*

de·jec·tion [didʒékʃən] *n.* ⓤ 낙담, 실의(depression): in ~ 낙담하여.

de ju·re [diː-ʒúəri] 《L.》 정당하게〈한〉, 적법하게〈한〉, 법률상(의). 【opp.】 *de facto.*

***Del·a·ware** [déləwὲər] *n.* 델라웨어《미국 동부의 주 ; 略 : Del., 【郵】 DE; 주도는 Dover》.

:de·lay [diléi] *vt.* (1) 《~+目/+-*ing*》 …을 미루다, 연기하다. (2) …을 늦게〈지체하게〉 하다. — *vi.* 꾸물대다, 지체하다, 우물쭈물하다.

— *n.* ⓤ 지연, 지체 ; 연기, 유예 ; 【컴】 늦춤 : Do it without ~. 그걸 지금 곧 해라 / a ~ of ten minutes, 10분간의 지연.

de·le [díːli] *vt.* 《L.》 【校正】 〔흔히 命令文〕 (지시한 부분을) 삭제하라, 빼라. 【cf.】 delete.

de·lec·ta·ble [diléktəbəl] *a.* 《종종 戱》 (1)즐거운, 유쾌한. (2) 맛있는, 맛좋은. 파) **-bly** *ad.*

de·lec·ta·ion [dìːlektéiʃən, dilèk-] *n.* ⓤ 환희; 유쾌, 쾌락, 즐거움 : for one's ~ 재미로.

del·e·ga·cy [déligəsi] *n.* (1)ⓤ 대표 임명〈파견〉; 대표 임명〈파견〉제(도). (2)ⓒ 〔集合的: 單·複數취급〕 대표단, 사절단.

:del·e·gate [déligit, -gèit] *n.* ⓒ 대리자(deputy), 대표(자) 《※ 대표 개인을 가리킴 ; 대표단은 delegation》, 사절(단원); 파견 위원.

— [-gèit] *vt.* (1) 《+目+*to* do/+目+前+名》 …을 대표〈사절〉로 보내다〈파견하다〉 : ~ a person *to* perform a task 일을 수행하기 위하여 아무를 파견하다. (2) 《+目+前+名》 (권한 등)을 위임하다. — *vi.* 권한〈책임〉을 위임하다.

***del·e·ga·tion** [dèligéiʃən] *n.* (1) ⓒ 〔集合的; 單·複數 취급〕 대표단, 파견 위원단: a member of the ~ 대표단의 일원. (2) ⓤ 대표 임명〈파견〉. (3) ⓤ (직권 등의) 위임《*of*》.

de·lete [dilíːt] *vt.* …을 삭제하다, 지우다《※ 교정 용어로서 del. 로 약해서 씀》.

del·e·ter·i·ous [dèlətíəriəs] *a.* 심신에 해로운, 유독한. 파) **~·ly** *ad.* **~·ness** *n.* 『부분.

de·le·tion [dilíːʃən] *n.* (1)ⓤ 삭제. (2)ⓒ 삭제

***de·lib·er·ate**[1] [dilíbərit] *a.* (1) 계획적인, 고의의. (2) 생각이 깊은, 신중한. (3) 침착한, 유유한 : speak in a ~ way 침착하게 말하다. 파) **~·ness** *n.*

***de·lib·er·ate**[2] [dilíbərèit] *vt.* 《~+目/+*wh. to* do/+*wh.*節》 …을 잘 생각하다, 숙고하다 ; 심의하다. — *vi.* 《~+前+名》 숙고하다 ; 숙의〈심의〉하다《*on; over*》: ~ *on* what to do 무엇을 할 것인가를 잘 생각하다.

‡**de·lib·er·ate·ly** [dilíbəritli] (***more*** ~; ***most*** ~) *ad.* (1) 신중히. (2) 일부러, 계획적으로. (3) 천천히, 유유히.

***de·lib·er·a·tion** [dilìbəréiʃən] *n.* (1) ⓤⓒ 숙고 ; 협의, 심의, 토의 : after deep ~ 숙고한 연후에. (2) ⓤ 신중, 유장(悠長), 침착.

de·lib·er·a·tive [dilíbərèitiv, -rit-] *a.* (1) 신중한 (2) 심의의, 협의의 : a ~ assembly 심의회. 파) **~·ly** *ad.*

***del·i·ca·cy** [délikəsi] *n.* (1) ⓤ 섬세(함), 정치(精緻), (기계 따위의) 정교함 ; (취급의) 정밀함. (2) ⓤ 우미, 우아함: This outfit lacks ~. 이 옷은 우아한 데가 없다. (3) ⓤ (또는 a ~) 민감, 예민 ; (남의 감정에 대한) 동정(심), 배려, (세심한) 마음씨. (4) ⓤ (문제 따위의) 미묘함, 다루기 힘듦 : matters of great ~ 대단히 신중을 요(要)하는 일. (5)ⓤⓒ (신체의) 허약, 가냘픔: ~ of health 병약. (6)ⓒ 맛있는 것, 진미 : all *delicacies* of the season 계절의 온갖 진미. ▫ delicate *a.*

‡**del·i·cate** [délikət, -kit] (***more*** ~; ***most*** ~) *a.* (1)섬세한, 우아한, 고운(fine) : the ~ skin of a baby 아기의 고운 피부. (2)민감한, 예민한 ; (남의 감정에 대하여) 세심한, 이해심이 있는, 자상한: a man of ~ feelings 배려가 깊은 사람. (3) (차이 등이) 미묘한(subtle), (취급에) 신중을 요하는 ; (사람이) 까다로운: a ~ situation 미묘한 사태, 난처한 처지. (4) (기계 등이) 정밀한, 정교한, 감도(가) 높은: a ~ instrument 정밀한 기구. (5) (빛·향기·맛 따위가) 은은한, 부드러운: a ~ hue 은은한 색깔. (6) 가냘픈 ; 허약한 ; (기물 등이) 깨지기 쉬운. (7) 맛있는. ▫ delicacy *n.* 파) ***~·ly** *ad.* **~·ness** *n.*

‡**de·li·cious** [dilíʃəs] (***more*** ~ ; ***most*** ~) *a.* (1) 맛있는, 맛좋은 ; 향기로운 : a ~ meal〈dish〉 맛있는 식사〈요리〉. (2) 유쾌한, 즐거운, 상쾌한; (이야기 등이) 재미있는. 파) **~·ly** *ad.* **~·ness** *n.*

‡**de·light** [diláit] *n.* (1) ⓤ 큰 기쁨, 즐거움《※ pleasure 보다 뜻이 강하고 단기간의 생생한 쾌감을 말함》: with ~ 기쁘게. (2) ⓒ 기쁨을 주는 것, 즐거운 것 : What a ~ it is to see you ! 너를 만나니 이렇게 기쁠 수가 . — *vt.* …을 매우 기쁘게 하다, (귀·눈을) 즐겁게 하다 : ~ the eye눈을 즐겁게하다; 눈요기가 되다. — *vi.* 《+前+名/ ~ *to* do》 매우 기뻐하다〈즐기다〉《*in*》 : ~*s in* music 음악을 즐기다.

de·light·ed** [diláitid] (more*** ~ ; ***most*** ~) *a.* 아주 기뻐하는《*to*》 : a ~ look 〈voice〉 기쁜듯한 표정〈음성〉. ***be*** ~ ***to do*** …하여 기뻐하다; 기꺼이 …하다. ***be*** ~ ***with*** (***at***) …을 기뻐하다. 파) **~·ly** *ad.* 기뻐하여, 기꺼이.

‡**de·light·ful** [diláitfəl] (***more*** ~; ***most*** ~) *a.* 매우 기쁜, 즐거운, 매우 유쾌한, 쾌적한 ; 매혹적인, 애교 있는《※ delighted와 달리 남을 기쁘게 하는 뜻으로 쓰임》. 파) **~·ly** [-li] *ad.* **~·ness** *n.*

de·lim·i·ta·tion [dilìmitéiʃən] *n.* (1)ⓤ 경계〈한계〉 설정 : territorial ~ 영토 확정. (2)ⓒ 한계, 분계(分界).

de·lim·it·er [dilímitər] *n.* ⓒ 【컴】 구분 문자《자기(磁氣) 테이프 등에서 데이터의 시작〈끝〉을 나타내는 문자〈기호〉》.

de·lin·e·ate [dilínièit] *vt.* (1) (선으로) …의 윤곽을〈약도를〉 그리다. (2)(말로 날카롭고 생생하게 묘사〈기술〉하다.

de·lin·e·a·tion [dilìniéiʃən] *n.* (1)ⓤ 묘사; 기술, 서술. (2)ⓒ 도형 ; 약도.

de·lin·quen·cy [dilíŋkwənsi] *n.* ⓤⓒ (1)의무 불이행, 태만. (2)과실, 범죄, 비행 : juvenile ~ (청)소년 비행.

de·lin·quent [dilíŋkwənt] *a.* (1) 의무를 다하지 않는, 직무태만의 ; (세금 등이) 체납된. (2)과실이 있는 ; 비행(자)의 ; 비행 소년의〈같은〉.
— *n.* ⓒ 과실자 ; 비행자: a juvenile ~ 비행 소년.

del·i·quesce [dèlikwés] *vi.* (1)녹다, 용해하다. (2) 【化】 조해(潮解)하다.

del·i·ques·cence [dèlikwésns] *n* ⓤ (1)용해. (2) 【化】 조해(潮解)(성).

***de·lir·i·ous** [dilíriəs] *a.* (1) (일시적인) 정신 착란의; 헛소리하는 : ~ words 헛소리. (2) 기뻐서 흥분한〈어쩔 줄 모르는〉 : ~ *with* joy 미칠 듯이 기뻐하여. 파) **~·ly** *ad.*

delírium trémens [-tríːmənz, -menz] 【醫】 (알코올 중독에 의한) 섬망증(譫妄症)《略 : d.t.('s), D.T.('s)》.

‡**de·liv·er** [dilívər] *vt.* (1) 《~+目/+目+副/+目+前+名》 …을 인도하다, 교부하다. (2) (물품·편지)를 배달〈송달〉하다 : ~ letters 〈a package〉 편지〈소포〉를 배달하다. (3) (전언(傳言) 따위)를 전하다 ; (의견)을 말하다 ; (연설)을 하다 : ~ a speech 연설하다. (4) 《~+目/+目+前+名》 (공격·포격)을 가하다, (타격 등)을 주다; (공)을 던지다. (5) 《+目+前+名》 …을 해방시키나, 구해내나《*from*, *out of*》 : *Deliver* us *from* evil. 【聖】 우리를 악에서 구하옵소서《주기도문의 한 절》. (6) 《~+目/+目+前+名》 …에게 분만시키다《*of*》 : ~ a woman *of* a child 여인으로 하여금 아기를 낳게 하다. (7) 《美口》 (어느 후보자·정당 등을 위하여 표)를 모으다.
— *vi.* (1) 분만하다, 낳다 : be ~ed of (아이를) 낳다 ; (시를) 짓다. (2) (상품을) 배달하다 : Do you ~ ? (이 가게는) 배달해 줍니까. (3) 《美》 잘해내다 ; (약속 등을) 이행하다.
~ one***self of*** (의견 등을) 진술하다, 말하다. ~ ***over*** 내주다. ~ ***the goods*** ⇨ GOODS(成句).

de·liv·er·a·ble [dilívərəbəl] *a.* (1)구조할 수 있는. (2) 배달할 수 있는.

***de·liv·er·ance** [dilívərəns] *n.* ⓤ 구출, 구조;

석방, 해방《from》.

*__de·liv·er·er__ [dilívərər] n. ⓒ (1) 구조자, 석방자. (2)인도인, 교부자. (3) 배달인.

⁑__de·liv·ery__ [dilívəri] n. (1) ⓤⓒ a] 배달 ; 전달, …편(便) : express ~《英》=《美》special ~ 속달 / make a ~ of letters 편지를 배달하다 . b] (성 따위의) 인도, 명도《to》. (2) ⓒ 배달 횟수 ; 배달 물건. (3) (a ~) 이야기투, 강연(투) : a telling ~ 효과적인 이야기투 / a good 〈poor〉 ~ 능란한〈서투른〉 연설〈이야기 솜씨〉. (4) ⓤⓒ a] 방출, 발사. b] 【野】 투구(법). (5) ⓤ 구출, 해방. (6) ⓒ 분만, 해산: an easy 〈a difficult〉 ~ 순산〈난산〉. ***on ~*** 배달시에, 인도와 동시에. ***take ~ of*** (***goods***) (물건을) 인수하다.

__de·liv·ery·man__ [dilívərimæ̀n] (pl. ***-men*** [-mèn]) n. ⓒ《주로 美》(상품의) 배달인.

D

__dell__ [del] n. ⓒ (수목이 우거진) 작은 골짜기.

__de·louse__ [diːláus, -láuz] vt. …에서 이를 잡다.

__Del·phi·an, -phic__ [délfiən], [-fik] a. (1) 델포이(신탁(神託))의. (2) (뜻이) 애매한, 수수께끼 같은.

*__del·ta__ [déltə] n. ⓤⓒ (1)그리스 알파벳의 넷째 글자《Δ, δ ; 로마자의 D, d에 해당함》. (2) Δ자꼴〈삼각형, 부채꼴〉의 것: 삼각주.

*__de·lude__ [dilúːd] vt. 《~+目/+目+前+名》 현혹하다. 미혹시키다 ; 속이다 ; 속이어 …시키다. ▫ delusion n. ~ one***self*** 잘못 알다, 착각하다.

*__del·uge__ [déljuːdʒ] n. (1) a] ⓒ 대홍수 ; 호우 ; 범람 : The rain turned to a ~. 비는 호우로 변하였다. b] (the D-)【聖】 Noah의 홍수《창세기 Ⅶ》. (2) ⓒ (흔히 a ~) (편지·방문객 등의) 쇄도. ***After me*** 〈***us***〉 ***the ~***. 나〈우리〉 사후에야 홍수나면 나라지 ; 나중 일이야 내 알 게 뭐냐.
— vt. (1) …에 범람하다, 침수시키다. (2)《+目+前+名》…에 쇄도하게 하다《with》.

*__de·lu·sion__ [dilúːʒən] n. (1) ⓤ 현혹, 미혹, 기만. (2) ⓤⓒ 혹함, 잘못, 미망(迷妄): 잘못된 생각: 망상 : ~s of persecution 〈grandeur〉 피해〈과대〉 망상. ▫ delude v.
파) ~ ·al [-ʒənəl] a. 망상적인.

__de·lu·sive__ [dilúːsiv] a. (1)미혹시키는 ; 기만의, 믿을 수 없는 ; 그릇된: ~ appearances 실제와 다르게 보이는 외관. (2)망상적인, 잘못된. 파) **~ ·ly** ad. **~ ·ness** n.

__de·luxe, de luxe__ [dəlúks, -lʌ́ks] a. 《F.》 딜럭스한, 호화로운: a ~ edition (of a book)호화판.

__delve__ [delv] vi. (서류·기록 등을) 탐구하다, 정사(精査)하다.

__de·mag·net·i·za·tion__ [diːmæ̀gnətizéiʃən] n. ⓤ (1)소자(消磁), 멸자(滅磁). (2)(자기(磁氣) 테이프의) 소음(消音).

__de·mag·net·ize__ [diːmǽgnətàiz] vt. …의 자성(磁性)을 없애다: (자기 테이프의) 녹음을 지우다.

__dem·a·gog·ic, -i·cal__ [dèməgádʒik, gágik/ gɔ́gik, -gɔ́dʒik], [-əl] a. 선동적인.

__dem·a·gogu·ery__ [déməgɔ̀ːgəri, -gàg-/ -gɔ́g-] n. ⓤ 민중 선동.

⁑__de·mand__ [dimǽnd, -máːnd] vt. (1) 《~+目/+目+前+名/+to do/+that節》 (당연한 권리로서) …을 요구하다, 청구하다 : ~ a thing from 〈of〉 a person 아무에게 무엇을 요구하다.
(2)(사물이) …을 요하다, 필요로 하다. (3) 묻다, 힐문하다, 말하라고 다그치다 : ~ a person's business (아무에게) 무슨 용건인가 묻다.
— n. (1) ⓒ (권리로서의 강한) 요구, 청구《for : on》 ; (흔히 pl.) 요구 사항, 필요 사항〈요건〉. (2) ⓤ 【經】 수요, 판로《for ; on》 ; 수요액〈량〉 : laws of supply and ~ 수요 공급의 법칙. ***in*** ~ 수요가 있는, 잘 팔리는. ***on ~*** 요구〈수요〉가 있는 대로.

__de·mand·ing__ [dimǽndiŋ, -máːnd-] a. (1) (사람이) 너무 많은 요구를 하는. (2) (일이) 힘든, 벅찬.

__de·mar·cate__ [dimáːrkeit, díːmaːrkèit] vt. (1) …의 한계를 정하다. (2) …을 분리하다, 구별하다.

__de·mar·ca·tion__ [dìːmaːrkéiʃən] n. (1) ⓤ 경계 설정; 경계(선) : draw a line of ~ 경계선을 긋다. (2) ⓒ 한계, 구획; 구분. (3) ⓒ《英》【勞動】 (노동 조합의) 관할.

__de·mean__[1] [dimíːn] vt. 〔再歸的〕 품위를 떨어뜨리다《by》, 천하게 하다 : I wouldn't ~ *myself by* taking bribes. 뇌물 따위를 받아 내 품위를 떨어뜨리고 싶지 않다.

__de·mean__[2] vt. 〔再歸的〕 행동〈처신〉하다(behave) : ~ *oneself* well 〈ill, like a man〉 훌륭하게〈잘못, 남자답게〉 처신하다.

*__de·mean·or,__ 《英》 **-our** [dimíːnər] n. ⓤ (1) 태도(manner): an arrogant ~ 오만한 태도. (2) 품행, 행실.

__de·men·tia__ [diménʃiə] n. ⓤ 【醫】 치매(癡呆): senile ~ 노인성 치매증. 파) **-tial** a.

__de·mer·it__ [diːmérit] n.ⓒ (1)결점, 결함, 단점. 【opp.】 merit. 『 the merits and ~s 장점과 결점; 상벌. (2)《美》(학교의) 벌점(= **~ màrk**).

__de·mesne__ [diméin, -míːn] n. (1) ⓤ 【法】 토지의 점유, 소유. (2) ⓒ 점유지 ; 영지, 장원 : a royal ~ 《英》 왕실 소유지 (=a ~ of the Crown). (3) ⓒ (활동 등의) 범위, 영역 : a ~ of the State = a State ~ 국유지.

__De·me·ter__ [dimíːtər] n. 【그神】 데메테르《농업·풍요(豐饒)·결혼의 여신》. 【cf.】 Ceres.

__dem·i·god__ [démigɑ̀d/ -gɔ̀d] (*fem.* ***~ ·dess*** [-is]) n. ⓒ (1) (신화 등의) 반신 반인(半神半人). (2) 숭배받는 인물 ; 신격화된 영웅.

__de·mil·i·ta·ri·za·tion__ [diːmìlətərizéiʃən] n. ⓤ 비군사화, 비무장화.

__de·mil·i·ta·rize__ [diːmílətəràiz] vt. 비군사〈비무장〉화하다: 군정에서 민정으로 이양하다 : a ~*d* zone 비무장 지대《略 : D.M.Z.》.

__de·mise__ [dimáiz] n. ⓤ (1) 붕어, 서거, 사망. (2) (기업 등의) 소멸, 활동 정지.

__de·mist__ [diːmíst] vt. 《英》 (차의 창유리 등) 에서 흐림을〈서리를〉 제거하다(defrost).
파) **~ ·er** n. 《英》 ~하는 장치(defroster).

__de·mo·bi·li·za·tion__ [diːmòubəlizéiʃən] n. ⓤ 복원, 동원 해제, 부대 해산.

__de·mo·bi·lize__ [diːmóubəlàiz] vt. 【軍】 …을 복원(復員) 〈제대〉시키다 ; 부대를 해산하다.

⁑__de·moc·ra·cy__ [dimákrəsi/ -mɔ́k-] n. (1) ⓤ 민주주의 ; 민주 정치〈정체〉. (2) ⓤ 사회적 평등, 민주제. (3) ⓒ 민주주의 국가, 민주 사회.

*__dem·o·crat__ [déməkræ̀t] n. ⓒ (1) 민주주의자 ; 민주 정체론자. (2) (D-) 《美》 민주당원 ; 민주당 지지자.

⁑__dem·o·crat·ic__ [dèməkrǽtik] (***more ~; most ~***) a. (1) 민주주의의 ; 민주정체의 : ~ goverment 민주정치〈정체〉. (2) 민주적인, 사회적 평등의 ; 서민적인 : ~ art 대중〈민중〉 예술. (3) (D-) 《美》 민주당의. 【cf】 Republican.

dem·o·crat·i·cal·ly [-kəli] *ad.* 민주적으로: decide an issue ~ 일을 민주적으로 해결하다.
de·moc·ra·ti·za·tion [dimàkrətizéiʃən/ -mɔ̀k-] *n.* ⓤ 민주화.
de·moc·ra·tize [dimákrətàiz/ -mɔ́k-] *vt.*, *vi.* (…을) 민주화하다, 민주적으로 하다 : ~ the election system 선거제도를 민주화하다.
dé·mo·dé [dèimɔːdéi] *a.* 《F.》 시대〈유행〉에 뒤진, 구식의.
de·mog·ra·phy [dimágrəfi/diːmɔ́g-] *n.* ⓤ 인구통계학, 인구학.
·de·mol·ish [dimáliʃ/-mɔ́l-] *vt.* (1)(계획·제도·지론 따위)를 뒤엎다, 분쇄하다. (2)(건물 등)을 부수다, 헐다(pull down). (3)《戱》(음식물)을 다 먹어 치우다(eat up). **~·er** *n.* **~·ment** *n.*
dem·o·li·tion [dèməlíʃən, dìː-] *n.* ⓤⓒ (1)(특권·제도 등의)타파 ; 타도.(2)해체,파괴. (3) (*pl.*) 폐허 ; (전쟁용) 폭약.
demolítion dèrby 자동차 파괴 경기《자동차를 서로 박치기 하여, 주행 가능한 마지막 한 대가 우승》.
·de·mon [díːmən] (*fem.* ***de•mon•ess***[-is, -es]) *n.* ⓒ (1)악마, 귀신, 사신(邪神). (2)극악인, 악의 화신 . (3) 비범한 사람, 명인《*for* ; *at*》: a ~ *at* golf 골프의 명수. — *a.* =DEMONIAC.
de·mon·e·ti·za·tion [diːmànətizéiʃən, -mʌ̀n-/-mɔ̀n-] *n.* ⓤ(화폐의) 통용 금지, 폐화(廢貨).
de·mon·e·tize [diːmánətàiz, -mʌ́n-/-mʌ́ni-, -mɔ́n-] *vt.* 화폐의 자격을 박탈하다. 통화〈우표〉로서의 통용을 폐지하다.
de·mo·ni·ac [dimóuniæ̀k, dìːmənáiæk] *a.* 악마의(같은) ; 귀신들린, 광란의 : 흉악한.
— *n.* ⓒ 귀신들린 사람 ; 미치광이.
de·mon·ol·a·try [dìːmənálətri/-nɔ́l-] *n.* ⓤ 귀신〈마귀〉 숭배.
de·mon·ol·o·gy [dìːmənálədʒi/-nɔ́l-] *n.* ⓤ 귀신학〈론〉, 악마 연구. — **gist** *n.*
de·mon·stra·bil·i·ty [demànstrəbíləti/-mɔ̀n-] *n.* ⓤ 논증〈증명〉가능성.
dem·on·stra·ble [démənstrəbəl, dimán-/démən-, dimɔ́n-] *a.* (1)명백한. (2)논증〈증명〉할 수 있는. 파) **-bly** *ad.* 논증할수 있도록, 논증에 의하여.
:dem·on·strate [démənstrèit] *vt.* (1)(상품)을 실물로 선전하다.(2)《~+目/+*that* 절/+*wh.*절》…을 증명하다, 논증하다, (사물이) …의 증거가 되다 ; (모형·실험에 의해) 설명하다. (3) (감정·의사 등)을 밖으로 표시하다, 드러내다. (1)【軍】 양동(陽動) 작전을 하다. (2)《~/+前+名》 시위 운동을 하다, 데모를 하다.
:dem·on·stra·tion [dèmənstréiʃən] *n.* (1)ⓤⓒ 증명 ; 논증 , 증거. (2)ⓒ(감정의)표현. (3)실물 교수〈설명〉,시범, 실연(實演), (상품의) 실물 선전 : a cooking ~ 요리의 실연. (4)ⓒ데모, 시위운동.
파) **~·al** [-ʃnəl] *a.* 시위(운동)의, **~·ist** *n.* 시위 운동(참가)자.
·de·mon·stra·tive [dimánstrətiv/-mɔ́n-] *a.* (1) 명시하는 ; 설명적인 ; 증명하는.(2)감정을 나타내는, 표정이 강한. (3)시위적인 《*of*》. (4)【文法】 지시의 : a ~ pronoun 〈adverb〉 지시 대명사 〈부사〉. — *n.* ⓒ 【文法】 지시사 《this, that 따위》
dom·on·stra·tive·ly [-li]*ad.* (1)감정을 드러내어. (2)입증〈논증〉적으로, 지시적으로.
de·mor·al·i·za·tion [dimɔ̀ːrəlizéiʃən, -màr-/-mɔ̀r-] *n.* ⓤ (군대 등의) 사기 저하 ; 풍속 문란 ; 혼란.
de·mor·al·ize [dimɔ́ːrəláiz, /-már-/-mɔ́r-] *vt.* (군대 등)의 사기를 저하시키다. (2) …의 풍속을 문란시키다. (3) 혼란시키다.
de·mote [dimóut] *vt.*…의 지위를〈계급을〉떨어뜨리다, 강등시키다.
de·mot·ic [dimátik/-mɔ́t-] *a.* (언어 따위가)민중의, 통속적인, 서민의 ⓤ 현대 통속 그리스 말.
de·mount [diːmáunt] *vt.* (대좌(臺座)·대지(臺紙) 따위에서) …을 떼어내다, 뜯어내다. **~a·ble** *a.* 떼어낼수 있는..
·de·mur [dimə́ːr] (**-rr-**) *vi.* (1)《+前+名》 a]이의(異議)를 말하다, 반대하다. b](…에) 난색을 보이다, 대답을 꺼리다. (2)【法】항변하다. — *n.* ⓤ〔흔히 否定的 語句와 함께〕 이의 (신청), 반대. ***without*** 〈***with no***〉 ~ 이의 없이. — *n.* ⓤ 이의, 반대.
de·mure [dimjúər] (***-mur•er ; -est***) *a.* (1)(주로 여자나 아이가) 내향적이고 수줍어하는, 얌전한, 새침떠는, 점잔빼는. (2) 차분한, 삼가는.
파) **~ · ly** *ad.* **~ · ness** *n.*
de·mur·rage [dimə́ːridʒ, -mʌ́r-] *n.* ⓤ (1) (배의)초과 정박 ; 체선료(滯船料). (2) (철도의) 화차〈차량〉 유치료.
de·mur·ral [dimə́ːrəl, -mʌ́r-] *n.* ⓤ 이의 신청, 항변.
de·mys·ti·fy [diːmístəfài] *vt.* …의 신비 〈수수께끼〉를 풀다 ; 계몽하다.
파) **de · mys · ti · fi · cá · tion** [-fikéiʃən] *n.*
:den [den] *n.* ⓒ (1) (야수의) 굴 : a fox ~ 여우굴. (2) (도둑의) 소굴 ; 밀실. (3) 《口》 (남성의) 사실(私室)《서재·침실 따위》.
de·nar·i·us [dinέəriəs] (*pl.* ***-nar•ii*** [-riài]) *n.* ⓒ 고대 로마의 은화. ※ 그 약어 d. 를 영국에서는 구 penny, pence의 약어로 썼음.
de·na·tion·al·i·za·tion [diːnæ̀ʃənəlizéiʃən] *n.* ⓤⓒ (1)비국유화. (2)국적 박탈〈상실〉. (3) 국제화.

de·nat·u·ral·i·za·tion [diːnæ̀tʃərəlizéiʃən] *n.* ⓤ 변성(變性), 변질, 부자연하게 함 ; 시민권〈국적〉 박탈.
de·nat·u·ral·ize [diːnǽtʃərəlàiz] *vt.* (1)…의 귀화권〈국적·시민권〉을 박탈하다. (2)…을 부자연하게 하다 ; …의 본성〈특질〉을 바꾸다.
de·na·ture [diːnéitʃər] *vt.*…의 성질을 바꾸다,변성(變性)시키다 : ~*d* alcohol 변성 알코올.
— *vi.* (단백질이) 변성하다.
de·ni·a·bil·i·ty [dinàiəbíləti] *n.* ⓤ 【美】 법적 부인권《대통령 등 정부 고관은 불법활동과의 관계를 부인해도 좋다는》.
de·ni·a·ble [dináiəbəl] *a.* 부인〈거부〉할 수 있는.
·de·ni·al [dináiəl] *n.* (1)ⓤⓒ 부인, 부정 ; 거절 ; 거부 . (2)ⓤ 극기 , 자재 (self-~).
den·i·gra·tion [dènigréiʃən] *n.* ⓤ 비방, 중상.
den·im [dénim] *n.* (1)ⓤ 데님《두꺼운 무명》. (2)(*pl.*) 데님제(製) 작업복 ; 진〈jeans〉바지.
den·i·zen [dénəzən] *n.* ⓒ (1)《英》 거류민, 특별 귀화인. (2)《詩》(특정 지역의)주민 ; 사는 것.
— *vt.* 귀화를 허가하다 ; 이식하다 **~·ship** *n.* ⓤ 공민권.
de·nom·i·nate [dinámənèit/ -nɔ́m-] *vt.* 《+目+補》 …의 이름을 붙이다, …이라고 일컫다〈부르다〉, 명명하다. — *a.* …이라는 특정 이름의.
·de·nom·i·na·tion [dinàmənéiʃən/ -nɔ̀m-] *n.* (1) ⓒ 조직체, 종파, 《특히》교단, 교파 : clergy of all

D

~s 모든 종파의 목사. (2) a] ⓒ명칭, 명의(名義). b) ⓤ 명명. (3) ⓒ 종류, 종목, 종명(種名). (4) ⓒ (도량형의)단위 ; 액면금액.

de·nom·i·na·tion·al [dinàmənéiʃənəl/ -nɔ̀m-] *a.* (특정) 종파〈파벌〉의 ; 교파의.
파) **~·ism** *n.* ⓤ 종파심, 교파심. **~·ly** *ad.*

de·nom·i·na·tive [dinámənèitiv, -mənə-/ nɔ́m-] *a.* (1)명칭적인 ; 이름 구실을 하는. (2)〔文法〕 명사〈형용사〉에서 파생한. —*n.* ⓒ 〔文法〕명사〈형용사〉에서 온 낱말《특히 동사: to *eye*, to *man*, to *blacken* 따위》.

de·nom·i·na·tor [dinàmənèitər/-nɔ́m-]*n.* ⓒ (1)〔數〕분모.. (2)《比》 공통의 요소, 통성(通性).

de·no·ta·tion [dìːnoutéiʃən] *n.* (1)ⓒ(언어의)명시적 의미, 원뜻. (2)ⓤ 지시, 표시. (3)ⓤ〚論〛외연 (外延). 〚opp.〛 *connotation.*

de·no·ta·tive [dinóutətiv, díːnoutèi-] *a.* 지시 하는, 표시하는《*of*》:〚論〛 외연적인. 파) **~·ly** *ad.*

·de·note [dinóut] *vt.* (1)…을 나타내다, 표시하다. …의 표시이다 ; 의미하다. (2)〚論〛…의 외연을 표시하다. 〚opp.〛 *connote.*

de·noue·ment, dé- [deinúːmaːŋ] *n.* ⓒ《F.》 (1)(소설·희곡의) 대단원. (2)(사건의) 고비 ; (분쟁따위의) 해결, 낙착, 결말.

·de·nounce [dináuns] *vt.* (1)《~+目/+目+前+名/+目+*as*補》 비난〈공격〉하다, 탄핵하다, 매도하다 . (2)《+目+前+名》 고발하다, 고소하다. (3)(조약· 휴전 등의) 실효(失效)를 통고하다. ㅁ denunciation *n.* 파) **~·ment** *n.* =DENUNCIATION.

de no·vo [diːnóuvou] 《L.》 새로이, 다시(anew).

:dense [dens] (***dens·er; dens·est***) *a.* (1)밀집〈밀생〉한 ; (인구가) 조밀한. (2)밀도가 높은, 짙은 ; 농후한. (3)아둔한, 어리석은 ; 극단적인. (4)(문장이) 치밀한, 이해하기 어려운.

·den·si·ty [dénsəti] *n.* (1)ⓤ밀집 상태 ; (인구의) 조밀도. (2)ⓤⓒ 〔物〕 밀도 ; 농도 ; 비중. (3)ⓤ아둔함. (4)ⓤⓒ〔컴〕 밀도《자기(磁氣)디스크나 테이프 등의 데이터 기억밀도》. ㅁ dense a.

·dent[1] [dent] *n.* ⓒ (1)움푹 팬 곳, (부딪거나 해서) 들어간 곳, 눌린 자국《*in*》: a ~ *in* a helmet(부딪쳐서 생긴) 헬멧의 들어간곳. (2)큰 타격, 깊은 상처. ***make a ~ in*** (1) …이 움푹 들어가게 하다. 2)…에 경제적 영향을 주다 ; …을 줄이다. (3)〔흔히 否定文〕《口》 약간 진척시키다 ; (일 따위)의 돌파구를 만들다. — *vt.* (1)…을 움푹 들어가게 하다. (2)…을 약화시키다, 기가 죽게 하다, 쏙 들어가게〈납작하게〉만들다. — *vi.* 움푹 들어가다 ; 쏙 들어가다.

dent[2] *n.* ⓒ (톱니바퀴의) 이, (빗) 살.

·dent·al [déntl] *a.* (1)이의 ; 치과(용)의 : a ~ clinic 〈office〉 치과 의원/ ~ surgery구강 외과,치과 / a ~ plate 의치. (2) 〔音聲〕 치음(齒音)의 : a ~ consonant 치음. — *n.* ⓒ 치음《영어의[t, d, θ, ð]따위》. 파) **~·ly** *ad.*

dental hygiene 치과 위생.

den·tin, -tine [déntin], [-tiːn] *n.* ⓤ(이의) 상아질.

:den·tist [déntist] *n.* ⓒ치과 의사 : go to the ~('*s*) 치과의사에게 가다.

den·tist·ry [déntistri] *n.* ⓤ치과학 ; 치과 의술.

de·nu·cle·a·ri·za·tion [diːnjùːkliərizéiʃən] *n.* 비핵화 ; 핵무기 금지〈철거〉.

de·nu·cle·ar·ize [diːnjúːkliəràiz] *vt.*(지역 · 국가 등)을 비핵화하다 : a ~*d* zone비핵무장 지대 .

de·nu·da·tion [dìːnju(ː)déiʃən, dèn-] *n.* ⓤ(1)발가벗기기 ; 노출. (2)〚地質〛 삭박(削剝), 표면 침식, 나지화(裸地化).

de·nude [dinjúːd] *vt.* (1)〚地質〛 표면 침식하다, 삭박(削剝)하다. (2)《+目+前+名》 …을 발가벗기다 ; (껍질)을 벗기다, 노출시키다 ; 박탈하다. (3)(땅에서) 나무를 일체 없애다, 나지화(裸地化)하다.

·de·nun·ci·a·tion [dinʌ̀nsiéiʃən, -ʃi-] *n.* ⓤⓒ(1)탄핵 ; 비난. (2)고발. (3)(조약 등의) 폐기 통고.

de·nun·ci·a·tor [dinʌ́nsièitər, -ʃi-] *n.* ⓒ 비난(탄핵)자 ; 고발자.

de·nun·ci·a·to·ry [dinʌ́nsiətɔ̀ːri, -ʃiə-/-təri-] *a.* (1)위협적인. (2)비난의〈하는〉, 탄핵 하는.

Den·ver [dénvər] *n.* 덴버《미국 Colorado주의 주도》.

:de·ny [dinái] *vt.* (1)《~+目/+-*ing* /+*that*節/+目+*to be* 補》 …을 부인하다 ; 취소하다 ; 진실이 아니라고 주장하다 ; (신의 존재·교리 등을), 믿지 않다 . (2)《~+目/+目+目/+目+前+明》 (권리·요구 등)을 인정하지 않다, 거절하다, 물리치다;주지 않다 : ~ a request부탁을 들어주지 않다. (2)(음식·쾌락 등)을 극기〈자제〉하다.

de·o·dar [díːədàːr] *n.* (1)ⓒ 〔植〕 히말라야삼(杉)나무. (2)ⓤ 히말라야삼나무 목재.

de·o·dor·ant [diːóudərənt] *a.* 방취(防臭)효과가 있는. —*n.* ⓤⓒ방취제(劑);(특히) 암내 제거 〈제취(除臭)〉 제(劑).

de·o·dor·i·za·tion [diːòudərizéiʃən] *n.* ⓤ 냄새 제거(작용).

de·o·dor·ize [diːóudəràiz] *vt.*…의 악취를 없애다. 탈취〈방취〉하다.
파)**-iz·er** *n.* = DEODORANT.

Deo gra·ti·as [díːou-gréiʃiæs] 《L.》 하느님은혜로, 고맙게도《略:D.G》.

de·or·bit [diːɔ́ːrbit] *vi.* 궤도에서 벗어나다.
—*vt.* (인공위성 따위)를 궤도에서 벗어나게 하다.
—*n.* ⓤ 궤도 이탈(시키기).

Deo vo·len·te [déiou-vouléntì, díː-] 《L.》 하나님의 뜻이라면, 사정이 허락하면《略 : D.V.》

de·ox·i·dize [diːáksədàiz/-ɔ́ks-] *vt.* 〔化〕 …의 산소를 제거하다 ; (산화물)을 환원하다.

de·óx·y·ri·bo·nu·clé·ic ácid [diːáksəràibounjuːklíːik-/-ɔ́ks-] 〔生化〕 디옥시리보핵산《세포핵 염색체의 중요 물질로 유전 정보를 가지고 있음 ; 略 : DNA》.

:de·part [dipáːrt] *vi.* (1)《+前+名》 (습관·원칙 등)에서 벗어나다, 이탈하다. 다르다《*from*》 : His story ~ *ed from* his main theme. 그의 이야기는 본제를 벗어났다. (2)《~/+前+名》(열차따위)가 출발하다.(start), 떠나다.
—*vt.*《美》 ‥을 출발하다: ~ Korea *for* Japan 한국을 떠나 일본으로 향하다. ㅁ departure *n.*~ ***this life*** 이승을 떠나다, 죽다.

·de·part·ed [dipáːrtid] *a.* 과거의 ; 죽은 ; ~ glory 과거의 영광. — *n.* (the~)〔單·複數취급〕고인(故人)(들).

:de·part·ment [dipáːrtmənt] *n.* (1)ⓒ(공공 기관·회사·기업 등의) 부, 과, 부문 : the export ~ 수출부 / the accounting 〈the personal〉 ~ 회계〈인사〉과. (2)ⓒ《英》 국(局), 과(課) ;《英·美》 성(省). (3)ⓒ (프랑스의) 현(縣). (4)ⓒ(대학의)학부, 과(科); the ~ of sociology사회학과. (5) (*sing* ; 흔히 one's ~로)《口》 (지식 ·활동의) 분야. (6)ⓒ(백화점 따위의) 매장. ***the D~ of State*** 〈***Agriculture, Commerce,***

Defense, Education, the Interior〉《美》 국무〈농무, 상무, 국방, 교육, 내무〉성. ***the D~ of Trade*** 〈***Education and Science, Environment***〉《英》통상〈교육 과학, 환경〉성.

de·part·men·tal [dipɑːrtméntl, dìːpɑːrt-] *a.* 부〈성, 국, 과〉의, 부문별의.

de·part·men·tal·ize [dipɑːrtméntlàiz, dìːpɑːrt-] *vt.* 각 부문으로 나누다, 세분하다.

:depártment stòre 백화점《※ depart (ment)로 생략하지는 않음 ;《英》에서는 그냥 (the) stores 라고도 함》.

:de·par·ture [dipɑ́ːrtʃər] *n.* ⓤⓒ (1)출발, 떠남 ; 발차 ; 출항(出航·出港) : the time of ~ 출발 시간. (2)(표준 등에서의)이탈, 벗어남 ; 배반. (3)《古》 사망. (4)《海》(출발점에서) 동서거리, 경거(輕距). □ depart *v.* ***a new*** ~ 새 방침, 신기축(新機軸).

:de·pend [dipénd] *vi.* (1)《~/+前+名》 …나름이다. (…에) 달려 있다, 좌우되다. (2)《+前+名》 의뢰〈의지〉하다, 의존하다. (3)《+前+名》 믿다, 신뢰하다《*on, upon*》: The man 〈old map〉is not to be ~*ed on*〈*upon*〉. 그 사람은〈낡은 지도는〉믿을 수 없다. (4)《古·詩》 매달리다. (5)《文法》(절·낱말이) 종속하다《*on, upon*》. □ dependent *a.* ***Depend on*****〈*upon*〉*it*.** 걱정마라 ; 틀림없다《말머리나 말끝에서》: *Depend on it.* He'll come. 걱정마라, 그는 온다. ***That ~s.*** =***It*** (***all***) ***~s***. 그건 때와 형편에 달렸다 ; 사정 나름이다.'

de·pend·a·bil·i·ty [dipèndəbíləti] *n.* ⓤ 신뢰할〈믿을〉수 있음.

·de·pend·a·ble [dipéndəbəl] *a.* 신뢰할〈믿을〉수 있는 ; 신빙성 있는 : a ~ person 〈report〉.
파) **~·ness** *n.* **-bly** *ad.* 믿음직하게.

·de·pend·ence [dipéndəns] *n.* ⓤ (1)【醫】의존(증). (2)의지함, 의존. (3)*신뢰, 신용*《*on, upon*》: put〈place〉 ~ *on* a person 아무를 믿다. (4)《法》 미결. □ depend *v.*

:de·pend·en·cy [dipéndənsi] *n.* (1)ⓒ 속국, 보호령. (2)ⓤ 의존(상태)《※ dependence가 일반적임》.

:de·pend·ent [dipéndənt] (***more~ ; most~***) *a.* (1)…나름의, …에 좌우되는. (2)의지하는, 의존하는 *vi.*: —*n.* ⓒ의존하고 있는 사람 ; 종자(從者) ; 부양가족. 파) **~·ly** *ad.* 남에게 의지하여, 의존〈종속〉적으로.

de·per·son·al·i·za·tion [diːpə̀ːrsənəlizéiʃən] *n.* ⓤ 비개인화 ; 비인격화 ; 객관화.

de·per·son·al·ize [diːpə́ːrsənəlàiz] *vt.* (남)을 비인격화하다 ; (남)의 개성을 빼앗다.

·de·pict [dipíkt] *vt.* (1)…을 (말로) 묘사〈서술〉하다 (describe). (2)(그림·조각 등으로) …을 그리다, 그림으로 나타내다.

de·pil·ato·ry [dipílətɔ̀ːri/-təri] *a.* 탈모의 ; 탈모 효과가 있는. — *n.* ⓤⓒ 탈모제.

de·plane [diːpléin] *vi., vt.* 비행기에서 내리(게 하)다. 【opp.】 *enplane.*

de·plete [diplíːt] *vt.* 비우다 ; (세력·자원 따위를) 다 써버리다, 고갈시키다.

de·ple·tion [diplíːʃən] *n.* ⓤ(자원등의) 고갈(枯渴), 소모 ; 방혈 ; 체액 감소..

·de·plor·a·ble [diplɔ́ːrəbəl] *a.* 개탄할, 한심한, 비참한 . 파) **~·ness** *n.*

de·plor·a·bly [-əbəli] *ad.* 통탄〈유감〉스럽게, 한심하게도, 지독히:~ poor 지독하게 가난한 / behave ~ 한심하게 굴다.

·de·plore [diplɔ́ːr] *vt.* (1)(사람의 죽음)을 애통해〈애도〉하다 : ~ the death of a close friend 친한 친구의 죽음을 애통해하다. (2)…을 한탄〈개탄〉하다 ; 유감으로 여기다.

de·ploy [diplɔ́i] *vt.* 【軍】 (부대·병력)을 전개시키다, 배치하다 : ~ troops for battle 군대를 전투 배치하다. — *vi.* 전개하다, 배치되다.
파) **~·ment** *n.* 전개, 배치.

de·po·nent [dipóunənt] *n.* ⓒ【法】 (특히, 문서에 의한) 선서 증인 ; 이태(異態)동사(= **~vérb**).

de·pop·u·late [diːpɑ́pjəlèit/-pɔ́p-] *vt.* (전쟁·질병 등이) 인구를〈주민을〉 감소시키다.

de·pop·u·la·tion [diːpɑ̀pjəléiʃən/-pɔ̀p-] *n.* ⓤ 인구 감소〈격감〉 ; 과소화(過疎化).

de·port [dipɔ́ːrt] *vt.* 《~+目/+目+前+名》 (1)(바람직하지 못한 외국인)을 국외로 퇴거시키다, 추방하다. (2)처신〈행동〉하다《종종 oneself를 수반》. (3) 운반하다, 이송〈수송〉 하다.

de·por·ta·tion [dìːtɔːrtéiʃən] *n.* ⓤ 국외 추방 ; 이송, 수송 : a ~ order 퇴거 명령.

·de·port·ment [dipɔ́ːrtmənt] *n.* ⓤ (1) (젊은 여성의) 행동거지. (2)《美》 태도, 행동, 예의.

·de·pose [dipóuz] *vt.* (1)《+that節》【法】 선서 증언〈진술〉하다. (2)(고위층 사람)을 면직 〈해임〉하다, (권력의 자리에서) 물러나게 하다. —*vi.* 선서 증언하다. 입증하다.

:de·pos·it [dipɑ́zit/-pɔ́z-] *vt.* (1)(어떤 자리에) …을 놓다, 두다 ; (알)을 낳다. (2)【地】 (바람·물 따위가, 모래등)을 침전시키다. 퇴적시키다. (3)《~+目/+目+前+名》 (돈 따위를)맡기다, 예금하다 ; 공탁하다 ; 보증금을 주다. (4)《~+目/+目+前+名》(귀중품 등)을 맡기다.
— *n.* ⓤⓒ (1)퇴적물, 침전물 ; (광석·석유·천연 가스 등의) 매장물, 광상(鑛床) : glacial ~*s* 빙하 퇴적물 / uranium ~*s* 우라늄 광상. (2)ⓒ (흔히 *sing*) (은행) 예금 ; 공탁금, 보증금, 계약금, 착수금. ***make a ~ on*** …의 계약금을 치르다. ***on ~*** 저축하여, 예금하여.

dep·o·si·tion [dèpəzíʃən, dìːp-] *n.* (1)ⓤ 면직, 파면 ; 폐위. (2)a] ⓤ【法】 선서 증언. b]ⓒ 증언〈진술〉조서. (3) 퇴적, 침전(물). (4) 공탁.

de·pos·i·tor [dipɑ́zitər/ -pɔ́z-] *n.* ⓒ 공탁자 ; 예금자.

de·pos·i·to·ry [dipɑ́zitɔ̀ːri/ -pɔ́zitəri] *n.* ⓒ(1)보관소, 창고, 저장소, (2)수탁〈보관〉자. ***a ~ of learning*** 지식의 보고(寶庫).

depósitory líbrary 《美》 관청 출판물 보관 도서관.

·de·pot [díːpou/dépou] *n.* ⓒ (1)【軍】 병참부 ;《英》 연대 본부. (2)[dépou] 저상소 ; 보관소, 창고. (3)《美》(철도)역, (버스) 정류소.

dep·ra·va·tion [dèprəvéiʃən, dìːprei-] *n.* ⓤ 악화 ; 부패, 타락.

de·prave [dipréiv] *vt.* (사람)을 타락(악화)시키다. 부패시키다.

de·praved [dipréivd] *a.* 타락〈부패〉한, 사악한, 비열한.

de·prav·i·ty [diprǽvəti] *n.* (1)ⓤ =DEPRAVATION. (2)ⓒ악행, 비행, 부패.

dep·re·cate [déprikèit] *vt.* (1) …을 경시하다, 얕보다. (2)《~+目/+*ing*/+目+as補》 …을 비난하다. 반대하다 : ~ war 전쟁을 반대하다. (3)《古》 (노여움 등을) 면하기를 빌다.

dep·re·cat·ing·ly [déprikèitiŋli] *ad.* 비난하듯이, 나무라는 듯이, 반대를 표명하여, 애원해서.
dep·re·ca·tion [dèprikéiʃən] *n.* ⓤⓒ 불찬성, 반대 ; 비난, 항의 ; 애원, 탄원.
dep·re·ca·to·ry [déprikətɔ̀ːri/-təri] *a.* (1)비난의, 불찬성의 : ~ remarks 비난조의 말. (2)탄원〈애원〉적인 ; 변명의, 사죄의 : a ~ letter사과〈변명의〉편지.
·de·pre·ci·ate [dipríːʃièit] *vt.* (1)…을 경시하다, 얕보다: ~ oneself(자기) 비하하다. (2) (시장) 가치〈평가〉를 떨어뜨리다.
·de·pre·ci·a·tion [diprìːʃiéiʃən] *n.* ⓤⓒ (1)경시 : in ~ 얕보아, 경시하여. (2)가치〈가격〉 저하, 하락. . (3)【商】 감가 상각.
de·pre·ci·a·to·ry [dipríːʃiətɔ̀ːri/ -təri] *a.* (1)얕보는, 경시의. (2)감가적인 ; 하락 경향의.
dep·re·da·tion [dèprədéiʃən] *n.* (1)ⓒ(흔히 *pl.*) 약탈 행위, 파괴(된 흔적). (2)ⓤ 약탈.
:de·press [diprés] *vt.* (1)(버튼 · 레버 등)을 내리누루다. (2)…을 풀이 죽게 하다, 우울하게 하다. (3)…을 불경기로 만들다 ; (시세 따위)를 떨어뜨리다. (4)(힘 · 기능 따위)를 약화시키다 ; (소리)를 낮추다.
de·pres·sant [diprésənt] *a.* 【醫】 억제〈진정〉 효과가 있는. (2) 의기 소침케 하는. (3) 경기를 침체시키는.
— *n.* ⓒ 억제제(劑), 진정제.
:de·pressed [diprést] *a.* (1)【植 · 動】 평평한, 낮고 폭이 넓은. (2)풀이 죽은, 의기 소침한. (3)궁핍한, 빈곤에 허덕이는. (4)내리눌린, 낮아진, 패인《노면 따위》. (5)불경기의, 불황의 ; (주식) 값이 떨어진. (6)(학력 등이) 표준 이하의.
de·press·ing [diprésiŋ] *a.* 울적해지는, 침울한, 억압적인 : ~ news 우울한 뉴스. 파) **~·ly** *ad.*
:de·pres·sion [dipréʃən] *n.* (1)ⓒ【氣】저기압. (2)ⓤⓒ 의기 소침, 침울, 우울 : 【醫】 울병(鬱病) : nervous ~ 신경쇠약. (3)ⓤⓒ 내리누름〈눌림〉, 하강, 침하(沈下). (4)ⓒ 구렁, 저지(低地). (5) ⓤⓒ 불경기, 불황.
de·pres·sive [diprésiv] *a.* (1)우울하게 하는 ; 우울해진 ; 불경기의. (2)내리누르는, 억압적인. — *n.* ⓒ 울병환자.
de·pres·sur·ize [diːpréʃəràiz] *vt.* (비행기 · 우주선 등)의 기압을 내리다, 감압하다.
dep·ri·va·tion [dèprəvéiʃən] *n.* ⓤⓒ (1)궁핍, 빈곤. (2)박탈 ; 상속인의 폐제(廢除) ; (성직자) 파면. (3)상실, 손실 : 결핍.
:de·prive [dipráiv] *vt.* 《+目+前+名》 …에게서 …을 빼앗다, 박탈하다.
de·prived [dipráivd] *a.* 혜택받지 못한, 가난한, 불우한.
de pro·fun·dis [dìː-prəfʌ́ndis] 《L.》(슬픔 · 절망 따위의) 구렁텅이에서(의 절규).
:depth [depθ] (*pl.* **~s** [depθs, depts]) *n.* (1)ⓤ(학문 따위의) 심원함(profundity) ; (인물 · 성격 따위의) 깊은맛 ; (감정의)심각성, 강도. (2)ⓤ(또는 ⓒ ; 흔히 *sing.*) a]깊이, 깊음 ; 심도. b]ⓒ (방 등의) 안길이. (3)(the ~ ; 종종 *pl.*) 깊은곳, 깊은 정도 ; 안쪽의 곳, 오지(奧地). (4)ⓤⓒ (종종 the ~s) (사회적 · 도덕적 · 지적인) 밑바닥, 타락(의 심연) ; (절망따위의) 구렁텅이. (5)ⓤ(빛깔 등의) 짙음, 농도 ; (소리의) 낮은가락. (6)(the ~ ; 종종 *pl.*) 계절의 한창때《한여름 따위》. ***be out of* 〈*beyond*〉 one'*s* ~** (1) 이해가 〈역량이〉 미치지 못하다, 힘에 겹다 : Physics is *out of my* ~. 물리에는 손들었다. (2) 깊어서 키가 모자라다. 깊은 곳에 빠져 있다. ***in* ~** 넓고 깊게, 철저히.
dépth psychòlogy 【心】 심층(深層) 심리학.
dep·u·ta·tion [dèpjətéiʃən] *n.* (1)ⓒ 대표단《※ 개인은 deputy》. (2)ⓤ 대리 (행위) ; 대리 파견(delegation).
de·pute [dipjúːt] *vt.* (1)《~+目/+目+*to* do》 …을 대리로 명하다, 대리(자)로 하다. 대리로서 …을 시키다. (2)(일 · 직권)을 위임하다.
dep·u·tize [dépjətàiz] *vt.* 《美》 …을 대리로 임명하다. — *vi.* 대리(대행)하다《*for*》.
·dep·u·ty [dépjəti] *n.* ⓒ (1)(프랑스 · 이탈리아 등의) 대의원, 민의원. ***by* ~** 대리로. (2)대리인 ; 대리역, 부관.
— *a.* 〔限定的〕 대리의, 부(副)의(acting, vice-) : a ~ chairman 부의장, 의장대리.
deque [dek] *n.* ⓒ 【컴】 데크《양끝의 어느 쪽에서도 데이터를 입출할 수 있게 된 데이터의 행렬》.
de·rail [diréil] *vt.* 〔흔히 受動으로〕 (기차 따위)를 탈선시키다 .
파) **~·ment** *n.* ⓤⓒ 탈선.
de·range [diréindʒ] *vt.* (1) (상태(常態) · 계획등)을 혼란〈교란〉시키다, 어지럽히다. (2)…을 미치게 하다 《※ 흔히 과거분사로 形容詞的으로 씀》.
파) **~·ment** *n.* ⓤⓒ 혼란, 교란 ; 착란, 발광 : mental ~*ment* 정신 착란.
de·ranged [diréindʒd] *a.* 미친, 발광한(insane).
·Der·by [dəːrbi/dáːr-] *n.* (1)더비《영국 Derbyshire의 도시》. (2)a](the ~) 더비 경마《영국 Surrey 주의 Epsom Downs에서 매년 6월에 거행됨》. b]ⓒ 대경마. (3)(a d) (누구나 참가할 수 있는)경기, 경주 : a bicycle ~ 자전거 경주. (4)(d-) 《美》 =DERBY HAT.
dérby hát 《美》 중산 모자(《英》 bowler (hat)).
de·reg·u·late [diːrégjulèit] *vt.* (규제〈통제〉를 철폐〈완화〉하다 : ~ imports 수입품의 규제를 풀다.
de·reg·u·la·tion [diːrègjəléiʃən] *n.* ⓤ 통제 해제, 규제 철폐, 자유화.
der·e·lict [dérəlikt] *a.* (1)(건물 · 선박 등이) 유기〈방치〉된, 버려진. (2)《美》 의무〈직무〉 태만의, 무책임한. — *n.* ⓒ (1)유기물《특히 바다에 버려진 배》. (2) 사회〈인생〉의 낙오자,. (집도 직업도 없는) 부랑자 ; 《美》 직무 태만자.
der·e·lic·tion [dèrəlíkʃən] *n.* ⓤⓒ (직무〈의무〉) 태만 ; ⓤ 유기, 방기(放棄).
de·re·strict [dìːristríkt] *vt.* …에 대한 통제를 해제하다, 《특히》 (도로)의 속도 제한을 철폐하다.
·de·ride [diráid] *vt.* …을 조소〈조롱〉하다, 비웃다.
·de·ri·sion [diríʒən] *n.* (1)ⓤ 조소, 조롱. (2)ⓒ 조소〈웃음〉거리.
□deride *v.* by the ~of …에게서 조롱당하다. in ~ of …을 조롱하여.
de·ri·sive [diráisiv, -ziv/ -ríziv, -rís-] *a.* (1) 조소〈조롱〉하는(mocking) : ~ laughter 조소 / a ~ gesture 비웃는 태도. (2)가소로운, 보잘것 없는 ; a ~ salary 보잘것없는 봉급. 파) **~·ly** *ad.* 비웃듯이. 업신여기어. **~·ness** *n.*
de·ri·so·ry [diráisəri] *a.* (1) = DERISIVE. (2) 아주 근소한 ; 아주 시시한.
de·riv·a·ble [diráivəbəl] *a.* (1)유도할〈끌어낼〉수 있는. (2)(유래 등을) 추론할 수 있는《*from*》.
·der·i·va·tion [dèrəvéiʃən] *n.* (1)ⓤ 끌어 내기, 유도. (2)ⓤ 유래, 기원(origin). (3)【言】 a]ⓤ (말의) 파생, 어원. b]ⓒ 파생어. (4) ⓒ 파생물.

·de·riv·a·tive [dirívətiv] *a.* (1)(근원에서)끌어낸, 파생적인. (2)(생각 등이) 독창적이 아닌, 신선미가 없는. 【opp.】*primitive.* 【cf.】 original. — *n.* ⓒ (1)파생물. (2)【文法】 파생어. (3)【化】 유도체. (4)【數】 도함수. 파) **~·ly** *ad.* 파생적으로.

:de·rive [diráiv] *vt.* (1)《+目+前+名》 …을 이끌어내다《*from*》 ; 획득하다《*from*》: We ~ knowledge *from* books. 우리는 책에서 지식을 얻는다. (2)《+目+前+名》〔종종 受動으로〕 …의 기원을〈유래를〉찾다. 《*from*》

der·mal [də́:rməl] *a.* 진피의 : 피부의, 피부에 관한.

der·ma·ti·tis [də̀:rmətáitis] *n.* ⓤ 【醫】 피부염.

der·ma·tol·o·gist [də̀:rmətálədʒist/ -tɔ́l-] *n.* ⓒ피부병 학자 ; 피부과 (전문) 의사.

der·ma·tol·o·gy [də̀:rmətálədʒi/ -tɔ́l-] *n.* ⓤ【醫】 피부 의학, 피부병학.

der·o·gate [dérougèit] *vi.* 《+前+名》 (1)(가치·명예 따위를) 떨어뜨리다, 훼손하다(detract). (2)(사람이) 타락하다《*from*》.

der·o·ga·tion [dèrougéiʃən] *n.* ⓤ (가치·권위등의) 감손, 저하, 하락, 실추 ; 타락《*from*:*of*》.

de·rog·a·tive [dirágətiv/ -rɔ́g-] *a.* 가치〈명예〉를 손상하는《*to* : *of*》. 파) **~·ly** *ad.*

de·rog·a·to·ry [dirágətɔ̀:ri/ -rɔ́gətəri-] *a.* (명예·인격 따위를) 손상시키는《*from*》 ; 가치를 떨어뜨리는 《*to*》 ; 경멸적인. 파) **-ri·ly** *ad.*

der·rick [dérik] *n.* ⓒ (1)(석유갱의) 유정탑(油井塔). (2)데릭《주로 선박 화물을 싣고 부리는 대형 기중기》. (3)《空》 이륙탑.

der·ri·ere, -ère [dèriέər] *n.* ⓒ 《F.》《口》 엉덩이(buttocks).

der·(r)in·ger [dérindʒər] *n.* ⓒ 데린저식 권총《구경이 크고 총열이 짧음》.

derv [də:rv] *n.* ⓤ 《英》 디젤 엔진용 연료. [◀*d*iesel *e*ngined *r*oad *v*ehicle]

de·salt [di:sɔ́:lt] *vt.* (바닷물 따위)의 염분을 제거하다 ; 담수화하다.

de·scale [di:skéil] *vt.* …의 물때를 벗기다.

des·cant [déskænt] *n.* (1)ⓤⓒ【樂】 (정선율(定旋律)의) 수창부(隨唱部) ; (다성 악곡의) 최고 음부, 소프라노부. (2)ⓒ《詩》 가곡. (3) 논평.
— [deskǽnt, dis-] *vi.* (1)상세히 설명하다. 길게 늘어놓다《*on, upon*》. (2)【樂】 (정선율에 맞추어) 노래하다.

:de·scend [disénd] *vi.* (1)《~/+前+名》 내리다, 내려가다(오다)《*from*》《※ 일반적으로는 go〈come〉 down, climb down 등이 쓰임》. (2)《~/+前+名》 (길이) 내리받이가 되다 , 경사지다. (3)《+前+名》 (…의) 자손이다, 계통을 잇다《*from*》《※ 이 뜻으로는 지금 be descended 가 일반적. ⇨DESCENDED》. (4)(토지·재산·성질 등이) 전하여지다. (5)《+前+名》 채신을 떨어뜨리다, 영락하다《*to*》 : ~ *to* lying 야비하게 거짓말 까지 하다. (6)《+前+名》 a]갑자기 습격하다 ; 《比》불시에 방문하다〈몰려오다〉. (7) (…할 만큼) 타락하다, 비굴하게도(…까지)하다《*to*》. (8) (차례로) 감소하다 ; (소리가)낮아지다.

:de·scend·ant [diséndənt] *n.* ⓒ 자손, 후예. 【opp.】 *ancestor.*

de·scend·ed [diséndid] *a.* 〔敍述的〕 …의 자손인 〈혈통을 이은〉《*from*》 : He's ~ *from* a distinguished family. 그는 훌륭한 가문의 자손이다.

de·scen·dent [diséndənt] *a.* (1)내리는, 낙하〈강하〉하는. (2)세습의, 조상으로부터 전해 오는.

de·scend·ing [diséndiŋ] *a.* 내려가는, 강하적인, 하향성의. 【opp.】 *ascending.*

:de·scent [disént] *n.* (1)ⓤⓒ 하강, 내리기 ; 하산(下山). (2)ⓒ내리막 길. (3)ⓤ가계, 혈통, 출신. (4)ⓤ【法】 세습 ; 상속 ; 유전 : by ~ 상속에 의해. (5)ⓤⓒ 전락, 몰락 ; 하락. (6)ⓤ (또는 a ~) a](불의의) 급습《*on, upon*》. b](경찰관의)불시 검문(임검)(raid)《*on*》. □ descend *v.* lineal ~ 직계 비속.

de·scrib·a·ble [diskráibəbəl] *a.* 묘사〈기술〉할수 있는.

:de·scribe [diskráib] *vt.* (1)(도형)을 그리다(draw) ; (곡선 등)을 그리며 나아가다《※ draw가 일반적》 : ~ a triangle 삼각형을 그리다. (2)《+目+as 補》(사람)을 평하다, …라고 말하다. (3)《~+目/+目+前+名》 …을 묘사하다, 기술하다, 말로 설명하다.

:de·scrip·tion [diskrípʃən] *n.* (1)ⓒ 종류, 타입 : people of every ~ 모든 종류〈부류〉의 사람들. (2)ⓤⓒ 기술, 묘사, 서술(account) : excel in ~ 묘사가 뛰어나다. (3)ⓒ (물품 등의) 설명서 ; (경찰 등의) 인상서. ***beggar all ~ = be beyond ~*** 이루다 말 할 수 없다. give 〈make〉 a ~ of …을 기술하다. of every ~ 〈all ~s〉 모든 종류. of worst ~ 최악의 종류의.

·de·scrip·tive [diskríptiv] (***more ~ ; most~***) *a.* 기술적인 ; 설명적인 ; 도형(묘사)의. ~ ***of*** …을 기술〈묘사〉한 : a book ~ *of* (the)wonders of nature 자연의 경이를 기술한 책.
파) **~·ly** *ad.* ~·**ness** *n.*

de·scrip·tor [diskríptər] *n.* ⓒ 【컴】 정보의 분류·색인에 사용하는 어구〈영숫자(英數字)〉.

de·scry [diskrái] *vt.* (먼 데의 희미한 것)을 보다, 식별하다.

des·e·crate [désikrèit] *vt.* (신성한 물건)을 속된 용도에 쓰다 ; …의 신성을 더럽히다, 모독하다.

de·seg·re·gate [di:ségrigèit] *vt., vi.* 《美》 (학교 등 시설물의) 인종차별 대우를 폐지하다. 【opp.】 *segregate.* 【cf.】 integrate.

de·se·lect [dì:silékt] *vt.* (1)《英》 (현직 의원 등)의 재선을 거부하다. (2)《美》 …을 훈련에서 제외하다, 연수기간 중에 해고하다.

de·sen·si·ti·za·tion [di:sènsətiʒéiʃən] *n.* ⓤ (1)【醫】 탈감작(脫感作). (2)【寫】 감감(減感).

de·sen·si·tize [di:sénsətàiz] *vt.* (1)…의 감도를 줄이다, 둔감하게 만들다. (2)【寫】(필름 등)의 감도를 줄이다. (3)【醫】 …의 과민성을 줄이다. 파) **-tiz·er** *n.*

:des·ert[1] [dézərt] *n.* ⓤⓒ (1)불모의 지역〈시기·시대〉. (2)사막 ; 황무지.
— *a.* (1)사막의 ; 불모의 (barren) ; 황량한. (2)사람이 살지 않는 ; a - island 무인도.

·de·sert[2] [dizə́:rt] *vt.* (1)(신념 따위가 사람에게서) 없어지다. (2)(처자 등)을 버리다, 돌보 지 않다. (3)(무단히 자리)를 뜨다, 도망하다, 탈주(脫走)하다. 《~/+前+名》 의무〈직무〉를 버리다. 자리〈지위〉를 떠나다, 도망하다, 탈주하다《.

de·sert[3] [dizə́:rt] *n.* (*pl.*) 당연한 보답, 응분의 상〈벌〉.

·de·sert·ed [dizə́:rtid] *a.* (1)버림받은 : a ~ wife. (2)사람이 살지 않는, 황폐한 : a ~ street 인적이 끊긴 거리 / a ~ house 폐옥.

de·sert·er [dizə́:rtər] *n.* ⓒ (1)(의무·가족 등을) 버린 사람, 유기자, 직장 이탈자 ; 탈당자. (2)도망자, 탈영병, 탈함자(脫艦者).

de·sert·i·fi·ca·tion, des·ert·i·za·tion [dizə̀:rtəfikéiʃən], [dèzə:rtəzéiʃən] *n.* ⓤ 사막화(化).

·de·ser·tion [dizə́:rʃən] *n.* ⓤⓒ (1)【法】 처자 유기. (2)버림, 유기. (3)탈주, 탈함(脫艦). (4) 황폐(상태).

:de·serve [dizə́ːrv] *vt.* 《~+目/+*to* do/+*-ing*/+*that*節》 …할 만하다, 받을 가치가 있다, …할 가치가 있다 (※ 英에서는 ~+-ing 보다 ~+to do 쪽이 일반적).
— *vi.* 《~/+前+名》…에 상당하다, 보상받을 가치가 있다. **~ill 〈well〉 of** …으로부터 벌〈상〉받을 만하다, …에 대하여 죄〈공로〉가 있다 .

de·served [dizə́ːrvd] *a.* 당연한《상·벌 보상등》 : a ~ promotion 당연한 승진 / receive ~ praise 당연한 칭찬을 듣다.

de·serv·ing [dizə́ːrviŋ] *a.* (1)〔限定的〕 공적이 있는 ; 도움을 주어야 할 : needy and ~ students 도와줄 가치가 있는 가난한 학생들. (2)〔敍述的〕 당연히 …을 받아야 할, …할 만한《*of*》 : be ~ *of* sympathy 동정받을 만하다.
파) **~·ly** *ad.* 당연히 ; (…할 만한) 공이 있어.

de·sex [diːséks] *vt.* (1)(어구·표현 등)을 중성화 하다, 성차별을 배제하다. (2)…을 거세하다. (3)…의 성적 매력을 잃게 하다.

des·ic·cant [désikənt] *n.* 건조시키는(힘이 있는).
— *n.* ⓤⓒ 건조제(劑).

des·ic·cate [désikèit] *vt.* (1)…을 건조시키다 : a ~*d* skin 건조한 피부. (2)(음식물)을 말려서 보존 하다 ; 탈수하여 가루모양으로 만들다 : ~*d* milk 분유 (粉乳). (3) 생기를 잃게 하다, 무기력하게 하다.

des·ic·ca·tion [dèsikéiʃən] *n.* ⓤ 건조(작용), 탈수.

de·sid·er·a·tum [disìdəréitəm, -ráː-, -zid-] (*pl.* **-ta** [-tə]) *n.* ⓒ《L.》바라는 것, 꼭 있었으면 하는 것 ; 절실한 요구 ; 몹시 아쉬운 것.

:de·sign [dizáin] *n.* (1)ⓒ의도, 목적, 계획. (2)ⓤⓒ 디자인, 의장(意匠),도안 ; 밑그림, 소묘(素描) ; 무늬, 본(pattern) : art of ~ 디자인〈의장〉술(術). (3)ⓤⓒ 설계(도) : a ~ *for* a bridge 다리의 설계도 / machine ~ 기계 설계. (4)ⓤⓒ (소설·극 따위의) 구상, 복안, 착상, 줄거리. (5)(*pl.*) 속셈, 음모.
by ~ 고의로, 계획적으로.
— *vt.* (1)《目+前+名/+目+*to be*補/+*that*節/+目+*as*補》…을 의도하다, 예정하다. (2)…을 디자인하다, …의 도안〈의장〉을 만들다 : ~ a dress. (3)《~+目/+*to* do/+*that*節》 계획하다, 안을 세우다, …하려고 생각하다. (4) 목적을 품다, 뜻을 품다(intend).

:des·ig·nate [dézignèit] *vt.* (1)《+目+前+名/+目+*as*補》 지명하다, 임명〈선정〉하다《*to* ; *for*》 : 지정하다 . (2)…을 가리키다, 지시〈지적〉하다, 표시〈명시〉하다, 나타내다. (3)《+目+補》 …라고 부르다(call). 명명하다

dés·ig·nat·ed hítter [dézigneitid-] 【野】 지명타자《略 : DH》

·des·ig·na·tion [dèzignéiʃən] *n.* (1)ⓒ 명칭 ; 칭호 (2)ⓤ지시, 시명, 임명, 선임 ; 지정.

de·signed [dizáind] *a.* 고의의, 계획적인 ; 본을 뜬.

de·sign·ed·ly [dizáinidli] *ad.* 고의로, 일부러.

:de·sign·er [dizáinər] *n.* ⓒ 디자이너, 도안가, 설계자 : dress ~ 의상 디자이너 / an interior ~.
— *a.* 〔限定的〕유명한 디자이너의 이름이 붙은, 디자이너 브랜드의 : ~ shirts디자이너 브랜드의 셔츠.

desígner drùg 합성 항생물질, 합성 마약.

de·sign·ing [dizáiniŋ] *a.* 계획적인, 흉계가 있는 ; 설계의. — *n.* ⓤ(1)음모. (2)설계 ; 도안 ; 계획.

:de·sir·a·ble [dizáiərəbəl] (***more ~ ; most ~***) *a.* (1)바람직한 ; 탐나는, 갖고 싶은. (2)매력 있는. 파) **-bly** [-bəli] *ad.* **~·ness** *n.* **-bíl·i·ty** [-ˌəbíləti] *n.* ⓤ 바람직함.

:de·sire [dizáiər] *vt.* (1)《+*that*節/+前+名+*that*節/+*to* do/+目+*to* do》 …을 요망하다 (entreat), 원하다, 희망하다. (2)《~+目/+*to* do》 …을 바라다. 욕구(欲求)하다(long) ; 구하다. (3)…와 성적 관계를 갖고 싶어하다. It is ~ d that... ‥‥함이 바람직하다. ***leave much 〈nothing〉 to be ~d*** 유감스러운 점이 많다〈더할 나위 없다〉.
— *n.* (1)ⓒ 희망, 요구 ; get one's ~ 바라던 것을 손에 넣다, 소망이 이루어지다. (2)ⓤⓒ 욕구 ; 원망(願望), 욕망. (3)ⓤⓒ 성적 욕망, 정욕 ; sexual ~ 성욕 / at one's ~ 희망에 따라.

de·sired [dizáiərd] *a.* 원하고 바라던 ; 바람직한 ; have the ~ effect 바라던 대로의 효과를 얻다.

·de·sir·ous [dizáiərəs] *a.* 〔敍述的〕 원하는, 열망하는《*of* ; *to* do ; *that*》. 파) **~·ly** *ad.* **~·ness** *n.*

de·sist [dizíst] *vi.* 《文語》…을 그만두다, 단념하다.

:desk [desk] *n.* (1)(the ~) (신문사의) 편집부, 데스크 . (2)ⓒ 책상 : an office ~ 사무용 책상. (3)ⓒ a] 【樂】 보면대(譜面臺). b]《美》 설교단. (4)ⓒ (호텔 등의) 접수처, (프런트) 데스크 : a reservation ~ 예약 접수 창구. (5) a] (the~) 사무, 문필직. b]《英》 (문방구용) 서랍.
— *a.* 〔限定的〕 (1)탁상에서 하는, 사무직의, 내근의 : a ~ job 사무직 / a ~ policeman 내근 경관. (2)책상의 ; 탁상용의

desk·top [ˊtɑ̀p/ˊtɔ̀p] *a.* 탁상용의 : a ~ computer 탁상용 컴퓨터. — *n.* ⓒ 탁상 컴퓨터.

désk wòrk 사무 ; 문필업 ; 책상에서 하는 일.

:des·o·late [désəlit] (***more ~ ; most ~***) *a.* (1)쓸쓸한, 외로운, 고독한. (2)황폐한 ; 황량한 ; 사는 사람이 없는 : a ~ moor 황량한 광야. — [-lèit] *vt.* (1)(건물·토지 등)을 황폐하게 하다. (2)쓸쓸하게〈외롭게〉 하다《※ 흔히 과거분사 형으로 형용사적으로 쓰임 ; ⇨ DESOLATED》.
파) **~·ly** [-litli] *ad.* **~·ness** *n.*

·des·o·lat·ed [désəlèitid] *a.* 〔敍述的〕 (사람이)외로운, 쓸쓸한.

·des·o·la·tion [dèsəléiʃən] *n.* (1)ⓤ쓸쓸함, 외로움. (2)ⓤ황폐(화), 황량. (3)ⓒ 폐허, 황량한 곳.

:de·spair [dispέər] *n.* (1)ⓤ절망 ; 자포자기. (2)ⓒ 절망의 원인 : He is my ~. 그는 가망 없는 친구다《구제하기 어렵다는 뜻》. — *vi.* 《+前+名》 절망하다, 단념하다.

de·spair·ing [dispέəriŋ] *a.* 〔限定的〕 자포자기의 ; 절망적인, 가망 없는 : a ~ look 절망한 듯한 표정. 파) **~·ly** *ad.*

des·per·a·do [dèspəréidou, -pərάː-] (*pl.* ~ (**e**)**s** [-z]) *n.* ⓒ《Sp.》무법자, 악한《특히 개척 시대의 미국 서부의》.

:des·per·ate [déspərit] (***more ~ ; most ~***) *a.* (1) 절망적인 ; (좋아질) 가망이 없는 : The situation is ~. 사태는 절망적이다. (2)자포자기의 ; 무모한, 목숨 아까운 줄 모르는. (3)필사적인 ; 혈안이 된, …하고 싶어 못 견디는《*for*》 : I was ~ *for* a glass of water. 물 한 잔 마시고 싶어 죽을 지경이었다. □ despair *v.*
파) **~·ness** *n.*

:des·per·ate·ly [déspəritli] *ad.* (1)필사적으로, 혈안이 되어. (2)절망적으로: be ~ ill〈sick〉 위독하다, 중태다. (3)자포자기하여 : dash ~ 돌진하다. (4)《口》 몹시, 지독하게(excessively).

·des·per·a·tion [dèspəréiʃən] *n.* ⓤ 필사적임 ; 절망, 자포자기. ***drive*** a person ***to*** ~ 아무를 절망으로 몰아 넣다, 필사적이 되게 하다 ;《口》노발대발케 하다.
in ~ 필사적으로 ; 자포자기하여.

des·pi·ca·ble [déspikəbəl, dispík-] *a.* 야비한, 비열

한 : a ~ crime 비열한 범죄. 파) **-bly** *ad.*
:de·spise [dispáiz] *vt.* …을 경멸하다, 얕보다 ; 혐오하다, 싫어하다.
:de·spite [dispáit] *prep.* …에도 불구하고. ⓤ 무례, 멸시 ; 악의, 원한. (**in**) **~ of** ... 《古》 …에도 불구하고 《현재는 in spite of 또는 despite를 씀》.
de·spoil [dispɔ́il] *vt.* 《~+目/+目+前+名》 …으로부터 탈취하다, 약탈하다, (자연 환경 등을) 파괴하다. 파) **~·er** [-ər] *n.* 약탈〈강탈〉자. **~·ment** *n.* ⓤ 약탈.
de·spo·li·a·tion [dispòuliéiʃən] *n.* ⓤ 약탈 ; (자연 환경의) 파괴.
de·spond [dispánd/-spɔ́nd] *vi.* 실망하다, 낙담〈비관〉하다 : ~ *of* one's future 장래를 비관하다. — *n.* ⓤ 《古》 낙담, 실망.
de·spond·ence, -em·cy [dispándəns/-spɔ́nd-], [-ənsi] *n.* ⓤ 낙담, 의기 소침 .
de·spond·ent [dispándənt/-spɔ́nd-] *a.* 낙담한, 기운없는, 풀죽은, 의기소침한《*about* ; *over* ; *at*》 : Bill was ~ *over* the death of his wife. 빌은 아내의 죽음으로 풀이 죽어있었다. 파) **~·ly** *ad.*
·des·pot [déspət, -pɑt/-pɔt] *n.* ⓒ 전제 군주, 독재자 ; 폭군 .
des·pot·ic, -i·cal [dispátik/despɔ́t-], [-əl] *a.* 전제의, 독재적인 ; 횡포한, 포학한.
파) **-i·cal·ly** [-ikəli] *ad.*
des·pot·ism [déspətìzəm] *n.* (1)ⓒ 전제국, 독재군주국. (2) ⓤ 독재, 전제 ; 전제 정치 ; 폭정.
:des·sert [dizə́ːrt] *n.* ⓤⓒ 디저트, 후식《식후의 푸딩·파이 따위, 영국에서는 주로 과자류(sweets)뒤의 과일을 가리킴》. ≒desert. — *a.* 디저트용의.
de·sta·bi·lize [diːstéibəlàiz] *vt.* …을 불안정하게 하다, 동요시키다.
파) **de•stà•bi•li•zá tion** [-lizéiʃən] *n.*
:des·ti·na·tion [dèstənéiʃən] *n.* (1) ⓒ (여행 등의) 목적지, 행선지 ; 도착지〈항〉 ; (편지·하물 등의)보낼 곳. (2) ⓤⓒ 목적, 용도. □ destine *v.*
:des·tine [déstin] *vt.* (1)《+目+前+名》 예정하다, (어떤 목적·용도에) 충당하다. (2)《+目+前+名/+目+*to* do)〔흔히 受動으로〕운명으로 정해지다, 운명 지어지다. (3)〔흔히 受動으로〕…행이다.
des·tined [déstind] *a.* 운명지어진, 정해진, 예정된 : one's ~ course in life 숙명적인 인생 행로.
:des·ti·ny [déstəni] *n.* (1) (D-) 하늘, 신(神)〈하느님〉의 뜻(Providence). (2)ⓤⓒ 운명, 숙명.
·des·ti·tute [déstətjùːt] *a.* (1)빈곤한 : the ~ 빈곤한 사람들 / a ~ family 극빈 가족. (2)〔敍述的〕(…이) 결핍한, (…을) 갖지 않은, (…이) 없는《*of*》 : be ~ *of* money 돈이 없다.
des·ti·tu·tion [dèstətjúːʃən] *n.* ⓤ 빈곤, 궁핍, 결핍(상태) : live in ~ 기난하게 산다.
:de·stroy [distrɔ́i] *vt.* (1) …을 파괴하다, 부수다, 분쇄하다 ; 소실(消失)시키다.. (2) …의 목숨을 빼앗다 ; 멸망〈절멸〉시키다 ; (해충 따위)를 구제(驅除)하다 : ~ the enemy 적을 격멸하다 / ~ rats 쥐를 구제하다. (3)(계획·희망 등)을 망치다.
·de·stroy·er [distrɔ́iər] *n.* ⓒ (1)【軍】 구축함. (2)파괴자 ; 구제자 (驅除者) ; 박멸자.
de·struct·i·bil·i·ty [distrʌ̀ktəbíləti] *n.* ⓤ (피(被)) 파괴성 ; 파괴력.
de·struct·i·ble [distrʌ́ktəbəl] *a.* 파괴 〈궤멸, 구제〉할 수 있는.
:de·struc·tion [distrʌ́kʃən] *n.* ⓤ (1)파멸의 원인 : Gambling 〈Drink〉 was his ~. 도박으로〈술 때문에〉 신세를 망쳤다. (2)파괴 ; (대량) 살인 ; 절멸, 구제(驅除).
:de·struc·tive [distrʌ́ktiv] *a.* (1)〔敍述的〕 파괴시키는, 해로운. (2)파괴적인, 파괴주의적인 ; 파멸적인. 파) **~·ly** *ad.* **~·ness** *n.*
de·struc·tor [distrʌ́ktər] *n.* ⓒ(1)(미사일) 파괴〈폭파〉 장치. (2)《英》 폐기물〈쓰레기〉소각로.
des·ue·tude [déswitjùːd] *n.* ⓤ폐지 (상태), 폐절(廢絶) : fall into ~ 폐절되다, 쇠퇴하다, 안 쓰이게 되다.
des·ul·to·ry [désəltɔ̀ːri/ -təri] *a.* 산만한, 되는 대로의, 일관성 없는 : ~ reading 산만한 독서. 파) **-ri·ly** [-li] *ad.* **-ri·ness** *n.*
·de·tach [ditǽtʃ] *vt.* (1)《~+目/+目+*to* do/+目+前+名》(군대·군함 등)을 파견〈분견〉하다 / ~ a ship *from* a fleet 함대로부터 배 한 척을 파견하다. (2)《~+目+/+目+前+名》 …을 떼다, 떨어지게 하다, 분리하다 《*from*》. 【opp.】*attach.* 『 ~ a locomotive *from* a train 열차에서 기관차를 분리하다.
파) **~•a•ble** [-əbəl] *a.* 분리〈파견〉할 수 있는.
·de·tached [ditǽtʃt] a. (1)파견된 : a ~ troop 〈force〉 분견대. (2)떨어진, 분리한《*from*》 : a ~ house 독립 가옥, 단독 주택. (3)초연한, 사심이 없는, 공평한 : a ~ view 공평한 견해.
de·tach·ed·ly [-tʃidi, -tʃtli] *ad.* (1)사심없이, 공평히 ; 초연히. (2)떨어져서, 고립하여.
·de·tach·ment [ditǽtʃmənt] *n.* (1)ⓤ (세속·이해 따위로부터) 초연함 ; 공평. (2)ⓤ 분리, 이탈 ; 고립. (3)ⓒ〔集合的 ; 單·複數취급〕 파견대, 지대(支隊).
:de·tail [díːteil, ditéil] *n.* (1)ⓒ세부, 세목(item) ; 사소한 일 : a matter of ~ 하찮은〈자질구레한〉 일. (2) ⓤ〔集合的〕a〕상세(particulars). 상세한 면〈것〉 : I was impressed by the ~ of your report. 네 상세한 보고에 감명을 받았다. b〕【美術·建】 세부의 묘사〈장식〉. (3)ⓒ〔集合的〕a〕【軍】 행동 명령 ; 특별임무(의 임명), 선발대(選拔隊). b〕《美》 (경찰 등의) 특파대. ***go* 〈*enter*〉 *into* ~ (*s*)** : 상술하다. ***in* ~** 상세하게, 자세히 : He explained his plan *in* (further) ~. 그는 자기의 계획을 (더욱) 상세히 설명했다.
— *vi.* (1)《~+目/+目+*to* do/+目+前+名》【軍】 (병사·소부대)를 파견〈분견〉하다 . (2)…을 상술하다 : ~ a plan *to* a person 아무에게 계획을 상세히 설명하다.
·de·tailed [díːteild, ditéild] *a.* 상세한, 세부에 걸친 : a ~ explanation 상세한 설명 / give a ~ report 상보(詳報)하다. 파) **~·ly** *ad.* **~·ness** *n.*
·de·tain [ditéin] *vt.* (1)【法】 …을 억류〈유치, 구류〉하다. (2)…을 붙들다 ; 기다리게 하다 : Since you are busy, I won't ~ you. 바쁘실 테니 붙들진 않겠소. 파) **~·ment** *n.*
de·tain·ee [ditèiníː] *n.* ⓒ (정치적 이유에 의한 외국인) 억류자, 구류자.
de·tain·er [ditéinər] *n.* ⓒ (1)【法】 불법 유치 〈구치〉 (2)구금, 감금.
:de·tect [ditékt] *vt.* (1)【化】 …을 검출하다. (2)《+目+*ing*》 (나쁜 짓 따위)를 발견하다. (…하고 있는 것)을 보다.
de·tect·a·ble [ditéktəbəl] *a.* 발견〈탐지〉할 수 있는.
de·tec·tion [ditékʃən] *n.* ⓤ (1)【化】 검출. (2)발견 ; 간파, 탐지, 발각.
:de·tec·tive [ditéktiv] *a.* (1)검출용의 : a ~ device 탐지 장치. (2)탐정의. ⓒ 탐정 ; 형사 : a ~

D

private ~ 사립탐정.
·de·tec·tor [ditéktər] *n.* ⓒ (1)탐지기 ; (누전) 검전기 ; 검파기 : a lie ~ 거짓말 탐지기 / a crystal ~ 광석 검파기. (2)발견자 ; 간파자.
de·tent [ditént] *n.* ⓒ 【機】 역회전 멈추개 ; (시계 톱니바퀴의) 걸쇠, 톱니바퀴 멈추개.
dé·tente, de- [deitá:nt] *n.* ⓤⓒ 《F.》 (국제간의) 긴장 완화, 데탕트.
de·ten·tion [ditén∫ən] *n.* ⓤⓒ (1)구류, 구금, 유치 ; (벌로서) 방과 후 잡아두기. (2)붙잡아 둠 ; 저지. □ detain *v.*
de·ter [ditə́:r] (*-rr-*) *vt.* (공포 따위로) …을 제지〈만류〉하다, 단념시키다 ; 방해하다 ; 저지〈억지〉하다.
de·ter·gent [ditə́:rdʒənt] *a.* 깨끗이 씻어내는.
— *n.* ⓤⓒ (중성) 세제 : synthetic ~*s* 합성 세제.
·de·te·ri·o·rate [ditíəriərèit] *vt.* (질)을 나쁘게 하다 ; 열등하게 하다, (가치)를 저하시키다 ; 타락시키다.
— *vi.* (질·가치가) 떨어지다, 악화하다, 저하하다 ; (건강이) 나빠지다 ; 타락하다.
de·te·ri·o·ra·tion [ditìəriəréi∫ən] *n.* ⓤ (또는 a ~) 악화, (질의) 저하, 열화(劣化), 가치의 하락 ; 타락.
de·ter·min·a·ble [ditə́:rmənəbəl] *a.* 결정〈확정〉할 수 있는.
de·ter·mi·nant [ditə́:rmənənt] *a.* 결정하는 ; 한정적인. — *n.* ⓒ (1)【數】 행렬식(行列式). (2)결정 요소. (3)【生】 결정 인자(決定因子), 유전소.
de·ter·mi·nate [ditə́:rmənit] *a.* (1)【數】 기지수의. (2)한정된, 명확한. (3)확고한, 결연한. (4)확정된, 결정적인. 파) **~·ly** *ad.* **~·ness** *n.*
:de·ter·mi·na·tion [ditə̀:rmənéi∫ən] *n.* (1)a) ⓤ (범위·양·위치 등의)한정 ; 측정. b)ⓒ【法】판결, 재결, 결정. (2)ⓤ결심 ; 결의 ; 결단(력). (3)ⓤ 결정 ; 확정 : The ~ *of* a name for the club took a long time. 클럽의 이름을 결정하는 데 많은 시간이 걸렸다. □ determine *v.* with ~ 단호이.
de·ter·mi·na·tive [ditə́:rmənèitiv, -nətiv] *a.* 결정력 있는 ; 확정적인 ; 한정하는.
— *n.* ⓒ(1)결정적 요인. (2)=DETERMINER. 한정사.
:de·ter·mine [ditə́:rmin] *vt.* (1)《+目+*to* do/+目+前+名》 결심시키다《*to* go》 : The letter ~*d* him *to* go 그 편지로 그는 가기로 결심했다. (2)《+*to* do / *that*節》 결심하다, 결의하다. (3)《~+目/+*wh.*節/+*wh. to* do》 결정하다, 정하다 ; 확정하다. (4)…을 측정〈단정〉하다. (1) 《+前+名》 결심하다 ; 결정하다《*on, upon*》 : ~ *on* a course of action 행동 방침을 결정하다. (2) 《法》 (효력 등이) 끝나다.
·de·ter·mined [ditə́:rmind] (***more ~ ; most ~***) *a.* (1)〔敍述的〕《+*to* do》 (…할 것을) 굳게 결심한. (2)결의가 굳은, 단호한(resolute) : a ~ look 단호한 표정. (3) 결정〈확정〉된, 한정된. 파) **~·ly** *ad.* 결연히, 단호히. **~·ness** *n.*
de·ter·min·er [ditə́:rminər] *n.* ⓒ (1)【文法】 한정사《a, the, this, your 따위》. (2)결정하는 사람〈것〉. (3)【生】 =DETERMINANT.
de·ter·min·ism [ditə́:rminìzəm] *n.* ⓤ 【哲】 결정론. 파) **-ist** [-ist] *n.* ⓒ, *a.* 결정론자(의).
de·ter·min·is·tic [ditə̀:rminístik] *a.* 결정론(자)적인.
de·ter·rence [ditə́:rəns, -tér-] *n.* ⓤ(1)전쟁 억제. (2)제지, 억지.
de·ter·rent [ditə́:rənt, -tér-] *a.* 제지〈방지〉하는, 못 하게 하는 ; 전쟁 억지의 : ~ weapons 전쟁 억지 무기. — *n.* ⓒ 고장, 방해물 : (전쟁)억지력〈물〉《핵무기 따위》.
·de·test [ditést] *vt.* 《~+目/+-*ing*》 …을 몹시 싫어하다, 혐오하다. 【cf.】 abhor, loathe. 『 I ~ snakes. 나는 뱀이 아주 싫다.
de·test·a·ble [ditéstəbəl] *a.* 혐오(嫌惡) 〈증오〉할, 몹시 싫은 . 파) **-bly** *ad.* 가증하게. 파) **~·ness** *n.*
de·tes·ta·tion [dì:testéi∫ən] *n.* (1)ⓒ 몹시 싫은 사람〈것〉. (2)ⓤ (또는 a ~) 아주 싫어함, 혐오.
de·throne [diθróun] *vt.* (1)(왕)을 폐위시키다 : He was ~*d* and went into exile forty-two years ago. 그는 42년 전 왕위에서 물러나 망명했었다. (2)(사람)을 (권위 있는 지위 등)에서 밀어 내다《*from*》. 파) **~·ment** *n.* 폐위, 강제 퇴위.
det·o·na·tor [détənèitər] *n.* ⓒ 기폭 장치《뇌관·신관 등》 ; 기폭약, 기폭부.
de·tour [dí:tuər, ditúər] *n.* ⓒ (1)우회로(路) ; 도는 길 : take a ~ 도는 길로 가다. (2)우회 (迂廻) : make a ~ 우회하다. — *vi.* 돌아가다. — *vt.* 돌아가게 하다.
de·tox·i·ca·tion [di:tɑ̀ksəfikéi∫ən/ -tɔ̀k-] *n.*ⓤ 해독(작용).
de·tox·i·fy [di:tɑ́ksəfài/ -tɔ́k-] *vt.* …의 독성을 제거하다, 해독하다.
de·tract [ditrǽkt] *vi.* (가치·명성 등이) 떨어지다, 손상되다《*from*》.
de·trac·tion [ditrǽk∫ən] *n.* ⓤⓒ (가치 등을) 손상함〈하는 것〉 ; 욕(slander), 비방 ; 험담, 중상.
de·trac·tive [ditrǽktiv] *a.* 욕하는, 비난하는. 파) **~·ly** *ad.* **~·ness** *n.*
de·trac·tor [ditrǽktər] *n.* ⓒ 비방하는 사람
de·train [di:tréin] *vt.*, *vi.* (…을) 열차에서 내리(게 하)다. 파) **~·ment** *n.*
det·ri·ment [détrəmənt] *n.* (1)ⓒ (흔히 a ~) 손해〈손실〉의 원인. ***to the ~ of*** …을 손상시켜 ; …을 해칠 정도로. ***without ~ to*** …을 손상하지 않고 ; …에 손해 없이. (2)ⓤ 손해, 손상 《*to*》.
det·ri·men·tal [dètrəméntl] *a.* 불리한, 유해한《*to*》 : Smoking is ~ *to* health. 흡연은 건강에 해롭다. 파) **~·ly** [-təli] *ad.*
de·tri·tus [ditráitəs] *n.* ⓤ (1)파편(의 더미). (2)【地質】 암설(岩屑) ; 쇄암(碎岩).
·De·troit [ditrɔ́it] *n.* 디트로이트 《미국 Michigan주 남동부의 자동차 공업 도시》.
de trop [dətróu] 《F.》 군더더기의, 쓸모없는, 오히려 방해가 되는(not wanted).
deuce[1] [dju:s] *n.* (1)ⓒ(카드의) 2 점의 패, (주사위의) 2점. (2)ⓤ 【테니스】 듀스. (3) 《美俗》 2 달러, 2달러 지폐.
deuce[2] *n.*《口》 (1)(the ~)〔疑問詞의 힘줌말로서〕 도대체 ; 〔否定〕 전혀(하나도, 한 사람도) 없다〈않다〉. (2) (흔히 the ~)〔感歎詞的으로〕 제기랄. (3) ⓤ 화, 액운, 재난, 악마.
a 〈the〉 ~ of a ... 굉장한 …, 지독한 …. ***~a bit*** 결코 …아니다(not at all). ***like the ~*** 굉장한 기세로, 맹렬히. ***play the ~ with*** …을 망쳐 버리다. ***the ~ and all*** 모조리. ***~ knows*** 아무도 알수 없다. ***~ take it*** 아뿔사, 아차. ***the ~ to pay*** =the DEVIL to pay.
deuc·ed [djú:sid/dju:st] *a.* 《口》〔限定的〕 지긋지긋한, 심한 ; 굉장한. — *ad.* 《口》 엄청나게, 굉장히 : a ~ fine girl 굉장히 예쁜 아가씨. 파) **~·ly** [-sidli] *ad.*
de·us ex ma·chi·na [dí:əs-eks-mǽkinə] 《L.》 (1)절박한 장면의 해결책. [◁ god from the machine

(기계 장치의 신)]. (2)(소설·연극의 줄거리에서) 절박한 장면을 해결하는 신.

Deutsch·land [dɔ́itʃlɑ:nd] *n.* 《G.》 독일(Germany).

de·val·u·a·tion [dì:væljuéiʃən] *n.* ⓤ (1)【經】 평가 절하. 【opp.】 *revaluation.* (2)가치의 저하. 파) **~·ist** *n.* 평가 절하론자.

·dev·as·tate [dévəstèit] *vt.* (1)(사람)을 망연 자실하게 하다. 곤혹 스럽게 하다. 놀라게 하다. (2)(국토·토지 따위)를 유린〈파괴〉하다, 황폐시키다.

dev·as·tat·ing [dévəstèitiŋ] *a.* (1)《比》 (의론 따위가) 압도적인, 통렬한 : a ~ reply 통렬한 응수. (3)《口》 매우 훌륭한, 굉장한, 효과적인 : 지독한. (2)황폐시키는, 파괴적인 : a ~ earthquake. 파) **~·ly** *ad.*

dev·as·ta·tion [dèvəstéiʃən] *n.* ⓤ 황폐하게 함 ; 유린, 황폐 (상태) ; 참화, 참상 ; (*pl.*) 약탈의 자취.

:de·vel·op [divéləp] *vt.* (1)《~+目/+目+前+名》 …을 발전시키다, 발달시키다, 발육시키다. (2)(자원·기술·토지 따위)를 개발하다, (택지)를 조성 하다 ; (자질·지능 따위)를 발현시키다, 신장시키다. (3)(의론·사색 따위)를 전개하다. 진전시키다. (4) (사실 따위)를 밝히다 ; (숨은 것을) 나타나게 하다 . (5)【寫】 (필름)을 현상하다. (6)(습관·취미 따위)를 몸에 붙이다. (성질을) 갖게〈띠게〉 되다 ; (병)에 걸리다.

— *vi.* (1)《~/+前+名》 발전〈진전〉하다, 발달〈발육〉하다 . (2)(병 등이) 나타나다 : Symptoms of cancer ~*ed.* 암 증상이 나타났다. (3)(사실 등)이 밝혀지다 .

de·vel·oped [divéləpt] *a.* 고도로 발달한, 선진의 : (the) ~ countries 선진국 / a highly ~ industry 고도로 발달된 산업.

de·vel·op·er [divéləpər] *n.* (1)ⓤⓒ 【寫】 현상액〈약〉. (2)ⓒ 개발자 ; (택지 등의) 조성업자.

de·vel·op·ing [divéləpiŋ] *a.* (국가·지역 등이) 개발 도상에 있는, 발전 도상의.

:de·vel·op·ment [divéləpmənt] *n.* (1)a] ⓤ 발달, 발전 ; 발육, 성장(growth) : economic ~ 경제 발전〈개발〉 발달〈발전〉한 것. (2) 진화. (3)a] ⓤ (택지의) 조성, 개발. b] ⓒ조성지. 단지. (4)ⓒ (사태의) 진전 ; 새로운 사실〈사태〉 : new political ~*s* 새로운 정치 정세. (5)ⓤ 【寫】 현상. (6)ⓤⓒ 【樂】 전개(부). ***~ area*** 《英》 개발 촉진 지역. ***Development Assistance Committee*** 개발 원조 위원회.

de·vel·op·men·tal [divèləpméntl] *a.* 개발의 ; 발달〈발육〉상의 : ~ psychology 발달 심리학.

de·vi·ant [dí:viənt] *a.* 정상이 아닌, 이상한, (표준에서) 벗어난.

— *n.* ⓒ 상식에서 벗어난 사람〈것〉 : (특히, 성적(性的))이상 성격자.

de·vi·ate [dí:vièit] *vi.* (상도·표준 따위에서) 벗어나다, 일탈하다. *vt.* 벗어나게 하다, 일탈하다.

·de·vi·a·tion [dì:viéiʃən] *n.* (1)ⓒ 【統】편차. (2)ⓤⓒ 탈선, 일탈(逸脫) 《*from*》 : 편향. (3)ⓒ (자침(磁針)의) 자차(自差).

de·vi·a·tion·ism [-ʃənìzəm] *n.* ⓤ (특히 공산당 등의 노선으로부터의) 일탈.

de·vi·a·tion·ist [-ʃənist] *n.* ⓒ ((당)노선으로 부터의) 일탈자.

:de·vice [diváis] *n.* ⓒ (1)장치 ; 설비 ; 고안물 : a safety ~ 안전 장치. (2)고안 ; 계획, 방책. (3) (종종 *pl.*) 책략, 간계, 지혜 . (4)상표 ; 도안, 의장, 무늬. (5) 문장, 명구. (6) (*pl.*)의지, 소망. ㅁ devise *v.* ***leave*** a person ***to his own ~s*** 아무에게 제멋대로 하게 내버려 두다《조언이나 원조를 하지 않고》.

:dev·il [dévl] *n.* (1)ⓒ 〔흔히 修飾語를 동반〕《口》 …한 사람〈놈〉. (2)ⓒ 악마 ; 악귀 ; 악령 ; (the D-) 마왕, 사탄(Satan). (3)ⓒ (악덕의) 화신 ; 악당, …광(狂) : the ~ of greed 탐욕의 화신. (4)ⓒ 무모한〈저돌적인〉 사람 ; 정력가. (5)(the ~) 〔疑問詞의 힘줌말〕 도대체. (6)ⓤ (종종 the ~) 〔힘줌말로서 否定의 뜻〕 결코 (…아닌). (7)(the) 제기랄, 설마《저주·놀람 따위》《※deuce[2]의 관용구에선 이것을devil로 바꿔 놓을 수 있음》. ***a 〈the〉 ~ of a...*** 《口》굉장한…, 엄청난 …, 터무니없는…, 통쾌한. ***be a ~ for*** …광(狂)이다. ***be between the ~ and the deep (sea)*** 진퇴 양난에 빠지다. ***Devil take it !*** 제기랄, 빌어먹을. ***give the ~ his due*** 아무리 보잘것 없는〈싫은〉사람일지라도 공평히 대하다〈비평하다〉. ***go to the ~*** 멸망〈타락〉하다 : 뒈져라, 꺼져라. ***have the lurk of the ~ = have the ~'s own luck*** 《口》 매우 운이 좋다, 운이 억세게 질기다. ***like the ~*** 맹렬히, 결사적으로, ***play the ~ with*** 《口》 …을 산산이 짓밟다, …을 엉망으로 만들다. ***raise the ~*** (주문으로) 악마를 불러내다 ; 소동을 벌이다. ***the ~ to pay*** 《口》 앞으로 닥칠 큰 곤란, 뒤탈 ; 큰 어려움. 《美俗》 심한 벌 ; 앞 일이 무섭다. — (**-l-,** 《英》 **-ll-**) *vt.* (1)(불고기 등)에 후추를 많이 쳐서 굽다. (2)《美口》 …을 괴롭히다.

dev·il·fish [dévlfìʃ] *n.* ⓒ 【魚】 (1)오징어, 《특히》 낙지. (2)쥐가오리 ; 아귀.

·dev·il·ish [dévliʃ] *a.* (1)《口》 굉장한, 심한, 대단한. (2)악마 같은 ; 극악무도한. — *ad.* 《口》 지독하게, 굉장히 : It's ~ hot. 굉장히 덥다. 파) **~·ly** *ad.* **~·ness** *n.*

dev·il·ment [dévlmənt] *n.* (1)ⓤ 명랑 ; 위세 : full of ~ 기운찬, 위세 좋은. (2)ⓤⓒ 심한〈못된〉장난.

dévil's ádvocate (1) (의론이나 제안의 타당성을 시험하기 위해) 일부러 반대 의견을 말하는 사람 : play the ~ 일부러 반대 입장을 취하다. (2)심통사나운 사람〈비평가〉. (3) 《天主敎》 시성 조사 심문 검사.

de·vi·ous [dí:viəs] *a.* (1)우회한, 꾸불꾸불한 ; 빙 둘러서 하는, 번거로운. (2)솔직〈순진〉하지 않은, 속임수의, 교활한.

파) **~·ly** *ad.* **~·ness** *n.*

:de·vise [diváiz] *vt.* (1)…을 궁리하다, 고안〈안출〉하다(think out) ; 발명하다. ㅁ device *n.* (2)【法】 (부동산)을 유증(遺贈)하다《*to*》. 파) **de·vís·er** *n.*

de·vi·tal·ize [di:váitəlàiz] *vt.* …의 생명〈활력〉을 빼앗다〈약화시키다〉. 파) **de·vì·tal·i·zá·tion** [-lizéiʃən] *n.* ⓤ 활력 탈실〈약화〉.

de·vo·cal·ize [di:vóukəlàiz] *vt.* 【音聲】 (유성음)을 무성음화하다 (=**de·vóice**).

·de·void [divɔ́id] *a.* 〔敍述的〕 …이 전혀 없는, …이 결여된.

de·vo·lu·tion [dèvəlú:ʃən/dì:v-] *n.* ⓤ (1)【法】(권리·의무·지위 따위의) 상속인에의 이전. (2)권한 이양 《중앙정부로부터 지방 자치체로의》. (3)【生】 퇴화(退化) 【opp.】 *evolution.*

de·volve [diválv/-vɔ́lv] *vt.* (의무·책임 따위)를 양도하다, 지우다 ; 맡기다 ; (권력 따위)를 위양하다. (1)(사후 재산 등이) 이전되다《*to* ; *on*》. (2) (직책 따위가), (…에게) 귀속하다.

Dev·on [dévən] *n.* (1)ⓒ 데번종(種) 의 소《유육(乳肉) 겸용의 붉은 소》. (2)데번《잉글랜드 남서부의 주 ; 略 : Dev.》.

De·vo·ni·an [dəvóuniən] *n.* (1)【地質】 데번기(紀)의.

D

(2)Devon 주의. — *n.* (1)(the ~) 데번기 (층). (2)ⓒ 데번 주 사람.

:de·vote [divóut] *vt.* 《+目+前+名》 (1)〔再歸約〕 …에 헌신하다, 전념하다, 몰두하다, 열애하다. (2)(노력·돈·시간 따위)를 바치다《*to*》: 내맡기다. (전적으로) 쏟다〈돌리다〉, 충당하다《*to*》.

·de·vot·ed [divóutid] (*more ~ ; most ~*) *a.* 충실한, 헌신적인 ; 몰두〈열애〉하(고 있)는《*to*》: the queen's ~ subjects 여왕의 충신들 / be ~ *to* making money 돈벌이에 전념하다.
파) **~·ly** *ad.* 한마음으로, 충실히. **~·ness** *n.*

dev·o·tee [dèvoutí:] *n.* ⓒ (1)열애가(熱愛家) : 열성가《*of*》. (2)(광신적인) 신봉자《*of*》.

:de·vo·tion [divóuʃən] *n.* (1)ⓤ 헌신 ; 전념《*to*》: 강한 애착, 헌신적인 애정, 열애. (2)ⓤ 귀의(歸依), 신앙심. (3)(*pl.*) 기도, (개인적인) 예배.

D

:de·vour [diváuər] *vt.* (1)…을 게걸스럽게 먹다 : ~ sandwiches. (2)(질병·화재 등)이 멸망시키다 ; (바다·어둠 따위)가 삼켜 버리다. (3)탐독하다 ; 뚫어지게 보다 ; 열심히 듣다. (4)〔受動으로〕 (호기심·근심따위가) …의 이성〈주의력〉을 빼앗다, 열중케 하다, 괴롭히다.
파) **~·er** *n.*

de·vour·ing [diváuəriŋ] *a.* (1)사람을 괴롭히는, (사람을) 열중시키는 ; 맹렬한, 열렬한, 격렬한. (2)게걸스레 먹는(것 같은). 파) **~·ly** *ad.*

·de·vout [diváut] *a.* (1)〔限定的〕 진심으로부터의 : 열렬한. (2)독실한, 경건한(pious). (3)(the ~) 《名詞的 : 複數취급》 신앙심이 깊은 사람들, 신자.
파) **~·ly** *ad.* **~·ness** *n.*

:dew [dju:] *n.* ⓤ (1)상쾌함 ; 신선한 맛, 싱싱함. (2)이슬 : morning ~(*s*) 아침이슬. (3)(눈물·땀 등) 방울. — *vt.*, *vi.* 이슬로 적시다〈젖다〉 ; 축이다.

dew·claw [∸klɔ̀:] *n.* ⓒ (개·소 따위의) 며느리 발톱 ; (사슴 등의) 퇴화한발굽.

dew·drop [djú:dràp/-drɔ̀p] *n.* ⓒ 이슬방울:《英戱》 콧물.

dew·lap [djú:læ̀p] *n.* ⓒ (소·칠면조 따위의) 목밑에 처진 살 ; 군턱.

déw pòint (the ~)【氣】 이슬점(點).

déw pònd 《英》 노지(露池), 이슬 못《이슬이나 안개의 수분을 저장하는 (인공) 못》.

·dewy [djú:i] (*dew·i·er ; -i·est*)*a.* (1)(눈이) 눈물에 젖은. (2)《詩》 (잠 따위가) 상쾌한 : ~ sleep. (3)이슬의 ; 이슬에 젖은, 이슬을 머금은, 이슬 많은 ; 이슬 내리는 : ~ tears 이슬 같은 눈물.
파) **déw·i·ly** [-ili] *ad.* 이슬처럼, 조용히, 덧없이. **-i·ness** [-inis] *n.*

dewy-eyed [djú:iàid] *a.* (어린이 처럼)천진난만한 (눈을 가진), 순진한, 삼삼석인.

dex·ter [dékstər] *a.* (1)오른쪽의. (2)【紋章】 (방패의) 오른쪽의《보는 쪽에서는 왼쪽》. 〖opp.〗 *sinister.* (3)《古》 운이 좋은, 길조의.

·dex·ter·i·ty [dekstérəti] *n.* ⓤ (1)영리함, 기민함, 빈틈없음. (2)솜씨 좋음, 능란함 : with ~솜씨있게, 교묘하게. (3) 오른손잡이.

·dex·ter·ous [dékstərəs] *a.* (1)솜씨 좋은, 교묘한, 능란함. (2)기민한 ; 빈틈없는. 파) **~·ly** *ad.* **~·ness** *n.*

dex·tral [dékstrəl] *a.* (1)오른쪽의 ; 오른손잡이의. (2)(고동이) 오른쪽으로 감긴. 〖opp.〗 *sinistral.* 파) **~·ly** [-i] *ad.*

dex·trose [dékstrous] *n.* ⓤ【化】 포도당.

dhar·ma [dá:rmə, də́:r-] *n.* ⓤ【힌두教·佛敎】(지켜야 할) 규범, 계율, 법(法).

dho·ti [dóuti] (*pl.* **~s**) *n.* ⓒ 《Ind.》 허리에 두르는 천《남자용》.

dhow, dow [dau] *n.* ⓒ 아라비아 해 등에서 쓰이는 대형 삼각돛을 단 연안 항행용 범선.

di·a·bet·ic [dàiəbétik] *a.* 당뇨병의. — *n.* ⓒ 당뇨병 환자.

di·a·bol·ic [dàiəbálik/-bɔ́l-] *a.* (1)교활한. (2)악마의 ; 악마같은. (3) 극악 무도한.

di·a·bol·i·cal [dàiəbálikəl] *a.* (1)《英口》아주 불쾌한, 지독한,화딱지 나는. (2)극악무도한 .
파) **~·ly** [-ikəli] *ad.*

di·ab·o·lism [daiǽbəlìzəm] *n.* ⓤ (1)악마주의〈숭배〉. (2)마법, 요술. (3)악마같은 짓〈성질〉.
파) **-list** *n.* ⓒ 악마주의자〈연구가, 신앙가〉.

di·ab·o·lo [di:ǽbəlòu] *n.* (1)ⓒ 디아볼로의 팽이. (2)ⓤ 디아볼로, 공중 팽이《손에 든 두 개의 막대 사이에 켕긴 실 위에서 팽이를 굴리기》.

di·a·chron·ic [dàiəkránik/-krɔ́n-] *a.* 【言】 통시적(通時的)인《언어 사실을 사적(史的)으로 연구·기술하는 입장》. 〖opp.〗 *synchronic.*

di·a·crit·i·cal [dàiəkrítikəl] *a.* 발음을 구별하기위한 ; 구별〈판별〉할 수 있는.

diacrítical márk 〈**síGn**〉 발음구별 부호, 분음(分音) 부호《a 자를 구별해서 읽기 위해 ā, ă, ä, â와 같이 붙이는 부호》

di·a·dem [dáiədèm] *n.* ⓒ(1)왕권, 왕위. (2)왕관.

di·ag·nose [dáiəgnòus, ∸∸́] *vt.* 《~/+目/+目+*as* 補》【醫】 (1)(사태·기계 등의 이상)의 원인을 규명하다. (2)…을 진단하다《※ 사람은 목적어가 안 됨》: The doctor ~*d* her case *as* tuberculosis. 의사는 그녀의 병을 결핵으로 진단하였다.

·di·ag·no·sis [dàiəgnóusis] (pl. **-ses** [-si:z]) *n.* (1)a] ⓤⓒ【醫】 진단(법). b] ⓒ 진단 결과, 진단서. (2)ⓒ (문제·상황 등) 분석, 진단.

di·ag·nos·tic [dàiəgnástik/-nɔ́s-] *a.* (1)〔敍述的〕진단에 도움이 되는, 증상을 나타내는《*of*》. (2)진단상의. (3)《生》 특징적인. — *n.* 특수증상 ; 특징.

di·ag·nos·ti·cian [dàiəgnɑstíʃən/-nɔs-] *n.* ⓒ 진단(전문)의 (醫).

diagnóstic routìne 【컴】 진단 경로《다른 프로그램의 잘못을 추적하거나 기계의 고장난 곳을 찾기 위한 프로그램》.

di·ag·o·nal [daiǽgənəl] *a.* (1)비스듬한 ; 사선(斜線)무늬의 : a ~ weave 능직(綾織). (2)대각선의 : a ~ line 대각선. — *n.* (1)능직(綾織). ⓒ(2)【數】 대각선 ; 사선.

di·ag·o·nal·ly [-əli] *ad.* 대각선으로, 비스듬히 : a slice of bread cut ~ 비스듬히 자른 빵 조각.

:di·a·gram [dáiəgræ̀m] *n.* ⓒ 그림, 도형 ; 도표, 일람표 ; 도식, 도해 : draw a ~ 그림을 그리다. — (**-m-**. 《英》 **-mm-**) *vt.* …을 그림으로〈도표로〉표시하다.

:di·al [dáiəl] *n.* ⓒ (1)다이얼 ; 눈자판(~ plate) ; 눈금판. (2)〈보통 ~〉 해시계. (3)《俗》 낯, 상판. — (**-l-**, 《특히 英》 **-ll-**) *vt.* (1)…에 전화를 걸다. (2)(라디오·텔레비전)의 다이얼을 돌려 파장에 맞추다. (3)(전화기)의 다이얼을 돌리다 : (상대방의 번호)를 돌리다

·di·a·lect [dáiəlèkt] *n.* ⓤⓒ (1)(특정 직업·계층의)통용어. (2)방언, 지방 사투리 : the Negro ~ 흑인 방언.

di·a·lec·tal [dàiəléktl] *a.* 방언〈사투리〉의 ; 방언 특유의. 파) **~·ly** [-əli] *ad.* 방언으로(는).

di·a·lec·tic [dàiəléktik] *a.* 변증(법)적인.
— *n.* ⓤ 【哲】 변증법 ; (종종 *pl.*) 〔單數 취급〕 논리적 토론.

dí·al·ing còde [dáiəliŋ-] (전화의) 국번, 지역번호.

·di·a·log, 《英》 **di·a·logue** [dáiəlɔ̀:g, -lɑ̀g/ -lɔ̀g] *n.* ⓤⓒ (1)(수뇌자 간의) 의견교환, (건설적인)토론, 회담. (2)문답, 대화, 회화(會話).

díal tòne 《美》 (전화의) 발신음, 《英》 dialing tone.

di·a·lyt·ic [dàiəlítik] *a.* 【化·物】 투석의 : 투석성(透析性)의. 파) **-i·cal·ly** [-kəli] *ad.*

di·a·mag·net [dáiəmæ̀gnit] *n.* ⓒ 【物】 반자성체(反磁性體).

:di·am·e·ter [daiǽmitər] *n.* ⓒ (1)(렌즈의) 배율 : magnify 2.000 ~*s* 배율 2천으로 확대하다. (2)직경, 지름.

di·a·met·ric, -ri·cal [dàiəmétrik], [-əl] *a.* (1) 정반대의, 서로 용납되지 않는, 대립적인《상위(相違) 따위》. (2)직경의.

di·a·met·ri·cal·ly [dàiəmétrikəli] *ad.* 직경 방향으로 ; 정반대로 ; 전혀, 바로(exactly).

:di·a·mond [dáiəmənd] *n.* (1)ⓒ 【野】 내야(infield) ; 야구장. ~ ***cut*** ~ 불꽃 튀기는 막상 막하의 경기〈대결〉. (2)ⓤⓒ 다이아몬드, 금강석(金剛石). (3)ⓒ 다이아몬드 장신구. (4)ⓒ 다이아몬드 모양, 마름모꼴. (5)ⓒ(카드의) 다이아. 〖cf.〗 club, heart, spade. ~ ***in the rough*** = ***rough*** ~ (1)가공하지 않은 다이아몬드 (2)세련미는 없으나 우수한 소질을 가진 사람.

di·a·mond·back [-bæ̀k] *a., n.* 등에 마름모〈다이아몬드 형〉 무늬가 있는 (뱀·거북 따위)

di·an·thus [daiǽnθəs] *n.* ⓒ 【植】 패랭이속(屬)의 각종 식물.

di·a·pa·son [dàiəpéizən, -sən] *n.* ⓒ 【樂】 (1)음차(音叉). (2)선율. (3)(악기·음성의) 음역. (4) 화성, 완전 협화음.

di·a·per [dáiəpər] *n.* (1)ⓒ 《美》 기저귀(《英》 nappy). (2)ⓤ 마름모 무늬(의 삼베, 냅킨, 수건).

di·aph·a·nous [daiǽfənəs] *a.* (천 따위가) 내비치는, 투명한 ; 영묘한 ; (가능성이) 희박한.
파) **~·ly** *ad.* **~·ness** *n.*

di·a·phragm [dáiəfræ̀m] *n.*ⓒ (1)(전화기의) 진동판. (2)【寫】 (렌즈의) 조리개. (3)(피임용) 페서리 (pessary). (4)【解】 횡격막 ; 격막. (5) 칸막이.

di·a·rist [dáiərist] *n.* ⓒ 일기를 쓰는 사람 ; 일지 기록원 ; 일기 작자.

di·ar·rhea, 《英》 **-rhoea** [dàiərí:ə] *n.* ⓤ 【醫】설사 : have ~ 설사하다. 파) **-rh(o)é·al** [-ríəl] *a.*

:di·a·ry [dáiəri] *n.* ⓒ 일기, 일지 ; 일기장 : keep ~ a 일기를 쓰다.

di·a·tom [dáiətəm] *n.* ⓒ 【植】 규조류(珪藻類) 《수중에 나는 단세포 식물》.

di·a·ton·ic [dàiətɑ́nik/ -tɔ́n-] *a.* 온음계의 : the ~ scale 온음계 . 파) **-i·cal·ly** [-ikəli] *ad.*

di·a·tribe [dáiətràib] *n.* ⓤ 통렬한 비난〈비평〉 《*against*》.

dib·ble [díbəl] *n.*ⓒ 디블《씨뿌리기·모종내기에 쓰이는구멍 파는 연장》. — *vt., vi.* (1)디블로 (지면)에 구멍을 파다. (2)디블로 구멍을 파고 …을 파종하다〈심다〉.

dibs [dibz] *n. pl.* 《美口》 (1)(소액의) 돈. (2)받을〈할〉 권리《*on*》.

·dice [dais] (흔히 *sing.* ***die*** [dai] *n. pl.* (1)작은 입방체. (2)주사위 ; 주사위놀이, 노름 : one of the ~ 주사위 하나 《흔히 두 개를 같이 쓰기 때문에 a die 대신에 이렇게 씀》. ***load the*** ~ 특정 숫자가 나오도록 주사위에 추를 달다. (…에게) 불리〈유리〉하게 짜놓다 《*against* : *for*》. ***no***~ 《口》 안돼, 싫다(no)《부정·거절의 대답》 ; 잘 안되다, 헛수고다.
— (*p., pp.* ***diced ; díc·ing***) *vi.* (1)주사위놀이를 하다《*with*》. (2)노름〈내기〉하다. (1)《+目+副》주사위놀이로〈노름으로〉 (돈등)을 잃다. (2)(야채 등)을 주사위 모양으로 썰다 ; 주사위 무늬로 장식하다. (3) 주사위 꼴로하다. (4) 《오스 口》거절하다, 포기하다.

di·chot·o·my [daikɑ́təmi/ -kɔ́t-] *n.* (1)ⓤ 【論】 이분법. (2)ⓒ 둘로 갈림 ; 분열《*between*》.

dick·er [díkər] *vi.* 거래를 하다, 흥정하다, 값을 깎다, 교섭하다. — *n.* ⓤⓒ 거래, 흥정 ; (정치상의) 타협, 협상.

dick·ey[1], **dick·ie, dicky**[1] [díki] (*pl.* ***dick·eys, dick·ies***) *n.*ⓒ (1)(뗄 수 있는) 와이셔츠의 가슴판, 장식용 가슴판《여성용》. (2)《英》(마차의) 마부석 ; (마차 뒤의) 종자석 ; (자동차 뒤의) 임시 좌석. (3)=DICKYBIRD. 작은 새. (4) 《英口》 (수)나귀.

dick·ey[2], **dicky**[2] [díki] *a.* 《英口》 흔들흔들하는, 위태로운, 약한, 불안한.

dick·y·bird [díkibə̀:rd] *n.* ⓒ (1)(말)한 마디《흔히, 否定文에 쓰임》. ***not say a*** ~ 잠자코 있다. 말 한마디 않다. (2)【兒】 작은 새.

di·cot·y·le·don [daikɑ̀təlí:dən, dàikɑtəl- / -kɔ̀t-] *n.* ⓒ 쌍자엽 식물. 파) **~·ous** [-əs] *a.*

:dic·tate [díkteit, -⁻] *vt.* 《~+目/+目+前+名》 (1)…을 명령〈요구〉하다, 지시하다《*to*》 : ~ rules (*to* the workers) (노동자에게)규칙에 따르도록 요구하다. (2)…을 구술하다, …에게 받아쓰게 하다.
— *vi.* 《+前+名》 (1)받아쓰게 하다, 구술하다. (2)〔흔히, 否定文으로 강제적으로〕 지시〈명령〉하다.
— [díkteit] *n.* ⓒ (흔히 *pl.*) (양심·이성 따위의) 명령, 지령, 지시 : follow〈obey〉the ~*s* of one's conscience 양심의 명령에 따르다.

:dic·ta·tion [diktéiʃən] *n.* (1)ⓤ 명령, 지령, 지시 : do (something) at the ~ of... 의 지시에 따라(어떤 일)을 하다. (2)a〕 ⓤ 구술 ; 받아쓰기. b〕 ⓒ 받아쓴 것 ; 받아쓰기 시험.

·dic·ta·tor [díkteitər, -⁻-] *n.* ⓒ (1)구수자(口授者), 받아쓰게 하는 사람. (2)독재자 ; 【로史】 집정관.

dic·ta·to·ri·al [dìktətɔ́:riəl] *a.* (1)전단(專斷)하는 ; 오만한, 명령적인. (2)독재자의 : 전제적인 : a ~ government독재 정부. □ dictate *v.*

·dic·ta·tor·ship [diktéitərʃìp, -⁻-⁻] *n.* (1)ⓤⓒ 독재자의 지위〈임기〉 ; 독재(권). (2)ⓒ 독재 정부〈국가〉, 독재 제도 : live under a ~ 독재 제도하에서 살다.

·dic·tion [díkʃən] *n.* ⓤ (1)말씨 ; 용어의 선택, 어법, 말의 표현법 : poetic ~ 시어(법) / archaic ~ 예스러운 말씨. (2)《美》 화법, 발성법(《英》 elocution).

:dic·tio·nary [díkʃənèri/ -ʃənəri] *n.* ⓒ 사전, 사서 : a French-English ~ 불영 사전.

dic·tum [díktəm] (*pl.* ***-ta*** [-tə], ***~s***) *n.* ⓒ (1)격언, 금언. (2)(권위자, 전문가의) 공식 견해, 언명, 단정. (3)【法】재판관의 부수적 의견.

:did [did] DO[1]의 과거.

di·dac·tic, -ti·cal [daidǽktik], [-əl] *a.* (1)교훈적〈설교적〉인《말, 책 따위》. (2)【蔑】 남을 훈계하기 좋아하는, 교사인 척하는. 파) **-ti·cal·ly** [-əli] *ad.*

di·dac·tics [daidǽktiks] *n.* ⓤ 교수법, 교훈, 교의.

did·dle[1] [dídl] 《口》 *vt.* …을 속이다, 편취하다.

did·dle[2] *vt.* …을 상하로 빨리 움직이다(흔들다). —

vi. (1)《美》 시간을 낭비하다《*around*》. (2)상하로 움직이다. (3)《俗》 가지고 놀다《*with*》. (4)《口》 만지작 거리다《*with*》. (5)…와 성교하다 ; 자위 행위를 하다.

did·dly [dídli] *n.* ⓤ《美俗》 조금, 소용이 안되는 분량 : not worth ~ 아무 가치도 없는.

:did·n't [dídnt] did not의 간약형.

di·do [dáidou] (*pl.* ~(*e*)*s*) *n.* ⓒ《口》 농담, 장난 ; 희롱거림, 법석 : cut (up) ~(*e*)*s* 장난치다, 야단법석을 떨다.

didst [didst]《古》 =DID《thou와 더불어 쓰임》.

:die[1] [dai] (*p., pp.* ***died ; dý·ing***) *vi.* (1)《~/+前+名》 (사람·짐승이) 죽다 ; (식물이) 말라 죽다《※ 전쟁이나 사고일 때는 be killed가 일반적》/ . ※ '…으로 죽다.'의 경우, die *of*...는 병·굶주림·노쇠가 원인, die from은 부주의·외상(外傷)이 원인일 때에 쓰는 경향이 있으나, 후자의 경우에도 of를 쓰는 일이 많음. (2)《+前+名》〔進行形으로〕 (고통·괴로움으로) 죽을 것 같다 . (3)《+補》 …한 상태로〈모습으로〉 죽다. (4)《+*to* do/+前+名》〔흔히 現在分詞꼴로〕《口》 간절히 바라다, 애타다. (5)《~/+副/+前+名》 (불이) 꺼지다, (제도가) 없어지다, (예술·명성 등이) 사라지다 ; (소리·빛 따위가) 희미 해지다, (서서히) 엷어지다 ; (기계 따위가) 멎다. (6)《野》 아웃이 되다.

—*vt.* 〔同族目的語를 취하여〕 …한 죽음을 하다. ***~ away*** (바람·소리 등이) 잠잠해지다. ***~ back***(초목이) 가지 끝에서부터 말라죽어서 뿌리만 남다. ***~ down*** (1)= ~ back. (2)점점 조용해지다〈꺼지다. 그치다〉. ***~ hard*** (1) (습관·신앙따위가) 좀처럼 사라지지 않는다. (2) 최후까지 저항하다, 좀처럼 죽지않다. ***~ in harness*** 현직에서 죽다 ; 죽을 때까지 일하다. ***~ in*** one***'s bed*** 제명에 죽다, 집에서 죽다. ***~ in*** one***'s shoes***〈***boots***〉 =***~ with*** one***'s shoes*** 〈***boots***〉 ***on*** 변사〈횡사〉하다. ***~ off*** 차례로 죽다, 죽어 없어지다 ; (소리 따위가) 점점 희미해지다 . ***~ out*** 사멸하다 ; (풍습 등이) 소멸하다 ; (강점·사실 등이) 사라지다 ; (불이) 꺼지다. ***Never say ~!***죽는소리 마라, 비관하지 마라.

·die[2] (*pl.* ***dice*** [dais]) *n.* (1)ⓒ 주사위 모양으로 자른〈벤〉 것. (2)ⓒ 주사위 . (3)(*pl.*) 주사위 노름. be upon the ~ 위기에 처해있다, 생사의 갈림길에 있다.

die·a·way [dáiəwèi] *a.* 힘 없는, 초췌한 : a ~ look 초췌한 표정. — *n.* (소리 등이) 차차 멀어져감.

die·hard [dáihὰːrd] *n.* ⓒ완고한 사람 ; 완고한 보수파 정치가. — *a.* =DIE-HARD.

die-hard *a.* 〔限定的〕 완고한 ; 끝까지 버티는.
파) **~·ism** *n.* ⓤ 완고한 보수주의.

di·e·lec·tric [dàiiléktrik] 【電】 *n.* ⓒ 유전체 (誘電體) ; 절연체. — *a.* 유전성의 ; 절연성의

dieresis ⇨ DIAERESIS.

die·sel-e·lec·tric [díːzəlilèktrik] *n.* ⓒ 디젤 전기 기관차(=~ **locomótive**). — *a.* (기관차·배·차 등이) 디젤 발전기의(를 갖춘).

Di·es Irae [díːeis-íːrei]《L.》 Dies Irae (노여움의 날)로 시작되는 위령 미사 때의 찬미가.

:di·et[1] [dáiət] *n.* (1)ⓒ(치료·체중 조절을 위한) 규정식 ; 식이 요법, 다이어트 ; (병원 등의) 특별식 일람표 (=~ **shèet**). (2)ⓤⓒ (일상의) 식품, 음식물 : a meat 〈vegetable〉 ~ 육식〈채식〉.
— *vt.* …에게 규정식을 주다. — *vi.* 규정식을 먹다. 식이 요법을 하다《*on*》: ~ one***self*** 식이요법을 하다 ; 감식(減食)하다.

:di·et[2] *n.* (흔히 the D-) 국회, 의회《덴마크·스웨덴·일본 등의》. 【cf.】 congress, parliament.

di·e·tary [dáiətèri/ -təri] *a.* (1)식사의, 음식의. (2)규정식의, 식이(食餌) 요법의 : a ~ cure 식이 요법. — *n.* ⓒ 규정식 ; (식사의) 규정량.

di·e·tet·ics [dàiətétiks] *n.* ⓤ 영양학, 식이요법학.

di·e·ti·tian, -ti·cian [dàiətíʃən] *n.* ⓒ 영양사 ; 영양학자.

:dif·fer [dífər] *vi.* 《~/+前+名》 (1)의견이 다르다. (2)다르다, 틀리다《*from*》: Tastes ~. 《俗談》 오이를 거꾸로 먹어도 제멋, 취미는 사람마다 다르다. □ difference *n.* ***agree to*** ~ ⇨AGREE.

:dif·fer·ence [dífərəns] *n.* (1)ⓤ (또는 a ~) 【數】차 ; 【經】 (주식의 가격변동의) 차액 ; 간격 ; 【論】 차이 . (2)ⓤⓒ 다름, 차, 상위 ; 차이〈상위〉점《*between*》.(3)ⓒ (종종 *pl.*) 의견의 차이 ; 불화, 다툼 ; (국제간의) 분쟁. □ differ *v.* ***make a*** 〈***the***〉 ~ (1)효과를 내다, 영향을 미치다 ; 중요하다. (2)차이를 낳다 ; 차별을 두다《*between*》. ***with a*** ~ 특별한 점을 가진 : an artist *with a* ~ 특이한 예술가. ***split the ~*** (1)차액을 등분하다. (2)(서로) 양보하다 ; 타협하다. ***What's the ~?*** (1)어떻게 〈무엇이〉 다릅니까. (2) 상관없지 않나.

:dif·fer·ent [dífərənt] (***more ~ ; most ~***) *a.* (1)다른, 상이한, 딴. ※ different from이 보통인데, 영국 구어에서는 different to, 미국 구어에서는 different than으로 쓰는 경우도 많음 ; 수식어는 much 〈very〉 different. (2)서로 다른(~ from each other). 여러가지의《*in*》 : 각각의 : We are all ~. 우리는 다 각각 다르다 / *Different* men, ~ ways. 십인 십색. (3)《口》색다른, 특이한(unusual), 특별한.

dif·fer·en·tia [dìfərénʃiə] (*pl.* ***-ti·ae*** [-ʃiìː]) *n.*ⓒ (1)【論】 종차(種差). (2) (본질적) 차이, 특이성.

·dif·fer·en·tial [dìfərénʃəl] *a.* (1)【數】미분의. 【cf.】 integral (2)차별〈구별〉의, 차이를 나타내는, 차별적인《임금·관세 등》, 격차의 : ~ duties 차별〈특별〉관세 / ~ wages 격차 임금. (3)특이한《특징 따위》. —*n.* ⓒ (1)차이, 격차 ; 임금 격차. (2)【數】 미분. (3) 차동 장치. 파) **~·ly** [-ʃəli] *ad.* 달리, 구별하여, 별도로.

·dif·fer·en·ti·ate [dìfərénʃièit] *vt.* (1)…을 분화시키다 ; 특수화시키다. (2)《~+目/+目+前+名》 …을 구별짓다, 구별〈차별〉하다, 식별하다.. (3) 미분하다.
— *vi.* (1)(생물 등이) 분화하다. (2)식별〈구별〉하다 : 차별하다《*between*》 : ~ *between* people according to their classes 계급으로 사람을 차별하다.

·dif·fer·ent·ly [dífərəntli] *ad.* (1)따로따로, 서로 달리, 여러가지로. (2)다르게, 같지 않게.

:dif·fi·cult [dífikʌ̀lt, -kəlt] (***more ~ ; most ~***) *a.*(1)곤란한, 어려운, 힘드는, 난해(難解)한《*of*》. 【opp.】 *easy*. 『 a ~ task 힘든 일 / a ~ book 난해한 책. (2)(사람이) 까다로운, 다루기 힘든. (3) 알기(풀기)힘든.

:dif·fi·cul·ty [dífikʌ̀lti, -kəl-] *n.* (1)ⓤ 곤란 ; 어려움 ; 고생(苦生) ; 수고 / the ~ of finding employment 취직난. (2)ⓒ (흔히*pl.*) 어려운 일, 난국 : face many *difficulties* 많은 어려움에 직면하다. (3)ⓒ (종종*pl.*) 곤경, 《특히》 재정 곤란 . (4)ⓒ 불평, 이의 ; 다툼, 분규 ; 장애 . ***with*** (***great***) ~ 간신히, 겨우.

·dif·fi·dence [dífidəns] *n.* ⓤ 자신 없음, 망설임, 사양, 내성적임 : with ~ 자신이 없는 듯이, 몹시 조심스럽게〈주저하면서〉/ with seeming ~ 얌전부리며.

·dif·fi·dent [dífidənt] *a.* 자신 없는, 조심스러운, 머뭇거리는, 내성적인.
파) **~·ly** *ad.*

dif·fract [difrǽkt] *vt.* 분해하다 ; 【物】 (빛·전파·소리 따위)를 회절(回折)시키다.

·dif·fuse [difjúːz] *vt.* (1)【物】 (기체·액체)를 확산(擴散)시키다. (2) (빛·열 따위를) 발산하다 : ~ heat〈a smell〉 열을〈냄새를〉 발산하다. (3)《~+目/+目+前+名》 (지식·소문 따위)를 퍼뜨리다, 유포하다, 보급(普及)시키다. (친절·행복 따위)를 두루 베풀다. 널리 미치게 하다 : ~ kindness 친절을 두루 베풀다. — *vi.* (1)【物】 확산하다. (2)퍼지다, 보급되다.
□ diffusion *n.*
— [difjúːs] *a.* (1)(문체 따위가) 산만한, 말(수가) 많은 : a ~ speech산만한 연설. (2)흩어진 ; 널리 퍼진.
파) **~·ly** [-fjúːsli] *ad.* **~·ness** [-fjúːsnis] *n.*

dif·fus·er [difjúːzər] *n.* ⓒ (1)(기체·광선 등의)확산기, 방산기 ; 살포기. (2)유포〈보급〉하는 사람.

·dif·fu·sion [difjúːʒən] *n.* (1)【物】 확산 : the ~ *of* a scent 냄새의 발산. (2)산포 ; 전파, 보급, 유포《*of*》 : ~ *of* knowledge 지식의 보급.
□ diffuse *v.*

dif·fu·sive [difjúːsiv] *a.* (1)확산성의. (2)산포되는 ; 보급력이 있는, 널리 퍼지는. (3)(문체·말 따위가) 장황한, 산만한. 파) **~·ly** *ad.* **~·ness** *n.*

:dig [dig] (*p.*, *pp.* ***dug*** [dʌg], 《古》 ***digged*** ; ***díg·ging***) *vt.* (1)《~+目/+目+補/+目+副/+目+前+名》 (땅 따위)를 파다, 파헤치다 ; (구멍·무덤)을 파다. (2)《+目+副》 (광물)을 채굴하다 ; (보물 따위)를 발굴하다 ; (감자 따위)를 캐다. (3)《+目+副/+目+前+名》 …을 탐구하다 ; 찾아〈밝혀〉내다, 발견하다. (4)《+目+前+名》《口》 (손가락·팔굽 등)으로 찌르다《*in, into*》. (5)《俗》 …을 좋아하다 ; 이해하다 ; 알다.
— *vi.* 《~/+前+名》 (1)(손이나 연장을 써서) 파다 ; 구멍을 파다. (2)캐내다, 찾아내다《*against*》 ; 캐내려고 하다 ; 파내려고 하다. (3)a]《口》 (자료 등을) 꼼꼼히 조사하다 ; (…을) 탐구〈연구〉하다. b]《美口》 (…을) 꾸준히 연구하다, (…에) 힘쓰다《*in, into* ; *at*》 : ~ *into* one's work 착실히 일을 하다. ~ one***'s heels in*** ⇨ HEEL¹(成句). ~ a person ***in the ribs*** 아무의 옆구리를 팔꿈치로〈손가락으로〉 찌르다《친밀감 따위의 표시로》. ~ ***into*** (비료 따위를)…에 파묻다 ; …을 철저하게 조사하다 ;《口》…을 열심히 공부하다. ~ ***out*** (1)파내다《*of*》. (2)찾아 내다. ~ ***over*** (1)파 일구다. (2)《口》 재고하다. ~ one***self in*** (1)참호를〈구멍을〉파자기 몸을 숨기다. (2)《口》 (취직하여) 자리잡다, 지위를〈입장을〉 굳히다. ~ ***up*** (1)(황무지 등을) 파서 일구다. (2)조사해 내다, 찾아내다. (3)발굴하다 ; 발견하다.
— *n.* (1)(*pl.*)《英口》 하숙(diggings) : live in ~*s* 하숙하다. (2)ⓒ (한 번) 찌르기, 쿡 찌름《*in*》: give a person a ~ *in* the ribs 아무의 옆구리를 쿡 찌르다. (3)ⓒ 빈정거림, 빗댐《*at*》 : That's a ~ *at* me. 그것은 나에 대한 빈정거림이다. (4)ⓒ a]파는 일, 파기. b](고고학상의) 발굴(작업) ; 발굴 현장 ; 발굴물. (5)《美俗》 은닉처.

:di·gest [didʒést, dai-] *vt.* (1)…을 요약하다, 간추리다. (2)…의 뜻을 잘 음미하다, 이해〈납득〉하다 ; 숙고하다. (3)(모욕 따위)를 참다, 견디다. (4)(음식)을 소화하다 ; (약·술 따위가)…의 소화를 촉진하다. — *vi.* (1)《~/+副》 소화되다, 삭다 : This food ~*s well* 〈*ill*〉. 이 음식은 소화가 잘〈안〉 된다.
— [dáidʒest] *n.* ⓒ 요약 ; 적요 ; (문학 작품 따위의) 개요 ; 요약 : a readable ~ of *War and Peace* '전쟁과 평화'의 요약.

di·gest·i·bil·i·ty [didʒèstəbíləti, dai-] *n.* ⓤ 소화 능력 ; 소화율〈성〉.

·di·gest·i·ble [didʒéstəbəl, dai-] *n.* (1)간추릴〈요약할〉 수 있는. (2)소화할 수 있는 ; 삭이기 쉬운.

·di·ges·tion [didʒéstʃən, dai-] *n.* (1)ⓤ (정신적인) 동화 흡수 ; 동화력. (2)a] ⓤ 소화(작용〈기능〉). b] ⓒ (흔히 *sing.*) 소화력.

·di·ges·tive [didʒéstiv, dai-] *a.* 〔限定的〕 소화의 ; 소화를 돕는, 소화력이 있는 .
— *n.* ⓒ (1)소화제. (2)=DIGESTIVE BISCUIT.
파) **~·ly** *ad.* 소화작용으로.

·dig·ger [dígər] *n.* ⓒ (1)파는 사람(도구) ; (금광 따위의) 갱부(坑夫). (2)어이, 자네〈부르는 말〉. (3)(때로 D-)《俗》 오스트레일리아〈뉴질랜드〉 사람〈병사〉.

dig·ging [díɡiŋ] *n.* (1)(*pl.*)광산, 채광장〈지〉 ; 폐광. (3)(*pl.*)《英口》하숙. (2)ⓤ 파기 ; 채굴, 채광 ; 발굴.

dig·it [dídʒit] *n.* ⓒ (1)손가락, 발가락 ; 손가락 폭 《약 0 75인치》. (2)아라비아 숫자《0에서 9까지의 각 숫자 ; 본래 손가락으로 세었음》.

dig·i·tate [dídʒitèit] *a.* (1)【植】 (잎이) 손바닥 모양의. (2)【動】 손가락이 있는 ; 손가락 모양의.

dig·i·tize [dídʒitàiz] *vt.* (데이터)를 디지털화하다,수치화하다.
파) **-tìz·er** *n.* ⓒ 수치기《기계로는 읽을 수 없는 데이터를 디지털 형식으로 변환하는 장치》. **dìgi·ti·zá·tion** [-ʃən] *n.* ⓤ 디지털화(化).

·dig·ni·fied [dígnəfàid] *a.* 위엄〈품위〉있는, 당당한.
파) **~·ly** *ad.*

·dig·ni·fy [dígnəfài] *vt.* (1)고귀〈고상〉하게 (보이게) 하다. (2)…에 위엄이 있게 하다《*with*》.

dig·ni·tary [dígnətèri/ -təri] *n.* ⓒ 고귀한 사람 ; (정부의) 고관 ;《특히》 고위 성직자.

:dig·ni·ty [dígnəti] *n.* (1)ⓒ 고위 ; 위계(位階), 작위. (2)ⓤ 존엄, 위엄 ; 존엄성 ; 품위, 기품. (3)ⓤ (태도 따위가) 무게 있음, 장중함 : a man of ~ 관록(위엄) 있는 사람. ***be beneath*** 〈***below***〉 one***'s*** ~ 위엄을 손상시키다, 품위를 떨어뜨리다. ***stand*** 〈***be***〉 ***upon*** one***'s*** ~ 점잔 빼다 ; 뽐내다.

di·graph [dáigræf, -grɑːf] *n.* ⓒ 2 자 1음, 이중자(二重字)《ch [k, tʃ, ʃ]. ea [iː, e]와 같이 두 글자가 한 음(音)을 나타내는 것》.

di·gress [daigrés, di-] *vi.* (이야기·의제 따위가) 옆길로 빗나가다, 본제를 벗어나다, 여담을 하다, 지엽(枝葉)으로 흐르다, 탈선하다. 파) **~·er** *n.*

di·gres·sion [daigréʃən, di-] *n.* ⓤⓒ 본제를 벗어나 지엽으로 흐름, 여담, 탈선.

di·gres·sive [daigrésiv, di-] *a.* (본제에서) 옆길로 벗어나기 쉬운 ; 본론을 떠난, 지엽적인.
파) **~·ly** *ad.* **~·ness** *n.*

dike, dyke [daik] *n.* ⓒ (1)【比】 방벽(防壁), 방어수단. (2)둑, 제방. (3)도랑, 해자, (배)수로.
— *vt.*, *vi.* (…에) 제방을 쌓다 ; (…의) 주위에 해자를 둘러 지키다.

di·lap·i·dat·ed [dilǽpədèitid] *a.* (집·차 따위가) 황폐해진, 황폐한, 무너져가는 ; 낡아빠진 : a ~ old house 무너져 가는 고옥 / a~ car 고물차.

di·lap·i·da·tion [dilæ̀pədéiʃən] *n.* ⓤ (건물 등의) 황폐, 무너짐, 사태 ; 낭비.

dil·a·ta·tion [dìlətéiʃən, dàil-] *n.* ⓤ (1)【醫】 비대〈확장〉(증). (2)팽창, 확장.

·di·late [dailéit, di-] *vt.* (몸의 일부)를 팽창시키다

D

; 넓히다. — *vi.* 《~/+前+名》 (1)상세히 설명〈부연〉하다《*on. upon*》 : ~ *on* 〈*upon*〉 one's views 의견을 상세히 진술하다. (2)넓어지다 ; 팽창하다.

dil·a·to·ry [dílətɔ̀:ri/ -təri] *a.* (1)지연시키는, 늦추는 : a ~ measure 지연책. (2)(사람·태도가)느린, 꾸물거리는, 늦은(belated) : be ~ *in* paying one's bill 청구서 지불이 늦다.
파) **dìl·a·tó·ri·ly** [-rili] *ad.* 꾸물거리며, 느릿느릿.
díl·a·tò·ri·ness *n.* ⓤ 지연, 지체.

:di·lem·ma [dilémə] *n.* ⓒ 진퇴 양난, 궁지, 딜레마. ***be in a ~ =be on the horns of a~ =be put into a ~*** 딜레마〈진퇴유곡〉에 빠지다.

dil·et·tan·te [dìlətɑ́:nt, -tǽnti] (*pl.* **~s**, **-ti** [-ti:]) *n.* ⓒ 《종종 蔑》 딜레탕트《문학·예술의 아마추어 애호가》. — *a.* 예술을 좋아하는 ; 아마추어의 ; 수박 겉핥기식의.

:dil·i·gence[1] [dílədʒəns] *n.* ⓤ 근면, 부지런함 : work〈study〉 with ~ 부지런히 일〈공부〉하다.

:dil·i·gent [dílədʒənt] (***more ~ ; most~***) *a.* (1)(일 따위가) 공들인, 애쓴. (2) 근면한, 부지런한, 열심히 공부하는.
파) * **~·ly** *ad.* 부지런히, 열심히.

dil·ly·dal·ly [dílidæ̀li] *vi.* (결심을 못하고) 꾸물거리다, 미적거리다.

di·lute [dilú:t, dai-] *vt., vi.* (1)(효과·영향력 등)을 약화시키다. 감쇄(減殺)하다. (2)(액체)를 (물을 타서) 묽게 하다 ; (빛깔)을 엷게 하다.

di·lu·tion [dilú:ʃən, dai-] *n.* (1)ⓒ 희박해진 것, 희석액〈물〉. (2)ⓤ 묽게 하기, 희석, 희박(稀薄).

di·lu·vi·al [dilú:viəl, dai-] *a.* (1)【地質】 홍적기〈층〉의. (2)홍수의. 《특히》 Noah의 대홍수의.

:dim [dim] (***dim·mer ; dim·mest***) *a.* (1)a] (빛이) 어둑한, 어스레한. b] (사물의 형태가) 잘 안 보이는, 희미한, 흐릿한. (2)(기억 따위가) 희미한, 어렴풋한. (3)(눈·시력이) 희미해서 잘 안보이는, 흐린, 침침한. (4)《口》 (사람이) 우둔한(stupid). (5)《口》 가망성이 희박한. ~ ***and distant past*** 아득한 옛날〈과거〉. ***take a ~ view of*** …을 의심스럽게〈회의적으로〉 보다.
— (**-mm-**) *vt.* (1)(기억 따위)를 희미하게 하다 ; (눈)을 흐리게〈침침하게〉 하다. (2)…을 어둑하게 하다, 흐리게 하다. (3)《美》 (상대차가 눈부시지 않도록) 헤드라이트를 아래로 내리다(《英》 dip) : ~the headlights. — *vi.* 《~/+前+名》어둑 해지다. (눈이) 흐려지다, 침침해지다 : ~ *with* tears (눈이)눈물로 흐려지다. ~***down*** 〈***up***〉 (조명을) 점차 약(강)하게 하다. ~ ***out*** (무대 등) 조명을 약하게 하다 ; (도시 등) 등화 관제하다.
파) * **~·ly** *ad.* 희미하게, 어슴푸레하게. **~·ness** *n.*어스름 ; 불명료.

·dime [daim] *n.* (1)ⓒ 10센트 은화, 다임《미국·캐나다의 : 略 : d.》. (2)(a ~) 〔否定文에서〕 《口》 단돈 한 푼.
a ~ a dozen 《口》 싸구려의, 흔해빠진 : not care a ~ 조금도 마음에 두지 않다. on a ~ 좁은 장소에서.

·di·men·sion [diménʃən, dai-] *n.* ⓒ (1)(길이·폭·두께의) 치수. (2)(흔히 *pl.*) a] 용적, 면적, 크기. b]규모, 범위, 정도 ; 중요성 : a problem of serious ~*s* 중대한 문제. (3)(문제·사항 등의) 면(面), 국면, 양상. (4)【數·物·컴】 차원(次元). (5) (인격 등의) 특질.

di·men·sion·al [diménʃənəl] *a.* 치수의 ; …차원의 : three-~ film 〈picture〉 입체 영화(3-D picture) / four-~ space 4차원 공간. 파) **~·ly** *ad.*

díme stòre 《美》 10센트 스토어, 싸구려 가게(fire-and-ten).

:di·min·ish [dəmíniʃ] *vt.* (수량·힘·중요성 따위)를 줄이다, 감소시키다, 떨어뜨리다.
— *vi.* 《~/+前+名》 감소〈축소〉되다 The food supplies were ~*ing* rapidly. 식량 공급이 급속히 감소되고 있었다. ***the law of ~ing returns*** 수확 체감의 법칙.
파) **~a·ble** *a.* 줄일수 있는 ; 감소〈축소〉할 수 있는.
~·ment *n.*

di·mín·ished responsibílity [dəmíniʃt-] 【法】 한정책임 능력《정신 장애 따위로 올바른 분별력이 현저히 감퇴한 상태 ; 감형의 대상이 됨》.

·dim·i·nu·tion [dìmənjú:ʃən] *n.* (1)ⓒ 감소액〈량, 분〉. (2)ⓤ감소, 감손, 축소. (3) 《建》 (기둥 등의) 끝이 가늘어짐 ; 《樂》 (주제의) 축소.

·di·min·u·tive [dimínjətiv] *a.* (1)【言】 지소(指小)의 작음을 표시하는 (2)소형의, 작은 ; 자그마한, 《특히》 아주 작은 : a man ~ in stature 몸집이〈키가〉 작은 사내. . — *n.* ⓒ (1)【文法】 지소사 ; 지소어. (2)애칭 《Betsy, Kate, Tom 따위》. 파) **~·ly** *ad.* 축소적으로, 작게 ; 지소사로서 ; 애칭으로.

dim·i·ty [díməti] *n.* ⓤ 돋을(줄)무늬 무명《침대·커튼용》.

dim·mer [dímər] *n.* (1)ⓒ 어둑하게 하는 사람〈물건〉 ; (무대 조명·헤드라이트 따위의) 제광(制光)장치, 조광기(調光器). (2)《美》 (*pl.*) a] (자동차의) 주차 표시등(parking lights). b] 근거리용 하향 헤드라이트.

·dim·ple [dímpəl] *n.* ⓒ (1)옴폭 들어간 곳 ; (빗방울 등으로 수면에 생기는) 잔물결. (2)보조개 : She's got ~*s* in her cheeks. 그녀 볼에는 보조개가 있다.
— *vi., vt.* (1)(…에) 잔물결이 일다 ; (…에) 잔물결을 일으키다. (2)(…에) 보조개가 생기다, (…에) 보조개를 짓다. (3)(…을) 움푹 들어가(게하)다. 파) -d[-pld] a. 보조개가 생긴, 잔 물결이 인.

dím súm 고기·야채 따위를 밀가루 반죽에 싸서 찐 중국 요리.

dim·wit [dímwìt] *n.* ⓒ 《口》 멍청이, 바보.

dim-wit·ted [´-wítid] *a.* 《口》 얼간이〈바보〉의.

·din [din] *n.* ⓤ (종종 a ~) 떠듦, 소음, (쾅쾅·쟁쟁하는) 시끄러운 소리 : make〈rise, kick up〉 (*a*) ~ 쾅쾅 소리를 내다. — (**-nn-**) *vt.* 《+目+前+名》 (소음으로) (귀)를 멍멍하게 하다 ; …을 시끄럽게 말하다.〈되풀이하다〉.

·dine [dain] *vi.* 《~/+副/+前+名》정찬을 들다 《have dinner가 일반적》, 《특히》 저녁 식사를 하다 ; 〔一般的〕 식사하다. — *vt.* (사람)을 정찬〈저녁 식사〉에 초대하다. 【cf.】 dinner ~ ***in*** 집에서 식사하다. ~ ***on*** 〈***off***〉 …을 만찬〈저녁〉으로 들다. ~ ***out*** 밖에서 식사하다, 외식하다《특히,레스토랑 등에서》. ~ ***out on*** ... (재미있는 이야기·경험 따위)의 덕분으로 여러 곳에서 식사에 초청받다〈향응을 받다〉.

di·nette [dainét] *n.* ⓒ (1)소식당 세트(=· **~sèt**)《식탁과 의자의 세트》. (2)(가정의, 부엌 구석 등의) 소(小)식당.

ding [diŋ] *vi.* (종이) 땡 울리다.
— *vt.* (1)(종)을 땡하고 울리다. (2)《口》 (같은말)을 되풀이하여 일러주다《*into*》. — *n.* ⓒ 땡《종소리》.

ding·bat [díŋbæ̀t] *n.* ⓒ(1)(돌·벽돌 등)투척물이 되기 쉬운 것. (2)《美俗》바보, 미친사람 ; 괴짜. (3) 《美口》 …라고 하는 것(사람), 거시기. (4)장치, 고안. (5)장식 활자.

ding·dong [díŋdɔ̀(:)ŋ, -dɑ̀ŋ] *n.* ⓤ땡땡《종소리 등》. — *ad.* 열심히, 부지런히, 땡땡(하고). — *a.* 〔限

定約] 격전의, 막상막하의《경기 따위》 : a ~ race 앞서거니 뒤서거니 하는 접전《경주》.
din·ghy [díŋgi] *n.* ⓒ (1)함재 소형 보트 ; 구명용 고무 보트. (2)딩기《경주 · 오락용 소형 보트》.
din·gle [díŋgəl] *n.* ⓒ 수목이 우거진 작은 협곡(dell).
din·go [díŋgou] (*pl.* **~es**) *n.* ⓒ 들개의 일종《오스트레일리아산》 ; 《美俗》 게으름뱅이 ; 《오스 俗》 배반자, 비겁자..
·din·gy [díndʒi] (**-gi·er ; -gi·est**) *a.* (1) (옷 · 방 등이) (더러워진 듯) 거무스름한 ; 더러워진, 지저분한. (2) 평판이 나쁜.
파) **dín·gi·ly** *ad.* **-gi·ness** *n.*
:dining ròom 식당《가정 · 호텔의 정식 식사의》.
DINK, dink [diŋk] *n.* ⓒ (흔히 *pl.*) 《口》 딩크(스) 《아이가 없는 맞벌이 부부의 한쪽 ; 생활 수준이 높음》. [◁ *D*ouble *I*ncome *N*o *K*ids]
din·key [díŋki] (*pl.* **~s. dínk·ies**) *n.* ⓒ 《口》소형 기관차 ; 소형 전차(電車) ; 자그마한 것.
dinky [díŋki] (**dink·i·er ; -i·est**) *a.* (1)《英口》 작고 예쁜〈귀여운〉, 깔끔한. (2)《美口》자그마한, 하찮은. — *n.* =DINKEY.
:din·ner [dínər] *n.* (1)ⓒ 정식 (table d'hôte) (2) ⓤⓒ 정찬《하루 중 제일 주요한 식사 ; 원래는 오찬, 지금은 흔히 만찬》 ; 저녁 식사 : an early 〈a late〉 ~ 오찬〈만찬〉. (3)ⓒ 공식만찬〈오찬〉(회) : throw a ~ 만찬회를 열다. □ dine v.
dínner tàble (식사 중인) 식탁.
dínner thèater 《美》 극장식 식당.
din·ner·ware [dínərwὲər] *n.* ⓤ 식기류
·di·no·saur [dáinəsɔ̀ːr] *n.* ⓒ 【古生】 공룡 ; 거대하여 다루기 힘든 것.
di·no·sau·ri·an [dàinəsɔ́ːriən] *n.* ⓒ *a.* 공룡(의).
·dint [dint] *n.* (1)ⓤ 힘, 폭력. (2)ⓒ 맞은 자국, 움푹 팬 곳. ***by ~ of*** …의 힘〈덕〉으로 ; …에 의하여.
Di·o·ny·si·an [dàiəníʃiən, -siən] *a.* 디오니소스(Dionysus)의〈같은〉 ; 분방(奔放)한 ; 격정적인.
·di·ox·ide [daiákṣaid, -sid/ -ɔ́ksɑid] *n.* ⓤⓒ【化】 이산화물(二酸化物).
di·ox·in [dàiáksin/ -ɔ́k-] *n.* ⓤ 【化】다이옥신 《독성이 강한 유기염소 화합물 ; 제초제 등》.
:dip [dip] (*p.. pp.* **~ped ; ´~·ping**) *vt.* (1)【基】 …에게 침례를 베풀다. (2)《~+目/+目+前+名》 …을 담그다. 적시다. 살짝 담그다. (3) a] (양(羊))을 살충 약물에 넣어 씻다 ; (양초)를 만들다《녹은 초에 심지를 넣어서》. b] (옷 따위)를 적셔서 염색하다. (4)a] (기 따위)를 잠깐 내렸다 곧 올리다《경례 · 신호 등을 위하여》. b] (머리)를 숙이다. (인사로) 무릎을 조금 꺾다 : ~ a curtsy 무릎을 살짝 굽혀 인사하다. c] 《英》(대형차가 눈부시지 않게 헤드라이트)를 아래로 비추다. (《美》 dim). (5)《~+目/+目+前+名》 …을 퍼〈떠〉내다.
— *vi.* (1)(물 따위에) 잠겼다 나오다, 잠깐 잠기다. (2)《+前+名》 (무엇을 꺼내려고) 손 따위를 집어넣다. (3)(해가) 지다, 내려가다 ; 내리막이 되다. (4) 무릎을 약간 굽혀 인사하다. (5)띄엄 띄엄 주워 읽다 ; 대충 조사하다《*into*》 : ~ *into* a book 잠시 책을 훑어보다. (6)(값 따위가) 떨어지다. ~ ***in*** 자기의 몫을 받다. ~ ***into*** one***'s pocket***〈***purse, money, savings***〉 (필요가 있어서) 돈을 내다 〈저금 등에 손을 대다〉.
— *n.* (1)ⓒ 《俗》 소매치기. (2)ⓒ 잠깐 담그기, 잠깐 잠기기 ; 한번 멱감기. (3)ⓒ (한번) 푸기〈떠내기〉 : 잠깐 들여다봄. (4)ⓤⓒ 침액(浸液) ; (양의) 침세액(浸洗液). (5)ⓒ (실심지) 양초. (6)ⓒ (지층의) 경사 ; (땅의) 우묵함 ; (지반의) 침하(沈下) ; 내리막길. (7) ⓒ (값 따위의) 하락 : a ~ in price 값의 하락. (8) ⓒ 【測】 부각(俯角), (지평선의) 만고차. (9) 순간적 강하 ; (물가의) 일시적 하락.
diph·thong [dífθɔːŋ, díp-/-θɔŋ] *n.* ⓒ (1)모음의 연자(連字)〈합자(合字)〉 (ligature) 《æ, œ fi 등》. (2)【音聲】 이중 모음《[ai, au, ɔi, ou, ei, uə] 따위》. 【opp.】 *monophthong*.
파) **diph·thon·gal** [difθɔ́ːŋgəl, dip-/-θɔ́ŋ-] *a.*
·di·plo·ma [diplóumə] (*pl.* **~s**) *n.* ⓒ(1)상장, 감사장. (2)면허증 ; 졸업 증서, 학위 수여증.
·di·plo·ma·cy [diplóuməsi] *n.* ⓤ (1)외교적 수완, 흥정 : use ~ 외교적 수완을 발휘하다. (2)(국가간의)외교 : abolish secret ~ 비밀 외교를 철폐하다.
·dip·lo·mat [díplәmæ̀t] *n.* ⓒ (1)외교적 수완이 있는 사람, 외교가. (2)외교관 : a career ~ 직업 외교관.
·dip·lo·mat·ic [dìpləmǽtik] (**more ~ ; most~**) *a.* (1)〔限定的〕 고문서학의 ; 원전(原典)대로의. (2)a] 외교(상)의. 외교 관계의 : enter into 〈break〉 ~ relations 외교관계〈국교〉를 맺다〈단절하다〉. b] 외교관의 . (3)a] 외교 수완이 있는, 책략에 능한(tactful). b] (남과의 응대에) 실수가 없는, 눈치〈재치〉 있는.
dip·lo·mat·i·cal·ly [dìpləmǽtikəli] *ad.* 외교상 ; 외교적으로.
diplomátic immúnity 외교관 면책 특권《관세 · 체포 · 가택 수색 따위에 대한》.
·dip·per [dípər] *n.* (1)ⓒ 국자. 퍼 〈떠〉내는 도구. (2) (the D-) 북두 칠성 (the Big Dipper) 《큰 곰자리의 일곱 별》; 소북두칠성. (3)ⓒ 담그는 사람〈것〉. (4)ⓒ 잠수하는 새《물총새 · 물까마귀 따위》.
dip·py [dípi] *a.* 【俗】 미친. 머리가 돈〈이상한〉.
dip·so·ma·ni·ac [-niæ̀k] *n.* ⓒ 알콜 중독자
dip·stick [dípstìk] *n.* ⓒ (crankcase 안의 기름 따위를 재는) 계심 (計深)〈계량〉봉.
dípswìtch 【英】(자동차의)감광(減光)스위치《헤드라이트를 숙이는》
dip·ter·ous [díptərəs] *a.* 【蟲】 쌍시류의.
·dire [daiər] (**dír·er** [dáirər/dáiərər] ; **dír·est**) *a.* (1)무서운(terrible); 비참한(dismal), 음산한: a ~ news 비보(悲報) / a ~ calamity 대참사. (2)긴박한, 극단적인.
:di·rect [dirékt, dai-] *vt.* (1) 《+目+前+名》 a](주의 ·노력 등)을 (똑바로) 돌리다, 향하게 하다 《*against; at; to; toward(s)*》 : ~ one's attention *to* 〈*toward*〉…에 주의를 돌리다. b] 《+目+副》 (발걸음 · 시선)을 …에 돌리다. 향하게 하다. (2)《+目+前+名》…에게 길을 가리키다. (3)《~+目/+目+前+名》 …에 겉봉을 쓰다. (편지 등)을 …앞으로 내다. (4) …을 지도하다 (instruct); 관리 하다 ;지휘〈감독〉하다. (5)《~+目/+目+to do》 …에게 명령하다 (order);지시하다 (영화 · 극 따위)를 감독하다: ~ a play 극의 감독을 하다.
— (**more~, ~·er ; most ~, ~·est**) *a.* (1) a]똑바른; 곧장 나아가는; 직행의 : a ~ line 직선; 직통전화 / a ~ train 직행열차. b]직계의(lineal): a~ descendant 직계비속(卑屬). (2)직접의(immediate). 【opp.】 indirect. 『 a ~ hit 〈shot〉 직격〈탄〉. (4)진정한, 절대의: the ~ contrary〈opposite〉 정반대(의 것). —ad. (1)똑바로 ; 곧바로, 직행적으로: go〈fly〉 ~ to Paris 파리로 직행하다 / Look at me

~.나를 똑바로 보시오. (2)직접(적으로).
파)**~·ness** n. ⓤ똑바름; 직접(성); 솔직.
diréct áction 직접 행동, 실력 행사《위법한 정치 행동; 특히 파업》.
diréct cúrrent 【電】 직류《略: DC》. 【opp.】 *alternating current.*
:di·rec·tion [dirékʃən, dai-] *n.* (1)ⓤ a] 지도, 지휘 ; 감독; 관리. b]【映·劇】 감독; 연출. (2)ⓒ (흔히 *pl.*) a]지시, 명령:. b]지시서, 설명서. (3)ⓒ 방향, 방위 ; 방면 a ~ indicator【空】방향 지시기 / lose one's sense of ~방향 감각을 잃다. (4) (사상 등의) 동향, 경향: new ~*s* in art. 예술의 새로운 경향.
di·rec·tion·al [dirékʃənəl, dai-] *a.* 방향의; 지향성의: a ~ antenna 〈aerial〉 지향성 안테나 / ~ light(자동차 따위의)방향 지시등.
di·rec·tive [diréktiv, dai-] *a.* 〔限定的〕 지시하는: 지도〈지휘, 지배〉하는《of》; 【通信】 지향성의.
— *n.* ⓒ 지령 (order) ; 명령 : follow a ~ 지령에 따르다. 파) **~·ly** *ad.* **~·ness** *n.*
·di·rect·ly [diréktli, dai-] (***more ~; most ~***) *ad.* (1)똑바로, 직접. (2)곧, 즉시. (3)머지 않아. (4)바로 : ~ opposite the store 그 가게의 바로 맞은편에. — *conj.* 《英口》 …하자마자.
diréct méthod (the ~) 직접 (교수)법《모국어는 안 쓰는 외국어 교수법》.
:di·rec·tor [diréktər, dai-] (*fem.* ***-tress*** [-tris]) *n.* ⓒ (1)지도자,…장: 관리자. (2) (고등학교의) 교장: (관청 등의) 장관, 국장, (단체 등의)이사: (회사의) 중역, 이사: the board of ~s ,이사회.(3)【樂】 지휘자: 【映】 감독: 【美劇】 연출가(《英》 producer). 파) **~·ship** *n.* ⓤ ~의 직〈임기〉
diréctor géneral (pl. ***directors general, ~s***) 총재,회장, 장관.
di·rec·to·ri·al [direktɔ́:riəl, dàirek-] *a.* 지휘〈지도〉상의, 지휘(자)의, 관리자의. (2) (D~)(프랑스)집정 내각의.
diréctor's cháir (앉는 자리와 등받이에 캔버스를 댄) 접의자《영화 감독들이 사용한 데서》.
·di·rec·to·ry [diréktəri, dai-] *n.* ⓒ (1)주소 성명록, 인명부. (2)전화 번호부(telephone ~). (3)【컴】 자료방, 디렉토리《1)외부 기억 장치에 들어있는 파일 목록. 2)특정 파일의 특징적 기술서.(記述書). (4) (교회의) 예배 규칙서
— *a.* 지휘의, 지도적인.
dire·ful [dáiərfəl] *a.* 무서운: 비참한: 불길한. 파) **~·ly** [-li] *ad.* **~·ness** *n.*
dir·i·gi·ble [díridʒəbəl, dirídʒə-] 【空】 *a.* 조종할수 있는 : a balloon 〈airship〉 비행선. —n. ⓒ 비행선 (airship), 기구.
:dirt [də:rt] *n.* ⓤ (1)a] 진흙(mud); 쓰레기, 먼지; 때, 오물. b]배설물, 똥: dog~개똥.(2)흙(soil). (3)a] 불결〈비열〉한 언동 : 욕, 중상 : fling〈throw〉 ~ at …을 매도하다. 욕을 하다. b] 음담 패설.(4)무가치한 것, 경멸할 만 한 것. (***as***) ***cheap as ~*** 《口》굉장히 싼(~ -cheap) (***as***) ***common as~***(여성이)하층계급의,미천한《lady 가 아닌》. ***dish the ~*** 《美俗》 험담을 하다. 소문을 퍼뜨리다. ***do*** 〈***play***〉 a person.
dirt-cheap [də́:rttʃí:p] *a. ad.* 《口》 턱없이 싼〈헐값에〉.
dírt fàrmer 《美口》 (gentleman farmer 에 대해서) 실제로 경작하는 농부, 자작농.
dírt ròad 《美》비포장 도로.
:dirty [də́:rti] *a.* (***dirt·i·er ; dirt·i·est***) (1)더러운, 불결한; (손발이) 더러워지는《일 따위》. (2)흙투성이의 ; (길이) 진창인. (3)음란한, 추잡한, 외설한; 더러운: ~ talk 음담/a ~ book 음란 서적. (4)불쾌한, 유감천만인. (5) (행동 등이) 공정하지 못한, 치사한; 비열한. (6)(날씨 따위) 사나운, 궂은. (7)(빛깔이) 우중충한, 칙칙한 ; (목소리가) 잠긴. (8)(수폭 등) 방사성 강하물이 많은 【opp.】 *clean bomb.* ***a ~ look*** 화난〈원망하는〉 듯한 눈초리. ***do the ~ on...***《口》 … · 에게 더러운 짓을 하다; (여자)를 꼬셔낸 후에 버리다.
파) **dipr·i·ly** *ad.* **-i·ness** n.ⓤ 불결 ; 천함 ; 비열.
dírty wórk (1)더러운 일 ; 사람이 싫어하는 일. (2)《口》부정행위 : 비열한 짓.
dis [dis] (***-ss-***) *vt.* 《美俗》 …을 경멸하다; 비난하다.
— *n.* ⓤ비난. [◁ *dis*respect]
dis- *pref.* '비(非)…, 무…, 반대, 분리, 제거' 따위의 뜻을 나타내고, 또 부정의 뜻을 강조함 : *dis*content, *dis*entangle.
·dis·a·bil·i·ty [dìsəbíləti] *n.* (1)ⓤ 무력, 무능:(법률상의) 무능력, 무자격. (2)ⓒ(신체 등의)불리한 조건, 장애, 핸디캡 : ~ insurance 신체 장애 보험.
·dis·a·ble [diséibəl] *vt.* (1)《~+目/+目+前+名》…을 쓸모 없게 만들다, 무능(무력)하게 하다. (2) (사람)을 불구로 만들다; 【法】 무능력〈무자격〉하게 하다. (3)【컴】 불가능 하게 하다.
dis·a·bled [diséibəld] *a.* (1)불구가〈무능력하게〉된 (crippled) ; 결함이 있는: a ~*d* soldier 상이병 / a ~*d* car 고장차,폐차. (2) (the ~) 〔名詞的; 集合的; 複數취급〕 신체 장애자들.
dis·a·ble·ment [diséibəlmənt] *n.* ⓤⓒ 무력화 ; 무능 : 불구(가 됨) .
dis·a·buse [dìsəbjú:z] *vt.* 《~+目/+目+前+名》 …의 어리석음을 깨우치다. (그릇된 관념 · 잘못 따위)를 깨닫게 하다.
dis·ac·cord [dìsəkɔ́:rd] *vi.* 일치하지 않다, 화합하지 못하다《*with*》. — *n.* ⓤ 불일치, 불화.
·dis·ad·van·tage [dìsədvǽntidʒ, -vɑ́:n-] *n.* (1)ⓤⓒ 불리, 불이익, 불리한 사정〈입장, 조건〉, 핸디캡. (2)ⓤ손해, 손실: sell ...to one's ~ (물건 등)을 밑지고 팔다. ***to*** a person***'s ~*** : ***to the ~ of*** a person …에게 불리한, 불리하도록.
dis·ad·van·taged [-tidʒd] *a.* (1)불리한 조건에 놓인, 불우한 : ~children (2)(the ~) 〔名詞的; 集合的; 複數취급〕 불우한 사람들.
dis·af·fect·ed [dìsəféktid] *a.* 불만을 품은, 불평이 있는; 모반심을 품은(disloyal).
dis·af·fec·tion [dìsəfékʃən] *n.* ⓤ (특히 정부에대한) 불만, 불평 : (인심의) 이반; 모반심.
dis·af·fil·i·ate [dìsəfílièit] *vt., vi.* (사람을)(··에서) 탈퇴시키나〈하나〉, …을 세낭하나.
dis·af·for·est [dìsəfɔ́:rist, -fɑ́r-/-fɔ́r-] *vt.* = DEFOREST.
·dis·a·gree [dìsəgrí:] *vi.* (1)《~/+前+名》 일 치하지 않다 다르다 (2)《~/+前+名》 의견이 맞지 않다. (3)《+前+名》 (기후 · 음식 등이)…에게 맞지 않다. ***agree to~*** ⇨AGREE.
·dis·a·gree·a·ble [dìsəgrí:əbəl] (***more ~; most~***) *a.* (1)불쾌한,마음에 들지 않는, 싫은: a~person 불쾌한 사람 . (2)까다로운, 사귀기 힘든.
파) **-bly** *ad.* **~·ness** *n.*
dis·a·gree·ment [dìsəgrí:mənt] *n.* (1)ⓤⓒ 불일치, 의견의 상위(dissent), 논쟁 : ~s between husbands and wives 부부간의 의견 차이. (2)ⓤ (기후 · 음식 등이 체질에) 안맞음, 부적합. ***be in ~with*** …와 의견이 맞지 않다: (음식 · 풍토가) …에 맞지 않다.

dis·al·low [dìsəláu] *vt.* …을 허가〈인정〉하지 않다, 금하다; 각하하다(reject) : ~ a claim 요구를 거절하다. 파) **~•ance** [-əns] *n.* ⓤ 불허, 각하.

dis·an·nul [dìsənʌ́l] *vt.* …을 완전히 취소하다.

:dis·ap·pear [dìsəpíər] *vi.* 《~/+前+名》(1)사라지다, 모습을 감추다. 〖opp.〗 *appear.* 『 ~ *in* the crowd 군중 속으로 사라지다 / ~ from sight 〈view〉 시야에서 사라지다. (2)없어지다, 소멸하다; 실종되다.

dis·ap·pear·ance [dìsəpíərəns] *n.* ⓤⓒ소실, 소멸; 실종: ~ from home 가출.

·dis·ap·point [dìsəpɔ́int] *vt.* (1)…을 실망시키다, 낙담시키다, …의 기대에 어긋나게 하다(baffle). (2)…의 실현을 방해하다; (계획 따위)를 좌절시키다. (3) 〔be ~ed로〕(…에) 실망하다.

dis·ap·point·ed [dìsəpɔ́intid] (***more~ : most ~***) a. (1)실망한, 낙담한: the ~ mother 실망한 어머니 / be ~ in love 실연하다. (2) (계획·희망 등이) 빗나간, 실현되지 않은.
파) **~·ly** *ad.* 실망하여, 낙담하여.

·dis·ap·point·ing [dìsəpɔ́intiŋ] *a.* 실망시키는, 기대에 어긋나는, 맥 풀리는, 시시한, 하잘것 없는: a ~ result 실망스러운 결과.

·dis·ap·point·ment [dìsəpɔ́intmənt] *n.* (1)ⓤ 실망, 기대에 어긋남. (2)ⓒ 실망시키는 것, 생각보다 시시한 일〈것,사람〉. ***to*** one***'s ~***낙심천만하게도. to save ~ 실망하지 않도록.

·dis·ap·prov·al [dìsəprúːvəl] *n.* ⓤ 안 된다고 하기 ; 불찬성, 불만 : 비난.

·dis·ap·prove [dìsəprúːv] *vt.* …을 안 된다고 하다, 찬성하지 않다 ; 비난하다 : The committee~d the project. 위원회는 그 계획을 인가하지 않았다. —vi.《+前+名》 찬성하지 않다, 불가하다고 하다《of》: I wholl ~ of your action 나는 당신의 행동에 전적으로 불찬성이다. 【opp】 *approve.*

dis·ap·prov·ing·ly [dìsəprúːviŋli] *ad.* 불찬성 하여; 비난하여; 비난하듯.

·dis·arm [disáːrm, diz-] *vt.* (1)《~+目/+目+前+名》…의 무기를 거두다, 무장 해제하다. (2) (노여움·의혹 등)을 누그러뜨리다, 진정시키다 ; (적의)를 없애다 : ~ criticism 비평을 무력하게 하다. — *vi.* 무장을 해제하다 ; 군비를 축소〈철폐〉하다.

·dis·ar·ma·ment [disáːrməmənt, diz-] *n.* ⓤ (1)무장해제. (2)군비〈축소〉. 〖opp.〗 *armament.* 『 a ~ conference 〈talk〉 군축회의.

dis·ar·range [dìsəréindʒ] *vt.* …을 어지럽히다, 혼란시키다. 파)**~•ment** *n.* ⓤⓒ 교란, 혼란.

dis·ar·ray [dìsəréi] *vt.* …을 혼란에 빠뜨리다, 어지럽히다. — *n.* ⓤ 혼란, 난잡; 단정치 못한 복장〈모습〉.

dis·as·sem·ble [disəsémbəl] *vt.* (기계따위)를 해체하다, 분해하다.

:dis·as·ter [dizǽstər, -záːs-] *n.* (1)ⓤⓒ천재, 재앙(calamity), 재난, 참사, ; 큰 불행. (2)ⓒ 큰실패 ; 실패작: The exploration ended in ~. 원정은 대실패로 끝났다

disáster àrea 《美》 (홍수, 지진 따위의) 재해 지구 《구조법의 적용 지구》.

·dis·as·trous [dizǽstrəs, -áːs-] *a.* 비참한, 불길한, 불운한 ; 재난의, 재해의, 손해가 큰: make a ~ mistake치명적인 잘못을 저지르다 / a ~ accident 대참사. 파) **~·ly** *ad.*

dis·a·vow [dìsəváu] *vt.* …을 부인〈부정〉하다.
파) **~•al** [-əl] *n.* ⓤⓒ 부인, 거부.

dis·band [disbǽnd] *vt.* (군대·조직 등)을 해산하다; (군인)을 제대시키다. — *vt* 해산하다.
파) **~·ment** *n.* ⓤ 해산, 제대.

dis·bar [disbáːr] (***-rr-***) *vt.* 【法】 …의 변호사(barrister) 자격을 박탈하다.

·dis·be·lief [dìsbilíːf] *n.* ⓤ (1)믿지 않음, 불신, 의혹. (2)불신앙(unbelief).

dis·be·lieve [dìsbilíːv] *vt., vi.* (…을) 믿지 않다. 진실성 등을 의심하다 《in》 : ~ every word한마디도 믿지 않다. 《※I don't believe him〈his story〉. 가 더 일반적임》. 파) **-liev·er** [-ər] n.ⓒ 믿지 않는 사람 ; 불신자.

dis·bur·den [disbə́ːrdn] *vt.* (1)…에서 짐을 내리다〈풀다〉: ~ a horse말에서 짐을 내리다. (2) (마음의) 무거운 짐을 벗다; (심중)을 토로하다.

dis·burse [disbə́ːrs] *vt.* (저금·기금 등에서) …을 지급〈지출〉하다. 파) **~·ment.** *n.* (1)ⓤ지급, 지출 (2)ⓒ 지급금.

·disc ⇨ DISK

·dis·card [diskáːrd] *vt.* (1)…을 버리다, 처분하다 《쓸데없는 것·습관 따위 를》 : ~ old beliefs 낡은 신앙을 버리다. (2)【카드놀이】 (쓸데없는 패)를 버리다. — *vi.* 【카드놀이】 쓸데없는 카드를 버리다. — [⊿-] *n.* (1)a]ⓒ 버려진 것〈사람〉. b]ⓤ 폐기, 버림. (2)ⓒ 【카드놀이】버리는 패.

:dis·cern [disə́ːrn, -zə́ːrn] *vt.* (1)《~+目/+目+前+名》…을 분별하다, 식별하다. (2) …을 인식하다.…을 깨닫다 ; 발견하다 : ~ a distant figure 멀리 있는 사람의 모습을 알아보다. — *vi.* 《+前+名》분별하다, 식별하다, 차이를 알다.

:dis·charge [distʃáːrdʒ] *vt.* (1)(배)에서 짐을 부리다. (2)(차량·배 등의 짐·승객)을 내리다. (3)《+目+前+名》 (책임·의무로부터 사람)을 해방하다, 면제하다. (4)〔~oneself of 의 꼴로〕 (자기의 책임·약속 따위)를 이행〈실행〉하다(fulfill) : ~ oneself of one's duty 의무를 다하다. (5) (의무·직분 따위)를 이행하다, 다하다; (약속)을 실행하다; (빚)을 갚다. (6)《~+目/+目+前+名/+目+as補》 (아무)를 해임하다, 해고하다(dismiss) 《*from*》; 제대시키다; (죄수)를 석방하다. (7) (물·연기 등)을 방출하다, 뿜어내다; (고름 등)을 나오게 하다. (8) (장전한 총포)를 발사하다: ~ a gun 발사하다. (9)【電】 방전하다. (10) 【法】 (명령)을 취소하다(cancel).
— *vi.* (1) 짐을 내리다〈부리다〉 . (2)《+前+名》 (강이) 흘러 들어가다《*into*》. (3) (눈물·콧물 고름 따위가) 나오다. (4) (전지가) 방전하다, 바래다(blur).
— *n.* (1)ⓤ 양륙, 짐풀기. (2)ⓒ,ⓤ 발사, 발포; 【電】 방전; 쏟아져나옴; 【醫】 방출, 유출; 배설물. (종기 따위의) 고름, 유출량〈률〉. a ~ *from* the ears 〈eyes, nose〉 귀고름〈눈곱, 콧물〉. (3)ⓤ해방, 면제 : 방면 ; 제대 ; 해직, 해고. (4)ⓒ 해임장; 제대증. (5)ⓤ (의무의) 수행 ; (채무의) 이행, 상환.

·dis·ci·ple [disáipəl] *n.* ⓒ (1)제자, 문하생. (2)(종종 D-)그리스도의 12사도(Apostles)의 한 사람. 파)**~·ship** *n.* ⓤ 제자의 신분〈기간〉.

dis·ci·plin·a·ble [dísəplìnəbəl] *a.* (1)훈련할 수 있는. (2) (죄질 등이) 징계받아야 할.

dis·ci·pli·nary [dísəplənèri/ -nəri] a. (1)훈련(상)의. (2)규율의; 훈계〈징계〉의 : a ~ commitiee 징계 위원회. (3)학과의 ; 학문 과목의.

:dis·ci·pline [dísəplin] *n.* (1) a] ⓤ 훈련(training), 단련, 수양. b] ⓒ훈련법 : a Spartan ~ 스파르타식 훈련법. (2) ⓤ 규율, 풍기, 자제(自制), 계율. (3) ⓤ 징계, 처벌(chostisement). (4)ⓒ 학과, 교과,(학문

의) 분야. — *vt.* (1) …을 훈련(단련)하다: ~ oneself 자기단련을 하다. (2)《~+目/+目+前+名》 …을 징계하다. 징벌하다.

dis·claim [diskléim] *vt.* (1)(책임 등)을 부인하다. (2)【法】(권리 등)을 포기하다. 기권하다. 파) **~·er** *n.* ⓒ (군리)포기, 기권; 부인; 기권자; 부인〈거부〉자.

:dis·close [disklóuz] *vt.* (1)(숨은 것)을 나타내다; 드러내다. (2) …을 들추어내다. 폭로〈적발〉하다 : ~ a secret 비밀을 폭로하다. (3)《+目+前+名》 …을 분명히 하다. 발표하다 .

:dis·clo·sure [disklóuʒər] *n.* (1)ⓤ 발각, 폭로 ;발표. (2)ⓒ 발각〈폭로〉된 일, 숨김 없이 털어놓은 이 야기.

dis·col·or [diskʌ́lər] *vt.* …을 변색 시키다, …의 색을 더럽히다.
—vi. 변색〈퇴색〉하다. 빛깔이 바래다.

dis·col·or·a·tion [diskʌ̀ləréiʃən] *n.* (1)ⓤ변색, 퇴색. (2)ⓒ(변색으로 생긴)얼룩.

dis·com·bob·u·late [dìskəmbɑ́bjəlèit/ -bɔ́b-] *vt.* 《美口》(사람의 머리)를 혼란하게 만들다. 당황하게 하다.

dis·com·fit [diskʌ́mfit] *vt.* (1) (계획 · 목적)을 깨뜨리다, 좌절시키다. 의표를 찌르다. (2)당혹게 하다(disconcert). 쩔쩔매게 하다. 패주시키다.

dis·com·fi·ture [-fitʃər] *vt.* (1)계획따위의 실패, 좌절. (2)당황. 당혹, 괴멸.

·dis·com·fort [diskʌ́mfərt] *n.* (1)ⓤ불쾌; 불안, 당혹: ~ caused by noise 소음으로 인한 불쾌. (2)ⓒ 싫은〈불안한〉 일 불편.
—*vt.* …을 불쾌〈불안〉하게 하다. 괴롭히다.

dis·com·mode [dìskəmóud] *vt.* …에게 불편을 느끼게 하다. …에게 폐를 끼치다; 곤란하게 하다. 괴롭히다.

dis·com·po·sure [dìskəmpóuʒər] *n.* ⓤ 뒤숭숭함, 심란, 불안, : 당황, 당혹.

·dis·con·cert [dìskənsə́ːrt] *vt.* (1)…을 당황케 하다. 쩔쩔매게 하다: He was ~ed to hear the news. 그 소식을 듣고 그는 당황했다. (2) (계획 따위)를 뒤엎다. 혼란시키다.

dis·con·cert·ing [dìskənsə́ːrtiŋ] *a.* 당황케 하는, 당혹게 하는. 파) **~·ly** *ad.*

dis·con·nect [dìskənékt] *vt.* (1)a] …의 연락〈접속〉을 끊다. 분리하다. b] 〔再歸的〕 …와 인연을 끊다 《*from*》. (2)…의 전원을 끊다, 전화를 끊다: ~ a plug 플러그를 뽑다.

dis·con·nect·ed [dìskənéktid] *a.* 전후 맥락이 없는, 따로따로 떨어진, 연락이 끊어진《말 · 문장 따위》.
파) **~·ly** *ad.*

dis·con·nec·tion [dìskənékʃən] *n.* ⓤⓒ 단절, 분리, 절연 : 【電】절단, 단선.

dis·con·so·late [diskɑ́nsəlit/ -kɔ́n-] *a.* (1)쓸쓸한, 위안이 없는(inconsolable), 슬픔에 잠긴 : a ~ look 수심에 잠긴 표정 . (2)(분위기 등) 우울한, 침체된, 비탄에 잠겨《*about, at, over*》 : ~ prospects어두운 전망. 파) **ly** *ad.*

·dis·con·tent [dìskəntént] *n.* (1)ⓤ 불만, 불평: *Discontent with* his job led him to resign. 일이 불만이어서 사직할 생각이 들었다. (2)ⓒ(흔히 *pl.*)불평〈불만〉(discontented) 거리〈의 원인〉. —*a.*[敍述的] …이 〈으로〉불만인.

·dis·con·tent·ed [dìskənténtid] *a.* 불만스러운, 불만〈불평〉이 있는《with》: a young man ~ *with* his job 자기 일에 불만이 있는 청년.

dis·con·tin·u·ance [dìskəntínjuəns] *n.* ⓤ 정지, 중지, 폐지; 단절.

·dis·con·tin·ue [dìskəntínjuː] *vt.* …을 (계속하는 것을) 그만두다, 중지〈중단〉하다 : ~ corre spondence 편지 왕래를 그만두다.

·dis·con·ti·nu·i·ty [dìskɑntənjúːəti/ -kɔn-] *n.* (1) ⓤ단절, 중단; 불연속(성), 불규칙 : a line of ~ 【氣象】 불연속선. (2)ⓒ 끊어진〈잘린〉데. 틈사이 《*between*》.

dis·con·tin·u·ous [dìskəntínjuːəs] *a.* (1)계 속되지 않는, 끊어지는. 단속적인. (2)【數】 불연속의.
파) **~·ly** *ad.* **~·ness** *n.*

·dis·cord [dískɔːrd] *n.* (1)ⓤ불일치. (2)ⓤⓒ 불화, 내분, 알력 : domestic strife and ~ 집 안의 내분 / marital ~ 부부간의 불화. (3)ⓤⓒ 【樂】 불협화음. (4)ⓒ 소음, 잡음: create~s 소음을 내다. 【opp.】 *accord. harmony.*
— [dískɔːrd, -⌐] *vt.* 일치하지 않다; 사이가 나쁘다. 《*with* ; *from*》. 협화하지 않다.

dis·cord·ance, -an·cy [diskɔ́ːrdəns], [-i] *n.* ⓤ(1)부조화; 불화; 불일치. (2)【樂】불협화.

dis·cord·ant [diskɔ́ːrdənt] *a.* (1)조화,〈일치〉하지 않는, 각기 다른. (2) (소리 · 음성이) 조화되지 않는 ; 불협화의 ; 시끄러운.
파) **~·ly** ad.

:dis·count [dískaunt] *n.* ⓒ〔때로ⓤ〕할인 ; 【商】할인액 : 할인율. ***accept*** (a story) ***with ~***(이야기를) 에누리해서 듣다. ***at a ~*** (1)할인하여 ; 액면(정가) 이하로; 값이 내려. (2)경시되어, 인기가 떨어져.
—[⌐-, -⌐] *vt.* (1) …을 할인하다; (어음 등)을 할인하여 팔다〈사다〉 . ~ bills at two percent어음을 2% 할인하다. (2)에누리해서 듣다〈생각하다〉 ; 신용하지 않다 ; 무시하다. 고려에 넣지 않다 .

·dis·coun·te·nance [diskáuntənəns] *vt.* (1)…을 당황하게 만들다, 쩔쩔매게 하다. (2)(계획 따위)에 찬성하지 않다, …을 승인하지 않다.

discount house (1)《美》 (상품의) 할인 매점. (2) 《英》 (환어음의) 할인 상회(bill broker).

·dis·cour·age [diskə́ːridʒ, -kʌ́r-] *vt.* (1)용기를 잃게 하다.(deject), …를 실망〈낙담〉시키다 .(2)《+目+前+名》(…하는 것)을 그만두게 하다. (3)(불찬성의 뜻을 표하여, 계획 · 행동 따위)를 단념 하게 하다. 방해〈억제〉하다. 반대하다.

dis·cour·age·ment [-mənt] *n.* (1) ⓤ낙담, 실망시킴. (2)ⓒ실망시키는 것, 지장, 방해. (3)ⓤ단념시킴, 반대 .

dis·cour·ag·ing [diskə́ ridʒiŋ, -kʌ́r-] *a.* 낙담시키는, 용기를 꺾는 ~ remarks 낙심하게 하는말. 파) **~·ly** *ad.* dispiriting 신이 안나는.

·dis·course [dískɔːrs, -⌐] *n.* (1)ⓒ 강연, 설교; 논문《*on* ; *upon*》. (2)ⓤ이야기, 담화 ; 의견의 교환. (3) ⓤ 【文法】 화법(narration).
—[-⌐] *vi.* (1)말하다, 담화하다《*together*》. (2)《+前+名》 강연〈설교〉하다. 논술하다.

:dis·cov·er [diskʌ́vər] *vt.* (1) …을 발견하다 . (2) 《+目+*to* be補/+(*that*)節/+*wh.* 節》(…인 〈이라는〉것을 알다. 깨닫다(realize).
파) **~·a·ble** [-kʌ́vərəbəl] *a.* ***~·er** [-rər] *n.*발견자.

:dis·cov·ery [diskʌ́vəri] *n.* (1)ⓤⓒ 발견, 발각. (2)ⓒ 발견물 : a recent ~ 최근에 발견한 것. □discover v.

·dis·cred·it [diskrédit] *n.* (1)ⓤ 불신. 불신임 ;의혹. (2)(a ~) (…에게) 면목이 없음(없는 사람 · 것).불명예.수치 : 망신거리. —*vt.*(1) …을 믿지 않다. 의심하다. (2)《~+目/+目+前+名》 …의 신용을 해치다. …의 평판

(2)《~+目/+目+前+名》…의 신용을 해치다. …의 평판을 나쁘게 하다.

dis·cred·it·a·ble [diskréditəbəl] *a.* 신용을 떨어뜨리는, 불명예〈수치〉스러운. 파) **-bly** *ad.* 남부럽게(도).

·dis·creet [diskríːt] *a.* (1)분별있는, 생각이 깊은; 신중한《태도·행동 따위》. □ discretion *n* ≠ discrete. (2)눈에 띄지 않는: a ~ passageway잘 눈에 띄지 않는 통로. 파) **~·ly** *ad.*

dis·crep·an·cy [diskrépənsi] *n* ⓤⓒ (진술·재산 등의) 상위, 불일치, 어긋남. 모순.

dis·crep·ant [diskrépənt] *a.* 상위하는, 어긋나는, 모순된, 앞뒤가 안맞는(inconsistent).

dis·crete [diskríːt] *a.* 따로따로 의, 별개의, 분리된 ; 구별된; 불연속의 two ~ objects 별개의 두가지 물체 / a ~ quantity 분리(이산)량.
— *n.* ⓤ 【컴】 불연속형.
파) **~·ly** *ad.* **~·ness** *n.*

·dis·cre·tion [diskréʃən] *n.* ⓤ (1)신중, 사려 분별 : *Discretion* is the better part of valor. 《俗談》신중은 용기의 태반《종종 비겁한 행위의 구실로도 쓰임》. (2)판단(선택·행동)의 자유. (자유) 재량. □ discreet a. *age* 〈*year*〉*of* ~ 분별 연령《영미에서는 14세》 *at* ~ 마음대로, 임의로. *at the* ~ *of* = *at one's* ~ …의 재량으로, …의 생각대로, …의 임의로.

dis·cre·tion·ary [diskréʃənèri/ -əri] *a.* 임의(任意)의, 자유 재량의, 무조건의 : ~income 가계의 여유 있는 돈, 자유 재량 소득. powers to act 임의로 행동할 수 있는 권한.

·dis·crim·i·nate [diskrímənèit] *vt.* 《+目+前+名》…을 구별하다; 판별〈식별〉하다 ; …의 차이를 나타내다. —*vi.* 《+前+名》(1)식별하다; 구별하다. (2)a] 차별 대우하다. b]역성 들다, 편애하다: He always ~s in favor of his friends. 그는 언제나 친구의 편을 든다.
— [-minət] *a.* 주의 깊게 식별하는.
파) **~·ly** [-nitli] *ad.*

dis·crim·i·nat·ing [diskrímənèitiŋ] *a.* (1)식별하는 : 식별력이 있는 : ~ characteristics 〈features〉 식별에 도움이 되는 특징.(2)〔限定的〕 차별적인 ~ duties 차별 관세. 파) **~·ly** *ad.*

·dis·crim·i·na·tion [diskrìmənéiʃən] *n.* ⓤ (1) 구별 ; 식별〈력〉. 안식《*in*》. (2)차별 (대우): racial ~ 인종 차별 / without ~ 차별 없이. 평등하게.

dis·crim·i·na·tor [diskrímənèitər] *n.* ⓒ (1) 식별〈차별〉하는 사람. (2) 【電子】 판별 장치《주파수·위상(位相)의 변화에 따라 진폭을 조절하는》.

dis·crim·i·na·to·ry [diskrímənətɔ̀ːri/ -təri] *a.*(1)차별적인 : a ~ attitude 차별적인 태도. (2)식 별력이 있는.

dis·cur·sive [diskə́ːrsiv] *a.* (1) (문장 ·이야기등이) 산만한, 종잡을 수 없는. (2)【哲】 추론적인.
파) **~·ly** *ad.* **~·ness** *n.*

:dis·cuss [diskʌ́s] *vt.* 《~+目/+目+前+名/+wh. to do/+wh.節》…을 토론〈논의〉하다(debate) …에 관하여 (서로) 이야기하다; …에 대해 의논하다.

dis·cus·sant [diskʌ́snt] *n.* ⓒ (심포지움 토론회 따위의) 토론(참가)자.

:dis·cus·sion [diskʌ́ʃən] *n.* ⓤⓒ 토론, 토의 (debate), 논의, 의논, 심의, 검토《*about; on; of*》 : have 〈hold〉 a family ~ *as to* where to go next summer 이번 여름에 어디로 갈지를 가족끼리 이야기하다.

·dis·dain [disdéin] *n.* ⓤ 경멸(輕蔑). 모멸(의 태도):오만. —*vt.* (1)…을 경멸하다. 멸시하다. (2) 《+to do/+-*ing*》 …할 가치가 없다고 생각하다. 떳떳지 않게 여기다.

dis·dain·ful [disdéinfəl] *a.* 거드름 부리는 (haughty). 경멸적(輕蔑的)인(scornful), 오만한; 무시〈경멸〉하는: be ~ of…을 경멸〈무시〉하다 / a ~ look 경멸의 눈빛.
파) **~·ly** *ad.* 경멸하여.

:dis·ease [dizíːz] *n.* ⓤⓒ (1)병, 질병. 【cf.】ailment, illness, malady. (2) (정신·도덕 따위의) 불건전〈한 상태〉. 병폐 : ~*s* of society 〈the mind〉 사회 〈정신〉적 병폐.

dis·em·bark [dìsembɑ́ːrk] *vt.* (배·비행기 등에서,화물·승객 등)을 내리게 하다《*from*》. — *vi.* 하선하다. 상륙하다 : 내리다《*from*》

dis·em·bar·ka·tion [dìsembɑːrkéiʃən] *n.* ⓤ 양륙(揚陸); 상륙; 하선, 하차.

disembarkátion càrd (여행자 등의) 입국카드.

dis·em·bar·rass [dìsembǽrəs] *vt.* (사람)을(곤란·책임 등에서) 해방시키다(free), (걱정·무거운 짐 따위)를 덜어 주다.
파) **~·ment** *n.* ⓤ 해방. 이탈

dis·em·bod·ied [dìsimbɑ́did/ -bɔ́d-] *a.* 〔限定的〕(1)육체에서 분리된; 실체 없는: a ~ spirit 육체를 떠난 혼, 유령. (2) (소리 따위) 안보이는 사람으로부터의, (군대를) 해산하다(disband).

dis·em·bow·el [dìsembáuəl] (**-l-**《英》**-ll-**) *vt.* …의 내장을 빼내다《※ 생선·닭 따위에는 clean이라 함》.
파)**~·ment** *n.* ⓤ 할복, 내장을 꺼냄.

dis·en·chant [dìsentʃǽnt, -tʃɑ́ːnt] *vt.* (1) …의 마법을 풀다. (2)…을 미몽(迷夢)에서 깨어나게 하다: …에게 환멸을 느끼게 하다.
파) **~·ment** *n.* ⓤ 각성, 눈뜸.

dis·en·cum·ber [dìsenkʌ́mbər] *vt.* (장애물·무거운 짐)을 제거하다. (고생·장애에서)해방하다.

dis·en·gage [dìsengéidʒ] *vt.* (1)…을 자유롭게 하다. (의무·속박 등)에서 해방하다. (2)…을 풀다. 떼다. 벗다. (3) (부대로 하여금) 전투를 중지하고 철퇴 하게 하다, ~ oneself 교전을 중지하다.
—*vi.* (1) (기계 등이) 연결이 벗겨지다. 들리다. 떨어지다. (2)교전(敎典)을 중지하다, 철퇴하다

dis·en·gaged [-d] *a* 〔敍述的〕 약속〈예약〉이 없는. 짬이 있는, 한가한, 비어있는(vacant) : I shall be ~ tomorrow 내일은 한가하다

dis·en·tan·gle [dìsentǽŋgl] *vt.* (1) …의 엉킨 것을 풀다: ~ the threads 실을 풀다. (2)(분규)를해결하다. (얽힘·분쟁 등)에서 이탈시키다: ~ oneself *from* politics 정치에서 손을 떼다.
—*vi.* 풀리다, 해결되다. 파) **~·ment** *n.* ⓤ

dis·es·tab·lish [dìsistǽbliʃ] *vt.* (1) (기존의 제도)를 폐지하다, 관직에서 해직하다. (2) (교회의) 국교제(國敎制)를 폐시하나. 파) **~·ment** *n.* ⓤ

dis·es·teem [dìsestíːm] *vt.* …을 얕(깔)보다 : 경시하다. — *n.* ⓤ 냉대 : 경멸: hold a person in ~ 아무를 깔보다.

dis·fa·vor [disféivər] *n.* ⓤ(1)싫어함, 마음에 안듦; 냉대 :regard a person with ~ 아무를 싫어하다. (2)인기〈인망〉 없음. be in ~인기가 없다 .

·dis·fig·ure [disfígjər/ -fígər] *vt.* …의 모양을 손상하다. 볼꼴 사납게 하다, …의 가치를 손상시키다: a face ~d by a scar 흉터 때문에 못쓰게 된 얼굴. 파) **~·ment** *n.* (1)ⓤ 미관〈외관〉을 해침. (2)ⓒ 미관〈외관〉을 해치는 것.

dis·fran·chise [disfrǽntʃaiz] *vt.* …의 공민〈선거〉

권을 빼앗다. 파) **~·ment** *n.* ⓤ

dis·gorge [disgɔ́ːrdʒ] *vt.* (1)(먹은 것)을 토하다 ;(연기·물 등)을 토해 내다. (2) (강·물)을 (…에)흘려보내다. 흘러 들다. (3)【比】(훔친 것)을 도로 내놓다. 토해내다. —*vi.* (1)(강 따위가) 흘러들다《*into*》: ~ *into* the Pacific 태평양에 흘러들다. (2)훔친 것을 마지 못해 내놓다.

:dis·grace [disgréis] *n.* (1) ⓤ 창피, 불명예(dishonor). 치욕 : the ~ of being arrested for bribery 수회로 체포된다는 불명예. (2) (a ~)치욕이 되는것, 망신거리. 【cf.】 dishonor, sham ***fall into ~*** 망신당하다 ; 총애를 잃다《*with*》. ***in ~*** 비위를 거슬러 : 면목을 잃어. ***be a ~ to ~*** 의 망신감이다.

—*vt.* (1) …을 망신시키다 …의 수치가 되다. (2) …을 면직〈파면〉 하다. ~ ***oneself*** 창피당하다, 망신하다

·dis·grace·ful [disgréisfəl] *a.* 면목 없는, 수치스러운, 불명예스러운. 파)**~·ly** *ad.* **~·ness** *n.*

dis·grun·tled [disgrʌ́ntld] *a.* 불만스러운 : 기분상한, 시무룩한《at; with》, 심술난(moody).

:dis·guise [disgáiz] *n.* (1)ⓤⓒ 변장, 가장, 위장 ; 가장복 : a policeman in ~ 변장한 경관 / a fraud in ~ 번드레한 사기.(2)ⓤ 겉치레; 기만; 구실(口實). ***in ~*** 변장한 : a blessing *in* ~ 외면상 불행해 보이는 행복. ***in 〈under〉 the ~ of*** …이라 속이고,…을 구실로.

:dis·gust [disgʌ́st] *n.* ⓤ (심한) 싫증, 혐오, 불쾌감. —*vt.* …을 싫어지게 〈정떨어지게 : 넌더리나게〉 하다 ; 메스껍게 하다: be (feel) ~ed at (by, with) …으로 메스꺼워지다, …에 넌더리나다.

dis·gust·ed [disgʌ́stid] *a.* 정떨어진, 넌더리난. 파) **~·ly** *ad.*

:dis·gust·ing [disgʌ́stiŋ] *a.* 구역질나는, 정말 싫은, 정떨어지는, 지겨운: a ~ smell 구역질나는 냄새 / You are ~ ! 정말 정떨어지는 놈이다

파) **~·ly** *ad.*

:dish [diʃ] *n.* ⓒ (1) (깊은) 접시, 큰 접시《금속·사기·나무제》. 푼주; (the ~es) 식사류《※plate, bowl, cup, saucer 등 일체》: do〈wash〉*the ~es* 설거지하다. (2) 한 접시(의 요리) : (접시에 담은) 음식물; 요리 : a ~ of meat고기 요리 한접시 / a nice ~맛있는 요리 / a heavy〈a plain〉 ~ 느끼한〔담백한〕 요리. (3)주발 모양의 것 : 파라볼라 안테나(의 반사판). (4)《口》 매력있는〈귀여운〉 여자.

dis·har·mo·ny [dishɑ́ːrməni] *n.* ⓤ (1)부조화, 불일치. (2)불협화(음), 가락이 안 맞음(discord).

díshcloth góurd 【植】 수세미외.

·dis·heart·en [dishɑ́ːrtn] *vt.* …을 낙담시키다, 실망시키다.

파) **~·ing** *a.* 낙심시키는, 기를 꺾는.**~·ing ~·ly** *ad.* 낙담하게〈할 만큼〉. **~·ment** *n.* 낙담

di·shev·eled, 《英》 **-elled** [diʃévəld] a. (1) (머리가) 헝클어진 ; 빗질 안한(unkempt) ; 봉두난발의. (2) (옷차림이) 단정치 못한.

:dis·hon·est [disɑ́nist/ -ɔ́n-] (***more ~ : most~***) *a.* (1)부정직할 불성실한: a ~ answer 부정직한 대답, 〈일등〉 눈속임으로 한, (사상이) 진실성이 없는. (2)눈속이는, 부정한 : ~ money 부정하게 번 돈. 파)**~·ly** *ad.*

·dis·hon·es·ty [disɑ́nisti] *n.* (1)ⓤ 부정직, 불성실. (2)ⓒ 부정(행위), 사기 ; 거짓말.

:dis·hon·or, 《英》 **-our** [disɑ́nər/ -ɔ́n-] *n.* ⓤ (1) 불명예 ; 치욕, 굴욕(shame) live in ~ 욕되게 살다. (2)(또는 a~)불명예스러운 일, 치욕이 되는 일, 망신거리. (3)【商】 (어음·수표의) 부도

—*vt.* (1)…에게 굴욕을 주다 …명예를 손상시키다(더럽히다). (2) (어음 등)의 지급을〈인수를〉 거절하다. 부도내다. 【opp.】 *accept*. 『 a ~*ed* check 부도수표 .

dis·hon·or·a·ble [-rəbəl] a. 불명예스러운. 수치스러운, 천한; 비열한: a ~ discharge불명예 제대. 파) **-·bly** *ad.* 불명예스럽게, 비열하게.

dish·wash·er [ˊwɑ̀ʃər, ˊwɔ̀(ː)ʃ-] *n.* ⓒ 접시 닦는 사람〈기계〉.

dish·wa·ter [ˊwɔ̀ːtər, -wɑ̀t-] *n.* ⓤ 개숫물. (***as***)***dull as ~*** 몹시 지루한. (***as***) ***weak as ~*** (차 따위가) 아주 싱거운.

dishy [díʃi] (***dísh·i·er ; -i·est***) *a.* 《英俗》 (사람이) 성적으로 매력있는.

·dis·il·lu·sion [dìsilúːʒən] *n.* ⓤ 미몽을 깨우치기, 각성 ; 환멸. —*vt.*…의 미몽을 깨우치다. 각성시키다: …에게 환멸을 느끼게 하다: be ~*ed at* 《*about* ; *with*》 …에 환멸을 느끼다.

dis·in·cli·na·tion [dìsinklinéiʃən, -ˋ-ˊ-] .

dis·in·cline [dìsinkláin] *vt.* …에게 싫증나게 하다 《※ 보통 과거분사로, 형용사적으로 씀; ⇨ DISINCLINED》. — *vi.* 마음이 안 내키는.

dis·in·clined [dìsinkláind] *a.* 〔敍述的〕 …하고 싶지 않은, 내키지 않는(reluctant).

dis·in·fect [dìsinfékt] *vt.*…을 소독〈살균〉하다 ~ a hospital room 병실을 소독하다.

dis·in·fect·ant [dìsinféktənt] a. 소독력이 있는, 살균성의. —*n.* ⓤⓒ 소독제, 살균제.

dis·in·gen·u·ous [dìsindʒénjuːəs] *a.* 부정직한, 불성실한, 엉큼한.

dis·in·her·it [dìsinhérit] *vt.* 【法】 …의 상속권을 박탈하다. 폐적(廢嫡)하다.

파) **-i·tance** [-əns] *n.* ⓤ 폐적, 상속권 박탈.

dis·in·te·grate [disíntigrèit] *vt.* …을 분해〈풍화〉시키다, 붕괴시키다.

dis·in·te·gra·tion [disìntigréiʃən] *n.* ⓤ (1)분해 ; 붕괴. (2)【物】 (방사성 원소의) 붕괴. (3)【地質】(암석 따위의) 풍화 (작용).

dis·in·ter [dìsintə́ːr] (***-rr-***) vt. ① (시체 따위)를 파내다, 발굴하다. (2)(숨겨진 것)을 드러 내다. 햇빛을 보게 하다, 들추어 내다.

파)**~·ment** *n.* ⓤⓒ 발굴; 발굴물.

·dis·in·ter·est·ed [disíntəristid, -rèst-] *a.* (1) 사욕이 없는, 공평한 : a ~ empire〈decision〉 공평한 심판〈결정〉. (2)〔敍述的〕 무관심한, 흥미없는《*in*》(※ 이 뜻으로는 uninterested가 일반적임).

파) **~·ly** *ad.* **~·ness** *n.*

dis·in·vest [dìsinvést] *vt.* 【經】 …의 투자를 중지하다〈철수하다〉. 파)~·ment n. ⓤ

dis·joint [disdʒɔ́int] *vt.* (1) 의 관절을 삐게 하다, 탈구(脫臼)시키다. (2)…을 뜯다. 해체하다. (3)…을 지리멸렬이 되게 하다. —*vi.* (1)관절이 삐다. (2)뿔뿔이 흩어지다

dis·joint·ed [disdʒɔ́intid] *a.* (1)관절을 삔. (2)뿔뿔이 된. (3)뒤죽박죽의, 체계가 서지 않는, 지리 멸렬한《사상·문체·이야기 따위》.

파)**~·ly** *ad.* **~·ness** *n.*

dis·junc·tive [disdʒʌ́ŋktiv] *a.* (1)나누는, 떼는; 분리적인 (2)【文法】 이접적(離接的)인 : a ~ conjunction 이접적 접속사. —*n.* ⓒ 【文法】 이접적 접속사《but, yet 따위》. 파) **~·ly** *ad.* 분리적으로.

·disk, disc [disk] *n.* ⓒ (1) a]원반 (모양의 것). b] (경기용) 원반. (2) (흔히 disc) 디스크, 레코드. (3) 【컴】 저장판, 디스크《자기(磁氣) 기억장치》. (4)【解·動】

추간 연골, 추간판. (5)평원형(形)의 표면.
dísk càche [컴] (저장)판 시렁《주기억 장치와 자기 디스크 사이의 완충 기억장치》.
dis·kette [diskét] *n.* ⓒ[컴] (저장)판, 디스켓, 플로피 디스크(floppy disk).
:dis·like [disláik] *vt.* 《~+目/+~-*ing*/+目+*to* do》 …을 싫어〈미워〉하다《※ '싫어하다'의 일반 적인 말. —*n.*ⓤⓒ 싫음, 혐오 반감《*for* ; *to* ; *of*》: She is full *of* likes and ~s. 그녀는 가리는 것이 많다.까다롭다. ***take a ~ to*** …을 싫어하게 되다, …이 싫어지다. have a ~ to(of, for) …을 싫어하다.
dis·lo·cate [dísloukèit, -ˊ-] *vt.* (1)…의 관절을 삐다,…을 탈구시키다. (2) (계획·고통 등)을 혼란시키다 : a ~d economy 혼란에 빠진 경제.
·dis·lo·ca·tion [dìsloukéiʃən] *n.* ⓤⓒ (1)탈구: suffer a ~ 탈구하다. (2)혼란.
dis·lodge [dislάdʒ/ -lɔ́dʒ] *vt.* 《~+目/+目+前+名》 (1)…을 (어떤 장소에서) 이동시키다(remove) : 제거하다. (2)(적·상대 팀 따위)를 (진지·수비 위치로부터) 몰아내다〈격퇴하다〉.
·dis·loy·al [dislɔ́iəl] *a.* 불충한, 불성실한, 충실하지 못한《*to*》: He's ~ *to* the party. 그는 당에 충실하지 않다. 파) **~·ly** *ad.*
·dis·mal [dízməl] (***more ~: most ~***) *a.* (1)음침한, 어두운 ; 우울한, 쓸쓸한 : ~ news 우울한 뉴스. (2)참담한, 비참한 : a ~ failure 참담한 실패 (를 한 사람) / a ~ performance 형편없는 연기〈연주〉. 파) **~·ly** [-i] *ad.*
dis·man·tle [dismǽntl] *vt.* (1)(집·요새 등에서, 가구·장비·방비 등)을 치우다, 철거하다 《*of*》 : The house was ~*d of* its furnishings and fixtures. 집에서 가구랑 비품들이 철거됐다. (2)(기계 등)을 분해하다, 해체하다: ~ a steel mill 철공소를 해체하다. 파) **~·ment** *n.*
dis·mast [dismǽst, -mάːst] *vt.* (폭풍 따위가 배)의 돛대를 넘어뜨리다〈부러뜨리다〉
:dis·may [disméi] *n.* ⓤ 당황, 경악; 낙담 : to one's ~ 당황한 것은, 놀랍게도 / She flopped down in ~. 그녀는 놀란 나머지 털썩 주저 앉았다.
—*vt.* 〔종종 受動으로〕 당황케 하다 ; 실망〈낙담〉시키다, 질리게 하다.
dis·mem·ber [dismémbər] *vt.* (1)…의 손발을 자르다〈잡아떼다〉 : ~ a body 시체를 토막토막 잘라〈떼어〉 내다. (2) (국토 따위)를 분할하다.
파) **~·ment** *n.* ⓤ(1)수족절단. (2)국토분할.
:dis·miss [dismís] *vt.* (1)(사람)을 떠나게 하다, 가게하다 ; (집회·대열 등)을 해산시키다. (2) 《~+目/+目+前+名》 …을 해고〈면직〉하다《*from*》: He was ~*ed form* drunkenness. 그는 술비릇이 나빠서 해고당했다. (3) 《~+目/+目+前+名》(생각따위)를 (염두에서)쫓아내다, 버리다, 잊어버리다. (4)a] (토의 중의 문제 따위)를 간단히 처리하다. 결말을 내리다. b] [法] …을 각하〈기각〉하다. (5)[크리켓] (타자·팀)을 아웃시키다.
·dis·miss·al [dismísəl] *n.* ⓤⓒ (1)해산, 퇴거. (2)면직, 해고 ; 해고통지 ; 추방, 출학. (3)(소송의) 각하, (상소의) 기각. ~ from school 퇴학 처분.
dis·mis·sive [dismísiv] *a.* 거부〈멸시〉하는 듯한, 경멸적인, 거만한 : a ~ gesture거부〈경멸〉하는 듯한 태도.
·dis·mount [dismáunt] *vt.* (1) …을 말·자전거 따위에서 내리우다; (적 따위)를 말에서 떨어뜨리다. (2)…을 대좌(臺座) 따위에서 떼내다, 내리다 ; (대포)를 포차에서 내리다. (3) (그림 따위)를 틀에서 떼다. (4) (기계 따위)를 분해하다, 해체하다.
—*vi.* (말·자전거 따위에서)내리다《*from*》: ~ *from* one's horse 말에서 내리다.
·dis·o·be·di·ence [dìsəbíːdiəns] *n.* ⓤ (1)불순종 ;반항 ; 불효《to》. (2) (규칙의) 위반, 반칙《*to*》: ~ *to* the law 법률 위반 □ disobey *v.*
·dis·o·be·di·ent [dìsəbíːdiənt] *a.* 순종치 않는, 불효한 ; 말을 듣지 않는; 위반〈반항〉하는《*to*》: be ~ to one's parents부모 말을 듣지 않다.
파) **~·ly** *ad.*
·dis·o·bey [dìsəbéi] *vt.* (명령 등)에 따르지 않다. 위반하다, 어기다 ; 반항하다 : ~ orders 명령에 따르지 않다 / ~ a superior 상사에 반항하다. —*vi.* 복종하지 않다. □ disobedience *n.*
dis·o·blige [dìsəbláidʒ] *vt.* …에게 불친절하게 대하다 ; (아무)의 뜻을 거스르다 ; …에게 폐를 끼치다.
dis·o·blig·ing [dìsəbláidʒiŋ] *a.* 불친절한, 인정없는 ; 폐가 되는 : It was ~ of you to refuse his request. 그의 부탁을 거절하다니 너도 너무 했다.
파) **~·ly** *ad.*
:dis·or·der [disɔ́ːrdər] *n.* (1)ⓤ 무질서, 어지러움, 혼란 : His room was in great ~ 그의 방은아주 어지러웠다. (2)ⓤⓒ (사회적·정치적) 불온, 소동, 소란. (3)ⓤⓒ (심신의) 부조(不調), 장애, 질환, 이상.
·dis·or·der·ly [disɔ́ːrdərli] *a.* (1)무질서한. 난잡(亂雜)한: a ~ room. (2)난폭한, 무법의: ~mob 폭도. (3)[法]공안 방해의 : 풍기를 문란케 하는. 파)**-li·ness** *n.* ⓤ (1)무질서, 혼란. (2)[法]공안 방해.
dis·or·gan·ized [-gənàizd] *a.* 조직 질서가 문란한, 되는 대로의 : a - worker 일을 이무렇게나〈되는 대로〉하는 사람.
dis·o·ri·ent [disɔ́ːriənt, -ènt] *vt.* (1)〔흔히 受動으로〕《美》 …에게 방향 감각을 잃게 하다. (2) 〔흔히 과거분사로 형용사적으로 쓰임〕 (사람)을 갈피를 못잡게하다. 당황하게 하다.
dis·own [disóun] *vt.* (1) …을 제 것이 아니라고 말하다 : ~ a gun 자기 총이 아니라고 하다. (2) …와 자기와의 관계를 부인하다. (자식)과 의절하다: ~ one's son 자식과 인연을 끊다.
dis·par·age [dispǽridʒ] *vt.* (1)…을 깔보다 얕보다. (2)…을 헐뜯다, 비방〈비난〉하다.
dis·par·age·ment [-mənt] *n.*ⓤⓒ (1)경멸, 깔봄, 업신여김. (2)비난.
dis·par·ag·ing [dispǽridʒiŋ] *a.* 깔보는 (듯한), 험담하는 : 비난하는 (듯한). 파)**~·ly** *ad.*
dis·par·i·ty [dispǽrəti] *n.* ⓤⓒ 부동. 부등(inequality). 불균형, 불일치 ; 상위.
dis·pas·sion·ate [dispǽʃənit] *a.* (1)감정에 좌우되지 않는, 침착한, 냉정한(calm). (2)공평한(impartial): a ~ arbiter 공평한 조정자.
파)**~·ly** *ad.* **~·ness** *n.*
:dis·patch [dispǽtʃ] *vt.* (1) (편지·사자 등)을 급송하다: 급파〈특파〉하다《*to*》: ~ a letter편지를 급송하다 . (2)a] (일)을 신속히 처리하다. b]《口》 (식사)를 빨리 마치다. (3)(사람)을 죽이다. 처치하다(kill); (사형수 등)을 처형하다, 없애버리다.
— *n.* (1)ⓤ 급파, 특파, 급송. (2)ⓒ a]급송 공문서. b]급보, 특전. (3)ⓤ 재빠른 처리 : 신속한조치 : with ~ 지급으로, 속히, 신속히, 잽싸게. [英軍] 수훈(殊勳) 보고서 안에 이름이 오르다.
dis·patch·er, des- [dispǽtʃər] *n.* ⓒ (1)발송계(係)〈담당자〉 : 급파하는 사람. (2)(철도·버스 따위의) 발차계, 배차계, 발송계원.

·dis·pel [dispél] (**-ll-**) vt. (1)(근심 · 의문 등)을 쫓아버리다, 없애다(disperse). (2) (안개 등)을 흩다.

dis·pen·sa·ble [dispénsəbəl] *a.* 없어도 좋은, 중요치 않은. 〖opp.〗 *indispensable.* 베풀어(나누어) 줄수 있는, 관면할수 있는.

dis·pen·sa·tion [dìspənséiʃən, -pen-] *n.* (1) a] ⓤⓒ분배, 시여(施與. b] ⓒ 분배품, 시여품. (2)ⓒ (신의)섭리, 하늘의 배재 (配劑). (3)ⓤ 통치, 제도, 체제 : under the new ~ 신체제하에(서는). (4)ⓤⓒ【法】(법의) 적용, 면제. (5)ⓤ 【가톨릭】 a]관면(寬免). b]ⓒ 관면장. □ dispense v. the christian ~ 기독교 천계법. the Mosaic ~ 모세의 율법.

·dis·pense [dispéns] *vt.* (1)《~+目/+目+前+名》…을 분배하다, 나누어 주다, 베풀다: ~ food and clothing to the poor 빈민에게 의복과 식량을 베풀다. (2)(약 등)을 조제하다, 시약〈투약〉하다. (3)(법)을 시행하다(administer). (4)《+目+前+名》 …에게 면제하다(exempt).

dis·pens·er [-ər] *n.* ⓒ (1)약사, 조제사. (2)분배자, 시여자(施與者). (3)a]디스펜서《종이컵 · 휴지 · 향수 · 정제 등을 필요량만큼 꺼내는 용기》. b]자동 판매기.

dis·péns·ing chémist [dispénsiŋ-] 《英》 약제사, 약사

·dis·perse [dispə́:rs] *vt.* (1)…을 흩뜨리다, 해산시키다 : 분산시키다(scatter). (2) …을 퍼뜨리다, 전파시키다(diffuse) : ~ rumors소문을 퍼뜨리다. (3) (구름 · 안개 등)을 흩어 없어지게 하다. (4)【光】(빛)을 분산시키다. —*vi.* (1)흩어지다, 해산(분산)하다. (2)(구름 · 안개 등이) 소산하다, 흩어 없어지다.

dis·per·sion [dispə́:rʒən, -ʃən] *n.* ⓤ (1) a]분산, 흩뜨림 ; 산란(散亂). 이산. b](the D-) ⇨ DIASPORA(1) .(2) 【光】 분산. (3)【統】 (평균간 따위와의) 편차.

dis·per·sive [dispə́:rsiv] *a.* 분산하는, 흩뜨리는 : 소산하는 ; 산포성의, 전파성의. 파)**~·ness** *n.*

di·spir·it [dispírit] *vt.* …의 기력을 꺾다; 낙담시키다.

di·spir·it·ed [dispíritid] *a.* 기운 없는, 풀죽은, 기가 죽은, 낙심한(disheartened). 의기 소침한: He looked ~. 그는 풀이 죽어 있었다. 파)**~ · ly** *ad.* **~ · ness** *n.*

·dis·place [displéis] *vt.* (1)(정상적인 자리에서) …을 바꾸어 놓다, 이동시키다, 옮기다; ~ a bone 탈구하다. (2)…에 대신 들어서다. (3)(직위 등에서, 사람)을 해임 〈해직〉하다《from》. (4)…의 배수〈배기〉량이 …이다.

dis·pláced pérson [displéist-] (전쟁 · 박해 등으로 나라를 잃은) 난민, 유민(流民), 강제 추방《略 : D.P.》.

·dis·place·ment [displéismənt-] *n.* (1)ⓤ 환치(換置), 전위 : 이동 (2)ⓤ 배제 ; 해직 ; 퇴거 (3)ⓤⓒ (선박의) 배수량(톤) ; (엔진의) 배기량: a ship of 30,000 tons 배수량 3만톤의 배 / a car of 1,800 cc ~ 배기량 1,800cc의 차.

:dis·play [displéi] *vt.* (1) …을 전시(진열)하다, 장식하다. (2) (기 · 돛따위)를 달다, 게양하다; 펴다 : ~ a flag 기를 게양하다. (3) (감정 등)을 나타내다, 드러내다 ; (능력 등)을 발휘하다 : ~ fear공포의 빛을 나타내다. — *n.* (1)ⓤⓒ 표시, 표명 ; (감정 등의) 표현 : without ~ 과시함이 없이 / She is fond of ~ 그녀는 허식을 좋아한다. (2)a]ⓤⓒ 진열 : 전시품. b]ⓒ〔集合的〕 전시품. (3)ⓤⓒ 과시 ; 발휘 ; 디스플레이《새 등의 위협 · 구애 행동따위》: a ~ of courage용기의 발휘. (4)ⓒ 【컴】화면 표시《출력 표시 장치》. ***make a ~of*** …을 과시하다 : on ~ 진열하여. out of ~ 보란듯이.

:dis·please [displí:z] *vt.*…을 불쾌하게 하다, 성나게 하다: His impudence ~d me.그의 뻔뻔스러움에 나는 화가 났다.

dis·pleased [disprí:zd] *a.* 불쾌한, 화내고 있는.

·dis·pleas·ure [displéʒər] *n.* ⓤ 불쾌 ; 불만 ; 골 ; feel〈show〉 ~ at …에 불쾌감을 느끼다(보이다).

dis·port [dispɔ́:rt] *vi.*, *vt* (…을) 즐기게 하다; 즐기다. ~ one*self* 장난치며(흥겹게) 놀다, 즐기다. — *n.* ⓤⓒ 오락, 놀이, 위안.

dis·pos·a·ble [dispóuzəbəl] *a.* (1) a] 처분할 수있는; 마음대로 되는. b] (세금 등을 낸 후) 자유로 쓸 수 있는 : ~ income가처분 소득. (2)사용 후 버리는.

:dis·pos·al [dispóuzəl] *n.* (1)ⓤ 처분, 처리《*of*》, 양도, 매각. (2)ⓤ 처분의 자유 : 처분권. (3)ⓤ 배치, 배열(配列). (4)ⓒ 디스포저 (disposer). □ dispose *v.* ***at*** a person***'s~*** = ***at the ~of*** a person 아무의 뜻〈마음〉대로 되는 : ~ by sale 매각 처분. ***put***(***leave***) something ***at*** a person's ~무엇을 아무의 재량에 맡기다.

:dis·pose [dispóuz] *vt.* (1)…을 배치하다, 배열하다. (2)《~+目+*to* do/+目+前+名》 a] (…할) 마음이 나게 하다. b]…에게 자칫 …하게 하다, …하는 경향이 있다 : She was ~*d to* colds. 그녀는 감기에 잘 걸렸다/ His physique ~*s* him *to* backache 그는 요통을 앓기 쉬운 체격이다.

—*vi.* 처분〈처리〉하다: 어떤 일의 형세를 결정하다. 《*of*》 : Man proposes, God ~*s*. 《俗談》 일은 사람이 꾸미되, 성패는 하늘에 달렸다. **~ *of*** (1) …을 처분하다 (매각 · 양도 등에 의해) : …을 처리하다: ~ *of* garbage 쓰레기를 처리하다. (2) (승부에서) …을 패배시키다 ; …을 죽이다. (3) …을 다 먹어 〈마셔〉버리다.

·dis·posed [dispóuzd] *a.* 〔敍述的〕 (1) …할 (생각)마음이 있는《*for*》, 마음이 내키는. (2)…하는 경향이 있는《*to*》: He was ~ *to* sudden fits of anger. 그는 갑자기 벌컥 화내는 성질이 있었다.

:dis·po·si·tion [dìspəzíʃən] *n.* (1)ⓤ (또는 a ~) 성벽(性癖). 성질, 기질 ; 경향. (2) (a ~) (…하고 싶은) 기분, 의향 《to : do》 : feel *a* ~ *for* a drink〈*to* drink〉 한잔하고 싶은 생각이 나다. (3)ⓤⓒ 배열, 배치 ; 작전계획 : the ~ of troops 군대의 배치. (4)ⓤ처분, 정리 ; 처분〈재량〉권 : Her property is at her (own) ~. 그녀의 재산은 그녀가 마음대로 처분할 수 있다 □ dispose v.

dis·pos·sess [dìspəzés] *vt.* …의 소유권〈재산〉을 박탈하다, 빼앗다,…에게 명도를 청구하다, …을 쫓아내다(oust)《*of*》 : ~ a person *of* his property …에게서 재산을 빼앗다, 토지에서 빼앗다.

dis·pos·ses·sion [dìspəzéʃən] *n.* ⓤ 내쫓음, 명도 신청 ; 강탈, 탈취

dis·praise [dispréiz] *vt.* …을 헐뜯다, 비난하다. — *n.* ⓤⓒ 트집 : 비난 : speak in ~ of …을 헐뜯다, 비난하다.

dis·proof [disprú:f] *n.* ①ⓤ 반박, 논박, 반증을 들기. (2)ⓒ 반증(물건) .

dis·pro·por·tion [dìsprəpɔ́:rʃən] n. (1)ⓤ (또는a ~) 불균형, 불균등, 불평균. (2)ⓒ 불균형인 점, 어울리지 않게 하다(mismatch).

dis·pro·por·tion·ate [dìsprəpɔ́:rʃənit] *a.* 불균형의, 어울리지 않는《to》. 파) **~·ly** *ad.* 불균평하게.

·dis·prove [disprú:v] *vt.* …의 반증을 들다, …의 그릇됨을 증명하다, …을 논박하다(refute).
dis·put·a·ble [dispjú:təbəl] *a.* 논의할(의문의) 여지가 있는; 의심스러운 : a highly ~ theory극히 의심스러운 이론.
dis·pu·tant [dispjú:tənt] *n.* ⓒ 논쟁자, 논객.
—*a.* 논쟁의, 논쟁중인.
dis·pu·ta·tion [dìspjutéiʃən] *n.* ⓤⓒ 논쟁, 논의, 토론, 반박. □ dispute *v.*
dis·pu·ta·tious [dìspjutéiʃəs] *a.* 논쟁적인, 논쟁을 좋아하는 파)**~·ly** *ad.*
:dis·pute [dispjú:t] *vi.* 《~/+前+名》 논쟁하다, 언쟁하다《*with*; *against*》; 논의하다. —*vt.* (1)《~+目/+wh. 節》 … 에 대해 논하다, 논의하다(discuss). (2) …을 의문시하다, 문제삼다. (3)…에 항쟁〈저항〉하다 ; …을 저지하려고 하다(oppose). (4)《~+目/+目+前+名》 (승리·우위 등)을 (얻으〈잃지 않으〉려고) 다투다, 경쟁하다 — *n.* (1)ⓤⓒ 논쟁, 논의《*with* ; *about* ; *over*》 : a labor ~ 노동 쟁의. ~ a border ~ 경계(국경)분쟁. (2)ⓒ 분쟁, 말다툼,싸움(quarrel). ***beyond*** 〈***out of. past. without***〉 **~** 의론〈의문〉의 여지없이, 분명히. ***in***〈***under***〉 **~** 논쟁중의, 미해결로〈의〉 : a point *in* ~ 논쟁점.
파) **-pút·er** *n.* 논쟁자
dis·qual·i·fi·ca·tion [diskwɑ̀ləfikéiʃən/ -kwɔ̀l-] *n.* ①ⓤ 자격 박탈, 실격 ; 무자격, 결격. (2)ⓒ 실격 사유, 결격 조항《for》.
dis·qual·i·fy [diskwɑ́ləfài/ -kwɔ́l-] *vt.* (1) …의 자격을 박탈하다; 실격시키다; 적임이 아니라고 판절하다. (2)[競] 출전 자격을 박탈〈취소〉하다.
dis·qui·et [diskwáiət] *vt.* …을 불안〈동요〉하게 하다, 걱정시키다: ~ oneself 조바심하다 / He was ~ed by the rumor. 그 소문을 듣고 그는 불안해 졌다. —n. ⓤ불안 ; 불온, 동요; 걱정.
파) **~·ing** *a.* 불안한, 걱정되는, 마음의 불안.
dis·qui·si·tion [dìskwəzíʃən] *n.* ⓒ(긴 또는 장황한) 연설, 논문, 장광설《*on*; *about*》.
·dis·re·gard [dìsrigɑ́:rd] *vt.* …을 무시하다, 경시하다(ignore) : ~ a traffic signal 교통 신호를 무시하다. —*n.* ⓤ(또는 a ~) 무시, 경시(ignoring).
dis·rel·ish [disréliʃ] *n.*ⓤ (또는 a ~) 싫어함, 혐오《*for*》: have *a* ~ *for* …을 아주 싫어하다.
—*vt.* …을 혐오하다, 싫어하다(dislike).
dis·re·pair [dìsripέər] *n.* ⓤ (수리·손질 부족에 의한) 파손(상태), 황폐.
dis·rep·u·ta·ble [disrépjətəbəl] *a.* (1) 평판이 나쁜, 불명예스러운, 좋지 않은: a ~ district (창녀등이 많은) 좋지 않은 지역, (2)보기 흉한, 추레한, 초라한 : in ~ clothes 초라한 옷차림으로.
파)**-bly** *ad.* **~·ness** *n.*
dis·re·pute [dìsripjú:t] *n.* ⓤ악평, 평판이 나쁨 ; 불명예.
dis·re·spect·ful [dìsrispéktfəl] *a.* 실례되는 ; 무례한 《*to, toward*》: He was ~ *to* me. 내게 대한 그의 태도는 무례했다. 파) **~·ly** *ad.*
dis·robe [disróub] *vt.* (1)…의 옷〈제복〉을 벗기다. (2) …을 빼앗다.
·dis·rupt [disrʌ́pt] *vt.* (1) (국가·제도·동맹 따위)를 붕괴〈분열〉시키다 . (2) (회의 등)을 혼란케 하다 : (교통· 통신 등)을 일시 불통으로 만들다, 중단시키다.
·dis·rup·tion [disrʌ́pʃən] *n.* ⓤⓒ (1)분열 ; 붕괴, 와해 : environmental ~ 환경 파괴. (2)혼란, 중단, 두절: a ~ of railway service 철도수송의 두절.
·dis·sat·is·fac·tion [dissæ̀tisfǽkʃən] *n.* (1)ⓤ 불만(족), 불평《*at*; *with*》. (2)ⓒ 불만의 원인, 불평거리.
dis·sat·is·fied [dissǽtisfàid] *a.* 불만스런; 불만을 나타내는 : a ~ look 불만스러운 표정.
·dis·sat·is·fy [dissǽtisfài] *vt.* …을 만족시키지 못하다 ; 불만을 느끼게 하다, 불쾌하게 하다. ***be dissatisfied with*** 〈***at***〉 …을 불만으로 여기다, …이 불만이다.
·dis·sect [disékt, dai-] vt. (1)…을 해부〈절개 (切開)〉하다. (2)…을 상세히 분석〈음미, 비평〉하다.
dis·sect·ed [-id] *a.* (1)해부〈절개〉한. (2)[植]전열(全裂)의《잎》. ~ leaves 끝이 갈라진 잎.
dis·sec·tion [disékʃən, dai-] *n.* (1)a]ⓤⓒ 해부, 절개, 해체. b]ⓒ 해부체〈모형〉. (2)ⓤⓒ 분석, 정밀 검사〈조사〉, (상품의) 분류 구분.
dis·sem·ble [disémbəl] *vt.* (본디의 감정·사상·목적 등)을 숨기다, 감추다 ; …을 가장하다(disquise). …인 체하다.
dis·sem·bler [-bələr] *n.* ⓒ 위선자, 가면 쓴 사람.
dis·sem·i·nate [disémənèit] *vt.* (1)(씨)를 흩뿌리다. (2)…을 널리 퍼뜨리다(diffuse), 보급시키다.
dis·sem·i·na·tor [disémənèitər] *n.* ⓒ(1)파종자. (2)선전자. (3)살포기.
·dis·sen·sion [disénʃən] *n.* ⓤⓒ 의견 차이(충돌) : internal ~ 내분 / create〈cause〉 ~ 의견 차이를 낳다〈야기하다〉. □ dissent *v.*
·dis·sent [disént] *vi.*(1)《~/+前+名》(아무와) 의견을 달리하다, 이의를 말하다. (2)영국 국교에 반대하다 《*from*》. —*n* ⓤ(1)불찬성, 이의《*from*》. (2)(흔히 D-) 영국 국교 반대.
dis·sent·er [-tər] *n.* ⓒ (1)불찬성자, 반대자 (2)(흔히 D-) 《英》 비국교도, 국교 반대자
dis·sent·ing [diséntiŋ] *a.* (1)의견을 달리하는, 이의있는, 반대하는. (2)(*종종 D-)(영국)국교에 반대하는.
dis·ser ta·tion [dìsərtéiʃən] *n.* ⓒ 논문; 《특히》 학위 논문. a doctoral ~ 박사 논문.
dis·serv·ice [dissə́:rvis] *n.*ⓤ (또는a~)해, 손해, 폐 : 불친절한 행위, 학대, 구박: do a person a ~ 아무에게 해를 주다 □disserve v.
dis·si·dence [dísədəns] *n.* ⓤ (의견·성격 등의) 상위,불일치 : 부동의(不同意), 이의.
dis·si·dent [dísədənt] *a.* 의견을 달리하는 : 반체제(反體制)의 : a ~ voice 반대 의견. — *n.* ⓒ 의견을 달리하는 사람 ; 반체제자, 비국교도(dissenter).
dis·sim·u·late [disímjulèit] *vt.* (감정)을 숨기다. —vi. 시치미떼다
dis·sim·u·la·tion [disìmjuléiʃən] *n.* ⓤⓒ (김징을) 위장 : 시치미뗌.
·dis·si·pate [dísəpèit] *vt.* (1)안개·구름 따위)를 흩뜨리다. (2)〔종종 受動으로〕(열따위)를 방산하다. (3)(의심·공포 따위)를 사라지게 하다. (4)(재산따위)를 낭비하다, 다 써 버리다(waste).
dis·si·pat·ed [dísəpèitid] *a.* 난봉피우는, 방탕한, 낭비된, 소산된 : lead〈live〉 a ~ life 방탕한 생활을 하다.
dis·si·pa·tion [dìsəpéiʃən] *n.* ⓤ (1) (구름 따위의) 소산(消散). (2)낭비 ; 방탕. □ dissipate v.
dis·so·ci·ate [disóuʃièit] *vt.* (1) …을 분리하다, 떼어놓다; 떼어서 생각하다《from》: ~d personality 분열 인격. (2) 〔再歸的〕 oneself from …와의 관계를 끊다. 【opp.】 associate.
dis·so·ci·a·tive [disóuʃièitiv, -ʃiə-] *a.* 분리적인.

분열성의.

dis·sol·u·ble [disáljəbəl/ -sɔ́l-] *a.* (1)용해〈분해〉할 수 있는. (2)해소〈해제〉할 수 있는《계약등》 파) **dis·sòl·u·bíl·i·ty** [-bíləti] *n.* ⓤ

dis·so·lute [dísəlù:t] *a.* 방종한, 홀게늦은 ; 방탕한, 난봉피우는. 파) **~·ly** *ad.* **~·ness** *n.*

·dis·so·lu·tion [dìsəlú:ʃən] *n.* ⓤ (1)용해 ; 분해 ; 분리. (2) (때로 a ~) a] (의회 ·단체 등의) 해산. b](계약등의)해소, 취소. (3)붕괴 ; 소멸; 사멸.

:dis·solve [dizálv/ -zɔ́lv] *n.* (1)《~+目/+目+前+名》…을 (…에)녹이다, 용해시키다; (물질 등)을 분해 시키다. (2) (의회·모임)을 해산(해체)하다. (3)(관계·결혼 등)을 해소하다: 취소하다: ~ a marriage 결혼을 취소하다. (4)【映·TV】(화면)을 디졸브〈오버랩〉시키다《fade-out과 fade-in이 동시에 행해짐》 —*vi.* (1)《~/+前+名》(…에) 녹다 ; (…으로) 분해하다《*in, into*》:Salt ~*s in* water. 소금은 물에 녹는다. (2)(의회·단체 등이)해산하다. (3(힘·공포·경치 따위가) 점점 사라지다〈희미해지다〉. (4)【映·TV】(화면이) 디졸브(오버랩)하다 □ dissolution. *n.* ~***in*〈*into*〉** 감정을 억제하지 못하고 …하다 : She ~d *in*(*into*) tear(laughter). 그녀는 와락 울음〈웃음〉을 터뜨렸다. — *n.* ⓤ【映·TV】디졸브 오버랩(lap ~) .

dis·so·nant [dísənənt] *a.* 【樂】불협화(음)의. (2)부조화의, 동조하지 않는.

·dis·suade [diswéid] *vt.* (…에게)그만두게 하다, …을 단념시키다.

dis·sua·sive [diswéisiv] *a.* 마음을 돌리게 하는〈하기 위한〉; 말리는《충고·몸짓 등》.

dístaff sìde (the ~) 모계, 외가쪽. 【opp.】*spear side.* 『 a cousin on *the* ~ 외사촌.

dis·tal [dístəl] *a.* 【解·植】말초(부)의, 말단의. 【opp.】*proximal.*

:dis·tance [dístəns] *n.* (1)ⓒ,ⓤ 거리, 간격. (2)(*sing.*)원거리, 먼 데〈곳〉 : (그림 등 의) 원경(遠景). (3)(*sing.*) (시일의)동안, 사이, 경과. (4)ⓤⓒ a] (혈연·신분 따위의) 현저한 차이, 현격《*between*》. b] (기분·태도의) 격의, 서먹함, 사양: keep a person at a ~ (서먹하여) 아무를 멀리하다. (5) (a ~, 또는 *pl*) 구역, 넓이 : a country of great ~*s* 광대한(땅을 가진) 나라. *at a* ~ 얼마간 떨어져서. ***gain ~ on*** … (쫓아가서) …와의 거리를 좁히다. ***go*** 〈***last***〉 ***the***(***full***) **~** 끝까지 해 내다 ; 【野】완투(完投)하다. ***in the ~*** 먼곳에, 저 멀리 : some(no) ~ 좀 멀리(바로 가까이) 있다. ***keep*** one' ***s ~*** (1)거리를 두다: *Keep your* ~! 가까이 오지 마. (2)친숙하게 굴지 않아, 서먹하게 대하다. ***within...~***…의 거리내에 : *within* jumping 〈easy〉 ~ 엎어지면 코 닿을 곳에. **dístance lèarning** 《英》(TV를 이용한) 통신교육.

:dis·tant [distənt] (***more ~ : most ~***) a (1) (거리적으로) 먼, 떨어진《*from*》: a ~ view of the …의 원경. (2) (시간적으로) 먼 : ~ ages먼 옛날. (3)〔限定的〕먼 친척의 : a ~ relative of mine나의 먼 신척. (4) (유사·관계 등, 정도가) 희미한, 약간의 : a ~ resemblance 희미한 유사. (5) (태도 따위가) 소원(疏遠)한, 데면데면한, 냉담한 : a ~ air냉담한 태도.

·dis·taste [distéist] *n.* ⓤ (때로 a ~) 싫음, 혐오, 염증(dislike) : in ~ 싫어서《외면하다 등》/ have *a* ~ for work〈music〉. 일〈음악〉을 싫어한다.

dis·taste·ful [distéistfəl] *a.* 맛없는 : 불유쾌한, 싫은(disagreeable). 파) **~·ly** [-i] *ad.* **~·ness** *n.*

dis·tend [disténd] *vt.* (내압으로 위·장·혈관 등)…을 팽창시키다 : a ~*ed* stomach 팽창한 위. —*vi.* 부풀다, 팽창하다, 과장하다.

dis·ten·si·ble [disténsəbəl] *a.* 팽창성의, 팽창 시킬 수 있는.

dis·ten·sion, -tion [disténʃən] *n.* ⓤ 팽창.

·dis·till, 《英》 **-til** [distíl] (***-ll-***) vt. (1)《~+目/+目+前+名》…을 증류하다 ; (위스키 등)을 증류하여 만들다. 【cf.】brew. 『 ~*ed* water 증류수. (2)《+目+否》(불순물 따위)를 증류하여 제거하다.(off ; out) (3) …의 정수(精粹)를 뽑다. …을 이끌어 내다. —*vi.* (1)증류되다. (2)듣다; 스며나오다.

dis·til·la·tion [dìstəléiʃən] *n.* ⓤ(1)증류(법): dry ~ 건류(乾溜) . (2)ⓤⓒ 추출된 것, 증류물, 정수(精粹).

dis·till·er [distílər] *n.* ⓒ (1)증류주 제조업자. (2)증류기.

:dis·tinct [distíŋkt] (**~ · *er;~ · est***) *a.*(1)(다른것과 전혀) 별개의, 다른(separate)《from》: 독특한(individual). (2)뚜렷한, 명백한 ; 명확한, 틀림없는. 파) ⁑**~ · ly** *ad.* 명료〈뚜렷〉하게. **~ness** *n.*

:dis·tinc·tion [distíŋkʃən] *n.*(1)ⓤⓒ 구별, 차별, 식별 . without ~ 구별없이, 무차별로. (2)ⓤⓒ 상위, 차이(점)(difference) ; (구별이 되는) 특질, 특징 . (3)ⓤ탁월(성), 우수(성): 고귀, 저명: a writer of ~ 저명한 작가. (4)ⓤⓒ수훈, 영예, 명예(honor): 영예의 표시 : win ~s 많은 영예를 얻었다. □distinct *a.* distinguish *v.* *a ~ without a difference* 차이없는 구별, 쓸데없는 구별. ***with ~*** (1)공훈을 세워서 : 훌륭한 성적으로. (2) 훌륭하게 ; 품위 있게.

·dis·tinc·tive [distíŋktiv] (***more ~ : most ~***) *a.*독특한, 특이한, 구별이 분명한; 차이를〈차별을〉 나타내는. 파)**~·ly** *ad.* 특수〈독특〉하게. **~ · ness** *n.*

dis·tinct·ly [distíŋktli] *ad.* (1)명백히, 분명히, 뚜렷하게; 틀림없이. (2)참으로, 정말: It's ~ warm today. 오늘은 정말 덥다.

:dis·tin·guish [distíŋgwiʃ] *vt.* 《~+目/+목+前+名》(1) …을 구별하다, 분별〈식별〉하다《from ; by》; 분류하다. (2)…을 특징지우다 ; …의 차이를 나타내다 / Speech ~*es* man *from* animals. 말을 함으로써 인간은 동물과 구별된다. (3)〔흔히 再歸用法 또는 受動으로〕눈에 띄게 하다, 두드러지게 하다《*by* ; *in* ; *for*》: ~*oneself in* literature 문학으로 유명해지다 .
—*vi.*《+前+名》구별〈식별〉하다《*between*》:Can animals ~ *between* colors? 짐승이 색깔을 구별할 수 있나. □ distinction *n.*

dis·tin·guish·a·ble [distíŋgwiʃəbəl] *a.* 구별〈식별〉할 수 있는.

:dis·tin·guished [distíŋgwiʃt] *a.* (1)눈에 띄는, 두드러진, 현저한(eminent). (2)출중한, 수훈(殊勳)이 있는: ~ services수훈. (3)유명한, 고귀한, 품위있는(distingue) : ~ vsitors귀빈 / a ~ family 명문(名門).

·dis·tort [distɔ́:rt] *vt.* (1)(얼굴 따위)를 찡그리다, 찌푸리다. 비틀다《*by*: *with*》Pain ~*ed* his face. 고통으로 그의 얼굴이 일그러졌다. (2) (사실)을 곱새기다. 왜곡하다: ~ the truth. 진실을 왜곡하다. (3)(라디오·TV등이 소리·화상)을 일그러뜨리다.

dis·tort·ed [distɔ́:rtid] *a.* 일그러진, 비틀어진 : a ~ view 편견 / ~ vision 난시 (亂視). 파) **~·ly** *ad.* 비뚤어져.

dis·tor·tion [distɔ́:rʃən] *n.* a)ⓤ 일그러짐. b] ⓒ 일그러진 것〈모양〉. (2)a]ⓤ(사실·뉴스 내용 등의) 왜곡; 곡해. b] ⓒ 왜곡된 이야기 〈전언〉.

·dis·tract [distrǽkt] *vt.* 《~+目/+目+前+名》(1) (마음·주의 등)을 빗가게 하다, 흩뜨리다. (딴데

·dis·tract [distrǽkt] *vt.* 《~+目/+目+前+名》 (1) (마음·주의 등)을 빗가게 하다, 흩뜨리다. (딴데로) 돌리다(divert). (2) 〔흔히 受動으로〕 어지럽게 하다, 괴롭히다(perplex)《*with*》;(정신)을 혼란케〈미치게〉 하다《*with; by; at; over*》: He was *~ed between* duty and humanity. 그는 직무와 인정 사이에서 갈피를 못 잡았다. □distraction *n.*

dis·tract·ed [distrǽktid] *a.* 괴로운, 마음이 산란한; 미친(듯한)《*by ; with*》: a ~ look심란한 표정 / drive a person ~ …의 마음을 산란하게 하다, …을 (반) 미치게 하다. 파) **~·ly** *ad.*

·dis·trac·tion [distrǽkʃən] *n.* (1) a] ⓤ 정신이 흐트러짐 : 주의 산만. b] ⓒ 마음을 흩트리는 것 : a quiet place free of *~s* 딴 데다 신경을 쓸 일이 없는 조용한 곳. (2)ⓒ 기분 전환, 오락. (3)ⓤ 심란, 정신 착란(madness). □ dirtract *v.* ***to* ~** 미친 듯이 ; 이상 할 정도로 : love a person *to* ~ 아무를 미치도록 사랑하다.

dis·trait [distréi] (*fem.* ***dis·traite*** [-tréit]) a.《F.》 멍한, 방심(放心)한, 건성의(absent-minded). 정신이 혼란하여.

:dis·tress [distrés] *n.* (1) a]ⓤ고뇌, 고통, 비통, 비탄. b] (a ~) 고민거리(to). (2)ⓤ 가난, 곤궁. (3) ⓤ 고난, 재난, 불행 : a ship in ~ 난파선 / a signal of ~ 조난 신호.

— *vt.* 《~+目/+目+前+名》(1) …을 괴롭히다, 고민케 하다 ; 슬프게 하다, 곤궁하게 하다. (2) — 을 곤란하게〈고통스럽게〉 하다, (긴장·중압으로) 지치게 하다(exhaust). ~one*self* 걱정하다《*about*》 : Don't ~ *yourself*. 걱정마라.

dis·tress·ful [distrésfəl] *a.* 고민이 많은, 비참한, 고통스러운; 곤궁에 처한. 파)**~·ly** *ad.* 괴롭게, 비참하게, 애처로운.

dis·tress·ing [distrésiŋ] *a.* 괴롭히는, 비참한: ~ news 가슴 아픈 소식. 파)**~·ly** *ad.* 비참하리만큼 참혹하게(도).

:dis·trib·ute [distribju:t] vt. (1)《~+目/+目+前+名《 …을 분배하다, 배포하다, 도르다, 배급〈배부〉하다. (2)《+目+前+名》 …을 살포하다《*at*》, 분포시키다, 뿌리다《*over; through*》: ~ ashes *over* a field 온 밭에 재를 뿌리다. (3)《~+目/+目+前+名》 …을 분류하다, 구분하다《*into*》 : ~ mail 우편물을 분류하다.

:dis·tri·bu·tion [dìstrəbjú:ʃən] *n.* (1)ⓤⓒ분배, 배분 : 배포, 배당, 배급. (2)ⓤ 살포, 산포(散布). (3)ⓤ (또는 a ~) a] (생물·언어의) 분포(구역, 상태) : a ~ chart 분포도. b]【統】 (도수) 분포. (4)ⓤ 분류; (우편의) 구분. (5)ⓤⓒ【經】(부(富)의) 분배; (상품의)유통

파) **~·ly** [-ʃənəl] *a.* 분포상의.

dis·trib·u·tive [distríbjutiv] *a.* 〔限定的〕(1)배포의, 분배의; (상품의)유통의 : ~ trades 유통 운송업. (2)【文法】 배분적인 : a ~ word 배분적인 (뜻을 나타내는) 말, 배분사.

— *n.* ⓒ 【文法】 배분사(配分詞)《each, every, either 따위》, 배분 대명사. 파) **~·ly** *ad.* 분배적으로.

·dis·trib·u·tor [distríbjətər] *n.* ⓒ(1)분배〈배포, 배달〉자. (2)운송업자; 도매상인. (3)【電】 배전기(配電器)《내연 기관용》.

:dis·trict [dístrikt] *n.* ⓒ(1)(행정·사법·선거·교육 등을 위해 나눈)지구, 관구(館區) : a judicial〈police〉~ 재판〈경찰〉 관할구. (2) 〔一般的〕 지방, 지대, 지역: an agricultural ~ 농업지대 / a mountain ~ 산악 지방.

dístrict cóurt 《美》 (1)연방 지방 법원《연방 제1심 법원》. (2) (각 주의) 지방 법원.

dístrict héating 지역난방.

·dis·trust [distrʌ́st] *n.* ⓤ(때로 a ~) 불신, 의심 : 의혹 ; have *a* ~ of …을 신용하지 않다. —vt.을 믿지〈신용하지〉 않다, 의심하다, 의아스럽게 여기다.

dis·trust·ful [dístrʌ́stfəl] *a.* 의심 많은, 의심스러운 (doubtful), 회의적인. 파)**~·ly** *ad.* 의심스럽게, 수상히 여겨. **~·ness** *n.*

:dis·turb [distə́:rb] *vt.* (1) (휴식·일 생각 중인 사람)을 방해하다 ; …에게 폐를 끼치다: I'm sorry to ~ you. 방해를 하여 죄송합니다. (2)… 의 마음을 어지럽히다; 불안하게 하다. (3) …을혼란시키다 ; 휘 저어놓다. (4) (질서)를 어지럽히다,교란하다 : ~ the peace 평화를 깨뜨리다: (밤에) 소음을내다. —vi. (휴식·일 등을) 방해하다. ***Don't ~.*** 《揭示》 깨우지 마시오《호텔 등의 문에 거는 팻말의 문구》, 어지럽히다.

:dis·turb·ance [distə́:rbəns] *n.* ⓤⓒ (1)소동, 평화〈질서〉를 어지럽히기 : 방해 ; 장애 : cause 〈make, raise〉 a ~ 소동을 일으키다. (2)a]ⓤⓒ 불안. b]ⓒ 걱정거리. □disturb *v.*

dis·turbed [distə́:rbd] *a.* (1)정신〈정서〉 장애의; 노이로제 징후가 있는 : a deeply ~ child 중증의 정신 장애아. (2)불안한, 동요된《마음등》, 어지러운, 소란스러운.

dis·turb·ing [distə́:rbiŋ] *a.* 불온한, 교란시키는 ; 불안하게 하는 : ~news 걱정스러운 소식.

dis·unite [dìsju:náit] *vt.* …을 분리〈분열〉시키다. —vi. 분리 〈분열〉하다, 불화하게 하다.

·dis·use [disjú:s] *n.* ⓤ 쓰이지 않음: 폐지 : fall(come) into ~ 쓰이지 않게 되다.

dis·used [-jú:zd] *a.* 쓰이고 있지 않는, 폐지된, 스러진: a ~ warehouse 쓰이지 않는 창고.

:ditch [ditʃ] *n.* ⓒ도랑 ; 해자, 호,(濠) ; (천연의) 수로 : 배수구 : an irrigation ~ 용수로(用水路) / a drainage ~ 배수구. ***die in a ~*** 객사하다.

—*vt.* (1)《+目+否》 …에 도랑을 파다; …에 해자를 두르다 : ~ a city *around*〈*about*〉 도시를 해자로두르다. (2)a] (탈것)을 도랑에 빠뜨리다. b]《美》 (열차)를 탈선시키다. c]《俗》 (비 행 기)를 불시 착수(不時着水)시키다; 몰락시키다(ruin). (3)《俗》(곤경에 있는 동료)를저버리다 : (고장난 비행기)를 버리고 가다.

ditch·wa·ter [dítʃwɔ̀:tər, -wɑ̀t-] *n.* ⓤ 도랑에 괸 물. ***(as) dull as ~*** (사람·물건이) 아주 따분한(형편없는).

dith·er [díðər] *vi.* (근심·흥분 등으로) 어찌할 바를 모르다, 벌벌 떨다, 당황하다《*about*》. —*n.* (a ~ ;《주로 英》 *the ~s*) 떨림 ; 당황, 안절부절 못하는(어쩔 줄 모르는) 상태 : all of a ~ 벌벌 떨다.

dit·to [dítou] (*pl.* **~s** [-z]) *n.* (1)ⓤ동상(同上), 위와 (앞과) 같음(the same) 《略: d°, do.; 일람표 등에서는 〃(ditto mark)나 —를 씀》. (2)= DITTO MARK. (3) ⓤ《口》 같은 것〈일〉 : do ~ 같은 일을 하다. (4)ⓒ 사본, 복사. ***say ~ to***《口》 … 에 전적으로 동의를 표하다. —*ad.* 마찬가지로, (앞의 것과) 같은.

dit·ty [díti] *n.* ⓒ소가곡(小歌曲), 소곡, 민요.

di·va·gate [dáivəgèit] *vi.* 《文語》(1)헤매다, 방황하다. (2)(얘기가, …에서)벗어나다《*from*》.

di·va·ga·tion [dàivəgéiʃən] *n.* ①ⓤ 방황. ②ⓤⓒ 여담(이 됨)

di·van [daivǽn, di-] *n.* ⓒ (1)긴 의자, 소파《보통 벽에 올려 놓으며, 등받이나 팔걸이는 없음》. (2): DIVAN BED.

:dive [daiv] (***dived.***《美》 ***dove*** [douv] : ***dived***) vi. 《~/+前+名》(1) (물속에 머리부터) 뛰어들다. (물속

으로) 잠기다 ; (잠수사·잠수함 등이)급히 잠수하다: ~ *into* a river 강에 뛰어들다. (1) (높은 데서) 뛰어내리다. 돌진하다 《*into*》. 달려들다: ~ *into* a doorway 출입구로 돌진하다. (3)(무엇을 끄집어 내려고) 손을 쑤셔 넣다. (4) (새나 비행기가) 급강하하다: An eagle ~d *down on* a mouse. 독수리 한마리가 급강하하여 쥐를 덮쳤다. (5) (연구·사업·오락 등에) 전념(몰두)하다. —*vt.* (잠수함)을 잠수시키다; (손 따위)를 쑤셔 넣다 : (비행기)를 급강하시키다. **~ *in*** 마구 먹기 시작하다.
—*n.* ⓒ(뛰어듦, 다이빙, 잠수: a fancy ~ 곡예 다이빙. (2)【空】급강하(nose ~); 돌진. (3)《口》(지하실 따위에 있는) 비정상적인 술집·은신처·도박장《따위》 an opium-smoking ~ 아편굴. ***take a ~*** 《俗》(미리 짜고 하는 (시합에서) 녹아웃 당한 척하다.

dive·bomb [dáivbàm/ ∸bɔ̀m] *vt.*, *vi.* (···을)급강하 폭격하다. 파)**~·ing** *n.*

div·er [dáivər] *n.* ⓒ(1) (물에) '뛰어드는 사람, 다이빙 선수 ; 잠수부, 해녀. (2) 【鳥】무자맥질하는 새《아비(loon) 따위》.

·di·verge [divə́ːrdʒ, dai-] *vi.* (1) (길·선로 등이) 갈리다. 분기(分岐)하다. (2)(정상 상태에서) 빗나가다. (진로 등을) 벗어나다. (3)(의견 따위가) 갈라지다. 다르다 《*from*》.

di·ver·gent [divə́ːrdʒənt, dai-] *a.* (1) (길 따위가) 갈라지는, 분기하는. 【opp.】 *convegent*. (2)(의견 등의) 서로다른 차이, 상이한 : ~opinions 이론. 파) **~·ly** *ad.*

·di·verse [divə́ːrs, dai-, dáivəːrs] (***more~ : most~***) a. (1)다양한(varied), 가지각색의, 여러가지의. (2)다른(different), 딴. □diversify *v.*
파) **~·ly** *ad.*

di·ver·si·fi·ca·tion [divə̀ːrsəfikéiʃən, dai-] *n.* (1)ⓤ 다양화; 다양성, 잡다함. (2)ⓒ 변화, 변형. (3)ⓤⓒ(투자의)분산, (사업의) 다각화.

di·ver·si·fied [divə́ːrsəfàid, dai-] *a.* 변화많은, 다양한, 다채로운, 다각적인.

di·ver·si·fy [divə́ːrsəfài, dai-] *vt.* ···을 다양화하다, 다채롭게 하다.

·di·ver·sion [divə́ːrʒən, -ʃən, dai-] *n.* (1)ⓤⓒ딴 데로돌림, 전환; (자금의)유용. (2)ⓤⓒ 소창, 기분 전환, 오락(recration) ; 유희. (3)ⓒ 【軍】 견제, 양동(陽動)(작전). (4)ⓒ 《英》(통행 금지시의) 우회로: set up a ~ 우회로를 만들다. □ divert *v.*

di·ver·sion·ar·y [divə́ːrʒənèri, -ʃən, dai- / -nəri] *a.* (1)주의를 딴 데로 돌리게 하는. (2)【軍】견제적인, 양동(陽動)의 : a ~ attack 양동작전.

·di·ver·si·ty [divə́ːrsəti, dai-] *n.* (1)ⓤ다양성. (2)(a~) 여러가지, 잡다(variety) : a ~ of languages〈opinions〉 여러가지 언어〈의견〉.

:di·vert [divə́ːrt, dai-] *vt.* 《~+目/+目+前+名》 (1)···을(딴데로) 돌리다, 전환하다. (2)···을 전용〈유용〉하다. (3)(주의·관심)을 돌리다 《*from*: *to*》 ···의 기분을 풀다, 잘 위로하다, 즐겁게 하다.

di·vert·ing [daivə́ːrtiŋ, di-] *a.* 기분선환〈풀이〉의, 즐거운, 재미나는(asusing). 파)**~·ly** *ad.*

Di·ves [dáiviːz] *n.*【聖】 큰 부자, 부호《누가복음 XVI : 19-31》.

di·vest [divést, dai-] *vt.* 《+目+前+名》 (1) (옷)을 벗기다, ···에게 벗게 하다《*of*》: ~ person of his coat ~ ···의 코트를 벗기다. (2)지위·권리 등)을 빼앗다(deprive). ~one***self of*** ... (1)···을 벗어버리다. (2)···을 버리다, 포기하다.
파) **~·ment** *n.* = DIVESTITURE.

:di·vide [diváid] *vt.* (1)《~+目/+目+前+名/+目+否》 ···을 나누다, 분할하다, 가르다 ; 분류하다《*into*》. 【opp.】 *units*. 『 ~ the class *into* five groups반을 다섯 그룹으로 나누다 . (2)【數】(수)를 나누다, 나뉘어 떨어지게 하다. 8 ~ d *by* 2 is 4, 8÷2 = 4/ ~16 *by* 4= ~ 4 *into* 16, 16을 4로 나누다. (3) 《~+目/+目+前+名》 (의견따위)를 분열시키다, 가르다 ; ···의 사이를 갈라놓다: A small matter ~*d* the friends. 작은 일로 그 친구들 사이가 나빠졌다. (4) 《~+目/+目+前+名》《英》 ···을 두 패로 나눠 찬부를 결정하다《*on*》: ~ the House *on* the point 그 항목을 의회의 표절에 묻다. (5)《+目+前+名》··· 을 분배하다.(distribute)《*among*: *betweeen*》···을 (아무와) 나누다(share). (6)《+目+前+名》 ···을 분리〈격리〉하다 《*from*》: ~the sick *from* the others 환자를 격리하다. —*vi.* (1)《~/+副/+前+名》 나뉘다. 갈라지다《*into*》 : They ~*d* (up) into small groups. 그들은 작은 그룹으로 나뉘었다 . (2)찬부의 표결을 하다. (3)나눗셈을 하다, 나누어 떨어지다. (4)의견이 갈리다, 대립하다.
— *n.* ⓒ (1)《美》분수계(界), 분수령. 【cf.】 Great Divide. (2)분할, 분열. ***~ and rule***분할 통치(하다).

di·vid·ed [diváidid] *a.* (1)분할된; 분리된 : ~ ownership (토지의) 분할 소유 / ~ payments분할 지급. (2)(의견 등이) 제각각인, 분열한 : ~ opinions 여러 가지로 갈라진 의견. (3)【植】 (잎이)깊이 째진 열개한.

·div·i·dend [dívidènd] *n.* ⓒ(1)【數】 피제수(被除數). 【cf.】 divisor. (2) (주식·보험의) 배당(금) : a high〈low〉 ~ 높은〈낮은〉 배당 / ***~ off*** 배당락(落)(ex ~). ***~ on*** 배당부(附)(cum ~). ***pass a ~*** 무배당으로 하다. ***pay ~s*** (1) (회사가) 배당을 지급하다. (2)좋은 결과를 낳다. (장차) 득이 되다.

:di·vine [diváin] (***di·vin·er : ~·est***) a. (1)a]신의 : 신성(神性)의 ; 하늘이 준: the ~ Being〈Father〉 신, 하느님. b]신에게바친, 신성한(holy), 종교적인 : the ~ service 예배(식). c]성스러운; 비범한: ~ beauty〈Purity〉 성스러운 아름다움〈순결〉. (2)《口》 아주멋진《※주로 여성이 쓰는 강조어》. — *n.* ⓒ성직자, 목사; 신학자. — *vt.* (1)(직관이나 점으로)···을 예언〈예지〉하다, 점치다. (2)(진상등)을 맞히다, 간파하다 : ~ the truth진실을 간파하다.

di·vine·ly [-li] *ad.* (1)신의 힘〈은덕〉으로, 신과같이, 거룩하게. (2)《口》 멋지게, 아주 훌륭하게 : You dance ~.멋있게 춤을 춘다.

di·vin·er [diváinər] *n.* ⓒ (1)점치는 사람, 점쟁이 (2)(점지팡이로) 수맥 〈광맥〉을 찾아내는 사람.

divíne ríght 【史】 왕권 신수(설)(=**divíne ríght of kíngs**).

:div·ing [dáiviŋ] *n.* ⓤ (1)잠수. (2)【水泳】다이빙.

·di·vin·i·ty [divínəti] *n.* (1)ⓤ 신성 (神性), 신격. (2) a) (the D-) 신, 하느님 (God). b] (종종D-) ⓒ(이교의) 신. (3)ⓤ 신학(theology) : a Doctor of Divinity신학 박사《略 : D.D.》.

di·vis·i·ble [divízəbəl] *a.* (1)나눌〈분할할〉 수 있는 《*into*》. (2)【數】 나누어 떨어지는《*by*》: 10 is ~ *by* 2. 10은 2로 나누어 떨어진다. 파) **-bly** *ad.* 나눌 수 있게.

:di·vi·sion [divíʒən] *n.* (1) ⓤ분할 ; 분배. (2)ⓤ 【數】 나눗셈, 제법. 【opp.】 *multiplication*. (3)ⓒ(분할된) 구분, 부분 ; 구(區), 부(部), 단(段), 절(節), (4)ⓒ경계(선), 구획하는 것. (5)ⓒa]【生】(유(類), 과(科), 속(屬) 따위의) 부문. b]【植】문(門). (6)ⓒ〔集合的 ; 單·複數취급〕【陸軍·空軍】 사단; 【海軍】 분함대《보통 4 척》. (7)ⓤ (또는 a ~) 불일치,불화, (의견 따위의)분열. (8)ⓒ(찬부 양파로 갈라지는) 표결, 채결

《보통 4 척》. (7)ⓤ (또는 a ~) 불일치,불화, (의견 따위의)분열. (8)ⓒ(찬부 양파로 갈라지는) 표결, 채결(採決)《on》: There will be a ~ *on* the motion tomorrow. 그 동의의 채결이 내일 있을 것이다. (9) ⓒ(관청·회사 등의)부, 국, 과: the sales ~ of the company 회사의 판매부. □ divide *v.*

di·vi·sion·al [divíʒənəl] *a.* (1)분할상의, 구문을 나타내는 ; 부분적인. (2)【軍】 사단의.
파) **~·ly** ad. 분할적으로, 나눗셈으로.

divísion sìgn 〈**màrk**〉 나눗셈표《÷》 ; 분수(分數)를 나타내는 사선(斜線)《/》.

di·vi·sive [diváisiv] *a.* 분화를〈분열을〉 일으키는.
파) **~·ly** *ad.* **~·ness** *n.* 대립, 분열.

·di·vi·sor [diváizər] *n.* ⓒ【數】 제수(除數), 법(法)(【opp.】*dividend*);약수 ⇨ COMMON DIVISOR.

:di·vorce [divɔ́ːrs] *n.* (1)ⓤⓒ 이혼, 이연 (離緣);별거(limited ~): get〈obtain〉 a ~ from one's wife 아내와 이혼하다. (2) ⓒ (흔히 *sing.*)(완전한) 분리, 절연. — *vt.* 《~+目/+目+前+名》(1) …와 이혼하다〈시키다〉; 이연하다〈시키다〉 : the court ~*d* the couple. 법원은 그 부부의 이혼을 인정했다. (2)…을 (완전히) 분리〈절연〉하다《*from*》: ~ church and 《*from*》 state 교회와 국가를 분리하다. —*vi.* 이혼하다.

di·vulge [divʌ́ldʒ, dai-] *vt.* (비밀)을 누설하다 (reveal). 밝히다 ; 폭로하다 : ~ secrets to a foreign agent외국 간첩에게 비밀을 누설하다.

·diz·zy [dízi] (***diz·si·er ; diz·zi·est***) *a.* (1)현기증 나는; 머리가 어찔 어찔 한 : a ~ spell 일순간의 현기증 / a ~ speed 〈height〉 아찔해질 만한 속도〈높은 곳〉. (2)《口》 철딱서니 없는, 바보의, 어리석은.
— *vt.* (1) …을 현기증나게 하다 ; 핑핑 돌게 하다 : at a ~ in pace 머리가 어지러울 정도의 속도로. (2)(사람)을 당혹하게 만들다.
파) **-zily** [-zili] *ad.* 현기증 나게 ; 어지럽게. **-ziness** *n.* ⓤ 현기증.

DNA fíngerprinting DNA 지문 감정법.

DNA próbe 【生化】 DNA프로브《화학적으로 합성한, 사슬 길이 10내지 20의 특정 염기배열을 갖는 한 줄 사슬 올리고머》.

D nótice [díː] 《英》 D통고《기밀 보전을 위해 보도 금지를 요청하는 정부 통고》.

:do[1] [duː, 弱 du, də] (현재 ***do***, 직설법 현재 3인칭 단수 ***does*** [dʌz, 弱 dəz] ; 과거 ***did***) *aux. v.* 1) 〔肯定疑問文〕《일반 동사·have동사와 함께, 보통 약하게 발음됨》: *Do* you hear me? 내 말이 들리는가 / *Does* he know ? 그는 알고 있나》.

☞ 語法 (1) 疑問詞가 주어로 되어 있든가 주어를 꾸미는 문장에서는 do를 쓰지 않음 : Who opened [ʻdid open] the door? 문을 누가 열었나.
(2)간접의문문에서는 보통do를 쓰지 않음 I asked him if he cleaned [ʻdid clean] the room. 그에게 방 청소를 하느냐고 물었다(= I said to him. "Do you clean the room ?") .
(3)do는 조동사 can, must, may, will, shall, have와 함께는 쓰지 않음 : Can you [ʻDo you can]swim? 넌 헤엄칠 줄 아느냐.
(4)《英》에서는 '소유·상태'의 뜻을 나타내는have와 함께는 do를 쓰지 않는 것이 보통이나 최근에는 do를 쓰는 경향이 있음.

2) 〔否定文 (平敍·命令·疑問) 〕(간약형 : do not → ***don't*** [dount] ; does not → ***doesn't*** [dʌ́znt] : did not ⇨ ***did.n't*** [dídnt] : I *do not*〈*don't*〉 think so. 난 그렇게는 생각하지 않는다 / war *doesn't* pay. 전쟁을 타산이 맞지 않는다 / *Don't* worry. 걱정하지 마라 / *Don't* be afraid. 두려워 하지 마라(명 령문에 한해서 be 의 부정에 do가 쓰임》.

☞ 語法 (1)분사나 不定詞의 부정에는 do를 쓰지않음: I asked him not [ʻdo not] to make a noise. 그에게 떠들지 말도록 요청했다(=I said to him. "Please *don't* make a noise."
(2)do의 부정에는 not 을 쓰며, never, hardly따위의 부사는 흔히 쓰이지 않음.
(3) be동사를 do와 함께 쓸 수 있는 것은 위에 보인 否定의 명령문과 肯定의 명령문을 강조할 때 뿐임. 단(但), *Why don't* you be quiet! (조용히 해라)와 같이 형식은 명령문은 아니면서 명령의 뜻을 나타내는 문장에서는 be와 do를 함께 사용할 때도 있음.
(4) 흔히 문어는 비간약형을, 구어는 간약형을 쓰는데, 평서문에서 특히 부정을 강조할 때에는 구어에서도 비간약형을 쓸 때가 있음: I *do not* agree. 아무래도 찬동 할 수 없소.

3) 〔强調文〕《do를 강하게 발음함》 정말, 꼭, 확실히, 역시 : I *do* know. 나는 정말 알고 있다 / Why didn't you come yesterday ? - But I *did* come.어제 왜 오지 않았나—아냐 갔었어.
4)〔倒置法〕《副詞(句)가 문두에 나올 때》: Little *did* she eat. 그녀는 거의 먹지 않았다 / Never *did* I dream of seeing you again.자넬 다시 만나리라고는 꿈에도 생각 못했네 .
—(***did : done*** [dʌn]: ***do•ing*** [dúːiŋ]; 직설법 현재 3인칭 단수 ***does***) *pro-verb* (代動詞) 《be have 이외 동사의 되풀이를 피하기 위해 쓰이며, 흔히 세게 발음됨).
(1) 〔動詞 및 그것을 포함한 어구의 반목을 피하여〕.
(2)〔疑問文에 대한 대답 중에서〕《흔히 do에 강세》: Do you like music? — Yes, I *do* (=like music) 〈No, I *don't* (=don't like music)〉. 음악을 좋아하십니까 — 네, 좋아합니다〈아뇨, 좋아하지 않습니다〉.
(3)〔付加疑問文 중에서〕 …이죠(그렇죠), …이 틀림없죠: He works in a bank, *doesn't* he ? 그는 은행에 근무하죠《↷이면 확인해 보는 기분, ↗이면 확실히 모르므로 물어보는 기분》 / You didn't read that book, *did* you ? 자넨 그 책을 읽지 않았지(안 그래). ※ 부가의문문은 보통 주절이 긍정이면 부정, 주절이 부정이면 긍정임.
(4)〔상대의 말에 맞장구를 칠 때〕 (아) 그렇습니까 : I bought a car. — Oh. *did* you ? 차를 샀습니다 —아, 그러십니까.
—(***did ; done; dó•ing; does***)《보통 세게 발음됨》 *vt.* (1)하다, 행하다. a〕《+目》(행동 따위)를 하다 : (일·의무따위)를 다하다, 수행 〈실행, 이행〉하다 : *do* a good deed 선행을 하다 / What can I *do* for you ? (점원이 손님에게) (무엇을 도와드릴까요 →)어서 오십시오, 무엇을 드릴까요 ; (의사가 환자에게) 어디가 편찮으십니까 / What can you *do* about it ? (↷)그 일에 자네는 도대체 무엇을 할 수 있는가 할 수 없지 않은가》 / *do* one's best〈utmost〉 자신의 최선을 다하다 / *Do* your duty. 본분을〈의무를〉 다하시오. b〕《+-ing》〔-ing형에 보통 the, any, some, one's, much를 수반하여〕(…행위)를 하다 / *do* the wash*ing* (shopp*ing*) 빨래를 〈쇼핑을〉 하다 / I'll *do* some read*ing* today. 오늘은 책을 읽겠다. c〕《+ing》 (직업으로서) …을 하다 : *do* lecturing 강의를 하다 / *do* teach*ing* 교사를 하다. d〕《+目》 흔히 have *done*, be *done*의 형태로) …을 끝

내다. (다) 해버리다.
(2)《+目+目/+目+前+名》 주다. a] (…에게)(이익·(손)해 따위)를 주다(inflict), 가져오다《to》. 가하다. 끼치다. b](…에게) (명예·경의·호의·옳은 평가따위)를 표하다. 베풀다. 주다《to》 : *do* a person a service 아무의 시중을 들다〈돌보아주다〉. c] (아무에게) (은혜 따위)를 베풀다, (부탁·소원 등)을 들어주다 《*for*》 = Will you *do* me a favor? = Will you *do* a favor *for* me? (부탁좀 들어주겠나→) 부탁이 있는데.
(3) (어떤 방법으로든) 처리하다《목적어에 따라 여러가지 뜻이 됨.【cf.】成句 do up》. a] 《+目》(답장을 써서) (편지)의 처리를 하다. b] 《+目》 (방·침대 등)을 치우다, 청소하다, 정리하다, (접시 따위)를 닦다, (이)를 닦다 : *do* the room방을 청소하다 / *do* one's teeth 이를 닦다. c]《+目》 …을 꾸미다, 손질하다, 꽃꽂이하다. (머리)를 매만지다. (얼굴)을 화장하다. (식사·침구)를 제공하다. 준비하다 : *do* one's hair 머리를 빗다〈감다〉. d]《+目》 (학과)를 공부(전공·준비)하다 : *do* one's lessons 예습을 하다 / He is *doing* electronics. 그는 전자 공학을 전공하고 있다. e] 《+目》 (문제·계산)을 풀다(solve) : *do* a problem 문제를 풀다.
(4) a] 《+目》(고기·야채 따위)를 요리하다 ; (요리)를 만들다 : They *do* fish very well here. 이 집은 생선 요리를 잘 한다. b] 《+目(+甫)》 (고기 등을 …하게) 요리하다. 굽다.
(5) 《+目》 (will 과 함께) (아무)에게 도움이 되다. 쓸 만하다. 소용에 닿다, 충분하다(serve, suffice for) 《수동형은 불가능》 : This will *do* us for the present. 당분간 이것이면 된다.
(6) 《+目》《口》 …을 두루 돌아보다, 구경〈참관〉하다: do the sights 명승지를 구경하다.
(7)《+目》 a] (어느 거리)를 답파〈踏破〉하다(traverse), (나아)가다, 여행하다(cover, travel). b] (…의 속도로) 나아가다(travel at the rate of) : This car *does* 120 m.p.h. 이 차는 시속 120 마일로 달린다.
(8)a] 《+目》《英口》 (아무)에게 서비스를 제공하다《보통 수동형은 불가능》 : I'll *do* you next, sir. (오래 기다리셨습니다) 다음 손님 앉으십쇼《이발소 등에서》. b] 〔보통 well따위와 함께〕 (아무)를 (잘)대접하다. 대(우)하다《보통·수동형·진행형은 불가능》 : They *do* you very well at that hotel. 저 호텔에서는 서비스가 아주〈썩〉 좋다. c]〔do oneself로 ; well따위와 함께〕사치를 하다.〈부리다〉《수동형은 불가능》 : *do* oneself well 호화롭게 살다. 사치한 생활을 하다.
9)《口》 a]《目》(아무)를 속이다, 야바위치다(cheat) : He has *done* me many a time. 그는 여러번 나를 속이고 있다. b] 《+目+前+名》(아무에게서 …을)속여 빼앗다. 사취하다《*out of*》 : *do* a person *out of* his inheritance〈job〉아무에게서 유산〈일〉을 빼앗다.
(10) 《+目》 (극)을 상영하다(produce) : We *did* Hamlet. 햄릿을 상연했다.
(11) 《+目》a]…의 역(役)을 (맡아서) 하다, 연기하다 : *do* polonius 폴로니우스 역을 하다. b] …처럼 행동하다, …인 체하다, …을 흉내내다 : *do* a Chaplin 채플린 같은 짓거리를 하다 / Can you *do* a frog? 너 개구리 흉내를 낼줄아느냐. c] 〔the+形容詞를 수반하여〕《英口》 …하게 굴다 : *do* the amiable 붙임성 있게 굴다 / *do* the grand 잘난 듯이 굴다.
(12) 《+目》《口》(형기)를 살다, 복역하다 : *do* time (in prison) 복역하다 / He *did* five years for robbery. 그는 강도죄로 5 년형을 살았다. ※ 미국에서는 다른 '임기'에 관해서도 씀.
(13)《+目》《英口》 (아무)를 혼내주다, (아무)에게 뜨끔한 맛을 뵈다(punish). (아무)를 죽이다
(14)《口》(여행·운동 등이) …을 지치게 하다(wear out, exhaust).
(15)《英口》 (아무)를 기소(起訴)(고소)하다: (아무)에게 유죄를 선고하다.
(16)《美俗》 (아무)와 성교하다; (마약)을 쓰다.
(17)《英俗》 (점포 따위)에 침입하다, …을 털다. (rob)
— *vi.* (1)하다. a]행하다, 활동하다(act) : Don't talk. Only *do*. = *Do* don't talk. 말은 그만두고 실행하라. b] 〔well, right따위 양태를 나타내는 副詞(節)과 함께〕 행동하다. 처신하다(behave) *do* like a gentleman 신사답게 행동하다.
(2) 《+否》〔well, badly, how 따위를 수반하여〕 a] (아무가) 해나가다, 지내다(get along) ; (사물이)돼나가다 : *do* wisely 현명하게 해나가다. b] (식물이) 자라다(grow) : Wheat *does* best in this soil. 이 땅에서는 밀이 잘 된다.
(3)〔보통 will, won't와 함께〕 a] 《+前+名》 (…에)도움이 되다. 쓸 만하다. 족(足)하다. 충분하다《for》. b] 《+前+名+to do》 (아무가…하는 데) 충분하다. c] 좋다, (…면,…으로) 되다 : That will *do*. 그것으로 충분하다 ; 이제 됐으니 그만둬 / This car won't *do*. 이 차는 안 되겠다〈못쓰겠다〉.
(4)〔完了形으로〕 (아무가) (행동·일 동을) 끝내다. 마치다(fnish).
(5)〔現在分詞形으로〕 일어나(고 있)다(happen, take place). ***be done with*** = have *done* with. *do* away with《수동형 가능》(1)…을 없애다, …을 폐지〈제거〉하다. (2) …을 죽이다, …을 없애다 : *do* any *with* oneself 자살하다. ***do...by*** 〔흔히 well, badly 등과함께〕《口》 (아무를) …하게 대하다〈대우해 주다〉《수동형은 가능, 진행형은 불가능》: He *does* well *by* his friends. 그는 친구들에게 잘 한다. ***do*** a person ***down*** (1)아무를 속이다. (2)아무를 부끄럽게 하다. (3)(자리에 없는사람의)험담을 하다, 헐뜯다. ***do for*** (1)⇨vi.a]. (2)《英口》(아무)를 위해 살림을〈신변을〉을 돌보다. (3) 〔종종 be done〕《口》 (아무)를 몹시 지치게 하다. 파멸시키다 ; (사물)을 못쓰게 만들다. ***do in*** (1) 《口》 (아무)를 녹초가 되게〈지치게〉 하다(wear out, exhaust) : I'm really *done in*. 완전히 지쳤다. (2) (사물)을 못쓰게 만들다. 망가뜨리다 : *do* one's car *in* 차를 부수다〈못쓰게 만들다〉. (3)《俗》(아무)를 죽이다. ***do it*** (1) 효과를 나타내다, 주효하다《형용사·부사가 주어 (主語)로 됨》 : Steady *does it*. 착실히 하는 것이 좋다. (2)《口》성교하다. ***do or die*** 죽을 각오로 하다, 필사적으로 노력하다.【cf.】 do-or-die. do out 《口》(방 따위)를 쓸어내다, 청소하다: (서랍 따위)를 치우다. 정리하다. ***do over*** (1) (벽 등)을 덧칠〈다시 칠〉하다, 개장(改裝)하다. (2)《美》 …을 되풀이하다, 다시하다, 고쳐 만들다. (3)《俗》 …를 혼내다. 때려눕히다. ***do*** a person ***proud*** ⇨ PROUD. ***do right*** (…하는 것은)옳다, 당연하다. (…은) 잘 하는 일이다 : You do right to think so 네가 그렇게 생각 하는 것은 당연하다. ***do one's bit*** ⇨ BIT. ***do oneself well*** ⇨ WELL. ***do the*** …처럼 행동하다 : Don't *do the* big 잘난 체하지 마라. ***do the trick*** ⇨ TRICK. ***do ... to death*** ⇨ DEATH. ***do up*** (1)…을 수리하다, 손보다. (2) (머리)를 매만져 단듬다〈손질하다〉, 머리를 땋다 : *do up* one's hair 머리를 손질하다〈땋다〉. (3)〔do oneself up으로〕 멋부려 치장하다, 화장하다, 옷을 차려 입다. (4)…을 싸다, 꾸리다, 포장하다. (5) (…의) 단추〈후크 (따위)〉를 채우다, 끼우다, (끈 따위)를 매다 ; (*vi.*) (옷 따위가) 단추〈지퍼〉로 채워지다. 〖opp.〗 *undo*. (6)〔흔히 受動으로〕《口》 (아무)를 녹초가 되게 하다, 지치게 하다 : He was

quite done up. 그는 완전히 지쳐버렸다. (7) …을 세탁하여 다림질을 하다 : *do up* one's shirts 셔츠를 빨아 다리다. ***do well*** ⇨ WELL. ***do well to do*** ⇨ WELL. ***do well out of*** ⇨WELL. ***do with*** 〔疑問代名詞 what 을 목적어로 하여〕(1)…을 처치〈처분〉하다, …을 다루다(deal with). (2) 〔what (to) do with oneself〕 어떻게 (때를) 보내다, 어떻게 행동하다《진행형은 불가능》. (3) 〔can, could와 함께 ; 否定 · 疑問文에서〕 …을 참고 견디다 ; (불만이지만) …한 대로 참다. (4) (Can, could를 수반하여) 《口》 …했으면 좋을 성싶다,…하고 싶다. ***do without***(…)없이 때우다. 없는대로 해나가다〈지내다〉 (dispense with) : I can't *do without* this dictionary. 이 사전 없이는 해나갈 수가 없다. ***have* 〈*be*〉 *done with*** (1) (일 따위)를 끝내다, 마치다: I *have done with* the book. 그 책은 다 읽었다. (3)(…에서) 손을 떼다, 그만두다 ; (…와) 관계를 끊다 : I *have done with* smoking. 담배를 끊었다. ***have something* 〈*nothing. little.* etc.〉 *to do with*** … 와(는) 좀 관계가 있다〈전연, 거의(따위) 관계가 없다〉. ***How do you do?*** 처음 뵙겠습니다, 안녕하십니까《소개될 때의 상투 어구, 같은 말로 되받아도 됨》. ***make do*** ⇨ MAKE. ***nothing doing*** ⇨ NOTHING. ***That does it!*** 《口》그건 너무하다, 이제 됐다〈그만〉, 더는 참을 수 없다. ***That's done it!*** (1)이젠 글렀다. 만사 끝장이다. 아뿔싸. (2)해냈다, (잘)됐다. ***to do with...*** 〔흔히 something, nothing, anything따위 뒤에 와서〕 (…에) 관계하다, 관계가 있다. ***Well done!*** 잘 했다, 용하다. ***What* 〈《英》 *How*〉 *will you do for ...?*** …의 준비는 어떻게 하나.

— [duː] (*pl.* ***~s. ~'s***) n. ⓒ (1)《英口》사기, 협잡: It's all a *do*. 순전한 협잡이다. (2)《英口》 축연, 파티. (3)(pl.)지켜야 할 일, 명령〈희망〉사항 : *do's* and don'ts 지켜야 할 사항들. (4)법석, 대소동(commotion, fuss). (5)《美俗》 머리형(型) (hairdo). ***do one's do*** 할 일을 다하다. 본분〈직분〉을 다하다. ***Fair dos* 〈*do's*〉*!*** 《英俗》 공평 〈공정〉히 하세.

do[2] [dou] (*pl.* ***~s. ~'s***) n. ⓤⓒ 【樂】 도《장음계의제1음》, 주음조(主音調).

dob·bin [dábin/dɔ́bin] *n.* ⓒ (순하고 일 잘하는)(농사)말; 복마(卜馬)《흔히 애칭으로 쓰임》.

do·cent [dóusənt, dousént] *n.* ⓒ 《美》 (1) (대학의) 강사. (2)(미술관 · 박물관 등의)안내인.

doc·ile [dásəl dóusail] *a.* 유순한, 다루기 쉬운, 가르치기 쉬운: the ~ masses 다루기 쉬운 대중. 파) **~•ly** *ad.*

do·cil·i·ty [dasíləti, dou-] *n.* ⓤ 유순함. 다루기 쉬움.

:dock[1] [dak / dɔk] *n.* ⓒ(1)독, 선거(船渠): a dry ~ 건식 선거 / a flating ~ 부양식(浮揚式) 독 / a wet ~ 계선(繫船)독(거). (2)선창, 선착장, 부두, 안벽, 잔교(pier). in ~ (1)수리공장〈독〉에 들어가. (2)《英口》 입원중(인). ***out of ~*** (1) (배가) 독에서 나와. (2)《英》 퇴원하여. (3)《英口》(차 따위의) 수리가 끝나. ***in dry ~*** 실직하여.

— *vt., vi.* (1)(배를〈가〉) 독에 넣다〈들어가다〉. (2)(두 우주선을〈이〉) 결합〈도킹〉시키다〈하다〉.

dock[2] *n.* (the~)(형사 법정의) 피고석: be in the ~ 피고인석에 앉아 있다, 재판을 받고 있다 ; 비난〈비판〉을 받고 있다.

dock·age [dákidʒ / dɔ́k-] *n.* ⓤ (때로 a~) 독〈선거〉사용료, 입거료(入渠料)

dock·er [dákit / dɔ́k-] *n.* ⓒ 부두 노동자, 독 작업원(《美》 longshoreman).

dock·et [dákit / dɔ́k-] *n.* (1) ⓒ【法】(미결의)소송사건 일람표. (2)《美》(사무상의) 처리예정표; (회의등의) 협의사항. (3) (서류에 붙이는) 각서, 부전 ; (화물의)꼬리표. — *vt.* (1) (사건 등)을 소송 사건 일람표에 기입하다. (2) (문서)에 부전을 붙이다 ; 내용 적요를 달다 ; (소포)에 꼬리표를 붙이다.

dock·side [dáksàid / dɔ́k-] *n.* ⓒ부두쪽 지역, 선창의.

dock·yard [´-jàːrd] *n.* (1) 조선소. (2) 《英》 해군공창(《美》 navy yard) .

:doc·tor [dáktər / dɔ́k-] *n.* ⓒ (1)박사《略: D., Dr.》 : 박사 칭호. (2)의사《※《美》에서 surgeon(외과의), dentist(치과의). veterinarian(수의) 등에도 쓰이나 《英》에서는 보통 physician(내과의)을 가리킴》. (3)《口》(흔히 수식어와 함께) …수리공: a car(radio) ~ 자동차〈라디오〉 수리공.

— *vt.*(1) 《~+目/+目+否》(사람 · 병)을 치료하다. (2)(기계 따위)의 손질〈수선〉을 하다(mend) : ~ an old colck 낡은 시계를 수리하다. (3)(음식물)에 다른 것을 섞다《up》. (4)a〕 (문서 · 증거 따위)를 멋대로 고치다, 변조하다 : ~ a report 보고서를 조작하다. b〕(극 따위)를 개작(改作)하다. (5)《英》 …에게 박사 학위를 주다. (6)(짐승)을 거세하다.

doc·tor·al [dáktərəl / dɔ́k-] *a.* 〔限定的〕 박사의, 권위있는(authoritative) : a ~ dissertation 박사 논문.

doc·tri·naire [dàktrənέər / dɔ̀k-] *n.* ⓒ 《蔑》공론가(空論家), 순이론가.

— a. 공론적인, 순리파(純理派)의, 이론 일변도의.

doc·tri·nal [dáktrənəl / dɔktrái-] *a.* 〔限定的〕(1) 교의〈교리〉(상)의. (2)학리상의.

:doc·trine [dáktrin / dɔ́k-] *n.* ⓤⓒ (1)교의, 교리, 【cf.】 dogma. 『 the Christian ~ 기독교의 교의. (2)주의. (정치 · 종교 · 학문상의) 신조, 학설 ; 원칙, 공식 (외교)정책 : the Monroe Doctrine 먼로주의.

:doc·u·ment [dákjəmənt / dɔ́k-] *n.* ⓒ 문서, 서류, 기록, 증거자료, 증서, 문헌: legal ~s 법률서류 / an official〈a public〉 ~ 공문.

— [-mènt] *vt.*(1)…을 문서로 증명하다 ; (저서 · 논문 등)에 (각주 등으로) 전거를 보이다, 순헌을 부기하다 : a well~ed book 충분한 자료의 뒷받침이 있는 책. (2)(…에게) 문서〈증서〉를 교부〈제공〉하다.

doc·u·men·tal [dàkjəméntl / dɔ̀k-] *a.*= DOCUMENTARY (1).

·doc·u·men·ta·ry [dàkjəméntəri / dɔ̀k-] *a.* (1) 문서의, 서류〈증서〉의, 기록자료가 되는〈에 있는,에 의한〉 : ~ evidence 증거 서류. (2)사실을 기록한《영화 · TV 등》 : a ~ film 기록영화. — *n.* ⓒ 기록영화, 다큐멘터리(= **~ film**); (라디오 · TV 등의)기록물《on;about》.

dod·der [dádər / dɔ́d-] *vi.* (중풍이나 노령으로)떨다, 휘청거리다, 비실비실하다 : ~ along 비틀비틀 걷다..

dod·der·ing [dádəriŋ / dɔ́d-] *a.* 비실거리는, 휘청휘청하는. 파) **~•ly** ad.

do·dec·a·gon [doudékəgàn / -gɔ̀n] *n.* ⓒ 12각〈변〉형.

do·dec·a·pho·ny [doudékəfòuni, dòudikǽfə-] *n.* ⓒ 12음 음악. 파) -phon · ic [dòudekəfánik, doudèkə- / -fɔ́n-] *a.*

·dodge [dadʒ / dɔdʒ] *vi.* (1) 《~/+否/+前+名》(재빨리) 몸을 피하다, 살짝 비키다. (2)교묘하게 둘러대다. 회피하다.

— *vt*. (1) (타격 등)을 홱 피하다, 날쌔게 비키다. (2) (책임 따위)를 교묘히 회피하다, (질문 따위)를 교묘히 얼버무려 넘기다, 교묘히 둘러대다.
— *n*. ⓒ (흔히 *sing*.) (1)살짝 몸을 피하기 : make a ~ 살짝 몸을 비키다. (2)《口》 교묘한 속임수; 회피책, 발뺌 : a tax ~ 탈세 / on the ~ 부정한 짓을 하고.

dodg·er [dádʒər / dɔ́-] *n*. ⓒ (1)홱 몸을 피하는 사람. (2)속임수를 잘 쓰는 사람 ; 사기꾼 : a tax ~ 탈세자.

dodgy [dádʒi / dɔ́dʒi] (***dodg•i•er : -i•est***) *a*. (1)(계획 ·일 등이) 위태로운 ; (기구(器具)가) 안전하지 못한, 위험한. (2) (사람이) 교활한, 방심할 수 없는.

do·do [dóudou] (*pl*. ***~(e)s***) *n*. ⓒ 도도《지금은 멸종한 날지 못하는 큰 새의 이름》. (as) dead as a 〈the〉 ~ (1) 완전히 죽은〈쇠퇴하여〉. (2)구닥다리의, 시대에 뒤진.

·do·er [dúːər] *n*. ⓒ 행위자 ; 실행자 : a ~ of evil deeds 못된 짓을 하는 사람.

:does [强 dʌz, 보통은 弱 dəz] *v*. DO[1]의 3인칭 · 단수 · 직설법 · 현재형.

doe·skin [dóuskìn] *n*. (1)ⓤⓒ암사슴 가죽; 암사슴의 무두질한 가죽. (2)ⓤ 사슴가죽 비슷한 나사(羅紗). =도스킨.

:does·n't [dʌ́znt] does not의 간약형.

do·eth [dúːiθ] *v*. 《古》 DO[1](동사)의 3인칭 · 단수 · 직설법 · 현재형 : he ~= he does.

doff [daf, dɔ(:)f] *vt*. 《古》 (인사하려고 모자)를 벗다: (옷)을 벗다. 〖opp.〗 don[2]. [◁do+off]

:dog [dɔ(:)g, dag] *n*. (1)ⓒ 개 ; 수캐《※ 친밀하게 의인화해 it대신으로 받는때가 많음》 : a ~ wolf 수이리. (2) ⓒ 갯과의 동물《이리 · 승냥이 따위》. (3)ⓒ a]너절한 (매력없는) 남자 ; 못생긴 석자; (수식어를 붙여) …한 놈. b]《美俗》 형편없는 것, 실패작. (4) 【天】 (the D-) 큰개자리 , 작은개자리. (5)ⓒ 무집게, 쇠갈고리. (6) (*pl*.) 《美口》 핫도그. (7) (the ~s) 《英口》 개 경주, 도그 레이스.
a ~ in the manger (제게 불필요한 것도 남 주기는 싫어하는) 심술쟁이《이솝 우화에서》. ***a ~'s chance*** (부정적으로) 한가닥의 가망〈희망〉. ***a ~'s life*** ⇨ DOG'S LIfE. (***as***) ***sick as a ~*** 아주 기분이 나쁜. ***blush like a black ~*** 전혀 얼굴을 붉히지 〈부끄러워하지〉 않다. ***die like a ~*** 개죽음하다. ***~ tied up***《Austral. 俗》 밀린 계산서. ***~ eat ~*** (먹느냐 먹히느냐의) 치열한 경쟁. ***dress up like a ~'s dinner*** 《英口》 한껏 치장하다《약하게 차려입고》. ***go to the ~s*** 《口》 파멸〈타락, 영락〉하다. ***put on*** (***the***) ***~*** 《美口》 으스대다, 허세부리다. ***throw*** 〈***give***〉 ***to the ~s*** 내버리다, 희생시키다. ***treat*** a person ***like a ~*** 《口》 소홀히 대하다.

dog·cart [dɔ́(:)gkàːrt, dág-] *n*. ⓒ (1)개수레. (2)등을 맞대게 된 좌석이 있는 2륜〈4 륜〉 마차《전에는좌석 밑에 사냥개를 태웠음》.

dóg cóllar (1)개 목걸이. (2)《口》 (목사 등의) 세운 칼라, 여자목걸이(necklace).

dóg dáys (흔히 the ~) 복중, 삼복《7월초부터 8월 중순경까지의 무더운 때》 : in the ~ 복중에.

dog-ear [dɔ́(:)gìər, dág-] *n*. ⓒ 책장 모서리의 접힘. — *vt*. 책장 모서리를 접다

dog-eat-dog [∠ìːt∠] *a*. (限定的) 먹느냐 먹히느냐의, 사리사욕에 눈이 먼: It's a ~ world. 먹느냐 먹히느냐의 세상이다. — *n*. 골육상쟁.

·dog·ged [dɔ́(:)gid, dág-] *a*. 완강한 ; 집요한, 끈질긴 . 파) **~ · ly** *ad*. **~ · ness** *n*.

dog·ger·el [dɔ́(:)gərəl, dág-] *n*. ⓤ (내용도 부실하고 운(韻)도 맞지 않는) 서투른 시. — *a*. 우스꽝스러운 (comic).

dog·go [dɔ́(:)gou, dág-] *ad*. 《英俗》가만히 숨어서, 꼼짝하지 않고. lie ~ 꼼짝하지 않고 숨어 있다〈기다리다〉.

dog·gone [dɔ́(:)ggɔ́(:)n, -gan, dág-] *int*. 《美俗》 제기랄, 빌어먹을, 괴씸한. — *vt*. …을 저주하다(damn) : Doggone it! 빌어먹을, 제기랄. — *a*. 《限定的》 저주할, 괘씸한, 지긋지긋한.

dog·leg [dɔ́(:)glèg, dág-] *n*. ⓒ (1)개 뒷다리같이 구부러진 것. (2) (도로나 경주장의) 급각도로〈'〈' 모양으로〉 굽은 길〈코스〉. — *vt*. 지그재그로 나아가다.

·dog·ma [dɔ́(:)gmə, dág-] (*pl* ***~s, ~•ta*** [-mətə]) *n*. ⓤⓒ (1) 교의, 교리, 도그마 : substructure of ~ 교의의 기초. (2)ⓒ 독단적 주장〈견해〉 : political ~ 정치적 독단.

·dog·mat·ic, -i·cal [dɔ(:)gmǽtik, dag-], [-əl] *a*. (1)독단적인. (2)교의〈교리〉의, 독단주의. 【cf.】 SKEPTICAL. 파) **-i•cal•y** [-əli] *ad*.

·dog·ma·tism [dɔ́(:)gmətìzəm, dág-] *n*. ⓤ독단(론) ; 독단주의 ; 독단적인 태도, 교조주의.

dog·ma·tize [dɔ́(:)gmətàiz, dág-] *vi*. 독단적으로 주장하다. — *vt*. (주의 등)을 교의화하다.
파) **dòg•ma•ti•zá•tion** [-tizéiʃən] *n*. ⓤ **dóg•ma•tiz•er** [-tàizər] *n*.

do-good·er [dúːgùdər] *n*. ⓤ 《흔히》 (선의이긴 하지만) 공상적인 자선가〈개혁 운동가〉.

dogs·body [dɔ́ːgzbàdi, dágz- / dɔ́gzbɔ̀di] *n*. ⓒ 」 《英俗》 마구 부림을 당하는 사람, 하바리.

dóg's brèakfast 〈**dìnner**〉 《口》 엉망진창, 뒤죽박죽.

dog-tired [∠táiərd] *a*. 《口》녹초가 된, 몹시 지친.

dog·tooth [∠tùːθ] (*pl*. ***-teeth***) *n*. ⓒ (1) 송곳니. (2) 【建】 (영국, 고딕 건축 초기의) 송곳니 장식

doi·ly [dɔ́ili] *n*. ⓒ 도일리《린네르 따위로 만들며, 꽃병 따위의 밑에 깖》.

·do·ing [dúːiŋ] *n*. (1)a] ⓤⓒ함, 행함, 실행, 수행 ; 행실, 행동, 소행. b] ⓤ 대단한 일, 힘듦. (2)(*pl*.) 《英口》 꾸짖음, 질책 : give a person a good ~ 아무를 호되게 꾸짖다. (3) (*pl*.) 《英俗》 (이름을 모르는) 무어라 하는 것, 그것 . ***take*** 〈***want***〉 ***some*** 〈***a lot of***〉 ***~*** 꽤 어렵다.

do-it-your·self [dùːətʃərséif] *a*. 《限定的》 (수리 · 조립 등을) 손수하는 : a ~ repair kit 아마추어용 수리 공구 일습. — *n*. ⓤ (수리 등을) 손수함 ; 손수하는 취미. 파) **~•er** *n*.

Dól·by Sỳstem [dɔ́ːlbi, dóul-] 돌비 방식《테 이프리코더로 재생시 잡음 저감 방식 : 商標名》.

dol·drums [dóuldrəmz, dál-, dɔ́(:)l-] *n*. *pl*. (the -) (1)우울, 의기 소침 ; 침울, 정체 상태〈기간〉. (2) 【海】 (적도 부근의) 무풍대(無風帶). ***be in the~*** (1)침울해 있다. (2)정체 상태에 있다, 불황이다. (3) (배가) 무풍대에 들어 있다.

·dole [doul] *n*. (1)ⓒ (흔히 *sing*.) 시여물(施與物) 분배물 ; 얼마 안 되는 몫. (2) (the~)《英口》 실업 수당. — *vt*. 《+目+否》 …을 (조금씩) 베풀어〈나누어〉 주..

·dole·ful [dóulfəl] *a*. 슬픈, 쓸쓸한 ; 음울한.
파) **~•ly** [-i] *ad*. **~•ness** *n*.

:doll [dal, dɔ(:)l] *n*. ⓒ(1)인형. (2)백치미의〈예쁘지만 어리석은〉젊은여자. (3)귀여운 여자 애. (4)《美俗》고마운〈친절한〉사람 : cutting out (paper) ~*s* 미쳐서.
— *vt*.《+目+否》《口》 …을 화려하게 차려 입다.

:dol·lar [dálər/dɔ́lər] *n*. ⓒ (1) 달러(미국 · 캐나다 등지의 화폐단위 ; 100 센트 ; 기호 $, $》. (2)1달러 지

폐〈은화〉. ***bet*** one'***s bottom ~*** 《美口》전재산을 걸다: 확신하다. ***like a million ~s*** ⇨MILLION. ***~s ot doughnuts*** 아주 확실함

doll·house [dálhàus, dɔ́(:)l-] *n.* ⓒ(1)인형의 집. (2)(장난감처럼)자그마한 집.

dol·lop [dáləp/dɔ́l-] *n.* ⓒ(1)버터 따위의 연한) 덩어리《*of*》: a~ of jelly. (2)(액체의) 소량 : a ~ of whisky 위스키 한방울〈한스푼〉.

Dol·ly [dáli/dɔ́li] *n.* 돌리《여자 이름: Dorothy의 애칭》.

·dol·ly [dáli/dɔ́li] *n.* ⓒ(1)《兒》인형, 각시. (2)= DOLLY BIRD. (3)《美》(역·공항 등에서, 무거운 짐을 나르는 발바퀴 달린)손수레. (4)【映·TV】카메라 이동 대차(臺車), 돌리.

dol·men [dóulmen, dálmən/dɔ́l-] *n.* ⓒ【考古】돌멘, 고인돌. 【cf.】cromlech.

dol·or·ous [dáləres, dóulə- /dɔ́lə-] *a.* 《詩》슬픈, 마음 아픈 ; 괴로운, 비탄(grief).

·dol·phin [dálfin, dɔ́(:)l-] *n.* (1)ⓒ【動】돌고래. (2) ⓒ【魚】만새기. (3)(the D-)【天】돌고래자리 (Delphinus).

-dom *suf.* (1)'지위, 권력, 영지, 나라'의 뜻: earldom, kingdom. (2)'추상적 관념'을 나타냄 : freedom. (3)집합적으로 '…계(界), …사회, …기질'따위의 뜻 : dfficialdom.

·do·main [douméin] *n.* (1)ⓒ 영토, 영역 ; 세력범위 : aerial ~s 영공(嶺空)/ the public ~ 공유지. (2) ⓤ (완전) 토지 소유권 : ~ of use지상권 (3)ⓒ (활동·연구·지식· 사상 등의) 분야, …계 : the ~ of medicine 의학의 분야.

:dome [doum] *n.* ⓒ (1)둥근 천장 ; 둥근 지붕, 돔: the ~ of a church 교회의 돔. (2) a] 반구형〈둥근지붕 모양〉의 것 .the ~ of the sky 하늘, 천공. b](야산 등의) 둥근 마루터기. (3)《美俗》머리.
— *vi.* 반구형으로 부풀다.

domed [-d] *a.* (1) 〔흔히 複合語를 이루어〕 돔〈둥근 지붕〉이 있는. (2)반구형의 : a ~ forehead 뒷박 이마, 짱구머리

:do·mes·tic [douméstik] (***more ~: most ~***) a. (1)가정의, 가사상의 : ~ industry 가내 공업 / ~ dramas 가정극, 홈드라마 / ~ service가사, 《특히》 청소. (2)가사에 충실한, 가정적인. (3)사육되어 길들여진 (tame). 〖opp.〗 wild. 『 ~ animals 가축 / a ~ duck 집오리. (4)국내의. 자국의 ; 국산의. 〖opp.〗 foreign. 『 ~ mail국내 우편. — *n.*(1)ⓒ (가정의) 하인, 종, 하녀. (2) (*pl.*) 국산품, 국내생활. (3)(*pl.*) 가정용 린네르류《타월, 시트 등》

do·mes·ti·cal·ly [-kəli] *ad.* (1)가정적으로 (2)국내에서, 국내문제에 관해서.

·do·mes·ti·cate [douméstəkèit] *vt.* (1)(동물따위)를 길들이나 : ~*d* anımals 가축. (2)(사람)을 가정에 충실하게 하다 ; 가정적으로 되게 하다.
파) **do•mès•ti•cá•tion** [-ʃən] *n.* 길들임, 교화.

do·mes·tic·i·ty [dòumestísəti] *n.* (1)가정적임 ; 가정에 대한 애착 ; 가정생활. (2) ⓒ (흔히 *pl.*)가사.

dom·i·cile [dáməsàil, -səl, dóum- /dɔ́m-] *n.* ⓒ (1)주거, 집. (2)【法】주소 : one's ~ of choice〈origin〉기류〈본적〉지. — *vt.* …을 어느 곳에 정주시키다《※ 종종 受動으로 쓰임》: be ~*d* 〈~oneself〉 in〈at〉 …에 주소를 정하다.

dom·i·cil·i·ary [dàməsílièri /dɔ̀m-] *a.* 〔限定的〕 주소의, 가택의 : a ~ register 호적 / a ~ visit 가택 수색 : 《英》 의사의 왕진 ; (목사·사회 사업가 등의) 가정 방문.

dom·i·nance [dámənəns /dɔ́m-] *n.* ⓤ 우세, 우월 (ascendancy) ; 지배 : male ~ over females 남성의 여성 지배.

·dom·i·nant [dámənənt /dɔ́m-] (***more ~ ; most***) (1)지배적인 ; 유력한, 우세한; 우위를 차지하고 있는 : a ~ figure 가장 유력한 인물. (2)【生態】 우성(優性)의. 〖opp.〗 recessive. 월등히 높은. 『 a ~ character 우성형질. (3)우뚝 솟은: a ~ cliff 우뚝 솟은 절벽. (4)【樂】 속음〈딸림음〉의. - n. ⓒ (1) 【生態】 우성 (형질). (2) 【樂】 속음, 딸림음《음계의 제 5음》. 파) **~•ly** *ad.*

:dom·i·nate [dámənèit /dɔ́m-] *vt.* ① …을 지배〈통치〉하다. 위압하다 ; …보다 우위를 점하다. 좌우하다. (2) (봉우리가) …의 위에 우뚝솟다, …을 내려다보다, 우위를 차지하다.—vi. 권세를 부리다, 우위에 서다, 지배〈위압〉하다《over》, 우뚝솟다, 탁월하다 : The strong ~ *over* the weak. 강자는 약자를 지배한다.
파) **-na•tor** [-nèitər] *n.* 지배자.

·dom·i·na·tion [dàmənéiʃən/dɔ̀m-] *n.* (1)ⓤ지배, 통치, 제압.(2)ⓤ 우세, 우위. (3)(*pl.*) 주품(主品) 천사 《천사 중의 제 4위》.

dom·i·neer [dàmənía*r*/dɔ̀m-] *vi.* 위세를 부리다. 마구 뽐내다《*over*》: She ~*s over* the other children. 그녀는 다른 아이들ㅔ개 마구 위세론 부린다.

dom·i·neer·ing [dàmənίəriŋ/dɔ̀mənίər-] *a.* 권력을 휘두르는, 오만한(arrogant), 횡포한: a ~ master 횡포한 주인. 파) ~·ly ad.

·do·min·ion [dəmínjən] *n.* (1)ⓤ 지배(통치)권〈력〉 주권 . (2)ⓒ 영토, 영지 (3)(종종D-) ⓒ(영연방의) 자치령 : exercise ~ over ~에 지배권을 행사하다.

dómino effèct (the ~) 도미노 효과《하나의 사건이 다른 일련의 사건을 야기시키는 연쇄적 효과: 정치 이론에 쓰임》.

don[1] [dan/dən] *n.* 《Sp.》 (1)(D-) 스페인에서 남자 이름 앞에 붙이는 경칭《옛날에는 귀인의 존칭》 : Don Quixote. (2)ⓒ 스페인 신사(사람). (3)ⓒ 《英》 (특히 Oxford. Cambridge 대학에서 학료(學寮)(college)의 학감 ; 개인지도 교사, 특별연구원(dellow) ; (일반적으로) 대학 교사.

don[2] (***-nn-***) *vt.* (옷·모자따위)를걸치다, 입다, 쓰다 (put on). 〖opp.〗 *doff.* [◁ do+on]

do·nate [dóuneit, dounéit] *vt.* …을 (아무에게) 기증〈기부〉하다 ; 주다《※ give, contribute 가 더 일반적》.

do·na·tion [dounéiʃən] *n.* (1)ⓤ증여, 기증, 기부. (2)ⓒ 기증품, 기부금, 의연금: ask for〈invite〉 ~*s* 기부〈의연〉금을 모으다. (3)ⓤⓒ (혈액·장기 등의) 제공 : blood ~ 헌혈.

!done [dʌn] Do[1]의 과거분사《※《美俗》에서는 did 대신에도 쓰임》: He ~ it. 그가 했다. — *a.* (1)《敍述的》 끝난, 다된 ; 끝 낸, 다 마친 : It's ~ 끝났다. 됐다. (2)(음식이) 익은, 구워진〔※ 흔히 複合語로 쓰임〕: half-~ 설구워진〈익은〉 / over-~ 너무 구워진(익은) / be ~ for 못쓰게 되다. (3)〔흔히 否定文으로〕 관례〈예의〉에 맞는 : It isn't ~. 그런 짓을 해서는 안 된다. ***be ~ with*** ⇨DO[1]. ***Done !*** 좋아, 알았어, 됐어《동의를 나타냄》.

:don·key [dáŋki, dɔ́(:)ŋ-, dʌ́ŋ-] (*pl.* ***~s***) *n.* ⓒ (1)당나귀《ass의 속칭》. ※ 미국에서는 이것을 만화화하여 민주당의 상징으로 함. 【cf.】 elephant.(2)바보, 얼뜨기.

dónkey's yèars 《口》 매우 오랫 동안《years는 (당나귀의 귀) ears에 빗대어 갖다 맞춘 말》 : I haven't seen you for ~. 오랫동안 못뵈었습니다.

dónkey wòrk 《口》 지루하고 고된 일 : do the ~

지루하고 고된 일을 하다.

don·nish [dániʃ /dɔ́n-] *a.* college의 학감(don') 같은 ; 학자연(然)하는(근엄하게 구는).

do·nor [dóunər] *n.* ⓒ (1)기증자, 시주(施主).【opp.】 *donee.* (2)【醫】(혈액·장기 등의) 제공자 : a blood ~ 헌혈자 / a kidney ~ 신장 제공자.

do-noth·ing [dú:nʌ̀θiŋ] *a. n.* ⓒ 무위 도식하는(사람), 게으른(사람).

:don't [dount] do not 의 간약형. ※구어에서는 doesn't 대신 쓰일 때가 있음. 『 He 〈she〉 ~ mean it. 본심으로 하는 말이 아니다.

— *n.* ⓒ (흔히 *pl.*) 금제(禁制), '금지 조항'집(集).

doo·dad [dú:dæ̀d] *n.* ⓒ《美口》(1)겉만 번드르르한 싸구려, 시시한 것. (2)새 고안물, 장치.

doo·dle [dú:dl] *vi.* (딴 생각을 하면서) 낙서하다.

— *n.* ⓒ(딴 생각을 하면서 하는)낙서.

:doom [du:m] *n.* ⓤ (1)운명《보통, 악운》, 숙명 ; 불운 ; 파멸 ; 죽음 : send a person to his〈her〉 ~ 아무를 죽이다〈파멸시키다〉. (2)(유죄) 판결. (3)(신이 내리는) 최후의 심판.

meet* 〈*go to*〉 one*'s* ~** 죽다, 망하다. ***pronounce a person***'s* ~** 아무에게 형(불행)을 선고하다. ***the crack of* ~** 세상의 종말.

— *vt.* (1)《~+目/+目+前+名/+目+*to* do》…의 운명을 점하다, 운명짓다《보통 좋지 않게》: The plan was ~*ed to* failure. 그 계획은 애초부터 실패하게 되어 있는 것이었다. (2)《+目+前+名/+目+*to* do》…에게 (형을) 선고하다 : ~ a person to death 사형을 선고하다.

dooms·day [dú:mzdèi] *n.* ⓤ (종종 D-) 최후의 심판일, 세상의 종말(의 날). ***till* ~** 세상이 끝날때 가지, 영원히.

doom·watch [dú:mwɑ̀tʃ, -wɔ̀:tʃ/wɔ̀tʃ] *n.* ⓤ 환경파괴 방지를 위한 감시.

:door [dɔ:r] *n.* ⓒ (1)문, 방문, 문짝, 도어 : go in by the front ~ 정면의 현관문으로 들어가다 / in the ~ 출입구에(서). (2) (흔히sing.) (출)입구, 문간, 현관(doorway). (3)《比》문호, (…에 이르는) 길〈관문〉: a ~ to success 성공에의 길. (4)한 집, 일호(一戶).

at a person***'s* ~** (1) (집) 근처에, 아주 가까이에. (2)(남의) 책임〈탓〉으로. ***behind closed* 〈*locked*〉 *~s*** 비밀히, 비공개로. ***be on the* ~** (개표 등) 출입구의 업무를 보다. ***by* 〈*through*〉 *the back* (*side*) ~** 정식 절차를 거치지 않고, 뒷구멍으로. ***close* 〈*shut*〉 *the ~on* 〈*to*〉** …에 대하여 문호를 닫다 ; (물을 닫고) …을 들이지 않다 ; …을고려치 않다. ***from ~ to ~*** = ~ to ~ (1)한집 한집 : sell books (*from*) ~ *to* ~ 한집 한집 책을 팔러 다니다. (2)문에서 문까지, 출발점에서 도착점 가지. ***lay ... at* 〈*to*〉** a person***'s* ~** = ***lay... at* 〈*to*〉 *the ~ of*** a person …을아무의 탓으로 하다, …의 일로 아무를 힐책하다. ***leave the ~ open*** (의논·교섭 등의) 가능성을 남겨두다. ***lie at* 〈*to*〉** a person***'s ~*** = ***lie at* 〈*to*〉 *the~of*** a person (죄(罪)·과실의) 책임이 아무에게있다. ***open a ~to* 〈*for*〉** …에 문호를 개방하다 …에게 기회를 주다. ***out of ~s*** 집밖에서. ***show*** a person ***the* ~** 아무를 내쫓다. ***shut* 〈*slam*〉 *the ~ in*** a person***'s face*** (1)아무를 문간에서 내쫓다. ***within ~s*** 집안에(서).

do·or·die [dú:ərdái] *a.* 〔限定的〕 필사적인, 목숨을 건 : a ~ attempt 생명을 건 시도 ; 위기에 처한.

door·man [ˊmən, ˊmæ̀n] (pl. ***-men*** [ˊmən, ˊmèn]) n. ⓒ (호텔 등의) 도어 맨, 도어 보이《손님의 송영, 문의 개폐 등의 서비스를 하는 보이》.

door·nail [dɔ́:rnèil] *n.* ⓒ (옛날 문에 박은) 대갈못《장식·보강용》. (***as***) ***dead* 〈*dead*〉 *as a* ~** 아주 죽어서 〈귀머거 리가 되어〉 ; 작동하지 않는.

door·post [ˊpòust] *n.* ⓒ 문설주, 문기둥.

door·scrap·er [dɔ́:rskrèipər] *n.* ⓒ (출입구에 놓는 금속제의) 신발 흙털개.

·door·step [dɔ́:rstèp] *n.* ⓒ 현관의 계단. ***on*** one***'s* 〈*the*〉 ~** (집) 가까이에, 아주 가까이에, 근처에. — *vi.* 《英》 호별방문하다《물건의 판매, 선거 운동 등을 위해》. — *a.* 호별 방문의.

door-to-door [dɔ́:rtədɔ́:r] *a.* 〔限定的〕 집집마다의, 호별의 ; 집에서 집으로의 : a ~salesman 호별 방문 세일즈맨 / a ~ delivery service 택배(宅配).

— *ad.* 각집마다, 호별로 ; 집에서 집까지.

:door·way [dɔ́:rwèi] *n.* ⓒ(1)문간, 출입구, 현관. (2)《比》(…에 이르는) 길, 관문 : a ~ to success 성공에의 지름길.

dope [doup] *n.* (1)ⓤ 기계 기름 ; 도프 도료《특히 항공기의 익포(翼布) 따위에 칠하는 도료》. (2)ⓤ《俗》a〕마약(아편·모르핀 따위). b〕(운동 선수·경마 말 등에게 먹이는) 흥분제. (3)ⓤ《俗》(경마에 관한) 내보(內報), 정보 ; 예상 ; 〔一般的〕 비밀 정보. (4)ⓒ《口》얼간이, 바보.

— *vt.* (1)…에 도프를 칠하다. (2)《俗》…에게 마약을〈흥분제를〉 먹이다. — *vi.* 마약을 상용하다, 마약 중독이 되다.

dop·ey, dopy [dóupi] (***dop•i•er ; -i•est***) *a.*《俗》(1) (마약을 먹은 듯이) 멍한, 의식이 몽롱한. (2)얼간이의, 바보의 〈같은〉. — *n.* 게으름뱅이.

dor·man·cy [dɔ́:rmənsi] *n.* ⓤ (활동) 휴지(休止) ; 휴면 (休眠) (상태), 정치.

·dor·mant [dɔ́:rmənt] *a.* (1)잠자는 ; 동면의 ; 수면중의, 휴지상태의. (2) (자금 따위가) 놀고 있는. (3)(화산이) 활동 중지 중인 : a ~ volcano 휴화산. (4) (권리 따위) 발동되지 않고 있는 ; 고정적인.

dór·mer (**Wíndow**) [dɔ́:rmər(-)] *n.* ⓒ【建】지붕창, 천창.

:dor·mi·to·ry [dɔ́:rmətɔ̀:ri/ -təri] *n.* ⓒ (1)《美》(학교 따위의) 기숙사 ; 큰 공동 침실. (2)《英》= DORMITORY SUBURB.

dor·mouse [dɔ́:rmàus] (*pl.* ***-mice*** [-màis]) *n.*ⓒ【動】산쥐류(類)《동면을 함》.

dor·sal [dɔ́:rsəl] *a.*【動】등(쪽)의 : a ~ fin 등 지느러미 / ~ vertebra 흉추(胸椎).

— *n.* ⓒ 등지느러미 ; 척추 파) **~•ly** *ad.* 등(부분)에.

Dor·set(**•shire**) [dɔ́:rsit(ʃìər, -ʃər)] *n.* 도싯(셔)《영국 남부의 주 ; 주도는 Dorchester》.

DOS [dɔ:s, dɑs/dɔs] *n.* ⓒ【컴】도스, 저장판 운영체계《디스크를 짜 넣은 컴퓨터 시스템을 효율적으로 작용하기 위한 소프트웨어 체계》

[◁ disk operating system]

dos·age [dóusidʒ] *n.* (1)ⓤ 투약, 조제. (2)ⓒ (흔히 *sing.*) a〕(약의) 1회분 복용〈투약〉량. b〕(X선 따위의) 조사(照射) 절량

·dose [dous] *n.* ⓒ(1) (약의) 1회분, (1회의) 복용량, 한 첩. (2)【醫】(1회에 조사(照射)되는) 방사선량 : receive a heavy ~ of radiation 1회에 대량의 방사선을 쐬다. (3)《口》(형벌·노역 등의)일정량, 조금《*of*》. ***like a ~ of salts*** ⇨ SALT.

— *vt.* 《+目/+目+前+名/+목+부》(1) …에게 투약하다, (약)을 복용시키다 : ~ pyridine to a person 아무에게 피리딘을 먹이다. (2) (약)을 1회분씩 나누어 짓다.

doss [dɑs/dɔs] *n.* 《英俗》(a ~) 잠, (짧은) 수면 : have a ~ 한잠 자다. — *vi.* (싼 여인숙에서)자다 : ~

out 노숙하다

dos·si·er [dásièi, dɔ́(:)si-] *n.* ⓒ《F.》(한 사건 한 개인에 관한) 일건 서류; 사건 기록.

·**dost** [dʌst, dəst]《古·詩》DO[1] 의 2인칭·단수 ·직설법·현재《주어가 thou 일 때》.

:**dot** [dɑt/dɔt] *n.* ⓒ (1) a] 점, 작은 점 : 도트《i나 j의 점 ; 모스 부호의 점 따위》. b] 소수점《※point라고 읽음 3.5는 three point five라 읽음》. c]【樂】부점(附點). 【cf.】dash. (2)점 같은것 ; 소량 : a mere ~ of a child 꼬마아이. (3)【服】물방울 무늬 : a tie with blue ~*s* 파란 물방울 무늬의 넥타이. ***on the ~***《口》정각(定刻)에. 제시간에 : *on the* ~ of eight 여덟시 정각에. ***the year ~***《口》《종종 戱》때의 시작, 오랜 옛날

— (**-tt-**) *vt.* (1)…에 점을 찍다 : ~ a j. j에 점을 찍다. (2)〔흔히 受動으로〕…에 점재(點在)하다, …을 점재(點在)시키다《*with*》. ***~ the i' s and cross the t' s,*** i에 점을 찍고 t에 횡선을 긋다 ; 상세히 설명하다.

dot·age [dóutidʒ] *n.* ⓤ (1) 망령, 노망(senility) : be in〈fall into〉one's ~망령들다〈부리다〉. (2)익애(溺愛). 맹목적인 애정. [◁dote]

dote, doat [dout] *vi* (1)노망나다. 망령들다. (2)(···을) 맹목적으로 사랑하다《*on. upon*》 : ~ *on* one's children 아이를 덮어놓고 귀여워하다.

dot·ing [dóutiŋ] *a.* 〔限定的〕지나치게 사랑하는 : a ~ mother 자식을 익애하는 어머니. 파) **~·ly** *ad.*

dot·ted [dátid/dɔ́t-] *a.* 점(선)이 있는: a ~ scarf 물방울 무늬의 스카프 / a ~ crotchet【樂】점 4분 음표.

dótted líne 점선. sign on the ~ (1)(계약서등의) 점선상(문서)에 서명하다. (2) (서명하여) 정식으로 승낙하다.

dot·ty [dáti/dɔ́ti] *a.*(1)점이있는, 점같은, 점재하는《※ dotted가 일반적》. (2)《口》머리가 돈 ; 명텅구리 같은.

:**dou·ble** [dʌ́bəl] *a.* (1)두 곱의, 갑절의 :〔定冠詞··所有形容詞의 앞〕두 배의 크기〈강도·성능·가치 따위〉가 있는.(2)이중의,겹친 ; 둘로 접은; 두 번 거듭한 ; a ~ blanket 두 장을 잇댄 담요. (3) 쌍의, 복(식)의 : 2인용의 : a ~ seat 둘이 앉는 좌석 / play a ~ role, 1인 2역을 하다. (4)두 가지 뜻으로 해석되는, 애매한 : live a ~ life 표리있는 이중생활을 하다. (5)두 마음을 품은, 표리가 있는, 내숭한 : a ~ character 이중 인격(자). (6)【植】겹꽃의, 중판(重瓣)의 : a ~ flower 겹꽃, 중판화.

— *ad.* (1) 두 배〈갑절〉로, 이중으로, 두 가지로 : I'll pay ~.배액 지불하겠습니다 / fold a scarf ~ 스카프를 둘로 접다. (2)짝을 지어 ; 둘이서(함께) : ride ~ on a bicycle 자전거에 둘이서 같이 타다. ***see ~*** (취하거나 해서) 물건이 둘로 보이다.

— *n.* (1) ⓤⓒ 두 배, 배 ; (크기·양·힘 따위기) 두 배 되는 것 ; (위스키 따위의) 더블 : Ten is the ~ of five. 10은 5의 배다. (2) ⓒ 이중, 겹, 집친 것, 주름. (3) ⓒ【野】2 루타 ;【競馬】(마권의) 복식 ;【볼링】더블즈《스트라이크의 2회 연속》: hit a ~. 2루타를 치다. (4)(*pl.*)《單數 취급》(테니스 등의) 더블스, 복식(경기)【cf.】singles. (5) ⓒ 꼭 닮은〈빼쏜〉사람〈물건〉;【映】대역 : She is her mother's ~.그녀는 어머니를 꼭 닮았다. (6) ⓒ (쫓기는 짐승 흐름 따위의) 급회전 ; 역주(逆走). ***at the ~*** (1)(군대가) 구보로. (2)=on the ~. ***~ or nothing*** 〈***quits***〉빚을 진 쪽이 지면 빚이 두 배로 되고 이기면 빚이 없어지는 내기. ***on*** 〈***at***〉 ***the ~***《口》급히, 곧.

— *vt.* (1)··을 두배로 하다, 배로 늘리다 ; …의 갑절이다. (2)《~+目+目+副》…을 겹치다, 포개다, 이중으로 하다 ; (실 따위를) 두 올로 드리다 ; 둘로 접다. (3)…의 두 가지 역할을 하다 ; …의 대역도 겸하다. (4)【樂】(악기)의 반주에 따라 노래하다, (악기가)…의 반주를 하다. (5)【海】(갑(岬) 따위)를 회항(回航)하다. (6)【野】(주자)를 2루타로 진루시키다.

— *vi.* (1)두 배가 되다, 배로 늘다 : His income has ~*d.* 그의 수입은 배로 늘었다. (2)《~/ +前 +名/ +副》(쫓기는 짐승 등이) 급각도로 몸을 돌리다, 갑자기 되돌아 뛰다. (3)【軍】구보로 가다. 달려가다. (4)【野】2루타를 치다. (5)1인 2역을 하다 ; 겸용하다. ***~ back*** 1)접어 젖히다 ; 되돌리다. 2)⇨ *vi.* (2). ***~ in brass*** 두 가지 역을 하다. ***~ up*** 1)둘로 접다. 2)(고통·웃음 등)으로 몸을 깊이 구부리게 하다 ; 몸이 둘로 겹쳐질 만큼 구부리다 : ~ *up* in agony 고통으로 몸을 바싹 구부리다. 3)(남과) 한 방〈집〉에서 살다.

dóuble bínd 딜레마(dilemma).

dóuble blúff (상대의) 의표를 찌르기.

dou·ble-bo·gey [-bóugi:] *n.* ⓒ【골프】더블보기《표준타수(par)보다 2타 더 치는 일》.

dóuble bóiler《美》이중 가마〈냄비〉.

dou·ble-book [-búk] *vt.* (한 방)에 이중으로 예약을 받다《호텔에서 예약 취소에 대비하여》.

dou·ble-breast·ed [-bréstid] *a.* (상의가) 2열 단추식의, 더블인.

dou·ble-check [-tʃék] *vt. vi.* (신중을 기하여, …을) 다시 한 번 확인〈점검〉하다, 재확인하다.

— *n.* ⓒ 이중점검. 재확인.

dou·ble-cross [-krɔ́(:)s, -krás] *vt.*《口》(친구) 를 기만하다, 배반하다.

dóuble dágger【印】이중 칼표《‡》.

dou·ble-deal·er [-dí:lər] *n.* ⓒ 표리 있는 사람.

dou·ble-deal·ing [-dí:liŋ] *n.* ⓤ 두 마음이〈표리가〉있는 언행. — *a.* 〔限定的〕두 마음이〈표리가〉있는.

dou·ble-deck·er [-dékər] *n.* ⓒ (1)이층 버스〈전차·여객기〉. (2)《美口》이중 샌드위치.

dou·ble-dig·it [-dídʒit] *a.* 〔限定的〕(경제 지표·실업률 등의) 두 자리 수의 : ~ unemployment 두자리수의 실업률.

dou·ble-dyed [-dáid] *a.* (1)두 번 물들인. (2)《比》(악당 따위가) 악에 깊이 물든, 딱지 붙은 : a ~ villain 순 악당.

dou·ble-edged [-édʒd] *a.* (1)양날의 : a ~ knife. (2)(의론 따위가) 두 가지로 해석 될 수 있는, 애매한.

dou·ble en·ten·dre [dú:bəl-ɑ:ntá:ndrə, dʌ́bl-]《F.》은연중 야비한 뜻이 담긴 어구(의 사용) ; 이중뜻《보기 "Lovely mountains!"에서 「산」을 여성의 "breasts" 에 관련시키는 따위》.

dou·ble-faced [-féist] *a.* (1)두 마음이 있는, 위선적인. (2) a]양면이 있는. b]안팎으로 쓸 수 있게 만든《직물 따위》.

dóuble fáult【테니스】더블폴트《두 번 계속된 서브의 실패 ; 1점을 잃음》: serve a ~ 더블폴트를 하다.

dou·ble-head·er [-hédər] *n.* ⓒ《美》(1)기관차를 둘 단 열차. (2)【野】더블헤더.

dóuble jéopardy【法】이중의 위험《동일 범죄로 피고를 재차 재판에 회고하는 일 ; 미국에선 헌법으로 금지》.

dou·ble-joint·ed [-dʒɔ́intid] *a.* 2중 관절이 있는《손가락·팔·발 따위》.

dóuble négative **[文法]** 이중 부정. ※ 부정이 겹쳐서 긍정이 되는 때와, 강한 부정이 될 때가 있음 : 〔肯定〕 *not im*possible(=possible). 〔강조한 否定〕.
dou·ble-park [-pάːrk] *vt.* (차)를 이중〈병렬〉주차시키다.《주차위반》. — *vi.* 이중 주차하다.
dóuble precísion **[컴]** 두 배(倍) 정밀도 《하나의 수(數)를 나타내기 위하여 컴퓨터의 두 개의 워드를 사용하는 일》.
dou·ble-quick [-kwìk] *a.* 속보의, 매우 급한. — *ad.* 속보로, 매우 급하게.
dóuble stár **[天]** 이중성(星), 쌍성(雙星)《접근해 있으므로 육안으로는 하나같이 보임》.
dou·ble-stop [-stάp/ -stɔ́p] *vt., vi.* **[樂]** (둘 이상의 현을 동시에 켜서) 중음(重音)을 내다.
dou·blet [dʌ́blit] *n.* ⓒ (1)더블렛《15-17세기의, 몸에 꼭 끼고 허리가 잘록한 남자의 상의》. (2)쌍〈짝〉의 한 쪽, 아주 비슷한 것의 한쪽. (3) **[言]** 이중어(二重語)《같은 어원에서 갈린 두 말 : 예를 들면 bench와 bank, fragile과 frail》.
dóuble táke (1)예기치 않은 상황·말 등에 대해 뒤늦은 반응 : do a ~ 멍하니 있다가 갑자기 깨닫다. (2)(희극에서) 멍하니 듣다가 뒤늦게 깜짝 놀라는 체하는 연기 ; 다시 보기.
dóuble tìme (1)**[軍]** 속보(速步)《구보 다음 가는 보행 속도》. (2)(휴일 노동 등의)임금 배액 지급.
dou·ble-time [-tàim] *vt., vi.* 속보로 행진하(게 하)다.
·dou·bly [dʌ́bəli] *ad.* 두 배로 ; 이중으로.
⁝doubt [daut] *n.* ⓤⓒ 의심, 의문, 의혹, 회의, 불신 : There is no room for ~ .의심할 여지가 없다. ***beyond* (*all*) *~* =*beyond* (*the shadow of*) *a ~* =*beyond a shadow of ~*** 의심할 여지 없이, 물론. ***give*** a person ***the benefit of the ~*** 아무에 대해서 미심(未審)한 점을 선의(善意)로 해석하다. ***in ~*** (사람이 무엇을) 의심하여, 망설이고 ; (일이) 의심스러워. ***no ~*** (1)의심할 바 없이, 확실히. (2)아마, 다분히(probably). ***without*(*a*) *~*** 의심할 여지 없이 ; 틀림없이, 꼭.
— *vt.* (1)《~+目/+*wh.* 節/+*that* 節/+*ing*》 …을 의심하다.(진실성·가능성 따위)에 의혹을 품다, …을 미심쩍게 여기다. (2)…의 신빙성을 의심하다 : I ~*ed* my own eyes. 내 눈을 의심하지 않을 수 없었다.
— *vi.* 《+前+名》 의심하다.의혹을 품다 ; 미심쩍게 여기다 ; 불안하게 〈확실치 않다고〉 생각하다.
:doubt·ful [dáutfəl] (***more ~ ; most ~***) *a.* (1)〔敍述的〕 의심〈의혹〉을 품고 있는, 확신을 못하는 ; (마음이) 정해지지 않은.
(2)의심스러운, 의문의 여지가 있는 ; 확정되지 않은, 확실치 않은. (3)〔限定的〕 미덥지 못한 ; 수상한, 미심쩍은 : a ~ character 수상쩍은 인물. 파) **~·ness** *n.*
·doubt·ful·ly [dáutfəli] *ad.* (1) 의심스럽게 ; 수상쩍게. (2)의심을 품고, 망설이며, 마음을 정하지 못하고 ; 못 미더운 듯이. (3)막연히, 어렴풋이.
dóubt·ing Thómas [dáutiŋ-] 의심많은 사람 《성서에서 : 도마는 예수의 부활을 쉽게 믿지는 않았음》.
:doubt·less [dáutlis] *ad.* (1)의심할 바 없이, 확실히 ; 틀림없이《※ 흔히 but 앞에 두어 양보를 나타냄》. (2)아마도 : I shall ~ see you tomorrow. 아마 내일 만나뵙게 될 것입니다.
파) **~·ly** *ad.* =doubtless. **~·ness** *n.*

·dough [dou] *n.* ⓤ (1)빵반죽, 가루 반죽 ; 반죽 덩어리《도토(陶土) 따위》. (2)《美俗》 돈, 현금.
·dough·nut [´nət, ´nʌ̀t] *n.* (1) ⓤⓒ 도넛《과자》. (2) ⓒ 도넛 모양의 물건. ※ donut라고도 씀.
dough·ty [dáuti] (***-ti·er ; -ti·est***) *a.* 《古·戱》 강한, 용감한, 용맹스러운.
doughy [dóui] (***dough·i·er ; -i·est***) *a.* (1)가루 반죽〈빵반죽〉 같은, (2)물렁한 ; 설구운(half-backed). (3)(피부가) 창백한.
dour [duər, dauər] *a.* 뚱한, 음침한 ; 엄한 (stern). 파) **~·ly** *ad.*
douse [daus] *vt.* (1)…을 물에 처넣다《*in*》. (2)…에 물을 끼얹다. (3)(등불)을 끄다.
:dove[1] [dʌv] *n.* ⓒ (1)비둘기《평화·온순·순결의 상징》. **[cf.]** pigeon. 『 a ~ of peace (평화의 상징으로서의) 비둘기. (2)유순〈순결,순진〉한 사람 ; 귀여운 사람 : my ~ 사랑하는 그대여 (my darling)《애칭》. (3)(외교 정책 따위에 있어서의) 비둘기파〈온건파〉의 사람.
dove·cot, -cote [dʌ́vkὰt/ -kɔ̀t], [-kòut] *n.* ⓒ 비둘기장. ***flutter the dovecotes*** 평지 풍파를 일으키다.
·Do·ver [dóuvər] *n.* 도버《영국 남동부의 항구도시》. ***the Strait*(*s*) *of ~*** 도버 해협.
dove·tail [dʌ́vtèil] *n.* ⓒ **[建]** 열장 이음 ; 열장 장부촉. — *vt.* (1)(목재)를 열장장부촉으로 잇다. (2)…을 잘 들어맞게 하다. — *vi.* (1)열장이음으로 하다. (2)(두 가지 이상의 사물이) 잘 부합〈조화〉되다 ; 꼭 들어맞다.《*in* ; *into* ; *to*》.
dow·a·ger [dáuədʒər] *n.* ⓒ (1)**[法]** 귀족 미망인《망부(亡夫)의 재산·칭호를 이어받은 과부》. 《특히》 왕후(王侯)의 미망인. (2)《口》 기품있는 유복한 중년 부인.
dow·dy [dáudi] (***-di·er ; -di·est***) *a.* (1)(복장이) 초라한, 촌스러운, 시대에 뒤진. (2)(여자가) 촌스러운 차림을 한.
— *n.* ⓒ촌스러운 차림의 여자 ; 《美》 =PANDOWDY. 파) **-di·ly** *ad.* **-di·ness** *n.*
dow·el [dáuəl] *n.* ⓒ **[機]** 은못 ; **[建]** 장부촉.
— (***-l-,*** 《英》 ***-ll-***) *vt.* …을 은못으로 잇다.
dow·er [dáuər] *n.* ⓒ (1)**[英法]** 미망인의 상속 몫《망부의 유산중에서 그 미망인이 받는 몫》. (2)《古·詩》 =DOWRY. (3)천부의 재능. — *vt.* (1)…에게 미망인의 상속몫을 주다. (2)…에게 재능을 부여하다《*with*》.
Dów-Jónes àverage 〈**ìndex**〉 [dáu-dʒóunz-] (the ~) **[證]** 다우존스 평균 (주가)〈지수〉.
⁝down[1] [daun] (최상급 ***down·most*** [dáunmòust]) *ad.* 《be 動詞와 결합된 경우는 형용사로도 간주됨》. **[opp]** *up.* (1) a](높은 곳에서) 아래(쪽으)로 ; (밑으로) 내려 ; (위에서) 지면에 ; 바닥으로. b]〔종종 be의 補語로 쓰여〕 (위층에서)아래층으로 ; (기 따위가) 내려져 ; (해 따위가) 져, 저물어. c](먹은 것을) 삼키어 : swallow a pill ~ 알약을 삼키다.
(2)〔종종 be의 補語로 쓰여〕 a](가격·율·인기·지위 따위가) 내리어, 떨어져 ; 영락하여 : bring ~the price 값을 내리다. b](가세 따위가) 약해져 ; (바람 따위가) 가라앉아, 잠잠해져 ; (조수·공기 따위가) 빠져.
(3) a]누워(서) ; 앉아서 : lie ~ 눕다 / sit ~ 앉다. b]〔動詞를 생략하여 命令文〕 (개 따위에게) 앉아, 엎드려 ; (노)를 내려놔.
(4)〔종종 be 따위의 補語로 쓰여〕 a]쓰러져 ; 엎드려 : be ~ on one's back 벌렁 자빠져 있다/ He was on his hands and knees. 그는 납죽 엎드려 있었다.

b](아무가) 병으로 누워〈자리보전하여〉《*with*》; (건강이) (쇠)약하여 ; 의기소침하여 ; 기가〈풀이〉 죽어.
(5) a](북에서) 남(쪽)으로〈에〉 : We went ~ South.《美》우리들은 남부로 갔다. b](내륙에서) 연안으로 ; (강물의) 하류로 ; 【海】 바람(이) 불어가는 쪽으로. c](주택지역에서) 시내로, 도심 상업 지역으로 ; 《英》(수도·중심되는 지역에서) 지방으로 ; 시골로 : go ~ to the office 〈shop〉 회사에 〈쇼핑하러〉 가다 .
(6) a](특정한 장소·말하는 사람이 있는 곳에서) 떨어져 ; 떠나(서). b]《英》(대학에서) 떠나, 졸업 〈퇴학·귀성〉하여.
(7) a](위는 ~ 로부터) 아래는 ―에 이르기까지 : from King ~ to cobbler 위로는 임금님으로부터 밑으로 구두 수선공에 이르기까지. b](그 전시기(前時期)로부터) 후기로 ; (후대로) 내리, 죽 ; (…)이래.
(8) a](양이) 바짝 줄어들 때까지 ; (졸아)진해〈바특해〉질 때까지 ; 묽어질〈다할〉 때까지 : water ~ the whisky 위스키에 물을 타다. b]밝혀질 〈발견할〉 때까지.
(9) a]완전(完全)히(completely) : ⇨ ~ to the GROUND(成句). b][tie, fix, stick 따위 동사에 수 반되어] 단단히 ; 꽉. c]충분히 ; 깨끗이 : wash ~ a car 차를 깨끗이 세차하다.
(10)(종이·문서에) 적어 ; 써 ; 기록〈기재〉되어.
(11)현금으로 ; 계약금으로.
(12) a]완료〈종료〉되어 ; 끝나 : Two problems ~, one to go. 문제의 둘은 끝나고 나머지가 하나. b]【野】 아웃이 되어 ; 【美蹴】 (볼이) 다운이 되어 : one 〈two〉 ~ 원〈투〉 아웃이 되어.
(13)(억)눌러 ; 진압하여 ; 물리쳐 ; 각하하여.
(14)멈춘〈정지〉 상태로〈에〉 : argue him ~ 논박하여 그를 침묵시키다.
(15)[be의 補語로] 【競】 져 ; (노름에서) 잃어 : He is ~ (*by*) 5 dollars. 그는 5달러를 잃었다.
be ~ on*〈*upon*〉 *... …에 원한을 품고 있다 ; …을 싫어〈비난〉하다 : He *is* very ~ *on* me. 그는 내게 매우 악감정을 품고 있다. ***be ~ to*** 1)(아무)에게 달려있다, …의 탓이다. 2)(돈 따위가) …만 남다 : We'*re* ~ *to* our last 1 dollar.우리에게 마지막 남은 돈은 1달러 뿐이다. ***~ and out*** 1)때려 뉘어져,녹다운 되어. 2)아주 영락하여 ; 무일푼이 되어. ***~ in the mouth*** ⇨ MOUTH. ***~ on** one'**s luck*** ⇨ LUCK. ***~ to the ground*** ⇨GROUND. ***~ under*** 《口》(영국에서 보아) 지구의 반대쪽에(서) ; 오스트레일리아〈뉴질랜드〉에(서). ***Down with*** (the tyrant, the flag, your money)! (폭군)을 타도하라 ; (기)를 내려라 ; (가진 돈)을 내놔라 《動詞가 생략된 命令文》. ***get ~ to*** 본격적으로 …에 착수하다. ***get~ to earth*** 현실 문제에 맞붙나. ***up and ~*** ⇨ UP.
― *prep.* (1) a](높은 곳에서)…이 아래(쪽으)로 , …을 내려가 : fall ~ the stairs 계단에서 굴러 떨어지다. b]…의 아래쪽에,…을 내려간 곳에 . c](어떤 지점에서)…을 따라, …을 지나서. ※ down은 1)반드시 '아래, 내려가다'를 뜻하지는 않음. 2)흔히, 말하는 이〈문제의 장소〉로 부터 멀어질 때에 씀. d](흐름·바람)에 따라 ; …을 남하하여. (2)…이래(로 죽) : ~ the ages 〈years〉 태고 이래.
― (최상급 ***down·most*** [dáunmòust]) *a.* [限定的] (1) a]아래(쪽으)로의 ; 밑으로의 : a ~ leap 뛰어내림. b]내려가는 ; 내리받이의 : a ~ elevator 내려가는 승강기 / be on the ~ grade 내리받이에 있다. 【cf.】 downgrade. 2)【鐵】 (열차 따위가) 남쪽으로 가는 ; 하행의 ; 《英》(런던·도시에서) 지방으로 향하는. (3)(구입 따위에서) 계약금의 ; 현금의.
― *vt.* (1)(아무)를 지게 하다 ; 쓰러뜨리다 ; 굴복시키다 : He ~*ed* his opponent. 그는 상대를 쓰러뜨렸다. (2)(비행기 등)을 격추시키다 : ~ an airplane 비행기를 한 대 격추시키다. (3)《口》…을 들이켜다 ; 마시다. (4)【美蹴】 (볼)을 다운하다.
― *n.* (1) ⓒ 내림, 내리막 ; 하강(下降). (2)(*pl.*)불운 ; 쇠운(衰運) ; 영락 : the ups and ~*s* of life인생의 부침(浮沈). (3) ⓒ 【美蹴】 다운《한 번의 공격권을 구성하는 4번의 공격의 하나》. ***have a ~ on*** a person 《俗》아무를 싫어〈미워〉하다 ; 아무에게 반감을 품다.

down[2] [daun] *n.* ⓤ (1)(새의) 솜털, 부등깃털《깃이불에 넣는》. (2)(솜털 비슷한) 보드라운 털 ; 배내털. (3)【植】 (민들레·복숭아 따위의) 솜털, 관모 (冠毛).

down[3] *n.* (1) ⓒ(흔히 *pl.*) (넓은) 고원지. (2)(the Downs, ~s) (잉글랜드 남부의 수목이 없는) 나지막한 초원지대, 다운스.

down-and-dirty [ˊən*d*dəˊ:*r*ti] *a.* 《美口》 (1)(하는 짓이) 더러운, 치사한. (2)촌스러운, 야한, 세속적인.

down-and-out [ˊən*d*áut] *a. n.* ⓒ 아주 영락한 (사람).

down-at-heel [ˊəthí:l] *a.* 구두 뒤축이 닳은 ; 초라한 차림의.

down·beat [ˊbì:t] *n.* ⓒ 【樂】 (지휘봉을 위에서 아래로 내려 지시하는) 하박(下拍), 강박(强拍).
― *a.* 《口》 (1)우울한, 비관적인. (2)온화한, 긴장을 푼.

·down·cast [ˊkæ̀st, ˊkɑ̀:st] *a.* (1)(눈이) 아래로 향한 : with ~ eyes 눈을 내리뜨고. (2)풀죽은, 의기소침한.

down-draft, 《英》 **-draught** [ˊdræ̀ft, ˊdrɑ̀:ft] *n.* ⓒ(굴뚝에서 방으로 들어오는) 하향 통풍 ; 하강 기류.

down·er [dáunə*r*] n. ⓒ 《俗》 (1)진정제. (2)우울한 경험〈일·사정〉 ; 따분한 사람. (3)(경기, 물가 등의 하락.

·down·fall [ˊfɔ̀:l] *n.* ⓒ (1)(비·눈 따위가) 쏟아짐. (2)낙하 ,추락, 전락(물) (3)(급격한) 몰락, 멸망, 붕괴 ; 실각 ; 그 원인 : the ~ of the Roman Empire 로마 제국의 붕괴.

down·grade [ˊgrèid] *a., ad.* 내리받이의〈로〉, 내리막의〈으로〉 ; 몰락의〈으로〉. ― *n.* ⓒ 내리받이,내리막. ***on the ~*** 내리받이〈내리막〉에 (있는) ; 몰락해〈망해〉가는.

·down·hill [ˊhìl] *n.* ⓒ (1)내리받이. (2)【스키】 활강. ― *a.* (1) a]내리막의 : the ~way 내리막길. b]【스키】 활강(경기)의 : ~ skiing 활강스키. (2)쉬운, 편한. ― [ˊˊ] *ad.* 비탈을 내려서 ; 아래쪽으로. ***go ~*** 1)비탈을 내려가다. 2)점점 나빠지다 ; 영락해 가다.

·down·right [ˊràit] *a.* [限定的] (1)솔직한, 노골적인 : a ~ answer 솔직한 대답. (2)완전한, 순전한, 철저한 : a ~ lie 새빨간 거짓말 / a ~ fool 숙맥.

down·riv·er [dáunrívə*r*] *a., ad.* 하구(河口)〈하류〉쪽의 〈으로〉.

down·scale [ˊskéil] *a.* (1)가난한, 저(低)소득의, 저소득층에 속하는. (2)실용적인, 값이 싼 : a ~ model (차·컴퓨터 등) 염가형.

— *vt.* (1)…의 규모를 축소하다 : …을 소형화 하다. (2)…을 돈이 덜 들게 하다, 싸게 하다.

down·side [´sàid] *n.* (1)(the ~) 아래쪽 : on the ~ 아래쪽에. (2)(흔히 *sing.*)(주가·물가의) 하강. — *a.* 〔限定的〕 아래쪽의 ; (기업·경기 등) 하강(경향)의.

down·size [´sàiz] *vt.* 《美》 …을 축소하다. (자동차·기기 등)을 소형화하다. — *a.* 소형의.

down·stage [´stéidʒ] *ad.* 【劇】 무대 앞쪽에(서) — *a.* 〔限定的〕 무대 앞쪽의. — [´´] *n.* ⓤ 무대 앞쪽.

:down·stairs [´stέərz] *ad.* 아래층에〈으로, 에서〉 ; 계단을 내려가 : go ~ 아래층으로 내려가다.

down·state [´stéit] *n.* ⓤ 주(州)의 남부. — *a.*, *ad.* 《美》 주 남부(의, 로).

·down·stream [´strí:m] *ad.* 하류에, 강 아래로 : ~ *of*〈*from*〉 the bridge 그 다리의 하류에. — *a.* 하류의. 【opp.】 *upstream.*

down·swing [´swìŋ] *n.* ⓒ (1)【골프】 다운 스윙. (2)(경기·매상·출생률 등의) 하강 (경향).

down-to-earth [´tuə́:rθ] *a.* 실제적〈현실적〉인.

:down·town [´táun] *n.* ⓒ 《美》 도심지 ; 중심가, 상가. — *ad.* 도심지에〈에서, 로〉 ; 중심가〈상가〉에〈에서, 로〉.
— [´´] *a.* 〔限定的〕 도심지의 ; 중심가〈상가〉의 : ~ Chicago 시카고의 번화가. 【opp.】 *uptown.*

down·trod·den [´trɑ̀dn/ ´trɔ̀dn] *a.* 짓밟힌, 유린된 ; 억압된 : the ~ masses 억눌린 대중.

:down·ward [dáunwərd] *a.* 〔限定的〕 (1)내려가는, 내리받이의 ; 아래쪽으로의 : a ~ slope 내리받이 (2)(시세 따위가) 하락하는, 내림세의 ; (운 따위가) 쇠퇴하는, 기우는.
— *ad.* 《주로 美》 (1)아래쪽으로 ; 아래로 향해 : look ~ in silence 잠자코 아래를 보다 / flow ~ 아래로 흐르다. (2)쇠퇴〈타락〉하여 : He went ~ in life. 그의 인생은 영락해갔다.
(3)이래, 이후.

:down·wards [dáunwərdz] *ad.* =DOWNWARD.

:downy [dáuni] (***down·i·er ; -i·est***) *a.* (1)솜털〈배내털〉로 뒤덮인. (2)솜털 같은, 보드라운. (3)붙임성 있는, 싹싹하고 빈틈 없는.

dow·ry [dáuəri] *n.* ⓤⓒ (1)신부의 혼인 지참금. (2)천부의 재능.

dowse[2] [dauz] *vt.* 점지팡이로 지하의 수맥〈광맥〉을 찾다.

dox·ol·o·gy [dɑksɑ́lədʒi/dɔksɔ́l-] *n.* ⓒ 【基】 하느님을 찬미하는 찬송가, (특히) 영광의 찬가 : 송영(頌詠).

doy·en [dɔ́iən] *n.* ⓒ 《F.》 (단체·동업자 등의) 최고참자, 장로 ; (어떤 분야의) 일인자 : the ~ *of* the diplomatic corps 외교단 수석.

·doze [douz] *vi.* 《~/ +副/ +前+名》 졸다, 꾸벅꾸벅 졸다, 겉잠 들다《*off* ; *over*》 : ~ *off* 꾸벅꾸벅 졸다. — *vt.* 《+目+副》 (시간)을 졸면서 보내다 《*away*》 : ~ *away* one's time 꾸벅꾸벅 졸고 있는 동안에 시간이 지나다. — *n.* (a ~) 졸기, 겉잠.

:doz·en [dʌ́zn] (*pl.* **~(*s*)**) *n.* (1)ⓒ 1다스〈타(打)〉, 12(개)《略 : doz, dz》.
five ~ eggs 달걀 5타 / some ~*s* of eggs 달걀 몇 타 / These apples are one dollar a ~. 이 사과는 열두개에 1달러다. (2) 《口》 **a**] (a ~) 한 타쯤, 열두서넛. **b**] (~s) 수십, 다수《*of*》 : ~*s of* people 수십명의 〈아주 많은〉 사람. ***by the ~*** 1) 타로 : sell *by the* ~ 타에 얼마로 팔다. 2) 많이, 대량으로 : eat peanuts *by the* ~ 땅콩을 실컷 먹다. ***~s of ...*** 1) 몇 타나 되는. 2) 수십(개)의, 아주 많은. ***in ~s*** 다스로, 1타씩 : pack these eggs *in* ~*s* 이 계란을 열두개씩 싸다. ***talk nineteen* 〈*twenty, forty*〉 *to the ~*** 《英》 쉴새 없이 지껄이다.

dozy [dóuzi] (***doz·i·er ; -i·est***) *a.* (1) 졸리는, 졸음이 오는 : feel ~ 졸리다. (2)《英口》 어리석은, 바보같은(stupid).

drab[1] [dræb] (***dráb·ber ; ´·best***) *a.* (1) 충충한 갈색의. (2) 단조로운, 재미없는, 생기 없는 : a ~ street 살풍경한 거리. —*n.* ⓤ 드래브《충충한 갈색 천》 ; 진흙색.
파) **´·ly** *ad.* **´·ness** *n.*

drab[2] *n.* ⓒ (1) 단정치 못한 여자. (2) 창녀.

Dra·co·ni·an [dreikóuniən] *a.* (법·대책 등이) 엄중한, 가혹한《엄한 법률을 제정한 아테네의 집정관 Dracon의 이름에서》.
파) **~·ism** [-ìzəm] *n.* ⓤ 엄벌주의.

:draft, 《英》 **draught** [dræft, drɑ:ft] *n.* (1) ⓒ 도안, 밑그림, 설계도 : a ~ of the house 집의 설계도. (2)ⓒ 초안, 초고 ; 【컴】 초안 : the ~ of a peace treaty 평화조약의 초안. (3)《美》 **a**] (the ~) 징병, 징모 (conscription). **b**] ⓤ 〔集合的〕 징모병. (4) (the ~) 【스포츠】 신인 선수 선발 제도, 드래프트제(制). (5) (흔히 draught) ⓤ **a**] (그릇에서) 따르기 ; (술을) 통에서 따라 내기 : beer on ~ 생맥주. **b**] ⓒ (담배·공기·액체의) 한 모금, 한 입, 한 번 마시기, (물약의) 1회분. (6) ⓒ **a**] 통풍 ; 외풍 : catch a cold in a ~ 외풍에 감기들다 / keep out ~*s* 외풍을 막다. **b**] (난로 등의) 통기 조절 장치. (7) ⓒ 분견대, 특파대. (8) ⓤ (수레 따위를) 끌기 ; 견인량(牽引量) ; 견인력. (9) **a**] ⓤ 【商】 어음 발행, 환취결(就結). **b**] ⓒ 환어음, (특히, 은행 지점에서 다른 지점 앞으로 보내는) 수표, 지급 명령서.
— *a.* (1) 〔限定的〕 견인용의 : a ~ animal 견인용 동물《말, 소 따위》, 역축(役畜). (2) 통에서 따른 : ⇨ DRAFT BEER. (3) 〔限定的〕 기초된(drafted), 초안의 : a ~ bill (법안의) 초안 / a ~ treaty 조약 초안.
— *vt.* (1) …의 밑그림을 그리다, …의 설계도를 그리다. (2) …을 기초〈입안〉하다. : ~ a speech연설 초고를 쓰다. (3) 《~+目/+目+前+名》《美》 …을 징집〈징병〉하다《*into*》 : ~ young men for war 전쟁 때문에 젊은이들을 징모하다.

draft·er [drǽftər, drɑ́:ftər] *n.* ⓒ 기초자, 입안자.

drafts·man [drǽftsmən, drɑ́:fts-] (*pl.* ***-men***[-mən]) *n.* ⓒ (1) 기초자, 입안자. (2)《美》 데생을 잘하는 사람〈화가〉. (3) 《美》 도안자, 제도자〈공〉.

drafty, 《英》 **draughty** [drǽfti, drɑ́:fti] (***draft·i·er ; -i·est***) *a.* 외풍이 들어오는 : a ~ old house 외풍이 들어오는 낡은 집.

·drag [dræg] (***-gg-***) *vt.* (1) (무거운 것)을 끌다, 끌어당기다. (2) (발 따위를) 실실 끌다. 《口》 (사람)을 끌어내다. (3) 《~+目/+目+前+名》 (강바닥 따위)를 그물·갈고리 따위로 훑다, 뒤지다. (4) (논밭)을 써레로 갈다〈고르다〉, 써레질하다. (5) 《+目+副/+目+前+名》(관계 없는 일을) 끄집어내다, 끌어들이다 : ~ irrelevant topics into a conversation 관계도 없는 말을 대화에 끌어들이다. (6) 【野】 드래그 번트를 하다.
—*vi.* (1) 끌리다, 끌려가다, 질질 끌리다 : Her skirt ~*ged* (*along*) behind her. 그녀의 치맛자락이 땅에

끌렸다. (2) 발을 질질 끌며〈늘쩡늘쩡〉 가다. (3) 《口》 (때 · 사람 · 일 등이) 느릿느릿 진행되다〈나가다〉《*by*》; (행사 등이) 질질 끌다《*on* ; *along*》: The parade *~ged by* endlessly. 행렬이 길게 끝없이 이어졌다. (4) (예인망 등으로 물 밑을) 치다, 훑다《*for*》.
~ behind (남보다) 시간이 걸려〈꾸물대어〉 늦어지다. ***~. . . down*** = ***~down*** 1) (…을) 끌어내리다. 2) (병 등이 사람을) 쇠약하게 하다. 3) (사람을) 영락〈타락〉 시키다. ***~in*** 1) 억지로 끌어 들이다. 2) (쓸데없는 이야기)를 끄집어내다. ***~ out*** 1) 끌어내다. 2) 오래 끌다. ***~*** one***'s feet*** 〈***heels***〉 일부러 꾸물거리다. ***~ up*** 1) 끌어올리다 ; (나무 따위를) 뽑아내다. 2) 《口》 (불쾌한 화제 등)을 끄집어내다, 다시 문제삼다, 쑤셔내다. 3) 《英口》 (아이를) 되는대로 기르다.
— *n.* (1) ⓤⓒ 견인(력), 끌기. (2) ⓒ a] 끌리는 것. b] 예인망(dragnet). c] 큰 써레. d] 큰 썰매. e] 《俗》 차(車) (3) ⓒ (차바퀴의) 브레이크. (4) **【獵】** (여우 따위의) 냄새 자취. (5) (또는 a ~) 《美俗》 사람을 움직이는 힘 ; 두둔, 끌어줌. (6) =DRAG RACE. (7) ⓒ 《俗》 담배를 피움〈들이마심〉. (8) ⓒ 방해물, 주체스러운 것 : a ~ *on* a person's career 아무의 출세를 방해하는 것. (9) 《俗》 (a ~) 싫증나는〈질력나는〉 사람〈물건〉. (10) ⓒ (흔히 *sing.*) 《美俗》 가로, 도로(street, road) : the main ~ 대로. (11) ⓒ 《美俗》 (동반한) 여자 친구. (12) 《俗》 a] 이성(異性)의 복장 : in ~ 여장〈남장〉을 하고. b] ⓒ 여장(女裝)〈남장〉 댄스 파티. c] 의복. (13) **【物】** 저항 ; **【空】** 항력(抗力). (14) ⓤⓒ **【컴】** 끌기《마우스 단추를 누른 상태에서 마우스를 끌고 다니는 것》.

drag·gle [drǽgəl] *vt.* (흙탕 속 등에서) …을 질질 끌어 더럽히다〈적시다〉. —*vi.* (1) 옷자락을 질질 끌다. (2) 느릿느릿 따라가다, 뒤떨어져 가다.
파) **~d** *a.* 질질 끌어 더러워진.

drag·gle-tailed [-tèild] *a.* (여자가) 자락을 질질 끌어 더럽힌, 칠칠치 못한.

drag·gy [drǽgi] (***-gi·er ; -gi·est***) *a.* 느릿느릿한, 지루한.

drag·net [drǽgnèt] *n.* ⓒ (1) 예인망. (2) 《比》 (경찰의) 수사〈검거〉망.

drag·o·man [drǽgəmən] (*pl.* ***~s, -men***[-mən]) *n.* ⓒ (근동 나라들의) 통역(겸 안내원).

:drag·on [drǽgən] *n.* (1) ⓒ 용. (2) (the D-) **【天】** 용자리. (3) ⓒ 《蔑》 젊은 여성을 엄중히 감독하는 중년 부인, 성격이 어기찬 여자〈사람〉.

·drag·on·fly [drǽgənflài] *n.* ⓒ 잠자리.

dra·goon [drəgúːn] *n.* ⓒ (1) **【史】** 용기병. (2) 《영》(근위) 기병. (3) 매우 난폭한 사람. — *vt.* (아무)를 압박〈강제〉하여 …하게 하다.

:drain [drein] *vt.* (1) …에서 배수〈방수〉하다, …의 물을 빼내다, …을 배출하다《*away* ; *off* ; *out*》; …에 배수〈하수〉 설비를 하다 : ~ all the water *out* from a pool 풀에서 물을 몽땅 빼다. (2) (물에 씻은 야채나 닦은 접시 따위)의 물기를 없애다. (3) (땅)을 간척하다. (4) 《+目+補/+目+前+名》(잔)을 쭉 들이켜다 ; 비우다 : ~ a jug dry 주전자의 물을 비우다. (5) 《+目+前+名/+目+補》 (자산 등)을 다 써버리다, (재화 · 인재)를 국외로 유출시키다, (정력)을 소모시키다 ; …에서 다 짜내버리다, 고갈시키다.
—*vi.* 《+前+名/+副》 (1) 뚝뚝 떨어지다, 흘러 없어지다. (2) 배수하다《*into*》; 말라버리다, (늪 따위가) 말라 붙다. (3) (핏기 따위가 얼굴에서) 가시다. (4) (정력 · 자력(資力) 따위가) 서서히 고갈하다. ***~ (...) dry*** …의 물기를 빼서 말리다, (물기가 빠져) 마르다 ; (잔을) 마셔서 비우다 ; …에게서 활력〈감정〉을 몽땅 빼앗다.
— *n.* (1) ⓤ (또는 a ~) 배수, 방수(放水) ; 유출. (2) **a**] ⓒ 배수관 ; 하수구(sewer). **b**] (*pl.*) 하수 (시설). (3) ⓒ (화폐 등의) 끊임없는 유출, 고갈, 낭비, 소모. ***down the ~*** 《口》 낭비되어, 헛것이 되어, 수포로 돌아가. ***laugh like a ~*** 《口》 크게 웃다, 큰 소리로〈천하게〉 웃다.

·drain·age [dréinidʒ] *n.* ⓤ (1) 배수(draining), 배수 방법. (2) 배수 설비, 배수로 ; 하수로 ; 배수 구역. (3) 하수, 오수(汚水) (sewage). (4) **【醫】**배액(排液)〈배농(排膿)〉(법).

drain·pipe [dréinpàip] *n.* (1) ⓒ 배수관, 하수관 ; (빗물용) 세로 홈통. (2) (*pl.*) 《口》 홀태바지(= ***~ tròusers***). —*a.* 〔限定的〕 《口》 (바지통이) 몹시 좁은.

:drake [dreik] *n.* ⓒ 수오리(male duck). **【cf.】** duck[1].

DRAM [dræm] *n.* ⓤ **【電子】** 드램, 동적(動的)막기억 장치《기억보존 동작을 필요로 하는 수시 기입과 읽기를 하는 메모리》 [◁ *d*ynamic *r*andom *a*ccess *m*emory]

:dra·ma [dráːmə, drǽmə] *n.* (1) ⓤ (때로 the ~) 극, 연극, 극작, 극예술 : *the* silent ~ 무언극 / (a) historical ~ 사극 . (2) ⓒ 희곡, 각본 : a poetic ~ 시극. (3) ⓤ 극적 효과 ; 극적 성질〈요소〉. (4) ⓒ 극적 사건.

:dra·mat·ic [drəmǽtik] (***more ~ ; most ~***) *a.* (1) 극의, 연극의 ; 희곡의 ; 무대상의. (2) 극적인, 연극 같은 ; 인상적인 : a ~ event 극적인 사건.

dra·mat·ics [drəmǽtiks] *n.* (1) ⓤ 연출법, 연극, 연기. (2) 〔複數 취급〕 아마추어극, 학교〈학생〉극 ; 연극조의 행동〈표정〉.

dram·a·tis per·so·nae [drǽmətis-pərsóuniː, dráːmətis-pəːrsóunai, -ni] 《L.》 (종종 the ~) 〔複數 취급〕 등장 인물 ; 〔單數 취급〕 배역표.

·dram·a·tist [drǽmətist] *n.* ⓒ 극작가.

·dram·a·tize [drǽmətàiz] *vt.* (1) …을 극화〈각색〉하다 : ~ a novel 소설을 각색하다. (2) **a**] …을 극적으로 표현하다. **b**] 〔再歸的〕 …을 연기하다, 신파조로〈과장되게〉 말하다〈나타내다〉. —*vi.* (1) 극이 되다, 각색되다. (2) 연기하다, 신파조로〈과장되게〉 나타내다.

dram·a·tur·gy [drǽmətə̀ːrdʒi] *n.* ⓤ (1) 극작법. (2) 연출법.

:drank [dræŋk] DRINK의 과거.

·drape [dreip] *vt.* (1) 《~+目/+目+前+名》 …을 느슨하게 〈예쁘게〉 덮다〈꾸미다〉. (2) (팔 · 다리 등)을 쭉 펴다, 기대(놓)다. (3) (커튼 따위)를 주름을 잡아 예쁘게 달다.
— *n.* ⓒ (1) (종종 *pl.*) (주름이 잡혀 드리워진, 두꺼운) 커튼. (2) (흔히 *sing.*) (커튼, 스커트 따위의) 주름, 늘어진 모양.

·drap·ery [dréipəri] *n.* (1) ⓤⓒ **a**] 부드럽고 아름다운 주름을 잡아 사용하는 직물. **b**] 주름이 진 휘장〈막, 옷 따위〉; 《美》 두툼한 커튼 감. (2) ⓤ 《英》 **a**] 의류, 옷감, 직물 포목류(類) (《美》 dry goods). **b**] 포목〈옷감〉 장사.

·dras·tic [drǽstik] (***more ~ ; most ~***) *a.* (1) (치료 · 변화 따위가) 격렬한, 맹렬한 ; (수단 따위가) 과감한, 철저한 : adopt〈take〉 ~ measure 과감한 수단을 쓰다. (2) (아주) 심각한, 중대한.

파) ***-ti·cal·ly** [-kəli] *ad.*

drat·ted [drǽtid] *a.* 《口》지긋지긋한, 지겨운.

draughts [dræfts, drɑːfts] *n., pl.* 〔單數취급〕《英》체커(checkers).

Dra·vid·i·an [drəvídiən] *a.* 드라비다 사람〈어족(語族)〉의. —*n.* (1) ⓒ 드라비다 사람《인도 남부나 Ceylon 섬에 사는 비(非) 아리안계 종족》. (2) ⓤ 드라비다어(語).

:draw [drɔː] (***drew*** [druː] **;** ***drawn***[drɔːn]) *vt.*
(1) 《~+目/+目+副/+目+前+名》…을 끌다, 당기다, 끌어당기다 ; 끌어당겨서 …하다 : ~ a cart 짐수레를 끌다.
(2) 《~+目/+目+前+名/+目+*to* do》 (마음)을 끌다 ; 꾀어들이다 ; (사람)을 끌어들이다 ; (사람의 주의)를 끌다.
(3) (결과 따위)를 초래하다 ; (이자 따위)를 생기게 하다 : ~ one's own ruin 파열을 자초하다.
(4) 《~+目(+副)》 (숨)을 들이쉬다《*in*》, (한숨)을 쉬다.
(5) 《~+目/+目+前+名》 (급료·지급품 따위)를 타다, 받다 ; (은행 등에서 돈)을 찾다 : ~ (one's) pay 〈salary〉 급료를 받다.
(6) 《~+目/+目+前+名》 (결론 따위)를 (이끌어)내다 ; (교훈)을 얻어내다 ; (물)을 퍼 올리다 ; (피)를 나오게 하다 ; (눈물)을 자아내다 ; (차)를 달이다, 끓이다.
(7) 《~+目/+目+前+名》 (이 따위)를 잡아 뽑다, 빼다 ; (카드패·제비 따위)를 뽑다, 뽑아 맞히다.
(8) 《~+目/+目+目/+目+前+名》 (줄·선)을 긋다 ; (도면 따위)를 그리다, 베끼다 ; …의 그림을 그리다 ; …을 묘사하다 ; …에게 그려주다.
(9) 《~+目/+副/+目+前+名》 (서류)를 작성하다 ; (어음)을 발행하다《*on*》 : ~ (*up*) a deed 증서를 작성하다 / ~ a bill *on* a person 아무에게 어음을 발행하다.
(10) …을 잡아늘이다(stretch) ; (철사)를 만들다《금속을 잡아 늘여》 ; (실)을 뽑다 : ~ wire 철사를 만들다.
(11) (얼굴)을 찡그리다(distort) : a face *drawn* with pain 고통으로 일그러진 얼굴.
(12) (경기)를 비기게 하다 : The game was *drawn.* 그 승부는 비겼다.
(13) …의 창자를 빼다 : ~ a chicken.
(14) (여우 등을 굴 속)에서 몰이해 내다 : ~ a covert for a fox 덤불에서 여우를 몰이해 내다.
(15) (배가 …피트) 흘수(吃水)가 되다 : The ship ~*s* six feet of water. 그 배는 흘수 6피트이다.
(16) 《~+目/+目+前+名》 (구획선)을 긋다, (구별)을 짓다 : ~ a distinction 구별하다 / ~ a comparison *between* A and B, A와 B를 비교하다.
(17) (피)를 흘리게 하다 : No blood has been draw*n* yet. 아직 피 한방울 흐르지 않았다.
—*vi.* (1) 《~/+副》 끌다 ; (돛 따위가) 펴지다.
(2) 《+副/+前+名》 (끌리듯이 …에) 접근하다, 가까이 가다《*to* ; *toward*》 ; 모여들다《*together*》 ; (때가) 가까워지다.
(3) 칼〈권총〉을 빼다《*on*》.
(4) 《+前+名》 제비를 뽑다《*for*》.
(5) (이·코르크 마개 등이) 빠지다.
(6) 그리다, 줄〈선〉을 긋다, 제도하다《*with*》.
(7) 《+副》 (파이프·굴뚝 따위가) 바람을 통하다, 연기가 통하다.
(8) 《+副》 (차가) 우러나다.
(9) 《~/+前+名》 어음을 발행하다 ; (예금·사람에게서) 돈을 찾다《*on, upon*》 : ~ for advance 가불하다.
(10) 《+副》 주의〈인기〉를 끌다.
(11) (경기가) 비기다.
(12) 길어지다, 연장되다.
~ a blank ⇨ BLANK ***~ apart*** (***from***) (물리적·심리적으로 …에서) 떨어져 가다, 소원해지다. ***~ at*** (파이프로) 담배를 피우다, (파이프를) 피우다. ***~ away*** 1) (내밀었던 손 따위를) 빼다. 2) (…에서) 몸을 떼어놓다《*from*》. 3) 《口》(경주 따위에서) …의 선두에 나서다, 떨어뜨리다. ***~ back*** 1) 물러서다. 2) …을 되찾다, 되돌려 받다 ; 되돌리다. 3) (기획 따위에서) 손을 떼다. ***~ down*** 1) (막 따위를) 내리다. 2) (분노 따위를) 초래하다. ***~ in*** (*vt.*) 1) (고삐를) 죄다. 2) 비용을 줄이다. 3) 빨아들이다 ; 끌어들이다. 4) (뿔·발톱 따위를) 감추다 : ~ *in* one's HORNS. 5) (계획 따위의) 원안을 만들다. (*vi.*) 1) (열차 따위가) 들어오다, 도착하다 ; (차가) 길가에 서다. 2) (해가) 짧아지다, (하루가) 저물다. ***~ level*** (***with***) (…와) 대등하게 되다, (…에) 따라 미치다《경주에서》. ***~ near*** 1) 접근하다. 2) (때가) 가까워지다. ***~ off*** 1) (물 따위를) 빼내다, 빼다. 2) (주의를) 딴 데로 돌리다. 3) (군대를) 철퇴하다〈시키다〉. 4) (증류에서) 뽑다. 5) (장갑·양말 따위를) 벗다. 【cf.】 ~ on. ***~ on*** (*vt.*) 1) (장갑·양말 따위를) 끼다, 신다. 【cf.】 ~ off. 『 ~ *on* one's white gloves. 2) …을 꾀어들이다, (…하도록) 격려하다《*to* do》 ; (기대감 따위가) …에게 행동을 계속하게 하다 ; (일을) 일으키다, 야기하다. 3) (어음을) …앞으로 발행하다. (*vi.*) 1) …에 가까워지다, …이 다가오다. 2) (근원을) …에 의존하다, …에 의하여 얻다 ; …을 이용하다 ; …에게 요구하다. ***~ out*** (*vt.*) 1) 꺼내다, 뽑아내다《*from*》. 2) (계획을) 세우다, (서류를) 작성하다. 3) (군대를) 정렬시키다 ; 숙영지에서 출발시키다, 파견하다. 4) …을 꾀어서 말하게 하다, …에게서 알아내다. 5) (예금을) 찾아내다. 6) 잡아들이다, (금속을) 두들겨 늘이다 ; 오래 끌게 하다. (*vi.*) 1) (해가) 길어지다. 2) (열차가 역에서) 떠나가다《*of* ; *from*》 ; (배가) 떠나다《*from*》. ***~ up*** (*vt.*) 1) 끌어올리다. 2) 정렬시키다. 3) (문서를) 작성하다 ; (계획 따위를) 입안(立案)하다. 4) (차를) 세우다. (*vi.*) 1) 정렬하다. 2) (차·마차가) 멈추다. 3) 바싹 다가가다《*to*》, 따라잡다《*with*》.
— *n.* ⓒ (1) 끌기, 당김, (권총 따위를) 뽑아냄. (2) 《美》 담배〈파이프〉의 한 모금 : take a long ~ 한모금 천천히 빨아들이다. (3) (승부의) 비김. (4) 사람을 끄는 것, 인기 있는 것, 이목을 끄는 것. (5) 제비, 추첨 ; 당첨. (6) 《美》 (도개교(跳開橋)의) 개폐부. ***be quick***〈***slow***〉 ***on the ~*** 권총을 빼는 솜씨가 날쌔다〈서투르다〉 ; 《比》 반응이 빠르다〈더디다〉.

·draw·back [drɔ́ːbæ̀k] *n.* (1) ⓒ 결점, 약점, 불리한 점《*in*》. (2) ⓒ 장애, 고장《*to*》. (3) ⓤⓒ 환부금, 관세 환급(還給) : ~ cargo 관세 환급 화물. (4) ⓤⓒ 공제《*from*》

draw·down [drɔ́ːdàun] *n.* ⓤ (1) (저수지·우물 따위의) 수위 저하. (2) 《美》 삭감, 축소.

draw·ee [drɔːíː] *n.* ⓒ 【商】 어음 수신인《수표·약속어음에서는 수취인 ; 환어음에서는 지급인》. 【cf.】 payee, drawer.

:draw·er [drɔ́ːər] *n.* ⓒ (1) 제도사(製圖士). (2) 【商】 어음 발행인. 【cf.】 drawee. (3) [drɔːr] 서랍. (4) (*pl.*) 장롱. (5) (*pl.*) [drɔːrz] 드로어즈, 팬츠, 속바지《주로 여성용》.

:draw·ing [drɔ́ːiŋ] *n.* (1) ⓒ (연필·펜·크레용·목탄 따위로 그린) 그림, 도화 ; 스케치, 데생 ; 【컴】그

림, 그리기 : a ~ in pen 펜화 / a line ~ 선화. (2) ⓤ (도안·회화의) 선묘(線描), 제도 : ~ paper 제도용지. (3) ⓒ 《美》 제비뽑기, 추첨(회) : hold a ~ 추첨회를 가지다. (4) ⓤ 수표·어음의 발행. ***out of ~*** 잘못 그려서, 화법에 어긋나서, 조화롭지 않게.

dráwing bòard 화판, 제도판. ***go back to the ~*** 《口》 (사업 따위가 실패하여) 최초〈계획〉 단계로 되돌아오다, 처음부터 다시 시작하다. ***on the ~(s)*** 계획〈구상, 청사진〉 단계에서〈의〉.

dráwing càrd 《美》 인기 프로, 인기 있는 것 ; 인기 있는 연예인〈강연자〉, 인기 배우 ; 이목을 끄는 광고.

:dráwing ròom (1) 응접실, 객실. (2) 【美鐵】 (침대·화장실이 딸린) 특별 전용실.

·draw·ing-room [drɔ́:iŋrù(:)m] *a.* 〔限定的〕《英》 고상한, 점잖은, 세련된.

draw·knife [drɔ́:nàif] (*pl.* ***-knives***) *n.* ⓒ 당겨 깎는 칼《양쪽에 손잡이가 있음》.

drawl [drɔ:l] *vt., vi.* (내키지 않는 듯이) 느리게 말하다, 점잔빼며 천천히 말하다〈발음하다〉《종종 *out*》 : ~ *out* a reply 느릿느릿 대답하다. —*n.* ⓒ 느린 말투 : the Southern ~ 《美》 남부 사람 특유의 느린 말투.

drawl·ing [drɔ́:liŋ] *a.* (말투·발음이) 느릿느릿한 ; 내키지 않는 듯한.

·drawn [drɔ:n] DRAW의 과거분사. — (***more ~ ; most ~***) *a.* (1) (칼집 따위에서) 빼낸, 뽑은 : a ~ pistol. 뽑아든 권총. (2) (커튼·차양 등이) 내려진, 닫힌. (3) (고통 등으로) 찡그린, 일그러진《얼굴 등》. (4) 비긴, 무승부의 : a ~ game.

dráwn wòrk 올을 뽑아 얽어 만든 레이스의 일종 (= **dráwn-thréad wòrk**).

draw·sheet [drɔ́:ʃì:t] *n.* ⓒ 환자가 누워 있어도 쉽게 빼낼 수 있는 폭이 좁은 시트.

draw·string [drɔ́:strìŋ] *n.* ⓒ (종종 *pl.*) (주머니의 아가리나 옷의 허리께 등을) 졸라매는 끈.

dráw wèll 두레 우물.

dráy hòrse 짐마차 말.

:dread [dred] *vt.* 《~+目/+*to* do/+*-ing*/+*that* 節》 …을 몹시 두려워하다, 무서워하다 ; 염려〈걱정〉하다 : ~ death 죽음을 두려워하다 .
— *n.* (1) ⓤ (또는 a ~) 공포, 불안, 외경(畏敬). (2) ⓒ (흔히 *sing.*) 무서운 것, 공포〈두려움〉의 대상.
— *a.* 〔限定的〕 (1) 무서운. (2) 경외할 만한, 두려운.

:dread·ful [drédfəl] (***more ~ ; most ~***) *a.* (1) 무서운, 두려운, 무시무시한. (2) 《口》 몹시 불쾌한, 아주 지독한. (3) 《口》 시시한, 따분한 : a ~ bore 따분한 사람.

dread·ful·ly [-fəli] *ad.* (1) 무섭게, 무시무시하게 ; 겁에 질려. (2) 《口》 몹시, 지독하게 : a ~ long speech 굉장히 긴 연설.

:dream [dri:m] *n.* ⓒ (1) (수면 중의) 꿈 : a hideous 〈bad〉 ~ 악몽. (2) (흔히 *sing.*) 황홀한 기분, 꿈결 같음 ; 몽상, 환상 : a waking ~ 백일몽, 공상 / be〈live, go about〉 in a ~ 꿈결같이 지내다. (3) 희망, 꿈. (4) 《口》 꿈처럼 즐거운〈아름다운〉 것〈사람〉. (5) 〔形容詞的〕 꿈의, 꿈 같은, 이상적인. ***like a ~*** 1) 용이하게, 쉽게. 2) 완전하게, 더할 나위 없게.
—(*p., pp.* ***dreamed*** [dri:md, dremt], ***dreamt*** [dremt]) *vi.* 《~/+前+名》 (1) 꿈꾸다, 꿈에 보다 《*of* ; *about*》 ; 〔否定的〕 꿈에도 생각하지 않다《*of*》 : I should*n't* ~ *of* do*ing* such a thing. 그런 일을 할 생각은 꿈에도 없다. (2) 꿈결 같은 심경이 되다 ; 몽상하다《*of*》 : ~ *of* honors 영달을 꿈꾸다. — *vt.* (1) …을 꿈꾸다, 꿈에 보다 ; 〔同族目的語를 수반해〕 …한 꿈을 꾸다, 몽상을 하다. (2) 《~+目/+*that* 節》 《比》 …을 꿈속에 그리다〈생각하다〉 ; 〔否定的〕 …을 꿈에도 생각지 않다. (3) 《+目+副》 (때)를 헛되이〈멍하니, 꿈결같이〉 보내다《*away* ; *out*》 : ~ *away* one's life 일생을 헛되이〈멍하니, 꿈결같이〉 보내다. ***~ away***〈***out***〉 ⇨ *vt.* (3). ***~up*** 《口》《종종 蔑》 몽상에서 만들어내다, 창작하다, 퍼뜩 생각이 들다.

dream·boat [drí:mbòut] *n.* ⓒ 《美俗》 (1) 매력적인 이성. (2) 이상적인 것.

·dream·er [drí:mər] *n.* ⓒ 꿈꾸는 사람 ; 몽상가.

dream·land [drí:mlæ̀nd] *n.* (1) ⓤⓒ 꿈나라, 이상향, 유토피아. (2) ⓤ 잠.

dream·less [drí:mlis] *a.* 꿈이 없는 ; 꿈꾸지 않는.

dream·like [⌐làik] *a.* 꿈 같은 ; 어렴풋한.

·dreamt [dremt] DREAM의 과거·과거분사.

dream·world [drí:mwə̀:rld] *n.* ⓒ 꿈〈공상〉의 세계 ; 꿈나라.

·dreamy [drí:mi] (***dream·i·er ; -i·est***) *a.* (1) 꿈같은 ; 어렴풋한 ; 덧없는. (2) 꿈많은 ; 환상〈공상〉에 잠기는. (3) 《口》 멋진, 훌륭한《젊은 여성들이 흔히 씀》.
파) **dréam·i·ly** *ad.* **-i·ness** *n.*

drear [driər] *a.* 《詩》 = DREARY.

:dreary [dríəri] (***drear·i·er ; -i·est***) *a.* (1) (풍경·날씨 따위) 황량한 ; 처량한, 쓸쓸한 ; 음산한. (2) 따분한, 지루한.
파) **dréar·i·ly** *ad.* **-i·ness** *n.*

dredge[1] [dredʒ] *n.* = DREDGER[1] (2). —*vt.* (1) (항만·강)을 준설하다 ; 쳐내다《*for* ; *up*》. (2) 《口》 (불쾌한 일·기억 등)을 들춰내다《*up*》. — *vi.* 준설기로 쳐내다, (…을 찾아) 물밑을 훑다《*for*》.

dredge[2] *vt.* (요리에 밀가루 따위)를 뿌리다《*over*》 ; (밀가루 등을) …에 뒤바르다《*with*》.

dredg·er[1] [drédʒər] *n.* ⓒ (1) 준설하는 사람. (2) 준설기, 준설선.

dredg·er[2] *n.* ⓒ (조미료 등의) 가루 뿌리는 통.

dreg [dreg] *n.* (1) (흔히 *pl.*) 찌끼, (물 밑에 가라앉은) 앙금. (2) 《比》 지질한 것, 지스러기 : the ~ of society 사회의 쓰레기《범죄자, 부랑자 등》. ***drain*** 〈***drink***〉 ***do the ~s*** 1) 한 방울도 남기지 않고 마시다. 2) (쾌락·고생 등을) 다 맛보다.

Drei·ser [dráisər, -zər] *n.* **Theodore**(**Herman Albert**) ~ 드라이저《미국의 소설가 ; 대표작 *Sister Carrie*(1900), *An American Tragedy* (1925) 등 ; 1871-1945》.

:drench [drentʃ] *vt.* (1) …을 흠뻑 젖게 하다〈적시다〉《*with*》. (2) …에 흠뻑 묻히다〈바르다〉《*in* ; *with*》.

drench·ing [dréntʃiŋ] *n.* ⓤ (또는 a ~) 흠뻑 젖음 : get a 〈good〉 ~ 흠뻑 젖다.

Dres·den [drénzdən] *n.* (1) 드레스덴《독일 동부의 도시》 (2) = DRESDEN CHINA.

:dress [dres] (*p., pp.* ***~ed***[-t], 《古·詩》 ***drest*** [-t]) *vt.* (1) 《~+目/+目+前+名》 …에 옷을 입히다《*in*》 ; 정장시키다 ; 옷을 만들어 주다. 휜 〈나들이〉 옷을 입고 있다 / Get ~*ed*. 몸단장을 해라. (2) 《~+目/+目+副/+目+前+名》 …을 장식하다《*up*》, (진열장 따위)를 아름답게 꾸미다(adorn)《*with*》. (3) 《~+目/+目+前+名》 **a**] …을 정돈하다 ; 마무르다 ; (말의 털)을 빗겨주다, (가죽)을 무두질하다 ; (석재·목재 따위)를 다듬다 ; (수목 따위)를 가지치다 ; (새·짐

승)을 조리하기 위하여 대강 준비하다《털·내장 따위를 빼내어》. **b**] (샐러드 따위)에 드레싱을 치다 : ~ a salad. (4) (머리)를 손질하다, 매만지다. (5) (붕대·약 등으로 상처)를 치료하다. (6) 《+目/+目+前+名》 (군대)를 정렬시키다. (7) (땅)에 비료를 주다. —*vi.* (1) 《~/+副》 옷을 입다. (2) 《+前+名/+副》 정장하다, 야회복을 입다《*for*》. (3) 【軍】 정렬하다. ***be ~ed up*** 옷을 잘 차려 입고 있다. ***~ down*** 수수한 옷차림을 하다. ***~ up*** 1) 성장하다〈시키다〉 : 분장하다〈시키다〉. 2) (대열을) 정렬시키다. 3) 꾸미다, 실제보다 아름답게 보이게 하다.

— *n.* (1) ⓤ 의복, 복장 : casual〈formal〉 ~ 평상복〈정장〉. (2) ⓤ 〔흔히 修飾語와 함께〕 정장, 예복 : ⇨ EVENING DRESS, FULL DRESS, MORNING DRESS. (3) ⓒ (원피스의) 여성복, 드레스(gown, frock) ; (원피스의) 아동복. (4) 〔形容詞的〕 성장용의 ; 예복을 착용해야 하는 : ~ material 옷감 / a ~ concert 정장이 필요한 연주회. ***"No ~."*** '정장은 안 해도 좋습니다' 《초대장 따위에 적는 말》.

dréss círcle (흔히 the ~) 《美》 극장의 특등석《2층 정면 ; 원래 야회복을 입는 관례가 있었음》.

dressed [drest] DRESS의 과거·과거분사.
—*a.* (1) 옷을 입은. (2) 화장 가공한. (3) 손질한 : a ~ skin 무두질한 가죽. (4) (닭·생선 등) 언제라도 요리할 수 있게 준비된.

·dress·er[1] [drésər] *n.* ⓒ (1) (극장 등의) 의상 담당자 ; (쇼윈도) 장식가(家). (2) 《英》 외과 수술 조수 ; 조정자. (3) 끝손질〈마무르는〉 직공 ; 마무리용의 기구. (4) 〔흔히 形容詞를 수반해〕 (특별한) 옷차림을 한 사람 : a smart ~ 멋쟁이, 맵시꾼.

dress·er[2] *n.* ⓒ (1) 조리대(調理臺) ; 찬장. (2) 《美》 화장대, (특히) 경대.

·dress·ing [drésiŋ] *n.* (1) ⓤ 옷을 입기, 치장, 몸단장. (2) ⓤⓒ 끝손질, 가공 ; 화장 마무리. (3) ⓤⓒ 【料】 드레싱, (샐러드·고기·생선 따위에 치는) 소스·마요네즈류 ; (새 요리의) 속(stuffing). (4) ⓤⓒ (상처 등 외상 치료용의) 의약 재료《거즈·탈지면·연고 등》.

dréssing bàg 〈**càse**〉 화장품 통〈가방〉.

dress·ing-down [drésiŋdáun] *n.* ⓒ 《口》 호되게 꾸짖음, 질책 : I got a good ~. 나는 흠씬 야단맞았다.

dréssing gòwn 〈**ròbe**〉 화장옷, 실내복.

dréssing ròom (1) (극장의) 분장실. (2) (흔히, 침실 옆에 있는) 화장실, 옷갈아 입는 방.

dréssing tàble (침실용) 화장대, 경대.

·dress·mak·er [drésmèikər] *n.* ⓒ 여성복 양재사. 【cf.】 tailor.

·dress·mak·ing [drésmèikiŋ] *n.* (1) ⓤ 여성복 제조(업) ; 양재. (2) 〔形容詞的〕 양재(용)의 : a ~ school 양재 학교.

dréss paràde 【軍】 예장 열병식, 사열식.

dréss shírt (1) (남자의) 예장용 셔츠. (2) (비즈니스용) 와이셔츠.

dréss úniform 【軍】 정장용 군복.

dressy [drési] (***dress·i·er ; -i·est***) *a.* 《口》 (1) (옷이) 정장용의, 격식차린. (2) (사람이) 치장을 좋아하는, 복장에 마음을 쓰는, 화려한(것을 좋아하는).
㊕ **dréss·i·ly** *ad.* **-i·ness** *n.*

:drew [dru:] DRAW의 과거.

Dréy·fus affàir [dráifəs-, dréi-] (the ~) 드레퓌스 사건《1894년 프랑스에서 유대계 대위 Dreyfus가 기밀 누설의 혐의로 종신 금고형을 선고받았으나, 국론을 양분할 만큼의 사회 문제가 되어, 결국 무죄가 된 사건》.

drib·ble [dríbəl] *vi.* (1) (액체 따위가) 똑똑 듣다《*away*》. (2) 침을 흘리다. (3) 공을 드리블하다. (4) (돈이) 조금씩 나가다《*away*》. — *vt.* (1) (액체 따위)를 똑똑 떨어뜨리다 ; (침)을 질질 흘리다. (2) (공)을 드리블하다.
— *n.* ⓒ (흔히 *sing.*) (1) 똑똑 떨어짐, 물방울 ; 소량. (2) 【球技】 드리블.

drib·(b)let [dríblit] *n.* ⓒ 조금, 소량 : 소액. ***by*** 〈***in***〉 ***~s*** 찔끔찔끔, 조금씩.

:dried [draid] DRY의 과거·과거분사. — *a.* 말린, 건조한.

dried-up [ˊʌ́p] *a.* (바짝) 마른 ; (늙어서) 쭈글쭈글해진 ; (감정 따위가) 고갈된.

:drift [drift] *n.* (1) ⓤⓒ 표류(drifting) ; (사람의) 이동 ; 떠내려감. (2) ⓤⓒ 표류물 ; 【地質】 표적물(漂積物). (3) ⓒ (눈·비·토사 등이) 바람에 밀려 쌓인 것 : a ~ of snow〈sand〉 바람에 불려 쌓인 눈〈모래〉더미. (4) **a**] ⓤⓒ (사건·국면 따위의) 동향, 경향, 흐름, 대세. **b**] ⓤ 추세에 맡김〈따름〉 : a policy of ~ 대세 순응주의. (5) (흔히 *sing.*) (의론 등의) 취지, 주의(主意).
—*vt.* (1) 《~+目/+目+前+名/+目+副》 …을 떠내려 보내다, 표류시키다 ; (어떤 상황에) 몰아넣다. (2) 《~+目/+目+前+名》 (바람이) …을 날려 보내다, 불어서 쌓이게 하다 ; (물의 작용이) …을 퇴적시키다.
—*vi.* (1) 《~/+副/+前+名》 표류하다, 떠돌다. (2) 바람에 날려〈밀려〉 쌓이다. (3) 《~/+前+名》 **a**] (정처없이) 떠돌다, 헤매다 : He ~*ed from* job *to* job. 그는 여기저기 직장을 전전했다. **b**] (악습 따위에) 부지중에 빠져 들어가다《*to* ; *toward*》 : ~ *toward* ruin 서서히 파멸로 향하다. ***~*** (***along***) ***through life*** 일생을 줏대없이 살다. ***~ apart*** 1) 표류하여 뿔뿔이 흩어지다. 2) 소원해지다.

drift·age [ˊidʒ] *n.* (1) ⓤⓒ 표류(작용) ; 표류물. (2) ⓤ 표류한 거리 ; (배의) 편류(偏流).

drift·er [dríftər] *n.* ⓒ (1) 표류자〈물〉. (2) 떠돌이, 방랑자. (3) 유자망 어선〈어부〉.

dríft ìce 유빙(流氷). 【cf.】 pack ice.

drift·wood [ˊwùd] *n.* ⓤ 유목, 부목(浮木).

:drill[1] [dril] *n.* (1) ⓒ 송곳, 천공기, 착암기, 드릴《기계 전체》. (2) ⓤⓒ (엄격한) 훈련, 반복 연습 ; 【軍】 교련(敎練), 훈련, 드릴 / a fire ~ 방화(防火) 훈련. (3) (the ~) 《英口》 올바른 방법〈수순〉. —*v t.* (1) (송곳 따위로) …에 구멍을 뚫다, …을 파다 : ~ an oil well 유정을 파다. (2) 【軍】 …을 교련〈훈련〉하다 : ~ troops 군대를 훈련시키다. (3) 《+目+前+名》 (…을 아무)에게 반복하여 가르치다《*in*》. (4) 《美俗》 …을 총알로 꿰뚫다, 쏴죽이다.
—*vi.* (1) 드릴로 구멍을 뚫다《*through*》 : ~ for oil 석유를 시굴하다. (2) 교련〈훈련〉을 받다. (3) 반복 연습하다.

drill[2] *n.* ⓒ (1) 조파기(條播機)《골을 쳐서 씨를 뿌린 다음 흙을 덮음》. (2) 파종골, 이랑 ; 한 이랑의 작물.
—*vt.* (씨)를 조파기로 뿌리다.

drill[3] *n.* ⓤ 능직(綾織) 무명, 능직 리넨《따위》.

dríll bòok 연습장.

drill·mas·ter [drílmæ̀stər, -mɑ̀:s-] *n.* ⓒ (1) 엄하게 훈련시키는 사람. (2) 교련 교관.

:drink [driŋk] (***drank*** [dræŋk] ; ***drunk*** [drʌŋk], 〔形容詞的〕 《詩》 ***drunk·en*** [drʌ́ŋkən]) *vt.* (1) 《~+目/+目+前+名》 …을 마시다, 다 마시다(empty) 《※

스푼으로 soup를 마실때는 eat, 약을 마실 때에는 take를 씀》: ~ a glass of milk 우유를 한잔 마시다 . (2) 《~+目/+目+副》 (수분)을 빨아들이다, 흡수하다(absorb)《흔히 *up* ; *in*》 : ~ water like a sponge 스펀지처럼 물을 빨아 들이다. (3) **a**] (급료 따위)를 술을 마셔 없애버리다, 술에 소비하다. **b**] 술로 …을 달래다 : ~ one's troubles *away* 술로 시름을 달래다. (4) 《~+目/ +目+前+名》 …을 위해서 축배하다《*to*》: ~ a person's health 아무의 건강을 위해 축배하다. (5) 《+目+補/+目+前+名》〔주로 再歸用法〕 마시어 …에 이르게 하다. — *vi.* (1) 《~/+前+名》 마시다 ; (상습적으로) 술을 마시다 : eat and ~ 먹고 마시다 / ~ *out of* a jug 주전자로 물을 마시다 / Don't ~ and drive. 음주 운전 금지《경고》

(2) 《+前+名》 건배하다《*to*》 : Let's ~ *to* his health 〈success〉. 그의 건강〈성공〉을 위하여 건배합시다. ***~ down*** 1) (괴로움·슬픔 따위)를 술로 잊다. 2) (술 마시기를 겨루어 상대방을) 취해 곤드라지게 하다. 3) (단숨에 죽) 들이켜다. ***~ in*** 1) 흡수하다. 2) …을 황홀하게 보다〈듣다〉. ***~ up*** 다 마셔 버리다 ; 빨아 올리다.
— *n.* (1) ⓤⓒ **a**] 마실 것, 음료 : ⇨ SOFT DRINK / food and ~ 음식물. **b**] 알코올성 음료, 술, 포도주 : a strong ~ 독한 술. (2) ⓒ 한 잔, 한 모금 : have a ~ 한 잔 마시다. (3) ⓤ 과음, 대주(大酒). (4) (the ~) 《口》 큰 강, 《특히》 바다, 대양.

drink·a·ble [dríŋkəbəl] *a.* 마실 수 있는, 마셔도 좋은. —*n. pl.* 음료. ***eatables and ~s*** 음식물.

drink-dri·ver [ˊdràivər] *n.* ⓒ 음주 운전자.

drink-dri·ving [ˊdráiviŋ] *n.* ⓤ 음주운전.

·drink·er [dríŋkər] *n.* ⓒ (술) 마시는 사람 ; 술꾼 : a heavy〈hard〉 ~ 주호.

:drink·ing [dríŋkiŋ] *n.* (1) ⓤ 마시기 : Good for ~. 마실 수 있음《게시》. (2) ⓤ 음주 : He is fond of ~. 술을 즐기다. (3) 形容詞的 음주〈음용〉의 : ~ water 음료수 / a ~ party 주연 / a ~ pal 술친구.

drínking fòuntain (분수식) 물마시는 곳.

drínking sòng 술마실 때 부르는 노래.

drínking wàter 음료수.

:drip [drip] (*p.*, *pp.* ***dripped, dript*** [-t] ; ***drip·ping***) *vi.* (1) (액체가) 듣다, 똑똑 떨어지다《*from*》: Water is ~*ping from* the ceiling. 천장에서 물이 떨어지고 있다 / The tap is ~*ping*. 수도꼭지에서 물이 듣고 있다. (2) 《~/+前+名》 (젖어) 물방울이 떨어지다, 흠뻑 젖다《*with*》. — *vt.* (액체)를 듣게하다 ; 똑똑 떨어뜨리다. (1) ⓒ (듣는) 물방울 : a ~ *from* the leaking faucet 새는 수도 꼭지에서 듣는 물방울. (2) ⓤ (종종 the ~) 똑똑 떨어짐〈떨어지는 소리〉, 듣는 물방울 소리. (3) ⓒ 【醫】 점적(제)(點滴(劑)) ; 점적 장치 : be on a ~ 점적을 받고 있다.

drip·feed [drípfiːd] *n.* ⓒ 《英》 점적(點滴).

dríp màt 컵 받침.

·drip·ping [drípiŋ] *n.* (1) ⓤ 적하(滴下), 들음. (2) ⓒ (종종 *pl.*) 똑똑 떨어지는 것, 물방울. (3) (《美》 ~*s*, 《英》 ⓤ) (불고기에서) 떨어지는 국물.
—*a.* (1) 똑똑 떨어지는 : a ~ tap 물이 똑똑 떨어지는 수도꼭지. (2) **a**] 흠뻑 젖은. **b**] 〔副詞的으로, wet을 수식하여〕 흠뻑 젖을 정도로.

drip·py [drípi] (***-pi·er*** ; ***-pi·est***) *a.* (1) 물방울이 떨어지는. (2) 궂은 날씨의 (3) 《口》 눈물을 자아내게 하는, 감상적인(corny).

dript [dript] DRIP의 과거 · 과거분사.

drive [draiv] (***drove***[drouv] ; ***driv·en***[drívən]) *vt.* (1) 《~+目/+目+前+名/+目+副》 (소 말 등)을 몰다 ; (새·짐승 따위)를 몰아대다〈내다〉 ; 몰이하다 ; 쫓아내다: a cowboy *driving* cattle *to* the pasture 목초지로 소를 몰고 가는 카우보이. (2) 《~+目/+目+前+名/+副》 (바람·파도가 배 따위)를 밀어치다 ; (눈 · 비)를 몰아 보내다 : Clouds are *driven* by the wind. 구름이 바람에 흩날린다. (3) (마차 자동차)를 몰다, 운전〈조종〉하다, 드라이브하다 : ~ a taxi 택시를 몰다. (4) 《+目+副/+目+前+名》 …을 차(車)로 운반하다(보내다). (5) 〔흔히 受動으로〕 (동력 따위가, 기계)를 움직이다, 가동시키다. (6) 《+目+副》 …을 마구 부리다, 혹사하다. (7) 《+目+補/+目+前+名/+目+*to* do》 (아무)를 …한 상태로 만들다 ; 무리하게 …시키다(compel). (8) (장사 따위)를 해 나가다, 경영하다 ; (거래 등)을 성립시키다. (9) 《+目+前+名》 (못·말뚝 따위)를 쳐박다 ; (머리)에 주입시키다 ; (우물 · 터널 등)을 파다, 뚫다 ; (돌 따위를 겨냥해) …에 던지다, …을 부딪치다 ; (철도)를 부설하다 : ~ a nail *into* wood 못을 나무에 박다. (10) 《~+目/+目+前+名》 (공)을 던지다, 치다 ; 【테니스】 (공)에 드라이브를 넣다 ; 【골프】 (공)을 티(tee)에서 멀리 쳐보내다 ; 【野】 (안타나 희생타로 러너)를 진루시키다, (…점)을 득점시키다.
—*vi.* (1) 《~/+前+名》 차를 몰다〈운전하다〉 ; 차로 가다〈여행하다〉, 드라이브하다 : *Drive* slowly 〈carefully〉. 천천히〈조심해서〉 운전해라 / Shall we walk or ~. 걸어갈까 아니면 차로 갈까. (2) 《+前+名》 (차 배 따위가) 질주〈돌진〉하다 ; 격돌하다《*against*》 ; (구름이) 날아가다. (3) 《+前+名》 (비 · 바람이) 내리퍼붓다, 몰아치다 : The rain was *driving against* the windowpanes. 비가 세게 유리창을 때리고 있었다. (4) 《+前+名》 《口》 (…을) 의도하다, 꾀하다, 노리다, (…을 할〈말할〉) 작정이다 《*at*》. (5) 【골프 테니스】 공을 세게 치다.
~ at ⇨ *vi.* (4). ***~ ... back on ...*** 아무를 부득이 …에 의지하지 않을 수 없게 하다. ***~ ... from*** 아무를 …에서 쫓아내다, 아무를 …에 있을 수 없게 하다. ***~ home*** 1) (못 따위를) 쳐서 박다. 2) (…에 생각 · 견해 따위를) 납득시키다《*to*》 ; 차로 보내주다. ***~ in*** 몰아〈밀어〉넣다 ; 쳐서 박다 ; 차를 몰고 들어가다 ; 【野】 히트를 쳐서 (주자를)홈인시키다〈(타점을) 올리다〉 ; 【軍】 (보초 등을) 부득이 철수시키다. ***~ off*** 1) 쫓아버리다, 물리치다, 격퇴시키다. 2) (차 따위가) 떠나버리다 ; (승객을) 차에 태우고 가다 ; 【골프】 제 1타를 치다. ***~ out*** 1) 추방하다, 몰아내다, 배격하다. 2) 차로 외출하다. ***~ up*** 1) (탈것으로 …에) 대다《*to* the door》 ; (길을) 달려오다, 전진해 오다. 2) (값을) 올리다. ***let ~*** 1) 날리다. 2) 겨누어 쏘다〈던지다〉《*at*》.
—*n.* (1) ⓒ 드라이브, 자동차 여행 ; (자동차 따위로 가는) 노정(路程) : take〈go for〉 a ~ 드라이브하러 가다. (2) ⓒ 드라이브길 ; (공원이나 삼림속의) 차도. (3) ⓒ (가축 등의) 몰이, 몰기 : a cattle ~ 소몰이. (4) ⓤⓒ 【心】 충동, 본능적 욕구 : the sex ~ 성적 충동 / Hunger is a strong ~ to action. 배고픔은 인간을 행동으로 몰고가는 강력한 동인(動因)이다. (5) ⓤ 정력, 의욕, 박력, 추진력 : a man of ~ 〈with great ~〉 정력가. (6) ⓒ (기부 모집 등의) (조직적인) 운동 : a Red Cross ~ for contributions 적십자 모금 운동. (7) ⓤⓒ 드라이브《골프 · 테니스 · 등의 장타(長打)》 : 【크리켓】 강타. (8) ⓤⓒ **a**] (자동차의) 구동(驅動) 장치 ; 【컴】 돌리개《자기 테이프·자기 디스크 등의 대체 가능한 자기 기억 매체를 작동시키는 장치》. **b**] 【機】 (동력의) 전동(傳動) : a gear ~ 톱니

바퀴〈기어〉 전동.
drive-by [dráivbài] (*pl.* **~s**) *n.* ⓒ《美》 주행중인 차에서의 발포.
·**drive-in** [dráivìn] *a.* 《美》 차를 탄 채로 들어가게 된《식당·휴게소·영화관 등》.
driv·el [drívəl] (**-l-**, 《英》 **-ll-**) *vi.* (1) 침을 흘리다, 콧물을 흘리다. (2) 실없는 소리를 하다《*on* ; *away*》.
driv·el·(l)er [-ər] *n.* ⓒ (1) 침을 질질 흘리는 사람. (2) 허튼소리를 하는 사람.
:**driv·en** [drívən] DRIVE 의 과거분사.
—*a.* 바람에 날린〈날려 쌓인〉 : ~ snow 바람에 날려 쌓인 눈.
:**driv·er** [dráivər] *n.* ⓒ (1) (자동차를) 운전하는 사람, 모는 사람, 운전자 ; (전차·버스 따위의) 운전사 : ⇨OWNER-DRIVER / a careful ~ 조심스럽게 운전하는 사람. (2) 짐승을 모는 사람, 소〈말〉 몰꾼. (3) **a**] 【機】 (기관·동력 차의) 동륜(動輪), 구동륜(驅動輪)(driving wheel). **b**] 【컴】 돌리개《컴퓨터와 주변 장치 사이의 사이틀을 제어하는 하드웨어 또는 소프트웨어》. (4) 【골프】 공 치는 부분이 나무로 된 골프채. (5) (말뚝 따위를) 박는 기계 ; 드라이버. 【cf.】 screwdriver.
dríver's lìcense 《美》 운전 면허(증) (《英》 driving licence).
driver's permit 《美》 가(假) 면허증.
driver's seat 운전석. ***in the ~*** 지배적 지위에 있는, 책임 있는 자리에 있는.
dríve-up window [∠ʌ̀p] 《美》 승차한 채로 서비스를 받을 수 있는 창구 : ~s at the bank.
·**drive·way** [dráivwèi] *n.* ⓒ (자택(차고)에서 집 앞 도로까지의) 사유〈시설〉 차도(drive).
:**driv·ing** [dráiviŋ] *a.* 〔限定的〕 (1) 추진하는, 움직이게 하는, 구동(驅動)의 : ~ force 추진력. (2) (사람을) 혹사하는. (3) 《美》 정력적인(energetic), 일을 추진하는. (4) 질주하는, 맹렬한 ; (눈 따위가) 휘몰아치는 : a ~ rain 휘몰아치는 비. — *n.* (1) ⓤ (자동차 따위의) 운전, 조종. (2) ⓤ 추진 ; 구동(驅動).
dríving bàn (처벌로서의) 자동차 운전면허 정지.
dríving ìron 【골프】 낮은 장타용(長打用)의 아이언 클럽, 1번 아이언(클럽).
dríving rànge 골프 연습장.
dríving tèst 운전 면허 시험.
:**driz·zle** [drízl] *n.* ⓤ (또는 a ~) 이슬비, 가랑비.
—*vi.* 이슬비가 내리다 : It ~*d* all afternoon. 오후 내내 가랑비가 왔다.
driz·zly [drízli] *a.* 이슬비의 ; 이슬비 오는 ; 보슬비가 올 것 같은.
drogue [droug] *n.* ⓒ (1) (공항의) 풍향 기드림(wind sock). (2) = DROGUE PARACHUTE. (3) 【空軍】 예인표적《공대공 사격연습용으로 비행기가 끄는 기드림》. (4) 【空】 드로그《공중 급유기에서 나오는 호스 끝에 있는 깔때기 모양의 급유구(給油口)》.
droll [droul] *a.* 우스운, 익살스러운. 파) **drol·ly** [∠li] *ad.*
droll·ery [dróuləri] *n.* ⓤⓒ 익살스러운 짓(waggishness) ; 익살맞은 이야기 ; 익살.
-drome '광대한 시설 ; 달리는 장소' 의 뜻의 결합사 : air*drome*, hippo*drome*.
drom·e·dary [drámidèri, drʌ́m-/drɔ́m-] *n.* ⓒ 【動】 단봉(單峯) 낙타(Arabian camel)《아라비아산》. 【cf.】 Bactrian camel.
·**drone** [droun] *n.* (1) ⓒ (꿀벌의) 수벌. 【cf.】 worker. (2) ⓒ 게으름뱅이(idler), 식객(食客). (3) ⓤ **a**] (벌 비행기 등의) 윙윙하는 소리. **b**] 【樂】 지속 저음 ; 백파이프(bagpipe)의 저음(관).
—*vi.* (1) (벌·기계 등이) 윙윙거리다.
drool [dru:l] *vi.* (1) 군침을 흘리다. (2) 군침을 흘리며 좋아하다, 무턱대고 욕심내다《*over*》. (3) 시시한〈허튼〉 소리를 하다.
:**droop** [dru:p] *vi.* (1) (머리·어깨 등이) 수그러지다, 축 처지다 ; 눈을 내리깔다. (2) **a**] (식물이) 시들다. **b**] (사람이) 기운이 떨어지다 ; (의기) 소침하다 : ~ *with* sorrow 슬픔으로 의기 소침하다. — *vt.* (머리 따위)를 수그리다, 떨구다 ; (눈)을 내리깔다. ⓤ (1) 축 처져 있음 ; 수그러짐. (2) 풀이 죽음, 의기 소침.
droop·ing·ly [drú:piŋli] *ad.* 고개를 (푹)숙이고, 힘없이, 의기소침하여.
droopy [drú:pi] (**droop·i·er ; -i·est**) *a.* (1) 축처진〈늘어진〉, 수그러진.
:**drop** [drap/drɔp] *n.* (a) ⓒ (1) 방울, 물방울 ; 한 방울 : a ~ of water 물 한 방울. (2) **a**] (*pl.*) 점적(點滴)약, 《특히》 점안약(點眼藥) : eye ~*s* 점적 안약. **b**] (액체의) 소량 ; 소량의 술. (3) 물방울 모양의 것. **a**] 늘어뜨린 장식 ; 귀걸이(eardrop). **b**] 【菓子】 드롭스 : lemon ~*s* 레몬 드롭스. (4) (흔히 *sing.*) 낙하 ; (온도 따위의) 강하 ; (가격 따위의) 하락 ; 낙하 거리, 낙차. (5) **a**] (극장 무대 등의) 떨어지게 만든 장치. **b**] (교수대의) 발판. **c**] (우체통의) 넣는 구멍 : a mail〈letter〉 ~ 우편물 투입구. **d**] (호텔등의) 열쇠 투입구. (6) 【蹴】 드롭킥(drop kick).
a ~ in the* 〈*a*〉 *bucket* = *a ~ in the ocean 대해의 물 한방울, 구우 일모(九牛一毛). ***at the ~ of a hat*** 신호가 있으면 ; 즉시. ***~ by ~*** 한방울씩, 조금씩. ***have* 〈*get*〉 *the ~ on*** 《口》 상대방보다 날쌔게 권총을 들이대다 ; …의 기선을 제하다. ***take a ~*** 한잔하다. ***to the last ~*** 마지막 한 방울까지.
—(*p.*, *pp.* **dropped** [-t], **dropt ; drop·ping**) *vt.* (1) 《~+目/+目+前+名》 (액체)를 듣게 하다, 똑똑 떨어뜨리다, 흘리다 : ~ sweat 땀을 흘리다. (2) 《~+目/+目+前+名》 (물건)을 떨어뜨리다《*on*》 : 낙하〈투하〉시키다 ; (시선 따위)를 떨어뜨리다 ; (소리)를 낮추다 ; (가치 · 정도 따위)를 떨어뜨리다, 하락시키다. (3) 《~+目/+目+前+名》 (돈)을 잃다, 없애다《도박 투기 등으로》. (4) (h나 ng의 g또는 어미의 철자 따위)를 빠뜨리고 발음하다. (문자 따위)를 생략하다(omit) ; 버리다. (5) (말)을 무심코 입밖에 내다, 얼결에 말하다 ; 넌지시 비추다 : ~ a sigh 한숨쉬다. (6) 《+目+目/+目+前+名》 (편지)를 우체통에 넣다 ; (짧은 편지)를 써 보내다. (7) 《+目+前+名》 (사람)을 차에서 내리다 ; (어느 장소에) 남기다 ; 버리고 떠나다. (8) (습관 · 계획 따위)를 버리다(give up), 그만두다, 중지하다 ; …와 관계를 끊다, 절교하다. (9) 《俗》 (사람)을 때려눕히다 ; 쓰러뜨리다 ; (새)를 쏘아 떨어뜨리다. (10) 《+目+前+名》 《美》 …을 해고〈퇴학, 탈회, 제명〉시키다《*from*》 : He'll be ~*ped from* the club. 그는 클럽에서 제명당할 것이다. (11) (낚싯줄 ·막·닻 따위)를 내리다. (12) 【蹴】 드롭킥하다 ; 【골프】 드롭하다.
—*vi.* (1) 《~/+前+名》 (물방울이) 듣다, 똑똑 떨어지다. (2) 《~/+前+名》 (물건이) 떨어지다, 낙하하다(fall) ; (꽃이) 지다 ; (막 따위가) 내리다 ; (가격·음조·온도 따위가) 내려가다, (생산고가) 떨어지다 ; (해가) 지다. (3) (바람이) 그치다 ; (교통이) 끊어지다 ; (일이) 중단되다 ; (시야에서) 사라지다 : The wind ~*ped.* 바람이 그쳤다. (4)《~/+前+名》 (푹) 쓰러지

다. 지쳐서 쓰러지다. 녹초가 되다 ; 죽다 ; (사냥개가) 사냥감을 보고 웅크리다. (5) 《+副/+前+名》《口》 (경주 사회 등에서) 낙오〈탈락〉되다 ; 탈퇴하다《*from* ; *out of*》 ; (하위로) 내려가다. 후퇴하다《*to*》 : ~ *from* a game 게임을 기권하다. (6) 《前+名》 (사람이) 훌쩍 내리다. 뛰어내리다《*off* ; *from*》 ; (언덕·개천 따위를) 내려가다. (7) 《+副/+前+名》 잠깐 들르다《*by* ; *in* ; *over* ; *around* ; *up* ; *on* ; *at* ; *into*》 ; 우연히 만나다. (8) 《+補/+前+名》 (저절로 어떤 상태에) 빠지다. 되다《*into*》. (9) 《+前+名》 (말 따위가) 불쑥 새어나오다.

~ *across* 1) 사람을 우연히 만나다 ; (물건)을 우연히 발견하다 2) …을 꾸짖다. 벌주다(~ on). **~ *around*** 〈***by***〉 불시에 들르다. **~ *away*** 1) 하나 둘 가버리다. 어느 사이인가 가버리다 ; 적어지다(~ off). 2) 방울져 떨어지다. 듣다. **~ *back*** (때로 일부러) 뒤(떨어)지다. 낙오하다 ; 후퇴〈퇴각〉하다. **~ *behind*** 뒤떨어지다. **~ *dead*** 《口》 급사하다. 뻗다 ; 〔命令形〕 《俗》 저리 가. 썩 꺼져 ; 죽어〈뒈져〉 버려라. **~ *in*** 1) 잠깐 들르다 ; 불시에 방문하다《*on* ; *at*》. 2) 우연히 만나다《*across* ; *on* ; *with*》. 3) (한 사람씩) 들어오다. 4) (물건을) 속에 넣다. 떨어뜨리다. **~ *into*** 1) …에 들르다〈기항하다〉. 2) (습관·상태)에 빠지다. ***Drop it!*** 《口》 그만둬. 집어치워. **~ *off*** 1) (손잡이 따위가) 떨어지다. 빠지다. 2) (점점) 사라지다(disappear). 안 보이게 되다 ; 줄어들다. 3) 잠들다(fall asleep) ; 꾸벅꾸벅 졸다(doze) ; 쇠약해져 …이 되다 ; 죽다. 4) (승객이〈을〉) 내리다 ; …을 편승시키다. **~ *on*** 1) = ~ across 2). 2) 사소한 행운을 만나다. 3) (여럿 가운데에서 한 사람을 골라) 불쾌한 임무를 맡기다. 4) …을 갑자기 방문하다. **~ *out*** 1) 탈락하다. 생략되다. 없어지다. 2) (선수가) 결장하다 ; (단체에) 참가하지 않다. 빠지다. 3) 낙오하다. 중퇴하다. **~ *out of*** 1) …에서 (넘쳐) 떨어지다. 2) …에서 손을 떼다. …을 탈퇴하다. …에서 낙오〈중퇴〉하다. **~ *over*** 《口》 = ~ in. **~ *through*** 아주 못쓰게 되다. 실패하다. ***let*** **~** = let FALL.

dróp cùrtain (무대의) 현수막.

drop-dead [∠déd] *a.* 깜짝 놀라게 하는. 넋을 잃게 하는 : a ~ beauty 넋을 잃게 하는 미인.

drop·head [drάhèd/drɔ́p-] *n.* ⓒ 《英》 (쳤다 거뒀다 할 수 있는 자동차의) 포장(convertible).

drop-in [∠ìn] *n.* ⓒ (1) 불쑥 들른 사람. (2) 잠깐씩 들르는 사교 모임.

dróp kìck 【美蹴 럭비】 드롭킥《공을 땅에 떨어뜨려 튀어오를 때 차기》. 【cf.】 place kick.

drop-kick [∠kík] *vt.* (1) (공)을 드롭킥하다. (2) (골)을 드롭킥으로 공을 넣다. — *vi.* 드롭킥하다.

dróp lèaf 현수판(懸垂板)《테이블 옆에 경첩으로 내달아 접어 내리게 된 판》.

drop-leaf [∠lìːf] *a.* (테이블 따위가) 현수판식의.

drop·let [∠lit] *n.* ⓒ 작은 물방울.

drop·light [∠làit] *n.* ⓒ (이동식) 현수등(懸垂燈).

drop·out [∠àut] *n.* ⓒ (1) 탈락(자). 탈퇴(자). 낙오(자). (2) 【럭비】 드롭아웃《터치다운후 25야드선 안에서의 드롭킥》. (3) 【컴】 드롭아웃 《녹음〈녹화〉 테이프의 소리가〈화상이〉 지워진 부분》.

drop·per [drάpər/drɔ́pər] *n.* ⓒ (1) 떨어뜨리는 사람〈것〉. (2) (안약 따위의) 점적기(點滴器).

drop·ping [drάpiŋ/drɔ́p-] *n.* ⓒ (1) 똑똑 떨어짐 ; 낙하. (2) (흔히 *pl.*) 똑똑 떨어지는 것. 촛농. (3) (새·짐승의) 똥(dung).

dróp scène (배경을 그린) 현수막.

dróp shòt 【테니스】 드롭 샷《넷트를 넘자마자 공이 떨어지게 하는 타법》.

drop·si·cal [drάpsikəl/drɔ́p-] *a.* 수종(水腫)의. 수종 비슷한.

dross [drɔːs, drαs/drɔs] *n.* ⓤ (1) 【治】 (녹은 금속의) 뜬 찌끼. 불순물. (2) 《比》 부스러기. 찌꺼기(rubbish). 쓸모 없는 것.

drought, drouth [draut]. [drauθ] *n.* ⓤⓒ (장기간의) 가뭄. 한발.

droughty [dráuti] (***drought·i·er*** ; ***-i·est***) *a.* 한발〈가뭄〉의. 갈수(渴水) 상태의.

drove[1] [drouv] DRIVE의 과거.

drove[2] *n.* ⓒ (1) (무리지어 이동하는) 가축의 떼. (2) (집단으로 움직이는) 사람의 무리.

dro·ver [dróuvər] *n.* ⓒ (소·양 따위) 가축의 무리를 시장까지 몰고가는 사람 ; 가축상(商).

:drown [draun] *vt.* (1) 《~+目/+目+前+名》 〔흔히 再歸用法 또는 受動으로〕 …을 물에 빠뜨리다. (2) 《~+目/+目+前+名》 **a**〕 …을 흠뻑 젖게 하다. **b**〕 (집·토지·길 등)을 침수시키다. (3) 《+目+前+名》 〔再歸用法 또는 受動으로〕 …에 탐닉하게〈빠지게〉 하다 ; (슬픔·시름 등)을 달래다. 잊다《*in*》 : be ~*ed in* sleep 잠에 깊이 빠지다. (4) (시끄러운 소리가 약한 소리 등)을 들리지 않게《*out*》. —*vi.* 물에 빠지다. 익사하다. **~ *out*** 1) 〔흔히 受動으로 〕 (홍수가 사람을) 떠내려 보내다. 몰아내다 . 2) ⇨*vt.* (4).

drowned [draund] *a.* (1) 익사한 : a ~ body 익사체. (2) 〔敍述的〕 (…에) 몰두한. (깊이) 빠진 《*in*》.

drowse [drauz] *vi.* (1) (꾸벅꾸벅) 졸다 (doze) 《*off* 》. (2) 멍하니 있다. — *vt.* (시간)을 졸며지내다 《*away*》.

—*n.* (a ~) 겉잠. 졸음(sleepiness) : fall into *a* ~ (꾸벅꾸벅) 졸다. 선잠 자다.

drow·sy [drauzi] (***-si·er*** ; ***-si·est***) *a.* (1) 졸음이 오는. 졸리는 : feel ~ 졸음이 오다. (2) 졸리게 하는. (3) 잠자는 듯한. 활기 없는 : a ~ village 잠자는 듯 고요한 마을. 파) **-si·ly** *ad.* 졸린 듯이. 꾸벅꾸벅. **-si·ness** *n.* ⓤ 졸음. 깨나른함.

drub [drʌb] (***-bb-***) *vt.* (1) (몽둥이 따위로) …을 치다. 때리다(beat). (2) (적·경쟁 상대)를 쳐부수다. 패배시키다. (3) (생각 따위)를 주입시키다《*into*》 ; (생각)을 억지로 버리게 하다《*out of* 》.

—*vi.* 쳐서 소리를 내다.

drub·bing [drʌ́biŋ] *n.* ⓤ (또는 a ~) (1) 몽둥이로 침. 통타. (2) 통격. 대패.

drudge [drʌdʒ] *vi.* (단조롭고 고된 일에) 꾸준히 정진하다(toil)《*at*》. ⓒ (단조롭고 힘드는 일을) 꾸준히 〈열심히〉하는 사람.

drudg·ery [drʌ́dʒəri] *n.* ⓤ (단조롭고) 고된 일.

:drug [drʌg] *n.* ⓒ (1) 약. 약품. 약제《※ 오늘날 drug는 (2)의 뜻으로 흔히 쓰이므로 '약'의 뜻으로는 medicine이 무난》. (2) **a**〕 마약. 마취약 : use ~*s* 마약을 쓰다. **b**〕 (마약처럼) 중독을 일으키는 것《술 담배 따위》. **~ *on*** 〈***in***〉 ***the market*** 《口》 팔리지 않는 물건.

—(***-gg-***) *vt.* (1) …에 약품을 섞다 ; (음식물)에 약물〈마취약〉을 타다 . (2) (환자 등)에 약물〈마취약〉을 먹이다 : a ~*ged* sleep 마취제에 의한 수면.

—*vi.* 마약을 상용하다.

drug·gie [drʌ́gi] *n.* ⓒ 《俗》 마약 상용자.

·drug·gist [drʌ́gist] *n.* ⓒ (1) 《美》 약사(《英》 chemist) ; 《美·Sc.》 약종상. (2) drugstore의 주

인. 【cf.】 pharmacist.

:drug·store [drʌ́gstɔ̀ːr] *n.* ⓒ 《美》 약방.

dru·id [drúːid] *n.* ⓒ (종종 D-) 드루이드 성직자《고대 Gaul, Celt족들이 믿었던 드루이드교(敎)의 성직자》.

:drum [drʌm] *n.* ⓒ (1) 북, 드럼 ; (*pl.*) (관현악단이나 악대의) 드럼부(部)〈주자(奏者)〉 (drummer) : a bass 〈side〉 ~ (오케스트라용) 큰〈작은〉북 / beat 〈play〉 a ~ 북을 치다. (2) (흔히 *sing.*) 북소리 . (3) 북 모양의 것. **a**] 드럼통. **b**] 【機】 고동(鼓胴), 고형부(鼓形部). **c**] 【컴】 = MAGNETIC DRUM. **d**] (세탁기의) 세탁조. (4) 중이(中耳), 고막(eardrum).
—(***-mm-***) *vi.* (1) 북을 치다 ; 드럼을 연주하다. (2) 《+前+名》 쾅쾅 두드리다〈발을 구르다〉《*with* ; *on* ; *at*》 : ~ *at* the door 문을 쾅쾅 치다. (3) (새·곤충이) 파닥파닥〈붕붕〉 날개를 치다.
—*vt.* (1) (곡)을 북으로 연주하다. (2) 《+目+前+名》 북을 쳐서 …을 보내다 : ~ the captain *off* a ship 북을 치며 함장을 전송하다. (3) 《+目+前+名》 …을 (귀가 아프도록) 되풀이하여 타이르다《*into*》. ~ a person ***out of . . .*** (북을쳐서)…을 군대에서 추방하다. ***~ up*** 1) 북을쳐서 …을 모으다. 2) (요란한 선전으로) …의 매상을 올리다 ; (지지 등)을 얻으려고 열을 올리다.

drum·beat [´bìːt] *n.* ⓒ 북소리 : ~ away 북소리가 들리는 곳에, 가까이에.

drúm bràke (자전거 등의) 원통형 브레이크.

drum·fire [´fàiər] *n.* (흔히 *sing.*) (1) (북치듯하는) 연속 집중 포화. (2) (질문·비판 따위의) 집중 공세.

drum·fish [´fìʃ] (*pl.* ~•(***es***)) *n.* ⓒ (북소리 같은 소리를 내는) 민어과의 물고기《미국산》.

drum·head [´hèd] *n.* ⓒ 북의 가죽.

drúmhead cóurt-martial 【軍】 전지(戰地)(임시) 군법 회의.

drúm màjor 군악대장 ; 고수장(鼓手長).

·drum·mer [drʌ́mər] *n.* ⓒ (1) **a**] (군악대의) 고수(鼓手). **b**] (악단의) 북 연주자, 드러머. (2) 《美口》 순회 외판원(commercial traveller).

drum·stick [´stìk] *n.* ⓒ (1) 북채. (2) 《口》 (요리한) 닭〈칠면조 · 오리 따위〉의 다리.

:drunk [drʌŋk] DRINK 의 과거분사.
—(***drúnk·er ; drúnk·est***) *a.* (1) 술취한(intoxicated) : be very ~ 몹시 취해 있다. (2) 《比》 (기쁨 등에) 취한, 도취된. (***as***) ***~ as a lord*** 곤드레 만드레 취하여..
— *n.* ⓒ 《口》 (상습적인) 주정뱅이.

·drunk·ard [drʌ́ŋkərd] *n.* ⓒ 술고래, 모주꾼.

·drunk·en [drʌ́ŋkən] DRINK의 과거분사.
—(***more ~ ; most ~***) *a.* 〔限定的〕 (1) 술취한. 【opp.】 *sober.* 『a ~ man 술 취한 사람 / a ~ driver 음주 운전자. (2) 술고래의 ; 음주벽의. (3) 술취해서 하는, 술로 인한. 【cf.】 drunk.
파) **~·ly** *ad.* ***~·ness*** *n.*

drunk·om·e·ter [drʌŋkámitər/-kɔ́m-] *n.* ⓒ 《美》 음주 측정기(breathalyser).

:dry [drai] (***drí·er ; drí·est***) *a.* (1) 마른, 건조한. 【opp.】 *wet.* 『~ wood 마른 목재. (2) 비가 안 오는〈적은〉 : 가뭄이 계속되는 ; 물이 말라 붙은. 【opp.】 *wet.* 『a ~ season 건기 / a ~ river 말라 붙은 강. (3) (젖 · 눈물 · 가래 등)이 안나오는 / a ~ cough 마른 기침. (4) 버터(따위)를 바르지 않은. (5) 눈물을 흘리는, 인정미 없는. (6) 목마른 ; 목이 타는 : feel ~ 목이 마르다〈타다〉. (7) 《口》 술을 마시지 않는, 술이 나오지 않는, 금주법 실시〈찬성〉의《지역 따위》. 【opp.】 *wet.* 『a ~ state 금주법 시행주(州) / ~ law 금주법. (8) 무미 건조한 ; 따분한. (9) 적나라한, 꾸밈없는, 노골적인 : ~ facts 있는 그대로의 사실. (10) (농담 등을) 천연스럽게〈시치미 딱 떼고〉 하는 : ~ humor 천연덕스럽게 하는 재미있는 농담. (11) 냉담한, 쌀쌀한 : a ~ answer 쌀쌀맞은 대답. (12) (술이) 쌉쌀한 : a ~ wine 쌉쌀한 포도주. (13) (상품이) 고체의 ; 건성(乾性)의. 【cf.】. (***as***) ***~ as a bone*** 바싹 말라(붙어). (***as***) ***~ as dust*** 《口》 1) 무미건조한. 2) 목이 바싹 마른. ***run ~*** 말라 버리다 ; 물〈젖〉이 나오지 않게 되다 ; (비축 따위가) 부족〈고갈〉하다.
—*vt.* (1) 《~+目/+目+前+名》 …을 말리다, 건조시키다 ; 닦아내다 . (2) (늪 따위)를 말라붙게 하다. (3) (식품)을 건조 보전하다.
—*vi.* (1) 마르다. (2) (우물·강·늪 따위가) 말라붙다. ***~ off*** 바싹 말리다〈마르다〉. ***~ out*** 1) …을 완전히 말리다 : ***~ out*** 〈《英》 *off* 〉 one's clothes 옷을 완전히 말리다. 2) 《口》 (중독자가〈에게〉) 금지요법을 받다〈받게하다〉 ; 알코올〈마약〉 의존을 벗어나다. ***~ up*** 1) 말리다. 2) 말라붙다. 3) 《口》 (이야기가〈를〉) 그치다. 4) 【劇】 대사를 잊다. 5) 자금이 동나다 ; (사상이) 고갈하다.
— *n.* (1) (*pl.* ***dries***) **a**] ⓤ 가뭄, 한발(drought) ; 건조 상태(dryness). **b**] (*pl.*) 【氣】 건조기(期). (2) (*pl.* ***~s***) ⓒ 《美口》 금주(법 찬성)론자.

dry-as-dust [dráiəzdʌ̀st] *a.* 무미건조한.

drý bàttery 〈**cèll**〉 건전지.

dry-clean [´klíːn] *vt.* …을 드라이 클리닝하다. —*vi.* 드라이 클리닝되다.

drý cléaner 드라이 클리닝업자 : a ~'s 드라이 클리닝 집〈세탁소〉.

drý cléaning (1) 드라이 클리닝 : Give them a ~. 그것들을 드라이 클리닝해주시오. (2) 드라이 클리닝용의〈을 한〉 의류.

dry-dock [´dɑ̀k, ´dɔ̀k] *vt.* (배)를 드라이 도크에 넣다. —*vi.* (배가) 드라이 도크에 들어가다.

dry·er [dráiər] *n.* ⓒ (1) 말리는 사람. (2) 드라이어, 건조기. (3) (페인트 · 니스의) 건조 촉진제.

dry-eyed [dráiàid] *a.* 안 우는 ; 냉정〈박정〉한.

drý flý 제물낚시.

drý góods 《美》 (식료품 · 잡화에 대하여) 옷감(《英》 drapery) ; 《英》 곡물, 과일.

dry·ing [dráiiŋ] *n.* ⓤ 건조, 말림.
— *a.* 건조성(乾燥性)의 ; 건조용의 : ~ oil 건성유.

drý lánd (1) 건조 지역. (2) 육지《바다에 대해서》.

·dry·ly, dri·ly [dráili] *ad.* (1) 냉담하게. (2) 무미건조하게. (3) 건소하여.

ddrý mílk 분유(powdered milk).

dry·ness [dráinis] *n.* ⓤ (1) 건조(상태). (2) 냉담. (3) 무미 건조. (4) (술의) 씁쓸〈쌉쌀〉함.

drý núrse (젖을 먹이지 않는) 보모, 【cf.】 wet nurse.

drý rót (1) (목재의) 건조 부패. (2) (겉으로 봐서는 모르는 사회적·도덕적) 퇴폐, 부패.

drý rún 《口》 (1) 【軍】 공포로 하는 사격 연습. (2) (극 따위의) 예행 연습, 리허설.

dry-shod [´ʃɑ̀d/´ʃɔ̀d] *a.*, *ad.* 〔敍述的〕 신〈발〉을 적시지 않는〈않고〉 : go ~ 신〈발〉을 적시지 않고 가다.

·du·al [djúːəl] *a.* 〔限定的〕 (1) 둘의 ; 2자(者)의. (2) 이중(성)의 ; 두 부분으로 된, 이원적인. (3) 【文法】 양수(兩數)의 : the ~ number 양수.

dúal contról (1) 이중 관할 ; 2국 공동 통치. (2) 【空】 이중 조종 장치.

du·al·ism [djúːəlìzəm] *n.* ⓤ (1) 이중성, 이원성. (2) 【哲】 이원론. 【cf.】 monism, pluralism. (3) 【宗】 이원교.

du·al·is·tic [djùːəlístik] *a.* 이원(二元)의, 이원적인 ; 이원론적인 : the ~ theory 이원설.

du·al·i·ty [djuːǽləti] *n.* ⓤ 이중성 ; 이원성.

dub[1] [dʌb] (***-bb-***) *vt.* (1) 《~+目+補》 (왕이 칼로 가볍게 어깨를 두들기고) …에게 나이트 작위를 주다 (accolade). (2) 〔신문용어〕 (새 이름·별명을) 주다〈붙이다〉, …라고 칭하다.

dub[2] (***-bb-***) *vt.* 【映】 (1) **a**] (필름)에 새로이 녹음하다. **b**] (필름 테이프에 음향 효과)를 넣다《*in, into*》. (2) (녹음한 것)을 재녹음〈더빙〉하다.

dub·bin [dʌ́bin] *n.* ⓤ 더빈유(油)《가죽을 부드럽게 방수처리하는 오일》. —*vt.* (구두 따위)에 더빈유를 바르다.

dub·bing [dʌ́biŋ] *n.* ⓤ 【映】 더빙, 재녹음 ; 추가 녹음.

du·bi·e·ty [dju(ː)báiəti] *n.* (1) ⓤ 의심스러움, 의혹. (2) ⓒ 의심스러운 것〈일〉.

·**du·bi·ous** [djúːbiəs] *a.* (1) 의심스러운, 수상한 : a ~ character 수상한 인물. (2) (사람이) 미심쩍어하는, 반신 반의의《*of* ; *about*》. (3) 불확실한, 애매한, 모호한 : a ~ reply 모호한 대답.
파) **~·ly** *ad.* **~·ness** *n.*

du·bi·ta·ble [djúːbətəbəl] *a.* 의심스러운.

du·bi·ta·tion [djùːbətéiʃən] *n.* ⓤⓒ 의혹, 반신 반의.

du·bi·ta·tive [djúːbətèitiv/-tə-] *a.* 의심을 품고 있는 ; 망설이는. 파) **~·ly** *ad.*

·**Dub·lin** [dʌ́blin] *n.* 더블린《아일랜드 공화국의 수도》.

du·cal [djúːkəl] *a.* (1) 공작(duke)의 ; 공작다운. (2) 공작령(領)(dukedom)의. 파) **~·ly** *ad.*

duch·ess [dʌ́tʃis] *n.* ⓒ (1) 공작 부인〈미망인〉. (2) 여공작, (공국(公國)의) 여공(女公). 【cf.】 duke.

:**duck**[1] [dʌk] (*pl.* **~, ~s**) *n.* (1) ⓒ (집)오리 ; 암오리, 암집오리《수컷은 drake[1]》.
(2) ⓤ 오리〈집오리〉의 고기. (3) ⓒ 《口》 사랑하는 사람, 귀여운 사람《특히 호칭으로》. (4) 〔흔히 修飾語와 함께〕 결함이 있는 사람〈것〉, …한 녀석 : a weird ~ 괴짜 / ⇨ LAME DUCK. (5) 【크리켓】 (타자의) 0점 : break one's ~ 최초로 1점 얻다. ***like water off a ~'s back*** 아무 효과〈감동〉도 없이, 마이동풍격으로. ***play ~s and drakes with money*** (특히, 돈)을 물쓰듯하나, …을 낭비하다. ***take to . . . like a ~ to water*** 아주 자연스럽게 …에 익숙해지다〈…을 좋아하게 되다〉.

duck[2] *vi.* (1) (물새 따위가) 물속에 쏙 잠기다 ; 물속에 쏙 잠겼다가 곧 머리를 내밀다. (2) (맞지 않으려고) 홱 머리를 숙이다, 몸을 굽히다. (3) 《口》 급히 숨다, 달아나다. —*vt.* (1) (사람·머리 등)을 홱 물속에 들이 밀다〈처박다〉. (2) (머리·몸)을 홱 숙이다〈굽히다〉. (3) (책임·위험·질문 등)을 피하다. —*n.* ⓒ (1) 쏙 물속에 잠김. (2) 홱 머리를(몸을) 숙임〈굽힘〉.

duck[3] *n.* (1) ⓤ 즈크《황마로 짠 두꺼운 천》, 범포(帆布). (2) (*pl.*) 《口》 즈크 바지.

duck[4] *n.* ⓒ 수륙 양용 트럭《제2차 세계 대전 때 사용한 암호 DUKW에서》.

duck·bill [⌐bìl] *n.* ⓒ 【動】 오리너구리(platypus) 《오스트레일리아산》.

duck·boards [⌐bɔ̀ːrdz] *n. pl.* (진창에 건너질러 깐) 디딤〈깔〉판자.

duck·ing [dʌ́kiŋ] *n.* (1) **a**] ⓤ 홱〈쏙〉 물에 잠김. **b**] (a ~) 흠뻑 젖음. (2) ⓤ **a**] 홱 머리를〈몸을〉 숙임〈굽힘〉. **b**] 【拳】 더킹.

duck·ling [dʌ́kliŋ] *n.* (1) ⓒ 집오리 새끼, 새끼 오리. (2) ⓤ 그 고기.

dúck('s) ègg 《英口》 【크리켓】 (타자의) 영점, 제로(duck, duck egg, 《美》 goose egg).

dúck sóup 《美俗》 간단한 일, 쉬운 일.

duck·weed [dʌ́kwìːd] *n.* ⓤ 【植】 좀개구리밥《오리가 먹음》.

ducky [dʌ́ki] (***duck·i·er*** ; ***-i·est***) *a.* 《口》 귀여운 ; 아주 멋진. —*n.* 《英》 = DARLING 《呼稱》.

duct [dʌkt] *n.* ⓒ (1) (가스·액체 등의) 도관(導管). (2) 【解】 관, 맥관. (3) 【電】 선거(線渠)《전선·케이블이 지나가는 관》. (4) 【建】 암거(暗渠).

duc·tile [dʌ́ktil] *a.* (1) (금속이) 잡아늘이기 쉬운, 연성(延性)이 있는. (2) (점토 따위) 보들보들한, 유연한. (3) (사람·성질 등) 유순한.

duc·til·i·ty [dʌktíləti] *n.* ⓤ (1) 연성(延性), 전성(展性). (2) 유연성, 탄력성.

duct·less [dʌ́ktlis] *a.* (도)관이 없는.

dúctless glánd 【解】 내분비선(腺)《갑상선 등》.

dud [dʌd] *n.* ⓒ 《口》 (1) (흔히 *pl.*) 옷, 의류. (2) **a**] 못 쓸 것〈사람〉. **b**] 불발탄. —*a.* (1) 못 쓸, 쓸모 없는. (2) 가짜의 : ~ coin 《美》 위조 화폐.

dude [djuːd] *n.* ⓒ (1) 《美俗》 멋쟁이 (dandy). (2) 《美西部》 도회지 사람, (특히 동부에서 온) 관광객. (3) 《美俗》 사내, 놈, 녀석(guy).

dudg·eon [dʌ́dʒən] *n.* ⓤ (a ~) 성냄, 화냄.

dud·ish [djúːdiʃ] *a.* 멋부리는, 젠체하는.

:**due** [djuː] *a.* (1) 지급 기일이 된, 만기(滿期)가 된. 【cf.】 overdue. (2) (열차·비행기 따위가) 도착 예정인. (3) 〔~ *to* do의 형태로〕 …할 예정인, …하기로 되어 있는. (4) (돈·보수·고려 따위가) 응당 치러져야 할. (5) 마땅한, 적당한, 당연한, 합당한. 〖opp.〗 *undue*. ~ care 당연한 배려. (6) 〔~ to의 형식으로〕 …에 기인하는, …의 탓으로 돌려야 할. ***fall*** 〈***become***〉 **~** 지급 기일이 되다, (어음 따위가) 만기가 되다. ***in ~ course***〈***time***〉 때가 오면 ; 머지 않아, 불원간.
—*n.* ⓒ (1) (흔히 *sing.*) 마땅히 받아야 할 것, 당연한 보답. (2) (흔히 *pl.*) 부과금, 세금 ; 회비, 요금, 수수료 : harbor ~*s* 입항세 / membership ~*s* 회비.
—*ad.* (방위명 앞에 붙어서) 정(正)…, 정확히(exactly).

·**du·el** [djúːəl] *n.* ⓒ (1) 결투 : fight a ~ with a person 아무와 결투하다. (2) (양자간의) 싸움, 투쟁, 힘겨루기.
—(***-l-***, 《英》 ***-ll-***) *vi.*, *vt.* (…와) 결투하다, 싸우다 《*with*》.
파) ***du·el·(l)er, du·el·(l)ist*** [-ist] *n.* ⓒ 결투자.

·**du·et** [djuét] *n.* ⓒ 【樂】 이중창, 이중주(곡), 듀엣. 【cf.】 solo, trio, quartet, quintet.

duff[1] [dʌf] *n.* ⓒ,ⓤ 더프《푸딩(pudding)의 일종》.

duff[2] *a.* 《英俗》 쓸모 없는, 하찮은 ; 가짜의.

duff[3] *vt.* 《俗》 (1) 【골프】 (공)을 헛치다, 더프하다. (2) …을 때리다, 치다.

dúffel〈**dúffle**〉 **bág** (군대용·캠핑용의) 즈크제 원통형 자루.

duf·fer [dʌ́fər] *n.* ⓒ (1) 바보. (2) …이 서툰 사람

《*at*》: He's a ~ *at* tennis. 테니스는 잘 못한다.

dúffle 〈dúffel〉 còat 후드가 달린 무릎까지 내려오는 방한(防寒) 코트.

·**dug**[1] [dʌg] DIG의 과거·과거분사.

dug[2] *n.* ⓒ (어미 짐승의) 젖꼭지 ; 젖통이.

·**dug·out** [dʌ́gàut] *n.* ⓒ (1) 방공〈대피〉호. (2) 【野】 더그아웃. (3) 통나무배, 마상이(canoe).

·**duke** [djuːk] *n.* (1) ⓒ (종종 D-)《英》 공작(公爵)《여성형(形)은 duchess》: a royal ~ 왕족의 공작. (2) ⓒ (유럽의 공국(duchy) 또는 소국의) 군주, 공(公), 대공. (3) (*pl.*)《俗》 주먹(fists).

duke·dom [´dəm] *n.* (1) ⓒ 공작령, 공국(duchy). (2) ⓤ 공작의 지위〈신분〉.

dul·cet [dʌ́lsit] *a.* (소리·음색이) 듣기 좋은, 감미로운(sweet): speak in ~ tones 듣기 좋은 어조로 말하다.

:**dull** [dʌl] *a.* (1) (날 따위가) 무딘, 둔한. 【opp.】 *keen, sharp.* (2) 둔감한, 지능이 낮은: a ~ pupil 둔한 학생. (3) 활기 없는, 활발치 못한 ; (시황 따위가) 부진한, 한산한, 침체한(slack). 【opp.】 *brisk.* / Business〈Trade〉 is ~. 불경기다. (4) (이야기·책 따위가) 지루한, 따분한, 재미 없는: a ~ party 지루한 파티. (5) (아픔 따위가) 무지근한, 격렬하지 않은 ; (색·소리·빛 따위가) 또렷〈산뜻〉하지 않은, 흐릿한(dim): a ~ pain〈ache〉 둔통(鈍痛) / a ~ color 우중충한 색깔. (6) (날씨가) 흐린(cloudy), 찌푸린(gloomy): ~ weather 찌푸린 날씨. (7) (상품·재고품이) 팔리지 않는. ***never a ~ moment*** 지루한 시간이 전혀 없는〈없이〉; 늘 무척 바쁜.
—*vt.* (1) …을 둔하게〈무디게〉 하다. (2) (고통 등)을 완화시키다. (3) 활발치 못하게 하다. (4) 흐릿하게 하다. —*vi.* (1) 둔해지다, 무디어지다. (2) 활발치 않게 되다. ***~ the edge of*** 1) …의 날을 무디게 하다. 2) …의 흥미를 떨어뜨리다.

dull·ard [dʌ́lərd] *n.* ⓒ 둔한〈투미한〉 사람.

dull·ish [dʌ́liʃ] *a.* 좀 무딘 ; 약간 둔한 ; 침체한 듯한.

dul(l)·ness [dʌ́lnəs] *n.* ⓤ (1) 둔함 ; 둔감. (2) 단조로움, 따분함. (3) (날씨의) 찌무룩함. (4) 불경기.

dull-wit·ted [dʌ́lwitid] *a.* = SLOW-WITTED.

·**dul·ly** [dʌ́li] *ad.* (1) 둔하게. (2) 느리게 ; 멍청하게(stupidly). (3) 활발치 못하게 ; 멋대가리 없게.

:**du·ly** [djúːli] *ad.* (1) 정식으로, 정당하게, 당연히 ; 적당하게. (2) 충분히(sufficiently). (3) 제시간에, 지체없이, 시간대로(punctually): He ~ arrived. 그는 제시간에 도착했다. ***~ to hand*** 〔商用文에서〕 틀림없이 받음. 〔◁ due〕

:**dumb** [dʌm] *a.* (1) 벙어리의, 말을 못하는. 【cf.】 mute. (2) 말을 하지 않는, 잠자코 있는: He remained ~. 그는 잠자코 있었다. (3) 말을 쓰지 않는, 무언의《연극 등》. (4) 소리 나지 않는〈없는〉: This piano has some ~ notes. 이 피아노의 몇 키는 소리가 나지 않는다. (5) (감정·생각 등) 말로는 나타낼 수 없는 ; (놀람 따위로) 이루 말할 수 없는 (정도의). (6)《美口》 우둔한, 얼간이의(stupid).
파) ´**-ness** *n.*

dumb·bell [dʌ́mbèl] *n.* ⓒ (1) 〔흔히 複數로〕 아령. (2)《美俗》 바보, 얼간이(dummy).

dumb·found [dʌ̀mfáund] *vt.* …을 어이 없어 말도 못 하게 하다, 아연케 하다. 〔◁ dumb+con*found*〕

dumb·ly [dʌ́mli] *ad.* 잠자코, 묵묵히.

dúmb shòw 무언극 ; 무언의 손짓발짓〈몸짓〉.

dumb·struck, -sticken [dʌ́mstrʌ̀k], [´strìkən] *a.* 놀라서〈어이없어〉 말도 못 하는.

dumb·wait·er [dʌ́mwèitər] *n.* ⓒ (1) 식품·식기용 리프트, 소화물용 리프트. (2)《英》 = LAZY SUSAN.

·**dum·my** [dʌ́mi] *n.* ⓒ (1) (양복점의) 동체(胴體) 모형, 장식 인형. (2) 바꿔 친 것〈사람〉 ; (영화의) 대역 인형. (3) (사격 따위의) 연습용 인형, 표적 인형. (4) 모조품, 가짜 ; (젖먹이의) 고무 젖꼭지(《美》 pacifier) ; 【製本】 부피의 견본(pattern volume). (5) 명의뿐인 사람(figurehead), 간판 인물, 로봇, 꼭두각시. (6) 【카드놀이】 자기 패를 까 놓을 차례가 된 사람 ; 빈 자리. (7)《口》 바보, 멍청이. (8) 【컴】 시늉, 더미《어떤 사상(事象)과 외관은 같으나 기능은 다른 것》.
— *a.* 가짜의(sham), 모조의 ; 가장한 ; 명의〈간판〉뿐인.
— *vi.* 《俗》 입을 (꽉) 다물다《*up*》.

dúmmy rún 《英口》 (1) 공격 연습, 시연(試演). (2) 예행 연습, 리허설.

·**dump**[1] [dʌmp] *vt.* (1) 《~+目/+目+副/+目+前+名》 …을 털썩 내려뜨리다 ; (쓰레기 따위)를 내다버리다 ; …을 털썩〈쿵〉하고 내리다〈부리다〉 ; (속에 들어 있는 것)을 비우다《*on* ; *in*》. (2) 【商】 (상품)을 (해외 시장에) 투매하다, 덤핑하다. (3)《口》 귀찮아 내쫓다, …을 (무책임하게) 내팽개치다 . (4) 【컴】 떠붓다, 덤프하다《내부 기억장치의 내용을 인쇄, 자기 디스크 등의 외부 매체상으로 출력〈인쇄〉하다》.
—*vi.* (1) 털썩 떨어지다. (2) 쓰레기를 내던져 버리다 ; 쿵하고 내던지다. (3) 【商】 투매하다. ***~ on***《美》 …을 비난〈비방〉하다, 깎아내리다.
—*n.* ⓒ (1) 쓰레기 더미 ; 쓰레기 버리는 곳. (2)《美》 지저분한 곳. (3) 【軍】 (탄약 등의) 임시 집적장. (4) 【컴】 떠붓기, 덤프《컴퓨터가 기억하고 있는 내용을 외부 매체에 출력〈인쇄〉한 것》.

dump[2] *n. pl.* 의기 소침, 침울(depression). ***be (down) in the ~s*** 의기 소침해 있다.

dump·ing [dʌ́mpiŋ] *n.* ⓤ (1) (쓰레기 따위를) 내버림 ; (방사성 유독 폐기물의) 투기(投棄). (2)【商】 투매, 덤핑.

dump·ish [dʌ́mpiʃ] *a.* 우울한, 침울한.

dump·ling [dʌ́mpliŋ] *n.* (1) ⓤⓒ 가루반죽 푸딩, 경단. (2) ⓒ 뚱뚱보, 땅딸보.

dúmp trùck 덤프 트럭.

dumpy [dʌ́mpi] (***dump·i·er ; -i·est***) *a.* (사람이) 땅딸막한, 뭉뚝한. 파) **dúmp·i·ness** *n.*

dun[1] [dʌn] *n.* ⓒ (1) 빚 독촉하는 사람. (2) 빚 독촉. — **(-*nn*-)** *vt.* …에게 몹시 (빚) 재촉을 하다 ; …을 끈질기게 괴롭히다.

dun[2] *a.* 암갈색의(dull grayish brown). —*n.* (1) ⓤ 암갈색. (2) ⓒ 암갈색의 말.

·**dunce** [dʌns] *n.* ⓒ 열등생, 저능아 ; 바보.

dun·der·head [dʌ́ndərhèd] *n.* ⓒ 바보, 멍청이.
파) **-head·ed** [-id] *a.*

dune [djuːn] *n.* ⓒ (해변의) 사구(砂丘).

dúne bùggy 모래 언덕·해변의 모래밭을 달리게 설계된 소형 자동차(beach buggy).

dung [dʌŋ] *n.* ⓤ (소·말 등의) 똥 ; 거름.

·**dun·geon** [dʌ́ndʒən] *n.* ⓒ (1) 토굴 감옥, 지하 감옥《중세 때 성 안의》. (2) 아성(牙城)(donjon).

dunk [dʌŋk] *vt.* (1) (빵 따위)를 (음료에) 적시다《*in* ; *into*》. (2) **a**〕 (물건·사람)을 물에 (처) 넣다, 담그다《*in* ; *into*》. **b**〕〔再歸的〕 (물 속 등)에 들어가다, 몸을 담그다《*in* ; *into*》. (3) (농구에서 공을) 덩

담그다《*in* ; *into*》. **b**] 〔再歸的〕 (물 속 등)에 들어가다, 몸을 담그다《*in* ; *into*》. (3) (농구에서 공을) 덩크슛하다. ― *vi*. (1) (빵 따위를) 음료에 담그다. (2) 물에 담그다, 물에 잠기다. (3) 덩크슛을 하다. ― *n*. = DUNK SHOT.

dúnk shòt 【籠】 덩크 슛《점프하여 바스켓 위에서 공을 내리꽂듯 하는 슛》.

dun·nage [dʌ́nidʒ] *n*. ⓤ (1) 수화물(baggage), 소지품. (2) 【海】 짐밑 깔개 《뱃짐의 손상을 막기 위해 사이에 끼우거나 밑에 까는》.

duo [djúːou] (*pl*. ***du•os, dui***[djúːi]) *n*. ⓒ 《It.》 (1) 【樂】 2중창, 2중주(곡)(duet) (2) 《口》 (연예인의) 2인조 ; 한 쌍 : a comedy ~.

du·o·dec·i·mal [djùːoudésəməl] *a*. (1) 12의. (2) 12를 단위로 하는, 12진(법)의.
―*n*. (1) ⓒ 12분의 1. (2) (*pl*.) 12 진법.

du·o·den·al [djùːədíːnəl, djuːádənəm] *a*. 【解】 십이지장의 : a ~ ulcer 십이지장 궤양.

du·o·de·num [djùːoudíːnəm, djuːádənəm] (*pl*. ***-na*** [-nə]) *n*. ⓒ 【解】 십이지장.

du·o·logue [djúːəlɔ̀(ː)g, -làg] *n*. ⓒ (두 사람의) 대화(dialogue) ; 대화극. 【cf.】 monologue.

dupe [djuːp] *n*. ⓒ (1) 잘 속는 사람, '봉', 얼뜨기. (2) 앞잡이, 허수아비. ― *vt*. 〔흔히 受動으로〕 …을 속이다 .

du·ple [djúːpəl] *a*. 배(倍)의, 이중의 : ~ time 【樂】 2박자.

du·plex [djúːpleks] *a*. 〔限定的〕 중복의, 이중의, 두 배의 ; 두 부분으로 이루어진 : a ~ hammer 양면 망치.

dúplex apártment 복식 아파트《상하층을 한 가구가 쓰게 된》.

dúplex sỳstem [컴] 설치한 2대의 컴퓨터 중 하나는 예비용으로 하는 시스템.

·du·pli·cate [djúːpləkit] *a*. 〔限定的〕 (1) 이중의, 한쌍의. (2) 부(副)의, 복사의, 복제(複製)의 : a ~ copy 부본 ; (그림 따위의) 복제(품). (3) 똑같은, 아주 비슷한. 【cf.】 passkey.
― *n*. ⓒ (1) (동일물의) 2 통 중 하나 ; (그림·사진 등의) 복제. (2) (서류 등의) 등본, 사본, 부본. (3) 흡사한 것.
― [-kèit] *vt*. (1) …을 이중으로 하다, 두 배로 하다. (2) (증서 따위)를 두 통 만들다, 복제〈복사〉하다(reproduce). (3) …을 (공연히) 두 번 되풀이하다.

dú·pli·cat·ing machìne 〈**pàper**〉 [djúːpləkèitiŋ] 복사기〈복사지〉.

·du·pli·ca·tion [djùːpləkéiʃən] *n*. (1) ⓤ 이중, 두배, 중복. (2) ⓤ 복세, 복사. (3) ⓒ 복세〈복사〉물.

du·pli·ca·tor [djúːpləkèitər] *n*. ⓒ 복사기.

du·plic·i·ty [djuːplísəti] *n*. ⓤ 표리부동, 두 마음 ; 기만, 위선.

du·ra·bil·i·ty [djùərəbíləti] *n*. ⓤ 오래 견딤, 내구성, 영속성 ; 내구력.

·du·ra·ble [djúərəbəl] (***more ~ ; most ~***) *a*. (1) 오래 가는, 튼튼한 ; 내구력이 있는 : ~ goods 내구(소비)재. (2) 영속성이 있는, 항구적인, 언제나 변치 않는 : (a) ~ peace 항구적 평화.
―*n*., *pl*. 내구(소비)재. 〖opp.〗 *nondurables*.
파) **~·ness** *n*.

du·ra·bly [djúərəbli] *ad*. (1) 튼튼하게, 내구적으로. (2) 영속적〈항구적〉으로.

·du·ra·tion [djuəréiʃən] *n*. ⓤ 지속, 계속 ; 계속〈지속〉 기간, 존속(기간). 2) 어떤 일이〈사태가〉 계속되는 동안, 당분간.

du·ress [djuərés, djúəris] *n*. ⓤ (1) 구속, 감금 : in ~ 감금당하여. (2) 【法】 강요, 협박 : make a confession under ~ 협박을 당하여 자백하다.

Dur·ham [dɔ́ːrəm, dʌ́r-] *n*. (1) 더럼 주《잉글랜드 북부의 주 ; 略 ; Dur(h) ; 또, 그 주도(洲都). (2) 더럼종(種)의 육우(肉牛).

:dur·ing [djúəriŋ] *prep*. (1) …동안 (내내) . (2) …사이에. ※ during 다음에는 때를 나타내는 명사가 오지만, for 다음에는 수사(數詞)를 동반한 명사가 흔히 옴.

·dusk [dʌsk] *n*. ⓤ (1) 어둑어둑함, 땅거미, 황혼(twilight) : *Dusk* fell. 황혼이 됐다. (2) (숲 ·방 등의) 어두컴컴함.

·dusky [dʌ́ski] (***dusk·i·er ; -i·est***) *a*. (1) 어스레한, 희미한 : a ~ sky 검게 흐린 하늘 / ~ light 침침한 빛. (2) (빛 · 피부색이) 거무스름한.
파) **dusk·i·ly** *ad*. **-i·ness** *n*.

Düs·sel·dorf [djúsəldɔ̀ːrf] *n*. 뒤셀도르프《독일 라인 강변의 항구 도시》.

:dust [dʌst] *n*. (1) **a**] ⓤ 먼지, 티끌 : gather 〈collect〉 ~ 먼지가 쌓이다. **b**] (a ~) 토연(土煙), 사진(砂塵) : *a* cloud of 자욱한 토연. (2) (the ~) 시체(dead body), 유해 ; (티끌이 될) 육체, 인간 : *the* honored ~ 영예로운 유해. (3) ⓤ **a**] 가루, 분말 : gold〈coal〉 ~ 금〈탄〉가루. **b**] 금가루, 사금. (4) ⓤ 《英》 쓰레기(refuse), 재 : ⇨ DUSTBIN, DUST CART, DUSTMAN. (5) ⓤ (티끌처럼) 하찮은 것. (6) (the ~) (매장할 곳의) 흙. (***as***) ***dry as ~*** 무미건조한. ***bite the ~*** 《口》 살해되다 ; 《특히》 전사하다 ; 실패하다 ; 굴욕을 당하다. ***~ and ashes*** 먼지와 재《실망스러운 것, 하찮은 것》. ***in the ~*** 죽어서 ; 모욕을 받고. ***raise*〈*kick up, make*〉 *a ~*** 《口》 소동을 일으키다. ***shake the ~ off*** one's ***feet*** = ***shake off the ~ of*** one***'s feet*** 【聖】 자리를 박차고 (분연히) 떠나다《마태복음X : 14》. ***throw ~ in*** 〈***into***〉 a person***'s eyes*** 아무를 속이다.
―*vt*. (1) 《~+目/+目+副》 …의 먼지를 떨다 ; 청소하다《*off* ; *down*》. (2) 《+目+前+名》 …에 (가루 · 방충제 등을) 흩뿌리다〈끼얹다.
―*vi*. (1) 먼지를 털다. (2) (새가) 사욕(砂浴)을 하다. ***~ off*** 1) 먼지를 떨다. 2) (오랫동안 간수해 둔 것을) 꺼내어 다시 쓸 준비를 하다.

dust·bin [dʌ́stbìn] *n*. ⓒ 《英》 (옥외용) 쓰레기통(《美》 ashcan, trash can, garbage can).

dúst bòwl (흙모래 폭풍이 심한) 건조 지대 ; (특히 미국 중서부의) 황진(黃塵) 지대.

dúst càrt 《英》 쓰레기 운반차(《美》 garbage truck).

·dust·er [dʌ́stər] *n* ⓒ (1) 먼지떠는〈청소하는〉 사람. (2) 먼지떨이, 총채, 행주, 걸레. (3) 《美》 먼지방지 외투(= 《英》 **dúst còat**). (4) (여성이 실내에서 의복 위에 입는) 가벼운 먼지 방지복.

dust·man [dʌ́stmən] (*pl*. ***-men*** [mən]) *n*. ⓒ 《英》 쓰레기 청소원(《美》 garbage collector).

dust·pan [dʌ́stpæ̀n] *n*. ⓒ 쓰레받기.

dúst stòrm 사진(沙塵)을 일으키는 강풍. 【cf.】 dust bowel.

dust·up [dʌ́stʌ̀p] *n*. ⓒ 《口》 치고 받기, 격투.

:dusty [dʌ́sti] (***dust·i·er ; -i·est***) *a*. (1) 먼지 투성이의, 먼지 많은. (2) 먼지 같은 빛깔의, 회색의(gray). (3) 티끌 같은 ; 분말 같은. (4) 무미건조한 ; 하찮은. ***not*〈*none*〉 *so ~*** 《英口》 아주 나쁜〈버릴〉 것

도 아닌, 그저 그만한(not so bad).'
파) **dúst·i·ly** [-təli] *ad.* **-i·ness** *n.*
dústy ánswer 매정한 대답〈거절〉.
:Dutch [dʌ́tʃ] *a.* (1) 네덜란드의 ; 네덜란드령(領)의 ; 네덜란드 사람〈말〉의.
(2) 네덜란드산〈제(製)〉의 : *Dutch* cheese〈beer〉 네덜란드산 치즈〈맥주〉. ***go*** **~** 《口》 각자 부담〈각추렴〉으로 하다《*with*》. 【cf.】 Dutch treat. Let's *go* ~. 각자 부담으로 하자.
— *n.* (1) (the ~) 〔集合的 ; 複數취급〕 네덜란드 사람《한 사람은 Dutchman》 ; 네덜란드 국민 ; 네덜란드군(軍). (2)네덜란드어. 【cf.】 Pennsylvania Dutch, double Dutch.
beat the **~** 《美口》 남을 깜짝 놀라게 하다 : That *beats the* ~. 아이구, 놀랍군. ***in*** **~** 《俗》 기분이 상하여, 창피를 당해서 ; 곤란해서 : get *in* ~ 난처한 입장이 되다.
Dútch áuction 값을 깎아 내려가는 경매.
Dútch cáp (1) 좌우에 늘어진 테가 달린 여성 모자. (2) (피임용) 페서리의 일종.
Dútch cóurage 《口》 술김에 내는 용기.
Dútch dóor 상하 2단으로 된 문《따로 따로 여닫게 된》.
Dútch óven (1) 철제 압력솥. (2) 벽돌 오븐《미리 벽면을 가열해 그 방사열로 요리》.
Dútch róll [空] 더치롤《항공기가 rolling과 yawing을 되풀이하여 좌우로 사행(蛇行)하는 일》.
Dútch tréat 〈**párty**〉 《口》 비용을 각자 부담하는 회식〈오락〉, 각추렴의 파티.
Dútch úncle 엄하게 꾸짖는 사람.
du·te·ous [djúːtiəs] 《文語》 *a.* = DUTIFUL.
du·ti·a·ble [djúːtiəbəl] *a.* 관세를 물어야 할《수입품 따위》, 세금이 붙는. 【opp.】 *duty-free.* 『~ goods 과세품.
du·ti·ful [djúːtifəl] *a.* (1) 의무에 충실한, 본분을 지키는 : a ~ servant 충실한 하인. (2) (윗사람에게) 예의 바른, 공손한.
파) **~·ly** [-fəli] *ad.* **~·ness** *n.*
:du·ty [djúːti] *n.* (1) ⓤⓒ 의무, 본분 ; 의리 : act out of ~ 의무감에서 행동하다. (2) ⓒ (종종 *pl.* ; 또는 ⓤ) 임무, 직무, 직책 : hours of ~ 근무 시간 / night 〈day〉 ~ 야근〈낮근무〉 / a ~ officer 당직 장교. (3) ⓒ (종종 *pl.* ; 또는 ⓤ) 조세 ; 관세(customs duties) : excise *duties* (국내) 소비세, 물품세 / export〈import〉 *duties* 수출〈수입〉세 / impose〈lay〉.
as in **~** ***bound*** 의무상. ***be*** (***in***) **~** ***bound to do*** … 해야 할 의무가 있다. ***do*** **~** ***for*** 〈***as***〉 …의 대용이 되다, …의 역을 하다. ***off*** **~** 비번인 : be〈come, go〉 *off* ~ 비번이다〈이 되다〉. ***on*** **~** 당번인, 근무 중인.
dúty càll 의례적인 방문.
du·ty-free [djúːtifríː] *a.* 세금 없는, 면세의 : ~ goods 면세품 / a ~ shop (공항 등의) 면세점. —*ad.* 면세로. — *n.* ⓒ 면세점.
du·ty-paid [-péid] *a., ad.* 납세필의〈로〉.
du·vet [djuːvéi] *n.* ⓒ 《F.》 새털을 넣은 이불《quilt따위》.
:dwarf [dwɔːrf] (*pl.* **~s, *dwarves***[-vz]) *n.* ⓒ (1) 난쟁이(pygmy). 【cf.】 midget. (2) 왜소 동물〈식물〉 ; 분재. (3) 【天】 = DWARF STAR. —*a.* 〔限定的〕 (1) 왜소한 ; 소형의. 【opp.】 *giant.* (2) (식물이) 왜성인 ; 지지러진. —*vt.* (1) 작아 보이게 하다 : The big tree ~*s* its neighbors. 저 큰 나무 때문에 주변의 나무들이 작아보인다. (2) …의 발육〈성장, 발달〉을 방해하다 : a ~(*ed*) tree 분재(盆栽).
dwarf·ish [dwɔ́ːrfiʃ] *a.* 난쟁이 같은, 왜소(矮小)한, 자그마한(pygmyish).
dwárf stár [天] 왜성(矮星).
dweeb [dwiːb] *n.* ⓒ 《美俗》 바보, 멍청이, 겁쟁이.
:dwell [dwel] (*p., pp.* ***dwelt***[-t], ***dwelled***[-d, -t]) *vi.* 《+前+名》 살다, 거주하다(live)《*at* ; *in* ; *near* ; *on* ; *among*》. 《※ 지금은 live가 보통》. **~ *on*** 〈***upon***〉 1) …을 곰곰〈깊이〉 생각하다. 2) …을 길게 논하다〈쓰다〉. 3) (소리 음절을) 길게 끌다.
·dwell·er [dwélər] *n.* ⓒ 거주자, 주민 : town(-) ~*s* 도시 주민.
:dwell·ing [dwéliŋ] *n.* (1) ⓒ 집, 주거, 주소. (2) ⓤ 거주.
dwélling hòuse 살림집, 주택.
:dwelt [dwelt] DWELL의 과거 · 과거분사.
·dwin·dle [dwíndl] *vi.* (1) 《~/+副/+前+名》 점점 작아지다, 축소〈감소〉되다(diminish). (2) (몸이) 여위어가다 ; (명성 따위가) 약화되다 ; 쇠하다, (품질이) 저하되다, 하락하다《*away* ; *down*》.
:dye [dai] *n.* ⓤⓒ (1) 물감, 염료 : acid 〈basic, natural〉 ~(s) 산성〈염기성, 천연〉 염료. (2) 색깔, 색조, 물(든 색). ***of*** (***the***) ***deepest*** 〈***blackest***〉 **~** 가장 악질의, 극악한.
— (*p., pp.* ***dyed ; dye·ing***) *vt.* 《~+目/+目+前+名/+目+補》 …을 물들이다 ; 염색〈착색〉하다 : Silk ~*s well* with acid dyes. 비단은 산성 염료에 잘 물든다. ※ 철자에 주의 : dye ≠die ; dyeing≠dying.
dyed-in-the-wool [dáidinðəwúl] *a.* (1) 〔限定的〕 《종종 蔑》 (사상적으로) 철저한. (2) (짜기 전에) 실을 물들인.
dyeing [dáiiŋ] *n.* ⓤ 염색(법) ; 염색업.
dyer [dáiər] *n.* ⓒ 염색하는 사람, 염색공 ; 염색집〈소〉.
dye·stuff [dáistʌ̀f] *n.* ⓤⓒ 물감, 염료.
:dy·ing [dáiiŋ] *a.* (1) 죽어가는 ; 임종(때)의 : a ~ tree 말라 죽어가는 나무 / one's ~ wish〈words〉 임종의 소원〈유언〉. (2) 저물어가는 ; 사라지려는, 꺼져가는.
dyke² [daik] *n.* ⓒ 《俗》 레스비언, 그 남자역.
·dy·nam·ic [dainǽmik] *a.* (1) 동력의 ; 동적인. 【opp.】 *static.* (2) 【컴】 동적인. 【opp.】 *static.* 『~ memory 동적 기억 장치《기억 내용을 정기적으로 충전할 필요가 있는》. (3) (동)역학(상)의 ; 동태의 ; 에너지를〈원동력을, 활동력을〉 낳게 하는. (4) 활기 있는, 정력적인 : a ~ personality 활동적인 성격
— *n.* (a ~) 힘 ; 원동력《*of*》.
파) **-i·cal** [-əl] *a.* = dynamic. **-i·cal·ly**[-əli] *ad.*
dynámic allocàtion 【컴】 동적 할당.
·dy·nam·ics [dainǽmiks] *n.* (1) ⓤ 【物】 역학, 동역학. 【opp.】 *statics.* 『rigid ~ 강체(剛體) 역학. (2) 〔複數 취급〕 (물리적 · 정신적) 원동력, 활동력, 에너지, 박력. (3) 〔複數 취급〕 변천〈변동〉(과정). (4) 〔複數 취급〕 【樂】 (음의) 강약법.
dy·na·mism [dáinəmìzəm] *n.* ⓤ (1) 【哲】 역본설(力本說), 역동설. (2) 활력, 패기, 박력.
·dy·na·mite [dáinəmàit] *n.* ⓤ (1) 다이너마이트. (2) 《口》 격렬한 성격의 사람〈물건〉, 대단한 것〈사람〉 ; 충격적인 것.
— *a.* 《美俗》 최고의, 굉장한 : a ~ singer 굉장한 가수. — *vt.* …을 다이너마이트로 폭파하다. 파) **-**

mit·er [-ər] *n.*
dy·na·mize [dáinəmáiz] *vt.* …을 활성화하다 .
·**dy·na·mo** [dáinəmòu] (*pl.* **~s**) *n.* ⓒ (1) 다이너모, 발전기. (2) 정력적인 사람.
dy·na·mo·e·lec·tric [dàinəmouiléktrik] *a.* 발전의, 전동(電動)의.
dy·na·mom·e·ter [dàinəmámitər/-mɔ́m-] *n.* ⓒ 동력계(動力計).
dy·na·mom·e·try [dàinəmámətri/-mɔm-] *n.* ⓤ 동력 측정법.
dy·nast [dáinæst, -nəst/dínæst] *n.* ⓒ (1) (왕조의) 군주, 제왕. (2) 왕자.
dy·nas·tic [dainǽstik/di-] *a.* 왕조〈왕가〉의.
·**dy·nas·ty** [dáinəsti/dí-] *n.* ⓒ (1) (역대) 왕조. (2) (어떤 분야의) 명가(名家), 명문 ; 지배적 집단, 재벌.
dyne [dain] *n.* ⓒ 【物】 다인《힘의 단위 : 질량 1g의 물체에 작용하여 1cm/sec²의 가속도를 생기게 하는 힘 ; 기호 : dyn》.
dys·en·tery [dísəntèri] *n.* ⓤ 【醫】 이질, 적리 ; 《口》 설사병. 파) **dỳs·en·tér·ic** *a.*
dys·func·tion [disfʌ́ŋkʃən] *n.* ⓒ 【醫】 (신체의) 기능 장애.
dys·pep·sia [dispépʃə, -siə] *n.* ⓤ 【醫】 소화 불량(증). 【opp.】 *eupepsia*.
dys·pep·tic [dispéptik] *a.* (1) 소화 불량의. (2) (위가 나쁜 사람처럼) 성마른, 신경질적인.
— *n.* ⓒ 소화 불량인 사람.
dys·pho·nia [disfóuniə] *n.* ⓤ 【醫】 발음 곤란, 언어〈발성〉 장애.
dysp·nea, -noea [dispníːə] *n.* ⓤ 【醫】 호흡 곤란.
dys·to·pia [distóupiə] *n.* ⓤ (유토피아에 대하여) 암흑향(暗黑鄕), 지옥향.
dys·tro·phy, -phia [dístrəfi], [distróufiə] *n.* ⓤ 【醫】 영양 실조〈장애〉.
dz. dozen(s). 지구를〉 향한〈향하여〉.

E

E, e [iː] (*pl.* **E's, *Es*, e's, *es***[-z]) (1) ⓤⓒ 이《영어 알파벳의 다섯째 글자》. (2) ⓤ 【樂】 마음(音)《고정도 창법의 '미'》, 마조(調) : *E* flat 내림 마음 / *E* major 〈minor〉 마장조〈단조〉. (3) ⓒ E자 모양(의 것). (4) ⓤ (연속하는 것의) 다섯 번째. (5) 【컴】 16진수의 E《10진법의 14》. ***E for Edward,*** Edward의 E《국제 전화 통화 용어》.

e- *pref.* = EX-[1].

:each [iːtʃ] *a.* 〔限定的〕〔單數名詞를 수식〕 각각의, 각자의, 제각기의, 각… : at 〈on〉 ~ side of the gate 문의 양쪽〈안팎〉에(= at 〈on〉 both sides of the gate) / ~ one of us 우리(들) 각자.

☞ 語法 1) 'each+명사'는 단수 취급이 원칙이며, 대명사로 받을 때에는 he, his / they, their로 함.
2) each 뒤에 명사가 둘 이상 연속되어도 단수 취급을 함.
3) each는 '개별적', all은 '포괄적', every는 each와 all의 뜻을 아울러 지님.
4) each의 앞에는 정관사나 소유대명사가 오지 않음.

bet ~ way ⇨ BET. ***~ and every***《every의 강조》 어느 것이나〈누구나〉 모두, 죄다 : *Each and every* boy was present. 어느 학생이나 모두 출석해 있었다. ***~ time*** 1) 언제나 ; 매번. 2) …할 때마다》접속사적 용법》.
—*pron.* (1) 〔흔히, ~ of+정(定)명사구〕 저마다, 각각, (제)각기, 각자. (2) 복수(대)명사의 동격으로 쓰여 제각각.

☞ 語法 1) 否定文에서는 each를 쓰지 않고, neither나 no one을 씀. *Each* did *not* fail. 이라고 하지 않고 *Neither〈No one〉 failed.* (아무도 실패하지 않았다)라고 함.
2) *'A and B each'*일 때는 복수 취급이 보통임 : My brother and sister ~ *give* freely to charity. (나의 형님도 누님도 각자 아낌없이 자선 사업에 기부한다). 다만, A, B를 각기 개개의 것으로 보는 기분이 강할 때에는 단수로 취급함.

~ and all 각자 모두. ***~ other*** 〔目的語 · 所有格으로만 쓰여 서로(를), 상호 : They hate ~ *other.* 그들은 서로 미워한다(= *Each* hates the *other*(*s*).).
—*ad.* 각기 ; 각각 ; 한 개〈사람〉에 내해 · They cost a dollar ~. 그것들은 한 개 1달러이다.

:ea·ger [íːgər] *a.* (1) 〔敍述的〕 열망하는, 간절히 바라는《*for* ; *after*》 : ~ *for* 〈*after*〉 knowledge 지식욕에 불타는 / The majority were ~ *for* change. 대다수의 사람들은 변화를 갈망했다. (2) 〔敍述的〕 간절히 …하고 싶어하는《*to* do ; *that*》. (3) 열심인 : He's very ~ in his studies. 그는 공부에 매우 열심이다 / an ~ desire 간절한 욕망 / an ~ glance 뜨거운 눈길. 파) **~·ly** *ad.* 열심히.

éager béaver 《口》 열심히 일하는 사람, 일벌레.

:ea·ger·ness [íːgərnis] *n.* ⓤ (1) 열심 : with ~ 열심히. (2) 열망《*for* ; *after* ; *about* ; *to* do》 : one's ~ *for* fame 명예욕. ***be all ~ to*** do …하고 싶어서 못 견디다.

:eagle [íːgəl] *n.* (1) ⓒ 【鳥】 (독)수리. (2) ⓒ (독)수리표《미국의 국장(國章)》. (3) ⓒ 미국의 10달러짜리 금화《1933년 폐지》. (4) (the E-) 【天】 독수리자리. (5) 【골프】 이글《표준 타수보다 둘이 적은 홀인》.
the day the ~ shits《美軍俗》 급료일.
—*vt.* 【골프】 (홀)을 표준 타수보다 둘이 적은 타수로 마치다.

éagle èye 날카로운 눈, 형안(炯眼) ; 눈이 날카로운 사람 ; 탐정. ***keep an ~ on*** …을 주의 깊게 지켜보다.

ea·gle-eyed [-àid] *a.* 눈이 날카로운 ; 형안의.

éagle hàwk 【鳥】 (남아메리카산의) 수리매.

Éagle Scòut 【美】 이글스카우트《Boy Scout의 최고 클래스》.

:ear[1] [iər] *n.* (1) ⓒ 귀 : the external 〈middle, internal〉 ~ 외이(外耳)〈중이, 내이〉. (2) ⓒ 청각, 청력 ; 음감(音感). (3) (흔히 *sing.*) 경청, 주의. (4) ⓒ 귀 모양의 물건 ; (냄비 등의) 손잡이. (5) (*pl.*)《CB俗》 무선기. ***A word in your ~.*** 잠깐〈은밀히〉 할 말이 있다. ***be all ~s***《口》 열심히 귀를 기울이다. ***bend an ~*** 귀를 기울여 듣다. ***bend*** a person***'s ~***《俗》 남이 진저리나게 지껄여대다 . ***by ~*** 【樂】 악보를 안 보고 : play *by* ~ 악보 없이 연주하다. ***cannot believe*** one***'s ~s*** 자기의 귀를 의심하다, 사실이라고 생각되지 않다. ***catch*** a person***'s ~*** = have〈gain, win〉 a person's ~. ***close〈shut, stop〉*** one***'s ~s to*** …을 듣기를 거부하다 ; 들으려고〈알려고〉 하지 않다. ***easy on the ~***《口》 듣기 좋은. ***fall*** (***down***) ***about*** a person***'s ~s*** (조직 생각 등이) 와해하다, 실패하다. ***fall on deaf ~s*** 아무도 들어주지 않다, 소귀에 경읽기다. ***from ~ to ~*** 입을 크게 벌리고 : grin *from* ~ *to* ~ 입을 크게 벌리고 웃다. ***give ~ to*** = ***lend an ~ to*** …에 귀를 기울이다. ***give*** one***'s ~s*** 어떠한 희생도 치르다《*for*》 ; 어떻게든 하려고 하다《*to* do》. ***go in*** (***at***) ***one ~ and out*** (***at***) ***the other*** 한쪽 귀로 들어와서 한쪽 귀로 나가 버리다 ; 아무런 감명〈인상〉을 주지 못하다. ***have an 〈no〉 ~ for*** (music) (음악 등을) 이해하다〈알지 못하다〉. ***have 〈hold, keep〉 an 〈one's〉 ~ to the ground*** 여론에 귀를 기울이다 ; 사태의 추이를 지켜보다. ***have 〈gain, win〉*** a person***'s ~*** 아무에게 진정으로 듣게 하다, 아무의 주의를 끌다. ***incline*** one***'s ~*** …에 귀를 기울이다, 경청하다. ***keep*** one***'s ~s open*** (계속) 주의해서 듣다. ***meet the ~*** 귀에 들려오다, 들리다. one***'s ~s burn*** 귀가 따갑다《누군가 자기 말을 하는 모양이다》. ***out on*** (one***'s***) ***~***《俗》 갑자기 직장〈학교, 조직〉에서 쫓겨나서. ***Pin your ~s back!***《英口》 정신차리고 들어. ***play it by ~***《口》 임기응변으로 하다. ***prick up*** one***'s ~s*** 귀를 바짝 기울이다. ***ring in*** one***'s ~s*** 귀에 남다. ***set*** persons ***by the ~s*** 사람들 사이에 들어 이간질하다, 불화하게 만들다. ***set*** a person ***on*** his ~《口》 아무를 흥분시키다〈화나게 하다〉. ***tickle*** a person***'s ~s*** 아무에게 아첨을 떨다, 빌붙다. ***to the ~s*** 한도〈한계〉까지. ***turn a deaf ~ to*** …을 들으려 하지 않다, 마이동풍이다. ***up to the 〈one's〉 ~s*** = ***over*** (***head and***) ***~s*** (연애 따위에) 열중〈몰두〉하여, 흠딱 빠져 ; (빚 · 일 따위로) 옴쭉을 못해《*in*》. ***wet 〈not dry〉 behind the ~s***《口》 미숙한, 익숙지 않은, 풋

내기의.

·**ear**[2] *n.* ⓒ (보리 등의) 이삭, (옥수수의) 열매 be in (the) ~ 이삭이 나와 있다 / come into ~*s* 이삭이 패다.

ear·ache [iərèik] *n.* ⓤⓒ 귀앓이.

ear·drop [´dràp/´drɔ̀p] *n.* (1) ⓒ 귀고리《특히 펜던트가 달린》. (2) (*pl.*) 【醫】 점이약(點耳藥).

ear·drum [´drʌ̀m] *n.* ⓒ 고막, 귀청.

eared[1] [iərd] *a.* 귀가 있는〈달린〉 : an ~ owl 부엉이 / an ~ seal 물개 / long ~ 긴 귀의.

eared[2] *a.* 〔종종 複合語로〕 이삭이 있는〈팬〉 : golden-~ 황금빛 이삭이 팬.

ear·ful [íərfùl] *n.* 《口》 (an ~) (1) 물릴 정도로 들은 이야기·가십(등. (2) 잔소리, 야단 : give a person *an* ~ 아무를 꾸짖다.

·**earl** [əːrl] *n.* ⓒ 《英》 백작《그 부인은 countess》. ※ 유럽 대륙에서는 count.

earl·dom [ə́ːrldəm] *n.* (1) ⓤ 백작의 신분〈지위〉. (2) ⓒ 백작(부인)의 영지.

ear·lobe [íərlòub] *n.* ⓒ 귓불.

:**ear·ly** [ə́ːrli] (**-li·er ; -li·est**) *ad.* (1) 일찍이, 일찍부터, 일찌감치 ; 초기에, 어릴 적에. 〖opp.〗*late*. (2) (먼) 옛날에 : Man learned ~ to use tools. 인간은 옛날에 연장 쓰는 법을 배웠다. (3) (예정시각보다) 빨리, 일찍. ***~ and late*** 조석으로 ; 아침 일찍부터 밤 늦게까지. ***earlier on*** 미리, 일찍부터(〖opp.〗 *later on*). ***~ on*** 초기에 ; 시작하자 곧. ***~ or late*** 조만간에《※ 최근에는 sooner or later가 많이 쓰임》.
—(**-li·er ; -li·est**) *a.* (1) 이른 ; 빠른. 〖opp.〗 *late*. 『an ~ habit 일찍 자고 일찍 일어나는 습관 / ~ spring 이른 봄. (2) 〔限定的〕 초기의 ; 어릴때의 : an ~ death 요절(夭折). (3) 정각보다 이른 ; 올되는 ; 만물의 : ~ fruits 만물 과일. (4) 〔限定的〕 가까운 장래의 : I look forward to an ~ reply. 조속한 회신을 기다리겠습니다. ***at an ~ date*** 머지 않아. ***at*** one***'s earliest convenience*** 될 수 있는 대로 일찍이, 형편이 닿는 대로. ***~ days*** (***yet***) 시기 상조인. ***from ~ years*** 어릴 때부터. ***in*** one***'s ~ days*** 젊을 때에. ***keep ~ hours*** 일찍 자고 일찍 일어나다.
파) **éar·li·ness** *n.* ⓤ 이름, 빠름.

éarly bírd 《口》 일찍 일어나는 사람, 정각보다 빨리 오는 사람 : The ~ catches the worm. 《俗談》 새도 일찍 일어나야 벌레를 잡는다《부지런해야 수가 난다》.

éarly clósing (**dày**) (an ~) 《英》 (일정한 요일의 오후 이른 시각에 실시하는) 조기 폐점(일).

èarly retírement (정년 전의) 조기 퇴직.

éarly wárning (방공(防空) 따위의) 조기 경보〈경계〉.

ear·mark [íərmɑ̀ːrk] *n.* ⓒ (1) 귀표《임자를 밝히기 위해 양 따위의 귀에 표시함》. (2) (종종 *pl.*) 특징. ***under ~*** (특정의 용도·사람의 것으로) 지정된, 배정된《*for*》. — *vt.* (1) (양 따위)에 귀표를 하다. (2) (자금 따위를 특정한 용도)에 책정하다, 배당〈충당〉하다《*for*》.

ear·muff [´mʌ̀f] *n.* ⓒ (흔히 *pl.*) (방한·방음용) 귀덮개, 귀가리개 : a pair of ~*s*.

·**earn** [əːrn] *vt.* (1) (생활비)를 벌다 : ~ one's living 〈daily bread〉 생활비를 벌다. (2) 《~+目/+目+前+名》 (명성 등)을 획득하다, (지위 등)을 얻다 ; (비난 따위)를 받다《*for*》. (3) 《~+目/+目+目/+目+前+名》 (이익 따위)를 나게 하다 ; (행위 등이 어떤 결과)를 가져오다.

éarned rún 【野】 자책점《투수의 책임인 안타·4구·도루 등에 의한 득점 ; 略 : ER》.

éarned rún àverage 【野】 (투수의) 방어율《略 : ERA, era》.

earn·er [ə́ːrnər] *n.* ⓒ (1) 〔종종 複合語로〕 돈버는 사람 : a wage-~ 임금 근로자 / a high〈low〉 wage-~ 고〈저〉소득자. (2) 《英俗》 돈벌이 되는 사업.

:**ear·nest**[1] [ə́ːrnist] (***more ~ ; most ~***) *a.* (1) (인품이) 성실한, 진지한, 착실한, 열심인 : an ~ worker 성실히 일하는 사람 / his ~ wish 그의 간절한 소망. (2) (사태가) 중대한, 신중히 고려하여야 할.
—*n.* ⓤ 진지, 진심. ***in ~*** 진지하게, 진심으로 ; 본격적으로. ***in good*** 〈***real, sober, sad, dead***〉 ***~*** 진지하게, 성실하게. 파) **~·ness** *n.*

ear·nest[2] *n.* ⓤ (또는 an ~) (1) = EARNEST MONEY ; 저당, 담보 ; 증거. (2) 조짐, 전조《*of*》.

:**ear·nest·ly** [ə́ːrnistli] *ad.* 열심히, 진심으로.

·**earn·ing** [ə́ːrniŋ] *n.* (1) ⓤ (일해서) 벎, 획득 : the ~ of one's honor 영예의 획득. (2) (*pl.*) 소득, 벌이 ; 임금 ; 이득 : average 〈gross〉 ~s 평균〈총〉수입.

éarning pòwer 【經】 수익(능)력.

earn·ings-re·lat·ed [ə́ːrniŋzrilétid] *a.* 소득에 따른 : an ~ pension 소득액 비례 지급 연금.

EAROM 【컴】 erasable and alterable read-only memory (소거(消去) 재기입 롬(ROM) ; 기억시킨 데이터를 전기적(電氣的)으로 개서(改書)할 수 있는 롬). 【cf.】 ROM.

·**ear·phone** [íərfòun] *n.* ⓒ (1) 이어폰《※ 양쪽일 때는 *pl.*》 : put on (a pair of) ~*s* 이어폰을 (양 귀에) 끼다. (2) = HEADPHONE.

ear·pick [´pik] *n.* ⓒ 귀이개.

ear·pierc·ing [´piərsiŋ] *a.* (비명 따위로) 귀청이 떨어질 정도의, 고막이 찢어지는 듯한.

·**ear·ring** [íəriŋ] *n.* ⓒ (흔히 *pl.*) 이어링, 귀고리, 귀걸이.

ear·shot [íərʃɑ̀t/-ʃɔ̀t] *n.* ⓤ 부르면 들리는 곳〈범위〉, 소리가 미치는 거리.

ear·split·ting [´splìtiŋ] *a.* 귀청을 찢는 듯한《굉음 등》.

:**earth** [əːrθ] *n.* (1) (the ~) 지구. (2) (the ~) 대지, 육지《바다에 대하여》, 지면《하늘에 대하여》 : fall to ~ 지상에 떨어지다. (3) ⓤⓒ (암석에 대하여) 흙, 땅, (각종) 토양 : a clayish ~ 점토질의 토양. (4) 〔集合的〕 지구상의 사람들 : the whole ~ 온 세계 사람들. (5) ⓤ (천국·지옥에 대하여) 이 세상, 현세, 이승(this world) ; (the ~) 속세(의 일). (6) ⓒ (흔히 *sing.*) (여우 따위의) 굴(burrow). (7) (*pl.*) 【化】 토류(土類). (8) ⓤⓒ 《英》 【電】 접지(接地), 어스(《美》 ground) : an ~ antenna 〈circuit〉 접지 안테나〈회로〉. (9) (the ~) 《英口》 막대한 양(量) ; 대금(大金).
bring a person ***back*** 〈***down***〉 ***to ~*** (***with a bump***) (아무를) (꿈에서) 현실(의 세계)로 돌아오게 하다. ***come down*** 〈***back***〉 ***to ~*** (꿈에서 깨어나) 현실로 돌아오다. ***cost*** 〈***charge, pay***〉 ***the ~*** 《口》 아주 비싸게 먹히다. ***down to ~*** 솔직한〈하게〉, 현실적인〈으로〉. ***go the way of all the ~*** ⇨ WAY[1]. ***look like nothing on ~*** 《口》이상〈불건전〉하게 보이다. ***move heaven and ~*** 백방으로 노력하다. ***on ~*** 1) 지상에(서), 이 세상의〈에〉. 2) 힘줌말 (도)대체《의문사와 같이 씀》. 3) 조금도, 전혀《부정어의 뒤에 씀》: It is *no* use *on* ~. 도무지 쓸모가 없다. 4) 최상급

E

을 강조 세계에서. ***run***〈***go***〉 ***to ~*** (여우 등이) 굴 안으로 도망가다. (사람이) 숨다《※ to ~는 무관사》. ***run . . . to ~*** 1) (여우 따위)를 굴 안으로 몰아넣다. 2) (범인 등)을 찾아내다. 붙잡다. (물건)을 찾아내다. ***wipe . . . off the face of the ~*** …을 완전히 파괴하다. …을 지구상에서 말살하다.

— *vt.* (1) 《+目+副》 …에 흙을 덮다 ; 흙 속에 파묻다《*up*》. (2) (여우 따위)를 굴 속으로 몰아넣다.

— *vi.* (여우 따위가) 굴 속으로 달아나다.

earth·born [∠bɔ̀:rn] *a.* (1) 땅에서 태어난 ; 인간으로 태어난, 인간적인. (2) 죽을 운명의, 세속적인.

earth·bound [∠bàund] *a.* (1) (뿌리 등이) 땅에 고착한 ; (동물·새 등이) 지표(地表)〈지상〉에서 떠날 수 없는 : an ~ bird 날지 못하는 새. (2) 세속적인, 저속한 ; 상상력이 결여된. (3) (우주선 등이) 지구로 향하는.

Éarth Dày 지구의 날《환경 보호일, 4월 22일》.

·**earth·en** [ə́:rθən] *a.* 흙으로〈오지로〉 만든, 흙의 ; 도제(陶製)의.

·**earth·en·ware** [-wὲər] *n.* ⓤ 토기, 질그릇 ; 도기, 오지 그릇 ; 도토(陶土).

earth-friend·ly [∠fréndli] *a.* 지구 환경을 파괴하지 않는.

earth·i·ness [ə́:rθinis] *n.* ⓤ (1) 토질, 토성(土性). (2) 세속적임 ; 솔직, 소박.

:**earth·ly** [ə́:rθli] (***-li·er ; -li·est***) *a.* (1) 지구의, 지상의. (2) 이 세상의, 속세의. (3) 세속적인(worldly). 【opp.】 *heavenly, spiritual.* the ~ paradise 지상의 낙원. (4) 물질적인, 육욕의(carnal). (5) 《口》 〔힘줌말〕 도대체《의문문에서》; 하등의《부정문에서》. ***have not an ~ chance***《英俗》 조금도 가망이 없다.

éarth mòther (1) (E- M-) (만물의 생명의 근원으로서의) 대지(mother earth). (2) 관능적이며 모성적인 여성.

earth·mov·er [∠mù:vər] *n.* ⓒ 땅 고르는 기계《불도저 등》.

:**earth·quake** [ə̀:rθkwèik] *n.* ⓒ 지진 : a slight〈weak, strong, violent〉 ~ 미(微)〈약(弱), 강(强), 열(烈)〉진(震).

éarthquake séa wàve 지진 해일(海溢).

éarth sàtellite (지구를 도는) 인공 위성.

éarth science 지학(地學), 지구과학.

earth·shak·ing [∠ʃèikiŋ] *a.* (대지를 흔드는 것 같은) 극히 중대한. 파) **~·ly** *ad.*

éarth stàtion (우주 통신용의) 지상국(局).

éarth trèmor 약한 지진, 미진.

earth·ward [ə́:rθwərd] *a., ad.* 지면을〈지구를〉 향한〈향하여〉.

earth·work [∠wə̀:rk] *n.* (1) ⓒ (흔히 *pl.*) (예전의 방어용) 토루(土壘)《흙으로 만든 보루》. (2) ⓤ 토목 공사.

·**earth·worm** [∠wə̀:rm] *n.* ⓒ 지렁이.

earthy [ə́:rθi] (***earth·i·er ; i·est***) *a.* (1) 흙 같은, 토질의. (2) 세련되지 않은, 촌티가 나는 ; 순박한, 소박한.

earth·year [ə́:rθjiər] *n.* 지구년《지구의 365일의 1년》.

éar trùmpet (나팔 모양의 옛) 보청기.

ear·wax [íərwæ̀ks] *n.* ⓤ 귀지.

ear·wig [∠wìg] *n.* ⓒ 집게벌레.

:**ease** [i:z] *n.* ⓤ (1) 안락, 편안 ; 경제적으로 걱정이 없음, 여유. (2) 평정(平靜), 안심. (3) 한가, 태평. (4) 홀가분함, 쇄락(灑落). (5) 편안함, (아픔이) 가심, 경감(relief)《*from* pain》. (6) 용이, 쉬움. (7) (의복 등의) 넉넉함, 여유.

at (one***'s***) ***~*** 편하게, 마음 편히, 자유스럽게 ; 천천히 : *At ~ !* = Stand *at ~ !*《구령》쉬어. ***be at ~*** …에 대해 걱정이 없다《*about*》. ***be at ~ with*** a person 아무와 트고 지내다. ***feel at ~*** 안심하다. ***ill at ~*** 마음을 놓지 못하고, 불안하여. ***set*** a person***'s mind at ~*** 아무를 안심시키다. ***take*** one***'s ~*** 쉬다.

— *vt.* (1) (아픔 등)을 덜다, 완화하다 : The aspirins ~*d* my headache. 아스피린을 먹었더니 두통이 덜해졌다. (2) 《~+目/+目+前+名》 …을 안심시키다, (마음)을 편케 하다 ; (불안 등)을 제거하다 《*of*》: ~ a person's mind / ~ him of care〈suffering〉 그의 걱정〈고통〉을 덜어주다. (3) 《~+目/+目+副》(혁대 등)을 헐겁게 하다, (속도 등)을 늦추다. (4) 《~+目/+目+前+名》 **a**〕 (무거운 물건)을 조심해 움직이다, 천천히 …하다. **b**〕〔再歸的〕 살며시 …하다.

— *vi.* 《+副/+前+名》 편해지다, (고통·긴장 등이) 가벼워지다 ; 천천히 움직이다《*along ; over, atc.*》. ~ a person***'s conscience*** ⇨ CONSCIENCE. ***~ up***〈***off***〉 《口》 1) …을 완화하다, 적게 하다 ; (속도)를 늦추다. 2) 느슨하게 하다, 적게 하다 : He ~*d off* on the accelerator. 그는 엑셀러레이터를 느슨하게 밟았다. 3) (사람에 대한) 태도를 누그러뜨리다.

ease·ful [í:zfəl] *a.* 편안한, 태평스러운 ; 마음이 안정된 ; 안일한.

·**ea·sel** [í:zəl] *n.* ⓒ 화가(畵架) ; 칠판걸이.

ease·ment [í:zmənt] *n.* ⓤ 【法】 지역권(地役權)《남의 땅에의 통행권》.

:**eas·i·ly** [í:zəli] (***more ~ ; most ~***) *ad.* (1) 용이하게, 쉽사리. (2) 안락하게, 편하게, 한가롭게 : live ~ 한가롭게 지내다. (3) 순조롭게, 술술 : fit ~ (옷 따위가) 낙낙하게 잘 맞다. (4) 〔최상급·비교급을 강조〕 문제 없이, 여유 있게, 확실히, 단연. (5) 〔may를 수반〕 아무래도 (…할 것 같다), 자칫하면 : The train *may* ~ be late. 십중팔구 기차는 늦을 것 같다.

eas·i·ness [í:zinis] *n.* ⓤ (1) 수월함, 쉬움. (2) 편안, 안락.

:**east** [i:st] *n.* (1) (흔히 the ~) 동쪽, 동방 : in *the* ~ of …의 동쪽에. (2) (흔히 the E-)(어떤 지역의) 동부 지역〈지방〉 ; (the E-) 동양, 아시아(the Orient) (【cf.】 Far East, Middle East, Near East) ; (the E-) 《美》 동부 (지방) ; (the E-) 동유럽 제국〈옛 공산 국가들〉 ; (E-) 동로마 제국. (3) (교회당의) 동쪽(끝), 제단 쪽. (4) 《詩》 동풍. ***~ by north*** 동미북(東微北)《略 : EbN》. ***in***〈***on***〉 ***the ~*** (***of***) (…의) 동부〈동쪽 끝〉에. ***to the ~*** (***of***) (…의) 동쪽에.

— *a.* (1) 동쪽의, 동쪽에 있는 ; 동향의《※ 방향이 좀 불명료한 때에는 eastern을 쓴다》. (2) (교회에서) 제단 쪽의 (3) (종종 E-) 동부의, 동쪽 나라의 ; 동부 주민의 : the ~ coast 동해안. (4) (바람이) 동쪽으로부터의, 동쪽에서 부는 : an ~ wind 동풍.

— *ad.* 동(쪽)에〈으로〉, 동방〈동부〉에〈으로〉 : lie ~ and west 동서에 걸쳐 있다.

Éast Énd (the ~) 이스트 엔드《런던 동부쪽의 비교적 저소득층의 근로자들이 많이 사는 상업 지구》. 【cf.】 WEST END. 파) **~·er** *n.*

:**East·er** [í:stər] *n.* ⓤ 부활절〈주일〉《3월 21일 이후의 만월(滿月) 다음에 오는 첫 일요일 ; 이 부활 주일을 Easter Sunday〈day〉라고도 말함》 ; = EASTER WEEK.

Éaster dùes ⟨òffering(s)⟩ 부활절 헌금.
Éaster ègg 부활 계란⟨달걀⟩《예쁘게 색칠한 달걀로서 그리스도 부활의 상징》.
Éaster éve ⟨éven⟩ (the ~) 부활절 전야.
Éaster ísland 이스터 섬《남태평양 Chile 서쪽의 외딴 섬 ; 많은 석상(石像)으로 유명》.
east·er·ly [íːstərli] *a.* 동(쪽)의 ; 동(쪽)으로의 ; 동(쪽)으로부터의. — *ad.* 동(쪽)으로 (부터).
—(*pl.* ***-lies***) *n.* © 동풍, 샛바람 ; 편동풍.
:east·ern [íːstərn] *a.* (1) 동(쪽)의 ; 동(쪽)으로의 ; 동(쪽)으로부터의 : an ~ voyage 동으로의 항해 / an ~ wind 동풍. (2) (흔히 E-) 동양(제국)의 (Oriental), 동양풍의. (3) (종종 E-)《美》 동부 (지방)의 ; (종종 E-) 동부 방언의.
Éastern Chúrch (the ~) 동방 교회.
East·ern·er [íːstərnər] *n.* ©《美》 동부 제주(濟州)의 주민⟨출신자⟩ ; (e-) 동부⟨동방⟩ 사람.
Éastern Hémisphere (the ~) 동반구(東半球).
east·ern·most [íːstərnmòust, -məst] *a.* 가장 동쪽의, 최동단(最東端)의.
Éastern Órthodox Chúrch (the ~) 동방 정교회(Orthodox Eastern Church).
Éastern Róman Émpire (the ~) 동로마 제국(395-1453)《수도 : Constantinople》.
Éastern (Stándard) Tíme (미국 캐나다의) 동부 표준시간《GMT보다 5시간 뒤짐》.
Éaster Súnday 부활 주일. 【cf.】 Easter.
East·er·tide [íːstərtàid] *n.* ⓤ 부활절 계절《부활 주일로부터 오순절(Whitsunday)까지의 50일간》 ; = EASTER WEEK.
Éaster wéek 부활 주간《Easter Sunday로부터 시작함》.
Éast Gérmany 동독《1990년 독일 통일로 붕괴됨》.
east-north·east [⌐nɔ̀ːrθíːst] *n.* (the ~) 동북동《略 : ENE》.
— *a.*, *ad.* 동북동의⟨으로⟩.
east-south·east [⌐sàuθíːst] *n.* (the ~) 동남동(東南東)《略 : ESE》. — *a.*, *ad.* 동남동의⟨으로⟩.
Éast Sússex 이스트 서섹스《잉글랜드 남부의 주 ; 주도는 Lewes ; 1974년 신설》.
·east·ward [íːstwərd] *ad.* 동쪽으로⟨을 향해⟩ : We sailed ~ from Pusan to Hawaii. 우리는 부산에서 하와이로 동쪽을 향해 항해했다.
— *a.* 동쪽의. — *n.* (the ~) 동쪽(지점, 지역). 파) **~·ly** *ad.*, *a.* 동쪽으로⟨부터⟩(의).
:easy [íːzi] (***eas·i·er ; -i·est***) *a.* (1) 쉬운, 힘들지 않은, (말이나 설명 따위가) 평이한 ; (살림 따위가) 편한, 걱정이 없는. (2) (의복 등이) 편안한, 헐거운, 낙낙한 : an ~ chair 안락 의자. (3) (조건 따위가) 가혹하지 않은, 부담이 되지 않는 : on ~ terms 【商】 분할불로. (4) (심리·태도 따위가) 편한, 느긋한 ; 쾌적한. (5) (성품 따위가) 태평한 ; 단정치 못한. (6) 딱딱하지 않은, 부드러운 : an ~ stance 편한 자세. (7) **a**] 관대한, 너그러운, 엄하지 않은. **b**] (사람·상대 따위가) 다루기 쉬운 ; 하라는 대로 하는. (8) (속도·움직임 따위가) 느릿한, 느린 ; (담화·문체 따위가) 매끈한, 부드러운 ; (경사가) 완만한 : an ~ motion 느린 움직임. (9) 【商】 (거래가) 한산한 ; (물자가) 풍부하고 가격이 약세인. ***(as) ~ as pie*** ⇨ PIE. ***Be ~!*** 마음을 느긋하게 가져라, 걱정하지 마라. ***be ~ (for...) to do*** (…이) (…에게는) …하기 쉽다. ***be ~ with*** a person 아무에 대해 관대하다, 미온적이다. ***by ~ stages*** (여행 등을) 편안한 여정으로, 천천히. ***free and ~*** (규칙 따위에) 구애받지 않는 ; 대범하고 소탈한. ***get off ~***《口》 벌을 적게 받다, 가벼운 꾸지람으로 끝나다. ***I'm ~.***《口》 너의 결정에 따르겠다 ; 나는 아무래도 상관 없다. ***on ~ street ⟨Easy Street⟩***《口》 유복한⟨하게⟩. ***on ~ terms*** 분할불로, 월부로 ; 편한 조건으로.
— *ad.*《口》 (1) 수월하게, 손쉽게. (2) 유유히, 무사태평하게, 차분히, 편히, 자유로이. ***Easier said than done.***《俗談》 말하기는 쉬워도 행하기는 어렵다. ***Easy come, ~ go.***《俗談》 쉽게 얻은 것은 쉽게 없어진다. ***Easy does it!***《口》 서두르지 마라, 침착해라《※ 부사의 easy가 주어로 대용된 것》. ***go ~*** = ***take it⟨things⟩ ~*** 서두르지 않다, 태평하게⟨여유있게⟩ 마음먹다⟨하다⟩《※ 때로는 Good-bye를 대신하여 헤어질 때 인사말로도 쓰임》. ***go ~ on***《口》 …을 적당히 ⟨조심해서⟩하다 ; (사람)을 부드럽게 대하다. ***Stand ~!***《英》 【軍】 편히 쉬엇(《美》는 At ~!).
·eas·y·go·ing [íːzigóuiŋ] *a.* (1) 태평한, 대범한, 안달하지 않는 : an ~ person 무사태평한 사람, 낙천가. (2) 느린 걸음의《말의 쓰임》.
:eat [iːt] (***ate***, [eit/et]《古》 ~ [et, iːt] ; ***⌐-en***[íːtn], 《古》 ~[iːt, et]) *vt.* (1) 《~+目/+目+前+名/+目+補》 …을 먹다, (수프 따위)를 마시다《숟가락으로 떠마시는 것을 뜻함》. (2) 식사를 하다 : ~ good food 좋은 식사를 하다. (3) 《~+目/+目+副》 **a**] (해충 등이) …을 벌레먹다《*away* ; *up*》. **b**] (산(酸)이) …을 부식하다 ; 침식(浸蝕)하다《*out* ; *away* ; *up*》 : Rust ~*s* iron. 녹이 나서 쇠가 삭는다. (4) **a**] (불이) …을 태워버리다 ; (파도가) …을 침식하다. **b**] …을 대량 소비하다. (5) [be ~ing]《口》 (사람)을 초조하게 만들다, 괴롭히다.
—*vi.* (1) 식사하다, 음식을 먹다 : ~ regularly 규칙적으로 식사하다. (2) 《+前+名》 먹어들어가다 ; 부식⟨침식(浸蝕)⟩하다 ; (재산 따위를) 파먹다《*into* ; *in* ; *at* ; *through*》. (3) 《~/+副/+補》 먹을 수 있다, 맛이 나다, 맛이 있다. ***~ away (at)*** …에 파먹어 들어가다, 부식⟨침식⟩하다 ; 파먹다. ***~ crow*** ⇨ CROW[1]. ***~ humble pie*** ⇨PIE. ***~ into*** ⇨ *vi.* (2) ; (저금 따위를) 먹어들어가다, 소비하다. ***~ like a bird*** ⇨ BIRD. ***~ like a horse*** ⇨ HORSE. ***~ out*** 외식하다. ***~ . . . out*** …을 다 먹어버리다. ~ a person ***out of house and home*** 아무가 집이 망할 정도로 많이 먹다. ***~ out of*** a person***'s hand*** ⇨ HAND. ~ one***self sick (on. . .)*** …을 너무 먹어 탈이 나다 ⟨기분이 나빠지다⟩. ~ one***'s words*** (할 수 없이) 앞서 한 말을 취소하다, 자신의 잘못을 인정하다. ***~ up*** 1) 먹어 없애다, 한입에 덥석 먹다 ; 써버리다, 소비하다 ; 침식하다 ; (자동차 등이) 단숨에 달리다. 2) [be eaten up with 의 형식으로] (어떤 감정으로) 충만해 있다. 3)《口》 …을 자진해서 받아들이다, 전적으로 신용하다.
— *n.* (*pl.*)《口》 음식, 식사 : How about some ~*s* ? 뭔가 먹어 볼까.
eat·a·ble [íːtəbəl] *a.* 먹을 수 있는, 식용에 적합한.
—*n.* (흔히 *pl.*) 음식, 식료품 : ~*s* and drinkable 음식물.
:eat·en [íːtn] EAT의 과거분사.
eat·er [íːtər] *n.* © 먹는 사람 : a big ~ 대식가 / a light ~ 소식가.
eat·ery [íːtəri] (*pl.* ***-er·ies***) *n.* ©《口》 간이 식당.

E

:eat·ing [í:tiŋ] *n.* ⓤ (1) 먹기. (2) 먹을 수 있는 것, 음식. — *a.* 식용의 : utensils 식기.

éating hòuse 〈plàce〉 (싼) 음식점.

·eaves [i:vz] *n. pl.* 처마 : under the ~ 처마 밑에(서).

eaves·drop [∠dràp/∠drɔ̀p] *vi.* 엿듣다, 도청하다 《*on*》 : telephone ~*ping* 전화도청.
파) **~·per** *n.* ⓒ 엿듣는 사람.

·ebb [eb] *n.* (1) (the ~) 썰물, 간조. 〖opp.〗 *flood, flow.* 『 The ship sailed out of harbor on the ~ tide. 배는 썰물을 이용해 출항했다. (2) (*sing.*) 쇠퇴(기), 감퇴. ***be at a low ~ = be at the ~*** 조수가 빠지고 있다 ; (사물이) 쇠퇴기에 있다. ***the ~ and flow*** 1) (조수가) 간만《*of*》: *the ~ and flow of* the tide 조수의 간만. 2) (사업 인생의) 성쇠《*of*》: *the ~ and flow of* life 인생의 영고성쇠.
— *vi.* (1) (조수가) 빠다, 써다《*away*》. (2) (힘 따위가) 점점 쇠하다《*away*》 ; 약해지다《*away*》 ; (가산 따위가) 기울다. **~ *back*** 회복시키다, 만회하다.

ébb tìde (흔히 the ~) 썰물, 간조 ; 쇠퇴(기). 〖opp.〗 *flood tide.* 『 civilization a its ~ 쇠퇴기의 문명.

E

·eb·ony [ébəni] *n.* ⓤ 【植】 흑단(黑檀).
— *a.* (1) 흑단의 ; 흑단색의. (2) 칠흑의 : Sunlight glinted on her ~ hair. 햇볕이 그녀의 칠흑같은 머리에 빛나고 있었다.

ebul·lience, -cy [ibúljəns, bʌ́l-] *n.* ⓤ (1) 비등. (2) (감정·기운 등의) 넘쳐 흐름, 내 뻗침 : the ~ of youth 넘쳐 흐르는 젊음.

ebul·lient [ibúljənt, -bʌ́l-] *a.* (1) (물이) 끓어오르는(boiling). (2) 원기왕성한, 열광적인. 파) **~·ly** *ad.*

eb·ul·li·tion [èbəlíʃən] *n.* ⓤ (1) 비등, 끓어오름. (2) (감정의) 격발, (전쟁의) 돌발 ; 발발.

EC European Community. **E.C.** East Central(London의 동(東) 중앙 우편구(區) ; 《英》 Established Church.

ec·ce ho·mo [éksi-hóumou, éksei-] 《L.》 (= Behold the man!) 이 사람을 보라《Pilate가 가시면류관을 쓴 예수를 가리키며 유대인에게 한 말》 ; 가시면류관을 쓴 예수의 초상화.

·ec·cen·tric [ikséntrik, ek-] (***more ~ ; most ~***) *a.* (1) 보통과 다른, 상도(常道)를 벗어난, 괴상한, 괴짜인. (2) 【數】 (두 원이) 중심을 달리하는, 이심(離心)의. 〖opp.〗 *concentric* (3) 【天】 (궤도가) 동그랗지 않은, 편심적인.
— *n.* ⓒ (1) 괴짜, 기인. (2) 이심원(圓) ; 【機】 편심기.
파) **-tri·cal·ly** [-kəli] *ad.*

·ec·cen·tric·i·ty [èksentrísəti] *n.* (1) ⓤ (복장·행동 따위의) 이상 야릇함, 엉뚱함. (2) ⓒ 기행(奇行), 기이한 버릇 : One of his *eccentricities* is sleeping under the bed instead of on it. 그의 괴상한 버릇의 하나는 침대 위가 아니라 그 밑에서 자는 것이다.

Ec·cle·si·as·tes [iklì:ziǽsti:z] *n.* 【聖】 전도서 《구약 성서 중의 한 편》.

ec·cle·si·as·tic [iklì:ziǽstik] *n.* ⓒ, *a.* 성직자(의) ; 목사(의) ; 교회(의).

·ec·cle·si·as·ti·cal [iklì:ziǽstikəl] *a.* 교회의, 교회에 대한 ; 성직자의.
파) **~·ly** *ad.* 교회의 입장에서 ; 교회법상.

ec·cle·si·as·ti·cism [iklì:ziǽstisizəm] *n.* ⓤ 교회(중심)주의.

ech·e·lon [éʃəlàn/-lɔ̀n] *n.* (1) ⓤⓒ 【軍】 제형(梯形)편성, 제대(梯隊), 제진(梯陣) ; (비행기의) 삼각 편대《제형 편대의 일종》. (2) (흔히 *pl.*) (명령 계통 사무 조직 등의) 단계 ; 계층.

echi·nus [ikáinəs] (*pl.* ***-ni*** [-nai]) *n.* ⓒ (1) 【動】 성게(sea urchin). (2) 【建】 에키노스《도리아식 건축의 기둥머리의 만두형 쇠시리》.

:echo [ékou] (*pl.* ***~es***) *n.* ⓒ (1) **a**] 메아리, 반향. **b**] (레이더 등의) 반사파(波). (2) (남의 의견·말 등의) 모방 : an ~ of Gogh 고흐의 모방. (3) (동조적인) 반응, (파급적) 영향. (4) (여론 따위의) 반향, 공명, 공감. (5) 【樂】 에코. (6) 【컴】 메아리, 반향《사용자가 키보드로 입력한 문자가 컴퓨터 화면에 나타나는 것》.
—(*p., pp.* ***~ed ; ~ing***) *vt.* (1) 《~+目/+目+副》 (소리)를 메아리치게 하다, 반향시키다. (2) (남의 말·생각 등)을 그대로 흉내내다〈되풀이 하다〉 : He ~*es* his wife in everything. 그는 모든 일을 마누라 말대로 한다.
—*vi.* 《~/+副/+前+名》 (소리가) 메아리치다, 반향하다 ; 울리다《*with*》.

écho chàmber 【放送】 반향실(反響室)《에코 효과를 내는 방》.

echo·ic [ekóuik] (1) 반향(장치)의. (2) 【言】 의음(擬音)〈의성(擬聲)〉의.

ech·o·lo·ca·tion [èkoulouké iʃən] *n.* ⓤ 반향 정위(正位)《박쥐·돌고래 등이 자신이 발사한 초음파에 의해 물체의 존재를 측정하는 능력》.

éclat [eiklɑ́:, ∠-] *n.* ⓤ 《F.》 대성공 ; 명성, 평판 ; 대단한 갈채. ***with great ~*** 대단한 갈채를 받아〈갈채 속에〉 ; 화려하게, 성대히.

ec·lec·tic [ekléktik] *a.* 취사선택하는, 절충하는.
—*n.* ⓒ (미술·철학 등) 절충학파의 사람 ; 절충 주의자.
파) **-ti·cal·ly** *ad.* 절충하여.

:eclipse [iklíps] *n.* (1) ⓒ 【天】 (해 달의) 식(蝕) ; (별의) 엄폐. (2) ⓤⓒ (명성·영광의) 실추, 쇠락. ***in ~*** 1) (해·달이) 이지러져. 2) (명성 등이) 실추하여.
— *vt.* (1) (천체가 딴 천체)를 가리다. (2) 〔종종 受動으로〕 빛을 잃게 하다, 어둡게 하다. (3) (…의 명성 등)을 가리다, 무색하게 하다.

ec·logue [éklɔ:g/-lɔg] *n.* ⓒ (대화체의) 목가, 전원시, 목가시(牧歌詩).

eclo·sion [iklóudʒən] *n.* ⓤ 【蟲】 우화(羽化) ; 부화(孵化).

eco- '환경 생태(학)'의 뜻의 결합사《모음 앞에서는 ec-》.

ec·o·cide [í:kousàid, ékou-] *n.* ⓤ (환경 오염에 의한) 환경 파괴, 생태계 파괴.

ec·o·friend·ly [ì:koufréndli] *a.* 환경을 파괴하지 않는, 환경친화적인.

ec·o·log·ic, -i·cal [èkəládʒik, ì:kə-], [-kəl] *a.* 생태학의〈적인〉 : ~ balance 생태학적 균형 / ~ destruction 생태 파괴.
파) **-i·cal·ly** [-ikəli] *ad.*

ecol·o·gy [i:kálədʒi/-kɔ́l-] *n.* ⓤ (1) 생태학 ; 인류〈인간〉 생태학. (2) (생체와의 관계로 본) 생태 환경.
파) **-gist** *n.* ⓒ (1) 생태학자. (2) 환경 보전 운동가.

:ec·o·nom·ic [ì:kənámik, èk-/-nɔ́m-] *a.* 〔限定的〕 (1) 경제(상)의, 재정상의 : an ~ blockade 경제 봉쇄 / an ~ policy〈crisis〉 경제 정책〈위기〉 / ~ power 경제 대국 / an (exclusive) ~ zone (배타적) 경제 수역 / ~ development (zone) 경제 개발(구(區)). (2) 경제학의. (3) 경제적인, 실리적인, 실용상

의(practical) : ~ botany 실용 식물학. ***for ~ reasons*** 경제적인 이유로 : leave school *for ~ reasons* 경제적인 이유로 학교를 중퇴하다.

:ec·o·nom·i·cal [ìːkənámikəl, èkə-/-nɔ́m-] (***more ~ ; most ~***) a. (1) 경제적인, 절약하는, 검약한. 〖opp.〗 *extravagant.* 「an ~ housewife 알뜰한 주부 / an ~ car (연료가 적게 드는) 경제적인 차. (2) 경제상〈학〉의. ***be ~ of***〈***with***〉 …을 절약하다.

·ec·o·nom·i·cal·ly [ìːkənámikəli, èkə-/-nɔ́m-] *ad.* (1) 경제적으로, 절약하여. (2) 경제(학)상, 경제(학)적으로.

económic geógraphy 경제 지리학.

·ec·o·nom·ics [ìːkənámiks, èk-/-nɔ́m-] *n.* (1) ⓤ 경제학. (2) 〔複數 취급〕 (국가·가정·기업 등의) 경제 (상태), 경제적인 측면《*of*》.

económic sànctions 경제 제재.

·econ·o·mist [ikánəmist/-kɔ́n-] *n.* (1) ⓤ 경제학자, 경제 전문가. (2) (the E-) 이코노미스트《영국의 권위 있는 정치·경제 주간지》.

econ·o·mi·za·tion [ikànəmizéiʃən/ikɔ̀n-] *n.* ⓤ 절약, 경제화(化), 경제적 사용.

·econ·o·mize [ikánəmàiz/-kɔ́n-] *vt.* …을 경제적으로 쓰다, 절약하다 ; (노동력·시간·돈 따위)를 효율적으로 사용하다. — *vi.* 절약하다, 낭비를 삼가다《*on*》.

econ·o·miz·er [ikánəmàizər/-kɔ́n-] *n.* ⓒ (1) 경제가, 절약가. (2) (연료·열량 등의) 절약 장치.

:econ·o·my [ikánəmi/-kɔ́n-] *n.* (1) ⓤⓒ 절약(frugality), 검약 : practice〈use〉 ~ 절약하다. (2) ⓤ (국가·사회·가정 등의) 경제. (3) ⓤ 경제학. (4) ⓒ (한 지방 국가 등의) 경제 기구. (5) ⓤ 경기(景氣) : The ~ has taken a downturn. 경기는 하향국면이다. —*a.* 〔限定的〕 (1) 값싼, 경제적인 : an ~ car (저연료비의) 경제 차. (2) (여객기에서) 이코노미 클래스의.

ecónomy clàss (열차·여객기 따위의) 이코노미 클래스, 보통〈일반〉석《※ tourist class라고도 함》.

ECOSOC Economic and Social Council (of the United Nations)((유엔) 경제 사회 이사회).

ec·o·sphere [ékousfìər] *n.* ⓒ 생태권(圈).

ec·o·sys·tem [íːkousìstəm, ékou-] *n.* ⓒ (종종 the ~) 생태계.

ec·o·tage [ékətàːʒ] *n.* 환경오염 반대 파업《환경오염 방지·자연보호를 위한》.

ec·ru [ékruː, éi-] *n.* ⓤ 《F.》 베이지색, 담갈색.

:ec·sta·sy [ékstəsi] *n.* ⓤⓒ (1) 무아경, 황홀, 희열. (2) (시인·예언자 등의) 망아(忘我), (종교적인) 법열(法悅) ; 환희의 절정. (3) 【心】 황홀한 상태, 엑스터시.

ec·stat·ic [ekstǽtik] *a.* (1) 열중〈몰두〉한, 무아경의《*over ; at ; about*》. (2) 황홀한. 파) **-i·cal·ly** *ad.*

ect-, ecto- '외(부)'의 뜻의 결합사. 〖opp.〗 *endo-*

ec·to·derm [éktoudə̀ːrm] *n.* ⓒ 【生】 외배엽(外胚葉).

ec·to·plasm [éktouplæ̀zəm] *n.* ⓤ 【生】 외형질(外形質)《세포 원형질의 바깥층》 ; 원생동물의 외피층 ; 【心靈術】 (영매(靈媒)의 몸에서 발한다는 영기(靈氣), 엑토플라즘.

ECU, Ecu, ecu European Currency Unit(유럽 통화 단위 ; 1997년 부터(예정)).

ec·u·men·ic, -i·cal [èkjuménik/ìːk-], [-əl] *a.* 【基】 전반적인, 보편적인 ; 전기독교(회)의 ; ecumenism 의.

ec·u·men·i·cal·ism [èkjuménikəlìzəm/ìːk-] *n.* = ECUMENISM.

ec·u·me·nism [ékjumenìzəm/íːk-] *n.* ⓤ 【基】 (교파를 초월한) 세계 교회주의〈운동〉 ; 전(全) 크리스트교회주의. 파) **-nist** *n.* ⓒ

ec·ze·ma [éksəmə, égzi-, igzíːmə] *n.* ⓤ 【醫】 습진.

-ed 〔[d 이외의 有聲音의 뒤] d ; 〔t 이외의 無聲音의 뒤〕 t ; 〔t, d의 뒤〕 id, əd] *suf.* (1) 규칙 동사의 과거·과거분사를 만듦 : call*ed* [-d], talk*ed* [-t], want*ed* [-id]. (2) 명사에 붙여서 '…이 있는, …을 갖춘〈가진〉'의 뜻의 형용사를 만듦. ※ 형용사의 경우 [t, d] 이외의 음의 뒤라도 [id, əd]로 발음되는 것이 있음 : ag*ed*, bless*ed*, (two-)legg*ed*.

Édam (**chèese**) [íːdəm(-), -dæm(-)] 치즈의 일종《겉을 붉게 칠한 네덜란드산의》.

·ed·dy [édi] *n.* ⓒ (바람·먼지·연기 등의) 소용돌이, 회오리《※ 물의 경우는 whirlpool》. — *vi.* 소용돌이〈회오리〉치다.

edel·weiss [éidlvàis, -wàis] *n.* ⓒ 《G.》 【植】 에델바이스《알프스산(産) 고산 식물》.

ede·ma [idíːmə] (*pl.* ***~s, ~ta***[-tə]) *n.* ⓤⓒ 【醫】 부종(浮腫), 수종.

파) **edem·a·tous** [idémətəs] *a.*

·Eden [íːdn] *n.* (1) 【聖】 에덴 동산《Adam과 Eve가 처음 살았다는 낙원》. (2) ⓒ 지상 낙원.

·edge [edʒ] *n.* (1) ⓒ 끝머리, 테두리, 가장자리, 변두리, 모서리. (2) (the ~) 위기, 위험한 경지 : *on the* ~ of bankruptcy 파산 직전에. (3) ⓒ (칼 따위의) 날 ; (*sing.*) (비평 따위의) 날카로움, 격렬함. (4) (*sing.*) 우세, 강점《*on ; over*》 : competitive ~ 경쟁상의 우세.

give an ~ to the appetite 식욕을 돋우다 : Exercise *gives an ~ to* the appetite. 운동은 식욕을 돋운다. ***give*** a person ***the ~ of*** one***'s tongue*** 아무를 호되게 꾸짖다. ***have*** 〈***get***〉 ***the*** 〈***an***〉 ***~ on***〈***over***〉 a person 《口》 (아무보다) 좀 우세하다, 보다 유리하다. ***on ~*** 1) 세로로(하여). 2) 안절부절 못하여. 3) …하고 싶어서 ; 안달하여《*to* do》. ***on the ~ of*** …의 가장자리에 ; 막 …하려는 참에, …에 임박하여 : *on the ~ of* death 죽음에 임박하여. ***set***〈***put***〉 one***'s teeth on ~*** ⇨ TOOTH. ***take the ~ off*** …의 기세를 꺾다, …을 무디게 하다.

— *vt.* (1) 《+目+補》 (칼 따위)에 날을 세우다, 예리하게 하다 : ~ a knife sharp 칼을 날카롭게 갈다. (2) 《~+目/+目+前+名》 …에 테를 달다, 테두리를 두르다, 가장자리를 메만지다《*with*》. (3) 《+目+前+名/+目+副》 비스듬히〈천천히〉 움직이다, 조금씩 나아가다〈움직이다〉《*away ; into ; in ; out ; off ; nearer*》 : ~ oneself〈one's way〉 *through* a crowd 군중 속을 비집고 나아가다. (4) 《美》 …에 근소한 차로 이기다.

—vi. 《+前+名》 비스듬히 나아가다 ; 옆으로 나아가다 ; 천천히〈조금씩〉 움직이다 : ~ *through* a crowd 군중 속을 비집고 나아가다. ***~ in*** (한마디) 참견하다〈끼어들다〉 ; 천천히 다가가다〈접근하다〉. ***~ out*** 1) (조심하여) 천천히 나오다 : He ~*d out* (of) the door. 그는 문에서 살짝 나왔다. 2) 《美》 …에게 근소한 차로 이기다 ; …에서 쫓아내다《*of*》.

edge·ways, -wise [édʒwèiz], [-wàiz] *ad.* 날〈가장자리, 끝〉을 밖으로 대고 ; 끝에 ; 언저리를 따라. ***get a word in ~*** 말참견하다.

E

edg·ing [édʒiŋ] *n.* (1) ⓤ 테두리(하기), 선두름. (2) ⓒ (옷의) 가장자리 장식, (화단 따위의) 가장자리(border).

édging shèars 잔디깎는 가위《가장자리 손질용》.

edgy [édʒi] (***edg·i·er*** ; ***-i·est***) *a.* (1) 날이 날카로운 ; 윤곽이 뚜렷한. (2) 《口》 안절부절 못하는《*about*》 : get〈become〉 ~ *about* …에 조바심하다.
파) **édg·i·ly** *ad.* **édg·i·ness** *n.*

·ed·i·ble [édəbəl] *a.* 식용에 적합한, 식용의. 【opp.】 *inedible.* 「an ~ snail 식용 달팽이 / ~ fat 〈oil〉 식용 지방〈기름〉.
—*n.* (*pl.*) 식품, 음식. 파) **~·ness** *n.*

edict [íːdikt] *n.* ⓒ (옛날의) 칙령, 포고 ; 명령.

ed·i·fi·ca·tion [èdəfikéiʃən] *n.* ⓤ (덕성 · 정신 따위의) 함양(uplift), 계몽, 계발. ▫ edify *v.*

·ed·i·fice [édəfis] *n.* ⓒ (1) (궁전 · 교회 등의) 대건축물, 전당. (2) 조직 ; (사상의) 체계 : build the ~ of knowledge 지식의 체계를 구축하다.

ed·i·fy [édəfài] *vt.* …을 교화〈훈도〉하다 ; …의 품성을 높이다, …의 지덕을 함양하다. ▫ edification *n.* 파) **ed·i·fy·ing** [-iŋ] *a.* 교훈이 되는, 유익한 ; 교훈적인 : an ~*ing* book 교훈적인 책.

·Ed·in·burgh [éd*i*nbə̀ːrou, -bə̀rə] *n.* 에든버러《스코틀랜드의 수도》. ***Dúke of*** ~ (the ~) 에든버러공(公)《현 영국 여왕 Elizabeth 2세의 부군(1921-)》.

·Ed·i·son [édəsən] *n.* **Thomas ~** 에디슨《미국의 발명가 ; 1847-1931》.

·ed·it [édit] *vt.* (1) (책 · 신문 등)을 편집(발행)하다 ; 교정보다 ; 【映】 (영화 · 녹음 테이프 따위)를 편집하다 ; 【컴】 (데이터)를 편집하다. 【cf.】 compile. (2) …의 편집 책임자가 되다. ***~ out*** (편집 단계에서 어구 등)을 삭제하다《*of*》.

edit. edited ; edition ; editor.

éditing tèrminal 편집 단말 장치《텍스트 편집용으로 사용되는 컴퓨터의 입출력 장치(input / output device)》.

:edi·tion [idíʃən] *n.* ⓒ (1) (초판 · 재판의) 판(版), 간행 ; (같은 판의) 전발행 부수 : the first ~ 초판. (2) (같은 판 중의) 한 책 ; 《比》 복제. (3) (제본 양식 · 체재의) 판 : a revised 〈an enlarged〉 ~ 개정〈증보〉판 / a cheap 〈a popular, a pocket〉 ~ 염가〈보급, 포켓〉판.

édition de luxe [èidisjɔ́ːndilúks] *n.* ⓒ 《F.》 호화판(版).

:ed·i·tor [édətər] (*fem.* ***ed·i·tress***[édətris]) *n.* ⓒ 편집자 ; (신문 · 잡지의) 주필, 논설위원 ; (영화의) 편집자 ; 【컴】 편집기《컴퓨터의 데이터를 편집할 수 있도록 한 프로그램》 : a sports 〈feature〉 ~ 스포츠난〈특집란〉 주임 / ⇨ CITY 〈GENERAL, MANAGING〉 EDITOR / a financial ~ 《美》 경제부장. ***a chief ~ = an ~ in chief*** 편집장, 주필《※ 복수는 editors in chief》.

:ed·i·to·ri·al [èdətɔ́ːriəl] *n.* ⓒ (신문의) 사설, 논설(《英》 leading article, leader) : a strong ~ in *The Times* 타임스지(紙)의 강경한 사설.
—*a.* (1) 편집의 ; 편집자에 관한 : the ~ staff (member) 편집부(원) / an ~ conference 편집회의. (2) 사설의, 논설의. ***editorial 'we'*** ⇨ WE(2).
파) **~·ly** *ad.* 사설〈논설〉로서 ; 편집상 ; 주필〈편집장〉의 자격으로.

ed·i·to·ri·al·ize [edətɔ́ːriəlàiz] *vi.* (…에 대해) 사설로 쓰다〈다루다〉《*on* ; *about*》 ; 보도에 개인적 견해를 넣다, (논쟁 따위에 관해) 의견을 말하다《*on* ; *about*》.

ed·i·tor·ship [édətərʃìp] *n.* ⓤ 편집자〈주필〉의 지위〈직, 임기, 기능, 권위, 수완〉 ; 편집 ; 교정.

-ed·ly [-idli] *suf.* -ed로 끝나는 낱말을 부사로 만듦《※ -ed를 [d][t]로 발음하는 낱말에 -ly를 붙일 때, 그 앞의 음절에 강세가 있으면 대개 [id-, əd-]로 발음한다 : deserv*edly* [dizə́ːrvidli]》.

ed·u·ca·ble [édʒukəbəl] *a.* 교육〈훈련〉 가능한, 어느 정도의 학습 능력이 있는.

·ed·u·cate [édʒukèit] *vt.* (1) 《~+目/+目+*to* do/+目+前+名》 (사람)을 교육하다, 가르치다 훈육하다 ; 육성하다. (2) 《+目+前+名》 〔종종 受動으로〕 …을 학교에 보내다, …에게 교육을 받게 하다. (3) 《+目+前+名》 견문을 넓히다 ; (예술적 능력 · 취미 등)을 기르다, 훈련하다《*in* ; *to*》. (4) (동물)을 길들이다 : ~ a dog *to* beg 개에 뒷발로 서게 가르치다. ▫ education *n.* ~ one***self*** 독학〈수학〉하다.

:ed·u·cat·ed [édʒukèitid] (***more ~ ; most ~***) 〔限定的〕 (1) 〔종종 複合語를 이루어〕 교육 받은, 교양 있는. (2) (추측이) 경험 자료에 근거한.

:ed·u·ca·tion [èdʒukéiʃən] *n.* (1) ⓤ (또는 an ~) (학교) 교육, 훈육, 훈도 ; 양성 : commercial〈technical〉 ~ 상업〈기술〉 교육 / compulsory〈adult〉 ~ 의무〈성인〉 교육 / *Education* starts at home. 교육은 가정에서 시작된다 / get college ~ 대학 교육을 받다. (2) ⓤ (또는 an ~) 지식, 학력, 교양, 소양, 덕성 : deepen one's ~ 교양을 깊게 하다. (3) ⓤ 교육학, 교수법 : a college of ~ 《英》 교육 대학. ▫ educate *v.* ***moral 〈intellectual, physical〉 ~*** 덕〈지, 체〉육. ***the Ministry of Education*** 교육부.

:ed·u·ca·tion·al [èdʒukéiʃənəl] (***more ~ ; most ~***) *a.* (1) 교육(상)의, 교육에 관한 : expenses 교육비 / an ~ age 교육 연령. (2) 교육적인 : an ~ film 교육 영화.

ed·u·ca·tion·al·ist [èdʒukéiʃənəlist] *n.* = EDUCATIONIST.

educátional télevision (1) 교육 방송. (2) 학습용 텔레비전《略 : ETV》.

ed·u·cative [édʒukèitiv/-kə-] *a.* 교육(상)의 ; 교육적인, 교육에 도움이 되는.

·ed·u·ca·tor [édʒukèitər] *n.* ⓒ 교육자, 교직자.

educe [idjúːs] *vt.* (1) (잠재된 능력 · 성격)을 이끌어내다. (2) …을 추단하다, 연역하다.

Ed·ward·i·an [edwɑ́ːrdiən, -wɔ́ːrd-] *a.*, *n.* ⓒ 【英史】 에드워드《특히 7세》 시대의 (사람).

Édward the Conféssor 참회왕 에드워드《신앙심이 돈독했던 영국왕 ; 1003?-66》.

-ee *suf.* (1) 동사의 어간이 뜻하는 동작을 받아 '…하게 되는 사람'의 뜻의 명사를 만듦 : oblig*ee*, pay*ee*. (2) 어간이 뜻하는 동작을 하는 사람 : refug*ee*.

EEC European Economic Community 【cf.】 ECM.

·eel [iːl] *n.* ⓤⓒ 뱀장어 ; 뱀장어 비슷한 물고기. (***as***) ***slippery as an ~*** 1) (뱀장어처럼) 미끈미끈한. 2) 잡을 데가 없는 ; (사람이) 믿을 수 없는.

eel·grass [ˊgræ̀s, ˊgrɑ̀ːs] *n.* ⓤ 【植】 거머리말류(類)《북대서양 연안에 많은 해초의 일종》.

eely [íːli] (***eel·i·er*** ; ***-i·est***) *a.* 뱀장어 같은 ; 미끈거리는 ; 붙잡을 수 없는.

EEPROM 【컴】 electrically erasable programmable read only memory(전기적 소거 가능형 PROM). 【cf.】 PROM.

-eer *suf.* (1) '관계자·취급자·제작자'의 뜻《※ 때로는 경멸적인 뜻을 가짐》: auction*eer*, pamphlet*eer*. (2) '…에 종사하다'의 뜻의 동사어미 : election*eer*.

ee·rie, ee·ry [íəri] (**-ri·er ; -ri·est**) *a.* 섬뜩한(weird) ; 기분 나쁜, 기괴한 : an ~ stillness 섬뜩한 고요.
파) **ée·ri·ly** *ad.* **ée·ri·ness** *n.* ⓤ

ef- *pref.* = EX[2]- 《f의 앞에 쓰임》.

eff [ef] *vt.*, *vi.* 《俗》 (…와) 성교하다 ; 입에 못 담을 말을 하다. 【cf.】 fuck. **~ and blind** 더러운 입정을 놀리다.

·ef·face [iféis] *vt.* (1) (문자 흔적 따위)를 지우다. (2) (추억·인상 따위)를 지워 버리다〈없애다〉《*from*》. (3) 〔再歸的〕 사람 눈에 띄지 않게 (처신)하다. 파) **~·ment** *n.* ⓤ 말소, 소멸.

:ef·fect [ifékt] *n.* (1) ⓤⓒ 결과(consequence) : cause and ~ 원인과 결과, 인과(因果). (2) ⓤⓒ (결과를 가져오는) 효과, 영향《*on, upon*》 ; (법률 등의) 효력 ; 영향 ; (약 등의) 효능 ; (*pl.*) (극·영화·방송 등에서 소리 빛 따위의) 효과(장치). (3) (*sing.*) (색채·모양의 배합에 의한) 효과 ; 감명, 인상 : for ~ (시청자의) 효과를 노려. (4) ⓤ 겉모양, 외견, 체재. (5) (*sing.*) to the〈that, etc.〉 ~의 꼴로 취지, 의미《*that*》. (6) (*pl.*) 동산, 재산, 물건(物件). ***bring to*** 〈***carry, put into***〉 **~** …을 실행하다, 수행하다. ***come*** 〈***go***〉 ***into* ~** (새 법률 등이) 실시되다, 발효하다.
발효하다. ***for* ~** 효과를 노리고 ; 체재상. ***give* ~ *to*** (법률·규칙 등)을 실행〈실시〉하다. ***have an* ~ *on*** … 에 영향을 미치다, 효과를 나타내다. ***in* ~** 1) 실제에 있어서는, 사실상. 2) 요컨대. 3) (법률 등이) 실시〈시행〉되어, 효력을 가지고. ***no* ~*s*** 무재산, 예금 없음《부도 수표에 기입하는 말 ; 略 : N / E》. ***of no* ~** 무효의 ; 무익한. ***take* ~** 주효하다, 효험이 있다 ; (법률이) 효력을 발생하다. ***to good*** 〈***little, no***〉 **~** 유효하게〈거의 효과 없이, 전혀 효과 없이〉. ***to the* ~ *that...*** …이라는 뜻〈취지〉의〈(으)로〉. ***to this*** 〈***that, the same***〉 **~** 이런〈그러한, 같은〉 취지의〈로〉. ***with***〈***without***〉 **~** 유효하게〈효과없이〉. ***with* ~ *from*** (ten) (10시)부터 유효.
— *vt.* (1) (변화 등)을 가져오다, 초래하다 : ~ a cure (병을) 완치하다 / ~ a change 변화를 가져오다. (2) (목적 따위)를 성취하다, 완수하다 : ~ an escape 교묘하게 도망쳐 버리다.

·effec·tive [iféktiv] (***more* ~ ; *most* ~**) *a.* (1) 유효한, 효력이 있는 : the ~ range (항공의) 유효 항속 거리 / ~ support 유력한 지지. (2) 효과적인, 인상적인, 눈에 띄는 : an ~ photograph 인상적인 사진. (3) 실제의, 사실상의(actual) : ~ coin 〈money〉 실세〈유효〉 화폐, 경화(硬貨) (【cf.】 paper money) / the ~ leader of the country 나라의 실질적인 지도자. (4) 실선에 쓸 수 있는, (선두 등에) 동원할 수 있는 : the ~ strength of an army 군의 전투 능력. ***become* ~** 《美》 효력을 발생하다, 시행되다. —*n.* ⓒ 【軍】 (임전 태세를 갖춘) 동원 가능한 실제 병력. 파) **~·ly** *ad.* 유효하게 ; 효과적으로 ; 사실상 ; 실제상. **~·ness** *n.*

·ef·fec·tual [iféktʃuəl] *a.* 효과적인, 효험 있는 ; (법적으로) 유효한. 파) **~·ly** [-əli] *ad.* 효과적으로, 유효하게 ; 사실상.

ef·fec·tu·ate [iféktʃuèit] *vt.* (1) (법률 등)을 유효하게 하다, 발효시키다. (2) (목적 등)을 이루다. 파) **ef·fèc·tu·á·tion** [-ʃən] *n.* ⓤ (1) 달성, 수행, 성취. (2) (법률 따위의) 실시.

·ef·fem·i·nate [ifémənit] *a.* 《蔑》 사내답지 못한, 나약한, 유약한 : an ~ gestures〈manner, voice, walk〉 사내답지 못한 몸짓〈매너, 목소리, 걸음걸이〉. 파) **~·ly** *ad.* **~·ness** *n.*

ef·fer·ent [éfərənt] *a.* 【生理】 수출성(輸出性)〈도출성(導出性)〉의 《혈관 따위》 ; 배출하는 ; 원심성(遠心性)의 《신경 따위》. 〖opp.〗 *afferent.*

ef·fer·vesce [èfərvés] *vi.* (1) (탄산수 따위가) 거품이 일다, 비등하다. (2) (사람이) 들뜨다, 활기를 띠다, 흥분하다《*with*》.

ef·fer·ves·cence [èfərvésəns] *n.* ⓤ (1) 비등(沸騰), 거품이 남, 발포(發泡). (2) (누를 길 없는) 감격, 흥분, 활기.

ef·fer·ves·cent [èfərvésnt] *a.* 비등성의 ; 활기 있는, 열띤 : ~ drinks〈mineral water〉 발포성 음료〈광천수〉.

ef·fete [efíːt] *a.* (1) 정력이 다한, 활력을 잃은, 쇠약해진. (2) (토지·동식물 따위가) 생산력〈생식력〉이 없는.

ef·fi·ca·cious [èfəkéiʃəs] *a.* (약·치료 따위가) 효험〈효능〉이 있는, (조처·수단 등이) 유효한 ; (…에 대해) 잘 듣는, 효능 있는 《*against*》.

·ef·fi·ca·cy [éfəkəsi] *n.* ⓤ 효험, 효력, 유효.

:ef·fi·cien·cy [ifíʃənsi] *n.* ⓤ 능률, 능력, 유능, 유효성〈도〉 : ~ wages 능률급. (2) 【物·機】 효율, 능률 : an ~ test 효율 시험. (3) 【컴】 효율《주어진 출력의 양을 생산하는 데 소모하는 자원의 비》. (4) = EFFICIENCY APARTMENT.

efficiency ràting sỳstem 근무 평정.

:ef·fi·cient [ifíʃənt] (***more* ~ ; *most* ~**) *a.* (1) (일이) 능률적인, 효과적인 : an ~ machine 〈factory〉 효율적인 기계〈공장〉. (2) (사람이) 유능한, 실력 있는 ; 민완의. 파) **~·ly** *ad.* 능률적으로 ; 유효하게.

ef·fi·gy [éfədʒi] *n.* ⓒ (1) 상(像), 조상(彫像). (2) (저주할 사람을 본뜬) 인형.

ef·flo·resce [èflərés/-lɔː-] *vi.* (1) 꽃이 피다. (2) (문화 등이) 개화하다, 번영하다.

ef·flo·res·cence [èflourésns] *n.* ⓤ (1) (식물의) 개화(기). (2) (문예·문화 등의) 개화(기), 전성(全盛), 융성기. (3) 【化】 풍해(風解), 풍화(물).

ef·flo·res·cent [èflourésnt] *a.* (1) 꽃피는. (2) 【化】 풍화성〈풍해성〉의.

ef·flu·ence [éfluəns] *n.* (1) ⓤ (광선·전기·액체 따위의) 발산, 방출, 유출(outflow). (2) ⓒ유출〈방출, 발산〉물.

ef·flu·ent [éfluənt] *a.* 유출〈방출〉하는.
— *n.* (1) ⓒ (호수 등에서) 흘러나오는 수류〈유수〉. (2) ⓤⓒ (공장 등에서의) 폐수, 배출〈폐기〉물. (3) ⓤ 하수, 오수(汚水) : industrial ~*s* 공업폐수.

ef·flux [éflʌks] *n.* (1) ⓤ (액체·공기 등의) 유출. (2) ⓒ 유출〈방사〉물.

:ef·fort [éfərt] *n.* (1) ⓤ (또는 an ~ ; 종종 *pl.*) 노력, 수고, 진력(盡力). (2) ⓒ 노력의 결과 ; (문예상의) 역작, 노작(勞作) : The painting is one of his finest ~*s*. 그 그림은 그의 걸작의 하나다. (3) ⓒ (노력이 필요한 어려운) 시도, 기획. (4) ⓒ (어떤 목적을 위한 단체적) 반대 운동. ***by* ~** 노력으로.
make an* ~ = *make* ~*s 노력하다, 애쓰다. ***make every* ~ *to* do** …하기위해 갖은 노력을 다하다. ***throw* one*'s* ~ *into*** …에 전력을 기울이다. ***with an***〈***some***〉 **~** 애써서, 힘들게. ***with little* ~ = *without* ~** 힘들이지 않고, 쉽게.

E

ef·fort·less [éfərtlis] a. (1) 노력을 요하지 않는 : a ~ victory 낙승. (2) 애쓴 흔적이 없는《문장 연기 따위》; 힘들이지 않는 ; 쉬운(easy).
파) **~·ly** *ad.* 손쉽게. **~ness** *n.*

ef·fron·tery [éfrʌ́təri] (*pl.* **-ries**) *n.* (1) **a**] ⓤ 철면피, 뻔뻔함 : The ~ ! 뻔뻔스럽군. **b**] (the ~) 뻔뻔스럽게〈감히〉 …하기《*to* do》. (2) ⓒ (종종 *pl.*) 뻔뻔스러운 행동.

ef·ful·gence [efʌ́ldʒə́ns] *n.* ⓤ (또는 an ~) 눈부심, 광휘, 찬연한 광채.

ef·ful·gent [efʌ́idʒənt] *a.* 빛나는, 광휘 있는, 눈부신. 파) **~·ly** *ad.*

ef·fuse [efjú:z] *vt.* (액체·빛·향기 따위)를 발산〈유출〉시키다, 방출하다.

ef·fu·sion [efjú:ʒən] *n.* (1) ⓤ (액체 등의) 방출, 유출, 스며 나옴《*of*》; ⓒ 유출물. (2) ⓤ (감정·기쁨 등의) 토로, 발로《*of*》; ⓒ 감정을 그대로 드러낸 표현〈서투른 시문〉.

ef·fu·sive [efjú:siv] *a.* 심정을 토로하는, 감정이 넘쳐나는 듯한. 파) **~·ly** *ad.* 철철 넘쳐, 도도히. **~·ness** *n.*

E

E-free [í:frí:] *a.* 《英》 (식품 등이) 첨가물이 없는.

eft [eft] *n.* ⓒ 【動】 영원(newt) ; 도롱뇽.

egal·i·ta·ri·an [igæ̀lətέəriən] *a.* (인류) 평등주의의. —*n.* ⓒ 평등주의자.
파) **~·ism** [-ìzəm] *n.* ⓤ 인류 평등주의.

:egg[1] [eg] *n.* ⓒ (1) (새의) 알 ; 달걀 : a soft-boiled 〈hard-boiled〉 ~ 반숙〈완숙〉란 / a raw ~ 날달걀 / a poached ~ 수란 / a scrambled ~ 스크램블드 에그. (2) 【動】 = EGG CELL. (3) 《俗》 〔good, bad, old, tough 등 修飾語와 함께〕 놈, 녀석(guy), 자식.
a bad ~《俗》 ⇨ BAD EGG. ***as full as an ~*** 꽉 찬. ***as sure as ~s is* 〈*are, be*〉 *~s*** 《戲》 확실히, 틀림없이. ***bring*** one***'s ~s to a bad market*** 계획이 어긋나다, 예상이 빗나가다. ***Good ~!*** 좋다. ***have* 〈*leave*** a person ***with*〉 *~ on*** one***'s face*** 《口》 바보처럼 보이다. ***in the ~*** 초기에, 미연에. ***lay an ~*** 1) 알을 낳다. 2) 《口》 (익살·흥행 등이) 실패하다. ***sit on ~s*** (새가) 알을 품다. ***teach*** one***'s grand- mother to suck ~s*** 경험 있는 사람에게 충고하다《부처님께 설법하다》.

egg[2] *vt.* …을 부추기다, 선동하다《*on*》.

egg·beat·er [⌐bì:tər] *n.* ⓒ (1) 달걀 거품기. (2) 《美口》 헬리콥터.

égg cèll 난세포(卵細胞), 난자(亂刺).

égg crèam 에그 크림《우유·초콜릿·시럽·탄산수를 섞어 만든 음료》.

egg·head [éghèd] *n.* ⓒ (1) 《美俗》 대머리. (2) 《口·흔히 蔑》 지식인, 인텔리.

egg·plant [⌐plæ̀nt, ⌐plɑ̀:nt] *n.* ⓤⓒ 【植】 가지.

égg ròll 【料】 《美》 에그 롤《중국 요리의 달걀말이》

égg sèparater 난황(卵黃) 분리기.

egg-shaped [⌐ʃèipt] *a.* 난형의, 달걀꼴의.

egg·shell [⌐ʃèl] *n.* ⓒ (1) 달걀 껍데기. (2) 깨지기 쉬운 것.

éggshell chína 〈**pórcelain**〉 얇은 도자기.

égg spòon 삶은 달걀 먹는 데 쓰는 작은 숟가락.

égg tìmer 에그 타이머《달걀 삶는 시간을 재는 모래시계 ; 보통 3분간용》.

égg whisk 《英》 달걀 거품기(eggbeater).

égg white (알의) 흰자위. 【cf.】 yolk.

ego [í:gou, égou] (*pl.* **~s**) *n.* (1) ⓤⓒ 【哲·心】 자아 : absolute〈pure〉 ~ 【哲】 절대〈순수〉아(俄). (2) ⓤ 지나친 자부심, 자만 ; 자존심(selfesteem).

ego·cen·tric [ì:gousέntrik, ègou-] *a.* 자기 중심의, 이기적인. — *n.* ⓒ 자기 중심의 사람. 파) **-tri·cal·ly** *ad.* **ègo·cen·tríc·i·ty** *n.* ⓤ

·ego·ism [í:gouìzəm, égou-] *n.* ⓤ (1) 이기주의, 자기 중심주의. (2) 【哲·論】 에고이즘, 이기설(理氣說). 【opp.】 *altruism.*

ego·ist [í:gouist, égou-] *n.* ⓒ 이기주의자 ; 자기본위의 사람(【opp.】 *altruist*) ; 자부심이 강한 사람.

ego·is·tic, -ti·cal [ì:gouísstik, ègou-] *a.* 주아의 ; 이기적인, 자기 본위의(【opp.】 *altruistic*) ; 자부심이 강한. 파) **-ti·cal·ly** [-kəli] *ad.* 이기적으로.

ego·ma·nia [ì:goumέniə, ègou-] *n.* ⓤ 병적인 자기 중심 성향 ; 이상 자만.

ego·ma·ni·ac [ì:gouméiniæ̀k, égou-] *n.* ⓤ 병적〈극단적〉으로 자기 중심적인 사람.

·ego·tism [í:goutìzəm, égou-] *n.* ⓤ (1) 자기 중심(주의), 자기 중심벽(癖)《말하거나 글을 쓸 때 I, my, me를 지나치게 많이 쓰는 버릇》. (2) 자부, 자만 ; 이기(利己). 【cf.】 egoism.

ego·tist [í:goutist, égou-] *n.* ⓒ 이기주의자(者). 파) **ègo·tís·tic, -ti·cal** [-tístik] *a.* 자기 본위〈중심〉의, 제멋대로의, 이기적인 ; 자부심이 강한. **-ti·cal·ly** *ad.*

égo trip 《口》 자기 본위의 〈방자한〉 행동, 자기 만족을 위한 행동.

ego-trip [í:goutrìp, égou-] *vi.* 《口》 방자하게 굴다, 이기적〈자기중심적〉으로 행동하다, 자기 만족〈선전〉을 하다.

egre·gious [igrí:dʒəs, -dʒiəs] *a.* 〔限定的〕 엄청난, 터무니없는, 언어 도단의(flagrant) : an ~ liar 소문난 거짓말쟁이. 파) **~·ly** *ad.* 터무니 없이.

:Egypt [í:dʒipt] *n.* 이집트《공식명은 이집트 아랍 공화국(the Arab Republic of ~)》.

:Egyp·tian [idʒípʃən] *a.* 이집트(사람, 말)의.
—*n.* ⓒ 이집트 사람 ; ⓤ (고대) 이집트어.

Egyp·tol·o·gy [ì:dʒiptɑ́lədeʒi/-tɔ́l-] *n.* ⓤ 이집트학(學). 파) **-gist** *n.* ⓒ 이집트 학자.

·eh [ei] *int.* 뭐, 어, 그렇지《의문 놀람 등을 나타내거나, 동의를 구하는 소리》.

Éif·fel Tówer [àifə́l-] (the ~) 에펠탑《A. G. Eiffel이 1889년 파리에 세운 철골탑 ; 높이 320미터》.

:eight [eit] *a.* 여덟의, 8의, 8개〈사람〉의 ; 8살인.
— *n.* ⓤⓒ (1) 여덟, 8 ; 8개〈사람〉 ; 8살 ; 8시 (2) 8의 숫자〈기호〉, VIII . (카드놀이의) 8. (3) 【스케이트】 8자형 (활주 도형)(a figure of ~). (4) 8인승 보트.

:eight·een [éití:n] *a.* 〔限定的〕 열여덟의, 18의, 18개의 ; 〔敍述的〕 18세에〈의〉 ; She is ~ years old〈of age〉. 그녀는 18세다.
—*n.* ⓤⓒ 열여덟, 18 ; 18세 ; 18개(의 물건) ; 18의 기호(《英》【映】 18세 미만 관람 금지의 성인영화) ; (사이즈의) 18번, 18번째의 것 ; 18명〈개〉 한 조 : in the ~-fifties, 1850년대에.

:eight·eenth [éití:nθ] *a.* (1) (흔히 the ~) 제 18의, 18(번)째의 : the ~ century, 18세기. (2) 18분의 1의.
—*n.* (1) ⓒ (흔히 the ~) 제 18번째(의 사람, 물건). (2) (the ~)(달의) 18일 : *the* ~ of May, 5월 18일. (3) ⓒ 18분의 1 : five ~*s* 18분의 5.

파) ~·**ly** *ad.* 18번째로.

eight·fold [éitfòuld] *a., ad.* 8배의〈로〉, 8개의 부분〈면〉을 가진.

:eighth [eitθ] *a.* (흔히 the ~) (1) 8(번)째의, 제 8의. (2) 8분의 1의 : an ~ part, 8분의 1.
—(*pl.* **~s**[-s]) *n.* (1) (흔히 the ~) 8(번)째(의 사람, 물건), 제 8. (2) (흔히 the ~) (달의) 8일. (3) 【樂】 8도(음정) : an ~ note《美》8분음표. (4) 8분의 1.

eight-hour [éitàuər] *a.* 〔限定的〕 (하루 노동이) 8시간제(製)의 : (an) ~ labor 8시간 노동.

eight·i·eth [ítiθ] *a.* 제 80의, 80번째의. —*n.* ⓤ (흔히 the ~) 80번째의 사람〈물건〉.

:eighty [éiti] *a.* 〔限定的〕 여든의, 80의, 80개의 ; 〔敍述的〕 80세의〈에〉.
—(*pl.* **-ties**) *n.* ⓤⓒ 여든, 80 ; 80개(의 물건) ; 80세 ; 80의 기호 ; (the eighties) (세기의) 80년대 ; (one's eighties) (연령의) 80대.

Ein·stein [àinstain] *n.* **Albert ~** 아인슈타인《독일 태생의 미국의 물리학자 ; 1921년 노벨 물리학상 수상 ; 1879-1955》.

ein·stein·i·um [ainstàiniəm] *n.* ⓤ 【化】 아인슈타이늄《방사성 원소 ; 기호 Es ; 번호 99》.

ei·ther [íːðər, áiðər] *ad.* (1) 〔否定文 뒤에서〕 ... 도 또한(…아니다, 않다)《※ 1) 肯定文 에서 '…도 또한'은 too, also. 2) not ... either로 neither와 같은 뜻이 되지만 전자가 보다 일반적임 ; 또, 이 구문에서는 either앞에 콤마가 있어도 좋고 없어도 좋음》. (2) 〔肯定文 뒤에서, 앞의 말에 부정의 내용을 추가하여〕 그 위에 ; 게다가(moreover) ; …라고는 해도(—은 아니다). (3) 〔疑問·條件·否定文 에서 강조로〕《口》 게다가, 그런데다.
— *a.* 〔單數名詞 앞에서〕 (1) **a**〕 〔肯定文 에서〕 (둘 중) 어느 한 쪽의 ; 어느 쪽 …든. **b**〕 〔否定文 에서〕 (둘 중) 어느 …도 ; 어느 쪽도 : I don't know ~ boy. (둘 중에서) 어느 소년도 모른다(= I know *neither* boy.). **c**〕 〔疑問文·條件文 에서〕 (둘 중) 어느 한 쪽의 …든〈라도〉. (2) 〔흔히 side, end, hand와 함께〕 양쪽의《이 뜻으로는 both+복수명사, each+단수명사를 쓰는 것이 보통》. **~ way** 1) (두 가지 중) 어느 것이든 ; 어떻든. 2) 어느 쪽이든〈쪽에도〉. ***in ~ case*** 어느 경우에도 ; 어쨌든.
—*pron.* (1) 〔疑問文 에서〕 (둘 중의) 어느 한쪽 ; 어느 쪽이든 : *Either* will do. 어느 쪽이든 좋다 / *Either* of them is 〈are〉 good enough. 그 둘 어느 쪽도 좋다《※ either는 단수취급을 원칙으로 하지만《口》 에서는, 특히 of 다음에 복수(대)명사가 계속될 때에는 복수로 취급될 때가 있음》.
(2) 〔否定文 에서〕 (둘 중) 어느 쪽〈것〉도 (…아니(하)다) ; 둘 다 (아니다, 않다).
(3) 〔疑問·條件文 에서〕 (둘 중) 어느 쪽인가 ; 어느 쪽이든.
—*conj.* 〔either … or_의 형태로서〕 (1) 〔肯定文 에서〕 …거나〈든가〉 또는 —거나〈든가〉 (어느 하나가〈쪽인가가〉).
(2) 〔否定文 를 수반하여〕 …도 -도 아니다.

Ei·sen·how·er [áizənhàuər] *n.* **Dwight D. ~** 아이젠하워《미국 제 34대 대통령 ; 1890-1969》.

ei·ther-or [íːðərːɔ́ər, àiðər-] *a.* 〔限定的〕 양자택일의 : an ~ situation 양자택일의 입장〈상황〉.
— *n.* ⓒ 양자택일.

ejac·u·late [idʒǽkjəlèit] *vt.* (1) (특히 정액)을 사출하다. (2) (기도·말 따위)를 갑자기 외치다〈말하다〉 : "You've got my umbrella!" he ~*d.* '그건 내 우산이야'하고 그는 소리질렀다. —*vi.* 사정하다.

ejac·u·la·tion [idʒæ̀kjəléiʃən] *n.* ⓤⓒ (1) 갑자기 외침 ; 그 소리. (2) 【生理】《특히》 사정(射程).

ejac·u·la·to·ry [idʒǽkjələtɔ̀ːri/-təri] *a.* (1) 사출하는. (2) 절규하는.

eject [idʒékt] *vt.* (1) …을 몰아내다, 쫓아내다(expel), 추방하다《*from*》. (2) (액체 연기 따위)를 내뿜다, 분출하다 ; 배설하다《*from*》. — *vi.* (비행기 등에서) 긴급 탈출하다.

ejec·tion [idʒékʃən] *n.* (1) ⓤ (토지·가옥에서의) 추방 ; 【法】 퇴거 요구. (2) ⓤ 방출 ; 분출 ; 배설. (3) ⓒ 분출물 ; 배설물.

ejéction sèat 【空】 (비행기 조종사의 긴급 탈출용) 사출 좌석.

eject·ment [idʒéktmənt] *n.* ⓤⓒ 내쫓음, 몰아냄 ; 추방《*from*》.

ejec·tor [idʒéktər] *n.* ⓒ 쫓아내는 사람 ; 배출〈방출〉기(器) ; 【機】 이젝터, 배출장치.

ejéctor sèat = EJECTION SEAT.

eke [iːk] *vt.* 〔다음 成句로〕 **~. . . out** 1) 보충하다, …의 부족분을 채우다. 2) 그럭저럭 생활해나가다.

EKG = ECG.

el [el] *n.* ⓒ (흔히 the ~)《美口》 고가 철도(elevated railway).

:elab·o·ra·te [ilǽbərèit] *vt.* …을 정성들여 만들다, 힘들여 마무르다 ; (이론 문장)을 퇴고(堆敲)하다, 힘들여 고치다〈다듬다〉. —*vi.* 《~/+前+名》 잘 다듬다 ; 상세히 설명하다《*on* ; *upon*》. —[ilǽbərit] (***more ~ ; most ~***) *a.* 공들인, 정교한 : devise an ~ plan 정교한 계획을 궁리하다. 파) ***~·ly** *ad.* **~·ness** *n.* ⓤ

elab·o·ra·tion [ilæ̀bəréiʃən] *n.* (1) ⓤ 공들여 함 ; 애써 마무름 ; 퇴고(堆敲) ; 고심, 정성 ; 정교. with great ~ 많은 정성을 들여. (2) ⓒ 노작(勞作), 역작(力作).

élan [eilάːn, -lǽn] *n.* ⓤ 《F.》 예기(銳氣), 활기 ; 열의.

eland [íːlənd] *n.* ⓒ 엘란드《남아프리카산의 큰 영양(羚羊)》.

élan vital 《F.》 【哲】 생(生)의 약동, 엘랑비탈《Bergson 철학 근본 사상의 하나》.

·elapse [ilǽps] *vi.* (때가) 경과하다 : Thirty minutes ~*d* before the performance began. 30분이 지나서야 연주가〈공연이〉 시작되었다.
—*n.* ⓤ (시간의) 경과 : after the ~ of five years 5년이 지난 후에.

elápsed tíme [ilǽpst-] (1) 경과 시간《보트 자동차가 일정 코스를 주파하는 데 소요된 시간》. (2) 【컴】 경과 시간《처리에 걸린 외견상의 시간 합계로, 처리의 외견상의 시초부터 외견상의 마지막까지의 시간》.

·elas·tic [ilǽstik] (***more ~ ; most ~***) *a.* (1) 탄력 있는, 신축성 있는 : an ~ cord〈string〉 고무줄. (2) (정신·육체가) 부드러운, 유연한, 유순한 : ~ motions 유연한 동작. (3) (규칙 생각 등이) 융통성 있는, 순응성 있는. (4) 굴하지 않는, 불행을 당해도 곧 일어서는, 활달한 : a ~ nature 사물에 구애받지 않는 성격.
— *n.* ⓤⓒ 고무줄 ; 고무실이 든 천(으로 만든 끈〈양말 대님〉 등》.
파) **-ti·cal·ly** [-tikəli] *ad.* 탄력 있게 ; 유연하게 ; 경쾌하게. ~ity n. ⓤ
쾌하게. **~·i·ty** [ilæ̀stísəti] *n.* ⓤ

elas·ti·cat·ed [ilǽstəkèitid] *a.* (직물·의복따위

가) 신축성 있는.

elate [iléit] *vt.* …의 기운을 돋우다 ; 의기양양하게 하다《※ 흔히 과거분사꼴로 형용사적으로 쓰임 ⇨ elated》.

elat·ed [ilétid] *a.* 〔敍述的〕 의기양양한, 우쭐대는《*at* ; *by*》. 파) **~·ly** *ad.* **~·ness** *n.*

ela·tion [iléiʃən] *n.* ⓤ 의기 양양, 득의 만면.

:el·bow [élbou] *n.* ⓒ (1) 팔꿈치 ; 팔꿈치 모양의 것. (2) 후미, (해안선·강 따위의) 급한 굽이, 굴곡 ; (의자의) 팔걸이 ; L자 모양의 관(菅). (3) **[建]** 기역자 홈통. ***at*** one***'s ~*** 바로 곁에. ***bend*** 〈***crook, lift, tip***〉 ***an***〈one***'s***〉 ***~*** 술마시다. ***get the ~*** 《口》 퇴짜맞다. ***give*** a person the ~ 《口》 아무와 인연을 끊다, 퇴짜놓다. ***More*** 〈***All***〉 ***power to your ~ !*** 더욱 건강〈성공〉하시기를. ***out at*** (***the***) ***~s*** 1) (옷의) 팔꿈치에 구멍이 나서. 2) 몹시 추레하게, 초라한 차림의 ; 가난해져. ***rub*** 〈***touch***〉 ***~s with*** ⇨RUB. ***up to the ~s*** (in work) (일 따위에) 몰두하여.

— *vi.* 《+目+副/+目+前+名》 …을 팔꿈치로 밀다〈찌르다〉, 팔꿈치로 밀어제치고 나아가다 ; (몸)을 들이 밀다. —*vi.* 팔꿈치로 밀어제치고 나아가다《*through*》.

élbow grèase 《口·戱》 (비비거나 닦는)힘드는 육체 노동.

el·bow·room [-rù(ː)m] *n.* ⓤ 팔꿈치를 움직일 수 있을 만한 여지 ; (충분한) 활동 범위.

:el·der [éldər] *a.* 〔限定的〕 (1) 손위의, 연장의. 【opp.】 *younger*. 『an 〈one's〉 ~ brother 〈sister〉 형〈누나〉《※ elder는 형제자매 관계에 쓰며, 서술적으로는 be older than이라 함. 미국에선 older를 쓰는 경우가 일반적임》. (2) 고참의, 선배의, 원로(격)의. (3) (the E-) 인명 앞 또는 뒤에 붙여 동명, 동성(同姓)의 사람 부자 형제 등의 손위의. 【opp.】 *the Younger*. 『*the Elder* Adams 아버지〈형〉인 애덤스.

— *n.* ⓒ (1) 연장자, 연상의 사람, 노인. (2) (흔히 one's ~s로) 선배, 손윗사람. (3) 원로, 원로원 의원 ; (장로 교회 등의) 장로 : a church ~ 장로.

·eld·er·ly [éldərli] *a.* (1) 중년을 지난, 나이가 지긋한, 초로(初老)의 : an ~ couple 노부부 / an ~ lady with white hair 머리가 하얗게 센 나이 지긋한 숙녀. (2) (the ~) 〔名詞的 으로 ; 複數 취급〕 나이가 지긋한 사람들.

:eld·est [éldist] *a.* 〔限定的〕 〔old의 最上級〕 가장 나이 많은, 최연장의, 제일 손위의.

:elect [ilékt] *vt.* (1) 《~+目/+目+(*to* be)補/ +目+*as* 補/+目+前+名》 (투표 따위로) …을 선거〈선출〉하다, 뽑다. (2) 《~+目/+*to* do》 …(하는 것)을 택하다, 결심하다. (3) (학과)를 선택하다 : ~ French. (4) **[神學]** (하느님이) …을 선택하다, 소명을 받다.

— *vi.* 뽑다, 선거하다. ***the ~ed*** 당선자들.

— *a.* 당선된, 뽑힌, 선정된《명사 뒤에 옴》 : the bride-~ 약혼자《여자》.

:elec·tion [ilékʃən] *n.* (1) ⓤⓒ 선거 ; 선출, 당선. (2) ⓤ **[神學]** 신에 의한 선정. (3) 표결, 투표. ***~ board*** 《美》 선거 관리 위원회. ***a general ~*** 총선거. ***a special ~*** 《美》 보궐 선거(《英》 by-~). ***carry*** 〈***win***〉 ***an ~*** 선거에 이기다, 당선되다. ***off-year ~s*** 《美》 중간 선거. ***run for ~*** 입후보하다.

elec·tion·eer [ilèkʃəníər] *vi.* 선거 운동을 하다. 파) **~·ing** [-íəriŋ] *n.* ⓤ, *a.* 선거 운동(의).

elec·tive [iléktiv] *a.* (1) 선거하는 ; 선거에 의한, 선임의 ; 선거권이 있는. (2) 《美》 (과목이) 선택의 (《英》 optional) : an ~ system 선택 과목 제도. —*n.* ⓒ 《美》 선택 과목.

파) **~·ly** *ad.*

elec·tor [iléktər] *n.* ⓒ (1) 선거인, 유권자. (2) 《美》 정¥부통령 선거인.

elec·tor·al [iléktərəl] *a.* 선거(인)의 : an ~ district 선거구.

eléctoral cóllege (the ~ ; 종종 E- C-) 《美》 (대통령¥부통령) 선거인단.

eléctoral róll 〈**régister**〉 (흔히 *sing.*) 선거인 명부.

elec·to·rate [iléktərit] *n.* (the ~) 선거민, (한 선거구의) 유권자.

Eléctra cómplex **[精神醫]** 엘렉트라 콤플렉스 《딸이 아버지에게 품은 무의식적 성적인 사모》. 【cf.】 Oedipus complex.

:elec·tric [iléktrik] (***more ~ ; most ~***) *a.* (1) 〔限定的〕 전기의, 전기를 띤 ; 발전〈송전〉하는 ; 전기로 움직이는 : an ~ bulb 전구 / an ~ circuit 전기 회로 / ~ conductivity 전기의 전도성 / ~ discharge 방전 / an ~ fan 선풍기 / an ~ lamp 전등 / an ~ motor 전동기 / an ~ railroad 〈railway〉 전기 철도, 전철 / an ~ sign 전광(電光) 간판. (2) 전격적〈충격적〉인, 감동적인.

— *n.* (1) ⓒ 전기로 움직이는 것《전동차 등》. (2) (*pl.*) 전기 장치〈설비〉.

:elec·tri·cal [iléktrikəl] *a.* (1) 〔限定的〕 전기의, 전기에 관한 ; 전기를 다루는 : an ~ engineer 전기 기사 / ~ engineering 전기 공학 / (an) ~ wire 전선. (2) 전기를 이용한 : ~ transmission (사진의) 전송(電送).

파) **~·ly** [-kəli] *ad.* 전기로 ; 전격적으로.

:elec·tric·i·ty [ilèktrísəti, ìːlek-] *n.* ⓤ (1) 전기 ; 전기학 ; 전류 ; 전력 : install ~ 전기를 끌다 / dynamic ~ 동(動)전기 / frictional ~ 마찰 전기 / magnetic ~ 자기(磁氣) 전기 / static ~ 정(靜)전기 / thermal ~ 열전기 / generate ~ 발전하다 / lit〈powered, heating〉 by ~ 전기로 조명이 된〈움직이는, 난방이 된〉. (2) (사람에서 사람에게 전달되는) 강한 흥분, 열광 ㅁ electric(al) *a.*

eléctric shóck thèrapy **[醫]** 전기 쇼크 요법.

eléctric wáve 전파, 전자파.

elec·tri·fi·ca·tion [ilèktrəfikéiʃən] *n.* ⓤ (1) 충전 ; 대전(帶電). (2) (철도 등의) 전화(電化) : the ~ of the railways 철도의 전철화. (3) 강한 흥분〈감동〉(을 주는 일).

·elec·tri·fy [iléktrəfài] *vt.* (1) …에 전기를 통하다 ; 대전(帶電)시키다. (2) …을 전화(電化)하다 : ~ a railway system 철도를 전화하다. (3) …을 깜짝 놀라게 하다, 충격을 주다.

elec·tro·car·di·o·gram [ilèktroukáːrdiougræ̀m] *n.* ⓒ **[醫]** 심전도《略 : ECG, EKG》.

elec·tro·car·di·o·graph [-græ̀f, -gràːf] *n.* ⓒ **[醫]** 심전계《略 : ECG, EKG》.

elec·tro·cute [iléktrəkjùːt] *vt.* 〔종종 受動으로〕 (1) (사람·짐승)을 전기로 죽이다. (2) …을 전기 의자로 죽이다〈처형하다〉.

elec·tro·cu·tion [ilèktroukjúːʃən] *n.* ⓤⓒ (1) 전기 사형. (2) 감전사.

elec·tro·dy·nam·ic, -al [ilèktroudainǽm-ik], [-əl] *a.* 전기 역학의.

elec·tro·dy·nam·ics [ilèktroudainǽmiks] *n.* ⓤ 전기 역학.

elec·tro·en·ceph·a·lo·gram [ilèktrouenséf-

əlagræ̀m] *n.* ⓒ 【醫】 뇌파도. 파) **-graph** [-græ̀f, -grɑ̀ːf] *n.* ⓒ 【醫】 뇌파계.
elec·trol·y·sis [ilèktrɑ́ləsis/-trɔ́l-] *n.* ⓤ (1) 전기 분해 ; 전해(電解). (2) 【醫】 전기침(針)으로 잔 털·기미 등을 없애는 수술 ; 전기 요법.
elec·tro·lyte [iléktroulàit] *n.* ⓒ 전해물(電解物) ; 전해질(質) ; 전해액(液).
electrolýtic céll 〈**báth**〉 전해조(電解槽).
elec·tro·lyze [iléktroulàiz] *vt.* …을 전기분해하다.
elec·tro·mag·net [ilèktroumǽgnit] *n.* ⓒ 전자석(電磁石).
elec·tro·mag·net·ic [ilèktroumægnétik] *a.* 전자기(電磁氣)의 ; 전자석의 : the ~ theory 전자기 이론. 파) **-i·cal·ly** *ad.*
electromagnétic wáve 【物】 전자기파(波).
elec·tro·mag·net·ism [ilèktroumǽgnətì-zəm] *n.* ⓤ 전자기(電磁氣) ; 전자기학.
·elec·tron [iléktrɑn/-trɔn] *n.* ⓒ 【物】 전자, 일렉트론 : ~ emission 전자 방출 / an ~ microscope 전자 현미경 / the ~ theory 전자설. 〔◁ *electric*+*on*〕
elec·tro·neg·a·tive [ilèktrounégətiv] *a.* 음전기를 띤 ; (전기) 음성의.
eléctron gùn 【TV】 (브라운관 따위의) 전자총.
·elec·tron·ic [ilèktrɑ́nik/-trɔ́n-] *a.* 전자(학)의, 일렉트론의 : ~ industry 전자 산업 / ~ engineering 전자 공학 / an ~ calculator〈computer〉 전자 계산기 / ~ music 전자 음악.
electrónic dáta pròcessing 전자 정보 처리《略 : EDP》.
electrónic màil 전자 우편《略 : E-mail》.
electrónic músic 전자 음악.
·elec·tron·ics [ilèktrɑ́niks/-trɔ́n-] *n.* ⓤ (1) 전자 공학. (2) 〔複數 취급〕 전자 장치.
electrónic survéillance (도청 장치 등) 전자 기기를 이용한 정보 수집.
eléctron mìcroscope〈**lèns**〉 전자 현미경〈렌즈〉.
eléctron tèlescope 전자 망원경.
elec·tro·pho·tog·ra·phy [ilèktroufətɑ́grə-fi/-tɔ́g-] *n.* ⓤ 전자 사진(술), 건식(乾式) 복사.
elec·tro·plate [iléktroupléit] *vt.* …에 전기 도금하다.
elec·tro·pos·i·tive [ilèktroupɑ́zətiv/-pɔ́z-] *a.* 양전기의 ; 양성의. 【cf.】 electronegative.
elec·tro·shock [iléktrouʃɑ́k/-ʃɔ̀k] *n.* ⓤⓒ 【醫】 전기 쇼크 ; 전기 쇼크 요법(= **~ thèrapy** 〈**trèatment**〉).
elec·tro·tech·nics [ilèktroutékniks] *n.* (1) ⓤ 전기 공학, 일렉트로닉스. (2) ⓒ 〔複數 취급〕 전자 장치.
elec·tro·ther·a·py [iléktrouθérəpi] *n.* ⓤ 【醫】 전기 요법.
elec·tro·type [iléktroutàip] *n.* ⓤ 【印】 전기판(版)(제작법), 전기 제판(製版). — *vt.* …을 전기판으로 뜨다.
el·ee·mos·y·nary [èlməsɑ́nəri, -mɑ́z-/èliːm-ɔ́sənəri] *a.* (은혜를) 베푸는, 자선적인.
·el·e·gance, -gan·cy [éligəns], [-i] (*pl.* ***-gances ; -cies***) *n.* (1) ⓤ 우아, 고상, 기품. (2) ⓒ 우아함〈한 것〉, 세련된 예절. (3) ⓤ (사고(思考) 증명 등의) 간결함.
:el·e·gant [éləgənt] (***more ~ ; most ~***) *a.* (1) (인품 등이) 기품 있는, 품위 있는(graceful) ; (취미·습관·문체 따위가) 우아한, 세련된 : ~ in manners 태도가 우아한. (2) (물건 따위가) 풍아한, 아취가 있는 ; (문체 따위가) 기품있는 ; (생각 증명 등이) 간결 정확한. (3) 《口》 멋있는, 훌륭한(fine, nice).
el·e·gi·ac [èlədʒàiək, ilíːdʒiæ̀k] *a.* (1) 만가(挽歌)의, 애가(哀歌)의 ; 엘레지풍의. (2) (시인이) 애가를 짓는 : an ~ poet 애가 시인. — *n.* (*pl.*) 만가〈애가〉 형식의 시가. 파) **el·e·gi·a·cal·ly** [-kəli] *ad.* 애가조로, 엘레지풍으로.
el·e·gize [élədʒàiz] *vi.* 애가를 짓다《*on, upon*》.
·el·e·gy [élədʒi] *n.* ⓒ 비가(悲歌), 엘레지, 애가, 만가.
:el·e·ment [éləmənt] *n.* (1) ⓒ **a**〕 요소, 성분. **b**〕 (종종 *pl.*) (정치적 의미에서의) 사회 집단, 분자. (2) ⓒ 【化】 원소. (3) ⓒ 사대 원소《흙·물·불·바람》의 하나 ; (the ~s) 자연력, 《특히》 (폭)풍우. (4) ⓒ (생물의) 고유한 환경 ; 활동 영역 ; (사람의) 본령, 천성 ; 적소. (5) (the ~s) (학문의) 원리 ; 초보, 첫걸음《*of*》. (6) ⓒ (흔히 an ~) …의 낌새, 다소《*of*》 《of 이하는 추상명사》. (7) (the Elements) 【敎會】 성찬용의 빵과 포도주. (8) 【컴】 요소. ***be in*** one***'s ~*** (물고기가 물을 만나듯) 자기 본령(本領)을 발휘하다, 득의의 경지에 있다. ***be out of*** one***'s ~*** 자기에게 맞지 않는 환경 속에 있다.
·el·e·men·tal [èləméntl] *a.* (1) 요소의 : 원소의, 사(四)원소《흙, 물, 불, 바람》의. (2) 《美》 기본적인, 본질적인. (3) 기본 원리의. (4) 자연력의.
:el·e·men·ta·ry [èləméntəri] (***more ~ ; most ~***) *a.* (1) 기본의, 초보의, 초등 교육〈학교〉의. (2) (문제 따위) 초보적인.
파) **-ri·ly** [-tərili] *ad.* **-ri·ness** [-tərinis] *n.*
eleméntary párticle 【物】 소립자.
eleméntary schòol 《美》 초등 학교《6년 또는 8년 ; 《英》 primary school의 구칭》.
:el·e·phant [éləfənt] (*pl.* ***~s, ~***) *n.* ⓒ (1) 코끼리. (2) 《美》 공화당의 상징. 【cf.】 donkey.
el·e·phan·ti·a·sis [èləfəntáiəsis] *n.* ⓤ 【醫】 상피병(像皮病).
:el·e·vate [éləvèit] *vt.* (1) …을 (들어)올리다, (소리)를 높이다. (2) 《~+目/+目+前+名》 …을 승진시키다 ; 등용하다《*to*》. (3) (정신·성격 등)을 향상시키다, 고상하게 하다.
·el·e·vat·ed [éləvèitid] *a.* (1) 높여진, 높은. (2) 숭고〈고결〉한, 고상한. (3) 쾌활한, 유쾌한. (4) 《口》 거나한, 얼근히 취한.
élevated ráilroad 〈**ráilway**〉 《美》 고가 철도 《略 : L, el》.
·el·e·va·tion [èləvéiʃən] *n.* (1) (an ~) 높이, 고도, 해발(altitude). (2) ⓒ 약간 높은 곳, 고지(height). (3) ⓤ 고귀〈숭고〉함, 고상. (4) ⓤ 올리기, 높이기 ; 등용, 승진《*to*》 ; 향상. (5) **a**〕 (an ~) 【軍】 (대포의) 앙각(仰角) ; (측량의) 올려본각. **b**〕 ⓒ 【建】 입면도, 정면도.
the Elevation (***of the Host***) 【가톨릭】 (성체)거양.
:el·e·va·tor [éləvèitər] *n.* ⓒ (1) 《美》 엘리베이터, 승강기(《英》 lift). (2) 물건을 올리는 장치〈사람〉(freight ~). (3) (비행기의) 승강타(舵). (4) 양곡기(揚穀機), 양수기. (5) 대형 곡물 창고(grain ~)《양곡기를 갖춘》.
:elev·en [ilévən] *n.* (1) ⓤⓒ 11. (2) ⓤ 11살 : 11시(時) ; 11달러〈파운드, 센트, 펜스 (따위)〉 : a

E

child of ~ 열한살 난 아이. (3) ⓒ 11개(의 물건) ; 11사람 ; 11의 기호 ; 11인조의 구단(球團)《축구 팀 따위》. (4) (the E-) 예수의 11사도《12사도 중 Judas를 제외한》. ***be in the ~*** (축구·크리켓의) 선수다. — *a.* 〔限定的〕 11의, 11개〈사람〉의 ; 〔敍述的〕 11살의〈에〉. 파) **~·fold** [-fòuld] *a. ad.* 11배의〈로〉.

elev·ens·es [ilévənziz] *n. pl.* 〔單數 취급〕《英口》(오전 11시경의) 간식, 차.

:elev·enth [ilévənθ] *a.* (1) (흔히 the ~) 열 한(번)째의, 제11의. (2) 11분의 1의. — *n.* ⓤ (흔히 the ~) 11번째, 제11 ; (달의) 11일 ; ⓒ 11분의 1. ***at the ~ hour*** 아슬아슬한 때〈데〉에, 막판에.

·elf [elf] (*pl.* ***elves***[elvz]) *n.* ⓒ (1) 꼬마 요정. (2) 장난꾸러기, 개구쟁이. ***play the ~*** 못된 장난을 하다.

elf·in [élfin] *a.* (1) 꼬마 요정(妖精)의〈같은〉. (2) 장난꾸러기의.

elf·ish [élfiʃ] *a.* 요정 같은 ; 못된 장난을 하는. 파) **~·ly** *a.* **~·ness** *n.*

elf·lock [∠lɑ̀k/∠lɔ̀k] *n.* ⓒ (흔히 *pl.*) 헝클어진 머리카락, 난발.

El Gre·co [elgrékou] 엘 그레코《그리스 태생의 스페인 화가 ; 1541-1614》.

el·hi [élhai] *a.* 초등학교에서 고등학교까지의. [◁ *el*ementary school+*hi*gh school]

elic·it [ilísit] *vt.* (진리·사실 따위)를 이끌어 내다 ; 꾀어 내다, (대답·웃음 따위)를 유도해 내다. 파) **elic·i·tá·tion** [ilìsətéiʃən] *n.*

elide [iláid] *vt.* 【音聲】 (모음 또는 음절)을 생략하다《보기 : th'(= the)》.

el·i·gi·bil·i·ty [èlidʒəbíləti] *n.* ⓤ 피선거 자격 ; 적임, 적격성 : ~ rule 자격 규정.

·el·i·gi·ble [élidʒəbəl] *a.* 적격의, 피선거 자격이 있는 ; 적임의 ; 바람직한, (특히 결혼 상대로서) 적당한《*for* ; *to* do》.
파) **-bly** *ad.*

Eli·jah [iláidʒə] *n.* 【聖】 엘리야《헤브라이의 예언자》.

·elim·i·nate [ilímənèit] *vt.* (1) 《+目+前+名》 …을 제거하다, 배제하다 ; 몰아내다《*from*》. (2) (예선 등에서) …을 실격시키다. (3) 《+目+前+名》 【生理】 …을 배출〈배설〉하다《*from*》. (4) 《口·婉》 …을 없애다, 죽이다(kill). ▫ elimination *n.*

·elim·i·na·tion [ilìmənéiʃən] *n.* (1) ⓤⓒ 배제, 제거, 삭제. (2) ⓤⓒ 【數】 소거(법). (3) ⓒ【競】 예선. (4) ⓤ 【生理】 배출, 배설.

el·int [ilínt] *n.* (1) ⓤ 전자 정찰〈정보 수집〉. (2) ⓒ 전자 정찰기〈선〉. [◁ *el*ectronic *int*elligence]

eli·sion [ilíʒən] *n.* ⓤⓒ 【音聲】 모음 음절 따위의 생략《보기 : I am → I'm, let us → let's》.

·elite, é·lite [ilíːt, eilíːt] *n.* (1) ⓒ (흔히 the ~) 〔集合的〕 엘리트, 선발된 것〈사람〉, 정예. (2) ⓤ (타자기의) 엘리트 활자《10포인트》. 【cf.】 pica. — *a.* 엘리트의, 선발된, 정예의 : an university 명문 대학.

elit·ism [ilíːtizəm, ei-] *n.* ⓤ (1) 엘리트에 의한 지배. (2) 엘리트 의식〈자존심〉, 엘리트 주의.

elit·ist [ilíːtist, ei-] *n.* ⓒ 엘리트 주의자.

elix·ir [ilíksər] *n.* (1) ⓒ 연금약액(鍊金藥液)《비금속을 황금으로 바꾼다는》. (2) (the ~) 불로장생의 약. ***the ~ of life*** 불로장수약 ; 만병통치약.

:Eliz·a·beth [ilízəbəθ] *n.* (1) 여자 이름. (2) 영국여왕 : ~ I. 엘리자베스 1세 (1533-1603) / ~ II. 엘리자베스 2세(1926-)《현 여왕(1952-)》.

·Eliz·a·be·than [ilìzəbíːθən-béθ-] *a.* Eliza-beth 1세 시대의 ; Elizabeth 여왕의.
— *n.* ⓒ Elizabeth 시대의 사람《특히·시인·극작가·정치가 등》.

el·lipse [ilíps] *n.* ⓒ 【數】 타원 ; = ELLIPSIS.

·el·lip·sis [ilípsis] (*pl.* ***-ses***[-siːz]) *n.* (1) ⓤⓒ 【文法】 (말의) 생략《*of*》. (2) ⓒ 【印】 생략부호《—, …, *** 따위》; 【數】 = ELLIPSE.

el·lip·tic, -ti·cal [ilíptik], [-əl] *a.* (1) 타원(형)의. (2) 【文法】 생략의, 생략 범위. 파) **-ti·cal·ly** [-kəli] *ad.* 타원형으로 ; 생략하고.

El Ni·ño Current [elníːnjou∠] 엘니뇨 (현상)《남아메리카 페루 연안을 수년마다 남하하는 난류로 인한 해면온도의 급상승 현상 ; 이로 인해 멸치류의 대량사(死)를 초래함》.

·el·o·cu·tion [èləkjúːʃən] *n.* ⓤ 웅변술, 발성법. 파) **~·ist** *n.* ⓒ 연설법 전문가 ; 웅변가.

el·o·cu·tion·ary [èləkjúːʃənèri/-ʃənəri] *a.* 발성법〈연설법〉상의.

elon·gate [ilɔ́ːŋgeit/íːlɔŋgèit] *vt.* (물건·시간 등)을 (잡아) 늘이다, 연장하다.

elon·ga·tion [ilɔ̀ːŋgéiʃən/ìːlɔŋ-] *n.* ⓤⓒ 신장(伸張), 연장(선) ; 신장도(度).

elope [ilóup] *vi.* (남녀가) 눈이 맞아 달아나다, 가출하다《*with*》; 도망가다.
파) **~·ment** *n.* ⓤⓒ 가출 ; 도망. **elóp·er** *n.* ⓒ

:el·o·quence [éləkwəns] *n.* ⓤ 웅변, 능변.

:el·o·quent [éləkwənt] (***more ~ ; most ~***) *a.* (1) 웅변의, 능변인. (2) 설득력 있는 ; 감동적인 ; 표정이 풍부한. ***be ~ of . . .*** …을 생생하게 표현하다〈나타내다〉.
파) **~·ly** *ad.* 웅변〈능변〉으로.

:else [els] *ad.* (1) 〔疑問·否定·否定代名詞〈副詞〉의 뒤에 붙여서 그 외에, 그밖에, 달리, 그 위에.

☞ 參考 1) somebody ~ 의 소유격은 요즘 somebody ~'s (book)이 보통. 2) who ~ 의 소유격은 who ~'s 또는 whose ~ : Who ~'s book〈*Whose* ~〉 should it be? 그건 다른 누구의 책〈것〉이란 말인가.

(2) 흔히 or 뒤에서 그렇지 않으면.

:else·where [∠hwɛ̀ər] *ad.* (어딘가) 다른 곳에(서)〈으로〉; 다른 경우에. ***here as ~*** 딴 경우와 마찬가지로 이 경우에도.

elu·ci·date [ilúːsədèit] *vt.* (문제 등)을 밝히다, 명료하게 하다, (이유 등)을 설명하다(explain).
파) **elú·ci·dá·tion** [-ʃən] *n.* ⓤⓒ 설명, 해명, 해설. **elú·ci·dá·tor** [-dèitər] *n.* ⓒ 해설자.

·elude [ilúːd] *vt.* (1) (추적·벌·책임 따위)를 교묘히 피하다, 회피하다(evade) ; 면하다, 빠져 나오다, 잡히지 않다, 벗어나다. (2) (어떤 일이) …에게 이해되지 않다, 생각나지 않다.

elu·sion [ilúːʒən] *n.* ⓤ 회피, 도피.

elu·sive [ilúːsiv] *a.* (1) 교묘히 잘 빠지는〈도망하는〉. (2) 기억에서 사라지기 쉬운, 잘 잊는 ; 알 수 없는. 파) **~·ly** *ad.* **~·ness** *n.*

el·ver [élvər] *n.* ⓒ (바다에서 강으로 오른) 새끼 뱀장어.

·elves [elvz] ELF의 복수.

Ely·sian [ilí(ː)ʒiən] *a.* Elysium 같은 : ~ joy 극락〈무상〉의 기쁨.

Ely·si·um [ilíziəm, -ʒəm] (*pl.* ***~s, -sia***[-iə]) *n.* (1) 【그神】 (선인이 사후에 가는) 낙원. (2) ⓤ 이상향.

(3) ⓤ 최상의 행복.

em [əm] (*pl.* ***ems***) *n.* M자(字) ; 【印】 전각(全角). 【cf.】en.

ema·ci·ate [iméiʃièit] *vt.* 〔흔히 受動으로〕 (사람)을 여위게〈쇠약하게〉 하다.
파) **-àt·ed** [-id] *a.* 여윈, 쇠약해진.

ema·ci·a·tion [imèiʃiéiʃən] *n.* ⓤ 여윔, 쇠약, 초췌.

em·a·nate [émənèit] *vi.* (냄새·빛·소리·증기·열 따위가) 나다, 방사〈발산·유출〉하다《*from*》.

em·a·na·tion [èmənéiʃən] *n.* (1) ⓤ 방사, 발산. (2) ⓒ 방사물, 발산하는 것 ; 감화력, 영향.

eman·ci·pate [imǽnsəpèit] *vt.* (노예 등)을 해방하다 ; (속박 제약)에서 해방하다《*from*》. ~ ***oneself from*** …으로부터 자유가 되다 ; …을 끊다 : ~ *oneself from* drink 술을 끊다.

·**eman·ci·pa·tion** [imæ̀nsəpéiʃən] *n.* ⓤ (1) (노예 상태 등에서의) 해방《*of*》: black ~ 흑인 해방. (2) (미신·인습 등에서의) 일탈《*from*》.

eman·ci·pa·tor [imǽnsəpèitər] *n.* ⓒ (노예) 해방자 : the Great *Emancipator* 위대한 해방자《Abraham Lincoln》.

emas·cu·late [imǽskjəlèit] *vt.* 〔종종 受動 으로〕 (1) …을 불까다, 거세하다(castrate). (2) …을 (나)약하게 하다(weaken) ; (문장 따위)의 골자를 빼다.
— [imǽskjulit, -lèit] *a.* (1) 거세된. (2) 무기력해진, 유약한 ; (문장 따위의) 골자가 빠진.
파) **emàs·cu·lá·tion**[-ʃən] *n.* ⓤ 거세(된 상태) ; 무력화(無力化).

em·balm [imbɑ́:m] *vt.* (1) (시체)를 방부 처리하다, 미라로 만들다. (2) …을 오래 기억해 두다. (3) …에 향기를 채우다. 파) **~·er** *n.* ⓒ 시체 방부처리인. **~·ment** *n.* ⓤ 시체 보존, 미라로 만듦.

em·bank [imbǽŋk] *vt.* (하천 따위)를 둑으로 둘러 막다, …에 제방을 쌓다.

em·bank·ment [inbǽŋkmənt] *n.* (1) ⓤ 제방 쌓기. (2) ⓒ 둑, 제방 ; ⓤ 축제(築堤).

·**em·bar·go** [embɑ́:rgou] *vt.* (선박)의 출항〈입항〉을 금지하다 ; (통상)을 금지하다.
—(*pl.* ***~es***) *n.* ⓒ (1) (상선의) 출항〈입항〉 금지, 선박 억류 ; 통상〈수출〉 금지 : an ~ on the expor of gold = a gold ~ 금 수출 금지. (2) 금지(령), 금제《*on*》. ***lay*** 〈***put, place, impose***〉 ***an ~ on*** = ***lay . . . under an ~*** …의 입·출항을 금지하다 ; (무역 등)을 금지하다 : *lay*〈*impose*〉 *an ~ on* free speech 언론의 자유를 억압하다. ***lift***〈***raise, remove***〉 ***an ~ on*** (something) …의 수출〈출항〉 금지를 해제하다 ; 해금하다.

·**em·bark** [cmbɑ́:rk, im-] *vi.* (1) 《~/+前+名》 배를 타다 ; 비행기에 탑승하다 ; 출항하다《*for*》. 【opp.】 *disembark*.「Many tourists ~ at Dover for Europe. 많은 관광객들이 유럽으로 가기 위해 도버에서 승선한다. (2) 《+前+名》 (사업에) 착수하다, 시작하다《*in* ; *on, upon*》: He *~ed on* a new enterprise. 그는 새 사업에 착수했다.
— *vt.* …을 승선시키다, 선적하다.

·**em·bar·ka·tion** [èmbɑ:rkéiʃən] *n.* (1) ⓤ, ⓒ 승선 ; (항공기에의) 탑승 ; 선적 : the port of ~ 승선항. (2) ⓤ 새 사업의 착수《*on, upon*》.

embarkátion càrd (여행자 등의) 출국 카드. 【opp.】 *disembarkation card*.

:**em·bar·rass** [imbǽrəs, em-] *vt.* (1) 《~+目/+目+前+名》 …을 당혹〈당황〉하게 하다, 난처하게 만들다. (2) 〔흔히 受動으로〕 …을 (금전상) 곤경에 빠뜨리다. (3) (문제 따위)를 번거롭게 하다, 혼란시키다. ***be*** 〈***feel***〉 ***~ed*** 거북〈난처〉하게 여기다, 당황하다, 쩔쩔매다 : I *was* 〈*felt*〉 very *~ed*. 몹시 난처했다.
파) **~ing**[-iŋ] *a.* 난처하게 하는, 성가신, 곤란한. **~ing·ly** *ad.* 난처〈곤란〉하게 : He was *~ingly* polite. 그는 난처할 정도로 정중했다.

·**em·bar·rass·ment** [imbǽrəsmənt, em-] *n.* (1) ⓤ 당황, 곤혹, 거북함 ; 어줍음. (2) ⓒ (흔히 *pl.*) 재정 곤란. (3) ⓤⓒ 방해(가 되는 것), 장애, 골칫거리. ***an ~ of riches*** 남아돌 정도로 많은 재산.

·**em·bas·sy** [émbəsi] *n.* (1) (종종 E-) 대사관. (2) 〔集合的〕 대사관원. (3) ⓤⓒ 대사의 임무〈사명〉(mission). (4) ⓒ (외국 정부에 파견되는) 사절(단). ***be sent on an ~ to*** …에 사절로 파견되다. ***go on an ~*** 사절로 가다.

em·bat·tle [imbǽtl, em-] *vt.* (군)에 전투 대형을 취하게 하다, 포진시키다.

em·bat·tled [imbǽtld, em-] *a.* (1) 진용을 정비한, 싸울 준비가 된. (2) 적에게 포위된. (3) (사람이) 늘 시달리는.

em·bay [imbéi] *vt.* (1) (배)를 만에 넣다〈대피시키다, 몰아 넣다〉. (2) (해안 따위)를 만 모양으로 하다.

em·bed [imbéd] (***-dd-***) *vt.* 〔흔히 受動 으로〕 (1) (물건)을 …에 끼워넣다, 박다. (2) …을 (마음·기억 등)에 깊이 새겨두다.

em·bel·lish [imbéliʃ, em-] *vt.* (1) …을 아름답게 장식하다, 꾸미다《*with*》. (2) (이야기 등)을 윤색하다《*with*》.

em·bel·lish·ment [imbéliʃmənt] *n.* (1) ⓤ 장식 ; 수식. (2) ⓒ 장식물〈품〉.

·**em·ber** [émbər] *n.* ⓒ (흔히 *pl.*) 타다 남은 것, 깜부기불.

em·bez·zle [embézəl, im-] *vt.* (위탁금 등)을 유용〈착복〉하다, 횡령하다. 파) **~·ment** *n.* ⓒ, ⓤ 착복, 유용, 【法】 횡령(죄). **-zler** [-ər] *n.* ⓒ 횡령자, (공금) 소비〈착복〉자.

em·bit·ter [imbítər] *vt.* 〔종종 受動 으로〕 (1) …을 가슴 아프게 하다 ; 몹시 기분 나쁘게 하다 ; 한층 더 비참하게〈나쁘게〉 하다. (2) …을 분개하게 하다. 파) **~·ment** *n.* ⓤ

em·bla·zon [imbléizən, em-] *vt.* (1) (문장(紋章)을 그리다《*on*》 ; (방패)를 문장으로 꾸미다《*with*》. (2) …을 극구 칭찬하다.

·**em·blem** [émbləm] *n.* ⓒ (1) 상징, 표상(symbol) 《*of*》. (2) 기장(記章), 문장, 표장(標章).

em·blem·at·ic, -ical [èmbləmǽtik], [-əl] *a.* 상징적인 ; (…의) 표시가 되는, (…을) 상징하는《*of*》. 파) **-i·cal·ly** [-kəli] *ad.* 상징적으로.

em·bod·i·ment [embɑ́dmənt/-bɔ́di-] *n.* (1) ⓤ 형체를 부여하기, 구체화, 구상화(具象化), 체현(體現). (2) (*sing.* ; 종종 the ~) (미덕의) 권화.

·**em·body** [embɑ́di/-bɔ́di] *vt.* (1) …을 구체화하다, 유형화하다. (2) 《+目+前+名》 (작품·언어 따위로 사상)을 구체적으로 표현하다《*in*》. (3) (주의 등)을 구현하다, 실현하다 ; (관념 사상)을 스스로 체현하다.

em·bold·en [embóuldən] *vt.* …을 대담하게 하다, (아무)에게 용기를 주다《*to* do》: ~ a person *to* do 아무에게 …하도록 용기를 북돋우어 주다.

em·bo·lism [émbəlìzəm] *n.* ⓒ 【醫】 색전증(塞栓症).

em·bon·point [ɑ̀:mbɔ(:)mpwǽŋ/ɔ̃(:)m-] *n.* ⓤ

《F.》《婉》(주로 여성의) 비만(plumpness).

em·bos·om [embú(:)zəm] 《文語》 *vt.* (1) …을 품에 안다(embrace) ; 소중히 하다, 애지중지하다. (2) 〔흔히 受動으로〕 (감싸듯) 둘러싸다(surround).

:em·boss [embɔ́s, -bɑ́s, im-] *vt.* 《~+目/+目+前+名》 (도안 등)을 돋을새김으로 하다 ; 돋을새김으로 꾸미다《*with*》.

em·bow·er [imbáuər] *vt.* …을 수목 사이에 숨기다 ; 수목으로 둘러싸다〈가리다〉《*in* ; *with*》.

:em·brace [embréis] *vt.* (1) …을 얼싸안다, 껴안다(hug), 포옹하다. (2) (산·언덕이) …을 둘러〈에워〉싸다. (3) …을 품다, 포함하다. (4) (기회)를 붙잡다, (신청 따위)를 받아들이다, 직업에 종사하다 ; (주의·신앙 따위)를 채택하다, 신봉하다(adopt).
— *vi.* 서로 껴안다 : They shook hands and ~*d.* 그들은 악수를 하고 서로 껴안았다.
— *n.* ⓒ 포옹 : They greeted us with warm ~*s.* 그들은 따뜻한 포옹으로 우리를 반겼다.

em·bra·sure [embréiʒər] *n.* ⓒ 【築城】 (쐐기 모양의) 총안(銃眼) ; 【建】 (문 또는 창의 주위가) 비스듬히 벌어진 부분.

em·bro·ca·tion [èmbroukéiʃən] *n.* ⓤⓒ 물약의 도찰(塗擦), 찜질 ; 도찰제(製)〈액〉.

·em·broi·der [embrɔ́idər] *vt.* (1) 《~+目/ +目+前+名》 …에 자수하다, 수를 놓다. (2) (이야기 따위)를 윤색하다. — *vi.* 수놓다.

em·broi·dery [embrɔ́idəri] *n.* ⓤ (1) 자수, 수(놓기) ; ⓒ 자수품. (2) (이야기 따위의) 윤색, 과장.

em·broil [embrɔ́il] *vt.* (문제·사태 따위)를 혼란케 하다, 번거롭게 하다 ; (분쟁)에 말려들게 하다, (사건 따위에) 휩쓸어 넣다 ; (아무)를 서로 반목하게 하다《*with*》. 파) **~·ment** *n.* ⓤ, ⓒ 혼란, 분규, 분쟁 ; 휘말림, 연루(連累).

em·brown [embráun] *vt.* …을 갈색으로 하다.

·em·bryo [émbriòu] (*pl.* **~s**) *n.* ⓒ (1) 태아《사람의 경우 보통 임신 8주까지의》. (2) 【植·動】 배(胚), 눈 ; 싹, 움 ; 발달 초기의 것. ***in*** **~** 미발달의, 초기의 ; 준비중인.

em·bry·ol·o·gist [èmbriɑ́lədʒist/-ɔ́lə-] *n.* ⓒ 태생학자, 발생학자.

em·bry·ol·o·gy [èmbriɑ́lədʒi/-ɔ́lə-] *n.* ⓤ 태생학, 발생학.

em·bry·on·ic [èmbriɑ́nik/-ɔ́n-] *a.* (1) 배(胚)의 ; 태아의 ; 유충의. (2) 미발달의, 유치한.

émbryo trànsfer 【醫】 배이식(胚移植)《분열초기의 수정란(受精卵)을 자궁이나 난관에 옮겨 넣는 일》. 【cf.】 egg transfer.

em·cee [émsí:] 《口》 *n.* ⓒ 사회자《M.C.라고도 씀》. —(*p.*, *pp.* ***em·ceed*** ; ***em·cee·ing***) *vt.*, *vi.* (…을) 사회하다. [⇦*m*aster of *c*eremonies]

emend [iménd] *vt.* (문서·본문(本文) 따위)를 교정〈수정〉하다. 파) **~·a·ble** [-əbəl] *a.*

emen·date [í:mendèit, émən-, iméndeit] *vt.* =EMEND.

emen·da·tion [ì:mendéiʃən, èmən-] *n.* (1) ⓤ 교정, 수정. (2) ⓒ (종종 *pl.*) 교정〈수정〉 개소.

·em·er·ald [émərəld] *n.* (1) ⓒ 【鑛】 에메랄드, 취옥(翠玉). (2) ⓤ 선녹색(= **~ gréen**). (3) ⓤ 《英》 【印】 에메랄드 활자체《약 6.5포인트》.
— *a.* 에메랄드(제)의 ; 에메랄드〈선녹〉색의.

·emerge [imə́:rdʒ] *vi.* (1) 《~/+前+名》 (물 속 어둠 속 따위에서) 나오다, 나타나다 (appear) 《*from*》. 【opp.】 *submerge.* (2) **a**) 《+前+名》 (빈곤, 낮은 신분 등에서) 벗어〈헤어〉나다, 빠져나오다 (come out)《*from*》. **b**) 《+(*as*) 補》 (…로서) 나타나다. (3) (새로운 사실이) 알려지다, 분명해지다, 드러나다 ; (곤란 문제 따위가) 생기다.

emer·gence [imə́:rdʒəns] *n.* ⓤ 출현《of》.

:emer·gen·cy [imə́:rdʒənsi] *n.* ⓤⓒ 비상사태, 위급, 유사시. ***in case of* ~ = *in* (*an*) ~** 위급한〈만일의〉 경우에, 비상시에 : *In case of* ~ 〈*In* ~〉 call 119. 비상시엔 119번에 전화를 걸어라.

emérgency bràke (차의) 사이드 브레이크.

emérgency dòor 〈èxit〉 비상구.

emérgency ròom (병원의) 응급 치료실《略: ER》.

emer·gent [imə́:rdʒənt] *a.* 〔限定的〕 (1) (물 속에서) 떠오르는, 불시에 나타나는. (2) 뜻밖의 ; 긴급한, 응급의. (3) (나라 등이) 새로 독립한, 신흥〈신생〉의 : the ~ nations of Africa 아프리카의 신흥 국가들.

emer·i·tus [imérətəs] *a.* 〔限定的〕 명예 퇴직의 ; an ~ professor = a professor ~ 명예 교수.

emer·sion [imə́:rʒən, -ʃən] *n.* ⓤⓒ 출현.

em·ery [éməri] *n.* ⓤ 금강사(金剛砂), 에머리《연마재》.

émery bòard 손톱줄《매니큐어용》.

émery pàper (금강사로 만든) 사지(砂紙).

emet·ic [imétik] 【醫】 *a.* 토하게 하는. —*n.* ⓤⓒ 구토제(嘔吐劑).

·em·i·grant [éməgrənt] *a.* (타국·타지역으로) 이주하는, 이민의. 【opp.】 *immigrant.*
—*n.* ⓒ (타국·타지역으로의) 이민, 이주민 : They left their country as ~*s.* 그들은 이민으로서 모국을 떠났다.

·em·i·grate [éməgrèit] *vi.* 《~/+前+名》 (타국으로) 이주하다.

·em·i·gra·tion [èməgréiʃən] *n.* (1) ⓤⓒ (타국으로의) 이주, 이민. (2) 〔集合的〕 이(주)민(emigrants).

ém·i·gré [émigrei, èimagréi] *n.* ⓒ 이주자 ; (특히 프랑스 혁명이나 러시아의 혁명 때의) 망명자.

·em·i·nence [émənəns] *n.* (1) ⓤ (지위·신분 따위의) 고위, 높음, 고귀. (2) (E-) 【가톨릭】 전하(殿下)《cardinal에 대한 존칭》. (3) ⓤ 고명, 명성. (4) 《文語》 ⓒ 높은 곳, 언덕, 대지.

émi·nence grise [éiminɑ:nsgrí:z] (*pl.* ***éminences grises***) 《F.》 심복, 앞잡이, 밀정 ; 흑막, 배후 인물〈세력〉.

:em·i·nent [émənənt] (***more*** **~** ; ***most*** **~**) *a.* (1) 저명한, 유명한《특히 학문·예술 등 분야에서》. (2) (성격·행위 등이) 뛰어난, 탁월한.
파) **~·ly** *ad.* 뛰어나게 ; 현저하게.

éminent domáin 【法】 토지 수용권(收用權).

emir [əmíər] n. ⓒ (이슬람교 국가의) 족장(族長), 왕족, 토후(土侯).

emir·ate [əmíərit] *n.* ⓒ emir의 지위〈관할권 칭호〉 ; 수장국(首將國). ***United Arab Emirates*** 아랍 에미리트 연방.

em·is·sary [éməsèri/éməsəri] *n.* ⓒ (1) 사자(使者)(messenger) ; 밀사. (2) 간첩(spy).

emis·sion [imíʃən] *n.* ⓤⓒ (1) (빛·열·향기 따위의) 방사, 발산. (2) (지폐 따위의) 발행(고). (3) 사정(射精). (4) 배기(排氣).

emis·sive [imísiv] *a.* 발사〈방사〉(성)의.

·emit [imít] (**-tt-**) *vt.* (1) (빛·열·냄새 따위)를 내다, 방출하다, 방사하다. (2) (의견 따위)를 토로하

다, 말하다 ; (신음·비명)을 발하다. (3) (지폐 어음 등)을 발행하다.
emol·lient [imáljənt/imɔ́l-] *a.* (피부 따위를) 부드럽게 하는.
— *n.* ⓤⓒ (피부) 연화제(軟化劑) ; 완화제.
emol·u·ment [imáljəmənt/imɔ́l-] *n.* ⓒ (흔히 *pl.*) 급료, 봉급, 수당 ; 보수《*of*》.
emote [imóut] *vi.* 《口》 감정을 과장해서 나타내다 ; 과장된 연기를 하다.
:emo·tion [imóuʃən] *n.* (1) ⓤ 감동, 감격, 흥분. (2) ⓒ (종종 *pl.*) (희로애락의) 감정. ***betray*** one***'s ~s*** 감정을 드러내다. ***suppress*** one***'s ~s*** 감정을 억제하다.
:emo·tion·al [imóuʃənəl] (***more ~ ; most ~***) *a.* (1) 감정의, 희로애락의, 정서의. (2) 감정적인, 감동하기 쉬운, 다감한, 정에 약한. (3) 감동시키는, 감정에 호소하는. 파) **~·ly** *ad.* 정서적〈감정적〉으로 : He felt physically and ~*ly* exhausted. 그는 심신이 지쳤음을 느꼈다.
emo·tion·al·ism [imóuʃənəlìzəm] *n.* ⓤ 감격성 ; 정서성 ; 감정주의 ; 감동하기 쉬움 ; 주정설(主情說) ; 【藝】 주정주의.
emo·tion·al·ist [imóuʃənəlist] *n.* ⓒ (1) 감정가. (2) 감정에 무른 사람, 주정주의자.
emo·tion·less [imóuʃənlis] *a.* 무감동의, 무표정한. 파) **~·ly** *ad.* **~·ness** *n.*
emo·tive [imóutiv] *a.* (1) 감동시키는, 감동적인 ; 감정에 호소하는. (2) 감정을 일으키는. 파) **~·ly** *ad.*
em·pa·thize [émpəθàiz] *vi.* 감정 이입(移入)을 하다 ; 공감하다《*with*》.
em·pa·thy [émpəθi] *n.* ⓤ (또는 an ~) 【心】 감정 이입《*with* ; *for*》.
:em·per·or [émpərər] (*fem.* ***ém·press***) *n.* ⓒ 황제, 제왕. 【cf.】 empire.
·em·pha·sis [émfəsis] (*pl.* ***-ses***[-sìːz]) *n.* ⓤⓒ (1) 강조, 역설, 중요시. (2) 【言】 (낱말·구·음절 등의) 강세(accent)《*on*》.
lay 〈***place, put***〉 (***great***〈***much***〉) ***~ on*** 〈***upon***〉 …에 (큰) 비중을 두다 ; …을 (크게) 역설〈강조〉하다.
·em·pha·size [émfəsàiz] *vt.* (1) …을 강조하다 ; 역설하다 : He ~*d* the importance of careful driving. 신중한 운전이 중요함을 강조했다. (2) 【美術】 (선·빛깔 등)을 강조하다.
·em·phat·ic [imfǽtik, em-] *a.* (1) (말·음절 등이) 힘준, 강세가 있는. (2) 확고한, 단호한 ; 역설하는《*about*》. (3) 눈에 띄는, 뚜렷한, 명확한.
em·phat·i·cal·ly [-kəli] *ad.* (1) 강조〈역설〉하여. (2) 전혀.
em·phy·se·ma [èmfəsíːmə] *n.* ⓤ 【醫】 기종(氣腫), 《특히》 폐기종(= **púlmonary ~**).
:em·pire [émpaiər] *n.* (1) ⓒ **a**) 제국(帝國). **b**) (거대한 기업의) '왕국'. (2) ⓤ (제왕의) 통치(권), 제정(帝政) ; 절대 지배권. (3) (the E-) (나폴레옹시대의) 프랑스 제정시대. —*a.* (E-) (가구 복장 따위가) 제정〈나폴레옹〉 시대풍의.
Émpire Státe (the ~) New York 주의 속칭.
Émpire Státe Bùilding (the ~) 뉴욕시의 엠파이어 스테이트 빌딩《102층, 381m : 1931년 완공》.
em·pir·i·cal [empírikəl] *a.* (1) 경험〈실험〉의, 경험적인. (2) (의사 등) 경험주의의.
파) **~·ly** [-kəli] *ad.*
em·pir·i·cism [empírəsìzəm] *n.* ⓤ (1) 경험주의 ; (의학상의) 경험 의존주의. (2) 경험적〈비과학적〉 요법. 파) **-cist** *n.* ⓒ 경험주의자.
em·place·ment [empléismənt] *n.* (1) ⓤ 【軍】 (포상(砲床)등의) 설치, 정치(定置). (2) ⓒ 【軍】 포좌, 포상(砲床), 대좌.
·em·ploy [emplɔ́i] *vt.* (1) 《~+目/+目+*as* 補》 (사람)을 쓰다, 고용하다 ; (아무)에게 일을 주다. (2) 《+目+前+名》〔흔히 受動 또는 再歸용법〕 …에 종사하다, …에 헌신하다《*in* ; *on*》. (3) 《+目+*as* 補》 (물건·수단)을 쓰다, 사용하다(use). (4) 《+目+前+名》 (시간·정력 따위)를 소비하다, 쓰다(spend)《*in*》.
— *n.* ⓤ 고용(employment) : How long has she been in your ~ ? 그녀를 고용한지 얼마나 되나. ***be in Government ~*** 공무원이다. ***be in the ~ of*** a person = ***be in*** a person***'s ~*** 아무에게 고용되어 있다. ***take*** a person ***into*** one***'s ~*** 아무를 고용하다.
파) **~·able** *a.* 고용조건에 맞는.
:em·ploy·ee [implɔ́iiː, èmplɔiíː] *n.* ⓒ 피용자, 종업원. 【opp.】 *employer*.
:em·ploy·er [emplɔ́iər] *n.* ⓒ 고용주, 사용자.
:em·ploy·ment [emplɔ́imənt] *n.* ⓤ (1) 고용. (2) 직(職), 직업, 일(work, occupation). (3) (시간·기구 등의) 사용, 이용《*of*》. ***in the ~ of*** …에게 고용되어. ***out of ~*** 실직하여. ***seek ~*** 구직하다.
emplóyment àgency (민간의) 직업 소개소.
emplóyment òffice 《英 직업 소개소《전에 employment exchange라 했음》.
Emplóyment Tráining 《英》 직업 훈련《6개월 이상의 실업자의 취직을 지원하는 정부 계획 ; 略 : ET》.
em·po·ri·um [empɔ́ːriəm] (*pl.* ***~s, -ria***[-riə]) *n.* ⓒ (1) 중앙 시장(mart), 상업〈무역〉의 중심지. (2) 큰 상점, 백화점.
·em·pow·er [empáuər] *vt.* 《+目+*to* do》 〔종종 受動 으로〕 …에게 권력〈권한〉을 주다(authorize).
:em·press [émpris] *n.* ⓒ (1) 왕비, 황후. (2) 여왕, 여제. ***Her majesty*** 〈***H.M.***〉 ***the Empress*** 여왕 폐하 ; 황후 폐하.
:emp·ty [émpti] (***-ti·er ; -ti·est***) *a.* (1) (그릇 따위가) 빈, 공허한, 비어 있는. (2) (…이) 없는, 결여된《*of*》. (3) 헛된 ; 무의미한, 쓸데없는, (마음·표정 등) 허탈한. (4) 《口》 속이 빈, 배고픈, 공복의. (5) 사람이 살지 않는. ***feel ~*** 《口》 1)배가 고프다. 2)허무한 생각이 들다. ***on an ~ stomach*** 공복 〈빈 속〉으로.
—*n.* ⓒ (흔히 *pl.*) 빈 그릇《상자·통·자루·병 따위》.
—*vt.* (1) 《~+目/+目+前+名》 (그릇 따위)를 비우다, 내다《*out*》 : ~ an ashtray 재떨이를 비우다 / He *emptied* the glass in one gulp. 그는 단숨에 잔을 비웠다. (2) 《+目+前+名》 (내용물)을 비우다, (딴 그릇)에 옮기다 ; (액체)를 쏟다 : ~ grain *from* a sack *into* a box 곡식을 자루에서 상자로 옮기다 / She *emptied* the bottle of milk *into* a saucepan. 그녀는 병의 우유를 스튜 냄비에 옮겼다.
— *vi.* (1) 비다 : The room *emptied* after class. 수업이 끝난 후 교실은 텅텅 비었다. (2) 《+前+名》 (강이) 흘러 들어가다 : The Han River *empties into* the Yellow Sea. 한강은 황해로 흘러들어간다. ※ itself를 넣으면 empty는 *vt.* ***~ out*** 모조리 비우다〈털어내다〉.
파) **-ti·ly** *ad.* 헛되이, 공허하게 ; 무의미하게. **·-ti·ness** *n.* ⓤ (1) (텅) 빔 ; (사상·마음의) 공허. (2) 덧없음 ; 무의미. (3) 공복.
émpty cálory (단백질·무기질·비타민이 거의 없는 식품의) 공(空) 칼로리.

emp·ty-hand·ed [-hǽndid] *a.* 빈손〈맨손〉의.
emp·ty-head·ed [-hédid] *a.* 머리가 빈, 무지한.
émpty néster 《美口》 (자식들이 자립해서 나가고) 부부뿐인 집.
em·pur·ple [empə́:rpl] *vt.* …을 자줏빛으로 하다〈물들이다〉. 파) **~d**[-d] *a.* 자줏빛으로 된.
em·py·e·ma [èmpaií:mə] *n.* 【醫】 축농(증).
em·py·re·al [empíriəl, èmpərí:əl, èmpairí:əl] *a.* 〔限定的〕 최고천(最高天)의, 천상계(天上界)의.
em·py·re·an [èmpərí:ən, -pai-, empíriən] *n.* (the ~ ; 종종 E-) 최고천(最高天)《고대 우주론에서 말하는 불과 빛의 세계로, 나중에는 신이 사는 곳으로 믿었음》 ; 높은 하늘(sky).
em·u·late [émjəlèit] *vt.* (1) …와 겨루다. (2) (지지 않으려고) …을 열심히 배우다. (3) 【컴】 대리 실행〈대행〉하다.
em·u·la·tion [èmjəléiʃən] *n.* ⓤ 경쟁〈대항〉(심), 겨룸 ; 【컴】 대리 실행〈대행〉.
em·u·la·tor [émjəlèitər] *n.* ⓒ (1) 경쟁자. (2) 【컴】 대리 실행기〈대행기〉《emulation을 하는 장치·프로그램》.
em·u·lous [émjələs] *a.* 경쟁적인, 경쟁심〈대항의식〉이 강한.
파) **~·ly** *ad.* 다투어, 경쟁적으로. **~·ness** *n.*
emul·si·fi·er [imʌ́ səfàiər] *n.* ⓒ 유화제(劑).
emul·si·fy [imʌ́lsəfài] *vt.* …을 유제화(乳劑化)하다, 유화(乳化)하다. 파) **emùl·si·fi·cá·tion**[-fikéiʃən] *n.* ⓤ 유화 (작용).
emul·sion [imʌ́lʃən] *n.* ⓤⓒ 유상액(乳狀液) ; 【化·藥】 유화, 유탁(乳濁) ; 【寫】 감광 유제(乳劑).
en [en] *n.* ⓒ (1) N자. (2) 【印】 반각, 이분(二分)《전각 (em)의 절반》. 【cf.】 em.
en-, em- *pref.* (1) 〔名詞에 붙어서〕 '…안에 넣다, …위에 놓다'의 뜻을 나타내는 동사를 만듦. (2) 〔名詞 또는 形容詞 에 붙어〕 '…으로〈하게〉 하다, …이 되게 하다'의 뜻을 나타내는 동사를 만듦 : *en*slave, *em*bitter. ※ 이런 경우 접미사 -en이 덧붙을 때가 있음 : *em*bold*en*, *en*lighten. (3) 〔動詞에 붙어서〕 '…속〈안〉에'의 뜻을 첨가함 : *en*fold.
-en *suf.* (1) 〔形容詞·名詞 에 붙여〕 '…하게 하다, …이〈하게〉 되다'의 뜻을 나타내는 동사를 만듦. (2) 〔物質名詞 에 붙여〕 '…의〈로 된〉, 제(製)의'의 뜻을 나타내는 형용사를 만듦. (3) 〔不規則 動詞에 붙여〕 과거분사형을 만듦. (4) 지소명사를 만듦. (5) 복수를 만듦 : child*ren*, breth*ren*.
ˑen·a·ble [enéibəl] *vt.* 《~+目/+目+*to* do》 …에게 힘〈능력〉을 주다, …에게 가능성을 주다 ; …에게 권한〈자격〉을 주다 ; 가능〈용이〉하게 하다 ; …을 허용하다, 허가하다.
en·a·bl·ing [enéibliŋ] *a.* 〔限定的〕 【法】 특별한 권능을 부여하는.
ˑen·act [enǽkt] *vt.* (1) 〔종종 受動 으로〕 (법안)을 법령〈법제〉화하다 ; (법령으로) 규정하다. (2) (어떤 극 ·장면)을 상연하다 ; …의 역(役)을 공연하다 ***as by law ~ed*** 법률이 규정하는 바와 같이. ***Be it further ~ed that. . .*** 다음과 같이 법률로 정한다. 《제정법(制定法)의 서두 문구》.
en·act·ment [enǽktmənt] *n.* (1) ⓤ (법률의) 제정. (2) ⓒ 법규, 조례, 법령.
ˑenam·el [inǽməl] *n.* (1) ⓤ 법랑(琺瑯) ; (도기의) 잿물, 유약. (2) ⓒ 법랑 세공품, 법랑을 바른 그릇. (3) ⓤⓒ 에나멜 ; 광택제(製)《매니큐어용 따위의》. (4) ⓤ 【齒】 법랑질(質).
— (***-l-***, 《英》 ***-ll-***) *vt.* …에 에나멜〈유약〉을 입히다 ; 에나멜로 광택을 내다 : ~ *ed* glass 에나멜 칠한 유리 / ~*ed* leather 에나멜 가죽.
enam·el·ware [inǽməlwὲər] *n.* ⓤ 〔集合的〕 양재기, 법랑 철기.
en·am·ored, 《英》 **-oured** [inǽmərd] *a.* …에 반한, 매혹된《*of* ; *with*》.
en bloc [*F.* ɑ̃blɔk] 《F.》 총괄하여, 일괄하여 : resign ~ 총사직하다.
en·cage [enkéidʒ] *vt.* …을 동우리에 넣다 ; 가두다(cage).
ˑen·camp [enkǽmp] *vi.* 【軍】 진을 치다, 야영하다《*at* ; *in* ; *on*》. —*vt.* 〔흔히 受動 으로〕 (군대)를 야영시키다《*at* ; *in* ; *on*》.
en·camp·ment [enkǽmpmənt] *n.* ⓤ 진을 침 ; ⓒ 야영(지) ; 〔集合的〕 야영자 : the military ~ 군대 야영지 / a gypsy ~ 집시 야영지.
en·cap·su·late [inkǽpsjəlèit] *vt.* …을 캡슐에 넣다 ; 요약하다. —*vi.* 캡슐에 들어가다〈싸이다〉. 파) **en·càp·su·lá·tion** [-ʃən] *n.* ⓤ 캡슐에 넣기.
en·case [enkéis] *vt.* 〔종종 受動 으로〕 (1) …을 상자 (등)에 넣다《*in*》. (2) (몸)을 싸다《*in*》.
en·caus·tic [inkɔ́:stik] *a.* (색을) 달구어 넣은 ; 소작화(燒炸畵)의, 낙화(烙畵)의 ; 납화(법)(蠟畵(法))의.
-ence *suf.* -ent를 어미로 갖는 형용사에 대한 명사어미 : depend*ence*, abs*ence*.
en·ceph·a·li·tis [insèfəláitis] *n.* ⓤ 【醫】 뇌염 : ~ epidemic 유행성 뇌염.
en·ceph·a·lon [insèfəlɑ̀n, en-/-kéfəlɔ̀n, -séf-] (*pl.* ***-la***[-lə]) *n.* ⓒ 【解】 뇌, 뇌수(brain).
en·chain [entʃéin] *vt.* …을 사슬로 매다 ; 속박〈구속〉하다. 파) **~·ment** *n.*
:en·chant [entʃǽnt, -tʃɑ́:nt] *vt.* (1) 〔종종 受動 으로〕 …을 매혹하다, 황홀케 하다, …의 마음을 호리다《*by* ; *with*》. (2) …에 마법을 걸다.
en·chant·er [entʃǽntər, -tʃɑ́:nt-] *n.* ⓒ (1) 마법사. (2) 매혹시키는 사람〈것〉.
ˑen·chant·ing [entʃǽntiŋ, -tʃɑ́:nt-] *a.* 매혹적인, 황홀케 하는 : an ~ smile.
파) **~·ly** *ad.* **~·ness** *n.*
ˑen·chant·ment [entʃǽntmənt, -tʃɑ́:nt-] *n.* (1) ⓤⓒ 매혹, 매력 ; 황홀(상태). (2) ⓒ 매혹하는 것, 황홀케 하는 것. (3) ⓤ 마법을 걸기.
en·chant·ress [entʃǽntris, -tʃɑ́:nt-] *n.* ⓒ (1) 여자 마법사. (2) 매력 있는 여자, 요부.
en·chase [intʃéis, en-] *vt.* (보석 따위)를 박다, 아로새기나, 상감(象嵌)하나《*with*》.
en·ci·pher [insáifər, en-] *vt.* (통신문 등)을 암호로 하다, 암호화하다. 【opp.】 *decipher*.
파) **~·er** *n.* **~·ment** *n.*
ˑen·cir·cle [ensə́:rkl] *vt.* (1) 〔종종 受動 으로〕 …을 에워〈둘러〉싸다(surround)《*by* ; *with*》 : a lake ~*d by* tree 나무로 에워싸인 호수. (2) …을 일주하다 : ~ the globe 지구를 일주하다. 파) **~·ment** *n.* ⓤ 둘러쌈, 포위.
en·clave [énkleiv] *vt.* (1) 어느 한 나라 안에 있는 타국의 영토. 【cf.】 exclave. (2) (다른 민족 속에 고립된) 소수 민족 집단. (3) (특정 문화권에 고립된) 이종(異種) 문화권.
:en·close [enklóuz] *vt.* (1) 《+目+前+名》 〔종종 受動 으로〕 (장소)를 둘러싸다, 에워싸다《*by* ; *with*》.

(2) 《～+目/+目+前+名》 (편지 따위에) …을 동봉하다. (3) (공유지를 사유지로 하기 위해) …을 둘러막다. ▫enclosure *n.*

·en·clo·sure [enklóuʒər] *n.* (1) ⓤ 울을 함. (2) ⓒ 동봉한 것. (3) ⓒ 울로 둘러 막은 땅 ; 구내, 경내(境內) ; 울타리.

en·code [enkóud] *vt.* (1) (보통문)을 암호로 고쳐 쓰다 ; 암호화〈기호화〉하다. (2) 【컴】 부호 매기다, 인코드.

en·cod·er [enkóudər] *n.* ⓒ (1) 암호기. (2) 【컴】 부호 매김기(coder), 인코더.

en·co·mi·um [enkóumiən] (*pl.* **~s, -mia**[-miə]) *n.* ⓒ 찬사, 칭찬, 찬미.

en·com·pass [inkʌ́mpəs] *vt.* (1) …을 둘러〈에워〉싸다, 포위하다(surround). (2) 포함하다. (3) (나쁜 결과 등)을 초래하다.
파) **~·ment** *n.* 둘러쌈, 포위 ; 망라.

en·core [ɑ́ŋkɔːr, ɑnkɔ́ːr/ɔŋkɔ́ːr] *n.* ⓒ 《F.》 재청, 앙코르의 요청 ; 재연주(의 곡) : get an ～ 앙코르를 요청받다. —*int.* 재청이오《※ 프랑스에서는 encore라 않고, Bis [bis] 라고 외침》. — *vt.* (연주자)에 앙코르를 청하다 ; (노래 등)을 앙코르하다.

:en·coun·ter [enkáuntər] *n.* ⓒ (1) 우연한 만남. (2) (위험·난관·적 등과의) 만남 ; 조우전, 회전(會戰) ; 대결. — *vt.* (1) …와 우연히 만나다, 마주치다, 조우하다. (2) (적)과 교전하다, …와 맞서다, …에 대항하다. (3) (곤란·위험 등)에 부닥치다.

encóunter gròup 【醫·心】 집단 감수성 훈련 그룹《서로가 접촉함으로써 심리적 이익을 도모하는 그룹》.

·en·cour·age [enkə́ːridʒ, -kʌ́r-] *vt.* (1) 《～+目/+目+*to* do/+目+前+名》 …을 격려〈고무〉하다《*at* ; *by*》. (2) 장려하다, 조장하다, 원조하다 ; 촉진하다.

·en·cour·age·ment [-mənt] *n.* (1) ⓤ 격려 ; 장려. (2) ⓒ 장려가 되는 것.

en·cour·ag·ing [enkə́ːridʒiŋ, -kʌ́r-] *a.* 장려〈고무〉하는 : ～ news 쾌보.
파) **~·ly** *ad.* 고무적으로.

en·croach [enkróutʃ] *vi.* 《+前+名》 (남의 땅 권리·시간 등을) 침입하다, 잠식〈침해〉하다.
파) **~·ment** *n.* (1) ⓤⓒ 침입, 침해, 잠식. (2) ⓒ 침략물〈지〉(物〈地〉).

en·crust [enkrʌ́st] *vt.* 〔흔히 受動 으로〕 (1) 껍데기로 덮다. (2) …을 아로새기다 ; (보석 등)을 박다.

en·crýp·tion àlgorithm [enkrípʃən-] 【컴】 부호 매김 풀이법《정보 해독 불능에 대비해 수학적으로 기술된 법칙의 모음》.

·en·cum·ber [enkʌ́mbər] *vt.* 〔종종 受動 으로〕 《～+目/+目+前+名》 …을 방해하다, 부자유스럽게 하다, 거치적거리다 ; (빚·의무 등)을 지우다 ; (장애물로 장소)를 막다《*with*》.

en·cum·brance [inkʌ́mbrəns, en-] *n.* ⓒ (1) 방해물, 장애물 ; 걸리는 것, 두통거리 ; 《특히》 (거추장스러운) 아이. (2) 【法】 부동산에 대한 부담《저당권 등》.

-ency *suf.* '성질 상태'의 뜻을 나타내는 명사를 만듦 : depend*ency*.

en·cyc·li·cal [ensíklikəl, -sáik-] *n.* ⓒ 회칙(回勅)《특히 로마 교황이 모든 성직자에게 보내는》.

·en·cy·clo·pe·dia, -pae- [ensàikloupíːdiə] *n.* ⓒ 백과 사전.

en·cy·clo·pe·dic, -di·cal [-píːdik], [-əl] *a.* 백과 사전의 ; 지식이 광범한.

en·cy·clo·pe·dist [-dist] *n.* ⓒ 백과 사전 편집〈집필〉자.

:end [end] *n.* ⓒ (1) 끝《*of* a day》 ; (이야기 따위의) 결말, 끝맺음 ; 결과. (2) 종말 ; 멸망 ; 최후, 죽음 ; 죽음〈파멸·멸망〉의 근원 ; (세상의) 종말. (3) 끝, 말단 ; (가로 따위의) 변두리 ; (방 따위의) 막다른 곳 ; (막대기 등의) 앞끝 ; (편지·책 따위의) 말미. (4) (흔히 *pl.*) 지스러기, 나부랑이. (5) 한도, 제한, 한(限)(limit). (6) 목적(aim). (7) (사업 등의) 부분, 면. ***at a loose ~*** = ***at loose ~s*** 1) 일정한 직업이나 계획 없이. 2) 일정치 않게 ; 미해결인 채로. ***at an ~*** 다하여, 끝나고. ***at*** one***'s wit's*** 〈***wits'***〉 ***~*** 곤경에 빠져, 어찌해야 할지 난처하여. ***at the deep ~*** (일 따위의) 가장 곤란한 곳에. ***at the ~*** 최후에는, 끝내는. ***at the ~ of the day*** 곰곰이 숙고하여, 요컨대, 결국. ***be at*** 〈***come to***〉 ***the ~ of*** one***'s rope*** 진퇴유곡에 빠지다. ***begin*** 〈***start***〉 ***at the wrong ~*** 첫머리부터 잘 못하다. ***be near*** one***'s ~*** 죽어 가고 있다. ***bring*** a thing ***to an ~*** …을 끝내다, 끝마치다. ***come to*** 〈***meet***〉 ***a bad*** 〈***no good, nasty, sticky***〉 ***~*** 《口》 좋지 않은 일을 당하다, 불행한 최후를 마치다. ***come to an ~*** 끝나다, 마치다. ***~ for ~*** 양 끝을 거꾸로, 반대로. ***~ on*** (선단을) 앞〈이쪽〉으로 향하게 ; 끝과 끝을 맞추어. ***~ over ~*** 빙글빙글 (회전하여). ***~ to ~*** 끝과 끝을 이어서. ***~ up*** 한 끝을 위로 하여, 직립하여. ***from ~ to ~*** 끝에서 끝까지. ※ 대어(對語)로서 무관사. ***get*** (***hold of***) ***the wrong ~ of the stick*** ⇨ STICK. ***get the dirty ~ of the stick*** 《口》 부당한 취급을 받다 ; 싫은 일을 하게 되다. ***go off*** (***at***) ***the deep ~*** 자제력을 잃다, 무모한 짓을 하다. ***have an ~*** 종말을 고하다. ***have an ~ in view*** 계획〈계략〉을 품다. ***in the ~*** 마침내, 결국은. ***jump***〈***plunge***〉 ***in at the deep ~*** (일 따위를) 느닷없이 어려운 데서부터 시작하다. ***make an ~ of*** …을 끝내다〈그만두다〉, …을 다하다, …을 해치우다. ***make*** (***both***) ***~s meet*** 수지를 맞추다, 빚 안 지고 살아가다. ***meet*** one***'s ~*** 최후를 마치다, 숨을 거두다. ***never***〈***not***〉 ***hear the ~ of*** …에 대해 끝없이 듣다. ***play both ~s against the middle*** 자기가 유리하도록 대립하는 두 사람을 다투게 하다, 어부지리를 얻다. ***put an ~to*** …을 끝내다, …에 종지부를 찍다 (stop) ; …을 폐하다 〈죽이다〉. (***reach***) ***the ~of the line*** 파국(에 이르다). ***see an ~of*** 〈***to***〉 (싫은 것, 싸움 따위가) 끝나는 것을 지켜보다. ***serve*** a person***'s ~*** 뜻대로 되다. ***the*** (***absolute***) ***~*** 《口》 인내의 한계. ***the ~ of the world*** 세계의 종말. ***to the ~s of the earth*** 땅끝까지《뒤지다 따위》. ***to the ~that...*** …하기 위하여, …의 목적으로(in order that). ***without ~*** 끝없이(forever), 영원히
— *a.* 〔限定的〕 최후의, 최종적인. — *vt.* (1) …의 끝 부분을 이루다. (2) …을 끝내다, 마치다, 결말을 내다.
— *vi.* (1) 《～/+前+名》 …으로 끝나다, 결국 …이 되다《*in*》. (2) 끝나다, 끝마치다, 종말을 고하다. (3) 이야기를 끝마치다. (4) 죽다(die).
~by do***ing*** 결국〈마지막으로〉 …하다, …하는 것으로 끝나다. ***~ in*** …로 끝나다, 결국 …이 되다, …에 귀결되다. ***~ up*** 끝내다 ; 결국에는 …이 되다《*in*》. ***~ with*** …로 끝나다, …로 그만두다.

end-,endo- '내(부)…'의 뜻의 결합사. 〖opp〗 *ect-*, *exo-*.

***en·dan·ger** [endéindʒər] *vt.* 위험에 빠뜨리다, …을 위태롭게 하다.

E

énd consùmer 최종 소비자 (end user).

***en·dear** [endíər] *vt.* 《+目+前+名》(남에게)사랑받게 하다 ; 애정을 느끼게〈그립게〉하다 : His humor ~*ed* him *to* all. 유머가 있어 모든 사람이 그를 좋아했다 (=He ~*ed himself to* all by his humor.)/ ~ oneself to a person ~에게서 귀염을 받다.

en·dearing [endíəriŋ] *a.* 애정을 느끼게 하는 : ~frankness 남들의 사랑을 받는 솔직함/ an~ smile 귀여운미소. 파) **~·ly** *ad.*

en·dear·ment [endíərmənt] *n.* (1) (말·행동 등의)애정의 표시. (2) 친애(의 표시) ; 총애, 애무 : a term of ~ 애칭《Elizabeth에 대한 Beth 따위 ; 또는 darling, dear 등의 호칭》.

:en·deav·or, 《英》 **-our** [endévər] *vt.* 《+*to* do》 …하려고 노력하다, ~을 시도하다. — *vi.* 《~/+前+名》 노력하다, 애쓰다 : ~ *to* the best of one's ability 능력껏 노력하다(strive). — *n.* 노력, 진력《effort 보다는 문어적인 말》: make every ~ 전력을 다하다.

en·dem·ic [endémik] *a.* (1) (동식물등이)특정 지방에 한정된 :특정 민족〈국가〉에 고유한. (2) (병이)한 지방에 특유한, 풍토성의 : an ~disease 풍토병/ a fever ~*to*〈*in*〉 the tropics 열대 특유의 열병. — *n.* ⓒ풍토병. 파) **-ical** *a.* =ENDEMIC. **-i·cal·ly** *ad.* 지방(풍토)적으로.

énd gàme (체스 따위의)종반 ; 막판

***end·ing** [éndiŋ] *n.* (1) (활용)어미《books의 -*s* 따위》: plural ~*s* 복수 어미. (2) 결말, 종료(conclusion), 종국 : A good beginning makes a good ~. 시작이 좋으면 끝도 좋다.

en·dive [éndaiv, ándiv] *n.* 꽃상추의 일종(escarole) 《chicory의 일종 ; 샐러드용》.

énd·kèy [컴] 꼬리 (글)쇠.

:end·less [éndlis] (*more ~; most ~*) *a.* ⓒ (1)끊임없는(incessant), 부단한 : an~stream of cars 끊임없이 계속되는 자동차의 물결. (2) 끝없는, 무한한(infinite) :an ~ desert 광막한 사막 / an ~sermon 장황한 설교. (3) 【機】 순환하는 : an ~ belt〈chain〉(이음매가 없는) 순환피대〈사슬〉 / an ~ saw 띠톱. 파) **~·ly** *ad.* 끝없이, 계속적으로. **~·ness** *n.* ⓤ 끝없음, 무한정

éndless lòop [컴] 무한 맴돌이《프로그램이 어떤 부분을 반복적으로 무한히 실행하여 그 상태에서 빠져 나오지 못하는 상태》.

énd lìne [競] 엔드라인.

end·most [énˌmòust] *a.* 말단의〈에 가까운〉, 맨끝의.

endo- '내 …, 흡수'의 뜻의 결합사 : *endo*crine. 【opp】 *exo*-.

en·do·car·di·um [èndoukáːrdiəm] (*pl.* **-dia** [-diə]) *n.* ⓒ 【解】 심장 내막.

en·do·crine [éndoukràin, -krì(ː)n] *a.* 〔限定的〕 【生理】 내분비선 같은, 내분비(선(線))의, 호르몬의. — *n.* 내분비물 ; 내분비선(腺) (= **~ glànd**).

en·do·cri·nol·o·gy [èndoukrainálədʒi, -krə-/-nɔ́l-] *n.* 내분비학. 파) **-gist** *n.* 내분비학자.

en·do·derm [éndoudə̀ːrm] *n.* ⓒ 【生】 내배엽(內胚葉). 【cf.】 *ectoderm.*

en·dog·a·my [endágəmi/-dɔ́g-] *n.* 동족결혼. 【opp.】 *exogamy.*

en·do·plasm [éndouplæ̀zəm] *n.* (세포 원형질의) 내질(內質), 내부 원형질.

파) **èn·do·plás·mic** [-plǽzmik] *a.*

en·dor·phin [endɔ́ːrfin] *n.* ⓤ 【生化】 엔도르핀《내인성(內因性)의 모르핀 같은 펩티드 ; 진통 작용이 있음》.

***en·dor·se, in-** [endɔ́ːrs], [in-] *vt.* (1) 〔흔히 受動으로〕 (운전면허증 등)뒤에 위반 사항 등을 적어 넣다. (2)(어음 · 수표 등)에 배서(이서)하다. (3) (남의 의견)을 찬성〈지지〉하다. (4) (선전에서 상품 등)을 권장하다, 추천하다.

en·dor·see [endɔːrsíː, ˌ-ˊ, -ˊ-] *n.* ⓒ 피(被) 배서(양수)인《배서에 의한 어음의 양수인》.

en·dorse·ment [endɔ́ːrsmənt] *n.* ⓤ,ⓒ (1) 보증, 시인(approval), 승인. (2) 배서. (3) 《美》 (유명인의 TV 등에서의 상품)보증 선전. (4) 《英》 운전 면허증에 기입된 교통 위반 기록.

en·dors·er [endɔ́ːrsər] *n.* ⓒ 배서(양도)인.

en·do·scope [éndəskòup] *n.* ⓒ 【醫】(직장·요도(尿道) 등의) 내시경(內視鏡).

en·dos·co·py [endáskəpi/-dɔ́s-] *n.* ⓤ 【醫】 내시경 검사(법).

:en·dow [endáu] *vt.* (1) 《~+目/+目+前+名》(병원 · 학교 등)에 기금을 기부〈증여〉하다《*with*》. (2)(능력 · 자질 따위)를 …에게 주다, …에게 부여하다《*with*》. ***be ~ed with*** …을 타고나다. 파) **~ ·er** *n.* ⓒ

***en·dow·ment** [endáumənt] *n.* (1) ⓒ (흔히 *pl.*) 천부의 재주, 타고난 재능. (2) a] ⓤ 기증,(기금의) 기부, 유증(遺贈). b] ⓒ (흔히 *pl.*) 기부금 ;(기부된) 기본 재산.

endówment insùrance 〈《英》 **assùrance**〉 양로 보험.

endówment pòlicy 양로 보험 (증권).

énd pàper(흔히 *pl.*) (책의) 면지(=**énd shéet**).

énd pòint 종료점(終了點), 종점.

énd pròduct (일련의 변화, 화학 반응의) 최종 결과, 완제품 ; 【原子物】 최종 생성물.

énd rùn (1) (전쟁 · 정치에서의) 회피적 전술, 교묘한 회피. (2) 【美蹴】 공을 갖고서 상대편의 측면을 돌아 후방으로 나감.

énd tàble 엔드테이블《소파 곁에 놓는 작은 탁자》.

en·due [indjúː, en-] *vt.* 《+目+前+名》 〔흔히 受動으로〕주다, (능력 · 천성 따위)를 부여하다《*with*》.

en·dur·a·ble [indjúərəbəl, en-] *a.* 견딜〈참을〉수 있는 ; 감내할 수 있는. 파) **-bly** *ad.*견딜 수 있도록

:en·dur·ance [indjúərəns, en-] *n.* ⓤ (1) 인내력, 지구력, 내구력 (2) 인내, 감내, 견딤. ***beyond*〈*past*〉 ~** 참을 수 없을 만큼, 견딜 수 없게.

endúrance tèst (재료의) 내구 시험 (fatigue test); 인내심 시험.

:en·dure [endjúər] *vt.* (1) (고난 따위) 를 경험하다, 받다. (2) 《~+目/+-*ing*/+*to* do》 (사람·물건이) …을 견디다, 인내하다 ; 〔주로 부정문〕 …을 참다. — *vi.* (1) 참다 : ~ to the last. (2) 지탱하다, 지속하다 : as long as life ~*s* 목숨이 지속하는 한 / his name will ~ forever. 그의 이름은 영원히 남을 것이다.

***en·dur·ing** [indjúəriŋ, en-] *a.* 영속적인, 지속하는 ; 항구적인 : an ~ fame 불후의 명성 / ~ peace〈friendship〉 항구적 평화〈우정〉. 파) **~ ·ly** *ad.* **~ ·ness** *n.*

en·duro [indjúərou] (*pl.* **~s**) *n.* ⓒ 《美》 (자동차 등의) 장거리 내구(耐久)경주.

énd úse 【經】(생산물의) 최종 용도.

end·ways, end·wise [éndwèiz], [-wàiz]*ad.*

(1) 세로로. (2) 끝을 앞쪽으로〈위로〉하고. (3) (이을 때) 두 끝을 맞대고 : Put sofas together ~. 소파의 끝과 끝을 붙여 놓아라.

En·dym·i·on [endímiən] *n.* **[그神]** 엔디미온《달의 여신 셀레네(Selene)의 사랑을 받은 목동》.

en·e·ma [énəmə] (pl. **~s, ~ta** [-tə]) *n.* ⓒ **[醫]** 관장(제)(灌腸(劑)), 관장기 : give an ~ 관장을 하다.

:en·e·my [énəmi] *n* .(1) a] 〔集合的〕 (흔히 the ~) 적군, 적함대, 적국. b] 적병, 적함, 적기(敵機)(등) ; 적국인. (2) 적, 원수 : 경쟁 상대. 【opp】 *friend.* (3) ⓒ 해를 끼치는 것, 유해물, 반대. ***be an ~ to*** …에게〈을〉 적대(시)하다, …을 미워하다, …에게 해를 끼치다. ***go over to the ~*** 적군에 넘어가다〈붙다〉. — *a.* 〔限定的〕 적군〈적국〉에 속하는 : 적대하는 : an ~ plane (ship) 적기, 적선 / property 적국인 자산.

:en·er·get·ic [ènərdʒétik] (***more ~ ; most ~***) *a.* 원기 왕성한, 정력적인, 활기에 찬. 파) **-i·cal·ly** [-ikəli] *ad.*

en·er·get·ics [ènərdʒétiks] *n.* ⓤ 에너지학(學) 〈론(論)〉.

en·er·gize [énərdʒàiz] *vt.* …에 정력을〈에너지를〉 주입하다, 활기를 돋우다, 격려하다.
— *vi.* 정력적으로 활동하다.

:en·er·gy [énərdʒi] *n.* ⓤ (1) (말·동작 따위의) 힘, 세력. (2) 정력, 활기, 원기. (3) (종종 *pl.*) (개인의) 활동력, 행동력. (4) **[物]** 에너지.
~ alternative〈***substitute***〉 대체 에너지. ***~ efficiency*** 에너지 효율. ***devote one' s energies to*** …에 온갖 정력을 기울이다.

en·er·gy-sav·ing [-sèiviŋ] *a.* 에너지를 절약하는.

en·er·vate [énərvèit] *vt.*〈종종 受動으로〉 …의 기력을 빼앗다, 힘을 약화시키다. 파) **-vat•ed** *a.* 활력을 잃은, 무기력한.

en·er·va·tion [ènərveiʃən] *n.* 활력을 상실〈빼앗김〉 : 쇠약, 냐약.

en fa·mille [*F.* ɑ̃famij] *a., ad.* 《F.》 (1) 흉, 허물〈격의〉 없는〈이〉, 비공식으로. (2) 가족이 다 모인〈여〉, 가족적인〈으로〉, 집안 끼리 : dine ~ 식구끼리 식사하다.

en·fant ter·ri·ble [*F.* ɑ̃fɑ̃teribl] (*pl.* ***en·fants ter·ri·bles***) 《F.》 아팡 테리블. (1) (남에게 폐가 되는 것을 고려하지 않는) 무책임한〈분별 없는〉 사람. (2) 무서운 아이《올되고 깜찍한 아이》.

en·fee·ble [infí:bəl, en-] *vt.* 〔종종 受動으로〕 …을 약하게 하다. 파) **~ ·ment** *n.* ⓤ 약하게 하기, 쇠약.

en·fe·ver [infí:vər] *vt.* …을 열광시키다.

en·fold [enfóuld] *vt.* (1) …을 안다, 포옹하다. (2) 〔종종 受動으로〕 …을 싸다《*in* ; *with*》.

:en·force [enfɔ́:rs] *vt.* (1) 《~+目/+目+前+名》 (지불·복종 등)을 강요〈강제〉하다. (2) (법률 등)을 실시〈시행〉하다, 집행하다. (3) (요구·의견·주장 등)을 강경(강력)하게 주장하다, 역설〈강조〉하다. 파) **~ ·a·ble** [-əbəl] *a.* ~ 할 수 있는. **~ ·a·bíl·i·ty** *n.* **~ ·ment** *n.*

en·forced [enfɔ́:rst] *a.* 강제적인, 강요된. 파) **en·fór·ced·ly** [-sidli] *ad.*

en·fran·chise [enfrǽntʃaiz] *vt.* (1) (도시)에 자치권을 주다. (2) …에게 선거권〈공민권〉을 주다. (3) (노예 등)을 해방하다(setfree).

en·fran·chise·ment [-tʃizmənt, -tʃaiz-] *n.* ⓤ 선거권〈참정·자치권〉의 부여 ; (노예의) 해방, 석방.

:en·gage [engéidʒ] *vt.* (1) 〔受動으로〕 약속〈예약〉이 있다. (2) 《+目+*to* do/+*that*節》 …을 약속하다 ; (계약·약속 따위)로 속박하다 ; 보증하다, 맡다. (3) 〔過去分詞꼴로 形容詞的인 受動으로〕 …을 약혼시키다《*to*》. (4) 《~+目/+目+*as* 譜》 (아무)를 고용하다, 계약하다. (5) (시간)을 투입〈충당〉하다, 쓰다 ; (전화선)을 사용하다. (6)《~+/+目+前+名》〔受動으로〕… 에 종사하다《*in* ; *on*》, 바쁘다. (7) 《~+目/+目+前+名》 (사람을 이야기 따위)에 끌어들이다 ; (흥미·주의 따위)를 끌다. (8) …의 마음을〈호의를〉 끌다. (9) (부대 등)을 교전시키다. (10) (톱니바퀴)를 맞물리게 하다.
— *vi.* (1) 《+前+名/+*that*節/+*to* do》 보증하다, 맹세하다, 책임을 지다《*for*》. (2) 《+前+名》 종사하다, 착수하다, 관계하다《*in*》. (3) 《+前+名》 교전하다《*with*》. (4) (톱니바퀴가) 맞물다, 걸리다, 연동하다《*with*》. ***~ for*** …을 약속〈보증〉하다. ***~ upon*** . . .(새로운 일〈직업〉 등을) 시작하다. ~ one***self to*** …와 약혼하다.

***en·gaged** [engéidʒd] *n.* ⓒ (1) 예정이 있는 ; 활동 중인, 틈이 없는; 바쁜. (2) 약속이 있는, 예약된. (3) 약혼 중인. (4) 종사하고 있는, 관계하는. (5) a] (전화가)통화 중인(《美》 busy). b] (공중 변소가) 사용 중인, 교전 중인.

engáged sìgnal ‹tòne› (전화의)통화중 신호 (busy signal)

:en·gage·ment [engéidʒmənt] *n.* (1) ⓒ 약혼(기간). (2) ⓒ (회합 등의)약속 ;계약. (3) (*pl.*) 채무. (4) ⓒ 고용(employment) ; 고용〈출연〉계약〈기간〉. (5) ⓤ **[機]** (톱니바퀴 등의)맞물기. (6) ⓒ 싸움, 교전.

en·gage·ment rìng *n.* 약혼 반지.

engag·ing [engèidʒiŋ] *a.* 마음을 끄는, 매력적인, 애교 있는.
파) **~ ·ly** *ad.* 애교있게(attractively) **~ ·ness** *n.*

en·gen·der [endʒéndər] *vt.* (상태·감정 등)을 발생시키다, 야기시키다. (애정·미움 따위)를 일으키다(cause). — *vi.* 《古》 생기다.

:en·gine [éndʒən] *n.* ⓒ (1) 기관차(locomotive). (2) 엔진, 발동기, 기관. (3) **[컴]** 엔진, 기관《흔히 특수 목적의 처리기를 이름》.

éngine drìver 《英》 (철도의) 기관사(《美》engineer).

:en·gi·neer [èndʒəníər] *n.* ⓒ (1) (상선의) 기관사. 《美》(철도의) 기관사(《英》 engine driver); 《英》 기계공(mechanic). (2) 기사, 기술자 : 공학자. (3) a] 육군의 공병. b] (해군의) 기관 장교. (4) 일을 솜씨 있게 처리하는 사람 ; 인간 공학의 전문기.
— *vt.* (1) (공사)를 감독〈설계〉하다. (2) 《~+目/+目+ 前+名》 …을 '공작' 하다, 꾀하다

:en·gi·neer·ing [èndʒəníəriŋ] *n.* ⓤ (1) 공학 기술 ; (토목·건축의)공사. (2) 공학, 기관학. (3) 책략, '공작', (교묘한) 처리〈음모, 획책〉.

éngine ròom (선박 등의) 기관실.

:Eng·land [íŋglənd] *n.* (1) 잉글랜드《Great Britain에서 Scotland 및 Wales 를 제외한 부분》.(2) 《俗》 (외국인이 말하는) 영국(Great Britain)《※ 영국 전체의 공식 명칭은 the United Kingdom of Great Britain and Northern Ireland》.

:Eng·lish [íŋgliʃ] *a.* (1) 잉글랜드의 ; 잉글랜드 사람의. (2) 영국의(British) : 영국 사람의. (3) 영어의 : the ~ language 영어. — *n.* (1) (the ~) 영어의 단어〈표현〉 ; (영어의) 원문 : What is *the* ~ for

E

'이마'? '이마'에 해당되는 영어는 무엇입니까? (2) ⓤ 〔冠詞 없이〕 영어 : She speaks good ~ 그녀는 영어를 아주 잘 한다/ in plain ~ 알기 쉬운 영어로. (3) (the ~) 〔複數 취급〕 영국인, 영국민 ; 영국군 : *The* ~ are a nation of shopkeepers. 영국인은 상업국민이다 / *The* ~ were once a seafaring nation. 영국인은 한때 해양 국민이었다. (4) 【印】 잉글리시 활자체《14포인트에 해당》. ***Give me the ~ of it.*** 쉬운 말로 말해 주게. ***in plain ~*** 쉽게(잘라) 말하면.

Énglish bréakfast 영국식 아침 식사. 【cf】 continental breakfast.

Énglish Chánnel (the ~) 영국 해협.

Énglish Chúrch (the ~) 영국 국교회.

Énglish diséase〈síckness〉 (the ~) 영국병《노동 의욕의 감퇴, 설비 투자 과소로 인한 침체 현상》.

Énglish hórn 잉글리시 호른《oboe 계통의 목관악기》.

:Eng·lish·man [-mən] (*pl.* ***-men*** [-mən]) *n.* ⓒ 잉글랜드 사람, 영국인.

Énglish Revolútion (the ~) 【英史】 영국 혁명, 명예〈무혈〉 혁명…《1688-89》.

Énglish sétter 영국 원산의 세터《사냥개》.

Eng·lish-speak·ing [-spìːkiŋ] *a.* 영어를 (말)하는.

Eng·lish·wo·man** [-wùmən] (*pl.* ***-wo·men [-wìmin]) *n.* ⓒ 잉글랜드 여자 ; 영국 여성.

en·gorge [engɔ́ːrdʒ] *vt.*, *vi.* (…을) 게걸스럽게 먹다 ; 포식하다 ; 충혈시키다.
파) **~·ment** *n.* ⓤ 탐식, 포식 ; 충혈, 울혈.

en·graft [engrǽft, -gráːft] *vt.* (1) (사상·습관 등)을 주입하다, 뿌리박게 하다, 명기시키다《*in*》. (2) a〕 …을 접붙이다(insert), 접목하다《*into* ; *on, upon*》.
파) **~·ment** *n.*

***en·grave** [engréiv] *vt.* 《~+目/+目+前+名》 (1) 〔흔히 受動으로〕 …을 명심하다, 새겨두다 ; …에게 강한 인상을 주다 : The terrible scene was ~*d on* his mind. 그 무서운 광경이 그의 마음에 새겨졌다. (2) (금속·나무·돌 따위)에 …을 조각하다《*with*》 ; (문자·도형 등)을 새기다《*on*》 : ~ a name *on* a watch 시계에 이름을 새기다(=~ a watch *with* a name) / She was presented *with* an ~*d* silver cup for winning the game. 경기에 우승하여 조각된 은제컵을 받았다. (3) (사진판·동판 따위)를 파다 ; 판 동판〈목판〉으로 인쇄하다. 파) **en·gráv·er** [-ər] *n.* ⓒ 조각사 ; 조판공(彫版工).

***en·grav·ing** [engréiviŋ] *n.* (1) ⓒ (동판·목판 따위에 의한) 판화(版畫). (2) ⓤ 조각 ; 조각술, 조판술(彫版術).

***en·gross** [engróus] *vt.* (1) (공문서 따위)를 큰 글자로 쓰다〈베끼다〉. (2) (마음·주의)를 빼앗다, 몰두시키다, 열중시키다.

en·gross·ing [engróusiŋ] *a.* 몰두시키는, 마음을 빼앗는.
파) **~·ly** *ad.*

en·gross·ment [engróusmənt] *n.* ⓤ 몰두, 점념, 열중 : (공문서 등의) 정서.

en·gulf [engʌ́lf] *vt.* 〔흔히 受動으로〕 (1) (슬픔 등이) …을 짓누르다. (2) (늪·강·물·불길 등이) …을 삼켜 버리다, 들이키다(swallow up)《*in* ; *by*》.

en·hance [enhǽns, -háːns] *vt.* (가치·능력·매력 따위)를 높이다, 늘리다, 강화하다, 더하다
— *vi.* 높아지다, 강화되다. 파) **~·ment** *n.* ⓤⓒ 증진, 증대, 증강 ; 등귀 ; 고양.

enig·ma [inígmə] (*pl.* ***~s, ~ta*** [-tə]) *n.* ⓒ 수수께끼(riddle)(의 인물), 정체모를 ; 불가사의한 사물.

en·jamb·ment, -jambe- [endʒǽmmənt, -dʒǽmb-] *n.* ⓤ 【詩學】 뜻이 다음 행 또는 연구(連句)에 계속되는 일.

***en·join** [endʒɔ́in] *vt.* (1) 《+目+前+名》 【法】 …을 금하다, …에게 …하는 것을 금하다(prohibit). (2) 《~+目/+目+前+名/+目+*to* do/+-*ing*/+*that*節》 …에게 명령하다, (침묵·순종 따위)를 요구하다(demand) ; (행동 따위)를 강요하다《*on, upon*》.

‡en·joy [endʒɔ́i] *vt.* (1) …을 받다, 누리다, (이익 등)을 얻다. (2) 《~+目/+-*ing*》 …을 즐기다, (즐겁게) 맛보다, 향락하다, 재미보다. (3) (건강·재산 등)을 가지고 있다 ; 《戲》 (나쁜 것)을 가지고 있다 : ~ good health 건강이 좋다 / ~ a bad reputation 나쁜 평판을 얻고 있다. **~ one*self*** 즐기다 ; 즐겁게 보내다 : ***Enjoy yourselves!*** 자 마음껏 즐기십시오.

:en·joy·a·ble [endʒɔ́iəbəl] *a.* 재미있는, 즐거운, 유쾌한 ; 즐길〈누릴〉 수 있는 : have an ~ time 즐거운 시간을 보내다. 파) **-bly** *ad.*

:en·joy·ment [endʒɔ́imənt] *n.* (1) ⓤ (the ~) 향락 ; 향유, 향수(享受) : *The* of good health is one of my greatest assets. 건강이 내 최대 재산의 하나다. (2) ⓤⓒ 즐거움, 기쁨 ; 유쾌. ***take `~ in*** …을 즐기다.

en·kin·dle [enkíndl] *vt.* (불)을 붙이다, 점화하다 ; 태우다, (정열·정욕 등)을 타오르게 하다.

en·lace [enléis] *vt.* …을 레이스로 (휘)감다, 두르다 ; 짜(맞추)다, 얽(히게 하)다.
파) **~·ment** *n.*

:en·large [enláːrdʒ] *vt.* (1) …의 범위를 넓히다 ; (마음·견해 따위)를 넓게 하다 ; (사업 따위)를 확장하다 : ~ one's views by reading 독서로 견식을 넓히다. (2) …을 크게 하다, 확대〈증대〉하다 ; (건물 등)을 넓히다, (책)을 증보하다: the plan to ~ Ewood Park into a 3,000seats stadium 이우드 공원을 3천 좌석의 육상 경기장으로 확장하려는 계획/ abnormally ~*d* tonsils 비정상적으로 커진 편도선. (3) 【寫】 (사진)을 확대하다 : ~ a photograph. — *vi.* (1) (사진이)확대되다. (2) 넓어지다, 커지다. (3) 《+前+名》 …에 대해 상술하다 《*on, upon*》.
파) **en·lár·ger** [-ər] *n.* ⓒ 확대기.

en·large·ment [-mənt] *n.* (1) ⓒ (책의) 증보 ; 【寫】 확대. (2) ⓤ 확대, 증대, 확장.

:en·lighit·en [enláitn] *vt.* (1) …을 분명하게 하다 ; 밝히다《*on* ;*about* ;*as to*》. (2)《~+目/+目+前+名》 …을 계몽하다, 계발〈교화〉하다; …에게 가르치다《*about* ; *on*》.

en·light·ened [enláitnd] *a.* (1) 밝은, 사리를 잘 아는. (2) 계발된 ; 문명화 ; 진보한. 파) **~·ly** *ad.*

en·light·en·ing [-iŋ] *a.* 계몽적인 ; 분명히 하는 : an ~ lecture 계몽적인 강의.

***en·light·en·ment** [enláitnmənt] *n.* ⓤ 【佛教】 깨달음. (2) ⓤ 계발, 계몽 ; 교화. (3) (the E-) 계몽운동《18세기 유럽의 합리주의 운동》.

***en·list** [enlíst] *vt.* (1) 《+目+前+名》 (주의·사업 등에) …의 협력을 얻다〈구하다〉, 도움을 얻다. (2) 《~+目/+目+前+名》 …을 병적에 편입하다 ; 군인을 징모하다《*for* ; *in*》. — *vi.* 《~/+前+名》 입대하다 (징병에) 응하다 ; 적극적으로 협력〈참가〉하다《*in*》 : ~ *in* the army 육군에 입대하다/ ~ *in* the cause of liberty 자유 옹호 운동에 협력하다.

en·list·ed màn [enlístid-] 사병 (士兵).
en·list·ee [enlistí:] *n.* ⓒ 사병, 지원병.
en·list·er [-ər] *n.* ⓒ 모병관, 징병관.
en·list·ment [-mənt] *n.* (1) ⓒ 복무 기간. (2) ⓤ 병적 편입 ; (병사의) 모병 ; 입대.
***en·liv·en** [enláivən] *vt.* (1) (광경·담화 따위)를 활기차게 하다. (2) …을 활기띠게 하다, 기운을 돋우다, 생기를 주다. (3) (장사 따위에) 활기를 불어 넣다.
파) ~ **·ment** *n.* ⓤ
en masse [enmǽs, ɑːŋmáːs] 《F.》한꺼번에, 일괄하여.
en·mesh [enméʃ] *vt.* 《~+目/+目+前+名》〔흔히 受動으로〕망에 걸리게 하다, …을 그물로 잡다 ; (곤란 따위에) 빠뜨리다《*in*》.
***en·mi·ty** [énməti] *n.* ⓤⓒ 적의, 증오 ; 불화, 반목.
***en·no·ble** [enóubl] *vt.* (1) 귀족으로 만들다, 작위를 주다. (2) …을 품위있게 하다, 고상하게 하다.
파) ~ **·ment** *n.* ⓤ 고상하게 함 ; 수작(授爵).
en·nui [áːnwiː, -´, *F.* ãnɥi] *n.* 《F.》 ⓤ 권태, 지루함, 앙뉘.
enor·mi·ty [inɔ́ːrməti] *n.* (1) ⓒ (흔히 *pl.*) 극악한 범죄, 흉행(兇行), 큰 죄. (2) ⓤ 무법 ; 《특히》 극악. (3) ⓤ 《口》 (문제·일 등의) 거대〈광대〉.
:enor·mous [inɔ́ːrməs] *a.* 막대한, 거대한, 매우 큰(immense).
파) ***~ ·ly** *ad.* 터무니 없이, 대단히, 매우, 막대 하게. **~ ·ness** *n.* ⓤ
:enough [inʌ́f] *a.* …하기에 족한, …할 만큼의 ; 충분한.
— *n.* 충분(한 양·수), (너무) 많음(too much) : *Enough* has been said. 말할 것은 다 말했다/ There's ~ *for* everybody. 모두에게 줄 만큼충분하다 / Are you ~ of a man *to* do so? 네게 그렇게 할 만한 배짱이 있느냐(Are you man ~ *to* do so ?) / *Enough of* that! (그것은) 이제 충분하다, 이제 그만해라. ***~ and to spare*** 남아돌만큼의(것). ***Enough is ~.*** 이제 그만. ***have ~ to do*** …은 이제 충분하다, …은 이제 질색이다: We've *had* ~ *of* this bad weather. 이 구질구질한 날씨엔 이제 신물이 났다 / We have had ~ *of* everything. 이것저것 잔뜩 먹었습니다. ***have ~ to*** do …하는 것이 고작이다 : I *had* ~ *to* keep up with him. 그를 따라가는 것이 고작이었다. ***more than ~*** (1) 충분히, 십이분 : I took *more than* ~. 많이 먹었습니다. (2) (반어적으로)지겨울 정도로 : He has *more than* ~ money. 그에겐 처치 곤란할 정도로 돈이 많다.
— *ad.* (1) 〔흔히 形容詞·副詞의 뒤에 붙임〕 충부히, 필요한 만큼, (…하기에) 족할 만큼. (2) 상당히, 꽤 ; 어지간히, 그런 대로. (3) 〔强意的〕 아주, 모두. ***be kind〈good〉 ~ to*** do 친절하게도〈고맙게도〉 …하다 : *Be good* ~ *to* shut the door. 문 좀 닫아 주시지요. ***cannot 〈can never〉*** do ~ 아무리 …해도 부족하다. ***strange〔curious(ly), oddly〕 ~*** 기묘하게, 참 이상하게도. ***sure ~*** 1)과연,생각했던 대로. 2)〔대답으로서〕 그렇고 말고요. ***well ~*** 어지간히 잘, 꽤 훌륭히: write *well* ~ 그런 대로 잘 쓰다.
— *int.* 이제 그만(No more!) : *Enough* ! I heard you the first time. 이제 그만해. 그 얘기는 이미 들었다.
en·pas·sant [ãːpɑːsãː] 《F.》 …하는 김에.

en·plane [enpléin] *vi.* 비행기에 타다. 【opp】 *deplane.*
en·quête [ãːŋkét] n. 《F.》 앙케트, 여론 조사.
en·rage** [enréidʒ] *vt.* 〔흔히 受動으로〕 …을 노하게 하다, 부아를 돋우다. ***be ~d at〈by,with〉 …에 몹시 화내다. 파) ~ **·ment** *n.* ⓤ 노하게 함 ; 분노, 화.
en·rap·ture [enrǽptʃər] *vt.* 〔흔히 受動으로〕 …을 황홀케 하다《*by* ; *at*》 : We were ~*d by* the grandeur of the Alps. 우리는 알프스의 장대함에 넋을 잃었다/ They *were* ~*d at* the beauty of it. 그 아름다움에 그들은 황홀했다.
en·rap·tured [-d] *a.* 황홀해진, 도취된.《*at* ; *by*》: an ~ look 황홀해진 표정.
:en·rich [enrítʃ] *vt.* (1) 넉넉하게〈풍부하게〉 하다. (2) …를 부유하게 만들다, 풍부하게 하다.(3) 비옥하게 하다. (4) 《+目+前+名》 (내용·빛깔·맛 등)을 높이다, 진하게 하다, 짙게 하다;(음식의) 영양가를 높이다. ~ one***self*** (by trade) (장사로) 재산을 모으다. 파) ~ **·ment** *n.* ⓤ 풍요롭게 함〈됨〉 ; 강화.
en·ríched fóod [enrítʃt-] (비타민 등을 가한)강화 식품.
en·roll, -rol** [enróul] (-ll-***) vt. (1) …을 기록하다. (2) 《~+目/+目+前+名》 …을 등록하다, 명부에 기재하다; 입회〈입학〉시키다《*in*》; 병적에 올리다. (2) 입회〈입학,입대〉하다《*at* ;*in*》.
***en·rol(l)·ment** [enróulmənt] *n.* (1) ⓒ 등록〈재적〉. (2) ⓤ 기재 ; 등록, 입대, 입학, 입회.
en route [ɑːnrúːt, en-] 《F.》 …으로 가는 도중에《*to* ; *for*》.
en·sconce [inskáns/-skɔ́ns] *vt.* (1) (몸)을 숨기다, 감추다. (2) 〔再歸的 ; 受動으로도〕 (몸)을 편히 앉히다, 안치하다.
***en·sem·ble** [ɑːnsáːmbəl] *n.* ⓒ 《F.》 (1) 【服】 전체적 조화 ; 갖춘 한 벌의 여성 복장, (가구 등의) 갖춘 한 세트, 앙상블. (2) (흔히 the ~) 총체《예술 작품 등의》 ; 종합적 효과. (3) 【樂】 앙상블《2부 이상으로 된 합창〈합주〉곡(의 연주자들)》.
en·shrine [enʃráin] vt. 《~+目/+目+前+名》 (1) (상자에 넣어 유품 등)을 성체로서 수납하다. (2) …을 (성당에) 모시다, 안치하다 ; 신성한 것으로 소중히 하다, (마음에) 간직하다《*in*》. (3) 〔흔히 受動으로〕 (공식문서 등에)…을 정식으로 기술하다《*in* ; *among*》. 파) ~ **·ment** *n.* 사당에 모심 ; 비장.
en·shroud [enʃráud] *vt.* (1) 〔흔히 受動으로〕…을 가리다, 덮다《*in* ; *by*》. (2) (죽은이)에 수의를 입히다.
***en·sign** [énsain, 《軍》 énsn] *n.* ⓒ (1) (지위·관직을 나타내는) 기장. (2) (선박·비행기의 국적을 나타내는) 기 ; 국기. (3) 《美》 해군 소위 ; 《英古》 기수(旗手).
en·si·lage [énsəlidʒ] *n.* ⓤ 엔실리지《사일로(silo)에 생(生) 목초 등을 신선하게 보존하는 방법》 ; 그 보존된 생목초.
en·sile [ensáil] *vt.* (목초)를 사일로(silo)에 저장하다.
***en·slave** [ensléiv] *vt.* 《~+目/+目+前+名》 …을 노예〈포로〉로 하다.
파) ~ **·ment** *n.* ⓤ 노예로 함 ; 노예 상태.
en·snare [ensnéər] *vt.* …을 올가미에 걸다, 덫에 걸리게 하다《*in, into*》.
en·sue** [ensúː] *vi.* (1) 《~/+前+名》 결과로서 일어나다. (2) 계속해서〈잇따라〉 일어나다. ***as the days ~d 날이 감에 따라.

en·su·ing [ensú:iŋ] *a.* 〔限定的〕 잇따라 일어나는, 결과로서 계속되는 ; 다음의, 계속되는.

***en·sure** [enʃúər] *vt.* (1) 《+目+前+名》 …을 안전하게 하다, 지키다 《*from* ; *against*》. (2) 《~+目/+目+目/+目+前+名/+*that* 節》 …을 책임지다, 보장〈보증〉하다, (성공 등)을 확실하게 하다 ; (지위 따위)를 확보하다.

-ent *suf.* (1) 동사에 붙여 행위자를 나타내는 명사를 만듦 : superintend*ent*. (2) 동사에 붙여 형용사를 만듦 : insist*ent*. ※ -ent는 본디 라틴어 현재분사의 어미.

***en·tail** [entéil] *vt.* (1) (노력·비용 등)을 들게 하다, 과(課) 하다. (2) 《~+目/+目+前+名》 …을 필연적으로 수반하다, 필요로 하다. (3) 《+目+前+名》 **[法]** 〔종종 受動으로〕 (부동산)의 상속인을 한정하다. — *n.* ⓤ (부동산의) 한사(限嗣) 상속 ; ⓒ 한사 상속재산 ; ⓤ (관직 등의) 계승 예정 순위. 파) **~·ment** *n.*

en·tan·gle** [entǽŋgl] *vt.* (1) 《~+目/+目+前+名》 (함정·곤란 따위에) …을 빠뜨리다, 휩쓸려〈말려〉들게 하다《*in* ; *with*》. (2) (실 따위)를 엉클어지게 하다, 얽히게 하다《*in*》. (3) 〔再歸的〕 …에 빠지다, 말려들다《*in* ; *with*》. ***be* 〈*get*〉 *~d in …에 말려들다, 빠지다: *be ~d in* an affair 〈a plot〉 사건〈음모〉에 말려들다. 파) **~·ment** *n.* (1) ⓒ 분규, 혼란;얽힌 남녀 관계.(2)ⓤ 얽힘, 얽히게 함, 연루.

en·tente [ɑ:ntɑ́:nt] *n.* (1) ⓒ 〔集合的〕 협상국. (2) ⓤⓒ (정부간의) 협정, 협상《alliance 만큼 구속력은 없음》.

enténte cor·diále [-kɔ:rdjɑ́:l] (두 나라 사이의) 화친 협상, 상호 이해.

⁝en·ter [éntər] *vt.* ① …에 들어가다 : ~ a room 〈house〉 방〈집〉에 들어가다. ② (가시·탄환 등이) …에 박히다. (3) (새로운 시대·생활 등)에 들어가다. (4) (단체 따위)에 가입〈참가〉하다 ; …에 입회〈입학, 입대〉하다. (5) 《+目+前+名》 ……을 가입〈참가〉시키다 : 입회〈입학〉시키다 : ~ one's child *in* school〈at Eaton〉 아이를 학교〈이튼교〉에 입학시키다 / she *~ed* her terrier *for*〈*in*〉 a dog show 그녀는 자기 테리어를 도그쇼에 참가시켰다. (6) 《~+目/+目+前+名》 (이름·날짜 등)을 기재〈기입〉하다, 등기하다, 등록하다 : ~ a name 이름을 기입하다 / ~ the sum *in* a ledger〈book〉 대장〈장부〉에 그 금액을 기입하다. (7) 《~+目/+目+前+名》 **[法]** (소송)을 제기하다 : ~ an action *against* a person 아무를 고소하다. (8) **[컴]** (정보·기록·자료)를 넣다, 입력하다 : ~ all the new data into the computer 모든 새 자료를 컴퓨터에 입력하다. — *vi.* (1)《~/+前+名》 들다, 들어가다: ~ at〈by〉 the door 문으로 들어가다. (2)(E-) **[劇]** (무대에) 등장하다. 〚opp.〛 *exit*. 「*Enter* Hamlet. 햄릿 등장《3인칭 명령법으로 무대 지시》. (3)《~/+前+名》 (경기 따위에) 참가를 신청하다, 등록하다《*for* ; *in*》.

~ into (1) (관계 따위)를 맺다, …에 들어가다. (2) (일·담화·교섭 등)을 시작하다, 개시하다: ~ *into* service근무를 시작하다, 근무하다. (3) …의 일부가 되다, …의 요소가〈성원이〉 되다. (4) (남의 마음·기분)에 공감(동정)하다, 관여하다 : (분위기·재미 등)을 맛보다, …을 이해하다. (5) (세세한 점까지) 깊이 파고 들다, 조사하다 : ~ *into* detail 세부에까지 미치다〈조사하다〉 : ***~ on***〈***upon***〉 (1) (일따위)에 착수하다, …을 시작하다. (2) (문제·주제 따위)에 손을 대다, 시작하다 (3) (신생활 따위)에 들어가다. (4) **[法]** …을 취득하다, …의 소유권을 얻다 : ~ *on* one's inheritance 유산을 상속하다. **~** one***self for*** …에의 참가를 신청하다, …에 응모하다.

en·ter·ic [entérik] *a.* 장의, 창자의 : ~ fever 장티푸스. — *n.* =ENTERIC FEVER.

en·ter·i·tis [èntəráitis] *n.* ⓤ **[醫]** 장염(腸炎).

énter kèy **[컴]** 《하나의 문자나 문자열의 입력이 완료되었음을 시스템에 알려주는 키》.

enter(o)- '장(腸)'의 뜻의 결합사.

:en·ter·prise [éntərpràiz] *n.* (1) 〈흔히 修飾語와 함께〉 ⓤ 기업, 사업 ; 기업 경영 ; ⓒ 기업체 : small-to-medium-sized *~s* 중소 기업. (2) ⓒ (대담한 또는 모험적인)기획, 계획. (3) ⓤ 진취적인 정신, 기업심〈열〉 ; 투기심, 모험심 : a spirit of ~ 기업심, 진취적인 기상.

***en·ter·pris·ing** [éntərpràiziŋ] *a.* 기업심 (모험심〉이 왕성 ; (행동이) 진취〈모험〉적인. 파) **~·ly** *ad.*

:en·ter·tain [èntərtéin] *vt.* (1) 《+목+前+名》 …을 즐겁게 하다, 즐기게 하다, 위로하다《*with* ; *by*》. (2) 《~+目/+目+前+名》 …을 대접〈환대〉하다 ; 《특히》 식사에 초대하다《*at* ; 《英》*to*》 : ~ a person *at* 〈*to*〉 dinner ~를 식사에 초대하다 / ~ guests *with* refreshments 다과를 내놓고 대접하다. (3) (감정·희망 등)을 품다, 생각하다, 간직하다, 고려하다 : ~ a doubt 의문을 품다 / ~ (a) bitter hatred 〈deep affection〉 for a person ~에 대해 증오를 〈깊은 애정을〉 품다.

파) ***~·er** *n.* ⓒ 환대자 ; 재미있는 사람 ; 《특히》 흥을 돋우는 예능인: 요술사. **~·ing** *a.* 유쾌한, 재미있는. **~·ingly** *ad.* 재미있게, 유쾌하게.

:en·ter·tain·ment [èntərtéinmənt] *n.* (1) ⓒ 연회, 주연, 파티 : give an ~ 파티를 열다〈베풀다〉. (2) ⓤ 대접(hospitality), 환대 ; (식사에의) 초대. (3) ⓤⓒ 위로, 오락 : find ~ in reading 독서를 즐거움으로 삼다 / a place 〈house〉 of ~ 오락장. (4) ⓒ 연예, 여흥 : theatrical *~s* 연극 / a musical ~ 음악회.

entertáinment compùter 오락용컴퓨터.

en·thrall, -thral [enθrɔ́:l] *vt.* 〈종종 受動으로〉 …을 매혹하다, 홀리게하다(captivate), 마음을 빼앗다 ; 사로잡다. 파) **~·ment** *n.* ⓤ 마음을 빼앗음, 매혹.

***en·throne** [enθróun] *vt.* (1) 《~+目/+目+前+名》…을 떠받들다, 존경〈경애〉하다: Washington was *~d in* the hearts of his countrymen. 워싱턴은 국민의 존경의 대상이었다. (2) …을 왕좌〈왕위〉에 앉히다, 즉위시키다 ; **[教會]** bishop의 자리에 임명하다. 파) **~·ment** *n.* ⓤⓒ 즉위(식) ; 성직 취임(식) ; 숭배, 존경.

en·thuse [inθú:z, en-] *vt.*, *vi.* (…을) 열광〈열중〉시키다〈하다〉 ; 감격시키다〈하다〉. ***~ over*** …에 열중하다.

:en·thu·si·asm [enθú:ziæ̀zəm] *n.* (1) ⓤ 열심, 열중, 열광, 의욕, 열의《*for* ; *about*》 : with ~ 열중하여, 열광적으로 / He shares your ~ *for* jazz 그는 너처럼 재즈광이다. (2) ⓒ 열심의 대상, 열중 시키는 것 : ~ is stamp collecting. 열중하고 있는 것은 우표 수집이다.

en·thu·si·ast [enθú:ziæ̀st] *n.* ⓒ 열광자, 팬, …광(狂) 《*for*》 : a great soccer ~ 축구광.

:en·thu·si·as·tic [enθù:ziǽstik] (***more ~ ; most ~***) *a.* (1) 열성적인, 광신적인, 열렬한 : an ~ welcome 열렬한 환영. (2) 열심인《*for*》 : 열광적인 《*about* ; *over*》 : an ~ baseball fan 열광적인 야

구팬. 파) **-ti·cal·ly** [-kəli] *ad.* 열광적으로(ardently).

***en·tice** [entáis] *vt.* 《~+目/+目+前+名/+目+副/+目+*to* do》 유혹하다, …을 꾀다 ; 부추겨 …시키다《*to* do》 : He was ~*d* by dreams of success. 그는 성공의 꿈에 이끌렸다.
파) **~·ment** *n.* (1) ⓒ (종종 *pl.*)유혹물, 마음을 끄는 것, 미끼(allurement). (2) ⓤ 유혹,유인. (3) ⓤ 매력.

en·tic·ing [entáisiŋ] *a.* 마음을 끄는, 유혹적인 (tempting) : His invitation seemed too ~ to refuse. 그의 초청은 거절하기엔 너무 마음에 들었다.
파) **~·ly** *ad.*

:en·tire [entáiər] *a.* (1) 〈限定的〉 완전한(complete) : ~ freedom 완전한 자유 / You have my ~ confidence. 너를 전적으로 신뢰한다. (2) 〈限定的〉 전체〈전부〉의 : the ~ city 시 전체 / I slept away the ~ day. 꼬박 하루 종일 잤다. (3) 흠 없는, 온전한 : The ship was still ~ after the storm. 배는 그 폭풍우에도 온전했다. — *n.* ⓒ 거세하지 않은 말, 종마.
파) **~·ness** *n.* 완전〈무결〉, 순수.

:en·tire·ly [-li] *ad.* 아주(completely), 완전히; 오로지, 한결같이 ;전적으로.

en·tire·ty [-ti] *n.* (1) (the ~) 전체, 전액. (2) ⓤ 완전, 모두 그대로임〈의 상태〉. ***in its*〈*their*〉 ~** 완전히 ;온전히 그대로.

:en·ti·tle [entáitl] *vt.* (1) 《+目+前+名/+目+*to* do》 〈종종 受動으로〉 …에게 권리를〈자격을 〉주다 : *be* ~*d to* …의 권리가〈자격이〉 있다. (2) 《+目+普》 …에 제목을 붙이다, ~라고 표제를 붙이다.
파) **~·ment** *n.* ⓤⓒ

en·ti·ty [éntiti] *n.* (1) ⓒ 실체, 본체, 존재물; a legal ~ 법인. (2) ⓤ 실재, 존재. (3) ⓒ 자주적〈독립적〉인 것 ; 통일체: a political ~ 국가.

en·tomb [entúːm] *vt.* (1) (장소가) …의 무덤이 되다. (2) …을 무덤에 묻다, 매장하다(bury).
파) **~·ment** n. ⓤ 매장 ; 매몰.

en·to·mo·log·i·cal [ìntəməládʒikəl/-lɔ́-] *a.* 곤충학(상)의. 파) **-i·cal·ly** *ad.* 곤충학적으로.

en·to·mol·o·gy [ìntəmálədʒi/-mɔ́l-] *n.* ⓤ 곤충학. 파) **-gist** *n.*ⓒ 곤충학자.

en·tou·rage [àːnturáːʒ] *n.* ⓒ 주위, 환경 ; 〈集合的〉 주위 사람들, 측근들(attendants), 내부 수행원.

en·trails [éntreilz, -trəlz] *n. pl.* 내장 ; 창자.

en·train [entréin] *vt.* (군대 등)을 열차에 태우다. — *vi.* (특히 군대 등이) 열차에 타다. 【opp.】 *detrain.* 파) **~·ment** *n.*

:en·trance[1] [éntrəns] *n.* (1) ⓤⓒ 들어감 ; 입장(료), 입회, 입학, 입사 ; 입항(배우의) 등장《*on* ; *to*》. (2) ⓒ 입구, 출입구, 현관《*to*》 : the main 〈back〉 ~ 정문〈후문〉. (3) ⓤ 취임, 취업. (4) ⓤ ⓒ 들어갈 기회〈권리〉. ▫ enter *v.* ***entrance free.*** 입장자유〈무료〉《게시》. ***gain ~ into*〈*to*〉** …에 들어가다 : have free ~ to …에 자유로이 들어갈 수 있다. ***force an ~ into*** 밀로 들어가다, 강제로 들어가다. ***NO ~.*** 입장 사절, 출입 금지《게시》.

en·trance[2] [entrǽns, -tráːns] *vt.* 〈흔히 受動으로〉 (기쁨 등으로) 넋을 잃게 하다, …을 황홀하게 하다《*at* ; *by* ; *with*》 : be ~*d with* ~에 황홀해지다.

en·tranced [-t] *a.* 황홀한, 도취된.

en·trance·ment [entrǽnsmənt, -tráːns-] *n.* ⓤ 황홀한 상태, 무아경지 ; 기뻐 어쩔줄 모름.

en·trance·way [éntrənswèi] *n.* ⓒ 《美》입구.

en·tranc·ing [entrǽnsiŋ, -tráːns-] *a.* 넋〈정신〉을 빼앗는, 황홀하게 하는, 매혹적인. 파) **~·ly** *ad.*

en·trant [éntrənt] *n.* ⓒ (1) 경기 참가자〈동물〉《*for*》. (2) 들어가는〈오는〉 사람 ; 신입(생), 신규 가입자, 신입 회원, 신참 : an illegal ~ 불법 입국자 / college ~*s* 대학 신입생.

en·trap [entrǽp] (***-pp-***) *vt.* 《~+目/+目+前+名》 〈흔히 受動으로〉 …을 올가미에 걸다 ; 함정에 빠뜨리다《*to*》 ; 속여 …시키다 ; (사람을) 모함하다《*into* do*ing*》.
파) **~·ment** *n.* ⓤ 함정 수사.

:en·treat [entríːt] *vt.* 《~+目/+目+前+名》 (1) …을 원하다, 간청〈부탁〉하다 : She ~*ed* us *for* our help. 그녀는 우리에게 도움을 청했다. (2) 《+目+前+名/+目+*to* do》 …에게 탄원하다《*for*》.
— *vi.* 탄원〈간청〉하다.파) **~·ing·ly** *ad.* 간원〈애원〉하듯이, 간청하듯이, 간절히.

:en·treaty [-i] *n.* ⓤⓒ 애원, 간절한 부탁(애원), 탄원.

en·trée, en·tree [áːntrei, -ˊ] *n.* 《F.》 (1) ⓤ ⓒ 출장(出場), 입장(허가) ; 입장권(權). (2) ⓒ 【料】 앙트레《《英》 생선과 구운 고기가 나오기 전에 나오는 요리 ;《美》 주요 요리》. (3) ⓒ 참가〈가입〉의 계기(가 되는 것).

en·trench [entréntʃ] *vt.* (1) 〈再歸的〉 …에 대하여 자기 기반을 굳히다, 자기 몸을 지키다《*against* ; *behind*》. (2) a] 〈흔히 受動으로〉 (성곽·도시)를 참호로 에워싸다〈지키다〉. b] 〈再歸的〉 참호를 파고 몸을 숨기다.
— *vi.* (1) (…을) 침해하다《*on, upon*》. (2) 참호를 파다. 파) **~·ment** *n.* ⓤ 참호 구축 작업 ; ⓒ 참호 ; ⓤ (권리의) 침해.

en·trenched [-t] *a.* (1) (권리·전통 등의) 확립된 ; 굳게 지위를 굳힌 : an ~ habit 굳게 확립된 습관. (2) 참호로 방비된.

en·tre nous [àːntrənúː] 《F.》 우리끼리의 〈비밀〉 얘기지만(between ourselves).

en·tre·pre·neur [àːntrəprənə́ːr] *n.* ⓒ 《F.》 (1) (연극·음악 등의) 흥행주 : a theatrical ~ 연극 흥행주. (2) 실업가, 기업가(enterpriser). (3) 중개(업)자.
파) **~·i·al** *a.* **~·ship** *n.* ⓤ 기업가 정신.

en·tro·py [éntrəpi] *n.* ⓤ (1) 균질성. (2) 엔트로피《【物】물체의 열역학적 상태를 나타내는 양 ; 【情報論理】 정보 전달의 효율을 나타내는 양》.

***en·trust** [entrʌ́st] *vt.* …에게 맡기다, 기탁〈위탁〉하다, 위임하다《*with* ; *to*》.

:en·try [éntri] *n.* (1) ⓤⓒ 참가, 가입: a developing nation's ~ *into* the UN, 발전 도상국의 UN 가입. (2) ⓤⓒ 들어감, 입장 ; 입장권(權). (3) ⓒ 들어가는 길 ; 입구(entrance), 현관. (4) ⓤⓒ 기입, 기재 : 【簿記】 기장(記帳) ; 등기, 제출 ; 기입 사항 : an ~ *in* the family register 입적(入籍) / ➜ DOUBLE〈SINGLE〉 ENTRY. (5) ⓒ (사전 따위의) 표제어(= **~ wòrd**), 견출어. (6) ⓤⓒ (경기 따위에의) 참가, 출전《*for*》 ; 〈集合的〉 총출장자〈출품물〉(수, 명부). (7) 【法】 (토지·가옥의)침입, 점유 : an illegal ~ 불법 침입. (8) 【컴】 어귀, 입구《어떤 프로그램이나 서브루틴의 시각점》.

éntry fòrm 〈《美》**blank**〉 참가 응모〈신청〉용지.

en·try-lev·el [-lèvəl] *a.* (1) (컴퓨터 등) 초보적이고 값이 싼. (2) 미숙련 노동자용의, 견습적인.

éntry pèrmit 입국 허가.
éntry visa 입국 사증.
en·try·way [-wèi] *n.* ⓒ (입구의) 통로.
en·twine [entwáin] *vt.* (1) (화환(化環) 등)을 엮다, 짜다 ; 껴안다, 얽다《*with* ; *in*》. (2) …을 휘감다, …에 휘감기게〈얽히게〉 하다《*about* ; *around* ; *with*》.
***enu·mer·ate** [injú:mərèit] *vt.* 열거하다, …을 낱낱이 들다〈세다〉 ; 세다.
enu·mer·a·tion [injù:məréiʃən] *n.* (1) ⓒ 세목(細目), 목록 ; 일람표. (2) ⓤ 열거, 일일이 셈, 계산.
enu·mer·a·tive [injú:mərèitiv, -rət-] *a.* 계수(計數)상의, 열거의〈하는〉.
enun·ci·ate [inʌ́nsièit, -ʃi-] *vt.* (1) …을 (똑똑히) 발음하다. (2) (학설 따위)를 발표하다 ; (이론·제안 따위)를 선언하다. — vi. 똑똑히 발음하다(pronounce).
enun·ci·a·tion [inʌ̀nsiéiʃən, -ʃi-] *n.* (1) ⓤⓒ (이론·주의 등의) 공표, 선언, 언명《*of*》. (2) ⓤ 발음(방법).
en·u·re·sis [ènjurí:sis] *n.* ⓤ 【醫】 유뇨(遺尿)(증) : nocturnal ~ 야뇨증.
:en·vel·op [envéləp] (*p.*, *pp.* ***~ed*** ; ***~ing***) *vt.* 《~+目/+目+前+名》 …을 덮(어 가리)다 ; …을 싸다《*in*》, 봉하다.
파) **~·ment** *n.* ⓤ 쌈, 싸개 ; 【軍】 포위.
:en·ve·lope [énvəlòup, ɑ́:n-] *n.* ⓒ (1) 싸개, 외피 ; 덮개. (2) 봉투 : seal 〈open〉 an 봉투를 봉하다〈열다〉 / address an ~ 봉투에 수신인 주소 성명을 쓰다. (3) (비행선·기구 등의) 기낭(氣囊)(gasbag) ; 혜성을 싸는 가스체 ; 【컴】 덧붙임.
en·ven·om [invénəm] *vt.* (1) …에 독기〈적의(敵意), 증오〉를 띠게 하다(embitter) : ~*ed* words (tongue) 독설. (2) …에 독을 넣다, 독을 바르다.
en·vi·a·ble [énviəbəl] *a.* 부러운, 탐나는 : an ~ position 부러운 신분. 파) **~·ness** *n.* **-bly** *ad.* 부럽게.
:en·vi·ous [énviəs] (***more ~*** ; ***most ~***) *a.* (1) 부러운 듯한 : an ~ look 부러운 듯한 표정. (2) 샘〈부러워〉하는, 질투심(시기심)이 강한 : She is ~ of my good fortune. 그녀는 내 행운을 시기하고 있다. □ envy *v.*
파) **~·ly** *ad.* 부러운 듯이, 시기하여.
***en·vi·ron** [inváiərən] *vt.* …을 둘러〈에워〉싸다, 두르다, 포위하다《*by* ; *with*》.
:en·vi·ron·ment [inváiərənmənt] *n.* (1) (the ~) 자연 환경 : protect *the* ~ 자연 환경을 보호하다. (2) ⓤⓒ 주위 환경《사회적인 문화적인》 : one's home ~ 가정 환경. (3) 【컴】 환경《하드웨어나 소프트웨어의 구성 또는 조작법》.
***en·vi·ron·men·tal** [invàiərənméntl] *a.* 환경의 ; 주위의 ; 환경 보호의.
environméntal árt 환경 예술《관객을 예술 속에 이끌어 만들려는 종합 예술》.
Environméntal Protéction Àgency (the ~) 《美》 환경 보호국《略 : EPA》.
en·vi·ron·ment-friend·ly [inváiərənmənt-fréndli] *a.* 환경을 오염시키지 않는, 환경에 친화적(親和的)인.
en·vi·rons [inváiərənz, énviərənz] *n. pl.* 주변(의 지역), (도시의) 근교, 교외(郊外) : London and its ~ 런던과 그 근교.
en·vis·age [invízidʒ] *vt.* 상상하다(visualize), (상황)을 마음 속에 그리다, 파악하다, 예견〈구상〉하다, 관찰하다. 파) **~·ment** *n.* ⓤ
***en·voy**[1] [énvɔi, ɑ́:n-] *n.* ⓒ (외교) 특사(特使), 사절 ; (전권) 공사 : an *Envoy* Extraordinary (and Minister Plenipotentiary) 특명 전권 공사 / an Imperial ~ 칙사 / a peace ~ 평화 사절.
:en·vy [énvi] *n.* (1) (the ~) 선망의 대상, 부러운 것. (2) ⓤ 질투, 부러움, 시기, 샘. □ enviable, envious *a.* ***out of ~*** 시기심에서, 질투가 원인이 되어. — *vt.* 《~+目/+目+目/+目+前+名》 …을 부러워하다, 시샘하다, 질투하다《*for*》. ※ envy 바로 뒤에는 *that*-cause를 쓰지 않음. 「I ~ you. 네가 부럽다 / I ~ him (*for*) his good fortune. 그의 행운이 부럽다/ I do not ~ him his delinquent son. 그의 아들이 비행 소년이라니 안됐다 / in ~ of …을 부러워하여.
en·wrap [inrǽp] (***-pp-***) *vt.* (1) …을 열중시키다, …의 마음을 빼앗다. (2) …을 싸다, 두르다 ; 휘말다.
en·zyme [énzaim] *n.* ⓒ 【化】 효소(酵素).
eons-old [í:ənzòuld] *a.* 아주 옛날부터의, 아주 오래 된.
Eos [í:ɑs/-ɔs] *n.* 【그神】 에오스《새벽의 여신》.
eo·sin, -sine [í:əsin], [-si(:)n] *n.* ⓤ 【化】 에오신《선홍색의 산성 물감, 세포질의 염색 등에 쓰임》.
eo·sin·o·phil, -phile [ì:əsínəfil], [-fàil] *n.* 【生】 호산구(好酸救), 호산성 백혈구.
-eous *suf.* 형용사 어미 -ous의 변형: beaut*eous*.
EP [í:pí:] *n.* 이피판〈도넛판〉 레코드《매분 45회전》. — *a.* 이피판의 : ~ records. 〔◁ *extended play* (record)〕
ep·au·let(te) [épəlèt, -lit] *n.* 【軍】 (장교 정복의) 견장.
épée [eipéi, épei] *n.* 《F.》 【펜싱】 에페《끝이 뾰족한 경기용 칼》.
ephed·rine, -rin [ifédrin, éfidrì:n], [efédrin] *n.* ⓤ 【藥】 에페드린《감기·천식 등의 치료제》.
ephem·er·al [ifémərəl] *a.* 하루밖에 안 가는〈못사는〉《곤충·꽃 등》; 단명한, 덧없는. 파) **~·ly** *ad.*
Ephe·sian [ifí:ʒən] *n.* (the ~s) 【聖】 에베소서(書)《신약성서 중의 한 편; 略 : Eph., Ephes.》.
ep·ic** [épik] *n.* ⓒ (1) 서사시, 사시(史時)《영웅의 업적·민족의 역사 등을 노래한 장시(長詩)》 ; 서사시적 이야기〈사건〉. (2) (영화·소설 등의)대작. 【cf.】 lyric. ***a national ~ 국민시. — *a.* 서사시의, 사시(史詩)의.
ep·i·carp [épəkɑ̀:rp] *n.* ⓒ 【植】외과피(外果皮).
ep·i·cen·ter, 《英》**-tre** [épisèntər] *n.* ⓒ 【地質】 진앙(震央), 진원지(震源地).
ep·i·cure [épikjùər] *n.* ⓒ 미식가(美食家) ; 향락주의자.
Ep·i·cu·re·an [èpikjurí:ən, -kjú(:)ri-] *a.* Epicurus의 ; 에피쿠로스파(派)의 ; (e-) 쾌락주의의 ; (e-) 식도락의, 미식가적인. — *n.* ⓒ Epicurus설(說)신봉자 ; (e-) 쾌락주의자 ; (e-) 미식가(美食家).
파) **~·ism** [-ìzəm] *n.* ⓤ Epicurus의 철학 ; (e-) 쾌락주의 ; 향락주의, 식도락.
Ep·i·cu·rus [èpikjúərəs] *n.* 에피쿠로스《쾌락을 인생 최대의 선(善)이라 한 고대 그리스의 철학자 ; 341–270 B.C.》.
***ep·i·dem·ic** [èpədémik] *n.* ⓒ 유행병, 전염병 (사상·전염병 따위의) 유행 ; (사건 등의) 빈발.
— *a.* (1) 유행병〈전염병〉의. 【cf.】 endemic. (2) 유행하고 있는《사상 따위》 ; 통폐의.

ep·i·der·mal, -mic [èpədə́ːrməl], [-mik] *a.* 표피의, 외피의 : *epidermal* tissue 표피 조직.

ep·i·der·mis [èpədə́ːrmis] *n.* ⓤⓒ 【解·植·動】표피, 외피(外皮) ; 세포성 외피 ; 각(殼).

ep·i·glot·tis [èpəglɑ́tis/-glɔ́t-] *n.* ⓒ 【解】 후두개(喉頭蓋), 후두개 연골(軟骨).

ep·i·gone, -gon [épəgòun], [-gɑ̀n/-gɔ̀n] *n.* (1) (문예 · 사상 따위의) 아류(亞流), 모방자, 에피고넨. (2) (조상보다 못한) 자손.

***ep·i·gram** [épigræ̀m] *n.* ⓒ 경구(警句), 경구적 표현, (짧은)풍자시(諷刺詩). 【cf.】 aphorism.

ep·i·gram·ma·tic, -i·cal [èpigrəmǽtik], [-əl] *a.* 경구(警句)의 : 풍자(시)의 ; 경구투의.
파) **-i·cal·ly** [-ikəli] *ad.* 경구투로, 짧고 날카롭게.

ep·i·gram·ma·tist [èpigrǽmətist] *n.* ⓒ 경구가(家) ; 풍자 시인.

ep·i·graph [épigræ̀f, épigrɑ̀ːf] *n.* ⓒ (묘비·동상등의) 비문(inscription), 비명 : (서책 등의) 제사(題詞) ; 표어(motto).

epig·ra·phy [epígrəfi] *n.* (a) 〈集合的〉 비문, 비명(碑銘). (2) ⓤ 비명 연구, 금석학(金石學).

ep·i·lep·sy [épəlèpsi] *n.* ⓤ 간질.

ep·i·lep·tic [èpəléptik] *a.* 간질병의, 간질의.
— *n.* ⓒ 간질 환자. 파) **-ti·cal·ly** *ad.*

***ep·i·log, -logue** [épilɔ̀ːg, -lɑ́g/èpilɔ̀g] *n.* ⓒ (문학 작품의) 발문(跋文), 결어(結語), 발시(跋時).

Epiph·a·ny [ipífəni] *n.* (1) 【카톨릭】 (the ~)예수 공현(公顯) 《특히 예수가 이방인인 세 동방 박사를 통하여 메시아임을 상징》. (2) 공현 축인(Twelfth Day) 《1월 6일》. (3)(e-) ⓒ 본질(적 의미)의 돌연한 현현(顯現) 〈지각(知覺)〉 ; 직관적인 진실 파악.

ep·i·phyte [épəfàit] *n.* ⓒ 【植】 착생(着生) 식물 (air plant, aerophyte), 기착 식물.

epis·co·pa·cy [ipískəpəsi] n. ⓤ (1)감독〈주교〉 제도《bishop, priests, deacons의 세 직을 포함하는 교회 정치 형태》 : 감독〈주교〉의 직〈임기〉. (2) (the ~) 〈集合的〉 감독〈주교〉단.

***epis·co·pal** [ipískəpəl] *a.* 감독(제도)의 ; episcopacy를 주장하는 ; (E-) 감독파(派)의.
— *n.* (E-) =EPISCOPALIAN

Epíscopal Chúrch (the ~) 영국성공회 : 미국 성공회. ***the Protestant ~*** 미국 성공회

Epis·co·pa·lian [ipìskəpéiljən, -liən] *a.* 감독제도의, 감독〈주교〉의 ; =EPISCOPAL. — *n.* ⓒ 감독파의 사람, 감독 교회원 : (e-) 감독제(制) 〈주교제〉주의자.
파) **~·ism** *n.* ⓤ (교회의) 감독제주의.

ep·i·scope [épəskòup] *n.* ⓒ 반사 투영기 (反射投映機)《불투명 체의 화상(畫畵像)을 스크린에 영사하는 환등 장치》.

:ep·i·sode [épəsòud, -zòud] *n.* ⓒ (1) a) (소설 · 극 따위 속의) 삽화. b) (TV나 라디오 드라마 등 연속물의) 일회분(一回分), 한 편(編). (2) (사람의 일생 또는 경험 중의) 일련의 삽화적인 사건, 에피소드.

ep·i·sod·ic, -i·cal [èpəsɑ́dik/èpisɔ́d-], [-əl] *a.* (1) 에피소드적인 ; 삽화로 이루어진 ; 삽화적인, 일시적인. (2) 이따금 있는, 우연적인.
파) **-i·cal·ly** *ad.*

epis·te·mo·log·i·cal [ipìstəməlɑ́dʒikəl/-məlɔ́dʒ-] *a.* 인식론(상)의. 파) **~·ly** *ad.*

epis·te·mol·o·gy [ipìstəmɑ́lədʒi/-mɔ́l-] *n.* ⓤ 【哲】 인식론. 파) **-gist** *n.* ⓒ 인식론 학자.

***epis·tle** [ipísl] *n.* (1) ⓒ 《戱·文語》 (특히 형식을 갖춘) 편지, 서한 ; 서한체의 시(詩). (2) (the E-) (신약성서 중의) 사도 서간(使徒書簡).

epis·to·lary [ipístəlèri/-ləri] *a.* 〈限定的〉 편지 〈신서(信書), 서간〉의 〈에 의한〉.

***ep·i·taph** [épətæ̀f, -tɑ̀ːf] *n.* ⓒ 비명(碑銘), 비문, 묘비명 ; 비명체의 시〈산문〉.

ep·i·tha·la·mi·um [èpəθəléimiəm] (*pl.* ***~s, -mia*** [-miə]) *n.* ⓒ 결혼 축시〈축가〉 (nuptialsong).

ep·i·the·li·um [èpəθíːliəm] (*pl.* ***-lia*** [-liə], ***~s***) *n.* ⓒ 【解】 상피(上表) (세포). 【cf.】 ENDOTHELIUM.

***ep·i·thet** [épəθèt] *n.* ⓒ (1) 성질·속성을 나타내는 형용사〈형용어구〉. (2) 별명, 통칭, 칭호

epit·o·me [ipítəmi] *n.* (the ~) (…의) 축도, 전형 : man, *the* world's ~ 세계의 축도인 인간.

epit·o·mize [ipítəmàiz] *vt.* …의 축도〈전형〉이다 ; …을 요약〈발췌〉하다, 개요를 만들다.

:ep·och [épək/íːpɔk] *n.* ⓒ (1) 중요한 사건(시대) ; (특색 있는) 획기적 시대. (2) (역사·정치 등의) 신기원, 새시대. (3) 【地質】 세(世)《연대 구분의 하나로 period(기(紀))보다 작고 age(기(期))보다 큼). (4) 획기적인〈중요한〉 사건. ***make 〈mark, form〉 an ~*** 하나의 새로운 기원을 이루다.

ep·och·al [épəkəl/épɔk-] *a.* 신기원의 ; 획기적인 : an ~ event 획기적인 사건.

***ep·och-mak·ing** [-mèikiŋ] *a.* 획기적인, 신기원을 이루는(epochal).

ep·o·nym [épounìm] *n.* ⓒ 이름의 시조《인종 · 토지 · 시대 따위의 이름의 유래가 되는 인물 : Rome의 유래가 된 Romulus 등》.

ep·on·y·mous [ipɑ́nəməs/ipɔ́n-] *a.* 이름의 시조가 되는 ; 시조의 이름을 붙인. — *vt.* 에폭시 수지로 접착하다.

epóxy rèsin 【化】 에폭시 수지(樹脂).

ep·si·lon [épsəlɑ̀n, -lən/-lɔn] *n.* ⓤⓒ 엡실론 《그리스어 알파벳의 다섯째 문《E. ε : 로마자의 E. e 에 해당》.

Ep·som [épsəm] *n.* 영국 Surrey 주의 도시 《Epsom 경마장이 유명함》.

Épsom sàlt(s) 황산마그네슘《하제(下劑)용》.

eq equal ; equation ; equator ; equivalent

eq·ua·ble [ékwəbəl, íːk-] *a.* (1) (사람 · 성품이) 고요한, 온화〈침착〉한. (2) (기온 · 온도 등이) 한결같은, 고른, 변화가 없는〈적은〉. 파) **-bly** *ad.* **~·ness** *n.*=EQUABILITY. **èq·ua·bíl·i·ty** *n.*ⓤ 균등성, 한결같음 ; (기분 · 마음의) 평안, 침착.

:equal [íːkwəl] (***more ~ : most ~***) *a.* (1) 〔敍述的〕 (임무 따위에) 적당한, 감당할 수 있는, (충분한) 역량이 있는. (2) 같은《*to*》 : 동등한《*with*》, (힘이) 호각의. (3) (양 · 정도가)충분한《*to*》 (4) 평등〈균등, 대등〉한, 한결같은.
be ~ to the occasion 어느 경우에도 (훌륭히) 대처〈대응〉할 수 있다. ***on ~ terms (with. . .)***(…과) 동등한 조건으로, 대등하게. ***other things being ~*** 다른 조건이 같다면.
— *n.* ⓒ (1) 동등자, 대등한 사람, 동배(同輩). (2) 동등한 것, 필적하는 것. ***be the ~ of*** one***'s word*** 약속을 지키다. ***without (an) ~*** 필적할 사람이 없는, 출중하여.
— (***-l-*** 《英》***-ll-***) *vt.* 《~+目/+目+前+名》 …과 같다: …에 필적하다. …에 못지 않다.

equal·i·tar·i·an [i(ː)kwɑ̀lətɛ́əriən/-kwɔ̀l-] *a.*, *n.* ⓒ 평등주의의 ; 평등주의자, 평등론자.

equal·i·ty** [i(ː)kwɑ́ləti/-kwɔ́l-] *n.* ⓤ 동등 ; 같음 ; 대등 ; 평등 ; 균등, 한결같음 : ~ of opportunity 기회의 균등 / a campaign for racial ~ 인종적 평등을 위한 운동 / the sign of ~ 이퀄기호(=). ***on an ~ with …와 대등한 입장에서.

equal·ize [íːkwəlàiz] *vt.* …을 같게 하다 ; 평등〈동등〉하게 하다 ; 한결같이 하다《*to* ; *with*》. — *vi.* 《英》(경기에서) 동점이 되다.
파) **èqual·i·zá·tion** *n.* ⓤ 평등〈균일〉화, 동등화.

equal·iz·er [íːkwəlàizər] *n.* ⓒ (1) 평등하게 하는 사람〈것〉 ; 동점타(打)〈골〉. (2) 【空】 (보조익의) 평형 장치(비행기 보조 날개의).

:equal·ly [íːkwəli] (***more ~ : most ~***) *ad.* (1) 평등하게 ; treat ~ 차별 없이 다루다. (2) 같게, 동등하게. (3) 〔接續詞的으로〕동시에, 또.

équal opportúnity (고용의) 기회 균등.

équal páy (남녀의) 동일 임금.

Équal Ríghts Amèndment (the ~) 《美》 남녀 평등 헌법 수정안《略 : ERA》.

équal(s) sìgn 등호《=》.

equa·nim·i·ty [ìːkwəníməti, èk-] *n.* ⓤ (1) (마음의) 평정(平靜) ; 침착 ; 냉정. ***with ~*** 침착하게, 태연히. (2) 안정된 배역, 평형.

equate [ikwéit] *vt.* (1) 【數】 등식화하다, 방정식으로 나타내다. (2) (두 물건)을 같게 하다 ; …와 동등시하다 《*to* ; *with*》.

***equa·tion** [i(ː)kwéiʒən, -ʃən] *n.* (1) ⓒ 【數·化】 방정식 ; 등식, 반응식 : an ~ of the first〈second〉 degree 1차〈2차〉 방정식 / solve an ~ 방정식을 풀다. (2) ⓤ (또는 an ~) a] 동등하게 함, 균등화 ; 동일시. b] 평형 상태. 파) **~·al** [-əl] *a.* 방정식의 ; 균분의.

:equa·tor [ikwéitər] *n.* (the ~) 적도: right on *the* ~ 적도 직하에서〈의〉 / the magnetic ~ 자기 적도..

***eq·ua·to·ri·al** [èkwətɔ́ːriəl, ìːk-] *a.* (1) 적도의, 적도 부근의. (2) 몹시 더운. — *n.* 적도의.

eq·uer·ry [ékwəri] *n.* ⓒ (영국 왕실의) 시종 무관.

eques·tri·an [ikwéstriən] *a.* 마술의 ; 마상(馬上)의, 기마〈승마〉의 : ~ events 마술 경기 / an ~ statue 승마상(像). — *n.* (*fem.* ***-tri·enne*** [ikwèstrién]) 승마자 ; 마술가, 기수(騎手) ; 곡마사. 【cf.】 PEDESTRIAN. 파) **~·ism** [-ìzəm] *n.* 승마술 ; 곡마술.

equi- '같은' 의 뜻의 결합사 : *equi*distant.

equi·dis·tant [ìːkwidístənt] *a.* 〔敍述的〕 (…에서) 등(等) 거리의《*from*》.

equi·lat·er·al [ìːkwəlǽtərəl] *a.* 등변의 : an ~ triangle〈polygon〉 등변 삼각형〈다각형〉. — *n.* ⓒ 등변 ;등변형. 파) **~·ly** *ad.*

equil·i·brate [ikwíləbrèit, ìːkwəlàibreit] *vt.* (두 개의 것)을 평형시키다, 균형잡히게 하다.
— *vi.* 평형이 되다(balance), 균형을 유지하다.
파) **equi·li·bra·tion** [iːkwìləbréiʃən] *n.* ⓤ 평형, 균형, 평균(상태).

equi·lib·ri·um** [ìːkwəlíbriəm] (*pl.* ***~s, -ria [-riə]) *n.* ⓤⓒ (1) (마음의) 평정, 평안 : preserve〈lose〉 one's (emotional) ~ 마음의 평정을 유지하다〈잃다〉. (2) 평형 상태, 균형 : in ~ 균형을 이루어.

equi·noc·tial [ìːkwənɑ́kʃəl/-nɔ́k-] *a.* 〔限定的〕주야 평분(平分)(시(時))의, 춘분·추분의 ; 적도(부근)의 : the autumnal (vernal) ~ point 추〈춘〉분점 / the ~ line 주야 평분선.

***equi·nox** [íːkwənɑ̀ks/-nɔ̀ks-] *n.* ⓒ 주야 평분시, 춘〈추〉분; 【天】 분점(分點) : the autumnal (vernal, spring) ~ 추분(춘분). ▫ equinoctial *a.*

:equip [ikwíp] (***-pp-***) *vt.* (1) 《~+目/+目+前+名/+目+*as* 普》〔종종 受動으로〕…에 (필요물을) 갖추다, 장비하다《*with*》 ; (배)를 의장(艤裝)하다. (2) 《+目+前+名/+目+*to* do》 …에게 가르쳐 주다, 부여하다, …에게 갖추게 하다《*with*》. (3) 《+目+前+名》〔再歸的〕 몸치장시키다, 채비를 매주다《*in* ; *for*》.

eq·ui·page [ékwəpidʒ] *n.* ⓒ (예전의) 마차와 거기에 딸린 말구종 일체.

:equip·ment [ikwípmənt] *n.* ⓤ (1) 〔集合的〕 장비, 설비, 비품 ; 의장(艤裝) ; 【컴】 장비《컴퓨터 시스템의 여러 기계 장치》. (2) 준비, 채비 ; 여장. (3) (일에 필요한) 지식, 소양《*for*》 : linguistic ~ 어학 소양.

eq·ui·poise [ékwəpɔ̀iz, íːk-] *n.* (1) ⓤ 평형(상태) ; 균형 ; 평형력. (2) ⓒ 평형추(counterpoise).

eq·ui·ta·ble [ékwətəbəl] *a.* 공정〈공평〉한, 정당한; 【法】 형평법(衡平法)상의, 형평법상 유효한.

eq·ui·ta·tion [èkwətéiʃən] *n.* ⓤ 승마 : 마술(馬術).

***eq·ui·ty** [ékwəti] *n.* (1) ⓤ 공평, 공정(fairness) ; 정당. (2) ⓤ 【法】 형평법(衡平法)《공평과 정의면에서 common law의 미비점을 보완한 법률》, 형법상의 권리. (3) 《英》 (*pl.*) (고정 금리가 붙지 않는) 보통주.

***equiv·a·lent** [ikwívələnt] *a.* (1) 동등한, 같은 ; (가치·힘 따위가) 대등한 ; (말·표현이) 동의의, 같은 뜻의《*to*》. (2) 【化】 등가(等價)의 : 등적(等積)의, 동치(同値)의, 같은 값의.
— *n.* ⓒ (1) a) 동등한 것, 등가(등락)물 ; 상당하 는 것《*of*》. b) (타국어의) 동의어. (2) 【文法】 상당 어구 : a noun ~ 명사 상당 어구.

equiv·o·cal [ikwívəkəl] *a.* (1) 두 가지 (이상의) 뜻으로 해석할 수 있는, (뜻이) 애매〈모호〉한 : an ~ expression 애매한 표현. (2) (사람·행동이) 수상한, 미심스러운. 파) **~·ly** [-kəli] *ad.* **~·ness** *n.*

equiv·o·cate [ikwívəkèit] *vi.* (1) 모호한 말을쓰다. (2) 얼버무리다, 말끝을 흐리다, 속이다. 파) **epuív·o·cà·tor** [-tər] *n.* ⓒ 얼버무리는 사람.

equiv·o·ca·tion [ikwìvəkéiʃən] *n.* ⓤⓒ 애매〈모호〉한 말을 쓰기, 얼버무림.

***er** [əːr] *int.* 에에, 저어《망설이거나 말을 시작할 때에 내는 소리》 : I-*er*. 나는-에에《※ 미국에서는 uh로 쓰기도 함》.

:era [íərə, érə] n. ⓒ (1) 기원 ; 연대, 시대, 시기(epoch) : the Christian ~ 서력 기원 / the cold war ~ 냉전시대. (2) (역사의 신시대를 구획 하는)획기적인 사건·날. (3) 【地質】 …대(代) : he Christian ~ 서력 기원, 서기.

erad·i·ca·ble [irǽdəkəbəl] *a.* 근절할 수 있는. 파) **bly** *ad.*

***erad·i·cate** [irǽdəkèit] *vt.* (1) (잡초 등)을 뿌리째 뽑다(root up). (2) (바람직하지 않은 것)을 근절하다(root out), 박멸하다. 파) **eràd·i·cá·tion** [-ʃən] n. ⓤ 뿌리째 뽑음 ; 근절 ; 박멸. **erád·i·cá·tor** [-tər] *n.* (1) ⓒ 근절하는 사람〈것〉. (2) 얼룩 빼는 약, 잉크 지우개.

***erase** [iréis/iréiz] *vt.* (1) 《~+目/+目+前+名》 …을 (문질러)지우다 ; 말소〈말살, 삭제〉하다 ; (테이프 녹음·컴퓨터 기억정보 등)을 지우다《*from*》. (2)《+目+前+名》 (마음에서) 없애다, 잊어버리다, 지워버리

다《*from*》. (3) …의 효과를〈효력을〉 무로 돌리다. (4)《俗》(사람)을 죽이다, 없애다(kill). 파) **~d** *a.* **eràs·a·bíl·i·ty** *n.*

:eras·er [iréisər/-zər] *n.* ⓒ (1) 칠판 지우개 ; blackboard ~. (2)《美》지우개(《英》rubber), 고무 지우개.

era·sure [iréiʃər] *n.* (1) ⓤ 지워 없앰 ; 말살, 삭제. (2) ⓒ 삭제한 어구(語句), 지운 자국《*in*》.

ere [ɛər] *prep.* 《詩·古》 …의 전에, …에 앞서 (before). **~ *long*** 오래지 않아서, 이윽고(before long). — *conj.* …하기 전에(before), ~ 오히려 (rather).

:erect [irékt] (***more ~ ; most ~***) *a.* (1) 똑바로 선, 직립(直立)의. (2) (머리 리카락 등이) 곤두선, 긴장해서. (3) **【生理】** 발기한. — *vt.* (1)《~+目/+目+前+名》건설〈구축〉하다. (2) …을 세우다, 똑바로 세우다, 직립시키다. (3) (기계)를 조립하다(establish). 파) **~·ness** *n.* ⓤ 직립하는 힘, 수직성.

erec·tile [iréktil, -tail] *a.* (조직이) 발기성의. 파) **erec·til·i·ty** [irèktíləti] *n.* ⓤ 발기력(성)

***erec·tion** [irékʃən] *n.* (1) ⓤ 건설 ; 조립 ; 설정 ; 설립. (2) ⓤⓒ erect 함〈한 것〉 ; ⓤ 직립, 기립. (3) ⓒ 건조물. (4) **【生理】** ⓤⓒ 발기.

erec·tive [iréktiv] *a.* 직립성〈기립성〉의(이 있는).

er·mine [ə́ːrmin] (*pl.* **~, ~s**) *n.* (1) ⓒ 산족제비 ; 어민, (흰)담비. (2) ⓤ 담비의 흰 모피. (3) ⓒ 담비 모피의 가운〈외투〉《왕후·귀족·법관용》.

er·mined [ə́ːrmind] *a.* 담비털로 가를 두른〈안을 댄〉 ; 어민 모피를 입은.

-ern *suf.* '…쪽의'의 뜻 : east*ern*.

erne, ern [əːrn] *n.* **【鳥】** 흰꼬리수리(sea eagle).

erode [iróud] *vt.* (1) (암 등이) …을 좀먹다. (산(酸) 따위가) …을 부식〈침식〉하다. (2) (비바람이) …을 침식하다. (3) (신경·마음 등을 써서)…을 서서히 좀 먹다《*away*》. — *vi.* 부식하다, 침식되다.

erog·e·nous, ero·gen·ic [irádʒənəs/irɔ́dʒ-], [èrədʒénik] *a.* **【醫】** 성적 자극에 민감한, 성욕을 자극하는: *erogenous* zone 성감대(帶) .

Eros [íərɑs, érɑs/íərɔs, érɔs] *n.* (1) **【그神】** 에로스《Aphrodite의 아들이며 사랑의 신》. **【cf.】** Cupid. (2) **【精神分析】** 생의 본능. (3) ⓤ (종종 e-) 성애(性愛), 성적 욕구.

EROS earth resources observation satellite (지구 자원 관측 위성).

***ero·sion** [iróuʒən] *n.* ⓤ (1) **【地質】** 침식, 부식, 침식 작용 : wind ~ 풍식 작용 / the ~ of rocks by running water 유수에 의한 암석의 침식. (2) (금속 등의) 부식, (권력 등의) 쇠퇴.

ero·sive [iróusiv] *a.* 부식(침식)성의 ; 미란성의

***ero·tic** [irátik/irɔ́t-] *a.* 성애의, 애욕의 ; 성애를 다룬 ; (사람이) 색을 좋아하는, 호색의.

erot·i·ca [irátikə/irɔ́t-] *n.* 〔종종 單數 취급〕 성 애를 다룬 문학〈예술작품, 책〉 ; 춘화도.

erot·i·cism [irátəsìzəm/irɔ́t-] *n.* ⓤ 호색성, 에로티시즘 ; 성적 흥분〈충동〉, 성욕 ; 이상 성욕항진.

ero·tol·o·gy [èrətálədʒi/-tɔ́l-] *n.* ⓤ 성애학(性愛學). 파) **-gist** *n.* 에로작가.

ero·to·ma·nia [iròutəméiniə, irátə-] *n.* ⓤ **【醫】** 색광, 색정광(色情狂), 성욕이상.

:err [əːr, ɛər] *vi.* 《~/+前+名》 (1) 정도(正道)에서 벗어나다《*from*》. (2) 잘못〈실수〉하다, 틀리다 ; 그르치다《*in*》. (3) 도덕〈종교의 신조〉에 어긋나다, 죄를 범하다. ▫ error *n.* erroneous *a.* **~ *on the side of...*** …지나치게 …하다《※ '좋은 일을 지나치게 하다'의 뜻으로 씀》.

:er·rand [érənd] *n.* (1) ⓒ 심부름 : send a person on an ~ 아무를 심부름 보내다. (2) 볼일, 용건, 사명. ***go on a fool's 〈a gawk's〉 ~*** 헛걸음하다, 헛수고하다

er·rant [érənt] *a.*〔限定的〕 (1) (모험을 찾아) 편력하는, 무예 수업을 하는. **【cf.】** knight-errant. (2) 길을 잘못 든 ; 정도를(궤범을) 벗어난, (생각 ·행위가) 잘못된, 그릇된 : an ~ wife 부정한 아내. (3) (바람 따위가) 방향이 불규칙한. — *n.* 무예수도자(knight-errant).

er·rat·ic [irǽtik] *a.* (1) (행동·의견 등이) 변덕스러운 ; 엉뚱한, 상궤(常軌)를 벗어난 : ~ behavior 기행(奇行). (2) 일관성이 없는, 불규칙한 : ~ eating habit 불규칙한 식사 습관. (3) **【地質】** 표이성의, 이동하는 : ~ boulder 〈block〉 표석(漂石). — *n.* ⓒ 괴짜, 기인(奇人). 파) **-i·cal·ly** [-ikəli] *ad.*

er·ra·tum [eráːtəm, ir-, -réi-] (*pl.* ***-ta*** [-tə]) *n.* ⓒ (1) 오사(誤寫), 오자, 오식. (2) (*pl.*) 정오표(a list of errata).

***er·ro·ne·ous** [iróuniəs] *a.* 잘못된, 틀린. 파) **~·ly** *ad.* 잘못되어, 틀려서.

:er·ror [érər] *n.* (1) ⓒ 잘못, 실수, 틀림《*in* ; *of*》 : a CLERICAL ~ / a printer's ~ 오식. (2) ⓤ 잘못된 생각(delusion), 오신(誤信) (delusion). (3) ⓒ 소행의 실수 : ~*s* of youth 젊은 혈기의 실수. (4) ⓒ 과실, 실책, 죄(sin). (5) ⓒ **【法】** 오류, 하자, 오심 : a personal ~ 개인(오)차. (6) ⓒ **【野】** 에러, 실책. (7) **【컴】** 착오, 오차, 에러《프로그램상의〈하드웨어의〉 오류》. ▫ err *v.* ***and no ~*** 틀림없이. ***catch*** a person ***in ~*** ~의 잘못을 찾아내다. ***fall into (an) ~*** 잘못 생각하다, 잘못을 저지르다. ***lead*** a person ***into ~*** ~에게 죄를 범하게 하다. ***remedy 〈make amends for〉*** one***'s ~*** 과실을 보상하다. ***see the ~ of*** one***'s ways*** 지난 과실을 후회하다. 파) **~·less** *a.*

érror recóvery **【컴】** 착오 복구.

er·satz [érzɑːts, -sɑːts] *a.* 《G.》 대용(代用)의 (substitute) ;모의〈모조〉의 : ~ coffee 대용 커피. — *n.* ⓒ 대용품(substitute).

erst [əːrst] *ad.*《古》 이전에, 옛날에; 최초에(는).

eruct, eruc·tate [irʌ́kt], [-teit] *vi.* (1) 분출하다. (2) 트림하다. 파) **erùc·tá·tion** [-ʃən] *n.* ⓤⓒ 트림(belching) ; (화산의) 분출 ; 분출물.

er·u·dite [érjudàit] *a.* 박식한, 학식이 있는. 파) **~ ·ly** *ad.* 박학하게. **èr·u·dí·tion** [-ʃən] *n.* ⓤ (특히 문학 · 역사 등의) 박학, 박식 ; 학식.

erupt [irʌ́pt] *vi.* (화산이) 분화하다, 폭발하다 ; (이가) 잇몸을 뚫고 나오다 ; 발진(發疹)하다 ; (폭동 등이) 발발(발생)하다 ; (분노를) 폭발시키다.

***erup·tion** [irʌ́pʃən] *n.* ⓤⓒ (1) (화산의) 분출물. (2) (화산의) 폭발, 분화 ; (용암 · 간헐천의)분출 : ~ cycle **【地學】** 분화 윤회. (3) (감정의) 폭발 ; (사건의) 돌발. (4) (이가) 남 ; (피부의) 부스럼,발진. 파) **~·al** *a.* 분화의, 폭발의

erup·tive [irʌ́ptiv] *a.* (1) **【醫】** 발진성의 : ~ fever 발진열(熱)《발진티푸스 등》. (2)분출하는 ; 폭발하는 ; 화산 폭발의, 폭발적인, 분화에 의한 : ~ rocks 분출암.

eryth·ro·cyte [iríθrousàit] *n.* **【解】** ⓤ 적혈구.

eryth·ro·leu·ke·mia [iriθrouluːkíːmiə] *n.* ⓤ **【醫】** 적백혈병(赤白血病).

-es [(s, z, ʃ, ʒ, tʃ, dʒ의 뒤) iz, əz ; (기타의 유성음의 뒤) z ; (기타의 무성음의 뒤) s] (1) 명사 복수형을 만드는 어미 : box*es*. (2) 동사 3인칭·단수·현재형의 어미 : do*es*, go*es*.

Esau [íːsɔː] *n.* 【聖】 에서《Isaac의 장남 ; 창세기 XXV : 21-34》.

*__es·ca·late__ [éskəlèit] *vi.* (1) (전쟁 · 의견 차이 등이) 단계적으로 확대되다《*into*》. (2) (임금 · 물가 등이) 점차적으로 상승하다, 차츰 오르다. — *vt.* (1) (전쟁 등)을 단계적으로 확대시키다《*into*》. (2) (임금 · 물가 등)을 단계적으로 올리다

es·ca·la·tion [eskəléiʃən] *n.* ⓤⓒ (임금·물가·전쟁 등의) 단계적 상승〈확대〉, 에스컬레이션《*of*》. 【opp.】 *deescalation*.

:**es·ca·la·tor** [éskəlèitər] *n.* ⓒ (1) 에스컬레이터, 자동식 계단(moving staircase). (2) 에스컬레이터 같은 출세길. (3) =ESCALATOR CLAUSE.

es·cal·(l)op [eskǽləp, -kɑ́l-/-kɔ́l-] *n.* ⓤⓒ 에스칼롭《얇게 저민 송아지 고기를 튀긴 요리》.

es·ca·pade [éskəpèid, ⌐-⌐] *n.* ⓒ 멋대로 구는 짓 ; 엉뚱한 짓 ; 탈선(적 행위) ; 장난(prank).

:**es·cape** [iskéip] *vi.* 《~/+前+名》 (1) 달아나다, 탈출〈도망〉하다《*from ; out of*》 : ~ *from* (a) prison 탈옥하다. (2) (액체·가스 따위가) 새다. (3) (기억 따위가) 흐려지다(fade). (4) (위험·병 등에서) 헤어나다.

— *vt.* (1) 《~+目/+-*ing*》 …에서 달아나다, (모)면하다, …에게 잡히는〈만나는〉 일을 모면하다 : ~ (going to) prison 교도소행을 면하다. (2) (주의 따위)를 벗어나다, 기억에 남지 않다 ; …의 주의를 끌지 못하다, …의 마음에 떠오르지 않다 : ~ notice 눈치 채이지 않다, 눈에 띄지 않다. (3) (탄식·말·미소 등이) …로부터 (새어)나오다. ※ '학교를 빼먹다'는 escape가 아니고, play hook(e)y〈truant〉 등으로 말함. **~ one*'s memory*** 잊다, 생각해 내지 못하다.

— *n.* (1) ⓤⓒ 탈출, 도망《*from ; out of*》 : (죄·재난·역경 등을) 면함, 모면, 벗어남《*from*》 : Many ~*s* have been tried in vain. 여러 번 탈출을 기도했으나 허사였다. (2) ⓒ 벗어나는 수단 ; 도망갈 길, 피난장치 ; 배기〈배수〉관, 비상구 : a fire ~ 화재 비상구, 화재 피난 장치. (3) ⓒ (가스 등의) 샘, 누출(leakage). (4) ⓤ (또는 an ~) 현실 도피 ; ⓒ 그 수단. (5) 【컴】 나옴, 나오기, 탈출. ***have a narrow*〈*hair-breadth*〉 ~** 구사일생으로 살아나다.

es·ca·pee [iskeipíː] *n.* ⓒ 도망〈도피〉자, 탈옥수.

escápe hàtch (배·비행기·엘리베이터 등의) 긴급 피난구.

es·cape·ment [iskéipmənt] *n.* ⓒ (1) 도피구, 누출구. (2) 【機】 (시계 톱니바퀴의) 지동 기구(止動機構). (3) (타자기의) 문자 이동장치.

escápe pìpe (증기·가스 등의) 배출구(관).

es·cap·ism [iskéipìzəm] *n.* ⓤ 현실 도피.

es·carp·ment [iskɑ̀ːrpmənt] *n.* ⓒ 절벽, 급사

es·cha·tol·o·gy [èskətɑ́lədʒi/-tɔ́l-] *n.* ⓤ 【神學】 종말론, 내세론, 말세론. 파) **ès·cha·to·lóg·i·cal** *a.* 종말론의. **-ically** *ad.*

es·chew [istʃúː] *vt.* 삼가다(abstain from), …을 피하다 : ~ religious discussion 종교에 관한 논의를 피하다. 파) **~·al** [-əl] *n.* ⓒ

*__es·cort__ [éskɔːrt] *n.* (1)호송자〈대〉, 호위자 (들) : an ~ of servants. (2) ⓒ 〔集合的〕 호위 부대 ; 호위함 ; 호위기(機)(대). (3) ⓤ (사람 · 함선 · 항공기 등에 의한) 호위, 호송. (4) ⓒ (연회에서의) 여 성과 동행하는 남성 : under the ~ of …의 호위하에. — [iskɔ́ːrt, es-] *vt.* 《~+目/+目+前+名》 (1) (군함 등)을 호위하다, 경호하다. (2) (여성)을 에스코트하다, 동행하다.

es·crow [éskrou, -⌐] *n.* ⓒ 【法】 조건부 날인 증서《어떤 조건이 실행되기까지 제 3자가 보관해 두는 증서》 : in ~ (증서가) 제3자에게 보관되어서..

es·cutch·eon [iskʌ́tʃən, es-] *n.* ⓒ 가문(家紋)이 있는 방패 : 방패 모양의 가문 바탕. ***a blot on* one*'s*〈*the*〉 ~** 오명, 불명예.

:**Es·ki·mo** [éskəmòu] (*pl.* **~s, ~**) *n.* ⓒ 에스키 모인 ; 에스키모종의 개 ; ⓤ 에스키모 말. — *a.* 에 스키모의. 파) **~·an** *a.* 에스키모 (사람 · 말)의.

esoph·a·gus [isɑ́fəgəs/-sɔ́f-] (*pl.* **-gi** [-dʒài]) *n.* ⓒ 【解·動】 식도(食道)(gullet).

파) **esoph·a·geal** [isɑ̀fədʒí(ː)əl/isɔ̀f-] *a.* 식도의.

es·o·ter·ic, -i·cal [èsoutérik], [-əl] *a.* (1) 비교적(비秘敎的)인, 비전(秘傳)의 ; 비법을 이어받은 (【opp.】 *exoteric*). (2) 비밀의, 내밀한(secret), 난해한. 파) **-i·cal·ly** [-ikəli] *ad.*

Es·pa·ña [espɑ́ːnjɑː] *n.* 에스파냐《SPAIN의 스페인어 명》.

:**es·pe·cial** [ispéʃəl] *a.* 〔限定約〕 (1) 특별한, 각별한. (2) 특수한(particular), 독특한, 특유한 : in ~ 유달리, 특히. ※ 지금은 special이 일반적.

:**es·pe·cial·ly** [ispéʃəli] (**more ~ ; most ~**) *ad.* 특히, 유달리, 각별히, 특별히 : Be ~ watchful. 각별히 경계를 잘 하라. ※ 구어에서는 specially를 씀.

es·pi·o·nage [éspiənɑ̀ːʒ, -niʒ, ⌐--nɑ́ːʒ] *n.* (특히 타국치 정치, 타기업에 대한) 스파이〈첩보〉 활동 : engage in 〈commit〉 ~ 스파이 활동을 하다.

es·pla·nade [èsplənéid, -nɑ́ːd, ⌐-⌐] *n.* ⓒ (특히 해안·호안의 조망이 트인) 산책〈드라이브〉 길.

es·pous·al [ispáuzəl, -səl] *n.* ⓤ(주의·설(說) 등의) 지지, 옹호《*of*》 (*pl.*) 약혼(식)(betrothal).

es·pouse [ispáuz, es-] *vt.* (주의·설)을 지지〈신봉〉하다. ㅁ espousal *n.*

es·prit [espríː] *n.* ⓤ 《F.》 정신 ; 재치, 기지, 에스프리.

esprit de corps [-dəkɔ́ːr] 《F.》 단체 정신《군인 정신, 애당심〈애교심〉 등》.

esprit fort [-fɔ́ːr] 《F.》 의지가 강한 사람, 자유사상가.

*__es·py__ [espái] *vt.* (보통 먼데 것을 우연히) 찾아내다, 발견하다.

*__es·quire__ [eskwáiər, éskwaiər] *n.* 《주로英》 (흔히 Esq.로)씨, …님, …귀하《※ 《美》에서는 변호사 이외의는 흔히 Mr.를 씀》.

ess [-es] (*pl.* **~·es** [ésiz]) *n.* ⓒ S자(字) ; S자꼴의 것.

:**es·say** [ései] *n.* ⓒ [+eséi] 《文語》 시도, 시칩《*at ; in*》. — [eséi] *vt.* 《~+目/+*to* do》 …을 시도하다 ; 해보다. (2) 수필, 에세이, (어떤 문제에 대한 짧은) 평론, 소론(小論), 시론(詩論)《*on, upon*》 : a collection of ~*s* 수필집.

*__es·say·ist__ [éseiist] *n.* ⓒ 수필가, 평론가.

éssay quéstion 논문식 문제〈설문〉.

:**es·sence** [ésəns] *n.* (1) ⓤ (흔히 the ~) 본질, 진수, 정수; 핵심, 요체. (2) ⓤⓒ 에센스, 진액,정(精) ; 정유(精油) ; 정유의 알코올 용액 : ~ of beef 쇠고기 진액 / ~ of mint 박하유. (3) ⓒ 【哲】 실재, 실체 ; ⓤ 영적인 실재 : God is an ~. 신은 실재이다. ㅁ essential *a.* ***in* ~** 본질에 있어서, 본질적으로(essentially). ***of the*** **~** 불가결의, 가장 중요한.

:es·sen·tial [isénʃəl] (***more ~ ; most ~***) *a.* (1) 〔敍述的〕 근본적인, 필수의, 불가결한, 가장 중요한《*to* ; *for*》. (2)〔限定的〕 본질적인, 본질의 : ~ qualities 본질. (3) 정수의, 정수를 모은, 진액의 : an ~ odor 진액의 방향 / ➜ ESSENTIAL OIL. — *n.* (흔히 *pl.*) 본질적인 것〈요소〉 ; 필수의 것〈요소〉, 주요점. ▫ essence *n.*

esséntial amíno ácid [化]필수 아미노산.

***es·sen·tial·ly** [isénʃəli] *ad.* 본질적으로, 본질상(in essence); 본래.

esséntial óil [化] 정유(精油), 방향유《방향(芳香) 있는 휘발성 기름》. 〖opp.〗 *fixed oil.*

:es·tab·lish [istǽbliʃ] *vt.* (1) (국가·학교·기업들)을 설치〈설립〉하다, 개설〈창립〉하다, (제도·법률 등)을 제정하다 ; (관계 등)을 성립시키다, 수립하다 : ~ a university / ~ a law 법률을 재정 하다. (2) (선례·습관·소신·요구·명성·학설 등) 를 확립하다, 확고히 굳히다, 일반에게 확인시키다, 수립하다: ~ (one's) credit 신용(의 기초)을 굳히다. (3) (사실 이론 등)을 확증〈입증〉하다. (4) 《+目+前+名/+目+*as* 普》 …을 안정케 하다《결혼·취직 따위로》, 자리잡게 하다, 취직시키다 ; 안정시키다 : ~ oneself 자리잡다, 들어앉다《*in*》. (5) (꾀교회)를 국교회로 하다. 파) **~·a·ble** *a.*

es·tab·lished [istǽbliʃt] *a.* (1) 확실한, 확립된, 확인〈확증〉된, 기정의 : **[生態]** (동식물이 새 토지에) 정착한 : an old ~ shop 노포(老鋪). (2) 정착된, 인정된. (3) (교회가) 국교인 : the ~ religion 국교 / ➜ ESTABLISHED CHURCH. (4) 만성의 : an ~ invalid 불치의 병자. (5) 상비의, 장기 고용의.

:es·tab·lish·ment [istǽbliʃmənt] *n.* (1) ⓤ 설립, 창립 ; 설치. (2) ⓒ (사회) 시설《학교·병원·상점·회사·여관 따위》, (공공 또는 사설의) 시설물 : an educational ~ 학교. (3) ⓤ (관청·육해군 등의) 편성, 편제, 상비 병력〈인원〉, 조직, 정원 : war ~ 전시 편제. (4) ⓤ (질서 따위의) 확립, 확정 ; (법령 따위의) 제정 : the ~ of a new theory 새로운 이론의 확립 / the ~ of one's innocence 결백의 입증. (5) (the E-) (행정 제도로서의) 관청, 육군, 해군(등). (6) ⓤ (흔히 the E-) (기성의) 체제, 지배층〈계급〉. (7) ⓒ 세대, 가정 ; 주거, 집 ; ⓤ (결혼 따위로) 신변을 안정시킴 : keep a large ~ 큰 살림을 하다, 대가족을 거느리다. (8) ⓤ (교회의) 국립, 국정 ; (the E-) =ESTABLISHED CHURCH.

es·tab·lish·men·tar·i·an [istæ̀bliʃməntέəriən] *a.* (영국) 국교주의의 ; 체제 지지(자)의.
— *n.* ⓒ (영국) 국교주의 지지자 ; 체제파의 사람, 지배세층, 국교 신봉자.

:es·tate [istéit] *n.* (1) ⓒ 토지, 소유지, (별장·정원 등 이 있는) 사유지(landed property). 집〈저택〉과 그 (넓은) 터〈대지〉. (2) ⓤ 재산, 유산, 재산권, 물권 : personal ~ 동산. (3) ⓒ (정치상·사회상의) 계급(~ of the realm), (특히 중세 유럽의) 세 신분의 하나. (4) ⓒ 《英》 (일정규격의) 단지(團地) : a housing 〈an industrial〉 ~ 주택〈공업〉 단지.

estáte àgent 《英》 부동산 관리인 : 부동산 중개업자, 토지 브로커.

:es·teem [istíːm] *vt.* (1) 《~+目/+目+前+名》 (종종 受動으로) (사람·인격)을 존경하다 (respect), (높이) 평가하다, 존중하다 : I ~ your advice highly 당신의 충고를 존중합니다. (2) 《+目+*to* be 普/+目+(*as*)普》 《文語》 …으로 간주하다, …으로 생각하다(consider). ▫ estimable *a.* — *n.* ⓤ (또는 an~)존중, 존경, 경의. ***hold*** a person ***in ~*** (~를) 존경〈존중〉하다. ***in my ~*** 나의 생각으로는.

es·ti·ma·ble [éstəməbəl] *a.* (1) (사람·행동이) 존중〈존경〉할 만한, 경의를 표할 만한 : an ~ achievement 훌륭한 업적. (2) 평가〈어림〉할 수 있는. ▫ esteem *v.*

:es·ti·mate [éstəmèit] *vt.* 《~+目/+目+前+名/+*that* 節》 …을 어림잡다, 견적하다, 산정하다 ; 판단〈추단〉하다. (2) 《+目+副》 〔副詞와 함께〕 …의 가치〈의의 등〉에 대하여 판단하다, 평가하다. — *vi.* 《+前+名》 견적하다 ; 견적서를 만들다 : ~ *for* the repair 수리비를 견적하다.
— [éstəmit, -mèit] *n.* ⓒ (1) 평가, 견적, 개산(槪算) : exceed ~ 추정을 초과하다. (2) (인물 등의) 평가, 가치판단 : make an ~ of a person's reliability ~의 신뢰성을 평가하다. (3) a〕 (종종 *pl.*) 견적서 : a written ~ 견적서. b〕 (the E-s) 《英》 세출입 예산안.

***es·ti·ma·tion** [èstəméiʃən] *n.* (1) ⓒ (가치 등의)의견(opinion), 판단(judgement), 평가 : in my ~ 내가 보기에는/ in the ~ of the law 법률상의 견해로는. (2) ⓤ (또는 an ~)개산, 견적, 추정 : make *an* ~ of... …을 어림잡다. (3) ⓤ 존경, 존중(respect)《*for*》 : be(held) in(high) ~ (매우) 존중되고 있다.

es·ti·ma·tor [éstəmèitər] *n.* ⓒ 평가〈견적〉인.

es·trange [istréindʒ] *vt.* (1) 《~+目/+目+前+名》 …의 사이를 나쁘게 하다, 이간하다(alienate) ; 멀리 하다, 떼다《*from*》. (2) 〔再歸約〕 …에서 멀어지다《*from*》 : ~ a person from life ~을 생활에서 멀리하다.

es·tranged [ìstréindʒd] *a.* 〔限定的〕 (심정적으로) 멀어진, 소원해진, 사이가 틀어진 ; 〔敍述的〕 …와 소원해져《*from*》 : be (become) ~ *from* 사이가 멀어지다, ~와 소원하게 되다.

es·trange·ment [istréindʒmənt] *n.* ⓤⓒ 소원, 이간, 불화《*between* ; *from* ; *with*》.

és·trous cỳcle [éstrəs-] **[動]** 성주기(性週期) (reproductive cycle).

es·trum [éstrəm] *n.* (암컷의)발정(發情)(기(期)).

es·trus [éstrəs] *n.* ⓤ **[動]** (암컷의) 발정; 발정기 ; =ESTROUS CYCLE : be in ~ 발정기에 있다.

es·tu·a·ry [éstʃuèri] *n.* ⓒ (간만의 차가 있는) 강어귀 ; 내포, 후미(inlet).

***et cet·era** [et-sétərə] 《L.》 기타, …따위, 등등 《略 : etc., & c. ; 보통 약자를 씀》.

et·cet·er·as [etsétərəz] *n. pl.* 기타 갖가지의 것〈사람〉 ; 잡동사니, 잡품.

etch [etʃ] *vt.* (1) …을 명기하다, 깊이 새기다《*in* , *on*》. (2) …에 식각(蝕刻)〈에칭〉하다, 선명하게 그리다 ; 에칭으로 (그림·무늬)를 새기다. — *vi.* 에칭하다, 동판화 등을 만들다.

:eter·nal [itə́ːrnəl] *a.* (1) 《口》 끝없는, 끊임없는 (incessant) : ~ quarreling 끝없는 언쟁(수다). (2) 영구〈영원〉한, 영원히 변치 않는(immutalde), 불멸의 : ~ life 영원한 생명, 영생. — *n.* (the ~)영원한 것 ; (the E-) 신(God).

***eter·ni·ty** [itə́ːrnəti] *n.* (1) ⓤ 영원, 무궁 ; (사후의)영세, 내세 ; (*pl.*) 영원한 세월(ages). (2) ⓤ (또는 an ~) (끝이 없게 여겨지는) 긴 시간 : *an* ~ of raining 그칠 줄 모르고 내리는 비 ⓤⓒ 영원한 존재.

eter·nize [itə́ːrnaiz] *vt.* …을 영원한 것으로 하 다, 불후하게 하다 ; 영원토록 전하다.
***ether, ae·ther** [íːθər] *n.* (1) ⓤ【化】 에테르(특히) 에틸 에테르《유기화합물·마취약》. (2) (the ~) 《詩·文語》 천공(天空), 창공.
ethe·re·al, ae·the- [iθíːriəl] *a.* (1) 가뿐한 ; 공기 같은. (2) 《詩》 천상의 하늘의(heavenly) ; 미묘한, 영묘한 : (an) ~ beauty 이 세상의 것 같지 않은 아름다움. 파) **~·ly** *ad.*
ether·ize [íːθəràiz] *vt.* (1) 【化】 …을 에테르로 처리하다. (2) 【醫】 …을 에테르로 마취시키다(무감각하게 하다).
***eth·i·cal** [éθikəl] (*more ~ ; most ~*) *a.* (1) 도덕상의, 윤리적인 ; 윤리(학)의 ; 윤리에 타당한 ; (특히) 직업 윤리에 맞는 : ~ standards 윤리적 규 범 / an ~ decision 윤리적 결정. (2) (의약이) 의사의 처방없이 판매할 수 없는.
파) **~·ly** [-i] *ad.*
éthical drúg 처방약《의사의 처방전(箋) 없이는 시판되지 않는 약제》.
***eth·ics** [éθiks] *n.* (1) ⓤ 윤리학, 도덕론 : practical ~ 실천 윤리학. (2) 〔흔히 複數취급〕 (개인·사회·직업에서 지켜지고 있는)도의, 도덕, 윤리(관) ; 윤리성 : ~ of the medical profession 의료 윤리 / political ~ 정치 윤리.
***Ethi·o·pia** [ìːθióupiə] *n.* 에티오피아《구칭 : Abyssinia ; 수도는 Addis Ababa》.
Ethi·o·pian [-piən] *a.* 에티오피아(사람·어)의 ; 《古》흑인의. — *n.* ⓤ 에티오피아인아(어) ; 《특히》 암하라어(Amharic), 《古》 흑인(Negro).
Ethi·op·ic [ìːθiápik/-5p-] *a.* =ETHIOPIAN ; (고대) 에티오피아(어)의. — *n.* ⓤ (고대)에티오피아인아어(semitic).
eth·nic, -ni·cal [éθnik], [-əl] *a.* (1) 인종의, 민족의 ; 민족 특유의 : ~ troubles〈unrest〉 인종 분쟁〈불안〉 / the country's ~ makeup 그 나라의 인종 구성 / ~ music〈clothes〉 민족음악〈의상〉. (2) (-nical) 인종학〈민족학〉(상)의(ethnological). (3) (어느 국가 안의) 소수 민족의 : ~- minorities 소수민족.
— *n.* (-nic) ⓒ 소수 민족의 일원 ; (*pl.*) 민족적배경. 파) **éth·ni·cal·ly** [-kəli] *ad.* 민족학적으로. **eth·nic·i·ty** [eθnísəti] *n.* ⓤ 민족성.
éthnic gróup 【社】(어느 국가 안의) 소수민족 집단, 인종, 집단(ethnos).
ethno- '인종·민족'의 뜻의 결합사.
eth·no·cen·tric [èθnouséntrik] *a.* 민족 중심적인, 자기 민족 중심주의의.
eth·no·cen·trism [èθnouséntrizəm] *n.* ⓤ 자기 민족 중심주의《다른 민족을 멸시하는》. 【cf.】 nationalism, chauvinism.
eth·no·log·ic, -i·cal [èθnəládʒik/-lɔ́dʒ-], [-əl] *a.* 민족학상의, 인종학의. 파) **-i·cal·ly** [-kəli] *ad.*
eth·nol·o·gy [eθnálədʒi/-nɔ́l-] *n.* ⓤ 민족학, 문화인류학.
eth·no·sci·ence [èθnousáiəns] *n.* ⓤ 민족과학, 민족지(誌)학. 파) **-scí·en·tist** *n.* ⓒ
ethol·o·gy [i(ː)θálədʒi/-θɔ́l-] *n.* ⓤ (1) (동물)행동학, 행동 생물학. (2) (인간의) 품성론.
ethos [íːθas, -θɔs] *n.* ⓤ (특정한 민족·시대·문화 등의) 기풍, 풍조, 민족정신 : the Greek ~ 그리스 정신.

eti·o·late [íːtiəlèit] *vt.* (1) …이 누렇게 뜨게하다, 황화(黃化)시키다《식물이 햇빛을 못보게 해》. (2) (얼굴)에 병색이 나타나게 하다. — *vi.* 창백해지다, 황화하다. 파) **èti·o·lá·tion** [-ʃən] *n.* ⓤ 【植】 황화, 〈피부 등이〉 창백해지기.
:et·i·quette [étikət, -kit] *n.* ⓤ 에티켓, 예절, 예법 : a breach of ~ 예의에 벗어남(실례) / They know no rules of ~. 전혀 에티켓을 모른다.
etran·ger [etrɑ̃ʒe] *n.* ⓒ 《F.》 외국인, 낯선 사람.
étude [eitjúːd] *n.* ⓒ 《F. 》【樂】 연습곡, 에튀드.
et·y·mo·log·ic , -i·cal [ètəməládʒik/-lɔ́dʒ-], [-əl]*a.* 어원(語源)의 ; 어원학의.
파) **-i·cal·ly** [-kəli] *ad.* 어원상 ; 어원적으로.
et·y·mol·o·gist [ètəmálədʒist/-mɔ́l-] *n.* 어원 학자, 어원 연구가.
***et·y·mol·o·gy** [-dʒi] *n.* (1) ⓤ 어원 ; 어원학 ; 어원론. (2) ⓒ (어떤 낱말의) 어원 추정〈설명〉.
eu- *pref.* '선(善)·양(良)·미(美)·우(優)'의 뜻 : *eu*genics, *eu*logy, *eu*phony. 【opp.】 *dys-*.
Eu·cha·rist [júːkərist] *n.* (the ~) (1) 【가톨릭】 성체(聖體), 성체 성사 ; 【基】 성찬, 성찬식. (2) 성체용〈성찬용〉의 빵과 포도주. 파) **Eù·cha·rís·tic, -ti·cal** [-tik], [-əl] *a.* 성만찬의
***Eu·clid** [júːklid] *n.* 유클리드《고대 그리스의 수학자》 : ~'s Elements 유클리드의 (기하학) 원론.파) **Eu·clid·e·an, -i·an** [juːklídiən] *a.* 유클리드의, 기하학의
eu·gen·ic, -i·cal [juːdʒénik], [-əl] *a.* 우생(학)의 , 우생학적으로 우수한 : a ~ marriage 유생 결혼.
파) **-i·cal·ly** [-ikəli] *ad.* 우생학적으로. 【opp.】 *dysgenics.*
eu·gen·i·cist, eu·gen·ist [juːdʒénəsist], [júːdʒənist] *n.* ⓒ 우생학자.
eu·gen·ics [juːdʒéniks] *n.* ⓤ 우생학.
eu·lo·gis·tic [jùːlədʒístik] *a.* 찬사〈찬미〉의. 파) **-ti·cal·ly** *ad.*
eu·lo·gize [júːlədʒàiz] *vt.* …을 칭찬〈칭송〉하다.
eu·lo·gy [júːlədʒi] *n.* (1) ⓒ 찬사《*of* ; *on* ; *to*》. (2) ⓤ 칭송, 칭찬.
eu·nuch [júːnək] *n.* ⓒ (1)거세된 남자 ; 환관, 내시. (2) 무기력한 남자.
eu·phe·mism [júːfəmìzəm] *n.* ⓤ 【修】 완곡어법 ; ⓒ 완곡 어구《die 대신에 pass away라고 하는 따위》.
eu·phe·mis·tic [jùːfəmístik] *a.* 완곡어법의 ; 완곡한. 파) **-ti·cal·ly** [-kəli] *ad.* 완곡하게.
eu·phe·nics [juːféniks] *n.* ⓤ 인간 개조학.
eu·phon·ic, -i·cal [juːfánik/-fɔ́n-] , [-əl] *a.* 어조(語調)(음조)가 좋은 : 음편(音便)의 : ~ changes 음운 변화.
파) **-i·cal·ly** [-kəli] *ad.* 음조가 좋게.
eu·pho·nious [juːfóuniəs] *a.* 음조가 좋은, 듣기 좋은. 파) **~·ly** *ad.* **~·ness** *n.*
eu·pho·nize [júːfənàiz] *vt.* …의 어조(음조)를 좋게 하다.
eu·pho·ny [júːfəni] *n.* ⓤⓒ 기분 좋은 소리〈음조〉(【opp.】 cacophony).
eu·pho·ria [juːfɔ́ːriə] *n.* ⓤ 행복감《*about* ; *over*》. 파) **eu·phór·ic** [-rik] *a.* **-i·cal·ly** *ad.*
***Eu·phra·tes** [juːfréitiːz] *n.* (the ~) 유프라테 스강《Mesopotamia 지방의 강》.

eu·phu·ism [júːfjuːìzəm] *n.* (1) ⓤ 【修】 (16-17세기 무렵 영국에서 유행한) 멋부린 화려한 문체. (2) ⓒ 미사여구.
*__Eur·asia__ [juəréiʒə, -ʃə] *n.* 유라시아.
Eur·asian [juəréiʒən, -ʃən] *n.* 유라시아의 ; 유라시아 혼혈의 — *n.* ⓒ 유라시아 혼혈아《인도에서는 종종 멸칭》, 유라시아인.
Eu·re·ka [juəríːkə] *n.* 유럽 공동 기술개발 기구 〔◁ *E*uropean *Re*search *C*oordination *A*gency〕.
Eu·ro·bond [júərəbànd/júərəbɔ̀nd] *n.* ⓒ 유로채(債)《유럽 금융시장에서 발행되는 유럽 이외의 나라 또는 기업의 채권》.
Eu·ro·cen·tric [jùərəséntrik] *a.* 유럽(인) 중심의.
Eu·ro·clear [júərəklìər] *n.* ⓒ 유럽 공동시장의 어음 교환소.
Eu·ro·com·mu·nism [jùərəkámjunizəm/-kɔ́m-] *n.* ⓤ 유러코뮤니즘《서구 공산주의 ; 구 소련·중국과는 다른 입장을 취함》.
파) **Èu·ro·cóm·mu·nist** *n.* ⓒ
Eu·ro·corps [júərəkɔ̀ːrz] *n. pl.* 유럽 방위군.
Eu·ro·crat [júərəkræ̀t] *n.* ⓒ 유럽공동체의 사무국원, EC관료《종종 비난의 뜻》.
Eu·ro·cur·ren·cy [júərəkə̀ːrənsi] *n.* ⓤ 유러커런시〈머니〉《유럽은행에 예금·운용되는 각국의 통화》.
Eu·ro·dol·lar [júərədɑ̀lər/-dɔ̀lər] *n.* ⓒ 유러 달러《유럽에서 국제결제에 쓰이는 미국 dollar》.
⁝**Eu·rope** [júərəp] *n.* 유럽(주), 구라파.
⁝**Eu·ro·pe·an** [jùərəpíːən] *a.* 유럽의 ; 유럽 사람의. — *n.* ⓒ 유럽 사람.
Européan Commìssion (the ~) 유럽 위원회《European Union의 집행 기관의 하나》.
Européan Cómmon Márket (the ~) 유럽 공동 시장《European Economic Community의 별칭 ; 略: ECM》.
Européan Commúnity (the ~) 유럽 공동체《略 : EC》.
Européan Cúrrency Ùnit 유럽 통화 단위《略 : ECU》.
Européan Económic Commúnity (the ~) 유럽 경제 공동체《略 : EEC ; 1967년 EC로 통합》.
Eu·ro·pe·an·ize [jùərəpíːənàiz] *vt.* …을 유럽식으로 하다, 유럽화(化)하다.
Européan Mónetary Ìnstitute (the ~) 유럽 통화 기관《유럽 역내의 경제통화 통합의 제2단계 기구 ; 1994년 창설》.
Européan Ùnion (the ~) 유럽 연합《1993년 유럽 연합 조약 발효로 EC를 개칭한 것: 略: EU》.
Eu·ro·tun·nel [júərətʌ̀nl] *n.* 유러터널《Channel Tunnel의 건설·운영을 관장하는 영국·프랑스 기업 연합 ; Channel Tunnel의 별칭》.
Eu·ro·vi·sion [júərəvíʒən] *n.* 서유럽 텔레비전 방송망.
eu·ryth·mic [juəríðmik] *a.* (1) 경쾌한 리듬이 있는, 율동적인. (2) 〔限定的〕 리드미크의.
eu·ryth·mics [juəríðmiks] *n.* ⓤ 유리드믹스《음악 리듬을 몸놀림으로 표현하는 리듬 교육법》.
eu·tha·na·sia [jùːθənéiʒiə, -ziə] *n.* ⓤ 안락사, 안락사술(術), 안사술. 파) **èu·tha·ná·sic** [-néizik] a.
eu·then·ics [juːθéniks] *n.* ⓤ 환경〈생활〉개선학, 환경우생학.
eu·troph·ic [juːtráfik/-trɔ́f-] *a.* 【生態】 (하천·호수가) 부영양(富營養)의.
eu·troph·i·cate [juːtráfəkèit] *vi.* 【生態】 (호수 등) 부영양화하다.
파) **eu·tròph·i·cá·tion** *n.* 부영양화.
eu·tro·phy [júːtrəfi] *n.* ⓤ (호수의)부영양 상태.
*__evac·u·ate__ [ivǽkjuèit] *vt.* (1) (용기·장(腸)·그릇 따위)를 비우다《*of*》 ; (변)을 배설하다《*of*》 : ~ the bowels 배변하다. (2) (사람)을 피난〈소개〉시키다, (군대)를 철수시키다《*from* ; *to*》 ; (집 등)에서 물러나다.
— *vi.* 소개(피난)하다, 철수하다.
evac·u·a·tion [ivæ̀kjuéiʃən] *n.* (1) ⓤⓒ 배설, 《특히》배변 ; ⓒ 배설물. (2) ⓤⓒ 비움, 배출, 배기. (3) ⓤⓒ 소개, 피난 ; 물러남 ; 【軍】 철수, 철군 ; (부상병 등의) 후송.
evac·u·ee [ivæ̀kjuíː] *n.* 피난민(民), 소개자.
*__evade__ [ivéid] *vt.* (1) (질문 따위)를 피하다, 모면하다(elude), 얼버무려 넘기다(duck). (2) (적·공격 등) 을 교묘히 피하다, 비키다, 벗어나다. (3) 《~+目/+-*ing*》 (의무·지급 등의 이행)을 회피하다 ; (법·규칙)을 빠져나가: ~ pay*ing* taxes 탈세하다. ▫ evasion *n.*
— *vi.* 회피하다, 빠져나가다.
*__eval·u·ate__ [ivǽljuèit] *vt.* …을 평가〈사정〉하다, 값을 알아보다. 파) *__evàl·u·á·tion__ [-ʃən] *n.* ⓤⓒ 평가(액) ; 값을 구함 ; 【컴】 평가《시스템의 성능을 측정하는 것》.
ev·a·nesce [èvənés, ⌐-⌐] *vi.* 점차 사라져가다, 소실되다.
ev·a·nes·cent [èvənésənt] *a.* (김처럼)사라지는 ; 순간의, 덧없는. 파) **~·ly** *ad.* 덧없이. **-cence** [-səns] *n.* ⓤ 소실 ; 덧없음.
evan·gel [ivǽndʒəl] *n.* ⓒ 복음(福音) ; (흔히 E-) (성서의)복음서 ; (the E-s) 4복음서《Matthew, Mark, Luke, John》. 【cf.】 gospel.
evan·gel·i·cal [iːvændʒélikəl, èvən-] *a.* (1) (종종 E-) 복음주의의《영국에서는 저(低)교회파를, 미국에서는 신교 정통 파를 이름》. (2) 복음(서)의, 복음 전도의. ***the Evangelical Church*** 복음교회 《미국 개신교의 한 파》. — *n.* (E-) 복음주의자, 복음파의 사람. 파) **-i·cal·ly** [-kəli] *ad.* 복음에 의하여. **-i·cal·ìsm** [-kəlìzəm] *n.* 복음주의.
evan·ge·lism [ivǽndʒəlizəm] n. 복음 전도 ; 복음주의. 파) **-ist** *n.* ⓒ 복음 전도자 ; (E-) 복음 사가(史家), 신약 복음서의 기록자.
evan·gel·ize [ivǽndʒəlàiz] *vt.* …에 복음을 전하다(설교) ; 전도하다. — vi. 복음을 전하다 ; 전도하다.
evap·o·ra·ble [ivǽpərəbəl] *a.* 증발성의, 증발하기 쉬운 ; 기화되는.
*__evap·o·rate__ [ivǽpərèit] *vi.* 증발하다 ; 소산(消散)하다 ; 소실하다. — *vt.* …을 증발시키다 ; (우유·야채·과일 등)의 수분을 빼다, 탈수하다. ▫ evaporation *n.* 파) **-ra·tor** *n.* 증발기.
eváp·o·rat·ed mílk [ivǽpərèitid-] 무당 연유(無糖煉乳), 농축 우유.
evap·o·ra·tion [ivæ̀pəréiʃən] *n.* ⓤⓒ 증발 (작용), (수분의) 발산 ; (증발에 의한) 탈수(법) ; 증 발 건조〈농축〉, 소실. ▫ evaporate *v.*
eva·sion [ivéiʒən] *n.* ⓤⓒ (책임·의무 등의) 회피, 기피, 《특히》 탈세 ; (질문에 대해) 얼버무림, 어물쩍거려 넘김 ; 둘러댐, 핑계 ; 탈출(의 수단).

eva·sive [ivéisiv] *a.* (회)피〈도피〉하는 ; 둘러대는, 파악하기 어려운, 애매한.
파) **~·ly** *ad.* 도피〈회피〉적으로. **~·ness** *n.*

:eve [iːv] *n.* (1)(종종 E-) 전야, 전일《축제 등의》: Christmas *Eve*. (2) ⓒ (흔히 the ~) (주요 사건 등의) 직전, '전야'. (3) ⓤ《詩》저녁, 해질녘, 밤(evening). ***New Year' Eve*** 섣달 그믐날.

:even[1] [iːvən] *ad.* (1)〔예외적인 일을 강조하여〕…조차(도), …라도, …까지《흔히 수식하는 말 앞에 놓이며, 명사·대명사도 수식함》. (2)(그 정도가 아니라) 정말이지. (3)〔比較級을 강조하여〕한층 (더) ; 더욱(still) : This dictionary is ~ *more useful* than that. 이 사전은 그 사전보다 더욱 유익하다.
~ as . . .《文語》마침〈바로〉…할 때에《현대어에서는 흔히 just as》. ***~ if . . .*** 설령〈비록〉…라고 할지라도. ***~ now*** 1)〔종종 否定文에서〕지금(에)도, 아직까지도. 2)《文語》〔進行形과 함께 쓰여〕지금 바로. ***~ so*** (비록) 그렇다(고) 하더라도 : He has some faults ; ~*so* he is a good man. 결점은 있지만, (비록) 그렇다 하더라도 그는 선인(善人)이다. ***~ then*** 1)그때조차도, 심지어, 그때에도, 그 경우라도. 2)그래도 ; 그(것으)로도. ***~ though*** 1)…하지만, …이나《though 보다 강의적》. 2)=even if.
— (***more ~, ~·er ; most ~, ~·est***) *a.* (1) a](표면·판자 따위가) 평평한 ; 평탄한, 반반한 ; 수평(水平)의. 【opp.】 *uneven*. 『 a rough but ~ surface 껄끄럽지만 평평한 표면. b](선(線)·해안선 등이) 울퉁불퉁하지 않은 ; 들쭉날쭉하지 않은 ; 끊어진 데가 없는 : an ~ coastline 굴곡 없는 해안선.
(2)〔敍述的〕《+前+名》(…와) 같은 높이인 ; 동일면〈선〉상(上)의 ; 평행한《*with*》: houses ~ *with* each other 같은 높이의 집들.
(3) a](행동·동작이) 규칙바른 ; 한결같은 ; 정연한 ; (음(音)·생활 따위가) 단조로운 ; 평범한. b](색깔 따위가) 채지지 않은, 한결같은 ; 고른 : an ~ color 고른 색깔. c](마음·기질 따위가) 침착한, 차분한 ; 고요한(calm) : an ~ temper 침착한 기질.
(4) a]균형이 잡힌 ; 대등〈동등〉한, 막상막하의 ; 호각의(equal) ; 반반의 : an ~ fight 호각의 싸움 / on ~ ground with... …와 대등하여〈하게〉. b](수량·득점 따위가) 같은 ; 동일한 : an ~ score 동점 / ~ shares 균등한 몫/ of ~ date (서면 따위가) 같은 날짜의. c](거래·교환·판가름 따위가) 공평한 ; 공정한(fair) : an ~ bargain (대등한 이득을 보는) 공평한 거래 / an ~ decision 공평한 결정.
(5)청산(清算)이 끝난 : (…와) 대차(貸借)가 없는《*with*》.
(6) a]짝수의 : an ~ page 짝수페이지, 우수(偶數)의 ; 짝수번(番)의 : an ~ number 짝수 / an ~ point 【數】짝수점. 【opp.】 *odd*. b](돈·시간따위가)우수리없는 ; 꼭 ; 딱 : an ~ mile 꼭 1마일 / an ~ 5 seconds 꼭 5초(=5 seconds ~)《even이 뒤에 오면 부사로 볼 수 있음》.
be 〈get〉 ~ with a person 아무에게 대갚음하다:《美》아무에게 빚이 없다〈없게 되다〉. ***break ~*** ⇨ BREAK. ***on an ~ keel*** ⇨ KEEL.
— *vt.* 《+目(+副)》(1)…을 평평하게 〈반반하게〉하다, 고르다(smooth)《*out* ; *off*》: ~ (*out*) the ground 땅을 고르다. (2) …을 평등〈균일〉하게 하다, …의 균형을 맞추다《*up* ; *out*》: ~(*up*) accounts 셈을 청산하다. — *vi.* (1) 평평해지다《*out* ; *up* ; *off*》; (물가 따위가) 안정되다《*out*》; 평형이 유지되다; 균형이 잡히다《*up* ; *off*》. (2)(승산 등이) 반반이다《*between*》. ***~ up on*** (***with***) ***. . .*** (아무의 친절·호의)에 보답하다 ; 대갚음하다.

even[2] *n.* ⓤ《古·詩·方》저녁, 밤(evening).

even·fall [-fɔ̀ːl] *n.* ⓤ《詩》해질녘, 황혼.

even·hand·ed [-hǽndid] *a.* 공평한, 공명정대한, 공정한 (impartial). 파) **~·ly** *ad.* **~·ness** *n.*

:eve·ning [íːvniŋ] *n.* (1) ⓤ 저녁(때), 해질녘 ; 밤《해가 진 뒤부터 잘 때까지》: *in the* ~ 저녁〈밤〉에 / *on* Monday ~ 월요일 밤에《※ 특정한 날을 나타 내는 어구를 수반한 때의 전치사는 on》/ ~ after ~ 밤마다. (2)(the ~)《比》만년, 말로, 쇠퇴기. (3)《美南部·英方》오후《정오부터 일몰까지》. ***Good ~!*** 안녕하십니까《저녁 인사》. ***make an ~ of it*** 하룻밤 즐겁게 (술을 마시며) 지내다. ***of an ~***《古》저녁에 흔히. ***the net*** (***following***) ***~*** 다음 날 저녁. ***this*** (***yesterday, tomorrow***) ***~*** 오늘(어제, 내일) 저녁. ***toward ~*** 저녁 무렵에. — *a.*〔限定的〕밤의, 저녁의 ; 밤에 일어나는〈볼 수 있는〉.

évening drèss 〈**clòthes**〉 (1)이브닝드레스《치맛자락이 마루까지 닿는 여성용 야회복》. (2)(남성 또는 부인용) 야회용 정장.

évening glòw 저녁놀.

évening páper 석간(지).

Évening Práyer (때로 e-p-) (영국 국교회의)저녁 기도(evensong)

évening prímrose 【植】(금)달맞이꽃, 월견초.

eve·nings [íːvniŋz] *ad.*《美》저녁이면 반드시, 매일저녁. ***mornings and ~*** 아침 저녁 ; 매일 아침 매일 밤.

évening schòol 야간 학교(night school) : attend (go to) ~ 야간 학교에 다니다.

évening stár (the ~) 개 밥 바 라 기, 금성(Venus)《저녁에 서쪽에서 반짝이는》.

·even·ly [íːvənli] *ad.* (1)평등〈공평〉하게 ; 대등하게. (2)고르게, 평탄하게, 균일하게 : spread the cement ~ 시멘트를 고르게 바르다.

even·ness [íːvənnis] *n.* ⓤ 평평함, 고름 ; 평등 ; 공평 ; 침착.

even·song [íːvənsɔ̀ːŋ, -sɔ̀ŋ] *n.* (종종 E-) (1)【英國教】만도(晩禱). (2)【가톨릭】저녁기도(vespers).

even-ste·phen,-ste·ven [íːvənstíːvən] *a.* 《口》어슷비슷한, 대등한,《古》기도시간, 저녁 때.

:event [ivént] *n.* ⓒ (1)사건, 대사건, 사변, 행사 : an annual ~ 연례 행사. (2)결과(outcome) ; 경과(result). (3)【競】종목 : field ~*s* 필드 경기 / track and field ~*s* 육상 경기 / main ~*s* for the day 그날의 주요(경기) 종목. (4)【컴】사건. ***at all ~s*** = ***in any ~*** 좌우간, 여하튼간에
《※ in any ovont 는 주루 잡래의 일에 대해서 쓰임》. ***double ~*** 병발 사건. ***in either ~*** 여하튼간에, 하여튼. ***in that ~*** 그 경우에는, 그렇게 되면. ***in the ~*** 결과로서. ***in the natural 〈normal, ordinary〉 course of ~s*** ⇨ COURSE. ***in the ~ of*** (rain) (비)가 올 경우에는. ***in the ~*** (***that***) ...《美》(빈일) …일 경우에는 : *in the* ~ he does not come 그가 안 오는 경우에는 . ※ if, in case 쪽이 일반적임. ***pull off the ~*** 상을 타다.

even-tem·pered [íːvəntémpərd] *a.* 마음이 안정된, 냉정한, 침착한, 온화한 성질의.

event·ful [ivéntfəl] *a.* 사건이 많은, 파란 많은 ; 중대한.
파) **~·ly** *ad.* **~·ness** *n.*

even·tide [íːvəntàid] *n.* ⓤ《詩》저녁무렵 〈때〉.

event·less [ivéntlis] *a.* 평온한, 평범한, 사건이 없는.

·even·tu·al [ivéntsuəl] *a.* 〔限定的〕 종국의, 최후의, 결과로서〈언젠가〉 일어나는, (경우에 따라) 어쩌면 일어날 수도 있는.

even·tu·al·i·ty [ivèntʃuǽləti] *n.* ⓒ 우발성, 일어날 수 있는 사태 〈결과〉 ; 궁극, 결말 : in such an ~ 만일 그럴 경우에는.

:even·tu·al·ly [ivéntsuəli] *ad.* 최후에(는), 드디어, 결국(은), 언젠가는.

even·tu·ate [ivéntsuèit] *vi.* 《文語》 (1)결국 …이 되다《*in*》 : ~ well〈ill〉 좋은〈나쁜〉 결과로 끝나다(end) / ~ *in* a failure 실패로 끝나다. (2)…에서 일어나다, 생기다《*from*》.

:ev·er [évər] *ad.* (1)《疑問文에서》 일찍이 ; 이제〈지금〉까지 ; 언젠가 (전에).
(2)〔否定文에서〕 이제까지〈껏〉 (한 번도 …않다), 전혀 (…하는 일이 없다) ; 결코 (…않다)《not ever는 never의 뜻이 됨》.
(3)《條件文에서》 언젠가, 앞으로 ; 어쨌든.
(4)《比較級·最上級 뒤에서》 이제까지〈껏〉 ; 지금까지 ; 일찍이 (없을 만큼)《종종 과장적으로도 쓰임》.
(5) a]《肯定文에서》 언제나 ; 늘, 시종 ; 항상《成句 이외에는 《古》 ; 오늘날에는 always가 더 일반적임》. b]《複合語를 이루어》 언제나, 늘 : *ever*-active 항상 활동적(活動的)인 / *an ever*-present danger 늘 존재하는 위험.
(6)《强意語로서》 a]《疑問文에 쓰여》 도대체 ; 대관절.

☞語法 1)의문사가 있을 때에는, 의문사와 ever를 한데 합쳐서 when*ever*, what*ever* 따위처럼 한 단어로 쓰일 때도 있는데, 본래의 whenever, whatever 따위와의 차이에 주의할 것. 단, why 에는 ever를 붙일 수 없음.
2)이상은 모두 ever 가 맨 마지막에 올 경우가 있음
3)《口》 에서는 ever 대신에 the hell, on earth, in the world, in heaven's name 따위도 쓰임.

b]〔疑問文형식의 感嘆文에서〕《美口》 매우 ; 무척(이나) ; 정말이지.
(*as*) *... as ~* 변함〈다름〉 없이…, 여전히 ; 전(前)과 같이. ***as ...as ~ ... can*** 될 수 있는 대로〈한〉…, 가급적…. ***as ··· as ~ lived*** 〈***was***〉 지금까지는 없을 정도로 …인, 대단히 …인. ***as ~*** 언제나처럼, 여느 때와 같이 : *As* ~, he was late in arriving. 언제나 처럼 그는 늦게 도착했다. ***As if ··· ~!*** 설마 …은 않을테지. ***Did you ~?*** 《口》 그게 정말이야, 그것 놀라운데, 별일 다 있군《※ 놀람·불신을 나타냄 ; *Did you ever* see〈hear〉 the like? 의 단축형》. ***~ after*** 〈***afterward***〉 그후 내내《과거 시제에 씀》《해피앤딩(happy ending)인 농화의 맺음말》. ***~ and again*** 〈***anon***〉 이따금, 가끔(sometimes). ***~ more*** 〔形容詞·副詞의 앞에서〕 더욱(더) ; 다시 (더) ; 점점 …하여. ***~ since*** 1)〔副詞的〕그 후 죽〈내내〉. 2)〔前置詞적·接續的〕…(한 후)부터 죽(지금까지). ***~ so*** 1)《英口》 매우 ; 대단히 : They were ~ *so* kind to me. 그들은 나에게 매우 친절하였다. 2)〔讓步節에서〕 비록 아무리 (…하더라도). ***~ such*** 《英口》 매우〈무척〉 …한 ~ *such* an honest man 매우 정직한 사람. ***Ever yours*** = Yours ~. ***for ~*** 1)영원히 ; 길이. 2)언제나 ; 늘《forever로 붙여서도 씀》 : He is *for* ~ losing his umbrella. 그는 항상 우산을 잃어버린다. ***for ~ and ~*** =***for ~ and a day*** 《英》 영원히, 언제까지나. ***hardly*** 〈***scarcely***〉 ~ 거의〈좀처럼〉 …(하지) 않다. ***never ~*** 《口》 결코 …않다. ***rarely*** 〈***seldom***〉, ***if ~*** (비록 있다 하더라도) 극히 드물다. ***if ~ there was one*** 확실히, 틀림없이. ***Yours ~*** 언제나(변함없는) 그대의 벗《친한 사이에 쓰는 편지의 맺음말》. 【cf.】 yours.

ever- '늘'의 뜻의 결합사 : *ever*lasting

ev·er-chang·ing [évərtʃéindʒiŋ] *a.* 변전무쌍 한.

·Ev·er·est [évərist] *n.* **Mount ~** 에베레스트 산《세계 최고봉 ; 해발 8,848m》.

ev·er·ett [évərit] *n.* (남자용) 실내화.

ev·er·glade [évərglèid] *n.* (1) ⓒ (흔히 *pl.*) 저습지, 소택지. (2)(the E-s) 에버글레이즈《미국 Florida 주 남부의 대(大)소택지》.

·ev·er·green [évərgrìːn] *a.* 상록의(【opp.】 deciduous) ; 불후의 《작품등》 : the rolling ~ hills 기복이 진 상록의 구릉지대. — *n.* (1) ⓒ 상록수, 늘 푸른 나무. (2)(*pl.*) (장식용의) 상록수 가지.

:ev·er·last·ing [èvərlǽstiŋ, -lɑ́ːst-] *a.* (1)영구한, 불후의 : achieve ~ fame 불후의 명성을 얻다. (2)〔限定的〕 끝없는, 끊임없는, 지루한, 질력나는(tiresome) : ~ grumbles 끊임없는 불평. (3)내구성의, 오래가는. — *n.* (1) ⓤ 영구, 영원(eternity) : from ~ 영원한 과거로부터. (2)(the E-) (영원한) 신. ***for~*** 미래영겁(未來永劫)으로, 앞으로 영원히. ***from ~ to ~*** 영원히, 영원무궁토록.
파) **~·ly** *ad.* 영구히, 끝없이. **~·ness** *n.*

ev·er·more [èvərmɔ́ːr] *ad.* 늘, 항상, 언제나 ;영구히. ***for ~*** 영구히(always), 언제나 ; 항상 (forevermore).

ev·er-ready [évərrédi] *a.*, *n.* 언제라도 쓸 수 있는, 항상 대기하고 있는 (사람〈것〉).

:eve·ry [évriː] *a.* 〔限定的〕 (1)〔單數名詞와 더불어 冠詞 없이〕 a]어느 …도〈이나〉 다 ; 각 …마다 다 ;온갖 : ~ word of it is false. 그것은 한마디 한마디가 모두 거짓이다. b]〔not 과 함께 部分否定을 나타내어〕 모두(가) …라고는 할 수 없다 : *Not* ~ man can be a artist. =*Every* man can*not* be a genius. 누구나 다 예술가가 될 수 있다고는 할 수 없다.

☞ 語法 each 와 every 의 비교 : 1) 둘 다 단수 구문을 취하는 점에서 all과 대비된다. 2) 둘 다 집 단의 각 구성 요소를 긍정하지만 each는 2개 이상의 요소에, every는 3개 이상의 요소에 쓰이며, 또 후자는 '하나 남김 없이, 모두'라는 포괄적인 함축이 강하다. 3) each 에는 형용사·대명사의 두 용법이 있으나 every 에는 형용사 용법밖에 없다.

(2)〔抽象名詞를 수반하여〕 가능한 한(限)의 : 온갖 ··· ; 충분한.
(3) a]〔單數名詞를 수반하여 無冠詞로〕 매(每)···, ···마다《종종 副詞句로 쓰임》 : ~ day 〈week, year〉 매일(每日)〈매주, 매년〉 / ~ morning 〈evening〉 매일 아침〈저녁〉 / at ~ step 한걸음마다. b]〔뒤에 '序數十單數名詞' 또는 '基數(또는 few 따위)+複數名詞'를 수반하여〕 …걸러 …마다《종종 副詞句로서 쓰임》 : ~ *second* week 일주일 걸러 / ~ *fifth* day = ~ five days, 5일 마다, 나흘 걸러 / ~ *few* days 〈years〉 며칠〈몇 해〉마다. ***all and ~*** 모조리. ***at ~ step*** 한발짝 (걸음)마다, 끊임없이. ***~ bit*** 어디까지나, 어느 모로나 ; 아주. ***~ inch*** ⇨ INCH. ***~ last...*** 마지막〈최후의〉 ···: spend ~ *last* penny 마지막 1페니까지〈있는 돈 전부를〉 다 써 버리

다. ***~ last bit of ...*** =~ (***single***) ***bit of*** 모든 …: need ~ (*single*) *bit of* help 가능한 한의 모든 원조를 필요로 하다. ***~ last*** 〈***single***〉 ***one*** (***of...***)(…의) 어느 것이나 모두 ; 남김없이《every one의 강조(强調)》. ***~ man Jack*** (***of them*** 〈***us, you***〉) (그들〈우리, 너희들〉 남자들은) 누구나 다. ***~ moment*** 〈***minute***〉 시시각각으로, 순간마다. ***~ mother's son of them*** 한 사람 남(기)지 않고, 모두. ***~ now and again*** 〈***then***〉 =~ ***once in a while*** 〈***way***〉 때때로, 가끔. ***~ one*** 1)[évriwʌ̀n/ ˊ--] 누구나 모두, 모든사람《※ 보통 everyone과 같이 한 말로 씀》. 2)[évriwʌ́n] 남김없이 모두 다 ; 모조리. ***~ other*** 1)하나 걸러(서) : ~ *other* day 하루 걸러(서), 격일로 / ~ *other* line 1행 걸러. 2)그 밖의 모든. ***~ so often*** (EVERY now and then) 때때로, 이따금. ***~ time*** 1)언제고, 언제라도. 2)〔接續詞的〕 …할 때마다 ; …할 때는 언제나. ***~ which*** 어느 …도. ***from ~ which direction*** 여기저기에서, 어느 방향으로부터도. ***~ which way*** 《口》 1)사방(팔방)으로 : The boys ran ~ *which way.* 소년들은 사방으로 달아났다. 2)뿔뿔이 흩어져, 어수선하게. (***in***) ***~ way*** 어느 점으로 보나, 모든 점에 있어 ; 아무리 보아도 ; 아주(quite). ***nearly ~*** 대개의. ***on ~ side*** 어느 방면에도, 모든 곳에.

:eve·ry·body [évribàdi, -bʌ̀di/ -bɔ̀di] *pron.* 각자 모두, 누구나, 모두《※ everyone 보다는 딱딱 한 말》. ***~ else*** 다른 모든 사람. ***not ~*** 〔부분否定〕 모두가 …하는〔인〕 것은 아니다.

:eve·ry·day [-dèi] *a.* 〔限定的〕 (1)매일의 : her ~ routine 그녀의 일과. (2)일상의, 습관적인 ; 예사로운, 평범한 : an ~ occurrence 대수롭지 않은 일 / the ~ world 실사회 / an ~ word (일)상용어 / ~ affairs 일상적인〈사소한〉 일 / ~ shoes 평상화.

:eve·ry·one [-wʌ̀n, -wən] *pron.* =EVERYBODY.

eve·ry·place [-plèis] *ad.* 《美》 =EVERY-WHERE.

:eve·ry·thing [-θìŋ] *pron.* 〔단수 취급〕 (1)모든 것, 무엇이나 다, 만사. (2)〔be의 補語 또는 mean 의 目的語〕 매우 소중한 것. (3)〔not을 이끌고 部分否定〕 모두가 …할 수는 없다(…는 아니다). ***above*** 〈***before***〉 ***~*** (***else***) 무엇보다도(먼저) : His work comes *before* ~. 그에겐 무엇보다 일이 첫째다. ***and ~*** 《口》 그 밖에 이것저것.

:eve·ry·where [-*h*wɛ̀ər] *ad.* (1)어디에나, 도처에 ; 《口》 많은 곳에서 : I've looked ~ for it. 구석구석 그것을 찾아보았다. (2)〔接續詞적으로〕 어디에 …라도.
— *n.* ⓤ 《口》 모든 곳 : People gathered from ~. 도처에서 사람들이 모여들었다.

evict [ivíkt] *vt.* 《~+目/+目+前+名》 **[法]** (가옥·토지)에서 퇴거시키다, (일반적으로) 쫓아내다《*from*》《법 절차에 따라》 ; 〔一般的〕 내쫓다 : ~ a tenant *from* the land (지대(地代) 체납으로) 차지인을 내쫓다 : ~ a person from the land. 그 땅에서 …을 쫓아내다. 파) **evic·tion** [-ʃən] *n.* ⓤⓒ **[法]** 퇴거 ; a notice of ~ 퇴거 통지장.

:ev·i·dence [évidəns] *n.* (1) ⓤ 증거, 물증, 근거《*of* ; *for*》 ; **[法]** 증언, 증인 : a piece of ~ 하나의 증거. (2)ⓤⓒ (때로 *pl.*) 표시 ; 형적, 흔적(sign)《*of* ; *for*》. ***call*** a person ***in ~*** …을 증인으로서 소환하다. ***give ~*** 증언하다. ***give*** 〈***bear, show***〉 ***~ of*** …의 형적을 나타내다, …의 형적이 있다. ***in ~*** 1)눈에 띄게. 2)증거로서. ***on ~*** 증거가 있어서, 증거에 입각하여. ***on the ~ of*** …의 증거에 의해, …을 증거로 하면. ***take ~*** 증언을 듣다. ***turn king's*** 〈***Queen's,*** 《美》 ***State's***〉 ***~*** (감형받으려고) 공범에게 불리한 증언을 하다.
— *vt.* …을 입증하다, …의 증거가 되다.

:ev·i·dent [évidənt] (***more ~ ; most ~***) *a.* (1) 분명한(plain), 명백한, 뚜렷한 ; 분명히 (그것임을) 알 수 있는. (2)〔敍述的〕 뚜렷이 나타난.

ev·i·den·tial [èvidénʃəl] *a.* 증거의 ; 증거가 되는 ; 증거에 의거한(증거로서).

:ev·i·dent·ly [évidəntli, èvidént-, évidènt-] *ad.* (1)분명하게〈히〉, 명백히, 의심 없이 ; 보기에는, 아마도 : She is ~ sick. 그녀는 분명히 병에 걸려 있다. (2) 아무래도.

:evil [íːvəl] (***more ~ ; most ~;*** 때로 ***evil-(l)er ; -(l)est***) *a.* (1)나쁜(bad), 사악한, 흉악한 : ~ conduct 비행 / an ~ spirit 악령, 악마. (2)불길한 : ~ news 불길한 소식. (3)싫은, 불쾌한 : an ~ smell 〈taste〉 역겨운 냄새〈맛〉.
— *n.* (1) ⓤ 악, 사악 : return good for ~ 악을 선으로 갚다. (2) ⓒ 해악 ; 재해(disaster) : a necessary ~ 어쩔 수 없는 폐해, 필요악.
do ~ 해를 끼치다, 해가 되다. ***fall on ~ days*** 불우한 때를 만나다. ***good and ~*** 선악. ***in an ~ hour*** 〈***day***〉 재수없게, 불행히도.
— *ad.* 나쁘게 (ill) : It went ~ *with* him. 그는 혼쭐이 났다. ***speak ~ of*** …의 험담을 하다.

evil·do·er [íːvəldùːər, ˌ-ˊ-] *n.* ⓒ 악행자, 악인.

evil·do·ing [íːvəldùːiŋ, ˌ-ˊ-] *n.* ⓤ 못된 짓, 악행.

evil-look·ing [íːvəllúkiŋ] *a.* 인상이 좋지 않은.

evil-mind·ed [-máindid] *a.* (1)악의(惡意)에찬, 뱃속이 검은, 심술궂은. (2)(말을) 외설적으로 해석하는, 악의로 해석하는.
파) **~·ly** *ad.* **~·ness** *n.*

Évil Óne (the ~) 마왕(the Devil, Satan).

evil-tem·pered [-témpərd] *a.* 기분이 언짢은.

evince [ivíns] *vt.* (감정 따위)를 분명히 나타내다, 명시하다.

evis·cer·ate [ivísərèit] *vt.* (1)(짐승의 내장)을 끄집어 내다. (2)(의론 등의 주요 골자)를 빼버리다.

ev·o·ca·tion [èvəkéiʃən, ìːvou-] *n.* ⓤⓒ (1)(기억·감정 등을) 불러일으킴, 초혼, 환기《*of*》. (2)(공수·신접(神接)을 위해 신령을) 불러냄. ▫ evoke *vt.*

evoc·a·tive [ivákətiv, -vóuk-] *a.* (…을) 불러내는 : 환기하는.

·evoke [ivóuk] *vt.* (1)(기억·감정 등)을 불러일으키다, 환기하다 : ~ applause 갈채를 불러일으키다. (2)(죽은 이의 영혼 등)을 불러내다《*from*》. ▫ evocation *n.*

:ev·o·lu·tion [èvəlúːʃən/ìːvə-] *n.* (1) ⓤ 전개, 발전, 진전, (사회·정치·경제적인) 점진적 변화 : the ~ of the farming methods 영농법의 점진적 발전. (2) ⓤ **[生]** 진화, 진화론, 진화한 것. (3) ⓒ (종종 *pl.*) a](부대·함선 등의) 전개 동작. b](춤 따위의) 전개 동작, 선회. ▫ evolve *v.*

·ev·o·lu·tion·ary [èvəlúːʃənèri/ìːv-] *a.* (1)발달의, 진화의, 진화(론)적인 : ~ cosmology 진화우주론 (2)전개 〈진전〉적인.

ev·o·lu·tion·ism [èvəlúːʃənìzəm/ìːvə-] *n.* ⓤ **[生]** 진화론. 파) **-ist** *n.,a.* 진화론자의. 【cf.】 creationism.

·evolve [iválv/ivɔ́lv] *vt.* (1)…을 서서히 발전시키다 ; 전개하다 ; 진화〈발달〉시키다, (이론 등을) 끌어내다. (2)(열·빛 등)을 방출하다. — *vi.* (1)《~/+前+名》 서서히 발전〈전개〉하다 ; 점진적으로 변화하다.

(2)(생물이)진화하다 : ~ *into* …로 진화하다. ㅁ evolution *n.*

evul·sion [iválʃən] *n.* ⓤ (뿌리째)뽑아냄, 빼냄, 뽑음.

ewe [ju:, jou] *n.* ⓒ 암양. one**'s ~ *lamb*** (가난한 사람의) 가장 소중히 여기는 것《사무엘 XII : 3》.

ew·er [jú:ər] *n.* ⓒ 물병, 물주전자 ; (특히 침실용의) 주둥이 넓은 물단지 : a ~ and basin(침실용) 물병과 세숫대야.

ex[1] [eks] *n.* (알파벳의) X ; X 모양의 것 ;《美俗》독점 판매권.

ex[2] *prep.* 《L.》(1)…로 부터(from) ; …에 의해서, …으로 ; …때문에, …한 이유로. (2)【商】…에서 인도(引渡) : ~ ship 본선 인도 / ~ bond 보세창고 인도 / ~ pier 잔교 인도 / ~ quay 〈wharf〉 부두 인도 / ~ store 창고 인도. (3)【證】…낙(落)으로〈의〉, 없이, 없는 : ~ interest 이자락(利子落)으로〈의〉.

ex-[1] *pref.* (1)'…에서 (밖으로), 밖으로'의 뜻 : *ex*clude, *ex*port. (2)'아주, 전적으로'의 뜻 : *ex*terminate.

ex-[2] *pref.* 〔흔히 하이픈을 붙여〕'전(前)의, 전…'의 뜻 : *ex*-husband, *ex*-convict, *ex*-premier.

exa- '엑서(=10^{18} ; 기호 E)'의 결합사 : *exa*meter.

ex·ac·er·bate [igzǽsərbèit, iksǽs-] *vt.* (1)(고통·병·노여움 따위)를 악화시키다, 더욱 심하게 하다. (2)(사람)을 격분시키다. 파) **ex·àc·er·bá·tion** [-ʃən] *n.* ⓤ 악화, 격화 ; 격분.

:ex·act [igzǽkt] (***more ~, ~·er ; most ~, ~·est***) *a.* (1)(시간·수량 등) 정확한, 적확한 (accurate) : the ~ time 정확한 시간 / an ~ copy of the original 원본의 정확한 사본. (2)(행위·지식·묘사 등) 정밀한, 엄밀한(precise) : ~ sciences 정밀과학 / ~ instruments 정밀기계. (3)(법률·명령 등) 꼼꼼한(strict) ; 엄격한, 가혹한(severe, rigorous) : ~ directions 엄격한 지시. ***~ to the life*** 실물 그대로의. ***te be ~*** 엄밀히 말하면. — *vt.* 《~+目/+目+前+名》(1)(권력으로 금품 따위)를 징수하다, 강요하다, 거두다《*from* ; *of*》. (2)(사정이) …을 필요로 하다.
파) **~·er** *n.* =EXACTOR **~·ness** *n.* ⓤ 정확, 정밀 (exactitude).

ex·act·ing [igzǽktiŋ] *a.* 엄한, 강요하는 ; 착취적인, 강제로 징수하는, 가혹한 ; 쓰라린, 힘든《일 등》: an ~ teacher 엄한 선생 / an ~ job 힘든 일.
파) **~·ly** *ad.* **~·ness** *n.*

ex·ac·tion [igzǽkʃən] *n.* (1) ⓤ 강요, 강제, 강제징수, 가혹한 요구 ; 부당한 요구《*of* ; *from*》. (2) ⓒ 가혹한 세금, 강제 징수금.

ex·ac·ti·tude [igzǽktətjù:d] *n.* ⓤⓒ 정확, 엄밀 ; 정밀(도) ; 꼼꼼함, 엄정. ㅁ exact *a.*

:ex·act·ly [igzǽktli] (***more ~ ; most ~***) *ad.* (1)정확하게, 엄밀히, 정밀하게, 꼼꼼하게 ~ at five =at ~ five 정각 5시에. (2)정확히 말해서. (3)틀림없이, 바로, 꼭 (just, quite) : at ~ six (o'clock) 정각 6시.

ex·ac·tor [igzǽktər] *n.* ⓒ 강요자《특히 권력으로 가혹하게 강요하는 사람》; 강제 징수자 ; 징세리(徵稅吏).

exáct scíence 정밀 과학《수학·물리학 등 정량적(定量的)인 과학》.

:ex·ag·ger·ate [igzǽdʒərèit] *vt.* (1) …을 과장하다, 침소봉대하다(over-start), 과대하게 보이다 ; 지나치게 강조하다 : ~ one's danger 위험을 과장해서 말하다. (2) …을 과대시(視)하다, 과장해서 생각하다. (3) …을 실제보다 크게〈좋게, 나쁘게〉 보이게 하다. — *vi.* 과장해서 말하다, 과대시하다《*on*》: Don't ~. 허풍떨지 마.

·ex·ag·ger·at·ed [igzǽdʒərèitid] *a.* 과장된, 떠벌린, 비정상적으로 확장된 : a ~ advertisement 과대 광고.
파) **~·ly** *ad.* 과장되게 ; 과대하게.

·ex·ag·ger·a·tion [igzæ̀dʒəréiʃən] *n.* (1) ⓤ 과장, 과대시 : speak without ~ 과장없이 말하다. (2) ⓒ 과장적 표현 : a gross ~ 터무니 없는 과장. ㅁ exaggerate *v.*

ex·alt [igzɔ́:lt] *vt.* (1)(명예·품위 따위)를 높이다 ; (관직·신분 따위)를 올리다, 승진시키다 (promote)《*to*》, 고상(고귀)하게 하다. (2) …을 찬양하다. (3)(상상력 등)을 높이다. ㅁ exaltation *n.* ~ a person ***to the skies*** 아무를 격찬하다.

ex·al·ta·tion [ègzɔ:ltéiʃən] *n.* ⓤ (1)높임 ; 고양(高揚) (elevation). (2) 승진(promotion). (3)찬양 ; 의기양양.

·ex·alt·ed [igzɔ́:ltid] *a.* 고귀한, 지위가〈신분이〉높은 ; 고상한, 고원(高遠)한《목적 따위》; 의기양양한 : ~ aims 숭고한 뜻 / become ~ 의기양양해지다 / in ~ spirits 의기양양해서.
파) **~·ly** *ad.*

ex·am [igzǽm] *n.* 《口》 시험. [◁ *exam*ination]

:ex·am·i·na·tion [igzæ̀mənéiʃən] *n.* (1) ⓒ 시험, (성적) 고사 : an ~ *in* English 영어 시험 / entrance ~*s* 입학 시험 / a written 〈an oral〉 ~ 필기〈구두〉 시험. (2) ⓒ 시험 문제 : ~ papers 시험 문제(지) : 답안지. (3) ⓤⓒ a]조사, 검사, 심사《*of* ; *into*》: an ~ *into* the matter 사건의 조사 ; 문제의 검토. b](학설·문제 등의) 고찰, 검토, 음미. (4) ⓤⓒ 검사, 진찰 : a clinical ~ 임상 검사(법) / a mass ~ 집단 검진 / a medical ~ 건강 진단 / a physical ~ 신체 검사. (5) ⓤⓒ【法】(증인) 심문 ; 심리 : a preliminary ~ 예비 심문 / the ~ of a witness 증인신문. ㅁ examine *v.* ***~ in chief***【法】직접 심문. ***go in for*** 〈***take,*** 《英》 ***sit for***〉 ons**'*s ~*** 시험을 치르다. ***on ~*** 조사〈검사〉해 보고 ; 조사해 본즉. ***pass*** 〈***fail in***〉 ***an ~*** 시험에 합격〈불합격〉하다.

:ex·am·ine [igzǽmin] *vt.* (1)《~+目/+目+前+名》시험하다《*in* ; *on, upon*》: ~ pupils *in* grammar 학생들에게 문법 시험을 보이다. ※ 학과목에는 in, 특수〈전문〉 부문에는 on 을 각각 씀. (2)《~+目/+*wh.*節》…을 검사하다, 조사〈심사〉하다(inspect, investigate) ; 고찰〈검토, 음미〉하다 : ~ facts〈evidence〉 사실을〈증거를〉 조사하다. (3)【醫】진찰하다, 검사〈검진〉하다. (4)【法】심문〈신문〉하다 ; 심리하다 : ~ a witness 증인을 신문하다. ㅁ examination *n.*

ex·am·i·nee [igzæ̀məní:] *n.* ⓒ (1)수험자. (2)검사〈신문, 심리〉를 받는 사람.

·ex·am·in·er [igzǽmənər] *n.* ⓒ 시험관, 시험위원, 심사관, 검사관, 조사관 ; (증인)신문관 : satisfy the ~(s) (시험에서) 합격점을 따다.

:ex·am·ple [igzǽmpəl, -zɑ́:m-] *n.* ⓒ (1)예, 보기, 실례, 용례 : give 〈take〉 an ~ 예를 들다. (2) 견본, 표본(specimen, sample) ; (수학 등의) 예제 : an ~ of his work 그의 작품의 한 예. (3)모범, 본보기(model). (4)본때(로 벌받은 사람) : make an ~ of a person 아무를 본때로 벌주다. ***as an ~ =by way of ~*** 한 예(例)를 들면, 예로서《※ 후자는 無冠詞》. ***beyond*** 〈***with-out***〉 ***~*** 공전(空前)의, 전례 없는. ***follow the ~ of*** a person =follow a person's

～의 본을 따르다. ***for ~*** 예를들면, 예컨대(for instance). ***set 〈give〉 an ~ to 〈for〉*** …에게 모범을 보이다. ***take ~ by*** …을 본보기로 하다. ***to cite an ~*** 일례를 들면.

·ex·as·per·ate [igzǽspərèit, -rit] *vt.* 《~+目/+目+前+名》〔종종 受動으로〕 …을 노하게하다, 화나게 하다《*against* ; *at* ; *by*》. 파) **-àt·ed·ly** *ad.* 화가 나서, 홧김에.

ex·as·per·at·ing [igzǽspərèitiŋ] *a.* 화나(게하)는, 분통터지는.
파) **~·ly** *ad.* 화가 날 정도로, 분통터지게.

ex·as·per·a·tion [igzæ̀spəréiʃən] *n.* ⓤ 격분, 분노, 격노, 격앙 : in ~ 격분하여.

ex ca·the·dra [éks-kəθíːdrə] 《L.》 *ad., a.* 권위로써 ; 명령적으로 ; 권위 있는.

ex·ca·vate [ékskəvèit] *vt.* …에 구멍〈굴〉을 파다〈뚫다〉 ; (터널·지하 저장고 등)을 파다, 굴착하다 ; (광석·토사등)을 파내다 ; (묻힌 것을)발굴하다 : ~ a tunnel 터널을 파다 / ~ the ruins of an ancient city 고대 도시의 유적을 발굴하다.

·ex·ca·va·tion [èkskəvéiʃən] *n.* (1) ⓤ (구멍·굴·구덩이를) 팜, 굴착, 개착 ; **[考古]** 발굴. (2) ⓒ 구멍,구덩이, 굴 ; 산 따위를 파서 낸 길. (3) ⓒ **[考古]** 발굴물, 출토품 ; 유적. 파) **~·al** *a.*

ex·ca·va·tor [ékskəvèitər] *n.* ⓒ (1)구멍〈굴〉파는 사람 ; 발굴자. (2) 굴착기(機) (《美》 steam shovel). (3)**[機]** 엑스커베이터《긁어내는 기구》.

:ex·ceed [iksíːd] *vt.* (1)(수량·정도·한도)를 넘다, 초과하다 : ~ the speed limit 속도 제한을 어기다 / ~ one's authority 월권 행위를 하다 / The work ~*s* my ability. 그 일은 내 능력에 부친다. (2)《~+目/+目+前+名》 …보다 뛰어나다. …보다 크다〈많다〉, …보다 낫다 …을 능가하다. ㅁ excess *n.* ~ one**'*s income*** 수입 이상의 생활을하다. ~ one ***'s powers*** 힘에 겹다. 감당할 수 없다.

·ex·ceed·ing [iksíːdiŋ] *a.* 대단한, 지나친, 굉장한 : a scene of ~ beauty 매우 아름다운 경치.

:ex·ceed·ing·ly [iksíːdiŋli] *ad.* 대단히, 매우, 몹시 : an ~ difficult situation 대단히 어려운 상황.

:ex·cel [iksél] (***-ll-***) *vt.* (1)《~+目/+目+前+名》 (남)을 능가하다, …보다 낫다, …보다 탁월하다《*in* ; *at*》《※ 보통 성질에는 in, 행위 활동에는 at를 씀》. (2)〔再歸的〕 지금까지보다 잘하다.
— *vi.* 《+前+名/+*as* 補》 뛰어나다, 출중하다, 탁월하다《*in* ; *at*》 : ~ *at* swimming 수영을 잘하다 / ~ *as* a painter 화가로서 탁월하다 / ~ in foreign languages 외국어에 뛰어나다. ㅁ excellence, -cy *n.*

·ex·cel·lence [éksələns] *n.* (1) ⓤ 우수, 탁월(성), 뛰어남《*at* ; *in*》. (2) ⓒ 뛰어난 소질〈솜씨〉, 미점, 장점, 미덕 : a moral ~ 도덕상의 미점. ㅁ excel *v.*

ex·cel·len·cy [éksələnsi] *n.* ⓒ (1)(E-) 각하《장관·대사·지사 기타 고관 및 그 부인과 주교·대주교에 대한 경칭 ; 略 : Exc.》. ※ Your *Excellen-cy* 《직접 호칭》 각하 (부인). His 〈Her〉 *Excellen-cy* 《간접으로》 각하〈각하 부인〉. 복수일 때에는 Your 〈Their〉 *Excellencies*. (2) =EXCELLENCE. 《특히》 (흔히 *pl.*) 장점. ㅁ excel *v.*

:ex·cel·lent [éksələnt] *a.* 우수한, 일류의, 훌륭한, 뛰어난《*in* ; *at*》 : an ~ teacher / an ~ idea 아주 멋진 생각. ※ 흔히 比較級·最上級은 쓰지 않음.
— *int.* 〔E-!로 찬성·만족을 나타내어〕 좋다. ㅁ excel *v.* 파) **~·ly** *ad.* 아주 잘〈훌륭하게, 멋있게〉 ; 매우.

ex·cel·si·or [iksélsiər, ek-] *int.* 《L.》. 보다 높게! 《미국 New York주의 표어》. — *n.* ⓤ 《美》 고운 대팻밥《포장 속에 넣는 파손 방지용》. (***as***) ***dry as ~*** 바싹 말라.

:ex·cept [iksépt] *prep.* (1)…을 제외하고, …이외에는 (but) 《略 : exc.》. (2) 〔동사 원형 또는 + *to* do〕 …하는 것 외에는. ***~ for*** 〔일반적인 언명의 단서로서〕 1)…을 제외하면, (…의 예외)가 있을 뿐. 2)…이 없었더라면 (but for). ***~ that ...*** 1)…라는 것 말고는. 2)《口》 …한 일이 없었으면, 다만 …(only). — *vt.* 《~+目/+目+前+名》〔종종 과거분사형으로 형용사적으로 쓰임〕 …을 빼다, 제외하다《*from*》 : nobody ~*ed* 한 사람의 예외도 없이 / the present company ~*ed* 여기에 계신 분은 제외〈예외로〉 하고 / ~ a person *from* a list 아무를 명단에서 빼다. — *vi.* 《+前+名》 반대하다, 기피하다, 이의를 말하다 (object) 《*against* ; *to*》 : ~ *against* a matter 일에 반대하다.
— *conj.* (1)《口》〔副詞句나 節을 수반하여〕 …을 제외하고는. (2)《古》 …이 아니면, …이외에는(unless). (3)《口》 …하지만, 다만.

:ex·cept·ing [ikséptiŋ] *prep.* 〔흔히 문장 앞, 또는 not, without의 뒤에 써서〕 …을 빼고, …을 제외〈생략〉하고 : *not* 〈*without*〉 ~ …도 예외가 아니고. ***always ~ ...*** 1)**[法]** 다만 …은 차한(此限)에 부재(不在)로 하고. 2)《英》 …을 제외하고(는). — *conj.* =EXCEPT.

:ex·cep·tion [iksépʃən] *n.* (1) ⓤ 예외, 제외. (2) ⓒ 제외례(除外例), 예외의 사람〈물건〉, 이례(異例) : an ~ *to* the rule 규칙의 예외 / You are no ~. 너도 예외는 아니다. (3) ⓤ 이의, 이론(異論) ; **[法]** (구두·문서에 의한) 항의, 이의 신청, 불복. ***above 〈beyond〉 ~*** 비판〈비난〉의 여지가 없는. ***by way of ~*** 예외로. ***make an ~*** (***of***) (…은) 예외로 하다. 특별 취급하다. ***make no ~***(***s***) ***of*** 특별 취급하지 않다 ; 예외로 하지 않다. ***take ~*** 1)이의를 제기〈신청〉하다 《*to* ; *against*》. 2)성내다 《*to, at*》. ***without ~*** 예외없이〈없는〉. ***with the ~ of 〈that〉*** …은 예외로 하고, …을 제외하고는, …외에는.

ex·cep·tion·a·ble [iksépʃənəbəl] *a.* 〔흔히 否定文에서〕 반대할 수 있는〈할 만한〉, 비난의 여지가 있는, 이의를 말할 수 있는. 파) **-bly** *ad.*

·ex·cep·tion·al [iksépʃənəl] (***more ~ ; most ~***) *a.* 예외적인, 이례의, 특별한, 보통을 벗어난, 드문, 희한한 ; 특별히 뛰어난, 빼어난, 비범한 : an ~ case 예외적인 경우 / an ~ promotion 이례〈파격〉적인 승진. 파) ***~·ly** [-nəli] *ad.* 예외적으로, 특별히, 대단히 : an ~*ly* cold day 별나게 추운 날.

·ex·cerpt [éksəːrpt] (*pl.* ***~s, -cerp·ta*** [-tə]) *n.* ⓒ 발췌(拔萃), 초록(抄錄) ; 인용(구·문) ; 발췌곡. — [iksə́ːrpt, ek-] *vt.* …을 발췌하다, 인용하다(quote) 《*from*》.

:ex·cess [iksés, ékses] *n.* (1) ⓤ (또는 an ~) 과다 ; 과잉, 초과《*of* ; *over*》 : ~ *of* blood 다혈 / an ~ *of* imports *over* export 수출에 대한 수입초과. (2) ⓤ (흔히 to ~ 로) 과도 ; 월권, 지나침, 불근신. (3) (*pl.*) 무절제《*in*》 ; 폭음, 폭식 ; 난폭〈무도〉한 행위. ***carry*** a thing ***to ~*** …을 극단적으로〈지나치게〉 하다. ***go 〈run〉 to ~*** 지나치다, 극단으로 흐르다. ***in ~ of*** …을 초과하여, …보다 많이〈많은〉. (***drink***) ***to*** (***in***) ***~*** 지나치게 (마시다). — [ékses, iksés] *a.* 〔限定的〕 제한 초과의, 여분의.

éxcess bággage 〈**lúggage**〉 (항공기 등의) 제한 초과 수화물 : an ~ charge 수화물 초과 요금.
éxcess chàrge 주차시간 초과요금.
:ex·ces·sive [iksésiv] (**more ~ ; most ~**) *a.* 과도한, 과대한, 과다한, 지나친 : ~ charges 부당한 요금.
파) **~·ness** *n.*
ex·ces·sive·ly [-li] *ad.* (1)지나치게, 과도하게. (2)몹시.
exch. exchange(d) ; exchequer
:ex·change [ikstʃéindʒ] *vt.* (1)《~+目/+目+前+名》 …을 교환하다, 바꾸다 ; 교역하다 : ~ prisoners 포로를 교환하다 / ~ a thing 물건을 바꾸다. (2)《~+目/+目+前+名》〔目的語는 흔히 複數名詞〕 …을 서로 바꾸다, 주고받다 : ~ gifts 선물을 서로 교환하다 / ~ glances 시선을 교환하다 / ~letters 〈views〉 *with* another 남과 편지를〈의견을〉 교환하다. (3) 《+目 +前+名》 환전(換錢)하다 : ~ pounds *for* dollar 파운드화를 달러로 교환하다. (4)《+目+前+名》 …을 버리다, …을 버리고 …을 취하다《*for*》 : ~ honor *for* wealth 명예를 버리고 부(富)를 취하다.
— *vi.* 《~/+前+名》 (1)교환하다, 교체하다《*for*》. (2) 환전되다《*for*》.
— *n.* (1) ⓤⓒ 교환, 주고받기《*of* ; *with* ; *for*》 : ~ of gold *for* silver 금과 은과의 교환. (2) ⓒ 교환물 : a good ~ 이로운 교환물. (3) ⓤ 환전 : 환(시세) ; 환전 수수료 ; (종종 *pl.*) 어음 교환고(高) : the rate of ~ 환시세, 환율 / an ~ bank 외환은행. (4)(흔히 E-) ⓒ 거래소 : the Stock *Exchange* 증권 거래소. (5) ⓒ (전화의) 교환국(《美》 central) : a telephone ~. (6)【컴】 교환.
a bill of ~ 환어음. ***domestic* 〈*internal*〉 *~*** 내국환. ***Exchange is no robbery.*** 교환은 강탈이 아니다《부당한 교환을 할 때의 변명》. ***first* (*second, third*) *of ~*** 제 1(제2,제3) 어음. ***foreign ~*** 외국환. ***in ~* (*for* 〈*of*〉)** …대신 ; …와 교환으로. ***par of ~*** (환의) 법정평가.
ex·change·a·ble [ikstʃéindʒəbəl] *a.* 교환〈교역〉할 수 있는, 태환할 수 있는, 바꿀 수 있는. ***~ value*** 교환가치.
exchánge contròl 환(換)관리.
exchánge màrket 외(국)환 시장.
exchánge ràte (the ~) 환율, 외환시세.
ex·chánge stùdent 교환 (유)학생.
ex·cheq·uer [ikstʃékər, éks--] *n.* (1)(*sing.*) 국고(國庫) (national treasury). (2) ⓒ (흔히 the ~) (개인·회사 등의) 재원, 재력, 자력. (3)(the E-) 《英》 재무부.
ex·cise[1] [éksaiz, -s] *n.* (1) ⓒ (종종 the ~) 내국 소비세, 물품세《*on*》 : *the* ~ *on* spirits 주류 소비세. (2)(the E ~) 《英史》 간접 세무국《지금의 이름은 the Board of Customs and Excise》.
ex·cise[2] [iksáiz] *vt.* (어구·문장)을 삭제하다《*from*》 ; (종기·장기 등)을 잘라내다, 절제하다《*from*》.
ex·ci·sion [eksíʒən] *n.* ⓤⓒ 삭제(부분, 물) ; 적출(부분, 물), 절단, 절제(부분, 물). ◻ excise[2] *v.*
·ex·cit·a·ble [iksáitəbəl] *a.* (사람·짐승이) 격하기 쉬운, 흥분하기 쉬운, 흥분성의.
파) **-bly** *ad.* 흥분하도록. **ex·cìt·a·bíl·i·ty** [-əbíləti] *n.* ⓤ 격하기〈흥분하기〉 쉬운 성질.

:ex·cite [iksáit] *vt.* (1)《~+目 / 目+前+名》 …을 흥분시키다. 자극하다(stimulate) 《※ 종종 過去分詞로 形容詞적으로 쓰임》. (2)《~+目/+目+前+名》 (감정 등)을 불러일으키다 ; (호기심·흥미)를 돋우다, 일깨우다, 자아내다, (주의)를 환기하다 : ~ jealousy 질투심을 일으키다 / ~ a person's curiosity 아무의 호기심을 돋우다. (3)(폭동 등)을 선동하다, 야기하다(bring about).
·ex·cit·ed [iksáitid] (**more ~ ; most ~**) *a.* (1) 흥분한《*at* ; *about* ; *by*》, 활발한 : an ~ mob 흥분한 군중 / become〈get〉 ~ 흥분하다 / Don't get ~! 흥분하지 마라. (2)【物】 들뜬 : ~ state 들뜬 상태.
파) **: ~·ly** *ad.* **~·ness** *n.*
:ex·cite·ment [iksáitmənt] *n.* (1) ⓤ 흥분 (상태), (기쁨의) 소동, 자극받음, 동요. (2) ⓒ 자극(적인 것), 흥분시키는 것 : cry *in* ~ 흥분해서 외치다.
ex·cit·er [iksáitər] *n.* ⓒ (1)자극하는〈흥분시키는〉 사람〈것〉. (2)【醫】 자극제, 흥분제.
:ex·cit·ing [iksáitiŋ] (**more ~ ; most ~**) *a.* 흥분시키는, 자극적인, 피끓는, 약동하는, 가슴설레게 하는, 조마조마하게 하는 : an ~ game 손에 땀을 쥐게 하는 경기 / an ~ trip 아주 즐거운 여행. 파) **~·ly** *ad.*
:ex·claim [ikskléim] *vt.* 《~+目/+*that* 節/+*wh.*節》 (감탄적으로) …라고 외치다 ; 큰 소리로 말하다〈주장하다〉.
— *vi.* 《~/+前+名》 외치다, 고함을 지르다《*at*》.
exclam. exclamation ; exclamatory.
:ex·cla·ma·tion [èkskləméiʃən] *n.* (1) ⓤ 절규, 감탄. (2) ⓒ 외치는 소리 ; 세찬 항의〈불만〉의 소리 ; 감탄의 말. (3) ⓒ 【文法】 감탄사 ; 감탄문 :느낌표 (mark 〈note〉 of ~) 《!》.
exclamátion màrk 〈**pòint**〉 감탄부호, 느낌표《!》.
·ex·clam·a·to·ry [iksklǽmətɔ̀ːri/ -təri] *a.* 감탄의, 영탄적인 ; 감탄을 나타내는 ; 감탄조〈영탄조〉의 : an ~ sentence 【文法】 감탄문. ◻ exclaim *v.*
ex·clave [ékskleiv] *n.* ⓒ 비지(飛地). ※ 본국에서 떨어져 다른 나라에 둘러싸인 영토. 그 비지의 주권국의 입장에서 쓰는 말이며, 그 비지가 있는 나라에서는 enclave라 한다. 【cf.】 enclave.
:ex·clude [iksklúːd] *vt.* (1)《~+目/+目+前+名》 …를 못 들어오게 하다, 차단하다, 제외〈배제〉하다 (〖opp.〗 *include*) ; 몰아내다, 추방하다《*from*》. (2)…을 고려하지 않다, 무시하다 ; 물리치다, 기각하다 ; 허락하지 않다, …의 여지를 주지 않다 ; (가능성·의문 따위)를 배제하다. ◻ exclusion *n.*
ex·clud·ing [iksklúːdiŋ] *prep.* …을 제외하고. 〖opp.〗 *including*.
·ex·clu·sion [iksklúːʒən] *n.* ⓤ 제외, 배제《*from*》, ~이외는 입국 금지 : the ~ *of* women *from* some jobs 몇몇 직업에서의 여성의 배제. ◻ exclude *v.* ***the Method of ~(s)*** 배타법. ***to the ~ of*** …을 제외하도록〈제외하고〉. 파) **~·ism** *n.* ⓤ 배타주의. **~·ist** *a.*, *n.* ⓒ 배타적인(사람) ; 배타주의자.
:ex·clu·sive [iksklúːsiv, -ziv] (**more ~ ; most ~**) *a.* (1)배타적〈제외적〉인, 폐쇄적인. 〖opp.〗 *inclusive* 『 mutually ~ ideas 서로 용납되지 않는 생각. (2)독점적인 ; 한정적인, 한정된 : an ~ agency 특약점, 총대리점 / an ~ story 특종 기사(記事) / an ~ right (to publish a novel) (소설 출판의) 독점권 / ~ privileges 독점권 / an ~ use 전용(專用) / ~ information 독점적〈자기만의 정보〉. (3)오로지하

는, 전문적인 : ~ studies 전문적 연구. (4)유일한 : the ~ means of transport 유일한 교통 수단. (5)회원(고객)을 엄선하는 ; 고급의, 일류의 : an ~ shop 고급 상점 / an ~ restaurant 〈hotel〉 고급 레스토랑〈호텔〉. **~ of** 〔前置詞的〕 …을 제외하고, …을 빼고.

— *n.* ⓒ (1)(취급점 이름을 붙인) 전매 상품 : a Harrods' ~ 해러즈 전매 상품. (2)【新聞】 독점기 사, 보도 독점권.

파) **~·ness** *n.*

ex·clu·sive·ly [iksklúːsivli] *ad.* (1)배타적으로 ; 독점적으로. (2) 오로지 …만(solely, only), 오직 ~ 뿐.

ex·cog·i·tate [ekskádʒətèit/ -kɔ́dʒ-] *vt.* (계획·안(案) 등)을 생각해내다, 고안하다(cogitate).

파) **ex·còg·i·tá·tion** [-ʃən] *n.* ⓤ

ex·com·mu·ni·cate [èkskəmjúːnəkèit] *vt.* 【敎會】 …을 파문하다 ; 제명〈축출〉하다, 추방하다. — [-kit, -kèit] *a.*, *n.* 파문〈제명, 축출〉당한 (사람).

파) **-cà·tor** [-tər] *n.* ⓒ 파문하는 사람.

ex·co·ri·ate [ikskɔ́ːrièit] *vt.* (1)(사람)의 피부를 벗기다 ; …의 가죽〈껍질〉을 벗기다, 표피를 벗기다. (2)…을 통렬히 비난하다. 파) **ex·cò·ri·á·tion** [-ʃən] *n.* (1) a]ⓤ 피부를 벗김〈깜〉. b]ⓒ 피부가 까진 자리, 찰과상. (2) ⓤ 통렬한 비난.

ex·cre·ment [ékskrəmənt] *n.* ⓤ 배설물 ; (*pl.*) 대변(feces). 【cf.】 excretion.

ex·cres·cent [ikskrésənt] *a.* 병적으로 생성된 ; 혹·사마귀의.

ex·cre·ta [ikskríːtə] *n. pl.* 배설물《대변·소변· 땀 등》.

ex·crete [ikskríːt] *vt.* …을 배설하다, 분비하다.

ex·cre·tion [ikskríːʃən] *n.* 【生·生理】 ⓤ 배설(작용) ; ⓤⓒ 배설물《대변·소변·땀 따위》 (【cf.】 excrement).

ex·cre·to·ry [ékskritɔ̀ːri/ekskríːtəri] *a.* 배설의 : ~ organs 배설 기관.

ex·cru·ci·ate [ikskrúːʃièit] *vt.* …을 (육체적· 정신적으로) 괴롭히다, 고문하다.

ex·cru·ci·at·ing [ikskrúːʃièitiŋ] *a.* (1)몹시 고통스러운, 고문 받는 듯한, 참기 어려운 : an ~ pain 참기 어려운 고통. (2)맹렬한, 대단한, 극도의. 파) **~·ly** *ad.*

ex·cul·pate [ékskʌlpèit, iks⌐-] *vt.* 《~+目/+目+前+名》 …을 무죄로 하다 ; …의 무죄를 증명하다, (증거 따위가) 죄를 벗어나게 하다, 의심을 풀다. ~ one***self*** 자신의 결백을 증명하다《*from*》. 파) **èx·cul·pá·tion** [-ʃən] *n.*

:ex·cur·sion [ikskə́ːrʒən, -ʃən] *n.* ⓒ 회유(回遊), 소풍, 짧은 여행, 유람, 수학여행 ; (열차·버스·배 따위에 의한) 할인 왕복 〈주유(周遊)〉 여행. ▫ excurse *v.* ***go on* 〈*for*〉 *an* ~** 소풍가다. ***make* 〈*take*〉 *an* ~ *to*** (the seashore) 〈***into*** (the country)〉 (해변)으로〈(시골)로〉 소풍가다.

ex·cur·sive [ikskə́ːrsiv] *a.* 두서없는, 본론에서 벗어난, 산만한《독서 따위》 : ~ reading 남독(濫讀).

파) **~·ly** *ad.*

:ex·cuse [ikskjúːz] *vt.* (1)《~+目/+目+前+名》 …을 용서하다, 참아주다(forgive), 너그러이 봐주다. 【opp.】 *accuse.* 『 ~ a fault 〈a person *for* his fault〉 과실〈아무의 과실〉을 용서하다. (2)《~+目/+目+前+名》 〔종종 受動으로〕 (의무·출석·부채 등) 을 면하다, …을 면제하다. (3)…을 변명하다(apologize for), …의 구실을 대다. (4) (사정 등)이 …의 변명〈구실〉이 되다. ***Excuse me.*** 〔종종 skjúːzmiː〕 1)실례합니다〈했습니다〉《모르는 사람에게 말을 걸 때, 사람 앞을 통과할 때, 자리를 뜰 때 등에》. 2)《美》 (발을 밟거나 하여) 미안합니다. ***Excuse me ?*** 다시 한번 말씀해주세요. ~ one***self*** 1)변명하다, 사과하다《*for*》. 2)사양하다《*from*》. 3)한마디 양해를 구하고 자리를 뜨다 : ~ one*self from* the table 실례합니다 하고 식사(食事) 도중에 자리를 뜨다.

— [ikskjúːs] *n.* ⓒ,ⓤ (1)변명, 해명 ; 사과 : an adequate ~ 충분한 해명. (2)(흔히 *pl.*) (과실 등의) 이유 ; 구실, 핑계, 발뺌 ; 용서 : invent ~*s* 구실을 만들다. ***a poor* 〈*bad*〉 *~ for*** …의 선부른 이유 ; 《口》 명색뿐인〈빈약한〉 예 : *a poor* 〈*good*〉 ~ *for* …의 선부른〈그럴싸한〉 구실. ***in ~ of*** …의 변명으로서, …의 구실로서. ***no ~*** 이유가 되지 않는. ***on the ~ of*** …을 구실로. ***without ~*** 이유없이 《결석하다 등》. ※ 명사와 동사의 발음 차이에 주의.

ex·di·rec·to·ry [èksdiréktəri, -dai-] *a.* 《英》 전화번호부에 실리지 않은(《美》 unlisted).

èx dívidend 【證】 배당락(配當落) 《略: ex div. 또는 X.D.》. 【opp.】 *cum dividend.*

ex·e·cra·ble [éksikrəbəl] *a.* (1)저주할, 밉살스러운, 지겨운 ; 몹시 나쁜. 파) **-bly** *ad.* **~·ness** *n.*

ex·e·crate [éksikrèit] *vt.* (1)…을 몹시 싫어하다, 증오하다, 비난하다. (2)…을 악담하다, 저주하다.

ex·e·cra·tion [eksikréiʃən] *n.* ⓤⓒ 매도, 통렬한 비난 ; 혐오 ; 저주(하는말), 욕설 ; 저주〈혐오〉의 대상 《사람 및 물건》.

éx·e·cut·a·ble prógram [eksikjuːtəbəl-] 【컴】 실행 프로그램《즈 기억 장치에 올리어 즉시 실행할 수 있도록 되어 있는 프로그램》.

ex·ec·u·tant [igzékjətənt] *n.* ⓒ (1)실행〈수행〉자 (performer). (2)【樂】 연주자, (명)연주가.

:ex·e·cute [éksikjùːt] *vt.* (1)(계획 따위)를 실행하다, 실시하다 ; (목적·직무 따위)를 수행〈달성, 완수〉하다. (2)(미술품 따위)를 완성하다, 제작하다. (3)(배우가 배역)을 연기하다 ; (음악)을 연주하다. (4)【法】 a](계약서·증서 등)을 작성하다 ; (법률·유언 등)을 집행〈이행, 시행〉하다. b]《英》 (재산)을 양도하다. (5)《~+目/+目+前+名 / 目+*as* 補》 (죄인의 사형)을 집행하다, 처형하다. (6)【컴】 (프로그램)을 실행하다.

·ex·e·cu·tion [èksikjúːʃən] *n.* (1) ⓤ 실행, 집행 (enforcement), 실시 ; 수행, 달성. (2) ⓤ (예술작품의) 제작 ; (음악의) 연주(솜씨) ; (배우의) 연기. (3) ⓤ (직무·재판 처분·유언 등의) 집행. (4) ⓤⓒ 사형 집행, 처형 : ~ by hanging 교수형. (5) 【컴】 실행. ▫ execute *v.* ***carry ... into* 〈*put ... into, put ... in*〉 ~** …을 실행〈실시〉하다.

파) **~·al** *a.*

ex·e·cu·tion·er [èksikjúːʃənər] *n.* ⓒ 실행자, 사형 집행인.

:ex·ec·u·tive [igzékjətiv] *a.* 〔限定的〕 (1)실행〈수행 직행〉의 ; 실행상의. (2)행정(상)의 ; 행정부에 속하는.

— *n.* ⓒ (1)(정부의) 행정부 ; 행정관 ; 행정기관의 장《대통령, 주지사, 지방 자치단체의 장 등》 : the Chief *Executive* 《美》 대통령. (2)(기업의) 간부, 관리직, 경영진, 임원 : a sales ~ 판매담당 이사 / the chief ~ 사장, 회장.

Exécutive Mánsion (the ~) 《美》 대통령 관저 (the White House) ; 주지사 관저.

exécutive ófficer (중대 등의) 부관, 행정관.

exécutive prívilege 《美》 (기밀유지에 관한)

대통령 (행정부) 특권.
ex·ec·u·tor [igzékjətər] *n.* ⓒ (1)(*fem.* ***-trix*** [-triks]) 【法】 지정 유언 집행자. (2)실행〈수행, 이행, 집행〉자.
ex·ec·u·trix [igzékjətriks] (*pl.* ***-tri·ces*** [igzèkjətráisi:z], ***~-es***) *n.* ⓒ 【法】 executor의 여성형.
ex·e·ge·sis [èksədʒí:sis] (*pl.* ***-ses*** [-si:z]) *n.* ⓤⓒ (특히 성서·경전의) 주석.
ex·em·plar [igzémplər, -plɑ:r] *n.* ⓒ (1)모범, 본보기. (2)전형, 견본, 표본.
ex·em·pla·ry [igzémpləri] *a.* (1)모범적인, 전형적인 ; 모범이 되는. (2)〔限定的〕 징계적인, 본보기의. ***be ~ of*** …의 전형이다, …의 좋은 예다.
ex·em·pli·fi·ca·tion [igzèmpləfikéiʃən] *n.* (1) ⓤ 예증(例證), 예시(例示). (2) ⓒ 표본, 적례.
·**ex·em·pli·fy** [igzémpləfài] *vt.* …을 예증〈예시〉하다 ; 복사하다 ; 인증 등본을 작성하다 ; (일이) …의 모범이 되다, …의 좋은 예가 되다.
파) **ex·ém·pli·fi·cà·tive** [-fikèitiv] *a.* 예증이〈범례가〉 되는.
ex·em·pli gra·tia [egzémplai-gréiʃiə, -zémpli:grɑ́:tiɑ̀:] 《L.》 예컨대, 이를테면《略 : e.g. : 흔히 for example 또는 [í:dʒi:] 라 읽음》.
·**ex·empt** [igzémpt] *vt.* 《+目+前+名》 (의무 따위에서) …을 면제하다《*from*》. — *a.* 〔敍述的〕 (과세·의무 등이) 면제된《*from*》.
— *n.* ⓒ (의무 등을) 면제받은 사람 ; 《특히》 면세자. 파) **~·i·ble** *a.*
·**ex·emp·tion** [igzémpʃən] *n.* (1) ⓤ (의무·과세 등의) 면제《*from*》. (2) ⓒ 소득세의 과세 공제액 〈품목〉
:**ex·er·cise** [éksərsàiz] *n.* (1) ⓤⓒ (신체의) 운동 ; 체조. (2) ⓒ (육체적·정신적인) 연습, 실습, 훈련, 수련 ; 【軍】 (종종 *pl.*) 연습(演習) 《*in*》. (3) ⓒ 연습 문제〈교재, 곡〉, 과제 ; do one's *~s* 연습 문제를 풀다. (4) ⓤ (종종 the ~) (주의력·의지력·능력 등의) 행사, 발휘, 활용, 사용. (5) ⓤ (종종 the ~) (권력·직권 따위의) 행사, 집행 : *the* ~ of one's civil rights 공민권 행사. (6) ⓒ 예배 (*~s* of devotion) ; 행사. (7)(*pl.*) 《美》 식(式), 식순, 의식.
— *vt.* (1)《~+目/+目+前+名》 (손발)을 움직 이다 ; (군대·동물 따위)를 훈련시키다, 운동시키다, 길들이다. (2)(체력·능력)을 발휘하다, 쓰다 ; (권력)을 행사하다 ; (역할 등)을 수행하다. (3)《~+目/+目+前+名》〔흔히 受動으로〕《특히》 (마음·사람)을 괴롭히다, 번민〈걱정〉을 하게 하다《*about* ; *over*》. (4)《+目+前+名》 (영향·감화 등)을 미치다《*on* ; *over*》. — *vi.* 운동하다 ; 연습하다 : She *~s* every morning by running. 매일 아침 달리기 운동을 한다. ~ one***self*** 운동하다, 몸을 움직이다.
éxercise bòok 공책, 노트(notebook) ; 연습장, 연습 문제집.
:**ex·ert** [igzɔ́:rt] *vt.* (1)《~+目/+目+*to* do》 (힘·지력 따위)를 발휘하다, 쓰다 ; 〔再歸用法〕 노력〈진력〉하다《*for*》. (2)《+目+前+名》 (영향력·압력 등)을 행사하다, 미치다.
·**ex·er·tion** [igzɔ́:rʃən] *n.* (1) ⓤⓒ 노력, 전력, 분발(endeavor). (2) ⓤ (권력 등의) 행사 《*of* 》.
ex·e·unt [éksiənt, -ʌnt] *vi.* 《L.》 【劇】 퇴장하다 (they go out). 【cf.】 exit. 『 *Exeunt* John and Bill. 존과 빌 퇴장《극본(劇本)에서의 지시》.
ex gra·tia [eks-gréiʃə] 《L.》 【法】 (지불 등이 법적 강제가 아닌) 도의적인, 임의의.
ex·ha·la·tion [èkshəléiʃən, ègzəl-] *n.* (1) ⓤⓒ 숨을 내쉬기 ; 내뿜기 ; 발산 ; 증발. (2) ⓒ 호기(呼氣) ; 증발기《수증기·안개 등》 ; 발산물.
·**ex·hale** [ekshéil, igzéil] *vt.* (숨)을 내쉬다, (공기·가스 등)을 내뿜다 (【opp.】 *inhale*) ; (냄새 등)을 발산시키다.
— *vi.* 숨을 내쉬다. ; (가스·냄새 등이) 발산하다, 방출하다, 증발하다《*from* ; *out of*》 ; 소산(消散)하다 ; 숨을 내쉬다.
·**ex·haust** [igzɔ́:st] *vt.* (1)〔종종 受動으로〕 (체력·자원 등)을 다 써버리다(use up) ; 고갈시키다 ; (체력·인내력 따위)를 소모하다(consume). (2)〔종종 受動 또는 再歸的으로〕 (사람)을 지쳐버리게 하다(tire out) ; (국력)을 피폐시키다. (3)(문제 따위)를 힘껏 연구 하다, 자세히 구명(究明)하다. (4)《+目+前+名》 (그릇 따위)를 비우다 (empty), 진공으로 만들다.
— *n.* (1) ⓤ (엔진의) 배기 가스 : Car ~ is the main reason for the city's smog problem. 자동차 배기 가스가 그 도시의 스모그 문제의 주된 원인이다. (2) a]=EXHAUST PIPE. b]=EXHAUST SYSTEM.
·**ex·haust·ed** [igzɔ́:stid] *a.* (1)다 써버린, 소모된, 고갈된. (2)〔敍述的〕 지친 《*by* ; *from* ; *with*》.
exháust fùmes 배기 가스, 매연.
exháust gàs 배기 가스(특히 엔진의).
ex·haust·i·ble [igzɔ́:stəbəl] *a.* 다 써 버릴 수있는.
ex·haust·ing [igzɔ́:stiŋ] *a.* 소모적인 ; (심신을) 지치게 하는, 피로하게 하는. 파) **~·ly** *ad.*
·**ex·haus·tion** [igzɔ́;stʃən] *n.* ⓤ (1)다 써버림, 소모, 고갈《*of* wealth, resources》. (2)극도의 피로, 기진맥진.
·**ex·haus·tive** [igzɔ́:stiv] *a.* 남김없는, 총망라한, 철저한(thorough).
파) **~·ly** *ad.* **~·ness** *n.*
ex·haust·less [igzɔ́:stlis] *a.* 무진장의, 다함이 없는, 무궁무진한, 지칠 줄 모르는. 파) **~·ly** *ad.* **~·ness** *n.*
exháust pìpe (엔진의) 배기관.
exháust sỳstem 배기 장치.
:**ex·hib·it** [igzíbit] *vt.* (1)…을 전람〈전시〉하다, 진열하다《*at* ; *in*》. (2)(징후·감정 등)을 나타내다, 보이다(show), 드러내다. (3)【法】 (서류 등)을 제시하다 《증거물로서 법정에》. — *vi.* 전람회를 열다(개최하다) ; 전시회에 출품〈전시〉하다. — *n.* ⓒ (1)공시, 전람, 전시, 진열 ; 《美》 전시회, 전람회. (2)전시품, 진열품. (3)【法】 증거서류, 증거물 ; 중요 증거물〈증인〉.
:**ex·hi·bi·tion** [èksəbíʃən] *n.* (1) ⓤ 전람, 전시, 진열 ; 공개. (2) ⓒ 전람회, 전시회, 박람회, 품평회. (3) ⓒ 《英》 장학금(SCHOLARSHIP). ㅁ exhibit *v.* ***make an*** 〈***a regular***〉 ***~ of*** one***self*** (바보짓을 하여) 웃음거리가 되다, 창피당하다. ***on ~*** =on EXHIBIT. ***put something on ~*** 물건을 전람시키다, 진열〈전시〉하다.
파) **~·er** [-ər] *n.* ⓒ 《英》 ; 장학생.
ex·hi·bi·tion·ism [èksəbíʃənìzəm] *n.* ⓤ 자기 현시〈과시〉 ; 자기 선전벽(癖) ; 노출증.
ex·hib·i·tor [igzíbitər] *n.* ⓒ 출품자 ; 영화관 경영자.
ex·hib·i·to·ry [igzíbitɔ̀:ri/ -təri] *a.* 전시(용)의, 전람의.
ex·hil·a·rate [igzílərèit] *vt.* 〔흔히 受動으로〕 …을 들뜨게 하다 ; 유쾌〈상쾌〉하게 하다《*by* ; *at* 》.
파) **-ràt·ed** [-id] *a.* (기분이) 들뜬.

ex·hil·a·rat·ing [igzílərèitiŋ] *a.* 기분을 돋우어주는, 유쾌하게 하는. 파) **~·ly** *ad.*

ex·hil·a·ra·tion [igzìləréiʃən] *n.* ⓤ 기분을 돋우어 줌 ; 들뜬 기분, 유쾌한 기분, 흥분.

·ex·hort [igzɔ́:rt] *vt.* 《~+目/+目+前+名/+目+*to* do》 …에게 열심히 타이르다 〈권하다〉(urge).

·ex·hor·ta·tion [ègzɔ:rtéiʃən, èksɔ:r-] *n.* ⓤⓒ 간곡한 권유, 권고.

ex·hor·ta·tive, -ta·to·ry [igzɔ́:rtətiv], [-tɔ̀:ri/ -təri] *a.* 권고의 ; 타이르는, 훈계적인.

ex·hu·ma·tion [èks*h*ju:méiʃən, ègz*j*u:-] *n.* ⓤⓒ 《특히》 시체발굴.

ex·hume [igz*j*ú:m, eks*h*jú:m] *vt.* (1)(시체 등)을 발굴하다. (2)(숨은 인재·명작 등)을 찾아내다, 햇빛을 보게하다, 발굴하다.

ex·i·gen·cy. -gence [éksədʒənsi], [-dʒəns] *n.* (1) ⓤ 긴급성, 급박, 위급. (2) ⓒ (흔히 *pl.*) 절박〈급박〉한 사정, 초미지급(焦眉之急)《*of*》. ***in this ~*** 이 위급한 때에.

ex·i·gent [éksədʒənt] *a.* (1)(사태 등이) 절박한, 각박한(exacting), 급박한(pressing), 위급한(critical). (2)자꾸 요구하는《*of* ...》. 파) **~·ly** *ad.*

ex·ig·u·ous [igzígjuəs, iksíg-] *a.* 근소한, 얼마 안 되는, 적은, 빈약한.
파) **~·ly** *ad.* **~·ness** *n.*

·ex·ile [égzail, éks-] *n.* (1) ⓤ (또는 an ~)(자의에 의한) 망명, 유배, 추방, 국외 생활〈유랑〉, 타향살이. (2) ⓒ 망명〈추방〉자, 유배자 ; 유랑자. ***go into ~*** 망명하다 ; 추방〈유랑〉의 몸이 되다 : ***live in ~*** 귀양살이〈망명 생활, 타향살이〉를 하다. — *vt.* 《~+目/+目+前+名》〔종종 受動으로〕 …을 추방하다, 유배에 처하다, 귀양보내다《*from* ; *to*》 : Napoleon *was ~d to* St. Helena. 나폴레옹은 세인트 헬레나 섬으로 유배되었다. ~ one***self*** …로 망명하다, 유랑하다.

:ex·ist [igzíst] *vi.* (1)존재하다, 실재하다, 현존하다. (2)《+前+名》 (특수한 조건·장소·상태에) 있다. 나타나다(be, occur)《*in* ; *on*》. (3)《+前+名》 (사람이) 생존하다, 살고 있다, 살아가다. ▫ existence *n.* ***~ as*** …로서〈의 형태로〉 존재하다.

:ex·ist·ence [igzístəns] *n.* (1) ⓤ 존재, 실재, 현존(being). (2) ⓤ 생존 : struggle for ~ 생존 경쟁. (3) (an ~) 생활, 생활 양식.
come into ~ 태어나다 ; 설립하다 : When did the world *come into* ~ ? 세계는 언제부터 있어왔나. ***in ~*** 존재하는, 현존의. ***out of ~*** 없어져.

·ex·ist·ent [igzístənt] *a.* (1)존재하는, 실재하는 ; 현존하는(existing). (2)목하(目下)의, 현행(現行)의(current).

ex·is·ten·tial [ègzisténʃəl, èksi-] *a.* (1)존재에 관한, 실존하는. (2)【論】 실체론상의 ; 【哲】 실존주의의. 파) **~·ism** [-ìzəm] *n.* ⓤ 【哲】 실존주의. **~·ist** [-ist] *n.* ⓒ, *a.* 실존주의자 ; 실존주의(자)의.

ex·ist·ing [igzístiŋ] *a.* 〔限定的〕 현존하는, 현재의.

·ex·it[1] [égzit, éksit] *n.* ⓒ (1)(공공 건물·고속도로 등의) 출구(《英》 way out). (2)나감 ; 퇴출, 퇴거 ; 사망. (3)(배우의) 퇴장 ; (정치가의) 퇴진. (4)【컴】 나가기. ***make*** one***'s ~*** 퇴장〈퇴거, 퇴출〉하다 ; 죽다. — *vi.* 나가다, 떠나다 ; 죽다 ; 【컴】 (체계·풀그림에서) 나가다.

ex·it[2] *vi.* 《L.》 【劇】 퇴장하다(he 〈she〉 goes out). 【cf.】 exeunt. 〖opp〗 *enter.* 『 *Exit* Hamlet. 햄릿 퇴장.

éxit pèrmit 출국 허가(증).

éxit pòll (선거 결과의 예상을 위한) 출구 조사.

éxit vìsa 출국 사증. 〖opp〗 *entry visa.*

ex·li·bris [eks-láibris, -lí:b-] 《L.》 (1)(*pl.* ~) 장서표(藏書票) 《略 : **ex lib.**》. (2)…의 장서에서.

exo- '외(外), 바깥, 외부' 의 뜻의 결합사 : *exoskeleton.* 〖opp.〗 *endo-.*

ex·o·bi·ol·o·gy [èksoubaiálədʒi/ -ɔ́l-] *n.* ⓤ 우주〈천체〉 생물학.
파) **-gist** *n.*

Ex·o·cet [ègzousét] *n.* 《F.》 (1)【商標名】 엑조세 《프랑스제(製) 대함(對艦) 미사일》. (2) ⓒ 파괴력이 있는 것.

Exod. Exodus.

ex·o·dus [éksədəs] *n.* (1) ⓒ (흔히 *sing.*) 집집단의 (대)이동〈이주〉, 많은 사람의 이동, 이주, 출국. (2) a](the E-) 이스라엘 국민의 이집트 탈출. b](E-) 【聖】 출애굽기《구약성서중의 한 편 ; 略 : Ex., Exod.》.

ex·of·fi·cio [èks-əfíʃiòu] 《L.》 직권에 의하여〈의한〉, 직권상 겸(무)하는 《略 : e.o., **ex off.**》

ex·og·e·nous [eksádʒənəs/ -sɔ́dʒ-] *a.* 밖으로부터 생긴, 외부적 원인에 의한, 외부로부터 발생한. 파) **~·ly** *ad.*

ex·on·er·ate [igzánərèit/ -zɔ́n-] *vt.* 《~+目/+目+前+名》 (아무)의 무죄임을 입증하다 ; (아무)의 혐의를 벗겨 주다 ; (아무를 의무·책임·곤란 따위에서) 면제〈해제〉하다, 해방하다.
파) **ex·òn·er·á·tion** [-ʃən] *n.*

ex·or·bi·tance [igzɔ́:rbətəns] *n.* ⓤ 과대, 과도, 부당.

ex·or·bi·tant [igzɔ́:rbətənt] *a.* (욕망·요구·가격 등이) 터무니없는, 엄청난, 과대한, 부당한. 파) **~·ly** *ad.*

ex·or·cise, -cize [éksɔ:rsàiz] *vt.* (1)(기도·주문을 외어 악령)을 쫓아내다, 몰아내다《*from* ; *out of*》 ; (사람·장소)를 정(淨)하게 하다. (2)(나쁜 생각·기억 등)을 떨쳐 버리다, 몰아내다.

ex·or·cism [éksɔ:rsìzəm] *n.* ⓤⓒ 귀신물리기, 액막이, 불제(不除). 파) **-cist** [-sist] *n.* ⓒ 엑소시스트, 귀신 물리는 사람, 무당, 액막이 하는 사람.

ex·or·di·um [igzɔ́:rdiəm, iksɔ́:r-] (*pl.* ***~s, -dia*** [-diə]) *n.* 첫머리, 서두 ; (강연·논문 등의) 서설, 서론.

ex·o·sphere [éksousfìər] *n.*(the ~) 【氣】 외기권, 일탈권(逸脫圈) 《대기권중 고도 약 1,000km 이상》.

ex·o·ter·ic [èksətérik] *a.* (1)(교리·말투 등이) 문외한도 이해할 수 있는. 〖opp.〗 *esoteric.* (2)개방적인, 공개적인 ; 통속적인, 대중적인, 평범한(simple). (3)외적인 ; 외부〈외면〉의 (external). 파) **-i·cal·ly** *ad.*

·ex·ot·ic [igzátik/ -zɔ́t-] (***more ~, most ~***) *a.* (1)이국적인, 이국풍〈정서〉의, 색다른, 엑조틱한. (2)(동식물 등) 외국산의, 외래의. 파) **-i·cal·ly** *ad.*

ex·ot·i·ca [igzátikə/ -zɔ́t-] *n. pl.* 이국적인〈진기한〉 것, 이국풍의 것.

exótic dáncer 스트립쇼·벨리 댄스의 무희.

ex·ot·i·cism [igzátəsìzm/ -zɔ́t-] *n.* ⓤ 이국 취미〈정서〉.

:ex·pand [ikspǽnd] *vt.* (1)…을 펴다, 펼치다(spread out) ; 넓히다 ; 확장·확대하다. (2)(용적 등)을 팽창시키다, 부풀게 하다. (3)《+目+前+名》 (관

념 등)을 발전〈전개, 진전〉시키다(develop) ; (요지·초고 등)을 상술〈부연, 확충〉하다, 늘리다. (4)【數】…을 전개하다. (5)(마음)을 넓게 하다. — *vi.* (1)퍼지다, 넓어〈커〉지다. (2)《~/+前+名》 부풀어오르다, 팽창하다. (3)《+前+名》 성장하다, 발전하다 ; 발전하여 …이 되다《*into*》. (4)(꽃이) 피다. (5)(사람이) 마음을 터놓다, 쾌활해지다. (6)《+前+名》 상술〈부연〉하다《*on, upon*》.

ex·pand·a·ble [ikspǽndəbəl] *a.* =EXPANSIBLE. (1)늘릴 수 있는. (2)팽창하는〈할 수 있는〉. (3)발전성이 있는.

ex·pánd·ed mémory [ikspǽndid-] 【컴】 확장 기억 장치.

ex·pand·er [ikspǽndər] *n.* ⓒ expand 하는 사람〈물건〉; (특히 운동 기구의) 익스팬더.

·ex·panse [ikspǽns] *n.* ⓒ 〔종종 *pl.*〕 (바다·대지 등의) 광활한 공간, 넓게 퍼진 공간, 넓디넓은 장소〈구역〉 ; 넓은 하늘. (2) ⓤ 팽창, 확대, 확장(expansion).

ex·pan·sile [ikspǽnsəl, -sail] *a.* 확장〈확대〉할 수 있는 ; 팽창성의, 확대〈확장〉의.

:ex·pan·sion [ikspǽnʃən] *n.* (1) ⓤ 팽창, 신장, 발전(development)《*of*》. (2) ⓤ 확장, 확대《*of*》. (3) ⓒ 확대〈확장〉된 것. (4) ⓤ 전개(展開) ; ⓒ 전개식. ▫ expand *v.* 파) **~·ism** [-ìzəm] *n.* ⓤ (상거래·통화 등의) 팽창주의, 팽창론 ; (영토 등의) 확장주의〈정책〉 **~ist** *n., a.*

ex·pan·sive [ikspǽnsiv] *a.* (1)신장력이 있는, 팽창력이 있는, 팽창성의. (2) 넓디넓은, 광대한(broad), 포괄적인. (3) 포용력있는 ; 대범한 ; (…에 대해) 느긋한. ▫ expand *v.*
파) **~·ly** *ad.* **~·ness** *n.*

ex par·te [eks-pɑ́ːrti] 《L.》 【法】 당사자의 한쪽에 치우쳐〈치우친〉 ; 일방적으로〈인〉.

ex·pa·ti·ate [ikspéiʃièit] *vi.* (…에 대해) 상세히 설명하다, 해설하다, 부연하다《*on, upon*》.

ex·pa·ti·a·tion [ikspèiʃiéiʃən] *n.* ⓤⓒ 상세한 설명, 부연, 해설, 상술.

ex·pa·tri·ate [ekspéitrièit/ -pǽt-] *vt.* (1)…을 국외로 추방하다, …의 국적을 박탈하다. (2)〔再歸的〕 조국을 떠나다, 국적을 버리다.
— [-triit, -trièit] *a., n.* 국외로 추방된〈이주한〉 (사람), 국적을 이탈한 (사람).

ex·pa·tri·a·tion [ekspèitriéiʃən -pæ̀t-] *n.* ⓤⓒ 국외추방 ; 국외 이주 ; 본국 퇴거 ; 【法】 국적이 탈.

:ex·pect [ikspékt] *vt.* (1)《~+目 / *to* do/+目+*to* do/+*that* 節》 기대〈예기, 예상〉하다 ; 기다리다 ; …할 작정이다. ※ 나쁜 경우에는 대체로 '예상, 각오'의 뜻이 됨. (2)예상되어 있다, …하기로 되어 있다 ; …하도록 요청되어 있다, 《婉》 …하지 않으면 안 되다. (3)(~~+目/+目+*to* do/+目+前+名》 (당연한 일로) …을 요구하다, 기대하다, 바라다. (4)《+*that* 節》《口》 …라고 생각하다(think, suppose), 추측하다 : I ~ (*that*) you have been to Europe. 유럽에 갔다 오신 적이 있지요 / Will he come today ? —Yes, I ~ so. 그가 오늘 올까요 —예, 올 거에요. (5)(아기)를 출산할 예정이다. — *vi.*〔進行形〕 임신하고 있다. ***as might be ~ed*** 예기되는 바와 같이, 역시, 과연 : *As might be ~ed* of a gentleman, he was as good as his word. 과연 신사답게 그는 약속을 잘 지켰다. ***as was* 〈*had been*〉 *~ed*** 예기한 대로. ***be* (*only*) *to be ~ed*** 예상되는 일이다, 당연한 일이다 : The accident *was only to be ~ed* because of his reckless driving. 난폭한 운전 때문에 그 사고는 당연한 일이었다 / What is ~ed of me (my duty). 기대를 어기지 않겠습니다(본분을 다하겠습니다).

·ex·pect·an·cy, -ance [ikspéktənsi], [-əns] *n.* ⓤ (1)기다림, 예기, 기대, 대망(待望) 《*of*》. (2)(장래의) 가능성, 가망, 기대〈예상〉되는 것. ▫ expect *v.* ***life expectancy*** =the EXPECTATION of life.

·ex·pect·ant [ikspéktənt] *a.* (1)기다리고 있는, 기대〈예기〉하고 있는《*of*》. (2)〔限定的〕 출산을 기다리는, 임신 중의. 파) **~·ly** *ad.* 기다려서, 기대하여.

:ex·pec·ta·tion [èkspektéiʃən] *n.* (1) ⓤ (때로 *pl.*) 예상, 예기 ; 기대, 대망. (2) (종종 *pl.*) 예상되는 일, 《특히》 예상되는 유산상속. ▫ expect *v.* ***according to ~*** 예상한 바로. ***against* 〈*contrary to*〉 (*all*) *~*(*s*)** 기대와는 달리, 예기에 반하여. ***beyond* (*all*) *~*(*s*)** 예상 이상으로. ***in ~*** 가망이 있는, 예상되는. ***in ~ of*** …을 기대하여, 내다보고. ***come up to*** a person***'s ~s*** 아무의 기대〈예상〉대로 되다. ***the ~ of life*** 【保險】 평균 여명(餘命).

ex·pec·to·rant [ikspéktərənt] 【醫】 *a.* 가래를 나오게 하는. — *n.* ⓒ 거담제(去痰劑).

ex·pec·to·rate [ikspéktərèit] *vt.* (가래·혈담 등)을 기침하여 뱉다, 뱉어 내다.
파) **ex·pèc·to·rá·tion** [-ʃən] *n.* ⓤ 가래를〈침을〉 뱉음, 객담(喀痰) ; ⓒ 뱉어낸 것《가래 따위》.

ex·pe·di·en·cy, -ence [ikspíːdiənsi] *n.* ⓤ 편의, 형편 좋음, 방편, 편리한 방법 ; (타산적인) 편의주의 ; (악랄한) 사리(私利)추구. ***by ~*** 편의상.

·ex·pe·di·ent [ikspíːdiənt] *a.* (1)편리한, 편의의 ; 마땅한, 유리한, 상책인. (2)편의주의의, 방편적인 ; 공리적(功利的)인. — *n.* ⓒ 수단, 방편, 편법, 임기(응변)의 조처 : resort to an ~ 편법을 강구하다 / a temporary ~ 미봉책, 임시 방편. 파) **~·ly** *ad.*

ex·pe·dite [èkspədàit] *vt.* (1)(계획 따위)를 재촉하다, 진척시키다. (2)(일)을 재빨리 수습하다.

:ex·pe·di·tion [èkspədíʃən] *n.* (1) ⓒ (탐험·전투 등 명확한 목적을 위한) 긴 여행〈항해〉, 탐험(여행), 원정, 장정. (2) ⓒ 탐험〈원정〉대. (3) ⓤ 신속, 기민, 민활. ***go* 〈*start*〉 *on an ~*** 원정길에 오르다〈나서다〉. ***make an ~ into*** …을 탐험〈원정〉하다, 탐험여행을 하다. ***use ~*** 후딱 해치우다. ***with* (*all possible*) *~*** (가능한 한) 빨리, 신속히.

ex·pe·di·tion·a·ry [-nèri/ -nəri] *a.* 〔限定的〕 원정〈탐험〉의 : an ~ force 파견군 ; 원정군.

ex·pe·di·tious [èkspədíʃəs] *a.* (사람·행동이) 날쌘, 신속한(prompt), 급속한 : ~ measures 응급 처치, 급사. 파) **~·ly** *ad.* **~·ness** *n.*

·ex·pel [ikspél] (*-ll-*) *vt.* 《~+目/+目+前+名》 (1)…을 쫓아내다, 물리치다(drive out) ; (해충 등)을 구제하다《*from*》. (2)…을 제명하다, 면직시키다(dismiss) 《*from*》. (3)…을 방출〈배출〉하다, (가스 등)을 분출하다, 추방하다 ; (탄환)을 발사하다《*from*》.

·ex·pend [ikspénd] *vt.* 《~+目/+目+前+名》 (1)(시간·노력 따위)를 들이다, 쓰다, 소비하다 《*on, upon ; in*》. (2)…을 다 써버리다, 소진하다.
파) **~·er** *n.*

ex·pend·a·ble [ikspéndəbəl] *a.* (1)소비〈소모〉해도 좋은, 소모용의. (2)【軍】 (전략상) 소모하기 가능한, 희생시켜도 좋은《병력·자재 등》.
— *n.* ⓒ (흔히 *pl.*) 소모품.

:ex·pend·i·ture [ikspénditʃər] *n.* (1) ⓤ (또는

an ~) 지출, 출비 ; 소비《*of* ; *on*》. (2) ⓤⓒ 지출액, 소비량, 경비, 비용《*of* ; *on*》.

:ex·pense [ikspéns] *n.* (1) ⓤ (또는 an ~) (돈·시간 등을) 들임, 소비함 ; 지출, 비용, 출비. (2)(*pl.*) 지출금, 제(諸)경비, 소요경비, …비 ; 수당. (3) ⓒ (an ~) 비용이 드는것〈일〉. ▫ expend *v.* (***all***) ***~s paid*** 회사 경비로. ***at a great ~*** 막대한 비용을 들여서. ***at any ~*** 아무리 비용이 들더라도 ; 어떠한 희생을 치르더라도. ***at*** one***'s*** (***own***) ***~*** 자비로 ; 자기를 희생하여. ***at little*** 〈***no***〉 ***~*** 거의〈전혀〉 돈을 안 들이고. ***at the ~ of*** =***at*** a person***'s ~*** …의 비용으로, …에게 폐를 끼치고 ; …을 희생하여 : He did it *at the ~ of* his health. 건강을 해치며 그것을 했다. ***go to ~ to*** do =***go to the ~ of*** do***ing*** …하는 데 돈을 쓰다, 비용을 들이다.

expénse accòunt (급료 외에 회사에서 지급되는) 소요 경비, 접대비, 교재비.

:ex·pen·sive [ikspénsiv] (***more ~ ; most ~***) *a.* 돈이 드는, 값비싼 ; 사치스러운. ▫ expend *v.* 파) **~·ly** *ad.* 비용을 들여, 비싸게. **~·ness** *n.*

:ex·pe·ri·ence [ikspíəriəns] *n.* (1) ⓤ 경험, 체험. (2) ⓒ 체험한 사물 ; (*pl.*) 경험담.
— *vt.* …을 경험〈체험〉하다 : She ~*d* love for the first time. 그녀는 처음으로 사랑을 경험했다 / ~ difficulties 곤란을 겪다.

·ex·pe·ri·enced [ikspíəriənst] (***more ~ ; most ~***) *a.* 경험 있는 〈많은〉, 노련한.

ex·pe·ri·en·tial [ikspìəriénʃəl] *a.* 경험(상)의 ; 경험에 의한 ; 경험적인 : ~ philosophy 경험철학.

:ex·per·i·ment [ikspérəmənt] *n.* ⓒ (1)(과학상의) 실험 ; (실지의) 시험《※ 기계·폭탄 등의 실험은 test》. (2)(실제적인) 시험, 시도.
— [-mènt] *vi.* 《~/+前+名》 실험하다, 시험〈시도〉하다《*on* ; *with* ; *in*》 : Is it right to ~ *on* animals ? 동물실험은 과연 옳은 일인가. ※ on, upon은 주로 생물을 직접 대상으로 하는 경우, with는 그것을 가지고 하는 경우의 실험을 말함.

·ex·per·i·men·tal [ikspèrəméntl] (***more ~; most ~***) *a.* (1)실험의 ; 실험용의, 실험적인 ; 실험에 의거한. (2)경험상의, 경험에 의거한 : ~ knowledge 경험적 지식. (3)시험적인, 실험적인, 시도의.
파) **~·ism** [-təlìzəm] *n.* ⓤ 실험주의 ; 경험주의.

·ex·per·i·men·ta·tion [ikspèrəmentéiʃən] *n.* ⓤ 실험, 실험법, 시험 ; 실지훈련.

ex·per·i·ment·er, -men·tor [ikspérəmèntər] *n.* ⓒ 실험자.

:ex·pert [ékspəːrt] *n.*ⓒ 숙달자, 전문가, 숙련가, 달인, 명인, 명수《*at* ; *in* ; *on*》.
— [ikspə́ːrt, ékspəːrt] *a.* (1)숙달된, 노련한《*at* ; *in* ; *on* ; *with*》. (2)숙달자의, 전문가의, 전문가로부터〈로서〉의, 전문적인. 파) **~·ly** *ad.* 잘, 능숙〈노련〉하게, 교묘하게

ex·per·tise [èkspərtíːz] *n.* ⓤ 전문가의 의견〈평, 판단〉 ; 전문적 기술〈지식〉 ; 감정.

éxpert sýstem 【컴】 전문가〈엑스퍼트〉 시스템《전문가의 지식을 컴퓨터에 입력, 일반인이 그 지식을 이용할 수 있는 시스템으로 인공지능의 한 응용분야》.

ex·pi·a·ble [ékspiəbəl] *a.* 속죄할 수 있는.

ex·pi·ate [ékspièit] *vt.* …을 속죄하다, 속(贖)바치다. 파) **-a·tor** [-èitər] *n.* ⓒ 속죄하는 사람.

ex·pi·a·tion [èkspiéiʃən] *n.* ⓤ 속죄, 죄를 씻음 ; 보상 ; 속죄〈보상〉 방법. ▫ expiate *v.*

ex·pi·a·to·ry [ékspiətɔ̀ːri/ -təri] *a.* 속죄의 ; 보상의.

ex·pi·ra·tion [èkspəréiʃən] *n.* ⓤ (1)숨을 내쉼, 호기(呼氣) 작용, 내쉬는 숨(동작). 【opp.】 *inspiration.* (2)(기한·임기 등의) 종결, 만료, 만기, (권리 등의) 실효. ▫ expire *v.* ***at*** 〈***on***〉 ***the ~ of*** …의 만기와 동시에, …의 만료 때에.

expirátion dàte (약·식품 등의) 유효 기한《라벨·용기 등에 표시함》.

ex·pir·a·to·ry [ikspáirətɔ̀ːri, -tòuri/ -təri] *a.* 숨을 내쉬는, 호기 (呼氣)의.

·ex·pire [ikspáiər] *vi.* (1)(기간 등이) 끝나다, 만기가 되다, 종료〈만료〉되다 ; (만기가 되어) 실효하다, (자격 등이) 소멸하다. (2)숨을 내쉬다. 【opp.】 *inspire.* (3)《文語》 숨을 거두다, 죽다.

ex·pi·ry [ikspáiəri, ékspəri] *n.* ⓤ (기간의) 만료, 만기《*of*》 : at 〈on〉 the ~ *of* the term 만기때에.
— *a.* 만료의, 만기의.

:ex·plain [ikspléin] *vt.* (1)《+目/+目+*as* 補》 …을 분명하게 하다, 알기 쉽게 하다 ; 해석하다. (2)《+目/+目+前+名/+*wh. to* do / (+前+名)+*that* 節》 (상세히) …을 설명하다 ; …의 이유를 말하다, 변명〈해명〉하다. — *vi.* 설명〈해석, 해명, 변명〉하다 : Wait ! Let me ~. 잠깐. 내 설명을 들어라. ▫ explanation *n.*
~ away (곤란한 입장·실언·실수 등)을 잘 설명〈해명〉하다, 교묘히 변명하여 빠져 나가다 : The government will find it difficult to ~ *away* the higher unemployment rate. 정부는 높은 실업률을 적당히 변명하기 힘들다는 것을 알게 될 것이다. ~ one***self*** 자신이 하는 말의 뜻을 분명히 하다 ; 자신의 행위(의 동기)를 변명〈해명〉하다 : Late again, Tom ? I hope you can ~ *yourself* ? 톰, 또 늦었군. 그 이유를 납득할 수 있게 설명해라.
파) **~·a·ble** [-əbəl] *a.* 설명〈해석〉할 수 있는. **~·er** *n.*

:ex·pla·na·tion [èksplənéiʃən] *n.* (1) ⓤⓒ 설명, 해설 ; 해석 ; 해명, 변명. (2) ⓒ (오해·견해차를 풀기 위한) 대화 ; 화해. ▫ explain *v.* ***by way of ~*** 설명으로서. ***come to an ~ with*** …와 양해가 되다. ***in ~ of*** …의 설명〈해명〉으로서.

·ex·plan·a·to·ry [iksplǽnətɔ̀ːri/ -təri] *a.* 설명의, 설명을 위한, 설명적인 ; 해석의 ; 변명적인.
파) **-ri·ly** [-li] *ad.*

ex·ple·tive [éksplətiv] *a.* 부가적인, 덧붙이기의 ; 군더더기의, 사족의.
— *n.* 【文法】 허사(虛辭) 《문장 구조상 필요하지만 일정한 의미가 없는 어구 : There is a tree. 의There》 ; 무의미한 감탄사〈욕설〉《Damn!, My goodness ! 따위》.

ex·pli·ca·ble [iksplíkəbəl, éksplí-] *a.* 「종종 否定文으로」 설명〈납득〉할 수 있는 : His conduct is *not* ~. 그의 행위는 납득할 수 없다.

ex·pli·cate [éksplәkèit] *vt.* (문학 작품 등)을 상세히 설명하다.

ex·pli·ca·tion [èkspləkéiʃən] *n.* ⓤⓒ (문학 작품 등의) 상세한 설명 ; 해석 ; 전개 ; 논리적 분석.

ex·pli·ca·tive, -to·ry [iksplíkətiv, éksplikèitiv], [éksplikətɔ̀ːri/iksplíkətəri] *a.* 해설적인 ; 설명적인.

·ex·plic·it [iksplísit] *a.* (1)(설명 등이) 명백한, 뚜렷한, 명시된. (2)(책·영화 등이) 노골적인, 숨김없는《*about*》.
파) **~·ly** *ad.* 명백〈명쾌〉히. **~·ness** *n.*

explícit declarátion 【컴】 명시적 선언《프로그

램 언어에서 변수의 형을 선언할 때, 변수 하나 하나에 대하여 그 형을 명확히 해주는 일》.

:ex·plode [iksplóud] *vt.* (1)(폭탄 따위)를 폭발시키다, 파멸시키다 : ~ a bomb. (2)〔종종 受動으로〕(학설·신념·미신 등)을 타파하다, 뒤엎다.
— *vi.* (1)폭발하다, 작렬하다 ; 파열하다. (2)《+前+名》(감정 등이) 격발하다《*with*》. (3)급격히 양상을 바꾸다《*into*》 ; (인구 등이) 급격히 〈폭발적으로〉 불어나다. ~ ***a bombshell*** ⇨ BOMBSHELL.
파) ***ex·plód·a·ble*** *a.*

ex·plod·ed [iksplóudid] *a.* (이론·미신 등이) 논파〈타파〉된 ; 분해한 부분의 상호관계를 나타내는.

·ex·ploit[1] [éksplɔit, iksplɔ́it] *n.* ⓒ (큰) 공, 공훈, 공적, 위업.

·ex·ploit[2] [iksplɔ́it] *vt.* (1)(자원 등)을 개발〈개척〉하다, 채굴〈벌채〉하다. (2)(사용인·노동자 등)을 착취하다, (남을 부당하게) 이용하다.
파) **~·a·ble** [-əbəl] *a.* 개발〈개척〉할 수 있는 ; 이용할 수 있는. **~·er** [-ər] *n.* ⓒ (나쁜 뜻으로) 이용자, 착취자.

·ex·ploi·ta·tion [èksplɔitéiʃən] *n.* ⓤ (1)개발 ; 개척 ; 채굴. (2)이기적 이용, 착취. ▫ exploit[2] *v.*

ex·ploit·a·tive, -ploit·ive [iksplɔ́itətiv], [-plɔ́itiv] *a.* 착취적인. 파) **~·ly** *ad.*

:ex·plo·ra·tion [èkspləréiʃən] *n.* ⓤⓒ (1)실지 답사, 탐험(여행) ; (문제 등의) 탐구, 천착. (2)【醫】 진찰, 촉진.

ex·plor·a·tive, -to·ry [iksplɔ́ːrətiv], [-tɔ̀ːri/ -təri] *a.* 탐험(상)의, (실지) 답사의 ; 탐구의. ▫ explore *v.* 파) **-tive·ly** *ad.*

:ex·plore [iksplɔ́ːr] *vt., vi.* (1)(미지의 땅·바다 등을) 탐험하다, 실지 답사하다 ; (자원을 개발하다. (2)(문제·사건 등을) 탐구하다, 조사하다. (3)【醫】 (상처를) 찾다, 검진하다.

:ex·plor·er [iksplɔ́ːrər] *n.* ⓒ (1)탐험가. (2)(E-) 익스플로러《미국 초기의 과학위성》.

:ex·plo·sion [iksplóuʒən] *n.* (1) ⓤⓒ 폭발, 폭파, 파열 ; 폭음, 폴성. (2) ⓒ (노여움·웃음 등의) 폭발. (3)급격한〈폭발적〉 증가. (4) ⓤⓒ 【音聲】 (폐쇄음의) 파열. 【cf.】 implosion. ▫ explode *v.*

·ex·plo·sive [iksplóusiv] (***more ~ ; most ~***) *a.* (1)폭발하기 쉬운, 폭발성의. (2)(사람이) 격하기 쉬운, 격정적인. (3)폭발적인, 급격한. (4)【音聲】 파열음의. 【cf.】 implosive.
— *n.* ⓒ (1)폭발물 : a high ~ 고성능 폭약. (2)【音聲】 파열음《p, b, t, d 따위》. ▫ explode *v.*
파) **~·ly** *ad.* 폭발적으로. **~·ness** *n.* ⓤ 폭발성.

Ex·po, ex·po [ékspou] *n.* ⓒ (*pl.* **~s**) (만국) 박람회, 전람회. [◁ *exposition*]

ex·po·nent [ikspóunənt] *n.* ⓒ (1)(학설 등의) 설명자, 해석자, 해설자《*of*》. (2)대표자, 대표적 인물, 전형(典型) ; 형(型). (3)【數】 지수, 멱(冪)지수《a^3의 ^{3}》.

ex·po·nen·tial [èkspounénʃəl] *a.* (1)【數】 (멱)지수(指數)의. (2)(변화 등이) 급격한, 급증하는.

:ex·port [ikspɔ́ːrt, ⌐-] *vt.* (1)…을 수출하다. 〖opp.〗 *import.*. (2)(사상·제도 등)을 외국에 전하다.
— *vi.* 수출하다. ▫ exportation *n.* — [⌐-] *n.* (1) ⓤ 수출. (2) ⓒ (종종 *pl.*) 수출품 ; (흔히 *pl.*) 수출액. (3)〔形容詞的〕 수출(용)의. (4)【컴】 보내기.
파) **~·a·ble** [-⌐əbəl] *a.* 수출하기 가능한. **èx·por·tá·tion** *n.* ⓤ 수출 ; ⓒ 《美》 수출품. 〖opp.〗 *im·portation.* **~·er** [-ər] *n.* ⓒ 수출업자.

:ex·pose [ikspóuz] *vt.* (1)《+目+前+名》(햇볕·바람·비 따위)에 쐬다, 맞히다, 노출시키다《*to*》 ; (공격·위험 따위)에 몸을 드러내다《*to*》 ; (환경 따위)에 접하게 하다《*to*》. (2)(죄·비밀 따위)를 폭로하다, 적발하다(disclose), …의 가면을 벗기다(unmask). (3)…을 보이다 ; 진열하다, (팔 물건을) 상점에 내놓아 버리다. (4)(계획·의도 따위)를 표시하다, 발표하다, 밝히다. (5)(어린애 등)을 집 밖에 버려 죽게 하다, 버리다. (6)【寫】 (필름)을 노출하다, 감광시키다. (7)《+目+前+名》…을 세상의 웃음거리가 되게 하다.
파) **ex·pós·er** *n.*

ex·po·sé [èkspouzéi] *n.* 《F.》 (스캔들 등의) 폭로, 적발《*of*》.

·ex·posed [ikspóuzd] *a.* (1)드러난, (위험 따위에) 노출된, 비바람을 맞는. (2)【寫】 노출한(필름).

·ex·po·si·tion [èkspəzíʃən] *n.* (1) ⓒ 박람회, 전람회 : a world ~ 만국 박람회. (2) ⓤ 전시, 진열. (3) ⓤⓒ (이론·테마 등에 대한) 상세한 설명, 해설, 주해(explanation). ▫ expose, expound *v.* 파) **~·al** *a.*

ex·pos·i·tor [ikspázətər/ -pɔ́z-] *n.* ⓒ 설명〔해설〉자.

ex·pos·tu·late [ikspástʃulèit/ -pɔ́s-] *vi.* 《~/+前+名》 간(諫)하다, 충고하다, 타이르다 ; 훈계하다《*about* ; *for* ; *with*》.

ex·pos·tu·la·tion [ikspɑ̀stʃuléiʃən/ -pɔ̀s-] *n.* ⓤⓒ 간언, 충고, 설유 ; 훈계.

ex·pos·tu·la·tor [ikspástʃuléitər/ -pɔ̀s-] *n.* ⓒ 간하는 사람, 충고자.

:ex·po·sure [ikspóuʒər] *n.* (1) ⓤⓒ (볕·비바람 등에의) 노출, 드러남《*to*》. (2) ⓤⓒ (비리·나쁜 일 등의) 노현(露顯), 발각 ; 적발, 탄로, 폭로. (3) ⓤ (TV·라디오 등을 통하여) 사람 앞에 (빈번히) 나타남 ; (음악 등의) 상연. (4) ⓤ 사람에게 보이도록 함, 공개 ; (신체 부분의) 노출 ; (상품 등의) 진열. (5) ⓒ (집·방 등의)방위, 방향. (6)(암석의) 노출면. (7) ⓤⓒ 【寫】 노출 (시간) ; (필름 등의) 한장.

expósure mèter 【寫】 노출계(計).

·ex·pound [ikspáund] *vt.* (학설 등)을 상술하다, (특히 성경을) 해설하다, 상세히 설명하다.

:ex·press [iksprés] *vt.* (1) 《~+目/+*wh.* 節》 (생각 등)을 표현하다, 나타내다《표정·몸짓·그림·음악 따위로》 ; 말로 나타내다. (2)《~+目/+目+*as* 補》 (기호·숫자 따위)로 …을 표시하다, …의 표〈상징〉이다. (3)《+目+前+名》 (과즙 따위)를 짜내다《*from* ; *out of*》. (4)(냄새 등)을 풍기다. (5)《英》 …을 속달편으로 보내다, 급송하다. ▫ expression *n.* ~ ***itself*** (감정 등이) 밖으로 나타나다, (무형의 것이) 구체화하다. ~ one***self*** 생각하는 바를 말하다, 의중을 털어놓다.
— *a.*〔限定的〕 (1)명시된(expressed), 명백한, 명확한, 분명한. (2)꼭 그대로의, 정확한. (3)지급의 ; 급행의 ; 지급〈속달〉편의.
— *n.* (1) ⓤ 《美》 (지급) 운송편, 급사, 급보 : by ~ 운송편로 / ⇨ AIR EXPRESS. (2) ⓤ 《英》 속달편. (3) ⓒ 급행열차.
— *ad.* 급행으로, 급행열차로 ; 특별히 《英》 속달(우편으)로(by ~) : send a parcel ~ 소포를 속달하다, 소포를 속달로 보내다.
파) **~·age** [-idʒ] *n.* ⓤ 《美》 (1)(지급) 운송업. (2)(지급) 운송료.

expréss delívery 《英》 속달편(《美》 special delivery) ; 《美》 (통운회사의) 배달편.

ex·press·i·ble, -a·ble [iksprésəbəl] *a.* (1)표현하기 가능한. (2)(과즙 등) 짜낼 수 있는.

:ex·pres·sion [ikspréʃən] *n.* (1) ⓤ (사상·감정의) 표현, poetic 시적 표현, 표시. (2) ⓤ 표현법. (3) ⓒ 말씨, 어법, 말투, 어구. (4) ⓤⓒ 표정. (5) ⓤⓒ 【數】 식 ; 【컴】 식. ◻ express *v.* 말할 수 없이. ***beyond* 〈*past*〉 ~** 표현할 수 없는, 필설로 다할 수 없는 : The scene was beautiful *beyond* 〈*past*〉 ~. 그 경치는 말로는 못다할 만큼 아름다웠다. ***find* ~ (*in*)** (…에) 나타나다, (…에) 표현되다 : His sadness at the death of his wife *found* ~ *in* his music. 아내의 죽음에 대한 슬픔이 그의 음악에 표현됐다 / give ~ to one's feelings (감정)을 표현하다.

ex·pres·sion·ism [ikspréʃənìzəm] *n.* ⓤ (종종 E-) 표현주의.

ex·pres·sion·ist [ikspréʃənist] *n.* ⓒ 표현파의 사람. — *a.* 표현파의 : the ~ school 표현파.

ex·pres·sion·less [ikspréʃənlis] *a.* 무표정한, 표정이 없는. 【opp..】 *expressive.*
파) **~·ly** *ad.*

·ex·pres·sive [iksprésiv] (***more ~ ; most ~***) *a.* (1)〔敍述的〕 표현하는, 나타내고 있는《*of*》. (2) 표정〈표현〉이 풍부한 ; 뜻이 있는.
파) **~·ly** *ad.* 표정이 풍부하게. **~·ness** *n.*

ex·press·ly [iksprésli] *ad.* (1) 명백〈분명〉히 (definitely). (2) 특별히, 일부러.

ex·press·man [iksprésmæ̀n] (*pl.* ***-men***[-mèn, -mən]) *n.* ⓒ《美》 지급편 운송 회사원 ;《특히》 급행편 트럭 운전사.

expréss tìcket 급행권.

expréss tráin 급행열차.

ex·press·way [-wèi] *n.* ⓒ《美》 (인터체인지가 완비된) 고속도로(주로 유료의)(express highway).

ex·pro·pri·ate [ekspròuprièit] *vt.* (공용(公用)을 위해 토지)를 수용(收用)하다.

ex·pro·pri·a·tion [ekspròupriéiʃən] *n.* ⓤⓒ (토지 등의) 몰수 ; 수용.

·ex·pul·sion [ikspʌ́lʃən] *n.* ⓤⓒ 추방 ; 배제, 구제(驅除) ; 구축, 제명, 제적《*from*》.

expúlsion òrder (외국인에 대한) 국외 퇴거 명령.

ex·pul·sive [ikspʌ́lsiv] *a.* 추방력이 있는 ; 배제성〈구체성〉의.

ex·punge [ikspʌ́ndʒ] *vt.* (이름·자구 따위)를 지우다, 삭제하다, 말살하다《*from*》. (죄 등을) 씻다.

ex·pur·gate [ékspərgèit] *vt.* (책의 불온한 대목)을 삭제하다 : an ~*d* edition (책의) 삭제판.

ex·pur·ga·tion [èkspərgéiʃən] *n.* ⓤⓒ (불온한 대목의) 삭제.

:ex·qui·site [ikskwízit, ékskwi-] (***more ~; most ~***) *a.* (1) 대단히 아름다운《조망·아름다움 등》 더없이 훌륭한 ; (예술품 등이) 정교한, 썩 훌륭한《세공·연주 등》. (2) 예민한 ; 세련된, 섬세한, 우아한, 세세히 마음쓰는. (3) 격렬한《쾌감·고통 등》. 파) **~·ly** *ad.* 절묘하게 ; 정교하게 ; 멋지게, 심하게. **~·ness** *n.*

ex-ser·vice [èkssə́ːrvis] *a.* 〔限定的〕《英》 (1) 전에 (군인이) 퇴역〈제대〉한, (물자가) 군에서 불하된. (2) 군 불하(拂下)의《물자》.

ex-ser·vice·man [-mæ̀n] (*pl.* ***-men*** [-mèn]) *n.* ⓒ《英》 퇴역군인, 제대군인 (《美》 veteran).

ex·tant [ekstǽnt, ékstənt] *a.* (고(古)문서·기록 따위가) 현존하는, 잔존하는.

ex·tem·po·ra·ne·ous [ikstèmpəréiniəs] *a.* (1) 준비없는, 즉흥적인, 즉석의《연설 등》. (2) 일시 미봉책의, 임시 변통의.
파) **~·ly** *ad.* **~·ness** *n.*

ex·tem·po·rary [ikstémpərèri/-rəri] *a.* (연설 등) 즉석의, 즉흥적인.
파) **-rar·i·ly** *ad.*

ex·tem·po·re [ikstémpəri] *ad., a.* 즉석에서의, 준비없이, 즉흥적인.

ex·tem·po·ri·za·tion [ikstèmpərizéiʃən] *n.* ⓤ 즉석에서 만듦, 즉흥 ; ⓒ 즉흥적 작품, 즉석연설, 즉흥연주.

ex·tem·po·rize [ikstémpəràiz] *vi.* 즉석에서 연설하다 ; 즉흥적으로 연주〈노래〉하다.

:ex·tend [iksténd] *vt.* (1) (손·발 따위)를 뻗다, 펴다. (2) 《+目+前+名》 (선 등)을 긋다 ; (쇠줄·밧줄 따위)를 치다, 건너 치다. (3) 《~+目/+目+前+名》 (선·거리·기간 따위)를 연장하다, 늘이다 ; …의 기한을 연장하다, 연기하다. (4) (영토 등)을 확장하다, 넓히다 ; (세력 따위)를 펴다, 미치다 ; 【컴】 확장하다《어떤 시스템의 원래 기능을 더 강화시키는 일》. (5) 《+目+前+名》 (은혜·친절 따위)를 베풀다, 주다 ; (환영·감사의) 뜻을 표하다. (6) 〔受動으로 또는再歸的〕 (사람·말이) 한껏 힘쓰다〈달리다〉.
— *vi.* (1) 늘어나다, 퍼지다, 뻗다, 넓어지다, 연장되다. (2) 《+前+名》 달하다, 미치다. 파) **~·a·ble, ~·i·ble** *a.*

ex·tend·ed [iksténdid] *a.* (1) **a**] 한껏 뻗친 〈펼친〉 ; 확장한. **b**] (어의(語義) 따위) 파생적인. (2) (기간을) 연장한.
파) **~·ly** *ad.* **~·ness** *n.* 포함한 것

exténded fámily 확대 가족《근친을 포함한》. 【cf.】 nuclear family.

exténded pláy (45회전의) 도넛판 레코드 《略: EP》.

ex·ten·si·ble [iksténsəbəl] *a.* 넓힐〈펼〉 수 있는 ; 늘이기 가능한 ; 연장〈확장〉할 수 있는.
파) **~·ness** *n.* **ex·ten·si·bil·i·ty** *n.*

:ex·ten·sion [ikstén∫ən] *n.* (1) ⓤ 신장(伸張) (【cf.】 flexion), 연장, 늘임, 뻗음 ; 연기 ; 확대. (2) ⓒ 증축, 증설 ; 부가(물) ; (철도 등의) 연장선 ; 【電話】 내선(內線). (3) ⓤ 【論】 외연(外延). 【opp.】 *intension.* (4) 【컴】 확장(자).

ex·ten·sion·al [-ʃənəl] *a.* 【論】 외연(外延) 〈외재〉적인 : an ~ meaning 외연적 의미.

exténsion còrd (전기 기구용) 연장 코드.

exténsion cóurses (대학의) 공개 강좌.

exténsion làdder 신축(伸縮)식 사닥다리.

:ex·ten·sive [iksténsiv] (***more ~; most ~***) *a.* (1) 광대한, 넓은(spacious). (2) 광범위에 미치는 ; 다방면에 걸치는, (지식 따위가) 해박한. (3) 【農】 조방(粗放)의. 파) **~·ly** *ad.* 넓게, 광범위하게. **~·ness** *n.*

ex·ten·sor [iksténsər] *n.* ⓒ 【解】 신근(伸筋) (= ~ **muscle**).

:ex·tent [ikstént] *n.* (1) ⓤ 넓이, 크기(size). (2) ⓒ (흔히 *sing.*) 광활한 지역《*of* 》. (3) ⓒ (흔히 *sing.*) **a**] 정도(degree) ; 한계, 한도(limit). **b**] (the ~) 범위《*of* 》. ***the some* 〈*a certain*〉 ~** 어느 정도까지는, 다소. ***to the ~ of ...*** …의 한도〈한계〉까지. ***to the* 〈*such an*〉 ~ *that ...*** 1) …라는 정도까지, …라는 점에서. (2) …인 한은, …인 바에는.

ex·ten·u·ate [iksténjuèit] *vt.* (범죄·결점)을 가벼이 보다, 경감하다, (정상)을 참작하다, 얕보다.
ex·ten·u·a·ting [iksténjuèitiŋ] *a.* (죄를) 참작할 수 있는.
ex·ten·u·a·tion [ikstènjuéiʃən] *n.* ⓤ (죄의) 경감, 정상 참작 ; ⓒ 참작할 만한 점(사정).
·ex·te·ri·or [ikstíəriər] *a.* (1) 〔限定的〕 바깥쪽의, 외부의. 【opp.】 *interior.* (2) 외부로부터의 ; 대외적인, 해외의.
— *n.* (1) (the ~) 외부, 외면(outside), 표면 ; 외모, 외관. (2) ⓒ 외모, 외관. (3) 【映·TV·劇】 야외〈옥외〉 풍경《촬영용 세트·무대용 배경》.
파) **~·ly** *ad.*
extérior ángle 【數】 외각.
·ex·ter·mi·nate [ikstə́:rmənèit] *vt.* (병·사상·잡초·해충 등)을 근절하다, 전멸하다, 몰살하다.
파) **ex·ter·mi·na·tion** [-ʃən] *n.* ⓤⓒ 근절, 박멸, 몰살. **ex·ter·mi·na·tor** [-tər] *n.* ⓒ 해충〈해수(害獸)〉 구제자〈약〉.
ex·tern [ikstə́:rn] *n.* ⓒ (병원의) 통근 의사, 통근자, 통근 의학 연구생. 【cf.】 intern.
:ex·ter·nal [ikstə́:rnəl] *a.* (1) 외부의, 밖의 ; 외면적인 ; 외계의. 【opp.】 *internal.* . (2) 외부용의《약 등》. 【opp.】 *internal.* (3) 대외적인, 외래의, 외국의. (4) 【哲】 외계의, 현상〈객관〉계의. —*n.* (*pl.*) (1) 외견 ; 외부(outside), 외면 ; 외형, 외모. (2) 형식, 의례.
파) **~·ly** *ad.* 외부적으로, 외부에서, 외면상, 외견적으로(는) ; 학외에서《연구하는 따위》.
extérnal éar 【解】 외이(外耳).
ex·ter·nal·ism [ikstə́:rnəlìzəm] *n.* ⓤ 형식주의, (특히 종교에서) 극단적인 형식 존중주의.
ex·ter·nal·i·ty [èkstə:rnǽləti] *n.* (1) ⓤ 외면성, 외부의 성질. (2) ⓒ 외면, 외형.
ex·ter·nal·ize [ekstə́:rnəlàiz] *vt.* (무형의 것)에 형체를 부여하다, 구체화 〈객관화〉 하다, (내적인 것을) 외면화하다.
extérnal lóan 외채(外債) 《외국 자본시장에서 모집되는 공채》.
extérnal commánd 【컴】 외부 명령.
extérnal mémory 【컴】 외부 기억 장치. 【cf.】 auxiliary memory.
·ex·tinct [ikstíŋkt] *a.* (1) (불이) 꺼진(extinguished), (화산 따위가) 활동을 그친(【cf.】 active) ; 사멸한 ; (희망·정열·생명력이) 끊어진, 다한, 끝난. (2) (인종·동식물 따위가) 절멸한, 멸종한, 끝난 ; (가문·작위 따위가) 단절된.(3) (제도·관직 따위가) 폐지된.
·ex·tinc·tion [ikstíŋkʃən] *n.* ⓤⓒ (1) 사멸, 종식, 절멸. (2) 소화, 소등. (3) (가계(家系) 등의) 단절.
:ex·tin·guish [ikstíŋgwiʃ] *vt.* (1) (빛·불 따위)를 끄다 ; 진화(鎭火)하다. (2) (희망·정열 따위)를 소멸시키다, 잃게 하다, 끊다.
파) **~·a·ble** [-əbəl] *a.* 끌 수가 있는, 절멸시킬 수 있는. **~·ment** *n.*
ex·tin·guish·er [ikstíŋgwiʃər] *n.* ⓒ 불을 끄는 사람〈물건〉 ; 소화기(消火器).
ex·tir·pate [ékstərpéit, ekstə́:rpeit] *vt.* …을 근절 시키다, 박멸하다, 전멸하다.
ex·tir·pa·tion [èkstərpéiʃən] *n.* ⓤ 근절, 절멸.
·ex·tol, 《美》 **-toll** [ikstóul] (**-ll-**) *vt.* …을 칭찬〈격찬〉하다, 찬양하다.
ex·tort [ikstɔ́:rt] *vt.* (1) (돈 따위)를 억지로 빼앗다, 강탈하다, 강요하다 《*from*》. (2) (뜻 따위)를 억지로 갖다 붙이다 《*from*》.
ex·tor·tion [ikstɔ́:rʃən] *n.* (1) ⓤ 강요 ; (특히 금전·재물의) 강탈 ; 빼앗음. (2) ⓒ 강요〈강탈〉 행위.
:ex·tra [ékstrə] *a.* (1) 〔限定的〕 여분의, 가외의(additional), 임시의, 특별한. (2) 추가 요금으로의, 별도계정에 의한. (3) 극상의 ; 특대의. — *n.* ⓒ (1) 여분의 것, 특별한 것. (2) (신문의) 호외 ; 특별호. (3) 【크리켓】 타구에 의하지 않은 득점. (4) 임시고용 노동자 ; 【映】 엑스트라. (5) 극상품. —*ad.* (1) 특별히, 규정외의, 각별히 : I'm going to work ~ hard. 특별히 더 열심히 공부하려고 한다 / ~ fine 〈good〉 특별히 좋은 / ~ large 특대의. (2) 여분으로.
ex·tra- *pref.* '…외의, 범위 밖의, …이외의, 특별한〈히〉'의 뜻. 【opp.】 *intra-*.
:ex·tract [ikstrǽkt] *vt.* (1) 《~+目/+目+前+名》 (이 따위)를 뽑아내다, 뽑다, 빼내다. (2) 《+目+前+名》 (용매 사용 등으로 정분(精分) 따위)를 추출하다, 짜내다, 증류해서 추출하다, 달여내다. (3) 《+目+前+名》 …을 발췌하다, 인용하다《*from*》. (4) 《~+目/+目+前+名》 (정보·금전 등)을 억지로 끄집어 내다, (겨우) 손에 넣다 ; (기쁨 등)을 끄집어 내다, 얻다.
—[ékstrækt] *n.* (1) ⓤⓒ 추출물, (정분을 내어 농축한) 진액, 엑스, 정(精) ; 달여낸 즙. (2) ⓒ 초록(抄錄), 인용 ; 발췌 ; 초본 : an ~ from 'Oliver Twist' by Charles Dickens 찰스 디킨스가 쓴 'Oliver Twist'에서의 발췌.
·ex·trac·tion [ikstrǽkʃən] *n.* (1) ⓤⓒ 뽑아냄 ; 빼어냄, 적출(법) ; 【齒科】 뽑아냄, 뽑아낸 이. (2) ⓤ 【化】 추출 ; (즙·기름 등의) 짜냄, 채취 ; (약물 등의) 달여냄. (3) ⓤ 〔흔히 修飾語와 더불어〕 혈통, 태생.
ex·trac·tive [ikstrǽktiv] *a.* 발췌적인, 뽑아낼 수 있는. —*n.* ⓒ 추출물 ; 진액 ; 추출 ; 달인 즙.
ex·trac·tor [ikstrǽktər] *n.* ⓒ (1) 추출자, 발췌자. (2) 추출 장치〈기(器)〉 ; (과즙 등의) 착즙기.
ex·tra·cur·ric·u·lar, -lum [èkstrəkəríkjələr], [-ləm] *a.* 과외(課外)의, 정규 과목 이외의.
ex·tra·dit·a·ble [ékstrədàitəbəl] *a.* (도망범으로 본국에) 인도되어야 할 ; 인도처분에 처해야 할.
ex·tra·dite [ékstrədàit] *vt.* …을 안도하다《외국의 도망범을 본국에》 ; …의 인도를 받다.
ex·tra·di·tion [èkstrədíʃən] *n.* ⓤⓒ 【法】 (국제간의) 외국범인의 인도, 본국 송환.
éxtra dívidend 특별 배당금.
ex·tra·ga·lac·tic [èkstrəgəlǽktik] *a.* 【天】 은하계 밖의.
ex·tra·ju·di·cial [èkstrədʒu:díʃəl] *a.* 재판 사항 이외의, 법정 밖의, 사법 관할 외의.
ex·tra·le·gal [èkstrəlí:gəl] *a.* 법률의 지배를 받지 않는, 법이 미치지 않는, 법의 범위 외의.
ex·tra·mar·i·tal [èkstrəmǽrətəl] *a.* 〔限定的〕 결혼외 성교섭의, 혼외정사의, 간통〈불륜〉의.
ex·tra·mu·ral [èkstrəmjuərəl] *a.* 〔限定的〕 (1) 성 밖의, (도시의) 문밖의, 교외의. (2) 대학 외부로부터《강사·강의 따위》.
파) **~·ly** *ad.*
ex·tra·ne·ous [ikstréiniəs] *a.* 외래의《고유의 것이 아닌》 ; 무관계한, (외부에) 발생한 ; 이질(異質)의 ; 본질적이 아닌《*to*》.
파) **~·ly** *ad.* **~·ness** *n.*

·ex·traor·di·nar·i·ly [ikstrɔ̀ːrdənérəli, èkstrɔ́ːrdənèrə-/-dənəri-] ad. 대단하게, 비상하게, 엄청나게, 이례적으로.

:ex·traor·di·nary [ikstrɔ́ːrdənəri, èkstrəɔ́ːr-] (**more ~ ; most ~**) a. (1) 대단한, 비상한, 보통이 아닌, 비범한, 엄청난. (2) 터무니없는, 놀라운, 이상한, 의외의. (3) 〔限定的〕 특별한, 임시의. (4) 〔限定的〕 특명〈특파〉의 ; 특별 임용의.
파) **-nar·i·ness** n. 비상함, 대단함 ; 비범, 엄청남, 보통이 아님.

extraórdinary ràv 【光·結晶】 이상 광선.

ex·trap·o·late [ikstrǽpəlèit] vt., vi. 【統】 외삽(外揷)하다, 미지의 사실을 기지의 사실로부터 추정하다.

ex·trap·o·la·tion [ikstræ̀pəléiʃən] n. ⓤⓒ 【統】 외삽법(外揷法) ; 추정 ; 연장 ; 부연.

ex·tra·sen·so·ry [èkstrəsénsəri] a. 정상 감각 밖의, 초감각적인 : ~ perception 초감각적 감지.

extrasénsory percéption 초감각적 지각《천리안·투시·정신감응 등 ; 略 : ESP》.

ex·tra·so·lar [èkstrəsóulər] a. 태양계 밖의.

ex·tra·ter·res·tri·al [èkstrətiréstriəl] a. 지구 밖의, 지구 재기권 밖의, 우주의.
—n. ⓒ 지구 이외의 행성 ; 우주인〈생물〉《略: ET》.

ex·tra·ter·ri·to·ri·al [èkstrətèritɔ́ːriəl] a. 〔限定的〕 치외 법권의. 파)**éx·tra·tèr·ri·tò·ri·ál·i·ty** [-əti] n. ⓤ 치외법권.

éxtra tíme 【競】 (시합의) 연장 시간.

ex·tra·u·ter·ine [èkstrəjúːtərin, -ráin] a. 자궁외의(~ pregnancy 자궁외 임신.

ex·trav·a·gance, -cy [ikstrǽvəgəns], [-i] n. (1) ⓤⓒ 낭비, 사치. (2) ⓤ 무절제, 방종. (3) ⓒ 엉뚱한 언행〈생각〉.

ex·trav·a·gant [ikstrǽvəgənt] (**more ~; most ~**) a. (1) 돈을 함부로 쓰는, 낭비하는. (2) (사람·행동 등이) 터무니없는, 지나친, 엄청난, 엉뚱한.
파) **~·ly** ad. (1) 사치스럽게. (2) 엉뚱하게, 터무니없이.

ex·trav·a·gan·za [ikstræ̀vəgǽnzə] n. ⓒ (1) 엑스트래버갠저《호화 찬란한 연예물, 특히 19세기 미국의 화려한 뮤지컬 쇼〈영화〉》.

ex·tra·ve·hic·u·lar [èkstrəviː hík jələr] a. 우주선(船) 밖의.

ex·tra·ver·sion [èkstrəvə́ːrʒən, -ʃən] n. 【心】 = EXTROVERSION.

ex·treme [ikstríːm] a. (1) **a)** 극도의, 심한 ; 최대의, 비상한, 최고의(maximum). **b)** (기온 등이) 매서운 : (the) ~ cold 혹한. (2) (사상·행동·사람이) 극단적인, 과격한. (3) 맨끝의, 말단의. — n. (1) ⓒ (종종 pl.) 극단 ; 극도, 맨끝에 있는 것. (2) (pl.) 양(兩) 극단. □ extremity n. ***carry something (in) to ~s*** 극단적으로 하다. ***go from one ~ to the other*** 극단에서 극단으로 흐르다. ***go 〈run〉 to ~s*** 극단으로 치닫다, 극단의 말〈짓〉을 하다. ***in the ~*** =to an ~ 극단적으로, 극도로. ***go to the ~ of***…라는 극단적인 수단에 호소하다.
파) **~·ness** n.

:ex·treme·ly [ikstríːmli] ad. 극단(적)으로, 극도로 ; 아주, 대단히, 몹시.

extrémely hígh fréquency 【電】 초고주파.

extréme únction (종종 E- U-) 【가톨릭】 병자성사(病者聖事).

ex·trem·ism [ikstríːmizəm] n. ⓤ (1) 극단, 과격해지는 현상. (2) 극단론(주의), 과격주의. 파) **-ist** [-ist] n., a. 극단론자, 과격론자 ; 극단론〈과격론〉의.

·ex·trem·i·ty [ikstréməti] n. (1) ⓒ 끝, 말단. (2) (pl.) 사지, 수족. (3) ⓤ (또는 an ~) (아픔·감정 등의) 극한, 극도《of》. (4) (흔히 sing.) 곤경, 난국, 궁지. (5) (흔히 pl.) 비상 수단, 강경 수단《폭력 행위 등》.

ex·tri·ca·ble [ékstrəkəbəl] a. 구출〈해방〉할 수 있는.

ex·tri·cate [ékstrəkèit] vt. (1) (위험·곤경)에서 구출(救出)하다, 구해내다, 탈출시키다, 해방하다《from, out of》. (2) 〔再歸的〕 …에서 헤어나게 하다.
파) **èx·tri·cá·tion** [-ʃən] n. ⓤ 구출, 해방 ; 【化】 유리.

ex·trin·sic [ekstrínsik, -zik] a. (1) 본질적이 아닌, 무관계한. (2) 외부로부터의(external), 부대적(附帶的)인, 비본질적인. 〖opp.〗 intrinsic. 파) **-si·cal·ly** [-ʃən] ad.

ex·tro·ver·sion [èkstrouvə́ːrʒən, -ʃən] n. ⓤ 【醫】 외번(外飜)《눈꺼풀·방광 등의》, 외전(外轉) ; 【心】 외향성(extraversion).

ex·tro·vert [ékstrouvə̀ːrt] n. ⓒ 【心】 외향적인 사람(extravert) ; 명랑하고 활동적인 사람.
—a. 외향성이 강한, 외향적인. 〖opp.〗 introvert.
파) **~·ed** a.

·ex·trude [ikstrúːd] vt. (1) …을 밀어내다, 내밀다, 몰아내다(expel). (2) (금속·수지·고무)를 사출성형하다.

ex·tru·sion [ikstrúːʒən] n. ⓤⓒ 밀어냄, 내밂, 쫓아냄, 추방 ; 돌기 ; 사출 성형(의 제품).

ex·tru·sive [ikstrúːsiv] a. 밀어내는 (작용이 있는), 내미는 ; 【地質】 (화산에서) 분출한 : ~ rocks 분출암(噴出岩).
— n. 분출암.

ex·u·ber·ance, -an·cy [igʒúːbərəns], [-i] n. ⓤ (또는 an ~) 풍부, 충일(充溢) ; 무성 : an ~ of joy 넘치는 기쁨.

ex·u·ber·ant [igzúːbərənt] a. (1) (정애·기쁨·활력 등이) 넘치는 ; 원기왕성한, 풍부한(abundant). (2) (부·비축이) 풍부한 ; (언어·문체 등이) 화려한. (3) 무성한 ; (털이) 더부룩한.
파) **~·ly** ad.

ex·u·da·tion [èksjudéiʃən, èksə-, ègzə-] n. ⓤ 삼출(滲出), 분비 ; ⓒ 삼출물, 분비물.

ex·ude [igzúːd, iksúːd] vt. (땀·향기 등)을 삼출〈발산〉시키다.
—vi. 스며나오다, 삼출하다.

·ex·ult [igzʌ́lt] vi. 《~ /+前+名 /+to do》 크게 기뻐하다, 기뻐 날뛰다《at ; in ; over》 ; 승리하여 의기양양해 하다《over》.

ex·ult·ant [igzʌ́tənt] a. 크게 기뻐하는 ; 환희의 승리를 뽐내는, 의기양양한. 파) **~·ly** ad.

·ex·ul·ta·tion [ègzʌltéiʃən, èksʌl-] n. ⓤ 몹시 기뻐함, 광희(狂喜), 환희 ; 뽐냄.

ex·ult·ing·ly [igzʌ́ltiŋli] ad. 기뻐 날뛰어, 크게 기뻐하여.

ex·urb [éksəːrb, égz-] n. ⓒ 《美》 준교외(準郊外)《교외 주변의 (고급) 주택지》.
파) **~·an** a.

ex·ur·ban·ite [eksə́ːrbənáit] n. ⓒ 준교외 거주자.

ex·ur·bia [eksə́ːrbiə] *n.* ⓤ《美》준(準)교외 지역.

:eye [ai] *n.* (1) ⓒ 눈《눈언저리도 포함》. (2) ⓒ (종종 *pl.*) 시력(eyesight), 시각. (3) (흔히 *sing.*) 관찰력, 보는 눈, 감상〈판단〉력. (4) ⓒ 시선, 눈길. (5) ⓒ (종종 *pl.*) 주시, 주목, 주의 : draw the ~*s* of …의 눈을 끌다. (6) ⓒ (종종 *pl.*) 견해, 의견, 해석. (7) ⓒ (종종 *pl.*) 감시의 눈, 경계의 눈. (8) 【氣】 (태풍의) 눈, 중심. (9) 눈 모양의 것 ; 작은구멍 ; (바늘의) 귀 ; 닻고리 ; (밧줄을 꿰는) 고리(loop) ; 갈고랑이의 끝 ; (호크단추의) 구멍 ; (커튼의) 미끄럼 고리 ; (감자 따위의) 싹, 눈 ; (노끈 등의) 고달이. (10) (*pl.*)《美俗》젖통이 ; 젖꼭지.
a false* 〈*an artificial*〉 ~** 의안(義眼). ***a glad* ~**《俗》추파(秋波). ***All my* ~ !**《英俗》말도 안돼, 어림없는 말 마라. ***an* ~ *for an* ~** 【聖】 눈에는 눈으로《같은 수단에 의한 보복 ; 출애굽기 XXI : 24》. ***a sight for sore* ~*s 보기에도 즐거운 것, 《특히》 진객(珍客). ***a simple* 〈*compound*〉 ~** 【動】 홑눈〈겹눈〉. ***apply the blind* ~** 자기에게 불리한 것은 보이지 않는 체하다. ***before*** one***'s very* ~*s*** 바로 눈앞에. ***black*** a person***'s* ~** 아무를 눈가에 멍들게 때리다. ***by the* ~** 눈어림으로. ***cast a*** (critical) ***~ on*** …을 (비판적)인 눈으로 보다. ***get*** one***'s* ~*s in***《英》【크리켓·테니스 등】 공을 보는 눈을 익히다 : 【사격·볼링 등】 거리감을 익히다. ***get the* ~**《口》 주목받다. 차가운 눈초리를〈시선을〉 받다. ***give an* ~ *to*** 1) …을 주시하다. (2) …을 돌보다. ***give*** a person ***the* 〈*glad*〉 ~** 아무에게 추파를 던지다 ; 아무를 흘끗 보다. ***have an* ~ *for*** …에 대한 안목이 있다. ***have an*** 〈one***'s***〉 ***~ on*** 1) …을 감시하다. 2) …을 눈여겨보다, 원하고 있다. ***hall all*** one***'s* ~*s about*** one 신변을 경계하다. ***have an* ~ *to*** 1) …에 주목하다 ; …을 안중에 두다 ; …에 야심을 갖다. 2) …에 주의하다, …을 돌보다. ***have an* ~ *to everything*** 매사에 빈틈이 없다. ***have* 〈*keep*〉 *an* ~ *to the main chance*** ⇨ MAIN CHANCE. ***have* ~*s at* 〈*in*〉 *the back of*** one***'s head***《口》 무엇이나 알고 있다, 빈 틈이 없다. ***have* ~*s for*** …에만 흥미가〈관심이〉 있다. ***have* ~*s only for*** …밖에 안보다〈바라지 않다〉. ***have* 〈*keep*〉 *one* ~ *on . . .*** (동시에) 한편으로는 …에도 주의를 기울이고 있다. ***hit*** a person ***between the* ~*s* 〈*in the* ~〉**《口》 …에게 강렬한 인상을 주다. ***if*** a person ***had half an* ~**《口》 아무가 좀더 영리하다면〈주의한다면〉. ***in the* ~ *of* (*the*) *law*** 법률상으로는. ***in the* ~*s of*** …이 본 바로는 : *in the ~s of* common sense 상식에서 보면. ***in the wind's* ~** = : in the ~ of the WIND'. ***keep an*** 〈one***'s***〉 ***~ on*** …에서 눈을 떼지 않다, …를 감시하다, …에 마음을 쓰고 있다. ***keep* 〈*have*〉 *an*** 〈one***'s***〉 ***~ open*** :《口》 ***keep* 〈*have*〉 *both*** 〈one***'s***〉 ***~s* (*wide*) *open* 〈*skinned, peeled*〉** 방심 않고 경계하고 있다, 충분히 주의하다《*for*》. ***keep an* ~ *out for*** …을 감시하고 있다. ***keep*** one***'s* ~ *in***《英》 (구기 등에서 상대의 움직임이나 공을 보는) 눈을 익히다, 눈에 둔해지지 않게 하다. ***keep*** one***'s* ~*s off*** …을 안 보고 있다 ; 〔흔히 can't 의 否定文으로〕 (…에) 매혹되어있다. ***keep*** one***'s eye on the ball*** 경계하다. ***knock*** a person***'s* ~*s out***《美俗》 아무의 눈이 휘둥그레지게 하다, 깜짝 놀라게 하다. ***lay* ~*s on*** = set ~*s* on. ***leap* (*jump*) *to the* ~(*s*)** =leap. ***look*** a person ***straight* 〈*right*〉 *in the* ~(*s*)** ~을 똑바로 쳐다보다. ***make*** a person ***open*** his ***~s*** (아무를) 깜짝 놀라게 하다. ***make* (*sheep's*) ~*s at*** …에게 추파를 던지다. ***meet*** a person***'s* ~(*s*)** 상대를 똑바로 보다, 정시〈직시〉하다. ***meet the*** 〈a person***'s***〉 **~** 눈에 띄다〈보이다〉. ***Mind your* ~ !**《俗》 잘 봐라 ~ 조심해 ! ***more* (*in it*) *than meets the* ~** 눈으로 본 것 이상의 것《숨은 자질, 곤란, 배후의 이유, 사실 등》. ***open*** one***'s* ~*s*** 놀라서 눈을 크게 뜨다. ***out of the public* ~** 세상 눈에 띄지 않게 되어 ; 세상에서 잊혀져. ***run an*** 〈one***'s***〉 ***~ over* 〈*through*〉** = ***pass*** one***'s* ~ *over*** …을 대강 훑어보다. ***see* ~ *to* ~ *with*** a person (***about* 〈*on, over*〉** a thing) 〔종종 否定文〕 (…에 대해) 아무와 견해가 완전히 일치하다《*on* ; *about*》. ***set* ~*s on*** 〔종종 否定文〕 …을 보다. ***show the whites of*** one***'s* ~*s*** 눈을 허옇게 뜨다 ; 놀라다 ; 기절하다. ***shut*** one***'s* ~*s to*** = close one's ~*s* (2). ***spit in*** a person***'s* ~**《口》 아무의 얼굴에 침을 뱉다. ***take*** one***'s* ~*s off*** 〔흔히 否定文〕 …에서 눈을 떼다. ***the* ~ *of day*** 태양. ***the glad* ~** 추파. ***through*** a person***'s* ~*s*** 남의 눈을 통하여, 남의 입장이 되어. ***to the* ~*s of*** …의 눈에는, …이 보기에는. ***turn a blind* ~** 보고도 못 본 체하다, 간과하다, 눈을 감다《*to* 〈*on*〉 a thing》. ***where are your* ~*s?*** 눈이 없느냐 (잘 보아라). ***with an* ~ *for*** …에 안목이 있어. ***with an* ~ *to*** …을 목표로〈염두에 두고〉. ***with dry* ~*s*** 눈물 한 방울 흘리지 않고, 태연히, 천연덕스레. ***with half an* ~** 언뜻 보기만으로도, 쉽사리. ***with one* ~ *on . . .*** 한 눈으로 …을 보면서. ***with*** one***'s* ~*s closed* 〈*shut*〉** 1) 눈을 감고도. 2) 수월하게. 3) 사정〈내막〉을 모르고. ***with* ~*s open*** (결점·위험 따위를) 다 알고서, 잘 분별하여 : She signed the papers *with ~s open*. 그녀는 내용을 십분 알고 서류에 서명했다.
— (*p., pp.* **~d ; ey•ing, ~·ing**) *vt.* …을 보다 ; 노려보다 ; 잘〈자세히〉 보다, 주시하다 : ~ a person askance 아무를 흘겨보다.

eye·ball [⊿bɔ̀ːl] *n.* ⓒ 눈알, 안구. ***~ to ~***《口》 얼굴을 맞대고. ***to the* ~*s***《口》 철저히.
— *vt.*《美俗》 …을 가만히〈날카롭게〉 보다.

éye bàth《英》= EYECUP.

eye·brow [⊿bràu] *n.* ⓒ (1) 눈썹. (2) 【建】 (눈썹꼴의) 지붕창, 눈썹꼴 쇠시리. ***raise* ~*s*** 사람들을 놀라게 하다, 사람들의 경멸〈비난〉을 초래하다. ***raise*** one***'s* ~*s*** (경멸·놀람·의심 등으로) 눈살을 치키다. ***up to the* ~*s*** 1) …에 몰두하여《*in*》. (2) (빚 따위) 에 몰려《*in*》.

éyebrow pèncil 눈썹 연필.

eye-catch·er [⊿kæ̀tʃər] *n.* ⓒ 사람 눈을 끄는 것 ; 젊고 매력적인 여자.

eye-catch·ing [⊿kæ̀tʃiŋ] *a.* 남의 눈을 끄는, 젊고 매력있는.

éye còntact (서로의) 시선이 마주침.

eye·cup [⊿kʌ̀p] *n.* ⓒ 세안용(洗眼用) 컵.

·eyed [aid] *a.* (1) 〔複合語로〕 …의 눈을 한〈가진〉. (2) 구멍이〈귀가〉 있는《바늘 따위》. (3)눈모양의 얼룩이 있는《공작 꼬리 등》, 무늬가 있는.

èye dòctor 안과 의사.

eye·drop [⊿dràp/⊿drɔ̀p] *n.* 눈물(tear).

eye·drop·per [⊿dràpər/⊿drɔ̀p-] *n.* ⓒ《美》 점안기(點眼器).

éye dròps 눈약, 안약.

eye·ful [áifùl] (*pl.* **~s**) *n.* (1) 한눈에 볼 수 있는 정도의 것 ; 충분히 봄.

eye·glass [⊿glæ̀s, ⊿glɑ̀ːs] *n.* (1) ⓒ 안경알. (2) 외알 안경. (3) (*pl.*) 안경.

eye·hole [⊿hoùl] *n.* ⓒ (1) = PEEPHOLE. (2) 바늘귀.

eye·lash [∠læʃ] *n.* ⓒ 속눈썹. ***by an ~*** 근소한 차로. ***flutter* one*'s ~es at . . .*** (여성이) …에게 추파를 보내다(윙크하다).
éye lèns 대안(對眼) 렌즈.
eye·less [áilis] *a.* 눈 없는, 장님의 ; 맹목적인.
eye·let [áilit] *n.* ⓒ (1) (자수의) 장식 구멍. (2) 아일릿 ; (구두 따위의) 끈구멍.
·eye·lid [∠lìd] *n.* ⓒ 눈꺼풀.
eye·lin·er [∠làinər] *n.* 아이라이너《(1) ⓤ 눈의 윤곽을 돋우는 화장품. (2) ⓒ 그것을 칠하는 붓》.
eye-open·er [∠òupənər] *n.* ⓒ (1) 눈이 휘둥그레지게 하는 것, 놀랄 만한 일〈사건, 행위〉.
eye·patch [∠pætʃ] *n.* ⓒ 안대(眼帶).
eye·piece [∠pìːs] *n.* ⓒ 접안(대안) 렌즈, 접안경.
eye·pit [∠pit] *n.* ⓒ **[解]** 안와(眼窩), 눈구멍.
eye-pop·per [∠pàpər/∠pɔ̀p-] *n.* ⓒ 《美口》 (1) (눈알이 튀어나올 만큼) 굉장한 것, 깜짝 놀라게 하는 것. (2) 손에 땀을 쥐게 하는 것.
eye·shade [∠ʃèid] *n.* ⓤⓒ 보안용 챙《테니스할 때 등에 씀》 ; = EYE SHADOW.
éye shàdow 아이섀도, 눈꺼풀에 바르는 화장품.
eye·shot [∠ʃàt/∠ʃɔ̀t] *n.* ⓤ 눈길이 닿는 곳.
·eye·sight [∠sàit] *n.* ⓤ (1) 시력, 시각 : He lost his ~.그는 실명했다. (2) 시계(視界), 시야.
éye sòcket **[解]** 안와(眼窩)(orbit), 눈구멍.
eyes-on·ly [áizòunli(ː)] *a.* 《美》 (정보·문서가) 수신인만이 알 수 있는, 극비의.
eye·sore [∠sɔ̀ːr] *n.* ⓒ 눈꼬십(시는 것)눈에 거슬리는 것《특히, 이상한 모양의 건축물 등》.
eye·strain [∠strèin] *n.* ⓤ 눈의 피로(감) 안정(眼精)피로.
eye·tooth [∠tùːθ] (*pl.* ***-teeth*** [∠tìːθ]) *n.* 송곳니 《특히 윗니의》.
cut* one*'s eyeteeth 《口》 어른이 되다, 철이 나다.
would give* one*'s eyeteeth for …을 얻을 수 있다면 어떤 대가라도 치르다.
eye·wash [∠wàʃ, ∠wɔ̀ːʃ/∠wɔ̀ʃ] *n.* (1) ⓤⓒ 안약, 세안수(洗眼水). (2) ⓤ 《口》 엉터리, 눈속임, 헛소리.
eye·wit·ness [∠wìtnis, ∠∠-] *n.* ⓒ 목격자 ; 실지 증인《*to* ; *of*》.
ey·ot [éiət, eit] *n.* ⓒ 《英》 (강·호수 안의) 작은 섬.
Eze·ki·el [izíːkiəl] *n.* **[聖]** 에스겔《유대의 예언자》 ; 에스겔서《구약성서 중의 한 편》 ; 남자이름.
Ez·ra [ézrə] *n.* **[聖]** 에스라《유대의 예언자》 ; 에스라서(書) 《구약성서 중의 한 편》.

F

F, f [ef] (*pl.* **F's, Fs, f's, fs** [efs]) (1) ⓤⓒ 에프《영어 알파벳의 여섯째 글자》. (2) ⓤ 【樂】 바음《고정도 창법의 '파'》, 바조(調) : *F* sharp 올림바조《기호F#》/ a waltz in *F* major 바장조의 왈츠. (3) ⓒ F자 모양의 것. (4) ⓤⓒ (F) 《美》 (학업 성적의) 불가, 낙제점(failure), 《때로》 가(可) (fair) : He got an *F* in English. 그는 영어에서 F학점[낙제점]을 받았다. (5) ⓤ 여섯 번째(의 것)《연속된 것의》. (6) 【컴】 (16진수의) F《10진법의 15》.

fa, fah [fɑː] *n.* ⓤⓒ 【樂】 파《장음계의 넷째 소리》.

fab [fæb] *a.* 《口》 굉장한. [◁ *fab*ulous]

Fa·bi·an [féibiən] *a.* (지연전법으로 적을 지치게 하는) 지구책(持久策)의, 점진적인. —*n.* ⓒ 페이비언 협회원〈주의자〉. 파) **~·ism** [-ìzəm] *n.* ⓤ 페이비언주의. **~·ist** *n.*

Fábian Society (the ~) 페이비언 협회《1884년 Sidney Webb, Bernard Shaw 등이 London에서 설립한 점진적 사회주의 단체》.

:fa·ble [féibəl] *n.* (1) ⓒ 우화, 교훈적이야기. (2) ⓤⓒ 신화, 전설, 설화. (3) ⓤⓒ 꾸며낸 이야기〈일〉, 지은 이야기.

fa·bled [féibəld] *a.* (1) 우화의〈에 나오는〉, 우화〈전설〉로 알려진, 유명한. (2) 가공의, 허구의(fictitious), 전설적인.

:fab·ric [fǽbrik] *n.* (1) ⓒ,ⓤ 직물, 천《※ cloth가 일반적임》. (2) (*sing.*) **a**] 〔集合的〕 (교회 등) 건물의 외부《지붕·벽 등》. **b**] 구조, 구성, 조직《*of*》.

fab·ri·cate [fǽbrikèit] *vt.* (1) …을 제조하다, 만들다; 조립하다 ; (부품)을 규격대로 만들다. (2) (이야기·거짓말 따위)를 꾸며〈만들어〉내다(invent). 파) **-ca·tor** [-ər] *n.*

fab·ri·ca·tion [fæ̀brikéiʃən] *n.* (1) ⓤ 제작, 조립, 구성 ; 구조물 ; 꾸밈, 날조 (2) ⓒ 꾸며낸 일, 거짓말.

fab·u·list [fǽbjəlist] *n.* ⓒ (1) 우화(寓話) 작가. (2) 거짓말쟁이.

fab·u·lous [fǽbjələs] *a.* (1) 전설적인(mythical) ; 전설·신화 등에 나오는(legendary). (2) 황당 무계한, 믿을 수 없는 ; 터무니없는, 비사실적인. (3) 《口》 멋진, 굉장한(superb). 파) **~·ly** *ad.* 믿어지지 않을 만큼, 엄청나게, 터무니없이 : *~ly* rich 터무니없이 돈이 많은.

fa·cade, -cade [fəsɑ́ːd, fæ-] *n.* ⓒ 《F.》 【建】 (건물의) 정면(front), 사물의 전면, 겉꾸밈, 눈비음.

:face [feis] *n.* (1) ⓒ 얼굴, 얼굴 생김새(look) ; 얼굴표정, 안색. (2) (종종*pl.*) 지푸린 얼굴(grimace). (3) ⓤ 면목, 체면(dignity) : ⇨ FACE-SAVING. (4) ⓤ (흔히 the ~) 《口》 뻔뻔스럽게도 …함(effrontery) 《*to* do》. (5) ⓒ 면, 표면(surface). (6) ⓒ (시계·화폐 따위의) 겉면, 문자반 ; (기구의) 사용면 ; 【印】 (활자의) 자면(字面) ; (망치·골프 클럽 따위의) 치는 면 ; (건물 따위의) 정면(front). (7) ⓒ 외관, 외견, 겉모습 ; 형세, 국면. (8) ⓒ 【商】 (주권 등의) 액면(~ value). (9) ⓒ 【採鑛】 막장, 채벽. ***at*** (***in, on***) ***the first ~*** 얼른 보기에는. ***~ and fill*** (야채·과일 등을) 표면만 보기 좋게 담기. ***come ~ to ~*** with (적·난관·문제 등)에 직면하다. ***do*** one'***s ~*** 화장(化粧)하다. ***~ down*** 〈***up***〉 얼굴을 숙이고〈들고〉 ; 겉을 밑으로〈위로〉 (카드를 놓다 등). ***feed*** one'***s ~*** 식사하다, 먹다. ***fly in the ~ of*** (권위 등)에 정면으로 반항하다. ***have*** one'***s ~ lifted*** (얼굴의 주름을 펴는) 성형수술을 하다. ***have the wind in*** one'***s ~*** 바람을 정면에 받다. ***have two ~s*** (사람이) 표리(表裏)가 있다 ; (말 따위를) 두 뜻으로 해석하게 하다. ***keep*** one'***s ~*** (***straight***) = ***keep a straight ~*** ⇨ STRAIGHT. ***lie on its ~*** (카드 따위가) 뒤집혀져 있다. ***look*** a person ***in the ~*** = ***look in*** a person'***s ~*** 아무의 얼굴을 똑바로〈거리낌 없이〉 바라보다. ***lose*** (one'***s***) ***~*** 체면을 잃다, 망신하다, 낯(이) 깎이다. ***on the ~ of*** (문서 등의) 문면(文面)으로는. ***on the*** (***mere***) ***~ of it*** 본 바(로는), 겉으로만 보아도 ; 분명하게(obviously) : *On the ~ of it*, there was no hope for a comeback. 본 바로는 회복의 희망은 전혀 없었다《※ 결과적으로는 그렇지 않은 경우에 쓰임》. ***open*** 〈***shut***〉 one'***s ~*** 《美俗》 말하다〈입(을) 다물다〉. ***pull*** 〈***make, wear***〉 ***a long ~*** 슬픈〈심각한〉 얼굴을 하다, 탐탁지 않은〈싫은〉 얼굴을 하다. ***put a bold*** 〈***brave, good***〉 ***~*** (***on***) (…을) 태연한 얼굴로 〈대담하게〉 밀고 나가다 ; 시치미 떼다.

— *vt.* (1) …에 면하다(look toward(s)), …을 향하다. (2) 〔종종 受動으로 ; 전치사는 with, by〕 …에게 용감하게 맞서다(brave). (3) …으로 향하게 하다 《*toward*》 ; 【軍】 (대열)을 방향 전환시키다 ; (카드)를 까놓다. (4) 《+目+前+名》 …의 면을 반반하게 하다. (5) (차(茶) 등)에 물들이다, 겉칠을 하다 ; …의 외관을 보기 좋게 하다. (6) 《+目+前+名》 (옷 따위)에 장식을〈레이스를〉 붙이다, 선두르다.

—*vi.* (1) 《+副/+前+名》 면하다, 향하다《*on* ; *to* ; *toward*》. (2) 【軍】 방향 전환을 하다. (3) 【아이스하키】 Face off에 의해 경기를 개시〈재개〉하다(~ off). ***About ~!*** 《美》 뒤로 돌아. ***~ about*** 방향을 바꾸다, 돌게 하다 ; 【軍】 방향 전환시키다, 뒤로 돌다. ***~ down*** 무섭게 으르다, 위협하다, 못하게 하다. ***~ off*** 1) 〔命形〕 (아이스하키 등에서) 경기 개시. 2) ⇨ *vi.* (3). 3) 《美》 (적과) 대결하다. ***~ out*** (곤란 따위에) 대처하다, (비판 등에) 지지 않고 밀고 나가다, 일을 대담하게 처리하다, 어려운 일을 극복하다. ***~ up to*** …에 직면하다 ; …에 정면으로 대들다 ; …을 승인하다.

fáce càrd (카드의) 그림카드(《英》 court card) 《킹·퀸·잭》.

face·cloth [⌐klɔ̀ːθ/⌐klɔ̀θ] *n.* ⓒ 세수 수건.

fáce crèam 화장용 크림.

faced [feist] *a.* 얼굴〈면〉을 가진 ; 표면을 덮은〈긁어낸〉.

-faced '…의 얼굴을 한, …개의 면이 있는, (물건의) 표면이 …한'의 뜻을 지닌 형용사를 만드는 결합사.

face·down [⌐dáun] *ad.* 얼굴을 숙이고 ; 엎어서.

face·less [⌐lis] *a.* (1) 얼굴이 없는 ; 정체 불명의. (2) (화폐 따위의) 면이 닳아 없어진. (3) 개성〈주체성〉이 없는, 특징이 없는. (4) 익명의 ; 무명의. 파) **~·ness** *n.*

face·lift [⌐lìft] *vt.* …에 face-lifting 을 하다.

face·lift·ing [⌐liftiŋ] *n.* ⓤⓒ (1) (얼굴의) 주름 펴는 성형 수술. (2) 개장(改裝), (자동차 등의) 모델(디자인) 변경.

fáce màsk (야구의 포수, 하키의 골키퍼 등의)마스

크.

face·off [féisɔ̀ːf/-ɔ̀f] *n.* ⓒ (1) (하키의) 경기 개시. (2) 《美》 대결. (3) 서로 노려봄.

fáce pòwder (화장) 분.

fac·er [féisər] *n.* ⓒ (권투 등의) 안면 펀치, 얼굴 치기 ; 당황(케)하는 것〈말, 일〉, 뜻밖의 장애.

face·sav·er [´sèivər] *n.* ⓒ 체면(體面)을 세워주는 수단〈것〉, 체면 유지 수단.

face·sav·ing [´sèiviŋ] *a.* 〔限定的〕 낯〈체면〉을 깍이지 않은, 면목을 세우는.

fac·et [fǽsit] *n.* ⓒ (결정체 · 보석의) 작은 면, 깎은 면, (컷 글라스의) 각면(刻面) ; (사물의) 면, 상(aspect).

fa·ce·tious [fəsíːʃəs] *a.* 익살맞은, 우스운, 괘사스러운 ; 허튼소리의, 농담 삼아서 한《말》 ; 유쾌한. 파) **~·ly** *ad.* **~·ness** *n.*

face·to·face [féistəféis] *a.* 〔限定的〕 정면으로 마주보는 ; 맞부딪치는.

fáce válue 【商】 액면가격 ; 《比》 표면상의 가치, 문자 그대로의 뜻.

·fa·cial [féiʃəl] *a.* 얼굴의, 안면의 ; 얼굴에 사용하는, 미안(美顔)용의 ; 면(面)의.
— *n.* ⓤⓒ 미안술, 안면 마사지. 파) **~·ly** *ad.*

fac·ile [fǽsil/fǽsail] *a.* (1) 〔限定的〕 용이한, 쉽사리 얻을 수 있는, 힘들지 않은(easy). (2) 《종종 蔑》 겉치레의, 천박한. (3) 간편한, 손쉬운. (4) 날랜, 잘 움직이는 ; 유창한(fluent). (5) 친하기〈다루기〉 쉬운, 상냥한.
파) **~·ly** *ad.* **~·ness** *n.*

·fa·cil·i·tate [fəsílətèit] *vt.* (일)을 (손)쉽게 하게 하다, 용이하게 하다 ; 촉진〈조장〉하다《※ 이 낱말은 '사람' 을 주어로 하지 못함》.
파) **-ta·tive** *a.*

fa·cil·i·ta·tion [fəsìlətéiʃən] *n.* ⓤ 용이〈편리, 간편〉하게 함, 간이화 ; 도움, 촉진.

fa·cil·i·ta·tor [fəsílətèitər] *n.* ⓒ 쉽게 하는 사람〈물건〉, 촉진자〈물〉.

:fa·cil·i·ty [fəsíləti] *n.* ⓤⓒ (1) 평이〈용이〉함. (2) 솜씨, 재주, 능숙, 유창 ; 재능. (3) 다루기 쉬움, 사람 좋음, 고분고분함. (4) (성격의) 태평함. (5) (흔히 *pl.*) 편의(를 도모하는 것), 편리, 편익 ; (*pl.*) 시설, 설비.

facílity mánagement 【컴】 컴퓨터는 자사에서 소유하고, 그 시스템 개발 · 관리 운영은 외부 전문회사에 위탁하는 일《略 : FM》.

·fac·ing [féisiŋ] *n.* ⓤ 면함, 향함, (집의) 향(向) ; (의복의) 가선 두르기, 단, 섶, 끝동 ; 【機】 단면(端面) 절삭. ***go through*** one'***s ~s*** 《古》 (솜씨 · 능력 따위를) 시험받다. ***put*** a person ***through his ~s*** 《古》 …의 솜씨를 시험받다.

fac·sim·i·le [fæksíməli] *n.* ⓒ 모사(模寫), 복사 ; ⓤⓒ 팩시밀리 ; 복사 전송장치 ; 사진전송, 전송 사진.

:fact [fækt] *n.* (1) ⓒ 사실, 실제(의 일), 진실, 진상. (2) ⓒ (흔히 the ~) …이라는 사실 ; 현실《*of* ; *that*》. (3) ⓤ (이론 · 의견 · 상상 등에 대한) 사실, 현실, 실제. (4) 【法】 (the ~) 사실, 범행, 사건, 현행. (5) 【法】 (종종 *pl.*) 진술한 사실. ***after*** 〈***before***〉 ***the ~*** 범행 후〈전〉에, 사후(事後)〈사전〉에. (***and***) ***that' s ~*** 그런데 그것은 사실이다. ***as a matter of ~*** 사실은, 사실상 ; 실제는, 실(實)은. ***~s and figures*** 정확한 정보, 상세함. ***for a ~*** 사실로서. ***from the ~ that. . .*** …라는 점에서. ***in*** (***actual***) ***~*** = ***in point of ~*** (예상 · 겉보기 등에 대하여) 실제로 ; 사실상. ***the ~*** (***of the matter***) ***is*** (***that***) ***. . .*** 사실〈진상〉은 …이다.

fáct fìnder 진상 조사(위)원.

fact-find·ing [´fàindiŋ] *a.*, *n.* ⓤ 진상(현지) 조사(의) : a ~ committee 진상 조사 위원회.

·fac·tion[1] [fǽkʃən] *n.* ⓒ 도당, 당파, 파벌 ; ⓤ 파벌 싸움, 당쟁, 내분(dissension) ; 당파심.

fac·tion[2] *n.* ⓤ 실화 소설, 실록 소설.

-faction *suf.* -fy 의 어미를 갖는 동사에서 그 명사를 만듦 : satis*faction*.

fac·tion·al [fǽkʃənəl] *a.* 도당의, 당파적인. 파) **~·ism** *n.* ⓤ 파벌주의, 당파 근성〈싸움〉. **~·ist** *n.* ⓒ 파벌주의자, 파당을 짓는 사람. **~·ize** *vt.* 《美》 …을 분파시키다, 당파적으로 하다. **~·ly** *ad.*

fac·tious [fǽkʃəs] *a.* 당파적인, 당파상의 ; 당쟁을 일삼는, 당파심이 강한, 당파 본위의. 파) **~·ly** *ad.* **~·ness** *n.*

fac·ti·tious [fæktíʃəs] *a.* (1) 인위적인, 인공적인(artificial), 부자연스러운. 파) **~·ly** *ad.* **~·ness** *n.*

fac·ti·tive [fǽktətiv] *a.* 【文法】 작위(作爲)적인.
—*n.* 작위 동사. ※ 《＋目＋補》 문형에 쓰이는 make, cause, think, elect 등. 파) **~·ly** *ad.*

fac·toid [fǽktɔid] *n.* ⓒ 의사(擬似) 사실.
파) **-toi·dal** [-dəl] *a.*

:fac·tor [fǽktər] *n.* ⓒ (1) (어떤 현상의) 요인, 인자, 요소《*of* ; *in*》. (2) 【數】 인자(因子), 인수, 약수. (4) 【生】 인자(gene), 《특히》 유전 인자. (5) (수금(收金) 대리업자, 도매상, 중매인 ; 채권 금융업(자〈회사〉). (6) 【컴】 인수《어떤 값에 곱해져서 그 값을 변화시키는 일을 하는 수》. ***~*** 〈***agent***〉 ***of production*** 【經】생산 요소. ***resolution into ~s*** 인수 분해.
— *vt.* 【數】 …을 인수 분해하다《*into*》.
— *vi.* ~로서 행동하다 ; 외상매출 채권을 매입하다. ***~ in*** 계산에 넣다, …을 요인의 하나로 고려하다〈넣다〉.
파) **~·a·ble** [-tərəbəl] *a.*

fac·tor·age [fǽktəridʒ] *n.* ⓤ (수금) 대리업, 도매업 ; 중개 수수료 ; 구문, 도매상이 받는 구전.

factor Ⅷ [-éit] 【生化】 항혈우병(抗血友病) 인자.

fac·to·ri·al [fæktɔ́ːriəl] *a.* 【數】 인수(因數)의 ; 계승의 ; (수금) 대리상의 ; 공장〈제조소〉의.
—*n.* 【數】 순차곱셈, 계승(階乘) ; 【컴】 팩토리얼《주어진 양(陽)의 정수에 대해 1부터 그 숫자까지의 모든 정수를 곱하는 일 ; 그 표시법은 *n* !》.
파) **~·ly** *ad.*

:fac·to·ry [fǽktəri] *n.* ⓒ (1) 공장, 제조소(所). (2) 〔形容詞的〕 공장의. (4) 《化》 (물건 · 자격 등의) 제조 장소《학교 등》.

fáctory fàrm 공장 방식으로 운영되는 축산 농장.

fáctory shìp 공선(工船) 《삼치 모선 따위》.

fac·to·tum [fæktóutəm] *n.* ⓒ 잡역부, 막일꾼.

·fac·tu·al [fǽktʃuəl] *a.* 사실의, 사실에 입각한 ; 실제의(actual). 파) **~·ly** *ad.* **~·ness** *n.* **fac·tu·al·i·ty** *n.*

fac·tu·al·ism [fǽktʃuəlìzəm] *n.* ⓤ 사실 존중(주의). 파) **-ist** *n.* ⓒ **fàc·tu·al·ís·tic** [-ístik] *a.*

:fac·ul·ty [fǽkəlti] *n.* ⓒ (1) (기관 · 정신의) 능력(ability), 기능(function), 수완, 재능(ability). (2) (대학의) 학부(department), 분과(分科). (3) (학부의) 교수단, 교수회 ; 《美》〔集合的〕 (대학 · 고교의) 교원, 교직원. (4) (의사 · 변호사 등의) 동업자 단체 ; (the ~) 《英口》 의사들《전체》. (5) ⓤ 【英國敎】 허가《특히 교회에 대한》. ***the four faculties*** (중세 대학

의) 4학부《신학 · 법학 · 의학 · 문학》.

·fad [fæd] *n.* ⓒ 일시적 유행〈열광〉(craze) ; 변덕 ; 도락, 유별난 취미 ; 《英》(특히 식성의) 까다로움.

fad·dish [fǽdiʃ] *a.* 변덕스러운, 일시적으로 열중하는 ; 일시적인 유행을 쫓는, 별난 것을 좋아하는 ; (식성이) 까다로운.
파) **~·ly** *ad.* **~·ness** *n.*

fad·dy [fǽdi] (***-di·er ; -diest***) *a.* = FADDISH.
파) **fad·di·ly** *ad.* **-di·ness** *n.*

:fade [feid] *vi.* (1) (젊음 · 신선함 · 아름다움 · 기력 등이) 쇠퇴해지다, 주그러들다(droop), 희미〈아련〉해지다 ; (꽃 따위가) 시들다, 이울다(wither) ; (색이) 바래다. (2) 《~/+副》(소리가) 꺼져〈사라져〉 가다 ; (빛이) 흐려져 가다, 광택을 잃다. (3) 《~/+副/+前+名》(기억 · 인상 등이) 어렴풋해지다《*away* ; *out*》. (4) (습관이) 쇠퇴하다, 자취를 감추다, 사라지다, 내빼다.
—*vt.* …을 바래게〈시들게, 쇠하게〉 하다, 쭈그러들게 하다. **~ *in* 〈*out*〉** 【映 · 放送】(화면 · 음향이) 점차 똑똑해지다〈희미해지다〉 ; (화면 · 음향을) 점차 뚜렷하게〈희미하게〉 하다 ; 용명(溶明)〈용암(溶暗)〉하다. **~ *into*** 쇠하여〈희미해져〉 …이 되다 : The red sky ~*d into* pink. 붉게 물든 하늘은 연분홍색으로 변하였다. **~ *up*** = fade in. —*n.* (1) = FADE-IN ; = FADE-OUT. (2) ⓒ 【映·TV】 영상의 점이(漸移) ; (마모 · 과열로 인한) 자동차 제동력의 감퇴. (3) ⓒ 《口》 실패.

fad·ed [féidid] *a.* 시든, (빛깔이) 바랜 ; 쇠퇴한.

fade·in [féidìn] *n.* ⓤⓒ 【映 · 放送】 페이드인, 용명(溶明) 《음량 · 영상이 차차 분명해지기》, 차차 뚜렷해짐.

fade·less [féidlis] *a.* 색이 날지 않은 ; 시들지 않은; 쇠퇴하지 않는 ; 불변의. 파) **~·ly** *ad.*

fade-out [féidàut] *n.* ⓤⓒ 【映 · 放送】 페이드 아웃, 용암(溶暗) 《음량 · 영상이 차차 희미해지기》, 점점 보이지 않게 됨.

fad·ing [féidiŋ] *n.* ⓤ (용모 · 기력 등의) 쇠퇴 ; 퇴색 ; 【映】 화면의 용명(溶明)이나 용암(溶暗).

fa·er·ie, fa·ery [féiəri, féəri] *n.* 《古 · 詩》 요정(妖精)의 나라(fairyland), 선경(仙境).

faff [fæf] *vi.* 《英口》 공연한 법석을 떨다 ; 빈둥 빈둥 지내다, 객쩍은 짓을 하다. —*n.* ⓤ (종종 a ~) 공연한 소란, 객쩍은 짓.

fag [fæg] (***-gg-***) *vi.* 열심히 일〈공부〉하다(drudge) 《*at* ; *away*》 ; (열심히 일해서) 지치다 ; 혹사당하다 ; 《英》(public school 에서 하급생이) 상급생 의 잔심부름을 하다 ; (밧줄 끝이) 풀리다.
—*n.* (1) ⓤ (또는 a ~) 《英》 힘드는 일, 고역, 노역 ; 피로 : brain ~ 정신적 피로, 신경쇠약 / It is too much (of *a*) ~. 정말 뼈빠지는 일이다. (2) ⓒ 《英》(public school 에서) 상급생의 잔심부름하는 하급생.
파) **fág·ging** *n.*

fág énd (1) (피륙의) 토끝 ; 밧줄의 풀린 끄트머리. (2) (the ~) 끄트머리, 마지막 . (3) 찌꺼기(remnant) ; 《英口》 담배 꽁초 ; 《口》 하찮은〈손해 본〉 결말.

faggot[1] ⇨ FAGOT.

fag·got[2] [fǽgət] *n.* ⓒ 《美俗 · 蔑》(남자의) 동성연애자, 호모.

Fa·gin [féigin] *n.* ⓒ 나쁜 노인《어린이를 소매치기나 도둑질의 앞잡이로 씀.

fag·ot, 《英》 **fag·got** [fǽgət] *n.* ⓒ (1) 장작뭇〈단〉, 섶〈나무〉. (2) (가공용의) 쇠막대 다발 ; 지금(地金) 뭉치 ; (수집물의) 한 뭉치(collection). (3) 《英》(흔히 *pl.*) 돼지간(肝) 요리의 일종《경단 모양 또는 롤》 ; 파슬리 · 타임(thyme) 등 요리용 향초(香草)의 한 다발. (4) 싫은 여자, 기분 나쁜 여자, 미운 녀석 ; 노파.
— *vt., vi.* (…을) 다발짓다, (~을 단으로) 묶다 ; (피륙을) 파고팅하여 꾸미다〈연결하다〉.

Fahr·en·heit [fǽrənhàit, fɑ́ːr] *n.* ⓤ, *a.* 화씨(온도계) (= **~ thermómeter**) (의) 《略 : F, F., Fah., Fahr.》 ; 화씨 온도; 화씨 눈금(= **~ scàle**). 【cf.】 centigrade.

fa·ience [faiɑ́ːns] *n.* ⓤ 《F.》 파양스 도자기《광택이 나는 고급 채색의》.

:fail [feil] *vi.* (1) 《~/+前+名》 **a**] 실패하다, 실수하다, 낙제하다. 【opp.】 *succeed.* **b**] 달하지〈이루지〉 못하다《*of*》. (2) 《+*to* do》(…을 하지) 못하다 ; (…하기를) 게을리하다, 잊다(neglect) ; 〔否定語와 함께〕 꼭 …하다. (3) (공급 등이) 부족하다, 결핍되다, 없어지다. (4) 《+前+名》(덕성 · 의무 등이) 없다, 모자라다 《*in*》. (5) 《~/+前+名》 낙제하다 ; 【法】 패소하다 ; (회사 · 은행 따위가) 파산하다 ; (시험 · 학과에) 떨어지다《*in*》 : a ~*ing* mark 낙제점. (6) (힘 · 시력 · 건강 · 미모 등이) 쇠하다, 약해지다 ; (바람이) 자다 : His health ~*ed.* 건강이 쇠해졌다. (7) (기계류가) 고장나다, (호흡 등이)멈추다.
—*vt.* (1) …의 기대를 어기다, (가장 요긴(要緊)할 때에) …의 도움이 되지 않다, …을 저버리다(desert), 실망시키다(disappoint), …에게 없다. (2) (학생)을 낙제시키다 ; …에서 낙제점을 따다.
—*n.* (1) 낙제, 실패(failure) ; 《美》(매매된 주식의) 인도(引渡) 인수 불이행 : ~ to deliver 인도 불이행 / ~ to receive 인수 불능. (2) (시험에) 떨어진 사람. ***without* ~** 틀림〈어김〉없이, 반드시.
파) **~ed** *a.* 실패한 ; 파산한.

·fail·ing [féiliŋ] *n.* (1) ⓤ 실패(failure), 낙제. (2) ⓒ 불이행, 태만. (3) ⓤⓒ 부족, 결여. (4) ⓒ 결점, 약점, 단점(fault, weakness). (5) ⓤⓒ 약화, 쇠퇴, 소약. (6) ⓒ 파산. —[⌐-, ⌐́-] *prep.* (1) …이 없을 때〈경우〉에는(in default of) : *Failing* payment, we shall attach your property. 지불 못하면 재산을 압류하겠다. (2) …이 없어서(lacking) : ~ all else 하는 수 없이. 파) **~·ly** *ad.* 점점 쇠퇴하여〈희미하여, 사라져〉 ; 실패〈실수〉하여.

fail·safe [féilsèif] *a.* (1) 이중 안전 장치의, 전자 통제의. (2) 절대 안전한 : ~ business 안전한〈틀림 없는〉 사업.
—*n.* ⓒ (그릇된 동작 · 조작에 대한) 자동 안전 장치 ; (때로 F-) 폭격기의 진행제한 지점.

:fail·ure [féiljər] *n.* (1) ⓤ 실패, 실수. (2) ⓒ 불이행, 태만(neglect). (3) ⓤⓒ 부족, 결핍. (4) ⓤⓒ 쇠약, 감퇴(decay) ; 【醫】 기능 부전(不全) : a) heart ~ 심부전(心不全). (5) ⓒ 파산(bankruptcy), 지급 정지〈불능〉, 도산, 파산. (6) ⓒ 실패자, 실패자. (7) 【敎】 ⓤ 낙제 ; ⓒ 낙제점, 낙제생〈자〉. (8) ⓤⓒ 【機】 고장 ; 파괴, 파손. ㅁ fail *v.*

fain [fein] 《古 · 詩》 *a.* 〔敍述的 ; 뒤에 to+不定詞를 수반하여〕 (1) 기꺼이〈자진해서〉, 쾌히(gladly), …할 마음으로(willing). (2) 부득이 …하는, …하지 않을 수 없는(obliged). (3) …하기를 간절히 바라서, 몹시 …하고 싶어하여(eager). — *ad.* 〔would ~으로〕 기꺼이, 자진하여(glad) : I *would* ~ help you. 기꺼이 돕고 싶다(만).

:faint [feint] (***⌐-er ; ⌐-est***) *a.* (1) 어렴풋한(dim), (빛이) 희미한, (색이) 엷은, (소리가) 약한, (목소리가) 가냘픈. (2) (기력 · 체력이) 약한(weak), 부족한. (3) 힘없는, 무기력한(halfhearted) ; 겁많은

F

(timid), 마음이 내키지 않는. (4) 〔敍述的〕 (피로·공복·병 따위로) 기절할 것 같은, 실신한, 어찔한《*with* ; *for*》. (*I*) ***have not the ~est idea.*** (난) 전혀 모른다 : I *have not the ~est idea* (of) what it is like. 그것이 어떠한 것인지 전혀 짐작이 가지 않는다.
—*n.* ⓒ 기절, 졸도, 실신(swoon). ***fall into a ~*** 기절하다. ***in a dead ~*** 기절하여, 실신하여. —*vi.* 실신하다, 졸도하다, 기절하다(swoon)《*away*》 : They were *~ing* from lack of air. 그들은 공기 부족으로 의식을 잃어가고 있었다.
파) ⌐**~·ness** *n.*

faint·heart [⌐hɑ̀ːrt] *n.* ⓒ 겁쟁이(coward).

faint·heart·ed [⌐hɑ́ːrtid] *a.* 나약〈겁약〉한, 겁많은(timid), 소심한무기력한 ; 주눅 들린.
파) **~·ly** *ad.* **~·ness** *n.*

faint·ly [féintli] *ad.* (1) 희미하게, 어렴풋이. (2) 힘없이(feebly), 소심(小心)〈겁약〉하게(timidly).

:fair[1] [fɛər] (⌐**·er** ; ⌐**·est**) *a.* (1) **a)** 공평한, 공정한, 올바른, 온당한, 공명정대한(just), 정당한(reasonable) ; 정정 당당한 ; (임금·가격 등이) 적정한, 온당한. **b)** 〔敍述的〕 (…에) 공평한《*to* ; *with* ; *toward*》. 〖opp.〗 *foul.* (2) 【競】 규칙에 맞는(legitimate) (〖opp.〗 *foul*) ; 【野】 (타구가) 페어의 : a ~ hit (야구의) 페어. (3) 〔限定的〕 (양·크기가) 꽤 많은, 상당한 ; 〔强意的〕 대단한, 《口》 철저한, 완전한. (4) 그저 그런, 어지간한, 나쁘지 않은, 무던한. (5) (하늘이) 맑게 갠, 맑은(clear). 〖opp.〗 *foul.* . (6) 【海】 (바람·조류가) 순조로운, 알맞은(favorable) : a ~ wind 순풍. (7) 살이 흰(light-colored). 금발의(blond). (8) 여성의. (9) 《文語·詩》 (여성이) 아름다운, 매력적인. (10) 깨끗한, (필적·인쇄가) 읽기 쉬운, 똑똑한(neat). (11) 《古》 (시야가) 넓은, 다니기 쉬운, 평평하고 넓은. (12) 당연한, 순조로운, 유망한(promising). (13) 〔限定的〕 그럴 듯한, 솔깃한(plausible) ; (말이) 정중한. (14) (성적의 5단계 평가에서) 미(美)의, C의. ***a field and no favor*** 공명정대, 치우치지 않음. ***a ~ treat*** 진 것(사람). ***be in a ~ way to*** do …할 것 같다, …할 가망이 있다 : He *is in a ~ way to* succeed. 그는 성공할 가능성이 충분히 있다. ***by ~ means or foul*** 무슨 일이 있어도, 기어코, 모든 수단을 다해. ***by*** one***'s own ~ hand*** 《戱》 혼자서, 혼자힘으로. ***~ and square*** 공정한〈하게〉, 올바른〈르게〉, 당당한〈하게〉. ***~ do's*** 〈***dos***〉 《英口·戱》 1) 공평한 몫〈취급〉. 2) 〔感歎詞的〕 공평하게 하자 ; 그건 부당하다〈오해다〉. ***Fair enough!*** 《口》 (제 안 등에 대해) 좋아, 됐어. ***Fair's ~.*** 《口》 (서로) 공평하게 하자. ***~ to middling*** 《美》 그저 그만한, 쓸만한, 어지간하 ; 좋지도 나쁘지도 않은(so-so).
—(⌐**·er** ; ⌐**·est**) *ad.* (1) 공명 정대히, 정정 당당히 : play 〈fight〉 ~ 정정 당당히 행동하다〈싸우다〉. (2) 정중히 : speak ~ 정중하게 이야기하다. (3) 깨끗하게, 순조롭게 : copy 〈write out〉 ~ 정서(淨書)하다. (4) 유망하게 : Events promise ~. 국면은 유망하다. (5) 똑바로, 정면으로 : 《Austral.》 실로, 아주, 완전히 : ~ in the trap 완전히 함정에 걸려 / The stone hit him ~ in the head. 돌은 그의 머리에 정통으로 맞았다. ***bid ~ to*** do …할 가망이 충분히 있다 : Our plan *bids ~ to* succeed. 계획은 성공할 것 같다. ***~ and saftly*** 그리 덤비지 말고 좀 천천히. ***~ and square*** ⇨ *a.* ***stand ~ with*** …에 대하여 평판이 좋다.
—*vt.* (문서)를 정서하다 ; (선박·항공기)를 정형(整形)하다《유선형 따위로》《*up* ; *off*》 ; 딱맞게 연결하다 ; (재목 등)을 반반하게 하다.
—*vi.* 《英·美方》 (날씨가) 개다(clear), 호전되다《*up* ; *off*》 : The weather has *~ed off* 〈*up*〉. 날씨가 개었다.
파) ⌐**·ness** *n.* ⓤ 공정, 공평, 공명정대.

:fair[2] [fɛər] *n.* ⓒ (1) (정기적으로 열리는) 장, 정기시(市), 축제일 겸 장날. (2) 자선시(bazaar) 《여흥이 포함됨》. (3) 박람회, 공진〈품평〉회 ; 견본시, 전시회 ; 《英》 (이동) 유원지. (4) (대학 진학·취직 등의) 설명회(festival). (***a day***) ***after the ~*** = ***behind the ~*** (이미) 때늦음, 사후 약방문.

fáir báll 【野】 페어볼(파울선 안쪽에서의 타구). 〖opp.〗 *foul ball.*

fáir gáme (허가된) 엽조수(獵鳥獸), (조소· 공격의) 목표, 【比】 '봉' 《*for*》.

fair·ground [⌐gràund] *n.* ⓒ (종종 *pl.*) 박람회·장·서커스 따위가 열리는 곳.

fair·haired [⌐hέərd] *a.* 금발의, 머리가 아름다운 ; 마음에 드는(favorite), 총애 받는.

fair·háired bóy (윗사람의) 마음에 드는 〈총애 받는〉 남자(《英》 blue-eyed boy).

fair·ing [fέəriŋ] *n.* (1) ⓤ (비행기·선박 따위 표면의) 정형(整形) 《유선형으로 하기》. (2) ⓒ 유선형 덮게〈구조〉.

:fair·ly [fέərli] (***more ~ ; most ~***) *ad.* (1) 공평히(justly), 공명정대하게, 정정 당당히. (2) 올바르게. (3) 똑똑히, 깨끗하게(clearly), 적절하게, 어울리게. (4) 〔정도를 나타내〕 꽤, 어지간히, 상당히(tolerably) ; 그저 그렇게(moderately). (5) 아주, 완전히, 감쪽같이(completely) 《※ 이 경우 강조어로서 受動에 쓰이는 경우가 많음》.

fair-mind·ed [⌐màindid] *a.* 공평한, 공정한. 파) **~·ly** *ad.* **~·ness** *n.*

·fair·ness [fέərnis] *n.* ⓤ (1) 공평함. (2) 아름다움 ; 흰 살결 ; (두발의) 금빛. (3) 《古》 순조, (날씨의) 맑음. ***in ~ to*** …에 대해 공평히 말하면 : *In ~ to* him, he didn't mean to take the bribe. 그에 대해 공평히 말하면 그는 뇌물을 받을 뜻은 없었다. ***out of all ~*** 《美口》 공평하게 말하자면.

fáir pláy 정정 당당한 경기 태도 ; 공명 정대한 행동 ; 페어플레이.

fáir sháke 《美口》 공평한 조처〈기회〉.

fair-spo·ken [⌐spóukən] *a.* (말씨가) 정중한(polite), 붙임성 있는 ; 말솜씨 좋은. 파) **~·ness** *n.*

fáir tráde 【經】 공정 거래, 호혜 무역(거래) ; 《美》 협정 가격 판매.

fair-trade [⌐tréid] *a.* 협정가격 판매의, 공정 거래의.

fáir tréat 《口》 매우 재미있는〈매력적인〉 물건〈사람〉.

fair·way [fέərwèi] *n.* ⓒ 방해받지 않는 통로, 안전한 뱃길(旨료) ; (강·항구 따위의) 항로

fair-weath·er [⌐wèðər] *a.* 날씨가 좋을 때만의.

:fairy [fέəri] *n.* ⓒ (1) 요정(妖精), 선녀. (2) 《俗》 (여자역의)동성애 남자(catamite), 여성적인 남자 ; = FAIRY GREEN. —*a.* (1) 요정의〈같은〉(= **fáiry-lìke**), 뛰어나게 아름다운, 경쾌한, 우아한 : a ~ shape 아름다운 모양. (2) 상상의(imaginary), 가공적인(fictitious).

fáiry gódmother (one's ~) (동화에서 주인공을 돕는) 요정.

fáiry grèen 황록색(fairy).

·fair·y·land [fɛərilæ̀nd] *n.* ⓤ 요정〈동화〉의 나라 ; (*sing.*) 선경(仙境), 도원경, 더할 나위없이 운 곳, 신기한 세계.
fáiry rìng 요정의 고리.
fáiry tàle 〈**stòry**〉 동화, 옛날 이야기.
fair·y-tale [fɛ́əritèil] *a.* 〔限定的〕 동화 같은.
fait ac·com·pli [fetɑkɔmlíː/féitəkɔ́mpliː] (*pl.* ***faits ac·com·plis***) 《F.》 기정 사실.
:faith [feiθ] *n.* (1) ⓤ 신념(belief) ; 확신 ; ⓒ 신조(信條). (2) 신앙(심), 믿음《*in*》 ; (the ~) 참된 신앙, 기독교(의 신앙). (3) ⓒ 종교, 교의(敎義)(creed) : the Catholic 〈Jewish〉 ~ 가톨릭교〈유대교〉. (4) 신뢰(信賴), 신용(trust, confidence)《*in*》. (5) 신의, 성질(honesty), 충실(fidelity). (6) 약속, 서약(promise). (7) (F-) 여자 이름. ***bad ~*** 불신(不信), 배신 : act in *bad* ~ 불성실하게 행동하다. ***by*** one***'s ~*** 맹세코. ***good ~*** 성실, 성의. ***have ~ in*** …을 믿고 있다.
—*int.* 정말로 !, 참으로 !
fáith cùre 신앙 요법《기도에 의한》.
fáith cùrer 신앙 요법을 베푸는 사람.
:faith·ful [féiθfəl] (***more ~ ; most ~***) *a.* (1) 충실한, 성실한, 신의가 두터운, 믿을 수 있는(reliable)《*to*》. (2) (약속 따위를) 지키는《*to*》. (3) 정확한(accurate), (사실·원본 따위에) 충실한(true). (4) 《廢》 믿음 (신앙)이 굳은. ***be* 〈*stand*〉 *~ to*** …에 충실 〈성실〉 하다. — *n.* (the ~ : 複數 취급) 충실한 신자들《특히 기독교도·이슬람교도》 : 충실한 지지자들. 파) **~•ness** *n.*
:faith·ful·ly [féiθfəli] (***more ~ ; most ~***) *ad.* (1) 성실하게, 충실히 ; 정숙하게. (2) 성의를 다하여, 매우 열심히. (3) 《口》 굳게 보증하여. (4) 정확히. ***Yours ~ = Faithfully yours*** 여불비례(餘不備禮).
fáith hèaler = FAITH CURER.
fáith hèaling =FAITH CURE.
***faith·less** [féiθlis] *a.* 신의 없는, 불충실한, 부정(不貞)한, 불성실한 ; 믿음 〈신앙심〉 없는 ; 믿을 수 없는 파) **~•ly** *ad.* **~•ness** *n.*
fake** [feik] (1) (겉보기 좋게) …을 만들어 내다, 외양〈外樣〉을 꾸며 잘 보이게 하다. (2) 《~十目+/目+副》 …을 위조하다(counterfeit), 날조하다 ; 꾸며 〈조작해〉 내다(fabricate)《*up*》. (3) …을 속이다 ; 가장하다(pretend) : - illness 꾀병부리다. (4) …을 (슬쩍) 훔치다. (5) 【스포츠】 (상대방)에게 feint를 걸다《*out*》, (경기)를 하는 것처럼 보이다. (6) 【재즈】 …을 즉흥적으로 연주(노래)하다(improvise).— *vi.* 속이다(deceive) ; 날조하다. 【스포츠】 feint하다 ; 【재즈】 즉흥 연주(노래)하다. She's not sick,she's just *faking* 그는 아프지 않다. 아픈 체 하고 있을 뿐이다. ***~ it 알고(할 수) 있는 체하다. ***~ off*** 《美俗》 게으름피우다. ***~ ...out*** = ***~ out ...*** 1) ⇨*vt.*(4). 2) 《俗》 속이다. 기만하다 : She ~*d* me *out* by acting friendly and then stole my job. 그녀는 내게 친절하게 구는 척하면서 나를 속여 내 일자리를 가로챘다
— *n.* ⓒ (1) 위조품(물), 가짜(sham) : 꾸며낸 일 ; 허위 보도. (2) 사기꾼(swindler). — *a.* 〔限定的〕 가짜의, 위조〔모조〕의 : ~money 위조·지폐(화 폐) / a ~ picture 가짜 그림
fak·er [féikər] *n.* ⓒ 날조자, 위조자 : 협잡꾼, 야바위꾼 (frauder).
fak·ery [féikəri] *n.* ⓤⓒ 속임수 ; 가짜
fakir[1], - quir, -qir [fəkíər, féikər] *n.* ⓒ (이슬람교·힌두교의)탁발승(mendicant), 행자 (行者).
fa·kir[2] *n.*= FAKER
fal·chion [fɔ́ːltʃən, -ʃən] *n.* ⓒ 언월도(偃月刀), 칼, 검.
***fal·con** [fǽlkən, fɔ́ːl-, fɔ́ːk-] *n.* ⓒ (1) 송골매《특히 암컷》 ;(매 사냥용) 매. (2) 【美空軍】 공대공 미사일 파) **~•er** [-ər] *n.* ⓒ 매부리.
fal·con·ry [fǽlkənri, fɔ́ːl-, fɔ́ːk-] *n.* ⓤ 매 부리는 법 , 매 훈련법 (술) : 매사냥(hawking) .
fal·de·ral, -rol [fǽldəræ̀l], [-rɑ̀l/ -rɔ̀l] *n.* (1)ⓒ 겉만 번드레한 싸구려, 하찮은 물건. (2) ⓤ 허튼수작
:fall [fɔːl] (***fell*** [fel] ; **fall•en** [fɔ́ːlən]) *vi* . (1) 《~/+前+名》 떨어지다, 낙하하다 ; 〔꽃 · 잎이〕 지다 . 〔머리털이〕 빠지다. (2)(비 · 눈 · 서리 따위가) 내리다. (3) 《~/+前+名》 (말 · 목소리가) 새다, 나오다. (4) (물가 · 수은주 따위가) 하락하다, 내리다. (수량 따위가)감소하다, (인기 따위가) 떨어지다, (목소리가) 낮아지다. (5) 《+前+名》 (땅이) 경사지다(slope) 《*away ; of ; to ; toward*》 ; 내려 앉다 ; (강이) 흘러들다(issue). (6)《~/+前+名》 (머리털 · 의복 따위가) 늘어지다 :(휘 장 · 커튼 따위 가) 처지다, 드리워지다.(droop) :(어둠 따위가) 내려 깔리다, 깃들다. (7) 《~/+前+名》 넘어지다, 뒹굴다, 엎드리다 : 【크리켓】 〈타자가〉 아웃되다. (8) 《~/+前+名/+補》 (싸움터에서) 부상당하여 쓰러지다, 죽다. (…의) 손에 죽다(*to*) ;《美俗》 체포되다, 금고형(禁錮刑)을 받다. (9) 《~/+前+名/+副》 실각하다 : (국가 · 정부 따위가) 무너지다, 붕괴하다 ; 함락하다 ; 와해하다. (10)《~/+前+名》 (유혹 따위에) 굴하다, 타락하다. 《美俗》 〈홀딱〉 반하다 ;나빠지다, 악화하다. (11) (기운 따위가) 쇠하다 (decline) : 〈얼굴 표정이〉 침울해지다 ; 〈눈 · 시선이〉 밑을 향하다 His face *fell.* 안색이 침울해 〈어두워〉졌다. (12) 〈바람 · 불기운 따위가〉 약해지다, 자다 〈subside〉 : 〈대화가〉 중단되다 ; 〈홍수 · 물이〉 빼다, 나가다, 〈조수가〉 써다 〈ebb〉. (13) 《~/+前+名》 떨어져 부딪치다, 부딪다. (졸음 · 공포가) 엄습하다, 덮치다 : 향하다, 쏠리다 ; 머물다〈settle〉 《*on*》. (14) 《~/+前+名》 〈적 · 도적 등이〉 습격하다. (15) 《~/+前+名》 (재산 따위가 …의) 손으로 넘어가다《*to*》 ; 〈…에게〉 당첨되다 《*on ; to*》 ; (부담 따위가 ….에게) 과해지다《*on ; to*》 : 〔it 를 假主語로〕 〈….의〉 임무가 〈책임이〉되다, ….하게끔 되다. (16)《+ 副/+補~/+前+名》 어떤 상태에) 빠지다 ; (…이) 되다(become). (17) 《~/+前+名》 (우연히) 일어나다, 생기다 〈happen〉; 오다, 되다(arrive)《특정한 어느 날 · 계절이》; 〈악센트가 …에〉 있다《*on*》. (18) 《+前+名》 (반갑지 않은 상태에) 빠지다, 말려들다, (…와) 상종〈관계〉하기 시작하다 《*into ; among ; in ; to ; with*》. (19) 《+前+名》 분류되다, 나뉘다《*into ; under ; within*》. (20) 《+前+名》 (특정한 장소를) 차지하다. (…로) 오다. (21) 《+前+名》 (광선 · 시선 따위가 …을) 향하다, (…에) 머무르다《*on*》 ; (소리가) 들리다. (22) (새끼양 따위가) 태어나다. (23) 【카드놀이】 (패가) 죽다(drop).
— *vt.* 1) 《美 Austral. · 英方》 (나무)를 쓰러뜨리다, 베어 넘기다(fell[2]). 2) (아무)를 메어치다. 3) …을 떨어뜨리다 : ~ tears. 4) (동물)을 죽이다. 5) (무기)를 버리다. 내려놓다. 6) 《美》 (배당 따위)를 받다. ***~ aboard*** (다른 배와) 충돌하다. ***~ about*** (***laughing* 〈*with laughter*〉**) 포복 절도하다. ***~ all over*** …에게 잘 보이려고 아부하다 ; 지나칠 정도로 애정을〔감사를〕 표현하다. ***~(all) over*** one***self*** 필사적으로 …하다《*to* do》. ***~ apart*** 산산조각이 나다 ; 붕괴되다 ; 사이가 나빠지다; 실패로 끝나다 ; 《口》 (심리적으로) 동요하다.

F

당황하다. **~ *a prey to*** …의 희생이 되다. **~ *away*** 1) 멀어지다. 떨어져 가다. 변절하다. 배반하다(지지자 등이) …져버리다 《*from*》 ; (배가) 침로에서 벗어나다. 2) (인원수·수요·생산 따위가) …까지 감소하다. 뚝 떨어지다. 줄다《*to*》 ; 사라지다.《*to* ; *into* 》 ; (계속되는 것이)끊어지다. 3)(지면이) 갑자기 꺼지다 〔내려앉다〕 ; (땅이) …쪽으로 (급)경사져 있다 《*to*》. 4) 여위다 ; (질이) 저하(低下)하다. 5) (신앙·신조 등을) 버리다. 변절하다. **~ *back*** 1) 벌렁 자빠지다. 2) 후퇴하다 ; 뒷걸음치다. 주춤하다 ; (원래의 나쁜 상태로) 되돌아가다. (물 따위가) 줄어들다(recede). ***back on*** 〈***upon***〉 …을(에)의지하다 ; 【軍】 후퇴하여 …을 거점으로 삼다. **~ *behind*** 〔***behindhand***〕 뒤지다. (…에)뒤떨어지다 ; (일·지불 등이) 늦어지다. …을 체납하다 《*with* ; *in*》. **~ *by the wayside*** ⇨WAYSIDE. 중도포기하다. 패배하다. **~ *down*** 1) 땅에 엎드리다 : (땅에) 넘어지다 ; 병으로 쓰러지다. 2) (계획·주장 따위가) 실패하다. 좌절되다. 4) …에서 굴러 떨어지다 : ~ *down* a cliff 절벽에서 떨어지다. 5) 《美俗》 방문하다. 찾아오다. **~ *due*** 만기가 되다. **~ *flat*** 납죽 엎어지다. **~ *for*** 《口》 믿어버리다 : …에게 속다 : 《口》 …에(게) 반하다. 매혹되다 ; **~ *foul of*** ⇨FOUL. **~ *in*** 1) 지붕·벽 따위가) 내려(주저)앉다; (지반이) 함몰하다. (눈·볼 따위가) 꺼지다. 우묵 들어가다. 2) (부채·계약 등) 기한이 되다. (토지의 임대 기한이 차서) 소유자의 것이 되다. 이용할수 있게 되다. 3) 만나다《*with*》. 4) 동의하다《*with*》. 5) 【軍】 정렬하다 〈시키다〉. 6) 《구령》 집합. 정렬 ! 7) 《美俗》 방문하다. 찾아오다(~down) **~ *in with ~er*** 우연히 마주치다. **~ *into*** 1) …에 빠져 들어가다 ; …에 빠지다. (못된 습관 등)에 물들〈빠지〉다 ; (대화 등을) 시작하다(begin). …을 하다. 2)…으로 구분되다. **~ *in with*** … 와 우연히 만나다 : …에 동의하다 ; …에 참가하다 ; …와 조화〈일치〉 하다. …에 적응하다. (점·때가)…와 부합하다. **~ *off*** 1) (이탈하여) 떨어지다. 흩어지다. 2) (친구 따위와)소원해 〈멀어〉지다. 이반(離反)하다(revolt)《*from*》. 3) (이익·출석자·매상고 등이) 줄다 ; (건강·활력·아름다움 따위가) 쇠퇴하다 ; (스피드·인기 따위가) 떨어지다. 4) 【海】(배가) 침로(針路)에서 벗어나다. **~ *on*** one**'*s knees*** 무릎을 꿇다. **~ *on*** 〈***upon***〉 1) 서둘러 〈힘차게〉 …시작하다 …에 착수하다 ; …을 (게걸스레) 먹기 시작하다. 2) …와 마주지다 ; …을 우연히 발견하다 : …을 문득 생각해내다. 3) (축제일 따위가) 바로 …날이다 : (어떤 음절)에 오다 《악센트가》. 4) (몸에) 닥치다(불행 따위가)…을 습격하다(attack) : (졸음 따위가) 엄습하다 ; …의 의무가〈책임이〉 되다. **~ *on*** one**'*s sword*** 자결하다 **~ *out*** 1) (모발 따위가) 빠지다. 2) (사이가) 틀어지다. 불화하다. 다투다《*with*》. 3) 일어나다. 생기다 : …으로 판명되다. …의 결과가 되다 《*that*… ; *to be*…》. 4) 【軍】 대열에서 이탈하다. 낙오하다 ; 옥외에 나와서 정렬하다. 5) 《美俗》 감정을 자극시키나. 놀라나. 6) 《美俗》 죽나. 심들나. 7) 《美俗》 방문하다. 찾아오다(~ down). **~ *out of bed*** 침대에서 떨어지다. **~ *over hackward*** 열심히 노력하다. **~ *over one another*** 〈***each other***〉 《美口》 (…을 얻기 위하여) 서로 경쟁하다. **~ *over*** one ***self*** 〈***backward***〉 = **~ *all over*** one***self*** 《美》 열을 올리다. (…하려고)기를 쓰다 ; 심하게 겨루다《*to* do》. **~ *short*** 결핍〈부족〉하다 ; 미달이다. (화살·탄환 등이) 미치지 못하다《*of*》. **~ *through*** 실패하다. 그르치다. 실현 되지 않다. **~ *to*** 1) (…을) 시작하다. (…에)착수하다 ~*to* work 일을 시작하다. 2) (문이) 저절로〈 멋대로〉 닫히다. 3) 〔It를 主語로 하여〕 …의 책임을 지다. 알게 되다. **~ *under*** 〈***within***〉 (부류 따위)에 들다. …에 해당하다. (주목·영향 등을) 받다. **~ *up*** 방문하다. **~*upon*** =Fall on. ***let ~*** 떨어뜨리다 ; 쓰러뜨리다 ; (가진 것을) 떨어뜨리다 ; (닻 따위를) 내리다 ; (일부러) 누설(漏泄)하다.

— *n.* (1) ⓒ 낙하(落下). 낙하거리. 추락. 낙차. (2) ⓒⓤ (온도 따위의) 하강. (물가 따위의) 하락(depreciation) ; 강하(降下). 침강. (3) ⓒ 강우(량). 강설(량). (물체의) 낙하량. (4)ⓒ (흔히 *pl.*) 폭포(waterfall). (5) ⓤⓒ 《美》 가을(autumn) : in the ~가을에. (6) ⓒ 전도(轉到). 쓰러 짐. 도괴(倒壞). (7) ⓒ 함락 ; 무너짐. 와해. 붕괴 ; 멸망. (8) ⓤ 타락 ; 악화. (9) ⓒ 쇠퇴. 감퇴(decline). (10) ⓤⓒ 드리워진 것 〈털〉 ;장발의 가발. (11) (동물의) 출산. 한 배의 새끼..

— *a* 〔羅定的〕 가을의 : 가을에 파종하는. 추파(秋播)의 ; 가을에 여무는; 가을용의 : brisk ~ days 상쾌한 가을의 나날 / ~ goods 가을용품.

fal·la·cious [fəléiʃəs] *a.* 불합리한. 틀린. 논리적 오류가 있는. 그른. 파) **~•ly** *ad.* **~•ness** *n.*

***fal·la·cy** [fǽləsi] n. (1) ⓒ 잘못된 생각〈의견. 신념. 신앙〉. (2) ⓤ 궤변(sophism) ; 잘못된 추론 ; ⓒ 이론〈추론〉상의 잘못. (3) ⓤ 【論】 허위 ; 오류.

fall·back [fɔ́ːlbæ̀k] *n.* ⓒ (필요한 때에) 의지가 되는 것. 준비중(금)(reserve) ; 【컴】 대체 시스템; 후퇴, 뒤짐.

— *a.* 일 없을 때 지불되는 최저의《임금》 : 만일의 경우에 대응할 수 있는. 대체 보좌의

:fall·en [fɔ́ːlən] FALL의 과거분사.

— *a.* (1) 떨어진(dropped). (2) 타락한. 영락한. (3) 파멸된. 파괴된 ; 함락된. 전복한 : a ~city 함락된 도시. (4) (전쟁터에서) 쓰러진. 죽은(dead). ***the ~*** 전사자들.

fállen árches 편평족(扁平足).

fáll gùy 《口》 희생이 되는 사람. 대신. 대역(scapegoat). (남의) '봉'. '밥'. 잘 속는 사람

fal·li·bil·i·ty [fæ̀ləbíləti] *n.* ⓤ 틀리기 쉬운것

fal·li·ble [fǽləbəl] *a.* (사람이) 잘못을 범하기 쉬운. 잘못하기 쉬운. 오류에 범하기 쉬운. 파) **-bly** *ad* **~•ness** *n.*

fall-in [fɔ́ːlin] *n.* ⓤ (원자력 평화 이용의 결과로 생기는) 방사성 폐기물. 【cf.】 fallout.

fall·ing-out [fɔ́ːliŋáut] (*pl.* ***fáll•ings-óut. ~s***) *n.* ⓒ 불화. 다툼. 싸움 : have a ~with …와 다투다.

Fal·ló·pi·an tùbe [fəlóupiən-] 【解】 나팔관. (수)란관 ((輸)卵管) (oviduct).

fall·out [fɔ́ːlàut] *n.* 방사성 낙진. '죽음의 재' ; (방사성 물질 등의) 강하. 【cf.】 fall-in. (2) 부산물. 부수적인 결과〔사상(事象)〕.

***fal·low**[1] [fǽlou] *a.* 묵히고 있는. 경작하지 않은. 휴한(休閑) 중인 : 미개간의 : 활용하지 않는. 교양 없는 : 새끼를 배지 않은.— *n* ⓤ 휴경〈휴한〉지 : 휴작(休作) : land in ~ 휴한지. — *vt.* (땅)을 갈아만 놓고 놀리다. (농토)를 묵히다.

fal·low[2] *a.* 담황갈색의. — *n.* ⓤ 담황갈색.

fállow déer 담황갈색에 흰 반점이 있는 사슴《유럽산》.

:false [fɔːls] (***fáls•er ; -est***) *a.* (1) 그릇된(wrong). 잘못된 ; 불법적인. (2) 거짓〈허위〉의. 가장된. (3) 성실치 않은 ; 〔敍述的〕 (…을) 배신하여. 부실

하여《to》. (4) 부당한, 적절치 않은 : 경솔한. (5) 위조의, 가짜의. (6) 인조의, 인공의 : 대용의, 임시의 : 보조의 (subsidiary). ***be ~ of heart*** 불성실하다. ***be ~ to*** …을 배신하다, 배반하다, …에 대하여 불성실(부정)하다. ***give* 〈*get, have*〉 *a ~ impression of*** …에 대해 잘못된 인상을 주다〈받다, 갖다〉. ***in a ~ position*** 오해를 살 입장에, 자기 주의(主義)에 반하는 일을 할 위치에. ***make a* 〈*one*〉 *~ move*** (긴요한 때에) 작전〈일〉을 그르치다, 서투른 짓을 하다 ***make* 〈*take*〉 *a ~ step*** 실수하다, 발을 잘못 디디다.
— *ad.* 부정하게, 잘못되어 : 거짓으로, 배신하여, 불성실하게 ; 가락이 맞지 않게 : sing ~ 가락이 맞지 않게 노래하다. ***play*** a person ~ 아무를 속이다(cheat) ; 배반하다(betray) : Events *played* him ~. 일의 추세는 그의 기대를 어겼다 / My memory never *plays* me ~. 내 기억은 절대 틀 림 없다. 파) **~•ly** *ad.* **~•ness** *n.*

fálse acácia 아카시아(의 일종)(locust), 개아카시아.

fálse alárm (화재 경보기 등의) 잘못된 〈장난〉 경보, 가짜 경보; 소란, 기대에 어긋남.

fálse arrést [法] 불법 체포 〈구류〉

fálse bóttom (상자, 트렁크 등의 밑바닥에) 덧댄 바닥, 비밀의 이중바닥.

fálse dáwn 날밝기 전의 동쪽하늘의 미광 ; (사람에게) 기대감을 주면서 낙담시키는 것

false-heart·ed [fɔ́:lshɑ́:rtid] *a.* (마음이) 불성실한, 배신의.

***false·hood** [fɔ́:lshùd] *n.* (1) ⓒ 거짓말(lie), 허언 : tell a ~ 거짓말하다. (2) ⓤ 허위(성), 거짓(lie).

fálse imprísonment [法] 불법 감금

fálse preténses 〈《英》 **preténces**〉 [法] 기망(欺罔), 사기 취재(取財). 사취죄(罪) 허위의 표시.

fálse stárt (경주의) 부정 스타트 ; 잘못된 첫발

fálse téeth 의치, 《특히》 틀니.

fal·set·to [fɔ:lsétou] (*pl.* ***~s***) [樂] (1) ⓤⓒ 가성(假聲), 본 음성에 대한 ; 꾸민 목소리 《특히 남성의》 : in a ~ 가성으로 (2) 가성을 쓰는 가수. — *a., ad.* 가성의〈으로〉.

fálse wíndow [建] 벽창호(裝窓戶).

fals·ies [fɔ́:lsiz] *n. pl.* ⓒ 《口》 (1) 여성용 가슴받이, 유방 패드. (2) 남자의 가짜 수염 ; 모조품.

fal·si·fi·ca·tion [fɔ̀:lsəfikéiʃən] *n.* ⓤⓒ (1) 위조, 변조 (2) (사실의) 왜곡, 곡해 : 허위임을 밝히는 입증, 반증(反證), 논파(論破). (3) [法] 문서 변조〈위조〉 ; [法] 위증

fal·si·fy [fɔ́:lsəfài] *vt.* (서류 따위)를 위조〈변조〉 하다(forge) : 속이다 : 왜곡하다, 곡필하다 ; …의 거짓〔틀림〕을 입증하다, 논파하다, 배신하다, (기대등)을 저버리다. — *vi.* 《美》 속이다

fal·si·ty [fɔ́:lsəti] *n.* ⓤⓒ 허위(성), 기만성 : 불신 ; 거짓말 ; 잘못.

falt·boat [fɑ́:ltbòut, fɔ́:lt-] *n.* ⓒ 접게 된 보트 (foldboat)《kayak 비슷하고 운반이 간편함》.

***fal·ter** [fɔ́:ltər] *vi.* (1) 《~/ 前+名 》 머뭇거리다 (hesitate), 멈칫(움찔)하다 ; (용기가) 꺽이다. (2) 비틀거리다., 발에 걸려 넘어지다 (stumble) (3) 말을 더듬다(stammer), 중얼거리다.
— *vt.* 《+目+副》 …을 더듬더듬(우물우물) 말하다 《*out* ; *froth*》 : ~ *out* an excuse 더듬거리면서변명하다. — *n.* ⓒ 1) 비틀거림 2) 머뭇거림, 움츠림 (flinch).3) 말을 더듬음, 더듬는 말 4) (목소리 · 음의) 떨림.

파) **~•er** *n.* **~•ing** *a.* **~ing•ly** *ad.*

fem. familiar : family , famous.

:fame[feim] *n.* ⓒ (1)평판, 세평 (2)명성, 명예, 성망.

***famed** [feimd] *a.* (1) 〔敍述的〕 (…으로) 유명하여, (2)유명한, 이름 있는(famous).

fa·mil·ial[fəmíljəl, -liəl] *a.* 〔限定的〕 가족〈일족〉의〔에 관한〕; (병이) 일족에 특유한 파) **~•ly** *ad.*

:fa·mil·iar [fəmíljər] (***more ~ ; most ~***) *a.* (1) 친(밀)한, 가까운《with》. (2) 〔敍述的〕 (자주 여러번 경험하여)잘〈익히〉 알고 있는, 익숙한, 환한, 정통한 《*with*》. (3) 잘 알려진, 낯익은《*to*》. (4) 흔한, 보통〈일상〉의 통속적인. (5) 편한, 거북(딱딱)하지 않은 ; 무간한, 무람(스스럼) 없는《*with*》, 허물 없는. (6) 동물이 잘 길든(domesticated) (7) (성적인) 관계가 있는 《*with*》. (8) 가족의, 가족이 자주 방문하는 ㅁ familiarity *n.* ***be on ~ terms with*** …와 친숙하다. 무람없이 지내다. ***make*** one***self ~ with*** …와 친해지다. …에 정통해지다 ; …에 허물없이 굴다. — *n.* ⓒ 1) 친구. 2)【카톨릭】 교황 또는 주교의 심부름꾼. (종교재판소의) 포리(捕吏). 3) (어떤 일에) 정통한 사람. (어떤 곳을) 자주 방문하는 사람. 파) **~•ly** *ad.* 친하게. 무람〔스스럼〕없이 , 정답게 **~•ness** *n.*

***fa·mil·i·ar·i·ty** [fəmiliǽrəti, -liǽr-] *n.* ⓤ (1) 친밀, 친숙, 친교 : 친밀한 사이. (2) 무간함, 스스럼없음, 무엄함, 허물없음. (3) 익히 앎, 정통《*with*》.

fa·mil·iar·i·za·tion [fəmiljərizéiʃən] *n.* ⓤ 익숙(정통)하게 함, 일반〔통속〕화

fa·mil·iar·ize [fəmíljəràiz] *vt.* 《+目+前+名》 … 친하게 하다 ; 익숙게 하다《*with*》 ; …에게 잘 알리다, …을 (세상에) 퍼뜨리다, 널리 알리다, (사상 따위)를 통속화하다 ; 친숙하게 하다 《*to*》. — *vi.* 《古》 허물없이 굴다, 격의없이 사귀다. **~** one***self with*** …에 정통(익숙)하다.

:fam·i·ly [fǽməli] (*pl.* ***-lies***) *n.* ⓒ (1) 〔集合的〕 가족, 가정 《부부와 그 자녀》, 가구(household)《때로는 하인들도 포함》. (2) 집안, 일족 :친족,일가 친척. (3) 〔集合的〕 (한집의) 아이들, 자녀. (4) ⓤ 가문, 가계(家系) ;《英》 명문(名門), 문벌. (5) 인종, 종족, 민족(race). (6) 【生】 과(科)《order와 genus의 중간》 ; 【言】 어족 ; 【化】 (원소의) 족(族) ; 【數】 (집합의) 족(族); 곡선족, 집단 《동종의》. (7) 【컴】 가족《기종은 다르나 소프트웨어나 하드웨어적으로 호환성(互換性)이 있는 일련의 컴퓨터 시스템》. (8) (가축 품종 중에서) 같은 혈통의 것 : (어떤) 혈통을 잇고 있는 것. (9) (생각이 같은)한동아리 ; 문도(門度) ; (고관(高官) · 사무소의) 스태프(staff) ; (정치 〈종교〉적 이해를 같이 하는) 그룹.. ***a happy ~*** 한 우리에 같이 사는 서로 다른 종류의 동물들. ***run in the*** 〈one***'s***〉 ***~*** ⇨ RUN. ***start a ~*** 만아이를 보다. ***the Holy ~*** 성가족(특히 어린 예수, 성모 미아와 성 요셉의). — *a.* 〔限定的〕 가족(용)의, 가정의 : a ~ film 가족용 영화. ***in a* 〈*the*〉 *~ way*** 정답게, 흉허물없이 ; 《口》 임신하(pregnant). 파) **~•ish** [-iʃ] *a.* 가족간의 유대가 굳은 ; 가족적인.

fámily allówance 가족 수당, 모자(母子) 가족수당 : 【英】 CHILD BENEFIT의 구칭.

fámily Bílble 가정용 성서 《가족의 출생 · 결혼 · 사망 등을 기입할 여백페이지가 있는 큰 성서》.

fámily círcle (1) (흔히 the ~) 〔集合諦〕 한집안 (식구들). (2) ⓒ (극장의) 가족석

fámily cóurt 가정 법원.

Fámily Divísion 《英》 (고등법원의) 가사 심판부 《이혼 · 양자 결연 등의 민사 관련 업무를 관장함》.

F

fámily dóctor (**physícian**) 가정의, 단골 의사.
fámily íncome sùpplement 《英》 가구(家口) 소득 보조수당《영세 가족에게 국가가 지급 : 1988년부터 Family Credit로 개칭됨》.
fámily màn 가정을 가진 사람, 내집밖에 모르는 사람, 가정적인 남자.
fámily médicine 가족 의료(community medicine) .
:fámily náme (1) 성(姓)(surname). (2) 어떤 가문에서 즐겨 쓰는 세례명.
fámily plànning 가족계획.
fámily skéleton (공표를 꺼리는) 집안 비밀.
fámily stýle(음식을 각자가 퍼 먹을 수 있게) 큰 그릇에 담기(담는). 가족 방식(의)〈으로〉.
fámily thérapy (가족까지 참여한) 가족 요법.
fámily trée 가계도(家系圖), 계보, 족보.
:fam·ine [fǽmin] *n.* (1) ⓤⓒ 기근 : 흉작, 식량 부족. (2) ⓤ 굶주림, 기아(饑饉)(starvation). (3) ⓒ (물자) 결핍, 부족, 고갈.
***fam·ish** [fǽmiʃ] *vt.* 〔흔히 愛動으로〕 …을 굶주리게 하다(starve) ; 《古》 아사시키다. 파) **~•ed** [-t] *a.* 〔敍逸緖〕 굶주린.
:fa·mous [féiməs] (***more ~ : most ~***) *a.* (1) 유명한, 고명한, 이름난, 잘알려진 (well-known)《*for* ; *as*》. (2) 《口》 굉장한,멋진, 훌륭한(excellent) : a - performance 훌륭한 연기(연주). ***~ last word s*** 《口》 유명한 최후의 말《자신 넘치는 상대방의 말에 대해 불신·비중을 나타냄 : '정말 그럴까 ?'》
:fan[1] [fæn] *n.* ⓒ (1) 부채 ; 선풍기, 송풍기. (2) 부채꼴의것《풍차·추진기의 날개, 새의 꽁지깃 등》 : 작은 날개《俗》(비행기의) 프로펠러,엔진. (3) 키 ; 풍구(winnowing fan) : 【他】 선상지(扇狀地) : 【野】 삼진(三振).
—(***-nn-***) *vt.* (1)《~+目/+目+前+名》…을 부채로 부치다, …에 조용히(살살) 불어주다. (2) (바람이) …에 불어치다. (3)《+目+前+名》…을 선동하다, 부추기다 : (바람을 불어) 불꽃을 일으키다. (4) (곡식 따위)를 까부르다《키로》, (풍구로) 가려 내다. (5)《+目+副 》…을 부채꼴로 펴다. (6)《+目+副》(파리 따위)를 부채로 쫓다《*away*》. (7) 【俗】…을 손바닥으로 (찰싹) 때리다(spank) : (총)을 연사(連財)하다 ; 【俗】 (찾기 위해서 옷·방 등)을 뒤지다 : 【野】 (타자)를 삼진 (三振)시키다. — *vi.* 1)《+副 》(부채꼴로) 펼쳐지다《*out*》 : The forest fire *~ned out* in all directions 산불이 온방향에서 부채꼴로 퍼져갔다. 2) 【野】 삼진당하다. 3) 【軍】 산개하다《out》.~ one***'s tail*** 달리디, 뛰디.
:fan[2] *n.* ⓒ 팬, 열렬한 애호가, …광(狂).
***fa·nat·ic** [fənǽtik] *n.* ⓒ 광신자, 열광자 ;《口》 =FAN[2]. — *a.* 광신(열광)적인, 열중한.
***fa·nat·i·cal** [fənǽtikəl] *a.* = FANATIC 열광(광신)적인.
fa·nat·i·cism[fənǽtəsìzəm] *n.* ⓤ 광신, 열광.
fán bèlt (자동차의) 팬 벨트
***fan·cied**[fǽnsid] *a.* 1)공상의, 가공의, 상상의. (2) 마음에 든. (3) 이길 듯 싶은.
fan·ci·er [fǽnsiər] *n.* ⓒ (음악·미술·꽃·새 등의) 애호가 ; (상업적인) 사육자, 재배자.
***fan·ci·ful** [fǽnsifəl] *a.* (1) 공상에 잠긴, 공상적인 ; 변덕스러운(whimsical). (2) 기상(奇想)을 다한, 아이디어를 발휘한, 기발한, 상상력이 풍부한 : a ~ design. (3) 몽상의, 가공의 : a ~ story.
fan·ci·less [fǽnsilis] *a.* 상상(공상)(력)이 없는 : 무미 건조한.
fán clùb (가수 · 배우 등의) 후원회
:fan·cy [fǽnsi] *n.* (1) ⓤⓒ (두서없이 자유로운) 공상, 공상력. (2) ⓤⓒ 이미지 ; 환상, 기상(奇想) 망상. (3) ⓤⓒ (근거 없는) 상상, 추측. (4) ⓒ 변덕(whim).일시적인 생각. (5) ⓒ 좋아함, 연모, 취미, 기호. (6) ⓤ 심미안, 감상력. ***after*** 〈***to***〉 a person***'s ~*** 아무의 마음에 든. ***catch*** 〈***strike, please, suit, take***〉 ***the ~ of*** …의 마음에 들다, …의 흥미를 끌다. ***have a ~ for*** …을 좋아하다. ***a passing ~*** 일시적인 생각, 변덕. ***take a ~ to***〈***for***〉 …을 좋아하게 되다, …에 반하다.
— (***-ci•er ; -ci•est***) *a.* (1) 공상의, 상상의 , 변덕의 : a ~ picture 상상화. (2) 의장(意隆)에 공들인, 장식적인 〔【opp.】 *plain*〕 ; 화려한 ; 색색으로 물들인, (꽃이) 잡색의. (3) 〔限定的〕 변종(變讓)의〈동물 따위〉, 애완〈감상〉용 (품종)의, 진종(珍種)의. (4) 엄청난, 터무니없는(extravagant).
— *vt.* (1)《~+目/+目+(*to be*)補/+目 +*as*補/+目+~*ing*/+-*ing*》…을 공상(상상)하다, 마음에 그리다. (2) 〔命令的〕 …을 상상해 보아 저런 …라니《do*ing*》《가벼운 놀람의 표현》. (3)《+目/+〈*to be*〉補/+目+*as*補》…을 자만하다 ; 〔再歸用法〕 …하다고 자부하다. (4)《+*that*절》(어쩐지)…라고 생각하다, …같은 생각이 들다, …이라고 믿다. (5) …을 좋아하다, …이 마음에 들다 ;《英口》(육체적으로)…에게 끌리다. (6) (진종(珍種))을 기르다, 재배 하다. —*vi.* 공상〈생각〉하다 ; 〔命令形으로〕 상상 좀 해 봐, 설마.
fáncy báll = FANCY DRESS BALL.가장 무도회.
fáncy cáke 데코레이션 케이크.
fáncy dréss 가장복 ; 가장 무도회의 의상, 색 다른 옷.
fáncy drèss báll 가장 무도회
fan·cy-free [fǽnsifríː] *a.* 아직 사랑을 모르는, 연애를 모르는, 순진한 : 한 가지 일에 집착 안하는, 자유분방한.
fáncy gòods 액세서리, 장신구
fáncy màn 《俗·戱·蘿》 애인, 정부(情夫), (매춘부의) 기둥 서방 ; 내기를 하는 사람.《특히》 경마에 돈을 거는 사람.
fán·cy·sick [fǽnsisìrk] *a.* 사랑으로 번민하는(lovesick), 사랑에 고민하는.
fáncy wòman 〈**gìrl, làdy**〉 《俗·蘿》 정부, 첩, 매춘부
fan·cy·work[fǽnsiwə̀rk] *n.* ⓤ 수예(품), 편물, 자수.
fan·dan·go [fændǽŋgou] (*pl.* **~(*e*)*s***) *n.* 판당고, 스 페인 무용 〈무곡〉.
fan·fare [fǽnfɛər](*pl.* **~(*e*)*s***) *n.* ⓤ (1) 【樂】 (트럼펫 등의)짧막한 취주(吹奏), 팡파르 (2) 허세, 과시
fang [fæŋ] *n.* ⓒ (1) 엄니, 견치 ; (흔히 *pl.*) 뱀 의) 독아 (毒牙) 【cf】 tusk (2) 이촉 ; 뾰족한 엄니 모양의 것. —*vt.* …을 엄니로 물다 : (펌프)에 마중물을 붓다(prime) . 파) **~•less** *a.* **~•like** *a.*
fán hèater 송풍식 전기 난로.
fán-jet [fǽndʒèt]ⓒ 펜제트기, 터보팬(송풍기가 달린 제트엔지).
fán lètter 팬레터 【cf.】 fan mail
fan·light [fǽnlàit]*n.* ⓒ (문이나 창 위의) 부채꼴 채광창 (採光窓) (《美》 transom).

fán màil 팬레터 (fan letters).
fan·ny [fǽni] *n.* © 《美口》 엉덩이 (buttocks) (英卑) 여성의 성기(vagina)
fan·tab·u·lous [fæntǽbjələs] 믿을 수 없을 만큼 훌륭한.
fan·tail [fǽntèil] *n.* © 부채꼴의 꼬리; 공작 비둘기, 부채꼴 모자.
fan·ta·sia, fan·ta·sie [fæntéiʒiə, -téiziə] *n.* © 【樂】 환상곡; 접속곡
fan·ta·size, phan- [fǽntəsàiz] *vt.* …을 꿈 그리다. —*vi.* 공상에 빠지다. 공상하다, 몽상하다.
fan·tas·mo [fæntǽzmou] *a.* 《口》 매우 이상〈기발〉한, 기막히게 훌륭한(빠른, 높은 등)
fan·tast, phan- [fǽntæst] *n.*© 환상가 몽상가 (visionary); 별난 사람
:fan·tas·tic [fæntǽstik] (***more ~ : most ~***) *a.* (1) 환상적인 몽환(공상)적인, 기상천외의. (2) 《口》 굉장한, 멋진. (3) 이상한, 기이한, 야릇한. (4) 터무니없는, 엄청난. (5) 이유 없는. (6) 변덕스런, 일시적 기분의 : 허황한, 두서없는.
fan·tas·ti·cal [fæntǽstikəl] *a.* = FANTASTIC 파) **-ti·cal•ly** [-kəli] *ad.* **~•ness** *n.*
fan·tas·ti·cism [fæntǽstəsìzəm] *n.* © 기이함을 찾는 마음 ; 야릇함 ;(문학·예술에서) fantasy 를 채용〈내포〉)함.
·fan·ta·sy [fǽntəsi, -zi]*n.* ⓤⓒ (1) 공상, 환상, 환각(=fancy) ; 기상(奇想) ; 변덕(whim), 야릇함. (2) 환상적인 작품 ; 공상〔기상(奇想)〕적 이야기 때로 과학소설). (3) 【樂】 환상곡(fantasia).
fan·zine [fǽnzi:n] *n.* © (SF 따위의) 팬 대상잡지.
:far [fá:r] (***far•ther*** [fá:rðər], ***fur•ther*** [fə́:rðər], ***far•thest*** [fá:rðist], ***fur•thest*** [fə́:rðist] *ad.* (1) 〔場所·距離 ; 副詞 또는 前置詞를 수반하여〕 멀리(에), 아득히, 먼 곳으로. (2) 〔時間 ; 副詞 또는 前置詞, 특히 into를 수반하여〕 멀리, 이슥토록. ~ *into* the night 밤늦게 가지 / look ~ *into* the future 아득한 장래의 일까지 생각하다 / Christmas isn't ~ off. 크리스마스는 그리 멀지 않다. (3) 〔程度〕 훨씬, 매우, 크게, 단연. (4) 〔名詞的〕 먼곳. ***as*** (***so***) ***~ as*** 1) 〔前置詞的〕(어떤 장소)까지. 2) 《口》 …에 관하여 (말하면)(as for) ; 〔接續詞的〕 …하는한(에서는) …하는 한 멀리까지. ***by ~*** 훨씬, 단연《최상급, 때로 비교급을 수식함》 *by* ~ the best 단연 최고. ***~ ahead*** 멀리 앞쪽에. ***~ and away*** 훨씬 단연 《far의 강조형 ; 비교급·최상급과 함께 씀》. ***~ and near*** = ***~ and wide*** 여기저기에, 두루, 도처에, 널리. ***~ apart*** 멀리 떨어져서. ***~ away*** 아득히 저쪽〈으로〉 ; 먼 옛날에. ***Far be it from me to*** do …하려는 생각 따위는 조금도 없다. ***Far from it!*** 그런 일은 결코 없다, 전혀 그렇지 않다, 당치도 않다. ***~ gone*** = FAR-GONE ***~ off*** 멀리 떨어져서 (~ away). ***~ out*** 《美》 멀리 밖에 ; 《俗》 보통이 아닌, 엉뚱한 ; = FAR OUT. ***~ to seek*** 찾기 힘든. ***from ~*** ⇨ *ad.*(4). ***from ~ and near*** 원근(도처)에서 ***go ~*** (***toword*** (***s***)) ⇨ GO ***go too ~*** 지나치다, 너무하다, 과장하다. ***how ~*** 얼마만큼, 어느 정도, 어디까지. ***in so*** (***as***) ***~ as*** …하는 한에서는. ***so ~*** 이〈그〉 점까지는, 여태까지, 지금〈그때〉까지(로)는. ***so ~ from*** …하기는 커녕. ***So ~ so good.*** 거기(여기)까지는 좋다 ; 지금가지는 잘 돼가고 있다. ***take . . . too ~*** = ***carry . . . too ~*** 도를 지나치다. ***thus ~*** =so FAR.
—*a.* 〔比較級·最上級은 *ad.* 와 같음〕 (1) (距離)먼, 멀리 〈아득히〉 저쪽의 : a ~ country 먼 나라. (2) 〔時間·距離〕 먼 길의, 먼 곳의(으로부터의) : the ~ future먼 장래. (3) (둘중에서)먼 쪽의, 저쪽의 : the ~ side of the room 방의 저쪽 끝. (4) 【限定脚】 (정치적으로) 극단적인 : the ~ right 극우. ***be a ~ cry from*** …와 멀리 떨어져 있다 ; …와 현격한 차이가 있다 : It *is a ~ cry from* here to Paris. 여기서 파리까지는 멀다. (***few and***) ***~ between*** ⇨ FEW.
far. farad ; farriery ; farthing.
·fara·way [fá:rəwèi] *a.* 【限定的】 (1) 먼, 멀리의 (distant). (2) 먼 옛날의. (3) (얼굴 표정 ·눈길 따위가) 꿈꾸는 듯한(dreamy), 멍청한.
·farce [fa:rs] *n.* ⓤⓒ 소극(笑劇), 어릿광대극 의, 익살극 ; ⓤ 익살, 웃기는 짓(것) ; © 시시한 ; © 바보 같은 흉내내기. '연극'.
far·ci·cal [fá:rsikəl] *a.* 어릿광대극의, 익살극의 ; 익살맞은, 시시한, 웃기는 ; 터무니없는. 파) **~•ly** *ad.* **~•ness** *n.*
:fare [fɛər] *n.* (1) © 운임, 요임, 찻삯, 배삯 ; 통행료. (2) © (기차, 버스, 택시 등의) 승객 (passenger) (3) ⓤ 음식, 요리 식사. (4) (극장 등의) 상연물, 상연작품 ; (TV 등의) 프로 내용, ***a bill of ~*** 식단표, 메뉴. —*vi.* (1) 대우받다, 대접받다 ; 얻어먹다 : Even the dog under the table ~*s* better than we do. 비록 식탁 밑에 쭈구리고 있는 개이지만 우리보다 좋은 대우를 받고 있다 (2). 《美·英古》 음식을 먹다. (3) 《+副》 지내다, 살아가다. (get on) : You may go father and ~ worse. 《格言》 지나친 것이 부족한 것만 못하다. (적당한 선에서 만족하라). (4) 《+副》〔 i t 을 主語 로〕《古》 일이 되어 가다. 진척되다(turn out) 《*with*》 : It ~*s well with* me. 잘 지냅니다, 무고합니다 / It has ~*d ill with* him. 그는 일이 여의치 않다. (5) 《 ~/+副》 《古·文語》 가다(go), 여행하다(travel) : ~ *forth* on one's journey 여행을 떠나다. ***~ well*** 〈***ill, badly***〉 1) 맛있는〈맛없는〉 것을 먹다. 2) 운이 좋다. 〈나쁘다〉 3) 편히 〈고되게〉 살아가다 4) 순조롭게 〈나쁘게〉 되어 가다.
fáre stàge 《英》 (버스등의) 동일 요금 구간 (의 종점).
:fare·well [fɛ́ərwél] *int.* 안녕 ! —*a.* 【限定的】 결별의, 고별〈송별〉의. —*n.* (1) ⓤⓒ 작별, 고별사 ; 송별회. (2) 《俗》 뒷맛 (aftertaste). ***bid*** 〈***say***〉 ***~ to ... take*** one***'s ~ of...*** …에게 작별을 고하다 : make one's ~s 작별 인사를 하다 .
far·fetched [ˊfétʃt] *a.* (1) 에 두른, 무리한 (forced) ; 부자연한. (2) 《古》 먼 곳으로부터의, 이전부터의. 파) **~•ness** *n.*
far-flung [ˊflʌ́ŋ] *a.* 널리 퍼진 광범위한, 간격이 넓은 ; 멀리 떨어진, 먼 곳의.
far-gone [ˊgɔ́:n] *a.* 〔敍述的〕(병 등이) 꽤 진전〈진행〉된 ; 몹시 취하여, 빚을 많이 져서《*in*》.
fa·ri·na [fəríːnə] *n.* ⓤ 곡분, 곡식가루 ; 분말 ; 전분, 녹말(starch).
far·i·na·ceous [fæ̀rənéiʃəs] *a.* 곡분의 ; 곡분모양의 녹말을 내는 ; 전분질의.
:farm [fa:rm] *n.* © (1) 농장, 농지, 농원. (2) 양식장, 사육장. (3) 농가 (farmhouse), 농장의 가옥. (4) = FARE TEAM —*vt.* (1) (토지)를 경작하다, 농지로 만들다(cultivate); 농장에서 (가축 등)을 사육하다 ~ the rich lands 비옥한 토지를 경작하다. (2) (농지 · 노동력)을 임대차하다 ; 소작으로 내어주다. (3) 《~+目/+目+副》 (어린 아이·빈민 등) 을 돈을 받고 맡다〈돌봐주다〉. (4) 【野】 (선수)를 2군에 소속시

F

키다. —*vi*. (1) 경작하다, 농사짓다, 농업을 하다, 영농하다. (2) **[크리켓]** 공을 받으려고 애쓰다. ***~ out*** 1) (토지·시설 등을) 임대하다. 2) (일을) 하청 주다. 3) (어린아이 따위를) 돈을 내고 …에게 맡기다《*to*》 : ~ *out* children *to* …에게 어린아이를 맡기다. (4) **[美野]** 선수를 2군 팀에 맡기다.

fárm bèlt (때로 F-B-) 곡창 지대《미국 중서부 등지의》, 대농업 지대.

:farm·er [fɑ́ːrmər] *n*. ⓒ 농부, 농원주, 농장주 ; 농장경영가.

farm·hand [fɑ́ːrmhæ̀nd] *n*. ⓒ 농장 노동자.

***farm·house** [fɑ́ːrmhàus] *n*. ⓒ 농가 , 농장 안의 주택

farm·ing [fɑ́rmìŋ] *a*. 농업용의 ; 농업의, 농장의. — *n*. ⓤ (1) 농업, 농장 경영, 사육, 양식.

farm·land [fɑ́ːrmlæ̀nd] *n*. ⓤ 경작지, 농지.

farm·stead [fɑ́rmstèd] *n*. ⓒ 농장《부속 건물포함》.

fárm tèam (야구 등의) 2군 팀

·farm·yard [fɑ́ːrmjɑ̀ːrd] *n*. ⓒ 농가의 마당 ; 농장의 구내.

faro [féərou] *n*. ⓤ '은행 (銀行)'《카드 놀이로서 물주가 은행이 되는 놀음의 일종》.

:far-off [fɑ́ːrɔ́(ː)f, -ɑ́f] *a*. (장소, 시간이) 먼, 멀리 떨어진, 먼 장래의, 아득히 먼(옛날) ; 건성의 (abstracted). 파) **~•ness** *n*.

far-out [fɑ́ːráut] *a*. (1)《英》멀리 떨어진. (2)《口》현실과는 동떨어진 ; 전위적인, 참신한 스타일의 (재즈 따위) 멋.

far·rag·i·nous [fərǽdʒənəs] *a*. 잡다한, 잡동사니의.

far·ra·go [fəréigou, -rɑ́ː-] (*pl*. **~(*e*)*s***) *n*. ⓒ 뒤범벅, 뒤섞어 놓은것, 잡동사니(mixture)《*of*》.

·far·reach·ing [fɑ́ːríːtʃiŋ] *a*. 멀리까지 미치는 (영향 등) ; 원대한 (계획 등).

far·ri·er [fǽriər] *n*. ⓒ《英》편자공 ; (말의) 수의(獸醫).

far·row [fǽrou] *n*. ⓒ 한 배의 새끼 돼지 ; 돼지가 새끼를 낳음. —*vt*. (새끼 돼지) 를 낳다.
—*vi*. (돼지가) 새끼를 낳다(*down*)

far·see·ing [fɑ́ːrsíːiŋ] *a*. 선견지명이 있는(far-sighted), 먼데를 잘 보는. 파) **~•ness** *n*.

far·sight·ed [fɑ́ːrsáitid] a. (1) 먼눈이 밝은, 먼데를 잘 보는 ; **[醫]** 원시의 (2) 선경지명이 있는 (farseeing), 분별 있는. 파) **~•ly** *ad*. **~•ness** *n*.

fart [fɑːrt] *n*. ⓒ,ⓤ 방귀 ; 등신 같은 〈아무짝 에도 몹쓸, 지겨운〉 녀석 ; 〔不定形〕 조금도, 전혀.
—*vi* 방귀 뀌다 ※ 완곡한 표현으로 break 〈make〉 wind 를 쓰기도 함.

:far·ther[fɑ́ːrðər] 〔far의 比較級〕 *ad*. (1)더(욱)멀리, 더 앞에. (2) (흔히 further) 다시 더, 더욱이, 또 게다가, 그 위에 (더) ***~ on*** 더 앞 〈뒤〉에. ***go ~ and fare worse*** 너 시나치시 오히려 일 닌피디. ***No ~!*** 이제 됐어!.
—*a*. 〔眼定的〕 (1) 더 먼〈앞의〉. (2) (흔히 further) 더 뒤의, 더 나아간(more advanced). (3) (흔히 further) 그 위의, 그 이상의(additional, more). ***until ~ notice*** 다시 통지가 있을 때가지.

far·ther·most [fɑ́ːrðərmòust] *a*. 가장 먼 (farthest).

:far·thest [fɑ́ːrðist] *ad*. (1) 가장 멀리(에), 가장 먼 ; 가장, 최대한으로. (2) (정도가) 극단으로. ***at (the) ~*** 1) 멀어야, 늦어도(미래에 관하여). 2) 기껏해야. It is ten files *at the* ~. 기껏해야 10 마일이다.

·far·thing [fɑ́ːrðiŋ] *n*. (1) 파딩(영국의 청동화로 1961년 폐지). (2) (a ~) 〔否定構文〕 조금도.

far·thin·gale [fɑ́ːrðiŋgèil] *n*. (1) (고래 수염 등으로 만든) 속버팀살《16 ~ 17세기에 스커트를 부풀렸음》. (2) 버팀살로 넓게 부풀린 스커트.

Fár Wèst (the ~)북아메리카의 극서부 지방

fas·ces [fǽsiːz] *n*., *pl*. (sing. ***fas-cis*** [fǽsis] 〔종종 單數 취급〕《L》**[古로]** 속간(束律).

fas·cia [fǽʃiə] (*pl*. ***-ci•ae*** [-ʃiìː]) *n*. ⓒ《L》. (1) 끈, 띠 장식띠, 리본. (2) (외과) 붕대. (3) 처마널. (4) 근막(筋雇). (5) 색대 (色帶). (6) 간판(fascia)(가게의 정면 상부의)

fas·ci·cle, -cule [fǽsikəl], [-kjùːl] *n*. (1) 작은 다발. (2) 분책(分冊). (3) 관다발

·fas·ci·nate [fǽsənèit] *vt*. (1) (사람)을 황홀케 하다. (2) (뱀이 개구리·작은 새 등)을 노려보아 움츠리게 하다. ***be ~d with* 〈*by*〉** …에 홀리다, …에 얼을 빼앗기다.

·fas·ci·nat·ing [fǽsənèitiŋ] (***more ~ ; most ~***) *a*. 황홀케 하는, 호리는, 매혹적인, 아주 재미있는.

·fas·ci·na·tion [fæ̀sənéiʃən] *n*. (1) ⓤ 매혹, 황홀케 함, 홀린 상태 ; 매력. (2) ⓤⓒ 매력 있는 것, 매혹하는 힘. (3) (뱀 등이) 노려봄.

fas·ci·na·tor [fǽsənèitər] *n*. ⓒ 매혹하는 사람 〈물건〉, 매혹적인 사람.

fas·cism [fǽʃizəm] *n*.(종종 F-) ⓤ 파시즘, 독재적 국가 사회주의 **【cf.】** Nazism.

fas·cist [fǽʃist] *n*. (종종 F-) ⓒ 파시스트 당원, 파시즘 신봉자 국수주의자.

:fash·ion [fǽʃən] *n*. (1) ⓤ (또는 a ~) 〔限定詞를 수반〕 하는 식 〈투〉, …투, 방식.
(2) (a ~, the ~) …식 …류(流), …풍(風)(manner, mode). (3) ⓒ 양식, 형, 스타일(style, shape) : 만듦새, 됨됨이 : 종류. (4) ⓒ,ⓤ 유행 (vogue), 패션, 풍조, 시류. (5) (the ~) 유행을 좇는 사람, 유행물. (6) 〔複合語로 ; 副詞的〕 …류(流)〈식으〉로. ***after* (*in*) *a ~*** 어느 정도, 어떤 면에서는. ***after the ~ of*** …에 따라서 …식(풍)으로. ***be all the ~*** 아주 인기가 있다, 대유행이다. ***bring* (*come*) *into ~*** 유행시키다(유행하기 시작하다)
—*vt*. (1)《~+目/+目+前+名》 …을 모양짓다 (shape), 형성하다. 만들다《*to* ; *into* ; *out of*》 : 변형하다 : ~ a pipe *from* clay 점토로 파이프를 만들다 / We ~ our children *into* believers in the status quo. 우리는 자식들을 현상 신봉자들로 만들고 있다. (2)《~+目+前+名》 …을 맞추다. 적합〈적응〉시키다(fit)《to》 : He ~*ed* a style *for* his own stories. 자기의 이야기에 적합한 문체를 만들었다.

:fash·ion·a·ble [fǽʃənəbəl] (***more ~ ; most ~***) *a*. (1) 유행의, 유행을 따른, 당세풍의, 현대풍의, 스마트한. (2) 사교계의, 상류의.
n. ⓒ 유행을 좇는 사람.

:fast[1] [fæst, fɑːst] (***~•er ; ~•est***) *a*. (1) 빠른, 고속의, 급속한(【opp.】 *slow*). (2) 〔敍述的〕 (시계가) 더 가는. (3) 재빠른. (4) 빨리 끝나는. (5) 단단한(매듭·주먹쥐기 등), 흔들리지 않는, 꽉 닫힌. (6) 고정된: ~ in the mud 진창에 빠진. (7) (색이) 바래지 않는(unfading), 오래 가는. (8) 마음이 변함없는 (loyal, steadfast), 한결같은. (9)《古》(잠이) 깊은. (10) 〔眼定的〕 (도로가) 고속에 적합한: (당구대 등이) 잘 마른, 탄력성이 있는. a ~ tennis court 공이 잘 튀는 테니스 코트. (11) 쾌락〈자극〉을 좇는, 방탕한.

몸가짐이 좋지 못한 ; (여자가) 몸가짐이 헤픈 : a ~ women. (12) 〔限定的〕 【寫】 (필름이) 고감도의 : (렌즈가) 고속 촬영의. (13)《口》 구변이 좋은, 말뿐인. (14) 《美俗》 손쉽게 얻은〈번〉. **~ and furious** (게임 등이)백열화하여; (놀이가)한참 무르익어. **lead a ~ life** 방탕한 생활을 하다. **take (a) ~ hold of** …을 단단히 붙잡다. **make ~** (꽉)죄다, 닫다, 매다, 붙들어 매다.

—*ad.* (1) 빨리, 신속히. (2) 꽉, 굳게 ; 꼼짝도 않고. (3) 푹, 깊이《자다》. (4) 줄기차게, 끊이지 않고 (눈물이)하염없이, 막. (5) 방탕하게 《*by* ; *upon*》. **live ~** 정력을 빨리 소모하다 ; 굵고 짧게 살다 ; 방탕(한 생활)에 빠지다. **play ~ and loose** (1) 행동에 주책이 없다. (2) 농락하다《*with*》

·fast² *vi.* 단식하다(abstain from food), 정진하다 ; 절식하다.

—*n.* ⓒ 단식《특히 종교상의》 ; 금식 ; 단식일〈기간〉 go on a ~ of five days, 5일간의 단식을 시작하다. **break** one**'s ~** 단식을 그치다 ; 조반을 들다

fast·back [fǽstbæ̀k, fɑ́ːst-] *n.* ⓒ 파스트백 (의 자동차)《뒷부분이 유선형으로 된》.

fast·ball [ˊbɔ̀ːl] *n.* ⓒ《野》(변화가 없는)속구, 파스트볼(소프트볼의 일종).

fást bréak 속공.

fást bréeder, fást-bréed·er reàctor [ˊbríːdər-] 【物】 고속 증식로《略: FBR》.

fást dày [宗] 단식일.

:fas·ten [fǽsn, fɑ́ːsn] *vt.* (1) 《~+目/+目+前+名》…을 묶다, 고착시키다, 동이다, 붙들어 매다. (2) 《~+目/+目+前+名/+目+副》 …을 죄다, 잠그다, (지퍼·훅·단추·클립·핀 따위)를 채우다, (핀 따위)로 고정하다. (볼트·빗장 따위로)로 지르다. (3) 《+目+前+名》 (…에 눈·시선)을 멈추다, (주의)을 쏟다,(희망)을 걸다. 《*on* ; *upon*》 ; (아무를) 뚫어지게 보다. (4) 《+目+前+名》 (별명 따위)를 붙이다 ; (누명·죄 따위)를 (들)씌우다 ; (비난)을 퍼붓다.《*on* ; *upon*》. (5) 《+目+副》 (사람·동물 따위)를 가두다, 가두어 넣다《*in* ; *up*》. —*vi.* (1) (문 따위가) 닫히다, (자물쇠 등이) 잠기다 ; 고정되다. (2) 매달리다, 붙잡다. (3) (주의·시선을) …에 쏟다, 집중하다. **~ in** …을 가두다. **~ on 〈upon〉** 1) …을 붙잡다, …에 매달리다. 2) (구실 따위를) 잡다(seize upon), (생각따위를) 받아들이다. 3) (주의 등을)집중하다 ; …에 눈독을 들이다. ~ one**self on** …을 귀찮게 굴다. ~ one**'s eyes on** …을 응시하다, ~을 눈여겨 보다. **~ up** 단단히(꼭) 묶다, 꼼짝 못하게 하다.

fas·ten·er[fǽsnər, fɑ́ːs-] *n.* ⓒ죄는 사람 ; 죔쇠 ; 서류를 철하는 기구, 파스너; 염색의 고착제(劑).

fas·ten·ing[fǽsniŋ, fɑ́ːs-] *n.* (1)ⓤ 죔, 잠금,닫음, 붙임, 지름; 장착 (2)ⓒ 죄는 〈잠그는, 채우는〉기구.

fast-food [ˊfúːd] *a.* 간이 음식 전문의, 즉석 요리의(식당 등).

fas·tid·i·ous [fæstídiəs, fəs-] *a.* 까다로운, 괴팍스러운, 엄격한.

fast·ness [fǽstnis, fɑ́ːst-] *n.* (1) ⓤ 견고, 부동 ; 고정, 고착 ; (색의) 정착 (2) ⓤ 신속, 빠름 (3) ⓒ 요새, 성채(城砦).

fast-talk [fǽsttɔ̀ːk, fɑ́ːst-] *vt., vi.* 《美口》 허튼 수작으로〈유창한 말로〉 구슬리다 《*into*》.

fást tráck (1) 급행 차선. (2) 출세 가도. (3) 【建】 조기 착공(방식).

:fat [fæt] (**ˊ·ter ; ˊ·test**) *a.* (1) 살찐, 뚱뚱한, 비대한. (2) 지방이 많은. 【opp.】 *lean.* (3) (도살용으로) 살찌운(fatted). (4) (손가락 따위가) 굵은, 두꺼운 ; 불룩한. (5) 듬뿍 있는, 양이 많은. (6) 풍부한 : (땅이) 비옥한(fertile) ; (일 등이) 수익이 많은, 번성하는. (7) (어떤 물질을) 다량으로 함유한. (목재가) 진이 많은. (8) 얼빠진, 우둔한 make a ~ mistake 어리석은 실수를 하다. **a ~ chance** 《俗》 많은 기회 ; 〔反語的〕 미덥지 않은 기대(전망), 희박한 가망성 《*of*》. **a ~ lot** 《俗》 많이, 두둑히 ; 〔反語的〕 조금도 …(하지) 않다(not at all). **cut it (too) ~** 드러내 보이다. **cut up ~** 많은 재산을 남기고 죽다. **sit ~** 《美俗》 유력한 입장에 있다, 여유만만하다.

—*n.* ⓤⓒ (1) 지방 ; (요리용) 기름(【cf.】 lard) : put on ~ 살찌다 / fry in deep ~ 기름을 많이 써서 튀기다. (2) 비만 ; (흔히 *pl.*) 뚱뚱한 사람. (3) 가장 좋은〈양분이 많은〉 부분 ; 벌이가 되는 일. (4) 여분의 것, 필요 이상의 것. **chew the ~** ⇨CHEW **live on (eat) the ~ of the land** 【聖】 호화로운 생활을 하다.

:fa·tal [féitl] (**more ~ ; most ~**) *a.* (1) 치명적인. (2) 파멸적인, 중대한, 엄청난. (3) 운명의〈에 관한〉 : 숙명적인. (4) 불길한. (5) 흉악한. **the ~ shears** (인간의) 죽음 **the ~ sisters** 운명의 세 여신. **the ~ thread of life** 목숨, 수명.

—*n.* ⓤ 치명적인 결과, (특히) 사고사(死)

파) **~·ism** [-təlìzəm] *n.* ⓤ 운명론, 숙명론. **~·ist** *n.* ⓒ 운명(숙명)론자 **~·ness** *n.*

fa·tal·is·tic [fèitəlístik] *a.* 숙명적인, 숙명론적인 ; 숙명론(자)의. 파) **-ti·cal·ly** [-tikəli] *ad.*

·fa·tal·i·ty [feitǽləti, fət-] *n.* (1) 불운, 불행 (misfortune) ; ⓒ 재난, 참사(disaster). (2) ⓒ 사고·전쟁 따위로 인한) 죽음 ; (*pl.*) 사망자(수). (3) ⓤ (병 따위의) 치사성, 불치 《*of*》. (4) ⓤ 숙명, 천명 ; 인연 ; 불가피성.

fatálity ràte 사망률.

·fa·tal·ly [féitəli] *ad.* 치명적으로 ; 숙명적으로.

fat·back [fǽtbæ̀k] *n.* ⓤ 돼지의 옆구리 위쪽의 비계살《소금을 쳐서 말림》; 【魚】 = MENHADEN.

fát cát 《美口》 (1) 정치 헌금을 많이 바치는 부자. (2) 유력한 사람 ; = BIG SHOT. (3) 무기력하고 욕심이 없는 사람.

fát cíty 《美俗》 (돈 많고 지위 있는)유복한 상태.

:fate [feit] *n.* ⓤ (1) 운명, 숙명, 운(轆), 비운 (doom) : 신의 섭리, 천명. (2) 죽음, 최후 ; 종말, 파멸. (3) (the F-s) 【그·로神】 운명을 맡은 세 여신 《Clotho, Laches is 및 Atropos》. **a ~ worse than death** 아주 불행한 경험 ; 《戱》 처녀성 상실. **as ~ would have it** 운 나쁘게도 〈사납게도〉. **(as) sure as ~** 반드시, 틀림없이. **meet (find)** one**'s ~** 1) 최후를 마치다. 2) 장차 아내가 될 여성을 만나다.

—*vi.* 《+目+*to* do/+*that*節》 〔흔히 受動으로〕 운명지우다 : It *was* ~*d that* he should meet her there. 그는 거기에서 그녀를 만나도록 운명지워져 있었다.

fat·ed [féitid] *n.* 운명이 정해진, …할 운명 : 숙명적인 ; 운이 다한, 저주받은.

fate·ful [féitfəl] *a.* 운명을 결정하는, 결정적인, 중대한 ; 치명 (파멸) 적인 ; 예언적인 ; 불길한.

fat·head [fǽthèd] *n.* ⓒ《口》 멍텅구리, 얼간이.

fat·head·ed [ˊhédid] *a.* 어리석은.

파) **~·ness** *n.*

:fa·ther [fɑ́ːðər] *n.* (1) ⓒ 아버지, 부친, 의붓아버지, 양아버지, 시아버지, 장인. (2) ⓒ (흔히 *pl.*) 선

조, 조상(forefather). (3) ⓒ (아버지같은)옹호자. (4) (the F-) 하느님 아버지, 신. (5) ⓒ 【宗】 신부, 대부 ; 수도원장 ; (호칭) …신부님 : *Father* Brown 브라운 신부. (6) (*pl.*) (시읍면 의회 등의) 최연장자 ; 장로, 원로, 그 분야의 선배. (7) ⓒ 창시자, 창립〈설립〉자, 개조(founder) ; (the ~) (…의) 아버지 : (종종 무관사로) 본원, 연원 : 발안자, 발명자. ***be gathered to*** one'***s ~s*** = ***sleep*** (***lie***) ***with*** one'***s ~s*** 조상묘에 묻히다, 죽다(die). ***Like ~, like son.***《俗談》 그 아버지에 그 아들, 부전자전.

—*vt.* (1) …의 아버지이다 ; …의 아버지가 되다. (2) …의 작자〈발명가〉이다, 창시하다 : He *~ed* many inventions. 그는 많은 발명을 했다 / He *~ed* the concept of the welfare state. 그는 복지 국가라는 개념을 창안했다. (3) …에게 아버지로서 행세하다 ; (자식)을 인지(認知)하다. (4) …의 작자임을 자인하다 ; …의 책임을 지다. (5)《+目+前+名》…의 아버지〈작자, 책임자〉임을 인정하다 : ~ a child 〈a book, a fault〉 *on* a person 아무를 아이의 아버지〈책의 저자, 과실의 책임자〉로 판정하다 / The work is falsely *~ed on* him.그 작품은 잘못되어 그의 작품으로 되어 있다.

fa·ther·hood[fɑ́:ðərhùd] *n.* ⓤ 아버지의 자격.

fáther ímage 이상적인 아버지 상(像).

fa·ther-in-law [-inlɔ̀:] (*pl.* ***-s-in-law***) *n.* ⓒ 장인, 시아버지 ;《稀》= STEPFATHER.

fa·ther·land [-lǽnd] *n.* ⓒ 조국 ; 조상의 땅.

fa·ther·less [fɑ́:ðərlis] *a.* 아버지가 없는.

fa·ther·like [fɑ́:ðərlàik] *a., ad.* 아버지 같은 〈같이〉, 아버지 다운 (답게) (fatherly).

fa·ther·ly [fɑ́:ðərli] *a.* 아버지의 〈같은, 다운〉 자애깊은. 【cf.】 paternal. —*ad.* 아버지같이.

Fáther's Dày 아버지 날《6월의 제3일요일》.

Fáther Tíme 〔擬人的〕 때, 시간의 노인.

·fath·om [fǽðəm] (*pl.* ***~s***) *n.* 개략적 물의 깊이 단위, 길(6f = 1.8m에 해당) ;《英》 목재 양(量)의 이름《절단면이 6피트 평방의》. — *vt.* (1) …의 (수심을) 깊이를 재다(sound)《측쇄 따위로》 …의 밑바닥을 탐색하다. (2) 〔흔히 否定꼈〕 …을 헤아리다, 통찰하다. 파) **~•a•ble** [-əbəl] *a.* 잴 〈추측할〉 수 있는.

fath·om·less [fǽðəmlis] *a.* (바닥을) 헤아릴 수 없는, 잴 수 없는, 깊이를 알 수 없는 ; 불가해한, 알 수 없는 파) **~•ly** *ad.*

fat·i·ga·ble [fǽtigəbəl] *a.* 곧 피로해지는

:fa·tigue [fətí:g] *n.* (1) ⓤ 피로, 피곤. (2) ⓤ (피로케 하는) 노동, 노고, 노역 (toil) (3) ⓒ 【機】 (금속 재료의)피로, 약화. (4) ⓒ 【軍】 〈징벌〉 잡역, 사역, 작업반 (= ~ **duty**) ; (*pl.*) 작업복 (= ~ ***clothes***). ***on ~*** 잡역 중.—*a.* 〔限定的〕 【軍】 잡역(작업)의. —(*p., pp.* ***~d ; fa•tigu•ing***) *vt.* 〔흔히 受動으로〕 …를 지치게 〈피로케〉 하다, 약화시키다《*with*》.

fa·tigu·ing [fətí:giŋ] *a.* 지치게 하는 ; 고된.

fat·less [fǽtlis] *a.* 지방이 없는, 살코기의.

fat·ling [fǽtliŋ] *n.* ⓒ 비육 가축《육용으로 살찌운 송아지 · 새끼 양 · 돼지 새끼 따위》.

fat·ness [fǽtnis] *n.* ⓤ (1) 비만, 뚱뚱함. (2) 지방이 많음. (3) 비옥(fertility) ; 풍부함.

fat·ted [fǽtid] *a.* 살찌운.

·fat·ten [fǽtn]*vt.* (도살하기 위하여 가축)을 살찌우다 ; (땅)을 기름지게 하다. —*vi.* 살찌다《*on*》 ; 비옥해지다. 파) **~•er** *n.* ⓒ 비육 가축 사육자.

fat·tish [fǽtiʃ] a. 약간 살이 찐, 좀 살찐..

fat·ty [fǽti] (***-ti•er ; -ti•est***) *a.* 지방질의 ; 지방이 많은, 기름진 ; 지방 과다(증)의. —*n.* ⓒ 뚱뚱보

fátty ácid 【化】 지방산.

fa·tu·i·ty [fətjú:əti] *n.* ⓤ 어리석음, 우둔, 어리석은 짓(말).

fat·u·ous [fǽtʃuəs] *a.* 얼빠진, 어리석은 ; 백치의, 바보의 ; 실체가 없는, 환영(瑠影)의.

fau·cet [fɔ́:sit] *n.* ⓒ《美》(수도 · 통 따위의) 주둥이, 고동(tap, cock).

faugh [fɔ:] *int.* 피이, 체, 홍《혐오 · 경멸을 나타냄》.

Faulk·ner [fɔ́:knər] *n.* **William ~** 포크너《미국의 소설가 ; 노벨문학상 (1949) ; 1897~1962》.

:fault [fɔ:lt] *n.* ⓒ (1) 과실, 잘못(mistake), 실책, 실패, 실수. (2) 결점, 결함, 단점, 흠(defect). (3) (흔히 one's ~. the ~) ⓤ 과실의 책임, 죄(과). (4) 【電】누전 장애. (5) 폴트(테니스 서브의 실패〈무효〉). (6) 【獵】 (사냥개가) 냄새 자취를 잃음. (7)【地質】 단층. ***at ~*** 1) 잘못하여 ; 당황하여, 어찌할 바를 모르고, 틀려. 2) (사냥개가) 냄새 자취를 잃어. ***find ~*** 결점〈흠〉을 잡다《*in*》 ***find ~ with*** …의 흠(탈)을 잡다: …을 비난(탓)하다 나무라다. ***in ~*** 잘못돼 있는, 비난할 만한. ***to a ~*** 결점이라 해도 좋을 만큼, 너무나. — *vt.* (1) 【흔히 否定問 · 疑問文】 …의 흠을 잡다. (2) 【地質】 흔히 수동으로 …의 단층을 일으키다. — *vi.* 【地質】 단층이 생기다.

fault·find·er [´fàindər] *n.* ⓒ (1) 까다로운 사람, 흠잡는〈탓하는〉사람, 잔소리꾼. (2) 장애점 측정기.

fault·find·ing [´fàindiŋ] *n.* ⓤ 흠, 탈잡기, 헐뜯음, —*a.* 헐뜯는, 흠잡는 ; 까다로운.

·fault·less[fɔ́:ltlis] *a.* (1)결점〈과실〉 없는 ; 흠(잡을 데) 없는, 나무랄 데 없는, 완전 무결한. (2)(테니스 등에서)폴트가 없는 파) **~•ly** *ad.* **~•ness** *n.* ⓤ 완전무결.

·faulty [fɔ́:lti] (***fault•ier ; -i•est***) *a.* 과실있는, 불완전한, 비난할만한, (기계 장치 따위가) 결점(결함)이 많은, 그릇(잘못)된, 비관할 만한.

파) **fáult•i•ly.** *ad.* 불완전하게, 잘못해 **-i•ness** *n.*

fau·na [fɔ́:nə] (*pl.* ***~s, -nae*** [-ni:]) *n.* ⓒ,ⓤ 흔히 the ~) 동물군 〈상(相)〉, 동물구계(區系).

파) **fáu•nal** [-nəl] *a.* 동물지의. **-nal•ly** *ad.*

Fau·nus [fɔ́:nəs] *n.* 【로神】 파우누스《가축 · 수확을 수호하는 숲의 신》.

Faust [faust] *n.* 【독일傳說】 파우스트《전지 전능함을 바라며 혼을 악마 Mephistopheles 에게 팖 ; Marlowe, Goethe의 작품의 주인공이 됨》.

Fau·vism [fóuvizəm] *n.* ⓤ 【美術】 야수주의 (野獸主義). 파) **-vist** [-vist] *n.* ⓒ 야수파의 화가.

faux pas [fóupɑ́:] (*pl.* ~[-z])《F.》 실수, 잘못, 과실, 실책 ; 비례 ; 방탕《특히 여자의》.

:fa·vor,《英》 **-vour** [féivər] *n.* (1) ⓤ 호의, 친절 (good will). (2) ⓒ 친절한 행위, 돌봐줌, 은혜, 은고 ; 부탁, 정실.(3) ⓒ,ⓤ 총애, 애고(愛顧). (4) ⓤ 치우친사랑, 편애 (partiality). (5) ⓤ 조력, 지지 (support). (6) ⓤ 이익, 위함. (7) 호의를 보이는 선물, 애정의 표시《매듭 리본 ,장미꽃 장식, 기장 (記章) 따위》. (8) (흔히 *pl.*)애정 (여자가 몸을 허락하는). ***ask a ~ of*** a person …에게 부탁을 하다, …의 원조를 청하다. ***by ~*** 특별히 돌봐줘서, 편파적으로, ***by*** 〈***with***〉 ***~ of*** (Mr. …)(…씨) 편에 (봉투에 쓰는말). ***by your ~*** 미안합니다만 〈실례입니다만〉. ***curry ~ with*** a person 남의 비위를 맞추다, 남에게 알랑 거리

다. ***do*** a person ***a ~*** = ***do a ~ for*** a person 아무에게 은혜를 베풀다. 힘(애)쓰다. ; 아무의 부탁을 들어주다. ~을 위하여 힘써 주다 ; *Do* me *a* ~ 부탁합니다. ***Do me* 〈*us*〉 *a ~ !*** 《俗》 사람을 그렇게 속이는 게 아냐. 바보같은 소리 작작 해라. ***fell from* 〈*out of*〉 *~ with*** a person 아무의 총애(인기)를 잃다. ***in ~ of*** 1) …에 찬성(지지)하여, …에 편을 들어《*for*》. 2) …을 위해. (3) …에게 지급하는《수표 따위》. ***May I ask you a little ~ ?*** 좀 부탁입니다만. ***out of*** a person'***s ~*** = ***out of ~ with*** a person 아무의 눈총을 맞아(총애를 잃어). ***under ~*** = by your ***~ under*(*the*) *~ of*** …을 이용하여, …의 도움을 받아, …의 지지를 얻어 ; *under the ~ of* the night 어둠을 틈타서. ***win*** a person'***s ~*** 아무의 마음에 들다. ***without fear or ~*** = ***without ~or partiality*** ⇨ FEAR.

—*vt.* (1) …에게 호의를 보이다, …에게 친절히 하다. (2) …에게 찬성하다, 편들다, 지지하다. (3) (날씨, 사정 등) 이 …에게 유리하게 되어 나가다. 〈유리하다〉 ; 촉진하다. (4) 《+目+前+名》 …에게 은혜를 베풀다. ~의 영광을 주다, …에게 보내다(주다) …에게 허락하다《*with*》 (5) (사실이 이론 따위)를 뒷받침하다, 확증하다. (6) (아무)를 편애하다, 두둔하다. (7) (사람 몸)을 소중히 하다. (8) 《口》 (혈족 등)을 닮다. ***be ~ed with*** …의 혜택을 받다 ***~ed by*** (편지를) …편으로, 편에 부쳐.

:fa·vor·a·ble [féivərəbəl] (***more ~ ; most ~***) *a.* (1) 호의를 보이는, 호의 있는, 찬성의(approving), 승낙의. (2) **a**) 유리한, 좋은(advantageous) ; 알맞은(suitable); (무역이) 수출 초과의. **b**) 〔敍述的〕(계획 제안 등에) 찬성하는《*to*》 ; (…에게) 유리하여 알맞아 《*to* ; *for*》. ***take a ~ turn*** (사태 등이) 호전되다.

파) ***-bly** *ad.* (1) 유리하게. (2) 호의적으로.

(:)fa·vored [féivərd] *a.* (1) 호의를(호감을) 사고 있는 ; 사랑을(지지를) 받는 : a ~ star 인기 스타. (2) 혜택을 받은, 타고난, 재능이 있는 ; 특전이 부여된 (3) 〔複合語로〕 얼굴이 …한 : a well-~ child얼굴이 잘생긴 어린애 / ~ ill ~ 얼굴이 못 생긴.

:fa·vor·ite[féivərit] *n.* (1)ⓒ 마음에 드는 것 (사람) ; 총신, 총아; 인기 있는 사람 ; 좋아하는 것(물건). (2) (the ~) 인기 〈우승 예상〉 말 ; (경기의) 인기 선수《우승 후보》 ; 【商】 인기주. ***be a ~ with*** …의 총아이다, …에게 인기가 있다.

—*a.* 〔限定的〕 (1) 마음에 드는 : one's ~ restaurant 단골 식당. (2) 특히 잘하는, 좋아하는 : one's ~ song 가장 잘하는 노래.

fávorite són 사랑하는 아들.

fa·vor·it·ism [féivəritìzəm] *n.* ⓤ 편애, 정실.

fawn[1] [fɔːn] *n.* (1) 새끼 사슴《한 살 미만의》. (2) ⓤ엷은 황갈색 (= **~ brówn**). ***in ~*** 새끼를 배어. —*a.* 엷은 황살색의.

fawn[2] *vi.* (1) (개가 꼬리를 치며) 해롱거리다. (2) 아양부리다, 아첨하다 《*on* ; *upon*》 파) **~·er** *n.*

fawn·ing [fɔ́ːniŋ] *a.* 해롱거리는, 아첨하는, 아양부리는.

fax [fæks] *n.* ⓤⓒ 팩시밀리(facsimile). —*a.* 팩시밀리의, 복사〈모사〉의. —*vt.* (서류 등)을 팩시밀리로 보내다.

fay [fei] *n.* ⓒ 《詩》 요정(fairy).

faze *vt.*《口》 …의 마음을 혼란시키다, (disturb), …을 괴롭히다(worry), 당황케 하다.

fe·al·ty [fíːəlti] *n.* ⓤ (1) 【史】 충성 의무. (2) 충실, 성실, 신의 (loyalty).

:fear [fiər] *n.* (1) ⓤ 두려움, 공포. (2) ⓤⓒ 근심, 걱정, 불안(anxiety). (3) ⓒ 걱정거리. (4) ⓤ(신에 대한) 두려움. 외포(畏怖), 외경(畏敬)의 마음(awe) : the ~ of God 경건한 마음. ***for ~ of*** …을 두려워 하여, …을 하지 않도록, …이 없도록. *for ~ of*(making) mistakes 실수할까봐 두려워. ***for ~ that*** (***lest***) one ***should***(***would. might***) do …하지 않도록, …할까 두려워. ***Have no ~.***염려말게, 안심하게 . ***hold no ~ for*** (아무에게) 공포 · 불안을 일으키지 않는다〈주지 않는다〉 ***in ~*** 벌벌 떨어, 전전긍긍하여. ***in ~ and trembling*** 무서워 떨면서 ***in ~ of*** 1) …을 두려워 하여 stand in ~ *of* dismissal 해고당할 것을 걱정하다. 2) …을 잃을 것을 두려워하여 …걱정(염려)해 ***NO ~!*** 걱정 마라. 《口》 문제 없다. ***put the ~of God into* 〈*in. up*〉** a person 아무를 몹시 겁주다 〈위협하다〉. ***without ~ or favor*** 공평하게, 엄밀히.

—*vt.* (1) 《~+目/+*to* do/+*ing*》 …을 두려워 하다, 무서워하다. (2) 《+(*that*)節》 …을 근심(걱정)하다, 염려하다. (3) (+ *to* do) …을 망설이다. 머뭇거리다. (4) …을 어려워하다, 경외하다. —*vi.* 걱정하다, 염려하다 《*for*》. ***Never ~ !*** = ***Don't You ~ !*** 걱정하지 마라.

:fear·ful [fíərfəl] (***more ~ ; most ~***) *a.* (1) 무서운, 무시무시한(terrible). (2) 〔敍違的〕 무서워, 두려워, 걱정하는(afraid), 염려하여. (3) 두려워하는, 소심한(timorous). (4) 《口》 대단한, 지독한, 굉장한 ; a ~ waste 지독한 낭비. (5) (신 등에) 경건한, 경외하는 : be ~ *of* God 신에 대해서 경건하다.

:fear·less [fíərlis] (***more ~ ; most ~***) *a.* 두려움을 모르는, 무서워하지 않는, 대담 무쌍한.

·fear·some [fíərsəm] *a.* (얼굴 등이) 무서운.

fea·si·bil·i·ty [fìːzəbíləti] *n.* ⓤ 실행할 수 있음, 성부, 가능성 ; 편리 ; 그럴 듯함.

feasibílty stùdy (개발 등의) 예비 조사, 타당성 〈실행가능성〉 조사.

·fea·si·ble [fíːzəbəl] *a.* (1) 실행할 수 있는, 가능한, (2)적당한(suitable), 이용할 수 있는. (3) 그럴듯한, 있을 법한(likely).

:feast [fiːst] *n.* ⓒ (1) 축제(일)《주로 종교상의》. (2) 축연, 잔치, 향연(banquet). (3) 대접, 진수 성찬. (4) (이목을) 즐겁게 하는 것, …의 기쁨.

—*vt.* (1) 《~+目/+目+前+名》 …을 위해 축연을 베풀다(regale) 대접하다 《*on*》.(2) 《+目+前+名》 (마음, 눈, 귀)를 즐겁게 하다, 기쁘게 하다(delight)《*on* ; *with*》. —*vi.* (1) 축연을 베풀다 ; 축연에 참석하다. (2) 대접을 받다 ; 진수 성찬을 먹다. (3) 《+前+名》 (그림 · 경치 등을) 마음껏 즐기다 《*on*》 : ~ *on* a novel소설을 읽고 즐기다. ***~ away*** (밤 등을) 잔치를 벌여 보내다. ***make a ~ of*** …을 맛있게 먹다~ one-***self on*** …을 크게 즐기다.

féast dày 축제일, 연회날, 잔칫날.

:feat [fiːt] *n.* ⓒ (1) 위업(律業) ; 공훈(exploit). 공(적). (2) 묘기, 재주, 곡예, 기술(奇術). ***a ~ of arms* 〈*valor*〉** 무훈.

:feath·er [féðər] *n.* (1) ⓒ 깃털, 깃(plumage, plume). (2) ⓒ (모자 따위의) 깃(털)장식 ; (보통 *pl.*) 《比》 의상(attire), (개 · 말 따위의) 북슬북 슬한 털, 푸하게 일어선 털. (3) ⓤ 건강 상태, 기분, 원기. (4) ⓤ 〔集合的〕 조류(鳥類), 엽조 : fur and ~ 조수(鳥獸). (5) ⓤ (화살의) 살깃. (6) ⓒ 깃 비슷한 것, 깃털처럼 가벼운것 ; 아주 시시한 〈하찮은〉 것. (trifle). (7) ⓒ (보석 · 유리의) 깃털 모양의 흠집. (8) ⓒ 종류(kind) ; 같은 털빛. (9) 물마루. (10) ⓤ 〔競漕〕

F

노깃을 수평으로 젓기. ***a ~ in** one'**s cap**〈**hat**〉* 자랑(거리), 명예, 공적. ***(as) light as a ~*** 아주 가벼운 ***Birds of a ~ flock together.*** 《俗談》 유유상종. ***crop** a person'**s ~s*** …에게 무안(창피)을 주다. ***cut a ~*** (배가)물보라를 일으키며 나아가다 :《口》자기를 돋보이게 하려고 하다 . ***ruffle** a person'**s ~s*** …를 괴롭히다, 귀찮게 하다 ***ruffle up the ~s*** (새가 성나서) 깃털을 곤두세우다. ***smooth** one'**s** 〈a person'**s**〉 (**ruffled** 〈**rumpled**〉) **~s*** 마음의 평정을 되찾다. ***You could (might) have knocked me down with a ~*** 깜짝놀라 자빠질 뻔했다.
—*vt*. (1) (모자 따위)에 깃털을 달다, 깃으로 장식하다, 깃털로 덮다. (2) (화살)에 살깃을 달다 (3) (노깃)을 수평으로 젓다. (4) (사냥개로 하여금) …의 냄새 자취를 따르게 하다. —*vi*. (1) (새끼 새가)깃털이 나다. (2)《~/+前+名》 깃털 모양으로 되다 ; 깃처럼 움직이다 : (밀 따위가) 바람에 나부끼다 : (물결이) 흰 물마루를 일으키다. (3) 노깃을 수평으로 젓다. (4) (사냥개가) 냄새의 자취를 따라가다. ***~ up to...*** 《美俗》 …에게 구애하다. …를 설득하다. ***~** one'**s nest*** 사복을 채우다.

féather béd 깃털 침대 (요) ;《比》안락한 지위.

feath·er·bed [-bèd] (***-dd-***) *vi*. 〈노동 조합의 실업 대책으로서〉 과잉 고용을 요구하다, 생산제한을 하다.

feath·er·brain [-brèin] *n*. ⓒ 저능자, 바보.

feath·ered [féðərd] (1) 깃이 있는 ; 깃을 단 ; 깃털로 장식된 ; 깃 모양을 한 ; 날개 있는, 새처럼 나는, 빠른 (2) 〔흔히 合成語로〕 …한 깃털이 있는.

feath·er·less [féðərlis] *a*. 깃털 없는

feath·er·stitch [-stìtʃ] *n*. ⓤ 갈짓자 수놓기.

feath·er·weight [-wèit] *n*. ⓒ *a*. 매우 가벼운 (사람·물건) ; 하찮은 (사람 · 물건).

feath·ery [féðəri] *a*. 깃이 난 ; 깃으로 덮인 ; 천박한.

:fea·ture [fíːtʃər] *n*. ⓒ (1) (이목구비 따위) 얼굴의 생김새 : (*pl*.) 용모, 얼굴. (2) 특징, 특색 ; 주요점, 두드러진 점《*of*》. (3) (신문, 잡지 따위의) 특집 기사 ; 특별 프로그램 (= **~ prógram**) ; (영화 · 쇼 등의) 인기물, 볼만한 것 (단편, 뉴스 영화에 대하여) 장편, 특작 ; (바겐 세일 따위의) 특별 제공 〈염가〉품. 【컴】 특징. (4) (산천 등의) 지세, 지형. ***make a ~ of*** …으로 인기를 끌다, …을 특종(특색)으로 하다, …을 주요 프로로 삼다.
—*vt*. (1) …을 특색짓다 ; …의 특징을 이루다. (2) …을 두드러지게 하다, 인기물로 하다 ; (사건 등)을 대서 특필하다. (3) 【映】 …을 주연시키다, …의 역을 하나. (4)《口 · 方》(육친의) 의 얼굴이 비슷하다. (5)《美口》 …을 상상하다, 마음에 그리다. —*vi*. 중요한 역할을 하다 ; (영화에) 주연하다.

(•) **fea·tured** [fíːtʃərd] *a*. 특색으로 하는 인기를 끄는 주요 프로로 하는 ; 〔合成語〕 얼굴 (모양)이 …한.

féature fílm (pícture) 장편 특작 영화.

féature stóry (신문 · 잡지 따위의) 인기 기사. (감동적 또는 유머러스한) 특집 기사.

feb·ri·fuge [fébrəfjùːdʒ] n. ⓒ 해열제 ; 청량음료 — *a*. 해열(성)의, 열을 내리는.

fe·brile [fíːbrəl, féb-/ fíːbrail] *a*. 열병 (성)의 ; 열로 생기는, 열광적인.

:Feb·ru·ary [fébruèri, fébruəri] *n*. ⓤ 2월.

fe·cal [fíːkəl] *a*. 배설물의 . 대변의.

fe·ces [fíːsiːz] *a*. *pl*. 배설물. 똥 ; 찌끼.

feck·less [féklis] *a*. (1) 무능한, 게으른, 허약한. (2) 사려없는 ; 무책임한 ; 쓸모없는(useless), 가치없는.

fe·cund [fíːkənd, fék-] *a*. 다산의(prolific) ; 기름진(fertile) ; 상상력이 풍부한.

fe·cun·date [fíːkəndèit, fék-] *vt*. …을 다산하게 하다, 비옥〈풍요〉하게 하다 ; 【生】 수태시키다.

fe·cun·di·ty [fiːkʌ́ndəti] *n*. ⓤ 다산 ; 비옥 ; 생식〈생산〉력 ; 풍부한 창조력(상상력).

:fed·er·al [fédərəl] *a*. (1) (국가간의) 동맹의, 연합의 ; 연방 정부의, 연방제의. (2)(흔히 F-)《美》연방(정부)의, 합중국의. (3) (F-)《美史》(남북 전쟁 시대의)북부 연방주의자의. — *n*. ⓒ 연방주의자 (federalist) ; (F-)《美史》 북부 연방 지지자 ;《美史》 북군병 (北軍兵) : question 연방에 관련된 문제 / the ~ Reserve Bank (미)연방준비 은행..

fed·er·al·ism [fédərəlìzəm] *n*. ⓤ 연방주의 (제도) ; (F-)《美史》 연방당의 주의〈주장〉.

fed·er·al·ist [fédərəlist] *n*., *a*. ⓒ 연방주의자(의), 연방단원의.

fed·er·al·ize [fédərəlàiz] *vt*. …을 연방화하다, 연방 정부의 지배하에 두다.

fed·er·ate [fédərit] *a*. 연합의 ; 연방제의. — [fédərèit] *vt*.…을 연방제로 하다 ; 연합시키다

***fed·er·a·tion** [fèdəréiʃən] *n*. ⓤⓒ 동맹, 연합, 연맹 ; 연방제(를 폄) ; 연방 정부, 연방제도.

fed·er·a·tive [fédərèitiv, -rə-] *a*. 연합〈연맹〉의, 연방의. 파) **~•ly** *ad*.

:fee [fiː] *n*. (1) ⓒ 요금, 수수료, 수고값 ; 입회금, 입장료(admission~) : 수험료, 수업료(tuition ~) : 공공 요금 ; (축구 선수 등이 이적 (移籍)할 때 무는) 이적료. (2) ⓒ 보수, 사례(금)《의사 변호사 등에게 주는》: 봉급. (3) ⓒ 정표, 행하(行下), 팁. (4) ⓤ 【法】 봉토(封土), 영지 ; 세습지 ; 상속 재산《특히 부동산》 ; 소유권. (5)《美俗》커피. ***at a pin's ~*** 〔흔히 否定的〕 편만큼(의 가치)도: I do *not* set my life *at a pin's ~* 이 목숨 따위 조금도 아깝지 않다. ***hold in ~ (simple)*** 【法】 (토지를) 무조건 상속〈세습〉지로서 보유하다

:fee·ble [fíːbəl] (***-bler : -blest***) *a*. (1) 연약한, 허약한, 힘없는. (2) 박약한, 나약한, 의지가 박약한, 기력이 없는. (3) (빛 · 효과 따위가) 약한, 미약한, 희미한 ; (목소리가) 가냘픈.

fee·ble-mind·ed [-máindid] *a*. (1) 정신 박약의, 저능의. (2)《古》의지가 약한.

***fee·bly** [fíːbli] *ad*. 나약하게, 무기력하게.

:feed [fiːd] (*p*., *pp*. ***fed*** [fed]) *vt*. (1)《~+目/+目+前+名/+目+目》 (어린애 · 동물)에게 먹을 것을 주다, (음식)을 먹이다 ; (어린애)에게 젖을 먹이다 (suckle) ; (가축)에게 사료를〈풀을〉 주다. (2)《~+目/+目+前+名》(가족)을 부양하다 ; 양육하다, 가르치다, 키우다《*on* ; *with*》. (3) (토지 따위가) …에게 양식을 공급하다(supply), …의 영양이 되다. (4)《~+目/+目+前+名》 …에 즐거움을 주다 ; (허영심 등을)만족시키다(gratify) ; (분노 등)을 부채질하다, 돋우다. (5)《~+目/+目+前+名》 (연료 · 전력 재료 따위)를 공급하다《*to* ; *into*》 ; (보일러)에 급수하다, (램프)에 기름을 넣다. (기계)에 연료 · 전력 따위를 공급하다, (시장)에 상품을 공급하다. (6) (냇물 등이) (강 · 호수)로 흘러들다. (7)《口》【劇】 (상대 배우)에게 대사의 실마리를 주다(prompt) ; 【競】 (골 앞자기편)에게 패스하다. ㅁ food *n*.
— *vi*. (1) (동물이) 풀을 뜯어먹다, 사료를 먹다. (2)

《+前+名》(보통, 동물이 …을) 먹이로〈상식으로〉 하다《on》. The lion ~ s or flesh 사자는 육식을 한다. (3)《+前+名》(원료·연료 등이 기계에) (흘러) 들어가다《into》.

be fed up with 〈***on***〉 …에 물리다, 진저리〈넌더리〉나다. ~ ***a cold*** 감기 들었을 때 많이 먹어 이기다. ~ ***at the high table*** = ~ ***high*** 〈***well***〉 미식〈美食〉하다. ~ ***back*** 〔흔히 受動으로〕 【電子】 (출력 · 신호·정보 등을 …로) 끄집어 내다. 피드백하다《into ; to》; (vi) (청중의 반응 따위가) 되돌아오다. ~ ***off*** (…을) 목초를 다 먹어치우다, 정보(식료·연료)원(源)으로 이용하다. ~ ***on*** 〈***upon***〉 …을 먹고 살다 ; …으로 살아가다 ; (젖먹이·동물을) …로 키우다〈기르다〉 ;(아무에) 매달려 살아가다 : ~ *on* hope 희망에 매달려 살다. ~ ***the flames*** 〈***fire***〉 ***of anger*** 〈***jealousy***〉 부아를 돋우다〈질투심에 불지르다〉.

— *n.* (1) ⓤ 키움, 사육. (2) ⓤ 먹이, 사료, 여물, 마초, ⓒ (말 따위에 주는) 1 회분의 사료 ; ⓒ《口》 식사. (3) ⓒ 【機】 (원료의) 급송(給送)(장치) : ⓤ (보일러의 급수(給水) ; 【電子】 급전(給電) ; ⓤ 공급 재료. (4) ⓒ《英口》【劇】 대사의 계기를 주는 사람 (feeder)(특히 코미디언의 상대역), 어떤 계기가 되는 대사. ***at one*** ~ 한끼에. ***be off*** one's ~ 식욕이 없다 ;《口》 기분이 좋지 않다. ***be out at*** ~ (가축이) 목장에서 풀을 뜯고 있다.

***feed·back** [fíːdbæ̀k] *n.* ⓤ (1) a] 【電子】 귀환(歸還), 피드백. b] 귀환되는 신호. c] 【컴】 피드백. d] 〔形容詞的〕 귀환〈피드백〉의. (2) 스피커 소리의 일부가 마이크로폰을 통하여 반복해서 증폭됨(으로 인한 찡하는 소리). (3) (정보·질문·서비스 등을 받는 측의) 반응, 의견, 감상.

feed·er [fíːdər] n. ⓒ (1) 가축 따위를 치는 사람, 사양자. 비육 가축 사육자 ; 선동자, 장려자. (2) 〔흔히 修飾語를 수반〕 먹는 사람(짐승) : a large〈quick〉 ~ 대식가(大食家) 〈빨리 먹는 이〉). (3) (유아용) 젖병 ;《英》 턱받이, 구유, 급이기(給餌器 〈機〉). (4) 지류(支流) ; 급수로(路), 【鑛山】 지맥(支脈) ; 【電】 급전(송전)선 : =FEEDER LINE ; 지선 도로(~road). (5) 원료 공급 장치, 깔때기 ; 급유기(給油器), 급광기(給鑛器) ; 【印】 (자동) 급지기 (給紙機) ; 【劇】 = FEED.

féeder lìne (항공로, 철도의) 지선.

féeder ròad (간선 도로에 통하는) 지선도로.

— *a.* 【機】 급송(給送)의.

feed·ing [fíːdiŋ] *n.* ⓤ 급식, 사양(飼養), 섭식 ; 먹음 ; 【機】 급송(給送); (보일러에의) 급수 ; 송전.

féeding bòttle (유아용) 젖병(feeder).

féeding frénzy (1)(상어가) 탐욕스럽게 먹음, 또 그 모습. (2)(매스컴에 의한) 무참한 개인공격.

:feel [fiːl] (*p., pp.* ***felt*** [felt]) *vt.* (1)《~+目*wh.*節》…을 만지다, 만져보다, 더듬다(search). 더듬어 가다(grope) ; 정찰하다 ; 손대(어) 보다. (2)《~+目/+目+*do*/+目+~*ing*/+目+*done*》(신체적으로) …을 느끼다, 감지하다, 지각 하다. (3) (정신적으로) …느끼다 ; 통절히 느끼다, …에 감동하다. (4)《+目+前+名/+目+ (*to* be)補/+目+*done*/+*that*節》…라고 생각하다, …라고 깨닫다, …이라는 생각〈느낌〉이 들다. (5) …의 영향을 받다, …에 의해 타격을 받다, …을 톡톡히 맛보다. (6) (무생물이) …의 작용을 받다, …에 느끼는 듯이 움직이다, …에 반응을 보이다.

— *vi.* (1)《+前+名》 손으로 더듬다, 더듬어서 찾다 ; 동정을 살피다《after ; for》. (2) 감각〈느낌〉이 있다, 느끼는 힘이 있다. (3)《+前+名》 감동하다 ; 공명하다《with》; 불쌍히 여기다, 동정하다《for》. (4)《+補/+副》 (아무가) …한 생각이 들다, …하게 생각하다(느끼다). (5)《+補/+副》 (사물이) …의〈한〉 느낌을 주다, …의〈한〉 느낌〈감촉〉이 있다. (6)《+補/+副》 (…에 대해)어떤 감정을 품다, (…라고) 생각하다, 느끼다《toward ; on ; about》, (마치 …같이) 느끼다《like… ; as if… ; as though…》 ~ ***about*** 1) 여기저기 더듬어 찾다. 2) …에 대해 생각하다. ~ ***after*** …을 더듬어 찾다 : ~ *after* the matches 성냥을 더듬어 찾다. ~ ***around*** 더듬적거리다. ~ as if(though), ~ ***bad*** (***ly***) ***about*** …으로 기분이 상하다, …에 상심하다, ~ ***bound to*** do …하지 않으면 안 될 것 같은 느낌이 들다 : I don't ~ *bound to* accept this offer.이 제의를 받아들이지 않아도 되겠다는 생각이 든다. ~ ***certain*** …을 확신하다. ~ ***equal to*** =~ up to ~ ***free to*** do (흔히 命令文으로) 마음대로 …해도 좋다. ~ ***in*** one's ***bones*** ⇨BONE ~ ***like*** 1) 아무래도 …같다 ; It ~*s like* rain. 아무래도 비가 올 것 같다. 2) …이 요망되다, …을 하고 싶다《do*ing*》. 3) …같은 감촉이 들다 ; This ~*s like* real leather 이것은 진짜 가죽 같은 감촉이다. ~ like doing …하고 싶어진다. ~ ***of***《美》 …을 손으로 만져보다 : ~ *of* the dress 그 드레스를 손으로 마져보다. ~ a person ***out*** (남의 의향 따위를) 넌지시 떠보다, 타진하다. ~ ***out of it*** 〈***things***〉 (그 자리에 어울릴 수 없는) 소외감을 느끼다, 따돌림받는 것처럼 여겨지다. ~ one's ***ears burning*** 귀가 가렵다. ~ one's ***legs***〈***feet, wings***〉 발판이 든든하다. 자신이 있다. ~ one's ***way around*** 신중히 나아가다. ~ ***sure*** …을 확신하다《of ; that》: I ~ *sure of* his success. ~ ***the pulse of*** …의 맥을 집다, …의 의향을 타진하다. ~ ***up to ...*** 〈보통 不定形으로〉 …을 견디어 내다〈감당하다〉, …을 해낼 수 있을 것 같은 마음이 들다《do*ing*》. ***make*** one***self*** 〈one's ***influence***, one's ***presence***〉 ***felt*** 남에게 존재를 인정받게 되다, 영향력을 미치게 되다.

— *n.* ⓒ (1) 느낌, 만짐, 촉감, 감촉 ; 기미, 분위기 : a ~ of a home 가정적인 분위기. (2) 만짐 : Let me have a ~ 좀 만져 보게 해줘, 좀 만져 보자 (3)《口》 직감, 감각, 센스《for》. ***to the*** ~ 촉감에.

feel·er [fíːlər] *n.* ⓒ 만져〈더듬어〉 보는 사람 : 타진, 떠보기 : 【動】 더듬이. 촉감, 촉모(觸毛), 촉수(觸鬚) : 【軍】 척후 :《口》 염탐꾼, 첩자 ***put*** 〈***throw***〉 ***out a*** ~ 속을 떠보다, 반응을 살피다

feel·good [fíːlgùd] *n.* ⓤ《蔑》 더없이 행복한 상태, 꿈을 꾸는 듯한 황홀한 기분 ; 〔一般的〕 아주 만족한 상태. — *a.*《口》 사랑을 흡족하게 해주는, 행복한 기분을 갖게 하는.

:feel·ing [fíːliŋ] n. (1) ⓤⓒ 촉감. (2) ⓤⓒ 감각, 지각 : no ~ in the arm 팔에 감각이 없는. (3) ⓒⓤ (개인간에 생기는) 감정, 기분, 느낌 : (a) good ~ 호감, 호의 / (an) ill ~ 반감 ; (*pl.*) (희로애락 등의 여러가지)감정, 기분: You have no thought for the ~*s* of others. 자넨 남의 기분을 전혀 생각 않는군. (4) ⓤ 흥분 ; 반감, 적의(敵意) : sing with ~ 감정을 넣어 노래하다. (5) ⓤ 동정《for》, 친절. (6) ⓒⓤ 감수성, 센스《for》; 인상, 의견 : a ~ *for* music음악의 감상력. (7) ⓒ 의식, 예감 : People have a ~ that a silent man is dangerous. 말없는 남자는 위험하다는 의식을 사람들은 가지고 있다. ***enter into*** a person's ***~s*** 아무의 감정〈마음〉을 헤아리다, 기분을 짐작하다. ***give a ~ of*** 〈***that***〉 …라는 느낌을 주다 ***with ~*** 열의 있게, 감동하여.

— *a.* (1) 감각이 있는. (2) 다감한, 감정적인 ; 인정많

F

은. (3) 감동시키는 : a ~ story 감동적인 이야기. (4) 충심으로부터의. ***in a ~ way*** 감동적으로.

:feet [fiːt] FOOT의 복수

féet pèople 도보(徒步)난민 【cf.】boat people

***feign** [fein] *vt.* (1) 《~+目/+*to* do/+*that*節/+目+*to* be補》 …을 **가장하다**, …인 체하다(pretend). (2) (구실 따위)를 꾸며대다, (문서)를 위조하다, 꾸미다. (3) (속이기 위하여 목소리 따위)를 흉내내다. ―*vi.* 속이다, 체하다 ; (작가 따위가) 이야기를 만들어 내다. 파) **~•ed** [-d] *a.* 거짓의, 허위의 : a ~*ed* illness 꾀병 /with ~*ed* surprise 놀란 체하고. **~•er** *n.* **~•ed•ly** [-idli] *ad.* 거짓으로, 가장하여.

feint¹ [feint] *n.* ⓒ (1) 가장, 시늉, 거짓 꾸밈, …하는 체함, 가장. (2) 공격하는 시늉 ; 【軍·펜싱·권투·배구】 페인트, 양동 작전 적을 속이기 위한) 견제 행동. ―*vi.* (1) 속이다, …하는 체하다. (2) 거짓 공격을 히다《*at* ; *on*, *upon* ; *against*》.

feint² *a.* 【印】 (괘선이) 가늘고 색이 엷은(faint) : a ~ line 엷은 괘선. ***ruled ~ = ~ ruled*** 엷은 괘선을 친.

fe·lic·i·tate [filísətèit] *vt.* …을 축하하다《*on*, *upon*》. *congratulate 보다 문어적임.

fe·lic·i·ta·tion [filìsətéiʃən] *n.* ⓒ (흔히 *pl.*)축하 ; 축사《*on*, *upon*》.

fe·lic·i·tous [filísətəs] *a.* (표현 따위가) 교묘한, 알맞은, 적절한, 표현을 잘하는.

***fe·lic·i·ty** [filísəti] *n.* ⓒ 경사 ; ⓤ 더없는 행복 ; ⓤ(표현의) 교묘함 ; ⓒ 적절한 표현.

fe·line [fíːlain] *a.* 고양이 같은 ; 고양이과(科)의. ―*n.* ⓒ 고양잇과의 동물.

Fe·lix[fíːliks] *n.* 펠릭스 (남자 이름). 【cf.】Felicla.

:fell¹ [fel] FALL의 과거 .

fell² *vt.* (1) (나무)를 베어 넘어뜨리다, 쳐서 넘어뜨리다 ; 동댕이 치다. (2) …을 공그르다. ― *n.* ⓒ(한 철의) 벌채량, 공그르기.

fell³ *a.* 〔限定的〕 잔인한, 사나운, 무시무시한, 무서운 (terrible).

fell⁴ *n.* ⓒ 수피(獸皮)(hide), 모피(pelt).

fell⁵ *n.* 《Sc.》 (1) ⓒ 고원 지대. (2) …산(山).

fell·er¹ [félər] *n.* ⓒ 벌목〈벌채〉꾼, 벌목기(機) ; (재봉틀의) 공그르는 부속 기구, 공그르는 사람.

fell·er² *n.* 《俗·方》= FELLOW

:fel·low [félou] *n.* (1) ⓒ **동무**, 친구 : a ~ in misery 가난한 때의 친구. (2) ⓒ (흔히 *pl.*) 동아리, 동료, 한패. (3) ⓒ동업자. (4) ⓒ(흔히 *pl.*)같은 시대 사람 (contemporaries) (5) ⓒ 상대, 필적자. (6) ⓒ 《口》 사람 ; 놈, 녀석《흔히 修飾語를 수반》. (7) 〔다정하게 부를 때의 호칭으로〕 자네, 여보게. (8) 《口》(남성의)연인, 애인. (9) (a ~) 〔一般的〕 인간(person), 누구든(one), 나(I). (10) (특히 영국 대학의) 평의원 ; (대학의) 특별 연구원 ; 《英》 대학의 명예 교우(校友) ; (흔히 F-) (학술단체의) 특별 회원 : 보통 회원인 (member)보다 높음. ― *a.* 〔限定約〕 동아리(한패)의, 동료의, 동업의 a ~ countryman 동포, 동국인 / ~ students 학우, 동창생 / a ~ soldier 전우 / a~ worker 동료 / a ~passenger 동승〈동선(脚銘)〉자 / ~ traders 동업자 / a good 〈jolly〉 ~ 〈사귀어〉 재미있는 사나이 / be hail ~ well met with …와 극진히 친하다.

***féllow créature** 같은인간, 동포; 동류(同流)의 동물.

féllow féeling 동정(sympathy), 공감 ; 상호이해, 동료의식.

fel·low·man** [-mǽn] (*pl.* ***-men [-mén]) *n.*ⓒ 같은 인간, 동포.

féllow sérvant 【法】 동료 고용인.

***fel·low·ship** [félouʃìp] *n.* **(1)** ⓤ **친구임**, 교우(交友) 동료의식, 연대감, 친교. (2) ⓤ **친목**, 친 (companionship): enjoy〈have〉 good ~ with the 〈one's〉neighbors. 이웃 사람들과 사이좋게 어울리다. (3) ⓤ (이해 등을) 같이하기, 공동, 협력, 제휴 (4) ⓒ (동지)회, 단체, 조합. (5) ⓤⓒ 대학 평의원의 지위 ; 학회 회원의 자격 ; (대학의) 특별 연구원의 지위〈신분〉; 특별 연구원 연구비.

féllow tráveler 길동무 ; 동조자 (정치상 특히 공산주의의).

fel·on [félən] *n.* ⓒ중죄인, 악한.

fe·lo·ni·ous [filóuniəs] *a.* 중죄(범)의, 악한, 흉악함.

fel·o·ny [féləni] *n.* ⓤⓒ 중죄(重罪).

:felt¹ [felt] FEEL의 과거, 과거분사

***felt²** *n.* ⓤ **펠트**, 모전(毛氈) ; 펠트 제품 ― *a.* 〔限定的〕 펠트제(製)의 : a ~ hat 펠트 모자, 중절모.

felty[félti] (***felt•i•er*** ; ***-i•est***) *a.*펠트 비슷한 〈모양의〉.

fe·luc·ca [fəlúːkə, felʌ́kə] *n.* ⓒ 펠러커선(船).

fem [fem] *a.* 여자 같은, 여성적인.

fem. female, feminine.

:fe·male [fíːmeil] *a.* (1) **여성의**, 여자의 : ~ psychology 여성 심리 (2) 부인의, 여자다운〈같은〉 (womanish). (3) 암(컷·놈)의 ; 【植】 암의, 자성(雌性)의 ; 【機】 (나사·프러그의) 암의. ― *n.* ⓒ (1) 여자, 여성(girl), 부인. (2) 암, 암컷(놈); 암술, 자성 식물.

fémale cháuvinism 여성 우월〈중심〉주의.

fem·i·nine** [fémənin] (more~*** : ***most~***) *a.* (1) 여자의, 여성(부인)의. (2) 여자 같은, 여성다운, 연약한,상냥한. (3)(남자가) 계집애〈여자〉같은, 나약한 (effeminate).

féminine énding 【韻】 여성 행말(行末) ; 【文法】 여성 어미(hostess, heroine).

fem·i·nin·i·ty [fèmənínəti] *n.* ⓤ 여자임, 여자, 여자같음 ; 〔集合的〕 여성.

fem·i·nism [fémənìzəm] *n.* ⓤ 여권주의, 남녀 동권주의 ; 여권 신장론(伸張論), 여권확장 운동.

femme [fem] *n.* ⓒ 《F.》 여자(woman) ; 처(wife); 《美俗》레즈비언의 여자역 (〖opp.〗 *butch.*)

fem·o·ral [fémərəl] *a.* 【解】 대퇴부〈골〉의.

fe·mur [fíːmər] (*pl.* ***~s, fem•o•ra*** [fémərəl]) *n.* ⓒ 《L.》 【解】 대퇴골(thighbone) ; 넓적다리.

fen [fen] *n.* (1) ⓒ 늪지, 소택지. (2) (the F-s) (잉글랜드 동부의) 소택지대.

:fence [fens] *n.* (1) ⓒ 울타리, 담(enclosure, barrior) ; (마술 경기 등의) 장애물. (2) ⓤ 검술, 펜싱 ; 재치 있는 답변. (3) ⓒ 장물아비. (4) ⓒ 【機】 유도 장치(guide) ; (공작 기계의)울. (5) (흔히 *pl.*) 《美》 정치적 지반. ***a master of ~*** 펜싱 사범, 검객. ***be on*** a person'***s side of the ~*** 《美口》 아무의 편을 들다. ***come down*** 〈***descend***〉 ***on the right side of the ~*** 이길듯한 쪽에 붙다. ***look after*** 〈***to***〉 one'***s ~s*** = ***mend*** 〈***repair***〉 one'***s ~s*** 기반을 굳히다 ; 화해하다《*with*》 ; 《美》(의원 등이) 자기 선거구의 지반을 다지다. ***sit on*** 〈***stand on, be on, straddle, walk***〉 ***the ~*** 형세를 관망하다〈보아 거취를

정하다〉.
— *vi.* (1) 검술을 하다, 펜싱하다. (2)《+前+名》(질문 등을)교묘히 얼버무려 넘기다, (질문 등을) 잘 받아넘기다(parry), 재치있게 받아 넘기다《*with*》. (3) (말이) 울타리를 뛰어 넘다. (4) (장물을)매매하다. — *vt.* (1)《~+目/+目+副/+目+前+名》~에 울타리를 두르다. (2)《+目+前+名》…을 막다, 방어하다. (3) (장물)을 매매하다, 고매(故買)하다. **~ about** 〈**round, around**〉 …에 울타리를 두르다, 공공히 하다(방벽으로). **~ for** 1) …을 차지하려고 상대와 다투다. 2) 〔흔히 受動으로〕 …을 (방어물로) 지키다. **~ in** 둘러(에워)싸다, 가두다 ; 〔흔히 受動으로〕 (사람을) 구속하다. **~ off** 〈**out**〉 1) 물리치다, 받아넘기다. 2) (울따위로) 구획하다, 가르다. **~ up** 울을 두르다. **~ with** (질문 등을) 받아넘기다.

fence·less [fénslis] *a.* 울타리가〈담이〉 없는.

fence-mend·ing [ˊ-mèndiŋ] *n.* ⓤ 외국등과의 관계회복, (의원의) 기반굳히기.

fenc·er [fénsər] *n.* ⓒ 검객, 검술가 ; 담을 두 르는 사람.

:fenc·ing [fénsiŋ] *n.* ⓤ (1) 펜싱, 검술 : ~ foil (연습용) 펜싱 칼. (2) 〔集合約〕담·울타리의 재료, 울타리, 담. (3) 장물 매매〈취득〉. (4) 교묘히 받아 넘기는 답변.

fend [fend] *vt.* (질문 등)을 받아넘기다, 피하다, 빗기다《*off*》 ; 가까이하지 못하게 하다. — *vi.* (몸 등에) 갖추다, 돌보다《for》. **~ for** one**self** 혼자 힘으로 자활하다.

fend·er [féndər] *n.* ⓒ 방호물, 흙받이, 완충장치, 《美》(자동차 등의) 바퀴 덮개, 범퍼 (《美》 bumper) ; 난로 울.

fénder bènder 《美口》 (가벼운) 자동차 사고.

fen·es·tra·tion [fènəstréiʃən] *n.* ⓤ 【建】 창(窓) 내기, 창문 모양의 구멍이 있음.

fen·nel [fénəl] *n.* ⓒ 【植】 회향풀(의 씨).

fen·ny [féni] *a.* 늪의 ; 소택지에 나는〈많은〉.

feoff [fef, fiːf] *n.*, *vt.* 봉토, 영지(嶺地)를 주다.

fe·ral [fíərəl] *a.* (1) 야생의, 야생으로 돌아간. (2) (사람·성격 등이) 야성적인.

***fer·ment** [fəːrment] *n.* ⓒ 효소(enzyme) ; ⓤ발효 ; ⓤ 들끓는 소란, 소요(commotion), 동요, 흥분. **in a ~** 대소동으로, 동요하여.
— [fəːrmént] *vt.* (포도 따위)를 발효시키다, (감정 등)을 들끓게 하다. — *vi.* 발효하다 ; 흥분〈동요〉하다. 파) **~·a·ble** [-əbəl] *a.* 발효성의.

***fer·men·ta·tion** [fəːrmentéiʃən] *n.* ⓤ 발효 (작용) ; 소동, 동요, 흥분.

fer·mi·um [féərmiəm, fəːr-] *n.* ⓤ 【化】 페르늄《방사성원소; 기호 Fm》.

***fern** [fəːrn] n. ⓤⓒ 【植】 양치류(類) : the royal ~ 고비.

fern·ery [fəːrnəri] *n.* ⓒ 양치식물의 숲 ; 양치 식물의 재배지, 양치식물 재배 케이스《장식용》.

ferny [fəːrni] *a.* 양치식물의〈같은〉 ; 양치식물이 우거진.

***fe·ro·cious** [fəróuʃəs] *a.* 사나운, 잔인한, 모진.

***fe·roc·i·ty** [fərɑ́səti/ -rɔ́s-] *n.* ⓤ 사나움, 잔인성(fierceness); ⓒ 광포한 행동, 만행.

***fer·ret**[1] [férit] *n.* ⓒ 흰족제비, 수색자, 탐정.
— *vt.* (1) …을 흰족제비로 사냥하다. (2)《+目+副》(비밀·범인 등)을 찾아내다, 수색하다《*out*》, 내쫓다.
— *vi.* (1) 흰족제비를 이용하여 사냥하다, 몰아내다(out, away). (2)《+副》찾아다니다《*about*》.

fer·ret[2], **-ret·ing** [férit], [-iŋ] *n.* ⓒ (무명 또는 비단으로 만든) 가는 끈, 납작한 끈.

fer·rety [fériti] *a.* 흰족제비 같은; 캐기 좋아하는.

fer·ric [férik] *a.* 철분이 있는; 【化】 제2철의 : ~ oxide 〈chloride, sulfate〉 산화〈염화, 황산〉 제2철.

fer·rite [férait] *n.* ⓤ 【化】 페라이트, 아철산염.

ferro- '철의, 철을 함유한' 의 뜻의 결합사.

fer·ro·con·crete [fèroukɑ́nkriːt, -kɔ́ŋ-] *n.* ⓤ 철근 콘크리트.

fer·ro·mag·net·ism [fèroumǽgnətìzəm] *n.*ⓤ 【物】 강자성(强磁性).

fer·rous [férəs] *a.* 쇠(철)의, 철을 함유한 ; 【化】 제 1철의.

fer·rule [férəl, férul] *n.* ⓒ (지팡이 따위의) 물미 ; 칼코등이, 쇠테, 페룰. — *vt.* …에 ~을 달다(대다).

:fer·ry [féri] *n.*(1) 나루터, 도선장. (2) ⓒ 나룻배(ferryboat), 연락선 (3) ⓤ 【法】 나룻배〈도선〉 영업권. (4) ⓤ 【空】 (새로 만든 항공기의) 자력(自力) 현지수송《공장에서 현지까지 가는》 ; (정기)항공〈자동차〉편 ; 정기항공기(의 발착장). — *vt.* (1) …을 배로 건네다〈나르다〉. (2) 【空】 …을 자력 수송하다 ; (정기적으로) 항공기로 수송하다. — *vi.* 나룻배로 건너다, 페리로 건너다, (나룻배가) 다니다.

***fer·ry·boat** [-bòut] *n.* ⓒ 나룻배, 연락선.

fer·ry·man [-mən] (*pl.* **-men** [-mən]) *n.* ⓒ 나룻배 사공, 도선업자.

:fer·tile [fəːrtl/ -tail] (**more ~ : most ~**) *a.* (1) (땅이)비옥한, 기름진. (2) 다산(多産)의, 번식력이 있는. (3) 풍작을 가져오는; 풍작의.〚opp.〛 *sterile*. (4)(상상력·창의력 등이) 풍부한 ; (마음이) 상상〈창조〉력이 많은. (5) 【址】 다산적인, 번식력이 있는, 많이 열리는《*in* ; *of*》.

***fer·til·i·ty** [fəːrtíləti] *n.* ⓤ (1) 비옥 ; 다산 (多産). (2) 독창성. (3) (토지의)산출력. (4) 【動】 번식〈생식〉력.

fer·ti·li·za·tion [fəːrtəlizéiʃən] *n.* ⓤ (땅을) 기름지게 하기 ; 비옥화 ; 다산화 ; 【生】 수정〈수태〉.

***fer·ti·lize** [fəːrtəlàiz] *vt.* (땅)을 기름지게 하다, (정신 등)을 풍부하게 하다.

***fer·ti·liz·er** [fəːrtəlàizər] *n.* ⓤⓒ 거름, 비료《특히》 화학 비료(manure).

fer·ule [férəl, -ruːl] *n.* ⓒⓤ (채벌용) 나무주걱.

fer·ven·cy [fəːrvənsi] *n.* ⓤ 뜨거움 ; 열렬 ; 열정, 열성.

***fer·vent** [fəːrvənt] *a.* 뜨거운 ; 타는 듯한. ▫ fervor *n.*

fer·vid [fəːrvid] *a.*열정적인, 열렬한(ardent).

***fer·vor,** 《英》**-vour** [fəːrvər] *n.* ⓤ 백열(강대), 염열(炎熱) (intense heat) ; 열정, 열렬.

-fest 《美口》 '축제, (비공식) 회합' 의 뜻의 결합사 : song*fest*.

fes·tal [féstl] *a.* =FESTIVE. (1) 축제의. (2) 유쾌한(gay). 파) **~·ly**[-təli] *ad.*

fes·ter [féstər] *vi.*, *vt.* (상처가) 곪다 ; 곪게 하다 ; 뜨끔뜨끔 쑤시(게 하)다 ; 괴로워하다. **~ into** (상처 따위가) 곪아 …이 되다. — *n.* ⓒ 화농(化膿), 궤양.

:fes·ti·val [féstəvəl] *a.* (1) 잔치의, 축(제)일의. (2) 즐거운. — *n.* (1) ⓤⓒ 잔치, 축하, 축전. (2) ⓒ 축제일, 축일. (3) ⓒ 향연. (4) 정기적인 행사.

***fes·tive** [féstiv] *a.* 〔限定的〕 경축의; 축제의, 명절 기분의, 즐거운, 명랑한. ▫ festival *n.* festivity *n.* 파) **~·ly** *ad.* 축제 기분으로, 명랑하게

***fes·tiv·i·ty** [festívəti] *n.* (1) ⓤ 축제, 잔치, 제전 ; 축제 기분. (2) (*pl.*) 축제의 행사, 법석.

fes·toon [festúːn] *n.* ⓒ 꽃줄(꽃·잎·리본 등을 길게 이어 양끝을 질러 놓은 장식). — *vt.* (1) 《~+目/+目+前+名 》 …을 꽃줄로 잇다, 꽃줄로 꾸미다 《*with*》. (2) …을 꽃줄로 만들다.

Fest·schrift [féstʃrìft] (*pl.* **~en, ~s**) *n.* (종종 f-) 《G.》 (선배 학자들에게 바치는) 학술 기념 논문집.

fe·tal [fíːtl] *a.* 태아(fetus)의.

fétal álcohol sỳndrome 【醫】 태아 알코올 증후군(임부의 알코올 과음에 의한).

:fetch [fetʃ] *vt.* (1) 《~+目/+目+目/+目+前+名/+目+副》 …을 (가서)가져오다, (가서)데 려〈불러〉오다. (2) (눈물·피 등)을 자아내다, 나오게 하다 (derive). (3) (큰 소리·신음 소리를) 발하다, 내다 ; (한숨)을 짓다 : ~ a deep sigh of relief 깊은 안도의 한숨을 쉬다. (4) 《~+目/+目+目》 (상품 따위가) …에 팔리다 ; (…의 금액)을 가져오다 : How much did you picture ~? 그 그림은 얼마에 팔렸는가. (5) 《目+目》 (타격 등)을 가하다, 먹이다(strike) : I ~*ed* him one〈a slap〉. 그에게 한방 먹였다. (6) …의 마음을 사로잡다 ; 매혹하다(attract). (7) …의 의식을 회복시키다《*to* ; *around*》 ; (아무)를 설득하다 (*around*). (8) 《稀》 추론하다(infer). (9) (급격한 동작)을 해내다(perform). (10) 【海】 …에 닿다 (reach). (11) 【컴】 (명령)을 꺼내다.

— *vi.* 1) 가서 (물건을) 가져오다 ; (사냥개가) 잡은 것을 물고 오다. 2) 의식〈체력·체중〉을 회복하다《*up*》. 3) 우회하다. 4) 【海】 어느 방향으로 진로를 잡다, 항진하다 ; 진로를 바꾸다(veer). **~ *about*** 멀리 돌아가다. **~ *a compass*** 돌아서 가다, 우회하다. **~ *and carry*** 심부름을 다니다 ; (소문 따위를) 퍼뜨리고 다니다 ; (아무를 위해) 잡일을 하다《*for*》. **~ *in*** (한 패로) 끌어넣다〈들이다〉 ;안으로 들여놓다 ; (이익 따위를) 가져오다. **~ *out*** 끌어〈끄집어〉 내다 ; (광·윤 등을) 내다. **~ *over*** (사람을) 집으로 데리고 오다. (사람을) 설득하다. **~ *up*** 1) 《口》 끝나다, (배·사람 등이) 갑자기 서다, 멈추다. 2) (뜻밖의 장소에) 도착하다 : I fell asleep on the train and ~*ed up* in Glasgow. 열차에서 잠든 바람에 엉뚱하게도 글래스고까지 갔다. 3) (배가) 정박하다, 정선하다. 4) 욕지기가 나다.

fetch·ing [fétʃiŋ] *a.* 매혹적인, 사람의 눈을 끄는. 파) **~·ly** *ad.*

fete, fête [feit, fet] *n.* ⓒ (1) 축제. (2) 축일(~ day) ; 【가톨릭】 영명 축일(靈名祝日). (3) (특히 옥외에서, 모금 목적으로 베푸는) 향연, 축연. — *vt.* 〔흔히 受動으로〕 …를 위하여 잔치를 베풀어 축하하다 ; 향응〈환대〉하다.

fe·ti·cide [fíːtəsáid] *n.*ⓤ 태아 살해, 낙태.

fet·id [fétid, fíːtid] *a.* 악취를 내(뿜)는, 구린.

fet·ish [fétiʃ, fíːt-] *n.* ⓒ 주물(呪物), 물신(物神) ; 맹목적 숭배물 ; 맹목적 애호: 【心】 성적 감정을 불러일으키는 무성물(無性物) ; ***make a ~ of*** …을 맹목적으로 숭배하다, …에 열광하다.

fet·ish·ism [fétiʃìzəm, fíːt-] *n.* ⓤ 주물(呪物) 〈물신〉 숭배맹목적 숭배 ; 【心】 성욕 도착, 배물성애(拜物性愛) 파) **-ist** *n.*

fet·lock [fétlɑ̀k/ -lɔ̀k] *n.* ⓒ(말굽 뒤쪽의) 텁수룩한 털 ; 구절(球節) 《말굽 뒤쪽의 털난 곳》.

fe·tol·o·gy [fiːtɑ́lədʒi -tɔ́l-] *n.* ⓤ 태아학, 태아 치료학. 파) **-gist** *n.*

fe·tor [fíːtər, -tɔːr] *n.* ⓤ 강한 악취.

fe·to·scope [fíːtəskòup] *n.*ⓒ 태아관찰경(鏡) ; 자궁내(태아를 직접 관찰하는 광학 기계).

***fet·ter** [fétər] n.(1)(흔히 *pl.*) 족쇄(shackle) 차꼬 【cf.】 manacle. (2)(흔히 *pl.*) 속박; 구속(물).

fet·tle [fétl] *n.* ⓤ (심신의) 상태.

fe·tus [fíːtəs] *n.* ⓤ (임신 3개월이 넘은) 태아 (胎兒).

feud**[1] [fjuːd] *n.* ⓤⓒ (씨족간 등의 여러 대에 걸친 유혈의) 불화, 숙원(宿怨) ; 반목. ***deadly ~ 불구대천의 원한. — *vi.* 반목하다 ; 다투다《*with*》.

feud[2] *n.* ⓒ (봉건 시대의) 영지, 봉토(fee).

feu·dal [fjúːdl *a.* (1) 영지〈봉토〉의 ; 봉건(제도)의 ; 봉건시대의, 중세의. (2) 소수 특권 계급 중심의 ; 군웅 할거적인 ; 반동적인 ; 호장(豪壯)한.

***feu·dal·ism** [fjúːdəlìzəm] *n.*ⓤ 봉건 제도.

feu·dal·is·tic [fjùːdəlístik] *a.* 봉건 제도의 ; 봉건적인 : a ~ idea 봉건 사상.

feu·dal·i·ty [fjùːdǽləti] *n.* (1) ⓤ 봉건 제도·봉건성. (2) ⓒ 봉토, 영지(fief).

feu·da·to·ry [fjúːdətɔ̀ːri/ -təri] *a.* 봉건의 : 봉토를 받은, 봉토의. — *n.*ⓒ (1) 가신(家臣). (2) 영지 (feud), 봉토.

:fe·ver [fíːvər] *n.* (1) ⓤⓒ (병으로 인한) 열, 발열. (2) ⓤ 열병. (3) ⓤ (종종 a ~) 열중, 열광 (craze), 흥분. ***at ~ speed*** 초스피드로. ***in a ~*** 열이 올라, 열광하여 정신없이 ***intermittent ~*** 【醫】 간헐열 (間歇熱). ***run a ~*** 발열하다, 열이 있다. ***scarlet ~*** 【醫】 성홍열. ***typhoid ~*** 장티프스.

— *vt., vi.* 발열시키다〈하다〉, 열병에 걸리게 하다 ; 흥분시키다, 열광케 하다 ; 열망하다《*for*》 ; 열광적으로 활동하다.

féver blìster 【醫】 = COLD SORE.

fe·vered [fíːvərd] *a.* 〔限定的〕 (1) (병적인) 열이 있는(feverish), 열병에 걸린 (2) (몹시) 흥분한 (excited). (3) 강렬한, 이상한.

fe·ver·ish** [fíːvəriʃ] (more ~ : most ~***) *a.* (1) 열이 있는, 뜨거운 ; 열띤, 열병의(에 의한) ; 열병이 많은(지방 따위) ; (기후가) 무더운. (2) 열광적인, 큰 소란을 피우는. 파) **~·ly** *ad* **~·ness** *n.*

fe·ver·less [fíːvərlis] *a.* 열이 없는.

féver pítch 병적 흥분, 열광 The announcement of victory brought the crowd ~. 승리의 발표로 군중들은 열광했다.

:few [fjuː] (**~·er ; ~·est**) *a.* 〔可決名詞에 붙어〕 (1) 〔a가 붙지 않는 否定的 용법〕 거의없는 ; 조금〈소수〉밖에 없는. (2) (비교 없음) 〔a ~형태로 肯定的 용법〕 조금〈약간〉은 있는 ; 얼마(몇개)인가의 ; 조금의 ; 다소의(some).

— *n. pron.* 〔複數 취급〕 (1) 〔a를 붙이지 않는 否定的인 용법〕 (수가) 소수〈조금〉 (밖에 없음) ; 극히 …밖에 안 되는 것(사람) : Betty must have a lot of friends. -You are wrong. She has very ~ 베티는 친구가 많은 것 같다 -그렇지 않아요. 그녀는 친구가 거의 없습니다《very ~ ones 라고는 할 수 없으며, friends를 되풀이하여 very ~ friends라고는 할 수 있음. 이때의 few는 형용사 임》 / Very 〈Comparatively〉 ~ understand what he said. 그가 한 말을 이해하는 사람은 극히 〈비교적〉 적다. (2) 〔a ~의 형태로 肯定的 용법〕 소수의 사람, 소수의 것 : A ~ *of* them know it. 그들중 그것을 알고 있는 자가 조금 있다 / go into a pub, and have *a* ~ 술집에 들어가서 몇 잔 마시다. (3)

(the ~) 소수인, 소수파 ; (선택된) 소수의 사람들.

☞ 參考 (1) **few**와 **a few** few는 many의 반대로 '조금밖에 없다'. a few는 no, none의 반대로 '조금은 있다'(at least some). 다만, 어떤 쪽을 쓰느냐는 말하는 이의 기분 여하에 따름.
(2) (**a**) **few**와 (**a**) **little** 전자는 수에, 후자는 양(量)에 사용함.
(3) (a)few = a small number (of) '소수(의)'의 뜻이므로, a few *number*는 잘못임. 또한 a few *numbers*로 복수를 만들면 '소수'가 아니고 '몇 개의 다른 수'의 뜻이 됨.
(4) **fewer** 와 **less** 수에는 fewer를, 양에는 less를 쓰는 것이 원칙임. 다만, 특정 수를 수반하면 흔히 less가 대용됨 : There were *less* 〈not *less*〉 *than* ten applicants 지원자는 열 명도 못됐다〈열 명 이상이나 됐다〉. This means *one less* idler. 이것으로 태만자가 하나 줄어드는 셈이다.

a good ~ 《英口》 꽤 많은 수(의), 꽤 많은 ; 상당한 수(의) (=quite a~ ; not a ~) : He owns *a good* ~ cows 그는 젖소를 꽤 많이 소유하고 있다. ***at*** (***the***) ***~est*** 적어도. ***every ~ days*** 〈***hours, minutes***〉 며칠〈몇시간, 몇분〉마다. (***~ and***) ***far between*** 극히 드문〈적은〉. ***in ~*** 《文語》 간단히(말하면). ***no ~er than*** …(만큼)이나. ***not a ~*** 1) = a good ~. 2) 《口》 꽤, 상당히. ***not ~er than*** …보다 적지 않은, 꽤 많은 , 적어도 …만큼의 : There were *not ~er than* a hundred applicants. 백 명 이상의〈적어도 백 명의〉 신청자가 있었다. ***only a ~*** 극히 소수(의), 아주 조금(의). ***quite a ~*** 《口》 = a good ~. ***some ~*** 소수의, 조금의, 다소의. ***very ~*** 극소수의(사람·물건): *Very* ~ people know it. 그것을 아는 사람은 극소수이다.

few·ness [fjúːnis] *n.* ⓤ 근소, 약간, 소수.

fey [fei] *a.* (1) (사람 · 행동이) 이상한 ; 머리가 돈, 변덕스러운. (2) 장래를 꿰뚫어 보는, 천리안의.

fez [fez] (*pl.* **~•(*z*)*es*** [féziz]) *n.* ⓒ 터키모(帽).

F.G. Foot Guards.

fi·an·cé [fiːɑːnséi, fiɑ́ːnsei] *n.* ⓒ 약혼중의 남성.

fi·an·cée [fiːɑːnséi, fiɑ́ːnsei] *n.* ⓒ 약혼녀.

fi·as·co [fiǽskou] (*pl.* **~(*e*)*s***) *n.* ⓤⓒ 큰 실수, 대실패.

fi·at [fíːət, fáiət, -æt] *n.* (1) ⓒ (권위에 의한) 명령. (2) ⓤ 인가(sanction), 허가.

fíat mòney 《美》 법정 불환 지폐.

fib [fib] *n.* ⓒ 악의 없는 거짓말, 사소한 거짓말.

:fi·ber, 《英》 **fi·bre** [fáibər] *n.* (1) ⓤ 섬유, 실. (2)(피륙의) 감(texture). (3) ⓒ (근육)섬유. (4) ⓤ 소질, 기질, 성질. (5) ⓤ 강도, 힘, 내구성. (6)ⓒ 【植】 수염뿌리. (7)【컴】 광(光)섬유. ***with every ~ of*** one***'s body*** 전신으로. ***shocked to the very ~ of his being*** 극단적으로 충격을 받은.

fíber àrt 파이버 아트.

fi·ber·board [-bɔ̀ːrd] *n.* ⓒ 섬유판(건축 재료).

fi·ber·glass [-glæ̀s] *n.* ⓤ 섬유유리.

fíber òptics 〔單數 취급〕 섬유 광학, 광학 섬유.

fi·ber·scope [-skòup] *n.*ⓒ 파이버스코프《fiber optics를 써서 위 등의 내부를 살피는 광학 기계》.

fi·bril [fáibril, fí-] *n.* ⓒ (1) 원(原) 섬유. (2)【植】 근모(根毛), 수염뿌리.

fi·bril·la·tion [fàibrəléiʃən, fìb-] *n.* 【醫】 (심장의) 세동(細動); (근육의) 섬유성 연축.

fi·brin [fáibrin] *n.* ⓤ 【生化】 피브린, 섬유소.

fi·broid [fáibrɔid] *a.* 섬유성〈상〉의, 섬유모양의. — *n.* ⓒ 【醫】 유섬유종(類纖維腫) ; 자궁 근종.

fi·brous [fáibrəs] *a.* 섬유(질)의, 섬유상의.

fib·u·la [fíbjulə] (*pl.* ***-s. -lae*** [-lìː]) *n.* ⓒ 【解】 종아리뼈, 비골(腓骨).

-fic '…로 하는, …화(化) 하는'의 뜻의 형용사를 만드는 결합사 : terri*fic*.

-fication -fy의 어미를 가진 동사에서 '…로 함, …화(化)'의 뜻의 명사형을 만드는 결합사 : identi*fication* ; puri*fication*.

fick·le** [fíkəl] *a.* 변하기 쉬운, 마음이 잘 변하 는, 변덕스러운. (as***) ***~ as fortune*** 몹시 변덕스러운, 자주 변하는. ***the ~ finger of fate*** 《俗》 가혹한 운명의 장난.

:fic·tion [fíkʃən] *n.* (1) ⓤ (특히) 소설(novels) ; ⓒ 창작. (2) ⓤ 꾸며낸 일, 허구, 상상. (3) ⓒ 【法】 의제(擬制), 가정, 가설 ◻ fictitious *a.*

***fic·tion·al** [fíkʃənəl] *a.* (1) 소설의, 소설적인. (2) 꾸며낸, 허구의. 파) **~•ly** [-nəli] *ad.*

fic·tion·al·ize [fíkʃənəlàiz] *vt.* (실화)를 소설로 만들다, 소설화하다, 각색(윤색)하다.

fic·ti·tious [fiktíʃəs] *a.* (1) 허위〈거짓〉의, 허구의. (2) 가공의, 상상의, 소설〈창작〉적인. (3) 【法】 의제적(擬制約)인, 가설의.

fid·dle** [fídl] *n.* (1) 《口》 바이올린 ; 깡깡이 ; 피들. (2) 사기, 속임수 (as***) ***fit as a ~*** 건강〈튼튼〉하여. ***hang up*** one***'s ~*** 사업〈일〉을 그만두다, 은퇴하다 ***hang up*** one***'s ~ when*** one ***comes home*** 밖에서는 쾌활하고 집에선 침울하다. ***have a face as long as a ~*** 몹시 우울한 얼굴을 하고 있다. ***on the ~*** 속임수를 써서. ***play first*** 〈***second***〉 ***~*** (***to...***) (관현악에서) 제1〈2〉 바이올린을 켜다 ; (아무의) 위에 서다〈밑에 붙다〉, (…에 대하여) 주역〈단역〉을 맡다. One***'s face is made of a ~.*** 《口》 얼굴이 매우 아름답다, 매혹적이다.
— *vi.* (1) 바이올린을 켜다. (2) 《+前+名》 (…을 손가락으로) 만지작거리다 ; (남의 것을) 만지다 ; (어린이 등이)손장난하다《*about* ; *around* ; *with*》. (3) 《+副/+前+名》 빈들빈들 시간을 보내다《*about* ; *around*》. — *vt.* (1) 《口》 (곡)을 바이올린으로 켜다. (2) 《+目+副》 시간을 빈들빈들 보내다. 《away》. (3) 《口》 …을 속이다(cheat) ; (숫자 등을) 속이다.
— *int.* 시시한, 어처구니가 없는.

fíddle bòw 바이올린 활 (fiddlestick).

fid·dle-de-dee [fìdldidíː] int. 당찮은, 부질없는, 시시한. — *n.* ⓤ 부질없는 일, 시시한 일.

fid·dle-fad·dle [fídlfæ̀dl] *n.* ⓤ 부질없는 것 ; (*pl.*) 부질없는〈시시한〉 일〈것〉 ; ⓒ 빈들빈들 놀고 지내는 사람. — *a.* 시시한, 부질없는.

fid·dler [fídlər] *n.* ⓒ 피들 주자(奏者), 바이올리니스트 제금가 ; 《俗》 사기꾼, 악한 ; 《英俗》 프로 복서.

fid·dle·stick [fídlstìk] *n.* ⓒ (1) 《口》 바이올린 활. (2) (흔히 *pl.*) 《蔑》 부질없는 것. (3) (흔히 a ~) 〔否定語와 함께〕 조금(a little).

fid·dle·sticks [fídlstìks] *int.* 시시하다, 뭐라고.

fid·dling [fídliŋ] *a.* 바이올린을 켜는; 하찮은.

fid·dly [fídli] *a.* 《口》 까다로운, 성가신(미세하여) ; 다루기 힘드는.

***fi·del·i·ty** [fidéləti, fai-] *n.* ⓤ (1) 충실, 충성, 성실《to》 ; (부부간의) 정절《to》. (2) 원물(原物)과 똑같음, 박진성(迫眞性), 사실〈신빙〉성 ; 【電子】 충실도. (3) 【生德】 (군락(群落) 따위로의) 적합도.

F

fidg·et [fídʒit] *vi.* 《~/+副/+前+名》 (1) 안절 부절 못하다. 불안해 하다《*about*》; 애태우다. (2) 만지작 거리다《*with*》. — *vt.* 《~+目/+目+前+名》 …을 애타게〈불안하게〉 하다, 안절부절 못하게 하다, 안달하다, 조바심하게 하다. — *n.* ⓒ (종종 *pl.*) 싱숭생숭함, 마음을 졸임, 침착하지 못한 사람. ***be in a ~*** 안절부절 못하고 있다. ***give*** a person ***the ~s*** 아무를 불안케〈조바심나게〉 하다, 안달나게 하다. ***have*** (***get***) ***the ~s*** 안절부절 못하다.

fidg·ety [fídʒiti] *a.* 《口》 안절부절 못하는, 침착성을 잃은, 조바심하는 헛소동 부리는.
파) **-et•i•ness** [-tinis] *n.*

fi·du·ci·ary [fidjúːʃièri/ -ʃiəri] *a.* (1) 【法】 피 신탁인(被信託人)의, 신탁된, 신용상의. (2) (불환지폐가) 신용 발행의. (3) 【物】 (광학 측정기의 망선(網線)상의) 기준의. — *n.* ⓒ 【法】 수탁자.

fie [fai] *int.* 《古·戱》 저런, 에잇, 채《경멸·불쾌 따위를 나타냄》. ***Fie, for shame !*** 아이 보기 싫어.

fief [fiːf] *n.*ⓒ 봉토(封土), 영지(feud).

:field [fiːld] *n.* (1) ⓒ 들(판), 벌판. (the ~s) 논밭, 전원 ; 목초지. (2) ⓒ (바다·하늘 얼음·눈 따위의) 질펀하게 펼쳐진 곳, 펄, 바다. (3) ⓒ (합성어로서 특정한 사용 목적을 지닌) 광장, 지면, 사용지, 장(場), 땅 ; 건조장 : a playing ~ 운동장. (4) ⓒ (광산물의) 산지, 매장 지대, 광상 : a coal ~ 탄전 / an oil ~ 유전. (5) ⓒ 싸움터 ;전지(戰地) ; 싸움, 전투. (6) ⓒ 경기장, 필드, 야구장, 【野】 내야, 외야 ; 야수(野手), 수비측 ; 【競馬】 마장 ;〔集合的〕 출장하는 말, (특히)인기 있는 말 이외의 (전체) 출장마. (7) ⓤ (the ~) 〔集合的〕 경기 참가자 전체 ; 사냥 참가자. (8) ⓒ (활동의) 분야, 활동 범위 (연구의) 방면. (9) ⓒ (일·사업의) 현장, 현지 ; 경쟁의 장(場), 활약무대. (10) ⓒ 【物】 장(場), 역(域), 계(界) ; 시야, 시역(視域), 【TV】 영상면. (11) ⓒ 바탕〈그림 ·기(旗) 따위의〉, 바탕의 색 ; 【紋章】 무늬 바탕. (12) ⓒ 수(數) 체(體), 《특히》 가환체 ; 【컴】 필드, 기록란(欄) ; 【電】 전자기장(電磁氣場).
a fair ~ and no favor 공평무사, 공정. ***~ of force*** 역장. ***~ of view*** 시야. ***have a ~ day*** 《美》 대성공을 거두다. ***have the ~ to*** one***self*** 경쟁상대가 없다, 독무대다. ***hold the ~*** 유리한 위치를 차지하다, 한 발짝도 물러서지 않다. ***in the ~*** 1)싸움터에 ; 출정〈종군〉 중에, 현역(現役)으로. 2) 경기에 참가하여. 3) 취재하러 나가(서). 4) 【野】 수비를 맡고. 5) 현지〈현장〉에서 ; 실제로. ***keep*** (***maintain***) ***the ~*** 작전〈활동〉을 계속하다, 진지를〈전선을〉 유지하다. ***play the ~*** 【競馬】 인기말 아닌 말에 걸다 ;《口》 (특히) 차례로 이성을 바꿔가며 교제하다, 여러가지 일에 손을 내나.

field artìllery 야포(부대), 야전포병 (F- A-) 미군 야전 포병대.

field còrn 《美》 (가축 사료용) 옥수수.

field dày (1) 【軍】 (공개) 야외 훈련일 (2) 야외 집회일 ; 야외연구일. (3) (굉장한 일의) 행사일, 야외 경기일, 운동회 날, 유렵일(遊獵日).

***field·er** [fíːldər] *n.* ⓒ 【野】 야수(野手).

fielder's chóice 【野】 야수(野手)선택, 야선(野選).

field glàss(**es**) 쌍안경 ; (망원경·현미경 등의) 렌즈.

field gòal 【球技】 필드골. a) 【美蹴】 킥으로 얻은 점수. b) 【籠球】 프리스로 이외의 득점.

field hànd 《美》 농장 일꾼(farm laborer), 노동자.

field hòckey 《美》 필드 하키.

field hòspital 야전병원.

field·ing [fíːldiŋ] *n.* ⓤ 【野】 수비.

field kìtchen 【軍】 야외 〈야전〉 취사장.

field màrshal 《英》 육군 원수《略 : F.M.》

field mòuse 들쥐.

field òfficer 【軍】 영관(領官).

fields·man [fíːldzmən] (*pl.* ***-men*** [-mən]) *n.* 【크리켓】 야수(fielder).

field spòrts (1) 야외 스포츠《사냥·사격 따위》. (2) 필드경기, 종목《트랙 경기에 대해서》.

field-test [fíːldtèst] *vt.* (신제품)…을 실지로 시험하다.

field trìp 실지 연구〈견학〉.

field·work [fíːldwəːrk] *n.* (1) (흔히 *pl.*) 【軍】 (임시로 흙을 쌓아 구축한) 보루, 야보(野堡). (2) ⓤ 야외 연구, 야외 채집 ; 현지 조사, 현장 방문.
파)**~•er** *n.* ⓒ ~를 하는 학자·기술자 등.

***fiend** [fiːnd] *n.*ⓒ 마귀, 악마(the Devil), 악령 ; (the F-) 마왕(satan) ; 마귀〈악마〉처럼 잔인〈냉혹〉한 사람 ; 사물에 열광적인 사람, …광(狂).

fiend·ish [fíːndiʃ] *a.* 귀신〈악마〉 같은, 마성(魔性)의 ; 극악한, 잔인한.

:fierce [fiərs] (***fíerc•er ; -est***) *a.* (1) 흉포한, 몹시 사나운(savage). (2) (폭풍우 따위가)사나운, 모진(raging). (3) 맹렬한, 격한(intense). (4) 《口》 불쾌한, 고약한, 지독한.

fi·ery** [fáiəri] (more ~. fi•er•i•er ; most ~. ~i•est***) *a.* (1) 불의, 불길의 ; 불타는. (2) 불같은, 불같이 뜨거운. (3) 열띤, 열렬한. (4) (성질이) 격하기 쉬운, 열화같은 ; (말이) 사나운. (5) 인화하기〈불붙기〉 쉬운 ; 폭발하기 쉬운《가스따위가》. (6) 염증을 일으킨. (7) (맛 따위가) 짜릿한, 얼얼한.

fi·es·ta [fiéstə] *n.* ⓒ 성일(聖日)휴일, 축제.

fife [faif] *n.* ⓒ 저, 횡적(橫笛) ; 저를 부는 사람.
— *vt.*(곡)을 횡적으로〈저로〉 불다.

:fif·teen [fíftíːn] *a.* 〔限定的〕 15의, 15개의, 15인의 ; 〔敍述的〕 열 다섯 살의. — *n.* (1) 15, 15의 기호 ; 15개(사람). (2) 열 다섯 살. (3) 【럭비】 15명으로 이루는 한 팀(team). (4) 【테니스】 15점 ~ love 서브측 15점 리시브측 0점.

***fif·teenth** [fíftíːnθ] *a.* (흔희 the~) 제15의, 15번째의, 15분의 1의. — *n.* (흔히 the ~) 제 15 ; 15분의 1 ;(달의) 15일 ; 【樂】 15도(음정).
파) **~•ly** *ad.*

:fifth [fifθ] *a.* (흔히 the~) (1) 다섯(번)째의, 제 5의. (2) 5분의 1의 : the ~ act 제5막, — *n.* (흔히 the ~) (1) 다섯째, 제5 ; (달의) 5일. (2) 5분의 1(a ~ part). (3) 【樂】 5도 (음정) ; (변속기의) 제5단. (4) 5분의 1 갤런(알코올 음료의 단위》. ***smite*** a person ***under the ~ rib***⇨RIB. ***take the Fifth*** 《美口》 묵비권을 행사하다. ***the ~ act*** 제 5막 ; 종막 ; 늘그막, 노경.

fifth whéel (1) 전향륜(轉向輪) ; (4륜차의)예비바퀴. (2) 무용지물.

***fif·ti·eth** [fíftiiθ] *a.* (흔히 the ~) 50번째의, 제50의 ; 50분의 1의. — *n.* (흔히 the ~) 50번째 ; 50번째의 사람〈것〉, 50분의 1.

:fif·ty [fífti] *a.* 〔朧定的〕 (1) 쉰의, 50의 ; 50개〈사람〉의 ;〔敍述的〕 50세의. (2) (막연히) 많은.
— *n.* 쉰, 50 : 50 개〈사람, 세〉 : the fifties (세기의) 50년대, (나이의) 50대.

fif·ty-fif·ty [fígtifífti] *a.*, *ad.* (절)반씩의 으로, 50대 50의〈으로〉: There's a ~ chance that he will succeed. 그가 성공할 기회는 반반이다. ***go ~*** 반반으로 하다, 절반씩 나누다《with》. ***on a ~ basis*** 반반의 조건으로. — *n.* 절반, 등분, 반반.

fig**[1] [fig] *n.* ⓒ (1) 무화과《열매 또는 나무》; 무화과 모양의 것. (2) (a ~) 〔否定文에서 副詞的〕 조금, 약간 ; 하찮은〈사소한〉 것《for》. (3) 상스러운. ***don't 〈***would not***〉 ***care*** 〈***give***〉 ***a ~***〈***~'s end***〉 ***for*** … 을 조금도 마음에 안 두다. ***green ~*** 생무화과《말린 것에 대하여》. ***not worth a ~*** 보잘것없는 : The book is *not worth a* ~. 그 책은 아무런 가치도 없다.

fig[2] 《口》 *n.* ⓤ 옷, 옷〈몸〉차림, 복장 ; 모양, 상태, 건강 상태, 의기, 형편. ***in full ~*** 성장(盛裝)하고. ***in good ~*** 탈없이, 아주 건강하게.— (***-gg-***) *vt.* …을 꾸미다,장식하다. ***~ out*** 치장시키다, 성장시키다 ; = ~up. ***~ up*** (말의 항문 등에 후추를 넣어) 기운을 북돋우다.

fig. figurative(ly) ; figure(s) .

:fight [fait] (*p. pp.* ***fought*** [fɔːt]) *vi.* (1) 《~/+前+名》 싸우다, 전투하다, 서로 치고 받다. (논쟁·소송 따위로) 다투다 ; (우열을) 겨루다《*against* ; *with*》: ~ *with*〈*against*〉 an enemy 적군과 싸우다 / ~ for liberty 자유를 위해 싸우다. (2) 《+前+名》 (일의 실현을 위해) 노력하다, 분투하다《*for* ; *against*》: ~ *for* fame 명성을 얻으려고 애를 쓰다〈분투하다〉. (3) 논쟁하다, 격론하다.

— *vt.* (1) …와 싸우다 ; …와 다투다 ; …와 권투를 하다. (2)(同族目的語를 수반하여) (싸움·경쟁)을 하다, 겨루다 : ~ a heavy fight〈battle〉격전하다. (3) (주장·주의 따위)를 싸워 지키다. ***~ gun*** 포격을 지휘하다. ***~ against*** ~을 적으로 하여 싸우다. ***~ back*** 1) 저항〈저지, 반격〉하다. 2) (감정 등)을 억누르다, 참다. ***~ down*** (감정·재채기 따위)를 억제하다, 참다. ***~ in out*** 최후까지 싸우다, 자웅을 겨루다. ***~ off*** 격퇴하다 ; …잘 피하려고 노력하다, …에서 손을 떼려고 애쓰다. ***~ on*** 계속해 싸우다. ***~ over*** …을 둘러싸고 싸우다, 다투다. ***~ shy of*** ⇨ SHY.

— *n.* (1) ⓒ 싸움, 전투, 접전, 결투, 격투, 1대 1의 싸움. 권투시합. (2) ⓒ 쟁패전 승부, 경쟁 ; 논쟁. (3) ⓤ 전투력 ; 전의(戰意), 투지.

***fight·er** [fáitər] *n.* ⓒ (1) 싸우는 사람, 투사 ;전투원, 무사(warrior). (2) 전투기. (3) 호전가 : (프로) 권투선수

fight·er-bomb·er [-bámər/ -bɔ́m-] *n.* ⓒ 【軍】 전투 폭격기.

:fight·ing [fáitiŋ] *n.* ⓤ 싸움, 전투, 투쟁, 서로 치고받는 싸움. — *a.* 〔限定的〕 (1) 싸우는 ; 전투의, 교선 중인 ; 호전적인 투지가 있는, 무를 사랑하는. (2) 【口】 (副詞約) 매우, 대단히.

fíghting chàir 《美》 갑판에 고정시킨 회전의자《큰 고기를 낚기 위한》.

fíghting chánce 노력 여하로 얻을 수 있는 승리〈성공〉의 가망, 성공의 가능성 ; 성공할 수 있는 기회.

fíghting wòrds 〈**tàlk**〉 도전적인 말.

fig·ment [fígmənt] *n.* ⓒ 허구(虛構) ; 꾸며낸 일.

fíg trèe 무화과 나무.

fig·u·ra·tion [figjəréiʃən] *n.* (1) ⓤ 형체 부여 ; 성형. (2) ⓒ 형상, 형태, 외형 ; 상징(화). (3) ⓤⓒ 비유적 표현 ; 의장(意匠). (도안 등에서 하는) 장식 ; 【樂】 장식《음,선율의》.

fig·u·ra·tive** [fígjərətiv] (more~ ; most~***) *a.* (1) 비유적인 ; 전의(轉意)의, 전용의. (2) 수식(修飾)이 많은, 화려한. (3) 상징적인, 구상적(具象的)인. (4) 조형적인.

:fig·ure [fígjər/ -gər] *n.* ⓒ (1) 숫자 ; (숫자의) 자리 ; (*pl.*) 계수. (2) 합계(수), 총계 ; 값. (3) 모양, 형태, 형상. (4) 사람의 모습, 사람의 그림자. (5) 몸매,풍채, 자태, 외관, 눈에 띄는〈두드러진〉 모습, 이채. (6) (흔히 形容詞를 수반하여) 인물, 거물. (7) (그림·조각따위의) 인물, 초상, 화상(畫像), 반신상, 나체상, 조상(彫像). (8) 상징, 표상(emblem). (9) 도안, 디자인 무늬 ; 【數】 도형. (10)도 해(diagram) ; (본문따위를 위한) 그림, 삽화(illustration)《略 : fig.》: fig.2 그림 2. (11) 【修】 비유, 비유적 표현(~ of speech)(직유(直喩)·은유(隱喩) 따위). 문채(文彩). (12) 말 표현 ; 과장 ; 거짓말. (13) (댄스·스케이트의) 피겨 ; 【樂】 음형(音形) (14) 【論】 (삼단논법의) 격(格), 도식(圖式). (15) 【占星】 천궁도(天宮圖).

a man of ~ 지위가 있는(높은) 사람, 유명한 사람 ***cut*** 〈***make***〉 ***a poor*** 〈***sorry***〉 ***~*** 초라한 모습을 드러내다. ***cut no ~*** 축에 들지〈끼지〉못하다 : *cut no* ~ in the world 세상에 이름이 나지 않다 ***do ~`s*** 계산하다. ***~ of speech*** ⇨(11). ***go*** 〈***come***〉 ***the big ~*** 《美俗》 크게 허세를 부리다 ***go the whole ~*** 《美》 철저하게 행동하다. 열심히 하다. ***miss a ~*** 《美口》 큰 실수를 하다. ***on the big ~*** 대규모로, 거창하게. ***reach three ~s*** 100점을 얻다(크리켓). ***put ~ on*** … 의 수를〈가격을〉 정확히 말하다.

— *vt.* (1) 《~+目+目+副》 …을 숫자로 표시하다 ; 계산하다(compute) ; 어림하다 ; …의 가격을 사정〈평가〉하다《*up*》: ~ *up* a sum 총계를 내다. (2) 《~+目+目(*to be*)補/+(*that*)節》《美口》 …하다고 생각하다, 판단하다, 보다. (3) …을 그림으로 보이다 ; 그림〈조상〉으로 나타내다. (4) 상징〈표상〉하다 ; 비유로 나타내다. (5) 《~+目/+目+前+名》 …을 마음에 그리다, 상상하다(~to oneself). (6) …에 무늬를 넣다. (7) 【樂】 …에 반주 화음을 넣다, 수식하다. — *vi.* (1) 계산하다. (2) 《+前/+名》《美口》 기대하다, 예기하다(reckon), ‥을 고려하다, 믿고 의지하다 《*on*, *upon*》. (3) 꾀하다 ; 궁리〈계획〉하다.《*on* ; *for*》. (4) 《+*as*補/+前+名》 (어떤 인물로서) 나타나다, 통하다. (5) 《口》 사리에 합당하다, 조리가 서다, (행위 등이) 당연한 것으로 여겨지다《주로 it (that) ~*s* 의 꼴로》: *That* 〈*It*〉 ~*s* 《美口》 그것은 당연하다〈생각한 대로다〉. (6) 【댄스·스케이트】 피겨를 하다. ***~ as*** ⇨ *vi.* (4). ***~ in*** 《美口》 계산에 넣다 ; 등장하다(appear) : …에 가담하다, 관계하다. ***~ on*** 《美口》 …을 계산〈계획〉에 넣다 ‥을 기대하다〈믿다〉 …에게 의지하다, ***~ out*** (비용 등) 을 계산하다, 견적하다, 산정하다 ; 문제따위를 풀다. ***~ out at*** 합계 …이되다. ***~ to oneself*** 마음속에 그리다. ***~ up*** 합계 하다.

***fig·ured** [fígjərd] *a.* 〔限定的〕 (1) 모양〈그림〉으로 표시한, 도시(圖示)된 (2) 무늬가 〈의장(意匠)이〉 있는, 무늬를 박은. (3) 【樂】 수식된, 화려한.

파) **~•ly** [-li] *ad.*(4) 형용이 많은, 수식이 있는.

fig·ure·head [-hèd] *n.*ⓒ (1) 【海】 이물 장식.(2) 【比】간판, 명목상의 우두머리. (3) 【戱】 (사람의) 얼굴.

fígure skàting 피겨스케이팅.

***fil·a·ment** [fíləmənt] *n.* ⓒ 가는 실, 홑 섬유《방직섬유》; 【植】 꽃실, (수술의) 화사(花絲).

fi·lar·i·a [filέəriə] (*pl.* ***-iae*** [-riìː, -riài]) *n.* ⓒ 【動】 필라리아, 사상충(絲狀蟲).

F

fil·a·ture [fílətʃər] *n.* (1) ⓤ 실뽑기《누에고 치에서》, 물레질, 제사. (2) ⓒ 제사(製絲) 기계〈공장〉.
fil·bert [fílbərt] *n.* ⓒ **[植]** 개암나무, …광(狂).
filch [filtʃ] *vt.* …을 좀도둑질〈들치기〉 하다.
:file[1] [fail] *n.* ⓒ (1) 서류꽂이, 서류철(綴) 표지, 서류보관 케이스 ; 철하는 판〈쇠〉. (2) (서류·신문등의) 철(綴), 파일 ; 철한 서류, (정리된) 자료 기록. (3) **[軍]** 종렬(縱列), 오(伍), 열 ; (*pl.*) 병졸. (4) 체스, 세로줄 판의 (5) **[컴]** (기록) 철, 파일(한 단위로서 취급되는 관련 기록). ***a ~ of men*** 2인 1조(組)를 이루는 사람. ***~ by ~*** 줄줄이 잇따라 ***in ~*** 조(組)를 이루어 ; 잇따라. ***in single* 〈*indian*〉 *~*** 1렬 종대로. ***keep* 〈*have*〉 *a ~ on*** …에 관한 서류를 보존하다. ***on ~*** (참조를 위해) 철해져서, 정리보관되어.
— *vt.* (1) 《~+目/+目+前 》 (서류 등)을 (항목별로) 철(綴)하다, (철하여) 정리 보관〈보존〉하다. (2) (기사 따위)를 보내다《전보·전화 따위로》 ; (원고를 송신하기 위해) 정리하다. (3) 《~+目/+ 目+前+名》 (신청·항의 등)을 제출(제기)하다. (4) 《+目+副》 …을 일렬 종대로 나아가게 하다.
— *vi.* (1) 《前+名》 입후보(응모)의 등록을 하다, 신청하다《*for*》. (2) 《+副/ 前+名》 줄지어 행진하다《*with*》. ***~ away* 〈*off*〉** 종렬로 나아가다, 분열행진하다. ***~ in* 〈*out*〉** 줄지어 들어가다〈나가다〉. ***~ and forget*** 처박아두어 잊어버리다 ; 문제로 삼지 않다. ***File left* 〈*right*〉*!*** 《구령》 줄줄이 좌〈우〉로.
file[2] *n.* ⓒ (쇠붙이·손톱 가는) 줄 ; (the ~) 손질, 연마, 닦기, (문장 등의) 퇴고 ; 《俗》 약은 사람, 약빠른 녀석 《보통 old, deep 등의 형용사를 붙임》. ***a close ~*** 구두쇠. ***an old* 〈*a deep*〉 *~*** 허투루 볼 수 없는 만만치 않은 녀석. ***bite* 〈*gnaw*〉 *a ~*** 헛수고하다, 헛물켜다.
— *vt.* (1) …을 줄질〈손질〉하다, 갈다. (2) …을 도야하다 ; 퇴고하다, 다듬다.
fíle clèrk 문서 정리원(filer).
fíle mánager **[컴]** (기록)철〈파일〉 관리자.
fíle náme **[컴]** (기록)철〈파일〉 이름, 파일명《식별을 위해 각 파일에 붙인 고유명》.
fíle númber 서류 번호.
fíle sýstem **[컴]** (기록)철〈파일〉 체제《보조기억 장치 내의 파일을 생성·갱신·검색·관리 유지 등을 하여 파일을 총괄적으로 구성·관리해 주는 시스템의 총칭》.
filét mi·gnón [-miːnjɑ́n/ -njɔ́n] 필레살《소의 두꺼운 등심살》.
fíle transfér prótocols **[컴]** (기록)철 〈파일 〉옮김 규약《컴퓨터 통신에서 컴퓨터 사이에 파일을 전송하는 규칙의 집합》.
***fil·i·al** [fíliəl] *a.* 자식(으로서)의 ; 효성스러운 : ~ affection 〈duty〉 자식으로서의 애정〈의무〉 / ~ piety 효도 ; **[遺]** 부모로부터 …세대의 : ~ duty 〈piety, obedience〉 효도.
fílial generátion **[遺]** 후대《교잡에 의한》 : second ~ 잡종(雜種) 제 2대.
fil·i·bus·ter [fíləbʌ̀stər] *n.* ⓒ 불법 침입자 ; 혁명〈폭동〉 선동자 ; ⓒ 《美》 의사(議事) 방해자, 불법침입자, ⓤⓒ 의사 방해. — *vi.* 외국에 침입하다 : 불법행위를 하다 ;《美》 (장황한 연설 따위로) 의사를 방해하다 《英》 stonewall). — *vt.* (의안의 통과)를 (장황한 연설 따위로) 방해(저지)하다. 파) **~·er** [-rər] *n.* ⓒ 《美》 의사 방해〈연설〉자 ; 불법 침입자.
fil·i·gree [fíləgriː] *n.* ⓤ (금은 따위의) 가는 줄 세공, 깨지기 쉬운 장식물, 파손되기 쉬운 장식물. — *a.* [限定的] 가는 줄세공〈선조 세공〉의〈을 한〉.
fil·ing[1] [fáiliŋ] *n.* ⓤ 철하기, 서류정리.
fil·ing[2] *n.* ⓤⓒ 줄질, 줄로 다듬기 ; (흔히 *pl.*) 줄밥 ; iron *~s* 쇠의 줄밥.
Fil·i·pi·no [filəpíːnou] (*pl.* **~s ;** *fem.* **-na** [-nəː]) *n.*ⓒ 필리핀 사람. — *a.* 필리핀 (사람)의
fill [fil] *vt.* (1) 《~+目/+目+前+名 》 …을 가 득하게 하다, 채우다 ; …에 내용을 채우다〈채워 넣다〉. (2) …에 충만하다, …에 널리 퍼지다〈미치다〉. (3) 《~+目/+目+前+名》 (구멍·공백)을 메우다. (4) …에 섞음질을 하다(adulterate) : ~ soaps 비누에 증량제(增量劑)를 섞다. (5) (빈 자리)를 채우다, 보충하다, (지위)를 차지하다(hold) ; **[野]** 만루가 되게 하다. (6) (요구·필요 따위)를 충족〈만족〉시키다, (수요에) 응하다 ; (처방)을 조제하다. ~ an order 주문에 응하다. (7) (책임·의무)를 다하다, (약속)을 이행하다, (역할)을 맡(아 하)다. (8) (아무)를 배부르게 하다 ; 만족시키다. (9) 《 +目/+目+前+名》〈종종 受動으로〉 (마음)을 채우다. (10) (콘크리트)를 부어넣다. (11) …에 금 따위를 입히다 ; (땅)에 흙을 돋우다 《*with*》.
— *vi.* 《~/+前+名》 (1) 그득 차다, 넘치다, 충만해지다, 그득〈뿌듯〉해지다《*with*》. (2) 잔에 따르다. (3) (돛 따위가) 부풀다. (4) 기압이 늘다 ; 저기압이 쇠약해지다. ~ away 이 바람을 가득 받도록 활대를 돌리다 ***~ in*** 1) (구멍·틈)을 메우다 ; (시간)을 메우다 ; 보내다 ; (서류·빈 곳)에 써 넣다. 2) 《口》 자세한 지식을(새로운 정보를) 발리다 ; 가르치다《*on*》. 3) …의 대리를〈대역을〉 하다《*for*》 : She *~ed in for* me while I had lunch. 내가 점심 식사를 하고 있는 동안 그녀가 내 대리를 해주었다. ***~ out*** 1) (돛 따위를 활짝) 부풀리다, 불룩하게 하다 ; (연설 따위)를 길게 늘이다 〈하다〉, (이야기 등)에 살을 붙이다 ;(술 따위)를 가득 따르다. 2) 가득해지다 ; 부풀다, 커지다 ; 살찌다 : The children are *~ing out* visibly. 애들은 눈에 띄게 커가고 있다. 3) 《美》 (서식·문서 등)의 빈 곳을 채우다, …에 써 넣다 : ~ *out* an application 신청서에 필요사항을 채워 넣으시오. 4) 《美》 (어떤 기간)을 대행하여 메우다. ***~ the ball*** ⇨ ***~ up*** 1) (빈 곳)을 채우다, 메우다 ; 보충하다 ; 써 넣다. 2) 가득 차다, 메워지다 ; 바닥이 얕아지다.
— *n.* (1) (a ~) (그릇에) 가득한 양, 충분한 양 : a ~ of tobacco 담배 한 대 분. (2) (둑 따위의) 돋운 흙. (3) (도살한뒤의) 위장속의 잔존물. one'***s ~*** 1) 배불리, 잔뜩. 2) 실컷 : weep *one's* ~ 실컷 울다.
fill·er [fílər] *n.* (1) ⓒ 채우는〈채워 넣는〉 사람〈물건〉. (2) ⓒ 주입기(器), 깔때기 충전기. (3) ⓤ (또는 a ~) (음식물의) 소, 속, 충전물, 궐련의 속. (판자의 구멍 등을) 메우는 나무, 충전재(材), (벽의 틈 등을 메우는 도료의) 충전제(制), 초벌질. (4) ⓤ (또는 a ~) (여백을 메우는) 단편 기사《신문·잡지 등의》 ; (무게·양을 늘리기 위한) 섞가루, 혼합물, 증량재(增量劑). **[컴]** 채움 문자.
fíller càp (자동차의) 연료주입구 뚜껑.
***fil·let** [fílit] *n.* (1) ⓒ (머리용)리본, 가는 띠, 끈, (머리를 매는) 가는 끈. (2) (*pl.*) **[料]** 필레 살《소·돼지의 연한 허리 고기 ; 양의 허벅지살》 ; (가시를 발라낸) 생선의 저민 고기 ; (*pl.*)(말 따위의) 허리 부분.
fil·li·beg [fílibèg] *n.*= KILT.
fill-in [fílìn] *n.*ⓒ 대리, 보결, 빈자리를 채우는 사람 ; 대용품, 보충물 ; (서식 등의) 기입 ;《美口》 개요 설명〈보고〉.
***fill·ing** [fíliŋ] *n.* 채움 ; 충전물, (음식물의) 소,

F

속.(치아의) 충전재, (파이 등의) 속채우는 것 ; (길 · 둑의) 쌓아올린 흙 ; (직물의) 씨실(woof).

fílling stàtion 주유소.

fil·lip [fíləp] *n.* ⓒ 손가락으로 튀기기 ; 가벼운자 극《*to*》; 〔주로 否定文〕 하찮은 것(일).
— *vt.* …을 손가락으로 튀기다 ; 튀겨 날리다, 탁 때리다 ; 촉진시키다, 기운을 돋우다, 자극하다. — *vi.* 손가락을 튀기다.

fil·ly [fíli] *n.* ⓒ (1) (4세 미만의) 암망아지 【cf.】 colt. (2)《口》 말괄량이, 매력있는 젊은 아가씨.

:film [film] *n.* (1) ⓒ 얇은 껍질〈막, 층〉, 얇은 잎, (표면에 생긴) 피막(被膜), 얇은 운모판. (2) ⓤⓒ 필름 ; (건판의) 감광막. (3) ⓤⓒ 영화(작품) ; (the ~s) 영화(movies); 영화산업 ; 영화계. (4) 가는 실, 공중의〈에 하늘거리는〉 거미줄. (5) (눈의) 부염, 흐림. (6) 엷은 안개, 흐린 기운.
— *vt.* (1) …을 얇은 껍질로(막으로) 덮다 : ~*ed* eyes. 눈물어린 눈. (2) …을 필름에 적다〈담다〉 : 【映】 촬영하다, (소설 등을 영화화하다. — *a.* 〔限定的〕 영화의(에 관한) : a ~ actress〈fan〉 영화 여배우〈팬〉. — *vi.* (1) 《~/+副/+前+名》 얇으 막으로 덮이다 ; 얇게 덮이다 ; (눈물 등이) 어리다《*over* ; *with*》 : The water ~ed *over with* ice. 수면은 온통 살얼음으로 덮였다 / Her eyes ~*ed over*, and I thought she was going to cry. 그녀의 눈에 눈물히 어리어 그녀가 곧 울 것만 같았다. (2) 《~/+副》 영화를 만들다 ; (…이) 촬영에 적합하다 ; ~ *well* 〈*ill*〉영화에 맞다〈맞지않다〉

fílm diréctor 영화감독

fílm clìp 【TV】 필름 클립(방송용 영화필름).

film·dom [fílmdəm] *n.* ⓤⓒ 영화계, 영화인, 영화산업.

film·go·er [fílmgòuər] *n.*영화팬.

film·ic [fílmik] *a.* 영화의〈같은〉. 파) **~·i·cally** *ad.*

film·ing [fílmiŋ] *n.* (영화의) 촬영

film·ize [fílmaiz] *vt.* …을 영화화하다(cinematize) 파) **fim·i·za·tion** *n.* 영화화(한 작품).

film·let [fílmlit] *n.*단편 영화, 소영화.

fílm lìbrary 영화 도서관, 필름 대출소.

film-mak·er [∠mèikər] *n.*영화 제작자, 영화회사.

film-mak·ing [∠mèikiŋ] *n.* ⓤ 영화 제작.

film·og·ra·phy [filmágrəfi/ -mɔ́g-] *n.* ⓤⓒ 영화 관계 문헌, (주제 등에 관한) 영화 작품 해설.

fílm premìère (신작 영화의) 특별 개봉.

fílm ràting 【映】 관객 연령 제한 (표시).

fílm recòrder 영화용 녹음기.

film·slide [∠slàid] *n.* (환등용) 슬라이드,

film·strip [∠strip] *n.*ⓤⓒ (연속된 긴) 영사 슬리이드

fílm stùdio 영화 촬영소.

fílm tèst (영화 배우 지원자의) 화면 심사.

fílm thèater 《英》 영화관.

filmy [fílmi] (*film·i·er* ; *-i·est*) *a.* 얇은 껍질〈막〉의, 필름 같은 ; 얇은 : ~ ice 엷은 얼음 ; 얇은 껍질로〈막으로〉덮힌 (쌓인) ; 가는 실의.

***fil·ter** [fíltər] *n.* (1) 여과기 ; 여과판(板) (2) 【電】 여과기(據波器). 【寫】 필터, 여광기(濾光器) 【컴】 거르개. (3) 여과용 다공성 물질, 여과용 자재(필터 · 모래 · 숯 등). (4) 《口》 필터 담배.
— *vt.* 《~+目/+目+副》 …을 거르다, 여과하다, 여과하여 제거하다《*off* : *out*》: ~ *off* impurities 걸러서 불순물을 제거하다.
— *vi.* (1)《~+副/+前+名》 여과되다 ; 스미다,침투하다《*through* ; *into*》. (2) 《英》 (자동차가 교차점에서 직진 방향이 붉은 신호일 때) 녹색의 화살표 신호에 따라 좌(우)회전하다.

fil·ter·a·ble [fíltərəbəl] *a.* 여과할 수 있는

fílter cigarétte 필터 (달린) 담배.

fílter clòth 여과포(布).

fílter pàpter 여과지(紙), 거름종이.

fílter tìp (담배의) 필터 ; 필터담배.

fil·ter-tip(ped) [fíltərtìp(t)] *a.* 필터달린.

***filth** [filθ] *n.* ⓤ 오물, 쓰레기 ; 더러움, 불결 ; 외설 : 추잡스런 말(생각) ; 추행, 부도덕 ;《英方》 악당, 매춘부 ; (the~) 《英俗》 경찰.

***filthy** [fílθi] (*filth·i·er* ; *-i·est*) *a.*불결한, 더러 운 ; 부정한 ; 추악한 ; 외설한, 음탕한, 지독한. — *ad.* 《美俗》 대단히, 매우. — *n.* 《美俗》 돈.
파) **fílth·i·ly** *ad.* **-i·ness** *n.*

fílthy lúcre 《口》 부정축재, 부정한 돈.

fil·trate [fíltreit] *vt.*, *vi.* =FILTER. 여과하다. — [-trit, -treit] *n.* 여과액, 여과수(求).

fin** [fin] *n.* ⓒ (1) 지느러미 ; 어류(魚類), 어족 ; 지느러미 모양의 물건. (2) 《俗》 손(hand), 팔. (3) (항공기의) 수직 안전판(板), (잠수함의) 수평타 ; (흔히 *pl.*) 물갈퀴. (4) 《美俗》 5달러짜리 지폐 ***~, fur and feather(s) 어류·수류(獸類)·조류 : Lip 〈Give〉 us your ~ 자 악수하세.

fin·a·ble [fáinəbəl] *a.* 벌금에 처할 수 있는.

fi·na·gle [finéigl] 《口》 *vt.*, *vi.* 야바위치다,속이다, 잘 변통하다, 속여 빼앗다《*out of*》. 파) **-gler** *n.*

:fi·nal [fáinəl] *a.* (1) 〔限定的〕 최종의, 최후의. 【cf.】 initial. . (2) 최종적인, 확정적인, 궁극적인, 결정적인(conclusive). (3) 【文法】 목적을 나타내는 a ~clause 목적절. (4) 【音聲】 말 끝의, 음절 끝의 《bit, bite의 t따위》.
the ~ judgment 【法】 최종판결. — *n.* ⓒ 1) (보통 *pl.*) 【競】 결승전 ; (대학의) 최종(학기말) 시험. (2) (신문의) 최종판(版). (3) 종국.최종〈최후〉의 것. ***run (play) in the ~s*** 결승전까지 올라가다.
파)**~·ism** [-ìzəm] *n.* ⓤ 【哲】 궁극 원인론, 목적원인론 **~·ist** *n.* ⓒ 결승전 출장 선수, 【哲】 목적 원인론자.

***fi·na·le** [finá:li, -nǽli] *n.* ⓒ 《It.》 피날레. (1) 【樂】 끝악장, 종악장(終樂章), 종곡. (2) 【劇】 최후의 막, 끝장, 대미(大尾); 종국, 대단원.

fi·nal·i·ty [fainǽləti] *n.* (1) ⓤ 최종적 〈결정적〉인 것. (2) ⓒ 최후의 판결 · 회답《따위》.

fi·nal·ize [fáinəlàiz] *vt.* 〈계획 등〉을 완성〈종료〉시키다.

:fi·nal·ly [fáinəli] *ad.* (1) 〈흔히 글미리에 옴〉 최후로 ; 마지막에, 종내(lastly). (2) 최종적으로, 결정적으로. (3) 마침내, 결국.

:fi·nance [finǽns, fáinæns] *n.* (1) ⓤ 재정, 재무. (2)(*pl.*) 재원(funds), 재력, 자금 ; 자금조달, 재원확보 ; 세입, 소득(revenues). (3) ⓤ 재정학.
— *vt.* (1) …에 자금을 공급〈융통〉하다, …에 융자하다 : The local authority has refused to ~ the scheme. 지방 자치 단체는 그 계획에 대한 자금공급을 거절했다. (2) 《+目+前+名》 …의 재정을 처리하다, 자금을 조달하다〈대다〉 : ~ a daughter *at* 〈*through*〉 college 딸의 대학 학자금을 대다 / The company ~*d* its acquisitions with the sale of its real estate holdings. 그 회사는 구입물의 자금을 소유 부동산의 매각으로 조달했다. — *vi.* 자금을 조달하다, 투자하다. □ financial *a.*

F

finánce còmpany 《英》 **hòuse**〉 금융 회사.

:fi·nan·cial [finǽnʃəl, fai-] *a.* 재정(상)의, 재무의 ; 재계의 ; 금융상의.

fináncial yéar 《英》 회계연도 (《美》 fiscal year).

***fi·nan·ci·er** [fìnənsíər, fài-] *n.* ⓒ 재정가 ; (특히) 재무관 ; 금융업자 ; 자본가(capitalist), 전주.

fin·back [fínbæ̀k] *n.* **[動]** 큰고래(=~ ***whále***)

:find [faind] (*p., pp.* ***found*** [faund]) *vt.* 〔용법에 따라 目的語가 생략되는 수가 있음〕 (1) 《~+目/+目+補/+目+*done*/+目+*ing*》 …을 (우연히) 찾아내다, 발견하다 ; …을 만나다. (2) 《~ +目/+目+目/+目+前+名》 …을 (찾아서) 발견하다, 보다. (3) 《~+目/+目+補》 …을 (찾으면) 발견된다, (볼 수) 있다 ; 〔흔히 one, you를 주어로 하며, 때때로 受動으로〕 …에 있다, 존재하다. (4) 《~+目/+目+前+名》 (필요한 것)을 얻다, 입수〈획득〉 하다, (시간·돈따위)를 찾아내다, 마련하다 ; (용기 등)을 내다. (5) 《+目+*to* do/+目+*do*/ that〈*wh.*〉補/+*wh.to* do/+目+(*to* be)+補/+目+前+名》 …이 …임을 (경험을 통하여) 알다, 이해하다. (6) 〔흔히 再歸的〕〉깨닫고 보니, 어떤 장소·상태)에 있다. (7) 《~+目/+目+補/+*that*節》 **[法]** (배심이 평결)을 내리다, …라고 평결하다\. (8) (기관(器官))의 기능을 회득〈회복〉하다, …을 사용할수 있게 되다. (9) (계산의 답)을 얻다. (10) …에 도달하다, …이 자연히, …하게 흐르다〈되다〉. (11) 《~+目/+目+前+名》〔의식(衣食) 따위〕를 …에게 제공하다, …에(게) 지급하다《*for* ; *with* ; *in*》.

— *vi.* (1) 《+前+名》 **[法]** (배심원이) 평결을 내 리다 《*for* ; *against*》. (2) 찾아내다, 발견하다 ; (사냥개가) 사냥감을 찾아내다 : Seek, and ya shall ~ **[聖]** 찾으라, 그러면 찾을 것이오(마태복음Ⅶ: 7). (***and***) ***all*** 〈***everything***〉 ***found*** 〈고용인이 급료이외에 의식주 등〉 일체를 지급받고. ***fault with*** ⇨FAULT. ***~ for*** ⇨*vi.*(1). ***~ it in*** one***'s heart to*** (do) …할 마음이 나다, ~하고 싶어하다, …하려고 마음 먹다(주로 can, could 등과 함께 의문문·부정문에서). ***~ it*** (***to***) ***pay*** = ***~*** (***that***) ***it pays*** 〈해보니〉 수지가 맞다. ***~ mercy in*** a person 아무에게서 동정을 맏다, 은혜를 입다. ***~ out*** 1) (조사하여) 발견하다, 찾아내다. 2)(진상·사실)을 알다《*about*》, 깨닫다 ; (아무)의 참모습을 알다〈드러내다〉 : I *found* him *out*. 그의 정체〈음모〉를 캐냈다. 3) (죄·범인 따위)를 간파하다, (수수께끼)를 풀다. 4) (방책 따위)를 안출하다. (5) 〔目的語 생략〕 사실을 밝혀내다 : Never mind, I'll ~ *out* 염려 마라, 내가 알아낼 터이니. ***~*** one***'s account in*** …으로 이익을 얻다. ***~*** one***self*** (1)⇨*vt.*(6). 2) 자기의 재질·적성·특성을 깨닫다, 자기의 나아갈 바를 알다. 3) (이러이러한) 기분이다 : How do you ~ *yourself* today ? 오늘은 기분이 어떠십니까. 4) 자기 비용을 스스로 부담하다 : ~ *oneself* in clothes 의복을 자비로 마련하다. ***~*** one***'s feet*** ⇨FOOT. ***~*** one***'s way*** 길을 찾아가다, 애써 나아가다〈이르다〉 ; 〈무생물이 주어가 되어〉 …에 도달하다 ; 들어오다〈가다〉《*in*》, 애써서 나가다, 나오다《*out*》. ***~ up*** 찾아내다. ***~ what o' clock it is*** 진상을 간파하다.

— *n.* ⓒ (1)(보물·광천 따위의)발견 (discovery). (2) 발견물, 발굴해낸 것(finding), 희한한 발견물, 횡재. (3) **[英獵]** 사냥감의 발견(특히 여우 따위의). (4) **[컴]** 찾기. ***a sure ~*** 《사냥》 (사냥감이) 틀림없이 있는 곳. ***have*** (***make***) ***a great ~*** 뜻밖에 회한한 물건을 얻다.

fínd and repláce **[컴]** 찾아 바꾸기《편집기 등에서 문서 안의 특정한 문자열을 찾아서 이를 다른 문자열로 바꿔 치기하는 기능》.

find·er [fáindər] *n.* ⓒ (1) 발견자 ; 습득자 : ~s are keepers. 발견한 사람이 임자다. (2) (방향·거리의)탐지기, 측정기. (3) (망원경 카메라의) 파인더(viewfinder).

fin de siè·cle [fæ̃ndəsjékl] 《F.》 (문예 방면에서의) 데카당파의, 퇴폐파의 ; 현대적인.

***find·ing** [fáindiŋ] *n.* ⓒ 발견 (discovery) ; (종종 *pl.*) 발견물, 습득물 ; (종종 *pl.*) 조사〈연구〉결과 ; 소견 ; **[法]** (법원의)사실 인정 ; (배심원 등의) 평결, 답신.

find·spot [fáindspɑ̀t/ -spɔ̀t] *n.* **[考古]** (유물 막위의) 발견지(점), 출토지(점) .

:fine [fain] (***fín•er ; fín•est***) a. (1) 〔限定的〕 훌륭한, 뛰어난 ; 좋은, 굉장한, 멋진. (2) (날씨따위가) 갠, 맑은. (3) 〔限定的〕 정제된, 순수한, 순도(純度) 높은 ; 순도 …의. (4) (낱알 따위가) 자디잔, 고운, 미세한 ; 감촉이 좋은 ; (농도가) 엷은, 회박한. (5) (실·끈 따위가) 가는 ; (손·발 따위가) 늘씬한 ; (펜촉이) 가느다란, (펜·연필이) 가는 글씨용의 ; **[印]** 가는 활자로 인제된. (6) (날이) 얇은, 예리한(칼 따위). (7)(감각이)예민한, 민감한, 섬세한(delicate)(keen) ; a ~ ear 밝은 귀. (9)(차이 따위가) 미묘한, 미세한. (9) (일이) 정교한, 공들인. (10) (사람이) 기술이〈솜씨가〉 뛰어난, 교묘한 : a ~ worker 기술이 좋은 장인. (11) (사람·태도 따위가) 세련된(polished), 완성된. (12) 〔反語的〕 뽐낸, 짐짓 점잔 빼는 ; 훌륭한, 대단한. (13) (말 문장 등이) 화려한, 아첨하는. (14) (사람이) 아름다운(handsome), 예쁜, (외관이) 훌륭한 ; (감정이) 고상한 ; (물건이) 상품(上品)의 상질(上質)의 : a ~ youngman 멋진 청년. (15) (…에) 적합한, 쾌적한, (건강 등에) 좋은《*for*》. (16) (사람이) 원기왕성한, 기분이 좋은, 아주 건강한. (17) 좋다, 좋아《주로 손아랫사람에게》.

a ~ gentleman 〈***lady***〉 세련된 신사〈숙녀〉, 〔反語的〕 (근로를 천시하는) 멋쟁이 신사〈숙녀〉. ***all very ~ and large*** 그럴 듯한, 정말 같은. ***~ and*** 〔다음 形容詞를 강조〕 아주, 퍽. ***~ and dandy*** 《口》 참으로 좋습니다(마는…). ***~ thing*** 〔感歎詞約〕 어휴, 지겹군, 어처구니없어서, 어허 참. ***It' s all ~ but...*** 그것은 대단히 좋지만〈잘 했지만〉 …. ***not to put too ~ a point on*** (***upon***) ***it*** 노골적으로〈까놓고〉 말하면. ***one ~ day*** 〈***morning***〉 어느 날 〈날 아침〉《이 때의 fine에는 뜻이 없음》. ***one of these ~ days*** 머지 않아 조만간에, ***say ~ thing*** 입발림말을 하다, 아첨하다《*about*》.

— *ad.* (1) 《口》 훌륭하게, 멋지게, 잘. (2) 미세하게, 잘게, **[植球]** 친 공이 맞힐 공을 겨우 스칠 정도로. ***run*** 〈***cut***〉 ***it too ~*** 1) 마지막…〈하려는〉 순간에야 이루며 ; 빈신히 성취하나. 2) (시간)을 매우 절약하다 ; (값 등)을 바싹 깍다. 3) 《口》 정확하게 구별하다. ***train an athlete too ~*** 운동 선수를 지나치게 훈련시키다. ***work ~*** (계획·방법 따위가) 잘 되다.

— *vt.* (1) …을 순화(純化)하다, 정제〈정련〉하다 (refine) ; (문장·계획 등)을 더욱 정확하게 하다 ; (술)을 맑게 하다《*down*》. (2) …을 잘게〈가늘게, 엷게〉하다《*down*》. — *vi.* (1) 순수하게 되다 ; 맑아지다. (2) 잘게 되다, 가늘어지다, 엷어〈작아〉지다《*down*》. ***~ away*** 〈***down. off***〉 점점 가늘어〈잘아·엷어·순수해〉지(게 하)다.

:fine² [fain] *n.* (1)ⓒ 벌금, 과료 : 【英法】 상납금. (2)《古》 ⓤ 끝, 종말. ***in ~*** 결국 ; 요컨대. — (*p.*, *pp.* ***fined ; fin•ing***) *vt.* 《~+目/+目+目》 …에게 벌금을 과하다, 과료에 처하다《*for*》.

fine-drawn [⌐drɔ́:n] *a.* 〔限定的〕 (1) 가늘게 늘인. (2) 감쪽같이 꿰멘. (3) (의론 등이)미묘·정밀한, 섬세한, 아주 자세한, 지나치게 세밀한.

fine-grained [⌐gréind] *a.* 나뭇결이 고운.

***fine·ly** [fáinli] *ad.* 곱게, 아름답게 훌륭하게 ; 미세하게, 가늘게 ; 엷게 ; 정교하게.

fine·ness [fáinnis] *n.* ⓤ (1) 고움, 아름다움, 훌륭함 ; (품질의) 우량. (2) 미세함, 가느다람 ; 분말도 ; 【紡績】 섬도(纖度)《섬유의 굵기》 ; 정교함. (3) (금속의) 순도 (화폐의)품위. (4) (때로 a ~) (정신·지능 따위의) 예민, 섬세, 미묘함, 예민함, 명인함, 정밀함, 자세함.

fíne prínt (1) 작은 활자. (2) 작은 글자 부분 (=**smáll prínt**) 《계약서 등에서 본문보다 작은 활자로 인쇄된 주의 사항 따위》.

fin·ery¹ [fáinəri] *n.* (아름다운) 장식 ; 장신구 ; 화려한 옷 ; 화려, 화미(華美) : in one's best ~ 가장 멋진 옷을 차려 입고.

fin·ery² *n.*ⓒ 【冶】 정련소[로(爐)] (refuery).

fine·spun [fáinspʌ́n] *a.* 아주 가늘게 자아낸 ; 섬세한 ; (이론 따위가) 지나치게 면밀한, 지나치게 정밀하여 비실용적인, 미묘한.

fi·nesse [finés] *n.* 《F.》 (1) ⓤⓒ 교묘한 처리 〈기교〉, 수완, 솜씨. (2) ⓤⓒ 술책(stratagem), 책략(cunning), 휼계. (3) ⓒ【카드놀이】 피네스《브리지에서, 점수 높은 패가 있으면서도 낮은 패로 판에 깔린 패를 따려는 짓》.

— (*p.*, *pp.* ***-néssed ; -néss•ing***) *vi.*, *vt.* 술책을 쓰다 ; 책략으로 처리하다 ; 【카드놀이】 피네스를 쓰다《*for ; against*》 : ~ one's way *through* difficulties 책략을 써서 난국을 벗어나다.

fíne-tòoth(ed) cómb [fáintù:θ(t)-] 가늘고 촘촘한 빗, 참빗 ; 《比》 철저〈면밀〉하게 조사(음미)하는 태도〈제도〉. ***go over* 〈*through*〉 *...with a ~*** 세밀히 조사〈음미, 수사〉 하다.

fine-tune [fáintjù:n] *vt.* 【電子】 …을 미(微)정하다.

:fin·ger [fíŋgər] *n.* ⓒ (1) 손가락 : the ring 〈third〉 ~약지, 약손가락, 무명지《the ring finger는 왼손의 약지를 가리킴》. (2) (장갑의) 손가락 ; (*pl.*) 일하는 손. (3) 지침(指針), 바늘《계량기 따위의》, 손가락 모양의 것 ; (기계 등의) 손가락 모양 돌기. 지시물(指示物). (4) 손가락 폭. (5) 【俗】 밀고자, 경찰관, 소매치기. ***burn*** one'***s ~s*** (쓸데없이 참견·간섭하여) 혼나다, 욕보다. ***by a ~'s breath*** 아슬아슬하게, 간신히. ***crook*** one'***s*** (***little***) ~ 1) 《口》 (손가락을 구부려) 신호를 하나, 뜻을 전하다 : She *crooked her* (*little*) ~ at him. 그에게 (오라고) 손을 구부렸다. 2) 【俗】 (과도하게) 술을 마시다. ***cross*** one'***s ~s*** (액막이로 또는 행운을 빌어) 집게손가락 위에 가운데 손가락을 포개다. ***have a ~ in the pie*** 몫에 참여하다, 관여하다, 쓸데없이 참섭하다. ***have... at*** one'***s ~s' ends*** (***~ ends, ~ tips***) 정통하다, 환하다 ; 바로 곁에 있다. ***have*** one'***s ~s in the till*** 《口》 자신이 근무하는 가겟돈을 〈장기간에 걸쳐〉 후무리다, 슬쩍하다. ***have sticky ~s*** 《俗》 도벽이 있다. 【美蹴】 패스를 잘 받다. ***keep* 〈*have*〉** one'***s ~s crossed*** (***that...***) (…하도록) 행운을 빌다. ***look through*** one'***s ~s at*** …을 슬쩍 엿보다, 보고도 못본 체하다. ***lay a ~ on*** …에 상처를 주다, …에 손가락 하나라도 대다, 꾸짖다. ***lay*** (***put***) one'***s ~ on*** (***upon***) 〔흔히 否定文〕 (원인·해답 등)을 정확히 지적하다 ; …을 또렷이 생각해 내다 ; (…의 장소 등)을 정확히 알아내다. ***look through*** one'***s ~s at*** …을 슬쩍 보다, …을 보고도 못 본 체하다. ***lift* 〈*raise. stir*〉 *a ~*** =lift a HAND. ***point a* 〈*the*〉 *~ at ...*** (남을) 공연하게 비난하다. ***pull* 〈*take*〉** one'***s ~ out*** 《英俗》 (태도를 바꾸어 다시) 일을 시작하다, 발분하다, 서두르다. ***put the ~ on*** 《口》 범인을 (경찰 등에) 밀고하다, 정보를 제공하다. One'***s ~s itch*** (***for, to*** do) …하고 싶어 좀이 쑤시다. ***slip through*** a person'***s ~s*** 1) (잡았던 것이) 손에서 빠져나가다. 2) 《比》 …에게서 도망치다, 없어지다, …의 손아귀에서 빠져나가다. ***snap*** one'***s ~s at*** (손가락으로 딱 소리를 내어) 남〈사환 등〉의〈을〉 주의를 끌다(부르다) ; …을 경멸 무시하다. ***turn* 〈*twist*〉** a person ***around* 〈*round*〉** one'***s*** (***little***) ~ 아무를 마음대로 (조종)하다〈가지고 놀다〉, 농락하다. ***with a wet ~*** 수월히, 손쉽게, 힘안 들이고. ***work*** one'***s ~s to the bone*** 《口》 열심히 일하다, 몸을 아끼지 않고 일하다.

— *vt.* (1) …을 손가락으로 만지다(handle), 손가락을 대다: Please, don't ~ the goods 상품에 손을 대지 마십시오. (2) (뇌물 따위)를 받다, 손을 내밀다, 훔치다. (3) …을 손가락으로 하다〈만들다〉. (4) (바이올린 따위)를 손가락으로 켜다. (5) (악보)에 운지법(運指法)을 표시하다. (6) …을 …이라고 지적하다 : Air pollution has been ~*ed* as the cause of acid rain. 대기오염이 산성 비의 원인이라고 지적되고 있다. (7) 《俗》 …을 밀고하다《*to*》 ; 미행하다(shadow) .

— *vi.* (손가락으로) 만지다, 만지작거리다.

fínger àlphabet 지(指) 문자《농아자의》.

fin·gered [fíŋgərd] *a.* 〔흔히 複合語를 이룸〕 손가락이 있는 ; 손가락이 …한 ; (가구·일용품에) 손때가 묻은 ; 【植】 손가락 모양의.

fin·ger·fish [-fìʃ] *n.* 【動】 불가사리(starfish).

fínger glàss 유리제(製) finger bowl, 손가락을 씻는 유리그릇.

fínger hòle (악기·볼링공 등의) 손가락 구멍.

fin·ger·ing [fíŋgəriŋ] *n.* ⓤ 손가락으로 만지작거림 ; 【樂】 운지법(運指法), 운지 기호.

fínger lànguage (농아자의) 지화법(指話法). =FINGER ALPHABET.

fin·ger·ling [fíŋgərliŋ] *n.*ⓒ 작은 물고기, 극히 작은 것.

fin·ger·nail [fíŋgərnèil] *n.*ⓒ 손톱.

fínger pàinting 지두화법(指頭畵法)(으로 그린 그림), 손가락으로 그린 그림.

fínger plàte 【建】 지판(指板)《문의 손잡이 부분에 댄 금속판》.

fínger pòst (손가락 모양의) 도표(道標), 방향=표시 말뚝(guidepost) ; 안내서, 지침《*to*》.

fin·ger·print [fíŋgərprìnt] *n* ⓒ 지문.

— *vt.* …의 지문을 채취하다.

fínger rèading 점자 읽는 법(맹인이 손가락으로 하는). 【cf.】 braille.

fin·ger·spell·ing [fíŋgərspéliŋ] *n.* ⓒ 수화에의 한 의사전달

fin·ger·stall [fíŋgərstɔ̀:l] *n.*ⓒ 손가락 싸개.

fin·ger·tip [fíŋgərtìp] *n.* ⓒ 손가락 끝 ; 골무 ***have* 〈*keep*〉 *... at*** one'***s ~s*** 즉시 이용할 수 있다, 곧 입수할 수 있다 ; 잘 알고 있다 ; 쉽게 처리 할 수 있다. ***to the* 〈**one'***s*〉 *~s*** 완전히, 완벽하게 (com-

F

pletely), 철저히.

fin·i·cal [fínikəl] *a.* (옷·음식따위에) 몹시 신경을 쓰는, 까다로운《*about*》. 파) **~·ly** *ad.* 아주 까다롭게. **~·ness** *n.*

:fin·ish [fíniʃ] *vt.* (1) 《~+目/+目+副》 …을 끝내다, 완성하다. (2) 《+*ing*》 …하기를 끝내다, 끝마치다. (3) (책 등)을 다 읽다, 다 쓰다. (4) (음식)을 다 먹어 〈마셔〉 버리다《*off, up*》. (5) 《~+目/+目+副》 《口》 상대를 패배시키다, 녹초가 되게 하다, 죽이다(kill)《*off*》. (6) 《~+目/+目+前+名》 …을 마무르다 ; 다듬다, …의 마지막 손질을 하다《*off*》. (7) …의 교육〈훈련〉을 끝내다, …을 졸업시키다 (8) (학교·과정)을 수료〈졸업〉하다.

— *vi.* (1) 끝나다, 그치다, 끝장나다 : The training ~*ed* before noon. 훈련은 오전 중에 끝났다 / It ~*ed* badly.그것은 언짢게 끝났다. (2) 《口》 (사람이 일을) 끝내다, 마치다《*off, with, up*》 : I'll soon be ~*ed with* this job. 이 일은 곧 끝날 것이다《여기서 be ~ed는 완료를 나타냄》. (3) 《+補》 (결승점에) 닿다 : ~ second in the race. 2등이 되다. ***~ by*** do***ing*** 마침내〈끝내〉 …하다. ***~ off*** (일등)을 끝마치다 ; (음식 등)을 다 먹어 버리다 ; 《口》 (사람 짐승)을 죽이다. ***~ up*** 1) (일)을 끝내다, 완료하다. 2) (물품)을 다 써 버리다, …(음식물)을 다 먹어치우다. ***~ with*** …로써 끝(장)을내다, …으로 끝맺다, 관계를 끊다. ***have ~ed with*** 이제 …은 그만〈마지막〉이다 ; 이제 …은 딱 질색이다

— *n.* (1) ⓒ 끝, 종국, 종결, 최후 : 마지막 장면. (2) ⓤ 마무리, 끝손질, 완성. (3) ⓒ 병 아가리 《병뚜껑과 접촉부 및 그 둘레》. (4)ⓤ (벽, 가구 따위의) 마무리 칠하기, 광내기. (5) (태도의) 때벗음, 교양, 세련. ***fight to a ~*** 최후까지 싸우다. ***from start to ~*** 처음부터 끝까지.

F

***fin·ished** [fíniʃt] *a.* (1) 〔敍述的〕 (사람이 일을) 끝내고 ; (사람과의 관계가) 끊겨, 끝난, 절교한, 단절되어. (2) 〔限定的〕 (일·제품이) 완성된. (3) (교양 등이) 완전한, 때벗은, 세련된. (4) 〔敍述的〕 죽어〈사라져〉 가는, 몰락한.

fin·ish·er [feiniʃər] *n.* ⓒ완성자 ; 마무리공(工).

***fin·ish·ing** [fíniʃiŋ] *a.* 최후의 ; 끝손질의, 마무리의.

— *n.* 맨 끝손질, 다듬질 ;(*pl.*) 【建】 마무리 일.

fínishing schòol 신부학교, 교양학교.

***fi·nite** [fáinait] *a.* 한정〈제한〉되어 있는, 유한의; 【文法】 (동사가) 정형(定型)의.

fínite vèrb 【文法】 정(형)동사.

fink [fiŋk] *n.* ⓒ 《美俗》 스트라이크 파괴자, 배반자 ; (특히 경찰의) 밀고자, (경찰의) 스파이 ; 《蔑》 지겨운〈더러운〉 놈 ; 마음에 안 드는 녀석.

***Fin·land** [fínlənd] *n.*핀란드《수도 Helsinki》.

Finn [fin] *n.* ⓒ 필란드 사람.

Finn·ish [fíniʃ] *a.* 핀란드의; 핀란드 사람(말)의.

— *n.* ⓤ 핀란드 말, 핀어(語).

fin·ny [físni] *a.*지느러미가 있는; 지느러미 모양의.

fiord, fjord [fjɔːrd] *n.*ⓒ 【地】 피오르드, 협만.

***fir** [fəːr] *n.* ⓒ 전나무 ; ⓤ 그 재목.

:fire [faiər] *n.* (1) ⓤ 불 ; 화염, 불꽃 ; 연소. (2) ⓒ 때는 불, 숯불, 화롯불 ; 《英》 난방기, 히터. (3) ⓒ 화재, 불. (4) ⓤ 불꽃(flame), 섬광. (5)보석따위의 번쩍임, 광휘. (6) ⓤ 열, 정열, 정염(情炎) ; 활기(animation), 원기. (7) (the ~) 불고문, 화형 ; (종종 *pl.*) 고난, 시련. (8) 열병, 염증(inflammation)격통. (9) ⓤ (독한 음료로 인한) 확확함, 화끈함. (10) ⓤ 포화 ; 발포, 사격, 발사, 폭파 ; (또는 a ~) (비난 질문 등을) 퍼붓기. (11) 《文語》 발광체 : a line of ~ 탄도, 사격방향 / heavenly ~*s* 불타는 성신(星辰).

between too ~s 《文語》 앞뒤에 포화를 받고, 협공당하여. ***catch* (*on*)** ~ 불이 붙다〈댕기다〉 ; 흥분하다 ; 열광적으로 환영받다. ***Cease* 〈*Commence*〉 *~!*** 사격 중지〈개시〉. ***draw*** a person***'s ~*** 아무의 사격 표적이 되다 ; 비난을 초래하다 ***~ and brimstone*** 불과 황, 천벌, 지옥의 혹독한 고문. ***~ and fagot*** (이단자에 대한) 화형. ***~ and sword*** 전화(戰禍). ***full of ~*** 활기에 차서. ***go through ~ and water*** 물불을 가리지 않다, 온갖 위험을 무릅쓰다. ***hang ~*** 좀처럼 발화하지 않다 ; 꾸물대다, 늑장부리다. ***hold*** one***'s~*** 말하는 것을 삼가다, 말할 때가 올 때까지 말하지 않다. ***lay a ~*** 불을 피울 준비를 하다. ***like ~= like a house on ~*** 《俗》 ⇨HOUSE. ***on ~*** 화재가 나서, 불타는 (중에) ; 《比》 흥분하여, 열중하여 ; (신체의 일부가) 몹시 아픈. ***set ~ to*** …에 불을 지르다. ***set on ~*** 불태우다, …에 불을 지르다 ; 흥분시키다, 격하게 하다. ***set the word* 〈*river,* 《英》 *Thames*〉 *on ~*** 〔흔히 否定文·疑間文·條件文〕 세상을 깜짝 놀라게 하다〈발끈 뒤집다〉 ; (눈부신 일을 하여) 이름을 떨치다. ***take ~*** = catch~. ***under ~*** 1) 비난을 받아, 공격을 받아. 2) 포화〈비난〉의 세례를 받고.

— *vt.*(1) …에 불을 붙이다〈지르다〉, 방화하다. (2) 《~+目/+ 目+前+名》 (아무)를 고무하다, 분기시키다, (생명력)을 불어 넣다, (감정)을 격앙시키다, 불태우다, (상상력)을 북돋우다, 자극(刺戟)하다. (3) (다이너마이트 등)에 점화하다 ; 폭발시키다. (4) 《~+目/+目+前+名》 (화기·탄환)을 발사〈발포〉하다(discharge), 폭파하다《*off* ; *at*》 : (질문따위)를 퍼붓다《*at*》. (5) (도자기 따위)를 구워 만들다, 굽다, 소성(燒成)하다. (6) …을 불에 쬐어 그슬리다〈건조시키다〉 ; (차)를 볶다 : ~ tea. (7) …의 불을 때다, …불을 붙이다, …에 연료를 지피다. (8) …을 빛나게 하다. (9) 【獸醫】 …을 불로 지지다 ; 낙인을 찍다(cauterize). (10) 《口》 (돌 등)을 던지다 (11) 《~+目/+目+前+名/+目+副》 《美口》 …을 해고하다《*out*; *from*》.

— *vi.* (1) 불이 붙다, (불)타다. (2) 새빨개지다. (3) 열을 띠다, 흥분하다. (4) 《~/+前+名》 발포하다, 사격하다, 포화를 퍼붓다《*at* ; *on, upon*》 (총포·내연기관이) 발화〈시동〉하다 ; 발사되다.

~ at …을 저격하다. ***~ away*** 탄환을 마구 쏴대어 다 써버리다 ; (질문·일 따위)를 지체없이 시작하다, 쉴 사이없이 계속하다. ***~ from the hip*** (권총)을 재빨리 쏘다 ; 느닷없이 공격하다. ***~ off*** 1) 발포하다, 폭발시키다 ; (질문·비난 등)을 …에게 퍼붓다《*at*》. 2) (우편·선보 등)을 급송하다, 부치다. ***~ out*** 《美口》 해고하다. ***~ up*** 1) (난로 ·보일러 따위의) 불을 때다. 2) 불끈하다, 불을 붙이다, 욱하다《*at*》.

fíre alàrm 화재 경보 ; 화재 경보기.

***fire·arm** [⌐àːrm] *n.* ⓒ (흔히*pl.*)소화기(小火器).

fire·ball [⌐bɔ̀ːl] *n.* ⓒ (1) 불덩이 ; 번개 ; 큰 별똥별(유성). (2) 《口》 정력적인 활동가, 야심가. (3) 【野】 속구. (4) 화구(火球)《핵 폭발때의》.

fíre bèll 화재 경종.

fire·boat [⌐bòut] *n.* ⓒ 소방정(消防艇).

fire·box [⌐bàks/ ⌐bɔ̀ks] *n.* ⓒ (1) 【機】 (보일러·기차의) 화실(火室). (2) 화재 경보기.

fire·brand [⌐brǽnd] *n.* ⓒ (1) 횃불 ; 관솔. (2) (스트라이크 반항 등의) 선동자, 대(大)정력가.

fire·break [⌐brèik] *n.* ⓒ (산불 따위의 확산을 막

기 위한) 방화대(帶)〈선(線)〉.
fíre brigàde 소방단 ; 《英》 소방서.
fire·bug [⌐bʌ̀g] *n.* ⓒ 《口》 방화 범인.
fíre chìef 소방서장, 소방부장.
fíre còmpany 《美》소방대 ; 《英》화재 보험회사
fíre contról (1) 【軍】 (군함 따위 범위가 넓은) 사격 지휘. (2) 방화〈소화(消火)〉 (활동).
fire·crack·er [⌐krǽkər] *n.*ⓒ 딱총, 폭죽.
fire·damp [⌐dǽmp] *n.* ⓤ 폭발성 메탄가스.
fíre depàrtment 《美》 소방부(서), 소방국, 〔集合約〕소방대〈서원〉, 화력 부문〈부대〉.
fíre dòor 연료 주입구, 점화〈점검〉창 ; 방화문.
fíre drìll 소방 연습, 방화 훈련.
fire-eat·er [fáiərìːtər] *n.* ⓒ (1) 불을 먹는 요술쟁이. (2) 싸우기 좋아하는 사람, 팔팔한 사람.
***fíre èngine** 소방 펌프, 소방(자동)차.
fíre escàpe 비상구, 화재 피난 장치(비상계단·피난용 사닥다리 등).
fíre extìnguisher 소화기.
fire·fight [⌐fàit] *n.* ⓒ 【軍】 사격전, 총격전, 포격전.
fíre fìghter 소방수(fireman).
fíre fìghting 소방 (활동).
***fire·fly** [fáiərflài] *n.* ⓒ 【蟲】 개똥벌레.
fire·guard [⌐gɑ̀ːrd] *n.* ⓒ (1) 난로 울. (2) (산림) 방화대(帶). (3) 화재 감시원.
fíre hỳdrant 소화전(fireplug).
fíre insùrance 화재 보험.
fíre ìrons 난로용 기구, 난로용 철물.
fire·less [fáiərlis] *a.* (1) 불 없는. (2) 활기 없는.
fire·light [fáiərlàit] *n.* ⓤ (난로의) 불빛, 빛.
:fire·man [⌐mən] (*pl.* ***-men*** [⌐mən]) *n.* ⓒ (1) 소방수, 소방대원. (2) 화부(기관 난로 따위의) (3) 《野球俗》 구원 투수.
fíre òffice 《英》 화재 보험 회사 (사무소).
:fire·place [⌐plèis] *n.* ⓒ 난로, 벽로(壁爐).
fire·plug [⌐plʌ̀g] *n.* ⓒ 소화전(栓)(略: F.P.).
fíre pòlicy 화재 보험 증서.
fíre pòwer 【軍】 (부대 · 병기의) 화력, (팀의)득점 능력.
***fire·proof** [⌐prùːf] *a.* 내화의, 방화의, 내화성의 ; 불연성(不撚性)의.
fíre ráiser 《英》 방화자.
fire-rais·ing[fáiərèiziŋ] *n.* ⓤ《英》방화죄(arson).
fire-re·sist·ant [fáiərizìstənt] *a.* 내화성의, 내화구조의.
fire-re·tar·dant [fáiəritɑ̀ːrdənt] *a.* 화기를 저지하는 성능을 갖춘, 방화재료로 보호된, 방화 효력이 있는.
fíre scrèen (난로용) 화열(火熱) 방지 가리개.
***fire·side** [fáiərsàid] *n.* (the ~) 난롯가, 가정(home) ; 한 가정의 단란. — *a.* 〔限定約〕 노변의, 가정적의, 격의 없는 : a ~ chat 노변 한담.
fíre stàtion 소방서, 소방 대기소.
fire·storm [⌐stɔ̀ːrm) *n.* ⓒ 화재 폭풍 ; 불기둥.
fíre trùck 소방차.
fíre wàll 【建】 방화벽.
fire·ward·en [fáiərwɔ̀ːrdn] *n.* ⓒ 방화관, 방화감독관.
fire·watch·er [⌐wɑ̀tʃər/⌐wɔ̀tʃər] *n.* ⓒ 화재 감시원.
fire·wa·ter [⌐wɔ̀ːtər, ⌐wɑ̀tər] *n.* ⓤ 화주(火酒).
***fire·wood** [⌐wùd] *n.* ⓤ 장작, 땔나무 ; 《英》불쏘시개.

***fire·work** [⌐wə̀ːrk] *n.* (*pl.*) 불꽃(놀이), 봉화 ; (흔히 *pl.*) 기지, 재기의 번득임 ; 《口》 감정(정열, 분노(등))의 격발 ; (정정(政情) 따위의) 활발한 움직임 ; (*pl.*) 《口》 소동 ; (*pl.*) 《美俗》흥분(시키는 것).
***fir·ing** [fáiəriŋ] *n.* ⓤ (1) 발포, 발사, 발화, 사격. (2) 점화 ; 불때기. (3) 구워내기 ; (차를) 볶기. ④장작, 석탄, 연료.
fíring lìne 【軍】 사선(射練) ; 포열선(砲列線) ; 최전선.
fíring pàrty 〔**squàd**〕 조포(弔砲) 발사부대 ; (총살형의) 사격 부대.
fíring pòint 발화점《가연성 기름의》 ; 연소점 ; 사격위치.
fíring rànge 사격 훈련〈연습〉장.
fir·kin [fə́ːrkin] *n.* ⓒ (버터를 넣는) 작은 통.
:firm[1] [fəːrm] *n.* (***⌐·er ; ⌐·est***) (1) 굳은, 단단한, 튼튼한, 견고한. (2) (장소에) 고정된, 흔들리지 않는. (3) 《比》 굳은, (신념·주의 등이) 변치 않는, 확고한, 견실한 : a ~ determination 굳은 결의. (4) (태도 등이) 단호한, 강경한 ; 〔敍述的〕(…에 대해) 단호한 《with》. (5) 【商】 변동이 적은 안정된. — *ad.* 단단히, 굳건히 : ***hold*** ~ (***to***)(…을)꽉 붙들고 놓치지 않다 ; (…을)고수하다. ***stand*** 〈***remain***〉 ~ 확고한 태도로 양보치 않다 ; 확고히 서다. — *vt. vi.* 단단하게 하다(되다) ; (가격이) 안정되다〈시키다〉.
:firm[2] *n.* ⓒ 상사(商社), 상회, 상점, 회사 ; 상회 이름, 옥호(屋號).
fir·ma·ment [fə́ːrməmənt] *n.* 《文語》 (흔히 the ~) 하늘, 창공(sky) ; 천계(天界)(heavens).
파) **fir·ma·mén·tal** [-əl] *a.* 하늘의, 창공의.
:firm·ly [fə́ːrmli] (***more ~ ; most ~***) *ad.* 굳게, 견고하게 ; 단단하게 ; 확고하여 : The door was ~ closed. 문은 굳게 닫혀 있었다.
***firm·ness** [fə́ːrmnis] *n.* 견고, 단단함 ; 견실.
:first [fəːrst] *a.* (1) (흔히 the ~, one's ~) 첫(번)째의, 최초의, 맨처음〈먼저〉의, (2) 시초의. (3) 으뜸의, 수위의, 제1급의, 일류의. ***at ~ hand*** → HAND ***for the ~ time*** 처음으로. ***in the ~ place*** 〈***instance***〉 맨 먼저, 우선 무엇보다도.
— *n.* (1) (the~) 첫째. 제1. 제1부, 제 1세 ; 초대. (2) ⓤ 제1위. 수석 ; (*pl.*) 일등품, 일급품. (3) ⓤ 초하루. 첫쨋날. (4) ⓒ (열차의) 1등 ; (경기등의)우승자 ; 1등 ; 《英》 (대학 시험의) 최우등 ; 【樂】 (음정의) 제1도 ; (현악기의) 첫째 현(絃). 제 1소프라노 ; 제1바이올린. (5) ⓤ 〔無冠詞〕 (야구의) 1루. (6) ⓤ (자동차의) 저속〈1단〉 기어. (7)(the ~) 시초, 시작, 처음, 시초부터. ***at*** (***the***) ~ 최초〈처음〉에는.
— *ad.* (1) 첫째로 최초로, 우선, 맨 먼저 ; 일위〈일차〉로. (2)〔흔히 動詞 앞에 놓여〕 처음으로. (3)〔would, will과 함께〕 우선(…하다). 오히려 (…을 택하다) ; 차라리. (4)〔흔히 動詞앞에 놓여〕《美》 처음 무렵, 그 무렵. ***come*** ~ 〔1〕 가장 중요하다. 〔2〕 (경주 등에서) 1등이 되다. ~ ***and foremost*** 맨 먼저, 우선 무엇보다도. ~ ***and last*** 대체로, 전체로 (보아), 결국. ~***, last, and all the time*** 《美》 시종 일관하여. ~***of all*** 첫째(로), 우선 무엇보다도. ~ ***off***《口》 첫째로, 우선 ; 곧. ~ ***or last*** 조만간, 머지않아. ~ ***things*** ~ 중요사항을 우선적으로. ***put*** … ~ (사람·사물)을 최우선〈가장 중요시〉하다.
fírst áid 【醫】 응급 치료〈처치〉.
first-aid [⌐éid] *a.* 〔限定的〕 응급치료의 : a ~ box〈kit〉 구급 상자 / a ~ treatment 응급 처치.

F

fírst báse 〔흔히 無冠詞〕 **[野]** 1루. ***get to ~*** 1루에 나가다. 《美口》〔否定·疑問文〕 제1단계를 성취하다 : His suggestions *never got to* ~. 그의 제안은 전혀 본 궤도에 오르지 못했다.
fírst báseman [野] 1 루수.
first·born [⌐bɔ́ːrn] *a.* 〔限定的〕, *n.* ⓒ 최초의 태어난 (아이) ; 장남〈장녀〉(의).
fírst cláss 일류, 최고급, 최상급, 제1급, 1등 ; 제1종《우편물》.
⁑first class [fə́ːrstklǽs, -klɑ́ːs] *a.* (1) 제1급의, 최고급의 ; 일류의, 최상의. (2) 1등의《기차·배 따위》 ; 제1종의《우편물》. ― *ad.* (1) 1등(승객)으로. (2) 《口》 굉장히, 뛰어나게, 멋지게.
파) **~·er** *n.* 《口》 일류의 사람〈것〉.
fírst dày cóver [郵] 첫날 커버《붙인 우표에 발행 당일의 소인이 찍힌 봉투》.
fírst fínger 집게손가락(forefinger).
fírst flóor (the ~) 《美》 1층 ; 《英》 2층.
fírst frúits 만물, 햇것, 햇곡식, 첫 수확 ; 최초의 성과.
first-gen·er·a·tion [⌐dʒènəréiʃən] *a.* 《美》 (이민) 2세의 ; (외국에서 태어나 귀화한) 1세의.
***first-hand** [⌐hǽnd] *a.* 직접의 (direct), 직접얻은, 직접 구입한.
fírst-in, fírst-out [-in, -aut] **[컴]** 처음 먼저내기 ; **[經營]** 선입선출법.
fírst lády 《美》 (通例 the ~ ; 종종 F- L-)대통령〈주지사〉 부인 ; 수상부인 ; (여성의) 제1인자.
first·ling [fə́ːrstliŋ] *n.* (흔히 *pl.*) 만배《가축의》 ; 만물, 햇것, 첫 수확 ; 최초의 결과(산물).
first·ly [fə́ːrstli] *ad.* (우선) 첫째로, 최초로.
fírst máte [海] 1등 항해사《부(副)선장격》.
fírst nàme (성에 대하여) 이름.
***first-name** [⌐nèim] *vt.* …을 세례명으로 부르다. ― *a.* 〔限定的〕 세례명의, 친한.
fírst níght (연극의) 첫날 ; 첫날의 무대.
fírst pérson (the ~) **[文法]** 제1인칭.
first-rate [⌐réit] *a.* (1) 일류의, 최상〈최량〉의. (2) 《口》 굉장한, 훌륭한.
fírst schóol 《英》 초등학교《5세에서 9세까지》.
fírst sérgeant 《美》 (육군 · 해병대의) 상사.
first-strike [⌐stáik] *a.* (핵 공격에서) 선제 공격의.
first·string [⌐stríŋ] *a.* 일류의, 일급의, 우수한, 뛰어난.
Fírst Wórld (the ~) (서방측)선진 공업 제국.
firth [fəːrθ] *n.* 협만(峽灣), 후미 ; 하구(河口).
·fis·cal [fískəl] *a.* 국고의 ; 재정(상)의, 회계의.
⁑fish[1] [fiʃ] (*pl* **~·es** [fíʃiz], 〈集合的〉 ~) *n.* (1) ⓒ 물고기, 어류. (2) 어육(魚肉), 생선. **【cf.】** meat. (3) 〔주로 合成語〕 수서 (水棲) 동물, 어패류(魚貝類). (4) ⓒ 〔흔히 修飾語를 수반하여〕 《口》 사람, 놈, 녀석 ; 차가운 인간 ; (카드놀이의) 서투른 상대, '봉'. (5) ⓒ **[海]** 양묘기(揚錨機) (6) (the Fish(es)) **[天]** 물고기자리. (7) 《美俗》 달러. (8) 《海軍俗》 어뢰.
―*vi* (1) 《~/+前+名》 낚시질하다, 고기를 낚다, 고기잡이하다. (2) 《+前+名》 (물 · 개펄 · 호주머니 속 따위를) 찾다, 뒤지다. ③ 《+前+名》〔一般的〕 찾다. (사실 · 견해 따위를) 알아보다, 타진하다(elicit). 구하다《*for*》. (4) 《+副》 (강 따위에서) 물고기가 낚이다.
―*vt.* (1) (물고기)를 낚다, 잡다(catch) 《그물 따위로》. (2) 《~+目/+目+副/+目+前+名》 (물 · 호주머니 등에서) …을 끌어올리다, 꺼내다, 찾아내다《*up* ; *out* ; *from* ; *out of*》. (3) 《比》 (사람의 생각 따위)를 알아보다, 탐색하다 ; (…을 구하기 위해 어느 곳)을 찾다, 뒤지다《*for*》. (4) (강 따위)에서 고기 잡이를 하다. ***~in muddy waters*** 《古》 불쾌한〈골치 아픈〉 문제에 관계하다. ***~ or cut bait*** 거취를 분명히 하다. ***~ out*** 1) …의 물고기를 몽땅 잡아 버리다. 2) (품속 등)에서 꺼내다 ; (비밀 등)을 탐지해 내다. ***~ the anchor*** **[海]** 닻을 뱃전으로 끌어올리다. ***~ up*** 물 속에서 끌어올리다 ; 찾아내다
fish[2] *n.* **[海]** 돛대 보강재 ; **[建]** 이음판《쇠 또는 나무로 만들어져 선로나 들보의 접합부에 쓰임》. ―*vi.* (마스트나 활대를) 보강재로 덧대다; (레일 · 들보 따위를) 덧대어 잇다
físh bàll 〈**cáke**〉 어육(魚商) 완자《요리》.
fish·bone [fíʃbòun] *n.* 생선(물고기) 뼈.
fish·bowl [fíʃbòul] *n.* (유리) 어항 ; 사방에서 빤히 보이는 장소〈상태〉, 프라이버시가 전혀 없는 장소〈상태〉 ; 《美俗》 교도소 ; 구치소.
físh èagle [鳥] 물수리(osprey).
·fish·er [fíʃər] *n.* (1) ⓒ 고기를 잡아먹는 동물 ; **[動]** 담비류(類) (북아메리카산》 ; ⓤ 그 털가죽. (2) ⓒ 어부(fisherman) : a ~ of men 사람을 낚는 어부, 복음전도자 .
:fish·er·man [-mən] (*pl.* ***-men***[-mən]) *n.* ⓒ 어부, 낚시꾼 ; 낚싯배, 어선.
·fish·ery [fíʃəri] *n.* (1) ⓤ 어업, 수산업. (2) ⓒ (흔히 *pl.*) 어장, 양어〈식〉장 ; pearl *fisheries* 진주 양식장 / coastal *fisheries* 연안 어장. (3) ⓒ 수산회사 ; 수산업 종사자. (4) ⓤ **[法]** 어업권. (5) ⓤ (흔히 *pl.*) 수산학 ; 어업〈수산〉 기술. ***common ~*** 공동 어업권
fish·eye [fíʃài] *n.* 물고기의 눈, 어안 ; 월장석 (月長石) ; a ~ lens 어안 렌즈.
fish·hook [fíʃhùk] *n.* 낚시 ; **[海]** 닻걸이 ; (*pl.*) 《美俗》 손가락《전체》.
fish·i·fy [fíʃəfài] *vt.* (못 등)에 물고기를 놓아주다 ; …에 생선을 공급하다.
⁑fish·ing [fíʃiŋ] *n.* (1) ⓤ 낚시질, 어업 : live by ~ 어업으로(낚시로) 생활하다. (2) ⓤ **[法]** 어 업권. (3) ⓒ 어장, 낚시터. (4) ⓤ 어획. (5) 〔形容詞的으로〕 낚시(용)의, 어업(용)의. ***take a ~ trip*** 《野球俗》 삼진(三振)당하다.
físhing bànks (얕은 여울의) 어초(漁礁).
físhing tàckle 〔集合的〕 낚시 도구(낚시·낚싯줄·낚싯대 등).
físh knife 어육용 식탁 나이프.
fish·line [fíʃlàin] *n.* ⓒ 《美》 낚싯줄.
fish·mon·ger [fíʃmʌ̀ŋgər] *n.* ⓒ 《英》 생선상수.
fish·plate [⌐plèit] *n.* **[建 · 土]** 이음판(레일의).
fish·pond [⌐pɑ̀nd/⌐pɔ̀nd] *n.* ⓒ 양어지(養魚池).
fish·pound [⌐pàund] *n.* (1) 어살 (weir)
físh slíce (1) 《英》 (식탁용) 생선 나이프 (2) (요리용) 생선 뒤치개.
físh stóry 《口》 터무니없는 이야기, 허풍.
fish·tail [fíʃtèil] *a.* 물고기 꼬리 비슷한〈모양의〉. ― *vi.* *n.* (항공기가) 꼬리 날개를 좌우로 흔들어 속력을 늦추다 ; 그 조종법.
fish·wife [⌐wàif] *n.* 여자 생선 장수 : 입이 사나운 여자.
fishy [fíʃi] (***fish·i·er ; -i·est***) *a.* 물고기의〈같은〉 ; 물고기가 많은 ; 비린내 나는 ; 흐린한,《눈 따위》, 무표정의, 탁한《빛》 ; 《口》 의심스러운, 수상한.

fis·sile [físəl] *a.* 쪼개지기〈갈라지기〉쉬운 ; (원자핵 따위가) 분열성의.

fis·sion [fíʃən] *n.* (1) ⓤⓒ 분열. (2) ⓤ 【物】 (원자의) 핵분열. 【cf.】 fusion. (3) ⓤ 【生】 분열, 분체(分體) ; 분체 생식.

fis·sion·a·ble [fíʃənəbəl] *a.* 【物】 핵분열성의. 핵 분열하는. ―*n.* (흔히 *pl.*) 핵분열 물질.

fis·sip·a·rous [fisípərəs] *a.* 【生】 분열 번식의.

fis·sure [fíʃər] *n.* 터진〔갈라진〕자리, (찢어진, 쪼개진) 틈, 균열 ; 【植·解】 열구(裂溝). ―*vt. vi.* 터지게〈갈라지게〉 하다 ; 터지다, 갈라지다 ; 쪼개다.

:fist [fist] *n.* ⓒ (1) (권) 주먹, 철권. (2) 《口》 손. (3) (꽉) 움켜쥠, 파악(grasp). (4) 《口》 필적. (5) 【印】 손가락표(☞). ***hand over ~*** ⇨ HAND. ***make a good* 〈*bad, poor*〉 *~ at* 〈*of*〉** …에 성공〈실패〉하다 ; …을 잘 〈서투르게〉하다 ***shake*** one***'s ~*** (분노의 표시로) 움켜쥔 주먹을 흔들다. ***the* 〈*an*〉 *iron ~ in the* 〈*a*〉 *velvet glove*** 표면만 부드러움, 외유내강.

-fisted '주먹이 …한, …하게 쥔'의 뜻의 결합사.

fist·i·cuff [fístikʌ̀f] *n.* ⓒ (흔히 *pl.*) 주먹다짐.

fis·tu·la [fístʃulə] (*pl.* ***~s, -lae*** [-liː]) *n.* ⓒ 【醫】 누관, 누 ; 관 모양의 기관.

fis·tu·lar [fístʃulər] *a.* 관상(管狀)의, 속이 빈.

:fit[1] [fit] (***-tt-***) *a.* (1) (꼭)맞는, 알맞은, 적당한 (suitable) ; 어울리는, 마침가락〈안성맞춤〉의. (2) 적격〈적임의〉(competent) …할 수 있는. (3) 건강이 좋은, 튼튼한 ; (컨디션이) 좋은, 호조의(운동 선수 등이) (4) 곧 …할 것같이 되어, …라도 할 것 같은. (***as***) ***~as a fiddle* 〈*flea*〉** 매우 건강한(싱싱한). ***~ to be tied*** 《口》 흥분하여, 성을내어. ***~ to bust* 〈*burst*〉** 〔動詞를 강조〕 크게. ***~ to kill*** 《美口》 (1) 극도로 ; 몹시 화려한, 황홀할 정도의 (2) 매우 건강하여〈팔팔하여〉. ***keep ~*** 건강을 유지하다, 몸의 호조를 유지하다. ***not ~ to hold a candle to*** ⇨ CANDLE. ***the survival of the fittest*** 적자 생존. ***think* 〈*see*〉 *~ to*** (do) ⇨ THINK.

―(***-tt-***) vt. (1) … 에 맞다, …에 적합하다, …에 어울리다(suit), 꼭 맞다. (2) 《~+目/+目+前+名/+目+*to* do》 …을 맞추다, 적합시키다(adapt)《*to*》. (3) 《+目+前+名/+目+*to* do》 …에게 자격〈능력〉을 주다. …에게 힘을 넣어 주다 ; …에게 (입학) 준비를 시키다 《*for*》. (4) 《+目+前+名》 (적당한 것)을 설비하다, 달다, 공급하다《*with* ; *to*》. (5) 《~+目/+目+前+名》 …을 짜맞추다, 조립하다, 이어 맞추다.

―*vi* (1) 《~/+副/+前+名》 맞다, 적합〈합치, 일치〉하다, 꼭 맞다, 어울리다 ; 조화하다《*in* ; *into* ; *with*》. (2) 《美》 수험 준비를 하다《*for*》. ***~ in*** …에 맞추다, 적합시키다 ; (…와) 일치하다(coincide) ; (잘) 들어맞다 ; 조화하다《*with*》. ***~ on*** 입어 보다 ; 입혀 보다 ; (뚜껑 따위가) 잘 맞다. ***~ out*** 채비〈준비〉를 해주다 ; 장비 하다(equip) ; 【海】 (배)를 의장(艤裝)하다. ***~ the case*** 그 경우에 (들어)맞다. ***~ up*** 준비(채비)하다 ; …에 비치하다(furnish)《*with*》 ; (아무를 위하여) 마련하다.

―*n.* (1) ⓤ 맞음새, 적합(성) ; ⓒ (옷의) 만듦새. (2) ⓒ 꼭 맞는 것(옷·신 따위). (3) 진학(수험) 준비, 훈련. (4) 《口》 준비《*for*》. (5) 【統】 적합도(適合度).

:fit[2] *n.* ⓒ (1) (병의) 발작 ; 경련. (2) (감정의) 격발〈폭발〉 : 발작적 흥분, 졸도, 일시적 기분, 변덕(caprice). ***beat* 〈*knock*〉** a person ***into ~s*** 아무를 여지없이 혼내주다, 욱〈윽박〉지르다. ***be in ~ s of laughter*** 자지러지게 웃다, 웃음이 그치지 않다. ***by* 〈*in*〉 *~s* (*and starts*)** 발작적으로, 때때로 생각난 듯이. ***give*** a person ***a ~*** 아무를 깜짝 놀라게 하다 ; 아무를 성나게 하다. ***give*** a person ***~s*** 아무를 완전히 패배시키다 ; 《美俗》 …을 몹시 꾸짖다, 성나게 하다. ***go into ~s*** 졸도〈기절〉하다. ***have* 〈*throw*〉 *a ~*** 경련〈발작〉을 일으키다, 까무러치다, 깜짝 놀라다 불같이 노하다. ***throw*** a person ***into ~s*** 《口》 아무를 섬뜩하게 하다 ; 아무에게 발작을 일으키다. ***when* 〈*if*〉 *the ~ is on* 〈*takes*〉** a person (아무가) 마음이 내키면.

fitch [fitʃ] *n.* 【動】 ⓒ 족제비의 일종《유럽산》 ; ⓤ 그 모피 ; 그 털 ; ⓒ 그 털로 만든 화필(畫筆).

fit·ful [fítfəl] *a.* 발작적인 ; 단속적인 ; 변하기 쉬운.

fit·ly [fítli] *ad.* 적당하게, 적절히, 알맞게.

fit·ment [fítmənt] *n.* (1) 《英》 가구(家具), 비품. (2) (*pl.*) 내부 시설(품). (3) 【機】 부속품.

·fit·ness [fítnis] *n.* ⓤ 적당, 적절 ; 적성, 적합성, 합당성, 타당성(propriety) ; 건강(상태) ; 【生物】 적응도 : the (eternal) ~ of things 사물 본래의 합목적성, 사물의 합당성 / improve one's ~ 건강을 증진시키다

fítness fréak 건강광《건강을 유지하기 위해 무리하게 운동만을 하는 사람》.

fit·ted [fítid] *a.* (1) 〔限定的〕 모양에 꼭 맞게 만들어진, 붙박이 식의《찬장 따위》. 세간(부속품)이 갖추어진. (2) 〔敍述的〕 (…에) 적합한《*for* ; *to* 》 ; (…하는 데) 적합한 ; (…을) 갖춘《*with*》

fit·ter [fítər] *n.* ⓒ (1) (의복의) 가봉을 하는 사람, 옷 입혀 보는 사람. (2) (기계·부품 등을) 설치(설비)하는 사람, 조립공, 정비공. (3) 장신구〈여행용품〉 장수.

·fit·ting [fítiŋ] *n.* ⓒ (1) (가봉한 옷의) 입혀 보기, 가봉. (2) (*pl.*) 용구(用具), 부속품, 내부 시설들. 파) **~·ly** *ad.* 적당하게, 어울리게. **~-ness** *n.*

fítting ròom (양복점의) 가봉실.

:five [faiv] *a.*〔限定的〕 다섯의, 5의, 5개〈사람〉의. (2) 〔敍述的〕 5살의 : He's ~. 그는 다섯살이다.

―*n.* 〔흔히 無冠詞〕 (1) 다섯, 5 ; 5개〈사람〉 5살 : 5시. (2) 5개가〈사람이〉 한 조를 이루는 것《농구팀 등》. (3) 【카드놀이】 5의 패 ; 【크리켓】 5점타 《美口》 5 달러 (지폐) ; 《英》 5 파운드 지폐. (4) (*pl.*) 《口》 5푼 이자가 붙는 것《채권 등》. (5) (*pl.*) 《俗》 다섯 손가락, 주먹, 싸움. ***a bunch of ~s*** 《口》 주먹 ; 손. ***the big ~*** 5대국, 5거두(巨頭). ***take ~*** 《美口》 5분간 잠시 쉬다.

fíve-day wéek [fáivdèi-] 주(週) 5일 노동제.

five·fold [fáivfòuld] a. ad. 다섯 부분으로〈요소로〉 된 ; 5중〈다섯 겹〉의〈으로〉, 5배의〈로〉.

five·pence [fáifpəns, fáiv-, fáivpèns] (*pl.* ***-pence, -penc·es***) *n.* ⓤⓒ 《英》 5 펜스(의 금액) ; 5 펜스화(貨) ; 《美》 5 센트(백통전).

five·pen·ny [fáifpəni, fáiv-, fáivpèni] *a.* 《英》 5 펜스의.

fiv·er [fáivər] *n.* ⓒ (1) 《美》 5 달러 지폐. (2) 《英》 5 파운드 지폐.

fives [faivz] *n.* ⓤ 《英》 (두사람 또는 네사람이) 핸드볼 과 비슷한 구기(球技)

five-star [fáivstàːr] *a.* (1) 별이 다섯인, 오성(五星)의 : a ~ general 《美口》 오성 장군, 육군 원수 (General of the Army). (2) 최고의, 제 1급의 : a ~ hotel 일류 호텔.

Fíve-Year Plán [∸jìər-] 5개년 계획.

:fix [fiks] (*p., pp.* ***fixed,*** 《古》 ***fixt***) *vt.* (1) 《~+目/+目+前+名》 …을 고정〈고착〉시키다, 갖다, 붙이다 (fasten), 붙박다, 장치하다. (2) 《+目+前+名》(주거

따위)를 정하다. (3) 《~+目/+目+前+名》 (습관·관념·견해 따위)를 고착시키다 ; (기억·마음)에 남기다, 새기다(implant). (4) 《~+目/+目+前+名》 …을 찬찬히 〈주의 깊게, 의심쩍게〉보다《*on* ; *upon*》. (5) 《+目+前+名》 (허물·죄 따위)를 (덮어)씌우다, 돌리다(place) 《*on* ; *upon*》. (6) (…의 시기·장소)를 결정〈확정〉하다. (7) 《~+目/+目+前+名》 …을 결정하다 ; (일시·가격 등)을 정하다. (8) (표정·눈매 따위)를 긴장시키다. (9) 《+目+前+名》 (염색)을 고착시키다 ~ dyes *by* mordant 매염제로 염색을 고착시키다. (10) (사진 영상)을 정착시키다 ; (휘발성 물질·액체)를 응고시키다(congeal), 불휘발성으로 하다. (11) …을 고치다, 수리〈수선〉하다(repair). 조정하다. (12) …을 가지런히 정리 〈정돈〉하다 ; (머리)를 매만지다, 화장하다 ; (보급품·부족물)을 마련〈준비〉하다(arrange). (13) (식사)를 준비하다, (요리)를 만들다(cook) : Please ~ me a cocktail. 칵테일 한 잔 만들어 주게. (14) 《口》 (재판관 등)을 매수하다(square), 포섭하다 ; (경기·시합 등)을 미리 짜고 하다. (15) …에게 보복〈복수〉하다 : I'll ~ you ! 다음에 보자, 꼭 보복하겠다. (16) (가축)을 불까다, 거세하다(castrate) .. —*vi.* (1) 고정〈고착〉되다, 굳어지다 ; 응고하다, (눈이) 동요하지 않다. (2) 자리잡다(settle), 거처를 정하다. (3) 《+前+名》 정하다(decide), 택하다《*on* ; *upon*》. (4) 《+*to* do》 《口·方》 〔주로 進行形〕 …할 예정이다 ; …할 것 같다 : It's ~*ing to* rain 비가 올 것 같다.

~ on* 〈*upon*〉** …로 결정하다 ; …을 택하다. ***~ over 《美口》 (의복 따위)를 다시 고치다, 고쳐 짓다. ***~ up*** 《美口》 (*vi.*) 차려입다, 정장하다. (*vt.*) 1) (날짜등)을 정해주다, 결정하다. 2) (…을) …에게 마련해 주다, 구해주다 : I'll ~ you *up* for a date. 데이트 상대를 찾아주겠다. 3) …을 수리하다. (오두막등)을 재빨리〈날림으로〉 세우다, 만들다. 4) …을 조정하다, 해결하다 : ~ *up* a labor dispute 노동쟁의를 조정하다. (5) 《美俗》 〔再歸的·受動으로〕 차려 입다.

—*n.* (1) ⓒ (흔히 a ~) 《口》 곤경(困境), 궁지 : get oneself into〈in〉 *a* ~ 궁지에 빠지다 / be in a (pretty) ~ 곤경에 빠지다, 진퇴양난이 되다. (2) 《美》 (기계·심신의) 상태 : be in a fine ~ 상태가 좋다. (3) ⓒ (계기에 의한) 위치 결정《선박·항공기의》 : get a ~ on ... (레이더 따위로) …의 위치를 확인하다. (4) ⓒ의상. (5) (a ~) 《口》 (시합 등의) 부정공작 ; 매수(될 수 있는 사람). (6) ⓒ 《俗》 마약 주사.

fix·ate [fíkseit] *vt.* (1) …을 정착시키다, …을 고정하다. (2) …을 응시하다. (3) 〔흔히 受動으로〕 …에 고착시키다, 병적으로 집착시키다

fix·a·ted [fíkseitid] *a.* 〔敍述的〕 (어느 특정한 것에) 집착한《*on*》.

fix·a·tion [fikséiʃən] *n.* ⓤⓒ (1) 고착, 고정, 갖다붙임. (2) 병적 집착, 고집, 집념. (3) 색이 바래지 않게 함. (4) 【寫】 정착. (5) 【化】 응고. (질소 따위의) 고정. (6) 【精神醫】 병적 애착〈집착〉(에 의한 성숙의 조기(早期)정지).

fix·a·tive [fíksətiv] 고착하는, 고정하는 ; (색·영상을) 정착하는, 색이 바래지 않게 하는.

:fixed [fikst] (***more ~ ; most ~***) *a.* (1) 고정된, 일정(불변)한(definite, permanent). (2) (일정 장소에) 붙박아 놓은, 움직이지 않는. (3) (시선·표정 따위가) 움직이지않은 (4) 〔敍述的〕 〔흔히 副詞를 수반〕 정돈된 ; 채비(준비)가 된《*for*》. (5) 【化】 응고한 ; 불휘발성의《산·기름》 ; 화합물에 넣어진, 고정된《질소 따위》 : ~ acid 불휘발산(酸). (6) 《口》 짬짜미의《경마 등》 ; 뇌물을 받은. ***of no ~ address* 〈*abode*〉** 【法】 주소 부정의〈으로〉.

파) **fix·ed·ness** [fíksidnis, -st-] *n.*

fíxed ássets 【商】 (유형) 고정 자산.

fíxed exchánge ràte 고정 환시세.

fíxed idéa 고정 관념 ; 고착 관념.

fíxed íncome 고정 수입, 정액 소득.

fix·ed·ly [fíksidli, -st-] *ad.* 고정〈정착〉하여 ; 불변적으로 ; 단호〈확고〉하게 ; 꼼짝 않고, 뚫어지게.

fíxed póint 【物】 고정점 ; 【컴】 붙박이 소수점.

fíxed sátellite 정지(靜止위성).

fíxed stár 【天】 항성. 【cf.】 planet.

fíx·er [fíksər] *n.* ⓒ (1) 염착제 ; 【寫】 정착제. (2) 《口》 (사건을 매수 따위로) 쓱싹하는 사람.

fíx·ing [fíksiŋ] *n.* (1) ⓤ 고착, 고정 ; 설치. (2) ⓤ 수선, 손질 ; 조정, 정돈. (3) (*pl.*) 《美口》 (실내 따위의) 설비.

fix-it [fíksìt] *a.* 《美口》 간단한 수리의〈를 하는〉 ; 조정하는. a ~ shop수리점.

fix·i·ty [fíksəti] *n.* ⓤ (1) 정착, 고정, 불변(성). (2) (시선 등의)부동(不動). (3) (시선 등의) 부동(不動).

·fix·ture [fíkstʃər] *n.* ⓒ (1) 정착물(고정) ; 비품, 설비(물), 내부시설(품) ; (*pl.*) 【法】 (토지·건물에 부속한) 부동산 정착물. (2) (경기의) 개최일 ; (정기) 경기 대회. (3) (일정한 직업·장소에) 오래 붙박이는〈눌어붙는〉 사람.

fizz, fiz [fiz] *n.* ⓤⓒ 쉬잇하는 소리 ; 거품이 이는 음료《샴페인·탄산수 등》. —*vi.* 쉬잇 소리를내다, 쉬잇하고 거품이 일다.

fiz·zle [fízl] *n.* (1) (a ~) 쉬잇(하는 소리). (2) ⓒ 《口》 실패. —*vi.* (1) 약하게 쉬잇하고 소리내다. (2) (불이) 쉬잇하고 꺼지다 ; 용두사미로 끝나다, 실패하다《out》 : The strike ~*ed out* after three days. 그 파업은 3일만에 흐지부지 끝났다.

fizz·wa·ter [fízwɔ̀ːtər] *n.* ⓤ 탄산수 ; 발포성 음료.

fizzy [fízi] (***fizz·i·er ; -i·est***) *a.* 쉬잇하고 거품이 이는, 발포성의, 비등성의 : ~ drinks 발포성 음료.

flab [flæb] *n.* ⓤ 《口》 군살.

flab·ber·gast [flǽbərgæ̀st/-gɑ̀st] *vt.* 《口》 〔흔히 受動으로〕 깜짝 놀라게 하다, 어리둥절하게 하다, 당황하게 하다 《*at* ; *by*》.

flab·by [flǽbi] (***-bi·er ; -bi·est***) *a.* (1) (근육 따위가) 흐느적흐느적한, 축 늘어진, 느즈러진. (2) 의지가 빈약한, 맥〈기력〉이 없는,연약한.

파) **fláb·bi·ly** *ad.* **-bi·ness** *n.*

flac·cid [flǽksid] *a.*(근육 등이) 연약한 ; 축 늘어진, 흐느적흐느적한, 무기력한, 나약한.

flac·cid·i·ty [flæksídəti] *n.* ⓤ 연약 ; 무기력.

flack[1] [flæk] *n.* 《美俗》 (1) ⓒ 선전원, 홍보 담당. (2) ⓤ 선전, 홍보.

flack[2] ⇒FLAK.

fla·con [flǽkən] *n.* ⓒ 《F.》 (향수 따위의) 작은 병, 플라콩.

:flag[1] [flæg] *n.* ⓒ (1) 기(旗) : a national ~ 국기 / ⇨ BLACK〈RED, WHITE, YELLOW〉 FLAG. (2) 기 모양의 것 ; (사슴·세터종(種) 개 따위의) 털이 복슬복슬한 꼬리 ; (새의) 날개 ; 작은 칼깃(secondaries) ; (매 따위의 발의) 긴 깃털. (3) 《英》 (택시의) 빈차표지. (4) 【컴】 깃발 ; 표시 문자.

—(***-gg-***) *vt.* (1) …에 기를 올리다, …을 기로 장식하다 (2) 《~+目/+目+副/+目+前+名》 …을 기로 신

호하다〈알리다〉 : A policeman ~*ged down* the taxi on the high way. 경찰이 간선도로에서 기로 신호하여 택시를 세웠다 / ~ a message *to* a near-by ship 가까운 배에 기로 통신하다.

flag² *n.* (1) ⓒ 판석(板石), 포석(鋪石) (flagstone). (2) (*pl.*) 판석 포장도로. —(**-gg-**) *vt.* …에판석〈포석〉을 깔다.

flag³ *n.* 【植】 황창포, 창포 ; 창포꽃〈잎〉.

flag⁴ (**-gg-**) *vi.* (돛·초목 등이) 축 늘어지다, (초목이) 시들다 ; (기력이) 쇠(약)해지다, 떨어지다 ; (이야기 등이)시시해지다, 시들해지다.

flág càptain 【海軍】 기함의 함장.

·Flág Dày (1) 《美》 국기 제정 기념일《6월 14일 ; 1777년의 이 날 성조기를 미국 국기로 제정》. (2) (f-d-) 《英》 기의 날《거리에서 자선 사업 등의 기금을 모집하고자 작은 기를 팖》.

flag·el·late [flǽdʒəlèit] *vt.* (1) …을 매질〈채찍질〉하다. (2) …을 벌하다, 꾸짖다 ; 힐난하다, 질책하다.

flag·el·la·tion [flæ̀dʒəléiʃən] *n.* ⓤ (특히 종교적·성적인) 매질, 채찍질.

fla·gel·lum [flədʒéləm] (*pl.* **-la** [-lə], **~s**) *n.* ⓒ (1) 【生】 편모(鞭毛). (2) 【植】 포복경(匍匐莖). (3) 매, 채찍(whip, lash).

flag·ging¹ [flǽgiŋ] *n.* ⓤ (1) (판석을 깐) 포장(鋪裝). (2) 〔集合的〕 판석류(板石類).

flag·ging² *a.* 처지는, 축 늘어지는 ; 맥이 빠지는 ; 쇠퇴〈감소〉 기미의. 파) **~·ly** *ad.*

fla·gi·tious [flədʒíʃəs] *a.* 파렴치한 ; 극악무도한, 잔인〈흉악〉한 ; 악명높은, 무법한.

flag·man [flǽgmən] (*pl.* **-men**[-mən]) *n.* ⓒ (1) 신호 기수. (2) (철도의) 신호수, 건널목지기.

flág òfficer 해군 제독《제독이 탄 군함에는 그위계(位階)를 표시하는 기(旗)를 닮》.

flag·on [flǽgən] *n.* ⓒ (1) 식탁용 포도주 병《손잡이와 귀때·뚜껑이 있음》. (2) (와인 판매용의) 큰 병《보통 병의 두 배》.

flag·pole [flǽgpòul] *n.* ⓒ 깃대.

fla·grance, -gran·cy [fléigrəns], [-si] *n.* ⓤ 극악 ; 악명 (notoriety).

fla·grant [fléigrənt] *a.* 극악(무도)한, 이름난, 악명높은(notorious). 파) **`~·ly** *ad.*

flag·ship [flǽgʃìp] *n.* ⓒ (1) 【海】 기함. (2) (일련의 것 중) 최고의 것.

flag·staff [flǽgstæ̀f, -stɑ̀ːf] (*pl.* **~s, -staves**) *n.* ⓒ 깃대(flagpole).

flag·stone [flǽgstòun] *n.* ⓒ (포장용) 판석(板石), 포석(鋪石).

flag-wav·ing [´-wèiviŋ] *n.* ⓤ 애국심〈애당심〉의 과시, 애국심을 끓게 하는 활동.

flail [fleil] *n.* ⓒ 도리깨. —*vt.* (1) (곡물)을 도리깨질하다. (2) …을 연타하다, 때리다. (3) (양팔)을 휘두르다. —*vi.* (1) 도리깨질하다. (2) 때리다 ; (양팔을) 흔들다《*about* ; *around*》.

flair [flɛər] *n.* ⓤ (또는 a ~) 예민한 후각, 제 6감 ; 재주, 재능.

flak [flæk] *n.* ⓤ (1) 【軍】 대공포, 대공(對空) 사격. (2) 잇따른〈격렬한〉 비난, 공격, 격렬한 논쟁.

:flake¹ [fleik] *n.* ⓒ (1) 얇은 조각, 박편(薄片) ; 조각, 지저깨비(chip). (2) 불꽃, 불똥. (3) 《美俗》 좀 색다른 사람, 괴짜. (4) 플레이크《낟알을 얇게 으깬 식품》.

flake² *vi.* 《口》 (1) (지쳐서) 깊이 잠들다, 녹초가 되다《out》. (2) 정신이 멍해지다, 기절하다《out》.

flaky [fléiki] (**flak·i·er ; -i·est**) *a.* (1) 엷은 조각 모양의 ; 조각조각의. (2) 벗겨지기 쉬운. (3) 《美俗》 색다른 ; 기묘한, 별난, 괴짜의. 파) **flak·i·ness** *n.*

flam·bé [flɑ; mbéi] *a.* 《F.》 〔흔히 名詞 뒤에 옴〕(고기·생선·과자에 브랜디를 붓고). 불을 붙여 눋게 한, 플랑베한 : pancakes ~ 플랑베팬케이크.

flam·beau [flǽmbou] (*pl.* **~s, -beaux**[-bouz]) *n.* ⓒ 《F.》 (1) 횃불. (2) 큰 장식 촛대.

flam·boy·ance, -an·cy [flæmbɔ́iəns], [-si] *n.* ⓤ (야하게) 현란함, 화려함.

flam·boy·ant [flæmbɔ́iənt] *a.* 《F.》 현란한, 화려한 : (색이) 혼란한 : a ~ costume. 현란한 의상 / ~ colors 혼란한 색채. 파) **~ ·ly** *ad.*

:flame [fleim] *n.* (1) ⓤ (종종 *pl.*) 불길, 불꽃, 화염. (2) ⓒ 불 같은 색채〈광휘〉. (3) ⓒ 정염, 정열 ; 격정. (4) ⓒ 【戱】 애인, 연인(sweetheart).
—*vi.* (1) (불꽃을 올리며) 타오르다(blaze), 불꽃을 내다. (2) 《~/+前+名》 빛나다 ; (얼굴 등이)확 붉어지다(grow)《*up*》 ; (태양이) 이글거리다. (3) 《+副》 (정열 등이) 불타오르다 ; (노여움으로)발끈하다《*out* ; *up*》. **~ *out*** 【空】 (제트 엔진이) 갑자기연소 정지하다.

fláme gùn 《英》 화염(火焰) 제초기.

fla·men·co [flɑːméŋkou] *n.* 《Sp.》 ⓤ 플라멩코《스페인의 집시 춤》. —*a.* 플라멩코의.

flame·out [flémàut] *n.* ⓤⓒ (제트 엔진의) 돌연 정지, 플레임 아웃.

flame·proof [fléimprùːf] *a.* 내염성의 ; 불타지 않는.

·flam·ing [fléimiŋ] *a.* 〔限定的〕 (1) 타오르는, 불을 뿜는. (2) 타는 듯한《색채 따위》, 타는듯이 붉은. (3) 정열적인, 강렬한, 열렬한. (4) 〔强調語로서〕 《英口》 지독한, 심한. 파) **~·ly** *ad.*

fla·min·go [fləmíŋgou] (*pl.* **~(*e*)*s***) *n.* ⓒ 플라밍고, 홍학 (紅鶴).

flam·ma·ble [flǽməbəl] *a.* 가연성(可燃性)의, 타기 쉬운.

flan [flæn] *n.* ⓤⓒ (치즈·과일 따위를 넣은)파이의 일종. (2) ⓒ 미(未)가공의 화폐 바탕쇠.

:flank [flæŋk] *n.* ⓒ (1) 옆구리 ; 옆구리 살《쇠고기따위의》. (2) (산·건물의) 측면(side). (3) 【軍】 (부대·함대 등) 대형의 측면.
—*vt.* (1) 〔때때로 受動으로〕 …의 측면에 놓다〈배치하다〉 ; …의 옆에 있다 ; …에 접하다《*with* ; *by*》. (2) …의 측면을 공격하다.

flank·er [flǽŋkər] *n.* ⓒ (1) 측면에 위치한 사람〈것〉, 측면을 지키는 사람. (2) 【美蹴】 플랭커(=~bàck).

·flan·nel [flǽnl] *n.* (1) ⓤ 플란넬 ; 면(綿) 플란넬. (2) (*pl.*) 플란넬 의류《특히 운동 바지》. (3) ⓒ 플란넬로 만든 때 미는 수건〈걸레〉. (4) ⓤ 《英口》 엄포, 허세 ; 아첨말. —(**-l-,**《英》 **-ll-**) *vt., vi.* (1) …에게 플란넬을 입히다, 플란넬로 싸다. (2) 플란넬로 닦다〈문지르다〉. (3) 《英口》 엉너리를 치다〈쳐서 시키다〉《*into*》.

flan·nel·ette [flæ̀nlèt] *n.* ⓤ 면(綿)플란넬.

:flap [flæp] (**-pp-**) *vt.* (1) (날개 따위)를 퍼덕〈퍼드덕〉거리다(beat), 펄럭이게 하다, 아래위로 움직이다. (2) …을 탁 소리를 내며 꺾다, 광〈탁〉닫다. (3) 《+目+前+名》 (납작한 것으로) …을 딱 때리다, 손바닥으로 찰싹 때리다. (4) 《+目+副》 (파리 따위)를 날려 쫓아버리다《*away* ; *off*》. (5) 《美俗》 (자기(磁氣) 테이프)를 되감다. **~ *about*** 쓸데없는 이야기를 하다.

재잘대고만 있다. **~ away** 〈*off*〉 두드려 쫓다 ; 떨어 치우다 ; 날개를 퍼덕이며.
—*vi*. (1) 《~/+前+名》 퍼덕〈펄럭〉이다, 나부끼다, 휘날리다(flutter). (2) 《+副/+前+名》 날개치다 ; 날개치며 날다 《*away* ; *off*》. (3) 축 늘어지다《*down*》. (4) 《口》 당황하다, 안절부절 못하다. (5) 《美口》 엿듣다.
—*n*. ⓒ (1) 펄럭임, 나부낌. (2) (날개의) 퍼덕거림. (3) 손바닥으로 찰싹 때리기 ; 그 소리. (4) 축 늘어진 물건 ; 드림 ; (모자의) 귀덮개 ; (모자의) 넓은 태, (호주머니의) 뚜껑 ; (봉투의) 접어 젖힌 부분, (책 커버의) 꺾은 부분, 날개판(板) 《경첩으로 접을 수 있는 책상 · 테이블의》; 물고기의 아감딱지 ; 경첩판(瓣) ; 【空】 플랩, 보조익(翼) ; (개 따위의) 처진 귀 ; (*pl*.) 《美俗》 (사람의) 귀 ; 파리채(flyflap) ; (버섯류의) 펼친 갓. (5) (a ~) 《口》 조마조마함, 안절부절 못함.

flap·doo·dle [flǽpdùːdl] *n*. ⓤ 《口》 허튼〈엉터리없는〉 이야기, 되지 않는 소리, 군소리, 터무니없는 말(nonsense).

flap·pa·ble [flǽpəbəl] *a*. 《俗》 (위기에 처했을 때) 흥분〈동요〉하기 쉬운, 안절부절 못하는, 갈팡질팡하는.

flap·per [flǽpər] *n*. ⓒ (1) 퍼덕이는 것 ; 펄럭이는 것 ; 《俗》 손 ; (아직 날지 못하는) 새의 새끼 《오리 등의》. (2) 파리채(flyflap) ; (새를 쫓는) 딱딱이(clapper). (3) 경첩 달린 문짝 ; 폭 넓은 지느러미. (4) 《美俗》 (아직 사교계에 안 나온) 어린 아가씨 ; 《口》 (1920 년대의) 건달 아가씨, 왈가닥, 플래퍼.

·**flare** [flɛər] *n*. (1) (*sing*.) 너울거리는 불길, 흔들거리는 불빛. (2) (a ~) (노여움 따위의) 격발 : a ~ of anger 격분. (3) ⓒ 섬광 신호, 조명탄(=**~bomb**) ; 【寫】 광반(光班), 플레어. (4) ⓤⓒ (나팔꽃 모양의) 벌어짐 ; ⓤ (스커트의) 플레어. —*vi*. (1) 흔들거리며 빛나다, 너울거리며 타다 《*about* ; *away* ; *out*》. (2) 확 불붙다 〈타오르다〉《*up*》 ; 번쩍번쩍 빛나다, 섬광을 발하다. (3) (스커트 따위가) 나팔꽃 모양으로 퍼져 있다. —*vt*. (1) …을 확 타오르게〈불붙게〉하다. (2) (하늘)을 붉게 물들이다 ; (바람이)너울거리게 하다. (3) …을 섬광따위로 신호하다. (4) (스커트)를 플레어로 하다. **~ up** 〈*out*〉 확 타오르다, 불끈 성내다 ; (폭동 등이) 돌발하다 ; (병이) 재발하다.

fláre pàth 조명로《비행기 이착륙 유도용》.

flare·up [flɛ́ərʌ̀p] *n*. ⓒ (1) 번쩍 빛남, 확 타오름, 섬광. (2) 《口》 (감정의) 격발, 격노 ; (병 따위의 돌연한) 재발 ; (문제 등의) 급격한 재연(再燃)〈표면화〉.

flar·ing [flɛ́əriŋ] *a*. (1) 활활〈너울거리며〉 타는. (2) 번쩍번쩍하는 ; 현란한.
파) **~·ly** *ad*.

:**flash** [flæʃ] *vi*. (1) 《~/+前+名》 번쩍 비치다, 번적거리다, 빛나다. (2) 《+副》 노하다, 불끈하다, (노하여) 퉁명스럽게 말하다《*out*》 : He ~*ed out* at her rudeness. 그녀의 무례함에 그는 발끈했다. (3) 《+副/+前+名》 휙 지나가다, 스치듯 지나가다《*by* ; *past*》 ; 갑자기 나타나다 《*out*》. (4) 《+前+名》 (생각이) 문뜩 떠오르다.
—*vt*. (1) (불 · 빛)을 번쩍 발하다, 비추다 : He ~*ed* his headlights 그는 헤드라이트를 비추었다. (2) (칼 · 눈 따위)를 번뜩이다, 번쩍이다 : He ~*ed* his sword in the moonlight 그는 달빛에 검을 번뜩였다. (3) 《+目+前+名》 (빛)을 던지다 ; (거울 따위)를 비추다 ; (눈길)을 돌리다, 쏟다 ; (미소 따위)를 언뜻 보이다 : She ~*ed* a smile *at* him. 그녀는 그에게 살짝 미소를 던졌다. (4) 《~+目/+目+副》 (뉴스)를 급보하다, 타전하다. (5) 《口》 과시하다, 자랑해 보이다. (6) …을 언뜻 보이다.
~ back 1) (빛이) 되비추다, 반사하다. 2) 뚫어지게 되노려보다 ; (기억 따위가) 갑자기 과거로 돌아가다. **~ in the pan** 《比》 일시적인 성공으로〈용두사미로〉 끝나다. **~ on** (불이) 확 켜지다 ; …을 문득〈불현듯〉 이해하다.
—*n*. (1) ⓒ 섬광, 번득임, 확 터지는 발화. (2) **a**) (a ~) 순간. **b**) ⓒ 《口》 얼핏 봄. (3) ⓒ (감흥 · 기지 등의) 번득임. (4) ⓒ (뉴스) 속보. (5) ⓤ 허식, 현란함. (6) ⓒ 《俗》 음부의 노출. (7) ⓤⓒ 【寫】 플래시.
a ~ in the pan 《比》 일시적인〈1회만의〉 성공(자) ; 용두사미 (로 끝나는 사람), 어처구니없는 기도(企圖)(를 하는 사람).
—(**~·er ; ~·est**) *a*. (1) 저속하고 번드르르한 겉치장의, 지나치게 야한(화려한). (2) 가짜의, 위조의(counterfeit) : ~ notes 위조 지폐. (3) 〔限定約〕 (폭풍우 따위가)갑작스럽게 닥친, 순간적인. (4) 〔限定的〕 도둑〈불량〉 사회의 : a ~ term 불량배 사이의 은어.

flash·back [ˊbæ̀k] *n*. ⓤⓒ 【映】 플래시백《과거의 회상 장면으로 전환》.

flásh bùlb *n*. 【寫】 섬광 전구.

flásh bùrn (방사능에 의한) 섬광 화상(火傷).

flásh càrd 플래시 카드《잠깐 보여 글자를 읽게하는 외국어 따위의 교수용 카드》.

flash·cube [ˊkjùːb] 【寫】 플래시 큐브《섬광 전구 4 개가 회전하면서 발광하는 장치》.

flash·er [flǽʃər] *n*. ⓒ (1) 섬광을 내는 것 ; (교통 신호 · 자동차 따위의) 점멸광(光) ; 자동 점멸 신호. (2) 《俗》 노출광(狂).

flash-for·ward [ˊfɔ̀ːrwərd] *n*. ⓤⓒ 【映】 미래 장면의 사전 삽입.

flásh gùn 【寫】 카메라의 섬광 장치.

flash·i·ly [flǽʃili] *ad*. 저속하고 번드르르하게, 지나치게 화려하여, 야하게 ; 번쩍이어.

flásh làmp 【寫】 섬광등.

·**flash·light** [ˊlàit] *n*. ⓒ (1) 섬광 ; (등대의) 섬광 《회전 등 따위에 의한》. (2) 《美》 회중 전등. (3) 【寫】 플래시 (장치).

flashy [flǽʃi] (**flash·i·er ; -i·est**) *a*. 속되게 번지르르한, 야한, 무미건조한, 겉모양뿐인.

flask [flæsk, flɑːsk] *n*. ⓒ (1) (화학 실험용) 플라스크. (2) (술 따위의) 휴대 용기(容器) ; 그 한 병분의 분량. (3) 《英》 보온병.

:**flat**[1] [flæt] (**-tt-**) *a*. (1) 편평한, 납작한 ; 평탄한, 울퉁불퉁하지 않은(plain) : ~ land 평지 / a ~ dish 운두가 얕은 접시. (2) 편, 펼친, 벌린《손바닥 · 지도 따위를》. (3) 〔敍述的〕 **a**) 길게 누운. **b**) 바싹 붙어 있는 **c**) (수목 · 건물이) 쓰러진, 도괴된. (4) (그림이) 평면적인, 단조로운, 깊이가 없는. (5)(빛깔이) 일매진, 한결같은, 두드러지지 않은, 광택이 없는 : a ~ gray 잿빛 인쇄. (6) (음식이) 맛없는 ; (맥주 따위가) 김빠진(stale). (7) (이야기 · 익살 등이) 동떨어진, 쏙 들어맞지 않는, 얼빠진. (8) (시황(市況)이) 활기 없는, 부진한, 불경기의(depressed). (9) 《口》 기운 없는(dejected) ; 주머니 사정이 좋지 않은, 한 푼 없는. (10) 〔限定的〕 (값 따위가) 일률적인, 균일한(uniform) ; 【商】 배당락(落)의. (11) 〔限定的〕 단호한 ; 틀림없는, 순진한. (12) (타이어등이) 공기가 빠진, (배터리등이) 다된. (13) 【樂】 반음 내림의. 【opp.】 *sharp*. (14) 【文法】 어미 무음화(無音化) 파생의《형용사 slow를 그대로의 형태로 부사로 쓰는 따위》. (15)

[音聲] 입술을 벌린([a]의 변종으로서의 [æ] 따위). ***be ~ out*** 《口》 지쳐빠지다, 녹초가 되다. ***be in a ~ spin*** 곤경에 처해있다, 움쭉달싹 못하다. ***fall ~*** 《口》 눈 깜짝할 사이에, 순식간에.

—*ad*. (1) 편평하게, 납작하게 : The air raid laid the city ~ 공습으로 (파괴되어) 그 도시는 폭삭 무너졌다. (2) 딱 잘라, 단호하게 : turn the offer down ~ 그 신청을 딱 잘라 거절하다. (3) 꼭, 정확히. (4) 아주, 완전히, 전혀 : ~ broke 완전히 무일푼이 되어 / ~ aback 지독히 놀라. (5) [金融] 무이자로 : sell ~ 이자를 계산에 넣지 않고 팔다. (6) [樂] 반음 내리어. (7) [海] (돛을) 팽팽하게 켕기어. ***~ out*** 《口》 1) 전속력으로 : drive ~ *out* 전속력으로 차를 몰다. 2) 솔직하게 터놓고, 노골적으로. 3) 《美口》 완전히. 4) 《美口》 녹초가 되어 ; 나아갈 수 없게 되어.

—*n*. ⓒ (1) **a**) 평면, 편평한 부분《손바닥 따위》 : strike with the ~ of one's hand 손바닥으로 때리다. **b**)평면도, 회화 : in〈on〉 the ~ 종이 〈캔버스〉에 : 그림으로. (2) (흔히 *pl*.) 평지(plain) ; (시냇가의) 저습지(swamp), 소택지 ; 모래톱, 여울(shoal). (3) 편평한〈납작한〉 것. **a**) 너벅선(船). **b**) [建] 평지붕. [海] (함장실·장교실에서 나갈 수 있는 평갑판. **c**) 수평 광맥. **d**) [劇] 플랫 《밀어들이거나 내는 무대 장치》. (4) 바람이 빠진 〈펑크난〉 타이어 : I've got a ~ 펑크 났다. (5) [樂] 반음내린 음, 내림표《♭》 : sharps and ~*s* (피아노의) 검은 건반. ***draw from the ~*** 평면도를 본떠 그리다. ***give the ~*** (구혼자를) 딱 거절하다. ***join the ~s*** 앞뒤를 맞추다. ***on the ~*** 평면으로 ; 평지에.

파) **˘~·ness** *n*.

·flat² [flæt] *n*. 《英》 (1) ⓒ 플랫식 주택. (2) (*pl*.) 플랫식 공동 주택.

flat·bed [flǽtbèd] *a*. (트럭 따위) 평상꼴의, ; (실린더 프레스가) 평반형인(= **˘~ (cýlinder) press**)).

flat·boat [ˊbòut] *n*. ⓒ 너벅선(船).

flat·bot·tomed [ˊbɑ́təmd/ˊbɔ́t-] *a*. 바닥이 편평한《배》.

flat·car [ˊkɑ̀ːr] *n*. ⓒ 《美》 (지붕·측면이 없는)무개화차, 목판차.

flat·chest·ed [ˊtʃéstid] *a*. (여자가) 가슴이 납작한.

flát displày [컴] 평면 화면 표시 장치.

flat·fish [ˊfìʃ] (*pl*. **~, ~·es**) *n*. ⓒ [魚] 넙치·가자미류의 총칭.

flat·foot [ˊfùt] *n*. ⓒ (1) (*pl*. **-feet**) 편평족. (2) (*pl*. 종종 **~s**) 《俗》 (순찰) 경관.

flat·foot·ed [ˊfútid] *a*. (1) 편평족의. (2) 《口》 단호한(determined) ; 분명한. (3) 둔한, 부자연스러운, 투박한. (4) 《美俗》 허를 찔린, 준비가 안된.

파) **~·ly** *ad*.

flat·i·ron [ˊàiərn] *n*. ⓒ 다리미, 인두.

flat·land [ˊlæ̀nd] *n*. ⓒ 평지, 평탄한 땅.

flat·let [flǽtlit] *n*. ⓒ 《英》 소형 플랫.

·flat·ly [flǽtli] (1) 평평하게 ; 납작하게. (2) 단조롭게, 활기 없이, 맥이 빠져서. (3) 딱 잘라, 단호히, 쌀쌀하게.

flat-out [flǽtáut] *a*. (1) 〔限定的〕 전속력의 ; 저력을 기울인. (2) 전적인(거짓말따위) ; 솔직한, 숨김이 없는 : a ~ lie 순 거짓말.

flát ràcing (장애물이 없는) 평지 경주〈경마〉.

flát róof [建] 평지붕, 평평한 지붕.

flat·roofed [flǽtrúːft] *a*. 지붕이 납작한.

fàlt spín (비행기의) 수평 나선 운동. ***go into 〈be in〉 a ~*** 《口》 몹시 당황하(고 있)다, 자제심을 잃고 있다.

·flat·ten [flǽtn] *vt*. (1) **a**) 《~+目/+目+副/+目+前+名》 …을 평평〈반반〉하게 하다, 펴다 (level). **b**) 〔再歸的〕 (…에) 엎드리다《*on*》 ; (…에) 바싹 몸을 붙이다《*against*》. (2) …을 쓰러뜨리다(prostrate) ; 완전히 압도하다 ; (권투 등에서) 때려눕히다, 녹아웃시키다. (3) …을 단조롭게〈시시하게〉 하다 ; 무미하게 하다. (4) [樂] (가락)을 (반음) 내리다. —*vi*. (1) 평평〈반반〉해지다. (2) 가락이 (반음) 낮아지다. ***~ out*** 1) (납작하게) 펴다(망치 등으로) ; 반반〈편평〉하게 하다〈해지다〉. 2) [空] 강하〈상승〉에서 수평 비행으로 돌아가다〈돌리다〉.

:flat·ter [flǽtər] *vt*. (1) …에게 발림말하다, …에게 아첨하다, 빌붙다(court). (2) 《~+目/+目+前+名》 〔때로 受動으로〕 우쭐하게 〔의기양양하게〕 하다 ; 자마하다. (3) 《~+目+前+名/+目+*that* 節》 〔再歸的〕 제딴에는 …이라고) 우쭐해 하다. (4) (사진이나 그림이) …을 실물 이상으로 잘 묘사되다. (옷 등이 모습)을 돋보이게 하다 / This portrait ~*s* her. 이 초상화는 그녀를 실물보다 잘 그렸다. (5) (감각)을 즐겁게 하다. — *vi*. 아첨하다, 알랑거리다. ***feel** (one**self** **highly**) **~ed by*** ~으로 (크게) 기뻐하다, 우울해지다.

flat·tered [flǽtərd] *a*. 〔敍述的〕 …을 기뻐하는《*at* ; *by* ; *that*》.

·flat·ter·er [flǽtərər] *n*. ⓒ 아첨꾼, 빌붙는〈발림말하는〉 사람.

·flat·ter·ing [flǽtəriŋ] *a*. (1) 빌붙는, 아부〈아첨〉하는, 발림말하는. (2) 실제보다 잘 보이는《초상 따위》.

파) **~·ly** *ad*.

:flat·tery [flǽtəri] *n*. ⓤⓒ 아첨, 감언, 치렛말, 빌붙음.

flat·tie [flæti] *n*. ⓒ《口》 (1) 굽이 낮은 구두. (2) 너벅선. (3) 경찰관.

flat·tish [flǽtiʃ] *a*. 약간 편평한 ; 좀 단조로운.

flat·top [flǽttɑ́p/-tɔ̀p] *n*. (1) = CREW CUT. (2) 《口》 항공 모함.

flat·u·lence [flǽtʃələns] *n*. ⓤ (1) 위장에 가스가 참, 고창(鼓脹). (2) 허세, 허영 ; 공허.

flat·u·lent [flǽtʃələnt] *a*. (1) **a**) (가스로) 배가 부른. **b**) (음식이) 가스를 발생하기 쉬운. (2) (말이) 허세를 부린, (이야기 등이) 과장된. 파) **~·ly** *ad*.

fla·tus [fléitəs] *n*. ⓤ (위장내의) 가스.

flat·ware [flǽtwɛ̀ər] *n*. ⓤ (1) 〔集合的〕 식탁용의 접시류. (2) 은(도금) 식기류.

flat·ways, -wise [flǽtwèiz], [-wàiz]. *ad*. 편평하게, 납작하게, 평면으로.

flat·work [flǽtwə̀ːrk] *n*. ⓤ 〔集合的〕 다림질이 쉬운 판판한 빨랫감《시트·냅킨 따위》.

flaunt [flɔːnt] …을 자랑하다, 과시하다. (2) (기 따위)를 흔들다 ; 나부끼게 하다. —*vi*. (1) 허영을 부리다 ; (화려한 옷을 입고) 뽐내며 걷다. (2) 휘날리다.

—*n*. ⓤ 자랑하여 보임, 과시.

:fla·vor 《英》 **-vour** [fléivər] *n*. (1) ⓤⓒ (독특한) 맛, 풍미(savor), 향미. (2) (a ~) 맛, 정치, 운치, 멋, 묘미. ***~ of the week〈month, year〉*** 금주〈이달, 이해〉의 인물〈사건〉.

—*vt*. 《~+目/+目+前+名》 (1) …에 맛을 내다, …에 풍미〈향기〉를 곁들이다(season) : ~ soup *with* garlic 수프를 마늘로 양념 하다. (2) …에 멋을(풍취를, 운치를) 곁들이다《*with*》 : The sailor's story was ~*ed with* many thrilling adventures. 그 선

원의 얘기에는 많은 스릴 넘치는 모험이 있어 흥취가 있었다. 파) **~ed**[-d] *a.* 〔複 合語로서〕 …의 맛이〈풍미가〉 있는 : lemon-*flavored* cakes 레몬 향기가 나는 케이크. **~·ing** [-riŋ] *n.* (1) ⓤ 조미, 맛내기. (2) ⓤⓒ 조미료, 양념. **~·less** [-lis] *a.* 맛없는, 풍미가 없는. **~·some** [-səm] *a.* = FLAVORFUL

fla·vor·ful [fléivərfəl] *a.* 풍미 있는, 맛이 좋은.

·flaw[1] [flɔː] *n.* ⓒ (성격 등의) 결점, 약점, 흠, 결함. (2) (보석·도자기 등의) 금(간 곳), 흠(집)(crack). —*vt.*, *vi.* 금가 (게 하)다, 흠(집)을 내다 : 결딴내다〈나다〉(mar) : 무효로 하다(nullify) : a ~*ed* gem 흠 있는 보석.

flaw[2] *n.* ⓒ 돌풍(突風), 질풍, (눈·비를 동반한) 잠시 동안의 폭풍우.

flaw·less [flɔ́ːlis] *a.* 흠 없는, 완벽〈완전〉한 : a ~ performance 완벽한 연기. 파) **~·ly** *ad.*

·flax [flæks] *n.* ⓤ (1) 【植】 아마(亞麻). (2) 아마 섬유. (3) 아마포, 리넨(linen). (4) 엷은 황갈색

flax·en [flǽksən] *a.* (1) 아마(제)의. (2) (머리가) 담황갈색의.

flax·seed [flǽksìːd] *n.* ⓤⓒ 아마인(linseed).

flay [flei] (나무·짐승 따위)의 껍질〈가죽〉을 벗기다. (2) (사람에게서 금품 등을) 빼앗다, 약탈하다, …을 심하게 매질하다. (3) …을 혹평하다.

·flea [fliː] *n.* ⓒ 벼룩, 하찮은 (귀찮은) 녀석. ***a ~ in one's ear*** 빈정댐, (듣기) 싫은 소리.

flea·bag [flíːbæ̀g] *n.* ⓒ 《俗》 (1) 《美》 싸구려 여인숙. (2) 더러운 짐승〈사람〉. (3) 침대, 침낭

flea·bite [flíːbàit] *n.* ⓒ (1) 벼룩에 물린 자리. (2) 약간의 고통 : 사소한 일. (3) 백마의 갈색 얼류

flea-bit·ten [flíːbìtn] *a.* (1) 벼룩에 물린. (2) (말의 털이) 흰 바탕에 갈색 반점이 있는. (3) (생활 등이) 비참한 : 지저분한.

fléa còllar (애완 동물의) 벼룩을 잡는 목걸이.

fléa màrket 도떼기〈고물, 벼룩〉 시장.

flea·pit [flíːpìt] *n.* ⓒ 《英俗》 구지레한 건물〈방, 영화관〉. .

fleck [flek] *n.* ⓒ (1) (피부의) 반점, 주근깨(freckle), 기미. (2) (색·광선의) 얼룩, 반문, 반점. (3) (종종 否定文) 작은 쪼가리《*of*》. —*vt.* …에 점점을 내다 : 〔受動으로〕 (…로) 얼룩덜룩해 있다《*with*》 : The years have ~*ed* her hair *with* gray. 많은 세월로 그녀의 머리는 희끗희끗해졌다 / The green meadows *were* ~*ed with* black cattle. 푸른 목장에 검정 소가 점점이 있었다. 파) **~ed** [-t] *a.* 반점이 있는, 얼룩덜룩한.

flec·tion, 《英》 **flex·ion** [flékʃən] *n.* (1) ⓤ 굴곡, 만곡, 휨. (2) ⓒ 굴곡부(curve), 굽은 부분. (3) ⓤⓒ 【文法】 굴, 어미 변화(inflection). 파) **~·al**[-ʃənəl] *a.*

:fled [-ʃənəl] FLEE의 과거·과거 분사.

fledge [fledʒ] *vt.* (새 새끼)를 깃털이 날 때까지 기르다. —*vi.* 깃털이 다 나다 : 날 수 있게 되다. 파) **~d**[-d] *a.* (1) 깃털이 다난 : 날 수 있게 된. (2) (사람이) 성인이 된. 【cf.】 full-fedged.

fledg·ling, 《英》 **fledge-** [flédʒliŋ] *n.* ⓒ (1) 겨우 부등깃이 난 새 새끼, 햇병아리. (2) 풋내기, 애송이. —*a.* 풋내기의, 신참의 : a ~ actress 풋내기 여배우.

:flee [fliː] (*p.*, *pp.* ***fled*** [fled]; ***flée·ing***) *vi.* 《~/+前+名》 (1) 달아나다, 도망하다, 내빼다 : 피하다《*from*》. (2) (금방) 사라져 없어지다 : (시간 따위가) 빨리 지나가다. —*vt.* (사람·장소) …에서 도망치다, …을 떠나다(quit) : They *fled* the city after the earthquake.

·fleece [fliːs] *n.* (1) **a**) ⓤ 양털. **b**)ⓒ 한 마리에서 한 번 깎는 양털. (2) ⓒ 양털 모양의 것 : 흰 구름 : 흰 눈 : 더부룩한 백발 : 보풀이 인 보드라운 직물. —*vt.* (1) (양)의 털을 깎다. (2) 《~+目/+目+前+名》 …으로부터 빼앗다, 탈취하다《*of*》 : I was ~*d of* what little I had. 몇 푼 안 되는 돈이나마 몽땅 털렸다 / ~ a person *of* all his possessions 아무의 가진 것을 몽땅 빼앗다

·fleecy [flíːsi] (***fleec·i·er ; -i·est***) *a.* (1) 양털로 (뒤)덮인. (2) 양털 같은, 폭신폭신한 : 양털로 만든.

fleer[1] [fliər] *vi.* (…을) 비웃다, 조롱하다, 조소하다《*at*》. —*n.* ⓒ 비웃음, 조롱

fle·er[2] [flíːər] *n.* ⓒ 도망자.

:fleet[1] [fliːt] *n.* ⓒ 〔集合的〕 (1) 함대 ; 선대(船隊) 《상선·어선 따위의》. (2) (항공기 따위의) 집단 : (전차·수송차 따위의) 대(隊) : (택시 회사 등이 소유하는) 전 차량. (3) (the ~) 전(全) 함대, 해군(력). ***a combined ~*** 연합함대. ***a mosquito ~*** 소(小) 함대.

·fleet[2] *vi.* (시간·세월이) 어느덧 지나가다《*by*》 : 빨리〈휙휙〉 지나가다《*away*》. —*a.* 쾌속의(swift), 빠른《말 따위》 : be ~ *of* foot 걸음이 빠르다. 파) **∼·ly** *ad.* **∼·ness** *n.*

fléet àdmiral 《美》 해군 원수.

fleet·foot·ed [flíːtfútid] 발이 빠른.

·fleet·ing [flíːtiŋ] *a.* 빨리 지나가는, 잠깐 동안의 쏜살 같은, 덧없는, 무상한(transient). 파) **~·ly** *ad.*

Fléet Strèet (1) 플리트가(街)《런던의 신문사거리》. (2) 신문계, (집합적) 신문기자, 신문인.

Flem·ing [flémiŋ] *n.* ⓒ (벨기에) Flanders 사람 : Flanders 말을 쓰는 벨기에 사람.

Flem·ish [flémiʃ] *a.* Alanders(사람·말)의, —*n.* ⓤ (1) Flanders 말. (2) (the ~) 〔集合的〕 Flanders 사람.

:flesh [fleʃ] *n.* ⓤ (1) 살《뼈·가죽에 대하여》. (2) the ~) 육신(body)《영(靈)에 대하여》. (3) 살집(plumpness), 체중 : 살결 : 살성. (4) (the ~) 육욕, 정욕. (5) 〔集合的〕 인류(mankind), 생물 : all ~ 모든 생물, 일체 중생. (6) (one's (own)~) 골육, 육친(kindred). (7) 식육(食肉), 수육(獸肉)《어육, 때로 새고기와 구별하여》. (8) (식물의) 과육(果肉), 엽육(葉肉). ***become* 〈*be made*〉 *one ~*** (부부로서) 일심 동체가 되다. ***~ and blood*** 혈육 ; 골육, 육친 : 산 인간, 자신 ; 인간성, 인정 ; 〔形容詞的〕 현세의, 이승에 생을 받은 몸의. ***after the ~*** 세속적으로, (세속적인) 인간답게. ***arm of ~*** 물질의 힘 ***go the way of all ~*** 죽다. ***in ~*** 살이 되어서, 살이 붙어서. ***in the ~*** 이승의 몸이 되어, 육체의 형태로, 살아서 ; 본인 직접으로. make a person***'s ~ creep*** 〈***crawl***〉 아무를 오싹하게 하다. ***pass* (*the*) *~*** 《美》 악수하다.

—*vt.* (1) (사냥개)에 살코기를 맛보여 자극하다. (2) …을 잔학 행위〈전쟁〉에 익숙게 하다. (3) (욕정)을 일으키다, 자극하다. (4) (칼)을 살에 찌르다, (칼)을 시험삼아 써 보다. (5) (생가죽)에서 살을 발라내다. —*vi.* 《+副》 살찌다, 뚱뚱해지다《*out* ; *up*》.

flesh-col·ored, 《英》 **-outed** [∠kʌ̀lərd] *a.* 살색의.

flesh·ings [fléʃiŋz] *n. pl.* (몸에 착 붙는) 살색타이츠.

flesh·ly [fléʃli] (***flesh·lier ; -li·est***) *a.* 〔限定的〕 (1) 육체의. (2) 육욕의 ; 육욕에 빠지는, 육감적인.

flésh sìde (가죽의) 살이 붙은 쪽, 안 쪽, 가죽의 뒷면.

fleshy [fléʃi] (*flesh·i·er ; -i·est*) *a.* (1) 살의, 육체의, 육질의. (2) 살찐 ; 뚱뚱한, 살집이 좋은. (3) (과일이) 다육질(多肉質)의.

flour-de-lis [flə̀ːrdəlíːs] (*pl.* ***fleurs-***[-líːz]) *n.* ⓒ 《F.》 (1) 붓꽃속(屬)의 식물(iris).

:flew [fluː] FLY[1] 의 과거.

flex[1] [fleks] *vt.* (근육 · 관절)을 구부리다, 굽히다, 움직이다. **~ one's muscle** ⇨ MUSCLE.

flex[2] *n.* ⓤⓒ 《英》 (전기의) 가요선(可撓線).

·flex·i·bil·i·ty [flèksəbíləti] *n.* ⓤ 구부리기(굽기, 휘기) 쉬움, 유연성 ; 융통성, 신축성 ; 굴곡성.

·flex·i·ble [fléksəbəl] (***more ~ ; most ~***) 구부리기(굽기, 휘기) 쉬운, 탄력성 있는 ; 유연성이 있는 (pliable). (2) 적응력이 있는(adaptable), 융통성 있는. (3) 다루기 쉬운, 순진한, 유순한《*with*》.

flex·time [flékstàim] *n.* ⓤ 근무 시간의 자유 선택 제도 (flextime).

flex·ure [flékʃər] *n.* ⓤ 굴곡, 만곡(bending).

·flick [flik] *n.* ⓒ (1) (매 · 채찍 따위로) 찰싹〈탁〉 때리기 ; (손가락 끝으로) 가볍게 튀기기. (2) (물 · 진흙의) 튀김(splash) ; 갑작스러운 움직임., 홱 움직임 (jerk). (3) 획 〈탁, 찰싹〉하는 소리. (4) (the *~s*) 《口》 영화 go to *the ~s* 영화 구경 가다. —*vt.* (1) 《+目+副/+目+前+名》 …을 찰싹〈탁〉 치다(튀기다). (2) …을 가볍게 쳐서 털다, 털어 버리다, 튀겨 날리다 《*off* ; *away*》. (3) …을 홱 흔들다. (4) (스위치 따위)를 찰칵 누르다. —*vi.* 홱〈휘휘〉 움직이다, 펄럭이다 ; 잽싸게 때리다. **~ through. . .** (페이지 · 카드 따위)를 홀홀 넘기다, (훌훌 넘기어 책 따위)를 대충 훑어보다.

·flick·er [flíkər] *n.* (*sing.*) (1) **a**) 빛이 깜박임〈어른거림〉. 명멸 ; 깜박이는〈어른거리는〉 빛. **b**) (나뭇잎의) 살랑거림, 나풀거림. (2) (희망 · 공포 등의)순간적인 스침. (3) 【컴】 (표시 화면의) 흔들림.
—*vi.* 명멸하다, 깜박이다. (2) (기 따위가) 휘날리다 ; 흔들리다 (나뭇잎 따위가) 나풀거리다 ; 훨훨 날다. 파) **~·ing·ly** *ad.* 명멸하여, 흔들흔들 ; 훨훨, 나풀나풀.

flick·knife [flíknàif] *n.* 《英》 (날이 튀어나오는) 플릭나이프 (《美》 switch-blade (knife)).

fli·er [fláiər] *n.* ⓒ (1) 나는 것《새 · 곤충 등》 ; 비행사, 비행기. (2) 쾌속으로 닫는 것, 쾌속정《선, 차, 마》 ; 《美》 급행 열차, 급행 버스. (3) 【建】 곧은 계단의 한 단. (4) 《美口》 투기, 재정적 모험(speculation). (5) 《美》 광고 쪽지, 전단.

:flight[1] [flait] *n.* (1) **a**) ⓤⓒ 날기, 비상(飛翔) ; 비행, **b**) ⓒ 비행 거리. (2) ⓒ 비행기 여행 ; (정기 항공로의) 편(便) : All *~s* were grounded because of fog. 안개 때문에 모든 비행기의 편의 이륙이 불가능하게 되었다. (3) ⓤⓒ 날아오름 ; (항 공기의) 이륙 ; (새 · 벌의) 집 떠나기, 둥지 뜨기. (4) ⓒ (철새의) 이동(migration) ; (나는 새의) 떼 : ~ of wild geese 이동하는 기러기의 한 떼. (5) ⓒ 【軍】 비행 편대. (6) ⓒ (공상 · 야심 따위의) 비약, 고양(高揚) ; (재치의) 넘쳐 흐름 ; (언행의) 분방(奔放), 벗어남. (7) ⓤ 급히 지나감 ; (구름 등의) 질과(疾過) ; (시간의) 경과. (8) ⓒ (건물의 층과 층을 있는) 층계, (두 층계참 사이의) 한 계단 : (허들의) 한 단열(段列). (9) ⓒ (가벼운) 화살(~ arrow) : ⓤ 원시 경사(遠矢競財) (~ shooting) ; 화살의 발사. (10) ⓒ 일제 사격(volley).

·flight[2] *n.* ⓤⓒ 도주, 궤주(潰走), 패주 ; 탈출. 【cf.】 flee 『 put (the enemy) to ~ (적을) 패주시키다 / take (to) ~ 도망치다.

flight attèndant (여객기의) 객실 승무원 《stewardess의 대용으로 성별을 피한 말》.

flight bàg (항공회사 이름이 새겨진) 항공 가방.

flight contròl 【空】 (1) (이착륙) 관제(管制) : a ~ tower 관제탑. (2) 항공 관제소.

flight dèck (1) (항공 모함의) 비행 갑판. (2) (대형 비행기의) 조종실(새 날개의).

flight fèather 【鳥】 날개깃, 칼깃.

flight·less [fláitlis] *a.* (새가) 날지 못하는.

flight lieutènant 《英》 공군 대위.

flight òfficer 《美》 공군 준위.

flight pàth 【空 · 宇宙】 비행 경로.

flight recòrder 【空】 비행 기록 장치 (《俗》 black box).

flight-test [fláittèst] *vt.* (항공기·비행장치의) 비행 시험을 하다.

flight·wor·thy [fláitwə̀ːrði] *a.* 안전 비행 가능 상태의, 내공성(耐空性)의.

flighty [fláiti] (*flight·i·er ; -i·est*) *a.* (1) 변덕 스러운, 경솔한 ; 엉뚱한. (2) 머리가 좀 돈.
파) **flight·i·ly** *ad.* **-i·ness** *n.*

flim·flam [flímflæ̀m] *n.* ⓤⓒ (1)엉터리, 허튼 소리, 터무니없는 소리. (2) 속임(수), 사기. —(***-mm-***) *vt.* …을 속이다.

flim·sy [flímzi] (*-si·er ; -si·est*) *a.* 무른, 취약한, 얇은 여린 ; (근거 · 논리가) 박약한(weak). —*n.* ⓤⓒ (1) 얇은종이, 전사지(轉寫紙), 복사지. (2) 여자의 얇은 속옷. 파) **-si·ly** *ad.* **-si·ness** *n.*

flinch [flintʃ] *vi.* 주춤〈움찔〉하다, 겁내어 피하다 꽁무니 빼다《*from*》. —*n.* (흔히 *sing.*) 주춤〈움찔〉함, 꽁무니 뺌.

flin·ders [flídərz] *n. pl.* 파편, 부서진 조각.

:fling [fliŋ] (*p.*, *pp.* ***flung***[flʌŋ]) *vt.* (1) 《~+目/+目+前+名/+目+副/+目+補》 …을 세게 던지다 (throw), 내던지다(hurl). (2) …을 메어치다, 내동댕이치다, 냅다 던지다. (3) 《+目+前+名》 을 던져넣다, 집어〈처〉넣다《감옥 등에》 : 빠지게 하다. (4) 《+目+前+名/+目+副》 (팔 따위)를 갑자기 내렸다. (머리 따위)를 흔들다(toss). (5) 《+目+前+名》 (군대)를 투입하다, 급파하다(dispatch) ; (무기)를 급송하다. (6) 《+目+目/+目+前+名》 욕설을 퍼붓다 ; (시선)을 던지다. (7) 《+目+前+名》 (옷 따위)를 서둘러 걸치다, 입다《*on*》 ; (의복 따위)를 급히 벗다《*off* 》. (8) 《+目+前+名》〔再歸的〕 세차게 몸을 던지다 ; …을 몰두하게 하다.
—*vi.* 《+副/+前+名》 돌진하다, 뛰어들다 ; 자리를 박차고 떠나다, 달려나가다《*away* ; *off* ; *out* (*of*)》. (2) (말 따위가) 날뛰다《*about*》. **~ *aside*** 내던지다 ; 무시하다 ; 물리치다. **~ *away*** 1) …을 내던지다, 동댕이치다. 2) (기회 따위)를 헛되이 보내다, 놓치다. 3) 뛰쳐나가다. **~ *in*** 던져 넣다 ; 덤으로 붙이다 : one more article *flung in* 덤으로 하나 더. **~ *down*** 넘어뜨리다, (땅위에) 두들겨치다. **~ ... *in*** a person's ***teeth*〈*face*〉** ⇨TOOTH. **~ *off*** 1) 떨어버리다, (옷을) 홱 벗어던지다 ; (추적자)를 따돌리다. 2) 튀어나가다. **~ *on*** (의복 따위)를 걸치다, 서둘러 입다. **~ *out*** 1) (양팔 따위)를 힘껏 뻗다. 2) 폭언〈욕〉을 하다〈퍼붓다〉. **~ *up*** (팔 따위)를 흔들어〈치켜〉 올리다 : (머리 · 고개 따위)를 치켜올리다.
—*n.* (1) (a ~) (내)던지기, 팽개치기, 투척 : at a ~ of the dice 주사위를 한 번 던져서. (2) ⓒ (손발 따위를) 휘두르기, 뻗치기 ; (댄스의) 활발한 동작〈스텝

〉, 《특히》 = HIGHLAND FLING (3) (a ~) 도약, 돌진 ; (말 따위의) 날뜀. (4) (a ~ one's ~)기분(멋)대로 하기 ; (청년기의) 방자, 방종. ***at one ~*** 단숨에, 대번에. ***give a ~*** 내던지다, 걷어차다. ***have*** 〈***take***〉 ***a ~ at*** …을 공박〈매도〉하다 ; …을 시도(시험)하다. ***in a ~*** 불끈하여. ***in*** 〈***at***〉 ***full ~*** 쏜살같이 ; 척척 진척되어.

·flint [flint] *n.* (1) ⓤⓒ 부싯돌 ; 라이터 돌. (2) ⓤ 아주 단단한 물건 ; 냉혹〈무정〉한 것.

flínt còrn 알갱이가 딱딱한 옥수수의 일종.

flínt glàss 납유리, 플린트 유리(crystal glass) 《광학 기계 · 식기용의 고급 유리》.

flint·lock [⁄lὰk/⁄lɔ̀k] *n.* ⓒ 부싯돌 발화(의 총).

flinty [flínti] (***flint·i·er ; -i·est***) *a.* (1) 부싯돌 같은 ; 몹시 딴딴한. (2) 완고한 ; 냉혹〈무정〉한, 피도 눈물도 없는.

flip[1] [flip] (***-pp-***) *vt. vi.* (1) (손톱 · 손가락으로)튀기다, 홱 던지다. (2) 톡 치다. (채 따위를) 가볍재 털다《*off*》. (3) 뒤집다, 뒤엎다. (4) 《俗》 정신이 돌다, 발끈하다, 흥분하다, 크게 웃다 ; (…에) 열중하다〈케하다〉《*over* ; *for*》. (5) 《俗》 (사람이) 반응을 보이다 《흥분 · 기쁨 따위의》. ***~ out*** 《浴》 1) 정신이 돌다. 2) 자재를 잃다, 욱하다. ***~*** one'***s lid*** 〈***wig***〉 《美俗》 자제심을 잃다, 욱하다 ; 웃음을 터트리다. ***~ over*** 뒤집다, 뒤지비히다 ; 열중하다.

—*n.* ⓒ (1) 손가락으로 튀김, 가볍게 치기. (2) 공중제비.

flip[2] *n.* ⓤⓒ 플립《맥주 · 브랜디에 향료 · 설탕 · 달걀 등을 넣어 달군 쇠막대로 저어 만든 음료》.

flip-flop [⁄flὰp/⁄flɔ̀p] *n.* (1) ⓒ 공중제비, 재주넘기(somersault). (2) (a ~) 퍼덕퍼덕(덜컥덜컥) 하는 소리. (3) (흔히 *pl.*) 플립플롭《가죽 끈이 달린 샌들의 일종》.

flip·pan·cy [flípənsi] *n.* (1) ⓤ 경솔, 경박. (2) ⓒ 경솔〈경박〉한 언행.

flip·pant [flípənt] *a.* 경박한, 경솔한, 까불까불한 ; 건방진. 파) **~·ly** *ad.*

:flip·per [flípər] *n.* ⓒ (1) 지느러미 모양의 발, 물갈퀴 (바다표범 · 펭귄 따위의.

flip·ping [flípiŋ] *a.* 〔限定的〕 《俗》 지독한, 몹쓸 지긋지긋한《※ 가벼운 비난을 섞은 말》.

flip·py [flípi:] *n.* 【컴】 mini floppy disk 의 별칭. 【cf.】 floppy disk.

flíp sìde (the ~) (레코드의) 뒷면, B면.

flíp-top cán [flíptὰp-/-tɔ̀p-] 깡통의 일부가 경첩으로 고정되어 반대쪽을 밀어올리면 열려지는 것.

·flirt [flə:rt] *vi.* 《~/+前+名》 (1) (남녀가) 새롱〈시시덕〉거리다, 농탕치다, 장난삼아 연애하다, 불장난하다《*with*》. (2) 쫑긋쫑긋 움직이다, 훨훨 날아다니다. (3) (반 장난으로)손을 내밀다, 농락하다, 가지고 놀다 《*with*》. —*vt.* (꼬리 따위)를 활발히 움직이다 ; (부채로) 확확 부치다.

—*n.* ⓒ (1) 바람난〈불장난하는〉 여자〈남자〉 (flirter). (2) 홱 던지기 ; 활발하게 움직이기.

flir·ta·tion [flə:rtéiʃən] *n.* (1) ⓤⓒ (남녀의) 희롱, 새롱거리기, 불장난 ; 연애, 유희. (2) ⓒ 일시적으로 관심을〈흥미를〉 가짐 ; 장난, 변덕.

flirt·ta·tious [flə:rtéiʃəs] *a.* (1) 시시덕거리는, 농탕치는(coquettish). (2) 불장난의, 들뜬, 경박한.

·flit [flit] (***-tt-***) *vi.* (1) 《~/+前+名》 (새 등이) 훌쩍 날다, 훨훨 날다. (2) 《+前+名》 (사람이) 휙 지나가다, 오가다 ; (생각 따위가) 문득 (머릿속을) 스치다 ; (시간 따위가) 지나가다. (3) 《英口》 (남녀가) 눈이 맞아 야반 도주하다.

—*n.* ⓒ (1) 가벼운 움직임, 훨 납. (2) 《英口》 야반도주 : do a ~ 야반도주하다.

flitch [flitʃ] *n.* 소금에 절여 훈제(燻製)한 돼지의 옆구리살 배이컨.

flit·ter [flítər] *vi. n.* ⓒ 훨훨 날아다니다.

fliv·ver [flívər] *n.* ⓒ (1) 《俗》 값싼 물건.

float [flout] (1) 《~/+副/+前+名》 뜨다 ; 떠(돌아)다니다, 표류하다(drift). (2) 《~/+前+名》 (환상 등이) 떠오르다 . (3) 《口》 (사상 · 소문 따위가) 퍼지다, 유포하다《*about* ; *around*》. (4) 방랑하다. (목적없이) 돌아다니다 ; (지조 · 정책 따위가) 무정견이다 ; 흔들리다. (5) (통화가) 변동 시세제 〈환율제〉로 되다 《*against*》. (6) 〔흔히 進行形〕 (찾는 물건이) 근처에 있다《*about* ; *around*》

—*vt.* (1) …을 띄우다, 떠돌게〈감돌게〉 하다. (바람이 향기)를 풍기다, 나르다. (2) (소문)을 퍼뜨리다, 전하다. (3) (회사)를 설립 하다. (4) (기금)을 모집하다, (채권)을 발행하다(market). (5) …을 물에 잠기게 하다 ; 관개하다. (6) (벽)을 흙손으로고르다. (7) …을 변동 시세제 〈환율제〉로 하다.

—*n.* ⓒ (1) 뜨는〈떠도〉 것, 부유물 ; 부평초 ; 성엣장, 부빙(浮氷) ; 뗏목(raft). (2) (낚싯줄 · 어망 따위의) 찌 ; 부구(浮涼)(물탱크의 수위를 조절하는). (3) 구명대(袋), 구명구(具). (4) 뗏목 ; 부잔교(浮棧橋) ; (수상기의) 플로트 부주(浮舟). (5) (물고기의) 부레. (6) (행렬 때의) 장식(꽃) 수레 ; (화물 운반용의) 대차(臺車). (7) (물레바퀴 · 외륜선(外輪船)의) 물갈퀴판(板). (8) (배달용의) 자동차 ; (가축용 · 중량 화물용) 대차(臺車). (9) 《英》 점포나 상인이 하루의 일을 시작할 때 갖고 있는 잔돈. (10) 변동 시세제〈환율제〉.

float·a·ble [flóutəbəl] *a.* (1) 뜰 수 있는 ; 떠오르는 성질의. (2) 배 · 뗏목을 띄읏 수 있는.

float·er [flóutər] *n.* ⓒ (1) 뜨는 사람〈물건〉 ; 찌, 부표 ; 부척(浮尺). (2) 《美》 부동 투표자, 부정〈이중〉 투표자 ; 이리저리 이전〈전직〉 하는 사람, 뜨내기〈이동〉 노동자. (3) (회사 설립의) 발기인 ; 《口》 부동 증권. (4) 《俗》 잘못, 실수.

·float·ing [flóutiŋ] *a.* (1) 떠 있는, 부동적인 ;이동〈유동〉하는, 일정치 않은. (2) 【經】 (자본 따위가) 고정되지 않은, 유동하고 있는, 변동하는. (3) 변동 시세 〈환율〉제의.

flóating brídge 부교(浮橋), 뗏목다리.

flóating débt 【經】 일시 차입금, 유동 부채.

flóating ísland (1) 뜬섬(연못 · 늪 등의 부유물이 뭉쳐 섬처럼 된것).

flóating líght 등대선 (lightship), 부표등, 야간 구명부표.

flóating pòint 【컴】 떠돌이 소수점. .

flóating vòte (선거의) 부동표. (2) (the ~) 〔集合的〕 부동 투표층(層).

flóating vóter 부동성(浮動性) 투표자.

floc·cu·lent [flάkjələnt/flɔ́k-] *a.* 부드러운 털도 덮인 ; 북슬털 같은 ; 솜털로 뒤덮인.

:flock[1] [flɑk/flɔk] *n.* ⓒ 〔集合的〕 (1) (작은 새 · 양 따위의) 짐승의 무리, 떼. (2) (사람의) 떼(crowd). 일단(一團) ; 다수. (3) (그리스도교의) 신자, (교회의) 회중(congregation).

—*vi.* 《+前+名/+副》 떼 〈무리〉짓다, 몰려들다, 모이다《*together*》 ; 떼지어 몰려오다〈가다〉.

flock[2] *n.* (1) **a**) ⓒ 한 뭉치(술)의 양털. **b**) (*pl.*) 털 〈솜〉부스러기. (2) (*pl.*) 【化】 면상(綿牀) 침전물.

floe [flou] *n.* ⓒ (종종 *pl.*) 부빙(ice ~) ; (해상에

떠있는 넓은) 얼음벌, 빙원. 【cf.】 iceberg.

flog [flɑg, flɔ(:)g] (**-gg-**) *vt.* (1) 《~+目/+目+副/+目+前+名》 (사람)을 매질하다, 채찍질하다.(whip) ; 징계〈벌〉하여 …을 바로잡다〈가르치다〉 ; 혹사하다. (2) 《英俗》 (공공재산 따위)를 팔아 치우다. **~ (*a*) *dead horse*** DEAD HORSE. ~ **. . .*to death*** 《口》 (상품 · 선전 · 말을 되풀이 하여) 진절 머리나게 하다.

flog·ging [flɑ́giŋ/flɔ́g-] *n.* ⓤⓒ 채찍질, 매질.

flood [flʌd] *n.* (1) **a**) ⓒ (종종 *pl.*) 홍수, 큰물. **b**) (the F-) 【聖】 노아의 홍수. (2) (a ~ 또는 *pl.*) 범람, 쇄도, 다량. (3) ⓒ 밀물, 만조(~ tide). (4) = FLOODLIGHT. ***at the ~*** 밀물이 되어 ; 때가 차서 ; 한창 좋은 시기에. ***in ~*** 홍수가 되어, (물이) 도도하게.

—*vt.* (1) 〔종종 受動으로〕 (물이) …에 넘치게 하다, …을 범람시키다, 잠기게 하다, 침수시키다 (inundate). (2) …에 물을 대다〈관개하다〉 : …에 물을 많이 붓다〈쏟다〉 ; (엔진 등)에 지나치게 연료를 주입하다 ; 《口》 (위스키)에 다량의 물을 타다. (3) (빛이) …에 넘쳐 흐르다 ; …을 가득히 비추다. (4) 《~+目/+目+前+名》 …에 몰려〈밀려〉들다, 쇄도하다.

—*vi.* (1) 《~/+副/+前+名》 (강이) 넘쳐 흐르다, (홍수처럼)와락 쏟아져 들어오다, 범람하다 ; 조수가 밀려오다 ; (감정 · 생각 등이) 넘쳐흐르다, (기억 등이) 되살아나다 . (2) (사람 · 물건이) 몰려들다, 쇄도하다《*in* ; *into* ; *to*》. ***be ~ed with*** …이 범람하다, …이 쇄도하다. **~ *out*** 〔흔히 受動으로〕 (홍수가 사람)을 집에서 몰아내다.

flood·ed [flʌ́did] *a.* 침수된 ; 물에 잠긴.

flood·gate [flʌ́dgèit] *n.* ⓒ (1) 수문(sluice), 방조문(防潮門). (2) (종종 *pl.*) (분노 등의) 배출구.

flood·light [flʌ́dlàit] *n.* (1) ⓤ 투광(投光) 조명. (2) ⓒ (종종 *pl.*) 투광 조명등, 투광기.

—(*p.*, *pp.* **~·ed**, ***-lit***[-lìt]) *vt.* …을 투광 조명으로 비추다.

flood·plain [flʌ́dplèin] *n.* 【地質】 범람원(氾濫原)(수위가 높을 때 물에 잠기는).

flóod tìde (1) 밀물. (2) 최고조, 피크.

flood·wa·ter [flʌ́dwɔ̀:tər, -wɑ̀t-] *n.* ⓤ 홍수의 물.

floor [flɔ:r] *n.* (1) ⓒ 마루 ; 마루방. (2) ⓒ (건물의) 층(story). (3) (the ~) 회의장, 의원석 ; (회의장에 있는) 의원, 회원 ; (의회에서의) 발언권, (연단에 대한) 회장(會場). (4) ⓒ 〔흔히 修飾語 또는 of 를 수반하여〕 (특정 목적을 위한) 플로어, 장소. (5) ⓒ (동굴 등의) 밑바닥, 바닷바닥. (6) ⓒ (양(量)따위의) 최저 ; 바닥값, 최저 가격(~ price). ***cross the ~*** (회의장에서) 반대당〈파〉에 찬성하다. ***hold the ~*** 《口》 발언권을 장악하고 있다 ; 장광설을 늘어놓다. ***mop*** (***up***) 〈***dust, sweep, wipe*** (***up***)〉 ***the ~ with . . .*** 《口》 (상대방을) 여지없이 해치우다, …을 완전히 압도하다, …을 완패시키다. ***take the ~*** 1) (발언하기 위해) 일어서다, 토론에 참여하다. 2) 춤추려고 (자리에서) 일어서다. ***walk the ~*** (고통 · 근심 따위로) 실내를 이리저리 서성거리다.

—*vt.* (1) 《~+目/+目+前+名》 …에 마루청을 깔다(대다), 바닥을 갈다 (2) (상대)를 바닥에 때려눕히다, 때려서 기절시키다 : 여지없이 해대다. 옥박지르다(defeat). 끽소리 못하게 하다.

floor·board [flɔ́:rbɔ̀:rd] *n.* ⓒ (1) 바닥, 널마루청. (2) 《美》 (자동차의) 바닥.

floor·cloth [∠klɔ̀:θ] *n.* ⓒ (1) 마룻걸레. (2) 마루(바닥)깔개

flóor èxercise (체조 경기의) 마루 운동.

floor·ing [flɔ́:riŋ] *n.* (1) ⓒ 마루 바닥(floor). (2) ⓤ 바닥 깔기 : 마루청, 바닥 까는 재료.

flóor mànager (1) 《美》 (회의장)지휘자. (2) 텔레비전의 무대 감독.

flóor plàn 【建】 평면도.

flóor pòlish 마루 광택제.

flóor sàmple 견본 전시품(후에 할인해서 판매됨).

floo·zie, floo·zy [flú:zi] *n.* ⓒ 《口》 매춘부.

flop [flɑp/flɔp] (**-pp-**) *vt.* (1) **a**) 《~+目/+目+副/+目+前+名》 …을 툭〈털썩〉 던지다, 탁 때리다, 쿵〈쾅〉 떨어뜨리다《*down*》. **b**) 〔再歸的〕 털썩 앉다. (2) (날개 따위)를 퍼덕거리다.

—*vi.* (1) 《+副》 픽 쓰러지다. 쿵〈쾅〉 떨어지다 : 펄썩 (주저)앉다 ; 벌렁 드러눕다 ; (풍덩) 물속으로 뛰어들다. (2) 퍼덕퍼덕 움직이다. (3) 《+副》 홱 변하다, 변절〈배신〉하다《*over*》. (4) 《口》 (계획 · 극 따위가) 실패로 끝나다. (5) 《俗》 잠자다 : 《美俗》 하룻밤 묵다 : ~ at a friend's house 친구 집에 묵다.

—*n.* (1) (a ~) 펄썩〈털썩〉 떨어뜨림, 픽 쓰러짐 ; 퍼덕거림 ; 첨벙하는 소리 ; ⓒ 배면(背面)뛰기 (Fosbury flop) (2) ⓒ《口》 실패(자), (책 · 극 등의) 실패작 ; 《美俗》 속임 (수). (3) ⓒ 《美俗》 잠자리, 싸구려 여인숙.

—*ad.* 털썩, 툭 : fall ~ 푹 쓰러지다, 털썩 떨어지다.

flop·house [flɑ́phàus/flɔ́p-] *n.* ⓒ 《美》 간이 숙박소, 싸구려 여인숙《보통 남자 전용》.

flop·over [flɑ́pòuvər/flɔ́p-] *n.* ⓒ 텔레비전 영상(映像)이 위아래로 흔들림.

flop·py [flɑ́pi/flɔ́pi] (***-pi·er*** ; ***-pi·est***) *a.* (1) (사람이) 느슨한, 야무지지 못한, 늘어진. (2) 《口》 약한, 기운없는.

파) **flóp·pi·ly** *ad.* **-pi·ness** *n.*

flóppy dísk 【컴】 플로피 디스크《외부 기억을 플라스틱제의 자기(磁氣) 원판》.

FLOPS [flɑps/flɔps] 【컴】 floating-point operations per second (플롭스 ; 연산 속도의 단위).

flo·ra [flɔ́:rə] (*pl.* **~s**, ***flo·rae***[-ri:]) *n.* ⓤⓒ(한지방, 한 시대 특유의) 식물상(相), 식물군(群), 식물구계(區系): ⓒ 식물지(誌).

flo·ral [flɔ́:rəl] *a.* 꽃의, 꽃 같은, 식물(군)의, 꽃 비슷한, 꽃무늬의 : a ~ shop 꽃가게 / ~ design 꽃무늬 / ~ decorations 꽃장식. 파) **~·ly** *ad.*

Flor·ence [flɔ́(:)rəns, flɑ́r-] *n.* 플로렌스《이탈리아 중부의 도시 : 이탈리아 이름은 Firenze》.

flo·res·cence [flɔ:résəns] *n.* ⓤ (1) 개화(開化). (2) 한창 ; 개화〈전성〉기, 번영기, 꽃철.

flo·res·cent [flɔ:résənt] *a.* 꽃 핀 ; 꽃이 한창인.

flo·ret [flɔ́:rit] *n.* ⓒ (1) 작은 꽃. (2) 【植】 작은 통꽃《국화과(科) 식물의》.

flo·ri·cul·tur·al [flɔ:rəkʌ́ltʃərəl] *a.* 화초 재배(상)의.

flo·ri·cul·ture [flɔ:rəkʌ̀ltʃər] *n.* ⓤ 꽃 가꾸기, 화훼 원예. 파) **flò·ri·cúl·tur·ist** [-tʃərist] *n.* ⓒ 화초 재배자.

flor·id [flɔ́(:)rid, flɑ́r-] *a.* (1) 불그스름한, 불그레한, 혈색이 좋은《안색 따위》. (2) 화려한, 찬란한, 현란한, 눈부신 ; 호화스런.

파) **~·ly** *ad.* **~·ness** *n.*

Flor·i·da [flɔ́(:)ridə, flɑ́r-] *n.* 플로리다《미국 대서양 해안 동남쪽 끝에 있는 주(州) ; 略 : Fla., Flor., FL》. 파) **~n, Flo·rid·i·an** [-dən], [flərídiən] *a.*, *n.* Flarida 의 (주민).

flo·rid·i·ty [flɔːrídəti] *n.* ⓤ (1) 색이 선명함, 색깔이 화려 ; 혈색이 좋음. (2) 화려한, 찬란.

flo·rist [flɔ́(ː)rist, flɑ́r-] *n.* ⓒ 꽃 가꾸는 사람, 화초 재배자 ; 꽃장수 ; 화초 연구가.

floss [flɔ(ː)s, flɑs] *n.* ⓤ (1) 풀려있는 명주 섬유명주솜, 누에솜 ; 풀솜 ; = FLOSS SILK (2) (옥수수의) 수염 ; 까끄라기. (3) 【齒】 = DENTAL 〈CANDY〉 FLOSS.

flóss sìlk 명주실《꼬지 않은 비단실 ; 자수용》.

flossy [flɔ́(ː)si, flɑ́si] (***floss·i·er ; floss·i·est***) *a.* (1) 풀솜 같은 ; 폭신폭신한. (2) 《口》 야한.

flo·tage [flóutidʒ] *n.* (1) ⓤ 부유, 부양 ; 부력(buoyancy). (2) ⓒ 부유물, 표류물.

flo·ta·tion [floutéiʃən] *n.* ⓤⓒ (회사의) 설립, 창업, 기업(企業) ; (신규 증권의) 모집 : a share ~ 주식의 발행. (2) 부양.

flo·til·la [floutílə] *n.* ⓒ 소함대, 전대(戰隊) ; 소형선대(船隊), 정대(艇隊).

flot·sam [flɑ́səm/flɔ́t-] *n.* ⓤ (1) **a**) (난파선에서 나온) 표류 화물. **b**) 잡살뱅이. (2) 〔集合的〕 깡패, 부랑자. ***~ and jetsam*** 1) 해중에 표류하거나 물가에 밀려온 화물. 2) 잡동사니. 3) 부랑자.

flounce[1] [flauns] *n.* ⓒ (스커트에서 여러 겹을 댄) 주름 장식. —*vt.* …에 주름 장식을 달다.

flounce[2] *vi.* 《+副/+前+名》 (1) (골이 나서) 홀쩍 자리를 뜨다〈박차다〉, 뛰어나가다〈들다〉 《*away ; off ; into*》. (2) 몸부림 〈발 버둥〉 치다, 버둥거리다 ; 과장되게 몸을 움직이다. —*n.* ⓒ 버둥거림, 몸부림 ; (성이 나서) 몸을 떪.

·floun·der[1] [fláundər] *vi.* 《~/+前+名/+副》 (1) (흙·진창 속에서) 버둥거리다, 몸부림치다 ; 허버둥거리며 나아가다. (2) 허둥대다, 당황하다, 더듬거리다, 실수하다, 실패만 하다《about》.
—*n.* ⓒ 버둥거림, 몸부림, 허둥댐.

·floun·der[2] (*pl.* ***~s,*** 〔集合的〕***~***) *n.* ⓒ 【魚】 넙치류.

⁑flour [flauər] *n.* ⓤ (1) 밀가루, 소맥분. (2) 분말, 가루, 고운가루.
—*vt.* 【料】 (1) …에 가루를 뿌리다. (2) (밀 따위)를 가루로 만들다, 제분하다. ㅁ floury *a.*

⁑flour·ish [flə́ːriʃ, flʌ́riʃ] *vi.* (1) (초목이) 잘 자라다, 우거지다 (2) (사업 등이) 번창하다, 융성하다. (3) (어떤 시대에) 활약하다, 재세(在世)하다. (4) 팔을 휘두르다 ; 과장된 몸짓을 하다. —*vt.* (1) (무기·채찍 등을)을 휘두르다 ; (brandish). (2) (높이 들어) …을 과시하다.
—*n.* (1) 화려한 꾸밈. (2) (문장이) 화려함, 화려한 말. (3) (조각·인쇄 등의) 당초무늬, 장식 조각 ; 장식체로 쓰기, (도안 글자·서명 등의) 멋부려 쓰기. (4) (칼·팔·지휘봉 따위를) 뽐내어 휘두르기 ; 여봐란 듯한 태도 ; 과시. (5) 【樂】 장식악구(句) ; (나팔 등의) 화려한 취주(fanfare). 파) **~·ing** *a.* 무성한, 번영하는, 융성〈성대〉한. ***in full ~*** 한창인, 원기왕성하여, 융성하여. ***with a ~*** 화려하게. **~·ing·ly** *ad.*

flóur mìll 제분기 〈소〉, 방앗간.

floury [fláuəri] *a.* 가루의 ; 가루가 많은 ; 가루모양의 ; 가루투성이의

flout [flaut] *vt.* (법률 따위)를 무시하다 —*vi.* 모욕하다, 조롱하다, 업신여기다, 비웃다《*at*》. —*n.* ⓒ 조롱, 업신여기는 말, 우롱, 경멸.

⁑flow [flou] *vi.* (1) 《~/+副/+前+名》 흐르다(stream), 흘러나오다 ; (세월이) 물 흐르듯 지나가다, 흘러가다. (2) 《+副/+前+名》 (인파·차량 따위가) 물결처럼 지나가다, 쇄도하다 ; (말이) 술술〈줄줄〉 나오다, (문장이) 거침없이 계속되다. (3) 《+前+名》 (머리·옷 따위가) 멋지게 늘어지다《*over*》 ; (기 등이) 나부끼다. (4) 《+前+名》 (근원에서) 발하다, 샘솟다 (명령·정보 등이) 나오다 ; 일어나다. (5) (조수가) 밀려오다, 밀물이 들어오다. (6) 《+前+名》 (피 따위가) 흐르다, 돌다(circulate) ; (전기 따위가) 통하다 ; 유동하다. (7) 《+前+名》 범람하다 ; 잔뜩 있다, 충만하다《*with*》: a land ~*ing* with milk and honey 젖과 꿀이 충만한 땅. (8) 월경을 하다(menstruate). ***~ over*** (소란·비난 따위가) …에 영향을 주지 못하다, …의 위를 지나쳐 가다.
—*n.* (1) (*sing.*) **a**) (물·차량 따위의) 흐름, 유동. **b**) 흐르는물, 유출(량), 유입(략). (2) (*sing.*) 용암의 흐름 ; (전기·가스의) 공급 ; 【컴】 흐름. (3) (the ~) 밀물. (4) ⓤ 범람(overflowing) 《특히 나일강의》. (5) ⓤ (옷의) 완만한 늘어짐. ***on 〈at〉 the ~*** (조수가) 밀려들어. ***~ of soul*** 교환, 스스럼 없는 교제. ***go with the ~*** 시대의 흐름에 따르다

flow·chart [ˊtʃɑ̀ːrt] *n.* ⓒ 작업 공정도(flow sheet) ; 【컴】 흐름도, 순서도

flów dìagram = FLOWCHART.

⁑flow·er [fláuər] *n.* (1) ⓒ 꽃(blossom) ; 화초. (2) 개화(開花), 만발, 만개(bloom) ; 청춘 ; (the ~) 한창(때). (3) ⓤ (the ~) 정화(精華), 정수《*of*》 the ~ of chivalry 기사도의 정화. (4) (*pl.*) 사화(詞華), 문식(文飾), 수사적인 말. (5) (*pl.*) 【化】 화(華) ; (발효로 생기는) 뜬 찌끼〈거품〉. —*vt.* (1) …을 꽃으로〈꽃무늬로〉 장식하다. (2) …에 꽃을 피우다.
—*vi.* (1) (1) 꽃이 피다. (2) 번영〈번창, 성숙〉하다 : Her talent ~ed during her later years. 그녀의 재능은 만년에 꽃피었다.

flówer arràngement 꽃꽂이.

·flówer bèd 꽃밭, 화단.

flówer bùd 꽃눈, 꽃망울, 꽃봉오리.

flow·ered [fláuərd] *a.* (1) 꽃으로 뒤덮인 ; 꽃으로 장식한 ; 꽃무늬의 . (2) 〔複合語〕 꽃이 피는.

flow·er·er [fláuərər] *n.* ⓒ 특정한 시기에 꽃이 피는 식물.

flówer gàrden 꽃동산, 화원.

flówer gìrl (1) 《英》 꽃 파는 소녀. (2) 《美》 결혼식에서 꽃을 드는 신부의 들러리.

flow·er·ing [fláuəriŋ] *a.* 꽃이 피어 있는 ; 꽃을 감상하기 위해 재배하는 : a ~ plant 꽃이 피는 식물.
—*n.* (*sing.*) 개화(기) ; 전성(기).

flo·wer·less [fláuərlis] *a.* (1) 꽃이 없는, 꽃이 아 피지 않는. (2) 은화(隱化)의 : a ~ plant 은화식물.

flow·er·pot [flááuərpɑ̀t/-pɔ̀t] *n.* ⓒ 화분.

flówer shòp 꽃가게, 꽃집.

·flow·ery [fláuəri] (***-er·i·er ; -i·est***) *a.* (1) 꽃 같은, 꽃모양의. (2) 꽃이 많은, 꽃으로 뒤덮인. (3) 꽃으로 장식한 ; 꽃무늬의. (4) (말·문채 등이) 화려한, 미문소의〈문체〉. 파) ***-er·i·ness*** *n.*

·flow·ing [flóuiŋ] *a.* 〔限定的〕 (1) 흐르는 ; (조수가) 밀려오는, 물 흐르는 듯한. (2) 술술 이어지는 ; (말이) 유창한, 유려한 (3) (머리카락 등이) 완만하게 늘어진. 파) **~·ly** *ad.*

⁑flown [floun] FLY의 과거분사.

·flu [fluː] *n.* ⓤ (때로 the ~) 《口》 인플루엔자, (유행성) 감기, 독감.

flub [flʌb] (**-bb-**) *vt., vi.* 《美口》 실패〈실수〉하다 《*off ; up*》.

fluc·tu·ate [flʌ́ktʃueit] *vi.* (물가·열 등이) 오르내

리다, 변동하다 ; 파동치다, 동요하다.
·fluc·tu·a·tion [flʌ̀ktʃuéiʃən] *n.* ⓤⓒ 파동, 동요. (2) 오르내림 변동 ; 불안정.
flue [flu:] *n.* ⓒ (1) (굴뚝의) 연도(煙道) ; (냉난방·환기용의) 송기관(送氣管) (보일러의) 염관. (2) (파이프 오르간의) 순관(脣管).
·flu·en·cy [flú:ənsi] *n.* ⓤ 유창 ; 능변.
:flu·ent [flú:ənt] (***more ~ ; most ~***) *a.* (1) **a**) 유창한, 말잘하는, 입담좋은, 거침없는, 능변의. **b**) 〔敍述的〕 (어학 등에) 능통한《*in*》. (2) (운동·커브 따위가) 민틋한. (3) 융통성 있는. 파) **:~·ly** *ad.* 유창하게, 거침없이.
flúe pìpe **[樂]** (파이프 오르간의) 순관(脣管).
fluff [flʌf] *n.* (1) ⓤ (나사 따위의)괴깔, 보풀 ; 솜털, 갓난 수염. (2) ⓒ 푸한 것. (3) ⓒ 실패 ; (연기·연주 따위에서의) 실수, 실책. (4) 〔a bit〈price〉 of ~로〕《英俗》 아가씨. —*vt.* (1)《+目+副》 괴깔〈보풀〉이 일게 하다 ; 푸하게〈부풀게〉 하다, (털이불 등)을 푹신하게 하다《*out* ; *up*》. (2)《口》 실수〈실패〉하다 ; (대사)를 틀리다, 잊다. —*vi.*(1) 괴깔이 일다, 푸해〈푹신해〉지다. (2)《口》 실수〈실패〉하다. (특히 배우 등이) 대사를 틀리다〈잊다〉.
fluffy [flʌ́fi] (***fluff·i·er ; -i·est***) *a.* (1) 괴깔〈보풀〉의, 솜털의〈같은〉 ; 솜털로 덮인. (2) (물건이) 가벼운, 푸한. 파) **-i·ness** *n.*
:flu·id [flú:id] *n.* ⓤⓒ 유동체, 유체. —(***more ~ ; most ~***) *a.* (1) 유동체〈성〉의. (2) 유동적인, 불안정한, 변하기 쉬운, 곧잘 변하는. (3) (자산이) 현금으로 바꿀 수 있는. 파) **~·ly** *ad.*
flu·id·ics [flu:ídiks] *n.* ⓤ 유체 공학.
flu·id·i·ty [flu:ídəti] *n.* ⓤ (1) 유동(성). (2) 변하기 쉬움.
flúid óunce 액량 온스《약제 등의액량의 단위, 미국은 1/16 파인트, 영국에서는 1/20 파인트 ; 略 : fl. oz》.
flu·i·dram [flù:ədrǽm] *n.* ⓒ 액량 들램《= 1/8 fluidounce ; 略 : fl. dr.》.
fluke[1] [flu:k] *n.* ⓒ (1) (흔히 *pl.*) **[海]** 닻가지. (2) (창·작살·낚시 등의) 미늘(barb).
fluke[2] *n.* ⓒ (흔히*sing.*) (1) **[撞球]** 플루크《우연히 들어맞음》. (2) 어쩌다 들어맞음, 요행.
fluke[3] *n.* ⓒ (1) **[魚]** 가자미·넙치류.
fluky, fluk·ey [flú:ki] (***fluk·i·er ; -i·est***) *a.* (1) 우연히 들어맞은, 요행수의, 요행의. (2) (바람이) 변덕스런, 변화가 쉬운.
flume [flu:m] *n.* ⓒ (1) 홈통 ; 수로(水路).
flum·mery [flʌ́məri] *n.* (1) ⓤⓒ 오트밀〈밀가루〉로 만든 죽 ; (우유·밀가루·달걀 따위로 만든) 푸딩. (2) ⓤ《口》 겉치렛말, 아첨, 허튼 소리.
flum·mox [flʌ́məks] 〔흔히 受動으로〕《口》 어리둥절하게 하다, 얼떨떨하게 하다, 혼내다.
flump [flʌmp]《口》 *n.* (a ~) 철썩(하는 소리), 털썩(떨어짐).
:flung [flʌŋ] FLING의 과거·과거분사.
flunk [flʌŋk]《美口》 *n.* ⓒ (시험 따위의) 실패, 낙제(점). —*vi., vt.* (1) (시험 등을) 잡치다, (…에) 실패하다 ; 낙제점을 따다(메기다). (2) (…을) 단념하다, 그만두다(give up), 손을떼다.
flun·ky, flun·key [flʌ́ŋki] *n.* ⓒ (1) 제복입은 고용인《사환·수위 따위》. (2) (蔑) 아첨꾼.
fluo·resce [flùərés, flɔ:r-] *vi.* 형광을 발하다.
fluo·res·cence [flùərésəns, flɔ:r-] *n.* ⓤ **[物]** 형광(성).
fluo·res·cent [flùərésnt, flɔ:r-] *a.* 형광을 발하는, 형광성의, 휘황한 : a ~ lamp 형광등.
fluor·ide [flúəràid, flɔ́:r-] *n.* ⓤ **[化]** 플루오르 화물.
fluor·ine [flúəri(:)n, flɔ́:r-] *n.* ⓤ **[化]** 플루오르《비금속 원소 ; 기호 F ; 번호 9》.
fluo·rite [flúəràit, flɔ́:r-] *n.* ⓤ **[鑛]** 형석(螢石).
fluor·o·car·bon [flùəroukɑ́:rbən, flɔ̀:r-] *n.* ⓤ 탄화 플루오르.
fluor·o·scope [flùərəskòup, flɔ́:r-] *n.* ⓒ (X 선) 형광 투시경.
flur·ried [flɔ́:rid, flʌ́rid] *a.* 혼란〈동요, 당황〉한.
flur·ry [flɔ́:ri, flʌ́ri] *n.* (1) ⓒ (비·눈 따위를 동반한) 질풍 ; 돌풍, 광풍, 강풍. (2) (a ~) 당황, 낭패. (3) **[證]** (시장의) 소(小)공황, 작은 파란.
—*vt.* 〔흔히 受動으로〕 …을 당황〈낭패〉케 하다.
:flush[1] [flʌʃ] *vi.* (1) (물 따위가) 왈칵〈쏟아져〉 흐르다, 분출하다(spurt) ; 넘치다《*over*》. (2)《~/+副/+前+名/+補》 (얼굴이) 붉어지다, 홍조를 띠다(blush), 상기하다, 얼굴이 화끈 달다.
—*vt.* (1) (물)을 왈칵 쏟아져 흐르게 하다 ; (발 따위)에 물이 넘치게 하다 ; (수채·수세식 변소 따위)를 물로 씻어 내리다. (2)《+目+前+名》〔흔히 受動으로〕 …의 얼굴〈볼〉에 홍조를 띠게 하다, 상기시키다, (볼 등을) 붉히다, …로 하여금 얼굴을 붉히게 하다 ; (빛따위가) …을 붉게 물들이다. (3)《+目+前+名》〔흔히 受動으로〕 활기를 띠게 하다(animate), 흥분시키다(excite), 우쭐하게 하다(elate).
—*n.* (1) (a ~) 얼굴붉힘, 상기, 홍조(blush). (2) (the ~) 감격, 흥분, 기고만장, 의기양양(elation). (3) (*sing.*) (풀의) 싹틈, 싹트는 시기 ; (싹튼) 어린 잎. (4) (a ~) (물의) 쏟아짐, 분출, 왈칵 흐름 ; 물로 씻어 버림 ; (변소의) 수세(水洗).
—*a.* 〔限定的〕 (1) (강 따위가) 물이 그득 찬〈불은〉, 넘치는《*with*》. (2) 많은, 풍부한(abundant) ; (돈을) 많이 가진《*of* 》. (3) 활수(滑手)한, 손이 큰(lavish). (4) 동일 평면의, 같은 높이의(level)《*with*》 ; 직접 접촉하고 있는.
—*ad.* (1) 같은 높이로, 평평하게(evenly)《*with*》. (2) 곧장 ; 정면으로, 바로, 꼭.
flush[2] *vi., vt.* 푸드덕 날아 오르다 ; (새)를 날아 가게 하다 ; 숨은 데서 몰아내다. —*n.* (1) ⓤ 푸드덕 날아오름 ; 날아 오르게 함. (2) ⓒ 날아오르는 새(떼).
flush[3] *n.* ⓒ **[카드놀이]** 그림이 같은 패 5장 모으기. **[cf.]** oryal flush.
flushed [flʌʃt] *a.*(1) 홍조를 띤, 상기된, 붉어진. (2) 〔敍述的〕 (술·승리 따위로) 흥분한, 의기양양한《*with*》.
flúsh tòilet 수세식 변소.
flus·ter [flʌ́stər] *n.* ⓤ (종종 a ~) 당황, 낭패, 혼란. —*vt.* (1) 〔때때로 受動으로〕 …을 당황하게 하다 ; 혼란케 하다. (2) 〔再歸的〕 당황하다, 이성을 잃다.
:flute [flu:t] *n.* ⓒ (1) 플루트, 저 피리. (2) **[建]** 세로 홈, 둥근 홈. (3) (여성복의) 둥근 롬 주름.
파) **flút·ed** [-id] *a.* (1) 피리〈저〉 소리의. (2) (기둥에) 세로 홈을 새긴, 홈이 있는. **flút·ing** *n.* (1) ⓤ 피리불기. (2) ⓤⓒ 〔集合的〕 **[建]** (기둥 따위에) 홈새기기 ; 세로 홈 ; (옷의) 홈 주름. **flut·ist** *n.* ⓒ《美》 피리부는 사람, 플루트 주자(~ player).
:flut·ter [flʌ́tər] *vi.* (1) 펄럭이다, 나부끼다, 날개 치며 날다 ; (나비 따위가) 훨훨 날다. (2) (지는 꽃잎이) 팔랑팔랑 떨어지다, (눈바발이) 펄펄 날리다 ; (깃

털 따위가) 펄럭이다. (3) 떨리다, 실룩실룩하다. (4) (심장·맥이) 불규칙하게 빨리 뛰다, 두근거리다. (5) 《+前+名》 조마조마해〈속달아〉 하다, 안절부절못하다 ; (공포·흥분으로) 떨다, 전율하다. (6) 《+前+名》 정처없이 거닐다, 배회〈방황〉하다. —*vt.* (1) (날개)를 퍼덕이다 ; 날개치다. (2) (입술·눈꺼풀 등)을 움직이다, 실룩거리게 하다 ; 나부끼게〈휘날리게〉 하다. (3) (가슴)을 두근거리게 하다 ; 안절부절못하게〈갈팡질팡하게〉하다.

—*n.* (1) (*sing.*) (날개의) 펄럭임 ; 나부낌, 펄럭임. (2) ⓒ 고동, 두근거림. 【醫】 경련. (3) (a ~) (마음의) 동요 ; (세상의) 술렁거림, 큰 소동. (4) ⓒ (흔히 *sing.*) 《英口》 투기 내기 : do〈have〉 a ~ 조금 걸다 《*at* ; *in*》. (5) ⓤ 【TV】 (영상에 나타나는) 광도(光度)의 채《고르지 못함》.

flútter kìck 【泳】 물장구 (치기).

fluty [flúːti] (***flut·i·er*** ; ***-i·est***) *a.* 피리〈플루트〉 소리 같은 ; (소리가) 맑은, 맑고 부드러운.

flu·vi·al [flúːviəl] *a.* 강〈하천〉의 ; 강에 사는 ; 강에 나는 ; 냇물의 작용으로 생긴된.

·flux [flʌks] *n.* (1) (a ~) (물의) 흐름(flowing) ; (액체·기체 등의) 유동, 유출. (2) ⓤ 밀물 : ~ and reflux 조수의 간만 ;. (3) ⓤ 유전(流轉), 끊임없는 변화.

:fly[1] [flai] (***flew*** [fluː] ; ***flown*** [floun]) *vi.* (1) 《~/+副》 (새·비행기 따위가) 날다. (2) 《+前+名》 (사람이) 비행하다, 공중을 가다, 비행기로 가다 : ~ to Pusna 비행기로 부산에 가다. (3) 《~/+前+名/+副》 (나는 듯이) 급히〈달려〉 가다. (4) (사람·동물 따위가) 덤벼〈달려〉들다, 덮치다《*at* ; *on, upon*》. (5) 《+前+名》 갑자기 어떤 상태로 되다. (6) (시간·돈이) 나는 듯이 없어지다, 순식간에 사라지다. (7) 날아가 버리다, 날아가다. (8) 《+前+名》 도망치다, 피하다(flee). ※ 《英》 에서는 흔히 flee 대신 fly 를 씀. (9) (안개 따위가) 사라져 없어지다(vanish). (10) 《+前+名》 부서져 흩어지다, 산산조각이 나다. (11) 《~/+副/+前+名》 (공중에) 뜨다 ; (깃털·머리털 등이) 나부끼다, 펄럭이다 ; (불꽃 따위가) 흩날리다. (12) 【野】 플라이〈비구〉를 치다. ※ 이 뜻으로 과거·과거분사는 flied.

—*vt.* (1) …을 날리다 ; (새)를 날려〈풀어〉주다 ; (연 따위)를 띄우다 ; (기)를 달다(hoist). (2) (비행기)를 조종하다 ; (사람·물건)을 비행기로 나르다 ; (특정한 항공 회사)를 이용하다. (3) (울타리 따위)를 뛰어넘다 ; 비행기로 날아 건너다. (4) …에서 달아나다 ; 피하다 : ~ the country 국외로 도망가다. ***~ about*** 날아다니다 ; (소문 등이) 퍼지다. ***~ apart*** 〈***in pieces, into fragmonts***〉 산산히 흩어지다. ***~ at*** 〈***on, upon***〉 …에 덤벼들다 ; …을 호되게 꾸짖다〈비난하다〉. ***~ blind*** 【空】 계기 비행하다. ***~ high*** 높이 날다 ; 큰 뜻을 품다 ; 번영하다. ***~ in the face*** 〈***teeth***〉 ***of*** …에 반항하다, …에게 정면으로 대들다〈반대하다〉. ***~ off*** 날아가다, 도망치다. ***~ off the handle*** 격노하다. ***~ the coop*** ⇨ COOP. ***~ to arms*** 급히 무기를 들다, 황급히 전투 준비를 하다. ***let ~*** (탄알 따위를) 쏘다 《*at*》 ; 폭언을 하다《*at*》 ; (감정을) 분출시키다 ; 《美俗》 (침을) 뱉다. ***make the fur*** 〈***feathers, dust, sparks***〉 ***~*** (맹렬히 공격하여) 큰 소동〈싸움〉을 일으키다. ***make a money ~*** 돈을 물쓰듯 하다, 낭비하다.

—(*pl.* ***flies***) *n.* ⓒ (1) 날기, 비상(飛翔), 비행(flight) ; 비행 거리. (2) (공 따위의) 날아가는 코스 ; 【野】 플라이, 비구(飛球). (3) (종종 *pl.*) (양복의) 지퍼〈단추〉(가림) ; 천막 입구의 드림(자락). (4) 천막 위의 겹덮게 ; 깃발의 가장자리 끝 ; 깃발의 가로 폭. (5) (*pl.*) 【劇】 (무대의 천장 속의) 무대 장치 조작부(部). (6) 【機】 = FLYWHEEL. (7) (*pl.* ***flys***) 《英》 한 마리가 끄는 세(貰)마차. ***have a ~*** 비행하다. ***off the ~*** 《俗》 아무것도 안하는, 쉬는. ***on the ~*** 1) 비행 중에 있어, 날고 있는, (공 따위가) 땅에 떨어지기 전에 : catch a ball *on the* ~ 플라이를 잡다. 2) 《口》 황급하게, 몹시 분주히. 3) 《口》 몰래, 꾀바르게. 4) 나가면서.

:fly[2] (*pl.* ***flies***)*n.* (1) ⓒ 파리, 《특히》 집파리 ; 날벌레《mayfly, firefly 따위》. (2) ⓤ(동식물의) 파리 따위에 의한 해(害), 충해. (3) ⓒ 날벌레 낚싯밥 ; 제물낚시. ***a*** 〈***the***〉 ***~ in the ointment*** 《口》 옥에 티 ; 흥을 깨기. ***a ~ on the*** (***coach***) ***wheel*** (자기 힘을 과대시하는) 허세를 부리는 자. ***a ~ on the wall*** 몰래 사람을 감시하는 자. ***not harm*** 〈***hurt***〉 ***a ~*** (선천적으로) 온순하다, 착하다. ***There are no flies on*** 〈***about***〉 ***. . .*** 《口》 (사람)이 빈틈없다, 결점이〈죄가〉 없다 ; (거래)에 꺼림칙한 점이 없다.

fly·a·way [fláiəwèi] *a.* 〔限定的〕 (1) (옷·머리털이) 바람에 나부끼는〈펄럭이는〉. (2) 마음이 들뜬, 촐싹거리는.

fly·blown [´blòun] *a.* (1) 파리가 쉬를 슨 ; 구더기가 끓는. (2) 《口》 불결한《호텔 따위》.

fly·boy [´bɔ̀i] *n.* ⓒ 《美口》 공군 비행사.

fly·by [fláibài] *n.* ⓒ (1) 【空】 공중 분열 비행. (2) 저공 비행. (3) (우주선의 천체) 접근 비행.

fly-by-night [´bainàit] *a.* (1) 믿을 수 없는, 무책임한《금정적으로》. (2) 일시적인《유행 따위》, 오래 못 가는.

fly·catch·er [´kæ̀tʃər] *n.* ⓒ (1) 【鳥】 딱새. (2) 【動】 파리잡이 거미, 승호. (3) 【植】 파리풀.

fly·flap [fláiflæ̀p] *n.* ⓒ 파리채.

:fly·ing [fláiiŋ] *a.* 〔限定的〕 (1) 나는, 비행하는. (2) (깃발·머리털 따위가) 나부끼는. (3) 나는 듯이 빠른, 아주 바쁜, 분망한 ; 날쌔게 행동하는.

—*n.* (1) ⓤ 날기, 비행 ; 항공술 ; 비행기 여행 . (2) 〔形容詞的〕 비행(용)의.

flýing bòat 비행정(飛行艇).

flýing bòmb 비행 폭탄.

flýing círcus 공중 비행 쇼.

flýing cólors (1) 휘날리는 깃발. (2) (대)성공, 승리.

flýing còlumn 유격대 기동 부대.

flýing fìsh 【魚】 날치.

flýing fóx 【動】 (얼굴이 여우 비슷한) 큰박쥐.

flýing jíb 【海】 플라잉 지브《이물 맨 앞의 삼각 세로돛》.

flýing júmp〈**léap**〉 도움닫기 높이 뛰기.

flýing lémur 【動】 날다람쥐 원숭이.

flýing lízard 【動】 날도마뱀.

flýing òfficer 《英》 공군 중위 《略 : F.O.》

flýing sàucer 비행 접시. 【cf.】 UFO.

flýing squàd 〔集合的 : 單·複數 취급〕 (1) 《英》 특별 기동대, 기동 경찰대.

flýing squírrel 【動】 날다람쥐.

flýing stárt (1) (자동차 경주에서) 달리면서 끊는 스타트. (2) 【競技】 플라잉 스타트.

fly·pa·per [fláipèipər] *n.* ⓤ 파리잡이 끈끈이 종이.

fly past [´pæ̀st, ´pɑ̀st] *n.* ⓒ 《英》 분열 비행.

fly-pitch·er [´pìtʃər] *n.* ⓒ 《英俗》 무허가 노점상.

flý sheèt 광고지, 광고용 전단.
fly·speck [⌐spèk] *n.* ⓒ (1) 파리똥 자국. (2) 작은 점〈흠〉. —*vt.* …에 작은 얼룩을 묻히다.
fly-tip [⌐tìp] (*-pp-*) *vt.* 《英》 (쓰레기)를 아무데나 버리다.
fly·trap [fláitræ̀p] *n.* ⓒ (1) 파리잡이 통. (2) 【植】 파리풀.
fly·way [⌐wèi] *n.* ⓒ 철새의 이동료.
fly·weight [⌐wèit] *n.* ⓒ 플라이급(권투선수).
fly·wheel [⌐*h*wìːl] *n.* ⓒ 【機】 플라이휠, 회전 속도 조절 바퀴.
foal [foul] *n.* ⓒ (말·나귀 따위의) 새끼.
:foam [foum] *n.* ⓤ (1) 거품(덩어리), 물거품. (2) (말 따위의) 비지땀 ; 소화기의 거품.
—*vi.* (1) 《~/+前+名/+副》 (바닷물·맥주 따위가) 거품이 일다 : 거품을 일으키며 흐르다〈넘치다〉《*along* ; *down* ; *over*》 ; 거품이 되어 사라지다《*off* ; *away*》 (말이) 비지땀을 흘리다. (2) (사람이) 게거품을 뿜으며 성내다 : ~ *with* rage 격노하다. ***~ at the mouth*** 입에서 게거품을 뿜으며 격노하다. ***~ over*** 거품이 넘쳐흐르다.
fóam extínguisher 포말 소화기.
foamy [fóumi] (***foam·i·er ; -i·est***) *a.* 거품의, 거품투성이의. 파) **-i·ness** *n.*
fob[1] [fɑb/fɔb] *n.* ⓤ (1) (바지·조끼의) 시계 주머니. (2) (사슬로 된) 시곗줄.
fob[2] (*-bb-*) *vt.* 《古》 …을 속이다, 거짓말하다. ***~ off*** 무시하다 ; (…로 아무를) 속이다, 교묘하게 회피하다 ***off on***〈***onto***〉 a person = ~ a person ***off with*** something 아무에게 (가짜 따위)를 안기다.
fób chàin (바지의 작은 주머니에 달린) 시곗줄 사슬.
fób wàtch 회중 사계.
·fo·cal [fóukəl] *a.* 〔限定的〕 초점의, 병소의.
fócal dìstance 〈**lèngth**〉 【光·寫】 초점 거리.
fo·cal·ize [fóukəlàiz] *vt.* (1) (광선 등)을 초점을 모으다 ; (렌즈 따위)의 초점을 맞추다 ; (주의 등을) 집중시키다.
fócal pòint 【光·寫】 (1) 초점. (2) 활동〈관심〉의 초점.
:fo·cus [fóukəs] (*pl.* ***~·es, fo·ci*** [-sɑi, -kɑi]) *n.* (1) ⓒ 【物·數】 초점 ; 초점 거리 ; ⓤ 초점을 맞추기, (2) ⓤ (흔히 the ~) (흥미·위주 따위의) 중심(점), 집중점. (3) (the ~) (폭풍우·분화·폭동 등의) 중심 ; (지진의) 진원(震源).
—(《英》 ***~sed ; ~·sing***) *vt.* (1) (라이트)의 초점을 맞추다. (2) 《+目+前+名》 …을 집중시키다, 모으다 《*on*》 —*vi.* 《~/+前+名》 초점이 맞다, 초점에 모이다 ; (관심·주의 등이) 집중하다《*on*》.
fod·der [fɑ́dər/fɔ́d-] *n.* ⓤ (1) 마초, 꼴, 가축의 먹이, 사료. (2) 소재 원료.
:foe [fou] *n.* ⓒ 《詩·文語》 적, 원수 ; 적군, 적대자 ; 장애.
:fog [fɔ(ː)f, fɑg] *n.* ⓤⓒ (1) 짙은) 안개 ; 농무(濃霧)의 기간 ; 연무(煙霧). (2) 【寫】 희끄무레함, 흐림 (***all***) ***in a ~*** 어찌할 바를 몰라, 아주 당황하여, 오리무중에. —(***-gg-***) *vt.* (1) …을 안개로 덮다 ; 어둡게 하다(darken) ; (유리 따위)를 흐리게 하다(dim). (2) …을 흐리다, 아리송하게 하다. (3) …을 어쩔 줄 모르게 하다(confuse) : I was ~*ged* by his question 그의 질문에 나는 당혹했다. (4) 【寫】 (인화·원판)을 부옇게 하다. —*vi.* (1) 안개로 덮이다, 안개가 끼다. (2) 안개로 흐려지다 ; 흐리멍텅해지다.
fóg bànk 무제(霧堤) 《해상에서 육지처럼 보이는 짙은 안개》.
fog·bow [⌐bòu] *n.* ⓒ 흰 무지개《안개 속에 나타나는 희미한 무지개》.
·fog·gy [fɔ́(ː)gi, fɑ́gi] (***-gi·er ; -gi·est***) *a.* (1)안개〈연무〉가 낀, 안개가 자욱한 ; 《口》 머리가 흐리멍덩한, 흐린. (2) 혼란한 ; 몽롱한. (3) 【寫】 뿌연, 흐린.
파) **-gi·ly** *ad.* 안개가 자욱이. **-gi·ness** *n.*
fog·horn [fɔ́(ː)ghɔ̀ːrn, fɑ́g-] *n.* ⓒ (1) 크고 거친 소리. (2) 《海》 무적(霧笛).
fóg lìght〈**làmp**〉 자동차의 안개등(燈), 포그램프 《흔히 황색》.
fo·gy [fóugi] *n.* ⓒ 〈흔히 old ~〉 시대에 뒤진 사람, 구식 사람. 파) **~•ish** [-iʃ] *a.*
foi·ble [fɔ́ibəl] *n.* ⓒ (1)【펜싱】 칼의 약한 부분《칼 가운데서 칼끝까지》.
***foil**[1] [fɔil] *n.* (1)ⓤ 〔종종 複合語 를 이룸〕 박(箔). (2)ⓤ 거울 뒷면의 박. (3) ⓒ (대조되어) 남을 돋보이게 하는 사람〔물건〕. (4) ⓒ 【建】 잎새김 장식《고딕 양식에 서 흔히 씀》. (5) 〈상대방, 계략 등을〉 좌절시키다.
— *vt.*(1) …에 박을 입히다, (보석)에 박으로 뒤를 붙이다. (2) 【建】 …에 잎새김 장식을 붙이다.
foil[2] *n.* (1) ⓒ 연습용펜싱검(劍).
foil[3] *vt.* 〔종종 受動으로〕 …의 역(逆)을 〈허를〉 찌르다, (계략 따위)를 좌절시키다, 미연에 방지하다
foist [fɔist] *vt.*(1) (부정한 사항)을 몰래 삽입하다 〈써넣다〉《*in* : *into*》. (2) (가짜 따위)를 억지로 떠맡기다.
:fold[1] [fould] *n.* ⓒ (1)주름, 접은 자리 ; 층(層). (2) (산이나 토지의) 우묵한곳. (3) 〔地質〕 (지층의)습곡 — *vt.* (1) …을 접다《*back*》 ; 접어 포개다 (2) (다리 따위)를 구부리다, 움츠리다. (3) (팔)을 끼다 (4) 《+目+前+名》 (양팔 따위로) …을 감다 ; 안다, 포옹하다. (5) 《~+目/+目+前+名》 …을 싸다 ; 덮다. (6) 【料】 (아래위로 잘) 섞다 《*in*》.
— *vi.* (1) (병풍 등이) 접히다, 포개지다 ; 접어서 겹치다. (2) 꺾이다,손들다 ; (사업·흥행 등이) 실패하다, 망하다《*up*》.
fold[2] *n.* (1) ⓒ (양)우리. (2) (the ~) (우리 안의) 양떼, 기독교 교회 ; 교회의 신자들. ***return to the ~*** 옛 둥지〈신앙, 정당 따위〉 로 돌아오다.
— *vt.* (양)을 우리에 넣다.
-fold *suf.* '…배(倍), …겹〈중(重)〉' 의 뜻 : three-*fold.*
fold·a·way [fóuldəwèi] *a.* 〔限定的〕 접을 수 있는, 접는 식의 : a ~ bed 접는 침대.
fold·boat [⌐bòut] *n.* ⓒ (1) 접는 보트(faltboat).
fold·er [fóuldər] *n.* ⓒ (1) 접는 사람〈것〉. (2) 종이 끼우개. (3) 접게 된 인쇄물,〈광고〉.
fold·ing [fóuldiŋ] *a.* 〔限定的〕 접을 수 있는.
fólding dóor (종종 *pl.*) 접게 된 문 ; 두짝 문.
fólding móney 《美口》 지폐.
fold·out [fóuldàut] *n.* ⓒ (잡지의) 접어서 끼워
fold·up [⌐ʌ̀p] *a.* 접을 수 있는.
fold·up *n.* ⓒ (1) 접이식의 것〈의자·침대 따위〉 (2)실패 ; 파산.
***fo·li·age** [fóuliidʒ] *n.* ⓤ (1) 〔集合的〕 잎 ; 잎의 무성함, 군엽(群葉). (2) 【建】 (도안등의) 잎 장식.
fóliage plánt 관엽 (觀葉) 식물.
fo·li·ate [fóulièit] *vt.* (1) …을 잎사귀 모양으로 하다 ; 박(箔)으로 하다. (2) (책에 페이지 숫자가 아닌)

장수를 매기다. (3) 【建】 …을 잎장식으로꾸미다.

fo·li·a·tion [fòuliéiʃən] *n.* ⓤ (1) 잎을 냄, 발엽(發葉). (2) 박(箔)으로 함, 제박(製箔). (3) 【建】 잎 장식을 함, 당초 (唐草)무늬 장식. (4) 책의 장수매김.

***fo·lio** [fóuliòu] (*pl.* **~s**) *n.* (1) ⓒ 2절지(二折紙) ; 2절판(折判) 책 ; ⓤ 2절판 크기 ; 폴리오판. (2) ⓒ 【印】 페이지 넘버. (3) ⓒ (겉에만 페이지를 매긴) 한 장《서류 · 원고의》.

:folk [fouk] (*pl.* ~(**s**)) *n.* (1) 〈集合的 ; 複數 취급〉 a] 사람들(people). b] 〔 修飾語를 수반하여 〕 (특정한) 사람들. (2) (one' s ~s) 《口》 가족, 친척, 《특히》 양친. (3) (the ~) (*pl.*) 평민,《口》 민속 음악. — *a.* 〔限定約〕 서민의, 민속의, 민간(전승)의 ; 민요(조)의, 민속 음악의(fólkish, fólklike).

fólk dànce 민속(향토) 무용 : 그 곡.

fólk etymólogy 민간 어원(설), 통속 어원.

fól·kie [fóuki] *n.* ⓒ 《俗》 포크송 〈민요〉 가수.

***folk·lore** [fóuklɔ̀ːr] *n.* ⓤ (1) 〔集合的〕민간 전승(傳承). (2)민속학. 파) **-lòr·ist** *n.* ⓒ 민속학자

fólk màss (전통적인 예배용 음악 대신에)민속음악을 써서 행하는 미사.

fólk mùsic 민속 〈향토〉 음악.

fólk sìnger 민요가수 (folkster) ; 포크송 가수.

fólk sòng (1) 민요. (2) (현대적) 포크 송.

folk·sy [fóuksi] (**-si·er ; -si·est**) *a.* (1) 격식을 차리지않는 (informal).(2) 〔때로는 경멸적〕 민속적인 ; 민예적인.

fólk tàle 민간 설화, 민화(民話), 구비(口碑).

:fol·low [fálou/fɔ́lou] *vt.* (1) 《~+目/+目+前+名/+目+副》 …을 좇다, 동행하다, …을 따라가다. (2) 《~+目/+目+前+名》 (지도자 등)을 따르다 ; (선례)를 따르다. (세태 · 유행 따위)를 따라가다. (3) …에 계속하다, …의 다음에 오다, …의 뒤를 잇다. (4) …의 뒤에 일어나다. 〈생기다〉, …의 결과로서 일어나다. (5) …을 뒤쫓다, 추적하다 ; (이상 · 명성 따위)를 추구하다, 구하다. (6) 《~+目/+目+前+名》 (길)을 따라서 가다, …을 거쳐 가다 ; (철도 따위가) …을 끼고 달리다 ; (방침 · 방법)을 취하다 ; (발전단계)를 더듬다. (7) 〔주로 否定文 · 疑問文〕 …의 말을 이해하다. (설명 · 이야기의 줄거리 따위)를 확실히 이해하다. (8) (직업)에 종사하다(practice), … 을 직업으로 하다, 변호사를 업으로 하다. (9) … 을 눈으로 좇다 ; 귀로 청취하다. (10) (변화하는 세태 · 형세)를 따라가다 ; 지켜보다, …에 관심을 나타내다, …에 흥미를 갖다.
— *vi* (1) 《~/+前+名》 (뒤)따르다, 쫓아가다 ; 수행하다, 섬기다 ; 추적하다. (2) 《~/+前 +名》 다음〈뒤〉에 오다. (3) 《+that 節 》 (논리적으로) 당연히 …이 되다. …이라는 결론이 (결과가) 되다.…로 추정되다. (4) 주로 〈否定文 · 疑開資〉 (의론 · 이야기의 줄거리)를 이해하다.(알 수 있도록) 주의하다.
as ~ s 다음과 같이 : They are *as* ~*s* 그것들은 다음과 같다. ※ 이 구의 follows는 비인칭동사이며, 인제나 s 가 붙음. **~ about** 〈(**a**) **round** 〉 쫓아다니다, …에 붙어다니다. **~in** a person**'s tracks** 남의 선례에 따르다. **~ on** 1) 잠시 사이를 두고 계속 하다. 2) (…의) 결과로서 생기다. **~ out** (생각 등)을 철저히 추구(분석, 규명)하다, 철저히 하다 ; (계획 따위)를 성취하다. ~ one**'s nose** ⇨ NOSE ~ **suit** ⇨ SUIT. **~ through** (*vi.*) (야구 · 테니스 · 골프에서) 배트〈채〉를 끝까지 휘두르다 ; 공격을 계속하다. (계획 따위를) 속행하다 ; 마무리하다. 매듭짓다 《*with*》. (*vt.*) (끝까지) 해내다. **~ up** (*vi.*) 계속하여 행하다《*with*》 ; 철저히 구명(究明)하다, 적절한 처리를 하다《*on*》. (*vt.*) 《口》 1) …을 끝까지 따라가다〈추적하다〉 : ~ the criminal *up* 범인을 철저히 쫓다. 2) (여세를 몰아) 한층 더 철저히 하다, …에 또 …을 추가하다, …뒤에 …을 계속하다《*with*》. 3) 【蹴】 (공을 가진 자기 편에) 가까이 가서 지키다〈돕다〉. 4) (의사가 환자)를 추적 조사하다, 정기적으로 진찰하다. 5)(신문이) 속보(續報)를 싣다. **to ~** 다음 요리로서.

:fol·low·er [fálouər/fɔ́l-] *n.* ⓒ (1)수행자. 수행원. (2) (주의 · 학설의) 추종자. 신봉자. (3) 추적자, 쫓는 사람.

:fol·lw·ing [fálouiŋ/fɔ́l-] *a.* (1) 〔限定的〕 (the ~) 다음의, 그 뒤에 오는. (2) 〔the ~; 名詞的〕 다음에 말하는 것, 아래에 쓴 것. — *n.* ⓒ 〔흔히 sing ; 集合的〕 추종자, 신봉〈예찬〉자, 열렬한 지지자, 문하생(followers) ; a leader with a large ~ 많은 추종자를 가진 지도자. — *prep* [⌐--, ⌐--] …에 이어, …의 뒤에.

fol·low-on [fálouán/fɔ́louɔ́n] *a.* 〔限定的〕 (1) 다음 개발 단계에 있는. (2) 후속의, 계속되는; ~ Products 후속 제품.

fol·low-through [fálouθrùː/fɔ́louθrùː] (1) 폴로스루《테니스 · 골프 따위에서 타구의 종말 동작》 (2) (계획 따위를) 끝까지 계속하는 일.

·fol·low-up [fálouʌ̀p/fɔ́lou-] *n.* ⓤ (a ~) (1)뒤쫓음, 뒤따름 ; 속행(續行). (2) (신문의) 속보(續報).
— *a.* 〔限定的〕 뒤쫓는, 뒤따르는, 계속하는.

:fol·ly [fáli/fɔ́li] *n.* (1) ⓤ 어리석음, 우둔, (2)ⓒ 어리석은 행위 〈생각〉. (3) ⓒ 큰돈을 들인 무용(無用)의 대건축.

fo·ment [fouménṭ] *vt.* (1) …을 찜질하다. (2) (반란 · 불화 등) 을 빚다, 조장하다(foster).

fo·men·ta·tion [fòumentéiʃən] *n.* (1) ⓤⓒ 찜질(약). (2) ⓤ (불평 등의) 조장 (助長), 유발

:fond [fand/fɔnd] (**~·er ; ~·est**)*a.* (1) 〔敍鉱的〕 좋아하는(liking). (2) (사람이) 애정 있는, 다정한 (affectionate), (눈치 · 표정 따위가) 애정을 표시하는, 호의에 넘치는. (3) 〔限定的〕 싫어하는 맹목적으로 사랑하는. (4) 맹신적인, 분별없는; 덧없는 ; 어리석은. **be ~ of** …을 좋아하다, …가 좋다 : 《口》 …하는 나쁜 버릇이 있다. **get ~ of** …이 좋아진다.

fon·dle [fándl/fɔ́n-] *vt.* (사람 · 동물)을 귀여워하다, 애무하다(caress).

·fon·dly [fándli/fɔ́n-] *ad.* (1) 애정을 가지고, 다정하게. (2) 맹신적으로 분별없이, 단순히.

·fond·ness [fándnis/fɔ́nd-] *n.* (1) ⓤ 맹목적인 사랑, 무턱대고 좋아 〈귀여워〉 함 《*for*》. (2) (a ~) 기호, 취미 《*for*》.

font[1] [fant/fɔnt] *n.* ⓒ 【宗】 세례반(盤), 성수반.

font[2] *n.* ⓒ (1) 《美》 【印】 동일형 활자의 한벌(《英》 fount). (2) 【컴】 글자체, 폰트.

fon·ta·nel(le) [fàntənél/fɔ̀n-] *n.* ⓒ 【解】 숫구멍, 정문(頂門) 《유아의 정수리 부분》.

:food [fuːd] *n.* (1) ⓤⓒ 식품, 식량 ; 영양물. (2) ⓤ a] 정신적 양식 ; (사고 · 반성 따위의) 자료. b] 먹이.

fóod àdditive 식품 첨가제.

food·a·hol·ic [fùːdəhɔ́ːlik, -hálik] *n.* ⓒ 과잉 식욕자, 병적인 대식가.

fóod bànk 《美》 식량은행.

fóod chàin 【生態】 먹이 사슬.

fóod cỳcle 【生態】 먹이 순환.

food-gath·er·ing [⌐gæ̀ðəriŋ] *a.* 〔限定的〕 (수

렵) 채집 생활의.
food·less [ˊlis] *a.* 음식이 없는.
fóod pòisoning 식중독.
fóod prὸcessor 식품 가공기.
fóod stàmp 《美》 식량카드 《구호 대상자용》.
·food·stuff [ˊstʌ̀f] *n.* ⓒ (종종 *pl.*) 식량, 식료품.
fóod vàlue 영양가 (價).
:fool[1] [fuːl] *n.* ⓒ (1) 바보, 어리석은 사람 ; 백치. ※ enough 앞에서 fool은 반은 형용사화되어 있어서 무관사임. (2) 바보 취급당하는 사람, 만만한사람. (3) 어릿광대《중세의 왕후·귀족에게 고용되었던》. (4) a] …을 아주 좋아하는 사람. b] (흔히, 現在分詞·形容詞에 수반되어) …광(狂). ***act the ~*** = play the ~. ***be a ~ for*** one' ***s pains*** 〈《英》 ***to*** one***self*** 〉헛수고를 하다. ***make a ~ of*** a person 아무를 바보 취급하다. 기만하다. ***make a ~ of*** one***self*** 웃음거리가 되다.창피를 당하다. ***a natural ~*** 천치 ; ***play the ~*** 바보짓을 하다 ; 어릿광대역을 맡아하다. (***the***) ***more ~ you*** 〈***him***, etc.〉(그런일을 하다니) 너〈그자〉도 바보로군. — *a.* 〔限定的〕《口》 = FOOLISH. — *vt.* (1)(사람) 을 놀리다, 우롱하다. (2) 《~+目 / 目+前+名》 …을 속이다 ; 속여 빼앗다, 속여서 …시키다. (3) 《+目+副》 (시간·돈·건강 따위)를 헛되이 쓰다, 낭비 〈허비〉하다. — *vi.* (1) 《~/+前+名》 바보짓을 하다 ; 희롱거리다, 장난치다. (2) 농락하다《*with*》. play the ~ with …에게 못난짓을 하다. (3)농담하다. ***~ about*** 〈***around***〉 1) 빈둥거리며 지내다, 시간을 허비하다. 2) (기계·칼 따위)이것 저것 (조심성없이) 만지작거리다.《*with*》. ***~ along*** 《美》 어슬렁어슬렁 가다 ***~ away*** ⇨ *vt.* (3).
fool[2] *n.* ⓒ,ⓤ 풀.
fool·ery [fúːləri] *n.* (1) ⓤ 바보짓. (2) (*pl*) 어리석은 언동 ; 싱거운 짓.
fool·har·dy [fúːlhὰːrdi] (***-di·er ; -di·est***) *a.* 무모한(rash). 파) ***-di·ly*** *ad.* ***-di·ness*** *n.*
:fool·ish [fúːliʃ] (***more ~ ; most ~***) *a.* (1) 미련한, 어리석은. (2) 바보같은(ridiculous) : a.~ action (idea)바보같은 행동〈생각〉.
파) ***~·ly*** *ad.* ***~·ness*** *n.*
fool·proof [fúːlprùːf] *a.* (1) (기계 따위가) 아무라도 다룰 수 있는, 아주 간단〈튼실〉한 a ~ camera 전자동 소형 카메라. (2) 실패없는, 절대 안전 〈확실〉 한, 잘못될 수가 있는.
fóol's càp (방울 따위가 달린 원뿔형의) 어릿광 대 모자.
fóols érrand (a ~) 헛수고, 도로(徒勞).
:foot [fut] (*pl.* ***feet*** [fiːt]) *n.* (1) ⓒ 발(복사뼈에서 밑부분을 말함). (2) ⓤ a]. (또는 a ~) 발걸음, 걸음거리. b] 도보 : on ~ 걸어서, 도보로. (3) ⓤ (흔히 the~) (베이블 따위의) 다리. (4) ⓤ (흔히 the ~) (사물의)밑부분, 기슭, 아래, 밑바닥. (5) ⓒ 피트.

☞ 語法 (1) 복수형은 보통feet이나, 다음경우,특히 《口》에서는 foot 도 쓰임 ; He's six *feet*〈*foot*〉 tall. 그는 신장이 6피트이다 / five feet six= 《口》 five *foot* six inches, 5피트 6인치.
(2) 수사가 클 경우에는 보통 feet를 씀 : a mountain (which is) 6,000 *feet* high 높이 6,000피트의 산.
(3) 수사를 수반하여 복합어를 이룰 때에는 foot를 씀 : a five-foot fence 높이 5인치의 울타리 / an eight-*foot*-wide path 너비 8피트의 길 / a 6.000 *foot* high mountain.

(6) ⓤ 《英古》 보병 (infantry) : a regiment of ~ 보병 연대. (7) 【韻】 운각, 시각(時脚).
at a ~'s pace 보통 걸음으로 ***at*** a person'***s feet*** 1) 아무의 발 아래에. 1) 아무에게 복종하여. ***at the feet of*** …의 밑에서. ***catch*** a person ***on the wrong ~*** 아무의 허점을 찌르다. ***find*** one'***s feet*** 1) (어린애가) 설 수 있게 되다. 2) 환경에 익숙해지다. 3) 사회적으로 한 사람 몫을 하게 되다. ***get*** 〈***have***〉 ***a*** 〈one. one'***s***〉 ~ in (***the door***)= ***get*** one'***s ~*** 〈***feet***〉 ***in*** 〈***under the table***〉 《口》 (조직 따위에) 잘 파고 들어가다. 발붙일 데를 얻다. ***get*** (…)***off on the right*** 〈***wrong***〉 ***~*** : start (…)(off) on the right 〈wrong〉 ~ ***get*** one' ***s feet wet*** 참가하다, 손을 대다. ***get to*** one's~ 일어서다. ***have***〈***keep***〉 ***a ~ in both camps*** 신중(愼重)히 양다리 걸치고 있다, 양진영(兩練營)에 발을 디밀고 있다. ***have one ~ in the grave*** 《口》 한발을 무덤 속에 넣고 있다, 죽어가고 있다. ***keep*** one' ***s*** ~〈***feet***〉 똑바로 서다, (서서 걷다) : 신중하게 행동하다. ***land*** (***drop***, ***fall***) ***on*** one' ***s feet*** = ***land on both feet*** 1) 거뜬히 어려움을 면하다. 2) 운이 좋다. ***My*** 〈***Your***〉 ~***!*** 《口》 맙소사. ***off*** one' ***s feet*** 서 있지 않고. ***on ~*** 1) 걸어서, 도보로. 2) 발족하여, 착수되어. ***on*** one' ***s feet*** 1)일어서서. 2) (병후에) 원기를 회복하고. 3) (경제적으로) 독립하여 : stand *on* one's (own) *feet* 독립하다, 자립하다. ***put***〈***set***〉 ***a ~ wrong*** = ***not put***〈***set***〉 ***a ~ right*** 《특히 英》〔주로 否定文〕 잘못하다. ***put*** (***set***) one'***s best ~*** 〈***leg***〉 ***foremost***〈***forward***〉 1) 《英》 가능한 한 급히 가다 ; 전속력으로 달리다. ***put***〈***get***〉 one' ***s feet up*** (발을 높이 받쳐 놓고) 편히 쉬다. ***put*** one' ***s ~ down*** 1) 발을 꽉 디디고 서다. 2) 《口》 단호히 행동하다, 반대하다. 3) 《英口》 차를 가속시키다. ***put one' s ~ in*** 〈***into***〉 ***it*** 〈one'***s mouth***〉 《口》 무심코 발을 들여놓아) 곤경에 빠지다, 실패하다 ; 《口》 실언하다. ***set*** ~***in*** 〈***on***〉 …에 들어가다, 방문하다. ***set***... ***on***~ …을 개시〈착수〉하다. ***start***(…) (***off***)〈***begin***(…). ***get*** (…) ***off***〉***on the right*** 〈***wrong***〉~ (인간 관계 따위에서) (…을) 잘〈잘못〉 시작하다, 출발이 순조롭다 〈순조롭지 않다〉. ***sweep*** a person ***off*** his ***feet*** ⇨ SWEEP. ***to*** one' ***s feet***(발로) 일어서.
— *vt.* (1) 〔흔히 it 를 수반하여〕 걷다, 걸어가다 : We'll have to ~ *it.* 걸어서 가야 한다. (2) (양말 따위에) 발 부분을 붙이다. (3) …의 비용을 부담하다 : The company will ~ her expenses. 회사가 그녀의 비용을 부담할 것이다. ***~ the bill*** ⇨ BILL[1]
foot·age [fútidʒ] *n.* ⓤ 피트수(數).
:foot·ball [fútbɔ̀ːl] *n.* (1) ⓤ 풋볼. (2) ⓒ 풋볼공. (3) ⓒ 난폭하게 〈소홀히〉 취급되는 사람〈물건〉. (4) 손님을 끌기 위한 싸구려 상품.
파) ***~·er*** *n.* ⓒ ~ 선수
fóotball pὸols (the ~) 《英》 축구 도박
foot·bath[ˊbæ̀θ, ˊbὰːθ] (*pl.* ***~s*** [ˊbæ̀ðz, ˊbὰːðz]) *n.* ⓒ (1)발 씻기. (2)발 대야.
foot·board [ˊbɔ̀ːrd] *n.* ⓒ (침대 ·기차 등의) 발판 디딤판.
fóot bràke (자동차 따위의) 밟는 브레이크.
foot·bridge [ˊbrìdʒ] ⓒ 인도교
foot-drag·ging [ˊdræ̀giŋ] *n.* ⓤ 《美口》 신속히 할 수 없음, 지체, 망설임.
foot·ed [ˊid] *a.* (1) 발이 있는, (2) 〔複合語〕 …발

가진.
foot·er [⊿ər] *n.* ⓒ (1) 보행자. (2) 〔複合語로〕 키〈길이〉가 …인 사람들〔물건〕. (3) 《美口》 축구, 사커.
foot·fall [⊿fɔ̀:l] *n.* ⓒ 발소리 : 걸음걸이.
foot·gear [⊿gìər] *n.* 【集合的】 신는 것 .
foot·hill [⊿hìl] *n.* (흔히 *pl.*) 산기슭의 작은 언덕.
·foot hold [⊿hòuld] *n.* ⓒ (1) 발판 ; 발붙일 데 (2) (흔히 *sing.*) 기지 ; 견고한 입장, 의지간.
·foot·ing [fútiŋ] *n.* ⓤ (1) (또는 a ~)발 밑, 발판, 발디딤 (foothold). (2) (a ~) 발 붙일 데, 터전 ; (확고한)기반 ; 지위, 신분. (3) 〔sing ; 흔히 修飾語 를 수반함〕 a〕. 지위, 신분,자격. b〕 사이, 관계 (relationship).
foo·tle [fú:tl] *vi.* 《口》 빈둥거리다, 빈둥빈둥하다. 《*about, around*》. *n.* 헛 소리, 어리석은 짓.
foot·less [fútlis] *a.* (1) 발이 없는. (2) 기반〈기초〉 없는, 실체(근거)가 없는. (3) 맵시〈쓸모〉 없는.
·foot·lights [⊿làits] *n. pl.* (1) 【劇】 각광. (2) (the ~)연극, 배우업(俳優業). ***before the ~*** 무대에 서다, 각광을 받다.
foot·ling [fútliŋ] *a.* 《口》 (1) 어리석은, 분별없는.
foot·loose [⊿lù:s] *a.* 【敍鉥的】 가고 싶은 곳에 갈 수 있는, 자유로운.
·foot man [⊿men] (*pl.* ***-men***[⊿mən])*n.* ⓒ (제복을 입은) 종복(從爲), 하인.
·foot·mark [⊿mɑ̀;rk] *n.* ⓒ 발자국 (footprint).
·foot·note [⊿nòut] *n.* ⓒ (1)각주(脚注), 보충설명. (2) 부수적 사건. — *vt.* …에 각주를 달다.
foot·pace [fútpèis] *n.* ⓒ 보통 걸음.
foot·pad [⊿pæ̀d] *n.* ⓒ 面 (도보의) 노상(路上) 강도《highwayman 은 보통 말 탄 강도》.
foot·path [⊿pæ̀θ, ⊿pɑ̀θs] (*pl.* ***~ s*** [⊿pæ̀ðz, ⊿pæ̀θs, ⊿pɑ̀:ðz, ⊿pɑ̀:θs])*n.* ⓒ 보행자용의 작은 길 ; 보도.
·foot·print [⊿print] *n.* ⓒ 발자국, (우주선·인공위성 등의) 낙하 예정지역.
fóot ràce 도보 경주, 뜀박질.
foot·rest [⊿rèst] *n.* ⓒ (이발소 의자 등의) 발판.
foots [futs] *n. pl.* 침전물, 찌꺼기.
foot·sie [fútsi] *n.* 《兒》 걸음마, 발. ***play ~(s) with*** 《口》 …의 비위를 맞추다. (1) (남녀가 테이블 밑에서 발을 비비며)새롱거리다. (2) …와 몰래 정을 통하다 〈부정한 거래를 하다〉.
foot·slog [⊿slɑ̀g/⊿slɔ̀g] (***-gg-***) *vi.* (진창 · 먼 길을) 힘들게 걷다, 터벅터벅 걷다. (~ger) *n.* 보병.
fóot sòldier 보병.
foot·sore [⊿sɔ̀:*r*] *a.* 발병난, 신발에 쓸린
:foot step [⊿stèp] *n* ⓒ (1) 걸음걸이 ; 보폭(步幅). (2) 발소리
foot·stone [⊿stòun] *n.* ⓒ (무덤의) 대석 (臺石) ; 【建】 주춧돌.
foot·stool [⊿stù:l] *n.*ⓒ 발판.
·foot·work [⊿wə̀r.k] *n.* ⓤ (구기 · 권투 등의) 발놀림, 풋워크, 걸어다니면서 하는 취재(신문기자).
foot worn [⊿wɔ̀:*r*n] *a.* (1) 걸어서 지친, 다리가 아픈, (2) 밟아서 닳은 : a ~ carpet 닳은 카펫.
foo·zle [fú:zəl] *vt.* 【골프】 (공)을 잘못치다(bungle). — *n.* ⓤ 【골프】 (공을) 잘못 침.
fop [fɑp/fɔp] *n.* ⓒ 맵시꾼, 멋쟁이.
fop·pery [fɑ́pəri/fɔ́p-] *n.* ⓤⓒ멋부림.
fop·pish [fɑ́piʃ/fɔ́p-] *a.* 멋부린, 모양을〈맵시를〉낸. 파) ***~·ly*** *ad.* ***~·ness*** *n.*
:for [fɔ;*r*, 弱 fə*r*] *prep.* (1) 〔이익 · 영향〕 …을 위해〈위한〉; …에(게) 있어.
(2) 【방향 · 경향 · 목적지】 …을 향하여 ; (열차 따위가) …행(行)의 ; …에 가기위해 〈위한〉.

☞ *參考* ***for***와 ***to*** for는 목적 방향을 나타내며, to는 도착지를 나타냄.따라서 the train *for* seoul은, 다만 서울을 '향해서'의 뜻일 뿐이며, '도착한다'는 보증은 없음. he went the house.는 그가 확실히 집에 도착했음을 말함.

(3) 〔대리·대용·대표〕 …대신(에, 의, 으로)《on behalf of는 딱딱한 표현임》, …을 위해 ; …을 나타내어 ; …을 대표하여. (4)〔목적 · 의향〕 …을 위해, …을 목적으로.
(5)〔획득 · 추구 · 기대의 대상〕 …을 얻기 위해〈위한〉 ; …을 찾아〈구하여〉.

☞ *參考* ***for***와 ***after*** for는 대망 · 바람 · 추구 따위를 나타내는 동사 · 형용사와 함께 쓰임. for대신 after가 쓰일 때가 있는데, after가 뜻이 강함 : strive *for* 〈*after*〉 wisdom 지식을 구하여 노력하다 / be eager *for* 〈*after*〉 a position 지위를 열망하다.

(6) 〔적합 · 용도 · 대상〕 …에 적합한, …에 어울리는〈걸맞은〉 ; …대상의 ; 용의〈에〉.
(7) 〔준비 · 보전 방지〕 …에 대비하여(하는) ; …을 보전하기〈고치기〉 위해〈위한〉.
(8) a〕〔경의〕 …을 기념하여 ; …을 위해 ; …에 경의(敬意)를 표하여(in honor of). b〕 〔모방 · 본뜸〕《美》 …에 관련지어 ; …의 이름을 따서(《英》 after).
(9) 〔이유 · 원인〕 a〕 …(한) 이유로 ; …때문에 ; …으로 인하여〈인한〉. b〕〔보통 the+비교급의 뒤에서〕 …(한)결과(로서) ; …탓으로.
(10) 〔찬성, 지지〕 …에 찬성하여 ; …을 지지하여〈한〉 ; …을 위해 ; …을 편들어 (【opp.】 *against*).
(11) a〕〔감정 · 취미 · 적성 따위의 대상〕 …에 대하여〈한〉 ; …을 이해하는. b〕 〔cause, reason, ground, motive따위 뒤에와서〕 …에 대해서의.
(12) 〔흔히 ~ all 의 형태로 〕 …에도 불구하고 ‥한데도 (역시) (in spite of) : ⇨ ~ all(成句).
(13) 〔교환 · 대상(代償)〕 …와 상환(相換)으로 ; …에 대해 ; …의 금액〈값〉으로.
(14) 〔보상 · 보답 · 보복〕 …에 대해, …의 보답으로서 ; …의 대갚음으로.
(15) 〔시간 거리〕 …동안 (죽) ; (예정 기간으로서의) …간(間)《동사 바로 뒤에서는 종종 생략됨》.

☞ 語法 특정한 기간을 가리킬 길우 for는 쓸 수 없음: *during* 〈*for〉 the six weeks 그 6주일 간. 단, '(어느 특정한) 기간을 지내기 위해' 의 문맥 (文脈)에서는 쓸 수 있음 : We camped there ~ 〈*throughout, in, during*〉the summer. 우리는 여름 동안 그곳에 캠프를 했다《※ throughout 는 '처음부터 끝까지'의 뜻을 강조, in은 '여름철 어느 시기에'의 뜻임. during은 문맥에 따라 어떤 의미로도 됨》.

(16) 〈받을 사람 · 보낼 곳〉 …에게 주기 위해 〈위한〉 ; …앞으로(의).
(17) 〔지정한 일시 · 축일〕 (며칠 · 몇시)에 ; (어떤 행사가 있는 경우)에, …때에 ; …을 축하하기 위해.
(18) 〔자격 · 속성〕 …로서(as)《이 용법에서는 종종 뒤에 형용사나 분사가 따름》.

(19) 〔수량 · 금액〕 …만큼(의).
(20) 〔관련〕 …관해서(는), …의 경우에는, …에 대해서.
(21) 〔기준〕 …로서는, …치고는, …에 비해서는.
(22) 〔주로 too+형용사 · 부사+for, enough+for의 형태로〕 …에 있어서(는) ; …하기에는.
(23) 〔대비 · 비율〕 a) 〔each, every나 數詞 앞에서〕 …에 대해(—꼴로). b) 〔앞뒤에 같은 名詞를 써서〕 …와 …을 비교해(볼때).
(24) 〔to 不定詞의 의미상의 主語를 나타내어〕 a) …이 (—하다). b) 〔보통 It is *for* a person *to* do의 형태로〕 (…하는 것은) …에게 어울리면 ; …이 (하여야) 할 일이다.
as ~⇨AS[1], ***be*** ~ ***it*** 《英口》 반드시 벌을 받게〈야단맞게〉돼 있다. ***be in*** ~... ⇨IN but~ ⇨BUT. ***except*** ~⇨EXCEPT~***all...*** 1) …에도 불구하고, …한데도. 2) 〔종종 that와 함께 接續詞的〕 《英稀》 …하지만, …인 데도. (3) …(이 대수럽지 않은 것)을 고려하여(보면). ~***all***〈***aught***〉... ***care*** ⇨ CARE ~***all***〈***aught***〉 ***I kwon*** 아마 (…일 게다). ***~all the world like<as it>***... ⇨ WORLD. ~ ***better***(***or***) ***for worse*** ⇨ BETTER[1] ~ ***ever*** (***and ever***)영원히. ~ ***fear of...*** ⇨ FEAR. ~***good*** (***and all***)⇨GOOD *n*. ~***it*** 그것에 대처할《it은 막연한 사태를 가리킴》. ~***one*** ⇨ ONE ~***one thing***⇨THING. ~one***self*** ⇨ONESELF ~one's part ⇨ PART. ~ ***the life of*** one ⇨ LIFE ***if it were not*** 〈***had not been***〉 ~ ⇨IF. ***So much*** ~ (the place, and) ***now*** ~ (the date).(장소는) 그곳으로 됐다 치고, 이번엔 (날짜)다. ***That's***... ***you.*** 〔상대의 주의를 환기하여〕 1)거 봐라〈어때〉 …이〈하〉지. 2)그런 일이 …에겐 흔히 있는 일〈어려운 점〉이다 : *That's* life ~ *you.* 인생이란 그런 것이다. ***That's what*** ...***is*** ~.그런 일은 …이라면 당연하다. ***There's***...~***you.*** 〔상대의 주의를 환기하여〕 1)보세요 …하지요 : *There's* a fine rose ~ *you.* 자 보세요, 멋진 장미죠. 2) 《蔑》 …라니 기가 차군.
—*conj.* 《文語》 왜냐하면 …이(하)니까 ; …~ 한걸 보니—.

☞ 語法 (1) for는 주절에서 서술한 내용을 보충적 추가적으로 그 이유를 말할때 쓰이나, 《口》 에서는 사용치 않고 대신 because를 사용함.
(2) 글머리에는 쓰이지 않으며, 보통 콤마, 세미콜론을 앞에 찍음.

·for·age [fɔ́ːridʒ, fɑ́r-/fɔ́r-] *n.* ⓤ (1) 꼴, 마초. (2) (마·소의) 먹이(fodder). (또는 a ~) 마초 징발, 식량구하기, 약탈·습격. (2) 《+副/+前+名 》 《北》 찾아다니다, 마구 뒤적여 찾다(rummage)《*about* ; *for*》.
fórage càp (보병의) 작업모.
for·ag·er [fɔ́ːridʒər, fɑ́r-/fɔ́r-] *n.* ⓒ 마초 징발대원 ; 약탈자.
fór·as·ing·ànt [fɔ́ːridʒiŋ-, fɑ́r-/fɔ́r-] 떼로 먹이를 찾아다니는 개미, 병정개미.
for·as·much [fɔ̀ːrəzmʌ́tʃ/fərəz-] *conj.* 《文語》【法】 〔다음 형태로만 쓰임〕 ***~ as*** …임을 보면, …이므로, …인 까닭에(seeing, that, since).
for·ay [fɔ́ːrei/fɔ́r-] *vi.* 약탈〈침략〉하다.
— *n.* ⓒ (1) 침략, 약탈(incursion). (2) 본업 이외의 일을 해봄, 전문외 분야로의) 진출《*into*》.
·for·bade, -bad [ferbéid], [-bǽd] FORBID 과거.
:for·bear[1] [fɔːrbέər] (***-bore*** [-bɔ́ːr] ; ***-borne*** [-bɔ́ːrn]) *vt.* (1) 《~+目/+~*ing*/+*to* do》 …을 삼가다, 참다. (2)(감정 따위)를 억제하다 ~one's rage 화를 참다. —*vi.* (1) 《~/+前+名》 (몸을)사리다, 멀리하다, 삼가다, 그만두다《*from*》. (3) 참다《*with*》.
bear and ~ 잘 참고 견디다.
·for·bear·ance [fɔːrbέərəns] *n.* ⓤ (1) 삼감, 자제(심) ; 조심, 인내, 참음(patience). (2) 관용(寬容), 용서.
for·bear·ing [fɔːrbέəriŋ] *a.* (1) 참을성 있는 (patient). (2) 관대한 (lenient).
파) **~·ly** *ad.*
:for·bid [fərbíd] (***-bade*** [-beid, -bǽd], ***-bad*** [-bǽd] ; ***-bid.den*** [-bídn], ***-bid.ding*** [-bídiŋ]) *vt.* (1) …을 금하다(prohibit), 허락하지 않다. 《+目+目/+目+*to* do》 …을 금지하다, 허용치 않다 ; …의 사용〈출입〉을 금하다. ~ a person wine …에게 술을 금하다. (3) 《~+目/+目+*to* do》 (사정 등이) …을 불가능하게 하다, 방해하다. ***God*** 〈***heaven, The Lord, The Saints***〉~! 결코 그런 일 없도록 ; 그럴 리가 있나, 당치 않다.
:for·bid·den [fərbídn] FORBID의 과거분사.
— *a.*〔限定的〕 금지된, 금제의, 금단의.
forbídden frúit (1) (the ~) 【聖】 금단의 열매. (2) ⓤⓒ 금지되어 있기 때문에 더 갖고 싶은 것.
forbídden gróund (1) 금역, 성역(聖城). (2) 금지된 화제(話題), 금지된 일.
for·bid·ding [fərbídiŋ] *a.* (1) 험준한, 가까이 하기 어려운. (2) 험악한(threatening), 무서운. 파) **~·ly** *ad.*
·for·bore [fɔːrbɔ́ːr] FORBEAR[1]의 과거.
·for·borne [fɔːrbɔ́ːrn] FORBEAR[1]의 과거분사.
:force [fɔːrs] *n.* (1) ⓤ 힘(strength), 세력, 에너지. (2) ⓤ 폭력(violence). 완력 resort to ~ 폭력에 호소하다. (3) ⓤ 정신력, 박력, 의지력, 기력. (4) ⓤ 영향(력), 지배력. (5) ⓤ 효과, (법률상의)효력 (validity). (6) ⓤ (사회적) 권력, 세력, 유력한 인물. (7) ⓒ 무력, 병력 : (종종 *pl.*)군대, 부대, 경찰(대) (8) ⓒ (공동 활동의)대(隊), 집단(集合的)성원(成員). 부원 : office ~ 사무원. (9) ⓤ (말의) 뜻, 의의. ***by*** (***the***) ***~ of*** …의 힘으로, …에 의하여 by~ of habit 습관의 힘으로. ***in ~*** 1)유효하여, 시행중인. 2) 【軍】 대거하여, (사람이) 힘을 다하여 제휴하다. ***join ~s with*** …와 협력하다.
— *vt.*(1) 《+目+*to* do/+目+前+名》 …에게 강제하다, 우격으로 …시키다, 억지로 …시키다. (2) 《~+目/+目+前+名》 …에게 폭력을 가하다 : (여자)에게 폭행하다(violate) ; (문 · 금고 따위)를 비집고 열다. (진지)를 강행 돌파하다, 떠밀어 부수다 ; (힘, 우격)으로 얻다, 빼앗다, 강탈하다. (3) 《+目+前+名/+目+副》 밀어넣다 ; (억지로) 떠밀기다, 강매하다. (4) 《~+目/+目+前+名》 (억지로) …을 밀어내다, 몰아내다, 끌어내다. (5) …에 무리를 가하다, 억지로 일(공부)시키다. (6) 【野】 포스아웃하다.《*out*》. (만루에서) 밀어내기 득점을 허용하다 《*in*》 ; ~ (*in*) the third runner (만루에서) 삼루 주자를 밀어내다. (7) 【園】촉성 재배하다 ~ a plant. ***~back*** (감정 · 욕망 등)을 억제하다. ***~ out*** 1)(음성 등을) 억지로내다. 2) (…을) 내쫓다. 3) (…을) 실격시키다. 4) 【野】 (주자를) 포스아웃시키다. ~ a person'***s hand*** ··· 를 억지로 따르게 하다.
·forced [fɔːrst] (1) *a.* 〔限定的〕 강요된, 강제적인 (compulsory). (2)무리한, 어거지의, 부자연한 (unnatural). 파) **forc·ed·ly** [fɔ́ːrsidli] *ad.*

fórced lábor 강제노동.
fórced lánding 【空】 불시착, 긴급착륙.
force-feed [fɔ́ːrsfíːd] (*p., pp.* ***-fed*** [-féd]) (사람·동물)에게 강제로 음식을 먹이다, 압력 급유.
·force·full [fɔ́ːrsfəl] *a.* 힘이 있는 ; 설득력 있는, 강렬한 : He made a ~ speech 그는 설득력 있는 연설을 했다 / He isn't ~ enough to make a good leader. 그는 훌륭한 지도자가 될 만큼 강력하지가 않다. 파) **~·ly** *ad.* **~·ness** *n.*
force-land [fɔ́;rslæ̀nd] *vi.* 불시착하다. — *vt.* (항공기를) 불시착시키다.
force ma·jeure [fɔ́ːrsməʒə́ːr, -mæ-] 《F》 (1) 불가항력. (2) (강대국의 약소국에 대한) 강압.
force·meat [fɔ́ːrsmìːt] *n.* ⓤ (소로 쓰이는) 양념하여 다진 고기.
force-out [fɔ́ːrsàut] *n.* 【野】 봉살(封殺), 포스아웃.
for·ceps [fɔ́ːrsəps, -seps] *n. pl.* ⓒ 핀셋, 족집게, 겸자(鉗子).
·for·ci·ble [fɔ́ːrsəbəl] *a.* 〔限定的〕 (1)억지로 시키는, 강제적인. (2) 힘찬, 강력한(powerful), 힘 있는 ; 설득력이 있는(convincing).
·for·ci·bly [fɔ́ːrsəbli] *ad.* (1) 강제적으로, 불법으로. (2)강력히, 세차게, 힘차게.
Ford [fɔːrd] *n.* (1) **Henry ~** 포드《미국의 자동차 제조업자 : 1863-1947》. (2) Ford 회사제(製)의 자동차 : a 1985 ~.1985년형 포드차. (3) **Gerald Rudolph Jr.** ~ 포드《미국의 제38대 대통령 ; 1913-》
ford *vt., vi.* (개울·여울목)을 걸어서 건너다, 여울을 건너다. — *n.* ⓒ (개울 따위의) 걸어서 건널 수 있는 곳, 얕은 여울. 파) **~·a·ble** *a.*
·fore [fɔːr] *a.* 【限定的】 앞의, 전방의 ; (시간적으로) 전(前)의. ***~ and aft*** 이물에서 고물까지 ; 배 안 어디에나. — *n.* (the ~)(1) 전부(前部), 전면(front). (2) 【海】 선수부(船首部). ***at the ~*** 【海】 앞 돛대 머리에 ; (배의) 맨앞에. ***to the ~*** 1)전면에. 2) 눈에 띄는 곳〈지위〉에.
fore *-pref.* '먼저, 앞, 전, 미리'의 뜻.
fore·arm[1] [fɔ́ːràːrm] *n.* ⓒ 【解】 전완(前腕), 전박(前膊), 하박 (下膊), 팔뚝.
fore·arm[2] [fɔːráːrm] *vt.* (1) (흔히 受動 으로) 미리 무장하다. (2) 【再歸的】 (곤란 등에) 미리 대비하다 《*against*》.
fore·bear [fɔ́ːbὲər] *n.* ⓒ (흔히 *pl.*) 선조.
fore·bode [fɔːrbóud] *vt.* … 을 미리 슬쩍 비추다, …의 전조〈징조〉가 되다 〈portend〉 ; 예시하다. — *vi.* 예언하다, 예감이 들다.
fore·bod·ing [fɔːrbóudiŋ] *n.* ⓤⓒ (불길한)예감, 전조(omen), 조짐, 육감 : I was kept wide awake with ~*s* of mis-fortune 불길한 예감으로 뜬눈으로 밤을 지샜다.
파) **·ly** *ad.* 예감적으로, 전조로서.
fore·brain [fɔ́ːrbrèin] *n.* ⓒ【解】 전뇌(前腦).
:fore·cast [fɔ́ːrkæ̀st, -kàːst] *n.* ⓒ (1) 예상, 예측, 예보 ; 선견(지명)(*p,.pp.* ***-cast, ~·ed***) *vt.* (1) …을 예상(예측)하다. (2) (날씨를) 예보하다. (predict). (3) 예고〈전조〉가 되다. 파) **~·er** *n.*
fore·cas·tle [fóuksəl, fɔ́ːrkæ̀səl] *n.* ⓒ (군함의) 앞갑판, 선수루 (船首樓).
fore·close [fɔːrklóuz] *vt. vi.* (1) …을 따돌리다, 제외하다.《*of*》 (2) (문제 토론 따위를)끝맺다 ; 미리 처리하다. (3) 【法】 …에게 저당물 찾는 권리를 상실하게 하다, 유질(流質) 처분하다.
fore·clo·sure [-klóuʒər] *n.* ⓤⓒ 【法】 저당물을 찾는 권리의 상실, 유질, 처분.
fore·court [fɔ́ːrkɔ̀ːrt] *n.* ⓒ (1) 앞마당.
fore·deck [fɔ́ːrdèk] *n.* ⓒ 【海】 앞갑판.
fore·doomed [fɔːrdúːmd] 【敍述的】 미리 …하는 운명이 정해진 《*to*》.
:fore·fa·ther [fɔ́ːrfàːðər] *n.* ⓒ (흔히 *pl.*) 조상, 선조(ancestor).
·fore·fin·ger [fɔ́ːrfiŋgər] *n.* ⓒ 집게손가락 (first 〈index〉 finger)
fore·foot [fɔ́ːrfɔ́ːrfùt] (*pl.* ***-feet*** [-fìːt]) *n.* ⓒ (짐승·곤충의) 앞다리.
fore·front [fɔ́ːrfrʌ̀nt] *n.* (the ~) (1) 맨앞, 선두, 첨단부, 최전선. (2)(흥미 여론·활동 따위의) 중심 come to *the* ~ 세상의 주목을 받다. ***in the ~ of*** … (전투 등)의 최전방에서 ; …의 선두가 〈중심이〉 되어.
fore·go[1] [fɔːrgóu] (***-went*** [-wént] ; ***-gone*** [-gɔ́; n, -gán/-gɔ́n]) *vt. vi.* (…의)앞에 가다.
·fore·go·ing [fɔːrgóuiŋ] *a.* 〔限定的〕 (흔히 the ~) 앞의(preceding), 먼저의, 전술한, 앞서 말한.
fore·gone [fɔːrgɔ́(ː)n, -gán] FOREGO[2]의 과거분사. — *a.* 〔限定的〕 이전의, 기왕의 : 이미 아는 ; 기정의, 과거의. 파) **~·ness** *n.*
foregóne conclúsion (a ~) (1) 처음부터 뻔한 결론. (2) 확실한 일, 필연적인 결과(결론).
·fore·ground [fɔ́ːrgràund] *n.* (*the* ~) (1) (그림의) 전경(前景). 〖*opp*〗 *background.* (2) 최전면, 가장 잘 드러나는 위치, 표면. (3) 【컴】 다중 프로그래밍·프로세서 등과 같이 동시에 몇개의 프로그램이 실행될 때 높은 우선도의 프로그램이 실행되는 상태 〈환경〉.
fore·hand [fɔ́ːrhǽnd] *n.* ⓒ (1) 말의 앞몸뚱이. (2) 【테니스】의 포핸드, 바로치는, 전타(前打), 〖opp.〗 *backhand.*
fore·hand·ed [fɔ́ːrhǽndid] *a.* (1) 《美》 장래에 대비한, 알뜰한 ; 저축이 있는 ; (생활이) 유복한. (2) 【테니스】 포핸드의.
:fore·head [fɔ́(ː)rid, fár-, fɔ́ːrhèd] *n.* ⓒ 이마 (brow), 앞머리.
:for·eign [fɔ́(ː)rin, fár-] *a.* (1) 외국의 ; 외국산의 ; 외국풍〈외래〉의. (2)외국산의 ; 대외적인 ; 외국 상대의. (3) 〔敍述的〕관계없는《*to* 》. (4) 〔限定的〕 (본래의 것이 아닌) 외래의.
fóreign affáirs 외교 문제, 외무, 국제 관계.
fóreign áid 대외(외국) 원조.
for·eign·born [-bɔ́ːrn] *a.* 외국 태생의.
fóreign correspóndent (신문·잡지의) 해외 특파원.
:for·eig·ner [fɔ́(ː)riner, fár] *n.* ⓒ (1) 외국인 (alien), 이방인. (2) 부외자, 국외자.
fóreign exchánge 외국환 ; 외화(外貨), 외자.
fóreign légion 외인 부대 ; (F- L-) (북아프리카 프랑스군의) 외인 부대.
for·eign-made [-méid] *a.* 외제의, 외래의.
Fóreign Mínistry (the ~) 외무부, 외무성.
Fóreign Óffice (the ~) 〔集合的 ; 單·複數 취급〕《英》 외무성.
fóreign tráde bàlance 해외 무역 수지.
fore·judge [fɔːrdʒʌ́dʒ] *vt.* …을 지레 〈미리〉 판단하다, 예단(豫斷)하다.
fore·know [fɔ́ːrnóu] (**-knew** [-njúː] ; **-known** [-nóun]) *vt.* …을 미리 알다, 예지하다.
파) **~·a·ble** *a.*

fore·knowl·edge [fɔ́ːrnɑ̀lidʒ, -´-/-nɔ̀l-] *n.* ⓤ 예지, 선견.
fore·land [fɔ́ːrlənd] *n.* ⓒ 곶, 갑(headland).
fore·leg [fɔ́ːrlèg] *n.* ⓒ (짐승의) 앞다리.
fore·lock [fɔ́ːrlɑ̀k/-lɔ̀k] *n.* ⓒ 앞머리, (말의)이마갈기. ***take* 〈*seize*〉 *time* 〈*occasion*〉 *by the* ~** 기회를 놓치지 않다. 기회를 타다〈이용하다〉. ***touch* 〈*pull, tug*〉 one*'s*~** 《口》 (필요 이 상으로) 정중히 인사하다, 굽실굽실하다.
·fore·man [fɔ́ːrmən] (*pl* ***-men*** [-mən]) *n.* ⓒ (1) (노동자의) 십장(什長), 직장(職長) : a shop ~ 공장장. (2)배심원장(暗審員長). 파) **~·ship** *n.*
:fore·most [fɔ́ːrmòust] *a.* 〔限定的〕 (the ~)(1) 맨 먼저의, 최초의. (2)일류의, 으뜸가는, 주요한. — *ad.* 맨 먼저. 선두에. ***first and*** ~ 우선 먼저, 제일 먼저. ***head*** ~ 곤두박이로, ~거꾸로.
fore·name [fɔ́ːrnèim] *n.* ⓒ (성(姓)에 대하여 이름(first name)《※ 격식차린 말씨》. 파) *~d a.* 〔限定的〕 앞서 말한, 전술한.
·fore·noon [fɔ́ːrnùːn] *n.* ⓒ 오전, 아침나절.
fo·ren·sic [fərénsik] *a.* 〔限定的〕 법정의, 법정에 관한, 변론의.
forénsic médicine 법의학(法醫學).
fore·or·dain [fɔ̀ːrɔːrdéin] *vt.* 〔종종 受動으로〕 (1) …을 미리 정하다. (2) …의 운명을 미리 정하다.
fore·part [fɔ́ːrpɑ̀ːrt] *n.* ⓒ 전부(前部) : 첫부분.
fore·paw [fɔ́ːrpɔ̀ː] *n.* ⓒ (개·고양이의) 앞발.
fore·play [fɔ́ːrplèi] *n.* ⓤ 전희(前戱)
fore·run [fɔːrrʌ́n] (***-ran*** [-rǽn] ; ***-run*** ; ***-running***) *vt.* …의 선구자가 되다, …에 앞서다.
·fore·run·ner [fɔ́ːrʌ̀nər, -´-] *n.* ⓒ (1) 전구(前驅)(herald) 선구자, 선각자 : 전조. (2) 선인(predecessor) : 선조.
fore·sail [fɔ́ːrsèil] ; 《海》 -sl] *n.* ⓒ 앞돛.
:fore·see [fɔːrsíː] (***-saw*** [fɔ́m] ; ***-seen*** [fɔ́m])*vt.* …을 예견하다, 앞일을 내다보다, 미리 알아차리다. 파) ***~·a·ble*** *a.* 예견〈예측〉할 수 있는.
fore·shad·ow [fɔːrʃǽdou] *vt.* …의 전조가 되다 ; 슬쩍 비추다, 예시하다, 징조를 보이다.
fore·shore [fɔ́ːrʃɔ̀ːr] *n.* ⓒ (the ~) (만조선과간조선 중간의) 물가, 바닷가(beach).
fore·short·en [fɔːrʃɔ́ːrtn] *vt.* (1)원근을 넣어 〈원근법으로〉 그리다. (2) …을 줄이다, 단축(축소)시키다.
fore·show [fɔːrʃóu] (***-showed ; -shown*** [-ʃóun])*vt.* …예고(예언)하다, 전조를 나타내다
·fore·sight [fɔ́ːrsàit] *n.* (1) ⓤ 선견, 예지, 예측. (2) ⓤ 선견지명(prescience) : 통찰, 심려. 파) ***-sight·ed*** [-sáitid] *a.* 선견지명이 있는, 깊은 생각이 있는, 조심성있는. ***-sight·ed·ness*** *n.*
fore·skin [fɔ́ːrskìn] *n.* ⓒ 【解】 포피 (包皮).
:for·est [fɔ́(ː)rist, fɑ́r-] *n.* (1) ⓤⓒ 숲, 삼림. (2) (a -) 숲처럼 늘어선 것, 숲을 이룬 것. (3) 【英史】 (왕실 등의) 사냥터, 금렵지. ***cannot see the ~ for the trees*** 나무를 보고 숲을 보지 못한다, 작은 일에 사로 잡혀 큰일을 보지 못한다. — *a.* 〔限定的〕 삼림의, 숲의 ; 삼림 지방의 : ~animals 삼림의 동물 / ~ fires 산불.
— *vt.*…에 식림하다 ; 조림하다.
fore·stall [fɔːrstɔ́ːl] *vt.* (1) …을 앞지르다. (2) …의 기선을 제압하다 (an- ticipate). (3) (이익을 위해) …을 매점하다(buy up).
for·es·ta·tion [fɔ̀(ː)ristéiʃən] *n.* ⓤ 조림, 식림, 영림(營林).
for·est·ed [fɔ̀(ː)ristid] *a.* 숲으로 뒤덮인.
for·est·er [fɔ̀(ː)ristər, fɑ́r-] *n.* ⓒ (1) 산림에 사는 사람〈동물〉. (2)임정관 ; 사냥터지기.
fórest ránger 《美》 산림 경비원.
for·est·ry [fɔ̀(ː)ristri, fɑ́r-] *n.* ⓤ (1) 임학, 임업, 조림학. (2) 산림 관리.
fore·taste [fɔːrtéist] *vt.* (고락 (苦樂))을 미리 맛보다. —[´ˋ] *n.* (a ~) (1) (장차의 고락을) 미리 맛봄 ; 예측, 예상《*of* 》. (2) 전조《*of* 》.
·fore·tell [fɔːrtél] (*p.*, *pp.* ***-told*** [-tóuld])*vt.* 《~+目/+*that* 節/+*wh* 節》 …을 예언하다. (prophesy) : 예고하다.
fore·thought [fɔ́ːrθɔ̀ːt] *n.* ⓤ 사전의 고려, (장래에 대한) 심려, 원려(遠慮) ; 선견, 예상, 신중.
fore·to·ken [fɔ́ːrtòukən] *n.* ⓒ 전조(omen), 징후. —[-´-] *vt.* …의 전조가 되다, 예시(豫示)하다.
:for·ev·er [fərévər] *ad.* (1) 영구히, 영원히. (2) 〔흔히 動詞의 進行形에 수반되어〕 끊임없이, 항상, 언제나. 《英》 에서는 for ever로 갈라 씀》 ***~ and a day : ~ and ever*** 영구히, 언제까지나.
for·ev·er·more [fərèvərmɔ́ːr] *ad.* 영구히, 언제까지나 《《英》 forever의 힘줌말》.
fore·warn [fɔːrwɔ́ːrn] *vt.* 《~+目/+目+*to* do/+目+that節/+目+前+名》 …에게 미리 주의〈경고〉 하다 : …에게 미리 알리다 ; 예고하다.
fore·wom·an [fɔ́ːrwùmən] (*pl.* ***-wom·en***[-wìmin]) *n.* ⓒ (1) 여직장(女織長), 여공장(長). (2) 여배심장《※ foreman의 여성형》.
fore·word [fɔ́ːrwèːrd] *n.* ⓒ 머리말, 서문《특히 저자 아닌 남이 쓴 것》. 【*cf.*】 preface.
·for·feit [fɔ́ːrfit] *vt.* (벌로서 지위 · 재산 · 권리)를 상실하다 ; 몰수되다 : ~ one's property 재산을 몰수당하다 / Those who do not guard their freedom sometimes ~ it. 자유를 지키지 않는 사람은 자유를 상실하는 수가 있다.
— *n.* (1) ⓒ 대상(代價) ; 벌금, 과료(fine); 추징금; 몰수물: His life was the ~ of his crime. 그는 죄의벌로 목숨을 잃었다. (2) ⓤ (권리 · 명예 따위의) 상실, 박탈 : the〈a〉 ~ of one's civil rights 시민권의 박탈. (3) ⓒ (벌금놀이에) 거는 것. (*pl.*) 벌금놀이.
— *a.* 〔限定的〕 (…에) 몰수된, 상실한《*to*》 : His land were ~ to the state. 그의 토지는 국가에 몰수되었다.
fór·feit·ed·gáme [fɔ́ːrfitid-] 【스포츠】 몰수 게임.
for·fei·ture [fɔːrfərʃər] *n.* (1) ⓤ (지위·권리·재산 따위의) 상실, 몰수 ; (계약 등의) 실효《*of* 》. (3) ⓒ 몰수물 ; 벌금, 과료.
for·fend [fɔ́ːrfénd] *vt.* …을 막다, 방지하다(prevent).
for·gath·er [fɔːrgǽðər] *vi.* 모이다 ; (우연히) 만나다, 교체하다.
·for·gave [fərgéiv] FORGIVE 의 과거.
·forge[1] [fɔːrdʒ] *n.* ⓒ (1) 용광로. (2) 제철소 ; 대장간(smithy), 철공장. — *vt.* (1) (쇠)를 불리다 ; 단조(段造)하다. (2) (말 · 거짓말 따위)를 꾸며내다, 날조하다. (3)(문서 따위)를 위조하다(counterfeit). (4) (계획 · 관계 등)을 힘들어 이룩하다, 안출하다 — *vi.* 날조〈위조, 모조〉 하다, 대장간에서 일하다.
forge[2] *vi.* (1) 서서히 나아가다, 착실히 전진하다. (2) (차 · 주차 따위가) 갑자기 스피드를 내어 선두에 나서다 : ~ ahead (배가) 정진하다.

forg·er [fɔ́ːrdʒər] n. ⓒ (1) 위조자〈범〉, 날조자 : a passport ~ 패스포트 위조범. (2) 대장장이.
forg·ery [fɔ́ːrdʒəri] n. (1) ⓤ (문서·화폐 따위의) 위조 ; 위조죄. (2)ⓒ 위조품〈문서〉 ; 위폐.
:for·get [fərgét] (**-got** [-gát/-gɔ́t] ; **-gotten** [-gátn -gɔ́tn], **-got ; -getting**) vt. (1) 《~+目/+wh to do / that 節+wh. 節》 …을 잊다, 망각하다.(I have *forgotten* ; I am unable to recall) 를 뜻한다》. (2) 《+to do/+~ing》 (…하는 것)을 잊다, 깜박 잊다.

☞ 語法 (+to do) 형은 "이제부터 일을 잊다" 의 뜻이며 (+~ing) 형은 "과거 일을 잊다" 뜻으로 후자의 경우 will never forget …ing 형을 취함.

(3) (소지품 따위)를 놓아두고 잊다, 잊고 오다〈가다〉. (4) 《+目+前+名》 말하는〈쓰는〉 것을 빠뜨리다, 빠뜨리고 보다. (5) …을 게을리하다, 소홀히 하다, 무시하다 ; (의식적으로) 잊다, 생각지 않기로 하다.
— vi. 《~/+前+名》 잊다, 깜빡 잊다.
Forget* 〈*abort*〉 *it ! (감사·사죄 등에 대하여) 이젠 괜찮소, 신경쓰지 마시오. ***not ~ thing*** …도 또한, …도 포함하여, …을 잊지 않고.
·for·get·ful [fərgétfəl] a. (1) 잘 잊는 ; 건망증이 있는 ; 잊어버리는. (2)〔敍述的〕 …을 곧잘 잊는 ; 등한히 하는 ; 게을리 하기 쉬운(neglectful) ; 무관심한 《*of* 》. 파) **~·ly** [-fəli] ad. 잘 잊어서 ; 부주의하게, 소홀하게도. ***~·ness** n. ⓤ 건망증 ; 부주의, 태만.
for·get·me·not [fərgétminàt/-nɔ̀t] n. ⓒ 【植】 물망초(신의·우애의 상징).
for·get·ta·ble [fərgétəbəl] a. 잊기 쉬운.
forg·ing [fɔ́ːrdʒiŋ] n. (1) ⓤ 단조(鍛造) ; 위조 (2) ⓒ 단조품.
for·giv·a·ble [fərgívəbəl] a. 용서할 수 있는, 용서해도 좋은. 파) **~·bly** ad. 관대히 보아.
:for·give [fərgív] (**-gave** [-géiv] ; **-giv·en** [-gívən]) vt. (1) 《 ~+目/+目+前+名/+目+目》 (사람·죄)를 용서하다, 관대히 봐주다(pardon). (2) 《+目+目》 (빚 따위)를 탕감하다.
·for·giv·en [fərgəivən] FORGIVE 의 과거분사.
·for·give·ness [fərgívnis] n. ⓤ (1)용서 ; (빚의)탕감. (2) 관대함, 관용.
for·giv·ing [fərgíviŋ] a. 관대한, 책망하지 않는. 파) **~ ·ly** ad. 관대히.
for·go [fɔːrgóu] (**-went**[-wént] ; **-gone**[-gɔ́n, -gán/-gɔ́n]) vt. …없이 때우다 ; 보류하다, 그만 두다 (give up).
:for·got [fərgát/-gɔ́t] FORGET 의 과거·과거분사.
for·in·stance [fərínstəns] n. 《美口》 예, 실례 (example) : to give you a ~ 한 예를 들면.
:fork [fɔːrk] n. ⓒ (1) (식탁용의) 포크, 삼지창 a knife and ~ (한 벌의) 나이프와 포크. (2) 갈퀴, 쇠스랑. (3) 가랑이진 모양의 것 ; (나무·가지 따위의) 갈래. (4) 【樂】 소리 굽쇠(tuning ~). (5) 나뭇가지 모양 번개. — a. 〔限定的〕 서서 먹는, 입식(立食)의.
— vt. (1) (쇠스랑·갈퀴 따위로) …을 긁어 올리다, 긁어 일으키다. (2) …을 포크로 찍다. — vi. (1) 분기하다, 갈라지다. (2) (갈림길에서 어떤 방향으로) 한쪽으로 가다.
***~out* 〈*over, up*〉** 《口》 (vt.) (돈)을 (마지못해) 내주다, 지급하다《*for, on* 》.
fórk bàll 【野球】 포크 볼.
forked [fɔːrkt, -əd] a. (1) 갈래진, 갈래진 모양의. (2) 【複合語】 …갈래의.
fórked tòngue 일구 이언 : speak with a ~ 일구 이언하다, 속이다.
fork·ful [fɔ́ːrkfùl] (pl. **~ s, forks-ful**) n. ⓒ 한 포크〈쇠스랑〉분.
fork·lift [fɔ́ːrklìft] n. 포크리프트《짐을 들어 올리는 장치》.
fórklift trùck 지게차 《포크리프트가 장치된 운반차》.
·for·lorn [fərlɔ́ːrn] a. (1) 버려진, 버림받은(forsaken)《*of* 》. (2)고독한, 쓸쓸한(desolate), 비참한, 절망의, 의지가 없는 a ~ child 고아. 파) **~·ly** ad. **~·ness** n.
forlórn hópe (1)절망적 행동. (2)덧없는 희망.
:form [fɔːrm] n. (1) ⓤⓒ 모양, 형상, 외형, 윤곽 ; (사람의) 모습, (인체의) 모양. (2) a] ⓤ (존재)형식, 형태. b] ⓒ 종류. (3) ⓤ (구성) 형식, 형태, 조직 ; (표현) 형식 ; (형식의) 갖춤, 아름다움. (4) ⓤ (경기자 등의) 폼 ; 심신의 상태 ; 원기, 좋은 컨디션. (5) a] ⓒ 하는 식, 방식 : an established ~ 정해진 방식. b] ⓤ 관례 ; 예절 ; be out of ~ 예의에 벗어나 있다. (6) ⓒ 모형, 서식 (견본) ; (기입) 용지. (7) ⓤ 외견, 외관, (단순한) 형식(formality). (8) ⓒ《英》 (등 없는)긴의자. (9) ⓒ《英》 (public school 등의) 학년《first ~에서 sixth ~까지》 : the sixth ~ 6학년. (10) ⓒ 【文法】 형태, 어형. (11) ⓤ 【哲·論】 형식. 【opp.】 matter. (12) ⓒ 주형(mould) ; 틀. ***as a matter of ~*** 형식상, 의례상. ***for ~' s sake*** 형식상(上). ~ of address (구두나 서면상의) 호칭, 경칭, 직함. ***in* (*under*) *the ~ of*** ..의 모양을 따서 …의 모양으로. ***on present ~*** 이제 까지의 행동으로〈경과로〉 보아. ***take the ~ of*** …의 모양을 취하다 ; …로서 나타나다. ***true to*** ~ ⇨ TRUE.
— vt. (1) 《~+目/+目+前+名》 …을 형성하다(shape), 꼴을 이루다. (2) 구성하다, 조직하다, 성립시키다. (3) (인물·능력 등)을 만들어〈가르쳐〉내다(build up), 훈련하다. (4) (교재·동맹 등)을 맺다 ; (습관 따위)에 익숙해지다, 붙이다. (5) (의견· 사상 따위)를 형성하다, 품다(conceive) ; (의심)을 품다, 느끼다. (6) 【文法】 (말·문장)을 만들다(construct). (7) (말·음성 등)을 똑똑히 발음하다. (8) 《~+目/+目+副/+目+前+名》 【軍】(대형)을 만들다, 정렬시키다《*up* 》.
— vi. (1) 모양을 이루다, 생기다, (어떤) 꼴이 되다. (2) (사상·신념·희망따위가)생겨나다(arise). (3) 《+前+名》 【軍】 정렬하다, 대형을 짓다. □ formation n. **-form** suf. ' …형의.
:for·mal [fɔ́ːrməl] 〈***more*** ~ ; ***most*** ~〉 a. (1) 모양의, 형식의, 외형의. (2) 정식의, 형식에 맞는. (3) 공식의, 허울만의 ; 외래상의, 예절의. (4) 형식적인, 표면적인, 겉수작뿐인. (5) (태도 문체 따위가) 형식에 치우친, (구애되는)딱딱한, 격식적인. (6) 【論】 형식(상)의. 【opp.】 *material* ~ logic 형식 논리학. (7)(정원·도형 등)좌우대칭의, 기하학적인 : a ~ garden 기하학 배치의 정원. (8) 【컴】 형식적.
— n. ⓒ 《美》 (1) 야회복으로 참석하는 정식 무도회 (2) 야회복. go ~ 야외복을 입고 가다.
form·al·de·hyde [fɔ́ːrmǽldəhàid] n. ⓤ 【化】 포름알데히드《방부 소독제》.
for·ma·lin [fɔ́ːrməlin] n. ⓤ 【化】 포르말린《포름알데히드 수용액 ; 살균·방부제》.

for·mal·ism [fɔ́ːrməlìzəm] *n.* ⓤ (1)(종교 · 예술상의) 형식주의, 형식론(論) 〚opp.〛 *idealism*. (2) 극단적 형식주의, 허례.

for·mal·ist [fɔ́ːrmlist] *n.* ⓒ 형식주의〈론〉자 딱딱한 사람. — *a.* 형식주의〈자〉의.

for·mal·is·tic [fɔ́ːrməístik] *a.* (1) 형식주의의, 형식 존중의. (2) 지나치게 형식에 얽매는.

·for·mal·i·ty [fɔːrmǽləti] *n.* (1) ⓤ 형식에 구애됨 ; 의례(ceremony) ; 딱딱함(stiffness) ; 격식을 차림 : without ~ 격식을 차리지 않고. (2) ⓒ 형식적 행위〈절차〉. (3) ⓒ (내용없는) 겉치레 행위.

for·mal·i·za·tion [fɔ́ːrməlizéiʃən] *n.* ⓤ 형식화 ; 정형화, 의식을 갖춤.

for·mal·ize [fɔ́ːrməlàiz] (1) …에 일정 형식을 갖추다. (2)…을 정식화하다, 정식으로 승인하다.

·for·mal·ly [fɔ́ːrməli] *ad.* (1) 정식으로, 공식으로. (2) 격식을 차려(ceremoniously) ; 딱딱하게. (3) 형식적으로, 의식에 얽매여.

fórmal parámeter 【컴】 형식인자.

for·mat [fɔ́ːrmæt] *n.* ⓒ 《F.》 (1) (서적 따위의) 체제, 판형 《folio, foolscap 등》. (2) (라디오 · 텔레비전 프로 따위의) 전체 구성, 체재. (3) 【컴】 틀잡기, 포맷, 형식. — (***-tt-***) *vt.* …을 형식에 따라 배열하다〈만들다〉 ; 【컴】 …을 포맷하다.

·for·ma·tion [fɔːrméiʃən] *n.* (1) ⓤ 구성 ; 형성 ; 성립 ; 편성. (2) ⓤⓒ 【軍】 대형(隊形), 진형, 편대. (3) a] ⓤ 구조 (structure), 형태. b] ⓒ 형성물, 구성물. (4) ⓒ 【地質】 지층의 계통, 층(層).

form·a·tive [fɔ́ːrmətiv] *a.* 【限定的】 모양을〈형태를〉 이루는, 형성〈구성〉하는. — *n.* ⓒ 【文法】 (낱말의) 구성요소(접미사·접두사·연결형 등). 파) **~·ly** *ad.* **~·ness** *n.*

:former[1] [fɔ́ːrmər] *a.* 【限定的】 (1) (시간적으로) 전의, 앞의(earlier). (2) 이전의 (previous), 기왕의. (3) (the ~) 〔종종 代名詞的〕(양자중) 전자(의) (〚opp.〛 *the latter*) (후자에 대한) 먼저의.

former[2] *n.* ⓒ (1) 형성〈구성〉자. (2) 형(型), 본, 모형, 성형구(成形具). (3) 〔複合語〕로서 《英》 (학) …년생 a second-~2년생.

:for·mer·ly [fɔ́ːrmərli] *ad.* 이전에는, 먼저, 옛날에는.

fórm féed 【컴】 용지 먹임.

fórm féed cháracter 용지 먹임글자.

form·fit·ting [fɔ́ːrmfìtiŋ] *a.* (옷 따위가) 몸에 꼭 맞는(close-fitting).

for·mic [fɔ́ːrmik] *a.* (1) 개미의. (2) 【化】 포름산(酸)의.

for·mi·ca [fɔ́ːrmáikə] *n.* 내열(耐熱) 플라스틱 판(板), 포마이카 (商標名).

fórmic ácid 【化】 포름산.

·for·mi·da·ble [fɔ́ːrmidiəbəl] (***more ~ ; most ~***) *a.* (1) 무서운, 만만찮은. (2) 굉장히 많은〈큰〉 ; 방대한; 굉장한. 파) **-bly.** *ad.* 무섭게, 만만하지 않게.

form·less [fɔ́ːrmlis] *a.* (1) 모양 없는 모양이 확실〈일정〉치 않은, 무정형의, 혼돈한. (2) 질서가 없는, 어지러운. 파) **~·ly.** *ad.* **~·ness** *n.*

fórm lètter (인쇄 · 복사한) 동문(同文) 편지《날짜 · 수신인을 개별적으로 기입함》.

For·mo·sa [fɔ́ːrmóusə] *n.* 타이완(Taiwan)의 구칭. 파) **~n** *a. n.* ⓒ 타이완(인)의.

:for·mu·la [fɔ́ːrmjələ] (*pl.* ***~s, -lae*** [-lìː]) *n.* (1) ⓒ 식, 【數】 공식, 【化】식《*for*》. (2) ⓒ (식사·편지 등의) 정해진 말씨(문구), 관용 표현. (3) ⓒ (일정한) 방식 ; 정칙 (定則) ; 방법《*for* 》; 《종종 蔑 》 판에 박힌 방식 〈절차〉《*for* 》. (4) ⓤ 제조법 ; (약 따위의) 처방(전) ; (요리의) 조리법 (5) ⓤ 《美》 유아용 조유(調乳). (6)포뮬러, 공식 규격《주로, 엔진 배기량에 따른 경주차(車)의 분류》.
— *a.* 〔限定的〕 (경주차가) 포뮬러에 따른, 공식 규격에 따른.

for·mu·la·ic [fɔ́ːrmjuléiik] *a.* (시·표현 등이)틀에 박힌, 정해진 문구로 이루어진.

for·mu·lary [fɔ́ːrmjulèri] *vt. n.* ⓒ (1) 공식집 ; (약품의) 처방집. (2) 제문집(祭文集) ; 의식서(議式書). (3)정해진 말, 상투어. — *a.* (1) 규정의, 공식적인(pre-scribed), 공식의 ; 처방의. (2) 의식상의.

·for·mu·late [fɔ́ːrmjəlèit] *vt.* (1) …을 형식 (공식)으로 나타내다, 공식화 하다. (2) …을 명화하게 〈계통을 세워〉 말하다. (3) …을 처방하다, 처방대로 조제하다. (계획·의견을) 조직적으로 세우다.

***for·mu·la·tion** [fɔ́ːrmjəléiʃən] *n.* (1) ⓒ 간명하게 말함. (2) ⓤ 형식〈공식〉화(化) ; 계통적인 조직화. (3) 명화한 어구(語句) 〈표현〉.

for-next lóop [fɔ́ːrnékst] 【컴】 부터 / 까지 맴돌이《Basic 언어에서 미리 결정된 고정 횟수만큼 반복을 수행하도록 하는 부분》.

for·ni·cate [fɔ́ːrnəkèit] *vi.* 간통(간음)하다.

for·ni·cation [fɔ́ːrnəkéiʃən] *n.* ⓤ 【法】 간통, 사통.

for·rad·er [fɔ́(ː)rədər, fάr-] *ad.* 《英 口》 보다 앞(쪽)으로. get no ~ 조금도 나아가지 않다.

:for·sake [fərséik] (***-sook*** [-súk] ; ***-sak·en*** [-séikən]) *vt.* (1) (벗 따위)를 버리고 돌보지 않다 (desert), 내버리다. (2) (습관 · 신앙 따위)를 버리다 (give up), 포기하다.

·for·sak·en [fərséikən] FORSAKE의 과거분사.
— *a.* 버려진 ; 버림받은, 고독한.

·for·sook [fərsúk] FORSAKE 의 과거.

for·swear [fɔːrśwέər] (***-swore*** [-swɔ́ːr] ; ***-sworn*** [-swɔ́ːrn]) *vt.* (1) (나쁜 습관 등)을 맹세코 (단연)그만두다 ; 맹세코 부인하다《*doing* 》. (2) 〈再歸的〉 거짓 맹세하다, 위증하다. — *vi.* 위증하다.

for·syth·ia [fərsíθiə, fɔːr-, -sáiθiə] *n.* ⓤ 개나리속(屬)의 식물.

:fort [fɔːrt] *n.* ⓒ (1) 성채, 보루. 【cf.】 FORTRESS, 요새. (2) 《美》 (북아메리카 변경의) 교역시장(옛날 성채가 있었던 데서). (3) 【美陸軍】상설 주둔지. ***hold the ~*** 1)요새를 지키다 ; (공격 · 비판에 대해) 자기 입장을 고수하다. 2) (부재 중에) 현상을 유지하다, 지책을 수행하다.

forte[1] [fɔːrt] *n.* (1) (one's ~) 장점 , 특기, 장기. (2)칼의 가장 강한 부분 《자루에서 중간까지》.

forte[2] [fɔ́ːrti, -tei] *a.* 《*it.*》 (樂) 포르테의, 강성의, 강음의(loud).

:forth [fɔːrθ] *ad.* (1) (흔히 動詞에 수반되어) 앞으로(forward), 전방으로. (2) 〔시간을 나타내는 名詞 뒤에 와서〕 …이후의 (onward) 《※ 보통 다음 句로 쓰임》 : from this 〈that〉 day ~ 오늘〈그날〉 이후. ***and so ~*** ⇨ AND. ***back and ~*** 앞뒤로, 이리저리.

·forth·com·ing [fɔ̀ːrθkʌ́miŋ] *a.* (1) 곧 나려고〈나타나려고〉 하는, 다가오는, 이번의. (2) (종종 否定文)〔敍述的〕 곧 (필요한 때에) 얻을 수 있는, (언제든지)준비되어 소용에 닿는. (3) 〈종종 否定矣〉 (기꺼이)도와주는 ; 적극적인, 협력적인.

·forth·right [fɔːrθrαt] *ad.* 똑바로, 즉시, 곧.
— *a.* (1) 똑바른. (2) 솔직한(outspoken). 파) **~·ly**

ad. **~·ness** *n.*
forth·with [fɔ́ːrθwíθ, -wíð] *ad.* 곧 즉시, 당장. — *n.* 곧 실행해야 할 명령.
·for·ti·eth [fɔ́ːrtiəθ] *n. a.* (흔 the ~) 제 40(의), 40번째 (의) ; 40분의 1(의). — *pron.* (the ~) 40번째 사람 〈것〉.
·for·ti·fi·ca·tion [fɔ̀ːrtəfikéiʃən] *n.* (1) ⓤ 축성(술, 법, 학). (2) ⓒ (흔히 *pl.*) 방어 공사〈시설〉. 요새, 성채. (3) ⓤ (포도주의) 알코올분 강화, (음식의) 영양가 강화.
·for·ti·fy [fɔ́ːrtəfài] *vt.* (1) 《~+目/+目+前+名》… 을 요새화하다, 방비를 튼튼히 하다, 방 공사를 하다. (2) 《~+目/+目+前+名》 (조직 · 구조)를 강하게 하다. (육체적 · 정신적으로) 튼튼히 하다(strengthen). (3) (진술 등)을 뒷받침 〈확증〉하다, 확고히 하다. (4) (포도주 등)에 알코올을 넣어 독하게 하다 ; (비타민 등으로 음식의) 영양가를 높이다(enrich). — *vi.* 요새를 쌓다, 축성하다. 파) **for·ti·fi·a·ble** [-fàiəbəl] *a.* 요새화〈강화〉할 수 있는.
for·tis·si·mo [fɔːrtísəmòu] *ad. a.* 《*It.*》 【樂】 매우(아주) 세게, 포르티시모로〈의〉 《略 : ff》. — *n.* ⓒ (*pl.* ***-mi*** [-mìː], **~s**)포르티시모의 악구 (樂句)〈음〉. 〖opp.〗 *pianissimo.*
·for·ti·tude [fɔ́ːrtətjùːd] *n.* ⓤ 용기, 꿋꿋함, 불굴의 정신 : with ~ 의연하게, 결연히.
·fort·night [fɔ́ːrtnàit] *n.* ⓒ (흔히 *sing.*) 《英》 2주일간.
fort·night·ly [fɔ́ːrtnàitli] *a.* 2주일에 한 번의, 격주 발행의. — *n.* ⓒ 격주 간행물. — *ad.* 격주로, 2주일에 한번.
·for·tress [fɔ́ːrtris] *n.* ⓤ (1) 요새(지) : 성채. (2) 안전 견고한 곳. — *vt.* 요새로 방어하다.
for·tu·i·tuos [fɔːrjúːətəs] *a.* 우연의(accidental), 뜻밖의. 파) **~·ly** *ad.* **~·ness** *n.*
for·tu·i·ty [fɔːrtjúːəti] *n.* (1) ⓤ 우연(성). (2) ⓒ 뜻밖의 (돌발) 사건. □fortuity *a.*
:for·tu·nate [fɔ́ːrtʃənit] (***more ~ ; most ~***) *a.* (1) 운이 좋은, 행운의 ; 복받은 《*in* ; *to do*》. (2) (…이) 행운을 가져오는 ; 상서로운, 재수가 좋은. (3) (the ~) 〔名詞的〕운 좋은 사람들. □fortune *n.*
:for·tu·nate·ly [fɔ́ːrʃənətli] (***more ~ ; most ~***) *ad.* (1) 다행히. (2) 〔文章修飾〕 다행히도, 운이 좋게(도).
:for·tune [fɔ́ːrtʃən] (1) ⓒ 운명, 숙명(fate, destiny), 운수 ; (종종 *pl.*) 인생의 부침. (2) ⓤ 운(chance). (3) (F-) 운명의 여신. (4) ⓤ 행운 : 번영, 성공, 출세 : seek one's ~ 출세의 길을 찾다. (5) a〕 ⓤ 재산, 부, 부유(wealth) : a man of ~ 재산가. b〕 ⓒ 큰돈. □ fortunate *a.* ***a small ~*** 상당한 금액, 대금. ***marry a ~*** 돈많은 여자와 결혼하다, 재산을 노리고 결혼하다. seek one's ~ 출세의 길을 찾다.
fórtune còokie 《美》 (중국 요릿집 등에서 피는) 점괘가 든 과자.
fórtune hùnter 재산을 노리는 구혼자(특히 남자).
for·tune·tell·er [-tèlər] *n.* ⓒ 점쟁이, 사주쟁이.
for·tune·tell·ing [-tèliŋ] *n.* ⓤ 점 (을 치기). — *a.* 점치는.
:for·ty [fɔ́ːrti] *a.* 40 의, 40개 〈명〉의 ; 40세의 — *n.* (1) a〕 ⓤⓒ (기수의) 40《※관사가 붙지 않음》. b〕 ⓤ 40세 ; 40달러 〈파운드〉. c〕 ⓒ 40의 기호. (2) a〕 (the Forties) 스코틀랜드 북동 해안과 노르웨이 남서안 사이의 해역《깊이가 40길 이상인 데서》. b〕 (the forties) (세기의) 40년대. c〕 (one's forties) (나이의) 40대. (3) ⓤ 【테니스】 3점(의 득점). — *pron.* (複數 취급) 40명(개): There're ~. 40개〈명〉 있다. like ~ 《美口》 대단한 기세로.
for·ti·five [-fáiv] *n.* (1) ⓤⓒ (기수의) 45. (2) ⓒ45회전 레코드. (3) ⓒ 《美》 45구경 권총.
for·ty·nin·er [-náinər] *n.* ⓒ 【美史】 (때로 F~-N~)1849 년의 gold rush에 들떠 California로 몰려간 사람.
fórty wínks 〔單 · 複數 취급〕 《口》 한잠 ; 낮잠 : take 〈have〉 ~ 한잠자다. 잠깐 눈을 붙이다.
***fo·rum** [fɔ́ːrəm] (*pl.* **~s, -ra** [-rə]) *n.* ⓒ 《L.》 (1) 공개 토론회, 공공 광장, 포럼《*for*》. (2) 법원, 법정(lawcourt). (3) (여론등의)비판 : The ~ of public opinion 여론의 비판(4)(때로 the F-) (고대 로마의) 공회(公會) 광장.
:for·ward [fɔ́ːrwərd] *ad.* 〔때로는 ***~·er ; ~-est***〕 (1) 앞으로, 전방으로〈에〉. 〖opp.〗 *backward*. run ~ 앞으로 달리다 / Forward! 【軍】 앞으로가! / rush ~ 돌진하다. (2) 〔흔히 bring, come, put등의 동사와 함께〕밖으로, 표면으로 나와. (3) 장래, 금후. (4) 배의 전방에, 이물 쪽으로. 【opp.】 aft. (5) (예정 · 기일 등) 앞당겨.
bring ~ ⇨ BRING. ***carry ~*** ⇨ CARRY. ***come ~*** ⇨ COME. ***put ~*** ⇨ PUT[1]
— *a.* (1) 〔限定的〕전방(으로)의 ; (배의)앞(부분)의 ; 전진의. (2) 〔限定的〕 진보적인 ; 급진적인. (3) 〔敍述的〕 (일 · 준비 등) 나아간, 진행된, 진척된《*with*》. (4) 주제넘은, 뻔뻔스러운, 건방진. (5) 〔敍述的〕감히〈자진하여〉…하는《*to do* ; *with*》. (6) 계절에 앞선. (7) 〔限定的〕 【商】 장래를 내다본 ; 선물(先物)의 : a ~ contract 선물 계약.
— *n.* 【球技】 전위, 포워드《略 : F.W.》
— *vt.* (1) … 을 나아가게 하다, 촉진하다 ; 진척시키다 ; (식물 등의) 성장을 빠르게 하다. (2) 《~+目/~+目+目 /~+目+前+名》 (편지 따위)를 회송하다, 전송(轉送)하다 ; 보내다《*to* ; *from*》. 【商】 (짐)을 발송하다《*to*》. (3) 【製本】 앞장정을 하다. ※ 마무리 장정은 finish. — *vi.* (우편물 등을) 전송하다 : Please ~ 목적어를 생략하여. (아래 주소에 없으면) 전송 바람《봉투의 왼쪽 위에 씀》.
파) **~·ly** *ad.* 주제넘게, 오지랍 넓게 **~·ness** *n.* ⓤ (1) (진보 · 계절 등의) 빠름, 조숙성. (2) 주제넘음, 건방짐.
for·ward·er [fɔ́ːrwərdər] *n.* ⓒ (1) 촉진〈조성〉자. (2) 회송자(回送者), 운송업자.
fórward exchánge 【商】 선물환(換).
for·warding [fɔ́ːreərdiŋ] *n.* (1) ⓤ 운송(업)회송, 발송. (2) 〔形容詞的〕 운송의, 발송(회송)의.
for·ward-look·ing [-lùkiŋ] *a.* 전향적인, 장래를 고려한, 적극적인 ; 진보(진취)적인
fórward páss 【美蹴 · 럭비】 공을 상대방 골 방향으로 패스하기《럭비에서는 반칙》.
:for·wards [fɔ́ːrwərdz] *ad.* = FORWARD
fos·sa [fásə/fɔ́sə] (*pl.* ***-sae*** [-siː]) *n.* ⓒ 【解】 (뼈 따위의) 와(窩), 구(溝).
fosse, foss [fɔːs, fas/fɔs] *n.* ⓒ (1)【築城】 해자(核字) ; 호(濠). (2)운하(ditch, canal).
·fos·sil [fásl/fɔ́sl] *n.* ⓒ (1) 화석 (~ re-mains). (2) (흔히 old ~ 로) 《口》시대에 뒤진 사람.
fóssil fùel 화석 연료 《석탄 · 석유 등》.

fos·sil·i·za·tion [fɑ̀səlәzéiːsən/fɔ́silɑi-] *n.* ⓤ (1) 화석화 (작용). (2)시대에 뒤짐, 폐습화.
fos·sil·ize [fɑ́sәlàiz/fɔ́s-] *vt. vi.* (1) 화석화하다, 화석이 되다. (2)시대에 뒤지다 ; 고정화하다.
·Fos·ter [fɑ́(ː)stәr, fɑ́s] *n.* ***stephen collins*** ~ 포스터《미국의 작곡가 1826-64》.
:fos·ter [fɔ́(ː)stәr, fɑ́s-] *vt.* (1) (양자 등으로) 기르다(nurse), 양육하다 ; …을 돌보다. (2) …을 육성〈촉진, 조장〉하다(promote). (3) (사상·감정·희망 따위)를 마음에 품다(cherish).
— *a.* 〔限定的〕 양육하는, 기르는, 양〈수양〉…; a ~ parent 수양 부모 / a ~ nurse (수양아이를) 양육하는.
fos·ter·ling [fɔ́(ː)stәrliŋ, fɑ́s-] *n.* ⓒ 수양아이.
:fought [fɔːt] FIGHT 의 과거·과거분사.
:foul [faul] *a.* (1) (감각적으로) 더러운, 불결한(filthy, dirty) ; 냄새 나는. (2) (품위상) 더러운, 천한. (3) 비열한, 지독한 ; 못된. (4)〔限定約〕《스포츠 등에서》(행위가) 부정한, 반칙적인(〖opp.〗 *fair*) ; 【野】 파울의(〖opp.〗 *fair*). (5)《口》아주 불쾌한, 시시한, 하찮은. (6)〔限定約〕(날씨가) 몹시 나쁜, 잔뜩 찌푸린 ; (바람이) 역풍의 ; (도로가) 진창인 ; (물길이) 위험한. (7)〔限定約〕(굴뚝·하수 따위가) 막힌 ; (밧줄이) 엉클어진, (닻이) 걸린 ; (배 밑에) 부착물이 엉겨붙은 ; (차바퀴 따위에) 진흙이 묻은. (8) 충돌한 ; 충돌할 위험이 있는 : a ship ~ *of* a rock. 바위에 부딪친 배. (9) (원고·교정쇄가) 정정(訂正)이 많은: ~ copy 지저분한 원고. — *ad.* 부정하게 ; 반칙적으로. ***go(fall, run) ~ of*** (1)(다른 배)와 충돌하다. (2) …와 다투다. (3) 법에 저촉되다. ***hit*** ~ 【拳】 부정하게 치다. ***Play*** a person ~ 1)아무에게 반칙 행위를 하다. 2)못할 짓을 하다. — *n.* ⓒ (1)(경기 따위에서 반칙) 반칙 : commit a ~ 반칙을 범하다.(2)【海】 (보트 노 등의) 충돌, (밧줄 등의) 엉킴, 얽힘. (3) 【野】 파울. — *vt.* (1)… 을 더럽히다. (명예) 를 더럽히다. (2) (밧줄 따위)를 얽히게〈엉키게〉 하다. (3)(굴뚝·총 따위)를 막히게 하다 ; (교통 노선)을 막다. (4) (해초 따위가 배밑에) 부착하다. (5) …에 충돌하다. (6) 【競】 반칙을 범하다 : 【野】 (공)을 파울로 하다. — *vi.* (1) 더러워지다, 오염되다. (2) (밧줄 등이) 얽히다, 엉클어지다. 《※ 종종 受動으로 쓰임》. (3) (굴뚝·총따위가) 막히다. (4) 충돌하다, 서로 부딪다. (5) 【競】 반칙을 하다 ; 【野】 파울을 치다. ***~ out*** 1)【野】 파울공이 잡혀 아웃이 되다. 2)【籠】 (5회) 반칙으로 퇴장하다. ***~ up*** …을 망쳐놓다, 엉망으로 만들다.
fóul báll 【野】 파울볼(〖opp.〗 *fair ball*).
fóul lìne 【野·籠】 파울 라인.
foul·ly [fául*l*i] *ad.* (1) 더럽게, 지저분하게. (2) 입정 사납게, (3) 악랄하게, 부정하게.
foul-mouth [fáulmàuθ] *n.* ⓒ《口》 입짐사나운〈입이 건〉 사람.
foul·mouthed [´-máuðd, -θt] *a.* 입정 사나운, 입버릇이 상스러운.
fóul pláy (1) (경기의) 반칙. (2) 부정행위, 비겁한 수법(짓).(【cf.】 fair play). (3) 폭력, 범죄, 살인.
fóul típ 【野】 파울 팁.
foul-up [fáulʌ̀p] *n.* ⓤ (1) 혼란. (2)(기계의) 고장 ; 부진.
:found[1] [faund](*p., pp* ***´-ed; ´~ ing***) *vt.* 〈종종 受動으로〉 (1)《+目+前+名》(건물을 확고한 기초 위에) 세우다.《*on, upon.*》. (2) (계획·이론 등)을 …의 기초 위에 세우다, …에 입각해서 만들다《*on, upon.*》. (3) (단체·회사 따위)를 설립하다 ; 창시(창건)하다 ; (학파·학설)을 세우다 : ~ a school〈a hospital〉학교〈병원〉를 설립하다. (4) …의 근거를 이루다.
— *vi.* (…에) 근거하다《*on, upon.*》: ~ on justice 정의에 기초하다. ㅁ foundation *n.*
found[2] *vt.* (1) (금속)을 녹여 붓다, 녹이다. (2) …을 주조하다, (유리의 원료를) 녹이다.
:found[3] FIND의 과거·과거분사.
:foun·da·tion [faundéiʃən] *n.* (1) ⓤ **창설, 창립,** 건설 ; (기금에 의한) 설립. (2) ⓒ (종종 *pl.*) 초석, 기초, 토대. (3) ⓤ 근거. (4) ⓒ (재단 등의) 기본금, 유지 기금. (5) ⓒ 재단, 협회, 사회 사업단. (6) ⓒ (의복의)심 ; 보강 재료. (7) ⓤⓒ 기초 화장품, 파운데이션 ; 그림의 바탕칠 물감. (8) ⓒ 몸매를 고르기 위한 속옷(~ garment)《코르셋 등》. to the (one's) ~ s. 밑 뿌리 까지 실색하도록. ㅁ found[1] *v.* 파) **~ · al** *a.* 기본의, 기초적인. **~less** *a.* 기초가(토대) 없는.
foundátion gàrment (몸매를 고르기 위한) 여자 속옷《코르셋·거들따위 》.
foundátion schòol 재단 설립학교.
foundátion stòne (기념사 등을 새긴)주춧돌, 초석(礎石).
found·er[1] [fáundәr] *n.* ⓒ 주조자, 주물공(工).
·found·er[2] (*fem.* ***found-ress*** [fáundris]) *n.* ⓒ 창립 〈설립〉자, 발기인 ; 기금 기부자.
found·er[3] *vi.* (1) 【海】 (배 따위가) 침수〈침몰〉하다. (2) (계획·사업 등이)틀어지다, 실패하다(fail). (3) (땅·건물 등이) 꺼지다, 무너지다. — *vt.* (배)를 침수〈침몰〉 시키다. (말을) 넘어 뜨리다.
fóunder mèmber 창립 회원, 발기인.
fóunding fáther (1) (국가·제도·시설 운동의) 창립〈창시자〉자. (2) (F- F-s) 【美史】 (1789년의) 합중국 헌법 제정자들.
foundl·ing [fáundliŋ] *n.* ⓒ 기아(棄兒), 주운(버린) 아이 : a ~ hospital 고아원, 기아보소.
found·ry [fáundri] *n.* (1) ⓤ 주조, 주물류. (2) ⓒ 주조장(鑄達場), 주물(주조) 공장.
fount[1] [faunt] *n.* ⓒ (1)(詩·文語) 샘, 분수(fountain). (2) 원천(source).
fount[2] *n.*《英》【印】 = FONT[2]
:foun·tain [fáunt*i*n] *n.* ⓒ (1) a] 분수 ; 분수지, 분수반, 분수탑〈기〉. b] (불꽃·용암 등의) 분류, 흐름. (2) a] 샘 ; 수원(水源). b] 원천, 근원. — *vi., vt.* 분출하다(시키다).
four·tain·head [-hèd] *n.*ⓒ (흔히 sing.) (하천의) 수원(水源), 원천, 근원.
:fóuntain pèn 만년필.
:four [fɔːr] *a.*(1) 〔限定約〕 4의, 4개의 ; 네 명의. ***to the ~ winds*** 사방(팔 방)으로. — *n.* (1) a] ⓤⓒ (기수의) 4. b] ⓒ 4의 기호. (2) ⓤ 4 시 ; 4 살 ; 4 달러 (파 운드) : at ~, 4 시에 (3) ⓒ 4개, 4명, 4인조. b]〔four horses의 생략으로 無冠詞〕 네 필의 말. c] ⓒ 노가 넷인 보트(의 선원). d] (*pl.*) 4인승 보트 레이스. (4) ⓒ (카드·주사위 등의) 4 . (5) (*pl.*) 【軍】 4열종대. (6) (*pl.*) 4절판의 책. ***on all ~s*** 네 발로 기어서 ; …와 꼭 일치하여, 완전히 부합(일치)하여《*with*》.
fóur bíts 《美口》 50 센트, 【cf.】 two bits.
four·eyes [fɔ́ːràiz] (*pl* ~) *n.* ⓒ《口》 안경 쓴 사람, 안경쟁이.
fóur flúsh 《美》 (포커에서) 같은 종류의 패 넉장과 다른 종류의 한장, 플래시가 못된 것.
four-flush·er [´-flʌ̀ʃәr] *n.* ⓒ《美口》 허새를 부리는 사람 ; 가짜.

four·fold [⌐fòuld] *a., ad.* 4중(重)의〈으로〉, 네 겹의〈으로〉, 4배의〈로〉 ; 4절(折)의〈로〉.
four-foot·ed [⌐fútid] *a.* 네발(짐승)의.
fóur fréedoms (the ~) 4개의 자유《1941년 1월 미국 대통령 F. D. Roosevelt가 선언한 인류의 기본적 자유 : freedom of speech and expres-sion, freedom of worship, freedom from want, free-dom from fear 언론•표현의 자유, 신앙의 자유, 가난으로부터의 자유, 공포로부터의 자유》.
Four-H 〈4-H〉 clùb [fɔ́ːréitʃ-] 4-H 클럽《head, hands, heart, health를 모토로 하는 농촌 청년 교육 기관》.
four-in-hand [fɔ́ːrinhæ̀nd] *n.* ⓒ (1) 4두 마차. (2)《美》매듭 넥타이. — *a.* 네 마필을 끄는.
fóur-leaf〈leaved〉 clóver [fɔ́ːrlìːf[lìːvd]-] 네 잎 클로버《행운의 표시》.
fóur-let·ter wórd [⌐lètər-] 네 글자 말, 외설어《추잡한 말 ; fuck, cunt, shit 등》.
four·pen·ny [⌐pəni, ⌐pè-] *a.* 〔限定約〕《英》4 펜스(값)의. ***a ~ one***《英口》구타, 주먹.
four-post·er [⌐póustər] *n.* ⓒ 사주식(四柱式)침대.
four·score [⌐skɔ́ːr] *a.* 80(개)의 : ~ and seven years ago. 87년 전.
four·some [⌐səm] *n.* ⓒ (1)《口》네 사람 한 패〈조〉, 4 인조. 【cf.】 EIGHTSOME. (2) 【골프】 포섬. — *a.* 넷으로 된, 4인용의.
four·square [⌐skwέər] *a.* (1) 정사각형의 네모진. (2) a〕(건물등이) 견고한(firm). b〕견실한, 솔직한.
four-star [⌐stɑ̀ːr] *a.*《美》(1) (호텔 따위의) 우수한 (2) 사성(四星)의, 최고급의 .
four-stroke [⌐stròuk] *a.* (내여 기관이) 4사이클〈행정(行程)〉의 ; 4사이클 엔진의.
:four·teen [fɔ́ːrtíːn] *a.* (1) 〔限定的〕 14의 : 14 명의. (2) 〔敍述的〕14세의.
— *n.* (1) a〕 ⓤⓒ (1) (기수의) 14. b〕 ⓒ 14의 글자〈기호〉. (2) ⓤ 14세 ; 14 달러〈파운드 등〉.
·four·teenth [fɔ́ːrtíːnθ] *a.* (1) (흔히 the ~) 열네번째의, 제 14의. (2) 14분의 1의. — *n.* (1) ⓤ (흔히 the ~) a〕 제14, 열네번째. b〕 (달의) 14일. (2) ⓒ 14분의 1. 파) **~·ly** *ad.* 열네째(번)에.
:fourth [fɔ́ːrθ] *a.* (1) (흔히 the ~) 제 4의 ; 네번째의. (2) 4분의 1의. — *n.* (1) (흔히the ~) 제 4 : 네번째 : (달의) 4일. (2) ⓒ 4분의 1. (3) ⓒ 【樂】 4도(음정). three ~ s 4분의 3. (4) (*pl.*)【商】 4급품.
fóurth cláss《美》(우편의) 제4종.
fourth-class [⌐klǽs, ⌐klɑ́ːs] *a., ad.*《美》제 4종 우편의〈으로〉.
fóurth diménsion (the ~) 제 4차원.
fóurth estáte (the ~ : 종종 the F-E-) 제 4계급, 신문기자들, 언론계.
fóurth generátion compùter (the ~) 【컴】 제 4세대 컴퓨터.
fourth·ly [fɔ́ːrθli] *ad.* 네번째로.
fóurth márket《美》【證】 장외 시장.
:fowl [faul] (*pl* **~s**, 〔集合的〕 ~) *n.* (1) ⓒ (*pl.* **~s**)닭, 가금. (2) ⓤ 닭고기 : 새고기. (3) ⓒ 〔앞에 限定語를 붙여〕 …새. (4) ⓒ《古·詩》새. — *vi.* 들새를 잡다〈쏘다〉. 들새 사냥을 하다, 엽조를 잡다.
:fox [fɑks/fɔks] (*pl.* **´~es**, 〔集合的〕 ~) *n.* (1) ⓒ 여우, 수여우. (2) ⓤ 여우 모피. (3) ⓒ 교활한 사람. (4) ⓒ《美俗》성적 매력이 있는 젊은 여자. (***as***) ***cun-ning as a ~*** 아주 교활한. — *vt.* (1) …을 속이다. (2) 〔흔히 受動으로〕 (종이 따위)를 갈색으로 변색시키다.
— *vi.* 교활한 짓을 하다 ; 갈색으로 변하다.
fox·hole [⌐hòul] *n.* ⓒ 【軍】 1인용 참호.
fox-hunt·ing [⌐hʌ̀ntiŋ] *n.* ⓤ 여우 사냥(하는).
fox·tail [fɑ́kstèil/fɔ́ks-] *n.* ⓒ (1) 여우 꼬리. (2) 【植】 뚝새풀, 강아지풀, 보리《따위》.
fóx térrier 폭스테리어《애완용 개》.
fóx tròt (1) 【乘馬】 완만한 속보(速步)의 하나.(2) 【댄스】 급조(急調) 스텝, 폭스 트롯 : 그 곡.
foxy [fɑ́ksi/fɔ́ksi] (***fox·i·er ; -i·est***) *a.* (1) 여우 같은. (2) 적갈색의. (3)《美俗》(여자가) 매력적인, 섹시한.
파) **fox·i·ly** *ad.* **-i·ness** *n.*
foy·er [fɔ́iər, fɔ́iei] *n.* ⓒ《F.》(1) (극장•호텔 따위의) 휴게실, 로비(lobby). (2)《美》현관의 홀.
fra·cas [fréikəs/frǽkɑː] (*pl.* **~·es**, 《英》 ~[-kɑːz]) *n.* ⓒ 싸움(판), 소동.
:frac·tion [frǽkʃən] *n.* ⓒ (1) 파편, 단편 ; 아주 조금, 소량. (2) 【數】 분수. (3) 우수리, 끝수.
frac·tion·al [frǽkʃənəl] *a.* (1) 단편의 ; 얼마 안 되는. (2) 【數】 분수의. 파) **~·ly** *ad.* 분수적으로, 다편적으로.
frac·tious [frǽkʃəs] *a.* 성미가 까다로운.
·frac·ture [frǽktʃər] *n.* (1) ⓤ 부숨, 분쇄, 좌절 ; 파열. (2) ⓒ 【醫】 골절, 좌상(座傷). (3) ⓒ 갈라진 금, 터진 데(crack). — *vt.* (1) …을 부수다, 파쇄하다. (2) (뼈 따위)를 부러뜨리다. — *vi.* 부서지다 (뼈 따위가) 부러지다, 깨지다.
·frag·ile [frǽdʒəl/-dʒail] (***more ~ ; most ~***) *a.* (1) (물건 등이) 망가지기(부서지기) 쉬운(brittle). (2) (체질이) 허약한, 연약한(frail). (3) 덧없는 ; (향기 등이) 곧 사라지는. 파) **~·ly** *ad.* **~·ness** *n.*
fra·gil·i·ty [frədʒíləti] *n.* ⓤ (1) 부서지기 쉬움, 무름. (2) 허약(delicateness). (3) 덧없음.
:frag·ment [frǽgmənt] *n.* ⓒ (1) 파편, 부서진, 조각, 단편. (2) 단장(斷章) ; 미완성 유고(遺稿). ▫ fraction *n.*
— 〔-ment〕 *vi.* 산산이 흩어지다, 분해하다 ; 깨지다《into》.
— *vt.* …을 산산이 부수다, 분해하다, 부서지다.
frag·men·tal [frægméntl] *a.* (1) = FRAG-MENTARY. (2) 【地質】 쇄설질(碎屑質)의 ~ rocks 쇄설암.
·frag·men·tary [frǽgməntèri/-təri] *a.* (1) 파편의, (2) 단편적(斷片的)인, 조각조각난.
파) **-tar·i·ly** *ad.* 단편적으로, 조각조각.
frag·men·ta·tion [frægməntéiʃən, -men-] *n.* (1) ⓤ 분열 ; 파쇄. (2) ⓒ 분열〈파쇄〉된 것.
fragmentátion bòmb 파쇄(성) 폭탄.
·fra·grance [fréigrəns] *n.* ⓤⓒ 향기, 방향(芳香), 향기로움.
:fra·grant [fréigrənt] *a.* 냄새 좋은, 향기로운. 파) **~·ly** *ad.* 향기롭게.
:frail [freil] (**´~ *er* ; ´~ *est***) *a.* (1) 무른, 부서지기 쉬운, 연약한 ; (체질이) 약한. (2) 덧없는. (3) 의지가 약한, 유혹에 빠지기 쉬운.
파) **~·ly** *ad.* **~·ness** *n.*
frail·ty [fréilti] *n.* ⓤ (1) 무름, 약함, 덧없음 ; 박지 약행(薄志弱行). 유혹에 약함. (2) ⓒ 약점.
:frame [freim] *n.* (1) ⓒ (건물 · 선박 · 비행기 따위

의) 뼈대, 구조 ; (제도의)조직 기구 구성 체제. (2) ⓤ (또는a ~ one's ~)(인간·동물의) 체격, 골격. (3) (흔히 a ~ 또는 the ~) 기분. (4) ⓒ 틀 ; 테 : 창틀, 대(臺) ; 《美俗》 주머니, 지갑 ; (*pl.*) 안경테 ; 액자. (5) 영화〈텔레비전〉 한 화면, 구도. (6) ⓒ 《美》 목조 가옥(~house). (7) 《美俗》 = FRAME-UP. ***~ of mind*** (일시적인) 마음의 상태, 기분, 느낌. ***~ of reference*** 1)기준계. 2) 견해, 이론. 3) 좌표계.
—*vt.* (1) …의 뼈대를 만들다, 짜 맞추다(shape), 건설하다(construct) ~ a roof 지붕의 뼈대를 짜다. (2) a〕 …의 구성 〈조직〉 을 만들다, 고안하다. b〕 (계획·이론 등)을 세우다, 짜다, 꾸미다. (3) 《美口》 (못된 계략·계획 따위)를 꾸미다. (이야기·사건 따위)를 날조〈조작〉 하다 ; 《口》 (경기를) 짬짜미로 끝내《*up*》 : ~ up a story 얘기를 꾸며내다. (4) 《+目+前+名》 (대리석 따위로) …을 만들다. (5) (사람)을 함정에 빠뜨리다. (6) 《~+目/+目+前+名》 …에 테를 씌우다 : 테를 두르다, 달다, 틀에 넣다 ; 둘러싸다.

fráme hóuse 《美》 목조 가옥, 판잣집.

frame-up [fréimʌ̀p] *n.* ⓒ 《口》 음모, 흉계, 조작.

frame·work [ˊ-wə̀ːrk] *n.* ⓒ (1) (건축 등의) 뼈대, 얼거리, 골조(骨組). (2) (조직·관념 등의) 구성, 체재 : within the ~ of …의 테두리 안에서.

fram·ing [fréimiŋ] *n.* ⓤ (1) 구성, 조립 ; 구상 ; 획책. (2) ⓒ 뼈대 ; 얼개테, 틀.

:franc [fræŋk] *n.* ⓒ (1) 프랑《프랑스, 스위스 등의 화폐 단위 ; 기호 : Fr, F》. (2) 1프랑 화폐.

:France [fræns, frɑːns] *n.* (1) 프랑스. (2) **Anatole ~** 프랑스《프랑스의 소설가 비평가 ; 1921년 노벨 문학상 수상 ; 1844-1924》.

·fran·chise [frǽntʃaiz] *n.* (1) ⓤ (the ~) 선거권, 참정권(suffrage). (2) ⓒ a〕 특권, 특허 ; 특별면제. b〕 (제품의) 독점 판매권, 총판권. (3) ⓒ 《美》 (직업 야구 리그 등의) 가맹권, 본거지 점유권, 구단 소유권, 프랜차이즈. — *vt.* …에 특권(선거권)을 주다.

Fran·cis·can [frænsískən] *a.* 프란체스코 수도회의. — *n.* (1) (the ~s) 프란체스코 수도회. (2) ⓒ 프란체스코 수도회 수사.

fran·ci·um [frǽnsiəm] *n.* ⓤ 【化】 프란슘《방사성 원소의 하나 ; 기호 Fr ; 번호 87》.

Franco- '프랑스'의 뜻의 결합사 : the *Franco-prussian* War 프로이센-프랑스 전쟁.

fran·gi·ble [frǽndʒəbəl] *a.* 무른, 단단치 못한, 부서지기 쉬운.

Fran·glais [frɑ; ŋgléi] *n.* ⓤ (종종 ~) 프랑스어화된 영어(표현).

:frank[1] [fræŋk] (***ˊ~er, more ~ ; ˊ~est, most ~***) *a.* 솔직한, 숨김없는, 노골적인, 공공연한. ***to be ~ with you*** 솔직히 말하면, 사실은

frank[2] *n.* (1) 무료 송달의 서명(署名) 〈도장〉. (2) 무료 송달 우편물. — *vt.* (편지 따위)를 무료로 송달하다, 무료로 보내다 ; 무료 송달의 도장을 찍다.

frank[3] n 《美口》 = FRANKFURTER.

Frank·en·stein [frǽŋkənstàin] *n.* (1) 프랑켄슈타인《M. W. Shelley의 소설 *Frankenstein*(1818) 속의 주인공 ; 자기가 만든 괴물에 의해 파멸됨》. (2) ⓒ 자기를 파멸시키는 물건을 만드는 사람.

·Frank·furt(·er) [frǽŋkfərt(ər)] *n.* ⓒ 《美》 프랑크푸르트 소시지《쇠고기·돼지고기를 섞은 소시지》.

frankin·cense [frǽŋkinsèns] *n.* ⓤ 유향.

Frank·ish [frǽŋkiʃ] *a.* 프랑크족의 ; 서유럽인의. — *n.* ⓤ 프랑크 말.

·Frank·lin [frǽŋklin] *n.* **Benjamin ~** 프랭클린 《미국의 정치가·과학자. 1706-90》.

:frank·ly [frǽŋkli] (***more ~ ; most ~***) *ad.* 솔직히, 숨김없이, 터놓고. ***~ speaking*** 솔직히 말하면.

·frank·ness [frǽŋknis] *n.* ⓤ 솔직함, 터놓음.

·fran·tic [frǽntik] (***more ~; most ~***) *a.* (1) 미친 듯 날뛰는, 극도로 흥분한, 광란의. (2) 다급한, 크게 당황한.

·fran·ti·cal·ly [frǽntikəli] *ad.* (1) 미친 듯이, 광포하게, 극도로 흥분하여. (2) 몹시, 심히.

frap·pé [fræpéi] *a.* 《F.》 (얼음으로) 차게 한. — *n.* ⓤ 《美》 프라페.

·fra·ter·nal [frətə́ːrnəl] *a.* (1) 〔限定的〕 형제의 ; 형제 같은〈다운〉(brotherly). (2) 우애의. 파) **~·ly** *ad.* 형제같이. **~ism** *n.* ⓒ 우애(조합주의).

fratérnal twín 이란성(二卵性) 쌍둥이.

·fra·ter·ni·ty [frətə́ːrnəti] *n.* (1) ⓤ 형제임, 형제의 사이〈정〉 ; 동포애, 우애. (2) ⓒ 우애〈종교〉 단체, 공제 조합 ; 〔集合的〕 동업자들. (3) ⓒ 〔集合的〕 《美》 (대학의) 남학생 사교 클럽, 친목회. ※ 여학생 사교 클럽은 sorority.

frat·er·nize [frǽtərnàiz] *vt.* (남과) 형제처럼 교제를 하다 ; 친하게 사귀다《*with* ; *together*》.

frat·ri·cid·al [frǽtrəsàidl] *a.* 형제〈자매〉를 죽이는 ; (내란 등에서의) 동족 상잔의.

frat·ri·cide [frǽtrəsàid] *n.* (1) ⓒ 형제〈자매〉 살해자. (2) ⓤ 형제〈자매〉 살해.

·fraud [frɔːd] *n.* (1) a〕 사기, 협잡 : get money by ~ 돈을 사취하다. b〕 ⓒ 사기행위, 부정 수단. (2) ⓒ a〕 《口》 협잡꾼, 사기꾼. b〕 가짜.

fraud·u·lence [frɔ́ːdʒuləns] *n.* ⓤ 사기, 기간.

fruad·u·lent [frɔ́ːdʒulənt] *a.* 사기의 ; 속여서 손에 넣은 : ~ gains 부정 이득. 파) **~·ly** *ad.*

·fraught [frɔːt] *a.* 〔敍述的〕 (위험 따위를)내포한, …이 따르는《*with*》.

·fray[1] [frei] *vt.* (1) 닳게 〈모지라게〉하다 ; 가장자리를 무지러뜨리다《*out*》. (2) (신경)을 소모하다. —*vi.* (1) 닳(아빠지)다, 모지라지다 ; 너덜너덜해지다. (2) (신경등이) 지치다, 마모되다.

fray[2] *n.* (the ~) 소동, 싸움 ; 시끄러운 언쟁.

fraz·zle [frǽzəl] 《美口》 (1) …을 피곤하게 하다. —*vt.* (1) 너덜너덜해지다. (2) 피곤해지다, 기진맥진한 상, 지치다《*out*》. —*n.* (a ~) (1) 해짐, 너덜너덜함. (2) 기진맥진한 상태. —*vt.* (1) …을 닳아 떨어지게 하다 ; 무지러지게 하다 : beat to a ~ 늘씬하게 두들겨 패다.

·freak[1] [friːk] *n.* ⓒ (1) 변덕(스러운 마음), 일시적 기분(caprice). (2) 《俗》 a〕 〔흔히 수식어를 수반〕 열중한사람, …광(狂) : a film ~ 영화광. b〕 마약 상용자.
vi. 《美俗》 (1) (마약으로) 환각 증상을 일으키다, 흥분하다《*out*》. (2) (충격 등으로) 이상 상태에빠지다《*out*》.
— *a.* 〔限定的〕 별난, 진기한.

freak[2] *vt.* 《詩》 줄무늬지게 하다, 얼룩지게 하다. — *n.* ⓒ 줄무늬, 얼룩. 파) **~ed** *a.* 얼룩진.

freak·ish [frəiːkiʃ] *a.* (1) 변덕스러운 ; 엉뚱한, 일시적 기분의. (2) 기형의, 기괴한. 파) **~·ly** *ad.* **~·ness** *n.*

freak-out [friːkàut] *n.* ⓒ 《俗》 환각제로 마비됨〈된 사람〉 ; 환각제 파티.

:free [friː] (***fre·er*** [fríːər] ; ***fre·est*** [fríːist]) *a.* (1) 자유로운 ; 속박 없는. (2) 자주적인, 자주 독립의. (3) 자유주의의. (4) (권위·전통 따위에) 얽매이지

않는, 편견 없는 : ~ spirit 자유 정신. (5) (규칙 등에) 구애되지〈얽매이지〉 않는. (6) 사양 없는. (7) (태도 따위가) 대범한 ; 활수한, 손〈통〉이 큰, 아낌 없는. (8) 사치스러운. (9) 방종한, 단정치 못한 ; 구속 없는, 마음대로의. (10) (부담·제약등이) 면제된, 면한 ; (위험·장애 등이) 없는 ; (…에서) 벗어난《*from* ; *of*》. (11) 선약(先約)이 없는, 한가한, 볼일 없는. (12) 비어 있는, 쓸 수 있는. (13) 마음대로 출입할 수 있는, 개방된. (14) 자유로 통행할 수 있는, 장애없는. (15) 누 구나 참가할 수 있는 ; 모두가 참가하는 ~competition 자유 경쟁. (16) 무료의, 입장 무료의. (17) 〔敍述的〕 (사람들의) 마음대로의 행동이 허용된. (18) 자진해서, …하는 ; 너무〈지나치게〉 …하는. (19) 고정되어 있지 않은, 느슨한 ; 【化】 유리된 : the ~ end of a rope 밧줄의 매듭을 짓지 않은 끝. (20) 《海》 순풍의 : a ~ wind 순풍. ▫ freedom *n*. ***for ~*** 《口》 무료로. ***~ and easy*** 스스럼 없는, 터놓은 ; 한가한. ***~ from*** 1) …을 면한, …염려가 없는 : ~ *from* reproach 비난받을 데가 없는. 2) …이 없는. ***have*** one***'s hands ~*** ⇨ HAND. ***make ~ with*** …을 마음대로 쓰다 ; …에게 허물없이 굴다. ***~ set*** 해방하다, 석방하다. ***with a ~ hand*** 아낌없이 활수하게.

— *ad*. (1) 자유롭게 ; 방해를 받지 않고 : run ~ 자유롭게 달리다. (2) 무료로.

— (*p*., *pp* ***freed*** ; ***fréed·ing***) *vt*. (1) 《 ~+目/+目+前+名》 …로 부터 자유롭게 하다, 해방하다 《*from*》 ; (곤란 등에서)…을 구하다(deliver). (2) 《+目+前+名》 …에게 면제하다, …로 하여금 면하게 하다, …에서 제거하다《*of*》. (3) 〔再歸的〕 (의무·곤란 등에서) 탈출하다《*from* : *of*》. ***~ up*** 1) …을 해방하다. 2) …의 얽힌 것을 풀다.

-free '…로부터 자유로운, …을 면한, …이 없는' 의 뜻의 결합사 trouble-*free*.

free·bie, -by [fríːbiː] *n*. ⓒ 《美俗》 공짜로 얻는 것, 경품(景品) : a ~ card 무료 초대권.

free·board [´bɔ̀ːrd] *n*. ⓤⓒ 【海】 건현(乾舷).

free·boot [´bùːt] *vi*. 약탈하다, 해적질을 하다. 파) **~·er** *n*. ⓒ 해적, 약탈자.

free·born [´bɔ̀ːrn] *a*. (노예 아닌) 자유의 몸으로 태어난, 자유민다운.

freed·man [fríːdmən, -mæ̀n] (*pl*. **-men** [-mən, -mèn]) (노예 신분에서 해방된) 자유민.

:free·dom [frídəm] *n*. ⓤ (1) 자유. (2) 해방, 탈각 ; 면재, 해제 ; (의무·공포·부담·결점 따위의) 전혀 없음《*from*》 (3) (행동의) 거침새 없음, 자유스런 태도. (4) 출입의 자유 ; 사용의 자유.

fréedom fìghter 자유의 투사.

fréedom of the séas (the ~) 【國際法】 공해(公海)의 자유《특히 전시(戰時)의 중립국 선박의》공해 자유 항행권.

fréedom rìde (종종 F- R-) 《美》 (인종 차별 반대를 위한) 남부 지방에의 버스 여행.

fréedom rìder (종종 F- R-) 《美》 자유의 기사 《freedom ride 참가자》.

frée énergy 【物】 자유 에너지《하나의 열역학계의 전(全)에너지 중에서 일로 변환할 수 있는 에너지가 차지하는 비율을 나타내는 양》.

free-fall [fríːfɔ́ːl] *n*. ⓤ 자유 낙하《특히 낙하산이 펴질 때까지의 강하 ; 우주선의 관성 비행》.

free-for-all [fríːfərɔːl] *a*. 입장 자유의, 무료의 ; 누구나 참가할 수 있는.

— *n*. ⓒ (1) 누구나 참가할 수 있는 경기 〈토론〉. (2) 난투 : The fight turned into a ~. 그 싸움은 난투극으로 변했다.

파) **~·er** *n*. 무법자.

frée hánd (a ~) 자유 재량권〈행동권〉.

free·hand [´hæ̀nd] *a*. (기구를 쓰지 않고) 손으로 그린〈만든〉.

— *n*. 자재화〈조각〉 (법).

— *ad*. 자유로운 화법으로.

free·hand·ed [´hǽndid] *a*. 아낌없이 쓰는, 활수한《*with*》, 손이 비어 있는.

free-heart·ed [´háːrtid] *a*. (1) (마음이) 맺힌 데가 없는. (2) 대범한(generous). 파) **~·ly** *ad*. **~·ness** *n*.

free·hold [´hòuld] *n*. 【法】 (1) ⓤ (부동산·관직 따위의) 자유 보유(권). (2) ⓒ 자유 보유 부동산. .

— *a*. 지유 보유권의 〈으로 소유한〉.

파) **~·er** *n*. ⓒ 자유 부동산 보유자.

frée hòuse 《英》 (특정 회사와 제휴 없이 각종의 술을 취급하는) 독립술집. 【cf.】 tied house.

frée kíck 【蹴】 프리킥. 【cf.】 PENALTY KICK.

frée lánce (1) 자유 기고가, 프리랜서, 자유 계약 기자(記者) ; (특별 계약 없는) 자유 배우. (2) (중세의) 용병(情兵) : 무소속의 무사.

free-lance [fríːlæ̀ns, -lɑ̀ːns] *a*. 지유 계약의 ; 비전속의 : a ~ writer 프리랜서 작가.

— *vi*. (작가·배우 등이) 자유로운 입장에서 활동〈기고〉하다.

— *ad*. 자유계약〈비전속〉으로 : He works ~ 그 는 프리랜서로 일하고 있다.

파) **-lánc·er**[-ər] *n*. ⓒ 프리랜서, 자유 계약자.

frée líver 식도락가, 미식가.

free-liv·ing [fríːlíviŋ] *a*. 식도락의.

free·load [´lòud] 《口》 *vi*. (음식물 등)을 공짜로 얻어먹다. 파) **~·er** *n*.

:free·ly [fríːli] (***more ~*** ; ***most~***) *ad*. (1) 자유로이, 마음대로. (2) 거리낌없이, 솔직하게. (3) 아낌없이.

·free·man [´mən] (*pl*. **-men** [´mən]) *n*. ⓒ (노예가 아닌) 자유민. (2) 공민.

Free·ma·son [fríːmèisn] *n*. ⓒ 프리메이슨《공제(峯濟)·우애 (友愛)를 목적으로 하는 비밀 결사인 프리메이슨단(Free and Accepted Mason)의 조합원》. 【cf.】 MASON.

Free·ma·son·ry [´mèisnri] *n*. ⓤ (1) (종종 f-)프리메이슨주의〈제도, 관습〉. (2) (f-) 우애적 이해, 암암리의 양해.

frée pórt 자유항.

frée préss 출판·보도의 자유 ; 〔集合的〕 (정부의 검열을 받지 않는) 자유 출판물.

free-range [fríːrèndʒ] *a*. 〔限定的〕 《英》 (가금(家禽))을 놓아 기르는 ; 놓아 기르는 닭의《달걀》.

frée réin (행동·결정의) 무제한의 자유

frée schóol (1) 무료 학교. (2) 자유 학교.

free·sia [fríːʒiə, -ziə] *n*. ⓤ 【植】 프리지어.

free-spo·ken [´spóukən] *a*. 기탄없이 말하는, 숨김없이 말하는, 솔직한, 터놓고 말하는.

free·stand·ing [´stǽndiŋ] *a*. (1) (조각 따위가 외적 지지 구조를 갖지 않고) 그 자체의 자립(自立) 구조로서 있는. (2) 독립되어 있는.

Frée Státe 《美》《남북전쟁 전에 노예를 쓰지 않았던) 자유주(州).

free·stone [fríːstòun] *n*. (1) ⓤ 자유롭게 끊어낼 수 있는 돌《사암·석회석 따위》. (2) ⓒ 씨가 잘 빠지

는 복숭아.
— *a.* 씨를 발라내기 쉬운.
free·style [⌐stàil] *n.* ⓤ *a.*(수영 · 레슬링에서)자유형(의). 파) **frée·stýl·er** *n.* ⓒ 자유형 선수.
free·think·er [⌐θíŋkər] *n.* ⓒ (종교상의) 자유사상가. 파) **-think·ing** *n.* ⓤ *a.* 자유 사상(의).
frée thrów 【籠】 프리스로, 자유투.
frée univérsity (대학 내의) 자주(自主) 강좌, 자유 대학.
frée vérse 자유시 (詩).
free·way [⌐wèi] *n.* ⓒ (신호가 없는) 다차선식(多車線式) 고속도로. 【cf.】 EXPRESSWAY.
free·wheel [⌐*h*wí:l] *n.* ⓒ (자동차 · 자전거의)자유 회전장치. — *vi.* (1) (동력을 멈추고) 타성으로 달리다. (2) 자유롭게 행동하다(움직이다).
free·wheel·ing [⌐hwí; liŋ] *a.* 자유분방한, 제멋대로의 : lead a ~ life 자유분방한 생활을 하다.
frée will (1) 자유 의지. (2) 【哲】 자유 의지설.
free·will [⌐wíl] *a.* 〔限定的〕 자유 의지로서의 ; 임의의, 자발적인.
Frée Wórld (the ~) 자유 세계, 자유 진영.
:freeze [fri:z] (**froze** [frouz]; **fro·zen** [fróuzən]) *vi.* (1) 《+副/+前+名》 (물 등이) 얼다, 동결〈빙결〉하다《*up* ; *over*》 ; (물건 따위에) 얼어붙다《*to*》. (2) 《~/+前+名》 (사람 · 동식물이) 얼어죽다. (3) 〔非人稱의 it를 主語로〕얼듯이 추워지다, 몹시 차지다. (4) 간담이 서늘하다, 등골이 오싹하다 : 그 자리에서 꼼짝 못하게 되다. (5) 냉담해지다 ; (정열이) 식다. (6) 《+前+名》 (표정 등이) 굳다.
— *vt.* (1) 《~+目/+目+副》 (물 따위)를 얼게 하다, 얼어붙게 하다《*over*》. (2) 〔受動으로〕 《+目+前+名/+目+補》 동상에 걸리게 하다 ; 얼려 죽이다. (3) …에 냉담하게 대하다, 쌀쌀하게 대하다 ; (감정 · 표정)을 꺾이게 하다. (4) …의 간담을 서늘케 하다, 오싹 하게 하다. (5) 《+目+前+名》 (공포 따위로) 꼭 매달리게 하다. (6) (고기 따위)를 냉동시키다. (7) (외국 자산 따위)를 동결하다, (예금 등)를 봉쇄하다, (물가 · 임금 등)을 동결하다, 고정시키다 : …의 제조〈사용 · 판매〉를 중지하다 : 【映】 (영상)을 한 장면에서 멈추다. (8) 【醫】(신체의 일부)를 인공 동결법으로 무감각하게 하다. (9) 【스포츠】 약간의 리드를 지키기 위하여 추가 득점을 하지 않고 현상을 유지하다. **~ out** (*vi.*)(식물이 냉해로) 괴멸하다. (*vt.*) 1) (몸이) 추위로 얼게 하다. 2) 《口》 (냉대 등으로) 몰아내다 《*of*》 ; 너무 추워 가만히 있지 못하게 하다. 3) 《주로 美》 〔흔히 受動으로〕(일을) 추위로 중지케 하다 : The outing *was frozen out*. 소풍은 혹한으로 중지되었다. 4) 짐짓 무시하다. **~ over** 전면에 얼음이 얼다〈얼게 하다〉. ~ a person**'s blood** ⇨BLOOD. ~ 〈**on**〉 **to** 〈**onto**〉 《口》 …꼭 매달리다 ; (생각 등에) 집착하다.
— *n.* (*sing.*) (1) 결빙 (기) ; 엄한. (2) 〔종종 修飾語와 함께〕 (자산 · 물가 · 임금 따위의)동결.
freeze-dry [frí:zdrái] *vt.* (식품 따위)를 동결 건조 시키다. 파) **~·ing** *n.* 냉동건조(법).
freeze-frame [_frèim] *n.* ⓤ 【映】 (영상을 정지시키는) 스톱 모션.
— *vt.* (화면)을 정지하다.
·free·zer [frí:zər] *n.* ⓒ 결빙시키는 사람〈것〉 ; 냉동 장치〈실 · 기 · 차〉, 프리저.
freeze-up [frí:zʌ̀p] *n.* ⓒ, ⓤ 서리가 많이 내리는 기간, 엄한기(儼寒期), 결빙기(지대·상태).
·freez·ing [frí:ziŋ] *a.* (1) 어는 ; 몹시 추운〈차가운〉. (2) 냉담한, 오싹하는.
— *n.* ⓤ 결빙, 냉동 ; 빙점 ; (자산 등의) 동결. **below** ~ 빙점 아래, 영항의. — *ad.* 얼어붙듯 : ~ cold 얼어붙듯이 차가운. 파) **~·ly** *ad.* 얼것처럼, 얼도록.
:freight [freit] *n.* ⓤ (1) 화물, 뱃짐. (2) 화물 운송. (3) 운송〈용선〉료, 운임.
— *vt.* (1) 《~+目/+目+前+名》 …에 화물을 싣다 《*with*》. (2) 〔흔히 受動으로〕 실어다, 출하하다 ; 수송하다. (3) (중책 따위)를 …에게 지우다 ; (의미 따위)를 부여하다《*with*》.
파) **~·age** [-idʒ] *n.* = FREIGHT.
freight·er [fréitər] *n.* ⓒ (1) 화물선(cargo vessel) ; 수송기. (2) 화물 취급인 ; 운송업자.
fréight tràin 컨테이너 화물열차 ; 《美》 화물열차 (《英》 good train).
:French [frenʃ] *a.* (1) 프랑스의 ; 프랑스인의 ; 프랑스풍의, 프랑스어의. (2) 프락스인적인《특히 교양이 있는 점》. — *n.* (1) ⓤ 프랑스어. (2) (the ~) 〔集合的〕 프랑스인〈국민 · 군〉.
Frénch béan 《英》 강낭콩(kidney bean).
Frénch bréad 프랑스빵《보통 가늘고 긺》.
Frénch Canadian 프랑스계 캐나다인.
Frénch chálk 활석 분필《재단용 쵸크》.
Frénch Commúnity (the ~) 프랑스 공동체《프랑스 본국을 중심으로 하여 해외의 구식민지를 포함한 연합체》.
Frénch cúff 셔츠의 꺾어 접는 소매.
Frénch cúrve 운형 (雲形)자.
Frénch dóors 좌우로 열리는 유리 문.
Frénch dréssing 프렌치 드레싱《올리브유 · 식초 · 소금 · 향료 따위로 만든 셀러드용 소스》.
Frénch fried potatoes = FRENCH FRIES.
Frénch hórn 【樂】 프렌치 호른.
Frénch Kiss 프렌치 키스《혀를 맞대고 깊숙이 하는 키스》(deep kiss).
Frénch léave 인사 없이 떠나기 ; 무단 결석.
Frénch létter 《英口》 콘돔(condom).
Frénch loaf (가늘고 긴) 프랑스 빵.
:Frénch·man [fréntʃmən] (*pl.* **-men** [-mən]) *n.* ⓒ 프랑스인, 프랑스 남자.
Frénch pólish 프랑스 니스《셀락을 알코올로 처리한 투명 도료》, 락(lac)칠.
Frénch Revolútion (the ~) 프랑스 혁명 《1789-99》.
Frénch wíndow 프랑스 창《뜰 · 발코니로 통하는 좌우 여닫의 유리창》.
Frénch·wom·an [⌐wùmən] (*pl.* **-wom·en** [⌐wùmən]) *n.* ⓒ프랑스 여자〈부인〉.
fre·net·ic [frinétik] *a.* 열광적인(phenetic), 흥분한(frantic), 격앙한. 파) **~·ly, -i·cal·ly** *ad.*
fren·zied [frénzid] *a.* 열광한, 격조한.
·fren·zy [frénzi] *n.* ⓤ (또는 a ~) 격분, 격앙, 광포 ; 열광. 【cf.】 fury-rage.
— *vt.* 격분하게 하다, 광포하게 하다.
Fre·on [frí:ɑn] *n.* ⓤ 프레온(가스)《냉장고 · 에어컨의 냉매나 스프레이의 분무제 등에 쓰임 商標名》. 【cf.】 chlorofluorocarbon.
·fre·quen·cy [frí:kwənsi] *n.* (1) ⓤ 자주 일어남, 빈번, 빈발. (2) ⓒ 【物】 진동수, 주파수. (3) ⓒ 횟수, 도수, 빈도(수) : high(low) ~ 고(저)주파.
fréquency distribútion 【統】 도수 분포.
:fre·quent [frí:kwənt] (**more ~ ; most ~**) *a.* (1) 자주 일어나는, 빈번한, 여러 번의. (2) 상습적인

(habitual), 언제나의, 흔히 있는. (3)《英》(맥박이) 빠른.

— [frikwént, fríːkwənt] *vt.* 종종 방문하다, …에 자주 가다〈모이다〉.

fre·quen·ta·tion [frìːkwəntéiʃən] *n.* ⓤ 빈번한 방문〈출입〉, 습관(조직)적인 독서.

fre·quen·ta·tive [friːkwəntətiv] *n.* ⓒ *a.* 【文法】 반복 동사(의).

fre·quent·er [frikwéntər] *n.* ⓒ 자주 가는 사람 : 단골 손님.

:fre·quent·ly [fríːkwəntli] (***more ~ ; most ~***) *ad.* 종종, 때때로, 빈번히.

fres·co [fréskou] (*pl.* **~(*e*)*s***) *n.* ⓤ 프레스코 화법《갓 바른 회벽위에 수채로 그리는 화법》: ⓒ 프레스코화. —*vt.* 프레스코복를 그리다 : 프래스코 화법으로 그리다.

:fresh [freʃ] (***´~er ; ´~est***) *a.* (1) 새로운, 갓 만들어진 ; (가지 등이) 갓 생긴, 싱싱한. (2) 〔敍述約〕 생기 있는, 건강한, 발랄한(vigorous). (3) 신선한 ; (공기가) 맑은 ; (빛깔이) 선명한 ; (기억이) 생생한. (4) 이제까지 없는, 신기한 : a ~ idea 새로운 생각. (5) 〔限定的〕 새(로운), 신규의, 다시하는. (6) 새로 가입된, 추가의. (7) (최근) 갓 나온. (8) 경험 없는 : a ~ hand 풋〈신출〉 내기. (9) 〔限定的〕 날것의. (10) 〔限定的〕 소금기 없는. (11)《口》얼근한, 주기를 띤. (12) 〔敍述的〕《美俗》 건방진, 뻔뻔스러운《*to*》(이성에 대한) 허물없는《*with*》. (13) (암소가 새끼를 낳아서) 젖이 나오게 된. (14) 【氣】 (바람이) 꽤 센, 질풍의. (***as***) ***~ as paint*** 〈***a rose***〉 = ***~ and fair*** 기운이 넘쳐 흐르는, 원기 왕성한. ***break ~ ground*** ⇨ GROUND.

— *ad.* (1) 〔주로 동사의 과거분사와 함께 複合語 로〕 새로, 새로이. (2) 〔흔히 ~ out of... 로〕《美口》 …이 방금 동이 나서.

— *n.* ⓤ (1) 초기《날 · 해 · 인생 등의》. (2) = FRESHET.

frésh bréeze 【海 · 氣】 흔들 바람, 질풍.

fresh·en [fréʃən] *vt.* (1) 신선하게 하다, …을 새롭게 하다, 일신 시키다.《*up*》. (2) a〕 …을 상쾌하게 하다. b〕 〔再歸的〕 기분이 상쾌해지다《*up*》 (3) …을 신선하게 하다. — *vi.* (1) (세수 · 목욕 등으로) 기분이 산뜻해지다《*up*》.

fresh·er [fréʃər] *n.*《英》= FRESHMAN(1).

fresh·et [fréʃit] *n.* ⓒ (1) (폭우 · 해빙에 의한) 큰물, 홍수. (2) (바다로 흘러드는) 민물의 흐름.

frésh gále 【海 · 氣】 큰바람, 질강풍(疾强風).

·fresh·ly [fréʃli] *ad.* 〔흔히 과거분사 앞에 와서〕 새로이, 새로 ; 요즈음.

·fresh·man [´-mən] (*pl.* ***-men*** [´-mən]) *n.* ⓒ (1) 신입자, 신입사원 ; 신출내기, 초심자. (2) (대학 · 《美》 고교의) 1년생 ; 신입생. 【cf.】 sopho-more, junior, senior.

— *a* 〔限定的〕 (1) 1년생의 : ~ courses 1년생의 교과. (2) 신출내기의. (3) 최초의

·fresh·ness [fréʃnis] *n.* ⓤ 새로움, 신선함, 발랄 ; 상쾌 ; 생생함 ; 선명.

fresh-water [´-wɔ̀ːtər, ´-wɑ̀t-] *a.* 〔限定的〕 (1) 민물의, 민물산(産)의.

:fret[1] [fret] (***-tt-***) *vt.* (1) a〕《~+目/+目+前+名/+目+副》(사람)을 초조하게 하다, 속타게 하다, 괴롭히다. b〕 〔再歸的〕 …일로 안달하다. (2) (바람 · 비가) 침식하다, (녹이) 부식하다. (3) (바람이 수면에) 물결을 일으키다. — *vi.* (1)《~/+前+名》 초조하다, 안달이 나다. (2)《+前+名/+副》 부식하다〈되다〉, 침식하다〈되다〉. (3) 물결이 일다.

— *n.* (a ~) 안달, 초조(irritation), 불쾌, 고민(worry). ⓒ 부식된 곳.

fret[2] *n.* ⓒ 【建】 번개무늬, 뇌문(雷紋) (Greek ~) ; 격자〈창살 모양〉 세공.

fret[3] *n.* 【樂】 프렛《현악기의 지판을 구획하는 금속 제의 돌기》. — *vt.* …에 프렛을 달다.

·fret·ful [frétfəl] *a.* 초조한 ; 화내기 쉬운, 까다로운, 성마른.

파) **~·ly** [-li] *ad.* **~·ness** *n.*

frét sàw 실톱(도림질용).

Freud [frɔid] *n.* **Sigmund ~** 프로이트《오스트리아의 정신분석학자 · 의학자 : 1856-1939》.

·Fri Friday.

fri·a·bil·i·ty [fràiəbíləti] *n.* ⓤ 부서지기 쉬움, 무름, 파쇄성(破碎性) (friableness).

fri·a·ble [fráiəbəl] *a.* 부서지기 〈깨지기〉 쉬운, 가루가 되기 쉬운, 무른, 버슬버슬한.

fri·ar [fráiər] *n.* 탁발 수도사 ; 수사(修士).

fri·ca·tive [fríkətiv] *a.* 【音聲】 마찰로 생기는, 마찰음의. — *n.* ⓒ 마찰음《 f, ʃ, θ, ʒ 따위》.

·fric·tion [fríkʃən] *n.* (1) ⓤ (두 물체의) 마찰. (2) ⓤⓒ 알력(軋轢), 불화, (의견)충돌. 파) **~·al** [-əl] *a.* 마찰의, 마찰로 움직이는, 마찰로 생기는.

fríction màtch 마찰 성냥.

:Fri·day [fráidi, -dei] *n.* 금요일《略 : Fri.》 ※ 원칙적으로는 무관사로 ⓤ이나, 뜻에 따라 관사를 수반하고 ⓒ가 되는 경우도 있음 : on ~ 금요일에.

Fri·days [fráidiz, -deiz] *ad.* 금요일에, 금요일마다.

fridge-freezer [´-fríːzer] *n.* ⓒ《英》 냉동 냉장고.

fried (fraid) FRY[1]의 과거 · 과거분사.

— *a.* 기름에 튀긴, 프라이 요리의.

fried·cake [fráidkèik] *n.*《美》 튀김과자 ; 도넛.

:friend [frend] *n.* ⓒ (1) 벗, 친구, 동무. (2) 의지할 수 있는것, 시중드는 사람(attendant), 도움이 되는 것. (3) 지지자(supporter), 후원자, 친절히 해주는 사람 ; 자기〈우리〉편, 공명자(sympathizer), 아군(我軍). (4)동반자, 동행자. (5) (F-) 프랜드파 교도(Quaker) ***be ~s with*** …와 친구다〈친하다〉. ***make ~s with*** …와 친해지다.

·friend·less [fréndlis] *a.* 벗이 없는, 친지가 없는. 파) **~·ness** *n.*

·friend·l·iness [fréndlinis] *n.* ⓤ 우정, 친절, 친목, 친밀.

:friend·ly [fréndli] (***friend·li·er ; -li·est***) *a.* (1) 친한, 우호적인. (2) 〔敍述的〕 친절한(kindly), 상냥한, 붙임성 있는f《*to*》. (3) 지지하는, 호의 있는(favorable), 자기 편의. (4) 마음에 드는, 안성맞춤의, 쓸모 있는.

·friend·ly [fréndli] '…에 적합한, …에 부드러운'의 결합사 : environment-~ 환경 친화적인.

friendly society (종종 F- S-)《英》 공제 조합, 상호 부조회 (benefit society).

:friend·ship [frénd∫ip] *n.* ⓤⓒ (1) 친구로서의 사귐, 우호 ; 우정, 호의. (2) 교우 관계 : strike up a ~ with her 그녀와 교우관계를 맺다.

frieze[1] [friːz] *n.* ⓒ (1) 【建】 프리즈, 소벽(小壁). (2) 띠 모양의 장식.

frieze[2] *n.* ⓤ 프리즈, 두껍고 거친 외투용 모직물《보통 한 쪽에만 털(괴깔)이 있음》. — *vt.* 보풀을 세우다.

frig[1] [frig] (***-gg-***) *vi.* (1) 【卑】 (여성과) 성교하다(copulate)《*with*》 ; = MASTURBATE. (2) 빈둥거리

며 시간을 보내다《about ; around》. (3) 〔흔히 命令文〕 나가다, 떠나다《*off*》. — *vt*. (1) …와 성교하다, 수음하다 (2) 〔再歸的〕 = MASTURBATE.

frig² [fridʒ] *n*. 《英口》 = REFRIGERATOR.

frig·ate [frígit] *n*. ⓒ 프리깃함(艦). (1)1750 - 1850년경의 상중(上中) 두 갑판에 포를 장비한 목조 쾌속 범선. (2) 《英·Can.》 대잠(對潛)용 해상 호위함. (3) 《美》 5,000 -9,000 톤급의 군함.

frígate bìrd 군함새 《열대산의 큰 바다새》.

frig·ging [frígin, -giŋ] *a*. 《卑》 = FUCKING, DAMNED. 빌어먹을. ※ 강조어(强調語)로 쓰임.

:fright [frɑit] *n*. (1) ⓤ (또는 a ~)(갑자기 밀려오는) 공포, 소스라쳐 놀람, 경악. (2) (a ~) 기이하게 생긴 물건(사람, 얼굴, 모양).

:fright·en [fráitn] *vt*. 《~+目/+目+前+名/+目+副》. … 을 두려워〈무서워〉 하게 하다, 놀라게 하다 ; 위협하여 …하게 하다.
— *vi*. 갑자기 무서워지다, 놀라다.

fright·ened [fráitnd] *a*. (1) 깜짝 놀란 a ~ child 놀란 아이. (2) 〔敍述的〕 …하여 〈하는 것을〉 무서워 하는《*to* do》. (3) 〔敍述的〕 …을 늘 무서워하는.

fright·en·er [fráitnər] *n*. ⓒ 《口》 공갈꾼.

fright·en·ing [fráitniŋ] *a*. 무서운, 굉장한, 놀라운. 파) **~·ly** *ad*.

·fright·ful [fráitfəl] (***more ~ ; most ~***) *a*. (1) 무서운, 소름끼치는, 무시무시한(dreadful) : a ~ sight 무서운 광경. (2) 아주 흉한, 눈뜨고 볼 수 없는. (3) a] 《口》 불쾌한, 싫은. b] 굉장한, 대단한. 파) **~·ly** [-li] *ad*. 무섭게, 무시무시한.

·frig·id [frídʒid] *a*. (1) 추운, 극한의, 혹한의. (2) 냉담한, 쌀쌀한 ; 무뚝뚝한(stiff). (3) (여성이) 불감증인. 【cf.】 IMPORTANT. 파) **~·ly** *ad*. 춥(차갑)게 ; 냉담하게. **~·ness** *n*.

fri·gid·i·ty [fridʒídəti] *n*. ⓤ 한랭 ; 냉담. (2) 딱딱함. (3) (여성의) 불감증.

fri·jo·le [friːhóuli] (*pl*. ***fri·jo·les*** [-liːz, -leis]) *n*. ⓒ 강낭콩의 일종《멕시코 요리에 씀》.

·frill [fril] *n*. ⓒ (1) 가장자리, 주름 장식, 프릴. (2) (새·짐승의) 목털. (3) (*pl*.) 젠체함, 우쭐거림 (airs). (4) 싸구려 장식품 ; 겉치레. — *vt*. …가장자리 장식을 붙이다 ; 프릴을 달다. 파) **~ed** [-d] *a*. 주름 장식을 한.

frill·ies [fríliz] *n*. *pl*. 《口》 주름 장식〈프릴〉이 달린 스커트〈페티 코트〉.

frilly [fríli] (***frill·i·er ; frill·i·est***) *a*. 주름 장식〈프릴〉이 달린, 야하게 장식한. 파) ***frílli·ness*** *n*.

·fringe [frindʒ] *n*. ⓒ (1) 술 ; 《스카프·숄따위의》 술장식. (2) 가장자리, 가, 외변(border). (3) (여성의) 이마에 드린 앞머리 ; (동식물의) 터부룩한 털. (4) (학문 등의) 초보적인 지식 ; (문제 따위의) 일단. (5) 〔集合的〕 경제·사회·정치 등의) 과격파 그룹, 주류 일탈파(主流違脫派) : ⇨ LUNATIC FRINGE (6) = FRINGE BENEFIT. — *vt*. …에 술을 달다 ; 가장 자리를 달다.

frínge àrea (도시) 주변 지역 ; 프린지 에어리어 《라디오·텔레비전의 난시청 지역》.

frínge bènefit 【勞動】 부가〈특별〉 급여《본급 외에 주택·차량·유급 휴가·건강 보험·연금 따위》.

frínge gròup 비주류파(정당·사회 등).

frip·pery [frípəri] *n*. (1) a] ⓤ 값싸고 야한 장식. b] ⓒ (흔히 *pl*.) 값싸고 번지르르한 옷〈장식품, 물건〉. (2) ⓤ(문장의) 허식, 시시한 수식 문자.

Fris·bee [frízbiː] *n*. (때때로 f-) ⓒ (원반던지기 놀이의) 플라스틱 원반《商標名》.

Fris·co [frískou] *n*. 《口》 = SAN FRANCISCO.

frisk [frisk] *vi*. (어린이·동물 등이) 까불며 뛰어 돌아다니다, 뛰놀다 ; 장난치다. — *vt*. (1) …을 가볍게 흔들다. (2) 《口》(몸을 더듬어) 소지품 검사를 하다. 몸수색을 하다. — *n*. (1) (a ~)뛰어 돌아다님. (2) ⓒ (옷 위로 더듬는) 몸수색.

frisky [fríski] (***frisk·i·er ; -i·est***) *a*. 뛰어 돌아다니는 ; 까부는 ; (말이) 놀라기 쉬운. 파) ***frisk·i·ly*** *ad*. ***frisk·i·ness*** *n*.

fris·son [friːsɔːŋ] (*pl*. **~*s***[-z]) *n*. 《F.》 떨림, 전율, 스릴.

frith [friθ] *n*. 좁은 내포(內浦) ; 강어귀(frith).

frit·ter¹ [frítər] *vi*. (시간·돈 등)을 허비하다 낭비하다《*away*》.

frit·ter² *n*. ⓒ 〔종종 複合語로〕 프리터.

fritz [frits] *n*. 〔다음의 貫用句로〕 ***on the*** ~ 《美俗》 (기계 따위가) 고장이 나서.

friv·ol [frívəl] (***-l-***, 《英》 ***-ll-***) 《口》 헛되게 하다, 보람 없는 생활을 하다, 낭비하다《away》.

fri·vol·i·ty [friváləti/-vɔ́l-] *n*. ⓤ 천박, 경솔.

·friv·o·lous [frívələs] *a*. (1) 경솔한, 들뜬. (2) 하잖은, 보잘 것 없는. 파) **~·ly** *ad*. **~·ness** *n*.

frizz, friz [friz] (*pl*. ***friz·(z)es***) *n*. ⓤ (또는 a ~) 곱슬곱슬한 것(털), 고수머리.

friz·zle¹ [frízl] *n*. (a ~) 고수머리, 지진 머리.
—*vt*. (모발)을 지지다, 곱슬곱슬하게 하다《*up*》.
—*vi*. 곱슬곱슬해지다《*up*》.

friz·zle² *vt*. (고기 등)을 지글지글 소리내며 기름에 지지다〈굽다〉 ; …을 태우다〈눋게 하다〉.
—*vi*. (고기·베이컨 등이) 지글지글 소리내며 튀겨지다.

friz·zly, friz·zy [frízli], [frízi] (***friz·zli·er ; -zli·est***), (***friz·zi·er ; -zi·est***) *a*. 곱슬곱슬한 ; 고수머리의.

:fro [frou] *ad*. 저 쪽으로. 〔다음의 慣用句로〕 to and ~ 이리저리(로).

:frock [frɑk/frɔk] *n*. ⓒ (1) 프록《여성 또는 소아용의 드레스》. (2) (소매가 넓고 기장이 넉넉한)성직자복. (3) (농부 노동자 등의) 일옷, 작업복. (4) 프록 코트.

:frog [frɔːg, frɑg/frɔg] *n*. ⓒ (1) 개구리. (2) (F-) 《口·蔑》 프랑스인《개구리를 식용으로 함을 경멸하여》. 【cf.】 FROGEATER. (3) (윗도리에 다는) 장식 단추. (4) 【鐵】 (교차점의) 철차(轍叉). (5) (꽃꽂이의) 침봉. ***have a ~ in the*** 〈one'***s***〉 ***throat*** 《口》 목이 쉬었다 ; 목에 가래가 끓고 있다.

frogged [frɔːgd/frɔgd] *a*. 장식 단추가 달린.

frog·man [´mæ̀n, ´mən] (*pl*. ***-men*** [´mèn, ´mən]) *n*. ⓒ 잠수부, 잠수 공작원〈병〉.

frog-march, frog's- [´mɑ̀ːrtʃ] *vt*. (1) (저항하는 사람이나 취한 사람 등)을 엎어놓고 네 사람이 손발을 붙들고 나르다. (2) (양쪽에서 팔을 비틀어 잡고) 걷게 하다.

fróg spàwn 개구리 알 ; 【植】 민물말.

·frol·ic [frɑ́lik/frɔ́l] (***-kk-***) *vi*. 들떠서 떠들다, 야단법석떨다, 뛰놀다. —*n*. ⓤⓒ 장난(침), 들떠서 떠들어댐, 야단 법석 ; 유쾌한 모임.

frol·ic·some [frɑ́liksəm/frɔ̀l-] *a*. 장난치는, 들뜬 기분의, 신바람난, 흥겨운(gay, merry).

:from [frʌm, frɑm, 弱frəm/frɔm, 弱frəm] *prep*. (1) 〔출발점〕 … 로 부터, …에서.

☞ 語法 ① **from** 과 **out of** She came ~ 〈*out of* 〉 the room (그녀는 방에서 나왔다)에서, from은 방을 기점으로 파악하고 있음에 대하여, out of는 '(방) 안에서 밖으로'의 뜻을 보임.
② **since** 와 **from** since 는 과거에만 기점을 가지며 현재 (또는 과거의 한 시점)까지의 추이가 문제이므로 완료형과 함께 쓰임 : from 은 단지 출발점을 나타낼 뿐임 : They worked *from* last week. 지난 주부터 일을 시작했다《현재 하고 있는지는 모름》.

(2) 〔떨어져 있음·없음〕 …로부터 (떨어져).
(3) 〔분리·제거 따위〕 …에서 〈떨어져〉.
(4) 〔격리·해방·면제〕 …로부터.
(5) 〔방지·억제 따위〕 …로 부터, …에서 ; 〔doing을 수반하여〕 …하는 것을(막다, 억제하다).
(6) 〔수량·가격의 하한〕 …부터 (시작하여).
(7) 〔보내는 사람·발송인 따위〕 …로부터(의).
(8) 〔출처·기원·유래〕 …로부터(의) ; …출신의.
(9) 〔모범·표준〕 …을 본보기로〈본떠〉.
(10) 〔관점·시점〕 …로부터 (보면).
(11) 〔근거·동기〕 …로부터 (판단하여) ; …에 의거하여, …에 의하여.
(12) 〔원인·이유〕 …때문에, …으로 인하여, …의 결과.
(13) 〔구별·차이〕 …와 : know 〈tell〉 right ~ wrong 옳고 그름을 판별하다.
(14)(선택) …중에서.
(15) 〔원료·재료〕 …으로, …에서.

☞語法 Ⅰ. **be made from**과 **be made of** ① 전자는 원료가 그 형태나 질이 바뀌어 제품으로된 것이지만, 후자에선 재료가 그대로인 형태로 쓰인 것일 때 : That bridge is made *of* steel. 저 다리는 강철로 돼 있다. ② 일부의 재료는 **with**로 나타낼 때도 있음 : You make a cake *with* eggs. 케이크는 달걀로 만든다.
☞ 語法 Ⅱ. **from**의 **目的語** from은 종종 副詞(句) 를 目的語로 취함 : ~ above 〈below, after〉 위〈아래, 멀리〉로 부터 / come ~ beyond the mountains 산을 넘어서 오다 / message ~ over the sea 해외로부터의 통신 / ~ behind the door 문 뒤에서 / She chose it ~ among many. 그는 많은 것 중에서 그 것을 택했다 / ~ thence 〈hence〉《詩》 거기 〈여기〉서부터 / ~ within 내부로부터.

as ~ ⇨ AS. ***~ day to day*** ⇨ DAY. ***~ door to door*** ⇨ DOOR. ***~ out (of)*** …로 부터《out of의 강조형》. ... ***week (s)*** 〈***month (s)***, ***year(s)***〉 ***~ today*** 〈***tomorrow***, etc〉 오늘〈내일 (등)〉 부터 …주간〈개월, 해〉 지난 때에 …주일〈개월, 년〉 후의 오늘〈내일 (등)〉 : I'll see yon three *weeks* 〈*months*〉 ~ tomorrow. 3 주일〈3 개월〉 후의 내알 만나뵙지요.

frond [frɑnd/frɔnd] *n.* ⓒ **【植】** (1) (양치 (羊齒)·종려 등의) 잎. (2) (해초 등의) 엽상체(葉狀體).

:front [frʌnt] *n.* (1) ⓒ (the ~) 앞, 정면, 앞면 ; (문제 따위의)표면 ; (건물의) 정면, 앞쪽. (2) ⓒ (the ~) 바닷가〈호숫가〉의 산책길. (3) ⓒ 앞부분에 붙인 것 : (여자의) 앞머리 가발. (4) ⓒ 이마 ; 얼굴, 용모. (5) ⓤ 태도, 침착함, 뻔뻔함. (6) ⓒ《口》 표면상의 간판. (7) a〕(the ~ ; 종종 F-) **【軍】** 전선(前線), 전선(戰線). b〕ⓒ〔修飾語와 함께〕**【政】** 전선(戰線) : the popular ~ 인민 전선. (8) ⓒ **【氣】** 전선(前線). ***at the ~*** 1) 정면에, 맨앞 좌석에 ; 선두에. 2) 전선(戰線)에서, 출정하여. 3)(문제 등이) 표면화되어. ***come to the ~*** 정면에 나타나다, 뚜렷해지다. ***~ of***《俗》 = in ~ of ***get in ~ of*** one***self***《美口》 서둘러서 순서가 뒤죽박죽 되다. ***in ~*** 1)앞에, 전방에. 2) (의복등의) 앞부분에. 3) 앞자리에, 맨 앞 줄에. ***in ~ of*** 1) …의 앞에. 2) …의 면전에서. ***out ~*** 1) 청중〈관객〉중에. 2) (다른 경쟁자에) 앞서. 3) 문밖에서, 집 앞에서. 4)《口》 솔직히, 정직하게. ***put up a*** 〈***good***〉 ***~***《口》 속마음을 감추다, 짐짓 아무렇지도 않은 것 같은 태도를 보이다. ***up ~*** 1) **【排球】** 프론트 코트에서. 2) **【競】** 포워드 위치에서. (3)《美口》 미리, 《특히》 선금으로. 4)《美口》 솔직히.
— *a.* 〔限定的〕 (1) 정면의, 전면의, 정면에서 본 : a ~ wheel 앞바퀴 / the ~ seat 앞좌석. (2)《口》 방패막이가 되는, 간판격인. (3) **【音聲】** 전설(前舌)의.
— *ad.* 정면에〈으로〉, 앞에〈으로〉. ***~ and rear*** 앞뒤로〈에〉, 전후 양면에(서).
— *vi.* (1)《+前+名/+副》 (…에) 면하다, 향하다. (2) 사람의 눈을 피하는 구실을 하다. (…의) 방패막이가 되다《*for*》. —*vt.* (1) …에 면하다, …을 향하다. (2)〔흔히 受動으로〕《~+目/+目+前+名》 …에 앞면을 붙이다〈대다〉《*with*》.

front·age [frʌ́ntidʒ] *n.* ⓒ (1) 집의 정면 ; 전면(前面)의 폭, 횡간(橫間) ; (건물의) 방향 ; 전망. (2) 길·하천 등에 면한 공지 ; 집 앞의 빈터.

fróntage ròad《美》 측면 도로(service road).

fron·tal [frʌ́ntəl] *a.* 〔限定的〕 (1) 앞(목)의, 정면의, 정면을 향한(**【opp.】** back, rear) : a ~ assault **【軍】** 정면 공격. (2) 이마의, 앞이마 부분의. (3) **【氣】** 전선(前線)의. —*n.* ⓒ (1) 제단 전면의 휘장. (2) **【建】** (집의) 정면(facade).

frónt bénch (the ~) 〔集合的 ; 單·複數 취급〕《英》 하원의 정면의《여당 및 야당 간부의 좌석》.

frónt búrner 레인지의 앞의 버너〈화구〉. ***on the*** 〈one'***s***〉 ~ 최우선 사항으로, 최대 관심사로.

frónt dóor (집의) 정면 현관.

frónt-end compúter [frʌ́ntènd-] **【컴】** 전치용(前置用) 컴퓨터《통신 회로망과 중앙처리 장치의 중간에 있어서 중간적인 자료 처리를 함》.

:fron·tier [frʌntíər, frɑntíər/frʌ́ntiər, frɔn-] *n.* (1) 국경, 국경 지방. (2) (the ~)《美》 변경《개척지와 미개척지와의 경계지방》. (3) ⓒ (종종 *pl.*)(지식 학문 등의) 미개척 영역. —*a.* 〔限定的〕 (1) 국경〈변경〉의, 국경에 있어서의. (2)《美》 서부 변경의.

frontíer spírit《美》 개척자 정신.

fron·tiers·man [frʌntíərzmən/frʌ́n-, frɔn-] (*pl.* ***-men*** [-mən]) *n.* (1) ⓒ 국경 지방의 주민 ; 변경 개척자.

·fron·tis·piece [frǽntispìːs] *n.* ⓒ (1) 권두(卷頭)그림 ; (책의) 속표시. (2) **【建】** 정면 ; 장식벽 ; 입구 상부의 합각(合閣) 머리.

front·lash [frʌ́ntlæʃ] *n.* ⓒ《美》 정치적인 반동에 대항하는 반작용.

front lot [frʌ́ntlit] *n.* ⓒ (리본 따위의) 이마 장식. (2) (짐승의) 이마.

frónt líne (the ~) (활동·투쟁 등의) 최전선 (最前線). (2) **【軍】** 제 1 선, 전선.

front-line [frʌ́ntláin] *a.* (1) **【軍】** 전선(용)의. (2) 우수한, 제 1 선의.

frónt màn (1) (부정 행위의) 앞잡이 ; 표면에 내세우는 인물. (2) = FRONTMAN(1).

front·man [´mæ̀n, -mən] (*pl.* ***-men*** [´mèn, ´mən]) *n.* ⓒ (1) 악단을 거느리고 있는 가수〈연주가

〉. (2) = FRONTMAN(1).
frónt màtter 책의 본문 앞의 부분《(전문)속표지 머리말·차례 등》. 【cf.】 back matter.
frónt mòney 《美》 착수 자금 ; 계약금.
frónt òffice (회사 등의) 본부, 본사, 수뇌부.
frónt pàge (신문의) 제 1면의 ; (책의) 속표지.
front·page [frʌ́ntpèidʒ] *a.* 〔限定的〕 (신문의)1면에 적합한, 중요한.
frónt róom 거실 (living room).
front·run·ner [ˊrʌ̀nər] *n.* ⓒ 선두주자 ; 남을 앞선 사람. (2) 가장 유력한 선수〈후보〉. 《*for*》.
frónt vówel 【音聲】 전(설) 모음《[i, e, ɛ, æ]등》.
front ward(s) [frʌ́ntwərd(z)] *a.* 전방의, 정면으로 향한. —*ad.* 정면쪽으로, 전방으로.
front-wheel [frʌ́nt*h*wìːl] *a.* (차 따위의) 앞바퀴의 ; 전륜 구동의.
frónt yàrd (집의) 앞뜰.
:frost [frɔːst/frɔst] *n.* ⓤⓒ (1) 서리, 서릿발. (2) 강상(降霜). (3) 얼어붙는 추위, 추운 날씨. (4) 냉담 ; 음산. (5) (행사·연극 등의) (대)실패.
— *vt.* (1) (밭·창 등)을 서리로 덮다. (2) (식물)을 서리로 해치다, 서리로 얼리다. (식품을) 급속 냉동하다. (3) (케이크에)희게 설탕을 입히다. (4) (유리·금속의) 광택을 지우다. —*vi.* 서리로 뒤덮이다, 서리가 앉다〈내리다〉.
·frost·bite [ˊbàit] *n.* ⓤ 동상(凍傷).
frost·bit·ten [ˊbìtn] *a.* 동상에 걸린.
frost·bound [ˊbàund] *a.* (땅이) 동결(凍結)한, (태도 등이) 냉랭한.
frost·ed [frɔ́ːstid/frɔ́st-] *a.* (1) 서리로 (뒤)덮인, 서리가 내린. (2) (머리털이) 센. (3) (케이크 등에)설탕을 입힌(뿌린). (4) 광택을 지운.
fróst hèave 동상(凍上)《땅이 얼어 지면으로 솟아오르는 형상》.
frost·ing [frɔ́ːstiŋ/frɔ́st-] *n.* ⓤ (1) (과자의) 당의(糖衣). (2) (유리의) 광택을 지움.
frost·work [ˊwə̀ːrk] *n.* ⓤ (1) (유리창 따위에 생기는) 서리꽃. (2) 서리무늬 장식, 성애(유리창에 생기는).
·frosty [frɔ́ːθi/frɔ́θi] (***frost·i·er ; -i·est***) *a.* (1) 서리가 내리는 ; 추위가 매서운. (2) a] 서리로 (뒤)덮인. b] 서리처럼 흰 ; (머리가) 반백인. (3) 냉담한, 싸늘한, 냉소. 파) **frost·i·ly** *ad.* **-i·ness** *n.*
·froth [frɔːθ/frɔθ] *n.* ⓤ (1) (또는 a ~) (맥주 등의) 거품. (2) 시시한〈하찮은〉 것 ; 객담(客談). —*vt.* …을 거품 일게 하다 ; 거품투성이로 하다《*up*》. —*vi.* 거품이 일다, 거품을 뿜다.
frothy [frɔ́ːθi/frɔ́θi] (***froth·i·er ; -i·est***) *a.* 거품투성이의(foamy) ; 거품 같은 ; 공허한, 천박한.
파) **froth·i·ly** *ad.* **-i·ness** *n.*
frou·frou [frúːfrùː] *n.* ⓤ (1) (옷자락이 스치는) 버스럭 소리. (2) 프루프루《드레스·스커트 따위에 붙이는 정교한 장식》.
:frown [fraun] *vi.* (1) 《~/+前+名》 눈살을 찌푸리다, 얼굴을 찡그리다 ; 불쾌한 얼굴을 하다, 기분 나쁜 모양을 하다《*at* ; *on, upon*》. (2) 《+前+名》 …은 일정하지 않다, 난색을 표하다, 불찬성의 뜻을 나타내다《*on* ; *upon*》. (3) (절벽·성 채 등이 밑에서 올려다 볼 때) 위압적으로 보이다, (사물이) 형세가 위태로운 상태가 되다. —*vt.* (1) 언짢은 얼굴을 하여 …의 감정을 나타내다. (2) 《+目+前+名/+目+副》 눈살을 찌푸려 …을 위압하다《*off* ; *away* ; *down* ; *into*》.
— *n.* ⓒ (1) 눈살을 찌푸림, 찡그린 얼굴, 우거지상. (2) 불쾌〈불찬성〉의 표정.
frown·ing [fráuniŋ] *a.* (1) 언짢은, 찌푸린 얼굴의. (2) 위압하는 듯한. 파) **~·ly** *ad.*
frowst [fraust] *n.* 《英口》 (a ~) (실내의) 퀴퀴한 공기, 후덥지근함.
frowsty [fráusti] (***frows·ti·er ; -ti·est***) *a.* 퀴퀴한, 숨막히는《실내 따위》.
frow·zy, frow·sy [fráuszi] (***-zi·er ; -zi·est***) *a.* (1) 퀴퀴한, 곰팡내나는. (2) 더러운 ; 추레한.
·froze [frouz] FREEZE 의 과거.
:frozen [fróuzən] FREEZE 의 과거분사.
—*a.* (1) 언 ; 동상에 걸린. (2) 결빙한, 냉동한 : ~ meat 냉동한 고기. (3) 극한의. (4) 차가운, 냉담한. (5) 〔敍述的〕 (공포 따위로) 움추린《*with*》 (6) 【經】 (자금 따위가) 동결(凍結)된, (물가등이) 고정된. 파) **~·ly** *ad.* 언 것 같다.
frózen mítt (the ~) 《口》 쌀쌀한 응대.
fruc·ti·fi·ca·tion [frʌ̀ktəfikéiʃən] *n.* ⓤ (1) (식물의) 결실(結實), 과실(果實) (2) (노력의)결과.
fruc·ti·fy [frʌ́ktəgài] *vt.* (1) …에 열매를 맺게 하다. (2) …을 성공하게 하다, (토질를) 비옥하게 하다. —*vi.* 열매를 맺다. (2) (노력이) 결실하다.
fruc·tose [frʌ́ktous] *n.* ⓤ 【化】 과당, 프럭토오스.
·fru·gal [frú; gəl] (***more ~ ; most ~***) *a.* (1) a] 검약한, 검소한. b] 〔敍鉥的〕 …을 절약하는《*of* ; *with*》. (2) 소박〈질박〉한. 【cf.】 thrifty. 파) **~·ly** [-gəli] *ad.* 검소한.
fru·gal·i·ty [fru; gǽləti] *n.* ⓤ 검약, 절약.
:fruit [fruːt] *n.* ⓤⓒ 과일, 실과. (2) (*pl.*) (농작의) 수확(물). (3) ⓒ (종종 *pl.*) 성과, 효과, 결과 ; 수익(profit). (4) ⓒ 《美俗》 동성 연애하는 남자. ***bear ~*** 1) 열매를 맺다. 2)효과를 내다.
—*vi.* 열매를 맺다.
fruit·age [frúːtidʒ] *n.* ⓤ (1) 결실. (2) 〔集合的〕 과일, 열매(fruits). (3) 성과.
frúit bàt 큰박쥐 (flying fox).
fruit·cake [frú; tkèik] *n.* ⓤⓒ 프루트케이크 : as nutty as a ~ (사람이) 정말 못나서.
frúit còcktail 프루트 칵테일《잘게 썬 과일에 셰리주(酒) 따위를 탄 것》.
fruit·er·er [frú; tərər] (*fem.* ***fruit·er·ess***) *n.* ⓒ 과일 장수, 청과상(fruit dealer).
frúit flỳ 【蟲】 초파리《과일·채소의 해충으로 유전 연구에 쓰임》.
:fruit·ful [frúːtfəl] (***more ~ ; most ~***) *a.* (1) 열매가 많이 열리는, 열매를 잘 맺는 다산의, 비옥한 ; (…) 이 풍부한, 많은. (2) 결실이 풍부한, 효과적인, 유익한 ; 수익이 많은.
파) **~·ly** [-li] *ad.* 잘 열어서, 효과있게. **~·ness** *n.*
fru·i·tion [fruːíʃən] *n.* ⓤ (1) 성취, 실현, 성과. (2) (식물의) 결실.
frúit knife 과도.
·fruit·less [frúːtlis] *a.* (1) 열매를 맺지 않는, 결실하지 않는. (2) 성과 없는, 무익한, 헛된《*of* 》. 파) **~·ly** *ad.* **~·ness** *n.*
frúit machìne 《英》 자동 도박기(도박·게임용).
frúit sàlad (1) 프루트〈과일〉 샐러드. (2) 《軍俗》 군복 위에 줄줄이 단 장식끈과 훈장.
frúit sùgar 【化】 과당(fructose)=FRUCTOSE.
frúit trèe 과수, 과목.
fruity [frúːti] (***fruit·i·er ; -i·est***) *a.* (1) 과일의, 과일 같은 ; 과일 맛이 나는. (2) (음성 따위가) 풍부한, 감미로운. (3) 《口》 흥미 진진한, 재미있는, 외설적인

《이야기 따위》. (4) 《美俗》 동성애의. 파) ***fruit·i·ness*** *n.*

frump [frʌmp] *n.* ⓒ (1) 추레하고 심술궂은 여자. (2) 시대에 뒤진 옷차림을 한 사람. 파) **∼·ish** sd *a.* = FRUMPY. 지저분한.

frump·y [frʌ́mpi] (***frump·i·er*** ; ***-i·est***) *a.* 유행에 뒤진, 초라한 몸차림의.

·frus·trate [frʌ́streit] *vt.* (1) (계획 따위)를 실패하게 하다, 좌절시키다. (2) 《∼+目/+目+前+名》〔종종 受動으로〕 (사람)을 실망시키다 ; …을 방해하다 ; (의기를).

frus·trat·ed [frʌ́streitid] *a.* 실망한, 욕구불만의, 좌절된.

frus·trat·ing [frʌ́streitiŋ] *a.* 좌절감을 가지게 하는, 초조한. 파) **∼·ly** *ad.*

·frus·tra·tion [frʌstréiʃən] *n.* ⓤⓒ (1) 좌절, 낭패, 차질, 실패. (2) 【心】 욕구 불만, 좌절감.

frus·tum [frʌ́stəm] (*pl.* ***∼s*** ***-ta***(-tal) *n.* ⓒ (1) 【數】 절두체(截頭體) 《원뿔 〈각뿔〉의 상부를 밑면에 평행으로 잘라낸 나머지. (2) 【建】 기둥몸.

:fry [frai] (*p.*, *pp* ***fried*** ; ***frý·ing***) *vt.* (1) (기름으로) 튀기다, 프라이로 하다. (2) 《美俗》 전기 의 자로 처형하다. **∼ *up***(음식을) 프라이팬으로 데우다. ***have other fish to ∼*** ⇨ FISH.

— (*pl.* ***fries***) *n.* ⓒ (1) 프라이, 튀김. (2) 《美》 (야외에서 하는) 프라이 회식.

fry[2] (*pl.* ∼) *n.* ⓒ (1) 치어(稚魚) ; 연어의 2년생. (2) 〔集合的〕 작은 물고기 떼 ; 아이들 ; 작은 동물.

fry·er, fri·er [fráiər] *n.* ⓒ (1) 프라이 요리인. (2) 프라이팬. (3) 프라이용 재료《닭고기 따위》.

frý·ing·pàn [fráiiŋ-] 프라이팬. ***lesp〈jump〉 out of the ∼ into the fire.*** 작은 난을 피하여 큰 재난을 당하다.

fry-up [fráiʌ̀p] *n.* ⓒ 《英口》 (먹다 남은 것으로 만드는 즉석의) 볶은 음식.

fuch·sia [fjúːʃə] *n.* 【植】 퓨셔《바늘꽃과의 관상용 관목》.

fuck [fʌk] 《卑》 *vi.* 성교하다. 《특히》 난교(亂交)하다. —*vt.* …와 성교하다. **∼ *around* 〈*about*〉** 1) 성교하다, 《특히》 난교(亂交)하다. 2)어리석은 짓을 하다. **∼ *off*** 〔흔히 命令法으로〕 1) 당장 꺼져라, 방해하지 마라. 2) (근무를 피하기 위해) 꾀병을 앓다. **∼ *up*** 실수하다, 실패하다, 말썽을 일으키다 ; 못쓰게 만들다.

—*n.*(흔히 *sing.*) (1) ⓒ 성교. (2) ⓒ 성교의 상대. b] 얼간이. (3) (the ∼) 도대체《hell따위 대신에 쓰는 강의어》. ***not care* 〈*give*〉 *a* (*flying*) ∼** 전혀 상관 없다.

파) **∼·er** *n.* ⓒ (卑) (1) 성교하는 사람. (2) 《蔑》 바보 같은 놈.

fuck·ing [fʌ́kiŋ]〔强意語〕 (卑) *a.* 〔限定的〕 *ad.* 우라질, 젠장칠. **∼ *well*** 절대로, 반드시.

fuck·up [fʌ́kʌ̀p] *n.* ⓒ 《卑》 (1) 바보짓을 하는 사람. (2) 실패, 망침.

fud·dle [fʌ́dl] …을 취하게 하다 ; (술로) 제정신이 없게 만들다, 혼미하게 만들다. —*n.* (a ∼) 머리가 띵한 상태, 혼미.

fud·dy-dud·dy [fʌ́didʌ̀di] *n.* ⓒ 《口》 시대에 뒤진(완고한) 사람. —*a.* 시대에 뒤진, 진부한.

fudge[1] [fʌdʒ] *n.* ⓤⓒ (초콜릿·버터·밀크·설탕 따위로 만든) 연한〈무른〉캔디, 퍼지.

fudge[2] *n.* ⓒ 실없는, 허튼 소리.

— *int.* 무슨 소릴.

fudge[3] *vt.* (1) (신문 기갓거리 등)을 날조하다, 적당히 꾸미다《*up*》. (2) (문제 등)을 회피하다, 우유부단하다.

— *vi.* (1) 부정을 저지르다, 속이다《on》. (2) 태도를 명백히 하지 않다, 얼버무리다.

:fu·el [fjúːəl] *n.* ⓤⓒ (1) 연료 ; 신탄(薪炭), 장작. (2) ⓤ 감정을 자극하는 것〈일〉. ***and ∼ to the fire* 〈*flames*〉** 불에 기름을 붓다.

— (***-l-*** 《英》 ***-ll-***) *vt.* (1) …에 연료를 공급〈보급〉 하다, …에 장작을 지피다. (2) (감정)을 자극하다 : ∼ anger 노여움을 부채질하다. —*vi.* (배·비행기 따위가) 연료를 적재하다〈보급받다〉.

fúel cèll 【化】 연료 전지.

fúel òil 연료유.

fug [fʌg] *n.* (a ∼) 숨이 막힐 것 같은 공기, 퀴퀴한 공기.

fug·gy [fʌ́gi] (***-gi·er*** ; ***-gi·est***) *a.* 《口》 (방 따위가) 후덥지근한, 숨이 막힐 듯한, 탁한.

·fu·gi·tive [fjúːdʒətiv] *a.* (1) 〔限定的〕 도망치는 ; 탈주한, 망명의. (2) 변하기 쉬운, 일시적인, 덧없는. —*n.* ⓒ 도망자, 탈주자 ; 망명자(*from*).

fugue [fjuːg] *n.* ⓒ 《F.》 【樂】 푸가, 둔주곡.

-ful *suf* (1) 명사에 붙어서 '…의 성질을 지닌, …이 많은'의 뜻의 형용사를 만듦. (2) 동사·형용사에 붙어서 '…하기 쉬운'의 뜻의 형용사를 만듦. (3) 명사에 붙어서 '…에 가득(찬 양)'의 뜻의 명사를 만듦.

ful·crum [fúlkrəm, fʌ́l-] (*pl.* ***∼s, -cra*** [-krə]) *n.* ⓒ (1) 【機】 지레의 받침점, 지레받침, 지점(支點). (2) (영양력 등의) 지점이 되는 것, 중심력, 지주(支柱).

:ful·fill, 《英》 **-fil** [fulfíl] (***-ll-***) *vt.* (1) (약속·의무 따위)를 이행하다, 완수하다. (2)(일)을 완료하다, 끝내다, 성취하다. (3) (기한)을 만료하다, 마치다. (4) (조건)에 적합하다, 충족시키다 ; 실행하다. (5) a] (희망·기대 따위)를 충족시키다 b] 〔흔히 受動으로〕 (예언·기원을) 실현시키다.

ful·fil(l)·ment [∠mənt] *n.* ⓤⓒ 이행, 수행 ; 완료, 성취 ; 달성 ; 실현, (예언의) 성취.

:full[1] [ful] *a.* (1) a] 가득찬, 가득한. b] 〔敍鉞的〕 가득 채워진, 충만한《*of*》. (2) 가득 밀어닥친. (3) (사람의) 가슴이 벅찬, 흐뭇한, 머릿속이 꽉 찬, 열중한 ; 배부른. (4) 충분한, 풍부〈완전〉한, 결여됨이 없는 ; 정규의. (5)〔限定적〕 한도껏, 최고의, 최대한의 ; 한창의 ; 본격적인 ; 있는 힘을 다한. (6) (풍부하게) 충실한 ; (성량이) 풍부한 ; (맛이) 짙은 ; (빛 따위가) 강렬한. (7) (풍부하게) 여유있는 ; (옷이) 낙낙한 ; (모습·모양이) 통통한, 불룩한. (8) 같은 부모의. (9) 【野】 풀카운트의 ; 만루의 : a ∼ base 만루. ***at ∼ length*** ⇨ LENGTH. **∼ *face*** 〔副詞的으로〕 정면을 향하여 **∼ *of. . .*** 1) …로 꽉 찬. 2) …의 일로 꽉찬, …에 전념하고 있는. **∼ *of beans* 〈*prunes*〉** ⇨ 바보같은, 원기 왕성하여. **∼ *of*** one***self*** 자기 일만 생각하고 ; 자부하여. **∼ *of years and honors*** 천수(天壽)를 다하고 공명도 떨쳐. **∼ *up*** 가득하여, 만원으로 ; 배가 부른.

— *n.* ⓤ (1) 전부(whole). (2) 충분, 완전. (3) 한창 때, 절정. ***at the ∼*** 한창 때에, 절정에. ***in ∼*** 생략하지 않고, 고스란히, 자세히. ***to the ∼*** 철저하게, 마음껏.

— *ad.* (1) 충분히, 완전히, 꼬박 …. (2) 꼭, 정면으로. (3) 《稀》 필요 이상으로. (4) 〔 ∼well로 ; 또는 形容詞·副詞를 수식〕 대단히, 아주. —*vt.* (의복 따위)를 낙낙하게 만들다. —*vi.* 《美》 (달이)차다.

full[2] [ful] *vt.* (천)을 축융(縮絨)하다 ; (빨거나 삶아서) 천의 올을 배게 하다, 빨아서 바래다.

full-adder [fúlǽdər] *n.* 【컴】 전(全) 덧셈기《세개의 2진 비트를 더할 수 있는 조합 논리 회로》.
fúll áge 성년(성년자를 major, 미성년을 minor 라고 함).
full·back [⸗bæ̀k] *n.* ⓒ,ⓤ 【蹴】 풀백, 후의.
fúll blòod 순혈종의 사람〈동물〉.
full-blood·ed [⸗blʌ́did] *a.* 〔限定的〕 (1) 순종의, 순수한. (2) 다혈질의. 파) **~·ness** *n.*
full·blown [⸗blóun] *a.* (1) 만발의, 무르익은 ; 완전히 성숙한. (2) 완전히〈충분히〉 발달한.
full-bod·ied [⸗bádid] *a.* (술 따위가) 깊은 맛이 있는, 향기 있고 맛좋은, 진한.
full-cream [⸗krì; m] *a.* (탈지하지 않은) 전유(全乳)의, 전유로 만든.
fúll dréss 정장, 예장, 야외복.
full-dress [⸗drés] *a.* 〔限定的〕 (1) 정장〈예장〉의. (2) 본격적인, 정식의.
full·er [fúlər] *n.* ⓒ 축융업자(縮絨業者) ; 마전장이, 천의 올을 배게 하는 직공.
fúller' s èarth 백토(白土), 표토(標土).
full-faced [⸗féist] *a.* (1) 둥근 얼굴의, 볼이 탐스러운. (2) 정면을 향한.
full-fash·ioned [⸗fæ̀ʃend] *a.* 풀패션의《스웨터 · 스타킹 등을 몸 · 발에 꼭 맞도록 짠》.
full-fledged [⸗flédʒd] *a.* (1) 깃털이 다 난. (2) 자격이 충분한 ; 어엿한, 훌륭히 성장한 : After seven years of training she' s now a ~ doctor. 7년간의 수습을 끝내고 그녀는 이제 어엿한 의사가 되었다. 〖opp.〗 *unfledged.*
full-fron·tal [⸗frʌ́ntəl] *a.* 《口》 (1) (누드 사진 등이) 정면을 향한, 앞이 다 드러난. (2) 공개적인, 숨김없는, 세부가 전부 드러난(상태).
full-grown [⸗gróun] *a.* 충분한, 성장〈발육〉한, 성숙한.
fúll hánd 【포커】 같은 점스의 패 3 장과 2장을 갖추기 (full house).
full·heart·ed [⸗há:rtid] *a.* 정성들인, 성의 있는. 파) **~·ly** *ad.*
fúll hóuse (1) (극장 등의) 만원. (2) 【포커】 = FULL HAND.
full-length [fúlléŋkθ] *a.* 〔限定的〕 (1) 등신(等身)의, 전신대(全身大)의. (2) 생략이 없는, 원작 그대로의《소설 따위》 ; (치수를 짧게 하지 않은) 표준형의. — *ad.* 몸을 쭉 펴고《눕다》.
fúll móon (1) (the ~, a ~) 만월, 보름달. (2) 만월 때 : at ~ 〔副詞的으로〕 만월 때에.
fúll nélson 【레슬링】 풀넬슨《목누르기의 일종》.
·full·ness [fúlnis] *n.* ⓤ (1) 가득함, 충만. (2) 비반(corpulence). (3) (음색 등이) 풍부함. ***in the ~ of time*** 때가 되어〈차서〉.
full-page [⸗pèidʒ] *a.* 〔限定的〕 전면의, 페이지 전체의.
full-rigged [⸗rídg] *a.* 【海】 전장비를 갖춘 ; (돛배 따위가) 완전 장비의.
full-scale *a.* (1) 실물 크기의 : a ~ model 실물 크기 모형. (2) 〔限定的〕 전면적인, 완전한 ; 철저한.
fúll scóre 【樂】 모음 악보.
fúll scréen 【컴】 전(체)화면.
fúll-screen éditor [⸗skri:n] 【컴】 전(체)화면 편집기.
full-ser·vice [⸗sə́; rvis] *a.* 완전〈풀〉 서비스의.
full-size, -sized [fúlsáiz] *a.* (1) 보통〈표준〉 사이즈의. (2) 《美》 (침대가) 풀사이즈인 《54×75 인치》 (【cf.】 king-size).
fúll stóp 종지부《※ 《美》에서는 period》 마침표. ***come to a ~*** 완전히 끝나다. ***put a ~ to*** …에 종지부를 찍다. —*int.* 《英口》 (이야기의 끝을 강조하기 의한 말로) (이상) 끝.
full-term [⸗tə́:rm] *a.* (1) (아기가) 달 수를 채우고 태어난. (2) 임기 만료까지 근무하는.
full-throat·ed [⸗θróutid] *a.* (목이 터질것 같은) 큰 소리의 ; 낭랑한, 울려퍼지는.
fúll tíme (1) (일정한 시간 내의) 전시간. (2) 【蹴】 풀타임《시합 종료시》.
full-time [⸗táim] *a.* 전시간(제)의 ; 전임의, 상근으로. 【cf.】 half-time, part-time.
full·tim·er [⸗táimər] *n.* ⓒ 상근자(嘗勤者), 전임자.
:ful·ly [fúli] (***moer ~ ; most ~***) *ad.* (1) 충분히, 완전히. (2) 〔數詞 앞에서〕 만, 꼬박, 온통.
fúlly fáshioned 《英》 = FULL-FASHIONED.
fúlly flédged 《英》 = FULL-FLEDGED.
fúlly grówn 《英》 = FULL-GROWN.
ful·mar [fúlmər] *n.* ⓒ 【鳥】섬샛과(科) 물새의 일종.
ful·mi·nate [fʌ́lmənèit] *vt.* (1) …을 폭발시키다. (2) (비난 등을)를 퍼붓다. —*vi.* (1) 폭발하다, 큰 소리를 내며 폭발하다. (2) 《+前+名》 호통치다, 맹렬히 비난하다《*against*》.
ful·mi·na·tion [fʌ̀lmənéiʃen, fùl-] *n.* ⓤⓒ (1) 폭발. (2) 맹렬한 비난, 성난 부르짖음.
fulness ⇨ FULLNESS.
ful·some [fúlsəm, fʌ́l-] *a.* 억척스런, 집요한. 파) **~·ly** *ad.* **~·ness.** *n.*
Ful·ton [fúltn] *n.* **Robert ~** 풀턴《미국의 기계 기사 · 증기선의 발명자 : 1765-1815》.
fu·ma·role [fjú; mərὸul] *n.* ⓒ (화산의) 분기공.
·fum·ble [fʌ́mbəl] *vi.* (1) 《+前+名/+副》 더듬(어 찾)다《*about* ; *around* ; *for*》 ; 만지작거리다, 주무르다, (말을) 더듬거리다 《*at* ; *with*》. (2) 실수를 하다 ; 망치다. — *vt.* (1) …을 서투르게 다루다, 실수하다. (2) 【球技】 펌블하다, (공을) 헛잡다. — *n.* ⓒ 【野】 펌불, (공을) 헛잡음. 파) **-bler** *n.*
:fume [fju:m] *n.* (1)(흔히 *pl.*)증기, 연기, 가스, 연무 ; (자극성의) 발연(發煙) ; 향기, 훈연(燻漂) ; (술 따위의) 독기. (2) (a ~) (발작적인) 노여움, 흥분, 발끈함 : be in a ~ 노발대발하고 있다, 성나서 날뛰다. — *vt.* …을 그을리다, 불김을 쐬다 ; (암모니아 따위의) 증기에 쐬다, 증발시키다 ; …에게 향을 피우다, (목재 등을) 훈증하다. —*vi.* (1) 연기가 나다, 그을다, 불김에 쐬다 ; 증발하다《*away*》. (2) 《~/+前+名》 노발대발하다, 씨근거리다.
fu·mi·gate [fjú:məgèit] *vt.* …을 그을리다, 그슬리다, 불길에 쐬다 ; 훈증소독하다.
fu·mi·ga·tion [fjù; məgéiʃən] *n.* ⓤ 훈증, 훈증소독(법).
fumy [fjù:mi] (***fumier ; -iest***) *a.* (1) 연기〈연무〉가 자욱한〈로 가득찬〉. (2) 증기 모양의.
:fun [fʌn] *n.* ⓤ (1) 즐거운 생각〈경험〉, 재미있는경험 ; 낙, 즐거움. (2) 장난, 놀이 ; 농담. (3) 〔앞에 形容詞를 붙여도, 不定冠詞는 안붙음〕. 재미있는 사람. ***for*** 〈***in***〉 ***~*** 장난으로. ***for the ~ of it*** 〈***the thing***〉 그것이 재미있어서, 반장난으로, 놓으로. ***~ and games*** 기분전환, 즐거움. ***in ~*** 장난 삼아. ***like ~*** 1) 기운차

게 ; 한창, 재미나게《팔리는 따위》. (2) (글머리에 와서)《俗》〔否定을 강조하거나, 疑問을 나타내어〕 결코 (…않다), 조금도 (…이 아니다)(by no means). ***make ~ of = poke ~ at*** …을 놀려대다 ; 놀림감으로 삼다.
— *a.* 〔限定的〕 유쾌한, 재미있는 ; 농담의 : a ~ party 즐거운 파티.

:func·tion [fʌ́ŋkʃən] *n.* ⓒ (1) 기능, 구실, 작용, 효용. (2) 직무, 직분, 임무 ; 직능 ; 역할. (3) 의식, 행사 ; 제전 ; 공식 회합. (4) 【數】 함수 ; 상관 관계. (5) 【文法】 기능 ; 【컴】 기능《컴퓨터의 기본적 조작(操作)〈명령〉》.
— *vi.* 《 ~/+as 補》 작용하다, 일하다(operate), 구실을 하다 ; (기계가)움직이다 ; 역할〈직분〉을 다하다, 기능을 하다.

·func·tion·al [fʌ́ŋkʃənəl] *a.* (1) 기능의, 작용의 ; 직무(상)의 ; 기능〈작용〉을 가진. (2) 기능〈실용〉 본위의. (3) 함수의. 파) **~·ly** *ad.* 기능상, 직무상, 함수적으로.

func·tion·al·ism [fʌ́ŋkʃənəlìzəm] *n.* ⓤ (건축 따위의) 기능주의(자)의.

func·tion·al·ist [fʌ́ŋkʃənəlist] *n.* ⓒ 기능주의자. —*a.* 기능주의 ; 실용 제일주의.

func·tion·ary [fʌ́ŋkʃənèri] *n.* ⓒ 직원, 관리. — *a.* 기능의, 직무상의.

fúnction kèy 【컴】 기능(글)쇠《어떤 특정 기능은 갖는 키보드상의 키》.

fúnction wòrd 【文法】 기능어《전치사 · 접속사 · 조동사 · 관계사 따위》.

:fund [fʌnd] *n.* (1) ⓒ 자금, 기금, 기본금. (2) (*pl.*) 재원 : 소지금 : public *~s* 공금. (3) (the *~s*) 《英》 공채, 국채. (4) (a ~) (지식 · 재능 따위의) 축척, 온축(蘊蓄). —*vt.* (1) (공채)에 투자하다. (2) (단기 차입금)을 장기 공채로 바꾸어서 빌리다. (3) 자금으로 돌러 넣다, 적립하다, 축적하다(store). 파) **·´~·less** *a.*

:fun·da·men·tal [fʌ̀ndəméntl] (***more ~ ; most ~***) *a.* (1) 기초의, 기본의, 근본적인, 근원의. (2) a] 〔限定的〕 중요한, 주요한. b] 〔敍述的〕 …에 있어 필수적인《*to*》.
— *n.* (1) (흔히 *pl.*) 원리, 원칙 ; 근본, 기본, 기초. (2)【樂】바탕음(= ***´~ tone***), 밑음(= ***´~ note***).

fun·da·men·tal·ism [fʌ̀ndəméntəlìzəm] *n.* ⓤ (종종 F-) 근본주의, 정통파 기독교(운동)《성경을 그대로 믿어 진화론 따위를 배격》; 원리주의. 【cf.】 modernism. 파) **-ist** *n.* ⓒ 근본주의자, 정통파 기독교 신자.

·fun·da·men·tal·ly [fʌ̀deméntəli] *ad.* 본질적〈근본적〉으로, 기초부터.

fund·ie [fʌ́ndi] *n.* ⓒ (1) 원리주의자. (2) 과격한 환경 보호주의자.

fund-rais·ing [fʌ́ndrèiziŋ] *n.* ⓤ 자금 조달, 모금, 모금 활동의. 파) **fund-ràis·er** *n.* ⓒ 기금 조성자(조달자) ; 《美》 기금 조달을 위한 모임. = FUND RAISING PARTY.

:fu·ner·al [fjú:nərəl] *n.* (1) ⓒ 장례식, 장례. (2) ⓒ (흔히*sing.*) 장례 행렬 : a ~ procession. (3) (one's ~) 《口》 …에게만 관계되는(싫은)일, 책임.
—*a.* 〔限定的〕 장례식의 ; 장례식용의.

fúneral dirèctor 장의사.

funeral home 〈**pàrlor**〉 장례식장《유체 안치장 · 방부 처리장 · 화장장 · 장의장 등을 갖춤》.

fu·ner·ary [fjú:nərèri] *a.* 〔限定的〕 장례식의, 장송의, 매장의 : a ~ urn 납골 단지.

fu·ne·re·al [fju:níəriəl] *a.* 장송의 ; 장례식 다운 ; 슬픈, 음울한(gloomy). 파) **~·ly** *ad.*

fún fàir 《주로 英》 유원지 (amusement park).

fun·gi [fʌ́ndʒai, fʌ́ŋgai] FUNGUS의 복수.

fun·gi·cide [fʌ́ndʒəsàid] *n.* ⓤⓒ 살균제.

fun·go [fʌ́ŋgou] (*pl.* ***~es***) *n.* ⓒ 【野】 연습 플라이《외야수의 수비 연습을 위한》; 노크 배트, 연습배트 (= ***´~ bat*〈*stick*〉**).

fun·goid [fʌ́ŋgɔid] *a.* 버섯과 비슷한 ; 균상종(菌狀種)이 있는.

fun·gous [fʌ́ŋgəs] *a.* (1) 버섯의 ; 부드럽고 연한 :버섯 비슷한. (2) 갑자기 생기는, 일시적인.

fun·gus** [fʌ́ŋgəs] *a.* (1) (*pl.* ***-gi [fʌ́ndʒai, fʌ́ŋgai] ***~·es***)*n.* ⓤⓒ 《L.》 (1) 버섯, 균류(菌類). (2) 【醫】 균상종(菌狀種), 해면종, 물고기의 피부병.

fún hòuse (유원지의) 유령의 집.

funícular ráilway 케이블 철도(cable railway).

funk[1] [fʌŋk] *n.* 《口》 (1) (a ~) 움츠림, 두려움, 겁, 의기소침. (2) 겁쟁이(coward). ***in a blue ~*** 《口》 겁을 내어. —*vi.* 움츠리다, 겁내(어 떨)다. — *vt.* …을 겁내(어 떨)게 하다 ; …을 두려워하게 하다 ; (겁나서) 기가죽다(flinch).

funk[2] *n.* (1) 《美》 (고약한 냄새) 악취. (2) 펑크《비트가 강렬하고 상스러울 정도로 야성적인 재즈나 록》.

funky[1] [fʌ́ŋki] (***funk·i·er ; -i·est***) *a.* 《口》 (1) 움츠리는, 겁많은, 겁내는, 겁쟁이의. (2) 우울한, 움츠러든, 의기소침케 하는.

funky[2] (***funk·i·er ; -i·est***) *a.* 《口》 (1) 퀴퀴한, 악취나는. (2) 【재즈】 소박한 블루스풍의, 펑키한. (3) 《俗》 파격적인, 멋진.

·fun·nel [fʌ́nl] *n.* ⓒ (1) 깔때기 ; (깔때기 모양의)통풍통(通風筒), 채광 구멍. (2) (기선 · 기관차의) 굴뚝.
— *n.* ⓒ(***-l-***, 《英》 ***-ll-***) *vt.* (1) 깔때기 모양이 되게 하다 ; 좁은 통로로 흐르게 하다. (2) 《+目+前+名》 (정력 · 자금 따위)를 집중하다〈시키다〉, 보내다, (정보를) 흘리다. —*vi.* (군중등이) 좁은 통로를 통과하다, 깔때기 모양이 되다.

fun·ni·ly [fʌ́nili] *ad.* (1) 우습고, 재미있게, 익살스럽게. (2) 〔文章修飾〕 묘하게(도).

:funny [fʌ́ni] (***-ni·er ; -ni·est***) *a.* (1) 익살맞은 (comical), 우수운, 재미있는. (2) 기묘한, 괴상한, 별스러운, 진기(珍奇)한. 묘한. (3) 수상한, 의심스러운. (4) 〔敍就的〕 《口》 a] 기분이 나쁜 b] 거북한, 난처한, 어색한. c] 정신이 좀 돈. (5) 〔限定約〕 《美》 만화(란)의. ***get ~ with...*** 《口》 …에게 뻔뻔하다.
— *n.* (1) (*pl.*) 연재만화(Comicstrips) = FUNNY PAPER. (신문의) 만화란. (2) 《口》 농담, 우스갯소리 : make a ~ 농담하다.

fúnny bòne (팔꿈치의) 척골(尺骨)의 끝《치면 찌릿함.

fúnny bùsiness 《口》 (1) 우스운 행동, 어리석은 짓. (2) 수상한 행동, 사기.

fúnny fàrm 《戱》 정신 병원.

fun·ny-ha-ha [fʌ́nihà:há:] *a.* 《口》 재미있는, 우스운, 익살스런, 해학의.

fúnny mòney 《口》 (1) 가짜 돈. (2) 인플레로 쓸모없이 된 화폐.

fúnny pàper 신문의 만화란(부록).

fun·ny·pe·cul·iar [fʌ́nipikjú:ljər] *a.* 〔敍就的〕 《口》 기묘한, 이상한 ; 정신이 돈.

fún rùn 아마추어 마라톤《자선자금 모금이나 오락으로 하는 마라톤》.

fun·ware [fʌ́nwὲər] *n.* **[**컴**]** 펀웨어《비디오 게임용 firmware》.

:fur [fəːr] *n.* (1) ⓒ 모피 ; (흔히 *pl.*) 모피제품(옷). (2) ⓤ 〔集合的〕 부드러운털이 있는 동물(모피 동물). (3) ⓤ 부드러운 털. (4) ⓤ 솜털 모양의 것 ; 물때, 백태(白苔) ; (포도주의 표면에 생기는)골마지. ㅁ furry a ***make the ~ fly*** 《口》 소동을 일으키다, 큰 싸움을 하다. ***The ~ start***〈***begins***〉 ***to fly.*** 대소동〈논쟁〉이 시작되다. ***rub a person's ~ the wrong way*** 약올리다, 화나게 하다.
— (***-rr-***) *vt.* (1) …에 모피를 달다 ; 모피로 덮다 ; …에 모피 안〈가두리 장식〉을 대다. (2) …에 물때가 끼게 하다 ; (보일러 따위에서) 물때를 벗기다 ; …에 백태가 생기다. —*vi* 물때〈백태〉가 끼다.
— *a.* 〔限定的〕 모피(제)의.

fur·be·low [fəːrbəlòu] *n.* (1) (여자 옷의) 옷단장식. (2) (흔히 *pl.*) 지나치게 현란〈화려〉한 장식.
— *vt.* 복잡한 장식을 하다 ; 화려하게 꾸미다.

fur·bish [fə́ːrbiʃ] *vt.* 《~+目/+目+副》 (오래 사용치 않던 물건들)을 닦다, 윤을 내다(polish), 닦아 손질하다《*up*》.

fur·cate [fə́;rkit, -keit] *a.* 포크형으로 된, 두갈래로 갈라진. — [-keit] *vi.* 포크형으로 갈라지다.

Fu·ries [fjúəriz] (the -)*n. pl.* (the ~) **[**그神·로神**]** 복수의 여신들(Alecto, Megaera, Tisiphone의 세 자매). **[**cf.**]** fury (4).

:fu·ri·ous [fjúəriəs] (***more ~ ; most ~***) *a.* (1) 〔敍述的〕 (사람에 대해) 노하여 펄펄뛰는《*with*》 ; (어떤 일에) 화가 치민《*at*》《※ 보통 at 는 행위, about 는 사건·일, with는 사람에 대해서 쓰임》. (2) (바람·폭풍우 따위가) 사납게 몰아치는, 격렬한. (3) 맹렬한, 모진 at a ~ speed 맹렬한 속도로. ㅁ fury *n.* 파) **~·ly** *ad.* **~·ness** *n.*

furl [fəːrl] *vt.* (돛·기 따위)를 감아〈말아〉 걷다 ; (우산 따위)를 접다《*up*》 — *vi.* 감겨 오르다: 접어지다. — *n.* (a ~) 감아서 〈말아서〉 걷음, 감아올림, 만 것.

fur·long [fə́ːrlɔ(ː)ŋ, -lɑŋ] *n.* 펄롱《길이의 단위 ; 1 마일의 1/8, 약201 17m.》.

fur·lough [fə́ːrlou] *n.* ⓤⓒ (군인·공무원 등의)휴가 : be on ~ 휴가중이다. / go home on ~ 휴가로 귀국하다. — *vt.* …에게 휴가를 주다.

:fur·nace [fə́ːrnis] *n.* ⓒ (1) a] 노(爐) ; 아궁이, 화덕. b] 난방로. c] 용광로. (2) 몹시 뜨거운 곳.

:fur·nish [fə́ːrniʃ] *vt.* (1) 《~+目/+目+前+名/+目+副》 (필요한 물건을 공급하다, 주다(supply). (2)〔종종 受動으로〕 《~+目/+目+副/+目+前+名》 …에 (필수품, 특히 가구)를 비치하다, 갖추다, 설비하다.

·fur·nish·ed [fə́ːrniʃt] *a.* (1) 가구가 있는(붙은). (2) 재고가 …한, 구색을 갖춘.

fur·nish·er [fə́ːrniʃər] *n.* ⓒ 공급자 ; 가구상.

·fur·nish·ing [fə́ːrniʃiŋ] *n.* (1) ⓤ 가구의 비치 ; (*pl.*) 비품, 가구. (2) 《美》 복식품(服飾品).

:fur·ni·ture [fə́ːrnitʃər] *n.* ⓤ 〔集合的〕 가구, 세간, 비품.

fu·ror [fjúrɔːr, fjúrər] *n.* ⓤⓒ (a ~) 벅찬 감격〈흥분〉 (의 상태), 격정, 열광 ; 열광적인 유행〈칭찬〉, 대소동, (일시적인) 열중 ; 분노, 격분.

fu·rore [fjúrɔːr, fjuəɔ́ːri] *n.* 《英》 = FUROR. 격정, 정열.

furred [fəːrd] *a.* (1) 부드러운 털로 덮인 ; 모피제의, 털가죽을 붙인, 털가죽으로 안을 댄 ; 털가죽을 쓴〈입은〉. (2) 물때가 낀 : **[**醫**]** 백태가 낀(앉은).

fur·ri·er [fə́ːriər/fʌ́riər] *n.* ⓒ 모피상.

fur·ri·ery [fə́ːriəri/fʌ́r-] *n.* ⓒ 〔集合的〕 모피(류) ; 모피 장사, 모피 가공.

·fur·row [fə́ːrou/fʌ́rou] *n.* ⓒ (1) 밭고랑 ; 도랑 ; 보습 자리. (2) 《詩》 밭, 경지. (3) 바퀴자국(cut) ; 항적(航跡). (4) (얼굴의) 깊은 주름. ***plow a lonely ~*** (친구도 원조자도 없이) 묵묵히 혼자 일해 가다.
—*vt.* (1) (밭)에 고랑을 만들다, 갈다, 경작하다 ; 이랑을 짓다. (2) …에 주름살을 짓다.
—*vi.* 주름이 지다.

fur·ry [fə́ːri] (***-ri·er ; -ri·est***)*a.* (1) 모피(제)의 ;모피를 걸친 ; 부드러운 털의 ; 모피 안(깃)을 댄. (2) 물때가 앉은 ; 설태(舌苔)가 낀. ㅁ fur *n.*

fúr sèal **[**動**]** 물개.

:fur·ther [fə́ːrðər] *ad.* 〔far의 比較級〕 (1) 그 위에, 게다가, 더욱이, 더 나아가서. (2) 더욱 멀리〈앞으로〉. **~ to. . .** … 에 덧붙여 말하자면《상용문 에서》. ***go ~*** 게다가〈그 이상으로〉 …하다.
—*a.* 〔限定的〕 (1) (거리적으로) 훨씬 먼 ; 훨씬 앞의. (2) (정도가) 그 위의, 그 이상의. ***till ~ notice*** 추후 알려줄[소식·통지가 있을] 때까지.
—*vt.* …을 진전시키다, 조장〈촉진〉하다(promote). 파) **~·ance** [-ðərəns] *n.* ⓤ 조장, 촉진, 증진, 추진.

fúrther educátion (영국의) 성인 교육《의무 교육을 마치고 대학에 진학하지 않은 사람들을 대상으로 하는》.

:fur·ther·more [fə́ːrðərmɔ̀ːr] *ad.* 더군다나(moreover), 그위에, 더우기, 다시금.

fur·ther·most [fə́ːrðərmòust] *a.* (1) 〔限定的〕 가장〈제일〉 먼 (곳의). (2) 〔敍述的〕 (…에서)가장 멀리(떨어져서)《*from*》.

:fur·thest [fə́ːrðist] *a.* 〔far의 最上級〕 가장 먼(멀리 떨어진).
— *ad.* 가장 멀리 : 《美》 가장. = FARTHEST.

fur·tive [fə́ːrtiv] *a.* 은밀한(stealthy), 내밀한, 남몰래 하는, 넌지시 하는, 남의 눈을 속인, 교활한. 파) **~·ly** *ad.* 몰래 슬그머니, 슬쩍, 은밀히 **~·ness** *n.*

:fu·ry [fjúəri] *n.* ⓤⓒ (1) a] 격노, 격분 ; 광포(violence) : be filled with ~ 격분하고 있다. b] (a ~)격노·격분 상태. (2) (a ~) 격정 ; 열광 ; 맹위(raging) ; 광포(성). (3) ⓤ (병·날씨·전쟁 따위의) 격심함, 맹열함. (4) (F-)(흔히 *pl.*) **[**그神·로神**]** 복수의 여신. (5) 난폭한 사람 ; 《특히》 한부(悍婦), 표독스러운 계집.

furze [fə́ːrz] *n.* ⓤ **[**植**]** 바늘금작화(金雀化).

·fuse[1] [fjuːz]*n.* (1) ⓒ (폭뢰·포탄 따위의) 신관(信管), (폭파 따위에 쓰는) 도화선. (2) ⓒ **[**電**]** 퓨즈. ***blow a ~*** 퓨즈를 끊다 ; 《口》 몹시 화내다. ***have***〈***be on***〉 ***a short ~*** 《美》 와락 흥분하다〈골내다〉.

·fuse[2] *vt. vi.* (금속 등을) 녹이다 ; 녹다 ; 녹여 합금을 만들다 ; 융합〈합동·연합〉시키가(blend) ; 융합하다.

fu·see [fjuːziː] *n.* ⓒ (1) 내풍(耐風) 성냥의 일종. (2) (철도 따위에서 사용하는) (적색) 섬광 신호. (3) 신관(fuse).

fu·se·lage [fjuːsəlɑ̀ːʒ, -lidʒ, -zə-, -zilɑ̀ːʒ] *n.* (비행기의) 동체(胴體), 기체(機體).

fúse wire 도화선.

fu·si·ble [fjuːzəbəl] *a.* 녹기 쉬운, 가용성의.

fu·sil·lade [fjúːsəlèid, -lɑ̀ːd, -zə-] *n.* ⓒ 《F.》 (1) 【軍】 일제〈연속〉 사격, 맹사(猛射). (2) (질문 등의) 연발.

·fu·sion [fjúːʒən] *n.* (1) a] ⓤ 융해, 용해. b] ⓒ 용해〈융해〉물. (2) 《美》 a] ⓤⓒ (정당 등의) 합동, 연합, 합병. b] ⓒ 연합체. (3) ⓤ 【物】 핵융합. 【cf.】 fission. (4) 【樂】 퓨전《재즈에 록 등이 섞인 음악》. ▫ fuse[2] *v.*

fúsion bòmb 핵융합 폭탄, 수소 폭탄.

fu·sion·ism [fjúːʒənìzəm] *n.* ⓤ (정당의) 합병론, 합동〈연합〉주의. 파) **-ist** *n.* ⓒ 합병론자.

:fuss [fʌs] *n.* (1) ⓤ (또는 a ~)공연한 소란, 헛소동 ; 안달(함). (2) (a ~) a] (쓸데없는 일에) 몸달아 설침, 흥분. b] 싸움 ; 말다툼. ***kick up a ~ = make a ~*** (…로) 크게 떠들어대다 ; 투덜거리다《*about* ; *over*》. ***make a ~ of*** …을 과대히 대우하다〈칭찬하다〉. —*vi.* 《~/+副/+前+名》 안달(복달)하다. —*vt.* (하찮은 일로) …을 소란케 하다, 괴롭히다《*about* 》 ; 안달나게 하다. ▫ fussy *a.* ***not be ~ed(about)*** 《英口》 …에 대하여는 상관 않다, 개의치 않다. 파) **~·er** *n.*

fuss·budg·et [fʌ́sbʌ̀dʒit] *n.* ⓒ 《口》 하찮은 일에 떠들어대는 사람 ; 공연히 떠드는 사람, 수다쟁이.

·fussy [fʌ́si] (***fuss·i·er*** ; ***-i·est***) *a.* (1) a] (사소한 일에) 야단법석하는 ; 귀찮은 ; 성가신 ; 신경질적인. b] 〔敍述的〕 (…에) 까다로운, 마음을 쓰는《*about* ; *over*》. (2) 〔敍述的〕 〔보통 否定文 또는 疑問文에서〕 마음을 쓰는 ; 염려하는《*about*》. (3) 공(들여 만)든 ; 손〈노력〉이 많이 드는, 세심한 주의를 요하는. 파) **fuss·i·ly** *ad.* **-i·ness** *n.* ⓤ 야단법석함, 안달복달함.

fus·tian [fʌ́stʃən] *n.* ⓤ 퍼스티언 천의. (2) 야단스러운 ; 시시한, 쓸모없는, 호언장담(bombast).

fus·ty [fʌ́sti] (***-ti·er*** ; ***-ti·est***) *a.* (1) (1) 곰팡내 나는(musty). (2) 진부한, 낡아빠진, 고루한 ; 완미(頑迷)한. 파) **-ti·ly** *ad.* **-ti·ness** *n.*

·fu·tile [fjúːtl, -tɑil] (***more ~*** ; ***most ~***) *a.* (1) 쓸데없는, 무익한. (2) 하찮은, 변변찮은 : ~ talk 공담. 파) **~·ly** [-li] *ad.* **~·ness** *n.*

·fut·il·i·ty [fjuːtíləti] *n.* (1) ⓤ 쓸데없음, 무익(무용)〈임〉. (2) (종종 *pl.*) 하찮은 일〈것〉.

fu·ton [fjúːtɑn/-ɔn] *n.* ⓒ 《Jap.》 요, 이부자리.

:fu·ture [fjúːtʃər] *n.* (1) ⓤ (흔히 the ~) 미래, 장래, 장차 ; (the F-) 내세. (2) ⓒ 장래서, 전도, 앞날 ; ⓤ 〔흔히 否定·疑問文에서〕 《口》 성공의 가능성 《*in*》. (3) (the ~)【文法】 미래, 미래 시제〈형〉. (4) (*pl.*) 【商】 (선물(先物), 선물 계약 : deal in ~s 선물(先物), 매매를 하다. ***for the ~ = in*** (***the***) ***~*** 장래, 미래에, 금후(는).
—*a.* 〔限定的〕 (1) 미래〈장래〉의. (2) 내세의.
파) **~·less** *a.* 장래성이 없는, 미래가 없는 ; 가망이 없는.

fúture lífe 〈**státe**〉 저 세상, 내세, 영계.

fúture shòck 미래의 충격《눈부신 사회 변화·기술 혁신이 초래하는 쇼크 ; 미국의 Alvin Toffler의 조어》.

fu·tur·ism [fjúːtʃərìzəm] *n.* (때때로F-) ⓤ 미래파《1910년경 이탈리아에서 일어난 미술·음악·문학의 유파》. 피) **-ist** *n.* ⓒ 미래파 화가〈예술가〉. — *a.* 미래파의.

fu·tur·is·tic [fjúːtʃərístik] *a.* (1) 미래(파)의. (2) 《口》 미래파적인, 초 현대적인, 기발한. 파) **-ti·cal·ly** *ad.*

fu·tu·ri·ty [fjuːtjúərəti, -tʃúr-/-tjúəri] *n.* (1) ⓤ 미래, 장래, 후세 ; 장래성 ; 내세(來世). (2) ⓒ 후세의 사람들 ; (*pl.*) 미래의 일.

fu·tu·rol·o·gy [fjùːtʃərɑ́lədʒi/-rɔ́l-] *n.* ⓤ 미래학. 파) **-gist** *n.* 미래학자.

fuzz [fʌz] *n.* (1) 괴깔 ; 미모(微毛), 잔털, 솜털. (2) ⓒ 《俗》 순경, 경관, 형사. (3) ⓤ 〔흔히 the ~ ; 集合的〕 경찰.

fuzzy [fʌ́zi] (***fuzz·i·er*** ; ***-i·est***) *a.* (1) 보풀 같은, 솜털 모양의 ; 보풀이 인(fluffy), 솜털로 덮인. (2) (윤곽·사고 등이) 희미한, 분명치 않은 ; 탁한《소리》. 파) **fuzz·i·ly** *ad.* **-i·ness** *n.*

fúzzy lógic 【電子】 애매모호한 논리, 퍼지 논리.

G, g [dʒiː] (*pl.* ***G's, Gs, g's, gs***) (1) ⓤ,ⓒ 지《영어 알파벳의 일곱째 글자》. (2) ⓤ 【樂】: 사음(音)《고정 도창법의 '솔'》, 사조(調) : a symphony in *G* minor 사단조(短調)의 교향곡 / *G* major 사장조. (3) ⓒ G 자모양(의 것). (4) ⓤ《美俗》 천 달러(grand) : 350 *G's* 35만 달러. (5) ⓤ (연속된 것의) 7번째(의 것). (6) 【物】 중력상수(常數); 중력 가속도. ***the hard g.*** [g]로 발음하는 g. ***the soft g'*** [dʒ] 로 발음하는 g.

gab [gæb] 《口》 *n.* ⓤ 수다, 잡담 ; 말 많음. ***the gift of (the) ~*** ⇨ 말재주. ***Stop*** 〈《俗》 ***Stow***〉 ***your ~ !*** 닥쳐.
— (***-bb-***) *vi.* 쓸데없이 지껄이다 ; 수다떨다《*about* ; *on*》 파) **~·ber** *n.* ⓒ 수다쟁이.

gab·ar·dine [gǽbərdìːn, ⁓-⁓] *n.* ⓤ 능직(綾織)의 방수복지, 개버딘 ; ⓒ 개버딘제의 옷, (특히 중세 유대인의) 헐거운 긴 웃옷.

·gab·ble [gǽbəl] *vi.* (1) 빠르게 지껄이다, 재잘〈종알〉거리다(chatter)《*away* ; *on*》 (거위 따위가) 꽥꽥 울다. —*vt.* 《~+目/+目+補》 … 을 빠르게 말하다. (잘 알아듣지 못할 정도로) 지껄여대다《*out*》.
—*n.* (sing ; 종종 the ~) 빨라서 알아듣기 어려운 말 ; 허튼 소리. 파) **-bler** *n.* ⓒ 수다쟁이(chatterer).

gab·by [gǽbi] (***-bi·er*** ; ***-bi·est***) *a.* 《口》 수다스러운 (talkative), 말 많음.

gab·fest [gǽbfèst] *n.* ⓒ 《美口》 긴 사설〈잡담〉 ; 그 모임.

·ga·ble [géibəl] *n.* ⓒ 【建】 박공(博拱), 박풍(博風) ; 박공벽. — *vt.* 박공 구조로 하다. 파) **~d** [-d] *a.* 박공 구조의, 박공을 단, 박풍이 있는 : ~ window 박공창.

gáble ènd 【建】 박공벽.

gáble ròof 【建】 맞배지붕.

Ga·bon [gæbɔ́ːŋ] *n.* 가봉《아프리카 중서부의 공화국 ; 수도 Libreville》.

Gab·o·nese [gæ̀bəníː z, -s] *a.* 가봉 (사람)의.
— (*pl.* ~) *n.* ⓒ 가봉 사람.

Ga·bri·el [géibriəl] *n.* (1) 남자 이름. (2) 【聖】 천사 가브리엘《성모 마리아에게 그리스도의 탄생을 예고한》.

gad[1] [gæd] (***-dd-***) *vi.* 《~+副》 (놀이삼아서) 어슬렁거리다, 쏘다니다, 돌아다니다.
—*n.* 니돌이디니기. ***on*** 〈***upon***〉 ***the ~*** 어징거리고, 쏘다니며.

gad[2] 화실촉, 창끝, (가축을 모는) 씨름 막대기(goad). (2) 끌, 정《석공이나 광산에서 쓰는》.
— *vt.* (**~·ded** ; **~·ded**) (광석을) 정으로 쪼아 부수다.

Gad[1], **gad**[3] *int* 아이고, 당치 않은《가벼운 저주·놀람 따위를 나타냄》. ***by Gad*** = by GOD.

gad·a·bout [gǽdəbàut] *a* .*n.* ⓒ 《口》 (일 없이) 어정거리는 (사람), 쏘다니는 사람.

gad·fly [gǽdflài] *n.* ⓒ (1) (소·말에 꾀는) 등에, 쇠파리. (2) 귀찮은 사람.

·gad·get [gǽdʒit] *n.* ⓒ (1) (집안에서 쓰는) 간단한 도구 ; 솜씨있게 만든 작은 도구. (2) (간단한) 기계장치. 파) **gad·ge·teer** [gæ̀dʒitíər] *n.* ⓒ 기계 만지기를좋아하는 사람. **gad·get·ry** [gǽdʒətri] *n.* ⓤ 〔集合的〕 (간단한) 기계 장치.

gad·o·lin·i·um [gæ̀dəlíniəm] *n.* ⓤ 【化】 가돌리늄《희토류 원소 ; 기호 Gd ; 번호 64》.

Gaea [dʒíːə] *n.* 【그神】 가이아, 게(Ge)《대지의 여신》.

Gael [geil] *n.* ⓒ 게일인(人)《스코틀랜드 고지의주민. (드물게) 아일랜드의 켈트(Celt)인》.

Gael·ic [géilik] *n.* ⓤ *a.* 게일어(의) ; 게일인(의).

gaff[1] [gæf] *n.* ⓒ (1) 작살 ; 갈고리대《물고기를 끌어 올리는》. (2) 【海】 개프 사형(斜桁)《 종범(縱帆)의 위 끝에 댄 활대》. —*vt.* (물고기)를 갈고리로 끌어 올리다.

gaff[2] [gæf] *n.* ***blow the ~*** 《英俗》 (비밀·음모 등)을 누설하다, 밀고하다.

gaff[3] [gæf] *n.* ⓤ 《美口》 심한 처사〈비난〉.

gaffe [gæf] *n.* ⓒ 《F.》 (의도가 아닌) 과실, 실수, 실언《특히 사교·외교상의》 : make〈commit〉 a bad ~ 엉뚱한 실수를 하다.

gaf·fer [gǽfər] *n.* ⓒ (1) 시골 영감. (2) 《英口》 (노동자의) 십장, 감독(foreman). (3) 《美俗》 【映·TV】 전기〈조명〉 주임.

gag[1] [gæg] *n.* ⓒ (1) 허무, 재갈. (2) 발언 금지 ; 입 마개 ; 언론 탄압.
— (***-gg-***) *vt.* (1) … 재갈을 물리다《*with*》. (2) (아무)를 입다물게 하다 ; … 의 언론(발표)의 자유를 억압하다. (3) … 를 메스껍게〈구역질나게〉 하다. —*vi.* (음식 등이 목에 걸려) 목이 막히다(choke), 구역질이 나다《*on*》.

·gag[2] *n.* ⓒ 【劇】 개그 《배우가 임기응변으로 넣는 익살, 우스운 몸짓 따위》 ; 농담. — (***-gg-***) *vi.* (배우가) 개그〈즉흥 대사〉를 넣다〈말하다〉.

ga·ga [gáːgàː] *a.* 《俗》 (1) (늙어서) 망령들린. (2) 〔敍薹約〕 (… 에) 열중한.

gage[1] [gaidʒ] *n.* ⓒ (옛날) 도전의 표시 (던진 장갑·모자 따위), 저당물(pledge).

gag·gle [gǽgəl] *n.* (a ~) (1) 거위떼 ; 꽥꽥《우는 소리》. (2) 시끄럽게, 떠드는 무리들, 패거리《특히 여성》. — vi. (거위 등이) 꽥꽥 울다.

gag·man [gǽgmæ̀n] (*pl.* ***-men*** [-mèn]) *n.* ⓒ 개그 작가 ; 개그맨, 개그에 능한 희극 배우.

gág òrder 【美法】 (법원에서 심리 중인 사안에 관한)보도〈공표〉 금지령, 함구령.

gag·ster [gǽgstər] *n.* (1) = GAGMAN. (2) 《美俗》 장난꾸러기, 익살꾼, 어릿 광대.

·gai·e·ty, gay·e·ty [géiəti] *n.* ⓤ 유쾌, 쾌활, 명랑. (2) (또는 *pl.*) 환락, 법석. (3) ⓤ (복장 등의) 화려함. ***the ~ of nations*** 대중의 즐거움, 명랑한 풍조.

·gai·ly [géili] (***more ~*** ; ***most ~***) *ad.* (1) 쾌활〈유쾌〉하게. (2) 화려하게, 야하게, 호사스럽게.

:gain[1] [gein] (1) 《~+目》 … 을 (노력하여) 얻다, 획득하다. (2) 《+目+目/+目+前+名》 (노력·선행 등이)… 을 가져다 주다. 얻게 하다《*for*》. (3) … 을 벌다 (earn). 〖opp.〗 *lose.* 『 ~ one's living 생활비를 벌다. (4) (무게·속도 등)을 늘리다, 더하다. (5) (시계가)(…분)을 더 가다. 〖opp.〗 lose. (6) (노력의 결과)… 에 도달하다. (7) 《+目+副》 ~ 를 설득하다 ;

G

자기 편으로 만들다《over》.
—vi (1) 《~/+前+名》 (건강·체중·인기 따위가) 진보하다, 증대하다, 증진하다, 향상되다《in》. (2) 《+前+名》 이익을 얻다, 득을 보다(profit)《by ; from》. (3) 시계가 빠르다. **~ face** 널리 알려지다, 권세를 얻다. **~ ground** ⇨ GROUND[1]. **~ on** 〈**upon**〉 1) … 을 능가하다. 2) … 에 접근하다 ; 따라붙다. 3) (바다가 육지를) 침식하다. 4) 차차 … 의 마음에 들게 되다, … 의 환심을 사다. 5) … 을 사로잡다. **~ over** ⇨vt. (7). ~ one**'s point** 자기의 의견을 관찰하다. **~ the upper hand** 우위의 입장에 서게 되다 ; 이기다《of》.
—n. (1) a〕 ⓤ 이익, 이득. b〕 (pl.)수익(profit), 수익금. 〖opp.〗 loss. . (2) ⓤ 돈벌이. (3) ⓒ (가치·무재 등의) 증가, 증진, 증대《in ; of ; to》.

gain·er [géinər] n. ⓒ (1) 획득자 ; 이득자 ; 승자.〖opp.〗 loser. (2) 앞으로 뛰어 뒤로 공중제비하기《다이빙의 일종》: come off a ~ 벌다, 이기다.

gain·ful [géinfəl] a. (1) 이익이 있는, 벌이가 되는, 수지 맞는(playing). (2) 《美》 수입이 있는, 유급의(paid) : ~ employment 유급직(職). 파) **~·ly** ad. 이익이 나도록, 유급으로.

gain·ings [géinséi] n. pl. 소득(액), 이익.

gain·say [gèinséi] (p., pp. **-said** [-séid, -séd] **-sayed** [-séid]) vt. 《~+目/+that 節》〔흔히否定文·疑問文으로〕을 부정하다, 반박〈반대〉하다(contradict). — n. 《古》 부정, 반론, 반대. 파) **~·er** n. 반박자, 부정자.

(ʻ) **gainst** [genst/geinst] 《詩》 = AGAINSTY.

·**gait** [geit] n. (sing) (1) 걷는 모양, 걸음걸이 ;보속(步速). (2) (말의) 보조. **go** one**'s** (**own**) ~ 자기 방식대로 하다.

G

gait·ed [∠id] a. (흔히 複合語를 이루어) … 한 걸음걸이의 : heavy ~ 무거운 발걸음의.

gai·ter [géitər] n. (흔히 a pail of ~s) 게트르, 각반 : 《美》 장화《고무줄이 든 천을 양쪽에 댄》.

ga·la [géilɑ, gǽlə/gɑ́ːlə] n. ⓒ (1) 축제 ; 잔치 ; (특별한) 공연, 행사. (2) 《英》 (수영 등) 경기 대회.
—a. 축제의, 축제 기분의, 유쾌한(festive) : a ~ day 축일, 축제일 : in ~ 나들이 옷을 입고.

ga·lac·tic [gəlǽktik] a. 〔限定的〕 (1) 젖의, 젖 분비를 촉진하는. (2) 【天】 은하(계)의.

ga·lac·tose [gəlǽktous] n. ⓤ 【化】 갈락토오스.

gála nìght (극장의) 특별 흥행의 밤.

gal·an·tine [gǽləntìːn] n. ⓤ 갤런틴《송아지·닭 등의 뼈바른 고기로 만든 요리》.

Ga·lá·pa·gos Ìslands [gəlɑ́ːpəgəs-, -lǽp] (the ~) 【地】 갈라파고스 제도《에콰도르 서쪽 해상의》.

·**gal·axy** [gǽləksi] n. (1) (the G-) 【天】 은하, 은하수(the Milky Way). 은하계 (Milky Way galaxy (system)). (2) ⓒ 은하, 은하계의 성운(星雲). 소(小)우주. (3) ⓒ(귀인·고관·미인·재자(才子) 등의) 화려한 모임〈무리〉, 기라성같은 무리《of》.

Gal·braith [gǽlbreiθ] n. **John Kenneth** ~ 갤브레이스《캐나다 태생의 미국의 경제학자·외교관 ; 1908- 》.

:**gale** [geil] n. ⓒ (1) 질풍, 강풍 ; 【海】 폭풍; 【氣】 초속 13.9-28.4 m의 바람. (2) (종종 pl.) (감정·웃음 등의) 폭발, 돌발적인 소리.

gál Fríday 여성 비서 (= girl Friday).

Gal·i·le·an [gæ̀ləlíːən] a. Galilee (사람)의.
—n. ⓒ 갈릴리 사람 ; 기독교도 ; (the ~) 예수 그리스도.

Gal·i·lee [gǽləlìː] n. 갈릴리《Palestine 북부의 옛로마의 주》. **the Sea of ~** 갈릴리 호수.

·**Gal·i·leo** [gæ̀ləlíːou, -léiou] n. ~ **Galilei** 갈릴레오《이탈리아의 천문학자·물리학자 ; 1564 - 1642》.

·**gall**[1] [gɔːl] n. ⓤ (1) (동물의) 담즙, 쓸개즙《'인간의 담즙'을 말할 땔는 bile》. (2) 불쾌, 지겨음 ;증오, (원래 pl.로) 원한. (3) (the ~) 《美口》 뻔뻔 스러움, 철면피, 강심장. **dip** one**'s** 〈**the**〉 **pen in ~** ⇨ PEN[1]. **in the ~ of bitterness** (신을 무시하다가) 고통스러운 경우를 당하여.

gall[2] vt. (1) … 을 문질러 벗기다. (2) (남)의 감정을 쑤셔놓다, … 을 성나게 하다.
— n. ⓒ (1) 물집, (피부의) 찰과상 ; (특히 말의) 까진 상처《마구·안장 등에 의한》. (2) 근심, 심통, 고민(거리).

gall[3] n. ⓒ 충영(蟲癭), (식물의) 혹.

:**gal·lant** [gǽlənt] (**moer ~ ; ~·er ; more ~, ~·est**) a. (1) 씩씩한, 용감한, 의협의. (2) (배·말 따위) 당당한, 훌륭한, 아름답게 꾸민 : a ~ ship. (3) [gəlǽnt, gəlǽnt] (특히 여성에게) 친절한, 정중한.
— [gǽlənt, gəlǽnt] n. ⓒ 여성에게 친절한 남자 ; 호남, 정부(情夫). **play the ~** 호남인 체하다 ; 여성에게 구애 하다.
파)*~·**ly** ad. (1) 용감하게, 씩씩하게 (2) [gəlǽntli, gǽlənt-](여성에게) 정중히, 친절히, 상냥하게.

·**gal·lant·ry** [gǽləntri] n. ⓤ,ⓒ (1) 용감, 용기, 의협, 용감한 행위 ; 무공. (2) 부녀자에게 친절함 ; 정중한 말〈행위〉, 여성에 대한 공대. 「담낭.

gall·blad·der [gɔ́ːlblæ̀dər] n. ⓒ 【解】 쓸개,

gal·le·on [gǽliən] n. ⓒ 15-18세기초의 스페인의 큰 돛배《3〈4〉층 갑판의 군함·상선》.

:**gal·lery** [gǽləri] n. (1) ⓒ 화랑, 미술관(picture ~) ; 미술품 전시실. (2) ⓒ 화랑, 주랑(柱廊), 복도. (3) (기둥으로 떠받친) 발코니 ; 《美》 베란다(verandah). (4) (교회·홀 등의 벽면에서 쑥 내민) 계랑(階廊), 특별석 ; (국회 등의) 방청석. (5) 【劇】 맨 위층 관람석《극장의 가장 비싼 자리》; (the ~)〔集合的〕 맨 위층 관람석 손님. (일반) 관객. (6) (특별한 용도에 쓰이는) 조붓하고 길쭉한 방 ; 사진 촬영소 ; 사격 연습장. (7) 〔集合的〕 (골프 경기 등의) 관중 ; (의회 등의) 방청인. (8)(두더지 등의) 땅굴, 지하 통로. (9) 【鑛山】 갱도. **play to the ~** 일반 관중이 좋아하도록 연기하다, 내중의 기호에 영합하다. — vt. 화랑을 만들다.

·**gal·ley** [gǽli] n. ⓒ (1) 갤리선. (2) (선박·항공기 내의) 취사〈조리〉실(kitchen). (3) 【印】 게라.

gall·fly [gɔ́ːlflài] n. ⓒ 【蟲】 몰식자(沒食子)벌.

Gal·lic [gǽlik] a. (1) 골(Gau)의, 골 사람의. (2) 《戲》 프랑스 (사람)의.

gal·li·cism [gǽləzìzəm] n. ⓒ (종종 G-) 프랑스 어법(표현 등) ; 관용(慣締) 프랑스말 ; 프랑스풍의 습관〈사고 방식.

gall·ing [gɔ́ːliŋ] a. 짜증나게 하는(irritating), 화나는. 파) **~·ly** ad.

gal·li·um [gǽliəm] n. ⓤ 【化】 갈륨《회유금속 원소 ; 기호 Ga ; 번호 31》.

gal·li·vant [gæ̀ləvǽnt/∠-∠] vi. (흔히 ~ing) (이성과) 건들건들 돌아다니다(gadabout).

·gal·lon [gǽlən] n. ⓒ (1) 갤런《용량의 단위로 4quarts ; 略 : gal., gall》. (2) (흔히 pl.) 《口》 대량, 다수 : **imperial ~** 영국 갤런《4.546 l》. **wine ~** 미국 갤런《3.7853 l》.

:gal·lop [gǽləp] n. (1) (흔히 a ~) 갤럽《말 따위의 최대 속도의 구보》 ; 갤럽으로 말을 몰기, 질구(疾驅). (2) ⓒ 갤럽으로 달리는 승마. (**at**) **full ~** = **at a ~** 1) (말이) 갤럽으로. 2) 전속력으로, 서둘러서.
—vt. 《+前+名》 (1) (말)을 갤럽으로 달리다(달리게 하다). (2) 아주 급하게 하다(행동하다, 처리하다, 서두르다)《away ; over ; through》. (3) (병세·시간 등이) 급속히 진행하다.
—vt. (말)을 갤럽으로 달리게 하다.

gal·lop·ing [gǽləpiŋ] a. (병세·인플래·부패 등의) 급속 진행성의.

·gal·lows [gǽlouz] (pl. **~·es** [-ziz]) n. (1) ⓒ 교수대. (2) (the ~) 교수형. (3) have a ~ look 교수형을 받을 상을 하고 있다. = GALLOWS BIRD.

gállows bìrd 《口》 교수형에 처해 마땅한 악인, 극악인(極惡人).

gállows hùmor 아주 심각한 얘기〈일〉을 농담처럼 얼버무리는 유머.

gall·stone [gɔ́ːlstòun] n. ⓒ 【醫】 담석(膽石).

Gál·lup pòll [gǽləp] 《美》 갤럽 (여론) 조사 《미국의 통계학자 George. H. Gallup (1901-84)이 창설》.

gal·lus·es [gǽləsiz] n. pl. 《美口》 바지 멜빵.

gal·op [gǽləp] n. ⓒ 《F.》 갤럽《2/4 박자의 경쾌한 춤》 ; ⓤ 그 곡 : (at) full ~ = at a ~ 전속력으로.

ga·lore [gəlɔ́ːr] a. 〔名詞 뒤에 쓰여〕 풍부〈푸짐〉한.

·ga·losh [gəlɑ́ʃ/-lɔ́ʃ] n. ⓒ (흔히 pl.) 오버슈즈 (overshoes). (방수·방한의) 고무 덧신.

ga·lum·ph [gəlʌ́mf] vi. 《口》 의기 양양하게 걷다, 신이 나서 달리다, 육중하게 걷다.

gal·van·ic [gælvǽnik] a. (1) 갈바니 전기의, 동(動)〈직류〉전기의. (2) (전기에) 감전된 듯 깜짝 놀라는, 움찔하는 ; 발작적인 (웃음 따위) ; 충격적인.

gal·va·nism [gǽlvənìzəm] n. ⓤ 갈바니 전기《화학 반응으로 일어나는 전기》.

gal·va·nize [gǽlənàiz] vt. (1) … 에 직류 전기를 통하다 ; ~ 를 자극하다, 갑자기 활기를 띠게 하다. (2) 아연 도금을 하다.

gal·va·nom·e·ter [gǽlvənɑ́mitər/-nɒm-] n. ⓒ 【電】 (적은 전류를 재는) 검류계(檢流計).

gam [gæm] n. ⓒ 《美俗》 다리, 《특히》 여성의 날씬한 다리.

Gam·bia [gǽmbiə] n. (The ~) 감비아《서아프리카의 공화국 ; 수도 Banjull》.

Gam·bi·an [gǽmbiən] a. 감비아 (사람)의.
—n. ⓒ 감비아 사람.

gam·bit [gǽmbit] n. ⓒ (1) 【체스】 (졸 따위를 희생하고 두는) 첫 수. (2) (교섭 의론·대화 등 앞일까지 계산한 뒤의) 시작, 개시.

:gam·ble [gǽmbəl] vi (p., pp. **~d ; -bling**) 《~/+前+名》 (1)도박을 하다, (… 로)내기를 하다, (… 에) 돈을 걸다《at ; on》. (2) 투기하다 ; 홍망을 건 모험을 하다《with》. —vt. 노름으로 잃다《away》. **~ on** … 에 걸다 ; 《俗》 … 을 기대하다. — n. ⓒ (1) 도박, 노름. (2) (a ~) 《口》 투기 ; 모험. 파) **~r** n. ⓒ 도박꾼, 노름꾼 ; 투기꾼.

·gam·bling [gǽmbəliŋ] n. ⓤ 도박, 내기.

gam·boge [gǽmbóudʒ, -búːʒ] n. ⓤ (1) 캠부지, 자황(雌黃)《동남 아시아산 식물의 나무진 : 노랑 그림물감·하제(下劑)로 씀》. (2) 치자색, 자황색(雌黃色) (=**~ yéllow**).

gam·bol [gǽmbəl] n. ⓒ (새끼 양·어린이 등의) 장난, 뛰놀기.
— (**-l-** 《英》 **-ll-**) vi. 뛰놀다, 장난하다《about》.

gam·brel [gǽmbrəl] n. ⓒ (1) (말 뒷다리의) 복사뼈 관절(hock). (2) 푸줏간의 쇠갈고리(=**~ stìck**) 《고기를 매닮》. (3) 【建】 물매가 2단으로 된 맞배지붕 (= 《美》 **~ ròof**).

:game[1] [geim] n. (1) ⓒ 놀이(sport), 유희, 오락. (2) ⓒ 경기 승부 《※ 《美》 에서는 보통 baseball, football 등-ball이 붙는 각종 스포츠 경기에 씀 ; 【cf.】 match[2]》 ; (한)경기, (한) 게임. (3) a] (pl.) (학교 교과로서의) 체육 b] 〔(the) ... Games : 單·複數 취급〕(국제적)경기〈스포츠〉대회. (4) ⓒ (승리에 필요한) 승점(勝点). (5) a] ⓒ (승부의)형세. b) (the ~) 승산, 승리. (6) ⓒ 경기 〈승부〉의 진행법 : 수법, 경기 태도. (7) ⓒ (정치·외교 등에서의) 속임수, 수법 ; 책략, 술책, 계략(trick) (8) ⓒ 놀이〈게임〉 도구, 장난감. (9) ⓒ 농(담) (joke, fun). (10) ⓤ 〔集合的〕 사냥감, 사냥해서 잡은 것《짐승·새 등》. 그 고기. (11)(the ~) 《口》 (위험·경쟁이 뒤따르는) 일, 장사, 직업 : the acting ~ 연기자의 생업 . (12) ⓤ 〔흔히 fair〈easy〉 ~ 으로〕 (공격·비난·조소의 좋은) 표적, 대상《for》.
ahead of the ~ 《美口》 이기고 있는, 경기를 리드하고 있는. **anyone's ~** 승패를 가늠할 수 없는 경기 예상할 수 없는 경기. **beat** a person **at** his **own ~** (~의 능한 수로) 도리어 그를 해치우다. **~ all** = **~ and** [ænd] ~ 1 대1 동점. **~ and** [ænd] (**set**) 【테니스】 게임셋트. **give** a person **a ~** 아무에게 져주다. **give the ~ away** (무심코) 비밀을 누설하다, 의도를 드러내다. **in ~** 농담으로. 〚opp.〛 in earnest. **It's all in the ~.** 규칙에 별로 벗어나지 않는다. **make** (**a**) **~ of** a person ~를 놀리다〈조롱하다〉. **on**〈**off**〉 one's **~** (경기자 등이) 컨디션이 좋은〈나쁜〉. **play a double ~** 표리 부동한 수단을 쓰다. **play a good** 〈**poor**〉 **~** 훌륭한〈졸렬한〉 경기를 하다. **play** a person **at** his **own ~** = beat a person at his own ~. **play ~s with . . .** 《美俗》… 을 속이다. **play** a person'**s ~** = play the ~ of a person 부지중에 남의 이익이 되는 짓을 하다. **play the ~** 규칙대로 하다, 정정당당히 (경기)하다. **That's your little ~.** 그게 네 수법〈속셈〉이구나. **Two can play at that ~.** = **That's a ~ two people can play.** 그 수법〈수〉.엔 안 넘어간다, 이쪽도 수가 있다. **What's your** 〈**his**, etc〉 **~ ?** 너 〈그는〉 어쩔 셈이냐〈의도가 뭐냐〉.
— (**gám·er ; gám·est**) a. (1) 용감한, 쓰러질때 까지 굴하지 않는, 원기 왕성한 : a ~ fighter 용감 무쌍한 전사. (2) 〔敍述的〕 기꺼이 하는, … 할 마음이 있는《for : to do 》 : I'm ~ for〈to do〉 it. 그걸 해볼 생각이다 / Are you ~ for a swim 수영해 보겠나. **die ~** 최후까지 싸우다, 용감히 싸우다 죽다.
—vi. 승부를 겨루다, 내기〈도박〉하다 : ~ deep 큰 승부를 하다. —vt. 내기를 하여 잃다(away), 상처입은.

gáme bìrd (합법적으로 잡을 수 있는) 엽조(獵鳥).

game·cock [-kɑ̀k/-kɔ̀k] n. ⓒ 투계, 싸움닭.

gáme fish 낚싯 고기.

game·keep·er [-kìːpər] n. ⓒ 《英》 사냥터지기.

G

game·ly [géimli] *ad.* 용감하게, 과감하게, 투계같이.
gáme plàn (1)《美蹴》작전 계획 ; 전략. (2) (정치·사업 등의) 행동 방침, 전략.
gáme pòint (테니스 따위) 결승점.
gáme presèrve 금렵구, 조수 보호 구역.
gáme ròom 오락실.
games·man·ship [géimzmənʃip] *n.* ⓤ (반칙은 아니나) 더러운 수법.
game·some [géimsəm] *a.* 장난치는 ; 재미있게 뛰어노는 ; 놀기〈장난치기〉를 좋아하는(playful). 파) **~·ly** *ad.*
game·ster [géimstər] *n.* ⓒ 도박꾼, 노름꾼.
ga·mete [gǽmiːt, gəmiːt] *n.* ⓒ 【生】 배우자(配偶者), 생식체.
gáme thèory (the ~) 【經】 게임 이론.
gáme wàrden 수렵구(區) 관리자.
gam·in [gǽmin] *n.* ⓒ《F.》부랑아 ; 장난꾸러기.
gam·ine [gǽmiːn, -́] *n.* ⓒ《F.》말괄량이 ; 깜찍한 장난꾸러기 계집아이.
gam·ing [géimiŋ] *n.* (1) ⓤ 도박, 내기(gambling). 〔形容詞的〕 도박용의.
gam·ma [gǽmə] *n.* ⓤ,ⓒ 감마《그리스어 알파벳의 셋째 글자 Γ, γ ; 로마자의 G, g에 해당》. (2) 세번째의 것. (3)《英》(학업 성적의) 제 3급《최저합격점》.
gámma glóbulin 【生化】 감마글로불린《혈장 단백질의 한 성분으로 항체(抗體)가 많음》.
gámma rày (흔히 *pl.*)【物】 감마선.
gam·mon [gǽmən] *n.* ⓤ 암돼지의 넓적다리 고기, 베이컨용의 돼지 옆구리 밑쪽의 고기 ; 훈제(燻製) 햄.
gam·my [gǽmi] (***gem·mi·er ; -mi·est***) *a.*《英口》= GAME[2]
gamp [gæmp] *n.*《英口·戲》볼품 없이 큰 박쥐우산《Dickens의 작중 인물 Mrs Sarah Gamp의 우산에서》.
gam·ut [gǽmət] *n.* (1) (*sing* ; 흔히 the ~) 【樂】 전음계 ; 온음계 ; (목소리·악기의) 전음역. (2) (사물의) 전범위, 전영역, 전반《*of* 》 ***run the*** (***whole***) ***~ of*** … 의 갖은 인생 경험을 하다.
gamy [géimi] (***gam·i·er ; -i·est***) *a.* (1) (사냥한 짐승이나 조류의 고기가 썩기 시작하면서) 냄새가 좀 나는《식도락가들이 좋아함》. (2)《美》(얘기 따위가) 상스러운, 외설적인. (3) 기운 좋은, 다부진(plucky).
gan·der [gǽndər] *n.* (1) ⓒ 거위·기러기의 수컷. 〖opp.〗 *goose.* (2) ⓒ 얼간이, 어리보기(simpleton). (3) (a ~)《俗》일별 (look) take〈have. a ~ (*at*) (… 을) 슬쩍〈흘낏〉. 보다.
Gan·dhi [gáːndi, gǽn-] *n.* 간디. (1) **Mohandas Karamchand ~** 인도 민족 해방 운동의 지도자《1869-1948》. (2) **Indira ~** 인도의 정치가·수상 ; J. Nehru 의 딸《1917-84》.
:gang [gæŋ] *n.* ⓒ (1) 〔集合的 ; 單·複數취급〕 (노동자·죄수 등의) 일단, 한 떼 ; 한 무리. (2) (악한 등의) 일단, 폭력단, 갱단《한 사람의 갱은 a gangster》. (3) a] (배타적인) 패거리, 동료, (특히) 비행소년 그룹. b] (나쁜 의미가 아닌 청소년) 놀이 친구, 또래 집단. (4) (같이 움직이는 도구의) 한 벌〈세트〉《*of*》.
—*vi.* (1)《口》집단을 이루다, 집단적으로 행동하다, 단결하다《*together* ; *up*》. (2) (… 을) 집단으로 습격하다 ; 단결하여 대항하다《*against*》.
gang·bust·er [gǽŋbʌ̀stər] *n.* ⓒ (1)《美口》갱(폭력단)을 단속하는 경찰관. (2) 박력 있는 사람. ***like ~s***《美俗》요란스럽게, 세차게, 폭발적으로, 정력적으로.
gang·er [gǽŋər] *n.* ⓒ (일단의 노동자의)두목.
Gan·ges [gǽndʒiːz] *n.* (the ~) 갠지스 강.
gang·land [gǽŋlæ̀nd, -lənd] *n.* ⓤ 암흑가, 범죄자의 세계.
gan·gle [gǽŋgəl] *vi.* 어색하게 〈딱딱하게〉 움직이다(걷다).
gan·gling [gǽŋgliŋ] *a.* 키가 호리호리한, 홀쭉한(lanky).
gan·gli·on [gǽŋgliən] (*pl.* ***-glia*** sgf ***~s***) *n.* ⓒ (1) 【解】 신경절(節), 신경구(球) ; 【醫】 갱글리언, 건초류(腱硝瘤). (2) (지적(知的)·산업적 활동의) 중심, 중추《*of* 》.
gang·plank [́plæ̀ŋk] *n.* ⓒ 트랩《배와 선창 사이를 이어주는 발판》.
gan·grene [gǽŋgriːn, -́] *n.* ⓤ 【醫】 괴저(壞疽), 탈저(脫疽). — *vt.*, *vi.* 회저가 생기게 하다.
gan·gre·nous [gǽŋgrənəs] *a.* 【醫】 괴저〈탈저〉의 ; 썩은.
·gang·ster [gǽŋstər] *n.* ⓒ《口》갱(의 한 사람), 악한 : a ~film 갱 영화.
gang·way [gǽŋwèi] *n.* ⓒ《英》(극장·식당·버스등 좌석 사이의) 통로. (2) 【船】 (배의) 트랩(gangplank) ; 현문(舷門). (3) (건설 현장 등의) 건널판. ***bring to the ~*** 현문에 끌어내어 매질하다《선원의 징벌》.
gan·net [gǽnit] (*p.* ***~ s, ~***) *n.* ⓒ 【鳥】 북양가마우지.
gant·let[1] [gɔ́; ntlit, gǽnt-] *n.* = GAUNTLET[2].
gant·let[2] *n.* = GAUNTLET[1].
gant·let[3] *n.* ⓒ 【鐵】 곤틀릿 궤도.
gan·try [gǽntri] *n.* ⓒ (1) (이동 기중기의) 받침대. (2) 【鐵】 신호교(橋)《신호기 설치용의 과선교(跨線橋)》. (3) 【宇宙】 로켓의 이동식 발사 정비탑, 갠트리 (= ´***~ scaffold***).
Gan·y·mede [gǽnimìːd] *n.* 【그神】 가니메데스《신들을 위해 술을 따르던 미소년》.
GAO《美》General Accounting Office (회계 감사「원).
·gaol [dʒeil] *n.*, *vt.*《英》= JAIL.
파) ***·~·er** *n.*《英》= JAILER.
:gap [gæp] *n.* ⓒ (1) (담이나 벽 따위의) 금, 구멍, 갈라진 틈《*in* ; *between*》. (2) a] (시간·공간적인) 간격《*of* 》. b] (연속된 것의) 짬, 틈, 단락《*in* ; *between*》. (3) 간격 ; (의견 따위의) 차이, 격차《*in* ; *between*》. (4) 빈 곳 ; 결함. (5) 골짜기, 협곡. ***bridge***〈***close, fill, stop***〉 ***the ~*** 1) 간격을 메우다. 2) 결함을 보완하다. ***make***〈***leave***〉 ***a ~*** 틈이 나게 하다, 가격이 생기게 하다.
·gape [geip, gæp] *n.* (1) ⓤ 입을 크게 벌림 ; 하품(yawn) ; 입을 딱 벌리고 멍하니 봄 ; 벌어진〈갈라진〉 틈(새). (2) (the ~s) 〔單數 취급〕 (주로 가금(家禽)의) 부리를 자꾸 벌리는 병.
—*vi.* (1) (놀라거나 해서) 입을 크게 벌리다 ; 멍청히 입을 벌리고 바라보다《*at* 》. (2) 하품을 하다(yawn). (3) a] 〔흔히 ~ open으로〕 크게 벌어지다. b] 갈라지다 ; (지면 따위가) 갈라져 있다.
gap·ing·ly [géipiŋli, gǽp-] *ad.* 입을 딱 벌리고, 멍하니, 어처구니없어.
gap·toothed [gǽptùːθt] *a.* 이 사이가 벌어진.

:ga·rage [gərάːʒ, -rά; dʒ/gǽrɑːdʒ, -ridʒ] *n.* ⓒ (1) 개러지, 차고. (2) 자동차 수리소〈정비 공장〉.
—*vt.* (차)를 차고에〈정비 공장〉 넣다.
ga·rage·man [-mæ̀n] (*pl.* **-men** [-mèn]) *n.* ⓒ 자동차 수리공(《英》 garagist).
garáge sàle 《英》 (자기집 차고에 벌려놓은) 중고 가정용품 염가 판매.
·garb [gɑːrb] *n.* ⓤ 복장《어떤 직업·시대·민족 등에 특유한 옷》; (일반적으로) 옷 매무새, 옷차림. (2) 외관. —*vt.* 《+目+前+名》〔受動으로 또는 再歸的〕…을 입다, … 의 복장을 하다.
:gar·bage [gάːrbidʒ] *n.* ⓤ (1) 《주로 英》 (부엌의) 쓰레기, 음식 찌꺼기 (《英》에서는 rubbish). (2) 〔集合的〕 잡동사니 ; 쓸데없는 것 ; 《俗》 너절한 이야기나 생각. (3) 【컴】 쓰레기《기억 장치 속에 있는 불필요하게 된 데이터》.
gárbage càn 《美》 (부엌 밖의) 쓰레기통.
gárbage collèction 【컴】 불요(不要) 정보 정리《정리된 스페이스를 만드는 기술》.
garbage·man [-mæ̀n] (*pl.* **-men** [-mèn]) *n.* ⓒ 《美》 쓰레기 수거인(《英》 dustman).
gárbage trùck 〈**wágon**〉 《美》 쓰레기 차 (《英》 dust cart).
gar·ble [gάːrbəl] *vt.* (보고·말·사실 등)을 (고의로) 왜곡 하다 ; (기사)를 멋대로 고치다 ; 와전(訛傳)하다 ; (인용문 따위)를 깜박 혼동하다. — *n.* 왜곡 ; (걸러낸) 불순물.
gar·bled [gάːrbəld] *a.* (기사·보도 등) 사실을 왜곡한.
gar·con [gɑːrsɔː, ⌐-] *n.* ⓒ 《F.》 (호텔의) 보이 사환, 급사(waiter).
:gar·den [gάːrdn] *n.* (1) ⓒ 뜰, 마당, 정원. (2) ⓒ (주로 *pl.*) 공원, 유원지(park). (3) ⓒ 화원 ; 채원. (4) (G-s) 《英》 〔地名을 앞에 두어〕 … 가(街). (5) ⓒ (의자·탁자 등이 있는) 옥외 시설〈간이 식당〉: a beer ~. ***lead*** a person ***up***〈***down***〉 ***the ~ path*** 《口》 ~ 를 속이다, 오도(誤導)하다. ***the Garden of Eden*** 에덴 동산. ***roof ~*** 옥상정원. —*a.* 〔限定的〕 (1) 뜰의 ; 정원용의 ; 재배의(된). (2) 보통의, 흔해 빠진.
—*vi.* (취미로) 뜰을 가꾸다 ; 원예를 하다.
gárden apártment 《美》 뜰이 있는 낮은 층의 아파트.
gárden cènter 원예 용품점, 종묘점(種苗店).
:gar·den·er [gάːrdnər] *n.* ⓒ 정원사 ; 원예가 ; 조경업자.
:gar·den·ing [gάːrdniŋ] *n.* ⓤ 조경(造景) (술), 원예.
gárden pàrty 가든 파티, 원유회.
Gárden Státe (the ~) 미국 New Jersey 주의 속칭.
gárden súburb〈**víllage**〉 전원 주택지.
gar·den-va·ri·e·ty [gάːrdnvərάiəti] *a.* 〔限定的〕 흔해 빠진, 보통(종류)의.
gar·fish [gάːrfiʃ] (*pl.* **~·es**, ~) *n.* ⓒ 【魚】 동갈치(needlefish).
gar·gan·tuan [gɑːrgǽntʃuən] *a.* 거대한, 원대한, 굉장히 큰, 엄청난.
gar·gle [gάːrgəl] *vi.* (1) 양치질하다《with》. (2) 양치질할 때와 같은 소리로 말하다. —*n.* (1) ⓤ,ⓒ 양치질 약. (2) (a ~) 양치질.
gar·goyle [gάːrgɔil] *n.* ⓒ 【建】 석누조(石漏槽). 이무기돌《고딕 건축 따위에서 낙숫물받이로 만든 괴물 형상의》.
gar·i·bal·di [gæ̀rəbɔ́ːldi] *n.* ⓒ (1) (여성·어린이용의) 헐거운 블라우스《이탈리아의 애국자 Garibaldi (1807-82)의 병사들의 빨간 셔츠에서》. (2) 《英》 건포도를 넣은 비스킷(= **~ bìscuit**).
gar·ish [gέəriʃ] *a.* (1) (빛·눈 등이) 번쩍이는. (2) (옷·색조 등에) 야한 ; 화려한, 지나치게 꾸민.
파) **·ly** *ad.* **~ness** *n.*
·gar·land [gάːrlənd] *n.* ⓒ (1) 화환, 화관(花冠). 꽃줄(festoon). (2) 명구집, 시가선(詩歌選)(anthology). (3) 영관(榮冠), 영예.
—*vt.* … 에게 화관을 씌우다〈으로 장식하다〉.
gar·lic [gάːrlik] *n.* ⓤ 【植】 마늘 ;《넓은 뜻으로》 파 ; (조미료로서의) 마늘.
:gar·ment [gάːrmənt] *n.* (1) a] ⓒ 옷의 한 벌. b] (*pl.*) 의류, 의복. (2) ⓒ 치장, 단장, 외관.
—*vt.* 〔흔히 受動으로〕 《詩》 … 에게 입히다, 차리게 하다.
gárment bàg (여행용) 양복 커버《휴대하기 편리하도록 손잡이가 달려 있음》.
gar·ner [gάːrnər] 《詩·文語》 *n.* ⓒ (1) 곡창(穀倉) (granary). (2) 비축, 저장.
—*vt.* (1) (곡식 등)을 모으다, 저축하다(collect), 모아 저장하다《*up*》 (2) (노력해서) … 을 얻다.
gar·net [gάːrnit] *n.* (1) ⓤ,ⓒ 【鑛】 석류석 가닛《1월의 탄생석》. (2) ⓤ 삼홍색 (deep red).
·gar·nish [gάːrniʃ]*n.* ⓒ (1) 장식, 장식물 ; 문식(文飾), 미사 여구. (2) 식품의 배합, 요리에 곁들이는 것, 고명. —*vt.* (1) 《+目+前+名》 … 을 장식하다, 꾸미다《*with*》. (2) (요리)에 야채나 해초 따위를 곁들이다, 고명을 곁들이다.
gar·nish·ee [gὰːrniʃíː] 【法】 *vt.* (채권·봉급 따위)를 압류하다 ; … 에게 압류를 통고하다.
gar·nish·ment [gάːrniʃmənt] *n.* ⓒ 【法】 채권 압류 통고〈통지서〉.
gar·ni·ture [gάːrniʃər] *n.* (1) ⓤ 장식. (2) ⓒ 장식물, 장구(裝具).
·gar·ret [gǽrət]*n.* ⓒ 다락방(attic) ; 맨 위층 ; 초라한 작은 방.
·gar·ri·son [gǽrəsən] *n.* ⓒ (1) 〔集合的 ; 單·複數취급〕 수비대, 주둔군〈병〉: a fortress ~ 요새 수비대. (2) (수비대가 지키는) 요새, 주둔지.
—*vt.* ···에 수비대를 두다.
gar·rote, gar·rotte [gərάt, -róut, -rɔ́t] *n.* (1) (the ~) 스페인식 교수형(구) (絞首刑 (具))《기둥에 달린 쇠고리엔 목을 끼워 넣고 쇠고리를 졸라 죽임》. (2) ⓒ ((1)에 쓰이는) 쇠고리. (3) ⓤ,ⓒ목을 조르는 강도《사람 뒤에서 새끼줄 따위로 목을 조르는》. —*vt.* … 을 교수형에 처하다 ; (목)을 조르고 금품을 빼앗다.
gar·ru·li·ty [gərúːləti] *n.* ⓤ 수다, 다변.
gar·ru·lous [gǽrjələs] *n.*수다스러운, 군말이 많은, 말많은(talkative).
파) **~·ly** *ad.* 재잘재잘, 중얼중얼. **~·ness** *n.*
·gar·ter [gάːrtər] *n.* (1) ⓒ (흔히 *pl.*) 양말 대님 (《英》suspender belt) ; (와이셔츠 소매를 올리는)가터 : a pair of ~*s* 한 벌의 가터, 대님〉. (2) (the G-) 《英》 가터 훈위 ; (그 훈위를 나타내는) 가터 훈장 《영국의 knight 최고 훈장》. ***the Order of the Garter*** 《英》 가터 훈위 (勳位) ; 가터 훈장.
—*vt.* 양말 대님으로 동이다, 가터 훈위를 수여하다.
gárter bèlt 《美》 (여성용) 양말 대님(《英》 sus-

pender belt).
gárter snàke (미국산의 독 없는) 줄무늬뱀.
gárter stìtch [編物] 가터 뜨개질.
:gas [gæs] (*pl.* ~·**es**, 《美》 ~·**ses** jkgfdhdkj) *n.* (1) ⓤ,ⓒ 가스 기체. (2) ⓤ 연료용 가스. (3) ⓤ 《美口》 가솔린. (4) (흔히 the ~) (자동차의) 액셀러레이터. (5) ⓤ (군사용) 독가스(poison gas). (6) ⓤ 《口》 허튼소리, 허풍. (7) 뱃속에 찬 가스, 방귀. (8) (a ~)아주 유쾌한 일〈사람〉: It's a real~. 그거 정말 재미있다. ***step***〈***tread***〉 ***on the ~*** 《口》 액셀러레이터를 밟다, 속력을 내다, 서두르다(hurry up). —(**-ss-**) *vi.* (1) 가스를 발산하다. (2) 《俗》 허튼 소리하다, 허풍 떨다 ; 《美俗》 취하다 —*vt.* (1) … 에 가스를 공급하다 ; 급유(給油)하다. (2) … 을 독가스로 공격하다 ; 가스로 중독시키다. (3) 《俗》 … 를 몹시 웃기다, 즐겁게 해주다. ***~ up*** 《美口》 … 에 가솔린을 가득 채우다.
—*a.* 〔限定的〕 가스의 : a ~ heater 가스 난로.
gas·bag [gǽsbæ̀g] *n.* ⓒ (1) (비행선·기구 등의) 가스 주머니, 기낭. (2) 《口》 허풍선이(boaster), 수다쟁이.
gás bùrner 가스 버너 ; 가스 스토브〈레인지〉.
gás còoker 《英》 가스 레인지.
gas-cooled [gǽskùːld] *a.* 가스 냉각의 : a ~ reactor 가스 냉각로.
·gas·e·ous [gǽsiəs, -sjəs] *a.* (1) 가스(체)의 ; 가스질의, 가스 모양의, 기체의. (2) (정보·의론 등이) 실속이 없는, 믿을 수 없는.
파) **~·ness** *n.* ⓤ 가스질, 기체.
gás fìre 가스불 ; 가스 난로.
gas-fired [gǽsfàiərd] *a.* 가스를 연료로 사용한 : a ~ boiler 가스 보일러.
gás fìtter 가스공(工) ; 가스 기구 설치 업자.
gás fìtting 가스 공사.
gas-guz·zler [gǽsgʌ̀zlər] *n.* ⓒ 《美口》 연료 소비가 많은 대형차, 연료비가 많이 드는 차..
·gash[1] [gæʃ] *n.* ⓒ 깊이 베인 상처, 중상. —*vt.* … 에게 깊은 상처를 입히다.
gas·hold·er [gǽshòuldər] *n.* ⓒ 가스 탱크.
gas·i·fi·ca·tion [ˊəfikèiʃən] *n.* ⓤ 가스화, 기체화(氣化), 가스의 지하 발생.
gas·i·fy [ˊəfài] *vt.* … 을 가스화 하다 : ~ coal. —*vi.* 가스가 되다, 기화하다. 파) **-fi·er** *n.*
gas·ket [ˊkit] *n.* ⓒ (1) [船] 돛 묶는 밧줄. (2) [機] 개스킷 ; 틈막이, 패킹(packing). ***blow a ~*** 《俗》 격노하다, 버럭 화를 내다.
gás làmp 가스등.
gás lìghter 가스 점화 기구 ; 가스 라이터.
— *a.* 가스등 시대의.
gas·man [gǽsmæ̀n] (*pl.* **-men** [-mèn]) *n.* ⓒ 가스 검찰원 ; 가스 요금 수금원 ; 가스공(工).
gás màsk 방독면.
gás mèter 가스 미터〈계량기〉.
gas·o·hol [gǽsəhɔ̀ːl] *n.* ⓤ 가소홀《무연(無緣) 가솔린 90%와 에틸알코올 10%의 혼합 연료》.
gás òil 경유(輕油).
:gas·o·line [gæ̀səlíːn] *n.* ⓤ 가솔린, 휘발유(《英》 petrol).
:gásoline bòmb (가솔린을 넣은) 화염병.
gas·om·e·ter [gæsɑ́mitər/-ɔ́m-] *n.* ⓒ (1) 가스 계량기. (2) (특히 가스 회사의) 가스 탱크(gasholder).
:gasp [gæsp, gɑːsp] *vi.* 《~ / +前+名》 (1) 헐떡거리다, 숨이차다 ; 숨을 가쁘게 쉬다. (2) (놀라거나 해서) 숨이 막히다《*with* ; *in*》. (3) 〔흔히 進行形으로〕 … 을 열망하다, 죽도록 바라다《*for*》.
—*vt.* 《+目+副》 … 을 헐떡이며 말하다 《*away* ; *forth* ; *out*》.
—*n.* ⓒ 헐떡거림 ; 숨막힘. ***at*** one'***s***〈***the***〉 ***last ~*** 마지막 숨을 거두다, 임종시에 ; 마지막 순간에.
파) **gás·per** *n.* ⓒ 헐떡거리는 사람. (2) 《英俗》 싸구려 궐련. ~·**ing·ly** [-iŋli] *ad.* 헐떡거리며.
gás pèdal 《美》 (자동차의) 액셀러레이터 페달.
gás rìng (조리용) 가스 풍로.
gas·ser [gǽsər] *n.* ⓒ 《俗》 수다쟁이, 허풍선이 (boaster). (2) 《美俗》 아주 재미있는 것〈사람〉.
gás stàtion 《美》 주유소(filling station) (《英》 petrol station).
gas·sy [gǽsi] (**-si·er ; -si·est**) *a.* (1) 가스의. (2) 가스를 함유한 ; 가스가 찬. (3) 《口》 수다 떠는, 허풍 떠는, 제자랑이 많은.
gas·trec·to·my [gæstréktəmi] *n.* ⓒ [醫] 위절제(胃切除)(수술).
gas·tric [gǽstrik] *a.* 〔限定的〕 위(胃)의.
gas·tri·tis [gæstráitis] *n.* ⓤ [醫] 위염(胃炎).
gas·tro·cam·era [gæ̀stroukǽmərə] *n.* [醫] 위(胃) 카메라(위장 내부를 촬영하는).「[醫] 위장염.
gas·tro·en·ter·i·tis [gæ̀strouèntəráitis] *n.* ⓤ
gas·tro·en·ter·ol·o·gy [gæ̀strouèntərɑ́lədʒi /-ɔ́l-] *n.* ⓒ 위장병학, 소화기병학(學).
gas·tro·in·tes·ti·nal [gæ̀strouintéstənəl] *a.* [解] 위장의, 위장내의 : a ~ disorder 위장병.
gas·tro·nom·ic, -i·cal [gæ̀strənɑ́mik/-nɔ́m-] *a.* 요리법의 ; 미식법〈식도락〉의.
gas·tron·o·my [gæstrɑ́nəmi/-trɔ́n-] *n.* ⓤ 미식학 ; (어느 지방의 독특한)요리법.
gas·tro·pod [gǽstrəpɑ̀d/-pɔ̀d] [動] *n.* ⓒ 복족류(腹足類)《달팽이 등》. —*a.* 복족류의〈와 같은〉.
gas·tro·scope [gǽstrəskòup] *n.* ⓒ [醫] 위경(胃鏡), 위내시경.
gás tùrbine 가스 터빈.
gas·works [gǽswəːrks] *n. pl.* 〔單數 취급〕 가스 공장(gashouse).
gat [gæt] *n.* ⓒ 《美俗》 (자동)총, 권총.
:gate[1] [geit] *n.* ⓒ (1) 문《출입구·개찰구·성문 따위》. (2) a] (일반적) 입구, 통로. b] (다리·유로 도로의) 요금 징수소 ; (도로·건널목의) 차단기. c] (공항의) 탑승구, 게이트. d] (경마의) 게이트. e] 수문, 갑문 ; (파이프 등의) 벨브. (3) 《比》 (… 으로의) 길, 방법《*to* ; *for*》. (4) [스키] 기문(旗門). (5) 《口》 (경기회 따위의) 입장자수 ; 입장료의 총액. (6) [컴] 문《하나의 논리 기능》. (7) (the ~) 《美俗》 해고 ; 《野球俗》 스트라이크 아웃.
·gate (재계·정계의) '추문(醜聞)·스캔들' 의 뜻의 결합사
gate-crash [géitkræ̀ʃ] *vi., vt.* 초대도 하지 않았는데 들어가다, 불청객이 찾아가다 ; … 에 무료 입장하다. 파) **~·er** *n.* ⓒ 불청객, 무료 입장객.
gat·ed [géitid] *a.* (도로가) 문이 있는.
gate·fold [ˊfòuld] *n.* ⓒ [印] 접어넣은 쪽장《지도 등 책의 본문 쪽보다 큰 것》.
gate·house [ˊhàus] *n.* ⓒ 수위실 ; (성문의) 누다락, 문지기 집.
gate·keep·er [ˊkìːpər] *n.* ⓒ (1) 문지기, 수위. (2) 건널목지기.

gáte-leg táble [⌐lèg-] 접을 수 있는 테이블.
gáte mòney 입장〈관람〉료 ; 입자료 총액.
gate·post [géitpòust] n. ⓒ 문기둥. ***bet-ween you, me, and the ~*** ⇨ 아주 비밀히.
:gate·way [⌐wèi] n. (1) ⓒ (담·울타리 등의) 문, 출입구, (아치형의)통로. (2) (the ~) … 에로의 길.
:gath·er [gǽðər] vt. (1) … 을 그러모으다, 모으다, 수집하다《*up* ; *together*》. (2) (열매·꽃 등)을 따다, 채집하다 ; 거두어들이다, 수확하다《*up* ; *in*》. (3) (지식·정보 등)을 얻다, 수집〈입수〉하다. (4) (정력·노력 등)을 집중하다, 북돋아 일으키다《*up*》. (5) (속력 따위)를 점차 늘리다, (부·힘 따위)를 축척하다, 증가〈증대〉시키다, (경험)을 쌓다. (6) 《+目+前+名/+that 節》 (정보·징조 따위로) … 을 헤아리다, 추측하다《*from*》. (7) (스커트 따위)의 주름을 잡다 ; (자락)을 걷어올리다《*up*》. (8) (머리)를 묶다 ; (눈살)을 찌푸리다. (9) 《+目+前+名》 (사람)을 끌어안다.
—vi. (1) 《~/+前+名》모이다, 모여들다, 집결하다. (2) 《~/+前+名/+副》 점차로 증대하다〈늘다〉, 점점 더해지다. (3) a] (이마에) 주름이 잡히다, 눈살을 찌푸리다. b] (옷에) 주름이 잡히다. (4) (종기가) 곪다. ***be ~ed to*** one***'s fathers*** 조상 곁으로 가다 ; 죽다. ***~ head*** 1) (비바람 따위가) 맹위〈기세〉를 더하다. 2) (종기가)곪다. ~ one***self up*** 〈***together***〉 전력을 집중하다 ; 용기를 내다. ~ one***'s senses*** 〈***wits***〉 마음을 가라앉히다. ***~ up*** 1) 집합하다. 2) 주워〈그러〉모으다 ; (이야기의 줄거리 등을)요약하다. 3) (손·발 따위)를 움츠리다. ***~ way*** (움직이는 것이) 힘을 더하다 ; 【海】 (배가) 속력을 더하다 ; 움직이기 시작하다.
—n. ⓒ (1) 그러모음 ; 수확 ; 집적(集積. (2) (흔히 pl.) 【洋裁】 주름, 개더. 파) **~·a·ble** a.
:gath·er·ing [gǽðəriŋ] n. ⓒ (1) 모임, 회합, 집회《 ※ 주로 비공식적인, 격의없는 모임에 쓰임》. (2) n. ⓤ,ⓒ 채집, 수집, 채집 생활 ; 채집품, 수확, 집적(集積). (3) 【醫】 ⓤ 화농 ; 고름 ; ⓒ 종기. (4) (pl.) 【洋裁】 개더 주름.
Gát·ling (**gùn**) [gǽtliŋ(-)] 개틀링 기관총《여러 개의 총신을 가진 초기의 기관총》.
gauche [gouʃ] a. 《F.》 솜씨가 서투른(awkward) ; 세련되지 못한, 어색한.
gau·che·rie [gòuʃərí:, ⌐-⌐] n. ⓤ (사교에) 서투름 ; 세련되지 않음, 눈치 없음.
gau·cho [gáutʃou] (pl. ***~s***) n. ⓒ 가우초《남아메리카 카우보이 ; 스페인 사람과 인디언의 튀기》.
gaud [gɔ:t] n. ⓒ 외양만 번지르르한 값싼 물건. (2) (pl.) 화려한 의식, 야단법석.
·gaudy [gɔ́:di] (***gaud·i·er ; -i·est***) a. (1) 복장·장식 등이) 현란한, 야한. (2) (문제 등이) 지나치게 꾸민. —n. ⓒ 축제.
파) ***gaud·i·ly*** ad. ***-i·ness*** n. ⓤ
·gauge, 《美》〔특히 전문어로서〕 **gage** [geidʒ] n. ⓒ (1) 표준 치수〈규격〉 ; (총포의) 내경(內徑) ; (철판의) 표준 두께. (2) a] 계(량)기 《우량계·풍속계·압력계 따위》. b] 용적, 용량, 범위, 한도. (3) 판단의 척도, 표준 ; 기준. (4) 【鐵】 게이지, 궤간(軌間) ; (자동차 따위의) 두 바퀴 사이의 거리. ***take the ~ of*** … 을 재다 ; … 을 평가하다.
—(p., pp. ***~d*** ; ***gaug·ing***) vt. (1) (계기로) … 을 정확히 재다, 측정하다, 표준 치수에 맞추다. (2) … 을 평가〈판단〉하다. (3) … 을 표준 치수에 맞추다.
Gau·guin [gougǽŋ] n. **Paul ~** 고갱《프랑스의 화가 ; 1948-1903》.
·Gaul [gɔ:l] n. (1) 갈리아, 골《이탈리아 북부·프랑스·벨기에·네덜란드·스위스·독일을 포함한 옛 로마의 속령(屬領)》. (2) a] 갈리아〈골〉 사람. b] 《戱》 프랑스 사람.
Gaull·ism [gɔ́:lizəm] n. ⓒ 드골주의.
·gaunt [gɔ:nt] (***~·er ; ~·est***) a. (1) 수척한, 몹시 여윈 ; 눈이 퀭한. (2) (장소가) 황량한, 쓸쓸한 ; 기분이 섬뜩한.
파) **~·ly** ad. **~·ness** n.
gaunt·let[1] [gɔ́:ntlit, gá:nt-] n. ⓒ (1) 【史】 (갑옷의) 손가리개. (2) (승마·펜싱 등에 쓰는 쇠 혹은 가죽으로 만든) 긴 장갑. ***take***〈***pick***〉 ***up the ~*** 도전에 응하다 ; 반항적 태도를 보이다. ***throw*** 〈***fling***〉 ***down the ~*** 도전하다.
gaunt·let[2] n. (1) (the ~) 태형. (2) 시련(試練). ***run the ~*** 1) 호된 비평이나 시련을 받다. 2) 태형을 당하다.
gauss [gaus] (pl. ~, ***~·es***) n. ⓒ 【物】 가우스《자기력선속(磁氣力線束)의 CGS 단위 ; 기호 G》.
Gau·ta·ma [gɔ́:təmə, gáu-] n. 고타마(= ***~ Buddha***) 《석가모니(563?-?483 B.C.)의 처음 이름》.
·gauze [gɔ:z] n. ⓤ (1) 성기고 얇은 천, 거즈. (2) (가는 철사로 뜬) 철망, 쇠그물(wire ~). (3) 엷은 안개 (thin mist). 파) **⌐·like** a.
gauzy [gɔ́:zi] (***gauz·i·er ; -i·est***) a. 사(紗)와 같은 ; 얇고 가벼운〈투명한〉 : a ~ mist 엷은 안개.
:gave [geiv] GIVE 의 과거.
gav·el [gǽvəl] n. ⓒ (의장·경매인 등의) 나무 망치, 의사봉, 사회봉.
gav·el·to·gav·el [⌐tə⌐] a. 〔限定的〕 개회에서 폐회 때까지.
ga·vi·al [géiviəl] n. ⓒ 인도산의 턱이 긴 악어.
ga·votte [gəvát/-vɔ́t] n. ⓒ 가보트《프랑스의 활발한 $^4/_4$박자의 춤》 ; 그 곡.
gawk [gɔ:k] n. ⓒ 멍청이, 얼뜨기, 얼간이.
—vi. 《美口》 멍하니 (넋잃고) 바라보다《*at*》.
gawky [gɔ́:ki] (***gawk·i·er ; -i·est***) a. 멍청한, 얼빠진, 얼뜨기의.
파) **gawk·i·ly** ad. **-i·ness** n.
gawp [gɔ:p] vi. 《英口》 멍청이 입을 벌리고 바라보다, 빤히 쳐다보다(stare)《*at*》.
:gay [gei] (***⌐·er ; ⌐·est***) a. (1) 명랑한(merry), 즐거운, 쾌활한. (2) (색채·복장 등이) 화미(華美)한, 찬란한, 화려한(bright). (3) 《婉》 방탕한, 음탕한 ; 들뜬. (4) 《口》 동성애(자)의. (5) 《美俗》 건방진, 뻔뻔스러운. — n. ⓒ 《口》 동성애자, 게이, 호모.
gáy bár 《美俗》 게이 바《동성애자가 모이는 술집》.
Ga·za [gá:zə, gǽ-, géi-] n. 가자《Gaza Strip 에 있는 항구 도시.
:gaze [geiz] n. (sing) 응시, 주시, 눈여겨봄 ; (뚫어지게 보는) 시선.
—vi. 《~/+副/+前+名》 (홍미·기쁨 따위로) 지켜보다, 응시하다《*at* ; *on* ; *upon* ; *into*》. ***~ after*** … 의 뒷모습을 응시하다(바라보다).
ga·ze·bo [gəzí:bou, -zéi-] (pl. ***~(e)s***)n. ⓒ (옥상·정원 따위의) 전망대, 노대(露臺).
ga·zelle [gəzél] (pl. ***~(s)***)n. ⓒ 【動】 가젤《소형의 아프리카 영양의 일종》.
gaz·er [géizər] n. ⓒ 눈여겨보는〈응시하는〉 사람 ; 《俗》 경관, 마약 단속관.
·ga·zette [gəzét] n. ⓒ (1) 신문, (시사 문제 등

G

의) 정기 간행물 ; (G-) …신문《명칭》\. (2)《英》 관보, 공보(official ~) : (Oxford 대학 등의) 학보.
—vt. 《英》 〔흔히 受動으로〕 (인명·승진 등)을 관보에 싣다, 관보로 공시(公示)하다.

gaz·et·teer [gæ̀zətíər] n. ⓒ (1) 지명(地名) 사전. (2) (지도책·사전 등 권말의) 지명 색인.

gaz·pa·cho [gəzpɑ́ːtʃou] n. ⓤ 가스파초《잘게 자른 토마토·오이·양파 따위에 올리부유·식초를 넣어 만든 수프로, 차게 먹는 스페인 요리》.

ga·zump [gəzʌ́mp] vt. 《英俗》 (1) (아무)를 속이다. (2) (팔기로 약속해 놓고) 집값을 듬뿍 올려(살 사람을) 나처하게 하다.

:gear [giər] n. ⓤ,ⓒ (1) 【機】 전동 장치(傳動裝置) ; 기어, 톱니바퀴 장치 ; 활차(滑車). (2) (특정 용도의) 의복. (3) (특정 용도에 쓰는), 도구, 용구 ; 가구 ; 일용품. (4) 마구(馬具)(harness) ; 장구(裝具) ; 선구(船具)(rigging). ***change 〈shift〉 ~*** 1) 변속하다, 기어를 바꾸다. 2) (태도·방법을) 바꾸다. ***get〈go, move〉 into ~*** 순조롭게 움직이기 시작하다, 궤도에 오르다. ***go 〈move〉 into high ~*** 최대한으로 회정을 시작하다. ***in ~*** 기어가 걸려, 차의 기어를 넣어 ; 준비가 갖추어져, 원활히 운전하여, 순조롭게. ***in high ~*** 최고 속도로, 최고조에. ***out of ~*** 기어가 풀려서, 차의 기어를 빼어 ; 원활치 못하여. ***throw〈put〉 . . . out of ~*** … 의 기어를 풀다 ; … 의 운전을 방해하다, 상태를 원활치 못하게 하다.
—vt. (1) 《+目+副》 … 에 기어를 넣다《*up*》 (기계)를 걸다《*to*》. (2) 《+目+前+名》 … 을 (계획·요구 따위에) 맞게 하다, 조정하다《*to*》.
— vi. 연결되다, (톱니바퀴가) 맞물리다《*into*》 ; (기계가) 걸리다《*with*》 ; 적합하다《*with*》. ***~ down*** 기어를 저속으로 넣다. (활동·생산 따위등을) 억제하다, 감소하다 ; (정도따위를) 낮추다《*to*》. ***~ up*** 기어를 고속으로 넣다 ; 준비를 갖추다《*for*》 ; (산업·경제 따위를) 확대하다 ; 준비시키다.

G

gear·box [ˊbɑ̀ks/-bɔ̀ks] n. ⓒ 【機】 (1) = GEARCASE. (2) (자동차의) 변속기.

géar càse 【機】 톱니바퀴 통자《전동(電動) 장치를 덮는》.

gear lever 〈stick〉 n. ⓒ 《英》 변속 레버, 기어 변환 장치. = GEARSHIFT.

gear·wheel [ˊhwìːl] n. ⓒ 【機】 (큰) 톱니바퀴(cogwheel).

gecko [gékou] (pl. ***~s, ~es***) n. ⓒ 【動】 (열대산) 도마뱀붙이.

gee[2] int. 〔흔히 다음 成句로〕 ***~ up*** ~ 를 격려하다. (말을 몰 때 명령조로) 이러, 어디여.;

gee[3] int. 《美口》 아이고, 깜짝아야, 놀라워라.
Gee whiz (z) ! 깜짝이야 [◁ Jesusl]

gee[4] n. ⓒ (흔히 pl.) 《美俗》 1,000 달러.

:geese [giːs] GOOSE의 복수.

gee-whiz [dʒíːhwíz] a. (1) (말·표현 등이) 사람을 선동하는. (2) 《美口》 경탄할 만한, 깜짝 놀라게 할 만한

Ge·hen·na [gihénə] n. (1) 【聖】 힌놈(Hinnom)의 골짜기 《Jerusalem근처에 있는 쓰레기터, 페스트 예방을 위하여 끊임없이 불을 태웠음 ; 예레미야 Ⅶ : 31》. (2) ⓤ 초열 지옥 ; 【新約】 지옥(Hell). (3)ⓒ 〔一般的〕 고난의 땅.

Géi·ger (-Mül·ler) cóunter [gáigər(mjúːlər)ˊ] 【物】 가이거 (뮐러) 계수관(計數管) 《방사능 「측정기》.

gel [dʒel] n. ⓤ,ⓒ 【物·化】 겔.
— (***-ll-***) vi. (1) 교질화(膠質化)하다 ; 굳어지다. (2) 《英》 (계획·생각 등이) 구체화하다. 파) ***~·able*** a.

·gel·a·tin, -tine [dʒélətən] [dʒélətən/dʒèlətíːn] n. ⓤ 젤라틴, 정제한 아교 : vegetable ~ 우무(ager, agar).

ge·lat·i·nous [dʒəlǽtənəs] a. 젤라틴 모양의 〈에 관한〉, 아교질의 ; 안정된.

geld (p.,pp ***~·ed*** [géldid], ***gelt*** [gelt]) vt. (1) (말 따위)를 거세하다. (2) … 에서 정기 (精氣)를 없애다.

geld·ing [géldiŋ] n. ⓒ 거세한 동물, 내시.

gel·id [dʒélid] a. 얼음 같은, 어는 듯한, 극한의(icy) ; 냉담한(frigid). 파) ***~·ly*** ad. **ge·lid·ty** [dʒəlídəti] n.

gel·ig·nite [dʒélignàit] n. ⓤ 젤리그나이트《니트로글리세린을 함유한 강력 폭약의 일종》.

gelt [gelt] GELD의 과거·과거분사.

:gem [dʒem] n. ⓒ (1) 보석, 보옥; 주옥(珠玉). (2) 귀중품 ; 일품(逸品). 보석과 같은 것〈사람〉.
— (***-mm-***) vt. … 을 보석으로 장식하다 ; (보석을) 박다.

gem·i·nate [dʒémənit, -nèit] 【植·動】 쌍생의, 짝을 이룬. — [-nèit] vt., vi. (… 을) 2배로 〈2중으로〉 하다〈되다〉 ; 겹치다, 겹쳐지다 ; 쌍으로 늘어놓다〈서다〉. 파) ***~·ly*** ad.

Gem·i·ni [dʒémənài, -ni] n. pl. 〔單數 취급〕 【天】 쌍둥이 자리, 쌍자궁(雙子宮) (the Twins).

gem·ma [dʒémə] (pl. ***-mae*** [-miː]) n. ⓒ 【植】 무성 생식체 ; 무성아(無住芽).

gem·(m)ol·o·gy [dʒmɑ́lədʒi/-mɔ́l-] n. ⓤ 보석학. 파) ***-gist*** n. ⓒ 보석학자〈감정인〉.

gem·stone [dʒémstòun] n. ⓒ 보석용 원석(原石), 귀석(貴石) ; 준(準) 보석.

gen [dʒen] 《美口》 n. ⓤ (the ~) (일반) 정보 ; 진상(the truth)《*on*》, 정확한 정보.
— (***-nn-***) vt., vi. 〔다음 成句로〕 ***~ up*** (남에게) 정보를 주다(얻다), 가르치다〈알다〉《*about* ; *on*》.

-gen, -gene '… 을 생기게 하는 것, … 에서 생긴 것' 이란 뜻의 결합사 : hydrogen.

gen·co [dʒénkou] n. ⓒ (pl. ***~s***) 《英》 전력회사.

gen·darme [ʒɑ́ː; ndɑ; rm] n. ⓒ (pl. ***~s***) (프랑스 등지의) 헌병 ; 경찰.

gen·der [dʒéndər] n. ⓤ,ⓒ (1) 【文法】 성(性), 성칭(性稱). (2) 《口》 (사람의) 성, 성별(sex). 파) ***~·less*** a. 【文法】 성이 없는.

gen·der-ben·der [ˊbèndər] n. ⓒ 《口》 이성 (異性)의 복장을 하는 사람.

génder gàp (the ~) 사회 여론이 남녀의 성별로 갈리는 일.

gene [dʒiːn] n. ⓒ 【生】 유전자, 유전 인자, 겐 : a recessive ~ 열성(劣性) 유전자.

ge·ne·a·log·ic, -i·cal [dʒìːniəlɑ́dʒik, dʒèn-/ɔ́dʒ-], [-ikəl] a. 계도〈족보〉의 ; 가계의, 계통을 표시하는.
파) ***-i·cal·ly*** [-ikəli] ad.

ge·ne·al·o·gy [dʒìː; niǽlədʒi, -ɑ́l-, dʒèn-] n. (1) ⓒ 가계, 혈통 ; (동식물·언어의) 계도 ; 계통. (2) ⓤ 계보학, 계통학. (3) ⓤ (동식물 등의) 개통 연구. 파) ***-gist*** n. ⓒ (계) 보학자 ; 계도가.

géne amplificàtion 【遺】 유전자 증식(增殖).

géne bànk 유전자 은행(銀行)(유전 물질을 생존시킨 상태로 보존하는 시설).

géne màp 【遺】 유전자 지도 (genetic map).
géne pòol 【遺】 유전자 풀, 유전자 공급원《유성(有性) 생식하는 생물 집단이 가지는 유전자의 전체》.
gen·e·ra [dʒénərə] GENUS의 복수.
:gen·er·al [dʒénərəl] (*more ~ ; most ~*) *a.* (1) (특수한 것이 아닌) 일반의, 보통의, 보편적인 ; 잡다한. (2) 대체적인, 총괄적인, 개략의 ; 막연한 (vague). (3) 전반에 걸치는, 전체적〈총체적〉인, 보편적인. (4) 전체에 공통되는, 세간에 널리 퍼진, 보통의. (5) 〔관직명 뒤에 붙여〕 총…, 장관의 ; (신분·권한이) 최상위의(chief). (6) (군의) 장관〈장성〉급의 : a ~ officer (군의) 장성, 장관. ***as a ~ rule*** 〔文章修飾〕 대개, 대체로, 일반적으로. ***in a ~ sense*** 보통의 뜻으로. ***in a ~ way*** 일반적으로, 대체로.
— *n.* ⓒ 육군〈공군〉 대장(full ~) ; 장관(將官), 장군, 장성. (2) 군사령관 ; 병법가, 전략〈전술〉가 (구세군의)대장 ; 《美俗》〔一般約〕 장(長). ***in ~*** 일반적으로 대체로 보통. ***people in ~*** 일반 대중. — *vt.* …의 장군으로서 지휘하다.
géneral àgent 총대리인〈점〉《略 : GA》.
Géneral Américan 일반 미국 영어《 New England 및 남부를 제외한 미국 대부분의 지방에서 일상 쓰이는 영어(의 발음)》.
Géneral Assémbly (the ~) 《美》 주의회 ; 국제 연합 총회《略 : GA》 ; (the g-a-) (장로교회 따위의) 총회, 대회.
géneral éditor 편집장, 편집 주간 (chief editor).
géneral educátion (a~) (전문 교육에 대하여) 일반〈보통〉 교육.
géneral eléction 총선거.
Géneral Eléction Dày 《美》 총선거일 《4년마다의 11월의 제 1월요일의 다음 화요일 ; 공휴일》.
géneral hospital 종합 병원 ; 【軍】 통합 병원.
ge·ner·al·ist [dʒénərəlist] *n.* ⓒ 다방면에 지식이 있는 사람, 박식한 사람 《 ※ 전문가에게는 경멸해서 쓰이는 일이 있음》. 【opp.】 *specialist.*
gen·er·al·i·ty [dʒènərǽləti] *n.* (1) (종종 *pl.*) 일반론, 개설 ; 개론, 통칙. (2) (흔히 the ~)〔複數취급〕 다수, 과반수, 대부분《※majority 가 일반적임》. (3) ⓤ 일반적임, 일반성, 보편성.
·gen·er·al·i·za·tion [dʒènərəlizéiʃən] *n.* (1) ⓤ 일반화, 보편화. (2) ⓒ 귀납적 결과 ; 개념, 통칙 .
·gen·er·al·ize [dʒénərəlàiz] *vt.* (1) (원리·규칙 등)을 일반화〈보편화〉하다, 막연히 말하다 ; (일반에게) 보급시키다. (2) (… 에서 법칙·결론)을 도출하다 《*from*》
—*vi.* (1) (…에 관해) 개괄적으로 논하다《*about*》 : It's dangerous to ~ about people. 사람에 대해 일반론을 편다는 것은 위험하다. (2) (… 에서) 결론을 도출 하다. (… 으로부터) 개괄하다《*from*》.
파) **-iz·er** [-ər] 개괄하는 사람, 일반론자. **-ized** *a.* 일반화된.
:gen·er·al·ly [dʒénərəli] (*more ~ ; most ~*) (1) 일반적으로, 널리(widely). (2) 보통, 대개. (3) 전반에 걸쳐, 여러 면으로. (4) 〔複數꼴과 함께〕 대체로. ***~ speaking*** = ***speaking ~*** = ***to speak*** ~ 일반적으로 (말하면)《독립구》.
géneral póst òffice (the ~) 《美》 (도시의) 중앙 우체국 ; (the G- P- O-) (영국의) 런던중앙 우체국《略 : G.P.O》.
géneral práctice 【醫】 일반 진료《특진 (特診)에 대한》.
géneral practítioner 일반 진료의(醫) ; (내과·외과의) 일반 개업의《 ※ 《口》로는 family doctor 라고도 함 : 略 : G.P.》. 【cf.】 SPECIALIST.
general purpose [dʒénərəlpə́ːrpəs] *a.* 다목적의, 다용도의 ; 만능의 (all-around).
géneral púrpose ínterface bùs 【컴】 범용(汎用) 인터페이스 버스《略 : GP-IB》.
gen·er·al·ship [dʒénərəlʃìp] *n.* (1) ⓤ 장군으로서의 기량(器量). (2) ⓤ,ⓒ 대장〈장군〉의 직〈지위, 신분〉.
géneral stáff (the ~) 〔集合的〕 【軍】 (사단, 군단 따위의) 참모(부), 막료.
géneral stóre 《美》 (시골의) 잡화점, 만물상
géneral stríke 총(동맹)파업.
Géneral Wínter 〔擬人的〕 동장군(冬將軍)(의인화 ; 군사 행동에 큰 영향을 주었다 해서).
·gen·er·ate [dʒénərèit] *vt.* (1) (전기·열 따위)를 발생시키다, 일으키다, (새로운 개체를) 낳다. (2) (결과·상태·행동·감정 등)을 야기 〈초래〉 하다, 가져오다《 ※ 이 경우 cause가 일반적》 (3) a〕 【數】 (점·선·면이 움직여 선·면·입체)를 이루다, 형성하다. b〕 【言】 (규칙의 적용에 의해 문(文)을 생성하다. c〕 (새 개체(個體))를 낳다.
gén·er·at·ing stàtion〈plant〉 [dʒénərèi-tiŋ] 발전소.
:gen·er·a·tion [dʒènəréiʃən] *n.* (1) ⓒ 세대, 대(代)《대개 부모 나이와 자식 나이의 차에 상당하는 기간 : 약 30년》. (2) 〔集合的〕 a〕 동시대 사람들. b〕 어떤 사상·행동 등을 함께 하는 동시대의 사람들. (3) 자손, 일족. (4) ⓤ 산출, 발생, 출생, 생식. (5)ⓒ (기계·상품 등, 종래의 형을 발전시킨) 형(型), 타입. ***alternation of ~s*** 【生】 세대 교번. ***from ~ to ~*** = ***~ after ~*** 대대로 계속해서. ***for ~ s*** 여러 세대에 걸쳐서.
generátion gàp (the ~) 세대차, 세대간의 단절 : bridge *the* ~ 세대간의 단절을 메우다.
gen·er·a·tive [dʒénərèitiv, -rətiv] *a.* (1) 생식의〈하는〉 ; 발생의〈하는〉 ; 생식력〈생성력〉이 있는. (2) 【言】 생성적인.
génerative grámmar 【言】 생성 문법.
·gen·er·a·tor [dʒénərèitər] *n.* ⓒ (1) 발전기 (dynamo) ; (가스·증기 따위의) 발생기 〈장치〉. (2) 발생시키는 사람〈것〉. (3) 【컴】 생성기, 생성 (生成) 프로그램.
géne recombinátion 【遺】 유전자 재조합.
ge·ner·ic [dʒənérik] *a.* (1) 【生】 속(genus)의 ; 속(屬)이 공통으로 갖는. b〕 【文法】 총칭적인. c〕 상표 등록에 의해 보호되어 있지 않은《상품명〈약〉》. ***the ~ person*** 【文法】 총칭 인칭《일반적으로 사람을 가리키는 one, you, we, they 등》. ***the ~ singular*** 【文法】 총칭 단수. 파) **-i·cal** *a.* **-i·cal·ly** [-ikəli] *ad.* 속에 관해서, 속적(屬的)으로 ; 총칭적으로 ; 일반적으로.
·gen·er·os·i·ty [dʒènərásəti/-rɔ́s-] *n.* (1) ⓤ 활수(滑手), 협협함. (2) ⓤ 관대, 아량 ; 관용 ; 고결. (3) ⓒ (흔히 *pl.*) 관대한〈활수(滑手)한〉 행위. □ generous *a.*
:gen·er·ous [dʒénərəs] (*more ~ ; most ~*) *a.* (1) 활수한, 아낌없이 주는, 손이 큰, 후한. (2) 푸짐한, 풍부한(plentiful). (3) 관대한, 아량 있는, 고결한 : 편견 없는 (4) (땅 따위가) 건, 비옥한(fertile). (포도주가) 진한, 독한, 감칠맛 나는(rich). 파) ***~·ly** *ad.* 활수하게, 푸짐하게 ; 관대하게. **~·ness** *n.*

G

·gen·e·sis [dʒénəsis] (*pl.* ***-ses*** [-sì;z]) *n.* (1) ⓤ,ⓒ (흔히 the ~) 발생, 창생(蒼生) ; 기원, 발상(origin), 내력. (2) (the G-) 【聖】 창세기《구약성서의 제 1 권》.

gene-splic·ing [dʒí; nsplàisiŋ] *n.* ⓤ 【生】 유전자 접합.

géne thèrapy 【遺】 유전자 요법《결손한 유전자를 보충하여 유전병을 고침》.

ge·net·ic, -i·cal [dʒinétik] *a.* 발생 〔유전, 기원〕의 ; 발생〈유전, 기원〉의 ; 발생적〈유전학적〉인.

genétic códe (the ~) 【遺】 유전 암호〈정보〉.

genétic enginéering 유전자 공학.
파) **genétic enginéer** *n.*

genétic fíngerprint(ing) 유전자 지문(법)《DNA를 분석해 범인 등을 가림 ; 지문 조회보다 정밀도가 높음》.

ge·neti·cist [dʒinétəsist] *n.* ⓒ 유전학자.

genétic máp 【遺】 = GENE MAP.

genétic márker 【遺】 유전 표지(標識)《유전학적 해석(解析)에서 표지로 쓰이는 유전자(형질)》.

genétic mutátion 유전자 돌연변이, 유전 변종(變種).

ge·net·ics [dʒinétiks] *n.* ⓤ (1) 유전학(遺傳學). (2)〔複數취급〕 유전적 특질.

·Ge·ne·va [dʒəní:və] *n.* 제네바《스위스의 도시》《※ '주네브'는 프랑스어식 읽기(Genève)》.

Genéva bánds (스위스의 Calvin파 목사가 사용한 것과 같은) 목 앞에 늘어뜨리는 2 매의 하얀 헝겊의 장식 띠.

Genéva Convéntion (the ~) 제네바 협정《1864-65년 체결한 적십자 조약.

G

Gen·ghis Khan [dʒéŋgis-ká:n, dʒén-] 칭기즈칸《몽고 제국의 시조 ; 1162-1227》.

·gen·ial [dʒi:njəl, -niəl] (***more ~ ; most ~***) *a.* (1) (기후·풍토 따위가) 온화한, 기분 좋은, 쾌적한. (2) (성품·태도 등이) 다정한, 친절한, 상냥한, 온정 있는. 파) **~·ly** *ad.*

ge·ni·al·i·ty [dʒì:niǽləti, -njǽl-] *n.* ⓤ 온화, 쾌적 ; 친절, 싹싹함 ; 다정한 표정 ; ⓒ (흔히 *pl.*) 친절한 행위 〈말〉.

gen·ic [dʒénik] a. 【生】 유전자(gene)의(…에 의한, …에 생긴는).

ge·nie [dʒí:ni] *n.* (*pl.* ***gen·ni***) (1) 【이슬람 神話】 = JINN. (2) (종종 동화에서 인간의 모습으로 나타나, 소원을 들어주는) 정령(精靈).

gen·i·tal [dʒénətəl] *a.* 생식 (기)의 : the ~ gland 〈organs〉 생식선(腺)〈생식기〉. —*n.* (*pl.*) 생식기, 외음부. 파) **~·ly** *ad.*

gen·i·ta·lia [dʒènətéiliə] *n.* (*pl.*) 【解】 생식기, 성기(genitals).

gen·i·tive [dʒénətiv] *n. a.* 【文法】 소유격(의), 속격(屬格)(의), 제2격의.

:gen·ius [dʒí; njəs, -niəs] (*pl.* ***~·es*** ; ⇨ (6)) *n.* (1) ⓤ 천재, 비범한, 창조적인 재능. (2) ⓒ (a ~) (… 에 대한) 특수한 재능, … 의 재주. (3) ⓒ 천재(적인 사람. (4) ⓒ 천성, 소질, 타고난 자질. (5) ⓤ (the ~) (시대·사회 국민 등의) 특질, 정신, 경향, 풍토, 사조《of》 : (인종·언어·법률·제도 등의) 특성, 특징, 진수(眞髓)《*of* 》 ; (고장의) 기풍, 분위기《*of* 》. (6) ⓒ (*pl.* ***ge·nii*** [dʒí:niài]) (사람·토지·고 장·시설의) 수호신, 터주 ; (선악을불문하고) 영향력이 강한 사람.

ge·ni·us lo·ci [dʒí:niəs-lóusai] 《L.》 (= genius of the place) (1) 터주, (그 고장의) 수호신. (2) (흔히 the ~) (그 고장의) 기풍, 분위기.

Gen·oa [dʒénouə] *n.* 제노바, 제노아《이탈리아 북서부에 있는 상항(商港) ; 원명 Genva》.

gen·o·cide [dʒénəsàid] *n.* ⓤ (민족·국민 따위에 대한) 계획적 대량(집단) 학살, 민족〈종족〉 근절《2차 대전시 나치스에 의한 유대인 학살 등》.

gen·o·ci·dal [dʒènəsáidl] *a.* 민족〈집단〉 대학살의.

Gen·o·ese [dʒènouí:z] *a.* 제노바(사람)의.
— (*pl.* ~) *n.* ⓒ 제노바 (사람)의.

gen·o·type [dʒènoutàip, dʒí:nə-] *n.* ⓒ 【生】 유전자형(遺傳子型), 인자형(因子型). 파) **ge·no·typ·ic, -i·cal** [-tip-] *a.*

gen·re [ʒá:nrə] *n.* 《F.》 (1) ⓒ 유형(類型)(type); (특히 미술·문학의) 양식, 장르, 형식. (2) ⓤ 【美術】 풍속화(= **~ painting**).

gent [dʒent] *n.* ⓒ (1) 신사 ; 남자, 놈(fellow). (2) 〔the G-s('), the ~s(') 單數 취급〕 남자용 화장실(men's room).

·gen·teel [dʒentí:l] *a.* (1) 품위 있는 ; 고상한, 점잖은, 우아한 ; 지체 있는 집안에 태어난. (2) 유행을 따르는, 멋진. (3)(흔히, 비꼬아서) 상류 사회의, 집안이 좋은. 파) **~·ism** [-ìzəm] *n.* ⓤ,ⓒ 고상한 말, 점잖은 말투.

·gen·tile [dʒéntail] *n.* ⓒ (*or* G-) 【聖】 (유대인 입장에서) 이방인, 《특히》 기독교도.
파) **~·dom** *n.* ⓤ,ⓒ 〔집합적〕 모든 이방인(유대인이 말하는, ㅁ gentility *n.*

gen·til·i·ty [dʒentíləti] *n.* ⓤ (1) 점잖은 체함. (2) 〔集合約〕 (the ~) 상류 계급의 사람들. ㅁ gentle. *a.*

:gentle [dʒéntl] (***-tler ; -tlest***) *a.* (1) (기질·성격이) 온화한(moderate), 점잖은, 부드러운(mild). (2) 부드러운, 조용한 ; (양념 등이)독하지 않은, 순한(mild). (3) (경사 등이) 완만한, 점진적인. (4) 가문이〈자체가〉좋은, 양가의, 본데 있는(well-born). (5) 예의 바른, 정중〈공손〉한(courteous) ; 세련된, 고상한. (6) (마음이) 고결한, 너그러운(tolerant).
—*n.* ⓒ 《英》 (낚싯밥용의) 구더기.
—*vt.* (1) 《口》 (말 따위)를 길들이다. (2) … 의 마음을 누그러뜨리다, 어루만지다, … 를 친절히 대하다.

géntle bréeze 【氣】 산들바람.

gen·tle·folk(s) [-fòuk(s)] *n. pl.* 양가(良家)의〈신분이 높은〉 사람들, 양반들.

:gen·tle·man [dʒéntlmən] (*pl.* ***-men*** [-mən]) *n.* ⓒ (1) 신사《명예와 남의 입장을 존중할 줄 아는 남성》 ; 〔一般的〕 군자, 점잖은 사람. (2) (*pl.*) 《호칭》 여러분, 제군 ; 근계(謹啓)《회사 앞으로 보내는 편지의 허두》. (3) 남성《여성에 대한》 ; 남자분. (4) (*pl.*) 〔單數 취급〕 '남자용' 《변소》. (5) 유한 계급의 사람, 놀고 지내는 사람. (6) 〔一般的〕 집안이 좋은 사람 ; 지위가 높은 사람. (7) (왕·귀인 등의) 시종(詩從) : the King's ~ 왕의 측근자. (8) (the ~) (미국 상·하원의)의원. ***a ~ in waiting*** 시종. ***a ~ of fortune*** 《戱》 해적 ; 모험가 ; 협잡꾼. ***a ~ of the press*** 신문기자. ***a ~ of the road*** 노상 강도 ; 부랑자, 거지. ***a ~ of the three outs*** 삼무인(三無人)《돈 없고, 옷 떨어지고, 신용 잃은》.

gen·tle·man-at-arms [-ətá:rmz] (*pl.* ***-men-***) *n.* ⓒ (영국 국왕의) 의장(儀仗) 친위병.

gen·tle·man·farm·er [-fáːrmər] (*pl.* ***-men-farm·ers***) *n.* 호농(豪農), 농장경영자 : (따로 수입이 있어) 취미로 농경에 종사하는 사람(〖opp.〗 *dirt-farmer*).
·**gen·tle·man·ly** [-li] *a.* 신사적인, 교육을 잘 받은, 점잖은, 예의바른. —*ad.* 신사처럼.
géntleman's 〈géntlemen's〉 agréement 신사 협정〈협약〉.
géntleman's géntleman (*pl.* ***gentlemen's gentlemen***) 종복(從僕) (valet).
·**gen·tle·ness** [dʒéntlnis] *n.* ⓤ 온순, 친절, 관대〈얌전,, 고상〉함, 우아, 과격하지 않음.
gen·tle·per·son [dʒéntlpə̀ːrsn] *n.* (1) 《종종 戱》 여러분, 재군, 신사. (2) (G-s) 근계(謹啓) 《회사로 보내는 편지의 서두에》.
géntle séx (the ~) 〔集合的〕 여성.
gen·tle·wom·an [-wùmən] (*pl.* ***-women*** [-wímin]) *n.* ⓒ 《古》 (1) 양가의 부인, 숙녀, 귀부인 (lady). (2) 귀부인의 시녀.
파) **~·like, ~·ly** *a.*
:**gen·tly** [dʒéntli] (***more ~ ; most ~***) *ad.* (1) 온화하게, 상냥하게, 친절하게. (2) 완만하게, 서서히. (3) 점잖게, 우아하게. (4) 지체 높게.
gen·tri·fy [dʒéntrəfài] *vt.* (슬럼화한 주택가)를 고급 주택 (지)화하다. 파) ***gèn·tri·fi·cá·tion*** *n.* ⓤ (주택가의) 고급 주택화.
·**gen·try** [dʒéntri] *n.* (the ~) 〔集合約〕 (1) 신사계급, 상류 사회, 명문의 사람들《영국에서는 귀족과 향사(鄕士) 사이의 계급》. (2) 《口·蔑》 (특정·계급·지역·직업의) 무리, 패거리.
gen·u·flect [dʒénjuflèkt] *vi.* (1) (예배를 위해)(한쪽) 무릎을 구부리다〈꿇다〉, 장궤(長詭)하다《*before*》. (2) (비굴하게) 아첨하다.
파) **-flec·tor** *n.* **gèn·u·fléc·tion, -fléx·ion** fgs *n.* (1) 무릎 꿇음, 장궤(長詭). (2) 비굴한 아첨(태도).
:**gen·u·ine** [dʒénjuin] (***more ~ ; most ~***) *a.* (1) 진짜의, 틀림없는. (2) (원고·서명 등이)저자 친필의. (3) 진심에서 우러난, 참된, 성실한(sincere, real). (4) 순종의(purebred).
파) ***~·ly** *ad.* 진정으로, 성실하게. **~·ness** *n.* ⓤ 진짜임, 순수함.
·**ge·nus** [dʒíːnəs] (*pl.* ***gen·e·ra*** [dʒénnərə]) ***~·es***)*n.* ⓒ (1) 종류, 부류. (2) 【生】 속(屬)《과(family)와 종(種) (species)의 중간》 : 인류, 인간.
geo- '지구, 토지'의 뜻의 결합사.
ge·o·cen·tric [dʒìːousétrik] *a.* (1) 지구 중심의. (2) 【天】 지구 중심에서 본〈측량한〉, 지심(地心)의. . 파) **-tri·cal·ly** [-kəli] *ad.* 지구를 중심으로, 지구의 중심에서 재어. **-tri·cism** [-trisìzəm] *n.* ⓤ 지구 중심설.
geocéntric lóngitude 【天】 지심(地心) 경도.
ge·o·chem·is·try [dʒìːoukémistri] *n.* ⓤ 지구화학. 파) **-chém·ist** *n.*
ge·o·chro·nol·o·gy [dʒìːoukrənáləd3i/-nɔ́l-] *n.* ⓤ 지질 연대학(地質年代學) 파) **-gist** *n.*
ge·o·des·ic [dʒìːoudésik, -díːs-] *a.* 측지학의, 측량의 : 【數】 측지선(線)의. —*n.* 【數】 측지선(= ~**line**). 파) **-i·cal** *a.*
geodésic dóme 【建】 지오데식〈측지선〉 돔《다각형 격자를 짜맞춘》.
ge·od·e·sist [dʒiːádəsist/-ɔ́d-] *n.* ⓒ 측지학자.
ge·od·e·sy [dʒiːádəsi/-ɔ́d-] *n.* ⓤ 측지학.
·**ge·og·ra·pher** [dʒiːágrəfər/dʒiɔ́g-] *n.* ⓒ 지리학자.
·**ge·o·graph·ic, -i·cal** [dʒìːəgrǽfik/dʒiə-], [-əl] *a.* 지리학(상)의, 지리적인.
파) **-i·cal·ly** sdfs *ad.* 지리적으로 ; 지리학상.
geográphical míle 지리 마일《≒nautical 〈sea, air〉 mile ; 1,852 m》.
:**ge·og·ra·phy** [dʒiːágrəfi/dʒiɔ́g-] *n.* (1) ⓤ 지리 ; 지리학. (2) (the ~) (어느 지역의) 지리, 지세, 지형《*of*》 : 《英口》 방 위치(건물 등의) ; 《婉》 화장실 위치. ㅁgeographic *a.*
·**ge·o·log·ic, -i·cal** [dʒìːəládʒik/dʒiəlɔ́dʒ-], [-əl] *a.* 지질학(상)의 ; 지질의. 파) **-i·cal·ly** 지질학상으로.
geológical súrvey 지질 조사.
geológic máp 지질도(圖).
·**ge·ol·o·gist** [dʒiːálədʒist/dʒiɔ́l-] *n.* ⓒ 지질 학자.
·**ge·ol·o·gy** [dʒiːálədʒi/dʒiɔ́l-] *n.* (1) ⓤ 지질학. (2) (the ~)(어느 지역의) 지질《*of*》.
ge·o·mag·net·ic [dʒìːəmægnǝétik] *a.* 지자기의.
ge·o·mag·net·ism [dʒìːoumǽgnətìzəm] *n.* ⓤ 지자기(地滋氣)(학), 지구자기.
ge·om·e·ter [dʒìːámitər/dʒiɔ́m-] *n.* ⓒ (1) 기하학자. (2) 【蟲】 자벌레.
·**ge·o·met·ric, -ri·cal** [dʒìːəmétrik] [-əl] (***more ~ ; most ~***) *a.* 기하학(상)의 ; 기하학적인.
파) **-ri·cal·ly** [-rikəli] *ad.*
geométric(al) progréssion 【數】 등비 수열 ; 기하급수. 【cf.】 arithmetic progression.
ge·om·e·tri·cian [dʒiàmətrìʃən/dʒìoumə-] *n.* ⓒ 기하학자(geometer).
:**ge·om·e·try** [dʒìːámətri/dʒiɔ́m-] *n.* ⓤ 기하학, ~평면(입체·구면) 기하학.
ge·o·mor·phol·o·gy [dʒìːəmɔːrfálədʒi/dʒìəmɔːrfɔ́l-] *n.* ⓤ 지형학.
파) **-gist** *n.* **-mor·pho·lóg·ic, -i·cal** *a.* **-i·cal·ly** *ad.*
geophys. geophysical ; geophysics.
ge·o·phys·i·cal [dʒìːoufízikəl] *a.* 지구 물리학(상)의. 파) **~·ly** *ad.*
ge·o·phys·i·cist [dʒìːoufízisit] *n.* ⓒ 지구 물리학자.
ge·o·phys·ics [dʒìːoufíziks] *n.* ⓤ 지구 물리학(地球物理學).
ge·o·pol·i·tic, -po·lit·i·cal [dʒìːoupálitik/-pɔ́l-], [-pəlítikəl] *a.* 지정학의, 파) **-i·cal·ly** *ad.*
ge·o·pol·i·ti·cian [dʒìːoupàlətíʃən/-pɔ̀l-] *n.* ⓒ 지징힉자.
ge·o·pol·i·tics [dʒìːoupálətiks/-pɔ́l-] *n.* ⓤ 지정학《정치에 대한 지리의 영향을 연구》.
George [dʒɔːrdʒ] *n.* (1) 조지《남자 이름》. (2) 영국왕(王)의 이름. (3) (가터 훈장 목걸이의) 조지상(像)《St. George가 용을 퇴치하는 보석상(像)》. (4) 《口》 (항공기의) 자동 조종장치. ***by ~ !*** 정말(참), 참말《가벼운 맹세 또는 감탄》. ***let ~ do it*** 《口》 남에게 맡기다. ***St. ~***. England의 수호 성인. ***St. ~'s cross*** 성(聖) 조지 십자, — a. 좋은, 멋진, 즐거운.
Géorge Cróss 〈Médal〉 (the ~) 《英》 조지십자 훈장《略 : G.C〈G.M〉》.
·**Geor·gia** [dʒɔ́ːrdʒə] *n.* (1)조지아《미국 남부의 주 ; 略 : Ga ; 【郵】 GA ; 주도 Atlanta》. (2)그루지야(공화

G

국)《옛소련의 한 공화국 : 수도 Tbilisi》.

Geor·gian [dʒɔ́ːrdʒən] *a.* (1)【英史】 조지 왕조《George 1-4 세 시대(1714-1830)》의. (2)Georgia (1), (2) 의. — *n.* ⓒ (1)조지 왕조 시대의 사람. (2)Georgia 주 사람 ; 그루지야(Georgia) 사람 ; ⓤ 그루지야 말.

ge·o·sci·ence [dʒìːousàiəns] *n.* ⓤ 지구 과학, 지학. 파) **gè·o·scí·en·tist** *n.* 지구 과학자.

ge·o·sta·tion·a·ry [dʒìːoustéiʃənèri/ -ʃənəri] *a.* 【宇宙】 (인공위성이) 지구에서 보아 정지하고 있는.

ge·o·ther·mal, -mic [dʒìːouθə́ːrməl], [-mik] *a.* 지구 열학(熱學)의, 지열(地熱)의.

ger [gɛər] *n.* 게르, 파오(包)《몽골인의 원형 주거(住居) 천막》.

ge·ra·ni·um [dʒəréiniəm] *n.* ⓒ 【植】 제라늄, 양아욱 ; (G-) 이질풀속(屬).

ger·bera [gə́ːrbərə, dʒə́ːr-] *n.* ⓒ 【植】 솜나물.

ger·i·at·ric [dʒèriǽtrik] *a.* 노인병(과)의.

ger·i·a·tri·cian, -i·at·rist [dʒèriətríʃən], [-iǽtrist] *n.* ⓒ 노인병 학자, 노인병 전문 의사.

ger·i·at·rics [dʒèriǽtriks] *n.* ⓤ 노인병학〈과〉.

·**germ** [dʒəːrm] *n.* (1) ⓒ 미생물, 병원균, 세균, 병균. (2)(the ~)《比》(사물의) 싹틈, 조짐 ; 기원, 근원《*of*》. (3) ⓒ 【生】 유아(幼芽), 배종(胚種). ***be in ~*** 싹이 트는 중이다 ; 아직 발달을 못 보고 있다.

:Ger·man [dʒə́ːrmən] *a.* 독일의 ; 독일풍〈식〉의. — (*pl.* **~s**) *n.* (1) ⓒ 독 일 사람. (2) ⓤ 독일어.

ger·man [dʒə́ːrmən] *a.* 부모〈조부모〉가 같은.

ger·mane [dʒəːrméin] *a.* 〔敍述的〕 밀접한 관계 가 있는

Ger·man·ic [dʒəːrmǽnik] *a.* 독일의 ; 튜턴〈게 르만〉 민족의 ; 튜턴〈게르만〉어의 ; 게르만적인.

G

ger·ma·ni·um [dʒəːrméiniəm] n. ⓤ 【化】 게르 마늄《희유금속 원소 ; 기호 Ge ; 번호 32》.

Gérman méasles 풍진(風疹) (rubella).

Gérman shépherd (dòg) (독일종) 셰퍼드《경찰견, 맹도견》.

Gérman sílver 양은《니켈·아연·구리의 합금》.

:Ger·ma·ny [dʒə́ːrməni] *n.* 독일.

gérm cèll 【生】 생식 세포.

germ·free [dʒə́ːrmfrìː] *a.* 무균의.

ger·mi·cid·al [dʒə̀ːrməsáidl] *a.* 살균(성)의, 살 균력이 있는 : a ~ lamp 살균등.

ger·mi·cide [dʒə́ːrməsàid] *n.* ⓤⓒ 살균제.

ger·mi·nal [dʒə́ːrmənəl] *a.* (1)새싹의, 배종(胚種)의. (2)초기의, 미발달의

·**ger·mi·nate** [dʒə́ːrmənèit] *vi.* (1)싹트다, 발아 하다. (2)(생각·감정 등이) 생겨나다. — *vt.* …을 싹트게 하다. 파) **gèr·mi·ná·tion** [-ʃən] *n.* ⓤ 발아, 맹아(萌芽) ; 발생.

gérm plàsm 〈plàsma〉 【生】 생식질(生殖質) ; (한 조직체의) 생식 세포질.

gérm wárfare 세균전(germ campaign).

geront-, geronto- '노인, 노령' 의 뜻의 결합사.

ger·on·toc·ra·cy [dʒèrəntάkrəsi/-tɔ́k-] *n.* (1) ⓤ 노인 지배〈정치〉. (2) ⓒ 노인 지배국〈정부〉.

ger·on·tol·o·gy [dʒèrəntάlədʒi/-tɔ́l-] *n.* ⓤ 노 인학, 노년학.
파) **-gist** *n.* 노년학자.

ger·ry·man·der [dʒérimæ̀ndər, gér-] *vt.*《美》(1)(선거구)를 자기 당에 유리하게 고치다. (2)(자 기만 유리하게) 멋대로 조작하다, 속이다. — *vi.* 선거구를 멋대로 고치다. — *n.* ⓒ 게리맨더링《당리당략을 위한 선거구 개편》.

Gersh·win [gə́ːrʃwin] *n.* 거슈윈. (1)**Geoge ~** 미국의 작곡가(1898-1937). (2)**Ira ~** 미국의 작사 가. ①의 형 (1896-1983).

:ger·und [dʒérənd] *n.* ⓒ 【文法】 동명사《명사적 성질을 띤 동사 변화형의 일종.

Gestált psychólogy 게슈탈트〈형태〉 심리학.

Ge·sta·po [gəstάːpou, ge-] *n.* ⓤ 〔集合的〕《G.》 게슈타포《나치스 독일의 비밀 경찰》 ; 비밀 경찰.

ges·tate [dʒésteit] *vt.* (1)…을 임신하다. (2)(사상·계획 등)을 다듬다.

ges·ta·tion [dʒestéiʃən] *n.* (1) ⓤ 임신. (2) ⓒ 임신 기간. (3) ⓤ (사상·계획 등의) 창안, 입안, 형성.

ges·tic·u·late [dʒestíkjəlèit] *vi.*, *vt.* 손짓〈몸짓으로 이야기 〈표시〉하다.

ges·tic·u·la·tion [dʒestìkjəléiʃən] *n.* ⓤⓒ (요란한) 몸짓, 손짓 ; 몸짓〈손짓〉을 하기.

ges·tic·u·la·to·ry [dʒestíkjəleitɔ̀ːri] *a.* 요란하게 몸짓·손짓하는.

:ges·ture [dʒéstʃər] *n.* (1) ⓤⓒ 몸짓, 손짓, 얼굴의 표정. (2) ⓒ 태도, 거동 ; (형식적인) 의사 표시.

gésture lànguage 몸짓 언어(言語) (sign language) .

:get[1] [get] (***got*** [gɑt/gɔt], 《古》 ***gat*** [gæt] ; ***got, got·ten*** [gάtn/gɔ́tn]; ***gét·ting***) *vt.* (1) a]…을 얻다, 입수하다, 획득하다(obtain). b]《+目+目/+目+前+名》 …에게 (물건)을 사서 〈손에 넣어〉 주다.
(2)《~+目/+目+前+名》(선물·편지·돈·허가 등)을 받다(receive), 갖게 되다.
(3)(물고기·사람 등)을 잡다, 붙들다 ; (작물)을 수확하다 ; (열차·버스)를 시간에 대다, 타다.
(4)《口》 (병·고통 등이) 사람을 압도하다 ; 해치우 다, 죽이다 ; 【野】 아웃시키다.
(5)《~+目/+目+目/+目+前+名》 (무선 신호 들)을 수신하다 ; (전화 등으로) …와 연락하다, 통화하다.
(6)(타격·위해 등)을 입다, …을 당하다 ; (병에) 걸리다, (벌)을 받다.
(7)《~+目/+目+前+名》《口》 (타격·탄알 따위가) …에 미치다〈맞다〉, …을 맞히다(hit).
(8)《口》 a]…을 곤란하게 하다, 두 손 들게 하다(puzzle), 성나게 하다 ; (망상등이) …에 들붙다. b]…을 감동시키다, …의 마음을 사로잡다.
(9)《~+目/+目+補 》《口》 을 알아듣다 , 이해하다 (understand).
(10)《美》 (식사)를 준비하다(prepare) ;《英口》 (식사 등)을 먹다
(11)《~+目/+目+前+名》 …을 가서 가져오다 (fetch).
(12)《+目+目》 …을 가져다주다, 집어 주다.
(13)《+目+前+名/+目+副》 (…을 어떤 장소·위치로) 가져가다, 나르다, 데리고 가다, (어떤 장소에) 두다.
(14)《+目+-*ing*/+目+補》 …의 상태로 하다.
(15)《+目+*to* go》 …시키다〈하게 하다〉(cause), …하도록 설득하다(persuade) ; 권하여 …하게 하다 (induce).
(16)《+目+*done*》 a](아무에게) …을 시키다. b]…당하다. c]《주로 美》(일 따위)를 해치우다.
(17)《have got》《口》 a]가지고 있다(have). b]《have got to》 …하지 않으면 안 되다(have to).

— *vi.* (1)《+補/+*done*》…이 되다《변화·추이》; …되다《受動으로》. (2)《+ *to* do》…하게 되다 ; 겨우 …할 수 있다, 그럭저럭 …하다(manage). (3)《+ -*ing*》…하기 시작하다. (4)《+前+名/+副》(어떤 장소·지위·상태에) 이르다〈닿다〉, 도착하다, 오다, 가다 ; 〔it을 주어로〕(어느시각·시기가) 되다《*to*》. (5)《口》〔종종 [git]로 발음〕 지체없이 가버 리다 (scram).
all* ~ *out ⇨ GET-OUT. **~ *about*** 1)(돌아다니다 여행하다, 여기저기 전근하다. 2)(병자 등이) 기동할 수 있게 되다. 3)(소문이) 퍼지다. 4)(회합 등) 여기저기에 얼굴을 내밀다. **~ *above*** one***self*** ⇨ ABOVE. **~ *abreast of*** …와 어깨를 나란히 하다, 비견하다. **~ *abroad*** ⇨ ABROAD. **~ *across*** 1)(강·거리 따 위를) 건너다 ; (사람·말 등을) 건네주다. 2)(말따위가〈를〉 청중 등에) 이해되다〈시키다〉. (연극 등이〈을〉) 성공하다〈시키다〉. 생각 따위를 알게 하다《*to*》. 3)《口》…를 짜증나게 하다. 골나게 하다, …와 버성기다. ~ after …을 쫓다, 추적하다 ;《口》…을 꾸짖다, 나무라다; …을 자꾸 요구하다《*to* do》. **~ *ahead*** ⇨ AHEAD. **~ *ahead of*** ⇨ AHEAD. **~ *along*** 1)(그럭저럭) 살아가다, 해 나가다. 2)진척시키다, (일 따위를) 진행시키다《*with*》. 3)사이좋게 해 나가다《*together*》, 좋 은 관계에 있다《*with*》. 4) (때가) 지나다, 늦어지다 ; 노경에 다가서다. 5)《口》가다. 떠나다. 6)(*vt.*) …을 먼저 가게 하다 ; (물건)을 보내다, 가져〈데려〉가다〈오다〉《*to*》. **~*along well* 〈*badly*〉** 협조하다 〈하지 않다〉, 마음이 맞다 〈맞지 않다〉. ***Get along* 〈*away*〉(*with you*)**!《口》꺼져 ; 허튼소리 하지 마라. **~ *anywhere*** 《口》〔否定語를 수반해〕 성공하다〈시키다〉. **~ *around*** 1) =~ about(1)-(4) (2) (겨우) 착수하다. (…할) 여유가 생기다《*to* ; *to* do*ing*》. 3)(장애·곤란 등을) 피하다, 해쳐 나가다 ; (법 등의) 빠질 구멍을 찾아내다 ; (아무의) 의표를 찌르다. 4)(아무를) 설복시켜 (…)하게 하다《*to* do》; (아무의) 생각을 (…로) 바꾸다, 납득시키다《*to*》. 5)(아무를) (방문하기 위해) …로 데리고가다〈오다〉; (…을) …에 보내다《*to*》. **~ *at*** 1)(어느 지점)에 닿다. 도달하다. 2)…에 미치다, …을 붙잡다, …을 손에 넣다 : stretch in order to ~ *at* a top shelf 맨 윗선반에 닿도록 손을 뻗다. 3)…을 알아내다〈파악하다〉; 분명히 하다. 4)〔進行形〕…을 암시하다. 뜻하다(imply). 5)《口》〔종종 受動으로〕…을 매수하다 ; (경주말 등)에 부정 수단을 쓰다 : One of the jury *had been got at*. 배심원의 한 사람이 매수돼 있었다. 6)《口》…을 공격하다, …에게 불평하다, …을 놀리다. 7)(일 따위)에 정진하다, 착수하다. **~ *away*** (*vi.*) 1)떠나다. 가버리다, … 로부터 떨어지다《*from*》; (여행 따위에) 출발하다. 2)〔흔히 否定文〕…을 피하다, 인정하지 않다, (어떠한 사실에서) 도망치다《*from*》. 3)(race등에서) 스타트하다. (*vt.*) …을 떼어내다, 제거하다《*from*》. **~ *away with*** 1)…을 가지고 달아나다. 2)…을 잘 해내다 ; 벌받지 않고 해내다 ; (가벼운 벌)로 때우다. **~ *back*** (*vi.*) 1)돌아오〈가〉다 ; (일·화제 따위로) 돌아가다《*to*》;〔종종 命令文〕뒤로 물러나다. 2)(…에) 후에 연락하다《*to*》. 3)(정당 따위가) 정권을 되찾다. (*vt.*) …을 되돌려보내다 ; 되찾다. **~ *back at* 〈*on*〉**《口》…에 대갚음을 하다, 보복하다. **~ *behind*** 1)(공부 등에서) 뒤지다. 2)《美》…을 지지〈후원〉하다 ; …의 뒤로 물러서다. 3)…을 해명하다, …의 속내를 환히 알다. 4)(지급 등을) 지체하다. **~ *by*** 1)(…의 곁을) 지나가다, 빠져나가다. 2)《口》그럭저럭〈어떻게〉 헤어나다〈빠져나가다〉. 3)(일 등의) 된 품이 그만그만하다. (검사 등을) 통과하다 ; (…이) 받아들여지다. 4)(일 따위가) 그저 그만〈쓸만〉하다《*with*》. **~ *cracking*** ⇨ CRACK. **~ *done with*** 《口》끝내다, 해버리다. **~ *down*** 1)(*vi.*) (차 따위에서) 내리다《*from* ; *off*》; (아이가) 식탁에서 물러나다 ; 몸을 굽히다, 무릎꿇다《*on* one's knees》\. 2)(*vt.*) (…에서) 내리다 ; 삼키다 ; 베끼다 ; 낙심〈실망〉시키다. **~ *down to*** 차분히 …에 착수하다 ; …에 내리다. **~ *even with*** ⇨ EVEN[1]. **~ *far*** 1)멀리까지 가다. 2)진보하다, 성공하다: He'll ~ *far* in life. 그는 성공할 것이다. 3)…이 진척되다. **~ *his* 〈*hers*〉** 벌을 받다. **~ *hold of*** ⇨ HOLD. **~ *home*** 1)집에 닿다, 집으로 돌아가다 ; 귀국하다. 2)(골 등에) 일착으로 들어가다 ; 적중하다 ; (아무의) 급소를 찌르다《*on*》; 충분히 이해되다 〈시키다〉《*to*》. **~ *in*** (*vi.*) 1)(…에) 들어가다, 타다. 2)(배·열차가) 도착하다. 3)(…와) 친해지다《*with*》; (…와) 한패가 되다《*with*》. 4)선출되다.당선되다 ; (시험에 붙어) 입학하다 ; (일·조직 등에) 참가하다. 5)(비·햇빛 등이) 숨어들다, 비쳐들다. (*vt.*) 1)…을 넣다, (말로) 끼어들다. 2)(작물)을 거둬 들이다 ; (기부금·대출금·세금)을 거두다 ; (상품을) 구입하다. 3)(의사·수리공 등)을 부르다. 4)(씨)를 뿌리다 ; (타격 등)을 제대로 가하다. **~ *in on*** …에 참여〈참가〉하다 ; 얻〈잡〉다. **~ *in*** a person***'s way*** ⇨ WAY. **~ *into*** 1)…에 들어가다, …를 타다 : ~ *into* a bus 버스를 타다. 2)…에 도착하다 〈시키다〉. 3)(의회)에 당선하다 〈시키다〉; …에 입학하다〈시키다〉. 4)《口》〔흔히 完了形〕(…의) 마음을 사로잡다《※ 종종 what 주어로, 괴상한 행동에 대해 씀》. 5)…동아리〈패〉에 끼다. 6)(옷)을 입다 〈…에게 입히다〉. (신)을 신다〈…에게 신기다〉. 7)(…이〈을〉) 어떤 상태로 되다〈빠뜨리다〉, (나쁜 버릇)이 붙다. 8)《口》(여성)을 임신시키다. 9)…에 종사하다〈시키다〉. 10)(방법·기술 등)을 습득하다〈…에게 습득시키다〉, …에 익숙해지다〈게 하다〉, (문제 등)에 흥미를 갖다〈갖게 하다〉. 11)(어떤 생각이) 머리에 떠오르다. **~ *it*** 《口》벌을 받다, 꾸지람듣다 : (걸려온 전화·현관 벨 소리에) 응하다, 나가다 ; 손에 넣다. **~ *it* (*all*) *together*** 《口》(실력을 발휘하여) 잘 〈냉정히〉 해내다 ; 자신을 갖다, 침착해지다. **~ *it into*** one***'s head that*** ... …이라고〈…하다고〉 확신하게 되다. **~ *next to*** ⇨ NEXT. **~ *nowhere*** =***not* ~ *anywhere*** 효과〈성과, 진보〉가 없다, 아무 것도 안 되다, 잘 안되다. **~ *off*** (*vi.*) 1)출발하다. 2)…에서 내리다, 하차하다. 3)(…에서) 떨어지다, …에 들어가지 않다. 4)(편지 따위가) 발송되다. 5)(싫은 일 따위를) 면하다 ; 일을 그만두다 ; 조퇴하다. 6)형벌〈불행〉을 면하다 ; (계약 등을) 면하다《*with*》. 7)《俗》(마약에) 취하다《*on*》; 오르가슴을 경험하다 ; (…에) 열중하다《*on*》; 뻔뻔스럽게도 …하다《do*ing*》. 8)잠들다. 9)(이성과) 갑자기 가까워지다. 10)(화제에서) 벗어나다, 그만두다. (*vt.*) 1)(…으로) …을 떠나보내다《*to*》. 2)(편지 따위)를 부치다. 3)(…에서) …을 떼어놓다 ; 벗다, 빼다. 4)(…에서 얼룩 등)을 제거하다. 5)《美口》(농담 등)을 말하다. 6)…에게 형벌을 면하게 하다《*with*》. 7)(승객 따위)를 하차시키다. 8)《口》…을 —에서 입수하다. **~ *off on the wrong foot*** ⇨ FOOT. **~ *off to sleep*** 잠들다〈잠들게 하다〉. **~ *off with*** ... …의 벌을 받다 ;《英口》(이성)과 친해지다. ***Get off* (*with you*)*!*** = Get along (with) you (成句). **~ *on*** (*vi.*) 1)(탈것에)타다 : ~ *on* a train 열차에 타다. 2)진행되다, 진척하다 ; (일 따위를) 척척 진행시키다 ; (종종 중단 후에) 계속하다《*with*》. 3)서두르다《*with* it》. 4)성공하다, 잘〈이럭지럭〉 해나가다《*in*》.

G

5)(어떻게) 살다, 지내다. 6)(…와) 사이좋게 지내다, 마음이 맞다《*with*》. 7)〔進行形〕(…할 시간이) 거의 되어가다 ; (사람이) 나이먹다. (*vt.*) 1)(버스·열차 따위)에 태우다. 2)(옷 따위)를 몸에 걸치다, 입다, (신을) 신다, (뚜껑 따위를) 씌우다. 3)(학생)을 향상시키다. 4)(장작)을 지피다 ; (불)을 밝히다. ***~ on at*** …에 (귀찮게) 잔말하다. ***~ on for*** = ~ on toward. ***~ on*** a person***'s nerves*** ⇨ NERVE. ~ ...***on the*** 〈one***'s***〉 ***brain*** ⇨ BRAIN. ***~ on to*** 〈***onto***〉... 1)(자전거·버스·열차 등)에 타다〈태우다〉. 2)(…의 부정을) 찾아내다, 깨닫다, 감지하다. 3)《英》…에게 (전화따위) 연락하다. 4)…하도록 잔소리하다《*about* ; *to* do》. 5)(다른 화제 따위)로 바꾸다, 옮기다 ; 시작하다. 6)…에 당선되다, 임명되다. ***~ on toward*** 〈《英》 ***for***〉 ... 〔進行形〕(나이·시간 따위가) …에 다가가다. ***~ out*** (*vt.*) 1)…을 꺼내다 ; (가시·이·얼룩 등)을 빼내다. 2)(말 등)을 하다, 입밖에 내다. 3)…을 구해내다, 구하여 도망시키다. 4)(정보·비밀 등)을 듣다〈묻다〉 ; 발견하다, (문제)를 풀다. 5)(도서관 등)에서 책을 빌려내다 ; (예금따위)를 찾아내다 ; (책 따위)를 출판〈발행〉하다. (*vi.*) 1)나가다, 도망치다, 모면하다. 2)〔命令形〕《俗》 말도 안 돼 ; 꺼져라. 3)(비밀 따위가)새다, 들통나다. ***~ out of*** 1)…에서 나오다 ; (탈것)에서 내리다 : ~ *out of* a car〈taxi〉 차에서 내리다. 2)(옷)을 벗다 : *Get out of* those wet clothes. 젖은 옷을 벗어라. 3)…이 미치지 않는 곳으로 가다 ; …의 범위 밖으로 나가다 : ~ *out of* sight 보이지 않게 되다. 4)(악습에서) 벗어나다, …을 버리다. 5)(해야 할 일)을 피하다. 6)…에서 면하게 하다. 7)…에서 (이익 등)을 얻다, …에서 손에 넣다. 8)(비밀·고백 따위를) …로부터 듣다. 9)(…에서) …을 제거하다, 빼내다 : *Get* me *out of* here.이 곳에서 나를 빼내주시오. ***~ over*** 1)넘다, 넘게 하다. 2)(곤란·장해 따위)를 이겨내다. 3)(슬픔·쓰라린 경험 따위)를 잊다 ; (병 따위)에서 회복하다. 4)(어느 거리(距離)를 가다, 달리다. 5)건너다 ; (찾아뵈러) 가다《*to*》. 6)〔흔히 I〈we〉 can't ~ over ... 구문으로〕《口》…에 정말 놀라다. 7)(상대방에게 생각 따위가〈를〉) 전해지다 〈전하다〉, 생각 따위를 알게 하다《*to*》. 8)= ~ over with. 9)〔흔히 否定文〕(사실 등)을 부정하다. ~ ...***over*** (***and done***) ***with*** 《口》 (귀찮은 일을) 끝내버리다, 치워버리다 ; …을 잘하다《※ with에는 목적어가 오지 않음》. ~ one***self together*** 《口》 자제하다. ***~ somewhere*** 효과가 있다, 잘 되어가다, 성공하다. 【cf.】 ~ nowhere. ***~ there*** 《口》 목적을 달하다, 성공하다 ; 납득이 가다. ***~ through*** (*vi.*) 1)(…을) 빠져나가다 ; (…을 지나 목적지에) 이르다《*to*》. 2)(의안이 의회를) 통과하다 ; (시험에) 합격하다. 3)일을 마치다 ; (…을) 종료하다, 완수하다《*with*》. 5)(시간)을 보내다. 6)(전화·의사가)통하다 ; (…에게 전화) 연락을 하다, 말을 이해시키다《*to*》. 《口》(곤란·병 따위)를 극복하다 (*vt.*) 1)…을 빠져나가게 하다 ; (시험에) 합격시키다 ; (의회에 의안을) 통과시키다. 2)(목적지에) 도착시키다, 보내주다 《*to*》 : (…을 …에) 통하게 하다, 이해시키다 ; (전화 등에서) 상대에게 연결시키다《*to*》 ; 【競】(결승 등에) 진출시키다《*to*》. ***~ to*** 1)…에 닿다, …에 이르다(arrive at). 2)(일)에 착수하다, …를 하기 시작하다《do*ing*》 ; (식사)를 시작하다. 3)《口》…와 (잘) 연락이 되다 ; …에게 영향〈감명〉을 주다. 4)《美口》(매수·협박 등의 목적으로) …에게 다가가다, …을 (매수〈협박〉하여) 움직이다 ; 《俗》(마약 따위가) …에게 듣다(affect). ***~ together*** (*vt.*) …을 모으다 ; 《口》(생각·일을) 잘 정리하다, 뭉뚱그리다. (*vi.*) 1)모이다 ; 의논하다 ; 의논을 종합하다, (의견이) 일치하다. 2)(…의 일로) 단결하다, 협력하다《*on* ; *over*》 ***~ under*** 1)밑에 들다〈들이다〉. 2)진압하다, 끄다(subdue). 3)쓰러지다, 굴복하다. ***~ up*** (*vi.*) 1)일어 나다, 기상하다, (병후에) 자리에서 일어나다 ; (땅·좌석 에서) 일어서다. 2)(…을) 올라가다; (자전거·말 따위에) 타다 : ~ up the ladder 사다리를 오르다. 3)(불·바람·바다 따위가) 격해지다, 거칠어지다. 4)〔命令形〕(말에게) 나가라! (*vt.*) 1)…를 기상시키다. 2)(계단 따위)를 …에게 오르게 하다, 올리다 ; (자전거 따위)에 태우다. 3)(회의 따위)를 준비하다 ; 설립〈조직〉하다 ; 계획하다, 짜다. 4)(세탁물)을 마무르다. 5)(옷차림 등)을 꾸미다, …에게 성장(盛裝)시키다, (머리 따위)를 매만지다(dress). 6)(제본 및 인쇄)를 …모양으로 하여 출판하다 ; 《英》(학과 등)을 공부하다, (시험 문제)를 풀다. ***~ up and go*** 〈***get***〉 《口》 1)척척 움직이기 〈분발하기〉 시작하다. 【cf.】 get-up-and-go. 2)서두르다. ***~ up to*** ... 1)…에 이르다. 2)…을 뒤따라잡다, 따라붙다. 3)(장난 따위)에 관계하다. …을 계획하다(plan). ***~ whet's coming*** (***to*** one) 당연한 대갚음을 받다. ***~ wind of*** ... ⇨ WIND[1]. ***~ with it*** 《口》 1)유행에 뒤지지 않도록 하다, 유행을 타다, 앞서 있다. 2)(일·공부에) 정성을 쏟다. ***have got it bed***(***ly***) 《俗》 확 달아 올라 있다, …에 열을 올리고 있다. ***tell*** 〈***put***〉 a person ***where*** he ***~s*** 〈***where to ~***〉 ***off*** 《口》 아무를 타이르다〈비난하다〉, 아무에게 분수를 알게 하다.
— *n.* ⓒ (1)(동물의) 새끼. (2)《英俗》 바보, 멍청 이. (3)【테니스】 겟.

get·at·a·ble [getǽtəbəl] *a.* 《口》 도달할 수 있는, 접근하기 쉬운.

get·a·way [gétəwèi] *n.* (*sing.*) 《口》 (1)(특히 범인의) 도망, 도주(escape). (2)(연극·경주의) 출발, 스타트. — *a.* 〔限定的〕 도주하는, 도주(용)의.

Geth·sem·a·ne [geθséməni] *n.* 겟세마네《예수 가 Judas의 배반으로 붙잡힌 Jerusalem 부근의 동산 ; 마태복음 XXVI : 36》 ; ⓒ (g-) 고뇌 ; 고난의 장소(때).

get-out [gétàut] *n.* 탈출수단 ; 핑계, 발뺌. ***as*** 〈***like, for***〉 (***all***) ***~*** 《口》 극단으로, 몹시.

get-rich-quick [gétrìtʃkwík] *a.* 《口》 일확 천금의〈을 노리는〉.

get·ta·ble [gétəbəl] *a.* 얻을〈손에 넣을〉 수 있는.

get-to·geth·er [géttəgèðər] *n.* ⓒ 《口》 회의, 회합 : (비공식) 모임, 친목회(= **~ mèeting**).

Get·tys·burg [gétizbə̀ːrg] *n.* 게티스버그《미국 Pennsylvania주 남부의 도시 ; 남북 전쟁 최후의 결전장(1863 년)》.

Géttysburg Addréss (the ~)게티즈버그 연설《1863년 11월 19일 Abraham Lincoln이 Gettysburg에서 한 민주주의 정신에 관한 연설》.

Get·up [gétʌ̀p] *n.* ⓒ 《口》 (1)(책 따위의) 꾸밈새, 체재, 장정. (2)(색다른, 별난) 몸차림, 옷맵시.

get-up-and-go〈**-get**〉 [gétʌ̀pəngóu〈gèt〉] *n.* ⓤ 《口》 패기, 열의 ; 주도〈적극〉성.

gew·gaw [gjúːgɔː] *n.* ⓒ (겉만 번드레한) 싸구려. — *a.* 겉만 번지르르한, 허울뿐인.

gey·ser [gáizər, -sər] *n.* ⓒ (1)간헐천. (2)[gíːzər] 《英》 (욕실 등의) 가스 순간 온수 장치.

G-FLOPS [dʒíːflɑ̀ps/-flɔ̀ps] *n.* 【컴】 연산(演算) 속도 단위.

Gha·na [gɑ́ːnə] *n.* 가나《아프리카 서부의 공화국 ;

수도 Accra》. 【cf.】 Gold Coast.
파) **Gha·na·ian, Gha·ni·an** [gάːniən, gǽ-] *a.*, *n.* 가나의, 가나 사람(의).

·**ghast·ly** [gǽstli, gάːst-] (***-li·er*** ; ***-li·est***) *a.* (1) (표정 등이) 창백한, 핼쑥한 ; 송장같은. (2)무서운(horrible), 소름 끼치는, 무시무시한. (3) 《口》 아주 불쾌한, 싫은. — *ad.* 송장같이 ; 핼쑥하여 ; 무섭게. 파) **-li·ness** *n.*

gher·kin [gə́ːrkin] *n.* ⓒ (식초 절임용의) 작은 오이 ; (열대 아메리카산의) 오이의 일종.

ghet·to [gétou] (*pl.* ***~(e)s***) *n.* 《It.》 (1)(본디, 유럽의 도시들에 있던) 유대인 지구. (2)(특정 사회 집단의) 거주지 ; 《美》 (흑인 등 소수 민족) 빈민 굴 ; 슬럼가.

:**ghost** [goust] *n.* (1) ⓒ 유령, 망령(亡靈), 원령(怨靈), 요괴. (2) ⓒ 《古》 (영)혼(spirit, soul). 【cf.】 Holy Ghost. (3)(*sing.* ; 《英》 흔히 the ~) 희미한 윤곽, 그림자 같은 것, 아주 조금. (4) ⓒ 【光學·TV】 고스트, 제 2 영상(= **~ image**). (5) ⓒ 《口》 (문학 작품의) 대작자(代作者) (~ writer). ▫ ghastly, ghostly *a.* ***give*** 〈《古》 ***yield***〉 ***up the ~*** 1)죽다. 2)(물건이) 망가지다. 고장나다.
— *vt.* …을 대작(代作)하다. — *vi.* 대작을 하다 (ghostwrite).

ghost·li·ness [góustlinis] *n.* ⓤ 유령 같음, 요괴성(性).

·**ghost·ly** [góustli] (***-li·er*** ; ***-li·est***) *a.* 유령의 〈같은〉 ; 그림자 같은, 희미한.

ghóst stòry 괴담(怪談), 유령 이야기.

ghóst tòwn 《美》 유령 도시《전쟁·기근·폐광 등으로 주민이 떠난 황폐한 도시》.

ghost·write [góustràit] (***-wròte*** ; ***-writ·ten***) *vi.*, *vt.* (연설·문학 작품의) 대작(代作)을 하다.
파) ***-writ·er*** *n.* ⓒ 대작자.

ghoul [guːl] *n.* ⓒ (1)송장먹는 귀신《무덤을 파헤쳐 시체를 먹는다고 함》 ; 도굴꾼. (2)악귀같은 사람, 잔인한 사람.

ghoul·ish [gúːliʃ] *a.* 송장 먹는 귀신 같은 ; 잔인한.
파) **~·ly** *ad.* **~·ness** *n.*

GI, G.I. [dʒíːái] (*pl.* ***GIs, GI's, G.I.'s,*** **G.I.s**) *n.* ⓒ (현역 또는 퇴역) 미군 하사관·병, 미군, 《특히》 징모병 : a *GI* Joe 미국 병사 / a *GI* Jane 〈Jill, Joan〉 미국 여군. — *a.* 〔限定的〕 (미군 당국의) 관급의, 미군 규격의

·**gi·ant** [dʒáiənt] *n.* ⓒ (1)(신화·전설상의) 거인. (2)큰 사나이, 힘센 사람 ; 거대한 것〈동식물〉. (3)(재능·지력 따위에서의) 거인, 거장, 대가.
— *a.* 거대한, 위대한, 특대의. 〖opp.〗 *dwarf*.
파) **~·ness** *n.*

gi·ant·ess [dʒáiəntis] *n.* ⓒ 여자 거인, 여장부.

giant kíller (스포츠 따위에서) 거물 잡는 선수 〈팀〉, 상수(上手)잡이.

giant pánda 【動】 자이언트 판다, 바둑곰.

giant stár 【天】 거성(巨星) 《직경·광도·질량 따위가 대단히 큰 항성》. 【cf.】 supergiant.

giaour [dʒauər] *n.* ⓒ 이단자, 불신자(不信者) 《이슬람 교도가 특히 기독교를 이르는 말》.

gib·ber [dʒíbər, gíbər] *vi.* (1)(놀람·무서움으로) 알아들을 수 없게 지껄이다 ; 빨리 지껄이다. (2)(원숭이 등이) 깩깩거리다.

gib·ber·ish [dʒíbəriʃ, gíb-] *n.* 뭐가 뭔지 알 수 없는 말, 횡설수설.

gib·bet [dʒíbit] *n.* ⓒ (1)(사형수의) 효시대 (梟示臺). (2)교수형. — *vt.* (1)…을 효시대에 매달다 ; 효시하다. (2)…을 공공연히 욕보이다.

gib·bon [gíbən] *n.* ⓒ 【動】 긴팔원숭이《동남 아시아산(産)》

gib·bous [gíbəs] *a.*(1)(달·행성 따위) 반원보다 볼록한 상태의, 볼록한 원의 ; 튀어나온. (2)꼽추의. 파) **~·ly** *ad.*

gibe, jibe [dʒaib] *vi.* (…을 …로) 비웃다, 조롱하다, 얕보다《*at* ; *for*》. — *vt.* …을 비웃다, 조롱하다. — *n.* ⓒ 헐뜯음, 우롱, 비웃음《*at* ; *about*》.

gib·lets [dʒíblits] *n. pl.* (닭·거위 등의)내장.

Gi·bral·tar [dʒibrɔ́ːltər] *n.* 지브롤터《스페인 남단(南端)의 항구 도시로 영국의 직할 식민지 ; 略 : Gib(r).》. ***the Strait of ~*** 지브롤터 해협.

·**gid·dy** [gídi] (***-di·er*** ; ***-di·est***) *a.* (1)현기증나는 ; 어지러운, 아찔한 ; 눈이 핑핑 도는. (2)경솔한, 들뜬 : a ~ young flirt 촐랑대는 계집애. ***act*** 〈***play***〉 ***the ~ goat*** 〈***ox***〉 경솔한 짓을 하다. ***feel*** 〈***turn***〉 ***~*** 어지럽다. ***My ~ aunt !*** 《俗》 저런, 어머나《놀라움을 나타냄》.
파) **gíd·di·ly** *ad.* **-di·ness** *n.* ⓤ 현기증 ; 경솔.

gid·dy-go-round [-gouráund] *n.* ⓒ 《英》 회전목마(《美》 merry-go-round).

·**gift** [gift] *n.* (1) ⓒ 선물, 선사품《※ gift는 present 보다 형식을 차린 말》. (2) ⓤ 증여, 선사 ; 증여권(權). (3) ⓒ (타고난) 재능, 적성(talent)《*for* ; *of*》. (4) ⓒ (a ~) 《口》 싸게 산 물건 ; 썩 간단한 일. ***as*** 〈《古》 ***at***〉 ***a ~*** 거저라도《싫다 따위》. ***by*** 〈***of***〉 ***free ~*** 거저. ***the ~ of*** 〈***the***〉 ***gab*** 《口》 능변.
— *vt.* 《+目+前+名》 (1)(돈·물건)을 주다, 증여하다《*with*》. (2)(재능 따위)를 부여하다 《*with*》. 파) **~·less** *a.*

gíft certíficate 상품권(《英》 gift token).

·**gift·ed** [gíftid] *a.* 타고난〈천부의〉 재능이 있는 (talented).

gíft hòrse 선물로 주는 말. ***look a ~ in the mouth*** 선물받은 물건을 흠잡다《말은 그 이로 나이를 알 수 있는 데서》.

gíft shòp 선물〈토산물〉 가게.

gíft tòken 〈**vòucher**〉 《英》 = GIFT CERTIFICATE.

gift-wrap [gíftræ̀p] (***-pp-***) *vt.* (선물 따위를 리본으로) 예쁘게 포장하다.

gig[1] [gig] *n.* ⓒ (1)(예전의) 말 한 필이 끄는 2 륜마차. (2)【海】 (선장 전용의) 소형 보트.

gig[2] *n.* ⓒ 작살. — (***-gg-***) *vi.* 작살을 쓰다 《for》. — *vt.* 작살로 (물고기)를 잡다.

gig[3] *n.* ⓒ (재즈등의) 연주 ; 출연 ; (1회 만의)출연〈연주〉 계약. —(***-gg-***) *vi.* 《口》 하룻밤만 연주하다.

giga- '10억, 무수(無數)'의 뜻의 결합사.

gig·a·bit [gígəbìt, dʒígə-] *n.* 【컴】 기가비트 《10억 비트 상당의 정보 단위》.

gig·a·byte [gígəbàit, dʒígə-] *n.* 【컴】 기가바이트 《10억 바이트 상당의 정보 단위》.

gi·ga·hertz [gígəhə̀ːrts, dʒígə-] *n.* 기가헤르츠, 10억 헤르츠《略 : GHz》.

·**gi·gan·tic** [dʒaigǽntik] (***more ~*** ; ***most ~***) *a.* 거인 같은, 거대한 ; 엄청나게 큰.
파) **-ti·cal·ly** [-əli] *ad.*

·**gig·gle** [gígəl] *vt.*, *vi.* 킥킥 웃다《*at*》. 킥킥 웃어 (감정을) 나타내다. — *n.* ⓒ (1)킥킥 웃음 : give a ~ 킥킥 웃다. (2)《口》 우스운 것〈사람〉 ; 농담. ***for a ~*** 《口》 장난 삼아, 농담으로.

G

gig·gly [gígli] (***gig·li·er*** ; ***-liest***) *a.* 킥킥 웃는 (버릇이 있는).

gig·o·lo [dʒígəlòu, ʒíg-] (*pl.* **~s**) *n.* ⓒ (1)(창녀 등의) 기둥서방, 지골로 ; 남자 직업 댄서. (2)돈많은 여성에게 붙어 사는 남자.

Gí·la mónster [híːlə-] 【動】 아메리카독도마뱀《미국 남서부의 사막 지방산(産)》.

Gil·bert [gílbərt] *n.* (1)길버트《남자 이름》. (2) **Sir William Schwenck ~** 길버트《영국의 희극 작가·시인 ; 1836-1911》.

·gild[1] [gild] (*p.*, *pp.* **~·ed** [gíldid], **gilt**) *vt.* (1)…에 금〈금박〉을 입히다, …을 금도금하다. (2)…을 아름답게 장식하다, 보기좋게 꾸미다, 치장하다.

gild·ed [gíldid] *a.* (1)금박을 입힌, 금도금한. (2)부자의 ; 상류계급의. ***the ~ youth*** 돈 많은 젊은 신사, 귀공자.

Gíded Áge (the ~) (남북전쟁 후 30년간의 미국의) 대호황 시대, 황금기.

gild·ing [gíldiŋ] *n.* ⓤ(1)도금(술), 금박 입히기 : electric ~ 전기 도금. (2)도금 재료, 금박, 금가루《따위》. (3)겉치레, 허식.

gill**[1] [gil] *n.* ⓒ (흔히 *pl.*) (1)아가미. (2)턱과 귀밑의 군살. ***green 〈***blue, fishy, pale, white, yellow***〉 ***about*** 〈***ground***〉 ***the ~s*** (병·공포 따위로) 안색이 나쁜〈창백한〉. ***rosy*** 〈***red, pink***〉 ***about*** 〈***around***〉 ***the ~s*** 혈색이 좋은, (술에 취해) 붉어진 얼굴을 하고. ***to the ~s***《口》 꽉 차서, 잔뜩.

gill[2] [dʒil] *n.* ⓒ 질《액량의 단위 ; =¼ Pint ;《美》 0.118 *l*, 《美》 0.142 *l*》.

gill[3], **jill** [dʒil]*n.*ⓒ (or G-, J-) 처녀, 소녀 ; 애인(sweetheart).

gil·lie, gil·ly [gíli] *n.* ⓒ (스코틀랜드 고지 지방의 사냥꾼·낚시꾼의) 안내인, 가이드.

gil·ly·flow·er, gil·li- [dʒíliflàuər] *n.* ⓒ 【植】 스톡.

·gilt[1] [gilt] GILD[1]의 과거·과거분사.
— *a.* = GILDED. — *n.* ⓤ 금박, 금가루, 금니(金泥). ***take the ~ off the gingerbread***《英口》 허식〈가면〉을 벗기다 ; 실망시키다.

gilt[2] *n.* ⓒ (새끼를 낳은 일이 없는) 어린 암돼지.

gilt-edge(d) [gíltèdʒ(d)] *a.* (1)(종이·책 등이)금테의. (2)일류의, 우량의《증권따위》.

gim·crack [dʒímkræ̀k] *a.* 굴퉁이의, 허울만 좋은.
— *n.* ⓒ 겉만 번지르르한 물건, 굴퉁이.

gim·crack·ery [dʒímkræ̀kəri] *n.* ⓤ 〔集合的〕 겉만 번지르르한 물건 ; (작품의) 속보이는 기교.

gim·let [gímlit] *n.* (1)ⓒ 도래송곳. (2) ⓤ 김릿《진과 라임 주스의 칵테일》.

gim·let-eyed [gímlitàid] *a.* 날카로운 눈(매)의.

gim·me [gími] 〔發音@字〕《口》 give me.
— *n.* (종종 *pl.*)《俗》 탐욕, 물욕 사욕.

gim·mick [gímik] *n.* ⓒ《口》 (1)(요술쟁이 등의) 눈속임 장치, 트릭(trick). (2)(광고 등에서 이목을 끌기 위한)고안 : 새 고안물. 파) **~·ry** *n.* ⓤ《口》 속임수 장치(의 사용).

gimp [gimp] *n.* ⓒ《俗》 다리가 불구인 사람.
— *vi.* 쩔뚝거리다.

gimpy [gímpi] *a.*《俗》 절름발이의.

·gin[1] [dʒin] *n.* ⓤⓒ 진.

·gin[2] *n.* ⓒ (짐승잡는) 덫 (2)조면기(繰綿機), 씨아(cotton~.) — (**-nn-**) *vt.* 씨아로 목화씨를 빼다, 조면(繰綿) 하다.

gín and ít〈**ÍT**〉《英》 진과 이탈리아산 베르무트의 칵테일

gín fìzz 진피즈《진에 레몬·탄산수를 탄 음료》.

·gin·ger [dʒíndʒər] *n.* ⓤ (1)【植】 생강 ; 그 뿌리《약용·조미료·과자에 쓰이는》. (2)《口》 정력, 원기, 기력. (3)황〈적〉갈색 ;《俗》 붉은 머리털(의 사람).
— *a.* 〔限定的〕 생강을 넣은 ; 생강빛의 ; (머리가) 붉은. — *vt.* (1)…에 생강 맛을 내게 하다. (2)기운을 돋우다, 격려하다《*up*》.

gínger ále 진저에일《생강맛을 곁들인 비(非)알코올성 탄산 청량음료의 일종》.

gínger bèer 진저 비어《진저에일보다 생강 냄새가 더 강한 탄산음료》.

gin·ger·bread [dʒíndʒərbrèd] *n.* ⓤⓒ (1)생강 맛이 나는 케이크, 쿠키. (2)(가구·건물 등의) 야한 장식.

gínger gròup《英》 (정당 내부의) 소수 강경파.

gin·ger·ly [dʒíndʒərli] *ad.* 아주 조심스럽게, 신중히 : in a ~ manner 극히 신중하게.

gin·ger·snap [dʒíndʒərsnæ̀p] *n.* ⓒ,ⓤ 생강이 든 쿠키.

gin·gery [dʒíndʒəri] *a.* (1)생강같은 ; 매운, 얼얼한(pungent). (2)황갈색의 ; (머리가) 붉은(red). (3)혈기 왕성한.

gink·go, ging·ko [gíŋkou] (*pl.* **~s, ~es**) *n.* ⓒ 【植】 은행나무

gínkgo nùt 은행

gi·nor·mous [ginɔ́ːrməs, dʒi-] *a.*《英俗》 턱 없이 큰.

gin·seng [dʒínseŋ] *n.* ⓒ 【植】 인삼(人蔘) ; 그 뿌리《약용》.

gíppy túmmy [dʒípi-]《俗》 (열대지방 여행 자가 걸리는) 설사.

·Gipsy ⇨ GYPSY.

:gi·raffe [dʒəræ̀f, -rάːf] (*pl.* **~s, ~**) *n.* ⓒ (1)【動】 기린, 지라프 (2)(the G-) 【天】 기린자리.

gir·an·dole [dʒírənd óul] *n.* ⓒ (1)가지 달린 장식 촛대. (2)회전 꽃불. (3)큰 보석 주위에 작은 보석을 박은 펜던트·귀걸이《따위》.

·gird [gəːrd] (*p.*, *pp.* **~·ed** [gə́ːrdid], **girt** [gəːrt] *vt.* (1)《~+目/+目+前+名》 …의 허리를 졸라매다《*with*》, 허리띠로 조르다. (2)《+目+副》 (칼 따위)를 허리에 차다 : ~ *on* one's sword. (3)《+目+前+名/+目+*to do*》〈再歸的〉 차리다, 채비를 하다, 긴장하다《*for*》. (4)《~+目/+目+前+名》 (성 등)을 둘러싸다, 에워싸다《*with*》. ▫ girdle *n.* ~ (*up*) one'***s loins*** (여행 등의) 행장을 갖추다 ; 단단히 태세를 갖추다.

gird·er [gə́ːrdər] *n.* ⓒ 【土·建】 도리 ; 대들보 ; 거더.

·gir·dle [gə́ːrdl] *n.* ⓒ (1)띠, 허리띠. (2)띠모양으로 두르는 것. (3)거들《코르셋의 일종 ; 고무가 든 짧은 것》. ▫ gird *v.* ***have*** 〈***carry, hold***〉... ***under*** one'***s ~*** …을 지배하다, 복종시키다.
— *vt.* …에 띠를 두르다, 띠 모양으로 에두르다.

:girl [gəːrl] *n.* ⓒ (1)계집아이, 소녀. 〖opp.〗 *boy*. (2)젊은 여자 , 미혼 여성, 처녀 ;《특히》 여학생(school~). (3)(흔히 the ~s)《口》 (나이·기혼·미혼을 불구하고) 여자 ; (친밀히) 여보, 아주머니. (4)여점원(sales ~) ; 여사무원 (office ~) ; 여성근로자. (5)(흔히 one's ~) 애인. (6)《口》 딸(daughter). (7) (the ~s) (기혼·미혼 포함하여) 한 집의 딸들 ; 서로 아는 여자들. ***my dear ~*** 여보, 당신《아내 등에 대한 호칭》.

G

— *a.* 〈限定的〉 여자의, 계집애의 〈같은〉 : a ~ student 여학생. ***That's the* 〈*my*〉 *~ !*** 잘했다, 잘한다, 좋아.

gírl Fríday (종종 G-) (일을 잘해서 여러 일을 맡은) 여비서〈여사무원〉.

:gírl friend 여자친구〈애인〉, 걸프렌드.

Gírl Gúides (the ~) 《英》 소녀단원, 걸가이드 단원 《1910년 영국에 창설된 7-17세 까지의 단체 : 《美》 Girl Scout》.

·girl·hood [gə́ːrlhùd] *n.* ⓤ 소녀〈처녀〉임, 소녀 〈처녀〉 시절 ; 〔集合的〕 소녀들.

girl·ie, girly [gə́ːrli] *a.* 《口》 젊은 여성의 누드 를 특색으로 하(여 인기를 끄)는 《잡지·쇼 따위》 : a *girlie* magazine 〈show〉 누드 잡지 〈쇼〉.

girl·ish [gə́ːrliʃ] *a.* 소녀의 : 소녀다운 : (사내아이가) 계집애 같은 ; 소녀를 위한. 【opp.】 *boyish.* 『 파) **~·ly** *ad.* **~·ness** *n.*

Gírl Scòut (the ~) 《美》 걸스카우트 단원《1912년 미국에 창설된 걸스카우트단 ; 연령은 5-17세》. 【cf.】 Girl Guides.

·girt [gəːrt] GIRD[1]의 과거·과거분사. — *a.* 둘러싸인 ; a sea-~ isle 바다로 둘러싸인 섬.

girth [gəːrθ] *n.* (1) ⓒ (짐이나 안장을 묶는) 끈, 띠, 허리띠, (말 따위의) 배띠. (2) ⓤⓒ 몸통 둘레 (의 치수) ; (원기둥 모양의 물건의) 둘레의 치수.

·gist [dʒist] *n.* (the ~) (논문이나 일 따위의) 요점, 요지, 골자《*of*》.

git [git] *n.* ⓒ 《英俗》 쓸모없는 놈, 바보자식.

:give [giv] (***gave*** [geiv] ; ***giv·en*** [gívən]) *vt.* (1) 《~+目/+目+目/+目+前+名》 …을 주다, 거저 주다, 드리다, 증여하다.
(2)《~+目/+目+目/+目+前+名》 (지위·명예·임무·허가 따위)를 주다, 수여〈부여〉 하다 ; (축복·장려·인사 따위)를 주다, 하다, 보내다.
(3)《+目+目》 (시간·기회·유예·편의 따위)를 주다.
(4)《~+目/+目+目》 (타격·고통·벌 따위)를 주다, 가하다.
(5)《~+目/+目+目》 (슬픔·걱정·인상·감상·기쁨 ·희망 따위)를 주다, 느끼게 하다, 일으키다.
(6)《+目+前+名》 (형태·성질·모양)을 부여하다 ; 띄게 하다.
(7)《~+目/+目+目/+目+前+名》 …을 건네다, 넘겨주다, 인도하다.
(8)《+目+目/+目+前+名》 (손)을 내밀다 ; (여자가) 몸을 맡기다, 허락하다 《*oneself*》.
(9)《+目+前+名》 (보상으로서) …을 주다, 내다, 치르다.《*for*》 ; 희생하다 ; 〔흔히 否定形〕 …만한 관심을 기울이다《*for*》.
(10)《+目+目》 (병)을 옮기다.
(11)(증거·예증·이유 등)을 보이다, 들다, 지적하다, 제출하다.
(12)《+目+目》 (시일)을 지시하다, 지정하다.
(13)(온도·기압·무게 따위)를 보이다, 가리키다.
(14)《~+目/+目+目》 (겉으로) 보이다, 나타내다, …의 징후이다.
(15)(세상에 널리) 전하다, 보도하다, 묘사하다.
(16)(인쇄물이) …을 수록하고 있다.
(17)《~+目/+目+目》 (의견·회답·조언·지식· 정보 따위)를 말하다, 전하다, 표명하다, 선고하다.
(18)《+目+前+名》 (노력·주의 따위)를 …에 돌리다, 쏟다, 바치다(devote).
(19)《~+目/+目+目》 〔동작을 나타냄, 주로 단음절의 名詞를 目的語로하여〕 …하다.
(20)《~+目/+目+前+名/+目+目》 (여흥 따위)를 제공하다 ; (모임)을 열다, 개최하다.
(21)《+目+目》 (프로의 사회자가) 소개하다.
(22)《~+目/+目+目》 a](동식물 등이) 공급하다, 산출하다, 나(오)다 ; (결과 따위)를 내다 (produce, supply). b](아이를) 낳다〈갖다〉.
(23)(빛·소리·목소리)를 발하다, 내다.
(24)《~+目/+目+前+名/+目+目》 (실점(失點)을 하다, 양보하다(concede).
(25)〔흔히 受動으로〕 …을 (예측·추론 등의 전제로) 인정하다, (…임)을 가정하다《*that*》.
(26)《+目+目》 〔~ me의 형식으로〕 …로 (해) 주시오, …의 편이 좋다 : (전화를) …에 연결해 주시오.
(27)《+目+目》 (축배할 때) …을 제안하다.
(28)《+目+*to* do》 〔종종 受動으로〕 …에게, …하게 하다.
— *vi.* (1)《~/+前+名》 주다, 아낌없이 내(놓)다 ; 베풀다 ; 기부를 하다. (2)(힘을 받아) 우그러〈찌그러〉지다 ; 휘다, 굽다 ; 무너〈허물어〉지다 ; (말라서) 오그라 들다, 상하다. (3)(추위 따위가) 누그러지다 ; (얼음·서리 따위가) 녹다 ; (색이) 바래다 : Ice is beginning to ~. 얼음이 녹기 시작한다. (4)순응하다, (…에)가락을 맞추다《*to*》. (5)《+前+名》 (창이) …로 향하다, …에 면하다《*on, upon* ; *onto*》 ; (복도가) …로 통하다 《*into* ; *onto*》. (6)《口》 (비밀 따위를) 털어놓다.
Don't ~ me that (***rubbish*** 〈***nonsense***〉) ***!*** 《口》 그런 (말도 안되는) 소리 마라, 그런 것 믿을 수 없어. ***~ again*** (되)돌려주다. ***~ against*** a person 아무에게 불리한 판결을 내리다. ***~ and take*** 서로 양보하다, 서로 유무상통하다 ; 의견을 교환하다. 【cf.】 give-and-take. ***~ as good as*** one ***gets*** 교묘히 응수하다, 지지 않고 되쏘아붙이다. ***~ away*** 1)남에게 주다, 싸게 팔다. 2)(기회를) 놓치다 ; 무너지다 ; 《美》 양보하다. 3)(고의 또는 우연히) 폭로하다, 누설하다, …에게 정체를 드러내게 하다. 4)나눠주다. 5)〔흔히 受動으로〕 (결혼식에서 신부를) 신랑에게 인도하다. 6)저버리다, 배신하다, 밀고하다. ***~ back*** (*vt.*) 1)돌려주다, 되돌리다《*to*》. 2)…을 되갚음하다, 말대답하다, 응수하다《insult *for* insult》 ; (소리·빛)을 반향〈반사〉하다. (*vi.*) 움츠리다, 물러서다, 굴복하다, 쑥 들어가다. ~ a person ***the best*** ⇨ BEST. ***~ forth*** 1)(소리·냄새 따위를) 발하다, 내다. 2)(작품 따위를) 발표하다. ***~ ground*** ⇨ GROUND. ***~ in*** 1)(*vt.*) (보고서 따위를) 제출하다, 건네다《*to*》 : 공표하다. 2)(*vi.*) 굴복하다《*to*》 ; 양보하다 ; 싸움을〈논의를〉 그만두다 ; 덤으로 첨부하다. ***~ it to*** a person (***hot***) 《美口》 아무를 (호되게) 꾸짖다, 때리다, 벌주다. 【cf.】 GET it. ***Give me ...*** 1)내게는 차라리 …을 다오(I prefer). 2)【電話】 …에게 연결 부탁합니다. ***~ of*** …을 아낌 없이 주다. ***~ off*** 1)(*vt.*) (냄새·빛 따위)를 내다, 방출하다 ; (가지를) 내다. 2)(*vi.*) 가지를 내다. ***~ of*** one***'s best*** 자기의 최선을 다하다. ***~ of*** one-***self*** 자신을 헌신적으로 바치다. ***~ on to*** 〈***onto***〉 ⇨ *vi* ⑤. ***~ or take*** (약간의 넘고 처짐은) 있다고 치고. ***~ out*** (*vt.*) 1)…을 배포하다, 할당하다. 2)공표〈공개〉하다, 발표하다. 3)말해버리다, 칭하다《*to* be》. 4)(소리·빛 따위를) 발하다, 내다. 5)【野】 아웃을 선언하다. (*vi.*) 1)지쳐 떨어지다, (공급·힘이) 다하다, 부족하다, (엔진 따위가) 작동을 멈추다 : (물건이) 짜부러지다 ; 다하다 ; 떨어지다 ; 다 되다. 2)《口》 〔종종 命令形〕 마음껏〈자유로이〉 행하다. 3)《口》 (부르는 소리·웃음소리 등으로)기분을 나타내다. ***~ over*** (*vt.*) 1)…을 넘겨주

G

다, 양도(讓渡)하다, 맡기다《*to*》. 2)(습관 따위를) 버리다, 끊다 ; 《英口》 (…하는 것을) 그만두다《do*ing*》. 3)〔受動으로〕 (…에) 배당되어 있다, 전용되다《*to*》 ; (나쁜 일에) 관계하고〈빠져〉 있다《*to*》. (*vi.*) 《英口》 〔종종 命令形〕 그만두다, 조용히 하다 : Do ~ *over* ! 그만해. ~ one***self over*** 〈***up***〉 ***to*** (음주 따위)에 빠지다, 몰두하다. ~ one***self up*** 항복하다, 단념하다 《*for*》 ; 자수하다《*for* the murder ; *to* the police》. ~ ... ***something to cry for*** 〈***about***〉 (대단한 일도 아닌데 우는 아이 따위)를 혼내주다. ***~ the case against*** = ~ against. ***~ the time of day*** 아침 저녁의 인사를 하다. ***~ to the world*** 공표〈발표〉하다, 출판하다. ***~ up*** (*vt.*) 1)(환자 등)을 단념〈포기〉하다 ; …와 손을 끊다. 2)(신앙등을) 버리다, (술·놀이 따위를) 그만두다, 끊다《smok*ing*》, (직업 등을) 그만 두다, (시도(試圖)를) 포기하다《do*ing*》. 3)(자리 등을) 양보하다, (영토 등을) 내주다, (죄인 따위를) 넘겨주다《*to*》. 4)(감정·일 따위에 몸을) 맡기다《*to* despair, paint*ing*, etc.》. 5)〔흔히 受動으로〕 …을 주로 (…에) 배당하다《*to*》. 6)(공범자 등의 이름을) 말해버리다, 분명히 하다《*to*》. 7)(집·차 등을) 처분하다 ; (회복·도착 등의 가망이 없다고) …의 일을 단념하다 ; 《口》 = ~ up on ... ; (투수가 히트·주자 등을) 허용하다. (*vi.*) 그만두다, 포기하다, 단념하다. ***~ up on*** ... 《口》 (글렀다고) …을 단념하다. ***~ way*** ⇨ WAY[1]. ~ a person ***what for*** (아무를) 책(責)하다, 벌하다. ***Give you joy !*** 축하(축복)합니다. ***What ~s ?*** 《口》 무슨 일이냐, 웬일이냐. ***would ~ a lot*** 〈***any-thing***〉 ***to*** do 꼭 …하고 싶다.

— *n.* ⓤ (1)줌 ; 일그러짐, 패임. (2)(재료따위의) 유연성, 탄력성 (elasticity). (3)(정신·성격 따위의) 탄력〈협조, 순응〉성.

G

give-and-take [gívəntéik] *n.* ⓤ 대등〈공평〉한 교환 ; 협조 ; 의견의 교환, 대화〈농담, 재치〉의 주고받음, 응수 ; 쌍방의 양보, 호양(互讓).

give·a·way [gívəwèi] *n.* 《口》 (1)(a ~) (비밀 등의) 누설, (비밀 등을) 드러내기, (뜻밖에) 드러난 증거. (2) ⓒ (손님을 끌기 위한) 서비스품, 경품. (3) ⓒ 【放送】 현상이 붙은 프로.

:giv·en [gívən] GIVE 의 과거분사.

— *a.* (1)〔限定的〕 주어진, 정해진, 소정(所定)의 ; 일정한. (3)〔敍述的〕 경향을 띠는, 탐닉하는, 빠지는《*to*》, 좋아하는. (4)〔前置詞的〕 …이 주어지면, …라고 가정하면. (5)(몇 월며칠) 작성 〈발행〉된(dated) 《공문서 따위를 말함》.

·given náme 《美》 (성에 대한) 이름(Christian name). 【cf.】 name.

giv·er [gívər] *n.* ⓒ 주는 사람, 증여〈기증〉자.

giz·mo [gízmou] *n.* ⓒ 《美口》 (1)도구, 장치 (gadget, gimmick). (2)거시기, 뭐라던가 하는 것 《이름을 잊거나 알아도 초들기 싫을 때》.

gla·cé [glæséi] *a.* 《F》 (1)반드럽고 윤이 나는《옷감·가죽 등》. (2)설탕을 입힌, 설탕을 바른《과자 따위》 ; 《美》 냉동의. 【cf.】 marrons glacés.

gla·cial [gléiʃəl] *a.* (1)얼음의 ; 빙하의 ; 빙하 시대의 ; 얼음〈빙하〉의 작용에 의한 ; 극한(極寒)의. (2)냉담한.

gla·ci·ate [gléiʃièit, gléisi-] *vt.* …을 얼리다 ; 얼음으로〈빙하로〉 덮다 ; 【地質】 (골짜기)에 빙하 작용을 미치다 : the ~*d* peaks of the Himalayas 히말라야 산의 얼음으로 덮인 정상들.

gla·ci·a·tion [glèiʃiéiʃən, glèisi-] *n.* ⓤ 빙결 ; 얼음으로〈빙하로〉 덮음 ; 빙하 작용.

:gla·cier [gléiʃər, gléisjər] *n.* ⓒ 빙하.

gla·ci·ol·o·gy [glèiʃiálədʒi/glèisiɔ́l-] *n.* ⓤ 빙하학 ; (특정 지역의) 빙하 형성 상태〈특징〉.

:glad[1] [glæd] (***~·der ; ~·dest***) *a.* (1)〔敍述的〕 기쁜, 반가운, 유쾌한(pleased). (2)〔敍述的〕 기꺼이 (…하다)《*to* do》 《※ 흔히 will, would, should를 수반함》. (3)〔限定約〕 (표정·목소리 따위가) 기뻐하는 ; (사건·소식 따위가) 기쁜, 좋은. (4)(자연 따위가) 찬란한, 아름다운.

glad[2] [glæd] *n.* ⓒ 《口》 글라디올러스.

glad·den [glǽdn] *vt.* …을 기쁘게 하다.

glade [gleid] *n.* ⓒ 숲 사이의 빈터〈오솔길〉.

glád èye (the ~) 《口》 추파. ***give*** a person ***the ~*** 아무에게 추파를 던지다.

glád hànd (the ~) 환영(의 손) : 따뜻한 환영.

glad-hand [glǽdhǽnd] *vt.* …을 환영〈접대〉하다.

glad·i·a·tor [glǽdièitər] *n.* ⓒ (1)【古로】 검투사《노예·포로 등이 격투장에서 목숨을 걸고 하던》. (2)(일반적으로) 투사 ; 논객.

glad·i·o·lus [glǽdióuləs] (*pl.* ***-li*** [-lai], ***~(·es)***) *n.* ⓒ 【植】 글라디올러스

:glad·ly [glǽdli] *ad.* 즐거이, 기꺼이 : I'll ~ come 기꺼이 찾아 뵙겠습니다.

·glad·ness [ˊnis] *n.* ⓤ 기쁨 : They returned home with great ~. 그들은 희희낙락해 하며 집에 돌아 왔다.

glád·ràgs (종종 one's ~) 《口》 나들이옷, 가장 좋은 옷(best clothes), 《특히》 야회복.

glam·or·ize, -our- [glǽməràiz] *vt.* (1)…에 매력을 더하다, …을 매혹적으로 만들다 ; 돋보이게 하다. (2)(사물)을 선정적으로 다루다, 미화(美化) 하다 : ~ war 전쟁을 미화하다.

glam·or·ous, -our- [glǽmərəs] *a.* 매력에 찬, 매혹적인: a ~ movie star / a ~ life 〈job〉 매력있는 생활〈일〉. 파) **~·ly** *ad.*

·glam·our, -or [glǽmər] *n.* ⓤ (1)신비적인 아름다움, 매력 : the ~ of poetry 시의 매력. (2)(여성의) 성적 매력 : an actress radiant with ~ 눈부시도록 성적 매력이 가득한 여배우.

:glance [glæns, glɑːns] *n.* ⓒ (1)흘긋 봄, 한번 봄, 일견(swift look)《*at* ; *into* ; *over*》. 【cf.】 glimpse. (2)(뜻 있는) 눈짓. (3)섬광, 번득임 《*of*》. (4)(탄알·칼·공 따위가)빗나감. ***at a*** 〈***first***〉 ***~*** 일견하여, 첫눈에, 잠깐 보아서. ***give*** 〈***cast, shoot, throw***〉 ***a ~ at*** …을 흘긋 보다, ***steal a ~ at*** …을 슬쩍 보다.

— *vi.* (1)《+副/+前+名》 흘긋〈언뜻〉 보다, 일별하다《*at* ; *over*》 ; 대강 훑어보다《*over* ; *down* ; *through*》 : ~ *over*〈*through*〉 the papers 서류들을 대충 훑어 보다. (2)《+前+名》 잠깐 언급하다《*over*》, 시사하다《*at*》. (3)《+前+名》 (탄알 따위가) 빗맞고 나가다, 스치다《*aside* ; *off*》 : The bullet ~*d off* his metal shield. 탄환은 그의 금속 방패를 스치고 지나갔다. (4)빛나다, 번쩍이다, 빛을 반사하다. — *vt.* (1) …을 쭉 훑어보다 ; (눈 따위)를 흘긋 돌리다《*at* ; *over*》 : ~ one's eyes *over*〈*down*〉 the map 지도를 대강 훑어보다. (2)(칼·탄알 따위가) …에 맞고 빗나가다. ***~ off*** (1)⇨ *vi.* ③. (2)(잔소리·비꼼 따위가) 통하지 않다.

glanc·ing [glǽnsiŋ, glɑ́ːns-] *a.* (1)(타격·탄환 따위가) 빗나가는. (2) (말 따위가) 에두른. 파) **~·ly** *ad.* 부수적으로.

·gland[1] [glænd] *n.* ⓒ 【解】 선(腺) : the sweat

~*s* 땀샘, 한선(汗腺).

glan·du·lar [glǽndʒələr] *a.* 선(腺)〈샘〉의 ; 선상(腺狀)의. 파) **-lar·ly** *ad.*

·**glare**[1] [glɛər] *n.* (1) ⓤ (흔히 the ~) 번쩍이는 빛, 눈부신 빛. (2) ⓤ (흔히 the ~) 현란함, 눈에 띔 : in *the* full ~ of publicity 세상의 평판이 자자하여. (3) ⓒ 노려봄, 눈초리.
— *vi.* (1)번쩍번쩍 빛나다, 눈부시게 빛나다 : The sun ~*d down* on them. 뙤약볕이 그들을 내리쬐었다. (2)《+前+名》노려보다《*at* ; *on, upon*》.
— *vt.*《~+目/+目+前+名》(증오·반항 따위)를 눈에 나타내다 : He ~*d* hate *at* me. 그는 증오의 눈으로 나를 보았다.

glare[2] [glɛər] *n.* ⓒ《美·can.》(얼음 따위의) 눈부시게 빛나는 표면.

·**glar·ing** [glέəriŋ] *a.* (1)번쩍번쩍 빛나는, 눈부신 : bright ~ sunlight 번쩍번쩍 눈부시게 빛나는 햇빛. (2)노려보는 듯한 ; 눈을 부라리는 : with ~ eyes 눈을 부릅뜨고. (3)지나치게 현란한 ; (결점, 잘못 등이) 몹시 눈에 띄는 : a ~ error 지나치 과실 / a ~ lie 새빨간 거짓말. 파) **~·ly** ad. 번쩍번쩍하게 ; 눈에 띄게 ; 분명히. **~·ness** *n.*

glary [glέəri] (*glar·i·er ; -i·est*) *a.* 번쩍번쩍 빛나는, 눈부신 ;《美》(얼음처럼) 매끄러운.

glas·nost [glɑ́:snəst] *n.* ⓤ《Russ.》(=make public) 글라스노스트《1986년 Gorbachev가 취한 개방 정책》, 정보 공개.

:glass [glæs, glɑ:s] *n.* (1) ⓤ 유리 : 유리 모양의 물건 : 판유리 : as clear as ~ 유리처럼 투명한 극히 분명한/ colored ~ 색유리. (2) ⓤ〔集合的〕유리 제품(~ ware). 【cf.】china. 『 table ~ 식탁용 유리 그릇. (3) ⓤ〔集合約〕《특히》컵, 글라스《 ※ glass는 보통 찬 음료를, cup은 더운 음료를 넣음》; 한 컵의 양 ; (글라스 한 잔의) 술(drink) : two ~*es* of cocktail 칵테일 두 잔 / have a ~ together 함께 한잔 하다. (4) ⓒ 렌즈 ; (*pl.*) 안경(spectacles), 쌍안경(binoculars). (5) ⓒ 거울(looking ~): look in the ~ 거울을 들여다보다. (6) ⓒ (흔히 the ~) 청우계(帶雨計) (weatherglass) ; 온도계 : 모래 시계 (sand ~). 물시계. (7)《英》온실: tomatoes grown under ~ 온실 재배의 토마토. (8)《美俗》다이아몬드. ***have had a ~ too much*** (너무 마셔) 만취하다. ***raise a*** 〈one' ***s***〉 ***~*** 건배하다.
— *a.* 〔限定約〕유리제의 ; 유리를 끼운, 유리로 덮은 : a ~ bottle 유리병 / a ~ door 유리문.
— *vt.* …에 유리를 끼우다 ; 유리로 덮다 : 유리로 두르다〈싸다〉~ a window 창에 유리를 끼우다.

gláss clòth 유리 닦는 천 ; 유리 종이《연마용》; 유리 섬유 직물.

gláss cùlture 온실 재배.

gláss fiber 글라스파이버, 유리 섬유.

glass·ful [glǽsfùl, glɑ́:s-] *n.* ⓒ 컵 한 잔의 분량《*of*》.

glass·house [ˊhàus] *n.* (1) ⓒ《英》온실 (greenhouse). (2) ⓒ 유리 공장. (3)(the ~)《英俗》군(軍) 교도소, 영창.

gláss·jáw (특히 권투 선수의) 약한 턱.

glass-mak·er [ˊméikər] *n.*ⓒ 유리(기구) 제조인 ; 제조 공장.

·**glass·ware** [ˊwὲər] *n.* ⓤ〔集合的〕유리제품, 유리 기구류, 글라스웨어.

glass·work [ˊwə̀:rk] *n.* ⓤ (1)유리 제조업. (2) 유리 제품, 유리 세공. 파) **~·er** *n.* ⓒ 유리 제조〈세공〉인. **~s** [-s] *n. pl.* 〔單數취급〕유리 공장.

·**glassy** [glǽsi, glɑ́:si] (***glass·i·er ; -i·est***) *a.* (1)유리 모양의 ; 투명한 ; 거울처럼 반반한 : the ~ sea 거울같은 해면 / the moonlit ~ lake 달빛에 빛나는 잔잔한 호수. (2)생기 없는, 흐리멍덩한《눈 따위》.
파) **gláss·i·ly** [-ili]*ad.* 유리같이, **-i·ness** *n.* 유리질.

glass·y-eyed [-àid] *a.* 흐리멍덩한 (눈의) ;《美》(취하여) 개개풀린 ; 멍하니 바라보는.

glauc(o)- 'glaucous'의 뜻의 결합사.

glau·co·ma [glɔːkóumə, glau-] *n.* ⓤ【醫】녹내장(綠內障).

glau·cous [glɔ́:kəs] *a.* (1)녹회색의, 청록색의. (2)【植】(잎·열매 등이) 흰 가루에 덮인《자두·포도 따위》.

·**glaze** [gleiz] *vt.* (1)《~+目/+目+副》(창 따위)에 판유리를 끼우다 ; (건물)에 유리창을 달다 : ~ a window 창에 유리를 끼우다. (2)…에 유약(釉藥)을 바르다, …에 반수(礬水)를 입히다, …에 윤을 내다 : ~ leather 가죽에 광을 내다. (3)【科】(표면)에 설탕 시럽 등을 입히다. (4)【畵】…에 겉칠을 하다. —*vi.* (눈이) 흐려지다, (표정이) 생기가 없어지다《*over*》.
— *n.* ⓤⓒ (1)유약칠 : 윤내기. (2)유약, 잿물 ; 덧칠. (3)반들반들함 ; 그 면. (4)【科】요리에 입히는 투명질의 재료《특히, 설탕 시럽·젤라틴 따위》; 고기나 생선국에 젤라틴을 푼 것. (5)《美》【氣】우빙(雨氷)(《英》~ ice, ~d frost). (6)(눈에 생기는) 박막(薄膜).

glazed [gleizd] *a.* (1)유약을 바른, 광을 낸 : ~ paper 광택지. (2)유리를 끼운 : a double ~ window, 2중 유리창. (3)(눈이) 흐리멍덩한, 생기가 없는.

glaz·ing [gléiziŋ] *n.* ⓤ (1)유리 끼우기 ; 유리 세공. (2)끼우는 유리, 창유리. (3)잿물 바르기 ; 잿물 씌운 표면 ; 윤내기, 윤내는 재료. (4)젯물 ;【美術】겉칠하는 재료.

:gleam [gli:m] *n.* ⓒ (1) a]반짝이는 빛, 새벽따위의) 미광(微光) : the ~ of dawn 새벽의 미광 ; 여명. b]번득 비침, 섬광(beam, flash): a sudden ~ of light 번쩍하는 광선. (2)(흔히)(감정 ·희망·기지 등의) 번득임《*of*》: a ~ of hope 한가닥 희망 / a ~ *of* intelligence 지성(知性)의 번득임. — *vi.* (1)번쩍이다, 빛나다 ; 미광을 발하다 ; 잠깐 보이다〈나타나다〉. (2)(생각·희망 등이) 번득이다, 어렴풋이 나타나다. 【cf.】glimmer, glint, glitter.

·**glean** [gli:n] *vt.* (1)(이삭)을 줍다 : ~ the grains 이삭을 줍다.
(2)(사실·성보 등)을 애써〈조금씩〉수집하다《*from*》.
파) **ˊ·er** *n.* ⓒ 이삭 줍는 사람 ; 수집가.

glean·ing [glí:niŋ] *n.* ⓤ (1)(수확 후의) 이삭 줍기. (2)(흔히*pl.*) (주워 모은) 이삭 ; 수집물 : 단편적 집록(集錄), 낙수집(落穗集), 선집.

glebe [gli:b] *n.* (1) ⓤ《詩》땅(earth), 대지 ; 전지(田地) (field). (2) ⓒ《英》교회 부속지(**lănd).**

·**glee** [gli:] *n.* (1) ⓤ 기쁨, 환희(joy) ; 환락 : laugh with ~ 기뻐서 웃다. (2) ⓒ【樂】무반주 합창곡《주로3부 이상의 남성(男性) 합창곡》. ***in high ~ = full of ~*** 대단히 기뻐서 매우 들떠서.

glee·ful [glí:fəl] *a.* 매우 기뻐하는 ; 즐거운.
파) **~·ly** *ad.*

·**glen** [glen] *n.* ⓒ (스코틀랜드 등지의) 골짜기, 좁은 계곡, 협곡.

glib [glib] (***-bb-***) *a.* (1)입심 좋은 ; 유창한 : a ~

G

salesman 〈politician〉 입심 좋은 세일즈맨〈정치가〉. (2)말뿐인, 진실성이 없는 : a ~ answer 그럴 듯한 대답. 파) **~·ly** *ad.* 줄줄, 유창하게 ; 그럴싸하게. **~·ness** *n.*

:glide [glaid] *n.* ⓒ (1)활주, 미끄러지기; **[空]** 활공. (2)**[樂]** 슬러(slur) ; 운음(運音) ; **[音聲]** 경과음《한 음에서 딴 음으로 옮길 때 자연히 나는 이음소리》.

— *vi.* (1)미끄러지다, 미끄러지듯 나아가다〈움직이다〉, 활주하다《*across* ; *along* ; *away* ; *down*, etc.》 ; **[空]** 활공하다(volplane). (2)《+副》 (시간 따위가) 흘러가다, 어느덧 지나가다《*by* ; *past*》 ; (물이)소리없이 흐르다. (3)《+前+名》 조용히 걷다〈가다〉《*in* ; *out* ; *from*》 ; 빠지다, 점점 변하다《*into*》 ; 차차 사라져 …이 되다. — *vt.* …을 미끄러지게 하다, (배)를 미끄러지듯 나아가게 하다, 활주〈활공〉 시키다.

:glid·er [gláidər] *n.* ⓒ 미끄러지(듯 움직이)는 사람〈물건〉 ; **[空]** 글라이더, 활공기 ; 《美》 (베란다 등에 놓는) 흔들의자.

glid·ing [gláidiŋ] *n.* ⓤ (스포츠로서의) 활공, 활주 ; 글라이더 경기.

·glim·mer [glímər] *n.* ⓒ (1)희미한 빛, 가물거리는 빛 : the ~ *of* a candle 양초의 가물거리는 불빛. (2)어렴풋함 : 기미, 낌새 : a ~ *of* hope 가냘픈 희망 / He does not have the least ~ *of* wit. 그에게 위트라고는 전혀 없다. — *vi.* (1)희미하게 빛나다 ; 깜빡이다, 명멸하다(flicker). (2)어렴풋이 나타나다. 【cf.】 gleam.

·glim·mer·ing [glíməriŋ] *n.* ⓒ (1)희미한 빛, 미광. (2)(종종 ~*s*) 희미한 낌새, 조짐. — *a.* 깜박깜박〈희미하게〉 빛나는, 어렴풋한 : I have only a ~ idea of the subject. 나는 그 주제에 대해 막연하게만 알고 있다. 파) **~·ly** *ad.*

:glimpse [glimps] *n.* ⓒ (1)언뜻 보임, 일별《*of*》 : I had〈got〉 a ~ *of* the house from the running bus. 달리는 버스 안에서 그 집이 얼핏 보였다《※ glance는 '흘끗 보는 일', glimpse는 '언뜻 보이는 일'의 뜻. 따라서 흔히 give 〈take〉 a glance at ... 에 대해 get 〈catch, have〉 a glimpse of ... 구문을 씀》. (2)희미한 감지(感知). — *vt.*, *vi.* (…을) 흘끗 보(이)다, 얼핏 보(이)다.

·glint [glint] *vi.* 반짝이다, 빛나다 ; 번쩍번쩍 반사하다 : The stream ~*ed* in the moonlight 시 냇물이 달빛에 반짝반짝 빛나고 있었다. — *vt.* 《+目+副》 …을 반짝이게 하다, 빛나게 하다 ; 반사 시키다. — *n.* ⓒ 반짝임, 번득임, 섬광(flash) ; 광택.

glis·sade [glisɑ́:d, -séid] *n.* 《F.》 ⓒ (1)**[登山]** 글리사드, 제동 활강(制動滑降). (2)글리사드《댄스에서 미끄러지듯 발을 옮기는 스텝》.

— *vi.* (1)(등산에서) 글리사드로 미끄러져 내리다. (2)글리사드로 춤추다.

·glis·ten [glísn] *vi.* (젖은 것, 광택을 낸 것 등이) 번쩍이다(sparkle), 빛나다. — *n.* ⓒ 반짝임, 섬광.

:glit·ter [glítər] *n.* (1)(*sing.*)(흔히 the ~) 반짝임, 빛남, 빛 : *the* ~ of the jewels 보석들의 반짝임. (2) ⓤ 화려〈찬란〉함 : He was attracted by the ~ of Hollywood 그는 헐리우드의 화려함에 매혹됐다. (3) ⓒ 번쩍이는 작은 장식품《모조 다이아몬드 따위》. — *vi.* (1)번쩍번쩍하다, 빛나다《*with*》 : A myriad of stars ~*ed* in the sky. = The sky ~*ed with* a myriad of stars. 하늘에서 무수한 별이 빛났다. (2)《+前+名》 (복장이) 야하다, 화려하다, 눈에 뜨이다《*with*》.

·glit·ter·ing [glítəriŋ] *a.* 번쩍이는, 빛나는; 화려〈찬란〉한 ; 겉만 번지르르한 : a ~ starry night 별이 빛나는 밤 / a ~ future 밝은 미래.

glitzy [glítsi] *a.* (***glitz·i·er*** ; ***-i·est***) 《美·Can.》야할 정도로 눈부신(dazzling), 현란한(showy), 번지르르한 : The movie star's wedding was a ~ affair. 그 영화 배우의 결혼식은 현란했다.
파) **glítz·i·ly** *ad.*

gloam·ing [glóumiŋ] *n.* (the ~) 《詩》 땅거미, 황혼, 박명(薄明)(dusk).

gloat [glout] *vi.* (자기의 행운 또는 남의 불행을)흡족한〈기분 좋은, 고소한〉 듯이 바라보다《*on* ; *over*》 ; 혼자서 기뻐하다《over ; upon》 : He ~*ed over* his defeated rival. 그는 패배한 상태를 고소한 듯이 바라보았다. — *n.* (a ~) 만족해함, 고소해함. 파) **~·ing·ly** *ad.* 만족한 듯이, 혼자 흡족해하며.

glob [glɑb/glɔb] *n.* ⓒ (액체의) 작은 방울, (진흙 따위의) 덩어리.

·glob·al [glóubəl] *a.* 공 모양의 ; 지구의, 전세계의, 세계적인(worldwide) ; 전체적인, 총체의(entire) ; **[컴]** 전역의 : ~ warming 지구의 온난화 / a ~ war 세계〈전면〉 전쟁 / take a ~ view of …을 전체적(포괄적)으로 바라보다 〈고찰하다〉.

glob·al·ism [glóubəlizəm] *n.* ⓤ 글로벌리즘《자국(自國)을 국제적 문제에 관여시켜나가는 정책·주의》, 세계화 정책. 파) **-ist** *n.*

glob·al·ize [glóubəlàiz] *vt.* 세계화하다, 전세계에 퍼뜨리다〈미치게 하다〉 : Satellite broadcasting is helping to ~ television. 위성 방송은 텔레비전 방송을 세계화하는데 일조를 하고있다. 파) **glòb·al·i·zá·tion** [-zéiʃən] *n.*

glob·al·ly [-bəli] *ad.* (1)지구 전체에, 세계적으로《환경 보호주의자의 주장》. (2)구형으로, 공모양으로, (3)전체적으로.

glo·bate [glóubeit] *a.* ⓒ 공 모양의 (spherical).

·globe [gloub] *n.* ⓒ (1)구(球), 공, 구체(球體). (2)(the ~) 지구(the earth), 세계. (3)천체《태양·행성 등》. (4)지구의(儀), 천체의(儀) : **[解]** 눈알(eyeball). ▫ globular *a.*

globe·trot [⊿tràt/⊿trɔ̀t] (***-tt-***) *vi.* 세계를 (관광) 여행하며 다니다. 파) **~·ter** *n.* ⓒ 세계 관광 여행자 ; 일 때문에 세계를 뛰어 돌아다니는 사람. **~·ting** *n.*, *a.* 세계 관광 여행(의).

glo·bose [glóbous, -⊿] *a.* 공 모양의, 구형의(globate).

glob·u·lar [glɑ́bjələr/glɔ́b-] *a.* (작은) 공 모양의 (globate) ; 작은 공으로 이루어진.

glóbular chárt 구면(球面) 투영 지도.

glóbular clúster **[天]** 구상 성단.

glob·ule [glɑ́bju:l/glɔ́b-] *n.* ⓒ (특히 액체의) 소구체, 작은 물방울 ; 혈구, 환약(pill).

glob·u·lin [glɑ́bjəlin/glɔ́b-] *n.* ⓤ **[化]** 글로불린《물에 녹지 않는 단백질군(群)》, 혈구소(素).

glom [glɑm/glɔm] (***-mm-***) 《美俗》 *vt.* (1)…을 훔치다 ; 거머〈움켜〉잡다. (2)…을 보다, 구경하다. — vi. 붙잡히다. ***~ onto*** 〈***on to***〉 ... 《美俗》 …을 잡다, 손에 넣다 ; …을 훔치다.

:gloom [glu:m] *n.* (1) ⓤ 어둑어둑함, 어둠, 암흑(darkness). (2) ⓤⓒ 우울 (melancholy), 침울; 음침한 분위기 : be deep in ~ 울적해 있다.

— *vi.* (1)〔it를 주어로〕 어둑어둑해지다 ; (하늘이) 흐려지다. (2)우울〈침울〉해지다《*at* ; *on*》. —*vt.* …을 어둡게 하다(obscure), 우울하게 하다.

:gloomy [glúːmi] (***gloom·i·er ; -i·est***) *a.* (1)어둑어둑한, 어두운 : ~ skies 끄무레한 하늘 / a ~ room 어둑한 방. (2)음침(陰沈)한, 음울한(dark) : a ~ winter day 잔뜩 찌푸린 겨울날 / We waited in a ~ waiting room. 우리는 음침한 대합실에서 기다렸다. (3)울적한, 침울한(depressed) ; 우울한(melancholy) in a ~ mood 우울한 기분으로. (4)비관적인(pessimistic): take a ~ view 비관적인 생각을 갖다. 파) ***glóom·i·ly*** *ad.* **-i·ness** *n.*

glop [glɑp/glɔp] 《美俗》 *n.* ⓤ (1)맛없는〈질척한〉 음식. (2)감상적임.

glo·ria [glɔ́ːriə] *n.* (the ~) 《L.》 (or G-) (미사통상문 중의) 대영광송(大榮光頌), 그 곡.

glo·ri·fi·ca·tion [glɔ̀ːrəfikéiʃən] *n.* ⓤ (1)신의 영광을 기림 ; 칭송, 찬미. (2)실제 이상으로 미화하기〈되기〉《*of*》. ▫ glorify *v.*

glo·ri·fy [glɔ́ːrəfài] *vt.* (1)(신)을 찬미하다, 찬송하다 : Jesus was not yet *glorified.* (그때는) 예수께서 아직 영광을 받지 않으셨다(《聖》 요한 Ⅶ : 39). (2)(행동·사람 등)을 칭찬하다 : ~ a hero 영웅을 찬양하다. (3)…에 영광을 가져오다. (4)《口》 …을 실제 이상으로 아름답게 보이게 하다, 미화(美化)하다. ▫ glorification *n.*

파) **-fi·er** [-fàiər] *n.* ⓒ 찬미자 ; 칭송자.

:glo·ri·ous [glɔ́ːriəs] (***more ~ ; most ~***) *a.* (1)영광스러운, 명예〈영예〉로운 : die a ~ death in a battle 명예로운 전사를 하다. (2)장려한, 거룩한 ; 화려한 : a ~ sunset 찬연한 일몰. (3)《口》 멋진, 훌륭한 : 〔反語的〕 대단한, 지독한 : have a ~ time 유쾌한 시간을 보내다. ▫ glory *n.* 파) **~·ly** *ad.*

Glórious Revolútion (the ~) 【英史】 명예혁명《1688-89년의》.

:glo·ry [glɔ́ːri] *n.* ⓤ (1)영광, 명예, 영예 : win ~ 명예를 얻다 / be covered in〈crowned with〉 ~영예에 빛나다. (2)(신의) 영광 ; (신에 대한) 찬미, 송영(頌榮) : *Glory* be to God. 신에게 영광 있으라. (3)(하늘 나라의) 행복 ; 천국. (4)영화, 번영, 전성. (5)득의양양, 큰 기쁨. (6)훌륭함, 장관, 미관(美觀), 화려함 ; ⓒ (종종 *pl.*) 자랑거리 : the ~ of the sunrise 해돋이의 장관. (7)후광, 원광(halo). ▫ glorious *a.*

Glory (***be***) ***!*** 《口》 이거 참 놀라운데, 고마워라(Glory be to God). ***go to ~*** 《口》 죽다. ***in*** one' ***s ~*** 득의에 찬. ***send to ~*** 천국으로 보내다, 죽이다.
— *vi.* 《+前+名》 기뻐하다 ; 자랑으로 여기다《*in*》.

glóry hòle 《俗·方》 잡살뱅이를 넣어 두는 서랍 〈방〉.

·gloss[1] [glɔːs, glɑs/glɔs] *n.* (1)ⓤ (또는 a ~) 윤, 광택 (luster) ; ⓒ 광택나는 면 : the ~ of silk 비단의 윤/ put *a* ~ on an old wooden table 오래된 나무탁자에 광을 내다. (2) ⓒ 허식, 겉치레, 허영 a ~ of good manners 겉치레뿐인 고상함 / put a ~ of respectability on selfishness 이기주의를 호도하여 체면치레를 잘하다. ***take the ~ off*** (***of ...***) (…의) 흥을 깨다.
— *vt.* …에 윤〈광택〉을 내다, 닦다. **~ (*over*)**용케 숨기다〈둘러대다〉, 속이다〈 (좋지 않은 점)의 겉을 꾸미다 : ~ *over* one's errors 실패를 그럴싸하게 얼버무리다.

파) **∠·er** *n.* (1)광택〈윤〉을 내는 것. (2)입술에 윤기를 내는 화장품.

gloss[2] *n.* ⓒ (1)(책의 여백·행간의) 주석, 주해 ; 해석, 해설《*on* ; *to*》. (2)그럴 듯한 설명, 견강부회 ; 구실 어휘(glossary) : The government is trying to put an optimistic ~ on the latest trade figures. 정부는 최근의 무역 통계에 대해 낙관적인 설명을 하려고 애쓰고 있다. — *vt.* …에 주석을 달다 ; 해석 하다 ; 그럴 듯한 해석을 하다.

·glos·sa·ry [glɑ́səri, glɔ́(:)s-] *n.* ⓒ (권말(卷末) 따위의) 용어풀이, 어휘 ; (술어 또는 특수어·어려운 말·사투리·폐어에 관한) 소사전《*to* ; *of*》 : A Shakespeare 〈Chaucer〉 ~ 셰익스피어〈초서〉 용어집.

·glossy [glɔ́(:)si, glɑ́si] (***gloss·i·er ; -i·est***) *a.* (1)광택 있는, 번쩍번쩍하는, 번들번들한 : ~ black hair 윤나는 검은 머리. (2)그럴 듯한 (Plausible), 모양새 좋은. — *n.* (1) ⓒ 【寫】 광택 인화(印畫). (2) =GLOSSY MAGAZINE.

파) **glóss·i·ly** *ad.* **-i·ness** *n.*

glóssy magazíne (사진이 많은) 광택지의 호화잡지 (slick) 《내용은 통속적》.

glot·tal [glɑ́tl/glɔ́tl] *a.* 【解】 성문(聲門) (glottis)의 ; 【音聲】 성문으로 내는.

glot·tis [glɑ́tis/glɔ́t-] (*pl.* ***~·es, -ti·des*** [-ti-dìːz] *n.* ⓒ 【解】 성문(聲門).

:glove [glʌv] *n.* ⓒ (1)(흔히 *pl.*) 장갑 ; (야구·권투용) 글러브 : put on〈take off〉 one's ~*s* 장갑을 끼다〈벗다〉. (2)(중세 기사(騎士)의) 손등·팔의 보호구(具). ***bite*** one***'s ~*** 복수를 맹세하다. ***fit like a ~*** 꼭 맞다〈끼다〉. ***hand and*** 〈***in***〉 ***~*** ⇨ HAND. ***handle*** 〈***treat***〉 ***with*** (***kid***) ***~s*** 상냥하게 다루다, 신중하게 대처하다. ***take off the ~s*** 본격적으로 싸우다〈나서다〉. ***take up the ~*** 도전에 응하다. ***the ~s are off*** 싸울 준비가 되어 있다. ***throw down the ~*** 도전하다. ***with*** (***the***) ***~s off*** 본격적으로, 감연히.
— *vt.* (1)…에 장갑을 끼다. (2)【野】 (볼)을 글러브로 잡다.

glóve bòx (1)방사선 물질 등을 다루기 일한 밀폐 투명음기《밖에서 부속 장갑으로 조작함》 ; 외부의 부속된 장갑으로 조작하는 내부 환경 조절 용기. (2) 《英》 =GLOVE COMPARTMENT.

glóve compàrtment 자동차 앞좌석의 잡물통, 글러브 박스(glove box).

:glow [glou] *vi.* (1)(불꽃 없이) 타다, 빨갛게 타다, 백열〈작열〉하다. 【cf.】 blaze. 『 The hot iron ~*ed* red. 단 쇠가 새빨갛게 작열했다. (2)(등불·개똥벌레 등이) 빛을 내다, 빛나다 : (저녁놀 등이) 빨갛게 빛나다, (빛깔이) 타오르는 듯하다 : The maple leaves ~*ed* red in the sun. 단풍잎이 햇빛을 받아 붉게 타는 듯했다. (3)《+前+名》 (볼이) 붉어지다, (몸이) 달아 오르다, 화끈해지다. (4)《+前+名》 (감정이) 복받치다, (격정 〈분노〉 따위로) 마음이 타오르다, 열중하다 ; (자랑으로) 빛나다. (5)(선강하여) 혈색이 좋다《*with*》 : The boy's face ~*ed with* health. 소년의 얼굴은 건강하여 혈색이 좋았다.
— *n.* (the ~, a ~) (1)백열, 적열(赤熱) ; 백열광, 빛 ; 불꽃 없이 타는 물체의 빛 : *a* charcoal ~ 숯불의 빛 / *the* ~ of sunset 저녁놀 / *the* pale ~ of a firefly 개똥벌레의 파란빛. (2)(몸·얼굴의) 달아오름, (볼의) 홍조 ; 환한 기색 : a ~ of excitement on her cheeks 흥분으로 인한 그녀 양볼의 홍조. (3)만족감, 기쁨, 거나하게 취함 ; 열심, 열중. ***all of a ~*** = ***in a ~*** 빨갛게 달아올라서.

glow·er [gláuər] *vi.* 《+前+名》 노려보다 ; 무서운〈언짢은〉 얼굴을 하다《*at* ; *upon*》. — *n.* ⓒ 노려봄 ; 무서운 얼굴, 언짢은 얼굴. 파) **~·ing** *a.* **~·ing·ly**

ad. 언짢은 얼굴을 하고서.

·glow·ing [glóuiŋ] a. (1)백열의, 작열하는 ; 새빨갛게 달아 오른 (red-hot) : ~ charcoal 새빨갛게 타고 있는 숯. (2)(하늘 따위가) 빨갛게 타오르는 ; 홍조를 띤 : 선명한, 강렬한《색깔따위》: ~ colors 타는듯한 색깔. (3)열심인, 열렬한(enthusiastic): ~praise 열렬한 찬사.

glox·in·ia [glɑksíniə/glɔks-] n. ⓒ 【植】 글록시니아《브라질 산 ; 시홧과의 식물》.

gloze [glouz] vt. …을 그럴듯하게 말을 꾸며대다, 둘러대다(gloss) 《*over*》.

glu·cose [glú:kous, -kouz] n. ⓤ 【化】 포도당, 글루코오스.

·glue [glu:] n. ⓤⓒ 아교 ; 끈적끈적한 물건 ; 〔一般的〕 접착제, 풀 : stick like ~ to a person 아무에게 끈떡지게 달라붙다 / instant ~ 순간 접착제.

— (***glú***(***e***)·***ing***) vt. 《~+目/+目+前+名》 (1)…을 아교〈접착제〉로 붙이다《*to*》: He ~*d* the wings *onto* the model airplane. 그는 모형 비행기에 날개를 붙였다. (2) a]…을 붙어다니다, (시선 등)을 떼지 않다 : ~ one's eyes to the TV 텔레비전에서 눈을 떼지 않다. b]〔再歸的 또는 受動으로〕 …에 열중하다 《*to*》.

— vi. 《+副》 밀착하다 ; 아교〈접착제〉로 붙다 : The wood ~*s* well. 목재는 아교로 잘 붙는다. ***~ off*** 【製本】 (철한 것이 늘어지지 않도록) 아교로 책 등을 붙이다. ***~ up*** 봉(封)하다 ; 밀폐하다. ***with*** one***'s eyes*** 〈***ear***〉 ***~d on*** 〈***to***〉 …에서 눈을〈귀를〉 떼지 않고.

gluey [glú:i] (***glú·i·er ; -i·est***) a. 아교를 바른 ; 아교질〈투성이〉의 ; 끈적끈적한. 파) **glú·i·ly** ad.

glum [glʌm] (***glúm·mer ; -mest***) a. 무뚝뚝한, 뚱한, 음울한(sullen) : in a ~ mood 뚱해서 / Why are you so ~ ? 왜 그렇게 뚱해 있느냐. 파) **∠·ly** ad. **∠·ness** n.

glut [glʌt] n. ⓒ (*sing.*) 차서 넘침, 과다, 충족 ; (상품의) 공급 과잉, 재고 과다 : a ~ of fruit 과일의 범람 / Ph. D.'S are a ~ on the market. (취업처가 없어) 박사가 공급 과잉이다.

— (***-tt-***) vt. (1)《~+目/+目+前+名》 …을 배불리 먹이다, 포식시키다 ; 실컷 …하게 하다 ; (욕망)을 채우다: ~ one's appetite 식욕을 만족시키다. (2)〔때로 受動으로〕 공급 과다가 되게 하다. ~ one***self with*** …을 물리도록 먹다, 포식(飽食)하다.

glu·tám·ic ácid [glu:tǽmik-] 【化】 글루탐산(酸).

glu·ta·mine [glú:təmi:n, -min] n. ⓤ 【化】 글루타민《아미노산의 일종》.

glu·ten [glú:tən] n. ⓤ 【化】 글루텐, 부소.

glu·ti·nous [glú:tənəs] a. 끈적끈적한, 점착성의 ; 아교질의 ; 【植】 점액으로 덮인 : ~ rice 찹쌀.

glut·ton [glʌ́tn] n. ⓒ (1)대식가(大食家) : You ~ ! 이 식충아. (2)지칠 줄 모르는 정력가, 끈덕진 사나이《*of*》: a ~ *for* work 일밖에 모르는 사람 / a ~ *of* books 책벌레 / a ~ *for* punishment 사서 고생하는 사람.

glut·ton·ous [glʌ́tənəs] a. 많이 먹는, 게걸들린 (greedy), …을 탐하는《*of*》.

파) **~·ly** ad. 탐욕〈게걸〉스럽게. **~·ness** n.

glut·tony [glʌ́təni] n. ⓤ 대식, 폭음폭식.

glyc-, glyco- '당(糖)·설탕·단'의 뜻의 결합사.

·glyc·er·in, -ine [glísərin], [-rin, -ri:n] n. ⓤ 【化】 글리세린.

glyco- ⇨ GLYC-.

gly·co·gen [gláikədʒən, -dʒèn] n. ⓤ 【化】 글리코겐, 당원질(糖原質).

glyph [glif] n. ⓒ 【考古】 그림 문자, 상형문자 ; 도안을 이용한 표지《화장실, 비상구, 횡단보도 따위의》.

·gnarl [nɑ:rl] n. ⓒ (나무의) 마디, 혹.

gnarled, gnarly [nɑ:rld], [nɑ́:rli] (***gnárli-er ; -i·est***) a. (1)(나무가) 옹이가 많아 울퉁불퉁한. (2)(노령, 중노동 등으로 손·손가락 따위가) 거칠고 울룩불룩한. (3)(성격 따위가) 비꼬인, 비뚤어진.

gnash [næʃ] vi. (분노·고통 따위로) 이를 갈다.

— vt. (이)를 갈다 ; 이를 악물다. ~ one***'s teeth*** (분노·유감 따위로) 이를 갈다 ; 노여움을 노골적으로 나타내다.

·gnat [næt] n. ⓒ 【蟲】 각다귀, 《英》 모기mosquito). ***strain at a ~*** (***and swallow a camel***) (큰일을 소홀히 하고) 작은 일에 구애되다《마태복음 XXⅢ : 24》.

·gnaw [nɔ:] (***~ed ; ~ed, ~n*** [-n]) vt. (1)《~+目/+目+副/+目+前+名》 (딱딱한 것)을 쏠다, 갉다 ; 물다 (【cf.】 bite) ; 물어 끊다《*away* ; *off*》 ; 쏠아 …을 만들다. (2)(근심·질병 따위가) …을 괴롭히다 (torment) : Worry ~*ed* her mind. 걱정때문에 그녀 마음은 괴로웠다.

—vi. (1)《+前+名》 갉다, 쏠다, 물다《*at* ; *into* ; *on, upon*》 : ~ *into* a wall (쥐 따위가) 갉아서 벽에 구멍을 내다. (2)《+前+名》 (끊임 없이) 괴롭히다, 좀먹다, 들볶다 ; 기력을 꺾다《*at* ; *in*》.

gnaw·ing [nɔ́:iŋ] n. (*pl.*)고통, 격통. — a. 〔限定的〕 에는 듯한, 괴롭히는 : I have a ~ pain in my leg. 다리가 쑤시고 아프다. 파) **~·ly** ad.

gnome[1] [noum] n. ⓤ (1)땅 신령《땅속의 보물을 지킨다는》. (2)(the ~s) 《口》 국제 금융 시장의 흑막 ; 투기적 금융업자《흔히 *the* ~*s* of Zurich 라는 표현으로 쓰임》.

gnome[2] (*pl.* ***~s, gnó·mae*** [-mi:]) n. ⓒ 격언, 금언 (金言).

gno·mic [nóumik, nɑ́m-] a. 격언〈금언〉의 ; 격언적인《시 등》 : ~ poetry 격언시.

gno·sis [nóusis] n. ⓤ 영적 인식〈지식〉, 영지(靈知), 신비적 직관.

-gno·sis (*pl.* ***-gnoses***) *suf.* '(특히 병적 상태의) 인식'의 뜻 : dia*gnosis.*

GNP gross national product (국민 총생산).

GNW gross national welfare (국민 복지 지표).

:go [gou] (***went*** [went] ; ***gone*** [gɔ(:)n, gɑn] ; ***go·ing*** [góuiŋ]) 《중심적 뜻인 '가다'를 다음 3항목으로 대별할 수 있음 : a](목적지로) 향하다, 나아가다 (1)-(9) ; b](목적지에 관계없이) 나아가다, 진행중이다 10)-19) ; c](어떤 곳에서) 떠나다 (20)-(21)》.

— vi. (1)《+副/+前+名》 (어떤 장소·방향으로) 가다, 향하다, 떠나다 ; 달하다, 이르다 : *go abroad* 〈*overseas*〉 해외로 가다 / This road *goes to* Seoul. 이 길은 서울에 이른다.

(2)《+前+名/+*to* do/+~*ing*》 (어떤 목적으로) 가다, 떠나다《*for* ; *on*》 : go for a walk 〈drive, swim〉 산책〈드라이브, 수영〉하러 가다 / *go on* a journey 여행을 떠나다 / *go out* shop*ping* 물건 사러 가다《※ go에 out등 부사를 수반할 경우가 있음》.

(3) a]〔go to+冠詞 없는 名詞〕 …에 (특수한 목적으로) 가다 : *go to* bed 잠자리에 들다, 자다 / *go to* school 〈church, market〉 학교〈교회, 시장〉에 가다 《※ 단순히 학교 따위가 있는 곳으로 가는 것이 아니

라 각기 수업을 받으러, 예배보러, 매매를 위해 갈 때는 위에서처럼 뒤에 오는 명사가 무관사). b]〔종종 go somewhere로〕《婢》 화장실에 가다, 용변을 보다.
(4)《+前+名》 (상·재산·명예 등이) 주어지다, 넘겨지다《*to*》: The prize *went to* his rival. 상은 상대방에게 돌아갔다.
(5)《+前+名/+副》 (어떤 장소에) 놓이다, 들어가다, 안치되다, 넣어지다(be placed).
(6)《+前+名》 (수량이) …이 되다《*to*》; (내용으로서) 포함되다, 들다《*into* ; *in*》: All that will *go into* a very few words. 그것은 불과 몇 마디 말로 할 수 있다.
(7)《+*to* do》 …하는 데 힘이 되다, 소용되다 : This *goes to* prove his innocence. 이것이 그의 무죄를 증명하는데 도움이 된다.
(8)《+前+名》 …에 사용되다, 이바지되다《*to* ; *towards* ; *for*》.
(9)《+副/+前+名》 (노력·노고·수단 또는 정도에 대해서) …하기까지 하다, …하기에 이르다, 일부러 …까지 하다, …에 호소하다《*to*》: He *went* so *far* as to say I was a coward. 그는 (심지어) 나를 겁쟁이라고까지 말했다.
(10)《~/+副/+前+名》 (특정한 목적·목표에 관계 없이) 나아가다, 진행하다, 이동하다, 여행하다 : The train *goes at* 70 miles an hour. 이 열차는 시속 70마일로 달린다 / Let's talk as we *go*. 걸으며 이야기합시다 / *Go back to* your seat. 당신 자리로 돌아가시오.
(11)(떠) 나가다, 사라지다 ; 출발〈발진〉하다 ; (행동을) 개시하다, 시작하다 : One, two, three, *go* ! 하나, 둘, 셋, 시작.
(12)(기계 등이) 작동하다, 움직이다 ; (종 따위가)울리다 ; (심장이) 고동치다 : The machine *goes* by electricity. 이 기계는 전기로 움직인다.
(13) a](사람이) 행동하다, 동작을 하다 ; 일을 진행시키다 : He *went* according to the rules. 그는 규칙대로 행동했다. b]〔흔히 否定疑問文〕《+-*ing*》《口》〔종종 비난·경멸의 뜻을 내포하여〕 …같은 일을 하다 : Don't *go* break*ing* any more things. 더 이상 물건을 망가뜨리는 일 따위는 그만 하게.
(14)(일이 어떻게) 진행되다 ;《口》 잘되다, 성공하다.
(15)《~/+副/+前+名》 뻗다, 뻗치다 ; 달하다 : The road *goes across* the mountain. 이 도로는 산너머 저쪽까지 뻗쳐 있다.
(16)《~/+前+名/+*that* 節》 유포되고 있다 ; 통용하다 ; …로서 통하다 ; (주장 따위로) 사람들에게 먹혀들다, 중시되다 : Dollars *go* anywhere. 달러는 어디서나 통용된다 / The story *goes that*... …이라는〈하다는〉 이야기다 ; …이라는〈하나는〉 평판이다.
(17)(어느 기간) 지속〈지탱〉하다, 견디다.
(18)(이야기·글·시·책 따위가) …이라는 구절 〈말〉로 되어 있다 …라고 말하고 있다(run) : as the saying *goes* 속담에도 있듯이 / The tune *goes* like this. 그 곡은 다음과 같이 되어 있다.
(19)《+補/+前+名》 a](대체로 바람직하지 못한 상태로) 되다(become, grow) : *go* blind 소경이 되다 / *go* flat 납작해지다 / *go* bad 나빠지다, 썩다 / *go* out of print 절판이 되다 / *go to* war 전쟁이 시작되다 / *go into* debt 빚을 지다. b](어떤 상태에) 있다 : *go* hungry 〈thirsty, naked, armed〉 굶주려 〈목말라, 나체로, 무장하고〉 있다.
(20)〔come의 반대개념으로서〕 떠나다, 가다, 나가다 ; (시간 따위가) 지나다 : Don't *go*, please! 가지 마십시오(Stay here, please.) ; 스위치를 끄지 〈채널을 딴 데로 돌리지〉 마십시오《TV 아나운서의 말》.
(21) a]소멸하다, 없어지다(disappear) ;〔흔히 must, can 따위와 함께〕 제거되다 : The pain has *gone* now. 통증은 이제 가셨다 / He *has to go*. 그는 모가지다 《I'll fire him.의 완곡 표현》/ All my money is *gone*. 돈이 다 떨어졌다. b]쇠하다 ; 죽다 ; 무너지다, 꺾이다 ; 손들다, 찍소리 못 하게 되다 : His sight is *going* 시력을 잃어가고 있다.
(22)《+前+名/+補》 (…의 값으로) 팔리다 : The house *went* cheap. 집은 헐값에 팔렸다.
— *vt.* (1)《~+目/+(目)+目+前+名》《口》 (돈 등)을 걸다(bet). (2)《口》〔흔히 否定形〕 …에 견디다, …을 참다 : I can't *go* his preaching. 그의 잔소리엔 참을 수 없다/ Who can *go* this agreement? 누가 이런 계약을 승복하겠나. (3)〔could go의 형식으로〕《口》 (음식)을 먹고 싶어하다 : I could *go* a glass of water. 물 한컵 먹고 싶다. (4) a]…을 산출하다, 내다(yield). b]《美口》 무게가 …나가다(weigh). (5)…라고 말하다.
as* 〈*so*〉 *far as* ... *go …에 관한 한. ***as* ... *go*** 보편적으로 말해서 ; …의 표준으로 말하면 : Tom is a sincere husband, as husbands go nowadays. 오늘날 남편의 표준으로 말하면 톰은 성실한 남편이다. ***be going on*** ⇨ GOING. ***be going to*** do (1)〔意志〕 …할 예정〔작정〕이다 : I'*m going to* have my own way. 나 좋아하는 대로 할 작정이다 (I will...). (2)〔可能性·展望〕 있을〈…할〉 것 같다(be likely to) : Is there *going to* be a business depression this year? 올해에 불경기가 올 것 같은가. (3)(가까운 未來 바야흐로 …하려 하고 있다 (be about to). ***go about*** 1)돌아다니다, 외출하다. 2)교제하다《*with*》. 3)(소문·질병 등이) 퍼지다 : A story is *going about* that... …라는 얘기가 돌고 있다. 4)열심히 (일 따위를) 하다, (일·문제 따위)에 달라 붙다 ; 힘쓰다《*to* do》: 끊임없이 …하다《do*ing*》: *Go about* your business! 네 일이나 해라 ; 남의 일에 참견 마라. 5)【海】 이물을 돌리다, 침로를〈뱃길을〉 바꾸다. ***go after***《口》 …의 획득에 노력하다 ; (여자 등)의 뒤를 쫓아다니다 ; …을 추구하다, …에 열을 올리다. ***go against*** 1) …에 반항〈항거〉하다, …에 거스르다. 2)(사업·경쟁따위가) …에게 불리해지다 : If the war *goes against* them, ... 만일 그들이 전쟁에 패하면 …, ***go ahead*** ⇨ AHEAD. ***go all lengths*** 철저하게 하다. ***go* (*all*) *out*** 전력을 다하다《*for* ; *to* do》. ***go along*** (앞으로) 나아가다, 해나가다 ; (…와) 동행하다《*with*》; (물건이) …에 부수하다《*with*》; 찬성〈동조〉하다, (결정 따위에) 따르다《*with*》: I can't *go along with* you on that idea. 자네의 생각에는 찬성할 수 없네. ***go a long* 〈*a good, a great*〉 *way*** = go far. ***Go along* (*with you*) *!*** 《口》 저리 가, 어리석은 짓 그만 둬. ***go and*** do (1)〔흔히 不定詞꼴 또는 命令法으로〕 …하러 가다(go to do)《※ 現在時制만을 씀》. (2)〔움직이는 듯이 아닌 단순한 강조〕: *Go and* try it yourself. 어디 스스로 한번 해 봐라. (3)《英口》 놀랍게도 〈어리석게도, 운 나쁘게도, 멋대로〉 …하다. ***go around*** 1)한 바퀴 돌 만한 길이가 있다 : The belt won't *go around* my waist. 혁대는 내 허리에 맞지 않을 것이다. 2)모두에게 고루 차례가〈돌아〉가다, 골고루 차례가 갈 만큼 있다 : We didn't have enough food to *go around*. 골고루 돌아갈 만큼 음식이 충분하지 않았다. 3)순력〈순회〉하다 ; (행성 따위

가) 운행하다. 4)돌아서 가다, 우회하다 ; 잠깐 방문하다⟨들르다⟩ : *go around* to see a friend 친구한테 잠깐 들르다《비교: *Come around* to my place. 놀러 오게나》. 5)(건물 따위를) 돌아보다 ; (사람과) 교제하다《*with*》 ; (말·병 따위가 …에) 퍼지다. 6)(…사이에서) 회람되다 ; (말·생각 등이 머리속을) 맴돌다. 7)열심히 (일 등)을 하다, 끊임없이 …하다 《do*ing*》 : 머리가 핑 돌다. ***go as ⟨so⟩ far as to*** do ⟨do***ing***⟩ ⇨ *vi.* (9). ***go at*** …에 덮치다, 덤벼들다(attack) ; 열심히 …에 착수하다(undertake vigorously) ; …의 값으로 팔리다. ***go away*** 1)가다, 떠나다 ; 신혼 여행을 가다. 2)…을 가지고 달아나다《*with*》. 3)사라지다. ***go back*** 1)(본디 장소로) 되돌아오다, 다시하다. 2)…을 되돌아보다, 회고하다《*to*》 ; 거슬러 올라가다 : His family *goes back* to the Pilgrim Fathers. 그의 가문은 필그림 파더스 시대까지 거슬러 올라간다. 3)(식물이) 한창때를 지나다 (deteriorate). ***go back on upon ...*** (약속 등을) 취소⟨철회⟩하다(revoke, break), (주의·신조 등)을 버리다, …을 어기다, (결심)을 뒤집다 ; (아무)를 배반⟨배신⟩하다 : ***go bail for*** ⇨ BAIL[1]. ***go before*** …에 앞서다 : (변명등을 하기 위해) …앞에 출두하다, (안(案) 따위가) …에 제출되다. ***go between*** …사이에 끼어들다, 중개하다 ; …사이를 지나다. ***go beyond*** …을 넘어가다, …을 능가하다(exceed) : *go beyond* the law 법을 어기다 / go *beyond* one's duty 직무⟨권한⟩ 밖의 일을 하다. ***go by*** (1)(…의 옆⟨앞⟩을) 지나다. 2)(날·때가) 경과하다 : in times *gone by* 지나간 옛날에. 3)〔let … go by의 꼴로〕 (기회 따위를) 놓치다 : Don't *let* this chance *go by*. 이 기회를 놓치지 마라. 4)…에 따라 행동하다〔행해지다〕, …에 의하다 ; …으로 판단하다 : *go by* the rules 규칙대로 하다. ***go by the name of*** …의 이름으로 통하다, 통칭 …라고 하다. ***go down*** 1)내려가다, 넘어지다, 떨어지다 ; (물건값이) 내리다, (비행기가) 추락하다 ; (배가) 가라앉다, (해·달이) 지다 : (약 따위가) 삼켜지다. 2)굴복⟨항복⟩하다 ; 지다. 3)(…에) 달하다, 미치다《*to*》 ; 기억에 남다 ; 기록⟨기장⟩되다 ; (후세·역사에) 전해지다《*to*》. 4)(물결· 바람 따위가) 자다, 잔잔해지다. 5)《英》 (대학에서) 귀향하다, 졸업하다 ; (도시에서) 시골(따위)로 (내려)가다. 6)(물건이) 이울다, (부푼 것이) 작아지다, (타이어 등이) 바람이 새다. 7)《英》 (병에) 걸리다《*with*》. 8)《美俗》 (컴퓨터의 작동이) 멎다. ***go easy*** ⇨ EASY. ***go far ⟨a long way⟩*** 1)〔종종 未來辯으로〕 성공하다. 2) 〔흔히 否定文·疑問文으로〕 (음식 따위가) 오래가다, 먹을 품이 있다 ; (모두에게 돌아가기에) 충분하다 ; (돈이) 가치가 크다, 쓸 품이 있다《*with*》. ***go for*** 1)…을 가지러⟨부르러⟩ 가다, (산책·드라이브·수영 등)을 하러 가다. 2)…을 노리다, …을 얻으려고 애쓰다. 3)〔much, little 등의 程度를 나타내는 낱말과 함께〕 …의 보탬이 되다 ; …을 위해 소비되다 : All the money *went for* the new house. 돈은 모두 새집을 짓는데 들었다. 4)〔종종 否定文·疑問文〕 …에게 끌리다, …을 좋아하다 ; …을 지지하다, …에게 찬성하다. ***go for it***《口》〔특히 命令形〕 (무언가를 위해) 노력하다 ; 최선을 다하다. ***go forth*** 《古·文語》 나가다, 발해지다, 공포되다, (소문 따위가) 퍼지다. ***go forward*** (일 등이) 진행되다 ; (일 등을) 진행시키다《*with*》. ***go foul of...*** ⇨ FOUL. ***go great length(s)*** 철저하게 하다. ***go halves with*** ⇨ HALF. ***go hang*** ⇨ HANG. ***go in*** 들어가다 ; (마개·열쇠 따위가 …에) 꼭 맞다 ; (경기 따위에) 참가하다 ; (학교 따위가) 시작되다. ***go in and out*** (…을) 들락날락하다《*of*》 ; (빛 등이) 점멸하다. ***Go in and win !***《口》 (경기·시험 등에서) (자) 잘하고 와《선수에 대한 격려의 외침》. ***go in for*** 1)(경기 따위)에 참가하다, (시험)을 치르다. 2)(취미 등으로) …을 (하려고) 하다, 즐기다, 좋아하다, …에 열중하다 : She doesn't *go in for* team games. 그녀는 팀게임에는 취미가 없다. 3)(직업 등으로서) …(하려고) 뜻하다, …에 종사하다, (대학 등에서) …을 전공하다 ; 구하다. 4)…하려고 마음먹다, …에 몰두하다, …을 특히 좋아하다. ***go into*** 1)…에 들어가다, (문 등이) …로 통하다 ; …에 부딪치다 : The door *goes into* the garden. 이 문은 뜰로 통해 있다. 2) …에 설명이 미치다, 걸치다 ; …을 조사⟨연구⟩하다. 3)…의 일원이 되다, …에 참가⟨종사⟩하다 : *go into* a war 참전하다. 4)(어떤 기분·상태)로 되다, 빠지다 : *go into* hypochondria 우울증이 발작하다. 5)(직업)에 발을 들여놓다 : *go into* business 사업에 발을 내딛다. ***go in with ...*** …에 참가하다, 협력하다. ***go it***《口》 (놀기·색다른 짓 따위를) 몹시 하다 ; 정신 차려 하다 : *Go it !* 정신차려 해라, 힘을 내라. ***go it alone*** 혼자 힘으로 하다. ***go ⟨come⟩ it strong*** ⇨ STRONG. ***go off*** 1)(일이) 정해지다, (일이) 되어 가다 《*well, badly, etc.*》 : The performance *went off* well ⟨fine⟩. 흥행은 잘 되어갔다. 2)(말없이)떠나다, 사라지다, 달아나다 ; (배우가) 퇴장하다. 3)(약속 따위가) 불이행으로 끝나다 ; (가스·수도 따위가) 끊기다, 못쓰게 되다. 4)《英》 (음식이) 상하다, 쉬다 ; (질 따위가) 나빠지다, 쇠하다. 5)잠들다 ; 실신(失神)하다 ; 죽다. ***go on*** 1)(다시) 나가다, (사태가) 계속되다 ; (남보다) 먼저 가다 ; 여행을 계속하다, (행동을) 계속하다《*with* the work, speak*ing*, *in* bad habits, *till* 3 o'clock, etc.》 ; 계속해 이야기하다. 2)해나가다, 살아가다《*well* ; *badly*》 ; 〔흔히 -ing로〕 (일이) 일어나다, (어떤 모임이) 행해지다 ; (시간이) 지나다. 3)행동하다《보통 나쁜 뜻》. 4)지껄이다, 재잘거리다《*about*》 ; (아무를) 매도하다《*at*》. 5)무대에 나타나다 ; 교체하다. 6)(불이) 켜지다, (수도 따위가)나오다. 7)(옷·신 따위가) 입을⟨신을⟩ 수 있다, 맞는다 〔이하 on은 *prep.*〕. ***Go on !*** 1)《口》 자꾸⟨계속⟩ 해라. 2)〔反語的〕 어리석은 소리 좀 작작 해. ***go*** a person ***one better*** ⇨ BETTER. ***go on (for)*** 〔흔히 *-ing* 로〕 ⇨ be GOING on. ***go on to ...*** (다음장소·주제 따위)로 나가다, 옮기다 ; (새 습관·방식)을 시작하다, 채용하다 : *go on to* five-day week 주(週) 5일제로 들어가다. ***Go on with you !***《口》 말도 안 돼, 설마. ***go out*** 1)외출하다, (빌이 따위로 외국에) 나가다《*to*》 ; 이주하다 ; 〔종종 *-ing* 로〕 (이성과) 나다니다, 교제하다. 2)(노동자가) 파업을 하다《*on strike*》 ; 권좌를 물러나다. 3)(불이) 꺼지다, (열의(熱意) 따위가) 사라지다, 의식을 잃다, 잠들다, 《婉》 영면하다 ; 유행에 뒤지다, 쇠퇴하다 ; (제방 따위가) 무너지다 ; (엔진 따위가) 멎다 ; (조수가) 써다. 4)(관계자 모두에게) 발송되다 《*to*》, 출판되다, 방송되다 : *go out* live (프로그램이) 생방송되다. 5)《文語》 (세월 따위가) 지나다, 끝나다. 6)(마음이 …로) 향하다, (애정·동정 따위가) 쏟아지다《*to*》 ; 《英》 (일이) 행해지다. 7)(사교계)에 데뷔하다. 8)**[크리켓]** (1회의 승부가 끝나) 타자가 물러나다 ; **[골프]** 18홀 코스에서 전반의 9홀 ⟨아웃⟩을 돌다⟨플레이하다⟩. ***go out for***《口》 …을 손에 넣으려고 힘쓰다 ; 《美》 (클럽·운동부)에 가입하려고 애쓰다. ***go out of ...*** 1)…에서 나가다 : *go out of* a room 방을 나가다. 2)(열기·긴장·화 따위

가) …에서 사라지다. 3)…에서 벗어나다, …하지 않게 되다 : It *went out of* fashion. 그것은 한물 갔다, 유행이 지났다. ***go over*** 1)(…을) 건너다, 넘다, (…로) 나가다《*to*》; (경비가) …을 넘다 ; (…에) 겹치다. 2) …을 시찰하다, 밑조사를 하다 ; …을 잘 조사하다, 검토하다 ; (방·차 등)을 깨끗이 하다, 고치다 ; …을 되짚어 보다, …을 사전 연습하다〈복습하다〉, 반복하다, (일어난 일을) 되새기다 : *go over* the work he has done 그가 한 일을 면밀히 살피다. 3)(새로 딴 방식 등을) 채용하다 ; (프로그램 등을 …로) 전환하다《*to*》; (딴 파·적측으로) 옮다, 전향〈개종〉하다《*to*》. 4)《美》(의안 등이) 연기되다. 5)(차 따위가) 뒤집히다. ***go places*** ⇨PLACE. ***go round*** 《英》= go around. ***go shares*** ⇨ SHARE[1]. ***go so far as to*** do 〈do***ing***〉 = go as far as to do 〈doing〉. ***go*** one***'s own way*** 자기 길을 가다, 자기 생각대로 하다. ***go steady*** ⇨ STEADY. ***go through*** 1)(…을) 지나다, 빠져나가다, 관통하다 ; (전화 따위가) 통하다. 2)(서랍·주머니 등)을 뒤지다. 《美》(강탈하기 위해) …의 몸을 뒤지다 ; (서류 등)을 잘 조사하다 ; …을 되짚어 보다, 복습하다. 3)(방 따위)를 깨끗이 하다 ; (학무·업무 등)을 빼지 않고 다 하다, 전과정을 마치다 ; 상세히 논하다 ; (의식·암송)을 행하다. 4)(법안 등이) 의회를 통과하다. 5)(고난·경험 등)을 거치다, 경험하다 :《口》(식용품·돈 등을) 모두 써버리다. ***go through with*** …을 끝까지 해내다(complete. ***Go to !***《古》좀 〔글쎄〕 기다려, 이봐, 허, 자《항의·의심·재촉 따위를 나타냄》. ***go to all lengths*** ⇨ LENGTH. ***go together*** 동행하다, 공존하다 ; 어울리다 ;《口》(남녀가) 교제하다, 사랑하는 사이다. ***go to great*** 〈***any***〉 ***length***(***s***) ⇨ LENGTH. ***go to it*** 힘내어 하다《종종 격려에 쓰임》. ***go too far*** 지나치다, 극단에 흐르다. ***go to pieces*** ⇨ PIECE. ***go under*** (…의 밑으로) 가라앉다 : (…에게) 굴복하다, 지다《*to*》; (사업 등에서) 실패하다 ; 파멸하다, 영락(零落)하다. ***go up*** 1)(…을) 오르다 ; (수〈가치〉가) 늘다, (값이) 오르다 ; (외침 따위가) 들려오다, 솟다 ; (건물이) 서다. 2)(런던 등의 대도시로) 가다, 《英》대학으로 가다 〈들어가다〉《*to*》. 3)파열〈폭발〉하다 ; (건물 등이) 화염에 싸이다, 타오르다. 4)《美》파멸〈파산〉하다 ; (희망 등이) 무너지다. ***go upon*** …에 의거하여 판단〈행동〉하다. ***go well with*** …이 잘 되어가다. ***go west*** ⇨ WEST. ***go with*** 1)…와 동행하다 ; …에 동의하다, …에 따르다 (accompany) : Disease often *goes with* poverty. 가난에는 종종 질병이 따른다. 2)《口》(이성)과 교제하다, …와 사랑하는 사이다. 3)…에 부속되다〈딸리다〉: the land which *goes with* the house 집에 딸린 토지. 4)…와 어울리다, …와 조화되다(match). ***go without*** …이 없다, …을 갖지 않다 ; …없이 때우다 〈지내다〉. ***go without saying*** 물론이다, 말할 것도 없다 : It *goes without saying* that… . …(임)은 말할 것도 없다. ***go wrong*** 잘못되다, 좋지 않게 되다 : Has anything *gone wrong* with him? 그에게 뭔가 좋지 않은 일이라도 있는가. ***Here goes !*** 자 받아라. ***leave go*** (가진 것을) 놓다, 내놓다. ***let go*** ⇨ LET. ***so far as ... go*** = as far as… go. ***to go***《흔히 數詞 뒤에서》1)남아 있는, 아직(도) …있는. 2)《美口》(식당의 음식에 대해) 갖고 갈 것으로 : order two sandwiches *to go.* 샌드위치 두 개를 싸 달라다. ***to go*** 〈***be going***〉 ***on with*** 〔종종 something, enough 뒤에서〕 임시방편으로 (때우다). ***What goes?***《美俗》무슨 일이(일어났느)냐. ***Who goes there?*** 누구야《보초의 수하》.

— (*pl.* ***goes*** [gouz]) *n.* (1) ⓤ 감, 떠나감, 진행 ; 푸른 신호 ;《美口》(진행의) 허가 : be given a *go* 가라는 신호를 받다 / the come and *go* of the seasons 계절의 순환. (2) ⓤ 생기, 정력, 기력 (energy, spirit). (3) ⓒ《口》해봄, 한번의 시도 ; (게임 따위의) 차례, 기회. (4)(흔히 *sing.*)《口》사태, 난처한 일 : Here's 〈What〉 a *go !* 이거 곤란한데 / Here's a pretty *go !* 난감하게 됐군. (5) ⓒ《口》타협이 된 일, 결말지은 일(bargain) : It's a *go* 결정됐어. (6) ⓤ (the ~)《口》유행, 형(型). (7)《口》(술 따위의) 한 잔 : (음식의) 한 입 : a *go* of brandy 브랜디 한 잔. ***a near go***《口》구사일생, 아슬아슬한 고비(a close shave). ***from the word go***《口》처음부터(from the start). ***give it a go*** 한번 해 보다. ***have a go at*** . . .《口》1)…을 해 보다 : I *had* several *goes at* problem 그 문제에 여러번 도전해왔다. 2)(남)을 책하다, 비난하다. ***It's all go*** 아주 분주하다. ***off the go*** 〔흔히 否定·疑問形〕《口》한숨 돌리고, 한가하게. ***on the go***《口》끊임없이 활동하여, 계속 일하여 : I've been *on the go* all week. 일주일 내내 바빴다.

— *a.* 〔敍述的〕《口》준비가 된(ready) ; 순조롭게 작용〈작동〉하는.

goad [goud] *n.* ⓒ (1)(가축의) 몰이 막대기.(2)격려(하는 것), (정신적) 자극. — *vt.* (1)…을 뾰족한 막대기로 찌르다 〈몰아대다〉《*on*》: ~ an ox *on* 소를 몰아세우다. (2)《+目+前+名/+目+副/+目+*to* do》…을 격려〈자극, 선동〉하다, 부추겨 …하게 하다《*to, into* ; *on*》; (꾸짖어) 괴롭히다 : ~ a person *to* madness 아무의 부아를 돋우다 / ~ a person *on* 아무를 선동하다.

go·a·head [góuəhèd] *a.* 전진하는 ; 적극적인, 진취적인(enterprising), 활동적인 : a ~ signal 전진 신호. — *n.* (1)(the ~) (일 등에 대한) 허가. ; 전진신호, 청(青)신호. (2) ⓤ 원기,진취적인 기질. (3) ⓒ 적극적인 사람, 정력가.

:goal [goul] *n.* ⓒ (1)(축구 등에서의) 골 ; 결승점〈선〉. reach the ~ 득점하다 / keep ~ 골키퍼를 맡다《※ 무관사에 주의》/ score an own ~ 자살골을 넣다. (2)골《공을 넣어 얻은 득점》, 득점. (3)목적〈행선〉(지) ; 목표 : achieve〈reach. attain〉one's ~ 목적을 이루다. ***get*** 〈***kick, make, score***〉 ***a ~*** 득점하다.

파) **~·less.** *a.* (축구 따위의) 무득점의.

góal àverage 【蹴】득점률.

góal difference 골 득실차(得失差).

·goal·keep·er [∸kìːpər] *n.* 【蹴·하키】골키퍼, 문지기.

góal kìck 【蹴·럭비】골킥.

góal pòst 【蹴】골대.

:goat [gout] *n.* (1) a)ⓒ 염소. 【cf.】kid.『a billy ~ = a he-~ 숫염소 / a nanny ~ = a she-~ 암염소. b)ⓤ 염소 가죽. (2)(the G-) 【天】염소자리. (3) ⓒ 호색, 호색인. (4) ⓒ《口》놀림감. ***act*** 〈***play***〉 ***the*** (***giddy***) ***~*** 바보짓을 하다, 실없이 굴다 : Stop *acting the* ~. 바보 같은 짓 그만해라. ***get*** a person***'s ~***《口》아무를 골나게 하다, 약올리다.

goat·ee [goutíː] *n.* ⓒ (사람 턱의) 염소 수염.

goat·herd [góuthə̀ːrd] *n.* ⓒ 염소지기.

goat·skin [∸skìn] *n.* ⓤ 염소 가죽 ; ⓒ 염소 가죽 제품《옷·술부대 따위》.

gob [gɑb/gɔb] *n.* (1) ⓒ (점토·크림 따위의) 덩어리

(lump, mass)《*of*》. (2)(*pl.*) 《口》 많음《*of*》 : He has ~*s* of money. 그에겐 돈이 많다

gob·bet [gábit/gɔ́b-] *n.* ⓒ (1)(날고기 따위의) 한 덩어리《*of*》 : (음식물의) 작은 조각, 한 입, 한 방울 (drop). (2)발췌, 단편(斷片).

gob·ble[1] [gábəl/gɔ́bəl] *vt.* …을 게걸스레 먹다《*up* ; *down*》.
— *vi.* 게걸스럽게 먹다.

gob·ble[2] *vi.* (수칠면조가) 골골 울다 : (화가 나서) 칠면조와 같은 소리를 내다. — *n.* ⓤⓒ 칠면조 울음 소리.

Gob·e·lin [gábelin, góub-] *a.* 고블랭직(織)의 〈같은〉 : ~ tapestry 고블랭직 벽걸이 양탄자 / ~ blue 짙은 청록색. — *n.* ⓒ 고블랭직(벽걸이 양탄자).

ˈ**gob·let** [gáblit/gɔ́b-] *n.* ⓒ 고블렛《받침 달린 유리나 금속제의 포도주 잔》.

ˈ**gob·lin** [gáblin/gɔ́b-] *n.* ⓒ 악귀, 도깨비.

go·by [góubi] (*pl.* **-bies.** 〔集合的〕 ~) *n.* ⓒ 【魚】 문절망둑.

go-by [góubài] *n.* (the ~) 지나치기, 통과 (passing) ; 보고도 못 본 체함. ***get*** a thing ***the ~*** 사물을 피하다〈무시하다〉. ***get the ~*** 무시당하다. ***give*** a person ***the ~*** 《口》 아무를 못 본 체하고 지나가다.

go-cart [góukὰːrt] *n.* ⓒ 《英古》 (유아용의) 보행기(步行器) (walker) ; 유모차 ; 손수레 (hand cart) ; = GO-KART.

⁝**god** [gad/gɔd] *n.* (1)(G-) ⓤ (일신교, 특히 기독교의) 신, 조물주 (the Creator, the Almighty) / *God* helps those who help themselves. 《俗談》 하늘은 스스로 돕는 자를 돕는다. (2) ⓒ (다신교의) 신 ; 남신(男神) (【cf.】 goddess), (3) ⓒ 신상(神像) ; 우상 ; ⓒ 신으로〈신처럼〉 떠받들리는 것〈사람〉 : make a ~ of …을 가장 소중하다고 생각하다 …을 신처럼 떠받들다. (4)(the ~s)《英》【劇】 일반석의 관객.

be with God 신과 함께 있다 : (죽어서) 천국에 있다. ***by God*** 맹세코, 꼭, 반드시. ***for God's sake*** ⇨ SAKE. ***God bless ...!*** …에게 행복을 내리소서. ***God bless me*** 〈***my life, my soul, us, you***〉***!*** 아이구 큰일이다. ***God damn you!*** 이 빌어먹을 자식아, 뒈져 버려라. ***God forbid !*** ⇨ FORBID. ***God grant ...!*** 신이여〈하느님이시어〉 …하게 해주옵소서. ***God help*** 〈***save***〉 (her)! 하느님, (그녀를) 구해주소서, 가엾어라. ***God knows*** 1)〔+that 名詞節〕 하늘이 알고 계시다, 맹세코(그렇다). 2)〔+疑問의 名詞節〕 하느님만이 아신다, 아무도 모른다. ***God's willing*** 신의 뜻이 그렇다면, 사정이 허락한다면. ***My*** 〈***Good, Oh***〉 ***God!*** 아 야단〈큰일〉났다 ; 괘씸하다. ***on the knees*** 〈***in the lap***〉 ***of the ~s*** ⇨ KNEE. ***play God*** 신처럼 행동하다, 안하무인으로 굴다. ***please God*** ⇨ PLEASE. ***So help me God !*** ⇨ HELP. ***Thank God !*** 아아 고마워라. ***the ~ of day*** 태양신 (神) (Phoebus). ***the ~ of hell*** 지옥의 신 (pluto). ***the ~ of love*** = ***the blind ~*** 사랑의 신 (Cupid). ***the ~ of the sea*** 바다의 신 (Neptune). ***the ~ of this world*** 악마(Satan). ***the ~ of war*** 전쟁의 신(Mars). ***the ~ of wine*** 주신(酒神) (Bacchus). ***under God*** 하느님 다음으로 (감사하여야 할 사람으로) ; (하느님께는 못 미치지만) 온갖 정성을 다하여.

God-aw·ful [gádɔ́ːfəl/gɔ́d] *a.* (종종 g-) 《口》 굉장한, 심한, 지독한 : What ~ weather! 고약한 날씨군.

god·dam(n) [gádǽm/gɔ́d-] *int.* 《口》 빌어먹을, 제기랄. — *a.* 〔強調〕 전연, 전혀 : no ~ use 전혀 쓸모없는, —*n.*, *v.* 《口》 (종종 G-) = DAMN. — *ad.* = DAMNED.

:god·dess [gádis/gɔ́d-] *n.* ⓒ 여신(〖opp.〗 *god*) ; (절세) 미인 ; 숭배〈동경〉하는 여성 : the ~ of liberty 자유의 여신. ***the ~ of corn*** 오곡의 여신 (Ceres). ***the ~ of heaven*** 하늘의 여신(Juno) ***the ~ of hell*** 지옥의 여신(Proserpina).

ˈ**god·fa·ther** [gádfὰːðər/gɔ́d-] *n.* ⓒ (1)【가톨릭】 대부(代父), 【聖公會】 교부(敎父) : stand ~ to a child 아이의 대부가 돼주다. (2)(사람·사업의) 후원 육성자. (3)(종종 G-) 《口》 마피아〈폭력단〉의 두목.

God·fear·ing [ˊfiəriŋ] *a.* (때로 g-) 신을 두려워하는, 독실한, 경건한

god·for·sak·en [ˊfərsèikən] *a.* (1)신에게 버림받은, 타락한, 비참한. (2)황폐한, 아주 외진, 쓸쓸한 : a~ place 아주 외진 곳.

god·head [ˊhèd] *n.* (또는 G-) 신(神)임, 신성, 신격(divinity) ***the Godhead*** 하느님, 신.

god·hood [ˊhùd] *n.* ⓤ (때로 G-) 신(神)임, 신격, 신성(神性).

god·less [gádlis/gɔ́d-] *a.* (1)신이 없는 ; 신을 믿지 않는〈부정하는〉, 무신론자의 : ~ doing 신을 두려워 않는 소행. (2)불경한, 사악한.
파) **~·ly** *ad.* **~·ness** *n.*

ˈ**god·like** [gádlàik/gɔ́d-] *a.* 신과 같은, 거룩한, 존엄한.

god·ly [gádli/gɔ́d-] (***-li·er*** ; ***-li·est***) *a.* 신을 공경하는, 독실한(pious), 경건한. 파) **gód·li·ness** [-linis] *n.* ⓤ 경신(敬神), 경건, 신심(信心).

ˈ**god·moth·er** [ˊmʌ̀ðər] *n.* ⓒ 대모(代母), 【cf.】 godfather.

god·par·ent [gádpὲərənt/gɔ́d-] *n.* ⓒ 대부〈모〉(代父〈母〉).

god·send [gádsènd/gɔ́d-] *n.* ⓒ 하늘〈하느님〉의 선물, 하늘이 주신 것 ; 뜻하지 않은 행운.

god·son [ˊsʌ̀n] *n.* ⓒ 대자(代子), 【cf.】 godchild.

Gód's (ówn) cóuntry 이상적인 땅〈나라〉, 낙원 ; 《美》 자기 나라 《미국》.

God·speed [gádspíːd/gɔ́d-] *n.* ⓤ 성공〈여행길의 안전〉의 기원. ***bid*** 〈***wish***〉 a person ~ 아무의 성공〈여행길의 안전〉을 빌다.

go·er [góuər] *n.* ⓒ (1)가는 사람 : comers and ~*s* 오가는 사람들《나그네 등》. (2)〔複合語〕 …에 잘 가는〈다니는〉 사람 : a movie- ~ 영화팬. (3) a]활기 있는 사람 ; 활동가. b]성적으로 음란한 사람〈여자〉.

ˈ**Goe·the** [gɔ́ːtə] *n.* **Johsnn wolfgang von ~** 괴테《독일의 문호 : 1749-1832》.

go·fer [góufər] *n.* ⓒ 《美俗》 잔심부름꾼.

go-get·ter [góugétər] *n.* ⓒ 《口》 (사업 따위의) 수완가, 활동가, 민완가.

gog·gle [gágəl/gɔ́gəl] *vi.* (눈알이) 희번덕거리다 ; 눈알을 굴리다 ; (놀라서) 눈을 부릅뜨다 《*at*》. — *n.* (1) ⓤ (또는 a ~)눈알을 희번덕거림. (2)(*pl.*) 고글《스키어·용접공·잠수부 등이 쓰는 보안경》.

gog·gle-box [gágəlbὰks/gɔ́gəlbɔ̀ks] *n.* ⓒ 《英俗》 (the ~) 텔레비전.

gog·gle-eyed [gágəlàid/gɔ́gəl-] *a.* 퉁방울눈의 : 눈을 희번덕거리는, (놀라서) 눈을 부릅뜬 : He stared ~ at Kravis's sumptuous quarters. 그는 크라비스의 화려한 주택 지구를 눈을 크게 뜨고 보았

다.

go·go [góugòu] *a.* (1)고고의, 로큰롤에 맞춰 춤추는 ; 디스코(풍)의 : a topless ~ dancer 가슴을드러낸 고고 댄서. (2)활발한, 생기 넘치는 ; 현대적인, 최신의. — *n.* ⓒ 고고 댄스.

Go·gol [góugəl] *n.* **Nikolai vasilievich ~** 고골리 《러시아의 소설가·극작가 ; 1809-52》.

:go·ing [góuiŋ] GO 의 현재분사.
— *n.* ⓤ (1)보행, 여행 ; 출발 : His ~ made the little girl cry. 그가 나가니 소녀는 울었다. (2)(도로·경주로 등의) 상태. (3)《口》 (일·계획 따위의) 진전 ; 진행 상태〈상황〉: The ~ is very slow. 일의 진전이 아주 느리다. ***while the ~ is good*** 상황이 불리해지기 전에(떠나다, 그만두다(등)). — *a.* (1)〔限定的〕 진행중인 ; 운전 중의 ; 활동 중의 ; 영업 중인 ; 수지가 맞는 : a ~ business〈concern〉 영업 중인〈수지가 맞는〉 사업〈회사〉. (2)〔흔히 名詞 뒤에서〕《口》 손에 들어오는 ; 지금 있는, 현존하는. (3)〔限定的〕 현행의, 현재의 ; 통례의 ; the ~ rate 현행 이율(利率) / the ~ price for gold 금(金)의 시가(時價). ***be ~ on*** 1)(시각·연령이) …에 가깝다. 2)일어나고 있다. (3)계속되고 있다 : The party has *been* ~ *on* all night. 파티는 밤새 계속되고 있다. ***have … ~ for*** 《口》 (…가) 유리한 입장에 있다. 아무에게 유리하게 작용하다. (일이) 잘 되어가다.

go·ing-o·ver [góuiŋóuvər] (*pl.* ***go·ings-***) *n.* ⓒ (1)《口》 철저한 조사〈시험〉, 점검, 체크 : They gave the car a thorough ~. 그들은 그 차를 철저히 점검했다. (2)《俗》 통렬한 비난〈질책〉 ; 심한 매질.

go·ings-on [góuiŋzɔ́ːn/-ɔ́n] *n. pl.* (좋지 못한) 행위, 소행, 행실 : There were some strange ~ next door last night. 지난 밤에 이웃집에 좀 이상한 일이 있었다.

goi·ter, 《俗》 **-tre** [gɔ́itər] *n.* ⓤⓒ 【醫】 갑상선종(甲狀腺腫) (struma).

:gold [gould] *n.* ⓤ (1)금(aurum)《금속 원소;기호 Au ; 번호 79》, 황금 : pure ~ 순금 / strike ~ 금(광)을 발견하다. (2) a]〔集合的〕 금제품 ; **금화** : pay in ~ 금화로 지급하다 / a ~ watch〈coin〉 금시계〈금화〉. b]=GOLD MEDAL. (3)부(富)(wealth), 돈(money) ; 재보(treasure) : greed for ~ 금전욕. (4)(황금처럼) 귀중〈고귀〉한 것 : a heart of ~ 아름다운〈고결한〉 마음(의 사람). (5) a]금빛, 황금색 : hair of ~ 금발 / the burning reds and ~*s* of autumn leaves 타는 듯한 가을의 붉고 누런 잎. b]금도금 ; 금가루 ; 금실 ; 금박. (6) ⓒ (과녁의) 정곡(bull's-eye). **(*as*) *good as ~*** (아이·짐승 등이) 얌전한, 예절 바른. ***make a ~*** 과녁의 복판을 쏴 맞히다. ***worth*** one***'s weight in ~*** 천금의 가치가 있는, 매우 귀중〈유용〉한.
— *a.* (1)금의, 금으로 만든, 금빛의 : ~ plate 금제(金製) 식기류. (2)금본위의.

góld bèetle 【蟲】 풍뎅이(goldbug).

góld blòc 금본위제의 나라〈지역〉.

góld dìgger (1)금갱(金抗)을 파는 사람, 채금업자. (2)《俗》 남자를 호려 돈을 우려내는 여자.

góld dùst 사금 ; 금분 (金粉).

:gold·en [góuldən] *a.* (1)**금빛의**, 황금빛의 ; 황금처럼 빛나는 : ~ hair 금발. (2)금을 함유하는, 금이 가득 찬 ; 금을 산출하는. (3)〔限定的〕 귀중한, (기회 따위가) 절호의 ; (시대 따위가) 융성한, 번영하는 : ~ hours (라디오·TV의) 골든아워 ; 더 없이 즐거운 시간 / a ~ boy 〈girl〉 인기 있는 남자〈여자〉 / a ~ opportunity 절호의 기회 / a ~ saying 금언. (4)〔限定的〕 50년째 의 : ~ wedding 금혼식 / ~ anniversary 50주년 기념일. (5)《文語투》 금의, 금으로 만든《이 뜻으로는 gold가 일반적》 : a ~ crown 금관.

gólden áge (the ~) (1)《문학·국가 등의》 황금 시대, 최성기. (2)(종종 G-) 【그神】 황금 시대《태고 때의 인류 지복(至福)의 시대. (3)(지혜·만족·여가가 있는) 중년 이후의 인생. (4)《婉》 노년.

gold·en-ag·er [-éidʒər] *n.* ⓒ《美口》 황금 연령의 사람《65세 이상의 은퇴한 사람》 ; 노인.

gólden bálls 전당포 간판《금빛 공이 세 개》.

gólden dísc 골든 디스크《백만 장 또는 백만 달러 이상 팔린 히트 레코드 ; 또 이 레코드의 가수에게 상으로 주는 금제 레코드》.

gólden éagle 【鳥】 검둥수리《머리·목덜미가 황금색 ; 예전의 독일 국장(國章)》.

Gólden Fléece (the ~) 【그神】 금(金) 양털 《Jason이 Argonauts를 이끌고 훔쳐왔다는》.

Gólden Gáte (the ~) 골든 게이트, 금문 해협(金門海峽)《San Francisco만을 태평양과 잇는 해협 ; 여기 유명한 Golden Gate Bridge가 있음》.

gólden hándshake 《英》 (해고자·조기 퇴직자에게 주는 고액의) 퇴직금.

gólden júbilee 50주년 축전. 【cf.】 jubilee.

gólden méan (the ~) 중용 (中庸), 중도.

gólden rùle (the ~)【聖】 황금률《마태복음 Ⅶ : 12, 누가복음Ⅵ : 31의 교훈 ; 흔히 'Do (to others) as you would be done by.'로 요약됨》 ; 〔一般的〕 지도 원리, 금과 옥조.

gólden wédding 금혼식《결혼 50주년 기념》.

gólden yèars 《口》 노후《흔히 65세 이후》.

gold·field [ˊfìːld] *n.* ⓒ 채금지(採金地), 금광지.

gold·filled [góuldfìld] *a.* 【寶石】 금을 씌우〈입힌〉.

gold·finch [ˊfìntʃ] *n.* 【鳥】 검은방울새의 일종 ; 《英俗》 금화, 1파운드 금화(sovereign).

:gold·fish [ˊfìʃ] (*pl.* ~, **~·*es***) *n.* (1) ⓒ 금붕어. (2)(the G-) 【天】 황새치자리(Dorado).

góld·fòil 금박《gold leaf보다 두꺼움 ; 치과용》.

góld lèaf 금박. 【cf.】 gold foil. 파) **góld-lèaf** *a.*

góld médal (우승자에게 주는) 금메달.

góld mìne (1)금갱, 금광 ; 보고(寶庫)《*of*》 : a ~*of* information 지식의 보고. (2)큰 돈벌이가 되는 것, 달러박스《*for* ; *to*》.

góld pláte 금으로 된 식기류 ; (전기) 금도금(하기).

gold-plate [góuldplèit] *vt.* …에 금을 입히다, 금도금하다. 파) **~d** *a.*

gold·rimmed [ˊrímd] *a.* 금대의 ; 금테 무늬가 있는《컵 따위》.

góld rùsh 골드러시, 새 금광지로의 쇄도, 금광열 ; 일확 천금을 노린 광분(狂奔).

gold·smith [góuldsmìθ] *n.* ⓒ 금 세공인, 금장이.

góld stàndard (the ~) 【經】 금본위제.

:golf [galf, gɔ(ː)lf] *n.* ⓤ 골프. — *vi.* 〔흔히 ~ing 으로〕 골프를 하다 (play ~) : go ~*ing* 골프치러 가다.

gólf bàll 골프공.

gólf càrt 골프 카트《골프백을 나르는 손수레 ; 또는 골퍼와 그의 소지품을 나르는 자동차》.

gólf clùb 골프 클럽《조직 또는 건물·부지》.

gólf còurse 골프장. 골프 코스(golf links).
golf·er [gálfər, gɔ́(:)lf-] *n.* ⓒ 골퍼, 골프 치는 사람.
Gol·go·tha [gálgəθə/gɔ́l-] *n.* (1)【聖】 골고다《예수가 십자가에 목박힌 Jerusalem의 언덕》. (2) (g-) 수난의 땅 ; 묘지, 납골당.
gol·li·wog(g) [gáliwàg/gɔ́liwɔ̀g] *n.* ⓒ 얼굴이 검고 머리털이 곤두선 인형 ; 얼굴이 괴물 같은 사람.
gol·lop [gáləp/gɔ́l-] *vt.* 《英口》 (액체)를 꿀꺽꿀꺽 마시다. — *n.* (a ~) 꿀꺽꿀꺽 마심.
gol·ly [gáli/gɔ́li] *int.* 《口》 저런, 어머나, 아이고《놀람·감탄 따위를 나타냄》. ***by*** **~** 《口》 틀림없이, 확실히 (without a doubt). ***By*** **〈*My*〉** ***~!*** 저런, 어머나.
-gon *suf* '…각형(角形)' 이란 뜻의 명사를 만듦 : hexa*gon* : penta*gon* : n-*gon* (n 각형).
go·nod [góunæd, gán-/gɔ́n-] *n.* 【解】 생식선(腺).
·gon·do·la [gándələ, gandóulə/gɔ́ndələ] *n.* ⓒ (1)(Venice의) 곤돌라《평저 유람선》 : by ~ 곤돌라를 타고《無冠」詞》. (2)무개 화차(= **~ càr**). (3) (비행선·기구(氣球) 따위의) 조선, 조롱. (4)곤돌라 상품 진열대 《수퍼마켓 등에서 상품을 사방에서 자유롭게 꺼낼 수 있도록 되어 있는 진열대》.
:gone [gɔːn, gan/gɔn] GO 의 과거분사.
— (***more*** **~ *; most*** **~**) *a.* (1)지나간, 사라진 ; 없어진 ; 가버린 memories of ~ summer 지나가 버린 여름의 추억들 / I'll not be ~ long. 곧 돌아오겠습니다. (2)〔敍述的〕 죽은, 세상을 떠난(dead). (3)〔限定的〕 가망 없는(hopeless), 절망적인 : a ~ case절망적인 상태 ; 가망 없는 환자. (4)쇠약한(faint) ; 정신이 아뜩한 : a ~ feeling 〈sensation〉 아뜩해지는〈까무러질 것 같은〉 느낌, 쇠약감. (5)〔월·일을 나타내는 名詞 뒤에 두어〕 《口》 임신한. (6)(시간·나이가) …을 넘은〈지난〉, …이상의 : a man ~ ninety years of age 나이 90을 넘은 사람. (7)〔敍述的〕) a)〔종종 far ~로〕 (…에) 깊이 빠진 ; 열을 올린《*in*》 : He is *far* ~ *in* crime. 그는 범죄의 늪에 깊이 빠져 있다. b)이성에 반해서《*on*》. ***dead and*** **~** 죽어버린. ***real*** **~** 《俗》 멋진, 굉장한, 근사한.
góne góose 〈**gósling**〉 《口》 어찌할 도리가 없는 사람, 가망 없는 사람 ; 절망적인 일〈상태〉.
gon·er [gɔ́(:)nər, gán-] *n.* ⓒ 《口》 가망 없는 것, 죽은 사람, 글러먹은 사람〈일, 것〉.
·gong [gɔːŋ, gaŋ/gɔŋ] *n.* ⓒ (1)징 ; 공《접시 모양의 종》 (= **~ bèll**), 벨 : a dinner ~ 식사를 알리는 종 / beat〈ring, sound〉 a ~ 징을 울리다〈치다〉 《복싱 등의 「공」은 bell이라 함》. (2)《英俗》 훈장 (medal). ***be all*** **~** ***and no dinner*** 《口·戱》 큰소리만 치고 실제는 아무 것도 안 하다.
gon·na [góuna, gɔ́ːnə, 弱 gənə] 《方·俗》 …할 예정인 (going to).
go-no-go [góunóugòu] *a.* 계속하느냐 중지하느냐의 결정(시기)에 관한 : make a ~ decision 가부간의 결정을 내리다.
-gony 발생(generation), 기원(origination)' 의 뜻을 나타내는 결합사 : cosmo*gony* : mono*gony*.
gon·zo [gánzou/gɔ́n-] *a.* 《美俗》 머리가 돈, 미친.
:good [gud] (***bet·ter*** [bétər] ; ***best*** [best])*a.* (1)좋은, 우량한 ; 질이 좋은, 고급의 : a ~ saying 금언(金言), 명구(名句) / ~ health 좋은 건강 상태 / a ~ book 양서(良書). (2)(도덕적으로) 선량한(virtuous), 착한, 성실한(dutiful), 품행이 좋은, 방정(方正)한(well-behaved) ; 공정한 : a ~ wife 착한 아내 / a ~ deed 선행(善行) / ~ conduct 옳은 행동. (3)친절한, 인정 있는(benevolent) ; 너그러운 : ⇨ GOOD NATURE / do a person a ~ turn 아무에게 친절을 베풀다〈친절히 하다〉. (4)(아이가) 착한. (5)유능한 ; 익숙한, 잘하는 : a ~ artist 뛰어난 화가 ; 그림 솜씨가 좋은 사람 《아마추어이지만》 / ~ *at* all sports 스포츠에 만능인. (6)효과적인, 유효한 ; 자격 있는 (qualified) ; (약 따위가) 효험이 있는 ; (표 따위가) 통용되는 ; 사용 가능한, 쓸모 있는 ; 견딜 〈버틸〉 수 있는, 오래가는 ; 건전한, 튼튼한 (strong, healthy) 《*for*》 : ~ *for* two months 유효기간 2 개월의 / a car ~ *for* another ten years 아직 10년은 더 탈 수 있는 차. (7)(운 따위가) 좋은, 계제(가) 좋은 ; 안성맞춤의, 바람직한, 유익한 호적(好適) 의《*for*》 : ~ luck 행운 / a ~ answer 매우 적절한 대답. (8)훌륭한, 완전한, 진짜의 ; (상업적으로) 신용할 수 있는, 확실한 ; 아름다운 ; (날씨가) 활짝 갠 ; ⇨ GOOD LOOKS / ~ weather 화창한 날씨. (9)(음식이) 맛있는 ; 먹을〈마실〉 수 있는, 썩〈상하〉지 않은 : This hotdog tastes ~. 이 핫도그는 맛있다. (10)즐거운 ; 행복한 ; 유쾌한 (happy, agreeable, enjoyable) : It's ~ to be home again. 집에 다시 돌아오니 즐겁다 / ~ newts 길보. (11)사이가 좋은, 친한, 친밀한 : a ~ friend 친우. (12)〔數·量的으로〕 충분한(thorough, satisfying) : two ~ hours 족히 2시간 / a ~ half 듬뿍하게 절반, 절반 이상 / take 〈have〉 a ~ rest 충분한 휴식을 취하다. (13)〔거의 아무 뜻 없이〕 : her ~ man 그 여자의 남편.
a **~** ***few*** ⇨ FEW. ***a*** **~** ***many*** ⇨ MANY. ***a*** **~** ***one*** 믿을 수 없는 거짓말〈과장〉, 재미있는 농담. ***as*** **~** ***as*** …에 못하지 않은 ; (사실상) …나 매한가지인 : It's *as* ~ *as* finished 이제 끝난 거나 다름 없다. (***as***) **~** ***as gold*** ⇨ GOLD. ***be as*** **~** ***as*** one'***s word*** ⇨ WORD. ***Be*** **~** ***enough to*** do. ⇨ ENOUGH. *ad.* ***feel*** **~** 1)몸〈기분〉이 좋다, 호조 (好調)이다. 2)안심하다 : I don't *feel* too ~ about it. 도무지 마음에 안 든다 ; 좀 걱정이다 **~ *and*** [gúdn] 《口》 매우, 아주 : ~ *and* happy 아주 행복한. **~ *and proper*** 《美口》 철저히 : The table is broken ~ *and proper*. 테이블은 완전히 부서졌다. **~ *for*** ⇨ GOOD. *a.* ***Good for you*** 〈***him,*** etc.〉***!*** 잘 한다, 거 잘됐다, 말 잘 했다. **~ *old*** 제법 괜찮은 ; 그리운 : (in) the ~ *old* days 그리운 옛날(에는). ***had as*** **~** 《口》 …하여도 마찬가지다, 오히려 …하는편이 나을 정도다. ***have a*** **~** ***mind to*** do 꼭 …하고(해보고) 싶다고 생각하다. ***make a*** **~** ***thing*** (***out***) ***of*** ⇨ THING. ***make*** **~** 1)(손해 따위)를 보상〈변제〉하다 ; (부족 따위)를 보충하다 2)(계획)을 달성하다 ; (약속)을 이행하다 : *make* ~ a promise 약속을 이행하다. 3)실증〈입증〉하다. *make* ~ a boast 자랑한 것이 옳음을 증명하다. 4)(입장·지위)를 유지〈확보〉하다 ; 《주로 英》 회복〈수복〉하다. 5)(특히 장사)에 성공하다 : *make* ~ in business 사업에 성공하다. ***not*** **~** ***enough to*** do 《口》 …할 가치가〈자격이〉 없는. ***take in*** **~** ***part*** ⇨ PART.
— *n.* ⓤ (1)선(善) ; 미덕. 【opp.】 *evil*. 『 know ~ from evil 선악을 분별하다. (2)(흔히 the ~) 선량한 사람들 ; 좋은 일〈것, 결과〉 : for ~ or evil 좋든 나쁘든 / *Good* and bad 〈*The* ~ and *the* bad〉 alike praised him. 선인(善人)도 악인도 모두 그를 칭찬하였다. (3)이익, 이(利) (advantage) ; 소용, 효용, 가치 : public ~ 공익(公益). (4)행복 : the greatest ~ of the greatest number 최대 다수의 최대 행복 《Bentham의 공리주의의 원칙》. (5)(*pl.*) ⇨ GOODS.

be no ~ 아무 쓸모도 없다. 소용없다. ***be up to no ~*** = ***be after no ~*** 1)나쁜〈못된〉 일을 꾸미고 있다. 2)《美》 아무 쓸모 없다. ***come to ~*** 좋은 열매를 맺다. 좋은 결과가 되다. ***come to no ~*** 좋은 결과를 못 보다. 실패하다. ***do*** a person ~ 아무에게 도움이 되다. 이롭다 : 아무의 건강에 좋다. ***do ~*** 1)선행을 하다 ; 친절을 베풀다. 2)도움이 되다. 효과가 있다. ***for ~ (and all)*** 영구히 ; 이를 마지막으로. ***for the ~ of***… 의 이익을 위해서. ***in ~ with***…의 마음에 들어. …에게 호감을 사서. ***That's no ~.*** 무익하다. 소용 없다. ***to the ~*** 1)이익이 되어 : It's all *to the* ~. 그것, 잘됐군. 2)【商】 대변(貸邊)에. 순(이)익으로 : We are 400 dollars *to the* ~. 400 달러 벌었다.
— *ad.* 《美口》 훌륭히. 잘. ***have it ~*** 《口》 유복하다 : 즐거운 시간을 보내다.

gòod afternóon 〔오후 인사〕 (1)안녕 하십니까《만났을 때》. (2)안녕히 계〈가〉십시오《헤어질 때》.

:good·by, -bye [gùdbái] *int.* 안녕 : 안녕히 가〈계〉십시오. — (*pl.* ***~s***) *n.* ⓒ 고별. 작별(의 인사) 《God be with ye. 의 간약형》 : We said our ~*s* and went home. 우리는 작별을 고하고 집으로 갔다. ***say ~*** 작별을 고하다.

góod chéer (1)원기. 기분 좋음 : Be of ~ ! 기운 내라. (2)진수성찬 : make 〈enjoy〉 ~ 맛있는 음식을 먹다.

gòod dáy 〔낮 인사〕 (1)안녕하십니까《만났을 때》. (2)안녕히 계〈가〉십시오《헤어질 때》. ※ 지금은 쓰이지 않음.

góod déal (a ~)다수. 다량.

góod évening 〔저녁 인사〕 (1)안녕하십니까《만났을 때》. (2)안녕히 계〈가〉십시오《헤어질 때》.

góod fáith 성실. 성의(誠意). 정직 : act in ~ 성실하게 행동하다.

góod féllow 착한 사람. (교제 상대로) 명랑하고 다정한 사람 ; 《俗》 멍청한 녀석.

good-fel·low·ship [gùdféloușip] *n.* ⓤ 친구간의 정의(情義) ; 친목. 우정. 선의 ; 사교성.

good-for-noth·ing [gúdfərnʌ̀θiŋ] *a., n.* 아무짝에도 못쓸 (사람). 변변치 못한 (인간).

good-heart·ed [gúdhá:rtid] *a.* 친절한(kind). 호의 있는. 마음씨가 고운. 관대한. 선의의.
파) **~·ly** *ad.* 친절히. **~·ness** *n.*

góod húmor 명랑한〈즐거운〉 기분 : be in ~ 기분이 좋다.

good-hu·mored [gúdhjú:mərd] *a.* 기분 좋은. 명랑한 ; 상냥〈싹싹〉한 : The crowds were patient and ~. 군중들은 참을성 있었고 명랑했다.
파) **~·ly** *ad.* **~·ness** *n.*

good·ish [gúdiʃ] *a.* 〔限定的〕 (1)나쁘지 않은. 대체로 좋은 편인. (2)적지 않은 : 상당한《크기·수량·거리 따위》.

good-look·er [gúdlúkər] *n.* ⓒ 잘 생긴 사람.

:good-look·ing [gúdlúkiŋ] *a.* 잘 생긴. 미모의 : 핸섬〈스마트〉한 : a ~ woman 미모의 여인 / a ~ man 핸섬한 남자.

góod lóoks 매력적인 용모. 《특히》 미모.

·good·ly [gúdli] (***-li·er ; -li·est***) *a.* 〔限定的〕 (1)훌륭한 : 미모의. 잘 생긴 : a ~ building 훌륭한 빌딩. (2)(a ~)꽤 많은. 상당한《크기·수량 따위》 : a ~ heritage 꽤 많은 유산.

gòod mórning 〔오전 중의 인사〕 (1)(밤새) 안녕하십니까《만났을 때》. (2)안녕히 가〈계〉십시오.

gòod náture 선량한 마음씨.

:good-na·tured [gúdnéitʃərd] *a.* (마음씨가) 착한 〈고운〉. 온후한. 친절한. 【opp.】 *ill-natured.* 『 a ~ girl 마음씨 착한 소녀.
파) **~·ly** 친절히. **~·ness** *n.*

good-neigh·bor [gúdnéibər] *a.* 〔限定的〕 (정책따위가) 선린의. (국제 관계가) 우호적인 : a ~ policy 선린 정책.

:good·ness [gúdnis] *n.* ⓤ (1)선량. 미덕 : No one can doubt his ~ 누구도 그의 선함을 의심하지 못할 것이다. (2)(the ~) 친절. 우애. 자애. (3)우수. 우량 : 탁월. (4)미점. 장점 : 정수(精髓) : (음식물의) 자양분. (5)〔感歎詞 的〕으로 God의 대용어(語)로서〕 이키나. 어이구. 저런. ***for ~' sake*** ⇨ SAKE. ***Goodness (gracious) !*** 어머나. 야단났군《놀람·분노 따위를 나타냄》. ***Goodness knows!*** ⇨ GOD knows. ***in the name of ~*** 신명께 맹세코 : 도대체. ***Thank ~ !*** 고마워라. (잘) 됐다. ***wish 〈hope〉 to ~*** 부디 …이길 바라다 : I *wish to* ~ you'd be quiet. 부탁하는데 제발 조용히 해주게.

gòod níght 〔밤의 작별·취침시의 인사〕 안녕히 주무십시오 ; 안녕히 가〈계〉십시오.

góod óffices 〔複數취급〕 ⇨ OFFICE.

:goods [gudz] *n. pl.* 〔單數形으로는 쓰이지 않고 many나 數詞로 수식되지 않음〕 (1)물건. 물품. 상품(wares). 물자 : war ~ 전쟁 물자 / convenience ~ 일용 잡화. (2)재산. 재화(財貨) : 【經】 재(財) ; 동산(movables). 소유물 : household ~ 가재(도구) / consumer 〈producer〉 ~ 소비〈생산〉재 / ~ and chattels 【法】 인적 재산《개인의 전 재산》. (3)〔때로 單數 취급〕《美》 천. 피륙 : dry ~ 옷감. (4)《英》 (철도) 화물(《美》 freight) : a ~ agent 운송업자 / a ~ station 화물역(《美》 freight depot). (5)(the ~) a]안성맞춤의 것〈사람〉. 적임인 사람. 진짜 : 약속된〈기대되는〉 것. b]범죄의 증거. 《美口》《특히》 장물(贓物).

góod sénse 양식(良識). (직관적인) 분별.

Góod Shépherd ⇨ SHEPHERD.

good-sized [gúdsáizd] *a.* 꽤 큰〈넓은〉.

gòod spéed 행운. 성공《여행을 떠나는 사람에 대한 작별 인사》.

góod tràin 《英》 화물 열차 (《美》 freight train).

good-tem·pered [gúdtémpərd] *a.* 마음씨 고운. 상냥한. 얌전한. 무던한.
파) **~·ly** *ad.* **~·ness** *n.*

góod thìng (a ~) (1)잘된〈좋은〉 일 ; 행운 : He's really on to *a* ~ 그는 정말 좋은 일자리 〈일〉에 얻어걸렸다. (2)바람직한 일 : Free trade is *a* ~. 자유무역은 바람직한 일이다. (3)경구(警句). ***It is a ~ (that)*** … 《口》 …은 행운이다. …해서 참 잘 됐다 : *It's a* ~ you are here. 자네가 와 주어서 잘 됐네. ***too much of a ~*** 좋지만 도가 지나쳐서 귀찮은 것.

:good·will, góod wíll [gúdwíl] *n.* ⓤ (1)호의. 친절. 후의 : 친선 : international ~ 국제 친선 / a policy of ~ 친선 외교 / The natives showed ~ *toward* 〈*to*〉 us. 원주민들은 우리에게 호의를 보였다. (2) (상업·상점의) 신용. 성가(聲價) : 단골 ; 영업권 : buy a business with its ~ 회사의 성가와 함께 사업을 매수하다.

góod wórks 선행. 자선 행위.

goody [gúdi] *n.* ⓒ 《口》 (1)(흔히 *pl.*) 맛있는 것. 봉봉 ; 엿. 사탕. (2)특별히 매력 있는〈탐낼 정도로 좋은〉 것《음식물·의복·작품 따위》. (3)(영화·TV의) 주인공 : = GOODY-GOODY. — *a.* =GOODY-GOODY. — *int.* 《兒》

신나다, 근사하다 : Oh~! Chocolate cake. 우와아, 초콜릿 과자다.

good·y-goody [-gùdi] *a.* 독실한 체하는, 착한〈선량한〉 체하는. — *n.* ⓒ 독실한 체하는 사람.

goo·ey [gúːi] (***goo·i·er ; -i·est***) *a.* 《俗》 (1)(과자가)달고 끈적끈적한(sticky). (2)공연히 감상적인.

goof [guːf] (*pl.* **~s**) 《俗》 *n.* ⓒ (1)바보 멍청이. (2)실수 : make a ~ 실수하다. — *vt.* …을 실수하여 잡쳐버리다《*up*》 : She ~*ed* her lines again. 그녀는 대사를 또 틀렸다. — *vi.* (1)게으름피우다 : 빈둥거리다《*off ; around ; about*》 : ~ *off* on the job 일을 사보타주하다. (2)실수하다.

go-off [góuɔ̀ːf/-ɔ̀f] *n.* (흔히 *sing.*) 출발 ; 출발 시간 ; 착수. ***at one ~*** 한꺼번에, 단숨에. ***suc-ceed at the first ~*** 단번에 성공하다.

goof-off [gúːfɔ̀ːf/-ɔ̀f] *n.* ⓒ 《俗》 책임을 회피하는 남자, 게으름뱅이.

goof-up [gúːfʌ̀p] *n.* ⓒ 《口》 실수, 실패.

goofy [gúːfi] (***goof·i·er ; -i·est***) *a.* 《俗》 (1)얼빠진(foolish), 어리석은. 파) **góof·i·ly** *ad.* **-i·ness** *n.*

gook [guk, guːk] *n.* 《美俗》 (1) ⓤ 끈적거리는 것. (2) ⓤ 짙은 화장. (3) ⓒ 《蔑》 동양인.

goon [guːn] *n.* ⓒ 《俗》 (1)깡패, (노동 쟁의 등에 고용되는) 폭력단(원). (2)얼간이.

:goose [guːs] (*pl.* ***geese*** [giːs]) *n.* (1) ⓒ 거위 《수컷은 gander, 새끼는 gosling》 : All his *geese* are swans. 《俗談》 자기의 것이면 거위도 백조로 보인다 ; 내 가족〈물건〉은 모두가 좋게 보인다. (2) ⓤ 거위고기. (3) ⓒ 바보, 얼간이(simpleton). (4)(*pl.* ***goos·es***) (놀래기 위해) 남의 궁둥이 사이를 뒤에서 쿡쿡 찌르는 일. ***can* 〈*will*〉 *not say boo to a ~*** ⇨ BOO. ***cook*** a person'***s ~*** 아무의 악평을 하다. — *vt.* 《俗》 (놀래려고) …의 궁둥이 사이를 뒤에서 찌르다.

goose·ber·ry [gúːsbèri, -bəri, gúːz] *n.* ⓒ (1) 【植】 구즈베리(의 열매). (2)(남의 사이를 파고드는) 훼방꾼. ***play ~*** 《口》 (단 둘이 있고 싶어하는 연인들의) 훼방꾼이 되다.

goose·flesh [´flèʃ] *n.* ⓤ (추위·공포 따위에 의한) 소름, 소름 돋은 피부 : be ~ all over 온몸에 소름이 끼치다.

goose·foot [´fùt] (*pl.* **~s**) *n.* ⓒ 【植】 명아주.

goose·neck [´nèk] *n.* ⓒ 거위 목처럼 휜〈휘는〉 것 : 【機】 S자형의 관(管).

góose stèp 무릎을 굽히지 않고 발을 높이 들어 행진하는 보조.

goose-step [´stèp] (**-pp-**) *vi.* (1)goose step 식의 보조로 행진하다. (2)(보복·협박이 누려워) 맹종하다, 순응하다.

go·pher [góufər] *n.* ⓒ 【動】 뒤쥐《굴을 파서 땅속에서 삶 ; 북아메리카산》.

górdian wórm 【動】 선형충(線形蟲) (= **gòrdi-ácean**).

·gore [gɔːr] *n.* ⓤ 《文語》 (상처에서 나온) 피, 엉긴 피.

·gorge [gɔːrdʒ] *vt.* 《~+目 / +目+前+名》 (1)…을 게걸스레 먹다. (2)〔再歸的〕 …을 배가 터지게 먹다 《*on ; with*》. — *vi.* 《~/+前+名》 포식하다. 걸신들린 듯 먹다《*on*》 : She ~*d* (herself) *on* cream cakes. 그녀는 크림케이크를 먹어대고 있었다. — *n.* ⓒ (1)(양쪽이 절벽으로 된) 골짜기(ravine), 협곡 : the lower ~ where the Colorado River runs 콜로라도강이 흐르는 아래쪽의 협곡. (2)(시냇물·통로 등을) 막는 방해물 ; 집적물. ***cast the ~ at*** …을 보고 구역 질이 나다 ; …을 몹시 혐오하다. ***make a*** per-son'***s ~ rise*** …에게 구역질이 나게 하다. 심한 분노를 느끼게 하다.

:gor·geous [gɔ́ːrdʒəs] (***more ~ ; most ~***) *a.* (1) 호화로운, 찬란한, 화려한 : a ~ sunset 찬란한 해넘이 / a ~ dress 호화찬란한 의상. (2) 《口》 멋진, 훌륭한 : a ~ meal 훌륭한 음식 / a ~ actress 매력적인〈멋진〉 여배우. 파) **~·ly** *ad.* **~·ness** *n.*

Gor·gon [gɔ́ːrgən] *n.* (1)【그神】 고르곤《머리가 뱀이며, 보는 사람을 돌로 변화시켰다는 세 자매의 괴물》. (2) ⓒ (g-) 추악한〈무서운〉 여자.

·go·ril·la [gərílə] *n.* ⓒ (1)【動】 고릴라, (2)《口》 힘세고 포학한 남자 : 《俗》 폭한, 갱 (gang).

gork [gɔːrk] *n.* ⓒ 《俗》 (노령·사고·질병 따위로) 뇌기능이 마비된 사람, 식물 인간.

gor·man·dize [gɔ́ːrməndàiz] *vi.* 많이 먹다, 폭식하다, 게걸스럽게 먹다(gorge).

gorm·less [gɔ́ːrmlis] *a.* 《英口》 얼뜬, 아둔한. 파) **~·ly** *ad.*

gory [gɔ́ːri] (***gor·i·er ; -i·est***) *a.* (1) (전쟁 등이) 피투성이의(bloody) ; 유혈이 낭자한 : a ~ fight 혈투. (2) (소설·영화 등이)잔학한, 끔찍한 : That was a very ~ film. 그건 아주 잔혹한 영화였다

·gosh [gɑʃ/ɑɔʃ] *int.* 아이쿠, 큰일 났군, 어머나 《주로 여성이 씀》 : *Gosh*, I didn't expect to see you here! 어머나, 여기서 널 만날 줄이야. ***by Gosh !*** = by God. [◁ God]

gos·hawk [gáshɔ̀ːk/gɔ́s-] *n.* ⓒ 【鳥】 새매류.

gos·ling [gázliŋ/gɔ́z-] *n.* ⓒ (1)새끼 거위. (2)풋내기.

go-slow [góuslóu] *n.* ⓒ 《英》 태업 (전술) (《美》 slowdown).

·gos·pel [gáspəl/gɔ́s-] *n.* (1)(The ~) 복음 ; 예수 및 사도들의 가르침 ; 기독교의 교의(敎義) : preach the ~ 예수의 가르침을 설교하다. (2)(G-)복음서《Matthew, Mark, Luke, John의 네 권》 : 복음 성경《미사 때 낭독하는 복음서의 일부》. (3)ⓤ (절대의) 진리, 진실. (4) ⓒ (행동 지침으로서의) 주의(主義), 신조 : the ~ of effciency 능률주의. (5) ⓤ 복음 성가(~ song). — *a.* 복음서에 의한 : 복음 성가의.

góspel sòng 복음 성가 : 고스펠송《흑인의 종교 음악》.

gos·sa·mer [gásəmər/gɔ́s-] *n.* (1) ⓒ (공중에 떠 있거나, 풀 같은 데 걸려 있는) 잔 거미집〈줄〉. (2) ⓒ 가냘픈 〈덧없는〉것 : the ~ of youth's dreams 젊은날의 덧없는 꿈. (3) ⓤ 얇은 천, 얇은 사(紗) 〈가제〉. — *a.* 얇고 부드러운, 섬세한.

:gos·sip [gásip/gɔ́s-] *n.* (1) ⓤⓒ 잡담(chatter), 한담, 세상 이야기 ; 남의 소문 이야기, 험담, 뒷공론 ; ⓤ (신문의) 가십, 만필(漫筆) : a ~ writer 가십기사 / have a friendly ~ will a neighbor 이웃과 세상 이야기를 하다. (2)수다쟁이 ; 떠버리 《특히 여자》. ㅁ gossipy *a.* — *vi.* (남의 일을) 수군거리다 : 가십 기사를 쓰다《*with ; about*》 : Stop ~*ing* and get on *with* your work. 잡담은 그만하고 일이나 계속해라.

gos·sip·mon·ger [gásipmʌ̀ŋgər, -màŋ-/ gɔ́sipmʌ̀ŋ-] *n.* ⓒ 수다쟁이, 소문을 내는 사람.

gos·sipy [gásipi/ gɔ́s-] *a.* (1)수다스러운, 남의 일 말하기 좋아하는. (2)(신문·잡지 따위가) 가십 기사가 많이 실려 있는.

got·cha [gátʃə, gɔ́tʃə] *int.* 《美俗》 (1)알았다. (2)잘

했다.

Goth [gɑθ/gɔθ] *n.* (1) (the ~s) 고트족(族)《3-5세기경에 로마 제국을 침략한 튜턴계의 한 민족》. (2) ⓒ 고트 사람. (3) ⓒ (g-) 야만인(barbarian), 무법자.

Goth·am [gátəm, góut-/gɔ́t] *n.* (1)고텀읍《옛날에 주민이 모두 바보였다고 전해오는 잉글랜드의 한 읍》. (2)New York 시의 속칭. ***the wise men of ~*** 고텀 읍의 현인들《바보들》.

Goth·ic [gáθik/gɔ́θ-] *a.* (1) a)【建·美術】 고딕양식의《(1) 12-16세기 서유럽에서 널리 행해진 건축 양식. (2) 13-15세기에 특히 북유럽에서 행해진 회화·조각·가구 등의 양식》: ~ art 고딕 미술. b)【文藝】 고딕풍의《괴기·공포·음산 등의 중세기적 분위기》: a ~ novel 고딕〈괴기〉 소설. (2)【印】 고딕체의. 【cf.】 roman. italic. — *n.* ⓤ 고트 말 ; (흔히 g-) 【印】 고딕(자체) ; 【建】 고딕 양식.

Góthic árchitecture 고딕 (양식의) 건축.

Góthic týpe 【印】 고딕 활자《※《英》에서는 black letter. 《美》에서는 sanserif를 지칭하는 경우가 많음》.

go-to-meet·ing [góutəmí:tn, -tiŋ] *a.* 〔限定的〕 교회 갈 때의, 나들이용의《옷·모자 따위》.

got·ta [gátə] 〔발음 철자〕《口》 got a, got to.

·**got·ten** [gátn/gɔ́tn]《美》 GET 의 과거분사《※영국서는 ill-*gotten* 따위 복합어 이외에는 잘 안 쓰며, 미국서는 *got*와 병용함》.

gouache [gwɑ:ʃ, guɑ́:ʃ] *n.* 《F.》 (1) ⓤⓒ 구아슈《아라비아 고무 따위로 만든 불투명한 수채화 재료》. (2) ⓤ 구아슈 수채화법. (3) ⓒ 구아슈 수채화.

gouge [gaudʒ] *n.* ⓒ (1) 둥근 정, 둥근 끌 ; (둥근끌로 판) 홈, 구멍. (2)《美口》 금품의 강요, 등쳐먹기. — *vt.* (1)…을 둥근 끌로 파다 ; (코르코)를 둥글게 잘라내다《*out*》. (2)《형벌로서》 (눈알 등)을 도려내다《*out*》. (3)《美》 착취하다, (돈)을 사기치다, (남)에게 터무니없는 값으로 바가지 씌우다.

gou·lash [gú:lɑʃ, -æʃ] *n.* ⓤⓒ 맵게 한 쇠고기와 야채의 스튜 요리.

gourd [guərd, gɔ:rd] 【植】 *n.* ⓒ 호리병박《열매 또는 그 식물》; 조롱박 : the bottle ~ 호리병박.

gour·mand [gúərmənd] *n.* 《F.》 ⓒ대식가(大食家) (glutton) ; 미식가.

gour·met [gúərmei, -⌐] *n.* ⓒ 《F.》 요리따위에 감식력이 있는 사람, 미식가.

gout [gaut] *n.* (1) ⓤ 【醫】 통풍(痛風)《팔·다리 따위에 염증을 일으켜 아픔》. (2) ⓒ (특히 피의) 방울(drop), 응혈(凝血)(clot) : ~*s* of blood 핏방울.

gouty [gáuti] (***gout·i·er ; -i·est***) *a.* 통풍(痛風)의 ; 통풍에 걸린 〈을 일으키기 쉬운〉 : 통풍과 같은.

:**gov·ern** [gʌ́vərn] *vt.* (1)(국가·국민 등)을 통치하다, 다스리다 (rule) the ~*ed* 피통치자. (2)(공공 기관 따위)를 운용하다, 관리하다(control) : ~ a public enterprise 공공 기업을 운용하다 / ~ a school 〈a bank〉 학교를 운영하다 〈은행을 경영하다〉. (3)(결의·행동 따위)를 좌우하다(sway) : (운명 따위)를 결정하다(determine). (4) a)(격정다위)를 억제하다, 누르다(restrain). b)(종종 再歸的) …을 자제하다 : It's not easy to ~ *yourself*. 자신을 억제하기란 쉽지 않다. (5)〔종종 受動으로〕 (원칙·정책이) …을 결정하다. (6)〔文法〕 (동사·전치사가 격(格)·목적어)를 지배하다. — *vi.* 통치하다 ; 정무(政務)를 보다 ; 지배하다 ; 지배적이다 : The king reigns but does not ~. 왕은 군림하되 통치하지 않는다.

gov·ern·a·bil·i·ty [gʌ̀vərnəbíləti] *n.* ⓤ 통치할 수 있는 상태, 자기 관리 능력.

gov·ern·a·ble [gʌ́vərnəbəl] *a.* 통치〈지배, 관리〉할 수 있는 ; 억제할 수 있는 ; 순응성이 있는.

gov·ern·ance [gʌ́vərnəns] *n.* ⓤ 통치, 통할 ; 관리, 지배 ; 제어 ; 통치법〈조직〉, 관리법〈조직〉.

·**gov·ern·ess** [gʌ́vərnis]*n.* ⓒ (1)(특히, 입주하는) 여자 가정 교사. 【cf.】 tutor. 『 a dally 〈resident〉 ~ 통근 〈입주〉 여가정 교사. (2)여자 행정장관 ; 행정장관 부인.

gov·ern·ing [gʌ́vərniŋ] *a.* 〔限定的〕 통치하는 ; 지배하는 ; 통제하는 ; 지도적〈지배적〉인 : the ~ body (병원·학교 따위의) 관리부, 이사회 / the ~ classes 지배 계급.

:**gov·ern·ment** [gʌ́vərnment] *n.* (1) ⓒ (G-) 〔集合的〕《英》 정부, 내각(《美》 Administration) : *Government* circles 관변(官邊) / a central ~ 중앙 정부《※ 《英》에서는 종종 복수 취급》. (2)ⓤ 통치(권), 행정(권), 지배(권) ; 정치 ; 정체 통치 형태 : Strong ~ is needed. 강력한 통치가 필요하다 / lcal ~ 지방 자치 / constitutlonal ~ 입헌정치 / a form of ~ 정치 형태. (3) ⓤ 【文法】 지배. ***be in the ~ service*** 국가 공무원이다. ***under the ~ of*** …의 관리하에.

·**gov·ern·men·tal** [gʌ̀vərnméntl] *a.* 〔限定的〕 정치의, 통치상의 ; 정부의 ; 관립〈관영〉의.

파) **~·ly** [-əli] *ad.* 정부로서, 정치상.

góvernment íssue (or G- I-) 《美》정부 발행〈발급〉의, 관급(官給)의《略 : G. I.》 ; 관급품.

góvernment màn 관리, 국가 공무원, 《특히》 = G-MAN ; 견실한 정부 지지자.

góvernment òffice 관청 ; 관직.

góvernment offícal 관리, 공무원.

góvernment páper (정부 발행의) 국채증서.

:**gov·er·nor** [gʌ́vərnər] *n.* ⓒ (1)(미국의) 주지사 ; (영국식민지의) 총독 ; 《英》 (관공서·협회·은행·학교따위의) 장관, 총재, 이사장 ; 《英》 (교도소의) 간수장 (《美》 warden) : the ~ of the state of Georga 조지아주 지사 / the ~ of the Bank of England 잉글랜드 은행 총재 / the ~ of the Prison 교도소 소장. (2)《英口》 a)두목, 주인(장)《고용주를 이르는 말》. b) 아버지, 부친. (3)【機】 거버너, 조속기(調速機) ; (가스·증기·물 따위의) 조정기 : an electric ~ 전기 조속기.

gov·er·nor-e·lect [-ilèkt] *n.* ⓒ (취임전의) 새 지사〈총독〉, 지사 당선자, 차기(次期) 지사〈총독〉.

gov·er·nor-gen·er·al [-dʒénərel] *n.* ⓒ (*pl.* ***gov·er·nors-gen·er·al, ~s***) 《英》 (식민지 따위의) 총독 ; 시사, 장관.

gov·er·nor·ship [gʌ́vərnerʃíp] *n.* ⓤ 지사·상관·총재의 직〈임기, 지위〉.

:**gown** [gaun] *n.* (1) ⓒ 가운, 긴 웃옷 ; (여성의) 야회용 드레스, 로브(evening ~). (2) ⓒ (여성의) 잠옷, 실내복 ; (외과 의사의) 수술복. (3) ⓒ (판사·변호사·성직자와 졸업식 때 대학 교수·대학생 등이 입는) 가운 : a judge's ~ 판사복 / in cap and ~ (대학 졸업식 때에) 예복을 입고《무관사》. (4)(옛 로마의) 겉옷(toga).

gowns·man [gáunzmən] (*pl.* ***-men*** [-mən]) *n.* ⓒ (직업·지위를 나타내는) 가운을 입는 사람《법관, 변호사, 성직자 따위》.

goy [gɔi] (*pl.* ***~·im*** [gɔ́iim], ***~s***) *n.* ⓒ (유대인의 견지에서 본) 이방인, 이교도(gentile).

·**grab** [græb] (***-bb-***) *vt.* (1)《~+目/+目+前+名》

…을 움켜잡다 ; 잡아채다 ; 붙잡다 ; (기회 따위)를 놓치지 않고 잡다. (2)《~+目/+目+前+名》…을 횡령하다, 가로채다, 빼앗다 : ~ the property *from* a person 아무에게서 재산을 횡령하다. (3)《俗》…에게 (강한) 인상을 주다, (남의)마음을 사로잡다 : ~ an audience 관중을 매료하다. (4) …을 서둘러서 잡다〈이용하다〉: ~ a taxi 〈shower〉 급히 택시를 잡다 〈샤워를 급히 하다〉. — *vi.* 《+前+名》 거머잡다, 낚아채려 하다《*at*》: ~ *at* an opportunity 기회를 잡다. — *n.* ⓒ (1)움켜 쥐기 ; 잡아〈가로〉 채기 ; 횡령 ; 약탈 행위. (2)【機】 그랩 버킷《준설용의》, 집(어 올리)는 기계. ***make a ~ at*** 〈***for***〉 …을 잡아채다, …을 가로채다. ***up for ~s*** 《口》 누구라도 쉽게 손에 넣을 수 있는.

grab·ber [grǽbər] *n.* ⓒ 욕심쟁이 ; 강탈자.

grab·by [grǽbi] (***grab·bi·er ; -bi·est***) *a.* 《口》욕심 많은, 탐욕스러운.

:grace *n.* (1) ⓤ 우미, 우아(優雅) ; 얌전함, 품위 (delicacy, dignity, elegance) : dance with ~ 우아하게 춤추다. (2) ⓤⓒ (*pl.*) 미점, 매력, 장점 : have all the social ~*s* 사교상의 매력을 골고루 다 갖추고 있다. (3) ⓤ 호의, 두둔 ; (the ~) (…하는) 친절, 아량, 서슴없음 : an act of ~ 각별한 배려, 은전. (4) ⓤ (신의) 은총 ; 은혜, 자비 (clemency, mercy) : by the ~ of God 신의 은총으로 / The trouble cannot be settled without divine ~. 그 고통은 신의 은총 없이는 가라앉힐 수 없을 것이다. (5) ⓤⓒ (식전·식후의) 감사 기도 : Who will say ~ this evening ? 오늘 밤 식전 기도는 누가 드리지. (6) ⓤ 특사(特赦) ; (지급) 유예 (기간). days of ~ (어음 등의 지급기일 후의) 유예일. (7) ⓒ (G-) 각하, 각하 부인. 【cf.】 majesty. 『 Your *Grace* 각하 / His〈Her〉 *Grace* 각하〈각하 부인〉. (8)(G-) 【그神】 미(美)의 3여신의 하나 : the (three) *Grace* 미의 3여신《아름다움 · 우아 · 기쁨을 상징하는 3자매의 여신, 즉 Aglaia, Euphrosyne, Thalia》.

Act of ~ 대사령. ***a fall from ~*** 실추(를 자초하는 행동). ***airs and ~s*** ⇨ AIR. ***by*** (***the***) ***~ of*** …의 도움〈힘, 덕택〉으로. ***fall*** 〈***lapse***〉 ***from ~*** 1)신의 은총을 잃다, 타락하다. 2)(당치 않은 일을 저질러) 유력자의 후원〈호감〉을 잃다《*with*》; (재차) 못된〈버릇없는〉 짓을 하다. ***in*** a person'***s good*** 〈***bad***〉 ***~s*** 아무의 총애를〈미움을〉 받아서, …의 마음에 들어서〈안 들어서〉. .

— *vt.* 《~+目/+目+前+名》 (1)…을 우미〈우아〉하게 하다, 아름답게 꾸미다 : Fine paintings ~*d* the walls of the room. 아름다운 그림들이 벽을 장식하였다. (2)…에게 영광을 주다《*with*》. ~ a person ***with a title*** 아무에게 작위를 수여하다.

:grace·ful [gréisfəl] (***more ~ ; most ~***) *a.* (1) 우미한, 우아한 ; 단아한, 품위 있는 : She runs up the stairs with her light ~ step. 그녀는 우아한 가벼운 걸음으로 계단을 뛰어 올라갔다. (2)(난처한 상황에서)정중한, 친절한, 적절한. 파) **~·ness** *n.*

grace·ful·ly [-f(ə)li] *ad.* 우아〈우미〉하게, 정중히, 깨끗이, 선선히 : It's difficult to grow old ~. 곱게 늙기는 쉽지 않다.

grace·less [gréislis] *a.* 버릇없는 ; 야비한, 품위없는. 파) **~·ly** *ad.* **~·ness** *n.*

:gra·cious [gréiʃəs] (***more ~ ; most ~***) *a.* (1) (아랫사람에게) 호의적인, 친절한, 정중한, 은근한 : in a ~ manner 정중히 / She is ~ to everybody. 그녀는 누구에게나 친절하다. (2)자비로우신 ; 인자하신《국왕·여왕 등에 대하여 일컬음》. (3)〔限定的〕 (생활 따위가) 품위 있는, 우아한. (4)(신께서) 은혜가 넘쳐흐르는, 자비심이 많은 : a ~ rain 자우(慈雨). — *int.* (놀라움을 나타내어)이키, 이런, 야단났군. ***Good***(***ness***) ***~!*** = ***My ~!*** = ***Gracious goodness!*** 아이쿠나, 이런, 큰일났군 《놀라움·노여움을 나타냄》.

파) * **~·ly** *ad.* **~·ness** *n.*

grad [græd] *n.* ⓒ 《美口》 (대학의) 졸업생 : a ~ school〈student〉 대학원〈대학원생〉. [◁ graduate]

grad. gradient ; graduate(d).

grad·a·ble [gréidəbəl] *a.* (1)등급을 매길 수 있는 ; 채점할 수 있는. (2)【文法】 (형용사·부사가) 비교 변화하는.

gra·date [gréideit/grədéit] *vi., vt.* (1)단계적으로 변화(게 하)다 ; (색이) 차차변화(게 하)다 ; 엷어지(게 하)다. (2)…에 단계를〈등급을〉 매기다 : Society is ~*d* into ranks. 사회는 상하의 계층으로 나뉘어져 있다. ▫ gradation *n.*

·gra·da·tion [greidéiʃən, grə-/grə-] *n.* (1) ⓤⓒ 단계〈점차〉적 변화〈증가·상승 등〉, 점차적 이행 (移行) ; 【美術】 (회화의) 명암(明暗)의 이행 ; 바림 : change by ~ 서서히 변화하다 / ~ in shades and colors 농담과 색조의 점차적 변화. (2) ⓒ (흔히 *pl.*) (이행(移行)·변화의) 단계 ; 순서, 등급, 계급 : There are many ~*s* between good and bad. 선과 악 사이에는 여러 단계가 있다.

:grade [greid] *n.* (1) ⓒ 등급, 계급, 품등 ; (숙달·지능 따위의) 정도(step, degree) ;〔集合的〕 동일 등급〈계급, 정도〉에 속하는 것 : persons of every ~ of society 사회의 온갖 계층의 사람들/ a high ~ of intelligence 고도의 지성 / pass through the ~s of growing up 성장의 여러 단계를 거치다. (2)《美》 (초·중·고등학교의) …학년, 연급(年級) (《英》 form) : the first ~ 《美》 초등 학교의 1학년. (3)(the ~s) 《美》 = GRADE SCHOOL. (4)《美》(시험 따위의) 성적, 평점(mark)《※ 다음 5단계 평가가 보통. (5) a](도로·철도 따위의) 물매, 경사(도) (《英》 gradient) : a ~ of one in ten 10분의 1의 물매. b]사면(斜面), 비탈길 : easy ~*s* 완만한 물매 / a steep ~ 가파른 비탈길. (6)【牧畜】 개량 잡종. ***at ~*** (《美》 (철도와 도로의 교차가) 같은 수평면에서 ; 같은 수준에서. ***make the ~*** 목적을 이루다, 성공〈급제〉하다. ***on the down*** 〈***up***〉 ***~*** 내리받이〈치받이〉에, 내리막〈오르막〉에 ; 쇠퇴〈번영〉하여 : Business is *on the down* 〈up〉 ~. 경기가 침체〈부양〉되고 있다. ***up to ~*** (품질이) 표준에 맞는, 규격에 날한, 상품(上品)인.

— *vt.* (1)…에 등급〈격〉을 매기다, 유별하다. (2)(답안 등)을 채점하다(《英》 mark). (3)…의 물매〈경사〉를 완만히 하다. — *vi.* (1)《+補》 …한 등급이다 : This beef ~*s* prime 이 쇠고기는 최고급이나. (2)점차 변화하다 《*into*》. ***~ down*** 〈***up***〉 등급〈계급〉을 내리다〈올리다〉《*to*》. ***~ up with*** . . . …와 어깨를 겨루다, …에 필적하다. 파) **grád·a·ble** *a.*

gráde cróssing 《美》 건널목, (도로·철도 따위의) 평면 교차(《英》 level crossing) : a ~ keeper 건널목지기.

grad·er [gréidər] *n.* ⓒ (1)등급 매기는 사람 ; 채점〈평점〉자. (2)그레이더《땅 고르는 기계》 ; (농산물 등의) 선별기(選別機). (3)〔序數詞〕《美》 (초등학교·중학교의) …(학)년생 : a fifth ~ , 5학년생.

gráde 〈**gráded**〉 **schòol** 《美》 초등학교《6년제 또는 8년제》 (《英》 primary school).

·gra·di·ent [gréidiənt] *n.* ⓒ (1)(도로·철도 따위의) 경사도, 기울기, 물매 ; 언덕, 비탈 : The floor has a ~ of in 5. 마루의 물매는 $^1/_5$이다. (2)【物】(온도·기압 등의) 변화〈경사〉도(度).

:grad·u·al [grǽdʒuəl] *a.* (1)단계적인, 점진적인, 순차적인 : ~ increase 점증(漸增). (2)(경사 등이) 완만한.

grad·u·al·ism [grǽdʒuəlìzəm] *n.* ⓤ 점진주의 (정책).

·grad·u·al·ly [grǽdʒuəli] *ad.* (***more ~ : most ~***) 차차, 점차, 차례로.

:grad·u·ate [grǽdʒuèit, -it] *vi.* (1)《+前+名》《美》 졸업하다《*from*》《英》 대학을 졸업하여 (학사) 학위를 받다《*at*》 : ~ *at* Cambridge 케임브리지 대학을 졸업하다. (2)자격을 따다 《*as*》. (3)《+前+名》 (위의 단계로) 나아가다 《*from* : *to*》; 점차로 변하다《*into*》 : The dawn ~*d into* day. 날이 점점 밝아왔다. — *vt.* (1)《+目/+目+前+名》《美》 …에게 학위를 주다, 졸업시키다, 배출하다. (2)…에 등급을 매기다, 계급별로 하다 ; (과세 따위)를 누진적으로 하다 : In a ~*d* tax scheme the more one earns, the more one pay. 누진적인 조세 구조에서는 많이 벌면 벌수록 세금도 많이 낸다. (3)…에 눈금을 매기다.
— [grǽdʒuit, -dʒuèit] *n.* ⓒ (대학) 졸업자 ;《美》 대학원 학생 (~ student)《※ 미국에서는 대학 이외의 졸업생에게도 씀》 : high school ~s 고등학교 졸업생 / a ~ *in* economics 경제학부의 졸업생. — *a.* 〔限定的〕 졸업생의 ; 학사 학위를 받은 :《美》 (대학의) 졸업생을 위한, 대학원의 : ~ courses 대학원 과정 / ~ students 대학원생.

grad·u·at·ed [´-èitid] *a.* (1) a]등급〈계급〉이 있는, 등급별로〈단계적으로〉 배열한 : a ~ series of textbooks 단계적으로 나아가는 교과서 시리즈. b]눈금을 표시한 : a ~ ruler 눈금 박은 자 / a ~ cup 미터 글라스. (2)(세금이) 누진적인, 점증(漸增)하는 : ~ taxation 누진 과세.

gráduate schòol 대학원.

:grád·u·a·tion [grӕ̀dʒuéiʃən] *n.* (1) ⓤ 졸업 《《英》에서는 대학의, 《美》에서는 그 밖의 학교 졸업에도 쓰임》 : He went to college after ~ *from* high school. 그는 고교를 졸업하고 대학에 갔다. (2)ⓒ 《美》 (대학 이외의) 졸업식(Commencement) ;『《英》 대학 졸업식 ; 학위 수여식 : hold the ~ 졸업식을 거행하다. (3) ⓤ 눈금〈등급〉 매기기. (4) ⓒ (자·체온계 등의) 눈금 : The ~*s* are marked on the side of the flask. 플라스크의 측면에는 눈금이 새겨져 있다.
▫ graduate *v.*

graft[1] [grӕft, grɑːft] *n.* ⓒ (1)접수(接穗), 접가지 ; 접지(接枝). (2)【醫】 이식편(移植片), 이식(移植) 조직 : a skin ~ on a burnt hand 화상을 입은 손에 이식된 이식피부.
— *vt.* (1)(접수)를 접목하다(insert, attach) 접(接) 붙이다《*on* ; *onto*》 : ~ two varieties *together* 두 개의 변종을 서로 접목하다. (2)【醫】(피부 따위)를 인식하다 : 결합시키다, 융합시키다 《*on* ; *in* ; *into* ; *onto*》 : ~ (*on*) a new skin 새로운 피부를 이식하다. (3)(…에) …을 융합하다 《*on* ; *onto*》 : ~ some innovations *onto* an outdated system 몇가지 기술 혁신을 낡은 방법에 융합시키다.
— *vi.* (나무가) …에 접목되다《*on* 》.

graft[2] *n.* ⓤ 《美》 (1)(공무원 등의) 독직, 수뢰(收賂) (jobbery, corruption). (2)(독직에 의한) 부정 이득. — *vi.* (1)독직하다, 수뢰하다 (2)《英口》 열심히 일하다, 힘든 일을 하다.
파) **~·er** *n.* ⓒ (1)수뢰자, 수뢰 공무원. (2)접붙이는 사람.

gra·ham *a.* 《美》 정맥제(精麥製)가 아닌, 기울이든, 전맥(全麥)의(wholewheat) : ~ bread 전맥(全麥)빵 / ~ flour 전맥 가루.

Grail [greil] *n.* (the ~) 성배(聖杯) (Holy ~)《예수가 최후의 만찬에 사용하였다고 함 ; Arthur왕 전설 중의 원탁 기사(圓卓騎士)는 이것을 찾으려고 하였음》 ; (g-) ⓒ 큰 접시(platter).

:grain [grein] *n.* (1) ⓒ 낟알 ; ⓤ 〔集合的〕 곡물, 곡류(《英》 corn), 알곡 : The farmers harvested the ~. 농부들은 곡식을 거둬들였다 / eat up every ~ of rice 밥알 하나 안남기고 다 먹다. (2) ⓒ (모래·소금·포도 따위의) 한 알 : tiny ~*s* of gold 금싸라기. (3)〔주로 否定〕 극히 조금, 미량 : He has *not* a ~ of common sense. 그에겐 상식이란 것이 털끝만큼도 없다. (4) ⓤ 조직(texture), 살결, 나뭇결, 돌결 : cut the wood along the ~ 결을 따라 나무를 자르다. (5) ⓤ 기질, 성미, 성질. (6) ⓒ 그레인《형량(衡量)의 최저 단위, 0 0648 g ; 원래 밀 한알의 무게에서 유래》 ; 진주〈《때로》 다이아몬드〉 무게의 단위 《50mg 또는 $^1/_4$ 캐럿》. ***against the*** (one'***s***) ***~*** 성질에 맞지 않게, 비위에 거슬리어. ***in ~*** 본질적으로, 철저한, 타고난 : a rogue *in* ~(천성적으로) 타고난 악한. ***take ... with a ~ of salt*** ⇨ SALT.

gráin bèlt 곡창 지대《미국에서는 Middle West의 대농업 지역을 지칭함》.

grain·field [gréinfiːld] *n.* ⓒ 곡식밭.

gráin sìde (짐승 가죽의) 털 있는 쪽. 【opp.】 *flesh side.*

:gram, 《英》 **gramme** [grӕm] *n.* ⓒ 그램《略 : g., gm., gr.》.

-gram '기록, 그림, 문서'의 뜻의 결합사 : epi*gram* ; tele*gram*.

:gram·mar [grǽmər] *n.* (1) ⓤ 문법 ; ⓤ 문법론〈학〉 ; ⓒ 문법책, 문전(文典) : comparative ~ 비교문법 / transformation(al) ~ 변형 문법. (2)ⓤ (개인의) 말투, (문법에 맞는) 어법 : bad ~틀린 어법.
▫ grammatical *a.*

·gram·mar·i·an [grəmέəriən] *n.* ⓒ 문법가, 문법학자 ; 문법교사.

·gram·mat·i·cal [grəmǽtikəl] *a.* 문법의, 문법상의 ; 문법에 맞는 : ~ error 〈sense〉 문법상의 오류(의미) / ~ gender (자연의 성별이 아닌) 문법상의 성(性) / a ~ category 문법적 범주《성·수·격·인칭 등》. ▫ grammar *n.*
파) **gram·mát·ic** *a.* **~·ly** *ad.* **~·ness** *n.*

gram·mat·i·cal·i·ty [grəmæ̀tikǽləti] *n.* ⓤ 【言】 문법성《문법 규칙에 맞는 일》.

Gram·my [grǽmi] (*pl.* ***~s, -mies***) *n.* 《美》 그래미 상《레코드 대상(大賞)》.

:gram·o·phone [grǽməfòun] *n.* 《英》 축음기(《美》 Phonograph)《※ 현재는 record player가 일반적임》. 파) **gràm·o·phón·ic, -i·cal** [-fɑ́n-/-fɔ́n-] *a.* **-i·cal·ly** *ad.*

gram·pus [grǽmpəs] *n.* ⓒ 【魚】 돌고랫과의 일종 ; 범고래 ; 《口》 숨결이 거친 사람. ***breathe*** 〈***wheeze***〉 ***like a ~*** 거칠게 숨쉬다.

gran [græn] *n.* ⓒ 《英口·兒》 할머니.

·gra·na·ry [grǽnəri, gréi-] *n.* ⓒ (1)곡창, 곡물 창고. (2)곡창지대.

:grand [grӕnd] (***~·er ; ~·est***) *a.* (1)웅대한, 광대

한, 장대한 (magnificent) : a ~ mountain 웅대한 산 / on a ~ scale 대규모로〈의〉. (2)호화로운, 장려한, 성대한 : a ~ dinner 성대한 만찬회. (3)당당한 (majestic), 위엄 있는, 기품 있는 ; 저명한, 중요한 : a lot of ~ people 많은 저명한 사람들 / a ~ air 당당한 풍채. (4) (사상·구상·양식 따위가) 원대한, 숭고한, 장중한 : the ~ style 장중한 문체 / a ~ design 〈plan〉 원대한 구상〈계획〉. (5)거만한, 오만한 (haughty), 젠체하는(pretentious) : with ~ gestures 오만한 몸짓으로 / put on a ~ manner〈air〉 거드름피우다. (6)높은, (최)고위의 : a ~ man 큰인물 거물. (7)(사물·사건 등이) 중대한, 주요한, 중요한 (principal, main) : a ~ mistake 중대한 오류 / the ~ staircase 〈entrance〉 (대저택 등의) 정면 대계단〈대현관〉. (8)《口》 굉장한, 멋진 (very satisfactory) : have a ~ time 아주 유쾌한 시간을 보내다. (9) 총괄적인, 전체의 ; 규모가 큰, 대(大) … : a ~ orchestra 대관현악단 / the ~ total〈sum〉 총합계. ㅁ grandeur *n.* ***do the ~*** 《口》 젠체하다, 점잔빼다 ; 굵게 나오다. ***live in ~ style*** 호화로운 생활을 하다. ***the Grand Army of the Republic*** 《美》 (북군의) 남북전쟁 종군 용사회.

— *n.* ⓒ (1)= GRAND PIANO. (2)(*pl.* ~) 《美俗》 1,000달러 ; 《英俗》 천파운드 ; 《美俗》 천, 1,000. (3)(클럽 등의) 회장. 파) **∠·ness** *n.* ~ 한 일 ; 위업, 공적.

grand- '일촌(一寸)의 차이가 있는' 의 뜻의 결합사 : *grand*father, *grand*son

gran·dad [grǽndæ̀d] *n.* = GBANDDAD.

grand·aunt [grǽndæ̀nt, -à:nt] *n.* ⓒ 대고모, 조부모의 자매 (greataunt).

·grand·child [grǽnd*t*ʃàild] (*pl.* ***-chii·dren*** [-tʃìldrən] *n.* ⓒ 손자, 손녀 : a great ~ 증손.

grand·dad, grand·dad·dy [grǽndæ̀d], [-dæ̀di] *n.* ⓒ 《口·兒》 할아버지.

grand·daugh·ter [grǽn*d*dɔ̀:tər] *n.* ⓒ 손녀.

grand·ee [grændi:] *n.* ⓒ (1)대공(大公) 《스페인·포르투갈의 최고 귀족》. (2)귀족 : 고관.

·gran·deur [grǽndʒər, -dʒuər] *n.* ⓤ (1)웅대, 장엄 ; 장관(壯觀), 위관(尉官) ; 화려, 장려(壯麗) : the ~ of the Alps 알프스의 웅대함. (2)위대, 숭고 ; 위엄, 위풍.

:grand·fa·ther [grǽn*d*fà:ðər] *n.* ⓒ (1)할아버지, 조부. (2)조상《남성》 : a great ~ 증조부. 파) **~·ly** [-li] *a.* 할아버지 같은 ; 친절한, 관대한.

grándfather('s) clóck 대형 괘종 시계《진가시(振子式) ; 사람의 키반하고 바닥에 세움》

gránd finále (the ~) (오페라 따위의)대단원.

gran·dil·o·quent [grændíləkwənt] *a.* (1)(말이) 과장된. (2)(사람이) 호언장담하는. 파) **~·ly** *ad.* **-quence** [-kwəns] *n.* ⓤ 호언장담, 과장된 말.

gran·di·ose [grǽndiòus] *a.* ⓤ 웅장〈웅대〉함 ; 숭고〈장엄〉한, 당당한. (2)《喪》 거드름피우는, 젠체하는. 파) **~·ly** *ad.* **~·ness** *n.* **gran·di·os·i·ty** [grǽndiásəti/-ɔ́s-] *n.* ⓤ 웅장〈웅대〉함 ; 과장함.

gránd júror 대배심원.

gránd júry **[法]** 대배심《12-23인으로 구성》.

·grand·ly [grǽndli] *ad.* (1)웅대하게 ; 당당하게 ; 성대하게. (2)숭고하게.

·grand·ma, -ma(m)·ma, -mam·my [grǽ*d*mà:], [-mà:mə, -məmà:], [-mæ̀mi] *n.* ⓒ 《口·兒》 할머니.

:grand·moth·er [grǽn*d*mʌ̀ðər] *n.* ⓒ (1)할머니, 조모. (2)(흔히 *pl.*) 조상《여성》. ***teach*** one'***s ~*** (***to suck eggs***) ⇨ TEACH. 파) **~·ly** [-li] *a.* 할머니 같은 ; 지나치게 친절한〈참견하는〉.

grand·neph·ew [grǽn*d*nèfju:, -nèvju:] *n.* ⓒ 조카(딸)의 아들, 형제〈자매〉의 손자.

grand·niece [grǽn*d*nì:s] *n.* ⓒ 조카(딸)의 딸, 형제〈자매〉의 손녀.

gránd òld mán (the~, 종종 the G- O-M-) (정계·예술계 등의) 원로《특히, W. E. Gladstone이나 W. Churchill 또는 W.G. Grace를 가리킴 ; 略 : G. O. M.》.

gránd ópera 대가극, 그랜드 오페라.

·grand·pa, grand·pa·pa [grǽn*d*pɑ:, grǽm-], [-pà:pə/-pəpɑ́:] *n.* 《口·兒》 할아버지.

·grand·par·ent [grǽn*d*pɛ̀ərənt] *n.* ⓒ 조부, 조모 ; (*pl.*) 조부모.

gránd piáno 〈**pianofórte**〉 그랜드 피아노.

grand prix [grɑ̀:nprí:] (*pl.* ***grand***(***s***) ***prix*** [-prí:(z)] 《F.》 그랑프리, 대상(大賞) ; (G- P-) 매년 6월 Paris에서 행하는 국제 경마 대회 ; 국제 장거리 자동차 경주.

gránd slám (1)(bridge 놀이에서의) 완승. (2)**[野]** 만루 홈런(= **gránd-slám hóme rún**) : hit a ~. (3)**[골프·테니스 등]** 그랜드슬램 《주요한 대회를 모두 제패함》.

·grand·son [∠sʌ̀n] *n.* ⓒ 손자.

grand·stand [∠stæ̀nd] *n.* ⓒ (경마장·경기장 등의 지붕이 있는) 정면〈특별〉 관람석(의 관객들).

— (*p.*, *pp.* ***~·ed***) *vi.* 《美口》 인기를 노리는 경기 〈연기〉를 하다.

gránd stýle 장엄체(體) 《Homer, Dante 등의 웅혼(雄渾)한 문체》.

gránd tóur (the ~) (1)대여행《전에 영국의 귀족 자제가 교육의 마무리로서 하던 유럽 여행》. (2)《美學生俗》 졸업 기념 여행《유럽으로의 여행》. (3)《口》 (건물·시설 등의) 내부 견학. ***make the ~ of*** …을 일주〈순회〉하다.

grand·un·cle [grǽndʌ̀ŋkl] *n.* ⓒ 조부모의 형제, 종조부(greatuncle).

grange [greindʒ] *n.* ⓒ (1)《英》 (여러 건물을 포함한) 농장 ; 《英》〔一般的〕 대농(大農)의 저택. (2)(the G-) 《美》 농민 공제 조합 (the Patrons of Husbandry) 《소비자와의 직접 거래를 목적으로 함》 ; 그 지방 지부(支部).

grang·er [gréindʒər] *n.* ⓒ (1)농부(farmer). (2) (G-) 《美》 농민 공제 조합원.

·gran·ite [grǽnit] *n.* ⓤ 화강암, 쑥돌. ***as hard as ~*** 몹시 단단한 ; 완고한. ***bite on ~*** 헛수고하다.

gran·ite·ware [grǽnitwɛ̀ər] *n.* ⓤ (에나멜 입힌) 양재기 ; 쑥돌 무늬의 오지 그릇.

gran·ny, -nie [grǽni] (*pl.* ***-nies***) *n.* (1)《口·兒》 할머니. (2)공연히 남의 걱정을 하는 사람, 수다스러운 사람. (3)세로 매듭, (옭매듭의) 거꾸로 매기 (= **gránny's bènd** 〈**knòt**〉).

:grant [grænt, grɑ:nt] *vt.* (1)《~+目/+目+目/+目+前+名》 …을 주다, 수여하다, 부여하다 (bestow) ; (면허 등)을 교부하다 ; (허가)를 주다 《*to*》 : ~ a scholarship *to* a student = ~ a student a scholarship 학생에게 장학금을 주다. (2) 《~+目/+目+目/+*that* 節/+目+*to* do》 …을 승인하다, 허가하다(allow) : ~ a person's request 아무의 요구를 들어주다 / The king ~*ed that* the

prisoner should be freed. 왕은 죄수의 석방을 윤허했다. (3)《~+目/+目+to do/+(that) 節》(의론·주장·진실성 등)을 인정하다, 승인하다, 시인하다 (admit) ; (의론의 진행을 위해) …라고 가정하다, 가령 …라고 하다 : I ~ you are right. 내가 옳다고 인정한다. (4)【法】(정식으로 재산 등)을 양도하다. ***God ~!*** ⇨ GOD. ***~ed*** 〈***~ing***〉 ***that*** ... …이라고 하더라도. ***take*** a thing ***for ~ed*** …을 당연하다고 생각하다 : I *took* (it) *for ~ed* you would come. 나는 의당 네가 올줄 알았다.
— *n.* (1) ⓤ 허가 ; 인가 ; 수여, 교부. (2) ⓒ 하사금 ; (특정 목적을 위한) 보조금, 조성금《연구 장학금 등》 : a government ~ to universities 대학에의 정부 보조금 / student ~ 장학금.

gran·tee [græntíː, grɑːn] *n.* ⓒ【法】피수여자, 양수인 ; (보조〈장학〉금 등의) 수령자, 장학생.

grant-in-aid [grǽntinéid, grɑ̀ːnt-] (*pl.* ***grànts-***) *n.* ⓒ (정부가 공공 사업 등에 주는) 보조금, 교부금 (subsidy).

gran·tor [grǽntər, græntɔ́ːr, grɑːntɔ́ːr] *n.* ⓤ (【法】수여자, 양도인.

gran·u·lar [grǽnjələr] *a.* (1)알갱이로 이루어진 ; 과립상(顆粒狀)의 : ~ snow 싸라기눈. (2)(표면이) 도톨도톨한. 파) **gràn·u·lár·i·ty** [-lǽrəti] *n.* ⓤ 입상(粒狀), 입도(粒度).

gran·u·late [grǽnjəlèit] *vt.* …을 알갱이로 만들다 ; 깔깔하게 하다《 ※ 종종 과거분사로 形容詞的 으로 쓰임》. —*vi.* 알갱이로 되다 ; 깔깔해지다 ; 【醫】(상처에) 새살이 나오다.

gran·u·la·tion [grӕnjəléiʃən] *n.* ⓤ 알갱이로 만듦〈를 이룸〉.

gran·ule [grǽnjuːl] *n.* ⓒ 작은 알갱이, 고운 알 ; 과립(顆粒).

gran·u·lo·cyte [grǽnjulosàit] *n.* ⓒ 과립 (백혈)구.

:grape [greip] *n.* (1)ⓒ,ⓤ 포도. 【cf.】 vine. 『 a bunch〈cluster〉 of ~s. 포도 한 송이 / Wine is made from ~*s*. 와인은 포도로 만든다. (2)ⓒ 포도나무. ***belt the ~*** 《美俗》 잔뜩 (퍼)마시다. ***sour ~s*** ⇨ SOUR GARAPES.

grape·fruit [gréipfrùːt] (*pi.* ***~(s)***) *n.* ⓤⓒ【植】그레이프프루트, 자몽(pomelo)《귤 비슷한 과실, 껍질은 엷은 노랑 ; 미국산》 ; 그 나무.

grape·shot [gréipʃɑt/-ʃɔ̀t] *n.* ⓤ《古》포도탄《옛날 대포에 쓰인 한 발이 9 개의 작은 탄알로 이루어진 탄환》.

grápe sùgar【生化】포도당 (dextrose).

grape·vine [gréipvàin] *n.* (1)ⓒ 포도 덩굴, 포도나무. (2)(the ~) (소문 등) 비밀 전달의 특수 경로, 비밀 정보망 ; (그것에 의한) 소문 : hear about ... *on*〈*through*〉 *the* ~ 소문으로 …에 대해 듣다.

ˈgraph [græf, grɑːf] *n.* ⓒ 그래프, 도식(圖式), 도표 : a line〈a bar〉 ~ 선〈막대〉 그래프 / make a ~ of …을 도표로 만들다〈그리다〉 / a temperatrue ~ 온도〈기온〉표. — *vt.* …을 그래프〈도표〉로 나타낸다.

-graph '쓴〈기록한〉 것, 쓰는 도구' 의 뜻의 결합사 : auto*graph*.

ˈgraph·ic [grǽfik] *a.* 〔限定的〕(1)그래픽 아트의 : a ~ artist 그래픽 아트 전문가. (2)그려 놓은 듯한, 사실적인, 생생한《묘사 따위》 : a ~ account of a traffic accident 교통사고에 대한 생생한 설명. (3)도표로 표시된, 도표의, 그래프식의 : a ~ curve 표시곡선 / a ~ method 도식법, 그래프법. (4)필사(筆寫)의 ; 문자의 ; 그림의, 인각(印刻)의 : ~ symbols 서사 기호(書寫記號). — *n.* ⓒ 시각 예술〈인쇄 미술〉의 작품 ; 설명도, 삽화 ; 【컴】(화면에 표시된) 그림〈문자, 순자, 도해, 도표〉.

graph·i·cal [grǽfikəl] *a.* = GRAPHIC. 파) **~·ly** [-kəli] *ad.* 사실적으로, 여실히 ; 도표로, 그래프식으로 ; 문자로.

graph·i·cs [grǽfiks] *n. pl.* (1)〔單·複數 취급〕 제도법, 도학(圖學) ; 〔單數 취급〕 그래프 산법(算法), 도식계산학 ; 〔單·複數 취급〕【컴】그림 인쇄《CRT 따위에의 도형 표시 및 이를 위한 연산 처리나 조작》; 〔單數 취급〕【言】서기론(書說論). (2)〔植數 취급〕 시각 매체 ; (잡지 등에 이용되는) 복제 그림〈사진〉 등 ; = GRAPHIC ARTS.

graph·ite [grǽfɑit] n. ⓤ【鑛】흑연, 석묵(black lead).

grapho- '글자 쓰기, 그리기' 의 뜻의 결합사.

gra·phol·o·gy [græfɑ́lədʒi/-fɔ̀i] *n.* ⓤ 필적학, 필상학(筆栢學). 파) **-gist** *n.* **gràph·o·lóg·i·cal** *a.*

graph·o·scope [grǽfəskóup] *n.*【컴】화면에 나타난 데이터를 light pen 등으로 수정할 수 있는 수상 장치.

gráph pàper 모눈종이, 그래프 용지.

-graphy *suf.* (1) '서법(書法), 사법(寫法), 기록법' 의 뜻 : photo*graphy*. (2) '…지(誌), …기(記), 기술(說述)학' 의 뜻 : biblio*graphy*.

ˈgrap·ple [grǽpəl] — *vi.* 《美》…을 (붙)잡다 ; 【海】(적선 등)을 갈고랑쇠(grapnel)로 걸어잡다.
—*vi.* (1)《+副/+前+名》 격투하다, 맞붙어 싸우다《*with* ; *together*》 : The two wrestlers ~*d together* 〈with each other〉. 두 레슬러가 서로 맞붙었다. (2)《+前+名》 완수하려고 애쓰다, 해결 〈극복〉하려고 고심하다《*with*》. — *n.* ⓒ (1)붙잡기 ; 격투 ; 접전. (2)= GRAPNEL.

:grasp [græsp, grɑːsp] *vt.* (1)…을 붙잡다(grip), 움켜 쥐다 : He suddenly ~*ed* both my hands. 그는 갑자기 내 두 손을 꼭 잡았다 / *Grasp* all, lose all. 《俗說》 욕심 부리면 다 잃는다. (2)납득하다, 이해〈파악〉하다. — *vi.* 《+前+名》 붙잡으려고 하다《*at* ; *for*》 ; (기회 따위에) 달려들다《*at*》 He tried to ~ *for* any support. 어떠한 지원에라도 매달리려 했다.
— *n.* (*sing.*) ⓤ (또는 a ~) (1)붙잡음 ; 꼭 잡음. (2)권력 ; 통제, 지배 ; 점유 : The land was in the ~ of a tyrant. 그 나라는 폭군의 지배 아래 있었다. (3)이해, 납득, 파악 ; 이해력(mental ~), 이해의 범위, 포괄력 : a mind of wide ~ 이해심이넓은 마음. ***beyond*** 〈***within***〉 one***'s ~*** 손〈힘〉이 미치지 않는 〈미치는〉 곳에 : 이해할 수 없〈있〉는 : a problem *beyond our* ~ 우리가 이해할 수 없는 문제. ***take a ~ on*** one***self*** 자기 삼성을 누르다.
파) **˜·ing** *a.* 붙잡는 ; 구두쇠의, 욕심 많은. **˜·ly** *ad.* **˜·ness** *n.*

:grass [græs, grɑːs] *n.* (1) ⓤⓒ 풀 ; 목초 ; (*pl.*) 풀의 잎〈줄기〉 : a blade〈leaf〉 of ~ 풀잎 / a field of ~ 풀밭, 초원. (2)풀밭, 초원, 목초지 (地) : My clothes were damp from walking in ~. 풀밭을 걸어서 옷이 축축해졌다. (3)ⓒ 잔디 (lawn) . Keep off the ~. 잔디 밭에 들어가지 마시오《게시》. (4) ⓒ【植】볏과(科)의 식물《곡류·사탕수수 등》. (5) ⓤ《俗》아스파라거스. ***be*** (***out***) ***at ~*** 1)(가축 등이) 풀을 뜯(어 먹)고 있다, 방목(放牧)되고 있다. 2)일을 쉬고 있다, 놀고 있다 ; 휴가 중이다. ***cut*** one***'s own ~*** 《口》 자활(自活)하다. ***go to ~*** 1)(가축이) 목장에 나가다. 2)

《俗》(아무가) 일을 쉬다 〈그만두다〉 ; 은퇴〈은거〉하다. 물러나다. ***let the ~ grow under*** one'***s feet*** 〔흔히, 否定的〕 꾸물거리다가 기회를 놓치다. ***put*** 〈***send, turn***〉 ***out to ~*** 방목하다 ; (경주말을) 은퇴시키다 《노령 따위로》 ; 《口》 해고하다, 한직(閑職)으로 돌리다.

— *vt.* (1)(토지)를 풀로 덮다 ; 잔디로 덮다 : be ~*ed* down 풀로 덮이다〈덮여 있다〉. (2)《美》 (소 따위)에 풀을 먹이다, 방목하다. — *vi.* 《英俗》 밀고하다 《*on*》.

:grass·hop·per [´hɑ̀pər/´hɔ̀pər] *n.* ⓒ 【蟲】 메뚜기, 황충, 여치. ***knee-high to a ~*** 《口》 (아무가) 아직 어린.

grass·land [´lӕ̀nd] *n.* ⓤ 목초지, 초원 ; 목장.

grass-roots [´rù:ts] *a.* 〔限定的〕 (지도층에 대한) 일반 대중의 : a ~ movement 민중 운동 / get ~ support 민중의 지지를 얻다.

·grassy [grǽsi, grɑ́:si] (***grass·i·er ; -i·est***) *a.* (1) 풀이 무성한, 풀로 덮인. (2)풀 같은 ; 녹색의, 풀냄새가 나는.

·grate[1] [greit] *n.* ⓒ (1)(난로 따위의) 쇠살대. (2)화상(火床) 《그 위에 장작·석탄 등을 놓는》 ; 벽난로 (fireplace).

·grate[2] *vt.* …을 비비다, 갈다, 문지르다 ; 삐걱거리게 하다 : ~ one's teeth 이를 갈다. (2)비벼 부스러뜨리다, 뭉개다 ; (강판에) 갈다 : ~ apples 사과를 강판에 갈다. — *vi.* (1)《+前+名》 a](맞스쳐) 삐걱거리다《*against* ; *on, upon*》 : The wheel ~*d on*〈*against*〉 the rusty axle. 바퀴가 녹슨 굴대와 스쳐서 삐걱거렸다. b](문 따위가) 삐걱거리다. (2)《+前+名》 불쾌감을 주다《*on, upon*》 : ~ on〈*upon*〉 the ears 귀에 거슬리다.

:grate·ful [gréitfəl] (***more ~ ; most ~***) *a.* (1)〔敍述的〕 감사하고 있는, 고마워하는 《*to, for*》 : I am ~ *to* you for your help. 도와주셔서 감사합니다. (2)〔限定的〕 감사를 나타내는, 감사의. (3)기분 좋은, 쾌적한(pleasant) : the ~ shade 상쾌한 그늘. 파) ***~·ly** *ad.* 감사하여, 기꺼이. **~·ness** *n.*

grat·er [gréitər] *n.* ⓒ 강판.

·grat·i·fi·ca·tion [grӕ̀təfikéiʃən] *n.* (1) ⓤ 만족(시킴) : the ~ of one's appetite 식욕을 만족시킴. (2) ⓤ 욕구 충족 ; 만족감. (3) ⓒ 만족(기쁨)을 주는 것, 만족시키는 것 : His success is a great ~ to me. 그의 성공은 내게 대단한 기쁨이다. ▫ gratify *v.*

:grat·i·fy [grǽtəfài] *vt.* 《~+目/+目+前+名/+目+*to* do》 …을 기쁘게 하다, 만족시키다 ; (욕망·필요 따위)를 채우다 : Beauty *gratifies* the eye 아름다움은 눈을 즐겁게 해준다 / I am *gratifies with* 〈*at*〉 the result. 그 결과에 만족하고 있다.

grat·i·fy·ing [grǽtəfàiiŋ] *a.* 즐거운, 만족스러운, 유쾌한. 파) **~·ly** *ad.* 기쁘게, 만족하여.

grat·in [grǽtn, grɑ́:] *n.* ⓒ, ⓤ 《F.》 그라탱《고기·감자 등에 빵가루·치즈를 입혀 오븐에 구운 요리》.

grat·ing[1] [gréitiŋ] *n.* ⓒ 격자(格子), 창살 ; 창살문 ; (배의 승강구 등의) 격자 모양의 뚜껑.

grat·ing[2] *a.* 삐걱거리는 ; 귀에 거슬리는 ; 신경을 건드리는, 짜증나게 하는 : a ~ sound 삐걱거리는 소리. 파) **~·ly** *ad.* 삐걱거리어 ; 신경에 거슬려.

gra·tis [gréitis, grǽt-] *ad., a.* 〔敍述約〕 무료로 〈의〉, 공짜로(for nothing).

:grat·i·tude [grǽtətjù:d] *n.* ⓤ 감사, 감사하는 마음 ; 사의(謝意) : She expressed her ~ *to* all those who had supported her. 그녀는 도움을 준 모든 분들에게 사의를 표했다. ***out of ~*** 은혜의 보답으로. ***with ~*** 감사하여.

gra·tu·i·tous [grətjú:ətəs] *a.* (1)무료〈무상, 무보수〉의 ; 호의상의 : ~ service 무료 봉사 / He showed no ~ for my help. 내가 도와줬는데도 전혀 고마워하는 기색이 없었다. (2)이유없는, 까닭없는 ; 불필요한(uncalled-for) ; 정당성이 없는 : a ~ invasion of privacy 이유없는 사생활 침해. 파) **~·ly** *ad.* 무료로, 선의에서 ; 까닭없이.

gra·tu·i·ty [grətjú:əti] *n.* ⓒ (1)선물(gift) ; 팁(tip)《※ tip이 일반적》 : No *gratuities* accepted 팁은 사양합니다 《게시》. (2)【英軍】 (제대할 때의) 하사금 ; (퇴직할 때 받는) 퇴직금.

:grave[1] [greiv] *n.* ⓒ (1)무덤, 분묘, 묘혈 ; 묘비 : dig one's own ~ 스스로 묘혈을 파다, 파멸을 자초하다 / carry a secret to the ~ 죽을 때까지 비밀을 지키다 / Someone 〈A ghost〉 is walking 〈has just walked〉 on 〈across, over〉 my ~. 누군지 내 무덤 위를 걷고 있다 〈걸어갔다〉 《까닭없이 몸이 오싹할 때 하는 말》. (1)(종종 the ~) 죽음, 종말, 파멸 ; 사지(死地). (***as***) ***secret*** 〈***silent***〉 ***as the ~*** 절대 비밀의 〈쥐죽은 듯 고요한〉. ***from the cradle to the ~*** ⇨ CRADLE. ***have one foot in the ~*** ⇨ FOOT. ***make*** a person ***turn*** (***over***) ***in his ~*** 아무로 하여금 죽어서도 눈을 못 감게 하다, 지하에서 탄식하게 하다. ***on this side of the ~*** 이승에서.

:grave[2] (***gráv·er ; gráv·est***) *a.* (1)(표정·언행 따위가) 엄숙한, 위엄있는, 진지한. (2)근심스러운, 침통한. (3)(문제·사태 등이) 중대한, 예사롭지〈심상치〉 않은, 위기를 안고 있는, 수월치 않은 ; (병이) 위독한 : make a ~ decision 중대한 결정을 내리다 / a ~ situation 예사롭지 않은 사태 / The patient is in a ~ condition. 환자는 위독한 상태이다 / a ~ responsibility 중대한 책임. (4)(색깔 등이) 수수한. (5)【音聲】 저(低)악센트 〈억음〈抑音〉〉 (기호)의, 저음의. ▫ gravity *n.* — [greiv, grɑ:v] *n.* = GRAVE ACCENT. 파) **:** **~·ly** *ad.* **~·ness** *n.*

grave[3] (***~d ; grav·en*** [gréivən], ***~d***) *vt.* 《+目+前+名》《古·稚》〔종종 受動으로〕 …을 명심하다, 마음에 (깊이) 새기다《*in* ; *on*》 : His words *are graven on* my memory〈heart〉. 그의 말은 내 기억〈마음〉에 아로새겨져 있다.

:grav·el [grǽvəl] n. ⓤ (1)〔集合的〕 자갈. 【cf.】 pebble. 『 a ~ road 〈walk〉 (공원·정원 등의) 자갈길. (2)【醫】 신사(腎砂), 요사(尿砂), 결사(結砂). ***hit the ~*** 《美俗》 = hit the DIRT. — (***-l-,*** 《英》 ***-ll-***) *vt.* (1)…에 자갈을 깔다, 자갈로 덮다. (2)(남)을 난처하게 만들다, 괴롭히다(puzzle, perplex) ; 《美口》 신경질나게 하다 (irritate).

grav·el·ly [grǽvəli] *a.* (1)자갈이 많은 ; 자갈을 깐 ; 자갈로 된 : ~ soil 자갈밭. (2)(목소리가) 불쾌한, 귀에 거슬리는.

gráven ímage 우상(偶像).

grav·er [gréivər] *n.* ⓒ 조각가 ; 조각칼.

grave·stone [gréivstòun] *n.* ⓒ 묘석, 비석.

·grave·yard [gréivjɑ̀:rd] *n.* ⓒ 묘지.

gráveyard shíft〈**wàtch**〉 (흔히, the ~) (3교대 근무제의) 밤 12시부터 다음날 아침 8시까지의 작업(원).

grav·id [grǽvid] *a.* 《文語》 임신한.

gra·vim·e·ter [grəvímitər] *n.*ⓒ (1)【化】 비중계. (2)【物】 중력〈인력〉계.

gráving dòck 건(乾)독(dry dock).
grav·i·sphere [grǽvəsfiər] *n.* 【天】 (천체의) 중력권, 인력권.
grav·i·tate [grǽvətèit] *n.* (1)중력〈인력〉에 끌리다《*to* ; *toward*》: The moon ~*s* toward the earth. 달을 지구의 중력에 끌린다. (2)가라앉다 ; 하강하다. (3)(사람·관심·사물 따위가) …에 자연히 끌리다《*to* ; *toward*》.
:grav·i·ta·tion [grӕ̀vətéiʃən] *n.* ⓤ (1)【物】 인력(작용), 중력 : the law(s) of universal ~ 만유인력의 법칙. (2)…으로 향한 자연적인 경향, 추세(tendency) : The ~ of the population from the country to the capital began in the 1960's. 지방에서 수도로의 인구 집중은 1960년대에 시작되었다.
:grav·i·ty [grǽvəti] *n.* ⓤ (1)진지함, 근엄 ; 엄숙, 장중 : preserve one's ~ 위엄을 지키다 / behave 〈speak〉 with ~ 진지하게 처신하다〈말하다〉. (2)중대함 ; 심상치 않음 ; (죄·병 따위의) 위험성 ; 위기 : the ~ of the situation 정세의 중대성. (3)【物】 중력, 지구 인력 ; 중량, 무게. ㅁ grave *a.* ***specific ~*** 【物】 비중.
·gra·vy [gréivi] *n.* ⓤ (1)(요리할 때의) 고깃국물, 그레이비 ; 육즙(肉汁) 소스. (2)《俗》 부정하게 〈쉽게〉 번 돈.
:gray, 《英》 **grey** [grei] (**~·er ; ~·est**) *a.* (1) 회색의, 잿빛의 ; (안색이) 창백한 : She was dressed in ~. 회색 옷차림을 하고 있었다. (2)흐린 ; 어스레한, 어두컴컴한(dim). (3)《比》 회색의, 중간 단계의, 성격이 뚜렷치 않은. (4)백발이 성성한, 희끗희끗한 : ~ hairs 노년 / turn ~ 백발이 되다. (5)노년의 ; 노련〈원숙〉한 : ~ experience 노련. (6)고대 〈태고〉의 : the ~ past 고대, 태고 (7)(일·전망 등이) 어두운, 비관적인. ***get ~*** (***hair***) ⇨ HAIR.
— *n.* ⓤⓒ (1)회색, 쥐색, 잿빛. (2)회색 그림 물감 ; 회색의 동물《특히 회색말》; 회색 옷 ; (종종 G-) 《美》 (남북 전쟁 때의) 남군 병사. 【cf.】 blue. 『 be dressed in ~ 회색 옷을 입고 있다. (3)(the ~) 어스름, 어스레한 빛, 황혼 : in *the* ~ *of* the morning 어슴 새벽에. — *vt.* (1)…을 회색으로 하다. (2)백발이 되게 하다 : Worry ~*ed* his hair. 근심 걱정으로 그의 머리는 백발이 됐다. —*vi.* 회색으로 되다 ; 백발이 되다 ; 고령화하다 : the ~*ing* of our society 우리 사회의 노령화.
파) **~·ness** *n.*
gray·beard [ㅅbìərd] *n.* ⓒ 노인 ; 노련한 사람, 현인(賢人).
gray-haired, -head·ed [ㅅhέərd], [ㅅhédid] *a.* (1)백발의, 늙은, 노년의. (2)노련한《*in*》.
gray·ish [gréiiʃ] *a.* 회색빛 도는, 우중충한.
gray·mail [ㅅmèil] *n.* ⓤ 《美》 (소추(訴追) 중인 피의자가) 정부 기밀을 폭로하겠다는 협박.
gráy màtter (뇌수·척수의) 회백질 ; 《口》 지력(知力), 두뇌. 【cf.】 white matter.
gráy squirrel 회색의 큰 다람쥐《미국산》.
graze[1] [greiz] *vi.* (1)(가축이) 풀을 뜯어먹다《*in* ; *on*》. (2)《口》 (정규식이 아닌) 간식을 사먹다 ; (슈퍼마켓 등의) 식품을 몰래 집어먹다 ; TV의 채널을 마구 돌리다. — *vt.* (1)(가축에게) 풀을 뜯어먹게 하다, 방목하다 : ~ cattle *on* the field 들판에서 소에게 풀을 뜯어먹게 하다. (2)(풀밭)을 목장으로 쓰다.
graze[2] *vt.* …을 스치다, 스치고 지나가다 ; (피부)를 스쳐 벗기다, 까지게 하다《*against*》. — *vi.* 《+前+名》 스치고 지나가다, 스치다《*along* ; *by* ; *past* ; *through*》. — *n.* ⓤ 스침, 찰과(擦過) ; ⓒ (*sing.*) 찰과상.
gra·zier [gréiʒər] *n.* ⓒ 목축업자.
graz·ing [gréiziŋ] *n.* ⓤ (1)방목 ; 목초(지). (2)《口》 (여러 프로를 보기 위해) TV채널을 분주하게 돌리는 일.
:grease [gri:s] *n.* ⓤ (1)그리스, (기계의) 윤활유 ; 수지(獸脂), 지방(fat) : put some ~ on the door hinge 돌쩌귀에 기름을 좀 치다. (2)유성(油性) 물질, 유지(油脂). (3)《美俗》 뇌물. — [gri:z, gri:s] *vt.* (1)…에 기름을 바르다〈치다〉. (1)…을 기름으로 더럽히다. (3) a]《俗》 …에게 뇌물을 주다. b](일)을 잘 되게 하다, 촉진시키다. ~ a person'***s hand*** 〈***fist, palm***〉 ⇨ PALM. ***like ~d light-ning***《俗》 대단히 빠르게.
gréase gùn 윤활유 주입기(注入器), 그리스건.
gréase mònkey 《口》 기계공 ; 비행기 〈자동차〉의 수리공, 정비공.
grease·proof [grí:sprù:f] *a.* 〔限定的〕 기름이 안배는 : ~ paper 납지(蠟紙).
greas·er [grí:sər] *n.* ⓒ (1)기름치는 사람〈기구〉. (2)《英》 (기선의) 기관장. (3)《俗》 (장발의) 오토바이 폭주족. (4)《美俗·蔑》 멕시코 사람, 스페인계 미국인. (5)《英俗》 알랑쇠.
·greasy [grí:si, -zi] (***greas·i·er ; -i·est***) *a.* (1)기름에 전, 기름투성이의, 기름기 있는. (2)(음식이) 기름기 많은. (3)(길 따위가) 미끄러운, 질척거리는 (4)아첨하는 ; 미덥지 못한(unreliable) ;《美俗》 교활한. ㅁ grease *n.* 파) **gréas·i·ly** *ad.* 기름기 있게, 번드럽게, 미끄럽게 ; (말을) 번드르르하게. **-i·ness** *n.*
·great [greit] (**~·er ; ~·est**) *a.* (1)〔限定的〕 큰, 거대한, 광대한. 【opp.】 *little.* 『 a ~ fire 큰 불 / a ~ famine 대기근 / A ~ rock had fallen onto the road. 거대한 바위 하나가 길에 굴러 떨어졌다. (2)〔限定的〕 중대한, 중요한 ; (the ~) 가장 중요한 ; 성대한 : ~ issues 중요한 문제 / a ~ occasion 성대한 행사, 축제일. (3)대단한, 심한 : a ~ pain 격심한 고통 / It was a ~ success. 그건 대단한 성공이었다 / a ~ mistake 큰 실수. (4)고도의, 극도의 : ~ friends 아주 친한 사이 / make ~ strides 장족의 진보를 하다 / in ~ detail 상세히. (5)(수·양 따위가) 많은, 다수〈다량〉의, 큰 ; (거리 따위가) 먼 : a ~ crowd 대군중 / in ~ multitude 큰 무리를 이루어 / at a ~ distance 먼곳에. (6)위대한, 탁월한 ; (사상 등이) 심오한, 고귀한 : a ~ little man 몸은 작으나 마음이 큰 사람 / a ~ truth 심오한 진리. (7)지위가 높은 : 지체 높은, 고명한 ; (the G-) …대왕(大王) : a ~ lady 귀부인 / Alexander *the Great* 알렉산더 대왕. (8)《口》 굉장한, 멋진, 근사한 : have a ~ time 멋지게 지내나 / That's ~ ! 그거 멋진데 / That's a ~ idea. 거 참 좋은 생각이다. (9)《口》 (…을) 잘하는, 능숙한《*at*》 ; (…에) 열중하는 : 《*at* ; *for* ; *on*》 : He is ~ *at* tennis. 테니스를 잘한다. (10)〔限定的으로 시간을 나타내는 名詞와 함께〕 장기의, 오랜 동안 : wait a ~ while 오랜 시간 기다리다 / live to a ~ age 오래 (고령까지) 살다. ***feel ~*** 기분이 상쾌하다. ***Great God*** 〈***Caesar, Scott***〉 ***!*** 아이구 〈어마〉 깜작이야, 이거 큰일이군, 하나님 맙소사. (a man) ***~ of*** (heart) (마음)이 큰(사람). ***the ~er*** 〈***~est***〉 ***part of*** …의 대부분 〈태반〉 : He spent *the* ~*er* part of the day reading. 그는 그날 대부분을 독서하며 지냈다. ***the ~ I am*** 《英俗》 자칭 대가 ; 젠체하는 사람. ***the ~ majority*** 〈***body, part***〉 대부분.

The great leap forward 대약진(大躍進) 《중국의 공업화에 대한 Mao Zedong의 이념》.
— *ad.* (1)《美口》 잘, 훌륭하게(well) : Things are going ~. 만사가 잘 되어간다. (2)《英》〔形容詞를 강조하여〕 굉장히, 아주 : What a ~ big fish ! 굉장히 큰 고기로군.
— *n.* (1) ⓒ 위대한 사람〈것〉 ; (the ~s) 훌륭한〈고귀한, 유명한〉 사람들 : *the* ~*s* of stage 연극계의 거물들 / *the* scientific ~ (*s*) 과학계의 거인들. (2)(the ~ est) 《口》 아주 훌륭한 사람〈물건〉 : She's *the* ~ *est*. 그애가 최고다. ***a ~*** 《美俗》 대부분. ***~ and small*** 빈부 귀천(의 구별없이). ***in* 〈*by*〉 *the ~*** 총괄하여, 통틀어서. ***no ~*** 《美俗》 많지 않은.
great- *pref.* 일대(一代)가 먼 촌수를 나타냄.
great-aunt [gréitǽnt, -áːnt] *n.* ⓒ 조부모의 자매, 대고모(grandaunt).
Gréat Béar (the ~) 【天】 큰 곰자리.
Gréat Chárter (the ~) 【英史】 대헌장 마그나 카르타.
great·coat [⌐kòut] *n.* ⓒ (군인의 두꺼운) 외투(topcoat) ; 방한 외투.
Gréat Cúltural Revolútion (the ~) (중국의) 문화 대혁명 (Cultural Revolution).
Gréat Depréssion (the ~) 세계 대공황《1929년, 미국에서 시작된》.
Gréat Dípper (the ~) 【天】 큰곰자리.
Gréat Dóg (the ~) 【天】 큰개자리.
:great·er [gréitər] *a.* 〔great의 比較級〕 (1)…보다 큰. 【opp.】 *lesser*. (1)(G-) 〔지역명〕 대(大) … 《근교까지 포함시켜 이름》 : ⇨ GREATER NEW YORK.
Gréater Brítain 대영 연방《자치령·식민지를 포함》.
Gréater Néw Yórk 대뉴욕《종래의 뉴욕에 the Bronx, Brooklyn, Queens, Richmond 를 추가한 New York City와 같은 말》.
great-grand·child [grèitgrǽndtʃàild] (*pl.* ***-chil·dren***) *n.* ⓒ 증손.
great-grand·daugh·ter [⌐grǽnddɔ̀ːtər] *n.* ⓒ 증손녀.
great-grand·fa·ther [⌐grǽndfàːðər] *n.* ⓒ 증조부.
great-grand·moth·er [⌐grǽndmʌ̀ðər] *n.* ⓒ 증조모.
great-grand·par·ent [⌐grǽndpὲərənt] *n.* 증조부, 증조모.
great-grand·son [⌐grǽndsʌ̀n] *n.* ⓒ 증손.
great-great- *pref.* great- 보다 1대가 더 먼 촌수를 나타냄 : ~ grandchild 현손(玄孫).
great-heart·ed [⌐hàːrtid] *a.* (1)고결한, 마음이 넓은. (2)용감한. 파) **~·ly** *ad.* **~·ness** *n.*
Gréat Lákes (the ~) 미국의 5대호 《Ontario, Erie, Huron, Michigan, Superior》.
·great·ly [gréitli] *ad.* (1)크게, 매우 ; 〔비교의 표현과 함께〕 훨씬 : ~ superior 훨씬 뛰어난. (2)위대하게 ; 숭고하게, 고결하게 ; 중대하게 ; 관대하게 : We shall all remember him for a life ~ lived. 위대한 생애를 마친 그를 영원히 잊지 못할 것이다 《조사(弔辭)》.
great-neph·ew [gréitnèfjuː, -nèvjuː] *n.* ⓒ 조카〈조카딸〉의 아들, 형제〈자매〉의 손자(grandnephew).
·great·ness [gréitnis] *n.* ⓤ 큼, 거대함 ; 다대, 대량 ; 위대(함) ; 탁월, 저명 ; 고귀 : Lincoln's true ~ 링컨의 참 위대함.
great-niece [gréitnìːs] *n.* ⓒ 조카(딸)의 딸, 형제〈자매〉의 손녀 (grandniece).
Gréat Pláins (the ~) 대초원《Rocky 산맥 동부의 캐나다와 미국에 걸친 건조 지대》.
Gréat Pówer 강국, 대국 ; (the ~s) (세계의)열강(들).
great-un·cle [gréitʌ̀ŋkl] *n.* ⓒ 종조부(granduncle) 《조부모의 형제》.
Gréat Wáll (of chína) (the ~) 만리장성.
Gréat Wár (the ~) = WORLD WAR Ⅰ.
greave [griːv] *n.* ⓒ (흔히 *pl.*) (갑옷의) 정강이 받이.
grebe [griːb] (*pl.* ~, **~s**) *n.* ⓒ 【鳥】 논병아리.
·Gre·cian [gríːʃən] *a.* 그리스의, 그리스식(式)의. 《※ 흔히 '용모, 자세, 머리형, 건축, 미술품' 따위를 말하는 이외는 Greek를 씀》 : ~ architecture 그리스 건축 / a ~ profile 그리스인 풍의 옆모습. — *n.* ⓒ 그리스 사람(Greek).
Greco- [gréko(u), gríː-] '그리스'의 뜻의 결합사.
Gre·co-Ro·man [grìːkouróumən, grìkou-] *a.* 그리스·로마(식)의. — *n.* ⓤ 【레슬링】 그래코로만 스타일.
:Greece [griːs] *n.* 그리스 《정식명 the Hellenic Republic ; 수도 Athens》. ▫ Greek, Grecian *a.*
·greed [griːd] *n.* ⓤ 탐욕, 욕심《*for* ; *of*》 : one's ~ *of* gain 이득에 대한 욕심 / ~ *for* money 금전욕.
:greedy [gríːdi] (***greed·i·er ; -i·est***) *a.* (1)욕심 많은, 탐욕스러운 : a ~ eater 식충이, 대식가 / a ~ miser 탐욕스러운 수전노. (2)〔敍述的〕 갈망하는, 간절히 바라는 《*of* ; *for*》 : He's ~*for* power〈money〉 그는 권력〈돈〉에 눈이 어두웠다 / cast ~ eyes upon〈on〉 …을 탐나는 듯이 보다. (3)몹시 …하고자 하는《*to* do》. 파) ***·gréed·i·ly*** *ad.* 게걸스레 ; 욕심〈탐〉내어 : He looked *greedily* at the pile of cream cakes. 그는 쌓여 있는 크림 케이크를 탐욕스레 바라보았다. **-i·ness** *n.*
:Greek [griːk] *a.* 그리스(사람)의 ; 그리스어의, 그리스식의. — *n.* (1) ⓒ 그리스 사람 : a ~ 그리스 사람 / the ~*s* 그리스인(전체). (2) ⓤ 그리스어. (3) 《口》 무슨 소린지 알 수 없는 말(gibberish). ***Ancient* 〈*Classical*〉 ~** 고대〈고전〉 그리스어《기원 200년경까지》. ***Modern ~*** 현대 그리스어《기원 1500년 이후》.
Gréek álphabet (the ~) 그리스어 알파벳, 그리스 문자.
Gréek Cátholic 그리스 정교 신자《로마 교회 교리를 믿으면서 그리스 정교회의 의식·예식을 따르는 그리스인》.
Gréek Cátholic Chúrch 그리스 가톨릭 교회 《로마 가톨릭 교회의 한 파》.
Gréek cróss 그리스 십자가《가로 세로가 똑같은》.
Gréek Órthodox Chúrch (the~) 그리스정교회.
:green [griːn] (***⌐·er ; ⌐·est***) *a.* (1)녹색의, 초록의, 싱싱하게 푸른(verdant) ; 푸른 잎으로 덮인 : ~ meadows 푸른 목장 / She had blond hair and ~ eyes. 그녀는 머리가 금발이고 눈은 초록색이었다. (2)야채〈푸성귀〉의 : ~ vegetables 푸성귀, 야채류 / a ~ salad 야채 샐러드. (3)젊음이 〈기운이〉 넘치는 : a ~ old age 정정한 노년. (4)생생한, 싱싱한, 신선한 : It is still ~ in my memory. 그것은 아직도 내 기억에 생생하다. (5)(과일 따위가) 익지 않은 ; 생(生)

《담배·목재 등》: 아직 덜 마른, 생짜의 ; 미가공(未加工)의 : a ~ fruit 풋과실 / ~ hides 생피(生皮). (6)《比》 준비 부족의 ; 미숙한, 익숙지 않은, 무경험의(raw) : a ~ hand 풋내기 / He's ~ at his job. 그는 일에 서툴다. (7)속아넘어가기 쉬운 (credulous) : 단순한 : I'm not so ~ as to be deceived by you. 나는 네게 속을 그런 햇내기가 아니다. (8)(얼굴빛이) 핼쑥한, 핏기가 가신. (9)《俗》 질투에 불타는(jealous) : a ~ eye 질투의 눈. (10)푸름이 남아 있는 ; 따뜻한(mild) : ~ winter 푸근한 겨울 / ~ Christmas 눈 없는 따스한 크리스마스. (11)(종종 G-) 녹색당의 〈을 지지하는〉, 환경 보호주의의 : ~ politics 환경 보호주의 정책 / ⇨ GREEN PARTY / *Green*peace 그린피스 / ~ movements 환경 보호 운동. ***(as) ~ as grass*** 《口》 숙맥의, 세상 물정을 모르는. ***have a ~ thumb*** ⇨ GREEN THUMB. — *n.* (1) ⓤⓒ 녹색, 초록색 : the first ~ of spring 봄의 신록. (2) ⓒ 초원, 풀밭 ; (공공의) 잔디밭. (3) ⓤ 녹색안료 ; 녹색의 물건《천 따위》 : a girl dressed in ~ 녹색 옷을 입은 소녀. (4)《美俗》 지폐, (특히) 달러 지폐《흔히 long〈folding〉 ~이라 함》. (5)(*pl.*) 푸성귀, 야채(요리) :salad ~*s* 샐러드용 엽채류(葉菜類). (6)(*pl.*) 푸른 잎〈가지〉《장식용》 : Christmas ~ *s* 《美》 전나무·호랑가시나무의 푸른 가지. (7) ⓤ 청춘, 활기. (8)미숙함 ; 잘 속을 것 같음. (9)(the G-s) 녹색당《아일랜드 국민당》. (10) 【골프】 그린 (putting ~) ; 골프 코스. (11) ⓤ 질이 나쁜 마리화나. ***in the ~*** 혈기 왕성하여. ***see ~ in*** a person'***s eye*** 아무를 얕보다, 만만하게 보다.
—*vt.* (1)…을 녹색〈초록〉으로 하다 〈칠하다, 물들이다〉. (2)…을 도로 젊어지게 하다, 활기를 되찾게 하다. (3)《俗》 (사람)을 속이다 (cheat). — *vi.* 녹색이 되다. 파) **~·ly** *ad.* **~·ness** *n.*

green·back [´-bæ̀k] *n.* ⓒ 《美》 그린백《뒷면이 초록인 미국 법정 지폐》 ; 달러 지폐.

green·belt [´-bèlt] *n.* ⓒ (도시 주변의) 녹지대(綠地帶), 그린벨트.

gréen cárd 《美》 외국인 〈특히 맥시코인〉이 받는 미국내에서의 노동 허가증 ; 《英》 해외에서의 자동차 상해 보험증 ; 영주권(permanent visa)의 별칭.

gréen còrn 《美》 덜 여문 옥수수《요리용》.

green·er [gríːnər] *n.* ⓒ 《俗》 무경험 직공, 생무지《특히 외국인을 이름》.

green·ery [gríːnəri] *n.* (1) ⓤ 〔集合的〕 푸른 잎.푸른 나무 ; (장식용) 푸른 나뭇가지. (2) ⓒ 온실(greenhouse).

green-eyed [gríːnàid] *a.* 질투가 심한, 샘이 많은 : the ~ monster 녹색눈의 괴물《질투》《Shakespeare 작 *Othello* 에서》

green·finch [´-fìnt] *n.* ⓒ 방울새《유럽산》.

gréen fly (*pl.* 《英》 ***~. -flies***) 진디의 일종 《초록색의》.

gréen góods 청과류, 야채류 ; 《美俗》 위조 지폐.

green-gro·cer [´-gròusər] *n.* ⓒ 《英》 청과물 상인, 야채 장수 : a ~'s (shop) 청과물 상점.

green-gro·cery [´-gròusəri] *n.* (1) ⓒ 《英》 청과물 상《가게》. (2) ⓤ 〔集合的〕 푸성귀, 청과류.

green·horn [´-hɔ̀ːrn] *n.* ⓒ (1)풋내기, 초심자. (2) 얼간이(simpleton), 세상 물정 모르는 사람. (3)《美》 새로 온 이민.

·green·house [´-hàus] *n.* ⓒ 온실.

gréenhouse effèct 【氣】 온실 효과.

gréenhouse gàs 온실 가스《온실 효과의 원인이라 하는 이산화탄소, 메탄가스 등》.

·green·ish [gríːniʃ] *a.* 녹색을 띤.

green·keeper [´-kìːpər] *n.* ⓒ 골프장 관리인.

Green·land [gríːnlənd] *n.* 그린란드《북아메리카 동북에 있는 큰 섬 : 덴마크령》 파) **~·er** *n.*

gréen líght (1)파란 불, 청신호 《교통 신호》(【cf.】 red light). (2)(the ~) 《口》 (정식) 허가 : get 〈give〉 *the* ~ 공식 허가를 얻다〈주다〉.

green·ly [gríːnli] *ad.* 녹색으로 ; 신선〈싱싱〉하게 ; 힘차게 ; 미련하게(foolishly).

gréen manúre 녹비, 풋거름.

gréen páper (종종 G- P-) 《英》 녹서(綠書) 《국회에 내는 정부시안(試案) 설명서》. 【cf.】 Black Paper.

Gréen Pàrty (the ~) 녹색당《독일의 정당 ; 반핵, 환경 보호, 독일의 비무장 중립을 주장》.

Green·peace [gríːnpìːs] *n.* 그린피스《핵무기 반대·야생동물 보호 등 환경 보호를 주장하는 국제적인 단체 ; 1969년 결성》.

gréen revolútion (the ~) 녹색 혁명《특히, 개발도상국에서의 품종 개량에 의한 식량 증산》.

green·stuff [´-stʌ̀f] *n.* ⓤ 푸성귀, 야채류.

gréen téa 녹차(綠茶). 【cf.】 black tea.

gréen thúmb 식물〈야채〉 재배의 재능(green fingers). ***have a ~*** 원예의 솜씨가 있다 ; …에 적성이 있다《*for*》.

gréen túrtle 【動】 푸른거북.

·Green·wich [grínidʒ, grén-, -itʃ] *n.* 그리니치 《런던 동남부 교외 ; 본초 자오선의 기점인 천문대가 있던 곳》.

Gréenwich (Méan) Tìme (the ~) 그리니치 표준시《略 : GMT》.

green·wood [gríːnwùd] *n.* (the ~) 푸른 숲, 녹림(綠林).

greeny [gríːni] *a.* 녹색을 띤, 초록빛이 도는.

:greet [griːt] *vt.* (1)《~+目》 …에게 인사하다 ; …에게 인사장을 보내다 : She ~*ed* him by waving her hand. 그녀는 손을 흔들어 그에게 인사했다. (2)《+目+前+名》 (인사·경례·조소·증오등으로) …을 맞이하다. (3)《~+目》 보이다, 들리다, 들어오다《눈·귀에》 : ~ the ear 귀에 들리다 / ~ a person's eyes (아무의) 눈에 띄다.

:greet·ing [gríːtiŋ] *n.* (1) ⓒ 인사 : smile in ~ 웃으며 인사하다 / give a friendly ~ 상냥하게 인사하다. (2)(흔히 *pl.*) (계절에 따른) 인사말 : 인사장. (3) ⓒ 《美》 편지의 서두《Dear Mr. …등》. ***Christmas 〈Birthday〉 ~s*** 크리스마스〈생일〉 축하 인사(장).

gréeting càrd 축하장, 인사장.

gre·gar·i·ous [grigέəriəs] *a.* (1)(사람·짐승이) 군거(群居)하는, 군생하는 ; 군거성의 ; 【植】 군생(群生)하는 : ~ instinct 군거〈집단〉 본능 / Pigeons are ~ birds. 비둘기는 군거성 새다. (2) (사람이) 사교적인, 교제를 좋아하는 ; 집단의. 파) **~·ly** *ad.* 군거하여, 때지어. **~·ness** *n.*

Gre·go·ri·an [grigɔ́ːriən] *a.* 로마 교황 Gregory의 ; 그레고리오력(曆) 〈그레고리오 성가〉의 : the ~ style 신력(新曆). — *n.* =GREGORIAN CHANT.

Gregórian chánt 그레고리오 성가(聖歌)《가톨릭 교회에서 부름》.

grem·lin [grémlin] *n.* ⓒ 《口》 작은 악마《비행기에 고장을 낸다는》 : We must have a ~ in the engine—it isn't working properly. 엔진에 악귀 가 붙은 모양이다. 잘 돌아가지 않는다.

Gre·na·da [grənéidə] *n.* 그레나다 《서인도 제도의

Windward 제도 최남단에 있는 입헌 군주국 ; 영연방의 일원 ; 수도 St. George's》.

gre·nade [grənéid] *n.* ⓒ 수류탄(hand ~) ; 최루탄 ; 소화탄(消火彈).

gren·a·dier [grènədíər] *n.* ⓒ (1)(G-) 《英》 Grenadier Guards의 병사. (2)【史】 척탄병(擲彈兵).

Grénadier Guárds (the~) 《英》 근위 보병 제1연대 《1685년 발족》.

·grey·hound, 《美》 **gray-** [gréihàund] *n.* (1) ⓒ 그레이하운드《몸이 길고 날쌘 사냥개》. (2)(G-) 그레이하운드《미국의 최대 장거리 버스 회사 ; 商標名》.

gréyhound rácing 그레이하운드 경주《전기 장치로 뛰게 만든 토끼를 그레이하운드로 하여금 뒤쫓게 하는 내기 승부》.

grid [grid] *n.* ⓒ (1) a]격자(格子), 쇠창살 ; 석쇠(gridiron) ; (차 지붕따위에 붙이는) 격자로 된 짐싣는 대. b]【電·컴】 (전자관의) 그리드, 격자. c]【測】 그리드《특정 지역의 표준선의 기본계(系)》 ; (지도의) 모눈, 그리드 ; (가로의) 바둑판눈. (2)망상(網狀)조직 ; 고압 송전선망 ; 부설망, 배관망, 도로망. (3)=GRIDIRON(2).

grid·dle [grídl] *n.* ⓒ 과자 굽는 번철. ***on the ~*** 《口》 호된 심문을 받아, 도마 위에 올려져.

grid·dle·cake [-kèik] *n.* ⓒ,ⓤ 번철에 구운 과자 《핫케이크 따위》.

grid·i·ron [grídàiərn] *n.* ⓒ (1)석쇠, 적철. (2)《美》 미식 축구(경기)장.

grid·lock [grídlàk/-lɔ̀k] *n.* ⓒ (1)(시가지의) 교통 정체《사방에서 진입한 차량들이 엉겨 움직이지 못하게 된 상태》. (2)(정상 활동의) 정체 : a financial ~ due to high interest rates 고금리로 인한 재정의 경색(상태).

:grief [gri:f] *n.* (1) ⓤ (깊은) 슬픔, 비탄, 비통 : She died of ~ at the loss of her husband. 그녀는 남편을 잃어 비통한 나머지 죽었다. (2) ⓒ 슬픔의 씨앗, 비탄의 원인, 통탄지사. ▫ grieve[1] *v.* ***bring to ~*** 불행〈실패〉하게 만들다 ; 다치게 만들다 ; 파멸시키다. ***Come to ~*** 재난〈불행〉을 당하다 ; 다치다 ; (계획이) 실패하다. ***Good***〈***Great***〉 ***~!*** 아이고, 야단났구나《맥이 풀리거나 놀랐을 때의 말》.

grief-strick·en [´strìkən] *a.* 슬픔에 젖은, 비탄에 잠긴 : a ~ widow 비탄에 잠긴 미망인.

·griev·ance [grí:vəns] *n.* ⓒ 불만, 불평의 씨 ; 불평하기 : Sam has 〈nurses, harbors〉 a ~ against his employer. 샘은 고용주에게 불만이 있다〈불평을 품고 있다〉.

:grieve [gri:v] *vt.* 《~+目/+目+*to* do》 …을 슬프게 하다, 비탄에 젖게 하다, …의 마음을 아프게 하다. —*vi.* 《~/+前+名》 몹시 슬퍼하다, 애곡(哀哭)하다. 《*at* ; *about* ; *over*》 : ~ *about* 〈*over*〉 one's misfortune 자신의 불행을 슬퍼하다. ▫ grief *n.*

·griev·ous [grí:vəs] *a.* 〔限定的〕 (1)슬픈, 통탄할 ; 비통한 ; 고통스러운, 쓰라린 : a ~ moan 비탄의 신음소리. (2)심한 ; 가혹한 ; 극악한 : a ~ fault 중대한 과실 / ~ pain 심한 고통. (3)무거운, 부담이 되는(oppressive).

파) **~·ly** *ad.* **~·ness** *n.*

grif·fin [grífin] *a.* 【그神】 독수리의 머리·날개에 사자 몸을 한 괴수(怪獸)《황금 보물을 지킨다 함》.

grif·fon [grífən] *n.* ⓒ =GRIFFIN[1] : 털이 거친 작은 몸집의 개《포인터의 개량종》; 독수리의 일종.

grift [grift] 《業俗》 *n.* ⓒ (돈 따위를) 사기해 먹음 ; 사기친 돈. — *vt.* (금전 따위)를 사취(詐取)하다.

grig [grig] *n.* ⓒ 《方》 (1)귀뚜라미, 여치 ; 작은 뱀장어 ; 다리가 짧은 닭의 일종. (2)쾌활한 사람 : a ~ of a girl 쾌활한 소녀. (***as***) ***merry*** 〈***lively***〉 ***as a ~*** 아주 기분 좋은〈명랑한〉.

·grill [gril] *n.* ⓒ (1)석쇠, 적철(gridiron). (2)불고기, 생선 구이. (3)=GRILLROOM ; GRILLE.

— *vt.* (1)(석쇠에 고기 따위)를 굽다 ; 불에 굽다(broil). (2)(햇볕 등이) …을 뜨거운 열로 괴롭히다 : The scorching sun ~*ed* us. 작열하는 태양에 몸이 탈 정도였다. (3)(경찰 등이) …을 엄하게 신문하다.

— *vi.* (1)적철에 구워지다. (2)뜨거운 열에 쬐어지다 : sit ~*ing* oneself in the sun 뜨거운 햇볕을 받으며 앉아 있다.

grille [gril] *n.* ⓒ (1)격자, 쇠창살. (2)(은행·매표구·교도소 따위의 창살문. (3)(자동차의) (라디에이터) 그릴(=**rádiator grìll**).

grill·room [grílrù(:)m] *n.* ⓒ 그릴《호텔·클럽 안의 일품 요리점》 ; 고기 굽는 곳.

grilse [grils] (*pl.* **~, gríls·es**) *n.* ⓒ 【魚】 (바다에서 강으로 처음 올라오는 3년 정도 된) 어린 연어.

:grim [grim] (**´-mer ; ´-mest**) *a.* (1)엄(격)한, 모진(severe, stern), 잔인한, 냉혹한 : a ~ face 위엄 있는 얼굴. (2)〔限定的〕 (사실 따위가) 엄연한, 움직일 수 없는 : a ~ reality〈truth〉 엄연〈냉혹〉한 사실〈진리〉. (3)굳센, 불요 불굴의 : ~ courage 불굴의 용기. (4) a](얼굴이) 험상스러운 ; 소름끼치는. b]불쾌한, 싫은 : What ~ weather! 무슨 날씨가 이렇담. ***hold*** 〈***hang, cling,*** etc.〉 ***on like ~ death*** 결사적으로 달라붙다. ▫ grimace *n.* 파) ***´·ly** *ad.* 엄격〈냉혹〉히, 완강히, 굴하지 않고 ; 무섭게, 징그럽게. **´·ness** *n.*

·gri·mace [gríməs, griméis/griméis] *n.* ⓒ 얼굴을 찡그림, 찡그린 얼굴 : She made a ~ of disgust when she saw the raw meat. 그녀는 날고기를 보고는 역겨워서 얼굴을 찌푸렸다. — *vi.* 얼굴을 찡그리다.

gri·mal·kin [grimǽlkin, -mɔ́:lkin] *n.* ⓒ 늙은 암 코양이 ; 심술궂은 할망구.

grime [graim] *n.* ⓤ 때, 먼지, 검댕 : His face was streaked with sweat and ~. 그의 얼굴은 땀과 먼지로 더러워져 있었다. — *vt.* …을 더럽히다.

:Grimm [grim] *n.* 그림. (1)**Jakob Ludwig Karl ~** 독일의 언어학자(1785-1863). (2)**Wilhelm Karl ~** 독일의 동화 작가, (1)의 아우(1786-1859).

grimy [gráimi] (***grim·i·er ; -i·est***) *a.* 때 묻은, 더러워진. 파) **grím·i·ly** *ad.* **-i·ness** *n.*

:grin [grin] *n.* ⓒ (1)(이를 드러내고) 씩〈싱긋〉 웃음 : a silly ~ 바보 같은 웃음. (2)(고통·노여움·경멸 따위로) 이빨을 드러냄, 이를 악묾. ***on the*** (***broad***) ***~*** 싱글거리며. ***take*** 〈***wipe***〉 ***the ~ off*** a person***'s face*** 《口》 아무의 얼굴에서 웃음을 지우다. (우쭐거리고 있는) 사람을 면박하다. — (***-nn-***) *vi.* 《~/+前+名》 (1)(이를 드러내고) 씩 웃다 ; 싱글거리다《*at* ; *with*》 : ~ *with* delight 좋아서 씩 웃다 / what are you ~*ning at*? 뭣 때문에 그렇게 싱글거리느냐. (2)(고통 등으로) 이를 악물다《*with*》 ; (노여움·경멸 따위로) …에 이를 드러내다《*at* 》. — *vt.* 씩 〈씽긋〉 웃으며 〈이를 드러내고〉 …의 감정을 표시하다 : ~ defiance 이를 옥물고 반항의 뜻을 나타내다. ***~ and bear it*** (불쾌한 일을) 억지로 웃으며 참다. ***~ from ear to ear*** 입이 째지게 웃다. ***~ like a Cheshire cat*** ⇨ CHESHIRE.

:grind [graind] (*p.*, *pp.* ***ground*** [graund]) *vt.* (1)

《~+目/+目+前+名》 (맷돌로) …을 타다, 갈다 ; 가루로 만들다, 으깨다 ; 깨물어 으스러뜨리다 ; 갈아서 …을 만들다 《*to* ; *into*》 : ~ wheat (down) *into* flour at a mill 방앗간에서 밀을 가루로 빻다. (2)(맷돌 따위)를 돌리다 ; (손풍금 따위)를 돌려서 소리를 내다 : ~ a hand organ 손풍금을 돌리다. (3)(연장이나 렌즈 따위)를 갈다(whet) ; 닦다(polish) ; 갈아서 닳게 하다, 깎다 : ~ a lens 렌즈를 갈다. (4)(착취하여) …을 학대하다, 괴롭히다, 짓밟다 《*down*》 : The government is ~ *ing* the people under its heel with all these new taxes. 정부는 이들 새로운 세금으로 국민을 괴롭히고 있다. (5)《+目+前+名》《口》 (학문 따위)를 마구 주입시키다(cram) 《*in* ; *into*》. (6)이를 갈다 ; 문지르다 : He *ground* his teeth in anger. 그는 화가 나서 이를 갈았다. — *vi.* (1)빻다, 맷돌질을 하다. (2)《+副》 빻아지다, 가루가 되다 : This wheat ~*s well*. 이 밀은 잘 빻아진다. (3)갈리다, 닦이다. (4)《~/+前+名》 (맷돌이) 돌다 ; 바드득〈삐걱〉 거리다 ; 서로 스치다. (5)《~/+前+名》《口》 부지런히 일〈공부〉하다 《*at* ; *for*》 : ~ *for* an exam 시험에 대비하여 부지런히 공부하다 / He is ~*ing* (*away*) *at* his English. 그는 영어 공부에 몰두하고 있다. (6)(이를) 갈다. ***~ down*** …을 갈아서 가루로 하다 ; 마멸시키다 ; (아무)를 괴롭히다. ***~ on*** (사태·절차 등이) 사정없이 진행〈계속〉되다 《*toward*》 : He *ground on* for another half hour. 그는 30분을 더 계속했다. ***~ out*** 1)맷돌로 갈아(가루를) 만들다. 2)(손풍금 따위로) 연주하다. 3) 이를 갈며 말하다 : ~ *out* an oath 이를 갈면서 욕설을 퍼붓다. 4)짓눌러 끄다 : ~ *out* a cigarette butt 담배 꽁초를 비벼 끄다. ***~ the faces of the poor*** [聖] 가난한 자에게서 무거운 세금을 거둬들이다 : 빈민을 학대하다 《이사야 Ⅲ 15》 ***~ to a halt*** (차가) 끼익하며 서다 ; (활동 등이) 천천히 멈추다. ***~ up*** 갈아서 가루로 만들다. ***have an ax to ~*** ⇨ AX.

— *n.* (1) ⓤ (맷돌로) 타기, 빻기, 갈아 뭉개기〈으깨기〉 ; 그 소리. (1) ⓤ (날붙이 따위를) 갈기 ; 깎기 ; 그 소리. (3) ⓒ (*sing.*) 《口》 a]힘드는 일, 고역 ; 따분하고 고된 공부. b]《美口》 공부벌레. (4) ⓒ 《口》 (쇼의 춤에서) 몸을 비틀기.

·grind·er [gráindər] *n.* ⓒ (1)(맷돌을) 가는 사람 ; (칼 따위를)가는 사람. (2)(*pl.*) 《口》 이빨. (3)분쇄기 ; 연삭기 ; 숫돌.

·grind·ing [gráindiŋ] *a.* (1)삐걱거리는 : a ~ sound 삐걱거리는 소리 / come to a ~ stop 〈halt〉 (차 따위가) 끼익하며 서다. (2)(일이) 힘드는, 따분한 : ~ toil 힘든 일. (3)괴롭히는 ; 압제의, 폭정의 : ~ poverty 짓누르는 가난. (4)매우 아픈〈쑤시는〉 : a ~ pain 욱신거리는 통증. — *n.* ⓤ (1)제분, 타기, 갈기, 연마, 연삭, 분쇄. (2)삐걱거림, 마찰. (3)《口》 주입식 교수〈공부〉.

·grind·stone [gráin*d*stòun] *n.* ⓒ 회전 숫돌 ; 회전 연마기. ***hold*** 〈***have, keep, put***〉 a person'***s*** 〈one'***s***〉 ***nose to the ~*** 아무를 쉴새없이 부려먹다 ; 쉴새없이 열심히 일하다.

:grip [grip] *n.* (1)(흔히 *sing.*) ⓒ 꽉 쥠〈잡음〉 (grasp, clutch) : let go one's ~ …을 놓다 / take a ~ on …을 잡다. (2) a]ⓒ 잡는〈쥐는〉 법. b](*sing.*) 악력, 쥐는 힘 : have a strong ~ 악력이 세다. (3) ⓒ a](기물·무기 따위의) 자루, 손잡이, 쥘손 (handle). b]잡는 도구〈기제·장치〉 (4)(*sing.*) 파악력, 이해력, 터득(masters)《*of*》 : I can't seem to get to ~*s* with this problem. 내가 이 문제를 제대로 파악하지 못한 것 같다. (5) (*sing.*) 지배〈통재〉력, (남의) 주의를 끄는 힘《*of* ; *on*》 : keep 〈get〉 a ~ *on* one*self* 자제하다, 냉정히 행동하다. (6) ⓒ 《美》 여행용 손가방(gripsack). ***be at ~s*** (문제·사람과) 맞붙어 있다 ; 씨름하고 있다《*with*》 : *be at ~s with* one's subject 문제와 씨름하고 있다. ***come*** 〈***get***〉 ***to ~s*** 1)(레슬러가) 서로 맞붙다, 드잡이하다《*with*》. 2)(문제 따위에) 진지하게 달려들다《*with*》. ***in the ~ of*** …에게 잡혀〈속박되어〉 : be *in the ~ of* envy 〈a fixed idea〉 질투〈고정 관념〉에 사로잡혀 있다. ***lose*** one'***s ~*** 능력이〈열의가〉 없어지다, 통제력을 잃다.

— (*p., pp.* ***~ped,*** 《古》 ***~t ; ~·ping***) *vt.* (1) a]…을 꽉 쥐다, 꼭 잡다 (grasp, clutch) : The frightened child ~*ped* his mother's hand. 겁에 질린 아이는 엄마 손을 꽉 잡았다. b](기계 따위가) …을 죄다. (2)…의 마음을 사로잡다 : (주의·흥미)를 끌다 (arrest. — *vi.* 꽉 잡다《*on*》 ; (도구 따위가) 꽉 물다 〈조이다〉 : The tires failed to ~ *on* the slippery road. 미끄러운 길이라 타이어는 접지력을 잃었다.

gripe [graip] *n.* (1)(the ~s) 《口》 (갑작스러운) 심한 복통(colic) : I've got *the ~s* 갑자기 배가 아프구나. (2)《口》 불평, 불만. — *vt.* (1)(배)를 몹시 아프게 하다, …을 복통으로 괴롭히다. (2)《美口》 …을 초조하게 하다, 애먹이다 ; 괴롭히다. — *vi.* (1)(배가) 쥐어짜듯 뒤틀리다. (2)《口》 불평(불만)을 하다, 투덜대다《*at* ; *about*》.

grípe wàter (유아의) 배 아픈데 먹는 물약, 구풍제(驅風劑) (drill water).

grippe [grip] *n.* 《F.》 (the ~) 유행성 감기, 인플루엔자, 독감.

grip·ping [grípiŋ] *a.* (책·이야기 등) 주의를 끄는. 파) **~·ly** *ad.*

gris·ly [grízli] (***gris·li·er ; -li·est***) *a.* 섬뜩한, 소름끼치는 ; 음산한(dismal) : a ~ winter's night 스산한 겨울 밤. 파) **-li·ness** *n.*

grist [grist] *n.* ⓤ 제분용 곡물. ***All is ~ that comes to his mill.*** 《俗說》 그는 무엇이든 이용한다, 넘어져도 그냥은 안 일어난다. ***~ to*** 〈***for***〉 ***the mill*** 이익이〈벌이가〉 되는 것, 이득.

gris·tle [grísl] *n.* ⓤ (식용의) 연골, 물렁뼈. ***in the ~*** 아직 뼈가 굳지 않은, 아직 성숙하지 않은. 파) **grís·tly** [-i] *a.* 연골의 〈같은〉.

grist·mill [grístmìl] *n.* ⓒ 방앗간, 제분소.

grit [grit] *n.* ⓤ (1)〔集合的〕 (기계 따위에 끼이는) 잔모래 ; (도로 따위에 뿌리는) 왕모래. (2)(끈질긴) 근성, 용기, 담력 : I admire his ~. 나는 그의 담력에 감탄한다. ***put*** (***a little***) ***~ in the mahine*** 훼방놓다, 찬물을 끼얹다.

— (***-tt-***) *vi.* 삐걱거리다.

— *vt.* (1)(길 따위에) 모래를 깔다. (2)(결심 등으로) 이를 악물다 : (분하거나 해서) 이를 갈다. 〔흔히 다음 成句로〕 ~ one'***s teeth*** : We'll just have to ~ *our teeth* and carry on. 이를 악물고 계속 추진해야 한다.

grit·ty [gríti] (***grit·ti·er ; -ti·est***) *a.* (1)자갈이 섞인, 모래투성이의. (2)《美口》 용기 있는, 굳센, 불굴의 : She showed ~ courage when it came to fighting her illness. 투병 생활에 들어갔을 때 그녀는 불굴의 용기를 보여주었다.

griz·zle [grízəl] *vi.* 《英口》 (1)투덜거리다《about》. (2)(어린아이가) 보채다, 떼를 쓰다 : The baby ~*s* all night. 아이가 밤새도록 보첸다.

griz·zled [grízld] *a.* 회색의 ; 백발이 섞인, 반백의 : *Grizzled* veterans in uniform gathered at the war monument. 군복 차림으로 반백이 된 노병들이 전쟁 기념탑 앞에 모였다.

:groan [groun] *vi.* (1)《+前+名》 신음하다, 신음 소리를 내다 : He lay on the floor ~*ing*. 마루에 쓰러져 신음하고 있었다. (2)《~/+前+名》 신음하며〈몹시〉 괴로워하다 ; 번민하다 ; 압박당하다, 무거운 짐에 시달리다《*beneath* ; *under* ; *with*》 : ~ *beneath* one's toil 중노동에 신음하다. (3)《+前+名》 (식탁·선반 등이) 휘도록 가득 놓이다〈차다〉《*with*》 : Table was ~*ing* with food. 식탁 위에는 음식이 가득 놓여 있었다 — *vt.* 《~+目/+目+副》 …을 (신음하듯) 말하다 《*out*》 ; 으르렁대서 침묵시키다《down》 : The old woman ~*ed out* a request. 노파는 괴로운 숨을 쉬면서 부탁을 했다. **~ *inwardly*** 남몰래 괴로워하다. —*n.* ⓒ 신음(소리) ; (연사(演士)에 대한) 불평〈불만, 불찬성〉의 소리 ; 삐걱거리는 소리 : give a ~ 신음소리를 내다.
파) **~·er** *n.* **~·ing·ly** *ad.*

:gro·cer [gróusər] *n.* ⓒ 식료품 상인, 식료·잡화상《영국에서는 밀가루·설탕·차·커피·버터·비누·양초 등을, 미국에서는 육류·과일·야채도 팖》 : a ~'s (shop)《英》 식료 잡화점.

:gro·cery [gróusəri] *n.* (1)(흔히 *pl.*) 식료·잡화류. (2) ⓤ 식료 잡화 판매업. (3) ⓒ 식료 잡화점《※《美》 grocery store, 《英》 grocer's (shop)》.

grody [gróudi] (***grod·i·er*** ; ***-i·est***) *a.* 《美俗》 지독한, 너절한, 징그러운(gross).

grog·gy [grάgi/grɔ́gi] (***grog·gi·er*** ; ***-gi·est***) *a.* (1)(강타·피로·병 등으로) 비틀거리는, 휘청거리는 ; 그로기의. (2)(집·기둥·책상 다리 등이) 흔들흔들하는, 불안정한 : a ~ tooth 흔들거리는 이. 파) **-gi·ly** *ad.* **-gi·ness** *n.*

groin [grɔin] *n.* ⓒ (1)【解】 샅. (1)【建】 궁륭《2개의 vault의 교차선》. (3)【土木】 방파제.

grom·met [grάmit/grɔ́m] *n.* ⓒ 【海】 (노를 끼우는) 쇠고리 ; 밧줄 고리 ; (구멍 가장자리의) 덧테쇠.

·groom [gru(:)m] *n.* ⓒ (1)말구종. (2)신랑(bridegrooms). (2)《英》 궁내관(官) ; 《古》 하인(manservant) .
— *vt.* (1)(말)을 손질하다, 돌보다. (2)《+目+前+名》〔흔히 再歸的 또는 受動으로 또는 副詞를 수반하는 *pp.*〕(자기)의 몸가축〈몸단장〉을 하다《*as* ; *for*》 : a *well* 〈*badly*〉 ~*ed* man 차림새가 단정한〈너절한〉 남자 / She ~*ed herself* for the party. 그녀는 파티를 위한 옷차림을 했다. (3)…을 훈련〈교육〉시키다 ; (아무)를 훈련시켜 …로 만들다《*as*》.

grooms·man [grú(:)mzmən] (*pl.* ***-men*** [-mən]) *n.* ⓒ 신랑의 들러리. 【cf.】 bridesmaid ※ 들러리가 여럿일때 주(主)들러리를 best man 이라고 함. 영국에서는 들러리가 한 사람이므로 best man만 씀.

·groove [gru:v] *n.* ⓒ (1)홈《문지방·레코드 판 따위의》 ; 바퀴 자국. (2)(생각·행동 등의 정해진) 관례, 관습. (3)《俗》 즐거운 한때(경험) :《俗》 즐거운 시간〈경험〉. ***fall*** 〈***get***〉 ***into*** 〈***be stuck in***〉 ***a ~*** 판에 박히다, 버릇이 되다. ***in the ~*** 《俗》〔一般的〕 쾌조(快調)로 ; 《美》 유행하여 ; 《美俗》 조리가 닿아 ; 제대로 되어.
— *vt.* …에 홈을 파다〈내다〉.
— *vi.* 《俗》 즐기다, 멋진 일을 하다《*with*》. **~ *it*** 《俗》 즐기다, 유쾌하게 지내다.

groov·er [grú:vər] *n.* ⓒ 《俗》 멋있는 놈.

groovy [grú:vi] (***groov·i·er*** ; ***-i·est***) *a.* (1)《俗》 멋있는 : That's a ~ hat you're wearing. 쓰고 있는 그 모자 멋었구나. (2)홈의, 홈 같은 ; 《俗》 판에 박은.

·grope [group] *vi.* 《~/+副/+前+名》 (1)손으로 더듬다, 더듬어 찾다《*about* ; *around*》 : He ~*d* (*about*) *for* his shoes in the dark. 그는 어둠 속에서 신을 더듬어 찾았다. (2)(암중)모색하다, 찾다《*after* ; *for*》 : He ~*d for* a plausible explanation 그는 더 나은 설명은 없을까 하고 이것저것 생각했다. — *vt.* …을 더듬어 찾다 ; 《俗》 (여성의 몸)을 더듬거리다. 〔흔히 다음 成句로〕 ~ one***'s way*** (길을) 더듬어 나아가다. — *n.* ⓒ 더듬음, 더듬어 나감 ; 《俗》 성적 애무.

grop·ing·ly [gróupiŋli] *ad.* 손으로 더듬어 ; 암중 모색하여〈하듯이〉.

:gross [grous] *a.* (1)(불쾌할 정도로) 뚱뚱한, 큰 (big, thick) : ~ feature 크고 야무지지 못한 얼굴 생김새. (2)〔限定的〕 (잘못·부정 따위가) 큰, 엄청난, 심한 : a ~ insult 심한 모욕. (3)막돼먹은, 거친 (coarse, crass) ; (취미 등이) 천한, 상스러운 ; (말씨 따위가) 추잡한 (obscene) ; (감각이) 둔한(dull) : a ~ eater 조식가(粗食家) / ~ food 조식 / a ~ word 야비한 말 / He's really ~. 정말 막돼먹은 자다. (4)〔限定的〕 총체의, 총계의(total) ; (무게가) 포장까지 친 ; 【골프】 총합계 타수. 【cf.】 net[2]. 『 the ~ amount 총계 / the ~ area 총면적. (5)(식물이) 무성한, 우거진 ; (공기·액체 등이) 탁한(dense) : the ~ vegetation of the island 그 섬의 무성한 식물 / a ~ fog 농무, 짙은 안개. (6)(감각이) 둔한, 둔감한 : a ~ palate 둔감한 미각.
— *n.* (1)(*sing.*, *pl.*) 그로스《12다스, 144개 ; 略 : gr.》 : great gross, 1728개 / small gross, 120개. (2)(the ~) 총계, 총액. ***by the ~*** 전체〈모개〉로, 통틀어서 ; 도매로 : He bought them *by the* ~. 그는 그것들을 도매로 샀다. ***in*** (***the***) ~ 총체로, 대체로 ; 도매로.
— *vt.* (경비 포함) …의 총수익을 올리다. **~ *out*** (상스러운 말로 남)을 불쾌하게 만들다. 파) **~·ly** *ad.* **~·ness** *n.*

gróss doméstic próduct 국내 총생산《略 : GDP》.

gross·ly [-li] *ad.* (1)몹시, 심하게《※ 나쁜 것을 더욱이 강조하는 말》 : ~ unfair 전혀 공평하지 못 한. (2)막되게, 천하게 : behave ~ 상스럽게 굴다.

gróss nátional próduct 국민 총생산 《略 : GNP》.

grot [grɑt/grɔt] *n.* ⓤ 《英俗》 쓰레기, 잡동사니.

·gro·tesque [groutésk] (***more ~*** ; ***most ~***) *a.* (1)그로테스크풍〈양식〉 무늬의. (2)기괴한 ; 이상한, 우스운 ; 바보스런. — *n.* (the ~) (1)【美術】 그로테스크《인간이나 동물을 풀이나 꽃에 환상적으로 결합시킨 장식예술의 양식》, 괴기주의. (2)【文藝】 희극·비극이 복잡하게 얽힌 양식, 그로데스크풍.
파) **~·ly** *ad.* **~·ness** *n.*

grot·ty [grάti/grɔ́ti] (***grot·ti·er*** ; ***-ti·est***) *a.* 《英俗》 불쾌한, 더러운, 초라한, 보기 흉한.
파) **-ti·ness** *n.*

grouch [grautʃ] 《美口》 *n.* ⓒ (1)꾀까다로운 사람 ; 불평가. (2)(*sing.*) 부루퉁함 : Don't go near him, he has a ~ this morning. 그 사람한테 가까이 가지 마라. 오늘 아침 저기압이다. — *vi.* 불평을 하다《*about*》 : She is always ~ *ing* about her job. 그녀는 자기 직책에 늘 불평이다. 파) **gróuch·i·ly**

[gráutʃili] *ad.* **~·i·ness** [-inis] *n.* **~y** [-i] (***gróuch·i·er ; ~·i·nes***) *a.* 《美口》 까다로운, 토라진 ; 투덜대는.

:ground[1] [graund] *n.* (1) ⓤ (the ~) 지면, 땅(soil), 토지, 대지(earth, land) : till *the* ~ 땅을 갈다 / rich〈poor〉 ~ 비옥한〈척박한〉 땅 / lie on *the* ~ 땅 위에 눕다 / He fell to *the* ~ 그는 땅에 넘어졌다. (2)(종종 *pl.*) 운동장, (특정 목적을 위한) 장소, 장 : baseball ~*s* 야구장 / a fishing ~ 어장 / a classic ~ 사적, 고적. (3)(종종 *pl.*) (건물에 딸린) 뜰, 마당, 구내 : the school ~*s* 학교 구내 / The house has extensive ~*s*. 그 집에는 넓은 뜰이 있다. (4) ⓤ ⓒ (종종 *pl.*) 기초, 근거 ; 이유, 동기 ; (불평 등의) 씨 : a ~ for divorce 이혼의 사유. (5) ⓤ 지반 ; 입장 ; 의견 : We couldn't find any common ~ in our discussion. 우리는 토론에서 공통된 입장을 찾을 수 없었다. (6) ⓤ (연구의) 분야 ; 화제, 문제 : forbidden ~ 금제(禁制)된 화제 / The lectures covered a lot of ~. 그 강의는 여러 많은 분야를 망라했다 《※ 흔히 무관사임》. (7) ⓤ 바다 〈물〉 밑, 해저. (8) ⓒ (밑) 바탕 ; (회화(繪畵의) 애벌칠 ; (직물의) 바탕색 ; (돋을새김의) 판면(板面) ; (에칭의 방식(防蝕)용) 바탕칠. (9)(*pl.*) 침전물, 앙금, (커피 따위의) 찌꺼기 : coffee ~*s*. ***above ~*** 1)지상에, 2)생존하여, 살아(alive). ***be burned to the ~*** (건물 등이) 전소하다. ***below ~*** 땅밑에 ; 무덤에 묻혀, 죽어서. ***break fresh* 〈*new*〉 *~*** 처녀지를〈새로운 분야를〉 개척하다. ***break ~*** (땅을) 파다, 갈다 ; (건물을) 기공하다 ; (사업 따위에) 착수하다 : ***chance*** one'***s ~*** =shift one's ~ ***cover* (*the*) *~*** 〔흔히 ground 앞에 much, a lot of 등을 붙여〕 1)…한 만큼의 거리를〈지역을〉 가다〈주파하다〉. 2)(일 따위가) …하게 진척되다〈나아가다〉 ; (보고 등이) …에 걸치다 : *cover much* 〈*a lot of*〉 ~ (연구·보고가) 광범위에 걸치다. ***cut the ~* (*out*) *from under*** a person'***s feet*** 아무의 계획에 의표〈허〉를 찌르다. ***down to the ~*** 《英口俗》 철저히, 완전히 : It suits me *down to the* ~. 그건 내게 아주 제격이다. ***fall to the ~*** 1)(계획 따위가) 실패로 끝나다. 2)땅에 쓰러지다. ***from the ~ up*** 1)처음부터 다시 : rebuild the house *from the ~ up* 집을 완전히 새로 짓다. 2)철저하게 ; 모든 점에서. ***gain* 〈*gather*〉 *~*** 1)전진하다 ; …에 따라붙다《*on*》. 2)확고한 지반을 쌓다, 세력을 넓히다. 3)널리 퍼지다, 유행하다. ***get off the ~*** 이륙하다 〈시키다〉, (계획·활동 등)을 궤도에 올리다. ***give ~*** 1)퇴각하다. 2)양보하다. 3)(선행자에) 점점 더 뒤지다. ***go over the same* (*old*) *~*** 이전의 이론을 다시 되풀이하다. ***go* 〈*run*〉 *to ~*** (여우·개가) 굴로 도망치다 ; 은신처에 잠적하다. ***hold* 〈*stand, keep, maintain*〉** one'***s ~*** 자기 입장을 굽히지 않다, 소신을 관철하다. ***kiss the ~*** ⇨ KISS. ***lose ~*** 1)(밀려서) 퇴각 〈후퇴, 패배〉하다. 2)(건강 등이) 쇠퇴하(기 시작하)다. 3)환영 못 받게 되다《*to*》. 4)=give ~(3). ***on firm* 〈*solid,*** etc.〉 ~ 안전한 입장 〈상황〉에(서) ; 사실〈증거〉의 확실한 뒷받침이 있는. ***on good ~s*** 상당한 이유로. ***on*** one'***s own ~*** 자신에게 유리한 상황〈장소〉에서, 자신이 선택한〈잘 아는〉 문제에 대해서. ***on the ~*** 즉석 〈현장〉에서 ; 서민들 사이에서. ***on the ~ of* 〈*that*〉** ... =***on* (*the*) *~s of* 〈*that*〉** … 의 이유로 ; …을 구실로. ***run ... into the ~*** 1)…을 정도가 지나치게 하다, 장황하게 설명하다. 2)…을 신랄하게 비판하다. 3)(남)을 지치게 만들다 ; (물건)을 더 못쓸 정도로 사용하다. ***run to ~*** = go to ~ ; 몰아 붙이다, 추궁하다, 밝혀내다 ; …을 지칠 때까지 달리게 하다. ***shift* 〈*change*〉** one'***s ~*** 주장〈입장·의견·방식〉을 바꾸다, 변절하다. ***take ~*** (배가) 얕은 곳에 얹히다, 좌초하다. ***thick* 〈*thin*〉 *on the ~*** 많아〈드물어〉. ***to the ~*** 아주, 완전히. ***work*** one***self into the ~*** 《口》 기진맥진할 때까지 일하다.

— *vt.* (1)《~+目/+目+前+名》 …에 기초를 두다, (원칙·신념 따위)를 세우다, (사실)에 입각시키다《*on* ; *in*》. (2)《+目+前+名》 〔흔히 受動으로〕 (…에게 초보 〈기초〉를 가르치다《*in*》 : The girl *is* well ~*ed in* French. 그 소녀는 프랑스어의 기초를 잘 배웠다. (3)(무기 따위)를 땅 위에 놓다〈내던지다〉 《항복 표시로》. (4)【空】 (짙은 안개 등이) …의 비행〈이륙〉을 불가능하게 하다. (5)【電】 접지〈어스〉하다 (《英》 earth). (6)【書】 …에 바닥칠을 하다. (7)《美》 (벌로서 아이)를 외출 금지시키다. — *vi.* (1)지상에 떨어지다 ; 착륙하다. (2)【海】 좌초하다. (3)【野】 땅볼을 치다 ; 땅볼로 아웃되다《*out*》.

ground[2] [graund] GRIND의 과거·과거분사.

— *a.* (가루로) 빻은 ; 연마한, 간 ; 문지른 : ~ pepper 후춧가루 / ~ meat 저민〈간〉 고기.

gróund bàit [낚시] (물고기를 모으는) 밑밥.

gróund contròl [空] 지상 관제〈유도〉.

gróund-con·tròl(led) appròach [∠kən-tròul(*d*)] (레이더에 의한) 착륙 유도 관제, 지상 유도 착륙, 지상 제어 진입 장치《略 : GCA》.

gróund còver [生態·林業] 지피(地被) 식물 《나지(裸地)를 덮은 왜소한 식물들》.

gróund crèw 《美》 〔集合的〕 (비행장의) 지상 근무원 (《英》 ground staff)《사무직·정비원 등》.

ground·er [gráundər] *n.* ⓒ 【野·크리켓】 땅볼, 포구(匍球).

gróund fròst 지표의 서리, 지하 동결 ; 지면이 빙점 이하로 떨어져 작물에 해를 주는 기온.

gróund glàss 젖빛 유리 ; (연마용) 유리 가루.

ground·hog [∠hàg/∠hɔ̀g] *n.* ⓒ 【動】 (1) = WOODCHUCK. (2)= AARDVARK.

gróund ìce (1)묘빙(錨氷). (2)지표(地表)를 덮 는 투명한 얼음《영구 동토 내의》.

ground·ing [gráundiŋ] *n.* ⓤ (또는 a ~) 기초 훈련 : 초보, 기초 지식《*in*》 : have a good ~ *in* English 영어의 충분한 기초 지식이 있다.

ground·keep·er [∠kìːpər] *n.* ⓒ 《美》 운동장 〈경기장·공원·묘지〉 관리인(groundskeeper).

ground·less [gráundlis] *a.* 근거 없는, 사실무근 한 ; 기초가 없는 : ~ fears 〈rumors〉 이유 없는 공포〈사실무근한 소문〉.

파) **~·ly** *ad.* **~·ness** *n.*

gróund lèvel (1)1층(의 높이) : The room was at ~. 그 방은 1층에 있었다. (2)【化】 기저(基底) 상태《원자 등의 에너지가 가장 낮고 안정된 상태》.

ground·ling [gráundliŋ] *n.* ⓒ (1)물 밑에 사는 물고기 ; 포복(匍匐) 동물〈식물〉. (2)저급한 관객〈독자〉 ; 저속한 사람, 속물. (3)(기내 근무자에 대한) 지상 근무자.

gróund plàn (1)(건축물의) 평면도. (2)기초안(案)〈계획〉.

gróund rènt 땅세, 지대(地代).

gróund rùle (흔히 *pl.*) (1)행동 원칙, 기본 원리 : establish ~*s* 기본 원칙을 세우다. (2)【競】 (특수 정황을 위한) 특별 규정.

ground·sel [gráundsəl] *n.* ⓒ 【植】 개쑥갓.

grounds·keep·er [gráundzkìːpər] *n.* 《美》 =

GROUNDKEEPER.
gróund spèed 【空】 대지(對地) 속도《略 : GS》. 【cf.】 air speed.
gróund stàff 《英》 =GROUND CREW ; (크리켓 등)경기장 관리인들.
gróund stàte 【物】 바닥 상태(ground level).
gróund stròke 【테니스】 그라운드 스트로크.
ground·wa·ter [ˊwɔ̀:tər] n. ⓤ 지하수.
gróund wìre 《美》 라디오의 접지선, 어스선(《英》 =**éarth wìre**).
ground·work [ˊwə̀:rk] *n.* ⓤ (흔히 the ~)토대, 기초(공사) ; 기초 작업〈훈련, 연구〉《*for*》 : lay the ~ for …의 기초를 만들다.
:group [gru:p] *n.* ⓤⓒ (1)떼 ; 그룹, 집단(集團), 단체 : a ~ of girls 일단의 소녀 / ~games〈travel〉 단체 경기〈여행〉/ people standing about in ~*s* 무리를 이루어 서 있는 사람들. (2)《英》 (동일 자본 경영의) 기업 그룹 : the Burton *Group.* (3)(이해 관계·주의·취미 등을 같이하는 사람들의) 무리, 집단, 그룹, 동호회 : a research ~ 연구회. (4)류(類), 형(型) : the woodwind ~ of instruments 목관 악기류 / a blood ~ 혈액형. (5)【化】 기(基), (원자)단 ; 【數】 군(群) ; 집단, 그룹 ; 【言】 어파(語派), (언어)군.
— *vi.* 《+前+名》 떼를 짓다, (…의 둘레에)모이다 : The family all ~*ed* together around the table. 가족이 다 함께 탁자 둘레에 모였다.
—*vt.* (1) a]《+目+前+名》 …을 한 떼로 만들다, (…의 둘레에) 모으다. b]〔再歸的으로〕 (…둘레에) 모이다《종종 受動으로서 "모여 있다"의 뜻이 됨》 : The guests ~*ed* them*selves* 〈*were* ~*ed*〉 around the table. 내객들이 탁자 둘레에 모였다〈모여 있었다〉. (2)…을 분류하다《*together*》.
group·er[1] [grú:pər] (*pl.* ~, **~s**) *n.* ⓒ 농어 비슷한 열대산의 식용 물고기.
group·er[2] *n.* ⓒ (1)여행 그룹 등의 일원. (2)《口》 공동으로 별장 등을 빌리는 청년 그룹의 일원(一員).
group·ie [grú:pi] *n.* ⓒ 그루피《록그룹 등을 좇아 다니는 10대의 소녀팬》 ; 〔一般的〕 유명인을 따라 다니는 팬.
·group·ing [grú:piŋ] *n.* (1) ⓤ 그룹으로 나누기, 분류. (2) ⓒ 그 분류된것.
gróup insùrance 단체 보험.
group·ism [grú:pizəm] *n.* ⓤ 집단주의.
Gróup of Séven (the ~) 7개국 그룹《미국·일본·독일·영국·프랑스·캐나다·이탈리아의 7개국 ; 略 : G-7》.
group-think [ˊθink] *n.* ⓤ 집단사고(思考) 《집단 구성원의 토의에 의한 문제 해결법》.
grouse[1] [graus] (*pl.* ~, ***gróus·es***) *n.* ⓒ 뇌조(雷鳥) ; ⓤ 그 고기.
grouse[2] *n.* (흔히 *sing.*) 불평(가). — *vi.* 불평하다, 투덜대다 《*about*》 : ~ *about* the workload 업무량을 불평하다.
파) **gróus·er** *n.* 불평만 하는 사람.
grout [graut] *n.* 회삼물(灰三物) 《벽돌이나 암석의 틈새기 따위에 부어넣는 묽은 모르타르 또는 시멘트》, 그라우트, 시멘트풀. — *vt.* ~을 붓다, ~로 마무리하다.
:grove [grauv] *n.* ⓒ 작은 숲 ; (특히, 감귤류의) 과수원 : 【英】 (G-) 가로수 길 《거리의 명칭으로도 쓰임》.
grov·el [grávəl, grʌ́vəl/grɔ́vəl] (**-l-,** 《英》 **-ll-**) *vi.* 기다 ; 넙죽 엎드리다, 굴복하다, 비굴하게 굴다 《*before* ; *to*》 : ~ *before* authority 권위 앞에 굴복하다. 파) **gróv·el·(l)er** *n.* ⓒ 아첨꾼, 비굴한 사람.
:grow [grou] (***grew*** [gru:] ; ***grown*** [groun]) *vi.* (1)성장하다, 자라다 ; (식물이) 무성해지다 ; 나다 ; 싹트다 : Rice ~*s* in warm countries. 쌀은 따뜻한 지방에서 자란다. (2)생기다, 일어나다, 발생하다. (3)(크기·수량·길이 따위가) 증대하다, 커지다 ; 늘어〈불어〉 나다《*in*》 ; 강해지다 : The village continues to ~. 그 마을은 계속 발전하고 있다. (4)《+前+名/*to be* 補》 성장하여 〈커서〉 …이 되다 ; (…으로) 변화하다 : ~ *into* a woman 성숙한 여자가 되다. (5)《+補/+前+名/+*to* do》 차차 …이 되다, …으로 변하다(turn).
— *vt.* (1)…을 키우다, 성장시키다 ; 나게 하다, 재배하다(cultivate) : ~ apples 사과를 재배하다 / I *grew* a beard so as not to have the bother of shaving every morning. 매일 아침 면도하기가 귀찮아 턱수염을 길렀다. (2)〔受動으로〕 (초목으로) 덮여 있다《*with*》 : *be grown* (*over*) *with* ivy 담쟁이덩굴로 덮여 있다. ※ growth *n.*
~ away from ... (부모·친구 등과) 소원해지다, 멀어져가다 : She has *grown a way from* her husband 그녀의 마음은 점점 남편에게서 멀어져갔다. ***~ into*** 1)(성장하여) …이 되다 : ⇨ *vi.* (4). 2)익숙해지다. ***~ into one*** = ***~ together*** 하나가 되다, 결합하다. ***~ on*** 〈《文》 ***upon***〉 1)(불안·악습 등이) 점점 더해가다, 몸에 배다. 2)《口》 (…의 마음에) 점점 들어 가다. ***~ on trees*** ⇨ TREE (成句). ***~ out of*** 1) (습관 따위)를 벗어버리다〈탈피하다〉 : Eventually these youths ~ *out of* reckless driving 결국, 이 젊은이들은 나이가 들면서 난폭 운전은 하지 않게 된다. 2)(커서) …을 못 입게 되다 : ⇨ *vi.* (4). 3)…에서 생기다〈기인하다〉. ***~ up*** 1)성인이 되다, 성장하여 …이 되다 ; 어른처럼 행동하다 ; 다 성장하다 ~ *up* into a fine young man 자라서 훌륭한 청년이 되다 / I *grew up* in Seoul. 나는 서울에서 자랐다. 2)(습관·감정 따위가) 발생하다. 3)〔命令法으로〕 어른스럽게 행동하다 : Why don't you ~ *up?* 어른스럽게〈의젓하게〉 굴려무나.
파) **ˊ·a·ble** *a.* 재배가능한.
grow·er [gróuər] *n.* ⓒ 재배자 ; 사육자 ; 자라는 식물 : a quick 〈slow〉 ~ 조생〈만생〉 식물.
:grow·ing [gróuiŋ] *a.* (1)성장하는, ; 차차 커지는 ; 증대하는 the ~ season (식물 따위의) 성장하는 시기〈계절〉. (2)발육기의 ; 성장에 따르는 : a ~ boy 발육기의 소년. (3)성장을 촉진하는. 파) **~·ly** *ad* 점점 더.
grówing pàins (1)(성장기의) 수족의 신경통 ; 청춘의 번민. (2)(사업 등의) 초기 장애 〈애로〉.
:growl [graul] *n.* ⓒ (1) a](개 등의) 으르렁거리는 소리. b](사람의) 볼멘 소리, 고함 소리 : He answered with a ~ of anger.그는 화난 볼멘소리로 대답했다. (2)(천둥 따위의) 우르릉하는 소리 : the ~ of the distant thunder 먼데서 우르릉하는 천둥 소리. — *vi.* (…을 향해) 으르렁거리다 《*at*》 ; 투덜거리다 《*at*》 ; (우레·대포 등이) 우르릉 울리다《*out*》 : The dog ~*ed* at me. 개가 나를 보고 으르렁거렸다. — *vt.* …라고 볼멘 소리로 말하다, 고함치다《*out*》 : He ~*ed* (*out*) a refusal. 그는 싫다고 볼멘 소리로 말했다. 파) **ˊ·ing** *a.* 으르렁거리는 ; 투덜거리는 ; 우르릉하는. **ˊ·ing·ly** *ad.*
growl·er [gráulər] *n.* ⓒ (1)으르렁거리는 사람 〈짐승〉. (2)작은 빙산 (氷山).

:grown [groun] GROW 의 과거분사.
— *a.* (1)〔限定的〕 성장한, 자라난, 성숙한 : a ~ man 성인, 어른. (2)〔複合語〕 …으로 덮인 ; 재배한, …산(産)의 : home-~ tomato 집에서 기른 토마토. (3)〔敍述的〕 (장소가) …로 뒤덮인, 무성하여 《*with*》 : The garden was thickly ~ *with* weeds. 정원은 잡초로 무성하게 뒤덮였다.

:grown-up [gróunʌ̀p] *a.* 성장한, 성숙한 ; 어른다운 ; 어른을 위한 : a ~ fiction 성인용 소설.
— *n.* ⓒ 성인, 어른(adult).

:growth [grouθ] *n.* (1) ⓤ 성장, 발육 ; 생성, 발전, 발달(development) : reach full ~ 충분히 성장하다 / science-based industries are key points of ~ in the economy. 과학을 기초로 한 산업이 경제 성장의 관건이다. (2) ⓤ 증대, 증가, 증진, 신장 : the recent ~ in〈of〉 violent crime 폭력 범죄의 최근의 증가. (3) ⓤ 재배, 배양(cultivation) : fruits of one's own ~ 자작한 과일 / apples of foreign ~ 외국산 사과. (4) ⓒ 생장물《초목·수풀·수염·손톱 등》. (5) ⓤ 【醫】 종양(腫瘍), 병적 증식(增殖) : The doctor said the ~ on her arm is not cancerous. 그녀 팔에 난 종양은 암과는 무관하다고 의사가 말했다.
▫ grow *v.*

·grub [grʌb] (*-bb-*) *vt.* (1)《~+目/+目+副》 …을 파다, (땅)을 개간하다 ; 뿌리를 뽑다, 파내다 《*up* ; *out*》. (2)《+目+副》 (데이터·기록 등)을 힘들여 찾아내다〈얻다〉 《*out* ; *up*》 : a task of ~*bing out* new data 새 데이터를 꾸준히 찾는 일. (3)《俗》 (아무)에게 먹을 것을 주다. — *vi.* (1)《+副/+前+名》 파다 ; 파헤쳐 찾다 ; 열심히 찾아 헤매다 《*about* ; *for*》 : ~ *about* in the public library *for* material 공공 도서관에서 자료를 찾아 뒤지다. (2)《+副》 부지런히 일〈공부〉하다 《*along* ; *away* ; *on*》 : ~ *along* from day to day 매일 열심히 일하며 보내다. (3)《俗》 먹다. — *n.* (1) ⓒ (풍뎅이나 딱정 벌레 따위의) 유충 (=**grúb·wòrm**), 굼벵이, 구더기. (2) ⓤ 《口》 음식물.

grub·by [grʌ́bi] (*-bi·er* ; *-bi·est*) *a.* (1)구더기〈굼벵이〉 따위가 뒤끓는. (2)더러운(dirty), 지저분한.
파) **-bi·ly** *ad.* **-bi·ness** *n.*

grub·stake [grʌ́bstèik] *vt.* 《美口》 (남)에게 사업자금을 대주다〈물질적 원조를 하다〉.
— *n.* ⓤⓒ 《美口》 (탐광자(探鑛者)·신규 사업자에 빌려주는) 자금.

·grudge [grʌdʒ] *vt.* (1)《~+目/+目+目/+-*ing*》 …을 주기 싫어하다, 아까워하다, 인색하게 굴다 ; …하기를 꺼리다, …하기 싫어하다 : ~ no effort 노력을 아끼지 않다. (2)《+目+目》 …을 부러워하다 ; 시기하다, 질투하다 : He ~s her earning more than he does. 그는 자기보다 수입이 좋은 그녀를 부러워한다.
— *n.* ⓒ 악의, 적의, 원한, 유감 : pay off an old ~ 여러 해 묵은 원한을 풀다 / a personal 〈private〉 ~ 개인적 원한, 사원(私怨). ***bear*** 〈***owe***〉 a person ***a*** ~ = ***bear*** 〈***have***, 《美》 ***hold, nurse***〉 ***a*** ~ ***against*** a person 아무에게 원한을 품다 : I don't *bear* any ~ *against* you. 난 네게 아무 원한도 없다.

grudg·ing [grʌ́dʒiŋ] *a.* 인색한, 마지못해 하는, 싫어하는 ; 시기하는 ; 앙심을 품은 : a ~ allowance 인색한 용돈. 파) **~·ness** *n.*

grudg·ing·ly [-li] *ad.* 억지로 : She ~ conceded that I was right. 그녀는 할 수 없이 내가 옳다는 것을 인정했다.

gru·el [grúːəl] *n.* ⓤ (환자 등에게 주는) 묽은 죽, (우유·물로 요리한) 오트밀.

gru·el·ing, 《英》 **-el·ling** [grúːəliŋ] *a.* 녹초로 만드는 ; 심한, 격렬한 : I've had a ~ day. 몹시나 힘든 하루를 보냈다. 파) **~·ly** *ad.*

grue·some [grúːsəm] *a.* 무시무시한, 소름끼치는, 섬뜩한 : a ~ murder 소름끼치는 살인 / ~ scenes of violence 무시무시한 폭력 장면들.
파) **~·ly** *ad.* **~·ness** *n.*

·gruff [grʌf] *a.* 우락부락한, 난폭한 ; 무뚝뚝한, 퉁명스러운 ; (소리·목소리가) 굵고 탁한, 몹시 거친. 【cf.】 coarse, harsh, rude. 『 a ~ manner 거친 태도.
파) **~·ly** *ad.* **~·ness** *n.*

:grum·ble [grʌ́mbəl] *vi.* (1)《~/+前+名》 불평하다, 투덜거리다《*about* ; *over* ; *at* ; *for*》: He is always *grumbling about* 〈*over*〉 his food. 그는 언제나 음식 타박이다 / "How are you feeling?" "Oh, I mustn't ~" '기분이 어떤가' '그럭저럭 지낼 만 하네.' (2)(멀리서 우뢰 따위가) 우르릉 울리다 : The thunder ~*d* in the distance. 먼 곳에서 천둥이 우르릉 울렸다. — *vt.* 《~+目/+目+副/+*that* 節》 …을 불평스레 말하다 《*out*》 : ~ *out* a reply 투덜거리며 대답하다.
— *n.* (1) ⓒ 투덜대는 소리, 불만, 불평, 푸념. (2)(*sing.*) (흔히 the ~) (멀리서 들려오는 뇌성 따위의) 울림, 우르릉하는 소리. 파) **-bler** [-blər] *n.* ⓒ 불평가.

grum·bling [grʌ́mbliŋ] *a.* (1)불평하는. (2)(맹장 등) 계속 아픈. 파) **~·ly** *ad.*

grump [grʌmp] *n.* 《口》 (1) ⓒ 불평만 하는 사람, 불평가. (2)(the ~s) 저기압, 울적한 기분 : get out of one's seclusive ~*s* 대인 (對人)기피적 울적함에서 벗어나다.

grumpy [grʌ́mpi] (***grump·i·er*** ; ***-i·est***) *a.* 까다로운, 기분이 언짢은, 심술궂은 : She made a ~ remark about how late I was. 그녀는 내가 너무 늦었다고 기분나쁜 소리를 했다.
파) **grump·i·ly** *ad.* **-i·ness** *n.*

grun·gy [grʌ́ndʒ] (***grun·gi·er*** ; ***-gi·est***) *a.* 《美俗》 (1)보기 흉한, 몹시 거친. (2)더러운, 불결한.

·grunt [grʌnt] *vi.* (돼지 따위가) 꿀꿀거리다 ; (사람이) 투덜투덜 불평하다, 푸념하다《*with*》 : She ~*ed with* pain. 그녀는 아파서 투덜거렸다.
— *vt.* 《~+目/+目+副》 …에게 으르렁 〈끙끙〉거리며 말하다《*out*》 : ~ (*out*) an answer 투덜거리며〈불만스럽게〉 대답하다.
— *n.* ⓒ 꿀꿀거리는 소리 ; 불평 소리.

gua·ca·mo·le, -cha- [gwɑ̀ːkəmóuli] *n.* ⓤ 구아카몰레《아보카도 (avocado)를 으깨어 토마토·양파·양념을 넣은 멕시코 요리》.

Guam [gwɑːm] *n.* 괌 섬《남대평양 북서부 마리아나 군도의 섬 ; 미국령》. 파) **Gua·ma·ni·an** [gwɑː-méiniən] *a.*, *n.* ⓒ 괌 섬 (주민)(의).

gua·na·co [gwənɑ́ːkou] (*pl.* **~s**) *n.* ⓒ 【動】 과나코《남아메리카 Andes 산맥에 야생하는 라마 (llama)》.

gua·no [gwɑ́ːnou] (*pl.* **~s**) *n.* ⓤ 구아노, 조분석(鳥糞石)《Peru 부근의 섬에서 나며, 비료로 사용 됨》 ; 인조 질소 비료.

:guar·an·tee [gæ̀rəntíː] *n.* ⓒ (1)보증(security) ; 담보(물) ; 보증서《상품의 내용 연수(耐用年數) 따위의》 : a ~ on a camera 카메라의 보증서 / put up one's house as a ~ 가옥을 담보로 넣다. (2)개런티《최저 보증 출연료》. (3)보증인, 인수인 : stand ~

for …의 보증인이 되다. (4)【法】 피보증인. 【opp.】 *guarantor.* (5)보증인이 되는 것. — (*p.*, *pp.* ***~d*** ; ***~ing***) *vt.* (1)《~+目/+目+目/+目+前+名/+目+*to* do/+*to* do/+*that* 節》 …을 보증하다, …의 보증인이 되다 : ~ a person's debts 아무의 빚보증을 서다 / ~ *that* the contract shall be carried out 계약이 이행될 것을 보증하다. (2)…을 확실히 하다, 보장하다 : He thought a good education would ~ success. 그는 훌륭한 교육이 성공을 보장한다고 생각했다. (3)《+(*that*)節/+*to* do》 …을 확언하다, 꼭 …라고 말하다, 장담하다(affirm), 약속하다. ***on a* 〈*under the*〉 *~ of*** …의 보증 아래, …의 보증을 하여.

guar·an·tor [gǽrəntɔ̀ːr, -tər] *n.* ⓒ 【法】 보증인, 담보인 : You must have a ~ in order to get a visa to enter the country. 그 나라에 입국하기 위한 비자를 얻기 위해서는 보증인이 있어야 한다. 【opp.】 *guarantee.*

·guar·an·ty [gǽrənti] *n.* ⓒ (1)보증 ; 【法】 보증 계약 ; 보증서. (2)【法】 보증물, 담보(물건).
— *vt.* =GUARANTEE.

:guard [gɑːrd] *n.* (1) ⓤ 경계, 감시 ; 보호 : Policemen were keeping ~ outside the building. 경찰이 건물 밖에서 감시하고 있었다. (2) ⓒ 경호인 ; 수의, 문지기 ; 《美》 간수(《英》 warder) : The prisoner slipped past the ~*s* 〈a ~〉 on the gate and escaped. 죄수는 문 옆의 간수들을〈간수를〉 살짝 지나 달아났다. (3) ⓒ 보초, 파수꾼 ; 호위병 ; (포로 따위의) 호송병〈대〉 ; (*pl.*) 《英》 근위병〈대〉 ; 수비대 ; (the G-s) 《英》 근위 사단 : a coat ~ 연안 경비대. (4) ⓒ 《英》 (열차의) 차장, 승무원(《美》 conductor). (5) ⓒ 방호물 ; 안전 장치 ; 예방약, 방지제 (劑) 《*against*》 : a ~ *against* infection 〈tooth decay〉 전염병 방지제〈충치 예방약〉. (6) ⓒ (칼의) 날밑 ; (총의) 방아쇠울 ; 난로의 울(fender) ; 시계줄 ; (차의) 흙받기 ; 모자끈. (7) ⓤ (농구·미식 축구의) 가드. (8) ⓤⓒ (권투 등의) 방어 자세. ***keep ~*** 파수보다. ***mount*** (***the***) ***~*** 보초서다 ; 망을 보다, 지키다 《*over* ; *at*》. ***off ~*** 비번으로. ***off*** one'***s ~*** 경계를 소홀히 하여, 방심하여 : throw 〈put〉 a person *off his* ~ 아무를 방심시키다. ***on ~*** 당번으로. ***on*** one'***s ~*** 보초를 서서 ; 경계〈주의〉하여. ***relieve ~*** 교대하여 보초서다. ***run the ~*** 보초의 눈을 속이고 지나가다. ***stand ~ over*** …을 호위하다〈지키다〉.
— *vt.* (1)《~+目/+目+前+名》 (위험 따위에 대비하여) …을 보호하다, 호위하다, 방호하다, 지키다 《*from* ; *against*》 : ~ the palace 궁전을 호위하다 / ~ a person *against* 〈*from*〉 temptations 아무를 유혹으로부터 보호하다. (2)…을 망보다, 감시하다, 경계〈주의〉하다. (3)…을 억제하다 ; 삼가다. (4)(기계 따위)에 위험 방지 장치〈조처〉를 베풀다. — *vi.* 《+前+名》 경계하다, 조심하다《*against*》 : ~ *against* accidents 사고가 일어나지 않도록 조심하다.

guard·ed [gɑ́ːrdid] *a.* (1)방위〈보호〉되어 있는 ; 감시받고 있는. (2)조심성 있는 ; 신중한 : a ~ reply 조심스러운 대답 / He was ~ in his remarks. 그의 말은 신중했다. 파) **~·ly** *ad.*

guard·house [´hàus] *n.* ⓒ 위병소 ; 유치장.

:guard·i·an [gɑ́ːrdiən] *n.* ⓒ (1)감시인 ; 보호자 ; 보관소. (2)【法】 후견인 (【opp.】 *ward*).

guard·rail [´rèil] *n.* ⓒ (도로의) 가드레일 ; 난간 ; 철제 방호책(柵) ; 【鐵】 보조 레일.

guard·room [´rù(ː)m] *n.* ⓒ 위병소, 수위실 ; 감방, 영창.

guards·man [gɑ́ːrdzmən] (*pl.* ***-men*** [-mən]) *n.* ⓒ (1)위병. (2)《英》 근위병. (3)《美》 주(州)방위병 《National Guard 의 병사》.

Gua·te·ma·la [gwɑ̀ːtəmɑ́ːlə, -te-] *n.* 과테말라 《중앙 아메리카의 공화국》. 파) **Guà·te·má·lan** [-lən] *n.*, *a.* 과테말라(사람)(의).

Guatemála City 과테말라의 수도.

gua·va [gwɑ́ːvə] *n.* ⓤⓒ 물레나물과의 관목《아메리카 열대산》 ; 그 과실《젤리·잼의 원료》.

gua·yu·le [gwɑːjúːli, wɑː-] *n.* ⓒ 【植】 구아율《멕시코 및 택사스산 ; 그 나무진은 고무의 원료가 됨》.

gu·ber·na·to·ri·al [gjùːbərnətɔ́ːriəl] *a.* 〔限定的〕 《美》 지사(知事) (governor)의, 지방 장관의 ; 행정의 : a ~ election (주)지사 선거.

gudg·eon [gʌ́dʒən] *n.* ⓒ (1)【魚】 모샘치 《잉어과 ; 쉽게 잡히므로 낚싯밥으로 쓰임》 ; 미끼 ; 오스트레일리아산의 구굴무치. (2)잘 속는 사람, 봉.

guél·der ròse [géldər-] 【植】 불두화나무 (snowball).

Guer·ni·ca [gəːrníːkə] *n.* 게르니카《스페인 북부의 마을 ; 스페인 내전시 독일의 무차별 폭격을 받음 ; 이를 소재로 한 Picasso의 그림은 유명》.

:guer·ril·la, gue·ril·la [gərílə] *n.* ⓒ 게릴라병, 비정규병 ; (*pl.*) 유격대. — *a.* 〔限定的〕 게릴라병의 : ~ war 〈warfare〉 게릴라전(戰).

:guess [ges] *vt.* (1)《~+目/+目+前+名/+*that* 節/+目+*to be* 補/+目+*to* do/+*wh. to* do/+*wh.* 節》 …을 추측하다, 추정하다, 미루어 헤아리다 ; (어림)짐작으로 말하다 : ~ the population 인구를 추측하다 / I cannot ~ *what to* do next. 다음에 무엇을 해야 될지 짐작이 가지 않는다 / Can you ~ *who* that man is? 저 사람이 누군지 아는가. (2)알아맞히다, 옳게 추측하다 ; (수수께끼 등)을 풀어 맞히다 : He ~*ed* the riddle. 그가 수수께끼를 풀었다. (3)《+(*that*)節》 《美》 …라고 생각하다 (suppose, think) : The children don't like it, I ~. 내 생각엔 아이들은 그것을 싫어할 것 같다《※ 흔히, that가 생략되며 I guess의 형태로 글머리나 글끝에 둠》. — *vi.* (1)《~/+前+名》 추측하다, 미루어서 살피다 ; 추정해 보다《*at*》, 여러 가지로 생각해 보다《*about*》. (2)옳게 추측하다, 알아맞히다 : You've ~*ed* right 〈wrong〉! 멋지게 맞혔다 〈아쉽게도 틀렸구나〉. ***keep*** a person ***~ing*** 아무를 마음 졸이게 하다 : Keep him ~*ing* about the result. 그 결과는 그에게 알리지 말아라.
— *n.* ⓒ 추측, 수정 ; 억측 : Both teams made some wild ~*es*, none of which were right. 두 팀은 모두가 몇가지 어림짐작도 하였으며, 어느 쪽도 틀렸다. ***anybody's* 〈*anyone's*〉 *~*** 불확실한 것, 아무도 모르는 것. ***at a ~ - by*** (***and by god***) 추측으로, 어림(짐작)으로. ***Your ~ is as good as mine.*** 내가 모른다면 내가 알리 없지.

guess·ti·mate [géstəmèit] *vt.* 《口》 …을 억측하다 ; 어림짐작하다. — [-mit] *n.* ⓒ 《口》 억측 ; 어림짐작. [◁ *guess*+es*timate*].

·guess·work [´wə̀ːrk] *n.* ⓤ 억측〈어림짐작〉(으로 한 일).

:guest [gest] *n.* ⓒ (1)손(님), 객, 내빈, 빈객(賓客). 【cf.】 host[1]. 『 a ~ of honor 주빈 / a ~ of distinction 귀빈. (2)(여관 등의) 숙박인, 하숙인 : a paying ~ (개인집의) 하숙인. (3)(TV·라디오 등의) 특별 출연 연예인, 게스트 : Our special ~ on the

program is Michael Jackson. 오늘 프로그램의 특별 초대 손님은 마이클잭슨입니다. (4)기생 동물〈식물〉. ***Be my ~.*** 《口》 (간단한 청을 받고) 예〈어서〉, 그러세요 ; 좋으실 대로.
— *a.* 〔限定的〕 손님용의 ; 초대〈초빙〉받은 : a ~ member 객원(客員), 임시 회원.
— *vt.* …을 손님으로서 대접하다. — *vi.* 【放送】 게스트로 출연하다.

guest·house [gésthàus] *n.* ⓒ 간이 호텔, 여관.

guést nìght 《英》 (대학·클럽 따위에서) 내빈 접대의 밤.

guést ròom (석관·하숙의) 객실 ; 손님용 침실.

guff, goff [gʌf], [gɔːf] *n.* ⓤ 《俗》 허황된 〈실없는〉 이야기, 허튼 소리.

guf·faw [gʌfɔ́ː, gə-] *n.* ⓒ 갑작스런 너털웃음, (천한) 큰 웃음
— *vi.* 실없이 크게 웃다. — *vt.* …에게 실없이 크게 웃으며 말하다.

:guid·ance [gáidns] *n.* ⓤ (1) 안내, 인도. (2)지도, 길잡이, 학생〈학습〉지도, 가이던스, 보도(輔導) ; 지휘, 지시 : vocational ~ 직업 보도. (3)우주선·미사일 따위의) 유도. ▫ guide *v.* ***under*** a person***'s ~*** ~의 안내 〈지도〉로.

:guide [gaid] *n.* ⓒ (1) 안내자, 길잡이, 가이드 : employ 〈hire〉 a ~ 안내인을 고용하다. (2)지도자, 선구자. (3) 규준, 지침 ; 입문서 ; 길잡이, 도표(道標) ; 안내서, 편람, 여행 안내(서): a ~ to mathematics 수학 입문서 / Do you sell tourist ~*s* ? 여행 안내서 팝니까. (4)지도적 원리 《신념·이상 따위》. (5) 《英》 소녀단원 (girl ~). (6) 【機】 유도 장치.
—— *vt.* (1) 《~+目/+目+前+名/+目+副》 …을 안내하다.인도하다《*to*》 ; …을 인도하여, (…을) 빠져나가게 하다《*through*》 (2) 지도하다, 깨우쳐 가르치다《*in*》 : ~ students *in* their studies 학생들의 공부를 지도하다. (3) 〔흔히 受動으로〕 (사상·감정 따위가) …을 지배하다, 좌우하다(control) : be ~*d* by one's passion〈feelings〉 정열〈감정〉이 내키는 대로 하다. (4) (차·배·미사일 등)을 어느 방향으로 나아가게 하다, 유도하다《*through*》.

guide·board [∸bɔ̀ːrd] *n.* ⓒ 길 안내판.

:guide·book [∸bùk] *n.* ⓒ 여행 안내(서), 편람, 가이드북.

guíded míssile [gáidid-] 【軍】 유도탄.

guíde dòg 맹도견(盲導犬).

guide·line [gáidlàin] *n.* ⓒ (1) (종종 *pl.*) (장래 정책 등을 위한) 지침, 정책, 가이드라인 : The EU has issued some ~*s* on appropriate levels of pay for part-time manual workers. 유럽 연합은 비상근 육체 노동자를 위한 적정 임금수준에 대한 가이드라인을 발표했다. (2) (동굴 따위에서의) 인노(引導) 밧줄.

·guide·post [∸pòust] *n.* ⓒ 길잡이, 이정표, 도로표지.

***guild, gild** [gild] *n.* ⓒ (1)동업 조합. (2) (중세 유럽의) 장인(匠人)·상인의 동업 조합, 길드. (3)(상호부조·자선 등을 위한) 조합, 협회(society).
파) **guild·er**[1] [-ər] *n.* guild의 일원(一員).

·guile [gail] *n.* ⓤ 간지(奸智), 교활, 음험함, 간계(奸計), 기만 : get something by ~ 교활한 꾀를 써서 무엇을 손에 넣다.

guile·ful [gáilfəl] *a.* 음험한, 교활한.
파) **~·ly** [-fəli] *ad.* **~·ness** *n.*

guile·less [gáillis] *a.* 정직한, 간사하지 않은, 악의 없는, 솔직한, 순진한(frank).
파) **~·ly** *ad.* **~·ness** *n.*

guil·le·mot [gíləmɑ̀t/-mɔ̀t] *n.* ⓒ 【鳥】 바다 오리류.

guil·lo·tine [gílətìːn, gìːjə-] *n.* (1) ⓒ 《英》 (종이등의) 재단기. (2) (the ~) 단두대, 기요틴 : send a person to *the* ~ ~를 단두대로 보내다, 참수형에 처하다. (3) ⓒ 【外科】 (편도선 등의) 재단기, 절제기(切除器). (4) 【英議會】 (의사 방해를 막기 위한)토론 종결.
—— *vt.* (1) …을 단두대로 목을 자르다. …의 목을 베다. (2) 【英議會】 (토론)을 종결하다 ; (법안)통과를 감행하다 : ~ a motion〈debate〉 동의 〈토의〉를 종결하다.

:guilt [gilt] *n.* ⓤ (1) 죄(과실)의 책임. (2) (윤리적·법적으로) 죄를 범하였음, 죄가 있음 (〖opp.〗 *innocence*) ; 죄(sin), 유죄 ; 범죄행위. (3) 【心】 죄(과)의식, 죄책감 : He was haunted by a sense of ~ because he had not done enough to help his sick friend. 그는 그의 앓고 있는 친구를 충분히 돕지 못했기 때문에 양심의 가책을 느꼈다.

·guilt·less [gíltlis] *a.*(1) …의 경험이 없는, …을 알지 못하는《*of*》 : be ~ *of* the alphabet 알파베트도 모르다. (2)죄없는, 무죄의, 결백한(innocent). (3)…이 없는《*of*》 : be ~ *of* a beard 수염을 기르고 있지 않다.
파) **~·ly** *ad.* **~·ness** *n.*

:guilty [gílti] (***guilt·i·er ; -i·est***) *a.* (1) 유죄의 ; …의 죄를 범한 《*of* 》 : a ~ man 죄가 있는 사람. (2) 떳떳하지 못한, 죄를 느끼고 있는, 가책을 느끼는 : a ~ conscience 죄책감(感) / a ~ look 뒤가 구린 듯한 얼굴. (3) 과실〈결점〉이 있는 《*of* 》. **~** 〈***not ~***〉 유죄〈무죄〉《배심원의 평결에서》. ***plead ~*** 〈***not ~***〉 ⇨ PLEAD(成句).
파) **guílt·i·ly** *ad.* **-i·ness** *n.* 죄가 있음, 유죄.

Guin·ea [gíni] *n.* 아프리카의 서해안 지방의 총칭 ; 기니《아프리카 서부의 공화국 : 수도 Conakry》.
파) **Guín·e·an** *a.*, *n.* 기니(사람)(의).

·guin·ea *n.* ⓒ (1) 【鳥】 =GUINEA FOWL. (2) 기니 《영국의 옛 금화로 이전의 21실링에 해당함 : 현재는 계산상의 통화 단위로, 상금·사례금 등의 표시에만 사용 ; Guinea산 금으로 만든데서》.

Guin·ness [gínəs] *n.* ⓤ 기네스 《아일랜드산의 흑맥주 ; 商標名》. ***the ~ Book of Records*** 기네스북 《영국의 맥주 회사인 Guinness가 매년 발행하는 세계 기록집》.

·guise [gaiz] *n.* ⓒ (흔히 *sing.*) (1) 〔흔히 in the ~ of로〕 (사람을 속이기 위한) 외관(appearance), 외양, 겉보기 ; (옷)차림(aspect). (2) 〔흔히 under the ~of로〕 . *under the ~ of friendship* : 우정을 구실로(가장하여).

:gui·tar [gitɑ́ːr] *n.* ⓒ 기타 : an electric ~ 전기기타 / play the ~ 기타를 치다.
파) **~·ist** [-rist] *n.* ⓒ 기타연주가.

:gulf [gʌlf] (*pl.* **~s**) *n.* ⓒ (1) (지표(地表)의)깊이 갈라진 틈 ; 《詩》 심연(深淵)(abyss). (2) a〕 만《흔히 bay보다 크며 폭에 비해 안이 깊음》 : the *Gulf* of Mexico 멕시코 만. b〕 (the G-) 페르시아만. 【cf】 bay[1] (3) (의견 등의) 현격한 차이 《*between*》.

Gúlf Strèam (the ~) 멕시코 만류〈난류〉.

Gúlf Wár (1)걸프 전쟁《이라크의 쿠웨이트 침공에 대해, 미국이 주도한 다국적군이 이라크와 벌였던 전쟁(1991)》. (2)=IRAN-IRAQ WAR.

·gull¹ [gʌl] *n.* ⓒ 【鳥】 갈매기(sea mew).
gull² *n.* ⓒ 숙맥, 쉽게 속는 사람.
— *vt.* 〔흔히, 受動으로〕 …을 속여서 …하게 하다. ~ a person *into* 〈*out of*〉 ~를 속여서 …시키다〈…을 빼앗다〉.
gul·let [gʌ́lit] *n.* ⓒ (1) 목(throat). (2) 식도(food passage).
gul·li·bil·i·ty [gʌ̀ləbíləti] *n.* ⓤ 멍청함, 속기 쉬움.
gul·li·ble [gʌ́ləbəl] *a.* 속기 쉬운, 잘 속는. 파) **-bly** *ad.*
gull-wing [gʌ́lwìŋ] *a.* 【自動車】 위로 젖혀서 여는 식의《문짝》.
gul·ly, gul·ley [gʌ́li] *n.* ⓒ (1) (인공의)도랑, 배수구(溝) ; 【크리켓】 point와 slips 사이의 수비 위치 ; 홈꼴 레일의 일종. (2) (보통 물이 마른) 골짜기, 소협곡.
— *vt.* …에 도랑을 만들다 ; (물이) 협곡을 파다.
·gulp [gʌlp] *vt.* (1) 《+目+副》 (눈물·슬픔 등)을 삼키다, 참다 ; (노여움)을 참다《*down* ; *back*》 : *down*〈*back*〉 tears〈angers〉 울음〈노여움〉을 꾹 참다. (2) 《+目+副》 …을 꿀떡꿀떡〈꿀꺽꿀꺽〉 마시다, 쭉 들이켜다 ; (음식)을 급하게 먹어대다 《*down*》 : ~ *down* water 물을 벌컥벌컥 마시다.
— *vi.* (1) 꿀떡꿀떡〈꿀꺽꿀꺽〉 마시다. (2) 숨을 죽이다.
— *n.* ⓒ 꿀떡꿀떡 마심, 그 소리 ; 한 입에 마시는 양; 【컴】 몇 바이트로 이루어진 2진 숫자의 그룹. ***at a* 〈*one*〉 ~ =*in one* ~** 한 입에, 단숨에.
⁑gum¹ [gʌm] *n.* (1) ⓤ 점성(粘性), 고무질(質), 고무《수피(樹皮)에서 분비하는 액체로 점성이 강하며 말려서 고채화함 ; resin(수지)과 달라서 알코올에는 녹지 않으나 물에는 녹음》 ; (광의(廣義)로 resin, gum resin을 포함하여) 수지 ; 탄성 고무(~ elastic, india rubber) (【cf】 rubber). (2) ⓒ 고무나무(~ tree). (3) 《美》 (*pl.*) 오버슈즈(overshoes), 고무 장화.
— (**-mm-**) *vt.* (1) …에 고무를 바르다 ; …을 고무로 붙이다〈굳히다〉《*down* ; *together*》. (2) 《口》 (고무풀로 굳히듯이 계획 등)을 망쳐놓다《*up*》 : ~ *up* the works 망쳐놓다.
— *vi.* (1) 고무를 분비하다. (2) 찐득찐득해지다 ; 들러붙다.
gum² *n.* ⓒ (흔히 *pl.*) 치은, 잇몸 : ~*s* bleed when you brush your teeth? 양치질할 때 잇몸에서 피가 나오느냐.
gum³ *int.* 《口》 God(신)의 변형《저주·맹세에 사용함》. ***By* 〈*my*〉 ~ !** 《口》 틀림없이, 이런, 저런.
gúm árabic 〈**acácia**〉 아라비아 고무.
gum·boil [gʌ́mbɔ̀il] *n.* ⓒ 【醫】 잇몸 궤양.
gúm bòots 《주로 英》 고무 장화.
gum·my¹ [gʌ́mi] (**-mi·er ; -mi·est**) *a.* 고무액을 〈수지를〉 분비하는 ; 고무질이, 점착성이 ; 고무(질)로 덮인, 고무질이 묻은.
파) ***gúm·mi·ness*** *n.* ⓤ 고무질, 점착성.
gum·my² *a.* 잇몸을 드러낸, 이〈치아〉가 없는 : The baby gave her a ~ smile. 애기는 잇몸을 드러내며 그녀를 보고 웃었다.
— *n.* (오스·뉴질) 이빨없는 늙은 양.
gump·tion [gʌ́mpʃən] *n.* ⓤ 《口》 (1) 적극성, 진취적인 기상, 의기. (2) 《英》 재치, 지혜 ; 상식.
gúm rèsin 고무 수지.
gum·shoe [gʌ́mʃùː] *n.* ⓒ (1) (흔히 *pl.*) 오버슈즈(galoshes). (2) 《美口》 탐정, 형사, 순경(=**gúm·shòer, ∽màn**).
— *vi.* 탐정〈형사〉 노릇을 하다, 살금살금 걷다.
⁑gun [gʌn] *n.* ⓒ (1) (살충제·기름·도료 따위의) 분무〈주입〉기 ; 《美俗》 (마약 중독자의) 피하 주사기 ; 《口》 (엔진의) 스로틀(밸브)(throttle) ; 【電子】 전자총(electron ~). (2) a〕 대포, 평사포《곡사포(howitzer) 및 박격포(mortar)와 구별하여》 ; **총**, 소총; 엽총(shotgun) ; …총 《air gun 따위》 ; 권총, 연발권총(revolver) : carry〈charge, fire〉 a ~ 총을 휴대〈장전, 발사〉하다. b〕 대포의 발사《예포·축포·조포·호포(號砲) 등》 : a salute of six ~*s* 예포 6발. c〕 【스포츠】 출발 신호용 총, 스타트. (3) a〕 총렵(銃獵) 대원 ; 포수(gunner) ; 《口》 권총잡이, 살인 청부업자 : a hired ~ 살인 청부업자. b〕 《俗》 거물, 중요 인물(big ~). ***a son of a* ~** 《俗》 ⇨SON. ***blow great ~s*** 강풍〈질풍〉이 불다. ***bring out* 〈*up*〉 *the* 〈one'*s*〉 *big ~s* =*bring the* 〈one'*s*〉 *big ~s out* 〈*up*〉** 《口》 ⇨BIG GUN. ***give it* 〈*her*〉 *the* ~** 《口》 (탈것의)속력을 내다 ; 시동시키다. ***go great ~s*** 《口》 〔흔히 進行形〕 데꺽데꺽 해치우다, 신속히 진격하다. ***jump the* ~** 《口》조급히 굴다, 성급한 짓을 하다 ; 【스포츠】 스타트를 그르치다. ***spike*** a person'***s ~s*** ~를 무력하게 하다, 패배시키다. ***stick to*** one'***s ~(s)*** = ***stand to* 〈*by*〉** one'***s ~(s)*** 입장〈자기의 설〉을 고수〈고집〉하다, 굴복하지 않다, 물러서지 않다. — (**-nn-**) *vi.* (1) 총으로 사냥하다 ; 사냥 가다 ; 사냥을 하다 ; go ~*ning* 총 사냥 가다. (2) 〔흔히 進行形〕 (사람의 목숨·어떤 지위를) 노리다, 겨누다《*for*》.
— *vt.* (1) …을 총으로 쏘다《*down*》. **~ *down*** …을 포화로 격멸하다. **~ *for*** 총으로 …을 사냥하다. (2) 스로틀(throttle)을 열고 가속하다 ; (엔진)을 고속 회전시키다.
gun·boat [∠bòut] *n.* ⓒ 포함(砲艦)《소형 연안 경비정》.
gun·cot·ton [gʌ́nkɑ̀tn/∠kɔ̀tn] *n.* ⓤ 면(綿)화약.
gun·fire [∠fàiər] *n.* ⓤ 포격, 포화 ; 발포 ; 그 소리 : hear the crack of ~ 탕하는 총성이 들리다.
gunge [gʌndʒ] *n.* ⓤ 《英俗》 끈적끈적한〈끈적거리는〉 것.
gung·ho [gʌ́ŋhóu] *a.* 《口》 열렬한, 아주 열심인 : a ~ admirer 열열한 찬미자.
— *ad.* 열심히.
gunk [gʌ́ŋk] *n.* ⓤ 끈적끈적하고 기분 나쁜 것, 오물.
gún làw 총기 단속법.
·gun·man [∠mən] (*pl.* **-men** [∠mən]) *n.* ⓒ 총잡이, 총을 가진 악한 ; 건맨 : 살인 청부업자.
gunned [gʌnd] *a.* 대포를 장비한.
·gun·ner [gʌ́nər] *n.* ⓒ (1) 【海軍】 장포장(掌砲長)《준사관》. (2) **포수**(砲手), 포병대원, 사수(射手). (3) 총사냥꾼.
gun·nery [gʌ́nəri] *n.* ⓤ 사격(술), 포격 ; 포술 ; 〔集合的〕 포, 총포(guns).
gun·ny [gʌ́ni] *n.* ⓤ 즈크, 올이 굵은 삼베; ⓒ 즈크 자루, 마대(= **∽ bàg** 〈**sàck**〉).
gun·play [∠plèi] *n.* ⓤ (권총의) 맞총질, 권총소동.
gun·point [∠pɔ̀int] *n.* ⓤ,ⓒ (권총의) 총부리. ***at* ~** 총으로 위협하여 권총을 .
·gun·pow·der [∠pàudər] *n.* ⓤ (흑색) 화약. ***white* 〈*smokeless*〉 ~** 백색〈무연〉화약.
gún ròom (1) 《英》 (대저택의) 총기 진열실. (2) 【英海軍】 하급 장교실.

gun·run·ner [´-rʌ̀nər] *n.* ⓒ 총포 화약의 밀수입자.

gun·run·ning [´-rʌ̀niŋ] *n.* ⓤ 총포 화약의 밀수입.

gun·sel [gʌ́nsəl] *n.* ⓒ《美俗》(1) =GUNMAN. (2) (남색의) 상대자, 면. (3) 무능한 풋내기.

gun·shot [´-ʃɑ̀t/´-ʃɔ̀t] *n.* (1) ⓤ 착탄 거리, 사정(射程). (2) ⓒ 사격, 포격, 발포: the sound of ~*s* 총성, 포성. (3) ⓒ 발사된 탄알.
***within* 〈*out of, beyond*〉 ~** 착탄 거리내〈밖〉에.

gun-shy [´-ʃài] *a.* (사냥개나 말 따위가) 총소리에 놀라는〈총소리를 무서워하는〉.

gun·site [´-sàit] *n.* ⓒ 포(격)진지.

gun·smith [´-smìθ] *n.* ⓒ 총공(銃工), 총기 제작자.

gun·stock [´-stɑ̀k/´-stɔ̀k] *n.* ⓒ 총상(銃床), 개머리판.

gup·py [gʌ́pi] *n.* ⓒ **[**魚**]** 거피《서인도 제도산의 관상용 열대어》.

·**gur·gle** [gə̀ːrgəl] *vi.* (1) (어린애가) 좋아서 옹알거리다 ; (동물들이) 기분이 좋아 목을 가르랑 거리다. (2) (물 따위가) 꼴딱꼴딱〈콸콸〉 흐르다 ; 콸콸〈꾸르륵〉 거리다 : I heard water *gurgling* somewhere. 어디선가 콸콸거리는 물소리를 들었다.
— *n.* ⓒ 꼴깍꼴깍〈꼴록꼴록〉하는 소리.

gu·ru [gúːruː, gurúː] *n.* ⓒ (1)《때로 蔑》(신봉자가 숭배하는) 지도자; (정신적) 지도자. (2) 힌두교의 도사(導師), 교사(教師). (3)베테랑, (한정된 분야의) 권위자.

·**gush** [gʌʃ] *n.* (*sing.*) (1) (감정·말 따위의) 쏟아짐; 복받침: a ~ of emotion 감정의 격발. (2) 용출, 내뿜음, 분출 ; 분출한 액체 : The oil came out in a ~. 기름은 한꺼번에 왈칵 쏟아져 나왔다.
— *vi.* (1)《~/+副/+前+名》(액체·말 따위가) 분출하다, 쏟아져나오다《*forth* ; *up* ; *out*》: a hot spring ~*ing up* in a copious stream 그치지 않고 분출하는 온천. (2)《+前+名》잘난 척하며 떠벌리다《*over* ; *about*》: A young mother ~*ed* on and on *about* her baby. 젊은 엄마가 자기 갓난 아기의 일을 열심히 떠벌리고 있었다.
— *vt.* …을 용솟음쳐 나오게 하다 ; 내뿜다.

gush·er [gʌ́ʃər] *n.* ⓒ (1) 분출 유정(噴出油井). (2) 쏟아져 나오는 것. (3) 과장된 감정적 표현을 하는 사람.
in ~s 줄대어서, 대량으로.

gush·ing [gʌ́ʃiŋ] *a.* 〔限定的〕(1) 용솟음쳐〈쏟아져〉 나오는 ; (감정 따위가) 넘쳐 나오는 : a ~ fountain 물을 분출하고 있는 분수. (2) 과장해서 감정 표현을 하는, 지나치게 감상적인. 파) **~·ly** *ad.* **~·ness** *n.*

gushy [gʌ́ʃi] (***gush·i·er* ; *-i·est***) *a.* = GUSHING(2).
파) **gúsh·i·ly** *ad.* **-i·ness** *n.*

gus·set [gʌ́sit] *n.* ⓒ (1) (의복·장갑 따위의) 보강용 삼각천, 바대, 무, 섶; 갑옷 겨드랑 밑의 쇠미늘 ; (장갑의) 덧댄 가죽. (2) **[**機**]** 보강판 거싯《보강용 덧붙임판》. (3) **[**建**]** (교량용의) 계판(繫板).

gus·sy, gus·sie [gʌ́si] *vt.*, *vi.*《口》(…을)화려하게 꾸미다 ; 성장(盛裝)하다《*up*》.

·**gust** [gʌst] *n.* ⓒ (1) 돌풍, 일진의 바람, 질풍 : a violent ~ of wind 맹렬한 일진의 돌풍. (2) 소나기 ; 확 타오르는 불길〈연기〉 ; 갑자기 나는 소리. (3)(격정, 특히 분노의) 폭발, 격발(outburst) : a sudden ~ of anger 분노의 폭발.
—*vi.* (바람이) 갑자기 강하게 불다, (불 등이) 분출하다..

gus·ta·tion [gʌstéiʃən] *n.* ⓤ 맛보기 ; 미각.

gus·ta·to·ry [gʌ́stətɔ̀ːri/ -təri] *a.* **[**解·生理**]** 맛의 ; 미각의 : ~ bud 미뢰《혀에 있는 미각 기관》.

gus·to [gʌ́stou] *n.* ⓤ (1) (음식을 먹을 때의) 흡족한 맛, 풍미 : eat *with* ~ 매우 맛있게〈입맛을 다시며〉. (2) 대단한 기쁨, 마음껏 누리는 즐거움, 예술적 품격 , 열의.

gusty [gʌ́sti] (***gust·i·er* ; *-i·est***) *a.* (1) (소리·웃음 등이)돌발적인, 갑자기 일어나는. (2) 돌풍의 ; 폭풍우가 휘몰아치는 ; (비바람 등이) 세찬, 거센 : a ~ wind 세찬 바람 / ~ weather 사나운 날씨.

gut [gʌt] *n.* (1) a〕ⓤⓒ 소화관, 창자, 장 : the large〈small〉 ~ 대장〈소장〉 / the blind ~ 맹장 . b〕(*pl.*) 내장 ; 배, 위. c〕〔單數취급〕(~s)《口》대식가 : What a (greedy) ~*s* he is! 굉장히 먹어대는군. d〕(*sing.*) 툭 불거진 배. (2) (*pl.*) a〕《口》(극·책 등의) 내용 ; 속, 실질(contents), 핵심. b〕(기계 내부의)가동부 : the vital working ~*s* of a machine 기계의 주요 가동부(稼動部). (3) ⓤ 장선(腸線)(catgut) ; (바이올린·라켓 등의) 거트. (4) (*pl.*)《口》기운, 용기, 지구력, 배짱, 끈기. (5) ⓒ = GUT COURSE. (6) ⓤ《口》감정, 본능 : appeal to the ~ rather than the mind 이성보다 감정에 호소하다.
hate a person'***s ~s***《口》~를 몹시 미워하다. ***have*** a person'***s ~s for garters***《口·戲》~를 혼내주다 : If he has taken my bike again I'll *have his ~s for garter*! 놈이 또 내 자전거를 가져갔다가는 혼쭐을 내주겠다. ***spill*** one'***s ~s***《俗》모조리 털어놓다, 밀고하다. ***sweat* 〈*work, slog, slave*〉** one'***s ~s out*** 악착같이 빠빠지게 (열심히) 일하다.
— **(-tt-)** *vt.* (1) (죽은 짐승)에서 내장을 빼내다, 속을 제거하다 : She cut the fish's head off and ~*ted* it. 생선의 머리를 잘라내고 내장을 빼냈다. (2) (책·논문 등)의 요소를〈요점을〉빼버리다. (3) 〔종종 受動으로〕(특히 화재가 건물 등)의 내부를 파괴하다(태워버리다).
— *a.* 〔限定的〕《口》(1) 직감적인 ; 본능적인 : ~ feeling 직감, 본능적인 느낌. (2) 근본적인, 중대한《문제 따위》: a ~ issue 근본 문제.

gut·less [´-lis] *a.* 패기(활기)없는 ; 겁 많은, 무기력한 : The performance by the two main actors was ~, but the supporting cast did their best to compensate. 두 주연의 연기는 시원치 않았으나 조연들은 이를 보충하려고 최선의 연기를 했다.

gut-rot [´-rɑ̀t/´-rɔ̀t] *n.* ⓤ (1)《英口》싸구려 술. (2) 복통.

gutsy [gʌ́tsi] (***guts·i·er* ; *-i·est***) *a.*《口》(1) 용감한, 기세 좋은, 힘찬 : She gave a very ~ performance on stage tonight. 오늘밤 무대에서 그녀는 박력있게 연기했다. (2)《英》걸신들린.
파) **gúts·i·ly** *ad.* **-i·ness** *n.*

gut·ta-per·cha [gʌ́təpə́ːrtʃə] *n.* ⓤ 구타페르카《열대수(樹)의 수지를 말린 고무 비슷한 물질 ; 치과 충전·전기 절연용》.

·**gut·ter** [gʌ́tər] *n.* (1) ⓒ (처마의) 낙수홈통《물받이》: clean out a blocked ~ 막힌 홈통을 뚫다. (2) ⓒ (광산 등의) 배수구 ; (길가의) 하수도, 시궁, 수로. (3) (the ~)빈민가, 하층사회. rise from the ~ 비천한 신분에서 출세하다. (4) ⓒ **[**볼링**]** 거터《레인 양쪽

의 홈》.
— *vt.* …에 도랑을 만들다(파다) ; 홈통을 달다.
— *vi.* (1) 촛농이 흘러 내리다. ~ out 〈촛불 등이〉 차츰 약해져서 꺼지다, 꺼지듯이 끝나다(죽다). (2) 도랑〈흐른 자국〉이 생기다 ; 도랑을 이루며 흐르다.
gútter préss (the ~) 선정적인 저속한 신문.
gut·ter·snipe [-snàip] *n.* ⓒ 빈민굴의 어린이 ; 떠돌이, 부랑아, 넝마주이.
gut·tur·al [gʌ́tərəl] *a.* (1) 목구멍의, 인후의 ; 목구멍에서 나오는 ; 쉰 목소리의. (2) 【音聲】 후음(喉音)의.
— *n.* ⓒ 후음《[g, k] 등 ; 현재는 velar라 부름》 연구개음(軟口蓋音)《[k, g, x]따위》.
파) **~•ism** n. ⓤ 후음성, 후음을 내는 버릇.
gut·ty *a.* ⇨ GUTSY.
guv [gʌv] *n.* 《英口》 =guvnor.
guv·nor, guv'nor [gʌ́vnər] *n.* ⓒ 《英俗》 두목, 두령, 대장 ; 바깥양반《※ governor의 방언》.
:guy[1] [gai] *n.* ⓒ (1) a] 〔흔히, 形容詞와함께〕 《口》 사내, …한 녀석(fellow), 놈 : Come on, (you) ~s let's get going! 자 얘들아 어서 가자. b] (*pl.*) 〔성별(性別) 불문〕 사람들, 패거리들 : Can one of you ~*s* go with me? 너희들 중 누가 나와 같이 안갈래. (2) a] 《주로 英》 웃음가마리《사람》, 기이한 옷차림을 한 사람. b] (종종 G-) Guy Fawkes의 익살스러운 〈그로테스크한〉인형(⇨ GUY FAWKES DAY).
— (*p.*, *pp.* **~ed**) *vt.* …을 웃음거리가 되게 하다, 조롱하다(ridicule).
guy[2] *n.* ⓒ 【海】 받침〈버팀〉 밧줄, 당김 밧줄; 기중기에 달린 짐을 안정시키는 밧줄 ; (기중기·굴뚝 따위의) 버팀줄.
— *vt.* …을 버팀줄로 정착시키다, 버티다, …에 버팀줄을 팽팽히 치다.
Guy·ana [gaiǽnə, -ɑ́:nə] *n.* 가이아나《남아메리카 동북 해안 지방에 있는 공화국; 수도는 조지타운(Georgetown)》.
Guy·a·nese [gàiəní:z, -s] *a.*, *n.* (*pl.* ~) 가이아나(사람)(의).
Gúy Fáwkes Dày〈Nìght〉 [-fɔ́:ks-] 《英》가이포크스제(祭) 《Gunpowder Plot의 주모자 중 하나인 Guy Fawkes 체포 기념일 : 11월 5일》.
gúy rópe 【海】 당김 밧줄.
guz·zle [gʌ́zəl] *vi.* 폭음〈폭식〉하다.
— *vt.* (1) (술·따위)를 폭음하다 꿀꺽꿀꺽 마시다 ; …을 게걸스레 먹다. (2) (돈·시간 등)을 술로 낭비하다《*away*》 : ~ *away* the family fortune. 집안 재산을 술로 탕신하다.
guz·zler [-ər] *n.* ⓒ (1) 술고래, 대주가. (2) (연료를 많이 소비하는) 자동차.
gweep [gwi:p] *n.* ⓒ 컴퓨터광(狂).
Gwent [gwent] *n.* 궨트《영국 웨일스 남동부의 주 ; 1974년 신설》.
G-wo·man [dʒí:wùmən] (*pl.* **G-wo·men** [-wìmin]) *n.* ⓒ 《美》 FBI 여자 수사관.
Gwy·nedd [gwíneð] *n.* 귀네드《영국 웨일스 북서부의 주 : 1974년 신설》.
GY 【理】 gray.
:gym [dʒim] *n.* 《口》 (1) ⓒ 체육관(gymnasium). (2) ⓤ (교과목으로서의) 체조, 체육(gymnastics) : I don't enjoy ~ 체육은 싫다.
gym·kha·na [kʒimkɑ́:nə] n. ⓒ 《英》 마술 경기대회 ; 운동 대회 ; 자동차 장애물 경주.
gym·na·si·um [dʒimnéiziəm] (*pl.* **~s, -sia** [-ziə]) *n.* ⓒ (1) 체육관, 실내 체육장. (2) (G-)(독일의) 김나지움《대학 진학 과정의 9〈7〉년제 중학교》.
gym·nast [dʒímnæst] *n.* ⓒ 체육교사, 체육(전문)가.
:gym·nas·tic [dʒimnǽstik] *a.* 〔陽定的〕 체조〈체육〉의, 정신단련의 : ~ apparatus 체조 기구.
파) **-ti·cal** [-tikəl] *a.* **-ti·cal·ly** [-tikəli] *ad.* 체육상, 훈련적으로.
:gym·nas·tics [dʒimnǽstiks] *n. pl.* (1) 〔複數 취급〕 체조, 체육. (2) ⓤ (교과로서의) 체육(과).
gymn(o)- '벌거벗은, 나체'의 뜻의 결합사.
gym·no·sperm [dʒímnəspə̀:rm] *n.* ⓒ 【植】 겉씨 식물, 나자(裸子) 식물. 파) **gym·no·sper·mous** [dʒìmnəspə́:rməs] *a.* 겉씨 식물의.
gým shòe (흔히 *pl.*) 운동화(sneaker).
gym·slip [dʒímslip] *n.* ⓒ 《英》 짐슬립《소매가 없고 무릎까지 내려오는 소녀용 교복》.
gým sùit 체육복.
gyn- =GYNO- 《모음 앞》.
gynec(o)- '여성(의), 여자(의), 암컷(의)'의 뜻의 결합사.
gy·ne·co·log·ic, -i·cal [gàinikəlɑ́dʒik, dʒìn-, dʒàin-/-lɔ́dʒ-], [-əl] *a.* 부인과(科) 의학의.
gy·ne·col·o·gist [gàinikɑ́lədʒist, dʒìn-, dʒài-/-kɔ́l-] *n.* ⓒ 부인과 의사.
gy·ne·col·o·gy [gàinikɑ́lədʒi, dʒìn-, dʒài- /-kɔ́l-] *n.* ⓤ 부인과 의학.
gyno- gyneco-의 간약형.
-gyny '여자, 암컷'의 뜻의 결합사.
gyp[1] [dʒip] *n.* 《美俗》 ⓒ 협잡꾼, 사기꾼(swindler) ; 사기, 야바위 (swindle).
— (**-pp-**) *vt.* 《俗》 …을 사기치다, 속이다 ; 속여 빼앗다《*out of*》 : ~ a person *out of* his money ~를 속여 돈을 사취하다.
gyp[2] *n.* ⓤ 《英口》 고통. 〔다음 成句로〕 ***give*** a person ~ ~를 꾸짖다, 벌주다, 혼내주다 ; (상처 등이)…을 괴롭히다 : My leg was *giving* me ~. 다리가 몹시 아팠다.
gyp·soph·i·la [dʒipsɑ́filə/-sɔ́f-] *n.* ⓒ 【植】 안개꽃.
gyp·sum [dʒípsəm] *n.* ⓤ 【鑛】 석고, 깁스 ; = PLASTERBOARD.
·Gyp·sy, 《주로 英》 **gip-** [dʒípsi] *n.* (1) ⓒ 집시 《※ 본디 인도에서 나온 유랑 민족 ; 이집트인(Egyptian)으로 잘못 알고 Gýpsy로 불렸음》. (2) ⓤ 집시어(Romany). (3) ⓒ (g-) 집시 같은 사람 ; (한군데 못있는) 방랑벽이 있는 사람 ; 《戲》 살갗이 거뭇한 여자, 장난꾸러기 여자.
— *a.* 〔陽定的〕(g-) 집시의(같은) : a ~ caravan 집시 캐러번 / a ~ fortuneteller 집시 점쟁이.
파) **~•ism** *n.* ⓤ 집시풍(취미).
gýpsy mòth 【蟲】 매미나방《해충》.
gy·rate [dʒáiəreit, -∠] *vi.* 선회〈회전〉하다
gy·ra·tion [dʒaiəréiʃən] *n.* (1) ⓤ 선회, 회전. (2) ⓒ (종종 ~s) 선회 동작〈운동〉.
gy·ra·to·ry [dʒáiərətɔ̀:ri/ -təri] *a.* 선회의, 선전(旋轉)하는.
gyro- '바퀴, 회전'의 뜻의 결합사.
gy·ro·com·pass [dʒáiəroukʌ̀mpəs] *n.* ⓒ 자이로컴퍼스, 회전 나침반.
gy·ro·scope [dʒáiərəskòup] *n.* ⓒ 자이로스코프, 회

전의(回轉儀) 《팽이의 회전 관성(慣性)을 이용한 기계 장치》.

gy·ro·scop·ic [dʒàiərəskápik/ -kɔ́p-] *a*. 회전의(回轉儀)의, 회전 운동의.

파) **-i·cal·ly** [-ikəli] *ad*.

gyve [dʒaiv] 《古·詩》 *n*. ⓒ (흔히 *pl*.) 차꼬, 수갑, 고랑(fetter).

— *vt*. …에 차꼬를〈고랑을〉 채우다.

H,h [eitʃ] (*pl.* **H's, Hs, h's, hs** [éitʃiz]) (1) ⓤ,ⓒ 에이치《영어 알파벳의 제8자》. (2) ⓒ H자 모양의 것 ; 여덟 번째(의것) : an *H*-branch, H 자관(管). (3) **[樂]**(독일 음명(音名)의)하, 나음〈조〉(B). ***drop** one's **h's** 〈**aitches**〉* h음을 빼고 발음하다《ham을 'am, hair를 air로 하는 런던 사투리 ; 보통 교양이 없음을 나타냄》. ***4-H club*** = FOUR-H CLUB.

:ha [hɑː] *int.* 허어, 어마《놀람·기쁨·의심·주저·뽐냄 등을 나타내는 발성》; 하하《웃음 소리》.
— *n.* ⓒ 허어〈하하〉하는 소리.
— *vi.* 허어하고 말하다 ; 으하하 웃다. [imit.]

ha·ba·ne·ra [hɑ̀ːbənέərə] *n.* ⓒ《Sp.》하바네라《탱고 비슷한 춤》; 그 곡.

ha·be·as cor·pus [héibiəs-kɔ́ːrpəs]《L.》**[法]** 출정 영장, 인신보호 영장《구속 적부 심사를 위해 피(被) 구속자를 법정에 출두시키는 영장》.

hab·er·dash·er[hǽbərdæ̀ʃər] *n.* ⓒ《美》신사용 장신구 상인《셔츠·모자·넥타이 등을 팖》;《주로 英》방물장수《바늘·실·단추 등을 팖》.
파) **-ery** [-ri] *n.* (1)《美》ⓤ〔集合的〕신사용 장신구류 ; ⓒ 그 가게. (2)《주로 英》ⓤ〔集合的〕방물류, 잡화류 ; ⓒ 그 가게.

ha·bil·i·ment [həbíləmənt] *n.* (*pl.*) 옷, 복장 ; 제복. ***in working ~s*** 작업복을 입고.
파) **~·ed** [-id] *a.* (옷을) 입은《*in*》.

⁑hab·it [hǽbit] *n.* (1) ⓤ,ⓒ 습관, 버릇, 습성(custom) : It is a ~ with him to take a daily walk. 매일 산책하는 것이 그의 습관이다. (2) ⓒ **[動·植]** 습성《어떤 종·개체군의 습관적 행동양식》. (3) ⓤ 기질, 성질(~ of mind) ; 체질(~ of body). a man of corpulent ~ 비만체질인 사람. (4) ⓒ (특수 사회·계급의) 옷, 복장(garment). (5) ⓒ 여자용 승마복(riding ~). (6)(the ~)《美俗》(코카인·마약 따위의) 상습, 중독(addiction).
be in 〈***have***〉 ***the*** 〈***a***〉 ***~ of*** *doing* …하는 버릇이 있다. ***break*** *a person* ***of a ~*** ~의 버릇을 고치다. ***break off a ~*** 습관을 깨뜨리다. ***early ~s*** 아침 일찍 일어나는 습관. ***fall*** 〈***get***〉 ***into a ~ of*** *doing* …하는 버릇이 들다. ***from*** 〈***acquire, cultivate, build(up), develop***〉 ***a good ~*** 좋은 습관을 몸에 익히다. ***grow into*** 〈***out of***〉 ***a ~*** 어떤 버릇이 생기다〈없어지다〉. ***make a ~ of*** *doing*(= make it a ~ to do)(습관으로) …을 하도록 하고 있다. ***take the ~*** 수사(수녀)가 되다.
— *vt.* (1) …에 옷을 입히다(clothe) : be ~*ed* in …을 입고 있다. (2)《古》…에 살다, 거주하다.

hab·it·a·bil·i·ty [hæ̀bətəbíləti] *n.* ⓤ 살 수 있음, 살기에 적합함.

hab·it·a·ble [hǽbətəbəl] *a.* 거주할 수 있는, 거주하기〈살기〉에 적당한. 【opp.】 *uninhabitable.* 『Only four percent of the land is ~. 그 토지의 4%에만 사람이 살 수 있다.

hab·it·ant [hǽbətənt] *n.* ⓒ (1) 사는 사람, 주민, 거주자(inhabitant). (2) [*F.* abitã]《F.》캐나다 또는 미국 Louisiana주의 프랑스계 주민〈농민〉.

hab·i·tat [hǽbətæ̀t] *n.* ⓒ (1) **[生態]** (생물의) 환경, 주거환경 ; (특히 동식물의) 서식지, 생육지, 번식지, 산지 ; **[農林]** 입지. (2) 거주지, 주소, 소재지 ; (무엇이 있는) 곳 Paris and New York are the major ~*s* of artists. 파리와 뉴욕은 예술가들이 즐겨 사는 곳이다.

·hab·i·ta·tion [hæ̀bətéiʃən] *n.* (1) ⓒ 주소 ; 주택. (2) ⓤ 거주.

hab·it-form·ing[hǽbitfɔ̀ːrmiŋ] *a.* (약재·마약 따위가) 습관성인.

·ha·bit·u·al [həbítʃuəl] *a.* (1)〔흔히 限定的〕습관적인(customary), 습성적인 ; 버릇의(이 된), 상습적인. (2)〔限定的〕**평소의**, 여느 때와 같은, 끊임없는(constant), 예(例)의. (3) 체질적인, 타고난(inborn).

ha·bit·u·ate [həbítʃuèit] *vt.*〔때때로 再歸的 또는 受動으로〕(사람·동물 등)을 익숙케 하다; 습관들이다(accustom)《*to*》: Wealth ~*d* him *to* luxury. 부자였기 때문에 그는 어느덧 사치에 익숙해졌다.
— *vi.* (마약 따위가) 습관이 되다.

hab·i·tude[hǽbətjùːd] *n.* (1) ⓤ 체질 ; 성질, 기질. (2) ⓤ,ⓒ 습성, 습관, 성벽.

ha·bit·ué [həbítʃuèi](*fem.* **-uée** [—]) *n.* ⓒ《F.》단골 손님《특히 오락장의》; 상주자(常住者) ; 마약 상습자.

ha·ci·en·da [hɑ̀ːsiéndə/ hæ̀s-] *n.* ⓒ《Sp.》(브라질을 제외한 라틴 아메리카의) 농가, 농장(plantation) ; 목장(ranch), 토지 ; 공장 ; 광업소.

·hack¹ [hæk] *vt.* (1)《+目+前+名/+目+副》(자귀나 칼 따위로) …을 마구 자르다 〈베다〉, 잘게 토막내다 〈썰다〉(chop), 난도질 하다《*down* ; *up*; *off*》: ~ *to* piece〈apart〉 ax. ~를 토막내다. / ~ *off* a branch 가지를 잘라내다. (2) (땅)을 개간하다 ; (cultivate) ; (땅을 일구어) …을 파종하다《*in*》; ~*in* wheat 밭을 일구어 밀을 파종하다. (3) **[럭비]** (상대)의 정강이를 차다 ; **[籠]** (상대방)의 팔을 치다. (4)《+目+前+名》(산울타리 따위)를 치다 (trim). (5) (예산 따위)를 대폭 삭감하다 ; (소설·논문 따위)를 망치다 : ~ the budget severely 예산안을 대폭 삭감하다. (6)〔~ it 으로 ; 흔히 否定文〕《口》…을 잘 다루다〈해내다〉, 용납하다, 참다. (7) **[컴]** (프로그래밍)과 씨름하다.
— *vi.* (1) 마구 자르다, 잘게 베다《*at*》. (2) **[럭비]** 정강이를 차다. (3) 마른 기침을 몹시 하다 : a ~*ing* cough 자꾸 나오는 헛기침. (4) **[컴]** (컴퓨터로) 일을 하다. ***How's ~ing?*** 여, 잘 지내느냐.
— *n.* (1) ⓤ 마구 패서자르기, 난도질 (2) ⓒ 벤 자국, 깊은 상처(gash) ; (발로) 깐 상처 ; **[럭비]** 정강이까기 ; **[籠]** (상대방의)팔을 치기. (3) ⓤ《美》밭은 기침. (4) ⓤⓒ《美俗》(컴퓨터의) 프로그램을 뜸; 컴퓨터의 프로그램 ; 프로그래밍의 기법 ; 재미있는 장난. ***take a ~ at*** …을 한 번 해보다.

hack² *n.* ⓒ (1)《美》전세 마차(마부) ;《美口》택시(taxi), 택시 운전사. (2) 늙은 말, 못쓸 말(jade). (3) 승마용 말 ;《英》(재미로 하는) 승마. (4)《蔑》고되게 일하는 사람(drudge) ; (저술가 밑에서) 일을 거드는 사람 ;《英》3류 정치가.
— *a.*〔限定的〕(1) 돈으로 고용된(hired), 밑에서 거드는. (2) 써서 낡은, 진부한(hackneyed), 흔해 빠진.
— *vi.* 삯말을 타다 ;《英》(보통 속도로)말을 몰다

《*along*》 ; 《口》 택시에 타다(세놓다) ; 하청으로 문필업을 하다.
— *vt.* (말)을 빌려주다 ; (말)에 타다 ; …을 하청 문사(文士)로 고용하다 ; 써서 낡게 하다, 진부하게 하다.
hack·ber·ry [hǽkbèri, -bəri] *n.* ⓒ 【植】 (미국산) 팽나무의 일종 ; 그 열매 ; ⓤ 그 재목.
hack·er [hǽkər] *n.* ⓒ (1) 자르는 사람(것). (2) 《俗》 (스포츠 등에서) 서툰 사람〈경기자〉. (3) 《口》 【컴】 a] 해커, 컴퓨터광. b] 해살꾼, 침입자.
hack·ie [hǽki] *n.* ⓒ 《美口》 택시 운전사.
hácking cóugh 밭은 마른 기침.
hácking jàcket 〈**còat**〉 승마복 ; (남자의)스포츠용 재킷.
hack·le[1] [hǽkəl] *n.* ⓒ (1) (삼 따위를 훑는)빗. (2) 닭의 목의 깃털; 목 털로 만든 제물낚시 (= ~ **flỳ**) ; (제물낚시의) 깃털. (3) (*pl.*) (위험을 당하여) 개나 수탉이 곤추세우는 털 ; 《比》 홍분 ; 분노. ***get*** a person***'s ~s up*** =***make*** a person***'s ~s rise*** =***raise the ~s of*** a person ~를 화나게 하다. ***with*** one***'s ~s up***〈***rising***〉성이 나서, 싸울태세를 갖추어.
hack·le[2] *vt.* …을 잘게 저미다〈베다〉, 토막내다.
hack·man[hǽkmən] (*pl.* ***-men*** [-mən]) *n.* ⓒ 《美》 (전세 마차의) 마부 ; (택시) 운전사.
hack·ney[hǽkni] *n.* ⓒ 승용마(馬) ; (종종 H-)해크니말《영국의 밤색털 승용마》 ; 삯말, 전세 마차; 《美》 택시.
háckney còach 〈**càb, càrriage**〉 전세 마차 ; 택시.
hack·neyed [hǽknid] *a.* 낡아〈흔해〉 빠진, 진부한, 경험을 쌓은 ; 익숙해진 : a ~ phrase 판에 박힌 말 / make ~ jokes 흔해 빠진 농담을 하다.
hack·saw [hǽksɔ̀ː] *n.* ⓒ 【機】 쇠톱.
hack·work [hǽkwə̀ːrk] *n.* ⓤ 남의 밑에서 하는 고된 일 ; 매문(賣文), 하청작업.
:had [hæd, ㊙ həd, əd, d] *v.* HAVE의 과거·과거분사. (1) a] 〔過去〕 ⇨ HAVE. b] 〔假定法過去〕 I wish I ~ more money. 돈이 더 있으면 좋겠는데. (2) 〔過去分詞〕 a] 〔完了形으로 쓰이어〕 I have ~ a real good time. 참으로 즐거운 시간을 보냈습니다. b] 〔受動으로〕 Good meat could not *be* ~ at all during the food shortage. 식량이 부족한 기간엔 전혀 좋은 고기를 입수할 수 없었다.
— *aux. v.* (1) 〔過去完了로 쓰이어〕 ; The train ~ started when I got to the station. 내가 역에 도착했을 때 기차는 이미 출발하고 없었다. (2) 〔假定法過去完了에 쓰이어〕.
~ better 〈***best***〉 do ⇨BETTER, BEST(成句). ***~ better have*** done …한 편이 좋았었다 ; I'*d better have* accepted his offer. 그의 제안을 수락했으면 좋았었는데. ***~ like to have*** done 《古》 하마터면 …할 뻔했다. ***~ sooner*** do ***than ...*** = ***~ as soon*** (***good, well***) do ***as ...*** …하는 것보다 오히려 — 하고 싶다. ⇨ SOON.
had·dock [hǽdək] (*pl.* ***~s***, 〔集合的〕 ~) *n.* ⓒ 【魚】 대구의 일종《북대서양산》.
Ha·des [héidiːz] *n.* 【그神】 하데스, 황천《죽은 사람의 혼이 있는 곳》 ; 그 지배자(Pluto, Dis) ; (종종 h-) ⓤ 지옥.
hadj ⇨ HAJJ.
hadji, Hadji [hædʒìː] *n.* =hajji.
:had·n't [hǽdnt] had not의 단축형.
Há·dri·an's Wáll 하드리아누스의 장성(長城)《로마 황제 하드리아누스가 북방 민족의 침입에 대비해서 축조한 방벽》.
haemo- =HEMO-
haf·ni·um [hǽfniəm] *n.* ⓤ 【化】 하프늄《금속 원소 ; 기호 Hf ; 번호 72》.
haft [hæft, hɑːft] *n.* ⓒ (나이프·단도 따위의) 자루, 손잡이.
hag [hæg] *n.* ⓒ 버커리, 간악한 노파 ; 마녀(witch) ; 《俗》 못생긴 여자.
·hag·gard[hǽgərd] *a.* (1) **야윈**, 수척한(gaunt), 초췌한 : He was looking a bit ~ as if she hadn't slept for days. 그는 마치 수일동안 잠을 못 잔 것처럼 약간 초췌해 보였다. (2) (매가) 길들지 않은, 야생의.
— *n.* ⓒ 길들지 않은 매.
hag·gish [hǽgiʃ] *a.* 마귀할멈 같은 ; 추악한.
hag·gle [hǽgəl] *vi.* (조건·값 등에 대해) 옥신각신〈입씨름〉하다, 끈질기게 값을 깎다《*about* ; *over*》 ; (…와) 논쟁하다《*with*》.
— *n.* ⓒ 값깎기 ; 말다툼, 입씨름, 언쟁.
hag·i·og·ra·phy [hæ̀giágrəfi, hèidʒ-/ hæ̀giɔ́g-] *n.* ⓤ 성인전(聖人傳)(연구) ; ⓒ 성인 언행록.
hag·i·ol·o·gy [hæ̀giálədʒi, hèidʒ- /hæ̀giɔ́l-] *n.* ⓤ, ⓒ 성인(聖人)문학 ; 성인전 (연구) ; 성인록.
파) **~gist** *n.* 성인전 작가.
hag·rid·den [hǽgrìdn] *a.* 악몽에 시달린, 가위눌린.
·Hague [heig] *n.* (The ~) 헤이그.
ha-ha[2] [háːhàː] *n.* ⓒ 은장(隱墻)(sunk fense).
hah·n·i·um [háːniəm] *n.* ⓤ 【化】 하늄《인공 방사성 원소 ; 기호 Ha ; 번호 105》.
:hail[1] [heil] *n.* (1) ⓤ 〔集合的〕 싸락눈, **우박**. (2) (흔히 a ~) (우박처럼) 쏟아지는 것.
— *vi.* (1) 〔it을 주어로〕 우박〈싸락눈〉이 내리다. (2) (화살·총알이) 빗발치듯 오다, 비오듯 하다《*down*》.
— *vt.* 《+目+前+名》(강타·욕설)을 퍼붓다《*on*, *upon*》 : ~ blows (courses) on a person …에게 주먹 세례를 퍼붓다..
:hail[2] *vt.* (1) …을 큰 소리로 부르다 ; (택시 따위)를 불러서 세우다. (2) …을 **환호하여 맞이하다**(welcome), …에게 인사하다(greet), 축하하다(congratulate). (3) 《+目+(*as*)補》 …라고 부르다, …라고 부르며 맞이하다 ; 인정하다, 찬양하다 : ~ him (as) king 그를 왕이라 부르며 맞이하다. — *vi.* 큰 소리를 지르다《인사·불러 세움》. ***~ from...*** (배가) …에서 오다 ; (사람이) …의 출신이다: She *~s from* Liverpool. 그녀는 리버풀 출신이다.
— *n.* ⓒ (1) 부르는 소리(shout), 큰 소리로 부름. (2) ⓒ 인사(salutation) ; 환영 ; 환호(cheer). ***out of***〈***within***〉 ***~*** 소리가 미치지 않는〈미치는〉 곳에.
— *int.* 《文語》 어서 오십쇼, 안녕, 만세.
hail-fel·low(**-well-met**) [´félou(wélmét)] *a.* 친한, 다정한 (사이의)《*with*》 : He's ~ *with* everybody 그는 누구에게나 다정하다.
hàiling dìstance 목소리가 닿는 거리 ; 가까운 거리.
Háil Máry =AVE MARIA.
hail·stone [´stòun] *n.* ⓒ 싸락눈, 우박.
hail·storm [´stɔ̀ːrm] *n.* ⓒ 우박을 동반한 폭풍; 우박처럼 쏟아져 내리는〈날아오는〉 것《탄환·욕설 따위》.
haily [héili] *a.* 우박 같은, 우박이 섞인.
hain't [heint] 《方》 have 〈has〉 not의 간략형.
:hair [hɛər] *n.* (1) ⓤ 〔集合的〕 **털**, **머리카락**, 머리

H

털; 몸의 털; ⓒ (a ~) 한 오라기의 털 : brush 〈comb〉 one's ~ 머리를 빗다. (2) ⓤ 모직물《낙타·알파카 따위의 털로 짠》. (3) 털 모양의 것, 털 모양의 철사 ; (시계 따위의) 유사 ; (잎·줄기 따위의)털. (4) (a ~) 털 끝만한 양(量)〈차이, 거리〉, 약간: be not worth a ~ 한 푼의 가치도 없다 / lose a race by *a* ~ 근소한 차로 경주에 지다.
against the ~ 성질에 반하여, 성질을 죽이고 ; 자연의 이치에 어긋나는. ***a* 〈*the*〉 *~ of the* (*same*) *dog*** (***that bit*** one) 독을 제1制)하는 독: 《口》(숙취푸는) 해장술. ***both of a ~*** 우열이 없음, 비슷한 두가지. ***by*** (***the turn of***)***a ~*** 간신히, 겨우, 아슬아슬하게. ***comb* 〈*rub,smooth*〉** a person***'s ~*** ~를 몹시 꾸짖다(나무라다), 호되게 책망하다. ***do*** one'***s ~*** 머리 치장을 하다. ***get* 〈*have*〉** a person ***by the short ~s***《口》 ~를 완전히 설복〈지배〉하다. ***get gray ~*** 머리가 시다 ;《口》 걱정하다, 마음 고생으로 늙다. ***get in* 〈*into*〉** a person***'s ~***《口》 ~를 괴롭히다 ; 가로거치다, 방해하다. ***give*** a person ***gray ~***《口》 ~를 걱정시키다. ***hang by a ~*** 위기에 직면하다, 위험하다. ***Keep your ~ on.***《英口》 침착해라, 서둘지 마라. ***let*** one***'s*** (***back***) ***~ down***《口》 스스럼을〈경계심을〉 풀다, 편안하게 쉬다〈지내다〉 ; 속을 털어놓다, 솔직히 말하다. ***make*** a person***'s ~ stand on end*** =***make*** a person***'s ~ curl*** = ***curl*** a person***'s ~*** ~를 쭈뼛하게 만들다, 등골이 오싹하게 만들다. ***not a ~ out of place*** (몸가짐이) 조금도 흐트러지지 않은 ; 한치의 틈〈허점〉도 없는. ***not harm a ~ of*** a person***'s head*** ~에게 조금도 상처를 입히지 않다, ~에게 항상 친절〈다정〉하게 대하다. ***not turn a ~*** (말이) 땀도 안 흘리다 ; 태연하다 ; 피로의 기색도 안 보이다. ***put* 〈*turn*〉 *up*** one***'s ~*** 머리를 얹다 ; 소녀가 어른이 되다. ***split ~s***《蔑》 쓸데없이 세세한 구별을 하다, 사소한 것에 구애 되다. 【cf.】 hairsplitting. ***tear*** one***'s*** (***out***) 머리털을 쥐어뜯다 ; 몹시 흥분〈걱정〉하다. ***to*** (***the turn of***) ***a ~*** 조금도 틀리지 않고, 정밀하게. ***wear*** one***'s own ~*** (가발이 아니고) 제머리다. ***without moving*** (***turning***) ***a ~***《俗》 냉정〈침착〉하게, 까딱도 하지 않고.

hair·ball [hɛ́ərbɔ̀ːl] *n.* ⓒ (소 따위가 삼킨 털이 위 속에서 엉긴) 위모괴(胃毛塊) 모구.

hair·breadth [´brèdθ, ´brètθ] *n.* (a ~) 털끝만한 폭〈간격〉(hair's-breadth).
by a ~ 위기일발로, 가까스로. ***to a ~*** 조금도 어김〈틀림〉없이. ***within a ~*** 하마터면, 자칫했더라면.
— *a.* 〔限定的〕 털끝만한 틈의, 위기일발의, 간발의, 아슬아슬한, 구사일생의 have a ~ escape 간신히 피하다, 구사일생으로 살아나다.

hair·brush [´brʌ̀ʃ] *n.* ⓒ 머리솔.

hair·cloth [´klɔ̀(ː)θ, ´klɑ̀θ] *n.* (1) ⓤ (특히 말·낙타 털로 짠) 모직 천, 마미단(馬尾緞). (2) =HAIR SHIRT

háir cráck 모세(毛細) 균열.

hair·cut [´kʌ̀t] *n.* ⓒ 이발 ; (여자 머리의)커트; 머리형, 헤어스타일 : get 〈have〉 a ~ 이발하다.

hair·do [´dùː] (*pl.* ***-dos***) *n.* ⓒ (여자의) 머리 치장법, 머리형 ; 결발(結髮).

hair·dress·er [´drèsər] *n.* ⓒ (1) 미용사 ; 이용사. (2)미용원 ;《英》 이발사(barbor).

hair·dress·ing [´drèsiŋ] *n.* ⓤ 조발, 이발, 결발(結髮) : a ~ saloon 이발소 ; 미장원.

háir drìer 〈**drỳer**〉 헤어드라이어.

hair·dye[´dài] *n.* ⓤ 머리 염색제.

haired [hɛərd] *a.* 털이 있는 ; 〔複合語〕 머리카락〈털〉이 …한 : fair-~ 금발의.

háir grìp 《英》 =BOBBY PIN.

hair·less [hɛ́ərlis] *a.* 털〈머리털〉이 없는.

hair·like [hɛ́ərlàik] *a.* (머리)털 같은, 매우 가는.

hair·line [´làin] *n.* ⓒ (1) 털의 결 ; (이마의) 머리털이 난 선, 머리선. (2) (서화 등에서) 매우 가는 선 ; (망원경 등)의 조준선 ; (마른 도료·도자기·유리 등의) 가는 금. (3) 타락줄, 말총의 낚싯줄. (4) 【印】 선이 가는 활자체. (5) 헤어라인《가는 줄무늬의 천》. (6) 작은 차. ***to a ~*** 정밀〈정확〉하게.
— *a.* 〔限定的〕 매우 가는 ; 근소한 차의 ; (공간·간격이) 몹시 좁은 : a ~ victory 신승(辛勝) / a ~ fracture 금이 간 골절.

háir nèt 헤어네트.

hair·piece [hɛ́ərpìːs] *n.* (여성용) 헤어피스, (남성용) 가발. = TOUPEE.

hair·pin [´pìn] *n.* ⓒ (1) (U자형의 가는)머리핀 ; U자 모양의 것, 《특히》 U자형의 급커브. (2)《俗》 사람(a person), 몹시 마른 사람 ;《美俗》 여자, 주부 ;《美俗》 이상한 사람, 괴짜.
— *a.* 〔限定的〕 (도로 따위가) U자 모양의 : a ~ turn〈bend〉, U자형커브.

hair-rais·ing [hɛ́ərrèiziŋ] *a.* 《口》 소름이 끼치는, 머리끝이 쭈뼛해지는, 끔찍한.

háir restòrer 양모제, 생모제.

hairs·breadth, hair's-breadth [hɛ́ərz-brèdθ, -brètθ] *n.*, *a.* = HAIRBREADTH.

háir·shírt (옛날 고행자가 맨살에 걸친) 거친 마, 모직 셔츠; 응징하는 사람〈것〉.

háir slìde 《英》 (대모갑 또는 셀룰로이드로 만든) 머리집게(barrette).

hair·split·ting [´splìtiŋ] *a.* 쓸데없이 따지는, 사소한 일에 구애되는.
— *n.* ⓤ 사소한 일에 구애됨〈신경을 씀〉.

háir sprày 헤어 스프레이

hair·spring [´sprìŋ] *n.* (시계의) 유사·실태엽

hair·style [´stàil] *n.* ⓒ (개인의) 머리 스타일.

háir trànsplant 모발 이식.

háir trìgger (총의) 촉발 방아쇠.

hair-trig·ger [´trìgər] *a.* 〔限定的〕 (1) 일촉즉발의 (2) 촉발성의, 반응이 빠른, 예민한, 즉각적인.

·hairy [hɛ́əri] (***hair·i·er*** ; ***-i·est***) *a.* (1) 털 많은, 털투성이의. (2) 털의〈같은〉 ; 덥수룩한. (3) 울퉁불퉁한, 험한. (4)《口》 곤란한, 위험이 많은, 무서운, 등골이 오싹하는 ;《俗》 조야(粗野)한, 어려운, 거친. ***~ at* 〈*about, in, round*〉 *the heel*(*s*) 〈*fetlocks*〉**《俗》 버릇없이 자란, 막돼먹은.
파) **hair·i·ness** *n.*

Hai·ti [héiti] *n.* 아이티 섬 ; 아이티《서인도 제도(諸島)에 있는 공화국 ; 수도 Port-au-Prince》.

Hai·tian [héiʃən, héitiən] *a.* Haiti (사람)의.
— *n.* ⓒ Haiti 사람 ; ⓤ Haiti 말.

haj(j), hadj [hædʒ] *n.* ⓒ 하즈《메카(Mecca) 참배〈순례〉》.

haj(j)i, hadji [hǽdʒi] *n.* (종종H-) 《Ar.》하지《Mecca 순례를 마친 이슬람 교도(의 칭호) ; 예루살렘 성지 참배를 마친 근동의 기독교도》.

hake [heik] (*pl.* ***~s,*** 〔集合的〕 ~) *n.* ⓒ 【魚】 대구류, ⓤ 그 생선의 살.

Ha·ken·kreuz [háːkənkrɔ̀its] *n.* ⓒ 《G.》 하켄크로이츠《갈고리 십자(장(章)) ; 나치스의 문장(紋章)》.

ha·kim¹, ha·keem[hɑːkíːm] *n.* ⓒ (인도·회교국

의) 의사, 학자.
ha·kim[2] [hɑ́:ki:m] *n.* ⓒ (인도·회교국의)태수, 지사, 판사.
Hal [hæl] *n.* 남자 이름《Henry, Harold의 애칭》.
Hal. 【化】 halogen.
ha·lal [hɑ:lɑ́:l] *vt.* 《Ar.》 (동물)을 이슬람교 율법에 따라 죽이다.
— *n.* ⓤ 그 죽은 동물의 고기.
ha·la·tion [heiléiʃən, hæ-/ hə-] *n.* ⓤ 【寫】 헐레이션 (강한 광선으로 흐릿해지는).
hal·berd, -bert [hǽlbərd, hɔ́:l-], [-bərt] *n.* ⓒ 【史】 도끼창(槍)《창과 도끼를 겸한 무기》.
파) **hal·berd·ier** [hæ̀lbərdíər] *n.* ⓒ 【史】 창부병.
hal·cy·on [hǽlsiən] *n.* (1) 【그神】 할키온《동지 무렵 바다에 둥지를 띄워 알을 까며 파도를 가라앉히는 마력을 가졌다고 믿는 전설상의 새》. (2) 【鳥】《詩》 물총새(kingfisher). — *a.* 〔限定的〕 물총새의〈같은〉 ; 고요한, 평화로운, 평온한, 화려한, 번영의 : ~ weather 온화한 날씨 / ~ times of peace 평화로운 번영의 시대 / a ~ era 황금 시대.
hálcyon dáys (1)(the ~) 동지 전후의 온화한 날씨의 2주일간. (2)평온한 시대.
·hale[1] [heil] *a.* 강건한, 꿋꿋한, 정정한《주로 노인을 말함》. ***~ and hearty*** (늙었지만) 원기왕성한, 정정한, 근력이 좋은.
hale[2] *vt.* ···을 거칠게 잡아끌다, 끌어당기다, 끌어내다.
⁝half [hæf, hɑ:f] (*pl.* ***halves*** [hævz, hɑ:vz]) *n.* ⓒ, ⓤ (1) **반** ; 절반 ; 반시간, 30분. (2) (*pl.* ***~s, halves***) 반 파인트〈마일〉 ; 《口》 50 센트 (은화) ; 《英》 반학년(semester), 1학기 (한 학년 2개 학기 제도에서) ; (어린이의) 반액표. (3) (*pl.* ***~s, halves***) 【골프】 동점, 하프 ; 《口》 【蹴】 =HALFBACK; (축구, 하키 따위에서) 그라운드의 절반 ; (경기의) 전반, 후반 ; 【野】 …초, …말 : first 〈second〉 ~ of the seventh inning, 7회 초〈말〉. (4)(신발 따위와 같은 한 쌍으로 된 것의) 한 쪽 ; PARTNER (【cf.】 better half) ; (소송의) 한 쪽 당사자(party).
... and a ~ 《口》 〔and 앞에 a가 붙은 명사가 와서〕 특별한, 훌륭한 : It was a game *and a* ~. 굉장한 경기였다. ***be not the ~ of*** (이야기 따위가) 여기서 그치는 것이 아니다, 아직 더 남아 있다. ***by ~*** 반쯤 ; 반만큼 ; 〔흔히 too... by ~ 로 《反語的》〕 매우 …하다 : You' re *too* clever *by* ~. 너는 지나치게 영리하다. ***by halves*** 〔흔히 否定文〕 절반만, 어중간하게, 불완전하게. ***go halves*** (***with*** a person ***in*** 〈***on***〉 a thing)(~와 물건을) 절반씩 나누다 ; (아무와 물건의 비용을) 평등하게 부담하다. ***how the other ~ lives*** (자기와 계층이 다른) 여느 사람들 〈《특히》부자들〉의 생활상《을 엿보다 따위》. ***into*** 〈***in***〉 ***halves*** 반으로, 2등분으로. ***on halves*** 《美》 이익의 반을 받기로 하고 《빌려주다》 ; 반씩 내어《빌리다》. ***say ~ to*** one***self*** 누구에게랄 것 없이 말하다. one***'s better ~*** 《戱》 아내. one***'s worse ~*** 《戱》 남편. ***to the halves*** 절반까지 ; 불충분하게 ; 《美》 (이익을) 반씩 나누어.
— *a.* (1) 절반의, 2분의 1의 : a ~ share 절반의 몫 / a ~ hour 반 시간. (2) 일부분의 ; 불완전한 (imperfect).
— *ad.* (1) 절반, 반쯤. (2) 불완전하게, 어중간하게, 적당히, 되는 대로 : ~ cooked 반쯤〈설〉 익힌. (3) 《口》 얼마쯤, 퍽, 꽤 ; 거의: feel ~ dead 퍽 지치다. ***~ and ~*** 반반으로 : Ler' s share it ~*and* ~. 반반으로 나누자. ***~as many*** 〈***much***〉 ***again as*** …의 1배 반. ***~ as many*** 〈***much***〉 ***as*** …의 절반. ***~ the time*** 《口》 거의 언제나. ***not ~*** 1) 《口》 조금도 …하지 않다 : *not* ~ bad 조금도 나쁘지 않은, 매우 좋은. 2) 《俗》 몹시 : Do you like beer? —*Not* ~! 맥주를 좋아해 — 좋아하고 말고. ***not ~ so*** 〈***as, such***〉 (***... as***) …의 절반도 〈…만큼〉 …아니다. ***see with ~ an eye*** 눈을 감고 있어도 알다.
hálf àdder 【컴】 반(半) 덧셈기.
half-and-half [hǽfəndhǽf, hɑ́:fəndhɑ́:f] *a.* (1)반반의, 등분의. (2) 이도저도 아닌, 얼치기의.
— *ad.* 등분하게, 반반으로.
— *n.* ⓤ,ⓒ (1) 반반씩 섞은 것 ; 얼치기 물건.
half-assed [∸ǽst] *a.* 《美俗》 (1) 저능한, 무능한. (2) 엉터리의, 제멋대로의.
half-baked [∸béikt] *a.* (1) 설구운, 반구운. (2) 미완성의, 불완전한. (3) 무경험의, 우둔한 ; 지혜가 모자라는, 저능한.
hálf báth (1) 변기와 세면 설비만 있는 욕실. (2) 욕조가 없고 샤워 노즐만 있는 욕실.
hálf blòod (1) 배〈아비〉 다른 형제〈자매〉(관계). (2) 튀기, 혼혈아(half-breed).
half-blood·ed [∸blʌ̀did] *a.* 혼혈의, 잡종의, 씨가 다른.
half-boiled [∸bɔ́ild] *a.* 반숙의, 설익힌.
hálf bòot 반장화, 편상화.
half-bred [∸brèd] *a.* (1)잡종의(mongrel). (2)버릇없는.
half-breed [∸brì:d] *n.* ⓒ (1) 《蔑》 혼혈아. (2) 잡종.
— *a.* =HALF-BLOODED.
hálf cóck (총의) 반 안전 장치. ***go off at ~*** (총이) 빨리 발포하다 ; 《比》 빨라지다 ; (계획 등을) 준비 불충분한 가운데 시작하다 ; 주제넘게 앞지르다; (계획 등이) 조급히 굴어 실패하다, 유산되다.
half-cocked [∸kɑ́kt/ ∸kɔ́kt] *a.* 반 안전장치를 한 ; 준비 부족의. go off ~ =go off (at).
half-cooked [∸kúkt] *a.* 설익은, 설구운, 반쯤익은 ; 《美口》 미숙한(inexperienced).
half-dol·lar [∸dɑ́lər/ ∸dɔ́lər] *n.* ⓒ 《美·Can》 50 센트 은화.
half-doz·en [∸dʌ̀zən] *n.*, *a.* 반 다스(의).
hálf dúplex 【컴】 반(半) 양방《데이터 통신에서 데이터의 전송이 반(半) 이중방식으로 이루어지는 것 ; 略 : HDX》. 【cf.】 full duplex.
half-har·dy [∸hɑ́:rdi] *a.* 【園藝】 반(半)내한성의.
half·heart·ed [∸hɑ́:rtid] *a.* 마음이 내키지 않는, 할 마음이〈열의가〉 없는, 냉담한 : a ~ reply 건성으로 하는 대답. 파) **~·ly** *ad.* **~·ness** *n.*
·half-hol·i·day [∸hɑ́lədèi/ ∸hɔ́l-] *n.* ⓒ 반휴일, 반공일(半空日).
·hálf hóur 반 시간, 30분(간) ; (매시의) 30분의 시점.
half-hour [∸áuer] *a.* 〔限定的〕 30분간의, 30분마다 : at ~ intervals 매 30분간의 간격으로.
half-hour·ly [∸áuərli] *a.* 30분의, 반시간 마다의.
— *ad.* 30분마다.
hálf lánding (계단의) 층계참.
half-length [∸lèŋkθ] *n.* ⓒ 반신상(像), 반신 초상화.
— *a.* 절반 길이의 ; 반신(상)의.
hálf life, hálf-life (**pèriod**) [∸làif] 【物】(방사성 원소 등의) 반감기(半減期).
half-light [∸làit] *n.* ⓤ 어스름, 어슴푸레한 부분.

half-mast [hǽfmǽst, hɑ́ːfmɑ́ːst] *n.* ⓤ (조의·조난을 표시하는) 반기(半旗)의 위치. (***at***) ~ 반기의 위치에.
— *a.* 반기(위치)의.
— *vt.* (기)를 반기의 위치에 달다.

hálf mèasures (*pl.*) 불만족한 타협, 부적절한 처치, 미봉책, 임시변통.

hálf mòurning (1) 반상복(半喪服). (2) 반상복의 기간.

hálf nélson 【레슬링】 목누루기.

hálf nòte 《美》【樂】 2분음표.

·**half·pen·ny** [héipəni] (*pl.* ***-pence*** [héipəns], ***-pen·nies*** [héipəniz]) *n.* 《英》 (1) (*pl.* ***-pen·nies***) 반 페니 동전 ; (*pl.*) 《口》 잔돈, 동전. (2) (*pl.* ***-pence***) 반 페니(의 가격). ***a bad*** ~ 《口》언제나 나타나는 사람. ***not have two halfpennies to rub together*** 《英》 아주 가난하다. ***not worth a*** ~ 《英》 전혀 값어치가 없는, 보잘 것 없는. ***receive more kicks than halfpence*** 칭찬은 고사하고 호되게 야단맞다.
— *a.* 반 페니의 ; 값싼, 하찮은 ; 《英口》 (신문이) 선정적인.

half·pen·ny·worth [héipəniwə̀ːrθ] *n.* (a ~) (1)반페니어치(의 물건〈분량〉). (2)극히 소량《*of*》.

half-pint [hǽfpáint, hɑ́ːf-] *n.* ⓒ 반 파인트《1/4quart ; 건량(乾量)·액량(液量)의 단위》 ; 《口》키 작은 사람《특히 여자》, 꼬마.
— *a.* 반 파인트의 ; 《俗》키가 작은, 꼬마의 ; 《俗》 소형의.

hálf rèst 【樂】 2분 쉼표.

hálf-seas-ó·ver [⌐sìːz-] *a.* 《英俗》 얼근히 취한.

hálf sìster 배다른〈의붓〉 자매.

half-slip [⌐slìp] *n.* ⓒ 하프 슬립《허리 아래쪽만 있는 슬립.》

half-sole [⌐sòul] *vt.* (구두에) 새로 앞창을 대다.

half-staff [hǽfstǽf, hɑ́ːfstɑ́ːf] *n.* 《美》 =HALF-MAST.

hálf stèp 【樂】 반음 ; 【美軍】 반보(半步).

half-term [⌐tə́ːrm] *n.* ⓒ 《英》 (초등학교·중학교의) 학기의 중간 휴가《보통 1주일간》.

half-time [⌐tàim] *n.* ⓤ 반일(半日) 근무 ; 【競】 중간 휴식, 하프타임.

half·tone [⌐tòun] *n.* ⓒ (1) 【印·寫】 망판(網版); 【美術】 (명암의) 반색조. (2) 《美》【樂】 반음(half step).

half-ton·ing [⌐tòuniŋ] *n.* 【컴】 점밝기《점의 굵기나 농도가 다른 여러가지 점패턴으로 영상의 섬세한 명암을 표시하고 있는 법》.

half-truth [⌐trùːθ] *n.* ⓤ,ⓒ 반의진리(밖에 없는 말)《흔히 중요 부분은 빠져있음》.

⁑**half·way** [⌐wéi] *a.* 〔限定的〕 (1) 도중의, 중간의. (2) 불충분한, 어중간한 ; ~ measures 철저하지 못한 조치.
— *ad.* (1) 도중에〈까지〉. (2) 거지반, 거의 ; 어중되게, 조금이라도, 불완전하게. ***go*** ~ ***to meet*** a person (1) (상대의 요구를) 어느 정도 인정하다 ; (상대에게 …의 점에서) 양보하다, 타협하다《*on*》. (2) (상대의) 나오는 것을 보아 행동하다, 적절히 대응하다. ***go*** ~ ***with*** 도중까지 …와 동행하다. ***meet*** ~ …와 도중에서 만나다 ; …와 타협하다. ***meet trouble*** ~ 쓸데없는 고생을 하다, 지레 걱정하다.

hálfway hòuse (1) 두 읍 중간에 있는 여인숙. (2) 갱생〈재활〉원《출감자, 정신·지체 장애자 등의 사회복귀 훈련 시설》.

H

half-wit·ted [⌐wítid] *a.* 아둔한, 얼빠진(stupid).

half-year·ly [⌐jíərli/ ⌐jə́ːr-] *ad.*, *a.* 반년마다(의).

hal·i·but [hǽləbət, hɑ́l-] (*pl.* ***~s***, 〔集合的〕 ~) *n.* ⓒ 【魚】 핼리벗《북방 해양산의 큰 넙치》.

hal·ite [hǽlait, héi-] *n.* ⓤ 【鑛】 암염(rock salt).

hal·i·to·sis [hæ̀lətóusis] *n.* ⓤ 【醫】 구취.

⁑**hall** [hɔːl] *n.* ⓒ (1) 홀, 집회장, 오락실. (2) 현관(의 넓은 공간) ; 《美》복도. (3) (종종 H-) 공회당, 회관 ; (조합·협회 등의) 본부, 사무실. (4) 사교적)집회장, 오락장 ; (흔히 *pl.*) =MUSIC HALL.

hal·le·lu·jah, -iah [hæ̀ləlúːjə] *int.*, *n.* ⓒ 《Heb.》 할렐루야《'하나님을 찬송하라'의 뜻》.

Hál·ley's cómet [hǽliz-] (종종 H- C-) 【天】 핼리 혜성《76년 주기》.

hal·liard [hǽljərd] *n.* =HALYARD.

hall·mark [hɔ́ːlmɑ̀ːrk] *n.* ⓒ (1)(금은의 순도를 나타내는) 검증각인(刻印). (2)성질〈품질〉 우량 품질증명 ; 검증서, 보증 ; (현저한) 특징, 특질.
— *vt.* …에 ~을 찍다〈붙이다〉 ; …을 보증하다.
파) **~·er** *n.* ⓒ

·**hal·lo** [həlóu, hæ-] *int.* 여보세요, 여보, 이봐, 야 ; 쉿《사냥개를 추기는 소리》.
— (*pl.* ***~s***) *n.* ⓒ hallo의 소리 ; 큰 소리로 부르기 ; 사냥개를 추기는 소리.
— *vt.* (주의를 끌기 위해) …을 큰 소리로 외치다. — *vi.* 큰 소리로 부르다.

Háll of Fáme 《美》(위인·공로자를 기리는) 영예의 전당.

Háll of Fámer 영예의 전당에 든 사람.

·**hal·low**[1] [hǽlou] *vt.* 〔종종 受動으로〕 …을 신성하게 하다, 깨끗하게 하다, 신에게 바치다 ; (신성한 것으로서) 숭배하다. — *n.* ⓒ 《古》 성인(聖人). All H~s =HALLOWMAS.

hal·low[2] [həlóu] *int.*, *n.*, *vt.*, *vi.* =HALLO.

hal·lowed [hǽloud, 〔기도 때는 종종〕-ouid] *a.* 신성화(神聖化)된, 신성한, 존경받는 : a ~ ground 영지(靈地). 파) **~·ly** *ad.* **~·ness** *n.*

⁑**Hal·low·een, -e'en** [hæ̀ləwíːn, hæ̀louíːn, hɑ̀l-] *n.* 《美·Sc.》 '모든 성인(聖人)의 날' 전야(前夜)《10월 31일》.

háll pòrter (호텔의) 짐 운반인.

hall·stand [hɔ́ːlstæ̀nd] *n.* ⓒ 홀스탠드《거울·코트걸이·우산꽂이 등이 달린 가리개》.

háll trèe (현관 따위의) 모자〈외투〉 걸이(clothes tree).

hal·lu·ci·nate [həlúːsənèit] *vt.* …에게 환각을 일으키게 하다 ; …을 환각으로 보다〈경험하다〉 : She ~*d* a sweet ordor of violets. 향긋한 제비꽃 향기가 풍겨오는 듯한 환각을 느꼈다.
— *vi.* 환각을 일으키다. 파) **-nà·tor** *n.* ⓒ

hal·lu·ci·na·tion [həlùːsənéiʃən] *n.* (1) ⓤⓒ 환각. (2) ⓒ 망상.

hal·lu·ci·na·to·ry [həlúːsənətɔ̀ːri/ -təri] *a.* 환각의〈적인〉 ; 환각을 일으키는.

hal·lu·ci·no·gen [həlúːsənədʒən] *n.* ⓒ 환각제.

ha·lo [héilou] (*pl.* ***~(e)s***) *n.* (1) ⓒ (해·달의) 무리 ; 후광《그림에서 성인의 머리 위쪽에 나타내는 광륜(光輪)》. (2) ⓤ (전설·역사에서 유명한 사람·사건에 붙어 다니는) 영광. (3) ⓒ 【解】 유두륜(乳頭輪), 젖꽃판.
— *vt.* …에 무리를 씌우다 ; …에게 영광을 주다. — *vi.* 무리가 생기다, 후광이 되다.

hal·o·car·bon [hæ̀ləkɑ́ːrbən] *n.* ⓤ 【化】 할로카

본, 할로겐화(化) 탄소.

hálo effèct 【心】 후광〈위광〉 효과.

hal·o·gen [hǽlədʒən, -dʒèn, héi-] *n.* ⓤ 【化】 할로겐.

hal·o·ge·na·tion [hæ̀lədʒənéiʃən, hælɑ̀dʒə-] *n.* ⓤ 할로겐화(化), 할로겐과의 화합.

halp [hælp] *int.* 《美口》 사람 살려.

‡halt¹ [hɔːlt] *vi.* 멈춰서다, 정지〈휴지〉하다.
— *vt.* …을 멈추다, 정지〈휴지〉시키다; 군대를 머무르게 하다.
— *n.*ⓒ (a ~) (1) (멈추어) 섬, 정지 ; 휴지(休止) ; 주군(駐軍) ; 휴식 ; 【컴】 멈춤. (2) 《英》(건물이 없는) 정거장, (전차·버스의) 정류소. ***bring to a ~*** 세우다, 정지시키다. ***call a ~ to*** …에게 정지를 명하다 ; …을 멈추다. ***come to 〈make〉 a ~*** 정지하다, 멈추다, 서다. ***grind to a ~*** ⇨ GRIND.
파) **~·er¹** *n.*

halt² *vi.* 주저하다, 망설이다 ; 머뭇거리며 말하다〈걷다〉 ; (논지(論旨)·운율 따위가) 불완전하다, 유창하지 못하다. ***~ between two opinions*** 두 가지 의견 사이에서 망설이다.
— *n.*, *a.* 《古》 절름발이(의), 절뚝거리는.
파) **~·er²** *n.*

hal·ter³ [hɔ́ːltər] *n.* ⓒ (말의) 고삐 ; 목조르는 밧줄 ; 교수(형) ; 《美》 홀터《어깨에 끈이 달리고 잔등과 팔이 노출된 여자의 운동복》. ***come to the ~*** 교수형을 받다.
— *vt.* …에 굴레를 씌우다, 고삐를 달다《*up*》 ; …을 교수형에 처하다 ; 속박하다, 억제하다.
파) **~·like** *a.*

halt·ing [hɔ́ːltiŋ] *a.* (1) 불완전한, 앞뒤가 맞지 않는 ; 주저하는, 망설이는 ; 위태로운 ; 절름발이의. (2) 유창〈원활〉하지 못한, 더듬거리는.
파) **~·ly** *ad.*

halve [hæv, hɑːv] *vt.* …을 2등분하다 ; 반씩 나누다《*with*》 ; 겹쳐 있다 ; 반감하다. ***~ a hole with*** 【골프】 …와 동점으로 홀인하다. ***~ a match*** 【골프】 동점이 되다《*with*》, 비기다.

·halves [hævz, hɑːvz] HALF의 복수형.

hal·yard [hǽljərd] *n.* ⓒ 【船】 마룻줄《돛·기 따위를 올리고 내림》, 용층줄.

Ham [hæm] *n.* 【聖】 함《노아의 차남 : 창세기 X:1》.

‡ham¹ *n.* (1) ⓤ 햄 ; (*pl.*) 《美》 햄샌드위치. (2)(동물의) 넓적다리 ; (*pl.*) 넓적다리의 뒤쪽, 궁둥이 : squat on one's *~s* 쪼그리고 앉다 ; 《美·英古》 ⓒ 오금. (3) 《美俗》 음식, 식사. (4) (바느질에서) 만곡에 대는 쿠션.

ham² *n.* ⓒ (1) 《美俗》 (연기를 과장하는)엉터리〈서투른〉 배우. (2) 《口》 아마추어 무선기사, 햄. (3) 〔形容詞的〕 《俗》 아마추어의, 서투른, 뒤진.
— (***-mm-***) *vi.*, *vt.* 《口》 연기가 지나치다(overact), 과장되게 연기하다; (이야기)에 감상적 통속성을 부여하다. ***~(it 〈the (whole) thing, part,*** etc.〉) ***up*** 《口》 과장된 연기를 하다.

ham·a·dry·ad [hæ̀mədráiəd, -æd] (*pl.* ***~s, -a·des*** [-ədiːz]) *n.* (1) 【그·로神】 하마드리아스《나무의 요정》. (2) ⓒ =KING COBRA.

ham·a·drý·as babóon [hæ̀mədráiəs-] 【動】 망토비비《아프리카산 ; 고대 이집트에서 신성시했음》.

Ham·burg [hǽmbəːrg] *n.* (1)함부르크《독일 북부의 항도》. (2)(흔히 h-) 《美》 =HAMBURGER.

·ham·burg·er [hǽmbə̀ːrgər] *n.* ⓒ (1) 《美》 =HAMBURG STEAK. (2) ⓤ 햄버그스테이크용의 다진 고기. (3) 《口》 햄버거. (4) (H-) Hamburg 주민 ; 《美俗》 얼굴에 상처투성이인 권투선수 ; 부랑자.

ham·hand·ed, -fist·ed [hǽmhǽndid], [-fístid] *a.* 굉장히 큰 손을 가진 ; 솜씨 없는, 서투른.

Ham·ite [hǽmait] n. ⓒ (1) 【聖】 (Noah의 둘째 아들) Ham의 자손. (2) 햄어족(語族).

Ham·it·ic [hæmítik, hə-] *a.* 햄족(族)의 ; 햄어족(語族)의.
— *n.* ⓤ 햄어(語). 【cf.】 SEMITIC.

·Ham·let [hǽmlit] *n.* 햄릿《Shakespeare 작의 4대 비극의 하나 ; 그 주인공》.

ham·let *n.* ⓒ 작은 마을, 부락, 촌락.

‡ham·mer [hǽmər] *n.* ⓒ (1) 해머, (쇠)망치. (2)해머 모양의 물건 ; 《특히》 (피아노의) 해머 ; (의장·경매자용의) 나무 망치(mallet) ; (총의) 공이치기. (3) (해머 던지기의) 해머: =HAMMER THROW. ***~ and tongs*** 맹렬한 소리〈기세〉로. ***under 〈to〉 the ~*** 경매에 부쳐져서. ***up to the ~*** 《俗》 더할 나위 없이 훌륭한.
— *vt.* (1) 《~+目/+目+副/+目+補》 …을 망치로 치다, 탕탕 두들기다, (못 따위)를 쳐서 박다《*in, into*》 ; (망치로)못을 쳐서 (뚜껑 등)을 붙박다《*down ; up ; on ; onto*》 ; 못을 박아 만들다《*together*》 ; ~ a nail in 못을 두들겨 박다. (2) 《+目+副》(힘들여서) …을 만들어내다, 생각해내다, 안출하다《*out ; together*》 ; (구실 따위)를 만들어내다, 조작하다 : ~ *out* a plan 애써서 계획을 세우다. (3) 《+目+副》(소리 등)을 두드려서 내다 : ~ *out* a tune on the piano 피아노를 쾅쾅 쳐서 곡을 연주하다. (4) 《口》(주먹으로) …을 마구 때리다 ; 맹렬히 포격하다 ; 여지없이 이기다, 쳐부수다. (5) …을 헐뜯다, 혹평하다. (6) 《+目+前+名/+目+副》 (사상 따위)를 억지로 주입시키다, 명기시키다《*home ; in*》.
— *vi.* (1) 《+前+名》(망치로)치다《*at ; on*》 ; 탕탕 두들기다 ; 망치질하는 소리가 나다〈느낌이 들다〉 : ~ *at* the table 테이블을 탕탕 치다. (2) 《+副/+前+名》꾸준히 애쓰다《*at*》 ; (생각 따위가) 끈질기게 떠나지 않다 ; 되풀이해서 강조〈역설〉하다《*away*》 ; 《英方》 떠듬떠듬 말하다. ***~ away at*** (1) …을 꾸준히〈반복하여〉 두드리다. (2) …을 지멸있게 계속하다 ; 반복하여 강조하다. ***~ down*** 못질하다. ***~*** a thing ***into*** a person***'s head*** 어떤 일을 아무에게 주입시키다. ***~*** a thing ***into shape*** 망치로 때려 모양을 내다. ***~out*** (1) (금속 등을) 두드려 펴서 모양을 만들다 ; (문제를)해결하다, (곤란 따위를)애써 타개하다. (2) 안출하다, 애써 만들어내다.

ham·mer-and-tongs [əndtɔ́ːŋz, -tɑ́ŋz] *a.* 맹렬〈격렬〉한, 정력적인.

ham·mer·head [hèd] *n.* ⓒ (1) 망치의 대가리; 굴퉁이, 바보. (2) 【魚】 귀상어(hammer-headed shark).

ham·mer·ing [hǽməriŋ] *n.* ⓤⓒ 해머로 치는 일; (은세공 등의) 두들겨 만든 무늬.

hámmer thròw (the ~) 【競】 해머던지기. 파) **hámmer thròwer** 해머던지기 선수.

hám·ming còde [hǽmiŋ-] 【컴】 해밍부호《회로망위나 기억 영역 안에서의 오류를 검출하여 자동 수정하는 데 쓰는 코드》.

·ham·mock [hǽmək] *n.* ⓒ 해먹《달아맨 그물 침대》. ***sling 〈lash〉 a ~*** 해먹을 달다〈접다〉.

Hám·mond órgan [hǽmənd-] 해먼드오르간《2단 건반의 전기 오르간 ; 商標名》.

H

Ham·mu·ra·bi [hàːmuráːbi, hǽmu-] *n.* 함무라비《BC18 세기경의 바빌로니아 왕 ; 법전 제정자》. ***~'s code*** 함무라비 법전.

·**ham·per**[1] [hǽmpər] *vt.* …을 방해하다(hinder), (동작·진보)를 훼방하다 ; 곤란하게 하다. 【cf.】 hinder[1], obstruct.

ham·per[2] *n.* ⓒ (식료품·의복 따위를 담는) 바구니, (보통 뚜껑 달린) 바스켓 ; 그 속에 담은 식료품.
— *vt.* …을 바구니에 넣다.

Hamp·shire [hǽmpʃiər] *n.* 햄프셔《영국 남해안의 주; 별칭 Hants》; Hampshire 산의 양〈돼지〉의 일종 (=~ **Dówn**).

Hamp·stead [hǽmpstid, -sted] *n.* 햄스테드《런던의 북서구 ; 예술가·문인의 거주지》.

ham·ster [hǽmstər] *n.* ⓒ 햄스터《일종의 큰쥐 : 동유럽·아시아산》, 비단 털쥐.

ham·string [hǽmstrìŋ] *n.* ⓒ 【解】 슬와근(膝窩筋), 오금 ; 규제력, 단속.
— (*p., pp.* ***-strung*** [-strʌ̀ŋ], 《稀》 ***-stringed***) *vt.* 〔종종 受動으로〕 (사람·말 등)의 건을 잘라 절름발이를 만들다 ; 《比》 …을 불구를 만들다, …을 좌절시키다, …을 못 쓰게 만들다, 무력하게 만들다.

Han [hɑːn] *n.* (중국의) 한(漢)나라.

⁝**Hand** [hænd] *n.* (1) ⓒ 손, 팔, (원숭이 따위의) 앞발 ; (붙들 기능이 있는 동물의) 뒷발, 하지(下肢) ; (매 따위의) 발; (게의) 집게발. (2) ⓒ 손 모양의 것, 손의 기능을 가진 것 ; 《특히》 (시계)바늘 ; (바나나) 송이 ; 손가락표 (☞) ; (담뱃잎의) 한 다발. (3) ⓒ (종종 *pl.*) 소유(possession), 점유 ; 관리 ; 지배 ; 돌봄, 보호, 권력. (4) ⓒ 수공, 노력 ; (흔히 *pl.*) 일손, 고용인 ; 직공, 인부 : factory ~*s* 공원, 직공. (5) ⓒ (흔히 a ~)원조의 손길, 조력(assistance) ; 참가 : lend〈give〉 *a* (helping) ~ 조력하다 / keep ~*s* off 간섭하지 않다. (6) ⓤⓒ 힘, 작용 ; 영향력 ; (교섭 따위에서의) 입장. (7) ⓒ 수단, 수법. (8) ⓒ 기량, 솜씨, 재주(*for* ; *in*) : a ~ *for* bread 빵만드는 솜씨. (9) ⓤ 필적 ; 서명, 기명. (10) ⓒ (오른쪽·왼쪽 따위의) 쪽, 측 ; 방면. (11) ⓒ 결혼, 약혼, 서약. (12) ⓒ 【카드】 가진 패 ; 경기자 : have a wretched ~ 패가 형편없다. (13) ⓒ 핸드《손바닥 폭, 4인치》. (14) 〔a big〈good〉 ~로〕 박수 갈채. (15) (a ~)(천·가죽 등의) 감촉. (16) ⓒ (*pl.*) 【蹴】 핸들링《반칙》. ***a bird in the ~*** 확실한 소유물. ***All ~s to the pump(s)!*** ⇨ PUMP. ***a man of his ~s*** 실무에 적격인 사람. ***at second ~*** ⇨ SECOND HAND[2]. ***at*** a person***'s ~s*** = ***at the ~(s) of*** ~의 손에서, 아무의 손으로, …에 의해. ***at*** 〈***on***〉 a person***'s right ~*** 아무의 심복으로서, 오른팔로서. ***be a good*** 〈***poor***〉 ***~ at*** …이 능하다〈서투르다〉, …을 잘하다〈못하다〉. ***by ~*** 손으로, 손으로 만든 〈만들어서〉 ; 사람을 보내어 ; 자필로 ; 자기가 돌보아. ***by*** one***'s own fair ~*** 【戲】 제 손으로, 자기 힘으로. ***change ~s*** 손을 바꾸어 쥐다, 소유주가 바뀌다. ***chuck*** one***'s ~ in*** 《俗》 = throw one's ~ in. ***clean*** one***'s ~s of***… 와의 관계를 끊다, …에서 손을 떼다. ***come to ~*** 손에 들어오다 ; 발견되다, 나타나다; 도착하다. ***decline*** 〈***refuse***〉 ***a man's ~*** (여자가 남자의) 청혼을 거절하다. ***dirty*** one***'s ~ s*** =soil one's ~s. ***do a ~'s turn*** =lift〈raise〉 a ~. ***eat*** 〈***feed***〉 ***out of*** a person***'s ~*** 〔보통 have … eating out of a person's hand 꼴로〕 (기르는 개처럼) 잘 따르다, 시키는 대로 하다. ***fight ~ to ~*** 백병전을 하다, 접전하다. ***force*** a person***'s ~*** ⇨FORCE. ***for*** one***'s own ~*** 자기의 이익을 위하여. ***foul*** one***'s ~s with*** ⇨FOUL. ***from ~ to ~*** 이 손에서 저 손으로, 여러 사람의 손을 거쳐. ***from ~ to mouth*** 하루 벌어 하루 사는. ***get out of ~*** 과도해지다 ; 건잡을 수 없이 되다. ***get… out of ~*** …을 마치다. ***get*** one***'s ~in*** …에 익숙해지다. ***get*** one***'s ~s on*** …을 손에 넣다. ***give*** 〈***lend***〉 a person ***a ~*** ~에게 손을 빌려주다, 도와주다《*to*》 ; 박수를 보내다. ***give*** a person one***'s ~ on*** (a bargain) 아무에게 (계약의 이행)을 굳게 다짐하다. ***give*** one***'s ~ to*** (여자가) …와 약혼하다. ***grow on*** one***'s ~s*** ⇨GROW. ***~ and foot*** 손도 발도, 완전히《사람을 묶다 따위》 ; 손발이 되어, 충실히, 정성껏《아무를 섬기다》. ***~ and glove*** = ***~ in glove*** 절친한 사이로, (…와) 한통속이 되어《*with*》. ***~ in ~*** 손을 맞잡고, 제휴하여 ; 협력하여. ***~ over ~*** = ***~over fist*** 【海】 (밧줄 따위를) 번갈아 잡아 당겨 ; 《口》 죽죽, 부쩍부쩍《벌다·따라가다 등》 : make money ~ *over fist* 자꾸 돈을 벌다. ***~s down*** 1) 노력하지 않고 손쉽게 : win ~*s down* 쉽게 이기다. 2) 분명히. ***Hands off …!*** (…에) 손대지 마시오 ; 관여하지 마라, 손을 떼라. ***Hands up!*** 손들어《항복 하라》 ; (찬성하실 분은) 손을 들어 주시오. ***have a ~ for*** …에 솜씨가 있다, …을 잘하다. ***have*** one***'s ~s free*** 한가하다. ***have*** one***'s ~ full*** (바빠서) 손이 안돌아가다〈꼼짝 못 하다〉, 몹시 바쁘다. ***have*** one***'s ~s tied*** (의무등에 묶여) 자유로 행동할 수 없다. ***heavy on*** 〈***in***〉 ***~*** (말이) 힘 없이 고삐에 매달리어, 주체스러운 ; (사람이)몹시 울적하여, 즐겁게 하기 〈다루기〉 힘든. ***Here's my ~ upon it.*** (악수하며) 찬성이다 ; 약속하다. ***hold ~s*** (특히 남녀가) 정답게 굴다. ***hold*** one***'s ~*** 《英》(처벌 등을) 꺼리다, 참다, 삼가다. ***hold*** a person***'s ~*** ~의 손을 잡다; 격려하다, 지지하다. ***in the ~s of*** …의 수중에 ; …에게 맡겨져서〈조종되어〉. ***join ~s*** 서로 손을 잡다 ; 결혼하다 ; 제휴하다. ***keep*** one***'s ~ in*** 《口》 1)…에 대한 관심을〈지배를〉 지속하다. 2) (끊임없이 연습하여) 실력을 유지하다. ***keep*** one***'s ~s off*** …에 손을 대지 않다; …에 간섭지 않다. ***keep*** one***'s ~s on*** = ***keep a firm ~ on*** …을 꽉 장악하고 있다. ***lay*** 〈***put***〉(one***'s***) ***~(s) on*** 1)…을 손에 넣다 ; (찾고 있던 것을) 찾아내다. 2)…을 잡다, 붙잡다. 3) (축복·성직 수임을 위해) …의 머리에 손을 놓다, 안수하다, …에 손을 대고 축복하다. 4) 폭행하다, 습격하다. ***lay ~s on*** one***self*** 자살하다. ***lie on a*** person***'s ~(s)*** ⇨ LIE[1]. ***lift*** 〈***raise***〉 ***a ~*** 〔흔히 否定으로〕 조금 수고하다. ***lift*** one***'s ~*** 한손을 들고 선서하다. ***lift*** 〈***raise***〉 one***'s ~ to*** 〈***against***〉(때릴 것같이) 손을 들어올리다 ; 공격〈위협〉하다. ***light on ~*** 다루기 쉬운. ***make a ~*** 이득을 보다 ; 효과가 있다, 성공하다, 이루다. ***off ~*** 준비 없이, 당장, 즉석에서. ***off*** a person***'s ~s*** 아무의 손을 떠나서, 아무의 임무가 끝나서. ***oil*** 〈***grease***〉 a person***'s ~*** = grease a person's PALM[1]. ***on all ~s*** =***on every ~*** 1)사방에(서). 2) 모든 사람으로부터, 널리《찬성을 얻다, 요청되다 따위》. ***on ~*** 1) 마침 갖고 있는. 2) 《美》 손 가까이에 ; 마침 동석해서, 출석하여 ; 가까이 (임박하여). ***on*** one***'s*** 〈a person***'s***〉 ***~s*** 1) 자기〈아무〉의 책임이 되어, 2) 자기〈아무〉의 짐이 돼서, 주체할 수 없어. ***on*** (***the***) ***one ~*** 한편으로〈에서〉는. ***on the other ~*** 또 (다른) 한편으로는, 이와 반대로. ***out of ~*** 힘에 겨워 ; 끝나서 ; 즉시 ; 깊이 생각지 않고. ***out of*** a person***'s ~s*** (문제·일 따위가)아무의 관리를 〈책임을〉떠나서. ***play into*** a

H

person**'s** 〈**one another**〉 **~s** ⇨ PLAY. **put** 〈**dip**〉 one**'s ~ in** one**'s pocket** ⇨POCKET. **put** 〈**set**〉 one**'s ~ to** 1) …을 잡다. 2) …에 착수하다, …에 종사하다. **raise a ~** =lift a ~. **raise** one**'s ~ to** 〈**against**〉 =lift one's ~ to 〈against〉. **ready to** (one**'s**) ~ =under one's ~. **see the ~** 〈**finger**〉 **of God in** …에서 신의 조화를〈힘을〉 보다〈생각하다〉. **set** one**'s ~ to** (서류)에 서명하다 ; …에 손을 대다, …에 착수하다. **shake** a person**'s ~** = **shake ~ s with** a person 아무와 악수하다. **show** 〈**reveal**〉 one**'s ~** 손 속을 펴 보이다 ; 계획을 털어놓다. **sit on** one**'s ~s** 팔짱을 끼고 (보고) 있다, 수수 방관하다 ; 갈채하지 않다, 감동하지 않다. **left ~ does not know what** his **right ~ is doing** 조직의 일부가 다른 부분이 하는 일을 모르고 제각각이다. **soil**〈**dirty**〉 one**'s ~s** (…에 관계하여) 손을 더럽히다《with》. **stand** a person**'s ~** 《英口》 ~의 셈〈외상〉을 치르다, 한턱 내다. **stay** a person**'s ~** 《文語》 때리려는 손을 붙들다, ~의 행동을 막다. **strengthen** a person**'s ~** ~의 입장을 유리하게 하다〈굳히다〉, 아무를 적극적으로 행동하게 하다. **strike ~ s** 협력을 약속하다 ; 계약을 맺다. **take a ~ in** 〈**at**〉 …에 관여〈관계〉하다, …에 손을 대다. **take** a person **by the ~** 아무의 손을 잡다; 아무를 보호해 주다. **take ... in ~** (…의 관리를) 떠맡다, 인수하다, 처리하다, 결말을 짓다; 훈련하다 : *take* the orphan *in* ~ 그 고아의 뒷바라지를 떠맡다. **take matters into** one**'s own ~s** (책임자가 응해 주지 않아서) 자기 스스로 일을 추진하다. **take** one**'s life in** one**'s** (**own**) **~s** ⇨ LIFE. **take the law into** one**'s own ~s** ⇨ LAW[1]. **throw in** one**'s ~** = **throw** one**'s ~ in** (계획·게임을) 가망 없는 것으로 단념하다, 포기하다, 내던지다. **tip** one**'s ~** 《美》 = show one's ~. **to ~** 손 닿는 곳에, 수중에, 소유하여. **to** one**'s ~** 1) 안성 맞춤으로, 요행으로. 2) 길들여, 복종시켜. **try** one**'s ~** (처음 으로 시험삼아) 해 보다《at》 ; 솜씨를 시험해 보다. **turn a ~** 〈흔히 否定文〉 원조의 손을 뻗치다, 돕다. **turn** one**'s** 〈**a**〉 **~ to**= put one's ~ to. **under ~** 비밀히. **under** one**'s ~** 손 가까이에 있는, 수중에 있는 ; 바로 쓸 수 있는. **under the ~ of** …의 서명(署名)부로. **wash** one**'s ~s** 《婉》 변소에 가다 ; …에서 손을 떼다, …와 관계를 끊다《of》.

— *vt.* (1) 《+目+目/+目+前+名》 …을 건네〈넘겨〉주다, 수교하다, 주다《to》 ; (음식 담은 접시 따위)를 집어주다, 돌리다 ; (편지 따위로) 보내다. (2) 《+目+前+名》 …을 손을 잡고 인도하다, 손으로 돕다《to; into ; out of ; across ; over》. (3)【海】 (돛)을 접다, 말아 올리다. **~ back** (주인에게) 되돌려 주다, 반환하다《to》. **~ down** 〔흔히 受動으로〕 (1) 손을 잡고 (차 등에서) 내려주다. (2) (판결을) 언도하다. (3) 유산으로 남기다, (특징 등을) 유전하다, (후세에) 전하다《to》. **~ in** 건네주다, 수교하다 ; (보고서 등을) 제출하다. **~ in** one**'s dinner pail** 《俗》 죽다; 사직하다. **~ it to** a person 《口》 상대의 승리를 인정하다, 아무의 우수성을 인정하다 ; 아무에게 경의를 표하다. **~ off** (*vt.*) 【美蹴】 (공)을 가까운 자기 팀 선수에게 넘기다 ; 【럭비】 손으로 (상대편)을 밀어제치다. **~ on** 차례로 건네주다, 돌리다, 알려주다 ; (재산·전통 등을) 전하다, 남기다. **~ out** 나눠 주다, 도르다 ; 돈을 내다 ; (비판등을) 가하다. **~ over** (*vt.*) …을 건네주다 ; 양도하다. (*vi.*) 【軍】 임무·명령 등을 인계하다《to》. **~ round** 〈**around**〉 차례로 돌리다, 나누어 주다, 도르다. **~ up** (낮은 데서 높은 데로) 건네주다, 인도하다 ; 《美俗》(기소장을) 상급 법원에 제출하다.

hánd àx 〈《英》 **àxe**〉 자귀, 손도끼.

·**hand·bag** [hǽndbæ̀g] *n.* ⓒ 핸드백, 손가방.

hand·ball [-bɔ̀ːl] *n.* (1) ⓤ 벽에서 튀는 공을 상대방이 받게 하는 구기(球技). (2) ⓤ 핸드볼, 송구. (3) ⓒ 핸드볼 공.

hand·bar·row [-bæ̀rou] *n.* ⓒ (1) (들것 식의)운반기. (2) (하나 혹은 두 바퀴) 손수레(hand-cart).

·**hand·book** [-bùk] *n.* ⓒ (1) 편람(manual), 안내 ; 참고서. (2) 안내서, 여행 안내. (3) 논문집. (4) (경마에) 건 돈을 기입하는 장부.

hand·breadth [-brèdθ, -brètθ] *n.* ⓒ 손의 폭《4 인치, 10.16 cm》.

hand·car [hǽndkɑ̀ːr] *n.* ⓒ 【美鐵】 핸드카, (선로 보수용의 소형) 수동차(手動車).

hand·cart [-kɑ̀ːrt] n.ⓒ (보통 바퀴가 둘이고 손잡이가 긴) 손수레.

hand·clap [-klæ̀p] *n.* ⓒ 박수, 손뼉.

hand·clasp [-klæ̀sp, -klɑ̀ːsp] *n.* ⓒ (굳은) 악수.

hand·cuff [-kʌ̀f] *n.* ⓒ (흔히 *pl.*) 수갑, 쇠고랑.

— *vt.* …에게 수갑을 채우다 ; …의 자유를 빼앗다, 구속하다 ; 무력하게 하다.

(-)**hand·ed** [hǽndid] *a.* …의 손을 가진 ; …의 인원수로 하는《놀이 따위》 ; 【機】 (나사 따위가) …(쪽)으로 도는 〈돌리는〉.

Han·del [hǽndl] *n.* **George Frederic**(**k**) **~** 헨델《독일 태생의 영국의 작곡가 ; 1685-1759》.

*****hand·ful** [hǽndfùl] (*pl.* **~s, hands·ful** [-dz-]) *n.* ⓒ (1) 한 움큼, 손에 그득, 한 줌(의 양). (2) (a ~)소량, 소수《of》. (3) 《口》 다루기 힘든 사람〈물건, 일〉 ; 귀찮은 존재.

hánd glàss (1) 손거울. (2) 자루 달린 돋보기, (독서용의) 확대경.

hand·grip [-grìp] *n.* ⓒ (1) 악수. (2) 손잡이, 자루, (자전거 등의) 핸들 ; (여행용의) 대형 가방. (3) (*pl.*) 드잡이, 격투, 접근전 : come to ~*s* 드잡이하다(맞붙어 싸우다).

hand·gun [-gʌ̀n] *n.* ⓒ 피스톨, 권총(pistol).

hand-held [-hèld] *a.* 〔限定的〕 손에 든 ; 손으로 쥘만한 크기의 ; 한손〈양손〉으로 사용하는 ; (사진기 따위를) 손으로 들고 촬영하는, 포켓용의.

hand·hold [-hòuld] *n.* ⓒ (1) 손으로 쥠, 파악. (2) 손잡을 곳, (붙)잡을 데.

【cf.】 FOOTHOLD.

*****hand·i·cap** [hǽndikæ̀p] *n.* ⓒ (1) 핸디캡, (2)핸디캡이 붙은 경기. (3) 불이익, 불리한 조건 ; 신체장애; 어려움.

— (**-pp-**) *vt.* (1) …에게 핸디캡을 붙이다. (2) 〔종종 受動으로〕 …을 불리한 입장에 두다. (3) …을 방해하다 ; 약하게 하다. (4) 《美》 (경마 따위)의 승자를 예상하다. (경기자)에게 승패의 확률을 매기다.

— *vi.* 경마의 예상자 노릇을 하다.

hand·i·capped [-kæ̀pt] *a.* 신체〈정신〉적 장애가 있는, 불구의 ; (경기에서)핸디캡이 붙은 ; (the ~ ; 名詞的으로 複數취급) 신체〈정신〉 장애자.

·**hand·i·craft** [hǽndikræ̀ft, -krɑ̀ːft] *n.* (1) ⓒ (흔히 *pl.*) 수세공(手細工), 수공예, 손일. (2) ⓤ 손끝의 숙련, 손재주.

Hand·ie-Talk·ie [hǽnditɔ́ːki] *n.* 휴대용 소형 무선 송수신기《商標名》.

H

hand·i·ly [hǽndili] *ad.* (1) 교묘히, 재빨리. (2)수월하게, 용이하게. (3) 알맞게, 편리하게.

hand·i·ness[hǽndinis] *n.* ⓤ (1) 솜씨가 좋음 ; 알맞음. (2) 편리, 간편.

hand-in-hand [hǽndinhǽnd] *a.* 손에 손을 잡은, 친밀한 ; 잘 어울리는, 알맞은, 나란히 선.

hand·i·work[hǽndiwə̀ːrk] *n.* (1) ⓤⓒ 손일, 수세공(품), 수공(품). (2) ⓤ 제작, 공작(operation). (3) ⓤ 짓, 소행.

·**hand·ker·chief** [hǽŋkərtʃif, -tʃìːf] (*pl.* **~s** [-tʃifs, -tʃìːfs], **-chieves** [-tʃìːvz]) *n.* ⓒ 손수건(pocket ~). throw the ~ (to) 손수건을 던지다.

hánd lànguage (벙어리의) 수화(手話)(법).

:**han·dle** [hǽndl] *n.* ⓒ (1) 손잡이, 핸들, 자루. (2) 손잡을 곳, 실마리, 수단 ; 틈탈〈편승할〉 기회, 구실《*to*》. (3) 《俗》 직함(title), 이름《특히 given name》, 별명《*to*》 : a ~ *to* one's name 직함, 경칭《Dr., Rev. 따위》. (4) (노름·경마의) 판돈 총액 ; 《美俗》 쏠쏠한 이득. (5) (직물의) 감촉. (6) 【컴】 다룸, 다루기, 핸들.
— *vt.* (1) …에 손을 대다, (손으로) …을 **다루다**, 사용하다, 조종하다. (2) …을 취급하다(treat), 처리하다 ; (문제)를 논하다, 다루다. (3) …를 대우하다; (군대 따위)를 지휘하다. (4) (상품)을 다루다, 장사하다. (5) (말)을 길들이다.
— *vi.* 《+副》〔well 따위 副詞를 수반하여〕 (차·배 따위가) 취급 〈조종〉되다, 다루기가 …하다 : This car ~*s* well (easily) 이 차는 조종하기가 편하다.

han·dle·bar [hǽndlbɑ̀ːr] *n.* ⓒ (종종 *pl.*) (자전거의) 핸들(바).

han·dler [hǽndlər] *n.* ⓒ 손으로 만지는 사람 ; 다루는 사람 ; 【拳】 트레이너 ; 세컨드.

han·dling [hǽndliŋ] *n.* ⓤ (1) 취급, 조작, 손을 대기. (2) 【蹴】 핸들링, 핸드. (3) (상품의)출하 : ~ charges 화물 취급료.

hánd lùggage 수화물.

hand·made [ˊméid] *a.* 손으로 만든, 수세공의.

hand-me-down [hǽn*d*midàun] *a.* 〔限定的〕 기성품의, 값싼 ; 중고의.
— *n.* ⓒ (보통 *pl.*) 헌 옷 : 윗사람에게서 물려받은 것 (《英》 reach-me-down).

hand·out [ˊàut] *n.* ⓒ (1) (가난한 사람에게 베푸는) 구호품. (2) 상품 안내〈견본〉. (3) (정부가 신문사에 돌리는) 공식 성명 ; (교실·회의 등에서의)배포 인쇄물, 유인물.

hand-o·ver [ˊòuvər] *n.* ⓤ (책임·권력 등의) 이양.

hand·pick [ˊpík] *vt.* (과일 등)을 손으로 따다 (pick by hand) ; 정선하다 ; …을 주의하여 뽑다.

hands-down [hǽndzdáun] *a.* (1) 쉬운, 용이한 : a ~ victory. (2) 확실한, 틀림없는.

hand·sel [hǽnsəl] *n.* ⓒ 새해 선물 ; (개업 따위를 축하하는)선물 ; (결혼식 날에) 신랑이 신부에게 보내는 선물 ; 마수걸이(의 돈) ; 첫 지불 ; 첫 시험 ; 시식(試食) ; 《古》 계약금.
— *vt.* 선물을 보내다, 첫손을 대다 ｝.

·**hand·shake** [ˊʃèik] *n.* ⓒ (1) 악수. (2) =GOLDEN HANDSHAKE.
파) **hánd·shàk·ing** *n.* 【컴】 주고받기《전기적으로 연결된 두 장치간에서 데이터를 교환할 때 동기(同期)를 맞추기 위해 일련의 신호를 주고받는 절차》.

hands-off [hǽndzɔ́(ː)f, -ɑ́f] *a.* 〔限定的〕 불(무)간섭(주의)의 : a ~ policy 불간섭 정책.

:**hand·some** [hǽnsəm] (**-som·er ; -som·est**) *a.* (1) 풍채좋은, (얼굴이) 잘생긴, (균형이 잡혀) 단정한. (2) 훌륭한, 당당한 ; 《美口》 재주 있는, 능란한. (3) 꽤 큰, 상당한《금액·재산 따위》. (4)활수한, 손이 큰, 후한. (5) 《美方》 어울리는, 알맞은. ***do the ~ thing by*** …을 우대하다.
— *ad.* 〔다음 成句에서〕 *do* a person ~ = do a person PROUD.
파) **~·ly** *ad.*

hands-on[hǽndzɑ́n, -ɔ́(ː)n] *a.* 〔限定的〕 실제의, 실천의, 실제 훈련의.

hand·spike [ˊspàik] *n.* ⓒ (나무) 지레.

hand·spring [ˊspriŋ] *n.* ⓒ (땅에 손을 짚고 하는) 재주넘기. turn ~s 재주넘다.

hand-to-hand [ˊtəhǽnd] *a.* 〔限定的〕 백병전의, 드잡이의, 일대일로 붙는.

hand-to-mouth [ˊtəmáuθ] *a.* 그날그날 살아가는 ; 일시 모면의

hand·work [ˊwə̀ːrk] *n.* ⓤ 수공, 수세공, 손으로 하는 일. 파) **-worked** [-kt] *a.* 손으로 만든.

hand·wo·ven [ˊwóuvən] *a.* 손으로 짠, 수직의.

hand·write [ˊràit] *vt.* 손으로 쓰다.

:**hand·writ·ing** [ˊràitiŋ] *n.* ⓤ 손으로 씀, 육필 ; 필적, 서풍(書風) ; ⓒ 필사물(筆寫物)(manuscript). (***see*** 〈***read***〉) ***the ~ on the wall*** 【聖】 재앙의 전조(조짐)를 알아차리다).

hand·writ·ten [ˊrìtn] *a.* 손으로 쓴.

:**handy** [hǽndi] (**hand·i·er ; -i·est**) *a.* (1) 알맞은 ; (배·연장 따위가) 다루기 쉬운. (2) 편리한, 간편한. (3) 〔敍述的〕 능숙한, 손재주 있는, 솜씨 좋은(dexterous), 재빠른《*with* ; *at*》. (4) 〔敍述的〕 가까이 있는, 쓸 수 있는. ***come in ~*** 여러모로편리하다, 곧 쓸 수 있다 . — *ad.* 《口》 곁에, 바로 가까이에.

hand·y·man [-mæ̀n] (*pl.* **-men** [-mèn]) *n.* ⓒ 잡역부 ; 재주 있는 사내〈수병〉.

:**hang** [hæŋ] (*p.*, *pp.* **hung** [hʌŋ], **hanged**) *vt.* (1) 《+目+副/+目+前+名》 …을 매달다, 걸다, 늘어뜨리다, 내리다《*to* ; *on* ; *from*》 : ~ curtain *on* a window 창문에 커튼을 치다. (2) (*p.*, *pp.* **hanged**) …을 목매달다, 교수형에 처하다. (3)(고개·얼굴)을 숙이다. (4) 《+目+前+名》〔종종 受動으로〕 (벽지 등)을 바르다, (족자 따위로) …을 꾸미다 《*with*》. (5) (그림 따위)를 전시〈진열〉하다. (6)《+目+前+名》 …을 달다, 끼우다《문짝을 문설주에, 손잡이를 기구에》 : ~ an ax *to* its helve 도끼에 자루를 끼우다. (7) (첨가물)을 덧붙이다 ; (별명 따위)를 붙이다《*on*》. (8) 《俗》 (타격)을 가하다《*on*》. (9) 《美》 (특성 배심원의 반대로)의 평결이 불가능하게 하다. (10) (책임·죄)를 씌우다, 전가하다《*on*》.
— *vi.* (1) 《+副/+前+名/+補》 매달리다, 늘어지다, 걸리다 : pictures ~*ing above* 머리 위에 걸려 있는 그림. (2) 허공에 뜨다, 드리워지다, 공중에 떠돌다. (3) 《+前+名》 뒤덮다, 내밀다《*over*》 ; (위험등이) 다가오다《*on* ; *over*》 : a huge rock ~*ing over* the stream 시내 위로 돌출한 큰 바위. (4) (*p.*, *pp.* **hanged**) 교살당하다 ; 교수형에 처해지다. (5) 《+前+名》(문짝이) 경첩으로 자유로이 움직이다 : a door ~*ing on* its hinges 경첩으로 자유로이 움직이는 문. (6) 《+前+名》(…에) 걸리다, 달리다, (…)나름이다《*on* 》 : a question *on* which life and death ~ 생사에 관계되는 문제. (7) 《+前+名》 달라붙다, 매달리다, 기대다《*on* ; *onto*》. (8) 《+前+名/+副》 우물쭈물하다 ; 어물거리다 ; 서성대

다《*about* ; *around*》. (9) 《~/+前+名》 망설이다, 주저하다. . (10) 《~/+前+名》 그대로 두다, 결정을 보류하다. (11) 《+前+名》 【美術】 (전람회 등에) 출품〈진열〉되다 : His works ~ *in* the Metropolitan Museum of Art. 그의 작품은 메트로폴리탄 미술관에 진열되어 있다. (12) 《+前+名》 주의(귀)를 기울이다, 물끄러미 지켜보다, 귀담아 듣다 : I *hung on* her every word 〈her words, her lips〉. 나는 그녀의 말을 한 마디도 놓치지 않으려고 귀를 기울였다.

be* 〈*get*〉 *hung up on* 〈*about*〉...** 《口》 …에 열중하고 있다, …로 머리가 꽉 차 있다 ; 괴로워하다. ***go ~ 1) 〔Go ~ yourself! 형의 명령문으로〕 《俗》 꺼져라, 뒈져라. 2) 〔흔히 let ... go ~ 형으로〕 《口》 …을 내버려두다, 무시하다 : Don't *let* your opportunity *go* ~. 모처럼의 기회를 내버려두지 마라. ***~ a right* 〈*left*〉** 《美俗》 (스키·차의 운전에서) 오른쪽〈왼쪽〉으로 돌다〈커브를 틀다〉. ***~ around* 〈*about*〉** 1) …에게 귀찮게 달라붙다 ; (~와) 어울리다, 사귀다《*with*》. 2) 《口》 방황하다, 어슬렁〈꾸물〉거리다 ; (전화를 끊지 않고) 기다리다. ***~ back*** 주춤거리다, 머뭇거리다. ***~ behind*** 뒤지다, 처지다. ***~ by a* (*single*) *hair* 〈*a thread*〉** 풍전 등화〈위기 일발〉이다 : The sick man's life *hung by a thread.* 그 환자의 목숨은 풍전등화였다. ***~ down*** 늘어지다 ; 늘어뜨리다 ; 전해지다. ***~ fire*** ⇨ FIRE. ***~ five* 〈*ten*〉** (체중을 앞에 실어) 한쪽〈양쪽〉 발가락을 서프보드의 앞끝에 걸고 보드를 타다. ***~ heavy* 〈*heavily*〉 *on* 〈*upon*〉** a person 〈a person***'s hand***〉 (시간·물건이) ~에게 짐스럽다, 견디기 힘들다 ; 따분하다. ***~ in the balance* 〈*air, wind, doubt*〉** 미결이다, 불안정한 상태에 있다. ***~ in* (*there*)** 《口》 곤란을 견디다, 버티다. ***Hang it* (*all*)!** 제기랄, 빌어먹을. ***~ it out*** 대화를 통해 충분히 이해하게 되다. ***~ loose*** (팽팽하던 것이) 축 처지다 ; 《美俗》 마음 편히 쉬다, 푸근히 있다.

~ off 놓아주다 ; = ***~ back. ~ on*** 1) …을 꼭 붙잡다, …에 매달리다, 붙잡고 늘어지다, (소유물을) 놓지 않다《*to*》 ; (사람 곁을) 떠나지 않다 ; 일을 계속해 나가다, 버티어나가다《*at*》 ; …에 주의를 기울이다. 2)〔on은 前置詞〕 ⇨ *vi.* (6), (12). ***~ one on*** 《속》 …에게 일격을 가하다, 두들겨 패다 ; 억병으로 취하다. ***~ out*** 1)(간판·기 따위를) 걸다, 내다; (세탁물을) 밖에 말리다 ; (개의 혀 따위)가 밖으로 늘어지다 ; 몸을 내밀다《*of* 》 : ~ *out of* the window 창문에서 몸을 내밀다. 2) …와 교제하다, 어울리다《*with*》. 3) 《口》 살다, 묵다《*at* ; *in*》 ; 《美俗》 (바·drugstore 등)에 노상 가서 살다, …을 서성거리다 ; …에 잘 가다. 4) 〔종종 let it all ~ out〕 《美俗》 멋대로 행동하다〈지껄이다〉, 탁 터놓다, 드러내 보이다, 털어놓다. ***~ out for*** 끝가지 수장〈요구〉하다. ***~ over*** 1) …의 위로 튀어나와 있다; …에 다가오다, …을 위협하다. 2) 《俗》 (상태 따위가) 뒤까지 남다, 잔존하다; (결정·안건 등이) 미결 상태이다. ***~ round*** = ~ around. ~ one***self*** 목매어 죽다. ~ one***'s head*** ⇨ HEAD. ***~ together*** 1) 단결하다 ; 찰싹 달라붙다, 혼연 일체를 이루다. 2) (말 따위가) 앞뒤가 맞다, 조리가 서다. ***~ tough*** 《美俗》결심을 바꾸지 않다, 참고 견디다. ***~ up*** 1)(행어·모자걸이 등에)걸다, 매달다《*on*》. 2) 〔종종 受動으로〕 …의 진행을 늦추다, 지체시키다. 3) 《口》 〔흔히 受動으로〕 (…로) 꼼짝 못 하게 되다, (…에) 구애되게 하다《*on*》. 4) 《口》 (사람을) 괴롭히다. 5) 전화를 끊다《*on*》 : ~ *up on* a person ~가 말하는 중에 전화를 끊다. (6)《美口》 (경기 등에서 (신)기록을) 만들다 ; 〔흔히 命令法〕 《美俗》 (말·장난 등에 대하여) 그만둬〈해〉. ***~ up a bill*** 묵살하다. ***~ up*** one***'s hat in another's house*** 남의 집에 오래 묵다. ***~ up with*** 《俗》 …와 어깨를 나란히 하다. ***hung up*** ⇨ HUNG. ***I'll be ~ed if ....*** 결단코 …안 하다 ; 절대로 …한 일은 없다. ***leave ... ~ing* (*in the air*)** …을 미결인 채로 두다. ***let it all ~ out*** 《口》 ⇨ OUT(4). ***Thereby ~s a tale.*** ⇨ TALE.

— *n.* (1) ⓤ (흔히 the ~) 걸림새, 늘어진 모양 ; 속력〈움직임〉 등의 느려짐, 둔해짐. (2) ⓤ (흔히 the ~) 《美口》 (바른) 취급법, 사용법, 요령, 하는 법. (3) ⓤ (흔히 the ~) 《口》 (문제·의론 따위의)의미, 취지. (4) (a ~) 《口》 조금도《'a damn' 보다 가벼운 표현》.

get* 〈*have, see*〉 *the ~ of ... = ***get into the ~ of ...*** 《口》 다루는 법을 알게 되다, …의 요령을 터득하다. ***lose the ~ of ...*** = ***get out of the ~ of ...*** 《口》 …의 요령을 잊다〈모르게 되다〉. ***not give* 〈*care*〉 *a ~*** 《口》 조금도 상관 않다.

hang·ar [hǽŋər] *n.* ⓒ 격납고; 곳집; 차고.
— *vt.* 격납고에 넣다.

hang·dog [ˊdɔ̀(:)g, ˊdɑ̀g] *a.* 〔限定的〕 살금거리는, 비굴한, 비열한.

·hang·er [hǽŋər] *n.* ⓒ (1) 매다는〈거는〉 사람, (포스터 등을) 붙이는 사람 ; 교수형 집행인. (2) (물건을) 매다는〈거는〉 것 ; 옷걸이 ; 달아매는 (밧)줄 ; 갈고리 ; 자재(自在)갈고리《늘였다 줄였다 할 수 있는》. (3) S자 모양의 선《활자 위치를 바꾸라는 표시의》 ; (글씨 연습용의) 갈고리(꼴).

hang·er-on [hǽŋərán, -ɔ́(:)n] (*pl.* ***hang·ers-*** [-ərz-]) *n.* ⓒ 《口》 식객 ; 부하, 언제나 따라다니는 사람; 《口》 애착을 갖는 사람, (어떤 장소에) 늘 오는 사람.

hang-glide [hǽŋglàid] *vi.* 행글라이더로 날다.

háng glìder 행글라이더(활공기) ; 또 활공하는 사람.

háng glìding 행글라이딩.

·hang·ing [hǽŋiŋ] *n.* (1) ⓤ 걸기, 매달려 늘어짐. (2) ⓤⓒ 교수형, 교살. (3) ⓒ (*pl.*) 벽걸이 천 ; 커튼 ; 벽지(wallpaper).
— *a.* 〔限定的〕 교수형 (처분)의 : a ~ offense 교수형에 해당하는 죄.

hánging válley 【地】 현곡(懸谷), 걸린 곡.

hang·man [hǽŋmən] (*pl.* ***-men*** [-mən]) *n.* ⓒ 교수형 집행인. 【cf.】 hanger.

hang·nail [ˊnèil] *n.* ⓒ (손가락의) 거스러미.

hang-on-the-wall [ˊɑːnðəwɔ̀ːl, -ɔ(:)n-] *a.* 벽걸이식의 : a ~ television 벽걸이식 TV.

hang-out [ˊàut] *n.* 《美俗》 (정보·비밀 등의) 전면 공개, 폭로.

hang·out *n.* ⓒ 《口》 (악한 등의) 소굴, 연락 장소 ; 집 ; 즐겨찾는 곳 ; 《口》 저급한 오락장.

hang-up [hǽŋʌ̀p] *n.* ⓒ 《俗》 (1) 정신적 장애, 고민, 곤란, 문제, 콤플렉스 ; 약점. (2) 장해. (3) 【컴】 단절《컴퓨터 프로그램의 수행 도중 뜻 밖의 원인으로 수행이 중단되는 것》.

hank [hæŋk] *n.* ⓒ 다발, 묶음, (실 등의) 타래 ; 실한 타래 ; 한 테실.

han·ker [hǽŋkər] *vi.* 동경하다, 갈망〈열망〉하다《*after* ; *for* ; *to do*》.

han·ker·ing [hǽŋkəriŋ] *n.* ⓒ (흔히 a ~) 《口》

H

동경, 갈망, 열망《*after* ; *for* ; *to do*》: She had a ~ to own a car. 몹시 차를 갖고 싶어했다 / have *a* ~ *to* go abroad 외국에 가기를 열망하다.
— *a.* 갈망하는.

han·ky, han·kie [hǽŋki] *n.* 《口》 손수건.

han·ky-pan·ky [hǽŋkipǽŋki] *n.* ⓤ 《口》 협잡 ; 사기 ; 요술 ; 협의쩍은〈떳떳하지 못한〉 일 ; 간통. ***be up to some ~*** (떳떳치 못한) 의심스러운 짓을 하고 있다.

Han·ni·bal [hǽnəbəl] *n.* 한니발《카르타고의 장군 ; 247-183 B.C.》.

Han·o·ve·ri·an [hæ̀nouvíəriən] *a.* Hanover 주의. — *n.* ⓒ Hanover 사람〈주민〉.

Han·sard [hǽnsərd] *n.* ⓤ 영국 국회 의사록.

Han·se·át·ic Léague [hæ̀nsiǽtik-] (the ~) 한자 동맹.

han·sel [hǽnsəl] n., *vt.* = HANDSEL.

han·som [hǽnsəm] *n.* ⓒ 한층 높은 마부석이 뒤에 있고 말 한 필이 끄는 2인승 2륜 마차.

Hants [hænts] *n.* =HAMPSHIRE.

Ha·nuk·kah, -nu·kah [há:nəkə] *n.* 【유대敎】 하누카《신전 정화 기념 제전, 성전 헌당 기념일》.

hap·haz·ard [hǽphæ̀zərd] *n.* ⓤ 우연(chance). — [-ㅅ-] *a.* 우연한 ; 되는 대로의. ***at*** (***by***) ~ 우연히, 되는 대로.
— *ad.* 우연히 ; 함부로.

hap·less [hǽplis] *a.* 불운한, 운 나쁜, 불행한.

hap'orth, ha'porth, ha'p'orth [héipərθ] *n.* 《英口》 반 페니 어치의 물건.

⁑**hap·pen** [hǽpən] *vi.* (1) 《~/+前+名》 (어떤 일이) 일어나다, 생기다. (2) 《+*to do*/+*that* 節》 마침 〈공교롭게〉 …하다, 우연히 …하다(chance) : I ~*ed* to be out 〈*to* hear it〉. 공교롭게도 외출 중이었다 〈그것을 들었다〉. (3) a〕 《~/+前+名》 《美口》 (우연히) 나타나다 ; 우연히 발견하다 《*on, upon*》. b〕 《+副》 우연히 있다〈오다, 가다, 들르다〉 《*in* ; *along* ; *by*》.
as if ~s 우연히, 마침, 공교롭게. ***~ what may*** 〈***will***〉 =***whatever may ~*** 어떤 일이 있더라도. ***if anything should ~ to*** …에게 만일의 사태가 일어나면《'만약 죽으면'의 뜻》. ***Never ~ !*** 말도 안돼, 절대로 안 돼.

·**hap·pen·ing** [hǽpəniŋ] *n.* ⓒ (1) (종종 *pl.*) 사건, 사고. (2) (종종 관객도 참가하는) 즉흥극〈연기〉, 해프닝(쇼).
— *a.* 《俗》현대적인, 최신의, 최신 유행의.

hap·pen·stance [hǽpənstæ̀ns] *n.* ⓒ 《美》 우연한〈뜻하지 않은〉 일, 생각지도 않은 일.

·**hap·pi·ly** [hǽpili] (***more ~; most ~***) *ad.* (1)행복하게, 유쾌히. (2) 운좋게, 다행히 : *Happily*, he did not die. 다행히도 그는 목숨을 잃지 않았다. (3) 기꺼이, 자진해서. (4) 알맞게, 적절히〈표현하다 따위〉.

⁑**hap·pi·ness** [hǽpinis] *n.* ⓤ (1) 행복, 행운. (2) 만족, 유쾌. (3) (평(評)·용어 등의) 적절(felicity), 교묘.

⁑**hap·py** [hǽpi] (***-pi·er ; -pi·est***) *a.* (1) 〔限定的〕 행운의, 경사스러운. (2) 〔敍述的〕 기쁜, 즐거운, 행복에 가득찬. (3) 〔敍述的〕 만족해 하는 만족한《*with* ; *about*》: He's ~ *with* his new job. 그는 새 일에 만족하고 있다. (4) 회색이 도는, 즐거운 듯한. (5) 아주 어울리는, 적절한. (6) 《口》 a〕 〔敍述的〕 거나한, 한잔 한 기분인, 휘청거리는. b〕 〔複合語의 제2요소로〕 …을 좋아〈사랑〉하는 ; 멍해진 ; 넋을 잃은 : ⇨ TRIGGER-HAPPY.
(***as***) ***~ as a king*** 〈***lark***〉 = (***as***) ***~ as the day is long*** 매우 행복스러운, 참으로 마음 편한. ***as ~ as ~ can be*** 더 없이 행복한. ***be ~ in*** 1) 다행히도 …을 갖다. 2) …을 잘하다 : He *is* ~ *in* his expressions. 그는 말주변이 좋다. ***~ as a pig in shit*** 《俗》 몹시 만족하고 있는. ***Happy birthday*** (***to you***)***!*** 생일을 축하합니다.

háppy dispátch 《戲》 할복 (자살).

háppy evént 경사, 《특히》 출산, 탄생.

hap·py-go-lucky [hǽpigoulʌ́ki] *a.* 마음 편한, 낙천적인 ; 되는 대로의, 운에 내맡기는.
— *ad.* 태평스럽게.

háppy hóur 《美口》 (술집 등에서의) 서비스 타임 《할인 또는 무료 제공되는》 ; (회사·대학에서의) 비공식적인 모임의 시간.

háppy húnting gròund (아메리카 인디언들의) 극락, 천국 ; 만물이 풍성한 곳 ; 절호의 활동장소.

háppy lánd 천국(heaven).

háppy médium (흔히 *sing.*) (양극단의) 중간, 중용(中庸) (golden mean), 중도(中道). ***strike*** 〈***hit***〉 ***the*** 〈***a***〉 ~ 중용을 취하다.

ha·rangue [hərǽŋ] *n.* ⓒ 열변 ; 긴 연설, 장황한 이야기, 장광설(長廣舌).
— *vi., vt.* 열변을 토하다, 장광설을 늘어놓다.

·**har·ass** [hǽrəs, hərǽs] *vt.* 《~+目/+目+前+名》 (사람)을 괴롭히다, 애먹이다 ; 【軍】 (적)을 쉴새없이 공격하여) 괴롭히다.

ha·rassed [hərǽst, hǽrəst] *a.* 지친, …로 시달려 지친 ; 성가신 듯한, 시달린 ; 불안한, 근심스러운.

har·ass·ment [hǽrəsmənt, hərǽs-] *n.* (1) ⓤ harass하기 ; 애먹음. (2) ⓒ 괴로움, 골칫거리.

har·bin·ger [há:rbindʒər] *n.* ⓒ 선구자 ; 전조(前兆) : a ~ of a storm 폭풍우의 전조.
— *vi.* 미리 알리다.

⁑**har·bor,** 《英》 **-bour** [há:rbər] *n.* ⓤ,ⓒ (1) 항구, 배가 닿는 곳. (2) 피난처, 잠복처, 은신처. (3)(전동차·장갑차 등의)차고. ***give ~ to*** …을 숨기다, …을 은닉하다. ***~ of refuge*** 피난항. ***in ~*** 입항 중에, 정박 중인.
— *vt.* (1) …에게 피난〈은신〉처를 제공하다 ; …을 감추다, (죄인 등)을 숨기다 : ~*ed* fugitives in his basement. 탈주자들을 자기 집 지하실에 숨겼다. (2) 《~+目/+目+前+名》 (악의·계획·색각 따위)를 품다.
— *vi.* (1)(항구에) 정박하다 ; 보호를 받다. (2) 잠시 묵다 ; 숨다, 잠복하다.

har·bor·age [há:rbəridʒ] *n.* (1) ⓤ 피난 ; 보호. (2) ⓒ (선박의) 피난소, 정박소.

⁑**harbour** ⇨ HARBOR.

⁑**hard** [ha:rd] (***∠·er ; ∠·est***) *a.* (1) a〕 굳은, 단단한, 견고한, 딱딱한(【opp.】 *soft*) ; 튼튼한(robust), 내구력 있는. b〕 단단히 맨〈감은〉 ; 괴깔이 없는, 매끄러운《소포사》 ; 【農】 글루텐이 많은 : ⇨ HARD WHEAT. c〕 【軍】 (군비가) 견고한 ; (핵무기·기지가) 지하에 설치된. d〕 〔限定的〕 견실한, 움직일 수 없는, 믿을 수 있는《자료》 : ~ common sense 건전한 상식 ; 【商】 (시장이) 견실한 상태인, 오름세인, (시가 등) 하락의 기미가 없는.
(2) a〕 곤란한, 괴로운, 어려운(【opp.】 *easy*). b〕 《口》 성가신, 구제할 길 없는, 악당의. c〕 (물이) 경질(硬質)인 《비누가 잘 안 풀리는》, 염분을 포함하는 (【opp.】 *soft*) ; 【化】 (산·염기가) 안정도가 높은 : ~ water 센물, 경수(硬水).

H

(3) a] 격렬한(vigorous), 맹렬한 ; 괴로운, 하기 힘든, 참기 어려운 ; (날씨 따위) 거친, 험악한 ; (금융이) 핍박한. b] (기질·성격·행위 등)엄한, 무정한, 어쩔 수 없는 ; 뻔뻔스러운; 빈틈없는, 민완의 ;《方》쩨쩨한, 구두쇠인. c] 정력적〈열심〉인, 근면한 : a ~ worker 노력가 / try〈do〉 one's ~*est* 전력을 다하다.
(4) a] 자극적인, 불쾌한 ; (색·윤곽 등) 콘트라스트가 강한, 선명한, 몹시 강렬한. b] (소리 등이) 금속성인 ; 【音聲】 경음(硬音)인《영어의 c, g가 [k, g]로 발음되는(【cf.】 soft)》; 【音聲】 fortis의 구칭 ; 【音聲】 (슬라브계 언어에서) 비(非)구개화음의. c] (술이) 독한 ; 알코올분이 22.5%이상인 ;《口》(마약이) 유해하고 습관성인〈이 높은〉. d](음식 등이) 검소한, 맛없는 (coarse) ; (술이) 신, 덜 익은 : ~ food〈fare〉 조식(粗食).
(5) (생각 등이) 현실적인, 냉철한 ; 객관적인. 【opp.】 *soft*. ~ thinking 냉정한 사고.
a ~ row to hoe ⇨ ROW[1]. ***a ~ saying*** 이해하기 어려운 말 ; 너무 심한 말. ***as ~ as brick*** 매우 단단한〈굳은〉. (***as***) ***~ as nails*** 근골이 튼실한, 내구력 있는 ; = HARDHEARTED. ***at ~ edge*** 진지하게, 필사적으로, 싸워. ***be ~ on***〈***upon***〉 …에게 심하게〈모질게〉 굴다 ; (신발·옷 등)을 빨리 해뜨리다. ***~ and fast*** 단단히 고정된, 움쭉도 않는《좌초된 배 따위》; (규칙 등이) 변경할 수 없는, 엄격한. ***~ of hearing*** 귀가 어두운. ***~ to please*** 성미가 까다로운. ***have a ~ time*** (***of it***) 되게 혼나다, 곤경을 맛보다. ***have ~ luck*** 불운하다 ; 몹쓸 대접을 받다. ***No ~ feelings.*** 나쁘게〈언짢게〉 생각지 말게 ; 별로 악의가 있었던 건 아니야. ***play ~ to get***《口》(남의 권유, 이성의 접근 등에 대해) 일부러 관심이 없는 체하다. ***the ~ way*** 1) 고생하면서 ; 견실〈착실〉하게. 2) (쓰라린) 경험에 의하여.
— *ad.* 〔hardly와 공통점도 있으나, 주요한 용법에서는 매우 다름〕 (1) 열심히 ; 애써서, 간신히, 겨우. (2) 몹시, 심하게, 지나치게. (3) 굳게, 단단히 : hold on ~ 단단히 붙들고 놓지 않다. (4) 가까이 ; 접근하여. (5) 가혹하게, 엄하게, 무자비하게. ***be ~ at it***〈***work***〉《俗》 매우 분주하다. ***be ~ done by*** 부당한 취급을 받다〈받고 있다〉 ; 화내고〈언짢아하고〉 있다. ***be ~ hit*** 심한 타격을 입다. ***be ~ pressed*** 심히 몰리다〈쫓기다〉. ***be ~ put*** (***to it***) 진퇴양난〈곤경〉에 빠지다. ***be ~ set*** 크게 어려움에 처해 있다. ***be ~ up*** 곤경에 빠져 있다, 돈이 궁색하다, …이 없어 곤란 하다《*for*》. ***come ~*** 하기 어렵다, 어려워〈곤란해〉지다. ***die ~*** ⇨ DIE[1]. ***go ~ with***〈***for***〉 〔흔히 it을 主語로 하여〕 (일이) …에게 고통을 주다, 혼내주다. ***~ by*** (…의) 바로 가까이에. ***~ going***《美口》좀처럼 진보〈진척〉하지 않는. ***~ on the heels of*** …의 바로 뒤에, 곧 이어서. ***~ over*** 【海】 (키를) 될 수 있는 대로 한쪽으로. ***~ run*** 돈에 몰려, 곤궁해서. ***It shall go ~ but*** (I will do ...) 대단한 일이 없는 한 (꼭 …해 보이겠다). ***look***〈***gaze, stare***〉 ***~ at*** … 을 지그시 보다. ***run*** a person ~ 아무에게 육박하다. ***take ...*** ~ …에 크게 낙담하다, …을 몹시 괴롭게〈슬프게〉 생각하다《※ 종종 it을 목적어로 취함》: Maybe I just *took it* too ~ 내가 좀 너무 낙담했던 것 같다.

hard-and-fast [háːrdənfǽst, -fáːst] *a.* 〔限定的〕 확정된, 엄중한(strict) : ~ rules 엄격한 규칙.

hard·back [⌐bæ̀k] *n.*, *a.* =HARDCOVER.

hard·ball [⌐bɔ̀ːl] *n.* (1) ⓒ 야구의 경구(硬球). (2)《美·Can.俗》〔종종 形容詞的〕 엄격하고 적극적인 자세〈수단〉, 수단을 가리지 않는 태도, 강경한 정치 자세. ***play ~***《美·Can.俗》엄격한 조치를 취하다 ; 적극적인 태도를 취하다.

hard·bit·ten [⌐bítn] *a.* (1) 만만치 않은, 다루기 힘든, 고집 센, 완고한. (2) (태도 등이) 엄격한. (3) 쓰라린 경험을 쌓은 ; 산전수전 다 겪은.

hard-boiled [⌐bɔ́ild] *a.* (1) (달걀 따위를) 단단하게 삶은 ; 빳빳하게 풀먹인. (2)《口》무정한, 냉철한, 현실적인, 실속차리는 ; 고집센 ; 억센; 비정(非情)한《작품 등》.

hard·bound [⌐báund] *a.* =HARDCOVER. 두꺼운 표지를 씌운.

hárd búbble 【電子】 하드 버블《컴퓨터 회로에서 자연 발생하여 기억의 분열을 일으키는 신종의 자기(磁氣) 버블》(magnetic buble).

hárd cásh (1) 경화(硬貨). (2)현금, 정금(正金)《수표·어음·증권 등에 대해》.

hárd cóal 무연탄(anthracite).

hárd córe (1) 돌멩이·벽돌 조각 등으로 다진 지반이나 노반. (2) (the ~)(운동·저항 따위의) 핵심, 중심, 중견층 ; 강경파 ; 중요 문제.

hard-core [⌐kɔ̀ːr] *a.* 〔限定的〕 (1) 기간(基幹)의, 핵심적인. (2) 고집센, 철저한. (3) (포르노 영화 등에서) 성묘사가 노골적인. (4) 치료 불능의, 만성적인.

hard · cov · er [⌐kʌ́vər] *a.*, *n.* ⓒ 딱딱한 표지의 (책).

hárd cúrrency 【經】 경화.

hárd detérgent 경성 세제.

hárd dísk 【컴】 경성〈굳은〉 (저장)판.

hárd drínk (위스키 등처럼) 도수가 높은 술.

⁑hard·en [háːrdn] *vt.* (1) (물건)을 굳히다, 딱딱하게 하다 ; (금속)을 경화(硬化)하다. (2) …을 강하게 하다, 단련하다, 용기를 내게 하다. (3) 《~+目/+目+前+名》 (마음)을 (…에 대해) 무정〈냉혹〉 하게 하다 ; 완고하게 하다 ; 〔受動으로〕 무감각하게 하다《*to*》. (4) 《~+目/+目+前+名》(결의·태도 등)을 굳히다, 강화하다, 견고하게 하다.
—*vi.* (1) 딱딱해지다, 굳어지다, 굳다. (2) 강해지다. (3) 무정해지다. (4) (시세 따위가) 보합되다, 오름세를 보이다 ; (의견 등이) 분명해지다, 고정되다. ***~ off*** (묘목 등을) 차츰 찬 기운에 쐬어 강하게 하다.

hard·ened [háːrdnd] *a.* (1) 단단해진, 경화된, 단련된, 강해진, (태도 등이) 철면피한 ; 굳어진 : a ~ heart 굳어진 마음. (2) 상습적인. (3) 비정한, 냉담한.

hard·en·ing [háːrdniŋ] *n.* ⓤ (1) (시멘트·기름 따위이)경화 ; 경화제 ; (구리의) 표면 경화 . ~ of the arteries 동맥 경화. (2) 담금질, 불림. (3) 단련.

hard·fist·ed [⌐fístid] *a.* (1) (노동자 등이) 거친 손을 가진, 손이 딱딱한, 거친. (2) 비정한. (3) 구두쇠의, 인색한, 무자비한.

hárd hàt =DERBY(4) ; (작업원의)헬멧, 안전모 ;《口》(안전모를 쓴) 건설 노동자 ;《口》보수 반동가, 강경 탄압주의자 ;《美俗》실크해트를 쓴 사람, (19세기 말의) 동부 실업가.

hard·head·ed [⌐hédid] *a.* 냉정한 ; 실제적인 ; 빈틈없는 ; 완고한, 고집센.

hard·heart·ed [⌐háːrtid] *a.* 무정한, 무자비한, 냉혹한(merciless).

hard-hit·ting [⌐hítiŋ] *a.* 《口》 활기 있는, 적극적인, 강력한.

har·di·hood [háːrdihùd] *n.* (1) ⓤ 대담 ; 어기참

H

; 철면피, 뻔뻔스러움, 배짱(boldness). (2) (the ~) 대담하게도 …하는 것《*to do*》: He had *the* ~ *to* deny. 그는 대담하게도 거부하였다.

har·di·ly [háːrdili] *ad.* 고난을 견뎌 ; 튼튼히 ; 대담하게 ; 뻔뻔스레.

Har·ding [háːrdiŋ] *n.* **Warren G. ~** 하딩《미국의 제 29대 대통령 ; 1865-1923》.

hárd línes 《英口》 괴로운 처지, 불운《*on*》; 〔感歎詞的〕 딱하군, 안됐군(hard cheese).

hárd líquor 증류수《위스키, 브랜디 등》.

hárd lúck 불운, 불행.

hard·ly [háːrdli] (*more ~ ; most ~*) *ad.* (1) 거의 …아니다〈않다〉: I can ~ hear him. 그가 하는 말을 거의 들을 수 없다《I cannot hardly... 는 非標準語임》.
(2) 조금도〈전혀〉 …아니다〈않다, 못하다〉; 도저히 …않다〈못하다〉: This is ~ the time for going out. 지금 외출할 시간이 아니다.
(3) 〔3인칭의 主語·助動詞와 함께〕 거의〈아마〉 …할〈일〉 것 같지 않다.

·hard·ness [háːrdnis] *n.* (1) ⓤ 견고 ; 굳기. (2) ⓤ 경도(硬度). (3) ⓤ 곤란, 난해 ; 준엄. (4) ⓤ,ⓒ냉담, 무정.

hard-nosed [´-nóuzd] *a.* 《口》 (1) 불굴의, 고집센, 콧대 센. (2) 빈틈없이 실제적인.

hard-pressed [´-prést] *a.* 돈〈시간〉에 쪼들리는〈쫓기는〉, 곤궁한 ; 장사가 시원치 않은.

hárd róck 【樂】 하드록.

hárd scíence 자연 과학.

hard·scrab·ble [´-skræ̀bəl] *a.* 《美》열심히 일해도 겨우 먹고 살 수 있는.
— *n.* 척박한 토지

hard-set [´-sét] *a.* (1) 곤경에 빠진. (2) 결심이 굳은 ; 단단한.

hard-shell(ed) [´-ʃél(d)] *a.* (1) 껍질이 딱딱한. (2) 《美口》 비타협적인, 완고한, 자기주장을 굽히지 않는.

⁑hard·ship [háːrdʃip] *n.* ⓤⓒ (종종 *pl.*) 고난, 고초, 신고, 곤란, 곤궁 ; 곤경 ; 학대, 압제.

hárd shóulder *n.* ⓒ 《英》(도로의) 대피선《고속도로의 긴급 대피용 단단한 갓길》.

hard·stand(·ing) [´-stæ̀nd(iŋ)] *n.* ⓒ (중량차량·항공기용의) 포장된 주차〈주기(駐機)〉장.

hard·tack [´-tæ̀k] *n.* ⓤ 딱딱한 비스킷, 건빵.

⁑hard·ware [´-wɛ̀ər] *n.* ⓤ 〔集合的〕 (1) 철물, 철기류, 금속기구류. (2) 병기, 무기. (3) a〕 (컴퓨터·로켓 등의) 하드웨어. b〕 (일에 필요한) 기계설비, 기재, 기기. (4) 보석(jewelry), 대체 보석. (5) 《美俗》 (군의)기장, 훈장, 메달.

hard-wear·ing [´-wɛ́əriŋ] *a.* 《英》(천 따위가)오래 가는, 질긴, 내구성의(《美》 longwearing).

hard·wired [´-wáiərd] *a.* 【컴】 (논리회로가 소프트웨어에 의하지 않고) 하드웨어에 의해 실현되는.

hard·wood [´-wùd] *n.* (1) ⓤ 단단한 나무《떡갈나무·벚나무·마호가니 등》; 단단한 재목. (2) ⓒ광엽수(廣葉樹).

·hard·work·ing [´-wə̀ːrkiŋ] *a.* 근면한, 열심히 일〈공부〉하는, 몸을 아끼지 않는.

⁑har·dy [háːrdi] (*-di·er ; -di·est*) *a.* (1) 내구력이 있는, 고통〈고초〉에 견디는, 강건한, 튼튼한. (2) 【園藝】 내한〈저항〉성의 : ⇨ HALF-HARDY. (3) 내구력을 요하는 : ~ sports 격심한 운동. (4) 대담한, 배짱 좋은, 용감한 ; 무모한(rash).

⁑hare [hɛər] (*pl.* **~s,** 〔集合的〕 **~**) *n.* ⓒ (1) a〕 산토끼, 야토. b〕 산토끼 가죽. (2) 《口》 겁쟁이 ; 바보. (3) 《英俗》 무임 승차객. (4) (the H~) 【天】 토끼자리.
(*as*) *mad as a* (*March*) ~ (3월 교미기의 토끼같이) 미쳐 날뛰는, 변덕스러운, 난폭한. (*as*) *timid as a* ~ 몹시 수줍어하는, 소심한. *~ and tortoise* 토끼와 거북이(의 경주). *make a ~ of* …을 조롱하다, 바보 취급하다. *put up the ~* 《英口》 무엇인가 일을 시작하다. (*rabbit,*) *~ and hounds* 산지(散紙)놀이《토끼가 된 아이가 종잇조각을 뿌리며 달아나는 것을 사냥개가 된 아이가 쫓아감》. *raise a ~* 화제를 꺼내다.
— *vi.* (토끼처럼) 재빨리 달리다, 질주하다.

hare·brained [´-brèind] *a.* 경솔한, 변덕스러운 ; 지각없는, 무모한, 경망한.
파) **~·ly** *ad.* **~·ness** *n.*

hare·heart·ed [´-háːrtid] *a.* 겁 많은, 소심한.

har·em [hɛ́ərəm] *n.* ⓒ(회교국의) 후궁 ; 〔集合的〕 후궁의 처첩들 ; (바다표범·물개 등, 수컷 하나를 둘러싼) 여러 암컷.

har·i·cot [hǽrikòu] *n.* 《F.》 양고기와 콩의 스튜 ; 《英》 강낭콩(kidney bean).

·hark [haːrk] *vi.* 귀를 기울이다, 듣다《주로 명령문에서》.
~ after …을 뒤쫓다, …을 따르다. *~ at* 《英口》〔흔히 命令法〕(…의 얘기)를 듣다. *Hark away* 〈*forward, off*〉*!* 가라 《사냥개에게 하는 소리》. *~ back* (사냥개가 되돌아와) 사냥감의 냄새를 다시 맡다 ; (사냥개를) 되부르다 ; 환원하다. (본제(本題) 따위로) (출발점, 처음으로) 되돌아가다〈오다〉《*to*》: …을 회상케하다, 생각케 하다. *~ to* 《古·詩》 …에 귀를 기울이다. *Hark* (*ye*)*!* 들어라.

har·le·quin [háːrlikwin, -kin] *n.* ⓒ (1)(H-) 할리퀸《무언극이나 발레 따위에 나오는 어릿광대 ; 가면을 쓰고, 얼룩빼기 옷을 입고, 나무칼을 가짐》. (2)어릿광대, 익살꾼(buffoon).
— *a.* 얼룩빛의(buffoon), 잡색의, 다채로운 ; 익살스러운.

har·le·quin·ade [hɑ̀ːrlikwinéid, -kin-] *n.* ⓒ(무언극에서) harlequin 이 활약하는 장면 ; 익살.

Hár·ley Strèet [háːrli-] 할리 거리《일류 의사가 많은 런던의 시가》.

:harm [haːrm] *n.* ⓤ (1) 해(害),해악. (2) 손해, 손상. *come to ~* 《흔히 否定文》다치다, 불행〈고생〉을 겪다. *do* a person *~* = *do ~ to* a person 아무에게 해를 입히다, …의 해가 되다, …을 해치다. *out of ~'s way* 안전한 곳에, 무사히.
— *vt.* …을 해치다, 손상하다, …에게 상처를 입히다, 훼손하다.

harm·er [háːrmər] *n.* ⓒ 해를 끼치는 것〈자〉.

:harm·ful [háːrmfəl] (*more ~ ; most ~*) *a.* 해로운, 유해한(injurious), 해가 되는.

:harm·less [háːrmlis] *a.* (1) 해가 없는, 무해한, (2) 악의 없는, 순진한.

har·mon·ic [haːrmánik/ -mɔ́n-] *a.* 조화된, 음악적인 ; 【樂】 화성의 ; 【數】 조화의 ; 【通信】 (고)조파((高)調波)의.

har·mon·i·ca [haːrmánikə/ -mɔ́n-] *n.* ⓒ 하모니카(mouth orgen) ; 유리〈금속〉판 실로폰.

har·mon·ics [haːrmániks/ -mɔ́n-] *n.* ⓤ 【樂】 화성학.

:har·mo·ni·ous [haːrmóuniəs] (*more ~ ; most ~*) *a.* (1) 조화된, 균형잡힌《*with*》. (2) 화목한, 사이

좋은, 정다운. (3) 【樂】 가락이 맞는, 화성의, 협화음의(melodious).

·har·mo·nize [hɑ́ːrmənàiz] *vt.* (1) 《~+目/+目+前+名》 …을 조화시키다, 일치하다, 화합시키다, 일치시키다《*with*》. (2) 【樂】 …에 조화음을 가하다.
— *vi.* (1) 조화〈화합〉하다, 일치하다, (배색(配色) 등이) 잘 어울리다《*with*》. (2) 【樂】 해조(諧調)로 되다, 가락이 맞다.

:har·mo·ny [hɑ́ːrməni] *n.* ⓤ (1) 조화, 화합, 일치. (2) 【樂】 화성, 협화. (3) ⓒ (4복음서 따위의)일치점, 공관 복음서(共觀 福音書).
be out of ~ 조화되어 있지 않다. *in* ~ 조화되어 ; 사이좋게《*with*》. ***the ~ of the spheres*** = the MUSIC of the spheres 천체의 음악.

:har·ness [hɑ́ːrnis] *n.* ⓤⓒ (1) (마차용) 마구(馬具) : double ~ 쌍두마차의 마구 ; 《古》 갑옷. (2) 장치 ; 작업 설비. (3) 평소의 일, 직무. (4) 【空】 (낙하산, 아기 업을 때의) 멜빵 ; 《美》 (경찰관·차장 등의) 제복. ***get back into* 〈*in*〉 *~*** 평소의 일로 되돌아가다. ***in double ~*** 《口》 결혼하여 ; 두 사람이 협력하여.
— *vt.* (1) …에 마구를 채우다 ; 《古》 …에게 갑옷을 입히다. (2) (하천·폭포·바람 등 자연력을 동력으로)이용하다.

:harp [hɑːrp] *n.* ⓒ 【樂】 하프 ; (H-) 【天】 거문고자리(Lyra). — *vi.* 하프를 타다 ; 같은 말을 되풀이하다《*on, upon* ; *about*》.
— *vt.* (곡)을 하프로 타다 ; 《古》 이야기하다. ***~ on the same string*** 같은 말을 귀찮을 정도로 되뇌다.

·har·poon [hɑːrpúːn] *n.* ⓒ (고래잡이용)작살. — *vt.* …에 작살을 박아 넣다, …을 작살로 잡다.

·harp·si·chord [hɑ́ːrpsikɔ̀ːrd] *n.* ⓒ 하프시코드.

har·que·bus [hɑ́ːrkwibəs, -kə-] *n.* ⓒ 【史】 화승총(火繩銃) 《1400년경부터 사용》.

har·ri·dan [hǽrədən] *n.* = HAG(1). 심술궂은 노파.

har·ri·er[1] [hǽriər] *n.* ⓒ (1) 토끼·여우 사냥에 쓰이는 사냥개의 일종. (2) cross-country 경주 주자(走者).

har·ri·er[2] *n.* ⓒ (1) 약탈자, 침략자. (2) 괴롭히는 사람.

·har·row [hǽrou] *n.* ⓒ 써레, 해로, 쇄토기(碎土機). ***under the ~*** 시달림〈고초〉을 당하여〈겪어〉. — *vt.* …을 써레질하다, 써레로 고르다 ; 〔때로 受動〕(정신적으로) …을 괴롭히다(torment) ; (사람의 마음)을 흔들어 놓다, …의 폐부를 찌르다.
— *vi.* 써레질되다(고르게 되다).

har·row·ing [hǽrouiŋ] *a.* 마음 아픈, 비참한, 애통한.

·har·ry [hǽri] (*p.*, *pp.* ***har·ried*** ; ***har·ry·ing***) *vt.* (1) (공격 등의 반복으로) …을 괴롭히다, 곤란케 하다 ; (…하도록) 몰아대다《*for* ; *to do*》. (2) (선쟁능으로 도시 따위)를 황폐케 하다, 약탈하다(despoil).
— *vi.* 침략하다 ; 유린하다, 공격하여 약탈하다.

:harsh [hɑːrʃ] (***~·er*** ; ***~·est***) *a.* (1) 거친, 껄껄한. 〖opp.〗 *smooth.* (2) (소리·음이) 불쾌한, 귀에 거슬리는 ; 눈에 거슬리는, (빛깔 따위가) 야한. (3) 호된, 모진, 무정한, 가혹한《*to*》.
— *vt.*, *vi.* ~ 하게 하다〈되다〉.

hart [hɑːrt] *n.* ⓒ 수사슴(stag).

har·um-scar·um [hέərəmskέərəm] 《口》 *a.* 덤벙대는, 경솔한 ; 무모한, 방정맞은.
— *ad.* 경솔히 ; 무모하게.
— *n.* ⓒ 덤벙대는 사람〈행위〉 ; ⓤ 덤벙댐 ; 무모. 파) **~·ness** *n.*

:har·vest [hɑ́ːrvist] *n.* ⓤ,ⓒ (1) 수확, 추수(crop). (2) 수확기 ; 초가을 ; 수확물. (3) 보수, 결과, 소득 : reap the ~ of one's labors 노력의 성과를 손에 넣다. ***make a long ~ for* 〈*about*〉 *a little corn*** 작은 노력으로 큰 수확을〈결과를〉얻다. ***owe*** a person ***a day in the ~*** ~에게 은혜를 입고 있다.
— *vt.*, *vi.* (…을) 수확하다 ; (노력의 성과 등을) 손에 넣다.
파) **~·ry** *n.* ⓤ 수확(물).

har·vest·er [hɑ́ːrvistər] *n.* ⓒ 수확자〈기(機)〉, 거두어 들이는 일꾼(reaper) ; 벌채 기계.

hárvest féstival〈féast〉 (1) 수확제. (2) 《英》 (교회에서 행하는 수확의) 추수 감사제.

hárvest móon 중추 명월.

:has [hæz, ⸗ həz, əz, z] HAVE의 직설법 3인칭 단수 현재형.

has-been [hǽzbiìn] *n.* ⓒ (1) 《口》 한창때를 지난 사람〈것〉 ; 시대에 뒤진 사람〈방법〉 ; 과거의 사람〈것〉. (2) (*pl.*) 《美口》 옛날 (일).

hash[1] [hæʃ] *n.* ⓤ 해시〈다진 고기〉 요리 ; 《口》 (뒤)범벅 ; 혼란 ; (아는 사실의) 재탕, 고쳐 만듦, 개작; 【컴】 잡동사니. ***make a ~ of*** 《口》 …을 망쳐 놓다, 엉망으로 만들다. ***settle* 〈*fix*〉** a person***'s ~*** 《口》 ~를 꼼소리 못 하게 만들다, 제거하다.
— *vt.* (고기·야채)를 잘게 썰다《*up*》 ; 《口》 엉망으로 만들다《*up*》. ***~ out*** 《口》 (어려운 문제 등) 충분한 이야기를 나누어 해결하다. ***~ over*** 《美口》 (옛날 일을) 재고하다 ; 다시 논하다 ; 재탕하다.

hash[2] [hæʃ, hɑːʃ, heiʃ] *n.* 《口》 =HASHISH ; 《美俗》 마리화나, 《널리》 마약.

háshed brówn potátoes [hǽʃt-] 해시 브라운스(=**hásh·brówns, háshed-brówns**)《삶은 감자를 프라이팬에 넣어 양면을 알맞게 구운 요리》.

hash·ish, -eesh [hǽʃiːʃ] *n.* ⓤ 해시시《인도 대마초로 만든 마취제》.

hásh màrk 《美軍俗》 연공 수장(年功袖章).

:has·n't [hǽznt] has not의 간략형.

hasp [hæsp, hɑːsp] *n.* ⓒ 문고리, 걸쇠 ; 실의 한 타래 ; 북, 방추(紡錘).
— *vt.* …을 빗장으로 잠그다, 걸쇠를 채우다.

has·sel, has·sle [hǽsl] *n.* 《口》 (1) ⓒ 격론, 말다툼, 혼란, 싸움. (2) ⓤⓒ 곤란(한입장).
— *vt.* 《口》 …을 들볶다 ; 괴롭히다
— *vi.* 싸우다, 격론하다(말다툼하다)《*over* ; *about*》 ; 번거로운 일을 당하다《*with*》.

has·sock [hǽsək] *n.* ⓒ 결상식의 방석 ; (꿇어 앉아 기도 드릴 때의) 무릎 깔개〈방석〉 ; 풀숲.

hast [hæst, ⸗ həst, əst, st] 《古》 HAVE의 2인칭·단수·직설법·현재형《주어가 thou일 때》.

:haste [heist] *n.* ⓤ (1) 급함, 급속, 신속 : in hot〈great〉 ~ 몹시 서둘러. (2) 성급, 서두름, 허둥댐 ; 경솔(rashness).
in ~ (1) 바삐, 허둥지둥. (2) 서둘러, 급히, 안달하여《*to do*》 : be *in* ~ *to* get ahead in the world 출세하려고 안달이 나다. ***in*** one***'s ~*** 서두른 나머지. ***make ~*** 서두르다.
— *vt.*, *vi.* 《詩》 (…을) 서두르다 ; 재촉하다.

:has·ten [héisn] *vt.* 《~+目/+目+副/+目+前+名》 …을 서두르다, 재촉하다 ; 빠르게 하다, 촉진하다.
— *vi.* 《~/+副/+*to* do/+前+名》 서둘러 가다《*to*》 ; 서두르다 : ~ *upstairs* 급히 2층에 올라가다.

:hast·i·ly [héistili] (***more ~*** ; ***most~***) *ad.* (1) 바

H

삐, 서둘러서. (2) 덤벙〈허둥〉대어 ; 성급히, 조급히.

hast·i·ness [heistinis] *n.* ⓤ 화급 ; 경솔 ; 조급.

:hasty [héisti] (***hast·i·er ; -i·est***) *a.* (1) 급한, 황급한. (2) 조급한, 경솔한 : a ~ con-clusion 속단, 지레짐작. (3) 성마른 : a ~ temper 급한 성질.

hásty púdding 《美》 옥수수 죽.

:hat[hæt] *n.* ⓒ (1) a] (테가 있는) 모자. 【cf.】bon-net, cap. b] (모자 등) 외출시의 옷〈신변물〉. c]제모(制帽), 헬멧《따위》. (2) (교황청 추기경의) 진홍색 모자 ; 추기경의 직〈지위〉, (특별한 모자에 의해 상징되는) 지위 ; 일, 직업, 직함. (3) (새우 따위의)대가리.
(***as***) ***black as*** one***'s ~*** 새까만. ***at the drop of a ~*** 신호가 떨어지자 마자 ***be in a*** 〈***the***〉 ***~*** 곤란해 하고 있다. ***bet*** one***'s ~*** 《口》 모든 것을 걸다. ***by this ~*** 맹세코. ***hang up*** one***'s ~*** 오래 머무르다 ; 은퇴하다. ***~ in hand*** 모자를 손에 들고 ; 공손한 태도로. ***have a place to put*** one***'s ~*** 입장을 주장하다. ***have*** 〈***throw, toss***〉 one***'s*** 〈***a***〉 ***~ in the ring*** (경기 등에) 참가할 뜻을 알리다, (선거 따위에) 출마하다. ***His ~ covers his family.*** 그는 (가족이 없는) 홀몸이다. ***Hold*** 〈***Hang***〉 ***on to your ~ !*** 《口》 놀라지 마십시오. ***lift*** one***'s ~*** 모자를 살짝 들어 인사하다《*to*》. ***My ~!*** 《俗》 어머나, 이런. ***pass*** 〈***send***〉 (***round***) ***the ~*** = ***go round with the ~*** (모자를 돌려) 기부금〈회사금〉을 걷다. ***pull... out of a ~*** (요술·마술로) …을 아주 쉽게 만들어내다, 생기게 하다. ***put the tin ~ on*** ⇨ TIN. ***raise*** 〈***take off, touch***〉 one***'s*** 〈***the***〉 ***~*** 모자를 들어〈를 벗고, 에 손을 대고〉 인사하다《*to*》. …에 대해 모자를 벗다 ; 경의를 표하다. ***talk through*** one***'s ~*** 《口》 큰 〈흰〉 소리하다, 허튼〈무책임한〉 소리를 하다.
— (***-tt-***) *vt.* …에게 모자를 씌우다.

hat·band [hǽtbæ̀nd] *n.* ⓒ 모자의 리본 ; 모자에 두른 상장(喪章).

hat·box [´bɑ̀ks/´bɔ̀ks] *n.* ⓒ 모자 상자.

hat·case [´kèis] *n.* =HATBOX.

:hatch¹ [hætʃ] *vt.* (1) (알·병아리)를 까다, 부화하다. (2) (음모 따위)를 꾸미다, 꾀하다(contrive).
— *vi.* (1) 《~/+副》알이 깨다《*out* ; *off* 》. (2) (어미새가) 알을 품다〈까다〉. (3) (계획이) 꾸며지다. ***be ~ed, matched, and dispatched*** (사람이) 태어나서 결혼하고 죽다《사람의 일생》 ; (일이) 기획되고 완전히 끝나다.
— *n.* ⓤⓒ 부화 ; 한 배의 병아리 ; 결말. ***the ~ es, catches, matches, and dispatches*** 《戱》(신문의) 출생·약혼·결혼 및 사망 통지란.

:hatch² *n.* ⓒ (1) 【海】 (갑판의) 승강구, 창구(艙口) ; 승강구〈창구〉의 뚜껑, 해치. (2) (마루·천장·지붕 등에 만든 출입구의) 뚜껑《상하 2단으로 된 문의 아래짝》. (3) (우주선의)출입문.
Down the ~! 《口》 건배! ***under ~es*** 1) 갑판 밑에, 비번으로. 2) 감금되어. 3) 영락하여, 남에게 버림받아. 4) 죽어서, 매장되어.

hatch·back [´bæ̀k] *n.* ⓒ 해치백《뒷부분에 위로 열리게 되어 있는 문을 가진 차 ; 또 그 부분》.

hat·check [hǽttʃèk] *a.* 〔限定的〕 휴대품 보관(용)의 : a ~ room 휴대품 보관소.

hatch·ery [hǽtʃəri] *n.* ⓒ (물고기·병아리의)부화장 ; 이유기(離乳期) 돼지의 대규모 사육장.

·hatch·et[hǽtʃit] *n.* ⓒ 자귀 ; (북아메리카 원주민의) 전부(戰斧)(tomahawk).
bury 〈***dig up, take up***〉 ***the ~*** 화해하다 〈싸움을 시작하다〉. ***throw the helve after the ~*** 손해가 거듭되다.

hatch·et-faced [-féist] *a.* 마르고 뾰족한 얼굴의.

hátchet jòb 《口》 욕, 악의에 찬 비평, 중상.

hátchet màn 《口》 호전가(好戰家) ; 달갑잖은 일을 맡아 처리하는 사람 ; 살인 청부업자(triggerman) ; (중상적 기사를 쓰는) 독설 기자 ; 〔一般的〕 비평가 ; 사형 집행인 ; 자객.

hatch·ing [hǽtʃiŋ] *n.* ⓤ 해칭, (조각·제도·그림 따위의) 평행선의 음영, 선영(線影).

hatch·ment [hǽtʃmənt] *n.* ⓒ 【紋章】 상중(喪中)임을 알리는 문표(紋標)《죽은 자의 무덤이나 문앞 따위에 겲》. 【cf.】 ACHIEVEMENT.

hatch·way [hǽtʃwèi] *n.* ⓒ (배의) 승강구, 창구.

:hate [heit] *vt.* (1) 《~+目/+目+前+名》 …을 미워하다, 증오하다 ; 몹시 싫어하다. (2) 《+ *to* do/+-*ing*》 …을 유감으로 여기다(regret). (3) 《+*to* do/+-*ing*/+目+ *to* do/+目+-*ing*/+*that* 節》 …을 싫어하다 ; …하고 싶지 않다. ▫ hatred *n.*
~ out 《美》 (미워하여) …을 쫓아내다, 따돌리다. ***~*** a person***'s guts*** ⇨ GUT.
— *n.* ⓤ 혐오, 증오(hatred).

:hate·ful [héitfəl] *a.* (1) 미운, 가증스러운, 지겨운, 싫은. (2)증오에 찬.
파) **~·ly** *ad.* **~·ness** *n.* ⓤ

háte màil 매도나 협박투의 편지.

·hath [hæθ, 弱 *h*əθ] 《古》 HAVE의 3인칭·단수·직설법·현재 ⇨ have.

hat·less [hǽtlis] *a.* 모자를〈가〉 안 쓴〈없는〉.

hat·rack [´ræ̀k] *n.* ⓒ 모자걸이 ; 《美俗》 말라깽이.

:ha·tred [héitrid] *n.* ⓤ (또는 a ~) 증오, 미움, 원한 ; 혐오 ; 《口》몹시 싫음; 집단적인 적의, 집단 증오.
have a ~ for …을 미워하다, …을 싫어하다. ***in ~ of*** …이 미워서.

hat·ter[hǽtər] *n.* ⓒ 모자 제조인 ; 모자상(商). (***as***) ***mad as a ~*** 《俗》 아주 미쳐서 ; 몹시 성이나서.

hát trìck (1) 【크리켓】 해트 트릭《투수가 세 타자를 연속 아웃시킴》 ; 【蹴·하키】 해트 트릭《혼자 3골 획득》 ; 【野】 사이클 히트. (2) 모자를 사용해서 하는 요술 ; 교묘한 수〈술책〉.

hau·berk [hɔ́:bəːrk] *n.* ⓒ (중세의) 미늘 갑옷.

:haugh·ty [hɔ́:ti] (***-ti·er ; -ti·est***) *a.* 오만한, 거만한, 건방진(arrogant), 도도한, 당당한, 불손한 ; have〈carry〉 a ~ air 불손한 태도를 취하다.

:haul [hɔ:l] *vt.* (1) 《~ +目/+目+副/+目+前+名》 …을 (세게) 잡아끌다 ; 끌어당기다. (2) 《+目+前+名》 (트럭 따위로) …을 운반하다, 차로 나르다 : ~ timber *to* a sawmill 재목을 제재소로 나르다. (3) 《+目+副/+目+前+名》 (법정 등으로) …을 불러내다, 연행하다 : ~ a person *into* court ~를 법정에 끌어내다. (4) 【海】 (배)의 방향을 돌리다《특히 바람이 불어 오는 쪽으로》.
— *vi.* (1)《+前+名》 잡아당기다(pull)《*at* ; *upon*》 ; ~*at* 〈*on*, *upon*〉 a rope 로프를 끌어당기다. (2) 《~/+副/+前+名》 어떤 방향으로 나아가다 ; 방침을 바꾸다 ; 【海】 (배가) 방향을 바꾸다 ; (바람이) 방향을 바꾸다《*around* 》. ***~ down*** 《口》(야구 등에서) 달려가서 (공을) 잡다 ; (미식 축구에서) 태클(tackle)하다. ***~ down*** one***'s flag*** 〈***colors***〉 기(旗)를 내리다〈감다〉 ; 굴복〈항복〉하다(surrender). ***~ in*** 《美俗》잡아〈끌어〉당기다. ~ a person ***in*** 《俗》 (견책·신문을 위해) ~를 호출하다. ***~ in with*** 【海】 …에 가까이 가도록 배

를 돌리다. **~ it**《俗》 도망가다. **~ off** [海](피하기 위하여) 침로를 바꾸다 ; 후퇴하다, 물러나다 ;《口》(사람을 치기 위해) 팔을 뒤로 빼다. **~** a person **over the coals** ~의 흠을 들추어내다 ; 나무라다. **~ to** 〈**on**〉 one'**s** 〈**the**〉 **wind** [海] 이물을 더욱 바람 불어 오는 쪽으로 돌리다. **~ up** [海] 이물을 바람 불어 오는 쪽으로 돌리다 ; (차 따위가) 멈추다; [흔히 受動으로] (사람을 법정 등에) 소환하다 : He *was ~ed up* before the judge. 그는 법관 앞에 끌려 나왔다.

— *n.* (1) (a ~) 세게 끌기, 견인 ; 운반, 수송. (2) ⓒ 수송물〈품〉. (3) (a ~) 운반 거리 ; 거리. (4) ⓒ [漁業] 그물을 끌어올리기 ; 한 그물의 어획(량). (5) ⓒ《口》 잡은〈번〉 것 ; 번 액수.

a 〈***the***〉 ***long*** **~** (1) 꽤 긴 기간〈거리〉 ; 긴〈괴로운〉여정. (2)[海] (겨울 따위에) 배를 오래 물에 올려 둠. ***a*** 〈***the***〉 ***short*** **~** (비교적) 가까운 거리, 짧은 시간. ***make*** 〈***get***〉 ***a fine*** 〈***good, big***〉 **~** 물고기를 많이 잡다 ; 큰 벌이를 하다, 크게 훔치다.

haul·er [hɔ́ːlər] *n.* ⓒ haul하는 것〈사람〉 ; 운반인 ; 운송업자.

haul·i·er [hɔ́ːliər] *n.*《英》= HAULER.

haulm [hɔːm] *n.* ⓒⓤ (콩·감자·곡물 따위의) 줄기 ; (곡물 따위를 베고 난 후의) 줄기, 짚.

haunch [hɔːntʃ, hɑːntʃ] *n.* ⓒ (흔히 *pl.*) 허리, 궁둥이 ; (양고기 따위의) 허리 부분 ; [建] 홍예 허리 (hance) : squat (sit) on one's ~es 웅크리고 앉다.

:haunt [hɔːnt, hɑːnt] *vt.* (1) (어느 장소)를 종종 방문하다, …에 빈번히 들르다, 자주가다. 【cf.】 frequent, resort. (2) (유령 등이) …에 출몰하다, 나오다 : a ~ed house 유령이〈도깨비가〉 나오는 집. (3) [흔히 受動으로] (생각 따위가) …에 늘 붙어 따라다니다, (붙어) 따라다니며 괴롭히다(obsess).

— *vi.* (1) 자주 들르다《*about* ; *in*》. (2) (유령 등이) 출몰하다. (3) 서성거리다 ; (사람 곁을) 떠나지 않고 치근거리다, 늘 따라 다니다.

— *n.* ⓒ (1) 자주 드나드는 곳, 늘 왕래하는 곳. (2) 출몰하는 곳 ; 서식지 ; (범인 등의) 소굴. (3)《方》 유령, 도깨비.

haunt·ed [hɔ́ːntid, hɑ́ːn-] *a.* (귀신 따위가) 붙은 ; 도깨비가〈유령이〉 나오는〈출몰하는〉 : a ~ house 귀신 나오는 집, 흉가 ; 고뇌에 시달린.

haunt·ing [hɔ́ːntiŋ, hɑ́ːnt-] *a.* 자주 마음속에 떠오르는, 뇌리를 떠나지 않는.

— *n.* ⓤⓒ 자주 다님.

haute cou·ture [òutkuːtúər] 《F.》 고급 양장점 ; 고급 패션계(界) ; 일류 디자이너 ; 뉴 모드.

haute cui·sine [òutkwizíːn] 《F.》 고급(프랑스)요리.

haut·eur [houtə́ːr] *n.* ⓤ 《F.》 오만, 거만, 건방짐 (haughtiness).

:have [hæv, ⦾ həv, əv ; "to" 앞에서 흔히 hæf] (*p.*, *pp.* ***had*** [hæd, ⦾ həd, əd] ; 현재분사 ***hav·ing*** [hǽviŋ] ; 직설법 현재 3인칭 단수 ***has*** [hæz, ⦾ həz, əz] ; have not의 간약형 ***haven't*** [hǽvənt] ; has not의 간약형 ***hasn't*** [hǽznt] ; had not의 간약형 ***hadn't*** [hǽdnt]) *vt.*

a] 《영국에서는 습관적인 경우 이외에는 변칙동사 취급 ; 흔히 進行形·受動態 없음》. (1) a] 《~+目/+目+前+名》 …을 가지고 있다, 소유하다 ; …이 있다 : This house *has* a fine garden. 이 집엔 훌륭한 정원이 있다 / He *has* a large room *to* himself. 그는 큰 방을 독차지하고 있다. b] 《 +目+前+名》 …을 몸에 지니고〈걸치고〉 있다《*about* ; *on* ; *with* ; *around*》. c] [종종 목적어에 形容詞용법의 to 不定詞를 수반하여] (…할 일·시간 따위)를 갖고 있다, …이 주어져 있다 : I ~ a letter *to* write. 편지 쓸 일이 있다.

(2) [어떤 관계를 나타내어] a] (육친·친구 등)이 있다 ; (사용인 따위)를 두고 있다 : The college *has* a faculty staff of ninety. 그 대학은 90명의 교수진을 갖고 있다. b] (애완용으로 동물)을 기르다 : I want to ~ 〈keep〉 a dog. 개를 기르고 싶다.

(3) [부분·속성] a] (신체 부분·신체 특징·능력따위)를 가지고 있다 ; (…에게는) —이 있다. b] (사물이 부분·부속물·특징따위)를 갖고 있다 ; (…에는) —이 있다 ; …을 포함하고 있다 : How many days does May ~ 〈《英》 *has* May〉? 5월달은 며칠이 있는가.

(4) a] (감정·생각 따위)를 갖다, 품고 있다. b] 《+目+前+名》 (…에 대해 원한 따위)를 품다《*against*》 : I *have* a grudge *against* him. 나는 그에게 원한이 있다. c] (…에 대한 감정 따위)를 (태도·행동에) 나타내다《*on* ; *for*》 : ~ pity *on* him 그에게 동정하다(=pity him. d] [목적어에 'the+추상명사 +*to do*'를 수반](…할 친절·용기 따위)가 있다 ; …하게도 —하다.

(5) (병 따위)에 걸리다, 걸려있다 ; 시달리다 : ~ a headache〈toothache〉 두통〈치통〉이 있다.

b] 《《美》《英》에서 모두 일반 동사 취급》 (1)입수하다《進行形 없고, a)에 한하여 受動態 가능》. a]《~+目/+目+前+名》 …을 얻다, 받다 : ~ a holiday 휴가를 얻다 / He *had* a letter 〈a telephone call〉 *from* his mother. 그는 어머니로부터 편지〈전화〉를 받았다. b] …을 택하다. c] (정보 따위)를 입수하(고 있)다, 들어서 알(고 있)다.

(2) a] (식사 따위)를 하다, 들다, (음식)을 먹다, 마시다 ; (담배)를 피우다《進行形·受動態 가능》 : He *had* cake and coffee for dessert. 그는 디저트로 케이크와 커피를 들었다 / *Have* a cigarette. (담배) 한대 피우시죠. b] 《+目+補》 …하게 (음식)을 먹다 : "How do you ~ your steak?" "I'll ~ it rare." '스테이크는 어떻게 잡수십니까?' '설익게 해 주십시오.'

(3) a] …을 경험하다, 겪다 ; (사고 따위)를 당하다, 만나다《進行形 있고, 受動態는 불가》 : ~ an adventure 모험을 하다 / ~ an accident 사고를 당하다 / I'm *having* trouble with computer. 난 컴퓨터에 애를 먹고 있다. b] (시간 따위)를 보내다, 지내다《進行形 있 고, 受動態 가능》.

(4) (모임 따위)를 열다, 개최하다, 갖다《進行形있음》 : ~ a party 〈a conference〉 파티〈회의〉를 열다.

(5) [흔히 a+동작 名詞를 目的語로] 《口》 …하다, …을 행하다《(1)進行形있고, 受動態는 불가 . (2) have got은 쓰지 않음》 : ~ *a* try 해보다(=try) / ~ *a* rest 쉬다(=rest) / ~ *a* bath 목욕하다(=bathe) / ~ *a* walk 산책하다. ※ give, make에도 비슷한 용법이 있음.

(6) 《~+目/+目+副/+目+前+名》 (아무)를 대접하다, (…에) 초대하다《*(a)round* ; *over* ; *for* ; *to*》 《進行形은 가까운 장래의 일만을 나타내고, 受動態는 없음》.

(7) (언어·학과 따위)를 알다, 알고 있다, …의 지식이 있다《進行形·受動態 없음》 : She *has* a little Arabic. 그녀는 아랍어를 조금 안다.

(8) (아이·새끼)를 낳다《進行形은 가까운 미래만을 나타내고, 受動態는 불가》.

(9) …을 붙잡아 두다, 잡다《進行形·受動態 없음》: Now I ~ you. 자 (이제) 붙잡았다.
(10) 《~+目/+目+前+名》 a] (경기·언쟁 따위에서 상대)를 꺾다, 지게 하다 ; 윽박지르다, 해내다, 이기다《進行形·受動態 없음》. b] 《口》 〔흔히 受動으로〕 …을 속이다 ; (뇌물로) 매수하다.
(11) 〔~ one*self* 〕《+目+目》《美口》 …을 즐기다 : ~ oneself steak 스테이크를 즐기다.
(12) 《俗》 …와 성교하다《*away* ; *off* 》; (여자)를 정복하다《進行形있고, 受動態는 불가》.
c] 《受動態 없음》 (1) a] 《+目+副/+目+前+名》 …을 —상태〈위치〉에 두다. b]《+目+補》 …을 —하게 하다 : *Have* your nails *clean.* 손톱을 깨끗이 해 두어라. c] 《+目+-*ing* 》 …을 —하게 내버려 두다 ; (아무)에게 …하도록 하다.
(2) 《+目+*done*》 a] …을 —하게 하다, …을 —시키다 : I *had* the house *painted.* 집에 페인트칠을 하게 했다. b]…을 —당하다 : He *had* his wallet *stolen.* 그는 돈지갑을 소매치기 당했다. c] …을 —해 버리다《定子를 나타내며 《美》에서 많이 사용됨》: She *had* little money *left* in her purse. 그녀의 지갑에는 돈이 조금 밖엔 남아있지 않았다.
(3) 《+目+*do* 》 a] (아무)에게 …하게 하다, …시키다《make 보다 사역의 뜻이 약함》: *Have* him *come* early. 그를 일찍 오게 해라. b] …에—당하다《사역보다는 경험을 나타내는 표현》. c] 〔will, would와 함께〕…이 꼭—해 주었으면 하다.
(4) 〔흔히 1인칭 주어와 함께 : will, can ~의 否定形이나 進行形으로〕 a] 《~+目/+-*ing* 》 …을 용납하다, 참다 : We'*ll* ~ *no* more of that. 그런 일은 이제 더 이상 용납할 수 없다 / I *am not having* sing*ing* here. 여기서 노래하는 것을 용납할 수는 없다. b] 《+目+-*ing* 》 …이 —하는 것을 용납하다〈참다〉. c]《+目+*done* 》 …이 —당하는 것을 용납하다〈참다〉: We *won't* ~ him *bullied.* 그가 괴롭힘을 당하는 것은 용납 않겠다.
~ at …을 공격하다, …에게 덮쳐〈덤벼, 달려〉들다 ; …을 시작하다 ; …을 먹다 : *Have at* it. 어서 먹어라. ***~...back*** 《受動態 불가》 1) …을 돌려받다, 되찾다. 2)(헤어진 남편·아내·애인·동료 등)을 다시 맞아들이다. 3)(아무)를 답례로 초대하다. ***~ down*** 《受動態 불가》 (시골·별장 따위로 아무)를 초청하다, 내려 오게 하다. 【cf.】 have up. ***~ got to do with*** ⇨have to DO with. ***~ had it*** 《口》 1) 《美》 (…에) 질리다, 진절머리가 나다《*with*》: I'*ve had it with* her. 그녀라면 이제 지겹다. 2) 이제 틀렸다〈글렀다〉 ; 끝장이다《문맥에 따라 '죽다·지다·실패하다·소용이 안 되다' 등의 나쁜 뜻을 나타냄》. 3) 한창〈세〉 때를 지나다, 한물 가다, 시대에 뒤떨어지게 되다 : Quiz shows ~ *had it.* 퀴즈쇼도 이제 한물 갔다. ***~ in*** 《受動態 불가》 1) (장색·의사 등을 집·방에) 들이다, 부르다 ; (아무를 집에) 잠깐 청해 오게 하다. 2) (…을 집·가게 따위에) 저장해 두다, 들여 놓다 : ~ enough coal *in* for winter 겨울에 대비해 충분한 석탄을 저장해 두다. ***~ it*** 1) 이기다, 유리하다 : The ayes ~ *it.* 찬성자가 다수다. 2) 〔I를 主語로〕 (답 따위를)알다 : I ~ 〈I'*ve got*〉 *it!* 알았다, 그렇지. 3) (…에게) 들어서 알(고 있)다《*from*》. 4) (…라고) 표현하다, 말하다, 주장하다《*that*》: She *will* ~ *it that* the conditions are unfair. 그녀는 (끝까지) 조건이 불공평하다고 주장할 거다. 5) (어떤 식으로)일을 하다: *Have it* your own way!(더 이상 말 않겠다) 네 멋〈마음〉대로 하여라. 6) 〔will, would와 함께; 否定文에서〕 인정하다, 받아들이다 : I tried to excuse but he *would not* ~ *it.* 나는 변명하려 했으나 그는 도무지 받아들이려 하지 않았다. ***~ it coming*** (***to*** one) (특히 비난·벌 등을) 받아 마땅하다, 그것은 당연한 응보이다《it 대신 구체적인 명사도 사용됨》. ***~ it good*** 《口》 유복하다; 즐거운 시간을 보내다 : He's never *had it* so *good.* 그가 이렇게 유복한 때는 없었다. ***~ it in for*** a person 《口》 아무에게 원한을 품고 있다, 아무를 싫어〈미워〉하고 있다 ; 아무를 난처하게 하다 : Max *has it in for* Lefty. 맥스는 레프티를 싫어하고 있다. ***~ it in*** one (***to*** do) 《口》 (…할) 소질이〈능력이, 용기가〉 있다. ***~ it made*** 《口》 성공은 틀림없다. ***~ it off*** 〈***away***〉 《英俗》 (…와) 성교하다《*with*》. ***~ it out*** 《口》(…와) 거리낌없이 논쟁하다 ; 시비를〈싸움을〉 하여 결말을 맺다〈짓다〉《*with*》. ***~ nothing on*** 1) 아무것도 입고 있지 않다. 2) …보다 나은 점이 없다. 3) 약속이 없다, 시간이 있다 : I ~ *nothing on* this evening. 오는 저녁은 약속이 없다. 4) 《美》 (경찰이 아무를) 죄인으로 몰 증거가 없다. ***~ off*** 《受動態 불가》 1)(요일 따위)를 쉬다. 2) …을 벗(기)다, 떼다. 3) (손가락 따위)를 절단하다, 자르다. 4) …을 외고〈암기하고〉 있다 : I ~ the poem *off* (by heart) already. 그 시(詩)를 이미 외고 있다. 5) …을 보내다. 6) 교묘히(아무)의 흉내를 내다(hit *off*). ***~ on*** 《受動態 불가》 1) 입고 있다, 쓰고〈신고〉 있다, 몸에 걸치고 있다 : She *had* a new dress *on.* 그녀는 새 드레스를 입고 있었다. 2) (약속·해야 할 일 등)이 있다, (모임 따위)의 예정이 있다. 3) (등불·라디오 따위)를 켜고 있다, 스위치를 넣고 있다. 4) 〔종종 進行形으로〕《英口》 (아무)를 속이다, 놀리다(put on) : She *was* just *having* you *on.* 그녀는 자네를 속이고 있었을 뿐이네. ***~ only to*** do ⇨ ONLY *ad.* ***~ out*** 《受動態 불가》 1) …을 밖으로 내(놓)다 〈내놓고 있다〉. 2) (이빨·편도선 따위)를 제거케 하다 : ~ one's tooth *out* 이를 뽑게 하다. 3) (불·조명 따위)를 꺼 두다. 4) 《英》 (수면 따위)를 끝까지 계속하다, 중단되지 않다. ***~ over*** 《受動態 불가》 1) …을 (집에) 손님으로 맞다. 2) …을 전복〈전도〉시키다. 3) (싫은 일)을 끝내다, 마치다 : We'll be glad to ~ our tests *over.* 시험을 끝내면 기쁠 것이다. 4) …보다 (어떤 점에서) 우위(優位)에 있다 : What does he ~ *over* me? 그는 어떤 점에서 나보다 나은가. ***~ one's eye on...*** …에 주의하다, …에서 눈을 떼지 않다. ***~ something on*** a person 《口》 아무의 약점을 쥐고 있다. ***~ something*** 〈***nothing, little,*** etc.〉 ***to do with...*** ⇨ DO[1]. ***~ to*** do 1) …해야 한다, …하지 않으면 안 된다《영국에서는 습관적 이외의 경우는 변칙동사 취급》 ***~ up*** 1) (도시 따위로 아무)를 초청하다, 올라오게 하다《受動態 불가》. 【cf.】 have down. 2) 〔흔히 受動으로〕《英口》 (아무)를 법정에 불러내다 ; (…로 아무)를 고소하다《*for*》. 3) (무엇)을 올리(고 있)다, (천막 따위)를 치다《受動態 불가》: The shops *had* their shutters *up.* 가게들은 셔터를 열고 있었다. ***~ yet to*** do ⇨ YET. ***let*** a person ***~ it*** ⇨LET[1]. ***not having any*** ⇨ ANY. ***to ~ and to hold*** 1) 법적으로 소유하고〈할〉. 2) 언제까지나 소중히 여겨야 할(아내 따위) : *to ~ and to hold* from this day forward (결혼한) 오늘부터 앞으로 사랑하고 아껴야《결혼 서약 중의 한 구절》. ***You can't ~ it so.*** 그렇게는 안 된다. ***You ~ me there.*** ⇨ THERE. ***You shouldn't ~!*** 정말 고맙습니다《선물을 받을 때 하는 말》.
— *aux. v.* (1) 〔現在完了 : have +過去分詞〕《현재까지의 '완료·결과·경험·계속' 을 나타냄》. a] 〔완료〕

(지금 막) …하였다, …한 참이다 : I ~ written it. 그것을 다 썼다.
b] 〔결과〕 …해 버렸다 : She *has gone* to Paris. 그녀는 파리로 가 버렸다《She is not here.의 뜻을 포함》.
c] 〔경험〕 …한 적이 있다.
d] 〔계속〕 (죽) …해 왔다, …하고 있다《흔히 상태를 나타내는 동사와 함께》. He *has lived* in Seoul for three years. 그는 3년 동안 서울에 살고 있다.
※ 진행형이 허용되는 동사(動詞)에는 *have been* do*ing* 의 형식을 취함.
(2) 〔過去完了 : had+過去分詞〕《과거의 일정시(時)까지의 '완료·결과·경험·계속'을 나타냄》. a] 〔완료·결과〕다. b] 〔경험〕 : I *had*n't *seen* a lion before I was ten years old. 열 살이 될 때까지 사자를 본적이 없었다. c] 〔계속〕 : He *had stayed* in his father's company till his father died. 그는 자기 아버지가 죽을 때까지 아버지 회사에 있었다. d] 〔假定法〕 (그때) …했(었)더라면〈이었다면〉《과거에 있었던 사실과 반대의 가정을 나타냄》. e] 〔과거 어느 때보다 더 전에 일어난 일을 나타내어〕 : I lost the watch my father *had given* me as a present. 나는 아버지께서 선물로 주신 시계를 잃어버렸다. f] 〔hope, expect, mean, think, intend, suppose, want 따위 동사가 함께 써서, 실현되지 않은 희망·의도 따위를 나타내어〕.
(3) 〔未來完了 : will 〈shall〉 have +過去分詞〕《미래의 일정시까지의 '완료·결과·경험·계속'을 나타냄》. a] 〔완료·결과〕 : I *shall* ~ *written* the letter by the time he comes back. 그가 돌아올때까지 나는 편지를 다 쓸 것이다 / By next Sunday, I'*ll* ~ *moved* into the new house. 내주 일요일까지는 새 집에 이사해 있을 거다. b] 〔경험〕. c]〔계속〕 : By the end of next month she *will* ~ *been* here for five months. 내월 말이면 그녀는 이곳에 다섯달 있는 셈이 된다.
~ been to ⇨ BE. ***~ done with*** ⇨ DO[1]. ***~ got***《口》 1) 갖고 있다 : *Have* you *got* a newspaper? — Yes, I *have*. 〈《美》 Yes, I *do*.〉 신문이 있습니까 — 네 있습니다. 2) 《+ *to* do〈be〉》 …해야 한다 : I'*ve got to write* a letter. 편지를 써야(만) 한다. 3) 〔否定文에서〕《+*to* do〈be〉》 (…)할 필요가 없다 : We *haven't got to* work this afternoon. 오늘 오후엔 일을 안 해도 된다.
— [hæv] *n.* ⓒ (1) (흔히 the ~s) 가진 자〈나라〉 ; 유산자 : *the* nuclear ~*s* 핵(核) 보유국. (2) 《美俗》 사기, 협잡(swindle) : What a ~! 이거 무슨 협잡이야.

·ha·ven [héivən] *n.* ⓒ (1) 항구, 정박소(harbor). (2) 인식처(shelter), 피난처.
— *vt.* (배)를 피난시키다.

have-not [hǽvnɑ̀t/ -nɔ̀t] *n.* 《口》 (the ~s) 무산자 ; (자원·핵 등을) 갖지 못한 나라.

:haven't [hǽvənt] have not의 단축형.

ha·ver [héivər] *vi.* 《英》 객담 소리를 하다, 실떡거리다.
— *n.* (흔히 *pl.*) 수다, 객담.

hav·er·sack [hǽvərsæ̀k] *n.* ⓒ (군인·여행자의) 잡낭(雜囊), 배낭.

hav·ing [hǽviŋ] *v.* 〔have의 現在分詞〕 (1) 〔be+~〕 …하고 있다. (2) 〔分詞構文〕…을 갖고 있으므로, …을 갖고 있으면.
— *aux., v.*〔分詞構文〕…해 버리고, …을 마치고. — *n.* ⓤ 소유, 소지 ; (흔히 *pl.*) 소유물, 소지품, 재산(possession).

·hav·oc [hǽvək] *n.* ⓤ 대황폐 : 대파괴. ***cry ~*** (닥쳐오는 위험 등에 대하여) 위급(危急)을 알리다. ***play* 〈*work, create*〉 *~ with* 〈*among*〉** =***wreak ~ on* 〈*in, with*〉** = ***make ~ of*** …을 혼란시키다, 쑥밭을 만들다 ; …을 파괴하다, 파멸시키다.
— (*p., pp.* ***~ked*** [-t] ; ***~k·ing***) *vt.* …을 파괴하다, 사정없이 때려부수다.

haw[1] [hɔː] *n.* ⓒ 산사나무(hawthorn) ; 그 열매.

haw[2] *n.* (개·말 따위의 눈의) 순막(瞬膜) ; 《특히》 염증을 일으킨 순막 ; (종종 *pl.*) 순막병 : hum and ~ 더듬다, 망설이다.

haw[3] *int.* 저라《소·말을 왼쪽으로 돌릴 때 지르는 소리》. 【cf.】 gee[2].
— *vi., vt.* 왼쪽으로 돌(게 하)다.

:Ha·waii [həwáiiː, -wɑ́ː-, -wɑ́ːjə, hɑːwɑ́ːiː] *n.* 하와이(제도)《1959년 미국 50번째의 주로 승격 ; 주도는 Honolulu》 ; 하와이 섬《하와이 제도 중 최대의 섬》.

:Ha·wai·i·an [həwáiən, -wɑ́ːjən] *a.* 하와이의 ; 하와이 사람〈어〉의.
— *n.* ⓒ 하와이 사람 ; ⓤ하와이어(語).

haw-haw [hɔ́ːhɔ̀ː] *int., n.* =HA-HA[1].
— vi. 하하 웃다, 큰 소리로 웃다.

:hawk[1] [hɔːk] *n.* ⓒ (1) 매. (2) 남을 등쳐 먹는 사람, 탐욕가, 사기꾼(sharper). (3) 【野】 명(名)외야수. (4) 강경론자, 매파(派). 【cf.】 dove.
know a ~ from a handsaw 판단력〈상식〉이 있다. ***watch... like a ~*** …을 엄중히 감시하다《현장을 잡기 위해서나 범죄 등의 방지를 위해》.
— *vi.* (1) 매사냥을 하다, 매를 부리다. (2) (매처럼) 하늘을 날다 ; 덤벼들다; 엄습하다《*at*》.

hawk[2] *vi.* 기침하다
— *vt.* (기침하여 가래를)내뱉다《*up*》.

hawk[3] *vt., vi.* (1) 행상하다, 외치고 다니며 팔다 : ~ newspapers. (2) (소문 따위를) 퍼뜨리며 다니다 《*about* ; (*a*)*round* 》.

hawk·er[1] [hɔ́ːkər] *n.* ⓒ 매사냥꾼, 매부리.

hawk·er[2] *n.* ⓒ 도붓장수, 행상인.

hawk-eyed [hɔ́ːkàid] *a.* (1)매 같은 눈초리의, 눈이 날카로운. (2)방심 않는.

hawk·ish [hɔ́ːkiʃ] *a.* 매 같은 ; 매파적인 ; 강경론자의. 파) **~·ness** *n.* ⓤ

hawk·ism [hɔ́ːkizəm] *n.* 매파적 경향〈태도〉.

hawk·nosed [∠nòuzd] *a.* 매부리코의.

·haw·thorn [hɔ́ːθɔːrn] *n.* ⓒ 산사나무, 서양 산사나무.

háwthorn chìna (중국 등지의) 청색〈흑색〉비탕에 매화를 그린 자기(磁器).

Haw·thorne [hɔ́ːθɔːrn] *n* **Nathaniel** ~호손《미국의 소설가 ; 1804-64》.

:hay [hei] *n.* ⓤ (1) a] 건초, 마초 : Make ~ while the sun shines. 《俗談》 해 있을때 풀을 말려라《호기를 놓치지 마라, 물실호기(勿失好機)》. b] 건초용 풀. (2) a] (일·노력의) 성과, 보상. b] 《美口》〔흔히 否定語〕푼돈. (3) (the ~) 《口》 잠자리《특히 성에 관하여》.
hit the ~ 《口》 잠자다. ***look for a needle in a bundle of ~*** ⇨ 찾을 가망이 없는 것을 찾다. ***make ~*** 건초를 만들다 ; 기회를 살리다.
— *vt.* (1) …을 건초로 하다. (2) …에 건초를 주다.
— *vi.* 건초를 만들다, 풀을 기르다.

hay·cock [∠kɑ̀k/ ∠kɔ̀k] *n.* ⓒ (원뿔형의) 건초 더

미.
háy fèver 【醫】 건초열《꽃가루로 인한 알레르기성 염증》.
hay·field [héifì:ld] *n.* ⓒ 건초밭, (건초용)풀밭.
hay·fork [∠fɔ̀:rk] *n.* ⓒ 건초용 쇠스랑 ; 자동식건초하역 기계《쌓거나 부리는》.
hay·loft [∠lɔ̀:ft/ ∠lɔ̀ft] *n.* ⓒ 건초 보관장.
hay·mak·er [∠mèikər] *n.* ⓒ (1) 건초 만드는 사람; 건초기. (2) 《口》 녹아웃 펀치, 강타 (3) 《美俗》(연예인 등의)가장 장기로 치는 것; 최후의 수단.
hay·mak·ing [∠mèikiŋ] *n.* ⓤ 건초 만들기.
hay·mow [héimàu] *n.* ⓒ (1) (헛간 속의) 건초더미 ; 건초 시렁. (2) =HAYLOFT.
hay·rack [∠ræ̀k] *n.* ⓒ 꼴〈건초〉시렁 ; (건초 나를 때) 짐받이 틀.
hay·ride [∠ràid] *n.* ⓒ 《美》 건초를 깐 마차를 타고 가는 밤의 소풍.
hay·seed [∠sì:d] *n.* (1) ⓤⓒ (흘린) 건초의 씨; 건초 부스러기, 검부러기. (2) ⓒ 《美口》 시골뜨기.
hay·stack [∠stæ̀k] *n.* ⓒ 건초 가리.
look for a needle in a ~ ⇨ NEEDLE.
hay·wire [∠wàiər] *n.* ⓤ (1) 《美》 건초를 동여매는 철사. (2) 감자병의 일종.
— *a.* 《口》〔敍述的〕 복잡한, 엉클어진, 틀린; 미친, 흥분한. ***go ~*** 《口》 흥분하다, 미치다, 발광하다 ; 고장나다 : Our plans have (all) *gone* ~ since the rail strike. 철도파업 이래 우리들의 계획은 (몽땅) 엉망이 되었다.
·haz·ard [hǽzərd] *n.* (1) ⓒ **위험**, 모험 ; 위험요소 ; ⓤ 운에 맡기기 ; **우연**, 운. (2) ⓤ 주사위 놀이의 일종 ; ⓒ 【골프】 장애 구역 ; 【撞球】 포켓게임의 득점치기. □ hazardous *a.*
at all ~s 만난을 무릅쓰고, 기어이. ***at*** 〈***by***〉 ***~*** 운에 맡기고, 아무렇게나 ; 우연히 : We meet occasionally *at* ~. 우리는 가끔 우연히 만난다. ***at the ~ of*** …을 걸고, …의 위험을 무릅쓰고. ***in*** 〈***at***〉 ***~*** 위기에 당면하여, 위험에 처하여. ***run the ~*** 성패는 하늘에 맡기고 해보다.
— *vt.* 위험을 무릅쓰고 하다, 걸다 ; 운에 맡기고 해보다, 모험하다.
haz·ard·ous [hǽzərdəs] *a.* 위험한 ; 모험적인, 아슬아슬한, 운에 맡기는 : a ~ operation 위험한 수술.
házardous wáste =TOXIC WASTE.
·haze[1] [heiz] *n.* ⓤ (또는 a ~) (1) 아지랑이, (특히 봄철의) 안개, 이내 : *a* ~ of cigar smoke 담배 연기. (2) (투명한 액체 고체의) 흐림, 탁함 ; (시력·정신의) 몽롱.
— *vt.* …을 안개로 둘러싸다 ; 아련하게 만들다, 희미하게 하다.
— *vt.* 아지랑이가 끼다..
haze[2] *vt.* 《美俗》 (엉뚱한 일을 시켜) 괴롭히다, (신입생·하급생 등의) 버릇을 고치다, 골탕 먹이다(《英》 rag) ; 【海】 (선원)을 혹사시키나, 골탕 먹이다.
·ha·zel [héizəl] *n.* ⓒ, *a.* 개암(나무)(의) ; ⓤ 담갈색(의).
ha·zel·nut [-nʌ̀t] *n.* ⓒ 개암나무 열매.
·ha·zy [héizi] (***-zi·er*** ; ***-zi·est***) *a.* 흐릿한, 안개낀, 안개 짙은(misty) ; 몽롱〈아련〉한 ; 모호한 ; 《古》거나하게 취한.
:he[1] [《흔히》hi: ; ◾ i:, hi, i] (*pl.* ***they***) *pron.* 《인칭 대명사의 3인칭·남성·단수·주격 ; 목적격은 him, 소유격은 his》 (1) **그가〈는〉**, 그 사람이〈은〉. (2) 〔남녀 공통으로〕 그 사람. (3) 《어린아이에 대한 친밀한 호칭》 아가《you》.
— [hi:] (*pl.* ***hes, he's*** [hi:z]) *n.* ⓒ 남자, 남성; 수컷, 녀석.
— *a.* 〔주로 複合語〕 수컷의(male) ; 남성적인, 힘찬.
he[2] [hi:] *int.* 히이, 히히이《종종 he! he!로 반복함 ; 우스움·조소를 나타냄》.
:head [hed] *n.* (1) ⓒ a〕 머리, 두부. b〕 목숨, '목'. c〕 머리털 ; 사슴의 가지뿔(antlers). d〕 두부를 본뜬 것 ; 주화의 겉쪽《왕의 두상(頭像)이 있는 면》. 【opp.】 *tail.* . e〕 (*pl.* ~) 마릿 수, 수.
(2) ⓒ 두뇌, 머리, 지력, 이지(理知)(reason), 지능, 지혜, 추리력, 상상력 ; 재능 ; (흔히 *sing.*) 냉정 ; 침착 : ~ and heart 이지와 감정.
(3) (흔히 the ~) a〕 정상, 상부, 위; 선단, 말단. b〕 (페이지·층계 등의) 상부. c〕벼랑 꼭대기, (종종 H-) (지명 따위에서) 갑(岬) ; (고개 등의) 마루, 정상. d〕 《英》 (자동차의) 지붕 ; (북의) 가죽. e〕 《口》 헤드라이트 ; 【海】 이물, 돛의 상단, derrick의 선단부, 닻의 꼭대기(crown) ; (the ~, 《英》 에서는 종종 the ~s). f〕 (나무의) 우듬지 ; (푸나무의) 위쪽(의 꽃〈잎〉), 이삭(끝), 꽃머리. g〕 (못·핀 따위의) 대가리, (해머·장도리 따위의) 대가리 ; 탄두(彈頭); 【樂】 (음표(音標)의) 머리.
(4) ⓒ a〕 (페이지·장의) 표제, (소(小))표제, (평론 등의) 주된 항목, 제목, (특히 신문의 톱 전단의) (대)표제. b〕 (기기의) 중추부 ; (테이프리코더 등 자기(磁氣) 기록 장치의) 헤드. c〕 【文法】 주요부〈어구〉.
(5) (흔히 the ~) a〕 선두, 수위, 수석, 상위, 상석 ; 수좌, 상좌, 사회자석, 좌상석. b〕 우두머리, 장, 수령, 지배자, 지휘자.
(6) ⓒ 용수(用水)(의 수위), 내뿜는 물 ; (물레방아 등의) 낙차, 수압 ; 증기압, (유체의) 수두(水頭).
at the ~ of …의 선두에 서서 ; …의 수위에 ; …의 상좌에. ***bang*** 〈***beat, knock***〉 one'***s ~ against a brick*** 〈***stone***〉 ***wall*** 《口》 불가능한 일을 시도하다. ***beat*** a person'***s ~ off*** ~를 철저히 패배시키다. ***bite*** a person'***s ~ off*** 《口》 (별것 아닌 일에) 시비조로 대답하다, 심하게 해대다. ***bring... to a ~*** (토론 등을) 결론으로 이끌다. ***bury*** 〈***hide, have, put***〉 one'***s ~ in the sand*** 현실을 회피하다〈모르는 체하다〉. ***by a ~*** 머리만큼 ; 【競馬】 말머리 만큼의 차로. ***win by a ~*** (말이) 머리하나 차이로 이기다. ***by the ~ and ears*** = ***by ~ and shoulders*** 무리하게, 거칠게. ***come*** 〈***draw, gather***〉 ***to a ~*** (종기가) 곪아 터질 지경이 되다 ; 때가 무르익다 ; 위기에 처하다 : 막바지에 이르다. ***cost*** a person ***his ~*** ⇨ *n.*(1) ~ …때문에 목숨을 잃다. b〕. ***do... on*** one'***s ~*** 《俗》 …을 쉽게 해치우다. ***eat*** one'***s ~ off*** 대식(大食)하다, 무위 도식하다 ; 먹은 양만큼 일하지 않다. ***enter*** 〈***come into***〉 one'***s ~*** (생각 등이) 떠오르다, …에 미치다. ***from ~ to foot*** 〈***heel***〉 머리 끝에서 발 끝까지, 전신에 ; 온통, 완전히. ***gather ~*** ⇨ GATHER. ***get it into*** a person'***s ~*** ~에게 …을 잘 이해시키다〈깨닫게 하나〉. ***get*** 〈***take***〉 ***it into*** one'***s ~ that...*** …라고 믿다〈생각하다〉. ***get*** one'***s ~ down*** 《口》 1) 하던 일로 되돌아가다. 2) (자기 위해) 눕다. ***get... through*** a person'***s ~*** (…을) ~에게 이해시키다. ***get... through*** one'***s ~*** (…을) 이해하다. ***give*** a person ***his ~*** 아무의 자유에 맡기다, 제 마음대로 하게 하다. ***go off*** 〈***out of***〉 one'***s ~*** 머리가 돌다. ***go to*** a person'***s ~*** 1) 머리를 혼란하게 만들다, 눈을 멀게 하다. 2)흥분 시키다 ; 자만케 하다. ***hang over*** a person'***s ~***

(걱정 따위가) 머리에서 떠나지 않다 ; (어떤 일)이 위험〈위협〉으로 ~에게 다가오다. ***hang*** 〈***hide***〉 one'***s*** ~ 부끄러워 고개를 숙이다; 기가 죽다. ***have a*** (***good***) ***~ on*** one'***s shoulders*** 상식이 있다, 현명하다; 실무의 재능이 있다. ***have a ~ for*** …의 재능이 있다. ***have... hanging over*** one'***s ~*** …을 두려워하다, …이 마음에 걸리다. ***have rocks in*** one'***s ~*** 머리가 좀 돌다. ***have*** one'***s ~ in the clouds*** 비현실적이다 ; 공상에 잠겨있다. ***~ first*** 〈***foremost***〉 곤두박이로, 허둥지둥 ; 무모하게. one'***s ~ off*** 《俗》 지나치게, 펵 : cry *one's ~ off* 큰소리로 울부짖다. ***~ over ears*** 전념하여, 깊이〈푹〉 빠져. ***~*** (***s***) ***or tail*** (***s***) 앞이냐 뒤냐《동전을 던져 어느 쪽이 나오는가 맞힐 때》. ***Heads up!*** 《美口》 비켜라 ; 조심해. ***Heads will roll.*** 《口》 (책임상) 누군가가 벌을 받을 것이다 ; 해고될 것이다. ***in*** one'***s ~*** 머리 속에서, 암산으로. ***keep*** one'***s ~*** 침착하다, 냉정을 유지하다. ***keep*** one'***s ~ above ground*** 살아 있다. ***keep*** one'***s ~ above water*** (물에) 빠지지않고 있다 ; (빚 안지고) 자기 수입으로 생활하다 ; 대과없이 지내다. ***keep*** one'***s ~ down*** (머리를 숙이고) 숨어있다 ; 자중하다 ; 위험을 피하다. ***knock*** 〈***run***〉 one'***s ~ against*** 〈***into***〉 (좋지 않은 사건 등)에 맞닥뜨리다, 직면하다. ***laugh*** one'***s ~ off*** ⇨ LAUGH. ***let*** a person ***have his ~*** 아무를 멋대로 하게 하다. ***lift up*** one'***s ~*** 나타나다. (두각을) 나타내다 ; 기운을 되찾다 ; 긍지를 느끼다 ; (산이) 솟아 있다. ***lose*** one'***s ~*** 1) 목이 잘리다. 2) 허둥대다. 3) 몰두〈열중〉하다. ***make ~*** 전진하다, 나아가다 ; 저항하다, 저항하며 나가다《*against*》. ***make ~*** (***s***) ***on tail*** (***s***) ***of ...***〔否定·疑問文〕 …을 이해하다. ***make ~ s roll*** 많은 종업원을 해고하다. ***make*** a person'***s ~ spin*** 〈***go around***〉 (사물이) 아무의 머리를 혼란하게〈어질어질하게〉하다. ***off*** 〈***out of***〉 one'***s ~*** 《口》미쳐서, 정신이 착란되어 ; 몹시 취하여 ; 매우 흥분하여. ***off the top of*** one'***s ~*** ⇨ 즉석에서, 깊이 생각하지 않고. ***on*** 〈***upon***〉 one'***s ~*** 1) 물구 나무서서 : stand *on one's ~* 물구나무 서다. 2) 《俗》 쉽게, 어려움 없이. 3) 〔종종 be it를 수반하여〕 자기의 책임으로, 자신에게 떨어져〈닥쳐서〉. ***put a ~ on*** 《美俗》 …에게 해대다, 마구 때리다. ***put*** (a thing) ***into*** 〈***out of***〉 a person'***s ~*** ~에게 (무엇)이 생각나게 하다〈잊혀지게 하다〉. ***put*** 〈***place, run***〉 one'***s ~ into the lion's mouth*** 스스로 위험에 몸을 내맡기다, 호랑이 굴에 들어가다. ***put*** 〈***lay***〉 one'***s ~ on the block*** 위험한 짓을 하다, 위험을 돌보지 않다. ***put*** 〈***lay***〉 one***s ~s together*** 이마를 맞대고 의논〈밀의〉하다. ***scratch*** one'***s ~*** (당혹하여) 머리를 긁다. ***shout*** 〈***scream***〉 one'***s ~ off*** 《口》(길게) 목이 터져라 소리지르다, 목청껏 소리지르다. ***Shut your ~!*** 《美俗》 입 닥쳐. ***snap*** a person'***s ~ off*** ⇨ SNAP.

— *a.* 〔限定的〕 우두머리의, 장(長)인 ; 수위의, 선두의 ; 주된, 주요한.

— *vt.* (1) …의 맨 앞에 있다, 앞장서다, 처음에 두다〈싣다〉. (2) …의 선두에 서다 ; …의 장이 되다, …을 지휘하다, 인솔하다, 이끌다. (3) 《+目+前+名》 (배·자동차 등)을 향하게 하다, (…쪽으로) 나아가게 하다《*for* ; *towards*》. (4) (여우 사냥 등에서 여우)를 도망가려는 길에서 옆길로 몰다, 옆길로 가게 하다《*off* ; *from*》. (5) …에 대항하다, 가로막다. (6) (핀·못 따위에 대가리)를 달다 ; (표제, 제목, 편지의 주소 등)을 붙이다〈쓰다〉.

— *vi.* (1) 《+前+名/+副》 (…를 향해) 진행하다, 나아가다, 향하다《*for* ; *towards*》 : ~ *for* one's destination 목적지를 향해 나아가다. (2) (강이) 발원(發源)하다《*from* ; *in*》. (3) (식물이) 결구(結球)하다《*out*》.

be ~ed for …로 향하다. ***~ back*** …의 침로(針路)를 바꾸다 ; 돌아가다. ***~ down*** (a tree)(나무의) 가지를 치다, 전정(剪定)하다. ***~ off*** 1) 가로막다, 저지하다; 회피하다 ; …을 피하여 진로를 바꾸다 ; 《美》목적〈방침〉을 바꾸다. ***~ out*** …로 향하다 ; 《口》 출발하다. ***~ up*** 발원(發源) 하다 ; 《英》 …의 우두머리가 되다, 주재(主宰)하다.

:head·ache [hédèik] *n.* ⓒ,ⓤ (1)두통. (2)《口》 두통〈골칫, 걱정〉거리, 고민 ; 《俗》 귀찮은 사람 ; 애물 : have a ~ 골치가 아프다.

head·achy [⌐èiki] *a.* (1) 머리가 아픈, 두통 증세가 있는. (2) (술 등이) 두통을 일으키는, 두통거리가 되는.

head·band [⌐bæ̀nd] *n.* ⓒ 헤어밴드, 머리띠.

head·bang·er [⌐bæ̀ŋər] *n.* ⓒ 《俗》 (1) 정신이상자; 충동적으로 폭력을 휘두르는 사람. (2) 록 음악《특히 헤비메탈》의 열광적인 팬.

head·board [⌐bɔ̀ːrd] *n.* ⓒ (침대의) 머리판.

head·cheese [⌐tʃìːz] *n.* ⓒⓤ 《美》 헤드치즈《돼지머리나 족을 잘게 썰어 삶은 치즈같은 식품》.

héad còld 코감기.

héad còunt 《口》 인원수, 머릿수, 여론조사.

héad còunter 《구》 국세〈인구〉 조사원 ; 여론 조사원.

héad cràsh [컴] 헤드 크래시《자기(磁氣) 디스크 장치의 헤드가 매체와 접촉하여 헤드 및 매체가 파괴됨》.

head·dress [⌐drès] *n.* ⓒ 머리 장식(물).

head·ed [hédid] *a.* 〔複合語를 이루어〕 '…머리의, …머리를 한, 머리가 …인'의 뜻 : two ~ 쌍두의.

head·er [hédər] *n.* ⓒ (1) a〕 대가리를 〈끝을〉 자르는 사람〈기계〉 ; (곡물의) 이삭 끝을 베는 기계, 벼 베는 기계. b〕 (못·바늘 따위의) 대가리를 만드는 사람〈기계〉. (2) a〕 우두머리, 수령, 선두자 ; 포경선의 지휘자 ; 소〈양〉의 떼를 유도하는 개. b〕《英方》 머리가 이상한 사람. (3) a〕 《口》 거꾸로 뛰어듦, 곤두박이로 떨어짐 ; [蹴] 헤딩슛〈패스〉. b〕《俗》 (건곤일척으로) 해봄, 시도, 내기.

héader làbel [컴] 머리말 레이블《파일(file) 또는 데이터 세트의 레이블로서, 하나의 기억 매체(storage medium)상의 레코드에 선행하는 것. 표제 라벨이라고 함.

héader tànk 《英》(수도의) 압력 조절 탱크.

head·first, -fore·most [⌐fə́ːrst], [⌐fɔ́ːrmòust] *ad.* (1) 곤두박이로, 거꾸로. (2) 몹시 서눌러서, 황급히 ; 무모하게, 무작정으로.

héad gàte 수문 ; 운하 상류 끝의 조절 수문.

head·gear[⌐gìər] *n.* ⓤ 쓸것, 모자 ; [拳] 헤드기어 ; 머리장식 ; 말 머리에 쓰이는 마구《굴레 따위》.

head·hunt·er[⌐hʌ̀ntər] *n.* ⓒ (1) 사람 사냥하는 야만인. (2) (기업의) 인재 스카우트 담당자 ; 인재 공급 회사.

head·hunt·ing [⌐hʌ̀ntiŋ] *n.* ⓤ (1) (야만인의) 사람 사냥. (2) (타사에서의) 인재 스카우트.

·head·ing [hédiŋ] *n.* ⓒ (1) 표제, 제목, 항목 ; 제자(題字) ; 두부(頭部) ; (편지의) 주소와 일부(日附). (2) 방향, 진로 ; 비행방향 ; (이물의) 방향. (3) 참수(斬首) ; (초목의) 순치기.

head·land [⌐lənd] *n.* ⓒ (1) 갑(岬), 삐죽 나온 육지. (2) 밭 구석의 갈지 않은 곳, 두렁 길.

·head·less [hédlis] *a.* (1) 머리가 **없는**. (2) 지도자가〈수령이〉없는. (3) 분별〈양식〉없는, 어리석은, 무지한. 파) **~·ness** *n.*

·head·light [⌐làit] *n.*ⓒ(종종 *pl.*) 헤드라이트, 전조등.

·head·line [⌐làin] *n.* ⓒ (1) (신문기사 따위의) 표제, 《특히》 제 1면의 큰 표제 ; (*pl.*) 방송 뉴스의 주요 제목(총괄). (2) (책의) 윗 난. (3) 【海】 활대에 돛을 동여매는 밧줄.
— *vt.* …에 표제를 붙이다(달다), …을 큰 표제로 다루다〈언급하다〉.
— *vi.* 주역을 맡아 하다.

head·lin·er [⌐làinər] *n.* ⓒ 【新聞】 표제를 붙이는 기자 ; 인기있는 배우, 주요 연기자.

head·lock [⌐lɑ̀:ŋ/ ⌐lɔ̀k] *n.* 【레슬링】 헤드록, 상대의 머리를 팔에 끼어 누르는 기술.

⁑head·long [⌐lɔ̀:ŋ/⌐lɔ̀ŋ] *ad.* (1) 곤두박이로, 거꾸로 ; 곧바로. (2) 앞뒤를 가리지 않고, 무모하게 ; 사납게.
— *a.* (1) 곤두박이의, 거꾸로의. (2) 앞뒤를 가리지 않는, 경솔한 ; 매우 서두는, 황급한.

head·man *n.* ⓒ (1) [⌐mən, ⌐mæ̀n] (*pl.* ***-men*** [⌐mən, ⌐mèn]) 수령, 지도자 ; 추장, 두목. (2) [⌐mən, ⌐mǽn] (*pl.* ***-men*** [⌐mən, ⌐mén]) (노동자의)감독, 직공장, 십장(foreman).

head·mas·ter [⌐mǽstər, ⌐mɑ́:s-] *n.* ⓒ 《英》(초등학교·중학교) 교장 ; 《美》(사립학교) 교장.
파) **~·ship** *n.* ⓤ 교장의 직.

head·most [⌐mòust] *a.* 맨 앞의, 맨 먼저의, 선두의(foremost).

head-on [hédɑ́n/ -ɔ́n] *a.* 정면의 : a ~ collision 정면 충돌.
— *ad.* 정면으로(head to head), 정통으로, 일거에.

head·piece [⌐pì:s] *n.* (1) 투구, 모자 (2) 【印】 책의 권두·장두(章頭)의 꽃장식.

head·pin [⌐pìn] *n.* ⓒ 【볼링】 제일 첫머리의 핀, 헤드핀(the No.1 pin), 1번 핀.

·head·quar·ters [⌐kwɔ̀:rtərz] *n. pl.* 〔종종 單數취급〕 본부, 사령부 ; 본사, 본국, 본서(本署) ; 〔集合的〕 사령부원, 본부원 : general ~ 총사령부 / ~ company 본부 중대.

head·rest [⌐rèst] *n.* ⓒ (치과의 의자·자동차 좌석 따위의) 머리 받침.

head·room [⌐rù(:)m] *n.* ⓤ (터널·출입구 등의) 머리위 공간〈거리〉.

héad scàrf (모자 대용이) 머리 스카프.

head·ship [⌐ʃìp] *n.* ⓤ 우두머리의 직위〈권위〉, 수령〈교장〉의 직〈권위〉 ; 지도적 지위(leadership).

head·shrink·er [⌐ʃrìŋkər] *n.* ⓒ (1) 자른 머리를 수축 가공하여 보존하는 종족. (2) 《俗》 정신병 의사〈학자〉 (psychiatrist).

heads·man [hédzmən] (*pl.* ***-men*** [-mən]) *n.* ⓒ 목베는 사람, 사형 집행인, (갱내의) 석탄 운반인.

head·stand [⌐stæ̀nd] *n.* ⓒ (머리를 땅에 대는) 물구나무서기.

héad stárt (a ~) (1) (경주 따위의) 시발점에서 주어진〈얻은〉 우위(優位). (2) 유리한 스타트, 한발 앞선 출발 ; 선수(先手)《*over* ; *on*》.

head·stone [⌐stòun] *n.* ⓒ 묘석(墓石), (무덤의) 개석(蓋石) ; 【建】 초석, 귀돌(cornerstone), 기초, 토대.

head·stream [⌐strì:m] *n.* ⓒ (하천의) 원류.

head·strong [⌐strɔ̀:ŋ, ⌐strɑ̀ŋ] *a.* 완고한, 고집센, 억지 쓰는, 방자스러운 ; 억제〈제어〉할 수 없는.

heads-up [hédzʌ́p] *a.* 《口》 기민한, 날쌘, 민첩한, 빈틈없는 : ~ playing.

head·teach·er [⌐tì:tʃər] *n.* 《英》 교장.

head-to-head [⌐təhéd] *a.* 〔限定的〕 접근전의.

head-trip [⌐trìp] *n.* ⓒ 《俗》 (1) 마음에 영향을 끼치는 체험, 정신을 자극하는 일 ; 자유로운 연상(聯想). (2) =EGO TRIP.

head·wa·ters [⌐wɔ̀:tərz, ⌐wɑ̀t-] *n. pl.* (the ~)(강의) 원류, 상류, 급수원(給水源).

head·way [⌐wèi] *n.* ⓤ (1) 전진, 진보(progress), 전진(항해)속도. (2) (발차·출항 시간의) 간격.

héad wìnd 역풍, 맞바람.

head·word [⌐wə̀:rd] *n.* ⓒ (1)표제어. (2)【文法】 주요〈중심〉어.

head·work [⌐wə̀:rk] *n.* ⓤ 정신〈두뇌〉 노동, 머리 쓰는 일, 사고(思考).

heady [hédi] (***head·i·er ; -i·est***) *a.* (1) 완고한 ; 무모한, 고집센. (2) (술이) 빨리 취하는. (3) 들뜨게 하는.

:heal [hi:l] *vt.* (1) 《~+目/+目+前+名》(병·상처·마음의 아픔 등)을 **고치다**, 낫게 하다 : ~ disease 병을 고치다. (2) (불화)를 화해 시키다, 무마하다. (3) …을 정화시키다, 깨끗이 하다.
— *vi.* (1) 《+副》 고쳐지다, 낫다《*up* ; *over*》. (2)치료하다.
~ a breach 화해시키다. ***~ up*** 〈***over***〉 상처가 아물다 ; (불화가) 해소되다.

heal·ee [hí:lì:] *n.* ⓒ 치료를 받는 사람.

heal·er [hí:lər] *n.* ⓒ 약 ; 의사, 치료자.

heal·ing [hí:liŋ] *a.* 치료의 ; 낫게 하는, 회복시키는. — *n.* ⓤ 치료(법) ; 회복, 아묾.
파) **~·ly** *ad.* 낫도록.

:health [helθ] *n.* ⓤ (1) 건강(상태), 건전 : lose one's ~ 건강을 잃다 / be out of ~ 건강이 좋지 않다. (2) 위생, 보건, 건강법 : public ~ 공중위생. (3) (건강을 비는) 축배. (4) ⓤⓒ 번영 ; 활력 : a serious menace to our economic ~ 경제 번영에 대한 중대한 위협.
a bill of ~ (선원의) 건강 증명서. ***drink* (*to*)** a person'***s ~*** = ***drink* (*to*) *the ~ of*** a person 아무의 건강을 축복하여 축배를 들다. ***in bad* 〈*poor*〉 *~*** 건강이 좋지 않은. ***in good ~*** 건강하여.

héalth cènter 보건소, 의료 센터.

héalth certìficate 건강 증명서.

health-conscious [hélθkɑ̀nʃəs/ -kɔ̀n-] *a.* 건강을 항상 의식하는(조심하는).

héalth fòod 건강 식품.

·health·ful [hélθfəl] *a.* 건강에 **좋은**, 위생적인, 보건상 유익한 ; 건강〈건전〉한.
파) **~·ly** *ad.* **~·ness** *n.*

héalth sèrvice 〔集合的〕 공공 의료(시설).

héalth vìsitor 《英》 (가정을 방문하는 여성)순회 보건관〈원〉.

health·wise [hélθwàiz] *ad.* 《口》 건강을 위해, 건강 유지를 위해.

:healthy [hélθi] (***health·i·er ; -i·est***) *a.* (1) 건강한, 건장한, 튼튼한 : perfectly ~ 완전히 건강한 《특히 신생아에 쓰임》. (2) (정신·태도 따위가) 건전한 ; 정신상 유익한. (3) 건강상 **좋은**, 위생적인(healthful).

:heap [hiːp] *n.* ⓒ (1) (쌓아올린) 퇴적, 더미, 덩어리. (2) 【컴】 더미. (3) 《口》 (흔히 a ~ of ; ~s of...) 많음, 다수, 다량.
a ~ sight 《口》 〔副詞的〕 크게, 매우. ***all of a ~*** 《口》 깜짝 놀라 ; 갑자기, 느닷없이. ***in a ~*** 더미〈무더기〉가 되어, 산더미를 이루어. ***in ~s*** 많이. ***top*** 〈***bottom***〉 ***of the ~*** 승자〈패자〉.
— *vt.* (1) 《~+目/+目+副》 …을 쌓아 올리다《*up* ; *together* 》. (2) 《+目+副》 …을 산처럼 쌓다 ; 축적하다 : ~ *up* riches 부(富)를 축적하다. (3) 《+目+前+名》 …을 듬뿍 주다 : ~ favors *upon* a person 아무에게 갖가지 은혜를 베풀다.
— *vi.* (쌓여)산더미가 되다, 모이다, (산더미처럼)쌓이다《*up*》.

:hear [hiər] (*p.*, *pp.* ***heard*** [həːrd]) *vt.* (1)《~+目/+目+*do*/+目+*-ing*/+目+*done*》 …을 듣다, …이 들리다 : I heard a siren somewhere. 어디선가 사이렌 소리가 들렸다. 【cf.】 LISTEN. (2) …의 소리를 듣다 ; …을 주의하여 듣다, 경청하다, …에 귀를 기울이다(listen to), (강연·연주 따위)를 들으러 가다 ; (강의)를 방청〈청강〉하다. (3) 《+目+副》 …의 말을 알아듣다 ; 말을 끝까지 들어주다〈듣다〉《*out*》. (4)(소원·기도 등)을 받아들이다, 들어주다, 보아주다 ; 《주로 英》(아무의 공부)를 돌봐주다. (5) 《~+目/+*that* 節》 a)들어서 알다, 듣다, 소문으로 듣다, 전하여 듣다 : ~ the truth 사실을 들어서 알다. b) 〔So I ~ 로〕 그렇게 듣고 있다 : I have heard nothing of him since. 그 이후 그의 소식을 통 못들었다.
— *vi.* (1) 듣다, 들을 수 있다 ; 청각을 갖추고 있다 : He doesn't ~ well. 그는 (귀가 멀어) 잘 듣지 못한다. (2) 《~/+前+名》 〔won't, wouldn't와 함께〕 …을 들어주다《*of* 》. (3)《+前+名》 소식을 듣다, 정보를 얻다, 편지를 받다《*from*》 : Have you *heard from* him of late? 최근 그에게서 소식이 있었나. (4) 《+前+名》 소문을 듣다《*of* 》, 전해 듣다《*of* 》 : He was never *heard of* since. 그 후 그의 소문은 딱 끊어졌다. (5) 《+前+名》《口》 야단맞다《*from*》 ; 칭찬받다《*about* ; *of* 》.
~ about …에 관해 자세히 듣다 ; …에 관한 비판〈꾸지람, 칭찬〉을 듣다 : I have *heard* a lot *about* you. 당신에 대해 여러가지로 들었습니다. ***~ of*** 1) 소문을 듣다. 2) ~을 들어주다. ~ one***self think*** 〔종종 否定文〕 (주위가 떠들썩한 중에) …을 생각하다, 골똘히 생각하다. ~ a person ***out*** 아무의 말을 끝까지 듣다. ***~ say*** 〈《英口》 ***tell*** 〉 ***of*** 〈***that***〉 《美口·英古》 …에 대해 ~가 말하는 것을 듣다〈…라는 소문을 듣다〉 : I've *heard say that*.... …라는 소문을 듣고 있다. ***~ the grass grow*** 매우 민감하다. ***~ to...*** 《美》 …에 동의하다 ; …에 귀를 기울이다. ***~ things*** 《口》 환청을 일으키다, 헛듣다. ***Let's ~ it for ....*** 《美口》 …에 성원(聲援)을 〈박수를〉 보내자. ***make*** one***self heard*** (소음 때문에 큰 소리로 말하여) 자기의 목소리가 상대에게 들리게 하다 ; 자기의 의견〈주장〉을 들려주다.

·hear·er [híərər] *n.* ⓒ 듣는 사람 ; 방청인, 청중.

:hear·ing [híəriŋ] *n.* (1) ⓤⓒ 청각, 청력, 듣기 (2) (외국어 따위의) 청취(력). (3) ⓒ 들어줌, 들려줌, 발언의〈들려줄〉 기회. (4) ⓒ 들리는 거리〈범위〉. (5) ⓒ 신문, 심리, 공판 ; 청문회.
gain 〈***get***〉 ***a ~*** 듣게 하다, 발언할 기회를 얻다. ***give*** a person ***a*** (***fair***) ***~*** ~의 할 말을 (공평히) 들어주다. ***hard of ~*** 난청의, 귀가 어두운. ***in*** a person***'s ~*** ~가 듣고 있는 곳에서 들으라는 듯이. ***out of*** 〈***within***〉 ***~*** 들리지 않는 〈들리는〉 곳에서.

héaring àid 보청기.

hear·ing-im·pair·ed [híəriŋimpέərd] *a.* 난청의, 청각 장애를 가진.

heark·en [háːrkən] *vi.* 《文語》《+前+名》 귀를 기울이다, 경청하다《*to* 》 : ~ *to* a sound.

hear·say [híərsèi] *n.* ⓤ 소문, 풍문. ***by*** 〈***from, on***〉 ~ 소문으로.
— *a.* 소문〈풍문〉의〈에 의한〉.

hearse [həːrs] *n.* ⓒ 영구차, 장의차.

:heart [haːrt] *n.* (1) ⓒ 심장 : My ~ leaps up. 가슴〈심장〉이 뛴다〈두근거린다〉. (2) ⓒ 가슴, 흉부. (3) ⓒ 마음, 심정, 감정, 기분, 마음씨 : speak out of one's ~ 본심을 말하다 / touch a person's ~ ~의 마음을 움직이다, 감동을 주다. (4) ⓤ 애정(affection), 동정심 : a man without a ~ 무정한 사람. (5) ⓒ 사랑하는 사람. (6) ⓤ 용기, 기운 ; 열의. (7) ⓒ 〔흔히 修飾語를 수반〕 용기 있는 자, 우수한 사람 : a true ~ 참다운 용사. (8) ⓤ 열의, 관심, 흥미, (9) ⓤ 기억. (10) ⓒ (the ~)중심, (문제 따위의) 핵심, 본질, 급소《*of* 》.
after a person***'s*** (***own***) ***~*** 마음 먹은 대로, 생각대로의. ***break*** a person***'s ~*** ~를 비탄에 젖게 하다 ; 몹시 실망시키다. ***bring*** a person***'s ~ into*** his ***mouth*** (사람을) 조마조마하게 하다. ***by ~*** 외워서, 암기하여. ***change of ~*** 회심(回心), 개종(改宗) ; 기분〈마음〉의 변화. ***close*** 〈***dear***〉 ***to*** a person***'s ~*** = DEAR to a person's ~. ***cross*** one***'s ~*** (***and hope to die***) 《口》(하늘을 두고) 맹세하다, 틀림없다. ***cry*** one***'s ~ out*** 가슴이 터지도록 울다, 통곡하다. ***cut*** a person ***to the ~*** 마음에 사무치게 하다. ***do the*** 〈a person***'s***〉 ***~ good*** (아무)를 대단히 기쁘게 하다. ***find it in*** one***'s ~ to*** do ⇨ FIND. ***give*** one***'s ~ to*** = lose one's ~ to. ***go to*** a person***'s*** 〈***the***〉 ***~*** 마음에 울리다〈찔리다〉, 마음을 아프게 하다. ***have*** one***'s ~ in*** one***'s boots*** 《口》 실망〈낙담〉하고 있다, 의기 소침해 있다 ; 《口》두려워하고 있다. ***~ to ~*** 숨김없이, 털어놓고. ***in*** (***good***) ~ 기운차게. ***in*** one***'s ~*** (***of ~s***) 마음속에서(는), 몰래 ; 실제로는. ***lay... to ~*** =take... ***to ~. learn*** 〈***know***〉 ***by ~*** 암기하다〈하고 있다〉. ***lift*** (***up***) one***'s ~*** 기운을 내다, 희망을 가지다 ; 기도를 올리다. ***lose*** one***'s ~ to*** …에게 마음을 주다, 사랑하다, 연모하다. ***man of ~*** 인정 많은 사람. ***near*** 〈***nearest, next***〉 (***to***) a person***'s ~*** (~에게) 중요한〈가장 중요한〉 ; 그리운〈가장 친애하는〉. ***put ~ into*** a person ~에게 용기를 북돋우다. ***put*** one***'s ~*** (***and soul***) ***into*** …에 열중〈몰두〉하다. ***put*** 〈***set***〉 a person***'s ~ at rest*** 〈***ease***〉 ~를 안심시키다. one***'s ~ goes out to...*** 《口》 …에 대하여 애착〈동정, 연민〉을 느끼다. one***'s ~ leaps*** 〈***comes***〉 ***into his mouth*** 깜짝 놀라다 ; 조마조마〈아슬아슬〉해 하다. one***'s ~ sinks*** (***low within*** him) =one***'s ~ sinks in*** 〈***into***〉 his ***boots*** 〈***heels***〉 몹시 기가 죽다, 낙담하다, 의기 소침하다.

heart·ache [háːrtèik] *n.* ⓤ 마음의 아픔 ; 비탄, 상심.

héart attàck 심장 발작, 심장마비.

heart·beat [⌐bìːt] *n.* ⓤ,ⓒ 고동, 심장박동.

heart·break [⌐brèik] *n.* ⓤ 비통, 비탄, 애끊는 마음.

heart·break·er [⌐brèikər] *n.* ⓒ (가슴이 찢어지

게) 애끊는 생각을 하게 하는 것〈사람〉.

heart·break·ing [∠brèikiŋ] *a.* 가슴이 터질〈찢어질〉듯한, 애끊는, 마음을 자아내는 ; 감동적인.

heart·bro·ken [∠bròukən] *a.* 비탄에 잠긴.

heart·burn·ing [∠bə̀ːrniŋ] *n.* ⓤ 질투, 불만, 시기.

héart disèase 심장병.

heart·ed [háːrtid] *a.* 〔複合語로〕 …의 마음을 지닌, 마음이 …한 : good-~ 친절한.

heart·en [háːrtn] *vt.* 〔흔히 受動으로〕 …의 원기〈용기〉를 북돋우다, …을 격려하다, 고무하다.

héart fàilure 심장 마비, 심부전.

heart·felt [∠fèlt] *a.* (말·행위 따위가) 마음으로부터의, 진심에서의 ; 정성어린.

heart·ful [háːrtfəl] *a.* 진심으로부터 우러난.
파) **~·ly** *ad.*

:hearth [haːrθ] *n.* ⓒ (1) 화롯가 노상(爐床), 벽난로 바닥. (2) 가정, 가정적 단란.

hearth·rug [∠rʌ̀g] *n.* ⓒ 난로 앞에 까는 깔개.

hearth·side [∠sàid] *n.* (흔히 the ~) 노변.

hearth·stone [∠stòun] *n.* ⓒ (1) 노〈용광로〉의 바닥돌. (2) 노변 ; 가정.

:heart·i·ly [háːrtili] *ad.* (1) 마음으로부터, 충심으로, 열의를 갖고, 진심으로. (2) 많이, 배불리 ; 철저히. (3)완전히, 아주.

heart·land [∠lǽnd] *n.* ⓒ 중심 지대, 심장부.

heart·less [háːrtlis] *a.* 무정한, 박정한, 냉혹한.

heart·rend·ing [∠rèndiŋ] *a.* 가슴이 터질〈찢어질〉듯한, 비통한(grievous).
파) **~·ly** *ad.*

heart's-blood [háːrtsblʌ̀d] *n.* ⓤ 심혈(心血) ; 생명, 생명력.

heart-search·ing [∠sə̀ːrtʃiŋ] *n.* ⓤ 자성, 내성(內省), 자기비판.
— *a.* (자신의) 마음 속을 살펴보는.

heart-shaped [∠ʃèipt] *a.* 심장〈하트〉형의.

heart·sick [∠sìk] *a.* 비탄에 잠긴, 의기소침한, 상심한.

heart·strings [∠strìŋz] *n. pl.* 심금(心琴), 깊은 감정〈애정〉 : paly on a person's 애정(동정)에 호소하다.

heart·throb [∠θrɑ̀b/∠θrɔ̀b] *n.* ⓒ (1) 심장의 고동. (2) 《口》 정열, 감상(感傷). (3) 《口》 연인, 멋진 사람〈남성〉, 동경의 대상《특히 이성의 가수, 배우 등》.

heart-to-heart [∠təháːrt] *a.* 〔限定的〕 숨김없는, 솔직한, 흉금을 터놓는, 진심어린(sincere).
— *n.* ⓒ (a ~) 《俗》 솔직한 이야기.

heart·warm·ing [∠wɔ̀ːrmiŋ] *a.* 마음이 푸근해지는, 친절한, 기쁜, 흐뭇하게 하는.

:hearty [háːrti] (***heart·i·er ; -i·est***) *a.* (1) 마음으로부터의, 친절한, 애정 어린. (2) 기운찬, 건강한, 튼튼한 ; (식욕이) 왕성한 : take a ~ meal 잔뜩 먹다 ; (비·바람 따위가) 억센 ; (미움 따위가) 강렬한. (3) 〔限定的〕 (식사 따위가) 많은, 풍부한.
— *n.* ⓒ (1) 기운찬 사람 ; 친구. (2) 【英大學】 (지성·감성(感性)이 모자라는) 기운찬 학생, 운동 선수. 【opp.】 *aesthete.*

:heat [hiːt] *n.* (1) ⓤ 열, 더위, 더운 기운 ; 열기 ; 온도 : the ~ of the day 한낮 더위. (2) ⓤ 열심, 열렬 ; 격노, 흥분. (3) ⓤ (the ~) 한창때 ; (토론·투쟁 등의) 최고조. (4) ⓤ (후추 등의) 매운 맛(pungency). (5) (a ~)(1회의) 노력〈동작〉 ; ⓒ 【競】(예선의) 회 ; (경기 등의) 1 라운드.
at a ~ 단숨에. ***in the ~ of the moment*** 불끈 화가 난 찰나에 ; 흥분한 나머지. ***on*** 〈《美》 ***in***〉 ***~*** 《英》(암컷이) 암내가 나서. ***put*** 〈***turn***〉 ***the ~ on ...*** 《口》 …에 강한 압박을 가하다. ***take the ~*** 《口》 비난을 정면으로 받다, 공박당하다. ***take*** 〈***remove***〉 ***the ~ out of ...*** 《口》…의 흥분을〈열기를〉 식히다. ***turn on the ~*** 《口》 정력적으로 하다 ; 《口》 흥분되다 ; (마음을) 불타오르게 하다 ; 《口》 (범죄자등의) 추적을〈수사를〉 엄중히 하다 ; 《美俗》(…을 향하여) 총구를 돌리다, 발포하다.
— *vt.* (1) 《~+目/+目+副/+目+前+名》 …을 가열하다, 따뜻이 하다, 데우다. (2) 《+目+前+名》 〔흔히 受動으로〕 …을 흥분시키다(excite), 격분시키다 ; 《俗》 …에 생기를 불어넣다.
— *vi.* 뜨거워지다 ; 흥분하다. ***~ up*** 다시 데우다 ; (엔진 등이) 가열되다 ; (행위 따위가)한층 더 열기를 띠다.

héat bàrrier 【宇宙】 열 장벽.

héat capàcity 열용량.

heat·ed [híːtid] *a.* (1) 가열한, 뜨거워진. (2) 격앙한, 흥분한 : ~ discussion 격론.

·heat·er [híːtər] *n.* ⓒ (1) 가열기, 히터, 난방장치. (2) 《美俗》 권총.

·heath [hiːθ] *n.* ⓤ 히스《영국의 황야에 무성하는 관목》 ; ⓒ 《英》 히스가 무성한 황야(moor) : one's native ~ 태어난 고향.

:hea·then [híːðən] (*pl.* ***~s,*** 〔集合的〕 ~) *n.* ⓒ (1) 이교도 ; 불신앙자(infidel) ; 미개인, 교양이 낮은 사람. (2) (*pl.*) 【聖】 이방인《유대인 이외의 자》 ; (the ~) 이교도.
— *a.* 〔限定的〕 이교(도)의, 야만스런(barbarous).

hea·then·ish [híːðəniʃ] *a.* (1) 이교(도)의 ; 비기독교적인. (2) 야만의.
파) **~·ly** *ad.*

·heath·er [héðər] *n.* ⓤ 히스(heath)속(屬)의 식물.

héather mìxture 《英》 혼색 모직물.

heath·ery [héðəri] *a.* =HEATHY. 히스가 무성한.

heathy [híːθi] (***heath·i·er ; -i·est***) *a.* 히스의; 히스 비슷한 ; 히스가 무성한, 황야가 많은.

heat·ing [híːtiŋ] *a.* 가열하는, 따뜻하게 하는 : a ~ apparatus 〈system〉 난방 장치〈설비〉.
— *n.* ⓤ 가열 ; 난방(장치).

héat pùmp (1) 열 펌프. (2) 냉난방 장치.

heat-seek·ing míssile [híːtsìːkiŋ-] 열선추적〈적외선 유도〉 미사일.

:heave [hiːv] (*p., pp.* ***~d,*** 【海】 ***hove*** [houv]) *vt.* (1) (무거운 것)을 (들어)올리다(lift). (2) …을 울렁 거리게 하다 ; 부풀리다. (3) (신음 소리)를 내다, 발하다 ; (한숨)을 쉬다 (4) …을 게우다. (5) 《~+目/+目+副/+目+前+名》 …을 던지다(throw).
— *vi.* (1) (가슴이) 울렁거리다, 뛰다 ; 헐떡거리다 ; (파도·바다가) 놀치다. (2) 《+副》 토하다, 구역질나다, 게우다(vomit) 《*up*》. (3) (지면이) 융기하다 ; 부풀어 오르다. (4) 《+前+名》 【海】 끌다, 잡아당기다《*at*》. (5) 《+前+名》 【海】(배가) 움직이다, 흔들리다 : The billows ~ 큰 물결이 넘실거린다.
~ down (배)를 기울이다《수리하려고》 ; (배가) 기울다. ***~ in sight*** 〈***view***〉 (배가 수평선 위로)보이기 시작하다. ***~ on*** 밧줄을 세게 당기다〈끌다〉. ***~ to*** 이물을 바람받이로 돌려서 (배를) 세우다 ; (배가) 서다. ***~ up*** 1) 끌어올리다, 닻을 올리다. 2) 내버리다 ; 단념하다. 3) 《口》 몹시 메슥거리다, 구토하다.
— *n.* ⓒ (1) 들어올림 ; 무거운 것을 들어올리는 노력

; (무거운 것을) 던지는 일. (2) 융기 ; 기복. (3) 메스꺼움.

heave-ho [híːvhòu] *n.* ⓒ《美口》해고, 거절. ***get* 〈*give* a person〉 *the* ~** 해고당하다〈아무를 해고하다〉 ; 무시하다, 괄시하다.
— *vt., vi.* 퇴짜 놓다.

:heav·en [hévən] *n.* (1) ⓤ (종종 the ~s) 하늘, 천공(天空)(sky) : the eye of ~ 태양. (2) ⓤ (H-) 신(神), 하느님. (3) ⓤ 천국 ; 극락 ; 신들, 천인(天人) : be in ~ 천국에 계시다. (4) ⓤ 매우 행복한 상태 ; ⓒ 낙원. ***By Heaven*(*s*)*!*** 맹세코, 꼭. ***for ~'s sake*** 제발, 아무쪼록. ***Good* 〈*Gracious, Great*〉 *~s!*** 이거 큰일이군!, 저런! ***go to ~*** 승천하다, 죽다. ***~ and earth*** 우주, 천지, 삼라 만상. ***Heaven be praised !*** = ***Thank Hea-ven*(*s*)*!*** 고마워라. ***Heaven forbid !*** ⇨ FORBID. ***Heaven knows.*** 1) 신만이 안다, 아무도 모른다. 2)하느님은 아실 거다, 맹세코. ***in ~*** 1)하늘에 계신 ; 죽어서. 2)〔疑問詞 뒤에서〕 대관절, 도대체. ***move ~ and earth to*** do ⇨ 있는 힘을 다하다.

:heav·en·ly [hévənli] (***-li·er*** ; ***-li·est***) *a.* (1) 〔限定的〕 하늘의, 창공의(celestial), 천상(天上)의. (2) 〔限定的〕 천국과 같은, 신성한(holy), 거룩한(divine), 천래의, 지상(至上)의.
— *ad.* 천국처럼 ; 매우, 하늘의 힘(인도)으로.

heav·en-sent [hévənsènt] *a.* 천부의 ; 시의(時宜)를 얻은, 절호의.

:heav·i·ly [hévili] (***more ~ ; most ~***) *ad.* (1)무겁게, 묵직하게, 육중하게, 무거운 듯이 : walk ~ 무거운 발걸음으로 걷다. (2)《古》답답하게, 느릿느릿 힘들게, 시름겹게, 침울하게, 낙담하여. (3) 짙게 ; 빽빽이, 울창하게. (4) 몹시, 크게, 심하게 ; 다량으로.

·heav·i·ness [hévinis] *n.* ⓤ (1) 무거움, 무게 ; 힘겨움. (2) 낙담, 비애. (3) 활발치 못함, 답답함.

:heavy [hévi] (***heav·i·er*** ; ***-i·est***) *a.* (1) a〕 무거운, 묵직한, 중량이 있는(weighty) ; 비중이 큰 : a ~ metal 중금속. 【opp.】 *light.* b〕 속이 찬〈빽빽한〉 ; 두툼한《옷》 ; (빵·케이크 따위가) 설 구워진, 덜 부푼. c〕 몸이 무거운, 임신한 ; 《특히》 출산이 임박한. (2) a〕 대량의, 다량의. b〕 대량으로 소비하는〈쓰는〉《*on*》 : His car is ~ *on* oil. 그의 차는 휘발유를 꽤나 먹는다. c〕 (능력·지식 따위를) 충분히 갖춘, (…에) 강한《*on*》. (3) a〕격렬한, 맹렬한(violent) ; 과도한 ; 지나친 ; (바다가) 거칠어진 : a ~ blow 심한 타격 ; (록이) 대(大)음향과 비트가 강렬한. b〕 깊은《사고·잠 등》 ; 굵직하고 잘 울리는《목소리》 ; 【音聲】 강음의, (음절이) 강세가 있는. (4) a〕 힘이 드는 ; 견디기 어려운, 압제적인, 모진, 과중한《요구 따위》 ; 《口》하는 식이 가혹한, 모진. b〕 (음식이) 느끼한, 소화가 잘 안되는 ; (음료가) 진한, 알코올이 든 ; (향기가) 짙은, 잘 가시지 않는 ; 《美俗》 (마실 것 등) 너무 뜨거운. (5) a〕 울적한, 슬픈, 의기소침한 ; (하늘이) 음산한, 음침한, 흐리터분한(overcast) ; 노곤한, 활기 없는(languid) ; (걸음 등이) 무거운, 나른한. b〕 (예술·문장 등) 경쾌하지 못한, 재미없는, 지루한. (6) a〕 뜻이 깊은, 무게 있는《말》 ; 《口》 진지한《음악》 ; 《俗》 태를 부린, 고지식한《사람》 ; 【劇】 진지한(역의), 장중〈장대〉한, 비극적인 : a ~ part 원수역, 악역. b〕 《美口》 중대한, 중요한 ; 유력한, 부자인. ***find ... ~ going*** …을 어렵다고 느끼다, 해보고 어렵다고 생각하다.
have a ~ hand 손재주가 무디다 ; 엄〈잔인〉하다, 강압적이다. ***~ in* 〈*on*〉 *hand*** ⇨ HAND. ***~ with*** …으로 무거운, …을 가득 가진. ***~ with young*** (동물이) 새끼를 밴.
— *n.* ⓒ (1) (*pl.*) 【劇】 원수역, 악역(惡役) ; 그배우. (2) (the heavies) 중기병(重騎兵), 중포(重砲)(병) ; 중폭격기. (3) (*pl.*) 중공업. (4) 중량급 권투 선수.
come* 〈*do*〉 *the ~* (*father*)** 《俗》 윗사람인 체하며 충고하다, 잘난 체하다 ; 허풍을 떨다, 뽐내다. ***on the ~ 《美俗》 범죄를 저지르고(범하고).
— *ad.* =HEAVILY. ***lie* 〈*hang*〉 *~ on*** …을 무겁게 짓누르다 ; 괴롭히다. ***sit* 〈*weigh*〉 *~ on* 〈*upon*〉** =lie ~ on.

heav·y-du·ty [-djúːti] *a.* 〔限定的〕 (1) 격무에 견뎌낼 수 있는, 매우 튼튼한. (2) 중대한, 퍽 중요한.

heav·y-foot·ed [-fútid] *a.* (1) 발걸음이 무거운 ; 따분한. (2) (동작이) 둔한, 둔중한.

heav·y-hand·ed [-hǽndid] *a.* (1) 솜씨없는, 서툰. (2) 고압적인 ; 비정한.

heav·y-heart·ed [-háːrtid] *a.* 마음이 무거운(둔한).

heav·y-lad·en [-léidn] *a.* (1) 무거운 짐을 실은〈짊어진〉. (2) 걱정거리가 많은, 압박감을 받은.

héavy métal (1) 【化】 중금속《비중 5.0 이상》. (2) 거포(巨砲)(탄).

heav·y-met·al [-métəl] *a.* 【樂】 헤비메탈록의.

heav·y·set [-sét] *a.* (1) 체격이 큰, 튼튼한, 실팍한. (2) 땅딸막한.

héavy wáter 【化】 중수(重水).

heav·y·weight [héviwèit] *n.* ⓒ (1) 평균 체중 이상의 사람 ; (권투·레슬링 등의) 헤비급 선수. (2) 유력자 : light ~ 라이트 헤비급 선수.
— *a.* 헤비급의 ; 몸무게가 무거운 ; 평균 체중 이상의 ; 유력한, 중요한.

heb·dom·a·dal [hebdámədl/ -dɔ́m-] *a.* 일주의 ; 매주의, 7일째마다의.
— *n.* 주간지.

He·bra·ism [híːbreiìzəm, -bri-] *n.* (1) ⓒ 헤브라이어풍〈어법〉. (2) ⓤ 헤브라이 문화〈주의〉. (3) ⓤ 유대교.
파) **-ist** *n.* ⓒ 헤브라이 학자 ; 유대교 신자.

He·bra·is·tic [hìːbreiístik, -bri-] *a.* 헤브라이풍의 ; 헤브라이어 학자의.

·He·brew [híːbruː] *n.* (1) ⓒ 헤브라이 사람, 유태인. (2) ⓤ(고대의) 헤브라이어, (현대의) 이스라엘어. (3) ⓤ 이해 못할 말, 알아들을 수 없는 말.
— *a.* 헤브라이 사람의, 유대인의 ; 헤브라이말의.

Heb·ri·des [hébrədìːz] *n. pl.* (the ~) 헤브리디스 제도《스코틀랜드 서쪽의 열도(列島)》.

hec·a·tomb [hékətòum, -tùːm] *n.* ⓒ (1) (고대 그리스의) 황소 백 마리의 제물. (2) 다수의 희생, 대학살(great slaughter).

heck [hek] *n.* ⓤ《口》(1)지옥《hell의 완곡한 말》. (2)(흔히 the ~)(분노했을 때의 발성·강조어로서)도대체, 대관절. ***a ~ of a ...*** 《口》 대단한, 엄청난.
— *int.* 제기랄, 빌어먹을.

·hec·tare [héktɛər, -tɑːr] *n.* ⓒ 헥타르.

hec·tic [héktik] *a.* (1) 열이 있는 ; 소모열의, 소모열에 걸린, 병적으로 붉어진 : a ~ flush 홍조《결핵환자의 빰에 나타난》. (2) 《口》 흥분한, 열광적인(feverish) ; 매우 바쁜.

hec·to·gram, 《英》 **-gramme** [héktəgræ̀m] *n.* ⓤ 헥토그램《100 그램》.

hec·tor [héktər] *vt.* …을 으르다 ; …을 괴롭히다

(bully). 호통을 치다.
— *vi.* 허세 부리다.
— *n.* (H-) 헥토르《Homer의 *Iliad*에 나오는 트로이 전쟁의용사》; ⓒ (h-) 허세부리는 〈호통치는〉사람, 약자를 괴롭히는 자.

:he'd [hiːd] he had, he would 의 단축형.

:hedge [hedʒ] *n.* ⓒ (1) 산울타리 : a dead ~ 마른 나무 울타리 / a quick(set) ~ 산울타리 ; 울. (2) 장벽(barrier), 장애. (3) (손실·위험 따위에 대한) 방지책《*against*》 ; 양쪽에 돈 걸기. (4)언질이 잡히지 않도록 빠져나갈 구멍을 계산한 언동.
come down on the wrong side of the ~ 결정을 그르치다, 잘못을 저지르다. ***make a ~*** 양다리 걸치다. ***not grow on every ~*** 흔한 ~ 것이 아니다. ***sit* 〈*be*〉 *on* (*both sides of*) *the ~*** 형세를 관망하다 ; 결정을 보류하다. ***take a sheet off a ~*** 공공연히 훔치다. ***the only stick left in*** one'***s ~*** 오직 하나 남은 수단〈방법〉. ***take ~*** 가버리다.
— (*p., pp.* ***hedged ; hedg·ing***) *vt.* (1)《~+目/+目+副》…을 산울타리로 두르다, …에 울을 치다《*in ; off ; about*》 : ~ a garden. (2)《+目+副》…을 둘러〈에워〉싸다(encircle) ; (규칙 따위로) 꼼짝 못하게 하다, (행동)을 구속하다, 방해하다(rest-rict)《*about ; in ; off*》 : be ~*d in* rules 규칙에 매이다. (3) …에 방호 조치를 취하다, (손실 등)을 양쪽에 걸어서 방지하다.
— *vi.* (1) 산울타리를 만들다. (2)《口》(옹근 손해를 막기 위하여) 양쪽에 걸다 ; 【商】 헤지 거래를 하다. (3) 변명할〈빠져나갈〉 여지를 남겨 두다 ; 애매한 태도를 취하다 ; 울타리 뒤에 숨다. (4) (재산 따위를)보호하다 : ~ *against* inflation 인플레로부터 재산을 지키다. (5) 몸을 숨기다.

·hedge·hog [´hɑ̀g, ´hɔ̀ːg/ ´hɔ̀g] *n.* ⓒ (1) 고슴도치. (2)《美》호저.

hedge·row [hédʒròu] *n.* ⓒ (산울타리의) 죽 늘어선 관목 ; 산울타리.

hédge schòol 노천〈야외〉 학교.

he·don·ism [híːdənìzəm] *n.* ⓤ 【哲】 쾌락주의.

he·don·ist [híːdənist] *n.* ⓒ 쾌락〈향락〉주의자.

he·do·nis·tic [hìːdənístik] *a.* 쾌락주의(자)의.

hee·bie-jee·bies [híːbidʒíːbiz] *n. pl.* (the ~) 《口》(긴장·근심 따위로부터 오는) 안절부절 못하는 기분, 극도의 신경과민.

:heed [hiːd] *vt.* …을 주의〈조심〉하다, …을 마음에 두다 : He did not ~ the warning. 그는 경고를 무시했다.
— *vi* 주의하다.
give* 〈*pay*〉 *~ to …에 주의〈유의〉하다. ***take ~* 〈*no ~*〉 *of*** …에 조심〈유념〉하다〈하지 않다〉, 중시하다. 파) ***~·er*** *n.*

·heed·ful [híːdfəl] *a.* 주의 깊은(attentive), 조심성이 많은《*of* 》(careful).

·heed·less [híːdlis] *a.* 부주의한(careless), 무관심한《*of* 》; 경솔한 ; 무분별한, 잊고 있는《*of* 》; …를 무시하고《*of ; about*》: be ~ about expense 비용은 생각않다.

:heel¹ [hiːl] *n.* ⓒ (1) 뒤꿈치 ; (동물의) 발 ; (말 따위의)(뒷) 굽 ; (*pl.*)(동물의) 뒷발(hind foot). (2) (신발·양말의) 뒤축, 굽. (3) 뒤꿈치 모양의 것〈부분〉. (4) 말미(末尾), 말단 ; 말기. (5)《俗》비열한 녀석, 상놈, 병신, 배반자 ;《俗》도망, 탈옥. ***at ~*** 바로 뒤에서, 뒤따라서. ***bring*** (a person) ***to ~*** 뒤를 따라 오게 하다 ; 복종시키다. ***come* 〈*keep*〉 *to ~*** 뒤에서 따르다, (규칙·명령 등에) 충실히 따르다 ; 복종하다 ; (개에게 소리쳐) 따라와. ***cool* 〈*kick*〉** one'***s ~s*** ⇨ 오랫동안 기다리다. ***dig*** one'***s ~s* 〈*feet, toes*〉 *in*** 자기의 입장〈의견〉을 고수하다, 완강(頑强)하게 버티다. ***down at*** (***the***) ***~*(*s*)** 뒤축이 닳은 신을 신은 ; 초라한 차림새로(shabby) ; 칠칠치 못한(slovenly). ***drag*** one'***s ~s*** ⇨ 발을 질질 끌며 걷다. ***~ and toe*** 보통으로 걸어서. ***~s over head*** = ***head over ~s*** ***by the ~s*** ~에게 족쇄를 채우다 ; 감금〈투옥〉하다 ; 무력하게 하다, 움직일 수 없게 하다. ***make a ~*** (발로) 차다. ***on the ~ s of*** a person = ***on*** a person'***s ~s*** 아무의 뒤를 바싹 따라서, …에 이어. ***out at*** (***the***) ***~*** (***s***) =down at the ~*s*. ***raise* 〈*lift*〉 *the ~ against*** …을 (발로) 차다. ***set*** a person (***back***) ***on*** his ***~s*** ~를 당황하게 하다, 놀라게 하다.
— *vt.* (1) (신발 따위)에 뒤축을 대다, (춤을) 뒤꿈치로 추다. (2) …의 바로 뒤에서 따라가다. (3) 【골프】 (공)을 (골프채의) 힐 〈만곡부〉로 치다. (4) 【럭비】 (공)을 뒤꿈치로 뒤로 차다《*out*》. (5) 뒤꿈치로 마루를 차면서 춤추다.
— *vi.* 뒤꿈치으로 춤추다 ; 〔때때로 命令法〕 (개가) 뒤따라오다.

heel² [hiːl] *vt.* (배)를 기울이다《*over*》.
— *vi.*(배가) 기울다.
— *n.* ⓒ (배의) 기울기, 경사(각도).

heel-and-toe [híːləntóu] *a.* 경보식으로 걷는 : a ~ walking race 경보(競步).
— *vi.* (자동차 경주 따위에서) 힐 앤드 토로 운전하다《브레이크는 발끝으로 밟고 같은 발의 뒤꿈치로는 가속페달을 조작하는 일》.

heeled [hiːld] *a.* (1) 뒤축이 있는, 뒷굽이 …모양의 ; (싸움닭이) 쇠발톱을 단. (2)《口》군자금이 마련된 ; 유복한. 【cf.】 well-heeled. (3)《俗》(권총 등) 무기를 갖고 있는.

heel·tap [´tæ̀p] *n.* ⓒ (1) 신발 뒤축의 가죽(lift). (2) 술잔 바닥의 마시다 남은 술.

heft [heft] *n.* ⓤ《美》(1)중량, 무게. (2)세력, 중요한 지위, 영향.
— *vt.* 들어서 무게를 달다; (물건)을 들어 올리다 (lift).
— *vi.* 무게가 나가다.

hefty [héfti] (***heft·i·er ; -i·est***) *a.* (1) 무거운. (2) 크고 건장한, 힘있는, 억센(powerful). (3) 많은 ; (꽤) 큰, 상당한.

He·gel·i·an [heigéiliən] *a., n.* ⓒ 헤겔철학의(신봉자.

he·gem·o·ny [hidʒéməni, hédʒəmòuni] *n.* ⓤ 패권, 지도권, 지배권, 헤게모니 : The country will never regain its political and economic ~. 그 나라는 정치적, 경제적 지배권을 결코 되찾지는 못할 것이다.
파) **-nism** *n.* ⓤ 패권주의.

Heg·i·ra [hidʒáirə, hédʒərə] *n.* (1) (the ~) 헤지라《Mecca에서 Medina로의 Mohammed의 도피 : 622년》; (the ~) (622년부터 시작되는) 회교 기원. (2) (h-) ⓒ (대량) 이주, 망명《*of* 》.

he-goat [híːgóut] *n.* ⓒ 숫염소. 【cf.】 she-goat.

Hei·del·berg [háidəlbə̀ːrg] *n.* 하이델베르크《독일 서남부 도시 ; 대학과 고성으로 유명》.

heif·er [héfər] *n.* ⓒ (1) (새끼를 낳지 않은 3살 미만의) 어린 암소. (2)《俗》소녀.

:height [hait] *n.* (1) ⓤ 높음. (2) ⓤⓒ 높이, 키.

(3) ⓒ 고도, 해발, 표고(altitude). (4) ⓒ (흔히 *pl.*) 고지, 산, 언덕. (5)【聖】 하늘. (6) ⓒ (the ~)정상, 절정, 극치, 한창인 때, 탁월 : in the ~ of summer 한여름에 (【cf.】 in the DEPTH of winter). (7)고귀, 고위(高位).
at its ~ = at the ~ of …의 절정에서 ; 한창 …중에. ***in ~*** 높이〈키〉는.

·height·en [háitn] *vt.*(1) …을 높게 하다, 높이다. (2) 고상하게 하다. (3) …을 더하다, 강화시키다 ; 증대〈증가〉시키다 : ~ a person's anxiety ~의 불안감을 가중시키다. (4) (묘사 따위)를 과장하다.
— *vi.* 높아지다 ; 강해지다, 증대하다.

height·ism [háitizm] *n.* ⓤ 키 작은 사람에 대한 멸시〈차별〉.
— *vt.*…에게 Heil!하고 인사하다.

Hei·ne [háinə] *n.* **Heinrich ~** 하이네《독일의 시인 ; 1797-1856》.

hei·nous [héinəs] *a.* 가증스런, 악질의, 극악〈흉악〉한.

:heir [εər] (*fem.* ***heir·ess*** [έəris]) *n.* ⓒ (1) 상속인, 법정 상속인. (2) 후계자, 계승자《*to* ; *of* 》;《比》(기쁨·벌 따위를) 받는 사람. (3) (특질·전통 등의) 승계자, 전승자(傳承者)《*of* ; *to*》: He's ~ *to* his father's fine brain. 그는 아버지의 뛰어난 두뇌를 물려받고 있다.
Flesh is ~ to many ills. 인간은 여러 가지 재앙을 이어받고 있다. ***~ of the body*** 직계 상속인. ***make*** a person one'***s ~*** ~를 자기의 상속인으로 삼다.
— *vt.* 《方》…을 상속하다.

héir appárent 법정 추정 상속인.

héir at láw 법정 상속인.

heir·ess [έəris] *n.* ⓒ HEIR의 여성형, 《특히》 여자 상속인.

heir·less [έərlis] *a.* 상속인이 없는.

heir·loom [έərlùːm] *n.* ⓒ (1) 【法】 법정 상속 동산(動産). (2) 조상 전래의 가재(家財)〈가보〉.

heir·ship [έərʃip] *n.* ⓤ 상속(권), 상속인 임.

heist [haist] *n.* ⓒ 《俗》 강도, 노상 강도, 도둑, 은행 강도《행위》; 《美俗》 도둑질한 물건, 장물.
— *vt.* …을 강도질하다, 훔치다.

Hel, Hela [hel], [hεláː] *n.* 【북유럽神】 (1) 헬《죽음과 저승을 다스리는 여신》. (2) 사후의 세계.

:held [held] HOLD의 과거·과거분사.

Hel·e·na [hélənə, helíː-] *n.*헬레나《여자 이름》.

hel·i·borne [héləbɔ̀ːrn] *a.* 헬리콥터로 수송되는.

hel·i·cal [hélikəl] *a.*나선형의.
파) **~·ly** *ad.* 나선형으로.

Hel·i·co·ni·an [hèləkóuniən] *a.* 헬리콘 산의. ***the ~ maids*** = the MUSES.

:hel·i·cop·ter [hélikɑ̀ptər, híːl-/ -kɔ̀p-] *n.* ⓒ 헬리콥터.
— *vt.* …을 헬리콥터로 나르다.
— *vi.* 헬리콥터로 가다.

he·lio·cen·tric [hìːliouséntrik] *a.* 태양 중심의.

he·lio·graph [híːliougræ̀f, -grɑ̀ːf] *n.* ⓒ (1) 일광 반사 신호기 ; 회광(回光) 통신기. (2) 태양 촬영기. (3) 일조계(日照計).
— *vt.* …을 일광 반사 신호기로 송신하다.

he·lio·trope [híːliətròup/héljə-] *n.* (1) ⓒ 【植】 주일성(走日性) 식물, 헬리오트로프. (2) ⓤ 연보랏 빛.

he·lio·trop·ic [hìːliətrɑ́pik/ -trɔ̀p-] *a.* 【植】 주일성(走日性)의, 해굽성의.

hel·i·port [héləpɔ̀ːrt, híːlə-] *n.* ⓒ 헬리포트, 헬리콥터 발착장.

·he·li·um [híːliəm] *n.* ⓤ 【化】 헬륨(기호 He, 번호 2).

he·lix [híːliks] (*pl.* ***hel·i·ces*** [hélisìːz], ***~·es***) *n.* ⓒ (1) 나선(螺旋) ; 나선형의 것. (2) 【建】 소용돌이 장식, 나선형 장식.

:hell [hel] *n.* (1) a] ⓤ 지옥 (〖opp.〗 *heaven.*), 저승 : the torture of ~ 지옥의 괴로움. b] ⓒ 〔集合的〕 지옥에 빠진 사람들 ; 악귀. c] ⓒ 도박굴, ; 생지옥, 마계(魔界), 마굴. (2) ⓤⓒ 지옥과 같은 상태, 고통, 곤경 ; 질책. (3) a] 〔强意語〕 제기랄, 빌어먹을, 도대체 : The ~ with...! …가 뭔데, …따위엔 볼일 없어. b] 〔상대의 말에 강한 否定을 나타내어, 副詞的으로〕 (the ~) 《俗》 절대로 …않다 : He says he will win. — *The* ~ he will. 그는 자기가 이긴다고 하는데. — 천만에, 어림도 없다. c] 〔强意語 ; 疑問詞의 다음에 와서 그것을 강조함〕 대관절, 도대체(the ~, in (the) ~).
a ~ of a ... 《口》 대단한, 굉장한 ; 심한, 지독한 : (*a*) ~ *of a* life 지옥 같은 생활 / *a* ~ *of a* trip 고생스러운 여행 / *a* ~ *of a* good time 아주 유쾌한 한 때. ***a ~ of a lot*** 《口》 매우, 대단히, 엄청나게. (***a***) ***~ on earth*** (이 세상의) 지옥. ***all*** (***gone***) ***to ~*** (계획따위가) 차질이 나서. ***all ~ breaks*** 〈***is let***〉 ***loose*** 《口》 큰 혼란이 일어나다. ***as ~*** 《口》 대단히, 매우, 지독하게 : As the sun went down it became as cold *as* ~. 해가 지자, 날씨는 지독하게 추워졌다. ***beat*** 〈***knock***〉 ***the ~ out of*** …을 호되게 혼내 주다. ***be ~ on*** 《俗》 1) …에게 엄하다〈모질게 굴다〉. 2) …에 해롭다, …을 해치다. ***between ~ and high water*** 《口》 매우 어려운 처지에 빠져, 곤궁하여. ***by ~*** 절대(로). ***come ~ and*** 〈***or***〉 ***high water*** 《口》 어떤 장애가 일어나더라도, 어떤 일이 있어도. ***for the ~ of it*** 《口》 말장난으로 ; 까닭〈목적〉도 없이. ***frighten*** 〈***scare,*** etc.〉 ***the ~ out of*** a person 《口》 ~를 몹시 두려워하게 하다. ***give*** a person ~ 《口》 ~를 혼내주다. ***Go to ~!*** 뒈져라. ***~ and gone*** (돌아올 수 없는) 머나먼 곳에, 어찌 할 수 없게 되어. ***~ for*** …에 유난히 열중하여. ***~ for leather*** 《口》 전속력으로. ***~ of a note*** 《俗》 이상한〈놀랄 만한, 대담 무쌍한〉것, 터무니〈어처구니〉 없는 것. ***~ to pay*** 《口》 매우 성가신 일, 후환, 뒤탈. ***~ to split*** 지체하지 않고, 단번에, 크게 서둘러. ***like ~*** 《口》 마구, 맹렬히, 필사적으로 ; 〔語句·文章 앞에 두고〕 천만에 ; 절대로〈전혀〉 …아니다. ***make*** one'***s life*** (***a***) ~ 생지옥같은 생활을 하다. ***not have a chance in ~*** 《口》 전혀 가능성이 없다. ***not a hope in ~*** 전혀 가밍이 없이. ***Oh, ~!*** 빌어먹을. ***play*** (***merry***) ***~ with ...*** 《口》 …을 엉망으로 만들다, …을 잡쳐 놓다〈혼란시키다〉 ; 《口》 몹시 화를 내다, 격노하다.
— *vi.* 《美俗》 엉뚱한〈난폭한〉 짓을 하다, 방종하게 생활하다.

hell·bent [ˊbènt] *a.* (1) 〔敍述的〕 맹렬한, 열중한, 필사적인《*on* 》; 단호한. (2) 맹렬한 속도로 질주하는, 무모한.
— *ad.* 맹렬히, 맹렬한 속도로.

hell·cat [ˊkæ̀t] *n.* ⓒ 악녀, 못된 계집 ; 굴러먹은〈닳고 닳은〉 여자, 심술쟁이 노파.

Hel·le·nic [helíːnik, -lén-] *a.* (특히 고대의) 그리스 말〈사람〉의.

Hel·le·nism [hélənìzəm] *n.* (1) ⓤ 그리스 문화주의〈정신, 문화〉, 헬레니즘. (2) ⓒ 그리스 어법.

Hel·le·nist [hélənist] *n.* ⓒ (고대) 그리스어 학자, 그리스 학자.
hell·er [hélər] *n.* ⓒ《美口》난폭자, 못된 녀석.
hell·fire [hélfàiər] *n.* ⓤ 지옥의 불 ; 지옥의 괴로움〈형벌〉, 격심한 괴로움.
hell·hole [⌐hòul] *n.* ⓒ 악의 소굴 ; 지옥 같은 집〈곳〉; 불쾌〈불결, 난잡〉한 장소.
hel·lion [héljən] *n.* ⓒ《美口》난폭자, 무법자, 망나니.
hell·ish [héliʃ] *a.* 지옥의, 지옥과 같은; 흉악한; 소름이 끼치는 ;《口》섬뜩한, 징그러운, 몹쓸, 매우 불쾌한.
— *ad.* 몹시, 굉장히.
:hel·lo [helóu, hə-, hélou] *int.* (1) 여보, 이봐 ; 어이구 ; **[電話]** 여보세요. (2) 안녕하시오《가벼운 인사》.
— (*pl.* ~*s*) *n.* ⓒ ~ 하는 말〈인사〉.
— *vi.* ~ 하고 부르다〈말하다〉.
hell-rais·er [hélrèizər] *n.* ⓒ《俗》(상습적으로) 소란을 피우는 사람, 무모한 사람.
Héll's béllls 〈téeth〉 (화가 나거나 초조할 때) 이게 어찌된 일인가.
hell·u·va [héləvə]《俗》*a.*썩 곤란한, 불쾌한 ; 굉장히 좋은, 빼어난 ; 상당한.
— *ad.* 대단히, 굉장하게, 극단적으로. [◁ hell of a]
:helm [helm] *n.* (1) ⓒ **[船]** 키(자루), 타륜 ; 조타장치, 타기(舵機) ; 키의 움직임 ; 배의 방향. (2)(the ~)《比》지배(권), 지도(control).
be at the ~ (of state affairs) 키를 잡다 ; 정권을 쥐다.
— vt. 키를 조종하다, 조종(지도)하다.
:hel·met [hélmit] *n.* ⓒ (1) 헬멧《군인·소방수·노동자 등의》. (2) 철모 ; 헬멧. (3) (야구·미식 축구 등의) 헬멧. (4) **[紋]** 투구 모양. (5) (중세의) 투구 ; (펜싱의) 면(面). (6) 투구 모양의 것.
— *vt.* …에게 헬멧을 씌우다.
파) **~·ed** [-id] *a.* 헬멧을 쓴. **~·lìke** *a.* 헬멧 모양의.
helms·man [hélmzmən](*pl.* ***-men*** [-mən]) *n.* ⓒ 타수(舵手), 키잡이.
파) **~·shìp** *n.* ⓤ 조타술.
Hel·ot [hélət, hí:l-] *n.* ⓒ (1)고대 스파르타의 농노. (2)(h-) 노예(serf), 농노, 천민.
:help [help] (***~ ed,***《古》***holp*** [houlp] : ***~ ed,***《古》***holp·en*** [hóulpən]) *vt.* (1)《~+目/+(*to*) do/+目+(*to*) do/+目+前+名》…을 돕다, 조력〈원조〉하다, 거들다, …하는 데 도움을 주다
(2)《+目+副/+目+前+名》〔down, in, out, over, into, out of, through, up 따위의 副詞(句)·前置詞(句)를 사용하여〕…을 거들어 …하게 하다, 도와서 …시키다.
(3)《~+目/+目+副》…을 조장하다(further), 촉진하다, 가미하다, 효과가 있게 하다.
(4) (고통·병 따위)를 완화하다, 덜다 편하게 하다 ; (결함 따위)를 보충하다, 구제하다.
(5)《~+目/+目+前+名》…에게 식사 시중을 들다, 집어주다, 술을 따르다, 권하다《*to*》;《口》…을 도르다 ; (음식물)을 담다.
(6)〔can(not) ~〕…을 삼가다, 억제하다, 피하다《*doing*》; …하는 것은 어쩔 수 없다《*doing*》.
— *vi.* (1) 거들다, 돕다 ; 도움이 되다 : We all ~*ed with* the harvest. 우리는 모두 수확하는 일을 도왔다 / Every little bit ~*s.*《俗談》하찮은 것도 각기 쓸모가 있다. (2) 식사 시중을 들다, 술을 따르다, 음식물을 집어주다, 담다.

※[1] help+목적어+부정사 :《美》에서는 다음에 'to 없는 부정사(bare infinitive)'가 흔히 쓰이며,《英口》에서도 일반화됨 : He ~*ed* us *peel* the onions. 그는 우리가 양파 까는 것을 거들어 주었다. 그러나 help를 수동태로 쓸 경우에는 We were ~*ed to* get out.와 같이 반드시 to가 따름.
cannot ~ but do =***cannot ~ doing*** …하지 않을 수 없다, …하는 것을 피할 수 없다 ; 어찌할 도리가 없다. ***God* 〈*Heaven*〉 *~ you* 〈*him,*** etc.〉 ***!*** 가엾어라 ; 불쌍한 녀석. ***~ along* 〈*forward*〉** 도와서 앞으로 나아가게 하다, 촉진하다. ***~ down*** 거들어서〈부축해서〉 내려주다. ***~ off with*** 1) …을 도와서 …을 벗기다. 2) …을 제거하는〈없애는, 처치하는〉 것을 돕다. ***~ on*** 1) …을 도와서 입혀 주다《*with*》. 2) …을 도와 태워 주다 : I ~*ed* him *on* his horse. 그를 도와서 말에 태웠다. 3) …을 도와서 진척시키다. ***~ out*** 원조하다, (곤란 등에서) 구출하다 ; 거들다 ; (비용 따위를) 보태주다 ; 도와서 완성시키다《*with*》: John fell into a hole, and I ~*ed* him *out*. 존이 구덩이 에 빠져서 그를 꺼내 주었다. ~ a person ***over*** ~를 도와서 넘어가게〈헤어나게〉하다. ~ one***self*** 1) 필요한 일을 자기 스스로 하다, 자조(自助)하다 : Heaven〈God〉 ~*s* those who ~ them*selves.* 하늘은 스스로 돕는 자를 돕는다. 2)〔cannot을 수반하여〕참을 수가 없다 : I *couldn't* ~ my*self*, and I burst out laughing. 나는 참을 수가 없어서 웃음을 터뜨렸다. ~ one***self to*** 1)…을 마음대로 집어먹다〈마시다〉. 2)…을 착복(着服)하다, 횡령하다 ; …을 마음대로 취하다. ~ a person ***through*** ~를 도와서 …을 완성시키다. ***~ up*** 도와서 일으키다, 떠받치다 ;〔受動으로〕방해되다 : He ~*ed* the old man *up* from the chair. 그는 노인을 도와 의자에서 일으켰다. ~... ***with*** (1) …의 (일)을 돕다. (2) …에 보급하다. ***not... more than*** one ***can*** 최소한도 필요 이사으로는 …하지 않다, ~되도록 …하지 않다. ***So ~ me* (*God*)*!*** 정말이야, (하늘에) 맹세코(I swear) ; 어떤 일이 있어도, 꼭꼭 : .
— *n.* (1) ⓤ 도움, 원조, 구조; 조력, 거듦 : by ~ of favorable circumstances 순조로운 환경 덕분에. (2) ⓒ 소용되는 사람〈것〉, 도움이 되는 사람〈것〉《*to*》: It was a great ~ *to* me. 그것은 내게 큰 도움이 되었다. (3) ⓒ 고용인, 하인 ;《주로 英》가정부 : a part-time ~ 파트타임의 종업원 / a household 〈《英》a home〉 ~ 가정부. (4) ⓤ〔集合的〕일꾼《특히 농장 노동자》: The ~ have walked out. 일꾼들은 파업에 들어갔다.
be beyond ~ (환자 따위가) 회복할 가망이 없다. ***be of ~*** 유용하다, 도움〈힘〉이 되나. ***by tho* · *of*** …의 도움으로. ***cry for ~*** 구해 달라고 외치다, 도움을 요청하다. ***Help wanted.*** 사람을 구함《구인 광고 ; 비교 : Situation wanted. 일자리를 구함》. ***on the ~***《美俗》(피수기) 교도소 암의 익에 사역당하여.
파) **~·a·ble** [-əbəl] *a.*
:help·er [hélpər] *n.* ⓒ 조력자, 구조자 ; 조수(assistant).
:help·ful [hélpfəl] (***more ~ ; most ~***) *a.* 도움이 되는, 유용한, 편리한(useful)《*to*》a ~ comment 참고가 되는 의견.
help·ing [hélpiŋ] *n.* (1) ⓤ 도움, 조력. (2) ⓒ (음식물의) 한 그릇. (3) ⓤ (음식을) 그릇에 담기 : a sencond ~. 한번 더 담는 음식.
— *a.* 도움의, 원조의, 도움이 되는 .

hélping hánd (a ~) 원조의 손길, 도움.

:**help·less** [hélplis] *a.* (1) 스스로 어떻게도 할 수 없는, 소용에 닿지 않는, 속수무책인. (2) 도움이 없는 ; 난감한《표정 등》, 의지할 데 없는. (3)〔敍述的〕(…에) 도움이 안되는, 무력한《*at* ; *to* do》. (4)(표정·태도 등이) 당혹한, 망연자실한.
파) *~·ly *ad.* 어찌할 도리 없이, 힘없이, 의지할 데 없이.

help·mate, -meet [hélpmèit], [´-mìːt] *n.* ⓒ (1) 협조자, 동료. (2) 내조자, 배우자, 《특히》 아내 : a model ~ 양처.

hel·ter·skel·ter [héltərskéltər] *n.* (1) ⓤ,ⓒ 당황하여 어쩔 줄 모름, 당황, 혼란. (2) ⓒ《英》(유원지의) 나선식 미끄럼틀.
— *a.* (1) 당황한. (2) 난잡한, 무질서한, 변덕의.
— *ad.* (1) 허둥지둥하여. (2) 난잡하게.

helve [helv] *n.* ⓒ (도끼 등의) 자루. ***throw the ~ after the hatchet***(너무나 많은 것을 잃어) 마지막 물건까지 없앨 각오로 …하다, (자포자기로) 엎친데 덮친다.
— *vt.* …에 자루를 달다.

·**hem**[1] [hem] *n.* ⓒ (1) (천·모자 등의) 가두리, 옷단, 가 ; 헴《특히 풀어지지 않게 감친 가두리》, 가선 ; 감침질. (2) 경계.
—(***-mm-***) *vt.* (1) …의 가장자리를 감치다, …에 가선을 대다. (2)《+目+副》…을 에워싸다, 둘러막다 ; 가두다《*in* ; *about* ; *round* ; *up*》. ***~ out*** 쫓아내다(shut out), 몰아내어 못 들어오게 하다.

hem[2] [mm, hm] *int.* 헴, 에헴《헛기침 소리》.
— [hem] *n.* ⓒ 헛기침. — [hem] (***-mm-***) *vi.* 에헴하다, 헛기침하다 ; 말을 머뭇거리다. ***~ and ha(w)*** 망설이다; 미적거리다.

hem·a·tite [hémətàit, híːm-] *n.* ⓤ 【鑛】 적철광.

Hem·ing·way [hémiŋwèi] *n.* **Ernest ~** 헤밍웨이《미국의 소설가 ; 노벨 문학상 수상(1954) ; 1899-1961》.

:**hem·i·sphere**[hémisfìər] *n.* ⓒ (1) (지구·천체의) 반구 ; 반구의 주민〈국가〉. (2) 【解】 뇌반구(대뇌, 소뇌). (3) 반구의 지도. (4) 반구체(半球體). (5) (사상·활동 따위의) 범위.

hem·i·spher·ic, -i·cal [hèmisférik], [-əl] *a.* 반구의 ; (-ical) 반구체의.

·**hem·lock** [hémlɑk/-lɔk] *n.* (1) a] ⓒ 【植】《美》 북미산 솔송나무(= ~ **fír** 〈**sprúce**〉). b] ⓤ 그 재목. (2) a] ⓒ 독당근. b] ⓤ 그 열매에서 채취한 독약《강한 진정제》.

he·mo·phil·ia [hìːməfíliə] *n.* ⓤ 【醫】 혈우병.

hem·or·rhage, haem- [hémərìdʒ] *n.* ⓤⓒ (1) 출혈(bleeding) : cerebral ~ 뇌출혈, 뇌일혈. (2) (인재·자산 등의) 유출, 손실. ***have a ~*** 출혈하다; 몹시 흥분하다, 발끈하다.
— *vi.* (다량으로) 출혈하다. ; 거액의 자산을 잃다, 큰 손실을 입다.
— *vt.* (자산)을 잃다.

hem·or·rhoids [hémərɔ̀idz] *n. pl.* 【醫】 치질(piles).

he·mo·stat [híːməstæ̀t, hém-] *n.* ⓒ 지혈 겸자.

he·mo·stat·ic [hìːməstǽtik, hèm-] *a.* 지혈(止血)의, 지혈 작용이 있는.
— *n.* ⓒ 지혈제.

·**hemp** [hemp] *n.* (1) ⓤ 삼, 대마. 【cf.】 flax. (2) ⓤ 삼의 섬유. (3) (the ~)《古·戱》 목매는 끈. (4) ⓤ 인도 대마(bhang)로 만든 마약(마취약).

hemp·en [hémpən] *a.* 대마의〈로 만든〉 : a ~ collar 목매는 밧줄.

:**hen** [hen] *n.* ⓒ (1) 암탉(【cf.】 cock[1]). (2)〔一般的〕암새 ; 물고기·갑각류 등의 암컷. (3)《俗》여자, (특히 중년의) 수다스러운 여자, 소심한 사람. — *a.*〔限定的〕암 컷의 ; 여자들만의.

:**hence** [hens] *ad.* (1) 그러므로 ;〔動詞를 생략하여〕이 사실에서 …이 유래하다. (2)지금부터, 금후, 향후 : five years ~ 이제부터 5년후에 ;《古》이 자리에서. (3) 현세에서 ;《古》여기에서. ***from ~***《古》 금후는, 이 이후는(여기서부터) ; 지금부터, 현재부터. (***Go***)***~!*** 나가(거)라. ***go*** 〈***depart, pass***〉 ~ 죽다.

:**hence·forth, -for·ward** [hènsfɔ́ːrθ, ´´], [-fɔ́ːrwərd] *ad.* 이제부터는, 금후, 이후, 차후(from now on).

hench·man [héntʃmən] (*pl.* ***-men*** [-mən]) *n.* ⓒ (1) 충실한〈믿을 수 있는〉 부하〈심복, 측근〉. (2) (갱단의) 똘마니. (3) (정치상의) 후원자.

hen·coop [hénkùːp] *n.* ⓒ 닭장, 닭둥우리.

hen·di·a·dys [hendáiədis] *n.* ⓤ 【修】 중언법(重言法)《두 개의 명사나 형용사를 and로 이어 '形容詞+名詞' 또는 '副詞+形容詞'의 뜻을 나타내는 법.

hen·na [hénə] *n.* ⓤ (1) 【植】 헤너《부처꽃과(科)에 속하는 관목》. (2) 헤너 물감《머리를 붉게 물들이는》 ; 적갈색.
— *vt.* …을 헤너 물감으로 물들이다.

hen·nery [hénəri] *n.* ⓒ 양계장.

hen·peck [´-pèk] *vt.* (남편)을 깔고 뭉개다.

hen·ry [hénri] (*pl.* ***~s, -ries***) *n.* ⓒ 【電】 헨리《자기 유도 계수의 실용 단위 ; 기호 H》.

hep[1] [hep] 《俗》 *a.*, *vt.*, *n.* 최근의 사정에 밝은 내막을 잘 아는.

hep[2] *n.* 들장미의 열매.

he·pat·ic [hipǽtik] *a.* (1) 간장의. (2) 간장에 좋은. (3)간장색의, 암갈색의.
— *n.* 간장약.

he·pat·i·ca [hipǽtikə] (*pl.* ***~s, -cae*** [-siː]) *n.* ⓒ 【植】 노루귀속(屬)의 식물 ; 설앵초.

hep·a·ti·tis [hèpətáitis] (*pl.* ***-tit·i·des*** [-títədìːz]) *n.* ⓤ 【醫】 간염 : ~ A, A형 간염.

hept(a)- '7'의 뜻의 결합사. ※ 모음 앞에서는 (hept-.)

hep·tam·e·ter [heptǽmitər] *n.* ⓒ 【韻】 칠보격(七步格), 7음각.
파)**hep·ta·met·ri·cal** [hèptəmétrikəl] *a.*

hep·tar·chy [héptɑːrki] *n.* (1) ⓒ 7두 정치, 7국 연합. (2) (the H-) 【英史】 7왕국《5-9세기경까지의 Kent, Sussex, Wessex, Essex, Northum-bria, East Anglia, Mercia》.

:**her** [həːr, ᵂ ər, hər] *pron.* (1) a]〔she의 目的格〕그 여자를〈에게〉 : give a pen to ~ 나는 그녀에게 펜을 주었다. b]《口》〔be動詞의 補語로서, 또는 than, as but 뒤에 와서 主格대용〕=SHE. c]《古》그 여자 자신을〈에게〉(herself). (2)〔she의 所有格〕그여자의.

Her·a·cles, -kles [hérəklìːz] *n.* = HERCULES.

:**her·ald** [hérəld] *n.* (1) ⓒ 선구자, 사자(使者)(messenger). (2) ⓒ 고지자, 보도자, 포고자, 통보자. ※ 신문 이름에 종종 쓰임. (3) ⓒ 군사(軍使) ; (중세기 무술 시합의) 진행계 ; (의식·행렬 따위의)의전관. (4) ⓒ《英》 문장관(紋章官).
— *vt.* (1)…을 알리다, 포고(고지)하다, 전달하다. (2) …을 예고하다, …의 도래(到來)를 알리다《*in*》.

파) ~·ist n. ⓒ 문장학자〈연구가〉.
he·ral·dic [herǽldik] a. 문장(紋章)(학)의, 전령(관)의.
her·ald·ry [hérəldri] n. (1) ⓤ 문장학(紋章學). (2) ⓤ 문장관의 임무. (3) ⓤ 〔集合的〕 문장(blazonry).
·herb [hə:rb] n. (1) ⓒ(뿌리와 구별하여) 풀잎. (2) ⓒ 풀, 초본. (3) ⓒ 약용〈향료〉 식물, 약초, 향초(香草). (4) (the ~) 《美俗》마리화나, 대마초.
her·ba·ceous [hə:rbéiʃəs] a. 초본〈풀〉의, 풀 비슷한 ; 잎 모양의 ; 초록색의 ; 풀이 난, 풀이 심어진.
herbáceous bórder (다년생의 초화(草花)를 심어 만든) 화단의 가.
herb·age [hə́:rbidʒ] n. ⓤ 〔集合的〕 (1) 초본(류), 풀, 목초. (2) 약초(류).
herb·al [hə́rbəl] a. 초본의, 풀의 ; 약초의.
— n. ⓒ 본초서(本草書), 식물지(誌).
herb·al·ist [hə́:rbəlist] n. ⓒ (1) 한방 의사, (옛날의) 식물학자. (2) 약초상.
her·bar·i·um [hə:rbέəriəm] (pl. **~s, -ia** [-iə]) n. ⓒ (1) (건조) 식물 표본집. (2) 식물 표본 상자.
hérb dòctor 한의사, 약초의(藥草醫).
herb·i·cide [hə́:rbəsàid] n. ⓤⓒ 제초제.
her·biv·o·rous [hə:rbívərəs] a. 초식성의.
파) ~·ly ad.
herby [hə́:rbi] (**herb·i·er, -i·est**) a. (1) 풀과 같은 ; 초본성(草本性)의. (2) 풀이 많은.
Her·cu·le·an [hə̀:rkjəlíən, hə:rkjú:liən] a. Hercules의〈와 같은〉, 초인적인, 매우 곤란한.
Her·cu·les [hə́:rkjəlì:z] n. (1) 【그神】 헤르쿨레스 《Zeus의 아들로, 그리스 신화 최대의 영웅》. (2) (또는 h-) 장사. (3) 【天】 헤르쿨레스자리. **~' choice** 안일을 버리고 고생을 택함.
:herd [hə:rd] n. (1) ⓒ 짐승의 떼, 《특히》 소·돼지의 떼. 【cf.】 flock. (2) (the ~)군중 ; 《蔑》 대중, 하층민. (3) (a ~) 대량, 다수《of》.
— vt. (1) (사람)을 모으다 ; (소·양 따위)의 무리를 모으다. (2) …의 무리를 지키다〈이끌다〉(tend).
— vi. 《+副》 (떼지어) 모이다, 이동하다 ; 떼짓다 《together ; with》.
herd·er [hə́:rdər] n. ⓒ 목부(牧夫), 목자(牧者), 목동, 목양자.
hérd instinct (the ~) 【心】 군거(群居) 본능.
·herds·man [hə́:rdzmən] (pl. **-men** [-mən]) n. (1) ⓒ 목자, 목부(牧夫), 목동, 가축지기 ; 소떼의 주인. (2) (the H-) 【天】 목자자리(Boötes).
·here [hiər] ad. (1) 여기에(서), 여기〈이곳〉까지, 이곳으로. 【opp.】 there. (2) 〔문두(文頭)에 와서〕 이 점에서 ; 이때 ; 지금. (3) 〔문두에 두어〕 자 여기에《주의를 환기함》. (4) 〔흔히 名詞의 뒤에 두고〕(가까운 사람·물건을 가리키며) 여기에 있는 《指示形容詞 this 〈these〉를 수반하는 경우가 많음》. (5) 〔전화에서〕 이쪽은.
~ and now 1) 〔副詞的으로〕 지금 바로, 곧 : Let's discuss the problem ~ *and now*. 지금 곧 그 문제를 토의합시다. 2)(흔히 the ~) 〔名詞的으로〕 지금 이때 ; 현재 ; 현세, 이 세상. **~ and there** 여기저기에. **Here we go (again)!** 1) 《口》 자 시작한다, 자 간다. 2) 《口》 또 시작이야. **Here you are 〈go〉.** 자 이것〈옜다〉 《상대방에게 무엇을 건네어 줄 때》. **neither ~ nor there** 문제 밖의; 대수롭지 않은 ; 무관계한. **up to ~** 《口》 1) 일이 지나치게 많아《with》 : I'm *up to* ~ *with* work. 일이 너무 많다. 2) 참을 수 없게 되어, 진절머리가 나서《with》. (3)배가 잔뜩 불러《with》. (4)가슴이 벅차서《with》.
— n. ⓤ 여기; 이 점 ; 이 세상. **from ~** 여기서부터. **in ~** 여기에, 이 안에. **near ~** 이 근처에. **out of ~** 여기서부터. **the ~ and the hereafter** 현재와 미래. **up to ~** 여기까지.
⁑here·af·ter [hiərǽftər, -á:f-] ad. (1) 지금부터는, 금후(로는), 장차는. (2) 내세에서(는).
— n. (a ~, the ~) (1) 장래(in the future), 미래. (2) 내세, 저 세상.
·here·by [hìərbái] ad. 《文語》 【法】 이에 의하여, 이 문서〈서면〉에 의하여, 이 결과(의식·법률문에 씀).
her·e·dit·a·ment [hèrədítəmənt] n. ⓒ 【法】 상속재산《특히 부동산》.
he·red·i·tar·i·ly [hiréditèrəli, hirèditέərəli] ad. 세습적으로 ; 유전적으로.
·he·red·i·tary [hirédətèri/ -təri] a. (1) 세습의, 대대의 ; 부모한테 물려받은. (2) 유전적인(【opp.】 acquired) ; 유전(성)의.
파) -tàr·i·ness n.
heréditary péer 세습 귀족.
he·red·i·ty [hirédəti] n. ⓤ (1) (형질) 유전. (2) 세습 ; 상속.
·here·in [hìərín] ad. 《文語》 이 속에, 여기에.
here·in·af·ter [hìərinǽftər, -á:f-] ad. 《文語》 (서류 등에서) 아래에, 이하에, 글안에.
here·in·be·fore [hìərinbifɔ́:r] ad. 《文語》 (서류 등에서) 위에, 윗글에, 전조에.
here·of [hìərʌ́v/ -rɔ̀v] ad. (1) 《文語》 이것의, 이 문서의. (2) 이에 관하여(of this).
·her·e·sy [hérəsi] n. ⓤ,ⓒ (특히 기독교에서 본) 이교, 이단 ; 이설(異說), 반대론.
·her·e·tic [hérətik] n. ⓒ 이교도, 이단자.
— a. =HERETICAL.
he·ret·i·cal [hərétikəl] a. 이교의, 이단의, 이설의.
here·to [hiərtú:] ad. (1)여기까지. (2)《文語》이 문서에, 여기〈이것〉에 : attached ~ 여기에 딸린. (3) 이 점에 관하여.
·here·to·fore [hìərtəfɔ́:r] ad. 《文語》 지금까지(에는)(hitherto), 이전에(는), 여태까지(hitherto).
here·un·der [hìərʌ́ndər] ad. (1) 아래에. (2) 이 기재에 따라서, 이 기록(조건)에 따라.
here·up·on [hìərəpán/ -ɔ́n] ad. (1) 여기에 있어서 (upon this). (2) 이 시점에, 이 직후에.
·here·with [hìərwíð, -wíθ] ad. (1) 이것과 함께 (동봉하여), 여기 첨부하여. (2) 이 기회에 ; 이것으로, 이에 의해(hereby), 이로써.
her·i·ta·bil·i·ty [hèritəbíləti] n. ⓤ 상속〈유전〉 가능성(물려 줄 수 있음).
her·i·ta·ble [héritəbəl] a. (1)물려줄 수 있는. (2) 상속할 수 있는. (3)(성질·병 등) 유전성의.
·her·i·tage [héritidʒ] n. (1) ⓤ,ⓒ 상속〈세습〉 재산. (2) (a ~)(대대로) 물려받은 것 ; 유산, (3) 천성, 운명.
her·maph·ro·dite [hə:rmǽfrədàit] n. ⓒ (1)남녀 양성자(兩性者). (2) 【生】 양성 동물, 암수 한몸 ; 양성화(花).
— a. 자웅 동체〈동주〉의.
파) **her·màph·ro·dít·ic, -i·cal** [-dítik], [-əl] a. (1) 양 성기(性器)를 가진. (2) 상반되는 두 성질을 가진.
her·met·ic, -i·cal [hə:rmétik], [-əl] a. (1) 밀봉〈밀폐〉한(airtight) : a ~ seal 용접 밀폐, (2) (종종 H-) 연금술의 ; 신비한, 심원한, 비전(秘傳)의 ; 난해

한.

:her·mit [hə́ːrmit] *n.* ⓒ (1) 수행자(修行者), 도사 ; 은자(anchorite), 세상을 등진 사람(recluse) ; 독거성의 동물. (2) 향료를 넣은 당밀쿠키.

her·mit·age [hə́ːrmitidʒ] n.ⓒ (1) 암자, 쓸쓸한, 외딴 집. (2) 은자의 집.

:he·ro [híːrou, híər-] (*pl.* **~es**) *n.* ⓒ (1) 영웅 ; 용사, 이상적인 인물 : one of my ~*es* 내가 심취하는 인물의 하나. (2) 【神】 반신적(半神的)인 용사, 신인(神人). (3) (시·극·소설 등의) 주인공(【cf.】 HEROINE.), 주요 인물. (4) (중대한 사건·경기 등의) 중심 인물. ***make a ~ of*** …을 영웅화하다, 떠받들다.

:he·ro·ic [hiróuik] (***more ~ ; most ~***) *a.* (1)영웅적인, 씩씩한, 용맹스러운 ; 대담한, 과감한 : a ~ remedy 극단적인(과감한) 치료. (2) 초인적인. (3) 【韻】 (시가) 영웅을 찬미한 ; (문체 따위가) 웅대한 (grand) ; 당당한, 흰소리 치는.

— *n.* (*pl.*) 영웅시(격), 사시(史詩)(격) ; 과장된 표현〈태도, 행위, 감정〉. ***go into ~s*** 감정을 과장하여 표현하다(말하다).

her·o·in [hérouin] *n.* ⓤ 헤로인《모르핀제 ; 진정제·마약》.

:her·o·ine [hérouin] *n.* ⓒ (1) 여걸, 여장부. (2) (극·소설 등의)여주인공. (3) 반신녀(半神女).

·her·o·ism [hérouìzəm] *n.* ⓤ (1) 영웅적 자질, 장렬, 의열(義烈). (2) 영웅적 행위.

·her·on [hérən] (*pl.* **~s,** 〔集合的〕 ~) *n.* ⓒ 【鳥】 왜가리, (일반적으로) 해오라비 무리.

파) **~·ly** [-ri] *n.* ⓒ 왜가리〈백로〉의 번식지.

héro wòrship 영웅 숭배.

파) **~·er** *n.* 영웅숭배자.

her·pes [hə́ːrpiːz] *n.* ⓤ 【醫】 포진(疱疹).

her·pe·tol·o·gy [hə̀ːrpətálədʒi/ -tɔ́l-] *n.* ⓤ 파충류학.

파) **-gist** *n.* ⓒ 파충류 학자.

·her·ring [hériŋ] (*pl.* **~s,** 〔集合的〕 ~) *n.* (1) ⓒ 청어. (2) ⓤ 청어의 살 : kippered ~ 훈제한 청어 : dead as a ~ 완전히 숨진 / (as) thick as ~s 몹시 밀집하여, 빽빽히 들어차.

her·ring·bone [-bòun] *n.* ⓒ 청어 뼈(가시). (2) ⓤ 오늬 무늬(로 짠 천), 헤링본. (3)【建】 (벽돌 따위의) 오늬 무늬 쌓기, 헤링본.

— *a.* 〔限定的〕 오늬(무늬) 모양의, 청어 가시 무늬의.

:hers [həːrz] *pron.* 〔she의 所有代名詞〕 그녀의 것.

:her·self [həːrsélf, hər-] (*pl.* ***them·selves***) *pron.* 3인칭 단수 여성의 재귀대명사. (1) 〔再歸的〕 그녀 자신을〈에게〉. (2) 〔强意的〕 그녀 자신. (3) 언제나의 그녀, 본래의 그녀. (4) 《Ir.·Sc.》 중요한 여성, 주부.

hertz [heːrts] (*pl.* ~, **~·es**) *n.* ⓒ 【電】 헤르츠 《진동수·주파수의 단위 ; 기호 Hz》.

he / she [híʃíː] *pron.* 《美》〔인칭대명사 3인칭 단수 통성 주격(通性主格)〕 그 또는 그녀는〈가〉.

hes·i·tance, -tan·cy [hézətəns], [-i] *n.* ⓤ 머뭇거림, 주저, 망설임 ; 우유부단.

hes·i·tant [hézətənt] *a.* (1)〔敍述的〕 머뭇거리는, 주저하는, 주춤거리는《*about* ; *over*》. (2)(태도가) 분명치 않은.

:hes·i·tate [hézətèit] *vi.* (1) 《~/+*to* do / +前+名/+*wh. to* do》 주저하다, 망설이다, 결단을 못 내리다. (2) 《+*to* do》 …할 마음이 나지〈내키지〉 않다 : He ~*d to* break the law. 그는 범법하고 싶지 않았다. (3)(도중에서) 제자리 걸음하다, 멈춰서다. (4) 말이 막히다, 말을 더듬다, 머뭇거리다 : He ~*d* in replying. 그는 더듬거리며 대답했다.

— *vt.* …을 주저하며〈머뭇거리며〉 말하다.

파) **-tàt·er, -tà·tor** *n.* **-tàt·ing** *a.* **-tàt·ing·ly** *ad.*

:hes·i·ta·tion[hèzətéiʃən] *n.* ⓤ,ⓒ (1) 주저, 망설임. (2) 말을 더듬음, 어물어물함 : without ~ 주저하지 않고, 서슴지 않고, 단호히.

hes·i·ta·tive [hézətèitiv] *a.* 주저하는, 망설이는.

Hes·per·i·des [hespérədìːz] *n. pl.* 【그神】 (1)헤스페리데스《황금 사과밭을 지킨 네 자매》. (2) 〔單數 취급〕 황금 사과밭.

Hes·per·us [héspərəs] *n.* 태백성(太白星).

Hesse[1] [hes/hési] *n.* 헤센《독일의 주》.

Hes·se[2] [hésə] *n.* **Hermann ~** 헤세《독일의 시인·소설가 ; 1877-1962》.

Hes·tia [héstiə] *n.* 【그神】 헤스티아《화로·불의 여신 ; 로마 신화의 Vesta에 해당》.

het [het] 《古·方》 HEAT의 과거·과거분사. (***all***) ~ *up* 《口》 격앙〈흥분〉하여, 안달하여《*about*; *over*》.

het·er·o·dox [hétərədàks/ -dɔ̀ks] *a.* 이교(異敎)의 ; 이설의, 이단의. 【opp.】 *orthodox.*

파) **~y** *n.* ⓤ,ⓒ 이교 ; 이단, 이설(異說).

het·er·o·ge·ne·i·ty [hètəroudʒəníːəti] *n.* ⓤ (1) 이종(異種) ; 이류 불균질(不均質). (2) 이성분(異成分), 이류혼교(異類混交).

het·er·o·ge·ne·ous [hètərədʒíːniəs, -njəs] *a.* 이종(異種)의 ; 이질의 ; 이(異)성분으로 된. 【opp.】 *homogeneous.*

het·er·o·nym [hétərənìm] *n.* ⓒ 철자는 같으나 음과 뜻이 다른 말《tear[1] [tiər] (눈물)와 tear[2] [tɛər] (찢다) 따위》. 【cf.】 homonym, synonym.

het·er·o·pho·bia [hètərəfóubiə] *n.* ⓤ (성적인) 이성(異性) 공포증.

het·er·o·sex·ism [hètərouséksizm] *n.* ⓤ 이성애주의《이성애만이 옳다고 믿음 ; 암시적으로 동성애를 반대》.

het·er·o·sex·u·al [hètərəsékʃuəl] *a.* 이성애(異性愛)의.

— *n.* ⓒ 이성을 사랑하는 사람.

het·er·o·sex·u·al·i·ty [hètərəsèkʃuǽləti] *n.* ⓤ 이성애(異性愛).

heu·ris·tic [hjuərístik] *a.* 학습을 돕는, 관심을 높이는 ; 학생에게 하여금 스스로 발견케 하는, 발견적인 《학습법 따위》.

— *n.* (흔히 *pl.*) 발견적 교수법.

·hew [hjuː] (***~ed ; hewn*** [hjuːn], ***~ed***) *vt.* 《~+目/+目+前+名/+目+副》 (1) (도끼·칼 따위로) …을 **자르다**(cut), 패다, 쪼개다(chop), 마구 베다, 토막내다 ; 베어넘기다《*down*》 ; 베어〈잘라〉 내다 《*down* ; *off*; *out* ; *from*》. (2) …을 만들다, 깎아 새기다.

— *vi.* (1) (도끼 따위로) 자르다. (2)《+前+名》《美》 (법·기준·주의 따위를) 지키다, 고수하다, 준수하다 《*to*》.

hex [heks] 《美口·英方》 *vt.* …을 홀리게 하다, 마법에 걸다.

— *vi.* 마법을 행하다《*on*》.

— *n.* ⓒ (1) 마녀(witch). (2) 불길한 물건〈사람〉 (jinx) ; 주문.

hex·a·gon [héksəgàn/ -gən] *n.* ⓒ 【數】 육각형.

hex·a·hed·ron [hèksəhíːdrən] (*pl.* ***~s, -ra*** [-rə]) *n.* ⓒ 육면체.

파) **~dral** *a.* 6면체의.

hex·am·e·ter [heksǽmitər] 【韻】 *n.* ⓒ 육보격(六步格)의 시행(詩行).
— *a.* 육보격의.

hex·ane [héksein] *n.* ⓤ 【化】 헥산.

hex·a·pod [héksəpɑ̀d/ -pɔ̀d] *n.* ⓒ 곤충, 육각류(六脚類)의 동물.
— *a.* 육각류의, 곤충의.

·hey [hei] *int.* 이봐, 어이《호칭》; 어《놀람》; 야아《기쁨》. ***Hey for...!*** …잘한다. ***Hey presto!*** 얏! 자아! 자 보세요!.

hey·day[2], **hey·dey** [héidèi] *n.* (*sing.* ; 흔히 *the* 〈*one's*〉 ~) 전성기, 절정(prime)《*of* 》: a dictator in *the* ~ *of* his power 권력의 절정에 있는 독재자. ***in the ~ of youth*** 한창 때에.

·hi [hai] *int.* 《口》 야아 ; 어어《인사 또는 주의를 끄는 말》.

hi·a·tus [haiéitəs] (*pl.* **~·es, ~**) *n.* ⓒ (1)틈, 벌어진 틈(gap), 균열 ; (연속된 것의) 연쇄, 중단, 휴게, 휴회 ; 탈문(脫文), 탈자(脫字). (2) 【音聲】 모음 접속.

hi·ber·nate [háibərnèit] *vi.* (들어박혀) 겨울을 지내다, 동면하다(【opp.】 *aestivate*) ; (사람이) 피한(避寒)하다, 칩거하다, 들어박히다.

Hi·ber·nia [haibə́ːrniə] *n.* 《詩》 Ireland의 라틴 이름.

Hi·ber·ni·an [haibə́ːrniən] *a.* 아일랜드(사람)의.
— *n.* ⓒ 아일랜드 사람(Irishman).

hic·cough [híkʌp] *n. vi., vt.* = HICCUP.

hic·cup [híkʌp] *n.* (종종 *pl.*) 딸꾹질 : have (get) ~s 딸꾹질이 나오다 ; 딸꾹질의 발작 ; 약간의 문제, (주식의) 일시적 하락 ; 좀 거북한 문제.
— (**-pp-**) *vi.* 딸꾹질하다, 딸꾹질하며 말하다.

hic ja·cet [hík-dʒéisit] 《L.》 여기(에) 잠들다《비명(碑銘)의 문구 ; 略 : H.J.》 ; 묘비명(epitaph).

hick [hik] *n.* ⓒ (1) 《英口》 시골뜨기, 촌사람. (2) 《美俗》 시체.
— *a.* 〔限定的〕 시골(뜨기)의, 촌스러운 : a ~ town 시골 읍.

hick·ey [híki] *n.* ⓒ 《美》 (1) 기계, 장치. (2)《俗》 여드름 ; 키스 마크 ; (인쇄판, 네커 등의) 흠집.

hick·o·ry [híkəri] *n.* (1) ⓒ 히코리《북아메리카미산 호두과(科) 식물》 ; 그 열매(=**~ nùt**). (2) ⓤ 히코리 목재 ; ⓒ 히코리나무 지팡이〈가구, 도구〉. (3)ⓤ 《美》 일종의 면직물.
— *a.* (1) 히코리의〈로 만든〉. (2) 강직한 ; 신앙심이 두텁지 않은.

:hid [hid] HIDE[1]의 과거·과거 분사.

:hid·den [hídn] HIDE[1]의 과거분사.
— *a.*(1)숨은, 숨겨진, 비밀의, 내밀의 : ~ agenda 숨은 동기〈계획〉. (2)신비의.

:hide[1] [haid] (***hid*** [hid] ; ***hid·den*** [hídn], ***hid***) *vt.* (1) …을 숨기다, 감추다. (2) …을 덮어 가리다(cover up), 덮다. (3) 《~+目/+目+前+名》 …을 감추다, 비밀로 하다 : ~ one's feeling 감정을 드러내지 않다.
— *vi.* 《~/+前+名/+副》 숨다, 잠복하다.
~away (1) …을 …에게 숨기다《*from* 》. (2) = ~ out. ***~behind bushes*** 《俗》 도망쳐 숨다, 비겁하게 굴다. ***~ out*** 〈***up***〉 《口》 도피하다, 지하에 숨다. ~ one***self*** 숨다.
— *n.* ⓒ 《英》(야생 동물을 포획·촬영하기 위한)잠복 장소.

·hide[2] *n.* (1) ⓤⓒ (특히 큰) 짐승의 가죽 : raw 〈green〉 ~ 생가죽. (2) ⓒ 《口·戲》 사람의 피부. (3) ⓤ 《口》 (몸의) 안전, 안락. (4) ⓒ 《美俗》 경주마(racehorse) ; 《野球俗》 볼 ; 《재즈俗》 드럼. ***have a thick ~*** 낯가죽이 두껍다. ***~ and hair*** (가죽도 털도) 모조리, 모두.
— *vt.* (1) …의 가죽을 벗기다(flay). (2) 《口》 …을 심하게 매질하다, 때리다.

hide-and-seek, 《美》 **hide-and-go-seek** [háidənsíːk], [-gousíːk] *n.* ⓤ, *vi.* 숨바꼭질(하다) ; 서로 속여먹기(를 하다).

hide·a·way [háidəwèi] *n.* ⓒ 《口》 숨은 곳, 은신처 ; 잠복 장소, 사람 눈에 띄지 않는 곳.
— *a.* 〔限定的〕 숨은, 사람 눈에 띄지 않는.

hide·bound [háidbàund] *a.* (1) 편협한, 도량이 좁은, 완고한. (2) (가축이 영양 불량 때문에) 여위어 피골이 상접한 ; (나무가) 껍질이 말라붙은, 도량이 좁은 ; 【醫】 경피증(硬皮症)의.

·hid·e·ous [hídiəs] *a.* (1) 무시무시한(horrible), 소름끼치는, 섬뜩한(frightful). (2) 가증한, 끔찍한, 고약한 : a ~ crime 가증스러운 범죄.

hid·ey-hole, hidy- [háidihòul] *n.* 《口》 = HIDE-AWAY. 은신처.

hid·ing[1] [háidiŋ] *n.* ⓤ 숨김, 은폐, 숨음 ; ⓒ 숨은 장소, 은신처.
be in ~ 남의 눈을 피해 살다. ***come*** 〈***be brought***〉 ***out of ~*** 나타나다〈새상에 드러나게 되다〉. ***go into ~*** 몸을 숨기다, 행방을 감추다.

hid·ing[2] *n.* ⓒ 《口》 매질, 후려갈기기. ***be on a ~ to nothing*** 성공의 가능성은 전혀 없다. ***give*** a person ***a good ~*** ~를 호되게 때리다 : be in ~ 세상에서 숨어 살다 / go into ~ 숨다.

hi·er·arch [háiərɑ̀ːrk] *n.* ⓒ 교주, 고승, 권력자, 고관, 요인.

hi·er·ar·chic, -chi·cal [hàiərɑ́ːrkik], [-əl] *a.* 교주의 ; 성직 정치의 ; 권력을 가진 ; 계급 조직의, 계층적인.

·hi·er·ar·chy [háiərɑ̀ːrki] *n.* (1) ⓤⓒ 성직자 계급 제도 ; 그 성직자단(團) ; 성직자 정치 ; 〔一般的〕 계급 제도, 계층 제도; 계층 ; ⓒ (the ~) 〔集合的〕 전(全) 계급조직의 사람. (2) ⓒ 천사의 3급의 하나 ; 〔集合的〕 천사들 ; 천사의 9계급. (3) ⓒ 【生】 (분류) 체계《강·목·과·속·종 따위》.
파) **-chism** [-kìzəm] *n.* ⓤ ~의 제도〈권위〉. **-chist** *n.*

hi·er·o·glyph [háiərəglìf] *n.* ⓒ (1)상형 문자, 그림 문자. (2)비밀 문자 ; (보통 *pl.*) 《戲》 악필.

hi·er·o·glyph·ic [hàiərəglífik] *a.* 상형문자의, 그림문자의 ; 상징적인 ; 《戲》 알아보기 어려운.
— *n.* (1) ⓒ 상형문자, 그림문자. (2)(*pl.*)상형문자로 된 문서 ; 《戲》 판독하기 힘든 문서.

hig·gle (**-hag·gle**) [hígəl(hǽgəl)] *vi.* 값을 깎다(chaffer), 흥정하다《*with* 》.

hig·gle·dy-pig·gle·dy [hígəldipígəldi] *n.* ⓤ, *a., ad.* 엉망진창(인, 으로), 뒤죽박죽(인, 으로), 몹시 혼란한〈하게〉.

:high [hai] (**~·er ; ~·est**) *a.* (1) 높은(lofty, tall), 높이가 …인〈되는〉. 【opp.】 *low.* (2) a] 높은 곳에 있는 ; 고지(지방)의, 오지(奧地)의(inland) ; 높은 곳으로의〈으로부터의〉, 고공의. b] 【音聲】 혀의 위치가 높은. (3) a] (신분·지위 따위가) 높은, 고위의, 고귀한. b] 주된, 중요한 ; 【카드놀이】 (패가) 고위인, 트릭을 딸 수 있는. (4) 고결한(noble), 숭고한(sublime). (5) 콧대 높은, 교만한. (6) (가치·평가 따위

가) 높은, 값비싼, 귀중한 ; (정도·품질 따위가) 고급의, 상등의 ; 고등의.
get 〈***become***〉 ***~*** (술·마약 따위에) 취하다《*on*》. ***have a ~ old time*** 《口》유쾌히 지내다, 즐기다. ***have a ~ opinion of*** …을 높이 평가하다, …을 존중〈존경〉하다. ***~ and dry*** 1) (배가) 모래 위에 얹혀. 2) (사람이) 시류에서 밀려나, 고립되어. ***~ and low*** 상하 귀천의(모든 사람들). ***~ and mighty*** 《口》 거만한, 건방진 ; 《古》 지위가 높은. ***~ on...*** 《口》 …에 열중하여, 열광하여 ; …로 좋은 기분이 되어, 취하여. ***~, wide, and handsome*** 유유히, 당당하게, 멋지게. ***How is that for ~ ?*** 《俗》 참 멋진데《경탄》. ***in ~ favor with*** …의 마음에 (크게) 들어, 총애를 (많이) 받아. ***in ~ terms*** ⇨ TERMS. ***of ~ antiquity*** 태고(太古)적의. ***on the ~ horse*** ⇨HORSE. ***the Most High*** 하느님(God).
— *n.* (1) ⓤⓒ 높은 것 ; 높은 곳, 고지. (2) ⓒ【氣】 고기압권. (3) ⓤ (자동차의) 하이 기어, 톱 : shift from second *into* ~ 기어를 세컨드에서 톱으로 바꿔 넣다. (4) ⓒ 《美》 높은 수준 ; 【證】 높은 시세; 최고 기록. (5) 【카드놀이】 최고점의 으뜸패.
— *ad.* (1) 높이, 높게. (2) (정도가) 높게, 세게, 몹시(intensely) ; 크게, (3) 고가로, 비싸게 ; 사치〈호화〉스럽게 : live ~ 호화롭게 살다 : be rated ~ 고가로 평가되다.

-high '…높이의'의 뜻의 결합사 : waist*high*.

high-and-mighty [háiən*d*máiti] *a.* 《口》 거만한, 불손한.

high·ball [háibɔ̀ːl] *n.* ⓤ,ⓒ (1) 《美》 하이볼《보통 위스키 따위에 소다수 따위를 섞은 음료》. (2)【鐵】 신호기의 전속 진행 신호 ; 《俗》 직선 코스, 급행 열차. (3) 《美陸軍俗》 경례.
— *vi.* 《俗》(열차가) 질주하다.
— *vt.* 《俗》(열차운전사)에게 출발 신호를 하다.

hígh béam (보통 the ~s) 하이빔《헤드라이트의 원거리용 상향 광선》.

hígh blóod prèssure 【醫】 고혈압(hyper-tension).

·high·born [ˊbɔ̀ːrn] *a.* 명문 출신의, 집안이 좋은.

high·boy [ˊbɔ̀i] *n.* ⓒ 《美》 높은 발이 달린 옷장(tallboy). 【cf.】 lowboy.

high·bred [ˊbréd] *a.* 상류 가정에서 자라난, 교양이 높은, 교양과 기품을 갖춘 ; 순종의. 【cf.】 low-bred.

high·brow [ˊbràu] *n.* ⓒ 《口》 (1)지식인(intellectual). 【opp.】 *lowbrow.* (2)《蔑》 지식인인 체 하는 사람. — *a.* 지식인용〈상대〉의, 학자 티를 내는. 파) **~·ism** *n.*

high-class [ˊklǽs, ˊklɑ́ːs] *a.* 고급의, 일류의, 상류의.

hígh cómedy 고급〈상류〉 희극《상류 인텔리 사회를 다룬 것》. 파) **hígh comédian** *n.*

hígh commánd (the ~) (1) 최고 사령부. (2) 수뇌부.

hígh commíssioner (종종 H- C-) 고등 판무관(辦務官) 《영(英) 연방 가맹국 간의 대사 상당의 대표》.

Hígh Cóurt (**of Jústice**) (the ~) 《英》 고등법원.

high·er-up [háiərʌ́p] *n.* ⓒ (흔히 *pl.*) 《口》 상사, 고관, 상부.

hígh explósive 고성능 폭약(폭탄).

high-fa·lu·tin, -ting [ˊfəlúːtin], [-tiŋ] *a.* 《口》 (문체 등이) 과장된, 과대한 ; 거만한.

hígh fidélity (레코드 플레이어·스테레오 등으로 원음을 재생 할 때의) 고충실도.

high-fi·del·i·ty [háifidéləti] *a.* 〔限定的〕 충실도가 높은, 하이파이의.

hígh fínance 다액 금융 거래, 대형 융자.

high-five [háifáiv] *n.* ⓒ 하이파이브《상대방이 올린 손바닥에 자기가 올려든 손바닥을 맞대어 치는 것. — *vi.* ~를 하다.

high·fli·er, -fly- [ˊflàiər] *n.* ⓒ (1) 높이 나는 것〈사람, 새〉. (2) 포부가 큰 사람, 야심가.

high-grade [ˊgréid] *a.* 고급의, 우수한.

high-hand·ed [ˊhǽndid] *a.* 횡포한, 고압적인, 오만한.

high-hat [ˊhǽt] *n.* ⓒ 《俗》 뻐기는 사람, 우롱하다, 속물. — *a.* 멋진 : 거드름부리는, 뻐기는.
— (***-tt-***) *vt.* (남)을 업신여기다, 멸시하다.
— *vi.* …에게 태깔부리다, 젠체하다, 뻐기다.

high-heeled [ˊhíːld] *a.* 굽높은, 하이힐의.

hígh hórse 오만, 거만 : get (be) on one's ~ 뻐기다.

hígh jìnks 《口》 야단 법석.

hígh jùmp (the ~) (1) 높이뛰기. (2) 《英口》 엄한 벌. ***be for the ~*** 《英口》 엄한 처벌을 받게 될 것 같다, 《예전에》 교수형에 처해질 것 같다.

high-keyed [ˊkíːd] *a.* (1)【寫】 전체적으로 화면이 밝은, 색조가 밝은 ; 【樂】 가락이 높은. (2) 민감한, 몹시 흥분한, 신경질적인.

·high·land [ˊlənd] *n.* (1) ⓒ (종종 *pl.*) **고지**(高地), 산지, 고랭지. (2) (the H-s) 스코틀랜드 북부의 고지.
— *a.* 〔限定的〕 고지의 ; (H-) 스코틀랜드 고지(특유)의.

high·land·er [ˊləndər] *n.* ⓒ (1)고지에 사는 사람. (2) (H-) 스코틀랜드 북부 고지 사람.

·high·light [ˊlàit] *n.* ⓒ (그림·사진 따위의) **가장 밝은 부분** ; (이야기·사건·프로에서) 가장 중요한〈흥미 있는〉 부분, (뉴스 중의) **주요 사건**〈**장면**〉 ; 인기물 ; 현저한 특징.
— *vt.* …에게 강렬한 빛을 비추다 ; …을 강조하다(emphasize), 눈에 띄게 하다, 돋보이게 하다.

:high·ly [háili] (***more ~ ; most ~***) *ad.* (1) 〔形容詞·過去分詞를 수식〕 **높이, 고도로, 세게 ; 대단히** : ~ amusing 아주 재미있는. (2) **격찬하여, 칭송하여.** (3) 고위에, 고귀하게. (4) (가격 등이) 비싸게, 고가로 : speak ~ of …을 격찬하다.

high-mind·ed [ˊmáindid] *a.* 고상한, 고결한.

high-necked [ˊnékt] *a.* 깃을 깊이 파지 않은《여성복 따위》. 【opp.】 *low-necked.*

·high·ness [háinis] *n.* (1) ⓤ **높음** ; 높이 ; 고위 ; 고율 ; 고가 : The ~ of the wall 벽이 높음. (2) (H-) 전하(殿下)《왕족 등에 대한 경칭 ; His 〈Her, Your〉(Imperial, Royal) *Highness*의 꼴로 쓰임》.

high-pitched [ˊpítʃt] *a.* (1) 가락이〈감도·긴장도가〉 높은 ; (감정적으로) 격한, 격렬한. (2) 콧대가 높은, 교만한. (3) (지붕의) 물매가 싼. (4) (사상·목적 등이) 고매한(lofty), 고상한.

hígh póint 중대한 시점, 최고의 시기.

high-pow·er(**ed**) [ˊpáuər(d)] *a.* (1)정 력적인, 활동적인. (2) (엔진 등이) 고출력의. (3) (광학기기가) 배율이 높은

high-pres·sure [ˊpréʃər] *a.* (1)고압의. (2)고압적인, 강요하는. (3)긴장도가 높은《작업 등》.

— *vt.*《+目+前+名》…에게 고압적으로 나오다, 강요〈강제〉하다 : ~ salesmanship 강매.
high-priced [⊿práist] *a.* 비싼, 고가의.
hígh príest (1) 고승 ; 대제사《유대교》. (2) (주의, 운동의) 주창자(主唱者), 대지도자.
hígh prófile (a ~) 명확한〈선명한〉 태도 : The president adopted *a* ~ on that issue. 대통령은 그 문제에 대해 명확한 태도를 취했다.
high-rank·ing [⊿rǽŋkiŋ] *a.* 〔限定的〕 높은 계급의, 고위(관리)의.
high-risk [⊿rísk] *a.* 〔限定的〕 위험성이 높은.
high·road [⊿ròud] *n.* ⓒ (1) 《英》 큰길, 한길(highway), 간선 도로. (2)순탄한 길, 왕도(王道).
:hígh schòol 고등 학교, 《美》 중등 학교 ; 《英》(주립) 고등 학교 : a ~ junior (senior) ~ 중(고등)학교..
hígh séa 높은 파도 ; (the ~s) 공해(公海), 외양(外洋)(the open sea).
hígh séason (the ~) (1) 가장 바쁜 시기, 성수기, 대목 때. (2) 가격이 제일 높은 시기.
hígh shériff 《英》 주장관(州長官).
hígh sìgn 《口》 (경고·정보 등의) 은밀한 신호.
high-souled [⊿sóuld] *a.* 숭고한 정신의.
high-speed [⊿spíːd] *a.* 〔限定的〕 고속도의 : a ~ engine 고속 기관.
high-spir·it·ed [⊿spíritid] *a.* (1) 기운찬, 원기왕성한, 기개있는. (2)(말이) 괄괄한.
hígh spót 두드러진 특징, 가장 중요한 점, 하이라이트, 재미있는 곳.
high-step·ping [⊿stépiŋ] *a.* (말이) 발을 높이 올리며 걷는 ; 쾌락에 빠지는, 방종한 생활을 하는.
high-strung [⊿strʌ́ŋ] *a.* 신경질적인, 흥분하기 쉬운, 극도로 긴장한.
high·tail [háitèil] *vi.* 《美俗》 급히 도망하다 ; 급히 달려가다 ; 남의 차 바로 뒤에 바싹 붙어 운전하다, 추적하다.
high-tech [⊿ték] *a.* 〔限定的〕, *n.* ⓤ (1) 하이테크《공업디자인〈재료·제품〉을 응용한 가정용품의 디자인이나 실내 장식의 양식》(의). (2) =HIGHTECH-NOLOGY : HIGH TECHNOLOGY.
high-tech·nol·o·gy [⊿teknάlədʒi /-nɔ̀l-] *a.* 〔限定的〕 첨단(고도) 기술의.
hígh tíde 만조(때), 고조(선) ; (흔히 *sing.*) 절정 : at ~ 만조 때에.
high-tone(d) [háitóun(d)] *a.* (1) 고결한. (2) 고상한, 품위있는, 멋쟁이의(stylish).
high-up [⊿ʌ́p] *a.*, *n.* ⓒ (흔히 *pl.*) 《口》 높은 양반(의) ; 상급자(의).
hígh wáter (1) 만〈고〉조(high•tide) ; (강·호수 등의) 최고 수위. (2) 절정, 최고조. ***come hell or ~*** ⇨ HELL(成句).
hígh-wá·ter màrk [⊿wɔ́ːtər, ⊿wάt-] (1) (강·호수의) 고(高)수위선〈점〉, (해안의)고조선. (2) 최고 수준, 절정, 정점.
:high·way [háiwèi] *n.* ⓒ (1) 공도(公道), 간선도로, 큰길. 【cf.】 byway. 『 the king's ~ 천하의 공도. (2) 《比》 대도, 탄탄대로.
híghway ròbbery (가로에서의) 백주의 강도, 노상강도, (여행자에 대한) 약탈 ; 《口》 상거래에 의한 터무니 없는 이익, 폭리.
hígh wíre 높이 친 줄타기 줄.
hi·jack, high·jack [háidʒæ̀k] *vt.* 《口》 (수송중인 화물, 특히 금제품)을 강탈하다 ; (배·비행기)를 약탈하다, 공중〈해상〉 납치하다 ; …을 강요〈강제〉하다.
— *vi.* 《口》 수송 중인 화물을 강탈하다 ; 하이잭하다.
파) **~•er** *n.* 하이잭 범인.
:hike [haik] *vi.* (1) 하이킹하다, 도보 여행하다. (2) (바지 등을) 치켜 올리다《*up*》.
— *vt.* 《~+目/+目+副》《美口》(무리하게) …을 밀다, 움직이게 하다, 홱 잡아당기다〈끌어 올리다〉 ; (임금·물가)를 갑자기 올리다, 인상하다. — *n.* ⓒ (1) 하이킹 : 도보 여행. (2) 《美口》 (임금·가격) 인상. ***go on a ~*** 도보 여행을 하다 : a ~ in prices 물가 상승. ***Take a ~.*** 《美口》 어디에든 가버려, 저리 가.
파) ***hík·er** *n.* 하이커 도보 여행자.
;hik·ing [háikiŋ] *n.* ⓤ 하이킹, 도보 여행.
hi·lar·i·ous [hilɛ́əriəs, hai-] *a.* 들뜬, 명랑한, 즐거운 ; 들떠서 떠드는 ; 웃음을 자아내는, 신나게 노는.
hi·lar·i·ty [hilǽrəti, hai-] *n.* ⓤ 환희, 유쾌한 기분 ; 들떠서 떠들어댐, 재미나게 노는 판(merriment).
:hill [hil] *n.* ⓒ (1) 언덕, 작은 산, 구릉《초목이 있는 험하지 않은 산으로, 영국에서는 2000ft. 이하의 것》 ; (the ~s)(오지의) 구릉 지대 ; (the ~s)(인도의) 고지 주재〈주둔〉지, 피서지《※ 지명으로서도 쓰임》. (2) 고개, 고갯길, 흙더미 : an ant ~ 개밋둑. (3) (농작물의 밑동의) 돋운 흙, 두덩 ; 흙을 돋운 농작물.
go over the ~ 《美俗》 탈옥하다, 부대를 무단 이탈하다 ; 간데없이 사라지다, 증발하다. (***as***) ***old as the ~s*** 극히 낡은, 아주 오래된. ***take to*** 〈***head for***〉 ***the ~s*** 모습을 감추다, 잠적하다, 도주하여 숨다. ***up ~ and down dale*** 언덕을 오르고 골짜기를 내려가 ; 도처에, 샅샅이.
hill·bil·ly [hílbìli] 《口》 *n.* ⓒ, *a.* (특히 미국 남부의) 산골의 주민, 산사람, 시골 사람(의).
hill·i·ness [hílinis] *n.* ⓤ 기복이 많음(작은 산이 많음), 구릉성.
hill·ock [hílək] *n.* ⓒ 작은 언덕 ; 무덤.
:hill·side [hílsàid] *n.* ⓒ 언덕의 중턱〈사면(斜面)〉, 산허리.
:hill·top [híltὰp/ -tɔ̀p] *n.* ⓒ 언덕〈야산〉의 꼭대기.
hilly [híli] (***hill·i·er*** ; ***-i·est***) *a.* 산이 많은, 구릉성의 ; 작은 산 같은, 조금 높은 ; 가파른(steep).
·hilt [hilt] *n.* ⓒ (칼·도구 따위의) **자루**, 손잡이. (***up***) ***to the ~*** 자루 밑까지 ; 철저하게.
— *vt.* (칼등에) 자루를 달다.
:him [him, ⁎ im] *pron.* (1) 〔he의 目的格〕 a〕 그를, 그에게. b〕 〔前置詞의 目的語〕. (2) a〕 《口》 〔be의 補語로〕 =HE[1]. b〕 《口》 〔as, than but 다음에 쓰이어 主語로〕 =HE[1]. c〕 〔感歎詞的으로 독립하여〕. (3) 《古·詩》 =HIMSELF. (4) 《口》 〔動名詞의 의미상 主語〕 =HIS.
·Him·a·la·yas [hìməléiəz, himάːləjəz] *n. pl.* (the ~) 히말라야 산맥.
him / her [hímhə́ːr] *pron.* he/she의 목적격.
:him·self [himsélf] (*pl.* ***them·sélves***) *pron.* 《3인칭 단수·남성의 재귀대명사》. (1) 〔再歸的으로 動詞·前置詞의 目的語〕 그 자신을〈에게〉. (2) 〔强意的〕 그 자신(이) : He says so ~. 그 자신이 그렇게 a〕 〔同格的으로〕. b〕 〔he, him 대신 쓰이어 : and ~ 로〕. (3) 평상시〈본래〉의 그《흔히 주격 보어 또는 come to ~ 로서》. (4) 〔獨立構文의 主語관계를 나타내어〕 그 자신이.
beside ~ 제정신을 잃고, 미쳐서. ***by ~*** 자기 혼자서, 단독으로 ; 독력으로, 자신이 : came to ~ 정신이 들다, 소생하다. ***for ~*** 스스로, 자신이 ; 자기를 위해서. 【cf.】 myself, oneself.

:hind¹ [haind] (*~·er ; ~(er·)mòst*) a. 〔限定的〕 뒤쪽의, 후부의, 후방의. 【opp.】 *fore.* ***on*** one'***s ~ legs*** 분연히 일어나 ; 《戱》 일어서서 : get up *on* one's *~ legs* 일어서다, (말하기 위해) 일어서다.

hind² (*pl.* ~, ~*s*) n. ⓒ 암사슴《특히 3살 이상의 고라니》(【cf.】 hart, stag) ; 【魚】 (남대서양의) 농어과 능성어류의 바닷물고기.

hind·brain [háindbrèin] n. ⓒ 후뇌(後腦).

Hin·den·burg [híndənbə̀ːrg] n. **Paul von ~** 힌덴부르크《독일의 장군·정치가 : 1847-1934》.

:hin·der¹ [híndər] vt. 《~+目/+目+前+名》 (1) …을 방해하다, 저지하다(prevent), 훼방하다《*in*》. (2) …의 방해를 하다; …을 지체케 하다, 늦게 하다.
— vi. 방해가 되다, 행동을 방해하다. ~ a person ***from*** do***ing*** ~가 …하는 것을 방해하다 〈못 하게 막다〉.

hind·er² [háindər] a. 〔限定的〕 뒤쪽의, 후방의. — n. (*pl.*) 《美俗》 (사람의) 다리(leg).

hin·der·er [híndərər] n. ⓒ 방해자 ; 장애물.

Hin·di [híndiː] a. 북인도의, 북부 인도 말의.
— n. ⓤ 힌디 말《북인도 말》.

hind·most [háind*m*òust, -məst] a. 〔HIND¹ 의 最上級〕 가장 뒤쪽의, 최후부의.

hind·quar·ter [háindkwɔ̀ːrtər] n. ⓒ (짐승의) 뒤 4반부 고기 ; (*pl.*) (짐승의) 궁둥이와 뒷다리.

·hin·drance [híndrəns] n. (1) ⓤ 방해, 장애, 지장. (2) ⓒ 방해물〈자〉, 고장《*to*》.

hind·sight [háindsàit] n. ⓤ 때늦은 지혜 : in ~ 지나고 나서 보니까 / knock (kick) the ~ out (of) 《美口》 오나전히 부수다, 때려부수다.

·Hin·du [híndu:] (*pl.* ***~s***) n. ⓒ 힌두 사람 ; 힌두교도 : 인도 사람.
— a. 힌두(사람)의 ; 힌두교(도)의 ; 《古》 인도(사람)의. 파) **~·ize** vt. 힌두화하다.

Hin·du·ism [híndu:ìzəm] n. ⓤ 힌두교.

·hinge [hindʒ] n. ⓒ (1) 돌쩌귀, 경첩 ; 쌍각류(雙殼類) 껍질의 이음매 ; 관절(ginglymus). (2) 요체(要諦), 요점, 중심 점.
— vt. (1) …에 돌쩌귀를 달다. (2) 《+目+前+名》 …을 (…에 의해) 정하다《*on*》.
— vi. (1) 돌쩌귀로 움직이다. (2)《+前+名》 …여하에 달려 있다, …에 따라 정해지다《*on*》.

:hint [hint] n. (1) ⓒ 힌트, 암시(suggestion), 넌지시 알림《*on* ; *about* ; *as to*》 ; (때로 *pl.*) (간단히 표현한)조언, 요령, 지시《*on*》. (2) (a ~)미약한 징후, 기미, 기색 ; 미량(의…) 《*of* 》. (3) 《古》 기회.
by ~s 넌지시. ***drop***〈***give, let fall***〉 ***a ~*** 변죽 울리다, 암시를 주다. ***find a ~ to*** ... …에 대한 해결의 실마리를 찾아내다. ***take a ~*** 깨닫다, 알아차리다, 눈치채다.
— vt. 《~+目/+目+前+名/+*that* 節》 …을 넌지시 말하다, 암시하다, 빗대어 말하다《*to*》.
— vi. 《~/+前+名》 암시하다, 넌지시 비추다《*at* 》.

hin·ter·land [híntərlæ̀nd] n. ⓤ 《G.》(해안·하안 따위의) 후배지(後背地) (【opp.】 *foreland*), (도시의 경제적, 문화적 영향을 받는) 배역(背域), 오지(奧地), 시골.

:hip¹ [hip] n. ⓒ (1) 궁둥이, 둔부, 허리《골반부》, 히프, 히프 둘레(치수) ; 【解】 고관절(股關節). 【cf.】 waist. (2) 【建】 추녀 마루, 귀마루. (3) 【動】 기절(基節). ***fall on*** one's ***~s*** 엉덩방아를 찧다. ***have*** 〈***catch, get, take***〉 a person ***on the ~*** 《古》 ~를 (마음대로) 억누르다.

hip² [hip] n. ⓒ (흔히 *pl.*) 들장미의 열매(rose ~).

hip³ (*~·per ; ~·pest*) a. 《俗》 (1) (최신 유행의) 사정에 밝은, 정보통의. (2) 〔敍述的〕 (…을) 알고 있는, (…에) 정통한《*to*》 : put a person ~ *to* modern jazz ~를 모던 재즈통(通)으로 만들다.

híp bàth 뒷물, 좌욕(座浴)(sitz, bath).

hip·bone [hípbòun] n. ⓒ 좌골, 무명골 ; (가축의) 요각(腰角).

híp bòot (흔히 *pl.*)(고무제의 허리까지 오는) 장화.

hip-hop [híphɑ̀p/ -hɔ̀p] n. ⓤ 1980년대 미국에서 유행하기 시작한 새로운 감각의 춤과 음악《음반의 같은 곡조를 반복·역회전시키거나 브레이크댄싱 등을 종합한 것》.

hip-hug·ger [híphʌ̀gər] a. 〔限定的〕 허리에 꼭 맞는, 허리의 선이 낮은《바지·스커트》.

hip-hug·gers [híphʌ̀gərz] n. *pl.* 허리뼈에 걸쳐 입는 바지〈스커트〉.

hipped¹ [hipt] a. (1) 엉덩이가 있는. (2)〔複合語〕 둔부가 …한. (3) 고관절을 다친《주로 가축에 대해》. (4) 【建】 (지붕이) 추녀마루가 있는 : a ~ roof 모임지붕.

hipped² a. (1) 〔敍述的〕《美口》 …에 열중한《*on*》 : He's ~ *on* learning to play the piano. 그는 피아노 연습에 열중하고 있다. (2) 《口》 우울한 ; 성이 단단히 난.

hip·pie, -py [hípi] n. ⓒ 히피(족) ; 1960 년대 후반에 미국에서 나타난 장발에 색다른 복장의 반체제적인 젊은이. — a. 히피족의.

hip·pock·et [híppɑ̀kit/ -pɔ̀k-] n. ⓒ (바지·스커트의) 뒷주머니. — a. 소형의, 소규모의.

Hip·po·crát·ic óath [hipo*u*krǽtik-] 히포크라테스 선서《의사 윤리 강령의》.

Hip·po·crene [hípəkrìːn, hìpəkríːniː] n. (1)【그神】 Helicon 산의 영천(靈泉)《시신(詩神) Muses 에게 봉헌됨》. (2) ⓤ 시적 영감.

hip·po·drome [hípədròum] n. ⓒ (1)(고대 그리스·로마의 말·전차 경주의) 경기장. (2)곡마장, 마술 경기장, 연예장, 극장.

·hip·po·pot·a·mus [hìpəpɑ́təməs/ -pɔ́t-] (*pl.* ***~·es, -mi*** [-mài]) n. ⓒ 【動】 하마.

híp ròof 【建】 우진각 지붕.

hip·shoot·ing [hípʃùːtiŋ] a. 마구잡이의, 엉터리의 ; 무모한, 충동적인, 발작적인.

hip·ster [hípstər] n. ⓒ 《俗》 최신 유행에 민감한 사람, (남보다 먼저) 유행을 좇는 사람, 정통한 (체하는) 사람, 소식통 ; 비트족(beatnik), 히피 ; (사회와 어울리지 않고) 마음 맞는 사람하고만 사귀는 사람.

híp wràp 스웨터 등을 허리에 둘러 매는 스타일.

:hire [háiər] vt. (1) 《~+目/+目+*to* do》 …을 고용하다. (2) (세를 내고) …을 빌려오다, 임차하다, 세내다. (3)《+目+副》 a〕 …을 임대하다 ; (세를 받고) 빌려주다, 세주다《*out*》. b〕 〔~ oneself out으로〕 (…로) 고용되다《*as*》. (4)…에게 보수를 주다 ; …에게 뇌물을 주다. (5) 《古》 (돈)을 꾸다 ; (조사 따위)를 돈을 내고 의뢰하다. **~** a person ***away from***... ~를 …에서 빼돌려 고용하다. ***~ and fire*** (사람)을 임시로 고용하다.
— n. ⓤ (1)고용 ; 임차. (2)세, 사용료, 임대료 : pay for the ~ of ~의 사용료를 내다. (3)보수, 급료, 임금(wages).

hired [háiərd] a. 고용된 ; 임대의 ; 빌린 물건의.

hire·ling [háiərliŋ] a. 《蔑》 고용되어 일하는 ; 돈이면 뭐든지 하는.

— *n.* ⓒ 고용인 ; 돈을 위해 일하는 사람, 돈만 아는 ; 타산적인 남자 ; 삯말 ; 세낸 물건.

hir·er [háirər] *n.* ⓒ 고용주 ; 임차인.

hir·ing [háiəriŋ] *n.* ⓤ,ⓒ (1) 고용 : ~ and firing 고용과 해고. (2)임대차. ***~ of a ship*** 용선(傭船).

hir·sute [hə́:rsu:t, -∠] *a.* 털 많은, 억센 긴 털로 ; 텁수룩한 ; 털〈모질(毛質)〉의 ; 【動·植】 긴 강모(剛毛)로 덮인.

:his [hiz, ⁿ iz] *pron.* (1) 〔he의 所有格〕 그의. 【cf.】 my. (2) 〔he의 所有代名詞〕 그의 것 ; 그의 가족 : he and ~ (family) 그와 그의 가족 / a friend of ~ 그의 한 친구. (3) (of ~) 그의. (4) 〔성별을 모르는〈불문하는〉 사람을 지시〕 그 사람의 것(소유물).

:hiss [his] *vi.* (1) (뱀·증기·거위 따위가) 쉿 하는 소리를 내다. (2) 《+前+名》(경멸·비난의 뜻으로) 시 소리를 내다, 쉿하고 불만의 소리를 내다《*at*》.

— *vt.* 《~+目/+目+副》 …을 쉿하고 꾸짖다〈제지하다, 야유하다〉 ; (비난·불만 등)을 쉿 소리내어 나타내다《*at*》. ***~ away*** 쉿쉿 하여 쫓아버리다. ***~ down*** 쉿쉿 하며 야유하다. ***~ off*** 〔종종 受動으로〕 (배우)를 쉿쉿 야유하여 (무대에서) 퇴장시키다.

— *n.* ⓤⓒ (1) 쉿하는 소리〈음성〉 ; 쉿소리를 냄《불안·경멸·분노의 소리》 ; 【電子】 고음역의 잡음. (2)【音聲】 =HISSING SOUND.

— *a.* =HISSING.

híssing sòund 【音聲】 치찰음(齒擦音)《[s, z]》.

his·tol·o·gy [histálədʒi/ -tɔ́l-] *n.* ⓤ 【生】 조직학 ; (생물의) 조직 구조.

:his·to·ri·an [histɔ́:riən] *n.* ⓒ 역사가, 사학 전공자.

:his·tor·ic [histɔ́(:)rik, -tár-] (***more ~ ; most ~***) *a.* (1) 역사적으로 유명한〈중요한〉, 역사에 남는. (2) 《古》 역사(상)의, 역사적인(historical) ; 【文法】 사적(史的)인 : the ~ scenes 사적, 고적.

:his·tor·i·cal [histɔ́(:)rikəl, -tár-] *a.* 역사(상)의, (역)사적인, 사학의 ; 역사〈사실(史實)〉에 기인하는; 《稀》 역사적으로 유명한 : evidence 사실 / ~ grography 역사지리학.

파) **~·ly** *ad.* 역사적으로, 역사상.

históric(al) présent (the ~) 【文法】 역사적 현재《과거의 일을 생생히 묘사하기 위한 현재 시제》.

his·to·ri·o·graph·ic, -i·cal [histɔ̀:riəgrǽfik], [-əl] *a.* 역사 편찬의.

파) **-i·cal·ly** *ad.*

his·to·ri·og·ra·phy [histɔ̀:riágrəfi/-ɔ́g-] *n.* ⓤ 역사(사료) 편찬, 수사(修史)(론).

:his·to·ry [hístəri] *n.* (1) ⓤ 역사 ; 사실(史實). (2) ⓤ (역)사학 , ⓒ사시. (3) ⓒ 경력, 이력, 병력(病歷) ; 유래 ; 연혁, 변천, 발달사 : a personal ~ 경력, 이력서. (4) ⓒ 기구한 운명. (5) ⓒ 사극(historical play). (6) ⓤ (자연계의) 조직적 기술; (금속 따위에) 이미 시공된 처리〈가공〉 ; ⓒ 전기 ; (보고적인) 이야기(story). (7) ⓤ 과거(의 일), 옛 일 : pass into 과거사가 되다. ◻ historic, historical *a.* ***become ~ = go down in*** 〈***to***〉 ***~*** 역사에 남다. ***make ~*** 역사에 남을 만한 일을 하다 ; 후세에 이름을 남기다.

his·tri·on·ic [hìstriánik/ -ɔ́n-] *a.* 배우의 ; 연극(상)의 ; 《蔑》 연극 같은, 일부러 꾸민 듯한 ; 【解】 안면근(顔面筋)의.

— *n.* ⓒ 배우 ; (*pl.*) 연극.

:hit [hit] (*p. pp.* ***hit ; hít·ting***) *vt.* (1) …을 치다 ; (공 따위)를 치다. 【野】 (안타 따위)를 치다, …루타를 치다 ; 《學生俗》(시험·과목에서) 좋은 성적을 얻다. (2) 《+目+前+名/+目+目》…을 때리다, (타격)을 가하다《*in* ; on》. (3) …을 맞히다, …에 명중시키다. (4) 《~+目/+目+前+名》 a〕 (몸의 일부)에 맞다, (총알 따위가) …에 명중하다. b〕 …을 (…에) 부딪다 ; 부딪뜨리다《*against ; on*》. c〕 (물고기가 미끼)를 물다. (5) …와 마주치다, …와 조우하다 ; (답·길 등)을 (우연히·용케) 찾아내다. (6) 《俗》 …에 이르다 ; (길)을 가다. (7) (생각이) …에게 떠오르다. (8) …을 알아맞히다. (진상)을 정확히 표현하다 ; 본떠서 감쪽같이 만들다〈그리다〉. (9) (목적 기호(嗜好)에) 맞다. (10) …에게 강한 인상을 주다. (11) 〔종종 hard, badly를 수반〕 …에 타격을 주다, …을 덮치다, …에게 재해를 입히다, 상처를 주다, …의 감정을 상하게 하다 ; …을 혹평하다. (12) 《俗》 …에게 음료를〈술을〉 따르다《특히 두 잔째 이후》 ; (포커 등)에서 카드를 한 장 더 돌리다. (13) 《+目+前+名》…에게 부탁〈청〉하다, 요구하다 : ~ a person *for* a loan 아무에게 돈 차용을 부탁하다. (14) (기사가) …에 실리다〈나다〉. (15) (기록적 숫자)에 달하다.

— *vi.* (1) 《~ / +前+名+》 치다 ; 【野】 안타를 때리다 : ~ *at* a mark 표적을 겨누어 치다. (2) 충돌하다《*against ; on, upon*》. (3) 《+前+名》 마주치다, 우연히 발견하다〈생각나다〉《*on, upon*》 : ~ *upon* a good idea 좋은 생각이 떠오르다. (4) 공격하다, 공격을 시작하다 ; (폭풍 등이) 엄습하다, 일어나다. (5) (제비·추첨 따위에서) 당첨되다 ; (경기에서) 득점하다.

be hard*〈*bad*(*ly*)〉 ~** 큰 타격을 받다. ***be ~ by a pitch 【野】 사구(死球)를 〈데드볼을〉 맞다. ***go in and ~*** 경기의 진행을 빨리하다. ***~ a likeness*** 흡사하게 만들다〈그리다〉. ***~ a man below the belt*** 【拳】 허리 아래를 치다 ; 비겁한 행위를 하다. ***~ a man when he's down*** 넘어진 상대를 치다 ; 비겁한 행동을 하다. ***~ at = ~ out at*〈*against*〉** …에게 덤벼들어 치다 ; …을 심하게 비난하다, 혹평하다. ***~ back*** (*vt.*) …을 되받아치다 ; (*vi.*) (…에게) 반격하다, 대갚음하다, 반박하다《*at*》. ***~ for...*** 《俗》 …을 향하여 출발하다〈떠나다〉, …을 향하다. ***~ home = ~ where it hurts*** (아무의 말 따위가) 급소를 찌르다 ; 적중하다, 치명상을 입히다. ***~ it off*** 《口》 사이좋게 지내다, 뜻이 잘 맞다《*with ; together*》 ; 《俗》 (집단에) 받아들여지다. (지위에) 적합하게 할 수 있다. ***~ it up*** 버티어 나가다 ; 급히 가다 ; 《俗》 악기를 연주 하다 ; 즐겁게 지내다. ***~ off*** 〔1〕(*vt.*) (곡·시·그림 따위)를 즉석에서 짓다, 그리다 ; 정확히 표현하다. 〔2〕〔흔히 풍자적〕 …을 모방하다, 흉내내다. ***~ on*** 〔1〕 …에 부딪히다 ; 우연히 …을 발견하다, (묘안 따위가) 생각나다, …이 마음에 짚이다. 〔2〕 《美俗》 (엉터리 상품을) …에게 집요하게 강매하다 ; 귀찮게 굴다, 괴롭히다. ***~ or miss*** = HIT-AND-MISS. ***~ out*** (주먹으로) …을 맹렬히 공격〈반격〉하다《*at*》. ***~ the air*** 방송하다. ***~ the ball*** 《俗》 바지런히 일하다, 급히 여행하다. ***~ the*** 〈one'***s***〉 ***books*** 《俗》 맹렬히 공부하다. ***~ the dirt*** 베이스에 미끄러져 들어가다, 달리는 차에서 뛰어내리다. ***~ the fan*** (갑자기 심한) 혼란상태가 되다, 복잡해지다 ; 귀찮게 되다. ***~ the hay*** 《俗》 자다. ***~ the headlines*** ⇨ HEADLINE. ***~ the papers*** 신문에 발표되다. ***~ the pipe*** 《美俗》 아편을 피우다. ***~ the sack*** 《口》 잠자리에 들다. ***~ the silk*** 《美空軍俗》 낙하산으로 뛰어내리다. ***~ the spot*** 《口》 만족시키다. ***~ up*** 재촉하다.

— *n.* ⓒ (1) 타격 ; 충돌 ; 《感歎詞적》 딱 《소리》 (2) 적중, 명중, 명중탄. (3) 들어맞음, 성공, 히트 ; 《口》 (연예계의) 인기인(人), 히트 작품〈곡〉 ;

(backgammon 에서) 이긴 게임. (4) 핵심을 찌르는 말, 급소를 찌르는 비꼼〈야유〉《at》, 적평(適評), 명언. (5) 【野】 안타(safe ~) : a sacrifice ~ 희생타. (6)《俗》 마약〈헤로인〉 주사, 헤로인이 든 담배, 마약〈각성제〉 1회분, 마리화나 한 대. (7)《美俗》(범죄 조직에 의한) 살인. (8) 【컴】 적중 《두 개의 데이터의 비교 조회가 바르게 행해짐》. ***make a ~*** 《美俗》 죽이다, 살해하다 ; 《俗》 훔치다(steal). ***make* 〈*be*〉 *a ~* (*with...*)** 《口》 (투기 따위에서) 들어맞다, 이익을 얻다; (…에게) 크게 호평받다.

hit-and-miss [hítənmís] *a.* 상태가 고르지 못한 ; 마구잡이의, 되는 대로의.

hít and rún (1) 사람을 치고 뺑소니치기. (2)【野】 히트앤드런 (3)공격 후에 즉시 후퇴하기 : a ~ accident 뺑소니차 사고..

hit-and-run [hítənrʌ́n] *a.* 《限定的》 (1) (자동차 따위가) 치어놓고 뺑소니치는. (2)【野】 히트 앤드런의 ; 대성공의. (3) (공습·공격 등이) 전격적인, 기습의, 게릴라전〈유격전〉의.

˙hitch [hitʃ] *vt.* (1) 《~+目/ +目+前+名》 (말 따위)를 잡아 매다《*up*》. (2) 《~+目/+目+副/+目 + 前 + 名》 …을 와락 잡아당기다 〈끌어당기다, 움직이다〉 ; 휙 끌어올리다《*up*》. (3)《+目+前+名》 (갈고리·밧줄·고리 따위)를 걸다. (4)《目+前+名》 (이야기 속에) …을 끌어들이다 : ~ an incident *into* one's book 에피소드를 책속에 삽입 하다. (5)《俗》 [흔히 受動으로] …을 결혼시키다 : be〈get〉 ~*ed* 결혼하다. (6)《口》 = HITCHHIKE.

— *vi.* (1)《+前+名》 엉키다, 걸리다 《*in* ; *on* ; *to*》. (2) 왈칵 움직이다 ; 끌어당기다 ; 심하게 덜컹거리며 움직이다《*along*》. (3) 다리를 절다《*along*》 : ~ slowly *along* on one's cane 지팡이를 짚고 천천히 다리를 절며 걸어가다. (4)《美俗》 결혼하다(be married)《*up*》 ; 마음이 맞다, 화합하다《*on*》.

— *n.* ⓒ (1) 달아맴 ; 얽힘, 연결(부). (2) 급격히 잡아당김〈움직임, 올림〉 ; 급정지. (3) 지장, 장애 ; 틀림. (4) 와락 끎 〈움직임〉 ; 다리를 젊 ; 《口》 = HITCHHIKE, 차에 편승함 《본래는 히치하이크에서》. (5) ⓒ 【海】 결삭(結索). (6)《美口》 복무〈병역〉 기간..

⁑Hitch·hike [hítʃhàik] *n.* ⓒ (1) 【防送】 = HITCHHIKER. (2)히치하이크《지나가는 자동차에 편승하면서 하는 도보 여행》.

— *vi.* 지나가는 차에 편승하여 여행하다, 히치하이크를 하다. 【cf.】lorryhop.

hitch·hik·er [hítʃhàikər] *n.* ⓒ 【放送】 (방송 인기 프로 뒤에 하는) 짧은 광고 방송, 편승적 광고(hitchhike) ; 자동차 편승 여행자.

:hith·er [híðər] *ad.* 《古·文語》 여기에, 이리로, 이쪽으로(here). 【opp.】 *thither*. ~ ***and thither*** 〈***yon, yond***〉 여기저기에.

— *a.* 이쪽의. ***on the ~ side*** (***of...***) (… 보다) 이쪽 편의 ; (…보다) 젊은 : *on the ~ side of* the river 강의 이쪽에.

hith·er·most [híðərmòust] a. 가장 가까운(쪽의).

:hith·er·to [híðərtúː] *ad.* 지금까지로 봐서는 (아직), 지금까지(는). — *a.* 지금까지의.

hít lìst 《俗》 살해 예정자 명단.

hít màn 《俗》 청부 살인자.

hít paràde 히트퍼레이드 《히트곡 등의 인기 순위 (표)》 ; 《俗》 좋아하는 상대의 리스트.

hit·ter [hítər] *n.* ⓒ 【野·크리켓】 타자(打者), 치는 사람 ; 《俗》 = HIT MAN ; 《美俗》 총.

Hit·tite [hítait] *n.* (1) ⓤ 히타이트말. (2)(the ~s) 히타이트족(族).

— *a.* 히타이트족〈말, 문화〉의.

:hive [haiv] *n.* ⓒ (1) 한 꿀벌통의 꿀벌떼. (2)꿀벌통(beehive) ; 그와 같은 모양의 것. (3) 와글와글하는 군중〈장소〉, 바쁜 사람들이 붐비는 곳, 북새통, (활동 등의) 중심지 : a ~ of industry 산업의 중심지.

— (*p.*, *pp.* ***hived ; hív·ing***) *vt.* (꿀벌)을 벌집에 모으다〈살게하다〉 ; (사람)을 조촐하게 모여살게 하다 ; (꿀)을 벌집에 저장하다 ; (장래에 대비하여) …을 축적하다《*up*》.

— *vi.* (꿀벌이) 벌집에 살다 ; 군거(群居)하다 ; 틀어박혀 나오지 않다《*up*》. ***~ off*** (벌집의 꿀벌이) 갈라져서 딴곳으로 옮기다, 분봉(分蜂)하다. 《英口》 (말없이) 사라지다, 떠나다.

˙ho, hoa [hou] *int.* (1) 호, 야, 저런 《주의를 끌거나 부를 때 또는 놀람·만족·득의·냉소·칭찬 따위를 나타내는 소리》. (2) 워, 서《말을 멈출 때 내는 소리》. ***Ho! ho! (ho!)*** 허허《냉소》. ***Westward ~ !*** 【海】 서쪽으로 항해.

hoar [hɔːr] *a.* 《稀》 서리로 덮인; =HOARY; 《方》 곰팡내나는. — *n.* ⓤ = HOARFROST; HOARINESS.

˙hoard [hɔːrd] *n.* (1) ⓒ 저장물, 축적 ; (재물의) 비장(祕藏), 퇴장(退藏), 사장(死藏), 축재. (2) ⓤ (지식 따위의) 조예, 보고(寶庫) ; (불평 풍의) 울적.

— *vt.*, *vi.* (…을) (몰래) 저장하다, 축적하다《*up*》 ; (…을) 사장하다《*up*》 ; 가슴 속에 간직하다 ; (…을) 사재기하다.

파) **~·er** *n.*

hoard·ing[1] [hɔ́ːrdiŋ] *n.* ⓤ 축적, 사재기 ; 비장 ; 퇴장, 사장 ; (*pl.*) 저장, 〈축적〉물, 저금.

hoard·ing[2] *n.* 《英》 (1) (공사장·공터 등의) 판장. (2) 게시판, 광고판 《美》 billboard).

hoar·frost [hɔ́ːrfrɔ̀(ː)st, -frɑ́st] *n.* ⓤ (흰) 서리 (white frost).

hóarfrost pòint 【氣】 서릿점.

hoar·i·ness [hɔ́ːrinis] *n.* ⓤ 머리가 횜 ; 노령 ; 고색 창연; 엄숙함, 숭엄함.

˙hoarse [hɔːrs] (***hóars·er ; -est***) *a.* 목쉰(husky) ; 쉰 목소리의 ; 귀에 거슬리는 ; (강물·폭풍·우레 등의 소리가) 떠들석한.

˙hoary [hɔ́ːri] (***hoar·i·er; -i·est***) *a.* (1) 고색이 창연한(ancient) ; 나이 들어 점잖은 ; 진부한 : from ~ antiquity 태고로부터. (2)회백색의 ; 백발의; 늙은 : at the〈one's〉 ~ age늙어서. (3) 【植·蟲】 회백색의 솜털로 덮인 ; (식물이) 회백색 잎이 있는.

hoar·y·head·ed [-hédid] *a.* 백발의, 흰머리의.

hoax [houks] *vt.* 골탕 먹이다, 속여서 ~하게 하다, …을 감쪽같이 속이다《*into* doing》.

— *n.* ⓒ 사람을 속이기, 짓궂은 장난 ; 날조.

hob[1] [hɑb . hɔb] *n.* ⓒ (고리던지기 놀이의) 표적 막대기 ; 벽난로(fireplace) 내부 양쪽의 시렁《물주전자 등을 얹음》 ; =HOBNAIL ; (수레의) 바퀴통 ; 【機】 호브《톱니 내는 공구(工具)》.

hob[2] *n.* ⓒ 요괴(妖怪); 흰족제비의 수컷 ; (H-) 장난꾸러기(hobgoblin) 작은 요정(puck) ; 《口》 심한 장난. ***play ~ with...*** 《美口》 …에 피해를 주다, 망치다, 어지럽히다 ; …을 멋대로 고치다. ***raise ~*** 《美口》 ; ~을 망쳐놓다, 손상하다《*with*》 ; 화내다, 격분하다. 《*with*》.

˙hob·ble [hɑ́bəl/ hɔ́bəl] *vi.* (동작 말 등이) 더듬거리다 ; 절뚝거리며 걷다 《*along* ; *about*》 ; 비슬비슬 날아가다〈오다〉 ; ~ *along* on a cane 지팡이에 의지

하여 비틀비틀 걷다.
— *vt.* …을 절뚝거리게 하다 ; (말 따위)의 두 다리를 한데 묶다 ; …을 방해하다 ; 곤란하게 하다.
— *n.* ⓤ 절뚝거림 ; ⓒ 말의 다리 매는 줄 ; 방해물, 속박 ; ⓤ《口·古·方》곤경, 곤란. ***be in* 〈*get into*〉 *a nice* ~** 곤경에 빠져 꼼짝도 못하다〈못하게 되다〉.

hob·ble·de·hoy [hábldihɔ̀i/ hɔ́b-] *n.* ⓒ《稀》애송이, 눈치없는 청년, 풋내기.

hóbble skìrt 무릎 아래를 좁힌 긴 스커트.

:hob·by [hábi / hɔ́bi] *n.* ⓒ (1)=HOBBY-HORSE ;《古》작은 말(pony), 활기있는 승용마 ;《學生俗》(외국어 등의) 자습서(pony) ; (페달 없는) 초기의 자전거. (2)취미, 도락; 장기, 여기(餘技), 가장 자신있는 화제. (3)《廢》멍텅구리, 익살꾼. ***make a* ~ *of*** …을 도락으로 삼다. ***ride* 〈*mount*〉 *a* ~ 〈*hobbyhorse*〉 (*to death*)** 숨은 재주를 (남이 싫증이 날 정도로) 부리다.

hóbby compùter 취미용 컴퓨터.

hob·by·horse [hábihɔ̀ːrs / hɔ́b-] *n.* ⓒ (1)장기(長技)(의 이야깃거리). (2)모리스춤(morris dances)에 사용하는 말의 모형, 그 댄서 ; (회전 목마의) 목마 ; 흔들 목마(rocking horse).

hob·gob·lin [hábgàblin / hɔ́bgɔ̀b-] *n.* ⓒ 장난꾸러기 꼬마 도깨비 ; 개구장이 ; 요귀(妖鬼).

hob·nail [hábnèil / hɔ́b-] *n.* ⓒ 시골뜨기 ;(유리접시 등의) 돌기 장식 ; (대가리가 큰) 징 ; 징 박은 구두를 신은 사람.

hob·nob [hábnàb / hɔ́bnɔ̀b] (***-bb-***) *vi.* 친하게〈허물없이〉 사귀다, 주거니 받거니 술을 마시다, 사이좋게 이야기하다, …와 매우 친밀하다《*with*》; 간담(환담)하다《*with*》.

ho·bo [hóubou] (*pl.* **~(*e*)*s***) *n.* ⓒ《美》부랑자, 룸펜 ; 뜨내기 노동자.
— *vi.* 방랑 생활을 하다.

hock[1] [hak / hɔk] *n.* ⓒ (1) (돼지 따위의) 족(足)의 살. (2)(네발 짐승의 뒷다리의) 무릎, 복사뼈 마디 ; 닭의 무릎.
— *vt.* (개, 말 등의) 관절의 건을 자르다.

hock[2] *n.* ⓤ *vt.*《俗》(…을) 전당(잡히다)(pawn) ; 교도소. ***in* ~**《口》전당잡혀 ; 옥에 갇혀《口》곤경에 빠져 ;《俗》빚을 져《*to*》. ***out of* ~**《口》전당품을 되찾아서 ;《俗》빚지지 않은.

˙hock·ey [háki / hɔ́ki] *n.* ⓤ 아이스 하키 (ice ~) ; 하키(fild ~), 하키용 스틱.

hóckey pùck 하키용 퍽 ;《美俗》햄버거.

ho·cus-po·cus [hóukəspóukəs] *n.* ⓤ (1) 주문. (2)요술, 기술(奇術). (3)속임수, 야바위.
— (***-s-***,《英》***-ss-***) *vi.*, *vt.* (요술을)부리다 ; (…을) 감쪽같이 속이다《*with* ; *on*》.

hód càrrier 벽돌공의 조수(《英》hodman) ; (벽돌·회반죽 등을) hod로 나르는 인부.

hodge [hadʒ / hɔdʒ] *n.* ⓒ《英》(전형적인) 시골뜨기, 머슴.

hodge·podge [hádʒpàdʒ / hɔ́dʒpɔ̀dʒ] *n.* (a ~)《美》뒤범벅《*of*》.
— *vt.* …을 뒤범벅으로 만들다.

hod·man [hádmən / hɔ́d-] (*pl.* ***-men*** [-mən]) *n.* ⓒ《英》(1)〔一般約〕남의 일을 거드는 사람, 뒤뿔치는 사람(hack). (2)=HOD CARRIER. (3) 하청 문필업자, 삼류 문사.

˙hoe [hou] *n.* ⓒ (괭이형(形)의) 제초기 ; (자루가 긴) 괭이 ; (모르타르·회반죽용(用)의) 괭이.
【cf.】spade[1]
— (*p.*, *pp.* ***hoed*** ; ***hóe•ing***) *vt.*, *vi.* (…을) 괭이질하다, 갈다 ; (잡초를) 괭이로 파헤치다《*in* ; *into* ; *up*》: a long row to ~ 지루하고 고된 일.

˙hog [hɔːg, hag] *n.* ⓒ (1)《口》돼지 같은 녀석, 욕심꾸러기, 불결한 사람. (2)돼지(swine pig)《특히 거세한 수퇘지 또는 다 자란 식용 돼지》. (3)《美俗》대형 오토바이, 대형 자동차 ;《美鐵俗》기관차(~ engine), 기관사.
bring one***'s* ~*s to the wrong market*** ⇨ MARKET. ***go* (*the*) *whole* ~**《俗》⇨WHOLE. ***live* 〔*eat*〕 *high off*〈*on*〉 *the* ~**〈**~*'s back***〉《口》호화롭게〈떵떵거리며〉 살다, 사치스럽게.
— (***-gg-***) *vt.*《口》(1) …을 독차지 하려하다 ; 탐내어 제몫 이상을 갖다. (2) 게걸스레 먹다《*down*》. 걸근대다. (3) (등따위)를 둥글게 하다.
— *vi.* (1) 머리를 숙이고 등을 둥글게 하다 ; (가운데가) 돼지 등처럼 구부러지다 ;【海】선체의 양 끝이 늘어지다. (2) 탐하다. 무모한〈버릇없는, 탐 욕스런〉 짓을 하다. 《口》자동차를 마구 몰다. ***~ the road*** (차로) 도로의 중앙을 달리다.

hog·gish [hɔ́ːgiʃ, hág-] *a.* 이기적인, 욕심 많은 ; 돼지 같은 ; 더러운, 불결한; 비천한.

hogs·head [´zhèd] *n.* ⓒ 큰통《영국 100-140 갤런들이 ; 미국 63-140 갤런들이》; 액량(液量)의 단위《미국 63갤런 ; 영국 52.5 갤런》; 맥주 사이다 등의 단위《245.4리터 ; 영국 54 갤런》.

hog·tie [´tài] *vt.*《美》(1) …을 방해하다(행동의 지류를), 저해하다. (2)(동물)의 네 발을 묶다.

hog·wash [´wàʃ, ´wɔ̀(ː)ʃ] *n.* ⓤ (1) 맛없는 음식〈음료〉, 하찮은 것, 시시한 것. (2) 돼지 먹이《먹다 남은 음식 찌꺼기에 물을 섞은 것》.

hog-wild [´wàild] *a.* 난폭한, 몹시 흥분한, 억제할 수 없는, 절도 없는.

hoick, hoik [hɔik] *vt.*, *vi.*《口》(비행기를) 급각도로 상승시키다 ; (…을) 번쩍 들다, 던지다 ; (비행기가) 급각도로 상승하다.

˙hoist [hɔist] *vt.* (1) (물가 따위)를 올리다 ; 잔을 들어 쭉〈맛나게〉 마시다. (2)《~+目/+目+副》(기 따위)를 내걸다 ; 올리다, (무거운 것)을 천천히 감아 올리다 ; 들어서 나르다〈마시다〉; 높이 올리다《*up*》: ~ sails 돛을 올리다 / shoulder-high …를 헹가래치다. (3)《俗》…을 쌔비다.
— *vi.* 높이 오르다 ; 높이 올리기 위해 밧줄을 당기다.
~ *down* 끌어내리다. **~** one***self* (*up*)** …에서 일어서다《*from*》.
— *n.* (1) ⓤ 끌어〈감아, 달아〉 올리기 ; 게양. (2) ⓒ a〕감아올리는 기계〈장치〉 ; 호이스트(hoister). b〕《英》(화물용) 승강기.

hoy·ty-toi·ty [hɔ́ititɔ́iti] *a.* 젠체하는, 뽐내는, 거만한 ; 까다로운 ; 들뜬, 성마른;《古》경박한. — *n.* ⓤ 거만함, 거만한〈우쭐하는〉 태도, 시치미 떼는 태도;《古》야단법석, 경박함, 경솔한 행위. — *int.* 야유, 질겁이《놀라움·경멸 등의 탄성》.

ho·key [hóuki] *a.*《美俗》(1) 유난히 감상적인, 진부한. (2)속임수의, 부자연한. 파) **~•ness** *n.*

ho·k(e)y-po·k(e)y [hóukipóuki] *n.* (1) ⓒ (길거리에서 파는) 싸구려 아이스크림 ;《俗》가짜 상품. (2) ⓤ《口》요술, 속임수(hocus-pocus).

ho·kum [hóukəm] *n.* ⓤ《美》(1) 익살 ; 어이없는 일, 엉터리 ; 아첨. (2) (극·소설 따위의) 인기를 노리는 대목〈줄거리〉, 저속한 수법, 넌센스.

:hold[1] [hould] (***held*** [held] ; ***held,***《古》***hold·en*** [hóuldən]) *vt.* (1) (요새 진지 등)을 지키다, 방위하

다(defend).
(2)《~+目/+目+前+名/+目+副》…을 (손에) 갖고 있다, 유지하다 ; 붙들다, 잡다《by》 ; 쥐다 ; 가까이 끌어당기다 ; (껴)안다《in》 ; (총 따위)를 겨누다, 향하다《on》.
(3) (지위 직책 등)을 차지하다 ; 소유하다, 갖다(own) ; 보관하다 : ~ shares 주주이다 / ~ large estates 많은 부동산을 소유하다 / ~ the rights to do …할 권리가 있다. (4)《~+目/+目+前+名》(신념 신앙 등)을 간직하다, (학설 등)을 신봉하다 ; (마음에) 품다 (cherish); (기억 따위에) 남기다《in》.
(5)《~+目/+that節/+目+(to be)補/+目+補/+目+前+名》…을 주장하다, 생각하다 ; 평가하다 ; 판정하다 ; 【法】 판결하다.
(6)…을 계속 유지하다, 그치지 않다. (대화 따위)를 계속하다, 주고받다.
(7)《~+目/+目+前+名》…을 멈추게 하다, 제지하다, (억)누르다.
(8)〔종종 受動으로〕(모임 등)을 열다, 개최하다 ; (식)을 올리다, 거행하다 ; (수업 등)을 행하다.
(9)《美》…을 구류〈유치〉하다.
(10)(결정 따위)를 보류하다 ; 삼가다 ; 팔지 않고 아껴 두다.
(11)《~+目/+目+前+名》…을 붙들어 놓다, 끌어당기다, 놓지 않다 ; (주의 따위)를 끌어두다 ; (의무·약속 따위)를 지키게 하다.
(12)《+目+補/+目+前+名》…을 (어떤 상태·위치로) 유지하다 ; (어떤 자세)를 취하다; 【컴】 (데이터)를 다른 데로 전사(轉寫)한 후에도 기억장치에 남겨 두다; 【樂】 (음·휴지(休止) 따위)를 지속시키다, 늘이다《on》 : ~ the door open문을 열어 놓다.
(13)《~+目/+目+前+名》 버티다, 지탱하다《in ; between》.
(14) (그릇이 액 따위)를 수용하다, …의 수용력〈용량〉이 있다.
(15)《~+目/+目+前+名》…을 안에 포함하다, 마련〈예정〉하고 있다《for》.
(16)《美食堂俗》〔흔히 命令形〕(소스 등)을 치지 말 고 주시오, 빼고 주시오.
— *vi.* (1)《前+名》 붙들고〈쥐고〉 있다, 매달려 있다《to, onto》. (2) 보존하다, 지탱하다, 견디다.
(3)《~/+補》(법률 따위가) 효력이 있다, 타당성이 있다. (규칙이) 적용되다. (4)《+補/+副》(날씨 등이) 계속되다 (last), 지속하다 ; 전진을 계속하다 ; 계속 노래〈연주〉하다. (5) 보유하다, 소유권을 가지다《of ; from》. (6)《+前+名》〔흔히 否定文〕 동의〈찬성〉하다《by ; with》 ; 인정하다. (7)《~/+前+名》 버티다《for ; with》.
~ ... against a person …을 거론하여 …를 비난하다, …의 이유로 …를 원망하다. ***~ back*** (1) 제지하다 ; 방해하다; 억제하다, 사세하다 ; 보류〈취소〉하다《from》 ; 숨기다《from》. (2) 망설이다. ***~ by*** …을 굳게 지키다 ; …을 고집〈집착〉하다. ***~ down*** (1) (억)누르다, (물가·인원수 등을) 억제하다 ; (소리 등을) 제지하다. 〔2〕《口》 (지위를) 보존하다. ***~ forth*** (1) 제시〈공표〉하다. 〔2〕《蔑》 장황하게 지껄이다《on》. ***~ hard*** (말을 정지시키기 위해) 고삐를 세게 당기다 ; 〔命令形〕기다려!, 덤벙대지 마라! 멈춰! ***~ in*** 〔1〕 (감정 등을) 억제하다 ; 잠자코 있다. 〔2〕〔再歸的〕 자제하다: ~ oneself in 자제하다. ***~ in esteem*** 존경〈존중〉하다. ***~ (in)*** one***'s breath*** ⇨ BREATH. ***~ off*** 〔1〕 멀리하다, 가까이 못 하게 하다, 막다. 〔2〕(…를) 피하다, 떨어져 있다《from》 ; 멀리 떨어지다. 〔3〕꾸물거리다, 뒤지다 ; 지체시키다《doing》. 〔4〕《美》 (결단 행동 등을) 미루다, 연기하다. 〔5〕《美》 (비 따위가) 내리(려고 하)지 않다. ***~ on*** (*vi.*) 〔1〕 계속〈지속〉하다, (비가) 계속 내리다. 〔2〕 붙잡고 늘어지다《to ; by》 ; 버티어 나가다, 견디다, 사수하다. 〔3〕 (전화를) 끊지 않고 놔두다〈기다리다〉. 〔4〕《口》〔命令形〕 기다려(Stop!). (*vt.*) (물건)을 고정해 두다. ***~ on to<onto>*** …을 붙잡고 있다 ; …을 의지하다, …에 매달리다 ; 계속하여 (끝까지) 노래하다. ***~ out*** (*vt.*) (1) (손 따위)를 내밀다 ; 제출하다. 〔2〕 …을 제공〈약속〉하다. 〔3〕 (기분 등)을 나타내다. 〔4〕《美口》 (당연히 기대하는 것)을 보류해 두다, 말하지 않고〈감추고〉 있다. (*vi.*) 〔1〕 (여축·재고품 따위가)계속 남아있다, 오래 가다. 〔2〕 …에 마지막까지 견디다, 계속 저항하다《against》. 〔3〕 (처우개선을 요구하여) 취업을 거부하다, 계약갱신을 하지 않다. ***~ out for ...***《口》…을 끝까지 지지〈주장, 요구〉하다. ***~ out on ...***《口》…에 대해(정보·돈따위를) 쥐고 넘겨 주지 않다, 비밀로 하다, (사물을) 보류해 두다 ;《口》…에게 요구를 거부하다. …에 대해 회답을〈원조를〉 거부하다. ***~ over*** (1) 연기하다 ; (예정 이상으로) 계속하다《종종 受動으로》. 〔2〕【法】 기간 만료 후에도 계속 재직하다. 〔3〕【樂】 (음을) 다음 박자〈소절〉까지 끌다. ~ a thing ***over*** a …를 무엇으로 위협하다. ~ one***'s hand*** ⇨HAND. ~ one***'s head high*** 도도하게 굴다. ~ one***'s own*** 자기 입장을 견지하다, 임무를 다하다, 굴하지 않다. ~ one***'s peace*** 〈***tongue***〉 잠자코 있다, 항의하지 않다. ~ one***'s side with laughter*** ⇨ SIDE. ***~ open*** 열어놓다, 놓아주다. ***~ to*** …에 꼭 늘어붙다, …을 고수하다(~ by). ***~ together*** 결합하다〈시키다〉, 계속 단결해 나가(게 하)다, 한데 모아 두다. ***~ ... under*** (국민 등을)억압하다. ***~ up*** 〔1〕떠받치다 ; 올리다 ; (모범·예로) 들다, 나타내다《as ; to》 ; (불빛 따위에) 비추어 보다《to》. (2) (…을 웃음거리로) 내세우다《to》. 〔3〕〔종종 受動으로〕길을 가로막다, 방해하다 ; 늦추다, 연기하다《종종 on》. 〔4〕 (…의 이야기를) 지지하다.
— *n.* (1) ⓤⓒ 파악(grip), 움켜짐 ; 악력(握力). (2) ⓒ 잡는 곳, 버팀 ; 자루, 손잡이 ; 【登山】(바위오르기의) 잡을 데, 발붙일 데, 그루. (3) ⓤⓒ 장악, 지배력, 위력(influence), 영향《on ; over》 ; 세력; 파악력, 이해(력)《on ; of》. (4) ⓒ 확보, 예약. (5) ⓒ《古》 감옥(prison). (6) ⓒ《古》 성채, 요새(stronghold); 은신처, 피난처. (7) 【樂】 늘임표, 페르마타《⌒, ⌣》. ***catch*** 〈***seize***〉 ***~ of*** 〈***on***〉 …을 잡다〈쥐다〉, …을 붙들다 ; 말꼬리를 잡다〈트집을 잡다〉. ***get ~ of*** (1)= catch ~ of. (2) …을 손에 넣다, 찾아내다, …을 이해하다. (3) …와 (전화로) 연락을 취하다, 이야기를 하다. (4) …을 억제하다, 지배하다. ***have a ~ on*** 〈***over***〉 …에 대해 지배력(권력)이 있다, …의 급소를 쥐고 있다. ***lay ~ of*** 〈***on, upon***〉 …을 붙잡다〈쥐다〉 ; …을 체포하다 ; …을 발견하다, 손에 넣다. ***keep*** one***'s ~ on*** …을 꼭 붙들고 있다 ; …을 붙잡고 놓지 않다. ***let go*** one***'s ~*** 손을 놓다〈늦추다〉. ***lose*** one***'s ~ of*** 〈***on, over***〉 …을 놓치다, …의 손잡이를 데를 잃다 ; …의 지배〈인기, 이해〉를 잃다. ***maintain*** one***'s ~ over*** 〈***on***〉 …에 대한 지배권을 쥐고 있다. ***on ~***《美》(1) (통화에서) 상대를 기다려 전화를 끊지 않고. (2) (일 계획 등이) 보류 상태로, 일시 중단되어, 연기되어, 지연된. ***take a*** (***firm***) ***~ on*** one***self*** (곤경에서) 자제하다, 침착하게 행동하다. ***take ~*** 달라붙다 ; 확립하다, 뿌리를 내리다 ; (약이) 효력이 있다. ***take ~ of***〈***on***〉 (유형·무형의

것을)잡다, 붙잡다, 제어(制御)하다 ; (마약 등을) 상습하게 되다. ***with no ~s barred*** 모든 수단이 허용되어, 아무 제약없이, 제한없이, 제멋대로.

·hold·er [hóuldər] *n.* ⓒ 〔흔히 複合語〕 (1) (권리·관직·토지·기록 등의) 소유〈보유〉자 ; (어음 따위의) 소지인. (2) 버티는 물질 ; 그릇, 케이스.

hold·fast [∠fæ̀st, ∠fɑ̀:st] *n.* (1) ⓒ 고정시키는 철물《못·죔쇠·꺾쇠·거멀장 따위》. (2) ⓤ 파악, 꽉 잡음 〈달라붙음〉. (3)ⓒ (해초·기생 동물 등의) 흡착(吸着) 기관〈근(根)〉.

˙hold·ing [hóuldiŋ] *n.* (1) ⓤ 보유, 점유, 소유(권); 토지보유(조건). (2) ⓤ 파지(把持); 지지. (3) ⓒ (흔히 *pl.*) 소유물 ;《특히》소유주, 보유주; 소작지 ; 은행의 예금 보유고 ; 지주(지주) 회사 소유의 회사 ; 재정.
— *a.* 지연시키기 위한, 방해의 ; 일시적인 보존 〈보유〉용의 : ~ operation 현상 유지책 / a ~ tank《美》배의 오수조(汚水槽).

hold·out [∠àut] *n.* ⓒ (1) (저항의)거점. (2) 인내, 저항. (3) 동의〈타협〉하지 않는 사람〈집단〉.

hold·o·ver [∠òuvər] *n.* ⓒ《美口》(1) 잔류〈유임〉자《*from*》; 낙제자, 재수생(repeater) ; (벌체·피해를 면하고) 남아 있는 수목. (2) 이월(移越)(carry-over) ; 잔존물, 계속 상연하는 영화〈연극 따위〉.

hold·up [∠ʌ̀p] *n.* ⓒ (1) 정체, 정지. (2) 강도, 강탈.
— *a.* 강탈하는 a ~ man 노상강도.

:hole [houl] *n.* ⓒ (1) 누추한 집〈숙소, 동네, 장소〉 : (the ~) 독방, 지하 감옥. (2) 구멍 ; 틈 ; (옷 따위의) 터진〈째진〉 구멍; (도로 등의) 패인 곳, 구덩이 (pit). (3)(짐승의) 굴, 소굴(burrow). (4) 함정 ; 《口》(a ~) 궁지, 경(fix). (5)결함, 결점, 흠, 손실. ***a better ~*** 〈*'ole*〉 (***to go to***)《俗》가장 좋은(안전한) 장소. ***a ~ in the head***《口》정말로 바람직하지 못한〈엉뚱한〉 일〈것〉, 소용없는. ***a ~ in the*** 〈one***'s***〉 ***head***《美俗》방심, 멍청함, 어리석음. ***a ~ in the wall*** 비좁은 집〈장소〉. ***a ~ round peg*** 〈***man***〉 ***in a square ~ = a square peg in a round ~*** 부적임자. ***burn a ~ in*** one***'s pocket*** (돈이) 몸에 붙지 않다. ***every ~ end corner*** 구석구석까지, 샅샅이. ***~ in one*** 【골프】 (1) 홀 인원(ace)《한번 쳐 hole로 들어가기》. (2) (*vi.*) 홀 인원을 치다. ***in ~s*** 구멍이 나도록 닳아빠져서 : be *in ~s* 구멍투성이다. ***in a*** 〈***the***〉 ***~*** [1]《美》곤경에 처하여. (2)돈에 궁하여, 빚을 지고. (3) 【野】 (투수·타자가) 볼카운트가 불리하여. ***like a rat in a ~*** 독안에 든 쥐처럼. ***make a ~ in*** …에 구멍을 뚫다 ; (돈 따위를) …에 많이 들이다 ; …을 망치다 ***pick*** 〈***knock***〉 ***a ~*** 〈***~s***〉 ***in*** ⇨ PICK
— *vt.* …에 구멍을 뚫다 ; 구멍을 파다 : ~ a wall. (2) 《+目+前+名》 (터널·통로 등)을 뚫다.《*through*》. (3) …을 구멍에 넣다 ; (토끼 등)을 구멍으로 몰다 ; 【골프】(공)을 구멍에 쳐 넣다《*out*》.
— *vi.* (1) 구멍을 파다〈뚫다〉 ; 구멍으로 기어들다. (2) 【골프】 공을 hole에 쳐 넣다《*out*》: ~ *out* in one 한타(打)로 공을 홀에 넣다. ***~ in***《美口》숨다, 몸을 숨기다. ***~ up*** 구멍으로 들어가다; 동면하다.

hole-and-cor·ner [hóuləndkɔ́:rnər] *a.* 〔限定的〕 은밀한, 눈에 안 띄는 ; 비밀의, 남몰래 하는.

hole-in-the-wall [∠inðəwɔ́:l] (*pl.* ***-s-in-the-wall***) *n.* ⓒ (찾기 힘든) 옹색한(누추한) 장소 〈방, 가게〉. — *a.* 옹색한, 누추한.

:hol·i·day [hálədèi / hɔ́lədèi] *n.* ⓒ (1) 휴가 ; (~(s))《英》긴 휴가, 휴가철 ; 휴가 여행 (《美》vacation). ***make a ~ of it*** 휴업하여 축제를 벌이다〈즐겁게 보내다〉. (2)휴일, 축(제)일(holy day); 정기 휴일. ***make ~*** 휴무로 하다, 일을 쉬다. ***on ~ = on*** one***'s ~s***《英》휴가를 얻어, 휴가 중으로(《美》on vacation).
— *a.*〔限定約〕 (1) 휴일의, 휴가의. (2) 휴일〈축제일〉다운, 즐거운 : a ~ mood 휴일 기분.
— *vi.*《英》휴일을 보내다〈즐기다〉, 휴가로 여행하다 (《美》 vacation).

hóliday càmp《英》(해변의 항구적인) 휴가용 캠프장《오락 시설이 있는》.

hol·i·day·mak·er [-mèikər] *n.* ⓒ 휴일을 즐기는 사람(《美》vacationer).《英》휴일의 행락객.

hol·i·day·mak·ing [-mèikiŋ] *n.* ⓤ 휴일의 행락.

˙ho·li·ness [hóulinis] *n.* (1) 【카톨릭】 (H-) 성하(聖下)《로마 교황의 존칭 ; His〈Your〉 Holiness처럼 쓰임》. (2) ⓤ 신성; 청렴결백.
— *a.* (종종 H-) 【其】 성결파 교회의.

:Hol·land [hálənd / hɔ́l-] *n.* (1) ⓤ (h-)삼 베의 일종《제본용》. (2) 네덜란드《공식 명칭은the Netherlands》. 【cf.】Dutch (3) (*pl.*) (네덜란드산의) 진.

Hol·land·er [háləndər / hɔ́l-] n. ⓒ 네덜란드 사람(Dutchman) ; 네덜란드 배〈선박〉 ; (네덜란드에서 발명된) 일종의 종이 펄프 제조기.

hol·ler [hálər / hɔ́l-] *vi.* 《~/ +前+名》《口》투덜대다, 외치다, 불평하다《*about*》; 꾸짖다《*at*》;《美俗》밀고〈고자질〉하다.
— *vt.* 《~+目/+目+前+名/+(*that*)節》《口》…을 큰 소리로 부르다〈말하다〉《*at* ; *to* ; *about*》.
— *n.* ⓒ《口》외침, 큰 소리 ; 불만 ;《美口》흑인 노동가(歌)의 일종.
— (*pl.* ***~s***) *n.* ⓒ (특히 사냥에서) 어이 하고 외 치는 소리.
— *vi.*, *vt.* (…을) 어이 하고 부르다 ; (사냥개를) 부추기다《*away* ; *in* ; *out*》.

:hol·low [hálou / hɔ́l-] (***more ~ ; most~***) *a.* (1)(목소리 등이) 공허한, 힘 없는 ; speak in a ~ voice 힘없는 소리로 말하다. (2) 속이 빈, 공동(空洞)의 : a ~tree 속이 빈 나무. (3) 내실이 없는, 무의미한, 빈(empty) ; 불성실한, 허울만의. (4) 공복의. (5) 우묵한, 움푹 꺼진. (6)《口》철저한, 순진한.
— *n.* ⓒ 우묵한 곳 ; 계곡, 분지 ; 구멍(hole) ; 도랑 ; (통나무·바위의) 공동(空洞) : the ~ of the hand 손바닥. ***in the ~ of*** a person***'s hand*** …에게 완전히 예속(장악)되어.
— *vt.* 《~+目/+目+副》…을 속이 비게 하다 ; 도려내다, 에다《*out*》; 파내어 만들다《*out of*》: ~ a cave 굴을 파다 / ~ a dugout *out of* a log 통나무 속을 파내 마상이를 만들다. — *vi.* 속이 비다. — *ad.* 텅 비게 ; 불성실하게 ;《口》철저하게. ***beat ...***(***all***) ➡ BEAT.

hol·low-eyed [hálouàid /hɔ́l-] *a.* 눈이 우묵한.

hol·low-heart·ed [hálouhá:rtid / hɔ́l-] *a.* 불성실한, 빈 말의.

hol·low·ware [hálouwɛ̀ər / hɔ́l-] *n.* ⓤ 〔集合的〕 속이 깊은 식기류《bowl 따위》.

·hol·ly [háli / hɔ́li] *n.* ⓤ 호랑가시나무(가지)《크리스마스 장식용》.

hol·ly·hock [hálihàk / hɔ́lihɔ̀k] *n.* ⓒ 【植】 접시꽃.

Hol·ly·wood [háliwùd / hɔ́l-] *n.* 할리우드《Los

Angeles 시의 한 지구 ; 영화 제작의 중심지》 : 미국 영화계〈산업〉.

hol·o·caust [hálәkɔ̀:st, hóu-] *n.* (1) (사람 동물을) 전부 태워 죽임 ; 대학살 ; 대파괴. (2) ⓒ (유대교의) 전번제(全燔祭)《짐승을 통째 구워 신 앞에 바침》. (3) (the H-) 나치스의 유대인 대학살.

Hol·o·cene [háləsì:n hóu-] *n.*, *a.* (the ~)【地質】충적세(沖積世)(의), 완신세의.

hol·o·gram [hálәgræ̀m, hóu-] *n.* ⓒ 레이저 사진.

hol·o·graph [hálәgræ̀f, -grὰ:f, hóulә-] *a.* 〔限定的〕자필의.
— *n.* ⓒ 자필 문서〈증서〉.

ho·log·ra·phy [hәlágrәfi, hou- / -lɔ́g-] *n.* ⓤ《光》레이저 광선을 이용하는 입체 사진술.

Hol·stein [hóulstain, -sti:n] *n.* ⓒ 홀스타인.

hol·ster [hóulstәr] *n.* ⓒ 권총용 가죽 케이스.

ho·ly** [hóuli] (-li·er ; -li·est***) *a.* (1) 신에게 바쳐진 ; 신에게 몸을 바친 ; 종교상의. (2) 신성한, 정결한 : a ~ war 성전(聖戰). (3) 성자 같은, 경건 한, 덕이 높은, 성스러운, 신앙심이 깊은. (4)《口》대단한, 심한. (5) 황공한 ; 놀라운. ***Holy cats*** 〈***cow, mackerel, Moses, smoke(s)***〉***!***《口》에그머니나, 정말, 저런, 설마, 어쩌면, 이거 참《놀람·분노·기쁨 등을 표시함》.
— *n.* ⓒ 신성한 장소〈것〉. ***the ~ of holies*** 가장 신성한 장소 ; (유대 신전의) 지성소, 신성 불가침의 곳〈물건, 사람〉.

Hóly Fáther (the ~) 로마 교황.

Hóly Ghóst (the ~) 성령.

Hóly Móther 성모 (마리아).

hóly órders 성직, 목사직 ; take ~ 성직자〈목사〉가 되다.

Hóly Róller《美·蔑》예배중에 열광하는 오순절파의 신자.

Hóly Róman Émpire (the ~) 신성 로마제국《962-1806》.

Hóly Spírit (the ~) 성령(Holy Ghost).

˙hom·age [hámidʒ/ hɔ́m-] *n.* ⓤ (1)(봉건시대의) 충성(의 맹세), 신하로서의 예〈봉사 행위〉. (2) 경의, 존경. ***pay*** 〈***do, render***〉 ***~ to*** …에게 경의를 표하다 ; 신하의 예를 다하다.

hom·burg [hámbә:rg / hɔ́m-] *n.* ⓒ (종종 H-) 챙이 좁은 중절 모자의 일종.

:home [houm] *n.* (1) ⓒ《美 Austral.》가옥, 주택, 주거. (2) ⓤ 가정, 가정 생활 : 내 집, 자택 ; 가족. (3)ⓤ 생가(生家). (4) ⓤ 고향 ; 본국, 고국, (영연방에서) 영국 본토. (5) ⓒ 원산지, 서식지《*of*》; 본고장, 발상지《*of*》. (***a***) ***~*** (《美》 ***away***) ***from ~*** 제 집과 같은 안식처《가정적인 하숙 따위》. ***at ~*** (1) 집에 있어 ;(지기) 집에서 ; 홈그라운드에서 : be *at* ~ 집에 있다. (2) 면회 일로 ;《古》…의 방문을 맞을 준비가 되이있는《*to*》. (3) 본국〈고향〉에 ; (경기가) 홈그라운드에서 행해지는. ***from ~*** 부재 중으로 ; 집〈본국〉을 떠나. ***go to*** one***'s last*** 〈***lasting***〉 ***~*** 영면(永眠)하다. ***~, sweet home*** 그리운 내 집이여《오랜만에 귀가할 때 하는 말》. ***near ~***《比》절실한〈하게〉.
— *a.*〔限定的〕(1) 가정(용)의, 제 집〈자택〉의 ~ life 가정 생활 / one's ~ address 아무의 자택 주소《비교 : office address 근무처의 주소》. (2) 고향의, 본국의 ; 본고장(에서)의 ; 본거지의, 주요한 : a ~ team 본고장 팀. (3) 자국의, 국산의 ; 국내의 ; 내정상(內政上)의(domestic)(【opp.】 *foreign*); 본토의 : ~ trade 국내무역 / the ~ market 국내 시장 / ~ products 국산품 / ~ consumption 국내 소비.
— *ad.* (1) 자기 집으로〈에〉, 자택으로 ; 자국〈고국, 본국〉으로〈에〉: come〈go〉~집〈본국〉으로 돌아가다 ;《俗》출소(出所)하다. (2) (자택·본국에) 돌아와서 ;《美》집에 있어(~ at) : Is he ~ yet? 벌써 돌아와 있습니까 / He is ~. 돌아왔다 ; 귀성중(歸省中)이다 ;《美》집에 있다. (3) 깊숙히, 충분히, 철저하게 : drive a nail ~ 못을 단단히 박다. (4)【海】(배 안〈해안〉쪽으로) 말끔히 ; 최대한(限)으로 ; 적합한 위치로. (5)【野】본루(생환)의 : come 〈reach〉 ~ 홈인하다.
be on one***'s*** 〈***the***〉 ***way ~*** 귀로에 있다. ***bring ... ~ to*** …을 차근히 호소하다 ; 절실히 느끼게 하다 ; 확신케 하다. ***bring*** one***self ~*** 재정적〈경제적〉으로 다시 일어서다 ; 지위를 회복하다. ***come ~ to*** a person 아무의 가슴에 와 닿다 ; 분명히 이해되다. ***drive ~*** ⇨ DRIVE ***get ~*** ⇨ GET[1]. ***go ~*** (1) 귀가〈귀국〉하다 ;《婉》죽다. (2) 깊이 찌르다 ; 적중하다. (3) (충고 따위가) 뼈에 사무치다. (4)〔命令形〕입닥쳐라, 시끄러워! (5)《俗》닳아 빠지다; 상하다; 수명이 다되다 : The prophecy *went* ~. 그 예언은 적중했다. ***nothing to write ~ about*** ⇨ WRITE ***press*** 〈***push***〉 ***~*** … 을 힘껏 밀어 넣다 ; …을 마구 공격하다 ; (논점 등을) 자세히 설명하다. ***see*** a person ~ …를 집까지 바래다주다. ***take ~ ...*** 실수령액으로 …(의 임금)을 받다. ***write ~ about***《口》〔종종 否定文〕…에 대해 특히 언급하다.
— *vi.* (1) 집으로〈근거지로〉 돌아오다. (2) 집 근거지를 마련하다〈갖다〉. (3) (미사일 따위가) 유도되다《*in* ; *on*》. (4) 좌표에 의해 항해하다.
— *vt.* (1) …을 집에 돌려 보내다. (2) …에게 집을〈안식처를〉 갖게 하다. (3) (비행기·미사일 따위)를 자동 조종으로 항진〈착지〉시키다. ***~*** (***in***) ***on...*** (비행기 등이) 무선 표지 따위를 향하여〈에 유도되어〉 항진하다 ; (미사일 등이) 목표를 향하여 자동 조종으로 항진하다 ; …을 자동 추적하다. ***~ on to*** 〈***onto***〉***...*** = ~ (in) on... ; (목표)를 향하게 하다.

home·body [ˊbὰdi / ˊbɔ̀di] *n.* ⓒ 잘 나다니지 않는 사람, 가정적인 사람(stay-at-home).

home·bound [ˊbáund] *a.* 귀항(중)의, 본국행의, 집에 들어박힌.

home·bred [ˊbréd] *a.* (1) 국산의. (2) 제 집〈제 나라〉에서 자란, 세상 모르는.

home-brew [ˊbrú:] *n.* ⓤⓒ 자가양조의 술《특히 맥주》.

home·com·ing [ˊkʌ̀miŋ] *n.* ⓒ (1)《美》일년에 한번 졸업생들의 동창회. (2) 귀향, 귀가, 귀국.

hóme económics 가정학(단수 취급).

hóme fàrm《英》(지방 지주의) 자작 농장.

home·grown [ˊgróun] *a.* 조국의, 출생지의 ; 자가제의 ; (과일·야채 등이) 자기 집〈그 지방, 국내〉에서 산출된〈되는〉 ; 토착의, 본거지.

hóme guárd (1)《美》지방 의용대. (2) (the H-G-)《英》국방 시민군. (3)《美俗》정주자. (4)《美俗》한 직장의 장기 근속자. (5)《美俗》기혼 선원(船員).

hóme héalth 가정 건강〈보건〉.

hóme índustry 가내(家內) 공업.

home·keep·er [ˊkì:pәr] *n.* ⓒ 흔히 집 안에만 틀여박혀 있는 사람.

˙home·land [ˊlæ̀nd] *n.* ⓒ (1)《南아》홈랜드《인종 격리 정책에 의하여 설정되었던 흑인 거주 지구》. (2) 고국(native land), 모국, 조국.

˙home·less [hóumlis] *a.* (1) (the ~) 집 없는 사

람들. (2)집 없는.
파) ~·**ness** *n.*
home·like [hóumlàik] *a.* 편안한; 자기 집 같은.
:**home·ly** [hóumli] (*-li·er ; -li·est*) *a.* (1) 검소한, 꾸밈 없는, 수수한(plain) ; 세련되지 않은 ; 눈에 익은, 흔한. (2) 가정적인, 자기 집 같은(homelike), 친절한. (3)《美》(용모가) 보통의, 못생긴, 거친(rude).
:**home·made** [ㅗméid] *a.* (1)미숙한. (2)자가제의, 집에서〈손으로〉 만든. (3)국산의 〖opp.〗*foreign-made.*
home·mak·er [ㅗmèikər] *n.* ⓒ 주부.
·**home·mak·ing** [ㅗmèikiŋ] *n.* ⓤ 가정, 가사.
ho·me·o·path·ic [hòumiəpǽθik] *a.* 【醫】 유사〈동종〉 요법의. 파) **-i·cal·ly** *ad.*
ho·me·op·a·thy [hòumiápəθi / -ɔ́p-] *n.* ⓤ 【醫】 유사(類似)〈동종(同種)〉 요법, 호메오파티.
ho·me·o·ther·a·py [hòumiouθérəpi] *n.* ⓤ 【醫】 동종(同種) 〈유사(類似)〉 요법《건강체에 쓰면, 치료해야 할 병과 같은 증세를 일으키는 약을 극소량 투여하는 치료법》.
home·own·er [hóumòunər] *n.* ⓒ 자기집 소유자.
hóme pòrt (선박의) 소속항, 모항(母港).
·**hom·er** [hóumər] *n.* ⓒ《口》전서(傳書)비둘기 ; 【野】 본루타, 홈런 ;《美스포츠俗》그 고장 사람을 편들어 주는 임원(任員).
— *vi.*《口》홈런을 치다.
hóme ránge (정주성(定住性) 동물의) 행동권.
:**home·room** [hóumrù(:)m] *n.* 【敎】 (1) ⓤ 홈룸시간〈수업〉. (2) ⓒ 홈룸《전원이 모이는 생활지도 교실》.
hóme rúle 내정〈지방〉자치 ; (H- R-)《英》(아일랜드의) 자치.
: **hóme rún** 본루타, 홈런.
Hóme Sécretary (the ~)《英》내무장관.
·**home·sick** [ㅗsìk] (*more ~ ; most ~*) *a.* (1) 〔敍述約〕 (…이) 그리운《*for*》. (2)회향병(懷鄕病)의 ; 향수병에 걸린. 파) ~·**ness** *n.* ⓤ 향수(nostalgia).
hóme sígnal (철도의) 구내 신호기.
·**home·spun** [ㅗspʌ̀n] *a.* (1)소박한, 서민적인 세련되지 않은. (2) 홈스펀의, 손으로 짠. — *n.* ⓤ 홈스펀《수직물 또는 그 비슷한 직물》 ; 소박함 ;《廢》촌뜨기.
*__home·stay__ [ㅗstèi] *n.* ⓒ 홈스테이《유학생 등이 가정에 체류하여 가족과 같이 생활하는 것》.
home·stead [ㅗstèd, ㅗstid] *n.* ⓒ (1)《美 Can》(이민에게 이양되는) 자작농장. (2) 농장이 딸린 농가(farmstead).
home stretch [ㅗstrétʃ] *n.* ⓒ《美》【競】 일〈여행〉의 마지막 부분《최종 단계》, 결승점 앞의 최후의 직선 코스 (【cf.】 backstretch).
home·style [ㅗstàil] *a.* 〔限定的〕《美》(음식물이) 가정에서 만든, 가정적인.
hóme términal 【컴】 가정용 단말기.
home·town [ㅗtàun] *n.* ⓒ 출생지 ; 주된 거주지, 고향(의 도시).
파) ~·**er.** *n.* 출생지 거주자.
·**home·ward** [hóumwərd] *ad.* 집〈모국〉을 향하여.
— *a.* 귀로의, 집〈모국〉으로 향하는.
파) ~**s** *ad.* =homeward.
home·ward-bound [hóumwərdbáund] *a.* 본국을 향하는, 본국행의, 귀항(중)인. 〖opp.〗 *out ward-bound.*
:**home·work** [ㅗwə̀:rk] *n.* ⓤ (1) (회의 등을 위한) 사전 준비. ***do** one's **~***《口》사전 조사를 하다, 완전히 준비하다 ; 숙제하다. (2) 숙제, 예습.
home·work·er [ㅗwə̀:rkər] *n.* ⓒ 집안일을 돕는 사람《하녀 정원사 등》.
hom·ey, homy [hóumi] (*hom·i·er ; -i·est*) *a.*《口》가정의〈다운〉 ; 스스럼 없는, 마음 편한 ; 편안한, 아늑한.
— *n.* ⓒ《美俗》촌뜨기, 어수룩한 사람.
hom·i·ci·dal [hàməsáidl / hɔ̀m-] *a.* (1)살인할 경향이 있는. (2)살인의.
hom·i·cide [háməsàid / hɔ́m-] *n.* 【法】 (1) ⓒ 살인범 (2) ⓤ 살인 ; ⓒ 살인행위.
hom·i·let·ic, -i·cal [hàmələ́tik / hɔ̀m-], [-əl] *a.* 교훈적인;설교(술)의. 파) **-i·cal·ly**[-ikəli] *ad.*
hom·i·list [hámәlist / hɔ́m-] *n.* ⓒ 설교사(師).
hom·i·ly [háməli / hɔ́m-] *n.* ⓒ 훈계, 장황한 꾸지람 ; 설교.
hom·ing [hóumiŋ] *a.* 귀소성(歸巢性)〈회귀성〉이 있는《비둘기 따위》 ; 집에 돌아오(가)는 ; (자동) 유도〈추적〉의.
— *n.* ⓤ 귀래(歸來), 귀환, 회귀 ; 귀소 본능 (~instinct).
hom·i·nid [hámәnid / hɔ́m-] *n.* ⓒ, *a.* 사람과(科)의 동물(의).
hom·i·ny [hámәni / hɔ́m-] *n.* ⓤ《美》굵게 탄 옥수수(죽).
ho·mo·ge·ne·i·ty [hòumədʒəní:əti, hàm] *n.* ⓤ 동질(성), 동종(성); 【數】 동차성(同次性) : cultural〈racial〉 ~ 문화적〈인종적〉 동질성.
ho·mo·ge·ne·ous [hòumədʒí:niəs, hàm-] *a.* 동원(同原)의, 순일(純一)의 ; 동종〈동질, 균질〉의 ; 【數】 동차(同次)의.
파) ~·**ly** *ad.* ~·**ness** *n.*
ho·mog·e·nize [həmádʒənàiz, houmə́-/-mɔ́-] *vt., vi.* 균질화하다, (…을) 균질로 하다. ***~d milk*** 균질 우유.
파) **ho·mòg·e·ni·zá·tion** *n.* ⓤ 균질화 ; 균질화된 상태〈성질〉.
hom·o·graph [háməgræ̀f, -grɑ̀:f, hóumə-] *n.* ⓒ 동형 이의어(同形異義語)《bark(짖다 ; 나무 껍질)따위》.
파) ~·**ic** [hámougrǽfik, hòumə-] *a.*
ho·mol·o·gous [həmáləgəs, hou- / -mɔ́l-] *a.* (1) 【生】 상동(相同)(기관)의, 이체(異體)〈이종(異種)〉 동형의. (2) (위치·비율·가치·구조 등이) 상응〈대응〉하는, 일치하는. (3)【化】 동족의. (4)【數】 상동의.
hom·o·logue, -log [hóuməlɔ̀:g, hámə-, -làg / -lɔ̀g] *n.* ⓒ 서로 같은〈비슷한〉것, 상당하는 것 ; 상동(相同) ; 【生】 상동기관《 따위》; 【化】 동족체.
ho·mol·o·gy [həmálədʒi, hou-] *n.* ⓤ (1) 【化】 동족 (관계). (2)상동(相同) 관계〈성〉, 상사, 이체 동형. (3)【生】 (종류가 다른 기관의) 상동《포유 동물의 앞다리와 조류의 날개처럼 그의 기원이 동일한 것》. (4)【數】 상동, 위상 합동(位相合同)
hom·o·nym [hámənim/hɔ́m-] *n.* ⓒ (1) 동음 이의어(同音異義語)《meet와 meat, fan(팬)과 fan(부채) 등》. (2)=HOMOGRAPH. (3)=HOMOPHONE.
ho·mon·y·mous [həmánəməs, hou-/ -mɔ́n-] *a.* (1) 【眼科·光】 같은 쪽의. (2)애매한(ambiguous) ; 동음이의어의 ; 이물동명(異物同名)의; 쌍관(雙關)의.
파) ~·**ly** *ad.*
hom·o·phon·ic [hàməfánik, hòumə-/-fɔ́n-] *a.* (이철(異綴)) 동음 이의어(異義語)의; 동음의; 【樂】 단

성(單聲)(단선율(單旋律))의. 파) **-i·cal·ly** *ad.*

ho·moph·o·ny [həmáfəni, hou-/-mɔ́f-] *n.* ⓤ 동음 이의; 동음; 【樂】 동음성; 단음악(單音樂); 제창(齊唱); 단음〈단선율〉적 가곡; 【言】 (어원이 다른 말의) 동음화, 동음적 가창. 【cf.】 ANTIPHONY.

Hómo sá·pi·ens [-séipiənz] 《L.》 호모사피엔스《사람의 학명》; 인류.

ho·mo·sex·u·al [hòuməsékʃuəl] *a., n.* ⓒ 동성의; 동성애의 (사람). 파) ~**·ist** *n.* ~**·ly** *ad.*

ho·mo·sex·u·al·i·ty [hòuməsekʃuǽləti] *n.* ⓤ 동성 성욕, 동성애.

hon [hʌn] *n.* 《口》 연인(honey), 사랑스런 사람.

:hon·est [ánist/ɔ́n-] (***more ~ ; most ~***) *a.* (1) 거짓없는, 진실한, 영직한(upright). (2)정직한, 숨김(이) 없는, 성실한(sincere), 공정(公正)한, 훌륭한. (3)정당한 수단으로 번, 정당한 : make an ~ living 건실한 생활을 하다. (4)진짜의(genuine), 순수한: ~ silk 본견. (5)믿음직한; 칭찬할 만한; 정숙한. (6)순진한, 단순한. ***be ~ with*** …와 올바르게 교제하다. ***earn〈turn〉 an ~ penny*** ⇨PENNY. ***~ to God〈goodness〉*** 정말로, 맹세코. ***make an ~ woman of*** 《종종 戱》(관계한 여자를) 정식 아내로 삼다. ***to be ~ with you*** 정직 하게 말하면.
— *ad.* 《口》 정말로, 거짓말이 아냐 ; 《古》 정직하게.

hónest Injun 《口》 틀림없이, 정말로.

:hon·est·ly [ánistli/ɔ́n-] (***more ~ ; most ~***) *ad.* 거짓없이, 정직하게 ; (초조·곤혹·불신·혐오를 나타내어) 정직하게 말해서, 정말로, 정당하게.

hon·est-to-God, -good·ness [ánisttəgád/ɔ́nisttəgɔ́d], [-gúdnis] *a.* 〔限定的〕 《口》 정말의, 진짜의.

:hon·es·ty [ánisti/ ɔ́n-] *n.* ⓤ 성실, 정직, 실직(實直), 충실 ; 성의 ; 정절(chastity).

:hon·ey [hʌ́ni] *n.* (1) ⓤⓒ 감미 ; 【比】 단 맛, 단 것 : ~ of flattery 달콤한 발림말. (2) ⓤ 벌꿀, 화밀(化蜜); 꿀. (3) 사랑스런 사람《부부·애인끼리 또는 약혼자 아이에 대한 호칭으로》.

·hon·ey·comb [-kòum] *n.* ⓒ 벌집 모양의 물건 ; (꿀)벌집 ; (반추동물의) 벌집위(胃) (= **~ stòmach**) 《둘째 위》. — *a.* 벌집 모양의 : a ~ coil 【電】 벌집형 코일.
— *vt.* (1) …에 숭숭 구멍을 많이 내다. (2) (악폐·사람 따위가) …에 침투 하다.
— *vi.* 벌집 모양이 되다. 〔敍述的〕 벌집 모양이 되어, 구멍투성이가 되어《*with*》, 위태롭게 하다(undermine).
파) **~ed** *a.* 벌집모양의.

hon·ey·dew [-djùː] *n.* ⓤ (1)감로 멜론(= **~ mèlon**). (2)(나무·잎·줄기에서 나오는) 단물.

hon·eyed [hʌ́nid] *a.* (1) 간살이 넘치는. (2) a〕꿀이 있는〈많은〉. b〕 꿀로 달게 한; 달콤한(sweet).

·hon·ey·moon [-mùːn] *n.* ⓒⓤ (1) 《比》 행복한 시기 : 단기간의 협조적 관계. (2) 신혼 여행 (기간), 밀월, 허니문.
— *vi.* 신혼여행을 하다, 신혼기를 보내다《*at* ; *in*》.
파) **~·er** *n.* ⓒ

·hon·ey·suck·le [-sʌ̀kəl] *n.* 인동덩굴 ; 인동덩굴 비슷한 식물.

hon·ey-sweet [-swíːt] *a.* (꿀처럼) 달콤한.

honk [hɔːŋk, haŋk/kɔŋk] *n.* ⓒ 자동차의 경적 소리 ; 기러기의 울음소리(와 같은 목소리〈소리〉).
— *vi., vt.* (기러기가) 울다, 그러한 소리가 나다 〈를 내다〉 ; 《口》경적을 울리다.

hon·kie, -ky, -key [hɔ́ːŋki, háŋki/hɔ́ŋki] *n.* ⓒ 《美黑人俗·蔑》 흰둥이, 백인.

honk·y-tonk [hɔ́ːŋkitɔ̀ːŋk, háŋkitàŋk/hɔ́ŋkitɔ̀ŋk] *n.* (1) ⓒ 떠들썩한 대폿집〈카바레, 나이트클럽〉.
— *a.* 싸구려 술집의 ; 홍키통크 가락의.

:Hon·o·lu·lu [hànəlúːluː/hɔ̀n-] *n.* 호놀룰루《하와이주의 주도(州都)》.

:hon·or, 《英》 **-our** [ánər/ɔ́n-] *n.* ⓤ (1) a〕 ⓒ 명예로운 것〈사람〉, 자랑거리 ; 명예장(章), 훈장 ; 명예의 표창 ; (*pl.*) 서위(敍位), 서훈(敍勳). b〕 (*pl.*) 《학교에서》 우등, 우승. (2) a〕 명예, 영예 ; 영광. b〕 명성, 면목, 체면; 신용. (3)경의, 존경 ; (*pl.*) 의례, 의식. (4) 고위, 고관, 각하 《영국에서는 시장·지방판사, 미국에서는 법관의 경칭》. (5) (*pl.*)【카드놀이】 최고의 패《whist에서는 ace, king, queen, jack; bridge에서는 ten도낌》, 【골프】 (tee에서) 제일 먼저 공을 칠 권리.
a debt of ~ (내기·노름 따위의) 신용빚. ***a maid of ~*** 궁녀. ***a point of ~*** 명예에 관한 일, 체면에 관한 일. ***be on*** one***'s ~ to do*** =***be bound in ~ to*** do = ***be*** (***in***) ***~ bound to*** do 명예를 걸고 …하여야 한다 : West Point cadets *are on their* ~ not *to* cheat in an exam. 웨스트 포인트 사관 생도들은 명예를 걸고 시험중에 부정행위를 해서는 안된다. ***do ~ to*** a person = ***do*** a person ~ (1) …에게 경의를 표하다. (2) …의 명예가 되다, …에게 면목이 서게 하다. ***give*** a person one***'s*** (***word of***) ***~*** 명예를 걸고 …에게 맹세〈약속〉하다. ***have the ~ to*** do 〈***of*** do***ing***〉 …하는 영광을 얻다, 삼가 …합니다. ***~ bright*** 《口》 맹세코, 확실히. ***in ~*** 도의상. ***in ~ of*** … 에게 경의를 표하여 ; …을 축하하여. ***on〈upon〉 my ~*** 맹세코, 명예를 걸고. ***pledge*** one***'s ~*** 자신의 명예를 걸고 맹세하다. ***put*** a person ***on*** his ~ ~를 명예를 걸고 맹세케 하다 : I must *put* you *on* your ~ not to speak of this to anyone. 이 일은 아무에게도 말하지 않겠다고 자네 명예를 걸고 맹세해야 하네. ***render the last ~s*** 장례식을 거행하다 ; 장례에 참가하다. ***upon*** one***'s*** (***word of***) ***~*** 《口》맹세코. ***with ~*** 훌륭하게 ; 예로써. ***with ~s*** (학생이) 우등으로.
— *vt.* (1) …을 존경〈존중〉하다(respect), …에게 경의를 표하다. (2) 《~+目/+目+前+名》 …에게 명예를 주다 ; 영광을 주다《*with*》. (3) …을 승낙하다, 삼가 받다 : ~ an invitation. (4) 【商】 (어음)을 인수하고 기일에 지급하다, 인수하다 ; (입장권 표 등)을 유효로 (간주)하다 ; (약속 등)을 지키다.

:hon·or·a·ble [ánərəbəl/ɔ́n-] (***more ~ ; most ~***) *a.* (1) 존경할 만한, 훌륭한 ; 수치를 아는, 올바른(upright). (2) 명예 있는, 명예로운. (3) 고귀한 (noble), 고위의. (4) (H-) 사람의 이름에 붙이는 경칭《略 : Hon.》. ※ 미국에서는 양원 의원·주의원 등에 대한 경칭 ; 영국에서는 각료·고등 법원 판사·하원의장 ; 식민지 행정관·궁녀· 백작 이하의 귀족의 자제에 대한 경칭. ***the Most Honorable*** 후작(侯爵)·Bath 작위의 사람·추밀 고문관의 경칭《略 : Most Hon.》. ***the Right Honorable*** 백작 그 이하의 귀족·추밀 고문관·런던 시장 등의 경칭 《略: Rt. Hon.》.
파) **·-bly** *ad.* 존경받도록, 훌륭히, 올바르게, 정당하게.

hónorable méntion 선외가작(選外佳作).

hon·o·rar·i·um [ànəréəriəm/ɔ̀n-] (*pl.* ***~s. -ia*** [-

iə]) *n.* 사례(금).

hon·or·ary [ánərèri/ɔ́nərəri] *a.* 명예의, 명예직의 ; 도의상의 : an ~ degree 명예학위 / an ~ member〈of- fice〉 명예 회원.
— *n.* ⓒ 명예직〈학위〉 (을〈를〉 가진 사람).

hon·or·if·ic [ànərífik/ɔ̀n-] *a.* 경의를 표하는, 존경의, 경칭의. — n. ⓒ 경어, 경칭.

hon·ors·man [ánərzmæ̀n/ɔ́nərz-] (*pl.* ***-men*** [-mèn]) *n.* 《美》 (대학의) 우등졸업생.

:honour ⇨ HONOR.

hooch[1], **hootch**[1] [hu:tʃ] *n.* 《美口》 ⓤ 위스키, 술; 《특히》밀주, 밀수입한 술 ; 독한 술.

hooch[2] ⇨ HOOTCH[2]

:hood[1] [hud] *n.* ⓒ (1) 두건 ; (외투 따위의) 후드 ; 대학 예복의 등에 드리는 천. (2) 두건 모양의 물건; (매·말의) 머리씌우개 ; (타자기·발동기 등의) 덮개 ; 《英》 (자동차의) 엔진 뚜껑(《英》bonnet) ; 《英》 (자동차의) 지붕 : 굴뚝의 갓 ; 마차 따위의 포 장 ; 포탑(砲塔)의 천개(天蓋) ; (승강구·천창 따 위의) 덮개, 뚜껑 ; 후드《렌즈용 테》 ;(독사의) 우산모양의 목.
— *vt.* …에 ~를 달다, 두건으로 가리우다, …을 ~로 덮다〈가리다〉. 파) **~·like** *a.*

hood[2] *n.* 《俗》 =HOODLUM.

-hood [hùd] *suf.* 《各詞語尾》 (1) 드물게 형용사에 붙어서 상태를 나타냄 : false*hood*, likeli*hood*. (2) 성질·상태·계급·신분 등을 나타냄. (3)집합체(무리·사회)를 나타냄 : neighbor*hood*.

hood·ed [húdid] *a.* 두건 모양의 ; 두건을 쓴 ; 【動·植】 두건 모양의 도가머리가 있는.

hood·lum [hú:dləm, húd-] *n.* ⓒ 《口》 깡패, 건달, 폭력단원, 신변 경호자.
파) **~·ish** *a.* **~·ìsm** *n.* ⓤ 깡패의 행위〈수법〉, 비행(非行).

hoo·doo [hú:du:] *n.* ⓒ (1)=VOODOO. (2)(*pl.* ***~s***) 《口》 재수없는 사람〈물건〉 ; 《口》 불운.
— *vt.* 《口》 …에게 마법(魔法)을 걸다 ; …을 불행(불운)하게 하다.

hood·wink [húdwìŋk] *vt.* (남)의 눈을 속이다.

hoo·ey [hú:i] 《口》 *n.* ⓤ 바보 짓, 허튼소리.
— *int.* 바보 같은.

:hoof [hu:f, huf] (*pl.* ***~s, hooves*** [hu:vz, huvz]) *n.* ⓒ (1) 《戲》 (사람의) 발. (2) 발굽 ; (굽 있는 동물의) 발. ***get the ~*** 《俗》 쫓겨나다, 해고되다. ***on the ~*** (가축이) 살아있는(alive) ; 생생한. ***under the ~*** 짓밟혀.
— *vi.* 《口》 걷다. — *vt.* 《口》 …을 굽으로 차다 ; 《英俗》 (…)를 쫓아내다《*out*》 ; (지위·직에서) 쫓겨나다. ***~ it*** 《口》 춤추다 ;(마지못해) 걷다, 도보 여행을 하다.

hoof·beat [hú:fbì:t] *n.* ⓒ 발굽소리.

hoofed [hu:ft] *a.* (1) 〔複合語〕 …한 발굽이 있는. (2) 발굽 있는.

hoof·er [hú:fər] *n.* ⓒ 《俗》 (직업) 탭댄서.

hoo-ha [hú:hà:] *n.* ⓤ 《口》 내소동, (사소한 일에 대한) 흥분. — *int.* 《口》 와아 《떠드는 소리》.

:hook [huk] *n.* ⓒ (1) a) 갈고리 모양의 것 ; 초승달 모양의 낫 ; 《海俗》 닻. b) 【動·植】 갈고리 모양의 기관〈돌기〉 ; (*pl.*) 《俗》 손(가락). c) 갈고리 모양의 갑(岬); (하천의) 굴곡부; 【서핑】 파도마루. d) 인용부, 작은 따옴표 《' '》; 【樂】 음표 꼬리 《♪의 꼬리 부분》. (2) a) 갈고리 ; 걸쇠. b) 호크 ; 경첩(의 고정부). c) 낚싯 바늘. (3) 【野】 커브.
above one'***s ~*** 이해할 수 없는, 분에 넘치는. ***by ~ or by crook*** 기어코, 어떻게 하든. ***get*** one'***s ~s into***〈***on***〉***...*** 《口》 (남자)의 마음을 끌다, …을 사로잡다 . ***get the ~*** 《美俗》 해고되다. ***give*** a person ***the ~*** 《美俗》 …를 해고하다. ***go on the ~*** 학과 중 빼 먹다. ***~ and eye*** 훅 단추. ***~, line, and sinker*** 〔副詞的〕 《口》 전적으로 믿고. ***off the ~*** 《口》 책임〈위기, 곤란〉을 벗어나. ***off the ~s*** 《俗》 죽어, 뒈져 : drop〈go, pop, slip〉. ***on*** one'***s own ~*** 《口》 혼자 힘으로. ***on the ~*** 《俗》 (1)(상황 등에) 구속되어 ; 궁지에 빠져. (2) 대기상태로, 기다리게. ***take***〈***sling***〉 one'***s ~*** 《俗》 살짝 도망치다.
— *vt.* (1) …을 (갈고리처럼) 구부리다, 구부려서 잇다. (2) 《~+目/+目+副/+目+前+名》 …을 갈고리로 걸다, 드리우다, 채우다, 찌르다 《*up* ; *on* ; *onto* ; *over* ; *round*》 ; 끌어당기다《*in*》. (3) …을 낚시로 낚다 ; 《比》 (…)를 올가미로 호리다. (4) 《口》 …을 슬쩍 후무리다, 훔치다. (5) 【拳】 …에게 훅을 넣다 ;【골프】 (공)을 좌곡구(左曲球)로 치다. (6) 《俗》 (아무)를 붙잡다. (7) 《口》 (사람·남자)를 걸려들게 하다, 낚다, 매춘하다. (8) 【럭비】(스크럼 때 발로 공)을 뒤쪽으로 차내다.
— *vi.* (1) (갈고리처럼) 굽다. (2) 《+前+名》(옷이) 훅으로 채워지다〈채우게 돼 있다〉. (3) 《俗》 도망치다 ; 급히 떠나다. (4) 【野】 커브로 던지다. ***~ in*** 갈고리로 당기다 ; 갈고리로 고정시키다. ***~ it*** 《俗》 도망치다. ***~ on*** 훅으로 연결하다 ; …을 훅으로 채우다. ***~ on to...*** …에 (훅 따위로) 고정하다, 잇다 ;《美口》 (생각 등을) 이해하다, …이 마음에 들다. ***~ up*** (1) 훅으로 채우다〈채워지다〉 ; 갈고리·훅 따위로 매달다, 달아매다. (2) 말을 마차에 매달다 ; (기계 따위를) 조립하다. (3) 〔종종 受動으로〕 (기기(機器)를 전원 ·본선에) 연결하다《*to*》.

hook·ah [húkə] *n.* 수연통(水煙筒) (water pipe) 《물을 통하여 담배를 빨게 된 장치》.

hóok-and-lád·der trùck [⌐ənlǽdər-] 사다리 소방차(ladder truck).

·hooked [hukt] *a.* 갈고리가 있는 ; 갈고리 모양의 ; 갈고리로 만든 ; 〔敍述的〕 갈고리에 걸린《*on*》 ; 마약 중독증의 ; (…에) 열중한, 몰두한《*on*》.

hook·er [húkər] *n.* (1) 〔一般的〕 《蔑》 구식〈볼품 없는〉 배. (2)네덜란드의 두대박이 어선, 아일랜드 잉글랜드의 외대박이 어선. (3)갈고리로 걸어당기는 사람〈것〉 ; 낚시질하는 사람〈어부〉. (4) 《美俗》 위스키의 한잔하기. (5) 《口》 매춘부. (6) 《美俗》 사기꾼, 프로 도박사 ; 《美俗》 구속(체포) 영장. (7)【럭비】 후킹하는 선수.

hook(·e)y[1] [húki] *n.* 〔다음 成句로〕 ***play ~*** 《口》 농땡이 부리다, 학교를 빼먹다.

hook(·e)y[2] *a.* 갈고리 모양의 ; 갈고리가 많은.

hook·nose [húknòuz] *n.* 매부리코 ; 《美俗·蔑》 유대인. 파) **hóok-nòsed** *a.* 매부리코의.

hook·up [⌐ʌ̀p] *n.* ⓒ (1) 《美口》 제휴, 동맹, 협력, 친선. (2) 【無電】 접속, 중계. (3)(라디오·전화 따위의) 조립, 접속 ; 접속도 ; 연결.

hook·worm [⌐wə̀:rm] *n.* ⓒⓤ 십이지장충 (병)(~disease).

hoo·li·gan [hú:ligən] *n.* ⓒ 깡패, 무뢰한, 불량소년(hoodlum) ; 《美俗》 【車競走】 이류 경주자 : a gang of ~*s* 폭력단, 불량배, 패거리.
파) **~·ism** *n.* ⓤ 난폭, 폭력 ; 깡패 기질.

hoop** [hu:p, hup] *n.* ⓒ (1) (장난감의) 굴렁쇠. (2) 테. (3) 쇠테 ; (기둥의) 가락지 ; 등(藤) 따위의 버팀테 : (크로케(croquet)에서) 활 모양의 작은 문.반지. ***go〈***jump***〉 ***through the ~***(***s***) 시련을 겪다. 고생하다. ***put*** a person ***through the ~*** 《口》 ~를 단

련하다 ; 본때를 보여 주다.
— *vt.* …에 테를 두르다 ; 둘레를 치다 ; …을 둘러싸다.

hoop·la [húːplɑː] *n.* ⓤ 고리던지기《놀이》;《口》대소동, 요란한〈과대〉 선전.
— *int.* 멋있다, 굉장하다.

hóop skirt 버팀테로 버티어 펼친 스커트.

hoo·rah, -ray [huráː, -rɔ́ː], [hu(ː)rèi] *int.* = HURRAH.

hoos(e) gow [húːsgau] *n.*《美俗》유치장, 교도소 ; 옥외 변소.

Hoo·sier [húːʒər] *n.* ⓒ《美》Indiana 주의 주민.

*__hoot__[1] [huːt] *vi.* (1)《英》(기적·자동차의 경적 등이) 울리다. (2)(올빼미가) 부엉부엉 울다. (3)《+前+名》야유하다, 야료하다《경멸·분노하여》《*at* ; *to*》.
— *vt.* (1)《+目+副/+目+前+名》…을 소리내어 쫓아 버리다: ~를 야유하여 물러가게 하다 : ~ down (연사 등을) 야유하여 기를 죽이다. (2)…을 우우하며 야유하다. (3)(경멸·분노 등)을 소리질러 나타내다.
— *n.* ⓒ (1) 올빼미 울음소리, 부엉부엉 ; 삐이《고동·경적소리》. (2) 야유소리, 빈정되는 외침, 우우. (3)《英口》무한정으로 재미있는 일〈것〉. (4)〔보통 否定文〕무가치한 것, 소량.

hootch[1] ⇨ HOOCH[1].

hootch[2], **hooch**[2] [hutʃ] *n.* ⓒ 주거 ; (미군의) 병사(兵舍),《美俗》(아시아의 이엉 지붕의) 초가집 ; 막사, 바라크.

hoot·en·an·ny [húːtənæ̀ni] (*pl.* **-nies**) *n.* ⓒ《口》(댄스·포크송 등의) 격식 없는 모임〈파티〉.

hoot·er [húːtər] *n.* ⓒ 야유하는 사람; 올빼미; 기적, 경적 ;〔否定的〕조금 ;《英俗》코.

hóot òwl [鳥](특히 울음소리가 큰 각종) 올빼미, 심야근무.

Hoo·ver[1] [húːvər] *n.* **Herbert Clark** ~ 후버《미국 제 31대 대통령 ; 1874-1964》.

Hoo·ver[2] *vt.* (h-)《英口》…을 전기 청소기로 청소하다, 흡수하다.
—*n.* ⓒ 후버 전기 청소기(《美》vacuum cleaner)《商標名》.

:**hop**[1] [hɑp/hɔp] (**-pp-**) *vi.* (1)《+副》(특히 비행기로) 단기여행을 하다, 잠깐 가다. (2)《~/+副/+前+ 名》뛰다, 한 발로 뛰다, 깡총 뛰다. (3)《+副》《口》이륙하다《off》; 비행하다. (4)춤추다(dance). (5) 절름거리다. (6) (술집 따위를) 돌아다니다. (7) [野] (공이) 바운드하다.
— *vt.* (1) …을 뛰어넘다 ; 뛰어다니다. (2)《口》(기차 등)에 뛰어오르다, 타다. (3)《口》…을 (비행기로) 횡단하다. (4) (공 따위)를 날리다 ; [野] 바운드하다. ***~ it***〔흔히 命令法〕《口》훌쩍 떠나 버리다. ***~off***《口》이륙하다. ***~*** (***on***)(a train) (기차에) 뛰어오르다. ***~ to it***《口》(급히) 일을 시작하다, 서두르다.
— *n.* ⓒ (1)도약, 앙감질 ; 토끼뜀. (2)《口》이륙 ; (장거리 비행의) 한 항정(航程)(stage) ; 비행. (3)《口》댄스(파티). (4) (공의) 튐. ***~, skip, and jump*** (1) 〔a를 붙여〕근거리, 바로 가까이. ~, ***step, and jump*** 세단뛰기(triple jump). ***on the ~*** (1)《英》현장을 불시에, 방심하고. 2)바쁘게〈뛰어〉 다니며.

hop[2] *n.* ⓒⓤ [植] (*pl.*) 홉 열매 ; 홉 ;《俗》마약《해로인·아편》;《美俗》마약 중독 ;《美俗》어수 선함, 혼란 ;《美俗》허튼 소리, 농담, 넌센스. ***be full of ~s***《美俗》마약으로 취해 있다 ; 허튼 말 만을 지껄이고 있다.
—(**-pp-**) *vt.* …에 홉으로 풍미(風味)를 내다 ;《口》…에게 마약으로 자극하다《*up*》, (경주마)에게 흥분제를 주다. 〔흔히 受動으로; 一般的〕…을 자극〈격려〉하다 ; 흥분시키다《*up*》;《美俗》(엔진 등)의 출력을 강화하다《up》: What *are* you all ~*ped up* about? 무슨일로 그렇게 흥분들 하고 있느냐. — *vi.* 홉 열매를 따다 ; (홉이) 열매를 맺다.

Hope [houp] *n.* **Anthony ~** 호프《영국의 소설가; 1863-1933》.

:**hope** [houp] *n.* (1) ⓒ 기대를 받고 있는 사람〈물건〉. (2) ⓒⓤ 희망 ; ⓒ 기대 ; 가망. 〖opp.〗 *despair*. (3) ⓤ《古》신뢰. ***be in great ~s*** (***that...***)(…을) 크게 기대하고 있다. ***be past*** 〈***beyond***〉 ***all ~*** 전혀 가망이 없다. ***in ~s of = in the ~ of (that)*** …을 기대하여. ※ 보통 실현 가능성이 적은 경우에 쓰임. ***Not a ~.*** =〔反語的〕***Some ~(s)*** 〈***What a ~***〉 ***!***《口》전혀 가망이 없네.
— *vt.*《+(*that*)節/+ to do》…을 바라다, ~이기를 기대하다 ;《口》(바람직한 방향으로) 생각하다.
— *vi.* (1)《~/+前+名》희망을 갖다, 기대하다《*for*》. (2)《古》의지하다, 기대를 걸다, 신뢰하다《*in*》. ***~against ~*** 요행을 바라다 ; 헛바라다. ***~ and pray*** …을 진심으로〈절실히〉 바라다. ***~ for (the) best*** 최선을 바라다, 낙관하다.

hópe chèst《美》처녀의 혼수감함(《英》bottom drawer).

:**hope·ful** [hóupfəl] (***more ~ ; most ~***) *a.* (1)희망을 안고 있는 ; 희망에 차 있는, 기대에 부푼. (2) 희망이 있는, 장래가 촉망되는(promising), 전도 유망한. (3)〔反語的으로〕설마. ***be ~ of*** 〈***about***〉 …을 기대하다, 바라다. — *n.* ⓒ 전도 유망한 사람 ; (당선) 유력한 후보 ; 우승을 노리는 선수〈팀〉. ***a young ~*** 장래가 촉망 되는 젊은이 ;〔反語的〕앞날이 걱정되는 젊은이.
파) *__~·ly__ [-fəli] *ad.* (1) 유망하게, 희망을 가지고. (2)바라건대 ; 아마. ~·**ness** *n.*

:**hope·less** [hóuplis] (***more ~ ; most ~***) *a.* (1) 쓸모없는, 헛된, 어쩔 도리 없는 ; (…이) 맞지않는, 서툰《*at*》. (2)희망 없는, 가망 없는 ; 절망적인(desperate). ***be ~ of*** …의 희망을 잃다.
파)~·**ly** *ad.* 희망을 잃고, 절망적으로. ~·**ness** *n.*

hop·head [háphèd/hɔ́p-] *n.* ⓒ《美俗》마약 중독자.

Ho·pi [hóupiː] (*pl.* ~, **~s**) *n.* 호피족《미국 Arizona 주 북부에 사는 Pueblo 족》; 호피어(語).

hop-ó-my-thumb [hápəmaiθʌ́m, -mi-/hɔ́p-] *n.* ⓒ 난쟁이(dwarf).

hop·per[1] [hápər/hɔ́p-] *n.* ⓒ (1)〔흔히 複合語〕《口》여기저기 떠다니는 사람, (술집 따위를)여기저기 순례하는 사람. (2) 뛰는 사람, 한 발로 뛰는 사람, 앙감질하는 사람. (3) 뛰는 벌레《메뚜기·벼룩 등》; 뛰는 동물《캥거루 따위》. (4) 피아노의 해머를 튕겨올리는 장치. (5) 저탄기(貯炭器)·제분기(따위)의 깔때기 모양의 아가리, 호퍼. (6)개저식(開底式) 배〈화차, 쓰레기차〉. (7)《俗》(호텔의)보이. (8)《野球俗》높이 튕기는 타구.

hopper[2] *n.* ⓒ 홉 즙을 내는 통, 홉을 따는 사람.

hop·pick·er [∠pìkər] *n.* ⓒ 홉 따는 사람〈기계〉.

hop·ping[1] [hápiŋ/hɔ́p-] *n.* ⓤ 홉을 넣는 쓴맛 조미 ; 홉따기〈채집〉.

hop·ping[2] *a.* (1)〔흔히 複合語〕(비슷한 장소를) 순례하는. (2)깡충깡충 뛰는, 바쁘게 움직이는, 정력적으로 일하는. ***~ mad*** 몹시 노한. ***keep*** a person ~ (~를) 바쁘게 돌아다니게 하다.
— *n.* 앙감질 ; 토끼뜀.

hop·scotch, hop·scot [hápskɑ̀tʃ/hɔ́pskɔ̀tʃ].

[hápskàt/hɔ́pskɔ̀t] *n.* ⓤ 돌차기 놀이.

ho·ra, ho·rah [hɔ́:rə] *n.* ⓒ 루마니아 이스라엘의 원무(圓舞).

Hor·ace [hɔ́:rəs, hár-/hɔ́:ris, hɔ́-] *n.* (1)호라티우스《로마의 서정 시인 ; 65-8 B.C.》. (2)호러스《남자 이름》.

Ho·ra·tian [houréiʃən/hɔ-] a. 로마의 시인 Horace(풍)의 ; ~ ode, Horace풍의 시.

***horde** [hɔ:rd] *n.* (1) 〔a ~ of 또는 ~s of로〕(동물의) 이동군(群). (2) ⓒ 유목민의 무리 ; 유랑민의 떼 ; 대집단, 군중, 대군(大群).

—*vi.* 군집하다, 무리져 이동하다, 떼짓다.

:ho·ri·zon [həráizən] *n.* ⓒ (1)(흔히 *pl.*)(사고 지식 등의) 한계, 범위 ; 시야, 전망. (2) 수평선, 지평선. (3) 【地質】 지평층 ; 【天】 지평(地平). ***on the ~*** (사건 따위가) 임박한. ***within the ~*** 시계에.

:hor·i·zon·tal [hɔ̀:rəzántl/hɔ̀rezɔ́n-] (***more ~ ; most ~***) *a.* (1)수평선〈지평선〉의. (2)(기계 따위의) 수평동(水平動)의. (3)수평의, 평평한, 가로의.【cf.】 vertical. 「 a ~line〈plane〉 수평선〈면〉.

— *n.* ⓤⓒ 지평〈수평〉선 ; 수평 위치, 수평봉.

파) ~**·ly** *ad.* 수평으로, 가로로.

horizóntal bár (체조용) 철봉(high bar).

hor·mo·nal [hɔ̀:rmounl] *a.* 호르몬의.

hor·mone [hɔ̀:rmoun] *n.* 【生化】 ⓤ 호르몬.

hor·mon·ic [hɔ̀:rmánik/-mɔ́n-] *a.* =HORMONAL.

:horn [hɔ:rn] *n.* (1) **a**〕 ⓤ 각질(角質), 각질 모양의 물질; 각재. **b**〕ⓒ 뿔 제품. (2) ⓒ **a**〕(소·양·코뿔소 등의) 뿔, 사슴뿔; (악마 따위의)뿔. **b**〕(달팽이 등의) 신축성있는 뿔, 촉각, 각상기관〈돌기〉. **c**〕 【聖】 힘의 상징으로서의 뿔, 힘의 원천. (3) ⓒ **a**〕뿔피리 ; 【樂】 호른; (재즈의) 관악기(주자), 《특히》 트럼펫(취주) ; 호른꼴 스피커(의혼) ; 확성기. **b**〕(자동차 따위의) 경적. **c**〕(the ~)《美口》전화. (4) 초승달의 한쪽 끝; 활고자, 모루의 첨단, 뿔 모양의 것 ; 모래톱〈곶 등〉의 선단. (5) (the H-) = CAPE HORN. (6) 깎아지른 봉우리, 【地質】 빙식 첨봉(氷蝕尖峰)(pyramidal peak).

be on the ~s of a dilemma ⇨DILEMMA. ***blow*** one'***s*** (***own***) ***~*** 자랑을 늘어놓다, 자화자찬(自畵自讚)하다. ***draw*** 〈***haul, pull***〉 ***in*** one'***s ~s*** 슬금슬금 움츠리다. (기(氣)가 죽어) 수그러지다, 꽁무니를 빼다 ; 《英》지출을 억제하다. ***drive on the ~*** ⇨DRIVE. ***lift up*** one'***s ~*** LIFT. ***lock ~s*** 의견을 달리하다, 다투다《*over*》. ***show*** one'***s ~s*** 본성을 드러내다; 시비조로 나오다. ***take the bull by the ~s*** ⇨BULL. ***the gate of ~*** ⇨GATE[1].

— *a.* 뿔의, 뿔모양의, 각질의.

— *vt.* (1) …을 뿔로 받다. (2) …에 뿔이 나게 하다. (3) 의 뿔을 뽑다.

— *vi.* 《口》 중뿔나게 나서다, 간섭하다《*in*》.

파) ~**·like** *a.*

horn·beam [⌐bì:m] *n.* ⓒ 【植】 서나무속(屬)《자작나뭇과의 낙엽수》 ; 그 목재.

horn·bill [⌐bìl] *n.* ⓒ 【鳥】 코뿔새.

horned [hɔ:rnd,《詩》 hɔ́:rnid] *a.* 〔흔히 複合語〕 뿔 있는 ; 뿔 모양의 : a ~beast 뿔이 있는 동물 / the ~ moon 《詩》 초승달.

hórned ówl 【鳥】 수리 부엉이.

hor·net [hɔ́:rnit] *n.* ⓒ 【蟲】 말벌류(類) ;《比》 끊임없이 맹공격해 오는 적, 성가신〈심술궂은〉사람 ; 맹공격, 요란한 비난 ; 성가심, 귀찮은 일 ; ***(as) mad as a ~*** ⇨MAD.

hór·net's nèst 말벌의 집 ;《比》깊은 미움 ; 커다란 소동 〈말썽〉 ; 적의 맹공; 맹렬한 비난. ***bring a ~ about one's ears = stir up a ~*** 말썽을 일으키다, 소란을 일으키다, 많은 사람을 적 으로 만들다.

horn·less [hɔ́:rnlis] *a.* 나팔 없는《축음기 등》. 뿔없는.

horn·pipe [⌐pàip] *n.* ⓒ (1)(영국 선원 사이에 유행했던) 활발한 춤(곡). (2) (양끝에 뿔이 달린) 나무피리.

horn-rimmed [⌐rímd] *a.* (안경이) 대모〈뿔〉테의《금테, 무테 등에 대해》.

horny [hɔ́:rni] (***horn·i·er ; -i·est***) *a.* 뿔의, 뿔모양의 ; 각질의 ; 뿔로 만든 ; 뿔(모양의 돌기) 있는 ; 뿔처럼 단단〈딱딱〉한 :《俗》 (남자가) 성적으로 흥분한, 발정한, 호색의.

hor·o·loge [hɔ́:rəlòudʒ, -làdʒ, hɑr-] *n.* ⓒ 시계(timepiece)《특히 원시적 측시기》.

ho·rol·o·gy [hɔ:rálədʒi, hɑr-] *n.* ⓤ 시계 제조술 ; 측시법(測時法) ; 시계학.

파) **-gist, -ger** *n.* 시계공.

hor·o·scope [hɔ́:rəskòup, hár-] *n.* ⓒ 탄생시의 별의 위치(관측) ; 점성 ; 점성용 천궁도(天宮圖), 12궁도(宮圖), 별자리표의 일종, 주야 장단표(長短表).

—*vi.* 점성 천궁도를 만들다.

—*vt.* …의 운세도를 만들다 ; …을 점치다.

파) **hór·o·scòp·er** *n.* 점성가.

ho·ros·co·py [hɔ:rɑskəpi, hou-] *n.* ⓤ 점성술; 천궁도 ; 출생시의 별의 위치.

hor·ren·dous [hɔ:réndəs, hɑr-] a. 끔찍한(horrible), 무서운, 무시무시한. 파) **~·ly** *ad.*

:hor·ri·ble [hɔ́:rəbəl, hár-](***more ~ ; most ~***) *a.* 끔찍한, 무서운 ;《口》 잔혹한, 냉정한 ;《口》오싹하도록 싫은.

파) **-bly** *ad.* **~•ness** *n.*

***hor·rid** [hɔ́:rid, hár-] *a.* (1)《口》 매우 불쾌한, 지겨운. (2)무서운. (3)〔敍述的〕(…에) 불친절한, 엄한《*to*》. ▫horror *n.*

파) **~·ly** *ad.* **~•ness** *n.*

hor·rif·ic [hɔ:rífik, hɑr-] *a.*《文語》 무서운, 소름끼칠 듯한, 대단 한.

파) **-i·cal·ly** *ad.*

hor·ri·fi·ca·tion [hɔ̀:rəfikéiʃən, hɑ̀r-] *n.* ⓤⓒ (1) 혐오. (2) 공포, 전율. (3) 무서운 것〈사람〉.

***hor·ri·fy** [hɔ́:rəfài, hár-] *vt.* 〔흔히 受動으로〕 (1)《口》 …에게 혐오를〈반감을〉 느끼게 하다 ; 충격을 주다 ; …을 질리게 하다. (2) …을 소름끼치게 하다, 무서워 떨게 하다.

파) **~·ing** *a.* 소름끼치는 ;《口》 어이없는 **~·ing·ly** *ad.* 어이 없게.

:hor·ror [hɔ́:rər, hár-] *n.* (1) ⓒ 전율할 만한 일, 참사, 잔혹 (행위). (2) ⓤ 공포, 전율. (3) ⓤⓒ 혐오, 증오 (4) ⓒ 소름이 끼치도록 싫은 것(사람). (5) 【醫】 오한. (6)(the ~s)《口》 공포, 우울, (알코올 중독의) 떨리는 발작.

be filled with ~ at …에 오싹하다. ***have a ~ of*** …이 질색이다. ***the Chamber of Horrors*** 공포의 방 《본디 런던 Madame Tussaud의 흉악범의 납인형 진열실》. ***throw up*** one'***s hands in*** ~ 두려움〈충격〉으로 망연자실하다.

— *a.* 〔限定的〕공포를 느끼게 하는 ; 전율적인.

hor·ror-struck, -strick·en [hɔ́:rərstrʌ̀k, hár-/hɔ́r-], [-strìkən] *a.* (1) 〔敍述的〕(…에) 오싹한《*at*》. (2)공포에 질린.

hors de com·bat [ɔːrdəkɔ̃mbɑː] 《F.》 전투력을 잃은(잃고).

hors d'oeu·vre [ɔːrdɜ́ːrv] 《F.》 전채(前菜), 오르되브르.

:horse [hɔːrs] (*pl.* ***hórs·es*** [-iz], 〔集合的〕~) *n.* (1) ⓒ **a**) 목마(vaulting block) ; **[體操]** 안마. **b**) 접사다리, 톱질모탕, 빨래거는 틀(clotheshorse), 횃대,(가죽의) 무두질대. (2) **a**) ⓒ 말 ; (성장한) 수말 ; 말과의 짐승《얼룩말, 당나귀 따위》. **[cf.]**colt(수망아지), foal(망아지), mare(암말), pony(작은 말), stallion(씨말), steed(군마(軍馬)). b)ⓤ〔集合的〕기병, 기병대(cavalry). **c**) ⓒ 《체스ㅁ》 = KNIGHT. (3) ⓒ **[鑛]** 광맥 속의 바위. (4) ⓒ《ㅁ》마력(horsepower) ;《俗》헤로인,《널리》마약 ; (*pl.*)《美俗》세공한 한 조의 주사위. (5) ⓒ 《美俗》 자습서(crib). (6) 1,000달러. (7) (교도소 내의)연락꾼《매수되어 편지 등을 날라 주는 교도관》. ***a ~ of another*** 〈***a different***〉 ***color***《比》 전혀 별개의 사항. ***a rocking ~*** 흔들목마《어린이용》. ***a willing*** ~《ㅁ》 자진해서 (묵묵히) 일하는 사람. ***back*** 〈***bet on***〉 ***the wrong ~*** (경마에서) 질 말에 걸다 ;《ㅁ》 판단을 그르치다. (모르고) 약한 목을 지지하다. ***change*** 〈***swap***〉 ***~s in midstream*** 강(江) 가운데서 말을 바꿔타다, 변절하다; 계획의 진행중에 방침을 바꾸다. ***come*** 〈***get***〉 (***down***) ***off*** one'***s high ~***《ㅁ》 (1) 오만한 태도를 버리다. (2) 노여움을 풀다, 기분을 바꾸다. ***eat like a*** ~ 대식하다, 많이 먹다 ; 일 잘하다. ***flog*** 〈***beat***〉 ***a dead ~*** DEAD HORSE. ***from the ~'s mouth*** 가장 확실한 계통에서 들은, ***hold*** one'***s ~s*** 〔흔히 命令法〕조급해진 마음을 억제하다, 유유히 기다리다. ***~ and carriage*** 말 한 필이 끄는 마차. ***~ and foot*** 기병과 보병 ; 전력을 기울여. ***~ and ~***《美俗》 피장파장으로, ***~, foot and dragoons*** 전군, 누구라 가릴 것 없이. ***light ~*** 〔集合的〕경기병. ***on ~ of ten toes***《戱》도보로. ***on*** one'***s high~*** 뽐내어. ***pay for a dead ~*** ⇨ DEAD HORSE. ***play the ~s*** 경마를 하다(돈을 걸다). ***play ~*** 승마놀이하다 ; 속이다 ; 괄시하다《*with*》. ***put the cart before the ~*** ⇨ CART. ***run before*** one'***s ~ to market*** 김칫국부터 마시다 ; 너구리 굴 보고 피물돈 내 쓰다. ***take ~*** 말을 타고 가다. ***take the ~*** (암말이)교미하다, 새끼 배다. ***talk ~*** 허풍을 떨다(**[cf.]** talk BIG). ***the flying ~*** = PEGASUS(1). ***To ~ !***《ㅁ令》 승마. ***work like a ~*** 힘차게〈충실히〉 일하다.
— *a.* 〔限定的〕 말의 : 말에 쓰는 ; 말 이용의 ; 강대한 ; 기마의.
— *vt.* (1) …에 말을 마련해주다 ; (마차)에 말을 매다. (2) …을 말에 태우다 ; 말로 나르다. (3) …을 짊어지다. (4) (임밀)과 교미 하다(cover). (5) …에게 채찍질하다 :《ㅁ》 …을 찌르다, 밀다 ; (맨손으로) 움직이다. (6) 《ㅁ》 …을 혹사하다, (신입생)을 괴롭히다 ; 조롱하다 ;《美俗》 속이다. (7)《俗》 …을 야단스럽게 연기하다. — *vi.* (1) 말에 타다 ; 말을 타고 가다. (2)(암말이) 발정하다 ;《ㅁ》 희롱거리다, 법석떨다《*around*》.

horse-and-bug·gy [⁓ənbʌ́gi] *a.* 〔限定的〕 마차 시대의; 구식의, 낡은.

:horse·back [⁓bæ̀k] *a.*《美ㅁ》 말등의 ; 성급한 ; 어림잡은 ;《美俗》 (일이) 재빠른. — *n.* ⓤ 말 등.〔다음 成句로〕
a man on ~ 강력한〈야심적인〉 지도자, 군사독재 자. (***go***) ***on ~*** 말 타고 (가다). — *ad.* 말을 타고 : ride ~ 말 타다.

hórse blòck 승마용 발판.

hórse bòx 말 운송차 :《比》커다란 의자.

horse·break·er [⁓brèikər] *n.* ⓒ 조마사(調馬師).

hórse brèaking 말 조련(調練).

horse·car [⁓kɑ̀ːr] *n.* ⓒ《美》 (객차를 말이 끄는) 철도마차 ; 말 운반차.

hórse chèstnut **[植]** 마로니에 ; 그 열매.

hórse dòctor 마의(馬醫), 수의사.

horse-drawn [⁓drɔ̀ːn] *a.* 말이 끄는, 말에 끌린.

horse-faced [⁓fèist] *a.* 말상의, 얼굴이 긴.

horse·feath·ers [⁓fèðərz] *n.* ⓤ《美俗》 엉터리, 허튼소리(nonsense).

horse·flesh [⁓flèʃ] *n.* ⓤ 말(horse), 말고기 ; 〔集合的〕말, 경주마, 승용마.

horse·fly [⁓flài] *n.* **[蟲]** 쇠등에, 말파리.

Hórse Guàrds (the ~) 《英》 (런던 Whitehall 에 있는) 근위기병 연대본부 ; 근위기병.

horse·hair [⁓hɛ̀ər] *n.* ⓤ 말총.

horse·hide [⁓hàid] *n.* ⓤ (무두질한) 말가죽 ; ⓒ 《ㅁ》 (경식) 야구공.

hórse látitudes **[海]** (북위〈남위〉 30도 부근의) 아열대 무풍대(無風帶).

horse·laugh [⁓læ̀f, ⁓lɑ̀ːf] *n.* ⓒ, *vi.* 홍소(哄笑)(하다)(guffaw), 너털웃음.

hórse màckerel **[魚]** 전갱이; 다랑어(tunny).

:horse·man [⁓mən](*pl.* ***-men***[⁓mən]) *n.* ⓒ 기수 ; 승마자, 마술가 ; 말 키우는 사람.
파) ~ · **shìp** *n.* ⓤ 승마술(馬術).

hórse mùshroom **[植]** 식용 버섯의 일종.

hórse òpera 《ㅁ》 (TV · 영화의) 서부극.

horse·play [⁓plèi] *n.* ⓤ 야단법석, 난폭한 놀이.

horse·pond [hɔ́ːrspɑ̀nd/-pɔ̀nd] *n.* ⓒ 말에게 물을 먹이거나 씻기는 작은 연못.

***horse·pow·er** [⁓pàuər] *n.* 〔單 · 複數同形〕 마력 《1초에 75kg을 1m 높이로 올리는 일률의 단위 ; 略 : HP, H.P., hp, h.p.》.

horse·pow·er-hour [-àuər] *n.* 마력시(馬力時) 《1마력으로 1시간에 하는 일의 양(量)의 단위》.

hórse ràce (1회의) 경마.

hórse ràcing 경마(horse races).

horse·rad·ish [⁓rædiʃ] *n.* ⓒⓤ**[植]** 양고추냉이.

hórse sènse 《ㅁ》 (속된) 상식, 일상적 상식.

horse·shit [⁓ʃit] 《美俗》 *n.* ⓤ 허풍, 실없는 소리 ; 하찮은 것.
— *int.* 바보같이, 같잖아.

·horse·shoe [hɔ́ːrsʃùː, hɔ́ːrʃʃùː] n. ⓒ (1) **[動]** 참게(= **~cráb**). (2)편자, U자형의 물건. (3) (*pl.*)〔單數 취급〕 편자던지기《유희》.
— *vt.* …에 편자를 박다 ; (아치 등)을 편자꼴로 하다. — *a.* 편자꼴의.
파) **hórse·shó·er** *n.* 편자공.

hórseshoe màgnet 말굽 자석《U자형의》.

hórse sòldier 기병(騎兵).

horse·tail [⁓tèil] *n.* ⓒ (1) 《ㅁ》 소녀의 (뒤로) 드리운 머리, 포니테일(ponytail). (2)말꼬리. (3)옛 터키 군기(軍旗). (4) **[植]** 속새.

hórse tràde 《美ㅁ》 정치적 흥정, 빈틈없는 거래 : make a ~ 말을 매매하다.

hórse tràder 말 매매인 ; 흥정 잘하는 사람, (거래에) 빈틈없는 사람.

hórse tràding 말 매매 ; 교활한 거래, 빈틈없는 흥정,

hórse tràiler 말 운송용 트레일러.

horse·whip [⌐*h*wìp] *vt.* (말)을 채찍질하다 ; 호되게 벌을 주다.
— *n.* ⓒ 말채찍.

horse·wom·an [⌐wùmən] (*pl.* **-wom·en** [-wìmin]) *n.* ⓒ 여류 기수, 여자 승마자.

hors·ey, horsy [hɔ́ːrsi] (**hors·i·er ; -i·est**) *a.* 말과 같은 ; 말의 ; 말을 좋아하는 ; 경마의 ; 경마를⟨여우 사냥을⟩ 좋아하는 ; 경마인다운, 기수연하는 ; 《俗》 볼품없이 큰.
파) **hórs·i·ness** *n.* 말을 좋아함 ; 경마광(狂).

hor·ta·tion [hɔːrtéiʃən] *n.* ⓤ 장려, 권고.

hor·ta·tive, -to·ry [hɔ́ːrtətiv], [hɔ́ːrtətɔ̀ːri/-təri] *a.* 장려의, 권고의.

hor·ti·cul·ture [hɔ́ːrtəkʌ̀ltʃər] *n.* ⓤ 원예술⟨학⟩ ; 원예 농업.

hor·ti·cul·tur·ist [hɔ̀ːrtəkʌ́ltʃərist] *n.* ⓒ 원예가.

Hos. 【聖】 Hosea.

ho·san·na, -nah [houzǽnə] *int.* 호산나 ; 신을 찬미하는 말《마태복음 X XI: 9,15 따위》.

·hose [houz] (*pl.* **~,** 《古》 **ho·sen** [hóuzn]) *n.* (1)(*pl.* **hós·es**) ⓤⓒ 호스. (2) a]〔集合的 ; 複數취급〕긴 양말, 스타킹(stockings). b]ⓒ 《古》 반바지, (doublet과 함께 착용한) 타이츠.
— *vt.* (호스로 뜰 따위)에 물을 뿌리다, (차 등)을 물을 뿌려 씻다《*down*》.
파) **⌐·lìke** *a.*

Ho·sea [houzíːə, -zéiə] *n.* 【聖】 호세아《헤브라이의 예언자》; 호세아서(書)《구약성서 중의 한 편》.

hose·pipe [hóuzpàip] *n.* ⓒ 호스(hose).

ho·sier [hóuʒər] *n.* ⓒ 《英》 양말⟨메리야스⟩ 장수.

ho·siery [hóuʒəri] *n.* ⓤ 양말류, 메리야스류 ; 제조업⟨매매업⟩ ; 양말⟨메리야스⟩ 장사.

hos·pice [háspis/hɔ́s-] *n.* 《英》 (빈민·병자 등의) 수용소(home) ; 호스피스《말기 환자(와 가족)의 고통을 덜기 위한 시설⟨지원 활동⟩》 ; ⓒ (종교 단체 등의) 여행자 숙박⟨접대⟩소.

·hos·pi·ta·ble [háspitəbəl, -⌐--/hɔ́s-, -⌐--] (**more ~ ; most~**) *a.* (1)호의로 맞이하는, 붙임성 있는, 후히 대접하는. (2)(새 사상 등에 대하여) 개방된(open)《*to*》. (3) 쾌적한.
파) **-bly** *ad.*

:hos·pi·tal [háspitl/hɔ́s-] *n.* ⓒ (1) 자선 시설《양육원 따위》. (2) 병원. (3) 《英》 공립 학교《Christ's Hospital 과같이 고유 명사로서만》. (4) 【史】(Knights Hospitalers 가 세운) 구호소. (5) (인형 따위의) 수리점. (6) 《美俗》 형무소(jail)《CIA 나 암흑가의 용어》. **be in (the) ~** 입원 해 있다. **be out of (the) ~** 퇴원해 있다. **go into ⟨enter, go to⟩ (the) ~** 입원하다. ※ '입원, 퇴원'의 경우,《英》에선 흔히 the를 생략. **leave ~** 퇴원하다. **walk the ~(s)** (의학도가) 병원에서 실습하다.
— *a.* 〔限定的〕 병원의, 병원 근무의

hos·pi·tal·ism [háspitəlìzəm/hɔ́s-] *n.* ⓤ 병원 설비와 관리 상황; 병원 제도.

:hos·pi·tal·i·ty [hàspitǽləti/hɔ̀spi-] *n.* ⓤ(1)(*pl.*) 친절. (2)환대, 후한 대접. (3)호의적인 수락.

hos·pi·tal·i·za·tion [hàspitəlizéiʃən/hɔ̀spitəl-aizéi-] *n.* ⓤⓒ 입원 기간 ; 입원(가료), 병원수용.

hos·pi·tal·ize [háspitəlàiz/hɔ́s] *vt.* 〔흔히 受動으로〕 …을 입원시키다.

hóspital nurse 《英》 병원 간호사.

hóspital ship (전시 등의) 병원선.

Host [houst] *n.* (the ~) 【宗】 성찬떡, 성체(聖體)《성체 성사·미사의 빵》.

:host[1] (*fem.* **~·ess** [hóustis]) *n.* (1) 【生】(기생 동식물의) 숙주(宿主)(〖opp.〗 parasite). (2)(연회 등의) 주인 (노릇), 호스트《*to*》 ; (여관 따위의) 주인(landlord); 【라디오 · TV】 사회자. (3)【컴】 = HOST COMPUTER. (4) 〔形容詞的〕 주최자측의. **reckon ⟨count⟩ without** one**'s ~** 중요한 점을 빠뜨리고 결론을 내리다⟨계획을 세우다⟩.
— *vt.* …을 접대하다, (파티 등)의 주인노릇을 하다 ; …의 사회를 하다 ; (국제회의 등)의 주최국역할을 하다.

·host[2] *n.* ⓒ (흔히 *sing.*) 많은 떼, 많은 사람, 다수(large number)《*of*》 ; 《古》 군세, 군대. **a ~ in** one**self** 일기 당천의 용사.
a whole ~ of 많은. **the ~(s) of heaven** 천사의 무리 ; 일월 성신(日月星辰). **the Lord ⟨God⟩ of Hosts** 만군(萬軍)의 주(主)《Jehovah를 말함》.

***hos·tage** [hástidʒ/hɔ́s-] *n.* ⓒ 인질, 볼모(의 처지) ; 저당물 ; 담보. **give ~s to fortune** 운명에 인질을 맡기다, 장차 불행의 씨가 될 일을 맡다. — *vt.* …을 볼모로 주다.

hóst compùter 【컴】 주전산기《대형 컴퓨터의주연산(主演算) 장치인 CPU가 있는 부분》.

:hos·tel [hástəl/hɔ́s-] *n.* ⓒ (1) 《英》 대학 기숙사 (2) 호스텔(youth ~), 합숙소.

hos·tel·(l)er [hástələr/hɔ́s-] *n.* ⓒ hostel 이용의 여행자.

hos·tel·ry [hástəlri/hɔ́s-] n. ⓒ 《古》 여관.

:host·ess [hóustis] *n.* ⓒ (1) 여관의 안주인. (2) 여주인(역). (3) (여객기 등의) 스튜어디스(air ~). (4) 나이트 클럽·댄스 홀 등의 호스티스.

:hos·tile [hástil/hɔ̀stail] (**more ~ ; most ~**) (1) 반대의, 호의적이 아닌《*to*》. (2) 적의 있는, 적개심에 불타는《*to*》. (3) 냉담한, 성미에 맞지 않는《*to*》. (4)적의, 적군의. (5) a] (사람 · 일에) 불리한, 달갑지 않은. b] 적합치 않은, 맞지 않은《*to*》. 파) **~·ly** *ad.*

·hos·til·i·ty [hastíləti/hɔs-] *n.* (1) ⓒ 적대 행위. (2) ⓤ 적의(敵意), 적개심《toward》. (3) (*pl.*) 전쟁 행위, 교전(상태). (4) (사상 계획등에 대한) 반대, 반항, 저항.

hos·tler [*h*áslər/ɔ́s-] *n.* ⓒ 《美》 (1) 《古》 (여관의) 마부. (2)(기계등의) 정비원.

:hot [hat/hɔt] (**hót·ter ; -test**) *a.* (1) a] 격렬한, 열띤(fiery)《의론 싸움 등》. (구기에서) 센, 어려운《공》 ; 【재즈】 즉흥적이며 격렬한. b] 열렬한, 달아오른 ; 열망하는(eager)《*for* ; *to* do》 ; 열중한《*on*》. c] 혈기 왕성한, 화난, 흥분한, 발끈한《*with* rage》. d] 《俗》 가슴 설레게 하는, 센세이셔널한. e] 호색인, 발정한, 외설한. (2) a] 뜨거운, 더운 ; 【治】 고온의, 열간(熱間)의. b] (몸이) 달아오르는, 더운 ; 고열의. (3) (맛이) 자극성이 있는, 매운 ; (색깔·냄새 따위가) 강렬한. (4) a] (요리 따위가) 따끈따끈한, 갓 만든 ; 《英口》갓 찍어낸《지폐》 b] (뉴스 따위가) 새로운, 최신의, (지금)화제인, 목하 인기인《레코드 상품》. c] 【獵】(냄새 흔적이) 강한 (〖cf.〗 cold, cool, warm) ; 접근하여, (숨바꼭질·퀴즈 따위에서) 목표에 가까운. (5) a] 《口》 (선수 따위) 잘하는, 훌륭한 ; 더할 나위 없는《*in* ; *on*》 ; 사정에 밝은. b] 《俗》 우연히 들어맞는, 운이 닿은. (6) a] 《俗》 부정으로 입수한, (막) 훔쳐낸 ; 금제(禁制)의(contraband) ; 《俗》 지명 수배된 ; (은신처로서) 위험한, (들킬) 위험이 있는. b] 《俗》 방사능의, 방사성의 ; 방사성 물질을 다루는《실험실 따위》 ; (원자가) 들뜬 상태에 있는 ; 고전압의 ;

(비행기가) 빠른, 《특히》 착륙 속도가 큰. c〕《俗》 어리석은, 터무니없는, 《Austral 口》. 무리한《요금 가격》. (7) (자동차 엔진이) 고속의, (엔진이) 고마력의. (8) (자금이) 단기간에 대량으로 움직이는 : HOT MONEY. (9) 《美俗》 근사한, 멋진. ***get ~*** 《口》 흥분하다, 화내다 ; 열중하다 ; 퀴즈의 답, 사냥 목적물 등에 가까워지다. ***get into ~ water***《俗》 고생하다. ***get too ~ for*** a person (어떤 일이) 아무를 그이상 배겨 있을 수 없게 만들다. ***give***〈***have***〉 ***it*** a person ~ 《口》 아무를 몹시 꾸짖다. ***~ and bothered*** 《口》 흥분하여, 당혹하여. ***~ on the heels of ...*** …에 잇따라서. ***~ on*** a person***'s trail*** 〈***track***〉 = ***~ on the trail*** 〈***track***〉 ***of*** a person (잡을 수 있을 정도로) 아무의 뒤를 바짝 쫓아. ***~ under the collar*** COLLAR ⇨ ***~ with*** 《口》 설탕을 넣은 술(【cf.】cold without). ***in ~ blood*** ⇨ BLOOD. ***make it*** 〈***a place, things,*** etc.〉 (***too***) ***~ for***〈***to hold***〉 《口》 (구박 등으로) 아무를 붙어 있을 수 없게 만들다, (약점을 기화로) 호되게 몰아치다. ***not so*** 〈***that, too***〉 ***~*** 《口》 별로 좋지 않은, 평범한.

— *ad.* 뜨겁게 ; 심하게 ; 성내어 ; 열심히 ; 【冶】 고온으로, 열간(熱間)으로. ***~ and heavy***〈***strong***〉 《口》 (1) 호되게 ; 맹렬히.

— (***-tt-***) *vt.* (1) …을 데우다, 뜨겁게 하다《*up*》 ; (음식)을 맵게 하다. (2) …에 활기를 불어넣다. ***be ~ted up***《美俗》 (모터·자동차 등이) 가속되다.

— *vi.* (1) 뜨거워지다, 따뜻해지다《*up*》. (2) 활발해지다, 격렬해지다《*up*》.

— *n.* 훔친 물건 ; 식사 ; (*pl.*) 《美俗》 강한 성욕. 파) **~·ness** *n.*

hót áir (1) 《俗》열풍; 허풍, 자기 자랑. (2) 열기.

hót-áir ballòon [hátέər-/hɔ́t-] 열기구.

hot·bed [hátbèd/hɔ́t-] *n.* ⓒ (범죄 등의) 온상.

hót blàst 용광로에 불어 넣는 열풍.

hot-blood·ed [hátblʌ́did/hɔ́t-] *a.* (1) 정열적인, 색정이 강한. (2)열렬한, 성급한, 욱하는. (3) (가축이) 혈통이 좋은.

hót bùtton 강한 관심 ; (선택을 해야 할) 중요한 문제 ; 결정적 요인.

hót-but·ton [⌐bʌ́tn] *a.* 감정적인 ; 열의 있는 ; 결정적인, 중대한.

hót càke 핫케이크(pencake).

hotch·potch [hátʃpàtʃ/hɔ́tʃpɔ̀tʃ] *n.* (1) 《英》 뒤범벅(mixture). (2) ⓒⓤ (고기·야채 따위의) 잡탕찜.

hót cròss bún : =CROSS BUN.

hót dòg (1)《口》핫도그. (2)=FRANKFURTER. (3) 《美俗》 뛰어난 묘기를 부리는 운동선수.

— *int.* 《美俗》 기막히다, 근사하다.

hot-dog [hátdɔ̀:g/hɔ́t-] *vi.* (서핑 · 스키 · 스케이트에서) 곡예사 같은 기교를 보이다, 여봐란 듯한 태도를 취하다.

— a. (여봐란 듯이) 잘하는, 뛰어난《스키어 등》 ; 핫도그의.

:ho·tel [houtél] *n.* ⓒ 여관, **호텔**.

His 〈***Her***〉 ***Majesty's ~*** 《戲》 교도소.

— (***-l-***, 《英》 ***-ll-***) *vt.* 〔흔히 ~ it 의 꼴로〕 호텔에 숙박하다, 여관에 묵게하다.

ho·tel·ier [òutəljéi, houtéljər] *n.* 《F.》 =HOTEL-KEEPER.

ho·tel·keep·er [houtélkì:pər] *n.* ⓒ 호텔 경영자〈지배인〉.

ho·tel-keep·ing [-kì:piŋ] *n.* ⓤ 호텔 경영(업).

hót flásh 〈**flúsh**〉 【生理】(폐경기 등의) 신체 열감(熱感).

hot·foot [hátfùt/hɔ́t-] (*pl.* ***~s***) *ad.* 급히 서둘러서, 허겁지겁.

— *vi.* 〔흔히 ~ it 의 꼴로〕 급히 서둘러 가다.

hot·head [⌐hèd] *n.* ⓒ 성미 급한 사람, 성마른 사람.

hot·head·ed [⌐hédid] *a.* 격하기 쉬운, 성미 급한. 파) **~·ly** *ad.* **~·ness** *n.*

hot·house [⌐hàus] *n.* ⓒ (1) 온상. (2) 온실. — *a.* 〔限定的〕 (1)온실에서 자란. (2)온실 재배의.

hót lìne 핫라인《두 나라 정부 수뇌간의 긴급 직통 전화》 ; 〔一般的〕 긴급 직통전화 ; (익명의) 전화 신상 상담 서비스 ; 《美 Can.》 (전화를 이용한)시청자 참가 프로.

·hot·ly [hátli/hɔ́t-] *ad.* 몹시 ; 뜨겁게 ; 매우 성을 내어, 맹렬히.

hót móney 국제 금융시장에서 부동(浮動)의 투기적인 단기 금융자금.

hót pànts 《美俗》 (여성용) 핫팬츠 ; 색정.

hót pépper 【植】 고추.

hót plàte (1) 음식용 보온기. (2) 요리용 철판. (3) 전열기(電熱器).

hót pòt 쇠고기〈양고기〉와 감자를 냄비에 넣고 찐 요리.

hót potàto 《口》 난(難)〈불유쾌한〉 문제, 뜨거운 감자 ; 껍질채 구운 감자.

hót ròd (1) =HOT RODDER. (2) 엔진을 고속으로 갈아 낀 (중고) 자동차.

hót ród·der [-rádər/-rɔ́dər] 《俗》 폭주족(暴走族); 고속용 개조 자동차 운전자.

hót sèat (the ~) 《俗》 (1)무거운 책임이 있는 입장. (2) (사형에 쓰이는)전기 의자(electric chair).

hot·short [hátʃɔ̀:rt/hɔ́t-] *a.* 열에 약한.

hot·shot [⌐ʃàt/⌐ʃɔ̀t] 《美俗》 *a.* 〔限定的〕 (1) 화려한 솜씨를 보이는. (2) 적극적이며 유능한. (3) 쉼없이 움직이는〈나가는〉, 직행의, 급행의. — *n.* ⓒ(1) 적극적이고 유능한 사람, 능수꾼 ; 거물 ; (비행기·열차 등의) 직통 급행편, (화물의) 지급편 ; 최신 정보, 뉴스. (2) 소방사.

hót spòt (1) 《口》 나이트클럽, 환락가. (2) (정치적 군사적) 분쟁 지대(엔진 등의) 과열점.

hót spríng 온천.

hot·spur [⌐spə̀:r] *n.* ⓒ 무모한 사람 ; 성급한 사람.

hót stúff 《俗》 (1) 〔흔히 反語的〕 능력 있는〈잘 알고 있는, 대단한〉 녀석, 전문가. (2) 멋진〈굉장한, 재미있는〉 (것) ; 〔感歎詞的〕 잘했다, 멋지다, 아주 좋다. (3) 장물 ; 외설적인 것《책·필름 따위》. (4) 정력가 ; 섹시한 사람.

hot-tem·pered [⌐témpərd] *a.* 신경질적인, 성 잘 내는, 성급한.

Hot·ten·tot [hátntàt/hɔ́tntɔ̀t] *n.* ⓒ (남아프리카의) 호텐토트 사람 ; ⓒ 지능 · 교양이 낮은 사람, 미개인 ; ⓤ 호텐토트 말. — *a.* ~의.

hot·tie, hot·ty [háti/hɔ́ti] *n.* 《英·Austral.》 탕파(湯婆).

hót wár 본격적 전쟁, 열전. 【opp.】 *cold war.*

hót wáter (1) 《口》 곤란, 고생. (2) 더운 물.

hót-wáter bàg 〈**bòttle**〉 [⌐wɔ́:tər-] 탕파.

hót-wáter héating 온수 난방.

hót wèll 온천.

hot-wire [⌐wàiər] *vt.* 《俗》 (점화 장치를 단락 (短絡)시켜 차·비행기의) 엔진을 걸다.

— *a.* 열성의.

:hound [haund] *n.* ⓒ (1) 비열한(漢). (2) 사냥개. (3) 〔흔히 複合語〕《口》 열중하는 사람, …광. (4) (산지(散紙)놀이(hare and hounds)의 '개'가 된) 술래. (5) (the ~s) (여우 사냥하는) 사냥개의 떼. ***a ~ of law*** 포졸(捕卒). ***follow the ~s*** =***ride to ~s*** 말 타고 사냥개를 앞세워 사냥을 가다.
— *vt.* (1) …을 사냥개로 사냥하다. (2) 《~+目/+目+前+名》 …을 추적하다 ; 쫓아다니다 ; 몰아대다, 박해하다. (3) 《+目+前+名》 …을 격려하다, 선동하다 ; 부추기다《*at* ; *on*》.

hóund's tòoth [háundztù:θ] 【服】 새 발자국 무늬를 교차시킨 격자 무늬(=**hóund's-tooth chéck**).

:hour [áuər] *n.* (1) 시각. (2)ⓒ 한 시간 ; 한 시간 가량, 한 참 동안 ;(수업의) 한 시간 ; 한 시간의 노정〈거리〉. (3) 지금 시각, 현재 ; (the ~) 정시 ;(the ~, one's ~) 죽을 때, 최후 ; 중대시, 성시(盛時). (4) (…할, …의) 때, 시기, 계제 ; (…인) 때, 시대. (5) a〕 (*pl.*) 근무〈집무, 공부〉 시간 ; 취침〈기상〉 시각. b〕 (종종 H-s) 【카톨릭】 1일 7회의 과업《정시의 기도》. c〕 (the H-s) 【그神】 때의 여신(Horae). (6) 【天】 경도간의 15도.
after ~s 정규 업무시간 후에. ***at all ~s*** 언제든지. ***at the eleventh ~*** ⇨ ELEVENTH HOUR. ***by the ~*** (1) 시간제로. (2) 몇시간이건 (계속해서). ***~ after ~*** 매시간 ; 계속해서. (***every ~***) ***on the half ~*** (매)시 30분에. (***every ~***) ***in the ~*** (매)시 정각에. ***~ by ~*** 시시각각으로. ***improve each*** 〈***the shining***〉 ***~*** 시간을 활용하다. ***in a good*** 〈***a happy***〉 ***~*** 운 좋게, 다행히도. ***in an evil*** 〈***an ill***〉 ***~*** 불행히도. ***keep bad*** 〈***late***〉 ***~s*** (밤늦게 자고) 아침에 늦잠자다. ***keep good*** 〈***early***〉 ***~s*** 일찍 자고 일찍 일어나다. ***of the ~*** 목하의, 바로 지금의. ***out of ~s*** (근무) 시간 외에. ***take ~s over*** …에 몇 시간이나 걸리다. ***the small ~s*** ⇨ SMALL HOURS. ***till*** 〈***to***〉 ***all ~s*** 밤늦게까지. ***to an ~*** 꼭, 바로 정각에.

hour·glass [áuərglæ̀s, -glɑ̀s] *n.* ⓒ 모래〈물〉시계.

hóur hànd (시계의) 단침, 시침.

hou·ri [húəri, háuri] *n.* ⓒ (1) 매혹적인〈요염한〉 미인. (2) 【이슬람】 극락의 미녀.

·hour·ly [áuərli] *a.* 매시의, 한 시간마다의 ; 빈번한 ; 끊임없는 : ~ workers 시간급 노동자.
— *ad.* 매시간마다, 시시 각각 ; 빈번히 ; 끊임없이.

:house[1] [haus] (*pl.* ***hous·es*** [háuziz]) *n.* (1)ⓒ a〕 집에 사는 사람, 가족 ; 가정. b〕 가계, 혈통. (2) ⓒ 집, 가옥, 주택, 저택. (3) ⓒ a〕 의사당 ; 의회〉 정원수 ; (the H-) 의회 ; (the H-) 《英 口》 상하원 ; 《美》 하원 ; 〔集合約〕의원(議員)들 : both *HOUSES* 상원과 하원, 양원 / ⇨ UPPER 〈LOWER〉 HOUSE. b〕수도원 ; 교회당(church), 사원(temple), 회당(synagogue) ; 종교 단체, 교단 ;(교회 대학의) 평의원회. (4) ⓒ a〕 회장, 집회장, 회관 ; 극장, 연주회장, 흥행 ; 〔集合的〕 관중, 청중. b〕 도박장, 도박장 경영자 《軍俗》 하우스 도박. c〕 (컬링에서) 하우스 《표적(tee) 주변의 원》. (5) ⓒ 곳집, 창고, 차고, (가축등의) 우리, 집 ; 【海】 = DECKHOUSE. (6) ⓒ 상사(商社), 상점 ; (the H-) 《俗》 런던 증권 거래소. (7)ⓒ 여인숙, 여관, 술집 ; 《美口》 매춘굴. (8) ⓒ (대학의)기숙사 ; 〔集合的〕 기숙생 ; (종합 대학 내의) 칼리지 ; (교내 경기를 위한) 조, 그룹. (9) ⓒ 【점성〕 궁(宮), 수(宿). (10) 〔形容詞的〕 집의, 가옥〈주거〉용의 집으로 잘 출입하는.
a ~ of call 단골집 ; (주문 받으러 가는) 단골처 ; 여인숙, 술집. ***a ~ of cards*** 어린이가 드로 지은 집 ; 위태로운 계획. ***a ~ of God*** =***a ~ of worship*** 교회(당). ***as safe as ~s*** 〈***a~***〉 아주 안전한. ***bring down the ~***=***bring the ~ down*** 《口》 만장의 갈채를 받다. ***clean ~*** 집을 정리하다 ; 숙청하다. (악조건)을 일소하다. ***dress the ~*** 극장을 실제보다 손님이 많은 것같이 보이게 하다《무료 초대자 따위를 들여서》. ***enter*** 〈***be in***〉 ***the House*** 하원 의원이 되다. ***from ~ to ~*** 집집이. ***~ and home*** 〔强調的〕 가정. ***keep a good ~*** 호사스럽게 살다 ; 손님을 잘 대접하다. ***keep ~*** 가정을 갖다 ; 살림을 꾸려 나가다. ***keep ~ with*** …와 같은 집에 살다, 공동 생활을 하다. ***keep*** 〈***have***〉 ***open ~*** ⇨ OPEN HOUSE. ***keep to the*** 〈one'***s***〉 ***~*** 집에 틀어박히다. ***like a ~ on fire*** 《口》 재빠르게 ; 후딱후딱. ***make a House*** 《英》 (하원에서 출석 의원이 정족수에 달해) 의회를 성립시키다. ***move ~*** 이사하다. ***on the ~*** (비용 따위) 회사 부담으로 ; 무료의. ***play ~*** 소꿉장난하다. ***put*** 〈***set***〉 one'***s ~ in order*** (신변)을 정리하다 ; 자기 행실을 바로잡다. ***set up ~*** (독립하여) 가정을 이루다. ***the House of Commons*** 《英》 하원 ***the House of Representatives*** (미국 오스트레일리아 등의) 하원. 【cf.】 Senate. ***the Houses of Parliament*** 《英》 국회 의사당.

·house[2] [hauz] (*p., pp.* ***housed ; hóus·ing***) *vt.* (1) …을 덮어 가리다 ; 비바람을 막아 주다 ; (비행기 따위)를 격납하다. 【海】 (대포)를 함내(艦內)로 들여놓다. (윗 돛대 가운데 돛대)를 끌어내리다. (2) …에 거처할 곳을 주다. …을 집에 받아들이다 ; 집에 재우다. 숙박시키다. 숨지 주다. 수용하다. (3) 《~+目/+目+前+名》 …을 (집안에) 간수〈저장〉하다.
— *vi.* 묵다, 살다 ; 안전한 곳에 들어가다.

hóuse àgent 《英》 부동산 관리인 ; 가옥〈부동상〉 중개업자.

hóuse arrèst 연금(軟禁), 자택 감금.

house·boat [háusbòut] *vi.* ~에 살다 〈로 순행(巡行)하다〉.
— *n.* ⓒ (살림하는) 집배 ; (숙박 설비가 된) 요트.

house·bound [´bàund] *a.* (질병·악천후 등으로) 집에 틀어박혀 있는.

house·boy [´bɔ̀i] *n.* ⓒ (집 호텔 등의) 잡일꾼 (houseman).

house·break·er [´brèikər] *n.* ⓒ (1) 《英》 가옥 철거업자, 해체업자. (2) 가택 침입자 ; (백주의) 강도. 【cf.】 burglar.

house·break·ing [´brèikiŋ] *n.* ⓤ (1) 가택 침입, 침입 강도질〈죄〉. (2)《英》가옥 철거.

house·bro·ken [´bròukən] *a.* 《美》 사회에 받아들여지는 ;(개·고양이 등) 집 안에서 길들인, 온순한.

house·build·er [´bìldər] *n.* 건축업자, 목수.

hóuse càll 왕진 ; (외판원 등의) 가정 방문.

house·clean·ing [´klì:niŋ] *n.* ⓤ (1) 숙청 (2) 대청소.

house·coat [´kòut] *n.* ⓒ 실내복《여성이 집에서 입는 길고 헐렁한 원피스》.

house·craft [´kræ̀ft, ´krɑ̀:ft] *n.* ⓤ 《英》 살림을 꾸려 나가는 솜씨 ; 가정학(과).

hóuse detèctive (호텔·백화점 등의) 경비원.

hóuse dòctor 병원 입주 의사.

house·dress [´drès] *n.* 실내복, 가정복.

house·fa·ther [´fɑ̀:ðər] *n.* ⓒ 사감(舍監).

house·fly [´flài] *n.* 【蟲】 집파리.

house·ful [háusfùl] *n.* ⓒ 집에 가득함.
:house·hold [∸hòuld/∸hòuld] *n.* (1) (the H-) 《英》 왕실. ***the Imperial* 〈*Royal*〉 *Household*** 왕실《소속 직원 포함》. (2) ⓒ 가족, 세대 ; 한 집안.
— *a.*〔限定的〕 가족의, 일가의, 한 세대의, 가사의 ; 귀에 익은 ; 왕실의.
Hóusehold Cávalry (the ~) 《英》 근위〈의 장〉 기병대.
house·hold·er [∸hòuldər/∸hòuld-] *n.* ⓒ 세대주, 가장(家長).
house-hunt·ing [∸hʌ̀ntiŋ] *n.* ⓤ 집 구하기.
house·hus·band [∸hʌ̀zbənd] *n.* ⓒ 가사를 돌보는 남편.
:house·keep·er [∸kì:pər] *n.* ⓒ (1) 가정부, 우두머리 하녀. (2) 주부. (3) 가옥〈사무소〉 관리인.
***house·keep·ing** [∸kì:piŋ] *n.* ⓤ 살림살이, 가정(家政), 가사, 가재 ; 가계비 ; (회사 등의) 경영, 관리 : 【컴】 하우스키핑《문제 해결에 직접 관계하지 않는 시스템의 운용에 관한 루틴》.
house·less [háuslis] *a.* 집 없는.
house·lights [háuslàits] *n.*, *pl.* (극장 등의) 객석 조명.
***house·maid** [∸mèid] *n.* ⓒ 가정부.
hóusemaid's knée 【醫】 전슬개골 활액낭염(前膝蓋骨液囊炎), 무릎 피하의 염증.
house·man [∸mən, ∸mæ̀n] (*pl.* ***-men*** [∸mən, ∸mèn]) *n.* ⓒ (1)(병원의) 인턴. (2) (가정 호텔 등의) 잡일꾼.
hóuse màrtin 【鳥】 흰털발제비 《유럽산》.
house·mas·ter [∸mæ̀stər, ∸má:stər] *n.* ⓒ (1) (영국 public school 따위의) 사감. (2) 주인.
house·mate [∸mèit] *n.* ⓒ 동거인.
house·mis·tress [∸mìstris] *n.* ⓒ 주부 ; 여(女)사감, 여자 집주인.
house·moth·er [∸mʌ̀ðər] *n.* ⓒ기숙사 여사감(matron).
hóuse pàrty 별장 따위에 손님을 초대하여 숙박하면서 여는 연회 ; 그 초대객들.
hóuse physícian 병원 거주 의사, 입주 (내과) 의사.
house·plant [∸plæ̀nt, ∸plà:nt] *n.* ⓒ 실내에 놓은 화분 식물.
house-proud [∸pràud] *a.* 집〈살림〉 자랑의 ; (주부 따위가) 집의 정리 미화에 열심인.
house·room [∸rù(:)m] *n.* ⓤ 집의 공간 ; (사람 물건 등의) 수용력.
house-sit [∸sìt] *vi.* 《美》 남의 (부재중) 집을 그집에 살면서 봐주다《*for*》. 파) **hóuse(-)sìt·ter** *n.* **hóuse -sìt·ting** *n.*
hóuse spàrrow 【鳥】 참새의 일종(English sparrow).
house-to-house [∸təháus] *a.* 〔限定的〕 호별(방문)의(door-to-door), 집집마다의.
·house·top [∸tàp/∸tɔ̀p] *n.* ⓒ 지붕 꼭대기, 지붕(roof). ***shout* 〈*proclaim, cry, preach*〉*... from the ~s* 〈*rooftops*〉** …을 세상에 퍼뜨리다〈선전하다〉.
hóuse tràiler (자동차로 끄는 바퀴 달린) 간이 이동 주택(trailer coach).
house·wares [háuswɛ̀ərz] *n. pl.* 가정용품.
house·warm·ing [∸wɔ̀:rmiŋ] *n.* ⓒ 새집〈새살림〉 축하잔치, 집들이.
:house·wife *n.* ⓒ (1)[háuswàif] (*pl.* ***-wives*** [-wàivz]) 주부(主婦) (2) [hʌ́zif] (*pl.* ***~s,-wives*** [hʌ́zivz]) 《英》 반짇고리.
***house·work** [háuswə̀:rk] *n.* ⓤ 집안일, 가사.
house·wreck·er [∸rèkər] *n.* ⓒ 집 철거업자,
hous·ing[1] [háuziŋ] *n.* ⓤ (1) 〔集合的〕 주택 ; 피난처, 수용소. (2) 주택 공급, 주택 건설. (3) ⓒ 울(타리). (4) ⓒ 【機】 틀, 샤프트의 덮개, 하우징 ; 【建】 통맞춤.
hous·ing[2] *n.* 마의(馬衣) ; (*pl.*) 말의 장식.
hóusing assocìation (공동)주택 조합.
hóusing devèlopment 〔《英》 **estàte**〕 (공영) 주택 단지, 집단 주택지.
hóusing pròject 《美》 (공영) 주택단지《저소득 층을 위한》.
Hous·ton [hjú:stən] *n.* 휴스턴《미국 Texas주의 공업 도시》.
hove [houv] HEAVE의 과거 · 과거분사.
hov·el [hʌ́vəl, háv-] *n.* ⓒ 헛간(shed), 광 ; 가축의 우리 ; 누옥(陋屋), 오두막집, 곁채(out house).
:hov·er [hʌ́vər, háv-] *vi.* (1) 《+副/+前+名》 (…의 곁을) 서성거리다 ; (…에) 붙어다니다, 떠나지 않다. (2)《~/+副/+前+名》 (곤충 · 새 · 헬리콥터 등이) 한 곳을 맴돌다, 선회하다, 배회하다 ; (웃음 따위가) 감돌다 ; (안개 등이) 자욱하게 끼다. ③ 《+前+名》 주저하다, 망설이다 ; 헤매다.
— *n.* 배회, 공중을 떠다님.
Hov·er·craft [-kræ̀ft, -krá:ft] *n.* ⓒ 호버크라프트《고압 공기를 아래쪽으로 분사하여 기체를 지상〈수상〉에 띄워서 날아가는 교통기관 ; 商標名》.
hov·er·train [hʌ́vərtrèin, háv-] *n.* ⓒ 호버트레인《공기압으로 차체를 띄워 콘크리트 궤도를 달리는 고속열차》.
:how [hau] *ad.* A〕《疑問詞》 (1) 〔정도〕 a〕 얼마만큼, 얼마나.
(2)〔방법 · 수단〕 어떻게, 어찌, 어떤 방법〈식〉으로. a〕 〔보통의 疑問文에서〕. b〕 〔to 否定詞와 함께, 또는 從屬節을 이끌어〕.
(3) 〔상태 · 형편〕 어떤 상태〈형편〉에《건강 · 날씨 · 감각 따위의 일시적 상태를 물음》.
(4) 〔이유〕어찌하여, 어떤〈무슨〉 이유로 ; 왜.
(5) 〔상대의 의도 의견을 물어〕 어떻게, 어떤 뜻으로〈의미로〉 ; 어떡할 셈으로.
(6) 〔感歎文에서〕 a〕 얼마나 …(할까), 정말(이지)…(하기도 하여라).
B〕《關係詞》 (1) 〔名詞節을 이끌어〕 a〕 …한〈인〉 경위〈사정, 모양〉, …하는 방법.
(2) 〔副詞節을 이끌어〕 어떻게든 (…하도록) 《接續詞로도 봄》.
— *n.* (the ~) 방법.
And ~! 〔비꼼 또는 강조적으로〕 《口》 매우, 대단히, 무척 ; 그렇고말고. ***any old ~-all any ~*** 《口》 아무렇게나, 되는 대로, 조잡하게. ***Here's ~!*** HERE. ***How about ...?*** …하는 것이 어떻습니까, …에 대해서 어찌 생각하나. 【cf.】 What about ...?(成句). ***How about that?*** 《口》 그건 멋지다〈정말이지 잘됐다, 놀라운데〉 (=What about that?). ***How are you?*** 안녕하십니까. ***How come...*** 《口》…은 어째서인가, 왜《How did it come that...?의 단축형》. ***How come you to*** do***...?*** 어째서 그렇게 하는가. ***How do yon do?*** (1) 처음 뵙겠습니다. (2) 안녕하십니까. ※ 대화체에는 ***How d'ye do ?*** [háudidú:] ***How do you like...?*** ⇨ LIKE1 ***How far (...)?*** (1) 〔거리를 물어〕얼마나 되는 (거리인)가. (2) 〔정도를 물어〕 어느정도, 얼마(쯤). ***How goes it?*** 《口》

어떻게 지내나, 경기는 어떤가 (=*How* are things going?). ***How is it that...?*** ⇨ *ad.* (4) ***how in the world*〈*on earth, the devil,* etc〉*...?*** (도)대체〈대관절〉어떻게…. ***How is that again?***《美》〔되물을 때〕뭐라고요, 다시 한번 말씀(을) 해 주십시오. ***How is that for...?***〔形容詞 또는 名詞를 수반하여〕(1)《口·反語的》정말 …하지 않은가 (2) …은 어떤가. ***How long (...)?*** (길이·시일·시간이) 얼마나, 어느 정도, 언제부터, 언제까지. ***How many (...)?*** 얼마나(많은). ***How much?*** (값은) 얼마입니까 ;《戲》뭐라고요. ***How often(...)?*** 몇 번(…)인가. ***How say you?*** 당신의 생각은. ***How so?*** 어째서 그런가, 왜 그런가. ***How soon (...)?*** 얼마나 빨리. ***How's that?*** (1) 그것은 어째서 그렇지 ; 그것을 어떻게 생각하나. (2) (뭐라고요) 다시 한번 말씀해 주세요. (3) **[크리켓]** (심판에게) 지금 것은 아웃인가 아닌가. ***no matter*** ~ ⇨ MATTER. ***This is*** 〈***That's***〉 ***~it is.*** (다음에〈이미〉 말씀드린 것이) 그 이유입니다.

How·ard [háuərd] *n.* 하워드《남자 이름》.

how·dah [háudə] *n.* ⓒ 상교(象轎)《코끼리·낙타의 등에 얹은 닫집이 있는 가마》.

how-do-you-do, how-d'ye-do [hàudəjədúː], [hàudidúː] *n.* ⓒ《口》곤란한〈어려운〉처지, 괴로운 입장.

how·dy [háudi] *int.*《美口》야!《인사말 ; how do you do의 간약형》.

how·e'er [hauɛ̀ər] however 의 간약형.

:how·ev·er [hauèvər] *ad.* (1)〔讓步節을 이끌어〕제아무리 …할지라도〈해도〉, 아무리 …라도〈하더라도〉《※ however가 수식하는 형용사가 be동사의 보어이고, 그 주어가 추상적인 명사일 때, be동사는 생략될 때가 있음》.

(2)〔接續副詞〕그러나, 그렇지만 ; 하지만(still ; nevertheless)《문장 앞 또는 뒤에 쓰이나, 보통은 문장 도중에 삽입됨》.

(3)〔疑問詞 how의 강조형으로 쓰이어〕대체〈대관 절〉어떻게 (해서). ※ 정식으로는 how ever로 나누어 씀.

— *conj.* (…하는) 어떠한 방식으로라도.

how·itz·er [háuitsər] *n.* ⓒ **[軍]** 곡사포.

:howl [haul] *vi.* (1) 바람이 윙윙거리다. (2)(개 이리 따위가) 소리를 길게 뽑으며 짖다, 멀리서 짖다. (3)《+前+名》(사람이) 울부짖다, 악쓰다 ; 조소하다. — *vt.* (1) …을 악을 쓰며 말하다《*on* ; *away*》. (2) …을 호통쳐서 침묵게 하다《*down*》. (3)《美俗》…을 조롱하다.

— *n.* ⓒ (1) 짖는 소리 ; 신음소리, 큰 웃음 ;《口》몹시 웃기는 것, 농담, 우스운 사람. (2) **[無線]** 하울링《이상 귀환 따위로 증폭기 속에서 일어나는 잡음》. (3) 불평, 반대 (4)《美俗》조롱, 우롱.

howl·er [háulər] *n.* ⓒ (1)《俗》큰 실수, 대실패. (2) 짖는 짐승; 목놓아 우는 사람; 곡꾼. (3) 액셀러레이터 페달을 밟으면 짖는 듯한 소리를 내는 차.

howl·ing [háuliŋ] *a.*〔限定的〕울부짖는 ; 짖는 ; (풍경이) 쓸쓸한, 황량한, 무시무시한 ;《口》엄청난, 터무니없는, 대단한(glaring).

how-to [háutúː] *a.*〔限定的〕《美口》입문적인, 실용기술을 가르치는, 초보의 : a ~ book 입문서.

hoy·den [hɔ́idn] *n.* ⓒ 왈가닥 처녀, 말괄량이.

— *vi.* 말괄량이로 굴다. 파) **~·ish** [-iʃ] *a.* 말괄량이 같은

Hoyle [hɔil] *n.* ⓒ 카드놀이법의 책. ***according to ~*** 규칙대로 ; 공정하게.

HP, H.P., hp., h.p. horsepower ; high pressure. **H.P.** hire-purchase. **H.Q., HQ., hq, h.q.** Headquarters **hr.** hour(s). **h.r., hr.** [野] home run(s). **H.R.** Home Rule ; House of Representatives ; Human Relations. **H.R.H.** His〈Her〉Royal Highness. **H.R.I.P.** *hic requiescit in pace*《L.》(=here rests in peace). **H.S.** high school ; high speed. **hse.** house **H.S.E.** *hic sepultus est*《L.》(=here he 〈she〉 lies buried). **H.S.H.** His 〈Her〉 Serene Highness. **HST** hypersonic transport(극초음속 수송기); high speed train ((영국 국철의) 고속 열차). **H.T.** **[電]** hightension(고압). **ht.** heat ; height.

hub¹ [hʌb] *n.* ⓒ (활동의) 중심, 중추(center) ; (차륜의) 바퀴통 ;(고리던지기의) 표적. ***from ~ to tire*** 완전히. ***the ~ of the universe*** 만물의 중추 ; 세계의 중심 도시 ;《美》Boston시.

hub² *n.*《英口》우리 집 양반, 남편, 바깥 주인.

húb àirport 허브공항《국제〈장거리〉선과 국내〈단거리〉선의 바꿔타기가 가능한, 어느 나라〈지역〉의 거점 공항》.

hub-and-spoke [⌐əndspóuk] *n.*, *a.* **[空]** (항공노선의) 대도시 터미널 집중방식(의).

hub·ble-bub·ble [hʌ́bəlbʌ̀bəl] *n.* ⓒ (1) 지글지글, 부글부글《소리》. (2)수연통(水煙筒)의 일종 (3) 와글와글.〔imit.〕

hub·bub, hub·ba·boo, hub·bu·boo [hʌ́bʌb], [hʌ́bəbùː] *n.* (흔히 a ~) (1) 함성; 소동, 소란(uproar). (2)왁자지껄, 소음.

hub·by [hʌ́bi] *n.* ⓒ《口》주인, 남편.

hub·cap [hʌ́bkæ̀p] *n.* ⓒ (자동차의) 휠캡.

hu·bris [hjúːbris] *n.* ⓤ 오만, 지나친 자신.

huck·a·back, huck [hʌ́kəbæ̀k], [hʌk] *n.* ⓤ 허커백 천《베나 무명 ; 타월감》.

huck·le·ber·ry [hʌ́kəlbèri] *n.* ⓒ 월귤나무류《미국산(産)》.

huck·ster [hʌ́kstər] (*fem.* **-stress** [-stris]) *n.* ⓒ (1)《美口》광고업자〈작가〉, 선전원, (특히 라디오 TV의》커머셜 제작업자, 카피라이터. (2) 소상인(小商人) ; 도붓장수, (야채 따위의) 행상인(《英》costermonger) ; 강매하는 세일즈맨.

— *vt.* 외치며 팔다.

HUD **[空]** head-up display《조종사가 전방을 향한 채 필요한 데이터를 읽을 수 있는 장치》.

·hud·dle [hʌ́dl] *vt.* (1)〔受動으로, 再歸的〕웅크리다《*up*》. (2)《~+目/+目+前+名/+目+副》…을 뒤죽박죽 주워 모으다〈쌓아올리다〉; 되는 대로 쑤셔넣다《*together* ; *up* ; *into*》. (3)《+目+副》《주로 英》…을 아무렇게나 해치우다〈*up* ; *over* ; *through*〉. (4)《+目+副》(옷)을 급히 입다, 걸치다《*on*》.

— *vi.* (1) 붐비다, 왁시글거리다, (떼지어)몰리다《together》. (2)**[美蹴]** (선수들이)스크럼선 뒤로 집합하다. (3)《美口》(비밀히) 의논하다 ; 토론하려고 모이다. ~*one**self up*** = ***be ~d up*** 몸을 곱송그리다, 움츠리다.

— *n.* (1) ⓤⓒ 혼잡, 붐빔 ; 난잡 ; ⓒ 군중 : all in a ~ 난잡하게. (2) **[美蹴]** 작전 회의, 선수들의 집합《다음 작전을 결정 하기 위한》. (3)《美口》(비밀) 회담, 상담, 밀담. ***go into a ~***《口》비밀히 타합하다《*with*》. 밀담을 하다.

파) **húd·dler** *n.* ⓒ 뒤죽박죽 쑤셔넣는 사람.

·Hud·son [hʌ́dsən] *n.* 허드슨. (1) (the ~) 미국의 New York주 동부의 강. (2) Henry ~ 영국의 항해가·탐험가(?-1611).

Húdson Bày 허드슨 만《캐나다 북동부의 만》.

Húdson Ínstitute 허드슨 연구소《H. Kahn 이 설립(1961)한, 미래 예측 분석을 하는 두뇌 집단》.

:hue¹ [hjuː] *n.* ⓤⓒ (1) (의견 태도 따위의) 경향, 특색. (2)색조 ; 빛깔 ; 색상. (3) 【廢】 안색 ; 모양, 모습, 외형.

hue² *n.* ⓒ (추적의) 고함〈외침〉소리. ※ 다음 관용구에만 쓰임. ***a ~ and cry*** (1) 【英史】 죄인 추적의 고함소리 ; 추적 ; 죄인 체포 포고서(布告書); 죄상 범죄 수색 따위에 관한 공보. (2) 고함소리 : 심한 비난《*against*》.

hued [hjuːd] *a.* 〔흔히 複合語〕 …한 색조의 .

huff [hʌf] *vt.* (1) …을 으르다, 호통치다, 괴롭히다. (2) 〔흔히 受動으로〕(사람)을 노하게 하다.
— vi. 골내다, 왈칵 성내다 ; 가쁜 숨을 쉬다. ***~ and puff*** 《口》 크게 분개하다 ; 숨을 죽이고 참다 ; 떠들어 대다. ~ a person ***to pieces*** ~를 못살게 괴롭히다.
— *n.* ⓒ 분개, 골냄 : 【체스】 말을 잡기. ***in a ~*** 불끈 하여. ***take ~ =get〈go〉 into a ~*** 불끈 성내다.

huff·ish [hʌ́fiʃ] *a.* =HUFFY.

huffy [hʌ́fi] (***huff·i·er ; -i·est***) *a.* 찌무룩한 : 심술난 ; 거만한, 뽐내는.
파) **húff·i·ly** *ad.* **húff·i·ness** *n.*

·hug [hʌ́g] (***-gg-***) *vt.* (1) (편견 등)을 품다, …을 고집하다(cherish). (2) 《~+目/+目+副/+目+前+名》(사랑스럽게) …을 꼭 껴안다, 축복하다 : (물건)을 팔로 껴안다 ; (곰이) …을 앞발로 끌어 안다. (3) (길이 하천 등)을 따라 나 있다 ; 【海】 (해안) 가까이를 항해하다. (4) …의 곁을 떠나지 않다. (몸에) 찰싹 달라붙다.
— *vi.* 서로 접근하다 ; 바싹 붙다, 꽉 껴안다. ~ one***'s chains*** 속박을 달게 받다. ~one***self*** 기뻐하다《*on* ; *for* ; *over*》. ***~ to*** one***'s bosom*** 마음에 품다.
— *n.* ⓒ 꼭 껴안음, 포옹 ; 【레슬링】 껴안기 : He gave her a great〈big〉 ~. 그는 그녀를 힘껏 껴안았다.

:huge [hjuːdʒ, juːdʒ] (***húg·er; -est***) *a.* 막대한 ; 거대한(gigantic) ; 대단한.

hug·ger-mug·ger [hʌ́gərmʌ̀gər] *a., ad.* 난잡한〈하게〉, 비밀의〈히〉. — *n.* ⓤ 난잡, 혼란 ; 비밀.
— *vt.* …을 숨기다, 쉬쉬해 버리다(hush up).
— *vi.* 몰래 하다 ; 밀담하다.

Hugh [hjuː] *n.* 휴《남자 이름》.

Hu·go [hjúːgou] *n.* **Victor ~** 위고《프랑스의 작 가 시인 ; 1802-85》.

Hu·gue·not [hjúːgənɑ̀t/-nɔ̀t] *n.* ⓒ 위그노 《16-17 세기 프랑스의 Calvin파 신교도》.

huh [hʌ] *int.* 정말, 하 ; 흥, 그런가《놀람·의문 따위를 나타냄》. [imit]

Hu·he·hot, Huh·hot [húːheihóut], [húːhhóut] *n.* 후허하오터(呼和浩特)《중국의 내몽고 자치구의 수도》.

Hu·la-Hoop [húːləhùːp] *n.* ⓒ 훌라후프《훌라댄스같이 허리를 흔들어 돌리는 플라스틱 테 : 商標名》.
파) **hú·la-hòop** *vi.*

hu·la(**-hu·la**) [húːlə(húːlə)] *n.* ⓒ (하와이의) 훌라댄스(곡) : dance the ~ 훌라댄스를 추다.

hulk [hʌlk] *n.* ⓒ 커서 주체스러운 배 ; 노후한 배, 폐선 《창고 대신으로 쓰임》 :(종종 *pl.*) 【史】 감옥선 ; 《比》 뚱보, 거한(巨漢), 부피가 있는 물건.
— *vi.* 큼직한 모습으로 불쑥 나타나다《*up*》 : 부피가 커지다.

hulk·ing, hulky [hʌ́lkiŋ], [hʌ́lki] *a.* 《口》 볼꼴 사나운 ; 부피가〈몸집이〉 큰 ;

hull¹ [hʌl] *n.* ⓒ (곡식·종자 등의) 외피, 껍질, 껍데기, 깍지 ; (딸기 따위의) 꼭지 ; 덮개 : (*pl.*) 의복.
— *vt.* …의 껍질을〈껍데기를, 외피를〉 벗기다, 꼬투리를 까다 : ~ed rice 현미.

hull² *n.* ⓒ 【空】 (비행정의) 정체(艇體), (비행선의) 선체 ; 【海】 선체《원재(圓材)·삭구(索具) 따위를 제외한》 ; (로켓·미사일의) 외각(外穀) ; (탱크의) 차체. ***~ down*** 돛대만 보이고 선체는 보이지 않을 정도로 아득히. ***~ up〈out〉*** (배가) 선체가 보일 만큼 가까이, 수평선상에 나타나서.
— *vt.* …의 선체를 뚫다《포탄·수뢰 따위로》.
— *vi.* (동력·돛 없이) 표류하다.

hul·la·ba·loo [hʌ́ləbəlùː] *n.* ⓒ (흔히 a ~) 떠들썩함, 왁자지껄, 큰 소란.

***hul·lo** [həlóu, hʌ́lou, hʌlóu] *int., n.* ⓒ 《英》 = HELLO.

:hum¹ [hʌm] (***-mm-***) *vi.* (1) (주저·난처함·불만 따위로) 우물거리다, 우물쭈물 말하다. (2) 《~/+副》 (벌 · 팽이·선풍기 따위가) 윙윙거리다. (3)콧노래를〈허밍으로〉 부르다. (4)《~/+前+名》(공장 따위가) 바쁘게〈경기 좋게〉 움직이다 ; (장소가) 법석거리다, 혼잡을 이루다. (5) 《英口》 고약한 냄새가 나다.
— *vt.*《~+目/+目+副/+目+前+名》(1) …을 입속으로 중얼〈흥얼〉거리다 ; (노래의 가락 따위)를 허밍하다, 콧노래 부르다. (2) (아이)에게 노래를 불러주어 …시키다.
~ along (자동차 따위가) 쌩쌩 달리다 ; (사업 등이) 잘 되어 가다. ***~ and haw〈ha(h)〉*** 말을 더듬다 ; 망설이다. ***make things ~*** 《口》 활기를 불어 넣다, 신이 나게 하다.
— *n.* ⓤ (1) 윙윙(소리). (2) 멀리서의 잡음, 와글와글. (3) ⓒ (주저·불만 따위를 나타내는) 흥, 흠흠. (4) 콧노래, 허밍. (5) 험《라디오의 낮은 웅 소 리》. (6) (사람의) 활동. (7)《英口》고약한 냄새.
— *int.* 〔의심·놀람·불찬성〕 흥, 음. [limit]

hum² *n.* ⓤⓒ 《俗》 협잡(humbug), 사기.

:hu·man [*h*júːmən] (***more ~ ; most ~***) *a.* (1) 인간적인, 인간다운, 인간에게 흔히 있는. (2)인간의, 사람의. 【cf.】 divine. animal. .
more 〈less〉 than ~ 보통 인간 이상〈이하〉인.
— *n.* ⓒ 인간(=**~ béing**) ; (the ~) 인류.

húman chàin 인간 사슬《반핵 평화 운동 그룹 의 시위 행동의 한 형태》. 【cf.】 die-in.

:hu·mane [*h*juːméin] *a.* (1) 고아한, 우아한, (2)자비로운, 인도적인, 인정 있는, 친절한. (3) 교양적인, 인문(학)적인 ; ~ learning 고전문학.

húman ecólogy 인간〈인류〉 생태학.

húman enginéering (1) 인간 관리. (2) 인간 공학.

húman equátion 선입감, 편견.

Humáne Socíety (the ~) (1)(종종 h- s-)(미국의) 동물애호협회. (2)《英》투신 자살자 구조회.

húman grówth hòrmone 【生化】 인간 성장 호르몬.

Húman immunodefíciency vìrus 인체면역 결핍 바이러스《AIDS 발병의 원인이 됨 ; 略 : HIV》.

húman ínterest 【新聞】 인간적 흥미.

·hu·man·ism [*h*júːmənìzəm] *n.* ⓤ (1) 인도주의. (2) 인간성(humanity). (3) 인문〈인본〉주의 ; (or H-) 인문학, ***New Humanism*** 신휴머니즘.

·hu·man·ist [*h*jú:mənist] *n.* ⓒ 인도주의자 ; 인간성 연구학자 ; 인문〈인본〉주의자 ; (or H-) 인문학자.

hu·man·i·tar·i·an [*h*ju:mæ̀nətέəriən] *n.* ⓒ 박애가 ; 인도주의자 ; **[神]** 예수 인간론자《예수의 신성(神性)을 인정치 않음》. — *a.* 인도주의의 ; 박애(주의)의 ; **[神]** 예수 인간설의.

:hu·man·i·ty [*h*ju:mǽnəti] *n.* (1) ⓤ 인간성 ; (*pl.*) 인간의 속성, 인간다움. (2) ⓤ 인류 ; 인간(mankind). (3)ⓤ 인간애, 박애, 자애, 인정, 친절. (4) (흔히 *pl.*) 자선 행위. (5) (the humanities) (그리스 ·라틴의) 고전 문학 ; 인문학, 인문과학. ***the Religion of Humanity*** 인도교(人道敎). ***with ~*** 부드러운 마음씨를 갖고, 정답게.

hu·man·ize [*h*jú:mənàiz] *vt.* 교화하다, 인정 있게 하다 ; …을 인간답게 만들다 ; (상황 따위)를 보다 인간적으로 하다, 인간에 적합하게 하다.
— vi. 인간답게 되다, 인정 있게 되다 ; 교화되다.

hu·man·kind [*h*jú:mənkáind] *n.* ⓤ 인간, 인류.

hu·man·ly [*h*jú:mənli] *ad.* 인력으로(서) ; 인간답게 ; 인간의 (할 수 있는) 방법으로 ; 인간의 판단으로 경험으로, 인간적 견지에서. ***~possible*** 인간적인 판단으로 가능한, 인력으로 할 수 있는 ; ~ speaking 인간의 입장에서 말하자면.

húman náture 인정 ; 인성(人性), 인간성.

hu·man·oid [*h*jú:mənɔ̀id] *n.* ⓒ 원인(原人); (SF 따위에서) 우주인.
— *a.* 인간을 닮은, 인간에 가까운.

húman pówer 인적 자원.

húman ráce (the ~) 인류 (humanity, mankind).

húman relátions 인간 관계 (연구).

húman ríghts (기본적) 인권.

húman scíence 인문 과학《인류학·언어학·문학 등의 총칭; 또 그 한 부문》.

húman végetable 식물 인간.

:hum·ble [*h*ʌ́mbəl] (***-bler ; -blest***) *a.* (1) 시시한, 변변찮은 ; 작은,(2) (신분등이) 비천한, 초라한. (3) 겸손한, 겸허한, 조심성(이) 있는. ***in a ~ measure*** 부족하나마. ***in my ~opinion*** 비견 (卑見)〈사견〉을 말씀드린다면. ***your ~ servant*** 경구(敬具)《예전의 공식 편지의 맺음말》 ; **[蔑]** 소생(=I, me).
— *vt.* …을 천하게 하다. ~ one***self*** 겸손하다, 황송해하다.

hum·ble·bee [*h*ʌ́mblbì:] *n.* =BUMBLEBEE.

húmble pìe 굴욕 ; 《古》 돼지〈사슴〉 내장으로 만든 파이. ***eat ~*** 굴욕을 참다 ; 백배사죄하다.

·hum·bly [*h*ʌ́mbli] *ad.* 황송하게, 겸손하게 ; 천한 신분으로, 비천하게.

hum·bug [hʌ́mbʌ̀g] *n.* ⓤⓒ 허위, 속임, 사기, 가짜 ; 헛소리 ; 아첨 ; 바보짓 ; 박하사탕 ; ⓒ 사기 〈협잡〉꾼, 허풍선이(humbugger) ; 아첨꾼.
— (***-gg-***) *vt.* 《~+目/+目+前+名》 …을 기만하다, 속이다, …에게 야바위치다.
— *vi.* 협잡을 하다. — *int.* 엉터리, 시시해. 파) ***~·ger*** *n.* ⓒ 사기꾼.

hum·bug·gery [hʌ́mbʌ̀gəri] *n.* ⓤ 협잡, 눈속임, 기만, 사기.

hum·ding·er [hʌ́mdíŋər] *n.* ⓒ, *a.*《美俗》 극히 이상한〈이례적인〉(것), 아주 굉장한 (사람·물건), 고급품.

hum·drum [hʌ́mdrʌ̀m] *a.* 단조로운, 평범한, 지루한.
— *n.* ⓤ 평범, 단조 ; 지루함 ; ⓒ 따분한 〈평범한〉 사람.
— (***-mm-***) *vi.* 단조롭게 〈평범하게〉 해나가다.

Hume [hju:m] *n.* David ~ 흄《스코틀랜드 태생의 철학자 정치가: 1711-76》.

hu·mer·al [hjú:mərəl] *a.* 상환부(部)〈상박부〉의, 상완골(上腕骨)〈상박골〉의 ; 어깨의.
— *n.* (성직자가) 어깨에 걸쳐 입는 옷 (=***~ véil***).

hu·mer·us [hjú:mərəs] (*pl.* ***-meri*** [-mərái]) *n.* ⓒ 상완〈상박〉 부 ; **[解]** 상완〈상박〉(골).

·hu·mid [*h*jú:mid] *a.* 눅눅한, 습기 있는, 습기가 많은.

hu·mid·i·fi·ca·tion [*h*ju:mìdəfikéiʃən] *n.* ⓤ 축축하게 함, 가습(加濕).

hu·mid·fi·er [*h*ju:mídəfàiər] *n.* ⓒ 습윤기(濕潤器), 급습기(給濕機), 가습기.

hu·mid·i·fy [*h*ju:mídəfài] *vt.* 축축하게 하다, …을 축이다, 적시다(moisten).

·hu·mid·i·ty [*h*ju:mídəti] *n.* ⓤ 습윤(dampness), 습기 ; **[物]** 습도.

hu·mi·dor [*h*jú:mədɔ̀:r] *n.* ⓒ (이와 유사한) 가습(加濕) 설비 ; (적당한 습도를 유지 하는) 담배 저장상자〈실〉.

***hu·mil·i·ate** [*h*ju:mílièit] *vt.* …에게 창피를 주다, …을 욕보이다, 굴욕을 주다, …을 굴복시키다.
~ one***self*** 창피를 당하다, 면목을 잃다.

hu·mil·i·at·ing [*h*ju:mílièitiŋ] *a.* 치욕이 되는, 면목없는, 굴욕적인.

:hu·mil·i·a·tion [*h*ju:mìliéiʃən] *n.* ⓤⓒ 창피줌 ; 수치, 굴욕, 굴종, 면목 없음.

:hu·mil·i·ty [*h*ju:míləti] *n.* ⓤ 겸양, 겸손, 비하(卑下) ; (*pl.*) 겸손한 행위 ; in〈with〉 ~ 겸손하게.

hum·mer [hʌ́mər] *n.* ⓒ 콧노래하는 사람 ;윙윙대는 것 ; =HUMMINGBIRD ; **[野]** 속구.

hum·ming·bird [hʌ́miŋbə̀:rd] *n.* ⓒ **[鳥]** 벌새.

húmming tòp 윙윙 소리내는 팽이.

hum·mock [hʌ́mək] *n.* ⓒ (빙원(氷原) 위의) 빙구(氷丘) ; 작은 언덕(hillock).

hu·mon·gous, -mun- [*h*ju:mʌ́ŋgəs, -máŋ-], [-mʌ́n-] *a.* 《美俗》 터없이 큰(tremendous), 거대한, 굉장한(huge).

:hu·mor, 《英》 **-mour** [*h*jú:mər] *n.* (1) (*pl.*) 재미있는 대문, 익살스러운 점. (2) ⓤ 유머, 해학(諧謔) ; 유머를 이해하는 힘(sense of ~). (3) 유머가 깃들인 문장〈말〉. (4) ⓤ(또는 a ~)(일시적인) 기분, 변덕. (5) a]ⓤ **[生理]** 액(液): aqueous ~ (눈알의) 수양액. b]ⓒ **[中世醫]** 체액 ; 4 체액. (6) ⓤ기질, 성질. ***in a good〈a bad, an ill〉 ~*** 기분이 좋아서〈나빠서〉. ***in no ~ for*** …을 할 마음이 안나서. ***in the ~ for*** …를 할 마음이 내켜. ***out of ~*** 기분이 언짢아. ***please*** a person***'s ~*** 비위를 맞추다.
— *vt.*(1) …의 비위를 맞추다 ; (사람·기질·취미 등)을 만족시키다(gratify). (2) …에 보조를 맞추다 ; 잘 다루다.

(-)hu·mored [*h*jú:mərd] *a.* 기분이 …한.

hu·mor·esque [*h*jù:mərésk] *n.* ⓒ, *a.* **[樂]** 유머레스크(의), 표 일곡(飄逸曲).
파) ***~·ly*** *ad.*

:hu·mor·ist [*h*jú:mərist] *n.* ⓒ (1) 유머 작가〈배우〉. (2) 유머를 이해하는 사람, 익살꾼.

hu·mor·is·tic [*h*jù:mərístik] *a.* 유머(해학적) 작가풍의 ; 익살맞은(humorous).

hu·mor·less [*h*jú:mərlis] *a.* 재미없는, 하찮은 ; 유머가 없는.

:hu·mor·ous [hjúːmərəs] (*more ~ ; most ~*) *a.* (1) 유머를 이해하는, 유머가 풍부한. (2)유머러스한, 익살스러운, 우스운(hunny).

***hump** [hʌmp] *n.* (1) ⓤ (the ~) 《口》 풀죽음, 의기 소침, 짜증. (2) ⓒ a] (등허리의) 군살, (낙 타 따위의) 혹, b] 둥근 언덕 ; 【空】 산, 산맥. (3)ⓒ 난관 ; 위기 ; 【鐵】 험프 《중력을 이용, 차량을 분리하기 위해 조차장에 마련된 경사지》. (4) ⓒ 【卑】 성교(의 상대). (5) (the H-) 히말라야 산맥《제 2차 세계 대전 중 연합국 공군이 쓴 말》.
get a ~on 《美口》 서두르다. ***hit the ~*** 《美俗》 (교도소·군대에서) 탈주를 기도하다 ; 허둥대다 ; 급히 행동하다. ***live on*** one'***s ~*** 자급 자족의 생활을 하다《낙타의 혹에 비겨서》. ***on the ~*** 활동하여. ***over the ~*** 《口》어려운 고비를 넘긴 ; 《俗》 (고용기간·병역·형기 등을) 반 이상 마친.
— *vt.* (1) (등 따위)를 둥그렇게 하다, 구부리다 (hunch)《*up*》. (2) 《英俗》 (무거운 짐)을 어께에 메다. (3) 《卑》 …와 성교하다.
— *vi.* (등을) 둥글게 구부리다 : 《美口》 노력하다 ; 서두르다. ~ one***self*** 《美俗》열심히 일하다. ***Hump yourself!***《俗》나가 없어져라. 저리 꺼져라.

hump·back [⁄bæ̀k] *n.* ⓒ (1) 혹등고래. (2) 꼽추, 곱사등(이). (3)=HUMPBACK BRIDGE.

húmpback brídge 《英》 홍예다리, 가운데가 반원형으로 된 다리.

humped [hʌmpt] *a.* 등을 구부린, 혹이 있는.

humph [hʌmf, m̩mm̩, mm̩] *int.* 흥《불만·의혹·혐오·경멸 따위를 나타내는 소리》.
— [hʌmf] *vi.* 흥 하다.

hump·less [hʌ́mplis] *a.* 혹이 없는.

Hump·ty-Dump·ty [hʌ́mptidʌ́mpti] *n.* (*or* h-d-) 험프티덤프티《Mother Goose의 동요집에 나오는 의인화(擬人化)된 달걀 ; 담장에서 떨어져 깨어짐 ; ⓒ 땅딸보 ; 한 번 넘어지면 일어서지 못하는 사람〈물건〉 ; 《美俗》낙선이 뻔한 후보자(【cf.】 Mickey Mouse). — *a.* 땅딸만한.

humpy [hʌ́mpi] (***hump·i·er ; -i·est***) *a.* 혹 모양의, 등이 구부러진 ; 혹이 있는〈많은〉.

hu·mus [hjúːməs] *n.* ⓤ 《L.》 부식토(=**⁄~sòil**).

Hun [hʌn] *n.* (1) (종종 h-) ⓒ (예술 따위의) 파괴자 ; 야만인(vandal) ; 《蔑》 독일군〈사람〉《특히 제 1·2차 세계대전 때의》. (2)(the ~s) 훈족, 흉노(匈奴).

·hunch [hʌntʃ] *n.* ⓒ 혹(hump), 군살 ; 두꺼운 조각, 덩어리(lump) ; 예감, 직감, 육감《곱사등에 닿으면
행운이 온다는 미신에서》.
— *vt.* (1) 《~+目/+目+副》(등 따위)를 활 모양으로 구부리다《*out* ; *up*》. (2) 《俗》 …을 팔꿈치로 찌르다 ; 밀다, 밀어내다. (3) 《口》 …한 예감이 들다.
— *vi.* 돌출하다, 앞으로 뛰쳐나가다 ; 등을 웅크리다.

hunch·back [⁄bæ̀k] *n.* ⓒ 곱사등(이).

hunch·backed [⁄bæ̀kt] *a.* 곱사등의.

hunched [hʌntʃt] *a.* 등을 구부린, 등이 굽은 ; 웅크린.

:hun·dred [hʌ́ndrəd] *a.* (1) 〔限定的〕 (a ~) 몇백의; 다수의. (2) 〔限定的〕 a] 100의, 100개의. ※ 보통 a, one 또는 수사가 붙음. b]〔敍述的〕(a ~) 100세의.
a ~ and one 다수의, 아주 많은. ***not a ~ miles away*** 《戱》 바로 가까이에.
— (*pl.* ***~s.***〔數詞 다음에서는〕~) *n.* (1) ⓒ 100, 100개; 100 명; 100 살. (2)ⓒ 100의 기호 《100 또 또는 C》. (3) ⓒ 《英》 100파운드 ; 《美》 100 달러 ; 【競】 100야드 경주. (4) (*pl.*) 몇백, 다수. (5) ⓒ 【英史】 촌락 ; 소행정 구획《county 또는 shire의 구성 단위》.
a great 〈long〉 ~, 120. ***a ~ to one*** (1) 거의 확실히, 십중 팔구. (2) 거의 가망이 없는. ***a 〈one〉 ~ percent*** 《美》 백 퍼센트로, 완전히, 유감 없이. ***by ~s = by the ~(s)*** 몇백이나 ; 많이. ***~s (and ~s) of*** 몇백의, 많은. ***~s and thousands*** 몇백 몇천 ; (케이크 장식에 뿌리는) 굵은 설탕. ***~s of thousands of*** 수십만의, 무수한. ***in the ~***, 100에 대해, 100분의 ***like a ~ of bricks*** ⇨ BRICK. 대단한 기세로

hun·dred-and-eight·y-de·gree, 180-de·gree [hʌ́ndrədndéitidigríː] *a.*, *ad.* 180도의 〈로〉 ; 완전한〈히〉 ; 정반대의〈로〉.

hun·dred·fold [hʌ́ndrədfòuld] *n.*, *a.*, *ad.* (1) 100겹(의, 으로). (2) 100배의 수〈양〉(의, 로) ; 100배〈의, 로〉.

hun·dred-per·cent [-pərsént] *a.*, *ad.* (a ~) 철저한〈하게〉, 전면적인〈으로〉, 완전한〈히〉, 전혀.

·hun·dredth [hʌ́ndrədθ] *a.* (1) 100분의 1의. (2) (흔히 the ~) 100번째의.
— *n.* (a ~, one ~) 100분의 1 ; (흔히 the ~) 100번 : 100번째 사람〈것〉.

hun·dred·weight [hʌ́ndrədwèit] (*pl.* ***~s***,〔數詞 다음에서는〕~) *n.* (흔히 ⓤ) 무게의 단위 《《英》112 파운드(50.8 kg). 《美》 100 파운드(45.36 kg) ; 略: cwt.》

Húndred Yéars' Wár (the ~) 백년 전쟁 《1337-1453년의 영국과 프랑스 전쟁》.

:hung [hʌŋ] HANG 의 과거·과거분사.
— *a.*《俗》 (1) 페니스가 큰. (2) 짜증나는, 불쾌한 ; 피곤한 ; 숙취의 ; (…로) 괴로운, 고민하는《*about*》 ; 결론이 나지 않은 ; (사태가) 미해결인. ***be ~ on*** …에 열중하다. ***be ~ over*** 숙취하다. ***~ up*** (곤란한 일로) 방해되어, 꼼짝 못하게 되어 ; 【野】 (주자가) 협공당하여. ***~ up on***〈***about***〉 (1) …에 구애되고 있는, …에 심리적으로 매여 있는. (2) …에 열중하여.

Hun·gar·i·an [hʌŋgέəriən] *n.* ⓒ 헝가리 사람 ; ⓤ 헝가리 말. — *a.* 헝가리(사람·말)의.

Hungárianrísing 헝가리 동란《1956년 10월 부다페스트에서 일어난 반소(反蘇)·자유화 운동》.

Hun·ga·ry [hʌ́ŋgəri] *n.* 헝가리《수도는 Budapest》.
— *a.* =HUNGARIAN.

·hun·ger [hʌ́ŋgər] *n.* (1) (a ~) 《比》 갈망, 열망 《*for* ; *after*》. (2) ⓤ 공복, 배고픔 ; 굶주 림, 기아(飢餓) ; 기근. ***from ~*** 《美俗》 좋지 않은, 싸구려의, 못 생긴, 최저의, 싫은.
— *vi.* (1) 배가 고프다, 굶주리다 ; 굶어 죽게 되다. (2) 갈망하다(long)《*for* ; *after*》.
— *vt.* 《~+目/+目+前+名》…을 굶주리게 하다. ; 배를 곯려 …시키다.

húnger màrch 기아 행진.

húnger strìke 단식 투쟁.

húnger strìker 단식 투쟁자.

húng júry 《美》 의견이 엇갈려 판결을 못 내리는 배심(단), 불일치 배심.

hung·over [hʌ́ŋòuvər] 《口》 *a.* 숙취하여.

húng párliament 《英》 여당이 과반수의 의석을 차지하지 못한 의회.

:hun·gry [hʌ́ŋgri] (***-gri·er ; -est***) *a.* (1) 〔敍述的〕 갈망하는, 몹시 원하는《*for* ; *after*》 ; 무턱대고〈몹시〉 …하고 싶어 하는《*to* do》. (2) 배고픈, 주린. (3) 불모

의, 메마른(barren). (4)식욕을 돋우는. ▫ hunger *n.* ***as ~ as a hunter* 〈*hawk*〉** 몹시 시장하여. ***feel ~*** 시장기를 느끼다. ***go ~*** 굶주리다 ; 배고프다 ; 굶(주리)고 있다.

hunk [hʌŋk] *n.* ⓒ 《口》 (빵 따위의) 두꺼운 조각《*of*》, 큰 덩어리 : 군살(hunch), 고깃덩어리 ; 《美俗》 멋진〈섹시한〉 남자 ; (때로 H-) 《美俗》 여자(애).

hun·ker [hʌ́ŋkər] *n.* (*pl.*) 궁둥이《다음 句에만 쓰임》 ***on*** one***'s ~s*** 쭈그리고 앉아서.
— *vi.* 쭈그리고 앉다 《*down*》.

hunky [hʌ́ŋki] (***hunk·ier ; -iest***) *a.* 《美俗》 (1)승패 없는, 양편이 맞먹는, 호각의. (2) 튼튼한, 늠름한, 건장한.

hunk·y-do·ry [hʌ́ŋkidɔ́ːri] *a.* 《美口》 멋있는, 안심할 수 있는, 최고의.

:hunt [hʌnt] *vt.* (1) (짐승이 있는 지역)을 사냥하러 다니다. (2) …을 사냥하다. (3) (말·개 따위)를 사냥에 쓰다. (4) 《+目+副/+目+前+名》 …을 추적하다 ; 쫓아내다《*from* ; *out of*》 ; 쫓아버리다《*away*》. (5) 《~+目/+目+副/+目+前+名》 …을 찾다, 뒤져내다 《*up* ; *out*》 ; (장소)를 찾아 헤매다, 조사하다.
— *vi.* (1) 사냥을 하다. (2) 찾아 헤매다《*after* ; *for*》. (3) (기계가) 불규칙하게 움직이다. ***~ down*** 몰아넣다, 추적해서 잡다 ; 박해하다. ***~ out*** 〔종종 受動으로〕 …을 찾아내다, (사냥감을) 몰아내다. ***~ up*** (숨어 있는 것 따위를) 찾다, 찾아내다.
— *n.* ⓒ (1) 사냥, 수렵. (2) 수렵대. (3) 수렵지(구). (4) 추적, 수색, 탐색 (search); 탐구《*for*》 : ***have a ~ for*** …을 찾다 ; …의 사냥을 하다.

:hunt·er [hʌ́ntər] (*fem.* ***hunt·ress***) *n.* ⓒ (1)사냥개, 사냥말 ; 《특히》 헌터종(種)의 말. (2) 사냥꾼 (huntsman). (3) 탐구자, …을 찾아 헤매는 사람《*for* ; *after*》. (4) (사냥꾼용의) 뚜껑이 앞뒤에 달린 회중시계. (5) (the H-) 【天】 오리온자리(Orion).

húnter gréen 연두빛.

húnter's móon (흔히 the ~) 사냥달《harvest moon 다음의 만월》.

:hunt·ing [hʌ́ntiŋ] *n.* ⓤ (1) 추구, 수색 ; 탐구. (2) 사냥, 수렵 ; 《英》 여우 사냥(fox ~) ; 《美》 총사냥(《英》shooting). ***Good ~!*** 잘 하십시오, 행운을 빕니다(Good luck !).
— *a.* 사냥을 좋아하는, 사냥용의.

húnting bòx 《英》 사냥꾼의 산막.

húnting càp 사냥 모자, 헌팅캡.

húnting cròp 수렵용 채찍.

húnting gròund 찾아 뒤지는 곳 : (유익한 정보나 물건을) 구할 수 있는 곳 ; 사냥터.

húnting hòrn 수렵용 나팔.

húnting pìnk 여우 사냥꾼이 입는 붉은색 상의(上衣)(의 옷감) ; 여우 사냥꾼.

Hún·ting·ton's chorèa 〈disèase〉 [hʌ́ntiŋtənz-] 【醫】 헌팅턴 무도병(舞蹈病), 유전성 진행성 무도병.

hunt·ress [hʌ́ntris] *n.* ⓒ 여자 사냥꾼.

hunts·man [hʌ́ntsmən] (*pl.* ***-men*** [-mən]) *n.* ⓒ (1) 《英》 (여우 사냥의) 사냥개 담당자. (2) 사냥꾼 (hunter).

·hur·dle [hə́ːrdl] *n.* ⓒ (1) ⓒ 【競·競馬】 장애물, 허들 ; 《美》 장애(obstacle), 곤란 ; (*pl.*) 장애물 경주. (2) 바자(울). (3) 【史】 죄인을 형장으로 이송할 때 쓰는 썰매 모양의 운반구. ***jump the ~*** 장애물을 뛰어넘다 ; 《美俗》 결혼하다. ***the high* 〈*low*〉 *~s*** 고〈저〉 장애물 경주. — *vt.* (1) …에 바자로 울타리를 두르다 《*off*》. (2) (허들)을 뛰어넘다. (3) (장애·곤란 따위)를 극복하다(overcome).
— *vi.* 장애물 경주에 나가다.

hur·dy-gur·dy [hə́ːrdigə̀ːrdi] *n.* ⓒ 허디거디, (옛날의) 현악기의 일종.

:hurl [həːrl] *vt.* (1) (욕설 등)을 퍼붓다《*at*》 ; (비명 등)을 지르다. (2) 《~+目/+目+前+名》 …을 집어던지다, 세게 던지다 ; 〔再歸的〕 기세 좋게〈힘껏〉 덤벼들다. (3) 《+目+副》 …을 메어붙이다 ; 뒤엎다. (4) …을 내쫓다 ; 추방하다.
— *vi.* (1) 집어던지다 ; 발사하다 ; 【野】 투구하다 (pitch) ; hurling 하다. (2) 기세 좋게 날다〈나아가다〉, 돌진하다, 빙글빙글돌다.
— *n.* ⓒ 집어던짐, 투척.

hurl·ing [hə́ːrliŋ] *n.* ⓤ 헐링《아일랜드식 하키 ; 던지기 ; 규칙은 하키·soccer와 거의 같음》 ; 던지기.

hur·ly-bur·ly [hə́ːrlibə̀ːrli] *n.* ⓤ 큰 소동, 혼란.

:hur·rah, hur·ray [hərɔ́ː, -rάː], [huréi] *n.* ⓒ 만세 소리, 환성.
— *int.* 만세, 후레이.
— *vi.* 만세를 부르다, 환성을 지르다.
— *vt.* …을 환성을 올리며 맞이〈응원, 갈채〉하다.

·hur·ri·cane [hə́ːrəkèin, hʌ́ri-/hʌ́rikən] *n.* ⓒ (1) (감정 따위의) 격앙, 폭풍(우)《*of*》. (2) 폭풍, 태풍, 허리케인, 폭풍우(storm).

húrricane bìrd 【鳥】 =FRIGATE BIRD.

húrricane dèck (내해 항로용 객선의) 최상갑판(最上甲板).

húrricane glòbe〈glàss〉 램프의 등피 (lamp chimney).

húrricane hòuse 【海】 갑판실.

húrricane làmp 〈làntern〉 내풍(耐風) 램프《등유를 씀》.

húrricane wàrning 〈wàtch〉 폭풍경보〈주의보〉.

:hur·ried [hə́ːrid, hʌ́rid] *a.* 재촉받은 ; 매우 급한 ; 허둥대는, 소홀한, 황급한.

:hur·ry [hə́ːri, hʌ́ri] *n.* ⓤ (1)열망《*for* ; *to* do》. (2) 매우 급함, 허둥지둥 서두름. (3) 〔否定文·疑問文에서〕서두를 필요 : There's no ~. 서두를 필요없어. (4) 【樂】 (현악기의) 트레몰로 ; (북의) 연타. ***~ and bustle* 〈*confusion*〉** 크게 허둥댐, 법석거리는 소동. ***in a ~*** (1) 급히, 서둘러. (2) 《口》 〔否定文〕쉬이, 쉽사리. (3) 《口》 〔否定文〕기꺼이, 자진하여. ***in no ~*** 서두르지 않고, 쉽사리 …하지 않고 ; …할 마음이 내키지 않아《*to* do》. ***in*** one***'s ~*** 서둘렀기 때문에, 서두른 나머지.
— (*p., pp.* ***hur·ried ; ~·ing***) *vt.* 《~+目/+目+副/+目+前+名》 …을 서두르게 하다, 재촉하다 ; 재촉해서 가게하다《*along, away*》. 재촉하여 …을 내보내다 《*out*》.
—*vi.*《~/+副/+*to* do/+前+名》 서두르다, 조급하게 굴다, 덤비다. ***~ along*** 《口》 서두르다, 급히 가다. ***~ away* 〈*off*〉** 급히 자리를 뜨(게 하)다. ***~ back*** 급히 되돌아오다 ; 곧 다시 오다. ***~ in*** 《口》 급히 들어가다. ***~ over*** …을 허둥지둥 끝마치다. ***~ through*** 대충대충 마치다. ***~ up*** 《口》 〔종종 命令形〕 서두르다 ; 서두르게 하다.

hur·ry·ing·ly [hə́ːriiŋli, hʌ́r-] *ad.* 서둘러, 급히, 허둥지둥.

hur·ry-scur·ry, -skur·ry [hə́ːriskə́ːri /hʌ́riskʌ́ri] *a.* 허겁지겁하는. — *ad.* 허둥지둥.
— *n.* ⓤ 허겁지겁함 ; 혼란, 법석.

— *vi.* 허둥지둥 서두르다〈달리다〉.

hur·ry-up [-ʌ̀p] *a.* 《口》 (1) 긴급(용)의. (2) 급히 서두르는.

:hurt [həːrt] (*p., pp.* ~) *vt.* (1) …에 아픔을 느끼게 하다〈주다〉. (2) …을 상처내다, 다치게 하다(wound). (3) 〔종종 受動으로〕 (감정)을 상하게 하다(offend) ; (~)를 불쾌하게 하다. (4) 《比》 …을 상하게 하다, 해치다. (5) 《口》 〔it를 주어로 한 否定文·疑問文에서〕 …에게 지장이 있다, 곤란하다, 난처하다.

— *vi.* (1) 아프다. (2)고통을 주다, 감정을 상하게 하다. (3) 《美俗》 궁지 〈곤란〉에 처해 있다. (4) 《口》 〔it를 주어로 하여〕 지장이 되다, 해롭다, 곤란해지다, 난처해지다. ***cry* 〈*holler*〉 *before one is* ~** 《口》 〔흔히 否定文〕까닭 없이 트집잡다〈두려워하다〉. ***feel* ~** 불쾌하게 여기다. ***get* ~ = ~** one***self*** 다치다, 부상하다. ***It* ~*s.*** 《口》 아프다. ***It doesn't* ~ *what* 〈*how,*** etc.〉 ***...*** 《口》 무엇이〈아무리〉 …해도 태연하다. ***It won't* ~ *me* 〈*you*〉 *to*** (help him). (그에게 조력)해도 좋다〈해주어도 좋겠지〉.

— *n.* ⓒⓤ (1) 부상, 상처(wound). (2) 해(harm), 손해(damage). (3) (정신적) 고통(pain). ***do* ~ *to...*** …을 손상시키다 ; …을 해치다.

— *a.* (1) 다친, 부상한 ; 《美》 파손된. (2) (the ~) 〔名詞的 ; 複數취급〕다친 사람들, 부상한 사람들.

hurt·ful [hə́ːrtfəl] *a.* (1) 〔敍述的〕 (건강에)해로운, 유해한(injurious)《*to*》. (2) (육체적·정신적으로) 고통을 주는, 감정을 해치는.

hur·tle [hə́ːrtl] *vi.* (돌 화살 차 등이) 고속으로 움직이다, 돌진하다, 충돌하다 ; 요란스레 격동〈돌진〉하다 ; (소리 따위가) 울려 퍼지다.

— *vt.* (1) …을 맹렬히 달리게 하다 ; 내던지다 ; 돌진케 하다. (2) 《古》 …에 충돌시키다.

— *n.* ⓤ 《詩》 던지기 ; 부딪침, 충돌.

hurt·less [hə́ːrtlis] *a.* 상처를 입지 않은, 해가 없는 ; 무해한.

파) **~·ly** *ad.* **~·ness** *n.*

:hus·band [hʌ́zbənd] *n.* ⓒ (1) 《古》 절약가. (2) 남편. — *vt.* (1) …을 절약하다(economize), 절약하여 쓰다. (2) 《古》 …에게 남편을 얻어 주다, …의 남편이 되다. (3) 《古》 (땅)을 갈다, 재배하다.

hus·band·like [hʌ́zbəndlàik] *a.* 남편다운.

***hus·band·ry** [hʌ́zbəndri] *n.* ⓤ (1) 절약(thrift), 검약. (2) (낙농·양계등을 포함하는) 농업, 경작(farming). (3)가정(家政) ; (자원 등의) 관리 보호 : good 〈bad〉 ~ 규모 있는〈없는〉 살림살이.

:hush [hʌʃ] *int.* [+ʃː] 쉿《조용히 하라는 신호》.

— *n.* ⓤ (또는 a ~) (1) 묵살. (2) 침묵, 조용함(stillness).

— *vt.* (1)《~+目/+目+前+名》 잠잠하게 하다 ; …을 조용하게 하다, 침묵시키다 ; (아이)를 잠재우다. (2) 《+目+副》 …의 입막음을 하다 ; (사건·아평 등)을 뭉개어 버리다《*up*》. (3) (노염 따위)를 달래다(soothe).

— *vi.* 조용해지다, 입다물다.

hush·a·by(e) [hʌ́ʃəbài] *int.* 자장자장.

— *vt.* …을 자장가를 불러 재우다.

hushed [hʌʃt] *a.* 비밀의 ; 조용해진 ; 고요한.

hush-hush [hʌ́ʃhʌ́ʃ] *a.* 《口》 내밀한, 극비의 : ~ experiments 비밀 실험.

— *n.* 비밀(주의); 검열.

— *vt.* …을 극비로 하다 ; (보도·발표 등)을 덮어 두다, 쉬쉬해 버리다.

húsh mòney (스캔들의) 입씻이, 입막음 돈.

·husk [hʌsk] *n.* ⓒ (1) 찌끼, 폐물. (2) 꼬투리, 껍데기, 겉껍질《*of*》 ; 《美》 옥수수 껍데기. (3) 《美俗》 녀석. — *vt.* (1)…의 껍질을 벗기다, 꼬투리 〈깍지〉를 까다 ; 《俗》 옷을 벗기다. (2) …을 쉰목소리로 말〈노래〉하다《*out*》. — *vi.* 목소리가 쉬다.

husk·ing [hʌ́skiŋ] 《美》 *n.* (1) =HUSKING BEE. (2) ⓤ 옥수수 껍데기 벗기기.

húsking bèe 《美》 옥수수 껍데기 벗기기 모임(cornhusking)《친구나 이웃이 와서 돕는데, 일이 끝나면 보통 댄스 등을 즐김》.

·husky [hʌ́ski] (***husk·i·er* ; *-i·est***) *a.* (1) 목쉰(hoarse) ; (가수의 목소리가) 허스키한. (2) 껍데기〈껍질〉의〈와 같은〉 ; 껍질이 많은 ; 껍데기처럼 바싹 마른(dry). (3) 《口》 크고 센, 억센, 튼튼한, 늠름한.

—《口》 *n.* ⓒ 건장한 사람 ; 강력한 기계.

Huss [hʌ́s] *n.* **John ~** 후스《보헤미아의 종교개혁가 ; 1372?-1415》.

hus·sar [huzáːr] *n.* ⓒ 경(輕)기병.

hus·sy [hʌ́si, hʌ́zi] *n.* ⓒ 왈패 ; 말괄량이 ; 바람둥이 처녀.

hus·tings [hʌ́stiŋz] *n. pl.* (the ~) 〔單·複數취급〕 선거 절차 ; 정견 발표회장(의 연단); 선거 운동. ***on the* ~** 선거 운동 중에.

·hus·tle [hʌ́səl] *vt.* (1) 《~+目/+目+前+名》 …에게 무리하게 …시키다《*into* do*ing*》 ; …을 강요하다. (2) 《~+目/+目+副/+目+前+名》 (사람 등)을 거칠게 밀치다(jostle), 떠밀다《*against*》 ; 밀어넣다《*into*》 ; 밀어내다《*out*》. (3) 《+目+副》 《美口》 (일 따위)를 척척 해치우다. (4) 《俗》 강탈하다 ; 훔치다, 사취하다. 《특히》 노름에 유인하다. (5) 〔~ one's way로〕 밀치고 나아가다.

— *vi.* (1) 세게 밀다. (2) 《+前+名》 밀어 젖히고 나아가다 ; 서두르다. (3) 《美口》 정력적으로 일하다 ; 《美俗》 부정하게 돈을 벌다, 부지런히 벌다, (여자가) 몸을 팔다, 손님을 유혹하다.

— *n.* ⓤ (1) 몹시 서두름, 밀치락달치락(jostling) ; 한바탕 소동. (2) 《美口》 정력적 활동, 원기; 억지 판매 〈세일즈〉. (3) 《俗》 사취(詐取), 강도. ***get a* ~*on*** 《美口》 〔흔히 命令形〕 서둘러〈힘내어〉 일하다.

hus·tle-bus·tle [hʌ́səlbʌ́səl] *n.* 활기 넘치는 북적거림.

hus·tler [hʌ́slər] *n.* ⓒ 《口》 활동가, 민완가(敏腕家) ; 거칠게 미는〈때리는〉 사람 ; 《俗》 사기꾼, 노름꾼; 매춘부, 남창.

:hut [hʌt] *n.* (1) 【軍】 임시 막사 ; 《美俗》 유치장 ; 《美俗》 《대학의》 기숙사. (2)오두막, 오막살이 집 : an Alpine ~ 등산객을 위한 산막.

— *vt.* 오두막에 유곽하다.

hutch [hʌtʃ] *n.* ⓒ (1)(곡식등을 넣는) 상자, (빵집의) 반죽통. (2) 지장 상자, 궤(chest) ; (작은 동물·가금용의) 우릿간, 우리(pen). (3)오두막.

hut cìrcle 【考古】 (주거지를 나타내는) 환상열석(環狀列石).

hut·ment [hʌ́tmənt] *n.* ⓤ 【軍】 임시 막사에 숙박하기; 임시 사무소.

Hux·ley [hʌ́ksli] *n.* 헉슬리. (1) **Thomas Henry ~** 생물학자로 Aldous의 할아버지(1825-95) (2) **Aldous (Leonard) ~** 영국의 소설가 평론가(1894-1963).

Hwang Ho [hwǽŋhóu] (the ~) 황허(黃河) 《중국의 강》.

hwy. highway.

·hy·a·cinth [háiəsìnθ] n. ⓤ 보라색 ; ⓒ 【植】 히아

신스; ⓤⓒ 【鑛】 적등색(赤橙色)의 지르콘 광물.
hyaena ⇨ HYENA.
hy·a·line [háiəlin, -làin, -lìːn] *a.* 유리질〈모양〉의(glassy), 수정 같은, 투명한 ; 유리의.
— *n.* 맑게 갠 하늘
hy·a·lite [háiəlàit] *n.* ⓤ 【鑛】 옥적석(玉滴石).
hy·a·loid [háiəlɔ̀id] 【解】 *a.* 투명한, 유리 모양의(glassy).
— *n.* ⓒ (눈알의) 유리체(體)의 막.
***hy·brid** [háibrid] *n.* ⓒ 튀기, 잡종, 혼혈아 ; 혼 성물 ; 【言】 혼성어.
— *a.* 잡종의, 혼혈의; 혼성의.
hýbrid compúter 혼성형 컴퓨터《analogue 와 digital 양쪽의 하드웨어를 갖는 컴퓨터》.
hy·brid·i·za·tion [hàibridizéiʃən] *n.* ⓤ (이종)교배.
hy·brid·ize [háibridàiz] *vt., vi.* 혼혈아를 낳다 ; 교배시키다 (cross) ; 잡종을 만들어 내다, 잡종이 생기다 ; 【言】 혼성어를 만들다.
Hyde [haid] *n.* **Mr.** ~ ⇨ JEKYLL.
Hýde Párk 하이드 파크《런던 시내의 대공원》.
hy·dra [háidrə] (*pl.* **~s, ~e** [-driː]) *n.* (1) 근절키 어려운 재해, 큰 재해 ; 결말이 나지 않는 난문(亂問). (2)(H-) 【그神】 히드라《Hercules가 퇴치한 머리가 아홉인 뱀; 머리 하나를 자르면 머리 둘이 돋아남》. (3)(H-) 【動】 히드라속(屬) ; (h-) 【動】 히드라. (4)(H-) 【天】 바다뱀자리.
hy·dran·gea [haidréindʒiə] *n.* ⓒ 【植】 수국.
hy·drant [háidrənt] *n.* ⓒ (1) 소화전(消火栓). (2) 급수〈수도〉전(栓).
hy·drate [háidreit] *vt., vi.* 수화시키다〈하다〉.
— *n.* ⓤ 【化】 수화물(水化物), 함수화합물.
hy·drau·lic [haidrɔ́ːlik] *a.* (1) 수력학의. (2) 수력의, 수압〈유압〉의. (3) 물속에서 굳어지는(경화 하는).
hydráulic bráke (액압 프레스에 의한) 유압 브레이크.
hydráulic cemént 수경(水硬)(성) 시멘트《보통 시멘트》.
hy·drau·li·cian [hàidrɔːlíʃən] *n.* ⓒ 수력 기사, 수리(水理)학자.
hy·dr·au·lic·i·ty [hàidrɔːlísəti] *n.* ⓤ 수경성(水硬性).
hydráulic líft 【機】 수압〈유압〉 승강기.
hydráulic pówer 수력 : a ~ plant 수력 발전소.
hydráulic préss 【機】 액압〈수압〉프레스.
hydráulic rám 자동 양수기.
hy·drau·lics [haidrɔ́ːliks] *n.* ⓤ 수리학(水理學), 수력학.
hy·dra·zide [háidrəzàid] *n.* ⓤ 히드라지드《결핵치료제》.
hy·dra·zine [háidrəzìːn, -zin] *n.* ⓤ 【化】 히드라진《환원제·로켓 연료용》.
hy·dric [háidrik] *a.* 【化】 수소를 함유한, 수소의 ; 【性能】 습윤한(환경에 알맞은), 수생(水生)의.
hy·dride, -drid [háidraid], [-drid] *n.* ⓤ《古》 수산화물 ; 【古】 수소화물.
hy·dro [háidrou] (*pl.* **~s**) *n.* ⓒ《口》 수상 비행기 ; 수력 전기〈발전소〉 ; ⓒ《英口》 수(水)치료원. — *a.* 수소의, 수력 전기〈발전〉의. =HYDROELECTRIC.
hy·dro-air·plane,《英》 **-aero-** [hàidrouέərplèin], [-έərə-] *n.* ⓒ 수상 비행기(hydroplane).
hy·dro·bi·ol·o·gy [hàidroubaiάlədʒi/-ɔ́l-] *n.* ⓤ 호소(湖沼) 생물학 ; 수생(水生) 생물학.
hy·dro·car·bon [hàidroukáːrbən] *n.* ⓒ 【化】 탄화수소.
hy·dro·ceph·a·lus [hàidrouséfələs] *n.* ⓤ 【醫】수두(증), 뇌수종.
hy·dro·chlo·ric [hàidrouklɔ́ːrik] *a.* 【化】 염화수소의.
hy·dro·chlo·ride [hàidrouklɔ́ːraid] n. 【化】. 염산염.
hy·dro·cy·an·ic [hàidrousaiǽnik] *a.* 【化】 시안화수소의.
hy·dro·dy·nam·ic [hàidroudainǽmik] *a.* 수력〈수압〉의, 동수(動水) 역학의 ; 유체 역학의.
hy·dro·dy·nam·ics [hàidroudainǽmiks] *n.* ⓤ 수력학(hydromechanics), 유체 역학, 동수(動水)역학.
·**hy·dro·e·lec·tric** [hàidrouiléktrik] *a.* 수력 전기의, 수력발전의.
hy·dro·ex·trac·tor [hàidrouikstrǽktər] *n.* ⓒ 원심 탈수기.
hy·dro·foil [hàidroufɔ̀il] *n.* ⓒ (1) 수중익선(船). (2) 수중익(水中翼).
hýdrogen bòmb 수소 폭탄(H- bomb).
hýdrogen bònd 수소 결합.
hy·drog·e·nous [haidrάdʒənəs/-drɔ́dʒ-] *n.* ⓤ 수소를 함유한, 수소의.
hýdrogen peróxide 과산화 수소.
hýdrogen súlfide 황화수소.
hy·drog·ra·phy [haidrάgrəfi/-drɔ́g-] *n.* ⓤ 수로 측량술, 수로학.
hy·dro·me·chan·ics [hàidroumikǽniks] *n.* ⓤ 유체 역학.
hy·drom·e·ter [haidrάmitər/-drɔ́-] *n.* ⓒ 부칭(浮秤), 액체 비중계 ; 유속계(流速計).
hy·dro·nau·tics [hàidrounɔ́ːtiks] *n.* ⓤ 해양개발공학.
hy·dro·path·ic [hàidroupǽθik] *a.* 수(水)치료법의.
hy·drop·a·thy [haidrάpəθi/-drɔ́p-] *n.* ⓤ 【醫】 수(水)치료법《온천이나 약수터에서의》.
hy·dro·plane [háidrouplèin] *n.* ⓒ 수상 활주정(滑走艇); 수상 비행기; 수중익선(水中翼船), (잠수함의) 수평타(水平舵).
— *vi.* 물 위를 (스칠듯이) 활주하다 ; 수중익선을〈수상기를〉 타다〈조종하다〉 ; (자동차 등이) hydroplaning을 일으키다.
hy·dro·plan·ing [háidrouplèiniŋ] *n.* ⓤ 하이드로플레이닝《물기 있는 길을 고속으로 달리는 차가 옆으로 미끄러지는 현상》.
hy·dro·pon·ics [hàidrəpάniks/-pɔ́n-] n. ⓤ *pl.* 〔單數취급〕 【農】 물재배, 수경법(水耕法).
hy·dro·stat·ics [hàidrəstǽtiks] *n.* ⓤ 정수학(靜水學), 유체 정역학(靜力學)
hy·dro·ther·a·py [hàidrəθérəpi] *n.* ⓤ 【醫】 수(水)치료법(water cure).
hy·e·na, -ae·na [haiíːnə] *n.* ⓒ (1) 【動】 하이에나. (2) 잔인한 사람 ; 욕심꾸러기 ; 배신사.
·**hy·giene** [háidʒiːn] *n.* ⓤ 위생(학) ; 건강법.
***hy·gi·en·ic, -i·cal** [hàidʒiénik, haidʒíːn-], [-əl] *a.* 위생(상)의, 보건상의 ; 위생학의.
hy·gi·en·ics [hàidʒiéniks, -dʒíːn-] *n.* ⓤ위생학.
hy·gien·ist [haidʒíːnist, háidʒen-, háidʒiːn-] *n.* ⓒ 위생학자, 위생사.
hy·grom·e·ter [haigrάmitər/-grɔ́m-] *n.* ⓒ습도계.
hy·gro·scop·ic [hàigrəskάpik/-skɔ́p-] *a.* 축축해지

기 쉬운, 습기를 빨아들이는, 흡습성의 ; 습도계의
hy·ing [háiiŋ] HIE의 현재 분사.
Hy·men [háimən] *n.* (1) ⓒ 【解】 처녀막. (2)【그神】 히멘《결혼의 신》.
hy·me·ne·al [hàimənίːəl] *a.*〔限定的〕 결혼의(nuptial).
:hymn [him] *n.* ⓒ 성가, 찬송가.
— *vt.* …을 찬송가로 찬미〈표현〉하다. — *vi.* 찬송가를 부르다.
hym·nal [hímnəl] *a.* 찬송가의, 성가의. — n. ⓒ 찬송가집(hymnbook).
hymn·book [hímbùk] *n.* ⓒ 찬송가〈성가〉 집.
hype [haip] 《俗》 *n.* ⓒ (1) ⓤⓒ 과대 광고〈선전〉, 과장해서 팔아넘김 ; 거스름돈을 속이는 사람. (2)피하주사침(針); 마약 중독자〈판매인〉.
— *vt.* …을 속이다 ; ~에게 거스름돈을 속이다 ; 《美》 (마약으로) …을 흥분시키다《*up*》 ; 과대 선전하다.
hyp·er [háipər] 《俗》 *a.*(1) 매우 활동적인. (2)흥분 잘하는 ; 매우 흥분〈긴장〉한
— *n.* ⓒ (1) 활동적인 사람; 흥분하고 있는 사람. (2) 선전꾼.
hy·per·ac·id [hàipərǽsid] *a.* 위산 과다의.
hy·per·ac·tive [hàipərǽktiv] *a.*, *n.* ⓒ 지극히 활동적인(사람).
hy·per·bo·la [haipə́ːrbələ] (*pl.* ***~s, -lae*** [-liː]) *n.* ⓒ 【數】 쌍곡선.
hy·per·bo·le [haipə́ːrbəliː] *n.* ⓤⓒ 【修】 과장 (법), 과장 어구.
hy·per·bol·ic, -i·cal [hàipəːrbálik/-bɔ́l-], [-əl] *a.* 과장된, 과대한 ; 【修】 과장법의 ; 【數】 쌍곡선의.
hy·per·crit·ic [hàipərkrítik] *n.* ⓒ 혹평가.
파) **-i·cal** *a.* 혹평하는.
hy·per·crit·i·cize [hàipərkrítisàiz] *vt.*, *vi.* 흠잡다 ; 혹평하다.
hy·per·in·fla·tion [hàipərinfléiʃən] *n.* ⓤ 초(超) 인플레이션.
hy·per·mar·ket [hàipərmáːrkit] *n.* ⓒ 《英》 (변두리의) 대형 슈퍼마켓.
hy·per·o·pia [háipəróupiə] *n.* 【醫】 원시(遠視).
파) **-óp·ic** [-ápik/-ɔ́p-] *a.*
hy·per·sen·si·tive [hàipərsénsətiv] *a.* 과민한, (약·알레르기원(源) 등에 대해) 과민증의 ; 【醫】 감각 과민(성)의 ; 【寫】 초고감도(超高感度)의; 〔敍述的〕(…에) 지나치게 민감한, 신경질적인《*to* ; *about*》.
hypersónic tránsport 극초음속 수송기《略 : HST》.
hy·per·ten·sion [háipərtènʃən] *n.* ⓤ 긴장 항진(증); 【醫】 고혈압(증).
hy·per·ten·sive [hàipərténsiv] *n.* ⓒ 고혈압 환자. — *a.* 고혈압(성)의.
hy·per·tro·phy [haipə́ːrtrəfi] *n.* ⓤⓒ 이상 발달 ; 【生】 비대《영양 과다 등에 의한》.
— *vi.* 비대해 지다 비대하게 하다.
:hy·phen [háifən] *n.* ⓒ 연자 부호(連字符號)《F-》, 하이픈 ; (담화 중에서) 음절간의 짧은 휴지(休止). — *vt.* …을 하이픈으로 연결하다.
hy·phen·ate [háifənèit] *vt.* =HYPHEN.
hy·phen·at·ed [háifənèitid] *a.* (1) 하이픈을 넣은.
hy·phen·a·tion [hàifənéiʃən] *n.* 하이픈으로 연결하기.
hyp·no·sis [hipnóusis] (*pl.* ***-ses*** [-siːz]) *n.* ⓤⓒ 최면술, 최면(상태).
hyp·no·ther·a·py [hìpnouθérəpi] *n.* ⓤ 최면(술) 요법.
hyp·not·ic [hipnátik/-nɔ́t-] *a.*최면술의, 최면(성)의 ; 최면술에 걸리기 쉬운.
— *n.* ⓒ 수면제(soporific) ; 최면 상태에 있는 사람, 최면술에 걸리기 쉬운 사람.
파) **~i•cal•ly** *ad.*
hyp·no·tism [hípnətìzəm] *n.* ⓤ 최면상태(hypnosis) ; 최면술.
hyp·no·tize 《英》 **-tise** [hípnətàiz] *vt.* 《口》…을 매혹시키다 ; …에게 최면술을 걸다. — *vi.* 최면술을 쓰다 ; 암시를 주다.
파) **-tìz·er** [-ər] *n.* ⓒ 최면술사(師).
hýp·no·tìz·a·ble *a.* 잠재울 수 있는, 최면술에 걸리는.
hy·po (*pl.* ***~s***) *n.* 자극 ; =HYPODERMIC ; 마약 중독자.
hy·po·acid·i·ty [hàipouəsídəti] *n.* ⓤ 저산증(低酸症), (위액 등의) 산(酸) 과소.
hy·po·cen·ter [háipəsèntər] *n.* ⓤ(핵폭발의) ;폭심(爆心)(지(地))(ground zero) ; (지진의) 진원지.
hy·po·chon·dri·a·sis [hàipoukəndráiəsis] (*pl.* ***-ses*** [-sìːz]) *n.* 심기증(心氣症).
hyp·o·crise, -crize [hípəkràiz] *vi.* 가면을 쓰다, 위선적인 행위를 하다.
***hy·poc·ri·sy** [hipákrəsi/-pɔ́k-] *n.* ⓤⓒ 위선 ; 위선(적인) 행위.
***hyp·o·crite** [hípəkrìt] *n.* ⓒ 위선자, 위선을 부림.
hyp·o·crit·i·cal [hípəkrìtikəl] *a.* 위선(자)적인 ; 위선의.
hy·po·der·mic [hàipədə́ːrmik] *a.* 【醫】피하(주사용)의. — *n.* ⓒ 피하 주사(기)(약).
hy·po·gly·ce·mia [hàipəglaisíːmiə] *n.* ⓤ 【醫】 저혈당(증).
hy·pos·ta·sis [haipástəsis/-pɔ́s-] (*pl.* ***-ses*** [-siːz]) *n.* ⓒ (1) 【神學】 (그리스도의) 인성(人性); 삼위 일체의 하나. (2) 【哲】 실제(substance), 본질.(3) 【醫】 침하성(沈下性) 충혈 ; (특히 오줌의) 침전물.
hy·pos·ta·tize [haipástətàiz/-pɔ́s-] *vt.* (관념)을 실체화하다.
hy·po·tax·is [hàipətǽksis] *n.* ⓤ 【文法】 종속(구문. 【opp.】 *parataxis.*
hy·pot·e·nuse [haipátənjùːs/-pɔ́tənjùːs] *n.* ⓒ 【數】 직각삼각형의 빗변.
hy·poth·e·sis** [haipáθəsis/-pɔ́θ-](*pl.* ***-ses [-siːz]) *n.* ⓒ 가설(假說), 가정(假定); 전체, 단순한 추측.
hy·poth·e·size [haipáθəsàiz/-pɔ́θ-] *vi.*, *vt.* 가설을 세우다, 가정하다.
hy·po·thet·ic, -i·cal [hàipəθétik], [-əl] *a.* (1) 【論】 가정(假定)의, 추측의, 가언(假言)의. (2)가설〈가상〉의.
hy·son [háisən] *n.* ⓤ 희춘차(熙春茶)《중국산 녹차의 하나》.
hys·sop [hísəp] *n.* ⓤ 히솝풀《옛날 약으로 썼던 향기로운 꿀풀과(科)의 식물》.
hys·ter·ec·to·my [hìstəréktəmi] *n.* ⓤⓒ 【醫】 자궁 적출(수술).
hys·te·ria [histíəriə] *n.* ⓤ 【一般的】 히스테리 :〔一般的〕병적 흥분, 광란.
hys·ter·ic [histérik] *a.* =HYSTERICAL.
— *n.* ⓒ 히스테리 환자 ; (흔히 *pl.*) 히스테리의 발

작, 병적 흥분, 광란.

*__hys·ter·i·cal__ [histérikəl] *a*. (1) 병적으로 흥분한 ;《口》아주 우스꽝스러운. (2)히스테리(성)의, 히스테리에 걸린. 파) **~·ly** *ad*.

Hz, hz 【電】 hertz.

I

I, i [ai] (1) ⓤ 아홉번째(의 것). (2) ⓤ 로마 숫자의 I. (3) ⓒ I 자 모양의 물건.

:I [ai] *prom.* 나는, 내가 《인칭 대명사·제1인칭·단수 주격 ; 소유격은 my, 목적격은 me, 소유 대명사는 mine ; 복수는 we》.
— (*pl.* ***I's***) *n.* ⓒ 【哲】 (the I) 자아, 나.

I 【化】 iodine.

Ia 〈**IA**〉. Iows **I.A.A.F.** International Amateur Athletic Federation(국제 육상 경기 연맹). **IAC** International Apprentices Competition(국제 기능 올림픽). **IAEA** International Atomic Energy Agency(국제 원자력 기구).

iamb [áiæmb] *n.* ⓒ 【韻】 약강격《×⊿》 ; 단장격 《∪-》.

Iam·bic [aiǽmbik] 【韻】 *a.* 약강격(弱强格)의 ; 단장격(短長格)의. — *n.* =IAMB.

iam·bus [aiǽmbəs] (*pl.* ***—bi*** [-bai], ***·es***) *n.* = IAMB. (영시의) 단장격, 약강격.

IATA, I.A.T.A. [aiɑ́:tə, iɑ́:-] International Air Transport Association.

iat·ro·gen·ic [aiætrədʒénik] *a.* 의사 진단으로 〈치료로〉인하여 생기는, 의사에게 원인이 있는.

ib. *ibidem.*

Ibe·ri·an [aibí:riən] *a.* 이베리아 반도(사람)의.
— *n.* (1)ⓤ (옛) 이베리아 말. (2)ⓒ (옛) 이베리아 사람.

Ibérian Península (the ~) 이베리아 반도.

ibex [áibeks] (*pl.* ***~·es*** [-iz], ***ib·i ·ces*** [íbisì:z, áibi-], 〔集合約〕~) *n.* ⓒ (알프스·아펜니노 산맥 등지의) 야생 염소.

IBF International Boxing Federation.

ibid. [íbid] ibidem.

ibi·dem [íbidèm, ibáidəm] *ad.* 《L.》 같은 책〈페이지, 구, 장〉에, 같은 장소에.

ibis [áibis] (*pl.* ***~·es*** [-iz], 《〔集合的〕~) *n.* ⓒ【鳥】 따오기.

IBM International Business Machines《商標名》.

I·bo [íbou] (*pl.* ~, ~*s*) *n.* (1) ⓤ 이보어. (2) a〕 (the ~(s)) 이보족《 나이지리아 남동부의 종족》. b〕 ⓒ 이보족의 사람.

IBRD, I.B.R.D. international Bank for Reconstruction and Development(국제 부흥 개발 은행)》.

IC integrated circuit 【電子】 (집석 회로).

ICAO International Civil Aviation Organization(국제 민간 항공 기구).

Ica·rus [íkərəs, ái-] *n.* 【그神】 이카로스《날개를 밀랍으로 몸에 붙이고 날다가 너무 높이 올라 태양열로 밀납이 녹아서 바다에 떨어졌다는 인물》.

ICBM, I.C.B.M. Intercontinental Ballistic Missile. 【cf.】 MRBM, IRBM. **ICC, I.C.C.** International Chamber of Commerce(국제 상공회의소) ; 《美》 Interstate Commerce Commission(국내 통상 위원회).

:ice [ais] *n.* (1) (the ~)(강·호수 등에 얼어 붙은) 얼음, 빙판. (2) ⓤ 얼음 ; 얼음처럼 찬 것. (3) ⓒ 《美》 얼음과자, 셔벗 ; 《英》 아이스크림(~ cream). (4) ⓤ 냉담 ; 차가운 태도. (5) ⓤ (과자의) 당의(糖衣)《icing, frosting이 일반적임》 ; ⓒⓤ 《美俗》 다이아몬드,〔一般的〕보석. (6) ⓤ 《美俗》(부정 업자가 경찰에 내는) 뇌물, 암표상이 극장측에 내는 수수료. ***break the ~*** (분위기를 부드럽게 하기 위해) 말머리를 꺼내다, 긴장을 풀다. ***cut no ~*** (***with*** a person) 《口》 (…에 대해) 조금도〈별로〉 효과가 없다. 전연〈별로〉 도움이 되지 않는다. ***on ~*** (1) (쇼 등이) 빙상의, 스케이터에 의한. (2) (와인 등이) 차게 되어. (3) 《口》 (장래에 대비해) 준비하여 ; 보류하여 (4) 《口》 성공이〔승리가〕 확실한. ***skate on thin ~*** ⇨ SKATE.
— *vt.* …을 얼리다(freeze), 냉장하다 ; 얼음으로 차게하다. (2) 《+目+副》 …을 얼음으로 덮다《*over up*》. (3) (과자 따위)에 설탕을 입히다. 【cf.】 iced. (4) 《美口》 (성공·승리 따위)를 확고히 하다. (5) 《美俗》 …을 죽이다 ; 묵살하다, 도외시하다《*out*》.
— *vi.* 《+副》 (못·길 따위가)얼다, 얼음으로 덮이다《*over*》, (기체 기구따위가)빙결〈착빙〉하다《*up*》. 파) **íce·less** *a.* **íce·lìke** *a.*

íce àge 【地質】 빙하 시대.

íce àx(e) (얼음 깨는) 도끼(**=píckel**), (등산용) 피켈.

íce bàg 얼음 주머니(베게).

***íce·berg** [⊿bə:*r*g] *n.* ⓒ 빙산, 냉대한 사람.

ice·boat [⊿bòut] *n.* ⓒ (1)쇄빙선(碎氷船), (2)빙상요트.

ice·bound [⊿bàund] *a.* 얼음에 갇힌, 얼음이 꽉 얼어붙은.

***ice·box** [⊿bɑ̀ks/⊿bɔ̀ks] *n.* ⓒ (1) 《英》 (냉장고의) 냉동실. (2) 아이스박스.

ice·break·er [⊿brèikə*r*] *n.* ⓒ (1) 분위기를 부드럽게 하는 것, 서먹서먹함을 푸는 것《파티의 게임 춤 등》. (2) 쇄빙선 ; 쇄빙기 ; (부두의) 유빙(流氷) 제거 장치.

ice cap 만년설.

ice-cold [⊿kóuld] *a.* (1) 냉담한. (2) 얼음처럼 차가운.

:ice crèam 아이스크림.

íce-cream còne 아이스크림 콘.

íce-cream sóda 아이스크림이 든 탄산수.

íce cùbe (전기 냉장고로 만드는) 각빙(角氷).

iced [aist] *a.* (1) 당의를 입힌. (2) 얼음으로 뒤덮인 ; 얼음으로 차게한.

ice·fall [⊿fɔ̀:l] *n.* ⓒ (1) 빙하의 붕락(崩落), (2)얼어 붙은 폭포.

íce fìeld (1) (육상의)만년 빙원. (2) (극 지방의) 부유 빙원.

íce flòe (1) 유빙(流氷), 성엣장. (2) (해상의)빙원(氷原), 부빙.

ice-free [⊿frí:] *a.* 부동(不凍)의, 얼지 않는.

íce hòckey 【競】 아이스하키.

ice·house [⊿hàus] *n.* ⓒ(특히 지하의) 저빙고(貯氷庫), 빙고(氷庫).

·Ice·land [áislənd] *n.* 아이슬란드《북대서양에 있는 공화국 ; 수도 Reykjavik》.
파) **~·er** [áislæ̀ndə*r*, -ləndə*r*] *n.* ⓒ 아이슬란드 사람.

Ice·lan·dic [aislǽndik] *a.* 아이슬란드(사람· 말)의. — *n.* ⓤ 아이슬란드어.
ice·man [áismæ̀n, -mən] (*pl.* **—men** [-mèn, -mən]) *n.* ⓒ 얼음 장수〈배달인〉, 빙상여행에 익숙한 사람.
íce pàck (1) 얼음 주머니. (2) 유빙군(流氷群).
íce pàil 얼음통.
íce pìck 아이스픽.
íce rìnk (실내) 스케이트장.
íce shèet 대륙빙, 빙상(氷床), 대빙원. 【cf.】 ice cap.
íce shòw 아이스 쇼《빙상 연기》.
íce skàte (빙상)스케이트 구두〈날〉.
ice-skate [ˊskèit] *vi.* 스케이트를 타다.
íce skàting 빙상 스케이트(를 하는 일).
íce stàtion (남극의) 극지 관측소〈기지〉.
íce tòngs 얼음 집게.
íce tràỳ (냉장고용의) 제빙 그릇.
íce wàter 《美》 얼음으로 차게 한 물.
ich·nog·ra·phy [iknágrəfi/-nɔ́g-] *n.* ⓤ 평면도(법). 파) **ìch·no·gráph·ic, -i·cal** *a.*
ich·thy·ol·o·gy [ìkθiálədʒi/-ɔ́l-] *n.* ⓤ 어류학.
***ici·cle** [áisikəl] *n.* ⓒ 고드름, 감정의 움직임이 둔한 사람.
ici·ly [áisəli] *ad.* 쌀쌀하게 ; 얼음처럼 차갑게.
ici·ness [áisinis] *n.* ⓤ 냉담함, 쌀쌀함.
ic·ing [áisiŋ] *n.* ⓤ (1) 【航空】 (비행기 날개에 생기는) 착빙(着氷) ; (물체 표면·지표면의) 결빙. (2) (과자의) 당의(frosting). (**the**) **~ on the cake** 《口》 사람의 눈을 끌 뿐인 무익한 꾸밈 ; 금상 첨화.
ICJ International Court of Justice(국제 사법 재판소).
icky [íki] (**ick·i·er, -i·est**) *a.*《美俗》 (1) 불쾌한, 역겨운, 싫은. (2) 끈적끈적한, 칙칙한. (3) (재즈 등이) 너무 감상적인, 여린. (4) 세련되지 못한, 시대에 뒤진. ※ sticky의 처음 음이 탈락한 어린이의 발음에서 생긴 말.
icon, ikon, ei·kon [áikan/-kɔn-] (*pl.* **~s. ~·es** [-ìːz]) *n.* ⓒ (1) 【그리스正教】 (예수·성인 등의) 성화상, 성상(聖象) ; 우상(idol). (2)(회화·조각의)상, 초상. (3)【言】 유사(적) 기호. (4)【컴】 쪽그림《컴퓨터의 각종 기능·메시지를 나타낸 그림 문자》.
icon·ic [aikánik/-kɔ́n-] *a.* (1) 【彫】 인습적인《주로 조상(彫像) 등에 말함》. (2) 상(像)의, 초상의, 성상의 ; 우상의.
파) **icón·i·cal·ly** *ad.*
icon·o·clasm [aikánəklæ̀zəm/-kɔ́n-] n. ⓤ (1)인습타파. (2)【基】 성상〈우상〉 파괴(주의).
icon·o·clast [aikánəklæ̀st/-kɔ́n-] *n.* ⓒ (1) 인습타파주의자. (2) 성상〈우상〉 파괴자.
파) **icòn·o·clás·tic** *a.* (1) 성상〈우상〉 파괴(자)의. (2) 인습 타파의. **-ti·cal·ly** *ad.*
ico·nog·ra·phy [àikənágrəfi/-nɔ́g-] n. (1) ⓒⓤ 도상의 주제 ; (특히 종교적인) 도상 ; 초상〈조상〉 연구(서). (2) ⓤ 도상(圖像)학 《화상·조상(彫像) 등에 의한 주제의 상징적 제시법》.
ico·nol·o·gy [àikənálədʒi/-nɔ́l-] *n.* ⓤ (1) 도상 (1) 도상에 의한 상징. (2) 도상(해석)학 ; 성상학(聖像學). 파) **-gist** *n.* **icòn·o·lóg·i·cal** *a.*
ICPO International Criminal Police Organization (=Interpol).
ic·tus [íktəs] (*pi.* **~, ~·es**) *n.* ⓒ (1) 【醫】급발(急發) 증상, 발작. (2) 【韻】강음(强音), 양음(揚音).
ICU 【醫】 intensive care unit(집중 치료실).
:icy [áisi] (**ic·i·er ; -i·est**) *a.* (1) 몹시 차가운, 싸늘한. (2) 얼음의, 얼음 같은 ; 얼음이 많은, 얼음으로 덮인. (3) 〔副詞的으로〕얼음처럼. (4) 쌀쌀한, 냉담한.
:I'd [aid] I should, I would, I had의 간약형.
·Ida·ho [áidəhòu] *n.* 아이다호《미국 북서부의 주》. 파) **Ida·ho·an** [áidəhòuən, ˌ-ˊ-] *a., n.* ⓒ ~주의 (사람).
I.D.〈ID〉 càrd [àidíː-] 《美》 신분증(identity card).
:idea [aidíːə] *n.* (1) ⓤⓒ 인식, 이해. (2) ⓒ 생각, 관념, 심상(心像), 개념. (3) ⓤⓒ 짐작, 지식. (4) ⓒ 의견, 견해. (5) ⓒ 착상, 고안 ; 취향 ; 의미, 요점. (6) ⓒ (막연한)느낌, 인상 ; 예감 ; 환상(fancy). (7) ⓒ 사고 방식. (8) 〔one's ~; 흔히 否定文으로〕 이상(ideal)으로 삼는 것. (9) ⓤⓒ (플라톤 철학의) 이데아, 형상(形相) ; (칸트 철학의) 순수 이성 개념. ▫ ideal *a.*
get an ~ of …을 (대개) 알다. ***get 〈have〉 ~s*** (***into*** one***'s head***) 망상〈좋지 않은 생각, 야심, 역심〉을 품다. ***get the ~*** (1) 이해하다. (2) …라고(가끔 잘못) 생각하게 되다《*that*》. ***give*** a person ***an ~ of*** 아무에게 …을 알게 하다. ***put ~s in〈into〉*** a person***'s head*** 아무에게 공허한 기대를〈좋지 않은 생각을〉 품게 하다. ***That's an ~.*** 《口》 좋은 생각이다. ***The*** (***very***) ***~*** (***of*** it 〈*doing*...〉)! 《口》 (그런 생각을 하다니) 너무하군, 지독해, 거 무슨 소리야. ***What an ~!*** 참 어처구니 없군 ; 정말로 기가 막히는군. ***What's the*** (***big***) ***~*** (***of*** do*ing*...)? 《口》 (…하다니) 대체 어떻게 할 작정이야〈무슨 이유야〉《불만을 나타냄》.
파) **~·less** *a.*
:ide·al [aidíːəl] *n.* ⓒ (1) 고매한 목적, 이념, 원리. (2) 이상, 극치(of). (3) 이상적인 것〈사람〉, 숭고한 목표.
— a. (1) 이상의, 이상적인, 더할 나위 없는(perfect). (2) 관념적인, 상상의, 가공의. 【opp.】 *real.* (3) 【哲】 관념에 관한, 관념론적인, 유심론의 ; 이상〈이념〉적인. ▫ idea *n.*
·ide·al·ism [aidíːəlìzəm] *n.* ⓤ (1) 【哲】 관념〈유신〉론. 【opp.】 *materialism.* (2)이상주의. 【opp.】 *realism.* (3) 【藝】 관념주의. 【opp.】 *formalism.*
:ide·al·ist [aidíːəlist] *n.* ⓒ (1) 관념론자, 관념주의자. (2) 이상가, 이상주의자 ; 공상가, 몽상가. 【opp.】 realist. — *a.* =IDEALISTIC.
ide·al·is·tic [aidìːəlístik] (***more ~ ; most ~***) *a.* (1) 관념〈유심〉론적인. (2) 이상주의적인, 공상〈비현실〉적인. 파) **-ti·cal·ly** [-tikəli] *ad.*
ide·al·ize [aidíːəlàiz] *vt.* …을 이상화하다, 이상적이라고 생각하다.
파) **i·dé·al·iz·er** *n.* ⓒ 이상화하는 사람, 이상가. **i·de·al·i·za·tion** [aidìːəlizéiʃən] *n.* ⓤ 이상화.
ide·al·ly [aidíːəli] *ad.* (1) 〔文章 전체를 수식하여〕 이론적으로 말하면 ; 이상〈욕심〉을 말한다면. (2)관념적으로(말하면) ; 전형적으로 ; 이상적으로, 더할 나위 없이.
idéa màn 아이디어 맨《기업내 등에서 창의를 제공하는 사람》.
ide·ate [áidièit/aidíːeit] *vt., vi.* (…을) 마음에 그리다, 상상하다, 생각하다, 관념화하다.
i·de·a·tion [àidiéiʃən] *n.* ⓤ 관념화(하는 힘), 관념

작용.

idée·fixe [iːdéifíːks] (*pl.* **idéesfixes** [-]) 《F.》 (=fixed idea) 고정 관념《병적으로 집착되어 떠나지 않는 관념 ; 강박 관념 등》.

idem [áidem] *pron.*, *a.* 《L.》 (=the same) (1)같은말(의), 같은서적(의), 같은전거(典據)(의)《略: id.》. (2) 같은 저자(의) ; 《美》 같음, 앞서 말한 바와 같음〈같은〉.

iden·tic [aidéntik, i-] *a.* 동일 형태의, (외교 문서가) 동문(同文)의.

:i·den·ti·cal [aidéntikəl, i-] *a.* (1) (상이한 것에 대하여) 같은, 일치하는, 동등한, 빼손《*with* ; *to*》. (2) (흔히 the ~)〔限定的〕 아주 동일한(the very same). (3) 일란성의. 【cf.】 fraternal twins》. (4) 【數】 동일한, 항등의. 파) **~·ly** *ad.* 같게.

iden·ti·fi·a·ble [aidéntəfàiəbəl, i-] *a.* 신원을 확인할 수 있는, 동일함을 증명할 수 있는, 동일시 할 수 있는.

·iden·ti·fi·ca·tion [aidèntəfikéiʃən, i-] *n.* ⓤⓒ (1) 【精神醫】 동일시〈화〉 ; 【社】 동일시, 일체화. (2)(사람·물건의) 신원〈정체〉의 확인〈인정〉 ; 동일하다는 증명〈확인, 감정〉. (3) 신원을〈정체를〉 증명하는 것. ***station ~*** 【라디오·TV】 국명(局名) 밝히기.

identificátion càrd 〈**pàpers**〉 신분 증명서 (identity 〈ID〉 card).

identificátion paràde 경찰에서 범인 확인을 위해 피의자 등을 줄세움(《英》lineup).

identificátion tàg 〈《英》**disc**〉 【軍】 인식표.

:iden·ti·fy [aidéntəfài] *vt.* (1) 《+目+前+名》 …와 동일시하다, 동일한 것으로 간주하다《*with*》: 관련지어 생각하다《*with*》: …와 제휴시키다. (2) 《~+目/+目+as 補》(본인·동일물임)을 확인하다 ; (사람의 성명·신원, 물건의 명칭·분류·소속 따위)를 인지 〈판정〉하다, 증명하다 ; 〈~oneself〉 …라고 신원을 밝히다 ; 감정하다.
— *vi.* 일체가 되다, 일체감을 갖다 ; 자기를 동일시하다, 동정(同定)하다《*with*》. ▫ identification, identity *n.* ~ one***self*** 〈***be identified***〉 ***with*** …와 행동〈사상〉을 같이하다: …와 제휴〈관계〉하다 ; …의 편이 되다.

Iden·ti·kit [aidéntəkit] *n.* ⓒ (1) (때로 i-) 몽타주 얼굴 사진. (2) 몽타주식 얼굴 사진 합성장치《商標名》.

·iden·ti·ty [aidéntəti] *n.* (1) ⓤⓒ (딴 것이 아닌) 자기〈그것〉 자신임, 본인임 ; 주체성, 독자성, 개성 (individuality) ; 본체, 정체, 신원.
(2) ⓤ 동일함, 일치, 동일성. (3) ⓒ【數】 항등원(恒等元). ***conceal one's ~*** 신원을 숨기다. ***establish*** 〈***prove, recognize***〉 a per son***'s ~*** ~가 본인임을 확인하다, 신원을 밝히다. ***a case of mistaken*** 〈***false***〉 ***~*** 사람을 잘못 봄

idéntity càrd 신분 증명서《공적 기관에서 발행한 신분 증명서를 일컫는다》.

idéntity crisis 자기 인식의 위기 《자기의 실체에 의심을 가짐》, 자기 상실.

idéntity parade =INDENTIFICATION PARADE.

id·e·o·gram, -graph [ídiəgræ̀m, áid-], [-græ̀f, -grɑ̀ːf] *n.* ⓒ 표의 문자(表意文字). 【cf.】phonogram.

ide·o·log·ic [àidiəládʒik, -id- / -lɔ́dʒ-] *a.* =IDEOLOGICAL. 이데올로기의.

ide·o·log·i·cal [àidiəládʒikəl, ìd- / -lɔ́dʒ-] *a.* (1) 관념학의 ; 공론의. (2) 관념 형태의, 이데올로기의. 파) **-i·cal·ly** *ad.*

ide·ol·o·gist [àidiálədʒist, ìd- / -ɔ́l-] *n.* ⓒ (1) 공론가, 공상가. (2) 특정 이데올로기 신봉자. (3) 관념학자, 관념론자.

ide·o·logue [áidiəlɔ̀(ː)g, -lɑ̀g, íd-] *n.* ⓒ (1) 공상가(visionary). (2) 특정 이데올로기 신봉자.

·ide·ol·o·gy [àidiálədʒi, ìd- / -ɔ́l-] *n.* (1) ⓒ【社】 (사회 정치상의) 이데올로기, 관념 형태. (2) ⓤ관념학〈론〉 ; 공리, 공론.

ides [aidz] *n.*〔單數 취급 ; 흔히 the ~〕【文】 (고대 로마력(曆)에서) 3〈5, 7, 10〉월의 15일, 그 밖의 달은 13일》. ***Beware the Ides of March.*** 3월 15일을 경계하라.

id·i·o·cy [ídiəsi] *n.* (1) ⓒ 백치적 행위. (2) ⓤ 백치(상태).

:id·i·om [ídiəm] *n.* (1) ⓤⓒ(어떤 민족의) 고유어, 통용어 ; (어떤 지역의) 방언, 어풍. (2) ⓒ a〕(일정한 형식의 특수한 뜻을 갖는) : 이디엄, 성구(成句), 관용구. b〕 숙어. (3) ⓤ (예술가 등의) 개성적 표현 방식, 작풍.

·id·i·o·mat·ic, -i·cal [ìdiəmǽtik], [-əl] *a.* 관용구가 많은, 관용구적인 ; (어떤 언어의) 특색을 나타내는.
파) **-i·cal·ly** *ad.* 관용적으로 ; 관용구를 써서.

id·i·op·a·thy [ìdiápəθi / -ɔ́p-] *n.* ⓒ 【醫】 원인 불명의 질환, 특발성(特發性) 질환.

id·i·o·syn·cra·sy, -cy [ìdiəsíŋkrəsi] *n.* ⓒ (1) 남다른 언행, 기행(奇行). (2) (어느 개인의) 특이성, 특이한 성격〈경향, 성벽(性癖), 표현법〉. (3) 【醫】 특이체질. 【cf.】 allergy.

id·i·o·syn·crat·ic [ìdiəsiŋkrǽtik] *a.* (1) 특유한 (peculiar), 색다른. (2) 특질의, 특이질의. (3) 특이체질의.
파) **-i·cal·ly** *ad.*

·id·i·ot [ídiət] *n.* ⓒ (1) 【心】 백치《I.Q. 20-25 이하로, 성장 후의 지능 정도가 2-3세 정도임》. ※ 지능이 가장 낮은 상태부터 차례로 idiot, imbecile, moron 이라함》. (2) 천치, 바보.

ídiot bòx (흔히 the ~) 바보 상자《텔레비전의 속칭》.

ídiot càrd 〈**bòard**〉 대형 문자판《텔레비전 출연자가 대사를 잊었을 때를 위한》.

·id·i·ot·ic, -i·cal [ìdiátik / -ɔ́t-], [-əl] *a.* 천치의; 백치의, 비정상적인.
파) **-i·cal·ly** [-kəli] *ad.*

:idle [áidl] (***idl·er ; idl·est***) *a.* (1) 한가한, 놀고 있는, 할 일이 없는. (2) 게으름뱅이의, 나태한, 태만한. (3) (기계·공장·돈 따위가) 쓰이고 있지 않은 (unemployed), 놀고 있는. (4) 무익한, 헛된, 쓸모없는 (useless). (5) 근거 없는, 하찮은 : an ~ rumor 근거없는 소문. (6)【競技】 경기가 없는.
run ~ (기계가) 헛돌다.
— *vi.* (1) 게으름 피우고〈놀고〉 있다, 빈둥거리고 있다, 하는 일 없이. (2) 【機】 헛돌다 ; 부하(負荷)없이 회전하다. — *vt.* (1) 《+目+副》 (시간)을 빈둥거리며 보내다(waste), 놀며 보내다《*away*》. (2) 【機】 헛돌게 〈겉돌게〉 하다. (3) 《美口》 (노동자)를 놀게〈한가하게〉하다《불경기·스트라이크 따위로》.
— *n.* ⓤ 무위(無爲) ; (엔진 등의) 헛돎, 공전.

:idle·ness [áidlnis] *n.* ⓤ (1) 무익(無益). (2)게으름, 나태 ; 무위(無爲).

idler [áidlər] *n.* ⓒ (1) 【機】 =IDLE PULLEY.

I

(2) 게으름뱅이.
ídle(r) pùlley 【機】 아이들 풀리. (벨트나 체인의 유도 죄기용으로 공전하는) 유동(遊動) 바퀴.
ídle(r) whèel 【機】 두 톱니바퀴 사이의 톱니바퀴. 유동 바퀴. 아이들 휠《idle gear, idle pulley 따위》.
·idly [áidli] *ad.* 헛되이, 하는 일 없이 ; 빈둥거리며 ; 무익하게 ; 멍청히.
:idol [áidl] *n.* ⓒ (1) 숭배되는 사람〈것〉, 경애(敬愛)의 대상. (2) 우상, 신상(神像); 사신상(邪神像). (3) 【論】 (선입적) 유견, 오류(誤謬).
idol·a·ter [aidálətər/-dɔ́l-] (*fem.* ***idol·a ·tress*** [-tris]) *n.* ⓒ 〔一般的〕 숭배자, 심취자 ; 우상 숭배자.
idol·a·trous [aidálətrəs/-dɔ́l-] *a.* 맹목적으로 숭배하는; 우상 숭배하는〈숭배적인〉 ; 심취하는.
파) **~·ly** *ad.* **~·ness** *n.* ⓤ 우상 숭배.
·idol·a·try [aidálətri/-dɔ́l-] *n.* ⓤ 맹목적 숭배, 심취 ; 우상 숭배, 사신(邪神) 숭배.
idol·ize [áidəlàiz] *vt.* (1) …에 심취하다. (2) …을 우상화〈시〉하다.
— *vi.* 우상을 숭배하다.
파) **ìdol·i·zá·tion** [-li-/-lai-] *n.* ⓤ 우상화; 심취.
idyl(l) [áidl] *n.* ⓒ (1) 전원 풍경〈생활〉. (2) 전원시, 목가, (산문의) 전원 문학. (3) 【樂】 전원곡. (4) 정사(情事).
idyl·lic [aidílik] *a.* 목가적인, 한가로운 ; 전원시(풍)의. 파) **-li·cal·ly** *ad.* 전원시적으로
IEA International Energy Agency. (국제 에너지 기구).
:if [if] *conj.* A) 〔副詞的을 이끌어〕 (1) 〔양보 · 대조〕 설사〈비록〉 …라 하더라도〈일지라도〉 ; …이기는 하지만《if 절에는 가정법을 쓰지 않으나,《古》에서는 씀》.
(2) 〔가정 · 조건〕 (만약) …이면〈하면〉 ; (만일) …라고 하면. a) 〔현재 · 과거 · 미래의 실현 가능성 있는 일에 대한 추측〕《미래를 나타내는 경우에도 if절에서는 보통 현재 시제를 씀 ; 가정법의 동사를 쓰는 것은《古》》.

☞ 語法 다음과 같은 경우에는 if절에 will을 씀.
1) if절의 주어의 의지를 나타낼 경우.
2) if절이 미래의 가정 조건을 나타내지만 문장 전체가 현재의 사실과 관계가 있을 때.

b) 〔현재 사실에 반대되는 가정〕《if절에는 과거(be동사는 were)를, 주절에는 보통 조동사의 과거형을 씀》《※ 오늘날 구어에서는 if I 〈he, she, it〉 were의 경우는 흔히 were 대신 was를 즐겨 씀. 다만, If I were you는 거의 하나의 관용구(慣用句)로 굳어 버렸음》.
c) 〔과거 사실에 반대되는 가정〕《if절에는 과거완료형을, 주절에는 보통 조동사의 과거형+have+과거분사의 형식을 씀》.
d) 〔가능성이 적은 未來의 일에 대한 가정〕《if… should의 형식을 씀》.
e) 〔미래의 일에 대한 순수한 가정〕《if …were to (do)의 형식을 씀》.
(3) 〔인과 관계〕 …하면 (언제나), …한 때에는 (when, whenever)《if절과 주절의 시제가 같음》.
(4) 〔귀결을 생략한 감탄문〕 a) 〔바람을 나타냄〕(그저) …하기만 하면(좋으련마는)《if only의 형식을 취할 때가 많으며, 사실에 반대되느냐, 가능성이 있느냐에 따라서 가정법, 직설법을 가려씀》. b) 〔놀라움 · 곤혹 · 호소〕 …라니 놀랍다《직설법 부정문으로》.
B) 《間接疑問文을 이끌어》 …인지 어떤지.

☞ 語法 **if**와 **whether** 1) if는 whether에 비해구어에 많이 쓰이며, ask, doubt, know, try, wonder, see, tell, be not sure 따위의 목적절을 이끎.
2) B)에 보인 경우 외에 다음과 같은 경우엔 whether를 사용함. a) 主語節 · 補語節을 이끎. b) 不定詞句가 계속됨. c) 전치사의 목적어.

as if ⇨ AS. ***even if*** ➔ even. ***if a day<an inch, a penny, an ounce, a man, etc.***〉 (나이 · 금액 · 길이 · 중량 · 인원수 등에 대해) 확실히, 적어도《day는 나이, penny, cent, dime 은 돈의 액수에, yard, inch는 길이, ounce는 무게에, man은 인원수 등에 대해서 쓰임》. ***if and only if*** 만약 …의 경우에만《수학 논리학에서 많이 쓰임. 略 : iff.》. ***if and when...*** 만일 …한 때에는. ***if any*** 만일〈조금이라도〉 있으면; 비록〈설혹〉 있다 하〈손치〉더라도 : Correct the errors, *if any*. 틀린 것이 있으면 고치시오. ***if anything*** 어느 편이냐 하면, 오히려, 그렇기는 커녕; 아무튼. ***if anywhere*** 어디냐 하면, 어쨌든. ***if at all*** 〈***ever***〉 적어도 … 한다면 ; …한다〈있다〉 하여도. ***If it had not been for...*** 〔과거의 사실에 반대되는 가정을 나타내어〕만일 …이 없었다면〈아니었더라면〉(But for…)《문어에서는 if 대신 도치시켜 Had it not been for…》. ***If it were not for...*** 〔현재 사실의 반대되는 가정을 나타내어〕 만약 …없으면〈아니라면〉《口》에서는 were 대신 was 도 가능 ; 문어에서 if를 쓰지 않고 도치되어 Were it not for… 라고는 할 수 있으나 Was it not for… 로는 할 수 없음》. ***if necessary*** 〈***possible***〉 필요하〈될 수 있으면〉. ***if not*** 1) 비록 …은 아니(더)라도. 2) 만일 …이 아니라고 한다면. ***if only*** 1) ⇨ (4) a). 2)만약 …하기만 하면, 3) 그저〈단지〉 …만으로도. ***if that*** 《口》〔앞의 말을 받아〕 그것조차도 아니다. ***if you like*** ⇨ LIKE[1] ***if you please*** ⇨ PLEASE. ***what if...*** ⇨ What.
— *n.* ⓒ (*pl.* ***~s***) 가정, 조건. ***ifs and buts*** 《口》 일을 앞으로 미루기 위한 이유〈구실, 변명〉《否定文에서는 ifs or buts로 될 때도 있음》.
IFC International Finance Corporation (국제 금융 공사).
iff [if] *conj.* 〔數 · 論理〕 …의 경우에만《if and only if 라고 읽는 일이 많다》.
if·fy [ífi] (종종 ***if·fi·er ; if ·fi·est***) *a.* 《口》 조건부의, if가 많은, 불확실한, 의문점이 많은, 모호한.
파) **íf·fi·ness** *n.* ⓤ
ig·loo, ig·lu [íglu:] (*pl.* ***~s***) *n.* ⓒ 이글루《에스키모의 집》.
ig·ne·ous [ígniəs] *a.* (1) 【地質】 화성(火成)의. (2) 불의, 불 같은, 불로 인하여 생긴.
ig·nisfat·u·us [ígnəs-fǽtʃuəs] *n.* ⓒ (*pl.*) ***ig·nes fat·ui*** [ígni:z-fǽtʃuài] 《L.》 (1) 사람을 현혹시키는 것. (2) 도깨비불.
ig·nite [ignáit] *vt.* (1) …를 흥분시키다. (2) …에 불을 붙이다. 불나게 하다. (3) 【化】 …을 세게 가열하다.
— *vi.* 점화하다, 발화하다.
파) **ig·nít·er, -ní·tor** [-ər] *n.* 점화기〈장치〉.
ig·ni·tion [igníʃən] *n.* (1) ⓒ (내연 기관의) 점화 장치. (2) ⓤ 점화, 발화, 인화(引火); 연소.
·ig·no·ble [ignóubəl] *a.* (1) (태생 지위가) 비천한. 【opp.】 *noble*. (2)(성품이) 저열한, 비열한, 천박한.

I

□ ignobility *n.*
파) **-bly** *ad.* 천하게. 비열하게. **~·ness** *n.*
ig·no·bil·i·ty [ìgnoubíləti] *n.*
ig·no·min·i·ous [ìgnəmíniəs] *a* 불명예스러운 ; 수치스러운 (shameful), 비열한, 면목없는 ; 굴욕적인.
파) **~·ly** *ad.* **~·ness** *n.*
ig·no·miny [ígnəmìni] *n.* (1) ⓒ 부끄러운 행위, 추행. (2) ⓤ 치욕, 불명예(disgrace), 불면목.
ig·no·ra·mus [ìgnəréiməs] *n.* ⓒ《L.》무지한 사람, 무식한 사람.
:ig·no·rance [ígnərəns] *n.* ⓤ 무학, 무지 ; (어떤 일을) 모름.
:ig·no·rant [ígnərənt] (***more ~ ; most ~***) *a.* (1) 예의를 모르는, 실례되는. (2) 무지한, 무학의, 무식한《*in*》. (3)〔敍述的〕(어떤 일을) 모르는《*of* ; *about* ; *that*》.
파) **~·ly** *ad.* 무식하게 ; 모르고.
:ig·nore [ignɔ́:*r*] *vt.* (의식적으로) 묵살하다, …을 무시하다, 모른체 하다.
igua·na [igwɑ́:nə] *n.* ⓒ 【動】 이구아나《서인도 및 남아메리카의 수림 속에 사는 초식성 큰 도마뱀》.
IGY, I.G.Y. International Geophysical Year. (국제 지구 관측년). **IH** Induction heating. **IHS, I.H.S.** Jesus《그리스어의 예수 (IHΣOΥΣ)의 처음의 3자 IHΣ를 로마자(字)화한 것》.
ilex [áileks] *n.* ⓒ 【植】 너도밤나뭇과의 일종 (holm oak) ; 호랑가시나무류.
Il·i·ad [íliəd] *n.* (1) ⓒ 일리아드풍의 서사시. (2) (the ~)일리아드《Troy 전쟁을 읊은 서사시 ; Homer 작이라고 전해짐》. 【cf.】 Odyssey. (3)ⓒ 재해〈불행〉(of). ***an ~ of woes*** 잇단 불행.
ilk [ilk] *n.* (*sing*) 식구, 가족 ; 종류. ***of that ~*** 같은 이름〈집안, 지방〉의 ; 같은 종류의.
— *a.* 동일한, 같은(same)
:ill [il] (***worse*** [wə:*r*s] ***; worst*** [wə:*r*st]) *a.* (1)〔限定的〕(건강이) 좋지 못한, 부실한. (2)〔敍述的〕병든 ; 건강〈기분〉이 나쁜 ;《美》메스꺼운. 【opp.】 well. (3)〔限定的〕나쁜, 부덕한, 사악한 ; 심사 고약한, 불친절한. (4)〔限定的〕싫은, 불쾌한, 유해한 ; 형편이 좋지 않은 ; 비참한. (5)〔限定的〕불운의 ; 불길한 ; 불행한. (6) 서투른 ; 불충분한, 부적절한 ; 불만족한. (7)〔限定的〕적의가 있는, 불친절한.
be taken ~ = ***fall*** ~ 병에 걸리다. ***do*** a person ***an ~ turn*** ~에게 앙갚음을 하다, ~에게 불리한 짓을 하다.
— n. (1) ⓤ 악, 사악 ; 죄악 ; 불리한 일. (2) ⓒ (종종 *pl.*) 불행, 재난, 곤란, 병고, 병. ***for good or ~*** 좋든 나쁘든, 결과는 차치하고.
— (***worse ; worst***) *ad.* (1) 나쁘게(badly). (2) 부적당하게, 서투르게 ; 운 나쁘게. (3) 고약하게, 불친절하게, 언짢게. (4) 불완전하게, 불충분하게, 거의 …없이(scarcely). (5) 운 나쁘게, 여의치 않게. 【opp.】 well. ***be ~ off*** 살림〈형편〉이 어렵다, 여의치 않다. ***~ at ease*** ⇨ EASE *n.* ***~ become*** a person ~에게 어울리지 않다. ~답지 않다. ***take*** a thing ~ 무엇을 나쁘게 여기다, 화내다.
:I'll [ail] I shall, I will의 간략형.
Ill. Illinois **ill.** illumination ; illustrated ; illustreation.
ill-ad·vised [´ədváizd] *a.* 사려없는, 지각없는, 분별 없는, 경솔한. 【cf.】 well-advised.
파) **-vis·ed·ly** [-zidli] *ad.* 분별없이.
ill-af·fect·ed [´əféktid] *a.* 불만을 가진《toward》, 호감이 없는.
ill-as·sort·ed [´əsɔ́:*r*tid] *a.* 어울리지 않는, 조화되지 않은.
ill-be·haved [´bihéivd] *a.* 행실이 바르지 못한 ; 버릇없는(ill-mannered).
íll blóod =BAD BLOOD. 원한, 적대심.
ill-bred [´bréd] *a.* 본데없는(rude), 버릇없이 자란.
íll bréeding 버릇〈본데〉 없음.
ill-con·sid·ered [´kənsídə*r*d] *a.* 부적당한, 분별없는, 현명치 못한.
ill-de·fined [´difáind] *a.* 분명치 않은, (윤곽이) 뚜렷하지 못한.
ill-dis·posed [´dispóuzd] *a.* 비협조적인, 악의를 품은《*toward*》; 근성이 나쁜, 질이 나쁜.
:il·le·gal [ilí:gəl] *a.* 비합법적인, 불법〈위법〉의 (unlawful). 【opp.】 *legal.*
파) **~·ly** *ad.*
il·le·gal·i·ty [ìli:gǽləti] *n.* (1) ⓒ 불법 행위, 부정. (2) ⓤ 불법, 비합법, 위법.
il·leg·i·ble [iléd͡ʒəbəl] *a.* 불명료한, 읽기〈판독하기〉 어려운. 파) **-bly** *ad.* **il·lèg·i·bíl·i·ty** [-bíləti] *n.* ⓤ
il·le·git·i·ma·cy [ìlid͡ʒítəməsi] *n.* ⓤ (1) 불법, 위법. (2) 사생(私生), 서출(庶出), 비적출. (3) 부조리, 불합리.
·il·le·git·i·mate [ìlid͡ʒítəmit] *a.* (1) 서출(庶出)의. (2) 불법의, 위법의. (3) 부조리한, 비논리적인 ; (어구 등) 오용의. (4) (생리학적으로) 이상한.
— *n.* ⓒ 사생아, 서자(bastard).
파) **~·ly** [-mətli] *ad.* (1) 불법으로 ; 불합리하게. (2) 사생아로서.
ill-e·quipped [ílikwípt] *a.* 준비가 부실한.
ill-famed [´féimd] *a.* 평판이 나쁜, 악명 높은.
ill-fat·ed [´féitid] *a.* 불행한, 운이 나쁜 ; 불행을 가져오는.
ill-fa·vored [ílféivə*r*d] *a.* (1) 불쾌한, 꺼림직한. (2) (용모가) 못생긴, 추한.
ill-found·ed [´fáundid] *a.* 정당한 근거〈이유〉가 없는.
ill-got·ten [´gɑ́tn/-gɔ́t-] *a.* 부정 수단으로 얻은, 부정한.
ill-hu·mored [´hjú:mə*r*d] *a.* 찌무룩한, 심기가 나쁜, 기분이 언짢은. 파) **~·ly** *ad.*
il·lib·er·al [ilíbərəl] *a.* (1) 다라운, 인색한. (2)도량이 좁은, 편협한, (3) 교양 없는, 저속한. 【opp.】 *liberal.*
파) **il·lib·er·al·i·ty** [ilìbərǽləti] *n.* ⓤ 인색 ; 협량, 편협 ; 천박, 비열. 파) **~·ly** *ad.*
***il·lic·it** [ilísit] *a.* 부정한, 불법의 ; 불의의 ; 금제(禁制)의. 파) **~·ly** *ad.* **~·ness** *n.*
il·lim·it·a·ble [ilímitəbəl] *a.* 광대한, 무한한, 끝없는. 파) **-bly** *ad.* 무한히, 끝없이.
·Il·li·nois [ìlənɔ́i, -nɔ́iz] *n.* 일리노이《미국 중서부의 주(州) ; 주도 Springfield ; 略 : Ill., 【郵】IL ; 속칭 the Prairie State》.
파) **~·an** [-ən] *a.*, *n.* ~ 주의(사람).
il·liq·uid [ilíkwid] *a.* 현금 부족의 ; (자산이 손쉽게) 현금화할 수 없는, 비유동적인.
il·lit·er·a·cy [ilítərəsi] *n.* ⓤ 무학, 무식 ; 문맹.
·il·lit·er·ate [ilítərit] *a.* (1) (말씨 등이) 관용에서 벗어난. (2) 무식한, 문맹의 ; 무학의. 【cf.】 ignorant.

— *n.* ⓒ 무식자 ; 문맹자.
ill-judged [∸dʒʌ́dʒd] *a.* 분별 〈사려〉 없는, 생각이 깊지 않은.
ill-man·nered [∸mǽnərd] *a.* 무례한, 행실이 바르지 못한, 버릇없는.
·**ill-na·tured** [∸néitʃərd] *a.* 비뚤어진(bad-tempered) ; 심술궂은 ; 찌무룩한, 지르퉁한.
파) **~·ly** *ad.*
:**ill·ness** [∸nis] *n.* ⓤⓒ 병.
il·log·i·cal [iládʒikəl/-lɔ́dʒ-] *a.* 불합리한, 비논리적인, 이치가 닿지 않는.
※ irrational은 이치에 닿지 않은, 불합리한의 뜻 ; unreasonable은 비이성적인, 몰상식한의 뜻.
파) **il·lòg·i·cál·i·ty** [-kǽləti] *n.* ⓤⓒ 불합리, 비논리성 ; 불합리한 일. **~·ly** *ad.* 비논리적으로.
ill-o·mened [∸óumənd] *a.* 불길한, 재수 없는 ; 불운한, 흉조의.
ill-starred [∸stɑ́:rd] *a.* 불행〈불운〉한, 운수〈팔자〉가 사나운 .
ill-suit·ed [∸sú:tid] *a.* 어울리지〈맞지〉 않는.
ill-tem·pered [íltémpərd] *a.* 까다로운, 성마른.
ill-timed [íltáimd] *a.* 계제가 나쁜, 때가 나쁜.
ill-treat [íltrí:t] *vt.* 〔종종 受動으로〕 …을 냉대 〈학대〉하다.
파) **~·ment** *n.* ⓤ 학대, 냉대, 혹사.
il·lu·mi·nant [ilú:mənənt] *a.* 비추는, 발광성의 ; 빛을 내는.
— *n.* ⓒ 광원(光源), 발광체.
:**il·lu·mi·nate** [ilú:mənèit] *vt.* (1) (건물·거리 등)을 조명장치로 〈조명등으로〉 장식하다. (2) …을 조명하다, 밝게 하다, 비추다 ; …에 등불을 밝히다. (3) (문제 따위)를 설명〈해명〉하다. (4) …을 계발(啓發)하다, 계몽하다. (5) (사본(寫本) 따위)를 채색·금자(金字) ·그림 따위로 장식하다. (6) …에게 영광〈명성〉을 주다, 광채를 더하다.
파) **-nàt·ed** [-id] *a.* (1) 전등 등을 달아 장식한; 조명을 비춘. (2) (사본 등이) 채식(彩飾)된.
il·lu·mi·nat·ing [ilú:mənèitiŋ] *a.* (1) 분명히 하는, 밝히는, 설명적인, 계몽적인. (2) 조명하는, 비추는. 파) **~·ly** *ad.*
:**il·lu·mi·na·tion** [ilù:mənéiʃən] *n.* (1) ⓤ 계몽, 계발, 해명. (2) ⓤ 조명(법); 조명도(illuminance). (3) ⓒ (종종 *pl.*) 전등 장식, 일루미네이션. (4) (흔히 *pl.*)(사본 따위의) 채식(彩飾)(무늬). 파) **~·al** *a.*
il·lu·mi·na·tive [ilú:mənèitiv] *a.* (1) 계몽적인 (2) 밝게 하는 ; 밝히는.
il·lu·mi·na·tor [ilú:mənèitər] *n.* ⓒ (1) 계몽가 (2) 조명하는 사람〈것〉, 조명기, 반사경, 발광체《따위》. (3) 사본 채식사(彩飾師).
il·lu·mine [ilú:min] *vt.* (1) …을 계몽하다, 계발하다. (2) …을 비추다, 밝게 하다. (3) (마음 얼굴 따위)를 밝게 하다, 밝게 하다(brighten).
ill-us·age [iljú:sidʒ, -jú:z-] *n.* ⓤ 혹사, 학대.
ill-use [íljú:z] *vt.* …을 혹사(酪使)하다(ill-treat), 학대하다 ; 악용〈남용〉하다(abuse).
— [íljú:s] *n.* ⓤ 학대, 혹사(ill-usage).
:**il·lu·sion** [ilú:ʒən] *n.* (1) ⓒ 환상, 망상 ; 착각, (…하다고) 잘못 생각함. (2) ⓤⓒ 환영(幻影), 환각. (3) 【心】 착각.
파) **~·al**, **~·ary** [-ʒənəl], [-ʒənèri/-nəri] *a.* 곡두〈환영〉의 ; 환상의, 착각의. **~·ism** [-ʒənìzəm] *n.* ⓤ (1) 환상설, 미망설(迷妄說)《실제는 하나의 환각이라고 제창》. (2) 【藝】 환각법, 눈속임 그림 기법, **~·ist** *n.* ⓒ (1) 미망론자, 환상가. (2) 눈속임 그림 화가. (3) 요술쟁이.
il·lu·sive [ilú:siv] *a.* 착각을 일으키는, 가공의, 실체가 없는. ILLUSORY. 파) **~·ly**. *ad.*
il·lu·so·ry [ilú:səri] *a.* (1) 가공의, 비현실적인. (2) 환영의 ; 착각의 ; 사람 눈을 속이는, 현혹시키는.
파) **-ri·ly** *ad.* 혼미하게. **-ri·ness** *n.*
:**il·lus·trate** [íləstrèit, ilʌ́streit] *vt.* (1) 삽화〈설명도〉를 넣다, 도해(圖解)하다. (2) 《~+目/+目+前+名/+ wh. 節》(실례·도해 따위로) …을 설명하다, 예증(例證)하다.
— *vi.* 실례를 들어〈구체적으로〉 설명하다. ▫ illustration *n.*
il·lus·trat·ed [íləstrèitid, ilʌ́streit-] *a.* 그림〈사진〉이 든, 삽화가 든.
— *n.* 삽화가 많은 신문(잡지)
:**il·lus·tra·tion** [ìləstréiʃən] *n.* (1) ⓒ 예해(例解), 실례, 보기, 예증이 되는것 ; ⓤ (실례·그림 등에 의한) 설명, 해설, 예증. (2) ⓒ 삽화 ; 도해, 도판. ▫ illustrate *v.* ***by way of ~*** 실례로서. ***in ~ of*** …의 예증으로서.
il·lus·tra·tive [íləstrèitiv, ilʌ́strə-] *a.* 예증이 되는, 실례가 되는; (…을) 설명하는, 예증하는《*of*》.
파) **~·ly** *ad.*
·**il·lus·tra·tor** [íləstrèitər, ilʌ́s-] *n.* ⓒ 도해(圖解)자, 설명자, 예증하는 사람 ; 삽화가.
·**il·lus·tri·ous** [ilʌ́striəs] *a.* (1) (행위 따위가) 빛나는, 화려한《공적 등》. (2) 뛰어난, 이름난, 저명한.
파) **~·ly** *ad.* **~·ness** *n.* 저명 ; 탁월.
íll wíll 나쁜 감정, 악의, 원한. 【opp.】 *good will.*
ill-wish·er [ílwíʃər] *n.* ⓒ 남이 못되기를 바라는 사람.
ILO, I.L.O. International Labor Organization(국제 노동 기구). **ILS** 【空】 instrument landing system(계기 착륙 방식).
I'm [aim] I am의 간약형.
I.M. Isle of Man《Irish Sea에 있는 섬》.
:**im·age** [ímidʒ] *n.* ⓒ (1)화상(畫像), 초상; 조상(彫像), 성상(聖像), 우상. (2)(시각 · 거울 따위에 비친) 상(像), 모습, 모양, 꼴. (3) 꼭 닮음, 꼭 닮은〈빼쏜〉 사람, 아주 비슷한 것. (4) (심중의) 영상(映像), 잔상(殘像); 심상(心像), 표상, 관념. (5) 【光】 (거울·망막상의) 영상(映像). (6)사실적 묘사, 표현《특히 직유·은유 등》. (7)상징, 전형, 화신(type). (8) (대중이 품고 있는) 이미지, 관념. (9) 【컴】 영상, 이미지.
— *vt.* (1) …의 상을 만들다〈그리다〉. (2) 《+目+前+名》…의 영상을 비추다. (3) 《+目+前+名》…을 살아 있는 것같이〈생생하게〉 묘사하다. (4) …을 상상하다. (5) …을 상징하다.
im·age-mak·ing [-mèikiŋ] *n.*, *a.* 이미지 형성(의).
ímage procèssing 【컴】 영상(影像) (정보)처리.
ímage prócessor 【컴】 영상 처리 장치.
ím·age-rec·og·ní·tion compùter [-rèkəgníʃən] 【컴】 도형 인식 컴퓨터.
im·age·ry [ímidʒəri] *n.* ⓤ 〔集合的〕 심상, 마음에 그리는 상 ; 【文】 비유적 표현, 형상, 이미지, 사상.
ímage scànner 화상 스캐너《그림이나 글자의 화상적 특징을 광학적으로 해독해서 디지털 신호로 바꾸는 장치》.

I

:imag·in·a·ble [imǽdʒənəbəl] *a.* 상상할 수 있는 ; 상상할 수 있는 한의. 파) **-bly** *ad.* 상상할수 있게, 당연히. **~·ness** *n.*

:imag·i·na·ry [imǽdʒənèri/-nəri] (***more ~ ; most ~***) *a.* (1) 【數】 허(수)(虛(數))의. 〖opp.〗*real.* (2) 상상의, 가상의. ▫ imagine *v.* 파) **-ri·ly** *ad.* 상상으로.

:imag·i·na·tion [imæ̀dʒənéiʃən] *n.* ⓤⓒ (1)(종종 one's ~) 상상〈공상〉의 산물, 심상; 공상, 망상. (2) 상상(력) ; 창작력, 구상력(構想力). ▫ imagine *v.*

·imag·i·na·tive [imǽdʒənətiv, -nèitiv] *a.* (1)상상력〈창작력, 구상력〉이 풍부한, 기량이 무궁무진한 ; 상상력으로 생긴《문학 등》; 상상을 좋아하는. (2) 상상의, 상상적인, 가공의.
▫ imagine *v.* 파) **~·ly** *ad.*

⁑imag·ine [imǽdʒin] *vt.* (1) 《+wh.節/+(that)節》추측하다, 짐작하다(guess), 생각하다(suppose). (2) 《~+目/+(*that*)節/+*-ing* /+目+(*to be*) 補 / 目+*as* 補》 …을 상상하다(conceive), 마음에 그리다 ; 가정하다. (3) 〔挿入句的으로〕 …라고 생각하다.
— *vi.* 상상하다, 추측하다《*of*》. ▫ imagination *n.* imaginative, imaginary *a.* ***Just ~ !*** 생각 좀 해봐 (우습지 않은가).
파) **imág·in·er** *n.*

im·ag·ism [ímədʒìzəm] *n.* ⓤ (때로 I-) 이미지즘 《1912 년경에 일어난 시의 풍조 ; 운율에 중요성을 두어 정확한 영상으로 표현의 명확을 꾀함》.
파) **-ist** *n.* 이미지스트《이미지즘을 좇는 시인》. **ìm·ag·ís·tic** *a.* **-ti·cal·ly** *ad.*

ima·go [iméigou] (*pl.* ***~es, ~s, ima·gi·nes*** [-dʒənìːz] *n.* ⓒ (1) 【精神醫】 심상. (2) 【動】 성충(成蟲).

im·bal·ance [imbǽləns] *n.* ⓤⓒ 불안정, 불균형, 언밸런스《※ unbalance는 주로 정신적 불안정의 뜻. 일반적으로 imbalance를 씀》.

im·bal·anced [imbǽlənst] *a.* 균형이 잡히지 않는, 《특히》 (종교적·인종적으로) 인구 비율의 불균형이 현저한(심한).

im·be·cile [ímbəsil, -sail/-sìːl] *a.* 우둔한, 저능한, 천치의(stupid), 허약한(feeble).
— *n.* ⓒ 저능자 ; 바보, 천치.
파) **~·ly** *ad.* 어리석게. **ìm·be·cíl·ic** [-síl-] *a.* 치우의, 정신 박약자 특유의

im·be·cil·i·ty [ìmbəsíləti] *n.* (1) ⓒ 바보 같은 언동. (2) ⓤ 저능, 우둔.

im·bed [imbéd] (**-dd-**) *vt.* =EMBED.

im·bibe [imbáib] *vt.* (1) (습기·수분 등)을 흡수하다 ; (양분 등)을 섭취하다. (2) (술 등)을 마시다 ; (공기·연기 등)을 빨아들이다, 흡입하다. (3)(사상 등)을 받아들이다, 동화하다.
— *vi.* 술을 마시다(drink), 수분〈기체, 빛, 열 등〉을 흡수하다.

im·bro·glio, em- [imbróuljou], [em-] (*pl.* ***~s***) *n.* ⓒ 《It.》 (1) (극·소설 등의) 복잡한 줄거리. (2) (일의) 뒤얽힘; 분규, 혼란.

im·brue, em- [imbrúː], [em-] *vt.* (손·칼)을 (피 따위로) 물들이다, 더럽히다《*with* ; *in*》.

im·bue, em- [imbjúː], [em-] *vt.* 《+目+前+名》 (1) 스며들게 하다 ; 물들이다《*with*》. (2) …을 불어넣다《*with*》《※ 때때로 受動으로》.

I.M.F. International Monetary Fund(국제 통화 기금).

IMIS 【컴】 integrated management information system(집중〈종합〉 경영 정보 시스템).

im·i·ta·ble [ímitəbəl] *a.* 모방할 수 있는
파) **ìm·i·ta·bíl·i·ty** [-bíləti] *n.* 모방할 수 있음

:im·i·tate [ímitèit] *vt.* (1) 모조〈위조〉하다. (2)…을 모방하다, 모사하다, 흉내낸다 ; 따르다, 본받다.

:im·i·ta·tion [ìmitéiʃən] *n.* (1) ⓒ 모조품 ; 가짜. (2) ⓤ 모방, 흉내; 모조, 모사(模寫); 모의. — *a.*〔限定的〕모조의, 인조의. ***give an ~ of*** …의 흉내를 내다, …을 흉내내어 보이다. ***in ~ of*** …을 흉내내어, …을 모방하여.

im·i·ta·tive [ímətèitiv, -tətiv] *a.* 모방적인, 모방의, (…을) 흉내낸《*of*》; 모조의, 가짜의 ; 【言】 의성(擬聲)의. 파) **~·ly** *ad.* **~·ness** *n.*

im·i·ta·tor [ímitèitər] *n.* ⓒ 모조자, 모방자.

im·mac·u·la·cy [imǽkjələsi] *n.* ⓤ 순결, 오점〈흠, 결점, 과실〉이 없음, 무구(無垢), 결백.

·im·mac·u·late [imǽkjəlit] *a.* 오점 없는, 결점없는, 더럼 안 탄, 반점없는 ; 청순한, 순결한.
파) **~·ly** *ad.* **~·ness** *n.*

Immáculate Concéption (the ~) 【카톨릭】 (성모 마리아의) 원죄 없는 잉태.

im·ma·nence, -nen·cy [ímənəns], [-si] *n.* ⓤ 내재(성) ; 【神學】 (신의) 우주 내재론. 〖opp.〗 *transcendence.*

im·ma·nent [ímənənt] *a.* (1) 【哲】 주관적인 (2) 내재(內在)하는, 내재적인(inherent)《*in*》. (3)【神學】 우주 내재의, 어디나 계시는.

Im·man·u·el [imǽnjuəl] *n.* (1) 【聖】 구세주, 그리스도. (2)임마누엘《남자 이름》.

im·ma·te·ri·al [ìmətíəriəl] *a.* (1) 실체 없는, 비물질적인, 무형의 ; 정신상의, 영적인(spiritual). (2) 중요하지 않은, 하찮은, 대수롭지 않은, 미미한. 〖opp.〗 *material.*

im·ma·te·ri·al·i·ty [ìmətìəriǽləti] *n.* (1) ⓒ 비물질적인 것, 실체 없는 것. (2) ⓤ 비물질성, 비실체성; 비중요성.
파) **~•ism** *n.*

·im·ma·ture [ìmətjúər] *a.* (1) 【地】 침식이 초기인, 유년기의. (2) 미숙한, 생경(生硬)한(crude); 미성년의, 미완성의(〖opp.〗 *ripe*); 어른답지 않은. 파) **~·ly** *ad.*

im·ma·tu·ri·ty [ìmətjú(ː)rəti] *n.* ⓤ 미완성, 미숙(상태) 생경함.

·im·meas·ur·a·ble [iméʒərəbəl] *a.* 광대 무변의, 끝없는(limitless) ; 헤아릴〈측정할〉 수 없는; 광대한 (vast).
파) **-bly** *ad.* 헤아릴 수 없을 정도로.

im·me·di·a·cy [imíːdiəsi] *n.* ⓤ 직접(성) ; 【哲】 직접성 ; 즉시(성).

:im·me·di·ate [imíːdiit] *a.* 〔限定的〕 (1) 〔시간적〕 곧 일어나는, 즉석의, 즉시의(instant) ; 가까운, 머지않은. (2) 〔공간적〕 바로 이웃의, 인접한(next, nearest). (3) 〔관계〕직접의 〈으로 얻은〉, 거리를 두지 않은. (4) 당면한, 목하의. 파) **~·ness** *n.* 직접, 직접적인 접촉; 당돌.

:im·me·di·ate·ly [imíːdiitli] *ad.* (1) 바로 가까이에. (2) 곧, 바로(at once), 즉시. (3) 직접(으로).
— *conj.* …하자마자(as soon as).

im·med·i·ca·ble [imédikəbəl] *a.* 불치의, 낫지 않는 ; 돌이킬 수 없는 ; 교정할 수 없는《악폐 따위》.

I

【cf.】 incurable.

·im·me·mo·ri·al [ìmimɔ́:riəl] a. (기록·기억에 없는) 먼 옛적의, 태고의, 아주 오랜. ***from⟨since⟩ time*** ~ 아득한 옛날부터, ~ 태고적부터.

:im·mense [iméns] (***more ~, im·mens·er ; most ~, im·mens·est***) a. (1)《口》멋진, 훌륭한. (2) 막대한(enormous, vast), 무한한, 헤아릴 수 없는 ; 광대한, 끝없는 ; 거대한=. 파) ***~ ·ly** ad. 무한히, 막대하게 ;《口》매우, 굉장히.

im·men·si·ty [iménsəti] n. ⓤ 무한(한 공간) ; 광대 ; (pl.) 막대한 것⟨양⟩.

·im·merse [imə́:rs] vt. (1) 【教會】 …에게 침례를 베풀다. (2) …을 담그다 ; 잠그다, 가라앉히다《in》. (3)〔흔히 受動으로 또는 再歸的〕…을 빠져들게 하다, 몰두시키다《in》. ***be ~d in*** =~ oen***self in*** …(일·생각·쾌락 따위)에 깊이 빠져들다 : …에 몰두⟨열중⟩하다.

파) **-mersed** a.

im·mer·sion [imə́:rʃən, -ʒən] n. (1) ⓤⓒ 【教會】 침례. (2) ⓤ 잠금. (3) ⓤ 열중, 몰두.

immérsion hèater 물 끓이는 투입식 전열기《코드 끝에 있는 방수 발열체를 직접 물에 담금》.

·im·mi·grant [ímigrənt] a. 〔限定的〕내주하는, 이주하는:이민자의 (【opp.】 *emigrant*).

— n. ⓒ (1) (타국에서의) 이주자, 이민. (2) 귀화 식물⟨동물⟩.

·im·mi·grate [íməgrèit] vi. (타지역·타국에서) 이주하다(시키다)《*into, to ; from*》.

— vt. …을 이주시키다.

·im·mi·gra·tion [ìməgréiʃən] n. (1) ⓤ (공항 항구 등에서의)(출)입국 관리, 입국 심사. (2)ⓤⓒ (입국) 이주, 이입, 입식. (3) ⓒ (일정 기간내의) 이민(수). 파) **~ ·al** ad.

Immigrátion contròl =IMMIGRATION (1).

im·mi·nence [ímənəns] n. (1) ⓒ 절박한 위험. (2)ⓤ 급박, 긴박(성), 촉박.

im·mi·nen·cy [ímənənsi] n. ⓤ 긴급, 절박, 위급(imminence).

·im·mi·nent [ímənənt] a. 급박한, 절박한, 긴급한(impending). 파) **~ ·ly** ad.

I

im·mo·bile [imóubəl, -bi:l] a. 고정된, 움직일 수 없는 ; 움직이지⟨변하지⟩ 않는.

파) **im·mo·bil·i·ty** [imoubíləti] n.

im·mo·bi·lize [imóubəlàiz] vt. (1)(화폐)의 유통을 막다 ; (유동 자본)을 고정 자본화하다. (2) …을 움직이지 않게 하다, 고정하다, (3) (깁스 부목 따위로 환부)를 고정시키다. 파) **-mó·bi·liz·er** n.

im·mòbi·li·zá·tion [-lizéiʃən] n.

im·mod·er·ate [imádərit/imɔ́d-] a. 절도 없는, 무절제한 ; 중용을 잃은, 과도한, 엄청난(extreme). 파) **~ ·ly** ad. **~ ·ness** n. **im·mod·er·a·cy** [imádərəsi/imɔ́d-] n.

im·mod·est [imádist/imɔ́d-] a. 무례한, 조심성 없는 ; 거리낌 없는, 건방진, 상스러운 ; 음란한, 뻔뻔스러운. 【opp.】 *modest*. 파) **~ ·ly** ad. 거리낌 없이, 조심성 없이. **im·mód·es·ty** n. ⓤ 불근신, 음란한 행위 ; 거리낌 없음 : ⓒ 조심성 없는 짓⟨말⟩, 안하무인격.

im·mo·late [íməlèit] vt. (…의) 희생으로 바치다(sacrifice) ; …을 신에게 바치기 위해 죽이다《*to*》.

파)**im·mo·lá·tion** [-ʃən] n. ⓤⓒ 산 제물을 바침 ; 희생, 산 제물. **ìm·mo·lá·tor** [-ər] n. ⓒ 산 제물을 바치는 사람.

·im·mor·al [imɔ́(:)rəl, imár-] a. 행실 나쁜 ; 부도덕한 ; 음란한, 외설적인.

파) **~ ·ly** ad.

im·mo·ral·i·ty [ìmərǽləti] n. (1) ⓒ (흔히 pl.) 부도덕 행위, 추행, 난행, 풍기 문란. (2) ⓤ 부도덕, 패덕(패륜) ; 품행이 나쁨 ; 음란, 외설.

:im·mor·tal [imɔ́:rtl] a. (1) 불후(不朽)의, 영원한. (2) 죽지 않는(undying), 불사의.

— n. (1) ⓒ 불사신. (2) ⓒ 불후의 명성을 가진 사람《특히 작가·시인》. (3) (pl. 종종 I-s) 신화의 여러 신들. 파) **~ ·ly** ad. (1)영원히. (2) 무한히, 매우(very).

·im·mor·tal·i·ty [ìmɔ:rtǽləti] n. ⓤ 불멸, 불사, 불후 ; 무궁 ; 불후의 명성.

im·mor·tal·ize [imɔ́:rtəlàiz] vt. …에게 영원성⟨불후의 명성⟩을 주다 …을 불멸⟨불후⟩하게 하다.

·im·mov·a·ble [imú:vəbəl] a. (1) 확고한, 부동의, 흔들리지 않는, 냉정한. (2) 움직이지 않는, 고정된, 정지한. (3)(축일·기념일 등이) 매년 한 날짜로 고정된. (4) 부동산의.

— n. (흔히 pl.) 【法】 부동산(=~́ **próperty**).

파) **~ bly** ad. 냉정하게 ; 확고하게. **~ ·ness** n. 부동(성).

im·mòv·a·bíl·i·ty [-bíləti] n.

im·mune [imjú:n] a. (1) (과세·공격등에서)면제된(exempt) ; (…을) 받을 염려가 없는 ; 영향을 받지 않는. (2) 면역의, 면역된, 면역성의《*from ; against ; to*》.

— n. ⓒ 면역자 ; 면제자.

·im·mu·ni·ty [imjú:nəti] n. ⓤ (1) 면역(성), 면역질《*from*》. (2) (책임·의무의) 면제《*from*》: ~ *from* taxation과세 면제. (3) 특전.

im·mun·ize [ímjənàiz] vt. 면역성을 주다; …을 면역이 되게 하다《*against*》. 파) **ìm·mu·ni·zá·tion** [-nizéiʃən] n. ⓤ (병에 대해) 면역이 되게 하는 일, 면역예방주사.

im·mu·no·de·fi·cien·cy [ìmjənoudifíʃənsi, imjú:-] n. ⓤ 【醫】 면역 부전(免疫不全).

파) **-de·fí·cient** a.

im·mu·nol·o·gy [ìmjənálədʒi/-nɔ́l-] n. ⓤ 면역학(免疫學)《略 : immunol.》.

파) **-gist** n. 면역학자.**ìm·mu·no·lóg·ic, -i·cal** a.

im·mu·no·re·ac·tion [-riǽkʃən] n. ⓤ 면역 반응.

im·mu·no·sup·pres·sion [ìmjənousəpréʃən, imjù-] n. ⓤ 면역 억제.

im·mu·no·sup·pres·sive [-səprésiv] a., n. ⓤⓒ 거부 반응 억제의(약) : 면역억제제(= **ìm·mu·no·sup·prés·sor**).

im·mure [imjúər] vt. 유폐하나, …을 감금하다. 가두다(imprison)《*in*》. ~ one***self in*** …에 틀어박히다, 죽치다.

파) **~ ·ment** n. ⓤ 유폐, 감금 ; 죽침.

im·mu·ta·ble [imjú:təbəl] 불변의, 변경할 수 없는, 변치⟨바뀌지⟩ 않는.

파) **-bly** ad. **~ ·ness** n. **im·mù·ta·bíl·i ·ty** [-bíləti] n. 불변성, 불역성.

·imp [imp] n. ⓒ (1 개구쟁이. (2) 꼬마 도깨비.

·im·pact [ímpækt] n. (1) ⓒ(흔히 sing.) 영향

(력)(influence), 효과 ; 감화《*on*》. (2) ⓤ 충돌(collision) ; 충격, 쇼크.
— [-ˊ] *vt.* (1) …에 박아넣다, 꽉 채우다《*in* ; *into*》. (2) 강력한 영향을 주다.
— *vi.* (1) 강한 충격을 주다, 격돌하다. (2) 영향을 끼치다《*on* ; *against*》.

im·pact·ed [impǽktid] *a.* 꽉〈빽빽하게〉 찬, 빈틈이 없는 ; (쐐기처럼) 꼭 박힌 ; 【齒】 (새 이가 턱뼈 속에) 매복(埋伏)한 ; 《美》 인구가 조밀한.

·im·pair [impέər] *vt.* (장점·건강·가치 따위)를 해치다, 손상하다, 감하다.
파) ~ **·ment** *n.* ⓤ 손상, 해침 ; 감손 ; 【醫】 결함, 장애.

im·pa·la [impǽlə, impɑ́ːlə] (*pl.* **~, ~s**) *n.* ⓒ 임팔라《아프리카산 영양의 일종》.

im·pale [impéil] *vt.* (뾰족한 것으로) 꿰찌르다, …을 찌르다 《*on*》.
파) ~ **·ment** *n.* 팔뚝으로 찌르는 형벌

im·pal·pa·ble [impǽlpəbəl] *a.* (1) 쉽게 이해되지 않는 ; 영묘한. (2) 만져도 모르는 ; 감지할 수 없는 ; 실체가 없는, 무형의.
파) **-bly** *ad.* **im·pàl·pa·bíl·i·ty** [-bíləti] *n.*

im·pan·el [impǽnəl] (**-l-**, 《英》 **-ll-**) *vt.* 【法】 (배심원)을 명부에서 선택(선출)하다. …의 이름을 배심(陪審) 명부에 올리다.

·im·part [impɑ́ːrt] *vt.* 《+目+前+名》 (1) (지식·비밀 따위)를 전하다(communicate), 알리다(tell)《*to*》. (2) …을 나누어 주다, 주다(give)《*to*》; 첨가하다.

·im·par·tial [impɑ́ːrʃəl] *a.* 치우치지 않은, 편견 없는, 공평한, 편벽되지 않은. 〖opp.〗 *partial.*
파) ~ **·ly** *ad.* **im·par·ti·al·i·ty** [impɑ̀ːrʃiǽləti/ ímpɑ̀ːr-] *n.* ⓤ 공평, 공명정대, 불편부당(不偏不黨).

im·pass·a·ble [impǽsəbəl, -pɑ́ːs-] *a.* (1) 넘지 못할, 극복할 수 없는. (2) 통행할 수 없는, 지나갈〈통과할〉 수 없는.
파) **-bly** *ad.* 지나갈〈통행할〉수 없게. ~ **·ness** *n.* **im·pass·a·bil·ity** [impæ̀-səbíləti, -pɑ̀ːsə-] *n.* ⓤ 통과(통행) 불능.

im·passe [ímpæs, -ˊ] *n.* ⓒ(흔히 *sing*)《F.》 막다른 골목(blind alley); 막다름 ; 난국, 곤경(deadlock).

im·pas·sion [impǽʃən] *vt.* …을 깊이 감동〈감격〉케 하다. 파) **~ed** *a.* 열렬한, 정열적인, 감동이 넘친.

im·pas·sive [impǽsiv] *a.* 무감동의, 감정이 없는, 무표정한, 냉정한, 고통을 느끼지 않는, 의식없는(unconscious), 무감각한. 파) ~ **·ly** *ad.* 태연히 ; 무감각하게. ~ **·ness** *n.* **ìm·pas·sív·i·ty** [-sívəti] *n.* 무감각, 무표정.

·im·pa·tience [impéiʃəns] *n.* ⓤ (1) (하고 싶은) 안타까움, 안달《*to do* ; *for*》. (2) 성마름 ; 성급함, 참을성 없음, 조급함 ; 초조.

im·pa·tiens [impéiʃənz] *n.* ⓒ 【植】 봉선화속의 초본(草本).

:im·pa·tient [impéiʃənt] (***more ~ ; most ~***) *a.* (1) 성마른, 조급한, 성급한(irritable) ; 침착하지 못한, 가만히 있지 못하는. (2) 참을 수 없는(intolerant). (3) 몹시 …하고파 하는, 안달하는, …하고 싶어 애태우는《*to do* ; *for*》. ≠ inpatient.
파) ~ **·ly** *ad.* 성급〈초조〉하게, 마음 졸이며.

·im·peach [impíːtʃ] *vt.* (1) 비난하다, 탓하다(charge) ; 문제삼다, 의심하다. (2) 《~+目/+目+前+名》 …을(…의 죄로) 문책하다 ; (관공리)를 탄핵하다《*for*》 ; 고소〈고발〉하다《*of* ; *with*》.
파) ~ **a·ble** *a.* 탄핵해야 할, 고발 〈비난〉해야 할.
~ **·ment** *n.* ⓤⓒ 비난 ; 탄핵 ; 고발.

im·pec·ca·ble [impékəbəl] *a.* 결함〈흠, 나무랄데〉 없는, 비난의 여지 없는 ; 죄를〈과실을〉 범하는 일이 없는; 완벽한. 파) **-bly** *ad.* 더없이, 완벽하게.
im·pec·ca·bil·i·ty [impèkəbíləti] *n.* 죄(과실)가 없음.

im·pe·cu·ni·ous [ìmpikjúːniəs] *a.* (언제나)무일푼의, 돈이 없는, 가난한(poor).
파) ~ **·ly** *ad.* ~ **·ness** *n.* **ìm·pecù·ni·ós·i·ty** [-niɑ́səti/-ɔ́s-] *n.*

im·ped·ance [impíːdəns] *n.* 【電】 임피던스《교류 회로에서의 전압과 전류의 비(比)》.

·im·pede [impíːd] *vt.* 훼살을 놓다(obstruct), 저해하다, …을 방해하다(hinder). ▫ impediment *n.*

·im·ped·i·ment [impédəmənt] *n.* ⓒ (1) 신체 장애 ; 언어 장애, 말더듬기. (2) 방해 (물), 장애《*to*》.

im·ped·i·men·ta [impèdəméntə, ìmped-] *n. pl.* (1) 【軍】 보급물, 병참《운반하는 식량·무기·탄약 따위》. (2) (행동을 가로막는) 장애물, (주체스러운) 짐.

·im·pel [impél] (**-ll-**) *vt.* (1) 추진시키다, 앞으로 나아가게 하다(drive forward). (2) 《~+目+*to* do》 추진하다, …을 (…하도록) 죄치다, 몰아대다 ; 강제(하여 …하게) 하다(force). ▫ impulse *n.*

im·pel·lent [impélənt] *a.* 죄치는, 추진하는, 억지스러운.
— *n.* ⓒ 추진하는 것〈사람〉, 추진력.

im·pend [impend] *vi.* (사건·위험 따위가) 절박하다, 바야흐로 일어나려 하다.

·im·pend·ing [impéndiŋ] *a.* 절박한, 박두한(imminent).

im·pen·e·tra·bil·i·ty [impènətrəbíləti] *n.* ⓤ (1) (마음을) 헤아릴 수 없음. (2) 관통할 수 없음 ; 내다볼 수 없음. (3) 무감각, 둔감, 불가해.

im·pen·e·tra·ble [impénətrəbəl] *a.* (1) 앞을 내다볼 수 없는, 헤아릴 수 없는(inscrutable), 불가해한. (2) (꿰)뚫을 수 없는《*to* ; *by*》 ;(삼림 등) 지날 수 없는, 발을 들여놓을 수 없는. (3) (사상·요구등을) 받아들이지 않는, 완고한(unyielding) ; 무감각한, 둔감한《*to* ; *by*》.
파) **-bly** *ad.* 꿰뚫을 수 없을 만큼 ; 헤아릴 수 없을 정도로 ; 무감각하게.

im·pen·i·tence [impénətəns] *n.* ⓤ (1) 완고, 억척스러움, 고집. (2) 회개하지 않음.

im·pen·i·tent [impénətənt] *a.* (1) 완고한, 고집이 센 (2) 회개하지 않는.
— *n.* ⓒ 회개하지 않는 〈완고한〉 사람.
파) ~ **·ly** *ad.*

imper., imperat. imperative.

·im·per·a·tive [impérətiv] *a.* (1) 피할 수 없는, 절박한, 긴요한, 긴급한(urgent) ; 절대 필요한. (2) 명령적인, 강제적인(pressing) ; 엄연한(peremptory), 권위 있는. (3)【文法】 명령법의.
— *n.* (1) ⓒ 명령(command) ; 불가피한 것〈임무〉 ; 의무, 책임. (2) ⓤ 【文法】 명령법 ; ⓒ 명령어〈형, 문〉.
파) ~ **·ly** *ad.* 명령적으로, 위엄있게.

im·per·cep·ti·ble [ìmpərséptəbəl] *a.* 알아차릴 수 없을 만큼의 ; 감지할 수 없는; 미세한, 경미한(very slight). 파) **-bly** *ad.*

I

ìm·per·cèp·ti·bíl·i·ty [-ptəbíləti] *n.* 감지할 수 없음.

im·per·cep·tive [ìmpərséptiv] *a.* 지각력이 없는 ; 감지하지 않는. 파) ~ **·ness** *n.*

:im·per·fect [impə́ːrfikt] *a.* (1) **[文法]** 미완료(시제)의, 반과거의. (2) 불완전한, 불충분한 ; 미완성의(incomplete), 결함이 있는, 결점이 있는, 불비한.
— *n.* **[文法]** 미완료 시제, 반과거.
파) ~ **·ly** *ad.* 불완전〈불충분〉하게. ~ **·ness** *n.*

·im·per·fec·tion [ìmpərfékʃən] *n.* (1) ⓒ 결함, 결점. (2) ⓤ 불완전(성).

im·per·fo·rate [impə́ːrfərit] *a.* 절취선(절취선)이 없는《우표 등》; 구멍이 없는.
— *n.* ⓒ 절취선이 없는 우표. 파) **im·pèr•fo·rá·tion** *n.* 무공, 무개구(無開口), 폐쇄.

:im·pe·ri·al [impíəriəl] (***more ~ ; most ~***) *a.* (1) 황제(皇帝)〈황후〉의. (2) 제국(帝國)의 ; (때때로 I-) 영(英)제국의. (3) 최고의 권력을 갖는, 제위(帝位)의(sovereign). 지고(至高)한, 지상(至上)의(supreme). (4) 위엄 있는, 장엄한, 당당한(majestic) ; 오만한(imperious). (5) (상품 따위 가) 특대(特大)의 ; 극상 〈상질〉의. (6) 영국 도량형법에 의한
— *n.* (1) ⓒ (I-) 황제, 황후. (2) ⓒ 황제 수염《아랫입술 바로 밑에 약간 기른》. (3) ⓤ (양지(洋紙)의) 임페리얼판(判) 《《美》23×31인치 ; 《英》22×30 인치》. (4) ⓒ **[商]** 특대품, 우수품, 질이 좋은. ***His* 〈*Her*〉 *Imperial Highness*** 전하《황족의 존칭》. ***His*〈*her*〉 (*Imperial*) *Majesty*** ⇨ MAJESTY.
파) ~ **·ly** *ad.* 제왕처럼, 위엄 있게.

im·pe·ri·al·ism [impíəriəlìzəm] *n.* ⓤ (1) 개발도상국 지배(정책). (2) 제국주의, 영토 확장주의 ; 제정(帝政), 대영 제국주의.

im·pe·ri·al·ist [impíəriəlist] *n.* ⓒ 제정주의자, 제국〈영토 확장〉 주의자 ; 황제파의 사람.
— *a.* 제국주의(자)의, 제정주의(자)의.

im·pe·ri·al·is·tic [impìəriəlístik] *a.* 제정(주의)의 ; 제국주의(자)의.
파) **-ti·cal·ly** [-kəli] *ad.* 제국주의적으로.

im·per·il [impéril] (**-l-**,《英》 **-ll-**) *vt.* (재산·생명따위)를 위태롭게 하다. 위험하게 하다(endanger). 파) ~ **·ment** *n.*

I

·im·pe·ri·ous [impíəriəs] *a.* (1) 절박한, 긴급한 ; 중대한 ; 필수의. (2) 거만한, 오만한, 교만한. 파) ~ **·ly** *ad.* ~ **·ness** *n.*

im·per·ish·a·ble [imperiʃəbəl] *a.* (1)(식품 등)부패하지 않는. (2)분멸의, 불후의 (indestructible), 영속적인(everlasting).
파) **-bly** *ad.* 영구히. **im·pèr·ish·a·bíl·i·ty** [-bíləti] *n.* 불멸, 불사, 무부패성.

im·per·ma·nent [impə́ːrmənənt] *a.* 일시적인 (temporary), 오래 가지 〈영속하지〉 않는, 덧없는.
파) ~ **·ly** *ad.* **-nence** *n.*

im·per·me·a·ble [impə́ːrmiəbəl] *a.* 불침투성〈불투과성〉의 ; 스며들지 못하는《*to*》.
파) **-bly** *ad.* **im·pèr·me·a·bíl·i·ty** [-əbíləti] *n.* 불침투성.

im·per·mis·si·ble [ìmpərmísəbəl] *a.* 허용할 수 없는, 허용〈용인〉되지 않는.

impers. impersonal.

·im·per·son·al [impə́ːrsənəl] *a.* (1) 인격을 갖지 않은, 비인격적인. (2) **[文法]** 비인칭의. (3) (특정한) 개인에 관계가 없는, 일반적인 ; 개인 감정을 섞지 아니한, 객관적인 ; 비정한《태도》.
파) ~ **·ly** [-nəli] *ad.* 비개인적〈비인격적〉으로.

im·per·son·al·i·ty [impə̀ːrsənǽləti] *n.* (1) ⓒ 특정 개인에 관계없는 일 ; 비인간적인 것. (2) ⓤ 비인격〈비인간〉성, 개인에 관계치 않음, 인간 감정의 부재.

im·per·son·ate [impə́ːrsənèit] *vt.* (1) …인 양 행세하다 ; (남의 음성 등)을 흉내내다(mimic). (2) (배우가) …의 역을 맡아 하다, …으로 분장하다. 파) **im· pér ·son•à·tor** [-tər] *n.* (어떤 역을 연출하는) 배우, 연기자 ; 분장자 ; 성대 모사자. **im·pèr·son•á·tion** [-ʃən] *n.* ⓤⓒ 분장(법) ; (역을) 맡아하기 ; 흉내, 성대 모사(聲帶模寫).

·im·per·ti·nence [impə́ːrtənəns] *n.* (1) ⓒ 부적절〈무례〉한 행동〈말〉. (2) ⓤ 건방짐, 뻔뻔함 ; 무례, 버릇없음(impudence), 주제넘음 ; 부적절, 무관계.

·im·per·ti·nent [impə́ːrtənənt] *a.* (1) 적절하지 않은 ; 당치않은, 무관계한《*to*》. (2) 건방진, 뻔뻔스러운 ; 버릇없는《*to*》.
파) ~ **·ly** *ad.*

im·per·turb·a·ble [ìmpərtə́ːrbəbəl] *a.* 태연한, 침착한, 동요하지 않는. 파) **-bly** *ad.* **-bil·i·ty** [ìmpərtə̀ːrbəbíləti] *n.* ⓤ 침착, 냉정(calmness)

im·per·vi·ous [impə́ːrviəs] *a.* (1) (비평에) 영향을 받지 않는《*to*》, 손상되지 않는, 상하지 않는《*to*》. (2) (물·공기·광선 따위를) 통과시키지 않는, 스며들게 하지 않는(impenetrable)《*to*》. (3) 무감동한, 무감각한, 둔감한《*to*》.
파) ~ **·ly** *ad.* ~ **·ness** *n.*

im·pet·u·os·i·ty [impètʃuásəti/-ɔ́s-] *n.* (1) ⓒ 성급한 언동, 충동. (2) ⓤ 격렬, 열렬 ; 성급, 맹렬.

·im·pet·u·ous [impétʃuəs] *a.* (1) 성급한, 충동적인(rash). (2)(바람·속도 따위가) 격렬한, 맹렬한(violent). 파) ~ **·ly** *ad.*

·im·pe·tus [ímpətəs] *n.* (1) ⓒ (정신적인) 기동력(機動力), 유인, 자극. (2) ⓤⓒ (움직이고 있는 물체의) 힘, 추진력, 운동량. ***give* 〈*lend*〉 (*an*) ~ *to*** … 을 자극〈촉진〉하다.

im·pi·e·ty [impáiəti] *n.* (1)(흔히 *pl.*) 불경한〈사악한〉 행위 〈말〉. (2) ⓤ 신심(信心)이 없음 ; 경건하지 않음 ; 불경, 불손 ; 불효. ▫ impious. *a.*

im·pinge [impíndʒ] *vi.* (1) …에게 영향을 주다《*on*》. (2) 《+前+名》 …에 부딪치다, 충돌하다《*on, upon ; against*》. (3) (~의 재산·권리를) 침범〈침해〉하다《*on, upon*》. 파) ~ **·ment** *n.* 충돌, 충격.

im·pi·ous [ímpiəs/ìmpáiəs] *a.* 경건치 못한, 신심이 없는, 불경한(profane), 사악한(wicked) ; 불효한(unfilial). 【opp.】 *pious.* ▫ impiety *n.*
파) ~ **· ly** *ad.* ~ **·ness** *n.*

imp·ish [ímpiʃ] *a.* 장난꾸러기〈개구쟁이〉의(mischievous).
파) ~ **·ly** *ad.* ~ **·ness** *n.*

im·plac·a·ble [implǽkəbəl, -pléik-] *a.* 화해할 수 없는, 달래기 어려운 ; 마음 속 깊이 맺힌, 앙심깊은 ; 용서 없는, 무자비한(relentless).
파) **-bly** *ad.* ~ **·ness** *n.* **im·plàc·a·bíl·i·ty** [-əbíləti] *n.* 달래기 어려움, 무자비한.

im·plant [implǽnt, -plάːnt] *vt.* (1) 심다(plant) ; 끼워 넣다, 끼우다(insert)《*in*》. (2) …을(마음에) 심다, 불어넣다, 주입(注入)시키다(instil)《*in, into*》. (3)**[醫]** (산 조직)을 이식하다.

— [ímplæ̀nt, -plɑ̀:nt] *n.* ⓒ 【醫】 이식(移植) 조직. 파) ~·**er** *n.*

im·plan·ta·tion [ìmplæntéiʃən] *n.* ⓤ (1) 【醫】(체내)이식. (2) 심음, 이식. (3) 가르침 ; 주입, 고취, 이식성 전이.

im·plau·si·ble [implɔ́:zəbəl] *a.* 정말 같지 않은 ; 믿기 어려운. 파) **-bly** *ad.* ~ **·ness** *n.* **im·plau·si·bil·i·ty** [implɔ̀:zəbíləti] *n.*

:im·ple·ment [ímpləmənt] *n.* (1) 수단(means), 방법(means). (2) ⓒ 도구, 기구(tool) ; (*pl.*) 용구〈가구〉한 벌 ; 비품, 장구.

— [ímpləmènt] *vt.* (1) (계약·약속 따위)를 이행하다(fulfill), (조건 등)을 충족하다, 다하다, 채우다. (2) …에 도구를〈수단을〉 제공하다.

파) **im·ple·men·tal** [ìmpləméntl] *a.* 도구가〈수단이〉 되는, 도움〈힘〉이 되는; 기구의 ; 실현에 기여하는《*to*》.

im·ple·men·ta·tion [ìmpləmentéiʃən] *n.* ⓤ 수행, 이행, 실시 ; 완성, 충족, 성취

im·pli·cate [ímpləkèit] *vt.* (1) (말 따위가) …의 뜻을 함축하다 (imply), 포함하다. (2) …을 (…에) 관련 시키다, 휩쓸려들게 하다, 연좌시키다《*in*》《※ 종종 受動으로》. ***be ~d in*** (a crime) (범죄)에 관련되다(연루되다).

·im·pli·ca·tion [ìmpləkéiʃən] *n.* (1) ⓤ 연루, 연좌, 관계, 관련《*in*》; (흔히 ~s)(…에 대한) 밀접한 관계, (예상되는) 영향 ; 결과《*for*》. (2) ⓤⓒ (뜻의) 내포, 함축, 포함, 암시(hint).

·im·plic·it [implísit] *a.* (1) 〔限定的〕무조건의(absolute), 절대적인, 맹목적인.
(2) 은연중의, 함축적인, 암시적인, 암묵의. 【opp.】 *explicit*. ◻ implicate *v.* 파) ~ **·ly** *ad.* 암암리에, 넌지시 ; 절대적으로. ~ **·ness** *n.*

im·plied [impláid] *a.* 암시적인, 함축된, 은연중의 ; 언외의 (【opp.】 *express*).
파) **im·pli·ed·ly**[impláiidli] *ad.* 넌지시, 암암리에.

im·plode [implóud] *vi.* (진공관 따위가) 내파(內破)하다, 안쪽으로 파열하다.
— *vt.* 【音聲】 내파시키다, (파열음)을 내파적으로 발음하다.

:im·plore [implɔ́:r] *vt.* 《~+目/+目+前+名/+目+*to* do》 …을 간청하다 : 애원〈탄원〉하다.

im·plor·ing [implɔ́:riŋ] *a.* 애원하는. 파) ~ **·ly** *ad.*

im·plo·sion [implóuʒən] *n.* ⓤⓒ 【音聲】 (폐쇄음의) 내파(內破) ; (진동관 등의) 안쪽으로의 파열(【cf.】 explosion).

im·plo·sive [implóusiv] *n.* ⓒ 내파음.【cf.】explosive. 파) ~ **·ly** *ad.*
— *a.* 【音聲】 내파의.

:im·ply [implái] *vt.* (1) 의미하다(mean). (2) …을 넌지시 비추다, 암시하다(suggest). (3) (필연적으로) 포함〈수반〉하다. …을 당연히 수반하다, 내포하다. ◻ implication *n.*

im·pol·der [impóuldər] *vt.* 《英》…을 매립(埋立)하다(reclaim) ; 개척하다, 간척하다.

·im·po·lite [ìmpəláit] *a.* 버릇 없는, 무례한, 실례되는 (ill-mannered).
파) ~ **·ly** *ad.* ~ **·ness** *n.*

im·pol·i·tic [impálitik/-pɔ́l-] *a.* 졸렬한, 지각없는, 무분별한 ; 불리한(unwise).
파) ~ **·ly** *ad.* 미련하게.

im·pon·der·a·ble [impándərəbəl/-pɔ́n-] *a.* (1) 평가〈계량〉할 수 없는 ; 헤아릴 수 없는. (2) 무게가 없는, 무게를 달 수 없는, 극히 가벼운 ; 극히 적은. — *n.* ⓒ (흔히 *pl.*) 계량할 수 없는 것《열·빛 따위》; (효과·영향을) 헤아릴 수 없는 것《감정·여론 등》. 파) **-bly** *ad.*

:im·port [impɔ́:rt] *vt.* (1) 《+目+前+名》(감정 등)을 개입시키다 ; 가져오다《*into*》. (2)《~+目/+目+前+名》 (상품 따위)를 수입하다《*from*》. 【opp.】 *export*.. (3) 《~+目/+that 節》 …의 뜻을 내포하다. 의미하다(mean), 나타내다(express).
— *vi.* 중요하다(matter), 중대한 관계가 있다.
— [←-] *n.* (1) ⓤ 수입 ; ⓒ (흔히 *pl.*) 수입품 수입(총)액. (2) ⓤ 의미, 취지. (3) ⓤ 중요성〈함〉. (4) 【컴】 가져오기.
— [←-] *a.*〔限定的〕수입의.
파) **im·pòrt·a·bíl·i ·ty** [-əbíləti] *n.* 수입할 수 있음. **im·pórt·a·ble** [-əbəl] *a.* 수입할 수 있는.

:im·por·tance [impɔ́:rtəns] *n.* ⓤ (1) 중요한 지위, 관록(dignity) ; 유력. (2) 중요성, 중대함 (3) 잘난 체함, 오만, 거드름부림(pompousness) : 자신(自身) 과잉이다. 【cf.】 selfimportance. ***attach ~ to*** …을 중요시하다.
be conscious of 〈***have a good idea of, know***〉 one***'s own ~*** 자부〈젠체〉하고 있다, 우쭐해 있다. ***be of ~*** 중대〈중요, 유력〉하다. ***make much ~ of*** …을 존중〈존경〉하다. ***with an air of ~*** 젠체하고, 거드름 부리며.

:im·por·tant [impɔ́:rtənt] (***more ~ ; most ~***) *a.* (1) 유력한, 영향력 있는, 높은《略: VIP》. (2) 중요한 ; 〔敍述的〕 …에게 중대한, 의의 있는(significant)《*for* ; *to*》. (3) 젠체하는.
파) ~ **·ly** *ad.*

im·por·ta·tion [ìmpɔ:rtéiʃən] *n.* (1) ⓤ 도입 ; 수입. (2) ⓒ 수입품. 【opp.】 *exportation*.

im·port·ed [impɔ́:rtid] *a.* 수입된.

im·port·er [impɔ́:rtər] *n.* ⓒ 수입업자, 수입자〈상〉.

im·por·tu·nate [impɔ́:rtʃənit] *a.* (1) (사태가) 절박한. (2) (사람·요구 따위가) 성가신, 끈질긴, 귀찮게 졸라대는. 파) ~ **·ly** *ad.*

im·por·tune [ìmpərtjú:n, impɔ́:rtʃən] *vt.* 《~+目/+目+前+名/+目 + to do》 청하다, …에게 끈덕지게〈성가시게〉 조르다 ; 귀찮게 하다(annoy).

im·por·tu·ni·ty [ìmpɔ:rtjú:nəti] *n.* (1) ⓒ 끈질긴 요구〈간청〉. (2) ⓤ (또는 an ~) 끈질김.

:im·pose [impóuz] *vt.* (1) 《+目+前+名》강요〈강제〉하다(force)《*on, upon*》. (2) 《+目+前+名》 (의무·세금·벌 따위)를 지우다, 과(課)하다, 부과하다(inflict)《*on, upon*》. (3) 《+目+前+名》 (가짜 등)을 떠맡기다, 속여 팔다. (4) 《印》 조판하다, 정판하다.
— *vi.* 《+前+名》 (1) (남의 선의 등에) 편승하다, …을 기회로 삼다. 폐를 끼치다《*on, upon*》. (2) 속이다 ; 기만하다《*on, upon*》: I will not be ~*d upon*. 나는 속지 않을거야. (3) 용훼하다, 참견하다.

·im·pos·ing [impóuziŋ] *a.* 당당한, 위압하는, 훌륭한 ; 인상적인(impressive) 남의 눈을 끄는.
파) ~ **·ly** *ad.* ~ **·ness** *n.*

im·po·si·tion [ìmpəzíʃən] *n.* (1) ⓒ 부과물, 세(금) ; 부담 ; 벌, 《英》 벌로서의 과제(課題)《흔히 impo, impot로 생략》. (2) ⓤ (세금·벌 따위를) 과

I

(課)하기, 부과, 과세. (3) (사람 좋음을) 기화로 사기, 속임, 사기, 협잡. (4) 【印】 조판. ㅁ impose. *v.*

·im·pos·si·bil·i·ty [impàsəbíləti/-pɔ̀s-] *n.* (1) ⓒ 있을 수 없는 일, 불가능한 일 〈것〉. (2) ⓤ 불가능(성).

:im·pos·si·ble [impásəbəl/-pɔ́s-] *a.* (1) 믿기 어려운(unbelievable), 있을 수 없는. (2) 불가능한, …할 수 없는《*to* do》. (3) 《口》 견딜〈참을〉 수 없는(unendurable, unacceptable), 불쾌한, 몹시 싫은. (4) (the ~) 〔名詞的〕으로 ; 單數 취급〕불가능한 일.

파) **~ bly** *ad.* 불가능하게 ; 극단적으로.

im·post [ímpoust] *n.* ⓒ (1) 【競馬】부담 중량《레이스에서 핸디캡으로서 출주마(出走馬)에 싣는 중량》. (2) 조세 ; (특히) 수입세, 관세, 부과금.

im·pos·tor, -post·er [impástər/-pɔ́s-] *n.* ⓒ 사기꾼, 협잡꾼 ;사칭자(詐稱者).

im·pos·ture [impástʃər/-pɔ́s-] n. ⓤⓒ 사기, 협잡.

im·po·tence, -ten·cy [ímpətəns], [-i] *n.* ⓤ (1) 【醫】 (남성의) 성교 불능(증), 음위. (2) 무력, 무기력, 허약.

·im·po·tent [ímpətənt] *a.* (1) 효과가〈실행력이〉 없는, 헛된. (2) 무력한, 무기력한; 허약한. (3) 【醫】 음위의(〖opp.〗 *potent*). 파) **~ ·ly** *ad.*

im·pound [impáund] *vt.* (1) (사람)을 가두다. 구치하다 ; (증거물 따위)를 압수〈몰수〉하다(confiscate). (2) (가축)을 우리 안에 넣다, (물건을) 둘러싸다. (3) (저수지에 물)을 채우다.

파) **~ ·ment** *n.* 가둠 ; 저수, 인공호; 저수량.

·im·pov·er·ish [impávəriʃ/-pɔ́v-] *vt.* (1) (땅따위)를 메마르게 하다, 불모로 만들다. (2) …을 가난하게 하다, 곤궁하게 하다《흔히 受動으로》.

파) **~ ·ment** *n.*

im·prac·ti·ca·bil·i·ty [impræ̀ktikəbíləti] *n.* (1) ⓒ 실행할 수 없는 일. (2) ⓤ 비실제성(非實際性), 실행 불가능.

·im·prac·ti·ca·ble [impræ̃ktikəbəl] *a.* (1) (길 따위가) 다닐〈통행할〉 수 없는(impassable). (2)(방법·계획 따위가) 실행〈실시〉 불가능한(unworkable); 쓸 수가 없는(unusable).

파) **-bly** *ad.* 실행〈사용〉할 수 없게 ; 다룰 수 없을 정도로.

·im·prac·ti·cal [impræ̃ktikəl] *a.* (1) 실행할 수 없는(impracticable). (2) 실제적이 아닌, 비현실적인, 비실용적인, 양식이 없는 ; 실제에 어두운.

파) **im·pràc·ti·cíl·i·ty** [-kǽləti] *n.* ⓤ 비(非)실제성, 실행 불능 ; ⓒ 실제적이 아닌〈실행 불가능한〉 일. **~ ·ly** *ad.*

im·pre·cate [ímprikèit] *vt.* 《~+目/+目+前+名》 (아무에게 재난·불행이 있기)를 방자하다, 빌다 ; 저주하다.

파) **ìm·pre·cá·tion** *n.* ⓒ 저주 ; ⓤ 방자

im·pre·cise [ìmprəsáis] *a.* 불명확한, 부정확한 파) **~ ·ly** *ad.* **~ ·ness** *n.*

im·pre·ci·sion [ìmprəsíʒən] *n.* ⓤⓒ 불명확, 부정확.

im·preg·na·bil·i·ty [imprègnəbíləti] *n.* ⓤ 견고 ; 난공 불락(難攻不落)

im·preg·na·ble[1] [imprégnəbəl] *a.* (1) 끄떡없는, 움직일 수 없는 ; (신념 따위가) 확고부동한. (2)난공불락의, 견고한. 파) **-bly** *ad.*

im·preg·na·ble[2] *a.* 수정〈수태〉 가능한.

im·preg·nate [imprégnèit, ímpreg-] *vt.* (1) 《+目+前+名》 (사상·감정·원리 따위를)…에게 불어넣다(inspire), 주입하다(imbue)《*with*》. (2) 《+目+前+名》…에(…을) 채우다(fill), …에 함유(含有)시키다, 스며들게〈침투하게〉 하다, 깊은 인상을 주다(impress) ; 포화〈충만〉시키다(saturate)《*with*》.《종종 受動으로》. (3) …에게 임신〈수태〉시키다; 【生】 …에 수정시키다(fertilize).

— [imprégnit, -neit] *a.* (1) 임신한. (2) 〔敍述約〕 함유한, 포화한, 스며든 ; 주입된《*with*》.

파) **ìm·preg·ná·tion** [ìmpregnéiʃən] *n.* ⓤ (1) 주입, 침투 ; 충만 ; 포화. (2) 고취. (3) 임신 ; 수정.

im·pre·sa·rio [ìmprəsá:riòu] (*pl.* ***-ri·òs***) *n.* ⓒ 《It.》(가극·음악회 등의) 주최자, 흥행주(主) ; (가극단·악단 등의) 감독 ; 지휘자 ; 경영자.

:im·press[1] [imprés] (*p., pp.* ***~ed,*** 《古》 ***im-prést***) *vt.* 《~+目/+目+前+名》 (1) a〕《目+前+名》…에게 명기〈인식〉시키다《*on. upon*》; …을 통감시키다, 강하게 인식시키다《with》. b〕〔再歸的〕 …이 ~에게 깊이 새겨지다《*on, upon*》. (2) …에게 인상을 주다 ; …라고 마음에 새기게 하다. (3) …에게 감명을 주다. …을 감동시키다. (4) …에 도장을 누르다, 날인하다, …에 표하다, 자국을 남기다. ㅁ impression *n.*

***be ~ed by*〈*at, with*〉** …에 감동하다, …에 깊은 감명을 받다.

— [∠-] *n.* ⓤⓒ (1) 날인 ; 흔적. (2) 특징. (3) 인상, 감명 ; 영향.

im·press[2] [imprés] *vt.* …을 징용하다, 징발하다 ; (특히 해군에) 강제 징모하다.

im·press·i·ble [imprésəbəl] *a.* 감수성이 예민한, 다감한. 파) **-bly** *ad.*

:im·pres·sion [impréʃən] *n.* (1) ⓒ (종종 the / an ~) (막연한) 느낌, 마음, 생각(notion)《*of* ; *that*》. (2) ⓤⓒ 인상, 감명. (3) ⓤ 영향, 효과(effect)《*on, upon*》. (4) ⓤⓒ 날인, 압인, 각인 ; (눌러서 생긴) 자국, 흔적. (5)ⓒ 【印】 쇄(刷)《개정·증보 등의 판(edition)에 대해 내용은 그대로임 ; 略 : imp.》. (6)(흔히 *sing.*)(연예인 등 유명인의) 흉내. ㅁ impress *v.*

·im·pres·sion·a·ble [impréʃənəbəl] *a.* 감수성이 예민한, 감동하기 쉬운 ; 외부로부터 영향을 받기 쉬운. 파) **~ bly** *ad.* **im·près·sion·a·bíl·i·ty** *n.* ⓤ 감수〈감동〉성, 민감.

im·pres·sion·ism [impréʃənìzəm] *n.* ⓤ (흔히 I-) 【藝】 인상파〈주의〉.

im·pres·sion·ist [impréʃənist] *n.* ⓒ(흔히 I-) (1) 유명인의 흉내를 내는 예능인. (2) 인상파의 화가〈조각가, 작가, 작곡가〉

— *a.* =IMPRESSIONISTIC. 인상파의

im·pres·sion·is·tic [imprèʃənístik] *a.*인상적인 ; 인상파〈주의〉의 파) **-ti·cal·ly** *ad.*

:im·pres·sive [imprésiv] (***more ~ ; most ~***) *a.* 인상에 남는, 강한 인상을 주는, 인상적인, 감동을 주는. 파) **~ ·ly** *ad.* **~ ·ness** *n.*

im·pri·ma·tur [ìmprimá:tər, -méi-, -prai-] *n.* ⓒ (1) 허가, 인가, 면허. (2) (흔히 *sing.*) 【카톨릭】 (성당이 부여하는) 출판〈인쇄〉 허가《略 : imp.》

·im·print [imprínt] *vt.* 《+目+前+名》 (1) 강하게 인상지우다, 감명케 하다 ; …에게 감명을 주다《*on, upon* ; *in*》《종종受動으로》. (2) (도장·문자 따위)를

누르다, 찍다(stamp) 《*on* ; *with*》.
— [⌐-] *n.* ⓒ (1) 날인 ; 자국, 흔적. (2) 인상 ; 모습 ; 얼굴빛. (3) 【印】(책 따위의) 간기(刊記)《양서(洋書) 속표지 밑에 인쇄된 출판사 이름·주소·발행·연원일 따위》.

im·print·ing [imprínti ŋ] *n.* 【動·心】 (어렸을 때의) 인상 굳힘 ; 각인(刻印), 찍기.

:im·pris·on [imprízən] *vt.* …을 수용하다, 투옥하다, 감금하다; 구속하다. 파) **~·ment** *n.* ⓤ 투옥, 구금, 금고 ; 감금, 유폐.

·im·prob·a·ble [imprábəbəl/-prɔ́b-] *a.* 참말 같지 않은, 있을 법하지 않은.
파) **-bly** *ad.* 있을 법하지 않게, 참말 같지 않게《※ 지금은 다음의 구로만 쓰임. not improbably 경우에 따라서는, 어쩌면》. **im·prob·a·bíl·i·ty** *n.* ⓤⓒ 일어날 것 같지 않은 일, 사실(정말) 같지 않음.

im·promp·tu [imprámptju:/-prɔ́m-] *ad.* 즉석에서, 준비없이, 즉흥적으로, 임시변통으로.
— *a.* 즉석의, 즉흥적인 ; (음식 등) 서둘러 만든, 있는 것 만으로 만든.
— (*pl.* **~s**) *n.* ⓒ 즉석 연설〈연주〉, 즉흥시 ; 【樂】 즉흥곡(improvisation).

·im·prop·er [imprápər/-prɔ́p-] (***more ~ ; most ~***) *a.* (1) (사실·규칙 등에) 맞지 않는, 그릇된, 타당치 못한. (2) (장소·목적 등에) 걸맞지 않은, 부적당한. (3) 부도덕한, 음란한 ; 예의에서 벗어난.
파) **~·ly** *ad.*

impróper fráction 【數】 가(假) 분수.

im·pro·pri·e·ty [ìmprəpráiəti] *n.* ⓤⓒ (1) 부적당, 부적절. (2) 틀림, 부정, 잘못. (3) 못된 행실, 부도덕 ; 야비, 버릇없음.

im·prov·a·ble [imprú:vəbəl] *a.* 개량〈개선〉 할 수 있는.

:im·prove [imprú:v] *vt.* (1) (기회·시간)을 이용〈활용〉하다, 보람있게 하다. (2) (토지·건물따위)의 가치를〈생산성을〉높이다. (3)《~+目/+目+前+名》(결함 따위)를 개량하다, 개선하다 ; 〔再歸的〕향상시키다《*in* ; *at*》, …에 익숙해지다.
— *vi.* (1) 《~/+前+名》 좋아지다, 호전(好轉)하다, 개선되다《*in*》. (2) 항상〈진보, 개량〉 되다. (3) (주가¥시세 등이) 올림세로 돌아서다.

:im·prove·ment [imprú:vmənt] *n.* (1) ⓒ 개량한 곳, 개선점 : 개량 〈개선〉한 것. (2) ⓤⓒ 개량, 개선《*in*》. (3) ⓤ 향상, 진보, 증진《*in*》. (4) ⓒ 개수 (공사).

im·prov·i·dence [imprávədəns/-prɔ́v-] *n.* ⓤ 무사려함, 경솔 ; 선경지명(지각)이 없음; 준비 없음, 낭비.

im·prov·i·dent [imprávədənt/-prɔ́v-] *a.* (1) 장래에 대비치 않는 ; 아낄 줄 모르는, 헤픈. (2) 선견지명이 없는, 앞일을 생각하지 않는 ; 부주의한. 【opp.】 *provident*. 파) **~·ly** *ad.* 선견지명 없이.

im·prov·i·sa·tion [imprὰvəzéiʃən, ìmprəvi-] *n.* ⓒ 즉흥 연주, 즉석 작품《시·음악 따위》 ; ⓤ 즉석에서 하기.
파) **~·al** *a.*

·im·pro·vise [ímprəvàiz] *vt.* (1) 임시 변통으로 만들다. (2) (시·음악·축사·연설 따위)를 즉석에서 하다〈만들다〉 ; 즉흥 연주를 하다(extemporize). — *vi.* (연주·연설 등을) 즉석에서 하다.
파) **~d** [-d] *a.* 즉흥적인〔적으로 만든〕.

·im·pru·dence [imprú:dəns] *n.* (1) ⓒ 경솔한 언행. (2) ⓤ 경솔, 무분별.

·im·pru·dent [imprú:dənt] *a.* 무분별한, 경솔한, 경망스러운(indiscreet), 조심하지 않는. 【opp.】 *prudent*. 파) **~·ly** *ad.*

·im·pu·dence [impjədəns] *n.* (1) ⓒ 건방진 언동. ***Such ~ !*** 정말 뻔뻔스럽구나! (2) ⓤ 뻔뻔스러움, 후안 무치; (the ~) 건방짐.

:im·pu·dent [ímpjədənt] *a.* 철면피의, 뻔뻔스러운, 염치없는; 건방진.
파) **~·ly** *ad.*

im·pugn [ìmpjú:n] *vt.* …를 비난 〔논란, 공격, 배격, 반박〉하다(challenge). 파) **im·púgn·a·ble** [-əbəl] *a.* 비난〈공격, 반박〉의 여지가 있는, **im·púgn·ment** *n.* ⓤ 비난, 공격, 반박.

im·pu·is·sant [impjú:isnt] *a.* 무기력한, 허약한 ; 무능한.

:im·pulse [ímpʌls] *n.* (1) ⓤⓒ (마음의) 충동, 일시적 충격. (2) ⓒ 추진(력) ; 충격 ; 자극. (3) ⓒ 【電】 충격 전파, 임펄스 ; 【力學】 충격력 ; 충격량《힘과 시간의 곱》. ▫ impel *v.*(act) ***on*** (***an***) ~ 충동적으로 〈무의식적으로〉 (행동하다). ***under the ~ of*** …에 이끌려서.

ímpulse bùy 〈**pùrchase**〉 충동 구매한 물품.

ímpulse bùyer 충동 구매자.

ímpulse bùying (특히 소비재의) 충동 구매.

im·pul·sion [impʌ́iʃən] *n.* ⓤⓒ 충격, 충동, 자극, 원동력, 추진(력) ; 계기.

im·pul·sive [impʌ́lsiv] *a.* (1) 추진적인. (2) 충동적인, 감정에 끌린〈흐른〉, 직정적인. (3) 【力學】 충격력의. 파) **~·ly** *ad.* 감정에 끌려. **~·ness** *n.*

·im·pu·ni·ty [impjú:nəti] *n.* ⓤ 무사, 처벌되지 않음. ***with ~*** 벌을 〈해를〉 받지 않고 ; 무사히, 무난히.

·im·pure [impjúər] *a.* (1) 불순한 ; 순결하지 않은, 음란한(obscene), 부도덕한, 외설한. (2) 불결한 (dirty), 더러운.
파) **~·ly** *ad.* **~·ness** *n.*

·im·pu·ri·ty [impjúərəti] *n.* (1) ⓒ 불순물 ; 더러운 행위. (2) ⓤ 불결, 불순 ; 죄의 더러움 ; 추잡함, 외설(obscenity).

im·put·a·ble [impjú:təbəl] *a.* 〔敍述的〕 (책임을) 지울〈돌릴〉 수 있는《*to*》.

im·pu·ta·tion [ìmpjutéiʃən] *n.* (1) ⓒ 비난, 비방 ; 오명(汚名). (2) ⓤ (죄·책임따위를) 씌우기, 전가.

·im·pute [impjú:t] *vt.* 《+目+前+명》(죄·책임따위)를 …의 탓으로 하다(ascribe), …에게 돌리다《*to*》.

:in 〔in; (*prep.* 로서는 때때로) 弱[ən]〕 *prep.* (1) a〕 〔상태〕…한 상태로〈에〉. b〕 〔환경〕…한 속에(서), …속을.
(2) 〔장소〕 a〕 〔위치〕…의 속에〈의〉 ; …속〈안〉에서, …에 있어서, …에, …에서(⇨ AT (1)a) b〕《口》〔방향〕…쪽에〈으로, 에서〉 ; 속〈안〉으로. c〕 (탈것 따위)에 타고. d〕 〔冠詞 없이 장소의 기능을 나타내어〕…에(서) ; …하고.
(3) a〕 〔행위 · 활동 · 종사〕 …하고, …에 종사하고. b〕 〔소속·직업〕…에 소속하여, …을 하고, …에 참가하여.
(4) 〔착용·포장〕 …을 입고, …을 몸에 걸치고, …을 신고〈쓰고〉(wearing) ; …에 싸서.
(5) 〔때·시간〕 a〕 〔기간〕…동안〈중〉에, …에, …때에. b〕 〔경과〕(지금부터) …후에, …지나면, …지나서《주로 미래에 쓰임. c〕 《주로 美》…동안〈간. 중〉(에).

I

☞ 語法 **in, at, on** in은 어떤 기간을 나타내며, at는 때〈시간〉의 한 점을, on은 어느 특정의 날 또는 어느 특정일의 아침이 라든가 밤에 대해서 쓰임 : *in* the morning, in April, *in* (the) summer ; *at* six, *at* daybreak, at noon, *at* the beginning of this lesson; *on* Sunday, *on* the 20th day, *on* Saturday morning. 다만, '밤에는'은 *at* night라고 하며, *in* the night는 '밤중에'임.

(6) a〕〔전체와의 관계를 나타내어〕…중(에서). b〕〔비율·정도·단위〕…당, …로, 매(每) …에로.
(7) 〔제한·관련〕 a〕〔범위〕 …의 범위내에, …안 에. b〕〔수량·분야 따위를 한정하여〕…에 있어서, …이. c〕〔最上級 형용사를 限定하여〕…면에서. d〕〔특정 부위〕 …의, … 에 관해.
(8) 〔사람의 성격·능력·재능〕 …속에, …에게는.
(9) 〔동격관계〕…라는.
(10) 〔수단·재료·도구 따위〕 …로, …로써, …로 만든.
(11) 〔방법 형식〕 …(으)로, …하게
(12) 〔배치 형상 순서 따위〕 …을 이루어, …이 되어.
(13) a〕〔이유 동기〕…때문에, …(이유)로:. b〕〔목적〕 …을 목적으로, …을 위해. c〕…로서 (의). d〕〔조건〕 (만일) …인 경우에는, …이니까.
(14) 〔행위의 대상〕 …에 관해, …을. ***be in it*** (***up to the neck***) 《口》 1〕 (아무가) 어려운 처지에 놓여 있다. 2〕 깊숙이 관여하고 있다, 관계하고 있다. ***be not in it*** 《口》 (…에는) 못 당하다,(…에는) 비교도 안 되다, 훨씬 못하다, 승산(勝算) 이 없다《*with*》. ***in all*** ⇨ ALL. ***in as much as*** ⇨ INASMUCH AS. ***in itself*** ⇨ ITSELF. ***in so far as*** ⇨ FAR. ***in so much that*** ⇨ INSOMUCH. ***in that*** …이라는 점에서, …한 이유로, …이므로 (since, because).
— *ad.* (1) 〔운동 방향〕안에, 안으로, 속에, 속으로 (【opp.】 *out*).
(2) 집에 있어, 집에서.
(3) a〕(탈것 등이) 들어와, 도착하여. b〕 제출되어. c〕 (계절 따위가)(돌아)와 ; (수확 따위가) 거둬들여져.
(4) (과일 식품 따위가) 제철에, 한창인.
(5) (복장이) 유행하고.
(6) a〕 (정당이) 정권을 잡고〈맡고〉. b〕 (정치가 등이) 당선되어, 재직하여.
(7) (기사등이) (잡지에) 실리어, 게재되어.
(8) 《英》 (불 등불이) 타고.
(9) (조수가) 밀물에〈이 되어〉.
(10) (야구·크리켓에서) 공격 중에 ; 테니스에서 공이) 라인 안에.
(11) **〔골프〕** (18홀 코스에서) 후반 (9홀)을 끝내고. all *in* ⇨ ALL. be in at… 1〕 …에 참여 〈관여〉하고 있다. 참석해 있다 2〕 (때)마침 그자리에 있다. ***be in for...*** 1〕 《口》 (어려움 악천후 따위)를 만날 것 같다. …을 당하게 되다. 2〕 (경기 따위)에 참가하기로 되어 있다. 3〕 (일 따위)를 지원하다, 신청하다. ***be in for it*** 어쩔 도리 없게 되다, 벌은 면할 수 없게 되다. ***be*** 〈***get***〉 ***in on...*** 《口》
(계획 따위)에 참여하다 ; (비밀 따위)에 관여 〈관계〉하다. ***be***〈***keep***〉 (***well***) ***in with ...*** 《口》 …와 친(밀)하게 지내다. ***breed in*** (***and in***) ⇨ BREED. ***go in for...*** = be in for … 2〕***have it in for*** ⇨ HAVE. ***in and out*** 1〕 (…을) 나왔다 들어갔다《*of*》. 2〕 아주, 완전히, 철저히(completely). 【cf.】inside out 3〕 보였다 안 보였다 ; 구불구불, 굽이 쳐. ***in between*** ⇨ BETWEEN. ***In with...***〔命令文에서〕 …을 안에 넣어라〈들여보내라〉
— a.〔限定的〕(1) 내부의 ; 안의 ; 안에 있는. (2) 들어오는. (3) 정권을 잡고 있는. (4) 《口》 유행의 ; 인기 있는. (5) 《口》 (농담 따위) 동아리끼리의〈통하는〉. (6) (크리켓에서) 공격(측)의. (7) (골프의 18홀 코스에서) 후반(9홀)의.
— n. (1) (the ~s) 여당. (2) ⓒ 《美口》 애고(愛顧), 연줄. (3) (the ~s) (크리켓의) 공격측.

in-² *pref.* 전치사 또는 부사의 into, in, upon, on against, toward(s) 따위의 뜻.

in-³ *pref.* '불(不), 무(無)'의 뜻. 【cf.】 in-¹

-in⁴ '사교적 집회, 집단 항의〈운동, 시위〉'의 뜻의 복합어를 만드는 결합사.

In⁵ 【化】 indium. **in.** inch(es); **IN** Indiana.

·in·a·bil·i·ty [ìnəbíləti] *n.* ⓤ 무력, 무능(력); …할 수 없음《*to* do》. ▫ unable *a.*

in·ab·sen·tia [ìn-æbsénʃiə] 《L.》 부재 중에.

in·ac·ces·si·bil·i·ty [ìnæksèsəbíləti] *n.* ⓤ 가까이〈도달〉하기 어려움.

·in·ac·ces·si·ble [ìnəksésəbəl] *a.* 가까이하기 〈도달하기, 접근하기, 얻기〉어려운《*to*》.
파) **-bly** *ad.*

in·ac·cu·ra·cy [inǽkjərəsi] *n.* (1) ⓒ (종종 pl.) 잘못, 틀림. (2) ⓤ 부정확, 정밀하지 않음.

in·ac·cu·rate [inǽkjərit] *a.* 정밀하지 않은(inexact), 부정확한 : 틀린, 잘못된.
파) ~ **ly** *ad.*

in·ac·tion [inǽkʃən] *n.* ⓤ 무위(無爲), 활동〈활발〉하지 않음 ; 게으름(idleness), 나태.

in·ac·ti·vate [inǽktəvèit] *vt.* 비활성(非活性)으로 만들다 ; …을 활발치 않게하다.
파) **in·àc·ti·vá·tion** [-ʃən] *n.* 비활성화(化).

·in·ac·tive [inǽktiv] *a.* (1) 【物·化】 방사능이 없는; 비활성〈불선광성(不旋光性)〉의. (2) 활동치 않는, 활발하지 않은, 무위의; 움직이지 않는 ; 게으른. (3) 현역이 아닌.
파) ~ **·ly** *ad.*

in·ad·e·qua·cy [inǽdikwəsi] *n.* (1) (종종 *pl.*) 부적당한 점, 미비점. (2) ⓤ 부적당, 불완전 ; 불충분, 무능(incompetence), (역량 따위의) 부족.

:in·ad·e·quate [inǽdikwit] *a.* (1) 미숙한, 적응성〈능력, 자격〉이 모자라는. (2) 부적당한 ; 불충분한 ; 부적절한《*for* ; *to*》.
파) ~ **·ly** *ad.* ~ **·ness** *n.*

in·ad·mis·si·bil·i·ty [ìnədmìsəbíləti] *n.* ⓤ 허용〈 시인, 용인〉 할 수 없음.

in·ad·mis·si·ble [ìnədmísəbəl] *a.* 승인할 수 없는, 허용〈허락〉하기 어려운. 파) **-bly** *ad.*

in·ad·vert·ence, -en·cy [ìnədvə́ːrtəns], [-si] *n.* (1) ⓒ (부주의에 의한)신수, 잘못, (2) ⓤ 부주의, 태만, 소홀.

in·ad·vert·ent [ìnədvə́ːrtənt] *a.* (1) (행동 등이) 무심코 저지른, 우연의, 고의가 아닌. (2) 부주의한, 소홀한, 태만한.
파) ~ **·ly** *ad.*

in·ad·vis·a·bil·i·ty [ìnədvàizəbíləti] *n.* ⓤ 권할 수 없음.

in·ad·vis·a·ble [ìnədvàizəbəl] *a.* 현명하지 않은,

I

어리석은 : 권할 수 없는.
파) **-bly** *ad.*
in·al·ien·a·ble [inéiljənəbəl] *a.* (1) 빼앗을 수 없는. (2) (권리 등이) 양도할〈넘겨 줄〉 수 없는.
파) **-bly** *ad.* **~·ness** *n.*
in·al·ter·a·ble [inɔ́:tərəbəl] *a.* 불변(성)의, 변경할 수 없는. 파) **-bly** *ad.*
in·ane [inéin] *a.* (1) 어리석은(silly), 무의미한 ; 무한한 공간. (2) 공허한, 텅 빈. 파) **~·ly** *ad.*
·**in·an·i·mate** [inǽnəmit] *a.* (1) 활기〈생기〉없는(dull). (2) 생명력 없는, 무생물의 ; 죽은. 파) **~·ly** *ad.* **~·ness** *n.* **in·àn·i·má·tion** [-méiʃən] *n.* ⓤ 생명이 없음; 무활동, 무기력.
in·a·ni·tion [ìnəníʃən] *n.* ⓤ (1) 무기력. (2) 공허, 텅빔(emptiness) ; 영양 실조.
in·an·i·ty [inǽnəti] n. (1) ⓒ 어리석은〈무의미한〉 짓. (2) ⓤ 공허함 ; 어리석음, 우둔, 지각없는 언행.
in·ap·pli·ca·bil·i·ty [inæ̀plikəbíləti] *n.* ⓤ 적용〈응용〉할 수 없음.
in·ap·pli·ca·ble [inǽplikəbəl] *a.* 관계 없는, 적용〈응용〉할 수 없는 ; (딱) 들어맞지 않는, 부적당한《to》.
파) **-bly** *ad.*
in·ap·po·site [inǽpəzit] *a.* 부적당한, 적절하지 않은(unsuitable), 엉뚱한. 파) **~·ly** *ad.* **~·ness** *n.*
in·ap·pre·ci·a·ble [ìnəpríːʃiəbəl] *a.* 미미한, 감지할 수 없을 만큼의. 파) **-bly** *ad.*
in·ap·pre·cia·tive [nəpríːʃiətiv, -ʃiéit-] *a.* 감식력이 없는, 평가할 능력이 없는 ; 인식 부족의 ;높이 평가하지 않는. 파) **~·ly** *ad.* **~·ness** *n.*
in·ap·proach·a·ble [ìnəpróutʃəbəl] *a.* 서먹서먹한 ; 가까이할 수 없는 ; 대적할 자가 없는, 당해낼 수 없는, 무적의.
in·ap·pro·pri·ate [ìnəpróupriit] *a.* 걸맞지 않는《for; to》; 부적당한.
파) **~·ly** *ad.* **~·ness** *n.*
in·apt [inǽpt] *a.* (1) 서툰 ; 졸렬한《at》. (2) 부적당한, 적절치 않은(unsuitable), 어울리지 않는《for》.
파) **~·ly** *ad.* **~·ness** *n.*
in·apt·i·tude [inǽptətjùːd] *n.* ⓤ (1) 서투름, 졸렬. (2) 부적당 어울리지 않음, 부적절.
***in·ar·tic·u·late** [ìnaːrtíkjəlit] *a.* (1) (고통 흥분 등으로) 말을 못하는. (2) (발음이) 똑똑지 못한, 분명치 않은, 뜻을 전하지 못하는. (3) 분명히 의견〈주장〉을 말하지 못하는. (4) 【醫】 관절이 없는. 파) **~·ly** *ad.* 똑똑지 못한 발음으로, 불명료하게. **~·ness** *n.*
in·ar·tis·tic [ìnaːrtístik] *a.* (1) 예술을 이해 못 하는, 몰취미한. (2) 예술적〈미술적〉이 아닌.
파) **-ti·cal·ly** [-əli] *ad.*
in·as·much as [ìnəzmʌ́tʃ-] (1) …인 한은(insofar as). (2) …이므로, …하므로, …인 까닭에(because, since).
in·at·ten·tion [ìnəténʃən] *n.* ⓤ (1) 무뚝뚝함 ; 무심. (2) 부주의, 방심, 태만 ; 무관심.
in·at·ten·tive [ìnəténtiv] *a.* 태만한, 부주의한 ; 무관심한. 파) **~·ly** *ad.* **~·ness** *n.*
in·au·di·bil·i·ty [inɔ̀ːdəbíləti] *n.* ⓤ (알아)들을 수 없음, 청취불능.
in·au·di·ble [inɔ́ːdəbəl] *a.* 들리지 않는, 알아들을 수 없는.
파) **-bly** *ad.* 들리지 않게, 들리지 않을 만큼.
***in·au·gu·ral** [inɔ́ːgjərəl] *a.*〔限定的〕 개시의, 개회의 ; 취임(식)의 ; 《美》(대통령 등의) 취임 인사; 개회사.
— *n.* 《美》(대통령 등의) 취임 연설 ; 취임식.
***in·au·gu·rate** [inɔ́ːgjərèit] *vt.* (1) 준공〈제막, 개통, 발회〉식을 열다, 개관〈개통, 개강, 개업〉하다 ; 시작하다. (2) 《~+目/+目+ *as* 補》…의 취임식을 거행하다 ; 취임시키다《흔히 受動으로》. (3) (새 시대를) 열다, 개시하다. ▫ inauguration *n.*
***in·au·gu·ra·tion** [inɔ̀ːgjəréiʃən] *n.* (1) ⓒ 개업〈개관, 개통, 개강, 준공, 제막, 발회〉식. (2) ⓤⓒ 취임(식). (3) ⓤⓒ 개시 ; 개업; 발회. ▫ inaugurate *v.*
Inaugurátion Dày (the ~) 《美》 대통령 취임식 날《당선된 다음 해의 1월 20일》.
in·aus·pi·cious [ìnɔːspíʃəs] *a.* 상서롭지 않은, 불길한, 재수없는 ; 불행한, 불운한.
파) **~·ly** *ad.* **~·ness** *n.*
in·be·tween [ìnbitwíːn] *a.*〔限定的〕 중간의, 중간적인.
— *n.* ⓒ 중간물; 중개자(go-between).
in·board [ínbɔ̀ːrd] *a.* 〔限定的〕, *ad.* 【海·空】 배안의〈에〉 ; 비행기 안의〈에〉; 【空】 동체(同體) 중심 가까이의〈에〉 ; (엔진이) 선내〈기내〉에 장착된〈되어〉. 【opp.】 *outboard.*
***in·born** [ínbɔ́ːrn] *a.* 천부의, 타고난 ; 선천적인.
in·bound [ínbáund] *a.* (1) 도착하는, 들어오는 ; 시내로 들어가는. (2) 본국으로 돌아가는, 귀항의 본국행의. 〖opp.〗 *outbound.*
in·box [ínbɑ̀ks/-bɔ̀ks] *n.* ⓒ 《美》 도착〈미결〉 서류함.
in·bred [ínbréd] *a.* (1) 동종(同種)번식의, 근친 교배의. (2) 타고난.
in·breed [ínbríːd] *vt.* (동물을) 동종 번식〈교배〉 시키다.
파) **ín·brèed·ing** *n.* ⓤ 근친 교배, 동종 번식.
in·built [ínbílt] *a.* =BUILT-IN.
***Inc.** 《美》〔기업명 뒤에〕 Incorporated (《英》 Ltd).
inc. inclosure; included; including; inclusive; income; incorporated; increase.
In·ca [íŋkə] *n.* (1) (the ~(s)) 잉카 국왕. (2) (the ~)잉카 사람〈족〉《페루 원주민 중 세력이 가장 컸던 종족》.
in·cal·cu·la·bil·i·ty [inkæ̀lkjələbíləti] *n.* ⓤⓒ 무수, 셀 수 없음 ; 예측할 수 없음.
in·cal·cu·la·ble [inkǽlkjələbəl] *a.* (1) 어림할 수 없는, 예측 할 수 없는. (2) 헤아릴 수 없는, 막대한, 무한량의. (3)믿을〈기대할〉 수 없는, 변덕스러운.
파) **-bly** *ad.* **~·ness** *n.*
In·can [íŋkən] *a.* 잉카 사람〈왕국 문화〉의.
— *n.* ⓒ 잉카 사람.
in·can·des·cence [ìnkəndésəns] *n.* 백열(광).
in·can·des·cent [ìnkəndésənt] *a.* (1) 눈부신, 빛나는 ; 열의〈의욕〉에 불타는. (2) 백열의 ; 백열광을 내는.
in·can·ta·tion [ìnkæntéiʃən] *n.* ⓤⓒ 주술, 마법 ; 주문(을 욈).
in·ca·pa·bil·i·ty [inkèipəbíləti] *n.* ⓤ 무능, 불능 ; 무자격 ; 부적임(不適任).
:**in·ca·pa·ble** [inkéipəbəl] (***more ~ ; most ~***) *a.* (1) 무능〈무력〉한, 쓸모 없는. (2)〔敍述的〕…할 힘이 없는, …을 할 수 없는 ; 자격이 없는《*of*》. (3)〔敍

I

述的〕 …될 수 없는. ***drunk and ~*** 취해 곤드라져(incapably drunk)
파) **-bly** *ad.* **~ ·ness** *n.*
in·ca·pac·i·tate [ìnkəpǽsətèit] *vt.* 《~+目/+目+前+名》 (1) 【法】 …의 자격을 빼앗다. (2) …을 무능력하게 하다 ; 못하게 하다 ; 부적당하게 하다 《*for*》.
파) **ìn·ca·pàc·i·tá·tion** [-ʃən] *n.* ⓤ 자격 박탈 ; 능력을 없앰 ; 실격(失格).
in·ca·pac·i·ty [ìnkəpǽsəti] *n.* (1) ⓤ 【法】 무능력, 무자격, 실격. (2) ⓤ (또는 an ~) 무능, 무력(inability), 부적당.
in·car·cer·ate [inkɑ́ːrsərèit] *vt.* 유폐하다〔흔히 受動으로〕 ; …을 투옥〈감금〉하다(imprison). 파) **in·càr·cer·á·tion** [-ʃən] *n.* ⓤ 감금, 투옥 ; 유폐(상태).
in·car·na·dine [inkɑ́ːrnədàin, -din, -dìːn] 《古·詩》 *n.* ⓤ, 진홍〈담홍〉색(의), *a.* 살〈핏〉빛(의).
— *vt.* …을 붉게 물들이다(redden).
in·car·nate [inkɑ́ːrneit, -nit] *vt.* (1) 《+目+前+名》〔흔히 受動으로〕(관념 따위)를 구체화하다, 실현하다. (2) 《+目+*as* 補》 …에게 육체를〈육신을〉 갖게 하다《*in* ; *as*》〔흔히 受動으로〕 "…의 육체〈모습〉을 하고 있다"의 뜻이 됨); (특히)인간의 모습을 갖게 하다. (3) …을 대표하다 ; …의 전형이다.
— [inkɑ́ːrnit, -neit] *a.* 〔흔히 名詞의 뒤에〕 (1) 육신을 갖춘, 사람의 모습을 한. (2) 구체화(化)한, 구현한.
in·car·na·tion [ìnkɑːrnéiʃən] *n.* (1) (the ~) 화신 (化身), 권화(權化)《of》. (2) ⓤ 육체를 갖추게 함 ; 인간의 모습을 취함. (3) ⓤ 구체화, 체현(體現). (4) ⓒ 어떤 특정 시기〈단계〉의 모습). (5) (the I-) 성육신(成 肉身), 강생《신이 인간 예수로서 지상에 태어남》.
in·cau·tious [inkɔ́ːʃəs] *a.* 무모한, 조심성이 없는, 경솔한. 파) **~ ·ly** *ad.* **~ ·ness** *n.*
in·cen·di·a·rism [inséndiərìzəm] *n.* ⓤ (1) 선동. (2) 방화 (放火). 【cf.】 arson.
in·cen·di·ary [inséndièri] *a.* 〔限定的〕 (1) 선동적인. (2) 불나게 하는, 방화의 .
— *n.* ⓒ (1) 방화범 ; 소이탄. (2) 선동자(agitator).
I
***in·cense**[1] [ínsens] *n.* ⓤ 향냄새〈연기〉 ; 향(香) ; 〔一般的〕방향(芳香).
— *vt.* …에 향을 피우다 ; …앞에 분향하다.
in·cense[2] [inséns] *vt.* …을 (몹시) 성나게 하다 《※ 흔히 과거분사로 형용사적 ; 전치사는 행위·말 등에는 *at, by*, 사람에게는 *with, against*》.
파) **~ ·ment** *n.*
***in·cen·tive** [inséntiv] *a.* (1) 〔限定的〕 장려 〈격려〉하는. (2) 자극적인, 고무하는 《*to*》.
— *n.* ⓒⓤ 격려, 자극, 유인, 동기 ; (생산성 향상을 위한) 장려금.
in·cep·tion [insépʃən] *n.* ⓒ 발단, 처음. ***at the*** (***very***) ***~ of*** …의 처음에, 당초에.
in·cep·tive [inséptiv] *a.* (1) 【文法】 동작의 시작을 나타내는, 기동(起動)(상(相))의. (2) 처음의, 발달의.
— *n.* ⓒ 【文法】 기동상(相) ; 기동 동사 (= **~ vérb**).
파) **~ ·ly** *ad.*
in·cer·ti·tude [insə́ːrtətjùːd] *n.* ⓤ 불안정(不安定)(uncertainty), 의혹, 의구, 불안; 불확실.
:in·ces·sant [insésənt] *a.* 그칠 새 없는, 끊임없는, 간단 없는. 【cf.】 ceaseless. 파) ***~ ·ly** *ad.* 끊임없이. **~ ·ness** *n.*
in·cest [ínsest] *n.* ⓤ 상피(相避), 근친 상간.
in·ces·tu·ous [inséstʃuəs] *a.* 근친상간의 (죄를 저지른). 파) **~ ·ly** *ad.* **~ ·ness** *n.*
:inch [intʃ] *n.* (1) (an ~) 조금, 소량. ***by ~es*** 1) 하마터면, 겨우, 간신히(by an ~). 2) 조금씩, 저마차로, 서서히, 싸목싸목. ***every ~*** 어디까지나, 완전히 철두 철미 ; 구석구석까지. ***~ by*** ~조금씩(by ~es). ***to an ~*** 조금도 틀림없이. 정밀하게. ***within an ~ of*** 《口》…의 바로 곁에까지, 거의 …할 정도까지. (2) ⓒ 인치《12분의 1피트, 2.54cm ; 기호 ″ ; 略 : in.》.
— *vt.* (1)…을 조금씩 움직이게 하다. (2)천천히 나아가다 ; 다가가다.
— *vi.* 천천히〈조금씩〉 움직이다《along》.
inch·meal [íntʃmìːl] *ad.* 서서히(slowly), 차츰, 조금씩(gradually).
in·cho·ate [inkóuit/ínkouèit] *a.* (1) 불완전한, 미완성의 ; 미발달의 ; 미정리의. (2) 이제 막 시작한, 초기의. 파) **~ ·ly** *ad.* **~ ·ness** *n.*
inch·worm [íntʃwə̀ːrm] *n.* ⓒ 【蟲】 자벌레 (looper).
in·ci·dence [ínsədəns] *n.* (1) ⓤⓒ 【物】 투사(投財), 입사. (2)(*sing.*)(사건 영향따위의) 발생 ; 발생률, 빈도 ; (세금등의 부담) 범위.
:in·ci·dent [ínsədənt] *a.* (1) 【物】 a)투사 〈입사〉의. b)〔敍述的〕(…에) 투사하는《*on* ; *upon*》. (2) 〔敍述的〕 (부수적으로) 일어나기 쉬운 ; 부수하는, 부대(附帶)하는《to》.
— *n.* ⓒ (1) 사건, 생긴 일 ; (어떤 사건의) 부수 사건, 작은 사건 . (2)(전쟁·폭동 따위의) 사건, 사변, 분쟁. (3) (극·소설 중의) 삽화(episode). (4) 【法】 부수(부대) 조건, 재산에 부여하는 권리〈의무〉.
***in·ci·den·tal** [ìnsədent] *a.* (1)주요하지 않은, 부차적인 ; 임시의, 우연한, 우발적인. (2) (…에) 일어나기 쉬운, 흔히 있는 ; (…에) 부수하여 일어나는《*to*》
— *n.* (1) ⓒ 부수적〈우발적〉인 일. (2) (*pl.*) 임시비, 잡비.
***in·ci·den·tal·ly** [ìnsədéntəli] *ad.* (1) 부수적으로. (2) (흔히 문장의 앞머리에 쓰여 문 전체를 수식) 그런데, 그래서 ; 첨언하면. (3) 우연히.
incidéntal músic (극 영화 따위의) 부수〈반주〉 음악.
in·cin·er·ate [insínərèit] (1) 화장(火葬)하다(cremate). (2) (불필요한 것)을 태워서 재로 만들다, 태워 없애다, 소각하다.
피) **in·cìn·er·á·tion** [-ʃən] *n.* ⓤ(1)소각, (2)화장. **in·cín·er·á·tor** [-ər] *n.* ⓒ (1)(쓰레기의) 소각로(爐)〈장치〉 ; 화장로.
in·cip·i·ence, -en·cy [insípiəns], [-si] *n.* ⓤ (1)(병 따위의) 초기. (2) 시초, 발단.
in·cip·i·ent [insípiənt] *a.* (1) 【醫】(병 등의) 초기의. (2)시초의, 발단의.
파) **~ ·ly** *ad.* 처음으로.
in·cise [insáiz] *vt.* (1) …에 표〈문자, 무늬〉를 새기다, 조각하다. (2) …을 절개하다 ; …을 째다.
in·ci·sion [insíʒən] *n.* (1) 【醫】 쨈 절개. (2) ⓤ 칼〈벤〉자국을 내기 베기 ; 새김 ; ⓒ 칼〈벤〉자국.
in·ci·sive [insáisiv] *a.* (1) (두뇌 등이) 예민한, 재빠른 ; 기민한. (2) (말 따위가) 날카로운, 가시 돋친

신랄한. (3) (칼붙이가) 예리한.
파) ~ **·ly** *ad.* ~ **·ness** *n.*
in·ci·sor [insáizər] *n.* ⓒ 【解】 앞니.
in·ci·ta·tion [ìnsaitéiʃən, -sit-] *n.* ⓤⓒ = INCITEMENT.
***in·cite** [insáit] *vt.* 《~+目+前+名/+目+*to* do》 (1) (분노 호기심 등) 을 일으키게 하다. 자극하다. (2) …을 자극〈격려〉하다;추기다, 선동하다.
파) **in·cít·er** *n.*
in·cite·ment [insáitmənt] *n.* (1) ⓒ 자극하는 것 ; 동기, 유인(誘因)【to】. (2) ⓤ 격려, 고무, 선동, 자극《*to*》.
in·ci·vil·i·ty [ìnsivíləti] *n.* (1) ⓒ 버릇없는〈무례한〉 말〈행동〉. (2) ⓤ 버릇없음, 무례.
in·clem·en·cy [inklémənsi] *n.* ⓤ (날씨가) 거침, 사나움, 혹독함.
in·clem·ent [inklémənt] *a.* (날씨가) 거칠고 궂은, 험악한 ; 혹독한, 한랭한(severe).
:in·cli·na·tion [ìnklənéiʃən] *n.* (1) ⓤ 기울기, 경사 ; ⓒ 사면(斜面). (2) ⓒ (*sing.*)(고개 따위를) 숙임, (몸을) 구부림《*of*》. (3)ⓒ (흔히 sing.) 경향, 성향, 성벽《(*toward* ; *for*)》. (4) ⓒ (흔히 *sing.*) (체질적인) 경향. (5) ⓒⓤ (종종 *pl.*) 좋아함, 기호, 의향, 기분 ; 취향《*for* ; *toward*》.
:in·cline [inkláin] *vt.* (1) 《+目+*to* do》 (마음)에 내키게 하다, …할 마음이 일게 하다《※ 종종 과거분사로서 형용사적으로 씀》. (2) …을 기울이다. 경사지게 하다 ; (몸)을 굽히다 ; (머리)를 숙이다 ; (귀)를 기울이다.
— *vi.* (1) 기울다, 기울어지다, 경사지다 ; 몸을 구부리다, 고개를 숙이다. (2) 《+前+名/+*to* do》 마음이 기울다〈내키다〉, …하고 싶어하다 ; …경향이 있다, …하기 쉽다. ▫ inclination *n.*
— [ínklain] *n.* ⓒ (1) 경사(면), 물매(slope). (2) 사면, 비탈.
파) **:in·clíned** [-d] *a.* (1) 〔敍述的〕 …하고 싶어하는《*to* do》; …할 마음이 있는《*for*》; …의 경향이 있는 《*to* ; *toward*》. (2) 〔敍述的〕 (체질적으로) …한 경향이 있는《*to* ; *toward*》; …하는 체질인; 쉽게 …하는 《*to* do》. (3) 경사진
inclíned pláne 사면(斜面).
in·cli·nom·e·ter [ìnklənámitər/-klənɔ́mi-] *n.* ⓒ 경사계(clinometer) ; 복각계(伏角計).
***in·close** [inklóuz] *vt.* =ENCLOSE.
in·clo·sure [inklóuʒər] *n.* =ENCLOSURE.
:in·clude [inklú:d] *vt.* (1) 《+目+前+名》 포함시키다, 넣다 ; 셈에 넣다. 〖opp.〗 *exclude*. (2)(전체의 일부로서) …을 포함하다. (3) 〔過去分詞로 獨立分詞로 쓰여〕 …포함하여.
***in·clud·ing** [inklú:diŋ] *prep.* …을 넣어서 …함께, …을 포함하여.
***in·clu·sion** [inklú:ʒən] *n.* (1) ⓒ 함유물. ▫ include *v.* (2) ⓤ 포함, 포괄 ; 산입(算入).
in·clu·sive** [inklú:siv] (more*** **~ ;** ***most*** **~**) *a.* (1) 〔數詞등의 뒤에 놓아서〕 …를 포함하여, (셈에) 넣어서. 《※ 명확을 기하여 both inclusive 라고도 함》. 〖opp.〗 *exclusive*. . (2) 일체를 포함한, 포괄적인. **~ *of*** 〔前置詞的으로〕…을 포함하여, ▫ include *v.*
파) ~ **·ly** *ad.* 포함하여, 샘에 넣어서 ~ **·ness** *n.*
in·cog [inkág/-kɔ́g] *a.*, *ad.*, *n.* 《英口》= INCOGNITO.
in·cog·ni·to [inkágnitòu/-kɔ́gni-] *a.* (1) 〔敍述的〕 알려지지 않고. — *ad.* 변명으로, 익명으로, 미행으로. (2) 〔흔히 名詞 뒤에 두어〕암행〈잠행, 미행(微行)〉의 ; 변명(變名)〈익명〉의.
— (*pl.* ***~s.*** ***~ti*** [-ti:]) *n.* ⓒ 익명(자), 가명자.
in·co·her·ence, -en·cy [ìnkouhíərəns, -hér-], [-ənsi] *n.* ⓤ 지리멸렬, 조리가 맞지 않음.
in·co·her·ent [ìnkouhíərənt, -hér-] *a.* (논리적으로) 사리가 맞지 않는, 일관되지 않는, 모순된, 지리멸렬의, 흐트러진. 파) ~ **·ly** *ad.*
in·com·bus·ti·bil·i·ty [ìnkəmbʌ̀stəbíləti] *n.* ⓤ 불연성(不燃性).
in·com·bus·ti·ble [ìnkəmbʌ́stəbəl] *a.* 불연성의 파) **-bly** *ad.*
:in·come [ínkʌm] *n.* ⓤⓒ 수입 《주로 정기적인》소득. 〖opp.〗 *outgo*. . ***earned***〈***unearned***〉 ~ 근로〈불로〉 소득. ***net*** ~ 실수입, 순수입.
íncome gròup 【社】 소득층《소득세액이 같은 집단》.
íncome(s) pòlicy 【經】소득 정책.
íncome tàx 소득세.
in·com·ing [ínkʌ̀miŋ] *n.* (1) (흔히 *pl.*) 수입, 소득. (2) ⓤ (들어)옴, 도래. 【opp.】 *outgogoing*. — *a.* 〔限定的〕(1)들어오는; (이익 등이) 생기는 【電】 옥내 도입선. (2) 다음에 오는, 뒤를 잇는 ; 후임의.
in·com·men·su·ra·bil·i·ty [ìnkəmènʃərəbílə-ti] *n.* ⓤ 【數】 약분할 수 없음 ; 같은 표준으로 젤 수 없음.
in·com·men·su·ra·ble [ìnkəménʃərəbəl] *a.* (1) 【數】 약분할 수 없는, 무리(수)의. (2) 같은 기준으로 젤 수 없는 ; 비교할 수 없는, 엄청나게 다른, 어림도 없는《with》; 전혀 (결)맞지 〈어울리지〉 않는. 파) **-bly** *ad.*
in·com·men·su·rate [ìnkəménʃərit] *a.*〔敍述的〕 맞지 않는(disproportionate)《with ; to》, 어울리지 않는 ; 불충분한, 너무 적은〈작은〉 ; =INCOMMENSURABLE. 파) ~ **·ly** *ad.* ~ **·ness** n.
in·com·mode [ìnkəmóud] *vt.* (1) …을 방해 하다. (2) …에 불편을 느끼게 하다. 폐를 끼치다.
in·com·mo·di·ous [ìnkəmóudiəs] *a.* (방 따위가) 옹색한, 비좁은 ; 불편한(inconvenient).
파) ~ **·ly** *ad.* ~ **·ness** *n.*
in·com·mu·ni·ca·ble [ìnkəmjú:nəkəbəl] *a.* (1) =INCOMMUNICATIVE. (2)전달〈말로 표현〉할 수 없는.
in·com·mu·ni·ca·do [ìnkəmjù:nəká:dou] *a.* 〔敍述的〕 (1) (죄수가) 감금된. (2) 통신이 끊어진, 외부와 연락이 끊긴.
in·com·mu·ni·ca·tive [ìnkəmjú:nəkèitiv, -kətiv] *a.* 말하기 싫어하는, 입이 무거운, 뚱한, 과묵한.
in·com·mut·a·ble [inkəmjú:təbəl] *a.* (1)바꿀 수 없는, 불변의. (2)교환 할 수 없는.
***in·com·pa·ra·ble** [inkámpərəbəl/-kɔ́m-] *a.* 비교가 되지 않는, 견줄〈비길〉데 없는《*with* ; *to*》. 파) **-bly** *ad.* 비교가 안될 정도로, 현저히.
-bil·i·ty [-bíləti] *n.* ⓤ 무비(無比).
in·com·pat·i·bil·i·ty [ìnkəmpæ̀təbíləti] *n.* ⓤⓒ 상반(相反), 양립하지 않음, 성격의 불일치.
***in·com·pat·i·ble** [ìnkəmpǽtəbəl] *a.* (1) 상반되는, 양립할 수 없는, 모순된《*with*》. (2) 성미가 맞지

I

않는, 서로 용납하지 않는《*with*》. 파) **-bly** *ad.*

in·com·pe·tence, -ten·cy [inkámpətəns/-kɔ́m-], [-tənsi] *n.* ⓒ 부적격 ; 무능력 ; 무자격.

***in·com·pe·tent** [inkámpətənt -kɔ́m-] *a.* 쓸모없는, 무능한 ; 부적당한 ; 무자격의, 능력없는(incapable).
— *n.* ⓒ 무능력자, 비적격자. 파) **~·ly** *ad.*

***in·com·plete** [ìnkəmplí:t] *a.* 불비한 ; 불완전〈불충분〉한; 미완성의. 파) **~·ly** *ad.* **~·ness** *n.*

in·com·ple·tion [inkəmplí:ʃən] *n.* ⓤ 미완성, 미비; 불완전.

in·com·pli·ant [inkəmpláiənt] *a.* 완고한, 순종하지 않은. 파) **~·ly** *ad.*

in·com·pre·hen·si·bil·i·ty [ìnkamprihènsəbíləti, inkám-/inkɔ̀m-] *n.* ⓤ 불가해(성), 이해할 수 없음.

***in·com·pre·hen·si·ble** [ìnkamprihénsəbəl, inkàm- inkɔ̀m-] *a.* 불가해한, 인식할 수 없이 무한한, 이해할 수 없는.
파) **-bly** *ad.* 이해할 수 없게, 불가해하게.

in·com·pre·hen·sion [inkámprihènʃən/-kɔ̀m-] *n.* ⓤ 이해할 수 없음, 몰이해

in·com·press·i·ble [inkəmprésəbəl] *a.* (굳어서) 압축할 수 없는.

in·con·ceiv·a·bil·i·ty [ìnkənsi:vəbíləti] *n.* ⓤ 상상도 할 수 없음, 불가해(不可解).

***in·con·ceiv·a·ble** [ìnkənsí:vəbəl] *a.* (1)《口》믿을 수 없는(incredible), 매우 놀랄 만한. (2) 상상할 수 없는, 인지를 초월한, 생각조차 못할. 파) **-bly** *ad.*

in·con·clu·sive [ìnkənklú:siv] *a.* 확정이 안 난, 결론적〈결정적〉이 아닌, 요령 부득의. 파) **~·ly** *ad.* **~·ness** *n.*

in·con·gru·i·ty [ìnkəngrú:əti, -kəŋ-] *n.* (1) ⓒ 부조화〈불합리 부적합〉한 것. (2) ⓤ 안 어울림, 부조화, 부적합.

in·con·gru·ous [inkáŋgruəs/-kɔ́ŋ-] *a.* 어울리지 않는, 부조리한《태도 따위》, 앞뒤가 안 맞는《이야기》, 모순된 ; 일치〈조화〉하지 않는《*with*》. 파) **~·ly** *ad.* **~·ness** *n.*

I

in·con·se·quence [inkánsikwèns, -kwəns/-kɔ́nsikwən] *n.* ⓤ 모순 ; 비논리성; 동닿지 않음.

in·con·se·quent [inkánsikwènt, -kwənt/-kɔ́nsikwənt] *a.* (1)관계 없는, 핀트를 벗어난, 엉뚱한. (2) 비논리적인(illogical), (앞뒤가) 모순된, 동닿지 않는. (3) 하찮 것 없는, 사소한. 파) **~·ly** *ad.*

in·con·se·quen·tial [inkànsikwénʃəl/-kɔ̀n-] *a.* (1) 중요하지〈대수롭지〉 않은. (2) 하찮은, 논리에 맞지 않는, 불합리한. 파) **~·ly** *ad.*

in·con·sid·er·a·ble [ìnkənsídərəbəl] *a.* 적은 ; 중요치 않은, 하찮 것 없는
파) **-bly** *ad.*

in·con·sid·er·ate [ìnkənsídərit] *a.* (1) 분별이〈지각〉 없는, 경솔한. (2) (남에 대한) 헤아림〈생각〉이 없는《*of*》. 파) **~·ly** *ad.* **~·ness** *n.*

***in·con·sist·en·cy** [ìnkənsístənsi] *n.* (1) ⓒ (*pl.*) 모순된 사물. (2) ⓤ 불일치, 모순 ; 무정견(無定見).

***in·con·sist·ent** [ìnkənsístənt] *a.* (1) 무정견한, 무절조한, 변덕스러운. (2) 일치하지 않는, 조화되지 않는, 상반하는《*with*》; 앞뒤가 맞지 않는, 모순된.
파) **~·ly** *ad.*

in·con·sol·a·ble [ìnkənsóuləbəl] *a.* 슬픔에 잠긴; 위로할 길 없는. 파) **-bly** *ad.*

in·con·spic·u·ous [ìnkənspíkju:əs] *a.* 눈을 끌지 않는 ; 두드러 지지 않는. 파) **~ly** *ad.* **~·ness** *n.*

in·con·stan·cy [inkánstənsi/-kɔ́n-] *n.* (1) ⓤⓒ 변덕(스러운 행위). (2) ⓤ 변하기 쉬움, 부정(不定).

in·con·stant [inkánstənt/-kɔ́n-] *a.* (1) 변덕스러운, 불실〈불신〉의. (2) 변하기 쉬운, 신의가 없는(unfaithful), 일정치 않은, 변화가 많은. 파) **~ ly** *ad.*

in·con·test·a·ble [ìnkəntéstəbəl] *a.* 명백한, 논의의 여지가 없는. 파) **~ bly** *ad.* 틀림없이, 명백하게, 물론. **-bil·i·ty** [-bíləti] *n.*

in·con·ti·nence [inkántənəns/-kɔ́nt-] *n.* ⓤ (1) 【醫】 (대소변의) 실금(失禁). (2) 자제심이 없음 ; 무절제. (3) 음란.

in·con·ti·nent [inkántənənt/-kɔ́nt-] *a.* (1) 절제 없는, 음란한《*of*》. (2) 자제〈억제〉할 수 없는《*of*》. (3) 【醫】 실금(失禁)의. 파) **~ ly** *ad.* 홀로 늦게; 음란하게; 경솔히.

in·con·trol·la·ble [ìnkəntróuləbəl] *a.* 억제〈제어〉할 수 없는(uncontrollable), 감당할 수 없는. 파) **-bly** *ad.*

in·con·tro·vert·i·ble [ìnkantrəvə́:rtəbəl, inkàn-/ìnkɔn-] *a.* 부정할 수 없는, 논쟁의 여지가 없는(indisputable), 틀림없는, 명백한. 파) **-bly** *ad.*

:in·con·ven·ience [ìnkənví:njəns] *n.* ⓤⓒ 부자유, 불편(한 것); 폐(가 되는 일). ***cause*** 〈***occasion***〉 ***to*** a person ~= ***put*** a person ***to*** ~ 아무에게 폐를 끼치다.
— *vt.* …에게 불편을 느끼게 하다; …에게 폐를 끼치다(trouble).

:in·con·ven·ient [ìnkənví:njənt] (***more ~ ; most ~***) *a.* 부자유스러운, 불편한 ; 형편이 나쁜, 폐가 되는. 파) **~ ly** *ad.* 불편하게, 부자유스럽게.

in·con·vert·i·ble [ìnkənvə́:rtəbəl] *a.* (1) (지폐가) 태환할 수 없는. (2)바꿀 〈상환할〉 수 없는. 파) **-bly** *ad.*

in·con·vin·ci·ble [ìnkənvínsəbəl] *a.* 이치에 따르지 않는 ; 납득시킬 수 없는, 고루한.

***in·cor·po·rate** [inkɔ́:rpərèit] *vt.* (1) …을 혼합하다, 섞다 ; 【컴】(기억 장치에) 짜넣다. (2)《~+目/+目+前+名》…을 (…와) 합동〈합체〉시키다《*with*》: 통합〈합병, 편입〉하다 ; 짜 넣다《*in, into*》. (3) …을 법인(조직)으로 만들다 ;《美》(유한 책임) 회사로 하다, 주식 회사로 하다. (4)《~+目/+目+(*as*)補》…을 (단체의) 일원으로 하다, 가입시기다. (5)《~+目/+目+前+名》…에 실질(實質)을 주다, …을 구체화하다. — *vi.* (1)《~/+前+名》통합〈합동〉하다 ; 결합하다《with》. (2) 법인조직으로 되다 ;《美》(유한책임) 회사(주식회사)로 되다. — [rit] *a.* 통합〈합동〉된, 일체화된 ; 법인〈회사〉(조직)의.

***in·cor·po·rat·ed** [inkɔ́:rpərèitid] *a.* (1) 법인〈회사〉 조직의 ; 주식 회사의,《美》유한 책임의. ※ 영국에서는 a limited(-liability) company 라고 함. incorporated는 Inc. (《英》에서는 Ltd.)로 생략하여 회사명 뒤에 붙임 : The U.S. Steel Co., Inc. (2) 합동〈합병, 편입〉한.

in·cor·po·ra·tion [inkɔ̀:rpəréiʃən] *n.* (1) ⓒ 결사, 법인 단체, 회사(corporation). (2) ⓤ 합체, 합

동, 합병, 편입. (3) ⓤ 【法】 법인격 부여, 법인〈회사〉 설립, 문서병합.

in·cor·po·ra·tor [inkɔ́:rpərèitər] *n.* ⓒ 《美》 법인〈회사〉 설립자 ; 합동〈결합〉자.

in·cor·po·re·al [ìnkɔ:rpɔ́:riəl] *a.* 무형의, 실체 없는 ; 영적인(spiritual) ; 【法】 무체(無體)의 《특허권 저작권 따위》. 파) ~ **·ly** *ad.*

:**in·cor·rect** [ìnkərékt] *a.* (1) 적당하지 않은(improper) ; 온당치 못한, 어울리지 않는. (2) 부정확한(inaccu rate), 틀린(faulty). 파) ~ **·ly** *ad.* ~ **·ness** *n.*

in·cor·ri·gi·bil·i·ty [inkɔ̀:rikʒəbíləti] *n.* ⓤ 끈질긴, 완강함 ; 교정(矯正)할 수 없음.

in·cor·ri·gi·ble [inkɔ́:ridʒəbəl] *a.* (1) 어쩔 도리 없는, 제멋대로의. (2) 교정(矯正)〈선도〉할 수 없는, 구제할 수 없는 ; (습관 등이) 뿌리깊은. — *n.* ⓒ 교정〈구제〉할 수〈길〉 없는 자 ; 상습자. 파) ~ **·ly** *ad.*

in·cor·rupt·i·bil·i·ty [ìnkərʌ̀ptəbíləti] *n.* ⓤ 매수되지 않음, 부폐〈타락〉하지 않음, 청렴 결백.

in·cor·rupt·i·ble [ìnkərʌ́ptəbəl] *a.* (1) 매수되지 않는, 청렴한. (2) 부폐 하지 않는, 썩지 않는 ; 불멸의. 파) **-bly** *ad.*

:**in·crease** [inkrí:s, ∸-] vt. (1) (질 따위)를 강하게 하다, 증진시키다. (2) (수 양 따위)를 늘리다, 불리다, 중대〈확대〉하다.
— *vi.* (1)《~/+前+名》 늘다, 증대하다, 붇다 ; 강해지다. 증진하다. 〖opp.〗 *decrease, diminish*. (2) 증식하다, 번식하다.
— [∸-, -∸] *n.* (1) ⓤⓒ 증가, 증대, 증진. (2) ⓒ 증가액〈량〉 ; 증가물. ***be on the ~*** 증가〈증대〉하고 있다.

in·creas·ing [inkrí:siŋ] *a.*〔限定的〕 점점 증가〈증대〉하는. ***the law of ~ return*** (경제의) 수확 체증(遞增)의 법칙.
파) ~ **·ly** *ad.* 점점, 더욱더; 증가하여.

in·cred·i·bil·i·ty [inkrèdəbíləti] *n.* ⓤ 믿을〈신용할〉 수 없음.

:**in·cred·i·ble** [inkrédəbəl] (***more ~ ; most ~***) *a.* (1) 《口》 놀랄만한, 엄청난, 굉장한. (2) 믿을〈신용할〉 수 없는. 파) **-bly** *ad.* 믿을 수 없을 만큼 ; 《口》 매우. ~ **·ness** *n.*

in·cre·du·li·ty [ìnkridjú:ləti] *n.* ⓤ 쉽사리 믿지 않음, 의심이 많음, 회의심.

***in·cred·u·lous** [inkrédʒələs] *a.* (1) 의심하는 듯한《눈치 따위》. (2) 쉽사리 믿지 않는, 의심 많은, 회의적인《*of*》. 파) ~ **·ly** *ad.*

in·cre·ment [ínkrəmənt] *n.* (1) ⓤ 이익, 이득. 〖opp.〗 *decrement*. (2) a〕 증대, 승진, 증식, 증강. b〕ⓒ 증가량, 증액.
파) **ìn·cre·mén·tal** [-méntl] *a.* 점점 증가하는.

in·crim·i·nate [inkrímənèit] *vt.* (1) …의 탓으로 치다, …의 원인으로 간주하다. (2) …에게 죄를 씌우다〈돌리다〉 : 유죄가 되게 하다 ;〔再歸的〕 (스스로) 죄(罪)를 자인하다.
파) **in·crim·i·na·tion** [inkrìmənéiʃən] *n.* ⓤ 죄를 씌움.

in·crim·i·na·to·ry [inkrímənətɔ̀:ri/-təri] *a.* 유죄로 하는, 죄를 씌우는(빠뜨리는), 고소의.

in·crust [inkrʌ́st] *vt.*, *vi.* =ENCRUST. 외피로 덮다.

in·crus·ta·tion [ìnkrʌstéiʃən] *n.* (1) ⓒ 외피, 겁질 ; (부스럼의) 딱지. (3) ⓤⓒ 상감(象嵌)(세공). (2) ⓤ 외피로 덮(이)기.

in·cu·bate [ínkjəbèit, íŋ-] *vt.* (1) (세균 따위)를 배양하다. (2) (알)을 품다, 부화하다(hatch). (3) (계획 따위)를 숙고하다. 생각해 내다.
— *vi.* (1) 알을 품다, 둥우리에 들다 ; (알이) 부화 되다. (2) 생각이 구체화되다. (3) 【醫】 (병균이) 잠복하다.

in·cu·ba·tion [ìnkjəbéiʃən, ìŋ-] *n.* ⓤ (1) 【醫】 (병균의) 잠복 ; 잠복기(=~ **pèriod**). (2) 알을 품, 음, 부화(孵化).

in·cu·ba·tive [ínkjəbèitiv, íŋ-] *a.* 잠복(기)의 ; 부화의.

in·cu·ba·tor [ínkjəbèitər, íŋ-] *n.* ⓒ (1) 세균 배양기. (2) 부화기(器), 부란기. (3)조산아 보육기.

in·cu·bus [ínkjəbəs, íŋ] (*pl.* ***-bi***[-bài], ***~ es***) *n.* ⓒ (1) 악몽. (2) 몽마(夢魔)(nightmare)《잠자는 여인을 덮친다는》. 【cf.】 succubus. (3) 압박하는 일〈사람〉; (마음의) 부담《빚·시험 따위》.

in·cul·cate [inkʌ́lkeit, ∸-∸] *vt.* (1) (미덕 감정 등을) 심어주다, 불어넣다《*with*》. (2) (사상 지식 따위)를 가르치다, 되풀이하여 가르치다〈깨우치다〉, 설득하다《*in, into, on, upon*》.

in·cul·ca·tion [ìnkʌlkéiʃən] *n.* ⓤ 깨우침, 자상히〈반복하여〉 가르침, 터득시킴.

in·cul·pa·ble [inkʌ́lpəbəl] *a.* 죄없는, 나무랄〈비난할〉 데 없는, 죄없는, 결백한.

in·cul·pate [inkʌ́lpeit, ∸-∸] *vt.* …을 비난하다(blame) ; 죄를 씌우다; 고발하다, 연루시키다.

in·cum·ben·cy [inkʌ́mbənsi] *n.* ⓤⓒ (특히 목사의) 임기, 직무; 재직(기간); 의무, 책무.

in·cum·bent [inkʌ́mpənt] *a.* (1)〔敍述的〕의무로 지워지는《*on, upon*》. (2)〔限定的〕현직〈재직〉의.
— *n.* ⓒ (1) 성직록 소유자 ; (영국 교회의) 목사《rector, vicar 등》. (2) 재직자, 현직자. 파) ~ **·ly** *ad.*

:**in·cur** [inkə́:r] (***-rr-***) *vt.* (빚)을 지다, (위해)를 당하다, (손실)를 입다; (분노 비난 위험)을 초래하다.
ㅁ incurrence. *n.*

in·cur·a·bil·i·ty [inkjùərəbíləti] *n.* ⓤ 불치, 고쳐지지 않음, 교정 불능.

in·cur·a·ble [inkjúərəbəl] *a.* (1) 구제〈선도〉하기 어려운. (2)낫지 않는, 불치의 ; 교정할〈고칠〉 수 없는.
— *n.* ⓒ 불치의 병자 ; 구제불능자.
파) **-bly** *ad.* 낫지 않을 만큼; 교정할 수 없을 만큼.

in·cu·ri·ous [inkjúəriəs] *a.* 무관심한, 호기심이 없는, 재미없는.

in·cur·sion [inkə́:rʒən, -ʃən] *n.* ⓒ (돌연한) 침략, 침입 ; 습격《*on, upon ; into*》.

in·cur·sive [inkə́:rsiv] *a.* 침략적인, 침입하는.

in·curve [ínkə̀:rv] *n.* ⓤ 만곡, 안으로 굽음 ; 【野】 인커브(inshoot).
— [inkə́:rv] *vt.* …을 안으로 굽게 하다.

in·curved [ìnkə́:rvd] *a.* 안으로 굽은.

Ind. Indiana; India(n); Indies. **ind.** inde pendent; index; indicated; indicative; indi rect; industrial.

***in·debt·ed** [indétid] *a.*〔敍述的〕(1)덕을 보고, 신세를 진, 은혜를 입고《*to*》. (2)…에게 부채가 있는, 빚이 있는《*to ; for*》. 파) ~ **·ness** *n.* ⓤ 은의(恩義), 신세, 부채, 책무 ; ⓒ 부채액.

I

in·de·cen·cy [indí:snsi] *n.* (1) ⓒ 추잡한 행위〈말〉. (2) ⓤ 예절 없음, 천박함 ; 외설.

in·de·cent [indí:snt] *a.* (1) 부당한, 부적당한. (2) 버릇없는, 점잖지 못한 ; 외설〈음란〉한, 상스러운. (3) 꼴사나운. ***with ~ haste*** (이것저것 생각할 여유도 없이) 몹시 당황해서. 파) **~·ly** *ad.* 버릇없이 ; 음란하게.

indécent assáult 【法】 강제 추행죄.

indécent expósure 【法】 공연(公然) 음란죄.

in·de·ci·pher·a·ble [ìndisáːfərəbəl] *a.* 판독.〈해독〉할 수 없는(illegible). 파) **-bly** *ad.*

in·de·ci·sion [ìndisíʒən] *n.* ⓤ 주저, 우유부단.

in·de·ci·sive [ìndisáisiv] *a.* 엉거주춤한, 결단성이 없는, 결정적이 아닌, 우유부단한 ; 또렷하지 않은. 파) **~·ly** *ad.* **~·ness** *n.*

in·de·clin·a·ble [ìndikláinəbəl] 【文法】 *n.* ⓒ 불변화사(不變化詞)(particle)《격(格) 변화를 하지 않는》. — *a.* 어미〈어형〉 변화를 하지 않는.

in·dec·o·rous [indékərəs, ìndikɔ́:rəs] *a.* 천격스러운, 버릇〈예의〉 없는. 파) **~·ly** *ad.* **~·ness** n.

in·de·co·rum [ìndikɔ́:rəm] *n.* ⓤ 무례, 버릇없음, 천함 ; ⓒ 버릇없는 행동(impropriety).

:in·deed [indí:d] *ad.* (1) 〔앞말을 반복하여 동감을 표시하거나 때로 反語的으로〕정말로, 아주 ; 〔反語的〕 저게 무어라니요, 놀랍군. (2) 〔강조〕실로, 참으로. (3) 〔양보〕과연, 정말, 확실히《※ 때로 반대를 나타내는 but으로 시작하는 절(節)을 이끎). (4)〔接續詞的〕그뿐 아니라, 게다가.
— *int.* 저런, 설마, 그래요《놀람 의심 빈정거림 등을 나타냄》

indef. indefinite.

in·de·fat·i·ga·bil·i·ty [ìndifæ̀tigəbíləti] *n.* ⓤ 끈기 있음, 피곤치 않음, 참을성.

in·de·fat·i·ga·ble [ìndifǽtigəbəl] *a.* 끈질긴, 지칠 줄 모르는, 물리지 않는. 파) **-bly** *ad.*

in·de·fea·si·ble [ìndifí:zəbəl] *a.* 취소〈파기〉할 수 없는, 무효로 할 수 없는. 파) **-bly** *ad.*

in·de·fen·si·bil·i·ty [ìndifensəbíləti] *n.* ⓤ 방어〈변호, 옹호〉 할 수 없음.

I

in·de·fen·si·ble [ìndifénsəbəl] *a.* (1) 변호〈변명〉할 여지가 없는, 옹호할 수 없는. (2) 지킬 수 없는, 막기 어려운. 파) **-bly** *ad.*

in·de·fin·a·ble [ìndifáinəbəl] *a.* (1) 정의를 내릴 수 없는 ; (뭐라고)말할 수 없는, 애매한, 막연한(vague). (2) 한정할 수 없는. 파) **-bly** *ad.*

:in·def·i·nite [indéfənit] (***more ~ ; most ~***) *a.* (1) (시간 기한 따위가) 일정하지 않은, 한계가 없는. (2) 불명확한, 분명하지 않은, 막연한. (3) 【文法】 부정(不定)의.
【opp.】 *definite.* 파) **~·ness** *n.* 무한정, 불확정.

:indéfinite árticle 【文法】 부정 관사《an, a》

·in·def·i·nite·ly [indéfənitli] *ad.* (1) 무기한으로, 언제까지나. (2) 막연히, 애매하게.

in·del·i·ble [indéləbəl] *a.* 지워지지 않는《얼룩 등》, 지울 수 없는: 씻을〈잊을〉 수 없는《치욕 등》. 파) **-bly** *ad.* 지워지지 않게 영원히.

in·del·i·ca·cy [indélikəsi] *a.* ⓤ 야비함, 상스러움, 무례함 ; 외설 ; ⓒ 상스러운 언행.

in·del·i·cate [indélikit] *a.* (1) 외설한, 음란한. (2) 천박한, 야비한. (3) 동정심이 없는: 상스러운. 파) **~·ly** *ad.*

in·dem·ni·fi·ca·tion [indèmnəfikéiʃən] *n.* (1)ⓒ 보상〈배상〉금〈물〉. (2) ⓤ 배상 ; 보장, 보증 ; 면책, 보상.

in·dem·ni·fy [indémnəfài] *vt.* 《~ +목/+目+前+名》 (1) …에게 배상〈변상, 보상〉하다《*for*》. (2) …에게 (법률적으로) 보장하다, …을 보호하다《*from ; against*》. (3) 【法】 …의 법적 책임〈형벌〉을 면제하다. …에게 면책의 보증을 하다《*for*》.
파) **-fi·er** *n.*

in·dem·ni·ty [indémnəti] *n.* (1) ⓒ 보장이 되는 것 ; (전승국이 요구하는) 배상금: 보상(금). (2) ⓤ (법률적인)보호, 보장 ; 배상 ; (법률적 책임 형벌로부터의) 면책, 사면.

***in·dent**[1] [indént] *vt.* (1) …을 만입(灣入)시키다《※ 종종 과거 분사로서 형용사적으로 씀》. (2) (가장자리)에 톱니 모양의 자국을 내다, 톱니 모양으로 (절취선을) 만들다. (3) …을 톱니꼴 절취선에 따라 떼다《한 장에 정부(正副) 2 통을 쓴 증서 따위를》: (증서 따위)를 정부 2통을 쓰다. (4) (장·절의 첫 행)을 다른 행보다 한 자 (또는 두 자) 내려서〈안으로 들여서〉 쓰다.
— *vi.* (1) 《英》 (부서(副書)는 떼어두고) 정식으로 주문하다《*on, upon ; for*》. (2) (패러그래프 첫 행이) 한 자들이켜서 시작되다. (3) 자국을 내다.
— [-ˊ, ˊ-] *n.* ⓒ (1) 톱니 모양의 결각(缺刻)〈자국〉, 옴폭함. (2) (두 통으로 되는) 계약서. (3) 《英》 신청, 청구 ; 【商】 주문서, (해외로부터의) 주문서, 매입 위탁서, 수탁 매입품. (4) (새 행을) 들여 쓰기.

in·dent[2] [indént] (1) …을 누르다, 찍다, 박다. (2) …을 움푹 들어가게 하다.

in·den·ta·tion [ìndentéiʃən] *n.* (1) ⓒ 톱니 ; 결각(缺刻), 깔쭉 깔쭉함. (2) ⓤ 톱니 모양으로 만듦(notch). (3) ⓒ 움푹 들어감 ; (해안선 등의) 만입(灣入). (4) ⓤ 【印】 =INDENTION (1).

in·den·tion [indénʃən] *n.* (1) ⓒ (들이켜서 생긴) 공간, 공백. (2) ⓤ 【印】 (패러그래프의 첫 줄의) 한 자 들이킴. (3) =INDENTION (1)(2)(3)

in·den·ture [indéntʃər] *n.* ⓒ (1) (흔히 *pl.*) (옛날의) 도제(徒弟)살이 계약서. (2) (정부(正副) 2통을 써서 날인한) 계약서, 약정서: 증명서, 증서.
— *vt.* 계약서를 쓰고 …의 고용을 결정하다 ; …을 고용살이 시키다, 기한부 도제로 넣다.

:in·de·pend·ence [ìndipéndəns] *n.* ⓤ 자립, 독립, 자주《*of ; from*》.

Indepéndence Dày 《美》독립 기념일《7월 4일》.

Indepéndence Háll 《美》 독립 기념관《Philadelphia에 있으며 자유의 종을 보존》.

in·de·pend·en·cy [ìndipéndənsi] *n.* (1) ⓒ 독립국. (2) ⓤ = INDEPENDENCE. (3) ⓤ (I-) 【基】 독립 조합(組合) 교회주의.

:in·de·pend·ent [ìndipéndənt] (***more ~ ; most ~***) *a.* (1) 독립 정신이 강한, 자존심이 강한 ; 독자적인 ; 자활할 수 있는, 일하지 않고도 살아갈 만한. (2) 독립한, 자유의, 자주의《*of*》. 【opp.】 *dependent.* 《※ dependent는 on을 수반하나, independent는 on을 쓰지 않음》. (3) 【政】 무소속의, 독립당의. (4)【文法】 독립의.
— *n.* ⓒ (1) (사상 행동에 있어서 독립한 사람. (2)무소속 후보자〈의원〉.

***in·de·pend·ent·ly** [ìndipéndəntli] *ad.* 자주적으로, 독립하여 ; ~와 관계없이, 별개로《*of*》.

indepéndent schóol 《英》 독립 학교《공비(公費) 보조를 받지 않는 사립 학교》.

in·depth [indépθ] a.〔限定的〕 상세한, 면밀한, 완전한 ; 심층의, 철저한《연구따위》.

*__in·de·scrib·a·ble__ [ìndiskráibəbəl] a. 막연한, 필설로 다할 수 없는 ; 형언할 수 없는 : 파) **-bly** ad.

in·de·struct·i·bil·i·ty [ìndistrʌ̀ktəbíləti] n. ⓤ 불멸성, 파괴할 수 없음.

in·de·struc·ti·ble [ìndistrʌ́ktəbəl] a. 불멸의, 파괴할 수 없는. 파) **-bly** ad.

in·de·ter·min·a·ble [ìnditə́ːrmənəbəl] a. 결정〈확정, 확인〉할 수 없는 ; 해결할 수 없는. 파) **-bly** ad.

in·de·ter·mi·nate [ìnditə́ːrmənit] a. (1) 미결의, 미정의. (2) 불확실한, 확정되지 않은 ; 명확하지 않은; 막연한 ; 애매한. 파) **~ ly** ad.

in·de·ter·mi·na·tion [ìnditə̀ːrmənéiʃən] n. ⓤ (1) 결단력이 없음 ; 우유 부단. (2) 불확정, 부정(不定). 애매.

:**in·dex** [índeks] (pl. **~ es, -di·ces**[-disìːz]) n. ⓒ (1) a〕(계기 등의) 눈금, 지침 : 【印#】손가락표(fist)《☞》. b〕 표시하는 것, 표시; 지표. c〕 (pl. **-di·ces**)【數】 지수,(대수(對數)의) 지표; 율. (2) (pl. **~·es**) 색인, 찾아보기 ; (사서 따위의) 손톱〈반달〉 색인 (thumb ~).
— vt. …에 색인을 붙이다 ; …을 색인에 넣다, ~의 지수가 되다.

índex càrd 색인 카드.

índex fìnger 집게손가락.

in·dex-link [índekslìnk] vt. 《英》【經】(세금 연금 등)을 물가(지수)에 연동시키다.

índex nùmber 【經·數·統】 지수(指數).

:**In·dia** [índiə] n. 인도《영연방 소속의 아시아 남부의 공화국; 수도 New Delhi》.

índia ínk 《美》 먹(Chinese ink).

:**In·di·an** [índiən] a. (1) (아메리칸) 인디언(어)의. — n. (2)인도의, 인도제(製)의 ; 인도 사람〈어〉의.(3) ⓒ 인도 사람 ; ⓤ 인도어(語). (2) ⓒ (아메리칸) 인디언 ; ⓤ 아메라카 토어(土語)《※ 미국에 사는 인디언은 인도 사람과 구별하여 정확하게는 American Indian 이라고 하지만, 현재는 Native American이라는 호칭을 선호함》.

*__In·di·ana__ [ìndiǽnə] a. 주도 Indianapolis ; 인디애너 주《미국 중서부의 주; 略: Ind.; 【美郵】IN》.

In·di·an·an. -an·i·an [ìndiǽnən], [-niən] a., n. Indiana 주의 (사람). 【cf.】 Hoosier.

In·di·an·ap·o·lis [ìndiənǽpəlis] n. 인디애나폴리스《Indiana 주의 주도》.

Índian clùb 병 모양의 체조용 곤봉.

Índian córn 옥수수(《英》maize).

Índian élephant 【動】 인도 코끼리.

Índian file (보행자 따위의) 1열 종대.

Índian gìver 《美口》 답례〈대가〉를 바라고 선물하는 사람 ; 한 번 준 것을 되돌려 받는 사람.

Índian hémp 【植】 (1) 북아메리카산. (2)인도산. 의 협죽도(夾竹桃).

Índian ínk 《英》 =INDIA INK.

Índian méal 옥수수 가루(corn meal).

Índian Mútiny (the ~) 1857년의 Bengal 원주민의 폭동.

Índian Ócean (the ~) 인도양.

Índian súmmer 《美 Can.》 (1)평온한 만년(晩年). (2)(늦가을의) 봄날 같은 화창한 날씨.

Índian Térritory (the ~) 【美史】 지금의 Oklahoma 동부 지방 ; 인디언 특별보호구《인디언 보호를 일해 특설한 준주(準州) ; 1907년에 전폐》.

Índia pàper 인도지 (Bible paper)《얇고 질긴 인쇄용지》.

Índia rúbber (종종 i-) 지우개(eraser); 탄성고무.

:**in·di·cate** [índikèit] vt. (1) 《~+目/+ that 節》 …을 표시하다. 나타내다; …의 징조이다. (2) 《~+目/+wh. 節》 …을 가리키다(point to), 지시하다, 지적하다. (3) (몸짓 따위로) …을 암시하다. (4) 《+that 節》…을 간단히 말하다. (5)〔때로 受動으로〕(징후 따위가 어떤 치료)의 필요를 보이다〈를 필요로 하다〉. ㅁ indication n.

*__in·di·ca·tion__ [ìndikéiʃən] n. ⓤⓒ (1) 징조, 징후; (계기(計器)의) 시도(示度). 표시 도수. ㅁ indicate v. (2) 지시, 지적; 표시; 암시《of》.

*__in·dic·a·tive__ [indíkətiv] a. (1) 【文法】 직설법의. 【cf.】 imperative, subjunctive. (2) 〔敍述的〕(…을) 나타내는, (…의) 표시인, 암시하는《of》. 파) **~ ·ly** ad. 【文法】 직설법으로.

*__in·di·ca·tor__ [índikèitər] n. ⓒ (1) 인디케이터, (신호) 표시기(器), (차 따위의) 방향 지시기 ; (내연기관의) 내압(內壓) 표시기 ; 【化】 반응 지시약《리트머스 따위》; 〔一般的〕지표. (2) 지시하는 사람.

in·di·ces [índisìːz] INDEX의 복수.

in·di·cia [indíʃiə] n. pl. (sing. **-ci·um** [-ʃiəm]) 《L.》 (1) 《美》 (요금 별납 우편물 따위의) 증인(證印). (2) 표시 ; 징후(indicium).

in·dict [indáit] vt. 【法】〔종종 受動으로〕 …을 기소〈고발〉하다《for》.

in·dict·a·ble [indáitəbəl] a. (죄 등이) 기소거리가 되는 ; 기소〈고발〉되어야 할.

*__in·dict·ment__ [indáitmənt] n. (1) ⓒ 기소〈고발〉장. (2) ⓤ 기소, 고발.

in·die [índi] n. ⓒ, a. 《美口》(주요 네트워크 계열외의) 독립 TV국 ; 《美口》(영화·텔레비전 따위의) 독립 프로(의).

*__In·dies__ [índiz] n. pl. (the ~) (1) 동인도 제도 (the East ~) (2) 〔單數 취급〕인도 제국(諸國)《인도 인도차이나 동인도 제도 전체의 구칭》. (3) 서인도 제도 (the West ~).

:**in·dif·fer·ence** [indífərəns] n. ⓤ (1) 중요하지 않음, 대수롭지 않음, 사소함. ***with ~*** 무관심〈냉담〉하게. (2) 무관심, 냉담《*to* ; *toward* ; *as to* ; *about*》

:**in·dif·fer·ent** [indífərənt] (***more ~ ; most ~***) a. (1) 〔敍述的〕 대수롭지 않은, 중요치 않은, 아무래도 좋은《to》. (2) 〔敍述的〕 무관심한, 마음에 두지 않는, 냉담한《to》. (3) 〔限定的〕 평범한, 좋지도 나쁘지도 않은, 변변치 않은. (4) 〔종종 very를 수반하여〕 좋지 않은, (솜씨가) 아주 서툰. (5) 치우치지 않은, 공평한, 중립의《to》. (6) 【化 · 電】 중성의. — n. ⓒ (특히 정치 종교에)무관심한 사람.

in·dif·fer·ent·ism [indífərəntìzəm] n. ⓤ (종교적) 무관심주의, 신앙무차별론. 파) **-ist** n.

*__in·dif·fer·ent·ly__ [indífərəntli] ad. (1)보통으로, 좋지도 나쁘지도 않게 ; 평범하게. (2) 무관심하게, 냉담히.

in·di·gence [índidʒəns] n. ⓤ 빈곤, 가난.

in·dig·e·nous [indídʒənəs] a. (1) 타고난《to》; 고

I

유의《*to*》. (2) 토착의(native), 원산의, 자생의, 그 고장에 고유한《*to*》.
파) **~•ly** *ad.* 토착하여

in·di·gent [índidʒənt] *a.* 가난한, …이 없는.

in·di·gest·ed [ìndidʒéstid, -dai-] *a.* (1) (계획 따위가) 숙고되지 않은(illconsidered) ; 미숙한, 조잡한, 엉성한. (2) 소화되지 않는.

in·di·gest·i·bil·i·ty [ìndidʒèstəbíləti, -dai-] *n.* ⓤ 이해하지 못함; 소화 불량.

***in·di·gest·i·ble** [ìndidʒéstəbəl, -dai-] *a.* (1)이해하기 어려운, (학설 따위가) 받아들이기 어려운, 참을 수 없는. (2) 소화되지 않는, 삭이기 어려운. 파) **-bly** *ad.*

***in·di·ges·tion** [ìndidʒéstʃən, -dai-] *n.* ⓤ 소화불량, 소화가 안 됨, 위약(胃弱)(dyspepsia).

in·dig·nant** [indígnənt] (more ~ ; most ~***) *a.* 성난, 분개한《*at ; over ; with*》. 파) **~•ly** *ad.* 분연히.

:in·dig·na·tion [ìndignéiʃən] *n.* ⓤ 분노, 분개 ; 의분(義憤)《*at* a thing; *against* 〈*with*〉 a person》. 【cf.】 anger, wrath. ***in ~*** 분개하여.

***in·dig·ni·ty** [indígnəti] *n.* ⓤ 경멸, 모욕, 무례(insult) ; ⓒ 모욕적인 언동〈대우〉.

in·di·go** [índigòu] (*pl.* ***~(e)s *n.* ⓤ 남색 ; 쪽《물감》; 【化】 인디고.

índigo blúe 남빛 ; 인디고 블루.

:in·di·rect [ìndirékt, -dai-] (***more ~ ; most ~***) *a.* (1) 간접적인 ; 이차적인, 부차적인. (2) 곧바르지 않은《길 따위》, 우회하는, 멀리 도는. (3) 우회적인 ; 에두른 ; 솔직하지 않은. (4) 【文法】 간접(화법)의. 【opp.】 *direct*. 파) **~·ness** *n.* 간접성, 우회성.

in·di·rec·tion [ìndirékʃən, -dai-] *n.* ⓤⓒ (1)부정직, 사기 ; 술책, 부정 수단. (2)에두름. (3) 무(無)목적. ***by ~*** 에둘러서.

·in·di·rect·ly [ìndiréktli, -dai-] *ad.* 에둘러서, 간접적으로, 부차적으로

índirect óbject 【文法】 간접 목적어.

índirect táx 간접세.

in·dis·cern·i·ble [ìndisə́:rnəbəl, -zə́:rn-] *a.* 눈에 띄지 않는, 식별〈분간〉하기 어려운.
파) **-bly** *ad.* 식별하기 어렵게

in·dis·ci·pline [indísəplin] *n.* ⓤ 규율 없음.

***in·dis·creet** [ìndiskrí:t] *a.* 지각없는, 무분별한, 경솔한(injudicious). ㅁ indiscretion *n.*
파) **~ ·ly** *ad.*

in·dis·crete [ìndiskrí:t] *a.* 연속한, 따로따로 떨어져 있지않음, 밀착한(compact).
파) **~ ·ly** *ad.* **~ ·ness** *n.*

***in·dis·cre·tion** [ìndiskréʃən] *n.* ⓤⓒ 철없음, 무분별, 경솔《*in*》; 경솔한 짓 ; (the ~) 무분별하게(…하는) 것 《*to* do》. ㅁ indiscreet *a.*

in·dis·crim·i·nate [ìndiskrímənit] *a.* (1) 난잡한(confused). (2) 무차별의, 닥치는 대로의, 분별 없는, 마구잡이의.
파) **~ ·ly** *ad.* **~ ·ness** *n.*

in·dis·pen·sa·bil·i·ty [ìndispènsəbíləti] *n.* ⓤ 필수 불가결함, 긴요(성).

:in·dis·pen·sa·ble [ìndispénsəbəl] *a.* (1)(의무·약속 등을)게을리(기피)할 수 없는. (2) 불가결한, 없어서는 안 될, 절대 필요한, 긴요한《*to ; for*》. — *n.* ⓒ 불가결한 사람〈것〉. 파) **-bly** *ad.* 반드시, 꼭.

in·dis·pose [ìndispóuz] *vt.* (1) …을 부적당하게 하다 ; 불능케 하다《*for ; to* do》. (2) …할 마음을 잃게 하다 ;…에게 싫증나게 하다 《*to* do ; *toward* ; *for*》《※ 종종 과거분사로서 형용사적으로 씀》. (3) …의 몸 상태를〈컨디션을〉 나쁘게 하다 《※ 오늘날은 과거분사로서 형용사적으로 쓰는 것이 예사임》.

in·dis·posed [ìndispóuzd] *a.*〔敍述的〕 (1) 싫은,(…할) 마음이 없는, 내키지 않는《*to* do; *for; toward*》. (2) 기분이 언짢은, 몸이 찌뿌드한; 병에 걸린.

in·dis·po·si·tion [ìndispəzíʃən] *n.* ⓤⓒ (1) 내키지 않음, (…할) 마음이 없음(unwillingness)《*to* ; *toward*》. ㅁ indispose *v.* (2) 기분이 언짢음, 찌뿌드함 ; 가벼운 병《두통 감기 따위》.

in·dis·pu·ta·ble [ìndispjú:təbəl, indíspju-] *a.* 명백〈확실〉한(cartain), 논의〈반박〉의 여지가 없는(unquestionable). 파) **-bly** *ad.* **~ ·ness** *n.*

in·dis·sol·u·ble [ìndisáljəbəl/-sɔ́l-] *a.* (1) 단단한, 확고한 ; 불변의, 영속성 있는《계약 따위》. (2)용해 〈분해, 분리〉할 수 없는. 파) **-bly** *ad.*

in·dis·tinct [ìndistíŋkt] *a.* (기억 형체 따위가) 불분명한, 희미한, 흐릿한.
파) **~ ·ly** *ad.* **~ ·ness** *n.*

in·dis·tinc·tive [ìndistíŋktiv] *a.* (1) 차별 없는, 구별할 수 없는. (2)눈에 띄지 않는, 특색 없는.

in·dis·tin·guish·a·ble [ìndistíŋgwiʃəbəl] *a.* 분간〈구별〉할 수 없는《*from*》, 인정받지 못하는. 파) **-bly** *ad.* 분간〈구별〉할 수 없을 정도로.

in·di·um [índiəm] *n.* 【化】 인듐《 기호 In; 금속 원소; 번호 49》.

:in·di·vid·u·al [ìndəvídʒuəl] (***more ~ ; most ~***) *a.* (1)〔限定的〕일개인의, 개인적인. (2)〔限定的〕 개개의, 각개(各個)의. (3) 독특한, 특유의.
— *n.* ⓒ (1) 개인. (2) 개체, 단일체, (물건의) 한 단위. (3)〔修飾語를 수 반해서〕《口》 사람.

***in·di·vid·u·al·ism** [ìndəvídʒuəlìzəm] *n.* ⓤ 이기주의 ; 개인주의, 독자성(individuality).

***in·di·vid·u·al·ist** [ìndəvídʒuəlist] *n.* ⓒ (윤리상의) 이기주의자(egoist), 개인주의자.
파) **ìn·di·vìd·u·al·ìs·tic** *a.* **-ís·ti·cal·ly** *ad.*

***in·di·vid·u·al·i·ty** [ìndəvìdʒuǽləti] *n.* (1)(*pl.*) 개인적 특성, 특질. (2) ⓤ 개성, 개인적 성격 ; 개인성, 개체성. (3) ⓒ 개체, 개인, 단일체.

in·di·vid·u·al·ize [ìndəvídʒuəlàiz] *vt.* (1) …을 개별적으로 다루다〈고려하다〉. (2) …을 낱낱으로 구별하다 ; …에 개성을 부여하다〈발휘시키다〉, …을 개성화하다 ; 특기하다. (3) …을 개인의 취향〈사정〉에 맞추다. 파) **ìn·di·vìd·u·al·i·zá·tion** *n.*

***in·di·vid·u·al·ly** [ìndəvídʒuəli] *ad.* (1) 개인적으로 ; 개성〈독자성〉을 발휘하여 ; (딴것과 구별하여) 분명하게. (2) 개별적으로 ; 하나하나 ; 낱낱이 ; 단독으로 : I spoke to them ~. 그들 한 사람 한 사람에게 이야기했다.

in·di·vid·u·ate [ìndəvídʒuéit] *vt.* (1) …에 개성을 부여하다, 개성화하다. (2) …을 낱낱으로 구별지다. 개별〈개체〉화하다.

in·di·vis·i·bil·i·ty [ìndivìzəbíləti] *n.* ⓤ 【數】나눌 수 없음 ; 가를 수 없음.

in·di·vis·i·ble [ìndivízəbəl] *a.* (1)【數】 나뉘지 않는. (2)분할할 수 없는, 불가분의. — *n.* ⓒ 분할 할 수 없는 것 ; 극소량, 극미량. 파) **-bly** *ad.*

In·do·chi·na, In·do-Chi·na [índoutʃáinə] *n.* 인도차이나.

In·do·chi·nese [índoutʃainí:z] *a.* 인도차이나 사람의, 인도차이나의. — *n.* ⓒ (*pl.* **~**) 인도차이나 사람.

in·do·cile [indάsil/-dɔ́sil] *a.* 고분고분하지 않는, 말을 듣지 않는 ; 가르치기〈훈련시키기〉 어려운.
파) **ìn·do·cíl·i·ty** *n.* 가르치기 힘듦.
in·doc·tri·nate [indάktrənèit/-dɔ́ktr-] *vt.*〔종종 受動으로〕가르치다《주로 기초적인 것을》; (교의(敎義) 신앙 따위)를 주입하다(instruct)《*in* ; *with*》.
파) **in·dòc·tri·ná·tion** *n.* ⓤ 주입, 교화.
In·do-Eur·o·pe·an [índoujùənəpí:ən] *a.*, *n.* ⓤ 인도 유럽어족(語族)(의).
in·do·lence [índələns] *n.* ⓤ 게으름, 나태.
***in·do·lent** [índələnt] *a.* (1) **【醫】** 무통(성)의. (2) 나태한, 게으른. 파) **~·ly** *ad.*
***in·dom·i·ta·ble** [indάmətəbəl/-dɔ́m-] *a.* 불요불굴의, 굴하지 않는.
파) **-bly** *ad.*
***In·do·ne·sia** [ìndouní:ʒə, -ʃə] *n.* 인도네시아 공화국: 인도네시아《수도 Jakarta》.
파) **-sian** [-n] *a.*, *n.* ⓒ 인도네시아 사람(의), 인도네시아의 ; ⓤ 인도네시아어(語)(의).
***in·door** [índɔ̀:r] *a.*〔限定的〕옥내의, 실내의.
【opp.】 *outdoor*.
:in·doors [indɔ́:rz] *ad.* 옥내에 〈에서, 로〉, 실내에〈에서, 로〉. 【opp.】 *outdoors*.
indorse ⇨ ENDORSE.
in·drawn [índrɔ̀:n] *a.* (1) 숨을 들이마신. (2) 마음을 터놓지 않는, 서먹서먹한(aloof) ; 내성적인(introspective).
in·du·bi·ta·ble [indjú:bətəbəl] *a.* 확실〈명백〉한, 의심할 여지가없는. 파) **-bly** *ad.*
:in·duce [indjú:s] *vt.* (1) …을 야기하다, 일으키다, 유발하다. (2) 《+目+to do/+目+ 前+名》…을 꾀다, 권유하다, 설득〈권유〉하여 …하게 하다 (3) **【醫】**〔종종 受動으로〕(진통 분만 등)을 인공적으로 일으키다, 촉진하다 ;《口》(인공적으로) 분만시키다. (4) **【論】** …을 귀납하다. 【opp.】 *deduce*. (5) **【電·物】** (전기 자기 방사능 따위)를 유도하다.
in·duce·ment** [indjú:smənt] *n.* ⓤⓒ 유도, 유인(誘引), 권유, 장려; 유인(誘因), 동기, 자극《*to*》. ***on any **~** 어떤 권유가 있어도.
in·duc·er [indjú:sər] *n.* ⓒ **【遺·化】** 유도 물질; INDUCE하는 사람 〈것〉.
in·duct [indʌ́kt] *vt.* (1)〔종종 受動으로〕《美》…을 병역에 복무시키다, 징병하다《*into*》. (2) 《+目+前+名》〔종종 受動으로〕(지위·자리)에 앉히다, 취임시키다《*to* ; *into*》. (3) …을 입회〈입단〉 시키다.
in·duct·ance [indʌ́ktəns] *n.* ⓤⓒ **【電】** 인덕턴스.
in·duc·tee [ìndʌktí:] *n.* ⓒ (1) 《美》징모병, (2) 신입 회원.
***in·duc·tion** [indʌ́kʃən] *n.* (1)ⓤⓒ **【論】**귀납법, 귀납 추리(에 의한 결론). 【opp.】 *deduction*. (2)ⓤⓒ 끌어들임, 유도, 도입. (3) ⓤ **【電】**유도; 감응, 유발. (4) ⓤⓒ **【醫】** (약에 의한) 인공적 진통〈분만〉 유발. (5)ⓤⓒ (특히 성직(聖職)의) 취임식. ▫ induce *v.*
in·duc·tion·co·il **【電】** 유도〈감응〉 코일.
in·duc·tion·heating 유도 가열.
in·duc·tive [indʌ́ktiv] *a.* (1) **【電】** 유도성의, 감응의 (2) **【論】** 귀납적인. 【opp.】 *deductive*. 파) **~·ly** *ad.*
ìn·duc·tív·i·ty *n.* ⓤ 유도성 ; **【電】** 유도율.
in·duc·tor [indʌ́ktər] *n.* ⓒ (1) **【電·物】** 인덕터. (2) 성직 수여자.
in·due [indjú:] *vt.* = ENDUE.

:in·dulge [indʌ́ldʒ] *vt.* (1) …을 어하다, (떠받들어) …의 버릇을 잘못 들이다, …을 제멋대로 하게 두다. (2) (욕망·정열 따위)를 만족시키다, 충족시키다. (3) 《+目+前+名》(사람 따위)를 즐겁게〈기쁘게〉 하다. (4) 《+目+前+名》 …에게 베풀다, 주다《*with*》. — *vi.* (1) 《+前+名》 (취미·욕망 따위에) 빠지다, 탐닉하다《*in*》; 즐기다, 마음껏 누리다《*in*》. (2)《口》(마음껏) 마시다. ~one***self in*** …에 빠지다. **~** one***self with*** …을 마시다〈먹다〉.
in·dul·gence** [indʌ́ldʒəns] *n.* ⓤ (1) …에 빠짐, 탐닉《*in*》 ; ⓒ 도락, 즐거움. (2) 응석을 받음, 멋대로 하게 둠, 관대. (3) 은혜, 특권. (4) **【商】** 지유예. (5) ⓤⓒ 《가톨릭》 대사 ; ⓒ 면죄부(免罪 符). ***the Declaration of Indulgence 신교 자유 선언《1672년과 1678년에 발포》.
***in·dul·gent** [indʌ́ldʒənt] *a.* 어하는, 멋대로 하게 하는: 눈감아 주는, 관대한《*with* ; *to* ; *of*》. 파) **~·ly** *ad.* 관대하게.
in·du·rate [índjurèit] *vt.* (1) …을 무감각하게 하다 ; 아무렇지 않게 하다. (2) …을 굳히다, 경화(硬化)시키다. — *vi.* (1) 굳어지다, 경화되다. (2)무감각해지다.
— [índjurit] *a.* (1) 무감각하게 된. (2) 굳어진, 경화된.
in·du·ra·tive [índjurèitiv] *a.* (1) 완고한. (2)굳어지는, 경화성의.
In·dus [índəs] *n.* (the ~) 인더스 강.
:in·dus·tri·al [indʌ́striəl] (***more ~ ; most ~***) *a.* (1) 공업 〈산업〉에 종사하는 ; 공업〈산업〉 노동자의. (2) 산업(상)의, 공업(상)의, 공업용의 ; 산업〈공업〉이 발달한.
파) **~·ly** *ad.* 공업〈산업〉적으로 ; 공업〈산업〉상.
indústrial áction 《英》 (노동자의) 쟁의 행위《파업 등》.
indústrial archaeólogy 산업 고고학《산업혁명 초기의 공장 기계 제품 따위를 연구》.
indústrial árts 공예 (기술).
indústrial desígn 공업 디자인《略 : ID》.
indústrial desígner 공업 디자이너.
indústrial diséase 직업병.
indústrial engineéring 산업〈경영〉 공학《略 : IE》.
indústrial estáte 《英》=INDUSTRIAL PARK.
in·dus·tri·al·ism [indʌ́striəlìzəm] *n.* ⓤ (대)공업주의, 산업주의.
in·dus·tri·al·ist [indʌ́striəlist] *n.* ⓒ (대) 공업가, 생산회사의 사주〈경영자〉, 실업가 ; 생산업자.
in·dus·tri·al·i·za·tion [indʌ̀striəlizéiʃən] *n.* ⓤ 공업화, 산업화.
***in·dus·tri·al·ize** [indʌ́striəlàiz] *vt.* …을 산업〈공업〉화하다.
indústrial párk 《美》 공업단지(《英》 industrial estate).
indústrial psychólogy 산업 심리학.
indústrial relátions 노무관리, 노사 관계 ; 산업과 지역사회와의 관계.
Indústrial Revolútion (the ~) **【史】** 산업혁명《18-19세기에 영국을 중심으로 일어난 사회 조직상의 대변혁》.
indústrial schóol 직업 보도 학교 ; 실업 학교《불량아의 선도를 위한》.
indústrial stríke 〈**dispúte**〉《英》노동쟁의.
indústrial únion 산업별 노동조합(vertical

I

indústrial wáste 산업 폐기물. └union).
:in·dus·tri·ous [indʌ́striəs] (***more ~ ; most ~***) *a.* 부지런한, 근면한, 애쓰는(diligent); 열심인. ≠ industrial. 파) **~·ly** *ad.* 부지런히, 열심히, 꾸준히. **~·ness** *n.*
:in·dus·try [índəstri] *n.* (1)ⓒ 〔흔히 修飾語를 수반하여〕 …업(業). ▫ industrial *a.* (2)ⓤ (제조)공업, 산업. (3)ⓤ 〔集合的〕산업〈공업〉 경영자; 산업계. (4)ⓤ 근면(diligence).
in·dwell [indwél] (*p.*, *pp.* ***-dwelt*** [-dwélt]) *vi.*, *vt.* (정신 주의 등이) 깃들이다, (…의) 안에 살다. 파) **-ing** *a.* 〔限定的〕 내재하는.
in·e·bri·ate [iníːbrièit] *vt.* 도취하게 하다 ; …을 취하게 하다 ; — 〔-bri2t〕 *a.* 술취한. — 〔-bri2t〕 n. ⓒ주정뱅이, 고주망태. 파) **in·è·br·á·tion** [-ʃən] *n.* ⓤ 취하게 함, 명정(酩酊).
in·e·bri·e·ty [ìnibráiəti] *n.* ⓤ 명정, 취함 ; (병적인) 음주벽 〖opp.〗 sobriety.
in·ed·i·ble [inédəbəl] *a.* 못먹는, 식용에 적합지 않은. 파) **in·èd·i·bíl·i·ty** *n.*
in·ed·u·ca·ble [inédʒukəbəl] *a.* (심리 이상 정신박약 등으로) 교육 불가능한. 파) **-bly** *ad.* **in·èd·u·ca·bíl·i·ty** [-bíləti] *n.*
in·ef·fa·ble [inéfəbəl] *a.* (1) 입에 올리기에도 황송한〈함부로 말할 수 없을 만큼〉 신성한. (2) 말로 나타낼 수 없는, 이루말할 수 없는(unutterable) : ~joy 이루 말할 수 없는 기쁨.
파) **-bly** *ad.* **~·ness** *n.*
in·ef·face·a·ble [ìniféisəbəl] *a.* 지울〈지워 없앨〉 수 없는; 지워지지 않는. 파) **-bly** *ad.*
in·ef·fec·tive [ìniféktiv] *a.* (1) 무력한, 무능한 : (예술품이) 감명을 주지 않는. (2) 무효의, 효과 없는 (ineffectual) ; 쓸모 없는(useless).
파) **~·ly** *ad.* **~·ness** *n.*
in·ef·fec·tu·al [ìniféktʃuəl] *a.* (1) 무력한, 무능한. (2) 효과〈효력〉 없는 ; 헛된. 파) **~ ·ly** *ad.*
in·ef·fi·ca·cious [inefəkéiʃəs] *a.* (약 등이) 효력〈효험〉 없는. 파) **~ ·ly** *ad.*
in·ef·fi·ca·cy [inéfəkəsi] *n.* ⓤ (약 따위의) 효험〈효과, 효능〉 없음, 무효력.
in·ef·fi·cien·cy [ìnifíʃənsi] *n.* ⓤ 비능률, 무효력 ; 무능(력) ; ⓒ 비능률적인 점〈것〉.
I
in·ef·fi·cient [ìnifíʃənt] *a.* (1) 무능한, 쓸모 없는, 기능〈역량〉 부족의. (2) 효과 없는, 낭비가 많은, 능률이 오르지 않는. 파) **~ ·ly** *ad.*
in·e·las·tic [ìnilǽstik] *a.* (1) 신축성이 없는; 적용성 없는, 융통성 없는.(2) 탄력〈탄성〉이 없는. 파) **in·e·las·tic·i·ty** [ìnilæstísəti] *n.* 탄력(탄성)이 없음, 비융통성.
in·el·e·gance [inéləgəns] *n.* 운치 없음, 우아하지〈세련되지〉 않음, 무풍류 ; ⓒ 운치 없는 행위〈말 문체〉.
in·el·e·gant [inéləgənt] *a.* 무무한, 우아하지 않은, 세련되지 않은(unrefined). 파) **~ ·ly** *ad.*
in·el·i·gi·bil·i·ty [inèlidʒəbíləti] *n.* ⓤ 무자격, 부적당, 부적격.
in·el·i·gi·ble [inélidʒəbəl] *a.* 부적임인, 비적격의 《*for* ; *to*》; (법적으로) 선출될 자격이 없는.
— *n.* ⓒ 선출될 자격이 없는 사람 ; 비적격자, 부적임자. 파) **-bly** *ad.*
in·e·luc·ta·ble [ìnilʌ́ktəbəl] *a.* 불가피한, 면할 길 없는, 불가항력의. 파) **-bly** *ad.*
in·ept [inépt] *a.* (1) 부조리한 ; 바보 같은, 어리석은 ; 서투른, 무능한. (2) 부적당한, 부적절한 ; 적성이 아닌《*at* ; *in*》. 파) **~ ·ly** *ad.*
in·ept·i·tude [inéptətjùːd] *n.* (1) ⓒ 어리석은 언행(言行)(absurdity). (2) ⓤ 부적당 ; 부조리, 어리석음.
***in·e·qual·i·ty** [ìnikwáləti/-kwɔ́l-] *n.* ⓤⓒ (1) (표면의) 거침; (*pl.*) 기복, 우툴두툴함. (2) 같지 않음, (사회적) 불평등, 불공평, 불균형 ; (*pl.*) 불평등한 일〈점〉. (3)(크기 가치 계급 따위의) 부동(不同), 차이. (4)【數】 부등식.
in·eq·ui·ta·ble [inékwətəbəl] *a.* 불공정한 (unjust), 불공평한. 파) **-bly** *ad.*
in·eq·ui·ty [inékwəti] *n.* ⓤⓒ 불공정(unfairness), 불공평 ; 불공평한 사례.
in·e·rad·i·ca·ble [ìnirǽdikəbəl] *a.* 뿌리 깊은, 근절할 수 없는. 파) **-bly** *ad.*
in·er·rant [inérənt] *a.* 잘못〈틀림〉 없는.
***in·ert** [inə́ːrt] *a.* (1) 자력으로는 움직이지 못하는. (2) (육체적 정신적으로) 활발하지 못한, 둔한, 생기가 없는 활동력이 없는. (3) 비활성의. 파) **~ ·ly** *ad.* **~ ·ness** *n.*
in·er·tia [inə́ːrʃiə] *n.* ⓤ (1) 【物】 관성, 타성, 타력: the moment of ~ 관성 모멘트. (2) 불활동, 불활발; 지둔 (遲鈍)(inactivity). (3) 【醫】 이완(弛緩), 무력증(無力症). 파) **-tial** *a.* 활발치 못한.
inértia sélling 《英》 강매.
***in·es·cap·a·ble**[ineskéipəbəl] a. 불가피한, 달아날〈피할〉 수 없는. 【cf.】inevitable 파) **-bly** *ad.*
in·es·sen·tial [ìnisénʃəl] *a.* 없어도 되는, 긴요〈중요〉하지 않은. — *n.* ⓒ(종종 *pl.*) 긴요〈필요〉하지 않은 것.
***in·es·ti·ma·ble** [inéstəməbəl] *a.* 헤아릴 수 없는; 평가〈계산〉할 수 없는; 헤아릴 수 없을 만큼 큰〈존귀한〉 ; 더없이 귀중한. 파) **-bly** *ad.*
in·ev·i·ta·bil·i·ty [inèbətəbíləti] *n.* ⓤ 불가피, 피할 수 없음, 불가항력, 필연(성).
:in·ev·i·ta·ble [inévitəbəl] *a.* (1)〔限定的〕〔one's를 수반하여〕《口》 여전한, 예(例)의. (2) 피할 수 없는, 면 할 수 없는; 당연한, 필연적인.
— *n.* (the ~) 피할 수 없는 일, 필연의 운명.
***in·ev·i·ta·bly** [inévitəbli] *ad.* 불가피 하게, 아무래도, 필연적으로 ; 부득이 ; 반드시 ; 확실히.
in·ex·act [ìnigzǽkt] *a.* 부정확한, 정확〈정밀〉하지 않은. 파) **~ ·ly** *ad.* **~ ·ness** *n.*
in·ex·act·i·tude [ìnigzǽktətjùːd] *n.* ⓤⓒ 부정밀(한 것), 부정확(한 것(inexactness)).
in·ex·cus·a·ble [ìnikskjúːzəbəl] *a.* 용서할 수 없는 ; 변명이 되지 않는. 파) **-bly** *ad.*
***in·ex·haust·i·ble** [ìnigzɔ́ːstəbəl] *a.* (1) 지칠 줄 모르는, 끈기 있는. (2) 다할 줄 모르는, 무진장한. 파) **-bly** *ad.*
in·ex·o·ra·bil·i·ty [inèksərəbíləti] *n.* ⓤ 무정, 냉혹, 용서 없음, 가차 없음.
***in·ex·o·ra·ble** [inékəərəbəl] *a.* (1) 굽힐 수 없는, 움직일 수 없는. (2) 무정한, 냉혹한. 파) **-bly** *ad.*
in·ex·pe·di·en·cy [ìnikspíːdiənsi] *n.* ⓤ 부적당 ; 불편 ; 득책이 아닌.
***in·ex·pe·di·ent** [ìnikspíːdiənt] *a.* (어떤 입장에) 부적당한; 불편한 ; 득책이 아닌.
***in·ex·pen·sive** [ìnikspénsiv] *a.* 값싼, 비용이 들지 않는 ; 값에 비하여 품질이 좋은. 파) **~ ·ly** *ad.* **~ ·ness** *n.*

in·ex·pe·ri·ence [ìnikspíəriəns] *n.* ⓤ 미숙, 무경험, 미숙련, 서투름, 세상 물정을 모름.

***in·ex·pe·ri·enced** [ìnikspíəriənst] *a.* 숙련되지 않은, 미숙한《*at* ; *in*》; 경험이 없는; 세상 물정을 모르는.

in·ex·pert [inékspəːrt, ìnikspə́ːrt] *a.* 서투른, 미숙한 ; 솜씨없는. 파) **~·ly** *ad.* **~·ness** *n.*

in·ex·pi·a·ble [inékspiəbəl] *a.* (1) 달랠 수 없는《노여움 등》. 억누를 수 없는, 누그러뜨릴 수 없는 ; 앙심을 품은. (2) 보상할 수 없는《죄악 따위》. 죄 많은.

in·ex·pli·ca·bil·i·ty [inèksplikəbíləti] *n.* ⓤ 불가해함, 설명할 수 없음.

***in·ex·pli·ca·ble** [inéksplikəbəl, ìniksplík-] *a.* 설명할 수 없는, 불가해한, 납득이 안 가는. 파) **-bly** *ad.* 불가해 하게 ; 〔文章 전체를 修飾하여〕어떤 이유인지, 설명할 수 없는.

in·ex·press·i·ble [ìniksprésəbəl] *a.* 이루 다 말할 수 없는, 말로 나타낼 수 없는. 파) **-bly** *ad.*

in·ex·pres·sive [ìniksprésiv] *a.* 무표정한, 표정이 없는. 파) **~·ly** *ad.* **~·ness** *n.*

in·ex·tin·guish·a·ble [ìnikstíŋgwiʃəbəl] *a.* (1) 억누를 수 없는, 멈출 수 없는《노여움 등》. (2) (불등을) 끌수 없는.

in ex·tre·mis [ìn-ikstríːmis] 《L.》 (1) 죽음에 임하여, 임종에. (2) 극한 상황에서.

in·ex·tri·ca·ble [inékstrikəbəl] *a.* (1) 풀 수 없는《문제·매듭 따위》, 뒤엉킨 ; 해결할 수 없는. (2) 탈출할〔헤어날〕수 없는. 파) **-bly** *ad.*

INF intermediate-range nuclear forces (중거리핵전력).

in·fal·li·bil·i·ty [infæ̀ləbíləti] *n.* ⓤ (1)《가톨릭》 무류성(無謬性). (2) 절대로 과오가 없음 ; 절대 확실. ***papal* ~** 교황 무류설.

***in·fal·li·ble** [infǽləbəl] *a.* (1) (절대로)확실한. (2) 결코 잘못이 없는, 전혀 틀림이 없는, 의심할 여지 없는.
— *n.* ⓒ 절대로 확실한 사람〈물건〉. 파) **-bly** *ad.* (1) 틀림없이, 확실히. (2)《口》언제나, 꼭.

***in·fa·mous** [ínfəməs] *a.* (1) 악명 높은, 악랄한, 평판이 나쁜. (2) 수치스러운, 불명예스러운, 파렴치한. ▫ infamy *n.* 파) **~·ly** *ad.* 불명예스럽게도

***in·fan·my** [ínfəmi] n. ⓤ 오명(汚名), 악평, 추명(醜名) ; ⓤ 불명예 ; ⓒ파렴치 행위, 추행(醜行), 비행. ▫ infamous *a.*

:in·fan·cy [ínfənsi] *n.* ⓤ (1) 초기, 요람기, 미발달기. (2) 유소(幼少), 어릴 때; 유년기. (3) 미성년 (minority).

:in·fant [ínfənt] *n.* ⓒ (7세 미만의) 유아 ; **【法】** 미성년자. — *a.* 〔限定約〕(1) 초기의, 미발달의. (2) 유아(용)의; 유치한, 유년(기)의. (3)**【法】** 미성년의.

in·fan·ti·cide [infǽntəsàid] *n.* ⓤⓒ 유아〈영아〉살해 범인 ; 유아〈영아〉 살해.

in·fan·tile [ínfəntàil, -til] *a.* (1) 유년〈유아〉기의 ; 초기〈초보, 미발달〉의. (2)유아의 ; 아이다운, 천진스러운. 파) **ìn·fan·tíl·i·ty** [-tíləti] *n.* ⓤ 유아성(性).

ínfantile parálysis **【醫】** 소아마비.

in·fan·ti·lism [ínfəntailìzəm, infǽntə-] *n.* ⓤ **【醫】** 유치증(幼稚症), 발육부전(不全) ; ⓒ 어린애 같은 언동.

ínfant pròdigy 신동, 천재아(=**ínfantile prò - digy**).

***in·fan·try** [ínfəntri] *n.* ⓤ〔集合的〕 보병대, 보병. 【cf.】cavalry.

in·fan·try·man [ínfəntrimən] (*pl.* ***-men*** [-mən]) *n.* ⓒ (개개의) 보병(步兵)(foot soldier).

ínfant(s') schòol 《英》(7세 미만의) 유아 학교.

in·farct [infáːrkt] *n.* ⓤ **【醫】** 경색(梗塞).

in·farc·tion [infáːrkʃən] *n.* ⓤⓒ **【醫】** 경색(梗塞)(형성).

in·fat·u·ate [infǽtʃuèit] *vt.* …에 분별〈이성〉을 잃게 하다 ; …을 얼빠지게 만들다, 매혹하다 ; 열중케 하다.

in·fat·u·at·ed [infǽtʃuèitid] *a.* 열중한, 혹한 ; 얼빠진. 파) **~·ly** *ad.* 혹하여, 열중하여.

in·fat·u·a·tion [infæ̀tʃuéiʃən] *n.* ⓤ 열중함, 심취《*for* ; *with*》; 열중케 함 ; ⓒ 심취케 하는 것〈사람〉.

in·fea·si·ble [infíːzəbəl] *a.* 수행할 수 없는 (unfeasible), 실행 불가능한.

:in·fect [infékt] *vt.* (1) 《~+目/+目+前+名》(병독 따위로) 오염시키다. (2) 《~+目/+目+前+명》 …에 감염시키다 ; …에 병균을 전염시키다. (3) 《~+目/+目+前+名》 악풍(惡風)에 물들게〈젖게〉 하다 : 영향을 미치다. (4) **【컴】** (컴퓨터의) 데이터를 오염시킨다. ▫ infection. *n.*

:in·fec·tion [infékʃən] *n.* (1) ⓒ 전염병, 감염증. (2) ⓤ 전염, 감염《특히 공기 물에 의한 것을 말함》; (상처로의) 병원균의 침입. 【cf.】contagion. (3) ⓤ 나쁜 감화〈영향〉. ▫ infect *v.*

***in·fec·tious** [infékʃəs] *a.* =INFECTIOUS. (1)(영향이) 옮기 쉬운. (2) 전염하는 ; 전염병의. ▫ infect *v.*
파) **~·ly** *ad.* **~·ness** *n.* ⓤ 전염력(성).

in·fec·tive [inféktiv] *a.*=INFECTIOUS.

in·fec·lic·i·tous [ìnfəlísitəs] *a.* (1) 부적절한《표현 따위》. (2) 불행한, 불운한. 파) **~·ly** *ad.*

in·fe·lic·i·ty [ìnfəlísəti] *n.* (1) ⓒ (표현 등의) 부적절(한 것). (2) ⓤ 불행, 불운.

in·fer** [infə́ːr] (-rr-***) *vt.* (1) (결론으로서) 나타내다, 의미〈암시〉하다 ; 《口》…가 넌지시 말하다. (2) 《~+目/+目+前+名》(…로부터) …을 추리〈추론, 추측, 추단(推斷)〉하다. ▫ inference. *n.*
파) **~·a·ble** *a.* 추리〈추론〉할 수 있는《*from*》.

***in·fer·ence** [ínfərəns] *n.* (1) ⓒ 추정, 결론. (2) ⓤ 추리, 추측, 추론. ▫ infer *v.*

in·fer·en·tial [ìnfərénʃəl] *a.* 추리〈추론〉의, 추리〈추론〉에 의한 ; 추리〈추론〉 상의, 추단한.
파) **~·ly** *ad.* 추론적으로, 추론에 의해.

:in·fe·ri·or [infíəriər] *a.* (1) (품질·정도 등이) 떨어지는, 열등한, 조악한. (2)(등위·등급 등이) 아래쪽의, 하위〈하급, 하층〉의; 낮은, (손) 아랫사람의. (3) **【植】** (꽃받침 자방(子房)이) 하위〈하생〉의 ; **【印】** 밑에 붙《H2, Dn의2, n 등》. 【opp.】 *superior.*
파) **~·ly** ad.

***in·fe·ri·or·i·ty** [infìərió(ː)rəti, -ár-] *n.* ⓤ (1)조악(粗惡) (2) 하위, 하급, 열등, 열세. 【opp.】superiority.

inferiórity còmplex **【心】**콤플렉스;열등(감)《흔히》마음의 비뚤어짐, 주눅. 〚opp.〛 *superiority complex.*

***in·fer·nal** [infə́ːrnl] *a.* (1) 악마 같은, 극악무도한. (2) 지옥(inferno)의. 〚opp.〛 *supernal.* (3)《口》 지독한, 정말 싫은.
파) **~·ly** *ad.* [-nli] *ad.* 악마〈지옥〉같이 ; 《口》 몹시, 지독하게.

in·fer·no [infə́ːrnou] (*pl.* ***~s***) *n.* ⓒ 《It.》 (1) (대

I

화재 따위) 흡사 지옥 같은 광경〈장소, 상황〉; 대화(大火). (2) 지옥(hell).

in·fer·ra·ble [infə́:rəbəl] *a.* =INFERABLE.

in·fer·tile [infə́:rtəl -tail] *a.* (땅이) 불모의 ; 비옥하지 않은; 생식력이 없는, 불임의 ; 수정하지않은. 파) **in·fer·til·i·ty** [ìnfə(:)rtíləti] *n.* ⓤ (1) 생식〈번식〉불능(증), 불임증. (2) 불모, 불임(성).

***in·fest** [infést] *vt.* (1) 〔종종 受動 으로〕(해충 등이)동물에 기생하다. (2) 〔종종 受動으로〕(해충·도둑 등이) 떼지어 몰려들다 ; 횡행하다《*by* ; *with*》.

in·fes·ta·tion [ìnfestéiʃən] *n.* ⓤⓒ 횡행, 출몰 ; 떼지어 엄습함; 만연.

in·fi·del [ínfədl] *n.*, *a.* 이교도의, 신을 믿지 않는, 이단의; 믿음이 없는 (자의). — *n.* ⓒ 믿음이 없는 자, 무신론자 ; 이교도, 이단자.

in·fi·del·i·ty [ìnfidéləti] *n.* ⓤⓒ (1) 배신(행위); 부정(不貞)(행위).(2) 신을 믿지 않음, 불신앙.

***in·field** [ínfi:ld] *n.* (1) (the ~) a〕【野】 내야(內野). b〕 ⓒ 〔集合的 : 單·複數 취급〕내야진. 【opp.】 *outfield.* (2) ⓒ 농가 주위의 경지. 파) **~ ·er** [-ər] *n.* ⓒ 【野】 내야수.

ín field flỳ 【野】 내야 플라이.

in·fight·ing [ínfàitiŋ] *n.* ⓤ (1) 내부 항쟁, (정당 등의) 내분(內紛).(2) 【拳】 인파이팅, 접근전. (3) 혼전, 난투.

in·fil·trate [infíltreit, ∠-∠] *vt.* (1) …에 잠입〈침입〉하다. (병력)을 침투시키다《*into* ; *through*》. (2) …에 스며들다, 침투〈침윤〉하다. — *vi.* (1) 스며들다, 침투하다《*into*》. (2) 잠입하다《*into*》. 파) **-tra·tor** *n.*

in·fil·tra·tion [ìnfiltréiʃən] *n.* (1) ⓒ (흔히 sing.) (조직 적진으로) 침투〈잠입〉(행동). (2) ⓤ 스며듦, 침입, 침투 : 【醫】 침윤(浸潤).

infin. infinitive.

:in·fi·nite [ínfənit] *a.* (1) 막대한, 무수한, 한량없는. (2)무한한, 끝없는. (3) 【文法】 부정형(不定形)의《인칭 수 등의 제한을 안 받는 꼴, 즉 infinitive, participle, gerund》. — *n.*(1) (the ~) 무한(한 공간〈시간〉) : 무한대(大)〈량〉. (2) (the I-) 조물주, 신(God). 파) **~ ·ly** *ad.* 무한히, 끝없이 : 대단히, 극히.

in·fin·i·tes·i·mal [infìnitésəməl] *a.* (1) 【數】 무한소의, 미분(微分)의. (2) 극소의 극미의. — *n.* ⓒ 극소량, 극미량 ; 【數】무한소(小). 파) **~ ·ly** *ad.*

infinitésimal cálculus 【數】 미적분학.

in·fin·i·ti·val [ìnfinitáivəl] *a.* 【文法】 부정사(不定詞)의.

:in·fin·i·tive [infínətiv] *n.* ⓒ【文法】 부정사.【cf.】 split 분리부정사》. — *a.*〔限定的〕【文法】 부정형의, 부정사의.

in·fin·i·tude [infínətjù:d] *n.*(1) (an ~) 무한량, 무수. (2) ⓤ 무한, 무궁.

in·fin·i·ty [infínəti] *n.* (1) ⓤ【數】 무한대《기호∞》. (2)ⓤ = INFINITUDE (3)(an ~) 무수, 무량《*of*》. (4)【寫】무한원(無限遠): at ~ 무한원으로. ***to ~*** 무한히.

in·firm [infə́:rm] (**~ *er* ; *~est***) a. (1)(성격·의지가) 우유 부단한, 마음이 약한, 결단력이 없는《of》. (2)(신체적으로) 약한; 허약한. 파) **~ ·ly** *ad.* **~ ·ness** *n.*

in·fir·ma·ry [infə́:rməri] *n.* ⓒ (1) (학교·공장 따위의) 부속 진료소, 양호실. (2) 병원.

***in·fir·mi·ty** [infə́:rməti] *n.* (1) ⓒ 병, 질환. (2) ⓤ 허약, 쇠약, 병약. (3) ⓒ(정신적인) 결점, 약점. ▫ infirm *a.*

:in·flame [infléim] *vt.* (1) (하늘 등)을 불꽃으로 붉게 물들이다 ; (얼굴 등)을 빨갛게 달아오르게 하다. (2) …에 불을 붙이다, …을 불태우다. (3) (감정 따위)를 흥분시키다, 노하게하다, 선동하다, 자극하다. (4)【醫】 …에 염증을 일으키게 하다. (눈)을 충혈 시키다. — *vi.*(1) 불이 붙다, 타오르다. (2) 흥분(격노)하다 ; (얼굴 따위가) 빨개지다. (3) 【醫】 염증이 생기다, 부어오르다. ▫ inflammation *n.* inflammable *a.*

in·flamed [infléimd] *a.* (1) 흥분한《*with*》. (2) 염증을 일으킨, 빨갛게 부은. (3) 빨갛게 달아오른《*with*》.

in·flam·ma·bil·i·ty [inflæ̀məbíləti] *n.* ⓤ (1)흥분하기 쉬움, 흥분성. (2) 가연성, 인화성.

***in·flam·ma·ble** [inflǽməbəl] *a.* (1) 격하기 쉬운, 흥분하기 쉬운, 열광하기 쉬운. (2)타기 쉬운, 가연성의. — *n.* (*pl.*) 가연물, 인화성 물질. 파) **-bly** *ad.*

in·flam·ma·tion [ìnfləméiʃən] *n.* (1) ⓤ 흥분, 격노. (2) ⓤ 점화, 발화, 연소. (3) ⓤⓒ 【醫】 염증.

in·flam·ma·to·ry [inflǽmətɔ̀:ri/-təri] *a.* (1)【醫】 염증성의. (2) 열광〈격양〉 시키는, 선동적인.

in·flat·a·ble [infléitəbəl] *a.* (공기) 팽창식의, (공기 등으로) 부풀릴 수 있는.

***in·flate** [infléit] *vt.* (1) 《目+前+名》〔종종 受動으로〕우쭐하게 하다, 자만심(慢心)을 갖게 하다《*with*》. (2)(공기·가스 따위로) …을 부풀리다. (3) 【經】 (통화)를 팽창시키다(【opp.】 *deflate*); (물가)를 올리다. — *vi.*(1) 팽창하다, 부풀다. (2) 인플레가 되다.

in·flat·ed [infléitid] *a.* (1) (사람이) 우쭐해진. (2) (공기 따위로) 부푼, 충만된, 팽창한. (3) (문체 언어가) 과장된. (4) (인플레로 인해) 폭등한, (통화가) 현저하게 팽창된.

:in·fla·tion [infléiʃən] *n.* (1) ⓤ 팽창. (2) ⓤ 만심;과장. (3) ⓤⓒ 【經】 통화 팽창, 인플레(이션); (물가 주가 등의) 폭등 ; 《口》물가 상승률. 【opp.】 *deflation.*

in·fla·tion·a·ry [infléiʃənèri/-əri] *a.* 인플레를 유발하는, 인플레 경향의; 인플레이션〈통화 팽창〉의.

in·fla·tion·ism [infléiʃənìzəm] *n.* ⓤ 통화 팽창론, 인플레 정책.

in·flect [inflékt] *vt.* (1) 【樂】 (목소리의) 가락을 바꾸다 ; (음성)을 조절하다. 억양을 붙이다(modulate). (2) (보통, 안쪽으로)…을 구부리다, 굴곡시키다(bend). (3) 【文法】 굴절시키다. 어미를 변화시키다. — *vi.* 【文法】(낱말이) 굴절〈어형 변화〉 하다.

***in·flec·tion,** 《英》 **-flex·ion** [inflékʃən] *n.* (1) ⓤⓒ 음조의 변화, 억양, (2) ⓤⓒ 굽음, 굴곡, 만곡. (3) 【文法】 a〕 ⓤ 굴절, 활용, 어형 변화. b〕 ⓒ 변화형, 굴절형, 어형 변화에 쓰이는 어미.

in·flec·tion·al [inflékʃənəl] *a.* (1) 【文法】 굴절이〈어미 변화가〉 있는; 억양의. (2) 굴곡〈만곡〉하는.

in·flex·i·bil·i·ty [inflèksəbíləti] *n.* ⓤ (1) 강직함, 불요 불굴. (2)구부릴 수 없음, 불요성(不撓性), 불가변성.

in·flex·i·ble [inflèksəbəl] *a.* (1) 불굴의 ; 확고한, 강직한, 완고한 : 불변의. (2) 구부러지지 〈굽지〉 않는. 파) **-bly** *ad.*

inflexion. ⇨ INFLECTION.

:in·flict [inflíkt] *vt.* 《~ +目/+目+前+名》 (1) (형벌 따위)를 과하다《*on*》. ▫ infliction *n.* ~ one*self* 〈one*'s company*〉 ***on*** …의 신세를 지다, …에게 폐를 끼치다. (2)(타격·상처·고통 따위)를 주다, 입

히다, 가하다《on, upon》.

in·flic·tion [inflíkʃən] *n.* (1) ⓒ (가(加)〈과(課)해진) 처벌, 형벌 : 고통; 괴로움, 폐. (2) ⓤ (고통 벌 따위를) 가(加)함, 과(課)함《on, upon》.

in·flight [ínflàit] *a.*〔限定的〕 기내(機內)의, 비행중의.

in·flo·res·cence [ìnflɔːrésns] *n.* ⓤ (1) 〔集合的〕꽃. (2) 개화(開花). (3) 【植】 꽃차례, 화서(化序).

in·flo·res·cent [ìnflɔːrésnt] *a.* 꽃이 핀.

in·flow [ínflòu] *n.* (1) ⓒ 유입물; 유입량. (2) ⓤ 유입(流入).

:in·flu·ence [ínfluəns] *n.* (1) ⓤ 세력, 권세 ; 사람을 좌우하는 힘 ; 설득력. (2)ⓤ (또는 an ~) 영향(력), 작용; 감화(력). (3) ⓒ 영향력이 있는 사람〈것〉 세력가, 유력자. (4) ⓤ 【電】 유도, 감응. (5) ⓤ 【占星】 감응력. ▫ influential *a.* ***through the ~ of.*** …의 덕분으로, …의 진력으로. ***under the ~*** …의 영향으《of》; 《口》 술에 취하여(drunk).
— *vt.* (1) …에게 영향을 미치다, 감화하다. (2) (사람 행동 등)을 좌우하다, ~를 움직여서 …하게 하다.

in·flu·en·tial** [ìnfluénʃəl] (more ~ ; most ~***) *a.* 유력한, 영향력 있는, 세력 있는. 파) **~ ly** *ad.*

:in·ful·en·za [ìnfluénzə] *n.* ⓤ 유행성 감기, 인플루엔자, 독감《※ 구어로는 flu》.

in·flux [ínflʌ̀ks] *n.* (1) (an ~)(사람·물품의) 도(到來), 쇄도. (2)ⓤ 유입(流入). 〖opp.〗 *exfflux.* (3) ⓒ (지류와 본류의) 합류점 ; 하구(河口)(estuary).

in·fo [ínfou] (*pl.* ***~s***) *n.* ⓤ 《口》 정보.

in·fold [infóuld] *vt.* =ENFOLD.

:in·form [infɔ́ːrm] *vt.* (1) 《+目+前+名》 (감정 생기 따위)를 …에게 불어넣다, 활기(생기) 돋우다; 체우다《with》. (2) 《+目+前+名/+目+that 節/+目+wh.節/+目+wh. to do》 …에게 알리다, …에게 고(告)하다. …에게 보고〈통지〉하다《of ; about》.
— *vi.* 《~/+前+名》정보를〈지식을〉 주다 : 밀고하다, 고발하다《on ; against》. ▫ information *n.*

:in·for·mal [infɔ́ːrməl] *a.* (***more ~; most ~***) (1) 격식 차리지 않는, 탁 터놓은, 스스럼 없는. (2) 비공식의, 약식의. (3) (말이) 평이한, 일상 회화적인, 구어체의. 파) **~ ·ly** [-li] *ad.* 비공식〈약식〉으로 ; 격식을 차리지 않고, 스스럼없이; 구어적으로.

***in·for·mal·i·ty** [ìnfɔːrmǽləti] *n.* (1) ⓒ 약식 행위〈조처〉. (2) ⓤ 비공식, 약식.

***in·form·ant** [infɔ́ːrmənt] *n.* ⓒ 정보 제공자, 통지자 ; 밀고자 ; 【言】(지역적 언어 조사의) 피(被) 조사자, 자료 제공자.

in·for·mat·ics [ìnfərmǽtiks] *n.* ⓤ〔單數 취급〕 정보 과학(information science).

:in·for·ma·tion [ìnfərméiʃən] *n.* ⓤ (1) (정보 지식의) 통지, 전달. (2) 정보, 지식. (3)(호텔 역 등의) 안내소〈원〉, 접수(계). (4) 【컴】 정보(량), 데이터. ***for your ~*** 참고하시도록. 파) **~ ·al** [-ʃənəl] *a.* 정보의; 정보를 제공하는.

Informátion Àge 정보(화) 시대.

informátion art 정보예술(정보의 전달 표현에 관한 예술).

informátion bànk 【컴】 정보 은행.

informátion engineèring 정보 공학.

informátion industry 정보 산업.

informátion Òffice 안내소.

informátion pròcessing 정보 처리.

informátion retrìeval 【컴】 정보 검색《略 : IR》.

informátion scìence 정보 과학.

informátion technòlogy 정보 과학 기술.

informátion thèory (the ~) 정보 이론.

***inform·a·tive** [infɔ́ːrmətiv] *a.* (1) 견문을 넓히는, 유익한, 교육적인. (2) 정보의, 지식〈정보, 소식〉을 제공하는. 파) **~ ·ly** *ad.*

in·formed [infɔ́ːrmd] *a.* (1) 지식이 넓은. (2)정보〈소식〉 통의, 소식에 밝은 ; 정보에 근거한.

infórmed consént 【醫】 고지(告知)에 입각한 동의《수술이나 실험적 치료를 받을 때, 내용의 설명을 들은 뒤 환자가 내리는 승낙》.

in·form·er [infɔ́ːrmər] *n.* ⓒ (1) (경찰에 정보를 파는) 직업적 정보 제공자, 첩보원. (2) 통지자 : (특히, 범죄의) 밀고자.

in·fra [ínfrə] *ad.* 《L.》 아래쪽에, 아래에.

in·frac·tion [iinfrǽkʃən] *n.* (1) ⓒ 위반 행위, (2) ⓤ 위반 ; 침해.

ínfra díg =INFRA DIGNITATEM.

infra dig·ni·ta·tem [-dìgnətéitəm] 《L.》 체면에 관한, 위엄을 손상하는.

in·fra·red [ìnfrəréd] *a.* 【物】 적외선 이용의, 적외선의. 【cf.】ultraviolet. — *n.* ⓤ 적외선.

ínfra red ráys 【物】 적외선.

in·fra·struc·ture [ínfrəstrʌ̀ktʃər] *n.* ⓒ (1)〔集合約〕(수도·전기·학교·에너지 공급·폐기물 처리 등 사회의) 기간 시설, 산업 기반, 사회적 생산 기반. (2) (단체 등의) 하부 조직 〈구조〉, (경제) 기반, 기초 구조. (3)(군사 작전에 필요한) 영구 기지.

in·fre·quence, -quen·cy [infríːkwəns], [-i] *n.* ⓤ 희유(稀有), 드묾.

in·fre·quent [infríːkwənt] *a.* 드문. 파) **~ ·ly** *ad.* 드물게(rarity).

***in·fringe** [infríndʒ] *vt.* (법규)를 범하다, 어기다; (규정)에 위반하다 ; (권리)를 침해하다. — *vi.* 《+前+名》 침해하다《on, upon》. 파) **~ ·ment** *n.* (1) ⓤ (법규) 위반 ; (특허권 등의) 침해. (2) ⓒ 위반〈침해〉 따위.

***in·fu·ri·ate** [infjúərièit] *vt.* …을 격노케 하다.

in·fu·ri·at·ing [infjúərièitiŋ] *a.* 몹시 화나게 하는, 격노시키는. 파) **~ ·ly** *ad.* 격노하여 ; 화날정도로.

***in·fuse** [infjúːz] *vt.* (1) (약·약초 따위)를 우려내다 ; (액체 따위)를 따르다, 붓다. (2) 《+目+前+名》(사상 희망 따위)를 주입하다, 불어넣다《into ; with》. — *vi.* (찻잎 등이) 우러나다. ▫ infusion *n.*

in·fu·si·ble [infjúːzəbəl] *a.* 불용해성의, 용해하지 않는.

in·fu·sion [infjúːʒən] *n.* (1) ⓒ 주입물 ; 혼화물(混和物); 우려낸〈달여낸〉 즙. (3) ⓤⓒ 【醫】(정맥에의) 주입, 주입액. ▫ infuse *v.* (2) ⓤ 주입, 불어넣음; 고취; (약 등을) 우려냄.

-ing *suf.* 동사의 원형에 붙여 현재분사·동명사(gerund)를 만듦: wash*ing*, go*ing*.

in·gath·er [íngæ̀ðər, -ˊ-] *vt.* …을 거둬들이다. 모으다. 파) **~ ·ing** *n.* ⓤⓒ 수납, 수확, 집회.

:in·ge·nious [indʒíːnjəs] (***more ~ ; most ~***) *a.* (1) (발명 착상이) 교묘한, 착상이 좋은, 독창적인. ≠ ingenuous. (2)(발명의) 재능이 있는, 영리한, 정교한, 재간 있는. ▫ ingenuity *n.* 파) **~ ·ly** *ad.* **~ ·ness** *n.*

in·gé·nue [ǽndʒənjùː] *n.* ⓒ 《F.》. 천진한 소녀역(을 맡은 여배우); 천진한 소녀.

*__in·ge·nu·i·ty__ [ìndʒənjúːəti] *n.* ⓤ (1) 교묘〈정교〉함. (2) 발명의 재주, 재간. ◻ ingenious *a.*
*__in·gen·u·ous__ [infʒénjuːəs] *a.* (1) 순진한, 천진난만한. (2)솔직한, 정직한, 꾸밈없는, 소박한(frank). 파) ~ **·ly** *ad.* ~ **·ness** *n.*
in·gest [indʒést] *vt.* (사상 지식 등)을 받아들다, (음식 약 등)을 섭취하다;
in·ges·tion [indʒéstʃən] *n.* ⓤ 음식물 섭취.
in·gle·nook [íŋgəlnùk] *n.*《英》= CORNER, CHIMNEY
in·glo·ri·ous [inglɔ́ːriəs] *a.* 창피스러운(dishonorable), 불명예스러운. 파) ~ **·ly** *ad.* ~ **·ness** *n.*
in·go·ing [íngòuiŋ] *a.* 〔限定的〕 취임하는, 들어오는. 【opp.】 *outgoing.* — *n.* 들어옴.
in·got [íŋgət] n. ⓒ 【冶】 (금속의) 주괴(鑄塊), 잉곳 ;《특히》금은괴. — *vt.* 금괴로 만들다.
in·graft [ingrǽft, -grɑ́ːft] *vt.* =ENGRAFT.
in·grain [íngrèin] *a.* (1) 깊이 배어든, 뿌리 깊은. (2) 짜기 전에 염색한, 원료 염색의. — *n.* ⓒ 짜기 전에 염색한 실〈양탄자〉《따위》. — [-´] *vt.*(습관 등을) 깊이 뿌리박히게 하다. 【cf.】e ngrain.
in·grained [ingréind, ´-] *a.* (1) 철저한《거짓말쟁이 따위》; 타고난, 본래부터의. (2) 깊이 스며든《사상 이론 따위》. 뿌리 깊은. (3) (때때로) 찌든, 물이 든.
in·grate [íngreit] *n.* ⓒ 배은 망덕자, 은혜를 모르는 사람. — *a.* 은혜를 모르는, 배은 망덕한.
in·gra·ti·ate [ingréiʃièit] *vt.* 〔再歸的〕 …의 비위를 맞추다, 마음에 들도록 하다.
in·gra·ti·at·ing [ingréiʃièitiŋ] *a.* 애교〈매력〉 있는, 남에게 호감을 주는 알랑거리는. 파) ~ **·ly** *ad.*
:**in·grat·i·tude** [ingrǽtətjùːd] *n.* ⓤ 은혜를 모름, 배은망덕.
*__in·gre·di·ent__ [ingríːdiənt] *n.* ⓒ (1) 구성 요소, 요인. (2) (주로 the ~s)(혼합물의)성분, 합성분; 원료; (요리의) 재료《*of; for*》.
in·gress [íngres] *n.* ⓤ (1)입장(入場)의 자유, 입장권(入場權). (2)들어섬〈감〉, 진입. 【opp.】 *egress.*
in-group [íngrùːp] *n.* ⓒ 【心】 내(內) 집단 ; 우리들 집단. 【opp.】 *out-group.*
in·grow·ing [íngròuiŋ] *a.*〔限定的〕 (1) 살 속으로 파고드는《특히 손〈발〉톱이》. (2) 안쪽으로 성장하는.
in·grown [íngròun] *a.*〔限定的〕 (1) (발톱 따위가) 살로 파고든. (2) 안쪽으로 성장한.
:**in·hab·it** [inhǽbit] *vt.* (1) …에 존재하다, 깃들이다. (2) 서식하다, (…에) 살다, 거주하다.《※ live와는 달리 타동사로 쓰이며, 통상 개인에게는 안 쓰고 집단에 씀》. 파) ~ **a·ble** *a.* 살기에 알맞은(적합한).
:**in·hab·it·ant** [inhǽbətənt] *n.* ⓒ (1) 서식 동물《*of*》. (2) 주민, 거주자《*of*》.
in·hal·ant [inhéilənt] *n.* ⓒ 흡입기〈장치〉 ; 흡입제(劑). 【cf.】 inhaler. — *a.* 빨아들이는, 흡입하는, 흡입용의.
in·ha·la·tion [ìnhəléiʃən] *n.* (1) ⓒ 흡입제. (2)ⓤ 흡입.
in·ha·la·tor [ínhəlèitər] n. ⓒ 흡입기(器)〈장치〉.
*__in·hale__ [inhéil] *vt.*, *vi.* (1) (담배 연기를) 빨다, 들이쉬다. (2) (공기 따위를) 빨아들이다, 흡입하다. 【opp.】 *exhale.* 파) **in·hál·er** [-ər] *n.* ⓒ 흡입자 ; 흡입기 ; 호흡용 마스크.
in·har·mon·ic [ìnhɑːrmánik/-mɔ́n-] *a.* 불협화의, 부조화의.
in·har·mo·ni·ous [ìnhɑːrmóuniəs] *a.* (1) 어울리지 않는, 불화한. (2) 가락이 맞지 않는, 부조화의, 불협화의. 파) ~ **·ly** *ad.* ~ **·ness** *n.*
in·here [inhíər] *vi.* (1) (권리 따위가) 본래 부여되어 있다, 귀속되어 있다《*in*》. (2) (성질 따위가) 본래부터 타고나다〈존재하다〉, 내재하다《*in*》.
in·her·ence, -en·cy [inhíərəns], [-i] *n.* ⓤ 타고남, 고유, 천부(天賦) ; 천성.
:**in·her·ent** [inhíərənt] (***more ~ ; most ~***) *a.* 고유의, 본래부터 가지고 있는, 본래의, 타고난 ; 선천적인《*in*》.
파) ~ **·ly** *ad.* 생득적(生得的)으로; 본질적으로.
:**in·her·it** [inhérit] *vt.* (1) 《~+目/+目+前+名》《체격성질 따위》를 물려받다, 유전하다《*from*》. (2) 《~+目/+目+前+名》
재산·권리 따위)를 상속하다, 물려받다 ; 이어받다. — *vi.* 재산을 상속하다, 계승하다 ; 성질〈직무 권한〉을 물려받다《from》.
in·her·it·a·ble [inhéritəbəl] *a.* (1) 유전하는. (2) 상속할 수 있는; 상속할 자격이 있는.
:**in·her·it·tance** [inhéritəns] *n.* (1) ⓒ (*sing.*) 상속 재산, 유산. (2) ⓤ 【法】 상속, 계승. (3)ⓒ 이어받은 것. (4) ⓒ 【生】 유전형질, 유전성; 타고난 재능. by ~ 상속에 의하여.
inhéritance tàx 상속세. 【cf.】 estate tax.
in·her·i·tor [inhéritər] (*fem.* ***-tress*** [-rtis], ***-trix*** [-triks]) *n.* ⓒ (유산) 후계자, 상속인.
*__in·hib·it__ [inhíbit] *vt.* (1) …을 막다, 하지 못하게 하다, 금하다《*from* do*ing*》. (2)(욕망·행동 따위)를 억제 하다; 방해 하다.
파) ~ **·er**, **in·híb·i·tor** [-ər] *n.* ⓒ (1) 억제자, 억제물. (2) 【化】 반응 억제제(劑), 저해물질.
in·hib·it·ed [inhíbitid] *a.* 억압된, 억제된 ; 자기 규제하는, 내성적인.
*__in·hi·bi·tion__ [ìnhəbíʃən] *n.* ⓤⓒ (1) 【心理, 生理】 억제, 억압. (2) 금지, 금제(禁制); 억제.
in·hib·i·to·ry [inhíbitɔ̀ːri] *a.* 금지의, 억제하는.
*__in·hos·pi·ta·ble__ [inhɑ́spitəbəl, ˌ-´--/-hɔ́s-, ˌ-´--] a. (1) 비바람을 피할 데가 없는, 황량한《황야 따위》. (2)대접이 나쁜, 야박한, 무뚝뚝한, 불친절한. 파) **-bly** *ad.*
in·hos·pi·tal·i·ty [inhɑ̀spitǽləti/inhɔ̀s-] *n.* ⓤ 쌀쌀함, 대우가 나쁨, 냉대, 불친절.
in-house [ínhàus] *a.*〔限定的〕기업〈조직, 집단〉 내부의, 사내(社內)의 훈련〈연수〉. —*ad.* 조직〈회사〉내에서.
*__in·hu·man__ [inhjúːmən] *a.* (1)초인적인. (2)인정없는, 잔인한, 비인간적인. 파) ~ **·ly** *ad.*
in·hu·mane [ìnhjuːméin] *a.* 몰인정한, 박정한 ; 잔인한, 무자비한, 비인도적인. 파) ~ **·ly** *ad.*
in·hu·man·i·ty [ìnhjuːmǽnəti] *n.* ⓤ 잔인, 몰인정 ; ⓒ (종종 *pl.*) 잔학〈몰인정한〉행위.
in·im·i·cal [inímikəl] *a.* (1) 〔敍述的〕 불리한, 유해한《*to*》. (2) 적의가 있는, 적대하는, 사이가 나쁜《*to*》. 파) ~ **·ly** [-kəli] *ad.*
in·im·i·ta·ble [inímitəbəl] *a.* 독특한, 흉내낼 수 없는, 추종을 불허하는 ; 비길 데 없는. 파) **-bly** *ad.*
in·iq·ui·tous [iníkwitəs] *a.* 불법의, 부정한; 간악한(wicked). 파) ~ **·ly** *ad.*
*__in·iq·ui·ty__ [iníkwəti] *n.* (1) ⓒ 부정〈불법〉 행위. (2) ⓒ 부정, 불법, 죄악. 【cf.】 EQUITY.
:**in·i·tial** [iníʃəl] *a.*〔限定的〕 (1) 어두(語頭)의 ; 머리글자의, 어두에 있는. (2) 처음의, 최초의, 시작의 ; 초기의.
— *n.* ⓒ (1) 머리글자. (2) (*pl.*) 고유명사의 머리 글

자.
— (*-l-*,《英》*-ll-*) *vt.* …에 머리글자로 서명하다.
파) ~ **·ly** [-ʃəli] *ad.* (맨)처음(에는).
in·i·tial·ize [iníʃəlàiz] *vt.* 【컴】 (counter, address 등)을 초기화(初期化)하다.
inítal·wòrd 【言】 두(頭)문자어(語), 이니셜어(語). 《한 단어로 발음하지 않고, 글자마다 따로따로 발음함. 예 : BBC, IBM 따위》.
***in·i·ti·ate** [iníʃièit] *vt.* (1) 《+目+前+名》…에게 초보를 가르치다《*in, into*》; (…에게 비전 비법)을 전하다, 전수하다《*into*》《※ 종종 受動으로》. (2) …을 시작하다, 개시하다, 창시하다, 창설하다. (3) 《+目+前+名》가입〈입회〉시키다.
— [iníʃiit] *a.* (1) 초보를 배운, 입문이 허락된 ; 전수받은. (2) 신입의, 새로 가입한. — [iníʃiit] *n.* ⓒ 신입〈입문, 입회〉자 : 전수받은 사람.
***in·i·ti·a·tion** [inìʃiéiʃən] *n.* (1) ⓤ 초보교수 ; 비결〈비방〉 전수. (2) a] ⓤ 가입, 입회, 입문. b] ⓒ 입회식, 입문식. (3) ⓤ 개시 ; 창시 ; 창업.
:in·i·ti·a·tive [iníʃiətiv] *n.* (1) (the ~) 주도권 ; 의안 제출권, 발의권. (2) ⓒ (흔히 the ~, one's ~) 발의, 발기, 선창 ; 주도(主導). (3) ⓤ 창의, 진취적 기상, 독창력, 기업심. ▫ initiate *v.*
***on** one'**s own** ~ 자발적으로, 자진하여.
— *a.* 처음의; 창시의; 초보의.
in·i·ti·a·tor [iníʃièitər] *n.* ⓒ (1) 발기인 ; 교도자 ; 전수자. (2) 창시자, 수창자(首唱者).
in·i·ti·a·to·ry [iníʃiətɔ̀:ri -təri] *a.* (1) 입회〈입당, 입문〉의. (2) 시작의, 최초의 ; 초보의.
***in·ject** [indʒèkt] *vt.* 《+目+前+名》 (1) 삽입(挿入)하다, 끼우다, 넣다 ; 도입하다《*into*》. (2) …을 주사하다, 주입하다《*into* ; *with*》. ▫ injection *n.*
***in·jec·tion** [indʒékʃən] *n.* (1) ⓤⓒ 【宇宙】 진입, 인젝션《인공위성〈우주선〉을 궤도에 진입시키는 것》. (3) ⓤ 【機·空】 (연료·공기 등의) 분사. (2) ⓤⓒ 주입 ; 주사(액); 관장(灌腸)(약). ▫ inject *v.*
in·jec·tor [indʒéktər] *n.* ⓒ 주사기 ; 주사 놓는 사람 ; (내연 기관의)연료 분사 장치, 인젝터.
in-joke [⁻dʒòuk] *n.* ⓒ 동료간의 조크.
in·ju·di·cious [ìndʒu(:)díʃəs] *a.* 분별없는 (unwise), 지각 없는. 파) ~ **·ly** *ad.* ~ **·ness** *n.*
In·jun [índʒən] *n.*《美口·方》= INDIAN(2).
***in·junc·tion** [indʒʌ́ŋkʃən] *n.* ⓒ (1) 【法】 (법원의) 금지〈강제〉 명령. (2)명령, 지령, 훈령. ▫ injunct *v.*
:in·jure [índʒər] *vt.* (1) (감정·명예 등을) 해치다, 손상시키다 ; 훼손하다. (2) a] …에 상처를 입히다, …을 다치게 하다. b] 〔再歸約〕상처를 입다, 다치다. ▫ injury *n.*
in·jured [índʒərd] *a.* (1) 감정이 상한, 명예가 손상된. (2) 상처 입은, 부상한.
***in·ju·ri·ous** [indʒúəriəs] *a.* (1) 불법의, 부정한 (unjust). (2) 해가 되는, 유해한《*to*》. (3) 중상적〈모욕적〉인. ▫ injury *n.* 파) ~ **·ly** *ad.*
:in·ju·ry [índʒəri] *n.* ⓤⓒ (1) (감정 따위를) 해치기, 모욕, 무례; 명예훼손. (2) (사고 등에 의한) 상해, 상처; 손해, 손상. (3) 【法】 위법행위, 권리 침해. ▫ injure *v.* ***add insult to*** ~ ⇨ INSULT. ***do a*** person〈one***self***〉 ***an*** ~ 《口》 ~에게 상해를 가하다〈상처를 입다〉.
ínjury tìme (축구·럭비 등에서) 부상에 대한 치료 따위로 소비한 시간만큼의 연장 시간.
:in·jus·tice [indʒʌ́stis] *n.* (1) ⓒ 부정〈불법〉행위, 비행. (2) ⓤ 부정, 불의, 불공평. 【cf.】 unjust. ***do*** a person ***an*** ~ 1] ~를 부당하게 다루다. 2] ~를 오해하다.
:ink [iŋk] *n.* ⓤⓒ (필기용·인쇄용의) 먹, 잉크, 먹물 ; (오징어의) 먹물. (***as***) ***black as*** ~ 새까만, 아주 불길한.
— *vt.* (1)…을 잉크로 쓰다; …에 잉크를 칠하다 ; 잉크로 더럽히다. (2) 잉크로 지우다《*out*》. (3) 《美俗》 (계약서 따위에) 서명하다. ~ ***in***〈***over***〉 (연필로 그린 밑그림 따위)를 잉크로 칠하다. ~ ***up*** 잉크를 넣다.
ink·blot [⁻blɑ̀t/⁻blɔ̀t] *n.* ⓒ (심리 테스트용의) 잉크 얼룩 : ~test 잉크 반점(斑點)테스트.
ínk bòttle 잉크병.
ink·horn [⁻hɔ̀:rn] *n.* ⓒ (뿔로 만든) 잉크 통.
ink·ling [íŋkliŋ] *n.* ⓤ (또는 an ~) 암시《*of*》; 어렴풋이 눈치챔〈앎〉《*of*》.
ink·pad [⁻pæ̀d] *n.* ⓒ 스탬프대(臺), 인주 (= **ínking pàd**).
ink·pot [⁻pɑ̀t/⁻pɔ̀t] *n.* ⓒ 잉크병(inkwell).
ink·stand [⁻stæ̀nd] *n.* ⓒ =INKWELL ; 잉크스탠드.
ink·well [⁻wèll] *n.* ⓒ (탁상 구멍에 꽂는) 잉크병.
inky [íŋki] (***ink·i·er; -i·est***) *a.* (1) 잉크 같은 ; 새까만. (2) 잉크로 쓰인; 잉크로 더럽혀진.
파) **ínk·i·ness** *n.*
***in·laid** [inlèid, ⁻⁻] INLAY의 과거 과거분사.
— *a.* 상감(象嵌)의, 아로새긴; 상감으로 꾸민, 무늬를 박아 넣은.
:in·land [ínlənd] *a.* 〔限定的〕 (1) 《英》 국내의, 국내에서 영위되는 (domestic)(《美》domestic mails). (2) 오지(奧地)의, 내륙의. — [ínlæ̀nd, -lənd/inlǽnd, ⁻⁻] *ad.* 내륙으로, 오지로.
— [ínlæ̀nd, -lənd] *n.* ⓒ 벽지, 오지, 내륙.
파) ~ **·er** *n.* ⓒ 내륙 지방〈오지〉의 사람.
ínland séa 【海洋】 내해(內海).
in-law [⁻lɔ̀:] *n.* ⓒ (흔히 *pl.*)《口》 인척(姻戚). 《cousin-*in-law*, son-*in-law* 따위의 총칭》.
in·lay [ìnléi, ⁻⁻] (*p.*, *pp.* ***-laid***[-léid]) *vt.* (1)【園藝】 (접붙일 눈)을 대목에 끼워넣다. (2)(장식으로서) 박아 넣다《*in, into*》; 아로새기다, 상감하다《*with*》.
— [ínlèi] *n.* (1) ⓤⓒ 상감; 상감 세공, 상감 무늬. (2) ⓒ 【齒科】 인레이《충치의 봉박기》. (3) ⓒ 【園藝】 눈 접붙이기(=**~ gràft**). 파) ~ **·er** *n.* ⓒ상감공.
***in·let** [ínlèt] *n.* ⓒ (1) (물 등의) 입구 ; 주입구, 흡입구. (2) 후미 ; 좁은 해협. (3) 삽입물, 상감물.
—(***~; -let ting***) *vt.* …을 끼워〈박아〉 넣다.
in lo·co pa·ren·tis [in-lóukou-pəréntis] 《L.》 (=in the place of a parent) 아버지의 처지에서, 부모 대신에.
in·ly [ínli] *ad.* 《時》 마음 속에 : 안에 ; 충심으로, 깊이 ; 친하게(intimately).
***in·mate** [ínmèit] *n.* ⓒ (1) 동거인, 동숙인. (2) (병원·교도소 따위의) 입원자, 재소자(在所者), 피수용자 ; 거주자.
in·me·mo·ri·am [in-mimɔ́:riəm, -riæ̀m] *prep.* (비문 등에 쓰이어) …을 기념〈애도〉하여.
— *n.* 추도문, 묘비명.
in·most [ínmòust] *a.* 〔限定的〕 (1) 마음 속에 품은, 내심의《감정 따위》. (2) 맨 안쪽의, 가장 내부의.
:inn [in] *n.* ⓒ 여관, 여인숙《보통 hotel 보다 작고 구식인 것》. ***the Inns of Chancery*** (변호사 임면권을 가진 런던의) 법학원《the Inner Temple, the Middle Temple, Lincoln's Inn, Gray's Inn의 4

법학원》. ***the Inns of Court*** **[英史]** 법학생의 숙사.
in·nards [ínərdz] *n. pl.* 《口》 (1) (물건의) 내부(inner parts); 내부(구조). (2) 내장(內臟).
***in·nate** [inéit, ∠-] *a.* (성질 따위가) 천부의, 타고난, 선천적인, 본질적인, 본유적인. 파) **~·ly** *ad.* **~·ness** *n.*
:in·ner [ínər] *a.* 〔限定的〕 (1) 내적〈영적〉인, 정신적인(spiritual) ; 주관적인. (2) 안(쪽)의, 내부의, 중심적인, 중추(中樞)의. 〖opp.〗 *outer.* (3) 보다 친한 ; 내밀〈비밀〉의. — *n.* ⓒ (1) 과녁의 내권(內圈). (2) 내권에 명중한 총알〈화살〉. 파) **~·ly** *ad.* **~·ness** *n.*
ínner círcle 권력 중추부의 측근 그룹.
ínner cíty 《美》 (1) 대도시 중심의 저소득층 거주 지역《슬럼 가를 완곡히 이르는 말》. (2) 도심(부) 파) **ín·ner-cíty** *a.*
in·ner-di·rect·ed [ínərdiréktid] *a.* 내부 지향적인, 자기의 기준에 따르는, 비순응형의. 〖opp.〗 *other-directed.*
ínner éar [解] 내이(內耳)(internal ear).
ínner mán ‹wóman› (the ~) (1) 《戱》위(胃); 식욕. (2) 마음, 영혼.
ínner Mongólia 내몽고(자치구).
***in·ner·most** [ínərmòust] *n.* (the ~) 가장 깊숙한 곳(부분). — *a* =INMOST.
in·ner·sole [ínərsòul] *n.* =INSOLE.
in·ner·spring [ínərsprìŋ] *a.* (매트리스 따위가) 용수철이 든.
in·ning** [íniŋ] *n.* (1) (종종 *pl.*) (정당의) 정권 담당기(期), (개인의)능력발휘의 기회, (개인의) 재임〈재직〉 기간, 활약기. (2) ⓒ (야구 크리켓 등의) 이닝, (공을) 칠 차례, 회(回). (3) 날리던 때, 행운시대. ※ (1),(2),(3)의 뜻으로는 《英》에서는 *pl.*로 單數취급. ***have a good ~s 《口》행운이 계속하다, 장수하다.
***inn·keep·er** [ínkìːpər] *n.* ⓒ 여인숙 주인.
:in·no·cence [ínəsns] *n.* (1) ⓤ 결백, 무죄. (2) ⓤ 무구(無垢), 청정; 순결. (3) ⓤ 무해(harmlessness), 무독. (4) ⓤ순진, 천진난만(simplicity). (5) ⓤ 무지, 단순. (6)ⓒ순진〈단순〉한 사람.
:in·no·cent [ínəsnt] (***more ~ ; most ~***) *a.* (1) (법률적으로) 때묻지 않은, 결백한, 무죄의. (2) 무구한, 순결한. (3) 순진한, 천진 난만한, 악의 없는 ; (머리가) 단순한. (4) 사람이 좋은, 단순한, 무지(無知)한 (ignorant)《*of*》 : 알아채지 못하는(unaware)《*of*》. (5) (놀이 음식물 따위가) 무해한, 해롭지 않은. (6) 〔敍述的〕 《口》 …이 없는. — *n.* ⓒ (1) 죄 없는〈결백한〉사람. (2) 순진한 아이. (3) 호인, 바보. 파) ***~·ly** *ad.*
in·noc·u·ous [inákjuːəs/inɔ́k-] *a.* (1) (언동 따위에) 악의가 없는, 화나게 할 의도가 없는. (2) (뱀 약 따위가) 무해한, 독 없는.
파) **~·ly** *ad.* **~·ness** *n.*
in·no·vate [ínouvèit] *vi.* 혁신하다, 쇄신하다《*in* ; *on*》 ; (…에) 새로운 영역을 개척하다. — *vt.* (새로운 사물)을 받아들이다, 시작하다, 도입하다.
파) **-và·tor** *n.* ⓒ 혁신자 ; 신제품을 최초로 발견 사용하는 자.
***in·no·va·tion** [ìnouvéiʃən] *n.* (1) 새로이 도입〈채택〉된 것, 혁신된 것 ; 신기축(新機軸) ; 신제도. (2) ⓤ(기술)혁신, 일신, 쇄신
in·no·va·tive [ínouvèitiv] *a.* 혁신적인.
파) **~·ness** *n.* **~·ly** *ad.*
in·nu·en·do [ìnjuéndou] (*pl.* ***~(e)s***) *n.* ⓤⓒ 비꼼, 풍자, 빈정거림. — *vt.* 빈정거리다
:in·nu·mer·a·ble [injúːmərəbəl] *a.* 무수한, 셀수 없는, 대단히 많은. 파) **-bly** *ad.* 셀 수 없을 정도로, 무수히.
in·nu·mer·ate [injúːmərit] *a., n.* ⓒ 수학〈과학〉의 기초원리에 대한 이해가 전혀 없는(사람), 수학을 모르는(사람).
in·nu·tri·tion [ìnjuːtríʃən] *n.* ⓤ 자양분 결핍, 영양(營養)불량〈부족〉.
in·ob·serv·ance [ìnəbzə́ːrvəns] *n.* ⓤ (1) (습관 규칙의)무시, 위반. (2) 부주의, 태만(inattention).
in·oc·u·late [inákjəlèit/-ɔ́k-] *vt.* 《+目+前+名》 (1) 예방 접종하다《*against* ; *for*》. (2) 접종하다《*with*》 ; 배양하다《*into* ; *onto*》. (3) (사상 등)을 주입하다, 불어넣다《*with*》. — *vi.* 접종하다, 우두를 놓다.
in·oc·u·la·tion [inákjəléiʃən/-ɔ̀k-] *n.* ⓤⓒ (1) (사상 등의) 주입, 불어넣기 ; 감화. (2) **[醫]** (예방)접종.
in·of·fen·sive [ìnəfénsiv] *a.* (1) (사람 행위가) 악의가 없는. (2) 해가 되지 않는. (3) (말 따위가) 거슬리지 않는, 불쾌감을 주지 않는.
파) **~·ly** *ad.* **~·ness** *n.*
in·op·er·a·ble [inápərəbəl/-ɔ́p-] *a.* (1) 실행할 수 없는. (2)**[醫]** 수술 불가능한 《환자 따위》.
in·op·er·a·tive [inápərèitiv, -ətiv/-ɔ́pərətiv] *a.* (1) 효험이 없는. (2) 작동〈활동〉하고 있지 않는. (3) (법률이) 효력이 없는, 시행되지 않고 있는.
in·op·por·tune [inɑ̀pərtjúːn/-ɔ́p-] *a.* 시기가 나쁜 (ill-timed), 시기를 놓친, 부적당한, 형편이 나쁜. 파) **~·ness** *n.*
in·or·di·nate [inɔ́ːrdənit] *a.* (1) 무절제한, 불규칙한. (2)과도한(excessive), 터무니 없는, 엄청난. 파) **~·ness** *n.*
***in·or·gan·ic** [ìnɔːrgǽnik] *a.* (1) (사회·정치 따위가) 유기적이지 않은, 유기적 조직이 아닌. (2) 생활기능이 없는, 무생물의(inanimate). (3) **[化]** 무기(無機)의, 무기물의.
파) **-i·cal·ly** [-ikəli] *ad.*
in·pa·tient [ínpèiʃənt] *n.* ⓒ 입원환자. **[cf.]** outpatient. ≠ impatient.
in·put** [ínpùt] *n.* (1) ⓤ **[機·電·言]** 입력(入力). (2) ⓤⓒ **[經]** (자본의) 투입(량). (3) ⓤ **[컴]** 입력(신호). 인풋. 〖opp.〗 output. — (-tt-***) *vt. vi.* **[컴]** 입력하다(기억시키다).
in put / out put [ínpùt/áupùt] *n.* **[컴]** 입출력《略: I/O》.
in·quest [ínkwest] *n.* ⓒ (1)〔集合的 ; 單·複數 취급〕검시 배심원. (2) (배심원의) 심리, 사문(査問) : (검시관의) 검시(檢屍)(coroner's ~). (3)《口》〔실패 패배에 대한〕 조사, 사문《*on* ; *into*》.
in·qui·e·tude [inkwáiətjùːd] *n.* ⓤ 동요(restlessness), 불안, 근심.
:in·quire [inkwáiər] *vt.* 《~+目/+目+前+名/+前+名+*wh.* 節/+*wh. to.* do》 문의하다, …을 묻다 《※ 흔히 of절이 목적어 앞에 옴》.
— *vi.*《~/+前+名》 ~에게(…에 대해) 묻다. 문의하다, 조사하다. ㅁ inquiry. inquisition *n.* ***~ after*** …의 건강을〈안부를〉 묻다, …을 문병하다. ***~ for*** 1〕 (물건의 유무를) 문의하다. (무엇을) 찾다. 2〕…에게 면회를 청하다. ***~ into*** (사건 따위를) 조사하다. ***~ out*** 조사하여 알아내다.

***in·quir·er** [inkwáiərər] a. ⓒ 조회자, 묻는 사람 ; 탐구자, 조사자.
in·quir·ing [inkwáiəriŋ] a. (1) 캐묻기 좋아하는(inquisitive), 탐구적인, 호기심에 찬. (2)묻는 ; 조회하는. 파) ~ **·ly** *ad.*
:**in·qui·ry** [inkwáiəri, ⌐⌐-, ínkwəri] n. ⓤⓒ (1) 조사, 심리. (2) 문의, 조회, 질문. (3)연구, 탐구. ***on*** ~ 물어〈조사해〉 보니 ▫ inquire v.
inquíry àgent 《英》사립 탐정.
inquíry Óffice 《英》(호텔 역 등의) 안내소.
***in·qui·si·tion** [ìnkwəzíʃən] n. (1) (the I-) 【가톨릭史】 (이단(異端)심리의) 종교재판(소). (2) ⓤⓒ (때로 인권을 무시한) 가혹한 문초, 심문, 취조, 조사. ▫ inquire *v.*
***in·quis·i·tive** [inkwízətiv] a. (1) 듣고〈알고〉 싶어하는, 호기심이 강한, 탐구적인. (2) (나쁜 뜻에서) 캐묻기 좋아하는. 파) ~ **·ly** *ad.* ~ **·ness** *n.*
in·quis·i·tor [inkwízətər] n. ⓒ (1)(***I-***) 【가톨릭】 종교 재판관. (2) (엄격한) 심문자, 조사자, 심리자; 검찰관.
in·quis·i·to·ri·al [inkwìzətɔ́:riəl] a. 엄하게 심문하는 ; 심문자〈종교 재판관〉의〈같은〉.
파) ~ **·ly** *ad.*
in re [in-rí:, -rei] 《L.》 …에 관하여.
in-res·i·dence [inrézənəns] a.〔흔히 名詞 뒤에서 複合語를 이루어〕(예술가·의사 등이 일시적으로) 연구소 대학 등에 재직〈재주〉하는.
I.N.R.I., INRI *Iesus Nazarenus, Rex Iu daeorum* 《L.》 (=Jesus of Nazareth, King of the Jews)《요한복음 ⅩⅨ : 19》.
in·road [ínròud] n. (흔히 *pl.*) 침략, 침입, 습격; 침해, 잠식《*on, upon* ; *into*》.
in·rush [ínrʌ̀ʃ] n. ⓒ (1) 유입, 쇄도《*of*》. (2) 침입, 내습, 난입. 파) ~ **·ing** *n., a.*
INS Immigration and Naturalization Service(연방 이민국).
in·sa·lu·bri·ous [ìnsəlú:briəs] a. (장소 기후 토지 따위가) 건강에 좋지 않은.
:**in·sane** [inséin] (***in·san·er ; -est***) a. (1) 정신이상자를 위한. (2) 미친, 발광한, 광기의(mad). (3) 미친 것 같은, 어리석은, 몰상식한. 【opp.】 *sane.* ▫ insanity *n.* 파) ~ **·ly** *ad.*
in·san·i·ta·ry [insǽnətèri/-təri] a. 건강에 나쁜 (unhealthy), 비위생적인.
***in·san·i·ty** [insǽnəti] n. (1) ⓒ 미친 짓, 미치광이 같은 행위. (2) ⓤ 광기, 발광, 정신 이상〈착란〉. ▫ insane *a.*
in·sa·tia·ble [inséiʃəbəl] a. 탐욕스러운(greedy), 만족을〈물릴 줄〉 모르는 ; …을 덮어놓고 탐을 내는《*of*》.
파) **-bly** *ad.* ~ **·ness** *n.*
in·sa·tia·te [inséiʃiit] a. =INSATIABLE.
***in·scribe** [inskráib] vt. (1) 《~+目+前+名》(책에 이름을 써서) 헌정(獻呈)하다, 증정하다. (2) 《~+目/+目+前+名》 (문자 기호 따위를 비석 금속판 종이) 에 적다, 새기다, 파다《*on* ; *in* ; *with*》. (3) 《~+目/+目+前+名》 (마음 속에) 명기하다, 명심하다. (4) 《英》 (주주·신청자의 이름)을 등록하다. (주식)을 사다. 팔다. (5) 【數】 내접시키다. ▫ inscription *n.*
:**in·scrip·tion** [inskrípʃən] n. (1) ⓒ (책의 제명(題銘) ; 서명(書名); 헌사(獻詞). ▫ inscribe *v.* (2) ⓤ 새김, 명각(銘刻). (3) ⓒ 명(銘), 비명(碑銘), 비문(碑文), (화폐 따위의) 명각(銘刻).
in·scru·ta·ble [inskrú:təbəl] *a.* 불가사의한, 헤아릴 수 없는, 수수께끼 같은(mysterious). 파) **-bly** *ad.* ~ **·ness** *n.*
in·seam [ínsì:m] n. ⓒ (구두·장갑의) 안쪽 솔기; (바지의)가랑이쪽 솔기.
:**in·sect** [ínsekt] n. ⓒ (1) 벌레 같은 인간. (2) 【動】 곤충 ; 벌레. — *a.* 곤충(용)의
in·sec·ti·cid·al [insèktəsáid] *a.* 살충(제)의.
in·sec·ti·cide [ins éktəsàid] *n.* ⓤⓒ 살충(제).
in·sec·ti·vore [inséktəvɔ̀:r] *n.* ⓒ 【動】 식충(食蟲) 동물〈식물〉.
in·sec·tiv·o·rous [ìnsektívərəs] *a.* 식충(성)의, 【生】 벌레류를 먹는 ; 식충동물〈식물〉의.
in·se·cure [ìnsikjúər] (***-cu·er; -est***) *a.* (1) 기대할 수 없는, 불확실한. (2) 불안정한, 위태위태한 ; 무너져 내릴듯한《지반 따위》, 깨질 듯한《얼음 따위》. (3) 불안한, 자신이 없는. ▫ insecurity *n.*
파) ~ **·ly** *ad.*
in·se·cu·ri·ty [ìnsikjúəriti] *n.* (1) ⓒ 불안한 것. (2) ⓤ 불안정, 위험성, 불확실; 불안, 근심.
in·sem·i·nate [insémənèit] *vt.* (1) …을 (인공) 수정시키다. (2) (씨앗)을 뿌리다, 심다.
in·sem·i·na·tion [insèmənéiʃən] *n.* ⓤⓒ (1) 수태, 수정. (2) 파종.
in·sen·sate [insénseit] *a.* (1) 비정한, 잔인한. (2) 감각이 없는. (3) 이성〈이해력〉이 결여된(senseless), 무분별한. 파) ~ **·ly** *ad.*
***in·sen·si·bil·i·ty** [insènsəbíləti] *n.* ⓤ (또는 an ~) (1) 무의식, 인사 불성. (2) 무감각 ; 무신경, 태연, 냉담《*to*》.
***in·sen·si·ble** [insénsəbəl] *a.* (1) 〔敍述的〕 감각이 둔한, 무감각한, 느끼지 않는《*of*》. (2) 의식을 잃은, 인사불성의. (3) 느끼지 못할〈눈에 띄지 않을〉 정도로. 파) **-bly** *ad.* 서서히, 느끼지 못할 만큼.
in·sen·si·tive [insénsətiv] *a.* (1) 무신경한, 남의 기분을 모르는《*of* ; *to*》. (2) 감각이 둔한, 무감각한 《*to*》. 파) ~ **·ly** *ad.*
in·sen·si·tiv·i·ty [insènsətiívəti] *n.* ⓤ 둔감, 무감각.
in·sen·ti·ent [insénʃiənt] *a.* 생명이〈생기가〉 없는 ; 지각〈감각〉이 없는 ; 비정(非情)한.
in·sep·a·ra·bil·i·ty [insèpərəbíləti] *n.* ⓤ 불가분성, 분리할 수 없음.
***in·sep·a·ra·ble** [insépərəbəl] *a.* 불가분의 ; 분리할 수 없는, 나눌 수 없는 ; 떨어질 수 없는《*from*》. — *n.* (흔히 *pl.*) 뗄 수 없는 사람〈것〉 ; 친구. 파) **-bly** *ad.* 밀접히, 불가분하게. ~ **·ness** *n.*
:**in·sert** [insə́:rt] *vt.* 《~+目/+目+前+名》 (1)적어〈써〉넣다. (2) …을 끼워 넣다, 끼우다, 삽입하다《*in, into* ; *between*》. (3)(신문기사 등을) 게재하다, 써넣다《*in, into*》.
— [⌐-] *n.* ⓒ 삽입물 ; (신문·잡지 등의) 삽입 광고 ; 【映 TV】 삽입 화면 ; 【컴】 끼움, 끼우기.
***in·ser·tion** [insə́:rʃən] *n.* (1) ⓒ 삽입물 ; 삽입 문구; 삽입 광고. (2) ⓤ 삽입. (3) ⓒ(레이스 자수 따위의) 꿰매어 넣은 천. (4) 【宇宙】 =INJECTION. ▫ insert v.
in·ser·vice [insə́:rvis, ⌐⌐-] *a.* 〔限定的〕 근무중의, 현직의.
in·set [insét] (*p., pp.* ***~, ~ ted; -tt-***) *vt.* …을 삽입하다, 끼워 넣다《*in, into*》. — [ínsèt] *n.* ⓒ (1) 삽입물. (2) (사진 따위가) 삽입된 페이지; 삽화, 삽입광고〈도표, 사진〉. (3) 【服飾】 장식용 등으로 꿰매 붙인

천, 헝겊조각.

in·shore [ínʃɔ̀ːr] *a.* 〔限定的〕 근해의, 해안 가까이의; 육지를 향한. 【opp.】*offshore.*
— *ad.* 해안 가까이, 연해〈근해〉에서 ; 육지 쪽으로. **~ *of*** …보다 해안에 가깝게.

:in·side [ínsáid, ⌐⌐] *n.* (1) (the ~)(도로의) 보도의 건물 쪽, 집쪽에 가까운 부분 ; (경기장의) 내측 경주로. (2) (*sing;* 흔히 the ~) 안쪽, 내면, 내부, 안. 〖opp.〗 *outside.* (3) (흔히 the ~) a〕 내부사정, 속사정 ; (사건 등의) 내막. b〕 내심, 속셈, 본성. (4) (흔히 *pl.*) 《口》 배, 뱃속. ***~out*** 〔訓詞的〕 1〕 뒤집어. 2〕 《口》 구석구석까지, 샅샅이, 완전히.
— [⌐⌐] *a.* 〔限定的〕 (1)안쪽의, 내면〈내부〉의, 내부에 있는. (2)내밀한, 비밀의, 공표되지 않은(private).
— [⌐⌐, ⌐⌐] *ad.* (1) 내부에〈로〉 (within), 안쪽에〈으로〉. (2) 옥내에서. (3)마음 속으로. (4) 《英俗》 교도소에 수감되어. ***get ~*** 1〕 집안으로 들어가다. 2〕 (조직 따위의) 내부로 들어가다. 3〕 속사정을 환히 알다. ~ of 1〕 …의 속〈안〉에. 2〕 …이내에.
— [⌐⌐, ⌐⌐] *prep.* …의 안쪽에, 내부에; …이내에.

ínside jób 《口》 내부범죄, 내부 사람이 저지른 범죄.

in·sid·er [insáidər] *n.* ⓒ (1) 내막을 아는 사람, 소식통, 내부자《공표 전에 회사의 내부 사정을 알 수 있는 입장에 있는 (2) 내부의 사람, 회원, 부원, 사람》. 【opp.】 *outsider.*

insíder dèaling =INSIDER TRADING.

insíder tràding 내부자 거래(去來).

ínside tráck (트랙의) 인코스, 안쪽주로;《口》 (경쟁상) 유리한 입장〈지위〉. ***have〈get, be on〉 the ~*** 1〕 경주로 안쪽을 달리다. 2〕 유리한 처지에 있다, 우위를 점하다.

in·sid·i·ous [insídiəs] *a.* (1) (병 등이) 모르는 사이에 진행하는, 잠행성(潛行性)의. (2) 음험한, 교활한, 방심할 수 없는(treacherous).
파) **~·ly** *ad.* **~·ness** *n.*

***in·sight** [ínsàit] *n.* ⓤⓒ 식견《*into*》, 통찰(력).

in·sig·nia [insígniə] (*pl.* ***~(s)***) *n.* ⓒ 훈장, 표지(특별한) 표(signs).

in·sig·nif·i·cance [ìnsignífikəns] *a.* (1) 천함, 미천함; 무의미. (2) 대수롭지 않음, 시시한, 하찮음(unimportance).

:in·sig·nif·i·cant [ìnsignífikənt] *a.* (1) 대수롭지 않은, 무의미한. (2) 하찮은, 사소한, 무가치한. 파) **~·ly** *ad.*

in·sin·cere [ìnsinsíər] *a.* 성의가 없는, 불성실한, 거짓의(deceitful), 언행 불일치의; 위선적인(hypocritical) 파) **~·ly** *ad.*

in·sin·cer·i·ty [ìnsinsérəti] *n.* (1) ⓒ 불성실한 언행. (2) ⓤ 불성실, 무성의, 위선.

***in·sin·u·ate** [insínjuèit] *vt.* (1) 〔再歸的〕 …에 서서히 접근하다 , 교묘히 환심을 사다. (2) 《+目+前+名》 (사상 등)을 은근히 심어주다, 남몰래 박히게 하다《*into*》. (3) 《~+目/+*that* 節》넌지시 비추다, 빗대어 말하다, 에둘러 말하다(imply). 파) **in·sím·à·tor** *n.*

in·sin·u·at·ing [insínjuèitiŋ] *a.* (1) 넌지시 암시하는. (2) 교묘히 환심을 사는, 알랑거리는(ingratiating). 영합적인. 파) **~·ly** *ad.* (1) 에둘러. (2) 알랑거리며, 영합적으로.

in·sin·u·a·tion [insìnjuéiʃən] *n.* (1) ⓤⓒ 암시(하는 것), 빗댐, 넌지시 비춤〈비추는 것〉. (2) ⓤ 슬며시 들어감〈스며듦〉 (instillment); 교묘하게 환심을 삼.

in·sin·u·a·tive [insínjuèitiv] *a.* (1) 교묘하게 환심을 사는, 간사한. (2) 완곡한, 빗대는, 넌지시 말하는, 암시하는. 파) **~·ly** *ad.*

in·sip·id [insípid] *a.* (1) 활기 없는(lifeless), 무미건조한(dull), 재미없는(uninteresting). (2) (음식 등이) 싱거운; 김 빠진, 맛없는(tasteless).
파) **~·ly** *ad.* **~·ness** *n.*

in·si·pid·i·ty [ìnsipídəti] *n.* ⓤ 무미 건조, 평범 ; ⓒ 평범한 말〈생각〉.

:in·sist [insíst] *vi.* 《+前+名/+that 節》 (1) 강요하다; 조르다《*on, upon*》. (2) 우기다(maintain), (끝까지) 주장하다, 단언하다; 역설〈강조〉하다《*on, upon*》.
— *vt.* 《+that 節》…라고 주장하다, 우기다.

***in·sist·ence, -en·cy** [insístəns], [-i] *n.* ⓤ (1) 강요《*on, upon*》. (2) 주장, 강조《*upon*》.

***in·sist·ent** [insístənt] *a.* (1) 강요하는 ; 끈질긴(persistent). (2) 〔敍述的〕주장하는, (…이라고) 고집세우는《*on, upon*》. (3) 주의를 끄는, 강렬한, 눈에 띄는, 뚜렷한《색·소리 등》. 파) **~·ly** *ad.* 끈덕지게, 끝까지.

in si·tu [in-sáitjuː] 《L.》 원장소에서〈로〉, 원위치에서〈로〉, 본래의 장소에서〈로〉.

in·so·bri·e·ty [ìnsəbráiəti] *n.* ⓤ 과음, 폭음(暴飮)(intemperance) ; 부절제.

in·so·far [ìnsoufáːr] *ad.* ***~ as 〈that〉*** …하는 한에 있어서는, …하는 한〈범위, 정도〉에 있어서(in so far).

in·so·la·tion [ìnsouléiʃən] n. ⓤ (1) 【醫】 일사병(sunstroke). (2) 햇빛에 쬠, 볕에 말림; 일광욕.

in·sole [ínsòul] *n.* ⓒ 구두의 안창(깔창).

***in·so·lence** [ínsələns] *n.* (1) ⓒ 오만한〈건방진〉 언동. (2) ⓤ 오만, 거만, 무례; (the ~) 건방지게도〈무례하게도〉 …하는 것《*to* do》.

***in·so·lent** [ínsələnt] *a.* 무례한(impudent), (말·태도 따위가) 거만한(arrogant), 거드럭거리는.
파) **~·ly** *ad.*

***in·sol·u·ble** [insáljubəl/-sɔ́l-] *a.* (1) 설명할 수 없는, 해결할 수 없는, 풀 수 없는. (2) 용해하지 않는, 불용해성의.
파) **-bly** *ad.*

in·solv·a·ble[insálvəbəl/-sɔ́l-] a. =INSOLUBLE

in·sol·ven·cy [insávənsi/-sɔ́l-] *n.* ⓤ 【法】 채무초과, (빚의) 반제(反濟)불능, 파산(상태).

in·sol·vent [insálvənt/-sɔ́l-] *a.* 파산한(bankrupt), 지급불능의. — *n.* ⓒ 지급불능자, 파산자.

in·som·nia [insámniə/-sɔ́m-] *n.* ⓤ 【醫】 불면증.
파) **-ni·ac** [-niæ̀k] *a.* 불면증의. — *n.* ⓒ 불면증 환자. — *a.* 불면증의

in·so·much [ìnsoumʌ́tʃ] *ad.* …만큼(to such a degree), …정도로, …만《*as* ; *that*》 ; …이므로〈하므로〉, …이니까(inasmuch)《*as*》.

:in·spect [inspékt] *vt.* (1) 검열〈사열〉하다, 시찰〈견학〉하다. (2)…을 (세밀히) 조사하다, 검사하다, 점검하다.

:in·spec·tion [inspékʃən] *n.* ⓤⓒ (1) (정식 공식의) 시찰, 검열. (2) (정밀)검사, 조사; 점검, (서류의) 열람. 파) **~·al** *a.*

:in·spec·tor [inspéktər] (*fem.* ***-tress***[-rris]) *n.* ⓒ (1) 경감(police ~). (2) 검사자〈관〉, 조사자〈관〉, 검열관, 시찰자; 장학사(school ~).

in·spec·tor·ate [inspéktərit] *n.* (1) ⓤⓒ spector의 직〈지위, 임기, 관할구역〉. (2) 〔集合的〕

검사관〈검열관〉 일행, 시찰단.

in·spec·tor·ship [inspéktərʃip] n. =INSPECTORATE(1).

:in·spi·ra·tion [ìnspəréiʃən] n. (1) ⓤ 고취, 고무, 격려; ⓒ 격려가 되는〈고무시키는〉 것〈사람〉. (2) ⓤ 인스피레이션, 영감(靈感) ; ⓒ 영감에 의한 착상 ; 《口》 (갑자기 떠오른) 신통한 생각, 명안. (3) ⓒ 암시, 시사; 감화. (4) ⓤ 【神學】 신의 감화력, 신령감응. (5) ⓤ 숨을 들이쉼; 들숨. 〖opp.〗 *expiration*.

in·spi·ra·tion·al [ìnspəréiʃənəl] a. (1) 고무하는 (2) 영감을 띤, 영감을 주는. 파) **~·ly** *ad.*

:in·spire [inspáiər] vt. (1) 《+目+前+명》(사상 감정 등)을 일어나게 하다, 느끼게 하다《*with*》. (2) 《~+目/+目+前+名/+目 + *to* do》(~)를 고무시켜 …하게 하다《*to*》 ; ~를 고무(鼓舞)〈격려〉하다, 발분시키다 ; ~를 고무시켜 …할 마음이 되게 하다. (3)《+目+前+名》(어떤 사상·감정 등)을 …에게 불어넣다, 고취하다《*in, into*》. (4)…에게 영감을 주다《※ 종종 과거분사로 형용사적으로 쓰임 ⇨ INSPIRED》.(5)…을 시사하다(suggest) ; (소문 따위)를 퍼뜨리다. (6) (어떤 결과)를 낳게 하다, 생기게 하다, 초래하다. (7)들이쉬다, 빨아들이다. — *vi.* 숨을 들이쉬다(inhale). ▫ inspiration. *n.*

in·spired [inspáiərd] a. (1) (어떤 권력자 소식통의) 뜻을 받든, 견해를 반영한《신문 기사 등》. (2) 영감을 받은; 영감에 의한; (발상 따위가) 참으로 멋진.

in·spir·ing [inspáiəriŋ] a. 감격시키는, 분발케 하는 ; 고무하는, 용기를 주는. 파) **~·ly** *ad.*

in·spir·it [inspírit] vt. 원기를 북돋우다, …을 분발시키다, 고무하다(encourage.).

Inst. Institution. **inst.** instant (이달의); Institute; instrument; instrumental.

in·sta·bil·i·ty [instəbíləti] n. ⓤ (1) (마음의) 불안정, 변하기 쉬움(inconstancy). ▫ unstable *a.* (2) 불안정(성) (insecurity) .

:in·stall [instɔ́:l] vt. 《~+目/+目+前+名》 (1) (정식으로) 취임시키다, (…에) 임명하다 (2) …을 설치하다, 놓다, 가설하다, 장치하다《*in*》. (3) …을 자리에 앉히다.
파) **~·er**[-ər] *n.* 설치자; 임명자.

***in·stal·la·tion** [ìnstəléiʃən] n. ⓤⓒ (1) 설치, 설비, 가설. (2) 임명, 임관, 취임(식). (3) (흔히 *pl.*) (설치된) 장치, 설비(furnishings). (4) 군사 시설기지〉.

:in·stall·ment, 《英》 **-stal-** [instɔ́:lmənt] n. ⓒ (1)(전집 연속 간행물 따위의) 1회분. (2) 할부(割賦)(의 일회분), 할부금. ***in*〈*by*〉 *~s*** 할부로 ; 몇 번에 나누어. — *a.* 할부 방식의.

installment plàn (the ~) 《美》 할부 판매법 (《英》 hire-purchase system).

·in·stance [ínstəns] n. (1) ⓒ 사실, 경우(case); 단계. (2) ⓒ 실례(example), 사례, 보기, 예증(illustration). ***at the ~ of*** …의 의뢰로 …의 제의〈발기〉로. ***for ~*** 예를 들면, ***in the first ~*** 우선 첫째로, ***in the last ~*** 최후로, 종심에서. ***in this ~*** 이 경우(에는).
— *vt.* (1)…을 예로 들다. (2)…을 예증하다(exemplify).

:in·stant [ínstənt] a. (1) 〔限定的〕 긴급한, 절박한 (urgent). (2) 즉시의, 즉각의(immediate). (3) 〔限定的〕당장의, 즉석(요리용)의
커피. (4)이달의(略: inst.). 【cf.】proximo, ultimo.
— *n.* (1)ⓒ 순간, (…할) 때, 즉시, 찰나(moment) ; 〔the ~ ; 接續詞的으로〕…하는 순간에; …하자마자《※ ~ 다음에 that을 수반하는 경우가 있음》. (2)ⓤ 인스턴트 식품〈음료〉. 《특히》인스턴트 커피. ***not for an ~*** 잠시도 …하지 않다. ***in an ~*** 즉시, 순식간에. ***this* 〈*that*〉 *~*** 지금 곧〈그때 바로〉.

***in·stan·ta·ne·ous** [ìnstəntéiniəs] a. 순간의, 즉시〈즉석〉의;동시에 일어나는, 동시적인. 파) **~·ly** *ad.* **~·ness** *n.*

ínstant bóok 인스턴트 북《1〕 사건발생 후 1주일 - 1개월 이내에 발행되는 속보성(速報性)이 중시 되는 책. 2〕 선집(選集)처럼 편집이 거의 필요치 않는 책.》.

ínstant càmera 인스턴트 카메라《촬영직후 카메라 안에서 인화되는 카메라》.

:in·stant·ly [ínstəntli] ad. 즉각, 당장에, 즉시 (immediately).
— *conj.* …하자마자(as soon as).

ínstant réplay 《TV》 (경기 장면을 슬로모션 등으로 재생하는) 비디오의 즉시재생(《英》action relpay).

in·state [instéit] vt. …를 (직(職)에) 취임시키다, 임명하다,서임(敍任)하다(install)《*in*》 ; 두다, 앉히다.

:in·stead [instéd] ad. 그보다도 ; 그 대신에. ***~ of*** …의 대신으로; …하지 않고, …하기는커녕.

in·step [ínstèp] n. ⓒ (1)(구두 양말 따위의) 발등에 해당하는 부분. (2)발등 《※ '손등'은 back of the hand》.

in·sti·gate [ínstəgèit] vt. 《~+目/+目+*to* do》 …을 부추기다, 조장하다, 선동하다(incite), 부추기어…시키다〈하게 하다〉 ; 선동하여(폭동 반란)을 일으키다. 파) **-ga·tor** [-ər] *n.* ⓒ 선동자, 교사자.

in·sti·ga·tion [ìnstəgéiʃən] n. (1) ⓒ 자극(이 되는 것), 유인(誘因): ***at*〈*by*〉 *the ~ of*** …에게서 부추김을 받아, …의 선동으로. (2) ⓤ 부추김 ; 선동, 교사.

***in·still, in·stil** [instíl] vt. (1) (방울방울) 떨어뜨리다 : 점적(點滴)하다. (2) 《~+目/+目+前+名》(사상 따위)를 스며들게 하다《*in* ; *into*》. 주입시키다, 서서히 가르치다(infuse).

in·stil·la·tion [ìnstəléiʃən] n. ⓤ (방울방울)떨어뜨림, 적하(滴下); (사상 따위를) 서서히 주입시킴(가르침) ; ⓒ 적하물(物).

:in·stinct[1] [ínstiŋkt] n. ⓤⓒ (1)천성, 천분《*for*》. (2)본능(natural impulse);(종종 pl.) 직관, 육감, 직감. ***act on ~*** 본능대로 행동하다. ***by*〈*from*〉 *~*** 본능적으로 ; 직감적으로.

in·stinct[2] [instíŋkt] a. 〔敍述的〕 가득찬, 차서 넘치는, …이 스며든《*with*》.

***in·stinc·tive** [instíŋktiv] a. 직감〈직각(直覺)〉적인, 본능적인; 천성의.
파) **~·ly** *ad.* 본능적으로, 직감적으로.

in·stinc·tu·al [instíŋktʃuəl] a. =INSTINCTIVE.

:in·sti·tute [ínstətjù:t] vt. (1) (조사 등)을 시작하다. (소송)을 제기하다. (2) (제도·습관)을 만들다, 세우다, 재정하다;(시설·공공기관 등)을 설립하다. (establish). (3)《+目+前+名》…를 임명하다, 취임시키다 (inaugurated) ; 【宗】 …에게 성직을 수여하다 《*to*;*into*》. ▫ institution *n.*
— *n.* ⓒ (1)(학술·미술 등의) 회(會), 협회, 학회 (society); rm 건물, 회관. (2) 연구소 ; (주로 이공계의 대학, 전문학교. (3) 《美》(단기의) 강습회〈강좌〉. (4)규칙, 관습, 관행, 원리.

:in·sti·tu·tion [ìnstətjú:ʃən] n. (1) ⓒ (확립된) 제도, 관례, 관습, 법령. (2) ⓒ (학술·사회적) 회, 학회, 협회, (공공) 시설, (공공) 기관〈단체〉; 그 건물.

(3) ⓒ《口》명물, 평판 있는 사람〈물건〉. (4) ⓤ (학회·협회 따위의) 설립; (법률 따위의) 제정, 설정.

***in·sti·tu·tion·al** [ìnstətjú:ʃənəl] *a.* (1) 공공〈자선〉 단체의〈같은〉 : 회(會)의, 협회의, 학회의. (2) 제도(상)의, 제도적인. (3)《美》(판매 증가보다는) 기업 이미지를 좋게 하기 위한.
파) **~•ism** *n.* 제도 존중주의.

in·sti·tu·tion·al·ize [ìnstətjú:ʃənəlàiz] *vt.* (1) (범죄자·정신병자 등)을 시설에 수용하다. (2)(관습 등)을 제도〈관행〉화하다.

:in·struct [instrʌ́kt] *vt.* (1)《+目+*to* do》…에게 지시하다, …에게 지령하다, …에게 명령하다(direct). (2)《~+目/+目+前+名》(~)를 가르치다, 교육〈교수〉하다(teach), 훈련하다. (3)《+目+that 節/+目+前+名》…에게 알리다, …에게 통지〈통고〉하다.(inform). (4)【컴】…에 명령하다. 파) **~·i·ble** *a.*

:in·struc·tion [instrʌ́kʃən] *n.* (1)(*pl.*) 지시, 지령, 훈령(directions), 명령. (2) ⓤ 훈련, 교수, 교육(education). (3)(pl.)(제품 따위의) 사용〈취급〉법 설명서. (4)ⓒ (*pl.*)【컴】명령(어).
파) **~·al** [-ʃənəl] *a.* 교육(상)의.

:in·struc·tive [instrʌ́ktiv] (***more ~ ; most ~***) *a.* 본받을 점이 많은, 교훈 〈교육〉적인, 도움이 되는, 계발적인. 파) **~·ly** *ad.* **~·ness** *n.*

:in·struc·tor [instrʌ́ktər] (*fem*, **-tress** [-tris]) *n.* ⓒ (1)《美》(대학의) 전임 강사. (2) 교사, 선생, 교관(teacher), 지도자《*in*》.

:in·stru·ment [ínstrəmənt] *n.* ⓒ (1) (비행기·배 따위의)계기(計器). (2) (실험·정밀 작업용의) 기계(器械), 기구(器具), 도구(human tool). (3)악기. (4)수단, 방편(means) : an ~ of study 연구의 수단. (5) (남의) 앞잡이, 도구, 로봇. (6)【法】법률 문서《계약서 증서 증권 따위》.

***in·stru·men·tal** [ìnstrəmént] *a.* (1)〔敍述的〕유효한, 수단이 되는, 쓸모 있는, 도움이 되는. (2) 기계(器械)의, 기계를 쓰는. (3)【樂】악기의, 기악의. 【cf.】vocal.
파) **~·ist** *n.* 기악가. 【cf.】vocalist.

in·stru·men·tal·i·ty [ìnstrəmentǽləti] *n.* (1)ⓒ a〕수단(means), 방편(이 되는 것). b〕(정부 따위의) 대행기관. (1) ⓤ 도움(helpfulness), ejrqns. ***by 〈through〉 the ~ of*** …에 의해, …의 힘을 빌려 …의 도움으로.

in·stru·men·tal·ly [ìnstrəméntəli] *ad.* (1) 악기로. (2) 기계(器械)로. (3) 수단으로서; 간접으로.

in·stru·men·ta·tion [ìnstrəmentéiʃən] *n.* ⓤ(1) (특정 목적의) 기계〈기구〉류. (2) 기계(器械)〈기구〉 사용〈실지〉, 세측기의 고안〈조립, 장비〉, 계장(計裝) : 과학〈공업〉 기계 연구. (3)【樂】기악 편성(법), 악기〈관현악〉법.

ínstrument bòard 〈pànel〉 (자동차 따위의) 계기판.

ínstrument flying (flight)【空】계기비행.

ínstrument lànding【空】계기 착륙.

in·sub·or·di·nate [ìnsəbɔ́:rdənit] *a.* 〈순종〉하지 않는, 고분고분 말을 듣지 않는, 반항하는.
— *n.* ⓒ 순종 않는 사람, 반항자. 파) **~·ly** *ad.*

in·sub·or·di·na·tion [ìnsəbɔ̀:rdənéiʃən] *n.* ⓤ 반항, 불순종, 반항 행위.

in·sub·stan·tial [ìnsəbstǽnʃəl] *a.* (1) 실질이 없는 ; 내용이 없는, 견고하지 않은, 단단치 못한. (2) 실체가 없는, 공허한, 상상의.

in·suf·fer·a·ble [insʌ́fərəbəl] *a.* (1) 건방진, 우울해 하는 신 바보. (2) (사람이) 견딜 수 없는, 참을 수 없는(intolerable) : their ~ insolence 참을 수 없는 그들의 오만함. 파) **-bly** *ad.*

in·suf·fi·cien·cy [ìnsəfíʃənsi] *n.* (1) ⓤ 부적당, 부적임(inadequacy). (2) ⓤ 불충분, 부족(lack): ~ of provisions 식량 부족. (3) ⓒ(종종*pl.*) 불충분한 점, 결점. (4) ⓤ【生】(심장 따위의) 기능 부전(不全).

***in·suf·fi·cient** [ìnsəfíʃənt] *a.* (1) 부적당한(inadequate), 능력이 없는 (2) 불충분한, 부족한.
파) **~ ·ly** *ad.*

***in·su·lar** [ínsələr, -sjə-] *a.* (1) 섬나라 근성(根性)의, 편협한(narrow-minded) ; 고립한, 외떨어진. (2) 섬의 ; 섬사람의 ; 섬 특유의.
파) **~ ·ism** *n.* ⓤ 섬나라 근성, 편협성. **in·su·lar·i·ty** [ìnsəlǽləti, -sjə-] *n.* ⓤ 섬(나라)임 : 고립 ; 섬나라 근성, 편협.

in·su·late [ínsəlèit, -sjə-] *vt.* (1)《~+目/+目+前+名》【電·物】절연〈단열, 방음〉하다; …을 (열 음으로부터) 차단하다《*from* ; *against*》. (2)《~+목/+目+前+名》…을 (…에서) 격리(隔離)하다, 고립시키다(isolate)《*from*》; …로부터 보호(保護)하다《*against*》.

ín su lat ing tàpe [ínsəlèitiŋ-, -sjə-] 절연 테이프.

in·su·la·tion [ìnsəléiʃən, -sjə-] *n.* ⓤ (1) (전기·열·소리 따위 전도의) 차단, 절연. (2) 격리 ; 고립. (3) 절연체, 절연물〈재(材)〉, 단열재, 애자.

in·su·la·tor [ínsəlèitər, -sjə-] *n.* ⓒ (1)【電·物】절연물, 애자(碍子). (2) 격리하는 사람〈것〉.. (3) (건물 따위의) 단열〈차음(遮音), 방음〉재.

in·su·lin [ínsəlin, -sjə-] *n.* ⓤ 인슐린《치료제 : 췌장에서 분비되는 단백질 호르몬》.

:in·sult [ínsʌlt] *n.* (1) ⓒ 모욕 행위, 무례한 짓. (2) ⓤ 모욕, 무례《*to*》. (3) ⓒ【醫】손상, 상해(의 원인); 발작. ***add ~ to injury*** 혼내 주고 모욕까지 하다.
— [-ˊ] *vt.* …을 모욕하다, 욕보이다, …에게 무례한 짓을 하다; 자존심을 해치다.

in·sult·ing [insʌ́ltiŋ] *a.* 무례한(insolent), 모욕적인.
파) **~ ·ly** *ad.*

in·su·per·a·ble [insú:pərəbəl] *a.* (1) (곤란·반대 등을) 이겨낼 수 없는, 극복할 수 없는. (2) 정복할 수 없는, 무적(無敵)의. 파) **-bly** *ad.* **in·s ù·per·a·bíl·i·ty** [-bíləti] *n.* ⓤ 이겨 내기 어려움.

in·sup·port·a·blc [ìnsəpɔ́:rtəbəl] *a.* (1) 지지할 수 없는, (충분한) 근거 없는. (2) 참을 수 없는, 견딜 수 없는(unbearable).
파) **-bly** *ad.* 견딜 수 없는 정도로.

in·sur·a·ble [inʃúərəbəl] *a.* 보험의 대상이 되는, 보험에 적합한, 보험(保險)에 들 수 있는.
파) **in·sùr·a·bíl·i·ty** [-bíləti] *n.*

:in·sur·ance [inʃúərəns] *n.* ⓤ 보험업 ; 보험 (계약). (2) 보험금(액); 보험료(premium); 보험 증서(~ policy). (3) (또는 an ~)보증; (실패 손실 등에 대한) 대비(對備), 보호《*against*》. ㅁ insure *v.*《※ assurance는《英》에서 많이 쓰이고,《美》에서는 insurance가 쓰임》. — *a.*〔限定的〕보험의.《英》보험 중개인.

insúrance pòlicy 보험 증서(증권).

insúrance prèmium 보험료.

in·sur·ant [inʃúərənt] *n.* ⓒ 피보험자 ; 보험 계약자.

:**in·sure** [inʃúər] *vt.* 《~+目/+目+前+名》 (1) (보험 계약자가) …에 보험을 들다, …의 보험 계약을 하다. (2) (보험 회사가) …의 보험을 계약하다, …의 보험을 인수하다〈맡다〉. (3) 《英》 = ENSURE. ㅁ insurance *n.*
in·sured [inʃúərd] *n.* (the ~) 피보험자, 보험 계약자, 보험금 수취인.
— *a.* 보험에 들어 있는(가입한).
in·sur·er [inʃúərər] *n.* ⓒ 보험업자(underwriter), 보험 회사 ; 보증인.
insur·gence, -gen·cy [insə́ːrdʒəns], [-i] *n.* ⓤⓒ 폭동, 모반, 반란 행위. =INSURGENCE.
in·sur·gent [insə́ːrdʒənt] *a.* 〔限定的〕 (1) 밀려 오는《파도 따위》. (2) 모반하는, 폭동을 일으킨, 반정부의. — *n.* ⓒ (*pl.*) (1)폭도, 반란자. (2) 《美》(당대의) 반대분자. 파) **~·ly** *ad.*
in·sur·mount·a·ble [ìnsərmáuntəbəl] *a.* 넘을 수 없는; 극복 할 수 없는, 이겨내기 어려운. 파) **-bly** *ad.* **~·ness** *n.* **ìn·sur-mòunt·a·bíl·i·ty** *n.*
*****in·sur·rec·tion** [ìnsərékʃən] *n.* ⓤⓒ 폭동, 반란, 봉기. 【cf.】 rebellion. 파) **~·al** *a.* **~·ist** *n.* 폭도, 반도(叛徒).
in·sus·cep·ti·ble [ìnsəséptəbəl] *a.* (1) (치료 따위를) 받아들이지 않는 ; …에 영향 받지 않는《*of* ; *to*》. (2) 무감각한, 무신경한, 느끼지 못하는 ; 동하지 않는《*of* ; *to*》 : a heart ~ *of*〈*to*〉 pity 동정을 모르는 마음〈사람〉. 파) **-bly** *ad.* **ìn·sus·cep·ti·bíl·i·ty** [-bíləti] *n.* ⓤ 무감각, 감수성이 없음.
int. inter; interest; interior; interjection; internal; international; intransitive.
in·tact [intǽkt] *a.* 〔敍述的〕 손대지 않은(untouched), 본래대로의, 완전한 ; 처녀의.
in·tagl·io [intǽljou, -tɑ́ːl-] (*pl.* **~s**) *n.* (1) ⓒ 새긴 무늬 ; (무늬를) 음각한 보석. 【cf.】cameo. (2) ⓤ 음각, 요조(凹彫). 『opp.』 *relief, relievo.* (3)ⓤ 【印】 요각(凹刻) 인쇄.
— *vt.* (무늬)를 새겨넣다, 음각하다.
*****in·take** [íntèik] *n.* (1) (*sing.*) 끌어들인 분량; 흡입〈섭취〉량 ; 통풍 구멍(『opp.』 *outlet.* (2) ⓒ (물·공기·연료 따위를) 받아들이는 입구(주둥이), 취수구(取本口). 『opp.』 *outlet.* (3)ⓒ (관(管)·양말 따위의) 잘록한 부분.
in·tan·gi·bil·i·ty [intæ̀ndʒəbíləti] *n.* ⓤ 만져서 알 수 없음, 손으로 만질 수 없음, 막연하여 파악할 수 없음, 불가해.
*****in·tan·gi·ble** [intǽndʒəbəl] *a.* (1) 무형의(insubstantial). (2)만질 수 없는, 만져서 알 수 없는(impalpable): 실체가 없는. (3)(막연하여) 파악하기 어려운, 불가해한, 막연한(vague). — *n.* ⓒ 만질 수 없는 것; 무정의 것〈재산〉.
파) **-bly** *ad.* 손으로 만질 수 없을 만큼 ; 파악하기 어렵게, 막연하여.
in·te·ger [íntidʒər] *n.* ⓒ (1) 【數】 정수(整數)(whole number). 【cf.】fraction. (2) 완전한 것, 완전체 (complete entity).
*****in·te·gral** [íntigrəl] *a.* 〔限定的〕 (1) 전체를 구성하는 데) 빠뜨릴 수 없는, 필수의(essential); 구성 요소로서의. (2) 완전한(entire), 완전체의; 빠진 것이 없는. (3) 【數】 정수(整數)의 【cf.】 fractional., 적분(積分)의. 【cf.】 differential.
— *n.* ⓒ (1)전체. (1)【數】 적분.
파) **in·te·gral·i·ty** [ìntəgrǽləti] *n.* 완전, 불가결성, 절대 필요성. **~·ly** *ad.*
íntegral cálculus 【數】 적분학.
in·te·grate [íntəgrèit] *vt.* (1)(면적·온도 등)의 합계〈평균치〉를 나타내다 ; 【數】 적분하다. (2) (각 부분을 전체)에 통합하다(unify)《*in* ; *with*》; 융합하다; 조화시키다; 완전하게 하다. (3) (학교·공공 시설 등)에서의 인종〈종교〉적 차별이 폐지하다. 【cf.】 segregate
— *vi.* 인종〈종교〉적 차별이 없어지다, 융합하다. — [-grit] *a.* 각 부분이 다 갖추어진, 완전한.
in·te·grat·ed [íngətrèitid] *a.* (1) 【心】 (인격이) 통합〈융화〉된. (2) 통합된 ; 완전한, 합성된, 일관 생산의. (3) 인종적〈종교적〉 차별이 없는.
íntegrated círcuit 【電子】 집적 회로(集積回 路)《略 : IC》.
íntegrated dáta pròcessing 【컴】 통합 자료 처리 《略 : IDP》.
*****in·te·gra·tion** [ìntəgréiʃən] *n.* ⓤ (1) 【數】 적분법. 【cf.】 differentiation. (2) 통합 ; 완성, 집성. (3) (학교 등에서의) 인종〈종교〉 차별 폐지.【cf.】segregation 파) **~·al** *a.*
in·te·gra·tion·ist [ìntəgréiʃənist] *n.* ⓒ 인종〈종교〉 차별 폐지론자. — *a.* 인종 차별 폐지의.
*****in·teg·ri·ty** [intégrəti] *n.* ⓤ (1) 완전, 무결(의 상태). (2)성실, 정직(honesty), 고결(uprightness). 청렴: a man of ~ 성실한사람. (3) 【컴】 보전.
in·teg·u·ment [intégjəmənt] *n.* ⓒ (1) 껍데기. (2) 【生】 외피(外皮), 포피(包皮).
in·teg·u·men·ta·ry [intègjəméntəri] *a.* 《특히》피부의, 외피〈포피〉의.
:**in·tel·lect** [íntəlèkt] *n.* (1) ⓒ (the ~(s))〔單數形으로는 集合的〕식자(識者), 지식인, 인텔리. (2) ⓤ 지력(知力), 지성, 이지, 지능.
:**in·tel·lec·tu·al** [ìntəléktʃuəl] (***more ~ ; most ~***) *a.* (1)지능적인, 지능〈지력〉을 요하는, 지력이 발달한, 두뇌를 쓰는. (2) 지적인, 지력의. (3) 지력이 뛰어난, 이지적인. ㅁ intellect *n.*
— *n.* ⓒ 지식인, 인텔리.
파) **~·ly** *ad.*
in·tel·lec·tu·al·i·ty [ìntəlèktʃuǽləti] *n.* ⓤ 지능, 지성, 지력, 총명.
in·tel·lec·tu·al·ize [ìntəléktʃuəlàiz] *vt.* 지성적으로 처리〈분석〉하다 ; …을 지적으로 하다. — *vi.* 지적으로 되다; 이지적으로 생각하다, 사색하다.
inteliéctual próperty 지적 재산권(=intell ctual pr perty right), 지적 재산.
*****in·tel·li·gence** [intélədʒəns] *n.* ⓤ (1) 정보, 보도, (특히 군사에 관한 기밀적인) 첩보; 첩보 기관, (비밀)정보부. ※ information은 정보의 제공으로 인한 service의 뜻이 강하고 Intelligence는 반드시 남에게 전하지 않아도 좋음. (2) 지성, 이지 ; 이해력, 사고력, 지능; 지혜, 총명. (3) (종종 I-) 지성적 존재, 영혼; 천사. ***the Supreme Intelligence*** 신(神).
intélligence bùreau ‹depàrtment› (특히 군의) 정보국, 정보부.
intélligence quòtient 【心】 지능 지수를《略: IQ, I.Q.】.
intélligence tèst 【心】 지능 검사.
:**in·tell·gent** [intélədʒənt] (***more ~ ; most ~***) *a.* (1)이해력이 뛰어난, 이성적인, 영리한. (2) 지적인, 지성을 갖춘, 지능이 있는. (3) 【컴】 정보 처리 기능이 있는, 집중 컴퓨터로 관리되는. 파) **~·ly** *ad.*
intélligent compúter 인공 지능 컴퓨터.
intélligent prínter 【컴】 지능 프린터.
intélligent róbot 지능 로봇.

intélligent términal 【컴】 지능 단말기.

in·tel·li·gi·bil·i·ty [intèlədʒəbíləti] *n.* ⓤ 명료한, 알기 쉬움 ; 가해성(可解性), 이해할 수 있음.

***in·tel·li·gi·ble** [intélədʒəbəl] *a.* 알기 쉬운, 이해할 수 있는, 명료한, 지성적인. 【cf.】 sensible. 파) **-bly** *ad.* 알기 쉽게, 명료하게. ~ ness n.

In·tel·post [íntelpòust] *n.* ⓒ 《英》 인텔포스트《1) 영국 국내전자 우편 2)Intelsat을 통한 국제 전자 우편.》.

***In·tel·sat** [íntelsæ̀t] *n.* 국제 상업 통신 위성 기구, 인텔셋, 인텔샛; ⓒ 인텔셋의 통신 위성(Intelsat). 〔◁ International Telecommunications Satellite Consortium〕

in·tem·per·ance [intémpərəns] *n.* ⓤ (1) 폭주(暴酒), 폭음. (2) 무절제, 방종; 과도(excess).

in·tem·per·ate [intémpərit] *a.* (1) 폭음 폭식의; 《특히》 술에 빠지는. (2) 무절제한, 과도한. 파) **~ly** *ad.*

:**in·tend** [inténd] *vt.* (1) 《~+目/+*to* do》의도하다, 기도하다, 고의로하다.
(2) 《+-ing/+to do/+that節/+목+*to* do》 …할 작정이다, …하려고 생각하다.
(3) 《+目+前+名/+目+*to* be補/+目+*as*補》 (어떤 목적)에 쓰려고 하다, 예정하다, …으로 만들려고 하다.
(4) 《~+目/+目+前+名》 …의 뜻으로 말하다, 의미하다(mean), (…을 목표로) (말)하다《*for*》 ; 【法】 해석하다. ㅁ intention, intent *n.*

in·tend·ant [inténdənt] *n.* ⓒ 관리자, 감독관.

***in·tend·ed** [inténdid] *a.* (1) 《口》 약혼한, 약혼자의. — *n.* (one's) 《口》약혼자. (2) 기도〈의도〉된, 고의의 ; 예정된, 소기의. 파) **~·ly** *ad.* **~·ness** *n.*

:**in·tense** [inténs] (***-tes·er*** ; ***-tens·est***) *a.* (1)격정적인, 열정적인; 강렬한, 극단적인.(2)(빛·온도 따위가) 강한, 격렬한, 심한, 맹렬한. (3) 일사 불란한, 온 신경을 집중한, 열심인, 열띤. ㅁ intensity, intention *n.*
파) **~·ly** *ad.* **~·ness** *n.*

in·ten·si·fi·ca·tion [intènsəfikéiʃən] *n.* ⓤ 강화 ; 격화, 증대.

in·ten·si·fi·er [inténsəfàiər] *n.* ⓒ (1) 【文法】 강의어. (2) 격렬하게〈세게〉 하는 것, 증강〈증배〉(增倍)〉 장치.

***in·ten·si·fy** [inténsəfài] *vt.* …의 도를 더하다, 증강〈증배〉하다 ; …을 격렬〈강렬〉하게 하다. — *vi.* 강렬〈격렬〉하게 되다, 세게하다, 보력하다.

in·ten·sion [inténʃən] *n.* ⓤ (1)(마음의) 긴장, (정신의)김중, 결의의 난난함. (2)세기, 강도; 강화, 증강. (3) 【論】 내포(內包)(connotation). 〖opp.〗 *extension.*
파) **~·al** *a.* 내포〈내재〉적인. **~·al·ly** *ad.*

:**in·ten·si·ty** [inténsəti] *n.* ⓤ (1) 【物】 세기, 강도(strength) ; 농도. (2) 강렬, 격렬 : 열렬. ㅁ intension *a.*

***in·ten·sive** [inténsiv] *a.* (1) 〔명사 다음에 하이픈을 붙이고 複合語를 만들어〕 …집중적인 (2) 강한, 격렬한; 집중적인, 철저한. 〖opp.〗 *extensive.* (3) 【文法】 강의(强意)의. (4) 【論】 내포적인. (5) 【經·農】 집약적인.
— *n.* ⓒ 【文法】 강의어《예컨대, very, awfully 따위》. 파) **~·ly** *ad.* **~·ness** *n.*

inténsive cáre 【醫】(중증(重症)) 환자에 대한) 집중 치료.

:**in·tent** [intént] *n.* ⓤ 〔보통 관사 없이〕목적, 의향(intention), 의지, 의도, 기도, 계획. ***to*〈*for*〉 *all ~s and purposes*** 어느 점으로 보나, 사실상. ***with good*** 〈***evil, malicious***〉 ~ 선의〈악의〉로써.
— (***more ~ ; most ~***) *a.* (1) (시선 주의 따위가) 집중된. (2) 〔敍述的〕 전념하고 있는, (…에) 여념이 없는(bent), 열중해 있는《*on*》; 열망하고 있는. (3)열심인. ㅁ intend *v.* 파) ***~·ly** *ad.* 열심히, 일사 불란하게, 오로지.

:**in·ten·tion** [inténʃən] *n.* (1) ⓒ 의도하는 것, 목적. (2) ⓤ 의향, 의지, 목적 ; 의도《*of*》. (3) (*pl.*) 《口》결혼할 뜻. ***by ~*** 고의로. ***have no ~ of*** do***ing*** …하려고 하는 의지가 없다. ***without ~*** 무심히. ***with good ~s*** 성의를 가지고

***in·ten·tion·al** [inténʃənəl] *a.* 고의의, 계획적인. 【cf.】 accidental. 파) **~·ly** *ad.* 계획적으로, 고의로.

in·ten·tioned [inténʃənd] *a.* 〔종종 複合語를 만들어〕 …할 작정인.

inter- *pref.* '중(中), 간(間), 상호'의 뜻: *inter*-lay ; *interact.*

in·ter·act [ìntərǽkt] *vi.* 서로 영향을 끼치다《*with*》, …와 상호 작용하다.

in·ter·ac·tion [ìntərǽkʃən] *n.* ⓤⓒ (1) 【컴】 대화. (2) 상호 작용 〈영향〉, 교호(交互) 《*between* ; *with*》. 파) **~·al** *a.*

in·ter·ac·tive [ìntərǽktiv] *a.* (1)【컴】대화식의. (2)상호작용하는, 서로 영향을 미치는. 파) **~·ly** *ad.*

interáctive vídeo 쌍방향 TV〈비디오〉.

in·ter·alia [ìntər-éiliə] 《L.》 특히, 그 중에서도.

in·ter·breed [ìntərbríːd] *vi.* 잡종을 만들다 ; 이종 교배시키다, 잡종 번식을 하다.
—*vt.* (동식물)을 이종 교배(異種交配)시키다.

in·ter·ca·lary [intə́ːrkəlèri, ìntərkǽləri] *a.* (1)사이에 삽입한〈된〉. (2) 윤일〈윤달, 윤년〉의.

in·ter·ca·late [intə́ːrkəlèit] *vt.* (1) 사이에 끼어넣다, 삽입하다(insert). (2) (윤일 윤달)을 역(曆)에 넣다.

in·ter·cede [ìntərsíːd] *vi.* 《+前+名》조정하다《*with*》, 중재하다.

in·ter·cel·lu·lar [ìntərséljələr] *a.* 세포 사이의〈에 있는〉 파) **~·ly** *ad.*

***in·ter·cept** [ìntərsépt] *vt.* (1) (빛·물 따위)를 가로막다 ; 차단〈저지〉하다. (2) …을 도중에서 빼앗다〈붙잡다〉, 가로채다. (3) (통신)을 엿듣다. (4) 【競】 인터셉트하다. (5) 【軍】(적기)를 요격하다. — [ˊ-ˋ] *n.* ⓒ (1) 차단, 방해(interception). (2) 【競】 인터셉트.

in·ter·cep·tion [ìntərsépʃən] *n.* ⓤⓒ (1) 차단 ; 방해. (2)도중에서 빼앗음〈붙잡음〉 ; 가로챔. (3)【軍】 요격, 저지. (4) 【通信】 방수(傍受). (5) 【競】 인터셉션.

in·ter·cep·tive [ìntərséptiv] *a.* 방해하는, 가로막는.

in·ter·cep·tor, -cept·er [ìntərséptər] *n.* ⓒ (1) 【軍】 요격기. (2) 가로채는〈저지하는, 가로막는〉 사람〈것〉.

in·ter·ces·sion [ìntərséʃən] *n.* ⓤⓒ (1) (남을 위한) 기원 (2) 중재, 조정, 알선《*with* ; *in*》. ㅁ intercede *v.*

in·ter·ces·sor [ìntərsésər, ˊ-ˋ-] *n.* ⓒ 조정자, 중재자, 알선자. 파) **in·ter·ces·so·ry** [-sésəri] *a.* 중 재 〈조정〉의.

***in·ter·change** [ìntərtʃéindʒ] *vt.* 《~+目/+目+前+名》 (1) …을 교채〈대체〉 시키다《*with*》; 번갈아 일

어나게 하다. (2) …을 서로 교환하다, 주고받다, 바꾸다. — *vi.* (1)교체하다. (2)번갈아 일어나다. — [ㅅ-ㅅ/ㅅ-ㅅ] *n.* (1) ⓒⓤ 상호 교환, 주고받기 ; 교체. (2) ⓒ (고속도로의) 입체 교차(交叉)(점), 인터체인지.

in·ter·change·a·bil·i·ty [ìntərtʃèindʒəbíləti] *n.* ⓤ 가능성, 교환〈교체〉 호환성.

in·ter·change·a·ble [ìntərtʃéindʒəbəl] *a.* 바꿀 수 있는, 교환할 수 있는 ; 교체할 수 있는; 호환성이 있는.

파) **-bly** *ad.* ~ **·ness** *n.*

in·ter·city [ìntərsíti] *a.*〔限定的〕(교통 등이) 도시 사이의〈를 연결하는〉.

in·ter·col·le·gi·ate [ìntərkəlíːdʒiit] *a.* 대학 연합〈대항〉의, 대학간의《※ 중·고교의 경우에는 interscholastic 이라고 말함》.

in·ter·com [íntərkàm/-kɔ̀m-] *n.* 《口》= INTERCOMMUNICATION SYSTEM.

in·ter·com·mu·ni·cate [ìntərkəmjúːnəkèit] *vi.* (1)(방 따위가) 서로 통하다《*with*》. (2) 서로 왕래〈연락〉하다 《*with*》.

in·ter·com·mu·ni·ca·tion [ìntərkəmjùːnəkéiʃən] n. ⓤ 교제, 상호의 교통, 상호 연락《*between* ; *with*》 : 교통로.

intercommunicátion sỳstem (배·비행 기 사무실 따위의) 인터콤(intercom), 인터폰, 내부 통화 장치.

in·ter·com·mun·ion [ìntərkəmjúːnjən] *n.* ⓤ 친교, 상호 교제〈연락〉.

in·ter·con·nect [ìntərkənékt] *vt., vi.* (여러 대의 전화를) 한 선에 연결하다 ; 서로 연락 〈연결〉시키다〈하다〉.

in·ter·con·ti·nen·tal [ìntərkàntənéntl/-kɔ̀n-] *a.* 대륙을 잇는, 대륙간의《略 : ICBM, I.C.B.M.》.

in·ter·cos·tal [ìntərkástl/-kɔ́s-] *a.* 《海》 늑간(肋間)의. 파) ~ **·ly** ad.

:**in·ter·course** [íntərkɔ̀ːrs] *n.* ⓤ (1) (신과 사람과의) 영적 교통. (2) 교제, 교섭, 왕래. (3) 성교 (sexual ~), 육체 관계. ***have* 〈*hold*〉 ~ *with*** …와 교제하다.《※ 오늘날은 흔히 '성교(性交)'를 암시하므로 사용에 주의》.

in·ter·cul·tur·al [ìntəriʌ́ltʃərəl] *a.* 이종(異種) 문화간의. 파) ~ **·ly** *ad.*

in·ter·de·nom·i·na·tion·al [ìntərdinàmənéiʃənəl/-nɔ̀m-] *a.* 각 종파간의.

in·ter·de·part·men·tal [ìntərdipàːrtméntl] *a.* 각 부처간의 ; (특히 교육 기관의) 각 과〈학부〉 사이의.

in·ter·de·pend [ìntərdipénd] *vi* 서로 상호의존하다.

in·ter·de·pend·ence, -en·cy [ìntərdipéndəns], [-si] *n.* ⓤ 상호 의존(성)《*of* ; *between*》.

in·ter·de·pend·ent [ìntərdipéndənt] *a.* 서로 돕는, 서로 의존하는.파) ~ **·ly** *ad.*

in·ter·dict [ìntərdíkt] *vt.* (1) (폭격·포격 따위로 적의 보급·통신 시설 등)을 차단하다, 방해하다 ; (적의 진격)을 제지 하다. (2) 《~+目/+目+前+名》 …을 금지하다, 막다, 제지하다. 【cf.】 forbid. — [ㅅ-ㅅ] n. ⓒ (1)금지, 금령, 금제. (2)【카톨릭】 성무(聖務) 정지.

in·ter·dic·tion [ìnərdíkʃən] *n.* ⓤⓒ 금제(禁制), 금지, 정지 명령.

in·ter·dis·ci·pli·nary [ìntərdísəplənèri] *a.* 이분야(異分野) 제휴의; 둘(이상)의 학문 분야에 걸치는.

:**in·ter·est** [íntərist] n. (1) ⓒ 관심사, 흥미의 대상, 취미. (2) ⓤⓒ 관심, 흥미, 감흥, 흥취《*in*》. (3) ⓤ 흥미를 돋우는 힘, 재미. 흥취(興趣)《*to*》. (4) ⓤ 중요성, 중대함《*to*》. (5) (종종 *pl.*) 이익; 이해 관계; 사리(私利). (6) ⓤ 권리, 소유권; 주(株). (7) ⓒ 〔集合的〕…사업 관계자, … 파, …측; 실업계〈재계〉의 실력자 그룹, 대기업. (8) ⓤ 이자, 이율 ; 【比】 덤, 나머지 : at 5% ~, 5푼 이자로. ***buy an ~ in*** …의 주를 사다, …의 주주가 되다. ***declare an*** 〈one'***s***〉 ~ (바람직스럽지 않은, 특히 금전적인) 일에의 관여를 자인하다. ***in the ~(s) of*** …을 위하여. ***know*** one'***s own ~*** 사리(私利)에 이악하다〈빈틈이 없다〉. ***look after*** one'***s own ~s*** 자기의 이익을 도모하다. ***with ~*** 1〕흥미를 가지고. 2〕 이자를 붙여서.

— [íntərèst] *vt.* (1) 《~+目/+目+前+名》 …에 흥미를 일으키게〈갖게〉 하다, …의 관심을 끌다. (2)《+目+前+名》…을 관계시키다, 관여시키다; 끌어넣다, 말려들게 하다《사건·사업 따위에》. ~ one***self in*** 1〕…에 관계하다, 진력하다. 2〕…에 흥미를〈관심을〉 갖다.

:**in·ter·est·ed** [íntəristid, -trəst-, -tərèst-] (***more ~ ; most ~***) *a.* (1) (이해) 관계가 있는, 관여하고 있는. (2) 흥미를 가지고 있는, 흥겨워하는, 호기심이 생기게 된. (3) 사심(私心)에 쏠린, 불순한, 편견이 있는; 타산적인. 파) ~ **·ly** *ad.* 흥미를 갖고 ; 사정(私情)에 얽혀.

ínterest gròup 이익 공동체〈집단, 단체〉.

:**in·ter·est·ing** [íntəristiŋ, -trəst-, -tərèst-] (***more ~ ; most ~***) *a.* 재미있는, 흥미있는, (아무에게) 흥미를 일으키게 하는. 파) ~ **·ly** *ad.*

ínterest ràte 금리, 이율(利率).

in·ter·face [íntərfèis] *n.* ⓒ (1) 공통 문제〈사항〉. (2) (양자 간의) 경계면, 접점. (3) 【컴】 인터페이스, 사이틀.

— *vt. vi.* …을 (…에) 잇다 ; (순조롭게)조화〈협력〉시키다 ; 【컴】 (…와) 사이틀〈인터페이스〉로 접속하다《*with* ; *to*》.

in·ter·fac·ing [íntərfèisiŋ] *n.* ⓤ (옷감 등의) 심지.

in·ter·faith [ìntərféiθ] *a.* 〔限定的〕 이교파〈교도〉간의.

:**in·ter·fere** [ìntərfíər] *vi.* (1) 《~/+前+名》훼방놓다, 방해하다 ; 저촉하다; 해(害)치다《*with*》. (2) 《~/+前+名》 간섭하다, 말참견하다《*in*》. (3) (남의 물건을)마음대로 만지작거리다《with》. (4) 《~/+前+名》 중재〈조정〉하다. (5) 【球技】 (불법으로) 방해하다. ㅁ interference n. 파) **-fer·er** *n.*

***in·ter·fer·ence** [ìntərfíərəns] *n.* ⓤ (1) 【物】(광파·음파·전파 따위의) 간섭, 상쇄. (2) 간섭 ; 참견; 방해, 훼방. (3) 【無電】 혼신. (4)【球技】 방해.

in·ter·fe·ron [ìntərfíərən] *n.* ⓤⓒ 【生化】 인터페론 《바이러스 증식 억제 물질》.

in·ter·fuse [ìntərfjúːz] *vt.* 배어들게 하다 ; 침윤케 하다, …을 혼입〈침투〉시키다. — *vi* 혼합하다 ; 침투하다. 파) **-fú·sion** [-ʒən] *n.* ⓤ 혼합 ; 혼입 ; 침투.

in·ter·gla·cial [ìntərgléiʃəl] *a.* 【地質】 간빙기의, (두)빙하 시대 중간의.

in·ter·gov·ern·men·tal [ìntərgʌ̀vərnméntl] *a.* 정부간의.

***in·ter·im** [íntərim] *a.*〔限定的〕 임시의, 가(假), 잠정의 ; 중간의.

— *n.* (the ~) 중간 시기, 한동안, 잠시. ***in the ~*** 당분간, 그 동안, 그 사이에.

:**in·te·ri·or** [intíəriər] (***more ~ ; most ~***) *a.* 〔限定的〕 (1) 오지(奧地)의, 내륙의, 해안〈국경(國境)〉에서 먼. (2) 안의, 안쪽의, 내부의, 속의. 【opp.】

exterior. (3) 내국의, 국내의. 〖opp.〗 *foreign*. (4)내적인, 정신적인 ; 내밀한, 비밀의; 개인적인. — *n*. (1) (the ~) 안쪽, 내부. (2)(the ~) 오지, 내륙. (3) (the ~) 내정, 내무. (4) ⓒ 옥내, 실내; **[美術]** 실내도〈사진〉; 실내 장면〈세트〉. (5) (the ~) 내심, 본성. ***the Department*** 〈***Secretary***〉 ***of the Interior*** 《美》내무부〈장관〉(《英》Home Office〈Secretary〉. 파) **~·ly** *ad*.

intérior decorátion 〈**design**〉 실내장식.

intérior mónologue **[文]** 내적 독백《'의식의 흐름'의 수법에 씀》.

in·te·ri·or-sprung [intíəriərsprʌ̀ŋ] *a*. 《英》= INNERSPRING.

in·ter·ject [ìntərdʒékt] *vt*., *vi*. (말 따위를)불쑥하다, 한마디 던지다, 사이에 끼우다.

***in·ter·jec·tion** [ìntərdʒékʃən] *n*. (1) ⓒ **[文法]** 간투사, 감탄사. (2) ⓤⓒ 불쑥 외침, 갑자기 지르는 소리, 또 그 외치는 소리; 감탄.

in·ter·jec·tion·al [ìntərdʒékʃənəl] *a*. 간투사〈감탄사〉의. 파) **~·ly** [-əli] *ad*.

in·ter·jec·to·ry [ìntərdʒéktəri] *a*. 갑자기 삽입한 ; 감탄사적인.

in·ter·lace [ìntərléis] *vt*. 《~+目/+目+前+名》 짜맞추다 ; …을 섞어 짜다 ; 얽히게 하다.
— *vi*. 섞이다, 섞어 짜다, 얽히다.

in·ter·lard [ìntərlá:rd] *vt*. 《+目+前+名》《戱》(이야기·문장 등에) …을 섞다《*with*》.

in·ter·leaf [íntərlì:f] (*pl*. ***-leaves***) *n*. ⓒ (책 따위의) 간지(間紙), 삽입(백)지, 속장.

in·ter·leave [ìntərlí:v] *vt*. 《~+目/+目+前+名》 삽입하다 ; (책 따위의) 사이에 (흰) 종이를 끼우다《*with*》.

in·ter·line[1] [ìntərláin] *vt*. 《~+目/+目+前+名》 (글자 따위)를 행간에 써 넣다〈인쇄하다〉, 적어 넣다.

in·ter·line[2] *vt*. 심 (心)을 넣다《옷의 거죽과 안 사이에》.

in·ter·lin·e·ar [ìntərlíniər] *a*. 행간에 쓴〈인쇄한〉 ; 행간의.

in·ter·link [ìntərlíŋk] *vt*. 연결하다, …을 이어 붙이다.

in·ter·lock [ìntərlák/-lɔ́k] *vi*. 연결하다, 맞물리다. — *vt*. …을 맞물리게 하다, 연결하다. ***an ~ing signal*** **[鐵]** 연동 신호(기), 연쇄 신호.
— [ˊ-ˋ] *n*. (1) ⓤ 연결, 연동. (2) ⓒ 연동 장치.

in·ter·lo·cu·tion [ìntərləkjú:ʃən] *n*. ⓤⓒ 회담, 대화, 문답(dialogue).

in·ter·loc·u·tor [ìntərlákjətər/-lɔ́k-] (*fem*. ***-tress*** [-tris], ***-trice*** [-tris], ***-trix*** [-triks]) *n*. ⓒ 회담자, 대화〈대담〉자, 흑인 연주단의 사회자.

in·ter·loc·u·to·ry [ìntərlákjətɔ̀:ri/-lɔ́kjətəri] *a*. 문답체의, 대화(체)의, 대화 중에 삽입하는.

in·ter·lope [ìntərlóup] *vi*. (1) 남의 인권을 침해하다; 침입하다. (2) 남의 일에 간섭하다, 중뿔나게 나서다. 파) **ín·ter·lòp·er** *n*.

***in·ter·lude** [íntərlù:d] *n*. ⓒ (1) 막간의 주악, 간주곡, 짬. (2) 동안, 중간참 : (두 사건) 중간에 생긴 일. (3) 막간, 쉬는 참(interval); 막간 희극〈촌극〉.

in·ter·mar·riage [ìntərmǽridʒ] *n*. ⓤ (1) 근친〈혈족〉 결혼. (2) 다른 종족·계급·종교인 사이의 결혼 《특히 백인과 흑인, 기독교인과 비기독교인 사이의》.

in·ter·mar·ry [ìntərmǽri] *vi*. (1) 근친 결혼하다. (2) (이종족·이교도 사이에) 결혼하다《*with*》.

in·ter·med·dle [ìntərmédl] *vi*. 주제넘게〈중뿔나게〉 나서다, 간섭〈참견〉하다《*in* ; *with*》.

in·ter·me·di·ary [ìntərmí:dièri] *a*. 중개의, 매개의 ; 중간의. — *n*. ⓒ 〔一般的〕중개자, 조정자 , 매개.

***in·ter·me·di·ate** [ìntərmí:diit] *a*. 중간의, 개재하는.
— *n*. ⓒ (1) 《美》중형차(車). (2) 중간물
— [ìntərmí:dièit] *vi*. 중개하다, 사이에 들다(intervene); 조정하다《*between*》. 파) **~·ly** *ad*.

in·ter·ment [intə́:rmənt] *n*. ⓤⓒ 토장(土葬)(burial), 매장.

in·ter·mez·zo [ìntərmétsou, -médzou] (*pl*. ***~s***, ***-mez·zi*** [-tsi:, -dzi:]) *n*. ⓒ (1) **[樂]** 간주곡. (2) (극·가극 따위의) 막간 연예, 막간극.

***in·ter·mi·na·ble** [intə́:rmənəbəl] *a*. 지루하게 긴 《설교 등》. 파) **-bly** *ad*.

***in·ter·min·gle** [ìntərmíŋgəl] *vi*. 《~/+前+名》 섞이다 ; 혼합되다《*with*》. — *vt*. 《~+目/+目+前+名》 …을 혼합하다, 섞다《*with*》.

in·ter·mis·sion** [ìntərmíʃən] *n*. ⓤⓒ (1) (연극·음악회 따위의) 휴게시간(《英》interval). (2)휴지, 중단. ***without ~ 간단없이, 끊임없이.

in·ter·mit [ìntərmít] (***-tt-***) *vi*., *vt*. 중단〈중절〉되다〈시키다〉(suspend), 일시 멈추다 ; **[醫]**(신열 따위가) 단속하다 ; (맥박이) 결체(結滯)하다.

in·ter·mit·tence [ìntərmítəns] *n*. ⓤ 단속; 중단

in·ter·mit·tent [ìntərmítənt] *a*. 간헐적인, 단속하는, 때때로 중단되는. 파) **~·ly** *ad*.

in·ter·mix [ìntərmíks] *vt*., *vi*. 섞(이)다, 혼합하다.
파) **~·ture** [-tʃər] *n*. ⓤ 혼합 ; ⓒ 혼합물.

in·tern[1] [intə́:rn] *vt*. (위험 인물 등)을 강제 수용〈격리〉하다; …을 억류〈구금〉하다《*in*》《교전국의 포로·선박·국민 등을》. — [ˊ-] *n*. ⓒ 피억류자 (internee).

in·tern[2] [íntə:rn] *n*. ⓒ (1)=STUDENT TEACHER. (2)《美》인턴, 수련의(醫)(interne).
— *vi*. 인턴으로 근무하다.

:in·ter·nal [intə́:rnl] *a*. (1) 내면적인, 정신적인, 본질적인. (2) 내부의, 안의(〖opp.〗 *external*); **[解]** 체내의. (3) 국내의, 내국의.
— *n*. (1) ⓒ (사물의) 본질. (2) (*pl*.) 내장, 창자.
파) **~·ly** *ad*. 내부에, 내면적으로, 심적으로, 국내에서.

in·ter·nal-com·bus·tion [intə́:rnəlkəmbʌ́stʃən] *a*. **[機]** 내연의.

in·ter·nal·ize [intə́:rnəlàiz] *vt*. 《특히》 (타집단의 가치관·사상 따위)를 받아들여 자기의 것으로 하다; (사상 따위)를 내면화〈주관화〉하다.
파) **in·tèr·nal·i·zá·tion** *n*. 내면화.

intérnal révenue (the ~) 《美》내국세 수입.

Intérnal Révenue Sèrvice (the ~)《美》 국세청《略 : IRS》.

intérnal stórage **[컴]** 내부 기억 장치.

:in·ter·na·tion·al [ìntərnǽʃənəl] (***more ~*** ; ***most ~***) *a*. 국제적인, 국제(상)의, 만국의.— *n*. ⓒ (1)국제 경기 출전자 ; 국제 경기. (2)(종I-) 국제 노동 운동 기관. (I-) 국제 노동자 동맹, 인터내셔널 (International Workingmen's Association). ㅁ internationalize *v*.
파) **~·ly** [-əli] *ad*. 국제간에, 국제적으로.

Internátional Áir Trànsport Associ·àtion (the ~) 국제 항공 운송 협회《略: IATA》.

Internátional Atómic Énergy Àgency (the ~) 국제 원자력 기구《略:IAEA》.
Internátional Bánk for Reconstrúction and Devélopment (the ~) 국제 부흥 개발 은행《略 : I.B.R.D.; 속칭 World Bank》.
Internátional Cívil Aviátion Organizàtion (the ~) (유엔의) 국제 민간 항공 기구 《略 : ICAO》.
Internátional Commíttee of the Réd Cróss (the ~) 적십자(赤十字) 국제 위원회《略 : ICRC》.
internátional cópyright 국제 저작권.
Internátional Cóurt of Jústice (the ~) 국제사법 재판소《略 : IDJ》.
Internátional dáte lìne (the ~)(국제) 날짜 변경선(date line)《略 : IDL》.
In·ter·na·tio·nale [ìntərnæ̀ʃənǽl, -nɑ́:l] *n.*《F.》(the ~) 인터내셔널의 노래《공산주의자·노동자들이 부르는 혁명가》.
Internátional Énergy Àgency (the ~) 국제 에너지 기구《略 : IEA》.
Internátional Geophýsical Yéar (the ~) 국제 지구 관측년《略 : IGY》.
in·ter·na·tion·al·ism [ìntərnǽʃənəlìzəm] *n.* ⓤ 국제성 ; 국제(협조)주의, 세계성. 파) **-ist** *n.* ⓒ 국제주의자 ; 국제법 학자.
in·ter·na·tion·al·ize [ìntərnǽʃənəlàiz] *vt.* …을 국제화하다 : 국제 관리 아래에 두다.
파) **ìn·ter·nà·tion·al·i·zá·tion** [-əlizéiʃən] *n.* ⓤ 국제화 ; 국제 관리 아래에 둠.
Internátional Lábor Organizàtion (the ~) (유엔의) 국제 노동 기구《略 : ILO》.
internátional láw 국제(공)법.
Internátional Mónetary Fùnd (the ~) 국제 통화 기금《略 : IMF》.
Internátional Olýmpic Commíttee (the ~) 국제 올림픽 위원회《略 : IOC》.
Internátional Préss Ínstitute (the ~) 국제 신문 편집인 협회《略 : I.P.I.》.
Internátional Réd Cróss (the ~) 국제 적십자(사)《略 : IRC》.
internátional relátions 국제 관계 ; 〔單數 취급〕국제 관계론.
Internátional Stándard Bóok Nùmber 국제 표준 도서 번호《略 : ISBN》.
Internátional Sýstem of Ùnits 국제 단위계《略 : SI》.
Internátional Telecommunicátions Sátellite Organizàtion (the ~) 국제 전기 통신 위성 기구. 【cf.】 intersat.
Internátional Telecommunicátion Ùnion (the ~) 국제 전기 통신 연합《略: ITU》.
in·terne [íntə:rn] *n.* =INTERN[2]
in·ter·ne·cine [ìntərní:sin, -sain] *a.* (1) 다 같이 쓰러지는 ; 피비린내 나는. (2) 서로 죽이는.
in·tern·ee [ìntərní:] *n.* ⓒ 피수용자, 피억류자. 【cf.】intern[1], internment.
In·ter·net [íntərnèt] *n.* 인터넷.
in·tern·ist [intə́:rnist, íntə:rn-] *n.* ⓒ 내과의사 : 《美》일반 개업의(開業醫).
in·tern·ment [intə́:rnmənt] *n.* ⓤⓒ 억류, 유치, 수용 ; 억류 기간. 【cf.】 detention camp.
in·ter·nu·cle·ar [ìntərnjú:kliər] *a.* (1) 【物】 원자핵간의. (2) 【解·生】 핵간의.
in·ter·of·fice [ìntərɔ́(:)fis, -ɑ́f-] *a.* 사내의.
in·ter·pel·late [ìntərpéleit, intə́:rpəlèit] *vt.* 설명을 요구하다, (의원이 장관)에게 질의〈질문〉하다. 파) **-pél·la·tor** [-ər] *n.* ⓒ (의회에서의) (대표) 질문자.
in·ter·pel·la·tion [ìntərpəléiʃən, intə̀:rpə-] *n.* ⓤⓒ (의원이 장관에 대한) 설명 요구, 질문.
in·ter·pen·e·trate [ìntərpénətrèit] *vt., vi.* …에 침투하다 ; 에〈완전히〉 스며들다. 서로 스며들다〈관통하다〉.
파) **-pèn·e·trá·tion** *n.* ⓤ 완전〈상호〉 침투.
in·ter·per·son·al [ìntərpə́:rsənəl] *a.* 개인간의, 사람과 사람 사이의, 개인간에 일어나는.
in·ter·phone [íntərfòun] *n.* ⓒ 《美》 (배·비행기·건물내 따위의) 인터폰《원래 商標名》, 내부〈구내〉 전화(intercom).
in·ter·plan·e·ta·ry [ìntərplǽnətèri/-təri] *a.* 【天】 태양계 내의 ; 행성(과 태양)간의.
in·ter·play [íntərplèi] *n.* ⓤ 상호 작용《*of*》.
In·ter·pol [íntərpɔ̀(:)l, -pɑ̀l] *n.* (the -) 인터폴, 국제 경찰.【cf.】ICPO. 〔◁ *Inter*national *Pol*ice〕
in·ter·po·late [intə́:rpəlèit] *vt.* (1) (의견 등)을 개진하다. (2) …에 수정 어구를 써 넣다; 개찬(改竄)하다. (3)《數》(중간항)을 급수(級數)에 보간(補間)〈삽입〉하다.
파) **in·tèr·po·lá·tion** [-ʃən] *n.* ⓤⓒ (1) 【數】 보간(법). (2) 개찬 ; 써 넣음 ; 써 넣은 어구.
***in·ter·pose** [ìntərpóuz] *vt.* 《~+目/+目+前+名》 (1) (말·이의 따위)를 삽입하다 ; (거부권 따위)를 제기하다, 간섭하다. (2) …의 사이에 넣다, 끼우다.
— *vi.* 《~/+前+名》 (1) 중재하다, 조정에 나서다, 사이에 들다《*between* ; *among* ; *in*》. (2)간섭하다 ; 주제넘게 말참견하다《*in*》. 【cf.】 interfere, intervene.
in·ter·po·si·tion [ìntərpəzíʃən] *n.* (1) ⓒ 삽입물. (2) ⓤ 개재(의 위치) ; 중재 ; 간섭 ; 방해.
:in·ter·pret [intə́:rprit] *vt.* (1) 《+目+*as* 補》 …을(…로) 해석〈판단〉하다. (2) …의 뜻을 해석하다, 설명하다 ; 해몽하다. (3) …의 통역을 하다. (4) 【劇·樂】 (자기의 해석에 따라) 연출〈연주〉하다 ; (말을 역)을 연기하다. (5) 【컴】 (프로그램)을 기계 언어로 해석하다.
— *vi.*《~/+前+名》 통역하다. 파) **~·able** [-əbəl] *a.* 해석〈설명, 통역〉 할 수 있는. 판단(判斷)할 수 있는.
:in·ter·pre·ta·tion [intə̀:rprətéiʃən] *n.* ⓤⓒ (1) 통역. (2) 해석, 설명: (꿈·수수께끼 따위의) 판단《*of*》. (3) 【藝】 (자기 해석에 따른) 연출; 연기 ; 연주.
in·ter·pre·ta·tive [intə́:rprətèitiv/-tətiv] *a.* 해석(용)의(explanatory), 설명을 위한; 통역의. 파) **~·ly** *ad.*
:in·ter·pret·er [intə́:rprətər] (*fem.* **-pre·tress** [-prətris]) *n.* ⓒ (1)통역(자). (2)해석자, 설명〈판단〉자《*of*》. (3)【컴】 해석기《지시를 기계 언어로 해석하는》.
in·ter·pre·tive [intə́:rprətiv] a. =INTERPRETATIVE. 파) **~·ly** *ad.*
in·ter·ra·cial [ìntərréiʃəl] *a.* 인종 혼합의 ; 다른 인종간의.
in·ter·reg·num [ìntərrégnəm] (*pl.* **~s, -na** [-nə] *n.* ⓒ (1) 휴지 〈중절(中絶)〉(기간). (2) 공위(空位) 기간《제왕의 붕어(崩御)·폐위 따위에 의한》; (내각 경질 등에 의한) 정치 공백 기간.
in·ter·re·late [ìntərriléit] *vt.* 서로 연관짓다 ; …을 서로 관계(상호관계)시키다.
— *vi.* 서로 관계를 가지다《*with*》. 파) **~·ness** *n.*

in·ter·re·lat·ed [-riléitid] *a.* 상관되는, 서로(밀접한) 관계가 있는. 파) **~·ly** *ad.* **~·ness** *n.*
in·ter·re·la·tion [-riléiʃən] *n.* ⓤⓒ 상호 관계. 파) **~·shìp** *n.* ⓤ 상호 관계(성)가 있음.
in·ter·ro·gate [intérəgèit] *vt.* (1) (응답기 따위)에 응답 지령 신호를 보내다. (컴퓨터)에 응답시키다. (2) …에게 질문하다(askquestions); 심문〈문초〉하다.
:**in·ter·ro·ga·tion** [intèrəgéiʃən] *n.* ⓤⓒ 심문, 질문, 의문 ; 의문부(question mark).
:**interrogátion màrk** 〈**pòint**〉 물음표(question mark).
:**in·ter·rog·a·tive** [ìntərɑ́gətiv/-rɔ́g-] *a.* (1) **[文法]** 의문(형)의. (2)질문의, 미심쩍은 듯한, 무엇을 묻고 싶어하는 듯한.
— *n.* ⓒ **[文法]** 의문사; 《특히》 의문 대명사 ; 의문문. 파) **~·ly** *ad.* 의문스럽게
interrógative ádverb **[文法]** 의문 부사.
interrógative séntence **[文法]** 의문문.
in·ter·ro·ga·tor [intérəgèitər] *n.* ⓒ 심문〈질문〉자.
in·ter·rog·a·to·ry [ìntərɑ́gətɔ̀:ri/ìntərɔ́gətəri] *a.* 의문을 나타내는, 의문. — *n.* ⓒ (1)의문, (공식) 질문, 심문. (2) **[法]** (피고·증인에 대한) 질문서, 심문조서. 파) **in·ter·ròg·a·tó·ri·ly** *ad.*
:**in·ter·rupt** [ìntərʌ́pt] *vt.* (1)…를 방해하다, 차단하다, 불통하게 하다 ; **[컴]** 가로채기하다. (2)…을 가로막다, 저지하다, 훼방 놓다, (이야기 따위)를 중단시키다.
— *vi.* 방해하다, 중단하다. ▫ interruption *n.*
in·ter·rupt·er, -rup·tor [ìntərʌ́ptər] *n.* ⓒ (1) **[電]**(전류) 단속기. (2) 차단하는 것〈사람〉, (무기의) 안전장치.
:**in·ter·rup·tion** [ìntərʌ́pʃən] *n.* ⓤⓒ 방해 ; 가로막음 ; 중단, 중지, 중절; (교통의) 불통. ▫ interrupt. *v.* ***without ~*** 끊임없이, 잇따라.
in·ter·scho·las·tic [ìntərskəlǽstik] *a.* 〔限定的〕 학교 대항의《intramural에 대하여》, (중등) 학교간의. **[cf.]** intercollegiate.
*__in·ter·sect__ [ìntərsékt] *vt.* …와 교차하다 ; …을 가로지르다. — *vi.* (선·면 등이) 엇갈리다, 교차하다.
*__in·ter·sec·tion__ [ìntərsékʃən] *n.* (1) ⓒ (도로의) 교차점. (2) ⓤ 가로지름, 교차, 횡단. (3) ⓒ **[數]** 교점(交點). 교선(交線); 공통(부)분.
in·ter·space [íntərspèis] n. ⓤ 중간, 사이의 공간〈시간〉, 틈《장소와 시간에 두루 쓰임》, 짬.
— [ìntərspéis] *vt.* …의 사이에 공간〈시간〉을 두다〈남기다〉, …의 사이를 비우다 ; …의 사이를 (빈 데를) 차지하다〈메우다〉.
in·ter·sperse [ìntərspə́:rs] *vt.* 《+目+前+名》 (1) 군데군데 놓다 ; 띄엄띄엄 두다 ; 점점이 장식하다 《*with*》. (2) …을 흩뿌리다, 산재시키다《*between* ; *in* ; *among*》.
in·ter·sper·sion [ìntərspə́:rʒən/-ʃən] n. ⓤ 점재(點在), 군데군데 둠, 산재; 살포.
*__in·ter·state__ [íntərstèit] *n.* ⓒ《美》 주간(州間) 고속 도로(=**~ híghway**). — *a.* 〔限定的〕 (미국 따위의) 주(州) 사이의.
Ínterstate Cómmerce Commission (the ~) 《美》주간(州間) 통상 위원회《略 : ICC》.
in·ter·stel·lar [ìntərstélər] *a.* 〔限定的〕 행성(行星)간의, 별과 별 사이의.
in·ter·stice [intə́:rstis] *n.* ⓒ (*pl.*) 틈새기, 갈라진 틈(crevice); 간극, 구멍
in·ter·tid·al [ìntərtáid] *a.* 간조(間潮)의, 만조와 간조 사이의.
in·ter·trib·al [ìntərtráibəl] *a.* 〔限定的〕 (다른) 종족간의.
in·ter·twine [ìntərtwáin] *vt.* 《~+目/+目+前+名》 한데 꼬이게 하다〈엮다〉, …을 뒤얽히게 하다, 얽혀 짜다(interlace)《*with*》. — *vi.* 뒤얽히다, 한데 꼬이다.
in·ter·twist [ìntərtwíst] *vt.*, *vi.* 틀어 꼬(이)다, 비비〈한데〉 꼬(이)다, 뒤얽히게 하다(intertwine).
in·ter·ur·ban [ìntərə́:rbən] *a.* 〔限定的〕도시 사이의.
:**in·ter·val** [íntərvəl] *n.* ⓒ (1) 《英》 (극장 등의)막간, 휴게 시간(《美》intermission). (2) (장소적인) 간격, 거리; (시간적인) 간격, 사이. (3) **[樂]** 음정. ***at ~s*** 때때로, 이따금 ; 군데군데에, 여기저기에. ***at long*** 〈***short***〉 ***~s*** 간혹〈자주〉. ***at regular*** 〈***irregular***〉 ***~s*** 일정한〈불규칙한〉 사이를 두고. ***in the ~*** 그 사이에, 그러고 있는 중에. ***without ~*** 끊임 없이.
:**in·ter·vene** [ìntərví:n] *vi.* 《~/+前+名》 (1) (사이에서) 방해하다. (2) (사건·시간 등이) 사이에 들다〈끼다〉(come in) ; 사이에 일어나다, 개재하다. (3) (사이에서) 조정〈중재〉하다 ; 개입하다, 간섭하다《*in*》. ***if nothing ~s*** =***should nothing ~*** 지장이 없으면.
*__in·ter·ven·tion__ [ìntərvénʃən] *n.* ⓤⓒ (1) 조정, 중재 ; 간섭. (2) 사이에 듦; 개재.
파) **~·ìsm** *n.* **~·ist** *n.*, ⓒ , *a.* (내정) 간섭론자〈주의자〉 ; 간섭주의의.
:**in·ter·view** [íntərvjù:] *n.* ⓒ (1) (입사 따위의) 면접, 면회《*for* ; *with*》. (2) 회견 ; 회담, 대담. (3) (기자 따위의) 인터뷰, 취재 방문, 회견; 회견〈방문, 탐방〉(記). ***ask for an ~ with*** …와의 회견을 요청하다. ***have*** 〈***hold***〉 ***an ~ with*** …와 회견하다
— *vt.* …와 회견〈면접〉하다, 〈기자가〉인터뷰하다. — *vi.* 인터뷰하다. 파) **in·ter·view·ee** [ˋ-vju(:)í:] n. ⓒ 피회견자. **~ ·er** [-ər] *n.* ⓒ 회견자, 면담자, 면접자 ; 탐방 기자.
in·ter·weave [ìntərwí:v] (**-wove** [-wóuv], ***-weaved*** ; ***-wov·en*** [-wóuvən], ***-wove, -weaved***) *vt.* 짜넣다, 섞어 짜다 ; 뒤섞다.
in·tes·ta·cy [intéstəsi] *n.* ⓤ 유언 없이 죽은 사람의 유산 ; 유언을 남기지 않고 죽음.
in·tes·tate [intésteit, -tit] *a.* (재산이) 유언에 의하여 처분되지 않은; (적법한) 유언(장)을 남기지 않은 : die ~ 유언 없이 죽다 / an ~ estate 무(無)유언의 재산. — *n.* ⓒ 유언 없는 사망자.
in·tes·ti·nal [intéstənəl] *a.* **[解]** 장내의, 장에 있는〈기생하는〉, 장(腸)〈창자〉의.
*__in·tes·tine__ [intéstin] *a.*〔限定的〕국내의 ; 내부의. — *n.* ⓒ (흔히 *pl.*) **[解]** 장(腸).
in·ti·fa·da, -fa·deh [intifɑ́:də] *n.* 《Ar.》 인티파다〈데〉(uprising)《이스라엘 점령하의 가자 등지에서 일어난 팔레스타인 인들의 봉기》.
*__in·ti·ma·cy__ [íntəməsi] *n.* (1) ⓤ 정교(情交), 간통, 육체관계. (2) ⓤ 친밀함, 친교, 절친함. (3) (*pl.*)애무, 친밀함을 나타내는 행위(포옹·키스 등). ▫ intimate *a.* ***be on terms of ~*** 친한 사이이다.
:**in·ti·mate** [íntəmit] (***more ~*** ; ***most ~***) *a.*(1) (지식이) 깊은, 자세한 ; 정통한. (2) 친밀한, 친숙함, 절친한《※ 종종 (5)의 뜻으로 쓰이는 수가 있어서 흔히 close, 또는 good을 쓴다》. (3) 내심의, 마음 속의. (4) 일신상의, 사사로운, 개인적인. (5) (남녀가) 정을 통하고 있는, 육체 관계가 있는, (이성)과 깊은 관계에

있다 (6)(방 따위가) 아늑한. ㅁ inti- macy *n.* ***be on ~ terms with*** 1) …와 절친한 사이다. 2) …와 육체 관계가 있다.
— *n.* ⓒ 친구, 절친한 친구.
— [íntəmèit] *vt.*《~目/+目+前+名/+that 節》…을 넌지시 비추다, 암시하다(hint), 고시하다, 공표하다.
파) ***~ ·ly** [-mitli] *ad.* 친밀하게 ; 밀접하게 ; 내심으로 ; 상세하게 **~ ·ness** *n.*
in·ti·ma·tion [ìntəméiʃən] *n.* ⓤⓒ 넌지시 비춤(hint), 암시; 시사(示唆), 고시(announcement).
in·tim·i·date [intímədèit] *vt.* (위협하여) …을 위협하다, 으르다, 협박하다.
파) **in·tìm·i·dá·tion** [-ʃən] *n.* ⓤ 으름, 위협, 협박.
in·tím·i·dà·tor[-ər] *n.* 위협자, 협박자.
intl. international.
:in·to [íntu, 《주로文尾》 íntu:, 《子音앞》 íntə] *prep.*
(1) 〔변화·결과〕 …으로 (하다, 되다).
(2) 〔내부로의 운동·방향〕 a) 〔장소·공간〕 …안으로〈에〉 …로, …에(【opp.】 *out of*. b) 〔시간〕 …까지. c) 《比》 (어떤 상태) 속으로, …로, …에. d) 〔행위의 대상〕…을 《'깊이·상세히' 라는 뉘앙스를 풍길 때가 많음》.
(3) 〔충돌〕…에 부딪쳐.
(4) 【數】 …을 나눠(서).
(5) 《口》…에 열중〈몰두〉하고(keen on), …에 관심을 갖고.
(6) 《美俗》 (~)에게 빚을 지고.
in·tol·er·a·ble** [intálərəbəl/-tɔ́l-] (more ~ ; most ~***) *a.* 견딜〈참을〉수 없는(unbearable). 파) **-bly** *ad.*
in·tol·er·ance [intálərəns/-tɔ́l-] *n.* ⓤ (1) 견딜 수 없음. (2) 불관용(不寬容), 편협 ; 아량이 없음《특히 종교상의》.
***in·tol·er·ant** [intálərənt/-tɔ́l-] *a.* (1) …에 견디지〈참지〉 못하는《*of*》. (2) 아량이 없는, 옹졸한 ; 편협한 ; (특히 이설(異設) 따위를) 허용하지 않는 《특히 종교상의》;불관용의 《*of*》. 파) **~ ·ly** *ad.*
***in·to·nate** [íntənèit] vt. =INTONE.
:in·to·na·tion [ìntənéiʃən, -tou-] *n.* (1) ⓤⓒ 【音聲】 인토네이션, 억양 ; 음조 어조. 【cf.】stress. (2) ⓤ (찬송가·기도문 등을)읊음, 영창, 음창(吟唱). 파) **~ ·al** *a.*
***in·tone** [intóun] *vt., vi.* (1) …에 억양을 붙이다. (2) (찬송가·기도문 따위를) 읊조리다, 영창하다 ; 억양을 붙여 말하다.
in to·to [in-tóutou] 《L.》 (=on the whole) 전부, 전체 로서, 몽땅, 모개로.
in·tox·i·cant [intáksikənt/-tɔ́ksi-] *n.* ⓒ 취하 게 하는 것《마취제·술 따위》.
— *a.* 취하게 하는. 파) **~ ·ly** *ad.*
***in·tox·i·cate** [intáksikèit/-tɔ́ksi-] *vt.* 《~+目/+目+前+名》 (1) 흥분시키다, 도취시키다《※ 종종 과거분사로서 형용사적으로 쓰임》. (2) (사람)을 취하게 하다《※ 종종 과거분사로서 형용사적으로 쓰임》. ㅁ intoxication *n.*
in·tox·i·cat·ed [-tid] *a.* (1)흥분한; 도취한, 열중한《*with* ; *by*》. (2) 취한.
in·tox·i·cat·ing [intáksikèitiŋ/-tɔ́ksi-] *a.* (1)도취하게 하는. (2) 취하게 하는.
파) **~ ·ly** *ad.*
in·tox·i·ca·tion [intàksikéiʃən/-tɔ̀ksi-] *n.* ⓤ (1) 흥분, 도취. (2) 취하게 함; 명정(酩酊), 중독.
in·tra·ce·l·lu·lar [ìntrəséljələr] *a.* 세포안의.
in·trac·ta·ble [intrǽktəbəl] *a.* (1) 처리〈가공〉하기 어려운. (2) 말을 듣지 않는, 고집스러운(stubborn), 제어할 수 없는 ; 다루기 힘든. (3) (병 따위가) 낫지 않는, 난치(성)의.
파) **-bly** *ad., n.* **in·tràc·ta·bíl·i·ty** [-bíləti] *n.* ⓤ 고집스러움.
in·tra·mo·lec·u·lar [ìntrəmouléкjələr] *a.* 【化】 분자내의〈에서 일어나는〉. 파) **~ ·ly** *ad.*
in·tra·mu·ral [ìntrəmjúərəl] *a.* 〔限定的〕 (1) 같은 도시의, 시내의 ; 건물 내의 ; 성벽 안의. 【opp.】 *extramural.* (2)같은 학교내의, 교내(대항)의《interscholastic에 대해》. 파) **~ ·ly** *ad.*
in·tra·mus·cu·lar [ìntrəmʌ́skjələr] *a.* 【解】 (주사 등이) 근육내의《略 : IM》. 파) **~ ·ly** *ad.*
in·tran·si·gence, -gen·cy [intrǽnsədʒəns], [-si] *n.* ⓤ (정치상의) 비타협적 태도, 타협〈양보〉하지 않음. 파) **-gent** *a., n.* (특히 정치상) 비타협적인(사람). **-gent·ly** *ad.*
:in·tran·si·tive [intrǽnsətiv] 【文法】 *n.* ⓒ 자동사. — *a.* 자동(사)의. 【cf.】 transitive.
파) **~ ·ly** *ad.* 자동사적으로, 자동사로서.
:intránsitive vérb 자동사《略 : v.i.》.
in·tra·state [ìntrəstéit] *a.* 《美》 주내(州內)의.
in·tra·u·ter·ine [ìntrəjú:tərin] *a.* 【解】 자궁내의.
in·tra·vas·cu·lar [ìntrəvǽskjələr] *a.* 【解】 혈관내의. 파) **~ ·ly** *ad.*
in·tra·ve·nous [ìntrəví:nəs] *a., n.* 정맥주사(의), 정맥(내)의《略 : IV》. 파) **~ ·ly** *ad.*
in-tray [íntrèi] *n.* ⓒ미결서류함. 【opp.】*out-tray.*
in·trep·id [intrépəd] *a.* 용맹스러운, 두려움을 모르는, 호담한. 파) **~ ·ly** *ad. n.*
in·tre·pid·i·ty [ìntrəpídəti] *n.* (1) ⓒ 대담한〈무적의〉행위. (2) ⓤ두려움을 모름, 용맹, 대담, 무적.
in·tri·ca·cy [íntrikəsi] *n.* (1) (*pl.*)복잡한 사물〈사정〉. (2) ⓤ 얽히고 설킴, 복잡, 착잡.
***in·tri·cate** [íntrəkit] *a.* (1) 착잡한, 복잡한(complicated); 번잡한; 난해한. (2) 뒤얽힌, 얽히고 설킨.
파) **~ ·ly** *ad.*
***in·trigue** [intrí:g] *n.* (1) ⓒ 정사, 밀통, 간통 《*with*》. (2) ⓤⓒ 음모, 밀모(密謀); 술책.
— *vi.*《~/+前+名》 음모를 꾸미다, 술책을 쓰다 《*with*; *against*》. — *vt.* …의 흥미를〈호기심을〉 자극하다, (음모를) 손에 넣다. 파) **in·trígu·er** [-ər] *n.* 음모가; 밀통자.
in·trigu·ing [intrí:giŋ] *a.* 흥미를〈호기심을〉 자극하는. 파) **~ ·ly** *ad.*
***in·trin·sic** [intrínsik] *a.* 본래 갖추어진, 본질적인, 고유의 (inherent)《*to* ; *in*》【opp.】 *extrinsic(al.)*
파) **-si·cal·ly** [-sikəli] *ad.*
:in·tro·duce [ìntrədjú:s] *vt.* 《~+目/+目+前+名》 (1) …을 받아들이다 ; (처음으로)수입하다《*into* ; *in*》 ; 채용하다. (2) ~를 소개하다, (가수·배우 등)을 데뷔시키다 ; 대면시키다. (3) …의 (초보)를 가르치다 《*to*》, …에게 처음으로 경험시키다
(4)(서론을 붙여서) 시작하다《*with*》; (논문·방송 프로 따위)에 서문을 붙이다.
(5)(의안·화제 따위)를 제출하다, 꺼내다《*into*》.
(6) 삽입하다, 끼워 넣다.
(7) 【文法】(접속사가 절)을 이끌다. ㅁ introduction *n.* ***~d species*** 〈***variety***〉 외래종〈수입종〉. **~ oneself to** …에게 자기 소개를 하다.
파) **-dúc·er** [-ər] *n.* 소개자, 수입자; 창시자.
:in·tro·duc·tion [ìntrədʌ́kʃən] *n.* (1) ⓤ 받아들임 ; 전래, 첫 수입, 도입, 이입(移入)《*into* ; *to*》. (2) ⓤ

ⓒ 소개, 피로(披露) ; (의안 따위의) 제출《*of* ; *to*》. (3) ⓒ 서언, 서문. (4) ⓒ 입문(서), 초보 지도, 개론《*to*》. (5) ⓒ 【樂】 서곡, 전주곡(prelude). (6) ⓤ 끼워넣기, 삽입(insertion)《*into*》. (7) ⓤ (의안 등의) 제출.

***in·tro·duc·to·ry** [təri/-tri] *a.* 서론의, 서문의 ; 소개의 ; 예비적인(preliminary), 초보의.

in·tro·it [intróuit, íntrɔit] *n.* 【카톨릭】 【英國 國敎】 성찬식 전에 부르는 노래 ; (I-) 입당송.

in·tro·spec·tion [ìntrəspékʃən] *n.* ⓤ 내관(內觀), 내성(內省), 자기반성(self-examination) 〖opp.〗 *extrospection.*

in·tro·spec·tive [ìntrəspéktiv] *a.* 내관적인, 내성적인, 자기 반성의. 파) **~·ly** *ad.* **~·ness** *n.*

in·tro·ver·sion [ìntrəvə́:rʒən, -ʃən] *n.* ⓤ (1) 【醫】 내곡(內曲), 내측 전위(內側轉位). (2)내향, 내성(內省). (3)【心】 내향성. 〖opp.〗*extroversion.*

in·tro·vert [íntrəvə̀:rt] *a.* (1) 내향적〈내성적〉인. (2) 안으로 굽은.
— *n.* ⓒ 【心】 내향적〈내성적〉인 사람 ; 《口》암띤 사람. — [ㅅ-ㅅ, ㅅ-ㅅ] *vt.* (1) …을 안으로 굽히다. (2) (마음·생각 따위)를 안으로 향하게 하다, 내성(內省)시키다. (3) 【動·醫】 (기관·장기 등)을 체내로 쑥 들이다〈함입시키다〉. 〖opp.〗 *extrovert.*

in·tro·vert·ed [ìntrəvə́:rtid] a. =INTROVERT.

:in·trude [intrú:d] *vt.* (1) 《+目+前+名》 …을 강제하다, 강요하다. (2) 《+目+前+名》 …을 밀어넣다《*into*》. — *vi.* 《+前+名》(1)밀고 들어가다, 침입하다, 억지로 밀어넣다《*into*》. (2)(남의 일에) 끼어들다, 방해하다; (미움을 사며) ~의 집에 쳐들어가다. ▫ intrusion *n.* ~ one***self upon*** a person (~의 집에) 쳐들어가다, 폐를 끼치다.

***in·trud·er** [intrú:dər] *n.* ⓒ 난입자, 침입자 ; 훼방꾼, 방해자.

***in·tru·sion** [intrú:ʒən] *n.* ⓤⓒ (1) (장소에의) 침입《*into* ; *to*》. (2) (의견 따위의) 강요《*upon*》. (3) (사사로운 일에 대한) 간섭, 주제넘게 나섬《*on*》. (4) 【法】 (무권리자의) 토지 점유 〈침입〉. ▫ intrude. *v.*

in·tru·sive [intrú:siv] a. (1) 【音聲】 삽입음의. (2) 침입적인; 주제넘게 나서는; 훼방을 놓는.
파) **~·ly** *ad.* **~·ness** *n.*

in·trust [intrʌ́st] *vt.* =ENTRUST.

in·tu·it [íntju(:)it, -ㅅ-] *vt., vi.* 직관하다, 직관(直觀)으로 알다〈이해하다〉.

***in·tu·i·tion** [ìntjuíʃən] n. ⓤⓒ 직관(력), 직각(直覺); 직관적 통찰; 직관적 지식〈행위〉.

in·tu·i·tion·al [ìntjuíʃənəl] *a.* 직각〈직관〉의, 직관적〈직각적〉인. 파) **~·ly** *ad.*

in·tu·i·tive [intjú:itiv] *a.* 직관력 있는 ; 직각적(直覺的)〈직관적〉.
파) **~·ly** *ad.* **~·ness** *n.*

in·tu·mesce [ìntjumés] *vi.* (열 따위로) 팽창하다, 부어〈부풀어〉 오르다.

in·tu·mes·cence [ìntjumésəns] *n.* (1) ⓒ 종기(swelling). (2) ⓤ 팽창, 부어오름.

Inuit ⇨ INNUIT.

in·un·date [ínəndèit, -nʌn-] *vt.* (1)…을 그득하게 하다, 충만시키다 ; …에 밀어 닥치다, 쇄도하다. (2)《~+目/+目+前+名》 (물이) …에 범람하다, …을 침수(浸水)시키다《*with*》.

in·un·da·tion [ìnəndéiʃən] *n.* (1) ⓒ 홍수 ; 충만; 쇄도(deluge)《*of*》. (2) ⓤ 범람, 침수.

in·ure [injúər] *vt.* 〔흔히 再歸的〕(곤란 등)에 익숙해지다《*to*》《※ 또 과거분사로 형용사적으로도 쓰임》. 파) **~·ment** *n.* ⓤ 익힘, 익숙; 단련.

:in·vade [invéid] *vt.* (1)(많은 사람이) …에 몰려들어가다, …에 밀어닥치다, 쇄도하다. (2) …에 침입하다, …를 침공하다. (3) (병·감정 따위가) …를 침범〈엄습〉하다. (4) (소리·냄새 따위가) …에 퍼지다, 충만하다. (5) (법·권리 등)을 범하다, 침해하다. — *vi.* (1) 침입하다. (2) 대거 몰려들다. ▫ invasion n. 파) **:in·vád·er** [-ər] *n.* ⓒ 침략자〈국〉, 침입자〈군〉.

:in·va·lid[1] [ínvəlid/-lì:d] *a.* (1) 환자(용)의. (2) 폐질(廢疾)의, 병약한, 허약한.
— *n.* ⓒ 폐질자, 병자, 병약자. 【cf.】 patient.
— *vt.* (1) 〔흔히 受動으로〕…을 병약하게 하다. (2) 《+目+副/+目+前+名》〔흔히 受動으로〕병약자로서 취급하다; 상병병(傷病兵) 명부에 기입하다. ***be ~ed home*** 상이병으로 송환되다. ***be ~ed out of the army*** 상병병으로 현역이 면제되다.

in·va·lid[2] [invǽlid] *a.* (1) 실효성이 없는 ; (법적으로) 무효의. (2) (의론 등이) 논거 박약한, 근거〈설득력〉 없는. 파) **~·ly** *ad.*

in·val·i·date [invǽlədèit] *vt.* …을 무효로 하다. 파) **in·vàl·i·dá·tion** [-ʃən] *n.* ⓤ 실효(失效), 무효로 함.

in·va·lid·ism [ínvəlidìzəm/-lì:dizəm] *n.* ⓤ (1)인구에 대한 병약자의 비율. (2)(흔히, 만성질환에 의한) 병약(함), 부자유한 지체(肢體), 허약.

in·va·lid·i·ty [invəlídəti] *n.* ⓤ(1)병약. (2)무효.

***in·val·u·a·ble** [invǽljuəbəl] *a.* 매우 귀중한(priceless), 값을 헤아릴 수 없는, 평가못할 만큼. 【cf.】valueless. 파) **-bly** *ad.*

in·var·i·a·ble [invɛ́əriəbəl] *a.* (1) 【數】 일정한, 상수의. (2) 변화하지 않는, 불변의. — n. ⓒ (1) 불변의 것. (2) 【數】 상수(常數). 파) **in·vàr·i·a·bíl·i·ty** [-əbíləti] *n.* ⓤ 불변(성)

:in·var·i·a·bly [invɛ́əriəbli] *ad.* 늘, 변함없이, 일정 불변하게, 언제나, 반드시.

***in·va·sion** [invéiʒən] *n.* ⓤⓒ (1)(권리 따위의) 침해, 침범 (2)침입, 침략. ▫ invade *n.*

in·va·sive [invéisiv] *a.* (1) 침해하는. (2) 침입하는, 침략적인.

in·vec·tive [invéktiv] *n.* (1) (*pl.*) 욕하는 말, 악담. (2) ⓤ (또는 an ~) 비난, 독설. — *a.* 욕설하는, 비난의, 독설의.

in·veigh [invéi] *vi.* (…을) 호되게 매도하다, 통렬히 비난〈항의〉하다, 독설을 퍼붓다《*against*》.

in·vei·gle [inví:gəl, -véi-] *vt.* 《+目+前+名》(1) (감언·아첨으로) …로 부터(…을) 우려내다《*from*; *out of*》. (2) (사람)을 유혹〈유인〉하다, (감언으로)속이다《*into*》.

:in·vent [invént] *vt.* (1) (거짓말 따위)를 날조하다, 소삭하나, 꾸며내다. (2) 을 발명하다, 고안〈창안〉하다; (이야기 따위)를 상상력으로 만들다 ; 창작하다.

:in·ven·tion [invénʃən] *n.* (1) ⓒ 발명품. (2) ⓤ 발명, 안출, 고안; 창조력, 발명의 재능. (3) ⓒ 꾸며낸 이야기, 허구(虛構), 날조.

***in·ven·tive** [invéntiv] *a.* 발명의 재능이 있는; 발명의; 창의력이 풍부한, 독창적인. 파) **~·ly** *ad.* **~·ness** *n.*

:in·ven·tor [invéntər] (*fem.* ***-tress***[-tris]) *n.* ⓒ 발명가, 고안자, 창출자.

in·ven·to·ry [ínvəntɔ̀:ri/-təri] *n.* (1) ⓤⓒ 《美》 재고(품) ; 재고 조사. (2) ⓒ 물품 명세서 ; (재산·상품 따위의)(재고)목록 ; 목록 중의 물품, 재고품(의 총가격). ***make*〈*take*〉 (*an*) ~ *of...*** 1] …의 목록을 만들다. 2] (재고품 등)을 조사하다 3] (기능·성격 등)을 평가하다.
— *vt.* (재산·상품 따위)를 목록에 기입하다 ; …의 목록을 만들다 ; 《美》 재고품 조사를 하다.

In·ver·ness [ìnvərnés] *n.* (종종i-) 인버네스 (=~[∠-∠]= **càpe**〈**còat, clòak**〉 《남자용의 소매 없는 외투》.

in·verse [invə́:rs, ∠-] *a.* 〔限定的〕 (위치·관계 등이) 역(逆)의, 반대의, 거꾸로 된, 도치의, 전도된; 도착(倒錯)의. — *n.* (1) (the ~) 반대, 역. (2) ⓒ 반대 되는 것 : **[數]** 역함수.
파) **~·ly** *ad.* 반대로, 역으로, 역비례하여.

***in·ver·sion** [invə́:rʒən, -ʃən] *n.* ⓤⓒ (1) **[文法]** (어순의) 전도, 도치(법). (2) 전도(轉倒), 역(逆), 정반대. (3)**[樂]** 자리바꿈. (4) **[音聲]** 반전. (5) **[醫]** 성대상(性對象)도착.

***in·vert** [invə́:rt] *vt.* (1) **[樂]** 자리바꿈하다 ; **[音聲]** (혀)를 반전하다. (2) …을 거꾸로(반대로) 하다, 역으로 하다, 뒤집다. — [∠-] *n.* ⓒ (1)**[建]** 역(逆)홍예, 역아치. (2) **[그神]** 성도착자. (3)**[컴]** 뒤바꿈. ▫ inversion *n.* 파) **in·vért·i·ble** *a.*

in·ver·te·brate [invə́:rtəbrit, -brèit] *a.* (1)《比》 기골이 없는, 우유 부단한.(2)등뼈 〈척추〉가 없는. — *n.* ⓒ (1)무척추 동물. (2)기골이 없는 사람, 줏대없는 사람.

in·vért·ed cómma [invə́:rtid-] **[印]** 인용부 (quotation marks).

:in·vest [invést] *vt.* 《~+目/+目+前+名》 (1) (시간·노력 따위)를 들이다《*in*》. (2) (자본)을 투자하다. (3) …에게 입히다; 착용시키다. (4) (관직·지위·권력·성질 따위)를 …에게 주다, …에게 서임(敍任)하다, …에게 수여하다《*with*》. (5) **[軍]** …을 포위(공격)하다.
— *vi.* (1) 《~/+前+名》 투자(출자)하다《*in*》. (2) 《+前+名》《口》돈을 들이다, 사다《*in*》.

:in·ves·ti·gate [invéstəgèit] *vt.* …을 연구하다, 조사하다, 심사하다(examine). — *vi.* 조사〈연구, 심사〉하다《*into*》.

:in·ves·ti·ga·tion [invèstəgéiʃən] *n.* ⓤⓒ (1) 조사보고, 연구 논문. (2) 조사, 연구, 심사《*of* ; *into*》. ***make an ~ into*** …을 조사〈연구〉하다. ***under ~*** 조사중의. ***upon*〈*on*〉 *~*** 조사해 보니.

in·ves·ti·ga·tive [invéstəgèitiv] *a.* 조사에 관한, 조사의 ; 연구를 좋아하는, 연구직인.

***in·ves·ti·ga·tor** [invéstəgèitər] *n.* ⓒ 연구자, 조사자, 수사관.

in·ves·ti·ture [invéstətʃər] n. (1)ⓤ(자격 등의) 부여. (2)ⓤⓒ 수여(식) ; 서임(식), 임관(식). (3) ⓤ **[文語]** 착용, 입힘. ▫ invest *v.*

:in·vest·ment [invéstmənt] *n.* (1) ⓤ(관직의) 서임(敍任), 임관. (2) ⓤⓒ 투자, 출자 ; 투자액 ; 투자의 대상. (3) ⓤ **[軍]** 포위, 봉쇄. (4)ⓤ(옷의)착용. ▫ invest *v.*

invéstment còmpany 〈**trùst**〉 투자(신탁)회사.

***in·ves·tor** [invéstər] *n.* ⓒ (1) 수여〈서임〉자. (2) 투자자. (3) 포위자.

in·vet·er·a·cy [invétərəsi] *n.* ⓤ (1) 강한 집념 ; 숙원(宿怨). (2) (습관 따위가) 뿌리 깊음 ; 상습벽(고질), 만성.

in·vet·er·ate [invétərit] *a.* 〔限定的〕 (1) 버릇이 된, 상습적인. (2) (감정·병이) 뿌리 깊은, 지병의. (3) (감정 등이)뿌리 깊은. 파) **~·ly** *ad.*

in·vid·i·ous [invídiəs] *a.* (1) 부당하게 차별하는, 불공평한. (2) 비위에 거슬리는, 불쾌한《말 따위》. 파) **~·ly** *ad.* **~·ness** *n.*

in·vig·i·late [invídʒəlèit] *vi.* 《英》 (시험) 감독을하다.

in·vig·or·ate [invígərèit] *vt.* 북돋다, 원기〈활기〉를 돋우다. ▫ invigoration *n.*

in·vig·or·at·ing [invígərèitiŋ] *a.* 격려하는, 기운나게 하는; (공기·산들바람 등이)상쾌한. 파) **~·ly** *ad.*

in·vin·ci·bil·i·ty [invìnsəbíləti] *n.* ⓤ 무적.

***in·vin·ci·ble** [invínsəbəl] a. (1) 불굴의 극복할 수 없는, 완강한. (2) 정복할 수 없는, 무적의. ▫ invincibility *n.* 파) **-bly** *ad.*

Invíncible Armáda (the ~) ARMADA.

in·vi·o·la·ble [inváiələbəl] *a.* 불가침의, 침범할 수 없는; 신성한; 거역할 수 없는.
파) **-bly** *ad.* **in·vì·o·la·bíl·i·ty** [-bíləti] *n.* ⓤ

in·vi·o·late [inváiəlit] *a.* 손상되지 않은, 범하여지지 않은 ; 더럽혀지지 않은 ; 신성한.
파) **~·ly** *ad.* ⓤ **~·ness** *n.*

in·vis·i·bil·i·ty [invìzəbíləti] *n.* ⓤ 불가시성(不可視性), 눈에 보이지 않음.

:in·vis·i·ble [invízəbəl] *a.* (1) 얼굴 〈모습〉을 보이지 않는. (2) 눈에 보이지 않는 ; 감추어진 ; 통계〈재무제표〉에 나타나지 않은.
— *n.* (1) ⓒ 눈에 보이지 않는 것. (2) (the ~) 영계(靈界). (3) (the I-) 신(God).
파) **-bly** *ad.* **~·ness** *n.*

invísible éxports **[經]** 무역 외 수출, 무형 수출품.

invísible ímports **[經]** 무역 외 수입, 무형 수입품.

invísible tráde 무형 무역, 무역외 수지《운임 관광 등 상품 이외의 무역》 〖opp.〗 *visible trade*.

:in·vi·ta·tion [ìnvətéiʃən] *n.* (1) 초대〈안내, 권유〉장(~ card, letter of ~). (2) ⓤⓒ 초대, 안내, 권유. (3) ⓤⓒ유인, 꾐, 유혹 ; 유발. ***at*〈*on*〉 *the ~ of*** 의 초대에 의하여. ***admission by ~ only*** 입장은 초대 손님에 한함.
파) **~·al** *a.* (시합·전람회 따위가) 초대자만의.

invitátional càrd 〈**tìcket**〉 초대권, 초대장.

:in·vite [inváit] *vt.* (1) 《~+目/+目+to do》(주의·흥미 따위)를 이끌다, 끌다, 권하다; 유혹하여 …하게 하다. (2) 《+目+前+名/+目+to do/+目+副》(사람)을 초청하다, 초대하다. (3) (비난·위험 따위)를 초래하다, 야기하다. (4) 《~+目/+目+to do》 (정식으로) …을 청하다, 요청하다, 부탁하다.

in·vit·ing [inváitiŋ] *a.* 마음을 끄는, 매혹적인 ; 기분 좋은; 구미가 당기는; 파) **~·ly** *ad.*

in vi·tro [in-ví:trou] 《L.》 시험관〈유리관〉 내에, 생체 밖의《略 : IVF》.

in vi·vo [in-ví:vou] 《L.》 생채 내에서(의).

in·vo·ca·tion [ìnvəkéiʃən] *n.* (1) ⓒ 시신(詩神) 《Muse에게 작시(作詩)의 영감을 기원하는 주문》. (2) ⓤ 신의 도움을 빎, 기원(祈願). (3) ⓤⓒ(법의) 발동, 실시.

***in·voice** [invɔis] *n.* **[商]** 인보이스, 송장(送狀).
— vt. (1) …의 송장을〈청구서를〉 작성〈제출〉하다.

(2) …에게 송장을 보내다.

***in·voke** [invóuk] *vt.* (1)(법률)에 호소하다 ; 발동하다. (2) (신에게 도움·가호 따위)를 기원하다, 빌다, 간절히 바라다 ; (권위 있는 것·신성한 것)을 예로서 인용하다. (3)(악마따위)를 주문으로 불러내다 ; 불러 일으키다, 자극하다. ▫ invocation n.

***in·vol·un·tar·y** [inválən̩tèri/-vɔ́lən̩təri] *a.* (1)본의 아닌, 마음이 내키지 않는(unwilling) ; 【生理】 불수의 (不隨意)의. (2) 무심결의, 무의식적인, 모르는 사이의. 파) **-ri·ly** [-rili] *ad.* 모르는 사이에 ; 본의 아니게 **-ri·ness** *n.* 무의식, 본의 아님.

in·vo·lute [ínvəlù:t] *a.* (1) 【植】 안으로 말린〈감긴〉; 【動】(패각 등이) 나선 모양의. (2) 뒤얽힌, 복잡한, 착잡한. — *n.* ⓒ 【數】 신개선(伸開線).

***in·vo·lu·tion** [ìnvəlú:ʃən] *n.* (1) ⓤ 복잡, 혼란; ⓒ 복잡한 것. (2) ⓤ 말아넣음; 안으로 말림.

:in·volve [inválv/-vɔ́lv] *vt.* (1) 《~+목/+-*ing*》 (필연적으로) …을 수반하다, 필요로 하다, 포함하다. (2) 《+目+前+名》 연좌〈연루, 관련〉시키다《in》; 말려들게 하다, 휩쓸리게 하다《*in* ; *with*》 ; …에 영향을 끼치다. (3)《+目+前+名》〔흔히 受動으로 또는再歸用法〕…에 몰두시키다, 열중시키다《*in* ; *with*》. (4) …을 복잡하게 하다. ***get ~d with*** …에 휘감기다. 파) * **~d** [-d] *a.* (1)뒤얽힌, 복잡한. (2)(사건 등에) 관계한, 참가한;…에 말려든《*in*》. (3)…에 열중한《*in*》.

***in·volve·ment** [inválvmənt/-vɔ́lv-] *n.* (1) ⓒ 난처한 일; 어려움; (재정) 곤란. (2) ⓤ 말려듦; 휩쓸려듦, 관련, 연루, 연좌《*in*》.

in·vul·ner·a·ble [invʌ́lnərəbəl] *a.* (1) (논의 따위가) 논파할 수 없는, 이겨낼 수 없는, 반박할 수 없는. (2) 상처 입지 않는, 불사신의. 파) **-bly** *ad.* **~ ·ness** *n.*

:in·ward [ínwərd] *a.* (1) (말소리 따위가) 입속말로 하듯이 낮은. (2) 안의, 안쪽의, 내부의, 내부에의. 【opp.】 *outward.* (3) 내적인, 정신적인, 영적인. — *ad.* (1) 내부로, 안으로. (2) 마음 속에서, 내심(內心)으로. — *n.* (*pl.*) [ínərdz] 《口》 배; 내장《※in'ard 로도 씀》. 파) ***~ ·ly** *ad.* (1) 안에, 안으로, 내부에서. (2) 마음속에서. 몰래. (3) 내밀히, 작은 목소리로. **~ ·ness** *n.* ⓤ 내적인것, 참뜻, 본질(essence) ; 정신적인 것, 영성(靈性)(spirituality).

in·wards [ínwərdz] *ad.* =INWARD.

in·wrought [inrɔ́:t] *a.*〔敍述的〕(1) 혼합된, 뒤섞인《*with*》. (2) 짜〈박아〉 넣은, 수놓은 ; 상감(象嵌)한 ; 무늬가 든, 박아 넣은《*in, on*》.

Io 【化】 ionium. **Io.** Iowa. **I/O** 【컴】 input / output(입출력).

io·dize [áiədàiz] *vt.* 요오드를 함유시키다 ; 요오드로 처리하다.

io·do·form [aióudəfɔ̀:rm -ád-/-ɔ́d-] *n.* ⓤ 【化】 요오드포름《방부제, 소독》.

ion [áiən, an/ ən] *n.* 【物】 이온,

íon exchànge 【物·化】 이온 교환(交換).

Io·nia [aióuniə] *n.* 이오니아.

Io·ni·an [aióuniən] *n.* ⓒ 이오니아인. — *a.* 이오니아(인)의 ; 【建】 이오니아식의.

Iónian Séa (the ~) 이오니아해.

Ion·ic [aiánik/-ɔ́n-] *a.* 【建】 이오니아식의; 이오니아(사람)의.

io·ni·um [aióuniəm] *n.* ⓤ 【化】 이오늄.

ion·i·za·tion [àiənizéiʃən] *n.* ⓤ 전리(電離); 이온화.

ion·ize [áiənàiz] vt., *vi.* 【理】 전리하다, 이온화하다. 파) **-iz·er** *n.* 이온화〈전리〉 장치.

ion·o·sphere [aiánəsfìər/-ɔ́n-] *n.* (the ~) 【理】 전리층, 이온층. 파) **iòn·o·sphér·ic** *a.*

io·ta [aióutə] *n.* ⓤⓒ (1) 미소(微少)《*of*》; 〔否定文에서〕(an ~) 아주 조금(도 …없다), 티끌만큼(도 …없다).

***Io·wa** [áiəwə, -wei] *n.* 아이오와《略 : Ia., IA》. 파) **~n** [áiəwən] *a., n.* Iowa 주의(사람).

Iran [irǽn, ai-, -rá:n] *n.* 이란《수도 Teheran; 옛 이름은 Persia》.

Ira·ni·an [iréiniən] a. 이란어계(語系)의 ; 이란(사람)의. — *n.* (1) ⓒ 이란사람. (2) ⓤ 이란 말.

Irán-Iráq Wàr [irǽn-irá:k-] 이란 이라크 전쟁《1980-88》.

Iraq [irá:k] *n.* 이라크《수도는 Baghdad》.

Ira·qi [irá:ki] (*pl.* **~s**) *n.* (1) ⓤ 이라크 말. (2)ⓒ 이라크 사람. — *a.* 이라크의 ; 이라크 사람〈말〉의.

iras·ci·ble [irǽsəbəl, air-] *a.* 성미가 급한, 성을 잘 내는, 성마른.
파) **-bly** *ad.* **iràs·ci·bíl·i·ty** [-bíləti] *n.*

irate [áireit, -ˊ] *a.* 노한, 성난(angry). 파) **~ ·ly** *ad.*

IRBM, I.R.B.M. intermediate range ballistic missile.

IRC International Red Cross.

ire [áiər] *n.* ⓤ 【詩】 분노.

ire·ful [áiərfəl] *a.* 성마른, 성난.
파) **~ ·ly** *ad.* **~ ·ness** *n.*

:Ire·land [áiərlənd] *n.* 아일랜드《아일랜드 공화국과 북아일랜드》. ***the Republic of ~*** 아일랜드 공화국《옛 이름은 Irish Free State (1922-37), Eire(1937-49) ; 수도 Dublin》.

ir·i·des·cence [ìrədésəns] *n.* ⓤ 무지개 빛깔, 진줏빛.

ir·i·des·cent [ìrədésənt] *a.* 진줏빛의, 무지개 빛깔의. 파) **~ ·ly** *ad.*

irid·i·um [airídiəm, ir-] *n.* ⓤ【化】 이리듐《기호 Ir ; 금속원소; 번호 77》.

Iris [áiris] *n.* (1) 【그神】 이리스《무지개의 여신》. (2) 아이리스《여자의 이름》.

iris** (*pl.* **~ ·es**, ***ir·i·des [írədì:z, ái-]) *n.* ⓒ (1) 붓꽃속(屬)의 식물 ; 그 꽃. (2) 【解】(안구의) 홍채.

:Irish [áiriʃ] *a.* 아일랜드의 ; 아일랜드 사람〈말〉의. — *n.* (1)ⓤ 아일랜드 말. (2) (the I-)〔集合約〕아일랜드 사람〈군〉. 파) **~ ·ness** *n.*

Írish búll ⇨ BULL3. 그럴듯하나 모순된 말(표현)

Irish·ism [áiriʃìzəm] *n.* ⓒ 아일랜드 사투리〈어법〉; ⓤ아일랜드풍.

Irish·man [áiriʃmən] (*pl.* **-men** [-mən]; *fem.* ***-wom·an*** [-wùmən], *pl.* ***-wom·en*** [-wìmin]) *n.* ⓒ아일랜드 사람.

Írish Renáissance (the ~) 아일랜드 문예 부흥.

Írish Séa (the~) 아일랜드 해.

Írish sétter 사냥개의 종류.

Írish stéw 양고기〈쇠고기〉·홍당무·감자·양파 등을 넣은 스튜《요리명》.

Írish térrier 아일랜드종의 테리어.

irk [ə:rk] *vt.* 〔흔히 it를 주어로 하여〕지치게 하다 지루하게 하다.

irk·some [ɔ́:rksəm] *a.* 넌더리나는, 진력나는; 지루한(tedious). 파) **~ ·ly** *ad.* **~ ·ness** *n.*

:iron [áiərn] *n.* (1) ⓒ 철제 기구 ; 《특히》 아이론,

다리미, 인두; 헤어아이론; **[골프]** 쇠머리 달린 골프채, 아이언; 낙철(烙鐵); 낙인(烙印); (pl.) 차꼬, 수갑; (*pl.*) 등자(鐙子); (포경용) 작살; (pl.) 기형 교정용 보족구(補足具);《美俗》권총, 총. (2)ⓤ 철.【cf.】pig iron, cast iron, wrought iron, steel. (1) a). (3) ⓤ **[藥]** 철제(鐵劑) ; 철분. (4) ⓤ 강함〈단단함〉 ; 엄하고 혹독함. ***a man of ~*** 의지가 강한 사람, 무정한 사람. (***as***) ***hard as ~*** 철과 같이 굳은; 몹시 엄격한. ***a will of ~*** 무쇠 같은 의지. ***have*** (***too***) ***many ~s in the fire*** (너무)많은 사업에 손을 대다; 해결해야 할 문제가 많다. ***in ~s*** 차꼬를〈수갑을〉 차고; 잡힌 몸이 되어. ***muscles of ~*** 쇠같이 단단한 근육. ***pump ~*** 《俗》바벨을 들다, 역도를 하다. ***rule*** (***...***) ***with a rod of~*** 〈***with an ~ hand***〉 (사람·국가 따위)를 엄하게 관리〈지배〉하다.

— *a.* 〔限定的〕 (1) 철의, 철제의. (2)쇠처럼 단단한〈강한〉. (3) 냉혹〈무정〉한.

— *vt.* (1) 《~+目/+目+目/+目+前+名》 …에 다림질하다 (2) …에 차꼬를〈수갑을〉 채우다 (3) …에 철〈판〉을 붙이다〈대다, 씌우다, 입히다〉, 장갑하다. — *vi.* 다림질하다 ; (천 따위가)다림질되다. ***~out*** 1] 다림질하다 ; (주름을) 펴다. (울퉁불퉁한 것을) 고르다, 가지런히 하다 2] (견해차 따위를) 해소하다, 타협하다. (일을) 원활하게 하다. (장애를) 제거하다.

Íron Àge (1) (the i- a-) **[그神]** 흑철(黑鐵)시대. (2) (the ~) **[考古]** 철기 시대.

iron·bound [-báund] *a.* (1)단단한, 굽힐 수 없는. (2)쇠를 댄〈붙인〉. (3)(해안 등이) 바위가 많은.

iron·clad [-klǽd] *a.* (1) 깨뜨릴 수 없는, 엄격한 《계약 협정 따위》, 어길 수 없는. (2) 철판을 입힌〈댄〉, 장갑의.

— [스] *n.* ⓒ (19세기 후반의) 철갑함(鐵甲艦), 장갑함.

íron cúrtain (the ~, 때로는 the I- C-) 철의 장막.

iron-gray [-gréi] *n.* ⓤ *a.* 철회색(의)《약간 녹색을 띤 광택 있는 회색》.

***iron·ic, iron·i·cal** [airάnik/-rɔ́n-], [-əl] *a.* 비꼬는, 반어의, 풍자적인. 파) **-cal·ly** [-kəli] *ad.* 빈정대어 ; 얄궂게도. **-cal- ness** *n.*

iron·ing [áiərbniŋ] *n.* ⓤ (1) 〔集合的〕다림질하는 옷〈천〉. (2) 다림질.

ironing bòard 〈**tàble**〉 다림질판〈대〉.

íron lúng 철의 폐.

íron mòld 쇠녹 또는 잉크의 얼룩.

iron·mon·ger [-mʌ̀ŋgər] *n.* ⓒ 《英》철물살.

iron·mon·gery [-mʌ̀ŋgəri] *n.* 《英》 (1) ⓒ 철물상〈점〉. (2) ⓤ 철기류, 철물.

iron-on [àn/-ɔ̀n] *a.* 아이론으로 붙여지는.

íron óxide [化] 산화철.

íron ràtion (종종 *pl.*) **[軍]** 비상 휴대 식량.

iron·side [-sàid] *n.* ⓒ 용맹한(굳센) 사람.

iron·stone [-stòun] *n.* ⓤ 철광, 철광석.

iron·ware [-wὲər] *n.* ⓤ 〔集合的〕 철물(hardware), 철기.《특히 주방용품》.

iron·wood [-wùd] *n.* ⓤⓒ 경질재(硬質材), 그 수목.

iron·work [-wə̀ːrk] *n.* ⓤ 철제품; 철제 부분. 파) **~·er** *n.* 철공; 철골 조립공.

:iro·ny[1] [áirəni] *n.* (1) ⓤ **[修]**반어법《사실과 반대되는 말을 쓰는 표현법》. (2) ⓤ 풍자, 비꼬기, 빈정댐, 빗댐. b] ⓒ 비꼬는 말, 빈정거리는 언동. (3) ⓒ(운명 등의) 뜻밖의 결과.

irony[2] [áiərni] *a.* 쇠 같은, 철의 ; 철을 함유하는.

Ir·o·quoi·an [ìrəkwɔ́iən] *n.*, *a.* 이러쿼이 말(의) ; 이러쿼이 사람(의).

Ir·o·quois [írəkwɔ̀i] (*pl.* ~[-z]) *n.* (the~) 이러쿼이 족《여러 부족으로 이루어짐; 북아메리카 원주민》.

ir·ra·di·ance, -an·cy [iréidiəns], [-i] *n.* ⓤ 광휘(光輝), 발광(發光).

ir·ra·di·ate [iréidièit] *vt.* (1) 밝히다, 계발하다. (2) …을 비추다 ; 밝게 하다. (3) (얼굴 따위)를 밝게 하다, 생기가 나게하다; (애교)를 떨다, (친절하게)굴다. (4) 방사선 치료를 하다; (자외선 따위)를 조사(照射)하다.

ir·ra·di·a·tion [irèidiéiʃən] *n.* ⓤ (1) 계발, 계몽. (2) 발광, 방사, 방열 ; 조사, 투사(投射). (3) 방사선 조사, 방사선 치료.

***ir·ra·tion·al** [irǽʃənəl] *a.* (1) 이성〈분별〉이 없는. (2) 불합리한 ; 도리를 모르는, 분별없는. (3) **[數]** 무리(수)의【opp.】*rational.* — *n.* ⓒ**[數]** 무리수. 파) **~·ly** *ad.*

ir·ra·tion·al·i·ty [iræ̀ʃənǽləti] *n.* (1) ⓒ 불합리한 생각〈언동〉. (2) ⓤ 불합리, 부조리 ; 이성〈분별〉이 없음.

ir·re·claim·a·ble [ìrikléiməbəl] *a.* (1) 개간〈간척〉할 수 없는. (2) 돌이킬 수 없는, 메울 수 없는 ; 교정〈회복〉할 수 없는. 파) **-bly** *ad.*

ir·rec·on·cil·a·ble [irékənsàiləbəl] *a* (1)조화하지 않는, 모순된(conflicting)《*to* ; *with*》. (2)화해 할 수 없는, 타협할 수 없는. — n. ⓒ 화해〈협조〉할 수 없는 사람 ; (*pl.*) 서로 용납될 수 없는 생각〈신념〉. 파) **-bly** *ad.* **ir·rèc·oncìl·a·bíl- i·ty** [-əbíləti] *n.*

ir·re·cov·er·a·ble [ìrikʌ́vərəbəl] *a.* 돌이킬 수 없는, 회수할 수 없는 ; 회복할 수 없는, 고칠 수 없는. 파) **-bly** *ad.*

ir·re·deem·a·ble [ìridíːməbəl] *a.* (1) (국체 따위가) 상환되지 않는; 태환(兌換)할 수 없는《지폐 따위》. (2) 되살 수 없는; 돌이킬 수 없는. (3) 구제할 수 없는, 희망이 없는.

파) **-bly** *ad.*

ir·re·duc·i·ble [ìridjúːsəbəl] *a.* (1) 줄일 수 없는, 삭감할 수 없는. (2) (일정 한도 이상으로는) 단순화〈축소〉할 수 없는, (다른 상태·형식으로) 돌릴〈바꿀〉수 없는《to》. (3) **[數]** 약분할 수 없는. 파) **-bly** *ad.*

ir·ref·u·ta·ble [iréfjutəbəl, ìrifjúːt-] *a.* 반박〈논파〉할 수 없는. 파) **-bly** *ad.*

:ir·reg·u·lar [irégjələr] (***more ~ ; most ~***) *a.* (1) 규칙〈규범〉을 따르지 않는; 불법의. (2) 불규칙한, 변칙의 ; 비정상의, 이례(異例)의; 부정기의; 파격적인. (3)규율이 없는 ; 단정치 못한. (4) 층이 지는, 고르지 않은; 울퉁불퉁한, 평탄치 않은. (5) **[軍]** 정규가 아닌. (6) **[文法]** 불규칙변화의.【opp.】*regular.* — *n.* ⓒ 비정규병; (*pl.*) 《美》규격에 맞지 않는 상품, 흠 있는 물건. 파) **~·ly** *ad.* 불규칙하게; 부정기로.

***ir·reg·u·lar·i·ty** [irègjəlǽrəti] *n.* (1) ⓒ 반칙, 불규칙한 것; (*pl.*) 불법〈부정〉 행위. (2) ⓤ 불규칙, 변칙; (*pl.*) 요철(凹凸); 가지런하지 않음. (3) ⓤ 《美》 변비(便秘).

ir·rel·e·vance, -van·cy [iréləvəns], [-si] *n.* (1) ⓒ 잘못 짚은 비평, 빗나간 질문《따위》. (2)ⓤ 부적절 ; 무관계, 엉뚱함.

ir·rel·e·vant [iréləvənt] *a.* (1) 중요치 않은, 무의미한. (2)부적절한; 무관계한《*to*》; 잘못 짚은, 당치 않

은. 파) ~ ·ly *ad.*

ir·re·li·gious [ìrilídʒəs] *a.* (1) 반종교적인. (2)무종교의. (3) 신앙 없는, 불경건한. 파) ~ ·ly *ad.*

ir·re·me·di·a·ble [ìrimíːdiəbəl] *a.* (1) 돌이킬 수 없는(실책 따위). (2) (병이) 불치의; 고칠 수 없는《악폐 따위》(inreparable). 파) -bly *ad.*

ir·re·mov·a·ble [ìrimúːvəbəl] *a.* (1) 면직시킬 수 없는, 종신직의. (2) 옮길 수 없는; 제거할 수 없는. 파) -bly *ad.*

ir·rep·a·ra·ble [irépərəbəl] *a.* 고칠〈돌이킬, 만회할〉 수 없는. 파) ~ ·ly *ad.*

ir·re·place·a·ble [ìripléisəbəl] *a.* 둘도 없는; 바꿔놓을〈대체할〉 수 없는. 파) -bly *ad.*

ir·re·press·i·ble [ìriprésəbəl] *a.* 억누를〈억제할〉 수 없는. 파) -bly *n.*

ir·re·proach·a·ble [ìripróutʃəbəl] *a.* 결점이 없는, 비난할 수 없는, 탓할〈흠잡을〉 데 없는 (blameless). 파) -bly *ad.*

*__ir·re·sist·i·ble__ [ìrizístəbəl] *a.* (1) 억제할 수 없는, 억누를 수 없는. (2) 저항할 수 없는. (3) 못 견디게 매혹적인, 매력적인. (4) (논점·이유 따위가) 두말할 나위없는, 군말할 수 없는. 파) -bly *ad.*

*__ir·res·o·lute__ [irézəlùːt] *a.* 우유부단한, 결단력이 없는, 망설이는. 파) ~ ·ly *ad.*

ir·res·o·lu·tion [irèzəlúːʃən] *n.* 우유부단, 결단성 없음 ; 무정견(無定見).

ir·re·spec·tive [ìrispéktiv] *a.*〔다음 成句로〕 *~ of ...* 〔전치사적으로〕…에 관계없이. 파) ~ ·ly *ad.*

*__ir·re·spon·si·ble__ [ìrispánsəbəl/-spɔ́n-] *a.* (1) 책임감이 없는; 믿을 수 없는. (2) 책임이 없는: 책임능력이 없는《*for*》.

— *n.* ⓒ 책임(감)이 없는 사람. 파) -bly *ad.*

ìr·re·spòn·si·bíl·i·ty [-bíləti] *n.* ⓤ 무책임

ir·re·triev·a·ble [ìritríːvəbəl] *a.* 회복〈만회〉할 수 없는, 돌이킬 수 없는. 파) -bly *ad.* 돌이킬 수 없을 정도로.

ir·rev·er·ence [irévərəns] *n.* (1) ⓒ 불경한 행위〈말씨〉. (2) ⓤ 불경 ; 비례 (非禮).

ir·rev·er·ent [irévərənt] *a.* 불손한, 불경한. 파) ~ ·ly *ad.*

ir·re·vers·i·ble [ìrivə́ːrsəbəl] *a.* (1) 철회할 수 없는, 파기할 수 없는《법률 등》. (2) 거꾸로 할 수 없는, 뒤집을 수 없는, 역행〈역전〉할 수 없는. 파) -i·bly *ad.*

ir·rev·o·ca·ble [irévəkəbəl] *a.* (1) 취소〈변경〉할 수 없는, 결정적인. 파) -bly *ad.*

ir·ri·ga·ble [írigəbəl] *a.* 관개할 수 있는, 물을 댈 수 있는.

*__ir·ri·gate__ [írəgèit] *vt.* (1) 【醫】 (상처 등)을 관주(灌注)〈세척〉 하다. (2) (토지)에 물을 대다; 관개하다 (water). — *vi.* (1) 관개〈관주〉하다. (2) 【醫】 세척하다. ▫ irrigation *n.*

*__ir·ri·ga·tion__ [ìrəgéiʃən] *n.* ⓤ (1) 【醫】 (상처 등을) 씻음, 관주(灌注)(법). (2) 물을 댐; 관개. ▫ irrigate *v.*

ir·ri·ta·bil·i·ty [ìrətəbíləti] *n.* ⓤ (1) 【生理】 자극감〈반〉응성, 과민성. (2) 성미가 급함; 민감.

*__ir·ri·ta·ble__ [írətəbəl] *a.* (1)【醫】 자극에 민감한, 홍분성의. (2)성미가 급한, 성마른(touchy); 안달하는, 애를 태우는(fretful). 파) -bly *ad.*

ir·ri·tant [írətənt] *a.* 〔限定的〕 자극성의, 자극하는. — *n.* ⓒ 자극물〈제〉.

:__ir·ri·tate__ [írətèit] *vt.* (1)(신체의 기관)을 자극하다, …에 염증을 일으키게 하다. (2)《~ +目/+目+前+名》(사람)을 초조하게 하다, 노하게 하다, 안달나게〈속타게〉 하다. ▫ irritation n.

ir·ri·tat·ed [írətèitid] *a.* (1) 자극된, 염증을 일으킨, 따끔따끔한. (2) 안달복달한, 화를 낸《※ 보통 사람에게는 with, against, 그밖의 사안에 대해서는 at, by를 쓴다.》

*__ir·ri·tat·ing__ [írətèitiŋ] *a.* 약올리는, 초조하게 하는, 흥분시키는, 화나게 하는, 짜증나는(vexing). 파) ~ ·ly *ad.*

*__ir·ri·ta·tion__ [ìrətéiʃən] *n.* (1) ⓤ 【醫】 자극(상태), 홍분, 염증. (2) ⓤ 속타게〈성나게〉함; 안달, 초조, 노여움. (3) ⓒ 화나게 하는 일〈것〉.

ir·ri·ta·tive [írətèitiv] *a.* 자극하는, 자극성의.

ir·rupt [irʌ́pt] *vi.* (1) 【生態】 (개체수가) 급증하다, 대량으로 발생하다, 분노를 폭발시키다. (2) …에 침입〈돌입〉 하다《*into*》.

ir·rup·tion [irʌ́pʃən] *n.* ⓤⓒ 침입, 난입; 돌입.

IRS, I. R. S. 《美》 Internal Revenue Service (국세청).

:__is__ [iz, 弱(유성음의 단음) z,(무성음의 다음) s] BE의 3인칭·직설법(直說法) ·단수·현재.

Is. Isaiah; island. **is.** island ; isle. **Isa.** 【聖】 Isaiah.

isai·ah[aizéiə/-záiə] *n.* 이사야서(書)《구약의 한 편》; 【聖】 이사야.

Is·car·i·ot [iskǽriət] *n.* (1) ⓒ 〔一般約〕배반자. (2) 【聖】 이스가리옷.

-ish² suf. 동사를 만듦 : aston*ish*, abol*ish*.

Ish·ma·el [íʃmiəl, -meiəl] *n.* (1) ⓒ 추방인, 뜨내기, 떠돌이; 사회의 적(outcast). (2) 【聖】 이스마엘 . 파) ~ ·ite [íʃmiəlàit, -meiəl-] *n.* ⓒ (1) 【聖】 ~의 자손. (2) 사회에서 (세상에서) 버림받은 자.

isin·glass [áiziŋglæ̀s, -glɑ̀ːs] *n.* ⓤ (1)【鑛】 운모(雲母)(mica). (2) 부레풀, 젤라틴.

Is·lam [íslaːm, íz-, -læm] *n.* (1) 〔集合的〕회교도; 이슬람 세계. (2) ⓤ 이슬람〈마호메트〉교, 회교.

Is·la·ma·bad [islάːməbὰːd] *n.* 이슬라마바드.

Íslam fundaméntalism 이슬람 원리주의 (= **Islámic Fundaméntalism**). 【cf.】 Moslem fundamentalism.

Is·lam·ic, Is·lam·it·ic [islǽmik, -lάːmik, iz-], [ìsləmítik, ìz-] *a.* 회교의, 이슬람〈마호메트〉교의 ; 회교도의, 이슬람교적인.

Is·lam·ism [ísləmìzəm, íz-] *n.* ⓤ 이슬람교.

Is·lam·ite [ísləmàit, íz-] *n.* ⓒ 회교도.

:__is·land__ [áilənd] *n.* ⓒ (1) 섬 비슷한 〈고립된〉 것; 《특히》 고립된 언덕 ; (가로상의) 안전 지대 (safety ~); 고립된 집단〈지역〉. (2) 섬《略 : is.》. — *a.* 〔限定的〕 섬의, 섬 모양의.

— *vt.* (1) …을 섬으로〈같이〉 만들다, 고립시키다. (2) …을 섬처럼 점재(點在)시키다; …에 섬같이 군데군데 두다《*with*》. 파) ~ ·er *n.* ⓒ 섬 사람.

.isle [ail] *n.* ⓒ (1) (I-) …섬《고유 명사로서》 : the British *Isles* 영국 제도. (2) 《詩》섬, 작은 섬.

*__is·let__ [áilit] *n.* ⓒ (1) 동떨어진 곳〈점〉. (2) 아주 작은 섬.

isls. Islands.

ism [ízəm] *n.* ⓒ 학설, 주의, 이즘(doctrine).

iso·bar [áisəbὰːr] *n.* ⓒ 【氣】 등압선.

:__iso·late__ [áisəlèit, ísə-] *vt.* 《~+目/+目+前+名》 (1) 【化】 격리시키다 ; 【菌】 (특정균)을 분리하다. (2) …을 고립시키다, 분리〈격리〉하다. (3) 【電】 절연하다 (insulate). ▫ isolation *n.* 파) -lat·ed *a.* (1) 고

립된. 격리된. (2) 절연된.

:iso·la·tion [àisəléiʃən, ìsə-] *n.* ⓤⓒ (1) 격리. (2) 고립(화), 고독. (3) 【化】 단리. (4) 【電】 절연. 파) **~·ism** [-ìzəm] *n.* ⓤ 고립〈쇄국〉주의 ; 《美》먼로주의. **~•ist** *n.* 고립주의자.

isolátion hòspital 격리 병원.

isolátion wàrd 격리 병동.

iso·mer [áisəmər] *n.* ⓒ 【化】 이성질체. 파) **iso·mer·ic** [aisəmérik] *a.* **isom·er·ism** [aisámərìzəm/-sɔ́-] *n.* ⓤ 【化】 (화합물 따위의) 이성질(異性質) 현상.

iso·met·ric, -ri·cal [àisəmétrik], [-əl] *a.* 등척성의, 크기〈길이·면적·체적·각 둘레〉가 같은.

isos·ce·les [aisásəlì:z/ -sɔ́s-] a. 【數】 2등변의.

iso·therm [áisəθə̀:rm] *n.* ⓒ【氣】 등온선.

iso·ther·mal [àisəθə́:rməl] *a.*, *n.* 등온선(의).

iso·tope [áisətòup] *n.* ⓤ 【物】 동위 원소 ; 아이소토프.

iso·tron [áisətràn/-trɔ̀n] *n.* ⓒ 【物】 아이소트론《동위원소 전자(電磁) 분리기의 일종》.

iso·trop·ic [àisətrápik/-trɔ́p-] *a.* 【物·生】 등방성(等方性)의, 균등성의.

***Is·ra·el** [ízriəl, -reiəl] *n.* (1) 〔集合約〕이스라엘의 자손, 이스라엘 사람, 유대인(Jew); 신의 선민, 기독교도. (2) 【聖】 이스라엘《Jacob의 별명; 창세기 XXXⅡ: 28》. (3) 이스라엘 공화국《1948년에 창건된 유대인의 나라: 수도 Jerusalem》.

Is·rae·li [izréili] (*pl.* **~s**)) *n.* ⓒ (현대의) 이스라엘 사람〈국민〉.
— *a.* (현대의)이스라엘(사람)의.

Is·ra·el·ite [ízriəlàit, -reiə-] *n.* ⓒ 유대인(Jew), 이스라엘 〈야곱〉의 자손 ; 신의 선민.
— *a.* 이스라엘의, 유대의.

is·su·a·ble [íʃu:əbəl] *a.* (1) 【法】 (소송 등의) 쟁점이 될 수 있는. (2) 발행〈발포(發布)〉할 수 있는; 발행이 인가된《통화 채권 등》.

is·su·ance [íʃu:əns] *n.* ⓤ (1) 발급, 급여. (2)발행, 발포(發布). (3) 배급. ▫ issue *v.*

:is·sue [íʃu:/ísju:] *vt.* (1) 《~+目/+目+前+名》(지폐·책 따위)를 발행하다, 출판하다 ; 【商】 (어음)을 발행하다. (2) 《~+目/+目+前+名》 (명령·법률 따위)를 내다, 발하다, 발포하다. (3)《+目+前+名》 【軍】 (식량·의복 등)을 지급하다, 급여하다. — *vi.* (1) 《+前+名/+副》 나오다, 발하다, 나타나다, 유출하다, 분출하다 《*forth* ; *out*》. (2) 《+前+名》 유래하다, …에서 생기다(result)《*from*》.
— *n.* (1) ⓤ(또는 an ~) 나옴, 유출(물). (2) ⓤⓒ 발행; ⓒ 발행물 ; 발행 부수 ; …판(版). (3)ⓒ 논점, 토론; 논쟁 〈계쟁〉점; 문제. (4) ⓒ (*sing.*) 결과, 결말, 결과로서 생기는 것. (5) ⓤ【法】 지너, 자손. ***at ~*** 1) 논쟁〈계쟁〉 중에〈의〉, 미 해결로〈의〉(=***in ~***). 2) 의견이 엇갈리어, 다투어. ***in the ~*** 결국은, 요컨대. ***join*〈*take*〉 *~*** 의견이 대립하다, 논쟁하다, …에 이의를 제기하다《*with* ; *about* ; *on* ; *over*》.
파) **ís·su·er** [-ər] *n.* ⓒ 발행인.

-ist *suf.* '…주의자, …하는 사람, …을 신봉하는 사람, 가(家)'의 뜻의 명사를 만듦: ideal*ist*, novel*ist*, special*ist* 《※ -ism 과 달라 영미 모두 악센트가 없음》.

Is·tan·bul [ìstænbú:l, -tɑ:n-] *n.* 이스탄불《구명 Constantinople ; 터키의 옛 수도》.

isth·mi·an [ísmiən] *a.* (1) (I-) 그리스 Corinth 지협의; (I-)Panama 지협의 : the *Isth-mian* Canal Zone 파나마 운하 지대. (2) 지협의.

isth·mus** [ísməs](*pl.* ***~es, -mi [-mai]) *n.* ⓒ (1) 【解·植·動】 협부(峽部). (2) 지협.

:it [it] (소유격 ***its*** [its], 목적격 ***it;*** *pl.* 주격 ***they***, 소유격 ***their***, 목적격 ***themit's*** [its]; 複合人稱代名詞 ***itself***) *pron.* (1) 〔非人稱의 it: 單數분이며, 우리말로 새기지 않음〕 a〕〔날씨·계절·시간·거리·명암 따위를 나타내어〕. b〕〔막연히 사정·상황·부정(不定)의 것을 나타내어〕.
(2) 〔3인칭 中性의 人稱代名詞〕그것《일반적으로 앞서 말한 사물을 가리킴. 또, 성별의 명사를 필요로 하지 않든가 그것이 불분명한 때의 사람·동물을 지칭함》.
(3)〔특수한 용법의 동사의 主語로서〕《뒤에 that절이 오며, that은 생략되기도 함》《※ it seems〈appears〉는 삽입절로도 쓰임》.
(4)《口》〔특수한 成句 중에서 동사 (보통, 자동사나 명사가 타동사로 전용된 것) 또는 전치사의 目的語로서〕.
(5) 〔形式主語로서 뒤에 오는 語·句·節을 대표〕 a〕〔it is+(a) 名詞〔形容詞〕+to do(do*ing*)〕【動名詞】. b〕〔it is+形容詞+for+(代)各詞+to do〕. c〕〔it is+形容詞+of+(代)各詞+to do〕《※ 1〕이런 구문에 사용되는 주요 형용사 : brave, careful, careless, clever, clumsy, considerate, cowardly, cruel, foolish, generous, good(=kind), (dis)honest, (un)kind, mean, nasty, nice(=kind), (im)polite, reasonable, rude, (un)selfish, sensible, silly, stupid, sweet, weak, wicked wise, wonderful, wrong. (2)foolish, wise따위는 for 구문도 가능함. d〕〔it is +各詞〈形容詞〉 + that〈wh-〉節〕《that은 생략될 때가 있음》. e〕〔it+自動詞+that〈wh-〉節〕. f〕〔it+他動詞+(代)名詞+to do〕. g〕〔it is+과거분사+to do〈that 節, wh-節〉〕.
(6) 〔形式目的語로서 뒤에 오는 語·句·節을 대표〕 a〕〔主語+動詞+it+各詞〈形容詞〉+to do〈doing, that節, wh-節〉〕. b〕〔主語+動詞+it+前置詞+(代)各詞+to do〈that 節〉〕. c〕〔主語+動詞+前置詞+it+that 節〕. d〕〔主語+動詞+it+that節〕.
(7) 〔앞 또는 뒤에 나온 句나 節 따위를 가리켜〕.
(8) 〔强調構文〕《It is X that〈wh-〉... 따위 構文에서 특정 부분 X를 강조》《※ 강조구문에서 it 다음에 오는 be 동사의 時制는 clause내의 동사의 시제와 일치하며, clause 안의 동사의 인칭은 바로 앞의 各詞·代名詞에 일치함》.
— *n.* ⓤ (1) 술래. (2) 《口》 a〕이상(理想)(the ideal), 지상(至上), 극치, 바람직한〈필요한〉수완〈능력〉, 바로 그것. b〕 중요 인물, 제일인자. (3) 《口》 성적 매력(sex appeal). ***be with it*** 《俗》 1〕 〔때로 남을 깎아 내려〕(아무가) 유행을 알다, 현대적이다, 시류를 타고 있다. 2〕 (남의 이야기 따위를) 확실히 이해할 수 있다. ***That's it.*** 1〕 바로 그렇습니다, 맞습니다. 2〕 그거야, 그게 문제란 말야. 3〕 이것으로 마감〈마지막〉이다. ***This is it.*** 《口》 (드디어) 올 것이 왔다, 이거다.

:Ital·ian [itǽljən] *a.* (1) 이탈리아 말〈식〉의. (2)이탈리아의; 이탈리아 사람의. — *n.* (1) ⓒ 이탈리아 사람. (2) ⓤ 이탈리아어.

***ital·ic** [itǽlik] *n.* (주로 *pl.*) 이탤릭체 글자. 【cf.】 Roman.
— *a.* 【印】 이탤릭체의.

***ital·i·cize** [itǽləsàiz] *vt.* (1) …에 밑줄을 치다. (2) …을 이탤릭체로 인쇄하다. — vi. 이탤릭체를 사용하다.

:It·a·ly [ítəli] *n.* 이탈리아 (공화국) 《수도Rome》.

***itch** [itʃ] *n.* (1) (the ~) 옴, 개선(疥癬). (2) (an

~) 가려움. (3) (흔히 *sing.*) 참을 수 없는 욕망, 갈망《*for* ; *to do*》.
— *vi.* (1) 가렵다, 근질근질하다 : My back ~ *es* 등이 가렵다 / I ~ all over. 온몸이 가렵다. (2)《+前+名/+*to* do》…하고 싶어서 좀이 쑤시다. …이 탐이 나서 못 견디다, 초조를 느끼다. ***have an ~ing palm*** ⇨ PALM1.

itchy [ítʃi] (***itch·i·er*** ; ***-i·est***) *a.* (1) 탐이 나서〈하고 싶어〉 좀이 쑤시는; 안달하고 있는. ***have*** 〈***get***〉 ***~ feet*** (어딘가로) 뜨고 싶어 좀이 쑤시다. (2) 옴이 오른; 가려운.
파) **ítch•i•ness** *n.*

:item [áitəm, -tem] *n.* ⓒ (1) (신문 따위의) 기사, 한 항목. (2) 항목, 조목, 조항, 품목, 세목. (3)《美俗》 이야기〈소문〉거리. ***~by ~***항목별로, 한 조목 한 조목씩.
— *vt.* 항목별로 쓰다.

item·ize [áitəmàiz] *vt.* 항목별로 나누다, 조목별〈세목별〉로 쓰다. ***an ~d account*** 대금(계산) 명세서.

it·er·ate [ítərèit] *vt.* 되풀이해(서) 말하다, (몇 번이고) 되풀이하다(repeat). 파) **ìt·er·á·tion** [-ʃən] *n.* ⓤ ⓒ 되풀이, 반복 ; 복창(復唱).

it·er·a·tive [ítərèitiv, -rət-] *a.* 되풀이하는, 곱씹는 ; 반복의 ; 【文法】 반복(상)의.

Ith·a·ca [íθəkə] *n.* 이타카《그리스 서쪽의 섬; 신화의 Odysseus〈Ulysses〉의 고향》.

***itin·er·ant** [aitínərənt, itín-] *a.* 〔限定的〕 편력 중의, 순회하는 ; 이리저리 이동하는《노동자 따위》; (감리교파에서) 순회 설교하는. — *n.* ⓒ (1) 편력자 ; 순회설교자〈판사〉 ; 행상인, (유랑 극단의) 배우《따위》. (2) 방랑자.

itin·er·ary [aitínərèri, itín-/-rəri] *n.* ⓒ 여행 일정 계획(서) ; 여정(旅程) ; 여행 안내서 ; 여행(일)기. — *a.* 〔限定的〕 여정의, 여행의, 순방(순회)하는.

itin·er·ate [aitínərèit, itín-] *vi.* (1) 순회 설교를〈재판을〉 하다. (2) 순회〈순력〉하다.

:its [its] *pron.* 〔it의 所有格〕 그, 그것의, 저것의. 【cf.】 it[1].

:it's [its] it has, it is의 간약형.

:it·self [it-sélf] (*pl.* ***them•selves***) *pron.* (1)〔强意用法〕 바로 그것(마저), …조차. (2)〔再歸用法〕그 자신을〈에게〉, 그 자체를〈에〉. 【cf.】 -self. (3)(동물 따위의) 정상적인〈건강한〉 상태. ***by ~*** 그것만으로, (딴것과 떨어져) 홀로; 저절로. ***for ~*** 단독으로. ***in ~*** 본래, 그 자체로서, 본질적으로. ***of ~*** 저절로, 자연히.

ITTF International Table Tennis Federation (국제 탁구 연맹).

it·ty-bit·ty, it·sy-bit·sy [ítibíti], [ítsibítsi] *a.* 〔限定的〕《口》 하찮은, 조그만.

ITU, I.T.U. International Telecommuni-cation Union((UN의) 국제 전기 통신 연합).

IU international unit(국제 단위). **IUCN** International Union for Conservation of Nature and Natural Resources(국제 자연보호 연맹). **IU(C)D, I.U.(C.)D.** intrauterine (con-tra-ceptive) device (피임용 자궁내 링).

-ium *suf.* (1) 화학 원소명을 만듦 : rad*ium* (2)라틴어계(系) 명사를 만듦 : med*ium*, prem*ium*.

Ivan·hoe [áivənhòu] *n.* 아이반호《sir Walter Scott의 소설명 ; 그 주인공》.

:I've [aiv]《口》 I have의 간약형.

ivied [áivid] *a.* 담쟁이(ivy)로 덮인.

:ivo·ry [áivəri] *n.* (1) ⓒ (흔히 *pl.*)《俗》 상아 제품 ; 당구알〈공〉 ; 피아노의 건반; 주사위. (2) ⓤ 상아, (코끼리·하마 따위의) 엄니. (3) ⓤ 상아빛. (4) (*pl.*)《俗》이, 치아.
— *a.* 〔限定的〕 상아제의, 상아 비슷한, 상아빛의 ; =IVORY-TOWERED.

Ívory Cóast (the ~) 코트디부아르《서아프리카의 공화국; 수도 Abidjan》.

ívory tówer 상아탑《실사회에서 떨어진 사색의 세계, 특히 대학》.

ivo·ry-tow·ered [áivəritáuərd] *a.* 상아탑에 사는, 세속과 인연을 끊은 ; 멀리 인적이 끊긴.

ivy [áivi] *n.* ⓤ (1) (흔히 I-)《美口》 =IVY LEAGUE. (2) 【植】 담쟁이덩굴 ⇨ POISON IVY.
— *a.* 〔限定的〕학원의, 학구적인.
— *vt.* 담쟁이로 장식하다.

Ívy Léague (the ~)《美》아이비 리그《Yale, Harvard, Princeton, Columbia, Pennsyl-vania, Brown, Cornell, Dartmouth 북동부 8개 명문 사립대학의 총칭》: 이 8개 대학으로 된 운동 경기 연맹.

Ívy Léaguer Ivy League 학생〈졸업생〉.

I.W. Isle of Wight **IWC** International Whaling Commission(국제 포경 위원회). **IWA** International Whaling Agreement (국제 포경 협정). **I.W.W., IWW** Industrial Workers of the World(세계 산업 노동자 조합). **I.X., IX** Jesus Christ.

Iz·ves·tia [izvéstiə] *n.*《Russ.》(=news) 이즈베스티야《옛 소련 정부 기관지 ; 현재는 독립》.

J

J, j [dʒei] (*pl.* ***J's, Js, j's, js*** [-z]) (1) ⓤ 열 번째(의 것). (2) ⓤⓒ 제이. (3) ⓒ J자 모양(의 것). (4) ⓒ《美俗》마리화나 담배.

jab [dʒæb] (***-bb-***) *vt.* (1) …을 푹 찌르다《*into*》. (2) a] …을 쿡 찌르다《*in*》. b] 【拳】(상대)에게 잽을 먹이다. — *vi.* (1)쿡〈푹〉 찌르다《*at*》. (2) 【拳】 잽을 먹이다《*at*》. — *n.* ⓒ (1) 갑자기 찌르기〈치기〉 (2) 【拳】 잽. (3)《美俗》(피하)주사 ; 접종(接種).

jab·ber [dʒǽbər] *vi., vt.* 재잘거리다, 빨리 지껄이다《*out, away*》. — *n.* ⓤ (또는 a ~) (알아듣기 힘든) 지껄림, 재잘거림(chatter).

jab·ber·wock(y) [dʒǽbərwɑ̀k(i)/-wɔ̀k(i)] *n.* ⓤⓒ 종잡을 수 없는 말 ; 뜻모를 소리.

ja·bot [dʒæbóu, ʒæbóu] *n.* ⓒ《F.》자보《브라우스 등 여성복의 앞가슴 주름 장식》.

*****jack** [dʒæk] *n.* (1) ⓒ (흔히 J-) 보통 남자 ; 무례한 놈 ; 남자(man), 놈(fellow), 소년 ; (보통, 모르는 사람을 불러) 너 ; 동료, 짝패 (buddy, guy)《보통, 호칭으로 쓰임》. (2) (J-)잭《남자 이름 ; John, 때로 James, Jacob의 애칭》. (3)ⓒ 밀어올리는 기계, 잭. (4) ⓒ 【電】 잭《플러그를 꽂는 구멍》. (5) 잭(knave); =JACKPOT, BLACKJACK (6) ⓒ 【解】 (국적을 나타내는) 선수기(船首旗). (7) ⓤ《美俗》돈(money). (8) ⓒ《英俗》순경, 형사. ***a piece of ~***《美俗》상당한 돈. ***hook Jack***《美口》 꾀부리고 쉬다(play hooky). ***I'm all right, Jack.***《口》난 걱정없다《다른 사람의 일은 모르지만》. ***Jack and Gill***〈***Jill***〉 젊은 남녀. ***on*** one***'s Jack***(***Jones***)《俗》혼자서.
— *a.* (당나귀 따위가) 수컷의.
— *vt.* …을 잭으로 밀어올리다 ; 들어올리다《*up*》. ***~ in***《英俗》(일 따위)를 그만두다, 치우다, 포기하다. ***~ up*** 1] 잭으로 밀어올리다. 2] (일·계획 따위)를 포기하다(give up). 3]《美口》(값·임금 등)을 올리다(raise).

jack·al [dʒǽkɔːl] *n.* ⓒ (1)《比》남의 앞잡이 ; 악인(惡人). (2) 【動】 재컬.

jack·a·napes [dʒǽkənèips] (*pl.* ~) *n.* ⓒ (흔히 *sing.*) 잘난 체 하는 사람 ; 건방진 놈 ; 되바라진 아이.

jack·ass [dʒǽkæ̀s] *n.* ⓒ (1) 바보, 멍청이, 촌놈. (2) 수탕나귀.

jack·boot [dʒǽkbùːt] *n.* (1) ⓒ (the ~) 강압적인 행위, 강제, 전횡(專橫). (2) ⓒ (흔히 *pl.*) 긴 장화.

jack·daw [dʒǽkdɔ̀ː] *n.* ⓒ 【鳥】 갈가마귀.

:jack·et [dʒǽkit] *n.* ⓒ (1) 상의 위에 덧입는 것. (2) (소매 달린 짧은)웃옷, 재킷《남녀 구별 없이 씀》: 양복 저고리. (3) (책의) 커버 ; (가(假)제본의) 표지《※ 흔히 말하는 책의 '커버'는 jacket이며, 영어의 cover는 '표지'의 뜻》. (4)《美》(문서를 넣는) 봉하지 않은 봉투, 포장지. (5)《美》(레코드의) 재킷(《英》sleeve). (6) a] (총탄의) 금속 외피. b] (증기관(蒸氣罐)등 열의 발산을 막는) 포피(재)(包被(材)). (7) 감자 따위의 껍질. ***dust*** 〈***trim***〉 a person***'s ~***《口》아무를 갈기다. — *vt.* (1) …에 재킷을 입히다, 재킷으로 덮다. (2) (책)에 커버를 씌우다, 후려갈기다(thrash).

jack·ham·mer [dʒǽkhæ̀mər] *n.* ⓒ 수동 착암기 잭햄머.

jack-in-of·fice [ˊinɔ̀(ː)fis, -ɑ̀f-] (*pl.* ***jacks-***) *n.* ⓒ (종종 J-) 거들먹거리는 하급 관리.

jack-in-the-box [ˊinðəbɑ̀ks/-bɔ̀ks] (*pl.* ***~-es, jacks-***) *n.* ⓒ 도깨비 상자《장난감》.

jack·knife [ˊnàif] *n.* ⓒ (1) 【다이빙】 잭나이프(다이빙). (2) 잭 나이프《접을 수 있게 된 튼튼한 대형 나이프》. — *vt.* …을 구부리다. — *vi.* (1) (잭나이프처럼) 구부러지다. (2) (잭 나이프 다이빙을 할 때) 몸을 (꺾어)구부리다(새우형 다이빙). (3) (열차·트레일러 등이 운전 잘못이나 사고로) 연결부에서 급각도로 구부러지다.

jáckknife dive = JACKKNIFE. *n.* (1).

jack-of-all-trades [ˊəvɔ́ːltréidz, ˋ-ˊˊ] (*pl.* ***jacks-***) *n.* ⓒ (때로 J-) 무엇이든 대충은 아는〈하는〉 사람.

jack-o'-lan·tern [ˊəlæ̀ntərn] *n.* ⓒ (종종 J-) (1) (속빈 호박(따위)에 눈·코·입을 낸) 호박등(燈). (2) 도깨비불(will-o'-the-wisp).

jack·pot [ˊpɑ̀t/ˊpɔ̀t] *n.* ⓒ (1)《口》(뜻밖의)대성공, 대 히트. (2) (포커에서) 계속해서 태우는 돈. (3) 적립된 많은 상금. ***hit the ~*** 1] 장땡을 잡다. 2] 히트치다, 대성공하다.

jack·rab·bit [ˊræ̀bit] *n.* ⓒ 【動】 귀와 뒷다리가 특히 긴 북아메리카산 산토끼.
— *vi.* 갑자기 기울어지다.

jack·screw [ˊskrùː] *n.* ⓒ 【機】 나사식 잭.

jack·snipe [ˊsnàip] *n.* ⓒ 【鳥】 꼬마도요.

Jack·son [dʒǽksən] *n.* ***Andrew ~*** 잭슨《미국 제 7 대통령 ; 1767-1845》.

Jack·so·ni·an [dʒæksóuniən] *n.* ⓒ 잭슨의 지지자.
— *a.* Andrew Jackson (류(流) 민주주의)의.

jack·straw [ˊstrɔ̀ː] *n.* (*pl.*) 〔單수 취급〕잭스트로.

jack-tar, Jáck Tár [ˊtɑ́ːr] *n.* ⓒ《俗》수병, 선원.

*****Ja·cob** [dʒéikəb] *n.* (1) 【聖】 야곱《이스라엘 사람의 조상》. (2) 제이콥《남자 이름》.

Jac·o·be·an [dʒæ̀kəbíːən] a. (1) 재코비언(시대) 양식의. (2) 【英史】 James 1세시대(1603-25)의.
— *n.* ⓒ James 1세 시대의 정치가〈작가〉

Jac·o·bin [dʒǽkəbin] *n.* ⓒ (1) 과격한 정치가. (2) 【史】 자코뱅당원《프랑스 혁명 때의 과격 공화주의자》.

Jac·o·bin·ism [dʒǽkəbinìzm] *n.* ⓤ (1) (정치의) 과격 급진주의. (2) 자코벵주의.

Jac·o·bite [dʒǽkəbàit] *n.* ⓒ, *a.* 【英史】 James 2세파의 사람(의)《퇴위한 James 2세를 옹립한》.

Jácob's ládder (1) 【解】줄사닥다리(rope ladder). (2) 【聖】 야곱의 사닥다리《야곱이 꿈에 본 하늘에 닿는 사닥다리 ; 창세기 XXVIII : 12》.

Jácob's stáff 【測】 거리〈고도〉 측정기 ;(측량기를 받치는) 단각가(單脚架).

jac·quard [dʒəkɑ́ːrd, dʒǽkərd] *n.* ⓒ 자카드직《자

카드기로 짠 문직물(紋織物)의 총칭》.

Ja·cuz·zi [dʒəkúːzi] *n.* ⓒ 저쿠지《분류식 기포(噴流式氣泡) 목욕탕 ; 商標名》.

jade[1] [dʒeid] *n.* (1) ⓤ 비취색, 녹색(=~**gréen**). (2) ⓤⓒ 【鑛】 비취, 옥(玉)《경옥(硬玉)·연옥을 합쳐 말함》.
— *a.* (1) 비취로 만든. (2) 녹색의.

jade[2] *n.* ⓒ (1) 닳아빠진 계집. (2) 쇠약한 말, 야윈 말. — *vt., vi.* 지칠대로 지치다, (말을) 혹사하다.

jad·ed [dʒéidid] *a.* (1) 넌더리난. (2) (사람·표정 등이) 몹시 지친.

jae·ger [jéigər] *n.* ⓒ《美》【鳥】 도둑갈매기.

Jag [dʒæg] *n.* ⓒ《英口》 재규어차(車)(Jaguar).

jag[1] [dʒæg] *n.* ⓒ(암석 등의) 뾰족한 끝 ; (톱니와 같이) 깔쭉깔쭉한 것.
— (**-gg-**) *vt.* …을 깔쭉깔쭉하게 만들다, (천 따위)를 오늬 새기듯 에어내다, 깔쭉깔쭉하게 찢다.

jag[2] *n.* ⓒ《俗》 (1) 한 바탕의 소란. (2) 주연, (요란한)술잔치(spree); 법석. ***have a ~ on*** 술에 취해 있다.

jag·ged [dʒǽgid] (**~·er ; ~·est**) *a.* (물건이) 톱니 같은, 깔쭉깔쭉한, 지그재그의.
파) **~·ly** *ad.* **~·ness** *n.*

jag·gy [dʒǽgi] (**-gi·er ; -gi·est**) *a.* =JAGGED.

jag·uar [dʒǽgwɑːr, -gjuɑ̀ːr/-gjuər] *n.* ⓒ (1)(J-) 영국제 고급승용차. (2) 【動】 재규어, 아메리카 표범.

jaialai [háiəlài, hàiəlái] 《Sp.》 하이알라이《주로 스페인·중남미에서 행해지는 handball, squash, tennis 비슷한 공놀이》.

:**jail,** 《英》**gaol** [dʒeil] *n.* (1) ⓤ 구치, 투옥, 교도소 생활. (2) ⓒ 교도소, 감옥; 구치소.
— *vt.* …을 투옥하다(put in jail), 구치하다《*for*》.

jail·bird [∠bə̀ːrd] *n.* ⓒ《口》 (1) 상습범(《英》goalbird). (2) 죄수 ; 전과자.

jail·break [∠brèik] *n.* ⓒ 탈옥.

***jail·er, -or,** 《英》**gaol·er** [dʒéilər] n. ⓒ (교도소의) 간수, 교도관, 옥리(獄吏).

Jain, Jai·na [dʒain], [dʒáinə] *n.* ⓒ 자이나교도. — *a.* 자이나교(敎)의.

Jain·ism [dʒáinizəm] *n.* ⓤ 자이나교《불교와 비슷한 동부 인도의 한 종파》.

Ja·kar·ta, Dja- [dʒəkɑ́ːrtə] *n.* 자카르타《옛 이름은 Batavia ; 인도네시아 공화국의 수도》.

jake [dʒeik] *a.* 《俗》 괜찮은, 나무랄 데 없는, 좋은.

ja·lop·(p)y, jal·lopy [dʒəlɑ́pi/-lɔ́pi] *n.* ⓒ《口》 고물 자동차.

jal·ou·sie [dʒǽləsìː/ʒǽluːzìː] *n.* ⓒ《F.》 미늘 발(Venetian blind), 베니션 블라인드; 미늘살 창문.

:**jam**[1] [dʒæm] (**-mm-**) *vt.* (1)《+目+前+名》(손가락 등)을 끼우다. (2)《~+目/+目+前+名/+目+副》(좁은 데에) …을 쑤셔넣다, (꽉)채워 넣다《*in, into*》. (3)《+目+前+名/+目+副》…을 밀어붙이다, 콱 누르다《*on*》; (법안 등)을 억지로 통과시키다《*through*》. (4)《~+目/+目+前+名》(장소)에 몰려들다, …를 가득 메우다. (5) …을 움직이지 않게 하다《기계의 틈새에 물건이 끼여서》. (6) 【通信】(동일 주파수의 주파를 보내서 통신 등)을 방해하다. (7)《~+目+副》(물건)을 …에 세차게 놓다《*down*》. — *vi.* (1) 밀고 들어가다, 억지로 끼여들다《*into*》. (2) (기계 등에 물건이 끼여) 움직이지 않게 되다《*together*》. (3)《俗》재즈를 즉흥적으로 (변)연주하다. ***be ~med with*** …으로 붐비다 ***~ ...on*** (브레이크 등)을 세게 밟다.
— *n.* ⓒ (1) 꽉 들어참, 혼잡. (2) (기계의) 고장, 정지 ; 【컴】 엉킴, 잼. (3)《口》곤란, 궁지(difficulty). (4) 【재즈】 =JAM SESSION.

:**jam**[2] *n.* (1) ⓒ (英俗)즐거운〈손쉬운〉 것. (2) ⓤ 잼. ***D' you want ~ on it?***《口》 그 밖에 뭣이 더 필요하니. ***~ tomorrow*** (늘 약속만으로 끝나는) 내일의 즐거움〈기대〉. ***money for ~*** 손쉬운 (돈)벌이. ***real ~*** 《俗》진수 성찬; 아주 즐거운 일, 식은죽 먹기. — *vt.* 잼으로 만들다.

Jam. James; Jamaica.

Ja·mai·ca [dʒəméikə] *n.* 자메이카《수도 Kingston;서인도 제도에 있는 영연방 내의 독립국》.

Ja·mai·can [dʒəméikən] *a., n.* ⓒ 자메이카의(사람).

jamb(e) [dʒæm] *n.* ⓒ 【建】 문설주.

jam·bo·ree [dʒæ̀mbəríː] *n.* ⓒ (1)(정당·스포츠 연맹 따위의) 대회《때때로 여흥이 따름》. (2) (전국 또는 국제적인) 보이스카우트 대회, 잼버리. (3)《口》 떠들썩한 연회〈회식〉.

James [dʒeimz] *n.* (1) 【聖】 야고보《그리스도의 제자 두 사람의 이름》 ; (신약성서의) 야고보서. (2)제임스《남자 이름》.

James·town [dʒéimstaun] *n.* 제임스 타운《북아메리카 최초의 영국인 정주지(定住地)(1607); 미국 Virginia 주의 James 강 하구의 폐촌(廢村)》.

jam·my [dʒǽmi] (**-mi·er ; -mi est**) *a.* (1) a]《英口》 (시험이) 쉬운, b] 운이 썩 좋은(fortunate) (2) (잼처럼) 진득진득한.

jam-packed [dʒǽmpǽkt] *a.* 《口》 빈틈없이 꽉 채운〈찬〉.

jám sèssion 《口》 즉흥적으로 조직한 밴드의 재즈 연주; 즉흥 재즈 연주회.

***Jan.** January.

Jane [dʒein] *n.* (1) (j-) ⓒ《美俗》 계집애, 여자. (2) 제인《여자 이름》. 【cf.】 John.

Jáne Dóe JOHN DOE의 여성형.

Jan·et [dʒǽnit, ∠ət] *n.* 재닛《여자 이름》.

jan·gle [dʒǽŋgəl] *n.* (*sing.*) (1) 싸움, 언쟁. (2) 귀에 거슬리는 소리, (종소리 등의) 난조(亂調). — *vi.* (1) 짤랑짤랑〈딸랑딸랑〉 울리다; 귀에 거슬리는 소리를 내다. (2) 시끄럽게 말하다〈떠들다〉; 언쟁하다.
— *vt.* (1) (종·동전 따위)를 딸랑딸랑 〈짤랑짤랑〉 울리다. (2) (신경)을 건드리다, 자극하다.

:**jan·i·tor** [dʒǽnətər] (*fem.* **-tress** [-tris]) *n.* ⓒ (1)《주로美》(아파트·빌딩의) 관리인. (2) 문지기, 수위.

Jan·sen·ism [dʒǽnsənizəm] *n.* ⓤ 얀센주의《17세기 네덜란드 신학자 Jansen이 주창한 가톨릭교회 개혁정신 ; 그 운동》. 파) **-ist** *n.* 얀센파의 사람

:**Jan·u·ary** [dʒǽnjuèri/-əri] *n.* 1월《略 : Jan.》

Ja·nus [dʒéinəs] *n.* 【고神】 야누스《문·출입구를 수호함 ; 앞뒤로 두 얼굴을 가진 신(神)》.

Ja·nus-faced [-fèist] *a.* (1) 표리 있는, 두 마음의, 남을 속이는(deceitful). (2) ((Janus 처럼) 앞뒤에 두 얼굴을 가진, 동시에 두 방향을 향한, 양면 성을 가진.

Jap [dʒæp] *a., n.* 《口·蔑》 =JAPANESE.

Jap. Japanese; Japan.

***Ja·pan** [dʒəpǽn] *n.* 일본.

ja·pan *n.* ⓤ (1) 칠기(漆器). (2) 옻칠(漆).
— (*-nn-*) *vt.* …에 옻칠을 하다; …에 검은 칠을 하다, 검은 윤을 내다.

***Jap·a·nese** [dʒæ̀pəníːz, -s] *a.* 일본인〈말〉의; 일본의. — (*pl.* ~) *n.* (1) ⓒ 일본인. (2) ⓤ 일본말.

Jápanese encephalítis 일본 뇌염.

jape [dʒeip] *vi.* 농담〈장난〉을 하다, 놀리다(jest). — *n.* ⓒ 【文語】 농담, 장난.

Ja·pon·ic [dʒəpɑ́nik/-pɔ́n-] a. 일본 특유의; 일본의.

:jar¹ [dʒɑːr] *n.* ⓒ (1) 한 단지, 한 단지 가득한 양. (2) (아가리가 넓은) 항아리, 단지.

***jar²** *n.* (*sing.*) (1) 충격, 격렬한 진동, 격동. (2)귀에 거슬리는 소리, (신경에 거슬리게) 삐걱거리는 소리. (3) (정신적인) 충격, 쇼크. (4) (의견 등의) 충돌; 불화, 버성김, 다툼. ***be at* (*a*) ~** 다투고 있다. —(*-rr-*) *vi.* 《~/+前+名》 (1) (귀·신경·감정 따위에) 거슬리다.《*on, upon*》. (2) 귀에 거슬리는 소리를 내다. 삐걱거리다. (3) (귀에 거슬리는 소리를 내면서) 부딪치다《*upon* ; *against*》. (4) 덜컹덜컹 흔들리다, 진동하다. (5) (의견 등이) 일치되지 않다; (색깔이) 조화되지 않다《*with*》.
— *vt.* (1) …을 삐걱거리게 하다, (삐걱삐걱·덜컹덜컹) 진동시키다. (2) (타격 등)으로 깜짝 놀라게 하다 ; …에게 충격을 주다, 뒤흔들다.

jar³ *n.* 〔다음 成句로〕 ***on the* 〈*a*〉 ~** (문이) 조금 열려(ajar).

jar·ful [dʒɑ́ːrfùl] *n.* ⓒ항아리〈단지〉에 가득한 양《*of*》.

jar·gon [dʒɑ́ːrgɑn/-gən] *n.* ⓤⓒ (1) (특수 그룹 ·동업자·동일 집단 내의) 전문어, 특수용어, 통어(通語); 변말, 은어. (2) 뜻을 알 수 없는 말〈이야기〉, 허튼 소리, 횡설수설. (3) 심한 사투리. (4) 혼한 방언《pidgin English 따위》. — *vi.* 알 수 없는 소리로 지껄이다.

jar·ring [dʒɑ́ːriŋ] *a.* (1)〔限定的〕(의견 등이) 안 맞는, (색깔 등이) 조화되지 않는. (2) 삐걱거리는, 귀에 거슬리는, 신경을 건드리는. —*n.* ⓤ 삐걱거림; 진동; 충돌, 알력 ; 부조화.

Jas. James.

jas·min(e) [dʒǽzmin, dʒǽn-] *n.* (1) ⓤ 재스민 향수. (2) ⓤⓒ 재스민속(屬)의 식물.

Ja·son [dʒéisən] *n.* (1) 【그神】 이아손《황금 양털(the Golden Fleece)을 획득한 영웅》, (2) 제이슨《남자 이름》. 【cf.】 Argonaut.

jas·per [dʒǽspər] *n.* ⓤ 【鑛】 재스퍼, 벽옥(碧玉).

jaun·dice [dʒɔ́ːndis, dʒɑ́ːn-] *n.* ⓤ (1) 편견, 빙퉁그러짐, 옹졸한 생각. (2) 【醫】 황달. — *vt.* …을 황달에 걸리게 하다.

jaun·diced [dʒɔ́ːndist, dʒɑ́ːn-] *a.* (1) 시의심(猜疑心)이〈질투가〉 심한, 편견을 가진. ***take a ~ view of*** …에 대하여 비뚤어진 견해(편견)를 가지다. (2) 【稀】 황달에 걸린.

jaunt [dʒɔːnt, dʒɑːnt] *n.* ⓒ (근(近)거리의) 소풍(excursion), 산책.
— *vi.* 산책〈소풍〉 가다.

jáunt·ing càr [⊿iŋ-] (아일랜드의 경쾌한) 2륜마차.

jaun·ty [dʒɔ́ːnti, dʒɑ́ːn-](*-ti·er* ; *-ti·est*) *a.* (1) (옷이) 스마트한, 멋부리는, 말쑥한. (2) (사람·태도 등이) 쾌활〈명랑〉한 ; 발랄한 ; 멋낸, 의기양양한.
파) **-ti·ly** *ad.* **-ti·ness** *n.*

***Ja·va** [dʒɑ́ːvə, dʒǽvə] *n.* (1) ⓤ a〕 자바산 커피. b〕 (j-) 《美俗》 커피. (2) 자바 《인도네시아 공화국의 중심이 되는 섬》.

Jáva màn 【人類學】 자바인《원시인의 한 형(型):1891년 자바에서 화석(化石)을 발견; Pithecanthropus 의 하나》.

Jav·a·ness [dʒɑ̀ːvəníːz, dʒæ̀v-] *a.* (1) 자바 사람의. (2) 자바의. (3) 자바어의.
— (*pl.* ~) *n.* (1)ⓒ 자바 사람, 자바 섬 사람. (2) ⓤ 자바어(語).

***jave·lin** [dʒǽvəlin] *n.* (1) (the ~) 【競】 창던지기(=⊿ **thròw**). (2) ⓒ 던지는 창, 투창(dart).

:jaw [dʒɔː] *n.* (1) (*pl.*)(짐승의) 입(부분)《아래위 턱뼈·이를 포함한 입 부분》. (2) ⓒ 턱. (3) (*pl.*) a〕(골짜기·해협 등의) 좁은 입구. b〕 (집게 따위의) 집는 부분. (4) (the ~s) 절박한 위기 상황. (5) ⓤⓒ 《口》 (시시한) 잡담. ***get ~s tight*** 《口》 성내다, 노하다. ***give*** a person ***a ~*** 야단치다, 귀아프게 잔소리하다. ***Hold*〈*Stop*〉 *your ~!*** (입)닥쳐. ***set*** one*'s* ***~*** 작정하고 덤비다. — *vi.* 《俗》수다떨다 ; 장황하게 지껄이다.
— *vt.* 《俗》 …을 꾸짖다, 잔소리하다, 타이르다.

jaw·bone [⊿bòun] *vt.* 《美口》 (정부 등이 대중)에게 설득을 시도하다. — *n.* ⓒ 턱뼈; 《특히》 아래턱 뼈, (재정상의) 신용(credit).

jaw·break·er [⊿brèikər] *n.* ⓒ 《口》 (1) 아주 크고 딱딱한 캔디. (2) (혀를 물정도의)아주 발음하기 어려운 어구(tongue twister).

***jay¹** [dʒei] *n.* ⓒ (1) 《口》건방진〈경박한〉 수다쟁이; 얼간이. (2) 【鳥】 어치.

jay² *n.* ⓒ 《美俗》 마리화나 담배.

jay·vee [dʒéivíː] *n.* 《美口》=JUNIOR VARSITY.

jay·walk [dʒéiwɔ̀ːk] *vi.* 《口》 신호·교통규칙을 무시하고 도로를 횡단하다. 파) **~·er** *n.*

:jazz [dʒæz] *n.* ⓤ (1) 《口》 소란, 흥분, 활기. (2)재즈, 재즈 음악〈댄스〉. (3) 《俗》거창하고 되잖은 소리, 허풍.
— *a.* (재즈식으로) 가락이 흐트러진, 재즈의, 시끄러운 ***...and all that ~*** 《口》 그밖의 이런것 저런것. — *vi.* (1)재즈를 연주하다, 재즈를 추다. (2)쾌활하게〈씩씩하게〉 행동하다.
— *vt.* (+目+前) (1) …을 재즈식으로 연주〈편곡〉하다. (2) a〕 (음악, 파티 등)을 활기있게 하다《*up*》 :~ up 활기있게 하다, 떠들썩하게 하다. b〕 (장식 등)을 현란하게 하다.

Jázz Àge 재즈 에이지, 재즈 시대《재즈가 유행한 미국의 1920년대》.

jaz·zer·cise [dʒǽzərsàiz] *n.* ⓤ 재즈 체조《재즈댄스에 맞추어서 하는 미용 체조의 일종》. 〔◁ *jazz* + *exercise*〕

jazz·man [dʒǽzmæ̀n, -mən] (*pl.* **-men** [-mèn, -mən]) *n.* ⓒ 재즈 연주자.

jazzy [dʒǽzi] (***jazz·i·er ; -i·est***) *a.* 《口》 (1) 활기있는, 화려한, 야한, 요란스러운. (2) 재즈풍(風)의, 재즈적인.

J.C. Julius Caesar; Jesus Christ.

JCL 【컴】 job control language.

JCS Joint Chiefs of Staff.

JD juvenil delinquent; juvenil delinquency.

J.D. *Juris* 〈*Jurum*〉 *Doctor* 《L.》 (=Doctor of Law〈Laws〉). **Je.** June.

J

:jeal·ous [dʒéləs] (***more ~ ; most ~***) *a.* (1) (물건·권리 따위를 잃지 않으려고) 전전긍긍하는, 몹시 마음을 쓰는《*of*》. (2) a] 질투심이 많은, 투기가 강한《*of*》. b] 〔敍述的〕질투하는, 시샘하는, 선망하는 (envious)《*of*》. ▫ jealousy *n.*
파) ***~·ly** *ad.* 투기〈시샘〉하여 ; 방심하지 않고.

:jeal·ousy [dʒéləsi] *n.* (1) ⓤ 엄중한 경계, 방심하지 않는 주의, 경계심. (2) ⓤⓒ 질투, 투기, 시샘. ▫ jealous *a.* ***race jealousies*** 인종 사이의 시샘.

***jean** [dʒiːn/dʒein] *n.* (1) (*pl.*) 진으로 만든 의복류《바지·작업복 따위》. (2) ⓤ 진《올이 가늘고 질긴능직(綾織) 무명의 일종》. 【cf.】 denim.
파) **~·ed** *a.* 진을 입은.

Jeanne d'Arc [ʒɑːndárk] 《F.》 = JOAN OF ARC.

jeep [dʒiːp] *n.* ⓒ 《美》 지프《상표명 J-》《※ 관사 없음》.

***jeer** [dʒiər] *n.* ⓒ 조롱, 조소, 야유.
— *vi.* 《~/+前+名》 조소하다, 야유〈조롱〉하다 (taunt)《*at*》.
— *vt.* 《~+目/+目+副》 …을 조롱하다, 야유하다, 업신여기다.

jeer·ing·ly [dʒíəriŋli] *ad.* 조롱〈야유〉하여, 희롱조로, 비웃어.

jeez [dʒiːz] *int.* 《俗》 (종종J-) 어머나, 저런, 어럽쇼《가벼운 놀람·낙심》.

Jeff [dʒef] *n.* 제프《남자 이름 ; Geoffr(e)y, Jeffr(e)y의 애칭》.

Jef·fer·son [dʒéfərsən] *n.* ***Thomas ~*** 제퍼슨《미국 제 3 대 대통령; 1743-1826》.

Jef·fer·so·ni·an [dʒèfərsóuniən] *n.* ⓒ Jefferson(식 민주주의)의 지지자.
— *a.* Jefferson식(민주주의)의.

Jeff·rey [dʒéfri] *n.* 제프리《남자 이름》.

jehad ⇨ JIHAD.

***Je·ho·vah** [dʒihóuvə] *n.* 【聖】 하느님(the Almighty) ; 여호와《구약성서의 신》.

Jehóvah's Wítnesses 여호와의 증인《그리스도교의 한 종파 ; 1872년 창시》.

je·hu [dʒíːhjuː] *n.* ⓒ (1)마부(coachman). (2) 스피드 광(狂)의 운전자. ***drive like ~*** 《口》 차를 난폭하게 몰다.

je·june [dʒidʒúːn] *a.* (1) 무미건조한(dry) ; 흥미 없는. (2) a] 영양가가 낮은. b] (토지가) 불모의. (3) 미숙한, 어린애 같은.
파) **~·ly** *ad.* **~·ness** *n.*

Je·kyll [dʒékəl, dʒíːkəl] *n.* 지킬 박사《R.L. Stevenson의 소설 중의 인물》. (***Dr.***) ***~ and*** (***Mr.***) ***Hyde*** 이중 인격자.

jell [dʒel] *vi.* (1) 《口·比》 (계획·의견 따위)를 굳히다, 구체화되다. (2)젤리 모양이 되나(jelly).
— *vt.* (1) …을 젤리 모양으로 만들다. (2)(계획·의견 따위)를 굳히다, 구체화하다.

jel·lied [dʒélid] *a.* (1)젤리를 바른(싼). (2)젤리 모양으로 된〈굳힌〉.

Jell-O [dʒélou] *n.* ⓤ 젤로《미국 General Food사 디저트 식품의 일종 ; 商標名》.

:jel·ly [dʒéli] *n.* (1) a] ⓤ 젤리. b] ⓤⓒ젤리《과자》. (2) ⓤⓒ 젤리 모양의 것. ***beat*** a person ***to*** a ~ ~를 떡이 되도록 패다.
— (***-lied***) *vt.* …을 젤리 모양으로 만들다.
— *vi.* 젤리모양으로 되다〈굳다〉, 졸아서 엉기다.

jélly bàby (아기모양의) 젤리 과자.

jel·ly·bean [-bìːn] *n.* ⓒ 젤리빈《콩 모양의 젤리 과자》.

·jel·ly·fish [-fìʃ] *n.* ⓒ (1) 《口》 의지가 약한사람, 기골이 없는 사람. (2) 【動】 해파리.

jélly ròll 젤리롤《카스테라에 젤리를 발라 만든 케이크》.

jem·my [dʒémi] *n.* 《英》 =JIMMY.

jen·net [dʒénit] *n.* ⓒ (1) 암탕나귀. (2) 스페인종의 조랑말.

jen·ny [dʒéni] *n.* ⓒ (1) 제니. (2) 이동식 기중기. (3) (짐승의) 암컷. 【opp.】 *jack*. (4) 암탕나귀(= ~ àss).

jeop·ard·ize [dʒépərdàiz] *vt.* …을 위태롭게 하다.

jeop·ar·dy [dʒépərdi] *n.* ⓤ 위험(risk). ***be in ~*** 위태롭게 되어 있다.
— *vt.* =JEOPARDIZE.

jer·boa [dʒəːrbóuə] *n.* ⓒ 【動】 날쥐 《아프리카산》.

jer·e·mi·ad [dʒèrəmáiəd, -æd] *n.* ⓒ (장기간에 걸친) 비탄(의 말) ; 원한, 넋두리.

Jer·e·mi·ah, -as [dʒèrəmáiə], [-əs] *n.* 【聖】 (1) (구약성서의) 예레미야서(書). (2) 예레미야《헤브라이의 비관적 예언자》. (3) ⓒ (종종 j-) 미래에 대한 비관론자.

Jer·i·cho [dʒèrikòu] *n.* 【聖】 여리고, 예리코《옛날 Palestine 지방에 있었던 도시》. ***Go to ~!*** 《口》 어디든 꺼져 버려.

:jerk[1] [dʒəːrk] *n.* (1) a] (the ~s) (종교적 감동 따위에 의한) 안면·손발 등의 무의식적 경련, 약동. b] ⓒ (근육·관절의) 반사운동, 경련. (2) ⓒ 급격한 움직임, 갑자기 당기는〈미는, 찌르는, 비트는, 던지는〉 일. (3)(*pl.*) 《英口》 체조, 운동(physical jerks). (4) ⓒ 《俗》 물정에 어두운 사람, 바보, 얼간이. (5) ⓤ 【力道】 용상(聳上). ***put a ~ in it*** 《口》 활발하게 하다.
— *vt.* (1) 《~+目/+目+副》…을 갑자기 말하다. (2) 《~+目/+目+前+名》 …을 홱 움직이게 하다, 급히 흔들다〈당기다, 밀다, 던지다《따위》. (3) 《美口》 (소다수 가게에서 아이스크림 소다)를 만들어 내다.
— *vi.* (1) 띄엄띄엄 말하다. ~ one***self free*** 뿌리쳐 떼어놓다. ***~ up*** 휙 잡아당기다 ; (얼굴 따위를) 홱 들어올리다〈쳐들다〉. (2) a] 《~+補》 덜컹하면서 (…한 상태로) 되다. b] 《~/+副》 홱 움직이다 ; 덜커덩거리며 나가다 ; 씰룩거리다 ; 경련을 일으키다. ***~ along*** 흔글리며 가다.

jerk[2] *n.* ⓤ 포육(脯肉)(jerky).
— *vt.* (쇠고기)를 가늘고 길게 저미어 햇볕에 말리다.

jer·kin [dʒə́ːrkin] *n.* ⓒ 저킨《1) 소매 없는 짧은 조끼 ; 여성용. 2) (16-17세기경의)소매 없는 짧은 남자용 상의 ; 주로 가죽》.

jerk·wa·ter [dʒə́ːrkwɔ̀ːtər, -wɑ̀t-] *a.* 《美口》외진, 시골의.

jerky[1] [dʒə́ːrki] (***jerk·i·er ; -i·est***) *a.* (1)(말이) 띄엄띄엄 이어지는. (2)갑자기 움직이는, 움찔하는, 실룩이는, 경련적인. (3)《美俗》 (사람·행동이) 어리석은.
파) **-i·ly** *ad.* **-i·ness** *n.*

jerky[2] *n.* ⓤⓒ 포육(脯肉) (jerked meat), 육포.

jer·o·bo·am [dʒèrəbóuəm] *n.* ⓒ 제로보암《약 30 *l* 들이의 특히 샴페인용의 큰 병》.

Jer·ry [dʒéri] *n.* (1) 《英口》 독일 병사, 독일 사람

《별명》. (2) 제리. a] 여자 이름《Geraldin의 애칭》. b] 남자 이름《Gerald, Gerard의 애칭》.

jer·ry [dʒéri] *n.* ⓒ 《英俗》 실내 변기(便器).

jer·ry-build [-bìld] (**-built** [-bìlt] ; **~·ing**) *vt.* (집)을 날림으로 짓다, 날림집을 짓다(해치우다) ; 아무렇게나 만들어 내다.

파) **~·er** *n.*

jer·ry-built [-bìlt] *a.* 날림으로 지은.

jérry càn (네모진) 석유통《용량은 5갤런》.

Jer·sey [dʒə́ːrzi] *n.* (1) ⓒ 저지종(種)의 소《Jersey 섬 원산의 젖소》. (2) 저지《영국 해협에 있는 섬 이름》. (3) 《美》 =NEW J-.

jer·sey [dʒə́ːrzi] *n.* (1) ⓤ 저지《모직 옷감의 일종》. (2) ⓒ 모직의 운동 셔츠 ; (여성용) 메리야스 속옷〈재킷〉.

— *a.* 저지 털실의, 털로 짠, 메리야스의.

·Je·ru·sa·lem [dʒirúːsələm, -zə-] *n.* 예루살렘《Palestine의 옛 수도》.

Jerúsalem ártichoke 【植】 뚱딴지《덩이 주기는 식용》.

Jes·per·sen [jéspərsən, dʒés-] *n.* **Otto ~** 예스페르센 《덴마크의 언어·영어학자 ; 1860-1943》.

jes·sa·min(e) [dʒésəmin] *n.* =JASMIN(E).

Jes·se [dʒési] *n.* (1) 【聖】 이새《다윗(David)의 아버지》. (2) 제시《남자 이름》. (3) (j ~) ⓤⓒ 심한 꾸짖음, 때림.

Jes·sie [dʒési] *n.* 제시《여자 이름》.

:jest [dʒest] *n.* ⓒ(1) 조롱, 희롱, 놀림. (2) 농, 농담(joke), 익살. (3) 조롱의 대상, 웃음거리. ***a dry ~*** 진지한 표정으로 하는 농담. ***an offhand ~*** (그 경우에 꼭 들어맞는) 즉흥적인 〈임기응변의〉 재담. ***be a standing ~*** 늘 웃음거리가 되다. ***break a ~*** 농담하다, 익살떨다. ***in ~*** 농(담)으로, 장난으로. ***make a ~ of*** …을 희롱하다.

— *vi.* 《~/+前+名》 (1) 조롱하다, 조소하다(jeer) 《*at*》. (2) 시시덕거리다, 농담을 하다(joke) ; 익살부리다《*with*》. ***~ with edge(d) tools*** 위험한 〈아슬아슬한〉 짓을 하다.

— *vt.* 놀리다 ; 조롱하다.

jest·er [dʒéstər] *n.* ⓒ (1)(특히, 중세 왕후·귀족들이 거느리던) 어릿광대. (2)농담하는 사람.

jest·ing [dʒéstiŋ] *a.* 농담의, 우스꽝스러운 ; 농담을 좋아하는.

— *n.* ⓤ 익살, 시시덕거림 ; 희롱 댐.

파) **~·ly** *ad.*

Jes·u·it [dʒéʒuit, -zju-] *n.* ⓒ (1) (흔히 j-) 《蔑》 (음험한) 책략가, 음모가, 궤변자(詭辯者). (2)【가톨릭】 예수회 수사《the Society of Jesus의 수사》.

Jes·u·it·ic, -i·cal [dʒèʒuítik, -zju-], [-ikəl] *a.* (1) (때로 j-) 교활〈음험〉한 ; 궤변적인. (2) 예수회(교의(敎義))의.

:Je·sus [dʒíːzəs, -z] *n.* 예수, 예수 그리스도. ***~ (Christ)!*** 《俗》 아이 깜짝이야 ; 염병할. ***the Society of ~*** 예수회. 【cf.】 Jesuit. ***beat 〈kick, knock〉 the ~ out of*** a person 《美俗》 아무를 몹시 때리다〈발길질하다, 치다〉. ***~ (Christ)! = Holy ~ !*** 《卑》 쳇, 제기랄, 우라질. ***~ wept!*** 《卑》 원 이럴 수가 있나《분노·비탄의 소리》.

Jésus frèak 《蔑》 광적인 기독교 신자, 가두 전도자.

:jet[1] [dʒet] *n.* ⓒ (1) 분출구, 내뿜는 구멍. (2) (가스·증기 ·물 따위의) 분출, 사출 ; 분사. (3) 제트기(機) : by ~ 제트기로 《※ 無冠詞》. (4) = JET ENGINE.

— *a.* (1) 제트기〈엔진〉의. (2) 분출하는. (3)제트기에 의한.

— (**-tt-**) *vt.* …을 분출〈분사〉하다. — *vi.* (1)《+前+名》 분사 추진으로 움직이다〈나아가다〉 ; 급속히 움직이다〈나아가다〉 ; 제트기로 여행하다. ***~ up*** 《美俗》 열심히 일하다. (2) 《~+副》 분출하다, 뿜어나오다《*out*》.

jet[2] *n.* ⓤ (1) 칠흑. (2) 【鑛】 흑석(黑石).

— *a.* 〔限定的〕 (1) =JET BLACK. (2) 흑색으로 만든.

jet-black [dʒétblǽk] *a.* 흑석(黑石)색의, 새까만.

jét éngine 〈mótor〉 제트 기관(분사 추진 엔진).

jét làg 제트기 피로《제트기 여행의 시차로 인한》. 파) **jét-làgged** *a.*

jet·liner [⌐làinər] *n.* ⓒ 제트 여객기.

:jét plàne 제트기, 로켓식 비행기.

jet·port [⌐pɔ̀ːrt] *n.* ⓒ 제트기용 공항.

jet-pro·pelled [⌐prəpéld] *a.* (1) 무섭게 빠른. (2) 제트 추진식의.

jét propúlsion 제트 추진《略 : JP》.

jet·sam [dʒétsəm] *n.* (1) ⓒ표류물 ; 버려진 것, 잡동사니. (2) ⓤ 【海保險】 투하(投荷) 《조난 때 배를 가볍게 하기 위하여 바다에 던진 짐》. 【cf.】 flotsam.

jét sèt 《口》(the ~) 〔集合的 ; 單·複數 취급〕 제트족(族) 《제트기로 유람다니는 부유층》.

jet-set·ter [⌐sètər] *n.* ⓒ 《口》제트족의 한 사람.

jét strèam (1) 【空】 제트 분류(噴流), 로켓 엔진의 배기류(排氣流). (2) 【氣】 제트 기류(氣流).

jet·ti·son [dʒétəsən, -zən] *n.* ⓤ 【海保險】 투하(投荷) ; 폐기물.

— *vt.* (1) (방해물·부담등)을 버리다. (2) (긴급시에 중량을 줄이기 위해 배·항공기에서 짐)을 버리다.

jet·ty[1] [dʒéti] *n.* ⓒ (1) 잔교(棧橋), 부두, 선창 (pier) ; 【建】 건물의 돌출부〈달아낸 부분〉. (2) 둑, 방파제(breakwater). — *vi.* (건물의 일부가) 내밀다.

jet·ty[2] (**-ti·er ; -ti·est**) *a.* 흑석질(黑石質) 〈색(色)〉의, 흑석 같은 ; 칠흑의.

Jet·way [dʒétwèi] *n.* ⓒ 탑승교(搭乘橋), 제트 웨이《여객기와 공항 건물을 잇는 신축통(伸縮筒)식의 승강 통로 ; 商標名》.

:Jew [dʒuː] (*fem.* **Jew·ess** [dʒúːis]) *n.* (1) 유대인, 이스라엘 사람, 히브리 사람. (2) 《口》 고리대금업자, 간상배, 수전노. ***as rich as a ~*** 큰 부자인.

— *a.* 《蔑》 유대인의〈같은〉.

— *vt.* (보통 -) 《口》 속이다, 협잡하다.

:jew·el [dʒúːəl] *n.* ⓒ (1) 보석 박은 장신구. (2) 보석. (3) 귀중품 ; 소중한 사람, 지보(적인 사람). (4) 보석 비슷한 것《별 따위》. (5) (시계·정밀 기계의 베어링용)보석.

a ~ of a ... 보석과 같은 …, 귀중한… : She is *a ~ of a* servant. 그녀는 보기 드문 훌륭한 하녀다.

— *vt.* (**-l-**, 《英》 **-ll-**) 〔흔히 過去分詞 꼴로〕 《~+目/+目+前+名》 …을 보석으로 장식하다, …에 금은〈주옥〉을 박아넣다 ; (손목시계 등)에 보석을 끼워넣다.

jéwel bòx 〈càse〉 보석 상자.

jew·eled [dʒùːəld] *a.* 보석으로 장식된.

·jew·el·er, 《英》 **-el·ler** [dʒúːələr] *n.* ⓒ (1) 보석상, 귀금속상. (2) 보석 세공인. (3) 정밀 과학 기구 제작 전문가.

J

·jew·el·ry, 《英》 **-el·lery** [dʒúːəlri] *n.* ⓤ 〔集合的〕 보석류(jewels) ; (보석 박힌) 장신구류.
Jew·ess [dʒúːis] *n.* ⓒ 《종종蔑》 유대인 여자.
·Jew·ish [dʒúːiʃ] *a.* (1) 유대교의. (2) 유대인의 ; 유대인 같은, 유대인 특유의, 유대인풍〈식〉의.
— *n.* ⓤ 《口》 이디시어(語)(Yiddish).
Jéwish cálendar (the ~) 유대력(曆)《천지 창조를 기원전 3761년으로 함》.
Jew·ry [dʒúəri] *n.* ⓤ 〔集合的〕 (1) 유대인 ; 유대 민족. (2) 유대인 사회(거주지역).
Jéw's 〈Jéws'〉 hàrp (종종 j-) 구금(口琴) 《입에 물고 손가락으로 타는 악기》.
Jez·e·bel [dʒézəbèl, -bl] *n.* (1) ⓒ (종종 j-) 수치를 모르는 여자 ; 독부, 요부. (2) 【聖】 이세벨《Israel 왕 Ahab의 사악한 왕비》.
jib[1] [dʒib] *n.* ⓒ (1) 【機】 지브《기중기의 앞으로 내뻗친, 팔뚝 모양의 회전부》. (2)【海】 지브, 뱃머리의 삼각돛《이물에 있는 제2사장(斜檣)의 버팀줄에 달아 올림》. ***slide*** one***'s ~*** 《美俗》 이성을 잃다, 머리가 돌다 ; 마구 지껄이다. ***the cut of*** a person***'s ~*** 《口》 (1) 성격. (2) 풍채, 몸차림.
— (***-bb-***) *vt.* 【海】 (돛)을 한쪽 뱃전에서 다른 쪽 뱃전으로 돌리다.
— *vi.* (돛이) 빙 돌다《※ jibb 라고도 씀》.
jib[2] (***-bb-***) *vi.* (1) 《+前+名》 주저하다, 꽁무니 빼려 하다《*at* ; *on*》. ***~ at*** …에 싫은 기색을 보이다. (2) a〕 (기계가) 갑자기 딱 멈추다. b〕 (말이 옆으로 빗가거나 뒷걸음치며) 앞으로 나아가려 하지 않다(balk) 《at》.
jíb bòom 【海】 제 2사장(斜檣)《이물에 있는 비낀돛대》.
jibe[1] ⇨ GIBE.
jibe[2] [dʒaib] *vi.* 《美口》 일치하다《*with*》.
Jid·da, Jed·da [dʒídə], [dʒédə] *n.* 지다, 제다 《사우디아라비아 서부의 홍해에 면한 도시》.
jif·fy, jiff [dʒífi], [dʒif] *n.* (a ~) 《口》 잠시, 순간(moment). ***in a ~*** 곧. ***Wait*** (***half***) ***a ~.*** 잠깐만 기다려라.
Jíffy bàg 지피백《(1)여행용 소형 가방. (2)부드러운 패킹으로 채운 우송용(郵送用) 종이 주머니》.
jig [dʒig] *n.* ⓒ (1) 【機】 지그《공작물에 붙여 절삭 공구를 유도하는 도구》. (2) 지그《보통 4분의 3박자의 빠르고 경쾌한 춤》 ; 그 곡 ; 《美俗》 댄스파티. (3)상하로의 급격한 움직임. ***in ~ time*** 재빨리, 즉석에서. ***The ~ is up.*** 《俗》 이젠 다 틀렸다, 끝장이다.
— (***-gg-***) *vt.* 《~+目/+目+副》 …을 급격히 상하〈전후〉로 움직이게 하다.
— *vi.* (1) 《+副》급격하게 상하로 움직이다《*up, down*》. (2) 지그춤을 추다 ; 지그를 연주하다. ***~ about*** 안절부절 못하다, 머무거리다
jig·ger[1] [dʒígər] *n.* ⓒ (1) 《美》 지거, 칵테일용 계량컵《1 ½온스들이》. (2) 【골프】 작은 쇠머리 달린 골프채. (3) 《口》 기계 장치(gadget), 그 뭐란 것 《뭐라고 해야 좋을지 모를 때 쓰는 말》. (4) 지그낚시. (5) 작은 어선.
jig·ger[2] *n.* ⓒ 【蟲】 모래벼룩(chigoe).
jig·gered [dʒígərd] *a.* 《英口》 (1)몹시 놀란 ; 몹시 지친《*up*》. (2)' damned' 등의 완곡한 대용어.
jig·ger·y-po·kery [dʒígəripóukəri] *n.* ⓤ 《英口》 속임수, 사기, 협잡.
jig·gle [dʒígəl] *vt. vi.* (아이를) 상하 좌우로 가볍게 흔들다〈흔들리다〉《about》.
— *n.* ⓒ 가볍게 흔듦〈흔들림〉.
jig·saw [dʒígsɔ̀ː] *n.* ⓒ (1)=JIGSAW PUZZLE. (2) 실톱의 일종《곡선으로 켜는 데 씀》. — *vt.* …을 실톱으로 켜다〈끊다〉.
jígsaw pùzzle 조각 그림 맞추기 장난감.
ji·had, je- [dʒihάːd] *n.* ⓒ (1) (주의 · 정책등의) 옹호〈반대〉 운동《*against* ; *for*》. (2) (종종 J-) 지하드《이슬람 교도의 회교 성전(聖戰)》.
jil·lion [dʒíljən] *n.* ⓒ 《口》 방대한 수(의).
jilt [dʒilt] *vt.* (여자가 남자)를 차(버리)다.
— *n.* ⓒ 남자를 차버리는 여자.
Jím Crów 《美口》 (따로 j- c-) (1) 흑인에 대한 인종 차별. (2) 《蔑》 흑인(Negro).
— *a.* 흑인을 차별하는 ; 흑인 전용의.
Jím Crów·ism [-króuizm] (or j- c-) 흑인 차별 주의〈정책〉.
jim-dan·dy [dʒímdǽndi] *a. n.* ⓒ 《美口》 멋있는(것).
jim·jams [dʒímdʒæ̀mz] *n. pl.* (the ~) (1) 섬뜩한 느낌, 대단한 신경 과민(the jitters). (2) =DELIRIUM TREMENS.
jim·my [dʒími] *n.* ⓒ 《美》(도둑의) 짧은 쇠지레(《英》 jemmy).
— *vt.* …을 쇠지레로 비집어 열다.
·jin·gle [dʒíŋgəl] *n.* ⓒ (1) 같은 음의 운율적 반복; 같은 음의 반복으로 어조가 잘 어울리는 시구(詩句). (2) a〕 그 소리를 내는 것. b〕 짤랑짤랑, 딸랑딸랑, 찌르릉《방울·동전·열쇠 등의 금속이 울리는 소리》. (3)(라디오 · TV의) 커머셜 송《상품명, 회사명을 넣어 부름》.
— *vi.* (1) 짤랑짤랑 울리면서 나아가다. (2) 딸랑딸랑〈짤랑짤랑, 찌르릉〉 소리나다 〈듣기좋게 울리다〉. (3)(시구(詩句)가) 잘 어울려 들리다, 압운(押韻)하다(rhyme).
— *vt.* …을 딸랑 딸랑 〈짤랑 짤랑〉 울리다.
jíngle bèll 딸랑딸랑 울리는 방울〈벨〉 ; 썰매의 방울 ; (가게 문에 달린) 내객을 알리는 종.
jin·gly [dʒíŋgli] *a.* 딸랑딸랑〈짤랑짤랑〉 울리는, 듣기좋게 울리는.
jin·go [dʒíŋgou] (*pl.* ***~es***) *n.* ⓒ(1)맹목적 애국자(chauvinist). (2) 주전론자. ***by*** (***the living***) ***~ !*** 《口》 절대로, 정말로《강조, 놀람, 긍정 등을 나타냄 ; jingo는 Jesus의 완곡어인 듯》.
— *a.* 〔限定的〕 대외 강경의, 주전론의.
jin·go·ism [dʒíŋgouìzm] *n.* ⓤ 맹목적 애국주의 ; 강경 외교 정책, 주전론.
— *a.* =JINGDISTIC.
jin·go·ist [dʒíŋgouist] *n.* ⓒ 맹목적 애국주의자 ; 강경 외교론자.
jin·go·is·tic [dʒìŋgouístik] *a.* (맹목적인) 대외 강경주의(자)의, 주전론(자)의.
jinks [dʒiŋks] *n. pl.* 장난, 법석. ***high ~*** 야단법석.
jinx [dʒiŋks] *n.* ⓒ 《美俗》 재수없는〈불길한〉 물건〈사람〉 (hoodoo), 불운, 징크스. ***break*** 〈***smash***〉 ***the ~*** (경기에서) 연패 후에 승리하다.
— *vt.* …에게 불행을 가져오다 ; …에 트집잡다〈시비하다〉.
jit·ney [dʒítni] *n.* ⓒ 《美俗》 5 센트 백통돈 ; 요금이 싼 버스〈택시〉《본디 요금이 5센트》.

— *a.* 값싼, 날림의.

jit·ter [dʒítər] 《口》 *n.* (the ~s) 대단한 신경 과민, 불안감. ***give* 〈*set, have*〉 *the ~s*** 초조해 하다, 안절부절 못하게 하다.
— *vi.* 신경질 부리다, 안달하다, 안절부절 못하다 ; (무서움 추위로) 덜덜 떨다.

jit·ter·bug [dʒítərbʌ̀g] 《口》 *n.* ⓒ (1)지르박을 추는 사람. (2)지르박《재즈에 맞추어 열광적으로 추는 사교춤》. (3)신경질적인 사람.
— (***-gg-***) *vi.* 지르박을 추다, 요란스레 춤추다.

jit·tery [dʒítəri] *a.* 《口》 신경과민의.

jive [dʒaiv] *n.* (1) ⓤ 《美俗》 무책임한 말, 허풍. (2) ⓒ 선정적인 수윙곡, 재즈. (3) ⓤ (특히 흑인 재즈맨이 쓰는) 알 수 없는 은어, 최신 속어, 특수 용어.
— *vi.* (1) 《美俗》 놀리다. (2) 스윙을 연주하다 ; 지르박을 추다.
— *vt.* 《美俗》 (사람)을 놀리다, 바보 취급하다.
— *a.* 《美俗》 속임수의, 거짓의.

Job [dʒoub] *n.* (1) (구약성서의) 욥기(記). ***the patience of ~*** (욥과 같은) 대단한 인내. (2) **[聖]** 욥《욥기(記)의 주인공》.

:job [dʒɑb/dʒɔb] *n.* ⓒ (1) a] (a ~)《口》 대단히 어려운 일. b] (*sing.*)구실, 임무, 의무. (2) 일 ; 볼일, 직무. (3) 직업(employment), 일자리, 지위(post). (4) 〔a good〈bad〉 ~로〕《英口》 일(matter), 사건(affair), 운(luck). (5) ⓒ (흔히 *sing.*) 제품《특히 우수한 기계, 탈것, 냉장고등 ; 주로 직업 용어》. (6) ⓒ (공직을 이용한) 부정행위, 독직, 《특히》 정실 인사. (7) ⓒ 《口》 도둑질, 나쁜 일. (8) ⓒ **[컴]** 작업《전산기에 처리시키는 작업 단위》.
a bad ~ 채산이 안 맞는 일, 실패 ; 어려운 사태. ***a good ~*** (운이) 좋은 일. (***and***) ***a good ~* 〈*thing*〉*, too*** 그거 참 좋은 일이다, 잘됐다. ***by the ~*** 청부로 ; 일단위(의 계약으)로. ***do a ~ on*** 《美俗》 (1) 속이다. ***do the ~ for*** a person =***do*** a person***'s ~ for*** him (2)…을 때려부수다 ; 의기를 꺾다. ***do the ~ for*** a person =***do*** a person***'s ~ for*** him 《俗》 아무를 해치우다, 죽이다. ***fall down on the ~*** 《口》 제대로 일을 안 하다. ***fit for the ~*** 쓸모가 있는 ; 매우 적합한. ***give up ... as a bad ~*** 《口》 …을 희망없다고 단념〈포기〉하다. ***have a hard ~ to*** do (…하기에) 힘이 들다. ***have a ~*** 《口》 (…하기)가 큰일이다 《to do ; do*ing*》. ***~s for the boys*** 《英口》(지지자나 동료에게 논공행상으로 주는) 좋은 일자리. ***just the ~*** 《口》 안성 맞춤의 것. ***lie down on the ~*** 《口》 (일부러) 직무를 태만히 하다. ***make a bad ~ of*** …을 망쳐 놓다. ***make a good ~ of it*** …을 훌륭히 해내다, 철저하게 하다. ***make the best of a bad ~*** 궂은 사태를 이럭저럭 헤쳐 나가다, 역경을 이겨내다. ***odd ~s*** 허드렛일. ***on the ~*** 1) 《口》열심히 일하여. 2) 일하는 중(에), (기계 따위) 작동 중인. 3)《俗》 방심하지 않고. ***out of a ~*** 실직 하여. ***pay*** a person ***by the ~*** 실적에 따라 지급하다. ***pull a ~*** 《俗》(도둑이) 한탕하다.
— (***-bb-***) *vi.* (1) (주식 · 상품의) 거간을 하다. (2) 품팔이하다 ; 청부맡아 일하다. (3)공직을 이용하여 사리를 꾀하다, 독직(瀆職)하다.
— *vt.* (1) (주식·상품 따위)를 거간하다 ; 도매하다. (2) 《+目+前+名》(큰 일을 나누어)…을 하청주다 《out》. (3) 《英》 (말·마차 따위)를 세 주다, 임차(賃借)하다. (4) 《~+目/+目+前+名》(공직)을 이용해서 부정을 하다. (5)《+目+前+名》《美俗》 …을 속이다, 우려먹다, 빼앗다《of》. (6) 《+目+前+名》《美》 직권을 이용해서 (~)를 …지위에 앉히다《*into*》.
— *a.* 〔限定的〕 (1) 일의, 직업의, 품팔이〈삯일〉의, 임시고용의. (2) 임대(용)의. (3) 어중간한 (일의) ; (명함·광고집 등) 각종 인쇄(용)의.

jób àction 《美》 (노동자의) 태업 ; 준법 투쟁.

jób bànk 취업 은행, 직업 소개 은행《정부기관에 의한 직업 알선 업무 ; 컴퓨터 처리에 의함》.

job·ber [dʒɑ́bər/dʒɔ́b-] *n.* ⓒ (1) 삯일꾼, 허드렛일꾼(pieceworker). (2) 중개상 《싼 물건을 한 몫에 사서 조금씩 파는》. (3) 탐관오리.

job·bery [dʒɑ́bəri/dʒɔ́b-] *n.* ⓤ (공직을 이용한) 부정 이득, 독직 ; 이권 운동, 부정 축재.

job·bing [dʒɑ́biŋ] *a.* 〔限定的〕 《英》 삯〈임시〉일을 하는, 임시 고용의. — *n.* =PIECEWORK JOBBERY.

jób cènter 《英》 공공 직업 안정소(job bank).

job·hold·er [dʒɑ́bhòuldər/dʒɔ́b-] *n.* ⓒ (1) 《美口》 공무원, 관리. (2)일정한 직업이 있는 사람.

job-hop [⁐hɑ̀p/ ⁐hɔ̀p] *vi.* 직업을 전전하다.

job-hop·per [⁐hɑ̀pər/ ⁐hɔ̀p-] *n.* ⓒ 직업을 전전하는 사람.

job-hop·ping [⁐hɑ̀piŋ/ ⁐hɔ̀p-] *n.* ⓤ (눈앞의 이익을 찾아) 직업을 전전하기.

job-hunt [⁐hʌ̀nt] *vi.* 직업〈일〉을 찾다〈구하다〉.

job-hunt·er [⁐hʌ̀ntər] *n.* ⓒ 《口》 구직자.

job-hunt·ing [⁐hʌ̀ntiŋ] *n.* ⓤ 《口》 구직.

job·less [dʒɑ́blis/dʒɔ́b-] *a.* (1) (the ~) 〔名詞的 ; 複數 취급〕 실업자(들). (2) 실업의, 실직한(unemployed), 일이 없는 ; 실직자를 위한.

jób lòt (1) 잡다한 물건의 더미. ***in ~s*** 통틀어, 모개로. (2) 한 무더기 얼마의 싸구려 물건.

jób wòrk 삯일, 품팔이.

jock [dʒɑk/dʒɔk] *n.* ⓒ (1) a] 《美》 운동 선수. b] =JOCKSTRAP. (2) a] =DISC JOCKEY. b] 경마의 기수(jockey). (3) 《口》 열중하는 사람.

·jock·ey [dʒɑ́ki/dʒɔ́ki] *n.* ⓒ (1) 《俗》 (탈것 · 기계 등의) 운전사, 조종자. (2) (경마의) 기수(騎手).
— *vt.* (1) 《口》 …을 운전〈조종〉사로서 운전〈조종〉하다. (2) (말)에 기수로서 타다. (3) …을 속이다, 속여서 …하게 하다, 속여서 뺏다《*into* do*ing* ; *out of*》.
— *vi.* (1) 《+前+名》 (…을 얻으려고) 책략을 쓰다 《*for*》. (2) 기수로서 말을 타다. (3) 속이다, 사기치다. ***~ for position*** (1) **[요트]** 교묘히 조종하여 앞지르다. (2) **[競馬]** 상대를 제치고 앞서다. (3) 《口》 유리한 입장에 서려고 (획책)하다.

jóckey clùb 경마 클럽.

jock·strap [dʒɑ́kstræ̀p/dʒɔ́k-] *n.* ⓒ 서포터.

jo·cose [dʒoukóus] *a.* 《文語》 (사람됨이) 우스꽝스런, 익살맞은(facetious), 까부는. 파) **~·ly** *ad.*

jo·cos·i·ty [dʒoukɑ́səti/ -kɔ́s-] *n.* (1) ⓒ 우스꽝스러운 언행, 익살. (2) ⓤ 우스꽝스러움.

joc·u·lar [dʒɑ́kjələr/ dʒɔ́k-] *a.* 익살맞은, 우스운, 농담의. 파) **~·ly** *ad.*

joc·u·lar·i·ty [dʒɑ̀kjəlǽrəti/dʒɔ̀k-] *n.* (1) ⓒ 익살스러운 이야기〈짓〉. (2) ⓤ 익살맞음.

·joc·und [dʒɑ́kənd, dʒóuk- /dʒɔ́k-] *a.* 《文語》 명랑〈쾌활〉한(cheerful), 즐거운(merry).
파) **~·ly** *ad.*

jo·cun·di·ty [dʒoukʌ́ndəti] *n.* (1) ⓒ 활달한 말〈행동〉. (2) ⓤ 즐거움, 쾌활, 명랑(gaiety).

jodh·purs [dʒádpərz] *n. pl.* 승마(乘馬) 바지.

Jo·el [dʒóuəl] *n.* 【聖】 (1) (구약성서의) 요엘서(書). (2) 요엘.

·jog [dʒɑg/dʒɔg] (***-gg-***) *vt.* (1) (기억)을 불러일으키다(remind). (2) …을 살짝 밀다〈당기다, 흔들다〉, (팔꿈치 따위로) 가만히 찌르다(nudge) ; (살짝 찔러서) …을 알려 주다.
— *vi.* (1) 천천히 달리다, 조깅하다《*on*》. (2) 덜커덕거리며 나아가다, 터벅터벅〈터덜터덜〉 걷다 〈타고 가다〉. (3) 그럭저럭 해 나가다《*on* ; *along*》. **~ on** 터벅터벅 걸어가다.
— *n.* (1) 터벅터벅 걷기 ; (말의) 완만한 속보(jog trot). (2) 슬쩍 밀기〈흔들기〉 ; 가볍게 치기. (3) (1회의) 조깅.

jog·ging [dʒágiŋ/dʒɔ́g-] *n.* ⓤ 조깅, 달리기.

jog·gle [dʒágəl/dʒɔ́gəl] *vt.* …을 살짝〈가볍게〉 흔들다.
— *vi.* 가볍게 흔들리다, 휘청거리다.
— *n.* ⓒ (가벼운) 흔들림.

jóg tròt (1)단조로운 방식〈생활〉. (2)【馬】 느릿느릿한 규칙적인 속보(速步), 터벅터벅 걸음.

Jo·han·nes·burg [dʒouhǽnəsbə̀ːrg] *n.* 요하네스버그《남아프리카 공화국의 도시 ; 금·다이아몬드의 산지》.

·John [dʒɑn/dʒɔn] *n.*(1)【聖】 a] 사도 요한. b] 세례 요한(~the Baptist). (2) 존《남자 이름》. (3)【聖】 a] (신약성서의) 요한 1서〈2서, 3서〉. b] (신약성서의) 요한 복음. (4) 존 왕(王)《1167?-1216 ; 영국의 왕(1199-1216). 1215년 Magna Carta에 서명》.

Jóhn Dóe (1) 《美》 이름 없는〈평범한〉 사람 ; 모씨(某氏), 아무개. ***~ and Richard Roe*** (소송사건에서) 원고와 피고. (2) 【法】 존 도우《소송에서 당사자의 본명이 불명일 때 쓰이는 남성의 가명》.【cf.】Jane Doe.

Jóhn Hán·cock [-hǽnkɑk/ -kɔk] 《美口》 자필 서명(signature).

john·ny·cake [-kèik] *n.* ⓤⓒ (1) 《Austral》 얇게 구운 밀가루빵. (2) 《美》 옥수수빵.

Jóhn o'Gróat's (**Hòuse**) [dʒánəgróuts(-)/dʒɔ́n-] 스코틀랜드의 최북단(最北端)의 마을.
from john o' Groat' s to Land' s End 영국의 끝에서 끝까지, 영국내.

Jóhn Pául Ⅱ 요한 바오로 2세《폴란드 태생의 로마 교황(1978-) ; 1920- 》.

Jóhn Q. Públic 〈**Cítizen**〉 [ˊkjúː-] 《美俗》 평균적〈전형적〉 미국 시민.

John·son [dʒánsn/dʒɔ́n-] *n.* (1) **Samuel ~** 존슨《영국의 문학가·사전 편찬가 ; 1709-84》. (2) **Lyndon Baines ~** 존슨《미국의 제 36대 대통령 1908-73》.

Jóhnson cóunter [컴] 존슨 계수기.

Jóhn the Báptist [聖] 세례 요한.

:join [dʒɔin] *vt.* (1) (강·길 따위가)…와 합류하다, …와 함께 되다, …와 한곳에서 만나다. (2) 《~+目/+目+前+名/+目+副》 …을 결합하다(unite), 연결하다(connect), 접합하다(fasten). (3) …을 합병하다, 하나로 하다(unite). (4) 《~+目/+目+前+名》 …에 들다, …에 가입〈참가〉하다, …의 회원이 되다. (5) …에 인접하다(adjoin). (6) 《+目+前+名》 (결혼 따위로) (~)를 맺어 주다. (7) 【機】 (두 점)을 잇다.
— *vi.* (1) 《+前+名》 합쳐지다, 합동하다, 동맹하다, 함께되다 《*with* ; *to*》. (2) 합하다, 만나다, 연결〈결합〉되다. (3) 《+前+名/+副》 참가하다, 한패가 되다, 가입되다《*in*》. (4) 《+前+名》 인접하다, 접하다. ▫ joint *n.*
~ forces with …와 협력하다. ***~ hands with*** …와 손을 맞잡다 ; …와 제휴하다. ***~ issue*** ⇨ ISSUE. ***~ on*** (차량 따위를) 연결〈증결〉하다. ***~ out*** (서커스에) 입단하다 ;《美俗》 (방랑자가) 고용되어 공짜로 이동하다. ***~ the colors*** 입대하다. ***~ up*** 동맹〈제휴〉하다 ; 입회〈가입〉하다 ; 입대하다(enlist).
— *n.* ⓒ (1) 【컴】 골라잇기. (2) 접합, 합류 ; 접합〈합류〉점(joint), 이은 자리.

join·er [dʒɔ́inər] *n.*ⓒ (1) 소목장이, 가구장이. (2) 결합자 ; 접합물. (3)《口》 많은 회(會)에 가입하고 있는 사람, 얼굴이 널리 알려진 사람.

join·er·y [dʒɔ́inəri] *n.* ⓤ (1)〔集合的〕 가구류. (2) 소목장이 일, 가구 제조업 ; 소목 세공.

:joint [dʒɔint] *n.* ⓒ (1) 【解】 관절. (2) a] 【木工】 (목재를 잇기 위해) 장부를 낸 곳 ; (두 부재(部材)의) 이음촉, 조인트. b] 이음매, 접합 부분〈점, 선, 면〉. c] (벽돌쌓기 따위의) 메지. d] 【地質】 절리(節理)《암석의 갈라진 틈》. e] (푸주에서 잘라 놓은) 큰 고깃덩어리, 뼈가 딸린 고기. (3)《俗》 (원래 밀주를 판) 무허가 술집, 싸구려 술집 ; 〔一般的〕 (사람이 모이는) 장소, 집, 건물, 감방(prison, jail). (4)《俗》 마리화나(담배). (5) 《卑》 음경. ▫ join *v.* ***out of ~*** (1) 고장이 나서, 혼란해져서. (2) 접질려(관절이 빠져), 탈구하여. (3) 어울리지 않게《*with*》. ***put*** a person***'s nose out of ~*** ⇨ NOSE.
— *a.* 〔限定的〕 공동의, 합동의, 공유의, 공통의 ; 연대의.
— *vt.* (1) (고기)를 큰 덩어리로 베어 내다《관절 마디마다 끊어서》. (2) …을 접합하다, 이어맞추다.

jóint(**bank**) **accóunt** (은행의) 공동 예금 계좌.

Jóint Chìefs of Stáff (the ~) 《美》 합동 참모 본부〈회의〉《略 : JCS》.

jóint commíttee (의회의) 양원 합동 위원회.

jóint cústody 【法】 (이혼하거나 별거 중인 양친에 의한) 공동 친권(親權).

joint·ed [dʒɔ́intid] *a.* (1) 〔複合語를 이루어〕 접합이 …한. (2) 마디〈이음매〉가 있는 ; 관절이 있는.

joint·less [dʒɔ́intlis] *a.* 이음매가 없는, 관절이 없는.

·joint·ly [dʒɔ́intli] *ad.* 연합하여, 공동으로 ; 연대로.

jóint stóck 【經】 공동 자본.

jóint-stóck còmpany [dʒɔ́intstάk-/-stɔ́k-] 《英》 주식회사 (《美》 stock company).

join·ture [dʒɔ́intʃər] *n.* ⓒ 【法】 과부 자산《남편 사후 아내의 소유가 되도록 정해진 토지 재산》.

jóint vénture (1) 합판(合瓣) 사업〈회사〉. (2) 조인트 벤처《공동으로 자산·기술을 제공하여 하나의 기업을 경영하는 일》.

joist [dʒɔist] *n.* ⓒ 【建】 장선 ; 들보.
— *vt.* 장선을 놓다.

:joke [dʒouk] *n.* ⓒ (1) 웃을 일 ; 하찮은 일 ; 쉬운 일. (2) a] 장난(jest). b] 농담, 익살. (3) 웃음거리. (4) 우스운 상황〈사태〉.
a practical ~ 몹쓸 장난《말뿐 아니라 실제 행동으로 사람을 놀림》. ***be*** 〈***go***〉 ***beyond a ~*** 웃을 일이 아니다, 중대한 일이다. ***for a ~*** 농담으로. ***in ~*** 농담으로.

J

no ~《口》 농담할 일이 아니다, 큰일이다. ***play a ~ on*** a person ~를 조롱하다, 놀리다. ***see a ~*** 재담을 알아듣다. ***take a ~*** 놀려도 화내지 않다, 농담을 웃으며 받아들이다. ***The ~is on ....***(남에 대한 계략 몹쓸 장난이) 자기에게 돌아온다.

— *vi.* 농담을 하다 ; 희롱하다, 익살부리다 ; 장난치다.

— *vt.* 《 ~+目/+目+前+名/+目+副》 …을 조롱하다, 비웃다. ***joking apart*** 〈***aside***〉 농담은 그만하고. ***You must*** 〈***have to***〉 ***be joking.*** 《俗》 설마 농담이겠지.

joke·book [∠bùk] *n.* ⓒ 소화집(笑話集).

·jok·er [dʒóukər] n. ⓒ (1) a] 보잘 것 없는〈싫은, 무능한〉 사람. b] 놈, 녀석(fellow). (2) 농담하는 사람, 익살꾼. (3) 【카드놀이】 조커.

jok·ing·ly [dʒóukiŋli] *ad.* 농담으로.

joky [dʒóuki] (***jok·i·er ; -i·est***) *a.* 농담을 좋아하는.

jol·li·fi·ca·tion [dʒɑ̀ləfikéiʃən/dʒɔ̀-] *n.* (1) ⓤ 환락, 흥에 겨워 즐거이 놀기(merrymaking). (2)ⓒ 즐거운 연회, 잔치.

jol·li·fy [dʒɑ́ləfài/dʒɔ́-] (***-li•er ; -li•est***) 《口》 *vt.* …을 즐겁게 하다, 명랑하게 하다, 유쾌하게 떠들어 대다.

— *vi.* (마시고) 얼근한 기분이 되다, 신이 나다.

jol·li·ty [dʒɑ́ləti/dʒɔ́-] *n.* (1) ⓒ 환락, 술잔치. (2) ⓤ 명랑, 즐거움.

:jol·ly [dʒɑ́li/dʒɔ́li-] *a.* (1) (술로) 거나한, 얼근한 기분의. (2) 명랑한, 즐거운, 유쾌한. (3) a] 〔종종 反語的〕 이만저만이 아닌, 지독한 b] 《英口》 훌륭한, 참 좋은〈멋있는〉. 기분좋은. ***the ~ god*** 술의 신(주신)(Bacchus).

— *n.* (*pl.*) (1) 《英口》 파티, 축하회. (2) 《口》 잔치 소동, 즐거운 흥분, 스릴. (3) =JOLLY BOAT. ***get*** one'***s jollies*** 매우 즐기다, 유쾌하게 하다.

— *ad.* 《英口》 대단히(very), 엄청나게. ***~ well*** 《英俗》 틀림없이, 아주 잘.

— *vt.* 《口》 (1) …을 놀리다, 조롱하다(rally), 야유하다. (2) …을 기쁘게 해 주다, 기분을 맞춰 즐겁게 하다, 추어주다《*along* ; *up*》. — *vi.* 남을 추어주다

jólly bòat 【海】 (함선에 딸린) 작은 보트.

Jólly Rόg·er [-rɑ́dʒər/ -rɔ́dʒər] (the ~) 해적기《검은 바탕에 흰 두개골과 두 개의 대퇴골을 교차시켜 그린 기》. 【cf.】 black flag.

·jolt [dʒoult] *vi.* 《~/+副》 심하게 흔들리면서 가다, 덜컹거리다.

— *vt.* (1) 《~+目/+目+補/+目+前+名》 …을 세게 때리다 ; …에 충격을주다 ; (정신적으로)…에 심한 동요를 주다 ; 깜짝 놀라게 하다. (2) 《~+目/+目+前+名》 …을 난폭하게 흔들다, 덜컹거리게 하다.

— *n.* ⓒ (1)(정신적) 충격. (2)급격한 동요, 심한 상하 요동, (마차 따위의) 덜커덕 거림(jerk). (3)(독한 술 따위의) 한 모금, 한잔.

jolty [dʒóulti] (***jolt·i·er ; -i·est***) *a.* 덜커덕거리는, 동요가 심한.

Jo·nah [dʒóunə] *n.* (1) ⓒ 불행·흉변을 가져오는 사람. (2) 【聖】 a] (구약 성서의) 요나서(書). b] 요나《헤브라이의 예언자》.

Jon·a·than [dʒɑ́nəθən/dʒɔ́n-] *n.* (1) 【聖】 요나단《Saul의 장자 ; David 의 친구》. (2) 조나단《남자 이름》. (3) 《英》 전형적인 미국인.

Jones [dʒounz] *n.* 존스. (1) 〔다음 成句로〕 ***keep up with the ~es*** 《口》 이웃사람에게 지지 않으려고 허세를 부리다. (2) (the ~es) 근처의 사람들《Jones가 가장 흔한 이름인데서》.

jon·quil [dʒɑ́ŋkwil, dʒɑ́n- /dʒɔ́ŋ-] n. (1)ⓤ 연한 황색. (2) ⓒ 【植】 노랑수선화.

Jon·son [dʒɑ́nsən /dʒɔ́n-] *n.* **Ben**(**jamin**) **~** 존슨《영국의 시인·극작가 : 1572-1637》.

Jor·dan [dʒɔ́:rdn] *n.* (1) (the ~) 요단강《팔레스타인 지방의 강》. (2) 요르단《아라비아의 왕국 ; 수도 Amman》.

·Jo·seph [dʒóuzəf] *n.* (1) a] ⓒ 지조가 굳은 남자. b] 【聖】 요셉《Jacob의 아들 ; 이집트의 고관》. (2) 조지프《남자 이름 ; 애칭 Jo. Joe》. (3)성요셉《성모 마리아의 남편으로 나사렛의 목수》.

Jo·se·phine [dʒóuzəfi:n] *n.* 조세 핀《여자 이름 ; 애칭 Jo, Josie》.

josh [dʒɑʃ/dʒɔʃ] *n.* ⓒ 《美口》 악의없는 농담, 놀리기.

— *vt., vi.* (…을) 놀리다, 조롱하다(banter), 속이다(hoax). 파) **~·er** *n.*

Josh·ua [dʒɑ́ʃuə/dʒɔ́ʃuə] *n.* (1) 【聖】 여호수아《모세의 후계자》 ; (구약성서의) 여호수아기(記). (2) 조수아《남자 이름 ; 애칭 Josh》.

Jo·si·ah [dʒousáiə] *n.* (1) 【聖】 요시야 《종교 개혁을 수행한 유대왕 ; 640 ?-609 B.C》. (2) 조사이아《남자 이름》.

joss [dʒɑs, dʒɔ:s/dʒɔs] *n.* ⓒ (중국인이 섬기는) 우상, 신상(神像).

jos·ser [dʒɑ́sər/dʒɔ́sər] *n.* ⓒ 《英俗》 (1)바보. (2) 남자, 녀석, 놈(fellow, chap).

jóss hòuse 중국인의 절, 영묘(靈廟).

jóss stìck 선향(線香).

·jos·tle [dʒɑ́sl/dʒɔ́sl] *vt.* (1) …와 인접하다, …의 바로 가까이에 있다. (2) 《~+目/+目+副/+目+前+名》(난폭하게) …을 떠밀다, 찌르다, 부딪치다, 팔꿈치로 밀다(elbow), 밀어 제치다, 헤치고 나아가다《*away ; from*》.

— *vi.* (1) 겨루다(compete), 다투다《*with*》. (2) 《+前+名》 서로 밀다(crowd), 부딪치다《*against*》, 헤치고 나아가다《*through*》.

— *n.* ⓤ 서로 밀치기, 혼잡 ; 부딪침.

·jot [dʒɑt/dʒɔt] *n.* 〔a ~ ; 흔히 否定文으로〕 (극히) 조금, 약간, 미소(微小).

— (***-tt-***) *vt.* 《+目+副》 …을 간단히 적어 두다, 메모하다《*down*》.

jot·ter [-tər] *n.* (1) 메모장, 비망록. (2) 메모하는 사람.

jot·ting [-tiŋ] *n.* ⓤⓒ 메모, 대강 적어 두기.

joule [dʒu:l, dʒaul] *n.* ⓒ 【物】 줄《에너지의 절대 단위 ; $=10^7$ 에르그 ; 기호 J ; 영국의 물리학자 J.P. Joule(1818-89)의 이름에서》.

jounce [dʒauns] *vi.* (위 아래로) 덜컹거리다 ; 덜컹거리며 나아가다.

— *vt.* …을 위아래로 흔들다.

— n.ⓒ 덜커덩거림, 진동, 동요.

:jour·nal [dʒɔ́:rnəl] *n.* ⓒ (1) 잡지(periodical) ; 정기 간행물《학회 간행물 따위》. (2) 신문, 일간 신문. (3) 일지, 일기(diary)《보통 diary보다 문학적인 것, 또는 공적(公的) 기록의 성격을 갖는 것을 말함》. (4) 《英》 (the J-s) 국회 의사록. (5) 【海】 항해 일지(logbook). (6) 【簿記】 분개장(分介帳) ; 일기장(daybook).

jour·nal·ese [dʒə̀ːrnəlíːz] *n.* ⓤ 신문 용어, 신문 기사투 ; 신문 잡지 문체.

:jour·nal·ism [dʒə́ːrnəlìzəm] *n.* ⓤ (1) 신문 잡지(업)계, 보도 (관계). (2) 저널리즘, 신문 잡지업(業) ; 신문 잡지 편집, 신문 잡지 기고 집필. (3) 〔集合的〕 신문 잡지, 언론. (4) 신문 잡지식 문체.

:jour·nal·ist [dʒə́ːrnəlist] *n.* ⓒ 저널리스트, 신문 잡지 기자〈기고가, 업자〉, 신문인, 보도관계자, 언론인.

·jour·nal·is·tic [dʒə̀ːrnəlístik] *a.* 신문 잡지(업)의 ; 신문 잡지 기자의 ; 신문 잡지 특유의.
파) **-ti·cal·ly** *ad.*

:jour·ney [dʒə́ːrni] *n.* ⓒ (1) 여정(旅程), 행정(行程). (2)(보통 육상의) 여행. (3) (*pl.*) 왕복(往復). ***break*** one***'s*** ~ 1)여행 도중에 …에 들르다《*at*》. 2)여행을 중단하다 ; 도중하차하다. ***I wish you a pleasant ~.*** 잘 다녀오시오. one***'s ~'s end*** 1)인생 행로의 종말. 2)여로의 끝. — *vi.* 여행하다. 파) **~·er** *n.* 여행자.

jour·ney·man [-mən] (*pl.* ***-men*** [-mən]) *n.* ⓒ (수습 기간을 마친) 제구실을 하는 장색 ; (일류는 아니나) 확실한 솜씨를 가진 사람. 【cf.】 apprentice, master.

jour·no [dʒə́ːrnou] *n.* ⓒ 《英口》 =JOURNALIST.

joust [dʒaust, dʒuːst] *n.* ⓒ (중세 기사의) 마상 창시합(槍試合).
— *vi.* 마상 창시합을 하다, 시합에 참가하다.

jo·vi·al [dʒóuviəl] *a.* 쾌활한, 명랑한, 즐거운, 유쾌한(merry). 파) **~·ly** *ad.* **~·ness** *n.*

jo·vi·al·i·ty [dʒòuviǽləti] *n.* (1) (흔히 *pl.*) 명랑한 말〈행동〉. (2) ⓤ 쾌활, 명랑, 즐거움.

Jo·vi·an [dʒóuviən] *a.* (1) 목성(木星)의. 파) **~·ly** *ad.*

jowl [dʒaul, dʒoul] *n.* ⓒ (1) 뺨(cheek). (2) (흔히 *pl.*) 턱(jaw), 턱뼈(jawbone). ***cheek by ~*** 볼을 맞대고, 정답게.

jowly [dʒáuli] (***more ~, jowl·i·er ; most ~, jowl·i·est***) *a.* 2중턱의, 군턱의.

: joy [dʒɔi] *n.* (1) ⓤ 기쁨의 상태, 행복. (2) ⓤ 기쁨, 환희(gladness). (3) ⓒ 기쁨을 주는 것. ***for*** 〈***with***〉 ***~*** 기뻐서. ***in*** one***'s ~*** 기쁜 나머지. ***I wish you ~.*** 축하합니다(I congratulate you.). ***No ~.*** 《英口》 틀렸다. 실패했다. ***to the ~ of ...*** …이 기쁘게도. ***wish*** a person ***~ of...*** (종종 비꼬아) …에 재미 많이 보시오.
— *vi.* 《~/+前+名》《詩》 기뻐하다(rejoice).

:joy·ful [dʒɔ́ifəl] (***more ~ ; most ~***) *a.* (1) (마음을) 기쁘게 하는. (2) 즐거운, 기쁜. (3) 기쁜 듯한. ***be ~ of*** …을 기뻐하다.
파) **~·ly** *ad.* **~·ness** *n.*

joy·less [dʒɔ́ilis] *a.* 즐겁지 않은, 쓸쓸한.
파) **~·ly** *ad.* **~·ness** *n.*

joy·ride [ˊràid] *n.* ⓒ 《口》 (1) (비용이나 결과를 생각 않는) 무모한 행동〈행위〉. (2) 재미로 하는 드라이브《특히 난폭하게 운전하거나 훔친 차를 몰고 돌아다니는 일》.
— (***joy·rode ; joy·ridden***) *vi.* 《口》 재미로 자동차를 몰고 돌아다니다.
파) **jóy·rìd·er** *n.* joyride 하는 사람.

jóy stìck (1) (컴퓨터 비디오 등의) (수동) 조작 레버. (2) 《口》 (비행기의) 조종간.

jóy swìtch [컴] 조이 스위치《joy stick 비슷한 컴퓨터의 입력 장치》.

ju·bi·lance [dʒúːbələns] *n.* ⓤ 환희, 환호.

ju·bi·lant [dʒúːbələnt] *a.* (환성을 지르며) 기뻐하는, 환호하는 ; 기쁨에 찬. 파) **~·ly** *ad.*

ju·bi·la·tion [dʒùːbəléiʃən] *n.* (1) ⓒ (흔히 *pl.*) 축제, 경축. (2) ⓤ 환희, 환호(exultation) ; 기쁨.

·ju·bi·lee [dʒúːbəlìː, ˌ--ˊ] *n.* (1) ⓒ 【가톨릭】 성년(聖年), 대사(大赦)의 해. (2) ⓒ 【유대史】 희년(禧年), 요벨(안식)의 해. (3) ⓒ 기념제(祭)《50년제(祭) ; 25년제(祭) : ⇨the silver〈golden〉 ~ (成句). (4) ⓒ 경축의 날〈해, 시기〉, 축제(festival). (5)ⓤ 환희. ***the Diamond Jubilee,*** Victoria 여왕 즉위 60년제《1897년 거행》. ***the silver*** 〈***golden***〉 ~. 25〈50〉 년제.

Ju·dah [dʒúːdə] *n.* (1) 【聖】 유다《Jacob의 넷째 아들; Judas와는 다름》. (2) 주다《남자 이름》. (3)유대《팔레스타인의 고대 왕국》.

ju·da·ic, -i·cal [dʒuːdéiik], [-ikəl] *a.* 유대(교)의, 유대인〈민족, 문화〉의. 【cf.】 Jewish.

Ju·da·ism [dʒúːdəìzəm/-dei-] *n.* ⓤ (1) 유대주의 ; 유대식 ; 유대인 기질. (2) 유대교 ; 유대교 신봉.

Ju·da·ist [-ist] *n.* ⓒ 유대교도, 유대주의자.

Ju·da·ize [dʒúːdiàiz, -də- / -dei-] *vt.* …을 유대(인)식으로 하다, 유대교〈주의〉화하다.
— *vi.* (습관 따위가) 유대교〈주의〉화하다 : 유대(인)식이 되다.

Ju·das [dʒúːdəs] *n.* (1) ⓒ (우정을 가장한) 배반자(traitor). (2) 【聖】 유다《예수의 제자 중 한 사람으로 예수를 배반했음 ; Judah 와는 다름》. (3) ⓒ (j-) (문 따위의) 엿보는 구멍(=**~wìndow, ~-hòle**).

Júdas kíss 【聖】 유다의 키스 ; 겉치레만의 호의·친절, 배반 행위.

Júdas trèe 【植】 박태기나무속(屬)의 일종. 〈◁예수를 배반한 유다가 이 나무에 목을 매어 죽었다는 전설에서〉

jud·der [dʒʌ́dər] *n.* ⓒ 심한 진동.
— *vi.* (1) 【樂】 (소프라노 발성이) 맹렬히 진동하다. (2) (기계 따위가) 심하게 진동하다.

Jude [dʒuːd] *n.* (1) 【聖】 (Saint ~)성(聖)유다(Judas). (2) 주드《남자 이름》. (3) 【聖】 (신약성서의) 유다서.

Ju·de·an [dʒuːdíːən] *a.* 유대(인)의.
— *n.* ⓒ 유대인(Jew).

Judg. 【聖】 Judges.

¡judge [dʒʌdʒ] *n.* (1) ⓒ (토의·경기 등의)심판관, 심사원. (2) ⓒ (종종 J-) 재판관, 법관, 판사. (3) ⓒ 감식안(鑑識眼)이 있는 사람, 감점가《*of*》. (4) (최고 심판자로서의) 신(神), 하느님. (5)【聖】 a〕 (J-s) 〔單數취급〕 【聖】 (구약 성서의) 사사기(記). b〕 ⓒ 사사(士師). ***as grave as a ~*** 사뭇 엄숙한. (***as***) ***sober as a ~*** 시치미를 떼고 ; 아주 진지〈냉정〉하게.
— *vt.* (1) …을 심판하다, 심사하다 ; 감정하다. (2) 《~+目/+目+補》 (사건·사람)을 판가름하다, 재판하다, …에 판결을 내리다, …을 심리하다. (3) 《~+目/+目+前+名》 …을 판단하다, 비판〈비난하다〉. (4) 《+目+(*to be*)補/+*that* 節》 …라고 생각〈판단〉하다. (5) 《+*wh.*節/+*wh.to* do》 (…인지 어떤지) 판단하다. — *vi.* 《~/+前+名》 (1) 판정하다, 판단하다《*of* ; *from*》. (2) 재판하다, 판결을 내리다; 심사하다.

judging from …로 미루어 보면.
júdge ádvocate 【軍】 법무관, (군사 법원의) 판사《略 : JA》.
jùdge ádvocate géneral (the ~) (《美》 육해공군 및 《英》육공군의) 법무참모, 법무감《略 : JAG》.
:judg·ment, 《英》 **judge-** [dʒʌ́dʒmənt] *n*. (1) ⓒ (판결로) 확정된 채무, 판결 채무. (2) ⓤⓒ 재판, 판결, 심판. (3) ⓤⓒ 판단, 판정, 감정 ; 비판, 비난. (4) ⓤ 판단〈비판〉력, 견식, 사려 분별, 양식. (5) (the J-) 【宗】 최후의 심판(the Last Judgment). (6) ⓒ (신의 판가름에 의한) 천벌《*on* ; *upon*》. ***against*** one's ***better ~*** 본의 아니게, 어쩔 수 없이. ***in my ~*** 나의 생각으로는. ***pass*** 〈***give***〉 ***~ on*** 〈***upon***〉 …에 판결을 내리다. ***sit in*** ~재판하다 ; 판단을 내리다, 비판하다《*on* ; *upon*》. ***the Day of Judgment*** ⇨ JUDGMENT DAY.
judg(e)·men·tal [dʒʌdʒméntl] *a*. (1) 《종종蔑》 (윤리적인) 판단을 하기 쉬운, 교훈적인. (2) 판단(상)의, 판단에 관한.
Júdgment Dày (the ~) 【宗】 최후 심판의 날; 세상이 끝나는 날(doomsday).
ju·di·ca·to·ry [dʒúːdikətɔ̀ːri/ -təri] *a*. 재판의, 사법의.
— *n*. (1) ⓤ 사법(행정). (2) ⓒ 재판소, 법원.
ju·di·ca·ture [dʒúːdikèitʃər] *n*. (1) ⓤ 재판관의 권한〈직권〉. (2) ⓤ 사법〈재판〉(권). (3)ⓤ 사법 행정. (4)(the ~) 〔集合的〕 재판관(judges). ***the Supreme Court of Judicature*** 《英》 최고 법원《the Court of Appeal과 the High Court of Justice로 구성됨》.
·ju·di·cial [dʒuːdíʃəl] *a*. (1) 재판관 같은〈에 어울리는〉 ; 공정한, 공평한; 판단력이 있는. (2) 사법의, 재판상의 ; 재판소의, 재판관의 ; 판결에 의한. (3) 천벌의, 신벌의.
파) **~·ly** *ad*. (1) 재판관답게, 공정하게. (2) 사법상 ; 재판에 의하여.
judícial múrder 법의 살인《부당한 사형선고》.
judícial separátion 재판에 의한 부부별거(legal separation).
ju·di·ci·a·ry [dʒuːdíʃièri, -ʃəri] *a*. 사법의 ; 법원의(judicial) ; 재판관의.
— *n*. (1) ⓒ (국가 등의) 사법 조직, 사법 제도. (2) (the ~) 사법부. (3) (the ~) 〔集合的; 單· 複數 취급〕 재판관, 사법관.
ju·di·cious [dʒuːdíʃəs] *a*. 사려 분별이 있는, 현명한(wise). 파) **~·ly** *ad*. **~·ness** *n*.
Ju·dith [dʒúːdiθ] *n*. 주디스《여자 이름 ; 애칭 Judy, Jody》.
Ju·dy [dʒúːdi] *n*. (1) (인형극 *Punch and Judy* 의) Punch의 처. (2) 주디《Judith의 애칭》.
:jug[1] [dʒʌg] *n*. (1) ⓒ 《美》 (코르크 마개의 목이 가늘고 손잡이가 붙은) 도기〈유리〉제의 주전자. (2)ⓒ (주둥이가 넓은) 손주전자, (손잡이가 달린) 항아리. (3) ⓤ ((the) ~) 《俗》교도소 : in (*the*) ~ 교도소에 들어가. (4) (*pl*.) 유방.
— **(-gg-)** *vt*. (1) 《俗》 …을 교도소에 처넣다. (2) 〔過去分詞〕 (토기 고기 등)을 항아리에 넣고 삶다.
júg bànd 《美》 (냄비·주전자 등의) 잡동사니 악대(樂隊).
jug·ful [dʒʌ́gful] *n*. ⓒ jug로 하나 가득(한 양).
Jug·ger·naut [dʒʌ́gərnɔ̀ːt] *n*. ⓒ (1) (종종 j-)ⓒ 압도적인 파괴력을 지닌 것《전쟁 따위》, 불가항력의 것 ; 괴물《군함·전차 따위》 ; 거대 조직. (2) (인도 신화의) Krishna 신의 상(像)《이것을 실은 차에 치여 죽으면 극락에 갈 수 있다고 믿었음》. (3) (j-) ⓒ 《英口》 초대형 폭주 트럭.
·jug·gle [dʒʌ́gəl] *vi*. (1) 《+前+名》 (숫자·사실 등을) 조작하다, 속이다《*with*》. (2) 《~/+前+名》 요술을 부리다, (공·접시 따위로) 곡예를 하다.
— *vt*. (1) …을 조작하다, 거짓 꾸미다. (2)《~+目/+目+副/+目+前+名》 (곡예 등에서, 공 접시 따위)를 절묘히 다루다, …에 요술을 부리다. (3) 《+目+前+名》 …을 속이다, 속여 …에게서 빼앗다《out of》. (4) 【野】 (공)을 저글하다, 떨어뜨릴 뻔하다 다시 잡다.
— n. ⓤⓒ (1) 사기, 속임. (2) 요술, 곡예. (3) 【野】 저글.
jug·gler [dʒʌ́glər] *n*. ⓒ (1) (던지기의) 곡예사. (2)요술사. (3)사기꾼.
jug·glery [dʒʌ́gləri] *n*. ⓤ (1) 속여 넘기기, 사기. (2) a〕 요술, 마술. b〕 (공·나이프·접시 등을 가지고) 공기놀이 하듯이 재주를 부리는 곡예.
jug·u·lar [dʒʌ́gjulər] 【解】 *a*. (1) 경정맥(頸靜脈)의. (2) 인후의, 목의, 경부(頸部)의.
— *n*. (1) (the ~) (상대의)최대 약점, 급소. (2) ⓒ 경정맥 (= ***~ véin***)
:juice [dʒuːs] *n*. (1) ⓤ a〕 《口》 정력, 활력. b〕 정수(精髓), 본질. (2) ⓤⓒ (과일·채소·고기·따위의) 주스, 즙, 액. (3) ⓤⓒ (흔히 *pl*.) 체액(體液) ; 분비액. (4) ⓤ 《俗》 가솔린, 경유, (기타의) 액체 연료; 전기, 전류. (5) ⓤ 술, 위스키. (6) ⓤ 《俗》 터무니없는 고리(高利), 폭리. ㅁ juice *a*. ***stew in*** one***'s own ~*** 자업자득을 하다.
— *vt*. (1) …에 즙을 타다. (2) …의 즙액을 짜내다. ***~ up*** 《美口》 1)…에 연료를 재(再)보급하다, …을 가속하다. 2)활기를 띠게 하다 ; 기운나게 하다.
juiced [dʒuːst] *a*. (1) 《美俗》 술취한(juiced up), 마약의 효과가 나타난. (2) 〔複合語〕 …즙을 함유한. 파) **~·less** *a*. 즙이 없는, 마른.
juice·head [dʒúːshèd] *n*.ⓒ 《俗》 술고래, 모주꾼.
juic·er [dʒúːsər] *n*. ⓒ (1) 《美俗》 술고래. (2) 주서《과즙 짜는 기계》, 과즙기.
·juicy [dʒúːsi] (***juic·i·er ; -i·est***) *a*. (1) 《口》 (날씨가) 구중중한. (2) 즙이 많은, 수분이 많은. (3) (떠도는 이야기 따위가) 재미있는, 톡 쏘는 듯한, 흥미있는. (4) 《口》 (계약·거래 따위가) 이익이 많은, 벌이가 되는.
파) **júic·i·ly** *ad*. **júic·i·ness** *n*.
ju·ju [dʒúːdʒuː] *n*. (1) ⓤ (수문에 의한) 마력. (2) ⓒ(서아프리카 원주민의) 주물(呪物)(fetish), 부적(amulet), 주문.
ju·jube [dʒúːdʒuːb] *n*. ⓒ (1) 대추 젤리. (2)대추나무 ; 대추.
juke·box [dʒúːkbɑ̀ks/ -bɔ̀ks] *n*. ⓒ 주크박스, 자동 전축(동전을 넣어 음악을 듣는 장치).
Jul. Julius ; July.
ju·lep [dʒúːlip] *n*.ⓒ 《美》 (1) =MINT JULEP. (2)줄렙《위스키·브랜디에 설탕·박하 등을 섞은 청량 음료》.
Jul·ia [dʒúːljə] *n*. 줄리아《여자 이름》.
Jul·ian [dʒúːljən] *n*. 줄리안《남자 이름 ; Julius의 애칭》. — *a*. Julius Caesar의, 율리우스력의.
Ju·li·ana [dʒùːliǽnə] *n*. 줄리애나《여자 이름》.
Júlian cálender (the ~) 율리우스력(曆).

J

Ju·lie [dʒúːli] *n.* 줄리《여자 이름 ; Julia의 별칭》.
ju·li·enne [dʒùːlién] *n.* ⓤ《F.》 잘게 썬 야채를 넣은 고기 수프.
— *a.* 잘게 썬, 채친.
Ju·liet [dʒúːljət, dʒùːliét, ˊ-ˋ] *n.* 줄리엣. (1) Shakespeare작의 *Romeo and Juliet* 의 여주인공. (2) 여자 이름.
Ju·lius [dʒúːljəs] *n.* 줄리어스《남자 이름 ; 애칭 Julian》.
Július Cáesar =CAESAR ①.
ː Ju·ly [dʒuːlái] (*pl.* **~s**) *n.* 7월《略 : Jul., Jy.》 : on ~ 7 =on 7 ~ =on the 7th of ~, 7월 7일에 / the Fourth of ~ = ~ the Fourth, 7월 4일《미국 독립 기념일》.
·jum·ble [dʒʌ́mbl] *vt.* 《~+目(+副)》 (옷·생각등)을 뒤죽박죽으로 만들다, 난잡하게 하다, 뒤범벅으로 해놓다《*up* ; *together*》.
— *vi.* (1) 질서 없이 떼지어 나아가다, 부산하게 떠들어 대다. (2) 뒤범벅이 되다, 뒤섞이다. — *n.* (1) ⓤ 〔集合的〕 잡동사니. (2) (a ~) a〕 뒤범벅 ; 주워모은 것. b〕 혼란, 동요.
júmble sàle 《英》 바자(bazaar) 등에서 하는 (중고) 잡화 특매 (《美》 rummage sale).
jum·bo [dʒʌ́mbou] (*pl.* **~s**) *n.* ⓒ 《口》 (1) =JUMBO JET. (2) 크고 볼품없는 사람〈동물, 물건〉.
— *a.* 〔限定的〕 엄청나게 큰, 거대한(huge) ; 특대의.
júmbo jèt 점보 제트기《초대형 여객기》.
ː jump [dʒʌ́mp] *vi.* (1) 장애물을 뛰어넘다 ; (체커에서) 상대방의 말을 뛰어 넘어서 잡다. (2) a〕 낙하산으로 뛰어내리다. b〕《~/+副/+前+名》 뛰다, 뛰어오르다, 도약하다, 갑자기〈재빨리〉 일어서다. (3) 《~/+前+名》 움찔하다 ; (가슴이) 섬뜩하다 ; (종기·충치 따위가) 욱신거리다, 쑤시다. (4) 《+前+名》 서두르다, 비약하다. (5) 《+前+名》 힘차게〈갑자기〉 …하다. (6) 《~/+副/+前+名》 (물가 따위가) 급등하다, 폭등하다 : 갑자기 변하다. (7) 【映】 화면이 끊어져서 건너뛰다 ; (타자기가 글자를) 건너뛰다. (8) 《美俗》 떠들며 흥청거리다, 활기를 띠다. (9) 【컴】 건너뛰다《프로그램의 어떤 일련의 명령에서 다른 것으로 건너뛰는 일》. (10) 【채커】 뛰어넘어 상대방의 말을 잡다.
— vt. (1) 《~+目/+目+前+名》 (말)을 껑충 뛰게 하다, 뛰어넘게 하다. (2) …을 뛰어넘다. (3) (사냥감)을 뛰어나오게〈날아 오르게〉 하다. (4) 《~+目/+目+副》 (애기)를 위아래로 까부르다. (5) (물가)를 올리다. (6) (중간단계)를 뛰어 승진〈진급〉하다〈시키다〉. (7) (기차기 선료)를 벗어나다, 탈선하다. (8) (책의 일부)를 건너 뛰며 읽다. (9) …보다 앞서 뛰어나가다 : ~ the red light 붉은 신호를 무시하고 뛰어나가다. (10) 《美》 (기차 따위)에 뛰어오르다; …에서 뛰어내리다. (11) 《口》 갑자기 떠나다, 달아나다(flee). (12) 《口》 …을 급습(急襲)하나, …에 달려들다. (13) (권리 등)을 횡령하다, (체커에서 상대편의 말)을 건너뛰어 잡다. **~ *a claim*** 남의 땅 ·광업권 등을 가로채다. **~ *all over*** a person 《口》 (해명도 듣지 않고) ~를 몹시 비난하다 〈닦아 세우다〉《*for*》. **~ *a question on*** …에 질문을 던지다. **~ *aside*** 뛰어 비키다. **~ *at*** (초대·제의 따위)에 쾌히 응하다, …에 달려들다. **~ *down*** a person**'*s throat*** ⇨ THROAT. **~ *in*** 갑자기 말참견하다, 중뿔나게 굴다. **~ 〈*go and* ~〉 *in the lake*** 《口》 〔흔히 命令形〕 방해 안되게 떠나다. **~ *off*** 【軍】 공격을 개시하다. **~ *into*** 1) 《口》 갑자기〈일약〉 …이 되다. 2) …에 뛰어들다, 열심히 …을 하다. **~ *on* 〈*upon*〉** 1) 《口》 …을 꾸짖다. 2) 《俗》 …에 달려들다. **~ *ship*** 【海】 (선원 등이) 배에서 탈주하다. **~ *the gun*** 《俗》 (경주 따위에서) 신호 전에 스타트하다 ; 섣부른 행동을 하다. **~ *the track* 〈*rails*〉** 1) 《口》 마음이 산란하다. 2) (차량이) 탈선(脫線)하다. **~ *to* 〈*at*〉 *a conclusion*** 속단하다, 지레짐작하다. **~ *to it*** 《口》 〔흔히 命令形〕 지체하지 않고 착수하다, 서두르다. **~ *to*** one**'*s feet*** 펄쩍 뛰다, 뛰어오르다. **~ *up*** 1) (가격 따위가)급등하다. 2) 급히 일어서다.
— *n.* (1) ⓒ 흠칫〈움찔〉함(start). (2) ⓒ a〕 【競】 점프, 도약 경기. b〕 도약, 비약, 뜀. (3) ⓒ 급등 ; (주식이) 급등했을때의 값. (4) ⓒ 급전, 갑작스런 변동. (5) ⓒ 【馬】 (뛰어넘는) 장애(물) ; (체커에서) 상대의 말을 뛰어넘어서 잡는 수. (6) ⓒ 낙하산 강하(降下). (7) ⓒ (비행기에 의한) 짧은 여행. (8) 【컴】 ⓒ 건너뜀《프로그램 제어의 전환》. (9) (흔히 the ~s) 《口》 a〕 무도병(chorea). b〕 (알코올 중독증 등의) 신경성 경련〈떨림〉, 섬망증(delirium tremens).
be all of a* ~** 《口》 무서워 안절부절 못하고 있다. **(*at a*) *full* ~** 전속력으로. ***at a* ~** 훌쩍〈한 번〉 뛰어, 일약. ***from the* ~** 처음부터. ***get* 〈*have*〉 *the* ~ *on 《口》 …을 앞지르다, (빨리 시작해서) …보다 우세하다. ***give*** a person ***a* ~ 〈*the* ~*s*〉** 《口》 아무를 깜짝 놀래다. ***have the* ~*s*** 깜짝 놀라다. ***one* ~ *ahead* (*of...*)** (상대보다) 한발 앞서. ***on the* ~** 《美口》 바쁘게 뛰어다녀, 바빠서.
júmp bàll 《籠》 점프볼.
jumped-up [dʒʌ́mptʌ̀p] *a.* 〔限定的〕 벼락 출세한, 신흥의, 벼락부자의 ; 우쭐대는.
·jump·er[1] [dʒʌ́mpər] *n.* ⓒ (1) 도약 선수. (2) 도약하는 사람. (3) 뛰는 벌레《벼룩 따위》. (4) 【電】 회로의 절단부를 잇는 짧은 전선.
·jump·er[2] *n.* ⓒ (1) 점퍼 스커트〈드레스〉(= ~ **drèss**)《여성·아동용의 소매 없는 원피스》. (2) 점퍼, 작업용 상의. (3) 《英》 블라우스 위에 입는 헐렁한 스웨터. (4) (*pl.*) 《美》 아이의 놀이옷, 롬퍼스(rompers).
jump·ing [dʒʌ́mpiŋ] *a.* 뛰는, 도약〈점프〉(용)의.
— *n.* ⓤ 도약.
júmping bèan 〈sèed〉 【植】 뛸콩《멕시코산(産) 등대풀과(科) 식물의 씨 ; 안에 든 나방의 애벌레가 움직이는 데 따라 튀듯이 움직임》.
júmping jàck (조종하는) 꼭두각시, 뛰는 인형《실을 당기면 춤을 춤》.
júmp·ing-óff plàce 〈pòint〉 [dʒʌ́mpiŋɔ́ːf- / -ɔ́f-] (1) (가능성의) 한계, 극한, (최후의) 막바지. (2) 문명세계의 끝, 외딴 곳. (3) (여행·사업·연구 따위의) 기점, 출발점, 시발점.
júmp jèt 《英口》 수직 이착륙 제트기(VTOL).
júmp ròpe 《美》 (1) 줄넘기의 줄(skipping rope). (2) 줄넘기.
júmp sèat (자동차 따위의) 접게 된 보조 좌석, 접좌식.
júmp shòt 【籠】 점프샷.
jump-start [dʒʌ́mpstɑ̀ːrt] *vt.* (자동차)를 밀어서 시동걸다.
— *n.* 밀어서 시동걸기.
júmp sùit (1) 그와 비슷한 내리닫이의 캐주얼 웨어. (2) 낙하산 강하용 낙하복.
·jumpy [dʒʌ́mpi] (***jump·i·er ; -i·est***) *a.* (1) (신경질·흥분으로) 실룩거리는 ; 신경에 거슬리는. (2) 튀어오르는. (3) (탈것이) 몹시 흔들리는, 경련성의 ; (이

야기가) 급격히 변화하는.
파) **júmp·i·ness** *n.*
·junc·tion [dʒʌ́ŋkʃən] *n.* (1) ⓒ a] 환승역, 갈아타는 역. b] 접합점, 교차점 ; (강의) 합류점. (2) ⓤ 연합, 접합, 연접, 연락, 합체. (3) ⓤ 【文法】 연결《a red rose 처럼 수식·피수식 관계의 어군》. 파) **~·al** *a.*
júnction bòx 【電】 접속 상자.
·junc·ture [dʒʌ́ŋktʃər] *n.* (1) ⓒ 이음매, 접합점, 관절. (2) ⓤ 접합, 접속, 연결. (3) ⓒ (중대한) 시점, 경우, 정세, 전기(轉機); 위기(crisis). (4)ⓤⓒ 【言】 연접(連接).
at this ~ 이 중대한 때에 ; 이때에.
:June [dʒuːn] *n.* 6월《略: Jun., Je》.
Ju·neau [dʒúːnou, -nəu] *n.* 주노.
Jung·frau [júŋfràu] *n.* (the ~) 융프라우.
:jun·gle [dʒʌ́ŋgl] *n.* (1) ⓒ 혼란 ; 잡다하게 모인 것; 곤혹〈현혹〉되게 하는 것, 미궁. (2) a] ⓒ 밀림지대. b] (the ~)(인도 등지의) 정글, 밀림 습지대. (3) ⓒ 비정한 생존 경쟁(장). (4)《俗》 실업자나 부랑자의 숙박소〈지〉.
júngle gým 정글짐《유치원 등에 마련된 철골 유희 시설》.
jun·gly [dʒʌ́ŋgli] *a.* 정글의, 밀림의.
:jun·ior [dʒúːnjər] *a.* (1) 〔敍述的〕 a] (제도·임명 등) (…보다) 새로운(*to*). b] (…보다) 연하인(*to*)《than은 쓰지 않음》. (2) a] 후배의, 후진의, 하급의(subordinate). b] 손아래의, 연소한 ; 젊은 쪽의《※ 특히 두 형제 중의 아우, 동명(同名)인 부자(父子)중 아들, 동명인 학생중의 연소자를 가리키며, 이름 뒤에 jun. 또는 jr.로 생략해서 붙임》: John smith jr. 아들 쪽의 존스미스, 존 스미스 2세. 【opp.】 *senior*. 【cf.】minor. (3) 〔限定的〕《美》 senior 아래 학년의《4년제 대학·고교의 3년생 ; 3년제 대학·고교의 2년생; 2년제 대학 1년생의》. (4) 〔限定的〕 a] (옷 따위) 주니어 사이즈의〈젊은 여성을 위한〉. b] 청소년용의〈으로 된〉. ***be ~ to*** a person ***in*** …으로는 ~의 후배이다.
— *n.* ⓒ (1) (때로 J-)《美》 아들, 2세(son). (2) 손아랫사람, 연소자. (3)소녀, 젊은 여자 ; (복장의) 주니어 사이즈《젊은 여성용의 의복 치수》. (4)(one's ~) 후배, 후진, 하급자. (5)《美》 (4년제 대학 고교의) 3학년생 ; (3년제 대학·고교의) 2학년생 ; (2년제 대학의) 1학년생. 【cf.】 senior, sophomore, freshman. (6) 젊은 친구야《호칭》.
júnior cóllege (미국의) 2년제 대학 ; (한국의) 전문 대학 ; 성인교육 학교.
júnior cómmon ròom (Oxford 대학 등의) 저학년 학교 사교실《略 : J.C.R》.
júnior high (schòol) 《美》 하급 고등학교《한국의 중학교에 해당함 ; 위는 senior high (school)》.
júnior schòol 《英》 (7-11세 아동의) 초등학교 . infant school에서 이어짐. 【cf.】 primary school.
júnior vársity 《美》 대학〈고교〉 운동부의 2군팀 (varsity의 하위). 【cf.】 jayvee.
ju·ni·per [dʒúːnəpər] *n.* ⓤⓒ 【植】 노간주나무 종류.
·junk¹ [dʒʌŋk] *n.* (1) 《口》 하찮은 것, 허섭쓰레기. (2) 《口》 쓰레기(trash), 잡동사니, 폐물(廢物) ; 고철. (3) 《俗》 헤로인, 마약.
— *vt.* 《美口》 (폐물 쓰레기로) …을 버리다.
junk² *n.* ⓒ 정크《중국의 밑이 평평한 범선》.
júnk àrt 폐물이용 조형미술.
júnk bònd 정크 본드《배당율은 높으나 위험 부담이 큰 채권》.
junk·er [dʒʌ́ŋkər] *n.* ⓒ《美口》 고물 자동차.
jun·ket [dʒʌ́ŋkit] *n.* (1) ⓒ 연회, 향연. (2) ⓤⓒ 정킷《응유(凝乳)식품의 일종》. (3) ⓒ 《美》 a] 관비 여행. b] 피크닉, 유람 여행.
— *vt.* …을 주연을 베풀어 대접하다.
— *vi.* (1) 《美》 관비로 여행을 하다. (2) 연회를 베풀다.
júnk fòod 정크 푸드《칼로리는 높으나 영양가가 낮은 스낵풍의 식품》.
junk·ie [dʒʌ́ŋki] *n.* ⓒ 《口》 (1) 매니어, 열광적인 팬, 심취자. (2) 마약 상습자〈밀매자〉, 아편쟁이.
júnk màll 《美》 광고물 등 수취인의 명시도 없이 오는 제 3종 우편물.
junk·man [dʒʌ́ŋkmæ̀n] (*pl.* ***-men*** [-mèn]) *n.*ⓒ 《美》 고물장수, 폐품업자.
júnk shòp (1) 고물선. (2) (싸구려) 고물상, 중고품 판매점.
junky [dʒʌ́ŋki] *n.* 《口》 =JUNKIE.
junk·yard [dʒʌ́ŋkjɑ̀ːrd] *n.* ⓒ (고철·고물 자동차 등의) 폐품 적치장(積置場)〈매장(賣場)〉.
Ju·no [dʒúːnou] *n.* (1) ⓒ 기품있는 미인(queenly woman). (2) 【로神】 주노《Jupiter의 아내로 결혼의 여신》. 【cf.】 Hera. (3)【天】 주노《제3 소행성》.
Ju·no·esque [dʒùːnouésk] *a.* (여성이) 당당하고 기품이 있는, 풍채가 훌륭한.
jun·ta [hú(ː)ntə, dʒʌ́ntə, hʌ́n-] *n.* ⓒ (1) (쿠데타 후의) 군사 정권, 임시정부. (2) 《Sp.》(스페인 남아프리카 등지의) 의회, 회의. (3) =JUNTO.
jun·to [dʒʌ́ntou] (*pl.* **~s**) *n.* ⓒ (정치상의) 비밀결사 ; 도당, 파벌(faction).
:Ju·pi·ter [dʒúːpətər] *n.* (1) 【天】 목성. (2) 【로神】 주피터《고대 로마 최고의 신으로 하늘의 지배자 ; 그리스의 Zeus에 해당》. 【cf.】 Jove.
Ju·ras·sic [dʒuərǽsik] 【地質】 *a.* 쥐라기(紀)의, (암석이) 쥐라계(系)의.
— *n.* (the ~) 쥐라기〈층〉.
ju·rid·i·cal [dʒuərídikəl] *a.* (1) 법률상의. (2) 재판상의, 사법상의(judicial).
파) **~·ly** [-kəli] *ad.*
·ju·ris·dic·tion [dʒùərisdíkʃən] *n.* (1) ⓒ 관할 구역. (2) ⓤ 재판권, 사법권 ; 재판관할; 관할권 : have〈exercise〉 ~ over …을 관할하다.
파) **~·al** *a.* 사법권의, 재판권의 ; 관할권의.
ju·ris·pru·dence [dʒùərisprúːdəns] *n.* ⓤ 법학, 법률학, 법리학.
·ju·rist [dʒúərist] *n.* ⓒ (1) 법률 전문가《변호사(lawyer)·재판관(judge)》. (2) 법학자, 법리학사 ; 법학생.
ju·ris·tic, -ti·cal [dʒuərístik], [-əl] *a.* (1) 법학자〈도〉의, 법학자적인. (2) 법률의, 법률상의 ; 법학의.
파) **-ti·cal·ly** [-əli] *ad.*
ju·ror [dʒúərər] *n.* ⓒ (1) (경기·전시회 등의) 심사원. (2) 배심원(juryman). (3) 선서자(宣誓者). 【cf.】 nonjuror.
·ju·ry [dʒúəri] *n.* ⓒ 〔集合的 ; 單·複數취급〕 (1) (콘테스트 따위의) 심사원회〈단〉. (2) 배심(원단)《법정에서 사실의 심리·평결을 하고 재판장에 답신함》.
júry bòx (법정의) 배심원석.
ju·ry·man [dʒúərimən] (*pl.* ***-men*** [-mən]) *n.*ⓒ 배심원(juror).
ju·ry·wom·an [-wùmən] (*pl.* ***-wom·en*** [-wìmin]) *n.* ⓒ 여성 배심원.

J

:just [dʒʌst] (*more ~, ~·er ; most ~, ~·est*) a. (1) (행위 등이) 정당한, 지당한 ; (보수·요구·비난 등이) 타당한, 당연한. (2) 올바른, 공정한, 공명정대한《*in* ; *to* ; *with*》. (3) (의견·감정 등이) 충분한 근거가 있는. (4) a] (저울·계량·숫자·보고 등이) 정확한, 사실 그대로의. b] (값·균형·배합 등이) 적정한, 적절한. ㅁ justice *n.*
— *ad.* (1) 〔完了形과 함께〕 이제 방금, 막 …하였다. (2) 정확히, 틀림없이, 바로, 꼭. (3) 〔종종 only와 함께〕 겨우, 간신히, 가까스로. (4) 다만, 단지; 오로지. (5) 《口》 〔命令形과 함께〕 좀, 조금, 제발. (6) 《口》 아주, 정말로. (7) 《俗》 〔否定疑問形과 함께〕 정말, 참으로. **~ about** 《口》 1) 〔힘줌말〕 정말로, 아주(quite). 2) 그럭저럭, 겨우, 간신히(barely). **~ as** 1) 바로 …할 때. 2) 꼭 …처럼〈같은〉. **~ as it is** 있는 그대로, 그대로. **~ as you please** 좋으신 대로. **~ because** 오로지 …이니까, …인고로. **~ in case** 만일을 위해서. **~ now** 1) 〔過去形과 함께〕 이제 막, 방금. 2) 바로 지금 3) 〔未來形과 함께〕 머지않아, 곧. **~ on...** 대체로〈거의〉…. **~ so** 1)말끔히 치워져〈정리되어〉. 2) 《때로 感歎詞적으로》 바로 그대로(quite so). 3) 매우 조심스럽게, 신중하게. 4) …이란 조건으로, …이면은. **only ~ enough** 겨우 충족될 만큼. **That's ~ it**〈**the point**〉. 바로 그것〈그 점〉이다.

:jus·tice [dʒʌ́stis] *n.* (1) ⓤ 정당(성), 옳음, 타당(lawfulness). (2) ⓤ 정의(righteousness), 공정, 공평, 공명정대(fairness). (3) ⓤ (당연한) 응보 ; 처벌. (4) ⓤ 사법, 재판 《美》 법무부《그 장관은 Attorney General》. (5) ⓒ 사법관, 재판관 ; 치안판사 ; 《美》 (연방 및 몇몇 주의) 최고재판소 판사 ; 《英》 대법원 판사. (6) (J-) 정의의 여신. ㅁ just *a.* **administer ~** 법을 집행하다. **bring** a person **to ~** ~를 법정에 끌어내다. **do** a person〈thing〉 ~ =**do ~ to** a person〈thing〉 1) 정확히〈완전히〉 처리하다. 2) (사람〈물건〉을) 바르게 나타내다〈평가하다〉. **do** one**self ~** =**do ~ to** one**self** 자기의 진가를〈기량을〉 충분히 발휘하다. **in ~ to** a person =**to do** a person ~ ~를 공평히 평하면. **see ~ done** 일의 공평을 기하다 ; 보복하다. **with ~** 공평하게 ; 정당하게, 무리없이(reasonably).
파) **~·ship** [-ʃip] *n.* ⓤ 판사의 직〈자격, 지위〉.

Jústice of the Péace (*pl.* ***Justices of the Peace***) 치안 판사《경미한 범죄만을 담당하는 재판관 ; 지방 유지가 무급으로 하는 경우가 많음 ; 略 : J.P.》.

jus·ti·fi·a·ble [dʒʌ́stəfàiəbəl, ⌐-⌐--] *a.* 정당화할 수 있는, 변명할 수 있는, 타당한, 정당한 : ⇨JUSTIFIABLE HOMICIDE. 파) **-bly** *ad.* 정당히, 당연히 ;〔文章修飾〕 그도 그럴것이. **jùs·ti·fi·a·bíl·i·ty** *n.* ⓤ 정당함, 이치에 맞음.

jústifiable hómicide 【法】 정당 살인《정당방위, 사형 집행관의 사형 집행 따위》.

·jus·ti·fi·ca·tion [dʒʌ̀stəfikéiʃən] *n.* ⓤ (1)【神學】 의롭다고 인정됨〈인정받음〉. (2) 행위의 정당화, (정당하다는) 변명, (정당화의) 이유, 근거《*of* ; *for*》. (3)【컴】 조정. **in ~ of** …의 변호로서, ~을 정당화하기 위하여.

jus·ti·fi·ed [dʒʌ́stəfàid] *a.* 〔敍述的〕 (…하는 것은) 지당한, 정당한 이유가 있는.

:jus·ti·fy [dʒʌ́stəfài] (***-fies***[-z] ; ***-fied***[-d] ; ***~ing***) *vt.* (1) 《~+目/+目+前+名》 …을 옳다고 변명〈주장·용인〉하다. (2) (행위·주장 따위)를 옳다고 하다, 정당화하다(vindicate), …의 정당함을 증명(주장)하다. (3) 【神學】 (신이 죄인)을 죄 없다고 용서하다. (4) 【印】 …의 행간(行間)을 가지런히 하다, 정판(整版)하다. (5)【컴】 자리 맞춤을 하다.
— *vi* (1) 【印】 정판되다, (행이) 정돈되다. (2) 【法】 (어떤 행위에 대하여) 충분한 근거를 제시하다, 보증(인)이 되다, 면책 사유를 대다. ㅁ just *a.* **be justified in** do**ing** …하는 것은 정당〈당연〉하다, …해도 무방하다. **~** one**self** 자기의 행위를〈주장을〉 변명하다 ; 자기의 결백함을 증명하다.

Jus·tin [dʒʌ́stin] *n.* 저스틴《남자 이름》.

Jus·ti·na [dʒʌstáinə] *n.* 저스티나《여자 이름》.

Jus·tin·i·an [dʒʌstíniən] *n.* 유스티니아누스《동로마 제국 황제(527-565) ; 483-565》.

jus·tle [dʒʌ́sl] *vt., vi., n.* =JOSTLE.

·just·ly [dʒʌ́stli] *ad.* (1) 당연하게, 타당하게. (2) 바르게, 공정하게, 정당하게.

just·ness [dʒʌ́stnis] *n.* ⓤ (올)바름, 공정, 정당 ; 타당.

Jus·tus [dʒʌ́stəs] *n.* 저스터스《남자 이름》.

·jut [dʒʌt] (***-tt-***) *vi.* 돌출하다(project), 불룩 내밀다《*out* ; *forth* ; *up*》.
— *n.* ⓒ 돌출부, 불룩 내민 곳 ; 첨단, 돌기.

Jute [dʒuːt] *n.* (1) ⓒ 주트 인. (2)(the ~s) 주트족《5-6세기에 영국에 침입한 게르만 민족》

jute [dʒuːt] *n.* ⓤ (1) 황마의 섬유, 주트《마대 밧줄 따위의 재료》. (2) 【植】 황마(黃麻).

Jut·land [dʒʌ́tlənd] *n.* 유틀란트 반도《독일 북부의 반도, 덴마크가 그 대부분을 차지함》.

jut·ting [dʒʌ́tiŋ] *a.* 〔限定的〕 튀어 나온, 쑥 내민, 돌출한.

ju·ve·nes·cence [dʒùːvənésns] *n.* ⓤ (되)젊어짐 ; 젊음, 청춘(youth) ; 청소년기.

ju·ve·nes·cent [dʒùːvənésnt] *a.* 소년〈청년〉기에 달한, 젊음이 넘치는 ; 다시 젊어지는.

·ju·ve·nile [dʒúːvənəl, -nàil] *a.* (1) 미숙한, 어린애 같은. (2) 젊은, 어린, 소년〈소녀〉의 ; 소년소녀를 위한.
— *n.* ⓒ (1) 아동을 위한 읽을거리. (2) 소년 소녀, 아동. (3) 어린이 역《배우》.

júvenile cóurt 소년 법원(심판소).

júvenile delínquency 미성년 비행 〈범죄〉.

júvenile delínquent 비행 소년.

ju·ve·nil·ia [dʒùːvəníliə] *n. pl.* (1)소년소녀를 위한 읽을거리. (2)(어느 작가의) 초기〈쉶넜을 때〉의 작품(집).

ju·ve·nil·i·ty [dʒùːvəníləti] *n.* (1)(*pl.*) 미숙〈유치〉한 언행. (2) ⓤ 연소, 유년(幼年) ; 젊은.

jux·ta·pose [dʒʌ̀kstəpóuz, ⌐-⌐] *vt* …을 나란히 놓다, 병렬하다.

jux·ta·po·si·tion [dʒʌ̀kstəpəzíʃən] *n.* ⓤⓒ 나란히 놓기, 병렬.

JV, J.V., j.v. junior varsity. **J.X.** 《L.》 *Jesus Christus*(=Jesus Christ). **Jy.** July.

K

K, k [kei] (*pl.* **K' s, *Ks*, k' s, *ks***[-z]) (1) ⓒ 11번째(의 것). (2) ⓤⓒ 《영어 알파벳의 열 한째 글자》.
Kaa·ba, Ka'·ba, Caa- [kɑ́ːbə] *n.* (the ~) 카바.
ka·bob, ke·bab [kéibɑb kəbɔ́b], [kəbɑ́b] *n.* ⓒ,ⓤ (흔히 *pl.*) 꼬챙이에 채소와 고기를 꿰어 구운 요리, 산적(散炙) 요리.
Ka·bul [kɑ́ːbul, kəbúːl] *n.* 카불
Kaf·fir, Kaf·ir [kəbɑ́b] (*pl.* **~s**. 〔集合的〕 ~) *n.* (1) ⓒ 카피르 말. (2)ⓒ a] (종종 k-)아프리카 흑인. b] 카피르 사람.
·kai·ser [kəbɑ́b] *n.* (종종 K- ; the ~) (1)독일 황제 ; 오스트리아 황제 ; 신성 로마 제국 황제. (2) 황제, 카이저. 【cf.】 Caesar, czar.
KAIST Korea Advanced Institute of Science and Technology (한국 과학 기술원》.
Ka·la·ha·ri [kɑ̀ːləhɑ́ːri, kæ̀lə-] *n.* (the ~) 칼라하리.
kale, kail [keil] *n.* (1) ⓤ 양배추〈채소〉 수프. (2) ⓤ 《美俗》 돈, 현금.
ka·lei·do·scope [kəláidəskòup] *n.* ⓒ (1) (흔히 *sing.*) 항상 변하는 것, 변화 무쌍한 것. (2) 만화경(萬華鏡). ***the ~ of life*** 인생 만화경.
ka·lei·do·scop·ic, -i·cal [kəlàidəskɑ́pik/ -skɔ́p-], [-kəl] *a.* (경치 인상 등) 만화경 같은; 끊임없이 변화하는. 파) **-i·cal·ly** [-əli] *ad.*
Ka·le·va·la [kɑ̀ːləvɑ́ːlə] *n.* (the ~) 칼레발라.
Kam·chat·ka [kæmtʃǽtkə] *n.* (the ~) 캄차카 반도.
Kam·pu·chea [kæ̀mputʃíːə] *n.* 캄푸치아. 파) **-ché·an** *a.*, *n.*
Ka·naks [kənɑ́ːkə, kǽnəkə] *n.* ⓒ 카나카 사람.
·kan·ga·roo [kæ̀ŋgərúː] (*pl.* **~s**, [-z] 〔集合的〕 ~) *n.* ⓒ 【動】 캥거루.
kangaróo clósure (the ~) 【英議會】 캥거루식 토론 종결법.
kangaróo ràt 【動】 캥거루쥐《미국 서부 멕시코산》.
Kan·san [kǽnzən] *a.*, *n.* 미국 Kansas주의(사람).
·Kan·sas [kǽnzəs] *n.* 캔자스《미국 중부의 주 ; 略 : Kan. 또는 Kans ; 【郵】 KS》.
Kánsas Cíty 캔자스 시티《Kansas주의 도시》.
Kánsas Cíty Stándard 【컴】 캔자스 시티 규격《오디오 카세트테이프에 대한 데이터의 기록 재생을 위한 규격 ; 略 : KCS》.
Kant·i·an [kǽntiən] *a.* 칸트(철학)의.
— *n.* ⓒ 칸트 학파의 사람.
Kant·i·an·ism [⌐nìzm], **Kant·ism** [⌐izm] *n.* ⓤ 칸트 철학.
ka·o·lin(e) [kéiəlin] *n.* ⓤ (1) 【化】 카올린《함수규산(含水珪酸) 알루미늄》. (2) 【鑛】 고령토, 도토(陶土).
ka·pok, ca- [kéipɑk/ -pɔk] *n.* ⓤ【植】 케이폭, 판야《ceiba의 씨앗을 싼 솜 ; 베개 이불 속 구명대 등에 넣음》.
kápok trèe 【植】 판야나무.
Ka·pó·si's sarcóma [kəpóusiːz-, kǽpə-] 【醫】 카포지 육종《특발성 다발성 출혈성 육종》.
kap·pa [kǽpə] *n.* ⓤⓒ 그리스어 알파벳의 열째 글자, 카파《K, *k*; 로마자의 K. k에 해당》.
ka·put(t) [kəpúːt] *a.* 〔敍述的〕 《口》 못쓰게 된, 아주 결딴난, 파손〈파멸〉된.
Ka·ra·chi [kərɑ́ːtʃi] *n.* 카라치《파키스탄의 전 수도》.
kar·at [kǽrət] *n.* ⓒ 캐럿(《英》 carat)《순금 함유도의 단위 ; 순금은 24karats ; 略 : kt.》 : gold 18 ~*s* fine, 18금.
kar·ma [kɑ́ːrmə] *n.* (1) 숙명, 운명. (2) 【佛敎·힌두敎】 갈마, 업(業), 카머 ; (일반적으로) 인과응보, 업보(業報), 인연. (3) (사람·사물에서 느껴지는) 분위기, 감화력.
karst [kɑ́ːrst] *n.* ⓒ 【地】 카르스트 지형《침식된 석회암 대지》.
kart [kɑːrt] *n.* ⓒ 어린이용 놀이차(go-cart).
KASA Korea Amateur Sports Association(대한 체육회).
Kas·bah [kɑ́ːzbɑː] *n.* (북아프리카 도시의) 원주민 거주 지구.
Kash·mir [kæʃmíər] *n.* (1) (k-) =CASHMERE. (2) 카슈미르《인도 북서부의 지방》.
Kat·man·du, Kath- [kɑ̀ːtmɑːndúː] *n.* 카트만두《Nepal 의 수도》.
Kat·te·gat [kǽtigæ̀t] *n.* (the ~) 카테갓 해협《덴마크와 스웨덴 사이의 해협》.
KATUSA, Ka·tu·sa [kətúːsə] Korean Augmentation Troops to United States Army (카투사 ; 미육군에 파견 근무하는 한국 군인).
kau·ri, -rie, -ry [káuri] *n.* (1) ⓤ 그 재목; 그 나뭇진《니스 제조용》. (2) ⓒ 【植】 카우리 소나무《소나뭇과(科) 식물의 일종. 뉴질랜드산》.
kay·ak, kai·ak [káiæk] *n.* ⓒ (1) 그것을 본뜬 캔버스를 입힌 카누형 보트. (2) 카약《에스키모인의 가죽배》.
kayo [kéióu] (*pl.* ***káy·ós***) *n.* ⓒ 녹아웃.
— *vt.* …을 녹아웃시키다《KO 라고도 씀》. 〈◁ knock out〉
Ka·zakh [kəzɑ́ːk, -zǽk] *n.* (1) ⓤ 카자흐어《 튀르크어군(語群)의 하나》. (2) ⓤⓒ 카자흐족〈인〉.
Ka·zakh·stan [kɑ̀ːzɑːkstɑ́ːn] *n.* 카자흐스탄 공화국《Republic of ~ ; 서아시아의 독립국가 연합 가맹국 ; 수도 Alma Ata》.
KDI Korea Development Institute(한국 개발원).
Keats [kiːts] *n.* **John ~** 키츠《영국의 시인 ; 1795-1821》.
ked·ger·ee, keg·er·ee [kédʒəriː] *n.* ⓤⓒ케저리《쌀·달걀·양파·콩·향신료 따위를 재료로 한 인도 요리 ; 유럽에서는 생선을 곁들임》.
·keel [kiːl] *n.* ⓒ (1) 《詩》 배. (2) (배나 비행선의) 용골(龍骨), 킬. ***on an even ~*** 1) 원활하여, 안정되어. 2) 【海】 흘수선이 수평이 되어.
— *vt.* (1) (~를) 넘어뜨리다, 졸도시키다《*over*》. (2) 《~+目+副》(수선하기 위해 배)를 옆으로 눕히다 ; 뒤집어 엎다 《*over* ; *up*》.
— *vi.* 《+副》 (1) 갑자기 쓰러지다, 졸도하다《*over*》. (2) (배가) 뒤집히다, 전복되다《*over* ; *up*》.
keel·haul [⌐hɔ̀ːl] *vt.* (1) …을 호되게 꾸짖다. (2) (사람)을 밧줄에 매어 배 밑을 통과하게 하다《옛날 행해

졌던 뱃사람의 벌》.

:keen[1] [kiːn] (*⌒·er* ; *⌒·est*) *a.* (1) (바람이) 몸을 에는 듯한(cutting) : 뼈에 스미는, 신랄산, 통렬한(incisive) : a ~ wind 살을 에는 듯한 바람. / a ~ satire 신랄한 풍자. (2) 날카로운, 예리한(sharp) : a ~ blade 예리한 날 / a ~ knife 잘 드는 나이프. (3) (빛·음·목소리·냄새 등이) 강렬한, 강한, 선명한. (4) (경쟁·고통·식욕 따위가) 격렬한, 격심한 : ~ pain 격통 / ~ competition 치열한 경쟁. (5) (지력·감각·감정 따위가) 예민한, 민감한 : a ~ sense of hearing 예민한 청각 / ~ powers of observation 예리한 관찰력. (6) a] 〔敍述的〕《口》(…을) 열애하는《*on*》. b] 열심인, (몹시) …하고 싶어하는《*about* ; *for* ; *on*; *to do*》 : be ~ *about* 〈*on*〉 going abroad =be ~ *to go* abroad 외국에 가고 싶어하다. (7)《俗》아주 좋은, 썩 훌륭한. (8)《英》(값이) 경쟁적인, 품질에 비해 값이 싼 : a ~ price 품질에 비해 싼 가격.

(*as*) **~ *as mustard*** ⇨ MUSTARD. ***be ~ about***《美口》…에 골몰하다. ***be ~ on*** 1) …을 매우 좋아하다. 2) …에 열중하고 있다《do*ing*》.

keen[2] *n.* ⓒ 《Ir.》(곡하며 부르는) 장래식 노래 : (죽은이에 대한) 슬픈 울음소리, 곡(哭), 울며 슬퍼함. — *vi.*, *vt.* 슬퍼하며 울다, 통곡하다, 울부짖다.

파) **⌒·er** [kíːnər] *n.* (장래식에 고용된) 곡꾼.

·keen·ly [kíːnli] *ad.* (1) 격심하게, 통렬히. (2) 날카롭게, 예민하게. (3) 열심히.

keen·ness [kíːnnis] *n.* ⓤ (1) 격심함, 격렬함. (2) 날카로움, 예민. (3) 열심.

:keep [kíːp] (*p.*, *pp.* ***kept*** [kept]) *vt.* (1)《+目+補/+目+副/+目+前+名/+目+*done*/+目+~*ing*》(사람·물건)을 …한 상태로 간직하다, …으로 하여 두다, 계속 …하게 하여 두다.

(2)《~+目》(어떤 상태·동작)을 계속하다, 유지하다 ; (길 따위)를 계속 걷다 : ~ step 계속 걷다 / ~ silence 침묵을 지키다 / ~ watch 계속 감시하다 / ~ hold of …을 잡고 놓지 않다, 붙잡고 있다.

(3)《~+目/+目+前+名》…을 간직하다, 간수하다, 가지(고 있)다, 유지〈보유〉하다 ; 보존하다 : ~ meat 고기를 (썩지 않도록) 보존하다.

(4)《+目+前+名/+目+副》(아무)를 가두어 놓다, 구류하다, 감금하다 ; 붙들어 두다 : ~ a person *in* custody 아무를 구류하다.

(5) …을 먹여 살리다, 부양하다 ; (하인 따위)를 두다, 고용하다《*on*》 ; (하숙인)을 치다 ; (자가용 등)을 소유하다 ; (첩)을 두다. (6) (친구)와 사귀다 ; 교제를 하다.

(7) (동물)을기르다, 사육하다 : ~ a dog 〈cat〉 개〈고양이〉를 기르다 / ~ pigs 〈bees〉 돼지를 〈벌을〉치다.

(8) (상품)을 갖추어 놓다, 팔다, 취급하다.

(9)《~+目/+目+前+名》…을 관리하다, 맡다 ; 보존하다, 남겨두다 ; 따로 놓아두다

(10)《~+目/+目+前+名》(남에게) …을 알리지 않다, 비밀로 해두다 ; 허락하지 않다, 시키지 않다 ; 방해〈제지〉하다, …에게 — 못하게 하다《*from*》.

(11) (계속해서 일기·장부 따위)를 적다, 기입〈기장〉하다 : ~ accounts 출납을 기입하다 / ~ records 기록해〈적어〉 두다.

(12) (법률·규칙 따위)를 지키다 ; (약속·비밀 따위)를 어기지 않다, 이행하다 : ~ a promise 〈one's word〉 약속을 이행하다.

(13) (의식·습관 따위)를 거행하다, 지키다 ; 축하〈경축〉하다 (celebrate) : ~ the Sabbath 안식일을 지키다 / ~ one's birthday 생일을 축하하다.

(14) (상점·학교 따위)를 경영하다.

(15)《~+目/+目+前+名》…의 파수를 보다, …을 지키다, 보호하다 : ~ a person *from* harm아무가 해를 입는 것을 막다 / ~ a town *against* the enemy 도시를 적으로부터 지키다 / ~ one's ground 자기의 입장〈진지, 주장〉을 고수하다, 한발도 물러서지 않다.

(16) …을 보살피다, 손질을 하다: ~ a garden정원을 손질하다.

(17) (집회·법정·시장 따위)를 열다, 개최하다 : ~ an assembly 모임을 열다.

(18) (어떤 곳)에 머무르다, 틀어박히다.

(19) …을 보지〈유지〉하다 ; (신문 등)을 돈으로 누르다〈장악하다〉 : ~ the peace 치안을 유지하다.

— *vi* (1)《+前+名》떨어져 있다《*from*》 ; …하지 않고 있다, …을 삼가다《*from doing*》. (2)《+補/+副/+前+名/+-*ing*》…한 상태에 있다 ; …한 위치에 있다 ; 계속해서 …하다, 늘 …하다 : ~ quiet 조용히 있다 / ~ will 건강하다 / *Keep on*, boys! (그 요령으로) 모두들 계속하여라 / *Keep* (to the) left. 좌측통행 / *Keep in* touch. 연락을 유지토록 해라. (3) 견디다, 썩지 않다. (4)《+副/+前+名》(어떤 장소·위치에) 머무르다, 틀어 박히다 : ~ indoors 〈at home〉 집 안에 틀어박혀 있다 / ~ *out of* the way (방해가 되지 않도록) 떨어져 있다. (5) 열려 있다, 영업하고 있다. (6) 뒤로 미룰 수 있다, 기다릴 수 있다. (7) (비밀 따위가) 유지되다, 새지 않다. (8)《口》거주하다 ; 체류하다 ; 숙박하다. (9) 【크리켓】 삼주문의 수비 노릇을 하다.

How are you ~ing ? 안녕하십니까(=How are you ?). ***~ after ...*** (…의 뒤를) 계속해서 쫓다 ; …을 계속해서 궁리〈생각〉하다 ; …에게 끈덕지게 말하다〈졸라대다, 꾸짖다〉《*about*》. ***~ ahead*** 남보다 앞서있다 ; (상대·추적자보다) 앞서 가다. ***~ at*** …을 계속해서 하다, 열심히 하다 : *Keep at* it. 꾸준히 노력해라, 포기하지 마라. ~ a person ***at*** 아무에게 …을 계속 시키다 : *Keep* him *at* the experiment. 그에게 실험을 계속시켜라. ***~ away*** (*vt.*) …에 가까이 못하게 하다, …에게 …을 쓰지〈만지지〉 못하게 하다《*from*》 (*vi.*) 가까이 가지 않다, (술·담배 등을) 손대지 않다《*from*》. ***~ back*** 1) 삼가다, 억제하다. 2) (비밀·정보 등)을 감추다, 숨겨 두다《*from*》 ; (일부)를 간직해 두다《*for*》. 3) 틀어 박히다. ***~ bad*** 〈***late***〉 ***hours*** 밤늦게까지 자지 않고 일어나 있다. ~ a person ***company*** = ***~ company with*** ⇨ *vt.* (6) ***~ down*** 1) (경비)를 줄이다. 2) (감정 따위)를 억누르다 ; (목소리·소리)를 낮추다. 3) (음식물 따위)를 받아들이다. 4) (반란 따위)를 진압하다, (주민·국민)을 억압하다, (사람)을 억누르다 : ~ *down* a mob 폭도를 진압하다. 5) 몸을 낮추다, 엎드리다. 6) (바람 따위가) 자다. ~ (...) ***from*** ⇨ *vt.* (10), *vi.*(2). ***~*** a person〈thing〉 ***going*** 1) 아무의 목숨을 이어주다. 2) 아무를 지탱하여 가게 하다, (물건)을 오래 가게 하다, 계속되게 하다 : ~ the conversation *going* 이야기가 중도에 끊어지지 않도록 하다. (3)아무에게 주다《*with*》 ; 아무에게 부족됨이 없도록 해 주다《*with* ; *in*》. ***~ good*** 〈***early, regular***〉 ***hours*** 일찍 자고 일찍 일어나다. ***~ in*** 1) 가두다 ; (벌로서 학생)을 남아 있게 하다. 2) (감정 따위)를 억제하다 : I couldn't just ~ my anger *in*. 화나는 것을 참을 수가 없었다. 3) (집에) 틀어 박히다. 4) 계속 태우다, 계속 타다. ***~ in with*** …와 사이좋게 지내다, …와 우호를 유

지하다《보통 자기 편의를 위해》. **~ it up** (어려움을 무릅쓰고) 계속하다, 꾸준히 계속해 나가다. **~ off** (*vt.*) 1) (…에서) …을 떼어 놓다, …에 들어오지 못하게 하다. 2) (재해·적 따위)를 막다, 가까이 접근하지 못하게 하다. 3) (음식물)을 입에 대지 못하게 하다. (*vi.*) 1) …에서 멀리 떨어지다, …에 들어가지 않다. 2) 떨어져 있다, 접근하지 않다; (비·눈 따위가) 오지 않다, 그치다. 3) (음식물을) 입에 대지 않다 : ~ *off* drinks 술을 삼가다. 4) (화제 등에) 언급하지 않다, …을 피하다. **~ on** (*vt.*) 1) 계속해 고용하다〈머무르게 하다〉《*at* ; *in*》. 2) (옷 따위)를 몸에 입은 채 있다. 3) (집·차 따위)를 계속 소유〈차용〉하다. (*vi.*) 1) 계속 지껄이다, 계속 이야기하다《*about*》. 2) 계속 나아가다. 3) 계속 …하다《*doing*》. ※ keep doing은 동작이나 상태의 계속을 나타내는 데 반해, keep on doing은 집요하게 반복되는 동작 상태임을 암시함. **~ on at** (아무)를 끈덕지게 졸라대다, …에게 심하게 잔소리하다. **~ out** (*vt.*) …을 안에 들이지 않다《*of*》. (*vi.*) 들어가지 않다《*of*》 : Danger! *Keep out !* 《게시》 위험, 출입 금지. **~ out of ...** (추위·귀찮은 일 등)을 피하다〈피하게 하다〉 ; (태양·위험 따위)에 노출되지 않게 하다. ~ one**'s bed** 몸져 누워 있다. ~ one**self to** one**self** 남과 교제 하지 않다, 홀로 있다. ~ one**'s house**〈**room**〉 집〈방〉에 틀어 박히다. **~ time** 1) 박자를 유지하다 ; 장단을〈박자를〉 치다〈맞추다〉. 2) (시계가)똑딱거리다, 시간을 기록하다 ; 시간이 맞다. **~ to** 1) (본론·화제 등)에서 이탈하지 않다. 2) (길·진로 등)에서 벗어나지 않다〈벗어나지 않게 하다〉, …을 따라 나아가다. 3) (계획·예정·약속)을 지키다〈지키게 하다〉 ; (규칙·신념·따위)를 고집하다, 고수하다 : ~ *to* time (교통 기관이)시간대로 운행하다. 4) (집안에) 틀어 박히다. **~ together** …을 한데 모으다〈모아 두다〉 ; (사람들이 서로) 협조하다 ; 협조〈단결〉시키다, 단결하다. **~ to** one**'s bed** 잠자리를 떠나지 못하다. **~ to** one**self** 1) (정보 따위)를 남에게 누설하지 않다, 나누어 주지 않다. 2) 남과 교제하지 않다. **~ under** 1) (마취제로) 의식을 잃게 하다, 진정시키다. 2) …을 억제하다, 억누르다, 복종시키다. **~ up** 1) 좋은 상태를 유지하다, 쇠약해지지 않다, 꺾이지 않다. 2) 계속 상승하다. 3) 유지하다, (손질해) 보존하다 : ~ *up* one's appearances 체면을 유지하다. 4) 계속하다, 멈추지 않다. 5) 밤잠을 못 자게 하다, 밤잠을 자지 않다. 6) 가라앉지 않게 하다. 7) 선 채로 있다. **~ up on** …에 대해 정보를 얻고 있다, 알고 있다. **~ up with** 1) (서신왕래 따위로) 접촉을 유지하다, 교제를 계속하다. 2) (아무)에게 (뒤떨어)지지 않다 ; (시류)에 뒤지지 않게 노력하다. **~ up with the Joneses** ⇨JONESES.

— *n.* (1) ⓤ 양식, 식량, 사료, 생활필수품, 생활비 : work for one's ~ 살기 위해서 일하다. (2) ⓒ (옛 성채의) 아성(牙城), 본거(本據), 본성(本城). (3) ⓤ 보존, 유지, 관리.

be in good* 〈*bed*〉 ~** 손질〈보존〉이 잘〈잘못〉되어 있다. ***be worth one**'s ~** 보존〈사육〉할 가치가 있다. ***earn*** one**'s ~** 생활비를 벌다, 자립하다. ***for ~s*** 1) 《口》 언제까지나, 영구히. 2) (아이들의 놀이 따위에서) 따면 돌려주지 않기로 하고, 정식으로. 3) (농이 아니라) 진정으로.

:keep·er [kíːpər] *n.* ⓒ (1) 관리인, 보관자 ; (상점 따위의) 경영자 : ⇨INNKEEPER / SHOPKEEPER. (2) 파수꾼, 간수, 수위 ; 《英》 사냥터지기 ; (미친 사람의) 보호자 : a level crossing ~ 건널목지기 / Am I my brother's ~ ? 【聖】 내가 아우를 지키는 자니이까《창세기 Ⅳ : 9》. (3) (동물의) 사육자 ; 소유주, 임자 : ⇨ BEEKEEPER. (4)【競】 수비자, 키퍼 ; =GOALKEEPER: WICKETK-EEPER. (5) (결혼 반지 따위의) 보조 반지. (6) 저장할 수 있는 과일〈채소〉 : a good〈bad〉 ~ 오래도록 저장할 수 있는〈없는〉 과일〈채소〉.

keep-fit [ˊfít] *n.* ⓤ (건강 유지를 위한) 체조〈운동〉, 보건 체조 : ~ class 보건 체조 교실.
— *a.* 건강유지의.

:keep·ing [kíːpiŋ] *n.* ⓤ (1) 관리 ; 경영. (2) 지님 ; 보관 ; 보존, 저장(성) : in good 〈safe〉 ~ 잘〈안전하게〉 보존〈보관〉되어. (3) 부양, 돌봄 ; 사육 ; 식량 ; 사료. (4) 일치, 조화, 상응(相應)《*with*》. (5)(의식·습관의) 준수, 축하, 의식을 행하기: the ~ of a birthday 생일의 축하(행사). ***have the ~ of*** …을 맡고 있다. ***in ~ with*** ~와 조화하여.

·keep·sake [kíːpsèik] *n.* ⓒ 기념품, 유품 (memento).

keg [keg] *n.* 작은 나무통《보통 용량이 5-10 갤런 ; 못의 경우는 50kg 남짓》 : a nail ~ 작은 못통.

keg·ler [kéglər] *n.* ⓒ 《美口》 볼링 경기자 (bowler).

Kel·ler [kélər] *n.* **Helen** (**Adams**) **~** 켈러《미국의 여류 저술가·사회 사업가 ; 농맹아(聾盲啞)의 삼중고를 극복함 ; 1880-1968》.

kelp [kelp] *n.* ⓤ (1) 켈프의 재《요오드의 원료》. (2) 【植】 켈프《해초의 일종 ; 대형의 갈조(褐藻)》.

Kelt, Keltic ⇨ CELT, CELTIC.

·ken [ken] *n.* ⓤⓒ 시야, 시계 ; 이해, 지식 ; 지식의 범위. ***beyond* 〈*outside, out of*〉** one**'s ~** 1) 지식의 범위 밖에〈의〉, 이해하기 어렵게〈어려운〉. (2) 시야 밖에〈의〉. ***in*** one**'s ~** 시야 안에, 눈으로 볼 수 있는 곳에; 이해할 수 있게.
— *vt.* 인정하다, 알고 있다(that).

Ken·ne·dy [kénədi] *n.* **John Fitzgerald ~** 케네디《미국의 제35대 대통령; 1917-63》. **~ International Airport** 케네디 국제 공항《New York시 Long Island에 있는 국제 공항; 구명 Idlwild》.

·ken·nel [kénəl] *n.* (1)(흔히 *pl.*) 개의 사육〈훈련〉장 ; 개를 맡아주는 곳. (2)ⓒ 개집(《美》doghouse). (3)ⓒ 초라한 집, 오두막집.
— (**-l-**, 《英》 **-ll-**) *vt.* (개)를 개집에 넣다〈에서 기르다〉.
— *vi.* (개가) 개집에서 살다, 머무르다.

Ken·sing·ton [kénziŋtən] *n.* 이전의 London서부의 자치구 ; 현재는 Kensington and Chelsea의 일부《Kensington Gardens로 유명 ; 略 : Kens.》.

·Kent [kent] *n.* 켄트《잉글랜드 남동부의 주 ; 주도 Maidstone》. ***a man of ~,*** Medway강 이동(以東) 태생의 켄트 사람. 【cf.】 KENTISH MAN.

Kent·ish [kéntiʃ] *a.* Kent주(사람)의.
— *n.* ⓤ (중세의) Kent 방언.

Ken·tuck·i·an [kəntʌ́kiən] *a.*, *n.* ⓒKentucky 주의 (주민) ; Kentucky 태생의 〈사람〉.

·Ken·tucky [kəntʌ́ki] *n.* 켄터키《미국 중동부의 주 ; 주도(州都) Frankfort ; 略 : Ky., Ken.; 【郵】 KY ; 속칭 the Bluegrass State》.

Ken·ya [kénjə, kíːn-] *n.* 케냐《동아프리카의 공화국 ; 수도 Nairobi》.

Ken·yan [kénjən, kíː-] *a.* 케냐(인)의. — *n.* ⓒ 케냐인.

Kep·ler [képlər] *n.* **Johann ~** 케플러《독일의 천문학자(1571-1630) ; 행성 운동에 관한 Kepler's law를 발견》.

:kept [kept] KEEP의 과거·과거분사.
— *a.* (1) 금전상의 원조를 받고 있는 : a ~ mistress 〈woman〉 첩 / a ~ press 어용 신문. (2)유지〈손질〉된 : a well ~ garden 손질이 잘된 정원.

kérb màrket (증권의) 장외 시장(curb).

ker·chief [kə́ːrtʃif] *n.* ⓒ (1) 【詩】 손수건(handkerchief). (2) (여성의) 머릿수건 ; 목도리(neckerchief).
파) **~·ed** [-t] *a.* 머릿수건을 쓴.

·ker·nel [kə́ːrnəl] *n.* (1) ⓒ (쌀·보리 따위의) 낟알(grain). (2) ⓒ (과실의) 인(仁), 심(心). (3)(the ~)(문제 따위의) 요점(gist), 핵심, 중핵(中核), 심수(心髓)《*of*》 : 가장 중요한 부분 : *the* ~ *of* a matter 〈question〉 사건〈문제〉의 핵심.

·ker·o·sine, -sene [kérəsiːn, ⌐-⌐] *n.* ⓤ 등유(《英》 paraffine) : a ~ lamp 램프(등) / a ~ heater 석유 난로.

·ketch·up [kétʃəp] *n.* ⓤ (토마토 따위의) 케첩(catchup, catsup). ***in the ~*** 《俗》 적자의, 적자 운영하는(in the red).

:ket·tle [kétl] *n.* ⓒ (1) 【地質】 구혈(= **~hòle**)《빙하 바닥의》. (2) 솥, 탕관 ; 주전자.
a different ~ of fish 별개 사항, 별문제. ***a pretty*** 〈***nice, fine***〉 ***~ of fish*** 소동, 난장판, 북새통 : 골치 아픈〈난처한〉 사태, 분규《pretty, fine, nice는 반어적 표현》. ***keep the ~ boiling*** =keep the POT boiling.

:key[1] [kiː] (*pl.* **~s**) *n.* (1) a] ⓒ (문제·사건 등의) 해답 : 해결의 열쇠 〈실마리〉 (clue)《*to*》 : 비결《*to*》 : (외국 서적의) 직역본 ; (수학·시험문제의) 해답서, 자습서, 《동식물의》 검색표 ; (지도·사서 따위의) 기호 〈약어〉표. b] (the ~) 요소, 관문《*to*》. c] ⓒ 【컴】 글쇠, 쇠. d] ⓒ 중요 인물. (2) ⓒ 열쇠 : 열쇠 모양의 물건. 【cf.】 lock. 『 a room ~ 방의 열쇠. 3) ⓒ a] (시계의 태엽을 감는) 키(watch~) b] (타이프라이터 등의) 키 ; 【電】 전건(電鍵), 키 ; (오르간·피아노·취주악기의) 키. (4) ⓒ a] (목소리의) 음조 : in a minor ~ 침울한 (슬픈) 음조로. b] 【樂】 (장단의) 조(調) : all in the same ~ 모두 같은 가락으로, 단조로이 / the major 〈minor〉 ~ 장조〈단조〉. c] (사상·표현·색채 등의) 기조(tone), 양식(mode)
get (***have***) ***the ~ of the street*** 《戲》 내쫓기다 ; 잘 곳이 없어지다. ***have*** 〈***hold***〉 ***the ~ to*** 〈***of***〉 …을 좌지우지〈지배〉하다, …의 열쇠〈급소〉를 쥐다. ***in*** 〈***out of***〉 ***~ with*** …와 조화를 이루어〈이루지 못하고〉. ***lay*** 〈***put***〉 ***the ~ under the door*** 살림을 걷어치우다. ***the gold ~*** 황금 건장(鍵章)【Lord Chamberlain의 기장】 ***the golden*** 〈***silver***〉 ***~*** 뇌물(로 주는 돈) ***the power of the ~s*** 교황권. ***under lock and ~*** 엄중히 보관되어.
— *a.* 〔限定的〕 기본적인, 중요한, 기조[基調]의 ; 해결의 열쇠가 되는
— *vt.* (1) 《目+前+名》 (이야기·문장따위)를 분위기에 맞추다. (2) …에 쇠를 채우다‥‥을 쇠로 채우다. 마개〈쐐기〉로 고정시키다 《*in* ; *on*》. (3) (문제집 따위)에 해답을 달다. (4) 《目+副》 【樂】 …의 음조를 올리다〈내리다〉 《*up* ; *down*》 ; (악기)를 조율(調律)하다 (5) =KEYBOARD. (6) (회반죽·페인트 등이 잘 붙도록 벽등의 표면)을 거칠게 하다. (***all***) ***~ed up*** (…에) 매우 흥분〈긴장〉하여《*about* ; *over* ; *for*》. ***~ down*** …의 음조를 낮추다. …를 가라앉히다. ***~ up*** 1) …의 음조를 올리다, 2) …의 기분을 북돋우다, 고무시키다, 긴장〈흥분〉시키다. 3) (신청·요구)를 더욱 강조하다.

kéy accòunt (회사 등의) 큰 단골, 주요 고객.

·key·board [kíːbɔ̀ːrd] *n.* ⓒ (1) (팝 뮤직의) 건반악기, 키보드. (2) 건반《피아노·타자기 등의》, (컴퓨터의) 글쇠판, 자판 (3) (호텔 등에서) 각방의 열쇠를 걸어 두는 판.
— *vt.* (1) (컴퓨터 따위)의 키를 치다. (2) (정보·원고)를 키를 쳐서 입력하다〈식자하다〉.
— *vi.* 건반을 조작하다. 파) **~·er** *n.*

key·board·ist [-dist] *n.* ⓒ건반악기 연주자.

Kéy chàin (여러 개의 열쇠를 꿰는) 열쇠 꾸러미(줄).

keyed [kiːd] *a.* (1) 【機】 키로 채워진. (2) 유건(有鍵)의, 건(鍵)이 있는 : a ~ instrument 건반 (유건)악기《피아노·오르간 따위》. (3) 쐐기〈마개〉가 있는 ; 홍예 머리〈쐐기돌〉로 죈. (4) 현(絃)을 죈, 조율(調律)한. (5) 〔敍述的〕 (이야기·문장등이 …의) 분위기 〈가락〉에 맞추어진. (6) 〔종종 複合語로〕 (특정의 색·생각 등을 기조로) 통합된.

key·hole [⌐hòul] *n.* ⓒ (자물쇠의) 열쇠 구멍. — *a.* (기사·보고 등이) 내막을 파헤친, 비밀의 ; (신문기자 등이) 내막을 캐고 다니는 : a ~ report 내막 기사.

kéy índustry 기간산업 《전력·화학공업이나 탄광업·철강업 따위》.

key·less [kíːlis] *a.* (1) 용두로 태엽을 감는 시계. (2) 열쇠가 (필요)없는.

Keynes·i·an [kéinziən] *a.* 영국의 경제학자 케인스의 ; 케인스 학설의 : ~ economics케인스 경제학.
— *n.* ⓒ 케인스 학파의 사람.
파) **~·ìsm** *n.* 케인즈(경제)학설.

·key·note [kíːnòut] *n.* ⓒ (1) (연설 등의) 요지, 주지(主旨), (행동·정책·성격 따위의) 기조,기본 방침. (2) 【樂】 으뜸음, 바탕음. ***give the ~ to*** …의 기본 방침(대방침)을 정하다. ***strike*** 〈***sound***〉 ***the ~ of*** … 의 본질에 언급하다〈을 살피다〉
— *vt.* (1) (어떤 생각)을 강조하다, 역설하다. (2) (정당 대회 등)에서 기본 정책〈방침〉을 발표하다, 기조 연설을 하다.

key·pad [⌐pæ̀d] *n.* ⓒ 【컴】 키패드《컴퓨터나 TV의 부속 장치로서 손 위에 놓고 수동으로 정보를 입력하거나 채널을 선택 하는 작은 상자 꼴의 것》.

kéy pùnch 【컴】 (컴퓨터 카드의) 천공기 (穿孔機), 키 펀치.

Kéy sìgnature 【樂】 조표, 조호(調號)《오선지 첫머리에 기입된 #(sharp), ♭ (flat) 따위 기호》.

key·stroke [⌐stròuk] *n.* (타자기·컴퓨터 등의) 글쇠 누름 : She can do 2,000 ~*s* an hour. 그녀는 1시간에 2천 자를 친다.

Kéy Wést 키웨스트《미국 Florida 주 남서 끝에 있는 섬 ; 또 이 섬의 해항(海港), 미국 최남단의 도시》.

kéy wòrd (1) (작품의 주제를 나타내는) 중요〈주요〉어, 키워드. (2) (암호 해독 등의) 실마리 〈열쇠〉가 되는 말. (3) (철자·발음 등의 설명에 쓰이는) 보기 말. (4)【컴】 핵심어.

·khaki [kάːki, kǽki] *a.* 카키색의, 황갈색의 ; 카키색 천〈복지〉의.
— *n.* (1) ⓒ 카키색 군복 〈제복〉 ; in ~ (*s*) 카키색 군복을 입은〈입고〉. (2) ⓤ 카키색(의 옷감). ***get into ~*** 육군에 입대하다.

kib·butz [kibúːts] (*pl.* ***-but·zim*** [-butsíːm]) *n.* 키부츠《이스라엘의 집단 농장》.

kibe [kaib] *n.* ⓒ 【醫】추위에 손발이 트는 것, 동창

K

(凍瘡). ***tread on** a person**'s ~s*** ~의 감정을 해치다, 약점을 들추다.

kib·itz [kíbits] 《口》 *vi.* (1) 쓸데없이〈주제 넘게〉 참견하다, 중뿔나다. (2) (노름판에서) 참견하다, 훈수하다.

kib·itz·er [-ər] 《口》 *n.* ⓒ (1) (쓸데없이 참견하는) 노름판의 구경꾼 ; 노름판에서 중뿔나게 훈수하는 사람. (2) 주제넘게 참견하는 사람.

:kick [kik] *vt.* (1) 《+目+前+名》 (특히 레이스에서 자동차·말 따위)의 속도를 갑자기 올리다. (2) 《~+目/+目+前+名/+目+副》 …을 (걷어)차다. (3) 【蹴】 (골)에 공을 차 넣다. (득점)을 올리다. (4) (총이 어깨 따위에) 반동을 주었다. (5) 《美俗》 (구혼자 등)을 퇴짜놓다 ; (고용인)을 해고하다《*out*》. (6) 〔흔히 ~ the habit으로〕 (마약의 습관성)을 끊다.
— *vi.* (1) 《~/+前+名》 차다《*at*》. ※ He ~*ed* a ball.은 공을 실제로 찬 것을 말하지만, He ~*ed at* a ball.은 발에 공이 맞았는지 안 맞았는지는 불명임. (2) (말 따위가) 차는 버릇이 있다. (3) (총이) 반동하다 (recoil). (4) 《~/+前+名》 《口》반대〈반항〉하다 (resist) ; 불평을 말하다, 강력히 항의하다, 흠잡다《*at* ; *against, about*》.
~ about = ~ around. ***~ against* 〈*at*〉** 1) …에 반항하다. 2) …을 향하여 차다, …에 차며 덤비다. ***~ against the pricks* 〈*goad*〉** ⇨ PRICK. ***~ a man when he's down*** 1) 약점을 이용하여 몹쓸 짓을 하다. 2) 넘어진 사람을 차다. ***~ around*** 《口》 (*vt.*) 1) (문제·안 등)을 이리저리 생각하다〈논의하다〉, 시험적으로 해보다. 2) (~)를 거칠게 다루다, 학대하다, 괴롭히다 ; (~)를 이용하다. (*vi.*) 〔주로 ing꼴로〕 1) (…을) 여기저기 돌아다니다, 주거를〔직업을〕 여기저기 바꾸다, 각지를 전전하며 살아가다 ; (…으로) 살고 있다. 2) (물건이) 어지럽게 흩어져 있다, …에 버려져 있다. ***~ back*** 《口》 (*vt.*) …을 되찾다 ; (훔친 것을) 주인에게 되돌리다 ; (돈을) 상환하다, (리베이트로서) 지불하다. (*vi.*) 앙갚음하다《*at*》 ; (총기 따위가) 되튀다 ; 상환금을 지불하다. ***~ downstairs*** 아래층으로 차 내리다 ; 집에서 쫓아내다 ; 격하(格下)시키다. ***~ down the ladder*** ⇨LADDER. ***~ in*** (*vt.*) …을 차 부수고 들어가다 ; (문 따위를 밖에서) 차 부수다 ; 《美俗》 배당된 돈을내다. (돈)을 기부하다. ; 기부를 하다. ***in the teeth* 〈*pants*〉** 《口》 ~에게 예상 밖의 면박을 주다, 무조건 야단치다, 낙심시키다. ***~ it*** 《美俗》 (마약 따위)의 습관을 버리다. ***~ off*** 1) 【蹴】 킥오프하다 ; 《俗》 (회합 등)을 시작하다, 출발하다. 2) …을 걷어차다 ; (신)을 차 벗다. 3) 《美俗》 뻗다, 죽다. ***~ out*** (*vt.*) 1) 《口》 (사람·생각)을 쫓아내다 ; 해고〈해임〉하다《*of*》. 2) 《口》 …을 차내다. 3) 【컴】 (정보 등)을 (검색을 위해) 분리하다. (*vi.*) 1) 반항하다. 2) 《俗》 죽다, 뻗다. ***~ over*** (1)《口》 (엔진)에 점화하다, 시동하다. (2) 《美俗》 (돈)을 내다, 지불하다. (3)《美俗》 강도짓을 하다. ***~ over the traces*** ⇨ TRACE[2] one***self*** 《口》 자신을 책하다. ***~** one**'s heels*** 《俗》 1) 춤을 추다. 2) 공중에 매달리다, 교수형을 당하다. 3) 지루하게 기다리다 ; 오래 기다리게 되다. ***~ the bucket*** 《俗》 죽다. ***~ the wind* 〈*clouds*〉** 《俗》 교수형을 당하다. ***~ up*** 1) …을 차 올리다. 2) 《口》 (먼지 등)을 일으키다. 3) 《口》 (소란)을 피우다 ; 불순(不順)해지다. ***~ up a row* 〈*dust, fuss, shindy*〉** 《口》 소동을 일으키다. ***~ up** one**'s heels*** ⇨ HEEL[1]. ***upstairs*** 《口》 ~를 한직으로 몰아내다, 승진시켜서〈작위를 주어서〉 퇴직시키다.
— *n.* (1) ⓒ (총의) 반동. (2) ⓒ 차기, 걷어차기. (3) ⓒ 《口》 반대, 반항, 거절 ; 항의, 불평. (4) (the ~) 《俗》 해고 ; (군대로부터의) 추방 (5) ⓒ 【蹴】 킥, 차기, 차는 사람 : a free 〈penalty〉 ~ 프리〈페널티〉 킥. (6) ⓤ 《口》 (위스키 따위의 톡 쏘는 맛, 자극성. (7) ⓒ 《口》 (유쾌한) 흥분, 스릴 ; 즐거움. (8) ⓤ 《俗》 원기, 활력, 반발력. (9) ⓒ 《俗》 포켓.
a ~ in the pants* 〈*teeth*〉** 《口》 (뜻밖의) 심한 처사, 모진 비난, 거부 ; 《英俗》 비참한 좌절. ***for ~s* (*the ~*)**반 재미로, 스릴을 맛보려고. ***get a ~* 〈**one**'s ~s〉 *from* 〈*out of*〉** 《口》 … 이 자극적이다, …이 재미 있다. ***get* 〈*receive*〉 *more ~s than halfpence 친절은 커녕 단단히 혼나다. ***get* 〈*give*** a person〉 ***the ~*** 해고당하다〈시키다〉. ***have no ~ left*** 《俗》 (피곤해서) 반발력이 없다. 더 할 기운이 없다. ***~ in** one**'s gallop*** 《俗》 변덕. ***on* 〈*off*〉 *a ~*** 《美俗》 한창 열을 올리며〈벌써 열이 식어〉.

kick·ball [∠bɔ̀ːl] *n.* ⓤ 킥볼《야구 비슷한 아이들의 구기(球技) ; 배트로 치는 대신에 발로 큰 공을 참》.

kíck bòxing 킥 복싱.

kick·down [∠dàun] *n.* ⓒ (자동차의) 킥다운(장치)《자동 변속기가 달린 자동차에서, 액셀러레이터를 힘껏 밟고 저속으로 기어를 변속하기》.

kick·er [kíkər] *n.* ⓒ (1) 차는 버릇이 있는 사람. (2) 차는 사람. (3) 《美俗》 뜻밖의 장애〈함정〉 ; 의외의 결말, 의외의 난문제.

kick·off [kíkɔ̀ːf/ ∠ɔ̀f] *n.* ⓒ (1) 《口》 시작, 개시, (회의·조직적 활동의) 첫단계, 발단 : for a ~ 처음에, 우선 먼저 〈첫째로〉. (2) 【蹴】 킥오프

kick·start [∠stɑ̀ːrt] *n.* ⓒ (1) (오토바이처럼) 시동기. (2) 킥스타터 《자전거·오토바이 등, 발로 차는 시동장치》.

:kid[1] [kid] *n.* (1) ⓤ a〕 새끼염소의 고기. b〕 키드 가죽. (2) ⓒ 새끼염소. (3)(*pl.*) 키드 가죽 장갑〈구두〉. (4) ⓒ 《口》 아이(child) ; 젊은이.
— *a.* (1) 《口》손아래의 ; 미숙한. (2) 키드제(製)의 : ⇨ KID GLOVES.

kid[2] (***-dd-***) 《口》 *vt.* (1) 속이다, 속여 넘기다. 《*into*》. (2) …을 조롱하다, 놀리다《*on* ; *along*》. (3) 〔再歸的〕 (사실은 그렇지 않은데) 쉽게 생각하다, 헛 짚고 기분 좋아하다.
— *vi.* 《口》 조롱하다, 속이다《*on* ; *around*》. ***I ~ you not.*** 《口》 농이 아니고 진담이다. ***No ~ding.*** (1)농담이 아니다, 진담이다(말 끝을 내릴 때). (2)농담이겠지《말 끝을 올릴 때》. 파) **∠·der** *n.* 사기꾼 ; 조롱하는 사람.

kid·die, kid·dy [kídi] (*pl.* ***-dies***) *n.* ⓒ 《口》어린애 .

kid-glove [kídglʌ̀v] *a.* 〔限定的〕 (부드러운 키드 가죽 장갑을 끼고 물건을 다루는 대시) 세심한 주의를 기울인, 조심스러운, 신중한 : ~ treatment신중한 취급〈처리〉.

·kid·nap [kídnæ̀p] (***-dd-, -d-***) *vt.* (아이)를 유괴하다 ; (몸값을 노리고 사람)을 납치하다 : *The child was ~ped for ransom, but was rescued two days later.* 그 아이는 몸값을 노려 유괴되었으나 이틀 뒤에 구출되었다. 【cf.】 abduct
파) **kìd·nap·(p)ée** [-íː] *n.* 유괴된 사람. **kíd·nàp(p)·er** *n.* 유괴범, 납치자.

·kid·ney [kídni] *n.* (1) ⓒⓤ (식용으로서의) 양·소 따위 의 콩팥. (2) 【解】 신장(腎臟) : an artificial ~ 인공 신장. (3) (*sing.*) 《文語》 성질, 기질, 종류, 형(型) (type).

kídney bèan 【植】 강낭콩 ; 붉은꽃잠두.

kid·ney-shaped [-ʃèipt] *a.* 신장〈콩팥〉 모양의.

강낭콩 모양의.

kid·skin [kídskìn] *n.* ⓤ 새끼염소의 가죽, 키드가죽.

Kier·ke·gaard [kíərkəgɑ̀ːrd] *n.* **Sören Aabye** ~ 키르케고르《덴마크의 신학자·철학자·사상가 : 1813-55》.

Kil·i·man·ja·ro [kìləməndʒɑ́ːrou] *n.* 킬리만자로《Tanzania에 있는 아프리카의 최고봉》.

:kill [kil] *vt.* (1) …을 도살하다 ; 쏴 죽이다 ; 말라 죽게 하다. (2) …을 죽이다, 살해하다. (3)《~+目/+目+前+名》(시간)을 보내다, 때우다 : ~ time 시간을 보내다. (4) a] (소리·냄새)를 없애다 ; (엔진·전기·조명 따위)를 끄다. b] (효과)를 약하게 하다 ; (바람·병 등)의 기세를 꺾다, 가라 앉히다 ; (용수철)의 탄력성을 없애다 ; (빛깔)을 중화하다(neutralize). (5) (감정따위)를 억압하다 ; (애정 희망 따위)를 잃게 하다. (기회)를 놓치게〈잃게〉 하다. (6) (의안 따위)를 부결하다 ; 깔아 뭉개다. (7) …을 지우다, 삭제하다(delete). (8)《~+目/+目+前+名》《口》(복장·모습·눈초리 등이) …을 압도하다, 뇌쇄하다 ; 포복절도케 하다. (9) …을 녹초가 되게 하다, 몹시 지치게 하다 ; (술·노고 등이)…의 수명을 줄이다 ; (병 등이) …의 목숨을 빼앗다 ; … 을 몹시 괴롭히다. (10)《口》(음식물)을 다 먹어치우다, (술병 따위)를 비우다. (11) **[테니스]** (공)을 받아치지 못하게 강타하다(smash). (12) **[美蹴]** (공)을 딱 멈추다.

— *vi.* (1) 사람을 죽이다, 살생하다 ;《口》사람을 뇌쇄〈압도〉하다. (2) 피살되다, 죽다 ; (식물이) 말라 죽다. (3)《+副》(도살했을 때) …의 고기가 나다.

~ *down* 죽이다, 말라 죽게 하다. **~ *off*** 〈***out***〉점멸시키다. **~** one***self*** 자살하다. **~ *two birds with one stone*** 일거양득하다. **~ *with kindness*** 친절이 지나쳐 도리어 화를 입히다. ***That ~s it.*** 이것으로 〈이젠〉 다 글렀다, 망쳐 버렸다, 할 마음이 없어졌다.

— *n.* (1) (*sing.*) 잡은 사냥감. (2) (the ~) (사냥에서 짐승을) 쏴죽이기, 잡기. (3) **[컴]** 없앰. ***be in at the ~*** 1) 사냥감을 쏴 죽일 때 (마침) 그 자리에 있다. 2) (사건 등의) 최후를 끝까지 지켜보다. ***~ or cure*** 죽기 아니면 살기로.

·kill·er [kílər] *n.* ⓒ (1) **[動]** =KILLER WHALE. (2) 죽이는 것 ; 살인자(murderer), 살인청부업자 ; 살인귀. (3) 치명적인 병. (4) a]《口》유쾌한 농담. b] 경이적인 것, 대단한〈굉장한 것〉. c] 결정적인 타격. ***a humane ~*** 무통(無痛) 도살기.

— *a.* 〔限定的〕 치명적인, 생명에 관계되는, 무서운 : a ~ disease 생명에 관계되는 병.

kíller whàle **[動]** 범고래.

·kill·ing [kíliŋ] *a.* (1)《口》뇌쇄적인 ; 우스워 죽을 지경인. (2) 죽이는, 치사(致死)의 (fatal) ; 시들게 하는 ; 죽을 지경의, 무척 힘이 드는.

— *n.* (1) ⓤ 〔集合的〕 사냥한 동물. (2) ⓤ 살해 ; 도살. (3) (a ~)《口》큰 벌이, (주(株)·사업 등의) 대성공.

파) **~·ly** *ad.* 못 견딜 정도로, 뇌쇄하듯이.

kilo [kí(ː)lou] (*pl.* **~s**) *n.* ⓒ 킬로《kilogram, kilometer 등의 간약형》.

kilo- '천(千)' 씩 뜻의 결합사.

kil·o·bit [kíləbìt] *n.* ⓒ **[컴]** 킬로비트《1,000 bits》.

kil·o·byte [kíləbàit] *n.* ⓒ **[컴]** 킬로바이트《1,000 bytes》.

kil·o·cal·o·rie [kíləkæ̀ləri] *n.* ⓒ 킬로칼로리《열량의 단위 : 1,000 cal ; 略 : kcal, Cal》.

·kil·o·gram,《英》**-gramme** [kíləgræ̀m] *n.* ⓒ 킬로그램《1,000g, 약 266.6 돈쭝 ; 略 : kg》.

·kil·o·hertz [kíləhə̀ːrts] *n.* ⓒ 킬로헤르츠《주파수의 단위 ; 略 : kHz》.

·kil·o·li·ter,《英》**-tre** [kíləlìːtər] *n.* ⓒ 킬로리터《1,000리터 ; 略 : kl》.

·kil·o·me·ter,《英》**-tre** [kilɑ́mitər, kíləmìːtər/kilɔ́-] *n.* ⓒ 킬로미터《1,000m ; 略 ; km》.

·kil·o·watt [kíləwɑ̀t/ -wɔ̀t] *n.* ⓒ **[電]** 킬로와트《전력의 단위 ; 1,000와트 ; 略 : kW》.

kilt [kiilt] *n.* (1) (the ~) 스코틀랜드 고지 사람의 의상. (2) ⓒ 킬트《스코틀랜드 고지 지방에서 입는 남자의 얇은 스커트》.

— *vt.* (스커트 자락)을 걷어 올리다 ; (스커트)에 세로주름을 잡다(pleat).

kil·ter [kíltər] *n.* ⓤ 〔다음의 成句로만〕 ***out of*** (***in***) **~** 상태가 나쁜, 고장난 : I'm having terrible trouble adding up these totals. —I think my brain must be *out of* ~ ! 이들 총계를 내는 데 머리가 아파 죽겠다. 내 머리가 잘못된 게 분명하다.

·kin [kin] *n.* ⓤ (1)동류(同類), 동질(同質) : of the same ~ as …와 동질인. (2) 〔集合的〕 친족, 친척, 일가(relatives), 혈연 (관계) : be no ~ to …와 친척이 아니다〈혈연 관계가 없다〉. ***count ~ with*** 《Sc.》 (…와) 가까운 핏줄〈혈연〉이다. ***near of ~*** 근친인. ***next of ~*** 최근친(인). ***of ~*** 1) 친척의. 2) 같은 종류의《*to*》.

— *a.* (1) 동족인, 친척 관계인. (2) 동류인, 동질인《*to*》. ***more ~ than kind*** 친척이지만 정이 없는, 매우 가까운 친척이지만 친밀하지 않은《*Hamlet* 에서》.

파) **∠·less** *a.* 친척(일가) 없는.

-kin *suf.* '작은'의 뜻 : lamb*kin*, prince*kin*.

:kind[1] [kaind] *n.* (1) ⓒ 종류(class, sort, variety). (2) ⓒ 종족《동식물 따위의 유(類)·종(種)·족(族)·속(屬)》. (3) ⓤ (유별(類別)의 기초가 되는) 성질, 본질. (4) ⓒ **[教會]** 성찬의 하나《빵 또는 포도주》 ***after*** one***'s ~*** 본성에 따라. ***a ~ of*** …의 일종, 일종의 …, 말하자면 …라 할 수 있는 ; …와 같은 것 ; 하찮은…. ***all ~(s) of*** 각종의, 모든 종류의 ; 다량〈다수〉의. ***in a ~*** 어느 정도, 얼마간 ; 말하자면. ***in ~*** 1) 같은 것〈방법〉으로. 2) (지급을 금전이 아닌) 물품으로. 3) 본래의 성질이, 본질적으로. ***~ of*** [káindəv, -də]《口》얼마쯤, 그저, 좀, 오히려. ※ 함께 쓰이는 형용사·동사의 뜻을 약화시키기 위해 口語에서 잘쓰임. klnd o', kinder, kinda로 쓰기도 함. **【cf.】** SORT of. ***of a ~*** 1) 같은 종류의, 동일종의. 2) 일종의. 이름뿐인, 도저히 …라고 말할 수 없는, 엉터리의. ***something of the ~*** 그저 그렇고 그런 것. ***these*** 〈***those***〉 ***~ of men*** 이런〈저런〉 사람들(men of this〈that〉~).

:kind[2] *a.* (1) (편지에서) 정성어린. (2) 친절한, 다정한, 인정있는, 동정심이 많은《*to*》. (3) 순한 ; 온화한《*to*》. ◻ kindness *n.*

be cruel to be ~ 마음을 모질게 먹다. ***Be so ~ as to*** do. =***Be ~enough to*** do. 부디 …해 주십시오. ***with ~ regards*** 여불비례《편지의 끝맺음 말》.

Kinda, kind·er [káində], [káindər] *ad.*《口》=KIND[1] of.

kin·der·gar·ten [kíndərgɑ̀ːrtn] *n.* ⓒⓤ《G.》유치원.

파) **~·er, -gart·ner** [-ər] *n.* ⓒ (1) (유치원) 원아. (2) (유치원의) 보모.

K

kind·heart·ed [káindhá:rtid] *a.* 마음이 친절한, 인정 많은(compassionate), 다정한.
파) **~·ly** *ad.* **~·ness** *n.*

:kin·dle[1] [kíndl] *vt.* (1) …을 밝게〈환하게〉하다. 빛내다(light up). (2) …에 불을 붙이다, 태우다, 지피다. (3) 《~+目/+目+前+名/+目+*to* do》 (정열 따위)를 타오르게 하다(inflame), 선동하다, 부추기다(stir up).
— *vi.* (1) (얼굴 등이) 화끈 달다, 뜨거워지다, 빛나다(glow) ; 번쩍번쩍 하다《*with*》 : His eyes were *kindling with* joy. 그의 눈은 기쁨으로 빛나고 있었다. (2) 불이 붙다, 타오르다《*up*》 : The dry wood *~d up* quickly. 마른 나무가 빠르게 불타 올랐다. (3) 흥분하다, 격하다(be excited)《*at*》 : ~ *at* the harsh words 거친 언사에 흥분하다〈벌컥 화내다〉.

·kind·li·ness [káindlinis] *n.* (1) ⓒ 친절한 행위 (2) ⓤ 친절, 온정. (3) ⓤ (기후 따위의) 온화.

kin·dling [kíndliŋ] *n.* ⓤ (1) 흥분, 선동. (2) 점화, 발화. (3)불쏘시개 (= **∠ wòod**).

:kind·ly [káindli] (**-li·er ; -li·est**) *a.* (1) 〔限定的〕 친절한, 상냥한, 이해심 많은, 인정 많은(considerate. (2) (기후 따위가) 온화한, 상쾌한, 쾌적한. (3) 〔敍述的〕 (땅 따위가) (…에) 알맞은, 적합한《*for*》.
— *ad.* (1) 친절하게, 상냥하게. (2) 〔命令文 따위와 함께〕 부디 (…해 주 십시오) (please). (3) 쾌히, 기꺼이(agreeably), 진심으로. (4) 자연히, 무리 없이 (naturally).
take ~ to …〔종종否定文에서〕 …을 쾌히 받아들이다, 선의로 해석하다, …을 좋아하다.

:kind·ness [káindnis] *n.* (1) ⓤ 친절, 상냥함 ; 인정. (2) ⓒ 친절한 행위〈태도〉, 돌봄. ***have a ~ for*** a person ~에게 호의를 가지다, …가 어쩐지 좋다. ***kill*** a person ***with ~*** ⇨ KILL. ***out of ~*** 친절심〈호의〉에서.

:kin·dred [kíndrid] *n.* (1) 〔集合的 ; 複數 취급〕 친족, 친척 : All her ~ are living in the country. 그녀의 친척은 모두 시골에 살고 있다. (2) 혈연, 혈족 관계, 친척 관계 (relationship)《*with*》 : The swindler claimed ~ *with* royalty. 그 사기꾼은 왕실과 혈연 관계가 있다고 말했다.
— *a.* 〔限定的〕 (1) 혈연의, 친척 관계의 : ~ races동족. (2) 유사한, 같은 성질의《*with*》 : a ~ spirit 마음이 맞는〈취미가 같은〉 사람 / ~ languages 같은 계통의 언어.

kine [kain] *n.* 《古》 cow의 복수형.

kin·e·scope [kínəskòup] *n.* ⓒ (1) 키네스코프 녹화《텔레비전 프로의 필름 녹화》. (2) 키네스코프《브라운관의 일종》 ; (K-) 그 상표 이름.

ki·ne·sics [kiní:siks, kai-, -ziks] *n.* ⓤ 동작학 《몸짓·표정과 전달의 연구》.

ki·net·ic [kinétik, kai-] *a.* (1) 활동력이 있는, 활동적인 : a man of ~energy 활동적인 사람. (2) 【物】 운동의, 운동에 의한 ; 동역학(kinetics)의 : ⇨ KINETIC ENERGY. 〖opp.〗 *static.*

kinétic árt 키네틱 아트《동력·빛의 효과 등의 움직임을 도입한 조각·아상블라주(assemblage)등》. 파) **kinétic ártist** 키네틱 아트를 다루는 예술가.

kinétic énergy 【物】 운동 에너지.

ki·net·ics [kinétiks, kai-] *n.* ⓤ 【物】 동역학. 〖opp.〗 *statics.*

King [kiŋ] *n.* **Martin Luther ~, Jr.** 킹 《미국의 종교가·흑인 공민권 운동 지도자 ; Nobel 평화상(1964) ; 암살 되었음 ; 1929-68》.

:king [kiŋ] *n.* (1) (때로 K-) ⓒ 왕, 국왕, 군주. 【cf.】 queen. (2) ⓒ 【카드놀이】 킹 ; 【체스】 왕장(王將). (3) ⓒ (각 분야의) 제1인자, 거물(巨物), 큰 세력가. (4) ⓒ (종종 the ~) 왕에 비견되는 동물 〈식물 등〉 : *tthe* ~ of jungle 밀림의 왕《호랑이》. (5) (the (Book of) K-s) 【聖】 열왕기.
King of Kings (the ~) 1) 하느님, 신(Almighty God), 그리스도. 2) 왕자(王者)중의 왕자, 황제《옛날 페르시아 등 동방 여러 나라의 왕의 칭호》. ***the King of Arms*** (영국의) 문장원(紋章院) 장관. ***the King of Heaven*** 신, 그리스도. ***the King of Misrule*** =LORD of Misrule ***the ~ of terrors*** 【聖】 사신(死神)《욥기 XVIII : 14》. ***the King of the Castle*** 《英》 1) 서로 떨어뜨리며 높은 곳으로 올라가는 왕놀이《아이들의 놀이》. 2) ((the) k- of the c-) 조직〈그룹〉 중의 최중요〈중심〉 인물. ***to the*** 〈***a***〉 ***~'s taste*** ⇨ TASTE.
— *vi. vt.* 왕이 되다, 왕으로 모시다. (…에) 군림하다, 통치하다 ; 왕자처럼 행동하다. ***~ it over*** …에게 왕과 같이 행동하다.
파) **∠·like** *a.* 국왕과 같은(kingly), 당당한.

kíng cóbra 【動】 킹코브라《인도산의 독사》.

king·craft [∠kræ̀ft, ∠krɑ̀:ft] *n.* ⓤ (왕으로서의) 치국책(治國策), 통치 수완 ; 왕도.

:king·dom [kíŋdəm] *n.* (1) (the 〈thy〉~) 【基】 신정(神政) ; 신국(하나님의 나라). (2) ⓒ 왕국, 왕토, 왕령(王領)(realm). (3) ⓒ 【生】 …계(界) : the animal ~ 동물계 / the plant ~ 식물계. (4) ⓒ (학문·예술등의) 세계, 분야(分野), 영역 : the ~ of music 음악의 세계 / the ~ of science 과학계. ***come into*** one***'s ~*** 권력〈세력〉을 잡다. ***the ~ of Heven*** 천국.

kíngdom cóme 《口》 《내세》(來世), 천국 : go to ~ 죽다. ***blow***(***send***) a person ***to ~*** (폭탄 등으로) 죽이다. ***until ~*** 《口》 이 세상 다할 때까지, 영원히, 언제까지나.

king·fish [∠fìʃ] (*pl.* **~es, ~**) *n.* ⓒ (1) 《口》거물, 거두. (2) 북아메리카산의 큰 맛이 좋은물고기《붉은개복치(opah) 등》.

Kíng Kóng [kíŋkɔ́:ŋ, -kɑ́ŋ] 킹콩《영화 따위에 등장하는 거대한 고릴라》 ; 거한(巨漢).

king·less [kíŋlis] *a.* 국왕이 없는 ; 무정부 상태의.

·king·ly [kíŋli] (**-li·er ; -li·est**) *a.* (1)왕의, 왕자(王者)의. (2)왕다운 ; 왕자에 어울리는 ; 위엄 있는 : a ~ bearing 왕자다운 태도.
파) **-li·ness** *n.*

king·mak·er [kíŋmèikər] *n.* ⓒ (1) 국왕 옹립자. (2) (정부 요직의 안배 등에 영향력을 가지는) 정계 실력자.

king·pin [∠pìn] *n.* ⓒ (1) 【機】 중심 핀(kingbolt). (2) 【볼링】 중앙의 핀《5번 핀 또는 headpin》. (3) 《口》 두령 ; 주요인물, 중추.

Kíng's Énglish (the ~) (잉글랜드 남쪽에서 교양인이 쓰는) 표준 영어, 순정 영어.

king·ship [kíŋʃìp] *n.* ⓤ (1) 왕의 지배〈통치〉(력) ; 왕정. (2) 왕의 신분 ; 왕위, 왕권 ; 왕의 존엄.

king-size(d) [∠sàiz(d)] *a.* 〔限定的〕 《口》 (1) 특별히 긴〈큰〉, 킹사이즈의 : a ~ cigarette, 표준보다 긴 담배. (2) (침대가) 특대의《76×80인치》. 【cf.】 queen-〈twin-〉 size.

kink [kíŋk] *n.* ⓒ (1) (목 따위의)삐근함, 결림, 경련 (2) (밧줄·쇠사슬·실 따위의)꼬임, 엉클림 ; (머리털의) 곱슬곱슬함. (3) 《口》 성도착(性到錯). (4) (기계·계획 등의) 결함.

— *vi.*, *vt.* 비꼬이(게 하)다, 비틀리(게 하)다.

kinky [kíŋki] (***kink·i·er ; -i·est***) *a.* (1) 비꼬인, 비틀린 : 엉클린(twisted), 곱슬머리의. (2) a] 성적으로 도착된, 변태의. b] 《英口》 마음이 빙퉁그러진, 변덕스러운, 괴팍한.

-kins ⇨ -KIN.

kins·folk [kínzfòuk] *n. pl.* =KINFOLK(S). 친척, 일가.

kin·ship [kínʃip] *n.* ⓤ (1) 친족〈혈족〉 관계. (2) (성질 따위의) 유사, 근사.

·kins·man [kínzmən] (*pl.* ***-men*** [-mən]) *n.* ⓒ (1) 동족인 남자. (2) 혈족〈친척〉인 남자.

kins·wom·an [kínzwùmən] (*pl.* ***-wo·men*** [-wìmin]) *n.* ⓒ (1) 동족인 여자. (2) 혈족〈친척〉인 여자.

ki·osk, ki·osque [kíːɑsk, -´ / -ɔsk] *n.* ⓒ (1) 키오스크, 가판대《역·광장 등에 있는 신문·잡지 등의 매점》. (2) 벽 없는 오두막, (터키 등지의) 정자. (3) 《英》 공중전화 박스.

kip 《英俗》 *n.* (1) ⓤ (또는 a ～) 잠, 수면 : have a ～ 한잠 자다. (2) ⓒ 하숙 ; 여인숙 ; 잠자리.
— (***-pp-***) *vi.* 잠자다《down》: ～ out 옥외에서 자다.

kirk [kəːrk] *n.* ⓒ 《Sc.》 교회. ***the Kirk*** (***of Scotland***) 스코틀랜드 교회.

kis·met [kízmet, kís-] *n.* ⓤ운명(destiny), 천명.

⁝kiss [kis] *n.* ⓒ (1) 《詩》 (산들바람이 꽃·머리카락 등에) 가볍게 스침〈흔듦〉, 가벼운 접촉. (2) 키스, 입맞춤. (3) 【撞球】(공과 공의) 접촉, 키스. (4)달걀 흰자와 설탕을 섞어 구운 과자.
blow a ～ to …에게 키스를 보내다《멀리서 손시늉으로》. ***give a ～ to*** …에게 키스하다. ***the ～ of death*** 《口》 죽음의 키스, 위험한(치명적인) 관계〈행위〉, 재앙의 근원. ***the ～ of life*** 《英》 (입으로하는) 인공 호흡(법) ; 《比》 기사(起死) 회생책.
— *vt.* (1) 《+目+目》 …의 키스를 하다. (2) 《～+目/+目+前+名》 …에 키스하다, 입맞추다. (3) (미풍·파도가) …에 가볍게 스치다 ; (당 구공 등이 서로) 가볍게 부딪(치)다.
— *vi.* (1) 입맞추다, 키스하다. (2)【撞球】(공과 공이) 가볍게 맞닿다. ***～ and be friends*** 키스하고 화해하다. ***～ and tell*** 《口》 신뢰를 저버리다, 서약을 깨다. ～ a person***'s ass*** 《俗》 남에게 아부하다. ***～ away*** (눈물·걱정 등을) 키스로 지우다〈없애다〉. ***～ good-by*** 1) 이별의 키스를 하다《*to*》. 2) 《口》 …을 (내)버리다 ; 체념하다. ***～ hands*** 〈***the hand***〉 (of a sovereign) (황제의) 손에 입맞추다《대신 등의 취임 예식》. ***～ off*** 1) (입술 연지 등을)키스로 지우다. 2) 《美俗》 해고하다(dismiss). 거절〈무시〉하다. 3) 《美俗》 피하다, 도망치다. ～ one***'s hand to*** …에게 키스를 보내다. ***～ the Bible*** 〈***the Book***〉 성경에 입맞추어 선서하다. ***～ the canvas*** 〈***resin***〉 《美俗》 (복싱에서)케이오〈다운〉 낭하다. ***～ the dust*** 1) 굴복하다, 굴욕을 당하다. 2) 결투로 쓰러지다, 죽다. ***～ the ground*** 넙죽 엎드리다 ; 굴욕을 맛보다. ***～ the post*** (늦어서) 내쫓기다. ***～ the rod*** 〈***cross***〉 순순히 처벌을 받다.

kiss·a·ble [kísəbəl] *a.* 키스하고 싶어지는《입·입술》: a ～ mouth
파) **～·ness** *n.* **-bly** *ad.*

kiss·er [kísər] *n.* ⓒ (1) 《俗》 입 ; 입술 ; 얼굴. (2) 키스하는 사람.

kiss·ing [kísiŋ] *a.*, *n.* 키스하는〈하기〉 : be ～ kind 키스할 정도로 친하다.

kíssing kín 인사로 키스를 나눌 정도의 먼 친척(kissing cousin).

kiss-me-quick [´mokwìk] *n.* ⓒ (1) 앞이마에 늘어뜨리는 애교 머리. (2) 뒤통수에 쓰는 챙 없는 모자(kiss-me-quick hat)《19세기 후반에 유행했음》.

·kit¹ [kit] *n.* (1) ⓒ 연장통〈주머니〉 ; 도구 한 벌 ; 여행·운동 용구 일습 : a toilet ～ 세면 도구 / a first-aid ～ 구급 상자. (2) ⓒ (모형 비행기 등의) 조립용 부품 세트〈한 벌〉. (3) ⓤ 《英》 a] 【軍】 (무기이외의 병사의) 장구(裝具), 장비. b] (특정 목적을 위 위한) 장비, 복장 : flying ～ 비행복. (4) ⓒ 【컴】 맞춤짝.
the whole ～ (***and caboodle*** 〈***boodle, boiling***〉) 《口》 이것저것〈너나 없이〉 모두, 전부
— (***-tt-***) *vt.* 《英》 …에게 장비를〈복장을〉 갖추게 하다 《*out* ; *up*》.

kit² *n.* ⓒ 새끼고양이《kitten의 간약형》.

⁝kitch·en [kítʃən] *n.* ⓒ (1) (호텔 따위의) 조리부. (2) 부엌, 주방. (3) 《俗》 (오케스트라의) 타악기 부문.
— *a.* 〔限定的〕 부엌(용)의 ; 주방에서 일하는 : a ～ stove 부엌〈요리〉용 스토브.

kítchen càbinet (1) 부엌 찬장. (2) (종종 KC-)《美口》 (대통령 등의) 사설 (정치) 고문단.

kitch·en·et(te) [kìtʃənét] *n.* ⓒ (아파트 등의) 간이 부엌.

kítchen gàrden (가정용의) 채마밭, 남새밭.

kítchen knìfe 부엌칼.

kitch·en·maid [-mèid] *n.* ⓒ (요리사 밑에서 일하는) 주방〈부엌〉의 하녀.

kítchen políce 【美軍】 (1) 취사(반) 근무《종종 가벼운 벌로서 과해짐 ; 略 : K.P》. (2)〔集合的 ; 複數취급〕 취사병, 취사장 근무병.

kítchen sínk 부엌의 개수대. ***everything*** 〈***all***〉 ***but*** 〈***except***〉 ***the ～*** 《口·戱》 (필요 이상으로) 있는 것 모두, 무엇이나 다.

kitch·en·ware [-wὲər] *n.* ⓤ 〔集合的〕 주방 용구, 부엌 세간.

·kite [kait] *n.* ⓒ (1) 연. (2)【鳥】 솔개. (3)사기꾼, 욕심꾸러기. (4)《英俗》비행기. (5) 《俗》 융통어음. ***fly*** 〈***send up***〉 ***a ～*** 1) 연을 날리다. 2) 《商俗》 융통 어음을 발행하다. 3) 의향〈여론〉을 살피다(【cf.】 trial balloon). ***Go fly a ～.*** 《俗》 저리 꺼져라 ; 시시한 소리 하지 마라.
— 《口》 *vi.* (1) 솔개처럼 날다. (2) 《俗》 융통 어음으로 돈을마련하다.
— *vt.* …을 융통어음으로 사용하다.

kitsch [kitʃ] *n.* ⓤ 저속한 작품.
파) **kitschy** *a.* 저속한, 악취미의, 천박한(shallow).

:kit·ten [kítn] *n.* ⓒ 새끼고양이 ; (널리 작은 동물의) 새끼. **have (a litter of) ～s** =**have a～** 《口》 몹시 신경이 과민해 있다 ; 발끈하다, 몹시 흥분하다.

kit·ten·ish [´t(ə)niʃ] *a.* (1) (여자가) 새롱거리는, 교태 부리는, 아양부리는. (2) 새끼고양이 같은: 재롱부리는, 장난치는. 파) **～·like** *a.*

·kit·ty¹ [kíti] *n.* ⓒ 《兒》 야옹, (새끼)고양이.

kit·ty² *n.* ⓒ (1) 공동출자〈적립〉금. (2)【카드놀이】 a] 건 돈 전부(pool²). b] (딴 돈에서 자릿값·팁 등으로 떼어놓는) 적금(통).

klax·on [klǽksən] *n.* ⓒ (자동차 등의) 전기 경적(警笛), 클랙슨 ; (K-) 그 상표.

klep·to·ma·nia [klèptəméiniə, -njə] *n.* ⓤ(병적인) (절)도벽, 절도광.

K

klep·to·ma·ni·ac [-méiniæ̀k] *a.* 도벽이 있는, 절도광의〈인〉.
— *n.* ⓒ 도벽이 있는 사람.

·knack [næk] *n.* (*sing.*) 《口》 숙련된 기술 ; 기교 ; 요령《*of* ; *for* ; *in*》.

knack·ered [nǽkərd] 〔敍述的〕《英俗》 기진 맥진한(very tired, tired out).

knap [næp] (*-pp-*) *vt.* (1)(돌 따위)를 망치로 깨다. (2) 【聖】 탁 꺾다 ; 탁 치다〈부딪뜨리다〉.
— *n.* ⓒ 탁 침〈빠갬〉. 파) **∠·per** *n.* ⓒ ~하는 사람 ; 파쇄기(破碎機) ; 돌 깨는 망치.

·knap·sack [nǽpsæ̀k] *n.* ⓒ (군인·여행자의)냅색, 배낭, 바랑.

:knave [neiv] *n.* ⓒ (1) 악한, 무뢰한, 악당. (2) 【카드놀이】 잭(jack).

knav·ery [néivəri] *n.* (1) ⓤ 속임수, 협잡. (2) ⓒ 무뢰한〈파렴치한〉의 짓 ; 부정 행위 ; 악행.

knav·ish [néiviʃ] *a.* (1) 악한의, 악한 같은, 무뢰한의. (2) 부정한.
파) **~·ly** *ad.*

·knead [ni:d] *vt.* (1) (어깨·근육 따위)를 주무르다. 안마하다. (2) (가루·흙 따위)를 반죽하다 ; 개다. (3) (빵·도자기 등)을 빚어 만들다. (4) (인격)을 닦다, 도야하다.

:knee [ni:] *n.* ⓒ (1) 무릎, 무릎 관절 ; (의복의) 무릎 부분. (2) (특히 말·개 따위의) 완골(腕骨) ; (새의) 경골(脛骨), 정강이뼈. (3)무릎 모양의 것 ; 곡재(曲材) ; 완목(腕本) ; 【建】 무릎같이 굽은 재목
at** one**'s mother's ~ 어머니 슬하에서, 어린시절에. ***bend* 〈*bow*〉 *the ~ to* 〈*before*〉** …에 무릎을 꿇고 탄원하다 ; …에 굴복하다. ***bring* 〈*beat*〉** a person ***to** his **~s*** 사람을 굴복시키다. ***draw up the ~s*** 무릎을 세우다. ***fall* 〈*go*(*down*)〉 *on*〈*to*〉** one***'s ~s*** 1) 무릎(을) 꿇다.〈꿇고 탄원하다.〉 2) 무릎 꿇다, 패배를 인정하다. ***get ~ to ~ with*** …와 무릎을 맞대고 의논하다. ***give* 〈*offer*〉 *a ~ to*** …을 무릎에 눕혀 쉬게하다. 부축하여 돕다, …을 시중들다. ***gone at the ~s*** 《口》 1) (바지가) 무릎이 닳아. 2) (말이)늙어 빠져서. ***~ to ~*** 바싹 나란히 붙어서 ; 무릎을 맞대고. ***on bended ~*(*s*)** 무릎(을) 꿇고. ***on*** one***'s ~s*** 무릎 꿇고, 저자세로, 무릎을 꿇듯이. ***on the ~s of the gods*** 인력이 미치지 않는 ; 미정(未定)의. ***rise on the ~s*** 무릎으로 서다. ***weak at the ~s*** 《口》 무릎의 힘이 빠져.
— (***~d***) *vt.* (1) 《口》 (바지의) 무릎이 불거지게 하다. (2) …을 무릎으로 건드리다.〈차다, 밀다〉.

knee-bend [-bènd] *n.* ⓒ 무릎의 굴신(屈伸) 운동.

knée brèeches (무릎이 좁은) 반바지.

knee·cap [∠kæ̀p] *n.* ⓒ (1) 【解】 슬개골(patella), 종지뼈. (2) 무릎받이《무릎 보호용》.
— *vt.* (앙갚음, 벌로서) …의 무릎을 쏘다.

knee-deep [∠dí:p] *a.* (1) 무릎 깊이의, 무릎까지 빠지는. (2) (빚 따위로) 음쭉을 못하는《*in*》.

knee-high [∠hái] *a.* 무릎 높이의. ***~ to a grasshopper* 〈*duck*〉** 《口》 (사람이)꼬마인, 아주 작은.

knee-jerk [∠dʒə̀:rk] *a.* (1) (반응 등이) 반사적인. (2) (사람·행동 등이)틀에 박힌, 반응을 나타내는.

:kneel [ni:l] (*p.*, *pp.* ***knelt*** [nelt], ***kneeled*** [ni:ld]) *vi.* 《~/+副/+前+名》 무릎을 꿇다.
~ down 무릎꿇다 ; 굴복하다《*to* ; *before*》. ***~ to*** … 앞에 무릎꿇다〈굽히다〉 ; …을 간원하다. ***~ up*** 무릎을 짚고 일어서다.
파) **∠·er** [-ər] *n.* ⓒ (1) 무릎 꿇는 사람. (2) 무릎 밑에 까는 방석(hassock).

knee-length [ní:lèŋkθ] *a.* (옷·부츠 등이) 무릎까지 오는.

knee·pad [ní:pæ̀d] *n.* ⓒ (옷의) 무릎에 덧대는 것, 무릎받이.

knee·room [∠rù:m] *n.* ⓤ (자동차·비행기 등 좌석의) 무릎 공간

knee·top [∠tàp/ -tɔ̀p] *n.* ⓒ 【컴】 =LAPTOP.

·knell [nel] *n.* ⓒ (1)종소리 ; 《특히》 조종(弔鐘). (2) (일의 종말을 나타내는) 불길한 징조, 흉조《*of*》.
— *vt.* (조종)을 울리다 ; (흉한 일)을 알리다.
— *vi.* (조종이) 울리다 ; 불길하게 들리다.

:knelt [nelt] KNEEL의 과거·과거분사.

:knew [nju:] KNOW의 과거.

Knick·er·bock·er [níkərbàkər/ -bɔ̀k-] *n.* ⓒ (1) New Amsterdam(지금의 뉴욕)에 처음으로 이민 온 네덜란드인의 자손. (2) 뉴욕 사람. (3) (k-)(*pl.*) 【服】 니커보커(knickers)《무릎 아래에서 졸라매는 낙낙한 짧은 바지》.

knick·ers [níkərz] *n. pl.* 《口》 (1) 니커보커형의 여성용 블루머. (2) =KNICK ERBOCKERS. ***get* 〈*have*〉** one***'s ~ in a twist*** 《英俗》 당혹하다, 애태우다, 성내다.
—*int.* 《英俗》제기랄, 바보같이 《경멸·초조 등을 나타냄》.

:knife [naif] (*pl.* ***knives*** [naivz]) *n.* (1) ⓒ 나이프, 찬칼; 식칼(kitchen ~). (2) a] (the ~) 외과수술. b] ⓒ 수술용 칼, 메스. (3) 【機】 (도구·기계 등의) 날.
before you can say ~ 《口》 순식간에 ; 돌연.
cut like a ~ (바람 따위가) 살을 에는 듯이 차다. ***get* 〈*have*〉** one***'s ~ into* 〈*in*〉**…에 대해서 원한을 보이다〈적의를 품다〉 ; …에게 욕을 퍼붓다. ***have the ~ out for*** …을 노리다, …을 비난·공격의 목표로 삼다. ***~ in the teeth*** 적의(敵意). ***like a* (*hot*) *~ through butter*** 《英俗》 재빨리, 아주 간단하게. ***play a good* 〈*capital*〉 *~ and fork*** 배불리 먹다. ***under the ~*** 1) 축소〈폐지 등〉의 대상이 되어 ; 파멸로 치닫는. 2) 《口》 수술을 받고 : *go under the ~* 수술을 받다 ***war to the ~*** 혈전, 사투.
— (***~d***) *vt.* (1) …을 배신하려 하다 ; 비겁한 수단으로 해치려고 하다. (2) …을 나이프로 베다 ; 단도로 찌르다〈찔러죽이다〉.
— *vi.* 《+副》 (칼로 베듯이) 헤치고 나아가다.

knife·board [∠bɔ̀:rd] *n.* ⓒ 나이프 가는 대.

knife-edge [∠èdʒ] *n.* ⓒ (1) 나이프의 날 ; 예리한 것. (2) 【機】 나이프 에지《저울 받침점의 쐐기 모양의 날》. (3) 【登山】 칼날 같은 능선. (4) (국면을 일변시킬) 갈림길, 고비. ***on a ~*** 아슬아슬한, 결과 등이 불안정한, 예측불허의, 고비에.

knífe grìnder 칼 가는 사람〈기구〉.

knífe plèat 스커트의 잔주름.

knife-point [∠pɔ̀int] *n.* ⓒ 나이프의 끝. ***at ~*** 나이프로 위협받아 ; 최후 통첩을 받아.

:knight [nait] *n.* ⓒ (1) (중세의) 기사, 무사《무용·의협을 중히 여기며 여성을 경애했음》. (2) (근세 영국의) 나이트작(爵), 훈공작, 훈작사(勳爵士) (3) 용사, 의협심 있는 사람 ; 《특히》 여성에게 헌신적인 사람. (4) 【채스】 나이트. ***~ of the road*** 《口》 1) 노상강도. 2) 행사인, 도붓장수. 3) 부랑자. 4) 트럭·택시 운전사. — *vt.* …에게 나이트 작위를 수여하다. 【cf.】

K

dub[1].

knight·er·rant·ry [⌐érəntri] *n.* ⓤ (1) 의협〈돈키호테〉적 행위. (2) 무술 수련(수행).

knight·hood [náithùd] *n.* (1) ⓤ 기사〈무사〉의 신분 ; 기사도 ; 기사 기질. (2) ⓤⓒ 나이트작위, 훈작사(勳爵士)의 위(位) : the Orders of *K*- 훈작사단(團). (3)(the ~)〔集合的〕 기사단, 훈작사단.

knight·ly [náitli] (***knight·li·er ; -li·est***) *a.* (1) 훈작사의. (2) 기사의 ; 기사다운 ; 의협적인.
— *ad.* 기사답게 의협적으로.

:knit [nit] (*p., pp.* ~, ***⌐·ted*** [nítid]; ***⌐·ting***) *vt.* (1) 《~+目/+目+前+名》 …을 뜨다, 짜다 : ~ goods 편물, 메리야스 등속. (2) 《~+目/+目+副》 …을 밀착시키다, 접합하다(join) ; 짜맞추다. (3) 《~+目/+目+副》 (애정·서로의 이익 따위)로 굳게 결합시키다(unite). (4) (눈살·이맛살)을 찌푸리다 ; (근육 따위)를 긴장시키다 . (5) …을 짜내다, 만들어 내다.
— *vi.* (1) 뜨개질을 하다. (2) 《~/+副》 …을 밀착〈접합, 결합〉하다. (3) (눈살·이맛살 따위가) 찌푸려지다. ***~ in*** 짜넣다 ; 섞어 짜다. ***~ up*** 1) 짜깁다. 2) 결합〈밀착〉하다. 3) (토론 등을) 종결하다, 정리하다.

knit·ted [-tid] *a.* 〔限定的〕 짠, 뜬, 편물(編物)의 ; 메리야스의 : a ~ article 니트제품 / ~ work 편물.

knit·ter [-tə*r*] *n.* ⓒ (1) 편물 기계, 메리야스 기계. (2) 뜨개질하는 사람, 메리야스공.

knit·ting [nítiŋ] *n.* ⓤ (1) 접합, 밀착, 결합. (2) 뜨개질 ; 뜨개질 세공 ; 편물, 니트 ; 메리야스 : do one's ~ 뜨개질을 하다. ***stick 〈tend〉 to*** one***'s ~ =mind*** one***'s ~*** 자기 일에 전념하다, 남의 일에 간섭(개입)하지 않다.

knit·wear [nítwὲə*r*] *n.* ⓤ 뜨개질한 옷의 총칭, 뜨개것.

:knives [naivz] KNIFE 의 복수.

·knob [nɑb/nɔb] *n.* ⓒ (1) (문·서랍 따위의) 손잡이, 쥐는곳 ; (TV·라디오·전기 기구의) 노브, 스위치 ; (깃대 끝의) 둥근 장식. (2) (나무 줄기 따위의) 혹, 마디 ; 둥근 덩이. (3) (석탄·설탕 따위의) 작은 덩어리《*of*》 : a ~ *of* butter 버터의 작은 덩어리. (4) 《英》 (고립한) 둥근 언덕, 작은 산.
(***And***) ***the same to you with*** (***brass***) ***~s on*** 《英口》 당신이야말로 《빈정대는 말대꾸》 ***with ~s on*** 《英口》 한층 더, 훨씬 더, 그뿐 아니라, 두드러지게.
— (***-bb-***) *vt.* (…에) ~을 붙이다, 손잡이를 달다.
—*vi.* 혹이 생기다.《*out*》.

knóbbed [-d] *a.* (1)혹이 〈마디가〉있는. (2)(끝이) 혹처럼 된 ; 손잡이가 달린.

knob·by [nɑ́bi/nɔ́bi] (***-bi·er ; -bi·est***) *a.* (1)혹같이 둥글게 된 : a ~ nose 주먹 고. (2) 마디가 많은, 혹이 많은, 우툴두툴한 : a ~ hand 거칠게 울툭 불툭한 손.

:knock [nɑk/nɔk] *vi.* (1) 《~/+前+名》 (…을) 치다, 두드리다《*at* ; *on*》. (2) 《+前+名》 부딪치다, 충돌하다(bump) ; 우연히 만나다《*against* ; *into*》. (3) (엔진이) 노킹을 일으키다 (《美》 ping ; 《英》 pink). (4)《口》 험담하다, 흠〈트집〉잡다.
— *vt.* (1) 《~+目/+目+前+名》 …을 세게치다, 때리다, 두드리다. (2) (구멍 따위)를 쳐서〈두드려서〉 만들다(되게 하다). (3) 《+目+前+名/+目+補》 …을 세게 쳐서 — 이 되게 하다 : ~ something *to* pieces 무엇을 쳐서 산산조각을 내다. (4) 《+目+前+名》 …에 부딪치다, 충돌시키다《*against* ; *on*》. (5) 《+目+前+名》 …을 두드려서 떨다, 털어내다. (6) 《英俗》 …을 깜짝 놀라게 하다, 감동시키다 ; 《美俗》 (관객)을 압도하다. (7) 《口》 …을 깎아내리다, 흠잡다 (decry).
~ about 〈***around***〉 (*vt.*) 1) (파도·바람이 배)를 뒤흔들다. 2) ~를 들볶다, 학대하다 ; …을 난폭하게 다루다. (*vi.*) 1) 헤매다, 방랑하다. 2) 사귀다, 성교하다《*with*》. ***~ against*** 1) …에 부딪치다. 2) …을 우연히 만나다. ***~ at an open door*** 공연한 일을 하다, 헛수고하다. ***~ away*** 두들겨서 떼다〈벗기다〉. ***~ back*** 《口》 1) (술 따위)를 꿀꺽 마시다, 실컷 먹다. 2) …을 당황하게 하다. 3) …에 (얼마)들다 (cost). ~ a person ***cold*** 1) ~를 깜짝 놀라게 하다. 2) …을 때려서 기절시키다 ; 【拳】 녹아웃시키다. ~ a person ***dead*** ~를 감동시키다, 감탄케 하다. ***~ down*** 1) …을 때려 눕히다 ; (차 등이) (사람)을 들이받아 나가 떨어지게 하다. 2) 때려부수다 ; 【商】 (기계 등)을 분해〈해체〉하다《선적(船積) 따위를 위해》 ; (이론)을 뒤집어엎다, 논파(論破)하다. 3) 【競賣】 …을 경락〈낙찰〉시키다《*to* a bidder》. 4) 《口》 (사회자가) ~를 지명(指名)하다. 5) (값)을 깍아 내리다. ***~ed out*** 《美俗》 (술에) 곯아 떨어진, 녹초가 된. ***~ for admittance*** 문을 두드려서 안내를 청하다. ***~ head*** 인사하다. ***~ home*** 1) (못 따위)를 단단히 때려박다. 2) …을 철저하게 깎아내리다. 3) (취지 따위)를 철저히 이해시키다. ***~ in*** 〈***into ...***〉 1) …을 두들겨 넣다, 처박(아 넣)다. 2) (~ in) 【野】 (안타로 주자)를 홈인시키다. ***~ into a cocked hat*** ⇨ COCKED HAT. ~ ... ***into shape*** …을 정돈〈정리〉하다 ; (사람이 되게끔) 잘 가르치다. ~ a thing ***in head*** 어떤 일을 머릿속에 주입시키다. ***Knock it off!*** 《俗》 조용히 해 ; 그만둬. ***~ it over the fence*** 홈런을 때리다 ; 대성공을 거두다. ***~ off*** (*vt.*) …을 두드려 떨어버리다. (*vi.*) (속력·값 등을) 감하다, 깍다 ***~ ... off*** a person***'s pins*** 몹시 놀라게 하다. ~ a person ***on the head*** 1) ~의 머리를 때리다 ; 기절시키다 ; 죽이다. 2) 《北》 (계획 따위를) 깨뜨리다. ***~ out*** 1) …을 두들겨 내쫓다, 때려 쓰러뜨리다 ; 기절시키다. 2) 【拳】 녹아웃시키다(【cf.】 knockout). 3) 《俗》 …을 피곤하게〈지치게〉 하다. 4) 패퇴〈항복〉시키다《*in* a competition, *of* a contest》 ; 파괴하다 ; 못쓰게 만들다 ; (훌륭하여) …을 깜짝 놀래다 ; 쳐서〈떨어〉 (속의 것을) 꺼내다. 5) 《美俗》 (계획 따위)를 급히 세우다〈생각해내다〉. ***~ over*** 1) 《俗》 …을 때려눕히다, 뒤집어엎다. 2) (곤란)을 물리치다 ; 압도하다, 손들게 하다 ; 감동시키다, 감탄케 하다.
3) 《俗》 …을 강탈〈강도질〉하다. 4) 《美俗》 (경찰이) …을 덮치다, 급습하다 ; 검거하다. 5) 《美俗》…을 마시다, 먹어치우다. ~ a person***'s hat off*** 깜짝 놀라게 하다. ~ a person***'s head off*** 때려눕히다 ; 《俗》 ~를 손쉽게 이기다. ***~ the bottom out of*** ⇨ BOTTOM. ***~ the breath out of*** a person***'s body*** ⇨ BREATH. ***~ the end in*** 〈***off***〉 …을 망치다, 잡치다. ***~ their heads together*** 강경 수단으로 싸움을 말리다. ~ (***the***) ***spots out of*** 〈***off***〉 ⇨ SPOT. ***~ through*** 벽(칸막이 등)을 없애다 ***~ together*** 1) 서로 부딪치다. 2) (손님 등)을 급히 끌어 모으다 ; 급히 만들어 내다〈짜맞추다〉. ***~ under*** 항복하다《*to*》. ***~ up*** 1) 쳐 올리다, 불쑥 올리다. 2) 《英口》 (아무)를 문을 두드려서 깨우다. (3)【크리켓】 (점수)를 얻다. 4) 《口》 (돈)을 벌다(earn) 5) 【테니스 등】 (시합 전 따위에) 가볍게 연습하다. 6) 《英口》 …을 지치게 되다(하다). 7) 급히 만들다 8) 충돌하다, 마주치다《*with*》. 9) 《俗》 …을 임신시키다.
— *n.* ⓒ (1) 노크, 문을 두드림 〈두드리는 소리〉. (2) 타격, 구타(blow)《*on* the head etc》. (3) a〕 【野】

노크《수비 연습을 위한 타구》. b] **[크리켓]** 타격 차례(innings). (4) 노킹《내연기관 내의 불완전한 기화로 엔진이 푸득푸득 거리는 일》; 폭음.

knock·a·bout [nákəbàut/nɔ́k-] *a.* 〔限定的〕 (1) 소란스러운 ; (코미디 등) 공연히 부산을 떠는 : a ~ comedy. (2) 방랑(생활)의(wandering). (3) 막일할 때 입는, 튼튼한《의복 따위》.
— *n.* (1) a] ⓤ 법석떠는 희극. b] ⓒ 그 배우. (2) ⓒ **[海]** 소형 범선(帆船)의 일종.

·knock·down [⁴dàun] *a.* (1) 쓰러뜨리는, 타도하는, 쓰러뜨릴 정도의 ; 압도적인 : a ~ blow 상대를 쓰러뜨리는 일격. (2) (현지) 조립식의, 분해할 수 있는《가구 따위》; (가옥이) 프리패브(prefab)의. (3) 《英》 최저가격의. ***~ export*** 녹다운 수출《현지 조립 수출》.
— *n.* ⓒ (1) 때려 눕힘 ; 타도하는 일격 ; 난투 ; 압도적인 것, 대타격《불행 등》. (2) 값 내리기, 깎기, 할인. (3) 조립식으로 된 것《가구 따위》.

·knock·er [nákər/nɔ́k-] *n.* ⓒ (1) 두드리는 사람, 문두드리는 사람. (2) 《英》 호별 방문 외판원. (3) (현관 문짝의) 노커, 문 두드리는 고리쇠. ***oil the ~*** 《英俗》 문지기에게 팁을 주다. ***on the ~*** 《英口》 (1) 호별 방문〈판매〉하여. (2) 대금 후불로, 크레디트로.

knock·ing [nákiŋ/nɔ́k-] n. ⓒ 노크(소리) ; (엔진의) 노킹, 폭연.

·knock·out [⁴àut] *a.* 〔限定的〕 (1) 압도적인 ; 굉장한, 훌륭한. (2) **[拳]** 녹아웃의, 통렬한《펀치》. (3) 《口》 의식을 잃게 하는, 최면성의.
— *n.* ⓒ (1) 결정적인 타격. (2) **[拳]** 녹아웃《略 : K.O., KO》. (3) 《口》 굉장한 것〈사람〉 ; 매력적인 미녀. (4) 크게 히트한 영화〈상품〉. (5) 《英》 토너먼트식 경기. ***a technical ~*** **[拳]** 테크니컬 녹아웃《略 : TKO》.

knock·up [⁴ʌ̀p] *n.* ⓒ 가벼운 연습, 워밍업《시합 전에 하는》.

:knot [nat/nɔt] *n.* ⓒ (1) (장식용의) 매는 끈 ; 나비〈꽃〉매듭, (견장 등의) 장식 매듭. (2) 매듭, 고 ; (외과수술용 봉합사(縫合絲)의) 결절 (結節). (3) 무리, 소수의 집단 ; 일파《*of*》. (4) (부부 등의) 인연, 연분, 유대(bond). (5) a] (초목의) 마디, 옹이 ; (판자·목재의) 옹이 (구멍). b] 혹, 군살, 사마귀 ; **[醫]** 결절(結節).
a ~ in a play 연극의 절정. ***a running ~*** 잡아당기면 풀리는 매듭. ***at the*** 〈***a*** (***great***)〉 ***rate of ~s*** 재빨리. ***cut the ~*** 영단을 내려 난관을 처리하다. ***in ~s*** 삼삼오오 : gather *in* ~*s* 삼삼오오 모이다. ***make*** 〈***loosen***〉 ***a ~*** 매듭을 짓다〈풀다〉. ***seek a ~ in a rush***〈***bulrush***〉 (등심초에서 마디를 찾다→) 쓸데없는 소란을 피우다. ***tie the ~*** 《口》 결혼하다 ; (성직자가) 결혼식을 집행하다. ***tie*** a person (***up***) ***in***〈***into***〉 ***~s*** ~를 곤경에 빠뜨리다 ; …을 당황하게 만들다.
— (***-tt-***) *vt.* (1) (눈살)을 찌푸리다(knit). (2)《~+目/+目+副》 …을 매다, …에 매듭을 짓다 ; 결합하다, 묶다. (3)…을 얽히게 하다.
— *vi.* (1) 맺어지다. (2) 매듭이 생기다 ; 엉클어 지다. (3) 매듭을 짓다. (4) 혹이〈덩어리가〉생기다.'

knot·hole [⁴hòul] *n.* ⓒ (널빤지의) 옹잇구멍.

knot·ted [nátid/nɔ́t-] *a.* (1)매듭이〈마디가〉 있는 ; (옹이가 많아) 울퉁불퉁한. (2)얽힌 ; 어려운, 곤란한.

knot·ty [náti/nɔ́ti] (***-ti·er*** ; ***-ti·est***) *a.* (1) 얽힌, 엉클어진, 해결이 곤란한, 분규 중의 : a ~ problem 해결이 어려운 문제. (2) 매듭이 있는 ; 마디가 많은, 혹투성이의.
파) ***-ti·ness*** *n.* 마디투성이 ; 분규.

knot·work [⁴wə̀ːrk] *n.* ⓤ 합사(合絲) 장식, 매듭 세공 ; 편물 세공.

knout [naut] *n.* (1) (the ~) 태형. (2) ⓒ 가죽 채찍《옛날 러시아에서 가죽을 엮어 만든 매》.
— *vt.* …에게 매질을 하다, 태형을 가하다.

:know [nou] (***knew*** [njuː/njuː] ; ***known*** [noun]) *vt.* (1) …와 아는 사이이다.
(2) 《~+目/+目+*as*補/+*to* be補/+(*that*)節/+*wh.to* do/+*wh.*補》 …을 알고 있다, 알다 ; …을 이해하다〈하고 있다〉.
(3) …에 정통하다, …을 잘 알고 있다, 기억하고 있다.
(4) 《+目/+目+前+名》 (양자)를 식별할 수 있다, 구별할 줄 알다 ; 보고 (그것인 줄) 알다.
(5) 《~+目/+目+*do*/+*wh.*節》 …의 경험이 있다, 체험하고 있다.
(6) 《古》 **[聖·法]** …와 성적교섭을 갖다, (여자)를 알다.
(7)《~+目》〔무생물을 主語로 하여 否定文〕 (한계·예외 등)을 알다.
— *vi.* 《~/+前+名》 알고 있다, 알다 : as far as I ~ 내가 아는 한 / He didn't ~ *about* it. 그는 그 내용을 알지 못했다.
all one ***~s*** 《口》 1) 할 수 있는 모든 것 ; 전력. 2) 〔副詞的〕 될수 있는대로 ;전력을 다해. ***before*** one ***~s where*** one ***is*** 순식간에, 어느새. ***Don't I ~ it !*** 《口》 (분해하면서) 그런것(쯤)은 (이미) 알고 있어 ! ***don't you ~?*** 〔가벼운 末尾句· 挿入句로서〕 정말, 전혀. ***God*** 〈***Heaven***〉 ***~s*** … 1) (신이 알고 계시다 →) 맹세코, 틀림없이, 참으로. 2) (신만이 아신다 →)아무도 모르다, …인지 모르다. ***have known*** a person do ~가 … 하는 것을 본 일이 있다〈알고 있다〉. ***if you ~ what I mean*** 이해해 주실지 〈아실지〉 모르(겠)지만. ***I want to ~.*** 《美口》 이런, 저런 저런《놀라움 등을 나타냄》. ***I wouldn't ~.*** (내) 알게 뭐야. ***~ about*** …에 대해서 알고 있다. ***~ all about*** …의 일을 전부 알고 있다. ***~ a thing or two*** =***~ how many beans make five*** =***~ the ropes*** =***~ what's what*** 사물을 잘 알고 있다, 상식이 있다. ***~ best*** 가장 잘 알고 있다. ***~ better*** 좀더 분별이〈사려가〉 있다. ***~ better than*** …할 정도로 어리석지는 않다 : He's *better than* to do that. 그런 일을 할 만큼 어리석진〈예절이 없진〉 않다. ***~*** a person ***by name*** 이름은 알고 있다《잘 아는 처지는 아니지만》. ***~*** a person ***by sight*** 아무의 얼굴은 알고 있다《이름은 모르지만》. ~ a ***for*** ~가 …이라고 알고 있다〈알다〉 : I ~ him *for* a German. 그가 독일 사람이라는 것을 나는 안다. ***~ for certain*** 확실히 알고 있다. ***~*** A ***from*** B, A와 B를 구별〈식별〉할 수 있다. ***~ how*** 하는 방법을 알고 있다. ***~ of*** (…이 있는 것)을 알고〈듣고〉 있다. ~ one***self*** 자신을 알다. ***~*** one***'s onion*** 〈***stuff***〉 일에 정통하다. ***~*** one***'s own business*** 자기의 일을 잘 알고 있다 ; 쓸데 없는 짓을 삼가다. ***~*** one***'s own mind*** ⇨ MIND. ***~ the time of day*** 《口》 이야기가 통하다, 빈틈이 없다, 세상을 알고 있다. ***~*** a person ***to speak to*** (만나면) 말을 건넬 정도로 안면이 있다. ***~ what*** one ***is about*** 만사에 빈틈이 없다. ***~ which side*** one***'s bread is buttered*** 처신을 위해 해야 할 바를 알다. ***let*** a person ~ 알리다. ***make***(...) ***known*** 1) (…을) (에게) 소개하다.《*to*》. 2) …을 알리다, 발표하다. ***make*** one***self known*** 1) 자기 소개를 하다《*to*》. 2) 유명해지다. ***nobody ~s what*** 〈***where, why, how, when***〉 무엇 〈어디, 무엇때문, 어떻게, 언제〉인지 아무도 모르다. ***Not if I ~ it!*** 《口》 누가 그런 짓을

K

하겠니. (*not*) *~ from nothing*《美俗》 전혀 모르다《*about*》. *not ~* a person *is alive* 남의 일을 쾌념치 않다, 무시하다. *not ~ where to put* one*self* 〈one*'s face*〉《口》(있기에) 거북하다, 멋쩍다. *not ~ whether* one *is comimg or going*《英俗》 매우 당혹하다, 어찌해야 좋을지 전혀 모르다. (*not*) *that I ~ of*《口》 내가 아는 바로는 (…는 아니다). *not want to ~* 고려하려고 하지 않다, 흥미가〈관심이〉 없다. *That's all you ~* (*about it*). 그것밖에 모르고 있군, 얘기는 그뿐만이 아니다. *There is no ~ing....* …을 알 도리가 없다. (*Well,*) *what do you ~* (*about that*)*?*《口》 설마, 놀랐는데. *Whdt do you ~ !*《口》 (1)놀랐는데. (2)뭔가 뉴스거리〈재미있는 얘기〉가 있는가. *who ~s ?* 잘은 모르지만, 어쩌면. *Who ~s what* 〈*where,* etc.〉... …은 아무도 모르다(Nobody ~s what 〈where, etc.〉...). *You ~, ... = ..., you ~*《口》 저…, 말하자면… ; (아시는 바와 같이) …이니까요《다음에 이를 말을 찾을 때 ; 다짐, 동의를 구할 때 등, 부가적으로쓰임》. *You must ~ that ...* …으로 양해해 주십시오 ; ~라고 알고 계시오.

— *n.* ⓤ 숙지,지식. 〔다음 成句로만〕 *be in the ~*《口》. (기밀 등)을 잘 알고 있다, …의 내막에 밝다.

know·a·ble [nóuəbəl] *a.* 알 수 있는, 인식할 수 있는.

— *n.* ⓒ 알 수 있는 것(사물).

know-how [ˊhàu] *n.* ⓤ《口》(방법에 대한) 실제적인 지식 ; 기술지식〈정보〉, 노하우.

:know·ing [nóuiŋ] *a.* (1) 알고 있는, 아는 것이 많은, 학식이 풍부한. (2) 기민한, 빈틈없는, 교활한 (비밀 등을) 아는체 하는, 뜻이 있는 듯한《눈짓 따위》. (3) 고의적인. *there is no ~* 누구도 모른다, 알길이 없다. ~ to …을 눈치채고.

know·ing·ly [-li] *ad.* (1) 알고 있다는 듯이 ; 아는 체 하고, 빈틈없이. (2) 알면서 고의로.

know-it-all [ˊitɔ̀ːl] *n.* ⓒ《口》 아는 체하는(똑똑한 체) 사람.

:knowl·edge [nálidʒ/nɔ́l-] *n.* ⓤ (또는 a ~) (1) 지식, 아는 바. (2) 학식, 학문 ; 정통(精通), 숙지 ; 견문. (3) 인식 ; 이해. (4) 경험. (5) 보도, 소식. ◻ know *v.*

come to a person*'s ~* ~에게 알려지다. *have some* 〈*no*〉 *~ of* 다소 알고 있다 〈전혀 알고 있지 못하다〉. *It is common ~ that ...* …라는 것은 주지의 사실이다. *of common ~* 널리 알려져 있는, 누구나 알고 있는. *of* one*'s own ~* (들어서가 아닌) 자기 지식으로, 직접으로. *out of all ~* 상상을 초월하는. *to* (*the best of*) one*'s ~* 아무가 아는 바로는 ; 확실히. *without* a person's ~ =*without the ~ of* a person 아무도 모르게, 아무에게도 알리지 않고, 말 없이.

knowl·edge·a·ble [nálidʒəbəl/nɔ́l-] *a.* (1) 지식이 있는 ; 아는 것이 많은. (2) 식견이 있는 ; 총명한.

knowl·edge·a·bly [-dʒəbli] *ad.* 풍부한 지식을 가지고 ; 아는 체하고.

knówledge bàse 【컴】 지식 베이스《필요한 지식을 일정 format으로 정리·축적한 것》.

knówl·edge-based sýstem [-bèist] 【컴】 지식 베이스 시스템《knowledge base에 의거하여 추론(推論)하는 시스템》.

:known [noun] KNOW의 과거분사.

— *a.* (이름이) 알려진 ; 이미 알고 있는.

know-noth·ing [nóunλ̀θiŋ] *n.* ⓒ 아무것도 모르는 사람, 무식한 사람, 문맹자.

·knuck·le [nʌ́kəl] *n.* ⓒ (1) (송아지 따위의) 무릎 도가니. (2) a] (the ~s) 주먹(의 손가락 관절). b] (특히 손가락 밑 부분의) 손가락 관절(마디).

give a wipe over the ~s 사납게 꾸짖다. 주먹으로 갈기다. *near the ~*《口》 자칫 상스러워질 듯한, 아슬아슬한, 노골적인. *rap* a person *on* 〈*over*〉 *the ~s* =*rap* a person*'s ~s* (벌로) 아이의 손마디를 가볍게 때리다 ; 나무라다.

— *vt.* …을 손가락 마디로 치다, 주먹으로 치다. *~ down* 1) 진지 하게 일에 착수하다, 열심히 하다. 2) 항복하다《to》. *~ under* 굴복〈항복〉하다《to》.

knuck·le·dust·er [-dʌ̀stər] *n.* ⓒ =BRASS KNUCKLES.

knuck·le·head [-hèd] *n.* ⓒ《美口》 바보 (dumbbell).

파) **~·ed** [-id] *a.* 우둔한, 어리석은.

knúckle sàndwich《英俗》 (상대의 입에) 주먹을 한방 먹임.

knurl [nəːrl] *n.* ⓒ (1) (나뭇줄기의) 마디, 옹이, 혹. (2) (미끄러짐을 막는) 우툴두툴한 것, (금속면의) 깔쭉깔쭉한 것.

KO, K.O., k.o. [kéióu] (*pl.* **~'s**) *n.* ⓒ 녹아웃, 타도.

— (*~d ~ing*) *vt.* …을 녹아웃시키다. [◁ *k*nock*o*ut]

kook·a·bur·ra [kúkəbə̀ːrə/ -bʌ̀rə] *n.* ⓒ 【鳥】 물총새의 일종(laughing jackass)《우는 소리가 웃음소리 같음 ; 오스트레일리아산》.

kook·ie, kooky [kúːki] *a.* (*-i·er ; -i·est*)《美俗》 기인(奇人)의, 괴짜의, 미치광이의.

ko·pe(c)k, co·peck [kóupek] *n.* ⓒ 코펙《러시아의 동화(銅貨), 또 금액의 단위(單位) ; 1/100루블(ruble)》.

Ko·ran [kourǽn, -rάːn, kɔːrάːn] *n.* (the ~) 코란《회교 성전》.

파) **~·ic** [-ik/kɔ-] *a.*

:Ko·rea [kəríːə, kouríːə] *n.* 한국《공식명은 the Republic of Korea ; 略 : ROK》.

:Ko·re·an [kəríːən, kouríən] *a.* 한국의 ; 한국인〈어〉의. *of ~ make* 한국제의.

— *n.* (1) ⓒ 한국인. (2) ⓤ 한국 말. ※ 관사 없음 : teach ~ ; 단, the ~ language는 다름.

Ko·re·a·na [kɔ̀ːriάːnə] *n.* (*pl.*) 한국 관계의 문헌, 한국 사정, 한국지(誌).

Koréan Áir 대한 항공. 【cf.】 KAL.

Koréan azálea 【植】 산(山)철쭉.

Koréan gínseng 고려 인삼.

Koréan láwn gràss 【植】 금잔디.

Ko·re·a·nol·o·gy [kɔ̀ːriːənάlədʒi/ -nɔ́l-] *n.* ⓤ 한국학 〈연구〉.

koréan vélvet gràss 【植】 =KOREAN LAWN GRASS.

Koréan Wár (the~) 한국 전쟁《1950년 6월 25일 -1953년 7월 27일》.

Koréa Stráit (the ~) 대한 해협.

ko·sher [kóuʃər] *a.* (1)《口》 순수한, 진짜의 ; 합법적인, 적당한 : Their business activities aren't quite ~. 그들의 사업활동은 사실상 합법적이 아니다. (2) (음식물 특히 육류가 유대인의 율법에 맞도록 조리된) 정결한《음식·식기 ·음식점 따위》.

— *n.* (1) ⓤⓒ 적법한 음식점. (2) ⓤ 적법한〈정결한〉 식품.

Krem·lin [krémlin] *n.* (the ~) (Moscow에 있는) 크렘린 궁전.

krill [kril] *n.* ⓒ 크릴《남극해에서 나는 새우 비슷한 갑각류》.

kro·na [króunə] *n.* ⓒ (1) (*pl.* **-nor** [-nɔːr]) 크로나《스웨덴의 화폐 단위 ; =100 öre ; 기호Kr》 ; 그 은화. (2) (*pl.* **-nur** [-nəːr]) 크로나《아이슬란드의 화폐 단위 ; =1000 aurar ; 기호 Kr》 ; 그 화폐.

kro·ne [króunə] *n.* ⓒ (1) (*pl.* **-nen** [-nən]) 크로네 《본래의 독일 10마르크 금화 ; 본래 오스트리아 은화》. (2) (*pl.* **-ner** [-nər]) 크로네《덴마크·노르웨이의 화폐단위 ; =100 öre ; 기호 Kr》 ; 그 은화.

kru·ger·rand [krúːgərænd] *n.* ⓒ 크루거랜드《남아프리카 공화국의 1온스 금화》.

Kshat·ri·ya [kʃǽtriə] *n.* ⓒ 크샤트리아《인도 4성(姓) 중의 제 2 계급 ; 귀족과 무사》. 【cf.】 caste.

K 2 [kéitúː] *n.* K 2봉(峰)《(Kashmir 지방의) Karakoram 산맥에 있는 세계 제2의 고봉 ; 8611 m》.

Kua·la Lum·pur [kwáːləlúmpuər] *n.* 콸라룸푸르《말레이시아의 수도》.

ku·chen [kúkən, -xən] (*pl.* ~) *n.* ⓒⓤ (건포도를 넣은) 독일식 과자.

ku·dos [kjúːdɑs/kjúːdɔs] *n.* ⓤ 《口》 명성, 영광, 영예, 위신, 칭찬 : Being an actor has a certain amount of ~ attached to it. 배우가 되면 그에 따른 어느 정도의 명성을 누린다.

Ku Klux Klan [kúːklʌ̀ksklǽn, kjúː-] 3K 단(團), 큐클럭스클랜《略 : K.K.K., KKK》.

kuk·ri [kúkri] *n.* ⓒ 《Hind.》 쿠크리 칼《인도 Gurkha 족이 쓰는 날이 넓은 단도》.

ku·ma·ra [kúːmərə] *n.* ⓒ 《N.Zeal.》 고구마.

ku·miss [kúːmis] *n.* ⓤ 쿠미스, 젖술《말 또는 낙타의 젖으로 만든 아시아 유목민의 술 ; 약용으로도 함》.

kum·quat [kʌ́mkwɑ̀t/ -kwɔ̀t] *n.* ⓒ 【植】 금귤(의 열매).

kung fu, kung-fu [kʌ́ŋ fúː] 《Chin.》 쿵후(功夫) 《중국의 권법 (拳法)》.

Kurd [kəːrd, kuərd] *n.* ⓒ 쿠르드 사람《서아시아 Kurdistan에 사는 호전적인 유목민》.

Kurd·ish [kɔ́ːrdiʃ, kúərd-] *a.* (1)Kurdistan의. (2)쿠르드인〈어〉의.
— *n.* ⓤ 쿠르드어.

Kur·di·stan [kɔ́ːrdəstæ̀n] *n.* (터키·이란·이라크에 걸친) 고원 지대《주민은 주로 쿠르드사람》.

Ku·wait [kuwéit, -wáit] *n.* 쿠웨이트《아라비아 북동부의 회교국 ; 또, 그 수도》.

Ku·wai·ti [kuwéiti] *a.* 쿠웨이트(인)의.
— *n.* ⓒ 쿠웨이트 사람.

kvetch [kvetʃ] *n.* ⓒ 《美俗》 불평가 ; 불평, 푸념.
— *vi.* 늘 불평만 하다(complain), 투덜거리다, 푸념하다 ; …라고 불평을 말하다.

kwash·i·or·kor [kwɑ̀ːʃiːɔ́ːrkɔːr, -kər] *n.* ⓤ 【醫】 콰시오르코르, 단백 열량 부족증《아프리카의 단백결핍성 소아 영양 실조증》.

Kyr·gyz·stan [kirgistáːn] *n.* 키르기스탄《CIS구성 공화국의 하나 ; 수도 Bishkek》.

K

L

L, l [el] (*pl.* **L's, Ls, l's, ls** [-z]) (1) ⓒ L자 모양의 것 ; 【機】 L자관(管). (2) ⓤⓒ 엘《영어 알파벳의 열 둘째 글자》. (3) ⓤ (연속된 것의) 12번째의 것. (4) (the L) 《美俗》 고가 철도(elevated rail- road, el) : an *L* station 고가 철도역. (5)로마 숫자의 50 : LX=60.

L large ; Latin ; lira(s); longitude **L.** Lady ; Law ; Left ; *liber* 《L.》 (=book) ; Liberal ; Licentiate ; London ; Lord. **L.,l.** lake ; latitude ; law ; league, left, length ; low. **l.** land ; large ; leaf ; *libra* 《L.》 (=pound) ; lira(s) ; lire ; liter(s). **£** *libra(e)* (=pound(s) sterling). **La** 【化】 lanthanum. **La.** Louisiana. **LA** 《美郵》 Louisiana **L.A.** Los Angeles.

·la [lɑ(:)] *n.* ⓤⓒ 【樂】 라《장음계의 여섯째 음》.

lab [læb] *n.* ⓒ 《口》 연구실, 실험실 : [◁ *laboratory*]

:la·bel [léibəl] *n.* ⓒ (1) (사람·단체·사상 등의 특색을 나타내는) 호칭,딱지. (2) a] (의류품(衣類品)등의)상표, 브랜드. b] 라벨, 레테르, 딱지, 쪽지, 꼬리표, 부전(附箋). (3) (사전 등에서 용법·전문어 등을 나타내는) 표시《이를 테면《俗》, 《口》, 【植】등》. (4)【컴】 이름표,라벨《수치가 아닌 문자로서의 기호》.

— (**-l-,** 《英》 **-ll-**) *vt.* (1) 《~+目/+目+前+名/+目+補》 …에 라벨〈딱지〉를 붙이다. (2) 《+目+補/+目+*as*補》 《比》 …에 레테르를 붙이다, …에 명칭을 붙이다. (3) (레테르를 붙여서) …을 (…라고)분류하다 ; …을 (…라고) 부르다.

la·bi·al [léibiəl] *a.* (1) 입술(모양)의. (2) 【音聲】순음(脣音)의.

— *n.* ⓒ 순음《[p, b, m] 따위》. 【cf.】 dental. 파) **~·ly** *ad.* **~·ism** *n.* 순음화의 경향.

la·bia ma·jo·ra [léibiə-mədʒɔ:rə] 《L.》 【解】대음순(大陰脣).

:la·bor, 《英》 **-bour** [léibər] *n.* (1) ⓤ 〔集合的 ; 單·複數취급〕 노동자, 《특히》 육체노동자 ; 노동〈근로〉계급. 【cf.】 capital. (2) ⓤ 노동, 근로. (3) ⓤ 애씀, 노력, 고심, 노고. (4) ⓒ (힘드는) 일, 고역. (5) (흔히 Labour) (영국의) 노동당. (6) ⓤ (또는 a ~) 산고, 진통 ; 출산. ▫ laborious *a.*

— *vi.* (1) 《+前+名》 고민하다, 괴로워하다(suffer) 《*under*》. (2) 《~/+前+名/+*to* do》 (부지런히) 일하다, 노동하다, 애쓰다, 노력하다. (3) 《+前+名》 애써서 나아가다 ; 난항하다《*through* ; *in*》. (4) 《+前+名》 산고를 겪다.

— *vt.* …을 (필요 이상) 자세히 논하다〈취급하다〉. **~ one's way** 곤란을 무릅쓰고 나아가다. **~ for** …을 얻으려고 애쓰다.

— *a.* 〔限定的〕 (1) (흔히 Labour) (영국의) 노동당의 : ⇨ LABOUR PARTY. (2) 노동의〈에 관한〉.

:lab·o·ra·to·ry [lǽbərətɔ̀:ri/ləbɔ́rətəri] *n.* ⓒ(1) (약품 등의) 제조소 : a medical ~ 약품 시험소〈실〉. (2) 실험실, 시험실 ; 연구소〈실〉. (3) a] (교육의 장(場)에서의) 연습, 실습. b] (교육·사회과학 등 설비가 있는)실습실, 연습〈연구〉 실.

— *a.* 〔限定的〕 (1) 실험실(용)의 : ~ animals 실험용 동물. (2) 실습의, 연습의 a ~ course 실습 코스.

la·bored [léibərd] *a.* (1)곤란한 ; 고통스러운, 괴로운, 힘드는(hard). 【opp.】 *easy.* (2) 애쓴, 고심한 흔적이 보이는 ; 부자연한, 억지의.

:la·bor·er [léibərər] *n.* ⓒ 노동자, 인부, 임금 노동자.

la·bor-in·ten·sive [léibərintènsiv] *a.* 노동 집약형의, 큰 노동력을 요하는 : ~ industry 노동 집약형 산업. 【opp.】 *capital-intensive.*

·la·bo·ri·ous [ləbɔ́:riəs] *a.* (1) 힘드는, 고된, 인내력이 필요한. (2) 일 잘하는 부지런한(industrious), 근면한. (3) 고심한, 애쓴, 공들인《문체 등》. ▫ labor *n.*

파) **~·ly** *ad.* 애써서, 고생하여. **~·ness** *n.*

la·bor·sav·ing [léibərsèiviŋ] *a.* 노력(勞力) 절약의, 생력화(省力化) (의).

:labour, etc ⇨ LABOR, etc.

Lábour Exchànge 《英》 공공 직업 안정소《지금의 정식 명칭은 Employment Service Agency》.

Lab·ra·dor [lǽbrədɔ̀:r] *n.* 래브라도《북아메리카 북동부의 Hudson 만과 대서양 사이의 반도》.

·lab·y·rinth [lǽbərìnθ] *n.* (1) ⓒ 뒤얽혀 복잡한 것, 엉클어진 사건. (2) ⓒ 미궁(迷宮) ; 미로(maze). (3) (the ~) 【解】 내이(內耳).

lab·y·rin·thi·an, lab·y·rin·thine [læ̀bərínθiən], [-θi(:)n/-θain] *a.* (1) 미궁〈미로〉의 〈같은〉. (2) 복잡한, 엉클어진.

lac [læk] *n.* ⓤ 랙《랙깍지진디의 분비물; 니스·붉은 도료 따위를 만듦》.

:lace [leis] *n.* (1) ⓤ 레이스. (2) ⓒ (구두·코르셋 등의) 끈(엮은), 꼰끈. (3) ⓤ (금·은의)몰 ; 가장자리 장식.

— *vt.* (1) 《~+目/+目+副》 …을 끈으로 묶다 〈졸라매다〉 《*up*》. (2) 《+目+副/+目+前+名》(끈 따위)를 꿰다《*through*》. (3) …을 (…으로) 섞어짜다, 짜 넣다 ; 짜맞추다. (4) …을 레이스〈몰〉로 장식하다 ; …에 줄무늬를 넣다. (5) 《+目+前+名》 (브랜디 따위를 커피 등)에 가미하다《*with*》. (6) …을 치다, 매질하다.

— *vi.* (1) 《+前+名》 (말로 또는 때려) 공격하다, 비난하다, 헐뜯다《*into*》. (2) 《~/+副》 끈으로 매다〈매어지다〉, 끈이 달려 있다.

laced [leist] *a.* (1) 알코올을 탄(가미한). (2) 끈이 달린, 레이스로 장식한.

lac·er·ate [lǽsərèit] *vt.* (1) (살따위)를 찢다, 잡아 찢다, 찢어내다. (2) (마음 따위)를 상하게 하다, 괴롭히다.

— [∠-∸, -rit] *a.* 찢어진, 찢긴.

lac·er·a·tion [læ̀səréiʃən] *n.* (1) ⓤ (감정을) 상하게 함, 괴롭힘, 고뇌. (2) a] ⓒ 열상(裂傷), 찢어진 상처. b] ⓤⓒ 잡아 찢음, 갈가리 찢음.

lace-up [léisʌ̀p] *n.* ⓒ(흔히 *pl.*)편상화, 부츠.

— *a.* 끈으로 묶는.

lace·work [léiswə̀:rk] *n.* ⓤ 레이스(세공), 레이스 모양의 성긴 뜨개질.

lach·ry·mal [lǽkrəməl] *a.* 눈물의 ; 눈물을 잘 흘리는.

lach·ry·ma·to·ry [lǽkrəmətɔ̀:ri, -tòuri] *n.* ⓒ 눈물단지《옛 로마에서 애도자의 눈물을 받아 담았다는》.

— *a.* 눈물의, 눈물을 자아내는.

lach·ry·mose [lǽkrəmòus] *a.* (1) 눈물 잘 흘리

는 : a ~ disposition 잘 우는 성질. (2) (이야기 등이) 눈물을 자아내는, 애절한, 가엾은.
파) **~·ly** *ad.*

lac·ing [léisiŋ] *n.* (1) ⓤ (구두·코르셋 등의)끈 ; 선두름, 레이스 : 금몰, 은몰. (2) ⓤ 레이스 장식. (3) (a ~) 《口》 매질(thrashing), 벌.

:lack [læk] *n.* (1) ⓒ 부족한것. (2) ⓤ (또는 a ~) 부족(want), 결핍 ; 없음. ***for* 〈*from,through*〉 *~ of*** 의 결핍〈부족〉 때문에.
— *vi.* 《~/+前+名》 결핍하다, 모자라다《*in* ; *for*》. 【cf.】 lacking.
— *vt.* …이 결핍(부족)되다, 없다.

lack·a·dai·si·cal [lækədéizikəl] *a.* 활기 없는, 열의 없는 ; 의욕이 없는, 몸이 나른한, 게으른. 파) **~·ly** *ad.*

lack·ey [lǽki] *n.* ⓒ (1) 《蔑》 아첨꾼, 빌붙는 사람(toady). (2) (제복을 입은) 종복(從僕), 하인(footman).

·lack·ing [lǽkiŋ] *a.* 〔敍述的〕 부족한《*for* ; *in*》.

lack·lus·ter, 《英》 **-tre** [lǽklʌ̀stər] *a.* (1)활기 없는(dull, dim) (2)(눈 따위가) 빛이 없는, 거슴츠레한, 흐리멍덩한.

la·con·ic [ləkɑ́nik/ -kɔ́n-] *a.* (1) (사람이) 말수가 적은. (2) 간결한《어구 따위》, 간명한(concise) : a ~ style 〈reply〉 간결한 문체〈대답〉.

lac·o·nism [lǽkənìzəm] *n.* (1) ⓒ 간결한(간명한) 어구〈문장〉. (2) ⓤ (어구의) 간결함.

·lac·quer [lǽkər] *n.* (1) ⓤⓒ a] 래커《도료의 일종》 ; 칠(漆), 옻(Japanese ~). b] 헤어 스프레이. (2) ⓤ 〔集合約〕 칠기(漆器) (= **~wàre**).
— *vt.* …에 래커를 〈옻을〉 칠하다 ; (머리)에 헤어 스프레이를 뿌리다, (잘못 등을) 얼버무리다.

lac·tate [lǽkteit] *vi.* 젖을 분비하다, 젖을 빨리다〈주다〉.

lac·ta·tion [læktéiʃən] *n.* ⓤ 젖분비 ; 수유(授乳)(기간).

lac·te·al [lǽktiəl] *a.* (1) (림프관(管)이) 유미(乳糜)를 보내는〈넣는〉 : the ~ vessels 유미관. (2) 젖의, 젖으로 된, 유즙의, 젖 같은(milky).

lac·tic [lǽktik] *a.* 〔限定的〕 젖의 ; 젖에서 얻는, 유즙액을 분비하는.

lac·tom·e·ter [læktɑ́mitər/ -tɔ́m-] *n.* ⓒ 검유기 (檢乳器) 《비중이나 농도를 조사함》, 유즙 비중(농도)계.

la·cu·na [ləkjúːnə] (*pl.* ***-nae*** [-niː], ***~s***) *n.* ⓒ (1) (지식 따위의) 공백, 결함. (2) (원고, 특히 고문서 따위의) 탈락(부분) ; 탈문(脫文), 결문(缺文). (3) 【解】 열공(裂孔), 소와(小窩).

la·cus·trine [ləkʌ́strin] *a.* (1) 호수에서 사는, 호상(湖上) 생활의. (2) 호수의.

lacy [léisi] (***lac·i·er*** ; ***-i·est***) *a.* 끈의 ; 레이스 (모양)의.

:lad [læd] *n.* ⓒ (1) 젊은이, 청년(youth), 소년(boy). 【opp.】 *lass.* (2) 《口》 〔一般的〕 사내, 녀석, 친구 : my ~s 제군(諸君), 자네들. (3) 《英口》 씩씩〈대담, 대단〉한 남자.

:lad·der [lǽdər] *n.* ⓒ (1) 사닥다리. 【opp.】 rung. (2) 《比》 출세의 연줄〈수단,방편〉 ; 사회적 지위. (3) 사닥다리 모양의 물건. (4) 《英》 (양말의) 올풀림 (《美》 run). ***kick down the ~*** 출세에 도움을 주었던 친구를 〈직업을〉 버리다.
— *vt.* 《英》 (양말)을 올이 풀리게 하다(《美》run). — *vi.* 《英》 (양말이) 올이 풀리다.

lad·die [lǽdi] *n.* ⓒ 《Sc.》 젊은이, 소년. 【opp.】 lassie.

:lade [leid] (***lád·ed*** [léidid] ; ***lád·en*** [-n]) *vt.* (1) (국자 따위로) …을 퍼내다(ladle). (2) ~을 싣다(load), 적재하다 ; (열차·배)에 싣다《*with*》. (3) 《比》 …에게 (책임을)(짊어)지우다《*with*》.
— *vi.* (1) 짐을 싣다. (2) 액체를 퍼내다(떠내다).

·lad·en [léidn] LADE의 과거분사.
— *a.* (1) 실은, 적재한《*with*》. (2) 무거운 짐을 진 (마음 따위), 괴로워하는《*with*》.

ládies' 〈lády's〉 màn 여성에게 곰살궂은 남자 ; 여자를 좋아하여 인기가 있는 남자.

ládies' ròom (때로 L-, r-) 《美》 (호텔·극장 등의) 여성용 화장실.

lad·ing [léidiŋ] *n.* ⓤ (1) 짐 싣기, 적재, 선적. (2) 선하(船荷), 화물(freight). ***a bill of ~*** ⇨ BILL[1].

la·dle [léidl] *n.* ⓒ 국자, 구기.
— *vt.* 《~+目/+目+副/+目+前+名》 (1) …을 국자로 퍼서 옮기다《*into*》 ; 국자로 퍼〈떠〉내다.《*up* ; *out*》. (2) (돈·선물 등)을 마구주다(무차별로 주다《*out*》.
파) **~·fùl** [-fùl] *n.* ⓒ 한 국자(분).

:la·dy [léidi] (*pl.* ***la·dies***) *n.* (1) a] 《woman에 대한 정중한 말》 여자분, 여성 : *ladies* hats 여성모. b] (*pl.*) 《호칭》 (숙녀) 여러분. c] 《호칭》 마님, 아씨 ; 아주머님, 아가씨《종종 경멸적으로 받아들여지기 때문에, 다음과 같은 경우 외에는 madam쪽이 일반적임》. d] 〔形容詞的〕 여류…, …부인. (2) ⓒ 귀부인, 숙녀. (3) (L-) 레이디. (4) ⓒ a] 아내, 부인. b] 《俗》 애인, 연인(戀人). (5) (ladies('), 종종 Ladies(')) 〔單數취급〕 《英》 여성 화장실. ***Our Lady*** 성모 마리아. ***the first ~*** 《美》 대통령〈주지사〉 부인. ***the ~ of the house*** 주부, 여자 주인, 마님.

la·dy-in-wait·ing [-inwéitiŋ] (*pl.* ***ladies-***) *n.* ⓒ 시녀, 궁녀, 나인.

la·dy-kill·er [-kìlər] *n.* ⓒ 《口》 여자를 잘 호리는 사나이, 색한.

la·dy·like [-làik] *a.* (1) 귀부인다운, 고상한, 정숙한. (2) 여자 같은 《남자》 ; 유약한.

la·dy·ship [-ʃìp] *n.* (1)귀부인의 신분. (2)(종종 L-) 영부인, 영양(令孃)《Lady의 칭호를 가진 부인에 대한 경칭》 : Your *Ladyship* 영부인《호칭에 씀》.

·lag[1] [læg] (***-gg-***) *vi.* (1) 《~/+副/+前+名》 처지다, 뒤떨어지다《*behind*》 ; 천천히 걷다, 꾸물거리다(linger). (2) (흥미·관심 등이) 점점 줄다, 엷어지다.
— *vt.* …보다 늦어지다.
— *n.* ⓤⓒ (1) 지연 : a ~ of several seconds between the lightning and the thunder 번개와 천둥 사이의 몇 초간의 지체. (2) 【物】 (흐름·운동 등의) 지체(량(量)).

lag[2] (***-gg-***) *vt.* (보일러 따위)를 피복재(被覆材)로 싸다 : Water tank should be well *~ged.* 물탱크는 피복재로 잘 싸두어야 한다.

lag[3] (***-gg-***) 《俗》 *vt.* …을 투옥하다, 구류하다 ; 체포하다(arrest).
— *n.* ⓒ (1) 죄수, 전과자 : an old ~ 상습범. (2) 복역 기간.

lag·gard [lǽgərd] *a.* 느린, 꾸물거리는 ; 늦은. — *n.* ⓒ 느림보, 굼뱅이 ; 늦은 사람.
파) **~·ly** *ad.* 꾸물대는 **~·ness** *n.*

·la·goon [ləgúːn] *n.* ⓒ 개펄, 석호(潟湖) ; 초호(礁湖)《환초로 둘러싸인 해면》.

la·ic, -i·cal [léiik], [léiikəl] *n.* ⓒ (성직자에 대하여) 평신도, 속인(俗人)(layman).
— *a.* 평신도의 ; 속인의.
파) **~·ly** *ad.* 속인처럼, 세속적으로.

la·i·cize [léiəsàiz] *vt.* (1) …을 환속〈속화〉시키다. (2) (제도)를 속인의 지배 아래 두다(맡기다).

:laid [leid] LAY[1]의 과거·과거분사.

laid-back [léidbǽk] *a.* 《俗》 한가로운, 평온한, 느긋한, 유유한.

:lain [lein] LIE[1]의 과거분사.

lair [lɛər] *n.* ⓒ (1) (짐승의) 굴(den) : a fox's ~ 여우굴. (2) (악인 등의) 은신처, 잠복처, 소굴.

la·i·ty [léiəti] *n.* (the ~) 〔集合的 ; 複數취급〕 (1) 평신도 계급(laymen)《성직자 계급에 대하여》. (2) 문외한《전문가직에 종사하지 않는》.

:lake[1] [leik] *n.* ⓒ (1) 호수 : *Lake* Leman 레만호. (2) (공원 따위의)못, 연못. (3) (the L-s) =LAKE DISTRICT.

lake[2] *n.* ⓤ (1) 진홍색. (2) 레이크《짙은 다홍색 안료(顔料)》.

lake·front [léikfrʌ̀nt] *n.* ⓒ 호안(湖岸), 호반.

lake·let [léiklit] *n.* ⓒ 작은 호수.

lal·ly·gag [lǽligæ̀g] (**-gg-**) *vi.* 《美俗》 (1) (사람 앞에서) 껴안고 애무하다 ; 농탕치다. (2) 빈둥거리다, 게으름 피우다.

lam[1] [læm] (**-mm-**) *vi., vt.* 《俗》 (…을) 치다, 때리다 : If he says it again, ~ him. 그자가 또 그 말을 하거든 쥐어박아라.

lam[2] (**-mm-**) 《美俗》 *vi.* 내빼다, 달아나다, 급히 도망치다.
— *n.* (the ~) 도망《※ 흔히 다음 성구(成句)로 쓰임》. ***on the ~*** (경찰에 쫓겨) 도망중인. ***take it one the ~*** 급히 내빼다.

:lamb *n.* (1) ⓤ 새끼양의 고기. (2) ⓒ 어린 양. (3) a〕 귀여운〈친애하는〉 사람. b〕 유순한 사람, 천진난만한 사람. ***like a ~*** 어린양과 같이 순한. ***the Lamb*** (***of God***) 하느님의 어린양, 예수.
— *vi.* (양이) 새끼를 낳다(yean).

lam·bast, -baste [læmbéist] *vt.* 《俗》 (1) …을 후려치다(beat). (2) …를 몹시 꾸짖다.

lam·ben·cy [lǽmbənsi] *n.* ⓤ (1) (화염 따위의) 한들거리는 빛, 한들거림. (2) (눈·하늘 따위의)부드러운 빛, 부드럽게 빛남. (3) (재치 따위의) 경묘(輕妙)함, 재치 있음.

lam·bent [lǽmbənt] *a.* (1) (불꽃·빛 따위가) 가볍게 흔들리는. (2) (눈·하늘 따위가) 부드럽게 빛나는. (3) (재치 따위가) 경묘한. 파) **~·ly** *ad.*

lamb·kin, -ling [lǽmkin], [-liŋ] *n.* ⓒ (1) 새끼양. (2) 《애칭》 귀여운 아기.

lamb·like [lǽmlàik] *a.* 새끼양 같은 ; 온순한 ; 순진한.

lamb·skin [lǽmskìn] *n.* (1) ⓒ 새끼양 모피. (2) ⓤ 무두질한 새끼양 가죽 ; 양피지.

:lame [leim] (***more~, lám·er ; most~, lámest***) *a.* (1) 절름발이의, 절룩거리는. (2) (설명·변명 등이) 불충분한, 어설픈. (3) 《文語》 (운율 시가) 불완전한.
— *vt.* (1) …을 절름발이〈불구〉로 만들다. (2) (일)을 망쳐놓다.
파) **´~·ly** *ad.* 절룩거리며 ; 불완전하게. **´~·ness** *n.* ⓤ 절름발이 ; 불충분〈불완전〉함.

láme dúck 《口》 ⓒ (1) 쓸모 없는 자〈것〉 ; 무능자 ; 폐물. (2) (채무 불이행에 의해) 제명된 증권 거래원 ; 파산자. (3) 《美口》 재선거에 낙선하고 남은 임기를 채우고 있는 의원〈지사·대통령 등〉 : the ~ president 낙선 대통령. (4) 재정 위기의 회사.

la·mel·la [ləmélə] (*pl.* **~s, -lae** [-liː]) *n.* ⓒ (뼈·조직 등의) 얇은 판, 박막(薄膜), 얇은층〈조각〉.

:la·ment [ləmént] *vt.* (1) …을 슬퍼하다, 비탄하다, 애도하다, 한탄하다 : He *~ed over* his misfortune. 그는 자기의 불운을 한탄했다 / We *~ed* his death. 우리는 그의 죽음을 애도했다. (2)…을 후회하다, 애석해하다 : ~ (making) an error 잘못을 (저지른 것을) 후회하다.
— *vi.* 《~/+前+名》 슬퍼〈한탄〉하다《*for* ; *over*》. 【opp.】 *rejoice.* 『 ~ *for* 〈*over*〉 the death of a friend 친구의 죽음을 슬퍼하다. ㅁ lamentation *n.* ***the late ~ed*** 고인 ; 《특히》 망부(亡夫).
— *n.* ⓒ (1)비탄, 한탄 ; 애도. (2)비가(悲歌), 애가(elegy), 만가(輓歌). 파) **~·er** *n.*

·lam·en·ta·ble [lǽməntəbəl] *a.* (1) 슬퍼할, 통탄할. (2) 유감스러운, 한심한, 한탄스러운(deplorable). 파) **-bly** *ad.*

·lam·en·ta·tion [læ̀məntéiʃən, -men-] *n.* (1) ⓤ 비탄, 애도. (2) ⓒ 비탄의 소리 ; 애가(哀歌). (3) (L-s) 〔單數취급〕 【聖】 (Jeremiah 의) 애가(哀歌)《구약성서 중의 한 편》. ㅁ lament *v.*

lam·i·nate [lǽmənèit] *vt.* (1) …을 박편(薄片)으로 만들다, (금속을 두드려 늘여서) 박판(薄板)으로 만들다. (2) …에 박판을 씌우다.
— *vi.* 박편으로 쪼개지다, 박편이 되다. -[-nit] *a.* 박판〈박편〉 모양의.
— *n.* ⓤⓒ 박판〈박편〉 제품, 적층물(積層物), 적층 플라스틱.

lam·i·nat·ed [-id] *a.* (1) 박판 모양의. (2) 얇은 층으로 된, 얇은 판이 겹쳐서 된.

lam·i·na·tion [læ̀mənéiʃən] *n.* (1) ⓤ 얇은 판자로〈조각으로〉 만들기. (2) ⓒ 적층 구조물.

:lamp [læmp] *n.* ⓒ (1) 등불, 램프, 남포. (2)(정신적) 광명, 지식의 샘. (3) 《詩》 횃불 ; 태양, 달, 별. (4) (one's ~s) 《美俗》 눈. ***smell of the ~*** (문장·작품 등이) 밤새워 고심한 흔적이 엿보이다.

lamp·light [´làit] *n.* ⓤ 등불, 램프 빛. 파) **~·er** *n.* ⓒ (1) 가로등의) 점등부(點燈夫). (2) 《美》 점등용구.

lam·poon [læmpúːn] *n.* ⓒ 풍자문〈시〉, 비아냥 거리는 글귀.
— *vt.* (시, 글로) …을 풍자하다, ~을 풍자문으로 비방하다.
파) **~·er**, **~·ist** *n.* 풍자문 작가.

lamp·shade [lǽmpʃèid] *n.* ⓒ 램프갓, 조명 기구의 갓.

:lance [læns, lɑːns] *n.* ⓒ (1) (옛날 창기병이 쓰던) 창《※ spear는 무기로서의 보통 창, javelin 은 투창 경기의 창》. (2) 작살. (3) (*pl.*) 창기병(槍騎兵). (4) 【醫】 =LANCET. ***break a ~ with*** …와 시합〈논쟁〉하나.
— *vt.* (1) …을 창으로 찌르다. (2) 【醫】 …을 랜싯(lancet)으로 절개하다.

lanc·er [lǽnsər, lɑːns-] *n.* ⓒ 창기병(槍騎兵).

:land [lænd] *n.* (1) ⓤ 뭍, 육지. 【opp.】 *sea, water.* (2) ⓤ 〔흔히 修節語와 함께〕 (성질·용도상으로 본) 땅, 토지, 지면. (3) ⓒ a〕 국토, 나라, 국가. b〕 지방(region). c〕 국민. (4) (the ~) (도회에 대한) 지방, 시골 ; 전원(생활).
by ~ 육로로. 【opp.】 *by sea.* ***make*** (***the***) ~ =***sight the ~*** 육지가 보이는 곳으로 오다. ***see how the ~ lies***

L

사태를 미리 조사하다 ; 형세를 보다, 사정을 살피다. ***the ~ of Nod*** 【聖】 1) 카인이 살던 땅《창세기 Ⅳ : 16》. 2) 잠(의 나라). ***the Land of Promise*** 【聖】 약속의 땅《가나안의 땅 : 창세기 ⅩⅡ : 7, 15》.
— *vt.* (1) a] 《~+目/+目+前+名》 …을 상륙시키다, 양륙하다 ; (항공기 등)을 착륙〈착수, 착함〉시키다 ; (탈것에서 승객 등)을 내려놓다, 하차〈하선〉시키다. b] (낚시에 걸린 물고기)를 끌어〈낚아〉올리다 ; 《口》(애쓴 결과) …을 손에 넣다《직업·계약·상 따위》. (2) 《+目+副/+目+前+名》 (아무)를 (나쁜 상태 등에) 빠지게 하다 : A theft *~ed* him *in* jail. 절도죄로 그는 감옥에 들어가게 되었다. (3)《+目+前+名/+目+目》《口》 (타격 등)을 가하다 : ~ a punch *on* a person's head아무의 머리에 일격을 가하다.
— *vi.* (1) 《~/+前+名》 상륙하다 ; 착륙〈착수, 착함(着艦)〉하다《*at* ; *in* ; *on*》 ; 하선(下船)〈하차〉하다《*from*》 : ~ *from* a train 열차에서 내리다. (2) 《+前+名/+副》 뛰어내리다 ; 떨어지다《*on*》 : ~ *on* one's back 벌렁 뒤로 자빠지다. (3) a] (어떤 상태로) 빠지다, 떨어지다《*in*》. b] 도착하다《*at*》 : The boat *~ed at* the port. 배가 항구에 도착했다.
~ all over ... = ***~ on*** ... 《口》 …을 몹시 꾸짖다, 혹평하다. ***~ on*** one***'s feet*** ⇨ FOOT(成句). ***~ up*** (어떤 장소에) 이르다《*in* ; *at*》 ; (어떤 상태로) 되다, 빠지다《*in*》 : ~ *up at* a motel 모텔에 이르다 / ~ *up in* debt 빚지게 되다. ***~ up*** do***ing***《口》 마침내〈마지못해〉 …하게 되다 : like a cat 넘어지지 않고 바로 서다.

lánd àgent (1) 《美》 토지 매매 중개업자, 부동산업자. (2) 《英》 토지 관리인.

lánd brèeze 육풍(陸風)《해안 부근에서 밤에 뭍에서 바다로 부는 미풍》. 【cf.】 sea breeze.

·land·ed [lǽndid] *a.* 〔限定的〕 (1) 토지를 소유하고 있는, 땅을가진. (2) 땅의, 땅으로 된. (3) 양륙된. (4) 궁지에 빠진.

land·er [lǽndər] *n.* ⓒ (1) 상륙자 ; 양륙자. (2) 【宇宙】 (달 표면 등에의) 착륙선〈기〉. (3) 광부.

land·fall [lǽndfɔ̀:l] *n.* ⓒ (1) 【海】 (항해 또는 비행중) 최초로 육지를 봄 ; 또 그 본 육지. (2) (선박 등의) 육지 접근〈상륙〉. (3) 갑작스런 토지소유권 획득.

lánd fòrce 【軍】 지상 부대, 지상군.

land·form [lǽndfɔ̀:rm] *n.* ⓒ 지형, 지세(地勢).

land·hold·er [lǽndhòuldər] *n.* ⓒ 지주 ; 차지인(借地人)(tenant).

land·hold·ing [ˊhòuldiŋ] *n.* ⓤ *a.* 토지 소유(의).

:land·ing [lǽndiŋ] *n.* (1) ⓤⓒ 상륙, 양륙 ;【空】 착륙, 착수. (2) ⓒ 상륙장 ; 화물 양륙장 ; 부두. (3) ⓒ 【建】(계단의)층계참. ***Happy ~s!*** 《口》건배.

lánding fìeld 〈**gròund**〉 착륙장, 경비행장.

·land·la·dy [lǽndlèidi] *n.* ⓒ (1) (여관·하숙의)안주인. 【cf.】 landlord. (2) 여자 집주인 ; 여자 지주.

land·less [lǽndlis] *a.* (1) 토지가 없는, 땅〈부동산〉을 소유하지 않은 : ~ peasants농지가 없는 소작농들. (2) 육지가 없는.

land·locked [lǽndlɑ̀kt/ -lɔ̀kt] *a.* (1) 육지로 둘러싸인 : a ~ country 내륙국. (2) (물고기 따위가) 육봉(陸封)된 《바다와 단절되어》.

:land·lord [lǽndlɔ̀:rd] *n.* ⓒ (1) (하숙·여관·술집 등의) 주인. 【cf.】 landlady. (2) 지주 ; 집주인 : His ~ doubled the rent. 집주인은 세를 두 배로 올렸다. 파) **~·ìsm** [-ìzəm] *n.* ⓤ지주 제도.

:land·mark [lǽndmɑ̀:rk] *n.* ⓒ (1) 경계표. (2) 육상 목표《항해자 등의 길잡이가 되는 특이한 모양의 산꼭대기, 높은 탑 따위》. (3) 획기적인 사건 : the *~s* of history 역사상의 획기적 사건. (4) 역사적 건조물.

land·mass [lǽndmæ̀s] *n.* ⓒ 광대한 토지;대륙.

lánd-of·fice búsiness [lǽndɔ̀(:)fis-, -ɑ̀f-] 《美口》 인기 있는 장사 ; 벼락 경기를 타는 사업, 대번창《*in*》 : do a ~ *in* a product 갑자기 어떤 제품으로 큰 돈벌이를 하다.

·land·own·er [ˊòunər] *n.* ⓒ 땅 임자, 지주.

land-poor [ˊpùər] *a.* 《美》 (땅이 비생산적이어서) 토지가 많으면서 현금에 궁색한.

lánd refòrm 토지 개혁.

:land·scape [lǽndskèip] *n.* (1) ⓒ 풍경, 경치 ; 조망, 전망. 【cf.】 seascape. (2) a] ⓒ 풍경화 a ~ painter 풍경화가. b] ⓤ 풍경화법. (3)【컴】 가로 방향.
— *vt.* …에 조경 공사를 하다 ; …을 미화〈녹화(綠化)〉하다.

lándscape àrchitect 조경사, 풍치 도시 계획 기사.

lándscape àrchitecture 조경술〈법〉, 풍치 도시 계획법.

lándscape gàrdener 정원사.

lándscape gàrdening 조원(造園)술〈법〉.

lándscape pàinting 풍경화〈법〉.

·land·slide [lǽndslàid] *n.* ⓒ (1) 사태, 산사태. (2) 《美》 (선거에서의) 압도적 승리.
— *a.* 〔限定的〕 (선거 등) 압도적인.
— *vi.* (1) 산사태가 나다. (2) (선거에서) 압승하다.

lands·man [lǽndzmən] (*pl.* ***-men*** [-mən]) *n.* ⓒ (1)풋내기 선원. (2)육상 생활〈근무〉자. 〖opp.〗 *seaman.*

land-to-land [lǽndtəlǽnd] *a.* 〔限定的〕 (미사일이) 지대지 (地對地)의 : ~ missile 지대지 유도탄.

land·ward [lǽndwərd] *a., ad.* 육지쪽의〈으로〉.

·lane [lein] *n.* ⓒ (1) (산울타리·벽 따위 사이의) 좁은 길, 골목 ; 좁은 시골길. (2) (배·비행기 따위의) 규정 항로. (3) (도로의) 차선. (4) 【競】 (단거리 경주·경영(競泳)등의) 코스. (5) (볼링의) 레인.

:lan·guage [lǽŋgwidʒ] *n.* (1) ⓤ (음성·문자에 의한) 언어, 말. (2) ⓒ (어떤 국가·민족의) 국어, …어(語). (3) ⓤ 어법(語法), 어투, 말씨 ; 문체 ; 언어 능력. (4) ⓤ 술어, 전문어, 용어. (5) ⓤ a](새·짐승 등의) 울음소리. b] (비(非)언어적인) 전달(수단). (6) ⓤ 어학 ; 언어학. (7) ⓤ 【컴】 언어《정보를 전달하기 위한 일련의 표현·약속·규칙》.
speak the same ~ 생각이 같다, 마음이 통하나.

lánguage làboratory 어학 실습실.

lánguage pròcessor 【컴】 언어 처리기.

langue [lɑ̃:g] *n.* ⓤ 《F.》 【言】 (체계로서의) 언어. 【cf.】 parole (2).

·lan·guid [lǽŋgwid] *a.* (1) 나른한, 노곤한. (2) 마음 내키지 않는, 무관심한. (3)(시장 등이)활기 없는, 불경기의. ▫ languish *v.*
파) **~·ly** *ad.* **~·ness** *n.*

·lan·guish [lǽŋgwiʃ] *vi.* (1) (역경 따위에) 시달리다, 고생하다. (2) 기운이 없어지다, (쇠)약해지다, 시들다, 느른해지다. (3) 《+前+名/+*to* do》 동경하다, 그리워하다, 간절히 바라다《*for*》. ▫ languor *n.*
파) **~·ment** *n.* ⓤ 쇠약 ; 초췌 ; 번민.

lan·guish·ing [-iŋ] *a.* (1) 번민하는 ; 그리워하는. (2) 점점 쇠약해가는. (3) 꾸물대는, 오래 끄는.

파) ~·ly *ad.*
lan·guor [lǽŋgər] *n.* (1) ⓤ 께느른함, 권태, 피로 ; 무기력. (2) ⓒ (종종 *pl.*) 근심 ; 시름 ; 울적함. (3) ⓤ (날씨 따위의) 음울. ▫ languid *a.*
lan·guor·ous [lǽŋgərəs] *a.* (1) 나른한, 노곤한 ; 개운치 않은, 음울한. (2)울적한.
파) ~·ly *ad.* ~·ness *n.*
lank [læŋk] *a.* (1) 여윈, 홀쭉한. (2) (머리카락 풀 따위가) 길고 부드러운, 곱슬곱슬하지 않은.
파) ∠·ly *ad.* ∠·ness *n.*
lanky [lǽŋki] (*lank·i·er ; -i·est*) *a.* (손발·사람이) 홀쭉〈호리호리〉한 ; 멀대 같은 : a ~ teenager 멀대 같은 10대의 아이.
파) **lánk·i·ly** *ad.* **-i·ness** *n.*
:lan·tern [lǽntərn] *n.* ⓒ (1) 랜턴, 호롱등, 제등, 등롱(Chinese ~) : a paper ~ 등롱 / a ~ parade〈procession〉 제등 행렬. (2) 환등(기) (magic ~). (3) (등대의) 등(화)실(燈(火)室). (4) 【建】 꼭대기탑 ; 채광창.
lan·tern-jawed [lǽntərndʒɔ̀ːd] *a.* 홀쭉한 주걱턱의, 핼쑥한 얼굴의.
lan·yard [lǽnjərd] *n.* ⓒ (1) 【海】 죔줄. (2) (뱃사람들이 나이프·호각 등을 꿰차는) 목줄. (3) (대포 발사용) 방아끈.
:lap[1] [læp] *n.* ⓒ (1) 무릎《앉아서 허리에서 무릎까지의 부분》. 【cf.】 knee. (2) (스커트·의복의) 무릎 (닿는) 부분. (3) (어린애를 안는 어머니의 무릎 같은) 품어 기르는 곳 〈환경〉, 안락한 곳 ; 보호〈책임 따위〉의 범위. (4) 《詩》 산골짜기 ; 산의 우묵한 곳. (5) (두 가지 것의) 겹침〈겹친 부분〉. (6) 【競】 랩, (주로(走路)의) 한 바퀴 : 【建】 판자 등이 겹친 부분. ***in the ~of luxury*** 온갖 사치를 다하여. ***in the ~ of the gods*** ⇨ GOD(成句).
— (**-pp-**) *vt.* (1) 《+目+副/+目+前+名》 …을 싸다, 둘러싸다 ; 감다, 휘감다, 걸치다《*about* ; *around*》. (2) 《+目/+目+前+名》 …에 겹치다 ; …을 부분적으로 겹치다《*on* ; *over*》. (3) (경마·자동차 레이스에서) 한 바퀴 (이상) 앞서다.
— *vi.* (1) 《~/+副》 접혀 겹치다 ; 겹쳐지다, 걸어 올려지다. (2) 《+副/+前+名》 …에 미치다, 연장되다.
be ~ped in luxury 호화스럽게 살다.
:lap[2] *n.* (1) ⓒ 핥아먹음 ; 한 번 핥아먹는 분량. (2) ⓤ (뱃전·기슭을 치는) 잔물결소리. (3) ⓤ (개의) 유동식(食).
— (**-pp-**) *vt.* (1) 《+目/+目+副》 …을 핥다, 핥아먹다《*up* ; *down*》. (2) (물결 따위가) …을 찰싹찰싹 치다〈씻다〉.
— *vi.* 《~/+前+名》 (파도가) 찰싹찰싹 밀려오다〈소리를 내다〉 : ~ *against* the shore (파도가) 해인에서 물결치다, 핥다 : ~ up down 핥아 (마셔) 버리다.
lap·board [lǽpbɔ̀ːrd] *n.* ⓒ 무릎 위에 올려 놓는 탁자 대용 평판(平板).
láp compùter 휴대용 컴퓨터.
láp dòg 애완용의 작은 개.
la·pel [ləpél] *n.* ⓒ (양복의) 접은 옷깃 : wear a flower in one's ~ 옷깃에 꽃을 달고 있다.
lap·ful [lǽpfùl] *n.* ⓒ (스커트의) 무릎 위에 가득 안은〈앞치마 그득한〉 분량.
lap·i·da·ry [lǽpədèri] *n.* (1) ⓒ 보석 세공인 ; 보석상 ; 보석 감식가. (2) ⓤ 보석 세공술.
— *a.* 〔限定的〕 (1) 보석 세공의, 구슬을 새기는 : ~ work 보석 세공. (2) 돌에 새긴〈조각한〉. (3) 비문(체)의, 비명(碑銘)에 알맞은(적합한). a ~ style 【修】 비명체(體).
lap·pet [lǽpit] *n.* ⓒ (1) (칠면조 따위의) 처진 살. (2) (의복 따위의) 늘어져 달린 부분〈장식〉. (3)귓볼(lobe). 파) **~·ed** *a.*
láp ròbe 《美》 (썰매를 탈 때, 스포츠 관전 때 등에 쓰는) 무릎가리개.
:lapse [læps] *n.* ⓒ (1) (시간의) 경과, 흐름, 추이. (2) (우연한) 실수, 착오, 잘못. (3) (정도(正道)에서) 일시적으로 벗어남 ; 죄에 빠짐, 타락. (4) (습관 따위의) 쇠퇴, 폐지 ; (자신 따위의) 상실. (5)【法】 (태만 따위로 인한 권리 등의) 소멸, 실효.
— *vi.* (1) (시간이) 어느덧 경과하다, 모르는 사이에 지나다《*away*》. (2) 《~/+前+名》 a〕 (차츰, 서서히) (나쁜) 상태에 이르다 ; (죄악 등에) 빠지다 ; 타락하다《*into*》. b〕 (정도에서) 일탈하다, 벗어나다《*from*》. (3) 【法】 (권리·재산따위가)소멸하다, 실효하다, 무효로 되다 ; 남의 손에 넘어가다《*to*》.
lapsed [læpst] *a.* 〔限定的〕 (1) 타락한 ; 신앙을 잃은. (2) (관습 등이) 쇠퇴한, 스러진. (3) 【法】 (권리등이) 실효(失效)된, 남의 손에 넘어간, 지나간.
láp tìme 랩타임《트랙의 한 바퀴, 또는 경영(競泳)코스의 1왕복에 소요되는 시간》.
lap·top [lǽptɑ̀p/ ∠tɔ̀p] *a.* 〔限定的〕 【컴】 휴대용 컴퓨터《무릎에 얹을 만한 크기의》.
— *n.* ⓒ 랩톱(형)컴퓨터, 무릎전산기《desktop 보다 작음》.
lar·ce·ner, -ce·nist [láːrsənər], [-nist] *n.* ⓒ 절도범, 도둑 : a petty ~ 좀도둑.
lar·ce·nous [láːrsənəs] *a.* 절도의, 도둑질을 하는, 손버릇이 나쁜 : a ~ act 도둑질.
파) ~·ly *ad.*
lar·ce·ny [láːrsəni] *n.* (1) ⓤⓒ 절도. (2) ⓤ 【法】 절도죄〈범〉 (《英》 theft).
·lard [lɑːrd] *n.* ⓤ 라드《돼지 비계를 정제한 요리용 돼지기름》.
— *vt.* (1) …에 라드를 바르다. (2) (맛을 돋우기 위해) …에 베이컨 조각을 집어넣다, 라딩하다. (3) 《종종 蔑》《+目+前+名》 (문장·이야기 등)을 꾸미다, 윤색〈수식〉하다《*with*》.
lard·er [láːrdər] *n.* ⓒ (1) 식료품실(室) 〈장(欌)〉. 【cf.】 pantry. (2) 저장 식품.
파) **~·er** *n.* 식료품실 담당자.
lardy [láːrdi] *a.* 라드의 ; 라드가 많은.
:large [lɑːrdʒ] (*lárg·er ; -est*) *a.* (1) (공간적으로) 큰, 넓은(spacious). (2) a〕 (정도·규모·범위 등이) 큰, 넓은, 광범위한, 원대한, 대규모의 ; (상대적으로) 큰 쪽〈종류〉의, 대(大)…. 【opp.】 *small.* b〕 과장된, 허풍이 섞인. c〕 (사람·마음이) 도량이 넓은, 활수한 (generous), 관대한, 호방한(broad). 【cf.】 petty, mean. (3) (수량적으로) 상당한(considerable) ; 다수의(numerous) ; 다량의. (4) 【海】 순풍의(favorable). (***as***) ***~ as life*** ⇨ LIFE(成句).
— *n.* 〔다음 成句로〕 ***at ~*** 1) (짐승 · 범인이) 붙잡히지 않고서 도주중인. 2) 전체로서 ; 널리, 일반적으로. 3) 《美》 〈전군(全郡)〉에서 선출되는. ***in*** (***the***) ~ 1) 대규모로. 2) 일반적으로, 대체로.
— *ad.* (1) 크게, 대대적으로. (2)과장해서. ***by and ~*** 전반적으로
large-heart·ed [∠háːrtid] *a.* 마음이 큰(large-minded), 친절한, 관대한.
lárge intéstine 【解】 대장(大腸).
:large·ly [láːrdʒli] *ad.* (1) 크게, 대규모로. (2)대부분, 주로(mainly). (3) 풍부하게, 후하게, 아낌없이

L

(generously).

large·ness [lá:rdʒnis] *n.* ⓤ 큼, 거대, 다대, 위대 ; 관대, 광대.

larg·er-than-life [lá:rdʒərðənláif] *a.* (1) 실지보다 과장된 : Everything about her is ~. 그녀에 대한 모든 것은 과장된 것이다. (2) 영웅적인, 아주 당당한, 전설적인.

large-scale [lá:rdʒskèil] *a.* (1) 대규모의, 대대적인 : a ~ police search 대규모의 경찰 수색. (2) (지도 등이) 대축척(大縮尺)의 《축소율이 작음》.

large-scale integration 고밀도〈대규모〉 집적회로《略: LSI》.

lar·gess(e) [la:rdʒés, lá:rdʒis] *n.* ⓤ (지위 지체가 높은 사람으로부터의) 아낌없는 선물〈원조, 부조 등〉

lar·ghet·to [la:rgétou] *a., ad.* 《It.》 【樂】 라르게,토의〈로〉. 조금 느린〈느리게〉《largo보다 조금 빠름.》

— (*pl.* **~s**) n. ⓒ 라르게토의 곡 【cf.】 LARGO.

largish [lá:rdʒiʃ] *a.* 약간 큰 〈넓은〉

lark *n.* ⓒ 《口》 희롱거림, 장난, 농담 ; 유쾌. ***up to one's ~*** 장난에 팔려. ***What a ~*** 거 참 재미있군, 아이, 재미있어..

— *vi.* 희롱거리다, 장난치다《*about* ; *around*》.

larn [la:rn] *vt.* 《口》 …에게 가르치다, …을 알게 하다.

las·civ·i·ous [ləsíviəs] *a.* (1) 음탕한, 호색의. (2) 외설적인, 선정적인, 도발적인.

파) **~·ly** *ad.* **~·ness** *n.*

lase [leiz] *vi.* 레이저 광선을 발하다.

la·ser [léizər] *n.* ⓒ 레이저《빛의 증폭 장치》.

— *a.* 〔限定的〕 레이저의〈에 의한〉 : a ~ beam 레이저 광선. 〔◁ *l*ight *a*mplification by *s*timulated *e*mission of *r*adiation〕

láser Prìnter 레이저 인쇄기.

:lash[1] [læʃ] *n.* ⓒ (1) a〕 챗열, 채찍의 휘는 부분. b〕 채찍질 ; 채찍질의 한 대 ; (the ~) 태형(笞形). (2) 통렬한 비난 ; (말 따위가 매질하듯) 심한 모양 ; 매도 ; (비·바람·파도 따위의) 심한 몰아침. (3) (흔히 *pl.*) 속눈썹(eyelash).

— *vt.* (1) a〕 …을 채찍질〈매질〉하다, 후려치다. b〕 (파도·바람이) …에 세차게 부닥치다 ; (바람이 비 따위)를 몰아치게 하다. (2) 《+目+前+名》 …을 몹시 꾸짖다〈비난하다〉, 욕하다, 빈정대다. (3) (꼬리·발·부채 따위)를 휙〈세차게〉 움직이다〈흔들다〉. (4) …을(…한 상태로) 몰아대다 ; 자극하다.

— *vi.* (1) a〕 채찍질(매질)하다《*at*》. b〕 (비·파도가) 세차게 부딪다. (2) 세차게〈휙〉 움직이다. ***~ out*** 1) 강타하나 ; 날려늘어 때리다《*at*》. 2) 폭언을 퍼붓다, 혹평하다, 비난하다《*at* ; *against*》. 3) …에 마구 돈을 쓰다〈들이다〉《*on*》.

lash[2] *vt.* 《~+目/+目+副/+目+前+名》 (밧줄·새끼줄 따위로) …을 묶다, 매다《*down* ; *on* ; *together*》.

lash·ing[1] [lǽʃiŋ] *n.* (1) ⓒ 채찍질, 매질 ; 통매(痛罵), 질책. (2) (*pl.*) 《口》 많음(plenty)《*of*》 : ~*s of* drink 많은 음료.

lash·ing[2] *n.* (1) ⓤ 끈으로 묶음. (2) ⓒ 밧줄, 끈.

lash-up [lǽʃʌ̀p] *n.* ⓒ (1) 임시 변통의 것〈일〉. (2) 즉석에서의 결정〈고안〉.

:lass [læs] *n.* ⓒ 《Sc.》 (1) 젊은 여자, 소녀, 계집애. 〖opp.〗 *lad.* (2) 연인(sweetheart), 정부(情婦).

las·si·tude [lǽsitjù:d] *n.* ⓤ (정신·육체적인)나른함, 권태, 피로(fatigue), 마음이 안 내킴.

las·so [lǽsou] (*pl.* **~(e)s** [-z]) *n.* ⓒ 던지는 올가미 밧줄.

— *vt.* (야생말 따위)를 올가미로 잡다.

:last[1] [læst, la:st] 〔본디 late의 最上級〕 *a.* (1) (the~) (순서·시간이) 마지막의, 끝의 최후의. 〖opp.〗 *first.* 『 *the* ~ carriage of a train 열차의 맨 뒤의 차량 / *the* ~ two chapters of a book 책의 마지막 두 장 / *the* ~ day of the vacation 휴가의 맨 마지막날. (2) 임종의 ; 사별(死別)〈고별〉의 : the ~ days임종 ; (세계의) 말기 / one's ~ days 만년 / in one's ~ hours 〈moments〉 죽음에 임하여서 / pay one's ~ respects to a person ~에게 고별하다. (3) (행위·일 등이) 마지막 〈최후로〉남은 : the ~ half 후반 / one's ~ dollar 마지막 1달러 / drink to the ~ drop 마지막 한 방울까지 마시다. 〔冠詞 없이〕 바로 전의, 요전〈지난 번〉의, 지난…. 【opp.】 *next.* 【cf.】 yesterday. 『 ~ month 지난달 / ~ year 지난해, 작년 / ~evening 〈night〉 엊저녁〈지난밤〉 / ~ summer 작년 여름 / ~ week 지난주 / ~ time I saw her. 지난번 그녀를 만났을 때엔. ※ *last* day, *last* morning, *last* afternoon이라고는 하지 않고 yesterday, yesterday morning, yesterday afternoon 이라고 함. 또 *last* evening은 《美》식, 《英》식으로는 yesterday evening이라 함. (5) 〔前置詞+the last의 형식〕 최근〈지난〉 …동안(에) / *in* 〈*during*〉 *the* ~ century 전(前)세기에〈동안에〉 / *in the* ~ fortnight 요〈지난〉 2주간에 / I have been teahing *for the* ~ two years. 나는 요 2년 동안 교직 생활을 하고 있다 / *for the* ~ month (or so) 요 한 달(내외)《month 앞에 one이 붙지 않음에 주의. 다음 예도 같음》《관사 없는(during) last year '작년(중에)' 와는 다름. 이때 구어로는wrote ...가 has written... 보다 자주 쓰임》. ※past에도 같은 용법이 있음. (6) (the ~) 최근의 ; 최신(유행)의. 《⇨ *n.*(3)》. (7) (the ~) 가장 …할 것 같지 않은〈하고 싶지 않은〉, 가장 부적당한〈어울리지 않는〉. (8) (결론·결정·제안등이) 최종적인, 결정적인. (the ~) 최상의 ; 지극한, 대단한, (10) (the ~) 최하위의, 맨 꼴찌의.

for the ~ time 그것을 최후로. ***in the ~ place*** 최후로, 마지막으로(lastly). ***on*** one'***s ~ legs*** 마지막 길에, 파멸에 가까워. ***the ~ but one*** 〈***two***〉 =***the second***〈***third***〉 ~ 끝에서 둘째〈셋째〉. (***the***) ***~ thing at night*** 〔副詞的〕 밤늦게 ; 《口》 자기 전에 ; 최후로. ***to the ~ man*** 마지막 한 사람까지;철저하게.

— *ad.* (1) 최후로, 맨 나중〈끝〉에 ; 제일 끝으로 (finally). 결론으로 (2) 요전, 전번에, 최근(에). 〖opp.〗 *next.* ***~ but not least*** 마지막으로 말하는 것이지만 ; 중요한 말을 하나 빠뜨렸는데《※ Shakespeare *'Julius Caesar'* 에서》. ***~ of all*** 최후로〈에〉.

— *n.* ⓤ (흔히 the ~) (1) 최후의 물건〈사람〉. (2) (흔히 the ~) 최후, 마지막, 끝, 결말, 종말 ; 임종, 죽음. (3) (편지·정보 따위의) 최근〈바로 전〉의 것. ***at ~*** 마지막에, 드디어, 마침내. ***at long ~*** 기다리고 기다린 끝에, 겨우, 마침내, 결국. ***breathe*** one'***s*** ~ 숨을 거두다. 죽다. ***hear the ~ of*** …을 마지막으로 듣다. ***see the ~ of*** …을 마지막으로 보다 ; …을 내쫓다 ; … 와 손을 끊다. ***to*** 〈***till***〉 ***the ~*** 최후까지 : 죽기까지

:last[2] [læst, la:st] *vi.* 《~/+副/+前+名》 (1)계속〈지속, 존속〉하다, 끌다. (2) 오래 가다〈견디다〉, (튼튼

L

하고 마디어)오래 쓰다, 질기다.
— *vt.* (1) 《~+目/+目+副》 …보다 오래가다(견디다, 연명하다)《*out*》. (2) …에 충분하다, 족하다(suffice).
— *n.* ⓤ 지속력, 내구력(耐久力), 참을성, 끈기(staying power, stamina).

last[3] *n.* ⓒ (제화용의) 구두 골. ***stick to** one'**s** ~* 자기의 본분을 지키다, 쓸데없는 일에 참견을 안하다.

last-ditch [´dítʃ] *a.* 〔限定的〕 막판의, 마지막 희망을 건 ; 끝까지 버티는, 완강한.

:last·ing [lǽstiŋ, lɑ́ːst-] *a.* 영속하는 ; 내구력 있는오래가는〈견디는〉 ; 영원한, 영구(불변)한.
파) **~·ly** *ad.* 오래 지탱하여 **~·ness**. *n.* ⓤ 영속성.

Lást Júdgment (the ~) 최후의 심판(일).

·last·ly [lǽstli, lɑ́ːst-] *ad.* 최후로 ; 마지막으로(finally).

last-mín·ute [lǽstmínit/lɑ́ːst-] *a.* 최후 순간의, 막바지의.

lást nàme 《美》 성 (姓) (surname).

lást stráw (the ~) 더 이상 견딜 수 없게 하는 마지막의 얼마 안되는 추가적인 부담, 인내의 한계를 넘게 하는 것. ***That's the ~!*** 더는 못참겠다.

Lást Súpper (the ~) (그리스도의) 최후의 만찬 ; 그 그림.

lást wórd (1) a] (one's ~) 임종의 말, 유언. b] (the ~) 결정적인 말(결정권). (2) (the ~) a] 완벽한〈나무랄 데 없는〉 것. b] 최신 유행〈발명〉품, 최우량품.

Lat. Latin. **lat.** latitude.

:latch [lætʃ] *n.* ⓒ (1) 걸쇠, 빗장 : set the ~ 빗장을 걸다 / You left the ~ off the gate and the dog escaped. 네가 문 걸쇠를 벗긴 채 두어 개가 달아났다. (2) 자동〈스프링〉 걸쇠《닫으면 저절로 잠기고, 밖에서는 열쇠로 엶》. ***off the ~*** 걸쇠를〈빗장을〉 벗기고. ***on the ~*** (자물쇠는 안 잠근 채) 걸쇠만 걸고.
— *vt.* …에 걸쇠를 걸다. — *vi.* 걸쇠가 걸리다. This door won't ~. 이 문의 걸쇠가 잘 안 걸린다. ***~ onto* 〈*on to*〉** 《口》 1) …을 손에 넣다, 자기 것으로 하다. 2) …을 이해하다. 3) ~와 친하게 지내다, …에 붙어다니다. 4) …을 꽉 붙잡다, (붙)잡고 놓지 않다.

latch·key [lǽtʃkìː] *n.* ⓒ 걸쇠의 열쇠 ; 자동걸쇠의 열쇠.

látchkey chìld(ren) (부모가 맞벌이하는 집 아이로) 열쇠를 가지고 다니는 아이.

:late [leit] (***lat·er*** [léitər], ***lat·ter*** [lǽtər] ; ***lat·est*** [léitist], ***last*** [læst, lɑːst]) *a.* ※ later, latest는 '때·시간'의, latter, last는 '순서'의 관계를 보임. (1) a] 늦은(【opp.】 *early*), 지각한, 더딘 : a ~ arrival 지각자 / be ~ *for* the train 기차시간에 늦어 / The bus was ten minutes ~. 버스는 10분 늦었다. b] 여느때 보다 늦은 : (a) ~ marriage 만혼(晩婚) / a ~ breakfast 늦은 조반. (2) 철늦은, 늦되는 : the ~ fruits 늦되는 과일. (3) (시각이) 늦은 ; 해 저물 때가 가까운 : It's getting ~. 시간이 늦어졌다 ; 점점 늦어진다 / It was very ~ and the streets were deserted. 밤이 너무 늦어 거리엔 사람의 왕래가 없었다. (4) 끝〈마지막〉에 가까운, 말기〈후기〉의. 【opp.】 *early*. (5)〔限定的〕 (요)전의, 최근의(recent), 요즈음의. (6) 〔限定的〕 (최근) 돌아간, 고(故)… : the ~ Dr. A, 고(故) A 박사. ***keep ~ hours*** 밤늦게까지 안 자고 아침에 늦잠을 자다. 【opp.】 *keep early hours.* ***of ~ years*** 요 몇해, 최근, 근년. (***rather*** 〔***very***〕) ***~ in the day*** (일이) 너무 늦어, 뒤늦어 ; 기회를 놓쳐.
— (***lat·er*** ; ***lát·est, last***) *ad.* (1) 늦게, 뒤늦게, 지각하여, 더디게. 【opp.】 *early, soon.* (2) (시각이) 늦어져, 날이 저물어 ; 밤늦어. 【opp.】 *early.* (3) a] 늦게까지, 밤늦도록 : stay〈sit〉up ~ 밤늦도록 자지 않다. b] (시기의) 끝 가까이(에). (4) 전에, 최근까지(formerly). (5) 요즈음, 최근(lately). ***as ~ as*** 바로 …최근에.
— *n.* 〔다음成句로〕 *of* ~ 요즘, 최근(recently). ***till ~*** 늦게까지.
파) **´·ness** *n.* 늦음, 더딤, 느림, 지각.

late·com·er [´kʌ̀mər] *n.* ⓒ 지참자(遲參者), 지각자 ; 신참자.

:late·ly [léitli] *ad.* 요즈음, 최근(of late), 근래. ***till ~*** 최근까지.

la·ten·cy [léitənsi] *n.* ⓤ 숨어 있음 ; 잠복, 잠재.

·la·tent [léitənt] *a.* (1) 숨어 있는, 보이지 않는 ; 잠재적인. (2) 【醫】 잠복기〈성〉의 : ⇨ LATENT PERIOD. 파) **~·ly** *ad.*

:lat·er [léitər] 〔late의 比較級〕 *a.* 더 늦은, 더 뒤〈나중〉의. 【opp.】 *earlier.*
— *ad.* 뒤에, 나중에. ***~ on*** 뒤〈나중〉에, 후에. ***See you ~*** (***on***). 《口》 그럼 다음에 또, 만나요. ***sooner or ~*** 조만간, 언젠가는.

·lat·er·al [lǽtərəl] *a.* (1) 옆의〈으로의〉, 측면의〈에서의, 으로의〉. 【cf.】 longitudinal. (2) 【生】 측생(側生)의. (3) 【音聲】 측음의.
— *n.* ⓒ (1) 옆쪽, 측면부(部) : 측면에서 생기는 것. (2) 【植】 측생아(芽)〈지(枝)〉, 곁순, 곁가지. (3)【音聲】 측음. 파) **~·ly** [-rəli] *ad.*

láteral thínking 수평사고(水平思考)《상식·기성 개념에 의거하지 않는 사고 방식》.

:lat·est [léitist] 〔late의 最上級〕 *a.* 〔限定的〕 최신의, 최근의.
— *n.* (the ~) 최신의 것 : 최신 뉴스〈유행〉. ***at*** (***the***) ***~*** 늦어도.
— *ad.* 가장 늦게.

lath [læθ, lɑːθ] (*pl.* **~s** [læðz, -θs, lɑːθs, -ðz]) *n.* (1) ⓤⓒ 외, 욋가지 ; 오리목. (2) a] 얇은 나무 조각. b] 여윈 사람. (***as***) ***thin as a ~*** 말라빠진.
— *vt.* …에 욋가지를 붙이다, 욋가지 엮음을 대다.

lathe [leið] *n.* ⓒ 【機】 선반(旋盤)(turning ~). — *vt.* …을 선반으로 깎다〈가공하다〉.

lath·er [lǽðər, lɑ́ːðər] *n.* ⓤ (또는 a ~) (1) 비누〈세제〉의 거품. (2) (말 따위의) 거품 같은 땀. (***all***) ***in a ~*** 1) 땀에 흠뻑 젖어, 땀투성이가 되어. 2) 《口》 흥분하여, 불끈하여.
— *vt.* (1) (면도질하기 위하여) …에 비누 거품을 칠하다. (2) 《口》 …을 후려갈기다. (3) 《口》 …을 흥분시키다.
— *vi.* (1) 거품이 일다. (2) (말이) 땀투성이가 되다.

:Lat·in [lǽtin] *a.* (1) 라틴어의, 라틴(어)계(系)의, 라틴의. (2) 다민족 민족의.
— *n.* (1) ⓤ 라틴어. (2) ⓒ 라틴계 사람 ; 고대로마 사람. (3) ⓒ 로마 가톨릭 교도. ***Classical ~*** 고전 라틴어《75 B.C - A.D. 175》. ***Modern* 〈*New*〉** ~ 근대 라틴어《1500년 이후》. ***Vulgar* 〈*Popular*〉 ~** 속(俗)라틴어《고전 시대 이후의 민간 용어》. ***thieves' ~*** 도둑들의 은어.

·Látin América 라틴 아메리카《라틴계 언어인 스페인어·포르투갈어를 쓰는 중·남미 지방》.

Látin Américan 라틴 아메리카 사람.

Lat·in-A·mer·i·can [lǽtinəmérikən] *a.* 라틴 아

메리카(사람)의.

Lat·in·ist [lǽtənist] *n.* ⓒ 라틴어 학자.

lat·in·ize [lǽtənàiz] (종종 L-) *vt.* (1) …을 라틴어로 번역하다 ; 라틴어풍(風)으로 하다, 라틴(어)화하다. (2) …을 고대 로마풍으로 하다 ; 로마 가톨릭풍으로 하다. — *vi.* 라틴어법을 사용하다.
파) **làt·in·i·zá·tion** *n.*

la·ti·no [lætíːnou, lə-] (*pl.* **~s**) *n.* ⓒ《美》(종종 L-) (미국에 사는) 라틴 아메리카 사람.

:lat·i·tude [lǽtətjùːd] *n.* (1) ⓤ a] 위도(緯度)《略 : lat.》〖opp.〗 *longitude.* b] **[天]** 황위(黃緯). (2) ⓒ (흔히 *pl.*) (위도상으로 본) 지방, 지대. (3) ⓤ (견해·사상·행동 등의) 폭, (허용) 범위, 자유《허용된》.

lat·i·tu·di·nal [lӕtətjúːdinəl] *a.* 위도(緯度)의.
파) **~·ly** *ad.* 위도로 보아(말하여).

lat·i·tu·di·nar·i·an [lӕtitjùːdənέəriən] *a.* (1) (신앙·사상 등에 관한) 자유〈관용〉주의적인. (2) **[宗]** 교의(敎義)·형식에 얽매이지 않는 ; 광교회(廣敎會)파의.
— *n.* ⓒ (1) 자유주의자. (2) 광교 회파의 사람.
파) **~·ism** *n.* ⓤ 자유주의, 광교주의.

:lat·ter [lǽtər] 〔late의 比較級〕 *a.* 〔限定的〕 (1) (the ~) 〔종종 代名詞的〕《俗》(둘 중의) 후자(의)(〖opp.〗 *the former*). (2)〔the, this, these 등과 함께〕 뒤쪽〔나중쪽〕의, 뒤〔나중〕의, 후반의, 끝의.

lat·ter-day [-déi] 〔限定的〕 (1) 뒤의, 차기(次期)의. (2) 요즈음의, 근년의, 현대의, 당세의.

lat·ter·ly [-li] *ad.* (1) 후기 〈말기〉에, 뒤에. (2) 최근, 요즈음(lately).

lat·ticed [lǽtist] *a.* 격자로 짠, 격자를 단.

lat·tice·win·dow [lǽtiswìndou] *n.* ⓒ 격자창.

lat·tice·work [-wə̀ːrk] *n.* ⓤ (1) 격자 세공〈무늬〉. (2) 〔集合的〕 격자.

Lat·via [lǽtviə] *n.* 라트비아(공화국)《1940년 옛 소련에 병합되었다가 1991년 독립 ; 수도 Riga》.

Lat·vi·an [lǽtviən] *a.* 라트비아의 ; 라트비아 사람〈말〉의.
— *n.* (1) ⓤ 라트비아말. (2) ⓒ 라트비아 사람.

lau·an [lúːɑːn, -ㄹ, lauáːn] *n.* (1) ⓒ **[植]** 나왕. (2) ⓤ 나왕재(材).

laud [lɔːd] *vt.* …을 찬미 〈찬양〉하다, 칭송하다.
— *n.* ⓒ 찬(미)가. ⓤ 칭찬, 찬미

laud·a·ble [lɔ́ːdəbəl] *a.* 상찬〈칭찬〉할 만한, 장한.
파) **-bly** *ad.* **~·ness** *n.*

lau·da·tion [lɔːdéiʃən] *n.* ⓤ 상찬, 찬미.

laud·a·to·ry [lɔ́ːdətɔ̀ːri/-təri] *a.* 찬미〈상찬〉의.

:laugh [læf, lɑːf] *vi.* (1)《詩·推》(초목·자연물이) 미소짓다, 싱싱하다, 생기가 넘치다. (2) a] (…을) 보고 〈듣고〉 웃다, 재미있어 하다《*at*》. b] (소리를 내어) 웃다, 홍소하다.
— *vt.* (1)《~+目/+目+副》…을 웃으며 표현하다. (2) 〔同族目的語와 함께〕 …한 웃음을 웃다. (3)《+目+前+名/ 目+補》웃기어〈웃으며〉 …시키다〈하게 하다〉; 〔再歸的〕 웃어서 …로 되다. ***~ at*** 1) …을 비웃다 ; …을 일소에 부치다, 무시하다.《※ 수동상태가 가능 : I was *~ed* at. 나는 비웃음을 당했다》. 2)…을 듣고(보고) 웃다 ***~ away*** 1) (문제 등)을 일소에 부치다. 2)(슬픔·걱정 따위)를 웃어 풀어 버리다 ; (때·시간)을 웃으며 넘기다 〈보내다〉. ***~ down*** 웃어대어 중지〈침묵〉시키다. ***~ in*** a person***'s face*** 아무를 대놓고 비웃다. ***~ off*** 웃어서 넘기다〈피하다〉, 일소에 부치다. ***~ on*** 〈***out of***〉 ***the wrong*** 〈***other***〉 ***side of*** one***'s mouth*** 〈《英》 ***face***〉 웃다가 갑자기 울상이되다. 갑자기 풀이 죽다. ***~ out of court*** 웃어 버려 문제로 삼지 않다. 일소에 부치다 ***~ over*** …을 논하다.
— *n.* ⓒ (1) (흔히 a ~)《口》웃음거리, 농담. (2) 웃음 ; 웃음 소리. ***burst*** 〈***break***〉 ***into a ~*** 웃음을 터뜨리다. ***have the last ~*** 최후에 웃다, (불리를 극복하고) 최후의 승리를 거두다. ***have*** 〈***get***〉 ***the ~ of*** 〈***on***〉 ~를 되웃어 주다 ; 형세를 역전시켜 (아무)에게 이기다. ***The ~ is on*** ... …이 웃음거리가 될 차례다.
파) **∠·er** *n.* ⓒ (1)《美》**[競]** 완전히 일방적인 경기. (2) 웃는 사람, 잘 웃는 버릇이 있는 사람.

laugh·a·ble [lǽfəbəl, láːf-] *a.* (1) 우스운, 재미있는. (2) 웃을 만한, 어리석은, 어처구니 없는.
파) **-bly** *ad.* **~·ness** *n.*

·laugh·ing [lǽfiŋ, láːf-] *a.* 웃는, 웃고있는 〈듯한〉; 기쁜 듯한 ; 우스운.
— *n.* ⓤ 웃기, 웃음.
파) **~·ly** *ad.* 웃으며 ; 비웃듯이.

laugh·ing·stock [lǽfiŋstɑ̀k, láːfiŋ- / -stɔ̀k] *n.* ⓒ 웃음거리〈가마리〉.

:laugh·ter [lǽftər, láːf-] *n.* ⓤ 웃음 ; 웃음소리. ***burst*** 〈***break out***〉 ***into ~*** 웃음보를 터뜨리다. ***roar with ~*** 폭소하다.

:launch[1] [lɔːntʃ, lɑːntʃ] *vt.* (1) (화살·창 등)을 던지다 ; (미사일 등)을 발사하다 ; 발진시키다. (2) (새로 만든 배)를 진수시키다, 물에 띄우다. (3)《+目+前+名》(사람)을 (세상에) 내보내다, 진출〈독립〉시키다 : (상품 따위)를 시장에 내다 ; (책)을 발행하다. (4) 〔종종 受動으로〕 (사업등)을 시작〈착수〉하다, 일으키다 : He is *~ed on* a new enterprise. 새로운 사업을 착수하고 있다. (5)《~+目/+目+前+名》(비난 따위)를 퍼붓다, 명령을 내리다 ; (타격)을 가하다.
— *vi.* 《+副/+前+名》 (1) 날아 오르다, 진수하다 (2) 나서다, (사업 따위에 기세좋게) 착수하다《*forth ; out ; into*》, (…을) 시작하다《*into*》.
— *n.* (1) 〔單數꼴로 ; 흔히 the ~〕 (새로 만든 배의) 진수. (2) (우주선, 로켓 등의)발사, 발진. (3) (신문, 잡지의) 창간(創刊), 발행.

launch[2] *n.* ⓒ 론치. (1) 기정(汽艇), 소(小)증기선 : by ~ 론치로《無冠詞》. (2) 대형 함재정(艦載艇).

launch·er [lɔ́ːntʃər, láːntʃ-] *n.* ⓒ **[軍]** (1) 함재기 발사기 ; 캐터펄트. (2) a] (미사일·우주선 등의) 발사 장치. b] 발사통, 척탄통(擲彈筒) (=**grenáde ~**).

launch·ing [lɔ́ːntʃiŋ, láːntʃ-] *n.* (새 배의) 진수(식) ; (함재기의) 발진 ; (로켓 등의) 발진.

láunch(ing) pàd (로켓·미사일·우주선 등의) 발사대.

láunching sìte (로켓·미사일·우주선 등의) 발사장(場)(기지).

láunch vèhicle (우주선·인공위성 등의) 발사용 로켓.

láunch wìndow (로켓·우주선 따위의) 발사 가능 시간대(帶).

laun·der [lɔ́ːndər, láːn-] *vt.* (1)《口》(부정한 돈)을 합법적인 것처럼 위장하다, 돈세탁하다. (2) …을 세탁하다, 세탁하여 다리미질하다.
— *vi.* 《+副》 세탁이 되다.
파) **~·er** [-rər] *n.* 세탁소 ; 세탁자(업자).

:laun·dry [lɔ́ːndri, láːn-] *n.* (1) ⓤ 〔集合的〕 세탁물. (2) ⓒ 세탁소 ; 세탁실〈장〉.

laun·dry·man [-mən] (*pl.* **-men** [-mən]) *n.*ⓒ 세탁소의 점원《주문 받으러 다니는》.

laun·dry·wom·an [-wùmən] (*pl.* ***-wom·en*** [-wìmin]) *n.* ⓒ 세탁부(婦)(laundress).

·lau·re·ate [lɔ́:riit] *a.* (1) 〔종종 名詞 뒤에 두어〕 (시인이) 명예를〈영관(榮冠)을〉 얻은. (2) 월계관을 쓴〈받은〉.
— *n.* ⓒ (1) 수상자. (2) 계관 시인 (poet ~).
— *vt.* 영예를 주다.
파) **~·ship** *n.* ⓤ 계관 시인의 지위〈직〉.

:lau·rel [lɔ́:rəl, lɑ́:r-] *n.* (1) (*pl.*) (승리의 표시로서의) 월계수의 잎〈가지〉 ; 월계관 ; 승리, 명예, 영관(榮冠), 찬양을 받다. ***look to*** one***'s ~s*** 영관을〈명예를〉 잃지 않도록 조심하다. ***rest on*** one***'s ~s*** 이미 얻은 명예〈성공〉에 만족하다 〈안주하다〉. (2) ⓤⓒ **【植】** 월계수(bay, bay ~ 〈tree〉) ; 월계수와 비슷한 관목(灌木).
— (***-l-,*** 《英》 ***-ll-***) *vt.* …에게 월계관을〈영예를〉 주다.

lav·a·to·ri·al [læ̀vətɔ́:riəl] *a.* 《蔑》 (농담 따위가) 변소에 관한 《배설이나 성(性)에 이상한 흥미를 나타내는》.

·lav·a·to·ry [lǽvətɔ̀:ri/ -təri] *n.* ⓒ (1) 《美》 (벽에 붙박이한) 세면대. (2) 세면소, 화장실 ; (수세식) 변기 ; 변소.

lave [leiv] *vt.* (1) (흐르는 물이 기슭)을 씻어 내리다. (2) 《詩》 …을 씻다, (물)에 잠그다.
— *vi.* 미역감다(bathe).

·lav·en·der [lǽvəndər] *n.* ⓤ (1) 라벤더의 말린 꽃〈줄기〉《의복의 방충용》. (2) **【植】** 라벤더《방향 있는 꿀풀과(科)의 식물》. (3) 엷은 자주색. ***lay*(*up*) *in ~*** (나중에 쓰기 위하여) 소중히 보존하다(간수해 두다).
— *a.* 라벤더색의, 엷은 자주빛의.

·lav·ish [lǽviʃ] (***more ~ ; most ~***) *a.* (1)남아도는, 지나치게 많은, 풍부한. (2)아낌없는, 활수한, 손이 큰, 후한(generous). (3) 낭비벽이 있는, 사치스러운.
— *vt.* 《~+目/+目+前+名》 (1) …을 낭비하다. (2) (돈·애정 따위)를 아낌 없이 주다.
파) **~·ly** *ad.* 아낌 없이, 헙헙하게. **~·ness** *n.*

:law [lɔ:] *n.* (1) ⓤ 법학, 법률학. (2) a〕 ⓒ (개개의) 법률, 법규. b〕 ⓤ (흔히 the ~) 법률, 법. (3) ⓤ (흔히 the ~) 법률업, 법조계(界), 변호사업. (4) ⓤ 법률적 수단, 소송, 기소. (5) ⓒ (종교상의) 계율, 율법. (6) ⓒ (도덕· 관습상의) 관례, 풍습. (7) ⓒ (과학·기술·예술·철학·수학상의) 법칙, 원칙, 정율. (8) (the ~*s*) (경기의) 규칙, 규정, 룰(rules). (9) (the ~) 《口》 법의 집행자, 경찰(관) : *the* ~ in uniform 제복 입은 경찰관 / Watch out—here comes *the* ~ ! 조심해라, 경찰이 온다.
be a ~ unto one***self*** 제 마음대로 하다, 관례를 무시하다. ***go to ~ with*** 〈***against***〉 ***-have*〈*take*〉 *the ~ of*** 〈***on***〉 을 고소〈기소〉하다. ***lay down the ~*** 독단적인 빌을 하다, 명령적으로 말하다 ; 야단치다 《to》. ***take the ~ into*** one***'s own hands*** (법률에 의하지 않고) 제멋대로 제새(制裁)를 가하다, 린치를 가하다, 임의로 제재를 가하다.

law-a·bid·ing [´əbàidiŋ] *a.* 법률을 지키는, 준법의. 파) **~·ness** *n.*

law·break·er [´brèikər] *n.* ⓒ 법률 위반자, 위법자.

law·break·ing [´brèikiŋ] *n.* ⓤ *a.* 위법(의).

·láwcòurt 법정(court of law).

:láw·ful [lɔ́:fəl] *a.* (1) 합법적인, 적법한, 준법의, 정당한. 〖opp.〗 *illegal, illegitimate.* (2) 법정의, 법률상 유효한, 법률이 인정하는 : (아이가) 적출(嫡出)의. 파) **~·ly** *ad.* **~·ness** *n.*

law·giv·er [lɔ́:gìvər] *n.* ⓒ 입법자, 법률 제정자.

·law·less [lɔ́:lis] *a.* (1) 무법의, 멋대로 구는, 제어할 수 없는. (2) 법(률)이 없는, 법(률)이 시행되지 않는. (3) 비합법적인, 불법의.
파) **~·ly** *ad.* **~·ness** *n.*

law·mak·er [´mèikər] *n.* ⓒ 입법자(legislator), (국회)의원.

law·mak·ing [´mèikiŋ] *n.* ⓤ *a.* 입법(의).

law·man [´mæ̀n] (pl. ***-men*** [´mèn]) *n.* ⓒ 《美》 법 집행관《경관, 보안관 등》.

:lawn [lɔ:n] *n.* ⓒ 잔디(밭).

láwn tènnis (1) 테니스, 정구. (2) 론 테니스《잔디밭에서 하는 테니스. 【cf.】 court tennis》.

law·suit [lɔ́:sù:t] *n.* ⓒ (민사) 소송.

láw tèrm (1) 재판 개정기(期). (2) 법률용어.

:law·yer [lɔ́:jər] *n.* ⓒ 변호사, 법률가 : a good ~ 좋은 변호사, 법률에 밝은 사람. ※ lawyer 는 변호사를 가리키는 가장 일반적인 말 ; 《美》 counselor, 《英》 barrister 는 법정에 서는 변호사 ; 《美》 attorney, 《英》 solicitor 는 주로 사무적인 일을 하는 변호사.

lax [læks] *a.* (1) (생각 등이) 애매한, 정확하지 않은, 흐린. (2) a〕 (줄 등이) 느슨한, 느즈러진. b〕 (피륙 따위가) 올이 성긴. 〖opp.〗 *tense*[1]. (3)(정신·덕성 등이) 해이한, 흘게 늦은, 단정치 못한, 방종한. (4) (조치·방책 등이) 미지근한, 엄하지 않은. (5) (창자가) 늘어진 ; 설사하는(loose). (6) **【音】** 느즈러진, 이완된. 〖opp.〗 *tense*[1].
파) **´·ly** *ad.* **´·ness** *n.*

lax·a·tive [lǽksətiv] *a.* 대변이 잘 나오게 하는.
— *n.* ⓒ 하제(下制), 완하제.

lax·i·ty [lǽksəti] *n.* ⓤⓒ (1)느슨함 ; 흘게 늦음, 방종. (2)(이야기·문체 등의) 애매함, 부정확, 모호함.

:lay[1] [lei] (*p.*, *pp.* ***laid*** [leid]) *vt.* (1) 《~+目/+目+前+名》 …을 누이다, 가로눕히다.
(2) 《+目+前+名/+目+副》 …을 (누이듯이) 두다, 놓다.
(3) 《~+名/+目+前+名》 …을 깔다, 부설하다, 놓다.
(4) (벽돌 따위)를 쌓다, 쌓아올리다, 건조하다.
(5) (알)을 낳다《새가 땅바닥에 알을 낳는 데서》.
(6) (올가미·함정·덫)을 놓다, 장치하다 ; (복병)을 배치하다《for》.
(7) (계획 등)을 마련하다, 안출하다 ; (음모)를 꾸미다.
(8) 《+目/+目+補/+目+前+名》 …을 옆으로 넘어뜨리다, 때려눕히다, 쓰러뜨리다.
(9) …을 누르다, 가라앉히다, 진정〈진압〉시키다.
(10) 《~+目/+目+前+名》 …을 입히다, 씌우다, 흩뜨려 놓다 ; 바르다, 칠하다.
(11) (식탁 등)을 준비하다.
(12) 《+目+前+名》 (신뢰 강세 따위)를 두다, (무거운 짐·의무·세금 등)을 과하다, 지우다.
(13) 《+目+前+名》 (죄)를 짊어지우다 ; 돌리다, 덮어씌우다.
(14) 《~+目/+目+前+名》 …을 제출하다, 제시〈게시〉하다, 주장〈개진〉하다 : ~ a case *before* the commission 문제를 위원회에 제기하다 / ~ claim *to* the estate 재산 소유권을 주장하다.
(15) 《+目+前+名》 (손해액)을 정하다, 얼마로 결정하다 : The damage wae *laid at* $500. 손해는 500 달러로 산정(算定)되었다.
(16) 《~+目/+目+前+名/+*that*節》 (내기에 돈)을 걸다, 태우다(bet) : I ~ ten dollars *on* it. 그것에 10달러 건다 / I'll ~ *that* he will not come. 그가

오지 않는다는 쪽에 걸겠다 : 그는 절대로 오지 않는다.
(15) 《+目+前+名》〔흔히 受動으로〕(극·소설의 장면)을 설정하다 : The scenes of the story *is laid in* the Far East. 그는 이야기의 장면을 극동으로 설정했다.
(18) 《+目+補/+目+前+名》 …을 (…한 상태에) 두다, (…상태로) 되게 하다 ; …을 매장하다 (bury).
— *vi.* (1) 알을 낳다(까다). (2) 내기하다, 걸다 ; 보증하다.
~ about (one) 1) 전후 좌우로 마구 휘둘러치다, 맹렬히 싸우다《*with*》. 2) 정력적으로 움직이다. *~ aside* 1) (한) 옆에 치워〈떼어〉 두다 ; 저축해 두다. 2)버리다, 버리어 돌보지 않다. 3) (병(病) 따위가 사람을) 일을 못 하게 하다. *~ ... at* a person*'s door* ⇨ DOOR(成句). *~ away* 1) 떼어 〈간직해〉 두다 ; 저축〈비축〉하다 ; (상품을) 보관하다, 맡아두다 (⇨ LAYAWAY). 2)〔受動으로〕매장하다, (파)묻다. *~ back* 뒤쪽으로 기울이다〈재우다〉; 《俗》 한가로이 지내다, 긴장을 풀다. *~ by* = ~ aside (1). *~ down* 1) 밑에〈내려〉 놓다 ; (펜 따위를) 놓다. 2) (포도주 따위를) 저장하다. 3) (철도·도로 따위를) 놓다 ; 기공하다 ; (군함을) 건조하다. 4) (계획을) 입안(立案)하다, 세우다. 5)〔종종 受動으로〕(강력히) 주장하다, 진술〈말〉하다. 6)(원칙 따위를) 규정하다 : ~ *down* rules. 7) 《俗》 그만두다, 사직하다 ; (무기·목숨 따위를) (내)버리다. 8)(밭에) 심다, 뿌리다. *~ for* 《口》 …을 숨어 기다리다. *~ hands on* 1) …을 붙잡다〈붙들다〉, …을 움키다 ; …을 덮치다. 2) 【宗】 …을 목사〈주교〉로 임명하다. *~ hold of* 〈*on*〉 …을 (붙)잡다〈쥐다〉, …을 붙들다. *~ in* 사들이다 ; 모아서 저장〈저축〉하다. *~ into* 《口》 …을 때리다, 꾸짖다, 호되게 비난하다. *~ it on thick* 《口》 과장하다, 지나치게 칭찬하다〈치살리다〉, 몹시 발림말을 하다. *~ low* ⇨ LOW[1](成句). *~off* 1) (불쾌·유해한 일을) 그만두다 ; 〔종종 命令法〕 상관〈간섭〉하는 것을 그만두다, 놔두다. 2) 일을 쉬다 ; 《美》 휴양하다. 3) 일시 해고하다, 귀휴시키다. 4) 점찍어 두다, 구분하다. 5) 《美》 (외투 따위를) 벗다. *~ on* (*vt.*) 1) (타격)을 가하다, (채찍으로) 치다. 2) (그림 물감·페인트 등)을 칠하다. 3) 《英》 (가스·수도 등)을 끌어들이다, 부설하다. 4) (모임·식사·차 따위)를 준비하다, 제공하다. 5) (세금 따위)를 (부)과하다. *~ on the table* (심의를) 무기 연기하다. *~ open* 1) 열다, 벗기다 ; 드러내다 ; 폭로하다. 2) 절개(切開)하다. *~ out* 1) 《口》 (돈을 많이) 쓰다, 내다, 투자하다. 2) (세밀하게) 계획〈설계, 기획〉하다 ; (정확히) 배열〈배치〉하다, …의 지면을 구획하다. 3) (옷 따위를) 펼치다 ; 진열하다. 4) 입관(入棺)할 준비를 하다. 5) 《口》 꾸짖다 ; 기절시키다, 때려눕히다, 죽이다. *~ over* (*vt.*) 1) 칠하다, 바르다, 장식하다. 2) 《美》 연기하다. (vi.) 《美》 (갈아타기 위해) 기다리다, 도중하차하다. ~ one*self out for* 〈*to* do〉 《口》 …에 애쓰다 ; …의 준비를 하다, …할 각오로 있다. *~ store on* 〈*by*〉 …을 중요시하다, *~ to* 1) 【海】 (이물을 바람 불어오는 쪽으로 향하고) 정선(停船)시키다〈하다〉. 2) 분발하다, 참고 계속 노력하다. *~ together* 1) 한 군데에 모으다. 2) 비교하다, 아울러 생각하다. *~ to rest* 〈*sleep*〉 쉬게 하다, 잠들게 하다 ; 묻다. *~ up* 1) 저축〈저장〉하다 ; 쓰지 않고 두다. 2) 〔흔히 受動으로〕 (병·상처가 ~를) 일하지 못하게 하다, 몸져 눕게 하다.
— *n.* ⓤ (종종 the ~) (물건이 위치하는) 방향, 상태.

lay[2] *a.* 〔限定的〕 (1) (특히, 법률·의학에 대해) 전문가가 아닌, 문외한의. (2) 속인(俗人)의, 평신도의《성직자에 대하여》. 【opp.】 *clerical.* 『 ⇨ LAY READER.

:lay[4] LIE[1]의 과거.

:lay·er [léiər] *n.* ⓒ (1)알낳는 닭. (2)【園藝】 휘묻이. (3)층(層). (한) 켜. (4) (한 번) 바르기, 칠하기, 겹친. (5) 〔흔히 複合語로〕 놓는〈쌓는, 까는〉 사람.
— *vt.* (1) (옷)을 껴입다. (2) …을 층으로 하다.
— *vt.* (가지에서) 뿌리가 내리다.

láy fìgure (1) 멍텅구리 ; 개성이 없는 사람, 아무 쓸모없는 사람. (2) 모델 인형《미술가나 양장점에서 쓰는》.

·lay·man [léimən] (*pl.* **-men** [-mən]) *n.* ⓒ (1) 아마추어, 문외한. 【opp.】 *expert.* (2) 속인(俗人), 평(平)신도《성직자에 대해》. 【opp.】 *clergyman.*

lay·off [⌐ɔ̀(ː)f, ⌐ɑ̀f] *n.* ⓒ (특히, 불경기로 인한) 일시 해고(기간), 일시 귀휴(歸休).

·lay·out [⌐àut] *n.* (1) ⓤⓒ (지면·공장 등의) 구획, 배치, 설계(disposing, arrangement) ; 기획 ; ⓒ 배치〈구획〉도. (2) ⓤⓒ a〕 (신문·잡지 등의 편집상의) 페이지 배정, 레이아웃. b〕 【컴】 판짜기, 얼개짓기, 레이아웃. (3) ⓒ 《口》 (음식 따위 식탁에) 차려놓은 것.

laze [leiz] *vi.* 게으름 피우다, 빈둥거리다《*abut ; around*》.
— *vt.* (시간·인생 등)을 빈둥빈둥 지내다《*away*》.
— *n.* (a ~) 빈둥대며 보내는 시간.

:la·zy [léizi] (**-zi·er ; -zi·est**) *a.* (1) 졸음이 오는, 나른한. (2) 게으른, 나태한, 게으름쟁이의, 굼뜬. (3) (흐름 따위가) 움직임이 느린, 완만한.
파) **lá·zi·ly** *ad.* **lá·zi·ness** [-nis] *n.* ⓤ 게으름, 나태.

lázy tòngs (먼데 있는 것을 집는) 집게.

-le *suf.* (1) '…하는 사람 〈도구〉'의 뜻 : bead*le*, gird*le*, lad*le*. (2) '작은 것'의 뜻 : icic*le*, knuck*le*. (3) '반복'의 뜻 : dazz*le*, fond*le*.

leach [liːtʃ] *vt.* (1) (가용물(可溶物))을 밭다 ; 물에 담가 우리다 (2) ⓤ 거르기 ; 거른 액체, 잿물.
— *vi.* 걸러지다 ; 용해하다.
— *n.* (1)(액체)를 거르다. (2) ⓒ 여과기 ; 거름 잿물통.

:lead[1] [liːd] (*p.*, *pp.* **led** [led]) *vt.* (1) 《+目+前+名》 …의 손을 잡아 이끌다, (고삐로)끌다《말 따위를》 ; (댄스에서) (파트너)를 리드하다. (2) 《~+目/+目+前+名/+目+副》 …을 이끌다, 인도〈안내〉하다, 데리고가다. (3)…을 인솔하다, 인도하다, 거느리다, …에 솔선하다 ; (행렬·사람들)의 선두에 서다 ; …의 첫째〈톱(top)〉이다, …을 리드하다, (유행)의 첨단을 가다. (4) …을 선도하다, 지도하다 ; (군대 따위)를 지휘하다 , 감화하다. (5) …을 끌어〈꾀어〉들이다, 유인하다. (6) 《+目+*to* do》 …의 마음을 꾀다, 꼬드겨 …한 마음이 일어나게 하다. (7) 《~+目/+目+前+名》 (줄·물따위)를 끌다, 통하게 하다 ; 옮기다. (8) 《+目+前+名》 (길 따위가 사람)을 …로 이르게 하다〈데리고 가다〉 : 《北》 (어떤 결과〈상태〉로) 이끌다. (9) 《~+目/+目+目》 (…한 생활)을 보내다, 지내다 ;(…한 생활)을 하게 하다. (10) 【카드놀이】 (첫번째 사람이 어떤 패)를 최초로 내다.
— *vi.* (1) 이끌다, 거느리다 ; (댄스에서) 파트너를 리드하다. (2) a〕 지휘하다. b〕 앞장서서 가다, 안내하다, 선도(先導)하다. (3) a〕 (…에서) 수위를 점하다. b〕 【競】 남을 앞지르다, 리드하다, 안내하다. (4) 《+前+名》 (길·문 따위가 …에) 이르다, 통하다. (5) 《+

前+名》(…로) 이끌다. (…의) 원인이 되다, 지휘하다, 결국 (…이) 되다《to》: such conduct will ~ to nothing good. 그런 행동은 하나도 좋을 것 없다. (6) 【카드놀이】 맨 먼저 패를 내다.

~ a jolly 〈pretty〉 dance ⇨ DANCE. ***~ astray*** (1)…을 미혹시키다. 타락(墮落)시키다. ***~ by the nose*** ⇨ NOSE(成句). ***~ nowhere***《北》(결국은) 아무것도 안 되다. 헛일로 끝나다. ***~ off*** (*vt.*) 데리고 가다 ; (…에서) 시작하다《*with*》; 【野】 (…회)의 선두 타자를 맡다. (*vi.*) 시작하다《*with*》. ***~ on*** 꾀다, 꾀어들이다, …하도록 〈하게〉 하다 《*to* do》; 알쏭달쏭한 〈은근한〉 태도로 꾀다(애먹이다). ~ a person ***up 〈down〉 the garden path*** ⇨ GARDEN. ***~ up to*** 차츰 …로 유도하다 ; 이야기를 …로 이끌어 가다 ; 결국은 …란 것이 되다 : the events ~*ing up to* the strike 파업으로 치달은 사건들. (2) …를 잘못된 방향으로 이끌다, 길을 잃게 하다.

— *n.* (1) (the ~) 선도(先導), 솔선, 선두 : Opinion polls give him a clear ~. 여론 조사에서 그가 단연 선두다. (2) (the ~, a ~) 본, 전례 ; 모범 ; 《口》 문제 해결의 계기, 실마리(clue). (3) 【競】 a] (the ~)리드, 앞섬, 우세. b] (a ~) 앞선 거리 〈시간〉. (4) ⓒ 《口》 실마리, 단서 : So far there're no firm ~*s* as to who the hit-and-run driver is. 지금으로서는 사람을 치고 달아난 범인에 대한 확실한 단서가 없다. (5) ⓒ 【劇】 주연 ; 주연 배우 : play the ~ 주역을 맡아 하다, 주연(主演)하다. (6) ⓒ 개(끄는)줄 : have 〈keep〉 a dog on a ~ 개를 끈으로 매놓다. (7) ⓒ 【카드놀이】 맨 먼저 내는 패, 선수(先手)(의 권리). (8) ⓒ (신문 기사의) 첫머리, 허두. (9) ⓒ 【電】 도선(導線), 리드선 (a ~ wire) : 안테나의 도입선.

give a person ***a ~*** ~에게 모범을 보이다 ; ~에게 단서를 주다. ***take the ~*** 앞장서다, 솔선하다, 주도권(主導權)을 잡다, …을 좌우하다 《*in* ; *among*》.

— *a.* 〔限定的〕 (1) (신문·방송의) 주요기사의, 톱뉴스의 : a ~ editorial 사설(社說), 논설. (2) 선도하는 : the ~ car 선도차.

:lead[2] [led] *n.* (1) ⓒ 측연(測鉛) (plummet). (2) (*pl.*) 《英》 지붕 이는 연판(鉛板), 연판 지붕 ; 창유리의 납 테두리. (3) a] ⓒ 연필의 심. b] ⓤ 흑연(black ~). (6) ⓤ 〔集合的〕 (납으로 된) 탄알.

get the ~ out 《美口》 서두르다, (마음을 다잡고) 시작하다. ***swing the ~*** 꾀병을 앓아 일을 태만히 하다.

— *a.* 〔限定的〕 납으로 만든 : a ~ pipe 연관.

— *vt.* (1) (휘발유)에 납(화합물)을 혼입(混入)시키다. (2) …을 납으로 씌우다 ; …에 납을 채워 메우다 ; …에 납으로 추를 달다.

lead·ed [lédid] *a.* (가솔린이) 유연(有鉛)의, 가연(加鉛)한.

lead·en [lédn] *a.* (1) 납빛의 ; (날씨 등이) 잔뜩 찌푸린. (2)납의, 납으로 만든. (3) 무거운 ; 답답한, 나른한. (4) 둔한, 활발치 못한, 무기력한. 파) **~·ly** *ad.* **~·ness** *n.* ⓤ 무기력.

:lead·er [líːdər] *n.* ⓒ (1) 【樂】(악단의) 지휘자 ; 제 1바이올린〈코넷〉 수석연주자. (2) a] 선도자, 지도자, 리더 ; 《英》 (정당의) 당수 ; 수령, 대장 ; 지휘관. b] (경기 등 어느 시점에서의) 선두(주자). (3) (마차의) 선두 말. 〖opp.〗 *wheel horse.* (4) 《주로 英》 (신문의) 논설, 사설. (5) 리더 《필름이나 녹음테이프의 양쪽 선단부》. (6) (수도·스팀의) 도관(導管), 수도관, 홈통 ; 도화선. (7)【機】 주축, 주동부(部). (8)【植】 애가지. (9) (낚시의) 목줄.

L

파) **~·less** *a.* 지도자가 없는.

:lead·er·ship [líːdərʃip] *n.* (1) ⓤ 지휘자의 지위〈임무〉. (2) ⓒ 〔集合的 : 單·複數취급〕 지도부, 수뇌부. (3) ⓤ 지도 지휘, 지도(력) ; 통솔(력), 리더십.

lead-free [lédfrìː] *a.* 무연(無鉛)의.

lead-in [líːdin] *n.* ⓒ (1) 【TV·라디오】 (CM의) 도입부. (2) 【電】 (안테나 등의) 도입선, 인입선.

:lead·ing[1] [líːdiŋ] *n.* ⓤ (1) 통솔력(leadership). (2) 지도, 선도, 지휘, 통솔.

— *a.* 〔限定的〕 (1) 일류의, 우수한. (2) 이끄는, 선도하는, 지도〈지휘〉하는, 지도적인. (3) 주요한, 주된 (chief) ; 주역(主役)의, 주연의.

lead·ing[2] [lédiŋ] *n.* ⓤ (1) 〔集合的〕 (지붕 이는) 연판(鉛板). (2) (창 유리용의) 납테두리.

léading édge[líːdiŋ-] (1) (기술·발전 등의) 최전선, 첨단. (2) 【空·氣】 프로펠러 앞쪽의 가장자리.

léading líght [líːdiŋ-] (1)주요 인물, 태두(泰斗), 대가(大家). (2)【海】 도등(導燈)《항구·운하 등의 길잡이 등》.

léading stríngs [líːdiŋ-] (1) 엄한〈지나친〉 가르침〈지도〉, 속박《*in*》. (2)이끄는 줄《어린애가 걸음마 익힐 때 씀》.

léad péncil [léd-] (보통의) 연필.

léad tìme [líːd-] 리드타임《제품의 기획에서 완성까지 또는 발주에서 배달까지의 소요 시간》.

:leaf [liːf-] (*pl.* ***leaves*** [liːvz]) *n.* (1) ⓤ 〔集合的〕 a] (상품으로서의 담배·차의) 잎. (2) ⓒ 잎, 나뭇잎, 풀잎. (3) ⓒ (책종이의) 한 장《2페이지》. (4) ⓤ 금은 따위의 박(箔). (5) ⓒ (접어 여는 문 따위의) 한 쪽 문짝 ; 테이블의 자재판(自在板).

in ~ 잎이 돋아, 잎이 푸르러. ***take a ~ from 〈out of〉*** a ~'***s book*** ~를 본뜨다. ***turn over a new ~*** 1) 마음을 고쳐먹다, 새 생활을 시작하다. 2) 새 페이지를 넘기다.

— *vi.* (1) 책장을 대충대충 (훑어)넘기다 : ~ through a book 책을 대충 훑어보며 넘기다.

— *vt.* 《美》 (책장)을 훑어 넘기다. (2)잎이 나다.

leaf·age [líːfidʒ] *n.* ⓤ 〔集合的〕 잎, 장식, 나뭇잎 (leaves, foliage).

léaf bèet =CHARD.

léaf bùd 【植】 잎눈.

leafed [liːft] *a.* =LEAVED. 잎이 있는.

·leaf·less [líːflis] *a.* 잎이 없는 ; 잎이 떨어진. 파) **~·ness** *n.* ⓤ 잎이 무성한 상태.

·leaf·let [líːflit] *n.* ⓒ (1) 낱장으로 된 인쇄물 ; 전단 광고 : pass out ~*s* 전단을 돌리다.

— *vt.* (1) …에 전단을 돌리다. (2) 작은 잎 ; 어린 잎.

léaf mòld 〈《英》 **mòuld**〉 부엽토(腐葉土).

leaf·stalk [líːfstɔ̀ːk] *n.* ⓒ 【植】 잎꼭지, 엽병(葉柄).

·leafy [líːfi] (***leaf·i·er ; -i·est***) *a.* (1) 잎이 우거진. (2) 잎으로 된 : a ~ shade 녹음(綠陰), 나무그늘(蔭), 나무 그늘. (3) 넓은 잎의 : ~ vegetables 잎줄기 채소. (4) 잎 모양의.

파) **léaf·i·ness** *n.*

:league[1] [liːg] *n.* ⓒ 〔集合的〕 (1) 연맹 참가자 〈단체, 국가〉(leaguers). (2) 연맹, 동맹, 리그 ; 맹약 : enter 〈join〉 a ~ 연맹에 가입하다. (3)(야구 등의) 경기 연맹, 리그 : a match 리그전. (4)《口》(동질의) 그룹, 한패, 부류. ***in ~ (with)*** …와 동맹 〈연합, 결탁〉하여. ***not in the same ~ (with)*** 《口》 (…보다) 아주 못한, (…와) 비교도 안되는.

— *vt.* …을 동맹〈연맹, 맹약〉 시키다 ; 단결시키다《*with*》. — *vi.* 동맹〈연맹〉 하다 ; 단결〈연합〉하다《*with*》.

league[2] *n.* ⓒ 리그《옛날의 거리의 단위 : 영국 미국에서는 약 3마일》, 평방리그.

lea·guer [líːgər] *n.* ⓒ (1) 【野】리그에 속하는 선수. (2) 가맹자 〈단체, 국〉 ; 동맹국.

·**leak** [liːk] *n.* (1) ⓒ (비밀 등의) 누설. (2) ⓒ a] (흔히 *sing.*) 누출량. b] 샘 ; 새는 구멍. (3) ⓒ 【電】 누전(되는 곳), 리크. (4)(a ~) 《俗》 방뇨. ***spring* 〈*start*〉 *a ~*** (배가) 새는 곳이 생기다. 새기 시작하다.

— *vi.* (1) (비밀 등이) 새다. 누설되다《*out*》. (2) 새다, 새어나오다《*out*》.

— *vt.* (비밀 등)을 누설하다, 흘리다. (2) …을 새게 하다.

leak·age [líːkidʒ] *n.* (1) ⓒ 누출물 ; 누출량. (2)ⓤ (또는 a ~) a] (비밀 따위의) 누설. b] 샘, 누출.

leaky [líːki] (***leak·i·er ; -i·est***) *a.* (1) 비밀을 잘 누설하는, 비밀이 새기 쉬운.(2)새는, 새기 쉬운 ; 새는 구멍이 있는.

파) **léak·i·ness** *n.*

:**lean**[1] [liːn] (*p.*, *pp.* ***leaned*** [liːnd/lent, liːnd], 《英》 ***leant*** [lent]) *vi.* (1) 《~/+前+名》 기울다. 경사지다. (2) 《+前+名》 a] 의지하다, 기대다《*on, upon*》. b] 기대다《*against* ; *on* ; *over*》. (3) 《+前+名/+副》 상체를 굽히다 ; 뒤로 젖히다《*back*》 ; 몸을 구부리다《*over*》. (4) 《+前+名》 (사상·감정이) 기울다, 쏠리다, …의 경향이 있다, 호의를 갖다.《*to* ; *toward*》.

— *vt.* (1) 《+目+副》 …을 기울이다, 구부리다. (2) 《+目+前+名》 …을 (…에) 기대다 ; 기대어 세워놓다《*against* ; *on*》. ~ ***on ...*** 1)…에 의지하다. 2)…에 기대다. 3)《口》 …에 압력을 가하다, 협박〈공갈〉하다.

***~ over back-ward*(*s*)** ⇨ BACKWARD.

— *n.* (a ~) 기울기, 경사(slope) ; 치우침, 구부러짐.

·**lean**[2] (***ˊ-er ; ˊ-est***) *a.* (1) 기름기가 적은, (고기가) 살코기의. (2) 야윈, 깡마른(thin). 【opp.】 *fat.* (3) a] 영양분이 적은 : a ~ diet 조식(粗食). b] 내용이 하찮은, 빈약한. (4)(땅이) 메마른,수확이 적은 ; 흉작의.

— *n.* ⓤ (종종 the ~) 기름기가 없는 고기, 살코기. 【opp.】 *fat.* 파) **ˊ·ness** *n.*

lean·ing [líːniŋ] *n.* (1) ⓒ 경향, 성향, 성벽(性癖) ; 기호, 편애(偏愛)《*to* ; *towards*》. ***the Leaning Tower of Pisa*** 피사의 사탑(斜塔).

·**leant** [lent] 《英》 LEAN[1]의 과거 과거분사.

:**leap** [liːp] (*p.*, *pp.* ***leaped, leapt*** [liːpt, lept]) 《※ 《美》에서는 leaped, 《英》에서는 leapt가 일반적》. *vi.* (1)(화제·상태 따위가) 비약하다, 갑자기 바뀌다 ; (생각 따위가 불현듯이) 나다. (2)《~/+前+名/+副》 껑충 뛰다, 날뛰다, 도약하다, 뛰어오르다 《※ 비유적 또는 문어적 용법 이외에는 보통 jump를 씀》. (3) 날듯이 가다 〈행동하다〉 ; 휙 달리다〈일어나다〉 : ~ home 날 듯이 귀가하다.

— *vt.* (1) 《~+目/+目+前+名》 …에게 뛰어넘게 하다 : ~ a horse *across* a ditch 말에게 도랑을 뛰어넘게 하다. (2) …을 뛰어넘다 : ~ a ditch 도랑을 뛰어 넘다. ***~ at*** 1)(제안에) 기꺼이 응하다. 2) …에 냉큼〈발바투〉 달려 들다. (3) (수짐승이) 교미하다. ***~ out*** …의 눈에 띄다《*at*》. ***~ to the eye*** 곧 눈에 띄다.

— *n.* ⓒ (1) (수·양 등의) 급상승《*in*》 : There has been a big ~ *in* sales. 매상이 비약적으로 신장했다. (2) 뜀, 도약(jump) ; 한 번 뛰는 거리〈높이〉 : take a sudden ~ 갑자기 뛰어오르다. (3) 교미 ***a ~ in the dark*** 무모한 짓, 모험, 폭거. ***by* 〈*in*〉 *~s and bounds*** 일사천리로 ; 급속하게.

léap dày 윤일《2월 29일》.

leap·er [líːpər] *n.* ⓒ 뛰는 사람〈말〉.

leap·frog [líːpfrɔ̀ːg, -fràg/ -frɔ̀g] *n.* ⓤ 목마넘기《사람의 등을 뛰어넘는 놀이》 : play ~.

— (***-gg-***) *vi.* 목마넘기를하다.

— *vt.* (1)(장애물)을 피하다. (2)…을 뛰어넘다 : ~ the fence 담장을 뛰어 넘다. (3) (서로) 앞서거니 뒤서거니 하며 나아가다.

leapt [liːpt, lept] LEAP의 과거·과거분사.

léap yèar 【天】 윤년. 【cf.】 common year. 『 the ~ day 윤년의 2월 29일 / a ~ proposal 여성으로부터의 청혼《윤년에 한해서 허용됨.》

Lear [liər] *n.* ⇨ KING LEAR.

:**learn** [ləːrn](*p.*, *pp.* ***~ed*** [-d, -t/-t, -d], ***~t*** [-t]) *vt.* (1) 《~+目/+(*wh.*) *to* do》 …을 배우다, 익히다. 습득하다 ; 공부하다 : ~ (*how*) *to* swim수영을 배우다. (2) 외다, 암기하다, 기억하다. (3) 《+目+*wh. to* do》《俗·口》 가르치다(teach). (4)《~+目/+目+前+名/ (+前+名)+*that* 節/+*wh.* 節》 듣다. 알다.

— *vi.* (1) 《+前+名》 듣다, (들어서) 알다 《*of*》. (2) 배우다, 익히다. 가르침을 받다, 외다.

~ by heart 외다, 암기하다.

:**learn·ed** [lə́ːrnid] *a.* (1) 〔限定的〕 학문상의, 학문적인, 학문〈학자〉의. (2) 학문〈학식〉이 있는, 박학〈박식〉한, 정통한, 조예가 깊은《*in*》.

파) **~·ly** [-nid] *ad.* **~·ness** [-nid-] *n.*

:**learn·er** [lə́ːrnər] *n.* ⓒ (1) a] 초학자, 초심자. b] =LEARNER-DRIVER. (2)학습자.

:**learn·ing** [lə́ːrniŋ] *n.* ⓤ (1) 배움 ; 학습. (2) (또는 a ~) 학문, 학식(學識)(knowledge), 지식 ; 박식 ; (터득한) 기능.

learn·ing-dis·a·bled [-diséibld] *a.* 학습곤란증의.

·**learnt** [ləːrnt] LEARN의 과거·과거분사.

·**lease** [liːs] *n.* (1) ⓤⓒ (토지·건물 따위의) 차용계약, 임대차(계약). (2) ⓒ 임차〈임대〉권 ; 차용〈임대차〉 기간. ***take* 〈*get, have*〉 *a new* 〈*fresh*〉 *~ on* 〈*of*〉 *life*** 1)병이 나아 수명이 연장되다. 2) (사태가 좋아져) 더 잘살게 되다.

— *vt.* 임대〈임차〉하다.

lease·back [líːsbæ̀k] *n.* ⓤ,ⓒ 부동산의 매도인이 매수인으로부터 그 부동산을 임차하는 일 (**-sále and léaseback**).

lease·hold [líːshòuld] *a.* 임차의, 조차(租借)의.

— *n.* ⓤⓒ 차지(借地)(권) ; 정기 대차권, 토지 임차권..

파) **~·er** *n.* ⓒ 차지인(人).

leash [líːʃ] *n.* (1) (a ~) (개·토끼 따위의 한데 매인) 세 마리(한 조). (2) ⓒ (개 따위를 매는) 가죽끈〈사슬〉. (3) ⓤ 속박. (4) (길쌈의) 무늬. ***hold* 〈*have, keep*〉 *in ~*** 1)속박〈제어〉하다. 2)(개를) 가죽끈으로 매어두다. ***hold ... on short ~*** …의 행동을 속박하다. ***strain at the ~*** (사냥개가) 뛰쳐나가려고 가죽끈을 끌어당기다 ; 자유를 갈망〈얻고자〉)하다.

— *vt.* …을 가죽끈으로 매다 ; 억제〈속박〉하다.

:**least** [liːst] 〔little의 最上級〕 *a.* (흔히 the ~) (1) 〔限定的〕 아주 적은, 하찮은. (2) 가장 작은 ; 가

장 적은. 【opp.】 *most.*
not the ~ 1) 적지않은《※ 'not'을 강하게 발음》. 2)최소의 …도 없는〈않는〉(no...at all).
— *ad.* 가장 적게. **~ of all** 가장 …이 아니다. 특히〈그 중에서도〉 …아니니다. **not ~** 특히, 그 중에서도. **not the ~** 조금도 …(하)지 않은.
— *pron.* (흔히 the ~) 〔單數 취급〕 최소, 최소량〈액〉. **at** (the) ~ 1)적어도. 2) (at ~로) 어떻든, 어쨌든. **not in the ~** 조금도 …하지 않은, 조금도 …이 아닌. **to say the ~** (of it) 줄잡아 말하더라도.

:leath·er [léðər] *n.* (1) ⓤ (무두질한) 가죽. (2) ⓒ 가죽제품. a] (크리켓·축구 따위의)공. b] 가죽끈. c] (*pl.*) 가죽제 짧은 바지. (3) ⓤ《俗》 피부. **hell for ~** ⇨ HELL(成句). **lose ~** 살가죽이 까지다.
— *vt.* 《口》 …을 가죽끈으로 치다〈때리다〉.
— *a.* 가죽의, 가죽제의 : a ~ jacket.

leath·er-bound [-bàund] *a.* (책이) 가죽 장정〈제본〉의.

Leath·er·ette [lèðərét] *n.* ⓤ 모조가죽, 레저《商標名》.

leath·ery [léðəri] *a.* (1)가죽처럼 질긴 : ~ meat. (2)(피부 따위) 가죽 같은, 가죽 빛의.

:leave[1] [li:v] (*p., pp.* **left** [left]) *vt.* (1) a] 《~+目/+目+補/+目+前+名/+目+目》 …을 남기다, 남기고〈두고〉 가다, 놓아 두다 : ~ a puppy alone 강아지를 홀로 남겨 두다 / Two from seven ~*s* five. 7빼기 2는 5 / She *left* a note *for* her husband. 그 여자는 남편에게 메모를 남겨 놓았다 / Don't ~ your truck here. 트럭을 여기 세워두지 마시오. b] 《+目+前+名》 (편지 등)을 배달하다 : The postman *left* a letter *for* him. 집배원이 그에게 편지를 배달했다. c] …을 둔 채 잊다 : Be careful not to ~ your umbrella. 우산을 잊지 않도록 조심하시오. d] 《+目/ 目+補》 (아무)를 남겨 둔 채(로) 가다, 버리다, (아무)를 남기고 죽다 : He *left* a wife and three children. 그는 아내와 세 아이를 남기고 죽었다 / He was *left* orphan at the age of five. 그는 다섯 살 때 고아가 되었다. e] 《+目+目/+目+前+名》 (유산·명성·기록 따위)를 남기다, …에게 (…을) 남기고 죽다 : The businessman *left* his wife $10,000 by (his) will. 그 사업가는 부인에게 유언으로 1만 달러를 남겼다.
(2) a] 지나가다, 통과하다 : ~ the building on the right 건물을 오른쪽으로 보며 지나가다. b] 《~+目/+目+前+名》 …을 떠나다, …을 뒤로 하다, …에서 출발하다.
(3) a] 《+-*ing*/+目+*to* do》그치다, 중지하다. b] (업무 따위)를 그만두다, 탈퇴〈탈퇴〉 하다 ; (초·중등 학교 등)을 졸업〈퇴학〉하다 ; (고용주)에게서 물러나다.
(4) 《+目+補/+目+*as*補/+目+-*ing*/+目+*done*》 …을 …한 채로 놔두다, 방치하다, …인 채로 남겨 두다, (결과로서) …상태로 되게 하다.
(5) a] 《+目+*to* do/+目+前+名》 …에게 자유로 …하게 하다, …할 것을 허용하다. b] 《+目+前+名》 …을 (…에게) 맡기다, 위탁하다《*with*》 ; 일임하다, 위임하다《*to*》. c] 《美口》 (아무에게) …시키다(let) : *Leave* us go. 보내 주십시오.
— *vi.* (1) 《~/+前+名》 떠나다, 출발하다(depart), 뜨다, 물러가다(go away). ※ *leave* Seoul 〔他動詞〕 서울을 출발하다 ≒*leave for* Seoul 〔自動詞〕 서울로 (향해서) 떠나다. (2) a] 퇴직하다, 그만두다. (3) 졸업하다 ; 퇴학하다.
get left 《口》 버림받다 ; 따돌림을 당하다 ; 지다. **~ things about** 〈**around**〉 (...) 무엇을 치우지 않고 (…에) 내버려 두다. ~ ... **alone** …을 상관 않고 두다, 간섭하지 않다, 그대로 두다. **~ behind** 1)(영향·흔적 등을) 남기다. 2)두고 잊다, 잊고 오다 ; 둔 채 가다〈잊다〉~ a person **cold** 〈**cool**〉 아무를 흥분시키지 않다 ; (보아도, 들어도) 재미를 못 느끼게 하다. **~ go** 〈**hold**〉 **of** (…에서) 손을 놓다, 손을 떼다. **~ in** 넣은 채〈그대로〉 놔 두다. **~in the lurch** ⇨ LURCH[1](成句). **~ it at that** 《口》 (비평·행위 등을) 그쯤 해두다. **~ no stones untuned** ⇨STONE(成句). **~ off** 1)벗다, 입지 않다. 2)그만두다. **~ on** 입은〈둔, 건, 켠〉채로 두다. **~ out** 1) 생각지 않다, 고려치 않다, 잊다, 무시하다. 《英》 2) 빠뜨리다, 빼다《*of*》. ~ A **out of** B, A를 B에서 빼다. **~ over** 1)드티다, 미루다, 연기하다. 2)남기다. ~ a person **to himself** 〈**to his own devices**〉 아무를 멋대로 하게 내버려 두다, 방임하다. **~ well** 〈《美》 **well enough**〉 **alone** (기왕 잘 된 것은) 그대로 두다 ; 지나치게 욕심부리지 않다. **Take it, or ~ it.** (승낙하든 안 하든) 마음대로 해라. **To be left till called for.** 우체국 유치(留置)《우편물에 표기하는 지시문》.

:leave[2] *n.* (1) a] ⓤⓒ 휴가 (기간). b] ⓤ (특히, 관리·군인의) 휴가 허가, 말미. (2) ⓤ 허가, 허락 (permission). (3) ⓤ 고별, 작별 (farewell). **on ~** 휴가로. **take French ~** 중도에 (무단히) 자리를 뜨다 ; 작별의 인사 없이 나가다. **take** one'**s ~ of** (작별(인사)하고) 떠나가다. **without ~** 무단으로.

leave[3] *vi.* (식물이) 잎을 내다, 잎이 나오다(leaf) 《*out*》.

leaved [li:vd] *a.* 〔複合語〕 …의 잎이 있는, 잎이 …개의 ; (문 등이) …짝으로 된.

·leav·en [lévən] *n.* (1) ⓤⓒ 《比》 감화·영향을 주는 것, 원동력 ; 기미(氣味), 기운《*of*》. (2) ⓤ 효모 ; 이스트 ; 발효시킨 밀반죽 ; 베이킹 파우더 《※ 이 뜻으로는 yeast 가 일반적임》.
— *vt.* 《~+目/+目+前+名》 (1) …에 영향〈잠재력〉을 미치다 ; 기미를 띠게 하다《*with*》 : a sermon ~*ed with* wit 위트가 섞인 설교. (2)…을 발효시키다, …에 이스트를 넣어 부풀리다. (3) 스며들게 하다.

:leaves [li:vz] LEAF 의 복수.

leave-tak·ing [lí:vtèikiŋ] *n.* ⓤⓒ 작별, 고별 (farewell).

leav·ings [lí:viŋz] *n. pl.* 나머지, 찌꺼기. 【cf.】 residue.

Leb·a·nese [lèbəní:z] *a.* 레바논(사람)의.
— (*pl.* ~) *n.* ⓒ 레바논 사람.

·Leb·a·non [lébənən] *n.* 레바논《지중해 동부의 공화국 ; 수도 Beirut》.

lech [letʃ] 《口》 *vi.* 호색(好色)하다 ; (…을) 추구 하다《*after*》.
— *n.* ⓒ 《口》 색욕 ; 색골.

lech·er [létʃər] *n.* ⓒ 호색가, 음탕한 남자.

lech·er·ous [létʃərəs] *a.* 호색적인, 음란한 ; 색욕을 자극하는.
파) **~·ly** *ad.* **~·ness** *n.*

lech·ery [létʃəri] *n.* (1) ⓒ 음란한 행위. (2) ⓤ 호색 ; 색욕.

lec·i·thin [lésəθin] *n.* ⓤ 【生化】 레시틴 《신경 세포·노른자위에 들어 있는 인지질(燐脂質)》.

lec·tern [léktərn] *n.* ⓒ (1) 강연〈연설〉대. (2) (교회의) 성서 낭독대, 성서대.

:lec·ture [léktʃər] *n.* ⓒ (1) 설교, 훈계, 잔소리. (2) 강의, 강연《*on*》.

L

— *vt.* (1) …에게 강의〈강연〉하다《*on* ; *about*》. (2) …에게 훈계하다, 잔소리하다, …을 나무라다.
— *vi.* 《~/+前+名》 강의〈강연〉하다.
:lec·tur·er [léktʃərər] *n.* ⓒ (1)훈계자. (2)강연자 ; (대학의)강사.
lec·ture·ship [léktʃərʃìp] *n.* ⓒ 강사(lecturer)의 직〈직위〉.
:led [led] LEAD[1] 의 과거·과거분사.
:ledge [ledʒ] *n.* ⓒ (1) (암벽에 쑥 내민) 바위 턱. (2)(벽에서 돌출한) 선반 ; 쑥 내민 것. 파) **~d** [-d] *a.* 선반(쑥 내민 곳)이 있는.
·lee [liː] (the ~) (1)(풍우를 피할 수 있는) 그늘(shelter). (2)【海】 바람이 불어가는 쪽. 〖opp.〗 *windward.* ***have the ~ of*** … 1)…의 바람불어 가는 쪽에 있다. 2)…보다 못하다〈불리하다〉.
— *a.* 〔限定的〕 바람 불어가는 쪽의(leeward) .
leech [liːtʃ] *n.* ⓒ (1) 흡혈귀, 고리 대금업자. (2) 【動】 거머리《특히 의료용의》. ***stick*** 〈***cling***〉 ***like a ~*** 찰거머리처럼 달라붙어 떨어지지 않다.
— *vt.* (1)…에 달라붙어 피를〈돈을, 재산을〉 착취하다. (2)(아무)에게 거머리를 붙여 피를 빨아내다.
— *vi.* 달라붙어 떨어지지 않다《*onto*》.
leer [liər] *n.* ⓒ 곁눈질《불쾌감을 주거나 음탕한》.
— *vi.* 곁눈질을 하다, 흘기다.
leer·ing [líəriŋ] *a.* 〔限定的〕 (1) (눈짓이) 짓궂은. (2) 곁눈질하는, 심술궂은 눈초리의. 파) **~·ly** *ad.* 곁눈질로
leery [líəri] (***leer·i·er ; -i·est***) *a.* (1) 조심〈경계〉하는, 의심하는《*of*》. (2) 상스러운 눈초리의. (3) 교활한, 약사빠른.
lees [liːz] *n. pl.* (흔히 the ~) (포도주 등의) 재강 ; 찌꺼기.
lee·ward [líːwərd, 《海》 lúːərd] *a.* 【海】 바람 불어가는 쪽의〈에 있는〉. 〖opp.〗 *windward.* — *ad.* 바람 불어가는 쪽으로〈에〉.
— *n.* ⓤ 바람 불어가는 쪽.
lee·way [líːwèi] *n.* ⓤ (또는 a ~) (1) 【空】 편류차(偏流差)〈각〉《항공기의 앞뒤 축(軸)과 비행 방향이 이루는 편차〈각〉》. (2) 【海】 풍압 《배나 항공기가 바람 불어가는 쪽으로 밀려감》 ; 풍압차(差)《가는 방향과 실제 항로와의 편차》 : 풍압각(角)《가는 방향과 항로와의 각도》. (3) 《英》 (시간, 작업의) 지체. (4) 《口》 (공간·시간·활동·돈 등의) 여지, 여유, 자유재량의 폭. ***have ~*** 1) 활동의 여지가 있다. 2) (바람 불어가는 쪽에) 여지가 있다, (그 쪽이) 넓다. ***make up*** 〈***for***〉 ***~*** 뒤진 것을 만회하다.
:left[1] [left] *a.* (1)(종종 L-) (정치적·사상적으로) 좌파의, 혁신적인. (2)왼쪽의, 왼편의, 좌측의. 〖opp.〗 *right.* ***have two ~ feet*** (매우) 서투르다 ; 꼴사납니(very clumsy).
— *ad.* 왼쪽에〈으로〉, 좌편〈좌측〉에 : move〈turn〉 ~ 왼쪽〈편〉으로 움직이다〈향하다〉. ***Eyes ~!*** 【軍】 좌(左)로 봐. 【cf.】 Eyes front! ***Left turn*** 〈***face***〉***!*** 좌향좌.
— *n.* (1) ⓤ (흔히 the L-) 〔集合的 : 單·複數 취급〕 【政】 좌파, 좌익, 급진당,혁신당 ; 의장석의 좌측 의원들《유럽 여러나라에서 급진파가 차지하는》. (2) (the ~, one's ~) 왼쪽〈편〉, 좌측. (3) ⓒ 【軍】 좌익 ; 【野】 좌익(수), 레프트 ; 【拳】 왼손(에 의한타격). ***Keep*** (***to the***) ***~.*** 좌측 통행. ***make a ~*** 왼쪽으로 구부러지다.
left[2] LEAVE[1] 의 과거·과거분사.
left-hand [∠hǽnd] *a.* 〔限定的〕 (1)왼손의 ; 왼쪽〈왼편〉의, 좌측의.
left-hand·ed [∠hǽndid] *a.* (1) 서투른, 솜씨 없는. (2) 왼손잡이의 ; 왼손으로의 ; 왼손용의. (3) 의심스러운(dubious), 애매한, 성의가 없는(insincere). (4) (기계·문 등) 왼쪽으로 돌아가는 〈돌리는〉 ; (나사 등) 왼쪽으로 감는. (5) 신분차이가 나는(결혼).
— *ad.* 왼손으로 ; 왼손에 : He writes ~. 그는 왼손으로 쓴다.
파) **~·ly** *ad.* **~·ness** *n.*
left-hand·er [∠hǽndər] *n.* ⓒ 왼손잡이 ; 좌완투수 : Da Vinci, Michelangelo, Raphael, and Picasso were all ~*s.* 다빈치, 미켈란젤로, 라파엘 및 피카소는 모두 왼손잡이였다.
left·ie [léfti] *n., a.* 《口》 =LEFTY.
left·ism [léftizəm] *n.* ⓤ 좌익〈급진〉주의.
left·ist [léftist] *n.* ⓒ (종종 L-) 좌익(사람), 좌파, 급진파 (〖opp.〗 *rightist*).
— *a.* 좌파〈급진파〉의, 좌익의.
léft jústify 【컴】 왼쪽으로 행의 머리 부분을 맞추는 인자〔印字〕 형식 ; 일반 편지의 타자 형식《워드 프로세서의 명령어》.
léft-lúg·gage òffice [léftlʌ́gidʒ-] 《英》 수화물 임시 보관소(《美》 checkroom, baggage room).
left·most [∠mòust] *a.* 맨 왼쪽의, 극좌의.
left-of-cen·ter [léftəvséntər] *a.* 중도 좌파의.
left·ward [∠wərd] *a.* 왼쪽의, 좌측의.
— *ad.* 왼쪽에〈으로〉, 왼손에〈으로〉.
léft wíng (the ~) (1)【스포츠】 좌익(左翼)(수), 레프트 윙. 〖opp.〗 *right wing.* (2)〔集合的〕좌익, 좌파.
left-wing [∠wiŋ] *a.* (1)【스포츠】 좌익의. (2) 좌익〈좌파〉의. 파) **~·er** *n.* ⓒ 좌파의 사람.
lefty [léfti] 《口》 *n.* ⓒ (1)좌익《사람》. (2)왼손잡이 ; 좌완 투수(southpaw).
:leg [leg] *n.* (1) ⓒ a] 삼각형의 밑변 이외의 변. b] (책상·의자·컴퍼스 따위의) 다리 ; (기계 따위의)다리, 버팀대. (2) a] ⓤ,ⓒ 〔식용 동물의〕 다리 ; 다리(부분의) 고기. 【cf.】 foot. b] ⓒ 다리《특히 발목에서 윗부분 또는 무릎까지, 넓은 뜻으로는 foot도 포함》, 정강이. 【cf.】 foot. (3) ⓒ (옷의) 다리 부분, 가랑이. (4) ⓒ 의족〔義足〕. (5) ⓤ (때로 the ~) 【크리켓】 타자의 왼쪽 뒤편의 필드 ; ⓒ 그 수비자. (6) ⓒ (전행정(全行程) 중의) 한 구간 ; (장거리 비행의) 한 노정〔路程〕〈행정〉.
as fast as one***'s ~s would*** 〈***will***〉 ***carry*** one 전속력으로. ***be all ~s*** (***and wings***) 키만 멀쑥하다. ***feel*** 〈***find***〉 one***'s ~s*** 걸을 수 있게 되다 ; 자기의 능력을 알다. ***get*** 〈***be***〉 (***up***)***on*** one***'s ~s*** 1)〈장시간〉 서 있다, 돌아다니다. 2) 〈건강이 회복되어〉 거닐 수 있게 되다. ***give*** a person ***a ~ up*** 아무를 거들어 말〈탈것〉에 태우다 ; 아무를 지원하다. ***have no ~s*** 《口》 〈골프 등에서〉 공의 속도가 나지 않다. ***keep*** one***'s ~s*** 내처서 있다, 쓰러지지 않다. ***not have a ~ to stand on*** (의론이) 성립되지 않는, 정당한 근거가 없는. ***on*** one***'s*** 〈***its***〉 ***last ~s*** 다 죽어가, 기진〈난감〉하여. ***on*** one***'s ~s*** 서서, 연설하고 ; 활발히 돌아다니고. ***pull*** a person***'s ~*** 《口》 아무를 속이다, 놀리다. ***shake a ~*** 《俗》 1)〔종종 命令形〕서두르다. 2)춤추다. ***show a ~*** 《口》 나타나다 ; (잠자리에서) 일어나다. ***stretch*** one***'s ~s*** 다리를 뻗다 ; (오래앉아 있다가) 잠시 다리를 풀다〈산책하다〉. ***take to*** one***'s ~s*** 도망치다(run away).
— 〔***-gg-***〕 *vt.* 《口》 〔종종 ~ it〕 걷다, 달리다, 도망치

L

다.
~ out **[野]** 빠른 발로 히트가 되게 하다. **~ up** 1)(아무를) 부축하여 말 따위에 태우다. 2)(운동 선수의) 몸의 상태가 경기 때 최상이 되도록 지도 조절하다.

·leg·a·cy [légəsi] *n.* ⓒ 유산 ; 유증(遺贈) (재산) ; 이어〈물려〉받은 것.

:le·gal [líːgəl] *a.* (1) 〔限定的〕 법정(法定)의, 법률이 요구〈지정〉하는. (2) 〔限定的〕 법률(상)의, 법률에 관한. (3)합법적인, 적법한, 정당한. 【opp.】 *illegal.*
파) * **~·ly** *ad.* 법률적〈합법적〉으로, 법률상.

légal áid (비용을 부담할 수 없는 극빈자를 위한) 법률 구조(救助).

le·gal·ism [líːgəlìzəm] *n.* ⓤ 법률의 글자 뜻에 구애받는 일, 법규 (존중) 주의 ; 관료적 형식주의.
파) **-ist** *n.* ⓤ 법률 존중주의자, 형식주의자. **lè·gal·ís·tic** *a.* 법률 존중주의의.

le·gal·i·ty [liːgǽləti] *n.* ⓤ 적법, 합법, 정당함.

le·ga·li·za·tion [lìːgəlizéiʃən/ -laiz-] *n.* ⓤ 적법화, 합법화 ; 공인, 인가.

le·gal·ize [líːgəlàiz] *vt.* …을 법률상 정당하다고 인정하다, 공인하다 ; 적법〈합법〉화하다.

leg·ate [légət] *n.* ⓒ (1)공식 사절《대사·공사 등》. (2)교황 특사.

le·ga·tion [ligéiʃən] *n.* (1) ⓒ 〔集合的 ; 單·複數 취급〕공사관 직원. (2) ⓒ 공사관(館). 【cf.】 *embassy* (1). (3) ⓤ 공사〈사절〉 파견.

:leg·end [lédʒənd] *n.* (1) ⓒ 전설 〈신화〉적인 인물. (2) a] ⓤ 〔集合的〕 (민족 등에 관한) 설화, 전설. b] ⓒ 전설, 전해 오는 이야기. (3) ⓒ (메달·화폐 따위의) 명〔銘〕 (inscription). (4) ⓒ (삽화 따위의) 설명(문) (caption) ; (지도·도표 따위의) 범례.

·leg·end·ary [lédʒəndèri/ -dəri] *a.* (1)(전설이 될 정도로) 유명〈저명〉한. (2)전설(상)의 ; 전설적인.
— *n.* ⓒ 전설집, 《특히》성인전 ; 그 작자〈편집자〉.

(-)leg·ged [légid] *a.* (1) 〔흔히 複合語를 이루어〕다리가 …한. (2) 다리가 있는.

·leg·gings [léginz] *n. pl.* (1)(소아용) 레깅스《보온용 바지》. (2)정강이받이, 각반(脚絆), 행전. 【cf.】 gaiter.

leg·i·ble [lédʒəbəl] *a.* (필적·인쇄가) 읽기 쉬운 (easily read). 파) **-bly** [-bli] *ad.* **~·ness** *n.*

·le·gion [líːdʒən] n. (1) ⓒ 군세(軍勢), 군대. (2) ⓒ (고대 로마의) 군단《300-700 명의 기병을 포함하여 3,000-6,000 명의 보병으로 구성》. (3)(a ~ 또는 複數形으로) 다수, 많음《*of*》. (4) ⓒ 재향 군인회.
— *a.* 〔敍述的〕 많은, 무수한.

le·gion·ary [líːdʒənèri/ -nəri] *a.* (고대 로마)군단의, 군단으로 이루어진 ; 다수의, 무수한. \ — *n.* ⓒ (고대 로마의) 군단병.

leg·is·late [lédʒislèit] *vi.* 《~/+前+名》(…을 위한, 또는 …에 반대하는) 법률을 제정하다《*for* ; *against*》.
— *vt.* 《美》 법률로 …하다.

:leg·is·la·tion [lèdʒisléiʃən] *n.* ⓤ (1)〔集合的〕 법률, 법령. (2)입법, 법률제정. ▫ legislate *v.*

·leg·is·la·tive [lédʒislèitiv, -lət-] *a.* 〔限定約〕 입법(상)의, 입법권이 있는 ; 입법〈법률〉에 의한 ; 입법부의. — *n.* ⓒ 입법부. 파) **~·ly** *ad.* 입법상.

·leg·is·la·tor [lédʒislèitər] *n.* ⓒ 입법자, 법률 제정자 ; 입법부〈국회〉 의원.

·leg·is·la·ture [lédʒislèitʃər] *n.* ⓒ 입법부, 입법 기관.

le·git·i·ma·cy [lidʒítəməsi] *n.* ⓤ (1)정통, 정계(正系), 적출. (2) 합법성, 적법 ; 정당〔성〕. 【opp.】 *bastardy.*

·le·git·i·mate [lidʒítəmit] *a.* (1)정계(正系)의 ; 적출의. (2)합법적인, 적법한 ; 옳은, 정당한. 【opp.】 *illegitimate.*. (3) 이치에 맞는, 합리적인. ▫ legitimacy *n.*
파) **~·ly** *ad.*

le·git·i·ma·tize [lidʒítəmətàiz] *vt.* = LEGITIMIZE.

le·git·i·mize [lidʒítəmàiz] *vt.* (1)(서자)를 적출(嫡出)로 인정하다. (2)…을 합법으로 인정하다. 합법〈정당〉화하다.

leg·man [légmən] (pl. **-men** [-mən]) *n.* ⓒ (1) 외무사원 ; 취재원, 정보 수집자. (2) **[新聞]** 취재〈탐방〉 기자《기사는 쓰지 않음》.

leg-of-mut·ton [légəvmʌ́tn] *a.* 〔限定的〕 (1) (요트 따위의 돛이) 삼각형의. (2)(여성복의 소매가)양(羊)다리모양의《어깨부분이 부풀고 소맷부리가 좁아진》.

leg·rest [´rèst] *n.* ⓒ (환자용) 발받침.

leg·room [´rù(ː)m] *n.* ⓒ (극장·자동차 등의 좌석 앞의) 다리를 뻗는 공간.

lég shòw 각선미를 보이는 쇼.

leg·work [légwə̀ːrk] *n.* ⓤ (1)(형사의) 탐문 수사. (2)(취재·조사 등으로) 돌아다님, 탐방 (3) (계획·기업의) 실제적인 관리.

:lei·sure [líːʒər, léʒ-/léʒ-] *n.* ⓤ 틈, 여가, 레저 ; 한가한 시간, 자유〔로운〕 시간. **at ~** 1)천천히, 한가하게. 2)틈이 있어서, 일손이 비어, 실업하여. **at one's ~** 한가한 때에, 편리한 때에.
— *a.* 〔限定的〕 한가한, 볼일이 없는 ; 유한〔有閑〕의 ; 여가의 ; 레저용의.
파) **~d** *a.* 틈〈짬〉이 있는, 한가한. **~·less** *a.* 여가가 〈짬이〉 없는, 분주한.

·lei·sure·ly [líʒərli, léʒ-/léʒ-] *a.* 느긋한, 유유한, 여유 있는 : He drove at a ~ pace. 그는 천천히 차를 몰았다.
— *ad.* 천천히, 유유히 : He walked ~ into the room. 천천히 방으로 걸어 들어갔다.
파) **-li·ness** *n.* 느릿함, 유유함(leisureness)

leit·mo·tif, -tiv [láitmoutìːf] *n.* ⓒ 《G.》 (1) (행위 따위에 일관된) 주목적 중심 사상. (2)(악극의) 시도(示導) 동기 ; 주악상.

LEM, Lem [lem] *n.* ⓒ lunar excursion module(달착륙〈탐사〉선).

lem·ming [lémiŋ] *n.* ⓒ 《Norw.》 **[動]** 레밍, 나그네 쥐《북유럽 산》.

:lem·on [lémən] *n.* (1) ⓤ (홍차 등에 넣는) 레몬(의 풍미) : a slice of ~ 레몬 한 조각. (2) ⓒ 레몬《열매》 ; 레몬나무 (= **~ trèe**) (3) ⓤ 레몬빛, 담황색 (= **~ yéllow**). (4) ⓒ 《俗》 불쾌한 것〈일·사람〉, 시시한 것 ; 매력없는 여자 ; 바보, 멍청이 : I just stood there like a ~. 나는 거기에 그저 바보처럼 서 있었다. (5) ⓒ 《口》 불량품《결함 있는 차(車) 따위》 : He took a little test drive and agreed the car was a ~. 그는 잠시 시운전을 하다가 그 차에 결함이 있다는 것을 인정했다.
— *a.* (1)레몬 빛깔의, 담황색의. (2)〔限定的〕 레몬의, 레몬이 든.

·lem·on·ade [lèmənéid] *n.* ⓤ,ⓒ 레몬수 ; 레모네이드《레몬즙에 설탕과 물을 탄 청량음료》.

lémon chèese 〈**cùrd**〉 레몬 치즈〈커드〉《레몬에 설탕·달걀 등을 넣어 가열하여 잼 모양으로 만든 식품 ; 빵에 바르거나 파이에 넣음》.

L

lémon lìme 《美》 레몬 라임《무색·투명한 탄산 음료》.
lémon sòda 《美》 레몬 소다《레몬 맛이 나는 탄산 음료》.
lem·ony [léməni] *a.* 레몬 맛이〈향기가〉 나는.
:lend [lend] (*p. pp.* **lent** [lent]) *vt.* 《~+目/+目+目/+目+前+名》 (1)(조력 따위)를 주다, 제공하다 ; (위엄·아름다움 따위)를 더하다, 부여(賦與)하다《*to*》. (2)…을 빌리다, 빌려주다, 대부〈대출〉하다. 〖opp.〗 *borrow* (3)〔再歸的〕 a〕 …에 도움이 되다, 적합하다. b〕 …에 적극적으로 나서다.
— *vi.* (돈을) 빌려주다, 대부를 하다.
~ an ear 〈one**'s ear(s)**〉 **to** …에 귀를 기울이다, …을 경청하다. **~ itself to** …의 구실을 하다, 소용에 닿다, …에 적합하다 ; (악용 따위의) 대상이 되기 쉽다, …되기 쉽다. ~ one**self to** …에 가담하다 ; …에 진력하다 ; 감히 …하다. 파) **∠·er** *n.* ⓒ 빌려주는 측〈사람〉 ; (고리)대금업자.
lénding lìbrary (1)《英》 (관외 대출을 하는) 공공도서관. (2)=RENTAL LIBRARY.
:length [leŋkθ] n. (1) ⓤⓒ a〕 (담화·기술 따위의) 길이 ; 어떤 길이(의 물건). b〕 (시간의) 길이, 기간. c〕 【音聲】 모음(母音)·음절의 길이, 음량. (2) ⓤ 길이, 기장 ; (가로 세로의) 세로 ; 키. 【cf.】 breadth, thickness. (3) ⓤ,ⓒ 거리(행동 등의) 한도, 범위, 정도 ; 도정(道程), 여정(旅程) ; 길(〖opp.〗 *shortness*) (4) ⓒ (보트의) 1 정신(艇身) ; 【競馬】 1마신(馬身) ; (헤엄친 거리의 단위로서의) 풀의 길이. (5)〔複合語〕 …길이의. ▫ long *a.*
at arm's ~ 1)(거래나 교섭에서) 당사자가 각기 독립을 유지하여. 2)팔 뻗친 거리에. 3)멀리하여. ***at full ~*** 1) 온몸을 쭉 펴고《눕다》. 2)충분히, 상세히. 3)줄이지 않고, 상세히. ***at great ~*** 길게, 장황하게. ***at ~*** 1)기다랗게 ; 오랫동안, 장황하게, 충분히. 2)드디어, 마침내. 【cf.】 at last. ***at some ~*** 상당히 자세하게〈길게〉. ***measure*** one***'s*** (***own***) ~ (***on the ground***) (…의 위에) 큰대자로 자빠지다. ***over*** 〈***through***〉 ***the ~ and breadth of*** …의 전체에 걸쳐, …을 남김없이.
:length·en [léŋkθən] *vt.* …을 길게 하다, 늘이다.
— *vi.* (1)《+前+名》 늘어나 …으로 되다, …으로 변천하다. (2)길어지다, 늘어나다(grow longer).
·length·wise [∠wàiz] *ad.*, *a.* 세로로〈의〉 ; 길게〈긴〉.
·lengthy [léŋkθi] (***length·i·er ; -i·est***) *a.* (1) (연설·글 등) 장황한. (2)(시간적으로)긴, 오랜. 파) **léngth·i·ly** *ad.* **-i·ness** *n.*
le·ni·ence, -en·cy [lí:niəns, -njəns], [-i] *n.* ⓤ 관대함 ; 연민, 자비, 인자.
le·ni·ent [lí:niənt, -njənt] *a.* (1)너그러운, 무른《*with* ; *to* ; *toward*》. (2)(처벌 따위가) 관대한 ; 인정 많은, 자비로운《*with* ; *toward*》.
Len·in·ism [léninìzəm] *n.* ⓤ 레닌주의.
Len·in·ist [léninist] *n.* ⓒ 레닌주의자.
— *a.* 레닌주의(자)의.
len·i·tive [lénətiv] *a.* 진정시키는(soothing), 완화하는.
— *n.* ⓒ 【醫】 진통제, 완화제.
len·i·ty [lénəti] *n.* ⓤ,ⓒ 자비 ; 관대(한 조처).
:lens [lenz] (*pl.* **~·es** [lénziz]) *n.* ⓒ (1)【解】 (눈알의) 수정체.
:lent [lent] LEND의 과거·과거분사.
Lent·en [léntən] *a.* (1)(사순절의 식사처럼) 고기 없는 ; 검소한 ; 궁상스러운. (2)사순절(四旬節)의.
len·to [léntou] *a.*, *ad.* 《It.》 【樂】 느린 ; 느리게, 렌토로〈의〉.
— (*pl.* **~s**) *n.* ⓒ 렌토의 악장〈곡〉.
Leo [lí:ou] *n.* (1)【天】 사자자리《성좌》(the Lion). (2)리오《남자 이름》. (3)【占星】 a〕 (12궁의) 사자궁(宮), 사자자리. b〕 ⓒ 사자자리에 태어난 사람.
Leon·ard [lénərd] *n.* 레오나드《남자 이름》.
Le·o·nar·do da Vin·ci [lì:əná:rdoudəvíntʃi] ⇨ DA VINCI.
Le·o·nids, Le·on·i·des [lí:ənidz], [liɑnədì:z/liɔn-] *n. pl.* 【天】 사자자리 유성군(流星群).
le·o·nine [lí:ənàin] *a.* 사자의 ; 사자와 같은 ; 당당한, 용맹한 ; (L ~) 로마교황 Leo의.
Le·o·no·ra [lì:ənɔ́:rə] *n.* 레오노라《여자 이름 애칭 Nora》. ;
·leop·ard [lépərd] *n.* ⓒ 【動】 표범(panther). ***a hunting ~*** 【動】 치타. ***Can the ~ change his spots?*** 표범이 그 반점을 쉽게 바꿀 수 있느뇨《성격은 좀처럼 못 고치는 것 ; 예레미야서 XIII : 23》.
lep·er [lépər] *n.* ⓒ (1)(도덕적 이유 등으로) 세상으로부터 배척당하는 사람. (2)나(병)환자, 문둥이. 【cf.】 leprosy.
lep·ro·sy [léprəsi] *n.* ⓤ (1)(사상·도덕적인) 부패. (2)【醫】 나병, 한센병.
lep·rous [léprəs] *a.* 나병의, 문둥병에 걸린.
les·bi·an [lézbiən] *a.* (여성간의) 동성애의, 레스비언의.
— *n.* ⓒ 동성애를 하는 여자, 레스비언.
파) **~·ism** [-ìzəm] *n.* ⓤ 여성간의 동성애 (관계).
lése májesty [lí:z-] (1)【戲】 분수없는 행동. (2)【法】 불경죄, 대역죄(high treason).
le·sion [lí:ʒən] *n.* ⓒ (1)【醫】 (조직·기능의) 장애 ; 병변. (2)외상, 손상(injury) ; 정신적 상해.
:less [les] *a.* 〔little의 比較級〕 (1)한층 작은, 보다 작은, (…보다) 못한《크기·무게·가치 따위에 있어서》. 〖opp.〗 *greater.* (2)더 적은, 보다 적은《양(量) 또는 수에 있어서》. 〖opp.〗 *more.* (3)(정도 등 추상적 성질에 관해) 보다 덜한〈낮은〉, 보다 적은.

☞ 語法 수에 있어서는 fewer를 쓰는 것이 원칙이나 종종 less도 씀《특히 수사〔數詞〕를 수반할 때》 : *Fewer* Koreans learn Chinese than English. 중국어를 배우는 한국인은 영어를 배우는 사람보다 적다 / I have two less children than you. 나는 너보다 어린애가 둘 적다

— *ad.* 〔little의 比較級〕 (1)〔動詞를 수식〕 (보나)적게 : He was ~ scared *than* surprised. 무서웠다기보. (2)〔形容詞·名詞를 수식하여〕 보다〈더〉 적게, …만 못하게. ***~ and*** ~ 점점 더 적게. ***~ than*** (*ad.*) 결코… 아니다(not at all) (〖opp.〗 *more than*). ***little ~ than*** ... …와 거의 같은 정도로 (많은). ***no ~*** 1)〔附加的 ; 종종 反語的〕 바로, 확실히. 2)…보다 적지 않은(것), 그 정도의 (것). ***no ~ a person than*** 다름 아닌 바로. ***no ~ than*** 1)(수·양이) …(만큼)이나(as many〈much〉 as). 2) …와 같은〈마찬가지의〉, …나 다름없는. ***none the ~*** 그래도 (역시). ***nothing ~ than*** 1)…과 마찬가지인, 바로 …인. 2)적어도 …이상, 꼭 …만은. ***not ~ than*** …이상 ; 적어도 …은, …보다 더하면 더했지 못하지 않은 (as...as). ***still*** 〈***much***〉 ~ 〔否定的 어구 뒤에서〕 하물며〈더욱더〉 …이 아니다

【cf.】 still 〈much〉 more. 』
— *pron.* 보다 적은 양〈수, 액〉(【opp.】 *more*) ; (the ~) 작은 편의 것, 보다 못한 사람.
— *prep.* …만큼 감한(minus), …만큼 모자라는 ; …을 제외하여(excluding).

-less *suf.* (1)동사에 붙여서 '…할 수 없는, …않는의 뜻의 형용사를 만듦 : tire*less*, count*less*. (2)명사에 붙여서 '…이 없는, …을 모면한 또는 '무한한. 무수의'의 뜻의 형용사를 만듦 : child*less*, home*less*. (3) 〈드물게 부사를 만듦〉 …없이 : doubtless.

:less·en [lésn] *vt.* …을 작게〈적게〉 하다, 줄이다 : Separating the sick from the healthy ~*s* the risk of infection. 환자와 건강인의 격리는 감염의 위험을 줄인다.
— *vi.* 작아지다 ; 적어지다, 줄다 : My strength is ~*ing* with the years. 해마다 체력이 쇠퇴하고 있다. ▫ less *a.*

·less·er [lésər] *a.* 〔little의 이중 比較級〕 작은〈적은〉 편의, 소(小)… ; 못한〈떨어지는〉 편의. 【opp.】 *greater.* 『 ~ powers 〈nations〉 약소 국가 / ~ poets 군소(群小) 시인 / the ~ sin of the two 두 가지 죄 중에서 덜한 쪽(의 죄). ※ less가 수·양의 적음을 나타냄에 대하여, lesser는 가치·중요성의 덜함을 나타낼 때가 많음 ; than은 수반하지 못함.
— *ad.* 〔흔히 複合語를 이루어〕 보다 적게 : ~-known 그다지 유명하지 않은.

:les·son [lésn] *n.* (1) a〕 (*pl.*) (연속되는) 수업, 레슨《*in*》. b〕 ⓒ 학과, 과업, 학업. (2) ⓒ (교과서 중의) 과(課) : Lesson Eight 제8과. (3) ⓒ 교훈, 훈계 ; 본때 : the ~*s* of history 역사의 교훈. (4) ⓒ 【敎會】 일과(日課) 《조석으로 읽는 성서 중의 한 부분》 : the first ~ 제 1일과《구약에서 읽는 것》 / the second ~ 제 2일과《신약에서 읽는 것》. ***learn** one**'s ~*** 《口》 경험을 통해 교훈을 얻다〈깨닫다〉.

les·sor [lésɔr, -∠] *n.* ⓒ 【法】 (토지·가옥의) 임대인(賃貸人), 빌려 준 사람. 【opp.】 *lessee.*

:lest [lest] *conj.* (1)〔fear, afraid 등의 뒤에서〕 …은 아닐까 하고, …하지나 않을까 하여(that…) : I fear ~ he (should) die. 그가 죽지나 않을까 걱정이다. (2)…하지 않도록, …하면 안 되므로(for fear that…).

:let [let] (*p.*, *pp.* **~ ; lét·ting**) *vt.* (1)《+目+前+名/+目+副》 (아무)를 가게 하다, 오게 하다, 통과시키다, 움직이게 하다.
(2)《+目+*do*》 a〕 〔命令形을 써서 권유·명령·허가·가정 등을 나타냄〕. b〕 …시키다, …하게 하다, …을 허락하다(allow to) .

☞ 語法 (1) 본래 let 다음에는 to가 없는 평형 부정사가 오고, 수동태에서는 to 부정사가 왔으나, 현재는 없는 쪽이 보통임 : I was let (to) see him. 그러나 이런 때는 오히려 be allowed to (do)가 쓰임.
(2) Let's와 Let us : '…합시다'의 뜻일 때 Let us는 일반적으로 문어적이며, 구어에서는 다음과 같이 뜻이 갈릴 때가 많음 : *Let's* go. 자 가자. *Let us* go. 저희들을 가게 해 주세요.

(3) 《~+目/+目+副》 …을 빌리다, 세주다. (4) 《~+目/+目+副》 (액체·공기·목소리 따위)를 쏟다, 내다, 새(나)게 하다. (5) 《 ~+目/+目+前+名》 (일)을 주다, 떠맡게〈도급 맡게〉 하다《특히 입찰에 의해서》, 계약하게 하다. (6)《+目+補》 (어떤 상태)로 되게 하다, …해 두다.

— *vi.* 《+前+名/+副》 임대되다, 빌려쓸〈빌릴〉사람이 있다.
~ alone ⇨ ALONE. ***~ by*** 1)(잘못따위)를 간과하다. 2)…에게 (곁을) 통과시키다. ***~ down*** 1)(비행기가 착륙하려고) 고도를 낮추다. 2) …을 아래로 내리다. 3)(사람의) 신뢰〈기대〉를 저버리다, 실망시키다. 4)템포를 늦추다, 힘을 빼다 ; (타이어 등)의 바람을 빼다. ~ a person ***down gently*** (무안을 주지 않고) 아무를 온화하게 타이르다. ***~ drive*** ⇨ DRIVE. ***~ drop***〈***fall***〉 1)(무심코) 입밖에 내다, 비추다, 누설하다. 2)떨어뜨리다. ***~ fly*** ⇨FLY[1]. ***~ go*** 1)놓아주다, (손)에서 놓다《*of*》. 2)해방〈석방〉하다, 방면하다. 3)해고하다. ~ a person ***have it*** 아무를 몹시 꾸짖다〈몰아세우다〉. ***~ in*** 1)(빛·물·공기 따위)를 통하다 : These shoes ~ (*in*) water. 이 구두는 물이 스며든다. 2)들이다(admit). 3)(곤경·손실 등)에 빠뜨리다《*for*》. ~ a person ***in on*** … (비밀 따위)를 누설하다〈알려 주다〉 ; (계획 따위)에 아무를 참가시키다. ~ ***into*** … (*vt.*) 1)…에게 비밀 등을 알리다. 2)…에 들이다〈넣다〉, …에 입회시키다. 3)…에 끼우다. ***~ it go at that*** 《美》 그쯤 해두다, 그 이상 추궁〈언급〉하지 않다. ~ …***know***〈***hear***〉 …에게 알리다. ~ ***loose*** ⇨ LOOSE *a.* ***Let me***〈***us***〉 ***see.*** 그런데, 뭐랄까, 글쎄요. ~ (…)***off*** 1)(…을 형벌·일 따위)에서 면제하다. 2)(탈것)에서 내리게 하다, 내려놓다《off는*ad.*》. 3)〔총따위〕를 쏘다, 발사하다 ; (농담 따위)를 방언(放言)하다, 함부로 하다. 4)석방〈방면〉하다, (가벼운 벌)로 용서해 주다《*with*》 ; (일시적으로) 해고하다. 5)(액체·증기 따위)를 방출하다. ***~ on*** 《口》 1)입밖에 내다, 고자질하다, 비밀을 알리다〈누설하다〉《*about* ; *that*》. 2)(사람을 차)에 태우다. 3)(짐짓) …인 체하다《*that*》. ***~ out*** (*vt.*) 1)유출시키다, (공기 따위)를 빼다《*of*》. 2)(소리)를 지르다 ; 입밖에 내다. 3)…을 놓아주다 ; 해방〈방면, 면제〉하다. 4)(옷 따위)를 크게 하다, 늘리다. 5)세 놓다, 임대하다. 6)맹렬히 치고〈차고〉 덤비다, 욕을 퍼붓다《*at*》. 7)(학교·모임 따위)가 해산하다, 파하다, 끝나다. ***~ pass*** 관대히 봐주다, 불문에 부치다. ***~ ride*** ⇨ RIDE. ***~ rip*** ⇨ RIP[1]. ~ one***self in*** 들어가다 : I ~ *myself in* with a latchkey. 열쇠로 자물쇠를 열고 안으로 들어갔다. ~ one***self in for*** (책임 등을) 짊어지게 되다. ~ one***'s hair down*** ⇨ HAIR. ***~ slide*** (사태 등)을 그냥 내버려두다. ***~ slip*** 1)(기회)를 놓치다. 2)(개 따위)를 풀어놓다. ***~ through*** 1)(사람·물건 등)을 통과시키다 2)(잘못 따위)를 묵과하다. ***~ up*** 《口》 1)늦추다, 느즈러지다 : We mustn't ~ *up*, even though we're winning. 우리가 이기고는 있지만 긴장을 풀어서는 안된다. 2)(비·바람 등)이 그치다, 잠잠해지다 : Will the rain never ~ *up*? 비는 전혀 안 그칠 것인가 3)그만두다《*on*》. ***~ well*** (***enough***) ***alone*** 너무 욕심부리지 않다 ; 부질없는 간섭을 안 하다. ***To Let*** 《英》 셋집〈셋방〉 있음(《美》 For Rent).
— *n.* ⓒ 《英口》 빌려줌, 임대(lease) : I cannot get a ~ for the room. 방에 세들 사람을 구하지 못하고 있다.

-let *suf.* '작은 것, 몸에 착용하는 것'의 뜻 : stream*let*, ring*let*, wrist*let*.

let·down [létdàun/ ∠∠] *n.* ⓒ (1)(생산고·속도·분량 등의) 후퇴, 감퇴, 이완 ; 부진. (2)실망, 낙담, 환멸. (3)【空】 (착륙을 위한) 고도 낮추기.

le·thal [líːθəl] *a.* 죽음을 가져오는, 치사의, 치명적인. 파) **~·ly** *ad.*

le·thar·gic [leθáːrdʒik] *a.* (1)혼수 상태의, 기면성(嗜眠性)의. (2)무기력한, 나른한 ; 활발치 못한. 파)

-gi·cal·ly *ad.*
leth·ar·gy [léθərdʒi] *n.* ⓤ (1)혼수 상태. (2)무기력, 활발치 못함.
let·out [létàut] *n.* ⓒ《英》(곤란·의무 따위로부터) 빠져 나갈 길.
:let's [lets] let us의 간약형《권유하는 경우》.
:let·ter [létər] *n.* (1) ⓒ 글자, 문자. 【cf.】 character. (2) ⓒ 【印】 활자(의 자체) : a roman ~ 로마체 활자 / in italic - 이탤릭체로. (3) ⓒ 편지, 서한. (4)(the ~) (내용에 대해) 글자 그대로의 뜻, 자의(字義), 자구(字句). (5)(*pl.*) 〔單·複數 취급〕 문학 ; 학문 ; 학식 : 문필업(the profession of ~*s*) (6) ⓒ (흔히 *pl.*) 증서, 면허증〈장〉, …증(證)〈장(狀)〉. (7) ⓒ《美》 학교의 머리글자《우수한 선수 등에게 사용되는 것이 허용됨》. **~ of advice** 【商】 송하(送荷) 통지서, 어음 발행 통지서. **~ of credit** 【商】 (은행의) 신용장《略 : L/C》. ***a men of ~s*** 문학자, 저술가, 학자. ***to the ~*** 문자(그)대로, 엄밀히.
— *vt.* (1)《~+目 /+目+前+名》 …에 글자를 넣다〈박다, 찍다〉 ; …에 표제를 넣다 : ~ a poster 포스터에 글자를 넣다. (2)…을 활자체로 쓰다. (3) 글자로 분류하다.
— *vi.* (1) 글자를 ㄴ허다. (2) (우수 선수로) 학교의 마크를 받다.
létter bòmb 우편 폭탄《폭탄을 장치한 우편물》.
létter bòx (개인용의) 우편함(《美》 mail box) ; 우체통.
let·ter·card [-kɑ̀ːrd] *n.* ⓒ 봉함 엽서.
létter càrrier 《美》 우편 집배원 (postman, mailman).
let·tered [létərd] *a.* (1)글자를 넣은〈새긴〉 : a book ~ in gold 금자박이 책. (2)학식〈교육〉이 있는 (educated). 【opp.】 *unlettered.*
let·ter·ing [létəriŋ] *n.* ⓤ (1)글자 쓰기〈새기기〉《문자의 도안화》. (2)쓴〈새긴〉 글자, 명(銘) ; (쓰거나 새긴) 글자의 배치〈체재〉, 자체.
let·ter·less [létərlis] *a.* 무학의, 문맹의.
let·ter·per·fect [-pə́ːrfikt] *a.* (1)(배우·학생 등이) 대사(臺辭)〔학과〕를 완전히 외고 있는. (2) (문서·교정 따위가) 완전한, 정확한.
let·ter·press [-près] *n.* ⓤ (1)《英》 (책의) 본문《삽화에 대해》. (2)철판〈활판〉 인쇄(법) ; 활판 인쇄물, 편지 복사기.
let·ter-size [-sàiz] *a.* (종이가) 편지지 크기의, 22×28 cm 크기의.
·let·tuce [létis] *n.* (1) ⓤ《俗》 지폐, 현찰. (2) ⓒ 【植】 상추, 양상추. (3) ⓤ (샐러드 용의) 상추잎.
let·up [létʌ̀p] *n.* ⓤ,ⓒ《口》(1)(긴장, 힘 등의) 해이(解弛) ; 감소, 완화 ; 감속(減速). (2)정지, 휴지. ***without (a)*** ~ 끊임없이, 쉴새없이.
le·vant *vi.* 《英》 (내기에 지고) 빚〈내깃돈〉을 갚지 않고 도망하다, 자취를 감추다(abscond).
lev·ee [lévi, ləvíː] *n.* ⓒ (1)《美》 대통령의 접견(회). (2)《英》 군주의 접견《이른 오후 남자에 한하는》.
:lev·el [lévəl] *n.* (1) ⓤⓒ 수평 ; 수평선〈면〉, 평면(plane). (2) ⓒ 평지, 평원(plain). (3) ⓤⓒ (수평면의) 높이(height). (4) ⓤⓒ 동일 수준〈수평〉, 같은 높이, 동위(同位), 동격(同格), 동등(同等) ; 평균 높이. (5) ⓒ (지위·품질·정도 따위의) 수준, 단계. (6) ⓒ 수준기(器)(평탄기), (측량용) 레벨. ***a dead ~*** 전혀 높낮이가 없는 평지. ***find** one's (**own**)* ~ 분수에 맞는 지위를 얻다, 마땅한 곳에 자리잡다 : Water *finds its* ~. 물은 낮은 곳으로 흐른다. ***on a ~ with*** …와 같은 수준으로〈높이로〉 ; …와 동격으로. ***on the ~*** 《口》 1)공평하게〈한〉, 정직하게〈한〉. 2)〔文章修飾〕 솔직히 말해서 : *On the* ~, I don't like him. 솔직히 말해서 그를 좋아하지 않는다. ***take a ~*** (두 지점의) 고도차를 재다.
— (**~·er, ~·est ;** 《英》 **~·ler, ~·lest**) *a.* (1) 수평의(horizontal) ; 평평한, 평탄한(even) : pitch a tent on ~ ground 평지에 천막을 치다 / out of ~ 평탄하지 않은. (2)같은수준〈높이, 정도〉의, 호각(互角)의, 대등한《*with*》 : a ~ race 백중한 경주 / draw ~ *with* …와 동점(同點)이 되다. (3)한결같은, 변화가 없는 : give a person a ~ look ~를 응시하다. (4)(어조 따위가) 침착한, 차분한, (판단 따위가) 냉정한. ***do** one's **~ best*** 전력(최선)을 다하다.
— (**-l-,** 《英》 **-ll-**) *vt.* (1)《~+目/+目+副》 …을 수평하게 하다, 평평하게 하다, 고르다. (2)《~+目/+目+副》 …을 평등〈동등〉하게 하다 ; (차별)을 없애다《*out ; off*》. (3)《~+目/+目+前+名》(지면)에 쓰러뜨리다, 뒤엎다(lay low) ; 때려 눕히다(knock down). (4)《~+目/+目+前+名》 …을 수평하게 놓다 ; (시선 따위)를 돌리다《*at*》 ; (총)을 겨누다《*at*》 ; (풍자나 비난 따위)를 퍼붓다《*at ; against*》. — *vi.* (1)수평하게 되다, 평평하게 되다 ; 같은 수준으로 하다. (2)(수평으로) 조준하다, 겨누다《*at*》. (3)《口》 숨김없이〈솔직히〉 말하다, 까놓고 말하다《*with*》. **~ down** 〈**up**〉 표준을 낮추다〈올리다〉 ; 똑같이 낮추다〈올리다〉 ; **~ off** 〈**out**〉 1)【空】 (착륙 직전에) 수평〈저공〉 비행 태세로 들어가다. 2)평평(平平)하게〈한결같이〉 하다〈되다〉. 3)(물가 따위)가 안정 상태로 되다.
— *ad.* 수평으로, 평평하게 ; 곧바로, 일직선으로, 비등하게.
lev·el·er, 《英》 **-el·ler** [lévələr] *n.* ⓒ (1)평등주의자. (2)수평하게 하는 사람〈기구〉, 땅을 고르는 기계.
lev·el-head·ed [lévəlhédid] *a.* 온건한, 냉정한, 분별있는. 파) **~·ly** *ad.* **~·ness** *n.*
lev·el·ing, 《英》 **-el·ling** [lévəliŋ] *n.* ⓤ (1)(사회의) 평등화 운동〈계급 타파〉 운동. (2) 평평하게 하기 ; 땅 고르기, 수준 측량.
·lev·er [lévər, líːvər] *n.* ⓒ (1)【機】 지레, 레버. 【cf.】 simple machine. (2)(목적 달성의) 수단, 방편.
— *vt.* 〔종종 along, out, over, up 등을 수반하여〕 …을 지레로 움직이다, 지레로 움직여 (…한 상태로) 만들다 ; …에 지레를 사용하다.
— *vi.* 지레를 사용하다.
lev·er·age [lévəridʒ, líːv-] *n.* ⓤ (1)《美》 차입 자본 이용, 레버리지. (2)지레의 작용〈힘〉 ; 지레 장치. (3)(목적을 이루기 위한) 수단, 세력(influcnce).
— *vt.* (1)《美》 차입 자본을 이용해 …에 투기를 하다. (2)…에 영향력을 행사하다.
lev·er·et [lévərit] *n.* ⓒ (그 해에 낳은) 새끼토끼.
le·vi·a·than [liváəθən] *n.* (1) ⓒ 거대한 것《특히, 거선(巨船)이나 거대한 고래》. (2)(종종 L-) 【聖】 리바이어던《거대한 해수(海獸)》.
lev·i·tate [lévətèit] *vt., vi.* (초능력으로) (…을) 공중에 뜨게 하다 ; 공중에 뜨다(떠돌다).
파) **lèv·i·tá·tion** [-ʃən] *n.* ⓤ 공중 부양(淨揚).
lev·i·ty [lévəti] *n.* (1) ⓤ 경솔, 경박, 변덕, 촐싹거림. (2) ⓒ 경솔한 행위, 경거망동.
·levy [lévi] *vt.* (1)《+目+前+名》 (전쟁 등)을 시작하다, 행하다. (2)《~+目/+目+前+名》 (세금 따위)를 과〈징수〉하다. (3)…을 소집 〈징집〉하다, 징용하다.

L

— *vi.* 【法】 압수〈압류〉하다《*on*》.
— *n.* ⓒ (1)부과, 징세 ; 징수액. (2)소집, 징집 ; 징용 ; 징모병수(數), 모집 인원. ***a ~ in mass*** 【軍】 국민군 소집 ; 국가 총동원.

lex·i·cal [léksikəl] *a.* (1)어휘의, 어구의. (2)사전(편집)의, 사전적인. 【cf.】 grammatical.

lex·i·cog·ra·pher [lèksəkágrəfər/ -kɔ́g-] *n.* ⓒ 사전 편찬자.

lex·i·co·graph·ic, -i·cal [lèksəkougrǽfik], [-əl] *a.* 사전 편집(상)의. 파) **-i·cal·ly** *ad.*

lex·i·cog·ra·phy [lèksəkágrəfi/ -kɔ́g-] *n.* ⓤ 사전 편집(법)

lex·i·col·o·gy [lèksəkálədʒi/ -kɔ́l-] *n.* ⓤ 어휘학(語彙學).

lex·i·con [léksəkən] *n.* ⓒ (1)【言】 어휘 목록. (2)사전《특히 그리스어·헤브라이어·라틴어의》 ; (특정한 언어·분야·작가· 작품 등) 어휘.

·li·a·bil·i·ty [làiəbíləti] *n.* (1) ⓤ (…의) 경향이 있음, 빠지기〈걸리기〉 쉬움《*to*》 : one's ~ *to* error 잘못을 저지르기 쉬움 / ~ *to* disease〈cancer〉 병〈암〉에 걸리기 쉬움. (2) ⓤ 책임이 있음 ; 책임, 의무, 부담 : ~ for a debt 채무 / for military service 병역의 의무 / ~ to pay taxes 납세의 의무 / limited〈unlimited〉 ~ 유한〈무한〉 책임. (3) ⓒ 불리한 일〈조항, 사람〉 : Poor handwriting is a ~ in getting a job. 글씨를 잘못 쓰면 취직하는데 불리하다. (4)(*pl.*) 빚, 채무. 【opp.】 *assels.* ▫ liable *a.*

:li·a·ble [láiəbəl] (***more ~ ; most ~***) *a.* 〔敍述約〕 (1)자칫하면 …하는, (까딱하면) …하기 쉬운《*to* do》 : All men are ~ *to* make mistakes. 무릇 인간은 잘못을 저지르기 쉽다 / The child is ~ *to* catch cold. 이 아이는 감기에 잘 걸린다. ※ 주로 나쁜〈달갑지 않은〉 일이 일어나기 쉬울 때 씀. (2)책임을 져야 할, 지변〈지급〉할 책임이 있는. (3)부과되어야 할, (…할 것을) 면할 수 없는《*to* ; *to* do》 ;…할 의무가〈책임이〉 있는. (4)빠지기 쉬운, 걸리기 쉬운, 면하기 어려운《*to*》. (5)…할 것 같은(likely).

li·aise [liéiz] *vi.* (1)연락 장교 노릇을 하다. (2)연락을 취하다《*with*》.

·li·ai·son [líːəzàn, liːéizən/liːéizɔːŋ] *n.* 《F.》 (1) ⓒ 【音聲】 연성(連聲), 리에종《특히 프랑스어에서 어미의 묵음인 자음이 다음에 오는 말의 모음과 연결되어 발음하는 것》. (2) ⓒ 간통, 밀통《*between* ; *with*》. (3) a] ⓤ (또는 a ~) 【軍】 연락, 접촉 : 〔一般的〕섭외, 연락 (사무). b] ⓒ 연락원〈관〉《*between*》.

:li·ar [láiər] *n.* ⓒ 거짓말쟁이.

li·bel [láibəl] *n.* (1) ⓒ 모욕이 〈불명예가〉 되는 것, 모욕《*on*》. (2) a] ⓒ 비방〈중상〉하는 글 : a ~ on him그에 대한 명예 훼손기사〈문서〉. b] ⓤ 【法】 (문서·그림·사진 등에 의한) 명예 훼손(죄).
— (**-l-,** 《英》 **-ll-**) *vt.* (1)《俗》 (사람의 품성·용모 따위)를 매우 부정확하게 말하다〈표현 하다〉. (2)…의 명예를 훼손하다 ; 명예를 훼손하는 글을 공개하다.
파) **lí·bel·(l)er, -(l)ist** *n.* ⓒ 중상(中傷)자, 명예 훼손자. **lí·bel·(l)ous** [-ləs] *a.*명예 훼손의, 중상적인 ; 중상하기를 좋아하는.

:lib·er·al [líbərəl] (1) a] 풍부한, 많은. b] 대범한, 인색하지 않은(generous), 아끼지 않는. 【opp.】 *illiberal.* (2)【政】 자유주의의, 자유를 존중하는 ; 진보적인. 【opp.】 *conservative.* (3) a] (해석 따위가) 자유로운, 자의(字義)에 구애되지 않는 : a ~ translation 의역, 자유역. b] 관대한(tolerant), 도량이 넓은(broadminded), 개방적인, 편견이 없는《*in*》. 【opp.】 *illiberal.* (4)교양〈생각〉을 넓히기 위한, 일반 교양의. 【cf.】professional, technical.
— *n.* (1) ⓒ 편견 없는 사람 ; 자유주의자, 진보주의자. (2)(L-) 《英·Can.》 자유당원.

·lib·er·al·ism [líbərəlìzəm] *n.* ⓤ 자유주의.

lib·er·al·ist [líbərəlist] *n.* ⓒ 자유주의자.

lib·er·al·ís·tic [-tik] *a.* 자유주의적인.

lib·er·al·i·ty [lìbərǽləti] *n.* (1) ⓒ (흔히 *pl.*) 베푼 것, 선물. (2) ⓤ 너그러움, 관대, 관후. (3) ⓤ 활수함, 인색하지 않음.

lib·er·al·ize [líbərəlàiz] *vt.* …의 제약을 풀다 ; 관대하게 하다 ; 자유(주의)화하다. — *vi.* liberal하게 되다, 개방적이 되다, 관대해지다.
파) **lìb·er·al·i·zá·tion** [-lizéiʃən/ -laiz-] *n.*

lib·er·al·ly [líbərəli] *ad.* (1)관대하게 ; 개방적으로 ; 편견없이. (2)활수하게, 후하게.

·lib·er·ate [líbərèit] *vt.* (1)【化】 (가스 따위)를 유리(遊離)시키다. (2) 《~+目/+目+前+名》 …을 해방하다, 자유롭게 하다 ; 방면〈석방〉하다 '벗어나게 하다《*from*》. 【opp.】 *enslave.*
파) **líb·er·àt·ed** [-èitid] *a.* (사회적·성적 편견에서) 해방된, 진보적인.

lib·er·a·tion [lìbəréiʃən] *n.* ⓤ (1)【化】 유리(遊離). (2)해방 ; 석방 ; 해방 운동. 【cf.】 lib.
파) **~·ist** *n.* 해방 운동가.

lib·er·a·tor [líbərèitər] *n.* ⓒ 해방자, 석방자.

lib·er·tine [líbərtìːn] *n.* ⓒ 방탕자, 난봉꾼.
— *a.* 방탕한 ; (종교적으로) 자유 사고〈사상〉의.

lib·er·tin·ism [líbərtiːnìzəm] *n.* ⓒ 방탕, 난봉.

:lib·er·ty [líbərti] *n.* (1) ⓒ 멋대로 함, 방자, 도를 넘은 자유 ; 멋대로의〈방자한〉 행동. (2) ⓤ 자유(freedom) ; 해방, 석방. (3) ⓤ …할 자유, 권리. ※ 엄밀하게는 freedom 과는 달리, 과거에 있어서 제한·억압 따위가 있었던 것을 암시함. (4)(pl.) (칙허·시효로 얻은) 특권(privileges)《자치권·선거권·참정권 따위》. ***at ~*** 1)(아무가) 일이 없는, 한가한 : I'm *at* ~ for a few hours. 두세 시간 한가하다. ***take liberties with*** 2)속박당하지 않고 ; 자유로 3)자유로 …해도 좋은 : You are *at* ~ to use it. 마음대로 그것을 써도 좋다. 1)(규칙 따위)를 멋대로 변경하다 : He was told not to *take liberties with* the script. 대본을 함부로 바꾸지 말라는 말을 들었다. 2)…와 무람없이 굴다, …에게 무례한 짓을 하다 : You shouldn't *take liberties with* your women employees. 여직원에게 무례하게 굴어서는 안된다.

Líberty Bèll (the ~) 《美》 자유의 종(鐘) 《Philadelphia에 있는 미국 독립 선언 때 친 종》.

líberty càp 자유의 모자(cap of liberty)《고대 로마에서 해방된 노예에게 준 삼각 두건 ; 지금은 자유의 표상》.

Líberty Island 자유의 여신상이 있는 뉴욕항 입구의 작은 섬.

li·bid·i·nal [libídənəl] *a.* libido의 파) **~·ly** *ad.*

li·bid·i·nous [libídənəs] *a.* 호색의, 육욕적인, 선정적인. 파) **~·ly** *ad.* **~·ness** *n.*

:li·brar·i·an [laibrɛ́əriən] *n.* ⓒ 도서관 직원 ; 사서(司書). 파) **~·ship** *n.* ⓤ ~의 직무〈지위〉.

:li·bra·ry [láibrèri, -brəri/ -brəri] *n.* ⓒ (1)장서, 문서, (레코드·테이프 등의) 라이브러리《수집물 또는 시설》 ; 【컴】 (프로그램·서브 루틴 등의) 자료관, 라이브러리. ***the Library of Congress*** 《美》 국회 도서관. (2)(출판사의) …총서(叢書), …문고, 시리즈. (3) 도서관, 도서실 : a college ~ 대학 도서관. (4)(개인의)

서고 ; 서재, 독서실. (5)《美》 세책집, 대본집(rental ~).
líbrary scíence 도서관학.
li·bret·tist [librétist] *n.* ⓒ (가극의) 대본 작자.
Lib·ya [líbiə] *n.* 리비아《아프리카 북부의 공화국 ; 수도 Tripoli》.
Lib·y·an [líbiən] *a.* 리비아(사람)의. — *n.* ⓒ 리비아 사람.
lice [lais] LOUSE의 복수.
:li·cense, -cence [láisəns] 〔*v.*는 《英》《美》 모두 license, *n.*은 《英》에서 -cence가 보통〕 *n.* (1) ⓤ 멋대로 함, 방자, 방종 ; (행동의) 자유. (2) ⓤ,ⓒ 면허, 인가 ; 관허, 특허. (3) ⓤ (문예 작품에서 허용되는) 파격(破格) 허용 : ⇨ POETIC LICENSE. (4) ⓒ 허가증, 인가서, 감찰(鑑札), 면허〈특허〉장. — *vt.* (1)(…의 출판〈흥행〉 등)을 허가하다. (2)《+目+*to* do》 …에게 면허〈특허〉를 주다, …을 인가〈허가〉하다.
li·censed [láisənst] *a.* 면허를 얻은, 허가를 받은, 인가된.
li·cen·see [làisənsí:] *n.* ⓒ 면허〈인가〉를 받은 사람, 감찰이 있는 사람 ;《특히》 공인 주류 판매인.
li·cen·ti·ate [laisénʃiit, -ʃièit] *n.* ⓒ 면허장 소유자, 개업 유자격자.
li·cen·tious [laisénʃəs] *a.* 방탕한 ; (성적 행동이) 방종한. 파) **~·ly** *ad.* **~·ness** *n.*
li·chened [-d] *a.* 이끼가 낀, 지의〈이끼〉로 덮인.
li·chen·ous [-nəs] *a.* 지의의, 지의 같은 ; 지의〈이끼〉가 많은.
lic·it [lísit] *a.* 합법적인, 정당한. 【opp.】 *illicit.*
:lick [lik] *vt.* (1)《~+目/+目+前+名/+目+副/+目+補》 …을 핥다, 핥아먹다, 핥아서 떼다《*off* ; *up* ; *from*》. (2) a] 《口》 …에게 이기다(overcome) ; …보다 낫다. b] …에게 알 수 없게 하다. (3)《~+目/+目+副》 (물결이) …을 스치다, 넘실거리다, (불길 등이) 널름널름 태워버리다. (4)《~+目/+目+前+名》《口》 …을 때리다, 때려서 (결점 따위)를 고치다《*out of*》. — *vi.* (1)《口》 속력을 내다, 서두르다(hasten). ***~ into shape***《口》 제 구실을 하게 하다, 어연번듯하게 만들다, 형상을 만들다. ~ one***'s lips*** 〈***chops***〉 입맛을 다시다 ; 군침을 흘리다. ~ one***'s wound***(***s***) 상처를 치료하다 ; 패배 후 다시 일어서려고 힘을 기르다. (2)《+前+名》 (불길· 파도 따위가) 급속히 번지다 ; 너울거리다, 출렁이다.
— *n.* (1)(또는 a ~) 《口》 빠르기, 속력 : at a great ~ 굉장한 스피드로 / (at) fall ~ 전속력으로. ***give a ~ and a promise*** (2) ⓒ 한 번 핥는 양, 소량. (3) ⓒ 핥기, 한 번 핥기 : She had a ~ at the jam. 잼을 한 번 핥았다. (4) ⓒ 동물이 소금을 핥으러 가는 곳. (5) ⓒ 한 번 닦기〈쓸기〉, (페인트 따위를) 한 번 칠하기《*of*》 : give the wall a ~ *of* paint 벽을 한 번 칠하다 / give the room a quick ~ 방을 한 번 휙 쓸다. (6) ⓒ 《口》 강타, 일격 : give (a person) a ~ on the ear (아무의) 따귀를 갈기다. (1)(손 따위)를 서둘러 씻다. (2)(일 따위)를 적당히〈아무렇게나〉 하다.
lick·e·ty-split [líkətisplít] *ad.* 《口》 전속력으로.
lick·ing [líkiŋ] *n.* ⓒ (1)《口》 매질, 때림 : give a person a good ~ 아무를 되게 때리다 / get〈take〉 a ~ 지다, 패배하다. (2)핥음 ; 한 번 핥기.
lick·spit·tle [líkspìtl] *n.* ⓒ 아첨꾼, 알랑쇠.
lic·o·rice [líkərəs] *n.* (1) ⓤ 감초(甘草) : 감초뿌리 (엑스)《약용·향미료》. (2) ⓤ,ⓒ 감초를 넣어 만든 사탕.

:lid [lid] *n.* (1) ⓒ 눈꺼풀(eyelid). (2) ⓒ 뚜껑 : a dustbin ~ 휴지통 뚜껑. (3)(*sing.*) 규제, 억제, 단속. (4) ⓒ 《俗》 모자. ***blow the ~ off*** (추문· 좋지 않은 내막 따위를) 여러 사람 앞에 드러내다, 폭로하다. ***flip*** one***'s ~***《俗》 몹시 화내다, 분노를 폭발시키다. ***put the*** (***tin***) ***~ on***《英口》 (1)(일련의 좋지 않은 일이) 최악의 상태로 끝나다. (2)(계획·행동 따위를) 망쳐 놓다.
lid·less [lídlis] *a.* (1)눈꺼풀이 없는. (2)뚜껑이 없는.
:lie[1] [lai] (***lay*** [lei] ***; lain*** [lein] ***; ly·ing*** [láiiŋ]) *vi.* (1)《+前+名/+副》 (사람·동물 등이) 눕다, 드러〈가로〉눕다, 누워 있다 ; 엎드리다, 자다《*down*》. (2)《+前+名/+副》 기대다(recline), 의지하다《*against*》. (3)【法】 (소송 따위가) 제기되어 있다 ; (주장 등이) 성립하다, 인정되다. ***as far as in me ~s*** 내 힘이 미치는〈닿는〉 한. ***Let sleeping dogs ~.*** 《俗談》 자는 범 코침 주지 마라 ; 긁어 부스럼 만들지마라. ***~ about*** (4)《前+名》 (물건이) 가로 놓이다, 놓여 있다. (5)《前+名》 (사람·시체가) 묻혀 있다, (지하에) 잠들고 있다. (6)《前+名》 (경치 따위가) 펼쳐져〈전개되어〉 있다 ; (길이) 뻗어 있다, 통(通)해 있다(lead) 《…에서 —까지 *between* ; …을 통(通)하여 *through* ; …의 옆을 *by* ; …을 따라 진 *along*》. (7) 《+前+名/+補》 (원인·이유·본질·힘·책임 따위가 …에)있다, 존재하다, 찾을 수 있다. (8)《+副/+前+名/+補》 (…에) 있다, 위치하다. (9)《前+名/+補》 가만히 있다, (물건이) 잠자고〈놀고〉 있다. (10)《(+補)+前+名》 (사물이 …을) 내리누르다, 압력을 가하다 ; (음식이 …의) 부담이 되다《*on, upon*》 ; (사물이 …의) 책임〈의무, 죄〉이다《*with*》. (11)《+補/+前+名/+副+*done*/+-*ing*》 …상태에 있다(remain). 1)빈둥빈둥 놀며 지내다 ***~ ahed*** 앞〈전도(前途)〉에 가로놓여〈대기하고〉 있다. ***~ around*** = ~ about. ***~ at*** a person***'s door*** (책임이) 아무에게 있다. ***~ at*** a person***'s heart*** 아무의 사모를 받고 있다 ; 아무의 걱정거리다. ***~ back*** 벌렁 눕다 ; 뒤에 기대다. ***~ by*** 2)(여기 저기) 흩어져 있다. 1)쉬다, 물러나 있다. ***~ down*** 2)수중에 있다, 보관되어 있다, 쓰이지 않고 있다. 1)눕다, 자다《*on*》. 2)굴복하다, (모욕따위를) 감수하다. ***~ in*** 1)《英口》 평소보다 늦게까지 누워 있다. 2)산욕(産據)에 들다, 산원에 들어가다. ***~ off*** 1)잠시 일을 쉬다, 휴식하다. ***~ over*** 연기되다 ; 보류되다. ***~ to*** 【海】 (이물을 바람 부는 쪽으로 돌리고 거의 정선(停船)하고 있다. ***~ up*** 2)【海】 해안〈딴 배〉에서 좀 떨어져 있다. 1)【海】 (배가) 독(dock)에 들어가다, 선거(船渠)에 매여 있다. ***~ with*** (일이, …의) 의무〈역할, 책임〉이다 ; (책임 등이) …에게 있나. 2)휴식하다 ; (병으로) 자리에 눕다. 3)은퇴하다, 활동을 그치다, 물러나다.
— *n.* (1) ⓒ 동물의 집〈굴〉. (2) ⓤ (종종 the ~)《英》 위치, 방향, 향(向) ; 상태, 형세 : the ~ of the land 지세 ; 형세, 사태.
:lie[2] [lai] *n.* ⓒ (1)속이는 행위, 허위, 속임수 : Her smile is a ~ that conceals her sorrow. 그녀의 미소는 슬픔을 감추기 위해 꾸민 허위이다. (2)(고의적인) 거짓말, 허언 : You're telling ~*s* now. 넌 지금 거짓말하고 있다.
give the ~ to ... 1)…거짓임을 입증하다 : His behavior *gave the* ~ *to* his words. 그의 행동으로 그의 말이 거짓임을 알았다. ***live a ~*** 바르지 못한 생활을 보내다, 배신을 계속하다. 2)아무를 거짓말쟁이라고 비난하다.
— (*p., pp.* ***lied*** [laid] ***; ly·ing*** [láiiŋ]) *vi.* (1)《+

前+名》 거짓말을 하다 : ~ *to* a person 아무에게 거짓말하다 / The camera doesn't ~. 카메라는 정직하다.

☞參考 lie는 언제나 의도적 기만의 함축성을 가짐. 따라서 You are *lying*. 이라든가 You are a *liar!* 따위의 표현은 다소 과장한다면 '새빨간 거짓말이다'라든지 '이 사기꾼아' 따위의 기분을 풍기며 상대의 성의를 정면으로 의심하는 도발적인 말로 보아야 할 때가 많음. a white (little) *lie* '악의 없는 (사소한) 거짓말'과 같은 표현이 엄연히 있는 것이 이를 뒷받침함.

(2) 속이다, 눈을 속이다, 현혹시키다 : (계기 따위가) 고장 나 있다 : Mirage ~. 신기루는 사람의 눈을 속인다.
— *vt.* 《+目+副/+目+前+名》 거짓말을 하여 … 하다 ; 거짓말을 하여 …을 빼앗다《*out of*》:
~ a person's reputation *away* 거짓말을 하여 아무의 명성을 손상시키다. ~ a person **into** 아무를 속여서 …에 빠뜨리다. **~ in** one**'s teeth** 〈**throat**〉 새빨간 거짓말을 하다. ~ one**self** 〈one**'s way**〉 **out of**… 거짓말을 하여 (궁지 등에서) 벗어나다.

Liech·ten·stein [líktənstàin] *n.* 리히텐슈타인《오스트리아와 스위스 사이에 있는 입헌 군주국》.

lied [li:d] (*pl.* **~er** [lí:dər]) *n.* ⓒ 《G.》 리트, 가곡(歌曲).

lief [li:f] (**~er**) *ad.* 《古》 기꺼이, 쾌히(willingly) 《※ 주로 다음의 용법으로만 쓰임》. **would** 〈**had**〉 **as ~** … (**as** _). (—보다는) … 하는 것이 좋다 : (—하느니 차라리) …(하는 편)이 낫다. **would** 〈**had**〉 **~er** … **than -** —하느니 차라리 …하는 편이 낫다.

liege [li:dʒ] *n.* ⓒ (1)(봉건제도하의) 가신 : (the ~s) 신하, 가신. — *a.* 〔限定的〕 1)군주로서의, 군주의. 2)(봉건제도하의) 신하로서의, 신하의. (2)(봉건제도하의) 군주, 영주.

:lieu·ten·ant [lu:ténənt/《陸軍》 leftén-, 《海軍》 lətén-] *n.* 《略 : lieut., 複合語일 때는 Lt.》 (1)【美英海軍】 대위 : ~ junior grade《美》 해군 중위 / sub ~《英》 해군 중위. (2)【美陸·空軍·海兵】 중위 (first ~), 소위(second ~) : 【英陸軍】 중위. (3)《美》 (경찰·소방서의) 지서 차석, 서장 보좌. (4)상관 대리, 부관(deputy).

lieuténant cólonel 【美陸空軍·英陸軍】 중령.

lieuténant commánder 해군 소령.

lieuténant géneral 【美陸空軍·英陸軍】 중장.

lieuténant góvernor 《美》 (주(州)의) 부지사 : 《英》 (식민지의) 부총독, 총독(總督) 대리.

lieuténant júnior gráde (*pl.* **lieutenants junior grade**) 【美海軍】 중위.

:life [laif] (*pl.* **lives** [laivz]) *n.* (1) ⓒ 전기, 일대기, 언행록.
(2) ⓤ 생명 : 생존, 삶, 생(生) : the origin of ~ 생명의 기원.
(3) ⓒ 태어나서 현재까지의 기간.
(4) a] ⓒ (무생물의) 수명, 내구〈내용〉 기간 : 【物】 (소립자 따위의 평균) 수명. b] ⓒ 수명, (개인의) 목숨, 평생, 생애. c] ⓤ 종신형 (~ sentence).
(5) ⓤ 〔集合的〕 생물.
(6) a] ⓤ 인생 ; (이) 세상 ; 실(사회)생활, 사회 활동. b] ⓒⓤ 생활(상태).
(7) ⓤ 실물, 진짜 : (사진 따위가 아닌) 진짜 (누드) 모델 ; 실물크기(의 모양).
(8) ⓤ a] (식품의) 신선도, 싱싱함 ; (포도주 따위의) 발포성. **as I have ~** 확실히, 틀림없이. **as large** 〈**big**〉 **as ~** 1)《戲》 다른 사람 아닌, 정말로, 어김 없이, 몸소, 자신이. **bring** … **to ~** …을 소생시키다 : 활기띠게 하다. **come to ~** 소생하다, 의식을 회복하다 ; 활기띠다. **for ~** 종신(의), 무기(의), 일생(의). **for** one**'s** ~ =**for dear** 〈**very**〉 ~ 필사적으로, 죽을 힘을 다해서. **for the ~ of** one《口》〔흔히 否定文에서〕 아무리 해도 (…않다). **in ~** b] 활기, 기운 ; 활력, 건강의 원천 ; 신선함 : full of ~ 활기에 찬 / with ~ 기운차게 / child is all ~. 어린아이는 생기에 차 있다. 2)실물 크기의, 등신대(等身大)의. 1)살아 있는 동안에는, 생전에, 이승에서(는) : late *in* ~ 만년에. 2)〔all, no 따위를 강조하여〕 아주, 전혀 : with *all* the pleasure *in* ~ 아주 크게 기뻐하며 / I own *nothing in* ~.재산은 전무(全無)다. **~ and limb** 생명과 신체 : safe in ~ *and limb* 신체·생명에 별 이상 없이 / escape with ~ *and limb* 이렇다 할 부상〈손해〉없이 도망치다. **Not on your ~!** 《口》 절대로 안 그렇다, 천만의 말씀. **on your ~** 반드시, 꼭(by all means). **take** one**'s ~ in** one**'s hands** 번연히 알면서 죽음을 무릅쓰다. **take** one**'s own ~** 자살하다. **to the ~** 실물 그대로, 생생하게 : a portrait drawn to the ~ 살아 있는 것 같은 초상화. **true to ~** (이야기·연극 따위가) 박진(迫眞)하여〈한〉, 현실 그대로(의). **upon my ~** 1)어럽쇼. **What a ~!** 이게 뭐람, 아이고 맙소사. 2)목숨을 내걸고 ; 맹세코, 반드시.
— *a.* 〔限定的〕 (1)생명 보험의 : a ~ office 생명 보험 회사. (2)일생의, 생애의, 종신의 : a ~ member 종신 회원 / a ~ story 전기. (3)생명의 : ⇨ LIFE SPAN.

life-and-death [´əndéθ] *a.* 사활에 관계되는, 극히 중대한.

lífe assùrance 《英》 생명 보험.

lífe bèlt 구명띠〈대〉.

life·blood [´blʌ̀d] *n.* ⓤ (1)활력〈생기〉의 근원. (2)생혈(生血), 삶에 필요한 피.

·life·boat [´bòut] *n.* ⓒ 구명정, (해난) 구조선.

lífe bùoy 구명 부대(浮袋).

lífe cỳcle (1)【生】 라이프 사이클, 생활사(史). (2)【컴】 수명.

lífe expèctancy 기대 수명, 평균 예상 여명(餘命)(expectation of life).

life-giv·ing [´gìviŋ] *a.* 생명〈활력〉을 주는.

life·guard [´gɑ̀:rd] *n.* ⓒ (1)호위(병). (2)(수영장 따위의) 감시원, 구조원.

Lífe Guàrds 《英》 근위병 연대.

lífe jàcket 구명 재킷(life vest).

·life·less [láiflis] *a.* (1)기절한. (3)생명이 없는 ; 생물이 살지 않는. (4)활기〈생기〉가 없는 ; 기력이 없는 ; (이야기 따위가) 김빠진(dull). 파) **~·ly** *ad.* **~·ness** *n.*

life·like [láiflàik] *a.* 살아 있는 것 같은 ; (소상화 따위) 실물과 똑같은 ; (연기 따위) 박진감 있는.

life·line [´làin] *n.* ⓒ (1)(우주 유영자·잠수부의)생명줄. (2)구명삭(索). (3)【手相】 생명선. (4)《比》 유일한 의지.

·life·long [´lɔ̀(:)ŋ, ´lɑ̀ŋ] *a.* 〔限定的〕 일생〈평생〉의, 생애의.

lífe nèt (소방용의) 구명망(網).

life presèrver (1)《英》 호신용 단장《끝에 납을 박음》. (2)《美》 구명구(具)《구명 재킷 따위》.

L

lif·er [láifər] *n.* ⓒ《俗》(1)《美》직업 군인. (2)무기수(囚). (3)그 일에 평생을 비친 사람.

life raft (고무로 된) 구명 보트.

life-sav·er [ˊsèivər] *n.* (1)《口》곤경에서 건져주는 사람〈물건〉. (2)인명 구조자〈장비〉.

life·sav·ing [ˊsèiviŋ] *a.* 〔限定的〕 인명구조의, 구명의.

life science (흔히 ~s) 생명 과학《physical science 에 대하여 생물학·생화학·의학·심리학 등》.

life sèntence 【法】 종신형, 무기 징역.

life-size(d) [ˊsáiz(d)] *a.* 실물대(大)의.

life spàn (생물체·동식물·제품 등의) 수명.

life-style [ˊstàil] *n.* ⓒ (개인·집단 특유의) 생활 양식, 라이프 스타일.

life-sup·port [ˊsəpɔ̀ːrt] *a.* 〔限定的〕 생명 유지를 위한.

:life·time [ˊtàim] *n.* ⓤ,ⓒ (1)(물건의) 수명, 존속기간. (2)일생, 생애, 평생. — *a.* 〔限定的〕 생애의, 필생〈일생〉의 : ~ employment 종신 고용.

life·work [ˊwə̀ːrk] *n.* ⓤ (1)필생의 대사업. (2)일생의 일.

:lift [lift] *vt.* (1) a] 《+目+副》 (목소리)를 높이다 ; (큰소리)를 지르다. b] 《+目+前+名》 …을 향상시키다, 고상하게 하다 ; … 사회적 지위를 높이다 ; 출세시키다. c] 《+目+副》 (기운)을 돋우다《*up*》. (2)《+目+前+名》. a] …을 들어올리다, 올리다, 안아 올리다. b] …을 들었다가 내려놓다《*down*》. (3)《~+目/+目+副/+目+前+名》 (손 따위)를 위로 〈들어〉 올리다 ; (눈·얼굴 따위)를 쳐들다《*up* ; *from*》. (4)《~+目/+目+前+名》 (바리케이드·천막 따위)를 치우다, 철거하다, 일소〈제거〉하다 ; (포위 따위)를 풀다, (금령(禁令) 따위)를 해제하다. (5)(부채)를 갚다 ; (잡힌물건·화물 등)을 찾(아내)다. (6)…을 공수(空輸)하다, 수송하다, (승객)을 태우고 가다《*to*》. (7)《+目+前+名》《口》 (남의 문장)을 따다, 표절하다《*from*》. (8)【農】 …을 파내다. (9)【골프】 (공)을 쳐 올리다. (10)(성형 수술로 얼굴의) 주름살을 없애다. (11)《俗》 …을 훔치다, 후무리다.

— *vi.* (1)(로켓· 우주선 등이) 발사대를 떠나다, 이륙하다 ; 발진하다《*off*》 **~ a finger**〈**hand**〉 〔흔히 否定文에서〕 (…하는) 약간의 노력을 하다《*to do*》. (2)오르다 ; (창·뚜껑 등이, 위로) 열리다. (3)(구름·안개가) 걷히다, 없어지다(disperse) ; (비 따위가) 그치다, 개다 : (표정·기분이) 밝아지다.

— *n.* (1) ⓤ 양력(揚力). (2) ⓒ a] (들어)올리기, 오르기. b] 한 번에 들어올리는 양〈무게〉, 올려지는 거리〈정도〉, 상승 거리《*of*》 : a ~ *of* two meters. 2미터를 들어올림 / There was so much ~ *of* sea. 파도가 굉장히 높았다. (3) ⓒ a] 승신, 승급, 출세《*in*》 : a ~ *in* one's career출세. b] (물가·경기 따위의) 상승《*in*》 : a ~ *in* prices 물가의 상승. (4)(흔히 *sing.*) (보행자를) 차에 태워줌 ; 조력, 도움, 거들어주기 : give a person a ~ 아무를 동승시켜주다〈도와주다〉. (5) ⓒ 《英》 승강기 (《美》 elevator) ; 기중기 ; 리프트 : hydraulic ~ 유압〈수압〉 승강기 / ⇨ SKI LIFT. (6)공수(空輸) (airlift) ; 수송. (7)(a ~) 정신의 앙양〈고양〉, (감정의) 고조(高潮) : Getting the job gave him *a* ~.취직이 돼서 그는 신이 났다.

lift·er [líftər] *n.* ⓒ (1)《俗》 도둑놈, 들치기, 후무리는 사람. (2)들어올리는 사람〈물건〉.

lift·man [ˊmæ̀n] (*pl.* **-men** [ˊmən]) *n.* ⓒ 《英》 승강기 운전사(《美》 elevator operator).

lift-off [ˊɔ̀(ː)f, ˊɑ̀f] *n.* ⓒ (우주선·로켓 따위의) 발사, 발진(發進) 《※ 일반 항공기의 경우는 take off》.

lig·a·ment [lígəmənt] *n.* ⓒ (1)연줄, 기반(羈絆). (2)【解】 인대(靭帶).

lig·a·ture [lígətʃùər, -tʃər] *n.* (1) ⓒ 【樂】 이음줄, 슬러(slur). (2) ⓤ 동여 맴, 묶음. (3) ⓒ 【印】 합자(合資)《æ, fi 등》. (4) ⓒ a] 동여매는 것《끈·새끼 등》. b] 【醫】 결찰사(結紮絲).

— *vt.* …을 묶다 ; 결찰 봉합하다.

:light[1] [lait] *n.* (1) a] 빛, 광선 ; 햇빛 ; 낮, 대낮 ; 새벽 : the ~ of the sun〈the fire〉 햇빛〈불빛〉 / in ~ 빛을 받아 / before ~ 날이 밝기 전에 / before the ~ fails 해지기 전에 / I must finish the work while the ~ lasts. 나는 낮동안에 일을 끝내야 한다. b] ⓤ 밝음, 광명, 광휘, 빛남 【opp.】 *darkness*) ; 《比》 명백, 밝은 곳, 노현(露顯). c] (또는 a ~) 눈의 빛남 ; 【書】 밝은 부분(【cf.】 shade).

(2) a] ⓒ 발광체, 광원 ; 천체. b] ⓒ 〔종종 集合的〕 등불, 불빛, 교통 신호등 ; (컴퓨터 등의) 표시 램프 ; 햇불 ; 등대 ; (*pl.*) (무대의) 각광 : jump the ~ 신호를 무시하다. c] ⓒ 채광창(採光窓), 유리창, (온실의) 유리 지붕〈벽〉.

(3) ⓤ 【法】 채광권, 일조권.

(4)(발화를 돕는) 불꽃, 점화물, 불쏘시개 ; (담배의) 불, 점화.

(5) a] (*pl.*) 정신적 능력, 재능, 지력(智力) ; 판단, 생각 ; 지식, 견식. b] ⓤ (또는 a ~) (문제의 설명에) 도움이 되는 사실〈발견〉《*upon* a subject》.

(6) ⓒ 견해, 사고방식 ; 양상(aspect) : He saw it in a favorable〈good〉 ~. 그는 그것을 유리하게 〈좋은 뜻으로〉 해석했다.

(7) ⓒ 지도적인 인물, 선각자, 현인, 대가(大家), 권위자.

(8) ⓤ 정신적인 빛 ; 계몽 ; 진실 ; 【宗】 영광(靈光), 빛《*of*》 ; 【聖】 영광(榮光), 복지(福祉).

according to one'**s** 〈a person'**s**〉 ~ 자기〈그 사람〉의 생각〈능력〉에 따라, 자기〈그 사람〉 나름대로. **by the ~ of nature** 직감적으로, 자연히. **hide** one'**s ~ under a bushel** ⇨ BUSHEL. **in a good** 〈**bad**〉~ 1)잘 보이는〈보이지 않는〉 곳에. 2)좋은〈나쁜〉 면을 강조하여 ; 유리〈불리〉한 입장에서. **in the ~ of** …에 비추어, …을 생각하여〈하면〉, …의 관점〈견지〉에서. **see the ~** 1)햇빛을 보다, 세상에 나오다. 2)이해하다, 납득하다. 3)(종교적으로) 깨닫다 ; 개종하다. **set**(**a**) **~ to** ... …에 불을 붙이다. **shed** 〈**throw**〉 **~ on** …을 밝히다, …의 설명을 돕다. **stand in** a person'**s ~** 1)빛을 가리어(아무의) 앞을 어둡게 하다. 2)《口》(아무의) 호기〈출세·성공 따위〉를 방해하다. **stand in** one'**s** own ~ (분별 없는 행위로) 스스로 불이익을 자초하다. **the ~ of** one'**s eyes** 가장 마음에 드는〈사랑하는〉 사람 ; 소중한 물건.

— (**~·er ; ~·est**) *a.* (1)(색이) 옅은, 연한, 엷은(pale), 희읍스름한(whitish). (2)밝은(bright). 【opp.】 *dark*.

— (*p.*, *pp.* **lit** [lit] **~·ed** [láitid] ; 《英》에서는 과거형으로 lit, 과거분사·형용사로는 lighted. 《美》에서는 과거형으로도 lighted 를 사용할 때가 많음) : *vt.* (1)…에 불을 켜다〈밝히다〉, 점화하다, 불을 붙이다 ; …을 태우다. (2)《~+目/+目+副/+目+前+名》 …을 밝게하다, 비추다, 조명하다 ; 불을 켜서 안내하다《*to*》. (3)《~+目/+目+副》 (얼굴 따위)를 빛내다, 밝게 하다.

— *vi.* (1)(얼굴 등이) 환해⟨명랑해⟩지다《*up*》. (2)불이 붙다, 불이 켜지다《*up*》. (3)밝아지다, 빛나다《*up*》.

:**light**[2] (*ˊ·er* ; *ˊ·est*) *a.* (1)경미한, 약한, (양·정도가) 적은, 소량의 ; (잠이) 얕은. (2)가벼운, 경량의. 【opp.】 *heavy*. (3)경쾌한, 민첩한, 재빠른. (4)짐⟨부담⟩이 되지 않는, 손쉬운, 가벼운. (5)(식사가) 소화가 잘 되는, 담박한. (6)경장(비)의, 가벼운 화물용의, 적재량이 적은, 경편(輕便)한. (7)힘을 넣지 않은 ; 가벼운. (8)(비중·밀도·농도 따위가) 낮은 ; (술·맥주가) 약한, 순한. (9)(벌 따위가) 가벼운, 엄하지 않은, 관대한 : a ~ punishment 가벼운 벌 / ~ expense 가벼운 지출 / ~ sentence 가벼운 형(刑). (10)걱정⟨슬픔 등⟩이 없는 ; (마음이) 쾌활한, 가벼운 : a ~ laugh 구김살 없는 웃음 / a ~ conscience 거리낌없는 양심 / with a ~ heart 가벼운 마음으로 ; 쾌활하게. (11)딱딱하지 않은, 오락 본위의 : ~ reading 가벼운 읽을거리 / ~ music 경음악. (12)방정맞은, 경망한, 경솔한, 변덕스러운 ; (여자가) 몸가짐이 헤픈(wanton), 행실이 좋지 않은(unchaste). (13)(자태 따위가) 육중하지 않은, 늘씬한, 선드러진, 아름다운 ; (무늬 ·모양이) 섬세하고 우아한 ; (익살 따위가) 경묘(輕妙)한. (14)현기증이 나는, 어지러운(giddy) : I get ~ *on* one martini. 마티니 한 잔에 핑 돈다. (15)【音聲】 강세⟨악센트⟩가 없는, 약음의. (16)(빵이) 부드럽게 부푼 ; (흙 따위가) 무른, 푸석푸석한 : ~ bread 부드럽게 부풀어 오른 빵 / ~ soil 흐슬부슬한 흙. (17)법정 중량에 모자라는 : a ~ coin 중량이 빠지는 화폐.

have a ~ hand ⟨***touch***⟩ 손끝이 야무지다, 손재간이 있다, 수완이 있다. ***~ on*** ... 《口》 …이 부족해, 불충분해서. ***make ~ of*** …을 얕보다 ; 경시하다.

— *ad.* (1)경장으로. (2)가볍게, 경쾌하게. (3)수월하게, 쉽게, 간단히. ***get off ~*** 《口》 큰 벌 받지 ⟨피해 입지⟩ 않고 끝나다.

light[3] (*p.*, *pp.* *ˊ·ed, lit* [lit]) *vi.* (1)(새 따위가 …에) 앉다. (2)(말 따위에서) 내리다. (3)《+前+名》 우연히 만나다⟨발견하다⟩《*on, upon*》 ; (재앙·행 운 따위가) 불시에 닥쳐오다《*on*》.

~ into 《口》 …을 공격하다 ; …을 꾸짖다⟨비난하다⟩. ***~ on*** one***'s feet*** ⟨***legs***⟩ (떨어졌을 때) 오뚝 서다 ; 《比》 행운이다, 성공하다. ***~ out*** 《口》 (…을 향하여) 급히 떠나다《*for*》.

líght áircraft 경비행기.

líght bùlb 백열 전구.

:**light·en**[1] [láitn] *vt.* (1)(얼굴 따위)를 명랑하게 하다, (눈)을 빛내다. (2)…을 밝게 하다, 비추다(illuminate). (3)…의 빛깔을 여리게 하다.

— *vi.* (1)[it를 主語로] 번개가 번쩍하다. (2)(눈·얼굴 등이) 밝아지다, 빛나다. (3)밝아지다.

:**light·en**[2] *vt.* (1)…을 완화⟨경감⟩하다, 누그러뜨리다. (2)(짐)을 가볍게 하다 ; (배 따위)의 짐을 덜다. (3)기운을 북돋우다, 위로하다, 기쁘게 하다. — *vi.* (1)(마음이) 가벼워지다, 편해지다. (2)(짐이) 가벼워지다.

·**lighter**[1] [láitər] *n.* ⓒ (1)점등⟨점화⟩기, 라이터. (2)불을 켜는 사람, 점등부(點燈夫).

lighter[2] *n.* ⓒ 거룻배.

light·er·age [láitəridʒ] *n.* ⓤ (1)거룻배 삯. (2)거룻배 운반.

light·face [ˊ-fèis] *n.* ⓤ 【印】 가는 활자. 【opp.】 *boldface*. 파) **~d** [-t] *a.*

light-fin·gered [ˊ-fíŋgərd] *a.* (1)《口》 손버릇이 나쁜. (2)(악기의 연주등에서) 손끝이 잰.

light-foot·ed [ˊ-fútid] *a.* 발이 빠른, 민첩한(nimble), 발걸음이 가벼운.
파) **~·ly** *ad.* 민첩하게. **~·ness** *n.*

light-hand·ed [ˊ-hǽndid] *a.* (1)빈손의, 맨손의. (2)손재주있는, 솜씨 좋은. (3)일손이 모자라는(short-handed).

light-head·ed [ˊ-hédid] *a.* (1)사려 없는, 경솔한. (2)(술·고열 등으로) 머리가 어찔어찔한, 몽롱해진. 파) **~·ly** *ad.* **~·ness** *n.*

light-heart·ed [ˊ-hɑ́ːrtid] *a.* 마음 편한, 낙천적인 ; 쾌활한, 명랑한. 파) **~·ly** *ad.* **~·ness** *n.*

light-horse·man [ˊ-hɔ̀ːrsmən] (*pl.* ***-men*** [mən]) *n.* ⓒ 경기병(輕騎兵).

:**light·house** [ˊ-hàus] *n.* ⓒ 등대.

líght índustries 경공업. 【cf.】 heavy industries.

·**light·ing** [láitiŋ] *n.* ⓤ (1)(그림 등의) 명암. (2)조명(법) ; 조명 효과 ; 조명 설비. (3)점화 ; 점등.

líght·ing-up tìme [ˊ-ʌ̀p-] 《英》 (도로·자동차의) 점등 시각⟨시간⟩.

:**light·ly** [láitli] (***more ~ ; most ~***) *ad.* (1)쾌활하게 ; 태연하게. (2)손쉽게, 수월하게. (3)가볍게, 살짝, 가만히. (4)부드럽게, 온화하게 : speak ~ 온화하게 이야기하다. (5)사뿐히, 경쾌하게, 민첩하게. (6)경솔하게 ; 경시하여 ; 가벼이. (7)엷게, 얕게. (8)살짝, 조금. (9)선뜻, 선선히.

líght mèter 광도계 ; 【寫】 노출계(exposure meter).

light-mind·ed [ˊ-máindid] *a.* 경솔⟨경박⟩한 ; 무책임한. 파) **~·ly** *ad.* 불성실하게.

light·ness[1] [láitnis] *n.* ⓤ (1)밝음 ; 밝기. (2)빛깔이 엷음⟨옅음, 연함⟩.

light·ness[2] *n.* ⓤ (1)명랑, 경쾌. (2)가벼움. (3)민첩, 기민 (4)겸손 ; 불성실 ; 몸가짐이 헤픔. (5)능란함, 교묘.

:**light·ning** [láitniŋ] *n.* ⓤ 번개, 전광.

like (《口》 ***greased***) ⟨《口》 ***like a streak of***⟩ ~ 번개같이, 전광석화처럼.

— *a.* 〔限定約〕 번개의, 번개 같은⟨같이 빠른⟩, 전격적인.

líghtning condùctor ⟨**ròd**⟩ 피뢰침.

líghtning strike 낙뢰, 벼락 ; 전격 파업.

líght pèn 【컴】 (1)바코드 판독기. (2)광전(光電) 펜, 라이트 펜(=**líght pèncil**)《표시 스크린에 신호를 그려 입력하는 펜 모양의 입력 장치》.

líght pollùtion (천체 관측 등에 지장을 주는, 도시 과잉 조명의) 빛 공해.

light·proof [ˊ-prùːf] *a.* 빛을 통과시키지 않는.

light·some[1] [láitsəm] *a.* (1)조명이 잘된, 밝은. (2)빛나는, 번쩍이는.

light·some[2] *a.* (1)고상한, 우아한《자태 따위》. (2)경쾌한 ; 민활한. (3)경박한.
파) **~·ly** *ad.* **~·ness** *n.*

lights-out [láitsáut] *n.* ⓤ (1)(기숙사·군대 등의) 소등 시간. (2)소등 신호⟨나팔⟩.

light·weight [ˊ-wèit] *n.* ⓒ (1)【拳·레슬링】 라이트급 선수. (2)표준 무게 이하의 사람⟨물건⟩. (3)《口》 하찮은 사람. — *a.* (1)하찮은 ; 진지하지 못한. (2)라이트급의. (3)경량의.

lig·ne·ous [lígniəs] *a.* (풀이) 나무 같은, 목질의.

lik·a·ble, like- [láikəbəl] *a.* 마음에 드는 ; 호감이 가는.

:like[1] [laik] *vt.* (1)《~+目/+*to* do/+目+*to* do》〔should 〈would〉 ~〕 …을 바라다 ; …하고 싶다《*to* do》. (2)《~+目/+目+(*to* be)補》 …을 좋아하다, …이 마음에 들다(be fond of) 〔反語的〕건방지게시리. (3)《+*to* do/+目+*to* do/+-*ing*/+目+-*ing*》 …하기가 〈하는 것이〉 좋다.

☞參考 (1)should 〈would〉 like...는 정중하고 삼가는 듯한 표현. (2)구어에서는 종종 I'd like...가 됨. (3)to만 남기고 동사가 생략될 때도 있음 : Yes, *I'd like to.* 예, 그렇게 하고 싶습니다.

(4)(음식이 사람)의 체질〈건강〉에 맞다(suit).
— *vi.* 마음에 들다〈맞다〉, 마음이 내키다(be pleased).
How do you ~...? 1)…을 어떻게 할까요. ***if you ~*** 2)…은 어떤가, 좋은가 싫은가.
— *n.* (*pl.*) 취미, 기호《※ 흔히 다음 용법으로》.

:like[2] [laik] (***more ~, most ~*** ; 《주로 時》 ***lik·er ; lik·est***) *a.* 〔종종 目的語를 수반, 前置詞로 볼 때도 있음〕 (1)…하게 될 것 같은,〔~ do*ing*의 형태로〕 …할〈일〉 것 같은. (2)…와 닮은(resembling), …와 같은. (3)…의 특징을 나타내는, …다운, …에 어울리는. (4)〔限定的〕으로 名詞앞에서〕같은(equal), 비슷한(similar). (5)《美口·英方》〔to不定詞를 수반하여〕 …할 것 같은 ; 〔완료형의 不定詞를 수반하여〕 거의 …할 뻔한(about to). 【cf.】 likely. (6)《方》 아마 …일 것 같은. 【cf.】 likely. ***feel*** ~ do***ing*** …하고 싶은 마음이 (들)다 : I *feel* ~ go*ing* to bed. 슬슬 자고 싶군. ***in ~ manner*** 마찬가지로, 똑같이. ***~ nothing on earth*** 매우 드문, 뛰어난. ***nothing ~*** 1)조금도 …답지 않다, 전혀 다르다. ***something ~*** 2)…을 따를 것이 없다 ; …만한 것이 없다 : There is *nothing* ~ doing so. 그렇게 하는 게 제일 좋다 / There's *nothing* ~ candlelight for creating a romantic mood. 로맨틱한 무드를 내는 데는 촛불만한 것이 없다. 1)《英口》 대략, 약 : It cost *something* ~ 10 pounds. 10파운드쯤 들었다. 2)어느 정도 …같은(것), 좀 …와 비슷한 (것) : This feels *something* ~ silk. 이것은 마치 비단 같은 촉감이 든다. 3)《俗》〔like에 강세를 두어〕 굉장한, 근사한, 멋진 : This is *something* ~ a present 이건 굉장한 선물이다 / This is *something* ~. 이거 굉장하군. ***That's more ~ it.*** 《口》 그 쪽이 더 낫다.
— *prep.* …와 같이〈처럼〉, …와 마찬가지로, …답게 ; 이를테면 …같은(such as) : Do it ~ this. 이렇게 해라 / He works ~ a beaver 비버처럼 〈고되게〉 일한다. ***~ anything*** 〈***blazes, crazy, mad, the devil***〉 《口》 맹렬히, 몹시, 대단히 : sell ~ *crazy*〈*mad*〉 날개 돋친 듯 팔리다.
— *ad.* (1)a]〔거의 무의미한, 連結語로서〕《美俗》 자, 그 …, …같애 : *Like*, let's go, man. 어이, 하여간 가 보세. (***as***) ***~ as not*** 《口》 아마, 십중팔구(十中八九), 필시. ***~ so*** 《口》 이와〈그와〉 같이. b]〔어구의 끝에 붙여〕《비표준》 마치(as it were), 어쩐지(somehow) : He looked angry ~. 어쩐지 화난 것 같았다. (2)《口》 대략, 거의, 얼추 : "What time is it ?" "*Like* three o'clock". 《俗》 '몇시지 ?' '3시나 되었을까' (3)〔~ enough 꼴로〕《口》 아마, 필시 : *Like enough* he'll come with them. 필시 그는 그들과 함께 올 것이다.
— *conj.* (1)《口》 마치 …한〈인〉듯이 : He acted ~ he felt sick. 기분이 나쁜 듯이 행동했다. (2)《口》 …과 같이, …처럼 : I cannot do it ~ you do. 너처럼 은 못하겠다 / *Like* I said, I cannot attend the meeting. 내가 말한 것처럼 그 회의에는 참석하지 못한다.
— *n.* (1) ⓒ (흔히 the ~s) 같은 종류의 것〈사람〉 ; …과 같은 사람들《*of*》 : *the ~s of* me 《口》 나같은 (시시한) 사람 / the ~*s of* you 당신 같은 (훌륭한) 사람들. ***and the ~*** 그 밖의 같은 것, …따위《etc. 보다 격식차린 말씨》. ***or the ~*** 또는 그런 종류의 다른 것 ; … 따위. (2)(the ~, one's ~)〔흔히 疑問·否定文에서〕 비슷한 사람〈것〉 ; 같은 사람〈것〉《*of*》 : I shall *never* do *the* ~ again. 이런 일 다시는 안 하겠다 / Did you ever hear *the* ~ *of* it. 이런 말을 들은 적이 있나 / We shall *not* see his ~ again. 그(사람) 같은 사람은 다시는 없을 것이다.

-like *suf.* 명사에 붙여서 '…와 같은'의 뜻 : woman*like* 《※ -ish와 같은 나쁜 뜻은 아님》.

·like·li·hood [láiklihùd] *n.* ⓤ (또는 a ~) 있음직한 일(probability), 가능성, 공산. ***in all ~*** 아마, 십중팔구.

like·li·ness [láiklinis] =LIKELIHOOD.

:like·ly [láikli] (***like·li·er, more ~ ; like·li·est, most ~***) *a.* (1)…할 것 같은, …듯한《*to* do》. (2)있음직한, 그럴듯한 ; 정말 같은. (3)적당한, 안성맞춤의《*for* ; *to* do》. (4)〔反語的〕 설마. (5)유망한, 믿음직한.
— *ad.* 〔종종 very, quite, most와 함께〕아마, 십중팔구. (***as***) ***~ as not*** 혹시 …일지도 모르는, 아마도. ***Not ~.*** 《口》 설마, 천만의 말씀, 어림없는 소리.

like-mind·ed [ˊmáindid] *a.* 한 마음의, 동지의 ; 같은 취미〈의견〉의《*with*》. 파) **~·ness** *n.*

lik·en [láikən] *vt.* …을 —에 비유하다, 견주다《*to*》. ㅁ like[2] *a.*

:like·ness [láiknis] *n.* (1) ⓒ 닮은 얼굴, 화상, 초상, 사진. (2) ⓒ 아주 닮은〈비슷한〉 사람〈것〉. (4)〔in the ~ of로〕 겉보기, 외관. (3) ⓤ 비슷함, 닮음, 유사 ; ⓒ 유사점《*between* ; *to*》.

:like·wise [láikwàiz] *ad.* (1)또한, 게다가 또(moreover, also, too). (2)똑같이, 마찬가지로. ㅁ like[2] *a.*

·lik·ing [láikiŋ] *n.* ⓤ (또는 a ~) 좋아함(fondness)《*for* ; *to*》 : 애호, 기호, 취미.

·li·lac [láilək] *n.* (1) ⓤ 라일락빛, 연보라색. (2) a] ⓒ 【植】 라일락. b] ⓤ 〔集合的〕 라일락꽃. — *a.* 연보라색의.

Lil·li·pu·tian [lìlipjúːʃən] *a.* (1)(종종 l-) 아주 작은 ; 편협한. (2)소인국(Lilliput)의.
— *n.* ⓒ (1)(종종 l-) 키가 작은 사람(dwarf) ; 소인. (2)Lilliput 사람.

lilt [lilt] *vi.* 경쾌〈쾌활〉하게 노래하다〈말하다〉 ; 경쾌하게 움직이다.
— *vt.* (노래)를 경쾌한 리듬으로 부르다.
— *n.* (a ~) 명랑하고 경쾌한 가락〈가곡, 동작〉.

lilt·ing [líltiŋ] 〔限定約〕 (목소리·노래 따위) 경쾌한 (리듬이 있는), 즐겁고 신나는.
파) **~·ly** *ad.*

:lily [líli] *n.* ⓒ (1)(종종 *pl.*) (프랑스 왕가의) 백합 문장(fleur-de-lis). ***gild*** 〈***paint***〉 ***the ~*** 이미 완벽한 것에 잡손질하다. (2)(백합꽃처럼) 순결한 사람 ; 새하얀〈순백의〉 물건. (3)나리, 백합 ; 백합꽃 : ⇨TIGER LILY, WATER LILY : tiger ~ 참나리.
— *a.* 〔限定的〕 백합같은, 백합같이 흰 ; 청아한.

lily-liv·ered [-lívərd] *a.* 겁 많은(cowardly).

lily-white [-*h*wáit] *a.* (1)흠〈결점〉없는, 결백한(innocent). (2)백합처럼 흰 : ~ skin 하얀 피부. (3)《美口》 흑인의 참정(參政)에 반대하는, 인종 차별 지지의.
— *n.* ⓒ 흑인 배척파 (사람).

:limb[1] [lim] *n.* ⓒ (1)《口》 (남의) 부하, 앞잡이. (2)(나무의) 큰 가지(bough). (3)(사람 ·동물의) 수족, 사지의 하나, 팔, 다리 ; (새의) 날개(wing). (4)《口》 장난꾸러기, 선머슴. (5)갈라진 가지〈부분〉, 돌출부 ; (십자가의) 4개의 가지.
out on a ~ 《口》 극히 불리한 처지에.

limb[2] *n.* ⓒ (1)【植】 (잎의) 가장자리. (2)【天】 (해·달 따위의) 가장자리, 눈금있는 언저리.

-limbed [limd] *a.* (…한) 사지〈가지〉가 있는 : a long ~ person 팔다리가 긴 사람.

limber[1] [límbə*r*] *a.* (1)경쾌한 (2)(근육·손발 등) 유연한. — *vi.* (1)〔再歸的〕 (몸을 움직여) 근육을 풀다, 유연 체조를 하다《*up*》 : ~ oneself up 근육을 유연하게 하다. (2)(근육)을 유연하게 하다 : A short walk will ~ the legs. 잠깐 걸으면 다리가 풀릴 것이다.
— *vi.* 유연해지다《*up*》.

limber[2] *n.* ⓒ 【軍】 (포가(砲架)의) 앞차.
— *vi.* (포가)에 앞차를 연결시티다.
— *vi.* 포와 잎차를 연결하다.

limb·less [límlis] *a.* 손발〈날개, 가지〉 없는.

lim·bo [límbou] (*pl.* **~s**) *n.* (1) ⓤ 잊혀진〈무시된〉 상태 : The reform proposal remains in ~. 그 개혁안은 무시되고 있다. (2) ⓤ (종종 L-) 림보, 지옥의 변방(邊方)《지옥과 천국 사이에 있으며, 기독교 이전의 착한 사람 또는 세례를 받지못한 어린 아이 등의 영혼이 머무는 곳》. (3) ⓒ 유치장, 교도소(prison).

:lime[1] [laim] *n.* ⓤ (1)새 잡는 끈끈이, 감탕(birdlime). (2)석회(石灰) : slaked ~ 소석회.
— *vt.* (1) a〕 (생가죽 등)을 석회수에 담그다. b〕 …을 석회로 소독하다, …에 석회를 뿌리다. (2)…에 끈끈이를 바르다 : (새 등)을 끈끈이로 잡다.

lime[3] *n.* (1) ⓤ 라임 주스(=**líme jùice**) , 과즙. (2) ⓒ 【植】 라임《운향과의 관목》 : 그 열매.

lime·ade [làiméid, ⌐⌐] *n.* ⓒ 라임수(水), 라임에이드.

lime·kiln [⌐kìl*n*] *n.* ⓒ 석회 굽는 가마.

lime·light [⌐làit] *n.* (1)라임라이트《무대 조명용》. (2) ⓤ 석회광(光)《석회를 산수소(酸水素) 불꽃에 대면 생기는 강렬한 백광》. (3)(the ~)《比》 주목의 대상.

·lime·stone [láimstòun] *n.* ⓤ 석회석, 석회암 : ~ cave 〈cavern〉 석회굴.

lime·wa·ter [⌐wɔ̀(:)tə*r*, ⌐wɑ̀t-] *n.* ⓤ 석회수.

:lim·it [límit] *n.* (1) a〕 ⓒ (종종 *pl.*) 경계(boundary). b〕 (*pl.*) 범위, 구역. (2) ⓒ 한계(선), 한도, 극한, 제한. (3)(the ~)《口》 더 이상 참을 수 없는 것〈사람〉. ***go the ~*** 《口》 철저히 하다, 갈 데까지 가다 ***off ~s*** 《美》 출입 금지 구역(의). ***The sky is the ~.*** 《俗》 무제한이다, (내기에) 얼마든지 걸겠다. ***within ~s*** 적당하게, 조심스럽게. ***without ~*** 무제한으로, 한없이.
— *vt.* 《~+目/+目+前+名》 …을 (…으로) 제한〈한정〉하다《*to*》

:lim·i·ta·tion [lìmətéiʃən] *n.* (1)(흔히 *pl.*) (지력·능력 따위의) 한계, 한도, 취약점. (2) ⓤ 제한, 한정, 규제 ; ⓒ (종종 *pl.*) 제한하는 것. (3) ⓤⓒ 【法】 (출소권(出訴權)·법률 효력 등의) 기한, 시효. ▫ limit *v.*

:lim·it·ed [límitid] *a.* (1)《美》 (열차 등이) 승객수·정차역에 제한이 있는, 특별한. (2)한정된, 유한한(restricted) ; 좁은, 얼마 안 되는. (3)《英》 (회사가) 유한 책임의《略 : Ltd.》 (【cf.】 《美》 incorporated).
— *n.* ⓒ 《美》 특급 열차〈버스〉. 파) **~·ly** *ad.*

lim·it·ing [límitiŋ] *a.* 제한〈제약〉하는.

lim·it·less [límitlis] *a.* 무한의 ; 무기한의 ; 광대한. 파) **~·ly** *ad.*

lim·nol·o·gy [limnɑ́lədʒi/ -nɔ́l-] *n.* ⓤ 육수학(陸水學), 호소학(湖溜畢).
파) **-gist** *n.* **lìm·no·lóg·i·cal, -ic** *a.* **-i·cal·ly** *ad.*

:limp[1] [limp] *vi.* (1)(배·비행기가) 느릿느릿 가다《고장으로》《*along*》. (2)절뚝거리다. (3)(잡업·경기 등이) 지지부진하다《*along*》. (4)(시가(時歌)의) 운율(억양)이 고르지 않다.
— *n.* (a ~) 발을 절기.

limp[2] *a.* (1)맥빠진, 지친, 무기력한. (2)생기없는, 휘주근한. (3)(몸 따위가)나긋나긋한(flexible), 흐느적거리는(부드러운). 【opp.】 *stiff.*
파) **~·ly** *ad.* **~·ness** *n.*

lim·pid [límpid] *a.* (1)(문체 등이) 명쾌한. (2) 맑은, 투명한(clear).
파) **~·ly** *ad.* **~·ness** *n.*

lim·pid·i·ty [limpídəti] *n.* ⓤ 맑음, 투명 ; 명쾌.

limp-wristed [⌐rístid] *a.* (남자가) 계집애 같은 ; 연약한.

limy [láimi] (***lim·i·er*** ; ***i·est***) *a.* (1)끈끈이를 바른 ; 끈적끈적한. (2)석회를 함유한, 석회질의, 석회로 덮힌.

lin·dane [líndein] *n.* ⓤ 린데인《살충제·제초제 ; 인체에 유해》.

Lind·bergh [lín*d*bə:*r*g] *n.* **Charles Augustus ~** 린드버그《1927년, 최초로 대서양 무착륙 횡단에 성공한 미국인 비행사(飛行士) ; 1902-74》.

·lin·den [líndən] *n.* ⓒ 【植】 린덴《참피나무속(屬)의 식물 ; 참피나무 보리수 따위》.

:line[1] [lain] *n.* (1) ⓒ a〕 (the ~) 적도(赤道) ; 경(經)〈위(緯)〉선 ; 경계선 ; 경계(border) ; 한계 : under *the* ~ 적도 직하에 / cross *the* ~ into Panama 국경을 넘어 파나마에 들어가다. b〕 선, 줄 ; 화선(畫線) : 【數】 (직)선《점의 자취》 ; (TV 의) 주사선(走査線) ; 【物】 (스펙트럼의) 선 : straight 〈curved〉 ~ 직〈곡〉선 / a broken ~ 파선 / draw parallel ~ 평행선을 긋다. c〕 (종종 *pl.*) 윤곽(outline) : 얼굴 모습 ; (유행 여성복 등의) 형, 라인: good ~*s* in his face. 얼굴 윤곽인 번듯하다 / a dress cut on the princess ~ 프린세스 라인의 스타일. d〕 (자연물에 나타난) 줄, 금 ; (인체의) 줄, 주름《특히》 손금 ; (인공물의) 선, 줄, 줄무늬 ; 솔기 : has deep ~*s* in her face. 얼굴에 깊은 주름이 있다 / the ~ of fortune〈life〉 생명〈운명〉선. e〕 (*pl.*) 설계도 ; 【樂】 (오선지의) 선.
(2) ⓒ a〕 (시의) 한〈줄〉, 시구(詩句), (*pl.*) 단시(短詩). b〕 (글자의) 행 ; 정보, 짧은소식《*on*》 ; 【컴】 (프로그램의) 행(行) : the fifth ~ from the top 위에서 다섯째 행 / drop a person a ~ 〈a few ~*s*〉 ~에게 한 줄〈몇 줄〉 적어보내다. c〕 (*pl.*) 결혼 증명서 : the marriage ~*s*. d〕 (*pl.*) 벌과(罰課)《벌로서 학생에게 베끼게 하는 고전시》. e〕 (*pl.*) (연극의) 대사 ; (말만의) 유창한 변설, 허풍.
(3) ⓒ 핏줄, 혈통, 가계(家系) ; 동쪽 ; 계열.
(4) ⓒ a〕 열, 줄, 행렬 ; 《美》 (순번을 기다리는) 사람의 줄(《英》queue) ; 【軍】 (전후의2열)횡대, 【cf.】 column. b〕 (전투의) 전선(戰緯 前線). (*pl.*) 참호, 누벽(壘壁) ; 방어선 ; 전열(戰列). c〕 【美蹴】 스크리미지 라인(line of scrimmage). d〕 【볼링】 1게임(string)

《10프래임》. e] (기업 등의 목적을 집행하는) 라인. f] (the ~) 【英陸軍】 보병, 상비군.
(5) ⓒ a] 측량 줄 ; 【電】 전선, (전)선로 ; 전선〈통신선〉망 ; 배관망. b] 밧줄, 끈, 포승, 로프 ; 낚싯줄 ; 빨랫줄: (*pl.*) 《美》 고삐 : ⇨ ROD and ~.
(6) ⓒ a] (일관 작업 등의 생산 공정의) 배열, 순서, 라인, 공정선(production ~). b] 도정(道程), 진로, 길(course, route) ;선로, 궤도 ; (운수 기관의) 노선 ; (정기) 항로 ; 운수 회사.
(7) ⓒ a] 【商】 품종, 종류 ; 재고품, 구입(품) ; 《美俗》 값. b] (종종 *pl.*) 방침, 주의 ; 경향, 방향. c] 방면, 분야 ; 장사, 직업(trade, profession) ; 기호, 취미, 장기 ; 전문.
all (***the way***) ***along the ~*** 전선(全線)에 걸친 《승리 등》 ; 도처에, 모조리 ; 모든 시점〈단계〉에. ***bring into ~*** …을 정렬시키다 : …을 (…과) 협력〈일치〉시키다 《*with*》. ***come into ~*** 1)구별하다《*between*》. 2)한계를 짓다. ; (…의) 선을 넘지 않다, (…까지는) 하지 않다. ***give a ~ on*** ... 《口》 …에 관해 정보를 주다. ***give*** a person ***~ enough*** 《比》 ~를 한동안 멋대로 하게〈하는 대로〉 내버려두다. ***hit the ~*** 【蹴】 공을 가지고 상대팀의 라인을 돌파하려고 하다 ; 대담〈용감〉한 일을 시도하다. ***hold the ~*** 1) 현상을 유지하다, 꽉 버티다. 2) 전화를 끊지 않고 기다리다. 3) 물러 서지 않다, 고수하다. ***in a direct ~*** 직계의. ***in ~*** 1) 정렬하여. 2) …와 조화〈일치〉 하여《*with*》. 3) 준비를 끝내고《*for*》. 4) 억제하고. 5) (지위 등을) 얻을 수 있고. ***in ~ on duty*** 직무로〈중〉 : die *in ~ of* duty 순직하다. ***in*** 〈***out of***〉 one***'s ~*** 성미에 맞는〈안 맞는〉 ; 장기(長技)인〈능하지 못한〉. ***jump the ~*** 《美》 새치기하다. ***lay*** 〈***put, place***〉 ***something*** 〈...〉 ***on the ~*** 1) (돈을) 전액 맞돈으로 치르다. 2) 남김없이 낱내다〈보이다〉, 털어놓고〈분명히〉 이야기하다《*with*》. 3) (생명·지위·명성 등을) 걸다. ***~ of fire*** 사선(射線). ***~ of flow*** 유선(液錄). ***~ of fortune*** (손금의) 운명선, 여선. ***~ of life*** (손금의) 생명선. ***~ of communintion***(s) 【軍】 (기지와 후방과의) 연락선, 병참선 ; 통신 (수단). ***off ~*** 1)【컴】 컴퓨터에 연결이 안되어, 오프라인에. ***on a ~*** 평균하여, 같은 높이로 ; 대등하게. ***on ~*** 측량선상에 ; 《口》 취업하여 ; 가동하여. 2)일관 작업에서 떠나. 3)기계가 작동을 멈춰. ***on the ~*** 1)(벽의 그림 따위가) 눈 높이만한 곳〈제일 좋은 위치〉에. 2)(명예 등을) 걸고. 3)애매하여. 4)당장에. ***on the ~s of*** …와 비슷한, …에 따라서. ***out of ~*** 일렬이 아닌 ; 일치〈조화〉되지 않은 ; 관례〈사회통념〉에 안맞는 ; 주제넘은 ; 《美俗》 (값·품질등이) 유별나게. ***reach the end of ~*** (관계 등이) 끊어지다, 파국에 이르다 ***read between the ~s*** 글의 행간을 읽다, 숨은 뜻을 알아내다. ***shoot a ~*** 《口》 큰소리치다(boast), 떠벌리다. ***the ~s of the palm*** 수상(手相). ***the male*** 〈***female***〉 ~ 남계〈여계〉. ***toe the ~*** ⇨ TOE.
— *vt.* (1) 《+目+前+名》 …에 나란히 세우다 《*with*》. (2)선을 그어 구획하다《*off* ; *out* ; *in*》. (3)…에 선을 긋다 : paper 종이에 괘를〈줄을〉 치다. (4)…에 윤곽을 잡다. …에 윤곽을 그리다. (5)《+目+副》 (종종 ~ up) 일렬로 (늘어) 세우다, 정렬시키다. (6)(군인 ·차량 등이) …을 따라 죽 늘어서다 ; 할당하다(assign)《*to*》. (7)(문장 따위에서) …의 대략을 묘사하다《*out*》. (8)(흔히 *pp.*) (얼굴에) 주름살을 짓다.
— *vi.* (1)늘어서다《*up*》. (2)【野】 라이너를 치다. ***~ out*** 1)(설계도·그림 등)의 대략을 그리다. 2)(깎아내거나 하려고) …에 선으로 표시하다. 3)《口》 (찬송가 등을) 한 줄 한 줄 읽다《따라 부르게》. 4)【野】 라이너를 쳐서 아웃이 되다. ***~ up*** (행사 등을) 준비〈기획〉하다 ; (출연자 등을) 확보하다. ***~ up against*** …에 대항하여 결속하다. ***~ up behind*** …을 결속하여 지원하다.

·line[2] [lain] *vt.* 《~+目/+目+前+名》 (1)(주머니·배 등)을 꽉 채우다《*with*》. (2)(의복 따위)에 안을 대다 ; (상자 따위)의 안을 바르다《*with*》.

line·a·ble [láinəbəl] *a.* 한 줄로 세울 수 있는.

lin·e·age[1] [líniidʒ] *n.* ⓤ (또는 a ~) 혈통, 계통, 가문.

lineal [líniəl] *a.* (1)선(모양)의 (linear). (2)직계의, 정통의, 적류의(【cf.】 collateral) ; 선조로부터의 ; 동족(同族)의.
파) **~·ly** [-əli] *ad.*

lin·e·a·ment [líniəmənt] *n.* ⓒ (each every 에 수반될 때 외에는 *pl.*) (1)특징. (2)용모, 얼굴 생김새, 인상(人相) ; 외형, 윤곽.

·lin·e·ar [líniər] *a.* (1)【컴】 선형(線形)의, 리니어의. (2)【數】 1차의, 선형의. (3)직선의 ; 선과 같은 : ~ expansion 선(線) 팽창. (4)【植·動】 실 모양의, 길쭉한.
파) **~·ly** *ad.*

línear méasure 길이의 단위, 척도법.

lined[1] [laind] *a.* 줄〈괘선〉을 친.

lined[2] *a.* 안(감)을 댄.

líne èditor 라인에디터《1)【컴】 줄(단위) 편집기. 2) 저자와 긴밀히 연락하면서 편집작업을 진행시키는 편집자》.

line·man [láinmən] (*pl.* ***-men*** [-mən]) *n.* ⓒ (1)【美蹴】전위. (2)(전신·전화의) 가설공 ; 《英》 (철도의) 보선공. (3)【側】 측부(測夫), 측선수.

:lin·en [línin] *n.* ⓤ (1)〔集合的〕 (종종 *pl.*) 린네르 제품《셔츠·속옷·시트 따위》. ***wash*** one***'s dirty ~ at home*** 〈***in public***〉 집안의 수치를 감추다〈외부에 드러내다〉. (2)아마포(布), 리넨, 린네르.
— *a.* 〔限定的〕 아마의, 리넨〈린네르〉제의 ; 린네르처럼 흰.

línen dràper 《英》 리넨〈린네르〉상(商), 셔츠류 판매상.

línen páper 리넨〈린네르〉지(紙).

lìne of fórce 【理】 역선(力經)《전자장(電磁場)에서 힘의 방향을 나타내는 상상의 선(線)》.

líne of scrímmage 【美蹴】 스크럼 선(綠)《스크럼을 짤 때 양 팀을 나누는 가공의 선》.

líne of síght (1)【放送】 가시선《지평선에 막히지 않고 송신·수신·안테나를 잇는 직선》. (2)【天】 시선(視線)《관측자와 천체를 잇는 직선》. (3)(사격·측량 등의) 조준선.

líne of vísion 【眼】 시선(視線)《눈동자의 중심점과 외계의 주시점을 잇는 선》.

line-out [´àut] *n.* 【럭비】 라인 아웃《터치라인 밖으로 나간 공을 스로인하기》.

·lin·er[1] [láinər] *n.* ⓒ (1)【野】 라이너(line drive). (2)정기선 (【cf.】 tramp) ; 정기 항공기. (3)선을 긋는 사람〈기구〉 ; 아이새도용 붓, 직구.

lin·er[2] *n.* ⓒ (1)【機】 (마멸 방지용) 입힘쇠, 덧쇠. (2)안을 대는 사람 ; 안에 대는 것. (3)(코트 안에 분리할 수 있게 댄) 라이너. (4)= LINER NOTES.

line-shoot [´ʃùːt] *vt.* 《口》 허풍떨다. 파) **~·er** *n.* ⓒ 《口》 허풍선이.

line-up, line·up [láinʌ̀p] *n.* ⓒ (1)〔一般的〕 구성, 진용. (2)사람〈물건〉의 열(列) ; 라인업, (선수의) 진용(표). (3)(대질하기 위해 나란히 세운) 용의자의

열, 라인업. (4)【球技】(시합 개시 때의) 정렬(擴列).

-ling[1] *suf.* 《종종 蔑》 (1)명사·형용사·부사·동사에 붙여 '…에 속하는〈관계 있는〉 사람 물건'의 뜻의 명사를 만듦 : dar*ling*, nurs(e)*ling*, young*ling*. (2)명사에 붙여 지소사(指小辭)를 만듦 : duck*ling*, prince*ling*.

-ling[2], **-lings** suf. 방향·위치·상태 따위를 나타내는 부사를 만듦 : side*ling*, dark*ling*. flat*ing*.

:lin·ger [líŋgər] *vi.* (1)《+*to* do》 우물쭈물 망설이다, …하기로 마음을 정하지 못하다. (2)(우물쭈물) 오래 머무르다, 떠나지 못하다, 서성대다《*on*》. (3)《+前+名》(꾸물거려) 시간이 걸리다《*over* ; *on* ; *upon*》. (4) 근처를 서성거리다《*about*》 : ~ on the way home 돌아오는 길에 지정거리다 / He was still ~*ing* around the theater long after the other fans had gone home. 그는 다른 펜들이 집에 간 뒤에도 오랫동안 극장 주위를 서성거리고 있었다. (5)(겨울·의심 따위가) 좀처럼 사라지지 않다 ; (습관이) 좀처럼 버려지지 않는다 ; (병·전쟁이) 질질 끌다 ; (환자가) 간신히 버티다《*on*》 : Though desperately ill he could ~ *on* for months. 오늘 내일 하면서도 그는 몇 달을 버티었다.
— *vt.* (1)《+目+副》(시간)을 하는 일 없이〈어정버정〉 보내다《*away* ; *out*》 : He ~*ed out* his final years alone. 그는 만년을 외롭게 살았다. **~ *on*** (환자가) 오래앓다. **~ *on* 〈*round*〉 *a subject*** 한 가지 문제를 가지고 질질끌다. **~ *out* one's *life*** 좀처럼 죽지 않다 ; 하는 일 없이 살아가다. (2)…을 질질 끌다.

lin·ge·rie [lὰːndʒəréi, lǽnʒərìː] *n.* ⓤ 《F.》 란제리, 여성의 속옷류 ; 《古》 리넨〈린네르〉 제품.

lin·ger·ing [líŋəriŋ] *a.* (1)미련이 있는 듯싶은, 망설이는. (2)오래(질질) 끄는, 우물쭈물하는.
파) **~·ly** *ad.*

lin·go [líŋgou] (*pl.* **~(*e*)*s***) *n.* ⓒ (1)《口·蔑》 횡설수설, 뜻 모를〈알 수 없는〉 말《사투리·술어 따위》. (2)외국어. (3)【言】 링고, 전문어.

lin·gua [líŋgwə] (*pl.* ***-guae*** [-gwiː]) *n.* 《L.》 혀 ; 설상(舌狀) 기관 ; 언어(language).

lin·gual [líŋgwəl] *a.* (1)【音聲】 설음(舌音)의. (2) 혀(모양)의. (3)말〈언어〉의. — *n.* ⓒ 설음 ; 설음자(字)《t, d, th, s, n, l, r》.
파) **~·ly** *ad.* 설음으로..

lin·gui·form [líŋgwəfɔ̀ːrm] *a.* 혀 모양의.

·lin·guist [líŋgwist] *n.* ⓒ (1)여러 외국어에 능한 사람. (2)어학자, 언어학자.
파) **~·er** *n.* ⓒ 통역자.

·lin·guis·tic, -ti·cal [liŋgwístik], [-əl] *a.* 어학(상)의, 언어의 ; 언어학의 ; 언어 연구의.
파) **-ti·cal·ly** [-əli] *ad.*

linguístic átlas 【言】 언어 지도.

linguístic fórm 【言】 언어 형식《의미를가지는 구조상의 단위 ; 문(文)·구(句)·낱말 등》. =speech form.

·lin·guis·tics [liŋgwístiks] *n.* ⓤ 어학 ; 언어학. 【cf.】 philology. 『 comparative 〈descriptive, general, historical〉 ~ 비교〈기술, 일반, 역사〉 언어학.

lin·gu·late [líŋgjəlèit] *a.* 혀 모양의.

lin·i·ment [línəmənt] *n.* ⓤⓒ (액상의) 바르는 약.

·lin·ing [láiniŋ] *n.* (1) ⓒ (지갑·위 따위의) 알맹이, 내용. (2) ⓒ (옷 따위의) 안찝.

:link[1] [liŋk] *n.* ⓒ (1)【機】 링크 ; 연동 장치. (2)【컴】 연결, 연결로. (3)(뜨개질의) 코. (4)(사슬의) 고리. (5)연결하는 사람〈물건〉 ; 유대 ; 연관, 관련《*with* ; *between*》. (6)(고리처럼 이어진) 소시지의 한 토막 ; (*pl.*) 커프스 버튼(curt ~).
— *vt.* (1)…을 잇다, 연접하다《*to* ; *with*》 ; 관련짓다, 결부하다〈하여 생각하다〉《*with* ; *together*》. (2) 《~+目+目+前+名》(팔)을 끼다.
— *vi.* (1)팔을 끼고 가다. **~ *up with*** …와 동맹하다. (2)이어지다, 연결되다, 제휴하다《*up*》.

link·age [líŋkidʒ] *n.* ⓤ,ⓒ (1)【政】연관(聯關)외교, 링키지. (2)【機】 연동장치 ; 【컴】 연계. (3)연합 ; 연쇄 ; 결합.

línkage èditor 【컴】 연계 편집 프로그램.

link·er [líŋkər] *n.* ⓒ 【컴】 링커, 연계기.

línk·ing vèrb [líŋkiŋ-] 【文法】 연결 동사 (copula) 《be, appear, seem, become 등》, 계사.

link·man [´-mən] (*pl.* ***-men*** [-mən]) *n.* ⓒ (1)(라디오·TV 좌담회의)사회자. 【cf.】 anchor man. (2)횃불 드는 사람. (3)(축구 따위의) 센터포드와 백의 중간을 이어주는 선수.

línk mòtion 【機】 링크 장치, 연동 장치.

links [liŋks] *n.* (1)(*pl.*) 《Sc.》 (해안의) 모래펄. (2)ⓒ 골프장《특히, 해안의》(folf course).

links·man [´mən] (*pl.* ***-men*** [´mən]) *n.* ⓒ 골퍼.

link·up [líŋkʌ̀p] *n.* ⓒ (1)(두 조직체간의) 연대, 제휴. (2)연결, 연합 ; (우주선의) 도킹.

link·work [´wə̀ːrk] *n.* ⓒ,ⓤ 사슬 세공 ; 연동장치(linkage) ; 연쇄.

li·no·cut [láinoukʌ̀t] *n.* ⓤ,ⓒ 리놀륨 인각(印刻)(화(畵)).

·li·no·le·um [linóuliəm] *n.* ⓤ 리놀륨《마루의 깔개》.

lin·sey (-wool·sey) [línzi(wúlzi)] *n.* ⓤ 삼〈무명〉과 털의 교직물.

lint [lint] *n.* ⓤ (1)실보무라지 ; 솜 보무라지. (2)린트 천《붕대용의 부드러움 베의 일종》, 조면(ginned cotton) .

lin·ter [líntər] *n.* (1)(*pl.*) 실보무라지. (2) ⓒ (천에서) 실보무라지 제거기(機).

liny [láini] (***lin·i·er* ; *-i·est***) *a.* 선을 그은 ; 주름 투성이의 ; 【美術】 선을 지나치게 쓴.

:li·on [láiən] *n.* (1) ⓒ 용맹한 사람. (2) ⓒ 유명한〈인기 있는〉 사람. (3) ⓒ (*pl.* **~*s***, **~**) 사자, 라이온. (4)(the L-)사자자리 ; 사자궁(Leo). (5) ⓒ 《英》 인기 끄는 것 : (*pl.*) 명물, 명소. (6) ⓒ 【紋章術】 사자무늬. ***a ~ in the way* 〈*path*〉** 앞길에 가로놓인 난관《특히 상상적인》. ***~'s skin*** 헛위세. ***make a ~ of*** a person ~를 치켜세우다. ***put* 〈*run*〉 one's *head in* 〈*into*〉 *the ~'s mouth*** 자진하여 위험한 곳에 들다. 대모험을 하다. ***the ~'s share*** 가장 좋은 부분, 노른자위. ***throw* 〈*feed*〉** a person ***to the ~s*** 주게 됨〈곤경의〉 사람을 내 버려두다. ***twist the ~'s tail*** (특히, 미국 기자가) 영국의 욕을 하다〈쓰다〉.

li·on·ess [láiənis] *n.* ⓒ 암사자.

li·on·heart [´hὰːrt] *n.* (1)(L-) 사자왕《영국왕 Richard 1세의 별명》. (2) ⓒ 용맹〈담대〉한 사람.
파) **~·ed** *a.* 용맹한. **~·ed·ness** *n.*

li·on·i·za·tion [làiənizéiʃən/ -nai-] *n.* ⓤ 치켜세움, 떠받듦, 명사 취급함.

li·on·ize [láiənàiz] *vt.* …을 치켜세우다, 떠받들다, 명사 대우하다 : be ~*d* by the press 언론이 명사 취급을 하다.
파) **~·iz·er** *n.*

:lip [lip] *n.* (1) ⓒ 입술 모양의 것 ; (식기·단지·우

묵한 데·상처·포구 등의) 가장자리 ; (식기 따위의) 부리, 귀때 ; 【植】 입술꽃잎, 순형화판(脣形花瓣) ; 【動】 (고둥의) 아가리 ; (공구의) 날. (2) a] (*pl.*) (발성기관으로서의 입 b] ⓤ 《美俗》 건방진〈주제넘은〉 말. c] ⓒ 입술. ***be on every-one's ~*** 뭇입에 오르내리다, 말들이 많다. ***be steeped to the ~s in*** (악덕·죄 등) 아무의 몸에 깊이 배어 있다. ***bite*** one'***s ~s*** 노염〈고통, 웃음〉을 참다 ; 입술을 깨물다. ***button*** one'***s ~*** 《俗》 입을 다물고 있다. (비밀 등을) 누설하지 않다. ***carry*** 〈***keep, have***〉 ***a stiff upper ~*** (어려움 따위에) 끄떡 않다, 겁내지 않다, 지그시 참다 ; 의연하다. ***curl the*** 〈one'***s***〉 ***~***(***s***) 입술을 비죽거리다《경멸·불쾌·냉소의 표정》. =***hang on the ~s of*** ~의 말에 귀를 기울이다〈매료되다〉. ***hang*** one'***s ~*** 울상을 짓다. ***lick*** 〈***smack***〉 one'***s ~s*** (맛이 있어서) 입맛을 다시다 ; (먹고 싶어서) 군침을 삼키다. ***My ~s are sealed.*** (거기에 대해서는) 말하지 않겠다. ***pass*** one'***s ~s*** (말이) 입에서 새다, 무심코 지껄이다 ; 음식물이 입에 들어가다. ***put*** 〈***lay***〉 one'***s finger to*** one'***s ~s*** 입술에 손가락을 대다 《입 다물라는 신호》. ***shoot out the ~*** 【聖】 (경멸·불쾌 때문에) 입술을 삐죽 내밀다.

— (***-pp-***) *vt.* (1)…에게 속삭이다. (2)…에 입술을 대다. (3)【골프】 공을 쳐서 (컵)의 가장자리를 맞히다.

— *a.* 〔限定的〕 (1)【音聲】 순음의. (2)입술의, 말뿐인.

lip·py [lípi] (***-pi·er ; -pi·est***) *a.* 《口》 (1)수다스러운, 입술이 두툼한. (2)건방진.

lip-read [lípriːd] (*p.*, *pp.* **-read** [ˊrèd]) *vt. vi.* (…을) 독순술(讀脣術)로 이해(해독)하다.

líp rèading 독순술, 시화(視話).

lip·salve [ˊsæ̀v, ˊsɑ̀ːv] *n.* (1) ⓤ 아첨(flattery). (2) ⓤⓒ 입술에 바르는 연고.

líp sèrvice 입에 발린 말 ; 말뿐인 호의〈찬의, 경의〉.

·lip·stick [ˊstìk] *n.* ⓤⓒ 입술 연지, 립스틱.

파) **-sticked** *a.* 입술연지를 바른.

lip·sync(**h**) [ˊsíŋk] *vt, vi, n.* ⓤ 【TV·映】 녹음〈녹화〉에 맞추어 말〈노래〉하다〈하기〉.

liq·ue·fac·tion [lìkwifǽkʃən] *n.* ⓤ 액화 ; 용해 ; 액화 상태 : ~ of coal 석탄 액화.

liq·ue·fy [líkwifài] *vt.* …을 녹이다, 액화하다.

— *vi.* 녹다 ; 액화되다. 파) **-fi·er** *n.*

li·ques·cence, -cen·cy [likwésəns], [-si] *n.* ⓤ 액화 (상태).

li·ques·cent [likwésənt] *a.* 액화하기 쉬운, 액화성(상태)의.

li·queur [likə́ːr/-kjúər] *n.* 《F.》 (1) ⓒ 리큐어 한 잔. (2) ⓤ 리큐어 《달고 향기 있는 독한 술》.

:liq·uid [líkwid] *a.* (1)(소리·시 등이) 흐르는 듯한, 막힘없는, 유창한. (2)액체의, 유동체의. (3)【北】 (빛깔·눈 따위가)밝은, 투명한. (4)【音聲】 유음(流音)의 《[l, r] 등》. (5)움직이기 쉬운, 불안정한(unstable). (6)【經】 현금으로 바꾸기 쉬운. ▫ liquidity *n.* liquidize *v.*

— *n.* (1) ⓒ 유음, 유음 문자《[l, r] ; 때로 [m, n, ŋ] 포함》 ; 구개화음《스페인어의 ñ, ll 등》. (2) ⓤ,ⓒ 액체, 유동체(fluid). 【cf.】 gas, solid.

파) **~·ly** *ad.* 액상(液狀)으로, 유동하여, 유창하게. **~·ness** *n.* =LIQUIDITY.

liq·ui·date [líkwidèit] *vt.* (1)…을 숙청하다 ; 《婉》 죽이다. (2)(빚)을 청산하다, 갚다. (3)(회사의 부채)를 정리하다. (4)(증권따위를)를 현금으로 바꾸다. (5)…을 폐지(일소)하다.

— *vi.* 청산하다 ; 정리하다. 파) **-dà·tor** [-tər] *n.* ⓒ 청산인.

liq·ui·da·tion [lìkwidéiʃən] *n.* ⓤ (1)폐지, 일소. (2)숙청, 살해. ***go into ~*** (회사가) 청산〈파산〉하다. (3)(빚의) 청산 ; (파산자의) 정리.

li·quid·i·ty [likwídəti] *n.* (1) a] ⓤ 유동자산의 환금(換金) 능력. b] (*pl.*) 유동자산. (2) ⓤ 유동성.

liq·uid·ize [líkwidàiz] *vt.* (즙을 내려고 야채·과일 등)을 갈다, 믹서로 액상화하다.

:liq·uor [líkər] *n.* (1) ⓤ (고기 따위를) 곤〈다린〉 물. (2) ⓤ,ⓒ 《美》 독한 증류주 《brandy, whisky 따위》 ; 《英》 알코올 음료, 술. (3) ⓤ 【藥】 용액 ; 물약. ***be in ~*** = ***be*** (***the***)***worse for ~*** 술에 취하다. ***take*** 〈***have***〉 ***a ~*** (***up***) 《口》 한잔 하다〈마시다〉 ***vinous ~*** 포도주.

— *vt.* 《美口》 (남)에게 술을 먹이다〈권하다〉 《*up*》.

— *vi.* 《美口》 술을 많이 마시다, 취하다《*up*》.

lisle [lail] *n.* ⓒ 라일 실(= ˊ **thrèad**) 《외올의 무명실》 ; 그 직물.

— *a.* 라일 실의.

lisp [lisp] *vi.*, *vt.* (…을) 불완전하게 발음하다《어린 애가 [s, z]를 [θ, ð]로 발음하는 따위》 ; 혀짤배기소리로 말하다《*out*》.

— *n.* ⓒ 혀짧은 발음.

파) **ˊ~·er** *n.* **ˊ~·ing** *n.*, *a.* **ˊ~·ing·ly** *ad.*

lis·som(**e**) [lísəm] *a.* (1)(사람이) 민첩한(agile). (2)(몸이) 유연한.

파) **~·ly** *ad.*, **~·ness** *n.*

:list[1] [list] *n.* ⓒ (1)가격표 ; =LIST PRICE. (2)목록, 명부, 표, 명세서, 리스트. (3)【컴】 목록, 죽보(이)기. ***close the ~*** 모집 마감하다. ***first on the ~*** 제일 첫째의〈로〉 ; 수석의〈으로〉. ***lead*** 〈***head***〉 ***the ~*** 수석을 차지하다. ***make a ~ of*** …을 표로 작성하다. ***retired ~*** 현역〈예비역, 퇴역〉으로. ***on*** 〈***in***〉 ***the ~*** 표에 올라, 명부에 기입되어. ***on the sick ~*** 앓고 있는 〈휴양 중〉.

— *vt.* (1)목록〈표〉에 싣다 ; 명부에 올리다. (2)…의 목록을 만들다. — *vi.* 《+前+名》 카탈로그에 실리다.

list[2] *n.* (1)(*pl.*) =LIST. (2) ⓒ (천의) 가장자리, 변폭(邊幅), 식서(飾緖). (3) ⓒ 두둑, 이랑.

list[3] *n.* (a ~) (선박·건물 따위의) 기울기, 경사.

— *vi.* 기울다, 비스듬해지다.

— *vt.* …을 기울게 하다.

:lis·ten [lísən] *vi.* (1)《~/+前+名》 귀여겨 듣다, 따르다《*to*》. (2)《~/+前+名》 귀를 기울이다, 경청하다《*to*》. ※ 부정사 또는 현재분사를 뒤에 붙일 수 있음. (3)《+補》《美口》 (…처럼〈정당하게, 확실하게〉) 들리다. ***~ for*** …을 들으려고 귀를 기울이다. ***~ in*** 1)(전화 따위)를 엿듣다. ***~ out*** 《口》 〔흔히, 命令法〕 …을 주의해 듣다. ***~ up*** 《美口》 = ~ out. 2)(라디오 따위)를 청취하다(listen) 《※ 이 뜻으로는 좀 예스러움》.

— *n.* (a ~) 《口》 들음.

파) **~·a·ble** *a.* 듣기 쉬운, 듣기 좋은.

:lis·ten·er [lísnər] *n.* ⓒ (1)(라디오의) 청취자 ; (대학의) 청강생(auditor). (2)듣는 사람, 경청자.

lis·ten·er-in [lísnərín] (*pl.* ***lis·ten·ers-in*** [-nərz-]) *n.* ⓒ 라디오 청취자 ; 도청자.

lis·ten·in [lísnìn] *n.* ⓤ (라디오 등의) 청취 ; 도청.

·lis·ten·ing [lísniŋ] *n.* ⓤ 청취

— *a.* 주의 깊은.

lístening devìce 도청 장치.

lis·ten·ing-in [lísniŋín] *n.* ⓤ 라디오 청취.

list·er [lístər] *n.* ⓒ (1)세액(稅額) 사정자(査定者). (2)리스트〈카탈로그〉 작성자.
list·ing [lístiŋ] *n.* ⓤ 표의 작성 ; 표의 기재사항〈항목〉 ; 목록 : **[컴]** 목록 작성, 죽보(이)기.
list·less [lístlis] *a.* …할 마음이 없는, 무관심한, 냉담한, 게의치 않는.
파) **~·ly** *ad.* **~·ness** *n.*
líst príce (카탈로그 따위에 기재된) 표시 가격, 정가(定價).
:lit[1] [lit] LIGHT[1,3]의 과거·과거분사. *a.* 빛나는, 불이 켜진.
lit[2] 《口》 *n.* ⓤ 문학(literature).
— *a.* 문학의.
lit. literal(ly) ; literary ; literature ; liter(s).
lit·a·ny [lítəni] *n.* (1) ⓒ 장황한 이야기〈설명〉. (2) a] (the L-) (성공회의) 탄원. b] **[카톨릭]** (카톨릭의) 호칭 기도.
Lit. B. = LITT. B.
lít càndles 《美俗》 경찰차 지붕에서 점멸하는 붉은 등.
li·tchi [líːtʃiː] *n.* ⓒ **[植]** (중국산) 여주 ; 그열매.
lit·crit [lítkrít] *n.* ⓤ,ⓒ 《口》 문학 비평, 문예평론(가).
-lite, -lyte *suf.* '돌'을 뜻하는 명사를 만듦 : chryso*lite*, meteoro*lite*.
·liter, 《英》 **-tre** [líːtər] *n.* ⓒ 리터 《1,000 cc ; 略 : l., lit》.
·lit·er·a·cy [lítərəsi] *n.* ⓤ 읽고 쓰는 능력 ; (받은) 교육, 교양. 【opp.】 *illiteracy.*
·lit·er·al [lítərəl] *a.* (1)글자 그대로의, 어구에 충실한. (2)문자(상)의 ; 문자로 표현된. (3)(문자·말 그대로) 사실에 충실한, 과장〈꾸밈〉이 없는 ; 엄밀한, 정확한. ***in the ~ sense*** 〈***meaning***〉 ***of the world*** 글자 그대로의 의미로. (4)(사람·성질 따위가) 자구 〈글뜻〉에 구애되는, 상상력〈융통성〉이 없는, 멋없는.
— *n.* ⓒ (1)**[컴]** 리터럴, 상수. (2)오자, 오식.
파) **~·ism** [-ìzəm] *n.* ⓤ (1)**[美術]** (극단적) 문자대로 해석함, 사실주의. (2)자구에 구애됨 ; 직역(주의), 직역조(調).
파) **~·ist** *n.* ⓒ 자구에 얽매이는 사람 ; 직역주의자 ; **[美術]** 극단적 사실 주의자. **~·ness** *n.*
lit·er·al·is·tic [lìtərəlístik] *a.* 문자에 구애되는, 직역주의의 ; **[美術]** 사실주의의.
lit·er·al·i·ty [lìtərǽləti] *n.* ⓤ 글자 뜻대로임 ;글자 대로의 해석〈의미〉.
lit·er·al·ize [lítərəlàiz] *vt.* …을 글자 뜻대로 해석하다, 직역하다.
:lit·er·al·ly [lítərəli] *ad.* (1)아주, 정말로 ; 과장없이, 글자 그대로. (2)글자 뜻 그대로 ; 축어적으로 ; 글자에 구애되어.
:lit·er·ary [lítərèri/ -rəri] *a.* (1)문학의, 문필의, 문예의 ; 학문의. (2)문학에 종사하는, 무필을 직업으로 하는. (3)문학에 통달한〈훤한〉 ; 문학 취미의. (4)(구어에 대해) 문어적인, 문어의. 【cf.】 colloquial.
파) **lít·er·àr·i·ly** *ad.* 문학상(으로). **-i·ness** *n.* ⓤ 문학적임.
lit·er·ate [lítərit] *a.* (1)학식〈교양〉이 있는, 박식한 ; 문학적 소양이 있는. (1)읽고 쓸 수 있는. 【opp.】 *illiterate.* — *n.* (1)학식〈교양〉 있는 사람, 학자. (2) 읽고 쓸 줄 아는 사람, 우식한 사람.
파) **~·ly** *ad.* **~·ness** *n.*
lit·er·a·tion [lìtəréiʃən] *n.* ⓤ (음성·말의) 문자 표기, 문자화.
lit·er·a·tor [lítərèitər] *n.* ⓒ 문학자, 저술가, 저작자.
:lit·er·a·ture [lítərətʃər, -tʃùər] *n.* ⓤ (1)문학, 문예. (2)문학 연구 ; 작가 생활, 저술. (3)문헌 ; 조사〈연구〉 보고서, 논문. (4)《口》 (광고·선전 등의) 인쇄물.
lithe [laið] *a.* 나긋나긋 〈낭창낭창〉한, 유연(柔軟)한.
파) **´~·ly** *ad.* **´~·ness** *n.* **´~·some** [-səm] *a.* = LITHE.
litho(g). lithograph ; lithographic ; lithography.
lith·o·graph [líθəgræ̀f, -grɑ̀ːf] *n.* ⓒ 석판 인쇄, 석판화.
— *vt.* …을 석판으로 인쇄하다.
파) **li·thog·ra·pher** [liθágrəfər/ -θɔ́g-] *n.* ⓒ 석판(인쇄)공(工).
li·thog·ra·phy [liθàgrəfi/ -θɔ́g-] *n.* ⓤ 리소그래피, 석판 인쇄(술).
파) **lith·o·graph·ic, -i·cal** [lìθəgrǽfik], [-əl] *a.* **-i·cal·ly** [-əli] *ad.*
lith·o·trip·sy [líθətrìpsi] (*pl.* ***-sies***) *n.* ⓒ (신장 결석 파쇄기로) 결석 파쇄 제거.
lith·o·trip·ter [líθətrìptər] *n.* ⓒ (충격파에 의한) 신장 결석 파쇄기.
Lith·u·a·nia [lìθjuéiniə] *n.* 리투아니아 《유럽 동북부, 발트해 연안의 공화국의 하나》.
Lith·u·a·ni·an [lìθjuéiniən] *a.*, *n.* 리투아니아의 ; 리투아니아 사람〈말〉(의).
lit·i·gant [lítigənt] *a.* 소송 중의 ; 소송에 관계 있는.
— *n.* ⓒ 소송 당사자, 소송 관계자(원고, 피고).
lit·i·gate [lítigèit] *vt.*, *vi.* 제소〈소송〉하다, 논쟁하다(dispute) : If we have to ~, we will. 소송해야 한다면 해야지.
파) **lit·i·ga·tion** [lìtigéiʃən] *n.* ⓤ 소송, 기소.
li·ti·gious [litidʒəs] *a.* 《종종 蔑》 소송하기 좋아하는, 소송(상)의. 파) **~·ly** *ad.* **~·ness** *n.*
·lit·ter [lítər] *n.* (1) ⓒ 들것(stretcher), 가마. (2) ⓤ (개집등에 까는) 짚. (3) a] ⓤ 〔集合的〕 쓰레기, 찌꺼기, 잡동사니. b] ⓤ (a ~) 난잡, 혼란. (4) ⓒ 〔集合的 ; 單·複數 취급〕 (동물의) 한배. ***in ~*** (개·돼지 따위가) 새끼를 밴〈배어〉. ***No Litter.*** 《게시》쓰레기를 버리지 말 것.
— *vt.* 《+目+副》 (짐승)에게 짚을 깔아 주다. (2) 《~+目/+目+前+名/+目+副》 …을 흩뜨리다, 어지르다, 어수선하게 하다《*up* ; *with*》 : Bits of paper *~ed* the floor. 종이쪽들이 마루에 흩어져 있었다. (3)(돼지 따위가 새끼)를 낳다.
— *vi.* (짐승이)새끼를 낳다.
lit·té·ra·teur [lìtərətə́ːr] *n.* ⓤ 《F.》 문학자, 문인, 학자.
:lit·tle [lítl] (***less*** [les], ***less·er*** [lésər] ; ***least*** [liːst]. 다만, (1), (2)에서는 일반적으로 smaller, smallest 로 대용) *a.* a] 《可算名詞와 더불어》 (1)〔보통 限定的〕 (모양·규모가) 작은, (집단 따위가) 소인원의. 【opp.】 *big, large.*
(2)어린, 연소한(young).
(3) a]〔限定的〕 시시한, 사소한, 하찮은 ; 인색한,비열한 ; 세력이 없는, 초라한. 【opp.】 *great.* . b] (the ~)〔集合約 ; 複數 취급〕 하찮은〈권력 없는〉 사람들.
(4)〔限定的〕 (작고) 귀여운, 사랑스러운《앞에 있는 형용사 또는 뒤에 오는 명사에 좋은 느낌을 줌》.
(5)〔限定的〕 (시간·거리 따위가) 짧은, 잠시의.
b]《可算各詞와 더불어》 (1)조금의, 적으나마(있는).

〖opp.〗*much.*
(2)〔限定的〕 a〕〔a가 붙지 않고 否定的으로〕 조금 밖에 …없는, 거의 없는. 【cf.】 *few.* b〕〔a가 붙어 肯定的으로〕 조금 있는 ; 소량의, 조금의, 얼마쯤의. 【cf.】 a few.

☞語法 (1)a little과 little에서 전자는 '있음', 후자는 '없음'의 관념을 강조하나 그 차이는 다분히 주관적임. (2)예로는 의례적인 형식으로 some 대신에 a little을 씀.

(3)〔the ~ (that) 또는 what ~로〕 있을까말까한, 적지만 전부의 : I gave him *the* ~ money (*that*) I had. =I gave him *what* ~ money I had. 적지만 가지고 있는 돈을 전부 그에게 주었다.
a ~ bit ⇨ BIT[1]. ***but ~*** 거의 없는. ~ …, ***if any*** = ***~ or no*** …있어도 극히 조금, 거의 없는. : I have ~ hope, *if any.* = I have ~ *or no* hope. 가망은 거의 없다. ***not a ~*** = 《稀》 ***no ~*** 적지 않은, 많은. ***only a ~*** 조금뿐〈밖〉의. ***quite a ~*** 《美口》 많은, 상당한 ; 꽤. ***some ~*** 상당한 양의, 다소의. ***What ~*** … = ***the ~*** … (***that***)
⇨ B〕(3).
— (***less ; least***) *ad.* (1)〔a 없이 否定的으로〕
a〕 거의 …않다 ; 좀처럼 …않다 《흔히 very가 따름》. 〖opp.〗 *much.* b〕〔know, think, care, suspect 따위의 의식·생각에 관한 動詞 앞에서〕 전혀 …아니(하)다 ; 조금도 …않다(not at all).
(2)〔a가 붙어 肯定的으로〕《종종 비교급의 형용사·부사와 함께》 조금(은), 다소는, 좀(《口》 a ~ bit). ***~ better than*** … …나 마찬가지와, …나 별다름 없는 : It is ~ *better than* robbery. 그건 도둑질이나 다름없다 / He was ~ *better than* a beggar. 그는 거지나 마찬가지였다. ***~ less than*** …와 거의 같은 정도(로 많이) : She saved ~ *less than* 1000 dollars. 그녀는 거의 천 달러나 돈을 모았다. ***~ more than*** …와 거의 같은 정도(로 적게), 그저 …정도 : It will take ~ *more than* an hour to finish. 그것을 마치는 데는 1시간 정도 걸릴 것이다. ***~ short of*** ⇨ SHORT. ***not a ~*** 적지않게, 매우 : He was *not a* ~ disappointed at the news. 그는 그 소식을 듣고 적지않게 실망 했다.
— *n.*, *pron.* (***less ; least***) (1)〔a가 붙지 않고 否定的으로〕 조금(밖에…않다), 소량. 〖opp.〗 *much.* 『 *Little* remains to be said. 더 할 말은 거의 없다 / He experienced but ~ of life. 그는 인생 경험이 부족하다 / Knowledge has ~ to do with wisdom. 지식은 슬기와는 별로 관계가 없다 / I understood ~ of what he said. 그의 말을 조금 밖에 이해 못했다.

☞ 語法 본래 形容詞이기 때문에 (代)名詞 용법에서도 very, rather, so, as, too, how 따위 부사의 수식을 받을 때가 있음《few 에 관해서도 똑같음》 : *Very* ~ is known about him. 그에 관해서는 거의 알려져 있지(가) 않다 / I got *but* 〔*very, rather*〕 ~ out of him. 그에게서 거의 얻는 바가 없었다.

(2)〔a가 붙어 肯定的으로〕 a〕 조금(은), 얼마쯤〈간〉 : He knows *a* ~ of everything. 그는 조금씩은 알고 있다 / Every ~ helps. 《俗談》 티끌 모아 태산 / He drank *a* ~ of the water. 그는 그 물을 조금 마셨다. b〕 (시간·거리의) 조금 ; 잠깐, 잠시《副詞的으로도 쓰임》 : for *a* ~ 잠시 동안 / wait a ~. 잠시 기다려라 / Can't you move *a* ~ to the right? 조금 오른쪽으로 옮겨 주시겠습니까.
(3)〔the ~ (that) 또는 what ~로 〕 얼마 안 되는 것 ; 하찮은 사람들 : I did *the* ~ *that* 〔*what* ~〕 I could. 미력이나마 전력을 다했다.
in ~ 소규모로(의) ; 정밀화(畫)로 그린〈그리어〉 ; 축사(縮寫) 〈축소〉한 〈하여〉 : an imitation *in* ~ of the original picture 원화를 축소한 모조품. 【cf.】 in (the) LARGE(成句). ***~ by ~*** =《英》 ***by ~ and ~*** 조금씩, 점차로 ; 서서히(gradually). ***~ if anything*** = ***~ or nothing*** (있다 하더라도) 거의 아무 것도 …않다. ***make ~ of*** … 1)…을 얕보다, 〈깔〉보다, 경시(輕視)하다. 2)…을 거의 이해 못하다. ***not a ~*** 적잖은 양〈물건, 일〉, 상당한 양(의 것). ***only a ~*** 단지 조금, 조금뿐(인 물건·일) ***quite a ~*** 《美口》 다량, 많이, 풍부.
what ~ ⇨ (3).
líttle mán 하찮은 녀석 ; 《英》 근근히 해나가는 상인〈장색 따위〉 ; 평범한〈보통〉 사내.
líttle pèople (1)(the ~) 요정(妖精)들(fairies). (2)아이들 ; 일반 서민.
líttle wóman (the ~) 《口 ; 종종 蔑》 집사람, 아내.
lit·to·ral [lítərəl] *a.* 연안의 ; 【生】 해안에 사는.
— *n.* ⓒ (1)연안. (2)【生態】 연안대(帶). 파) **~·ly** *ad.* 연해에
li·tur·gic, -gi·cal [litə́:rsʒik], [-əl] *a.* 예배식의 전례(典禮)의 ; 성찬식의.
파) **-gi·cal·ly** [-əli] *ad.*
li·tur·gics [litə́:rdʒiks] *n.* ⓤ 전례학(典例學), 전례론.
lit·ur·gist [lítərdʒist] *n.* ⓒ 전례학자 ; 전례식문(式文) 편집자〈작자〉 ; 전례형식 엄수자 ; 예배식 사제〈사회 목사〉. 파) **lit·ur·gís·tic** *a.*
lit·ur·gy [lítərdʒi] *n.* (1) ⓒ 전례 ; 전례식문(典禮式文). (2)a〕 (the ~) 기도서. b〕 (the ~, 종종 the L-) 성찬식.
liv·a·ble, live- [lívəbəl] *a.* (1)살기 좋은 ; 사귀기 쉬운. (2)함께 살 수 있는. (3)사는 보람이 있는. ***~ with*** 함께 생활할 수 있는 ; (불쾌한 행위 등) 참을 수 있는. 파) **~·ness** *n.* **liv·a·bíl·i·ty** *n.*
:live[1] [liv] *vi.* (1)《~/+前+名/+*to* do》 **살다**(dwell). (2)《~/+前+名》 **살다**, 거주하다《*at* ; *in* ; *bye*》. (3)《+前+名》 **생활하다**, 생계를 세우다, 지내다 《*on, upon* ; *by* 》. (4)인생을 즐기다, 재미있게 지내다. (5)《~/+補》 (무생물이 원래대로) 남다, **존속하다**, (사람의 기억〈기록〉에) 남아 있다. (6)《+前+名》 …을 상식(常食)으로 하다《*on, upon*》. (7)《+副/+補/+前+名》 …하게 하다, …로서 살다.
— *vt.* (1)〔同族目的語를 수반하여〕 …한 생활을 하다. (2)(…의 역)에 몰입되어 연기하다. ***As I ~ and breathe !*** 《口》 이거 오래간만이군 ; 〔强調〕 절대로, 결단코. (***as sure***) ***as I ~*** 절대로 틀림없이, 확실히. ***~ and learn*** 〔흔히 you, we, one 을 主語로〕 오래 살고 볼일이지《놀라운 새 사실을 듣거나 보았을 때 하는 말》. ***~ by*** (원칙·규정에 따라) 살다 . ***~ by one's wits*** 잔꾀로 살아가다. ***~ down*** (과거의 오명·죄과 등을) 씻다 ; (슬픔 따위를) 시간이 지남에 따라 잊다. ***~ for*** …을 주요 목적으로 하여 살다, 헌신하다, 사는 보람으로 삼다. ***~ from hand to mouth*** 그날 벌어 그날 먹다, 살다. ***~ in the past*** 과거 속에 살다. ***~ it up*** 《口》 즐거이〈사치스럽게〉 놀며 지내다. ***~ off*** …에 기식하다 ; …에게 폐를 끼치다 ; …에 의존하여 생활하다 : ~ *off* one's wife 아내가 버는 돈으로 살다. ***~ on***

1)…(만)을 먹고 살다, …을 의지하여 살다. 2)〔on 은 副詞〕 계속해 살다, (명성 따위가) 남다. **~ *on air***《北》'공기'를 먹고 살다, 아무것도 안 먹고 있다. **~ *out*** 1) 집에서 다니며 근무하다, (학생이) 학교 밖에 살다 (〖opp.〗 *live in*). 2)(정한 시기를) 지나다, 살아남다. **~ *out of a suitcase*** 〈***trunk, box,*** etc.〉 거처를 정하지 않고 살아가다, 떠돌이로 지내다. **~ *out of cans*** 〈***tin***〉《口》통조림만 먹고 지내다. **~ *over again*** (인생을) 다시 살다, (과거지사를 상기하여) 다시 한번 경험하다. **~ *through*** …을 헤쳐 나가다, 버티어 내다. **~ *together*** 동거생활을 하다. **~ *up to*** …에 부합하다, (이상·표준)에 따라 생활〈행동〉하다 ; (주의·주장)을 실천하다 ; (선언·약속 등)을 지키다 ; (수입)을 전부 쓰다 : Sales have not ~*d up* to expectations this year. 판매고는 금년 목표치에 못 미쳤다. **~ *well*** 1)사치스럽게 살다. 2)고결한 생활을 하다. **~ *with*** … 1)= ~ together. 2)…의 집에 기숙 〈기식〉하다 : ~ *with* one's uncle's 삼촌집에 기식하다. 3)(현상 따위)를 받아들이다, …에 견디다. **~ *within*** one***self*** 자기 일에만 몰두하다. ***where*** one **~*s***《美俗》급소에 : The word goes right *where I* ~. 나의 급소를 찌르는 말이다.

:live[2] [laiv] *a.* (1)살아 있는(〖opp.〗 *dead*) ;《戱》진짜인, 산 (채로의) : a ~ animal weight (동물의) 생체 중량 / a protest against the experiments on ~ animal 동물의 생체 실험에 대한 항의. ※ live는 한정적으로만 쓰여 명사 앞에 놓이고, alive는 주로 서술적으로 쓰임 : a *live* fish 생어 (生魚). (2)a〕 생생한, 기운찬, 발랄한, 활기 있는. b〕 탄력 있는《테니스 공 따위》. (3)(불·숯 따위가) 불타고 있는 ; 불이 일고 있는, 현재 활동 중인《화산》(active). (4)신선한《공기》; (색이) 선명한 ; 막 뽑은《깃 따위》. (5)유효한 ; 미사용의《폭탄·성냥》; 핵분열 물질이 든 ; 미채굴의 ; 땅에 솟은《바위 따위》. (6)(물이) 흐르고 있는. (7)(기계가) 작업 중인, 동력〈운동〉을 전하는, 운전하는. (8)(전기줄 등이) 전류가 흐르는 ; (전기 기구가) 작동하는. 〖opp.〗 *dead*. (9)【野·競】 플레이 속행 중인 ; (공이) 살아 있는, 유효한. (10)【放送】 생방송의, 현장 중계의 ; 실연(實演)의 ; 실제의, 목전의《관중·청중》. (11)활발하게 논의 중인 ; 당면한.

— *ad.* 생중계로, 실황으로.

-lived '명이 …한'이라는 뜻의 형용사를 만드는 결합사 : 영속〈지속〉하는.

live-in [lívìn] *a.* (주인집에서) 숙식하며 일하는 (【cf.】 live-out) ; 동거하는《애인》.

:live·li·hood [láivlihùd] *n.* ⓒ (흔히 *sing.*) 생계, 호구지책, 살림. ***earn*** 〈***gain, get, make***〉 ***a ~ by*** (writing) (문필)로 생계를 세우다. ***pick up*** 〈***eke out***〉 ***a scanty*** ~ 가난 〈구차〉하게 살다.

líve lóad [láiv-] 【土·建】 활하중(活荷重), 적재하중(荷重). 〖opp.〗 *dead load*.

live·long [lívlɔ̀ːŋ/ -lɔ̀ŋ] *a.*《詩》〔때를 나타내는 말에 붙여서〕 온(꼬박)…, … 내내.

:live·ly [láivli] (**-li•er ; li•est**) *a.* (1)생기〈활기〉가 넘치는, 팔팔한, 기운찬, (곡 따위) 밝고 명랑한 활기찬. (2)(감정 등이) 약동적인, 격렬한. (3)(묘사가) 생생한, 박력 있는 ; (색채가) 선명한, 밝은. (4)(기회·때가) 다사 다난한, 다망한 ;《戱》아슬아슬한, 손에 땀을 쥐게 하는, 위태로운. (5)(바람·공기가) 상쾌한, 신선한. (6)(공이) 빠른 : a ~ ball 【野】 치면 잘 나가는 공. ***be ~ with*** (the crowd) (군중)으로 활기를 띠다. ***have a ~ time*** (***of it***) 당황해하다 ; 대활약을 하다. ***Look ~!*** 빨리 해라, 서둘러라. ***make it*** 〈***things***〉 ***~ for*** ~를 조마조마케 하다. — *ad.* 기운차게, 활발하게.

파) **-li·ly** *ad.* 원기있게, 힘차게. **-li·ness** *n.*

liv·en [láivən] *vt., vi.* 명랑(쾌활)하게 하다, 활기를 띠게 하다《*up*》; 활기띠다, 들뜨다《*up*》.

파) **~·er** *n.*

live-out [lívàut] *a.* 통근하는《하인》. 【cf.】 live-in.

:liv·er[1] [lívər] *n.* (1)a〕 ⓒ 【解】 간장(肝臟) : a ~ complaint = ~ trouble 간 질환. b〕 ⓤ,ⓒ (짐승의) 간(肝). (2) ⓤ 적〈다〉갈색 (= **~ brówn** 〈**cólor, maròon**〉). ***a hot*** 〈***cold***〉 ~ 열정〈냉담〉. ***white*** 〈***lily***〉 ~ 겁 많음. ※ 예전에는 간장을 감정의 근원으로 생각했음.

파) **~·less** *a.*

·liv·er[2] *n.* ⓤ 〔흔히 修飾語와 함께〕 (…하게) 사는 사람, 생활자.

liv·er-col·ored [lívərkʌ̀lərd] *a.* 다갈색의, 간장색의.

líve recórding [láiv-] 생(실황)녹음.

(•)liv·ered [lívərd] *a.* 간장이 …한 : white- ~ 겁 많은.

liv·er·ied [lívərid] *a.* 제복을 입은《사환 등》.

liv·er·ish [lívəriʃ] *a.*《口》(1)간장 질환의, 간장이 나쁜. (2)까다로운(peevish), 화를 잘 내는.

파) **~·ness** *n.*

líver spóts (얼굴의) 기미《간질환에 의한》.

·liv·ery [lívəri] *n.* (1) ⓤ,ⓒ a〕 일정한 옷《하인·고용인 등에게 해 입힌》; (동업 조합원 등의) 제복, 정복. b〕《詩》ⓤ (특수한) 옷차림. (2) ⓒ《美》=LIVERY STABLE ; 보트〈자전거·자동차〉 대여업자. ***at ~*** 사육료를 받고 맡아 기르는《말》 ***change ~***《스포츠俗》소속 팀을 바꾸다, 이적하다. ***in ~*** 제복을 입은. ***out of ~*** 평복의. ***take up*** one***'s ~*** 주인을 정하여 섬기다.

:lives [laivz] LIFE의 복수.

·live·stock [láivstɑ̀k/ -stɔ̀k] *n.* ⓤ 〔集合的〕 가축.

live·ware [láivwὲər] *n.* ⓒ 컴퓨터 종사자〈요원〉. 【cf.】 hardware, software.

líve wíre [láiv-] (1)전선, 송전선. (2)《口》활동가, 정력가.

liv·id [lívid] *a.* (1)납빛〈흙빛〉의, 흙빛의. (2)(타박상·추위 등으로 얼굴이) 검푸른《*with*》: His face was ~ *with* anger〈cold〉. 그의 얼굴은 화가 나서〈추워서〉 검푸르렀다. (3)《美·英口》격노한, 노발대발한 : He'd be ~ if he knew you were here. 네가 여기 있는 것을 그가 안다면 노발대발할 건데.

파) **~·ly** *ad.* **~·ness** *n.* **li·víd·i·ty** [-əti] *n.* 납빛, 흙빛.

:liv·ing [líviŋ] *a.* (1)살아 있는. 〖opp.〗 *dead*. (2)(the ~)〔名詞的·集合的〕 산 사람, 현존자. (3)현대의, 현존하는 ; (제도·언어 등) 현행의. (4)팔팔한, 강렬한 ; 생명을〈활기를〉 주는. (5)(물이) 내처 흐르는 ; (석탄 등이) 불타고 있는 ; (암석 등이) 자연 그대로의 ; (광물 등) 미채굴의 (live). (6)(초상화 등이) 빼쏜, 생생한. (7)생활에 관한, 생활의, 생계의.

be ~ proof of … …의 산 증인이다. ***in the land of the ~*** 살아 있는. ***the ~ doll***《美俗》아주 좋은 〈유쾌한, 도움이 되는〉 사람. ***the ~ end***《俗》최고의 것〈사람〉. ***within***〈***in***〉 ***~ memory*** 현존하는 사람들의 기억에 남아 있는.

— *n.* (1) ⓤ 생존, 생활. (2)(a ~, one's ~) 생계, 생활비. (3)〔單數形뿐〕 성직자의 녹(祿) ;《古》재산. ***be fond of good ~*** 미식(美食)을 좋아하다. ***earn***〈***get, make***〉 ***a*** 〈one***'s***〉 ~ 생계를 세우다.

scrape⟨scratches⟩ a ~ 가까스로 살아가다. ***style⟨rate⟩ of*** ~ 살아가는 방식. ***the ~ and the dead*** 산 자와 죽은 자.
파) **~·ly** *ad.* **~·ness** *n.* 생기(vigor).

líving déath (1)생매장. (2)산송장(같은 비참한 생활), 죽음과 다름없는 생활.

líving fóssil (1)산화석, 화석 동물《실러캔스 등》. (2)《口》 시대에 뒤진 사람.

liv·ing-in [-ìn] *a.* (고용인 등이) 주인집에서 숙식하는, 입주하는.

líving lègend 살아 있는 전설 속의 사람《생존 시에 전설만큼 유명해진 사람》.

líving líkeness 꼭 닮음, 빼쏨.

líving nécessaries 생활 필수품.

liv·ing-out [-àut] *a.* 통근하는(live-out).

·líving ròom 거실(parlor).

líving spàce (1)생활권(圈). (2)생활 공간.

líving stándard 생활 수준.

líving wáge 최저 생활 임금.

'll [l] will (때로 shall)의 간약형(形)《보기 : I'*ll*》.

loach [loutʃ] *n.* ⓒ 【魚】 미꾸라지.

:load [loud] *n.* (1)(크고 무거운)짐. (2) ⓒ 《比》 (정신적인) 부담 ; 근심. (3) ⓒ (차 따위의) 적재량, 한 차, 한 짐 : 《美俗》 취하기에 충분한 술의 양. (4) ⓒ 일의 양, 분담량. (5) ⓒ 【物·機·電】 부하(負荷), 하중(荷重) : a working ~ 사용 하중 / a peak ~ (발전소의) 피크⟨절정⟩ 부하 / the ~ on a bridge 교량에 주는 하중. (6) ⓒ (화약·필름 등의) 장전 ; 장탄. (7)【컴】 올림. (8)(~s of ...또는a ~ of ...로) 《口》 많은 양, 잔뜩, 흠씬 : "Do You have any trouble?" "*Loads!*" '무슨 걱정이라도 있나'—'잔뜩 있지.' ***get a ~ of*** 〔종종 命令法으로〕 1)…을 듣다. 2)…을 보다 : Get *a* ~ *of* that! 이봐, 저걸 잘 보아라. (***What***) ***a ~ of*** (***old***) ***cobblers*** ⟨***cock***⟩! 《美俗》 허튼 소리 그만해.
— *vi.* (1)《~ +目/+目+前+名》 (짐)을 싣다, 적재하다, (사람)을 태우다 : The tanker is *~ing* oil. 탱커에 기름을 싣고 있다 / The uranium was *~ed* onto a ship bound for Sudan. 수단행 선박에 우라늄이 실렸다. (2)《~ +目/+目+前+名》 (차·배 등)에 짐을 싣다 ; (버스 따위)에 손님을 태우다. (3)《+目+前+名》 (테이블 따위)에 많이 올려놓다 ; …에 마구 채워 넣다《*with*》 ; 【野】 만루가 되게 하다 : a table *~ed with* food 음식을 잔뜩 차려 놓은 식탁 / His hit *~ed* the bases. 그의 안타로 만루가 되었다. (4)《+目+副/+目+前+名》 …에게 마구 주다《*with*》 ; …에게 무거운 부담을 지우다, …를 괴롭히다《*with something* ; *on a person*》 : ~ a person *with* compliments ~에게 찬사를 늘어놓다 / a person *~ed* (*down*) *with* cares 근심이 가득한 사람. (5)(총포)에 탄환을 재다(charge) ; 《口》 〔受動으로〕 (아무)의 총에 탄환을 장전하다 ; (카메라)에 필름을 넣다, (필름)을 카메라에 넣다 ; …에 장하(裝荷) 코일을 삽입하다 / Be careful, that gun's *~ed.* 조심해라. 저 총은 총알이 장전돼 있다 / A photographer from the newspaper was *~ing* his camera with film. 신문사 사진기자가 카메라에 필름을 넣고 있었다. (6)【컴】 (프로그램·데이터)를 보조⟨외부⟩ 기억장치에서 주기억 장치로 넣다, 올리다. (7)【機·電】 …에 부하(負荷)를 걸다 ; 【電子】 (회로)의 출력을 증가시키다.
— *vt.* (1)짐을 (가득) 싣다, 짐을 지다 ; 사람을 태우다《*up*》. (2)타다.《*into*》. (3)(짐 따위로) 가득 차다《*with*》. (4)총에 장전하다, (총이) 장전되다.

load·ed [lóudid] *a.* (1)load된 ; 짐을 실은 ; 잔뜩 올려놓은《*with*》 ; 탄약을 잰, 장전한《총·카메라·필름 등》. (2)《俗》 돈이 많은 ; 취한 ; 마약에 중독된 (3)(납 따위를) 박아넣은.

load·er [lóudər] *n.* ⓒ 【컴】 올리개《외부 매체에서 프로그램 등을 주기억에 올리기 위한 (상주(常駐)) 루틴》.

·load·ing [lóudiŋ] *n.* ⓒ (1)짐싣기, 선적(船積), 적재, 하역 ; 짐, 뱃짐 ; 장전(裝塡), 장약(裝藥). (2)【電】 장하(裝荷) ; 로딩《비디오테이프를 VTR에 세트하여 녹화·재생할 수 있는 상태로 함》 ; 【컴】 올리기. (3)《특히》 (생명 보험의) 부가 보험료.

load-shed·ding [⌐ʃèdiŋ] *n.* ⓤ 부분적 송전 정지《발전소에의 과중 부담을 피하기 위한》.

load·stone, lode·stone [⌐stòun] *n.* (1)ⓤ, ⓒ 자철광 천연 자석. (2)ⓒ 흡인력이 있는 것 ; 사람을 끄는 것. =LODESTONE.

:loaf[1] [louf] (*pl.* ***loaves*** [louvz]) *n.* (1) ⓒ (일정한 모양으로 구워 낸 빵의) 덩어리, 빵 한 덩어리. 【cf.】 slice, roll. (2) ⓤ,ⓒ (빵 모양의) 섭산적, 로프 : (a) meat ~ 미트 로프. (3) ⓒ 《英》 (양배추·상추의) 둥근 통 ; 《俗》 머리, 두뇌.

loaf[2] *vi.* 《~/+副/+前+名》 놀고 지내다, 빈둥거리다《*about* ; *around*》.
— *vt.* 《+目+副》 (시간)을 빈둥거리며 보내다, 빈둥거리며 지내다《*away*》.
— *n.* (a ⟨the⟩ ~) 놀고 지냄, 빈둥⟨핀둥⟩거림.

loaf·er [lóufər] *n.* ⓒ 빈들⟨핀들⟩거리는 사람, 부랑자(tramp), 놈팽이.

loam [loum] *n.* ⓤ,ⓒ 옥토(沃土) ; 롬《모래·점토·짚 따위의 혼합물로서 거푸집·회반죽 따위를 만듦》.

lóamy [lóumi] (***loam·i·er*** ; ***-i·est***) *a.* 롬(질(質))의.

:loan [loun] *n.* (1) ⓤⓒ 대부, 대여(貸與)《돈·물건의》. (2) ⓒ 대부금, 융자 ; 공채, 차관. (3) ⓒ 대차물. (4) ⓒ 외래의 풍습《따위》 ; 【言】 (말의) 차용(借用) ; =LOANWORD. ***on ~*** 대부하여 ; 차입하여, 빌려.
— *vt.* 《美》 (…에게 돈)을 빌려주다, 대부하다《*out*》.
— *vi.* 돈을 대부하다, 빌려주다.

loan·word [lóunwə̀ːrd] *n.* ⓒ 외래어, 차용어.

·loath [louθ] *a.* 〔敍述的〕 싫어하는, 질색으로《*to* do ; *that* ... ; *for* a person *to* do》. ***nothing ~*** 싫어하기는커녕, 기꺼이.

·loathe [louð] *vt.* …을 몹시 싫어하다, 지긋지긋하도록 싫다, 진저리내다 ; …이(지겨워) 구역질이 나다 ; 질색하다《※ dislike, hate, abhor 보다도 뜻이 강한 말》.

loath·ing [lóuðiŋ] *n.* ⓤ 몹시 싫어함, 혐오, 지겨움.

·loath·some [lóuðsəm] *a.* 싫은, 지긋지긋한 ; 기분나쁜, 불쾌한(disgusting) ; 역겨운(sickening).
파) **~·ly** *ad.* **~·ness** *n.*

·loaves [louvz] LOAF[1]의 복수.

:lob·by [lábi/lɔ́bi] *n.* ⓒ (1)(호텔·극장의) 로비, (입구의) 넓은 방, 넓은 복도《대기실·휴게실·응접실 등에 사용》 : a hotel ~ 호텔의 로비. (2)a〕 원내(院內)의 대기실, 로비《의원의 원외자와의 회견용》 ; 【英議會】 투표자 대기 복도. b〕 로비에서의 청원⟨진정⟩ 운동을 하는 사람들, 원외단(團), 압력 단체. — *vt.* 《+目+前+名》 (의회 로비에서 의원)에게 압력을 가하다, (의안)을 억지로 통과시키다⟨시키려 하다⟩ : ~ a bill *through* Congress 압력을 가하여 의회에서 법안을

통과 시키다.
— *vi.* 《+前+名》의회에 작용하다, 이면 공작을 하다 ; 진정(陳情)하다, (의안의) 통과를 운동하다 : ~ *for* 〈*against*〉 a bill 의안의 통과〈반대〉를 로비하다.

lob·by·ism [lábiìzəm/lɔ́bi-] *n.* ⓤ (원외로부터의) 의안 통과〈부결〉 운동, 원외활동, 진정운동.

lob·by·ist [lábiist/lɔ́bi-] *n.* ⓒ 원외 활동원, (직업적인) 의안 통과 운동자, 로비스트.

lobe [loub] *n.* ⓒ (1)귓불. (2)【植】 (떡갈나무 잎처럼 째어져 갈라진) 둥근 돌출부. (3)【解】 엽(葉)《 폐엽(肺葉)·간엽(肝葉) 따위》 : the ~s of the lungs 폐엽.

lobed [loubd] *a.* (1)【解】 엽(葉)이 있는 잎 모양의. (2)【植】 열편(裂片)이 있는, 잎가가 옅게 째진.

lo·bot·o·my [loubátəmi, lə-/ -bɔ́t-] *n.* ⓤ,ⓒ 뇌전두엽(腦前頭葉)절제술, 로보토미(leucotomy).

·lob·ster [lábstər/lɔ́b-] (*pl.* ~, **~s**) *n.* (1) ⓒ 【動】 바닷가재《길이 30~60cm의 큰 식용 새우의 일종》, 대하(大蝦). (2) ⓤ 바닷가재의 살《식용》.

:lo·cal [lóukəl] (***more ~ ; most ~***) *a.* (1)장소의, 지역의. (2)(특정한) 지방의, 고장의, 지방적인, 지구의 ; 한 지방 특유의. (3) a]국지적인. b]【醫】 국소의, 국부의, 국부적인. c](전화가)근거리의, 시내의 ; 동일 구내의, '시내 배달'《겉봉에 쓰는 주의서》. (4)【컴】 울안의 《통신회선을 통하지 않고 직접 채널을 통하여 컴퓨터와 접속된 상태》. (5) (버스·열차 따위가) 역마다 정거하는, 보통〈완행〉의, 각층마다 서는.
— *n.* ⓒ (1)(역마다 서는) 보통(완행) 열차〈버스〉. (2)(종종 ~s) 지방 사람, 그 고장 사람. (3)(신문의) 시내 잡보, 지방 기사 ; 【라디오·TV】 지방 프로그램. (4)《美》 (노동조합 등의) 지부 ; (흔히 *pl.*) 그 고장 구단 〈팀〉 : (the ~) 《英口》 근처의 술집 〈영화관〉. (5)【醫】 국부 마취약.

lo·cale [loukǽl, -kɑ́ːl] *n.* ⓒ 《F.》 (1)(사건 등의) 현장, 장소. (2)(문학작품 등의) 무대, 배경, 장면.

lócal góvernment (1)지방 행정 ; 지방 자치. (2)지방 자치제(의 행정관들).

lo·cal·ism [lóukəlìzəm] *n.* (1) ⓤ 지방적임, 지방색. (2) ⓒ 지방 사투리, 방언. (3) ⓤ 지방 제일주의 ; 지방 근성, 편협성.

·lo·cal·i·ty [loukǽləti] *n.* (1) ⓒ 장소, 어떤 사건의 현장 (주변). (2) ⓤ 위치 관계, 방향 감각, 지리 감각.

lo·ca·li·za·tion [lòukəlizéiʃən/ -laiz-] *n.* ⓤ 국한 ; 국지화(局地化) ; 지방화, 위치 측정.

lo·cal·ize [lóukəlàiz] *vt.* (1)…을 한 지방에 그치게 하다, 국지화하다. (2)…을 지방화하다, 지방에 분산시키다 ; …에 지방색을 띠게 하다(특색을 주다).

lo·cal·ly [lóukəli] *ad.* (1)장소상, 위치적으로 ; 근처에(nearby). (2)지방적〈국부적〉으로 ; 지방주의로.

lócal óption 지방 선택권《주류 판매 등에 관해 지방 주민이 투표로 결정하는 권리》.

lócal tíme [天] 지방시(時), 현지 시간.

:lo·cate [lóukeit, -⌐] *vt.* (1)《+目/+目+前+名》 …의 위치를 (…에)정하다, (점포·사무소 등)을 (…에) 두다(establish) ; 〔受動으로·再歸的〕 …에 위치하다. (2)…의 위치〈장소〉를 알아내다, 찾아내다. — *vi.* 《美》 거주하다《*in*》, 거처를 정하다(settle) ; 가게를 차리다.
▫ location *n.*

:lo·ca·tion [loukéiʃən] *n.* (1) ⓒ 장소, 위치, 부지, 소재, 입지. (2) ⓒ (건물 등의) 부지, 용지. (3) ⓤ 있는 곳 찾아내기 ; 위치 선정. (4) ⓤ 【映】 로케이션, 야외 촬영 ; ⓒ 야외 촬영지. (5) ⓒ 【컴】 (데이터의) 기억장소〈위치〉, 로케이션 ***be on ~*** 야외 촬영 중이다.

:lock [lɑk/lɔk] *n.* (1) ⓒ 자물쇠. 【cf.】 key. (2) ⓒ (차의) 제륜(制輪) 장치 ; (총의) 발사 장치 ; 기갑(氣閘) (air —). (3) ⓒ (운하 따위의) 수문, 갑문(閘門). (4) ⓒ 뒤얽힘 ; (교통 혼잡으로) 꼼짝 못할 상태, 정체. (5) ⓒ 【레슬링】 로크, 굳히기. (6) ⓤ,ⓒ (자동차 핸들을 끝에서 끝까지 돌렸을 때의) 최대 회전. ***stock, and barrel*** 완전히, 모조리, 전부 (completely, entirely).
— *vt.* (1)…에 자물쇠를 채우다, 잠그다 : 닫다(shut). (2)《+目+副/+目+前+名》 a] …을 챙겨넣다, 간수하다《*away* ; *up* ; *in*》. b] 가두다《*up* ; *in* ; *into*》【比】 (비밀 따위를 마음)에 깊이 간직하다《*up* ; *in*》. (3)《+目/+目+前+名》 …을 짜맞추다, 짜맞추어 못 움직이게 하다 ; …에 맞붙다 ; …을 잡다, 붙들다, 끌어안다. (4)…을 고착시키다, 고정하다 ; (차바퀴 따위)를 제동하다 ; (자본)을 고정시키다. (5)…에 수문을 설치하다 ; (배)를 수문으로 통과시키다《*up* ; *down*》.
— *vi.* (1)(문 따위에) 자물쇠가 걸리다, 잠기다. (2)(차바퀴가) 회전을 멈추다, 로크하다. (3)(배가) 수문을 통과하다. ***~ horns*** ⇨ HORN. ***~ on to*** ... 【空】 (레이더 등이) …을 발견하고 자동적으로 추적하다〈시키다〉. ***~ out*** 1)…을 내쫓아 못 들어오게 하다. 2)(공장을) 폐쇄하다. 3)(再歸的) (열쇠를 잊어버리거나 해서) 안에 못 들어가게 되다. ***~ up*** 1)(문·창에) 자물쇠를 잠그다, 문단속하다 : ~ *up* a house 집의 문단속을 하다. 2)감금하다, 가두다 ; (돈·비밀 따위를) 거두어넣다.

·lock·er [lákər/lɔ́k-] *n.* ⓒ (1)로커, (자물쇠가 달린) 장. (2)【海】 (선원 각자의 옷·무기 따위를 넣는) 장 ; 격납간. (3)자물쇠를 채우는 사람〈것〉, 세관의 창고지기. ***go to Davy Jones's ~*** 바다에서 익사하다.

lócker ròom (특히 체육관·클럽의) 로커룸《옷따위를 넣음》.

lock·et [lákit/lɔ́k-] *n.* ⓒ로켓《사진·머리털·기념품 등을 넣어 목걸이 등에 다는 작은 금합(金盒)》.

lock·keep·er [⌐kìːpər] *n.* ⓒ 갑문지기.

lock·out [⌐àut] *n.* ⓒ (1)공장 폐쇄, 로크아웃. (2)내어쫓음(축출). (3)【컴】 잠금(deadlock).

lóck stìtch 재봉틀 박음질, 겹박음질.
— *vt., vi.* 재봉틀로 박다.

lock·up [⌐ʌ̀p] *n.* ⓒ(1)(작은 마을의) 유치장 ;《口》 교도소. (2)(임대하는) 차고.
— *a.* 〔限定的〕 자물쇠가 걸린(를 채운).

lo·co·mo·tion [lòukəmóuʃən] *n.* ⓤ 운동(력), 운전(력), 이동(력).

:lo·co·mo·tive [lòukəmóutiv] *n.* ⓒ (1)기관차. (2)《美》 (천천히 약하게 시작하여 점차 빠르고 세어지는) 기관차식 응원법.
— *a.* 이동〈운동〉하는 ; 운전의 ; 운동〈이동〉성의.

lócum té·nens [-tíːnenz, -téninz] (*pl.* ***lócum te·nen·tes*** [-tənéntiːz]) 《주로 英》 (목사·의사의) 임시 대리인, 대진(代診).

lo·cus [lóukəs] (*pl.* ***lo·ci*** [lóusai]) *n.* ⓒ 《L.》 (1)장소, 위치. (2)【數】 궤적(軌跡). (3)【遺】 (염색체속의 유전자가 차지하는) 자리.

·lo·cust [lóukəst] *n.* ⓒ 【蟲】 메뚜기 ; 《美》 매미. (2)【植】 a] =LOCUST BEAN. b] 쥐엄나무 비슷한 상록교목 (= **~ trèe**)《콩과》.

lo·cu·tion [loukjúːʃən] *n.* (1) ⓤ 말투, 말씨 ; 어법, 표현. (2) ⓒ (어떤 지역·집단 특유의) 어법.

lode [loud] *n.* ⓒ (2)광맥. (1)보고(寶庫), 원천.

lode·star [lóudstὰ:r] *n.* (1) ⓒ (항해의) 길잡이가 되는 별. (2)(the ~) 북극성. (3) ⓒ 지도 원리, 지침.

:lodge [lɑdʒ/lɔdʒ] *n.* ⓒ (1)(일시적인 숙박을 위한) 오두막집, 사냥막, 로지, 산막. (2)(저택·학교·공장 따위의) 수위실. (3)(북아메리카 원주민의) 천막집. (4)지부(支部) 또는 집회소《비밀결사 따위의》; 〔集合的〕 지부 회원들. (5)《英》 Cambridge 대학 등의 학부장 저택〈관사〉. (6)해리(海狸)〈수달〉의 굴. (7)《美》(관광·행락지의) 여관 ; (캠프 등의) 중심 시설.
— *vi.* (1)《+前+名》 숙박〈투숙〉하다, 묵다, 머무르다 ; 하숙하다《*at* ; *with*》. (2)《+前+名》 (화살·창 등이) 꽂히다 ; 박히다, (탄알 따위가) 들어가다.
— *vt.* (1)…을 숙박〈투숙〉시키다, 묵게 하다 ; 하숙시키다. (2)〔well, ill 따위의 부사를 수반하여, *pp.* 로〕 (숙박·하숙 따위) 설비가 좋다〈나쁘다(따위)〉. (3)…을 수용하다. (4)《~+目/+目+前+名》 (탄알 등)을 쏘아 박다 ; (화살 등)을 꽂다 ; 타격하다. (5)《~+目/+目+前+名》 (돈따위)를 맡기다 ; (보관·안전을 위하여) 의탁(依託)하다, (권능 따위)를 맡기다《*in* ; *with*》. (6)《~+目/+目+前+名》 (정보·반론·고충 따위)를 …에 제기〈제출〉하다, 신고하다《*before* ; *with* ; *against* 》. (7)(비바람 따위가 농작물을) 쓰러뜨리다.

lodg·er [lɑ́dʒər/lɔ́dʒər] *n.* ⓒ 숙박인, 하숙인, 동거인, 세들어 있는 사람. ***take in* ~ *s*** 하숙인을 두다〈치다〉.

:lodg·ing [lɑ́dʒiŋ/lɔ́dʒ-] *n.* (1) ⓤ 하숙, 셋방 듦 ; 숙박, 투숙. (2)(*pl.*) 셋방, 하숙방 : live in ~*s* 하숙하고 있다 ; 셋방에 들어 살고 있다《'하숙방·셋방'인 경우에는 방 하나라도 보통 복수형이 쓰임》 (3)(*pl.*) (옥스포드 대학) 학부장 저택.

lodg·ment, 《英》 **lodge-** [lɑ́dʒmənt/lɔ́dʒ-] *n.* (1) a〕 ⓤ 숙박. b〕 ⓒ 숙소. (2) ⓒ **【軍】** 점령, 점거 ; 거점. (3) ⓒ (토사 따위의) 퇴적물, 침전물. (4) ⓤ (항의 따위의) 제기, 호소. (5) 《法》 공탁 (담보 등의) 예금.

·loft [lɔ:ft/lɔft] *n.* ⓒ (1)다락방 ; = ATTIC ; (헛간·마구간의) 다락《건초 따위를 저장하는》 ; (교회·강당 따위의)위층, 위층의 관람석(gallery). (2)비둘기장. (3)**【골프】** 골프채 두부의 경사 ; (공을) 올려치기.
— *vt.* (1)**【골프·야구】** (공)을 높이 쳐올리다. (2)(위성 등)을 높이 쏘아올리다. (3) 다락에 저장하다. (4) 비둘기를 기르다.
— *vi.* (1)**【골프】** 공을 높이 쳐올리다. (2)하늘 높이 날다〈쏘아올리다〉.

:lofty [lɔ́:fti/lɔ́fti] (***loft·i·er*** ; ***-i·est***) *a.* (1)높은, 치솟은. (2) 지위가 높은, 고위의. (3)고상한, 고결한. (4)거만한, 거드름부리는.
파) **lóft·i·ly** *ad.* **-i·ness** [-inis] *n.*

:log [lɔ(:)g, lɑg] *n.* ⓒ (1)통나무. (2)**【海】** 측정기(測程器)《항해의 속도·거리를 재는》. (3)항해〈항공〉 일지 ; (트럭의) 운행〈업무〉 일지 ; 여행 일기. (4)**【컴】** 기록(記錄)《오퍼레이션 또는 입출력 데이터의 기록》. (5) 동작이 느린 사람 ***sleep like a* ~** 세상 모르고 자다.
— (***-gg-***) *vt.* (1)(나무)를 통나무로 자르다 ; 벌채하다. (2)(어떤 거리)를 항행〈비행〉하다 : ~ (*up*) 300 kilometers in a day 하루에 300킬로를 항행하다. (3)…을 항행〈항공〉 일지에 기재하다.
— *vi.* 나무를 베어 통나무를 만들다 ; 목재를 벌채하다. **~ *in*** 〈***on***〉 **【컴】**로그 인〈온〉하다《소정의 절차를 거쳐 컴퓨터 사용을 개시하다》. **~ *off*** 〈***out***〉 **【컴】** 로그 오프〈아웃〉하다《소정의 절차를 거쳐 컴퓨터의 사용을 끝내다》.

log·a·rithm [lɔ́:gərìðəm, lɑ́g-, -θəm/lɔ́g-] *n.* ⓒ **【數】** 로가리듬, 로그, 대수(對數). ***the table of ~s*** 로그표, 대수표. common ~s 상용 대수.

log·a·rith·mic, -mi·cal [lɔ̀:gəríðmik, lɑ̀g-, -ríθ-/lɔ̀g-], [-əl] *a.* 대수(對數)의.
파) **-mi·cal·ly** [-mikəli] *ad.*

log·book [lɔ́:gbùk, lɑ́g- /lɔ́g-] *n.* ⓒ 항해〈항공〉 일지 ; (비행기의) 항정표 ; 업무 일지(log).

log·ger [lɔ́:gər, lɑ́g- /lɔ́g-] *n.* ⓒ (1)벌목꾼 ; 통나무 운반 트랙터. (2)**【컴】** log하는 장치.

log·ging [lɔ́:giŋ, lɑ́g- /lɔ́g-] *n.* ⓤ (1)벌목(량) ; 벌채 반출(업). (2)**【컴】** log 하기.

·log·ic [lɑ́dʒik/lɔ́dʒ-] ⓤ (1)논리, 논법. (2) 조리, 올바른 논리, 도리. (3)논리학. (4)이치로 따지기, 설득력 ; 딴소리 못하게 하는 힘, 강제 ; 당연한 결과. (5)**【컴】** 논리《계산용 회로 접속 따위의 기본원칙, 회로 소자의 배열》 ; = LO-GIC CIRCUIT.

·log·i·cal [lɑ́dʒikəl/lɔ́dʒ-] *a.* 논리적인 ; (논리상) 필연의 ; 논리(학)상의 ; 분석적인.
파) **·~·ly** *ad.* 논리상, 논리적으로. **~·ness** *n.*

lo·gi·cian [loudʒíʃən] *n.* ⓒ 논리학자, 논법가.

-logist *suf.* -logy(…학(學))에서 '…학자, …연구자'의 뜻의 명사를 만듦 : geo*logist*, philo*logist*.

lo·gis·tic[1] [loudʒístik] *a.* 병참학〈술〉의.

lo·gis·tic[2] *n.* ⓤ 기호 논리학(symbolic logic).

lo·gis·tics [loudʒístiks] *n.* ⓤ **【軍】** 병참술〈학〉《수송·숙영(宿營)·식량 등에 관한 군사학의 한 부문》.

log·jam [lɔ́:gdʒæ̀m, lɑ́g-/lɔ́g-] *n.* ⓒ (1)강으로 떠내려가서 한 곳에 몰린 통나무. (2)《美》 정체(停滯), 막힘.

lo·go [lɔ́:gou, lɑ́g- /lɔ́g-] *n.* ⓒ (상품명·회사명의) 의장(意匠) 문자, 로고(타이프)(logotype).

log·off [lɑ́gɔ̀:f, lɔ́:g- /lɔ́g-] *n.* ⓤ **【컴】** 접속끝《단말(端末)의 사용을 끝내는 기계 조작의 순서》.

log·on [lɑ́gɔ̀:n/lɔ́g-] *n.* ⓤ **【컴】** 접속시작《단말(端末)의 사용에 있어 메인 컴퓨터에 접속하기 위한 여러 조작의 순서》.

lo·gos [lóugɑs/lɔ́gɔs] (*pl.* ***lo·goi*** [-gɔi]) *n.* ⓤ (1)(종종 L-) **【哲】** 로고스, (우주의 지배 원리로서의) 이성(理性). (2)(L-) **【神】** a〕(삼위 일체의 제2위인) 예수. b〕 하느님의 말씀(the Word).

log·o·type [lɔ́:gətàip, lɑ́g- /lɔ́g-] *n.* ⓒ (1)**【印】** 합성 활자《fi 따위 두 자를 하나로 한 활자》. (2)=LOGO. 심벌 마크.

log·roll [lɔ́:gròul, lɑ́g- /lɔ́g-] *vt.* 《美》 (의안)을 협력하여 통과시키다.
— *vi.* 서로 협력하다.

log·roll·ing [-iŋ] *n.* ⓤ (1)(협력해서 하는) 통나무 굴리기. (2)(정치적인) 결탁 ; 서로 칭찬하기 ; 〔一般的〕 협력.

-logy *suf.* (1) '…학, …론(論)' 따위의 뜻의 명사를 만듦 : ethno*logy*. (2) '말, 담화'의 뜻의 명사를 만듦 : eu*logy*.

·loin [lɔin] *n.* (1)(*pl.*) 허리, 요부(腰部). (2) ⓤ (소 따위의) 허리고기. (3) (*pl.*) 음부. ***gird*** (***up***) one'***s ~s*** **【聖】** (크게) 분발하다.

:loi·ter [lɔ́itər] *vi.* (1)《~/+前+名》 (어떤 곳에서) 빈둥거리다, 지체하다 ; 어슬렁어슬렁 걷다, 느릿느릿 움직이다《*about* ; *along* ; *around*》. (2) 《+前+名》 핀둥거리며 보내다, 빈들빈들 지내다(loaf) ; 늑장부리며 일하다.

— *vt.* 《+目+副》 (시간)을 빈둥거리며 보내다《*away*》.
파) **~·er** [-rər] *n.*

loll [lɑl/lɔl] *vi.* (1) 《+前+名》 축 늘어져 기대다. (2)《+副》 (혀가) 축 늘어지다《*out*》 ; 빈둥거리다《*about*》.
— *vt.* 《+目+副》 (혀 따위)를 축 늘어뜨리다《*out*》 ; (시간)을 빈둥거리며 보내다《*away*》.

lol·li·pop, -ly- [lάlipὰp/lɔ́lipɔ̀p] *n.* ⓒ (1)롤리팝《막대기 끝에 붙인 사탕(sweet, candy)》. (2)《英》 아동(兒童)교통 정리원이 갖는 교통 지시판.

:Lon·don [lʌ́ndən] *n.* 런던《영국의 수도(首都)》. 파) **~·er** *n.* ⓒ 런던 사람.

Lon·don·der·ry [lʌ́ndəndèri] *n.* 북아일랜드의 주 ; 그 주의 수도.

:lone [loun] *a.* 〔限定的〕 (1)혼자의, 외톨의, 짝이 없는, 외로운. (2)고립돼 있는, 사람이 살지 않는, 외딴. (3)호젓한, 쓸쓸한《lonely 보다도 한층 시적인 말》.

:lone·ly [lóunli] (**-li·er ; -li·est**) *a.* (1)외로운, 고독한, 외톨의, 짝이 없는. (2)외진, 호젓한, 사람 왕래가 적은. (3)(사람 또는 상황이) 쓸쓸한.
파) **·-li·ness** *n.* ⓤ 쓸쓸함, 적막 ; 외로움, 고립.

lónely héarts 친구〈배우자〉를 구하는 고독한 사람들(의).

lon·er [lóunər] *n.* ⓒ 《口》 혼자 있는〈있고 싶어하는〉 사람〈동물〉.

·lone·some [lóunsəm] (**more ~ ; most ~**) *a.* 《文語》 (1)쓸쓸한, 인적이 드문, 외로운, 고독한. (2)쓸쓸한 기분을 주는.
— *n.* 〔다음 成句로〕 **on** 〈**by**〉 one**'s ~** 《口》 혼자서.
파) **~·ly** *ad.* **~·ness** *n.*

:long[1] [lɔːŋ/lɔŋ] (**~·er** [lɔ́ːŋgər/lɔ́ŋg-] ; **~·est** [∠ŋgist]) *a.* (1)(공간적으로) 긴, 길이가 긴. 【opp.】 *short* ▫ length *n.* (2)길이가 …인, …길이의. (3)(너비·가로 따위에 대하여) 길이 〈세로〉의 ; (길이가) 긴 쪽의 ; (모양이) 길쭉한, 가늘고 긴 ; 《口》 〈이름 앞에 붙여서〉 키 큰, 키다리인. (4)(시간·행위·과정 등이) 긴, 오랜, 오래 계속되는 ; 장시간 걸리는, 기다란. (5)(시간적으로) 족히 …한 〈나 되는〉, 능준한 ; 〔一般的〕 다량의, 다수의, 큰. (6)《口》 〔敍述的〕 충분히 갖고 있는《*on*》. (7)(시간적·공간적으로) 멀리까지 미치는. (8)【音聲】 (모음·음절이) 장음의 ; 〔一般的〕 강음의. (9)【商】 강세인(bullish).
as broad as it is ~ ⇨ BROAD. ***by a ~ chalk*** ⇨ CHALK. ***in the ~ run*** 결국, 마침내. ***~ in the tooth*** ⇨ TOOTH. ***make a ~ neck*** 목을 길게 늘이다.
— *ad.* (1)오랫동안. (2)온 …동안, 쭉, 내내. (3)…부터 훨씬(전 또는 후에). ***as*** 〈***so***〉 ***~ as*** …하는 한(에서는), …동안은. ***~ before*** (1)훨씬 이전에 ; … 하기 훨씬 전에. (2)…하기까지에는 오래〈오랜〉. ***no ... ~er*** = ***not any ~er*** 이젠 … 아니다. ***so ~*** 《口》 안녕(goodbye).
— *n.* (1) ⓤ 오랫동안, 장시간. (2) ⓒ 【音聲】 장모음, 장음절. 【opp.】 *shorts.* ***before ~*** 머지〈오래지〉않아 곧, 이내 : *Before* ~ she came into my room. 이내 그녀는 내방에 들어왔다. ***for~*** 〔疑問·否定·修件節에서〕 오랫동안 : Did you stay in Seoul *for* ~? 서울에 오래 머물렀니. ***The ~ and*** (***the***) ***short of it is that*** ... 요컨데〈결국〉 … 이다.

:long[2] *vi.* 《+前+名/+前+名+*to* do/+*to* do》간절히 바라다, 열망하다《*for* ; to do》 ; 동경하다, 그리워하다, 사모하다 : I *~ed for* him *to* say something. 그가 무언가 말해주기를 간절히 바랬었다 / I *~ed for* the winter to be over. 겨울이 다 지나가기를 몹시 바랬다 / I ~ *to* go home. 집에 몹시 가고 싶다.

llong-ago [lɔ́ːŋəgóu/lɔ́ŋ-] *a.* 옛날의.

long·bow [∠bòu] *n.* ⓒ 큰〈긴〉 활.

long-dat·ed [∠dèitid] *a.* 【商】 장기의《어음·채권 따위》.

lóng dístance 장거리 전화.

long-dis·tance [∠dístəns] *a.* 〔限定的〕 (1)《美》 먼 곳의, 장거리(전화)의. (2)《英》(일기 예보가) 장기의. — *ad.* 장거리 전화로.

long-drawn, -drawn-out [∠drɔ́ːn], [∠drɔ́ːnáut] *a.* 오래 계속되는〈끄는〉.

long-eared [∠íərd] *a.* (1)긴 귀를 가진. (2)나귀 같은 ; 우둔한(stupid).

·lon·gev·i·ty [lɑndʒévəti/lɔn-] *n.* ⓤ 장수 ; 수명, 생애.

lóng fáce (1)긴 얼굴. (2) 우울한〈침울한〉 얼굴.

long-faced [∠féist] *a.* (1)얼굴이 긴. (2)슬픈듯한, 우울한 ; 엄숙한(solemn).

long·hair [∠hὲər] *n.* ⓒ 《口》 (1)장발인 사람 ; 장발인 지식인〈예술가〉. (2)장발족, 히피. (3) 클래식 음악 애호가〈연주가〉.
— *a.* (1)장발의. (2)지식계급의 ; 고전 음악을 사랑하는. (3)젊고 반(反)사회적인 ; 히피적인.
파) **~ed** *a.* =longhair.

llóng hául (a ~) 비교적 긴 시간 또는 긴 거리.

long-haul [∠hɔ́ːl] *a.* 장거리의 《비행기 편(便) 따위》, 장거리 수송의.

long·head·ed [∠hédid] *a.* (1)장두(長頭)의. (2)머리가 좋은, 선견지명이 있는.
파) **~·ness** *n.*

:long·ing [lɔ́(ː)ŋiŋ, lάŋ-] *n.* ⓤ,ⓒ 동경, 갈망, 열망《*for*》.— *a.* 〔限定的〕 간절히 바라는, 동경하는.
파) **~·ly** *ad.*

long·ish [lɔ́(ː)ŋiʃ, lάŋ-] *a.* 좀 긴, 기름한.

Lóng Island 롱아일랜드《New York 주 동남부의 섬》.

·lon·gi·tude [lάndʒətjùːd/lɔ́n-] *n.* ⓤ (1)경도(經度), 경선《略 : lon(g).》. 【cf.】 latitude. (2)【天】 황경(黃經). (3) 세로, 길이.

lon·gi·tu·di·nal [lὰndʒətjúːdinəl/lɔ̀n-] *a.* (1)경도(經度)의, 경선(經線)의. (2)세로의 : ~ stripes (깃발 따위의) 세로줄 무늬.
파) **~·ly** [-nəli] *ad.*

lóng jóhns (발목까지 덮는 남성용) 긴 속옷.

lóng júmp (the ~) 《英》 멀리뛰기.

long·last·ing [∠lǽstiŋ] *a.* 오래 계속되는, 오래 가는.

long-legged [∠légd] *a.* 다리가 긴 ; 《比》 빠른.

long·life [∠láif] *a.* (우유·전지 등이) 롱라이프의, 보통 것보다 오래가는.

long-lived [∠láivd, ∠lívd] *a.* (1)장수의. (2)영속하는 : a ~ friendship 오래 지속되는 우정.

lóng pláy 엘피판《略 : LP》.

long-play·ing [∠pléiiŋ] *a.* 엘피판의 : a ~ record 엘피판 ; 장시간 연주 레코드의.

long-range [∠réindʒ] *a.* 〔限定的〕 (1)장거리에 달하는. (2)장기에 걸친, 원대한 : a ~ plan 장기 계획.

long-run [∠rʌ́n] *a.* 장기간의, 장기간에 걸친 (long-term) ; (연극 등) 장기 흥행의, 롱런의.

lóng shót (1)【映】 원경(遠景) 촬영. (2)(a ~)

《口》 대담한〈가망 없는, 어려운〉 기도: take a ～ 이판사판 해보다. (3)【競馬】 승산 없는 말.

long-sight·ed [∠sáitid] *a.* (1)원시의 ; 먼 데를 볼 수 있는(《주로 美》 farsighted). (2)선견지명이 있는.

long·sleeved [∠slí:vt] *a.* 긴 소매의.

long·stand·ing [∠stǽndiŋ] *a.* 오래 계속되는〈된〉, 오랜, 여러 해의 : a ～ feud 오랫동안의 원한(怨恨), 숙원(宿怨).

long-suf·fer·ing [∠sʌ́fəriŋ] *a.* 인내성이 강한.
— *n.* ⓤ 인고(忍苦), 인내.
파) **～·ly** *ad.* 참을성 있게.

long-term [∠tə̀:rm] *a.* 장기의 : a ～ contract 장기 계약 / a ～ loan 장기 대부.

long·time [∠tàim] *a.* 〔限定的〕 오랜, 오랫동안의 : a ～ friend 〈customer〉 오랜 친구〈단골〉.

lóng únderwear 〔集合的〕 《美》 바지밑에 입는 내복.

lóng vác 《英口》 =LONG VACATION.

lóng vacátion 《英》 (대학·법정 따위의) 여름 휴가《보통 8,9,10월의 석달》.

lóng wáve 【通信】 장파. 〖opp.〗 *short wave.*

long·wind·ed [∠wíndid] *a.* (1) 숨이 긴〈오래 가는〉. (2)장광설의, 장황한.
파) **～·ly** *ad.* **～·ness** *n.*

loo [lu:] (*pl.* **～s** [-z]) *n.* ⓒ 《英口》 화장실.

:look [luk] *vi.* 《～/+副/+前+名》 보다, 바라보다, 주시하다, 눈을 돌리다 ; 《口》 (놀라서) 눈을 크게 뜨다 《*at*》. ※ look at 은 현재분사(때로는 원형 부정사)를 수반할 수 있음.
(2)《～/+前+名/+that 節》 생각해 보다, 고찰〈검토〉하다, 조사하다 ; 조심〈주의〉하다.
(3)《+(*to* be)補/+前+名》 …하게 보이다, …인〈한〉 것처럼 보이다〈생각되다〉, …한 모습〈표정〉을 하고 있다 ; …할 것 같다《*like*》.
(4)《～/+前+名》(집 등이) …향(向)이다, …에 면하다 《*upon* ; *onto* ; *into* ; *over* ; *down* ; *toward*》 ; (상황·사태가) …쪽으로 기울다.
(5)《+to do/+前+名》예기하다, 기대하다《*for*》.
— *vt.* (1)(감정·의지 따위)를 눈으로 나타내다 〈알리다〉. (2)《+目+前+ 名/+目+副》 …을 응시하다, 주시하다 : 살피다, 관찰하다, 조사하다. (3)《+目+前+名》 …을 응시〈주시〉함으로써〈쏘아봄으로써〉 …하게 하다 《*into* ; *out of* ; *to*》. (4)…에 어울리게 보이다. (5)《+*wh.* 節》 …을 확인하다, …을 조사해보다.
～ about 1)(…의) 주변을 둘러보다 : 정세를〈입장을〉 생각하다. 2)경계하다 : 둘러보아 찾다《*for*》. ***～ after*** 1)…을 보살피다〈돌보다〉 ; …을 감독하다. 2)…을 눈으로 좇다. ***～ ahead*** 앞〈진행 방향〉을 보다 ; 앞일을 생각하다. ***～ alive*** 활발히 움직이다, 빨리하다, 서둘다. ***～ around*** 둘러보다 ; 뒤돌아보다 ; (…을) 보고〈조사하고〉 다니다 ; 여러모로 생각해보다. ***～ at*** 1)…을 보다. 2)…을 고찰하다 ; 〔will 〈would〉 not 과 함께〕 …을 보려고도 않다, …을 문제로 삼지 않다. ***～ back*** 1)뒤돌아〈돌아다〉 보다 ; 회고하다《*on* ; *to*》. 2)주춤거리다, 주저하다, 후퇴하다. ***～ daggers at*** ⇨ DAGGER. ***～ down*** 1)내려다 보다, 눈을 내리깔다. 2)…을 내려다 보다. ***～ down on*** 〈***upon***〉 1)…을 내려다 보다. 2)…을 깔보다, 경멸하다. ***～ for*** …을 찾다 ; …을 기다리다〈기대하다〉 : ～ *for* a job 일자리를 구하다. ***～ forward to*** a thing 〈do***ing***〉 …을 기대하다, …을 즐거움으로 기다리다. ***～ in*** 1)들여다보다, 엿보다. 2)잠깐 들르다《*on*》. 3)텔레비전을 보다. ***～ into*** …을 들여다 보다 ; …을 조사〈연구〉하다. ***～like*** 와 (모양이) 비슷하다 ; …인 것같이 보이다〈여겨지다〉, …할 것 같다. ***～ on*** 〈***upon***〉 1)구경〈방관〉하다. 【cf.】 onlooker. 2)…에〈로〉 향해 있다. ***～ out*** 1)밖을 보다《*of*》. 2)주의하다, 경계하다 ; 〔命令形으로〕 주의해라, 정신차려라. 3)…을 찾다 《*for*》. 4)…을 바라다보다 ; …에 면(面)하다《*on* ; *over*》. 5)…을 찾다, …을 골라내다, 고르다《*for*》. 6)돌보다《*for*》. ***～ over*** 1)(…을) 죽 훑어보다. 2)(건물·공장)을 둘러보다, 시찰하다. 3)…너머로 보다. ***～ round*** = ～ around. ～ ***sharp*** 〈***smart***〉 조심하다 : 〔命令形으로〕 정신차려, 빨리해. ***～ small*** 풀이 죽다. ***～ through*** 1)(…을) 통하여 보다, (…을) 꿰뚫어보다〈간파하다〉. 2)(…을) 살펴보다 ; (…을) 철저히 조사하다. 3)(…을) 통해 보이다. 4)보고도 못본체하다. ***～ to*** 1) …쪽을 보다, …쪽에 면하다. 2)…에 주의하다 ; …의 뒤를 보살피다, 돌보다. 3)…에게 의지하다, 기대하다, 대망하다. ***～ toward(s)*** 1)…쪽을 보다. 2)…쪽으로 향해 있다. 3)…로 기울다. ***～ up*** 1)올려다〈쳐다〉보다《at》. 2)(경기 등이) 좋아지다, 호전하다. 3)(말·해답 따위를) 찾다. 4)조사하다. 알아보다. 5)《口》 …을 방문하다, 들르다. 6)기분을 내다 ; 대망을 품다. ***～ up and down*** 1)샅샅이 찾다. 2)(사람을) 위아래로 훑어보다, 자세히〈찬찬히〉 보다. ***～ up to*** …을 올려다보다 ; …을 우러러보다〈존경하다〉. 〖opp.〗 *look down on.*
— *n.* (1) ⓒ (흔히 *sing.*) 봄, 언뜻 봄《*at*》. (2) ⓒ (흔히 *sing.*) 눈(표정), 얼굴 표정 ; 안색 : a vacant ～ 멍한 눈. (3)(*pl.*) 용모, 생김새 : have good ～*s* 미모이다, 잘 생기다. (4) ⓒ (흔히 *sing.*) 외관, 모양. (5) ⓒ (유행 등의) 형. ***by*** 〈***from***〉 ***the ～ of*** … …의 모양으로 보건대.

look·a·head [lúkəhèd] *n.* ⓤ 【컴】 예견〈예지〉 능력 ; 선견지명, 통찰력.

look·a·like, look·a·like [lúkəlàik] *n.* ⓒ 《美》 꼭 닮은 (사람〈것〉)《※ 종종 인명 뒤에 씀》 : my ～ 나를 닮은 사람.

look·er [lúkər] *n.* ⓒ (1)용모가 …한 사람. (2)미인, 미남(good-looker).

look·er-on [lúkərán/ -rɔ́n] (*pl.* ***look·ers-*** [lúkərz-]) *n.* ⓒ 구경꾼, 방관자(onlooker, spectator).

look-in [lúkìn] *n.* (a ～) (1)잠깐 들여다 봄 : have *a* ～ 잠깐 들여다 보다. (2)짧은 방문, 잠깐 들름 : make *a* ～ *on* a person 〈*at* a person's home〉. (3)《口》 참가할 기회, 승리할 가망성, 승산. (4) 조사, 검토.

(-)look·ing [lúkiŋ] *a.* 〔複合語〕 …으로 보이는 : angry-～ 화난 듯한 얼굴의.

·look·out [lúkàut] *n.* (1)(*sing.*) 감시, 망보기, 경계, 조심 : on the ～ for …에 눈을 번득이고, …을 찾느라고. (2) ⓒ 망보는 사람, 간수 ; 망보는 곳, 망루. (3)(a ～) 조망, 전망. (4)(a ～) 《英》 가망, 전도. (5) ⓒ 《口》 임무, 자기의 일〈관심사〉.

look·o·ver [lúkòuvər] *n.* (a ～) 대충 조사함〈훑어봄〉, 점검 : give papers *a* ～ 서류를 훑어보다.

look-see [lúksì:] *n.* (a ～) 《口》 (1) 간단한 검사 ;점검(點檢) ; 시찰 : have 〈take〉 *a* ～ (at)(…을) 점검하다. (2) (거리 약장수의) 의사 면허증 ; (병사의) 통행증.

·loom[1] [lu:m] *n.* ⓒ 베틀, 직기(織機) ; 보트의 노자루.

loom[2] *vi.* 《+副》 (1)어렴풋이 보이다, 아련히 나타나다〈떠오르다〉. (2)불쑥 거대한 모습을 드러내다. (3)(위험·위협 등이) 기분 나쁘게 다가오다.

— *n.* (a ~) 아련히 나타남.
loon [lu:n] *n.* ⓒ 바보, 얼간이 ; 게으름뱅이, 건달.
loony, loo·ney, lu·ny [lú:ni] *a.* 《口》 미친, 바보 같은.
— *n.* ⓒ 미친 사람 ; 바보.
lóony bìn 《口》 정신 병원.
:loop [lu:p] *n.* ⓒ (1) a] (끈·실·철사 등의) 고리 ; 고리 장식 ; (피륙의) 변폭 ; 고리 모양의 손잡이〈멈춤쇠〉 ; (the ~) 피임링(IUD). b] 【鐵·電信】 환상선(環狀線), 루프선 ; 【電子】 폐〈환상〉회로 ; 【通信】 루프 안테나. (2)(the ~) 《美》 (권력의 핵심에 있는) 측근 그룹. ***knock*** 〈***throw***〉 a person ***for a ~*** 《美俗》 (아무를) 때려서 멍하게 만들다, 놀라게 하다.
— *vt.* (1)(철사 등)을 고리로 만들다. (2)《+目+副》 …을 (고리로) 죄다, 동이다《*up* ; *back*》 ; 고리로 매다《*together*》. — *vi.* (1)고리를 이루다. (2)【空】 공중제비하다. ***~ the ~*** 【空】 공중제비하다 ; (오토바이 따위로) 공중 곡예를 부리다.
loop·er [lú:pər] *n.* ⓒ (1)고리를 짓는 사람 〈기계〉. (2)크게 원을 그리는 공. (3)《美俗》 (골프의) 캐디.
·loop-hole [ˊhòul] *n.* ⓒ (1)(성벽 등의) 총구멍, 총안(銃眼)《통풍·채광·감시용 등》. (2)(법률 따위의) 빠져나갈 구멍, 맹점, 허점.
— *vt.* (벽 등에) 총안을 만들다.
loopy [lú:pi] *a.* (1)고리가 많은. (2)《口》 머리가 돈 ; 비정상인 ; 바보같은.
·loose [lu:s] *a.* (1)매지 않은, 풀린, 흐트러진, 떨어진, 벗어진. 【opp.】 *fast*[1]. (2)포장하지 않은, 병〈통〉조림이 아닌. (3)고정돼 있지 않은, 붙박이가 아닌 흔들리는 ; (염료·염색물 따위) 물이 잘 들지 않는. (4)(의복 따위가) 헐거운, 거북하지 않은, 낙낙한. 【opp.】 *tight*. (5)(직물 따위가) 올이 성긴 ; (흙 따위가) 푸석푸석한. (6)(표현·말·생각 따위가) 치밀하지 못한, 엉성한, 산만〈조잡〉한, 허술한, 부정확한, (번역이) 자의(字義)대로가 아닌. (7)(사람·성격이) 느슨한, 야무지지 못한, 흐리터분한 ; 신뢰할 수 없는. (8)몸가짐 〈행실〉이 나쁜. (9)설사의, 설사기가 있는. (10)(근육이) 물렁한 ; (골격이) 단단하지 못한. (11)절도가 없는, 억제력이 없는. (12)【化】 유리(遊離)된. (13)(자금 등) 유휴의 ; 용도 미정의.
at a ~ end = ***at ~ ends*** ⇨ LOOSE END. ***break ~*** 탈출하다, 속박에서 벗어나다. ***cast ~*** ⇨ CAST. ***cut ~*** ⇨ CUT. ***let ~*** 놓아〈풀어〉주다, 해방하다, 마음대로 하게 하다. ***turn ~*** 놓아주다.
— *ad.* 느슨하게.
— *n.* 〔다음 成句로〕. ***be on the ~*** 1)자유롭다, 붙잡히지 않고 있다《죄수 따위가》. 2)흥겨워 떠들어 대다 ; 행실이 나쁘다. ***give*** (***a***) ***~ to*** 《英》 (감정 따위를) 쏠리는 대로 내맡기다, (상상 따위를) 자유로 구사하다.
— *vt.* (1)…을 풀다, 끄르다 ; 늦추다. (2)《+目+前+名》…을 놓아 〈풀어〉 주다, 자유롭게 하다. (3)《+目+前+名/+目+副》 (총·활)을 쏘다, 놓다《*off*》. (4)(돛을 풀어서) 펼치다.
파) **ˊ·ness** *n.*
loose-box [ˊbàks/ ˊbɔ̀ks] *n.* ⓒ 《英》 =BOX STALL.
lóose cóver 《英》 (의자 따위의) 씌우개, 커버. (《美》 slipcover).
lóose énd (흔히 *pl.*) (1)(끈 따위의) 풀어진 끄트머리. (2)(일 따위에서) 미결 부분. ***at a ~*** = 《美》 ***at ~s*** 1)(직업없이) 빈둥빈둥하여. 2)(하는 일이 없어) 자신을 주체 못하여.
loose-fit·ting [ˊfítiŋ] *a.* (옷 따위가) 낙낙한, 헐거운. 【opp.】 *close-fitting*.
loose-joint·ed [ˊdʒɔ́intid] *a.* (1)관절〈이은 곳〉이 느슨한. (2)자유로이 움직이는. (3)근육〈몸〉이 단단하지 못한.
loose-limbed [ˊlímd] *a.* (운동 선수 등이) 사지(四肢)가 유연한, 운동을 잘하는.
·loose·ly [lú:sli] *ad.* (1)느슨하게, 헐겁게 ; 밀접하지 않아. (2)막연히 ; 엉성하게, 부정확하게. (3)단정치 못하게, 방탕하게.
:loos·en [lú:sən] *vt.* (1)…을 풀다, 끄르다, 떼어놓다, 놓아주다. (2)…을 늦추다. (3) …을 자유롭게 움직이게 하다, (근육)을 풀다, (경기 전에) 워밍업하다. (4) a] (장(腸))에 변(便)이 통하게 하다. b] (기침)을 누그러뜨리다.
— *vi.* 풀리다 : This knot won't ~. 이 매듭은 잘 풀리지 않는다. (2)느슨해지다, 느즈러지다. 【opp.】 *tighten*. ***~ up*** 《口》 1)인색하지 않게 돈을 내다. 2)마음을 편히 갖다 ; 흉금을 터놓고 이야기하다. 3)(경제 상태를)완화하다 ; 여유를 가져오다. 《*into*》.
loose-tongued [ˊtʌ́ŋd] *a.* 입이 가벼운, 수다스러운.
loot [lu:t] *n.* ⓤ (1) a] 〔集合的〕 약탈물, 전리품 ; 장물. b] 약탈(행위). (2)(공무원 등의) 부정 이득. (3)《俗》 돈.
— *vt.* — *vi.* (…을) 약탈하다 ; 횡령하다. 파) **ˊ·er** *n.*
lop[1] [lɑp/lɔp] (***-pp-***) *vt.* 《+目+副》 (1)(가지 따위)를 치다 ; (나무)를 잘라내다《*off* ; *away*》. (2)…을 삭제하다 ; (목·손발 등)을 베다, 자르다《*off* *away*》. (3)(불필요한 것)을 제거하다《*off* ; *away*》.
— *n.* ⓒ (1)잘라낸 부분. (2)잘라낸 가지《재목으로 쓸 수 없는》.
lop[2] (***-pp-***) *vi.* 축 늘어지다, 매달리다《*down*》. (2)빈둥거리다《*about* ; *around*》.
lope [loup] *vi.* (말 따위가)천천히 뛰다 ; 성큼성큼 달리다. — *n.* (a ~) 성큼성큼 달리기.
lop·sid·ed [lápsáidid/lɔ́p-] *a.* 한쪽으로 기운 (견해 등이) 균형이 안 잡힌, 치우친. 파) **~·ly** *ad.* **~·ness** *n.*
lo·qua·cious [loukwéiʃəs] *a.* (1) 말 많은, 수다스러운 듯한. (2) (새 · 물소리 등이) 시끄러운, 요란한. 파) **~·ly** *ad.* **~·ness** *n.*
lo·quac·i·ty [loukwǽsəti] *n.* ⓤ 다변(多辨), 수다 ; 떠들썩함, 훤소(喧騷).
:lord [lɔ:rd] *n.* ⓒ (1) 지배자, 군주 ; 【史】 영주, 주인. (2) 《英》 귀족 ; 상원 의원《미국에서는 Senator》 (L-) 경(卿)(영국의 후 · 백 · 자 · 남작과 공 · 후작의 아들, 백작의 장자 및 archbishop, bishop등의 존칭》 (3) (흔히 the L-)하느님(God) ; (흔히 our L-) 주 그리스도. (4) 《(詩 · 戱》 남편. (5) 대가, 왕자. 【cf.】 king.
act a ~ 원님, (부자)티를 내다. ***drunk as a ~*** 억병으로 취하여. ***live like a ~*** 왕후처럼〈사치스럽게〉 지내다. ***the Lord of Lords*** 그리스도. ***the Lord President of the Council*** 《英》 추밀원(樞密院) 의장.
— *vt.* 〔주로 다음 成句로〕 ***~ it over*** 원님 행세하다 군림하다. ***be ~ed over*** 원님행세함을 당하다.
lord·ling [lɔ́:rdliŋ] *n.* ⓒ 소군주, 시시한 귀족.
lord·ly** [lɔ́:rdli] (-li·er*** ; ***-li·est***) *a.* (1) 군주〈귀족〉다운 ; 당당한, 위엄이 있는. (2) 오만한, 도도한. 파) **-li·ness** *n.*

Lórd's dày (the ~) 주(主)의 날, 주일《일요일》.

***lord·ship** [lɔ́:rdʃip] *n.* (1) ⓤ 귀족〈군주〉임. (2) a] 주권 ; 통치권, 영주의 권력 ; 지배《over》. b] (봉건 시대의) 영지. (3) ⓒ (종종 L-) 《英》《호칭》 각하 : you〈his〉 *L-* 각하《※ lord에 대하여 또는 보통 사람에 대해 농으로도 쓰임》.

***lore** [lɔ:r] *n.* ⓤ (1) (특정 사항에 관한 전승적·일화적) 지식, 구비(口碑), 민간 전승. 【cf.】 folklore. (2) 학문, 지식, 박학. (3) 가르침, 교훈.

lor·ry** [lɔ́(:)ri, lɑ́ri] *n.* ⓒ (1) 《英》 화물 자동차, 트럭(《美》 truck[1]). (2) (광산·철도의) 광차. (3) 4륜 짐마차. ***fall off the back of a ~ 《口·戱》 도둑맞다.

:**lose** [lu:z] (*p.*, *pp.* **lost**) *vt.* (1) (물건)을 잃다, 분실하다, 상실하다 ; (사람 모습 따위)를 놓쳐버리다, 두고 잊어버리다(forget). (2) …을 (유지하지 못하고) 잃다, 상실하다 ; (여자가 애)를 사산(死産) 〈유산〉하다 ; (시간·노력 따위)를 낭비하다(waste), 손해보다 ; 빼앗기다. (3) (시계가 …이나) 늦다, 느리다. 〖opp.〗 *gain*. (4) …을 못 잡다 ; (열차·기회 따위)를 못 타다 ; (싸움·경기)에 지다(〖opp.〗 *win*) ; (동의)를 부결당하다 : ~ a game〈battle〉 경기〈전투〉에 지다 / He will ~ his chances of promotion because of his foolish act. 그는 어리석은 짓을 해서 승진의 기회를 놓칠 것이다 / His words were *lost* in the applause. 박수 갈채 소리에 묻혀 그의 말은 들리지 않았다. (5) …의 기억을 잃다, 잊어버리다 : I've just *lost* his name. 그의 이름을 깜박 잊었다. (6) (공포 따위)에서 벗어나다 : ~ one's fear 무섭지 않게 되다. (7) 《+目+前+名》〔再歸的 또는 受動으로〕 a] 몰두하다, 열중하다 : ~ *oneself* in a book 책에 몰두하다 / *be lost* in conjectures 억측〈상상〉에 빠지다. b] 길을 잃다 : ~ *oneself* in the woods 숲속에 길을 잃다. (8) 《~+目/+目+目》 (아무에게) …을 잃게 하다 : The delay *lost* the battle for them. 그 늦은 것 때문에 그들은 전투에 졌다 / That mistake *lost* him his job. 그 실수로 그는 직장을 잃었다. (9) 〔흔히 受動으로〕 죽이다, 멸망시키다, 파괴하다 : Ship and crew *were lost*. 배도 승무원도 다 가라앉았다.

— *vi.* (1) 《~/+前+名》 줄다, 감소하다, 가치가 떨어지다, 쇠하다, 감퇴하다. (2) 《~. +前+名》 손해 보다 《*by*》. (3) 지다, 뒤지다 ; 실패하다. (4) 《+前+名》 (시계가) 늦다. ㅁ loss *n.* ***~ in the telling*** 사실보다 줄여서 이야기하다. ***~ it*** 평정을 잃다, 발끈하다. ***~ out*** 《口》 (1)(애석하게도)지다〈실패하다〉. (2)(큰)손해를 보다. ***~ touch with...*** ⇨ TOUCH. (成句).

***los·er** [lú:zər] *n.* (1) 실패한 사람, 손실자(損失子). (2) 경기에 진 쪽, 패자 : (경마의) 진 말.

los·ing [lú:ziŋ] *a.* 〔限定的〕 손해 보는, 지는, 승산이 없는.

:**loss** [lɔ(:)s, lɑs] *n.* (1) ⓤⓒ 잃음, 분실, 유실, 상실. (2) ⓒ 손실, 손해 ; 손실물〈액, 량〉. 〖opp.〗 *gain*. (3) ⓤ (또는 a ~) 감소, 감손(減損), 줆 : ~ in weight 감량(減量). (4)ⓤ (또는 a ~) (전력 등의)소모, (시간 등의)낭비(waste). (5) ⓤⓒ 실패, 패배. (6) 〔複數꼴로〕 【軍】사상(자 수), 손해〈실〉. (7) ⓒ 【保險】 사망, 상해, 손해; (그에 의해서 지급하는) 손실액. ◇ lose. *v.* ***at a ~*** (1) 난처해서, 어쩔 줄 몰라서 《*about* ; *to* do》. (2) 밑지고, 손해를 보고: sell *at a* ~ 밑지고 팔다. ***be a dead ~*** 전연 가치가 없다, 전연 쓸모가 없다. ***cut*** one***'s ~es*** 더 손해 보기 전에 (사업 등에서) 손을 떼다.

lóss lèader 【商】 손님을 끌기 위한 특매품, (손해를 보며 싸게 파는) 특가품.

:**lost** [lɔ(:)st, lɑst] LOSE의 과거·과거분사.

— *a.* (1) 잃은〈어버린〉, 분실한 ; 이미 보이지〈들리지〉 않는, 행방 불명의. (2) 진《싸움 따위》 ; 빼앗긴, 놓쳐버린《상품 따위》. (3) 낭비된, 보람 없는, 허비된《시간 따위》. (4) 길을 잃은 ; 당혹한. (5)몰두한, 열중한, …에 마음이 팔린(absorbed)《*in*》 ; …을 느끼지 않는 《*to*》. (6) 죽은, 파멸〈사멸〉된. ***be*** 〈***get***〉 ***~*** 1) 《분실하다, 없어지다. 2) 길을 잃다 ; (어찌)할 바를 모르다. 3) 열중하다, 몰두하다《*in*》. ***Get ~!*** 《俗》 냉큼 꺼져〈나가〉. ***give up for ~*** 죽은 것으로 단념하다. ***the ~ and found*** 유실물 취급소.

lóst cáuse 실패로 돌아간 목표, 실패한〈실패할 것이 뻔한〉 주의〈주장, 운동〉.

Lóst Generátion (the ~) 잃어버린 세대《제1차 세계 대전 후의 불안정한 사회에서 살 의욕을 잃은 세대》.

lóst próperty 유실물(遺失物).

:**lot** [lɑt/ lɔt] *n.* (1) ⓒ 제비 ; ⓤ 제비뽑기, 추첨 ; (the ~) 당첨. (2) ⓒ 제비로 할당한 것, 몫(share). (3) 《美》 ⓒ 한 구획의 토지, 지구 ; 땅, 부지 ; 《美》 촬영소, 스튜디오 ; 《美俗》 (야구의) 다이아몬드. (4) ⓒ a] (상품·경매품 따위의) 한 무더기, 한 짝〈벌〉 ; 품목 번호. b] (사람 등의) 한 떼, 한 패, 사람들. (5) ⓤ ⓒ 운, 운명(destiny). (6) (a ~ ; 종종 *pl.*)《口》 많음, 듬뿍, 다수, 다량. (7) (the ~) 《口》 전부, (무엇이나) 다 : That's *the* ~. 그것이 다다 / Take *the*(whole) ~. 무엇이든 다 가지고 가라 / Get out of my house, *the* (whole) ~of you! 이놈들 다 우리집에서 썩 꺼져. (8) ⓒ 《口》 놈, 자식, 녀석 : a bad ~ 나쁜 녀석. ***A*** (***fat***) ***~*** 〈***you,*** etc〉 ***care!*** 《口》 몹시 걱정하기는 커녕, 조금도 걱정 안한다. ***a ~ of*** = ***~s of*** = ***~s and ~s of*** 《口》 많은. ***cast*** 〈***throw***〉 ***in*** one***'s ~ with*** …와 운명을 같이하다. It falls to (=It is) one's ~ to do …이 …하게 되다, …할 운명이다.

— (***-tt-***) *vt.* (1) 《+目+副》 (상품 등)을 나누다, 분류하다《*out*》 : ~ *out* apples by the basketful 사과를 한 바구니씩 나누다. (2) (토지 따위)를 구분하다, 가르다.

— *ad.* (a ~, ~s) 《口》 대단히, 크게 : I care ~*s* about my family. 가족들의 일이 매우 염려된다 / Thanks *a* ~. 대단히 감사합니다.

loth [louθ] a. =LOATH.

***lo·tion** [lóuʃən] *n.* ⓤⓒ 바르는 물약 ; 세척제 ; 화장수, 로션 : (a) skin ~ 스킨로션 / eye ~ 안약.

***lot·tery** [lɑ́təri/ lɔ́t-] *n.* (1) ⓒ 복권 뽑기 ; 추첨 : a ~ ticket 복권 / hold a ~ 추첨을 하다. (2) (a ~) 운, 재수 : Marriage is *a* ~. 《俗談》 결혼도 운수 나름이다. (3) 카드 놀이의 일종.

***lo·tus, lo·tos** [lóutəs] *n.* (1) 【그神】 로터스, 망우수(忘憂樹)《그 열매를 먹으면 황홀경에 들어가 속세의 시름을 잊는다고 함》. (2) ⓒ 【植】 연《별노랑이속(屬)의 식물》 : a ~ bloom 연꽃.

lo·tus-eat·er [-ì:tər] *n.* ⓒ 안일을 일삼는 사람, 쾌락주의자.

:**loud** [laud] (***~·er ; ~·est***) *a.* (1)(소리·목소리가) 시끄러운, 큰(clamorous) ; (사람이) 큰 목소리의, 목소리가 큰. (2)(요구 따위가) 성가신, 귀찮게 구는, 추근추근한, 야단스러운. (3)뻔뻔스러운: 야비한: a ~ lie 새빨간 거짓말. (4)《口》 (빛깔·의복이) 야한

(showy), 화려한. (5)《美》(냄새가) 지독한, 강한.
— (*~·er ; ~·est*) *ad.* 큰소리로, 고성으로.
~ and clear 분명하게, 명료하게. **Louder !** 《美》(청중이 연사에게)좀더 큰소리로 하시오. 안 들려요.

loud·hail·er [láudhéilər] *n.* ⓒ 고성능 확성기 《美》bullhorn).

:loud·ly [láudli] (**more ~ ; most ~**) *ad.* (1)큰소리로 ; 소리 높게, 떠들썩하게. (2) 소란스럽게, 화려하게.

loud-mouth [∠màuθ] (*pl.* **~s** [∠màuðz]) *n.* ⓒ 큰소리로 떠들어대는 사람, 수다스러운 사람.

loud-mouthed [∠máuðd, ∠máuθt] *a.* 큰 목소리의〈로 말하는〉, 시끄러운, 소란스러운.

***loud·ness** [láudnis] *n.* ⓤ 큰소리, 시끄러움 ; 좀 지나치게 화려함, 사치스러움.

***loud·speak·er** [∠spíːkər] *n.* ⓒ 확성기.

***lounge** [laundʒ] *vi.* (1)빈둥거리다, 어슬렁어슬렁 걷다《*about* ; *along*》. (2)《+前+名》(척)드러눕다〈기대다〉. — *vt.* 《+目+副》(시간)을 하는 일 없이 보내다《*away* ; *out*》.
— *n.* (1) (a ~) 어슬렁어슬렁 거닒 ; 건들건들 지냄. (2) ⓒ (호텔 따위의) 로비, 사교실, 휴게실, 라운지 ; 《주로 英》(개인 집의) 거실.

lóunge bàr 《英》(퍼브(pub) 호텔 내의) 고급 바.

lóunge lìzard 《美俗》(바·나이트클럽 등의) 건달(lizard), 제비족.

loung·er [láundʒər] *n.* ⓒ (1)《蔑》(빈둥거리는) 놈팡이, 게으름뱅이(idler). (2) a]안락 의자. b] 일광욕실.

louse [laus] *n.* ⓒ (1) (*pl.* **lice** [lais]) a] 【蟲】 이. b] (새·물고기·식물 등의) 기생충. (2) (*pl.* **lóus·es**) 《口》비열한 놈, 인간 쓰레기, 천한 (못된) 녀석.
— *vt.* (1) …에서 이를 없애다. (2)《俗》…을 망쳐놓다, 못쓰게 만들다(spoil).

lousy [láuzi] (**lous·i·er ; -i·est**) *a.* (1) 이투성이의. (2)《俗》불결한, 더러운. (3) 야비한, 천한, 비열한. (4) 지독한. (5) 〔敍述的〕《俗》많이 있는, 듬뿍 있는《*with*》.

lout [laut] *n.*ⓒ 버릇 없는 자, 무지렁이, 촌놈.

lout·ish [láutiʃ] *a.* 버릇 없는, 무지막지한, 너저분한.

lou·ver, -vre [lúːvər] *n.* ⓒ(통풍용의)미늘창; (*pl.*)미늘살, 루버. 파) **lou·vered** [∠vərd] *a.*

***lov·a·ble** [lʌ́vəbəl] *a.* 사랑스러운, 애교 있는, 매력적인. 파) **-bly** *ad.* **~·ness** *n.*

:love [lʌv] *n.* (1) ⓤ a] 사랑, 애정, 호의(好意)《*for* ; *of* ; *to* ; *toward(s)*》 b] (흔히 one's ~) 안부의 인사. (2) a] ⓤ 연애, 사랑 ; 사모하는 정. b] ⓤ 성욕, 색정. c] ⓒ 정사. (3) ⓤ (신의) 자애 ; (신에 대한) 경모(敬慕). (4) a] ⓒ 사랑하는 이(darling) 애인, 연인《흔히 여성》. 【cf.】 sweetheart, lover. b] 〔my ~로 부부 사이의 호칭에 써서〕여보, 당신. c] 〔여자끼리 또는 여자·어린이에의 호칭에 써서〕당신, 너, 애야. (5) (L-) 연애〈사랑〉의 신, 큐피드(Cupid). 【cf.】 Eros. (6)ⓤ (또는 a ~)좋아함, 애호, 취미, 기호(fondness). (7) ⓒ《口》유쾌한 사람, 예쁜〈귀여운〉 것〈사람〉. (8) ⓤ 【테니스】 러브, 영점, 무득점. **at ~** 【테니스】 상대방에게 득점을 주지 않고. **fall 〈be〉 in ~ with** …을 사랑하(고 있)다, …에게 반하다. **for ~** 1) 좋아서, 호의로. 2) 거저, 무료로 ; (내기로) 돈(등)을 걸지 않고. **for ~ or 〈nor〉 money** 〔否定을 수반〕 아무리 해도 (…않다). **for the ~ of** …때문에, …까닭에. **for the ~ of Heaven 〈God〉** 제발. **make ~** 1) …와 자다, 성교하다《*to* ; *with*》. 2) …에게 구애하다《*to*》. **have a ~ of** …을 좋아하다. **~ of country** 애국심. **my ~** 여보, 당신. **out of ~** 사랑하는 마음에서 ; 좋아하는 까닭에.
— *vt.* (1) …을 사랑하다 ; 사모하다 ; (신 등)을 경애하다 : They still ~ each other. 그들은 아직도 서로 사랑하고 있다. (2) 《~+目/+-*ing*/+*to* do》 …을 애호하다, (매우) 좋아하다 : ~ music 음악을 좋아하다 / She ~s to go dancing. 그녀는 춤추러 가기를 좋아한다 / There's nothing I ~ more than good wine. 좋은 와인보다 더 좋은 것은 없다. ※ 구어문에서는 love는 like very much의 뜻으로 쓰임. 또 I'd *love* to go. 따위 형식은 흔히 여성이 씀. (3) …을 애무하다 ; …와 성교하다. (4) (동식물이) …을 좋아하다, 필요로 하다.
— *vi.* 사랑하(고 있)다, 귀여워하다, 소중히 하다, 사모하다, 반해 있다. **Lord ~ you!** 맙소사《남의 잘못 따위에 대해서》. 파) **~·able** *a.* =LOVABLE.

lóve affàir (1) 연애(관계) ; 정사(情事). (2) 열중《*with*》.

lóve gàme 【테니스】 러브게임《한 쪽이 1점도 득점이 없는 게임》, 완승 ; 완패.

love-hate [∠hèit] *a.* (동일 대상에 대한) 애증(愛憎)의.

love·less [∠lis] *a.* (1) 사랑이 없는, 무정한, 박정한. (2) 사랑을 받지 못하는, 호감이 가지 않는, 귀염성이 없는. 파) **~·ly** *ad.*

lóve lètter 연애 편지, 러브레터.

love·li·ness [-linəs] *n.* ⓤ (1) 아름다움 ; 매력. (2)《口》훌륭함, 멋짐.

love·lock [∠lɑ̀k/ ∠lɔ̀k] *n.* ⓒ (1) (여성의, 이마에 늘어뜨린) 애교머리. (2) (17-18세기 상류 사회의 남성이) 귀밑에 늘어뜨린 머리.

love·lorn [∠lɔ̀ːrn] *a.* 실연(失戀)한, 애인에게 버림받은 ; 사랑에 번민하는.

:love·ly [lʌ́vli] (**-li·er ; -li·est**) *a.* (1) 사랑스러운, 귀여운, 아름다운, 감미로운, 매력적인. (2)《口》멋진, 즐거운, 유쾌한(delightful). — *n.* ⓒ《口》미인 ; 아름다운 것.

love·mak·ing [∠mèikiŋ] *n.* ⓤ (1) (여자에게) 구애함 ; 구혼(courship). (2) 성행위, 성교, 애무, 포옹.

lóve màtch 연애 결혼.

:lov·er [lʌ́vər] *n.* ⓒ (1) 연인, 애인 ; (*pl.*) 애인들〈사이〉. ※ 단수일 때에는 보통 남성 ; 현재는 (2)의 뜻으로 쓰이는 일이 많음. (2) (여성의, 깊은 관계인, 남편 이외의) 애인《남자》 정부(情夫) ; (때로) 정부(情婦) ; (*pl.*) (깊은 관계인) 연인 사이. (3) (예술 등의) 애호가, 찬미자.

love·sick [∠sìk] *a.* 상사병(相思病)의, 사랑에 번민하는(애태우는). 파) **~·ness** *n.* ⓤ 상사병.

:lov·ing [lʌ́viŋ] (**more ~ ; most ~**) *a.* (1) 애정이 (담겨) 있는, 애정을 나타내는. (2) 〔複合語를 이루어〕 (…을) 사랑하는. 파) **~·ness** *n.*

lov·ing-kind·ness [-káindnis] *n.* ⓤ 친애, 정, 《특히 신의》 자애, 인자.

lov·ing·ly [lʌ́vigli] *ad.* 애정을 가지고, 사랑해서, 부드럽게.

:low[1] [lou] (**~·er ; ~·est**) *a.* (1) 낮은《키·고도·온도·위도·평가 따위》. 【opp.】 *high*. (2) (신분·태생이) 낮은(humble), 비천한, 하층의. (3) 저급의, 상스러

운 ; 추잡〈외설〉한. (4) (생물 따위가) 하등인, 미개한, 미발달의. (5) (가격이)싼 ; (수량·힘·함유량 등이) 적은, 근소한 ;《口》(돈지갑이) 빈《in ; on》. (6) (기분이) 침울한(depressed), 기운이 없는 ; 몸이 약한, 의기 소침한. (7) (머리를 깊이 숙이는) 공손한《인사》, 부복(俯伏)한. (8) (물 등이 얕은 ; 조수가 뻰, 썰물의 : ⇨ LOW TIDE. (9) (조각 새김이) 얕은. (10) (드레스의) 깃이 깊이 팬. (11) (음식이) 나쁜, 영양가가 낮은. (12) a] 저음의. 〖opp.〗 *loud*. b] (속도가) 느린 ; (차 따위) (최)저속의, 로《기어》: ⇨ LOW GEAR. (13) **【音聲】** 혀의 위치가 낮은(broad). (14)(L-) **【敎會】** 저(低)교회파의. **【cf.】** Low Church. (15) 〔주로 比較級〕 근년의, 최근의, 후기의. (16) **【拳】** (타격이) 벨트 아래인.

— (**∠·er ; ∠·est**) *ad*. (1) 낮게. (2) 저음으로 ; 낮은 소리로. (3) 기운 없이, 의기소침하여. (4) 천하게, 야비〈비열〉하게. (5) 싸게(〖opp.〗 *loud*.) ; 싼값으로. (6) 조식(粗食)을 하여. ***bring ~*** (부(富)·건강·위치 등을) 감퇴시키다, 쇠하게 하다 ; 영락케 하다. ***fall ~*** 타락하다. ***high and ~*** (1) 상하귀천을 막론하고. (2) 모든 곳을(에, 에서), 도처에. ***lay ~*** 1) 쓰러뜨리다. 2) 죽이다, 멸망시키다. 3) 욕되게 하다. ***lie ~*** 1) 엎드리다, 웅크리다. 2)《口》몸을 숨기다, 숨다. 3)《口》(의도를 숨기고) 시기를 기다리다. 4) 죽어 있다 ; (건물이) 무너져 있다. ***~ down*** 훨씬 아래에 ; 냉대하여.

— *n*. (1) ⓤ (자동차의) 저속〈로〉 기어. (2) ⓒ **【氣】** 저기압, 저압부 ; 최저 기온. (3) ⓒ《美》최저 기록〈수준, 숫자, 가격〉. 파) **∠·ness** *n*.

low[2] *vi*., *vt*. (소가) 음매 울다(moo); 울부짖듯 말하다, 웅웅거리는 소리로 말하다《*forth*》. — *n*. ⓤ 소 우는 소리.

low·born [lóubɔ́ːrn] *a*. 태생〈출신〉이 미천한, 천하게 태어난.

low·boy [∠bɔ̀i] *n*. ⓒ 다리가 달린 키가 낮은 옷장. **【cf.】** highboy.

low·bred [∠bréd] *a*. 본데〈버릇〉 없이 자란, 뱀뱀이가〈버릇이〉 없는, 막된. 〖opp.〗 *highbred*.

low·brow [∠bràu] *a*. 〔限定的〕, *n*. ⓒ《口》교양〈지성〉이 낮은 (사람). 〖opp.〗 *highbrow*.

lów cámp (예술적으로) 진부한 소재를 무의식적으로 그대로 사용하는 일.

lów cómedy 저속한 코미디〈희극〉, 익살극.

low-down [∠dáun] *a*. 〔限定的〕《口》용렬〈비열〉한 ; 천한, 야비한.

low·down *n*. (the ~)《口》실정, 진상, 내막.

:low·er[1] [lóuər] *vt*. (1) a] …을 낮추다, 수그리다, 내리다, 낮게 하다(〖opp.〗 *heighten*) ; (보트 따위)를 내리다 ; (눈)을 떨구다, (음성·소리)를 낮추다, 싸게 하다. b] (음식)을 삼키다(swallow). (2) a] …의 힘〈체력〉을 약화시키다. b] **【樂】** …의 가락을 낮추다. (3) (품위 따위)를 떨어뜨리다(degrade) ; 억누르다, 꺾다. (4) 〔再歸的〕 고집을 꺾다, 몸을 굽히다.

— *vi*. (1) 내려가다, 낮아지다. (2) 줄다. (3) (물가 등이) 싸지다, 떨어지다.

— 〔low[1]의 比較級〕 *a*. 〔限定的〕 (1) a] 낮은〈아래〉쪽의 ; 하부의. b] 남부의 ; (L-) **【地】** 낮은 층〈오래된 쪽〉의, 전기(前期)의. c] 하류의, 하구(河口)에 가까운. (2) a]하급의, 하등의, 열등의(한). b](양원제 의회의) 하원의: ⇨LOWER HOUSE.

low·er[2] [láuər] *vi*. (1)《+前+名》얼굴을 찌푸리다, 못마땅한 얼굴을 하다《*at ; on, upon*》. (2) (날씨가) 나빠지다, 험악해지다. — *n*. (1) ⓒ 찡그린〈험악한〉 얼굴(scowl). (2) ⓤ 찌푸린 날씨.

low·er·case [lóuərkèis] *vt*. **【印】** (1) …을 소문자로 인쇄하다. (2) (대문자)를 소문자로 바꾸다《略: l.c.》 — *a*. 소문자의, 소문자로 인쇄한 : ~ letters 소문자. — *n*. ⓤ 소문자 (활자).

lówer cláss (the ~(es)) 〔集合的 ; 單·複數취급〕 하층 계급(의 사람들), 노동자 계급.

low·er-class [-klǽs, -klɑ́ːs] *a*. 하층 계급의.

low·er·ing[1] [lóuəriŋ] *a*. 저하〈타락〉시키는 ; 체력을 약하게 하는. — *n*. ⓒ 저하, 저감(低減).

low·er·ing[2] [láuəriŋ] *a*. (1) 기분이 좋지 않은, 언짢은, 음울한 : ~ looks 불쾌한 표정. (2)날씨가 찌푸린, 금방이라도 비가 올 것 같은. 파) **~·ly** *ad*.

low·er·most [lóuərmòust, -məst] *a*. (높이·가격 등) 최하의, 최저의, 맨 밑바닥의.

lówer wórld (the ~) (1) 하계(下界) ; 현세, 이승. (2) 지옥, 저승.

low·est [lóuist] 〔low[1]의 最上級〕 *a*. (1) 최하의, 최저의, 최소의. (2) 가장 싼. ***at*** (***the***) ***~*** 적어도.

lów-fát [lóufǽt] *a*. 저지방의.

lów fréquency **【通信】** 장파(長波), 저주파(低周波)《30-300kHz ; 略 : L.F.》.

lów géar (자동차의) 저속 기어.

***low·land** [lóulæ̀nd, -lənd] *n*. (1) ⓒ (주로*pl*.) 저지. 〖opp.〗 highland. (2) (the L-s) 스코틀랜드 남동부의 저지 지방. — *a*. 저지의 ; (L-) 스코틀랜드 저지(지방)의. 파) **~·er** [-ər] *n*. ⓒ 저지에서 사는 사람 ; (L-er) 스코틀랜드 저지 지방인.

low-lev·el [lóulévəl] *a*. 〔限定的〕 (1) 하급의, 하위〈하층〉의.

low·life [lóulàif] (*pl*. ***-lifes***) *n*. ⓒ《美俗》비열한 녀석, 범죄자, 저속〈타락〉한 이간 ; 사회의 하층민.

low·ly** [lóuli] (-li·er ; -li·est***) *a*. (1) 낮은《신분·지위 따위》; 비천한(humble). (2) 겸손한(modest), 자기를 낮추는. — *ad*. (1) 천하게. (2)겸손하게. (3) 낮은 소리로. 파) **lów·li·ness** *n*.

low-ly·ing [lóuláiiŋ] *a*. (1) 저지의. (2) 낮은 곳에 있는, 낮게 깔려 있는.

low-mind·ed [∠máindid] *a*. 비열한, 야비한, 마음씨가 더러운.

low-necked [∠nékt] *a*. (여성복이) 목 부분이 깊이 패인.

low-pitched [∠pítʃt] *a*. (1) 저음역(低音域)의 ; 소리가 낮은. (2) 물매〈경사〉가 뜬.

low-pres·sure [∠préʃər] *a*. 〔限定的〕 (1) 저압의 ; 저기압의. (2) 태평한, 한가로운.

lów prófile (흔히 a ~) 저자세, 삼가는 태도 ; 드러나지〈드러내지〉 않는 태도.

low·rid·er [∠ràidər] *n*. ⓒ 로 라이더《높이를 낮게 한 차》; 또 이것을 타는 사람.

low-rise [∠ráiz] *a*. 〔限定的〕 (건물이) 층수가 적은, 저층의.

lów séason (흔히 the ~) (장사·행락 따위의) 한산기, 시즌오프.

low-spir·it·ed [∠spíritid] *a*. 의기 소침한, 기운 없는, 우울한 파) **~·ly** *ad*. **~·ness** *n*.

low-tech [∠ték] *a*. (산업 등이) 저(低)과학 기술의〈을 이용한〉. 〖opp.〗 *high-tech*.

lów tíde 썰물(때), 간조(시간) ; 최저점, 밑바닥.

lów wáter (1) 썰물〈간조〉 (때) ; (하천·호수의) 저수위. (2) 궁핍 상태.

lów-wá·ter màrk [lóuwɔ́ːtər-, -wɑ́t-] (1) 간조표(干潮標), 저수위표. (2)최저의 상태, 밑바닥, 아주

궁색한 지경.

:loy·al [lɔ́iəl] (***more ~ ; most ~***) *a.* (1) (국가·군주 등에) 충성스러운《*to*》. 【cf.】 filial. (2) 성실한, 충실한. 파) **~•ly** *ad.*

loy·al·ist [lɔ́iəlist] *n.* ⓒ (1) 충신, 충성스러운 사람. (2) (동란 때 등의) 정부〈체제〉 옹호자.

:loy·al·ty [lɔ́iəlti] *n.* (1) ⓤ 충의, 충절, 충성. (2) ⓒ (특정인이나 단체에의 상충되는) 충성심.

loz·enge [lázindʒ/ lɔ́z-] *n.* ⓒ (10 마름모(꼴). (2) 마름모꼴의 무늬 ; 마름모꼴 창유리 ; 보석의 마름모꼴 면(面) ; (마름모꼴의) 정제(錠劑) ; 마름모꼴 과자.

LP-gas [élpíːgæ̀s] *n.* ⓤ 액화 석유 가스, LP가스, LPG.

£.s.d. [élèsdíː] *n.* ⓤ (1) 파운드·실링·펜스《보통 구두점은£5 6s. 5d》. (2) 《口》 금전, 돈, 부(副).

lu·au [luːáu] *n.* ⓒⓤ 하와이식 연회(宴會), 하와이식 파티.

lub·ber [lʌ́bər] *n.*ⓒ (1) (덩치 큰) 뒤틈바리, 투미한 사람. (2) 【海】 풋내기 선원.
파) **~•ly** [-li] *a., ad.* 투미한〈하게〉, 메떨어진〈지게〉, 볼품 없는〈없게〉.

lube [luːb] *n.* ⓤ 《口》 윤활유. 〔◁ *lubricant*〕

lu·bri·cant [lúːbrikənt] *a.* 미끄럽게 하는.
— *n.* (1) ⓤ,ⓒ 윤활유, 윤활제, (2) ⓒ (일을)원활하게 하는 것.

lu·bri·cate [lúːbrikéit] *vt.* (1) …에 기름을 바르다〈치다〉. (2) a] (피부 따위)를 부드럽게(매끄럽게) 하다. b] (일)을 원활하게 하다. c] 《俗》 (사람)을 매수하다. — *vi.* 윤활유로 쓰이다.

lu·bri·ca·tion [lùːbrəkéiʃən] *n.* ⓤ 미끄럽게 함, 감찰, 윤활 ; 주유(注油), 급유 ; 마찰을 감소시킴.

lu·bri·ca·tive [lúːbrikèitiv] *a.* 윤활성의.

lu·bri·ca·tor [lúːbrikèitər] *n.* ⓒ (1) 미끄럽게 하는 것〈사람〉 ; 기름치는 사람. (2) 윤활 장치 ; 주유기, 급유기. (3) 광택제.

lu·bri·cious [luːbríʃəs] *a.* 음탕한, 외설한, 호색하는. 파) **~•ly** *ad.*

lu·bric·i·ty [luːbrísəti] *n.* ⓤ 음탕, 외설, 호색.

lu·cent [lúːsənt] *a.* (1) 빛나는(luminous), 번쩍이는. (2) 반투명의.

lu·cid [lúːsid] *a.* (1) 번쩍이는, 맑은, 투명한. (2) 명료한, 알기 쉬운 ; 명쾌한 ; 두뇌가 명석한. (3) 【醫】 (정신병 환자가 한때) 제정신이 든, 정신이 똑똑한. (4) 《詩》 빛나는, 밝은. 파) **~•ly** *ad.* **~•ness** *n.*

lu·cid·i·ty [luːsídəti] *n.* ⓤ (1) 맑음, 투명. (2) 명료, 명백 ; 명석함. (3) (정신병자의) 평정(平靜), 제정신.

Lu·ci·fer [lúːsəfər] *n.* (1) 샛별, 금성(Venus). (2) 마왕, 사탄(Satan).

:luck [lʌk] *n.* ⓤ (1) 운(chance), 운수《※ fortune보다는 口語的이고 추첨·내기 등 일시적인 것을 좌우하는 운》. (2) 행운, 요행. ***as ~ would have it*** 1) 운 좋게, 요행〈다행〉히도. 2) 공교롭게, 운수 나쁘게《뜻에 따라 good, ill을 luck의 앞에 붙여 구별할 수도 있음》. ***by good ~*** 다행히도. ***chance*** one***'s ~*** 〈***arm***〉 《美口》 실패를 각오하고 해보다. ***down on*** one***'s ~*** 운이 기울어, 불행하여. ***for ~*** 재수 있기를 빌려, 운이 좋도록. ***Good ~*** (***to you***)***!*** 행운을 빕니다 ; 부디 안녕하시기를. ***in*** 〈***out of, off***〉 ***~*** 운이 좋아서〈나빠서〉. ***Just*** 〈***It is just***〉 ***my ~!*** 제기랄 또 글렀네, 재수〈운이〉 없네. ***No such !*** 운 나쁘게도〈유감스럽게도〉 그렇게는 안 된다〈안 되었다〉. ***push*** 〈***press, crowd***〉 one***'s ~*** 《口》 운을 과신하다, 계속 순조로우리라 믿다. ***try*** one***'s ~*** 운을 시험해 보다, 되든 안 되든 해 보다 《*at*》. ***with ~*** 운이 좋으면. ***worse ~*** 〔副詞的으로 ; 또는 挿入句로서〕 공교롭게, 재수 없게도.
— *vi.* 《美口》 운좋게 잘되다〈성공하다〉《*out*》 ; 운좋게 우연히 만나다〈맞닥뜨리다〉《*out* ; *on* ; *onto* ; *into*》.

:luck·i·ly [lʌ́kili] *ad.* 운 좋게 ; 〔文章修飾〕 요행히(도).

luck·i·ness [lʌ́kinis] n. ⓤ 요행, 행운, 운이 좋음.

***luck·less** [lʌ́klis] *a.* 불운의, 불행한, 재수없는.

:lucky [lʌ́ki] (***luck•i•er ; -i•est***) *a.* (1) 행운의, 운 좋은, 요행의. (2) 행운을 가져오는 ; 재수 좋은, 상서로운.

lu·cra·tive [lúːkrətiv] *a.* 유리한, 수지 맞는, 돈이 벌리는〈되는〉 (profitable) : a ~ job 벌이가 좋은 일 / a ~ business 수지맞는 장사.
파) **~•ly** *ad.* **~•ness** *n.*

***lu·di·crous** [lúːdəkrəs] *a.* 바보같은, 가소로운, 웃기는《※ ridiculous보다 강의적》. 파)**~•ly** *ad.* **~•ness** *n.*

luff [lʌf] *n.* ⓒ 【海】 (1) 세로돛의 앞깃, (배를) 바람이 불어오는 쪽으로 돌림. (2) 《英》 이물의 만곡부(彎曲部). — *vi.* 이물을 바람 불어오는 쪽으로 돌리다. — *vt.* 【요트競走】 (상대편의) 바람 불어오는 쪽으로 나아가다.

lug[1] [lʌg] *n.* (1) ⓒ 힘껏 끌기〈당기기〉. (2) (*pl.*) 《美俗》 젠체함, 뽐냄. (3) ⓒ 《美俗》 정치 헌금의 강요. ***put on ~s*** 《美》 젠체하다, 거들먹거리다.
—(***-gg-***) *vt.* (1) … 을 힘껏 끌다〈당기다〉, 억지로 끌고 가다《*along* ; *into*》. (2) 《口》 (관계 없는 이야기 등)을 느닷없이 들고 나오다, 꺼내다《*in, into*》. — *vi.* 힘껏 잡아당기다, 세게 당기다.

lug[2] *n.* ⓒ (1) 《英口》 귀, 귓불. (2) 자루, 손잡이. (3) 돌기, 돌출부.

:lug·gage [lʌ́gidʒ] *n.* ⓤ 〔集合的〕 여행 가방, 수화물(baggage).

lúggage ràck (전철 등의)선반, 그물 선반.

lug·ger [lʌ́gər] *n.* ⓒ 【海】 러거《lugsail을 단 작은 범선》.

lu·gu·bri·ous [luːgjúːbriəs] *a.* 애처로움, 가엾은 ; 슬퍼하는 ; 우울한. 파) **~·ly** *ad.* **~·ness** *n.*

lug·worm [lʌ́gwɔ̀ːrm] *n.* ⓒ 갯지렁이《낚싯밥》.

luke·warm [lúːkwɔ̀ːrm] *a.* (1) (물이) 미적지근한, 미온의. (2) (태도 등) 미온적인, 열의가 없는.
파) **~·ly** *ad.* **~·ness** *n.*

ılull [lʌl] (*a* ~) (1) (비 · 바람 · 폭풍우 등의)지적 잠시 멎음《*in*》. (2) (활동 등의) 일시적 휴지 ; (병 등의) 소강(小康) 《*in*》.
—*vt.* (1) (어린아이)를 달래다, 어르다, 재우다. (2) 〔흔히 受動으로〕 (파도 · 폭풍우 따위)를 가라앉히다, 자게 하다. (3) 《+目+前+名》 (노여움 · 의심 등)을 가라앉히다, 안심(진정)시키다 ; 속여서 … 하게 하다 《*into*》. —*vi.* (폭풍 · 바람 등이) 가라앉다, 자다.

·lull·a·by [lʌ́ləbài] 자장가(cradlesong).
—*vt.* 자장가를 불러 (아이)를 잠들게 하다

lum·bar [lʌ́mbər] *a.* 〔限定的〕 【解】 허리(부분)의.

:lum·ber[1] [lʌ́mbər] *n.* ⓤ (1) 《美 · Can》 재목, 제재목(《英》 timber) 《통나무 · 들보 · 판자 등》. (2) 《英》 (헛간에 치워 둔) 쓰지 않는 물건《가구 등》, 잡동사니, 쓸데 없는 물건. — *vt.* (1) 《美》 … 의 재목을 베어내다, 벌목하다. (2) **a**] … 에 쓸데 없는 가구 등을 쳐넣

다《*up* ; *with*》, 어지르다. **b**] (물건)을 난잡하게 쌓아 올리다. (3) 《英口》 … 에게 귀찮은 일을 떠맡기다 《*with*》.
파) **~·er** [-rər] *n.* ⓤ 벌목꾼.

lum·ber[2] *vi.* 쿵쿵(무겁게) 걷다 ; 육중하게 움직이다 《*along* ; *past* ; *by*》.

lum·ber·ing [lʌ́mbəriŋ] *n.* ⓤ 벌목, 제재(업).

lum·ber·man [-mən] (*pl.* **-men**[-mən]) *n.* ⓒ 벌목꾼〈감독〉 ; 제재업자.

lum·ber·mill [-mìl] *n.* ⓒ 제재소(sawmill).

lumber ròom 《英》 광, 헛간, 곳간.

lum·ber·yard [-jɑ̀:rd] *n.* ⓒ 《美 · 캐나다》 재목 쌓아 두는 곳, 저목장(《英》 timberyard).

lu·mi·na·ry [lú:mənèri/-nəri] *n.* ⓒ (1) 발광체 《특히 태양 · 달 따위》. (2) 선각자, 지도자, 유명인, 기라성(綺羅星). (3) 등불.

lu·mi·nes·cence [lù:mənésns] *n.* ⓤ 【物】 루미네슨스, 냉광(冷光)《열이 없는 빛, 발광》.

lu·mi·nes·cent [lù:mənésnt] *a.* 냉광을 내는, 발광성의 : ~ creatures 발광 생물.

lu·mi·nif·er·ous [lù:mənífərəs] *a.* 빛을 내는〈전하는〉 ; 발광(성)의, 빛나는.

lu·mi·nos·i·ty [lù:mənɑ́səti/-nɔ́s-] *n.* (1) ⓤ 광명, 광휘 ; 광도(光度). (2) ⓒ 발광체〈물〉.

:lu·mi·nous [lú:mənəs] *a.* (1) 빛을 내는, 빛나는, 반짝이는 ; (방 따위가) 밝은. (2) (작품 · 설명 등이) 알기(이해하기) 쉬운, 명쾌한.
파) **~·ly** *ad.* **~·ness** *n.*

:lump[1] [lʌmp] *n.* (1) ⓒ 덩어리, 한 조각 : 각사탕 1개 : a ~ of sugar 각사탕 (1개) / a ~ of clay 찰흙덩이 / The articles were piled in a great ~. 물건은 산더미처럼 쌓여 있었다. (2) ⓒ 혹, 종기, 부스럼, 부어오른 멍. (3) (a ~) 《俗》 대다수, 여런, 무더기, 많음 : *a* ~ *of* money 많은 돈 / a cleat ~ of applicants 수많은 응모자. (4) ⓒ 《口》 땅딸보 : 멍청이, 바보, 얼간이. (5) (*pl.*) 《美口》 때림, 벌, 비판 : get 〈take〉 one's ~*s* 심하게 비판받다 ; 호된 벌을 받다. (6) (the ~) 《英》 〔集合的〕 (건설업 등의) 임시(고용) 노동자 집단. ***all of a*** **~** 1) 한 덩어리가 되어, 통틀어, 2) 온통 부어 올라. ***a* ~ *in*** on***e's*** 〈***the***〉 ***throat*** (감동하여) 목이 멤〈메기〉.
—*a.* 〔限定的〕 (1) 한 덩어리의, 한 무더기의 : ~ sugar 각사탕. (2) 일괄적〈총괄적〉인.
—*vt.* (1) … 을 한 묶음으로 하다, 총괄〈일괄〉하다. (2) 《~+目/+目+前+名》 (차이를 무시하고) … 을 같이 취급〈생각〉하다, 일률적으로 다루다《*together* ; *with* ; *in with* ; *under*》. (3) 한 덩어리로 만들다.
—*vi.* (1) 한 덩어리 (한 때)가 되다, 일괄하다. (2) 무거운 걸음으로 가다《*along*》 ; 털썩 주저앉다 《*down*》.

lump[2] *vt.* 〔~ it꼴로〕 《口》 (불쾌한 일을) 참다, 인내하다. ***like it or* ~ *it*** 《口》 좋아하든 않든.

lump·ish [lʌ́mpiʃ] *a.* (1) 덩어리 같은, 작달막하고 무거운. (2) 멍청한 ; 아둔한, 바보 같은.
파) **~·ly** *ad.* **~·ness** *n.*

lúmp súm (일괄하여 일시에 지불하는) 총액일시불(금액).

lump-sum [lʌ́mpsʌ́m] *a.* 일시불(一時拂)의.

lumpy [lʌ́mpi] (***lump·i·er*** ; ***-i·est***) *a.* (1) 덩어리〈혹〉투성이의. (2) 바람으로 잔물결이 이는. (3) 땅딸막하고 굼뜬. 파) **lump·i·ly** *ad.* **-i·ness** *n.*

lu·na·cy [lú:nəsi] *n.* (1) ⓤ 정신 이상, 광기(狂氣), 광증. (2) ⓤ,ⓒ 미친 지랄, 바보짓, 어리석은 짓.

·lu·nar [lú:nər] *a.* (1) 달의, 태음(太陰)의(【cf.】 solar) ; 달 비슷한 ; 달의 작용에 의해서 일어나는 《조수의 간만 따위》. (2) a] 달 모양의. b] 초승달 모양의.

lúnar cálendar (the ~) (태)음력.

lúnar dáy 태음일(日)《약 24시간 50분》.

lúnar eclípse 【天】 월식.

lúnar mónth 태음월(太陰月), 음력 한 달《29 일 12 시간 44 분 ; 통속적으로는 4 주간》.

lúnar yéar 태음년 《lunar month에 의한 12개월 ; 약 354 일 8시간》.

lu·nate [lú:neit] *a.* 초승달 모양의, 신월 모양의.

·lu·na·tic [lú:nətik] (***more* ~ ; *most* ~**) *a.* (1) 미친, 발광한, 정신 이상의(insane). (2) (행동 따위가) 미치광이 같은, 정신없는(frantic, mad).
—*n.* ⓒ (1) 미치광이, 정신병자, 괴팍스런 사람. (2) 이상한〈미친 사람 같은〉 사람 ; 큰 바보.

lúnatic fringe (흔히 the ~) 〔集合的 ; 單 · 複數 취급〕 (정치 · 사회 운동 등의) 소수 과격파(열광자들).

:lunch [lʌntʃ] *n.* (1) ⓤ,ⓒ 점심《※ 저녁을 dinner 라고 할 경우》. (2) ⓒ 《美》 (시간에 관계 없이) 가벼운 식사, 스낵. (3) ⓒ 도시락. ***out to* ~** 《美俗》 머리가 돌아〈돈〉, 정신이 이상해져서.
—*vi.* 점심을 먹다. —*vt.* … 에게 점심을 내다. 파) **~·er** *n.*

lúnch bòx 〈**pàil**〉 도시락(통).

:lunch·eon [lʌ́ntʃən] *n.* ⓤ,ⓒ 점심, 오찬《lunch 보다 격식 차린 말》. —*vi.* 점심을 먹다.

lunch·eon·ette [lʌ̀ntʃənét] *n.* ⓒ 간이 식당, 경식당.

lúncheon mèat 고기와 곡류 따위를 갈아 섞어 조리한 (통조림) 식품, 인스턴트 식사용 가공육.

lunch·room [lʌ́ntʃrù:m] *n.* ⓒ (1) 간이 식당, 스낵 바. (2) (학교 · 공장 등의) 구내 식당.

lunch·time [lʌ́ntʃtàim] *n.* ⓤ 점심 시간.

:lung [lʌŋ] *n.* ⓒ (1) 【解】 폐, 허파. (2) 《美》 인공 심폐(장치). ***at the top of*** one***'s* ~*s*** 목청껏, 큰소리로, 소리 지르며. ***have good* ~*s*** 목소리가 크다

lunge [lʌndʒ] *n.* ⓒ (1) (특히 펜싱 따위의) 찌르기 (thrust). (2) 돌입, 돌진. —*vi.* (칼 따위로) 찌르다 《at》 ; 돌진하다. —*vt.* (무기 따위)를 쑥 내밀다.

lung-pow·er [lʌ́ŋpàuər] *n.* ⓤ 발성력, 성량(聲量) ; (발성력으로 본) 폐의 힘 ; (도시 안의) 녹지, 공원.

lu·pine[2] [lú:pain] *a.* (1) 이리의. (2) 이리처럼 잔인한(wolfish), 탐식(貪食)하는.

lurch[1] [lə:rtʃ] *n* . 불리한 입장, 곤경〔다음 성구(成句)로〕. ***leave*** a person ***in the* ~** 궁지에 빠신〈숙게 된〉 사람을 그냥 내버려두다.

lurch[2] *n.* ⓒ (배 · 차 등의) 갑작스런 기울어짐. (2) 비틀거림(stagger), 갈짓자 걸음.
—*vi.* 급히 한 쪽으로 기울다, 기울어지다 ; 비틀거리다, 비틀거리며 걷다.

:lure [luər] (the ~) 유혹하는 것 ; 매혹, 매력. (2) 후림새 (decoy)《매잡이가 훈련중의 매를 불러들이는 데 쓰는》. (3) (낚시에 쓰이는) 가짜 미끼.
—*vt.* (1) 《~+目/+目+前+名》 … 을 유혹하다, 유인해〈꾀어〉내다, 불러 내다(들이다)《*away* ; *into* ; *on*》. (2) (후림새로 매)를 꾀어들이다. (3) (매를) 미끼새로 불러 들이다. 【cf.】 bait, decoy.

lu·rid [lú:rid] *a.* (1) (하늘 · 풍경 · 전광 · 구름 등)타

는 듯이 붉은 ; (눈빛이) 번득이는. (2) (색깔 따위) 야하게 짙은, 너무 현란한. (3) 전율적인, 무시무시한, 무서운《이야기·범죄 따위》.
파) **~·ly** *ad.* **~·ness** *n.*

:lurk [ləːrk] *vi.* 《~/+前+名》 (1) 숨다, 잠복하다(hide) ; 숨어 기다리다《*about* ; *in* ; *under*》. (2) (가슴 속에) 잠재하다. (3) 몰래 〈살금살금〉걸어다니다, 잠행(潛行)하다. 파) **~·er** *n.*

lus·cious [lʌ́ʃəs] *a.* (1) (달고) 맛있는, 향기가 좋은; 잘 익은. (2) (여자가) 매력적인, 관능적인, 요염한. (3) 아주 기분좋은, 쾌적한. 파) **~·ly** *ad.* **~·ness** *n.*

lush[1] [lʌʃ] *a.* (1) (풀 따위가) 푸르게 우거진, 싱싱한 ; 푸른 풀이 많은, 무성한. (2) 풍부한(abundant). 호화로운.

lush[2] *n.* 《俗》 (1) ⓤ 술. (2) 술꾼, 술주정뱅이.
—*vt.* (술을) 마시다.

:lust [lʌst] *n.* ⓤ,ⓒ (1) (강한) 욕망, 갈망《*of* ; *after* ; *for*》. (2) 육욕, 색욕(色慾), 관능적인 욕구.
—*vi.* (1) (명성·부 따위를) 절실히 바라다, 갈망〈열망〉하다《*after* ; *for*》 (2) 색정을 일으키다〈품다〉.

:lus·ter, 《英》 **-tre** [lʌ́stər] *n.* ⓤ (1) (또는 a ~) 광택, 윤, 광채. (2) 영광, 영예, 명예. (3) (도자기의) 유약, 잿물.
파) **~·ly** *ad.* **~·ness** *n.*

lust·ful [lʌ́stfəl] *a.* 호색의, 음탕한(lewd), 원기 좋은.

lus·trous [lʌ́strəs] *a.* 광택 있는, 번쩍이는, 빛나는. 파) **~·ly** *ad.*

·lusty [lʌ́sti] (***lúst·i·er*** ; ***-i·est***) *a.* (1) 튼튼한 ; 원기 왕성한, 활발한, 건장한. (2) (음성 등이) 기운찬, 큰. (3) 호색의, 성욕이 왕성한. 파) ***lúst·i·ly*** *ad.* ***lúst·i·ness*** *n.*

luxe [luks, lʌks] *n.* ⓤ 《F.》 화려 ; 호화, 사치. 【cf.】 deluxe.

lux·u·ri·ance [lʌgʒúəriəns, lʌkʃúər-] *n.* ⓤ (1) 번성, 다산, 무성 ; 풍부. (2) (문체의) 화려.

·lux·u·ri·ant [lʌgʒúəriəntlʌkʃúər-] *a.* (1) **a**] (수목이) 무성한, 성장이 왕성한. **b**] (수염 따위가) 더부룩한. (2) (재능 등이) 풍부한, 넘칠 듯한. (3) 화려한《문채 따위》 : ~ prose 미문(美文).
파) **~·ly** *ad.*

lux·u·ri·ate [lʌgʒúərièit, lʌkʃúər-] *vi.* (1) 느긋하게 즐기다 : (… 에) 탐닉하다《*in* ; *on*》. (2) 호화롭게 살다. (3) (식물 등이) 우거지다.

:lux·u·ri·ous [lʌgʒúəriəs, lʌkʃúər-] (***more*** ~ ; ***most*** ~) *a.* (1) 사치스러운, 호사스러운, 호화로운(luxuriant). (2) 사치를〈화려한 것을〉 좋아하는. (3) (관능적인) 쾌락을 추구하는, 방종한. ▫ luxury *n.*
파) **~·ly** *ad.* **~·ness** *n.*

:lux·u·ry [lʌ́kʃəri] *n.* (1) ⓤ 사치, 호사 : live in 호사스럽게 지내다. (2) ⓒ 사치품, 고급품 : 사치스러운 일. (3) ⓤ 유쾌, 쾌락, 만족. ▫ luxurious, luxuriant *a.* —*a.* 〔限定的〕 사치〈호화〉스러운 ; 고급의.

lx 【光】 lux.

-ly[1] *suf.* 형용사·분사에 붙여서 부사를 만듦 : bold*ly*, month*ly*, smiling*ly*. quick*ly*. great*ly*.

-ly[2] *suf.* (1) 명사에 붙여서 '… 와 같은, … 다운 …한 성질을 가진' 뜻의 형용사를 만듦 : friend*ly* man*ly*, king*ly*. (2) 기간의 뜻의 명사에 붙여 '… 마다의' 뜻의 형용사를 만듦 : hour*ly*. month*ly*.

ly·cée [liːséi/ˊ-] *n.* ⓒ 《F.》 리세《프랑스의 국립 고등 학교 또는 대학 예비교》.

ly·ce·um [laisúːəm] *n.* 《L》 (1) ⓒ 학원, 학회 강당. (2) ⓒ 《美》 문화회관, 문화 운동 ; 문화 강좌. (3) = LYCEE. (4) (the L-) (아리스토텔레스가 철학을 가르쳤던) 아테네의 학원 ; 아리스토텔레스 학파.

ly·chee [láitʃiː] *n.* = LITCHI.

lych gàte = LICH GATE.

lye [lai] *n.* ⓤ 잿물 ; (세탁용) 알칼리액.

:ly·ing[1] [láiiŋ] LIE[1] 의 현재분사. —*a.* 드러누워 있는 : low-~land 저지(低地). —*n.* ⓤ 드러누움.

·ly·ing[2] LIE[2] 의 현재분사. —*a.* 거짓말을 하는 ; 거짓의, 허위의 : a ~ rumor 근거 없는 소문 / a ~ story 거짓 이야기.
—*n.* ⓤ 거짓말하기 ; 거짓말, 허위.

ly·ing-in [láiiŋín] (*pl.* ***ly·ings-, ~s***) *n.* ⓒ 〔흔히 單數꼴로〕 해산 자리에 눕기 ; 분만, 해산.
—*a.* 산부인과의 : a ~ chamber 〈hospital〉 산부인과 병원《※ 지금은 maternity hospital 이 더 일반적》.

lymph [limf] *n.* ⓤ (1) 【生理】 림프(액). (2) 【醫】 두묘(痘苗)(vaccine ~), 혈청. (3) 맑은 물.

lym·phat·ic [limfǽtik] *n.* ⓤ (1) 【生理】 림프(액)의 ; 림프를 통〈분비〉하는. (2) **a**] (사람이) 림프성(체질)의《선병질(腺病質)로 피부가 창백하고, 무기력한 경우》. **b**] 둔중(鈍重)한, 지둔(遲鈍)한.
—*n.* ⓒ 【解】 림프관(管).
파) **-i·cal·ly** *ad.*

lymph gland 【解】 림프샘, 임파선.

lymph nòde 【解】 림프절, 임파절.

lym·pho·cyte [límfəsàit] *n.* ⓒ 【解】 림프구(球).

lymph·oid [límfɔid] *a.* 림프(구(球))의.

·lynch [lintʃ] *vt.* … 에게 린치를 가하다, … 을 사적 제재로 죽이다.

lynx-eyed [línksàid] *a.* (살쾡이처럼) 눈이 날카로운, 눈이 사나운.

·lyr·ic [lírik] *n.* (1) (1) 서정시(= ~ **pòem**). 【cf.】 epic. (2) (*pl.*) (유행가·가극 등의) 가사(歌詞).
—*a.* (1) 서정시의, 서정적인. (2) 음악적인, 오페라풍의, 가창에 의한. (3) = LYRICAL.

·lyr·i·cal [lírikəl] *a.* (1) 서정시조(調)의, 서정미가 있는(lyric) ; 감상적인. (2) 《口》열띤, (감정 표현이) 과장된. 파) **~·ly** *ad.*

lyr·i·cism [lírəsìzəm] *n.* (1) ⓤ 서정시체(體)〈조, 풍〉 ; 리리시즘. (2) ⓒ 과장된 감정 표현.

lyr·i·cist [lírəsist] *n.* ⓒ (1) 서정 시인. (2) (노래·가극 따위의) 작사가.

lyr·ist [láirist, lír-] *n.* ⓤ (1) lyre 탄주자(彈奏者). (2) [lírist] = LYRICIST.

M

M, m [em] (*pl.* ***M' s Ms, m' s, ms***[-z]) (1) ⓤ, ⓒ 엠《영어 알파벳의 열 셋째 글자》. (2) ⓤ (연속된 것의) 13번째(의 것). (3) ⓤ (로마숫자의) 1,000 : *MCML*XXXIX = 1989. (4) ⓒ M자 모양의 것.

·ma, Ma [mɑː, mɔː] *n.* ⓒ 《口》 (1) 엄마《mamma의 단축형》. 【cf.】 Pa. (2) 아줌마

:ma'am *n.* (1) [məm, m] 《口》 부인, 아주머니, 아가씨《하녀가 여주인에게, 점원이 여자 손님에게 대한 호칭》 ; 선생님《여성 교사에 대한 호칭》. (2) [mæ(ː)m, mɑːm] (여왕, 귀족 부인 또는 여성 상관에 대한 호칭으로서) 여왕님, 마님, 상관님. [◁ *madam*]

mac [mæk] *n.* 《口》 = MACKINTOSH.

MAC- *pref.* '… 의 아들'이란 뜻. ※ 스코틀랜드 · 아일랜드계의 성에 붙음 : Mc-, M^{c}-, M'- 이라고도 씀 : *Mac*Arthur, *Mac*Donald, *Mc*Kinley. 【cf.】 Fitz-, O'.

ma·ca·bre [məkɑ́ːbrə, -bər] *a.* (죽음을 연상시키는) 섬뜩한, 기분 나쁜, 오싹 하는, 무시무시한, 소름이 끼치는.

mac·ad·am [məkǽdəm] *n.* ⓤ (1) 【土】 (롤러로 굳히는 도로용의) 쇄석(碎石), 밤자갈. (2) 머캐덤 도로(= **~ròad**)《쇄석을 깔고 아스팔트 또는 피치로 굳힘》.

mac·ad·am·ize [məkǽdəmàiz] *vt.* (도로)를 머캐덤 공법으로 포장(鋪裝)하다, 자갈을 깔다.

Ma·cao [məkáu] *n.* 마카오《중국 남동 해안의 도시, 포르투갈 영토》.

·mac·a·ro·ni [mæ̀kəróuni] *n.* ⓒ 마카로니, 이탈리아 국수. 【cf.】 spaghetti.

macaróni chéese 【料】 마카로니 치즈《치즈 소스로 조미한 마카로니 요리》.

mac·a·roon [mæ̀kərúːn] *n.* ⓒ 마카롱《달걀 흰자 · 아몬드 설탕으로 만든 작은 과자》.

Mac·Ar·thus [məkɑ́ːrθər] *n.* **Douglas ~** 맥아더《미국 육군 원수 ; 1880-1964》.

mace [meis] *n.* (1) ⓒ 갈고리 달린 철퇴《중세의 갑옷을 부수는 무기》, 전곤. (2) **a**] ⓒ 권표(權標), 직장(職杖)《영국의 시장 · 대학 총장 등의 직권의 상징》. **b**] (the M-) 영국 하원 의장의 직장(職杖).

mace·bear·er [méisbɛ̀ərər] *n.* ⓒ 권표를 들고 다니는 사람.

Mac·e·do·nia [mæ̀sədóuniə, -njə] *n.* (1) 마케도니아《옛 그리스의 북부지방》. (2) 마케도니아 공화국《구 유고슬라비아에서 독립 ; 수도 Skopie》.

Mac·e·do·ni·an [mæ̀sədóuniən, -njən] 마케도니아(인, 어)의. —*n.* (1) ⓒ 마케도니아인. (2) ⓤ 마케도니아어.

mac·er·ate [mǽsərèit] *vt.* … 을 액체에 담가서 부드럽게 하다. —*vi.* (1) (단식 · 걱정거리 등으로) 야위다. (2) (물에 담겨) 부드러워지다.

Mach·i·a·vel·li·an [mæ̀kiəvéliən] a. 마키아벨리 (류)의 ; 권모술수의 ; 음험한, 교활한.
—*n.* ⓒ 권모술수가, 책모가.

Mach·i·a·vel·lism [mæ̀kiəvélizəm] *n.* ⓤ 마키아벨리즘〈주의〉.
파) **-list** *n.* ⓒ 마키아벨리주의자, 책모가.

mach·i·nate [mǽkənèit, mǽʃnèit] *vi.* 꾸미다, 모의하다. -*vt.* (음모)를 꾀하다(plot).
파) **-ná·tor** [-ər] *n.* ⓒ 모사, 음모가(plotter).

mach·i·na·tion [mæ̀kənéiʃən] *n.* ⓒ (흔히 *pl.*) 간계, 음모, 책략.

:ma·chine [məʃíːn] *n.* ⓒ (1) **a**] 기계 ; 기계 장치. **b**] 자동 판매기. (2) 《口》 자동차, 자전거 ; 비행기 ; 오토바이. (3) (복잡한) 기구, 기관. (4) (정당 등의) 조직 ; 그 지배 집단, 파벌. (3) 《蔑》 기계적으로 일하는 사람. — *a.* 〔限定的〕 기계(용)의 ; 기계에 의한 : ~ parts 기계부품. — *vt.* (1) … 을 기계에 걸다〈로 가공하다〉 ; 재봉틀에 박다. (2) (공 구를 써서 물건)을 정해진 치수대로 만들어내다.

ma·chine-made [-mèid] *a.* (1)기계로 만든 【opp】 *handmade*. (2)판에 박은, 틀에 박힌.

ma·chine-read·a·ble [-rìːdəbəl] *a.* 【컴】 (데이터 등) 컴퓨터로 처리〈판독〉할 수 있는.

:ma·chin·ery [məʃíːnəri] *n.* ⓤ (1)〔集合的〕 기계류(machines). (2)(시계 따위의) 기계장치 ; (기계의) 가동 부분. (3)(정치 등의) 기관, 기구, 조직 : the ~ of the law 사법 기관.

ma·chine-tooled [-tùːld] *a.* (1)공작기계로 만들어진(듯한). (2)정확한, 대단히 정교한.

machíne translàtion (컴퓨터 등에 의한) 기계 번역.

ma·chin·ist [məʃíːnist] *n.* ⓒ (1) 기계 제작자〈수리공〉 ; 기계공 ; 기계 운전자. (2)《英》 재봉사.

Mach·me·ter [mɑ́ːkmìːtər, mǽk-] *n.* ⓒ 마하계기(計器)《항공기의 마하수를 표시하는 계기》.

Mac·in·tosh [mǽkintɑ̀ʃ/ -tɔ̀ʃ] *n.* ⓤⓒ 【컴】 매킨토시《미국 Apple Computer사가 제작한 컴퓨터 ; 商標名》.

mack·er·el [mǽkərəl] (*pl.* **~(*s*)**) *n.* (1) ⓒ 고등어《북대서양산》. (2) ⓤ 고등어 살.

macr-, macro- '긴, 큰'의 뜻의 결합사. 【opp】 *micr-*, *micro-*.

mac·ro [mǽkrou] *n.* 【컴】 =MACROINSTRUC-TION.
— *a.* 대형의, 대규모의, 거시적인.

mac·ro·bi·ot·ic [mæ̀kroubaiɑ́tik/ -ɔ́t-] *a.* 장수식(長壽食)의.

mac·ro·bi·ot·ics [mæ̀kroubaiɑ́tiks/ -ɔ́t-] *n.* ⓤ 장수식(長壽食) 연구〈이론〉장수법 《동양의 음양설에 의한 식품의 배합》.

mac·ro·code [mǽkroukòud] *n.* ⓤ 【컴】 모듬 (명령) 부호, 모듬 명령(macroinstruction).

mac·ro·cosm [mǽkroukɑ̀zəm/ -kɔ̀z-] *n.* (1)(the ~) 대우주, 대세계 【opp】 *microcosm*. (2) ⓒ 전체, 복합체, 총합적 체계.

mac·ro·ec·o·nom·ics [mæ̀krouìːkənɑ́miks/ -nɔ́m-] *n.* ⓤ 【經】 거시 경제학, 매크로 경제학. 【opp】 *microeconomics*.

mac·ro·in·struc·tion [mæ̀krouinstrʌ́kʃən] *n.* ⓤ 【컴】 모든 명령(macro)《어셈블리 언어의 명령의 하나》.

mac·ron [méikrɑn, -rən, mǽk- /mǽkrɔn] *n.* ⓒ 【音聲】 (모음 위쪽에 붙는) 장음 부호(¯)《보기 : cāme, bē》.

mac·ro·scop·ic [mæ̀krəskɑ́pik/ -skɔ́p-] *a.* 육안으로 보이는 ; 거시적인 (【opp】 *microscopic*).
파) **mac·ro·scop·i·cal·ly** [-kəli] *ad.*

:mad [mæd] (**-dd-**) *a.* (1)미친, 실성한. (2)(개가) 광견병에 걸린. (3)열광적인, 열중인, 정신이 나간, 열을 올리고 있는《*for* ; *after* ; *about* ; *on*》; 몹시 탐내고 있는《*for* ; *after*》. (4)앞뒤를 헤아리지 않는, 무모한, 바보 같은. (5)〔叙述的〕《口》성난, 화난《*with* ; *about* ; *at*》. (6)미친듯한 ; (비·바람 따위가) 맹렬한 : He was ~ with rage. 그는 화가 나서 미칠 듯이 흥분했다. (7)떠들어대는, 들뜬. (**as**) **~ as a** (**March**) **hare** ⇨ HARE. **drive** 〈**send**〉 a person ~ …를 미치게 하다 ; 골나게 하다. **go ~** (1)미치다. (2)(군중 등이) 열광하다. **hopping ~** 격노하여. **like ~**《口》미친 듯이 ; 맹렬히. **~ as ~**《口》대단히 화가 나서. — (**-dd -**) *vt.* (美) …을 성나게하다. — *n.* (a ~)《美口》분개, 노염. **have a ~ on** …에 성〈화〉 내고 있다. **get** one'**s ~ up**〈**out**〉 화를〈성을〉 내다.

:mad·am [mǽdəm] *n.* ⓒ (1)(*p1.* **mes-dames** [meidɑ́ːm, -dǽm/méidæm] (종종 M-) 아씨. …부인, 여성…. 2)*Madam* 또는 Dear Madam으로 (미지의) 여성 앞으로의 편지허두에 '근계(謹啓)' 따위의 뜻으로 도 씀. (2)(*pl.* **~s**)《口》(종종 the ~) 주부, 안주인 :《婉》여자포주. (3)《英口》중뿔나게 나서는 여자, 건방진 여자.

·mad·ame [mǽdəm, mədǽm mədɑ́ːm, mæ-](*pl.* **mes-dames** [meidɑ́ːm, -dǽm]) *n.* ⓒ《F.》(흔히 M-) 아씨, 마님, …부인《프랑스에서는 기혼부인에 대한 호칭 ; 영어의 Mrs. …와 거의 같음. ; 略 : Mme., (*pl.*) Mmes.》: *Madame* Curie〈Bovary〉 퀴리〈보바리〉 부인.

mad·cap [mǽdkæ̀p] *n.* ⓒ 무모한 사람, 《특히》 무모한 아가씨. — *a.* 〔限定的〕 무분별〈무모〉한, (reckless)충동적인.

·mad·den [mǽdn] *vt.* (1)…을 미치게 만들다. (2)…을 몹시 화나게 하다. — *vi.* (1)발광하다. (2)성내다, 격노하다.

mad·den·ing [mǽdniŋ] *a.* (1)미치게 하는, 미칠 듯한 ; 맹렬한. (2)화나게 하는, 신경질나게 하는. 파) **~·ly** *ad.* 미칠듯이.

mad·ding [mǽdiŋ] *a.*《稀》미칠〈미치게 할〉 것 같은, 광기의, 광란의.

:made [meid] MAKE의 과거·과거분사. ※ 흔히 be ~ of (wood, *etc.*)는 재료의 형태를 보존하고 있는 경우, be ~ from (grapes, *etc.*)은 재료의 형태를 분간할 수 없을 때 씀. — *a.* (1)〔限定的〕 만들어진 ; 조작한 ; 꾸며낸. (2)〔限定的〕 인공적인, 인공의 ; 매립한《땅 따위》; 여러 가지 섞은《요리 따위》. (3) 성공이 확실한. (4)〔複合語〕 …로 만든, …제의 ; 몸집이 …한. **have** (**got**) 〈**get**〉 **it ~**《口》성공은 틀림없다. **~ for** …에 꼭 어울리는 ; 꼭 알맞은.

made-for-TV [⊿fərtíːvíː] *a.* TV 용으로 만든.

mad·e·leine [mǽdəlin, mæ̀dəléin] *n.* ⓤⓒ 마들렌《작은 컵케이크의 하나》.

ma·de·moi·selle [mæ̀dəmwəzél, mæmzél] (*pl.* **~s** [-z], **mes·de·moi·selles** [meidə]) *n.* ⓒ《F.》(1) (M-) …양, 마드무아젤《영어의 Miss에 해당 ; 略 : Mlle., (*pl.*) Mlles》. (2) (프랑스어권(圈)의 여성에 대한 호칭으로) 아가씨.

made-to-meas·ure [méidtəméʒər] *a.* 〔限定的〕 몸에 맞게 만든, 맞춘《옷·구두 따위》, 성미에 딱 맞는.

made-to-or·der [méidtəɔ́ːrdər] *a.* 〔限定的〕 주문해 만든, 맞춘(〖opp.〗 *ready-made, ready-to-wear*) ; 꼭 맞는.

made-up [méidʌ́p] *a.* (1) 만든, 만들어낸 ; 조작한, 인공적인(artificial). (2) 화장한, 메이크업한. (3) 포장(鋪裝)한.

mad·house [mǽdhàus] *n.* ⓒ (1)《古》정신 병원. (2) (흔히*sing.*)《口》(사람이 복작거려) 시끄러운 장소.

·mad·ly [mǽdli] *ad.* (1)미친 듯이, 미치광이 처럼. (2)맹렬히, 열광적으로.

·mad·man [mǽdmən, -mæ̀n] (*pl.* **-men** [-mən, -mèn] *n.* ⓒ 미친 사람《남자》, 광인.

:mad·ness [mǽdnis] *n.* ⓤ (1) 광기(狂氣), 정신착란. (2)열광, 열중. (3)격노. (4)미친 짓, 바보 짓.

·Ma·don·na [mədɑ́nə/ -dɔ́nə] *n.* (1)(흔히 the ~) 성모 마리아. (2) ⓒ (또는 m-) 성모 마리아상(像).

Madónna lily 【植】 흰 백합. (white lily)(처녀의 상징).

Ma·dras [mədrǽs, -drɑ́ːs] *n.* (1) 마드라스《인도 남동부의 주》. (2)(m-) ⓤ 마드라스 무명.

Ma·drid [mədríd] n. 마드리드《스페인의 수도》.

mad·wom·an [mǽdwùmən] (*pl.* **-wom·en** [⊿wìmin]) *n.* ⓒ 미친 여자.

mael·strom [méilstrəm] *n.* (1) ⓒ 큰 소용돌이《whirlpool 의 큰 것을 말함》. (2)(the M-) 노르웨이 근해의 큰 화방수. (3) ⓒ (흔히 *sing.*) 큰 동요, 대혼란.

mae·stro [máistrou] (*pl.* **~s**) *n.* ⓒ《It.》(1) 대음악가, 대작곡가, 명지휘자. (2) (예술의) 대가, 거장(巨匠)(master).

Ma(f)·fia [mɑ́ːfiːə, mǽfiːə] *n.*《It.》ⓒ (1) (the ~)《集合的》마피아단(團)《19세기에 이탈리아의 시칠리아 섬에 생긴 비밀 범죄집단 ; 또 이에 유래한 이탈리아·미국 등지의 범죄 조직》. (2)(흔히 m-) 비밀 조직 ; (표면에 나타나지 않는)유력자 집단.

ma·fi·o·so [mɑ̀ːfiːóusou] (*pl.* **-o·si** [-óusiː] *n.*ⓒ《It.》마피아의 일원.

mag[1] [mæg] *n.* ⓒ《口》= MAGAZINE.

mag[2] *a.* 【컴】 자기(磁氣)의, 자성(磁性)을 띤 : ~ tape 자기 테이프.

mag. magazine ; magnesium ; magnitude.

:mag·a·zine [mæ̀gəzíːn, ⊿-⊿] *n.* ⓒ (1)잡지 : a woman's ~ 여성 잡지. (2)창고(안의 저장물), 《특히》 탄약〈화약〉고(안의 탄약〈화약〉) ;무기〈군수 물자〉 저장고. (3)(연발총의) 탄창 (4)【映·寫】 필름통.

Mag·da·lene [mǽgdəlin] *n.* (1)(the ~) [mǽgdəlìːn, mæ̀gdəlíːni] 【聖】 막달라 마리아 (Mary ~)《누가복음 Ⅶ-Ⅷ》. (2)(m-) ⓒ 갱생한 창녀.

Ma·gel·lan [mədʒélən] *n.* **Ferdinando ~** 마젤란《포르투갈의 항해가 ; 1480 ? -1521》. ***the Strait of* ~** 마젤란 해협(남미남단).

ma·gen·ta [mədʒéntə] *n.* ⓤ (1)마젠타《붉은 자색의 아닐린 물감》. (2)적자색. — *a.* 적자색의.

Mag·gie [mǽgi] *n.* 매기《여자 이름 ; Margaret의 애칭》

mag·got [mǽgət] *n.* ⓒ (1)구더기. (2)변덕 ; 공상.

Ma·ghreb [mʌ́grəb] *n.* (the ~) 머그레브《북아프리카 북서부 곧, 모로코·알제리·튀니지, 때론 리비아를 포함하는 지역》.

Ma·gi [méidʒai] (*sing.* **-gus** [-gəs]) *n. pl.* (1) (the three ~) 【聖】 동방의 세 박사《마태복음 Ⅱ : 1》. (2)(m-) 마술사들.

:mag·ic [mǽdʒik] *a.* (1)마법의, 마법에 쓰는 : 기술(奇術)의. (2)마법과 같은, 이상한 매력적인. (3)

〔叙述的〕《英口》 굉장한, 근사한, 멋있는.
— (**-ick-**) *vt.* …에 마법을 걸다 ; …을 마법으로 바꾸다〈만들다. 지우다. 없애다〉. — *n.* ⓤ (1)마법, 마술. 주술(呪術). (2)기술(奇術), 요술. (3)매력, 불가사의한 힘《*of*》. ***as* (*if*) *by* ~ =*like* ~** 당장에, 신기하게《듣다 등》. ***play* ~** 요술을 부리다.

·mag·i·cal [mǽdʒikəl] *a.* (1)마법과 같은, 신기한. (2)매력적인, 신비스러운. 파) **~·ly** [-əli] *ad.*

:ma·gi·cian [mədʒíʃən] *n.* ⓒ (1)마법사, 마술사. (2)기술사, 요술쟁이.

Má·gi·not lìne [mǽdʒənòu-] (the ~) (1) 마지노선《프랑스 동쪽 국경에 있던 요새》. (2)《比》 절대적이라 맹신되고 있는 방어선.

mag·is·te·ri·al [mæ̀dʒəstíəriəl] *a.* (1)magistrate 의. (2)권위자의, 권위자다운, (의견·문장 따위가) 권위 있는 ; 엄연한. (3)거만한, 위풍 당당한, 고압적인《의견 등》. 파) **~·ly** *ad.*

mag·is·tra·cy [mǽdʒəstrəsi] (*pl.* **-cie**) *n.* (1)ⓤ magistrate의 직〈임기, 관구〉. (2)(the ~)〔集合的〕 행정 장관, 치안 판사.

:mag·is·trate [mǽdʒəstrèit, -trit] *n.* ⓒ (1)(사법권을 가진) 행정 장관, 지사, 시장. (2)치안 판사(하급 판사) 《justice of the peace나 police court의 판사 등》 ***a civil* ~** 문관. ***the chief* 〈*first*〉 ~** 최고 행정관 《대통령, 지사, 시장 등》.
파) **~·ship** *n.* ⓤ magistrate 의직(지위, 임기)

mag·ma [mǽgmə] (*pl.* **~s, ~·ta** [-tə]) *n.* ⓤ 【地】 암장(岩漿), 마그마.

mag·na·nim·i·ty [mæ̀gnənímәti] *n.* (1) ⓤ 도량이 넓음, 너그러움 ; 담대함. (2) ⓒ 아량이 있는 언행.

mag·nan·i·mous [mægnǽniməs] *a.* 도량이 넓은, 관대한, 아량 있는. 파) **~·ly** *ad.* **~·ness** *n.*

mag·nate [mǽgneit, -nit] *n.* ⓒ (업계 등의) 실력자 ; 거물, …왕, 고관.

:mag·net [mǽgnit] *n.* ⓒ (1)자석, 자철, 마그넷. (2)사람 마음을 끄는 사람〈물건〉《*for*》.

·mag·net·ic [mægnétik] (***more* ~ ; *most* ~**) *a.* (1)자석의, 자기의 ; 자기를〈자성(磁性)을〉 띤. (2)마음을 끄는, 매력 있는.
파) **-i·cal·ly** [-kəli] *ad.* 자기에 의해, 자기에 끌리듯이.

magnétic córe (1)【컴】 자기(磁氣) 알맹이, 자심(磁心)《기억 소자의 일종》. (2)【電】 자심 (磁心) ; 자극철심 (磁極鐵心).

magnétic dísk 【컴】 자기(저장)판.

magnétic drúm 【컴】 자기 드럼.

magnétic field 【物】 자기장(磁氣場), 자계(磁界).

magnétic fórce 【物】 자기력.

magnétic héad (테이프 리코더 따위의) 자기헤드.

magnétic levitátion (1)(물체의) 자기에 의한 부상(浮上). (2)지기 부싱(식 고속 철도). 【cf】 maglev.

magnétic míne 【海軍】 자기기뢰《해저에 부설함》.

magnétic néedle 자침 (磁針).

magnétic nórth 자북 (磁北).

magnétic póle 【物】 자극(磁極) ; 자기극(磁氣極).

magnétic stórm 자기(磁氣) 폭풍(태양의 활동에 의한 지구 자기의 급변). **magnétic tápe** 【電子】 자기 테이프.

magnétic tápe ùnit 〈drìve〉 【컴】 자기 테이프 장치.

·mag·net·ism [mǽgnətìzəm] *n.* ⓤ (1) a]자기(磁氣) ; 자기성(磁氣性) ; 자력. b]자기학(磁氣學). (2)사람의 마음을 끄는 힘, (지적·도덕적) 매력.
파) **-tist** *n.* 자기학자.

mag·net·ite [mǽgnətàit] *n.* ⓤ 【鑛】자철광, 마그네타이트.

mag·ne·ti·za·tion [mæ̀gnətizéiʃən] *n.* ⓤ 자화(磁化), 자성을 띰.

mag·net·ize [mǽgnətàiz] *vt.* (1)…이 자력을 띠게 하다, 자기화(磁氣化)하다. (2)(마음)를 끌다 ; 매혹하다.
파) **-tiz·er** *n.* **-tiz·a·ble** *a.* 〈금속등이〉 지화 될수있는.

mag·ne·to [mægní:tou] (*pl.* **~s**) *n.* ⓒ 【電】 (내연기관의) 고압 자석발전기, 마그네토.

mag·ne·to·e·lec·tric [mægnì:touiléktrik] *a.* 자기전기(磁氣電氣)의.

mag·ne·tom·e·ter [mæ̀gni:támitər/ -tɔ́-] *n.* ⓒ 자기력계(磁氣力計), 자기계(磁氣計).

mag·ne·to·sphere [mægní:təsfìər] *n.* (the ~) (천체의) 자기권《지구의 자기력이 미치는 범위》.

mag·ne·tron [mǽgnətràn/ -trɔ̀n] *n.* ⓒ 마그네트론, 자전관(磁電管)《단파용 진공관》.

mag·ni·fi·ca·tion [mæ̀gnəfikéiʃən] *n.* (1) a] ⓤ 확대, 확장. b] ⓒ 확대도〈사진〉. (2) ⓤⓒ 【光】 배율(倍率).

·mag·nif·i·cence [mægnífəsns] *n.* ⓤ (1)장대, 장엄(한 아름다움), 장려 ; 호화. (2)《口》 훌륭함, 굉장함.

:mag·nif·i·cent [mægnífəsənt] (***more* ~ ; *most* ~**) *a.* (1) 장대한(grand), 장엄한, 장려한, 웅대한. (2) 당당한, 훌륭한, (생각 따위가) 고상한, 격조 높은. (3) 엄청난, 막대한 : a ~ inheritance 막대한 유산. (4)《口》 굉장한, 멋진, 근사한.
파) **~·ly** *ad.*

mag·ni·fi·er [mǽgnəfàiər] *n.* ⓒ 확대하는 물건 〈사람〉 ; (특히) 확대경〈렌즈〉, 돋보기.

:mag·ni·fy [mǽgnəfài] *vt.* (1) (렌즈 따위로) …을 확대하다 : 크게 보이게 하다. (2) 과장하다. ~ one***self against*** … 에 대하여 거드름부리다〈뽐내다〉.

mágnifying glàss 확대경, 돋보기.

mágnifying pòwer 【光】 배율(倍率).

mag·nil·o·quent [mægníləkwənt] *a.* 호언장담하는, 큰소리치는, 허풍떠는 ; 과장한. 파) **~·ly** *ad.*

·mag·ni·tude [mǽgnətjù:d] *n.* ⓤ (1)(길이·규모·수량의) 거대함, 큼, 크기, 양. (2)중대(성), 중요함(importance) ; 위대함, 고결. (3)【天】 등급, 광도(光度). (4)(지진의) 마그니튜드, 진도(震度). ***of the first* ~** 1)가장 중요한 ; 일류의. 2)【天】 일등성의.

mágnum ópus [-óupəs] 《L.》 (1)(문학·예술 따위의) 대작, 걸작 ; (개인의) 대표작. (2)큰 사업.

mag·pie [mǽgpài] *n.* ⓒ (1)까치《총칭》, 까치를 닮은 새. (2)수다쟁이(idle chatterer). (3)(허드레 물건이라도) 아무 것이나 모으고 싶어하는 사람, 잡동사니 수집가.

mag·stripe [mǽgstràip] *a.* 자기 판독식의《현금카드나 신용카드에 붙은 갈색의 자기대(磁氣帶)》. [◁*magnetic stripe*].

Mag·yar [mǽgjɑ:r, mɑ́:g-] (*pl.* **~s**) *n.* (1) ⓒ 마자르인 《헝가리의 주요 민족》. (2) ⓤ 마자르어(語), 헝가리어. — *a.* 마자르 사람〈어〉의. .

ma·ha·ra·ja(h) [mɑ̀:hərɑ́:dʒə] *n.* ⓒ (옛날 인도의) 대왕, 《특히》 인도 토후국 왕.

ma·ha·ra·nee, -ni [mɑ̀:hərɑ́:ni] *n.* ⓒ maharaja(h)의 부인 ; ranee보다 고위의 왕녀, 《특

히》 인도 토후국의 여왕.

ma·hat·ma [məhǽtmə, -há:t-] *n.* 《Sans.》 (1) ⓒ (불교의) 성자(聖者), 현자(賢者). (2) (M-) 인도에서 고귀한 사람의 이름에 덧붙이는 경칭 ; 마하트마. 성(聖) : *Mahatma* Gandhi 마하트마 간디.

·ma·hog·a·ny [məhágəni/ -hɔ́g-] *n.* (1) ⓒ 【植】 마호가니. (2) ⓤ 마호가니재 (材)《고급 가구재》. (3) ⓤ 마호가니색(色), 적갈색. ***with*** one'***s knees under the ~*** 식탁에 앉아서.

Ma·hom·e·tan [məhámətən /-hɔ́m-] *a., n.*=MUHAMMADAN.

ma·hout [məháut] *n.* ⓒ (1)(인도의) 코끼리 부리는 사람.

:maid [meid] *n.* ⓒ (1)하녀, 가정부 ; 시녀(lady's ~) ; 여급《※ 종종 複合語에 쓰임》. (2)《古·文語》 소녀, 아가씨, 처녀, 미혼 여성. ***a ~ of all work*** 잡역부(婦) ;《比》 여러 가지 일을 하는 사람. ***a ~ of honor*** (1)공주〈여왕〉의 시녀, 나인. (2)《美》 신부의 들러리《미혼의 여성》. 【cf】 best man. ***the Maid of Orleans*** 오를레앙의 소녀 (Joan of Arc).

:maid·en [méidn] *n.* ⓒ (1)《古·詩》 소녀 ; 처녀 미혼 여자. (2)【競馬】 우승 경험이 없는 경주마(끼리의 경마). — *a.* 〔限定的〕 (1)소녀의 ; 미혼 여성용의 ; 처녀의, 처녀다운 : a ~ lady (중년의) 미혼 여성 / ~ innocence 처녀다운 순진함. (2)처음의, 처녀… : a ~ flight 처녀 비행 / a ~ work 처녀작 / a ~ speech (초선 국회의원 등의) 처녀 연설 / a ~ battle 첫출진 (出陣). (3)아직 시험해 보지 않은,신참의 : a ~ soldier 전투경험이 없는 병사. (4)이긴 적이 없는(경주마의) : ~ stakes 첫출전의 말에 거는 돈 / a ~ horse 이겨본적이 없는 경주마.

maid·en·head [méidnhèd] *n.* (1) ⓒ 처녀막(hymen). (2) ⓤ 처녀성(virginity).

maid·en·hood [méidnhùd] *n.* ⓤ 처녀성(virginity) ; 처녀 시절 ; 청순(freshness), 순결.

maid·en·ly [méidnli] *a.* (1)처녀(시절)의 : ~ years. (2)처녀다운 ; 조심스러운 : ~ grace 처녀다운 얌전함.

maid·in-wait·ing [méidinwéitiŋ] (*pl.* ***maids -***) *n.* ⓒ (여왕·왕녀의 미혼) 궁녀, 시녀.

maid·serv·ant [méidsə̀:rvənt] *n.* ⓒ 하녀. 【cf.】 manservant

:mail[1] [meil] *n.* (1) ⓤ a)〔集合約〕 우편물, 우편제도. b)(1회의) 우편물 집배. (2) ⓒ 우편물 수송 열차〈선,비행기〉, 우편 배달인. (3)(M-) 〔신문의 이름에 사용하여〕 …신문. ***by return of ~*** ⇨ RETURN. ***first*〈*second*〉*-class ~*** 제 1〈제2〉 종 우편. — *vt.* 《美》 …을 우송하다(《英》 post).

mail[2] *n.* ⓤ 쇠미늘갑옷(coat of ~). — *vt.* …에게 쇠미늘갑옷을 입히다. 무장시키다.

mail·a·ble [méiləbəl] *a.* 《美》 우송할 수 있는.

mail·bag [∠bæ̀g] *n.* ⓒ (1)(수송용의) 우편 행낭.

·mail·box [∠bàks/ ∠bɔks] *n.* ⓒ 《美》 (1)우체통 (2)(개인집의) 우편함.

máil càr 《美》 (철도의) 우편차.

máil càrrier 《美》 우편물 집배원.

máil còach 《英》 (1)(옛날의) 우편 마차.(2) (철도의) 우편차.

máiled físt (the ~) 완력. 무력 (행사).

mail·er [méilər] *n.* ⓒ (1)우편물 발송계.(2)(손상되기 쉬운 것을 운송할 때 사용하는) 봉투〈용기〉.

mail·ing [méiliŋ] *n.* ⓤ 우송 ; 투함(投函).

máiling machine 우편물 처리기《무게달기, 소인 찍기, 수취인 주소·성명 인쇄 등》.

mail·lot [maijóu, mæ-] *n.* ⓒ 《F.》 (1)(무용·체조용의) 타이츠. (2)(원피스로 어깨끈 없는) 여자 수영복.

:mail·man [méilmæ̀n] (*pl.* ***-men*** [-mèn]) *n.* ⓒ =MAIL CARRIER. 우편 집배원(postman).

mail-or·der [méilɔ̀:rdər] *a.* 〔限定的〕 통신 판매 제도의.

maim [meim] *vt.* (1) (평생 불구자가 되리만큼) …에게 상해를 입히다, …을 병신을 만들다. (2) a)…을 망쳐 놓다 ; 쓸모없게 만들다. b)(남의 감정)을 해치다.

:main [mein] *a.* 〔限定的〕 주요한, 주된(principal) ; 주요 부분을 이루는.

— *n.* (1) ⓒ (수도·가스 등의) 본관(本管), 간선. (2)(the ~) 《詩》 대양(大洋). ***in*** 〈***for***〉 ***the ~*** 주로, 대체로. ***turn on the ~*** 《戱》 울음을 터뜨리다 ***with*** 〈***by***〉 ***might and ~*** 전력을 다하여.

máin chánce (the ~) (돈 벌이의) 절호의 기회 ; 사리(私利), 이익.

máin cóurse (1)주요 요리, 메인코스, (2)【海】 주범(主帆).

máin drág 《口》 중심가, 번화가.

·Maine [mein] *n.* 메인《미국 북동부의 주 ; 略 : Me., 【美郵】 ME ; 주도는 Augusta ; 속칭 the Pine Tree State》.

main·frame [méinfrèim] *n.* ⓒ 【컴】 메인프레임《대형 고속 전산기 ; 중앙 처리장치》.

·main·land [∠læ̀nd, ∠lənd] *n.* (the ~) 대륙, 본토《부근의 섬·반도와 구별하여》.

파) **~·er** *n.* ⓒ 본토 주민(인).

main·line [∠làin] *vi.* 《俗》 정맥에 마약을 주사하다. — *vt.* (마약)을 정맥에 놓다. — *a.* (1)본선의, 주요한, 간선(연도)의. (2)주류파의, 체제 (體制)측의.

:main·ly [méinli] *ad.* (1)주로(chiefly). (2)대개, 대체로(mostly), 대부분.

main·mast [∠mæ̀st, 《海》∠məst] *n.* ⓒ 【海】 큰돛대. ~ man 큰 돛대 담당원.

main·sail [∠sèil, 《海》∠səl] *n.* ⓒ 큰돛대의 돛, 주범(主帆).

main·spring [∠sprìŋ] *n.* ⓒ (1)(시계 따위의) 큰태엽. 【cf.】 HAIRSPRING. (2)(흔히 *sing.*) 주요 동기, 주인(主因) ; 원동력《*of*》.

main·stay [∠stèi] *n.* ⓒ (흔히 *sing.*) (1)【海】 큰돛대의 버팀줄. (2) 의지물(物), 대들보.

main·stream [∠strì:m] *n.* (1) ⓒ (강의) 본류. (2)(the ~) (활동·영향·사상 등의) 주류 ; (사회의) 대세《*of*》. — *a.* 〔限定的〕 주류의.

— *vt.* 《美》 (장애 아동)을 보통 학급에 넣다.

Máin Stréet 《美》 (지방도시의) 중심가, 큰거리.

:main·tain [meintéin, mən-] *vt.* (1)…을 지속〈계속〉하다, 유지하다(keep up). (2)(권리·주장 따위)를 옹호하다, 지키다. (3)…을 간수하다, 건사하다. 보존하다. (4)…을 부양하다, 보육하다. (5)《~+目/+*that* 節》 …을 주장하다 ; 단언하다, 언명하다.

main·táined schóol [meintéind-] 《英》 공립 학교. 【cf】 independent school.

·main·te·nance [méintənəns] *n.* ⓤ (1)유지, 지속. (2)간수, 보수 관리, 보존, 정비. (3)부양(비) ; 생계, 생활비 ; 생활 필수품. (4)주장 ; 옹호, ***~ of way*** 【鐵】 보선(保線).

— *a.* 〔限定的〕 보수관리의.

máintenance màn (도로·공공건물 등의) 보수원

M

(공).

máintenance òrder 부양 명령《법원이 내는 처자에 대한 생활비 지급 명령》. 부양 의무.

máin vérb [文法] 본동사, 주동사《보통의 동사를 조동사와 구별하는 명칭》.

máin yàrd 큰 돛대의 아래 활대.

mai·so(n)n·ette [mèizounét] *n.* ⓒ 《F.》《英》 메조네트《한 가구가 상하층을 쓰게 된 복식 〈복층〉 아파트. 《美》 duplex apartment》.

maî·tre d' [mèitrədíː] (*pl.* **~s**) 《口》 =MAÎTRE D'HÔTEL.

maî·tre d'hô·tel [mèitrədoutél, -tər-] (*pl.* ***maî-tres d'*** - [-trəz-]) 《F.》 (1)호텔 지배인. (2)(레스토랑의) 급사장(headwaiter).

maize [meiz] *n.* ⓤ (1)《英》 옥수수 ; 그 열매 (《美》 Indian corn) 《※ 미국·캐나다 등지에서는 흔히 corn이라고 함. (2)옥수숫빛《황색》.

Maj. Major. **maj.** major ; majority.

:ma·jes·tic [mədʒéstik] (***more ~ : most ~***) *a.* 장엄한, 위엄 있는(dignified), 웅대한, 당당한 : a ~ monument 장엄한 기념비.

파) **-ti·cal·ly** [-kəli] *ad.*

:maj·es·ty [mǽdʒəsti] *n.* (1) ⓤ 위엄(dignity) ; 장엄. (2) ⓤ 권위. (3) ⓤ 주권(sovereignty)지상권. (4) ⓒ (M-) 폐하.

Maj. Gen. Major General

ma·jol·i·ca [mədʒálikə, -jál- / -jɔ́l-, -dʒɔ́l-] *n.* ⓒ, ⓤ 마욜리카 도자기《이탈리아산 장식적 칠보 도자기》. 모조 마졸라카식 도자기.

:ma·jor [méidʒər] *a.* (1)(둘 중에서) 큰 쪽의, 보다 많은, 과반수의, 대부분의 ; 보다 중요한. 〖opp〗 *minor* (2)주요한, 중요한, 일류의. (3)성년의, 성년이 된. (4)《英》 (학교 같은 데서 성이 같은 사람 중) 연장(年長)의. (5)[樂] 장조의. (6)[美大學] 전공의 《과목 따위》.

— *n.* (1) ⓒ 소령《해군 제외 : 略 : Maj.》. (2) ⓒ 성년자, 성인《미국 21세 이상, 영국 18세 이상》. (3) ⓒ[美大學] 전공 과목《학생》. (4) ⓒ [樂] 장조. (5)(the ~s) 《美》 =MAJOR LEAGUES. — *vi.* 《+前+名》《美》 (대학에서 …을) 전공하다 《in》(《英》 read).

ma·jor·ette [mèidʒərét] *n.* ⓒ 《美》 밴드걸.

májor géneral 소장(少將).

:ma·jor·i·ty [mədʒɔ́(ː)rəti, -dʒár-] *n.* (1) ⓤ 〔集合的 ; 單·複數 취급〕 (흔히 the ~, 때로 a ~) 대부분, 대다수, 태반(of).
(2) ⓒ 〔集合的〕 다수당, 다수파.
(3) ⓒ (흔히 *sing.*) a〕(전투 표수의) 과반수, 절대 다수. b〕(이긴) 득표의 차, 득표차.
(4) ⓤ (흔히 *sing.*) 성년《흔히 미국 21세, 영국 18세》. (5) ⓒ (흔히 *sing.*) 육군 〈《美》 해병대, 《美》 공군〉의 지위 〈직〉. ㅁ major *a.* ***be in the ~ (by...)*** (몇 사람〈표〉만큼)다수다. ***in the ~ of case*** 대개의 경우에. ***join 〈go over to, pass over to〉 the (great 〈silent〉) ~*** 1)《婉》 죽은이의 수에 들다 《죽다》. 2)다수파에 속하다.

majórity lèader 《美》 (상·하원의) 다수당 원내 총무.

majórity rùle 다수결 원칙(원리).

májor kéy 〈móde〉 [樂] 장조.

májor léague (1)《美》 메이저리그《프로 야구의 National League와 American League》. 【cf.】 minor league. (2)(프로 스포츠의) 대(大)리그.

ma·jor-lea·guer [méidʒərlíːgər] *n.* ⓒ 《美》 메이저리그의 선수.

májor prémise [論] (삼단논법의) 대전제.

:make [meik] (*p.*, *pp.* ***made*** [meid]) *vt.* (1) 《~+目/+目+目/+目+前+名》 …을 만들다, 제작〈제조〉하다 ; 짓다 ; 건설〈건조, 조립〉하다 ; 창조하다.
(2) a〕…을 만들어내다, 쌓아올리다, 발달시키다 ; 성공시키다, 더할 나위 없게 하다 ; 《美俗》 졸부가 되게 하다 / ~ hay 건초를 만들다. b〕마련〈준비〉하다 ; 정돈하다 ; 정비하다 ; (카드)를 치다 (shuffle) : ~ a bed 침대를 정돈하다, 잠자리를 펴다. / ~dinner 정찬의 준비를 하다 / ~ tea 차를 끓이다 / ~the cards 카드를 치다.
(3)…을 창작하다, 저술하다 ; (유언장)을 작성하다 ; (법률)을 재정하다, (가격 등)을 설정하다 ; (세)를 부과하다 : ~ one's will 유언장을 작성하다 / a law 법률을 제정하다.
(4) a〕《발달하여》 (…에게 있어) …이 되다 ; 《美口》(관위(官位) 등)에 이르다.
b〕(총계가) …이 되다 ; 구성하다 ; 모아서 …을 형성하다〈…이 되다〉.
c〕《순서에서》 (…번째)가 되다 ; (…의 일부〈요소〉)이다 ; …에 충분하다, …에 소용되다.
d〕《口》 (팀)의 일원이 되다, (리스트·신문등)에 이름 〈사진〉 이 실리다 : ~ the headlines 표제에 (이름이) 나다 / ~ the baseball team 야구팀의 일원이 되다.
(5)…을 일으키다, 생기게 하다, …의 원인이 되다 ; (손해)를 입다 ; (소리 따위)를 내다 / ~ trouble 소동을〈문제를〉 일으키다.
(6)…을 손에 넣다, 획득하다, 얻다 ; 《競》 (…점) 올리다 ; (친구·적 등)을 만들다 ~ much money on the deal 그 거래로 큰 돈을 벌다 / ~ friends 〈enemies〉 친구를〈적을〉 만들다 / ~ good marks at school 학교에서 좋은 성적을 올리다.
(7)《+目+補/+目+前+名》 a〕을 —로 산정〈측정〉하다, 어림하다 ; …을 —라고 생각하다, 간주하다. b〕…을 —로 보다 〈추단하다〉, 판단하다《*of*》 ; (의문·주저함)을 느끼다《*of* ; *about*》.
(8)《+目+補/+目+done/+目+前+名》 …을 —으로 하다 ; …을 (—로) 보이게 하다 ; …을 (—하게) 하다, …을 (—) 시키다.
(9)《+目+*do*》 …하게 하다.
(10) a〕(길·거리 등)을 가다, 나아가다, 답파(踏破)하다 : ~ the round of …을 순회하다.
b〕…에 도착하다, 들르다 ; (열차 따위)의 시간에 대다.
…에 도착하다, 들르다 ; (열차 따위)의 시간에 대다. …에 따라붙다.
(11) a〕(동작 등)을 하다, 행하다 ; (전쟁 따위)를 일으키다 ; 말하다 ; 체결하다 ; 먹다(eat) ; (몸의 각부)를 움직이다 : ~ a speech〈an address〉연설하다 / ~ a person an offer아무에게 제안하다 / ~ a good dinner 푸짐한 식사를 하다. b〕해내다, 수행하다. c〕〔目的語로서 動詞에서 파생한 名詞 수반〕 행하다, 하다 : ~ an attempt 시도하다(attempt) / ~ amends 보상하다 / ~ an appointment (시간·장소를 정해) 만날 약속을 하다 / ~ a contract 계약하다 / ~ a bow 머리를 숙이다, 절하다 / ~ a change 변경 하다 / ~ a curtsy 인사〈절〉하다 《한 쪽 발을 뒤로 빼고 무릎을 약간 굽히는 여자의 인사》 / ~ a bad start 출발을 그르치다(start badly) / ~ a choice 선택하다 / ~ a decision 결정하다 /

M

~ a demand 요구하다 / ~ a discovery 발견을 하다 / ~ an excuse 변명하다 / ~ a gesture 몸짓을 하다 / a ~ guess 추측하다 / ~ haste 급히 서둘다(hasten) / ~ a journey 여행하다 / ~ a living 생계를 이어가다 / ~ a mistake 잘못을 저지르다 / ~ a move 행동하다 ; 수단을 취하다 ; 나서다 / ~ a pause 멈추다 / ~ a present 선물하다 / ~ progress 진보〈전진〉하다 / ~ a request 요구〔부탁〕하다 / a response 응답하다 / ~ a search 수색하다.
(12)【電】 (전류)를 통하다. (…의 회로)를 닫다.
(13)【카드놀이】 (트릭)을 이기다 ; (패)를 내고 이기다 ; (으뜸패)의 이름을 대다. 결판내다 ; 【브리지】 필요한 트릭 수를 취하여 (콘트랙트)를 성립시키다 : ~ four hearts.
(14)【海】 …을 발견하다. …이 보이는 곳에 오다 ; (사람)을 낌새채다. 보다.
(15)《俗》 …을 훔치다. 후무리다. 제것으로 하다 ; (여자)를 구슬리다. 유혹하다 ; 〔흔히 受動으로〕《美俗》 …을 속이다. 이용하다.
(16)(마약 등)을 사다.
— *vi.* (1)《~/+副》 만들다 ; 만들어지다. 제조 되다 ; (건초가) 되다, 익다.
(2) a]《+前+名》 (어느 방향으로) 나아가다. 향해가다. 뻗다. 향하다《*toward(s) ; for. etc.*》; 가리키다. b]《+*to* do》 …하기 시작할 것같이 하다〈되다〉. …하려고 하다.
(3)행동하다. (4)《+副》 (조수가) 밀려들기 시작하다 ; (썰물이) 빠지기 시작하다. 깊이를〈뿌리 등을〉 더하다. (5)듣다. 효력이 있다《*for ; against ;with*》. (6)계속하다. (…에) 달하다. (7)《+副》 …로 보이게 하다. …하게 행동하다. 어떤 상태로 하다.
(8)《+前+名》 (유리·불리하게) 영향을 미치다. 작용하다《*for ; against*》.
(9)《+前+名》《口》 (돈을) 벌다. (10)《俗》 응가〈쉬〉하다. ***as...as they ~'em*** 〈***them***〉《口》 아주 …하여. ***have*** 〈***get***〉 ***it made***《口》 대성공이다. ***~ a dent in*** …을 우그러뜨리다. 납작하게 하다 ; …에게 인상 〈감명〉을 주다 ; …을 약화시키다. ***~ a fool of*** …을 바보 취급하다 ; …을 속이다. ***~ after...***《古》 …을 추적하다. ***~ against*** …에 거역하다 …을 방해하다 …에 불리하다. ***~ a plaything of*** …을 장난감 취급하다. ***~ as if*** 〈***as though***〉 …처럼 굴다. ***~ at*** …을 향해 나아가다. 덤벼들다. ***~ away*** 급히 가버리다. 도망치다(make off). ***~ away with*** 1) …을 날치기하다〈들고 달아나다〉. 2)…을 죽이다. 3)…을 다 먹어치우다 ; (돈)을 탕진하다. ***~ believe*** …하는 체하다. 가장하다《*that , to be*》. 【cf.】 make-believe ***~ bold with ...*** ⇨ BOLD. ***~ do*** 그런대로 때우다 : ~ *do* with ... (대용품 따위)로 변통(變通)하다 / ~ *do* without … 없이 때우다 / ~ do and mend 헌것을 수선하여 해결하다. ***~ for*** 1)…을 향하여 나아가다. 2)…에 소용되다. …을 촉진하다 ⇨ ***free*** ⇨ *vi.* (7). ~ a thing ***from*** …로 물건을 만들다. 《재료·원료가 변형될 경우》. …을~ 만들다. ***~ fun of*** …을 놀려대다. ***~ in*** …에 들어가다. ***... into ...*** …을 —로 만들다. …을 —로 하다 : ~ a story *into* a play 소설을 연극으로 각색하다. ***~ it***《口》 1)(순조로이) 도착하다. 시간에 대다. 2)성공하다 : 그녀는 피아니스트로서 성공했다. 3)이리저리 변통하다. 4)《俗》 성교하다《*with*》 ***~ it good upon*** a person …에게 우격다짐으로 제말을 밀어붙이다. ***~ it out***《口》 도망치다. ***~ it up***《口》 1)…와 화해하다《*with*》 2)(…의 일로 아무)에게 보상 〈벌충〉을 하다《*to* a person *for* something》. ***~ light*** 〈***little***〉 ***of*** …을 경시〈무시(無視)〉하다. ***~ like ...***《美口》 …을 흉내내다 ; …역을 하다. ***~ merry*** ⇨ …하게 행동하다. ***~ much of*** …을 중(요)시하다 ***~ nothing of*** 1)…을 아무렇게도 생각지 않다. 2)…을 전혀 알 수 없다. ***~—of*** … 1)…로 —을 만들다《재료가 변질하지 않을 경우》. 2)(사람)을 …으로 만들다. 3)…을 —이라고 생각하다. ***~ off*** (급히)떠나다, 도망치다. ***~ off with*** 1)…을 갖고 도망하다 〈가 버리다〉. 2) 헛되이 하다〈쓰다〉, 엉망으로 만들다. ***~ or break*** 〈***mar***〉 성공하느냐 실패하느냐 ; …의 운명을 좌우하다. ***~ out*** 1)〔흔히 can, could를 수반하여〕 (어떻게든) 이해 하다. 알다. 판독하다. 보아〈들어〉 판별하다. 2) …을 기초하다. 작성하다. …에 기입하다. (…에) 수표를 발행하다《*to*》; 상세히 그리다. 3) …을 믿게 하다. 증명 하다. …라고 주장하다〈내세우다〉; 《口》 시늉을 하다. …인 체하다. (4)《口》 해나가다. 성공하다《*with*》; (아무와 잘) 해나가다《*with*》: 변통하다. 5) (돈을) 장만하다 : 해결해 내다. 6)《美俗》 (여자를) 교묘히 손에 넣다. 유혹하다 ;《俗》 …을 애무하다. 성교하다《*with*》 ~ … ***out of*** _ …을 사용해 …을 만들다《재료》. ***~ over*** 1) …을 양도하다. 이관하다 ; …을 기증하다. 《*to*》. 2) 변경하다. 고쳐 만들다. ***~ ready*** ⇨ …로 보이게 하다. ***~ sense of*** ⇨ SENSE. ***~ through with*** …을 성취하다. ***~ toward***(***s***) ⇨ …을 향하여 가다. a). ***~ up*** 1)(재료로〈제품으로〉 …을 만들다《*from* 〈*into*〉》; (꾸러미·도시락 등)을 꾸리다 ; 뭉뚱그리다. 싸다 ; (사람·돈)을 모으다. (열차 등)을 연결하다 ; (옷)을 짓다. 꿰매 맞추다 ; 조합(調合)하다 ; 【印】 (난(欄) 또는 페이지를) 짜다. 2) (*vi.*) (감·천이) 마름질되어 지어지다. 3) (잠자리)를 준비하다. 정돈하다 ; (도로)를 포장하다 ; 석탄 (등)을 때어 (불·난로)를 달구다. 4) 〔종종 受動으로〕 (갖가지 요소로) …을 구성〈조성〉하다. 5) (새로운 것)을 생각해〈만들어〉 내다. 말하기 시작하다 ; 작성〈편집, 기초〉하다. (말을) 날조하다. 6) (*vt. vi.*) (…을) 화장하다 ; 【劇】 분장하다. 7) (부족)을 메우다. (벌충하여 수량 등)을 채우다. (팀 등)을 만들어 내다 ; (…의) 벌충을 하다 《*for*》. 8)(결혼 따위를) 결정하다. (분쟁·싸움 따위를) 원만히 수습하다《*with*》.
9)(셈을) 정산하다. 10)《美學生》 (재 〈추가〉시험으로서 시험을) 다시 받다. (코스를) 다시 잡다. 11)《英俗》 승진하다〈시키다〉. ***~ up the fire*** 불을 지피고 꺼뜨리지 않다. ***~ up to*** 1)…에 접근하다. 2) …의 환심을 사다. 3) …에게 변상하다《*for*》. ***~ up with*** …와 화해하다. ***~ with*** (***the***) ...《美俗》 (손발 등을)쓰다 ; (음식·생각 등)을 내놓다. 만들어 내다. (식사 등)을 짓다. (일·행위 등)을 하다.
— *n.* ⓤⓒ (1)…제(製), 형식, 종류. (2) 만듦새 ; 체격(build) ; 모양, 꼴, 종류, 형(型), 식(式). (3) 성격, 기질 (4) 【電】 회로의 접속(개소). 【cf.】 break. ***on the ~***《口》 1) 이욕(승진)에 열을 올려. 2) 이성 (異性)을 찾아서. ***put the ~ on*** …을 설득하다. 성적(性的)으로 유혹하다.

make-be·lieve [⁄bili:v] *n.* (1) ⓤ 치레, 가장, 위장, 거짓 ; (아이들 놀이 따위에서의) 흉내, 놀이 ; 공상(空想). (2) ⓒ …인 체하는 사람(pretender). 겉 꾸미기.
— *a.* …인 체하는, 거짓의 ; 가공의, 상상의.

make-or-break [⁄ərbréik] *a.* 〔限定的〕 성패를 가름하는, 양단간의, 운명을 좌우하는, 결과가 극

M

단적인.
make·o·ver [∸òuvər] n. ⓒ (1)변조, 개조. (2)(미용·헤어스타일 등의) 공들인 화장.
:mak·er [méikər] n. (1) ⓒ〔종종 複合語를 이루어〕(…을) 만드는 사람, 제작자. (2)(종종. pl.) 제조원, 제조업자, 메이커. (3)(the 〈one's〉 M-) 조물주, 신. ***go to 〈meet〉 one's Maker*** 죽다.
make-shift [méikʃìft] n. ⓒ 임시 변통의 수단〈방책〉. 일시적 방편 : 미봉책 : 대용품.
— a. 임시 변통의, 일시적인.
·make-up [∸ʌ̀p] n. (1) ⓒ 조립, 마무리 : 구성, 짜임새, 구조, 조직. (2) ⓒ 체격 ;체질, 성질, 기질. (3) ⓤ (또는 a ~) (여자·배우 등의) 메이크업, 화장, 분장 (용구). (4) ⓒ 【印】 (페이지 따위의) 정판, 조판(물) ; (신문의) 모아짜기. (5)《美學生口》 추가〈재〉시험.
make·weight [∸wèit] n. ⓒ (1)부족한 중량을 채우는 물건 ; 첨가물, 메울거리. (2)부족을 보충하기 위한 사람 〈물건〉, 대신(대리)하는것.
·mak·ing [méikiŋ] n. (1) ⓤ〔종종 複合語로〕제조, 제조 과정, 제조법, 만들기. (2) ⓒ 제작물 ; 1회의 제조량. (3) ⓤ 발달〈발전〉 과정. (4)(the ~) 성공의 원인〈수단〉. (5) (the ~s) 요소, 소질, 소인. (6)(pl.) 이익, 이득, 벌이. (7)(흔히 pl.) 원료, 재료, 필요한 것. ***be the ~ of*** …의 성공의 원인이 되다. ***in the ~*** 제조 중의 ; 발달 중의, 수업중의 ***of one's own ~*** 자업자득의.
mal- pref. '악(惡), 비(非)' 등의 뜻. 〖opp.〗 bene-.
mal·a·dapt·ed [mæ̀lədǽptid] a. 순응〈적응〉하지 않는, 부적합한《to 》. 악용하다, 부당하게 이용하다.
mal·ad·just·ed [mæ̀lədʒʌ́stid] a. 【心】 환경에 적응이 안 되는, 적응 장애의 : a ~ person 〈child〉. 환경 부적응아.
mal·ad·min·is·ter [mæ̀lədmínistər] vt. (1)(공무 등)을 그르치다, 부정(不正)하게 행사하다. (2)(정치·경영)을 잘못하다.
mal·ad·min·is·tra·tion [mæ̀lədmìnəstréiʃən] n. ⓤ 실정(失政) ; 악정 ; 부패 ; (공무 등의) 서투름.
mal·a·droit [mæ̀lədrɔ́it] a. 솜씨없는, 서투른, 아둔한, 어줍은, 졸렬한. 파) **~·ly** ad. **~·ness** n.
·mal·a·dy [mǽlədi] n. ⓒ (1)병, 질병(disease). 【cf.】ailment, disease. 『 a fatal ~ 불치병. (2)(사회의) 병폐, 폐해 : a social ~ 사회적 병폐.
mal·aise [mæléiz, mə-] n. ⓤ (또는 a ~) (1)어쩐지 기분이 쾌치 않음, 불쾌(감), 부조(不調). (2)활기 없는 상태, 침체(상태).
mal·a·prop·ism [mǽləprɑ̀pizəm/ -prɔ̀p-] n. (1) ⓤⓒ 말의 익살스러운 오용(誤用)《보기 : allusin(암시)을 illusion(착각)으로 하는 따위》. (2) ⓒ 우습게 잘못 쓰인 말.
mal·ap·ro·pos [mæ̀læprəpóu] 《F.》 a. 시기가적절하지 않은, 부적당한.
— ad. 좋지 않은 시기에, 부적당하게. n. — 시기에 안 맞음.
·ma·lar·ia [məlέəriə, -lǽər-] n. ⓤ 【醫】 말라리아 학질 : contract ~ 말라리아에 걸리다.
ma·lar·i·al [məlέəriəl], **-i·an** [-iən], **-i·ous** [-iəs] a. 말라리아 〈학질〉의, 말라리아가 많이 발생하는《장소》.
ma·lar·k(e)y [məlɑ́:rki] n. ⓤ 《口》 허황된 이야기 ; 터무니없는〈허튼〉 소리(nonsense) ; 허풍.
Ma·laya [məléiə] n. (1)말레이 반도. (2)말라야《말레이 반도의 남부의 한 지방》.
Maláy Archipélago (the ~) 말레이 제도.
Maláy Península (the ~) 말레이 반도.
Ma·lay·sia [məléiʒə, -ʃə] n. (1)말레이 제도. (2)말레이시아 연방(the Federation of ~)《수도 Kuala Lumpur》.
Ma·lay·sian [məléiʒən, -ʃən] n. ⓒ 말레이시아인〈주민〉. — a. 말레이시아 〈말레이 제도〉 (의 주민) 의.
mal·con·tent [mǽlkəntént] a. (현상·체제 등에) 불평을 품은, 반항적인 (rebellious). — n. ⓒ 불평분자 ; 반체제 활동가(반항자).
:male [meil] a. (1)남성의, 남자의; 수컷의. 〖opp.〗 female. 『 the ~ sex 남성 / a ~ dog 수캐. (2)남성적인 ; 남자로만 이루어진 : a ~ voice choir 남성 합창단. (3)【植】 수술만 있는. (4)【機】 수… : a ~ screw 수나사. ***a ~ tank*** 중(重)전차. — n. ⓒ (1)남자, 남성 ; 수컷. (2)웅성(雄性) 식물.
mále cháuvinist 남성 우월〈중심〉주의자. ~ piggery(집합적) 남성 우월주의자.
mal·e·dic·tion [mæ̀lədíkʃən] n. ⓒ 저주(詛呪)(curse), 악담, 중상, 비방. 〖opp.〗 benediction.
mal·e·fac·tor [mǽləfæ̀ktər] (fem. **-tress** [-tris]) n. ⓒ 죄인, 범인, 악인. 〖opp.〗 benefactor.
ma·lef·i·cence [məléfəsns] n. ⓤ 악행 ; 유해, 유독(有毒).
ma·lef·i·cent [məléfəsnt] a. 해로운, 나쁜《to 》; 나쁜 짓을 하는, 범죄의. 〖opp.〗 beneficent.
ma·lev·o·lence [məlévələns] a. ⓤ 악의(惡意), 적의(敵意), 증오, 해칠 마음. 〖opp.〗 benevolence.
ma·lev·o·lent [məlévələnt] a. 악의 있는, 심술궂은. 〖opp.〗 benevolent. 파) **~·ly** ad.
mal·formed [mælfɔ́:rmd] a. 흉하게 생긴, 꼴불견으로 생긴 기형의 : ~ character 이상 성격.
mal·func·tion [mælfʌ́ŋkʃən] n. ⓤ (기계·장기(臟器) 등의) 기능 부전(不全), 고장 ; 【컴】 기능 불량.
— vi. (기계·장기 등이) 제대로 움직이지 않다, 제 구실을 않다.
Ma·li [mɑ́:li:] n. 말리《아프리카 서부의 공화국; 수도 Bamako》. — a. 말리 공화국의.
파) **~·an** [-ən] n., a.
:mal·ice [mǽlis] n. ⓤ (남을 해치려는 의도적인)악의, 적의(敵意) ; 원한 ; 【法】 범의(犯意).
·ma·li·cious [məlíʃəs] a. 악의 있는, 심술궂은《사람·행위》 고의의 ; 【法】 범의 있는 ; 부당한《체포 따위》.
파) **~·ly** ad. 악의를 가지고, 심술궂게. **~·ness** n. ⓤ 악의가 있음, 심술궂음. = MALICE.
ma·lign [məláin] a. 〈限定的〉 (1)유해한 ; 【醫】 악성의《병 따위》 : a ~ influence 악영향. (2)악의 있는. 〖opp.〗 benign.
— vt. …을 중상〈비방〉하다, 헐뜯다(speak ill of) ; …에게 해를 끼치다. 파) **~·er** n. ⓒ 비방자, 중상자. **~·ly** ad. 악의로, 유해하게.
ma·lig·nan·cy, -nance [məlígnənsi], [-s] n. (1) ⓤ 강한 악의, 적의, 격렬한 증오. (2) ⓤ 【病理】 (질병의) 악성(도). (3) ⓒ 【醫】 악성 종양.
·ma·lig·nant [məlígnənt] a. (1)악의〈적의〉있는 : tell ~ lies 악의에 찬 거짓말을 하다. (2)【醫】 악성의 ; 유해한. 파) **~·ly** ad.
ma·lig·ni·ty [məlígnəti] n. (1) ⓤ 악의 ; 원한 ; (병의) 악성, 불치. (2) ⓒ 악의에 찬 행위(언동).
ma·lin·ger [məlíŋgər] vi. (특히 군인 등이) 꾀병을

부리다. 파) **~·er** [-rər] *n.*

mall [mɔːl/mæl] *n.* (1) ⓒ 나무 그늘이 있는 산책길. (2) ⓒ 보행자 전용 상점가. (3) ⓒ 쇼핑 센터.

mal·lard [mǽlərd] (*pl.* ~**s,** 〔集合的〕 ~) *n.* 【鳥】 (1) ⓒ 청둥오리(wild duck). (2) ⓤ 그 고기.

mal·le·a·bil·i·ty [mæ̀liəbíləti] *n.* ⓤ (1)(금속의) 가단성(可鍛性), 전성(展性). (2)(사람·성질 등의) 순응(성), 유순(성), 유연성.

mal·le·a·ble [mǽliəbəl] *a.* (1)(금속 등이) 두들겨 펼수 있는, 전성(展性)이 있는 : ~ iron. (2)(사람·성질 등이) 순응성이 있는, 유순한(pliable).

mal·le·o·lus [mǽlioulәs] (*pl.* **-li** [-lài]) *n.* ⓒ 【解】 복사뼈.

mal·let [mǽlit] *n.* ⓒ (1)나무메. (2)(croquet나 polo의) 타구봉 ; 타악기용 작은 망치.

mal·le·us [mǽliəs] (*pl.* **-lei** [-liài]) *n.* ⓒ 【解】 (중이(中耳)의) 망치뼈, 추골(槌骨).

mal·nour·ished [mælnə́ːriʃt, -nʌ́r-] *a.* 【醫】 영양 부족〈실조〉의. a ~ infant 영양 실조아.

mal·nu·tri·tion [mæ̀lnjuːtríʃən] *n.* ⓤ 영양 실조〈장애〉, 영양 부족.

mal·o·dor·ous [mælóudərəs] *a.* 악취가 나는.

mal·prac·tice [mælprǽktis] *n.* ⓤⓒ (1)【法】배임〈위법〉 행위. (2)(의사의) 부정 치료 ; 의료 과오, 오진.

·malt [mɔːlt] *n.* (1) ⓤ 맥아, 엿기름, 몰트 : extract of ~ 맥아 엑스. (2) ⓤⓒ 《口》 맥주 ; 몰트 위스키. (3)=MALTED MILK. — *a.* 엿기름의〈이 든, 으로 만든〉. ~ extract 맥아정(유아·환자의 영양제) 【cf.】 maltose.『 ~ sugar 맥아당.
— *vt.* (보리 등)을 엿기름으로 만들다. — *vi.* (보리 등이) 엿기름이 되다.

málted mílk [mɔ́ːltid-] 맥아유(麥芽乳)《분유·맥아·향료를 섞어 만든 음료》.

Mal·tese [mɔːltíːz, -tíːs] *a.* 몰타(사람 〈어〉)의. — (*pl.* ~) *n.* (1) ⓒ 몰타 사람. (2) ⓤ 몰타어(語)

malt·house [mɔ́ːlthàus] *n.* ⓒ 맥아 제조소(저장소).

malt·ose [mɔ́ːltous] *n.* ⓤ 【化】 맥아당, 말토오스.

mal·treat [mæltríːt] *vt.* …을 학대〈혹사〉하다 : ~ a child 아이를 학대하다. 파) **~·ment** *n.*

malt·ster [mɔ́ːltstər] *n.* ⓒ 엿기름 제조〈판매〉 인.

malty [mɔ́ːlti] (**malt·i·er ; -i·est**) *a.* 엿기름의 ; 엿기름을 함유한 ; 엿기름(맥아) 같은.

mal·ver·sa·tion [mæ̀lvəːrséiʃən] *n.* ⓤ 《稀》 독직, 배임 ; (corruption) 공금사취.

·ma·ma [mɑ́ːmə, məmɑ́ː] *n.* 《兒·口》 = MAMMA[1].

máma's bòy 《美口》 계집애 같은 아이, 응석 꾸러기, 나약한 남자 아이.

mam·bo [mɑ́ːmbou] (*pl.* **~s**) *n.* ⓒ 맘보(춤) ; 그 음악. — *vi.* 맘보를 추다.

:mam·ma[1] [mɑ́ːmə, məmɑ́ː] *n.* ⓒ 《美口·兒》 엄마. 【opp.】 *papa.*

mam·ma[2] [mǽmə] (*pl.* **-mae** [-miː] *n.* ⓒ (포유 동물의) 유방.

·mam·mal [mǽməl] *n.* ⓒ 포유 동물.

mam·ma·li·an [məméiliən, -ljən] *n.* ⓒ *a.* 포유 동물(의).

mam·ma·ry [mǽməri] *a.* 〔限定的〕 유방의 : ~ cancer 유방암 / the ~ gland 유선(乳腺), 젖샘.

mam·mon [mǽmən] *n.* ⓤ (1)(악덕으로서의) 부(富). (2)(M-) 【聖】 부(富)·탐욕의 신(神)《마태복음Ⅵ : 24》.

mam·mon·ism [mǽmənìzəm] *n.* ⓤ 배금주의. 파) **-ite** *n.* 배금주의자.

·mam·moth [mǽməθ] *n.* ⓒ (1)【古生】 매머드 《신생대 제 4 기 홍적세의 거상(巨象)》. (2)(같은 종류 중에서) 거대한 것. — *a.* 〔限定的〕 거대한(huge) : a ~ enterprise 거대 기업.

·mam·my, mam·mie [mǽmi] *n.* ⓒ (1)《兒》 엄마. (2)《美·蔑》 (옛날, 백인 가정에 고용된) 흑인 유모〈할멈〉.

:man [mæn] (*pl.* **men** [men]) *n.* (1) ⓤ 〔無冠詞〕 (여성에 대한) 남자 ; 남성. 【cf.】 woman. (2) ⓒ 성인(成人) 남자. 【cf.】 boy. (3) ⓒ,ⓤ 제구실을 하는 남자 ; 사내다운 남자, 대장부 ; (the ~) 사내다움 ; 뛰어난 〈어엿한〉 인물 / be a ~ =play *the* ~ 사나이답게 행동하다 / like a ~ 사나이답게. (4) ⓤ 〈無冠詞〉 인간, 사람, 인류(mankind) : the history of ~ 인간의 역사 / primitive ~ 원시인(류). (5) a] 〈a, any, every, no 등과 함께〉 (남녀 불문하고 일반적 개념의) 사람(one). b]…하는 사람, …가(家) : a ~ of action 활동가 / a ~ of science 과학자 / a medical ~ 의학자 / a ~ of honor 명예 〈신의〉를 존중하는 사람, 신사. (6)(흔히 *pl.*) 병사, 하사관 ; 수병, 선원 : officers and *men* 장교와 사병. (7) ⓒ 하인, 머슴(manservant) ; (종종 *pl.*) 부하, 노동자, 종업원 : masters and *men* 주인과 하인. (8) ⓒ 남편(husband) ; 애인《남자》 ; 그이. (9)(one's ~ 또는 the ~) 적임자, 바라는 상대자. (10)《口》 〈호칭으로〉 어이, 이봐, 자네 : Cheer up ~ ! 이봐 기운을 내게.

a ~ and a brother 동료, 동포. ***a ~ of all work*** 만능가, 팔방미인. ***a ~ of*** (***his***) ***hands*** 손재주가 있는 사람. ***a ~ of his word*** 약속을 잘지키는 사람. ***a ~ of mark*** 유명인 ; 중요 인물. ***a ~ of parts*** 《文語的》 재주가 많은 사람. ***a ~ of the house*** 가장(家長), 세대주. ***a ~ of the world*** 1)세상 물정에 밝은 사람 ; 속물(俗物). 2)상류사회인. ***a ~ on his way*** 한창 인기 있는 인물, 유망한 사람. ***as a ~*** 한 남자로서의, 한 인간으로서. ***as one*** 〈***a***〉 ***~*** 만장일치로 ; 일치 협력하여. ***be ~ enough*** 충분한 역량 〈배짱〉 이 있다. ***be one's own ~*** 남의 지배를 받지 않다 ; 주체성이 있다, 자제할 수 있다, 꿋꿋하다. ***between ~ and ~*** 남자끼리의. ***make ... a ~*** =***make a ~*** (***out***) ***of*** …을 어엿한 남자로 만들다, 성공시키다. ***~ and boy*** 〈副詞的〉 어릴적부터. ***~ for ~*** 한 사람 한 사람 비교하면. ***~ of God*** 1)성직자, 목사. 2)성인. ***~ to ~*** 개인 대 개인으로서 ; 솔직하게(【cf.】 man-to-man) : as ~ *to* ~ 솔직하게 말하면. ***no ~'s ~*** 독립한 사람. ***separate*** 〈***tell, sort out***〉 ***the men from the boys*** 《口》 신싸 용기 있는 사람을 분간하다. ***the inner ~*** 영혼 ; 《戱》 밥통. ***the ~ in the moon*** ⇨ MOON. ***the ~ in*** 〈《美》 ***on***〉 ***the street*** 일반, 보통 사람. ***to a ~*** 1)한 사람도 예외없이, 만장일치로 : They opposed the proposal *to a* ~. 전원 그 제안에 반대했다. 2) 최후의 일인가지. ***to the last ~*** 최후의 한 사람까지, 모두 다

— (**-nn-**) *vt.* (1)…에 사람 〈인원〉을 배치하다, (지위·관직 등)에 …을 취임시키다, 배속하다 : ~ a ship *with* sailors 배에 선원들을 배치하다. (2)〈주로 再歸用法〉 용기를 내다, 분발하다, 마음의 준비〈각오〉를 하다《*for* 》: ~ *oneself for* the task 일에 임할 각오를 단단히 하다. ***~ it out*** 사내답게 행동하다, 훌륭히 해내다. ***~ up*** 인력을 공급하다. — *int.* 《口》 어럽쇼, 이런, 저런《놀람·열의·짜증·경멸 등의 소리》 : *Man,*

M

what a place! 어허, 뭐 이런 곳이 있어.

-man (*pl.* ***-men***) *suf.* (1) '…국인(人), …의 주민' 의 뜻 : English*man* [-mən] 영국인, country*man* [-mən] 시골 사람. (2) '직업이 …인 사람' 의 뜻 : business*man* [-mæ̀n] 실업가, post*man* [-mən] 우편 집배원, clergy*man* [-mən] 목사 ; 성직자. (3) '…배〈선〉' 의 뜻.

man·a·bout·town [mǽnəbàuttáun] (*pl.* ***men-*** [mén-]) *n.* ⓒ (고급 나이트클럽 등에 출입하는) 사교가, 오입쟁이, 플레이보이.

man·a·cle [mǽnəkl] *n.* ⓒ (흔히 *pl.*) 수갑 ; 속박(하는 것). — *vt.* …에 수갑을 채우다 ; …을 속박하다.

:man·age [mǽnidʒ] *vt.* (1)(손으로) …을 다루다(handle), 움직이다 ; (탈것 따위)를 조종〈운전〉하다 : ~ a tool 도구를 사용하다 / ~ a boat efficiently 보트를 잘 조종하다. (2)(사람)을 조종하다, 복종시키다. (3)(말 따위)를 조련하다, 부리다, 잘 다루다 : a difficult horse to ~ 부리기 어려운 말. (4)(사무)를 처리하다, 관리하다 ; (사업 따위)를 경영 하다(conduct) ~ a business 〈a hotel〉 사업 〈호텔〉을 경영하다 / ~ the finances 재정을 관리하다. (5)《~+目 /+*to* do》 어떻게든 해서 …하다 ; 용케 〈이럭저럭〉 …을 해내다 ; 〔反語的〕멍청하게 〈불행히〉도 …하다 ; (웃음 따위)를 가까스로〈겨우〉 짓다〈보이다〉. (6)《口》〈can, be able to 와 함께〉 … 을 먹어치우다 ; 처리하다, 해치우다 : Can you ~ another apple ? 사과 하나 더 먹겠느냐.

— *vi.* (1)일을 처리하다, 관리〈경영〉하다. (2)(이럭저럭) 잘 해나가다《*with*》. ***~ without*** … 없이 그럭저럭 때우다.

man·age·a·bil·i·ty [mæ̀nidʒəbíləti] *n.* ⓤ 다루기〈처리하기〉 쉬움.

man·age·a·ble [mǽnidʒəbəl] *a.* (1)다루기〈제어하기〉 쉬운. (2)유순한, 순종하는. (3)관리〈처리〉하기 쉬운. 파) **-bly** *ad.* **~·ness** *n.*

:man·age·ment [mǽnidʒmənt] *n.* (1) ⓤ 취급, 처리, 조종 ; 통어 : the ~ of children 아이들의 취급. (2) ⓤ 관리, 경영(력) ; 지배(력), 단속, 경영 수완《*of* 》: the ~ *of* a theater 극장의 경영. (3) ⓤ 주변 ; 술수, 술책. (4) ⓤ 운용, 이용, 사용. (5) ⓤⓒ 〔集合的〕 경영자(측), 경영진, 경영간부. 【opp.】 *labor.* 『 conflicts between labor and ~ 노사간의 쟁의.

mánagement consùltant 경영 컨설턴트.

mánagement informàtion sỳstem (컴퓨터를 사용한) 경영 정보 체계《略 : MIS》.

:man·ag·er [mǽnidʒər] *n.* ⓒ (1)지배인, 경영〈관리〉자(director) ; 부장 ; 감독 ; 간사 ; 이사 ; (예능인 등의) 매니저 : a general ~ 총지배인 / a personal ~ 인사 부장 / a sales ~ 판매 부장 / a stage ~ 무대 감독. (2)〔흔히 形容詞를 수반하여〕 (살림 따위를) 꾸려 나가는 사람. (3)(*pl.*) 〈英議會〉 양원 협의회 위원.

파) **~·shìp** *n.* ⓤ ~ 의 지위〈직·임기〉.

man·a·ger·i·al [mæ̀nədʒíəriəl] *a.* 〔限定的〕 manager의 ; 취급〈조종, 경영〉의 ; 관리〈지배〉의 ; 단속〈감독〉의 ; 처리의 : a ~ position 〈society〉 관리직〈사회〉. 파) **~·ly** *ad.*

man·ag·ing [mǽnidʒiŋ] *a.* (1)처리 〈지배, 관리, 경영〉하는 ; 경영을 잘하는, 잘 꾸려 나가는. (2)〔限定的〕 오지랖 넓은, 참견하는 : a ~ woman.

mánaging éditor 편집장, 편집 주간(국장).

man-at-arms [mǽnətɑ́ːrmz] (*pl.* ***men-*** [mén-]) *n.* ⓒ (중세의) 병사, 중기병(重騎兵).

man·a·tee [mǽnətìː, mæ̀nətíː] *n.* ⓒ 【動】 해우(海牛).

Man·ches·ter [mǽntʃèstər, -tʃəs] *n.* 맨체스터《영국 북서부 Greater Manchester 주의 주도 ; 방적업의 중심지》. 파) **~ìsm** *n.* ⓤ 자유 무역주의.

Man·chu [mæntʃúː] *a.* 만주(사람, 말)의.

— (*pl.* ~, **~s**) *n.* (1) ⓒ 만주 사람. (2) ⓤ 만주 말.

Man·chu·ria [mæntʃúəriə] *n.* 만주《중국 동북부의 구(舊) 지방명》. 파) **Man·chu·ri·an** *a.*, *n.* 만주의, 만주(사람)의.

man·da·rin [mǽndərin] *n.* (1) ⓒ (중국 청나라의) 상급 관리. (2)(M-) ⓤ (중국의) 북경 관화(官話)《표준 중국어》. (3) ⓒ 【植】 만다린 귤(의 나무) (= ~ **órange**).

— *a.* 〔限定的〕 (1)(옷깃이) 중국풍의. (2)(문체가) 지나치게 기교를 부린.

mándarin dúck 원앙새《동아시아산》.

·man·date [mǽndeit] *n.* ⓒ (흔히 *sing.*) (1)명령, 지령 (command), 지시(order). (2)(선거 구민이 의원에게 내는) 요구 ; (선거 구민이 의회에 부여하는) 권한(위탁). (3)【史】 위임 통치 ; 위임 통치령(국제 연맹으로 부터의). (4)(상급 법원에서 하급 법원에 내리는) 직무 집행 영장(令狀). —[mǽndeit, -⌐] *vt.* (1)(영토)를 위임 통치령으로 하다 : a ~*d* territory 위임 통치령. (2)…에게 권한을 위양(委讓)하다.

man·da·to·ry [mǽndətɔ̀ːri/ -təri] *a.* (1)명령의, 지령의. (2)위탁의, 위임의(upon) : a ~ power (국제 연맹 시대의) 위임 통치국 / ~ rule 〈administration〉 위임 통치. (3)의무적인, 강제적인(obligatory) ; 【法】 필수(必須)의 : a ~ payment 강제적 지급. 파) **màn·da·tó·ri·ly** *ad.* — *n.* (*pl.* **-rìes**) 수임자, 위임 통치국.

man-day [mǽndèi] *n.* ⓒ 한 사람의 하루 노동량. 【cf.】 man-hour.

man·di·ble [mǽndəbəl] *n.* ⓒ (1)(포유동물·물고기의) 턱, 《특히》 아래턱(jaw). (2)(새·곤충류의) 윗〈아랫〉부리(턱) ; (곤충류의) 위턱, 큰 턱.

man·do·lin, -line [mǽndəlin, ⌐-⌐], [mæ̀ndəlíːn, ⌐-⌐] *n.* ⓒ 【樂】 만돌린.

파) **man·do·lin·ist** [mæ̀ndəlínist] *n.* 만돌린 연주자.

man·drel, -dril [mǽndrəl, -dril] *n.* ⓒ (1)【機】 (선반의) 굴대, 축(軸), 맨드릴. (2)《英》 (광부의)곡괭이(pick).

man·drill [mǽndril] *n.* ⓒ 【動】 맨드릴《서아프리카산의 큰 비비》.

·mane [mein] *n.* ⓒ (1)(말·사자 따위의) 갈기. (2)《戲》 장발 ; 긴 머리털.

파) **~·less** *a.*

man-eat·er [mǽnìːtər] *n.* ⓒ (1)식인종(cannibal) ; 사람을 잡아 먹는 동물《상어·호랑이·사자 따위》. (2)《蔑·戲》 남자마다 거덜내는 여자.

man-eat·ing [mǽnìːtiŋ] *a.* 〔限定的〕 인육을 먹는 : a ~ tiger / a ~ shark 식인 상어.

ma·nège, ma·nege [mænéʒ, -néiʒ] *n.* 《F.》 (1) ⓤ 마술(馬術). (2) ⓒ 마술(馬術) 연습소, 승마 학교. (3) ⓤ 조련된 말의 보조(步調).

·ma·neu·ver. (英)**-noeu·vre** [mənúːvər] *n.* ⓒ (1) a]【軍】 (군대·함대의) 기동(機動) 작전, 작전적 행동. b](*pl.*) 대연습, (기동) 연습. (2)계략, 책략, 책동 ; 교묘한 조치 : a clever〈clumsy〉 ~ 교묘한〈서투른〉 책략 / political ~*s* 정치 공작 / a business ~ 경영 전략. (3)(비행기 로켓·자동차 등) 교묘한 조종〈조

작〉. — *vi.* (1)(기동)연습(演習)하다, 작전 행동을 취하다. (2)책략을 쓰다《for》; (정당 등이) 전략적으로 정책〈입장〉 등을 전환하다.
— *vt.* (1)(군대·함대)를 (기동)연습시키다. (2)《~ +目/+目+前+名》 (사람·물건)을 교묘하게 유도하다〈움직이다〉《*away*; *into*; *out of*》; (사람)을 계략적으로 이끌다; 교묘한 방법으로 (결과)를 이끌어내다.

ma·neu·ver·a·ble [mənú:vərəbəl] *a.* 조종하기 쉬운; 기동성이 있는: a highly ~ airplane 아주 조종하기 쉬운 항공기.
파) **ma·nèu·ver·a·bíl·i·ty** [-bíləti] *n.* ⓤ 기동〈조작, 조종〉성.

ma·neu·ver·er [mənú:vərər] *n.* ⓒ 책략가.

man·ful [mǽnfəl] *a.* 남자다운, 씩씩한, 용감한, 단호한(resolute). 파) **~·ly** *ad.* **~·ness** *n.*

man·ga·nese [mǽŋgəni:z, -nì:s] *n.* ⓤ 【化】 망간《금속 원소; 기호 Mn; 번호 25》: black ~ 산화망간. ~ steel 만간강.

mange [meindʒ] *n.* ⓤ (개·소 따위의) 옴.

·man·ger [méindʒər] *n.* ⓒ 여물통, 구유.

·man·gle[1] [mǽŋgəl] *vt.* (1)…을 토막내다, 난도질하다. (2)(잘못된 편집·연출 등으로 작품)을 망쳐버리다, 결단내다.

man·gle[2] *n.* ⓒ 압착 롤러, 맹글《세탁물의 주름을 펴는》; 《英》(종전의) 세탁물 탈수기. — *vt.* (세탁물 등)을 압착 롤러〈탈수기〉에 걸다.

man·go [mǽŋgou] (*pl.* **~(e)s**) *n.* ⓒ 【植】 망고《열대산 과수; 그 열매》, 오이절임의 일종.

man·grove [mǽŋgrouv] *n.* 【植】 홍수림(紅樹林), 맹그로브《열대의 강변·해변·소택지에 자라는 삼림성(森林性)의 관목·교목》.

man·gy [méindʒi] (**-gi·er; -gi·est**) *a.* (1)옴이 걸린; 옴투성이의; (옴이 걸려) 털이 빠진. (2)(카페트 따위가)닳아 빠진. (3)누추한, 불결한.

man·han·dle [mǽnhæ̀ndl] *vt.* (1)(물건)을 인력으로 움직이다. (2)(사람)을 거칠게 다루다, 학대하다.

man·hole [mǽnhòul] *n.* ⓒ (도로의) 맨홀, 출입구멍.

man·hood [mǽnhùd] *n.* ⓤ (1)인간임, 인격, 인품. (2) a)남자임; 사나이다움(manliness): be in the prime of ~ 남자로서 한창때다. b)《婉》(남성의) 성적 능력, 정력. (3)〔集合的〕 (한 나라의) 성년 남자 전체. (4)(남자의)성년, 성인, 장년: arrive at 〈come to〉 ~ 성인이 되다.

man·hunt [mǽnhʌ̀nt] *n.* ⓒ (조직적인) 범인 추적〈수사〉《*for*》: Police have launched a ~ *for* the bullion robbers. 경찰이 금괴 강탈범의 수색에 나섰다.

·ma·nia [méiniə, -njə] *n.* (1) ⓤ 【醫】 조울병. (2) ⓒ 열중, 열광, …열, …광, 매니어《*for*》: a ~ *for* 〈the ~ of〉 speculation 〈dancing〉 투기〈댄스〉 열 / a baseball ~ 야구광.

ma·ni·ac [méiniæ̀k] *a.* 미친, 광적인, 광기의(insane); 광란의. — *n.* ⓒ (1)미치광이. (2)(편집광적인) 애호가, …광(狂): a fishing 〈car〉 ~ 낚시〈자동차〉광(狂) / a homicidal ~ 살인마.

man·ic [mǽnik, méi-] *a.* 【醫】 조울병의〈에 걸린〉. — *n.* ⓒ 조울병 환자. 파) **mán·i·cal·ly** *ad.*

man·ic-de·pres·sive [-diprésiv] *a.* 【醫】 조울병의: ~ psychosis 조울병. — *n.* ⓒ 조울병 환자.

***man·i·cure** [mǽnəkjùər] *n.* ⓤⓒ 미조술(美爪術). 매니큐어.
— *vt.* (1)(손·손톱)에 매니큐어를 칠하다. (2)《美》(잔디·생울타리 따위)를 짧게 가지런히 깎다, 자르다: neatly ~*d* lawns 말끔히 깎인 잔디밭.

man·i·cur·ist [-kjùərist] *n.* ⓒ 미조사.

***man·i·fest** [mǽnəfèst] *a.* 명백한, 분명한, 일목요연한.
— *vt.* (1)…을 명백히 하다; (자질 따위)를 잘 보여주다, (감정·관심 따위)를 나타내다, 표명하다. (2)…을 증명하다, …의 증거가 되다. (3)【商】 (적하(積荷))를 적하 목록에 기재하다.
~ *itself* (징후, 병, 유령 등이) 나타나다; (죄 따위가) 드러나다. — *n.* ⓒ 【商】 (선박·항공기의) 적하 목록〈송장(送狀)〉; 승객 명단. 파) **~·ly** *ad.* 분명히, 명백히.

·man·i·fes·ta·tion [mæ̀nəfestéiʃən] *n.* (1) ⓤ 명시, 표명: ~ of regret 유감의 표명. (2) ⓒ 표현, 조짐, 표시, 징후《*of*》. (3) ⓒ (정치적 효과를 노린) 시위 행위, 정견 발표. (4) ⓒ 【心靈】 (영혼의) 현현(顯現).

man·i·fes·to [mæ̀nəféstou] (*pl.* **~(e)s**) *n.* ⓒ (국가·정당 따위의) 선언(서), 성명(서): issue a ~ 선언서를 발표하다.

·man·i·fold [mǽnəfòuld] *a.* (1)(다종) 다양한, 여러 가지의, 가지각색의, 잡다한: do ~ tasks 잡다한 일을 하다. (2)다방면에 걸친(various); 복잡한; 용도가 넓은 The novel gives a ~ picture of human life. 그 소설은 인생을 다방면으로 묘사하고 있다. — *n.* ⓒ 【機】 다기관(多岐管), 매니폴드, 다양한 것.
— *vt.* (복사기로) …의 복사를 하다.
파) **~·ly** *ad.* **~·ness** *n.*

man·i·kin [mǽnikin] *n.* ⓒ (1)난쟁이(dwarf). (2)인체 해부 모형. (3)= MANNEQUIN.

Maníla páper 마닐라지(紙)《마닐라삼으로 만든 질긴 종이; 포장용》.

Maníla rópe 마닐라로프.

·ma·nip·u·late [mənípjəlèit] *vt.* (1)(부정하게 사람·여론 등)을 조종하다, 교묘하게 다루다; (시장·시가 등)을 조작하다. (2)(기계 등)을 능숙하게 다루다, 조종하다. (3)(장부·숫자·자료 등)을 조작하여 속이다; (부정하게) 입수하다: ~ accounts 계산을 속이다. (4)【醫】 (골절·탈구(脫臼)된 뼈 따위)를 손으로 정골(整骨)하다.

·ma·nip·u·la·tion [mənìpjəléiʃən] *n.* ⓤⓒ (1)교묘히 다루기. (2)【商】 시장〈시세〉 조작. (3)(장부·계정·보고 등의) 속임(수).

ma·nip·u·la·tive, -la·to·ry [mənípjəlèitiv/-lət-], [-lətɔ̀:ri/-təri] *a.* (1) 교묘히 다루는; 손 끝으로 다루는. (2)속임수의.

ma·nip·u·la·tor [mənípjəlèitər] *n.* ⓒ (1)손으로 교묘히 다루는 사람; 조종자. (2)개찬자(改竄者), 속이는 사람, 사기꾼, 협잡꾼. (3) 【商】 시세를 조작하는 사람.

Man·i·to·ba [mæ̀nətóubə] *n.* 매니토바《캐나다 중남부의 주; 주도(州都) Winnipeg》.

:man·kind [mæ̀nkáind] *n.* ⓤ (1)〔集合的; 흔히 單數 취급. 앞에 形容詞가 없으면 冠詞를 안 붙임〕 인류, 인간, 사람. (2)[ㅅㅅ] 〔集合的〕 남성, 남자. 【opp.】 *womankind.*

man·like [mǽnlàik] *a.* (1)사람 비슷한, 사람 같은: ~ apes 유인원. (2)남자다운, 남성적인.

:man·ly [mǽnli] (**-li·er; -li·est**) *a.* (1)남자다운, 대담한, 씩씩한: ~ behavior 남자다운 행동.

M

(2)남성적인, 남자를 위한: ~ sports 남성 스포츠. (3)(여자가) 남자 같은, 여장부의.
파) **-li·ness** *n.* ⓤ 남성적임, 용감, 과단.
man-made [mǽnméid] *a.* 인조의, 인공의 ; 합성의 : a ~ satellite 〈moon〉 인공 위성 / a ~ lake 인공호 / ~ fibers 합성 섬유 / ~ calamities 인재(人災).
man·na [mǽnə] *n.* ⓤ (1)【聖】 만나《옛날 이스라엘 사람이 광야를 헤맬 때 신(神)이 내려준 음식 ; 출애굽기 XVI : 14-36》. (2)마음의 양식 ; 하늘의 은총.
manned [mænd] *a.* (우주선 따위가) 승무원이 탄, 유인의 : a ~ spacecraft 〈spaceship〉 유인 우주선.
mánned expedítion 【宇宙】 유인 탐사.
man·ne·quin [mǽnikin] *n.* ⓒ (1)마네킹(걸), 패션 모델《※ 지금은 흔히 model 이라 함》. (2)(양장점 따위의) 마네킹 인형.
:man·ner [mǽnər] *n.* (1) ⓒ (흔히 *sing.*) 방법, 방식, 투 : his ~ of speaking 그의 말투 / in a singular ~ 묘한 방법으로. (2)(a ~, one's ~) 태도, 거동, 몸가짐. (3)(*pl.*) 예절, 예의, 예법 : He has no ~*s.* 그는 예의 범절을 모른다 / table ~*s* 식사 예절, 테이블 매너. (4)(*pl.*) 풍습, 관습, 관례. (5) ⓒ (예술따위의) 양식, 수법 ; 작풍(作風) : a picture in the ~ of Picasso 피카소풍(風)의 그림. (6)《英古》 종류(of) (현재는 kind, sort가 일반적). ***after the ~ of*** …류(流)의 ; …에 따라서. ***after this ~*** 이런 식으로. ***all ~ of*** 모든 종류의 (all kinds of) : collect *all ~ of* wild plants 모든 종류의 야생 식물을 채집하다. ***by all ~ of means*** 반드시, 꼭. ***by no ~ of means*** 결코 …아니다(by no means). ***do*** 〈***make***〉 one***'s ~s*** 절하다, 인사하다. ***have no ~ of*** 전연 …가 없다. ***in a ~*** 어떤 의미로는 ; 얼마간. ***in a ~ of speaking*** 말하자면, 이를테면 : ***to the ~ born*** 타고난 ; 나면서부터 …에 알맞은.
man·nered [mǽnərd] *a.* (1) 점잔빼는, 젠체하는 : a ~ way of speaking 점잔빼는 말투. (2)(문체 따위가) 틀에 박힌, 타성적인 : a ~ literary style 틀에 박힌 문체. (3)《形容詞를 수반해》 버릇〈몸가짐〉이 …한 : well-〈ill-〉 ~*ed* 됨됨이가 좋은〈나쁜〉 ; 예절바른 〈버릇 없는〉.
man·ner·ism [mǽnərìzəm] *n.* (1) ⓤ 매너리즘《특히 문학·예술의 표현 수단이 틀에 박혀 신선미가 없는 것》. (2) ⓒ 독특한 버릇《태도·언행 따위의》. 파) **-ìst** *n.* 매너리즘에 빠진 작가.
man·ner·less [mǽnərlis] *a.* 버릇(예의) 없는.
man·ner·ly [mǽnərli] *a.* 예모 있는, 정중한. — *ad.* 예의 바르게, 정중하게. 파) **-li·ness** *n.*
man·nish [mǽniʃ] *a.* (1)(여자가) 남자 같은, 여자답지 않은. (2)(복장 따위가) 남성풍의, 남성에게 적합한 : a ~ jacket 남성복 같은 재킷.
ma·nom·e·ter [mənámətər/ -nɔ́m-] *n.* ⓒ (1)(기체·액체의) 압력계. (2)혈압계.
·man·or [mǽnər] *n.* ⓒ (1) 【英史】 장원(莊園), 영지 : the lord of the ~ 영주 / the lady of the ~ 영주 부인. (2)= MANOR HOUSE. (3)《英俗》 경찰의 관할 구역.
ma·no·ri·al [mənɔ́:riəl] *a.* 장원의, 영지의 ; 장원 부속의 : a ~ court 장원 〈영주〉 재판소.
파) **~·ìsm** *n.* 장원제(도). **~·ly** *ad.*
man·pow·er [ˊpàuər], **mán pòwer** *n.* ⓤ (1)(기계에 대한) 인력《공률(工率)의 단위; 약 1/10 마력》. (2)(노동이나 병역에 이용·동원할 수 있는)인력 ; 유효 총인원 ; 인적 자원 ; 동원 가능 총인원 ; (유효) 노동력.
man·qué [mɑ̃:ŋkéi] (*fem.* **-quée** [—]) *a.* 《F.》 〈名詞 뒤에서〉 되다 만, 덜 된, 반거들충이의 : a poet ~ 시인 지망자 / a writer ~ 되다 만 작가.
man·sard [mǽnsɑ:rd] *n.* 【建】 망사르드 지붕 (= ˊ~ **ròof**) 《물매가 상·하부의 2 단으로 경사진 지붕》 ; 그런 지붕 밑의 고미다락(attic).
manse [mæns] *n.* ⓒ 목사관(館) 《스코틀랜드 교구의》. ***sons of the ~*** 가난하나 학식 있는 사람들.
man·ser·vant [mǽnsə̀:rvənt] (*pl.* ***mén·sèr·vants***) *n.* ⓒ 하인, 머슴. 【cf.】 maidservant.
:man·sion [mǽnʃən] *n.* ⓒ (1)맨션, 대저택. (2)(흔히 M- ; *pl.*) 《英》(아파트 건물의 명칭에 쓰여) …맨션 : Kew *Mansions* 큐맨션.
man·size(d) [mǽnsàiz(d)] *a.* 〔限定的〕 《口》 어른형〈용〉의 ; 큰, 특대의, (일이) 힘드는, 어른이 필요한 (homicide).
man·slaugh·ter [mǽnslɔ̀:tər] *n.* ⓤ 살인 ; 【法】《특히》 살의(殺意) 없는 살인, 고살(故殺)《일시적 격정에 의하는 따위》《※ murder 보다 가벼운 죄》.
man·ta [mǽntə] *n.* ⓒ (1)맨터 《스페인·라틴 아메리카 등지에서 사용하는 외투나 어깨걸이》. (2)【魚】 쥐가오리(devilfish) (= ˊ~ **ràу**).
man·teau [mǽntou, -ˊ] (*pl.* **~s, ~x** [-z]) *n.* 《F.》 망토(mantle), 외투.
·man·tel·piece [mǽntlpì:s] *n.* ⓒ (1)벽로의 앞면 장식(chimneypiece). (2)벽로 선반.
man·tis [mǽntis] (*pl.* **~·es, -tes** [-ti:z]) *n.* ⓒ 【蟲】 버마재비(mantid).
:man·tle [mǽntl] *n.* ⓒ (1)(소매 없는) 망토, 외투. (2)(옷 처럼) 뒤덮는 〈가리우는, 싸는〉 것, 막, 뚜껑 : a ~ of darkness 밤의 장막. (3)(가스 등의) 맨틀. (4)(연체 동물의) 외투막(膜) ~ cord 외투막. (5) 【地質】 맨틀《지각(地殼)과 중심 핵 사이의 층》. ***a widow's ~*** 미망인복《일생을 미망인으로 지낼 맹세로서 입는》. — vt. (1)…에게 망토를 입히다, 망토로 싸다. (2)…를 (뒤)덮다, 싸다 ; 가리다. — *vi.* (1)(얼굴이) 새빨개지다(flush). (2)(액체에) 더껑이가 생기다, 거품으로 덮이다.
man-to-man [mǽntəmǽn] *a.* 〔限定的〕 남자끼리의 ; 흉금을 터 놓은 ; 솔직한 : a ~ talk 솔직한 대답. — *ad.* 솔직히. 탁 털어놓고.
man·trap [mǽntræ̀p] *n.* ⓒ (1) 덫《옛날 침입자·밀렵꾼을 잡는》, 함정, 유혹의 장소. (2)《口》 요부.
·man·u·al [mǽnjuəl] *a.* (1)손의 ; 손으로 하는〈움직이는〉 ; 손으로 만드는, 수세공의. (2)육체의 : ~ labor 근육〈육체〉 노동. — *n.* ⓒ (1)소책자 ; 편람, 입문서. (2)【컴】 a]설명서. b]수동《기계 장치에 의하지 않고 사람이 직접 행함》. 파) **~·ly** *ad.* 손(끝)으로, 수세공으로 ; 근육 노동으로.
mánual álphabet (농아자가 쓰는) 수화(手話) 문자(deaf-and-dumb alphabet).
mánual éxercise 【軍】 집총 교련.
mánual tráining 공예·수예의 훈련 ; (초등·중학교의) 공작, 수공(과(科)), 실과(實科).
:man·u·fac·ture [mæ̀njəfǽktʃər] *vt.* (1)…을 제조하다《특히 대규모로》 : ~ goods in large quantities 상품을 대량으로 제조하다. (2)《+目+前+名》 (재료)를 제품화하다 《*into*》 : ~ pulp *into* paper 펄프를 가공하여 종이로 만들다 / ~ iron *into* wares 철로 기물을 만들다. (3)(이야기 따위)를 꾸며내다, 날조하다, (문학 작품등을)남작하다 : ~ an excuse 구실을 만들다.

— *n.* (1) ⓤ (대규모의) 제조 : 제조(공)업 : of home 〈foreign〉 ~ 국산 〈외국제〉의 / iron ~ 제철(업). (2) ⓒ (*pl.*) 제품 : silk ~*s* 견제품(絹製品) / woolen ~*s* 양모 제품.

:man·u·fac·tur·er [mæ̀njəfǽktʃərər] *n.* ⓒ 제조(업)자, 제조 회사 : a car 〈computer〉 ~ 자동차 〈컴퓨터〉 제조업자 〈회사〉. steel ~ 제강업.

man·u·fac·tur·ing [mæ̀njəfǽktʃəriŋ] *a.* 제조(업)의 ; 제조업에 종사하는 : a ~ industry 제조 공업 / a ~ town 공업 도시.
— *n.* ⓤ 제조〈가공〉(공업)《略 : mfg.》.

man·u·mis·sion [mæ̀njəmíʃən] *n.* ⓤⓒ (농노·노예의) 해방(증서).

man·u·mit [mæ̀njəmít] (**-tt-**) *vt.* (농노·노예)를 해방(석방)하다.

·ma·nure [mənjúər] *n.* ⓤ 거름, 비료 ; 똥거름 : artificial ~ 인조 비료 / barnyard 〈farmyard〉 ~ 퇴비 / chemical ~ 화학 비료 / liquid ~ 수비(水肥). — *vt.* …에 비료를 주다.

:man·u·script [mǽnjəskrìpt] *n.* ⓒ (1)원고《略 : MS., *pl.* MSS》 : an unpublished ~ 미간(未刊) 〈미발표〉의 원고 / edit a ~ 원고를 편집하다. (2)(인쇄술 발명 이전의) 사본, 필사본, 고본. 【cf.】 print. ***in* ~** 원고(인 채)로, 아직 인쇄되지 않은 : a novel *in* ~ 아직 인쇄 〈발표〉되지 않은 소설. — *a.* (1)원고의. (2)손으로 쓴, (정식 인쇄에 대하여) 타자한 : a ~ document 손으로 쓴 문서. (3)사본의.

Manx [mæŋks] *a.* 맨 섬(the Isle of Man)의 ; 맨 섬 사람〈말〉의. — *n.* (1)(the ~) 〔集合的, 複數취급〕 맨 섬 사람《※ 한 사람 한 사람은 Manxman 이라 함》. (2) ⓤ 맨 섬 어(語).

:many [méni] (***more*** [mɔːr] ; ***most*** [moust]) *a.* (1)〔複數名詞 앞에 쓰이어〕 많은, 다수의, 여러. 【opp.】 *few.* 【cf.】 much.
(2)《文語》〈many a 〈an〉 로 單數名詞 앞에 쓰여 ; 單數 취급〉 다수의, 여러 : ~ *a* time 여러 번, 자주 / ~ and ~ *a* time 몇 번이고 / ~ a day 며칠이고 / for ~ *a* long day 실로 오랫동안.
— *n., pron.* 〈複數 취급〉 (1)(막연히) 많은 사람 〈것〉. (2)(the ~) 대중, 서민. 【opp.】 *the few.* 『try to please *the* ~ 일반 대중을 기쁘게 하려고 하다.
a good* ~** 꽤 많은(수). ***a great* ~** 대단히 많은(수), 다수(의)《a good many 보다 뜻이 강함》. ***as* ~** 〔선행하는 數詞와 대응하여〕 (그것과) 같은 수(의) : make ten mistakes in *as* ~ pages 열 페이지에 10개의 미스를 범하다. ***as ~ again 또 같은 수만큼, 두배의 수. ***as ~ as*** ... 1)〔數詞와 함께〕 …이나 되는 (no less than). 2)…와 동수의 것. ***as ~ ... as*** …와 같은 수의 … . ***be one too ~*** 하나가 더 많다 ; 군더더기다, 방해가 되다. ***be* (*one*) *too ~ for ...*** …의 힘에 겨다, ***have one too ~*** 《口》 조금 많이 마시다. ***Many's* 〈*Many is*〉 *the* ... (*that*) 〈*who*〉 ...** … 한 일이 여러 번 있다 : 자주 …하곤 했지. ***so ~*** 1)같은 수의, 동수의, 그만큼의. 2)매우〈그처럼〉 많은(것). 3)얼마얼마(의), 몇(의) : work *so* ~ hours for so much money 몇 시간에 돈 얼마씩 받기로 하고 일하다.

man·y-sid·ed [-sáidid] *a.* (1) a〕다방면의 〈에 걸친〉 ; 다면적(多面的)인 : a ~ issue 다면적인 문제. b〕다재다능한. (2)【數】 다변(多邊)의.
파) **~·ness** *n.*

Mao·ri [máuri, máːɔːri, máːou-] *n.* (*pl.* **~, ~s**) (1) ⓒ 마오리 사람《New Zealand 원주민》. (2) ⓤ 마오리 말. — *a.* 마오리 사람〈말〉의.

:map [mæp] *n.* ⓒ (1)지도 : a ~ of the world 세계 지도 / a one-to-ten thousand ~. 1만 분의 1 지도. 【cf.】atlas, chart. (2)천체도, 성좌도. (3)도해(圖解), 도표, 분포도 ; 【컴】 도표《기억장치의 각 부분이 어떻게 사용되는지를 보여주는》. ***off the* ~** 《口》 (1)(도시·간선 도로에서) 멀리 떨어진, 가기 힘든. (2)폐물이 된, 중요치 않은. ***on the* ~** 《口》 중요〈유명〉한 : put ... *on the* ~ (도시·지역)을 유명하게 하다. ***wipe ... off the* ~** (도시·지역·경쟁 상대)를 파괴〈말살〉하다, 지워 없애다, 전멸시키다.
— (**-pp-**) *vt.* …의 지도〈천체도〉를 만들다 ; …을 지도로 나타내다. **~ *out*** (지도에) 상세히 나타내다 ; 정밀하게 표하다 ; 배치하다 ; (상세히) 계획하다.

:ma·ple [méipəl] *n.* (1) ⓒ 【植】 단풍(丹楓)나무(속(屬)의 식물). (2) ⓤ 단풍나무 재목. (3)ⓤ 단풍당(糖)(~ sugar).

máple lèaf 단풍잎《캐나다의 표장(標章)》.

map·ping [mǽpiŋ] *n.* ⓒ (1)지도 작성. (2)【數】 함수. (3)【컴】 도표화, 사상.

map-read·er [⌐rìdər] *n.* ⓒ 독도법(讀圖法)을 아는 사람, 지도를 볼수 있는 사람 : a good 〈poor〉 ~.

Ma·pu·to [məpúːtou] *n.* 마푸토《모잠비크(Mozambique)의 수도》.

:mar [maːr] (**-rr-**) *vt.* (1)…을 몹시 손상시키다, 훼손하다. (2)…을 망쳐놓다, 못쓰게 만들다 ; 보기 싫게 하다. ***make or* ~** ⇨ MAKE.

mar·a·bou, -bout [mǽrəbùː] *n.* (1) ⓒ 【鳥】 무수리(= ~ **stòrk**)《황샛과 ; 열대 아시아·아프리카산》. (2) a〕ⓤ 무수리 깃털. b〕ⓒ 무수리 깃털로 만든 장식품.

mar·a·schi·no [mæ̀rəskíːnou] (*pl.* **~s**) *n.* (1) ⓤ 《It.》 마라스키노《야생 버찌로 만든 리큐르 술》. (2)=MARASCHINO CHERRY.

·mar·a·thon [mǽrəθàn, -θən] *n.* ⓒ (1)(종종 M-) 마라톤 (경주)(= ~ **ràce**)《표준 거리 42.195 km》. (2)〔一般的〕 장거리 경주, 내구(耐久) 경쟁, 지구전(持久戰).
— *a.* 〔限定的〕 (1)마라톤의 : a ~ runner 마라톤 선수〈주자〉. (2)《口》 장시간에 걸친 인내를 필요로하는 : a ~ speech 끝없이 계속되는 말, 장광설.

ma·raud [mərɔ́ːd] *vt., vi.* (…을) 약탈하다 ; 습격하다 《*on, upon*》 : ~*ing* hordes 〈bands〉 비적(匪賊).

ma·raud·er [-ər] *n.* ⓒ 약탈자, 습격자.

ma·raud·ing [-iŋ] *a.* 〔限定的〕 (사람·동물이) 약탈〈습격〉하는 : ~ soldiers 멋대로 약탈을 하는 병사들.

:mar·ble [máːrbəl] *n.* (1) ⓤ 대리석(같은 차기움) ; 단단함 ; 희고 매끄러움 : a statue in ~ 대리석 상 (= a ~ statue). (2)(*pl.*) 〔集合的〕 (개인·박물관 소장의) 대리석 조각품. (3) a〕ⓒ 구슬, 공깃돌《아이들 장난감》. b〕(*pl.*) 〔單數 취급〕 공기놀이 : play ~*s* 공기놀이하다. (4)(*pl.*) 《俗》 정상적 판단력 ; 분별 ; 이성(理性) : lose one's ~*s* 정신이 돌다. ***as cold* 〈*hard*〉 *as* ~** 대리석 같이 차가운 〈단단한〉 ; 냉혹한. ***have all* one'*s* ~*s*** 《俗》 지각이 있다, 빈틈이 없다, 제정신이다.
— *a.* (1)대리석(제)의 ; 대리석 같은 : a ~statue 대리석상(像). (2)단단한 ; (희고) 매끄러운 : a ~ brow흰 이마. (3)냉혹한, 무정한 : a ~ heart 〈breast〉 냉혹〈무정〉한 마음. — *vt.* …에 대리석 무늬

를 넣다《비누·책 가장자리 등에》.

mar·bled [máːrbld] *a.* (1)대리석 무늬의 : a book with ~ edges 가장자리를 대리석 무늬로 한 책. (2)(고기가) 차돌박이인 : ~ meat 차돌박이 고기.

mar·bling [máːrbliŋ] *n.* (1) ⓤ 대리석 무늬의 착색 (기술), 마블 염색. (2) ⓒ (책 가장자리·종이·비누 따위의) 대리석 무늬.

mar·ca·site [máːrkəsàit] *n.* ⓤ 【鑛】 백철광.

:March [maːrtʃ] *n.* 3월 《略 : Mar.》.

:march[1] [maːrtʃ] *n.* (1) ⓤⓒ **행진**, 행군 ; 행진 거리 : a forced ~ 강행군 / a peace ~ 평화 행진 / a line of ~ 행진로. (2) ⓤ 【軍】 (행군의) 보조 : ~ at ease 보통 속도의 보조 / at a quick 〈double〉 ~ 속보〈구보〉로. (3) ⓒ 【樂】 행진곡 : a funeral 〈military, wedding〉 ~ 장송〈군대, 결혼〉행진곡. (4) ⓤ (the ~) (사물의) **진전, 진보, 발달**《*of*》. (5) ⓤ (모금 따위의) 사회 〈국민〉 운동 : the *March* of Dimes 《美》 소아마비 환자 구호 모금 운동. ***be on the ~*** 행진〈진행〉 중이다. ***in ~*** 【軍】 행군 중에. ***send*** (an army) ***on the ~*** (군대를) 출격(出擊)〈출병(出兵)〉 시키다. ***steal a ~ on*** 〈***upon***〉 …을(몰래) 앞지르다, 기선을 잡다.

— *vi.* (1)《~/+副/+前+名》 【軍】 (대열을 지어) **행진하다** 진군하다, 진격하다 ; (당당하게) 걷다, 빨리 전진하다. (2)《~/+副》 (사건 따위가) **진전하다**, 착착 진행되다.

— *vt.* (1)…을 **행진시키다**, 행군시키다. (2)《+目+副/+目+前+名》 …을 (억지로) 걷게 하다, 연행하다, 구인(拘引)하다《*off* ; *on*》. ***~ past*** (열병자 앞을) 분열 행진하다. ~ on 계속 행진하다. 【cf.】 MARCH-PAST.

march[2] *n.* (1)(흔히 *pl.*) (특히 분쟁 중인) 국경, 경계 지방, 변경. (2)(the Marches) 【英史】 잉글랜드와 스코틀랜드 또는 웨일스와의 경계 지방.

— *vi.* 경계를 이루다.

march·er[1] [máːrtʃər] *n.* ⓒ (도보) 행진자 ; 데모 행진자 : a peace ~ 평화 행진자.

march·er[2] *n.* ⓒ 국경 지대 거주자, 변경의 주민.

march-past [máːrtʃpæ̀st, -pɑ̀ːst] *n.* ⓒ (특히 군대의) 분열 행진, 분열식.

Mar·di Gras [máːrdigrɑ́ː] 《F.》 마르디그라《참회 화요일(Shrove Tuesday) ; 사육제(謝肉祭) 마지막 날, 사순절이 시작되는 전날》.

·mare[1] [mɛər] *n.* ⓒ 암말 ; (당나귀·노새 따위의) 암컷.

ma·re[2] [mɑ́ːrei, mɛ́əri] (*pl.* ***ma·ria*** [-riəl]) *n.* ⓒ 《L.》 【天】 (달·화성의) 바다《표면에 검게 보이는 부분》.

mare's-nest [mɛ́ərznèst] *n.* ⓒ (1)(대발견인 줄로 알았으나) 실은 보잘것 없는 것, 실망거리. (2)지극히 난잡〈혼란〉한 장소〈상태〉.

mar·ga·rine, mar·ga·rin [máːrdʒərin, -rìːn, ⌐-⌐], [máːrdʒərin] *n.* ⓤ 인조 버터, 마가린.

ma·ga·ri·ta [mɑ̀ːrgəríːtə] *n.* ⓤ 마르가리타《테킬라(tequila)와 래몬즙 등의 칵테일》.

:mar·gin [máːrdʒin] *n.* ⓒ (1)가장자리, 가, 끝, 변두리 ; (호수 등의) 물가 : at the ~ of a river 강가에서. (2)(페이지의) 여백, 난외. (3)(능력·상태 등의) 한계 ; 【心】 의식의 주변 : be past the ~ of endurance 인내의 한계를 넘다. (4)(시간 따위의) 여유, (활동 따위의) 여지. (5)【商】 판매 수익, 이윤 : a low〈narrow〉(profit) ~ 적은 마진. (6) a](기간의) 차. b](경쟁자와의 표(票) 따위의) 격차. (7)【컴】 한《신호가 일그러져도 바른 정보로 인식할 수 있는 신호의 변형 한계》. ***go near the ~*** (도덕적으로) 아슬아슬한 짓〈불장난〉을 하다. the ~ of cultivation 경작의 한계.

— *vt.* (1)(페이지)에 여백을〈난외를〉 두다 〈마련하다〉 : a generously ~*ed* page 충분히 여백을 남겨둔 페이지. (2)…의 난외(欄外)에 써넣다 ; …에 방주(旁註)를 달다.

·mar·gin·al [máːrdʒənəl] *a.* (1)가장자리의, 가의 : a ~ space 가의 여백. (2)난외의 〈에 쓴〉 : a ~ note 난외의 주, 방주(旁註). (3)변경의, …에 인접한 《*to*》 : a ~ territory 변경 지역. (4)한계의, 《특히》 최저한의 : ~ ability 한계 능력 ~ profits 한계 수익《생산비가 겨우 나올 정도의 이윤》 / ~ subsistence 최저 생활. (5)【英政】 (의석 따위를) 근소한 차로 얻은. (6) a](문제 등이) 별로 중요하지 않은.

mar·gi·na·lia [mɑ̀ːrdʒənéiliə, -ljə] *n. pl.* 방주(旁註)(marginal notes), 난외에 써넣기.

mar·gin·al·ize [máːrdʒənəlàiz] *vt.* …을 무시하다, 짐짓 과소평가하다.

mar·gin·al·ly [máːrdʒənəli] *ad.* (아주) 조금, 약간 ; 간신히.

ma·ri·a·chi [mɑ̀ːriɑ́ːtʃi] *n.* 마리아치. (1) ⓒ (멕시코의) 거리의 악대(의 일원). (2) ⓤ 그 음악.

Mar·i·á·na Íslands [mɛ̀əriǽnə-, mæ̀r-] (the ~) 마리아나 제도《서태평양 Micronesia 북서부의 화산 열도》.

Marie An·toi·nette [-æ̀ntwənét] 마리 앙투아네트《프랑스 루이 16세의 왕비 ; 혁명 재판에서 처형됨 ; 1755-93》.

mar·i·gold [mǽrəgòuld] *n.* ⓒ 【植】 금잔화(金盞花), 금송화(金松花), 천수국.

ma·ri·jua·na, -hua·na [mæ̀rəhwɑ́ːnə, mɑ̀ːr-] *n.* ⓤ (1)대마《인도산》. (2)마리화나《대마 잎과 꽃을 말려서 만드는 마약》 : smoke ~ 마리화나를 피우다.

ma·rim·ba [mərímbə] *n.* ⓒ 마림바《목금(木琴)의 일종》. 【cf.】 xylophone.

ma·ri·na [məríːnə] *n.* ⓒ 마리나《요트·모터보트 등 유람용 소형 선박용의 작은 항구》.

mar·i·nade [mæ̀rənéid] *n.* (1) ⓤⓒ 마리네이드《식초 및 포도주에 향료를 넣은 양념 ; 여기에 고기나 생선을 담금》. (2) ⓒ 마리네이드에 절인 고기〈생선〉. — *vt.* 마리네이드에 담그다.

mar·i·nate [mǽrənèit] *vt.* (고기·생선)을 마리네이드에 담그다.

:ma·rine [məríːn] *a.* (1)〔限定的〕 바다의, 해양의; 바다에서 사는 〈나는〉. (2)해상의 ; 해사(海事)의, 해운업의 ; 항해(용)의 ; 선박의 ; 해상 무역의. (3)해상 근무의, 해군의 : ~ power 해군력 / ⇨ MARINE CORPS.

— *n.* (1) ⓒ(때로 M-) 해병대원《미국의 the Marine Corps 또는 영국의 the Royal Marines의 일원》. (2) ⓒ 〔集合的〕(한 나라의) 선박, 해상 세력. (3) ⓒ 바다〈배〉 의 그림 : a ~ painter 해양 화가. ***Tell that*** 〈***it***〉 ***to the*** (***horse***) ***~s !*** = ***That will do for the ~s !*** 《口》 그따위 소리를 누가 믿는담, 거짓말 마라. the mercantile ~ 상선, 해운력.

·mar·i·ner [mǽrənər] *n.* (1) ⓒ 선원 (sailor). (2)(M-) 매리너《미국의 화성·금성 탐사 우주선》.

máriner's cómpass 나침반(羅針盤).

maríne stóre (1)선구점(船具店). (2)(*pl.*) 선박용 물자《선구(船具)·양식(糧食) 따위》 ; 선구류(船具類).

mar·i·o·nette [mæ̀riənét] *n.* ⓒ 《F.》 마리오네

트, 망석중이, 꼭두각시(puppet).

ma·ri·tal [mǽrətl] *a.* 〔限定的〕 혼인의(matrimonial), 부부의 : ~ bliss 결혼의 행복 / ~ problems 부부간의 문제.

파) **~·ly** *ad.* 남편으로서, 부부로서.

·mar·i·time [mǽrətàim] *a.* 〔限定的〕 (1)바다의, 해상의 ; 해사(海事)의, 해운의, 바다와 관계있는, 해상 무역의. (2)해변의, 해안의 ; 해안에 사는〈서식하는〉 : the ~ provinces 해안 지방 / a ~ people 해양 민족.

mar·jo·ram [mɑ́ːrdʒərəm] *n.* ⓤ 【植】 마요라나 《박하 종류 : 관상용·약용·요리용》.

⁝mark[1] [mɑːrk] *n.* (1) ⓒ a]표, 기호, 부호(sign) ; 마크 ; 각인(刻印), 검인 : a question ~ 의문부/ punctuation ~*s* 구두점 / put a ~ on paper 종이에 표를 하다. b](글 못 쓰는 이의 서명 대신 쓰는) X 표, 《戱》 서명 : make one's ~ on a document 서류에 X의 서명을 하다. (2) ⓒ a]흔적(trace), 자국, 흠집(the ~ of a wound) ; 얼룩(spot) : the ~ of a type 타이어 자국 / put 〈rub off〉 pencil ~*s* 연필 자국을 내다 〈지워 없애다〉. b]《比》 영향(의 흔적), 감화: leave one's ~ on one's students 학생들에게 영향을 주다. c](성질·감정 등을 나타내는) 표시(token), 특징(peculiarity), 표정, 특색《*of*》 : bow as a ~ *of* respect 존경의 표시로서 머리를 숙이다 . (3) ⓤ 중요성 ; 명성, 저명 : a man of ~ 중요 인물, 명사 / begin to make a ~ 주목받기 시작하다. (4) ⓒ a]레테르(label), 상표, 기장(badge), 표장 : a ~ of rank 계급장 / a price ~ 정찰 / a manufacturer's ~*s* 제조회사 마크 / a trade ~ 상표. b](M-) 〈숫자를 수반하여〉 (무기·전차·비행기 따위의) 형(型) ; 그 형을 나타내는 기호《약어는 M》 : a *Mark*-4 tank, M4형 탱크《an *M* -4 Tank로도 씀》. (5) ⓒ (성적의) 평점, 점수(grade). (6) ⓒ a]안표 ; 표지(標識): a boundary ~ 경계표 / put a ~ on a map 지도에 표시를 하다. b](종종 the~) 【競】 출발점, 스타트 라인. (7) ⓒ a]목표, 표적(target), 겨냥(aim) : hit the ~ ⇨ (成句). b](조소의) 대상 ; 《口》 우려 먹을 상대, 봉 : an easy 〈a soft〉 ~ 얼간이, 잘 속는 사람. (8)(the ~) (중요한) 단계, 수준, 한계. (9) ⓒ 【컴】 표(지). ***above* 〈*below*〉 *the ~*** 표준 이상으로〈이하로〉. ***beside* 〈*wide of*〉 *the ~*** 과녁을 벗어나서, 빗맞아서. ***fall short of the ~*** 표준 〈목표〉 에 못 미치다. ***get off the ~*** 스타트 하다 ; (일을) 시작하다 ***(God* 〈*Heaven*〉*) bless* 〈*save*〉 *the ~!*** 원 기가 막혀, 원 저런, 대단한데《놀람·조소·빈정댐을 나타냄》. ***have a ~ on . . .*** …을 좋아하다. ***hit the ~*** 식중〈성공〉하다. ***make* One*'s ~*** 유명해지다, 이름을 남기다. ***off the ~*** 과녁을 벗어나서 ; 스타트를 끊어 : be quick 〈slow〉 *off the ~* 스타트가 빠르다 〈느리다〉 ; 민첩하다 〈하지 못하다〉. ***on the ~*** 출발 준비를 하여, 준비를 끝내. ***On* (*your*) *~*(*s*)*!*** 【競】 제자리(에 섯) ※ 《英》에서는 Ready, steady, go! 라고도 함. ***over the ~*** 허용 범위를 넘어서. ***quick off the mark*** 이해가 빠른, 두뇌 회전 속도가 빠른. ***short of the ~*** 과녁에 못 미치는. ***slow off the ~*** 이해가 더딘, 두뇌 회전이 느린. ***take* one*'s ~ amiss*** 겨냥이 빗나가다, 실패하다. ***up to the ~*** 〔흔히 否定文으로〕 1)표준에 달하여 ; 나무랄 데 없는. 2)(몸의 컨디션이) 매우 좋아서. ***wide of the*** ~ 예상을 크게 빗나간, 헛 짚은.

— *vt.* (1)《~+目/+目+前+名/+目+補》 …에 표를 하다《*with*》, 부호〈기호〉를 붙이다《*on*》 ; …에 흔적〈오점〉을남기다 ; …에 인장〈스탬프, 각인 등〉을 찍다 ; …에 이름〈번호 등〉을 적다 : ~ the sheep 양에 소유인을 찍다. (2)(득점을)를 기록하다 : ~ the score in a game 경기의 점수를 기록하다. (3)(답안)을 채점하다 : ~ a paper 답안을 채점하다. (4)…을 보여주다, 나타내다, 표시하다. (5) a]…을 특징짓다, 특색을 이루다. b]〈흔히 受動으로〉 …을 (…로) 특징지우다. 두드러지게 하다《*by* ; *with*》. (6)…에 주목하다, 주의를 기울이다, (변화 따위)를 느끼다. (7)《+副+目+前+名》 …을 선정하다 ; 운명지우다《*out*》 : be *~ed out for* promotion 승진 후보자로 선정되다. (8)【商】(정찰)을 붙이다 : ~ prices *on* goods= ~ goods *with* prices 상품에 가격표를 붙이다. (9)(축구 등에서) (상대)를 마크하다.

— *vi.* (1)(연필 따위로) 표를 하다. (2)(비판적으로) 주의〈주목〉하다. (3)채점하다 ; 경기의 점수〈스코어〉를 기록하다. (4)상처가〈흠이〉 나다. ***~ down*** 1)…을 기록하다 : 적어두다. 2)…의 값을 내리다, …에 값을 내린 표를 붙이다 : ~ *down* books by 5%, 책을 5% 싸게 하다. 3)(학생) 등의 점수를 내리다. 4)(사람을, …이라고) 인정하다, 간주하다 : ***~ off*** 1)(경계선 따위로) 구분〈구별, 구획〉하다. 2)…에 선을 그어 〈표를 하여〉 지우다 : ~ *off* certain items on a list 일람표의 어떤 항목을 선을 그어 지우다. 3)(사람·물건을) …에서 구분하다《*from*》 : ***~ out*** 1)(경기장 따위의) 선을 긋다. 2)(사람을) 특징짓다. 3)…에 발탁하다, 선발하다《*for*》. ***~ time*** 1)【軍】 제자리걸음을 하다 ; (일이) 진척되지 않다, 정돈(停頓)상태에 있다. 2)때를 기다리다, 시세를 관망하다, 보류하다. 3)일하는 척하다.

mark[2] *n.* ⓒ 마르크《독일의 화폐 단위》. 【cf.】 Deutsche mark, reichsmark.

mark·down [mɑ́ːrkdàun] *n.* ⓒ (1)정찰의, 가격 인하 : a substantial ~ 대폭적인 가격 인하. (2)인하된 액수. 【opp.】 *markup.*

·marked [mɑːrkt] a. (1)기호〈표〉가 있는 ; 표를 한. (2)눈에 띄는(conspicuous), 현저한 ; 두드러진. (3)〔限定的〕 주목을 받고 있는, 저명한, 주의를 끄는 : a ~ man 요주의(要注意) 인물 ; 유명〈유망〉한 인물. (4)〔敍述的〕 (기미·반점 따위의) 자국이〈무늬가〉 있는《*with*》. (5) 【言】 유표(有標)의. 【opp.】 *unmarked.*

파) **mark·ed·ly** [mɑ́ːrkidli] *ad.* 현저하게, 두드러지게, 뚜렷하게. **márk·ed·ness** *n.* 현저함 ; 특수성.

mark·er [mɑ́ːrkər] *n.* ⓒ (1) a]표하는 사람〈도구〉. b]마커, 매직펜 : a felt-tipped ~ 사인펜. c]득점 기록계〈사람〉. (2)(시험·경기 등의) 채점자. (3)표시가 되는 것《서표(bookmark)·묘비·이정표 등》. (4)《美》 약속 어음, 약식 차용증(서)(IOU). (5)【言】 표지(標識). (6)【遺傳】 =GENETIC MARKER — ***not·a ~ to*(*on*)** …와 비교가 안되다.

⁝mar·ket [mɑ́ːrkit] *n.* (1) ⓒ 장 ; 장날(~ day) : a cattle ~ 가축 시장. (2)(흔히 the ~) (특정 물품의) 매매 시장. (3) ⓒ (특히) 식료품점, …가게 : a fish ~ 어물전, 생선가게. (4) ⓤ (또는 a ~) 수요(demand), 판로《*for*》 : find *a* new ~*for* …의 새 판로를 개척하다. (5) ⓒ (특정 상품의) 거래 , 상기(商機) : the ~ in silk 실크의 거래. (6) ⓒ 시세, 시가(market price) ; 시황(市況 ***be in the ~ for*** (…)를 사려고 하다. ***bring* one*'s eggs* 〈*hogs, goods*〉 *to the wrong* 〈*a bad*〉 ~** 예상 착오를 하다, 오산하다. ***bring ...to ~*** …을 팔려고 내놓다. ***come into* 〈*onto*〉 *the ~*** 매물로 나오다. ***feed... to the ~*** (가축)을 팔기 위해 키우다. ***go to a good* 〈*bad*〉 ~** 잘 돼가다 〈되지않다〉. ***in* 〈*on*〉 *the ~*** 매물

M

로 나와 있는, 시판되고 있는. ***hold the ~*** 시장을 좌우하다. ***make a* 〈one*'s*〉 *~ of*** …으로 이익을 얻다 ; …을 이용하다. ***play the ~*** 주식 투기를 하다, 증권에 투자하다. ***put* 〈*place*〉 *on the ~*** =bring to ~. ***rig the ~*** 《俗》 (인위적으로) 시세를 조종〈조작〉하다. — *vi.* 《美》 시장을 보다, 쇼핑하다 : go ~ ing 물건 사러가다, 쇼핑하러가다. — *vt.* (물건)을 시장에 (팔려고) 내놓다, 팔다 : ~ small cars 소형차를 시장에 내놓다.

mar·ket·a·bil·i·ty [mɑ̀ːrkitəbíləti] *n.* ⓤ 시장성(性).

mar·ket·a·ble [mɑ́ːrkitəbəl] *a.* 시장성이 있는, 잘 팔리는, 매매할 수 있는.

mar·ket·eer [mɑ̀ːrkitíər] *n.* ⓒ 시장 상인(market denler).

mar·ket·er [mɑ́ːrkitər] *n.* ⓒ 시장에서 매매하는 사람 ; 장보러 가는 사람, 시장 경영자.

márket gàrden 《英》 (시장에 내기 위해 재배하는) 채원(菜園) (《美》 truck farm).

márket gàrdener 시장에 내기 위한 채원 경영자.

márket gàrdening 시장에 낼 야채 재배(업).

·mar·ket·ing [mɑ́ːrkitiŋ] *n.* ⓤ (1) a]【經】 마케팅《시장 조사·광고 등을 포함하는, 제조 계획에서 최종 판매까지의 전과정》. b]회사의 마케팅 부문. (2)시장에서의 매매, 장보기, 쇼핑.

·mar·ket·place [mɑ́ːrkitplèis] *n.* ⓒ (1)장, 장터. (2)(the ~)시장 ; 상업〈경제〉계 : *the* international ~ 국제 시장.

márket prìce 시장 가격, 시가, 시세 : issue at the ~ (주식의) 시가 발행.

márket resèarch 시장 조사.

mark·ing [mɑ́ːrkiŋ] *n.* (1) ⓤ a]표하기. b]채점. (2) ⓒ (흔히 *pl.*) a](새의 깃이나 짐승 가죽의) 반문(斑紋), 무늬, 얼룩 무늬. — *a.* 특징 있는, 특출한. b](항공기 등의) 심벌 마크.

Márks & Spéncer 막스언스펜서《영국의 대표적 체인스토어 ; 식료품외 의류품도 취급》.

marks·man·ship [-ʃip] *n.* ⓤ 사격술〈기량〉, 궁술.

Mark Twain [mɑ́ːrktwéin] 마크 트웨인《미국의 작가 ; 본명 Samuel L. Clemens ; 1835-1910》.

mark·up [mɑ́ːrkʌ̀p] *n.* ⓒ (1) 【商】 가격 인상 (【opp.】 *markdown*). (2)가격 인상폭〈액〉. (3)《美》 법안의 최종 절충(단계).

mar·lin [mɑ́ːrlin] (*pl.* ~(***s***)) *n.* ⓒ 【魚】 청새치류(類).

·mar·ma·lade [mɑ́ːrmǝlèid, ⌐-⌐] *n.* ⓤ 마멀레이드《오렌지·레몬 등의 껍질로 만든 잼》 : toast and ~ 마멀레이드를 바른 토스트. — *a.* 오렌지색의 (줄무늬가 있는) : a ~ cat.

mar·mo·re·al, -re·an [mɑːrmɔ́ːriəl], [-riən] 《詩》 *a.* 대리석의 ; 대리석같이 흰 〈차가운, 매끄러운〉. 파) **~·ly** *ad.*

ma·roon[1] [mərúːn] *n.* ⓒ (종종 M-) 머룬《탈주한 흑인 노예의 자손; 서인도 제도 산중에 삶》. —*vt.* (1)…을 귀양보내다. (2)…을 고립시키다. — *vi.* 빈둥빈둥 놀다, 캠프 여행을 하다. 파) **~·er** *n.* 해적유배인.

ma·roon[2] *a.* 밤색〈고동색, 적갈색〉의.

— *n.* (1) ⓤ 밤색, 적갈색. (2) ⓒ (선박·철도 등의 경보용) 폭죽, 꽃불.

mar·que·try, -te·rie [mɑ́ːrkətri] *n.* ⓤ 상감(象嵌) 세공, (가구 장식의) 쪽매붙임 세공.

·mar·quis [mɑ́ːrkwis] (*fem.* ***mar·chio·ness*** [mɑ́ːrʃənis] *n.* ⓒ (영국 이외의) 후작, …후(侯).

:mar·riage [mǽridʒ] *n.* (1) ⓤⓒ 결혼(wedlock) 《*to* ; *with*》 : 결혼 생활, 부부 관계 : propose ~ to …에게 청혼하다 / (an) early ~조혼 / (a) late ~ 만혼 / (an) arranged ~ 중매 결혼. (2) ⓒ 결혼식, 혼례(wedding) : perform〈celebrate〉 a ~ 결혼식을 거행 하다. (3) ⓤⓒ 밀접한 결합(union) : the ~ of intellect with good sense 지성과 양식의 결합. ▫ marry *v.* ***common-law ~*** 합의 〈내연적〉 결혼. ***give*** a person ***in ~*** …를 시집〈장가〉 보내다. ***~ of convenience*** 정략 결혼. ***take*** a person ***in ~*** …를 아내로 〈남편으로〉삼다 〈맞다〉.

mar·riage·a·ble [mǽridʒəbəl] *a.* 결혼할 수 있는, 결혼에 적당한《연령 따위》, 혼기의, 묘령의 : a ~ girl = a girl of ~ age 혼기가 된 아가씨. 파) *n.* **mar·riage·a·bil·i·ty** [mæ̀ridʒəbíləti] *n.* ⓤ 결혼적령.

márriagepòrtion 결혼 지참금(dowry).

:mar·ried [mǽrid] *a.* (1)결혼한, 기혼의, 배우자가 있는. 【opp.】 *single.* 『 a ~ woman 기혼 여성. (2)〔限定的〕 결혼의, 부부(간)의(connubial) : ~ life 결혼 생활 / ~ love 부부애 / ~ bliss 결혼의 기쁨 / one's ~ name 결혼하고 난 뒤의 성(性) (【cf.】 maiden name). ***get ~*** (…와) 결혼하다《*to*》.

— *n.* ⓒ (흔히 *pl.*) 《口》 기혼자 : young ~*s* 젊은 부부.

·mar·row [mǽrou] *n.* (1) ⓤ 【解】 뼈골, 골수 (medulla). 【cf.】 pith. 『 (a) bone ~ transplant 골수 이식. (2) (the ~) a]정수(精髓), 핵심, 정화(精華) : *the* pith and ~ of a speech 연설의 골자. b]힘, 활력(vitality) : *the* ~ of the land 국력(國力). (3) ⓤⓒ 《英》 서양 호박의 일종 (vegetable ~). ***spinal ~*** 척수(脊髓). ***to the ~*** (***of*** one***'s bones***) 뼛속〈골수〉까지 ; 철저히 : be chilled *to the* ~ 뼛속까지 차가워지다.

mar·row·bone [-bòun] *n.* ⓒ 골이 든 뼈 ; 소의 정강이 뼈《골을 먹음》. ***get* 〈*go*〉 *down on*** one***'s ~s*** 무릎을 꿇다.

:mar·ry [mǽri] *vt.* (1)…와 결혼하다 : He asked me to ~ him. 그는 나에게 결혼해 줄 것을 청했다 / get *married* 결혼하다. (2)《~+目/+目+副/ 目+前+名》 …을 결혼시키다《*to*》 ; 시집〈장가〉 보내다《*off*》. (3)(목사가) …의 결혼식을 올리다 〈주례하다〉. (4)…을 (…와) 결합〈합체〉시키다. — *vi.* 《~/+補/+前+名》 결혼하다, 시집가다, 장가들다, 며느리 〈사위〉를 보다. ▫ marriage *n.* ***~ above*** one***self*** 자기보다 신분이 높은 사람과 결혼하다. ***~ beneath* 〈*below*〉** one***self*** 자기 보다 신분이 낮은 사람과 결혼하다. ***~ for love*** 연애 결혼하다. ***~ into the purple*** 지체 높은 집안과 사돈을 맺다. ***~ off*** …을 시집〈장가〉보내다. ***~ up*** 결혼〈약혼〉시키다 ; 화해시키다.

mar·ry·ing [mǽriiŋ] *a.* 결혼할 것 같은, 결혼하고 싶어하는.

·Mars [mɑːrz] *n.* (1)【天】 화성 : the size of ~ 화성의 크기. (2)【로神】 마르스《군신(軍神), 그리스의 Ares 에 해당 ; 【cf.】 Bellona》.

:marsh [mɑːrʃ] *n.* ⓤⓒ 습지(대), 소택지, 늪. 【cf.】 bog, swamp.

:mar·shal [mɑ́ːrʃəl] *n.* ⓒ (1) a]【軍】 (프랑스 등지 의) 육군 원수 (《美》 General of the Army, 《英》 Field Marshal). b]《英》 공군 원수(Marshal of the

Royal Air Force). (2)《美》 a](연방 재판소의) 집행관, 연방 보안관. b]경찰〈소방〉서장. (3)《英》 (법원의) 서기. — (**-l-,** 《英》 **-ll-**) vt. (1)…을 정렬시키다, 집합시키다. (2)(사실·증거 따위)를 정연(整然)하게 늘어놓다, 정돈〈정리〉 하다. (3)…을 (예의바르게) 안내하다, 인도하다(usher.

mársh fèver 말라리아(malaria).

mársh gàs 메탄(methane), 소기(沼氣).

marsh·land [-lǽnd] n. ⓒ 습지대, 소택지.

marsh·mal·low [mɑ́ːrʃmèlou, -mæ̀l-] n. ⓤⓒ 마시멜로《녹말·젤라틴·설탕 따위로 만드는 연한 과자》.

·marshy [mɑ́ːrʃi] (***marsh·i·er ; -i·est***) a. (1)습지〈소택〉의 ; 늪이 많은; 늪 같은, 축축한 땅의. (2)늪에 나는 : ~ vegetation 습원(濕原) 식물.

mar·su·pi·al [mɑːrsúːpiəl/ -sjúː-] n. ⓒ, a. 【動】 유대류(有袋類)(의).

·mart [mɑːrt] n. ⓒ 시장, 장터(market), 상업중심지.

mar·ten [mɑ́ːrtən] (pl. ~(**s**)) n. (1) ⓒ 【動】 담비(= ~ **càt**). (2) ⓤ 담비의 모피.

mar·tial [mɑ́ːrʃəl] a. 〔限定的〕 (1)전쟁의(에 적합한), 군사(軍事)의 : ~ music 군악(軍樂) / a ~ song 군가. (2)용감한, 호전적인(warlike) : ~ behavior 호전적인 행동.
파) **~·ly** [-ʃəli] ad. 용감하게. **~·ism** n. ⓤ 상무(정신).

mártial árt (종종 the ~s) (동양의) 무술《태권도·쿵후》. 파) **mártial ártist** n. 격투기 선수.

mártial láw 계엄령.

Mar·tian [mɑ́ːrʃən] a. 화성(인)의, 군신의.
— n. ⓒ 화성인.

mar·ti·net [mɑ̀ːrtənét, ⌐-⌐] n. ⓒ 《흔히 蔑》 규율에 까다로운 사람 ; (특히 육해군에서) 훈련에 몹시 까다로운 교관.

mar·tin·gale, -gal [mɑ́ːrtəngèil], [-gæ̀l] n. ⓒ (1)(말의) 가슴걸이. (2)【海】 제 2 사장(斜檣) (jib boom)을 고정시키는 버팀줄.

mar·ti·ni [mɑːrtíːni] n. ⓤⓒ 마티니(= ~ **cócktail**)《진·베르무트를 섞은 칵테일》.

·mar·tyr [mɑ́ːrtər] n. ⓒ (1) a](특히, 그리스도교의) 순교자. b](주의·운동 따위의) 순난자(殉難者), 희생자(victim)《to》 : die a ~ to one's duty 순직하다. (2)(병 따위에) 끊임없이 시달리는 사람《to》. be a ~ to …로 괴로워 하다. ***make a ~ of*** one***self*** 《蔑》 (동정·칭찬 등을 얻기 위해) 순교자처럼 굴다.
— vt. (신앙·주의 때문에) …을 죽이다, 박해하다, 괴롭히다.

mar·tyr·dom [mɑ́ːrtərdəm] n. ⓤⓒ (1)순교, 순사(殉死). (2)수난, 고난, 고통.

:mar·vel [mɑ́ːrvəl] n. (1) ⓒ 놀라운 일, 경이, 이상함 : ~s of nature 자연의 경이. (2)(흔히 a ~) 놀라운 것〈사람〉, 비범한 사람 : a ~ of beauty 절세의 미인 / a ~ baseball ~ 야구계의 천재.
— (**-l-,** 《英》 **-ll-**) vi. 《+前+名》 놀라다《at》 : ~ at his eloquence 그의 웅변에 놀라다〈혀를 내두르다〉.
— vt. (1)《+that 節/+wh. 節》 …을 기이〈이상〉하게 느끼다(wonder), …에 호기심을 품다. (2)《+that 節》 …에 감탄하다; 놀라다, 경탄하다.

:mar·vel·ous, 《英》 **-vel·lous** [mɑ́ːrvələs] (***more ~ ; most ~***) a. (1)불가사의한, 믿기 어려운, 놀라운 : a ~ occurrence 경이로운 〈믿기 어려운〉 일〈사건〉. (2)《口》 훌륭한, 최고의, 굉장한, 멋진 : a ~ dinner 〈suggestion〉 훌륭한 만찬 〈제안〉. 파) ***~·ly** [-li] ad. (1)불가사의하게, 이상하게, 놀라울 정도로. (2)멋지게, 훌륭하게. **~·ness** n.

Marx [mɑːrks] n. **karl ~** 마르크스《독일의 사회주의자 ; 1818-83》.

Marx·ian [mɑ́ːrksiən] a., n. ⓒ 마르크스(주의)의 ; 마르크스주의자(의).

Marx·ism [mɑ́ːrksizəm] n. ⓤ 마르크스주의, 마르크시즘. 파) **-ist** a., n.

:Mary [méəri] n. (1)메리《여자 이름》. (2)【聖】 성모 마리아.

·Mary·land [mérələnd] n. 메릴랜드《미국 동부 대서양 연안의 주(州) ; 주도(州都) Annapolis ; 略 : Md. ; 【郵】 MD ; 속칭 the Old Line State》.
파) **~·er** n. ⓒ 메릴랜드 주 사람.

mar·zi·pan [mɑ́ːrzəpæ̀n, -tsəpɑ̀ːn] n. ⓤⓒ 설탕·달걀·호두와 으깬 아몬드를 섞어 만든 과자.

Ma·sai [mɑːsái] (pl. ~(**s**)) n. (1) a](the ~(s)) 마사이족《남아프리카 Kenya 등지에 사는 유목 민족》. b]ⓒ 마사이족 사람. (2) ⓤ 마사이어(語).

mas·cara [mæskǽrə/ -kɑ́ːrə] n. ⓤ (속)눈썹에 칠하는 물감, 마스카라.

mas·cot [mǽskət, -kɑt] n. ⓒ 마스코트, 행운의 신〈부적〉, 행운을 가져오는 물건〈사람, 동물〉, 복의 신 : the team's ~ 팀의 마스코트.

:mas·cu·line [mǽskjəlin] (***more ~ ; most ~***) a. (1)남성의, 남자의. (2) a]남자다운, 힘센, 용감한 : ~ looks 남자다운 용모. b](여자가) 남자 같은 : a ~ woman 남성적인 여자. (3)【文法】 남서의. 〖opp.〗 *feminine*. 『 a ~ noun 남성 명사.
— n. 【文法】 (1)(the ~) 남성. (2) ⓒ 남성형.

másculine génder 【文法】 (the ~) 남성.

másculine rhýme 【韻】 남성운(韻)《강세가있는 1 음절만의 압운》.

mas·cu·lin·i·ty [mæ̀skjəlínəti] n. ⓤ 남자다움, 남성미.

·mash [mæʃ] n. ⓤ (1)(또는 a ~) 짓이겨서 질척한 것. (2)(밀기울·탄 보리 따위를 더운 물에 갠) 가축의 사료. (3)매시, 엿기름물《맥주·위스키의 원료》. (4)《英口》 매시트포테이토.
— vt. (1)(삶은 감자 따위)를 짓이기다《up》 : Please ~ (up) the potatoes. 이 삶은 감자를 좀 이겨 주세요. (2)…을 짓찧다. **~ up** 충분히 으깨다.

:mask [mæsk, mɑːsk] n. ⓒ (1)탈 ; 복면, 가면 : The robber wore a black ~. 도둑은 검은 복면을 쓰고 있었다. (2)(보호용) 마스크. (3)(석고 등으로) 사람의 얼굴 모양을 본뜬 것 ; (장식물로서 여우 등의) 얼굴, 안부(顔部). (4)(흔히 sing.) 위장, 가장, 구실 : under a ~ of kindness 친절의 가면을 쓰고 / ***put on*** 〈***wear, assume***〉 ***a ~*** 가면을 쓰다 ; 정체를 감추다. ***throw off*** 〈***pull off, drop***〉 one's ~ 가면을 벗다, 정체를 드러내다. ***under the ~ of*** …의 가면을 쓰고, …을 가장하여(핑계로).
— vt. (1)…에 가면을 씌우다, 가면으로 가리다. (2)《~+目/+目+前+名》 …을 가리다, 감추다 ; ~ one's intentions 의도를 숨기다. — vi. 가면을 쓰다, 가장하다.

masked [mæskt, mɑːskt] a. (1)가면을 쓴, 변장한 (disguised). (2)(진상을〈진의를〉) 숨긴, 숨은. (3)【軍】 차폐된 ; 【醫】 잠복성의(latent).

mask·er [mǽskər, mɑ́ːsk-] n. ⓒ (1)복면을 한 사람. (2)가면극 배우. (3)가면 무도회 참가자.

mas·och·ism [mǽsəkìzəm, mǽz-] n. ⓤ (1)【精神醫】 피학대 음란증. 〖opp.〗 *sadism*. (2)자기 학대

(피학적 경향). 파) **-ist** *n.* ⓒ 피학대 음란증 환자.
màs·och·ís·tic [-tik] *a.* **-ti·cal·ly** *ad.*

:ma·son [méisən] *n.* ⓒ (1) a]석수. b]벽돌공. (2)(M-) 프리메이슨단(團)의 조합원.
— *vt.* 돌(벽돌)로 만들다.

·ma·son·ry [méisənri] *n.* ⓤ (1)석공술(術) ; 석수〈벽돌공〉의 직(職) ; 돌〈벽돌〉로 만든 건축, 석조(石造) 건축(stonework) ; 돌쌓기〈공사〉, 벽돌공사. (2)(M-) 프리메이슨 조합(Freemasonry), 그 제도〈주의〉.

masque [mæsk, mɑːsk] *n.* ⓒ (1)(16-17세기에 행해졌던) 가면극 ; 그 각본. (2)가장 무도회.

·mas·quer·ade [mæ̀skəréid] *n.* ⓒ (1)가장〈가면〉 무도회 ; 가장(용 의상). (2)구실, 허구, 겉치레 ; 은폐. — *vi.* (1)《~/+as 補》 …으로 가장하다, 변장하다 ; …인 척하다 : ~ *as* a beggar 거지인 척하다. (2) 가장 〈가면〉 무도회에 참가하다.
파) **-ád·er** *n.* ⓒ 가장〈가면〉 무도회 참가자.

:mass [mæs] *n.* (1) ⓒ 큰 덩어리 : a ~ of iron 쇳덩이 / a ~ of rock 바윗 덩어리 / great ~*es* of clouds 커다란 구름 덩어리. (2) ⓤ 모임, 집단, 밀집. (3)(a ~ ; 《口》 ~es) 다량, 다수, 많음 : a ~ of letters 산더미 같은 편지. (4)(the ~) 대부분, 태반《*of* 》. (5)(the ~es) (엘리트에 대하여) 일반 대중, 서민(populace), 근로자 계급. (6) a]ⓒ 부피(bulk) ; 크기(size). b]ⓤ 【物】 질량. ***be a ~ of*** …투성이다. ***in a ~*** 하나로 합쳐서, 일시불로. ***in the ~*** 통틀어, 대체로, 전체로.
— *a.* 대량의, 대규모의 ; 집단의 : 대중의 : ~ murder 대량 학살 / ~ data 【컴】 대량 자료.
— *vt., vi.* (…을) 한 덩어리로 만들다 〈가 되다〉 ; 한 무리로 모으다 〈모이다〉 ; 집중하다 ; 집합시키다 〈하다〉, 집결시키다.

·Mass [mæs] *n.* (때로 m-) (1) ⓤⓒ (카톨릭의)미사 : attend 〈go to〉 mass 미사에 참례하다. (2) ⓒ 미사곡 ***High*** 〈***Solemn***〉 ***~*** 장엄 미사. ***Low*** 〈***Private***〉 ***~*** 평(平)미사. ***read*** 〈***say***〉 ~ 미사를 올리다. ~ for the dead. 고민을 위한 미사.

·Mas·sa·chu·setts [mæ̀sətʃúːsits] *n.* 매사추세츠《미국 동북부의 주; 주도(州都) Boston ; 略 : Mass ; 【郵】 MA ; 속칭 the Bay State》.

·mas·sa·cre [mǽsəkər] *n.* ⓒ (1)대량 학살. (2)《口》 (경기 등의) 완패(完敗).
— *vt.* (1)…을 대량 학살하다, 몰살시키다. (2)《口》 (시합 등에서) …에 압승하다.

·mas·sage [məsɑ́ːʒ/mǽsɑːʒ] *n.* ⓤⓒ 안마, 마사지, 안마 치료 : give 〈have〉 (a) ~ 마사지 해주다 〈받다〉 / a facial ~ 얼굴 마사지. — *vt.* (1)…을 마사지'〈안마〉 하나. (2)(숫자·증거 등)을 부정하게 고치다.

masságe párlor (1) 안마 시술소. (2)《戱》 안마를 칭하면서 매춘을 행하는 곳.

mass·cult [mǽskʌ̀lt] *n.* ⓤ 《口》(주로 매스컴에 의해 전달되는) 대중 문화 (= **máss cúlture**).

massed [mæst] *a.* 밀집한 ; 집중한, 한 덩어리가 된.

mas·seur [mæsə́ːr] (*fem.* ***-seuse*** [-sə́ːz]) *n.*ⓒ 《F.》 안마사, 마사지사.

:mas·sive [mǽsiv] (***more ~; most ~***) *a.* (1)부피가 큰(bulky), 큰 ; 육중한(ponderous) : a ~ pillar 굵고 육중한 기둥. (2)단단한, 힘찬 ; (용모·체격·정신이) 올찬, 굳센(solid), 강력한 ; 당당한, 훌륭한(imposing). (3)대량의 ; 대규모의 : ~ damage 막대한 손해. (4)널리 퍼진, 넓은 범위에 걸친. 파) **~·ly** *ad.* **~·ness** *n.*

máss média (the ~) 매스미디어, 대량 전달의 매체.

máss méeting (정치적인) 대중 집회.

máss nòun 【文法】 질량 명사《불가산의 물질·추상 명사》.

máss observátion 《英》 여론(輿論) 조사.

mass-pro·duce [mǽsprədjúːs] *vt., vi.* (…을) 대량 생산하다, 양산(量産)하다.

mass-pro·duced [mǽsprədjúːst] *a.* 양산된 : cheap ~ goods 대량 생산된 값싼 물건.

máss prodúction 대량 생산, 양산(量産).

máss psychólogy 군중 심리(학).

máss tránsit 대량 수송 수단.

:mast [mæst, mɑːst] *n.* ⓒ (1)돛대, 마스트. (2)(마스트 모양의) 높은 기둥, 장대 ; 깃대, (방송용 안테나의) 철탑. ***before the ~*** 하급(평) 선원으로서 at the ~ 상갑판 큰 돛대 밑에서.

mast·ed [mǽstid, mɑ́ːst-] *a.* 〔흔히 複合語로〕 (돛대) …대박이의 : a three- ~ ship 돛대 세 대박이 범선.

:mas·ter [mǽstər, mɑ́ːstər] *n.* (1) ⓒ 주인 ; 고용주(employer) ; (노예·가축 등의) 소유주, 임자(owner) : ~ and man ⇨ (成句). (2) ⓒ 장(長) ; 가장(家長) 【cf.】 MISTRESS ; 선장(master mariner) : a station ~ 역장. (3) ⓒ 《英》 선생, 교사(school master) : the head ~ of a school 교장 선생. (4)(the M-) 주 예수 그리스도. (5) ⓒ 대가, 명장(名匠), 거장 (expert), 달인(達人), 숙련자 ; 대가의 작품. (6) ⓒ (M-) …님 ; 도련님《하인 등이 미성년 남자를 부를 때의 경칭》; 《Sc.》 작은 나리, 서방님, 도련님《자작·남작의 장자(長子) 경칭》 : young *Master* George 조지 도련님. (7) ⓒ 승리자, 정복자(victor). (8) ⓒ (M-) 석사(의 학위) : a *Master* of Arts 문학 석사《略 : M.A., 《美》 A.M.》 / a *Master* of Science 이학 석사《略 : M.S., M.Sc.》. (9) ⓒ 모형(matrix), 원판, (레코드의) 원반, (테이프의) 마스터 테이프. ***be ~ in*** one***'s own house*** 한집의 가장이다, 남의 간섭을 받지않다. ***be ~ of*** 1)…을 소유하다 ; …을 지배하다, …을 마음대로 할 수 있다. 2)…에 통달하다 : *be ~ of* the subject 그 문제에 정통(精通)하다. ***be ~ of*** one***self*** 자제하다 ; 침착을 잃지 않다. ***be*** one***'s own ~*** 마음대로 할 수 있다, 남의 제재를 〈속박을〉 받지 않다. ***make*** one***self ~ of*** …에 정통하다, …을 자유로이 하다, …에 숙달하다. ***~ and man*** 주인과 고용인, 주종(主從). ***~ of cere-monies*** ⇨ CEREMONY. — *a.* 〔限定的〕 (1)우두머리의 ; 명인(名人)의, 달인의 ; 뛰어난(excellent). (2)지배적인, 주된 : a 〈one's〉 ~ passion 지배적 감정 / a ~ disk 【컴】 으뜸 저장판.
— *vt.* (1)…을 지배〈정복〉 하다, 극복하다 ; (격정따위)를 억누르다, 참다(subdue). (2)…에 숙달하다, …에 정통하다, 충분히 습득하다, 마스터 하다.

mas·ter-at-arms [mǽstərətɑ́ːrmz, mɑ́ːs-] (*pl.* ***mas·ters-at-arms***) *n.* ⓒ 【英海軍】 선임 위병하사관.

mas·ter·ful [mǽstərfəl, mɑ́ːs-] *a.* (1)건방진, 오만한(domineering), 주인티를 내는, 남을 부리려 하는 (domineering). (2)= MASTERLY.
파) **~·ly** *ad.* **~·ness** *n.*

máster hànd 명수(expert), 명인 : be a ~ at carpentry 목수 일의 명인이다.

máster kéy 맞쇠, 곁쇠.

mas·ter·less [mǽstərlis, mɑ́ːs-] *a.* 주인이 없는, (동물 등이) 임자없는.

mas·ter·ly [mǽstərli, mɑ́ːs-] *a.* 명인다운, 대가다운, 훌륭한. — *ad.* 대가답게, 능란하게.

máster máriner (상선의) 선장.

mas·ter·mind [mǽstərmàind, mɑ́ːs-] *n.* ⓒ (1)(계획 등의) 입안자, 지도자, 주도자. (2)(나쁜 일의) 주모자, 조종자. — *vt.* (계획 등)을 교묘히 입안하다 ; (나쁜 일)을 (배후에서) 지휘 〈조종〉 하다.

:mas·ter·piece [mǽstərpìːs, mɑ́ːs-] *n.* ⓒ 걸작, 명작, 대표작.

máster plán (종합적인) 기본 계획.

máster's (degrèe) 석사 학위.

mas·ter·ship [mǽstərʃìp, mɑ́ːs-] *n.* (1) ⓤ master 임. (2) ⓒ master의 직 〈지위〉. (3) ⓤ 숙달, 정통(of, in). (4) ⓤ 지배(력), 통어.

Más·ters Tòurnament [mǽstərz-, mɑ́ːstərz-] (the ~) 【골프】 매스터즈 토너먼트 《매년 4월에 미국에서 열리는 세계 4대 토너먼트의 하나》.

mas·ter·stroke [mǽstərstròuk, mɑ́ːs-] *n.* ⓒ (정치·외교 등의) 훌륭한 솜씨 〈수완〉.

·mas·tery [mǽstəri, mɑ́ːs-]*n.* ⓤ (1)지배(력) (sway), 통어(력); 정복《*of* ; *over* 》: (the) ~ *of* the air 〈seas〉 제공〈제해〉권. (2)수위(首位), 우세(superiority), 승리, 우승. (3)(또는 a ~) 숙달, 정통:(精通)《*of* ; *over* 》: ***gain*〈*get, obtain*〉 *the ~ of*** …을 지배하다 ; …에 숙달〈정통〉 하다.

mast·head [mǽsthèd, mɑ́ːst-] *n.* ⓒ (1) 【海】 돛대머리, 장두(檣頭)《망대가 있음》. (2)발행인란《신문·잡지의 발행인·편집인·주소 등을 적은 난》.
— *vt.* (선원을) 벌로 돛대 꼭대기에 오르게 하다.

mas·tic [mǽstik] *a.* (1) ⓒ 【植】 유향수(乳香樹). (2) ⓤ 유향(乳香)《유향수에서 채취한 수지》. (3) ⓤ 회반죽의 일종. (4) ⓤ 유향주《포도주의 일종》.

mas·ti·cate [mǽstəkèit] *vt.* (1)(음식물)을 씹다 (chew), 저작(咀嚼)하다. (2)(고무 따위를 기계에 넣어서) 곤죽으로 만들다.

mas·ti·ca·tion [mæ̀stəkéiʃən] *n.* ⓤ 저작(咀嚼).

mas·tiff [mǽstif] *n.* ⓒ 매스티프《큰 맹견(猛犬)의 일종》.

mas·to·don [mǽstədɑ̀n/ -dɔ̀n] *n.* ⓒ 【古生】 매스토돈《신생대 제3 기의 거상(巨象)》.

mas·toid [mǽstɔid] *n.* ⓒ 【解】 유양 돌기.
— *a.* 젖꼭지(유두) 모양의 a ~ operation 유양 돌기 절제

mas·toid·i·tis [mæ̀stɔidáitis] *n.* ⓤ 【醫】 유양 돌기염(乳樣突起炎).

mas·tur·bate [mǽstərbèit] *vi.*, *vt.* (…에) 수음(手淫)을 하다. 자위 행위를 하다.

mas·tur·ba·tion [mæ̀stərbéiʃən] *n.* ⓤ 수음(手淫).

:mat[1] [mæt] *n.* (1) ⓒ a]매트, 멍석, 돗자리, (현관의) 신발 흙털개(doormat). b](레슬링·체조용의) 매트, c](접시·꽃병 따위의) 장식용 받침, =TABLE MAT. (2) ⓒ (설탕 따위를 넣는) 마대 ; 그 양. (4)(a ~) (머리카락·잡초 따위의) 뭉치, 엉킨 것 : *a* ~ of hair 〈weeds〉. 엉클어진 머리.
be* (*put*) *on the ~ 《口》 (상사에게) 견책당하다, 꾸중듣다. ***leave*** a person ***on the ~*** …를 문간에서 쫓아버리다.
— (*-tt-*) *vt.* (1)…에 매트를 깔다 ; …을 매트로 덮다. (2)《~+目/+目+副》 …을 엉키게 하다 《*together*》. — *vi.* 엉키다.

mat[2] *n.* ⓒ (그림·사진과 액자 사이의) 대지, 장식 가두리, 장식 테. — (*-tt-*) *vt.* …에 대지를 붙이다(대다).

mat[3]**, matt(e)** [mæt] *a.* 광택이 없는, 윤을 없앤.

mat·a·dor [mǽtədɔ̀ːr] *n.* ⓒ 《Sp.》 투우사.

:match[1] [mætʃ] *n.* ⓒ 성냥(개비) : a box of ~*es* 성냥 한 갑 / a safety ~ 안전 성냥.

:match[2] *n.* (1) ⓒ 시합, 경기(game) : play a ~ 시합을 하다 / win 〈lose〉 a championship ~ 선수권 시합에 이기다 〈지다〉. (2)(a ~, one ~) a]대전 상대, 호적수《*for*》 ; (성질 따위가) 필적하는〈동등한〉 사람〈것〉. b]쌍의 한쪽, 꼭 닮은 것, 빼쏜 것《*to*》 ; 어울리는 〈조화된〉 것 〈사람〉 《*for*》 : 걸맞는 쌍〈짝〉의 사람〈것〉《2인〈둘〉 이상》 : a ~ *to* this glove 이 장갑의 한 짝. (3) ⓒ (흔히 *sing.*) 〔修飾語와 함께〕 혼인, 결혼, 결혼의 상대 〈후보자〉《*for*》. ***make a ~*** 결혼 중매를 서다. ***make a ~ of it*** 결혼하다. ***meet more than*** one***'s ~*** 강적을 만나다. ***meet* 〈*find*〉** one***'s ~*** 호적수를 만나다; 난국 〈난문제〉에 부닥치다.
— *vt.* (1) a]…에 필적하다, …의 호적수가 되다 《*for* ; *in* ; *at* 》: *For* wine, no country can ~ France. 포도주에 관한 한 프랑스와 겨룰 나라는 없다. b]《~+目/+目+前+名》 맞붙게 하다, 경쟁〈대항〉 시키다《*against* ; *with*》. (2) a]…에 어울리다, 걸맞다 : a well- ~*ed* couple 잘 어울리는 부부. b]《~+目/+目+前+名》 …와 조화시키다, 맞추다《*to* ; *with*》 ; 갖추다; …에 맞는 것을 찾아내다 ; …에(적합한 사람〈것〉)을 찾아내다《*with*》.
— *vi.* (1)(둘이) 대등하다, 어울리다. (2)(물건이 크기·모양·색 등에서) (…와) 조화되다, 어울리다《*with*》. (3)《古》 (…와) 혼인하다《*with*》. ***~ coins*** 동전을 던져 결정하다. ***~ up*** 잘 조화되다 〈시키다〉. ***~ up to*** …에 필적하다, 미치다 ; (기대에) 부응하다.

match·book [∠bùk] *n.* ⓒ 종이 성냥 《한 개비씩 뜯어 쓰게 된》.

match·box [∠bɑ̀ks/ ∠bɔ̀ks] *n.* ⓒ 성냥통〈갑〉.

match·ing [mǽtʃiŋ] *a.* 〔限定的〕 (색·외관이) 어울리는, 조화된, 걸맞는.
— *n.* ⓤ 【컴】 맞대기, 정합(整合).

·match·less [mǽtʃlis] *a.* 무적의, 무쌍의, 비길데 없는 : a girl of ~ beauty 절세의 미인.
파) **~·ly** *ad.* **~·ness** *n.*

match·lock [∠lɑ̀k/ ∠lɔ̀k] *n.* ⓒ 화승총, 화승식 발화 장치.

match·mak·er [∠mèikər] *n.* ⓒ (1)결혼 중매인. (2)(특히 복싱·레슬링 등) 시합의 중개자 〈대전표를 짜는 사람〉.

mátch plày 【골프】 득점 경기《쌍방이 이긴 홀의 수대로 득점을 계산》. 【cf.】 stroke play.

mátch póint 【競】 (테니스·배구 등에서) 승패를 결정하는 최후의 1점.

match·stick [∠stìk] *n.* ⓒ 성냥개비.

match·wood [∠wùd] *n.* ⓤ (1)성냥개비 재료. (2)지저깨비, 산산조각. make ~ of = reduce … to ~ 박살을 내다, 산산이 부수다.

:mate[1] [meit] *n.* ⓒ (1)상대 ; 배우자(의 한쪽)(spouse)《남편이나 아내》 : a faithful ~ to him 그의 성실한 아내. (2) a](동물의) 한 쌍의 한쪽. b](장갑 등의) 한 짝. (3) a](노동자등의) 동료, 친구 : have a drink with one's ~*s* 동료들과 한잔하다. b](노동자·선원들간의 다정한 호칭으로서) 형, 동생, 여

M

보게. (4) a](상선의) 항해사 : the chief 〈first〉 ~ 1등 항해사. b]《美》 하사관. (5)(장색 등의) 조수 : a plumber's ~ 배관 견습공 / the cook's ~ 요리사 조수.
go ~s with …의 동료〈친구〉가 되다.
— *vt.* (새·짐승)을 짝지어주다, 교미시키다.
— *vi.* (새·짐승이) 교미하다《*with*》.

mate[2] [체스] *n.* ⓤⓒ 외통장군(checkmate).
— *vt.* …을 외통으로 몰다, 지게 하다.

ma·ter [méitər] *n.* ⓒ (때로 M-) 《英俗》 어머니(mother). 【cf.】 pater.

:ma·te·ri·al [mətíəriəl] (*more ~ ; most ~*) *a.* (1)물질의, 물질에 관한(physical) ; 구체적인, 유형의. (2)육체상의〈적인〉(corporeal) ; 감각적인, 관능적인. (3)【論·哲】 질료(質料)적인, 실체상의. 〖opp.〗 *formal*. (4)중요한, 필수적인, 불가결한, 실질적인 : at the ~ time 중대한 시기에 / a ~ factor 중요한 요인. — *n.* (1) ⓤⓒ 원료, 재료 ; (양복의) 감 : building ~*s* 건축 자재. (2) ⓤ 요소, 제재(題材), 자료(data) : collect ~ for a dictionary 사전 만들 자료를 수집하다. (3)(*pl.*) 용구(用具) : writing ~*s* 필기 용구 / drawing ~*s* 제도 용구. (4) ⓤ 인재.

ma·te·ri·al·ism [-ìzəm] *n.* ⓤ (1)물질주의, 실리주의. (2)【哲】 유물론, 유물주의. 〖opp.〗 *spiritualism*.

ma·te·ri·al·ist [-ist] *n.* ⓒ 유물주의자, 유물론자. — *a.* 물질주의적인, 유물론(자)의.

ma·te·ri·al·is·tic [mətìəriəlístik] *a.* 유물론의 ; 유물주의적인. 파) **-ti·cal·ly** *ad.*

ma·te·ri·al·i·ty [mətìəriǽləti] *n.* (1) ⓤ 실질성, 구체성, 유형 ; 중요(성). (2) ⓒ 실재물, 유형물.

ma·te·ri·al·i·za·tion [mətìəriəlizéiʃən] *n.* ⓤⓒ 형체를 부여하기, 실체화, 구체화 ; 물질화 ; (영혼의) 체현 ; 현실(화), 구현.

ma·te·ri·al·ize [mətíəriəlàiz] *vt.* (1)…을 구체화하다, 실현하다 : ~ one's ambitions 자기의 야망을 실현하다. (2)(영 등)을 체현(體現)시키다, 물질〈실질〉적이 되게 하다. — *vi.* (1)가시화(可視化)하다 ; 나타나다, 사실화하다. (2)(영 등이) 체현(體現)하다 ; 유형화하다. (3)(갑자기) 나타나다.

·ma·te·ri·al·ly [mətíəriəli] *ad.* (1)크게, 현저하게. (2)【哲】 질료(質料)적으로, 실질적으로. 〖opp.〗 formally. (3) 물질〈유형〉적으로 ; 실리적으로, 육체적으로.

ma·te·ria med·i·ca [mətíəriə-médikə] 《L.》 (1)〔集合的, 複數취급〕 의약품, 약물(藥物). (2)〔單數취급〕 약물학.

ma·té·ri·el, -te- [mətìəriél] *n.* ⓤ 《F.》(군의) 장비(equipment), 군수품. 〖opp.〗 *personnel*.

·ma·ter·nal [mətə́ːrnl] *a.* (1)어머니의 ; 모성의, 어머니다운 : a ~ association 어머니회(會) / ~ love 모성애. (2)〔限定的〕 어머니쪽의, 모계(母系)의. 파) **~·ly** [-nəli] *ad.* 어머니답게 ; 어머니 쪽으로〈에〉. **~·ism** *n.* ⓤ 모성(애).

ma·ter·ni·ty [mətə́ːrnəti] *n.* (1) ⓤ 어머니임, 모성(motherhood) ; 어머니다움 ; 모성애. (2) ⓒ 산부인과 병원. — *a.* 〔限定的〕 임산부의, 임산부를위한 : a ~ apparatus 출산 기구 / a ~ center 임산부 상담소 / ~ leave 출산 휴가.

matey [méiti] (*mat·i·er ; -i·est*) *a.* 《英口》 허물없는, 다정한, 소탈한, 소탈한, 친한《*with*》 : He was very ~ *with* us. 그는 우리와 아주 친했다.
— *n.* ⓒ 〈흔히, 호칭으로〉 동료, 동무.

:math·e·mat·i·cal [mæ̀θəmǽtikəl] (*more ~ ; most ~*) *a.* (1)수학(상)의, 수리적인 : a ~ formula 수학 공식 / have a ~ mind 수리에 밝다 / ~ instruments 제도(製圖)기구《컴퍼스·자 등》. (2)매우 정확한, 엄밀한(rigorously exact).

·math·e·ma·ti·cian [mæ̀θəmətíʃən] *n.* ⓒ 수학자.

:math·e·mat·ics [mæ̀θəmǽtiks] *n.* (1)〔單數취급〕수학 : applied 〈mixed〉 ~ 응용 수학 / pure ~ 순수 수학. (2)〔單·複數취급〕 수학적 계산 〈처리〉, 운용, 운산.

·mat·i·nee, -née [mæ̀tənéi/ ∠-∠] *n.* ⓒ 《F.》 (연극·음악회 등의) 낮 흥행, 마티네. 【cf.】 SOIRÉE.

ma·tri·arch [méitriàːrk] *n.* ⓒ 여가장(女家長) ; 여족장(女族長). 【cf.】 patriarch.

ma·tri·ar·chal [mèitriáːrkəl] *a.* 여가장의, 모권제(母權制)의.

ma·tri·ar·chy [méitriàːrki] *n.* (1) ⓤⓒ 여가장제, 모권제. (2) ⓒ 모권 사회.

ma·tric [mətrík] *n.* 《英口》 =MATRICULATION. 대학 입시.

ma·tri·cide [méitrəsàid, mǽt-] *n.* (1) ⓤⓒ 모친 살해《죄·행위》. (2) ⓒ 모친 살해범. 파) **ma·tri·ci·dal** [-sáidl] *a.* 어머니를 죽인.

ma·tric·u·late [mətríkjəlèit] *vi.* 대학에 입학하다《*at* ; *in*》. — *vt.* …에게 대학 입학을 허가하다. — *n.* 대학 입학자.

mat·ric·u·la·tion [mətrìkjəléiʃən] *n.* ⓤⓒ 대학 입학 허가, 입학식.

mat·ri·lin·e·al [mæ̀trəlíniəl] *a.* 모계(母系)의 ; 모계제(制)의 : a ~ society 모계 사회.

mat·ri·mo·ni·al [mæ̀trəmóuniəl] *a.* 결혼의 ; 부부의 : a ~ agency 결혼 상담소.

·mat·ri·mo·ny [mǽtrəmòuni] *n.* ⓤ (1)결혼(식), 혼인.

ma·trix [méitriks, mǽt] (*pl.* **~·es, -tri·ces** [-trəsìːz]) *n.* ⓒ (1)(발생·성장의) 모체, 기반. (2)【鑛】 모암(母岩), 맥석(脈石). (3)【印】 자모형(母型) ; 주형(鑄型). (4)(레코드의) 원반. (5)【數】 행렬. (6)【컴】 매트릭스《입력 도선과 출력 도선의 회로망》.

·ma·tron [méitrən] *n.* ⓒ (1) a](나이 지긋한 점잖은) 부인, 여사. b]보모. (2)(옛날의) 수간호사《최근에는 보통 senior nursing officer라 함》. (3)(교도소의) 여자 간수.

ma·tron·ly [méitrənli] *a.* matron다운 ; (부인이) 관록 〈품위〉 있는(dignified), 마나님다운.

mat·ted[1] [mǽtid] *a.* (1)매트를 깐, 돗자리를 깐. (2)(머리 따위가) 헝클어진, 덥수룩한, 납작하게 엉긴 : ~ hair 헝클어진(덥수룩한) 머리.

mat·ted[2] *a.* 윤〈광택〉을 없앤, 흐린.

:mat·ter [mǽtər] *n.* (1) ⓤ 물질, 물체. (2) ⓤ 재료(material)(수식어를 동반하여) …질(質), …소(素), …체(體), …물(物) : vegetable ~ 식물질/ coloring ~ 색소, 염색제 / a foreign ~ 이물(異物) / organic ~ 유기물. (3) ⓤ (논의·저술 따위의) 내용(substance) ; 제재 (題材), 주제. (4) ⓒ (관심·고찰의) 문제(subject), 일, 사건 : money ~*s* 금전 문제 / a ~ of life and death 사활의 문제. (5)(*pl.*) (막연하게)일, 사(circumstance), 사정 : a serious ~ 중대사 / take ~*s* easy 〈seriously〉 매사를 쉽게 〈진지하게〉 생각하다. (6)(the ~) 지장, 장애, 사고, (7) ⓤ …물(物) 《인쇄·출판·우편 등의》 : printed ~ 인쇄물 /

postal ~ 우편물 / first class ~ 제 1 종 우편물. (8) ⓤ **[醫]** 고름. ***a ~ of*** 1)…의 문제(⇨ (4)). 2)…의 범위 ; 몇…. 3)약, 대충 : *a* ~ *of* five miles 〈dollars〉 약 5마일〈달러〉. ***a ~ of course*** 당연한 일. ***as a ~ of fact*** 실제에 있어서, 사실상. ***as ~s stand*** = ***as the ~ stands*** 목하의 상태로는. ***for that ~*** 그 일이면, 그 문제 〈점〉에 관해서는. ***in the ~of*** …에 관해서는. (***as regards***) ~ ***It is*** 〈***makes***〉 ***no ~*** (whether... or...) (…이든 아니든) 대수로운 문제는 아니다. 아무래도 좋다. ***no ~*** 전혀 문제될 것이 없다. 아무 것도 아니다. 걱정 없다. ***no ~ what*** 〈***when, where, which, who, how***〉 비록 무엇이 〈언제, 어디서, 어느 것이, 누가, 어떻게〉 …한다 하더라도(일지라도). ***There is something the ~*** (***with***) (…에는) 무언가 탈이 생겼다 ; (…은) 어딘가 이상하다. ***What ~?*** 그것이 어떻단 말인가 ; 상관없지 않은가.

— *vi.* (1) 《~/+副/+前+名》〔흔히 否定·疑問〕 중요하다, 문제가 되다, 관계가 있다. (2)(상처가) 곪다.

mat·ter-of-course [mǽtərəvkɔ́ːrs] *a.* (1)당연한, 말할 나위 없는. (2)태연한, 침착한.

mat·ter-of-fact [mǽtərəvfǽkt] *a.* 실제적인 ; 사실의, 사무적인, 인정미 없는; 담담한, 무미 건조한. 파) **~·ly** *ad.* 담담하게, 사무적으로.

·Mat·thew [mǽθjuː] *n.* (1)남자 이름《애칭 Matt》. (2)(Saint ~) **[聖]** 마태《예수의 12 제자의 한 사람》. (3)**[聖]** 마태 복음《신약 성서의》.

mat·ting [mǽtiŋ] *n.* (1)〔集合的〕 매트, 멍석, 돗자리, 깔개. (2) ⓤ 매트 재료.

·mat·tress [mǽtris] *n.* ⓒ (솜·짚·털 따위를 넣은) 침대요, 매트리스.

mat·u·rate [mǽtʃərèit] *vi.* **[醫]** 곪다, 화농하다, 성숙하다.

mat·u·ra·tion [mæ̀tʃəréiʃən] *n.* ⓤ (1)성숙(기), 원숙(기). (2)**[醫]** 화농(化膿).

:ma·ture [mətjúər, -tʃúər] (***ma·tur·er, -est ; more ~, most ~***) *a.* (1)익은(ripe), 숙성한 : ~ fruit 익은 과일. (2)(사람·동물이) 잘 발육〈발달〉한, 원숙한, 분별 있는 : a ~ woman 성숙한 여인 / ~ age 〈years〉 분별 있는 나이. (3)심사 숙고한, 신중한, 현명한. (4)(어음 따위가) 만기가 된 (due). — *vt.* …을 익히다 ; …을 성숙〈발달〉시키다(ripen).

— *vi.* (1)성숙하다, 숙성하다. (2)(어음이) 만기가 되다.

파) **~·ly** *ad.* **~·ness** *n.*

·ma·tu·ri·ty [mətjúərəti, -tʃúː-/ -tjúərə-] *n.* ⓤ (1)성숙(기), 숙성(기) ; 완전한 발달 〈발육〉 : reach 〈come to〉 ~ 성숙해지다. (2)(어음 등의) 만기(일). ◻ mature *v.*

ma·tu·ti·nal [mətjúːtənəl] *a.* (이른) 아침의 : (아침) 이른(early)

maud·lin [mɔ́ːdlin] *a.* 걸핏하면 눈물 잘 흘리는 감상적인 ; 취하면〈술을 마시면〉 우는.

— *n.* ⓤ 눈물 잘 흘림.

maul [mɔːl] *n.* ⓒ 큰 나무망치, 메. — *vt.* (1)(짐승 따위가) …을 할퀴거나 해서 상처를 입히다. (2)뭇매질하다, 혼내 주다, 난폭하게 다루다 ; 혹평하다.

maun·der [mɔ́ːndər] *vi.* (1)종작〈두서〉없이 이야기하다《*on*》, 중얼중얼하다. (2)(멍하니) 돌아다니다, 어정거리다《*along ; about* 》.

maun·dy [mɔ́ːndi] *n.* ⓤ **[教會]** 세족식(洗足式).

máundy mòney 〈**còins**〉 《英》 세족식날 왕실로부터 하사되는 빈민 구제금.

Máundy Thúrsday **[教會]** 세족 목요일성 목요일《부활절 직전의 목요일》.

Mau·pas·sant [móupəsɑ̀ːnt] *n.* **Guy de ~** 모파상《프랑스의 작가 ; 1850-93》.

Mau·riac [*F.* mɔrjak] *n.* **Francois ~** 모리아크 《프랑스 작가 ; 노벨 문학상(1952) ; 1885-1970).

mau·so·le·um [mɔ̀ːsəlíːəm] (*pl.* ***~s, -lea*** [-líːə]) *n.* ⓒ 장려한 무덤, 영묘(靈廟), 능(陵).

mauve [mouv] *n.* ⓤ, *a.* 연보라빛(의).

ma·ven, ma·vin [méivən] *n.* ⓒ 《美俗》 전문가, 명수(expert), 그 방면에 정통한(숙달한) 사람, 통(通).

mav·er·ick [mǽvərik] *n.* ⓒ (1)《美》 임자의 낙인이 없는 송아지. (2)(정치가·예술인 등) 소속이 없는 사람, 이단자, 무리에서 떨어진.

maw [mɔː] *n.* ⓒ (1)반추 동물의 넷째 위(胃). (2)《口》 사람의 밥통(위).

mawk·ish [mɔ́ːkiʃ] *a.* (1)(맛이) 느글거리는, 맥빠진, 역겨운(sickening). (2)(사람·행동이) 몹시 감상적인. 파) **~·ly** *ad.* **~·ness** *n.*

max [mæks] *n.* 《美俗》〔다음 成句로만〕 ***to the ~*** 최대한으로, 최고로 ; 완전히, 아주.

max. maximum.

maxi [mǽksi] (*pl.* ***max·is***) *n.* ⓒ 《口》 긴 치마, 맥시(maxiskirt), 맥시 코트. — *a.* 맥시의.

maxi- '최대(最大)의, 최장(最長)의' 란 뜻의 결합사 : *maxi*skirt 맥시 스커트.

max·il·la [mæksílə] (*pl.* ***-lae*** [-liː], ***~s***) *n.* ⓒ **[解]** 악골(顎骨), 턱뼈, 위턱.

·max·im [mǽksim] *n.* ⓒ 격언, 금언.

max·i·mal [mǽksəməl] *a.* 〔限定的〕 최대한의, 가장 효과적인, 극대(極大)의. 【opp.】 *minimal.* 파) **~·ly** *ad.*

max·i·mize [mǽksəmàiz] *vt.* …을 최대한으로하다, 극대화하다. 【opp.】 *minimize..*

— *vi.* 가장 광의로 해석하다.

파) **màx·i·mi·zá·tion** [-mizéiʃən] *n.*

:max·i·mum [mǽksəməm] (*pl.* ***-ma*** [-mə], ***~s***) *n.* ⓒ 최대, 최고점, 최대한(도), 최대량, 극한 : at the ~ 최대한으로 / to the ~ 최대한까지, 최고로 / the rainfall ~ 최대 강우량. — *a.* 〔限定的〕 최대의, 최고의 ; 극대의 : the ~ value **[數]** 극대값 / a ~ dose **[醫]** 극량(極量) / rhe ~ load 최대 적재량. — *a.* 최대한, 최고 : twice a week ~ 최대한 주 2회. **【opp.】** *minimum.*

max·i·skirt [mǽksiskəːrt] *n.* ⓒ 맥시스커트.

:May [mei] *n.* (1)5월 : in ~ 5월에 / on ~ 1 =on 1 ~ =on the 1st of ~ 5월 1일에. (2)(m-) 《英》 a)ⓒ **[植]** 산사나무. b)〔集合的〕 산사나무의 꽃. **【cf.】** mayflower. ***the Queen of*** (***the***) ~ =MAY QUEEN. — *vi.* 5월제에 참가하다.

:may [mei] (***might*** [mait] ; may not의 간약형 ***mayn't*** [meint], might not의 간약형 ***mightn't*** [máitnt]) 《否定의 간약형 mayn't 는 그다지 안 쓰임》. *aux. v.* (1)〔불확실한 추측〕 a)…할〈일〉지도 모른다《1)확률이 약 50%일 것임을 나타냄. 말하는 사람의 확신도는 might, may, could, can, should, ought to, would, will, must 순(順)으로 강해 짐. 2)否定形은 may not》. b)〈may have+過去分詞로, 과거의 불확실한 추측을 나타내어〉 …이었(하였)는지도 모른다.

M

(2) a]〔許可·許容〕 …해도 좋다, …해도 괜찮다. b]〔흔히 ~ well로, 容認을 나타내어〕 …라고 해도 관계없다, …라고 하는 것은 당연하다《이런 뜻의 否定은 cannot》.
(3)〔疑問詞와 더불어〕 a]〔불확실성을 강조하여〕 도대체 (무엇, 누구, 어떻게) …일까 : I wonder what ~ be the cause. 그 원인은 대체 무엇일까. b]〈표현을 부드럽게 하여〉 What ~ I do for you? 무슨 일로 오셨습니까.
(4)〔타당성·가능〕 …할 수 있다《특정 표현 외에는 보통은 can을 씀》 : Gather roses while you ~. (장미꽃은 딸 수 있을 때 따라 →) 젊음은 두 번 다시 오지 않는다.
(5)〔목적을 나타내는 that절에 쓰이어〕 …하기 위해, …할 수 있도록.
(6)〔양보〕 a]〔뒤에 等位接續詞 but 따위가 와서〕 (비록) …일지도〈할지도〉 모르지만, …라고 해도 좋다〈좋으나〉. b]〔양보를 나타내는 副詞節에서〕 비록 …일지라도, 설사 …라 할지라도.
(7)〔바람·祈願·저주〕《文語》 바라건대 …하기를〈있으라〉, …ㄹ지어다《may가 항상 주어 앞에 옴. I wish 따위를 씀》.
as best one ~ 〈***can***〉 될 수 있는 대로 ; 이럭저럭. ***be that as it ~*** 어쨌든, 그것은 어떻든 (anyway). ***come what ~*** 무슨 일이 있건 (whatever happens). ***~ 〈might〉 (just) as well*** do (***as ..***) ⇨ WELL[2]. ***That's as ~ be*** (***but ...***) 그건 그런지 모르지(만…). ***~ well*** ⇨ (2) b].

Ma·ya [máːjə] (*pl.* ***~(s)***) *n.* (1) a](the ~(s)) 마야족(族). b]ⓒ 마야인. (2) ⓤ 마야어(語).

Ma·yan [máːjən] *n.* (1) ⓒ 마야인. (2) ⓤ 마야어. — *a.* 마야족〈인, 어〉의.

:may·be [méibiː] *ad.* 어쩌면, 아마(perhaps).

·Máy Dày (1)5월제(祭)《5월 1일에 행하는 봄의 축제》. (2)노동절, 메이 데이.

May·day [méidèi] *n.* ⓒ 메이데이《비행기·선박에서 발하는 무선 전화에 의한 조난 신호》. send(out) a ~ (signal) 메이데이(의 신호)를 발하다.

May·fair [méifὲər] *n.* 런던의 Hyde Park 동쪽의 고급 주택지.

may·flow·er [méiflàuər] *n.* (1) ⓒ 5 월에 피는 꽃《※ 영국에서는 산사나무꽃, 미국선 암당자(岩棠子)》. (2)(the M-) 메이플라워호《1620년 Pilgrim Fathers 가 영국에서 신대륙으로 타고 간 배》.

may·fly [méiflài] *n.* ⓒ (1)【蟲】 하루살이(ephemera)의 일종. (2)하루살이 비슷한 제물낚시(=**máy fly**).

may·hem [méihem, méiəm] *n.* ⓤ (1)【法】 신체 상해(죄). (2)난동, 대혼란.

mayn't [méiənt, meint] 《口》 may not의 간략형.

may·on·naise [mèiənéiz, ⌐-⌐] *n.* 《F.》 (1) ⓤ 마요네즈(소스). (2) ⓤⓒ 마요네즈를 친 요리.

:may·or [méiər, mεər] *n.* ⓒ 시장, 읍장, 면장.

may·or·al [méiərəl, méərəl] *a.* 시〈읍〉장의 : a ~ election 시장 선거.

may·or·al·ty [méiərəlti, méər-] *n.* ⓤ 시〈읍〉장의 직〈임기〉.

may·or·ess [méiəris, méər-] *n.* ⓒ 여시〈읍〉장.

may·pole [méipòul] *n.* ⓒ (종종 M-) 5월의 기둥, 메이폴《꽃·리본 등으로 장식한 5월제의 기둥》.

Máy quèen 〈**Quèen**〉 (the ~) 메이퀸. 5 월의 여왕.

·maze [meiz] *n.* (1) ⓒ 미로(迷路), 미궁(迷宮)(labyrinth) : find one's way out of a ~ 미로에서 빠져 나오다. (2)(a ~) 곤혹, 당혹, 당황 : be in *a* ~ 어찌할 바를 모르다.
— *vi.* (특히 P·P로) 얼떨떨하게 하다.

ma·zur·ka, -zour- [məzə́ːrkə, -zúər] *n.* ⓒ 마주르카《폴란드의 경쾌한 춤》; 그 춤곡.

ma·zy [méizi] (***-zi·er ; -zi·est***) *a.* 미로(迷路)와 같은, (길 따위가) 꾸불꾸불한 ; 복잡한, 혼란한.

Mc·Car·thy·ism [məkáːrθiìzəm] *n.* ⓤ 매카시즘《미국 상원의원 J. R. McCarthy(1908-57)의 이름에서》. 극단적 반공 운동(주의).

Mc·Coy [məkɔ́i] *n.* (the (real) ~) (모조가 아닌) 진짜; (진정한) 사람, 인간. — *a.* 훌륭한, 일류의 (firot-rate).

Mc·Don·ald's [məkdánəldz/ -dɔ́n-] *n.* 멕도날드《미국 최대의 햄버거 체인점(店) ; 또 그 햄버거 ; 商標名》.

Mc·Kin·ley [məkínli] *n.* (Mount ~) 매킨리《Alaska 에 있는 북아메리카 대륙 최고의 봉우리 ; 6,194 m》.

:me [miː, 弱 mi] *pron.* (1)〔I의 目的格〕 나를, 나에게 ; 내가 하는 말을〈에〉. (2)《古·詩》〈再歸的〉 나 자신을 (myself). (3) a]〔be의 補語로 쓰여〕《口》 나(다)(I). b]〔as, than, but의 뒤에 쓰여〕《口》 나. c]〔慣用的으로〕. (4)《口》〈動名詞의 의미상의 主語로〉 나의(my).

mead *n.* ⓤ (이전의 영국의) 벌꿀술.

:mead·ow [médou] *n.* ⓒ,ⓤ (1)목초지, 초지, 초원. (2)강변의 낮은 풀밭 : a floating ~ 침수가 잘 되는 강변의 저지(초원).

mead·ow·land [médoulæ̀nd] *n.* ⓒ 목초지.

mead·ow·sweet [médouswìːt] *n.* ⓒ【植】 조팝나무속의 관목 ; 터리풀속의 풀.

·mea·ger, 《英》 **-gre** [míːgər] (***~·er, ~·est ; more ~, most ~***) *a.* (1)빈약한(poor)결핍한, 적은, 불충분한(scanty), (작품 등이) 무미건조한 : a ~ meal〈salary〉 불충분한 식사 〈급료〉. (2)야윈(thin) 메마른, 파) **~·ly** *ad.* **~·ness** *n.*

:meal[1] [miːl] *n.* ⓒ 식사 ; 식사 시간 ; 한 끼(분) cook 〈make, prepare, 《美》 fix〉 a ~ 식사 준비를 하다 / eat a ~ out 외식을 하다 / a square 〈light〉 ~ 충분한 〈가벼운〉 식사 / have 〈take〉 a light〈big〉 ~ 간단〈흡족〉한 식사를 하다.
【cf.】 breakfast, lunch, dinner, supper. ***at ~s*** 식사 때에. ***make a ~ of*** 1)…을 먹다. 2)《口·蔑》 (일 따위)를 야단스럽게 하다, 필요 이상의 시간을 들이다, 실제 이상으로 과장하여 보이다. a sguare ~ 점심식사.

:meal[2] *n.* ⓤ (1)(옥수수·호밀 따위의) 거칠게 간〈탄〉 곡식(【cf.】 flour) ; 거친 가루. (2)《美》 = CORNMEAL ; 《Sc.》 =OATMEAL.

méal tìcket (1)식권. (2)《口》 생계의 근거, 수입원(源) ; 생계 수단 : A radio announcer's voice is his ~. 아나운서에게는 목소리가 그의 밥줄이다.

meal·time [míːltàim] *n.* ⓤⓒ 식사 시간 : at ~(*s*) 식사 시간 〈때〉에.

mealy [míːli] (***meal·i·er ; -i·est***) *a.* (1)탄 곡식 모양의, 가루(모양)의. (2)(물기가 없이) 가루가 나오는, 가루를 뿌린 것 같은, 가루투성이의 : ~ potatoes 가루가 보얗게 인 찐 감자. (3)(얼빛이) 창백한(pale).

mealy-mouthed [míːlimáuðd, -máuθt] *a.* (말하기 거북한 것을) 완곡하게 〈듣기 좋게〉 말하는, 말주변이 좋은.

:mean[1] [miːn] (*p.*, *pp.* **meant** [ment]) *vt.* (1)《~+目/+目+前+名/+*that* 節》(글·말 따위가) …을 의미하다 ; …의 뜻으로 말하다 : What does this word ~ ? 이 말은 무슨 뜻이냐. (2)《~+目/+目+前+名/+*that* 節》…의 의중으로 말하다 ; 빗대어서 말하다 : What do you ~ *by* that suggestion? 어떤 생각으로 그런 제안을 하는 거냐. (3)《~+目/+目+目/+*to* do/+目+*to* do/+目+*to be* 補》 a)…을 뜻하다, 의도하다, …할 작정이다 ; 꾀하다, …할 작정이다, …할 뜻을 품다. b)〔受動으로〕 …을 나타낼 작정이다, (사람·물건)을 어떤 용무 〈용도〉 로 정하다, …로 하려고 생각하다《*for*》 : a gift *meant for* you 너에게 주려고 한 선물. (4)《+目+前+名/+that 節》 …을 의미하다 ; …의 가치를 지니다, …와 동등하다 : His mother ~*s* the world *to* him. 그에게 어머니가 세상과도 바꿀 수 없는 귀중한 존재다. (5)《~+目/+do*ing* 》(결과적으로) …을 일으키다, …라는 결과를 낳다, …하게 되다 ; …의 전조(前兆)이다.

— *vi.* 《+副/+前+名》〔well, ill을 수반하여〕호의 〈악의〉 를 품다, …한 마음을 품고 있다 : ~ *ill* 악의를 품다. ***be meant to*** do ...《英》…하지 않으면 안 된다, …하기로 되어 있다. ***I ~ it*** 진담이다, 농담이 아니다. ***~ business*** 진심이다. ***~ well*** (결과야 어떻든) …에게 선의로 행동하다 : ~ *well* by 〈to, toward〉 a person …에게 성의껏 하려 하다. ***You don't ~ to say so !*** 설마, 농담이겠지. ***you ~ !*** …라는 뜻이냐《문미에 두어 자세한 설명을 요구》. 파) **~·er** *n.*

:mean[2] (**~·er ; ~·est**) *a.* (1)(재능 따위가) 뒤떨어지는, 평범한, 보통의, 하잘것 없는, 초라한 : a ~ scholar 하잘것 없는 학자 / of ~ understanding 머리가 나쁜. (2)(신분이) 천한, 비천한 ; (건물 등이) 초라한 : of ~ birth 태생이 비천한 / live in a ~ hut 초라한 오두막집에 살다. (3) a)비열한, 품위없는, 상스러운, 치사한 : a ~ trick 비겁한 속임수. b)《口》 기질이 나쁜, 심술궂은. c)《美口》 싫은, 언짢은 ; 성가신 : ~ business 지긋지긋한 일. (4)인색한 : a ~ person 인색한 사람. (5)《口》 부끄러운 ; 떳떳하지 못한. (6) a)《美口》 (말 따위가) 버릇이 나쁜 ;《美俗》 골치 아픈, 싫은, 귀찮은 : a ~ horse 버릇이 나쁜 말 / a ~ street to cross 건너기에 힘든 도로. b)《美口》 훌륭한, 대단한. ***feel ~*** 부끄럽게 여기다 *feel ~ for* being stingy 인색하게 굴어 떳떳지 못한 기분이 들다. ***have a ~ opinion of*** …을 업신 여기다. ***no ~*** 여간 아닌, 만만찮은.

·mean[3] *a.* 〔限定的〕 (1)(시간·거리·수량·정도 따위가) 중간인, 중간의(intervening) ; 중용의 ; 보통의(average) : take a ~ course 중용의 길을 택하다 : 중도(中道)를 취하다. (2) **[數]** 평균의 : the ~ temperature 평균 온도. ***in the ~ time*** 〈***while***〉 =in the MEANTIME. ***for the ~ time*** 그동안, 일시적으로.

— *n.* ⓒ (흔히 *sing.*) (1)중간, 중용 : the happy ~ 중용의 덕 / seek a ~ between too extremes 양극의 중도를 추구하다. (2)**[數]** 평균(치).

me·an·der [miǽndər] *n.* =MEANDERING.

— *vi.* 《~/+前+名》 (1)(강·길이) 굽이쳐 흐르다 〈이어지다〉. (2)정처 없이 거닐다《*along*》. (이야기 등이) 두서없이(산만하게) 진행되다.

me·an·der·ing [miǽndəriŋ] *n.* ⓒ (흔히 *pl.*) (1)꼬부랑 길 ; 정처 없이 거닒. (2)두서 없는 이야기, 만담. — *a.* (1)굽이쳐 흐르는. (2)정처없(이 거니)는. (3)두서 없는《이야기》 : a ~ account〈speech〉 두서 없는 설명〈말〉.

파) **~·ly** *ad.* 굽이쳐서 ; 정처없이, 지향없이.

mean·ie [míːni] *n.* ⓒ《英口》 비열한 놈 ; 구두쇠, 독설을 퍼붓는 불공평한 비평가.

:mean·ing [míːniŋ] *n.* ⓤⓒ (1)(말 따위의) 의미, 뜻(sense) : a word with several ~*s* 여러 가지 뜻이 있는 말 / He looked at me with ~. 그는 무엇인가 의미있는 눈초리로 나를 보았다. (2)의의, 중요성 ; 의도, 목적(purport) : the ~ of life 인생의 의의.

— *a.* (1)〔限定的〕 의미심장한, 의미있는 듯한 : with a ~ smile 의미있는 듯한 미소를 띠고. (2)〔흔히 複合語로〕 …할 생각인〈작정인〉 : well 〈ill-〉 ~ 선의 〈악의〉 의 .

파) **~·ly** *ad.* 의미있는 듯이, 일부러. **~·ness** *n.*

·mean·ing·ful [míːniŋfəl] *a.* (1)의미 심장한(significant), 의미있는 : a ~ glance 의미있는 듯한 시선. (2)의의〈의미〉있는, 뜻있는 : a ~ outcome 의미 있는 결과.

파) **~·ly** *ad.* **~·ness** *n.*

·mean·ing·less [míːniŋlis] *a.* 의미(뜻이) 없는, 무의미한, 무가치한 : a ~ argument 무익한 의론.

파) **~·ly** *ad.* **~·ness** *n.*

mean·ly [míːnli] *ad.* (1)비열하게. (2)인색하게. (3)빈약하게, 초라하게, 천하게 : a ~ dressed child 초라한 옷차림의 아이. ***think ~ of*** …을 경멸(멸시)하다.

mean·ness [míːnnis] *n.* ⓤ (1)천함 ; 인색함, 다라움. (2)빈약함, 초라함, 비열함.

:means [miːnz] *n. pl.* (1)수단, 방법《*of* ; *to*》 : the ~ *of* communication 통신 수단. (2)(*pl.*) 자력(資力), 재산, 수입 : as far as one's ~ allow 자력이 허용하는 한 / a man of ~ 자산가 ***by all***(***manner of***) ***~*** (1)반드시. (2)좋고 말고요, 그러시죠(certainly)《승낙의 대답》. ***by any ~*** 아무리 해도, 도무지. ***by fair ~ or foul*** 무슨 일이 있어도, 꼭. ***by ~ of*** …에 의하여, …으로, …을 써서. ***by no*** (***manner of***) ***~*** =***not by any*** (***man-ner of***) ***~*** 결코 …하지 않다〈이 아니다〉. ***by some ~ or other*** 이럭저럭 해서, 어떻게 해서든지. ***live within*** 〈***beyond, above***〉 one***'s ~*** 분수에 맞게 〈지나치게〉 살다. ***man of ~s*** 재산가.

méans tèst 《英》 (실업 구제를 받을 사람의) 수입 〈가계〉 조사.

méans strèets (도시의 치안이 나쁜) 위험 지구.

:meant [ment] MEAN[2]의 과거 · 과거분사.

mean·time** [míːntàim] *n.* (the ~) 사이, 동안. ***for the ~ 당분간은, 당장은. ***in the ~*** 그 동안에, 그러는 동안에. —*ad.* =MEANWHILE.

:mean·while [míːnhwàil] *ad.* (1)그 사이에 ; 이럭저럭하는 동안에. (2)이야기는 바뀌어(한편), 한편(으로는), 동시에.

— *n.* =MEANTIME.

·mea·sles [míːzəlz] *n.* ⓤ **[醫]** 〔흔히 單數 취급〕 홍역, 마진(痲疹) ; 풍진(風疹) (German ~): catch (the) ~ 홍역에 걸리다.

mea·sly [míːzli] (**-sli·er ; -sli·est**) *a.* (1)홍역의, 홍역에 걸린. (2)《口》 빈약한, 하찮은, 잔단, 인색한.

·meas·ur·a·ble [méʒərəbəl] *a.* (1) 잴 수 있는 : at a ~ distance from the earth 지구에서 측정 할 수 있는 거리를 두고. (2)상당한, 무시할수 없는, 어느 정도의.

파) **-bly** [-əbli] *ad.* (1)눈에 띄게, 뚜렷이. (2)다소, 어느 정도까지.

:meas·ure [méʒər] *vt.* (1)《~+目/+目+前+名》

…을 재다, 계량〈측정, 측량〉하다, …의 치수를 재다 : ~ a room 방 넓이를 재다. (2)《~+目/+目+前+名》(비교하여) …을 판단〈평가〉하다 ; …을 비교하다, 겨루게 하다 : ~ intelligence 지력을 판단하다 / ~ one's strength *with* another's 남과 힘을 겨루다. (3)…을 유심히〈빤히〉 보다.
— *vi.* (1)재다, 측정하다. (2)《+補》 재서 …이 되다, 길이〈폭, 무게 따위〉가 …이다.
~ off 재서 베어내다 ; 구획〈구분〉하다 : ~ *off* a yard of cloth 천을 1야드 베어내다. **~ out** 재서 나누다〈분배하다〉, 할당(割當)하다 : ~ one**'s length** (**on the ground**) 벌렁 나자빠지다. **~ up** (1)(…의) 치수를 재다《*for*》. (2)(…에) 필요한 만큼의 자격〈재능·능력〉이 있다《*to*》. **~ up to** (1)길이〈폭, 높이〉가 …에 달하다. (2)《美》(표준·이상·기대 등)에 들어맞다〈달하다〉.
— *n.* (1) ⓤ 치수, 분량; 크기, 무게, 길이 : ~ of capacity 용량(容量). (2) ⓒ 도량 단위《미터·인치·그램·쿼터 따위》 : 도량법 : metric ~ 미터법 / weights and ~*s* 도량형. (3) ⓒ 되, (줄)자, 계량기, 도량형기 : a yard ~ 야드자 / a tape ~ 줄자. (4) ⓒ (기구(器具)에 의한) 분량 : a ~ of sugar 설탕 한 그릇〈한 눈금〉. (5) ⓤⓒ 한도, 정도 ; 표준, 적도(適度). (6) ⓒ 법안(bill), 법령 : reject a ~ 법안을 부결하다. (7)(흔히 *pl.*) 수단, 방책 ; 조처. (8) ⓤⓒ《詩》운율(韻律)(meter) ; 선율, 곡조. (9)【樂】 a]ⓒ 소절(小節). b]ⓤ 박자 : triple ~, 3박자.
above* 〈*beyond*〉 ~** 지나치게, 대단히 : His anger was *beyond* ~. 그의 노염은 대단했다. ***adopt* 〈*take*〉 ~*s 조처를 강구하다. ***by* ~** 치수를 재어. ***for good* ~** 덤으로, 여분으로. ***give full* 〈*good*〉 ~** 넉넉히 재어〈달아, 되어〉 주다. ***give short* ~** 부족하게 재어〈달아, 되어〉 주다. ***have*** a person**'*s* ~ (*to an inch*)** 아무의 됨됨이를 속속들이 알고 있다. ***in a* 〈*some*〉 ~** 다소 얼마간. ***keep* ~(*s*)** 1)박자를 맞추다. 2) 중용을 지키다. ***know no* ~** 한도를 모르다, 끝이 없다. ***made to* ~** 치수에 맞추어 지은, 맞춤의《양복 따위》. **~ *for* ~** 앙갚음, 보복(tit for tat). ***take*** a person**'*s* ~** 아무의 치수를 재다 ; 아무의 인물〈사람됨〉을 보다. ***without* 〈*within, in*〉 ~** 과도〈적당〉하게.

meas·ured [méʒərd] *a.* (1)정확히 잰, 정확한. (2)신중한, 잘 생각한《말 따위》. (3)표준에 맞는. (4)박자가 맞는, 정연한《보조 따위》. 파) **~·ly** *ad.*

meas·ure·less [méʒərlis] *a.* 무한한, 헤아릴 수 없는. 파) **~·ly** *ad.*

:meas·ure·ment [méʒərmənt] *n.* (1) ⓤ 측량, 측정. (2) ⓒ a](측정해서 얻은) 치수, 크기, 넓이, 길이, 깊이, 두께《*of*》 : the ~ *of* the room 방의 가로 세로의 치수. b](흔히 *pl.*)《口》(가슴·허리 둘레 따위의) 치수 : take a person's ~*s* 아무의 몸의 사이즈를 재다.

meas·ur·er [méʒərər] *n.* ⓒ (1)재는 사람, 측정자. (2)계량기(器).

meas·ur·ing [méʒəriŋ] *n.* ⓤ, *a.* 측정(의), 측량(용(用)의) : a ~ jug〈spoon〉 계량 주전자〈스푼〉 / a ~ tape 줄자, 권척.

:meat [mi:t] *n.* ⓤ (1) (식용 짐승의) 고기 : chilled ~ 냉장육 / ground ~ 저민 고기 / grill 〈《美》 broil〉 ~ 고기를 굽다. 【cf.】 flesh. (2)《美》(게·조개·달걀·과일 등의) 먹을 수 있는 부분, 속, 알맹이, 살 : crab ~ 게살 / inside ~ (고기) 내장 / the ~ of a walnut 호도 속《알맹이》. (3)(책·이야기 등의) 내용. (4)《古》 음식물(food) : ~ and drink 음식물. ***be ~ and drink to*** a person 아무에게 더할 나위 없는 즐거움이다.

méat and potátoes 〈單·複數취급〉《美口》 중심부, 주요 부분, 핵심, 기본, 근본.

meat-and-po·ta·toes [mí:təndpətéitouz] *a.* 《美口》〔限定的〕 기본적인, 중요한.

meat·ball [⌐bɔ̀:l] *n.* ⓒ (1) 미트볼, 고기 완자. (2)《美俗》 바보, 얼간이.

méat lòaf 미트 로프《간〈저민〉 고기에 야채 등을 섞어 식빵 정도의 크기로 빚어서 구운 것》.

meat·man [mí:tmæ̀n] (*pl.* **-men** [-mèn]) *n.* ⓒ 푸주한(butcher).

méat sàfe (고기 넣어 두는) 찬장《파리나 쥐가 못 들어가게 된》.

me·a·tus [miéitəs] (*pl.* **~·es, ~**) *n.* ⓒ 【解】 관(管), 도관(導管) : the urethral ~ 요도.

meaty [mí:ti] (**meat·i·er ; -i·est**) *a.* (1)고기의〈와 같은〉. (2)살이 많은, 고기가 많이 든 : ~ jaws 두둑한 턱. (3)살집이 좋은, 뚱뚱한. (4)내용이 충실한. 파) **-i·ness** *n.*

·Mec·ca [mékə] *n.* (1)메카《사우디아라비아의 도시 ; Muhammad의 탄생지》. (2) ⓒ (종종 m-) 동경의 땅, 사람이 잘 가는 곳.

·me·chan·ic [məkǽnik] *n.* ⓒ 기계공 ; (기계) 수리공, 정비사 : a car ~ 자동차 정비공.

·me·chan·i·cal [məkǽnikəl] (**more ~ ; most ~**) *a.* (1)기계(상)의 ; 공구의 ; 기계로 조작하는〈만드는, 움직이는〉 : a ~ engineer 기계 기사〈공학자〉 / ~ power 기계력 / a new ~ invention 새로운 기계의 발명. (2)기계적인, 자동적인, 무의식의, 무감정한 : be tired of ~ work 기계적인 일에 질력이 나다 / the ~ equivalent of heat. 열의 일당량. (3)기계학의, 역학적인. ㅁ machine *n.*

mechánical dráwing 기계 제도(製圖), 용기화(用器畵).

mechánical engineéring 기계 공학.

mechánical héart 인공 심장.

me·chan·i·cal·ly [məkǽnikəli] *ad.* (1)기계적으로, 자동적으로 ; 기계(장치)로. (2)무의식적으로, 건성으로.

mech·a·ni·cian [mèkəníʃən] *n.* ⓒ 기계 기사 ; 기계(수리)공(mechanic).

·me·chan·ics [məkǽniks] *n.* ⓤ (1)기계학 ; 역학 : applied ~ 응용 역학. (2)(흔히 the ~)〈複數취급〉(정해진)수순, 기법, 기교(technique).

:mech·a·nism [mékənìzəm] *n.* ⓒ (1)기계(장치), 기계 부분, (기계) 작용. (2)기구, 구조. (3)(조작의) 수순, 과정, 방법. (4)【心·生理】 (사고·행동 등을 결정하는) 심리 과정, 심적, 기제(機制).

mech·a·nist [mékənist] *n.* ⓒ 【哲】 기계론자, 유물론자.

mech·a·nis·tic [mèkənístik] *a.* 【哲】 기계론적인.

mech·a·ni·za·tion [mèkənizéiʃən] *n.* ⓤ《특히》(군대의) 기계화.

mech·a·nize [mékənàiz] *vt.* (1)…을 기계화하다 : ~ the cash payment process (공장등)현금 지급 방법을 기계화하다. (2)【軍】(부대 등)을 기갑화하다 : ~*d* forces〔集合的〕 기갑 부대.

mech·a·tron·ics [mèkətrániks/ -trɔ́n-] *n.* ⓤ메커트로닉스《기계 공학과 전자 공학을 결합한 학문 또는 연구 성과》.

Med [med] *n.* (the ~)《英口》 지중해 (지방)

(Mediterranean).

:med·al [médl] *n.* ⓒ 메달, 상패, 기장, 훈장 : a prize ~ 상패 / win a Olympic gold ~ 올림픽에서 금메달을 획득하다 / wear a row of ~*s* (가슴에) 죽 훈장을 달다.

med·al·ist, 《英》 **-al·list** [médəlist] *n.* ⓒ (1)메달(상패) 수령자 : a gold 〈silver〉 ~ 금〈은〉 메달 획득자. (2)메달 제작〈의장(意匠), 조각〉가.

me·dal·lion [mədǽljən] *n.* ⓒ (1)대형 메달 〈상패〉. (2)(초상화 따위의) 원형 돋을 새김.

:med·dle [médl] *vi.* (1)《~/+前+名》 쓸데없이 참견하다, 간섭하다《*with* ; *in*》. (2)《+前+名》 (남의 것을) 만지작 거리다, 주무르다《*with*》. ***neither make nor ~*** 《俗》 일체 간섭〈관계〉 하지 않다.

med·dle·some [médlsəm] *a.* 지겹게 참견하는, 오지랖 넓은. 파) **~·ly** *ad.* **~·ness** *n.*

med·dling [médliŋ] *n.* ⓤ (쓸데 없는) 간섭, 참견.

— *a.* 〔限定的〕 참견하는, 간섭하는.

·me·dia [míːdiə] *n.* (1)MEDIUM의 복수. (2)(the ~) 〔單·複數 취급〕 매스컴, 매스미디어. (3)【컴】 매체.

média còverage (특정 사건에 대한) 매스컴의 보도(량).

média evènt (매스컴에 의해) 조작된(짜여진) 사건.

me·di·a·gen·ic [mìːdiədʒénik] *a.*《美》 매스컴을 잘 타는, 매스컴에 맞는 : a ~ star.

me·di·al [míːdiəl] *a.* 〔限定的〕 (1)중간의, 중앙의 : a ~ consonant 【音聲】 중간 자음(자(字)). (2)평균의, 보통의. 파) **~·ly** *ad.*

me·di·an [míːdiən] *a.* 〔限定的〕 중앙의, 중간의〈에 있는, 을 지나는〉 the ~ artery 중동맥.

— *n.* ⓒ (1)【統】 중앙값. (2)【數】 중점(中點), 중선(中線). (3)《美》 =MEDIAN STRIP.

me·di·ate [míːdièit] *vt.* (1) a](분쟁 등)을 조정〈중재〉 하다. b](협정 등)을 (조정하여) 성립 시키다. (2)(선물·정보 등)을 중간에서 전달하다, 전달하다. — *vi.* 조정하다, 중재하다, 화해시키다《*between*》 : ~ *between* A *and* B, A와 B를 조정하다.

me·di·a·tion [mìːdiéiʃən] *n.* ⓤ 조정, 중재, 중개, 매개. 【cf.】 arbitration, conciliation.

me·di·a·tor [míːdièitər] *n.* ⓒ 조정자(調停者), 중재인, 매개자.

me·di·a·to·ry [míːdiətɔ̀ːri/ -təri] *a.* 중재〈조정〉의.

med·ic [médik] *n.* ⓒ 《口》 (1) a]의사(doctor). b]인턴, 의과 대학 학생(medical student). (2)《美》 군의관, 위생병.

med·i·ca·ble [médikəbəl] *a.* 치료할 수 있는.

Med·ic·aid [médikèid] *n.* ⓤ (때로 m-) 《美》 메디케이드《65세 미만의 저소득자·신체 장애자 의료 보조 제도》. 【cf.】 Medicare. [◁ *medical*+*aid*]

:med·i·cal [médikəl] *a.* 〔限定的〕 (1)의학의, 의술〈의료〉 의, 의약의. ▫ medicine *n.* — *n.* ⓒ 《口》 건강진단, 신체 검사 : have 〈take〉 a ~ 건강 진단을 받다.

파) **~·ly** *ad.* 의학상 ; 의학 〈의술, 의약〉으로.

médical examinátion 건강 진단, 신체 검사.

médical exáminer (1)【美法】 검시관(檢屍官) 〈의(醫)〉. 【cf.】 coroner. (2)(생명보험 가입시의) 건강 검사 〈진단〉 의(醫).

me·dic·a·ment [mədíkəmənt] *n.* ⓤⓒ 약, 약물, 약제.

Med·i·care [médikɛ̀ər] *n.* ⓤ (때로 m-) 《美·Can.》 (1)메디케어《65세 이상의 고령자(高齢者)를 대상으로한》 노인 의료보험(제도). (2) ⓒ 메디케어 카드. 【cf.】 Medicaid.

med·i·cate [médəkèit] *vt.* …을 약으로 치료하다 ; …에 약을 넣다 〈섞다〉 : a ~*d* bath 약물을 섞은 약탕(藥湯) / ~*d* soap 약용 비누.

med·i·ca·tion [mèdəkéiʃən] *n.* (1) ⓤ 약물 치료 〈처리〉 : be on ~ for cancer 암으로 약물치료를 받고 있다. (2) ⓤⓒ 약(품) ; 약물 : prescribe 〈administer〉 (a) ~ 약을 처방하다 〈투여하다〉.

me·dic·i·nal [mədísənəl] *a.* 의약의, 약용의, 약효 있는, 치유력이 있는, 병을 고치는(curative).

파) **~·ly** [-nəli] *ad.* 약으로서 ; 의약으로.

:med·i·cine [médəsən] *n.* (1) ⓤⓒ 약, 약물,《특히》 내복약《*for*》. 【cf.】 drug. ※ 가루약은 powder, 정제는 tablet, 환약은 pill, 물약은 (liquid) medicine, 교갑〈캡슐〉은 capsule, 외용약은application, 연고는 ointment, 습포약은 poultice, 좌약은 suppository 라고 함. 『 patent ~ 매약(賣藥), 특효약 / prescribe (a) ~ 약을 처방하다 / put some ~ on a cut 베인 상처에 약을 바르다. (2)ⓤ 의학, 의술 ; (특히) 내과(의학) (3) ⓤ (아메리카 인디언의) 주술(呪術), 마술, 마력이 있는 것. ▫ medicinal, medical *a.* ***give*** a person ***a dose*** 〈***taste***〉 ***of his own ~*** 상대와 같은 수로 보복하다. ***take ~***(***s***) 복약하다. ***take*** one***'s ~*** (***like a man***)《口》 벌을 감수하다, 제 탓이라고 싫은 일을 참다. ***the virtue of ~*** 약의 효능(효과).

médicine càbinet 세면장의 (상비약) 선반.

médicine chèst (특히, 가정용의) 약상자, 구급 상자.

:me·di·e·val [mìːdiíːvəl, mèd-] (***more ~ ; most ~***)*a.* (1)중세(풍)의. 【cf.】 ancient, modern. ~ history 중세사. (2)《口》 매우 오래된 〈낡은〉 ; 고풍(古風)스러운, 구식의.

me·di·e·val·ism [mìːdiíːvəlizəm, mèd-] *n.* ⓤ (1)중세 정신 〈사조〉 ; 중세적 관습. (2)중세 취미.

me·di·e·val·ist [-vəlist] *n.* ⓒ (1)중세 연구가, 중세 사학자. (2)(예술·종교 등의) 중세 찬미자.

me·di·o·cre [mìːdióukər, ⸗-⸗] *a.* 좋지도 나쁘지도 않은, 보통의, 평범한, 범용한(commonplace).

·me·di·oc·ri·ty [mìːdiɑ́krəti/ -ɔ́k-] *n.* (1) ⓤ 평범, 범용(凡庸), 보통(의 재능, 자질). (2) ⓒ 평범한 사람, 범인(凡人).

:med·i·tate [médətèit] *vi.* 《~/+前+名》 명상하다, 묵상하다, 깊이 〈곰곰이〉 생각하다, 숙고하다《*on*, *upon*》 ; ~ *on* one's misfortune 자신의 불운을 곰곰이 생각하다.

— *vt.* (1)…을 꾀하다, 기도(企圖)하다 : ~ revenge 복수를 꾀하다. (2)《+do*ing* 》 (…할 것)을 계획하다. ▫ meditation *n.*

:med·i·ta·tion [mèdətéiʃən] *n.* (1) ⓤ 묵상, (종교적) 명상 ; 숙고, 고찰 : deep in ~ 명상에 잠겨. (2) ⓒ (흔히 *pl.*) 명상록《*on*, *upon*》. ▫ meditate *v.*

·med·i·ta·tive [médətèitiv] *a.* 묵상의, 명상적인, 명상에 잠기는 ; 심사숙고하는. 파) **~·ly** *ad.*

med·i·ta·tor [médətèitər] *n.* ⓤ 묵상하는 사람, 명상가.

:Med·i·ter·ra·ne·an [mèdətəréiniən] *a.* 〔限定的〕 (1)지중해의 ; 지중해 연안의, 지중해성(性) 기후

의. (2)지중해 연안 주민(특유)의.
— *n.* = MEDITERRANEAN SEA. 지중해.

Mediterránean Séa (the ~) 지중해.

:me·di·um [míːdiəm] (*pl.* **~s, -dia** [-diə]) *n.* ⓒ (1)중간, 중위(中位), 중용(中庸) : strike a happy ~ 중용을 지키다. (2)매개(물), 매체, 매질(媒質) ; (정보 전달 등의) 매체, 수단(means) : news ~ 보도기관. (3)(생물 등의) 생활 환경〈조건〉, 서식 장소 : a ~ in which bacteria thrive 박테리아가 번식할 수 있는 조건. (4)무당, 영매(靈媒). ***by* 〈*through*〉 *the ~ of*** …의 매개로, …을 통하여. ***the ~ of circulation*** 통화.
— *a.* (1)〔限定的〕 중위〈중등, 중간〉의, 보통의(average). (2)(고기 따위가) 중간 정도로 구워진, 미디엄의(【cf.】 rare[2], well-done).
파) **~·ism** *n.* ⓤ 영매법.

médium drý (셰리·와인이) 중간 정도로 쌉쌀한.

médium fréquency 【通信】 중파(中波), 헥토미터파《300-3,000 kilohertz ; 略 : MF》.

me·di·um-sized [míːdiəmsáizd] *a.* 중형(中型)의, 중판(中判)의, 보통형의, 미디엄 사이즈의.

médium wáve 【通信】 중파(中波)《파장 100-1,000 m》. 【cf.】 long wave, short wave.

·med·ley [médli] *n.* ⓒ (1)잡동사니, 뒤범벅 ; 잡다한 집단. (2)【樂】 접속곡, 혼성곡, 혼합곡. (3)= MEDLEY RELAY.
— *a.* 그러모은, 잡동사니의

médley ràce 〈rèlay〉 메들리 경주 〈경영(競泳)〉.

me·dul·la [mədʌ́lə] (*pl.* **~s, -lae** [-liː]) *n.* ⓒ 《L.》 (1)【解】 골수(marrow), 척수, 수질(髓質) ; 연수(延髓), 숨골. (2)【植】 고갱이.

meed [miːd] *n.* (*sing.*) 《古·詩》보상, 보수(reward) ; 포상, 당연히 받을 보상〈보답〉.

:meek [miːk] *a.* (1)(온)순한(mild) : (as) ~ as a lamb 양처럼 순한. (2)기백 〈용기〉 없는(spiritless), 굴종적인. 【cf.】 humble, modest. **(*as*) *~ as a lamb*** 지극히 온순함. ***~ and mild*** 온순한 ; 기백이 없는, 패기 없는.
파) **~·ly** *ad.* **~·ness** *n.*

meer·kat, mier- [míərkæ̀t] *n.* 【動】 몽구스류《작은 육식 동물 ; 남아프리카산》.

meer·schaum [míərʃəm, -ʃɔːm] *n.* 《G.》 (1) ⓤ 【鑛】 해포석(海泡石). (2) ⓒ 해포석 담배 파이프.

:meet[1] [miːt] (*p.*, *pp.* **met** [met]) *vt.* (1)…을 만나다, …와 마주치다(encounter) ; …와 스쳐 지나가다, …와 얼굴을 대하다(confront). (2)(소개받아) …을 처음으로 만나다, …와 아는 사이가 되다. (3)…에서 (약속하고) 만나다, …와 면회〈회견〉 하다 : *Meet* me in Seoul. 서울에서 만납시다. (4)…을 마중하다, …의 도착을 기다리다. (5)(운명·죽음 따위)에 직면하다, 겪다 : ~ one's fate calmly 태연히 운명에 따르다 〈죽다〉. (6)(적·곤란 따위)에 맞서다, 직면하다, …에 대처하다, …에 대항하다. (7)(주문·요구·필요 따위)에 응하다, (의무·조건 따위)를 충족시키다(satisfy). (8)…을 지급하다(pay), 갚다(어음 등)을 결제하다. (9) a](길·강 따위가) …에서 만나다, …에서 교차하다, …와 합치다, …에 합류하다. b](물리적으로) …와 접촉하다, …에 부딪치다, …와 충돌하다. c](탈것이) …와 연결되다, …에 접속되다.
— *vi.* (1)만나다, 마주치다 : We seldom ~ now. 요사이는 좀처럼 만나지 않는다. (2)《~/+副》 회합하다《*together*》 ; (회의 따위가) 열리다 : They ~ *together* once a year. 그들은 1년에 한번 회합을 한다. (3)(소개 받아) 서로 아는 사이가 되다 : We first *met* at a party. 우리들은 파티에서 처음 알게 되었다. (4)(복수의 것이) 접촉하다, 충돌하다. (5)대전하다, 교전하다. (6)《~/+前+名》 (몇 개의 길·선 등이) 하나로 합쳐지다, 교차하다 ; (못·혁대 따위의 양끝이) 상접하다 : The two roads ~ there. 두 길은 거기서 합친다. ***make both ends ~*** 수지를 맞추다. ***~ halfway*** ⇨ HALFWAY. ***~ the case*** 충분하다, 안성맞춤이다. ***~ trouble halfway*** 쓸데없이 걱정하다. ***~ up with*** …와 우연히 마주치다. ***~ with*** (1)(변고 따위)를 당하다, 경험하다, …을 겪다 : ~ *with* an accident 사고를 당하다 《일상어에서는 have an accident 가 보통》. (2)…을 받다. (3)(사람)과 우연히 만나다. ***~ the eye* 〈*ear*〉** 보이다〈들리다〉. ***well met*** 《古》 잘 오셨소, 어서 오시오(welcome).
— *n.* ⓒ (1)《美》 경기회(會), 대회(大會) (《英》meeting). (2)《英》 (여우 사냥 출발 전의) 총집합. (3)【幾】 교점, 교선.

meet[2] *a.* 《古》 적당한, 어울리는《*for* ; *to* do》.

:meet·ing [míːtiŋ] *n.* (1) ⓒ (흔히 sing.)만남, 대전, 조우 : a chance ~ on the street 길거리에서의 우연한 만남. (2) a]ⓒ 모임, 회합, 집회. b]ⓤ (the ~) 〔單·複數 취급〕 회의 참가자, 회중 : address *the* ~ 회중에게 인사말을 하다. (3) ⓒ 《英》 경기회(《美》 meet) : an athletic ~ 운동회. (4) ⓒ (흔히 *sing.*) 조우《*between*》 ; 회전(會戰) ; 결투. (5) ⓒ (길의) 교차점, (강의) 합류점. (6)(M-) (특히 Quaker 교도의) 예배회. ***call a ~*** 회의를 소집하다. ***open a ~*** 개회사를 하다. ***speak in ~*** (공식적으로) 의견을 발표하다.

méeting hòuse (1)(Quaker 교도의) 예배당. (2)비국교도의 예배당.

méeting plàce 회장, 집회소 ; 합류점.

meg·a·buck [mégəbʌ̀k] *n.* 《美口》 (1) ⓒ 백만 달러. (2)(*pl.*) 거금.

meg·a·byte [mégəbàit] *n.* ⓒ 메가바이트《컴퓨터의 기억용량 단위 ; 10^6 bytes, 또는 10^{20} bytes ; 略 : MB》.

mega·cy·cle [mégəsàikl] *n.* ⓒ 【電】 메가사이클《지금은 메가헤르츠(megahertz)라 함》, 1초에 100만 사이클.

meg·a·hit [mégəhit] *n.* ⓒ 대(大)히트 작품, 대대적 히트.

meg·a·lith [mégəliθ] *n.* ⓒ 【考古】 (유사 이전의 종교 대상 등으로 세워진) 거석(巨石).

meg·a·lith·ic [mègəlíθik] *a.* (1)거석의〈으로 만든〉. (2)거석 문화시대의.

meg·a·lo·ma·nia [mègəlouméiniə] *n.* ⓤ 【精神醫】 과대 망상증 〈광〉, 과장하는 버릇.

meg·a·lo·ma·ni·ac [-niæ̀k] *n.* ⓒ 과대 망상 환자, 과장하는 버릇이 있는 사람. — *a.* 과대 망상(환자)의.

meg·a·lop·o·lis [mègəlɑ́pəlis/ -lɔ́p-] *n.* ⓒ 거대 도시, 메갈로폴리스.

·meg·a·phone [mégəfòun] *n.* ⓒ 메가폰, 확성기. — *vt.*, *vi.* (…을) 메가폰으로 전하다, 큰 소리로 알리다.

meg·a·store [mégəstɔ̀ːr] *n.* ⓒ 초대형점(店).

meg·a·ton [mégətʌ̀n] *n.* ⓒ (1)백만 톤. (2)메가톤《핵무기의 폭발력을 재는 단위 ; 1 메가톤은 TNT 백만 톤의 폭발력에 상당 ; 기호 MT》.

meg·a·watt [mégəwɑ̀t] *n.* ⓒ 【電】 메가와트, 백만와트《기호 Mw》.

mei·o·sis [maióusis] (*pl.* ***-ses*** [-siːz]) *n.* (1) ⓤ 【修】 =LITOTES. (2) ⓤⓒ 【生】 (세포핵의) 감수 분열.

mel·a·mine [méləmìːn] *n.* ⓤ 멜라민 수지(樹脂).

mel·an·cho·lia [mèlənkóuliə] *n.* ⓤ 우울증《※ 지금은 depression이라 함》.

mel·an·cho·li·ac [-liæ̀k] *n.* ⓒ 우울증 환자. — *a.* 우울증에 걸린.

mel·an·chol·ic [mèlənkálik/ -kɔ́l-] *a.* 우울한 ; 우울증의. — *n.* ⓒ 우울증 환자.

:mel·an·choly [mélənkàli/ -kɔ̀li] *n.* ⓤ (습관적·체질적인) 우울, 침울 ; 우울증. — *a.* (1)우울한, 생각에 잠긴. (2)슬픈, 구슬픈, 우울하게 만드는.

Mel·a·ne·sian [mèləníːʒən, -ʃən] *a.* 멜라네시아(인, 어)의. — *n.* (1) ⓒ 멜라네시아인. (2) ⓤ 멜라네시아어.

mé·lange [meiláːŋʒ, -láːndʒ] *n.* ⓒ (흔히 *sing.*) 《F.》 혼합물, 뒤범벅, 잡다한 것을 모은 것.

meld [meld] *vt.* …을 섞다 ; 결합〈융합〉 시키다. — *vi.* 섞이다 ; 결합〈융합〉 하다〈되다〉.

mel·ee, mê·lée [méilei, -ˊ /mélei] *n.* ⓒ (흔히 *sing.*) 《F.》 (1)치고받기, 난투, 혼전. (2)붐비는 군중 ; 혼란, 혼잡.

me·lio·rate [míːljərèit, -liə-] *vt.* …을 개선〈개량〉 하다. — *vi.* =AMELIORATE. 좋아지다.

me·lio·ra·tion [mìːljəréiʃən, -liə-] *n.* ⓤ = AMELIORATION. 개량, 개선.

me·lio·rism [míːljərìzəm, -liə-] *n.* ⓤ 【哲】 세계 개선론, 사회 계량론《인간의 노력으로 세계가 개선될 수 있다는 설》. 파) **-rist** *n.*

mel·lif·lu·ous [məlífluəs] *a.* (목소리·음악 따위가) 감미로운, 매끄러운. 파) **~·ly** *ad.* **-ness** *n.* ⓤ 감미로움 ; 유창함.

:mel·low [mélou] (***~·er*** ; ***~·est***) *a.* (1)(과일이) 익어 달콤한, (말랑말랑하게) 잘 익은, 달고 즙이 많은. (2)(술이) 향기로운, 잘 빚어진 : a ~ wine 향기 높은 와인. (3)(가락·소리·빛깔·문체 따위가) 부드럽고 아름다운. (4)(토질이) 부드럽고 기름진. (5)(인격이) 원숙한, 원만한, 침착한, 온건한. (6)《口》 (거나하게 취해) 명랑한, 거나한.
— *vt.* (1)…을 익게 하다. (2)…을 원숙하게 하다. (3)(사람)을 기분좋게 하다. — *vi.* (1)익다. (2)원숙해지다. (3)기분이 좋아지다. ***~ out*** 《美俗》 느긋해지다. 파) **~·ly** *ad.* **~·ness** *n.*

me·lod·ic [məládik/ -lɔ́d-] *a.* (1)선율의. (2)가락이 아름다운, 음악적인. 파) **-i·cal·ly** [-əli] *ad.*

·me·lo·di·ous [məlóudiəs] *a.* (1)가락이 아름다운, 음악적인(musical). (2)선율적(旋律的)인. 파) **~·ly** *ad.* **~·ness** *n.*

mel·o·dist [mélədist] *n.* ⓒ 선율이 아름다운 성악가 (singer) 〈작곡가(composer)〉.

·melo·dra·ma [mélədràːmə, -dræ̀mə] *n.* ⓒ (1) 음악극 ; 멜로드라마《감상적인 통속극》. (2)연극 같은 사건(행동).

melo·dra·mat·ic [mèloudrəmǽtik] *a.* 멜로드라마식의, (신파) 연극 같은, 신파조(調)의, 몹시 감상적인. 파) **-i·cal·ly** [-əli] *ad.*

:mel·o·dy [mélədi] *n.* (1) ⓒ 멜로디, 선율(tune), 주(主)선율. (2) ⓤⓒ 아름다운 음악(성), 기분 좋은 가락. (3) ⓒ (가)곡, 가락, 곡조.

·mel·on [mélən] *n.* (1) ⓒ 【植】 멜론(muskmelon) ; 수박(watermelon). (2) ⓤ 그 과육(果肉).

:melt [melt] (***~·ed*** [méltid] ; ***~·ed,*** 《古》 ***mol·ten*** [móultən]) 《molten은 지금은 形用詞의 限定的 用法으로만 쓰임》. *vi.* (1)《~/+前+名》 녹다, 용해하다 : Lead ~*s in* the fire. 납은 불에 녹는다. (2)《+副/+前+名》 서서히 사라지다 〈보이지 않게 되다〉 《*away*》 ; 점차 (…로) 변하다, 녹아들다《*into*》. (3)《~/+前+名》 측은한 생각이 들다 ; (감정·마음 등이) 누그러지다 ; 《古》 (용기·결심 등이) 약해지다. (4)찌는 듯이 덥다.
— *vt.* (1)《~ +目/+目+前+名》 …을 녹이다, 용해하다《*down*》 ; 융합시키다《*into*》. (2)《~+目/+目+副》 …을 소산(消散)시키다, 흩뜨리다. (3)(마음·감정)을 누그러지게 하다, 누이다, 감동시키다. ***~ away*** 녹아 없어지다 ; 서서히 사라져 버리다(없어지다). ***~ down*** (*vi.*) 녹다. (*vt.*) (훔친 금·은 등)을 쇳물로 녹이다. ~ into tears 한없이 울다.

melt·down [méltdàun] *n.* (1) ⓤⓒ (원자로의) 노심(爐心) 용융. (2) ⓤ 《口》 (주식·시세의) 급락, 폭락.

melt·ed [méltid] *a.* 녹은, 용해한 : ~ butter 〈chocolate〉 녹은 버터 〈초콜릿〉.

melt·ing [méltiŋ] *a.* (1)상냥한, 인정 많은, 감상적인. (2)(마음·얼굴 표정 등이) 애수(哀愁)를 〈눈물을〉 자아내는, 감동적인. — *n.* ⓤ 용해, 융해. 파) **~·ly** *ad.*

mélting pòint 녹는점, 융(해)점《略 : m.p.》.

mélting pòt (1)도가니(crucible). (2)《比》 잡다한 인종·문화가 뒤섞여 융합·동화된 곳 〈나라·상태 등〉. ***go into the ~*** 1)전면적으로 개조〈개혁〉되다. 2)(마음이) 누그러지다. ***in the ~*** 고정되지 않고, 유동적으로, 고려 〈검토〉 중에. ***put*** 〈***cast***〉 ***into the ~*** 1) …을 다시 만들다. 2)근본적으로 변혁하다, 전적으로 다시하다. ***throw into the ~*** 대혼란에 빠뜨리다, 범벅으로 만들다.

melt·wa·ter [méltwɔ̀(ː)tər, -wàt-] *n.* ⓤ 눈·얼음이 〈특히 빙하가〉 녹은 물, 눈석임물.

Mel·ville [mélvil] *n.* Herman ~ 멜빌《미국의 소설가 ; 1819-91》.

:mem·ber [mémbər] *n.* ⓒ (1) (단체·사회 따위의) 일원(一員) ; 회원, 단원, 의원 : a ~ of a committee 〈family〉 위원회 〈가족〉의 일원. (2)신체〈동식물〉의 일부, 일부 기관(器官)《특히 손발》 : a ~ of Christ 그리스도의 지체《한사람 한사람의 그리스도교도》. (3)【數】 항(項), 변(邊) ; (집합의)요소. ***a Member of Congress*** 《美》 하원 의원《略 : M.P.》. ***a Mem·ber of Parliament ~*** 《英》 하원 의원《略 : M.C.》.

:mem·ber·ship [mémbərʃìp] *n.* (1) ⓤ 회원 자격(지위), 회원〈구성원〉임. (2) ⓒ 〔單·複數 취급〕 회원 (전체) ; 회원수.

·mem·brane [mémbrein] *n.* ⓤⓒ 【解】 얇은 막(膜), 막피(膜皮), 막, 양피지(parchment) : the mucous ~ 점막.

mem·bra·nous [mémbrənəs] *a.* 막의, 막질(膜質)의 ; 막을 형성하는.

me·men·to [miméntou] (*pl.* ***~(e)s***) *n.* ⓒ 기념물〈품〉, 기념으로 남긴 물건; 추억거리.

meménto mó·ri [-mɔ́ːrai, -riː] 《L.》 죽음의 상징(경고)《해골 따위》.

memo [mémou] (*pl.* ***mém·os***) *n.* 《口》 비망록, 메모. [◁ *memo* randum]

·mem·oir [mémwaːr, -wɔːr] *n.* (1) ⓒ (본인의 친지 등에 의한) 전기, 약전(略傳). (2)(흔히 *pl.*) (필자 자신의) 회상 〈회고〉록, 자서전. (3) ⓒ 연구 보고

〈논문〉(monograph). (4)(*pl.*) 학회지, 논문집.

mem·oir·ist [mémwɑ:rist] *n.* ⓒ 회고록 집필자.

mem·o·ra·bil·ia [mèmərəbíliə, -ljə] *n. pl.*《L.》 기억〈기록〉할 만한 사건 ; 중요 기사.

·mem·o·ra·ble [mémərəbəl] (***more ~ ; most ~***) *a.* (1)기억할 만한 ; 잊기 어려운, 주목할 만한 : a ~ event 잊을 수 없는 사건 / a ~ speech 오래 기억에 남는 연설. (2)외기 〈기억하기〉 쉬운 : a ~ melody 기억하기 쉬운 멜로디 〈선율〉. ▫ memory *n.* 파) **-bly**[-bli] *ad.* **~·ness** *n.*

·mem·o·ran·dum [mèmərǽndəm] (*pl.* ***~s, -da*** [-də]) *n.* ⓒ (1)비망록, 메모, 각서. (2)(외교상의) 각서. (3)【法·商】 (계약용의) 각서 ; 송장(送狀) : ~ trade 각서 무역. (4)(조합의) 규약, (회사의) 정관 (= **~ of associ·átion**).

:me·mo·ri·al [mimɔ́:riəl] *a.* 〔限定的〕 기념의 ; 추도의 : a ~ service 추도식 〈회〉 / a ~ tablet (고인 추도의) 기념패(牌) ; 위패. ▫ memory *n.* — *n.* ⓒ (1)기념물, 기념비 〈관〉 ; 기념 행사 〈식전〉 : a ~ to the dead 위령비. (2)(흔히 *pl.*) 각서, 기록, 연대기, 청원서, 진정서.

파) **~·ly** *ad.* **~·ist** *n.* 청원서 기초자, 진정서 서명인.

:me·mo·ri·al·ize [mimɔ́:riəlàiz] *vt.* …을 기념하다 ; …의 기념식을 거행하다.

:mem·o·rize [méməràiz] *vt.* …을 기억하다, 암기하다 ; 명심하다 : ~ a poem 시를 암기하다.

파) **mem·o·ri·za·tion** [mèmərizéiʃən/ -raiz-] *n.*

:mem·o·ry [méməri] *n.* (1) ⓤ 기억, 기억력 ; ⓒ (개인이 가지는) 기억력 : the art of ~ 기억술. (2) ⓒ (낱낱의) 추억, 회상 ; 기억에 남는 것〈사람〉. (3)(*sing.* ; 종종 the ~) 기억에 남는 기간, 기억의 범위. (4) ⓤ 사후의 명성 ; 사자(死者)에 대한 추모. (5) ⓒ 기념(물), 유물 : as a ~ 기념으로(서). (6) ⓒ 【컴】 기억 장치, 메모리. ***bear* 〈*have, keep*〉 *in ~*** 기억하고 있다. ***beyond* 〈*within*〉 *the ~ of men* 〈*man*〉** 유사 이전〈이후〉의. ***call to ~*** ⇨ CALL. ***come to* one*'s ~*** 머리에 떠오르다, 생각나다. ***commit ... to ~*** …을 암기하다, 기억하다. ***down ~ lane*** 기억의 오솔길을 더듬어 : tread 〈journey〉 *down ~ lane* 회고의 정에 젖다. ***if my ~ serves me* 〈*doesn't fail me*〉** 내 기억에 틀림이 없다면, 틀림없이. ***in ~ of*** …의 기념으로. ***Keep your ~ alive.*** 잊지 않도록 해라. ***to the best of my ~*** 내가 기억하고 있는 한. ***to the ~ of*** …의 영전에 바쳐, …을 추모하여. ***within* 〈*in*〉 *living ~*** 지금도 사람들의 기억에 남아.

mémory cèll (1)【免疫】 기억 세포. (2)【컴】 기억 장치 낱칸.

:men·ace [ménəs] *vt.* …을 위협하다, 으르다 : The woods are ~*ed* by acid rain. 그 삼림은 산성비의 위협을 받고 있다. — *n.* (1) ⓤⓒ 협박, 위협, 공갈(threat) : a ~ *to* world peace 세계 평화에 대한 위협.

men·ac·ing [ménəsiŋ] *a.* 위협하는 것 같은, 위협〈협박〉적인 : a ~ attitude 위협적인 태도.

men·ac·ing·ly [-li] *ad.* 위협하듯이, 위협〈협박〉적으로.

mé·nage [meinɑ́:ʒ] *n.* 《F.》 (1) ⓒ 가정(家庭), 세대(household). (2) ⓤ 가정(家政), 가사(家事).

me·nag·er·ie [minǽdʒəri] *n.* ⓒ 《F.》 (1)(지방순회 흥행 서커스 등의) 동물원. (2)〔集合約〕 (동물원 등의) 동물들(떼).

men·ar·che [minɑ́:rki:] *n.* ⓤ 【生理】 초경(初經), 초조(初潮).

:mend [mend] *vt.* (1)…을 수선하다, 고치다(repair) : ~ shoes 〈a tear〉 구두〈터진 데〉를 고치다 〈깁다〉. (2)…을 개선하다(improve) ; (소행 등)을 고치다(reform) : ~ one's way 〈manners〉 행실을 고치다. (3)(나무를 지펴 불길)을 세게 하다 : ~ the fire. — *vi.* (1)(사태·날씨·잘못 등이) 호전하다, 고쳐지다, 나아지다. (2)개심하다.

~ or end 개선하느냐 폐지하느냐 ; 죽이느냐 치료 하느냐. ~ one***'s fences*** (국회의원 등이 지역구)를 굳히다. ***~ the fire*** 꺼질듯한 불을 되살리다.

— *n.* ⓒ 수선〈수리〉한 부분. ***be on the ~*** (병·사태 따위가) 나아져 가고 있다. ***make do and ~*** 《口》 고쳐가면서 오래 쓰다.

파) **~·a·ble** *a.* …할 수 있는.

men·da·cious [mendéiʃəs] *a.* (1)(말이) 허위의, 거짓의 : a ~ report 허위 보도. (2)(사람이) 거짓말 잘하는.

men·dac·i·ty [mendǽsəti] *n.* (1) ⓒ 허위, 거짓말. (2) ⓤ 거짓말하는 버릇(성격).

men·de·le·vi·um [mèndəlí:viəm] *n.* ⓤ 【化】 멘델레븀《방사성 원소 ; 기호 Md ; 원자번호 101》.

Men·de·li·an [mendí:liən, -ljən] *a.* 멘델의 ; 멘델 법칙의 : ~ factor 〈unit〉 유전자(gene).

— *n.* 멘델 학설 지지자.

Men·del·ism [méndəlìzəm] *n.* ⓤ 【生】 멘델의 유전학설 ; 멘델 법칙. 파) **-ist** *n.*

mend·er [méndər] *n.* ⓒ 수선자, 수리자, 개선자 ; 정정(訂正)자.

men·di·can·cy [méndikənsi] *n.* ⓤ 거지 생활 ; 구걸, 동냥 ; 탁발.

men·di·cant [méndikənt] *a.* 구걸하는(begging), 빌어먹는, 탁발하는 : a ~ friar (가톨릭의) 탁발 수사(修士) / ~ orders 탁발 수도회.

— *n.* ⓒ 거지, 동냥아치 ; (종종 M-) 탁발 수사.

mend·ing [méndiŋ] *n.* (1) ⓤ 수선, 수선 일. (2)〔集合的〕 수선할 것, 파손품, 수선부분.

men·folk(s) [ménfòuk(s)] *n. pl.* (흔히 the ~)남자들(men)《특히 한 가족의》.

me·ni·al [mí:niəl, -njəl] *a.* 천한, 비천한, 시시한 ; 머슴 노릇하는.

— *n.* ⓒ 머슴, 하인 ; 비천한 사람.

파) **~·ly** *ad.* 하인〈종〉으로서 ; 천하게.

men·in·gi·tis [mènindʒáitis] *n.* ⓤ 【醫】 수막염(髓膜炎), 뇌막염.

me·nis·cus [minískəs] (*pl.* ***~·es, -ci*** [-nís-kai]) *n.* ⓒ (1) 요철(凹凸) 렌즈. (2)【物】 메니스커스《원통 속의 액체가 표면 장력으로 凹凸이 되는 현상》.

men·o·pause [ménəpɔ̀:z] *n.* (흔히 the ~) 폐경(閉經)(기), 갱년기(change of life, climacteric).

파) **mèn·o·páu·sal** *a.*

me·nor·ah [minɔ́:rə] *n.* ⓒ (유대교의 제식(祭式) 때 쓰는) 가지가 일곱인 촛대.

men·ses [ménsi:z] *n. pl.* (종종 the ~) 〈單·複數 취급〉 【生理】 월경, 월경기간(menstruation).

men·stru·al [ménstruəl] *a.* 월경의, 달마다의 (monthly) : ~ periods 월경 기간 / the ~ cycle 월경 주기 / ~ cramps 월경에 의한 복통.

men·stru·ate [ménstruèit] *vi.* 월경하다 ; 달거리하다.

men·stru·a·tion [mènstruéiʃən] *n.* ⓤⓒ 월경 ; 월경 기간.

men·su·ra·ble [ménʃərəbəl] *a.* 측정할 수 있는.
men·su·ra·tion [mènʃəréiʃən/ -sjuər-] *n.* ⓤ 【數】 (1)측정, 계량. (2)측정법, 구적(求積)(법).
:men·tal [méntl] *a.* (1)마음의, 심적인, 정신의. 〖opp.〗 *bodily, physical.* 『 ~effort(s) 정신적 노력 / ~ culture 정신적 교양, 지적 수양 / ~ health 정신적 건강. (2)이지의, 지력의, 지적인, 지능의. (3)〔限定的〕 머리〈암기〉로 하는. (4) a]〔限定的〕 정신병의〈에 관한〉 : a ~ specialist 정신병 전문의(醫) / a ~ case 정신병 환자 / a ~ home 〈hospital, institution〉 정신병원. b]〔敍述的〕《口》 정신이 돈, 머리가 이상한.
make a ~ note of …을 외워 기억해 두다.
— *n.* ⓒ《口》 정신병 환자, 정신 박약자.
méntal defective 정신 박약자.
méntal defíciency 지능 장애, 정신 박약《지금은 mental retardation이라 함》.
men·tal·ism [méntəlìzəm] *n.* ⓤ (1)【哲】 유심론. (2)【心】 멘탈리즘, 심리주의.
【cf.】 behaviorism.
·men·tal·i·ty [mentǽləti] *n.* (1) ⓤ 정신성, 지성 : 심성(心性) : people of weak 〈average〉 ~ 지성〈지력〉이 약한 〈보통인〉 사람들. (2) ⓒ 심적 〈정신적〉 상태〈경향〉, 심리, 정신 구조.
·men·tal·ly [méntəli] *ad.* (1)정신적으로 ; 지적으로, 지력상. (2)마음 속으로, 마음으로는.
méntal retardátion 정신 박약(mental deficiency).
méntal tést 지능 검사, 멘탈 테스트.
men·thol [ménθɔ(:)l, -θɑl] *n.* ⓤ 【化】 멘톨, 박하뇌(薄荷腦).
men·tho·lat·ed [ménθəlèitid] *a.* 멘톨을 함유한 ; 멘톨로 처리한.
:men·tion [ménʃən] *vt.* (1)《~+目/+目+前+名/+*that* 節》 …을 말하다, …에 언급하다, 얘기로 꺼내다 : as ~*ed* above 앞에서 말한 바와 같이. (2)〔흔히 受動으로〕 (…의 이름을) 열거하다 : ~ useful book 유익한 책 이름을 열거하다. ***Don't ~ it.*** 천만에요, 별 말씀을(《美》 You're welcome.). ***not to ~ ...*** =***without ~ing*** …은 말할 것도 없고, …은 물론. — *n.* (1) ⓤⓒ 기재(記載), 언급, 진술, 이름을 듦. (2) ⓒ (흔히 *sing.*) (이름을 들어서 하는) 표창 : receive an honorable ~ 등외 가작에 들다. ***at the ~ of*** …의 이야기가 나오자.
men·tor [méntər, -tɔ:r] *n.* (1) ⓒ 현명하고 성실한 조언자 ; 스승, 은사, 좋은 지도자. (2)(M-) 【그神】 멘토르《Odysseus가 그의 아들을 맡긴 훌륭한 스승》.
파) **~·ship** *n.*
·menu [ménju:, méi-] *n.* ⓒ (1)식단, 메뉴, 차림표. (2)식품, 요리 : a light ~ 가벼운 요리 〈식사〉. (3)【컴】 차림표, 메뉴《프로그램의 기능 등이 일람표로 표시된 것》.
Meph·is·to·phe·le·an [mèfistoufí:liən, -ljən] *a.* 악마 같은, 교활한, 음험한, 냉소적인.
mer·can·tile [mə́:rkəntì:l, tàil, -til] *a.* (1)상인의, 장사 〈상업〉 의 : the ~ law 상법, 상관습법 / a ~ agency 상업 흥신소. (2)【經】 중상주의 (重商主義)의. (3)이익을 노리는, 장사를 좋아하는.
mer·can·til·ism [mə́:rkəntilìzəm, -tail-] *n.* ⓤ (1)중상주의. (2)상업주의, 영리주의 : 상인(기질), 근성. 파) **-ist** [-ist] *n.* 중상주의자.
·mer·ce·nary [mə́:rsənèri] *a.* 돈 〈이득〉 을 목적으로 일하는, 돈을 위한 ; 고용된(hired) : ~ motives 금전상의 동기 / a ~ soldier 용병(傭兵).
— *n.* ⓒ (외국인) 용병 ; 고용된 사람.
mer·cer [mə́:rsər] *n.* ⓒ《英》 =DRAPER. 포목상.
mer·cer·ize [mə́:rsəràiz] *vt.* 【纖維】 (목면(木棉))을 머서법으로 처리하다, 광택 가공을 하다 : ~*d* cotton 광택 가공 무명.
:mer·chan·dise [mə́:rtʃəndàiz] *n.* ⓤ 〔集合的〕 상품, 《특히》 제품 ; 재고품. ***general ~*** 잡화.
— *vt.* (1)(상품)을 취급〈거래〉 하다. (2)…의 판매를 촉진하다(상품을) 광고 선전하다..
mer·chan·dis·ing [-dàiziŋ] *n.* ⓤ 상품화 계획《판매 촉진·선전 등을 포함한 상품 마케팅》, 효과적인 판매 촉진책.
:mer·chant [mə́:rtʃənt] *n.* ⓒ (1)상인, 《특히》 해외 무역 상인 ; 《英》 도매 상인; 《美》 소매 상인(storekeeper). (2)〔修飾語를 동반하여〕《口》 …광(狂) : a speed ~ (자동차의) 스피드광. ***a ~ of death*** 전쟁 상인, 군수 산업 자본가. ***The Merchant of Venice*** '베니스의 상인'《Shakespeare 작의 희극》. — *a.* 〔限定的〕 상인의, 상업의, 상선의, 외판의. — *vt.* 매매하다, 장사하다.
mer·chant·a·ble [mə́:rtʃəntəbəl] *a.* 매매할 수 있는, 장사에 적합한, 수요가 있는, 시장성 있는(marketable).
mer·chant·man [mə́:rtʃəntmən] (*pl.* ***-men*** [-mən]) *n.* ⓒ 상선(商船)(merchant ship).
mérchant maríne (the ~) 〔集合的〕《美》 (1)(일국의) 전(全) (보유) 상선. (2)상선대의 승무원.
:mer·ci·ful [mə́:rsifəl] *a.* (1)자비로운, 인정 많은 《*to*》 하느님(행운) 덕택의 : a ~ king 자비로운 왕. (2)(고통·불행에 종지부를 찍어 주어서) 행복한, 다행한 : a ~ death 고통없는 죽음, 안락사.
파) **~·ness** *n.*
mer·ci·ful·ly [-fəli] *ad.* (1)자비롭게, 관대히, 인정있게. (2)〔文章修飾〕 고맙게도, 다행스럽게도, 다행히(도) : *Mercifully*, the children escaped from the burning house. 다행히도 아이들은 불타는 집에서 탈출했다.
·mer·ci·less [mə́:rsilis] *a.* 무자비한, 무정한, 잔인한, 냉혹한《*to, toward*》.
파) **~·ly** *ad.* **~·ness** *n.*
mer·cu·ri·al [mə:rkjúəriəl] *a.* (1)(M-) Mercury 신의. (2)(M-) 【天】 수성(水星)의. (3)잽싼 ; 쾌활한 ; 재치 있는, 명랑한, 활기있는 : a ~ wit 기지(機智)가 뛰어난 사람. (4)변하기 쉬운, 변덕스러운 : a ~ character 변덕스러운 성격. (5)수은(제)의, 수은이 든 : ~ poisoning 수은 중독.
— *n.* ⓒ 【藥】 수은제(劑). 파) **~·ly** *ad.* 민활하게, 활기있게.
mer·cu·ric [mə:rkjúərik] *a.* 〔限定的〕 수은의, 수은이 든 ; 【化】 제 2 수은의 : ~ chloride 염화 제 2 수은, 승홍(昇汞).
:mer·cu·ry [mə́:rkjəri] *n.* (1) ⓤ 【化】 수은(quicksilver)《기호 Hg, 번호 80》. (2)(the ~) (기압·온도계의) 수은주 : *The* ~ stands at 50° 〈sixty degrees〉. 수은주〈온도계〉는 50도를 가리키고 있다. ***The ~ is rising.*** 1)온도가 올라가고 있다. 2)경기가 좋아지고 있다. 3)기분이 좋아지고 있다. 4)흥분이 점점 더해 간다.
:mer·cy [mə́:rsi] *n.* (1) ⓤ 자비, 연민, 인정, 용서. (2) ⓒ (흔히 *sing.*) (불행중) 다행한 일, 고마운 일. (3)〔놀람·공포를 나타내는 감탄사로〕 아이, 저런.
at the ~ of ... =***at*** a person***'s ~*** …의 (처분)마음대

로 되어, …에 좌우되어. ***be left to the*** (***tender***) ***mercies of*** 〔反語的〕 …이 하는 대로 맡겨지다, …에 의해 단단히 혼나다. ***be thankful*** 〈***grateful***〉 ***for small mercies*** (더 나빠지지 않는 것만으로도) 다행으로 여기다, 불행중 다행으로 알다. ***for*** ~ =***for*** ~***'s sake*** 제발, 불쌍히 여겨서. ***have*** ~ ***on*** 〈***upon***〉 …을 가엾이 여기다, …에게 자비를 베풀다. ***throw*** one***self on*** a person***'s*** ~ 아무의 자비〈동정〉에 기대다. ***without*** ~ 용서〈가차〉없이, 무자비하게 : punish a guilty man *without* ~ 죄인을 가차없이 벌하다.

mércy killing 안락사(술(術))(euthanasia).

:mere[1] [miər] (비교급 없음 ; ***mér·est***) *a.* 〔限定的〕 단순한, 단지 …에 불과한, 〈다만, 그저〉 …에 지나지 않는. ~ ***nothing*** 아무것도 아닌 것. ***of*** ~ ***motion*** 【法】 자발적으로, 자발성의.

mere[2] *n.* ⓒ 《古·詩》 호수, 연못, 못 : 소택지.

:mere·ly [míərli] *ad.* 단지, 그저, 다만. ~ ***because*** 단지 …이기 때문에, 다만 …때문에. ***not*** ~ ***... but*** (***also***) 단순히 …뿐만 아니라 또한.

mer·e·tri·cious [mèrətríʃəs] *a.* (1)(장식·문체 따위가) 야한, 저속한, 음란한. (2)(입발림말 따위) 그럴듯한, 속보이는.
파) ~**·ly** *ad.* ~**·ness** *n.*

·merge [məːrdʒ] *vt.* (1)《~+目/+目+前+名》 …을 합병시키다《*in, into* ; *with*》 : ~ a subsidiary *with* its parent company 자회사를 모회사와 합병하다. (2)점차 …으로 바뀌다, 녹아들게 하다, 몰입시키다.
— *vi.* 《+前+名》 융합되다, 몰입(沒入)하다 ; 합병〈합동〉하다《*in, into* ; *with*》.

merg·ee [məːrdʒíː] *n.* ⓒ (흡수) 합병의 상대방(회사).

merg·er [məːrdʒər] *n.* ⓤⓒ 【法】 (회사 등의) 합병, 합동 ; (기업의) 흡수 합병, (권리의) 혼동.

·me·rid·i·an [mərídiən] *n.* ⓒ (1)자오선, 경선(經線) : the first 〈prime〉 ~ 본초 자오선. (2) (번영·인생 등의) 절정 ; 전성기, 한창 : the ~ of life 한창 때, 장년(기).
— *a.* 〔限定的〕 (1)자오선의 : the ~ altitude 자오선 고도. (2)정오의, 한낮의.

me·rid·i·o·nal [mərídiənəl] *a.* 〔限定的〕 (1)남부(인)의, 남 유럽《특히 남부 프랑스》의. (2)자오선의. — *n.* ⓒ 남 유럽 사람 (특히) 남프랑스인.

me·ri·no [məríːnou] (*pl.* ~***s***) *n.* 《Sp.》 (1) ⓒ 메리노양(羊)(= ~ **shèep**). (2) ⓤ 메리노 나사 ; 메리노(털)실. — *a.* 메리노 양털로 만든, 메리노의.

:mer·it [mérit] *n.* (1) ⓤ 우수함, (칭찬할 만한)가치 : a novel of great of great ~ 대단히 우수한 소설. (2) ⓒ 장점, 취할 점. (3) ⓒ (흔히 *pl.*) 공적, 공로, 훈공 : a man of ~ 공적이 있는 사람. (4) ⓒ (흔히 *pl.*) 공과, 공죄(desert), 시비 (곡직) : on the ~s of the case 사건의 시비곡직에 따라(재판하다). ***make a*** ~***of ...*** =***take*** ~ ***to*** one***self for ...*** …을 자기 공로로서 자랑하다. ***on*** one***'s*** (***own***) ~***s*** 진가에 의해서, 실력으로.
— *vt.* (상·벌·감사·비난 등을) …할 만하다(deserve).

mer·i·toc·ra·cy [mèritákrəsi/ -tɔ́k-] *n.* (1) ⓒ 엘리트 교육 제도《월반제 등》 ; 능력〈실력〉주의 사회. (2) ⓤ (흔히 the ~) 〔集合的〕 엘리트 계층, 실력자층.

mer·i·to·ri·ous [mèritɔ́ːriəs] *a.* 공적 있는 ; 가치 있는 ; 칭찬할 만한, 기특한.
파) ~**·ly** *ad.* ~**·ness** *n.*

mérit sỳstem 《美》 (임용·승진의) 실적〈실력〉 본위제, 능력본위 임명제. 【cf.】 spoils system.

·mer·maid [məːrmèid] *n.* 인어(人魚)《여자》.

mer·man [məːrmæ̀n] (*pl.* ***-men*** [-mèn]) *n.* ⓒ 인어(人魚)《남자》(【cf.】 mermaid).

:mer·ri·ly [mérəli] *ad.* 즐겁게, 유쾌하게, 흥겹게 : laugh ~ 유쾌하게 웃다.

·mer·ri·ment [mérimənt] *n.* ⓤ (1)흥겹게 떠들기, 환락. (2)즐거움, 왁자지껄하게 놂.

:mer·ry [méri] (***-ri·er*** ; ***-ri·est***) *a.* (1)명랑한, 유쾌한, 재미있는 : a ~ person 유쾌한 사람 / a ~ laugh 명랑한 웃음. (2)떠들썩한, 웃고 즐기는, 축제 기분의, 들뜬. (3)〔敍述的〕 《英口》 거나한 : get〈feel〉 ~ 거나해지다, 거나한 기분이 되다. ▫ merriment *n.* (***as***) ~***as a cricket*** 〈***a grig, a lark***〉 흥에 겨운, 매우 명랑한. ***I wish you a*** ~ ***Christmas.*** =***A*** ~ ***Christmas.*** (***to you***)***!*** 성탄을 축하합니다. ***make*** ~ 먹고 마시며 흥겨워하다, 명랑하게 놀다. ***make*** ~ ***over*** 〈***of***〉 …을 놀리다, 조롱하다. ***The more the merrier.*** (사람이) 많을수록 더욱 즐겁다, 다다익선(多多益善).

mer·ry-an·drew [mèriǽndruː] *n.* ⓒ (종종 M-A-) 어릿광대, 익살꾼 ; 거리의 약장수 앞잡이.

·mer·ry-go-round [mérigouràund] *n.* ⓒ (1)회전목마, 메리고라운드(carrousel) : go on 〈have a ride on〉 a ~ 회전 목마를 타다. (2)급선회 ; (일 따위가) 어지러운 연속(직임) : a ~ of election speeches 바쁘게 교대로 연속되는 선거 연설.

mer·ry·mak·er [-mèikər] *n.* ⓒ 들떠서〈흥겹게〉 떠드는 사람.

mer·ry·mak·ing [-mèikiŋ] *n.* ⓤⓒ 흥겹게 떠들기, 환락, 축제 때의 법석 ; 유쾌한 주연(酒宴).

me·sa [méisə] *n.* ⓒ 《美》 메사《주위가 절벽을 이루는 대지상(臺地狀)의 지형》.

mé·sal·li·ance [meizǽliəns, mèizəlái-] *n.* ⓒ 《F.》 신분이 낮은 사람과의 결혼, 강혼(降婚). 【cf.】 misalliance.

·mesh [meʃ] *n.* (1) ⓒ 그물눈(코) : a net of one inch ~ 그물눈 1인치의 그물. (2) ⓤⓒ 망직(網織), 메시 ; 망세공, 망, 망사(網絲) : a coarse ~ 그물코가〈눈이〉 성근 망직 / a pair of ~ shoes 메시 〈망사〉 구두 한 켤레. (3) ⓒ (흔히 *pl.*)(법률 등의)망 ; 올가미, 올무. ***in*** 〈***out of***〉 ~ 톱니바퀴가 맞물려 〈벗어져〉. ***the*** ~ ***es of the law*** 법망.
— *vi.* (1)톱니바퀴가 맞물다. (2)(생각·성격 따위가) …와 잘 맞다〈조화되다〉《*with*》. — *vt.* (물고기 등)을 그물로 잡다(…에 걸리다).

mes·mer·ic [mezmérik, mes-] *a.* 최면술의.

mes·mer·ize [mézməràiz, més-] *vt.* (1)…에게 최면술을 걸다. (2)〔종종 受動 으로〕 …을 홀리게 하다, 매혹시키다 : I *was* ~*d* by her smile. 나는 그녀의 미소에 매료되었다.

mes·o·derm [mézədə̀ːrm, més-] *n.* ⓒ 【生】 중배엽(中胚葉).

Mes·o·lith·ic [mèzəlíθik, mès-] *a.* 【考古】 중(中)석기 시대의 : the ~ era 중석기 시대.

me·son [míːzan/míːzɔn] *n.* ⓤ 【物】 중간자(mesotron).

Mes·o·po·ta·mia [mèsəpətéimiə] *n.* 메소포타미아《Tigris 및 Euphrates 강 사이에 끼인 지역(지금의 이라크) ; 인류 최고(最古) 문명 발상지》.

Mes·o·po·ta·mi·an [-miən] *a.* 메소포타미아의.
— *n.* ⓒ 메소포타미아의 주민.

mes·o·sphere [mézəsfiər] *n.* (the ~)【氣】 중간층《성층권과 열권(熱圈)의 중간 : 지상 30-80 km 층》.

Mes·o·zo·ic [mèzəzóuik, mès-] *a.* 【地質】 중생대의 (【cf.】 Cenozoic) ; 중생계(中生界)의.
— *n.* (the ~) 중생대 ; 중생계《중생대의 지층》.

:mess [mes] *n.* (1) ⓤ (또는 a ~) 혼란(상태), 엉망, 어수선함. (2)(a ~) 곤란한 상태, 곤혹, 궁지, 곤경. (3) ⓤ (또는 a ~) (흘리거나 한) 더러운 것, 흩뜨려진 것 ; (특히, 개·고양이의) 똥, (사람이) 토한 것 : make *a* ~ on the street (개가) 거리에 똥을 누다 ; (사람이) 길에서 토하다《따위》. ***get into a ~*** 실수를 저지르다 ; 곤란 〈궁지〉에 빠지다. ***in a ~*** 1)더럽혀져서 ; 어질러 놓은〈놓아〉. (2)분규〈혼란〉에 빠져 ; 쩔쩔매어.
make a ~ of 《口》 1)어지럽히다, 더럽히다 : *make a ~ of* one's room. 2)…을 망쳐놓다 : *make a ~of* everything 죄다 엉망으로 해놓다. ***make a ~ of it*** 실수를 저지르다. ***sell*** one***'s bir-thright for a ~ of pottage*** ⇨ BIRTHRIGHT.
— *vt.* (1)《~+目/+目+副》 …을 어지럽히다, 난잡하게 하다 ; 엉망으로 만들다《*up*》. (2)《口》 …을 후려갈기다, 혼내주다《*up*》. — *vi.* (1)…에 손을 대다, 쓸데없이 참견하다《*in* ; *with*》. (2)함께 식사〈회식〉하다. 《*together* ; *with*》. ***~ around*** 〈***about***〉 《口》 1)쓸데없이 해보다 ; (…에) 손을 대다《*with*》 : ~ *about with* politics 정치에 손을 대다. 2)게으름 피우다, 빈둥거리다. 3)《美》 …와 농탕치다, 성적 관계를 가지다. 《*with*》. 4)《口》 (…)를 거칠게 〈아무렇게나〉 다루다. 5)…을 만지작거리다, 집적거리다, 잘못 만지다. 《*with*》.

:mes·sage [mésidʒ] *n.* ⓒ (1)전갈, 메세지, 전하는 말, 전언 : send a ~ by mail〈wire〉 우편으로 〈전보로〉 메시지를 보내다. (2)통신(문), 서신, 전보 : a congratulatory ~ 축전, 축사. (3)《美》 (대통령의) 교서《*to*》 (공식)메시지 : the President's ~ *to* Congress 의회에 보내는 대통령의 교서. (4)(the~) (신·예언자의) 신탁, 계시. (5)(문학 작품·음악·연극 등의) 주지(主旨), 의도, 교훈. (6)【컴】 알림(말), 메시지《정보 처리상의 단위》. (7)【遺】 메시지《유전 암호의 단위》. ***get the ~*** 《口》 (암시 따위의) 의미를 파악하다, 이해〈납득〉하다. ***send*** a person ***on a ~*** 아무를 심부름 보내다. — *vt.* 통신(신호)하다.

méssage swìtching 【컴】 (데이터 통신에서) 메시지 교환 : an ~ unit 메시지 스위칭 장치.

:mes·sen·ger [mésəndʒər] *n.* ⓒ (1)사자(使者), 심부름꾼 : a diplomatic ~ 외교 사절 / an Imperial ~ 칙사. send a letter by a ~ 심부름꾼을 통해 편지를 보내다. (2)(문서·전보 등의) 배달인 : the King's 〈Queen's〉 ~ 《英》 공문서 송달리.

Mes·si·ah [məsáiə] *n.* (1)메시아《유대 사람이 기다리는 구세주 ; 기독교에서는 예수를 이름》 【cf.】 Mahdi. (2)(m-) ⓒ (국가·민족 따위의) 구세주(救世主), 해방자.
파) **Mes·si·an·ic** [mèsiǽnik] *a.* ~의 〈에 관한〉 : 구세주〈메시아〉적인.

méss kit (군대용·캠프용의) 휴대용 식기 세트.

mess·mate [mésmèit] *n.* ⓒ 식사를 함께 하는 사람 ; (배 또는 육해군에서의) 회식 동료, 전우.

mess-up [mésʌ̀p] *n.* ⓒ 《口》 혼란, 분규 ; 실패, 실책 : a bit of a ~ 약간의 실수〈착오〉.

messy [mési] (***mess·i·er ; -i·est***) *a.* (1) a] 어질러진. b] 너절한, 더러워진. c](사람이) 꾀죄죄 한. (2)(일 따위가) 귀찮은, 성가신, 번잡한.
파) **méss·i·ly** *ad.* **-i·ness** *n.*

mes·ti·zo [mestí:zou] (*pl.* **~(*e*)*s*** ; *fem.* ***mes·ti·za*** [mestí:zə]) *n.* ⓒ (특히 스페인 사람과 인디오의) 혼혈인, 메스티소.

Met [met] *n.* (the ~) 《口》 (1)(뉴욕시의) 메트로폴리탄 미술관. (2)(뉴욕시의) 메트로폴리탄 오페라 극장. (3)런던 경찰청.

mèt·a·bol·ic, -i·cal [mètəbálik/ -bɔ́l-], [-ikəl] *a.* 【生】 물질 교대의, 신진 대사의.

me·tab·o·lism [mətǽbəlìzəm] *n.* ⓤ 【生】 물질대사, 신진 대사. 【cf.】 catabolism. ANABOLISM.

me·tab·o·lize [mətǽbəlàiz] *vt.* …을 물질 대사로 변화시키다, 신진 대사시키다.

met·a·car·pal [mètəkɑ́:rpəl] *a.* 【解】 중수(中手)의. — *n.* ⓒ 중수골(中手骨), 장골.

met·a·car·pus [mètəkɑ́:rpəs] (*pl.* ***-pi*** [-pai]) *n.* ⓒ 【解】 중수, 《특히》손바닥뼈.

:met·al [métl] *n.* (1) ⓤⓒ 금속, 금속원소. (2) ⓤ (용해 중의) 주철, 녹는 유리 ; 용해 유리《식어서 굳어지기 전의 액상 유리》. (3) ⓤ 《英》 (도로 포장용) 쇄석(碎石) (road ~). (4)(*pl.*) 《英》 레일, 궤조(軌條).
— *a.* 금속(제)의 : a ~ door. — *vt.* 금속을 입히다. (도로에)자갈을 깔다. a ~*ed* road 자갈을 깐 도로.

met·a·lan·guage [métəl æ̀ŋgwidʒ] *n.* ⓤⓒ 【言】 메타 언어, 언어 분석용 언어《고차(高次)의 언어〈기호〉 체계》.

me·tal·lic [mətǽlik] (***more ~ ; most ~***) *a.* 금속(제)의 ; (소리가) 금속성의 ; (빛깔·광택이) 금속 같은 ; 금속 특유의. 파) **-li·cal·ly** *ad.*

met·al·lif·er·ous [mètəlífərəs] *a.* 금속을 함유(산출)하는 〈함유한〉 : ~ mines 광산.

met·al·lur·gic, -gi·cal [mètələ́:rdʒik], [-əl] *a.* 야금(술)의. 파) **-gi·cal·ly** *ad.*

met·al·lur·gist [métəl ə̀:rdʒist/metǽlərdʒist] *n.* ⓒ 야금가 〈학자〉.

met·al·work [métlwə̀:rk] *n.* ⓤ (1)〔集合的〕 금속 세공품. (2)《특히》 학과의 금속가공, 금공(金工).
파) **~·er** *n.* ⓒ 금속 세공인, 금속공.

met·a·mor·phic [mètəmɔ́:rfik] *a.* 변형(變形)의 ; 변태의, 변성의 ~ rock 변성암.

met·a·mor·phose [mètəmɔ́:rfouz, -fous] *vt.* …을 변형〈변질, 변태〉 시키다(transform)《*to* ; *into*》. — *vi.* 변태〈변형〉 하다《*into*》.

met·a·mor·pho·sis [mètəmɔ́:rfəsis] (*pl.* ***-ses*** [-sì:z]) *n.* ⓤⓒ (초자연력에 의한) 변형 〈변신〉(작용) 《*into*》.

met·a·nal·y·sis [mètənǽləsis] (*pl.* ***-ses*** [-sì:z]) *n.* ⓤⓒ 【言】 이분석(異分析) 《보기 : ME *an ekename*〉 Mod. E *a nickname* 》.

·met·a·phor [métəfɔ̀:r, -fər] *n.* ⓤⓒ 【修】 은유(隱喩), 암유. 【cf.】 SIMILE. 메타포 : a mixed ~ 혼유(混喩). ※ simile (직유)같이 like, as 따위를 쓰지 않고, '비교'의 뜻이 암시만 되어 있는 비유.

met·a·phor·i·cal [mètəfɔ́(:)rikəl, -fɑ́r-] *a.* 은유의, 은유적〈비유적〉인. 파) **-i·cal·ly** *ad.* 은유적으로.

·met·a·phys·i·cal [mètəfízikəl] *a.* (1)형이상학의, 순수 철학의, 철학적인. (2)(종종 M-) (시인이) 형이상파(派)의. (3)《蔑》 극히 추상적인, 매우 난해한. (4)매우 엄밀한, 꼼꼼하게 캐는. — *n.*(the Metaphysicals) 형이상학파 시인들. 파) **~·ly** *ad.*

met·a·phy·si·cian [mètəfizíʃən] *n.* ⓒ 형이상학

자, 순정(純正)철학자.

·met·a·phys·ics [mètəfíziks] *n.* ⓤ (1)형이상학. (2)(난해한) 추상론, 탁상 공론, 추상적 논의.

me·tas·ta·sis [mətǽstəsis] (*pl.* **-ses** [-sìːz]) *n.* ⓤⓒ 【醫】 (암세포 등의) 전이(轉移)(화제의)급변전.

met·a·tar·sal [mètətáːrsəl] *n.* ⓒ, *a.* 【解】 척골(의) : ~ bone 척골. 파) **~·ly** *ad.*

met·a·tar·sus [mètətáːrsəs] (*pl.*- **si** [-sai]) *n.* ⓒ 【解·動】 척골(蹠骨)(곤충의) 척절(蹠節).

me·tath·e·sis [mətǽθəsis] (*pl.* **-ses** [-sìːz]) *n.* ⓤⓒ 【文法】 소리〈글자〉 자리의 전환《보기 : OE b*rid*〉 Mod. E b*ird*》.

Met·a·zoa [mètəzóuə] *n. pl.* 후생(後生) 동물. 파) **mèt·a·zó·an** *n.*, *a.* 후생동물(의).

mete [miːt] *vt.* 《文語》 (벌·보수 따위)를 할당하다, 주다(allot)《*out*》 재다(measure).

me·tem·psy·cho·sis [mətèm*p*səkóusis, mètəmsai-] (*pl.* **-ses** [-sìːz]) *n.* ⓤⓒ (영혼의)재생, 윤회(輪廻). 파) **-sist** *n.*

·me·te·or [míːtiər, -tiɔ̀ːr] *n.* ⓒ (1)유성(流星), 별똥별(shooting star) ; 운석. (2)【氣】 대기 현상《무지개·번개·눈 따위》, 당시 빛났다가 사라지는 것.

me·te·or·ic [mìːtiɔ́(ː)rik, -ár-] *a.* (1)유성의, 별똥별의. (2)유성과 같은, 잠시 반짝하는〈화려한〉. (3)대기의, 기상상의 : ~ water 강수(降水). 파) **-i·cal·ly** *ad.*

·me·te·or·ite [míːtiəràit] *n.* ⓒ 운석(meteor), 유성체.

me·te·or·oid [míːtiərɔ̀id] *n.* ⓒ 【天】 운성체 : 유성체(流星體).

·me·te·or·o·log·i·cal [mìːtiərəládʒikəl/ -lɔ́dʒ-] *a.* 기상(氣象)의, 기상학상(上)의.
파) **~·ly** [-əli] *ad.*

Meteorológical Óffice (the ~) 《英》 기상청《《美》 Weather Bureau ; 《英口》 the Met Office》.

me·te·or·ol·o·gy [mìːtiərálədʒi/ -rɔ́l-] *n.* ⓤ 기상학, 기상(특정한 지방의). 파) **-gist** [-dʒist] *n.* 기상학자.

:me·ter[1], 《英》 **-tre** [míːtər] *n.* ⓒ 미터《미터법 에서 길이의 단위 : 100 cm ; 기호 m》.

me·ter[2], 《英》 **-tre** [míːtər] *n.* (1)【韻】 a〕 ⓒ 보격(步格)《운율의 단위》. b〕 ⓤ 운율. (2) ⓤ 【樂】 박자(musical time).

·me·ter[3] *n.* ⓒ (자동) 계(량)기, 미터《가스·수도 따위의》 : an electric 〈a gas〉 ~ 전기 〈가스〉 계량기 / a water ~ 수도 계량기.

méter màid 주차 위반을 단속하는 여성 경관.

meth·ane [méθein] *n.* ⓤ 【化】 메탄, 소기(沼氣).

meth·a·nol [méθənɔ̀ːl, -nòul, -nàl] *n.* ⓤ 【化】 메탄올.

:meth·od [méθəd] *n.* (1) ⓒ 방법, 《특히》 조직(논리)적 방법, 방식. (2) ⓤ (일을 하는) 순서, 수단, 질서 ; 체계 : read with 〈without〉 ~ 체계적으로 독서하다〈닥치는대로 읽다〉. ***There is ~ in his madness.*** 미친 것 치고는 조리가 있다, 보기처럼 무모하지는 않다《Shakespeare 작 *Hamlet* 에서》.

me·thod·i·cal [məθádikəl/miθɔ́d-] *a.* (1)질서있는, 질서 정연한(orderly), 일정한 방식에 따른, 조직적인(systematic). (2)(사람·행동 등이) 규칙(규율) 바른(orderly), 꼼꼼한. 파) **-i·cal·ly** [-kəli] *ad.*

·Meth·od·ist [méθədist] *n.* ⓒ 메서디스트, 감리교도〈신자〉. — *a.* 감리교도〈파〉의.

meth·od·ize [méθədàiz] *vt.* …을 방식〈조직〉화 하다, 순서〈질서〉를 세우다, 계통을 세우다.

meth·od·ol·o·gy [mèθədálədʒi/ -dɔ́l-] *n.* ⓤⓒ 방법론, 【生】 계통적, 분류법.
파) **meth·od·o·log·i·cal** [mèθədəládʒikəl/ -lɔ́dʒ-] *a.* 방법론의〈적인〉. **-i·cal·ly** *ad.*

meth·yl [méθəl] *n.* ⓤ 【化】 메틸(기(基)), 목정(木精).

méth·yl·at·ed spírit(s) [méθəlèitid-] 변성 알코올《마실 수 없음 ; 램프·히터용》.

me·tic·u·lous [mətíkjələs] *a.* 《口》 (주의 따위가) 지나치게 세심한, 너무 신중한 ; 소심한(overscrupulous) ; 꼼꼼한 : a ~ account 너무 상세한 설명. 파) **~·ly** *ad.* 좀스럽게, 지나치게 소심하여. **~·ness** *n.*

mé·tier [méitjei, -ㄹ] *n.* ⓒ 《F.》 직업, 일 ; 전문(분야), 장기 ; 자신 있는 분야, 전문 기술.

me·ton·y·my [mitánəmi/ -tɔ́n-] *n.* ⓤⓒ 【修】 환유(換喩)(법) 《king 을 crown, writer 를 pen 으로 나타내는 따위》. 【cf.】 synecdoche.

me-too [míːtúː] *a.* 〔限定的〕《美口》 흉내내는, 모방하는, 추종(편승)하는. — *vt.* 흉내내다(imitate)추종하다.
파) **~·ism** [-izəm] n.ⓤ 모방(주의).

·met·ric [métrik] *a.* 미터(법)의.
go ~ 미터법을 채용하다.

met·ri·cal [métrikəl] *a.* 운율의, 운문의.
파) **~·ly** [-kəli] *ad.*

met·ri·cate [métrikèit] *vt.* …을 미터법으로 하다(metricize). — *vi.* 미터법을 채용하다.

met·ri·ca·tion [mètrəkéiʃən] *n.* ⓤ (도량형의) 미터법 환산.

met·ri·cize [métrəsàiz] *vt.* (도량형)을 미터법으로 고치다 〈채택하다〉.

met·rics [métriks] *n.* ⓤ 운율학, 작시법.

métric tón 미터톤《1,000 kg》.

me·trol·o·gy [mitrálədʒi/ -trɔ́l-] *n.* ⓤ 도량형학, 계측학.

met·ro·nome [métrənòum] *n.* ⓒ 【樂】 메트로놈, 박절기 (拍節器).

met·ro·nom·ic [mètrənámik/ -nɔ́m-] *a.* 메트로놈의 ; (템포가) 기계적으로 규칙 바른.

:me·trop·o·lis [mitrápəlis/ -trɔ́p-] (*pl.* **~·es**) *n.* (1) ⓒ 수도(capital). (2) ⓒ 주요도시, 대도시, (활동의)중심지 : a ~ of religion 종교의 중심지. (3)(the M-) 《英》 런던.

:met·ro·pol·i·tan [mètrəpálitən/ -pɔ́l-] *a.* (1)수도의 : 대도시의 ; 도시(인)의, 도시적인 : the ~ area 수도권 / ~ newspapers (지방지에 대하여)중앙지. (2)(M-) 런던의.
— *n.* ⓒ (1)수도〈대도시〉 주민 ; 도시인. (2) =METROPOLITAN BISHOP.

metropólitan bíshop 【敎會】 수도 대주교〈대감독〉.

met·tle [métl] *n.* ⓤ 용기, 성미, 기개, 혈기, 근성 : a man of ~ 기개 있는 사람 / try 〈test〉 a person's ~ …의 근성을 알아보다. ***put* 〈*set*〉 a person *to* 〈*on, upon*〉 *his ~*** …를 분발시키다(격려하다).

met·tle·some [-səm] *a.* 기운찬, 위세〈용기〉있는, 혈기 왕성한(high-mettled), 성깔있는.

meu·nière [mənjέər] *a.* 《F.》 【料】 뫼니에르로한《밀가루를 발라 버터로 구운》 : sole ~ 넙치 뫼니에르.

mew[1] [mjuː] *n.* ⓒ 야옹(meow)《고양이의 울음 소리》 ; 갈매기 울음 소리. — *vi.* 야옹하고 울다.

mew² *n.* ⓒ 갈매기(흔히 sea ~).
mewl [mjuːl] *vi.* (갓난애 등이) 갸냘프게 울다, 힘없이 울다.
mews [mjuːz] *n. pl.* 〔單數 취급〕《英》 (1)(옛날 주택가의 골목길 양쪽이나 빈터 주위에 늘어선) 마구간. (2)(이것을 개조한) 아파트 ; 또, 이런 아파트가 있는 지역(골목).
:Mex·i·can [méksikən] *a.* 멕시코의 ; 멕시코인〈어〉의. — *n.* (1) ⓒ 멕시코인. (2) ⓤ 멕시코어.
:Mex·i·co [méksikòu] *n.* 멕시코 공화국《북아메리카 남 부의 공화국 ; 수도 Mexico City》.
mez·za·nine [mézəniːn] *n.* ⓒ (1)【建】(층 높이가 낮은 발코니풍의) 중이층(中二層)(entresol). (2) a)【美劇】 2층 정면 좌석. b)《英》 무대 아래.
mez·zo [métsou, médzou] *ad.* 《It.》【樂】 알맞게. — *n.* 《口》 =MEZZO-SOPRANO.
mézzo fórte 【樂】 조금 세게《略 : mf》.
mézzo piáno 【樂】 조금 여리게《略 : mp》.
mez·zo·ri·lie·vo [métsouriliːvou, médzou-] (*pl.* **~s**) *n.* ⓤⓒ 《It.》 반(半)돋을새김, 중부조(中浮彫). 【cf.】 relievo.
mez·zo·tint [métsoutìnt, médz-] *n.* (1) ⓤ 메조틴트〈그물눈〉 동판술《선보다도 명암을 주조(主調)로 하는 부드러운 느낌의 동판술의 하나》. (2) ⓒ 그판화, 메조틴트 판화. — *vt.* 메조틴트판으로 새기다.
·mi [miː] *n.* ⓤⓒ 《It.》【樂】 미《장음계의 제 3음》, 마음(音).
mi·as·ma [maiǽzmə, mi-] (*pl.* **~s, ~ta** [-mətə]) *n.* ⓒ (1)(늪에서 나오는) 독기, 소기(沼氣), 장기(氣). (2)불쾌한 냄새. (3)악영향(을 주는 분위기). 파) **mi·as·mat·ic** [màiəzmǽtik, mi-] *a.* 독기의, 유독한 : *miasmatic* fever 말라리아열.
Mic. 【聖】 Micah.
mi·ca [máikə] *n.* ⓤ【鑛】 운모, 돌비늘.
Mi·cah [máikə] *n.* 【聖】 (1)미가《헤브라이의 예언자》. (2)미가서《구약성서 중의 한 편 ; 略 : Mic.》.
:mice [mais] MOUSE 의 복수.
Mich·ael·mas [míkəlməs] *n.* 대천사, 미가엘 축일《9월 29일 ; 영국에선 사계(四季)〈4분기〉 지불일 (quarter days)의 하나》 : ~ goose 미가엘 축일에 먹는 거위.
·Mi·chel·an·ge·lo [màikəlǽndʒəlòu, mìk-] *n.* **Buonarroti ~** 미켈란젤로《이탈리아의 조각가·화가·건축가·시인 : 1475-1564》.
·Mich·i·gan [míʃigən] *n.* (1)미시간《미국 중북부의 주 ; 略 : Mich.,【郵】 MI》. (2)(Lake ~)미시간호《북미 5 대호의 하나》.
mick·ey [míki] *n.* 〔흔히 다음 成句로〕 ***take the ~ (out of ...)*** 《英口》 …을 놀리다, 곯리다, 바보 취급하다, 모욕하다. — *a.* (음악이) 감상적인.
Míckey Fínn 《俗》 마취제〔완하제〕가 든 술.
Míckey Móuse (1)〔名詞的〕 미키 마우스《W. Disney의 만화 주인공》. (2)〔形容詞的 ; 限定的〕 (때로 m- m-) a)《美俗》 (음악 등이) 감상적인, 단조로운. b)싸구려의 ; 시시한 ; 흔해 빠진.
mick·le, muck·le [míkəl], [mʌ́kəl] 《古·Sc.》 *a.* 큰, 많은, 다량의 ; 큰. — *n.* (a ~) 대량, 다액(多額)(muckle))
mi·cro [máikrou] (*pl.* **~s**) *n.* ⓒ 《口》 마이크로 컴퓨터, 소형 전산기.
mi·cro·a·nal·y·sis [màikrouənǽləsis,] *n.* ⓤⓒ (1)【化】 미량 분석. (2)【經】 미시(적) 분석.
·mi·crobe [máikroub] *n.* ⓒ 세균 ; 미생물(특히) 병원균 : ~ bombs 〈warfare〉 세균탄〈전〉.
mi·cro·bi·ol·o·gy [màikroubaiɑ́lədʒi/ -ɔ́l-] *n.* ⓤ 세균학, 미생물학(bacteriology).
파) **-bio·lóg·i·cal** *a.*
mi·cro·chip [máikroutʃìp] *n.* ⓒ【電子】 마이크로칩《직접 회로를 프린트한 반도체 박편(薄片)》.
mi·cro·cir·cuit [màikrousə́ːrkit] *n.* ⓒ【電子】 초소형 회로, 집적(集積) 회로(integrated circuit).
mi·cro·copy [máikroukɑ̀pi/ -kɔ̀pi] *n.* ⓒ 축소 복사(물) 《서적·인쇄물을 microfilm으로 축사(縮寫)한 것》.
mi·cro·cosm [máikroukɑ̀zəm/ -kɔ̀z-] *n.* ⓒ (1) 소우주, 소세계. 【opp.】 *macrocosm.* (2) a)(우주 축도로서의) 인간 (사회). b)축도《*of*》. in ~ 소규모로 축소된.
mi·cro·cos·mic [màikrəkɑ́zmik/ -kɔ́z-] *a.* 소우주의, 소세계의. 파) **-i·cal·ly** *ad.*
mi·cro·ec·o·nom·ics [màikrouìːkənɑ́miks/ -nɔ́m-] *n.* ⓤ 미시(적)(微視(的)) 경제학. 【opp.】 *macroeconomics.* 파) **-nom·ic** *a.*
mi·cro·film [máikrəfìlm] *n.* ⓤⓒ 축사(縮寫) 필름, 마이크로필름. — *vt.* …을 축사 필름에 찍다.
mi·cro·form [máikrəfɔ̀ːrm] *n.* ⓤ 인쇄물의 극소 축쇄법 ; 그 인쇄물(microcopy). — *vt.* 마이크로 필름으로 복사하다.
mi·cro·gram [máikrəgræ̀m] *n.* ⓒ 마이크로 그램《100 만분의 1그램》.
mi·cro·graph [máikrəgræ̀f, -grɑ̀ːf] *n.* 현미경 사진〈그림〉. 【opp.】 *macrograph.*
mi·cro·mesh [máikroumèʃ] *n.* ⓤ 그물코가 아주 미세한 스타킹용의 재료《나일론 따위》, 극미 그물 코의.
mi·crom·e·ter [maikrɑ́mətər/ -krɔ́-] *n.* ⓒ 마이크로 미터, 측미계(測微計) ; 측미 캘리퍼스.
mi·cro·mini [màikroumíni] *a.* =MICROMINIATURE. — *n.* ⓒ (1)초소형의 것. (2)초미니 스커트. (3)=MICROMINICOMPUTER.
mi·cro·min·i·a·ture [màikroumíniətʃər] *a.* (전자 부품이) 초소형의, 초소형 부품용의.
mi·cron [máikrɑn/ -krɔn] (*pl.* **~s, -cra** [-krə]) *n.* ⓒ 미크론《1m의 100만분의 1 ; 기호 μ》.
Mi·cro·ne·sian [màikrəníːʒən, -ʃən] *a.* 미크로네시아(사람, 어군(語群))의. — *n.* (1) ⓒ 미크로네시아 사람. (2) ⓤ 미크로네시아 어군.
mi·cro·or·gan·ism [màikrouɔ́ːrgənìzəm] *n.* ⓒ 미생물《박테리아 따위》.
:mi·cro·phone [máikrəfòun] *n.* ⓒ 마이크(로폰)(mike), 확성기, 송화기.
mi·cro·pho·to·graph [màikrəfóutəgræ̀f, -grɑ̀ːf] *n.* ⓒ 마이크로〈축소〉 사진(photomicrograph), 현미(경)사진.
mi·cro·proc·ess [màikrouprɑ́ses/ -próu-] *vt.* (데이터)를 마이크로프로세서로 처리하다.
mi·cro·próc·ess·ing ùnit [màikrouprɑ́s-esiŋ-/ -próu-] 【컴】 소형 처리 장치.
mi·cro·proc·es·sor [màikrouprɑ́sesər/ -próu-] *n.* ⓒ 마이크로프로세서《소형 전산기의 중앙 처리 장치》.
:mi·cro·scope [máikrəskòup] *n.* ⓒ 현미경 : a binocular ~ 쌍안 현미경 / an electron ~ 전자 현미경. ***put… under the ~*** …을 세밀히 살피다.
***mi·cro·scop·ic, -i·cal** [màikrəskɑ́pik/ -skɔ́p-], [-əl] *a.* (1)〔限定的〕 현미경의〈에 의한〉 : a

~ examination 현미경 검사 / a ~ photograph 현미경 사진. (2)《口》 극히 작은, 최소형의 : a ~ organism 미생물. (3)(연구 등이) 지극히 세세한 데까지 미치는, 미시적(微視的)인, 극미의.
〖opp.〗 *macroscopic*. 파) **-i·cal·ly** [-kəli] *ad.* 현미경(적)으로.

mi·cros·co·py [maikrɑ́skəpi/ -krɔ́s-] *n.* ⓤ (1)현미경 사용(법). (2)현미경에 의한 검사(검경) : by ~ 현미경 검사로.

mi·cro·state [máikroustèit] *n.* ⓒ 극소(極少) (독립) 국가《Monaco, Nauru 등》.

mi·cro·wave [máikrouwèiv] *n.* ⓒ (1)마이크로파(波), 극초단파《파장이 1mm-30cm의》. (2)=MICROWAVE OVEN. — *vt.* (음식)을 전자 레인지로 요리하다.

mícrowave òven 전자 레인지.

·**mid**[1] [mid] (**míd·most**) *a.* 〔限定的〕 중앙의, 중부의, 가운데 〈복판〉의, 중간의 : the ~ finger 중지(中指)/ ~-October 10월 중순경 / in ~ air ⇨ MIDAIR / in ~ career 〈course〉 중도에 / in ~ summer 한여름에. in ~ air 중천에, 공중에.

mid[2], **'mid** Prep. 《詩》 =AMID.

mid. middle ; midshipman.

mid·af·ter·noon [mídæ̀ftərnúːn, -ɑ̀ːft-] *n.* ⓤ오후의 중간쯤《대략 3-4 p.m. 전후》.

mid·air [midɛ́ər] *n.* ⓤ 공중, 중천 : a ~ collision 공중 충돌 / ~ refueling 공중 급유. ***in ~*** 공중에(서), 공중에 매달린 상태로. — *a.* 공중의 a ~ collision 공중 충돌.

Mi·das [máidəs] *n.* 【그 神】 미다스《손에 닿는 모든 것을 황금으로 변하게 했다는 Phrygia의 왕》.

Mídas tòuch (the ~) 돈 버는 재주, 투기적 사업을 유리하게 하는 능력.

Mid-At·lan·tic [mídətlǽntik] *a.* (말·태도·행동 따위가) 영미 절충적인 : ~ English 영미 공통 영어.

mid·course [mídkɔ̀ːrs] *n.* ⓒ (1)코스의 중간점. (2)(로켓의) 중간 궤도. — *a.* 중간 궤도의 : a ~ correction 〈guidance〉 중간 궤도 수정〈유도〉.

·**mid·day** [míddèi, ⌐⌐] *n.* ⓤ 정오, 한낮(noon) : at ~ 정오에. — *a.* 〔限定的〕 정오의, 한낮의 : a ~ meal〈nap〉 점심 식사〈낮잠〉.

mid·den [mídn] *n.* ⓒ (1)【考古】 패총, 조개무지(kitchen ~). (2)퇴비(dunghill). (3)쓰레기 더미.

:mid·dle [mídl] *a.* 〔限定的〕 (1)한가운데의, 중간의(medial), 중앙의 : stand in the ~ row 가운뎃줄에 서다. (2)중위(中位)의, 중류의, 중등의, 보통의 : a man of ~ stature〈height〉 중키의 남자 / a ~-sized dog 중형 개. (3)(M-) 【言】 (언어사(史)에서) 중기의 : ⇨ MIDDLE ENGLISH.
— *n.* (1)(the ~) 중앙, 한가운데 ; 중간(부분) ; 중도 : *the* ~ of the room 방 한 가운데 / in *the* ~ of the summer 한여름에 / about *the* ~ of the 15th century, 15세기 중엽.
(2)(the ~, one's ~) 《口》 (인체의) 몸통, 허리 : become fat around *the* ~ 허리 부위가 뚱뚱해지다, 배가 나오다. ***at the ~ of*** …의 중간〈도중〉에. ***in the ~ of*** …의 한가운데에 : …을 한창 하는 중에, …에 몰두하여 ; be *in the* ~ *of* dinner 한창 식사중이다. ***in the ~ of nowhere*** 《口》 마을에서 먼 곳에, 인적이 드문 곳에. ***of ~ size*** 중 정도〈보통〉 크기의. ***in the ~ of May*** 5월 중순에.

:mid·dle-aged [mídléidʒd] *a.* 중년의 : a ~ woman 중년의 여성.

mid·dle·brow [-bràu] *n.* ⓒ 교양〈지식〉이 중 정도인 사람. — *a.* 〔限定的〕 교양〈지식〉이 중 정도의. 【cf.】 HIGHBROW, LOWBROW.

míddle cláss (the ~(es)) 〔集合的〕 중류 〈중산〉 계급(의 사람들) : *the* upper 〈lower〉 ~(*es*) 중류 상층〈하층〉 계급.

·**mid·dle-class** [-klǽs, -klɑ́ːs] *a.* 중류〈중산〉(계급)의.

míddle dístance (the ~) (1)【畫】 (특히 풍경화의) 중경(中景). 【cf.】 background, foreground. (2)【競】 중거리《보통 400-800m 경주》.

Míddle Éast (the ~) 중동《흔히 리비아에서 아프가니스탄까지의 지역》.

Míddle Éastern 중동의.

mid·dle·man [-mæ̀n] (*pl.* ***-men*** [-mèn]) *n.* ⓒ (1)중간 상인, 브로커 : the profiteering of the ~ 중간 상인의 폭리 취득. (2)중개인, 매개자 : act as a ~ in negotiations 교섭에서 중개인으로서 수고하다. (3)중용을 취하는 사람.

míddle mánagement (1)(기업의) 중간 관리직. (2)(the ~) 〔集合的〕 중간 관리자들《부·국장급》. 【cf.】 executive.

míddle mánager 중간 관리자.

mid·dle·most [-mòust] *a.* 한복판의, 한가운데의 (midmost).

·**míddle nàme** (1)미들네임《first name 과 family name 사이의 이름 ; George Bernard Shaw의 Bernard》. (2)(one's ~) 《口》 두드러진 특징, 가장 특징적인 성격 : Modesty is *her* ~. 겸손함이 그녀의 특징이다.

mid·dle-sized [-sáizd] *a.* 중형의, 보통 크기의, 중키에 알맞게 살찐.

mid·dle·weight [mídlwèit] *n.* ⓒ (1)평균 체중인 사람〈짐승〉. (2)【拳·레슬링·力道】미들급 선수.
— *a.* 평균 체중을 가진.

Míddle Wést (the ~) 《美》중서부 지방.

Míddle Wéstern 《美》 중서부의.

mid·dling [mídliŋ] *a.* 중등의, 보통의, 2류의, 평범한 ; 《口·方》 (건강 상태가) 그저 그런 〈그만인〉, 웬만큼 : of ~ size 보통 크기의. — *ad.* 《口·方》 중간으로, 보통으로, 웬만큼. — *n.* (흔히 *pl.*) (상품의) 중등품, 2급품 ; (밀기울 섞인) 거친 밀가루.

mid·field [mídfìːld] *n.* ⓤ 【美蹴】 미드필드, 경기장의 중앙부. 파) **~·er** *n.* ⓒ 미드필더《주로 그라운드의 중앙에서 플레이함》.

midg·et [mídʒit] *n.* ⓒ (1)(서커스의) 난쟁이. (2)초소형(超小型)의 것《자동차·보트·잠수정》. — *a.* 〔限定的〕 극소형의 : a ~ car〈plane〉 소형차〈비행기〉 / a ~ lamp 꼬마 전등 / a ~ submarine 소형 잠수함.

MIDI [mídi] *n.* ⓒ 미디《신시사이저(synthesizer) 따위의 전자 악기를 컴퓨터로 제어하기 위한 인터 페이스》. — *a.* 미디(시스템)의, 미디 대응의 : a ~ synthesizer 미디 신시사이저. [◁ *m*usical *i*nstrument *d*igital *i*nterface]

mid·land [mídlənd] *n.* (1)(the ~) (나라의) 중부 지방, 내륙 지방, 육지로 둘러싸인. (2)(the M-s) 잉글랜드 중부의 제주(諸州). — *a.* 〔限定的〕 (1)(나라의) 중부(지방)의. (2)(M-) 잉글랜드 중부(지방)의.

mid·life [mídlàif] *n.*ⓤ 중년(middle age).

mid·most [mídmòust] *a.*, *ad.* 한가운데의〈에〉, 제일 가운데의〈에〉, 한 복판에.

:mid·night [mídnàit] *n.* ⓤ 한밤중, 밤12시 : at ~ 한밤중에. — *a.* 〔限定的〕 한밤중의, 캄캄한, 칠흑

같은 : the ~ hour밤 12시 / a ~ snack 야식. ***burn the ~ oil*** 밤 늦게까지 공부하다〈일하다〉.

mìdnight blúe (흑색에 가까운) 짙은 감색(紺色).

mid·point [mídpɔ̀int] *n.* ⓒ (흔히 *sing.*) 중심점, 중앙, 중간(점) : at the ~ 중심〈중간 정도〉에.

mid·riff [mídrìf] *n.* ⓒ (1)【解】 횡격막(diaphragm). (2)몸통〈동체〉의 중앙부, 명치.

mid·sec·tion [mídsèkʃən] *n.* ⓒ (1)(물건·동체등의) 중앙부(midriff), 동체의 중간부. (2)《俗》 명치.

mid·ship [mídʃip] *n.* (the ~) 선체의 중앙부.

mid·ship·man [mídʃipmən] (*pl.* ***-men*** [-mən]) *n.* ⓒ (1)《英》(해군 사관 학교 졸업 후의) 수습 사관. (2)《美》 해군 사관 학교 생도.

·midst [midst] *n.* (흔히 the ~, one's ~) (1) 중앙, (한)가운데. (2)한창(…한〈인〉 가운데) : in *the* ~ of perfect silence 아주 고요해진 가운데. ***from*** 〈***out of***〉 ***the ~ of*** …의 한 가운데에서. ***in the ~ of us*** 〈***you, them***〉 = ***in our*** 〈***your, their***〉 ***~*** 우리들〈너희들, 그(사람)들〉 가운데 : ***in***(***to***) ***the ~ of*** …가운데(로).
— *ad.* 중간에, 한가운데에. ***first, ~ and last*** 시종일관해서, 철두 철미.
— *prep.* 《詩》 =AMID(ST).

mid·stream [mídstríːm] *n.* ⓤ (1)강〈흐름〉의 한가운데 ; 중류 : keep a boat in ~ 배가 기슭에 닿지 않도록 강 한가운데를 가다. (2)(일의) 도중, 중도 : change one's course in ~ 중도에 방침을 바꾸다. (3)(기간의) 중간쯤 : the ~ of life 인생의 중반. ***change horses in ~*** 1)변절하다, 중도에서 반대 쪽에 붙다. 2)(계획 등)을 중도에서 바꾸다(변경하다).

·mid·sum·mer [mídsʌ́mər] *n.* ⓤ 한여름, 하지.

mid·term [mídtə̀ːrm] *n.* (1) ⓤ (학기·임기·임신 기간 등의) 중간 (시점), 중간기. (2) ⓒ 중간 고사.
— *a.* 〔限定的〕 (임기·학기 등의) 중간의 : a ~election 《美》 중간선거《대통령 임기의 중간에 치르는 상·하 양원의원의 선거》 / a ~ examination 중간 시험.

mid·town [mídtáun] *n.* ⓒ, *a.* 《美》 uptown 과 downtown 의 중간 지구(의). — *ad.* 중간 지구에(에서, 로).

·mid·way [mídwéi] *a., ad.* 중도의〈에〉, 중간쯤의〈에〉 (halfway) : the ~ point in a trip 여행의 중간 지점. — [스] *n.* (종종 M-) ⓒ 《美》 (박람회 따위의) 중앙로《여흥장·오락장 따위가 늘어서 있음》, 복도, 통로.

mid·week [mídwìːk] *n.* ⓤ 주 중간쯤《화·수·목요일을 말하나 특히 수요일을 이름》.
— *a.* 〔限定的〕 주 중간쯤의.

mid·wife [mídwàif] (*pl.* ***-wives*** [-wàivz]) *n.* ⓒ (1)조산사, 산파. (2)(어떤 일의) 산파역.

mid·wife·ry [mídwàifəri, -wìf-] *n.* ⓤ 조산술, 산파술, 산과학(學)(obstetrics).

·mid·win·ter [mídwíntər] *n.* ⓤ (1)한겨울. (2)동지 (무렵). — *a.* 한겨울의(같은).

mid·year [mídjìər, -jìːr] *n.* ⓤ (1)한 해의 중간쯤 ; 학년의 중간. (2)=MIDTERM(2).
— *a.* 학년 중간의.

mien [miːn] *n.* ⓤ 《文語》 풍채, 태도, 몸가짐, 모습, (얼굴) 표정 : with a gentle ~ 상냥한 태도로 / an old woman of gentle ~ 점잖은 모습〈몸가짐〉의 노부인.

miff [mif] *n.* 《口》 (a ~) 불끈함, 부질없는 싸움. ***in a ~*** 불끈불끈해서.

miffed [míft] *a.* 〔敍述的〕《口》 …에 불끈하여〈한〉 〈*at*〉.

:might[1] [mait] (might not 의 간략형 ***mightn't*** [máitnt] ; 2 인칭 단수 《古》 (thou) ***might·est*** [máitist]) *aux. v.* MAY의 과거.
A) 《直說法》 〔보통 時制의 일치에 의한 過去꼴로서 종속절에 쓰이어 may의 여러 뜻을 나타냄〕 (1) a) 〈추측〉 … 일지도 모른다 : I said that it ~ rain. 비가 올 지도 모른다고 말했다(〈I said, "It *may* rain.").
b) 〈허가·용인〉 … 해도 좋다 : I asked if I ~ come in. 들어가도 괜찮은지 어떤지를 물었다. c) 〔가능〕 … 할 수 있다 : I thought one ~ see that at a glance. 한 번 보아 알 수 있다고 생각했다. d) 〈疑問文에서 불확실성을 강조해〉 (도대체) …일까 : I wondered what it ~ be. 그것이 대체 무엇일까 궁금히 여겼다.
(2)〔목적·결과의 副詞節에서〕 … 하기 위해, …할 수 있도록.
(3)〔양보〕 a)〔뒤에 等位接續詞 but이 와서〕 …이었는지도 모르지만. b)〔양보를 나타내는 副詞節에서〕 비록 〈설사〉 …였다 하더라도.
B) 《假定法》 (1)〔might + 動詞원형 : 현재의 사실과 반대의 가정을 나타내어〉 a)〔허가〕 …해도 좋다(면) ; …해도 좋으련만. b)〔현재의 추측〕 …할는지도 모르겠는데.
(2)〔might have+過去分詞로 ; 歸結節에서 과거 사실과 반대되는 가정을 나타내어〕 …했을지도 모를 텐데.
(3)〔條件節의 내용을 언외(言外)에 포함한 主節만의 문장으로 ; 완곡히〕 a)〈의뢰·제안을 나타내어〉 …해주지 않겠습니까, …하면 어떨까 : You ~ pass me the newspaper, please. 미안하지만 신문 좀 건네주시지 않겠습니까. b)〔비난·유감의 뜻을 나타내어〕 …해도 괜찮으련만〈좋을 텐데〉 : I wish I ~ tell you. 자네에게 말해 줄 수 있으면 좋겠네만 (유감이지만 말을 못하겠다) / I ~ have been a rich man. (마음만 먹었다면) 부자가 될 수 있었을 것을 (이젠 늦었다). c) 〔may 보다 약한 가능성을 나타내어〕 (어쩌면) …할〈일〉지도 모른다 : It ~ be true. 어쩌면 사실일지도 모른다 / He ~ have got a train already. 그 사람은 이미 열차에 탔을지도 모른다. d)〔疑問文에서, may 보다 정중한 허가를 나타내어〕 …해도 좋겠습니까.

:might[2] [mait] *n.* ⓤ (1)힘, 세력 ; 권력, 실력 ; 완력 : 우세 : military ~ 군사력 / by ~ 완력으로 / *Might* is right. 《格言》 힘이 정의다. (2)우세. (***with*** 〈***by***〉 (all one'***s***)) ***~ and main*** = ***with all*** one'***s ~*** 전력을 다하여, 힘껏 《※ with all one's ~가 구어적임》.

might-have-been [máitəvbìn] *n.* ⓒ (흔히 the ~s) 과거에 그랬으면 좋았을 일, 지나가 버린 가능성 ; 그렇게 되었을지도 모를일.

might·i·ly [máitili] *ad.* (1)세게, 힘차게, 맹렬히 : cry ~ 한껏 울다. (2)대단히 : be ~ surprised 깜짝 놀라다.

might·i·ness [máitinis] *n.* (1) ⓤ 위대, 강대, 강력(함). (2)(M-) 《칭호로서》 각하, 전하(Highness).

mightn't [máitnt] MIGHT NOT 의 간략형.

:mighty [máiti] (***might·i·er*** ; ***-i·est***) *a.* (1)강력한, 강대한, 광대〈거대〉한, 중대한 : a ~ ruler 강력한 지배자 / a ~ blow 강력한 일격 / a ~ nation 강대국. (2)《口》 대단〈굉장〉한(great) : a ~ hit 대히

트, 대성공 / ~ achievement 굉장한 업적 / make ~ efforts 대단한 노력을 하다 / make a ~ bother 대단히 성가신 일을 저지르다.
— *ad.* 《口》 대단히(mightily), 몹시(very) : be ~ pleased 몹시 기뻐하다 / I'm ~ tired. 아주 피곤하다 / It is ~ easy. 무척 쉽다.

mi·graine [máigrein, míː-] *n.* ©ⓤ 《F.》 【醫】 편두통 : suffer from ~ 편두통을 앓다.

mi·grant [máigrənt] *a.* =MIGRATORY.
— *n.* © (1)이동하는 동물 ; 철새(migratory bird) ; 회유어(回游魚). (2)이주자 ; 이주 계절 노동자.

:mi·grate [máigreit, -ˊ] *vi.* (1)이주하다(from... to). (일자리를 찾아서 또는 피서 따위를 위해 일시적으로) 이주하다 : ~ *from* Chicago *to* Boston. (2)이동하다《새·물고기 따위가 정기적으로》.

:mi·gra·tion [maigréiʃən] *n.* (1) ⓤ© 이주, 이전 ; (새 따위의) 이동 ; (물고기의) 회유(回游). (2) © 〔集合的〕 이주자군(群), 이동하는 새·동물군(群).

mi·gra·tor [máigreitər] *n.* © (1)이주자. (2)철새.

·mi·gra·to·ry [máigrətɔ̀ːri/ -təri] *a.* (1)이주〈이동〉하는. 【opp】 *resident*. 『 a ~ bird 철새·후조 / a ~ fish 회유어. (2)방랑성이 없는.

mike[1] [maik] 《英俗》 *vi.* 게으름 피우다, 빈둥거리다.
— *n.* ⓤ 게으름 피움, 빈둥거림 : on the ~ 게으름 피우며〈피우고 있는〉.

·mike[2] *n.* © 《口》 마이크(microphone) : a ~ side account 실황 방송 / Pass round the ~, please. 마이크를 넘겨 주십시오.

míke frìght 《美》 마이크 공포증.

mil [mil] *n.* © (1)【電】 밀《1 / 1000 인치 ; 전선의 직경을 재는 단위》. (2)=MILLILITER.

mi·la·dy, -di [miléidi] *n.* (1)(종종 M-) 마님, 아씨, 부인《옛날 유럽인들이 영국의 귀족 부인에 대하여 쓴 호칭 ; 'my lady'의 와전》. 【cf.】 milord. (2) © 《美》 상류 부인(여성).

Mil·an·ese [mìləníːz, -s] (*pl.* ~) *n.* © 밀라노(Milan) 사람. — *a.* 밀라노(사람)의.

milch [miltʃ] *a.* 〔限定的〕 (가축이) 젖을내는, 젖을 짜는.

mílch còw 젖소 ; 《比》 돈줄, 계속적인 수입원(源), 달러박스.

:mild [maild] (*~·er ; ~·est*) *a.* (1)(사람·성질·태도 따위가)온순한, 상냥한, 부드러운, 온후(溫厚)한《*of* ; *in*》 : a ~ person 온순〈온후〉한 사람 / a ~ voice 온화한 목소리 / ~ *of* manner 태도가 온순한. (2)(기후 따위가) 온화한, 따뜻한 : ~ weather 온화한 날씨 / a ~ spring day 따스한 봄날. (3)(맛이) 부드러운; (술·담배 따위가) 순한, 자극성이 적은, 독하지 않은. 【opp.】 *strong, bitter*. 『 a ~ tobacco 순한 담배 / ~ beer 쌉쌀한 맛이 덜한 맥주. (4)(벌·규칙 따위가) 관대한, 가벼운 : (a) ~ punishment 가벼운 벌. (5) a](병·걱정·놀림 따위가) 가벼운, 대단찮은 : a ~ case (of flu) 경증(輕症)(의 독감)/~ regret 일말의 후회 / a ~ fever 미열 / in ~ astonishment 좀 놀라서. b](약(효)·운동 등이)격렬하지 않은, 부드러운, 가벼운 : a ~ medicine 자극이 적은 약 / take ~ exercise 가벼운 운동을 하다.
— *n.* ⓤ 《英》 쌉쌀한 맛이 적은 맥주, 마일드: A pint of ~, please. (술집에서) 마일드 1 파인트 주세요. draw it ~ 조심스럽게(부드럽게) 말하다.

mil·dewed [míldjùːd] *a.* (1)(흰)곰팡이 난. (2)(식물이) 노균병에 걸린.

·mild·ly [máildli] *ad.* (1)온순하게, 온화하게, 부드럽게. (2)약간, 다소, 조금.

mild-man·nered [ˊmǽnərd] *a.*(태도가) 온순한, 온화한, 상냥한, 부드러운.

mild·ness [ˊnis] *n.* ⓤ 온후(溫厚)함, 온화함.

:mile [mail] *n.* (1) © a](법정) 마일(statute ~) 《약 1.609km》 : walk about ten ~*s*, 10마일쯤 걷다 / eighty ~*s* per hour 시속 80 마일. b]=NAUTICAL MILE. (2)a] (종종 *pl.*) 상당한 거리. b](*pl.*) 〔副詞的〕 훨씬, 많이. (3)(the ~) 1마일 경주(= ~ ràce). ***be ~s better* 〈*easier*〉** 훨씬 좋다〈쉽다〉 : ***miss by a ~*** 《口》 전혀 예상이 빗나가다, 크게 실패하다. ***run a ~*** 《口》 잽싸게 도망치다. ***see . . . a ~ off* 〈*away*〉** 《口》 곧 …임을 알다. ***talk a ~ a minute*** 《口》 계속 지껄여대다.

·mile·age [máilidʒ] *n.* ⓤ (1)(또는 a ~) 마일수(數) ; (특히 차가 주행한) 총마일수 : an old car but with *a* very small ~ 오래 되었으나 얼마 달리지 않은 차. (2)(연료의 갤런당) 주행 거리 ; 연비(燃比) : ~ per gallon (가솔린) 1갤런당 주행거리 〈마일 수〉. (3)(또는 a ~) (렌터카·철도 등의) 마일당 비용. (4)《口》 이익, 유용성, 은혜 : get full ~ out of …을 충분히 활용하다.

·mile·stone [máilstòun] *n.* © (1)마일 표석(標石), 이정표. (2)(인생·역사상의) 획기적〈중대〉사건.

mi·lieu [miljə́ː, -ljúː/míːljəː] (*pl.* ***~s, mi·lieux*** [-z]) *n.* © (흔히 *sing.*) 《F.》 주위의 상황, 환경(environment).

mil·i·tan·cy [mílitənsi] *n.* ⓤ 투지, 호전성, 투쟁성.

·mil·i·tant [mílitənt] *a.* (주의·운동의 목표를 향해) 투쟁적인 교전 상태의 : a ~ demonstration 투쟁적인 시위 운동 / ~ elements in the trade union 노동조합의 투쟁 분자. — *n.* © (특히 정치 활동의) 투사.
파) **~·ly** *ad.* **~·ness** *n.*

mil·i·ta·rist [mílitərist] *n.* © 군국주의자, 군사전문가.

mil·i·ta·ris·tic [mìlitərístik] *a.* 군국주의(자)의, 군국주의적인, 군사 우선주의의. 파) **-ti·cal·ly** *ad.*

mil·i·ta·rize [mílitəràiz] *vt.* (1)…을 군국화하다 ; …에게 군국주의를 고취하다, 군사교육을 시키다. (2)…을 군대화하다, 군대식으로 하다. (3)…을 군용으로 하다.
파) **mìl·i·ta·ri·zá·tion** [-tərizéiʃən/ -raiz-] *n.* ⓤ 군국화 ; 군국주의화.

:mil·i·tary [mílitèri/ -təri] *a.* (1)〔限定的〕 군의, 군대의, 군사의, 군용의, 군인의; 군사(상)의 【cf.】 civil. 『 ~ training 군사 훈련 / ~ alliance 군사 동맹 / ~ arts 무예 / ~ authorities 군당국 / a ~ base 군사 기지 / ~ aid 군사 원조 / ~ powers 병력. (2) 〔限定的〕 육군의.
— *n.* (the ~) 〔集合的 ; 흔히 複數 취급〕 군, 군대, 군부.

mílitary hónors 군장(軍葬)의 예(禮).

míl·i·tary-in·dús·tri·al cómplex [-indʌ́striəl-] (군부와 군수 산업의) 군산(軍産) 복합체 《略 : MIC》.

mílitary intélligence 《英》 군사 정보부(국).

mílitary políce (the ~ ; 종종 M- P-) 《集合的; 複數 취급》 헌병대《略 : M.P., MP》.

mílitary polícemen (종종 M- P-) 헌병《略 : M.P.》.

mílitary scíence 군사(과)학, 군사교련.

mílitary sérvice 병역 : do ~ 병역에 복무하다.

mil·i·tate [mílitèit] *vi.* 《+前+名》(…에게 불리하게) 작용하다, 영향을 미치다《*against*》: ~ against success 성공을 방해하다.

·mi·li·tia [milíʃə] *n.* ⓒ (흔히 the ~) 〔集合的〕 의용군, 시민군, 민병, 국민군.

mi·li·tia·man [-mən] (*pl.* **-men** [-mən]) *n.* ⓒ 국민병 , 민병 .

:milk [milk] *n.* ⓤ (1)젖 ; 모유, 우유 : a glass of ~ 우유 한잔 / (as) white as ~ 새하얀 / a ~ diet 우유식 / cow's ~ 우유 / human ~ 사람 젖 / A baby craves for its mother's ~. 애기는 어머니 젖을 먹고 싶어한다. (2)(식물의) 유액(乳液) : coconut ~ 코코야자의 유액. (3)유제(乳劑) : ~ of magnesia 마그네슘 유제(완하제·제산제).
a land of ~ and honey 【聖】 젖과 꿀이 흐르는(풍요의) 땅《민수기 XVI : 13》. ***as like as ~ to*** ~ 꼭 그대로. ***cry over spilt ~*** 돌이킬 수 없는 일을 한탄하다. ***in ~*** (소가) 젖이 나오는 (상태의). ***in the ~*** (곡물이) 다 익지 않은. ***~ and water*** (물 탄 우유처럼) 내용이 빈약한 강의 (따위). ***the ~ in the coconut*** 《口》 요점, 핵심. ***the ~ of human kindness*** 따뜻한 인정, 타고난(자연스러운) 인정.
— *vt.* (1)…의 젖을 짜다 : ~ a cow 쇠 젖을 짜다. (2)…을 착취하다, 짜내다, 밥으로 하다《*of*》: ~ a person *of* all his savings 아무의 저축한 돈을 모두 우려내다. (3)(식물 따위)의 즙을 짜내다 ; (뱀 따위)의 독액을 짜내다. (4)(아무에게서) 정보를 알아내다《*from* ; *out of*》: ~ information *from* 〈*out of*〉 a person =~ a person *of* information 아무에게서 정보를 빼내다.
— *vi.* (1)젖이 나오다. (2)착유하다, 젖을 짜다 : do the ~*ing* 젖짜는 일을 하다. ***~ ... dry*** (사람 ·상황 등으로부터) 이익을 〈정보를〉 짜내다 〈빼내다〉, …을 철저하게 착취하다.

milk-and-wa·ter [mílkəndwɔ́ːtər, -wɑ́t-] *a.* 〔限定的〕 내용이 없는, 시시한, 하잘것 없는, 김빠진.

milk·er [mílkər] *n.* ⓒ (1)젖 짜는 사람. (2)착유기. (3)젖을 내는 소·양 따위, 젖을 짜는 가축 : a goad ~ 젖을 잘 내는 소.

mílk fèver 【醫】 (산부의)젖몸살.

mílk flòat 《英》 우유 배달차.

mílk glàss 젖빛 유리.

mílking machìne 착유기.

mílk lòaf (*pl.* ***milk loaves***) 밀크빵(단맛 있는 흰 빵).

·milk·maid [´mèid] *n.* ⓒ 젖 짜는 여자(dairymaid) : 낙농장에서 일하는 여자.

milk·man [´mæ̀n, ´mən] (*pl.* **-men** [´mèn, ´mən]) *n.* ⓒ 우유 장수 ; 우유 배달원, 젖짜는 남자.

mílk ròund 《英》 (1)우유 배달인의 배달길. (2)늘 정해진 코스〈여로〉.

mílk rùn 늘 다니는〈던〉 길, 늘 여행하는 길.

mílk shàke 밀크셰이크.

milk·sop [´sɑ̀p/-sɔ̀p] *n.* ⓒ 소심한 남자, 겁쟁이.

mílk sùgar 【生化】 젖당(유당), 락토오스(lactose).

milk-toast [´tòust] 《美》 *a.* 나약한, 무기력한.
— *n.* =MILQUETQAST.

mílk tòoth 젖니, 유치(乳齒).

milk·weed [´wiːd] *n.* ⓤⓒ 【植】 유액(乳液)을 분비하는 식물.

milk·wort [´wəːrt] *n.* ⓤ 【植】 영신초, 애기풀속(屬)의 목초《쇠젖을 많이 나게 한다고 믿었음》.

·milky [mílki] (***milk·i·er ; -i·est***) *a.* (1)젖 같은, 젖빛갈의 ; 유백색의 : a ~ white substance 젖 같이 흰 물질. (2) 젖을 내는 ; (식물이) 유액(乳液)을 분비하는. (3)우유를 (많이) 섞은, 우유가 (많이) 들어간.

Mílky Wáy 【天】 (the ~) 은하(수).

Mill [mil] *n.* ***John Stuart ~*** 밀《영국의 경제학자·철학자 : 1806~73》.

·mill [mil] *n.* ⓒ (1)제분소, 물방앗간(water ~) ; 풍차(windmill) : We took wheat to a ~ to have it ground. 밀을 빻으려고 제분소에 가져갔다. (2) a]분쇄기 : ⇨ COFFEE MILL/PEPPER MILL. b]제분기. (3)공장, 제작(제조)소(factory) ; 제재소. (4)(물건 따위를) 기계적으로 만들어내는 곳〈시설〉 : a diploma ~ 졸업 증서 공장《학위 남발 대학 등》.
drow water to one's ~ 아전인수하다. ***through the ~*** 고생하여, 쓰라린 체험을 쌓아 ; 단련받아 : put... *through the* ~ 시련을 겪게 하다 ; 시험〈테스트〉하다.
— *vt.* (1)…을 맷돌로 갈다, 빻다, 가루로 만들다 : ~ grain 곡물을 제분하다 / ~ flour 제분하다. (2) a]…을 기계에 걸다 ; 기계로 만들다 : ~ paper 제지하다. b](강철)을 압연하다 : ~ steel into bars 강철을 압연하여 봉강(棒鋼)으로 만들다. (3)(주화의 가장자리)를 깔쭉깔쭉하게 하다.
— *vi.* (사람·가축 따위가) 떼를 지어 돌아다니다《*about* ; *around*》.

mill·board [mílbɔ̀ːrd] *n.* ⓤ (책표지용의) 판지, 두꺼운 종이.

mill·dam [míldæ̀m] *n.* ⓒ 물방아용의 둑(못).

mill·feuille [mílfəːij] *n.* ⓤⓒ 《F.》 밀푀유《크림을 넣은 여러 층의 파이》. 【cf.】 napoleon.

mil·le·nar·i·an [mìlənέəriən] *n.* ⓒ 【基】 천년 왕 국설 믿는 사람.

mil·le·nary [mílənèri, məlénəri] *a.* 천 개의, 천년간의, 지복(至福) 천년의. — *n.* ⓒ (1)천년간. (2)천년제(祭). 【cf.】 centenary.

mil·len·ni·um [miléniəm] (*pl.* **~s**, **-nie** [niə]) *n.* (1)ⓒ천년간. (2)(the~) 【聖】 천년 왕국(기) 《예수가 재림하여 지상을 통치한다는 천년간 ; 계시록 XX : 1-7》. 【cf.】 chiliasm. (3) ⓒ (이상으로서의 미래의) 정의와 행복과 번영의 황금 〈이상〉 시대.

:mill·er [mílər] *n.* ⓒ 물방앗간 주인 ; 가루 빻는 사람, 제분업자 : Every~draws water to his own mill. 《俗談》 아전인수 (我田引水). Too much water drawned the ~ 지나침은 모자란만 못하다.

mil·liard [míljɑːrd, -liɑ̀ːrd] *n.* ⓒ 《英》 10억 (《美》 billion).

mil·li·bar [míləbɑ̀ːr] *n.* ⓒ 【氣】밀리바《1바의 1/1000, 기압〈압력〉의 단위; 기호 mb》.

mil·li·gram, 《英》 **-gramme** [míləgræ̀m] *n.* ⓒ 밀리그램《그램의 1/1000 ; 기호 mg》.

mil·li·li·ter, 《英》 **-tre** [míləlìːtər] *n.* ⓒ 밀리리터《1리터의 1/1000 ; 기호 ml》.

·mil·li·me·ter, 《英》 **-tre** [míləmìːtər] *n.* ⓒ 밀리미터《1미터의 1/1000 ; 기호 mm》.

mill·ing [míliŋ] *n.* ⓤ (1)제분. (2)(화폐의) 가장자리를 깔쭉깔쭉하게 하기 ; (화폐의) 깔쭉이. (3)(금속면을) 프레이즈반으로 깎기.

:mil·lion [míljən] *n.* (1) ⓒ 백만 : a ~ and a half =one and a half ~(*s*). 150만 / two hun-

dred ~(*s*), 2억. (2)백만 달러〈파운드, 원 따위〉. (3)(*pl.*) 다수, 무수, 수백만 : ~*s* of olive trees 수백만의 올리브나무. (4) (the ~(*s*)) 민중, 대중(the masses) : music for the ~ 대중 취향의 음악. ***a* 〈*one*〉 *chance in a* ~** 천재 일우의 기회. ***in a* ~** 최고의 : a man *in a* ~ 최고의 남자.
(2)(흔히 a ~) 다수의, 무수한 : *a* ~ questions 무수한〈많은〉 문제들. ***a* ~ *and one*** 대단히 많은. ***a* ~ *to one*** 전혀 불가능한 것 같은. ***like a* ~ *dollars*** 《美口》 아주 기분 좋은, 매우 기분이 좋다, 원기왕성하여.

mil·lion·fold [míljənfòuld] *a.*, *ad.* 백만배의 〈로〉.

:mil·lion·(n)aire [mìljənέər] (*fem.* **-(n)air-ess** [-nέəris]) *n.* ⓒ 백만 장자, 대부호, 큰 부자. 【cf.】billionaire.

mil·lionth [míljənθ] *n.* ⓤ *a.* (1)(흔히 the ~)백만번째(의). (2)100만분의 1(의)(【cf.】 micro-).

mil·li·pede, -le·pede [míləpìːd] *n.* ⓒ 【動】 노래기.

mill·pond, -pool [mílpɑ̀nd/ -pɔ̀nd], [-pùːl] *n.* ⓒ (물방아용의) 저수지. (***as***) ***calm* 〈*smooth*〉 *as a* ~** =***like a* ~** (바다 따위가 거울같이) 잔잔한.

mill·race [´rèis] *n.* ⓒ 물방아용 물줄기〈를 끄는 도랑〉.

·mill·stone [´stòun] *n.* ⓒ 맷돌. ***a* ~ *round*** a person***'s neck*** (목에 걸어맨 맷돌 같이) 무거운 짐.

mill·work [´wəːrk] *n.* ⓤ (1)물방앗간〈제조소〉의 일〈기계 작업〉. (2)목공소 제품《문·창틀 따 위》.

mill·wright [´ràit] *n.* ⓒ 물방아 만드는 목수. 기계 수리 기술자.

mi·lord [milɔ́ːrd] *n.* ⓒ (종종 M-) 각하, 나리《옛날 유럽인들이 쓰던 영국 귀족에 대한 호칭》.

milque·toast [mílktòust] *n.* ⓒ (종종 M-)《美》 마음이 약한 사람, 겁쟁이, 변변치 못한 남자.

milt [milt] *n.* ⓤ (물고기 수컷의)이리, 어백(魚白).

mime [maim, miːm] *n.* (1) ⓤⓒ 몸짓 익살극, 무언극, (팬터) 마임. (2) ⓒ 무언극 배우. (3) ⓤⓒ 몸짓, 손짓, 흉내. — *vi.* 무언극을 하다. — *vt.* …을 흉내 내다, 무언의 몸짓으로 나타내다.

mim·e·o·graph [mímiəgræ̀f, -grɑ̀ːf] *n.* ⓒ (1)등사판. (2)등사 인쇄물. —*vt.* …을 등사판으로 인쇄하다.

mi·me·sis [mimíːsis, mai-] *n.* ⓤ (1)【修】 모사(模寫), 모의, 모방. (2)【生】 의태(擬態) (mimicry).

mi·met·ic [mimétik, mai-] *a.* (1)모방의, 흉내내기 : a ~ word 의성어《hiss, splash 등》. (2)【生】 의태의.

·mim·ic [mímik] *a.* 【限定的】 (1)흉내내는, 모방의, 거짓의(imitated) : ~ coloring (동물의) 보호색 / the ~ stage 흉내극, 익살극 / a ~ battle 모의전 / ~ tears 거짓 눈물. (2)【生】 의태(擬態)의. — *n.* ⓒ 모방자, 흉내를 잘 내는 사람〈동물〉 : She's a good ~. 그녀는 흉내를 잘 낸다.
— (**-ick-**) *vt.* (1)…을 흉내내다 ; 흉내내며 조롱하다(웃기다). (2)【動】 의태하다, 꼭 닮다.

·mim·ic·ry [mímikri] *n.* (1) ⓤ 흉내, 모방. (2) ⓒ 모조품. (3) ⓤ 【生】 의태.

min·a·to·ry [mínətɔ̀ːri/ -təri] *a.* 으르는, 협박적인 : ~words.

·mince [mins] *vt.* (고기 따위)를 다지다, 저미다, 잘게 썰다 : ~*d* meat 다진 고기. — *vi.* 점잔빼며 이야기하다 : ***not* ~ *matter*** 〈(one'***s***) ***words***〉 까놓고 말하다, 솔직히 말하다.
— *n.* ⓤ (1)《英》 저민〈다진〉 고기, 잘게 썬 고기. (2)《美》 =MINCEMEAT.

mince·meat [mínsmìːt] *n.* ⓤ 민스미트《다진 고기에 잘게 썬 사과·건포도·기름·향료 등을 섞은 것 ; 파이 속에 넣음》. ***make* ~ *of*** (1)(토의 등에서 신앙·의견 따위)를 깔아뭉개다. (2)(아무)를 찍소리하지 못하게 하다.

minc·ing [mínsiŋ] *a.* (말·태도 따위가) 점잔빼는 ; 점잔빼며 걷는 : walk with ~ steps 점잔빼며 걷다. 파) **~·ly** *ad.*

:mind [maind] *n.* (1)ⓤⓒ 마음, 정신《물질·육체에 대하여》 : a frame of ~ 기분 / a turn of ~ 기질 / one's ~'*s* eye 심안(心眼), 상상 / He lacks strength of ~. 그는 정신력이 결여되어 있다. (2) ⓤ(또는 a~) 지성, 지력(知力), 이지《감정·의지에 대해》 : a person of sound ~ 건전한 지성을 가진 사람; 제정신〈건전한 정신〉을 가진 사람. (3) ⓤⓒ 사고방식, 견해; 심적 경향〈특질〉, 기질 : a scientific ~ 과학적인 사고 방식 / the English ~ 영국인 기질 / So many men, so many ~*s*. 《俗談》 각인 각색. (4) ⓒ **a**](흔히 a~, one's~) (…한) 생각, 의견《*about*》: 의향, 목적, 의지: the public ~ 여론. **b**](…하고픈)마음, 의향, 바람《*for* ; *to* do》: He has a 〈no〉 ~ *to* enter politics. 그는 정계에 들어가려는 생각이 있다〈없다〉 / listen with a half ~ 〈half a ~〉 건성으로 듣다. (5)ⓤ (…에 대한) 주의, 집중, 사고 고려《*on*》: apply one's ~ *to* 〈fix one's ~ *on*〉 earning money 돈벌이에 전념 하다 / I had a good 〈great〉 ~ *to* strike him. 놈을 흠씬 패줄까 생각했다. (6)ⓤ 기억(력), 회상. ***ahsence of* ~** 방심(상태). ***after*** one***'s* ~** 바라던 대로(의), 마음에 드는. apply the ~ to ~ …에 마음을 쓰다, …에 고심하다. ***be in two* 〈*twenty*〉 *~s*** 마음이 흔들리다, 망설이다《*about*》. ***be of* 〈*in*〉 *a* 〈*one*〉 ~** …와 의견이 같다《*with*》. ***be of the same* ~** =be of 〈in〉 a ~ ; (어느 사람이) 의견을 바꾸지 않다. ***blew*** a person***'s* ~** 1)《口》 …을 몹시 흥분시키다. 2)《口》(마약이 …을) 도취하게 하다, 환각을 일으키게 하다. ***bring* 〈*call*〉 *to* ~** 상기하다, 생각해 내다. ***carry ... in* ~** …을 기억하고 있다. ***come into*** one***'s* ~** (어떤 생각이) 마음에 떠오르다. ***flash across*** one***'s* ~** …이 갑자기 마음에 떠오르다. ***give*** a person ***a bit* 〈*piece*〉 *of*** one***'s* ~** 《口》 아무에게 기탄 없이 말해주다, 직언하다, 나무라다, 타이르다. ***go out of*** one***'s* ~** 발광하다, 미치다. ***have a good*(*great*) ~ *to do*** …할까 생각하다, 할 마음이 조금 있다. ***have a* ~ *of*** one***'s own*** (어엿한) 자기의견을 갖고 있다, 정견이 있다. ***have half a* ~ *to*** do …할가 말까 생각하고 있다. ***have it in* ~ *to*** do …할 생각이다〈작정이다〉. ***keep an open* ~** 결정하지 않고 있다. ***keep*** a person ***in* ~ *of ...*** = put a person in ~ of... ***keep*** a person***'s* ~ *off ...*** =take a person's ~ off.... ***keep*〈*have*〉** one***'s* ~ *on*** …에 유의하다, …에 전념하다. ***know*** one***'s own* ~** 〔종종 否定文〕 투렷한 자기 의견을 갖다, 줏대가 있다. ***lose*** one***'s* ~** 발광하다, 미치다. ***make no never* ~** 《俗》아무래도 좋다, 상관없다. ***make up*** one***'s* ~** 1)결심하다, 결단을 내리다. 2)각오하다, 체념하다. ***~ over matter*** 물체〈육체〉보다 나은 정신력, 의지 : It's just (a case of) ~ *over matter*. 그건 바로 정신력 문제다. ***off*** one***'s* ~** 마음을 떠나, 잊혀져. ***on*** one***'s* ~** 마음에 걸려

서. ***out of*** one***'s*** ~ 미쳐서, 제정신을 잃고 : She went *out of her* ~. 그녀는 돌아 버렸다. ***presence of*** ~ ⇨ PRESENCE. ***put*** a person ***in*** ~ ***of...*** 아무에게 …을 상기시키다. ***put*** a person ***in the*** ~ ***for*** do***ing*** 아무에게 …할 생각이 나게 하다. set〈give, put, turn〉 one's ~ to …에 마음을 쏟다, …을 해 내거나 얻고자 한다. ***take*** a person***'s*** ~***off*** …에서 아무의 주의를 딴 데로 돌리게 하다. ***with... in***~ … 을 마음〈염두〉에 두고.

— *vt.* (1)〔흔히 命令法으로〕 …에 주의를 기울이 다. …에 조심하다 ; 유의하다, 염두해 두다. (2)…의 말에 주의를 기울이다, …의 말에 따르다 : You should ~ your parents. 부모님 말씀에 따라야 한다 / Never ~ him. 그 사람 말 따위에 신경 쓸 것 없다. (3)…을 돌보다, 보살피다 : ~ a baby 아기를 돌보다. (4)…에 신경을 쓰다, 배려하다: *Mind* you are not late. 늦지 않도록 (유의)해라. (5)…을 걱정하다, 신경 쓰다. (6)《~+目/+-*ing*/+目+-*ing*/+*wh.*절》〔주로 否定·疑問·條件文에 있어서〕 …을 싫어하다, 귀찮게 여기다, …에 반대하다(object to).

— *vi.* (1)정신차리다, 주의하다, 조심하다 : *Mind* now, don't be late. (말해두지만) 늦진 않도록 해라 / *M*~*!* tou'll slip 조심하시오, 미끄러집니다. (2)《~/+前+名》〔흔히 否定·疑問文에 써서〕 신경쓰다, 싫어하다. ***I don't*** ~ ***if I do.*** 《口》 (음식 등을 권유받고) 네 주십시오. ***Mind and*** do … 《口》 꼭 〈잊지 말고〉 …해라. ***Mind how you go!*** 《英口》 그럼 조심해《※ 헤어질 때 인사》. ***Mind out*** 〈***away***〉***!*** 《口》 정신차려 ; 비켜. ~ ***that...*** 반드시 하도록 유의하다. ***Mind you!*** 〔推入句〕 알겠나, 잘 들어둬. ***Mind your backs !*** 《口》(남의 뒤를 지나갈 때) 잠깐 실례합니다. ***Mind your eye*** 〈***helm***〉***!*** 《英口》 정신차려. ***Mind your own business.*** 참견마라, 네 일이나 잘해라. ***never*** ~ 《口》 (1)〔命令文〕 상관없다, 걱정마라, 신경쓰지 마라. (2)…은 말할 것도 없고. ***never you*** ~ 〔흔히 命令法으로〕《口》 …은 네 알 바 아니다《*wh.*》, 신경 쓰지 말아라.

mind-bend·ing [máindbèndiŋ] *a.* 《俗》 = MIND-BLOWING. 환각을 일으키게 하는, 정신을 착란시키는.

mind-bog·gling [⌐blòuiŋ/⌐bɔ̀g-] *a.* 《口》 아주 놀라운, 기절초풍할.

mind·ed [máindid] *a.* (1)〔敍述的〕 **a**]…할 마음이 있는, …하고 싶어(하는)《*to* do》 : I'm ~ *to* agree to this proposal. 나는 이 제안에 동의할 생각이다 / If you are so ~, you may do it. 그럴 마음이거든 해도 좋다. **b**]〔訓詞와 함께〕 …에 흥미있는, (…와 같이) 생각하는〈하기 쉬운〉. (2)〔複合語〕 **a**]…한 마음의, …기질의. **b**]……에 열심인〈관심이 있는〉 : sports-~ 스포츠를 좋아하는 / ⇨ AIR-MINDED. 항공사업에 관심을 가진.

mind-ex·pand·ing [⌐ikspæ̀ndiŋ] *a.* (약이)의식을 확대시키는, 환각을 일으키는.

·mind·ful [máindfəl] *a.* 〔敍述的〕 주의 깊은, 정신차리는《*of*》 ; 염두에 두는, 마음에 두는, 잊지 않는《*of*》 : You should be more ~ *of* your health. 너는 건강에 좀더 유의해야 한다. 파) ~**·ness** *n.*

mind·less [máindlis] *a.* (1)〔敍述的〕 …에 무관심한, 부주의한, 조심성 없는 《*of*》. (2)생각(이) 없는, 분별 없는, 어리석은 : ~ behavior 어 리 석은 행동 / ~ vandalism 지각 없는 만행. 파) ~**·ly** *ad.* ~**·ness** *n.*

mínd rèading 독심술〈능력〉.

mind-set [máindsèt] *n.* ⓒ (습관화된) 사고 방식, 사고의 경향〈태도〉.

:mine[1] [main] *pron.* 〔1인칭 單數의 所有代名詞〕 (1) 나의 것 : a friend of ~ 나의 친구 / this book of ~ 나의 이책 / your eyes are blue and ~ (are) black. 네 눈은 파랗고 내 눈은 검다. (2)나의 가족들〈편지, 책임(등)〉 ; 《英口》 내 마실 것〈술〉 : He is kind to me and ~. 내게도 내 가족들에게도 친절히 해 준다. (3)(of ~ 으로) 나의(※ my는 a, an, this, that, no 따위와 같은 名詞 앞에 두지 못하므로 my 를 of mine으로 해서 各詞 뒤에 둠) : *this* book *of* ~ 나의 이 책.

— *a.* 《古·文語》〔모음 또는 h로 시작되는 낱말앞; 호칭하는 낱말 뒤에서〕 나의 (my).

·mine[2] *n.* (1) ⓒ〔종종 修飾語와 함께〕 광산, 광업소, 탄갱, 광갱(鑛坑), 광상(鑛床) ; 《英》 (특히) 탄광 ; (the ~s) 광(산)업 : a copper 〈diamond〉 ~ 구리〈다이아몬드〉 광산. (2)(a ~) 풍부한 자원, 무진장한 자원, 보고《*of*》. (3) ⓒ 【軍】 **a**](적지(敵地)의 지하 까지 파들어가 지뢰를 장치하는) 갱도(抗道). **b**]지뢰 ; 기뢰 ; 수뢰 : a floating 〈drifting, surface〉 ~ 부유(浮遊) ; 기뢰(機雷) / a submarine ~ 부설 기뢰 / lay a ~ 지뢰〈기뢰〉를 부설하다. ***spring a*** ~ ***on*** …에 지뢰를 폭발시키다. ***spike a*** ~ 지뢰〈기뢰〉에 닿다. ***work a*** ~ 광산을 채굴하다.

— *vi.* 채광하다 ; 채굴하다, 갱도를 파다. — *vt.* (1)(석탄·광석)을 채굴〈채광〉하다 ; (…을 채굴하기 위해, …에 갱도)를 파다. (2)…의 밑에 갱도를 파다. (3)…에 지뢰〈기뢰〉를 부설하다 ; …을 지뢰〈기뢰〉로 폭파하다.

mine·field [máinfiːld] *n.* ⓒ (1)【軍】 지뢰밭, 기뢰원(機雷原). (2)《比》 숨겨진 위험이 많은 곳 : a political ~ 어떤 대사건이 터질지 모르는 정계의 위기.

mine·lay·er [⌐lèiər] *n.* ⓒ 【軍】 기뢰 부설함 〈기(機)〉.

:min·er [máinər] *n.* ⓒ (1)광부, 갱부, 광산업자, : coal ~*s* 탄갱부. (2)【軍】 지뢰 공병.

:min·er·al [mìnərəl] *n.* ⓒ (1) ⓒ 광물, 무기물. (2) ⓤⓒ (영양소로서의) 광물질, 미네랄. (3) ⓒ 광석(ore). (4)(흔히 *pl.*)《英》 광천수, 탄산수, 청량 음료.

— *a.* 광물의, 광물을 함유하는 ; 무기물의.

min·er·al·og·i·cal [mìnərəlɑ́dʒikəl/ -lɔ́dʒ-] *a.* 광물학(상)의, 광물학적인. 파) ~**·ly** [-kəli] *ad.*

min·er·al·o·gist [mìnərəlɑ́dʒist/ -lɔ́dʒ-] *n.* ⓒ 광물학자.

min·er·al·o·gy [mìnərɑ́lədʒi, -rǽlə-] *n.* ⓤ 광물학

míneral wàter (1)(흔히 *pl.*) 광수, 광천. (2)《英》 탄산수, 청량 음료.

míneral wòol 광물면(綿)(mineral cotton) 《긴물용 충전재 ; 절연·방음·내화재용》.

mine·sweep·er [máinswìːpər] *n.* ⓒ 소해정(掃海艇).

mine·sweep·ing [máinswìːpiŋ] *n.* ⓤ 소해(작업) ; 지뢰 제거.

míne wòrker 광부(miner), 광산 노동자.

Ming [miŋ] *n.* (중국의) 명(明)나라, 명조(明朝)(Ming Dynasty) 《1368-1644》.

:min·gle [míŋgəl] *vt.* (1)(둘 이상의 것)을 섞다 ; 혼합하다(⇨MIX) : The two rivers ~*d* their waters here. 두 강은 여기서 합류한다. (2)《+目+前+名》〔종종受動으로〕 …에 뒤섞다 : Joy ~*d with* pain 고통이 뒤섞인 기쁨. — *vi.* 《~/+前+名》 (1) 섞이

다, 혼합되다《with》. (2)사귀다, 교제하다, 어울리다《with》. (3)(파티등에서 모두에게 섞여) 이야기를 나누다.

min·gy [míndʒi] (**-gi·er ; -gi·est**) *a.* 《口》 천한 ; 인색한, 다라운.

mini [míni] (*pl.* **min·is**) *n.* ⓒ (1)미니 스커트〈드레스 코트 (따위)〉 (【cf.】 maxi). (2)(종종 M-) 소형 자동차, 미니카. (3)소형 컴퓨터. (4)소형의 것. — *a.* 아주 작은, 소형의.

:min·i·a·ture [míniətʃər, -tʃùər] *n.* (1) ⓒ 미니어처, 소형〈축소〉 모형《of》 : a ~ of the British Museum 대영 박물관의 (소형) 모형. (2) **a**]ⓒ (흔히 양피지 등에 그려진 인물화 등의) 세밀화(畵) : 세밀 초상화. **b**]ⓤ 세밀화법. (3) ⓒ (중세의 사본(寫本)의) 채식(采食)(화(畵), 문자). ***in ~*** (1)소형〈소규모〉의. (2)세밀화로. — *a.*〔限定的〕 (1)소형의, 작은(tiny) : 소규모의. (2) 세밀화의.

min·i·a·tur·ist [míniətʃərist, -tʃuər-] *n.* ⓒ 세밀화가.

min·i·a·tur·ize [míniətʃəràiz, -tʃuər-] *vt.* …을 소형화하다, 소형으로 제작하다 : ~ a computer 컴퓨터를 소형화하다. 파)**mìn·i·a·tur·i·zá·tion** [-rizéiʃən/ -raiz-] *n.* 소형화.

min·i·bike [mínəbàik] *n.* ⓒ 《美》 소형 오토바이.

min·i·bus [mínəbʌ̀s] *n.* ⓒ 마이크로버스, 소형.

min·i·cab [mínəkæ̀b] *n.* ⓒ 《英》 소형 콜택시.

min·i·car [mínəkɑ̀ːr] *n.*ⓒ (1)소형 자동차, 미니카. (2)(장난감의) 미니카.

min·i·com·puter [mìnəkəmpjúːtər] *n.* ⓒ 【컴】 소형 전산기버스, 소형 컴퓨터.
【cf.】 microcomputer.

min·i·dress [mínidrès] *n.* ⓒ 미니드레스《길이가 무릎에 못 미치는》.

min·im [mínəm] *n.* ⓒ (1)미님《액량(液量)의 최소 단위 : 1 드램 (dram)의 1/60 ; 略 : min). (2)미소한 것, 미량, 극소. (3)《英》 【樂】 2분 음표(《美》 hal note).

min·i·mal [mínəməl] *a.* 최소의, 극미한, 최소 한도의. 【opp.】 maximal. 『 lead a ~ existence 최저 생활을 하고 지내다. 파) **~·ly** *ad.*

min·i·mal·ism [mínəməlìzəm] *n.* ⓤ (1)미니멀리즘《예술에서 되도록 소수의 단순한 요소로 최대 효과를 이루려는 사고 방식》. (2)=MINIMAL ART.

min·i·mize [mínəmàiz] *vt.* (1)…을 최소(한도)로 하다, 극소화 하다 : use a computer to ~ errors 컴퓨터를 사용하여 잘못〈틀림〉을 최소화하다. 【opp.】 *maximize.* (2)…을 최소(한도)로 어림잡다〈과소 평가하다〉, 경시하다.

:min·i·mum [mínəməm] (*pl.* **-ma** [-mə], **~s**) *n.* ⓒ (1)최소, 최소〈최저〉 한도, 최소량, 최저액 : keep one's expenditure to a 〈the〉 ~ 경비를 최저 한으로 억제하다. (2)【數】 극소(점). — *a.* 최소〈최저〉 한도의, 극소의. 【opp.】 *maxi-mum.* 『 a ~ thermometer 최저 온도계 / make only a ~ effort 최소한의 노력 밖에 하지 않다. — *ad.* 《口》 최소한 : twice a month ~ 최소한 월 2 회.

mínimum wáge (법정) 최저 임금.

·min·ing [máiniŋ] *n.* ⓤ (1)광업, 채광, 채탄 : coal ~ 탄광업, 채탄. (2)탐광. (3)지뢰〈기뢰〉 부설. — *a.* 채광의, 광산의, 광업의.

min·ion [mínjən] *n.* ⓒ 앞잡이, 추종자, 심복 부하 : ~*s* of the police 경찰의 앞잡이 / the ~*s* of the law 법률의 앞잡이《교도관·경관 등》.

:min·is·ter [mínistər] (*fem.* **-tress** [-tris]) *n.* ⓒ (1)성직자, 목사《잉글랜드에서는 비국교파와 장로파 성직자》. (2)(종종 M-) 장관, 각료. 【cf.】 secretary, Prime Minister. 『 the *Minister* of Education 교육부 장관. (3)(외국에 대하여 국가를 대표하는) 공사《대사의 아래》.
— *vi.* (1)《+前+名》 섬기다, 봉사하다 : 전력하다, 공헌하다 : 보살펴 주다《into》 : ~ *to* the sick 환자를 돌보다. (2)성직자 노릇을 하다, 예배를 인도하다. (3) 목사로 일하다.

min·is·te·ri·al [mìnəstíəriəl] *a.* (1)장관의. (2)내각의 : 정부측의, 여당의 : a ~ crisis 내각의 위기 / the ~ party 여당 / the ~ benches 《英》 하원의 여당석. (3)성직자의, 목사의. 파) **~·ly** *ad.* 목사로서 : 장관(대신)으로서.

mínistering ángel 구원의 천사《비유적으로, 간호사 등》.

min·is·trant [mínistrənt] *a.* 섬기는, 봉사하는, 보좌역의. — *n.* ⓒ 봉사자, 보좌역.

min·is·tra·tion [mìnəstréiʃən] *n.* (1) ⓒ(흔히 *pl.*) 봉사, 원조, 돌보아줌 : 간호 (2) ⓤ 성직자로서의 일, 목사의 직무(의 수행).

:min·is·try [mínistri] *n.* (1) ⓒ (종종 the M-) (영국·유럽의) 내각. 【cf.】 cabinet ;〔集合的〕 각료 : *The Ministry* has resigned. 내각은 총사직 했다. (2) ⓒ (흔히 M-) (영국 정부 등의) 부, 성(department) ; 부〈성〉 청사. (3) ⓒ (흔히 *sing.*) 장관의 직무〈임기〉. (4)(the -) **a**]목사의 직(職) : enter *the* ~ 목사가 되다. **b**]〔集合的〕 목사, 성직자.

min·i·ver [mínəvər] *n.* ⓤ (귀족 예복의)담비 흰 모피. 【cf.】 ermine.

·mink [miŋk](*pl.* **~s, ~**) *n.* (1) ⓒ 【動】 밍크《족제비류》. (2) ⓤ 그 모피 : a~coat 밍크코트.

min·ke (whále) [míŋki-] *n.* ⓒ 【動】 밍크고래《길이 10m의 소형 고래》.

Min·ne·so·ta [mìnəsóutə] *n.* 미국 북부의 주 《略 : Minn. ; 【美郵】 MN》. 파) **~n** [-tən] *a.* 미네소타의. *n.* ⓒ 미네소타주 사람.

min·now [mínou] *n.* (*pl.* **~s, ~**)ⓒ (1)황어(黃魚)·피라미류 ; 잉어과의 작은 물고기. (2)작은 물고기. ***Triton among* 〈*of*〉 *the ~s*** ⇨ TRITON.

:mi·nor [máinər] *a.* (1)〔限定的〕 (크기·수량·정도 등의) 보다 작은, 작은 쪽의(smaller, lesser) : a ~ share 작은 쪽의 몫. (2)〔限定的〕 (지위·중요성 등 비교적) 중요치 않은, 대단찮은 ; 둘째 가는, 2류의 ; 심각하지 않은. (3)《英》 (public school에서 이름이 같은 두 사람 중) 연하(年下)의 : Jackson ~ 나이 아래인 잭슨. (4)미성년의. (5)〔限定的〕 【樂】 단음제의, 단조의 : a ~ scale단음계 / a ~ mode 단선법 《短旋法》 / A ~ 가 단조. (6)《美》 (대학의) 부전공 과목의 : a ~ subject 부전공과목. (5) 【opp.】 *major.* — *n.* ⓒ (1) 미성년자 : No ~. 미성년자 사절《게시》. (2)【樂】 단조, 단음계. (3)《美》 (대학의) 부전공 과목(학위를 얻는데 필요한 전공 과목보다 적은 단위)〈학생〉 : a history ~ 역사 부전공 학생.
— *vi.* 《+前+名》 부(副)전공으로 (연구)하다《in》.

:mi·nor·i·ty [minɔ́ːrəti, -nɑ́r-, mai-] *n.* (1) ⓒ (흔히 *sing.*)〔集合的, 單·複數 취급〕 소수, 소수파, 소수자의 무리, 소수당 : a small ~ of population 주민의 극소수. (2) ⓒ〔單·複數 취급〕 소수 민족 : ethnic *minorities* 소수파) 민족. (3) ⓤ 【法】 미성년(기). 【cf.】 majority. — *a.*〔限定的〕 (1)소수의, 소수파 〈당〉의 : a ~ group 소수 집단 ; 소수 민족.

(2)소수 민족의 : ~ languages〈rights〉 소수 민족의 언어〈권리〉.

mínor léague (the ~) 《美》 마이너 리그《2류 직업 야구〈선수〉단 연맹》. 【cf.】 major league.

mínor párty 소수당.

Min·o·taur [mínətɔ̀ːr, máinə-] *n.* (the ~) 【그 神】 미노타우로스《인신 우두(人身牛頭)의 괴물》.

min·ster [mínstər] *n.* ⓒ 《주로 英》 (종종 M-) 수도원 부속 성당 ; 대교회당, 대성당(cathedral) : York Minster 요크 대성당.

·min·strel [mínstrəl] *n.* ⓒ (1)(중세의) 음유(吟遊)시인〈가인〉, 시인, 가수, 민스트럴. (2)(흔히 *pl.*) 민스트럴 쇼《백인이 루인으로 분장하고 흑인 노래나 춤을 춤》.

min·strel·sy [mínstrəlsi] *n.* ⓤ 음유 시인〈가인〉의 연예 ; 또, 그 시가(詩歌), 음유 시인..

·mint[1] [mint] *n.* (1) ⓤ 【植】 박하(薄荷) 민트. (2) ⓒ (후식용의) 박하가 든 사탕.

mint[2] *n.* (1) ⓒ 화폐 주조소, 조폐국. (2)(a ~)《口》 다액, 거액 : a ~ of trouble 많은 고생. ***in ~ state 〈condition〉*** 아주 새것인, 신품과 같은《서적·화폐·우표 따위》. — *vt.* (1)(화폐)를 주조하다(coin). (2)(신어 (新語))를 만들어 내다 : a freshly ~*ed* term 신(新)조어.

mint·age [míntidʒ] *n.* (1) ⓤ **a**]화폐의 주조 조폐(coinage). **b**]주화료(鑄貨料). 조폐비(費) **c**]〔集合的〕 주조 화폐. (2)ⓒ 조폐 각인(刻印) (mintmark).

min·u·et [mìnjuét] *n.* ⓒ (1)미뉴에트《3박자의 우아한 춤》. (2)미뉴에트의 곡

:mi·nus [máinəs] *prep.* (1)【數】 마이너스의, …을 뺀, …만큼 적은. 【opp.】 *plus.* 『 7~3 leaves 4. 7 빼기 3은 4 (7-3= 4). (2)《口》 …을 잃고 ; …이 없이〈없는〉(lacking, without) : a book ~ its cover 표지가 떨어져 나간 책. — *a.* (1)〔限定的〕 마이너스의 ; 음(陰)의(negative) : ~ electricity 음전기 / ~ charge 음전하(陰電荷). (2)《口》 없는, 모자라는. (3)(성적 평가〈평점〉 뒤에 놓아) …의 아래, …보다 좀 못한 : A ~, A의 아래, A 마이너스《A˝라고 씀》. — (*pl.* **~·es**) *n.* ⓒ (1)=MINUS SIGN. 마이너스 부호. (2)음수(陰數). (3)《口》 부족, 손해, 결손 ; 불리한 점 : consider the pluses and ~*es* of …의 유리한 점〈면〉과 불리한 점 〈면〉을 생각하다.

mi·nus·cule [mínʌskjùːl, --́-] *a.* 아주 작은 ; 하잘 것 없는 : a ~ quantity 극소량.

mínus sìgn 마이너스 부호《—》.

:min·ute[1] [mínit] *n.* (1) ⓒ (시간의) 분 : It's 5 ~*s* to 〈before, 《美》 of〉 six 6시 5분 전이다 / 10 ~*s* past〈《美》 after〉 five. 5시 10분. (2)《口》 (*sing.*) 잠깐 동안, 잠시 ; 순간(moment). (3) **a**]ⓒ 각서(note), 메모 ; (간단한) 초고(草稿) : make a ~ of ⇨ (成句). **b**](*pl.*) 의사록(~ book) take the ~*s* of a meeting 의사록에 기록하다. (4) ⓒ (각도의) 분(~ of arc) : latitude fifty degrees and thirty ~*s* north 북위 50도 30분. ***(at)any ~*** 지금 당장에라도, 언제라도. ***any the last ~*** 막판에 가서, 마지막 순간에. ***by the ~*** 1분마다, 시시각각. ***in a few ~s*** 2,3분내에, 곧 : I'll be ready *in a few ~s*.곧 준비가 됩니다. ***in a ~*** 금세, 곧 : I'll be back *in a ~*. 곧 돌아오겠습니다. ***make 〈take〉 a ~of*** … 의 각서를 만들다, 적어두다. ***not for a 〈one〉 ~*** 조금도 …않는(never). ***the ~ (that)*** …와 동시에, …하자마자(as soon as). ***this ~*** 지금 곧(에). ***to the ~*** 1분도 틀리지 않고, 정각에. ***up to the ~*** 최신 (유행)의 (up-to-date). — *vt.* …을 의사록에 적다.

:mi·nute[2] [mainjúːt, mi-] (**-nut·er ; -est**) *a.* (1)자디잔, 미소한 ; 사소한, 하찮은 : a ~ particle of dust 먼지의 미립자 / ~ difference 근소한 차이. (2) 상세한 ; 정밀한, 엄밀한 ; 세심한, 자세한 : ~ researches 면밀한 연구 / a ~ observer 세심한 관찰자.

mínute gùn [mínit-] 분시포(分時砲)《국왕·장군 등의 장례 때, 또는 조난 신호로서 1분마다 쏘는 호포(號砲)》.

mínute hànd [mínit-] 시계의 긴 바늘, 분침.

min·ute·ly[1] [mínitli] *ad.* 1분마다, 매분마다. — *a.* 1분 마다 일어나는, 끊임없는.

min·ute·ly[2] [mainjúːtli, mi-] *ad.* (1)아주 조금. (2)상세하게, 정밀하게. (3)자잘하게, 잘게, 작게.

min·ute·man [mínitmæ̀n] (*pl.* **-men** [-mèn]) *n.* ⓒ 《業》 (때로 M-)(독립 전쟁 당시 즉각 출동 할 수 있게 준비하고 있던) 민병, 미니트맨.

Mi·o·cene [máiəsìːn] *n.* (the ~) 【地質】 마이오세(世), 중신세(中新世). — *a.* 마이오세의.

:mir·a·cle [mírəkəl] *n.* ⓒ (1)기적, 이적(異蹟) : work〈perform, do, accomplish〉 a ~ 기적을 행하다. (2)경이 ; 불가사의한 사물(사람)《*of*》 : a ~ *of* skill 경이적인 기술〈솜씨〉 / His recovery is a ~. 그의 회복은 기적이다. ***by a ~*** 기적적으로. to a ~ 기적적으로, 놀랄 만큼 훌륭하게.

míracle plày 기적극《그리스도나 성인(聖人)이 행한 기적을 제재(題材)로 한 중세의 극》.

·mi·rac·u·lous [mirǽkjələs] *a.* (1)기적적인, 초자연적인, 신기한, 놀랄 만한 : the gymnast's ~ feats 그 체조 선수의 묘기. (2)기적을 행할 능력이 있는 ; 경이적인 효력이 있는 : a ~ cure for diabetes 당뇨병에 특효가 있는 치료법. 파) **~·ly** *ad.* **~·ness** *n.*

mir·age [mirɑ́ːʒ/ ´--] *n.* ⓒ 《F.》 (1)신기루 ; 아지랑이. (2)환상, 망상 ; 덧없는 희망.

·mire [maiər] *n.* ⓤ 늪, 진창 ; 수렁. ***drag*** a person***'s name through the ~*** 아무의 이름을 더럽히다, …을 욕되게 하다. ***sitck 〈find*** one***self〉 in the ~*** 궁지에 빠지다. — *vt.* …을 진구렁에 빠뜨리다 ; 곤경에 몰아넣다. — *vi.* 진구렁에 빠지다. be ~d in (곤경)에 빠지다.

:mir·ror [mírər] *n.* ⓒ (1)거울, 반사경. (2)충실히 (있는 그대로) 반영때 〈비추어〉 주는 것《*of*》 : a ~ *of* times 시대를 반영하는 것.

mírror sỳmmetry 경면 대칭 (鏡面對稱).

:mirth [məːrθ] *n.* ⓤ 유쾌(하게 떠듦), 환희, 명랑, 즐거움, 유쾌한 웃음.

·mirth·ful [mə́ːrθfəl] *a.* 유쾌한, 신이 나서 떠드는, 유쾌하게 웃어대는.
파) **~·ly** [-fəli] *ad.* **~·ness** *n.*

mirth·less [mə́ːrθlis] *a.* 즐겁움이 없는 우울함, 서글픈. 파) **~·ly** *ad.* **~·ness** *n.*

miry [máiəri] (***mir·i·er ; -i·est***) *a.* (1)질퍽거리는, 수렁같은, 진창 같은. (2)진흙투성이의 ; 더러운.

mis·ad·ven·ture [mìsədvéntʃər] *n.* (1) ⓤ 불운 : by ~ 운수 나쁘게, 잘못하여. (2) ⓒ 불운한 일, 불행, 재난, 운수 사나운 일. ***death by ~*** 【法】 우발사고에 의한 죽음, 사고사. ***do*** a person ~ 아무에게 손해를 입히다.

mis·al·li·ance [mìsəláiəns] *n.* ⓒ 부적당한 결합 : (특히) 어울리지 않는 결혼.
= MESALLIANCE.

mis·an·thrope, mis·an·thro·pist [mísən-θròup, míz-], [misǽnθrəpist, miz-] *n.* ⓒ 사람을 싫어하는 사람, 교제하기를 싫어하는 사람.

mis·an·throp·ic, -i·cal [mìsənθrápik, mìz-/θrɔ́p-] [-əl] *a.* 인간을 싫어하는, 염세적인.
파) **-i·cal·ly** [-ikəli] *ad.*

mis·ap·pli·ca·tion [mìsæplikéiʃən] *n.* ⓤⓒ 오용, 남용, 악용 ; 부정 사용.

mis·ap·ply [mìsəplái] *vt.* …의 잘못 적용하다 ; 악용〈오용〉하다 ; (공금 따위)를 부정하게 쓰다.

mis·ap·pre·hend [mìsæprihénd] *vt.* (말·사람 등)을 오해하다, 잘못 생각하다(misunderstand).

mis·ap·pre·hen·sion [-hénʃən] *n.* ⓤⓒ 오해, 착각, 잘못 생각하기. ***under*** **~** 오해하여.

mis·ap·pro·pri·ate [mìsəpróuprièit] *vt.* (남의 돈)을 착복〈횡령〉하다; …을 악용〈오용〉하다.

mis·ar·range [mìsəréindʒ] *vt.* …의 잘못 배열〈배치〉 하다. 파) **~·ment** *n.*

mis·be·come [mìsbikʌ́m] (***-be·came*** [-bikéim] ; ***-be·come***) *vt.* …에 맞지 않다, 적당하지 않다, 어울리지 않다.

mis·be·got·ten, -got [mìsbigátn/ -gɔ́tn], [-gát/ -gɔ́t] *a.* (1)(계획·생각 등이) 시원찮은, 잘못된. (2)(사람이) 경멸할, 쓸모없는. (3)사생아의, 서출(庶出)의(illegitimate), 불운한 태생의.

mis·be·have [mìsbihéiv] *vi.* 부정한〈나쁜〉 짓을 하다, 품행이 좋지 못하다. ― *vt.*〔再歸的〕 버릇없이 굴다, 나쁜 짓을 하다.

mis·cal·cu·late [miskǽlkjəlèit] *vt.*, *vi.* (…의) 계산을 착오하다(추측), 오산하다 ; 잘못〈헛〉 짚다.

mis·call [mìskɔ́:l] *vt.* …의 이름을 잘못 부르다 : Helen is often ~*ed* Ellen. 헬렌은 흔히 잘못해서 앨렌이라고 불린다.

mis·car·ry [mìskǽri] *vi.* (1)(계획 따위가) 실패하다, 성공하지 못하다(fail). (2) (화물(貨物)·우편물 따위가) 도착하지 않다, 잘못 배달되다. (3)유산〈조산〉하다.

mis·cast [mìskǽst, -kɑ́:st](*p.*, *pp.* ~) *vt.* 〔흔히 受動으로〕 (배우)에게 부적당한 역을 맡기다 : She *was* somewhat ~ (as Lady Macbeth). 그녀에겐 (맥베스 부인이라는) 좀 부적당한 역이 맡겨 졌다 / The play is ~. 이 극은 배역이 잘못됐다.

mis·ce·ge·nation [mìsidʒənéiʃən] *n.*ⓤ(이종족간의)잡혼(雜婚)《특히 흑·백인의》.

·mis·cel·la·ne·ous [mìsəléiniəs] *a.* (1)가지가지 잡다한, 갖가지의, 잡동사니의.
파) **~·ly** *ad.* **~·ness** *n.*

mis·cel·la·ny [mísəlèini /miséləni] *n.* ⓒ (1)(이것저것 긁어모은) 잡다한 것, 잡동사니(medley)《*of*》. (2)(흔히 *pl.*) 문집, 잡록.

mis·chance [misʧǽns, -ʧɑ́:ns] *n.* ⓤⓒ 불운, 불행, 불의의 화, 재난. ***by*** **~** 운 나쁘게.

:mis·chief [místʃif] (*pl.* **~*s***) *n.* (1) ⓤ 해악(害惡), 해독, 손해, 피해, 악영향. (2) ⓒ 해를 주는 것, 난처하게 하는 것, 곤란한 점. (3) ⓤ 장난, 짓궂음. (4) ⓒ 장난끼 있는 사람;장난꾸러기. ㅁmischievous *a.* ***come to*** **~** 재난을 만나다, 폐가 되다. ***do*** a person(***a***) **~**아무에게 위해를 가(加)하다 ; 죽이다. ***go***〈***get***〉 ***into*** **~** 장난을 시작하다. ***like the*** **~** 기어코, 몹시. ***make*** **~** ***between*** …의 사이를 이간시키다, …에 찬물을 끼얹다. ***mean*** **~** 흉계를 품다, 앙심을 갖다. ***out of*** (***pure***)**~** (그저) 장난삼. ***play the*** **~** ***with*** …의 건강을 해치다, …에게 화(해)를 끼치다. ***raise*** (***the***) **~**《口》 소동을 벌이다. ***The*** **~** ***is that ...*** 난처하게도 …이다. ***up to*** **~** 장난을 꾀하여 : He is *up to* ~ again. 다시 뭔가 못된 일을 꾸미고 있다.

·mis·chie·vous [místʃivəs] *a.* (1)장난을 좋아하는, 개구장이의, 장난기가 있는 : a ~ trick 지나친 장난. (2)어딘가 행티가 있어 보이는 : a ~ trouble maker 나쁜 의도로 문제를 일으키는 사람. ㅁ mischief *n.*
파) **~·ly** *ad.* **~·ness** *n.*

mis·con·ceive [mìskənsí:v] *vt.* 〔흔히 受動으로〕 (1)(사람·말 따위)를 오해하다, 오인하다. (2)(계획 따위)를 잘못 안출(案出)하다, 잘못 생각하다.

mis·con·cep·tion [mìskənsépʃən] *n.* ⓤⓒ 오해, 착각, 잘못된 생각.

mis·con·duct [miskándʌkt/ -kɔ́n-] *n.* ⓤ (1)몸가짐〈행실〉이 좋지 않음, 비행, 품행이 나쁨; (특히) 불의, 간통. (2)【法】 (공무원의) 부정 행위, 직권 남용. (3)(회사 등의) 방만한 관리(경영). ― [mìs-kəndʌ́kt] *vt.* (업무 등)의 처리를 잘못하다. ~ one***self*** 품행이 나쁘다 ; 간통하다《*with*》.

mis·con·struc·tion [mìskənstrʌ́kʃən] *n.* ⓤⓒ 잘못 해석함, 잘못된 구성, 오해, 곡해.

mis·con·strue [mìskənstrú:/miskɔ̀nstrú:] *vt.* (말·행귀·남의 의도 따위)를 잘못 해석하다, 오해하다 ; 곡해하다(misunderstand)《*as*》.

mis·count [mìskáunt] *vt.*, *vi.* (…을) 잘못 세다, 오산하다. ― *n.* ⓤ 잘못 셈, 계산 착오, 오산.

mis·cre·at·ed [mìskriéitid] *a.* 잘못된, 모양이 기괴한, 불구의 (ill-formed).

mis·cue [mìskjú:] *vi.* (1)【樓球】 (공을) 잘못치다. (2)《口》 실수하다, 에러를 범하다 ; 【腦】 대사의 큐를 잘못 받다〈알다〉. ― *n.* ⓒ (1)잘못 침. (2)《口》 실책, 실수.

mis·date [mìsdéit] *vt.* (1)(편지·서류 등)의 날짜를 잘못 쓰다. (2)(역사적 사건 등)의 일시〈연대(年代)〉를 틀리다.

mis·deal [misdí:l] *n.* ⓒ 【카드놀이】패를 잘못 도르기. ― (*p.*, *pp.* ***-dealt*** [-délt]) *vi.*, *vt.* (패를) 잘못 도르다.

mis·deed [mìsdí:d] *n.* ⓒ 나쁜 것, 악행, 비행, 범죄.

mis·de·mean·or,《英》**-our** [mìsdimí:nər] *n.* ⓤⓒ (1)【法】 경범죄. 【cf.】 felony. (2)비행, 행실〈품행〉이 나쁨.

mis·di·rect [mìsdirékt] *vt.* (1)(남)에게 잘못을 지시하다, (길·장소 등)을 잘못 가르쳐주다(지시하다). (2)(편지)에 수취인의 수소·성명을 잘못 쓰다. (3)(정력·재능 등)을 그릇된 방향으로 돌리다. (4)【法】(판사가 배심원에게) 사건 내용을 잘못 설명해 주다. 파) **mìs·di·réc·tion** [-ʃən] *n.*

mis·do·ing [mìsdú(:)iŋ] *n.* ⓒ (흔히 ~s)못된 짓, 비행, 범죄(misdeed)

mis·em·ploy [mìsimplɔ́i] *vt.* …을 잘못 사용하다, 악용하다.

:mi·ser [máizər] *n.* ⓒ 구두쇠, 노랭이, 수전노.

:mis·er·a·ble [mízərəbəl] (***more ~ ; most ~***) *a.* (1)비참한, 불쌍한, 불행한, 가련한(pitiable) ; 슬픈 : feel ~ 비참한 생각이 들다 / ~ news 슬픈 소식. (2)〔限定的〕 불충분한, 형편없는〈변변치 않은〉, 빈약한 : a ~ meal 형편없는 식사. (3)(생활 따위가) 쓰라린, 괴로운《*with*》 ; (날씨 따위가) 지독한, 지긋지긋한. be ~ *with* hunger find told 굶주림과 추위로

고생하고 있다. (4)〔限定的〕(사람이) 부끄럼도 모르는, 비열한, 한심한 : You ~ liar! 이 비열한 거짓말쟁이. ▫ misery *n.* 파) **~·ness** *n.*

mis·er·a·bly [-bəli] *ad.* (1)비참하게, 불쌍하게, 한심하게, 초라하게 : die ~ 비참하게 죽다. (2)비참할 정도, 지독하게 ; 빈약하게.

mi·serly [máizərli] *a.* 인색한, 욕심 많은. 파) **-li·ness** [-nis] *n.* ⓒ 인색, 탐욕.

:mis·ery [mízəri] *n.* (1) ⓤ (정신적·육체적) 고통, 괴로움, 고뇌 : live in ~ and want 비참하게 궁핍한 생활을 하다. (2) ⓒ (종종*pl.*) 갖은 고난 : *miseries* of mankind 일류의 불행. (3) ⓒ《口》징징거리는 사람, 불평이 많은 사람. ▫ miserable *a.* ***put... out of his*** (***its***) **~** 1)(고통 받는 사람·짐승)을 죽여서 편하게 해주다, 안락사시키다. 2)(사실을 말해) 마음을 편안하게 해 주다, 안심시키다.

mis·fea·sance [misfí:zəns] *n.* ⓤⓒ【法】부당〈불법〉행위,《특히》직권 남용 ;〔一般的〕과실.

mis·file [misfáil] *vt.* (서류 등)을 잘못 철하다(정리하다).

mis·fire [misfáiər, ⌐⌐] *vi.* (1)(총 따위가) 불발하다. (2)(내연 기관이) 점화되지 않다. (3)(신소리· 익살·계획등이) 효과를 못 내다, 주요하지 않다, 먹히지 않다. ― *n.* ⓒ (1)불발 : 점화되지 않음. (2)빗나감, 실패.

mis·fit [mísfit, ⌐⌐] *n.* ⓒ (1)맞지 않는 옷·신발(따위) .(2)(지위·환경 등에) 적응하지 못하는 사람 : a social ~ 사회에 적응 못하는 사람.

:mis·for·tune [misfɔ́:rtʃən] *n.* (1) ⓤ 불운, 불행, 박명, 역경 :《+*to* do》(the ~). (2) ⓒ 불행한 일, 불운한 일, 재난.

mis·giv·ing [misgíviŋ] *n.* ⓤⓒ (흔히 *pl.*) (미래의 일에 대한) 걱정, 불안《*about*》: have some ~s *about* the outcome 결과에 대하여 다소의 불안을 품다〈느끼다〉.

mis·gov·ern [misgʌ́vərn] *vt.* …에 나쁜 정치를 하다, 통치(지배)를 잘못하다. ― *vi.* 악정을 베풀다.

mis·gov·ern·ment [-mənt] *n.* ⓤ 악정, 실정(失政).

mis·guide [misgáid] *vt.* 〔흔히 受動으로〕…을 잘못 지도하다(mislead), 그릇되게 지도하다, 잘못 인식시키다.

mis·guid·ed [misgáidid] *a.* (사람·행위 등)지도가 잘못된, 잘못 알고 있는 : ~ young people 생각이 잘못된 젊은이들. 파) **~·ly** *ad.*

mis·han·dle [mishǽndl] *vt.* (1)…을 거칠게 다루다, 학대하다. (2)…을 서투르게 나루나, 길뭇 처리하다, 잘못 다루다.

·mis·hap [míshæp, ⌐⌐] *n.* ⓤⓒ 불행한 일, 재난, 불상사, 사고 : without ~ 무사히 / have a slight ~ on an icy road 빙판길에서 가벼운 사고를 당하다.

mis·hear [mishíər] (*p.*, *pp.* ***-heard*** [-hə́:rd]) *vt.* …을 잘못 듣다《*for*》, 못 알아듣다..

mis·hit [mìshít] (**~ ; *-tt-***) *vt.* (공)을 잘못 치다. ― [⌐⌐] *n.* ⓒ 잘못 치기, 범타.

mish·mash [míʃmæʃ] *n.* (a ~)《口》뒤범벅 (hodgepodge, jumble) ; 그러모은 잡다한 것《*of*》: *a* strange ~ *of* objects 기묘한 물건들의 잡동사니.

mis·in·form [mìsinfɔ́:rm] *vt.* 〔흔히 受動으로〕…을 잘못 전하다 : 오해하게 하다《*about*》: I was ~*ed about* the date. 나는 날짜를 잘못 듣고〈알고〉 있었다.

mis·in·for·ma·tion [mìsinfɔ:rméiʃən] *n.* ⓤ(의도적인) 오보(誤報), 오전(誤傳).

mis·in·ter·pret [mìsintə́:rprit] *vt.* …을 오역하다, 오해하다(misunderstand) : ~her smile as amiability 그녀의 미소를 호의라고 잘못알다.

mis·in·ter·pre·tion [mìsintə:rpritéiʃən] *n.* ⓤⓒ 오해 ; 오역(誤譯), 잘못된 해석.

mis·judge [misdʒʌ́dʒ] *vt.* …을 그릇 판단〈심판〉하다 : I totally ~*d* his motives. 나는 그의 진의를 전혀 잘못 알고 있었다.

mis·judge(e)·ment [-mənt] *n.* ⓤⓒ 그릇된 판단 ; 오심 (誤審).

mis·lay [misléi] (*p.*, *pp.* ***-laid*** [-léid]) *vt.* …의 둔 자리를 잊다, 두고 잊다, 둔 곳을 잊다 : ~ one's umbrella 우산 둔 데를 잊다.

·mis·lead [mislí:d] (*p.*, *pp.* ***-led*** [-léd]) *vt.* (1)…을 그릇 인도하다 : 나쁜 일에 끌어 들이다. (2)…의 판단을 그르치게 하다, …을 현혹시키다 : 현혹하여 …하게 하다.

·mis·lead·ing [mislí:diŋ] *a.* 그르치기 쉬운, 오해하기 쉬운, 오해하게 하는, 현혹시키는, 혼동케 하는 : a ~ advertisement 사람을 현혹시키는 광고. 파) **~·ly** *ad.*

mis·man·age [mismǽnidʒ] *vt.* …을 잘못 취급〈관리〉하다, …의 처리를 잘못하다. 파) **~·ment** *n.* 실수.

mis·match [mismǽtʃ] *vt.* 짝을 잘못 짓다 ; 어울리지 않는 결혼을 시키다 : a ~*ed* couple(성격적으로) 어울리지 않는 부부. ―*n.* ⓒ 부적당한 짝 ; 어울리지 않는 결혼.

mis·no·mer [misnóumər] *n.* ⓒ 잘못된 명칭, 부적당한 이름〈명칭〉; 잘못 부름.

mi·sog·a·my [miságəmi, mai- / -sɔ́g-] *n.* ⓤ 결혼을 싫어함. 파) **-mist** *n.* ⓒ 결혼을 싫어하는 사람.

mi·sog·y·ny [misádʒəni, mai- / -sɔ́dʒ-] *n.* ⓤ 여자를 싫어함. 【opp.】 *philogyny*.

mis·place [mispléis] *vt.* 〔종종 受動으로〕(1)…을 잘못〈부적절한 데에〉두다《*in*》. (2)…의 둔 곳을 잊다 (mislay) : ~ one's glasses 안경 둔 데를 잊다. (3)(신용·애정 등)을 잘못된 대상에 주다《*to*》. 파) **~·ment** *n.*

mis·play [mispléi] *n.* ⓒ (경기·연주 등의) 실수, 에러, 미스, 반칙 플레이. ― *vt.* …을 실수하다 ; (구기(球技)에서 공 처리)를 잘못하다, 에러〈미스〉를 범하다.

mis·print [mísprìnt, ⌐⌐] *n.* ⓒ【印】오식(誤植), 미스프린트. ― [misprínt] *vt.* …을 오식하다.

mis·pri·sion [mispríʒən] *n.* ⓤ【法】(1)(공무원의)비행, 직무 태만. (2)범죄 은닉. ~ of felony〈treason〉중죄범〈대역법〉은닉.

mis·pro·nounce [mìsprənáuns] *vt.* …의 발음을 잘못하다. ― *vi.* 잘못〈틀리게〉발음하다.

mis·pro·nun·ci·a·tion [mìsprənʌ̀nsiéiʃən] *n.* ⓤⓒ 잘못된 발음.

mis·quo·ta·tion [mìskwoutéiʃən] *n.* ⓤⓒ 틀린(잘못된) 인용(구).

mis·quote [miskwóut] *vt.*, *vi.* (…을)잘못 인용하다.

mis·read [misrí:d] (*p.*, *pp.* ~ [-réd] *vt.* (1)…을 잘못 읽다. (2)오해하다, 그릇 해석하다(misinterpret).

mis·re·port [mìsripɔ́:rt] *vt.* …을 잘못 보고하다 ; 그릇 전하다.

— *n.* ⓤⓒ 오보(誤報), 허위 보고.
mis·rep·re·sent [mìsreprizént] *vt.* (1)…을 그릇 설명하다, 부정확하게 말하다. (2)…을 잘못 알리다, 잘못(거짓) 전하다.
mis·rep·re·sen·ta·tion [mìsreprizentéiʃən] *n.* ⓤⓒ (1)오전(誤傳), 허설(虛說). (2)【法】 허위〈거짓〉 진술.
mis·rule [misrúːl] *n.* ⓤ 실정(失政) ; 무질서, 혼란, 무정부 상태.
— *vt.* …의 통치를 그르치다, 악정을 배풀다.
:miss[1] [mis] (*pl.* **~·es** [mísiz]) *n.* (1)(M-) …양《Lady 또는 Dame 이외의 미혼 여성의 성 또는 성명 앞에 붙여 씀》. (2) ⓒ 처녀, 미혼 여성《영국에서는 경멸적》 : school *~es* (놀기 좋아하는)여학생. (3)아가씨《손님이 젊은 여점원에의 호칭》. (4)(M-) (지명·국명 등에 붙여) 그 대표적 아가씨, 미스… : *Miss* Korea〈Universe〉. (5)《英》 (종종 M-) (학생이 여선생을 부르는 호칭으로) 선생님.
:miss[2] *vt.* (1)(목표)를 못 맞히다, 빗맞히다 : His Punch ~ *ed* the mark. 그의 펀치는 겨냥한 곳을 맞히지 못했다 / ~the nail (망치로) 못을 헛치다. (2) (겨눈 것)을 놓치다, 잡지 못하다 : ~ a catch 공을 놓치다. (3) a](기회 따위)를 놓치다 ; (탈것)을 놓치다, 타지 못하다 ; (사람)을 만나지 못하다; (흥행따위)를 구경하지 못하다. b](회합 따위)에 출석하지 못하다 ; (수업)에 나가지 못하다, 결석하다 : Don't ~ your classes. 꼬박꼬박 수업에 출석해라. (4)(빠뜨리고) …을 보지〈듣지〉 못하다, 이해하지 못하다 ; …을 깨닫지 못하다 : I must have *~ed* the notice. 공고를 못 봤음에 틀림없다. (5)《~+目/+目+前+名》 …을 빼먹다, 빼놓다, 빠뜨리고 쓰다〈말하다〉, …을 생략하다《*out* ; *out of*》 : He *~ed* my name *out of* his list. 내 이름을 명단에서 뺐다. (6)《~+目/+-*ing*》 까딱 …할 뻔하다, 면하다. (7)(약속·의무 따위)를 지키지〈이행하지〉 못하다. (8)…이 없음을 알다 : ~ the entry in a dictionary 사전에 고 표제어가 빠져 있는 것을 깨닫다 .
— *vi.* (1)과녁을 빗나가다, 빗맞다, 맞지 않다 : I fired twice, but *~ed* both times. 두 방 쏘았는데 두 번 다 빗맞았다. (2)(내연 기관이) 점화되지 않다. ***~ by a mile*** 《口》 …에 크게 실패〈패배〉하다. ***~ out*** (1)《口》 좋은 기회를 놓치다《*on*》 : ~ *out on* the picnic 피크닉을 못가다. (2)…을 생략하다, 빼다 : Don't ~ my name *out*. 내 이름은 빼지 마. ***~ the boat*** ⇨ BOAT. ***never*** 〈***not***〉 ***~ a tick*** 《口》 언제건 호기를 놓치지 않다. ***not ~ much*** 방심 않다, 빈틈이 없다.
— *n.* ⓒ 못맞힘 ; 실수, 실패 : 빗맞기. ***give ... 'a ~*** (아무를) 일부러 피하다
mis·send [missénd] (***-sent*** [ ]) *vt.*…을 잘못 보내다. 「보기 흉한.
mis·shap·en [misʃéipən] *a.* 기형의, 일그러진,
:mis·sile [mísəl/ -sail] *n.* ⓒ (1)미사일, 탄도 병기 (彈道兵器) (ballistic~) ; 《특히》 유도탄(guided ~). (2)날아가는 무기《화살·탄환·돌 등》.
— *a.* 〔限定的〕 미사일의〈용의, …에 의한, …에 관한〉, 발사할 수 있는.
mis·sile·man [mísəlmən/ -sɑil] (*pl.* ***-men*** [-mən]) *n.* ⓒ 미사일 설계〈제조, 제작, 조작〉자.
:miss·ing [mísiŋ] *a.* (1)(있어야 할 곳에) 없는, 보이지 않는 ; 분실한 : a book with two pages ~, 2 페이지가 없는 책 / the ~ papers 분실된 서류 / He's always ~ when I need. 내가 필요로 할 때 그는 늘 없다. (2)행방 불명의 (lost) : 결석한《*from class*》 : a ~ person 찾는 사람 / go ~ 행방 불명이 되다 / ~in action 전투 중에 실종된. (3)(the ~) 〔名詞的, 複數취급〕 행방 불명자들.
míssing línk (1)계열(系列)을 완성시키는 데 빠져 있는것《*in*》. (2)(the ~) 【生】 멸실환(環), 미싱링크《인류와 유인원(類人鑛)의 중간에 있었다고 가상(假想)되는 동물》.
:mis·sion [míʃən] *n.* ⓒ (1)(사절의) 임무, 직무 ; 〔一般的〕 사명, 천직 : a sense of ~ 사명감 / It's my ~ to teach children. 아이들을 가르치는 것이 나의 천직 이다. (2)〔集合約 : 單·複數 취급〕 사절단, 파견단 《*to*》 : an economic 〈a trade〉 ~ *to* Japan 대일 (對日)경제(무역) 사절단. (3)재외 대사〈공사〉관. (4)(특히, 외국에 대한) **전도**, 포교, 전도사의 파견 ; (*pl.*) 전도사업 : foreign 〈home〉 ~ 외방(국내) 전도(활동). (5)선교회(會), 포교단 ; 전도구(區).
— *a.* 〔限定的〕 전도(단)의, 선교 단체의〈가 운영 하는〉.
:mis·sion·a·ry [míʃənéri/ -nəri] *a.* **전도(자)의** : a ~ meeting 전도〈포교〉집회. — *n.* ⓒ (1)(해외 파견) 선교사, 전도사. (2)(주의·사상의) 주창자, 선전자 (propagandist)
míssion contròl (cènter) (지상의) 우주(비행) 관제소.
mis·sis [mísiz, -is] *n.* 《口》 (1)(the ~) 마나님, 아씨(mistress)《하녀 등의 용어》 : *The* ~ has gone out. 마님은 밖에 나가셨습니다. (2)(the -) 《口》 (자기 또는 남의) 마누라, 아내.
·Mis·sou·ri [mizúəri] *n.* (1)미주리주《미국 중부의 주 ; 주도(州都) Jefferson city ; 略 : Mo. ;【美郵】 MO ; 속칭 the Show Me State》. (2)(the ~) 미주리 강《미시시피 강의 지류》.
mis·spell [misspél] (*p.*, *pp.* ***-spelled*** [-spélt, -spéld], ***-spelt*** [-spélt]) *vt.* …의 철자를 잘못 쓰다, 잘못 철자하다.
mis·spend [misspénd] (*p.*, *pp.* ***-spent*** [-spént]) *vt.* (시간·돈 따위)를 잘못 사용하다 ; 낭비하다.
mis·state [misstéit] *vt.* …을 잘못 말하다 ; 허위 진술하다. 파) **~·ment** *n.* ⓤⓒ 잘못된〈허위〉 진술.
mis·step [misstép] *n.* ⓒ 실족(失足) ; 과실, 실수.
mis·sy [mísi] *n.* ⓒ 《口》 아가씨《보통, 친밀하게 부르는 호칭으로서》.
·mist [mist] *n.* (1) ⓤⓒ (엷은) 안개, 놀《fog보다는 엷고, haze보다는 짙은 것》 : *Mist* rose over the lake. 호수위에 안개가 자욱하다. (2) ⓤ (또는 a ~)(눈물 따위로 인한)흐릿함, (수증기 따위로 인한 거울 등의) 흐림. (3) ⓒ (흔히 *pl.*) (판단 따위를)흐리게 하는 것 : a ~ of doubt 의혹의 안개 / a secret hidden in the *~s* of time (시간의 안개에 가리워진) 먼 옛날의 비밀.
— *vi.* (1)안개가 끼다 : (눈이) 흐려지《*over* ; *up*》 : The scene *~ed over*. 그 경치는 안개로 흐릿하였다. (2)〔흔히 it을 主語로〕 안개(이슬비)가 내리다 : It is *~ing*. — *vt.* 《~+目/+目+前+名》 …을 안개로 덮다 ; (눈)을 흐리게 하다 : *~ed* glasses 흐린 안경.
mis·tak·a·ble [mistéikəbəl] *a.* 틀리기 쉬운, 잘못하기 쉬운, 오해받기 쉬운.
:mis·take [mistéik] *n.* ⓤⓒ (1)잘못, 틀림 : 오해, 잘못(된)(error) 생각 : There is no ~ about it. 그것은 틀림없다〈확실하다〉. (2)【法】 착오(錯誤).

and no ~ 《口》〈앞의 말을 강조하여〉 확실히, 틀림없이 : She is innocent, *and no* ~ ! 그녀는 죄가 없다, 절대로. ***beyond ~*** 틀림없이(undoubtedly). ghkrtlfgl. ***by ~*** 잘못하여, 실수로 ; 무심코. ***in ~ for*** …을 잘못 알아, …와 혼동하여. ***make a ~*** 실수하다, 착각하다. ***Make no ~.*** (you'll have to come here again). 알았지, (꼭 또 와야 해).
— (**-took** [-túk] ; **-tak·en** [-téikən]) *vt.* (1)…을 틀리다, 잘못 알다 ; 오해하다 : ~ the road 길을 잘못 들다. (2)《+目+前+名》…로 잘못 보다, 혼동하다 《*for*》. — *vi.* 잘못 알다, 오해 하다.

:mis·tak·en [mistéikən] MISTAKE의 과거분사.
— *a.* (1)(생각·지식 따위가)잘못된, 판단이 잘못된, (생각이)틀린 : a ~ idea〈opinion〉 잘못된 생각〈의견〉 / ~ kindness 귀찮은〈잘못된〉 친절. (2)〔敍述的〕 (사람 등이) 잘못 생각하고 있는, 오해하고 있는 《*about*》.
파) **~·ly** *ad.* 잘못하여 ; 오해하여. **~·ness** *n.*

·mis·ter [místər] *n.* (1)(M-) 군, 씨, 선생, 님, 귀하《남자의 성·성명 또는 관직명 앞에 붙임, 흔히 Mr. 로 생략》 : *Mr.* (John) Smith (존) 스미스씨. (2)《美口》 나리, 선생님, 여보세요《※ 《英》에서는 비표준적 용법》.

mis·time [mistáim] *vt.* …의 시기를 그르치다, 시기를 놓치다 ; 좋지 않은 때에 하다〈말하다〉 : a ~*d* proposal 시의(時宜)에 맞지 않는 제안.

·mis·tle·toe [mísltòu, mízl-] *n.* ⓤ 【植】 겨우살이《크리스마스 장식에 씀》. ⓒ 그 잔가지.

mis·tral [místrəl, mistrá:l] *n.* (the ~) 미스트럴 《프랑스의 지중해 연안 지방에 부는 찬 북서풍》.

mis·trans·late [mìstrænsléit, -trænz-] *vt.* …을 오역하다. 파) **-lá·tion** [-ʃən] *n.* ⓤⓒ 오역.

mis·treat [mistrí:t] *vt.* …을 학대〈혹사〉하다. 파) **~·ment** *n.*

:mis·tress [místris] *n.* ⓒ (1)(한 가정의) 여주인, 주부 : May I speak to the ~ of the house? 안주인을 좀 뵙고 싶습니다마는. 【cf.】 master. (2)(때로 M-) 《比》 여지배자 ; (…의) 여왕, 지배자. (3)여류 명인〈대가〉《*of*》 : ~ *of* cooking 요리의 대가 / a ~ *of* dressmaking 일류 여성복 디자이너. (4)《英》 여선생. (5)《詩》 사랑하는 여인, 연인.

mis·tri·al [mistráiəl] *n.* ⓒ 【法】 (1)오심 ; 무효 재판〈심리〉《절차상의 과오에 의한》. (2)《美》 미결정 심리 《배심원의 의견 불일치에 의한》.

·mis·trust [mistrΛ́st] *n.* ⓤ (또는 a ~)불신, 의혹《*of*》. — *vt.* …을 신용하지 않다, 의심하다.

mis·trust·ful [-fəl] *a.* 믿지 않는, 의심(이) 많은 《*of*》. 파) **~·ly** *ad.*

·misty [místi] (***mist·i·er*** ; ***-i·est***) *a.* (1)안개 낀, 안개가 자욱한. (2)(눈이 눈물이나 노쇠로 인하여)회미한, 눈물어린. 또렷하지 않은, 몽롱한 ; (생각·기억 등이) 애매한, 어렴풋한, 흐릿한, 막연한 : a ~ idea 애매한 개념 / ~ memories of one's childhood 어린 시절의 어렴풋한 기억. (3)(빛깔이)회미한, 흐릿한.

:mis·un·der·stand [mìsΛndərstǽnd] (*p.*, *pp.* ***-stood*** [-stúd] *vt.* …을 오해하다, 잘못 생각하다.

·mis·un·der·stand·ing [mìsΛndərstǽndiŋ] *n.* ⓤⓒ (1)오해, 잘못 생각함《*about* ; *of*》 : through a ~ 잘못 생각하여 / clear up a ~ 오해를 풀다. (2)의견 차이(差異), 불화(不和)《*between* ; *with*》.

mis·us·age [misjú:sidʒ, -jú:z-] *n.* ⓤⓒ (1) (어구 따위의) 오용(誤用). (2)학대, 혹사.

·mis·use [misjú:z] *vt.* (1)…을 오용하다 ; 악용하다. (2)…을 학대〈혹사〉하다. ㅁ misusage *n.*
— [-jú:s] *n.* ⓤⓒ 오용 ; 남용.

Mitch·ell [mítʃəl] *n.* (1)미첼《남자 이름》. (2) **Margaret ~** 미첼《미국의 여류 소설가 : *Gone with the Wind*(1936)의 작자 : 1900-49》.

mite[1] [mait] *n.* (1) ⓒ (흔히 *sing.*) 적으나마 갸륵한 기부 : contribute one's ~ to …에 소액이나마 헌금하다. (2)(a ~) 《口》 약간, 조금. (3) ⓒ 작은 것 ; 작은 아이, 꼬마. ***a ~ of a*** (child) 조그만 (아이). ***not a ~*** 《口》 조금도 …아니다. window's ~ 빈자의 일등.

mite[2] *n.* ⓒ 진드기(무리), 치즈 벌레.

míter jòint 【建】 연귀이음《액자틀의 모서리와 같이 비스듬히 잇는 방법》, 사접.

·mit·i·gate [mítəgèit] *vt.* (1)…을 누그러뜨리다, 완화하다, 가라앉히다 : ~ anger 노여움을 누그러뜨리다. (2)(형벌 따위)를 가볍게 하다, 경감하다, 덜어주다.

mít·i·gat·ing círcumstances [mítəgèitiŋ-] 【法】 (손해 배상액·형기 등의) 경감 사유 : plead ~ 정상 참작을 청하다.

mit·i·ga·tion [mìtəgéiʃən] *n.* (1) ⓤ 완화, 진정. (2) ⓤ (형벌 등의) 경감. (3) ⓒ 완화(진정)시키는 것 ; 진정제. ***in ~*** 【法】 형(刑)의 경감 사유로서.

:mitt [mit] *n.* ⓒ (1)(야구용) 미트. (2)(손가락 부분이 없는) 여성용 긴 장갑. (3)=MTTEN (1). (4)(종종 *pl.*) 《俗》.

·mit·ten [mítn] *n.* ⓒ(1)벙어리장갑. (2)《俗》 권투 글러브. get(give) the (frozen) ~ 토짜맞다(놓다) ; 쫓겨나다(쫓아내다).

Mit·ter·rand [*F.* miterɑ̃] *n.* **François ~** 미테랑 《프랑스의 정치가·대통령 : 1916-96》.

:mix [miks] (*p.*, *pp.* ***~ed*** [-t], ***~t***) *vt.* (1) 《~+目/+目+前+名》 (둘 이상의 것)을 섞다, 혼합(혼화)하다 ; 첨가하다 : ~ colors 그림물감을 섞다 / ~ water *in* 〈*with*〉 whisky 위스키에 물을 타다. (2) 《~+目/+目+目/+目+前+名》 …을 섞어 만들다, 조제하다. (3)《~+目/+目+前+名》 (사람들)을 사귀게 하다, 어울리게 하다, 교제시키다 : ~ people of different classes 서로 다른 계급의 사람들을 사귀게 하다. (4)【레코드· TV·영화】 (복수의 음성·영상)을 효과적으로 조정하다.
— *vi.* (1)《~/+前+名》 섞이다, 혼합되다《*in* ; *with*》 : Oil will not ~ *with* water. =Oil and water won't ~ 기름은 물과 섞이지 않는다. (2)《+副/+前+名》 교제하다, (친하게)사귀다, 사이좋게 지내다《*with*》. ***be*** 〈***get***〉 ***~ed*** =~ one***self up*** 1)머리가 혼란해지다. 2)(못된 일 무리 따위에) 관계하다, 말려들다《*in* ; *with*》. ***~ in*** 1)잘 섞다 : *Mix* the eggs *in* slowly. 계란을 천천히 섞어라. 2)(남과) 사귀다. ***~ in society*** 사교계에 출입하다. ***~it up*** 《俗》 …와 뒤섞여 싸우다, 치고 받고 싸우다. ***~ like oil and water*** (사람·일이)물과 기름처럼 소화가 잘 안 되다. ~ one***'s drink*** 술을 짬뽕으로 마시다. ***~up*** 1)…을 잘 섞다, 뒤섞다《*with*》. 2)…을 혼란시키다, 갈피를 못잡게 하다. 3)혼동하다《*with*》.
— *n.* (1) ⓒ 혼합(물)《*of*》 : a strange ~ *of* people 묘한 사람들의 모임. (2) ⓤⓒ (케이크·아이스 크림 등을 즉석에서 만들 수 있도록 조합한) 조합 원료 : (a) cake ~ 케이크의 조합소(素) / (an) ice cream ~ 아이스크림의 조합소〈원료〉.

:mixed [mikst] *a.* (1)여러가지가 섞인, 혼합된, 잡

다한 : a ~ brigade 혼성 여단 / ~ motives 여러 잡다한 동기. (2)여러 잡다한 인간으로 이루어진 : 각양각색의 이종족간의 a ~ marriage 이종족간의 결혼 / a person of ~ blood 양친이 이 (異)인종인 사람. (3) a]남녀 혼합의, 남녀 공학의 : a ~ school 남녀 공학 학교 / ~ doubles **[테니스]** 혼합 더블스. b]《楽》 혼성(混成)의 : a ~ chorus 혼성 합창.

míxed ability (가르치는 방식·학급 편성 등에서 우열의 학생이 함께 섞인) 능력 혼성 방식의.

míxed bléssing 《口》 (a ~) 고마운 것 같기도 하고 그렇지 않은 것 같기도 한 일〈것〉, 이해가 엇비슷한.

míxed ecónomy 혼합 경제《자본주의와 사회주의의 두 요소를 채택한》.

míxed fárming 혼합 농업《농작물·축산 등을 혼합 경영하는 농업》.

mixed-up [-ʌ́p] *a.* 정신적 (정서적)으로 혼란된, 머리가 혼란한, 사회 적응이 안되는 : a crazy ~ kid 정신 장애가 있는 아이.

mix·er [míksər] *n.* (1) ⓒ a]혼합기(機) : a concrete〈cement〉 ~ 콘크리트 믹서. b](요리용 의) 믹서(《美》 blender, 《英》 liquidizer). (2) ⓒ (라디오·TV의) 음량 조정 기술자(장치). (3) ⓒ 《口》 (흔히 good, bad 등의 수식어와 함께) 사귀기를 …하는 사람 : a good〈bad〉 ~ 교제 잘하는〈서투른〉사람. (4) ⓤ (위스키 등을)묽게 하는 음료《ginger ale 따위》. (5) ⓒ 《美口》 친목회, 간친회.

míxing bòwl 조리용 대접《샐러드·케이크 따 위를 만들때 사용함》.

:mix·ture [míkstʃər] *n.* (1) ⓤ 혼합, 혼화, 섞기 : by ~ 혼합하여 / with a ~ of sorrow and anger 슬픔과 노여움이 뒤섞여. (2) ⓒ 혼합물, 합제 (合劑), 조제약(調製藥) : a cough ~ 진해 조재약. (3)(a ~) 교착(交錯)《*of*》 : a strange ~ *of* beauty and ugliness 아름다움과 추함의 기묘한 교착.

mix-up [míksʌ̀p] *n.* ⓒ 《口》 (1)(차질로 인한) 혼란(상태) : a ~ in the schedule 스케줄〈예정표〉의 혼란. (2)싸움, 혼전, 난투.

miz·zen, miz·en [mízən] *n.* ⓒ **[海]** (1)뒷돛대의 세로돛 (=~ **sàil**). (2)=MIZZENMAST.

miz·zen·mast [-mæ̀st, -mὰːst : **[海]** -məst] *n.* ⓒ **[海]** (돛대가 둘 또는 셋 있는 배의) 뒷돛대.

miz·zle *vi.* 《英俗》 도망치다. ***do a ~*** 줄행랑 놓다.

mne·mon·ic [niːmánik/ -mɔ́n-] *a.* 기억을 돕는 : 기억(술)의 : a ~ code **[컴]** 연상 기호 코드 / a ~ system 기억법. — *n.* ⓒ 기억을 돕는 공부《공식 따위》.

mne·mon·ics [niːmániks/ -mɔ́-] *n.* ⓒ (1)기억술, 기어력 증진법. (2)**[컴]** 연상 기호.

mo [mou] (*pl.* ***~s***) *n.* ⓒ (흔히 *sing.*) 《口》 순간(moment) : Wait(Half) a ~. 잠깐 기다려.

moa [móuə] *n.* ⓒ 모아, 공조(恐鳥)《멸종된 New Zealand 산의 타조 비슷한 날개 없는 거대한 새》.

:moan [moun] *n.* ⓒ (1) a]신음 소리 : give a low ~ 낮은 신음 소리를 내다. b](파도바람 등의)윙윙하는 소리. (2)《口》 불평, 불만. make(one's) 《古》 불평을 하다. ***put on the ~*** 《美俗》 불평하다, 투덜거리다. — *vi.* (1)신음하다, 끙끙대다 : ~ with pain 아파서 신음하다. (2)불평하다《*about*》. (3)(바람 등이) 윙윙거리다. — *vt.* (1)…을 끙끙대며 말하다 ; 불평스럽게 말하다. (1)…을 한탄〈비탄〉하다, 슬퍼하다. 파) **~·ful** [-fəl] *a.* 신음소리를 내는, 구슬픈.

·moat [mout] *n.* ⓒ (도시나 성곽 둘레의) 해자, 외호.

moat·ed [móutid] *a.* 〔限定的〕 해자가 있는〈둘린〉.

:mob [mab/mɔb] *n.* 〔集合的 ; 單·複數 취급〕 (1) ⓒ 폭도 : stir up〈subdue〉 a ~ 폭도를 선동하다〈진압하다〉 / ~ law〈rule〉 폭도에 의한 지배 ; 린치. (2)(the ~) 《蔑》 대중, 민중, 하층민 ; 잡다한 것의 모임 : 〔形容詞約〕 대중 취향의. (3) ⓒ 《俗》 악인의 무리, 도둑의 한패, 갱단(團), 폭력단 : the swell ~ 신사처럼 차린 소매치기 때.

— (***-bb-***) *vt.* (1)…을 떼를 지어 습격〈야유〉하다. (2)…의 주위에 떼거리로 모여들다, 쇄도하다.

·mo·bile [móubəl, -biːl/ -bail, -bi(ː)l] *a.* (1)움직이기 쉬운, 이동성(기동성)이 있는 ; 이동할 수 있는, 유동하는 ; (여기저기 이동하는) : the ~ police 경찰 기동대 / a ~ phone 휴대용 전화. (2)(얼굴 표정이) 풍부한, 활동적인. (3)(사람·직업이) 유동적인, 이동성이 있는.

— *n.* ⓒ **[美術]** 움직이는 조각, 모빌 작품《움직이는 부분이 있는 조각》.

·mo·bil·i·ty [moubíləti] *n.* ⓤ (1)가동성, 이동성, 기동성. (2)**[社]** (주민의 주소·직업 따위의) 유동성, 이동 : job ~ 직업의 유동성 / social ~ 계층(간) 이동. (3) 번덕.

mo·bi·li·za·tion [mòubələzéiʃən] *n.* ⓤ 동원 : ~ orders 동원령 / the full ~ of the nation's industry 일국의 산업의 총동원. — *a.* 〔限定的〕 동원의 : a ~ scheme 동원 계획.

mo·bi·lize [móubəlàiz] *vt.* (1)(사람·군대등)을 동원하다. (2)(산업·자원 따위)를 전시 체제로 전환하다. (3)(지지(支持)·힘 등)을 결합하다, 결집하다.

— *vi.*(군대·함대가) 동원되다.

mob·oc·ra·cy [mabákrəsi/mɔbɔ́k-] *n.* (1) ⓤ 폭민〈우민(暴民)〉 정치. (2) ⓒ 〔集合的〕 (지배 계급으로서의) 폭민(暴民).

mob·ster [mábstər/mɔ́b-] *n.* ⓒ 폭력 단원(gangster)(갱의 한사람).

moc·ca·sin [mákəsin, -zən/mɔ́kəsin] *n.* ⓒ (1)(흔히 *pl.*) 모커신《북아메리카 원주민의 뒤축 없는 신 ; 또, 이와 비슷한 신》. (2)독사의 일종《미국 남부산》.

mo.cha [móukə/mɔ́kə] *n.* ⓤ (1)(때로 M-) 모카(=~ **còffee**)《아라비아 원산인 양질의 커피》.

(2)커피색, 초콜릿색. (3)모카 가죽《아라비아 염소의 가죽 ; 장갑용》.

:mock [mak, mɔ(ː)k] *vt.* (1)…을 조롱하다, 우롱하다, 놀리다. (2)…을 흉내내다, 흉내내어 조롱하다. (3)(남의 노력·수완 따위)를 헛되게 하다, (계획 따위)를 좌절시키다 : The problem *~ed* all our efforts to solve it. 그 문제를 아무리 풀려고 애써도 허사였다. — *vi.* 《+前+名》 조롱하나, 놀리다《*at*》 : He *~ed at* my fears. 그는 내가 무서워 한다고 놀렸다.

— *n.*(1) ⓒ 조롱거리, 조롱감, 놀림감, 웃음가마리. (2) ⓒ 가짜, 모조품. (3)(*pl.*) 《英》 모의 시험 : ***make a ~ of*** 〈***at***〉 …을 비우다, 놀리다. ***make of ~*** …을 비웃다.

— *a.* 〔限定的〕 가짜의, 거짓의, 흉내낸, 모의의 : ~ modesty 거짓 겸손 / ~ majesty 허세 / a ~ trial 모의 재판. ***with ~ seriousness*** 짐짓 진지한 체하며.

— *ad.* 〔흔히 複合語로〕 장난으로, 거짓으로, 의사(擬似)….

mock·er [mákər, mɔ́(ː)k-] *n.* ⓒ 조롱하는 사람 ; 우습게 흉내내는 사람〈것〉. ***put the ~(s) on*** 《英俗》

…을 잡치게 하다, 중지시키다.

·mock·ery [mákəri, mɔ́(:)k-] *n.* (1) ⓤ 비웃음, 냉소, 모멸 : No ~ was intended, believe me. 놀리려는 것은 아니었다. 정말(이야). (2) ⓒ 조소의 대상, 놀림감(laughingstock). (3)(a ~) 서투른 모방, (형식적인)흉내 ; 가짜 : *a* ~ of an original 원작의 위작. (4)(a ~) 헛수고, 도로(徒勞).

hold** a person **up to ~ 아무를 놀림감으로 삼다. ***make a ~ of*** …을 우롱하다, …을 비웃다.

mock·ing·bird [mákiŋbə̀:rd, mɔ́(:)k-] *n.* ⓒ 【鳥】 입내새《미국 괌부·멕시코산》.

mock-up [mákʌ̀p/mɔ́k-] *n.* ⓒ (비행기·기계 등의) 실물 크기의 모형, 모크업《실험·교수 연구·실습용》.

mod [mad/mɔd] *n.* ⓒ (때로 M-) 《英》 모드《1960년대의, 보헤미안적인 옷차림을 즐기던 틴에이저》. 【cf.】 Teddy boy. — *a.* (종종 M-) 《口》 최신 (유행)의《복장·스타일·화장·음악 따위》.

mod·al [móudl] *a.* 〔限定的〕 (1)모양의, 양식의, 형태상의. (2)【文法】 법의, 서법(敍法)의 : a ~ adverb (서) 법 부사. ⇨MODAL AUXILIARY. (3)【樂】 선법(旋法)의

mo·dal·i·ty [moudǽləti] *n.* ⓤⓒ 【文法】 (서)법성((敍)法性), 양식적임.

mod cons, mod. cons. [mád kánz/mɔ́d kɔ́nz] 《英口》 (중앙 난방 등의) 최신 설비《팔려고 내놓은 집의 광고문》 : a house with ~ 최신 설비가 갖추어진 집. [◀ *mod*ern *con*veniences]

:mode [moud] *n.* ⓒ (1) a)양식, 형식 ; 나타내는 방식 ; 하는 식, 방법, 방식 : authent(plagal) ~s 정격(변격) 선법 / his ~ of speaking 그의 말투 〈말하는 방식〉. b)(흔히 the ~) (시대의) 유행(형), 모드 : It's all *the* ~. 그것은 대유행이다. c)【論】 양식, 논식(論式). d)【文法】 = MOOD². (2)【樂】 선법(旋法), 음계 : the maior 〈minor〉 ~ 장〈단〉음계. (3)【컴】 방식.

:mod·el [mádl/mɔ́dl] *n.* ⓒ (1)모형, 본 : a working ~ of a car 자동차의 실동(實動) 모형. (2)(밀랍·찰흙 등으로 만든) 원형 : a wax〈clay〉 ~ for a statue 밀납〈찰흙〉으로 만든 조상(彫像) 원형. (3)모범, 본보기, 귀감 : a ~ of what a man ought to be 모범이 될 인물. (4) a)(그림·조각 광고 사진 따위의) 모델. b)(문학 작품 따위의) 모델. c)(양장점 따위의) 마네킨(mannequin) ; 패션 모델. (5)〔修飾語와 함께〕 (복식품·자동차 등의)형, 스타일 : the latest ~ 최신형. (6)【컴】 모형, 모델.

after*〈*on*〉 *the ~ of …을 모범으로 〈본보기로〉 하여, …을 본떠서. ***clay ~*** 점토 원형. ***stand ~*** 모델로 서다. ***working ~*** 기계의 운전 모형.

— (**-l-,**《英》 **-ll-**) *vt.* (1)《~+目/+目+前+名》 …의 모형을 만들다 ; (찰흙 따위로) …의 형(型)을 만들다 : ~ a dog *in*〈*out of*〉 wax =~ wax *into* a dog 밀랍으로 개를 만들다. (2)《+目+前+名》 …을 모방하다 : 본떠서〈따라〉 만들다, 본뜨다《*after* ; *on, upon*》. (3)《~+目》 (드레스 따위)를 입어 보이다, …의 모델을 하다.

— *vi.* 《+前+名》 (찰흙 따위로) 형을 만들다 ; 모델이 되다 ; 마네킨 노릇을 하다 : ~ *for* a painter 화가의 모델이 되다. delicately ~(l)ed features(limbs) 섬세한 용모(팔다리). ~ one***self on*** 〈***upon, after***〉 …을 본받다.

— *a.* 〔限定約〕 (1)모형의, 본의 : a ~ plane 모형 비행기. (2)모범의, 모범적인, 본이 되는 : a ~ school 시범 학교 / a ~ wife 아내의 귀감.

mod·el·or, 《英》 **-el·ler** [mádlər/mɔ́d-] *n.* ⓒ 모형 〈소상(塑像)〉 제작자.

mod·el·ing, 《英》 **-el·ling** [mádliŋ/mɔ́d-] *n.* ⓤ 모델링. (1)모형 제작(술). (2)원형(原型)거푸집 제작. (3)조형(達形). 소상술(塑像術). (4)【컴】(어떤 현상의) 모형화. (5)모델업, 모델의 일

mo·dem [móudèm] *n.* ⓒ 【컴】 전산 통신기, (컴퓨터의)변복조(變復調) 장치, 모뎀.

:mod·er·ate [mádərət/mɔ́d-] *a.* (1)(사람·행동·요구 따위가 극단에 흐르지 않고) 온건한, 온당한 ; (기후 따위가) 온화한 : a ~ request 온당한 요구. (2)알맞은, 적당한 ; (값이) 싼 : ~ prices 알맞은 〈싼〉 값 / ~ speed 적당한 속도. (3)웬만한, 보통의, 중간 정도의 : a family of ~ means 중류 가정 / a house of ~ size 보통 크기의 집. — *n.* ⓒ 온건한 사람 ; 온건주의자, 중간파. — [mádərèit/mɔ́d-] *vt.* (1)…을 절제하다, 온건하게 하다, 누그러뜨리다 : ~ one's drinking 술을 절제하다 . (2)(토론회·집회 따위)를 사회 하다, …의 의장직을 맡다. — *vi.* (1) a)누그러지다, 완화되다, 가라앉다. b)바람이 조용해지다. (1)조정역을 맡다, …의 의장직을 맡다, 사회하다《*on* ; *over*》. ▫ moderation *n.* 파) **~·ness** *n.* 온건, 적당함.

·mod·er·ate·ly [mádəritli/mɔ̀d-] *ad.* 적당하게, 알맞게, 중간 정도로 : a ~ hot day 알맞게 더운날 .

·mod·er·a·tion [mɑ̀dəréiʃən/mɔ́d-] *n.* ⓤ 적당, 알맞음, 온건, 온화 ; 절제. ▫ moderate *v.*

mod·e·ra·to [mɑ̀dərá:tou/mɔ̀d-] *ad.* 《It》 【樂】 모데라토, 중간 속도로, 알맞은 속도로 : allegro ~ 적당히 빠르게.

mod·er·a·tor [mádərèitər/mɔ́d-] *n.* ⓒ (1)《美》 의장(chairman). (2)(장로교회의) 대회 의장 , (토론회 등의) 사회자. (3)조정자, 중재자 ; 조절기. (4)【物】 (원자로 안의 중성자의) 감속제(劑).

⁝mod·ern [mádərn/mɔ́d-] *a.* (1)현대의(contemporary). (2)근대의, 중세 이후의 : ⇨ MODERN HISTORY/MODERN ENGLISH. (3)현대식의, 신식의, 모던한(up-to-date) : ~ viewpoints 현대적인 견지. — *n.* ⓒ (흔히 *pl.*) 현대인, 신사상을 가진 사람, 현대적인 사람 : young ~*s* 현대 청년.

mod·ern·ism [mádərnizəm/mɔ́d-] *n.* (종종 M-) ⓤ (1)【基】 근대주의《근대 사상의 입장에서 교의(敎義)를 재검토하고 조화를 꾀하는》 【cf.】 fundamentalism. (2)【藝】 (문학·미술 등의) 현대 주의, 모더니즘《전통주의에 대립, 새로운 표현 형식을 추구하는》, 현대적인 표현(말).

mod·ern·ist [-ist] *n.* ⓒ (1)현대 주의자. (2)(예술상이) 현대주의자 모더니스트. — *a.* 현대주의(자)의, 모더니스트의.

mod·ern·ist·ic [mɑ̀dərnístik/mɔ̀d-] *a.* 현대의, 현대적 〈근대적〉인, 현대주의(자)의.

·mod·ern·ize [mádərnàiz/mɔ́d-] *vt., vi.* (…을) 현대화하나, 현대식으로 하다(되다), 현대식이 되다 파) **mod·ern·i·za·tion** [mɑ̀dərnizéiʃən/mɔ̀dərnaiz] *n.* ⓒ 현대화, 근대화.

:mod·est [mádist/mɔ́d-] (**~·er ; ~·est**) *a.* (1)겸손한, 신중한, 조심성있는, 삼가는 : a ~ person 겸손한 사람 / be ~ in one's speech 말에 조심하다. (2)정숙한, 품위있는, 점잖은 : a ~ young lady 품위 있는 젊은 여성. (3)화려하지 않은, 수수한. (4)(수량·정도 따위가) 별로 크지〈많지〉않은 : a ~ gift 조그마한 선물 / a ~ income 많지도 적지도 않은 수입. ▫ modesty *n.*

파) ˙~·ly *ad.* 겸손〈겸허〉하게, 조심성 있게 ; 삼가서 ; 정숙하게.

:mod·es·ty [mádisti/mɔ́d-] *n.* ⓤ (1)겸손, 수줍음, 조심성 ; 겸양 ; 정숙. (2)수수함, 소박함, 검소함. ***in all* ~** 자랑은 아니고〈지만〉. ▫ modest *a.*

mod·i·cum [mádikəm/mɔ́d-] *n.* (a ~) 소량, 근소, 약간 ; 다소, 어느 정도《*of*》.

˙mod·i·fi·ca·tion [màdəfikéiʃən/mɔ̀d-] *n.* ⓤⓒ (1)(부분적) 수정, 변경, 개조 ; 가감, 조절, 변형, 변용, 완화. (2)【文法】 수식, 한정.

:mod·i·fi·er [mádəfàiər/mɔ́d-] *n.* ⓒ 【文法】 수식어《형용사(구), 부사(구) 따위》

:mod·i·fy [mádəfài/mɔ́d-] *vt.* (1)(계획·의견 등)을 수정〈변경〉하다 : ~ one's opinions 의견을 수정하다. (2)…을 완화하다, 조절하다, 가감하다. (3)(기계·장치 등)을 부분적으로 개조하다. (4)【文法】 (낱말·구 등)을 수식〈한정〉하다. ▫ modification *n.*

mod·ish [móudiʃ] *a.* 유행의, 현대풍의, 유행을 따르는〈좇는〉, 당세풍(當世風)의. 파) **~·ly** *ad.* **~·ness** *n.*

mod·u·lar [mádʒələr/mɔ́dʒə-] *a.* (1)모듈(module)식의, 기준 치수(module)의〈에 의한〉 : ~ construction 모듈(방)식의 건조〈건설〉. (2)조립 유닛의〈에 의한〉 : ~ furniture 모듈식 가구.

mod·u·late [mádʒəlèit/mɔ́-] *vt.* (1)(목소리·가락 등)을 바꾸다. (2)…을 조절(조정)하다. (3)【電子】 (주파수)를 바꾸다, 변조하다, 변화시키다. ― *vi.* 【樂】 (…에서, …으로) 전조하다《*from*》 : ~ *from* one key *to* another 한 조(調)에서 다른 조로 전조하다〈옮기다〉.

mod·u·la·tion [màdʒəléiʃən/mɔ̀-] *n.* ⓤⓒ (1)조음(調音) ; (음성·리듬의) 변화, 억양(법) ; 【樂】 전조(轉調). (2)조절, 조정(調整). (3)【電子】 변조(變調).

mod·u·la·tor [mádʒəlèitər/mɔ́-] *n.* ⓒ 【電子】 변조기(變調器), 조절자(물).

mod·ule [mádʒuːl/mɔ́-] *n.* ⓒ (1)(건축재·가구 제작 등의) 기준 치수, 모듈. (2)【宇宙】 (따로 떨어져서 독립 비행할수 있는) 우주선의 구성 부분, 모듈, …선(船). (3)【컴】 뜸, 모듈.

mod·u·lus [mádʒələs/mɔ́-] (*pl.* ***-li*** [-lài]) *n.* ⓒ 【物】 율, 계수.

modus op·e·ran·di [-àpəréndiː, -dai, -ɔ̀pə-] 《L.》 (일의) 절차, 처리 방식, 작업 방식 ; 운용법.

modus vi·ven·di [-vivéndiː, -dai] 《L.》 (1) 생활 양식, 생활 태도. (2)잠정 협정, 일시적 타협.

moggy, moggie [mágì/mɔ́gi] *n.* ⓒ 《英俗》 집 고양이, 소, 송아지.

Mo·gul [móugʌl, -ˊ] *n.* ⓒ (1)무굴 사람《특히 16세기의 인도에 침입했던 몽골족 및 그 자손》 : the Great ~ 무굴 황제. (2)(m-)《口》 중요 인물, 거물(magnate) : a movie *mogul* 영화계의 거물.

mo·hair [móuhɛər] *n.* ⓤ (1)모헤어《앙골라 염소의 털》. (2)모헤어직(織), 모조품, 모헤어직의 옷.

Mo·ham·med·an [mouhǽmidən, -med-] *n.*, *a.* =MUHAMMADAN.

파) **~·ism** [-ìzəm] *n.* ⓤ 이슬람교.

Mo·hi·can [mounhíːkən] (*pl.* **~(*s*)**) *n.* (1) (the ~ (s)) 모히칸족 《Hudson강 상류에 살던 북아메리카 원주민》. (2) ⓒ 모히칸족 사람. (3) ⓤ 모히칸어(語).

moi·e·ty [mɔ́iəti, mɔ́ii-] *n.* ⓒ (흔히 *sing.*) 【法】 (재산 따위의) 절반.

moil [mɔil] *vi.* 열심히 일하다. ***toil and* ~** 억척스럽게 일하다, 고된 일을 열심히 하다. ― *n.* ⓤ 힘드는 일, 고역.

moi·ré [mwɑːréi, mɔ́ːrei] *a.* 《F.》 물결〈구름〉무늬가 있는. ― *n.* ⓤ (비단·금속면 따위의) 물결무늬, 구름무늬.

:moist [mɔist] (**ˊ~·er ; ˊ~·est**) *a.* (1)(공기·바람 따위) 습기 있는, 습한, 축축한 : a ~ wind from the sea 축축한 바닷바람 / ~ colors 수채 그림 물감. (2)비가 많은 : a ~ season 우기. (3)눈물어린 ; 감상적인.

▫ moisture *n.*

파) **ˊ~·ly** *ad.* **ˊ~·ness** *n.*

˙mois·ten [mɔ́isən] *vt.* …을 축축하게 하다, 축이다 ; 적시다 : ~ one's lips〈throat〉 (술로) 입술 〈목〉을 숙이다, 한잔하다 . ― *vi.* (1)축축해지다, 질퍽해지다. (2)(눈물이) 글썽이다, 어리다《*with*》. 파) **~·er** *n.*

:mois·ture [mɔ́istʃər] *n.* ⓤ 습기, 수분, (공기중의) 수증기, 물기 엉긴 물방울.

mois·tur·ize [mɔ́istʃəràiz] *vt.* …을 축축하게 하다, (화장품으로 피부)에 수분을 주다.

mois·tur·iz·er [-zər] *n.* (1) ⓒ 가습기. (2) ⓤ 피부를 촉촉하게 하는 크림〈로션〉 모이스처 크림.

moke [mouk] *n.* ⓒ 《英俗》 당나귀, 멍청이, 흑인.

mol [moul] *n.* ⓒ 【化】 몰, 그램분자.

mo·lar [móulər] *a.* 어금니의.

― *n.* ⓒ 어금니 (=**ˊ~ tòoth**) : a false ~ 소구치.

mo·las·ses [məlǽsiz] *n.* ⓤ (1)《美》 당밀 (《英》 treacle). (2)(사탕수수의) 당액(糖液).

:mold[1], 《英》 **mould**[1] [mould] *n.* ⓒ (1)형(型), 금형, 주형(鑄型)(matrix), 거푸집 ; (과자 만드는) 틀 ; (구두의) 골 ; (석공 등의) 형판(型板). (2)틀에 넣어 만든 것《주물 젤리·푸딩 따위》 : have a fruit ~ for dessert 후식으로 프루츠 젤리를 먹다. (3)(흔히 *sing.*) 성질, 성격(character) : cast in a heroic ~ 영웅기질의. (3)【建】 쇠시리 (molding) .

― *vt.* (1)《~+目/+目+前+名》 …을 틀에 넣어 만들다, 주조 〈성형〉하다, 본 뜨다. (2)《+目+前+名》 (찰흙 등)을 빚어서 모양을 만들다, …을 (…으로) 만들다 . (3)(인격)을 도야하다, (성격·여론)을 형성하다. (4)(옷 따위가 몸)에 꼭 맞다.

mold[2], 《英》 **mould**[2] *n.* ⓤ 곰팡이, 사상균 : blue〈green〉 ~ 푸른 곰팡이. ― *vi.* 곰팡나다.

mold[3], 《英》 **mould**[3] *n.* ⓤ (유기물이 많은)옥토, 경토(耕土), 부식토 : leaf ~ 부엽토(腐葉土).

mold·er[1], 《英》 **mould·er**[1] [móildər] *n.* ⓒ 형〈틀, 거푸집〉을 만드는 사람, 주형공(鑛型工), 형성자.

mold·er[2], 《英》 **mould·er**[2] *vi.* 씩어 흙이 되나, 썩어 버리다, 붕괴하다《*away*》, 쇠퇴하다.

mold·ing, 《英》 **mould-** [móuldiŋ] *n.* (1) ⓤ 조형(造形), 소조(塑造), 주조(법). (2) ⓒ 소조물, 주조물. (3) ⓒ (건축의) 장식 쇠시리.

moldy, 《英》 **mouldy** [móuldi] (***mold·i·er ; -i·est***) *a.* (1)곰팡난, 곰팡내 나는 : ~ cheese 곰팡이 난 치즈 (2)《口》 케케묵은, 진부한 : a ~ tradition 진부한 전통. (3)《英口》 (사람이) 다라운 ; 비열한 ; 심술궂은.

mole[1] [moul] *n.* ⓒ 사마귀, 검은 점, 모반(母班).

˙mole[2] *n.* ⓒ (1)【動】 두더지. (2)《口》 간첩, 이중 간첩 (***as***) ***blind as a* ~** 눈이 아주 먼.

mole[3] *n.* ⓒ (돌로 된) 방파제, (방파제를 두른) 인공 항구.

˙mo·lec·u·lar [moulékjulər] *a.* 〔限定的〕 분자의 ;

분자로 된, 분자에 의한 : a ~ formula 분자식 / ~ structure 분자 구조.

·mol·e·cule [máləkjùːl/mɔ́l-] *n.* ⓒ 【化·物】 분자 ; 그램 분자.

mole·hill [móulhìl] *n.* ⓒ 두더지가 파 놓은 흙두둑. ***make a mountain*** (***out***) ***of a ~*** 침소봉대하여 말하다, 허풍떨다.

·mo·lest [məlést] *vt.* (1)(사람·짐승)을 괴롭히다 : 성가시게 굴다. (2)(여성·아이)를 성적으로 괴롭히다. 파) **mo·les·ta·tion** [mòulestéiʃən] *n.* ⓤ **mo·lest·er** [məléstər] *n.* ⓒ 치한(癡漢).

Mo·lière [mòuljέər/mɔ́liεər] *n.* 몰리에르《프랑스의 극작가 ; 1622-73》.

moll [mal, mɔ(ː)l] *n.* ⓒ 《俗》 (1)(도둑·깡패등의) 정부(情婦). (2)매춘부.

mol·li·fy [máləfài/mɔ́-] *vt.* (사람·감정)을 누그러지게 하다, 진정시키다, 완화시키다, 경감하다 ; 달래다. 파) **moi·li·fi·ca·tion** [màləfikéiʃən/mɔ̀-] *n.*

mol·lusk, -lusc [máləsk/mɔ́l-] *n.* ⓒ 【動】 연체동물《문어·오징어·달팽이 등》.

mol·ly·cod·dle [-kàdl/ -kɔ̀dl] *n.* ⓒ 과보호로 자라는 (남자)아이, 나약한 사내, 사내답지 못한남자(아이).
— *vt.* (아이)를 지나치게 떠받들다, 어하다.

molt, 《英》 **moult** [moult] *vt.* (새·뱀 따위가 털·허물)을 벗다, 갈다, 탈피하다. — *vi.* 털갈이하다, 허물을 벗다. — *n.* ⓤⓒ 털갈이, 탈피 ; 그 시기 ; 빠진 털, 벗은 허물.

·mol·ten [móultn] MELT 의 과거분사.
— *a.* 〔限定的〕 (금속따위)녹은, 용해된 : ~ ore 용해된 광석 / ~ lava (분출한 뜨거운) 용암 ; (동상 따위가) 주조된 : a ~ image 주상(鑄像).

mol·to [móultou, mɔ́l-] *ad.* 《It.》 【樂】 몰토, 아주 (very) : ~ allegro 아주 빠르게 / ~ adagio 아주 느리게.

mo·lyb·de·num [məlíbdənəm] *n.* ⓤ 【化】 몰리브덴《금속 원소 ; 기호 Mo ; 번호 42》.

mom [mam/mɔm] *n.* ⓒ 《美口》 엄마(《英》 mum) : my ~ and dad 우리 엄마와 아빠.

mom-and-pop [mámənpáp/mɔ́mənpɔ́p] *a.* 〔限定的〕 《美口》 (가게 따위가) 부부〈가족〉 끼리 하는, 소규모의, 영세한 : a ~ store 구멍 가게《주로 식료품을 취급》.

:mo·ment [móumənt] *n.* (1) ⓒ 순간, 잠깐, 단시간 : Just 〈Wait〉 a ~, please. 잠깐만 기다려 주세요 / He thought for a ~. 그는 잠시 생각했다. (2) a]ⓒ (흔히 *sing.*) (어느 특정한) 때, 기회, 경우, 위기, 시기(時機) : in a ~ of danger 위험에 처해서는 / They arrived at the same ~. 그들은 동시에 도착했다. b](the ~) 현재 지금 : the fashions of *the* ~ 지금의 유행 / up to *the* ~ 현재까지는. (3) ⓤ (of ~) 중요성 : a man *of* no ~ 하찮은 인물 (4) ⓒ (흔히 *sing.*) (the ~) 【物】 모멘트, 역률(力率), 능률《*of*》 : *the* magnetic ~ 자기 모멘트 (***at***) ***any ~*** 언제 어느 때나, 당장에라도. ***at ~s*** 때때로. ***at the*** (***very***) ***last ~*** 마지막 순간에. ***at the*** (***very***) ***~*** 마침 그때, 바로 지금. ***at this ~*** (***in time***) 지금·현재. ***for a ~*** 잠시동안. ***for the ~*** 우선, 당장은 ; 지금은. ***have*** one***'s ~s*** 한창 좋은 때다, 더없이 행복하다. ***just this ~*** 바로 지금. ***not for a*** 〈***one***〉 ***~*** 조금도 …아니다. (never). ***of the ~*** 목하의, 현재의 : the man *of the* ~ 당대의 인물. ***One ~.*** =***Half a ~.*** 잠깐(기다려 주십시오). ***the*** (***very***) ***~*** 〔接續詞的〕 …하자마자, 바로 그때 : She went away *the* ~ he came home. 그가 집에 돌아오자마자 그녀는 나가 버렸다. ***the ~ of truth*** 1)투우사가 최후의 일격을 가하려는 순간. 2)결정적 순간. ***this*** (***very***) ***~*** 지금 곧 : Go *this* (very) ~ 지금 당장 가거라. ***to the*** (***very***) ***~*** 제 시각에, 정각에.
파) **mo·men·tal** [mouméntəl] *a.* 【機】 모멘트의, 운동량의.

mo·men·tar·i·ly [moumənterəli/ - tər-] *ad.* (1) 순간, 순간적으로 : hesitate ~ 순간 망설이다. (2) 《美》 곧, 즉시. (3)이제나저제나 하고.

:mo·men·tary [móumèri/ -təri] *a.* 순간의, 찰나의 ; 일시적인, 순간적인, 찰나의 ; 덧없는(transitory) : a ~ joy 찰나의 기쁨 / give a ~ glance 흘끗 보다.

mo·ment·ly [móuməntli]] *ad.* (1)각일각, 시시각각. (2)끊임없이. (3)일순간, 잠깐, 잠시, 즉시, 즉각, 순식간에.

·mo·men·tous [mouméntəs] *a.* 〔限定的〕 중대한, 중요한, 쉽지 않은 : a ~ decision 중대한 결정〈결심〉. 파) **~·ly** *ad.* **~·ness** *n.*

·mo·men·tum [mouméntəm] (*pl.* ***~s, -ta*** [-tə]) *n.* (1) ⓤⓒ 【機】 운동량. (2) ⓤ 기운, 기세, 힘, 추진력 : gain〈gather〉 ~ 기운(힘)이 나다 / lose ~ 힘을 잃다.

mon-, mono- '단일 ; 【化】 한 원자를 가진' 의 뜻의 결합사《모음 앞에서는 mon-》.

:mon·arch [mánərk/mɔ́n-] *n.* ⓒ (세습)군주, 주권자, 제왕 : The country is ruled by a hereditary ~. 그 나라는 세습 군주에 의해 통치되고 있다.

mo·nar·chal, -chi·al [mənáːrkəl], [-kiəl] *a.* 군주의, 군주제의 ; 제왕다운 ; 군주에 어울리는.

mo·nar·chic, -chi·cal [mənáːrkik], [-əl] *a.* 군주(국)의, 군주 정치의 ; 군주제를 지지하는.

mon·arch·ism [mánərkìzəm/mɔ́n-] *n.* ⓤ 군주주의, 군주제.

mon·arch·ist [-kist] *n.* 군주(제)주의자.

·mon·ar·chy [mánərki/mɔ́n-] *n.* (1) ⓤ (흔히 the ~) 군주제, 군주 정치〈정체〉. (2) ⓒ 군주국. 【opp.】 *republic.* ***an absoulte*** 〈***a despotic***〉 ***~*** 전제 군주국. ***a constitutional ~*** 입헌 군주국.

mon·as·te·ri·al [mánəst íəriəl/mɔ̀n-] *a.* 수도원의.

·mon·as·tery [mánəstèri/mɔ́nəstəri] *n.* ⓒ (특히 남자) 수도원《수녀원은 nunnery 또는 convent》.

mo·nas·tic [mənǽstik] *a.* (1)수도원의 ; 수도사의 : ~ vows 수도 서원. (2)수도 생활의, 세상을 피해서 숨어사는, 은둔적인, 금욕적인. — *n.* ⓒ 수도사 (monk).
파) **-ti·cal** [-əl] *a.* **-ti·cal·ly** [-əli] *ad.*

mo·nas·ti·cism [mənǽstəsizəm] *n.* ⓤ (1)수도원〈금욕〉 생활 (2)수도원 제도.

mon·au·ral [manɔ́ːrəl/mɔn-] *a.* (선축·라디오 등이) 모노럴의, 단청(單聲)의(monophonic).
【cf.】 binaural, stereophonic.

:Mon·day [mʌ́ndi, -dei] *n.* ⓤⓒ 월요일《略 : Mon.》 : last 〈next〉 ~ =《英》 on ~ last〈next〉 지난〈오는〉 월요일에 / Black ~ 휴가뒤의 첫 월요일 / Mad ~ 소란스러운(증권거래소의) 월요일.
— *ad.* 《口》 월요일에 : See you again ~. 그럼 월요일에 또 만납시다.

Mon·days [mʌ́ndiz, deiz] *ad.* 《口》 월요일마다 〈에는 언제나〉 (on Mondays) .

mon·e·tar·ism [mánətərìzəm, mʌ́n-] *a.* ⓤ 통화(通貨)주의, 마니터리즘. 파) **-ist** *n.*

·mon·e·tary [mánətèri, mʌ́n- /mʌ́nitəri] *a.* (1)화폐의, 통화의 : a ~ unit 화폐 단위 / ~ crisis 통화 위기. (2)금전(상)의 ; 금융의, 재정(상)의 : a ~ reward 금전적 보수 / in ~ difficulties 재정 곤란으로. 파) **-tar·i·ly** *ad.*

mon·e·tize [mánətàiz, mʌ́n-] *vt.* …을 화폐〈통화〉로 정하다, 화폐로 주조하다.

:mon·ey [mʌ́ni] (*pl.* **~s, mon·ies** [-z]) *n.* (1) ⓤ 돈, 금전, 통화, 화폐 : hard ~ 경화(硬貨) / paper ~ 지폐 / small ~ 잔돈 / change ~ 환전(換錢)하다 / *Money* begets ~. 《俗談》 돈이 돈을번다. (2) ⓤ 재산, 부(wealth), 자산 : He has some ~ of his own. 그는 재산이 좀 있다. (3)(*pl.*) 【法】 금액 : collect all ~*s* due 지불 기일이 된 금액을 전부 수금하다. (4) ⓒ 【經】 교환의 매개물, 물품〈자연〉 화폐 《남양 원주민의 조가비 따위》. ***at*** 〈***for***〉 ***the*** ~ (치른) 그 값으로는. ***be in the*** ~ 1)부자와 친해지다 〈한잔하다〉. 2)《口》 돈이 많이 있다, 부유하다. ***be made of*** ~ 《口》 돈을 엄청나게 많이 갖고 있다. ***be out of*** ~ 《俗》 돈에 쪼들리다, 자금이 없다. ***cheap at***(***for***) ***the*** ~ 그 가격으로는 싼. ***covered*** ~ 《美》 국고예금. ***for love or*** ~ ⇨ LOVE. ***for*** ~ 돈 때문에, 돈에 팔려서 ; 【英商】 직접 거래로. ***for my*** ~ 내 생각으로는. ***get*** one**'*s*** ~**'*s worth*** 노력한 만큼 얻다, 본전을 찾다. ***make*** 〈***earn***〉 ~ 돈을 벌다. ***make*** ~ ***fly*** 돈을 금방 써버리다. ***make*** ~ (***out***) ***of*** …을 팔아 돈을 장만하다, …로 돈을 벌다, 부자가 되다. ***marry*** ~ 부자와 결혼하다. ~ ***down*** =~ ***out of hand*** =***ready*** ~ 현금 : pay ~ *down* 맞돈을 치르다. ~ ***for jam*** 〈***old rope***〉 《英口》 손쉬운 벌이 ; 식은죽 먹기. ~ ***of account*** 계산(計算) 화폐《통화(通貨)로 발행하지 않는 돈 ; 영국의 guinea, 미국의mill[2] 따위》. ~ ***on call*** ⇨ call ***put*** ~ ***into*** …에 투자하다.

mon·ey-back [-bæ̀k] *a.* (물건에 만족 못하면) 돈을 되돌려 주는.

mon·ey·bag [-bæ̀g] *n.* (1) ⓒ 지갑, 돈주머니 ; (현금 수송용) 현금 행낭. (2)(*pl.*) 〔單數 취급〕 《口》 부자.

móney chànger (1)환전상. (2)《美》 환전기(機).

mon·eyed [mʌ́nid] *a.* 〔限定的〕 부자의, 부유한 : the ~ interest 자본가들.

mon·ey·grub·ber [-grʌ̀bər] *n.* ⓒ 수전노, 축재가, 금전에 탐욕스러운 사람.

mon·ey·lend·er [-lèndər] *n.* ⓒ (1)금융업자, 빚주는 사람. (2)고리 대금업자.

mon·ey·less [-lis] *a.* 돈 없는, 무일푼의.

móney machìne 현금 자동 지급기.

mon·ey·mak·er [-mèikər] *n.* ⓒ (1)돈벌이가 되는 일. (2)돈벌이 재주가 있는 사람, 축재가.

móney màrket 금융 시장.

móney spìnner 《英》 돈벌이가 잘되는 것 〈일〉, 투기로 돈을 모은 사람.

mon·ey-wash·ing [-wɔ̀ːʃiŋ, -wɑ̀ʃ] *n.* ⓤ 부정 자금 정화, 돈세탁.

mon·ger [mʌ́ŋgər] *n.* ⓒ 〔주로 結合詞를 이루어〕 (1)상인, …상(商), …장수 : a FISHMONGER / an IRONMONGER. (2)(소문 따위를) 퍼뜨리는 사람 : a SCANDALMONGER. a news 소문내기 좋아하는 사람.

Mon·gol [mάŋgəl, -goul/mɔ́ŋgɔl] *n.* (1) ⓒ 몽골사람. (2) ⓤ 몽골어(語). — *a.* 몽골인〈어〉의.

Mon·gol·ism [mάŋgəlìzəm/mɔ́ŋ-] *n.* ⓤ (종종 m-) 【醫】 몽골증, 다운 증후군(Down's syndrome) 《인상이 몽골인 비슷한 선천적인 백치》.

Mon·gol·oid [mάŋgəlɔ̀id/mɔ́ŋ-] *a.* 몽골 사람 같은 ; 몽골 인종적인. — *n.* ⓒ 몽골로이드, 몽골 인종에 속하는 사람, 몽고증 환자.

mon·goose [mάŋguːs, mάn/mɔ́ŋ-] (*pl.* ***-goos·es***) *n.* ⓒ 【動】 몽구스《인도산의 족제비 비슷한 육식 짐승으로, 독사의 천적(天敵)》.

mon·grel [mʌ́ŋgrəl, mάŋ-] *n.* ⓒ (1)(동식물의) 잡종 ; (특히) 잡종의 개, 잡종 식물. (2)【蔑】 혼혈아. — *a.* 〔限定的〕 (1)잡종의. (2)【蔑】 혼혈아의.

mon·i·ker [mάnikər/mɔ́n-] *n.* ⓒ 《口》 이름, 서명 ; 별명(別名).

mon·ism [mάnizəm/mɔ́n-] *n.* ⓤ 【哲】 일원론(一元論). 【cf.】 dualism, pluralism. 파) **mo·nis·tic, -ti·cal** [mounístik, mə-], [-əl] *a.*

mo·ni·tion [mouníʃən] *n.* ⓤⓒ (1)충고, 권고, (종교 재판소의) 계고, 훈계 ; 경고(warning). (2)(법원의) 소환.

:mon·i·tor [mάnitər/mɔ́n-] *n.* ⓒ (1)모니터. a]【放送】 라디오·TV의 방송 상태를 감시하는 장치〈조정 기술자〉 ; 방송국의 의뢰로 방송의 인상·비평을 보고하는 사람. b]방사선 감시장치. c]【컴】 시스템의 작동을 감시하는 소프트웨어 〈하드웨어〉. d]유독가스 감시기. e](기계·항공기 등의)감시(제어)장치. (2)외국 방송 청취원, 외전 방수자(傍受者). (3)(학교의) 학급위원, 풍기계. (4)큰 도마뱀의 일종《아프리카·오스트레일리아산》.

— *vt.* (1)(기계 등)을 감시(조정)하다, 제어하다, 모니터하다. (2)(레이더로 비행기 따위) 추적하다. (3) a]【放送】 …을 모니터로 감시〈조정〉하다. b](환자의 용태)를 모니터로 체크하다. (4)(외국 방송)을 청취 〈방수(傍受)〉하다.

mon·i·to·ry [mάnitɔ̀ːri/mɔ́nitəri] *a.* 《文語》 권고의, 훈계의, 경고하는, 권고하는.

:monk [mʌŋk] *n.* ⓒ 수사(修士). 【cf.】 friar.

:mon·key [mʌ́ŋki] (*pl.* **~s**) *n.* ⓒ (1)원숭이《흔히 ape와 구별하여 꼬리 있는 작은 원숭이》. (2)장난꾸러기. (3) a]《英俗》 500파운드. b]《美俗》 500달러. ***get***(***have***) a person**'*s*** ~ ***up*** 《英口》 남을 성나게 하다. ***get*** one**'*s*** ~ ***up*** 화내다. ***have a*** ~ ***on*** one**'*s back*** 《美俗》 마약 중독에 걸려 있다. ***make a*** ~ (***out***) ***of...*** 《口》 …을 웃음가마리로 만들다, 조롱하다. ***put a person'*s** ~ ***up*** 성나게 하다. ***Suck the*** ~ 《英俗》 병(술통)에 입을 대고 마시다.

— *vi.* 《口》 장난하다, 가지고 놀다, 만지작거리다 ; 희롱거리다, 놀리다《*about* ; *around* ; *with*》.

mónkey bùsiness 《口》 (1)기만, 사기, 수상한 행위. (2)장난, 짓궂은 짓.

mon·key·ish [mʌ́ŋkiiʃ] *a.* 원숭이 같은 ; 흉내를 잘내는, 장난 좋아하는(mischievous). 파) **~·ly** *ad.*

mon·key·shine [-ʃàin] *n.* ⓒ (흔히 *pl.*) 《美口》 못된 장난 ; 속임수.

mónkey trìck(s) 《英》 =MONKEY BUSINESS.

mónkey wrènch 멍키 렌치, 자재(自在) 스패너, 장애물. ***throw*** 〈***toss***〉 ***a*** ~ ***into*** (계획 따위)를 방해하다.

mon·o·chro·mat·ic [mὰnəkroumǽtik/mɔ̀n-] *n.* 단색의, 단채(單彩) ; (사진이) 흑백의.

mon·o·chrome [mάnəkròum/mɔ́n-] *n.* (1) ⓒ 단색 ; 단색화, 단색〈흑백〉 사진, 모노크롬. (2) ⓤ 단색화〈사진〉법. ***in*** ~ 단색으로.

— *a.* 단색의 ; (사진·TV가) 흑백의.

mon·o·cot·y·le·don [mɑ́nəkɑ̀təlíːdən/mɔ̀nə-kɔ̀t-] *n.* ⓒ 【植】 단자엽 식물.

mo·noc·ra·cy [mounɑ́krəsi, mə- /mounɔ́k-] *n.* (1) ⓤ 독재정치(autocracy). (2) ⓒ 독재국.

mo·noc·u·lar [mənɑ́kjələr/mɔnɔ́k-] *a.* 단안의, 단안용의, 외눈의. 파) **~·ly** *ad.*

mon·o·cy·cle [mɑ́nəsàikəl/mɔ́n-] *n.* ⓒ 1륜차, 외바퀴 차.

mon·o·dy [mɑ́nədi/mɔ́n-] *n.* ⓒ (1)(그리스 비극의) 서정적 독창부(部). (2)(벗의 죽음을 애도하는) 추도시, 애가(哀歌).

mo·nog·a·mous [mənɑ́gəməs/mənɔ́g-] *a.* (1)일부일처의. (2)【動】 암수 한 쌍의, 일자 일웅의.

mo·nog·a·my [mənɑ́gəmi/mənɔ́g-] *n.* ⓤ 일부일처제, 일부일처주의. 【opp.】 *polygamy.*

mon·o·glot [mɑ́nəglɑ̀t/mɔ́nəglɔ̀t] *a.*, *n.* ⓒ 한 언어〈국어〉만을 말하는 (사람). 【cf.】 polyglot.

mon·o·gram [mɑ́nəgræ̀m/mɔ́n-] *n.* ⓒ 모노그램《성명 첫 글자 등을 도안화(化)하여 짜맞춘 글자》, 결합문자 : a ~ on a shirt 셔츠에 붙인 모노그램.

mon·o·grammed [-d] *a.* 모노그램을 붙인〈자수한〉.

mon·o·lin·gual [mɑ̀nəlíŋgwəl/mɔ̀n-] *a.* 1개 국어만 사용한《책 따위》: 1개국어만 사용하는.
— *n.* ⓒ 1개 국어만 말하는 사람.

mon·o·lith [mɑ́nəliθ/mɔ́n-] *n.* ⓒ (1)한통으로 된 돌〈바위〉. (2)돌 하나로 된 비석〈기둥〉《obelisk 따위》. (3)(커다란 하나의 바위처럼) 견고한〈완전한〉 통일체, 단일체.

mon·o·lith·ic [mɑ̀nəlíθik/mɔ̀n-] *a.* (1)돌 하나로 된, 하나의 큰 바위와 같은. (2)《종종 蔑》 완전히 통제된, 이질 분자가 없는《조직》, 획일적이고 자유가 없는.

mon·o·log·ist, -logu·ist [mənɑ́lədʒist/mənɔ́l-], [mɑ́nəlɔ̀ːgist, -lɑ̀g/mɔ́nəlɔ̀g] *n.* ⓒ (연극의) 독백자 : 이야기를 독점하는 사람.

mon·o·logue, 《美》 **-log** [mɑ́nəlɔ̀ːg, -lɑ̀g/mɔ́nəlɔ̀g] *n.* (1) ⓤⓒ 【劇】 모놀로그 독백, 혼자하는 대사 ; 독백〈독연〉극, 1인극. (2) ⓒ 독백 형식의 시(등). (3) ⓒ 《口美》 혼자서 늘어 놓는 장광설.

mo·no·mi·al [mounóumiəl, mən-] *a.* 【數】 단항의, 단일 명칭의. — *n.* ⓒ 단항식.

mon·o·phon·ic [mɑ̀nəfɑ́nik/mɔ̀nəfɔ́n-] *a.* (1)【樂】 단(單)선율의(monodic). (2)(녹음 따위가)모노포닉(모노럴)의. 【cf.】 monaural, stereophonic.

mon·oph·thong [mɑ́nəfθɔ̀ːŋ, -θɑ̀ŋ/mɔ́nəfθɔ̀ŋ] *n.* ⓒ 【音聲】 단모음《bit의 'i', mother의 'ʌ' 따위》. 【cf.】 diphthong.

mon·o·plane [mɑ́nəplèin/mɔ́n-] *n.* ⓒ 【空】 단엽(비행)기. 【cf.】 biplane.

mo·nop·o·lism [mənɑ́pəlìzəm/ -nɔ́p-] *n.* ⓤ 전매(專賣) 제도 ; 독점주의〈조직〉.

mo·nop·o·list [mənɑ́pəlist/ -nɔ́p-] *n.* ⓒ 독점자, 전매자; 독점〈전매〉론자. 파) **mo·nòp·o·lís·tic** [-lístik] *a.* 독점적인, 전매의 ; 독점주의(자)의.

mo·nop·o·li·za·tion [mənɑ̀pəlizéiʃən/ -nɔ̀pə-lai-] *n.* ⓤⓒ 독점(화), 전매.

·**mo·nop·o·lize** [mənɑ́pəlàiz/ -nɔ́p-] *vt.* (1) (상상품·사업 등)의 전매〈독점〉권을 얻다. (1)…을 독점하다. 독차지하다 : ~ the personal computer market. PC시장을 독점하다.
파) **-lìz·er** *n.*

:**mo·nop·o·ly** [mənɑ́pəli/ -nɔ́p-] *n.* (1) ⓒ 독점, 전매, 전유 ; 독점〈전매〉권 ; 독점 판매, 시장 독점 : the ~ of 〈on〉 of trade 장사의 독점 / have a ~ of (*n*, on) …의 독점권을 가지다. (2) ⓒ 독점 사업 : 전매품. (3) ⓒ 전매(독점) 회사, 독점 판매 회사. (4)(M-) 모노폴리 《주사위를 사용하는 탁상 게임의 하나 ; 商標名》 ***make a ~ of*** …을 독점 (판매)하다.

mon·o·rail [mɑ́nərèil/mɔ́n-] *n.* ⓒ 단궤(單軌)철도, 모노레일.

mon·o·so·dium glu·ta·mate [mɑ̀nəsóudiəmglúːtəmèit/mɔ̀n-] 글루타민산나트륨《화학 조미료 ; 략(略) : MSG》.

mon·o·syl·lab·ic [mɑ̀nəsilǽbik/mɔ̀n-] *a.* 단음절(어)의 ; (대답 따위가)간결한, 무접없는 : a ~ reply 퉁명스러운 대답. 파) **-i·cal·ly** [-əli] *ad.*

mon·o·syl·la·ble [mɑ́nəsìləbəl/mɔ́n-] *n.* ⓒ 단음절어《get, hot, tree 따위》. ***in ~s*** (yes나 no 등의) 짧은 말로, 퉁명스럽게 : answer *in ~s.*

mon·o·the·ism [mɑ́nəθiːìzəm/mɔ́n-] *n.* ⓤ 일신론(一神論) ; 일신교. 【cf.】 polytheism.
파) **-ist** [-θiːist] *n.* ⓒ 일신교 신자, 일신론자. **mòn·o·the·ís·tic** [-ístik] *a.*

mon·o·tone [mɑ́nətòun/mɔ́n-] *n.* ⓤ (또는 a ~) (1)(색채·문체 등의) 단조(單調) ; 단조로움 : read in a ~ (억양 없이) 단조롭게 읽다 / an illustration in ~ 단색(單色)외 삽화. (2)【樂】 단조(음). — *a.* =MONOTONOUS. 단조로운, 단조의.

:**mo·not·o·nous** [mənɑ́tənəs/-nɔ́t-] (***more ~ ; must ~***) *a.* 단조로운, 한결같은, 변화 없는, 지루한 : a ~ song 단조로운 노래 / in a ~ voice 억양 없는 목소리로 / ~ work 지루한 일.
파) **~·ly** *ad.* **~·ness** *n.*

·**mo·not·o·ny** [mənɑ́təni/-nɔ́t-] *n.* ⓤ 단조로움, 한결같음, 천편 일률, 무미 건조, 지루함 : relieve the ~ of everyday life 일상생활의 단조로움을 덜다.

mon·o·type [mɑ́nətàip/-nɔ́n-] *n.* (1) ⓒ (M-) 모노타이프《자동 주조 식자기 : 商標名》. 【cf.】 Linotype. (2) ⓤ 모노타이프 인쇄(법).

mon·ox·ide [manɑ́ksaid, mən- / -mɔnɔ́k-] *n.* ⓤⓒ 【化】 일산화물.

Monróe Dóctrine (the~) 먼로주의《1823년 미국의 먼로 대통령이 주창한 외교 방침 ; 구미 양 대륙의 상호 정치적 불간섭주의》.

·**Mon·sieur** [Mesjə́ːr] (*pl.* ***Mes·sieurs*** [mesjə́ːr]) *n.* 《F.》 …씨, …님, …귀하《영어의 Mr., Sir에 해당하는 경칭 ; 略 : M., (*pl.*) MM.》. 【cf.】 Messrs., messieurs.

Mon·si·gnor [mansíːnjər/mɔn-] (*pl.* ***~s, -gno·ri*** [mɑ̀nsiːnjɔ́ːri/mɔ̀n-]) *n.* ⓒ 《It.》 【가톨릭】 몬시뇨르《고위 성직자에 대한 경칭 ; 또 그 칭호를 가지는 사람 ; 略 : Mgr., Msgr》.

mon·soon [mansúːn/mɔn-] *n.* (1)(the ~) 몬순《특히 인도양에서 여름은 남서, 겨울은 북동에서 부는 계절풍》; 【一般的】 계절풍 ; (계절풍이 부는) 계절, 우기 : *the* dry 〈wet〉 ~ 겨울(여름) 계절풍. (2) ⓒ 《口》 호우.

·**mon·ster** [mɑ́nstər/mɔ́n-] *n.* ⓒ (1)괴물, 도깨비 : 요괴《상상의 또는 실재하는》. (2)(괴물 같은) 거대한 사람〈동물, 식물〉, 기형동물(식물) : a ~ of a dog 엄청나게 큰 개. (3)극악무도한 사람 : a ~ of cruelty 잔인 무도한 인간. ▫monstrous *a.*
— *a.* 〔限定的〕 거대한(gigantic), 괴물 같은 : a ~ tree 거목(巨本) / a ~ liner 거대한 정기선.

mon·strance [mánstrəns/mɔ́n-] *n.* ⓒ **[가톨릭]** 성체 현시대(顯示臺).

mon·stros·i·ty [manstrásəti/mɔnstrɔ́s-] *n.* (1) ⓤ 기형(奇形), 기괴함. (2) ⓒ 거대〈기괴〉한것 아주 흉한〈보기 싫은〉것 : an architectural ~ 흉측한 건물.

·**mon·strous** [mánstrəs/mɔ́n-] *a.* (1)괴물 같은, 기괴한, 기형의. (2)거대한, 엄청나게 큰. (3)가공할, 소름끼치는, 어처구니없는, 엄청난, 끔찍한 : ~ crimes 극악 무도한 범죄. (4)《口》 터무니 없는, 지독한. □ monster *n.* 파) **~·ly** *ad.* 엄청나게, 대단히, 몹시. **~·ness** *n.*

mont·age [mantá:ʒ/mɔn-] *n.* 《F.》 (1)**[書·寫]** a] ⓤ 합성 화법〈사진 기술〉. b]ⓤ 합성화, 몽타주 사진. (2) ⓤ **[映]** 몽타주《다른 여러 화면을 연속시켜서 하나의 화면〈작품〉을 만드는 기법》.

Mon·tana [mantǽnə/mɔn-] *n.* (sp. 「산악지대」의 뜻에서) 몬태나《미국 북 서부의 주 : 주도(州都) Helena ; 略 : Mont. ;**[郵]** MT》. 파) **-tán·an** [-n] *a.*, *n.* ~주의 (사람).

Mont·gom·ery [mantgʌ́məri/mənt-] *n.* 몽고메리. (1)남자 이름. (2)미국 Alabama 주의 주도.

:month [mʌnθ] *n.* ⓒ (1)(한)달, 월(月) : this ~ 이달 / next ~ 내달. (2)(임신) …개월. ***a ~ ago today*** 전달의 오늘. ***a ~ (from) today*** 내달의 오늘. ***a ~ of Sunday*** (1)《口》 오랫동안 ;《俗》 좀처럼 없는 기회. (2)〔never와 함께〕 결코 …(하지) 않다. ***~ after ~*** 매달. ***~ by ~=~ in, ~ out*** 매달, 다달이. ***the ~ after next*** 내훗달. the ***~ before last*** 전 전달. ***this day ~*** : 《美》 ***this day next 〈last〉 ~*** 내달〈전달〉의 오늘.

:month·ly [mʌ́nθli] *a.* (1)매달의, 월 1회의, 월정(月定)의 : a ~ salary 월급 / a magazine 월간 잡지 / a ~ payment 월부. (2)한 달 동안의 : 한 달 동안 유효한.

— *n.* ⓒ (1)월간 간행물. (2)1개월 정기권 — *ad.* 한 달에 한 번, 다달이.

:mon·u·ment [mánjəmənt/mɔ́n-] *n.* ⓒ (1)기념비, 기념 건조물, 기념탑. (2)(역사적) 기념물, 유물, 유적. (3)(기념비처럼) 영구적 가치가 있는 업적, 금자탑: (개인의) 기념비적 사업〈저 작〉《*of*》. (4)현저한 예(例), 유례가 없는 것《*of*》.

:mon·u·men·tal [mànjəméntl/mɔ̀n-] *a.* (1)기념 건조물의, 기념비의 : a ~ inscription 기념비의 비문 / a ~ mason 석비공(石碑工). (2)(문학·음악 작품 따위가) 불후의, 불멸의 : a ~ work 불후의 작품, 대걸작. (3)《口》 대단한, 어처구니없는《어리석음 따위》. (4) 거대한, 당당한 : a ship of ~ size 거대한 배.

mon·u·men·tal·ly [-li] *ad.*, (1)기념비로서 ; 기념으로. (2)터무니없이, 지독하게 : ~ dull 지독하게 둔한〈지루한〉.

moo [mu:] *vi.* (소가) 음매하고 울다(low).

— (*pl.* ***~s***) *n.* ⓒ (1)음매《소 울음 소리》. (2)《英俗》 바보 같은 여자. [imit]

mooch [mu:tʃ] 《俗》 *vi.* 일없이 돌아다니다 《*aboul ; along ; around*》.

— *vt.* (1)…을 훔치다(steel). (2)…을 우려내다《*off, from*》.

moo-cow [mú:kàu] *n.* ⓒ 《兒》 음매, 소.

mood[1] [mu:d] *n.* (1) ⓒ (일시적인) 기분, 심기, 감정, 마음《※mood 는 일시적일 마음의 상태나 언행을 좌우하는 등의 감정, humor 는 변덕이 있는 마음의 상태, temper 는 강한 감정에 지배된 기분이나 감정》 : be in a good〈bad〉 ~ 기분이 좋다〈나쁘다〉. (2) ⓒ (흔히 *sing.*) (장소·작품 따위의) 분위기, (세상 일반의) 풍조. (3)(*pl.*) 시무룩함, 불쾌함, 기분나쁨, 변덕스러움 : a person of ~*s* 변덕스러운 사람. ***a man of ~s*** 변덕 꾸러기. ***change one's ~*** 기분을 바꾸다. ***in a merry 〈melancholy〉 ~*** 즐거운〈우울한〉 기분으로. ***in a ~*** 《口》 기분이 좋지 않은. ***in no ~*** …할 마음이 없어《*for ; to* do》.

mood[2] *n.* ⓤⓒ **[文法]** 법(法), 서법(敍法)

moody [mú:di] (***mood·i·er ; -i·est***) *a.* (1)(사람이) 변덕스러운, 기분파의〈인〉. (2)(표정 등이) 기분나쁜, 뚱한(sullen) ; 우울한. 파) **móodi·ly** *ad.* **-i·ness** *n.*

mook [muk] *n.* ⓒ 잡지적인 서적, 무크지(誌). [◁ *magazine book*]

:moon [mu:n] *n.* (1)(흔히 the ~) 달《어떤 시기·상태의 '달'은 종종 부정 관사도 씀》 : a new ~ 초승달 / a half ~ 반달 / a full ~ 만월, 보름달 / an old〈a waning〉 ~ 하현달 / the age of *the* ~ 월령(月齡). (2)(흔히 the ~) 달빛(moonligh). (3) ⓒ (행성의)위성 (satellite) : an artificial ~ 인공 위성. (4) ⓒ (흔히 *pl.*) 《詩》 한 달 : many ~*s* ago 여러달 전에. ***aim at the ~*** (터무니 없는)큰 야망을 품다, 헛소동을 벌이다. ***bay (at) the ~*** ⇨ BAY[3] *vt.* ***below the ~*** 달빛아래 : 이 세상의. ***cry 〈ask, wish〉 for the*** ~ 불가능한 것을 바라다 ; 무리한 부탁을 하다. beyond the ~ 손이 닿지 않는(곳에). ***once in a blue ~*** 《口》 극히 드물게, 좀처럼 …않다. ***over the ~*** 《口》 크게 기뻐하여. ***promise*** a person ***the ~*** 아무에게 되지도 않을 것을 약속하다.

— *vi.* (1)멍하니 보다 ; 목적 없이 돌아다니다 《*about ; around*》. (2)멍하니 생각하다《*about*》. (3)《美俗》 (장난 또는 모욕하려고) 엉덩이를 까보이다. — *vt.* 《+目+副》 (1)(멍하니 시간)을 보내다《*away*》. (2)…께 엉덩이를 까보이다.

moon·beam [´bì:m] *n.* ⓒ (한 줄기의) 달빛.

moon·calf [´kæ̀f, ´kɑ̀:f] (*pl.* ***-calves***) *n.* ⓒ (1)(선천적인) 백치 ; 얼간이, 바보 ; 괴물(monster). (2)하는 일 없이 멍하니 지내는 젊은이.

moon-faced [´fèist] *a.* 둥근 얼굴의.

moon.flower [´flàuər] *n.* ⓒ **[植]** (1)《美》 메꽃과의 덩굴풀《열대 아메리카 원산 ; 밤에 향기로운 흰꽃이 핌》. (2)《英》 프랑스 국화

moon·less [mú:nlis] *a.* 달 없는, 깜깜한 : a ~ night 달 없는(깜깜한) 밤.

:moon·light [mú:nlàit] *n.* ⓤ 달빛. ***by ~*** 달빛에, 달빛을 받으며. in the ~ 달빛을 받고, 달빛아래 let ~ into (총을 쏘아) 몸에 구멍을 내주다.

— *a.* (1)달빛의 : a ~ night 달밤. (2)달밤에 일어나는 : a ~ drive 달밤의 드라이브. ***the Moonlight Sonata*** 월광곡(曲)《Beeulouen 작》. — *vi.* 《口》 부업 〈아르바이트 내직〉을 하다《특히 야간에》 : ~ as a waiter 웨이터 아르바이트를 하다. 파) **~·er** *n.* 《口》 본업 외에 부업을 가지 사람 《특히 야간의》.

móonlight flìt(ting) 《美口》 야반 도주 : do a ~ 야반 도주를 하다.

moon·light·ing [mú:nlàitiŋ] *n.* 《口》 ⓤ (낮 근무와는 별도로) 밤의 아르바이트 ; 이중 겸업.

·**moon·lit** [mú:nlìt] *a.* 〔限定的〕 달빛에 비췬, 달빛을 받은 : on a ~ night 달빛이 비치는 밤에.

moon·rise [´ràiz] *n.* ⓤⓒ 월출, 그 시각.

moon·scape [´skèip] *n.* ⓒ (1)(망원경으로 보는) 월면풍경, 월면사진. (2)(월면과 같은) 황량한 풍경.

moon·set [⌐sèt] *n.* ⓤⓒ 월입(月入) ; 그 시각.

·moon·shine [múːnʃàin] *n.* ⓤ (1)달빛(moonlight). (2)헛소리, 어리석고 쓸데없는 공상〈이야기〉. (3)《美口》 밀조주〈위스키.〉, 밀수입자.

moon·shin·er [múːnʃàinər] *n.* ⓒ 《美口》 주류 밀조〈밀매〉자, 밤에 위법 행위를 하는 사람.

móon shòt 〈**shòot**〉 달 로켓 발사.

moon·stone [⌐stòun] *n.* ⓤⓒ 【鑛】 월장석(月長石), 문스톤《유백색의 보석》.

moony [múːni] (***moon·i·er ; -i·est***) *a.* 멍청한, 꿈결 같은, 달의, 멍한, 넋 잃은.

Moor [muər] *n.* ⓒ (1)무어 인《아프리카 북서부의에 삶》. (2)8세기에 스페인을 점거한 무어인.

:moor[1] [muər] *n.* ⓤⓒ (종종 *pl.*) 《英》 (heather 가 무성한) 황무지, 광야《특히, 뇌조(grouse) 등의 사냥터가 됨》.

·moor[2] *vt.* (배·비행선 등)을 …에 잡아매다, 정박시키다《*at* ; *to*》 : ~ a ship *at* the pier 배를 잔교에 잡아매다. ― *vi.* 배를 잡아매다 ; (배가) 정박하다.

moor·age [mú(ː)ridʒ/múər-] *n.* (1) ⓤⓒ (배 따위의) 계류, 정박 ; 계류료(料), 정박소 사용료. (2) ⓒ 계류장.

moor·hen [⌐hèn] *n.* ⓒ 【鳥】 (1)붉은뇌조의 암컷. (2)쇠물닭, 흰눈썹뜸부기.

moor·ing [múəriŋ] *n.* (1) ⓤ 계류, 정박. (2)ⓒ (흔히 *pl.*) 계류 장치〈설비〉 ; 계류(정박)장. (3) (*pl.*) 정신적 지주.

Moor·ish [múəriʃ] *a.* 무어인(Moor)의.

·moose [muːs] (*pl.* ~) *n.* ⓒ 【動】 큰사슴(북아메리카산 ; 수컷은 장상(掌狀)의 큰 뿔이 있음).

moot [muːt] *vt.* 〔흔히 受動으로〕 (문제)를 의제에 올리다, 제출하다, 토론하다.

·mop [mɑp/mɔp] *n.* (1) ⓒ 자루걸레, 몹. (2)(a ~) 자루걸레 비슷한 물건《*of*》 : *a* ~ *of* hair 더벅머리. ***give...a ~*** …을 자루걸레로 닦다.

― (***-pp-***) *vt.* (1)(마루 따위)를 자루걸레로 훔치다〈닦다〉. (2)(얼굴·이마의 땀)을 닦다〈씻다〉 : ~ one's brow 이마의 땀을 닦다. ***~ the floor with*** ⇨ FLOOR. ***~ up*** 씻어〈닦아〉 내다 ; (거래 따위)를 완료하다, 끝내다 ; (이익 따위)를 빨아 먹다 ; 《口》 (일 등)을 해치우다 ; 완전하게 이기다, 소탕하다 ; 【軍】 …을 소탕하다. ***~up on*** a person 《口》 아무를 때려눕히다.

mope [moup] *vi.* (1)울적해 하다, 속상해 하다, 침울해지다. (2)(의기 소침하여)지향없이 어슬렁거리다, 돌아다니다《*about* ; *around*》.

― *n.* (1) ⓒ 침울〈음침〉한 사람 ; 전혀 할 마음〈기력〉이 없는 사람. (2)(the ~s) 우울.

mop·ish [móupiʃ] *a.* 풀이 죽은, 침울한.

파) **~·ly** *ad.*

mop-up [mápʌ̀p/mɔ́p-] *n.* ⓤⓒ 뒷처리, 마무리 ; 【軍】 (잔적(殘敵) 등의) 소탕.

mo·raine [mouréin, mɔː-/mɔ-] *n.* ⓒ 【地質】 빙퇴석(氷獲石), 모레인《빙하에 의하여 운반되어 쌓인 퇴적물》.

:mor·al [mɔ́(ː)rəl, mɑ́r-] (***more ~ ; most ~***) *a.* (1)〔限定的〕 도덕(상)의, 윤리의, 도의의. (2)〔限定的〕 덕육적인, 교훈적인 : a ~ lesson 교훈 / a ~ play 교훈극. (3)〔限定的〕 윤리감을 가진, 선악의 판단을 할 수 있는 : ~ faculty 선악 식별의 능력. (4)도덕을 지키는, 품행이 단정한, 양심적인(virtuous). 【opp.】 *immoral.* 『 a ~ man 품행 단정한 사람 / a ~ tone 기품 / lead a ~ life 품행 방정한 생활을 하다. (5)〔限定的〕 (물질·육체적인 데 대하여) 정신적인, 마음의, 무형의.

― *n.* (1) ⓒ (우화·사건 따위에 내포된) 교훈, 우의, 타이르는 말, 우의(寓意). (2)(*pl.*) 〔單數 취급〕 윤리학(ethic). (3)(*pl.*) (사회적인) 도덕, 윤리, 모럴 ; (특히 남녀간의) 품행 : public ~*s* 공중도적, 풍기 / social ~*s* 공덕 / a man〈woman〉 of loose ~*s* 몸가짐이 나쁜 사람〈여자.

móral deféat (이긴 것 같이 보이나) 사실상의 〈정신적인〉 패배.

·mo·rale [mouræ̃l/mɔrɑ́ːl] *n.* ⓤ (군대·국민의) 사기, (특히 군대)의욕, 의기(意氣).

mor·al·ism [mɔ́(ː)rəlìzəm, mɑ́r-] *n.* ⓤ 도덕주의, 교훈주의, 도의 ; 교훈, 설교 ; 훈언(訓言).

·mor·al·ist [mɔ́(ː)rəlist, mɑ́r-] *n.* ⓒ 도덕가, 도학자 ; 윤리학자 ; 윤리 사상가, 모랄리스트.

mor·al·is·tic [-tik] *a.* 교훈적인 ; 도덕주의의 ; 도덕가의. 파) **-ti·cal·ly** *ad.*

·mo·ral·i·ty [mɔ(ː)rǽləti, mɑr-] *n.* (1) ⓒ 도덕(성), 도의(성) ; (개인 또는 특정 사회의) 덕성, 윤리성 : public〈sex〉 ~ 공중〈성〉 도덕 / commercial ~ 상도덕 / the ~ of abortion 임신 중절의 도의성. (2) ⓤ 품행, 행실 ; (남녀간의) 풍기 : doubtful ~ 의심스러운 행실. (3)(*pl.*) (특정한) 도덕률, 윤리 체계. ▫ moral *a.*

morálity plày 도덕 우화극, 교훈극, 권선징악극《미덕·악덕이 의인화되어 등장함》.

mor·al·i·za·tion [mɔ̀ːrəlizéiʃən, mɑ̀r- /mɔ̀rə-lai-] *n.* ⓤ 교화, 덕화 ; 도덕적 해석〈설명〉 ; 설교.

mor·al·ize [mɔ́(ː)rəlàiz, mɑ́r-] *vt.* (1)(사람)을 교화하다. (2)…을 도덕적으로 해석하다, 도덕적으로 설명하다.

― *vi.* 도를 가르치다, 설교하다《*on*》 ; 교훈이 되다. 파) **-iz·er** [-ər] *n.* ⓒ 도학자 ; 교훈 작가.

·mor·al·ly [mɔ́(ː)rəli, mɑ̀r-] *ad.* (1) **a**)도덕상으로 ; 도덕적으로(virtuously) : live〈behave〉 ~ 도덕적으로〈바르게〉 살다〈행동하다〉. **b**)〔文章修飾〕 도덕상, 도덕적으로 보아. (2)사실상, 거의 실제로(virtually). 틀림없이 : ~ impossible 사실상 불가능한.

móral majórity (the ~) 〔集合約〕 보수적인 대중《엄격한 도덕관념을 가지고 있다고 생각되는 대다수의 민중》.

mo·rass [məræ̃s] *n.* (1) ⓒ 소택지, 저습지, 늪. (2)(a ~) (헤어날 길 없는) 곤경《*of*》 : *a* ~ *of* poverty 가난의 깊은 수렁.

mor·a·to·ri·um [mɔ̀(ː)rətɔ́ːriəm, mɑ̀r-] (*pl.* ***-ria*** [-riə] ***~s***) *n.* ⓒ (1)【法】 모라토리엄, 지급 정지〈연기〉, 지급 유예(기간). (2)정지, (일시적) 금지(령)《*on*》 : call a ~ *on* nuclear testing 핵실험의 일시석 중지를 명하다.

Mo·ra·via [mouréiviə] *n.* 모라비아《구 체코슬로바키아 중부의 한 지방》.

Mo·ra·vi·an [-n] *a.* (1)모라비아의, (2)모라비아 교도의. ― *n.* (1) ⓒ 모라비아인 ; 모라비아 교도. (2) ⓤ 모라비아 말.

mo·ray [mɔːréi, mou-] *n.* ⓒ 【魚】 곰치류(類) 《열대산》.

·mor·bid [mɔ́ːrbid] *a.* (1)(정신이)병적인, 불건전한, 음침한 : a ~ inmagination 병적인 상상 / a ~ intereat in death 죽음에 대한 병적인 흥미. (2)병의, 병으로 인한 : a ~ growth of cells 세포의 병적 증식 《암·종양 등》. (3)섬뜩한, 소름끼치는, 무서운, 무시무시한 : ~ events 소름끼치는 무서운 사건. 파)

~**·ly** *ad.* ~**·ness** *n.*
mórbid anátomy 【醫】 병리 해부(학).
mor·bid·i·ty [mɔːrbídəti] *n.* (1) ⓤ 병적임, 불건전. (2) ⓤ (또는 a~) (한 지방의) 이환율(=**~ràte**).
mor·dant [mɔ́ːrdənt] *a.* (말 따위가) 찌르는 듯한, 신랄한, 비꼬는 : ~ criticism 신랄한 비평 / a ~ speaker 독설가. 파) ~**·ly** *ad.*
:more [mɔːr] *a.* 〔many 또는 much의 比較級〕 (1)(수·양등이) 더 많은, 더 큰《*than*》. 【opp.】 *less.* 『two ~ days 이틀 더. (2)그 이상의, 여분의, 덧붙인. ***little ~*** 조금 더. (***and***) ***what is ~*** 게다가, 그 위에. ***mony ~*** 더욱 더 많은〈많이〉 : There are *many* ~ sheep than people there 거기는 사람 수보다 양이 더 많다. ***~ and ~*** 더욱 더(많은).
— *n. pron.* (1)〔單數 취급〕 보다 많은 양 〈정도·중요성 따위〉 : I'd like a little ~ of the whisky 그 위스키를 조금 더 주십시오. (2)〔單數 취급〕 더 많은 수의 것〈사람〉. (3)그 이상의 것〈일〉 : No ~ of your jokes 농담은 이제 그만 하자. ***and no ~*** 그것뿐이다 : I was lucky *and no* ~.나는 재수가 좋았을 뿐이다. ***~ and ~*** 더욱 더 많은 것. ***~ of a...*** (…보다) 한층 더. ***the ~ the less***… 하면 할수록 …하지 않다. ***the ~ . . . the ~*** _ 하면 할수록 …이다.
— *ad.* 〔much의 比較級〕 【opp.】*less*) (1)보다 많이, 더 많이, 더욱 크게《*than*》. (2)더욱, 그 위에 : once ~ 다시 한번. (3)〔주로 2음절 이상의 形容詞·刻詞의 比較級을 만듦〕 더욱 …, 한층 더 …《*than*》 : ~ earnestly 더욱 열심히 (4)〔2개의 形容詞·副詞를 비교하여〕 오히려《*than*》 : She is ~ kind *than* wise. 그녀는 현명하다기보다는 친절하다. ***all the ~*** 더욱 더, 한결 더. ***and ~*** 그 외 여러 가지. (***and***) ***what is ~*** 그 위에 또, 더군다나. ***any ~*** 〔否定文·疑問文·條件節에서〕 그(이) 이상 ; 이제는 ; 금후는. ***be no ~*** 이미 (죽고) 없다. ***little ~ than*** …에 지나지 않다. ***~ and ~*** 더욱더, 점점. ***~ or less*** 1)다소간, 얼마간. 2)대체로, 대략, 거의 : The repairs will cost $50. ~ *or less.* 그 수리에는 대략 50달러 들겁니다. 3)약…, …정도. ***~ than*** 1)…보다 많은, …이상으로(의)(⇨ *a.*(1), *ad.*(1)). 2)〔名詞·形容詞·副詞·動詞 앞에서〕《口》…이상의 것, (…하고도) 남음이 있을 만큼, 매우(very). ***~ than a little*** 적지 아니, 크게, 대단히 : He was ~ *than* a like disappointed at the news 그는 그 소식에 크게 실망했다. ***~ than ever*** 더욱 더 점점. ***neither ~ nor less than*** …이상도 그 이하도 아니다, 꼭, 정히 : …에 지나지 않다. ***no ~*** 1) 그 이상〈벌써〉 …(하지) 않다. 2)죽어서, 사망하여(be dead). 3)〔否定文〈節〉의 뒤에서〕 …도 또한 —안 하다. ***no ~ than*** 〔數諦와 함께〕 단지, 겨우(only). ***no ~. . . than*** …이 아닌 것은 …이 아닌 것과 같다. ***not any ~*** 다시는 …하지 않다 ; 이미 …아니다. ***not. . . any ~ than***=no ~ . . .than. ***nothing ~ than*** …에 지나지 않다. ***not ~ than*** …보다 많지 않다, …을 넘지 않다 : 많아야 … : 겨우… : *not* ~ *than* five 많아야 5, 5 또는 그 이하. ***none*** 〈***not***〉 ***the ~*** 그래도 더욱. ***or ~*** 어쩌면 그 이상, 적어도. ***That's ~ like it.*** 그쪽이 더 낫다. ***the ~*** = all the ~. ***The ~, the better.*** 많으면 많을 수록좋다, 다다익선. ***The ~, the merrier.*** 사람이 많을수록 즐겁다〈좋다〉《사람을 초대할 때 등에 하는 말》. ***the ~ . . . the less*** …이면 일수록 …이 아니다. ***The ~. . . the ~*** _ …하면 할수록— 이다. ***what's ~*** =(and) what is ~.
more·ish, mor- [mɔ́ːriʃ] *a.* 《口》 더 먹고 싶어지는, 아주 맛있는.

mo·rel [mərél] *n.* ⓒ 【植】 그물 버섯, 식용 버섯의 일종 ; 까마종이.
mo·rel·lo [mərélou] (*pl.* **~s**) *n.* ⓒ 모렐로(매우 신 버찌의 일종).
:more·o·ver [mɔːróuvər] *ad.* 그 위에 더욱이, 게다가, 또한 : I did not like the car ; ~, the price was too high. 나는 그 차가 마음에 들지 않았다, 게다가 값도 너무 비쌌고.
mo·res [mɔ́ːriːz, -reiz] *n. pl.* 사회적 관행, 습속, 관습 ; 도덕적 자세, 도덕관.
Mor·esque [mərésk] *a.* 무어 (Moor) 식의 《건축·장식 등》.
mor·ga·nat·ic [mɔ̀ːrgənǽtik] *a.* 귀천간의 《결혼》 ; 귀천 상혼(貴賤相婚)의.
morganátic márriage 귀천 상혼《왕족과 상민 여자와의의 결혼 ; 그 처자는 신분·재산을 요구·계승할 수 없음》.
morgue [mɔːrg] *n.* ⓒ (1)(신원불명의) 시체 보관〈공시(公示)〉소, 음침한 곳. (2)(신문사 등의) 자료집, 자료실, 조사부. (3)거만, 오만(hauteur) : ~ anglaise 영국사람 특유의 거만. ***still as a ~*** 무서우리만큼 조용한.
mor·i·bund [mɔ́(ː)rəbʌ̀nd, mɑ́r-] *a.* 《文語》 빈사상태의, 죽어가는 : 소멸해가는. 파) **~·ly** *ad.*
·morn [mɔːrn] *n.* ⓒ 《詩》 아침(morning), 새벽, 여명(down) : at ~ and (at) even 아침 저녁으로.
:morn·ing [mɔ́ːrniŋ] *n.* (1) ⓤⓒ 아침, 오전 : *in* the ~ 아침〈오전〉에 / early *in* the ~ 아침 일찍이 / read all (the) ~ 오전 내내 독서하다 / *on* Sunday ~ 일요일 아침에《※ 특정한 날의 아침에는 흔히 전치사 on을 씀》/ ⇨ GOOD MORNING. (2)《詩》 여명(dawn). (3)(the ~) 초기 ; 여명 : *the* ~ of life 인생의 아침, 청년 시대 / the ~ of Chinese culture 중국 문화의 초기. ***from ~ till*** 〈***to***〉 ***evening*** 〈***night***〉 아침부터 저녁〈밤〉까지, 하루 종일. ***in the ~*** 아침에 오전에. ***It is ~*** 날이 밝았다. ***~, noon, and night*** 낮이고 밤이고, 온종일. ***of a ~*** =***of ~s*** 《文語》 아침 나절에 흔히 《찾아오다 따위》. ***this*** 〈***tomorrow. yesterday***〉 ***~*** 오늘〈내일, 어제〉 아침.
— *a.* 〔限定的〕 아침의, 아침에 하는〈쓰는, 나타 나는〉.
mórning càll (1)(호텔에서 손님을 깨우기 위한) 모닝 콜《오전 중에 한하지 않을 경우는 wakeup call 이라고 함》. (2)《古》 아침 방문《실제로는 오후에도 하는 사교 방문》.
mórning drèss (1)(주간의)남자의 보통 예복. (2)(여성의) 실내복.
morning glory [-glɔ̀ːri] *n.* ⓤⓒ 【植】 나팔꽃.
mórning páper 조간신문.
Mórning Práyer (영국 국교회의) 아침기도 (matins).
mórning ròom (큰 집에서 오전 중에 사용하는) 거실《오전 중 해가 비치는 위치에 있음》.
morn·ings [-z] *ad.* 《美口》 아침에, 아침마다, 매일 아침 ; 오전 중에.
mórning sìckness 【醫】 아침에 나는 구역질, 《특히, 임신부의》 입덧.
mórning stár (the ~) 샛별《금성》.
Mor·roc·co [mərɑ́kou/ -rɔ́k-] *n.* (1)모로코《아프리카 북서안의 회교국》. (2)(m-) ⓤ 모로코 가죽《무두질한 염소 가죽, 제본·장갑 용》. Levant in ~ 고급 모로코 가죽.
mo·ron [mɔ́ːrɑn/ -rɔn] *n.* ⓒ (1)【心】 노둔(魯鈍)한

사람《지능이 8-12세 정도의 성인 : imbecile, idiot 보다는 위》. 정신 박약자. (2)《口》 멍텅구리, 얼간이.

mo·ron·ic [mərάnik/ -rɔ́n-] *a.* 저능의.

·**mo·rose** [məróus] (**mo·ros·er ; -est**) *a.* (성미가) 까다로운, 뚱한, 시무룩한, 심술궂은, 침울한 (sullen). 파) **~·ly** *ad.* **~·ness** *n.*

mor·pheme [mɔ́ːrfiːm] *n.* ⓒ 【言】 형태소(形態素)《뜻을 나타내는 최소의 언어 단위》.

mor·phe·mics [mɔːrfíːmiks] *n.* ⓤ 【言】 형태소론(形態素論).

mor·phine [mɔ́ːrfiːn] *n.* ⓤ 【藥】 모르핀(마취 진통제).

mor·phin·ism [mɔ́ːrfənìzəm] *n.* ⓤ 【藥】 모르핀 중독. 파) **-ist** *n.*

mor·phol·o·gy [mɔːrfάlədʒi/ -fɔ́l-] *n.* ⓤ (1) 【生】 형태학. (2)【言】 어형론, 형태론(accidence). 파) **mor·pho·log·ic, -i·cal** [mɔ̀ːrfəlάdʒik/ -lɔ́dʒ-], [-əl] *a.* 형태학(상(上))의 ; 어형론(語形論)상의.

·**mor·row** [mɔ́(ː)rou, mάr-] *n.* (the ~) 《文語》. (1)이튿날, 내일 : (on) *the* ~ 그 다음 날에. (2)(사건의) 직후 : on *the* ~ of …의 직후에.

·**mor·sel** [mɔ́ːrsəl] *n.* (1) ⓒ (음식의) 한 입 ; 한 조각《*of*》 : eat another ~ 또 한 입 먹다. (2)(a ~)〔否定 또는 疑問·條件文에서〕 소량, 조금, 작은 조각《*of*》 : *a* ~ *of* time 짧은 시간. (3) 기분이 좋은 사람.

:mor·tal [mɔ́ːrtl] *a.* (1)죽음을 못 면할 운명의. 【opp.】 *immortal*. 「 Man is ~. 인간은 죽기 마련이다. (2)〔限定的〕 인간의, 인생의 ; 이 세상의 : ~ knowledge 인간의 지식. (3)(병 따위가) 치명적인, 죽음에 관한, 생사에 관계된 : 사투(死鬪)의 : 【神學】 영원한 죽음을 초래하는, 죽음에 이르는, 용서받을 수 없는 【opp.】*venial*) : a ~ wound 치명상 / a combat 사투 / ~ agony 단말마의 외로움 / a ~ place 급소(急所) / a ~ weapon 흉기. (4)죽음의 ; 임종의 : the ~ hour 임종 / ~ agony 〈fear〉 단말마의 고통 〈죽음에 대한 공포〉 / ~ remains 시체, 유해. (5)〔限定的〕《口》 a〕(공포·위험·고통 등이) (몹시) 무서운, 심한, 대단한 : in a ~ fright〈funk〉 공포에 떨며 / a ~ shame (쥐구멍이라도 있으면 들어가고 싶을 정도의) 큰 창피. b〕따분하도록 긴, 아주 지루한, 지긋지긋한 : wait for three ~ hours 장장 세 시간이나 기다리다. (6)〔限定的〕〔any, every, no를 강조하여〕《俗》 대저 생각할 수 있는, 가능한 한(限)의, 무슨〈어떤〉 …라도 *every* ~ thing the heart could wish for 바랄 수 있는 모든 것.
— *n.* ⓒ (1)(흔히 *pl.*) (보통의) 죽어야 할(운명의) 것, 인간. (2)《英口 戱》 놈(person) : a jolly ~ 재미있는 녀석 / a mean ~ 비겁한 놈 / thirsty ~*s* 술꾼들.

·**mor·tal·i·ty** [mɔːrtǽləti] *n.* (1) ⓤ 죽어야 할 운명〈성질〉, 죽음을 면할 수 없음(【opp.】*immortality*). (2) ⓤ (또는 a ~) a〕(전쟁 등으로 인한) 대량 사망. b〕사망자수, 사망률(death rate) : infant ~ 유아 사망률. (3) ⓤ 〔集合的〕 죽을 수밖에 없는 인간들, 인류.

mortálity tàble 【保險】 사망률 통계표.

mor·tal·ly [mɔ́ːrtəli] *ad.* (1)죽을 정도로 치명적으로 : be ~ wounded 치명상을 입다. (2)대단히, 매우, 심히, 몹시.

·**mor·tar**[1] [mɔ́ːrtər] *n.* ⓤ 모르타르, 회반죽 : a house built of bricks and ~ 벽돌과 모르타르로 지은 집. — *vt.* …에 모르타르를 바르다, 모르타르로 접합하다〈굳히다〉.

·**mor·tar**[2] *n.* ⓒ (1)절구 ; 막자사발 ; 약절구 ; 유발(乳鉢) : a pestle and ~ 막자와 막자사발. (2)【軍】 구포(臼砲), 박격포.

mor·tar·board [-bɔ̀ːrd] *n.* ⓒ (1)(미장이가 모르타르를 담는데 쓰는) 흙받기. (2)(대학의 예복용) 각모.

·**mort·gage** [mɔ́ːrgidʒ] *n.* (1) ⓤⓒ a〕저당 ; 저당 잡힘, 담보 : lend money *on* ~ 저당을 잡고 돈을 빌려주다. b〕저당권 : take out a ~ *on* …에 저당권을 설정하다. (2) ⓒ (저당 잡히고) 빌린〈빌리는〉 돈.
— *vt.* …을 저당잡히다〈하다〉.

mort·gag·er, mort·ga·gor [mɔ́ːrgədʒər], [mɔ̀ːrgədʒɔ́ːr, mɔ́ːrgidʒər] *n.* ⓒ 저당권 설정자.

mor·ti·cian [mɔːrtíʃən] *n.* ⓒ《美》 장의사(葬儀社) (undertaker)《사람》.

·**mor·ti·fi·ca·tion** [mɔ̀ːrtəfikéiʃən] *n.* ⓤ (1) 금욕, 난행 고행(難行苦行) : (the) ~ of the flesh 고행, 금욕. (2)치욕, 굴욕, 얼굴 : with ~ 억울하게.
□ mortify *v.*

·**mor·ti·fy** [mɔ́ːrtəfài] *vt.* (1)(정욕·감정 따위)를 억제하다, 극복하다 : ~ the flesh 성욕을 억제하다, 금욕 생활을 하다. (2)(남)을 분하게 생각하게 하다, …에게 굴욕감을 주다. □mortification *n.*

mor·ti·fy·ing [-iŋ] *a.* 약오르는, 원통한, 고행의, 분한.

mor·tise, -tice [mɔ́ːrtis] 【建】 *n.* ⓒ 장붓구멍.
— *vt.* …을 장부촉이음으로 잇다《*together* ; *in into*》 : …에 장붓구멍을 파다.

mort·main [mɔ́ːrmèin] *n.* ⓤ 【法】 (부동산을 종교단체에 기부할 때) 영구히 남에게 양도할 수 없게 한 양도 형식 ; 양도 불능의 소유권.

mor·tu·ary [mɔ́ːrtʃuèri/ -tjuəri] *n.* ⓒ (병원 등의) 영안실, 시체 안치소 : — *a.* 죽음의 ; 매장의 : a ~ urn 유골 단지 / a ~ monument 묘비 / ~ rites 장례식.

·**mo·sa·ic** [mouzéiik] *n.* (1) ⓤ 모자이크. (2) ⓒ 모자이크 그림〈무늬〉. (3) ⓒ (흔히 *sing.*)모자이크식의 것 ; 그러모아 만든 것〈글〉《*of*》 : a ~ *of* memories 여러가지 기억을 한데 모은 글 / The field is a ~ *of* green and yellow. 들판은 녹색과 황색의 모자이크 무늬를 이루고 있다.
— *a.* 〔限定的〕 모자이크(식)의, 쪽매붙임의 : ~ work 모자이크 세공.

Mos·cow [mάskou, -kau/mɔ́skou] *n.* 모스크바《러시아 연방의 수도 ; 러시아어 명 Moskva》.

Mo·selle [mouzél] *n.* ⓤ (때로 m-) 모젤 포도주 《프랑스 Moselle 강 유역산의 백포도주》.

mo·sey [móuzi] *vi.* 《俗》 배회하다, 일없이 돌아다니다(saunter)《*along* ; *about*》.

·**mosque** [mαsk/mɔsk] *n.* ⓒ 모스크《이슬람교 성원(聖院), 회교 사원(回教寺院)》.

:mos·qui·to [məskíːtou] (*pl.* **~(e)s**) *n.* ⓒ【蟲】 모기.

mosquíto nèt 모기장.

:moss [mɔ(ː)s, mαs] *n.* ⓤⓒ 【植】 이끼 ; 이끼 비슷한 지의(地衣) 늪, 이탄지.

moss·back [∸bæ̀k] *n.* ⓒ《美口》 극단적인 보수주의자.

moss-grown [∸gròun] *a.* (1)이끼가 낀. (2)고풍의, 시대에 뒤진.

·**mossy** [mɔ́(ː)si, mάsi] (**mess·i·er ; -i·est**) *a.* (1)이끼가 낀 ; 이끼 같은 : a ~ rock 이끼 낀 바위 /

~ green(이끼 같은) 누른빛이 도는 녹색. (2)시대에 뒤떨어진, 케케묵은, 매우 보수적인.
파) **móss·i·ness** *n.*

:most [moust] *a.* 〔many 또는 much 의 最上級〕 (1)(흔히 the ~) (양·수·정도·액 따위가) 가장 큰〈많은〉, 최대〈최고〉의. 【opp.】 *least, fewest* 『 He won (*the*) ~ prizes 가장 많은 상을 탔다. (2)〔冠詞 없이〕 대개의, 대부분의 : in ~ cases 대개는. ※ most≠almost. ***for the ~ part*** 대개(는), 대개의 경우. = MOSTLY.
— *n., pron.* (1)(흔히 the ~) 〔單數 취급〕 최대량〈수〉, 최대 한도〈금액〉 : This is *the* ~ I can do. 이것이 내가 할 수 있는 한도다. (2)〔冠詞 없이〕 (…의) 대부분《*of*》 : *Most* Arabic speakers understand Egyptian. 아랍어를 말하는 사람들은 대부분 이집트어를 안다. (3)〔冠詞 없이 ; 單數취급〕 대개의 사람들 : a subject ~ find too difficult 대다수의 사람이 매우 어렵다고 생각하는 학과. (4)(the ~) 《俗》 최고의 것〈사람〉 : The movie was *the* ~. 그 영화는 최고였다. ***at*** (***the***) ***~*** 많아도〈야〉, 기껏해서. ***make the ~ of*** …을 최대한 이용〈활용〉하다 ; 될 수 있는 한 이용하다. ***~ of all*** 그 중에서도 가장 유달리.
— *ad.* 〔much의 最上級〕 (1)가장, 가장 많이 : This troubles me (*the*) ~. 이것이 제일 곤란하다. (2)〔흔히 the와 함께 2음절 이상의 形容詞·副詞 앞에 붙여 最上級을 만듦〕 가장 …, 최대한으로 … : *the* ~ formidable enemy 가장 두려운 적. (3)〔the 를 붙이지 않고〕 대단히 …, 매우, 극히…《단수형을 주요어(主要語)로 할 때에는 부정관사를 동반함. 이 말이 수식하는 형용사·부사는 말하는 이의 주관적 감정판단을 나타내는 말임》. ***~ of all*** 가장, 그 중에서도.
[⌐féivərdnéiʃən] *a.* 〔限定的〕 최혜국(으로서)의 : a ~ clause (국제법상의) 최혜국 조항.

:most·ly [móustli] *ad.* (1)대부분은, 거의. (2)대개는, 주로.

mot [mou] (*pl.* **~s** [-z]) *n.* ⓒ 《F.》 경구, 명언.

mote [mout] *n.* ⓒ (한 점의) 티끌, 오점, 흠 ; 아주 작은 조각 : ~*s* of dust in the air 공중의 미세한 먼지. ***~ and beam*** 티끌과 대들보, 남의 작은 과실과 자기의 큰 과실. ***the ~ in another's eye*** 남의 눈 속에 있는 티, 남의 사소한 결점《마태복음 Ⅶ : 3》.

mo·tel [moutél] *n.* ⓒ 모텔《자동차 여행자 숙박소》.
— *vi.* 모텔에 들다.

mo·tet [moutét] *n.* ⓒ **[樂]** 모테트《성경 글귀를 부르는 성악곡》.

:moth [mɔ(:)θ, mɑθ] (*pl.* **~s** [-ðz, -θs], ~) *n.* ⓒ **[蟲]** (1)나방. (2)옷좀나방(clothes ~), 반대좀 : (the ~) 좀먹음 : get *the* ~ (옷이) 좀먹다.

moth·ball [mɔ́(:)θbɔ̀:l, mɑ́θ-] *n.* ⓒ (흔히 *pl.*) 둥근 방충제《naphtalene따위》. ***in ~s*** 넣어〈건사해〉 두어, (합선 등을) 예비역으로 돌려, 퇴장(退藏)하여 ; (계획·행동 등을) 뒤로 미루고.

moth-eat·en [⌐ì:tn] *a.* (1)(의복이) 좀먹은. (2)헤어진, 낡은, 다 떨어진. (3)시대에 뒤떨어진 : a ~ theory 시대에 뒤떨어진 이론.

:moth·er [mʌ́ðər] *n.* (1) ⓒ a〕어머니, 모친 : become a ~ 어머니가 되다, 애를 낳다 / Tommy, tell ~ everything. 토미야, 어머니에게는 모든 것을 말하여라. b〕(M-) 어머니(※ 가족 간에는 무관사로 고유명사처럼 쓰임). (2) ⓒ a〕어머니 같은 사람. b〕(종종 M-) 수녀원장(~ superior). (3)(the ~)모성애 : appeal to *the* ~ in her 그녀의 모성애에 호소하다. (4)(the ~) 출처(origin), 근원《*of*》.
— *a.* (1)어머니(로서)의 ; 어머니 같은 : ~ love 모성애 / the ~ company 본사. (2)모국의, 본국의 ; 본원(本源)의 : one's ~ tongue 모국어. ***meet one's ~*** 《俗》 태어나다. ***the ~ and father of*** (***all***)... 《口》 최고〈최악〉의, 굉장〈대단〉한 : They had *the* ~ *and father of all* argument. 그들은 격렬한 언쟁을 했다. ***Your ~ wear Army boots!*** 《美俗》 설마, 농담이겠지.
— *vt.* (1)…의 어머니가 되다, …의 어머니라고 말하다(승인하다). (2)…을 어머니로서〈같이〉 돌보다〈기르다〉, 과보호하다. (3)(작품·사상 따위)를 낳다 ; …의 작자이다, …의 저자라고 말하다.

móther chúrch 한 지방의 가장 오래 된 교회, 본산(本山) : (the M- C-) 〔擬人的〕 (그리운) 교회.

móther cóuntry (the ~) (1)모국(native land). (2)(식민지에서 본) 본국.

moth·er·craft [mʌ́ðərkræ̀ft, -krɑ̀:ft] *n.* ⓤ 육아법.

móther éarth (the ~) 〔擬人的〕 (어머니인) 대지 : kiss one's ~《戱》 엎어지다, 넘어지다.

·moth·er·hood [mʌ́ðərhùd] *n.* ⓤ (1)어머니임, 모성(애), 어머니 구실 ; 모권. (2)〔集合約〕 어머니.

móthering Súnday 《英》 =MOTHER'S DAY.

·moth·er-in-law [mʌ́ðərinlɔ̀:] (*pl.* ***mothers-in-law***) *n.* ⓒ 장모, 시어머니 ; 의붓어머니.

moth·er·land [mʌ́ðərlæ̀nd] *n.* ⓒ 모국, (사상·운동)등의 발상지.

moth·er·less [mʌ́ðərlis] *a.* 어머니가 없는.

moth·er·like [mʌ́ðərlàik] *a* 어머니의 ; 어머니 같은, 어머니 다운.

·moth·er·ly [mʌ́ðərli] *a.* 어머니의〈다운〉, 어머니 같은 ; 자비로운. 파) **-li·ness** *n.*

Móther's Dày 《美》 어머니날《5월의 둘째 일요일》.

móther shíp 모함(母艦) ; (우주선의)모선, 보급선 (補給船)(tender).

moth·er-to-be [mʌ́ðərtəbì:] (*pl.* ***mothers-to-be***) *n.* ⓒ 어머니가 될 사람, 임신부.

móther tóngue 모국어.

móth·proof [mɔ́(:)θprù:f, mɑ́θ-] *a.* 벌레〈좀〉 안 먹는 좀이 슬지 않는 ; 방충 가공을 한, 방충제를 바른.
— *vt.* …에 방충 가공을 하다.

mothy [mɔ́(:)θi, mɑ́θi] (***moth·i·er ; -i·est***) *a.* (1) 나방이 많은 ; 반대좀이 많은. (2)벌레〈좀〉먹은.

·mo·tif [mouti:f] *n.* ⓒ 《F.》 모티프. (1)(미술·문학·음악의) 주제, 테마. (2)(디자인 등의) 주조(主調) 기조(基調), 의장(意匠)의 주된 요소. (3)〔一般的〕 주지(主旨), 특색 ; (행동의) 자극, 동기, 동인.

:mo·tion [móuʃən] *n.* (1) ⓤ 운동, 활동 ; (기계 따위의) 운전, 작동 ; (배 등의) 동요〈흔들림〉 : the laws of ~ 운동의 법칙 / the pitching ~ of a ship 배의 뒷질 / It had no ~ 그것은 움직이지 않았다. (2) ⓤ 이동 ; (천체 따위의) 운행 : the ~ of the planets 행성의 운행. (3) ⓒ 동작, 거동, 몸짓 : a ~ of the hand 손짓 / her graceful ~*s* 그녀의 우아한 거동. (4) ⓤ 동의, 발의(發議), 제의, 제안 : adopt 〈carry, reject〉 a ~ 동의를 채택〈가결, 부결〉하다. (5)**[法]** ⓒ 명령〈재정(裁定)〉 신청. (6)《英》 a〕 ⓒ 배변(排便) (《美》 movement) : have regular ~ 배변이 정상적이다. b〕(*pl.*)배설물. ***go through the ~s of*** …의 시늉〈몸짓〉을 하다, 마지못해 …의 시늉만 해보이다. ***in ~*** 움직여, 운동〈운전〉 중의. ***make a ~***

〈**~s**〉 몸짓으로 신호하다. ***of*** one' ***s own ~*** 자진하여. ***put*** 〈***set***〉***. . . in ~*** (기계 등)을 작동시키다. (일)을 시작하다. (행동)을 개시하다.
— *vt.* 《+目+*to* do/+目+前+名/+目+副》 …에게 몸짓으로 알리다〈지시하다〉. — *vi.* 《+前+名+*to* do》 몸짓으로 알리다《*to*》: ~ *to* a boy *to* come nearer 가까이 오라고 소년에게 손짓하다. ~ a person ***away*** 물러나라고 아무에게 신호하다. ~ (***to***) a person ***to*** do …하도록 아무에게 몸짓으로 가리키다.

:mo·tion·less [móuʃənlis] *a.* 움직이지 않는, 정지한 : stand ~ 미동도 않고 서 있다.
파) **~·ly** *ad.* 움직이지 않고, 꼼짝 않고 가만이. **~·ness** *n.*

·mótion pícture 《美》 영화.

·mo·ti·vate [móutəvèit] *vt.* …에게 동기를 주다, 자극하다(incite) ; (흥미)를 유발〈유도〉하다, 흥미를 느끼게 하다(impel).

·mo·ti·va·tion [mòutəvéiʃən] *n.* ⓤⓒ (…하는)동기, 자극, 열의, 욕구《*to do*》.

:mo·tive [móutiv] *n.* ⓒ (1)동기(incentive) ; 동인, 목적 : the ~ of a crime 범죄의 동기 / ~ for his disappearance 그가 모습을 감춘 의도. (2)(예술 작품의) 주제, 모티프(motif).
— *a.* 〔限定的〕 (1)움직이는, 원동력이 되는 : ~ power (특히 기계의) 기동력, 원동력, 동력. (2)동기가 되는. 파) **~·less** *a.* 동기없는 ; 이유 없는 : a ~ murder 이유 없는 살인.

mot juste [mouʒúːst] (*pl.* ***mots justes ; ~***) 《F.》 적절한 말, 명언.

mot·ley [mátli/mɔ́t-] *a.* (1)잡다한, 뒤섞인, 혼성(混成)의. (2)〔限定的〕 (특히, 의복이) 잡색의, 얼룩덜룩한 : a ~ fool 잡색 옷을 입은 어릿광대. — *n.* ⓤ (옛날, 어릿광대가 입은) 얼룩덜룩한 옷, 잡색, 잡동산이 : wear 〈put on〉 (the) ~ 어릿광대 복장을 하다 : 어릿광대짓하다.

:mo·tor [móutər] *n.* ⓒ (1)모터, 발동기, 내연기관 ; 전동기. (2)《英》 자동차. (3)원동력, 움직이게 하는 것. (4)【解】 운동 근육〈신경〉.
— *a* 〔限定的〕 (1)움직이게 하는, 원동력의, 발동의. (2)자동차(용)의 ; 자동차에 의한 : a ~ trip 〈highway〉 자동차 여행〈고속도로〉.
— *vi.* 자동차를 타다, 자동차로 가다 : go ~*ing* 드라이브하다. — *vt* 《英》 …을 자동차로 나르다.

mo·tor·bike [-bàik] *n.* ⓒ (1)《美口》 모터바이크, 소형 경량 오토바이. (2)《英口》 =MOTORCYCLE.

mo·tor·boat [-bòut] *n.* ⓒ 모터보트, 발동기선.

mo·tor·cade [-kèid] *n.* ⓒ 《美》 자동차 행렬〈퍼레이드〉 (autorade).

:mo·tor·car [-kɑ̀ːr] *n.* ⓒ 《주로 英》 자동차, 승용차. ※ car 보다 격식차린 말.

mo·tor·cy·cle [-sàikl] *n.* ⓒ 오토바이.
파) **-cy·clist** *n.* ⓒ 오토바이 타는 사람. — *vi.* 오토바이를 타다.

mo·tor·driv·en [-drìvən] *a.* 모터로 움직이는.

mo·tor·drome [-dròum] *n.* ⓒ (원형의) 자동차〈오토바이〉 경주장.

(·)mo·tored [móutərd] *a.* …모터를 장비한 : a bi~ airplan 쌍발 비행기.

mótor hòme 모터 홈《차대에 설비한, 여행·캠프용의 이동 주택차》.

mo·tor·ing [móutəriŋ] *n.* ⓤ 《英》 (1)자동차 운전(술). (2)드라이브, 자동차 여행.

·mo·tor·ist [móutərist] *n.* ⓒ (특히) 자가 운전(여행)자.

mo·tor·ize [móutəràiz] *vt.* (1)(차 따위)에 모터를 달다, 동력화하다. (2)…에 자동차를 배치하다.

mo·tor·man [móutərmən] (*pl.* ***-men*** [-mən]) *n.* ⓒ (1)(기관차·지하철 등의) 운전자. (2)모터 담당자.

mótor mòuth 《美俗》 수다쟁이.

mótor nèrve 【解】 운동 신경.

mótor shìp 발동기선, 내연기선, (특히) 디젤선 《略 : MS》. 【cf.】 steamship.

mótor vèhicle 자동차《승용차·버스·트럭 등의 총칭》.

mo·tor·way [móutərwèi] *n.* ⓒ 《英》 고속 자동차 도로, 고속도로(《美》 exepressway).

mot·tled [mátld/mɔ́tld] *a.* 얼룩의, 얼룩덜룩한 : a ~ dog 얼룩개.

:mot·to [mátou/mɔ́tou] (*pl.* **~(*e*)*s***) *n.* ⓒ (1)모토, 표어, 좌우명 : 'Study hard' is our school ~. '면학'이 우리 학교의 교훈이다. (2)금언, 격언 (maxim). (3)(방패나 문장(紋章)에 쓴) 제명(題銘). (4)(책·논문 따위의 첫머리때 인용한) 제구(題句), 제사(題詞). (5)【樂】 (상징적 의미를 지닌) 반복 악구.

:mound [maund] *n.* ⓒ (1)토루(土壘) ; 둑, 제방. (2)(고대의 성의 폐허·묘 등의) 흙무덤 ; 고분 : shell ~*s* 패총. (3)산더미처럼 쌓아 올린 것 : a ~ of hay 한 더미의 건초. (4)【野】 투수판, 마운드(picher's~) : take the ~ 투수판을 밟다, 플레이트에 서다.

:mount[1] [maunt] *vt.* (1)(산·계단·왕위 따위)를 오르다(ascend), (대(臺)·무대 따위)에 올라가다. (2)(말 따위)에 타다, 올라타다〈앉다〉, 걸터앉다. (3) 《~+目/ +目+前+名》〔종종 受動으로〕 (사람)을 …에 태우다《말·높은 곳 따위에》: be ~*ed on* stilts 죽마(竹馬)에 올라타다. (4)《~+目/+目+前+名》 …을 (적당한 곳에) 놓다, 붙박다 ; (보석 따위)를 끼우다, 박다, (대지에 사진 따위)를 붙이다 ; (슬라이드에 검경물(檢鏡物)) 을 올려놓다 ; (포대 · 군함 따위에 포)를 갖추다, (포가·군함 진지에 포)를 설치하다, 탑재하다 《*on* ; *in*》. (5) (전람회 따위)를 개최하다, (극 따위)를 상연하다. (6)(공격 따위)를 개시〈시작〉하다. (7) 《~+目/+目+前+名》 (보초)를 세우다《*over*》 : ~ guard *over* a gate.
— *vi.* (1)《+前+名/+副》 (양이나 강도가) 증가하다, 늘다《*up*》: (높은 자리·지위·수준에) 오르다, 승진하다《*to*》 : 오르다, 올라가다(ascend). (2) 《~/+前+名》 (말 따위를) 타다《*on*》: ~ *on* a horse 말을 타자. ***~ guard*** ⇨ GUARD.
— *n.* ⓒ (1)승(용)마, 탈것. (2)물건을 놓는 대 ; (사진 등의) 대지(臺紙) ; (반지 따위의) 거미발. (3)【軍】 포가(砲架). (4)(현미경의)검경판, 슬라이드.

:mount[2] *n.* (M- : 산 이름에 붙여서) …산《略 : Mt.》 :*Mount*〈*Mt.*〉 Everest 에베레스트 산. ***the Sermon on the Mount*** 【聖】 산상 수훈《마태복음 V-VII》.

:moun·tain [máuntən] *n.* ⓒ (1)산, 산악 : climb a rocky ~ 바위산에 오르다. (2)(*pl.*) 산맥, 연산(連山). (3)(종종 *pl.*) 산적(山積), 다수, 다량. (4)〔形容詞的〕 산의, 산같이 큰 ; 산에 사는, 산에 나는 ; 〔副詞的〕 산처럼 : the ~ top 산꼭대기 / ~ plants 고산 식물 / ~-high 산과 같이 높은〈높게〉. ***a ~ of*** 많은, 다량(다수)의 : *a ~ of* rubbish 쓰레기 더미 / *a ~ of* flesh 거한(巨漢). ***a ~ of a . . .*** 산(더미) 같은… : *a ~ of a* wave 산더미 같은 파도. a ~ of flesh 거한. ***make a ~*** (***out***) ***of a molehill*** 침소봉대

하다, 허풍떨다. ***move* 〈*remove*〉 *~s*** 기적을 행하다. ***the ~ in labor*** 애만 쓰고 보람 없는 일.

móuntain chàin 산맥, 연산(連山).

móuntain clìmbing 등산.

·moun·tain·eer [màuntəníər] *n.* ⓒ (1)등산가, 등산가. (2)산지 사람, 산악인. — *vi.* 등산하다.

·moun·tain·eer·ing [màuntəníəriŋ] *n.* ⓤ등산.

móuntain gòat (로키 산맥에 사는) 야생의 염소.

móuntain lìon 퓨마. = COUGAR.

:moun·tain·ous [máuntənəs] *a.* (1)산이 많은, 산지의 : a ~ district 산악 지방 / a ~ country 산악국. (2)산더미 같은, 산 같은, 거대한(huge) : a ~ whale 거대한 고래.
파) **~·ly** *ad.* **~·ness** *n.*

móuntain ràilway 등산 철도.

móuntain rànge 산맥, 연산 : 산악 지방.

móuntain sìckness 고산병, 산악병, 산 멀미.

:moun·tain·side [máuntənsàid] *n.* (the ~) 산허리, 산중턱 : on *the* ~ 산중턱에.

moun·tain·top [máuntəntɑ̀p/ -tɔ̀p] *n.* ⓒ 산꼭대기.

moun·te·bank [máuntəbæ̀ŋk] *n.* ⓒ (1)돌팔이(약장수, 의사). (2)사기꾼, 협잡꾼(charlatan).

·mount·ed [máuntid] *a.* (1)말 탄 : the ~ police 기마 경찰대 / a ~ bandit 마적. (2)대지(臺紙)에 붙인 : a ~ lithograph 대지에 붙인 석판화.
— *vi.* 엉터리 약을 팔다, 사기치다.

mount·ing [máuntiŋ] *n.* (1) ⓤ (대포 따위의) 설치, 장비. (2) ⓒ **【軍】** 포가(砲架), 총가(銃架). (3) ⓒ (사진 따위의) 대지(臺紙) : (보석 따위의) 대(臺). (4) ⓤ 타기 ; 승마.

:mourn [mɔːrn] *vi.* 《+前+名》 (1)(손실·불행 등을) 슬퍼하다, 한탄하다《*for* ; *over*》 : ~ *for* 〈*over*〉 one's misfortune 불행을 한탄하다. (2)죽음을 애통해 하다(grieve) ; 애도하다《*for* ; *over*》 : ~ *for* the dead 죽은이를 애도하다.
— *vt.* (죽음)을 슬퍼하다, (사자)를 애도하다.

·mourn·er [mɔ́ːrnər] *n.* ⓒ (1)슬퍼하는 사람 ; 애도자. (2)회장자(會葬者), 조객 : the chief ~ 상주(喪主), 대곡꾼.

:mourn·ful [mɔ́ːrnfəl] (***more ~ ; most ~***) *a.* 슬픔에 잠긴, 슬퍼보이는 ; (죽음을) 애도하는 : a ~ occasion 슬픈 때.
파) **~·ly** *ad.* **~·ness** *n.*

:mourn·ing [mɔ́ːrniŋ] *n.* ⓒ (1)비탄(sorrowing), 슬픔 ; 애도(lamentation) : hoist a flag at half-mast as a sign of ~ 애도의 뜻을 표하여 기를 반기로 올리다. (2)상(喪), 거상(기간) ; 기중(忌中). (3)〔集合的〕상복, 상장(喪章), 조기(弔旗). ***be in ~*** 몽상(蒙喪)중이다. 상복〈거상〉을 입고 있다. deep(half) ~ 정식(약식) 상복.

móurning bàdge 〈bànd〉 상장(喪章).

:mouse [maus] (*pl.* ***mice*** [mais]) *n.* ⓒ (1)생쥐 : a house〈field〉 ~ 집〈들〉쥐 / We keep a cat for catching *mice*. 우리 집에 사는 쥐를 잡기 위해 고양이를 기르고 있다. (2)겁쟁이, 암띤 사람. (3)귀여운 아이 예쁜이 《여자에 대한 애칭》. (4)《俗》(얻어맞은 눈언저리의) 시퍼런 멍. (5)**【컴】** 마우스〈다람쥐〉《바닥에 볼(ball)을 붙인 장치로, 책상 위 따위에서 움직여 CRT 화면상의 커서(cursor)를 이동시킴》《마우스를 올려놓고 움직이는 판》. (***as***) ***poor as a church ~*** 매우 가난한. (***as***) ***quiet as a ~*** 쥐죽은듯이 조용한. ***like a drowned ~*** 물에 빠진 생쥐 모양의, 비참한 몰골로. ***mice and men = ~ and man*** 모든 생물. ***play cat and ~ with*** ⇨ CAT.
— [mauz] *vt.* …을 찾아 내다, 몰아내다《*out*》.
— *vi.* (고양이가) 쥐를 잡다〈찾아 돌아다니다〉《*about*》. 파) **~·like** *a.* ~와 같은.

mouse-col·ored [máuskʌ̀lərd] *a.* 쥐색의.

mous·er [máuzər] *n.* ⓒ 쥐를 잡는 고양이 : a good ~ 쥐를 잘 잡는 고양이.

mouse·trap [máustræ̀p] *n.* ⓒ 쥐덫, 품질이 낮은 치즈, 작은 집. ***build a better ~*** 《美》 보다 좋은 제품을 만들다.

mousse [muːs] *n.* ⓤⓒ 무스 (1)거품 이는 크림《얼리거나 젤라틴으로 굳힌 것》. (2)정발(整髮)·보디 미용에 사용하는 거품 모양의 화장품. (3)고기 또는 생선을 사용한 이와 비슷한 요리.

mousy, mous·ey [máusi, -zi] (***mous·i·er ; -i·st***) *a.* (1)(사람·소녀가) 쥐같이 조용한〈겁 많은〉, 내성적인. (2)쥐가 많은. (3)쥐냄새 나는.

:mouth [mauθ] (*pl.* ***~s*** [mauðz], 〔所有格〕 ***~s*** [mauθs]) *n.* ⓒ (1)입, 구강 ; 입언저리, 입술 : a girl with a lovely ~ 입이 귀여운 소녀 / The dentist told him to open his ~ wide. 치과의사가 그에게 입을 크게 벌리라고 했다. (2)(흔히 *pl.*) (먹여 살려야 할) 식솔, 부양 가족, 식구. (3) (흔히 *sing.*) 입 같은 것〈부분〉《주머니·병 아가리·출입구·빨대 구멍·총구멍·강 어귀 따위》《*of*》 : the ~ *of* a volcano 화구(火口), 분화구 / at the ~ *of* a river 강 어귀에. (4) **a**](언어 기관으로서의) 입, 말, 발언. **b**]말씨, 말투 : have a dirty ~ 입정이 더럽다 / in〈with〉 a French ~ 프랑스 말투로. **c**]남의 입, 소문. (5)《口》 억지 말, 건방진 말.
be all ~ and trousers 《英口》 말뿐이지 행동이 없다. ***by word of ~*** 구두로, 말로. ***down in* 〈*at*〉 *the ~*** 《口》 풀이 죽은, 의기 소침한. ***foam at the ~*** 입에 거품을 물다, 격노하다. ***from hand to ~*** ⇨ HAND. ***from ~ to ~*** (소문 등이) 입에서 입으로이 삶에서 저 삶으로 : 차례로. ***from the horse's ~*** ⇨ HORSE. ***give ~*** (개 따위가) 짖다. ***give ~ to*** 1)…을 말하다〈입밖에 내다〉. 2)개가 짖다. ***have a big ~*** 큰 소리로 이야기 하다 ; 큰소리 〈허풍〉치다. ***have a foul ~*** 1)입버릇이 나쁘다, 입이 걸다. 2)(폭음한뒤) 입안이 바싹 타다. ***in everyone's ~*** 소문이 자자하여, 뭇 사람의 입에 오르내리며. ***in the ~ of*** …의 이야기에 의하면. ***keep*** one***'s ~ shut*** 《俗》 (…에 대하여) 입을 다물다. ***laugh on the wrong side of*** one***'s ~*** ⇨ LAUCH. ***make a ~* 〈*~s*〉 *at*** 입을 삐죽거리다, 얼굴을 찡그리다. ***make*** a person***'s ~ water*** 아무를 군침을 흘리게하다, 부러워하게하다. ***Out of the ~ comes evil.*** 《俗談》 입이 화근.
— [mauð] *vt.* (1)(말)을 (소리를 내지 않고) 입만 움직여 전하다. (2)(먹을 것)을 입에 넣다, …을 물다.
— *vi.* (1)입을 움직여 뜻을 전하다. (2)입을 삐죽 거리다, 얼굴을 찌푸리다《*at*》.

(-)mouthed [mauðd, mauθt] *a.* (1)입이 …한, 입의 : small-~ 입이 작은 / wide-~ 입이 큰. (2)말이 〈말씨·말투가〉 …한 : loud-~ 목소리가 큰 / ~ a foul-~ man 독설가, 말버릇이 고약한 사람 / a hsrd ~ horse 재갈이 잘 안 물리는 말, 고집센 말.

·mouth·full [máuθfùl] *n.* ⓒ (1)한 입(의 양), 한 입 가득(한 양). (2)얼마 안 되는 음식, 소량《*of*》 : have just a ~ *of* lunch 점심을 아주 조금만 먹다.

(3)(a ～)《口》 발음하기 어려운 긴 말. (4)《美口》 적절한 말, 명언(名言) : You said a ～! 적절한 말을 하는군 ; 말 잘 했네.

·mouth·piece [máuθpìːs] *n.* ⓒ (1)(악기의) 부는 구멍 ; (대롱·파이프 따위의) 입에 무는 부분, (물)부리 ; (전화의) 송화구. (2)대변자(spokesman)《*of*》. (3)《俗》 (형사 사건)변호사. (4)【拳】 마우스피스.

mouth-to-mouth [máuθtəmáuθ] *a.* (인공 호흡이)입으로 불어넣는 식의.

mouth·wash [⌐wɔ̀(ː)ʃ, ⌐wɑ̀ʃ] *n.* ⓤⓒ 양치질약, 입안을 가시는 약.

mouth-wa·ter·ing [⌐wɔ̀(ː)təriŋ, ⌐wɑ̀t-] *a.* (1)(음식이) 군침이 도는, 맛있어 보이는. (2)꾀는 듯한.

mouthy [máuði, máuθi] (***mouth·i·er ; -i·est***) *a.* (1)흰〈큰〉소리치는 ; 고함을 치는. (2)수다스러운, 재잘거리는.

mou·ton [múːtɑn/ -tɔn] *n.* ⓤ (beaver 나 seal 가죽처럼 가공한) 양 가죽.

·mov·a·ble, move- [múːvəbəl] *a.* (1)움직이는, 움직일 수 있는 ; 가동(성)의. (2)(해에 따라) 날짜가 바뀌는《부활절 따위》 : MOVABLE FEAST. (3)(흔히 *pl.*)【法】 동산(動産)의 (personal). 【cf.】 real.
— *n.* ⓒ (흔히 *pl.*) 동산《가구 등》.

:move [muːv] *vt.* (1)《～+目/+目+副》 …을 움직이다, 이동시키다, 옮기다 : ～ troops 부대를 이동시키다 / ～ a piece 【체스】 말을 쓰다〈움직이다〉 / ～ a desk *away* 책상을 치우다. (2)〔종종 受動〕 …을 시동시키다, 진행〈운전〉시키다 : ～*d* by electricity 전기로 움직이는 / That button ～*s* the machine. 그 버튼을 누르면 기계가 움직인다. (3)…을 (뒤)흔들다. (4)《～+目/+目+前+名/+目+*to* do》 …을 감동〈흥분〉시키다, …의 마음을 움직이다, 자극하다 ; …의 결의를 동요시키다 ; …할 마음이 일게 하다(impel) : ～ a person *to* anger 〈laughter〉 아무를 성나게 하다〈웃기다〉. (5)(상품)을 팔다, 처분하다. (6)…에 제소하다 : ～ a court 법원에 제소하다. (7)《～+目/+*that* 節》 …의 동의(動議)를 내다 ; …이라고 제의하다. (8)【醫】 (창자의) 배설을 잘 되게 하다 : ～ the bowels 변(便)을 순조롭게 하다.
— *vi.* (1)《～/+目+名》 움직이다, 몸(손발 등을)을 움직이다, (기계 등) 회전〈운전〉하다. (2)《～/+前+名》 행동〈활동〉하다, 조치를 강구하다 ; 생활하다 ; 활약하다, 나들이하다, 돌아다니다 : ～ *against* the plan 그 계획에 반대 운동을 하다. (3)《～/+副/+前+名》 이동하다 ; 이사하다 ;《口》 떠나다, 나가다《*away ; off ; on*》. (4)(상품이) 잘 나가다, 팔리다 : The article is *moving* well〈slowly〉. 그 상품은 잘 나간다〈나가지 않는다〉. (5)(사건이) 진전하다, 진행하다. (6)《～/+前+名》 (차·배 따위가) 나아가다, 전진해 나가다 : The ship ～*d before* the wind. 배는 순풍을 타고 나아갔다. (7)《+前+名》 (정식으로) 제안하다, 신청하다, 요구하다《*for*》. (8)(변(便)이) 통하다. (9)【체스】 말을 쓰다〈움직이다〉.
be ～d by …에 감동하다. ***be*** 〈***feel***〉 ***～d to*** do … 하고 싶은 생각이 들다. ***～ about*** 〈***around, round***〉 돌아다니다, 여기저기 주소를〈직장을〉 바꾸다. ***～ aside*** 옆으로 비키다, 제쳐놓다. ***～ away*** 떠나다, 물러나다 ; 이사하다. ***～ down*** 〈***up***〉 끌어내리다(올리다) ; 격하시키다〈격을 올리다〉. ***～ for*** …의 동의를 내다, …을 신청하다. ***～ house*** 이사하다. ***～ forward*** 〈***backward***〉 전진〈후퇴〉하다. ***～ heaven and earth to*** do 온갖 수단을〈노력〉을 다하다. ***～ in*** 들어오다, 개입하다 ; 이사해 오다. ***～ in on***《美口》 1)…을 습격하다. (2)작용〈공작〉하다. (3)질책하다. (4)…에 간섭하다. ***～ mountains*** ⇨ MOUNTAIN. ***～ off*** 떠나다 ;《俗》 죽다. ***～ on*** 계속 전진〈진행〉하다 〈나아가게 하다〉 : *Move on!* 가시오, 서 있지 마시오《교통 순경의 지시》. ***～ out*** 이사해가다. ***～ over*** 1)(자리 등)을 좁히다. 2)(후진을 위해) 지위를 양보하다. ～ a person***'s blood*** 아무를 격분시키다. ***～ up to*** 1)승진하다, 승급하다. 2)전진하다. 3)(자리 등)을 좁히다. 4)(가격, 주가 등이) 오르다.
— *n.* ⓒ (1)(흔히 *sing.*)움직임, 동작, 운동. (2)행동, 조처 : a clever ～ 현명한 조처. (3)이동 ; 이사 : plan a ～ to a larger house 좀 더 큰 집으로 이사할 것을 계획하다. (4)【체스】 말의 움직임, 말쓸 차례, 수 ; (the ～) 외통수 : the first ～ 선수(先手). (5)【컴】 옮김. ***get a ～ on***《口》 출발하다, 급히 서둘다, 나아가다, 날쌔게 행동하다 ; 진척되다. ***know a ～ or two*** 수를 알고 있다, 빈틈이 없다, 약삭 빠르다. ***make a ～*** 1)떠나다, 물러나다. 2)행동하다, 수단을 쓰다. ***make*** one***'s ～*** 행동을 시작〈개시〉하다. ***on the ～*** 1)항상 움직이고〈여행하고〉 있는. 2)활동하고 있는, 활동적인, 이동중의 ; (일이) 진행중(인).
파) **⌐·less** *a.* 움직이지 않는 ; 정지한.

:move·ment [múːvmənt] *n.* (1) a)ⓤ 움직임 ; 운동, 활동 ; 운전(상태). b)ⓤⓒ 이동 ; 옮김, 이주, (인구의) 동태 ; 【軍】 기동, 작전 행동, 전개. c)ⓤⓒ 마음의 움직임, 충동. (2) a)(*pl.*)동작, 몸짓, 몸가짐 : her graceful ～*s* 그녀의 우아한 몸놀림. b)(*pl.*) 말씨, 태도, 자세. (3) ⓒ (흔히 *pl.*) 행동, 동정(動靜). (4)ⓒ a)(정치적·사회적) 운동 ; 여성 해방 운동 : the antislavery ～ 노예 폐지 운동. b)〔集合的 ; 單·複數 취급〕 (집합적) 운동 집단, 운동 조직〈단체〉 : He belongs to various ～*s.* 그는 여러 운동 단체에 속해 있다. (5) ⓤⓒ (시대의) 동향, 경향, 추세. (6) ⓤ (사건·이야기 따위의) 진전, 변화, 파란, 활기 : a play 〈novel〉 lacking in ～ 변화가 적은 연극〈소설〉. (7) ⓤⓒ 【商】 (시장의) 활황, 상품 가격〈주가〉의 변동, 동향 : price ～*s.* (8) ⓒ 【樂】 (교향곡 등의)악장 ; 율동, 박자, 템포. (9) ⓒ (시계 따위 기계의) 작동 기구〈장치, 부품〉. (10)ⓒ 변통(便通) ; (변통 1회분의) 배설물 : have a ～ 변이 나오다.

mov·er [múːvər] *n.* ⓒ (1)움직이는 사람〈물건〉 : a fast〈slow〉 ～ 동작이 빠른〈느린〉 사람〈동물〉. (2)발동기, 발동력. (3)발기인 ; 발의자, 제안자. (4)(흔히 *pl.*)《美》 이삿짐 운송업자(《英》 remover). (5)《口》 잘 팔리는 물건. ***the first*** 〈***prime***〉 ***～*** 주동자, 발기인 ; 발동기, 원동력.

móver and sháker (*pl.* ***movers and shaker***)《美口》 (도시의 정계·실업계의) 유력사, 실력자, 거물.

:mov·ie [múːvi] *n.* ⓒ (1)영화《주로《美》 ;《英》은 주로 film, picture》 : make the book into a ～ 책을 영화화하다. (2)(종종 the ～) 영화관《주로《美》 ;《英》은 주로 cinema》. (3)(the ～s) a)영화산업, 영화계 ; (오락·예술로서의) 영화. b)영화 상영, 영화 흥행.
— *a.* 〔限定的〕《美》 영화의 : a ～ fan 영화팬 / a ～ star 영화 스타.

mov·ie·dom [múːvidəm] *n.* ⓤ 영화계(filmdom).

mov·ie·go·er [-gòuər] *n.* ⓒ《주로 美》 자주 영화 구경 자주 가는 사람, 영화팬(《英》 filmgoer).

:mov·ing [múːviŋ] *a.* (1)〔限定的〕 a)움직이는, 움

직이고 있는. b)움직이게 하는, 추진 하는. c)이사하는 : ~ costs 이사 비용. (2)감동시키는, 심금을 울리는 : a ~ story 감동적인 이야기.
파) **~·ly** *ad.* 감동적으로.

móving àrm [컴] 옮김팔《이동 머리저장판 장치에서 머리틀을 달고 움직이는 부품》.

móving pícture 《美》 (하나하나의) 영화 (motion picture).

móving sídewalk 〈**plátform, wálk**〉 《美》 자동으로 움직이는 보도(步道).

móving stáircase 〈**stáirway**〉 에스컬레이터(escalator).

móving vàn 《美》 가구 운반차, 이삿짐 트럭(《英》 removal van, pentechnicon).

·**mow** [mou] (*~ed* ; *~ed* or *~n* [moun]) *vt.* (1)(풀·보리 따위)를 베다, 베어내다. (들·밭 따위의) 풀을〈보리를〉 베다. (2)《+目+副》(군중·군대 따위를 포화)로 쓰러뜨리다, 소탕하다《*down* ; *off*》.
— *vi.* 풀 베기를 하다, 베어들이다.

·**mow·er** [móuər] *n.* ⓒ 풀 베는 사람, 제초기, 풀 베는 기계, (정원의) 잔디깎는 기계(lawn ~).

mown [moun] MOW의 과거분사. — *a.* 벤, 베어낸, 베어 들인.

moxa [máksə/mɔ́k-] *n.* ⓤ 뜸쑥 : ~ cautery 뜸.

Mo·zam·bi·can [mòuzəmbíːkən] *a.* 모잠비크(사람)의. — *n.* ⓒ 모잠비크 사람.

Mo·zam·bique [mòuzəmbíːk] *n.* 모잠비크《아프리카 남동부의 공화국 ; 수도 Maputo》.

Mo·zart [móutsaːrt] *n.* **Wolfgang Amadeus ~** 모차르트《오스트리아의 작곡가 ; 1756-91》.

moz·za·rel·la [màtsərélə, mɔ̀ːtsə-] *n.* ⓤⓒ《It.》 모차렐라《희고 연한 이탈리아 치즈》.

MP, M.P. [émpíː] (*pl.* ***M.P.s, M.P.'s*** [-z]) *n.* ⓒ 《英》 국회의원. [◁*M*ember of *P*arliament]

⁝**Mr., Mr** [místər] (*pl.* ***Messrs.*** [mésərz]) *n.* (1)…씨, …선생, …님, …군, …귀하《남자의 성·성명·직명 등 앞에 붙이는 경칭》. ※[1] 기혼 여성이 '(우리 바깥) 주인'이라고 할때, 예를 들어 그녀가 Mrs. Smith 이면. Mr. Smith 라고 함 : *Mr.* Smith is now in France. 우리 주인 양반은 지금 프랑스에 가 계십니다. ※[2] Mr., Mrs., Dr., Mt. 따위에는 점이 없는 형이 병용됨. (2)미스터, 고장·직업· 스포츠 등의 대표적인 남성, …의 전형(典型) : *Mr.* Korea 미스터 한국 / *Mr.* Baseball 야구의 명수. [◁ mister]

⁝**Mrs., Mrs** [mísiz, -is] *n.* (1)(*pl.* ***Mmes.*** [meidáːm]) …부인(夫人), 님, 씨, …여사《Mistress의 생략 : 흔히 기혼 여성의 성 또는 그 남편의 성명 앞에 붙임》 : *Mrs.* (John) Smith (존) 스미스 여사 《법률관계에서는 Mrs. Mary Smith 메리 스미스 여사》. ※ 남편이 님에세 '안사람'이라는 뜻으로는 Mrs... 라고 함. 예를 들면 스미스씨는 '안사람'의 뜻으로 *Mrs.* Smith 라고 함. (2)전형적인 기혼부인 : *Mrs.* Homemaker 이상적인 주부.

Ms. [miz] (*pl.* ***Mses., Ms's, Mss.*** [mízəz]) *n.* …씨《미혼·기혼의 구별이 없는 여성의 존칭》 : *Ms.* (Alice) Brown(앨리스) 브라운 씨.

⁝**Mt.** [maunt] (*pl.* ***Mts.***) =MOUNT[2] ; MOUNTAIN.

mu [mjuː /mjuː] *n.* ⓤⓒ 그리스어 알파뱃의 12번째 글자《M, μ ; 로마자의 M, m에 해당》.

⁝**much** [mʌtʃ] (***more*** [mɔːr] ; ***most*** [moust]) *a.* 〔不可算名詞의 앞에 쓰이어〕 다량(多量)의, 많은《긍정의 평서문에는 특정한 경우에 쓰임. ⇨ ☞語法》【opp.】 *little.* 【cf.】 many. 『 You spend too ~ money. 돈을 너무 쓴다.
— *n. pron.* 〔單數취급〕 (1)많은 것, 다량(의 것)《긍정의 평서문에서는 특정한 경우에 쓰임. ⇨ *a.* ☞語法》 : *Much* has been gained from our research. 우리 연구에서 얻은 것이 많다 / I don't see ~ of you these days. 요즈음 그리 만나 뵐 수가 없군요.
(2)〔be의 補語로서 : 흔히 否定文에 쓰이어〕 대단한 것, 중요한 것〈일〉.
— (***more ; most***) *ad.* (1)〔動詞를 수식하여〕 매우, 대단히, 퍽 ; 종종, 자주 : She talks too ~. 그녀는 너무 재잘거린다 / I don't ~ like jazz. =I don't like jazz ~ 재즈를 별로 좋아하지 않는다 / Sleep as ~ as possible 될수 있는 대로 많이 잠을 자시오. I ~ admire your uindness 나는 너의 친절함을 매우 찬미한다.《prefer, admire, appreciate, regret, surpass 따위는 肯定文 에서도 much를 사용할 수 있음. 단, 위치는 동사의 앞》
(2)〔形容詞·副詞의 비교급·최상급을 수식하여〕 훨씬, 사뭇 : She was ~ older than me. 그녀는 나보다 훨씬 연상이었다.
(3)〔過去分祠를 수식하여〕 대단히, 매우, 몹시 : Democracy is ~ talked about these days. 요즈음 민주주의라는 말이 빈번히 세인의 입에 오른다.
(4)〔形容詞를 수식하여〕 매우, 무척《비교 관념이 내포된 superior, preferable, different 따위나, a-로 시작되는 afraid, alike, ashamed, alert, aware 따위의 일부 형용에 쓰임》.
(5)〔too나 前置詞句를 수식하여〕 매우, 몹시, 아주 : He's ~ *too* young. 그는 너무나도 어리다 / We are ~ *in need of new ideas.* 새로운 아이디어를 크게 필요로 하고 있다(=We are very 〈×much〉 needful of new ideas. ; We need new ideas *very much*).
(6)〔유사함을 뜻하는 어구를 수식하여〕 거의, 대체로.
as ~ 1)〔선행하는 數詞에 호응하여〕 (…와) 같은 양〈액수〉만큼 : Here is 50 dollars, and 1 have *as* ~ at home. 여기 50달러 있고 집에도 그만큼 더 있다. 2)〔선행문(文)의 내용을 받아서〕 (바로) 그 만큼 〈정도〉. ***as ~ again*** (***as...***) 그만큼 더, (…의) 2배(의) : Take *as* ~*again.* 그 배만큼 가지시오. ***as ~*** (***...***) ***as...*** 1) …정도〈만큼〉 ; …만큼의 ; 〔强調的으로〕 …(만큼)이나 : Take *as* ~ (of it) *as* you like. (그것을) 원하는 만큼 가지시오. 2)〔主動詞앞에 쓰이어〕 거의, 사실상. ***as ~ as to say*** (마치) …라고나 하려는 듯이. ***as ~ as you like*** 좋으실 만큼. ***be too*** 〈***a bit***〉 ***~ for...***《口》 (사람·일이) …에게 벅차다〈힘겹다〉, …을 이해〈처리〉못하다. ***come***〈***amount lead***〉 ***to ~*** 〈부정 의문문에서〉 대단한 것이 되다. ***half as ~ again*** (***as...***) (양이) …의 1배반. ***half as ~*** (***as...***) (양이) …의 설반. ***how ~*** (양·값이) 얼마, 어느 정도. ***It's*** 〈***That's***〉 ***a bit ~.***《口》 그건 말이 지나치다, 그건 좀 심하다. ***make ~ of...*** 1)…을 중시 〈존중〉하다. 2)…에게 지나치게 친절히 하다 〈마음을 쓰다〉 : …을 몹시 치살리다, …의 응석을 받아주다. 3)〔否定文에서〕 …을 이해하다. ***~ as*** 몹시 …하긴 하지만, …하고 깊은 마음은 굴뚝 같지만. ***~ less*** 1)〔不可算名詞·形容詞·副詞와 함께〕 보다 훨씬 적은〈적게〉. 2)〔否定文에서〕 하물며 (…아니다) ; 더군다나 (…아니다). ***make ~ of*** …(1)…을 중요시 하다, 소중히 하다. (2) …을 떠받들다, 애지중지 하다. (3) …을 크게 이용하다. ***~ more*** 1)〔不可算名詞·形春詞·副詞와 함께〕 보다 훨씬 많은 〈많게, 더〉 : He drinks ~ *more* beer than I do. 그는 나보다 맥주를 훨씬 더 마신다. 2)〔肯定文에서〕 하물며 (…에 있어서랴). ***~ of a...*** 1)〔否定·疑開矣

에서]몹시…, 지독한… : Was it ~ *of a* surprise? 몹시 놀랄 만한 일이었나요. 2)〔否定文에서〕 대단한… That wouldn't be ~ *of a* problem. 대단한 문제는 아닐테죠. ***Not ~!*** 《口》〔상대의 물음에 대하여 ; 反語的으로〕 당치도 않다, 말도 안 되다. ***not so ~ as...*** ⇨ SO[1]. ***not so ~*** (A) ***as*** (B) 1)A 라기보다는 오히려 B : His success is *not so* ~ by talent *as* by energy. 그의 성공은 재능에 의한 것이라기보다는 오히려 노력에 의한 것이다. (2)B 만큼 A 가 아니다 : I do *not* have *so* ~ money *as* you. 나는 너만큼 돈을 갖고 있지 못하다. ***not up to ~*** 《口》 그다지 좋지 않다 : The meal wasn't *up to* ~. 식사는 그다지 좋지 않았다. ***so ~*** ⇨ SO[1]. ***that ~*** 그만큼. ***this***〈***thus***〉 ***~*** 이 만큼은, 여기까지는. ***too ~*** ⇨ TOO. ***too ~ of a good thing*** 달갑지 않은 친절. ***without so ~ as*** …조차 아니하고〈없이〉.

much·ness [mʌ́tʃnis] *n.* ⓤ 많음. 〔다음 成句로 쓰임〕 ***much of a ~*** 엇비슷한, 대동 소이한.

mu·ci·lage [mjúːsəlidʒ] *n.* ⓤ (1)(동식물이 분비하는) 점액. (2)《주로 美》고무풀.

mu·ci·lag·i·nous [mjùːsəlǽdʒənəs] *a.* (1)점액질의, 끈적끈적한. (2)점액을 분비하는.

muck [mʌk] *n.* ⓤ (1)마소의 똥, 외양간 거름, 거름, 퇴비. (2)쓰레기, 오물, 더러운 것〈일〉. (3)《英口》 너절〈시시〉한 물건. (4)(a ~) 《英口》 혼란〈어질러진〉 상태, 난잡. ***be in*** 〈***all of***〉 ***a ~*** 흙투성이가 되어있다. ***make a ~ of*** 1)…을 더럽히다. 2)…을 엉망으로 만들다.

— *vt.* (밭)에 비료를〈거름을〉 주다. ***~ about*** 〈***around***〉 1)《口》 (지향없이) 돌아가다. 2)빈둥거리다. 3)…을 만지작거리다《*with*》. ***~ in with*** 《英口》 …와 일〈활동〉을 같이하다. ***~ out*** (마구간 등)의 오물을 청소하다 ; 청소하다.

muck·er [mʌ́kər] *n.* ⓒ (1)《美俗》 막돼먹은 사람, 본데없는 (상스러운) 사람. (2)《英俗》 동료, 패거리.

muck·heap [mʌ́khìːp] *n.* ⓒ 거름 더미.

muck·rake [mʌ́krèik] *vi.* (저명 인사·정계 등의) 추문을 캐고 다니다 ; 추문을 들추다.

파) **-ràk·er** [-ər] *n.* ⓒ 추문 폭로자.

mucky [mʌ́ki] (***muck·i·er ; i·est***) *a.*. (1)거름의, 거름 같은, 오물, 투성이 : 더러운. (2)《英口》 (날씨가)구질구질한. 파) **múck·i·ness** *n.*

mu·cous [mjúːkəs] *a.* 점액 (성)의 ; 점액을 분비하는.

mu·cus [mjúːkəs] *n.* ⓤ (동식물의) 점액, 진 : nasal ~ 콧물.

:mud [mʌd] *n.* ⓤ 진흙, 진창. (***as***) ***clear as ~*** 《口》 (설명따위) 전혀 알아 들을 수 없는, 종잡을 수 없는. ***fling*** 〈***sling, throw***〉 ***~ at*** 《口》 …의 얼굴에 똥칠하다 : …을 헐뜯다. (***Here's***) ***~ in your eye !*** 《口》 건배(乾杯)! ***His name is ~***. 그는 신용이 땅에 떨어져다 꽤이 말 아니다. ***stick in the ~*** 진창에 빠지다 ; 궁지에 몰리다.

·mud·dle [mʌ́dl] *vt.* (1) a)…을 혼란시키다 《*with*》. b)…을 뒤섞어 놓다《*up* ; *with*》 : I often ~ *up* their names. 나는 그들의 이름을 종종 혼동한다. (2)(술로) 머리를 흐리멍텅하게 하다. ***~ about*** 〈***around***〉 헤매다, 어정거리다 ; (맥없이) 비틀거리다. ***~ on*** 〈***along***〉 그럭저럭 해 나가다. ***~ through*** (계획 따위도 없이) 이럭저럭 헤어나다, 얼렁 뚱땅 넘어 가다. — *n.* ⓒ (흔히 a ~) 혼란(상태) ; 당혹, 낭패. ***in a ~*** 어리둥절하여 : I was all *in a* ~. 나는 아주 어리둥절해 있었다. ***make a ~ of*** …을 엉망으로 만들다, 실패하다, 잘못하다 : *make a ~ of* a program 계획을 엉망으로 만들다.

mud·dle·headed [-hèdid] *a.* 머리가 혼란해진, 얼빠진, 멍청한.

mud·dler [mʌ́dlər] *n.* ⓒ (1)머들레《음료를 휘젓는 막대》. (2)일을 아무렇게나 하는 사람, 어물어물 적당히 넘기는 사람.

:mud·dy [mʌ́di] (***-di·er ; -di·est***) *a.* (1)진흙의 ; 진흙투성이의 ; 질펄한, 진창의. (2)(색깔·소리 따위가) 충충한, 흐린, 탁한. (3)(머리가) 멍한,혼란한. (4)(사고·표현·문체·정세 따위가)를 불명료한, 애매한 : ~ thinking 뚜렷하지 못한 생각.

— (***-died ; -dy·ing***) *vt.* (1)…을 진흙투성이로 만들다 ; 혼탁하게 하다, 흐리게 하다. (2)(머리·생각)을 멍하게 하다, …의 머리를 혼란시키다.

파) **múd·di·ly** [-li] *ad.* **múd·di·ness** [-nis] *n.*

mud·flap [mʌ́dflæ̀p] *n.* ⓒ (자동차 뒷바퀴의)흙 받기판.

mud·flat [⌐flæ̀t] *n.* ⓒ (종종 *pl.*)(썰물 때 나타나는) 개펄, 펄밭.

mud·flow [mʌ́dflòu] *n.* ⓒ 이류(泥流).

mud·guard [mʌ́dgàːrd] *n.* ⓒ (자동차 따위의)흙받기 ; 팬더.

mud·sling·er [⌐slìŋər] *n.* ⓒ (정치적) 중상모략자.

mud·sling·ing [⌐slìŋiŋ] *n.* ⓤ (정치 운동에서의) 중상 모략전, 추잡한 싸움.

múd·tùrtle 진흙거북, 담수거북(미국산).

mu·ez·zin [mjuːézin] *n.* ⓒ (회교 성원의) 기도 시각을 알리는 사람.

muff[1] [mʌf] *n.* ⓒ 머프《양손을 따뜻하게 하는 모피로 만든 외짝의 토시 같은 것》.

muff[2] *n.* ⓒ (1)둔재 ; 얼뜨기, 바보 (2) a)서투름, 실수, 실책. b)【野球】 공을 놓치기, 낙구(落球). ***make a ~ of it*** 실수하다, 일을 그르치다. ***make a ~ of the business*** 일을 그르치다, 잡쳐놓다.

— *vt.* (공)을 놓치다 : ~ a catch 낙구하다.

— *vi.* 공을 떨어뜨리다, 낙구하다 ; 실수하다. ***~ it*** 실수하다 ; 일을 그르치다.

·muf·fin [mʌ́fin] *n.* ⓒ 머핀. (1)《美》 컵형(型) 또는 롤(roll) 형(型)에 넣어 구운 아침 식사용 빵. (2)《英》 둥글 납작한 빵(《美》 English~).

·muf·fle [mʌ́fəl] *vt.* (1)(따뜻하게 또는 감추기 위해) …을 싸다, 감싸다, 덮다《*up*》. (2)(소리·음성)을 죽이다, 작게 하다 : ~ a bell 벨 소리를 작게 하다 / ~ one's mouth 입을 막다〈덮다〉.

muf·fled [mʌ́fəld] *a.* 소리를 죽인〈둔하게 한〉, (뒤덮여) 잘 들리지 않는.

·muf·fler [mʌ́fələr] *n.* ⓒ (1)머플러, 목도리. (2)(자동차·피아노 등의) 소음기(消音器), 머플러.

muf·ti [mʌ́fti] *n.* (1) ⓤ (군인 등의) 평상복, 사복, 【opp.】 *uniform.* 『 in ~ 평복으로, 사복을 입고. (2) ⓒ 회교 법률 고문 ; 회교 법전 설명자.

·mug [mʌg] *n.* ⓒ (1)원통형 찻진, 조끼, 손잡이 있는컵 : a beer ~ 맥주 조끼. (2)조끼 한 잔의 양. (3)《英俗》 얼간이, 바보. (4)《英俗》 깡패, 살인 청부업자, 악한. — (***-gg-***) *vi.* (카메라·관중 앞에서) 표정을 과장하여 연기하다, 얼굴을 찡그리다. —*vt.* (1)(용의자)의 인상서(人相書)를 만들다. (2)《俗》 (강도가 사람)을 습격하다, 덤벼 목을 조르다 ; …에게서 물건을 빼앗다.

mug·ger [mʌ́gər] *n.* ⓒ 《口》 (한데서) 사람을 덮치는 강도, 노상 강도.

mug·ging [mʌ́giŋ] *n.* ⓤⓒ 《口》 노상 강도(행위).
mug·gins [mʌ́ginz] (*pl.* ~ ; **~·es**) *n.* 《口》 ⓒ 얼간이, 바보.
mug·gy [mʌ́gi] (**-gi·er ; -gi·est**) *a.* 무더운, 후텁지근한.
파) **múg·gi·ness** *n.*
mug·wump [ˊwʌ̀mp] *n.* ⓒ 《美》 (정치상) 독자노선을 취하는 사람, '독불 장군', (익살) 거물, 두목.
mu·lat·to [mju(:)lǽtou, mə-] (*pl.* **~(e)s**) *n.* ⓒ (보통 1대째의) 백인과 흑인과의 혼혈아.
·**mul·ber·ry** [mʌ́lbèri/ -bəri] *n.* (1) ⓒ **a**]뽕나무. **b**]오디. (2) ⓤ 짙은 자주색, 오디빛.
mulch [mʌltʃ] *n.* ⓤ (또는 a ~) 뿌리 덮개《이식한 나무 뿌리를 보호하는 짚, 나뭇잎 등》. — *vt.* (뿌리)에 짚을 깔다, 뿌리를 덮다.
mulct [mʌlkt] *n.* ⓒ 벌금, 과료. — *vt.* …에게 벌금을 과하다《*in* ; *of*》
·**mule** [mju:l] *n.* ⓒ (1)노새《수나귀와 암말과의 잡종》. 【cf.】 hinny. (2)고집쟁이, 고집통이 : (as) obstinate 〈stubborn〉 as a ~ 아주 고집센. — *a.* 잡종의《동식물》 : a ~ canary 잡종 카나리아.
múle dèer 귀가 길고 꼬리가 검은 사슴《북아메리카산》.
mu·le·teer [mjù:lətíər] *n.* ⓒ 노새몰이《사람》.
mul·ish [mjú:liʃ] *a.* 노새 같은 ; 고집센, 외고집의. 파) **~·ly** *ad.* **~·ness** *n.*
mull[1] [mʌl] *vt.* …을 곰곰이 생각하다, 숙고하다, 궁리하다《*over*》.
mull[2] *vt.* (포도주·맥주 등)을 데워 향료·설탕·달걀 노른자 따위를 넣다.
mul·li·ga·taw·ny [mʌ̀ligətɔ́:ni] *n.* ⓤ (인도의) 카레가 든 수프(=ˊ **sòup**).
mul·lion [mʌ́ljən, -liən] 【建】 *n.* ⓒ (유리 창 따위의) 멀리온, 세로 중간틀, 중간 문설주.
mul·ti·cel·lu·lar [mʌ̀ltiséljələr] *a.* 다세포의.
mul·ti·chan·nel [mʌ̀ltitʃǽnəl] *a.* 다중(多重) 채널의 : ~ broadcasting 음성 다중 방송.
mul·ti·col·ored [mʌ̀ltkʌ́lərd] *a.* 다색(多色) (인쇄)의.
mul·ti·cul·tur·al [mʌ̀ltikʌ́ltʃərəl] *a.* 다(多)문화의, 다문화적인.
mul·ti·dis·ci·pli·nary [mʌ̀ltidisíplinèri/-nəri] *a.* (연구 등이)각 전문 분야 협력의, 여러 학문·영역에 걸친.
mul·ti·eth·nic [mʌ̀ltièθnik] *a.* 다민족적인, 다민족 공용의 : (a) ~ makeup 다민족 구성.
mul·ti·far·i·ous [mʌ̀ltəfɛ́əriəs] *a.* 가지각색의, 잡다한, 다방면의 : a man of ~ hobbies 취미가 많은 사람. 파) **~·ly** *ad.* **~·ness** *n.*
mul·ti·form [mʌ́ltifɔ̀:rm] *a.* 여러 모양을 한, 다양한 ; 여러종류의, 잡다한
mul·ti·head·ed [mʌ́ltihèdid] *a.* 두부(頭部)가 많은, 다탄두의.
mul·ti·lat·er·al [mʌ̀ltilǽtərəl] *a.* (1)다국간의. (2)다변(多邊)의.
mul·ti·lin·gual [mʌ̀ltilíŋgwəl] *a.* (1)여러 나라 말을 하는 : a ~ interpreter 다국어 통역자. (2)여러 나라 말로 쓰인. — *n.* ⓒ 수개국어를 구사할 수 있는 사람, 여러 언어의 사용자. 파) **~·ism** *n.*ⓤ 여러언어의 사용 .
mul·ti·me·dia [mʌ̀ltimí:diə] *n. pl.* 〔集合的 ; 單數취급〕 멀티미디어《여러 미디어를 사용한 커뮤니케이션》 ; 【컴】 다중매체.

mul·ti·na·tion·al [mʌ̀ltinǽʃənəl] *a.* 다국적의〈으로 된〉 ; 다국간의 : a ~ company〈corporation) 다국적 회사(기업). — *n.* ⓒ 다국적 회사〈기업〉.
mul·tip·a·rous [mʌltípərəs] *a.* 한번에 많은 새끼를 낳는 ; (사람이) 다산의.
mul·ti·par·ty [mʌ̀ltipá:rti] *a.* 여러 정당의, 다당(多黨)의 : ~ system 다(수)당 제도.
·**mul·ti·ple** [mʌ́ltəpəl] *a.* 〔限定的〕 (1)복합의, 복식의, 다수의, 다양한, 복잡한. (2)【電】 (회로가)병렬식의 ; 복합의, 다중의.
— *n.* ⓒ (1)【數】 배수, 배량(倍量). ㅁ multiply *v.*
múltiple ágriculture 다각(식) 농업《농작·과수 재배·양계·양돈 따위를 겸한 농업》.
mul·ti·ple-choice [mʌ́ltəpltʃɔ́is] *a.* (시험·문제가) 다항〈다지(多智)〉 선택의 : a ~ system 다지 선택법 / a ~ question 다지 선택식 문제.
múltiple shóp 〈stóre〉 《英》 연쇄점(《美》 chain store).
mul·ti·plex [mʌ́ltəplèks] *a.* 〔限定的〕 (1)다양한, 복합적인, 다면적인. (2)【通信】 다중(多重) 송신의. — *vi., vt.* 다중 송신하다.
múltiplex bróadcasting 음성 다중 방송.
mul·ti·pli·cand [mʌ̀ltəplikǽnd] *n.* ⓒ 【數】 피승수(被乘數) ; 【컴】 곱힘수. 【opp.】 *multiplier*.
·**mul·ti·pli·ca·tion** [mʌ̀ltəplikéiʃən] *n.* ⓤⓒ (1) 증가, 증식(增脚) (2)【數】 곱셈. 【opp.】 *division*. 『do ~ 곱셈을 하다. ㅁ multiply *v.*
multiplicátion tàble 곱셈 구구표.
mul·ti·pli·ca·tive [mʌ́ltəplikèitiv, mʌ̀ltiplí-kət-] *a.* (1)증가하는, 증식의 ; 곱셈의. (2)【文法】 배수사(倍數詞)의 : ~ numerals 배수사.
— *n.* ⓒ 【文法】 배수사《double, triple 따위》.
mul·ti·plic·i·ty [mʌ̀ltəplísəti] *n.* ⓤ (또는 a~) 다수, 중복 ; 다양(성)《*of*》 : *a* ~ *of* ideas 여러가지 생각〈아이디어〉 / *a* ~ *of* uses 수많은 용도 / *a* ~ *of* items 여러 종류의 항목.
mul·ti·pli·er [mʌ́ltəplàiər] *n.* ⓤ 【數】 승수(乘數) : 【컴】 곱함수 【opp.】 *multiplicand*.
:**mul·ti·ply** [mʌ́ltəplài] *vt.* (1)…을 늘리다, 증가시키다 ; 번식(증식)시키다. (2)《+目+前+名》【數】 …을 곱하다 《*by*》 : ~ five *by* four, 5에 4를 곱하다, 5를 4배하다. — *vi.* (1)늘다, 증가하다 ; 배가하다 ; 증식하다, 번식하다. (2)곱셈하다.
mul·ti·pur·pose [mʌ̀ltipə́:rpəs, -tai-] *a.* 용도가 많은, 다목적의 : ~ furniture 만능 가구 / a ~ robot 다기능 로봇 / a ~ dam 다목적 댐.
mul·ti·ra·cial [mʌ̀ltiréiʃəl] *a.* 여러 민족, 다민족으로 된, 다민족의.
mul·ti·stage [mʌ́ltistèidʒ] *a.* (로켓 따위) 다단식(多段式)의 : a ~ rocket 다단식 로케(step rocket).
mul·ti·sto·ry, 《英》 **mul·ti·sto·rey** [mʌ́l-tistɔ̀:ri] *a.* 〔限定的〕 여러 층의, 고층의 : a ~ parking garage 다층식 주차장 / a ~ building 고층 건축물.
:**mul·ti·tude** [mʌ́ltitjù:d] *n.* (1) ⓤⓒ 다수 : 수가 많음《*of*》 : a~ 〈~*s*〉 *of* problems 많은 문제 . (2) **a**](the ~(s)) 〔集合的 單·複數 취급〕 대중, 서민 appeal to *the* ~(s) 대중에게 호소하다. **b**]군중, 붐빔. (3) ⓒ 많은 사람, 군중. ***a ~ of...*** 다수의 〈수많은〉
mul·ti·tu·di·nous [mʌ̀ltətjú:dənəs] *a.* 다수의 ; 가지가지의, 많은, 광대한, 재대한 : ~ debts 허다한 빚.

파) **~·ly** *ad.* **~·ness** *n.*
mul·ti·va·lent [mʌ̀ltivéilənt, mʌltívə-] *a.* (1)【化】다원자가(多順子價)의, 다면적 가치(의의)를 가진. (2)【遺】(유전자가) 다가(多價)의.
mul·ti·vi·ta·min [mʌ̀ltiváitəmin] *a.* 종합 비타민의 : a ~ capsule 종합 비타민정.
— *n.* ⓒ 종합 비타민제.
mum[1] [mʌm] *a.* 〔敍述的〕 무언의, 잠자코 있는, 말하지 않는 : (as) ~ as a mouse 〈an oyster〉 침묵을 지키고.
— *n.* ⓤ 침묵, 무언. ***Mum's the world!*** 남에게 말하지 마, 비밀이다. ***sit ~*** 이야기 판에 끼지 않다.
— *int.* 말 마라!, 쉿!
— (***-mm-***) *vi.* 무언극을 하다 ; 가장하다.
·**mum**[2] *n.* ⓒ《英口》어머니, 엄마(《美》mom).
·**mum·ble** [mʌ́mbəl] *vt.* (1)…을 중얼〈웅얼〉거리다 : ~ a few words 몇마디 중얼거리다. (2)(음식물)을 우물우물 씹다. — *vi.* 중얼거리다, 중얼 중얼 말하다 : ~ to oneself 중얼중얼(웅얼웅얼) 혼잣말하다
— *n.* ⓒ 작고 분명치 않은 말, 중얼거림 : a ~ of conversation 알아들을 수 없는 말소리〈대화〉.
파) **múm·bling·ly** [-iŋli] *ad.* 우물우물. **-bler** *n.*
múm·bo júm·bo [mʌ́mboudʒʌ́mbou] (1)서아프리카 후인이 숭배하는 귀신. (2)미신적 숭배물, 우상, 공포의 대상. (3)알아들을 수 없는 말.
mum·mer [mʌ́mər] *n.* ⓒ【史】무언극 배우, 광대.
mum·mery [mʌ́məri] *n.* ⓒ (크리스마스 등의)무언극, 허례, 허황된 의식.
mum·mi·fi·ca·tion [mʌ̀mifikéiʃən] *n.* ⓤ 미라화(化).
mum·mi·fy [mʌ́mifài] *vt.* (1)…을 미라로 하다. (2)…을 말려서 보존하다 ; 바짝 말리다.
·**mum·my**[1] [mʌ́mi] *n.* ⓒ (1)미라. (2)말라빠진 사람. (3) 짙은 갈색(그림 물감). ***beat to a ~*** 때려눕히다, 몰매질하다.
·**mum·my**[2] *n.* ⓒ【英兒】엄마(mamma)(《美》mommy).
mumps [mʌmps] *n.*【醫】(종종 the ~) (유행성) 이하선염(耳下腺炎), 항아리 손님.
mu·mu, mu-mu [múːmùː] *n.* =MUUMUU.
·**munch** [mʌntʃ] *vt.* (소리나게) …을 우적우적 씹어 먹다, 으드득으드득 깨물다.
— *vi.* 《~/+前+名》우적우적 먹다《*at*》: ~ *at* an apple 사과를 우적우적 먹다.
mun·chies [mʌ́ntʃiz] *n.* (*pl.*)《美俗》(1)가벼운 식사, 스낵. (2)(the ~) (대마초 흡연 후의) 공복감, 시장기 : have *the* ~ 배가 고프다.
mun·dane [mʌ́ndein, -ˊ] *a.* (1)현세의, 세속적인(earthly). (2)평범한, 보통의, 일상적인 : a pretty ~ life 비교적 평범한 생활. 파) **~·ly** *ad.*
:**mu·nic·i·pal** [mjuːnísəpəl] *a.* (사치권을 가진) 시(市)의, 도시의, 자치 도시의, 시정(市政)〈시제(市制)〉의, 시영의 ; 지방 자치의.
·**mu·nic·i·pal·i·ty** [mjuːnìsəpǽləti] *n.* ⓒ (1)자치체《시, 읍 등》. (2)〔集合的 : 單·複數 취급〕 시 〈읍〉 당국 : The ~ has〈have〉 closed the hospital. 시 당국은 그 병원을 패쇄 했다.
mu·nic·i·pal·ize [mjuːnísəpəlàiz] *vt.* (1)…을 시 자치제로 하다, 시도하다. (2)…을 시영으로 하다, 시유화하다.
mu·nif·i·cence [mjuːnífəsns] *n.* ⓤ 아낌없이 줌, 활수함, 손이 큼.
mu·nif·i·cent [mjuːnífəsənt] *a.* (1)(사람이)인색하지 않은, 아낌없이 주는, 손이 큰. (2)(선물이) 푸짐한 : a ~ gift 푸짐한 선물. 파) **~·ly** *ad.*
mu·ni·ments [mjúːnəmənts] *n.* (*pl.*)【法】부동산 권리 증서, 공식기록, 공문서.
·**mu·ni·tion** [mjuːníʃən] *n.* (*pl.*) 군수품, 《특히》 탄약 : ~*s* of war 군수품. — *a.* 〔限定的〕 군수품의 : a ~ plant 〈factory〉 군수 공장. — *vt* …에 군수품을 공급하다.
mu·ral [mjúərəl] *a.* 〔限定的〕 벽의, 벽 위〈속〉의 ; 벽과 같은 : a ~ painting 벽화 / a ~ decoration 벽장식.
— *n.* ⓒ (큰) 벽화, 벽장식. 파) **~·ist** *n.* ⓒ 벽화가.
:**mur·der** [mə́ːrdər] *n.* (1) a]ⓤ 살인 :【法】고살(故殺), 모살(謀殺) : commit ~ 살인죄를 범하다 / *Murder* will out.《俗談》살인〈비밀, 나쁜 일〉은 반드시 드러난다. b]ⓒ 살인 사건 : solve a ~ 살인 사건을 해결하다. (2) ⓤ《口》매우 위험〈곤란, 불쾌〉한 일 ; 살인적인 경험〈난사(難事)〉. The exam was ~. 시험은 무척 어려웠다. ***cry*** 〈***screem, shout***〉 (***blue***) ***~*** 비명 지르다, 터무니 없이 큰 소리를 지르다《'큰일 났다 !' '사람 살려!' 따위》 ***get away with ~*** 《口》나쁜 짓을 해도 벌받지 않고 지나다. ***like blue ~*** 전속력으로. ***~ in the first*** 〈***second***〉 ***degree*** 제1〈2〉급 살인《보통 제1급은 사형, 제2급은 유기형》. ***The ~ is out.*** 비밀이 드러났다, 수수께끼가 풀렸다.
— *vt.* (1)…을 살해하다, 학살하다(kill) ;【法】모살하다 : He ~*ed* her with a knife. 그는 칼로 그녀를 죽였다. (2)(노래·역 등)을 못쓰게 하다, 잡쳐 놓다 : ~ Mozart 모차르트 곡을 엉망으로 연주하다. — *vi.* 살인하다.
:**mur·der·er** [mə́ːrdərər] (*fem.* ***mur·der·ess*** [-ris]) *n.* ⓒ 살인자, 살인범 : a mass ~ 대량 살인자.
·**mur·der·ous** [mə́ːrdərəs] *a.* (1)살인의, 살의(殺意)가 있는 : a ~ scheme 살인 계획 / a ~ weapon 흉기. (2)흉악한, 잔학한 : a ~ dictator 잔악한 독재자. (3)《口》살인적인, 무시무시한, 지독한, 매우 어려운(불쾌한, 위험한)《더위 따위》.
파) **~·ly** *ad.* **~·ness** *n.*
murk [məːrk] *n.* ⓤ 암흑, 칠흙 같은 어둠(gloom, darkness).
murky [mə́ːrki] (***murk·i·er ; -i·est***) *a.* (1)어두움 : 음울한. (2)(안개·연기 따위가) 자욱한. (3)(물·개천이) 탁한, 흐린, 더러워진 : ~ water. (4)뒤가 켕기는, 꺼림칙한. 파) **múrk·i·ly** *ad.*
:**mur·mur** [mə́ːrmər] *n.* ⓒ (1)중얼거림, 속삭임. (2)불평, 중얼거림 : obey without a ~ 군말 없이 따르다. (3)(잎·나뭇잎 따위의) 스치는 소리 ; (바람·파도 따위의) 솨솨 소리 ; (시냇가 따위의) 졸졸 소리. (4)【醫】(청진기에 들리는) 잡음.
— *vi.* (1)졸졸 소리내다, 속삭이다 : a ~*ing* brook 졸졸 흐르는 시냇물. (2)《+前+名》불평을 하다, 낮은 소리로 투덜거리다, 투덜내나《*at* , *against*》: ~ *at* 〈*against*〉.
— *vt* …을 속삭이다, 나직하게 말하다.
mur·mur·ous [mə́ːrmərəs] *a.* (1)살랑거리는, 솨솨 소리내는, 졸졸 소리나는. (2)속삭이는 : 투덜 〈중얼〉거리는.
Múrphy's Láw 머피 법칙《경험에서 얻은 몇 가지의 해학적인 지혜 ; '실패할 가능성이 있는 것은 실패한다' 따위》.
mur·rain [mə́ːrin] *n.* ⓤ (가축 특히 소의) 전염병.

mus·ca·tel [mʌ̀skətél] *n.* ⓤⓒ 머스커텔《머스캣(muscat)으로 빚은 포도주》, 백포도주.

:mus·cle [mʌ́səl] *n.* (1) ⓤⓒ 근육, 힘줄 : voluntary〈involuntary〉 ~*s* 수의근〈불수의근〉 / Physical exercises develop ~. 체조는 근육을 발달시킨다. (2) ⓤ 근력(筋力), 완력 : a man of ~ 완력이 있는 사람. (3) ⓤ《口》압력, 강제 : military ~ 군사력 / a political leader with plenty of ~ 대단한 영향력을 가지고 있는 정계의 지도자〈보스〉. ▫ muscular *a.* ***do not move a ~*** 눈 하나 까딱 않다. ***flex*** one***'s ~s*** 1)(큰일을 하기 위해) 근육을 풀다. 2)《美口》비교적 쉬운 일로힘을 과시하다. ***on the ~***《美俗》툭하면 싸우려 드는〈손찌검을 하는〉.
— *vt.* (1)《+目+副》…에 (억지로) 끼어들다, 힘으로 밀고 들어가다〈나아가다〉. (2)…을 (…에) 억지로 밀어붙이다《*through*》. ***~ in***《口》억지로 비집고 들어가다 : ~ *in* on a person's territory 남의 세력권에 억지로 비집고 들어가다.

mus·cle-bound [-bàund] *a.* (1)(과도한 운동으로) 근육이 뻣뻣해진, 탄력을 잃은. (2)(규칙 등) 탄력성이 없는, 경직된.

(-)mus·cled [mʌ́sld] *a.* 〔흔히 複合語를 이루어〕 근육이 …한 : strong-~ 근육이 강한.

mus·cle·man [mʌ́slmæ̀n] (*pl.* ***-men*** [-men]) *n.* ⓒ (1)근육이 늠름한 남자. (2)《俗》고용된 폭력 단원.

·mus·cu·lar [mʌ́skjələr] *a.* (1)근육의 : the ~ system 근육조직/ ~ strength 근력(筋力), 완력. (2)근골(筋骨)〈근육〉이 억센, 강건한, 힘센 : a ~ arm 억센 팔. (3)(표현 등이) 힘찬. ▫ muscle *n.* 파) **~·ly** *ad.*

múscular dýstrophy **[醫]** 근(筋)위축증.

mus·cu·lar·i·ty [mʌ̀skjəlǽrəti] *n.* ⓤ 근육이 늠름함 ; 억셈, 힘셈, 강건, 강장.

Muse [mju:z] *n.* (1)**[그神]** 뮤즈《시·음악·학예를 주관하는 9여신의 하나》. (2) ⓒ (흔히 one's m-, the m-) 시적 영감, 시상(詩想), 시재(詩才). ***the ~s*** 뮤즈의 신들.

:muse [mju:z] *vi.* (1)《~/+前+名》명상하다, 숙고하다(reflect), 묵상하다, 생각에 잠기다《*about* ; *on, upon* ; *over*》. (2)(생각에 잠겨) 유심히 바라보다《*on*》.
— *vt* …을 깊이 생각하다, 숙고하다, (생각에 잠겨) …라고 마음 속으로 말하다〈생각하다〉.

mu·sette [mju:zét] *n.* ⓒ (1)뮤제트《프랑스의 작은 백파이프(bagpipe)》, 그 무곡. (2)**[軍]** (어깨에 걸치는) 작은 잡낭(= **~̀bàg**).

:mu·se·um [mju:zí:əm/ -zíəm] *n.* ⓒ 박물관, 미술관, 기념관 : a science ~ 과학 박물관.
[◁ Muse]

muséum attèndant 박물관(미술관)의 안내계〈관원〉.

muséum pìece (1)박물관에 진열하기에 합당한) 귀중품, 일품(逸品), 진품(珍品). (2)《蔑》(박물관에나 보낼 만한) 케케묵은 물건〈사람〉, 시대에 뒤진 사람.

mush[1] [mʌʃ] *n.* ⓤ (1)《美》옥수수 죽. (2)(죽처럼) 걸쭉한 것〈음식〉. (3)《口》값싼 감상(感傷), 값싼 감상적인 말〈문장 따위〉.

mush[2] 《美·Can.》 *int.* 가자《썰매 끄는 개를 추기는 소리》. — *n* ⓒ (눈 속의) 개썰매 여행.
— *vi.* (눈속에서) 개썰매 여행을 하다, 개썰매로 가다.

:mush·room [mʌ́ʃru(:)m] *n.* (1) ⓤⓒ 버섯(주로 식용) ; 양송이. 【cf.】 toadstool. 『 ~ soup 버섯국. (2) ⓒ 버섯 모양의 구름·연기(등) : a nuclear ~ 원폭의 버섯 구름. (3) ⓒ (버섯처럼) 급속히 성장한 것 ; 벼락 부자, 졸부. — *a.* (1)버섯 같은 : a ~ cloud 원폭의 버섯 구름. (2)우후죽순 같은 ; 급성장하는 : a ~ town 신흥 도시 / a ~ millionaire 벼락 부자, 졸부 / a ~ growth 빠른 성장. — *vi.* (1)버섯을 따다 : go ~*ing* 버섯따러 가다. (2)버섯 모양으로 되다 ; (불·연기 따위가) 확 번지다〈퍼지다〉《*up* ; *out*》. (3) a)급속히 생겨나다, 빨리 생기다. b)《+前 +名》(…로) 발전하다《*into*》.

mushy [mʌ́ʃi] (***mush·i·er*** ; ***-i·est***) *a.* (1)죽 같은, 흐늘흐늘한, 걸쭉한(palpy). (2)《口》(영화 등이) 감상적인.

:mu·sic [mjú:zik] *n.* ⓤ (1)음악, 악곡. (2)(음악) 작품 ; 악곡 ; 악보. (3)듣기 좋은소리, 주악, 음악적인 음향 : the ~ of birds 듣기 좋은 새 소리. (4)음감, 음악 감상력. ***be ~ to*** a person***'s ears*** 〈남이 싫어하는 소리(말)가〉 …에게 기분좋게 들리다. ***face the ~*** (자기 행위의 결과에) 스스로 책임을 지다 ; 당당하 비판을 받다. ***~ to*** one***'s ears*** (귀에〈들어〉) 기분 좋은 것. ***rough ~*** (심술부려 떠드는) 법석. ***the ~ of the spheres*** 천상(天上)의 음악《천체의 운행에 따라 일어난다고 Pythagoras 가 상상했던 영묘한》.

:mu·si·cal [mjú:zikəl] (***more ~*** ; ***most ~***) *a.* (1)음악의. (2)음악적인, 가락이 좋은, 듣기 좋은. (3)음악에 능한 ; 음악을 좋아하는, 음악을 이해하는. — *n.* ⓒ 음악(회)극, 뮤지컬.

músical cháirs 의자빼앗기 놀이《인원수보다(하나) 적은 의자 주위를 빙빙 돌다가 음악이 끝남과 동시에 일제히 다투어 앉는 놀이》. ***play ~*** 1)의자 빼앗기 놀이를 하다. 2)서로 상대를 앞지르려 하다.

músical cómedy 뮤지컬, 희가극.

mu·si·cale [mjù:zikǽl] *n.* ⓒ《美》(사교적) 음악회.

músical fìlm 음악 영화, 뮤지컬 영화.

músic dràma **[樂]** 악극.

músic hàll (1)음악당, 음악회장. (2)《英》뮤직홀, 연예관(《美》vaudeville theater).

:mu·si·cian [mju:zíʃən] *n.* ⓒ (1)음악가. (2)음악을 아는 사람, 음악에 뛰어난 사람, 음악을 공부하는 사람.

mu·si·col·o·gy [mjù:zikálədʒi/ -kɔ́l-] *n.* ⓤ 음악학, 음학 이론.

músic pàper 악보 용지, 5선지.

músic stànd 보면대(譜面臺), 악보대.

músic stòol (높이를 조절할 수 있는) 연주용 의자, 피아노·오르간용 의자.

mus·ing [mjú:ziŋ] *a.* 생각에 잠긴, 명상적인. — *n.* ⓤⓒ 묵상, 숙고. 파) **~·ly** *ad.* 생각에 잠겨.

musk [mʌsk] *n.* ⓤ 사향(의 냄새)《사향노루 수컷에서 얻는 분비물》.

mus·ket [mʌ́skət] *n.* ⓒ (총강(銃腔)에 선조(旋條)가 없는) 구식 소총.

mus·ket·ry [mʌ́skətri] *n.* ⓤ **[軍]** 소총 사격(술), (집합적) 머스케총, 소총, 소총부대.

musk·mel·on [mʌ́skmèlən] *n.* ⓒ **[植]** 머스크 멜론.

musk·rat [∠ræ̀t] (*pl.* ~, **~s**) *n.* (1) ⓒ 사향뒤쥐 (=**~̀ bèaver**). (2) ⓤ 그 모피.

músk ròse 사향장미《지중해 지방산(産)》.

musky [mʌ́ski] (***musk·i·er*** ; ***-i·est***) *a.* 사향의 :

사향 냄새 나는 : a ~ scent 사향 냄새.

Mus·lim, -lem [mʌ́zləm, mús-, múz-] (*pl.* ~, **~s**) *n.* ⓒ 이슬람교도, 회교도. — *a.* 이슬람교(도)의.

·mus·lin [mʌ́zlin] *n.* ⓤ 머슬린, 메린스 ; 《美》 옥양목. [◁ 면직물 공업이 성했던 이라크 북부의 도시 Mosul]

muss [mʌs] 《美口》 *vt.* (머리카락·옷 따위)를 엉망〈뒤죽박죽〉으로 만들다 ; 짓구겨 놓다《*up*》.
— *n.* ⓤ 엉망, 뒤죽박죽 ; 법석, 싸움, 혼란, 난잡.

mus·sel [mʌ́səl] *n.* ⓒ 【貝】 홍합 ; 마합류.

mussy [mʌ́si] (***muss·i·er ; i·est***) *a.* 《美口》 엉망〈뒤죽박죽〉의 난잡한, 구깃구깃한 : ~ hair 봉두난발.

:must[1] [mʌst, 弱 məst] (must not 의 간약형 ***mustn't*** [mʌ́snt]) *aux. v.* (1)〔필요〕 …해야 한다, …할 필요가 있다 : Animals ~ eat to live. 동물은 생존하기 위해서는 먹어야 한다 / I told him that I ~ go. 나는 그에게 내가 꼭 가야 한다고 말했다.
(2) a]〔의무·명령〕 …해야 한다 : You ~ do as you are told. 말한 대로 해라. b]〔must not 으로, 금지〕 …해서는 안된다 : You really ~*n't* say anything about it. 그것을 절대로 입 밖에 내어 서는 안된다.
(3)〔主語의 주장〕 꼭 …하고 싶다〈해야 한다〉, …않고는 못 배긴다《must 가 강하게 발음됨》 : I ~ ask your name, sir. 꼭 존함 좀 알았으면 싶은데요.
(4)〔추정〕 a]…임〈함〉에 틀림없다, 틀림없이 …이다〈하다〉 : It ~ be true. 정말임에 틀림 없다 / You ~ know where he is. He is a friend of yours. 자넨 그가 있는 곳을 알고 있을 것이다. 친구이니까. b]〔must have + 과거분사 ; 過去에 대한 추정〕 …이었음〈했음〉에 틀림없다.
(5)〔필연〕 반드시 …하다, …은 피할 수 없다 : Everyone ~ die. 누구나 반드시 죽는 법이다.
(6)《口》〔공교롭게 일어난 일〕 곤란하게도 …이 일어난다〈일어나다〉, 공교롭게(난처하게) …하였다〈하다〉 : Just when I was to sleep the phone ~ ring. 막 잠이 들려는데, 심술궂게도 전화가 울렸다 《과거를 나타냄》.
~ *needs* do ⇨ NEEDS. ***needs* ~** do ⇨ NEEDS.
— *a.* 〔限定的〕《口》 절대 필요한, 필수의, 필독의 : a ~ book for teenagers 10대의 사람들의 필독서 / ~ subjects 필수 과목.
— *n.* (a ~) 《口》 절대 필요한 것, 필수품, 꼭 보아야〈들어야〉 할 것 : *a* tourist ~ 관광객이 꼭 보아야 할 것.

must[2] [mʌst] *n.* ⓤ (발효(醱酵)전, 발효주의) 포도액〈즙〉, 새 포도주.

must[3] *n.* ⓤ 곰팡내 ; 곰팡이.

·mus·tache, mous- [mʌ́stæʃ, məstǽʃ] *n.* ⓒ (종종 *pl.*) 콧수염, 코 밑수염 : grow〈wear〉 a ~ 콧수염을 기르다〈기르고 있다〉.

mus·ta·chio [məstɑ́:ʃou] (*pl.* **~s**) *n.* ⓒ (흔히 *pl.*) 커다란 콧수염.

mus·tang [mʌ́stæŋ] *n.* ⓒ 머스탱《멕시코·텍사스산(産)의 소형 반야생마》, 수병 출신의 해군사관. (***as***) ***wild as a*** **~** 《美口》 몹시 난폭한, 어찌할 도리가 없는.

·mus·tard [mʌ́stərd] *n.* ⓤ (1)겨자, 머스터드. (2)【植】 평지, 갓. (3)겨잣빛, 짙은 황색. (***as***) ***keen as*** **~** 1)아주 열심인. 2)이해가 빠른. ***cut the*** **~** 기대에 부응하다. **~ *and cress*** 갓과 물냉이의 어린 잎.

mústard sèed 겨자씨《분말은 조미료·약용》. ***a grain of*** **~** 【聖】 겨자씨 한알, 작지만 발전의 바탕이 되는 것《마태복음 XIII : 31》.

·mus·ter [mʌ́stər] *n.* ⓒ (1)소집, 검열, 점호. (2)집합 인원 ; 점호 명부(~ roll). ***pass*** **~** 검열을 통과하다.
— *vt.* (1)(점호·검열 등을 위해, 군인·선원 등)을 소집하다, 집합시키다. (2)(힘·용기 따위)를 모으다, 불러 일으키다, 분발하다. — *vi.* (점호·검열에 군대 등이) 모이다, 응소(應召)하다. **~ *in*** 《美》 … 을 입대시키다. **~ *out*** 《美》 …을 제대시키다.

múster ròll 병원(兵員)〈선원〉 명부, 점호부, 등록부.

:mustn't [mʌ́snt] must not 의 간약형.

musty [mʌ́sti] (***must·i·er ; -i·est***) *a.* (1)곰팡핀, 곰팡내 나는. (2)케케묵은, 진부한(stale) : ~ ideas 진부한 생각. 파) **múst·i·ness** *n.*

mu·ta·bil·i·ty [mjù:təbíləti] *n.* ⓤ 변하기 쉬움, 변덕, 무상(無常) : the ~ of life 인생의 무상.

mu·ta·ble [mjú:təbəl] *a.* 변하기 쉬운, 무상한.

mu·ta·gen [mjú:tədʒən] *n.* ⓒ 【生】 돌연변이원(療), 돌연변이 유발 요인.

mu·tant [mjú:tənt] *a.* 【生】 돌연변이의 〈에 의한〉.
— *n.* ⓒ 【生】 돌연변이체, 변종.

mu·tate [mjú:teit] *vi.* (1)변화하다. (2)【生】 돌연변이를 하다(sport). (3)【言】 모음 변화를 하다. — *vt.* (1)【生】 돌연변이를 일으키게 하다. (2)【言】 (모음)을 변화시키다.

mu·ta·tion [mju:téiʃən] *n.* (1) ⓤⓒ 변화, 변성, 변전(變轉), (세상의) 변천. (2) ⓤⓒ 【言】 모음 변화, 움라우트(umlaut) : the ~ plural 변(모)음 복수《보기 : man›men, goose›geese》. (3)【生】 a] ⓤ 돌연변이. b] ⓒ 변종. ***the ~ of life*** 속세의 유위 전변(有爲擄變).

mu·ta·tis mu·tan·dis [mu:tɑ́:tis mu:tǽndis] 《L.》 필요한 변경을 가하여, 준용(準用)해서.

:mute [mju:t] (***mu·ter ; i·est***) *a.* (1)무언의, 말 이 없는, 침묵한(silent) (2)벙어리의, 말을 못하는 (dumb). (3)【音】 묵자〈묵음(默音)〉의《knot의 k, climb의 b등》 : a ~ letter 묵자. (4)【法】 (피고가) 대답을 않는, 묵비권을 행사하는. — *n.* ⓒ (1)벙어리, (특히) 귀먹은 벙어리. (2)【音】 묵자, 묵음. (3)(악기의) 약음기(弱音器).
— *vt.* (1)…의 소리를 죽이다〈약하게 하다〉. (2)…의 색조(色調)를 부드럽게 하다.
파) **~·ly** *ad.* 무언으로, 벙어리같이 ; 소리를 내지 않고. **~·ness** *n.*

mut·ed [mjú:tid] *a.* (1)침묵한 ; (소리·어조 등이) 억제(抑制)된 : criticism 조심스러운 비판. (2)색조(色調)를 약하게 한, 칙칙한 : ~ red 칙칙한 적색. (3)【樂】 약음기를 단〈쓴〉, 약음기를 달고 연주한.

·mu·ti·late [mjú:təlèit] *vt.* (1)(수족)을 절단하다, 불구로 만들다. (2)(물건)을 절단내다 ; (문서 등)의 골자를 빼버리다.

mu·ti·la·tion [mjù:təléiʃən] *n.* ⓤⓒ (1)(수족 등을) 절단하기, 불구로 (불완전하게) 하기. (2)(문서 등의) 골자를 빼버리기. (3)불완전하게 만들기.

mu·ti·nous [mjú:tənəs] *a.* (1)폭동〈반란〉에 가담한〈을 일으킨〉 : ~ soldiers 반란병. (2)반항적인, 불온한. 파) **~·ly** *ad.* 반항적으로.

·mu·ti·ny [mjú:təni] *n.* ⓤⓒ (1)(특히 군인·수병 등의) 폭동, 반란 ; 【軍】 하극상 : be charged with ~ 반란죄로 문초받다. (2)(권위에 대한) 반항.

— *vi*. 폭동을 일으키다. 반항하다《*against*》.

mutt [mʌt] *n*. ⓒ《俗》(1)바보, 얼간이. (2)《蔑》(특히) 잡종개 ; 똥개(mongrel, cur).

:mut·ter [mʌ́tər] *n*. (a ~) 중얼거림 ; 투덜거림, 불평 : in *a* ~ 낮은 소리로, 중얼중얼.
— *vi*. 《~/+前+名》 중얼거리다 ; 투덜거리다 :《*at* ; *aganist*》: ~ to oneself 혼자서 중얼중얼하다 / ~ *against* a person 아무에 대하여 불평을 하다. — *vt*. 《~/+目/+目+前+名》…을 낮은 소리로 중얼중얼(웅얼웅얼) 하다 ; 투덜거리다.

:mut·ton [mʌ́tn] *n*. ⓤ 양고기(=sheep) : roast ~ 양고기 불고기 / a leg of ~ 양의 다리 고기. (***as***) ***dead as*** ~ 아주 죽어서, 전혀 움직이지 않는. (***as***) ***thick as*** ~ 《俗》 머리가 나쁜, 둔한. ***~ dressed*** (***up***) ***as lamb*** 《口》 젊게 보이도록 화장한 중년 여성. ***to return*** 〈***gete***〉 ***to our ~s*** 각설하고 본론으로 돌아가서.

mútton chòp 양의 갈비(에 붙은) 고기.

mut·ton·chops [mʌ́tntʃɑ̀ps/-tʃɔ̀ps] *n*., *pl*. 위는 좁고 밑은 퍼지게 기른 구렛나룻(=~ **whísk-ers**).

mut·ton·head [-hèd] *n*. ⓒ《口》바보, 얼간이.

mut·ton·head·ed [-hèdid] *a*. 《口》 바보같은, 어리석은(stupid), 우둔한.

:mu·tu·al [mjúːtʃuəl] *a*. (1)서로의, 상호관계가 있는 : ~ aid 상호 부조 / ~ respect 상호 존경 / a ~ (~aid) society 공제 조합. (2)공동의, 공통의(common) : ~ efforts 협력.

mútual insúrance còmpany 상호 보험 회사.

mu·tu·al·i·ty [mjùːtʃuǽləti] *n*. ⓤ 상호〈상관〉관계 ; 상호 의존.

mu·tu·al·ly [mjúːtʃuəli] *ad*. 서로, 상호간에 : a ~ beneficial project 상호 이익이 되는 기획 / The two idea are ~ contradictory. 그 두 견해는 서로 모순된다.

Mu·zak [mjúːzæk] *n*. ⓤ 영업용 배경 음악《라디오·전화선을 통해 계약점에 송신 ; 商標名》.

·muz·zle [mʌ́zəl] *n*. ⓒ (1)(동물의) 입·코 부분, 부리, 주둥이. (2)입마개, 재갈, 부리망 : put a ~ on a dog 개에 입마개를 씌우다. (3)총구, 포구.
— *vt*. (1)(동물의 입)에 부리망을 씌우다. (2)…에 입막음하다, 말 못하게 하다 ; 언론의 자유를 방해하다 : ~ the press 보도를 못하게 하다.

muz·zle-load·er [-lòudər] *n*. ⓒ (옛날의) 전장(前裝)총〈포〉.

múzzle velócity (탄환이)총구를 떠난 순간의 속도, 포구, 초속(初速).

muz·zy [mʌ́zi] (***-zi·er*** ; ***-zi·est***) *a*. 《口》(병·음주 따위로) 머리가 개운찮은, 몽롱한, 머리가 멍한, 분명치 않은.
파) **múz·zi·ly** *ad*. **-zi·ness** *n*.

:my [mai, 弱 mi] *pron*. (1)〔I 의 所有格〕나의 : This cake is all ~ own work 나는 다른 사람의 도움없이 그것을 해냈다. (2)〔動名詞나 動作을 나타내는 名詞의 意味上의 主語로서〕나는, 내가.
— *int*. 《口》 아이고, 저런 《놀라움을 나타냄》: *My!* It's beautiful! 야, 아름답구나. / *My*, (but) how amusing! 야, 얼마나 재미있는 일인가 !, 야, 참 재미있군. ***My!*** ***=Oh My!*** ***=My eye!*** ***=My goodness!*** 아이고, 저런, 이것 참.

My·an·mar [mijɑ́nmɑːr] *n*. 미얀마《1989년부터 바뀐Burma의 새 국명 : 정식 명칭은 the Union of ~ ; 수도 Yangon》.

My·ce·nae [maisíːniː] *n*. 미케네《그리스의 옛 도시》.

-mycin '균류에서 채취한 항생 물질' 의 뜻의 결 합사.

my·col·o·gy [maikɑ́lədʒi/ -kɔ́l-] *n*. ⓤ 균학(菌學), 균류학, 파) **-gist** *n*. ⓒ 균(菌)학자.

my·e·li·tis [màiəláitis] *n*. ⓤ 【醫】 척수염.

my·na, -nah [máinə] *n*. ⓤ 구관조(九官鳥).

my·o·pia, my·o·py [maióupiə], [máiəpi] *n*. ⓤ (1)【醫】 근시안, 근시. 【cf.】 presbyopia. (2)근시안적임, 단견(短見).

my·op·ic [maiɑ́pik/ -ɔ́p-] *a*. (1)근시(안)의, 근시성의. (2)근시안적인 : the ~ pursuit of self-inerest 자기 이익의 근시안적인 추구 / a ~ view 근시안적인 견해.
파) **my·op·i·cal·ly** *ad*.

·myr·i·ad [míriəd] *n*. ⓒ 만, 무수《*of*》: There are ~*s* 〈a~〉 *of* stars in the universe. 우주에는 무수한 별들이 있다.
— *a*. 무수한, 셀 수 없이 많은. 파) **~·ly** *ad*.

Myr·mi·don [mə́ːrmədɑ̀n, -dən/ -dɔ̀n] (*pl*. ***~s. Myr·mid·o·nes*** [-nìːz]) *n*. ⓒ (1)【그神】 뮈르미돈 사람《Achilles 를 따라 트로이 전쟁에 참가한 용맹한 Thessaly 부족(部族)의 사람》. (2)(m-) (명령을 충실히 수행하는) 부하, 수하, 앞잡이.

myrrh [məːr] *n*. ⓤ 미르라, 몰약(沒藥)《열대산 관목에서 내는 향기로운 수지(樹脂) ; 향료·약용》.

·myr·tle [mə́ːrtl] *n*. ⓤⓒ 【植】 도금양(挑金孃) 《상록 관목)》;《美》=PERIWINKLE[1].

:my·self [maisélf, mə-] (*pl*. ***our·selves*** [auərsélvz]) *pron*. (1)〔I, me의 强調形·再調形〕 나 자신. 【cf.】 oneself. 『 I have hurt ~. 나는 다쳤다. (2)〔前置詞' 의 目的語〕내 자신 : I live by ~. 혼자 살고 있다 / I was beside ~. 내 정신이 아니었다. (3)정상인〈평상시의〉 나. ***by ~*** 단독으로, 혼자서. ***for ~*** 손수 ; 나 자신을 위하여. ***I am not ~*** 나는 몸(머리)이 좀 이상하다.

:mys·te·ri·ous [mistíəriəs] *a*. (1)신비한, 알기 어려운, 이해할 수 없는, 불가사의한 : the ~ universe 신비로운 우주. (2)뭔가 사연이〈이유가〉 있는 듯한 : Don't be so ~. 그렇게 뭔가 사연이라도있는 듯이 굴지 말게. ㅁ mystery *n*. 파) **~·ness** *n*.

mys·te·ri·ous·ly [mistíəriəsli] *ad*. (1)수수께끼처럼, 신비하게. (2)〔文章修飾〕 이상하게도.

:mys·tery [místəri] *n*. (1) ⓤ 신비, 불가사의 : His disappearance is wrapped in ~. 그의 실종은 수수께끼에 싸여 있다 / an air of ~ 신비스러운 분위기. (2) ⓒ 신비스러운 일, 비밀, 수수께끼. (3) ⓒ a](흔히 *pl*.) (종교상의) 오의(鼻義), 비법. b]【가톨릭】 성찬식 ; (흔히 *pl*.) 성체(聖體). (4) ⓒ 괴기 〈탐정, 추리〉 소설, 미스터리 ; 영험기(雲驗記). (5) (중세의) 기적극(mystery play). ㅁmysterious *a*. **make s ~ of** …을 비밀로 하다, …을 신비화하다.

·mys·tic [místik] *a*. (1)(종교적인) 비법의, 비의(秘儀)의 : a art 비술(秘術) / ~ words 주문(注文). (2)신비적인, 불가사의한 : a ~ number 신비한 숫자《7 따위》.
— *n*. ⓒ 신비가(神秘家), 신비주의자.

·mys·ti·cal [místiləl] *n*. (1)신비적인 ; 불가사의한, 신비설의, 신비주의적인. (2)상징적인, 정신적 의의가 있는 : (a) ~ significance 상징적 의의. 파) **~·ly**

ad.

mys·ti·cism [místəsìzəm] *n.* ⓤ 【哲】신비주의, 신비론(설)《신(神)의 존재, 궁극적인 진리는 신비적 직관·체험에 의해서 알 수밖에 없다는 설》.

mys·ti·fi·ca·tion [mìstəfikéiʃən] *n.* ⓤⓒ (1) 신비화. (2)당혹시킴, 얼떨떨(어리둥절)하게 함. (3)헷갈리게 함, (의도적으로) 속이기.

mys·ti·fy [místəfài] *vt.* (1)…을 신비화하다, 불가해하게 하다. (2)…을 당혹하게〈어리둥절하게, 얼떨떨하게〉 만들다.

mys·tique [mistí:k] *n.* ⓒ (흔히 *sing.*) (1)(어떤 교의(教義)·기술·지도자 등이 지닌) 신비한 매력〈분위기〉. (2)(비전문가에게는 불가사의라고 생각되는 전문가의) 신기(神技), 비법, 비결.

:myth [miθ] *n.* (1) **a**]ⓒ 신화. **b**]ⓤ 〔集合的〕 신화《전체》 : a hero famous in ~ 신화에서 유명한 영웅. (2) ⓒ 꾸며낸 이야기, 전설. (3) ⓒ 가공의 인물〈사물〉 : The dragon is a ~. 용은 가공의 동물이다. (4) ⓤⓒ '신화'《사회 일반의 습성적인, 그러나 근거가 박약한 생각·사고 (思考)》, (일반적으로 퍼진) 잘못된 신념〈통념〉.

myth·ic, -i·cal [míθik], [-əl] *a.* (1)신화의, 신화적인. (2)가공의, 공상의, 상상의 : a *mythical* creature 가공의 동물.

파) **-i·cal·ly** [-kəli] *ad.*

my·thog·ra·pher [miθágrəfər/ -θɔ́g-] *n.* ⓒ 신화 작가(기록자, 수집가).

my·thog·ra·phy [miθágrəfi/ -θɔ́g-] *n.* (1) ⓤ 신화집. (2) ⓤⓒ 신화 예술《회화·조각 등의》.

myth·o·log·ic, -i·cal [mìθəládʒik/ -lɔ́-], [-əl] *a.* (1)신화학(상)의 : *mythologic* literature 신화 문학. (2)=MYTHICAL.

·my·thol·o·gy [miθálədʒi/ -θɔ́l-] *n.* (1) **a**]ⓤ〔集合約〕 신화 : Scandinavian ~ 북유럽 신화. **b**]ⓒ 신화집. (2) ⓤ 신화학.

파) **-gist, -ger** n. 신화학자 : 신화 작가.

N

N, n [en] (*pl.* **N's, *N*s, n's, *ns***) (1) ⓤ ,ⓒ《 엔 (영어 알파벳의 열넷째 글자》; (연속물의) 14번째(의 것)《J를 넣지 않으면 13번째》. (2) ⓤ 【數】 (n)부정 정수(不定整數), 부정수. (3) ⓒ N자 모양의 것. (4) 【物】 (n) 중성자 ; 【生】 *n.* 《염색체수의 반수(半數) 또는 단상(單相)》.

nab [næb] (***-bb-***) *vt.* 《口》 (1) (범인 등)을 붙잡다, 체포하다(arrest)《*for*》 : ~ a thief 도둑을 체포하다. (2) … 을 잡아채다, 움켜쥐다.

na·celle [nəsél] *n.* ⓒ 【空】 (1) (비행기·비행선의) 엔지(화물, 승무원)실. (2) (기구에 매단) 곤돌라, 조롱(car).

na·cre [néikər] *n.* ⓤ 진주층.

na·cre·ous [néikriəs] *a.* 진주층의〈과 같은〉 ; 진주 광택의.

na·dir [néidər, -diər] *n.* ⓒ (the ~) (1) 【天】 천저(天底) (〖opp.〗 zenith). (2) 밑바닥 ; 최하점, 최저점 : at the ~ of …의 밑바닥에.

naff *a.* 《俗》 (1) 산뜻하지 않은, 촌스러운, 유행에 뒤진 : That's a bit ~, isn't it? 좀 촌스럽지 않은가. (2) 하찮은.

nag[1] [næg] *n.* ⓒ 《口》 말 ; 늙은 말 ; (별로 신통치 못한) 경주마, 《美俗》 낡은 자동차(jalopy).

nag[2] *n.* ⓒ 잔소리(꾼) ; 《口》 잔소리가 심한 여자. _(***-gg-***) *vt.* (1) … 을 잔소리하여 괴롭히다, … 에 게 바가지긁다 ; 귀찮게 졸라대어 … 시키다《*into*》 : She ~*ged* him all day long. 그녀는 그에게 하루종일 잔소리를 퍼부어 괴롭혔다. (2) (걱정 · 일 등이 사람)을 괴롭히다.

—*vi.* (1) 〔受動으로도 가능〕 (… 에게) 성가시게 잔소리를 하다《*at*》. (2)(걱정 · 아픔 등이) 끊임없이 괴롭히다《*at*》.

nag·ging [nǽgiŋ] *a.* 〔限定的〕 잔소리 심한, 쨍쨍거리는, 끈질긴, 성가신 ; (아픔 · 기침 등이) 계속 불쾌감을 주는 ; 늘 염두에서 떠나지 않는 : a ~ question 늘 머리에서 지워지지 않는 문제.

Na·hum [néihəm] (1) 【聖】 나훔《헤브라이의 예언자》. (2) (구약 성서의) 나훔서《略 : Nah.》.

nail [neil] *n.* ⓒ (1) 손톱, 발톱 ; (새 · 짐승의) 발톱. 【cf.】 claw, talon. 『 cut 〈pare〉 one's ~*s* 손톱〈발톱〉을 깎다. (2) 못 ; 대갈못, 징 : drive a ~ 못을 박다. (2) 궐련(coffin ~) ; 네일《길이의 단위 ; 2.25인치, 5.715cm》. ***a ~ in*〈*into*〉** one**'*s coffin*** 수명을 단축시키는 (원인이 되는) 것 《담배 · 술따위》 : drive〈hammer〉 a ~ *into* 〈*in*〉 a person's *coffin* 《口》 (사태 등이) 아무의 수명을 단축시키다〈파멸을 앞당기다〉. (***as***) ***hard*** (***tough***) ***as ~s*** 건강한 ; 완고하고 냉혹한. ***bite*** (***hew***) ***one's ~s*** 분해서〈신경질적으로〉 손톱을 깨물다. ***hit the*** (***right***) ***~ on the head*** 〈***nose***〉 = ***hit the ~ dead center*** (문제의) 핵심을 찌르다. on the ~ 즉석에서 (지불되는) : pay (cash) *on the* ~ 즉석에서 현금을 지급하다. **drive** (**hammer**) **a ~ into** 〈**in**〉 a person**' s coffin** (사태 등이) 사람의 목숨을 단축시키다(파멸을 앞당기다). ***tooth and*** ~ ⇨TOOTH. ***to the*** 〈***a***〉 ~ 철저하게 ; 완전히, 끝까지.

vt. (1) 《~+目/+目+前+名》 … 에 못〈징〉을 박다, … 을 못〈핀〉으로 고정하다《*on* ; *to*》 : ~ a lid *on* 〈*to*〉 the box 상자 두껑을 못질하여 고정시키다. (2) 《+目+副》 … 에 못질하여 포장하다《*up*》 : ~ goods up in a box 상품을 상자에 넣어 못질하다. (3) 《+目+前+名》《口》 (아무)를 꼼짝 못하게 하다 ; (눈길 · 주의 따위)를 끌다《*on*》 ; 【野】 (주자(走者))를 터치아웃시키다. (4) 《口》 … 을 붙들다, 체포하다 ; (나쁜 짓 하는 것)을 붙잡다 : The police ~*ed* him. 경찰은 그를 체포했다. (5) (거짓 등)을 들춰내다, 폭로하다. **~ *down*** 1) 못을 쳐서 고정시키다 ; (아무를 약속 · 의무 등으로) 꼼짝 못 하게 하다 : ~ down a person to a promise 아무를 약속으로 꼼짝 못하게 하다. 2) 결정적인〈부동의〉 것으로 하다 : ~ down a new agreement 새로운 협정을 부동의 것으로 확정하다. 3) (아무)를 실토케하다 ; 확정하다, 끝까지 보고 확인하다. ~ one**'*s colors to the mast*** ⇨ COLOR. ***~ up*** (문 · 창 등)을 못질하다 : (게시(揭示) 등을 벽 등)에 못〈핀〉으로 붙이다 : A notice had been ~*ed up* on the wall. 게시문이 벽에 붙어 있었다.

nail-bit·ing [⁄bàitiŋ] *a.* 《口》 손톱을 깨무는 버릇, 초조〈조마조마〉하게 하는.

nail·brush [⁄brʌ̀ʃ] *n.* ⓒ 손톱솔(매니큐어용).

nail·er [néilər] *n.* ⓒ (1) 못을 만드는 사람. (2) 못 치는 사람 ; 못 박는 자동식 기계.

náil file 손톱 다듬는 줄.

nail·head [⁄hèd] *n.* ⓒ 못대가리 ; 【建】 (Norman 건축 따위의) 못대가리 모양의 장식.

náil pòlish 〈**vàrnish**〉 매니큐어 에나멜, 매니큐어액.

náil scissors 손톱 깎는 가위.

na·ive, na·ïve [nɑːíːv] *a.* 《F.》 천진난만한, 세상을 모르는, 때묻지 않은, 소박한, 고지식한 ; 우직한, 잘속는 ; 미경험의 : We were moved by his ~ sincerity. 우리는 그의 순진한 성실성에 감동했다. (파) **~·ly** *ad.*

na·ive·té, -ïve- [nɑ̀ːiːvtéi, nɑːívətèi] *n.* 《F.》 (1) ⓤ 천진난만, 순진 ; 소박함, 단순함. (2) ⓒ (흔히 *pl.*) 소박〈단순〉한 행위〈말〉.

na·ked [néikid] (***more ~ ; most ~***) *a.* (1) 벌거벗은, 나체의, 가리개 없는 : go ~ 나체로 지내다 / strip a person ~ 아무를 발가벗기다. (2) 있어야 할 것이 없는, 잎〈나무, 털, 껍질, 날개, 비늘, 장식, 가구, 덮개, 카펫 등〉이 없는, 드러난, 노출된 : a ~ electric wire〈bulb〉 나선(裸線)〈알전구(電球)〉 / a ~ sword(칼 집에서) 뽑은 칼 / a ~ hill 초목이 없는 언덕. (3) 무방비의 : ~ *to* invaders 침입자 앞에 노출되어 있는. (4) 〔限定的〕 적나라한, 꾸밈 없는 : the ~ truth 있는 그대로의 사실 / the ~ heart 진심. (5) 【法】 보강 증거가〈보증이〉 없는 : a ~ promise 허튼 약속 / a ~ contract 무상(無償) 계약. with the ~ eye 맨눈으로. 파) **~·ly** *ad.* 벌거숭이로 ; 적나라하게.

nam·a·ble [néiməbəl] *a.* (1) 이름 붙일 수 있는 ; 지명할 수 있는. (2) 이름을 말해도 되는. ※ nameable로도 씀.

nam·by-pam·by [nǽmbipǽmbi] *a.* 지나치게 감상적인, 감수성이 예민한 ; 연약한. *n.* ⓒ (1)연약한 사람. (2) 감상적인 이야기〈문장〉.

:name [neim] *n.* (1) **a**) ⓒ 이름, 성명 ; (물건의)

명칭 : a common ~ 통칭 / May I have your ~, please? 존함은 어떻게 되시나요. (2) ⓤ (또는 a ~) 명성, 명망(名望) ; 평판 : seek ~ and fortune 명성과 부를 추구하다 / leave one's ~ behind in history 역사에 이름을 남기다. (3) 〔흔히 big, great, famous 등의 수식어를 수반〕《口》 유명인, 명사 : one of the great ~*s* of the age 당대의 저명인사 중의 한 사람. (4) ⓤⓒ **a**) 명의 ; 명목, 허명《실질에 대한》 : in reality and in ~ 명실 공히. **b**) 【論·哲】 명사(名辭) ; 【文法】 명사. (5) ⓒ 가명(家名), 문중(門中) ; 가계(家系), 씨족 : the proudest ~*s* in England 영국에서 가장 상류의 명문. (6) (흔히 *pl.*)악명, 욕 : call a person (bad) ~*s* 아무를 거짓말쟁이·도둑놈이라고 욕설하다 ; 아무의 욕을 하다. (7) ⓒ 【컴】 이름《(기록)철 이름, 프로그램 이름, 장치 이름 등》. ***by ~*** 1) … 라고 하는 이름의. 2) 이름은 : Tom *by* ~ =*by* ~ Tom 이름은 톰. 3)지명(指名)하여, 이름을 들어 : He was called upon *by* ~ to answer. 그는 지명되어 답변할 것을 요구(要求) 당했다. ***by* 〈*of, under*〉 *the ~ of*** … 라는 이름으로〈의〉, 통칭은 … : go〈pass〉 *by*〈*under*〉 *the* ~*of* …의 이름으로 통하다, 통칭(通稱)은 … 이다. ***call*** a person (***bad***) ***~s*** ⇨(6). ~의 욕을 하다, 험담하다. ***get*** one***self a ~*** 이름을 떨치다. ***give*** one***'s ~*** 이름을 말하다. ***in all but ~*** 사실상, 실질적으로(virtually). ***in God's* 〈*heaven's, Chist's, hell's*〉** ~ 제발 ; 〔강조적〕 도대체 : Where *in heaven's* ~ have you been? 도대체 어디 갔었느냐. ***in ~* (*only*)** 명목상 : a king *in* ~ *only* 이름뿐인 왕. in one's (own) ~ 자기 명의로 ; (직책 따위를 떠나서) 개인으로서 ; 자기 혼자서, 독립하여. ***in the ~ of*** = *in* a person***'s ~*** 1)아무의 이름을 걸어, … 에 맹세하여 : reserve a room *in the* ~ *of* John Smith 존 스미스 라는 이름으로 방을 예약하다 / *in the* ~ *of* God 하늘에 맹세하여, 맹세코 ; 제발 / This, *in the* ~ *of* Heaven, I promise. 이것은 하늘에 맹세코 약속한다. 2) … 의 이름으로, … 의 권위(權威)에 의하여 : Stop, *in the* ~ *of* the state 〈the law〉! = Stop *in* the Queen's 〈King's〉 ~! 꼼짝 마라, 게 섰거라 / commit wrongs *in the* ~ *of* justice 정의의 이름으로 나쁜 짓을 하다. (3) … 의 대신으로 〈대리로〉 ; … 의 명목으로 ; … 의 명의로. 4) 〔强調的〕 도대체. ***keep*** one***'s ~ on*** (학교·클럽 등의 명부)에 이름을 그대로 두다, …의 회원으로 있다. ***make* 〈*win*〉 *a ~*(*for*** one***self*)** (좋은 일로) 이름을 떨치다, 유명해지다. ***put a ~ to*** … 의 이름을 정확히 상기하다《※ 흔히 cannot, could not가 붙음》. ***put*** one***'s ~ down for*** … 의 후보자〈응모자〉로서 기명(記名)하다 ; … 입학〈입회〉자로서 이름을 올리다. ***take*** a person***'s* 〈*God's*〉 *~ in vain*** 함부로 아무〈신〉의 이름을 입에 올리다 ; 《戱》경솔하게 말하다. ***the ~ of the game*** 《口》 중요한〈불가결한〉 것, 주목적, 요점, 본질 : People say that in politics *the* ~ *of the game* is making the right friends. 정치에서 가장 중요한 일은 올바른 친구를 만드는 것이라고 한다. ***to the ~ of*** …의 명으로. ***under the ~* (*of*)** 1) … 라는 이름으로. 2) … 의 이름으로.

—*a.* 〔限定的〕 (1) 유명한, 일류의 : a ~ writer〈hotel〉 일류 작가〈호텔〉. (2) 《美口》 이름〈네임〉이 들어〈붙어〉 있는 ; 명칭 표시용의.

—*vt.* (1) 《~+目/+目+補》 … 에 이름을 붙이다, 명명하다, …의 이름을 짓다, … 을 명명하다 : ~ a newborn baby 갓난아기의 이름을 짓다 / He was ~*d* Jack. 그는 잭이라고 명명하였다. (2) 《~+目/+目+補/+目+前+名/+目+as 補》 지명하다, 임명하다 : ~ a person *for* 〈*to*〉 an office 아무를 관직에 임명하다. (3) … 의 (올바른) 이름을 말하다, …의 이름을 생각해 내다 ; 이름을 밝히다 : I know his face, but I cannot ~ him. 그의 얼굴은 알고 있지만 이름은 모른다. (4) 《+目+*as* 補》 고발하다 : ~ a person *as* the thief 아무를 절도범으로 고발하다. (5) 《+目/+目+前+名》 (사람·일시(日時)·가격 따위)를 지정하다 ; (보기따위)를 지적하다, 가리키다, 초들다(mention), 들다 : ~ several reasons 몇 가지 이유를 말하다. ***~ for*** = 《英》 ***~ after*** … 의 이름을 따서 이름을 짓다 : He was ~*d for* 〈*after*〉 his uncle. 그는 삼촌의 이름을 따서 이름지어졌다. ***~ the day*** 날짜를 정하다. ***Name it* 〈*yours*〉**. 마시고 싶은 것을 말하시오《술 따위를 낼때》

náme chìld (어떤 사람의) 이름을 따서 명명된 아이.

name·drop [ˊdrɑ̀p/ˊdrɔ̀p] *vi.* 유명한 사람의 이름을 함부로 자기 친구인 양 말하고 돌아다니다.
파) **~·er** *n.* ⓒ ~ 하는 사람.

name·drop·ping [ˊdrɑ́piŋ/ˊdrɔ̀p-] *n.* ⓤ name-drop 하기.

·name·less [néimlis] *a.* (1) 이름 없는 : a ~ island. (2) 세상에 알려지지 않은, 명명되지 않은 : die ~무명으로 죽다. (3) (사람이) 이름을 밝히지 않는, 익명의. (4) 형언할 수 없는 : ~ fears 말할 수 없는 불안. (5) 언어도단의(abominable) : a ~ crime 언어도단의 죄악.

:name·ly [néimli] *ad.* 〔名詞句·文章 등의 뒤에둠〕 즉, 다시 말하자면(that is to say). 【cf.】 viz. 『Two girls were absent, ~, Nancy and Susie. 두 소녀, 즉 낸시와 수지가 결석했다.

name·plate [ˊplèit] *n.* ⓒ 명찰 ; 표찰, 문패.

name·sake [néimsèik] *n.* ⓒ 이름이 같은 사람〈것〉 ; 《특히》 딴 사람의 이름을 받은 사람 : Those two boys are ~*s*. 그 두 소년은 같은 이름이다.

nan [næn] *n.* ⓒ 《兒》 할머니.

na·na [nɑ́ːnə] *n.* ⓒ 《英俗》 머리 ; 바보, 멍청이.

nan·cy [nǽnsi] *n.* ⓒ (1) 여자 같은 남자. (2) 동성연애자의 여자역 남자. —*a.* 《俗》 유약한, 여자 같은.

NAND [nænd] *n.* 【컴】 아니또, 부정적, 낸드《양쪽이 참인 경우에만 거짓이 되며 다른 조합은 모두 참이 되는 논리 연산(演算)》 : ~ gate 아니또문, 낸드문《NAND 연산을 수행하는 문》 / ~ operation 아니또셈, 낸드셈. [◁ not AND]

Nan·jing [nɑ́ːndʒíŋ] *n.* 난징(南京)《중국 장쑤(江蘇) 성의 성도》.

nan·keen[nænkíːn] , **-kin**[-kín] , **-king** [-kíŋ] *n.* (1) **a**) ⓤ 남경(南京) 목면. **b**)(*pl.*) 남경 목면으로 만든 바지. (2) (종종 N-) (담)황색.

nan·ny [nǽni] *n.* ⓒ (1) 《英口》 유모, 아이 보는 여자 ; 《兒》 할머니. (2) 《口》 = NANNY GOAT.

nánny gòat 《口》 암염소. 【cf.】 billy goat.

nánny stàte (the ~) 《蔑》 복지 국가《국가가 유모처럼 개인 생활을 보호 간섭하는 데서》.

na·no·me·ter [nǽnəmìːtər, néi-] *n.* ⓒ 나노미터 《10^{-9}미터 =10억분의 1미터 ; 기호 : nm》

:nap[1] [næp] *n.* ⓒ 겉잠, 미수(微睡), 선잠, 졸기, 낮잠 : take 〈have〉 a ~ 선잠〈낮잠〉을 자다.
—(***-pp-***) *vi.* (1) (잠깐동안) 졸다, 낮잠 자다. (2) 방심하다. ***catch* 〈*take*〉** a person ***~ping*** 아무의 방심

을 틈타다, 불시에 습격하다.
nap[2] *n.* ⓤ (나사(羅紗) 등의) 보풀 ; (식물 등의)솜털 같은 표면. —*vt.* 보풀을 세우다
nape [neip] *n.* ⓒ (흔히 *sing.*) 목덜미.
naph·tha [nǽfθə, nǽp-] *n.* ⓤ 【化】 나프타《석유 화학 제품의 원료》. 파) **náph·thous** *a.*
naph·tha·lene, -line [nǽfθəlìːn, nǽp-] *n.* ⓤ 【化】 나프탈렌.
:nap·kin [nǽpkin] *n.* ⓒ (1) (식탁용) 냅킨(table ~)《※ 《英》 serviette라 종종 씀》. (2) 《英》기저귀(《美》diaper). (3) = SANITARY NAPKIN. ***hide*** (***lay, wrap***) ***in a ~*** 수건에 싸K두다, (재능 등) 쓰지 않고 썩이다.
·Na·ples [néiplz] *n.* 나폴리 《이탈리아 남부 항구 도시》. □ Neapolitan *a.* ***See ~ and then die***. 나폴리를 보고 죽어라《그 경치를 극찬하는 말》.
:Na·po·le·on [nəpóuliən, -ljən] *n.* (1) 나폴레옹 1세《**~ Bonaparte** ; 1769-1821》. (2) 나폴레옹 3세《**Louis ~** ; 1808-73》. (3) 나폴레옹《프랑스 코냑 지방에서 나는 최상급 브랜디》.
Na·po·le·on·ic [nəpòuliɑ́nik/-ɔ́n-] *n.* (1) 나폴레옹 1세(시대)의 ; 나폴레옹 1세 같은〈풍의〉.
nap·py [nǽpi] *n.* ⓒ 《英口》 기저귀(napkin)(《美》 diaper) : change *nappies* 기저귀를 갈다.
narc, nark [nɑːrk] *n.* ⓒ 《美俗》 마약 단속관〈수사관〉(narco).
nar·cis·sism [nɑ́ːrsizəm] *n.* ⓤ 【精神分析】 나르시시즘, 자기 도취증, 미모로 자부심이 강한 청년. 파) **nár·cis·sist** *n.* ⓒ 자기 도취자. **nàr·cis·sís·tic** [-sístik] *a.*
·Nar·cis·sus [nɑːrsísəs] *n.* (1) 【그神】 나르시스《물에 비친 자기 모습을 연모하다가 빠져 죽어서 수선화가 되었다는 미모의 소년》. (2) ⓒ (n-)(*pl.* **~(·es), -cis·si**[-sísai, -si]) 【植】수선화 ; 수선화속(屬)의 식물.
nar·co·sis [nɑːrkóusis] (*pl.* ***-ses***[-siːz) *n.* ⓤ (마취제 따위에 의한) 혼수 (상태).
·nar·cot·ic [nɑːrkɑ́tik/-kɔ́t-] *a.* (1) 마취성의, 마취약의, 최면성의 : a ~ drug 마취약. (2) 〔限定的〕 마약의 ; 마약 중독 〈상용자〉의 : a ~ addict 마약 상용자.
—*n.* (흔히 *pl.*) 마취제〈약〉, 마약 ; 최면약, 진정제.
nar·co·tism [nɑ́ːrkətìzəm] *n.* ⓤ (1) 마취(상태). (2) 마약 중독, 마취제. 파) **-tist** *n.* 마약 중독자.
nar·co·tize [nɑ́ːrkətàiz] *vt.* … 을 마취시키다 ; 마비〈진정〉시키다, 마취제를 투여하다.
nark [nænd] *n.* ⓒ《俗》경찰의 앞잡이, 밀정.
—*vt.* 〔흔히 受動으로〕 … 을 화나게 하다 : She *was ~ed* at〈by〉my comment. 그녀는 내가 한말에 화를 냈다. ***Nark it !*** 《英俗》 그만둬, 조용히 해.
narky [nɑ́ːrki] *a.* 《英俗》 화 잘내는 ; 기분이 언짢은.
nar·rate [næréit, ∠-] *vt.* (1) … 을 말하다, 이야기 하다, 서술하다(tell). (2) (영화·TV 등)의 내레이터가 되다, 이야기하다.
:nar·ra·tion [næréiʃən/nə-] *n.* (1) ⓤ 서술, 이야기하기. (2) ⓒ 이야기(story) : a gripping ~ 손에 땀을 쥐게 하는 이야기. (3) ⓤ 【文法】 화법. ***direct*** 〈***indirect***〉 **~** 직접 (간접) 화법.
:nar·ra·tive [nǽrətiv] *a.* 〔限定的〕 (1) 이야기의 : a ~ poem 설화시. (2) 이야기체의, 설화식의, 화술의 : in ~ form 이야기 형식으로. (3) 화술의 : ~ skill 화술. —*n.*(1) ⓒ 이야기. (2) ⓤ 이야기체 ; 설화 문학. (3) ⓤ 설화(법), 화술. 파) **~·ly** *ad.*
·nar·ra·tor [næréitər] (*fem.* ***-tress*** [-tris]) ⓒ 이야기하는 사람, (연극·영화·TV 등의) 해설자, 내레이터.
:nar·row [nǽrou] (***~·er ; ~·est***) *a.* (1) 폭이 좁은. 〖opp.〗 *wide, broad.* 『a ~ bridge 〈street, path〉 좁은 다리〈가로, 길〉. (2) (공간·장소가) 좁아서 답답한, 옹색한. (3) (지역·범위가) 한정된, 제한된, 옹색한 : have only a ~ circle of a few friends 몇몇 한정된 범위내의 친구와 사귀다. (4) 마음이 좁은, 도량이 좁은 ; (견해 등이) 편협한《*in*》 : a ~ mind 좁은 마음. (5) 부족한, 빠듯한 ; 궁핍한,돈에 쪼들리는 : in ~ means 〈circumstances〉 궁핍하여 / a ~ market 【商】 한산한 시장. (6) 〔限定的〕 가까스로의, 아슬아슬한. (7) (검사 따위) 정밀한, 엄밀한 (minute). (8) 협의(狹義)의 : a ~ sense of the term 그 말의 좁은 뜻. (9) 【音聲】 협착음(狹窄音)의 ; 긴장된 소리의(tense). ***have a ~ escape*** (***shave, squeak***) 구사일생하다. ***in ~ means*** 궁핍하여.
—*n.* (1) (*pl.*) 〔單·複數 취급〕 해협. (2) ⓒ 골짜기 ; 길의 좁은 곳, 애로(隘路).
—*vt.* (1) … 을 좁게 하다, 좁히다 : ~ ons's eyes 눈을 가늘게 뜨다, 실눈을 뜨다. (2) … 을 제한하다 ; (범위)를 좁히다《*down*》 : ~ *down* a contest to three competitors 콘테스트 참가자를 세 사람으로 제한하다. —*vi.* 《~/+前+名》 좁아지다.
파) **~·ness** *n.* ⓤ 좁음, 협소 ; 궁핍 ; 도량이 좁음.
nárrow bóat 《英》 (폭 7피트 이하의 운하 항행용) 거룻배, 길죽한 배.
nar·row-gauged [-géidʒd] *a.* 【鐵】 협궤의, 편협한.
·nar·row·ly [nǽrouli] *ad.* (1) 좁게 ; 협의로, 편협하게 ; 엄격히 : The law is being interpreted too ~. 그 법은 지나치게 협의로 해석되고 있다. (2) 주의 깊게, 정밀하게. (3) 겨우, 간신히(barely).
·nar·row-mind·ed [-máindid] *a.* 마음〈도량〉이 좁은, 편협한. 파) **~·ly** *ad.* **~·ness** *n.*
nárrow wáy (the ~) 【聖】 좁고 험한 길《정의 ; 마태복음 7:14》.
nar·w(h)al, nar·whale [nɑ́ːrhwəl], [-hwèil] *n.* ⓒ 【動】 일각과(科)의 고래(한 대의 바다에 사는 돌고래과의 동물).
nary [nέəri] *a.* 《美方》 조금도 … 없는(not one, never a) : There was ~ a sound. 아무 소리도 없었다. [◁ ne'er a]
NASA [nǽsə, néisə] *n.* 나사, 미국 항공 우주국. [◁ *N*ational *A*eronautics and *S*pace *A*dministration].
na·sal [néizəl] *a.* (1) 〔限定的〕 코의, 코에 관한 the ~ cavity 비강(鼻腔). (2) 콧소리의 ; 【音聲】 비음의 : ~ vowels 비모음(鼻母音)《프랑스어의 [ɑ̃, ɛ̃, ɔ̃, œ̃] 따위》. —*n.* ⓒ 콧소리, 비음(鼻音), 비음자.
파) **~·ly** *ad.* 콧소리로.
na·sal·ize [néizəlàiz] *vi., vt.* 콧소리로 말하다 ; 비음화하다. 파) **na·sal·i·za·tion** [nèizəlizéiʃən] *n.* ⓤ 비음화.
nas·cent [nǽsənt, néi-] *a.* 발생하려고 하는, 발생하고 있는, 발생기의 ; 초기의, 미성숙한 : a ~ industry 발생기에 있는 산업. 파) **nás·cence, nás·cen·cy** *n.* ⓤ 발생, 기원.
nas·tur·tium [nəstə́ːrʃəm, næs-] *n.* ⓒ 【植】 한련(旱蓮).

N

:nas·ty [nǽsti, nɑ́ːs-] (***-ti·er ; -i·est***) *a.* (1) 불쾌한, 싫은, 추잡한, 외설한, 음란한 : (주거 따위가) 몹시 불결한, 더러운. 【cf.】 lousy. ※ disagreeable, unpleasant 의 구어적 강의(强意) 표현. (2) (맛·냄새 따위가) 견딜 수 없을 만큼 싫은, 역한 : ~ medicine 먹기 힘든〈쓴〉 약 / a ~ smell 악취. (3) (날씨 따위가) 험악한, 거친 : a ~ storm 몹시 사나운 폭풍우. (4) 어거하기 힘든, 성질〈버릇〉이 나쁜. (5)(문제 따위가) 애먹이는, 성가신, 다루기 어려운 : ~ situation 골치 아픈 입장. (6) (병 따위가) 심한, 중한 ; 위험한 : a ~ cut 심하게 베인 상처. (7) 심술 궂은, 비열한. (8) 〔限定的〕 (말·책 등이) 음란한, 추잡한 : a ~ story 음담. ***a ~ bit***〈***piece***〉 ***of work*** 《口》 불쾌〈비열〉한 사람. ***a ~ one*** 1) 거절. 2) 맹렬한 타격. 3) 곤란한 질문. ***a ~ piece*** 〈***bit***〉 ***of work*** 심술 궂은 짓, 간악한 계략. ***cheap and ~*** 값이 싸고 질이 나쁜.

—*n.* ⓒ 싫은 것〈사람〉.

파) **nás·ti·ly** *ad.* **-ti·ness** *n.*

na·tal [néitl] *a.* 〔限定的〕 출생〈탄생〉의 ; 출생(분만)시의 : one's ~ day 생일.

na·tal·i·ty [neitǽləti, nə-] *n.* ⓤ 출생(률).

na·tant [néitənt] *a.* 【生態】 물에 뜨는, 부동성의, 떠도는 ; 헤엄치는. 파) **~·ly** *ad.* 물에 떠서.

na·ta·to·ri·al [nèitətɔ́ːriəl] *a.* 〔限定的〕 유영(游泳)하는, 유영의 ; 유영하는 습성이 있는 : ~birds 물새.

na·ta·to·ri·um [nèitətɔ́ːriəm] (*pl.* ***~s, -ria***[-riə]) *n.* ⓒ (주로 옥내) 수영장, 《특히》 실내 풀.

na·tes [néitiːz] *n. pl.* 【解】 엉덩이, 궁둥이, 둔부.

:na·tion [néiʃən] *n.* (1) ⓒ 〔集合的〕 국민 《정부 아래에 통일된 people》 : the British ~ 영국 국민. (2) ⓒ 국가(state). (3) (the ~s) 전세계 국민, 전인류. (4) ⓒ 민족, 종족(race). (5) ⓒ 《美》 (북아메리카 인디언

의) 종족 ; (그들이 정치적으로 결성한) 부족 연합. ***the law of ~s*** 국제(공)법. ***the league of ~s*** ⇨ league.

:na·tion·al [nǽʃənəl] *a.* 〔흔히 限定的〕 (1) 국민의, 온국민의 ; 국민 특유의. (2) 국가의, 국가적인, 국가 전체의 ; 한 나라의〈에 한정된〉. (3) 국유의, 국영의, 국립의 : a ~ enterprise 국영 기업 / a ~ hospital 국립 병원. (4) 전국적인, 나라 전체에 걸친. 【opp.】 local. 『a ~ hookup 전국(중계) 방송 / a ~ newspaper 전국지(紙). (5) 한 나라를 상징〈대표〉하는 : the ~ flower 〈game〉 국화〈국기(國技)〉. (6) 애국적인(patriotic) ; 국수적(國粹的)인.

—*n.* (1) ⓒ 국민 ; 동국인, 동포. (2) ⓒ 전국적 조직 ; 전국지(紙). (3) (*pl.*) (스포츠의) 전국 대회.

nátional bánk (1) 국립 은행, 국법 은행. (2) 《美》 내셔널 은행《연방 정부 인가의 상업은행》.

nátional cémetery 《美》 국립 묘지.

nátional flág〈**énsign**〉 국기(ensign).

Nátional Gállery (the ~)(런던의) 국립 미술관 《1838년 개설》.

nátional hóliday 국경일.

nátional íncome (연간) 국민 소득.

Nátional Ínsurance 《英》 국민 보험 제도.

·na·tion·al·ism [nǽʃənəlìzəm] *n.* ⓤ (1) 국가주의 ; 민족주의 ; 국수주의 ; 애국심. (2) 민족자결주의, 국가 독립(자치)주의, 산업 국영주의. (3) 애국심, 애국 운동.

·na·tion·al·ist [nǽʃənəlist] *n.* ⓒ (1) 국가〈민족〉주의자. (2) 민족자결주의자. —*a.* (1) 국가〈민족〉주의의. (2) 민족자결주의자의.

na·tion·al·is·tic [næ̀ʃənəlístik] *a.* 민족〈국가, 국수〉주의(자)의〈적인〉 ; 국가의, 국가적인(national). 파) **-ti·cal·ly** *ad.*

:na·tion·ali·ty [næ̀ʃənǽləti] *n.* (1) ⓤⓒ 국적 : What's his ~? 그는 어느 나라 사람이오. (2) ⓒ 국민, 민족 ; 국가 : various *nationalities* of the Americas 아메리카 대륙의 여러 국민. (3)ⓤ 국민성, 민족성 ; 국민적 감정, 민족의식(nationalism).

na·tion·al·ize [nǽʃənəlàiz] *vt.* … 을 국유로〈국영으로〉 하다, 국민으로 (독립 국가로) 만들다, 국가(국민)적으로 하다 . 파) **nà·tion·a·li·zá·tion** *n.* ⓤ 국유(화), 국영.

na·tion·al·ly [nǽʃənəli] *ad.* (1) 국민으로서 ; 국가적〈전국민적〉으로, 국가본위로. (2) 전국적으로 : The program will be broadcast ~. 그 프로그램 은 전국적으로 방송될 것이다. (3) 거국 일치하여. (4) 공공의 입장에서.

nátional mónument 《美》 (국가가 지정한) 천연 기념물《명승지·역사적 유적 등》.

nátional móurning 국장(國葬).

nátional párk 국립 공원.

nátional próduct 【經】 (연간) 국민 생산. 【cf.】 GNP.

nátional sérvice 《英》 국민 병역, 징병.

nátional tréatment 【外交】 내국민 대우.

Nátional Trúst (the ~) 《英》 내셔널 트러스트 《명승(名勝) 사적(史蹟) 보존 단체》, 문화보호협회.

na·tion-state [néiʃənstéit] *n.* ⓒ 민족국가.

na·tion·wide [néiʃənwáid] *a.* 전국적인 : a ~ network 전국 방송(망) / arouse ~ interest 전국민의 관심을 불러일으키다. —*ad.* 전국적으로.

:na·tive [néitiv] *a.* (1) 〔限定的〕 출생의, 출생지의, 본국의, 제 나라의 : one's ~ place 출생지, 고향 / a ~ speaker of English 영어를 모국어로 하여 자란 사람. (2) 토산의, 그 토지에서 태어난〈산출되는〉 : … 원산의. (3)토착의 ; 그 지방 고유의 : a ~ word (외래어에 대해) 본래의 말 / ~ art 향토 예술 / in (one's) ~ dress 민족의상을 입고. (4) (흔히 백인·백인 이민의 입장에서 보아) 원주민의 ; 토착민의. (5) 나면서부터의, 타고난, 선천적인 ; 본래의 : ~ talent 천부(天賦)의 재능 / ~ rights 나면서부터의 권리. (6) 자연 산출의, 천연(天然)의, 자연 그대로의, 꾸밈없는 : ~ copper 자연동(銅) / ~ diamond 천연산 다이아몬드.

go ~ (특히 백인이 문화가 낮은) 원주민과 같은 생활을 하다.

—*n.* ⓒ (1) 원주민, 토착민 ; 토인. (2) … 태생의 사람, 토박이 : a ~ of Ohio 오하이오 태생의 사람. (3) 토착의 동물〈식물〉, 자생종(自生種). 파) **~·ly** *ad.* 나면서부터, 천연(적)으로. **~·ness** *n.*

na·tive-born [néitivbɔ́ːrn] *a.* 그 지방〈나라〉 태생의, 본토박이의 : a ~ American 토박이 미국 사람.

nátive són 《美》 자기 주(州) 출신의 사람.

na·tiv·ism [néitivìzəm] *n.* ⓤ (1) 【哲】 선천론, 생득설(生得說). (2) 원주민 보호 정책.

na·tiv·i·ty [nətívəti, nei-] *n.* (1) ⓤⓒ 출생, 탄생 : of Irish ~ 아일랜드 태생의 / the place of one's ~ 태어난 고향. (2) (the N-) 예수 성탄(聖誕), 크리스마스. (3) ⓒ (N-) 예수 성탄의 그림. (4) ⓒ 【占星】 출생시의 성위(星位) (horoscope) : cast (calculate) a ~ 운수를 보다. □ native *a.*

natívity plày (때때로 N- P-) 예수 성탄극.

NATO, **Na·to** [nítou] *n.* 나토, 북대서양 조약기구. 〈North Atlantic Treaty Organization〉

nat·ter [nǽtər] 《英口》 *vi.* 나불나불 지껄이다, 재잘거리다, 투덜거리다《*away* ; *on*》. —*n.* (a ~) 지껄임 ; 세상 이야기.

nat·ty [nǽti] (***-ti·er*** ; ***-ti·est***) *a.* 《口》 (1) (복장·풍채가) 산뜻한, 깔끔한 ; 세련된. (2) 재주가 있는. 파) **-ti·ly** *ad.* **-ti·ness** *n.*

:nat·u·ral [nǽtʃərəl] (***more*** ~ ; ***most*** ~) *a.* (1) 자연의, 자연계의. (2) 천연의, 자연 그대로의, 인공(人工)을 가하지 않은. 〖opp.〗 artificial, *factitious.* 『 ~ food 자연 식품 / ~ rubber 천연 고무 / ~ blonde (염색하지 않은) 본래의 블론드. (3) 〔限定的〕 타고난, 천부의, 선천적인. 〖opp.〗 *acquired.* 『 ~ gifts〈abilities〉 타고난 재능(才能). (4) 자연 발생적인 : a ~ death 자연사 / a ~ increased of population 인구의 자연 증가. (5) 본래의, 본시 그대로의, 꾸밈 없는 ; 평상의, 통상의, 보통의. (6) (논리상) 자연스러운, 당연한, 지당한 : a common and ~ mistake 누구나 범하는 어쩔 수 없는 과오. (7) (그림 따위가) 자연 〈진짜〉 그대로의, 진실에 가까운, 꼭 닮은. (8)〔限定的〕 **a**) 친생의 : ~ parents 친부모. **b**) (자식이) 서출(庶出)의, 사생의 : a ~ child 사생아, 서자. (9) **[**藥**]** 제자리의. 〖opp.〗 *sharp, flat.* 『 a ~ sign 제자리표. ***come ~ to*** … 에게는 쉽다〈용이하다〉 : Dancing seemed to *come* ~ *to* her. 춤은 그녀에게는 아주 쉬운 것 같다.

—*n.* ⓒ (1) (흔히 *sing.*) 《口》 타고난 명수 ; 적격인 사람〈것〉《*for* ; *at*》 : a ~ at chess 타고난 체스의 명인. (2) **[**樂**]** **a**) 제자리표. **b**) 제자리음. **c**) (피아노·풍금의) 흰 건반(white key).

파) **~·ness** *n.* 자연 ; 당연.

nat·u·ral-born [nǽtʃərəlbɔ́ːrn] *a.* 타고난, 생득의, 천주의.

nátural chíldbirth (무통의) 자연 분만(출산)(법).

nátural déath (노쇠에 따른)자연사.

nátural gás 천연 가스.

nátural histórian 박물학자, 박물지(誌)의 저자.

nátural hístory (1) 박물학. (2) 박물지(誌). (3) 발달사, 발달 경로.

***nat·u·ral·ism** [nǽtʃərəlìzəm] *n.* ⓤ (1)**[**藝·文**]** 자연주의, 사실(寫實)주의. (2) **[**哲**]** 자연〈실증, 유물〉주의. (3) **[**神**]** 자연론(종교에 진리는 자연에 대한 연구에서 얻어진다는).

***nat·u·ral·ist** [nǽtʃərəlist] *n.* ⓒ (1)박물학자. (2) (문학의) 자연주의자.

nat·u·ral·is·tic [nǽʃərəlístik] *a.* (1) 자연주의의〈적인〉, 사실적인. (2)박물학의.

***nat·u·ral·ize,** 《英》 **-ise** [nǽtʃərəlàiz] *vt.* (1) 《~+目/+目+前+名》 〔때로 受動으로〕 … 을 귀화시키다. (외국인)에게 시민권을 주다. (2) 《+目/+目+前+名》 (외국어·외국의 습관 따위)를 들여오다, 받아들이다《*in, into*》. (3)(식물 따위)를 … 에 이식하다. (4) 자연을 좇게 〈따르게〉 하다 ; (신비적이 아니고) 자연율(自然律)에 의하여 설명하다. —*vi.* (1) 귀화하다. (2) 풍토에 적응하다. (3) 박물학을 연구하다.

파) **nàt·u·ral·i·zá·tion** [-lizéiʃən/-lanz-] *n.*

nátural láw (1) 자연 법칙 ; 천리(天理). (2) (실정법에 대한) 자연법.

:nat·u·ral·ly [nǽtʃərəli] *ad.* (1) 자연히, 자연의 힘으로 : thrive ~ 저절로 무성하다 / grow ~ (식물이) 자생하다. (2) 본래, 태어나면서부터. (3) 있는 그대로, 꾸밈 없이 ; 무리없이, 수월하게 : Speak more ~. 더 자연스럽게 말하시오 / behave ~ 자연스럽게 행동하다. (4) 〔文章修飾〕 당연히, 물론. ***come ~ to*** = come NATURAL to.

nátural mónument 천연 기념물.

nátural númber **[**數**]** 자연수, (양의 정수).

nátural relígion 자연 종교《기적이나 하늘의 계시를 인정치 않음》.

nátural resóurces 천연〈자연〉 자원.

nátural science 자연 과학(생물·화학·물리 등).

nátural seléction **[**生**]** 자연 선택〈도태〉.

nátural theólogy 자연 신학《신의 계시에 의하지 않은 인간 이성에 의거한 신학 이론》.

:na·ture [néitʃər] *n.* (1) ⓤ (종종 N-) (대)자연, 천지만물, 자연(현상) ; 자연계 ; 자연력〈법칙〉 : the laws of ~ 자연의 법칙 / preserve 〈destroy〉 ~ 자연을 보호〈파괴〉하다. (2) ⓤ (문명의 영향을 받지 않은) 인간의 자연의 모습, 자연물 ; 미개 상태 : Return to ~ ! 자연으로 돌아가라. (3) ⓤⓒ 천성, 인간성, (사람·동물 따위의)본성 ; 성질, 자질 ; 〔修飾語를 수반하여〕 … 기질의 사람 : a man of good ~ 성질이 좋은〈친절한〉 사람. (4) ⓤⓒ (the ~) (사물의) 본질, 특질 ; 특징 : *the* ~ of love 사랑의 본질 / *the* ~ of atomic energy 원자력의 특징. (5) ⓤⓒ 본래의 모습 ; 현실, 진짜 : draw〈paint〉 a thing from ~ 실물을 사생하다 / a picture true to ~ 실물 그대로의 그림. (6) ⓤⓒ (a ~, the ~) 종류 : 성질 : two books of *the* same ~ 같은 종류의 책 두 권. (7) ⓤ 체력, 활력 : food enough to sustain ~ 체력 유지에 충분한 음식. (8) ⓤ 충동, 육체적〈생리적〉 요구 : the call of ~ 생리적 요구《대소변 따위》 / ease 〈relieve〉 ~ 대변〈소변〉을 보다. □ natural a ***against ~*** 1) 부자연스러운〈하게〉, 도리에 반하여, 부도덕한(하게) : a crime *against* ~ 자연에 반하는 죄《부자연스러운 성행위 따위》. 2) 기적적으로. ***all ~*** 만인, 만물 : beat *all* ~ 누구에게도 지지 않는다. ***a touch of ~*** 자연의 감정(感情) ; 인정(미). ***by ~*** 날 때부터, 본래 : honest by ~ 천성이 정직한. ***by*** one***'s*** (***very***) ***~*** 본질적으로. ***call of ~*** 생리적 요구(대소변 등). ***contrary to ~*** 기적적인〈으로〉, 불가사의한〈하게〉. ***in a state of ~*** 1)자연〈미개, 야생〉대로의 상태로. 2) 벌거숭이로. ***in ~*** 1) 현존하고 (있는), 사실상 ; 본래. 2) 〔最上級의 强調〕 온 세상에서, 더없이, 참으로 : *the most* beautiful scene *in* ~ 더 없이 아름다운 경치. 3) 〔疑問의 强調〕 도대체 : *What in* ~ do you mean? 도대체 무슨 일이냐. 4) 〔否定의 强調〕 이디에도. ***in the course of*** ~ = ***in*** 〈***by, from***〉 ***the ~ of things*** 〈***the case***〉 자연의 순리대로 ; 당연한〈히〉 ; 사실상 ; 당연한 결과〈추세〉로서. ***in*** 〈***of***〉 ***the ~ of*** … 의 성질을 가진, 본질적으로 ; … 와 비슷하여(like). ***let ~ take its course*** 《口》 자연히 되어가는 대로 맡겨 두다《특히 남녀가 자연히 사랑에 빠지는 경우 등에 이름》. ***like all ~*** 《美口》 완전히. ***or something of that ~*** 또는 그와 비슷한 것. ***pay*** one***'s debt to ~*** =pay the debt of ~ 죽다. ***ture to ~*** 실물 그대로, 그림 따위가 살아 있는 듯한, 진짜와 똑같게. ***turn to ~*** 실물(진실)과 다를 바 없는, 박진한.

(-)na·tured [néitʃərd] *a.* 성질(性質)이 … 한 : good-~ 호인인 / ill-~ 심술궂은.

náture resèrve (England 등의) 조수(鳥獸) 보호구(區), 자연 보호구.

N

náture stùdy 자연 공부《초등학교의 꽃·새·광석·날씨 등의 관찰 학과》.
náture tràil (숲숙 등의) 자연 산책길.
na·tur·ism [néitʃərìzəm] *n.* ⓤ (1) 나체주의(nudism), 자연주의. (2) 자연(신) 숭배(설). 파) **-ist** *n.*
na·tur·o·path [néitʃərəpæ̀θ, nǽtʃər-] *n.* ⓒ 자연 요법사.
na·tur·op·a·thy [nèitʃərάpəθi/-ɔ́p-] *n.* ⓤ 자연 요법. 파) **na·tur·o·path·ic** *a.*
:naught, nought [nɔːt, nαːt] *n.* (1) ⓤⓒ 제로, 영(零)(cipher) : get a ~ 영점을 받다. ※ 이 뜻으로《英》nought가 일반적임. (2) ⓤ《交言》무(無), 존재치 않음, 무가치(nothing) : a man 〈thing〉 of ~ 쓸모 없는 사람〈것〉. ***all for ~*** 헛되이, 쓸데 없이 : *All* of efforts were *for* ~. 우리의 노력은 헛되었다. ***bring ... to ~*** (계획 따위를) 망쳐놓다, 무효로 만들다, (친절 따위를) 헛되이 하다. ***care ~ for*** … 을 조금도 개의치 않다. ***come to ~*** = ***go*** 〈***count***〉 ***for ~*** 헛되다, 거덜나다, 실패〈수로〉로 돌아가다〈끝나다〉.
:naugh·ty [nɔ́ːti, nάːti] (***-ti·er*** ; ***-ti·est***) *a.* (1) 장난의, 장난꾸러기의, 말을 듣지 않는 ; 버릇없는 : a ~ boy 개구쟁이 소년 / Don't be ~ to her. 그녀에게 장난치지 마라. (2) 법도〈도리〉에 어긋난, 되지못한 ; 음탕한, 외설의, 품행이 나쁜. 파) **-ti·ly** *ad.* **-ti·ness** *n.*
nau·sea [nɔ́ːziə, -ʒə, -siə, --ʃə] *n.* ⓤ (1) 매스꺼움, 배멀미, 욕지기 ; 【醫】 오심(惡心) : feel ~ 매스껍다, 욕지기 나다. (2) 혐오, 매우 싫은 느낌, 지겨움.
nau·se·ate [nɔ́ːzièit, -ʒi-, -si-, -ʃi-] *vi., vt.* 〔때때로 受動으로〕 욕지기나(게 하)다, 메스껍게 하다 ; 염증을 느끼(게 하)다 ; 싫어하다, 꺼리다 《*at*》.
nau·se·at·ing [nɔ́ːzièitiŋ, -ʒi-, -si-, ʃi-] *a.* 욕지기나(게 하)는 ; 싫은, 지겨운, 몹시 싫은 : a ~ smell 지독한 냄새 / a ~ sight 아주 불유쾌한 광경. 파) **~·ly** *ad.*
nau·se·ous [nɔ́ːʃəs, -ziəs] *a.* 메스꺼운 ; 싫은 ; 지겨운, 진저리나는 ;《口》 욕지기가 난 : feel ~ 욕지기가 나다, 구역질나다. 파) **~·ly** *ad.* **~·ness** *n.*
nau·ti·cal [nɔ̀ːtikəl, nάti-] *a.* 해상의, 항해〈항공〉의 ; 선박의 ; 선원의, 뱃사람의 : a ~ almanac 항해력(曆) / a ~ yarn 배사공의 허황한 기 이야기. 파) **~·ly** *ad.* 항해상으로.
náutical míle 해리(海里)《《英》 1853.2m, 《美》 국제 단위인 1852m를 사용》
nar·ti·lus [nɔ́ːtələs] (*pl.* **~·es, -li** [-lai]) *n.* (1) ⓒ 【見】 앵무조개. (2) ⓒ 【動】 = PAPER NAUTILUS. (3) (the N-)노틸러스호(號)《미국에서 건조한 세계 최초의 원자력 잠수함》.
Nav·a·ho, -jo [nǽvəhòu, nάː-] (*pl.* ~(***e***)***s***) *n.* (1) **a**) (the ~(e)s) 나바호족(族)《북아메리카 남서부에 사는 원주민의 한 종족》. **b**) ⓒ 나바호족 사람. (2) ⓤ 나바호어(語).
:na·val [néivəl] *a.* (1) 해군의 ; 해군에 의한 ; 군함의 ; 해군력이 있는 : a ~ base 해군 기지 / a ~ battle 해전 / a ~ bombardment 함포 사격 / a ~ blockade 해상 봉쇄 / ~ review 해군 연습〈관함식(觀艦式)〉. (2)《美古》 배의. □ navy *n.*
nával acàdemy 해군 사관 학교.
·nave [neiv] *n.* ⓒ 【建】 본당, (교회당의) 회중석(會衆席), 네이브.
na·vel [néivəl] *n.* (1) ⓒ 배꼽. (1) (the ~) 중앙, 중심(middle). (3) = NAVEL ORANGE.
nável òrange 네이블《과일》.
nav·i·ga·bil·i·ty [næ̀vigəbíləti] *n.* ⓤ (1) (강·바다 따위가) 항행할 수 있음. (2) (배·비행기 따위의) 내항성(耐航性), (기구의) 조종 가능성.
·nav·i·ga·ble [nǽvigəbəl] *a.* (1) 항행할 수 있는, 배가 통행할 수 있는《강·바다 따위》. (1) 항행에 알맞은, 항해에 견디는《선박 따위》 (3) (기구 등이) 조종할 수 있는《기구(氣球) 따위》.
·nav·i·gate [nǽvəgèit] *vt.* (1) (바다·하늘)을 항행하다 : ~ the Pacific 태평양을 항행하다. (2) (배·비행기)를 조종〈운전〉하다 : ~ a spacecraft 우주선을 조종하다. (3)《+目+前+名》(교섭 따위)를 진행시키다, (법안 따위)를 통과시키다. (4)《口》 (혼잡한 장소)를 빠져 나가다, 통과하다, 뚫고 나가게 하다 ; (시기)를 지나쳐가다. —*vi.* (1) 항행하다 (sail). (2) 조종하다. (3) (자동차의 동승자가) 길을 안내하다. □ navigation *n.*
:nav·i·ga·tion [næ̀vəgéiʃən] *n.* ⓤ (1) 운항, 항공, 항해 : inland ~ 내국 항행. (2) 항해〈항공〉술〈학〉, 항법(航法) : aerial ~ 항공(술). (3) (선박·항공기 등의) 교통. □ navigate *v.*
·nav·i·ga·tor [nǽvəgèitər] *n.* ⓒ (1) 항해자, 항행자, 항해술에 능한 사람 ; 【空】 항공사, 항법사 ; 항해장(長) ; 해양 탐험가. (2) (항공기 등의) 자동 조종 장치.
nav·vy [nǽvi] *n.* ⓒ《英》 토공(土工), (운하·철도·도로 건설 등의) 인부.
:na·vy [néivi] *n.* (1) ⓒ (종종(the) N-)〔集合的 ; 單·複 취급〕 해군. 【cf.】 army. 『join the ~ 해군에 입대하다. (2) ⓒ 【詩】 함대, (상)선대. (3) = NAVY BLUE. 짙은 남색. □ naval *a.* ***the Navy Department*** = ***the Department of the Navy***《美》 해군부(部). 【cf.】 Admiralty. ***the Royal Navy*** 영국 해군《略 : R.N.》. ***the Secretary of the Navy***《美》해군 장관(《英》 First Lord of the Admiralty).
návy bèan 강낭콩의 일종《흰색 으로 영양이 풍부하여 미해군에서 식량으로 씀》
návy blúe 네이비 블루, 짙은 감색(의).
návy yàrd《美》 해군 공창(工廠).
:nay [nei] *ad.* (1)《古》 아니, 부(否)(no). 〖opp.〗 yea. (2) 【文語】〔接續詞的〕 (… 라고 하기보다) 오히려, 뿐만 아니라, 그렇기는 커녕.
—*n.* (1) ⓤ '아니' 라는 말. (2) ⓤ부정 ; 거절, 반대. (3) ⓒ 반대 투표(자). ***Let your yea be yea and your ~ be ~*** (찬부)를 똑똑히 말해라. ***say*** a person ~ (아무(의 요구)를) 거절하다 ; (아무(의 행위)를) 금지하다. ***The ~s have it!*** (의회에서) 반대자 다수《의안 부결의 선언》. ***the years and ~s*** 찬부. ***will not take ~*** 거절 못하게 하다.
Naz·a·rene [næ̀zəríːn] *n.* (1) **a**) ⓒ 나사렛 사람. **b**) (the ~) 예수. (2) ⓒ 기독교도《유대인·이슬람 교도들이 쓰는 경멸어》.
Naz·a·reth [nǽzərəθ] *n.* 나사렛《Palestine 북부의 도시 ; 예수의 성장지》.
Na·zi [nάːtsi, nǽ-] (*pl.* **~s**) *n., a.*《G.》 나치《전(前) 독일의 국가 사회당원》의) ; (*pl.*) 나치당(의) ; (흔히 n-) 나치주의 신봉자(의). 〈《G.》 Nationalsozialist (= National Socialist)〉
Ne·án·der·thal màn [niǽndərtὰːl- / -θɔ̀ːl-] 네안데르탈인《독일의 네안데르탈에서 발굴된 구석기 시대의 유럽 원시 인류》.
neap [niːp] *a.* 소조(小潮)의, 조금의. — *n.* 소조

(~ tide), 조금, 최저조.

Ne·a·pol·i·tan [niːəpálətən / nìːəpɔ́li-] *a.* (1) 나폴리의. (2)(종종 n-) (아이스크림이) 나폴리식의, 나폴리탄의.
— *n.* ⓒ 나폴리 사람.

Neapólitan íce crèam 3색 아이스크림류(類).

néap tìde 소조(小潮), 조금.

:near [niər] (*∠·er* ; *∠·est*) *ad.* (1)(공간·시간적으로) 가까이, 접근하여, 근접하여, 이웃하여, 인접하여. 【opp.】 *far.* 『 The station is quite ~. 역은 바로 근방에 있다. (2)〔종종 複合語〕(관계가) 가깝게, 밀접하게 ; 흡사하여 : ~-related terms 밀접하게 관련이 있는 말. (3)《美口·英古》 거의(nearly) : I was very ~ dead. 거의 죽은 것과 다름없었다. (4)〔부정어를 수반하여〕 도저히 …이 아니다. **(as) ~ as** one **can** do …할 수 있는 한에서는 : *As* ~ *as* I *can* guess, he's about 30 years old. 추측할 수 있는 한에서는 그는 30세 정도이다. ***as ~ as dammit*** 〈***make no difference***〉 《口》 거의 같은, 과히 틀리지 않는. (***from***) ***far and ~*** 여기저기〈도처〉에서. ***go ~ to*** do =***come*** 〈***go***〉 ***~ to*** do***ing*** =come 〈go〉 ~ do*ing* ⇨ *prep.* ***~ at hand*** 곁에, 바로 가까이에 ; 머지 않아서. ***~ by*** 가까이에 : A fire broke out ~ *by*. 근처에서 불이 났다. ※ 주로 《美》. ***~ to*** …가까이에《※ 이 to 가 탈락하면 전치사 near 가 된다. 그러나 비교급, 최상급에서는 보통 to를 생략하지 않는다》. ***~*** 〈***close***〉 ***together*** (서로) 접근하여 ; 친밀하며. ***nowhere*** 〈***not anywhere***〉 ***~*** 《口》 전혀 …하지 않다. ***so ~ and yet so far*** 잘될 것 같으면서도 잘 안되는 ; 가까우면서도 먼. ***~ upon*** 《古》 (시간적으로) 서의.
— *prep.* (1)…의 가까이에, …의 곁에 : here 이 근방에. (2)(시간적으로) …의 가까이에, …할〈의〉 무렵 : ~ the end of year 연말경에. (3)(상황 등에 대해) 거의 …인 상태 : ~ completion 완성 직전에, ***come*** 〈***go***〉 ~ do***ing*** 거의 …할 뻔하다. ***~ here*** 〈***there***〉 이〈저〉근처에. ***sail ~ the wind*** ⇨ SAIL.
— *a.* (1)가까운, 가까이의 ; 가까운 쪽의. 【opp.】 *far.* 『 the ~ houses 이웃집. (2)(시간적으로) 가까운 : on a ~ day 근일〈근간〉에 / in the ~ future 가까운 장래에. (3)근친의 ; 친한 : one's ~ relation 근친. (4)(이해 관계가) 깊은, 밀접한 : a matter of ~ consequence *to* me 나에게는 중요한 영향을 끼치는 문제. (5)〔限定的〕 실물 〈원형〉에 가까운 ; 실물과 꼭 같은, 아주 닮은, 흡사한, 대용(代用)의. (6)〔限定的〕 (말·차·《英》 도로 따위의) 좌측의. 【opp.】 *off.* 『 a ~ wheel 운전자쪽(좌측) 바퀴. (7)〔限定的〕 거의 일어날 뻔한, 아슬아슬한, 위기일발의, 위험한 : a ~ race 접전, 우열을 가리기 힘든 경주 / a ~ victory 신승(辛勝) / have a ~ escape〈touch〉 구사 일생하다. (8)인색한. ***~ and dear*** 친밀한 ~. a person***'s ~est and dearest*** 근친《아내·남편·자식·부모·형제 자매》. ***take*** 〈***get***〉 ***a ~*** 〈***~er***〉 ***view of*** …을 가까이 가서 보다.
— *vt.* …에 접근하다, 다가가다 : ~ one's end 임종이 임박하다. — *vi.* 접근 〈절박〉하다 : as the day ~*s* 그날이 가까워짐에 따라.
파) **∠·ness** *n.* ⓤ (1)가까움, 접근. (2)닮음, 유사.

néar béer 《美》 니어비어《알코올분이 0.5% 이하의 약한 맥주》.

:near·by, near-by [níərbái] *a.* 〔限定的〕 가까운, 가까이의 : a ~ village 바로 이웃 마을. — *ad.* 〔《英》 에서는 near by 라고도 씀〕 가까이에(서), 가까이로, 근처에.

néar dístance (the ~) 근경(近景).

Néar Éast (the ~) 근동(近東)《아라비아·북동 아프리카·발칸을 포함하는 지방》.

:near·ly [níərli] *ad.* (1)거의, 대략 : ~ everyday 거의 매일 / It's ~ half past six. 대략 6시 반이다. (2)긴밀하게, 밀접하게 ; 친밀하게 : be ~ associated in business 사업으로 밀접하게 관련되어 있다. (3) 겨우, 간신히, 하마터면 : ~ escape death간신히 죽음을 면하다. ***not ~*** 도저히〈결코〉 … 아니다.

néar míss (1) 〔軍〕 (목표의) 근접 폭격, 지근탄(至近彈). (2) 일보 직전. (3) (항공기 등의) 이상(異常) 접근, 니어미스 ; 위기 일발.

néar móney 준화폐《정기 예금과 정부 채권 따위 쉽게 현금화할 수 있는 자산》.

near·side [∠sàid] *n.* (the ~) 《英》 (말 · 차 따위의) 왼쪽, 자동차의 길가쪽.
— *a.* 왼쪽의, 좌측의.

near·sight·ed [∠sáitid] *a.* 근시의 ; 근시안적인 : I'm a little ~ 나는 약간 근시이다. 【opp.】 *farsighted.* 파) **~·ly** *ad.* **~·ness** *n.* 근시.

néar thíng 《口》 (흔히 a ~) 위기일발 〈행동〉 ; 접전 : The recent election was ~. 지난번 선거는 접전이었다.

:neat [niːt] (*∠·er* ; *∠·est*) *a.* (1) 산뜻한, 아담하고 깨끗한, 정연〈말쑥, 깔끔, 단정〉한 : a ~ dress 말쑥한 옷 / a ~ little house 조그마하고 아담한 집. (2) (용모 · 모습 따위가) 균형 잡힌. (3) (표현 따위가) 적절한 ; 교묘한, 솜씨가 좋은. (4) (술 따위가) 순수한, 물타지 않은 : drink brandy ~ 브랜디를 스트레이트로 마시다. ※ 이 뜻인 경우에는 비교급이 없으며, 《美》 에서는 흔히 straight 를 사용함. (5) 《俗》 훌륭한, 멋진, 굉장한. 파) **∠·ness** *n.*

neat·en [níːtn] *vt.* … 을 깨끗이 정돈하다, 깔끔하게 하다.

***neat·ly** [níːtli] *ad.* (1) 산뜻하게, 맵시있게 ; 말쑥하게. (2) 교묘하게.

neb·bish [nébiʃ] *n.* ⓒ 《俗》 무기력한(시원찮은) 사람, 쓸모없는 사람.

neb·u·la** [nébjələ] (*pl.* ***-lae, [-lìː] ***~ s***) *n.* ⓒ 〔天〕 성운.

neb·u·lar [nébjulər] *a.* 성운(모양)의, 흐릿한..

nébular hypóthesis 〈***théory***〉 〔天〕 (태양계의) 성운설(星雲說).

neb·u·los·i·ty [nèbjəlásəti/-lɔ́s-] *n.* (1) a〕 ⓤ 성운 상태. b〕 ⓒ 성운 모양의 것, 안개. (2) ⓤ (사상·표현 등의) 애매, 모호함.

neb·u·lous [nébjələs] *a.* (1) a〕 흐린, 불투명한. b〕 애매한, 모호한 : a ~ idea 막연한 생각. (2)성운(모양)의. 파) **~·ly** ad. **~·ness** *n.*

:nec·es·sar·i·ly [nèsəsérəli, nésisərili] *ad.* (1) 필연적으로, 반드시 ; 부득이. 〔not 과 함께 부분 부정으로서〕 반드시 (…은 아니다).

:nec·es·sa·ry [nésəsèri, sìsəri] (***more ~ ; most ~***) *a.* (1) 필요한, 없어서는 안될《*for* ; *to*》. (2) 〔限定的〕 필연의, 피할수 없는(inevitable) : a ~ evil 필요악《피할 수 없는 사회악》. ***if*** ~ 만일 필요하다면.
— (*pl.* ***-ries***) *n.* ⓒ (1) (*pl.*) 필요한 것, 필수품. (2) (the~) 《口》 필요한 것〈행동, 돈〉.

***ne·ces·si·tate** [nisésətèit] *vt.* (1) 《~ + 目 / +-*ing*》 … 을 필요로 하다, 요하다 ; (결과)를 수반하다. (2) 〔보통 受動으로〕 〈+目+*to* do〉 …에게 억지로 … 시키다, 꼼짝없이 …하게 하다

N

ne·ces·si·tous [nisésətəs] *a.* (1) 가난한, 궁핍한 《※ poor를 강조하거나 기피하기 위해서 씀》. (2) 필연적인, 피할 수 없는. 파) **~·ly** *ad.*

:ne·ces·si·ty [nisésəti] *n.* (1) ⓤ 필요, 필요성 : urge (on a person) the ~ for … 의 필요성을 (아무에게) 설득하다. (2) ⓒ (종종 *pl.*) 필요 불가결한 것, 필수품, 필요한 것. 【cf.】 necessary. 『 Water is a ~. 물은 필요불가결한 것이다 / daily *necessities* 일용 필수품. (3) ⓤⓒ 필연성: 불가피성, 인과 관계, 숙명: Physical 〈logical〉 ~ 물리적〈논리적〉 필연 / the doctrine of ~ 숙명론. (4) ⓤ 궁핍 : be in great 〈dire〉 ~ 몹시 궁핍해 있다. □ necessary *a.* ***as a ~*** 필연적으로. ***be driven by ~ of*** do***ing*** = ***be under the ~ of*** do***ing*** …하지 않을 수 없다. ***by*** 〈***of***〉 ***~***필요하여 ; 필연적으로, 부득이. ***make a virtue of ~*** ⇨ VIRTUE. 부득이한 일을 불평없이 하다

:neck [nek] *n.* (1) ⓒ 목. (2) ⓤⓒ (양 따위의) 목덜미살: ~ of mutton. (3) ⓒ (의복의) 옷깃. (4) — ⓒ 목 모양의 부분 ; 《특히》 (그릇 · 악기 따위의) 잘록한 부분 ; 해협, 지협 ; 〔建〕 기둥목도리《주두(柱頭)(capital)와 기둥 몸과의 접합부》 : the ~ of a bottle 병의 목. (5) (a ~) 《俗》 뻔뻔스러움, 강심장 : have a ~ 뻔뻔스럽다. ***be up to the*** 〈one′***s***〉 ***~*** 《口》 (1)(어떤 일에) 완전히 말려들다 《in》. 2) (일 따위에) 몰두하다 《in》. 3) (빚 따위로) 꼼짝 못 하다 《in》. ***bow the ~ to*** .… 에게 경의를 표하다. … 을 숭배하다 ; … 에게 굴복하다. ***break*** one′***s ~*** 《口》 1)목뼈가 부러져 죽다. 2) 열심히 노력하다. ***break the ~ of*** (일 따위의) 고비를 넘기다. ***breathe down*** (***on***) a person′***s ~*** 1)(레이스 등에서) 아무의 뒤를 바싹 다가가다. 2) 《此》 (붙어 다니면서) 끈질기게 감시하다. ***by a ~*** 목 길이의 차로 : win〈lose〉 *by a* ~ 목길이만큼의 차로 이기다〈지다〉, 신승〈석패〉하다. ***get*** 〈***catch, take***〉 ***it in the ~*** 《口》 심하게 공격을 받다, 큰 질책〈벌〉을 받다. ***have the ~ to*** do 뻔뻔스럽게도 … 하다. ***~ and crop*** 〈***heels***〉 온통 ; 전연. ***~ and ~*** 1) (경마에서) 나란히, 비슷비슷하게. 2) (경기에서) 비등하게, 막상막하로. ***~ of the woods*** 《美口》 지방, 근처. ***~ or noning*** 〈***nought***〉 필사적으로, 목숨을 걸고 : It is ~ *or nothing*. 죽느냐 사느냐다. ***risk*** one′***s ~*** 목숨을 걸고 하다, 위험을 무릅쓰다. ***save*** one′***s ~*** 목숨을 건지다. ***speak*** 〈***talk***〉 ***though*** 〈***out of***〉 (***the back of***) one′***s ~*** 《英口》 터무니 없는 소리를 하다, 허풍떨다. ***stick*** 〈***put***〉 one′***s out*** 《口》 위험을 돌보지 않다〈각오하고 해보다〉.

—*vt.*(1) …의 목을 껴안고 애무〈키스〉하다. (2) …의 직경을 짧게 하다.

— *vt.*(1) 좁아〈좁혀〉지다. (2) 《口》 (남녀가) 서로 목을 껴안고 애무하다, 네킹하다.

neck·band [ˊbæ̀nd] *n.* ⓒ (1) 셔츠의 깃《칼라를 붙이는 부분》. (2) (여성의) 목걸이 끈, 넥밴드.

necked [nekt] *a.* 〔複合語를 이루어〕 목이 … 인, …인 목의 : short-~ 목이 짧은.

neck·ing [nékiŋ] *n.*ⓤ 《口》 네킹《목을 껴안고 애무하는 일》.

:neck·lace [néklis]*n.*ⓒ 목걸이 : a diamond ~ 다이아몬드 목걸이 ; 교수용 밧줄.

neck·let *n.*[ˊlit]ⓒ (목에 꼭 맞는) 목걸이.

neck·line [ˊlàin] *n.* ⓒ 네크라인 《드레스의 목둘레선》.

***neck·tie** [ˊtài] *n.* ⓒ 넥타이.

neck·wear[ˊwὲər] *n.* ⓤ 〔集合的〕 넥타이 · 칼라 · 목도리류 등 목 장식품의 총칭.

ne·crol·o·gy [nekrálədʒi/-rɔ́l-] *n.* ⓒ (1) 사망기사〈광고〉. (2)사망자 명부.

nec·ro·man·cy [nékrəmæ̀nsi] *n.* ⓤ 1) 사령(死靈)과의 영교(靈交)에 의한 점(占),강신술(降神術). (2) 마술, 마법.

파) **-màn•cer** *n.* **nèc•ro•mán•tic** *a.* 마술적인.

nec·ro·phil·ia [nèkrəfíliə] *n.* ⓒ〔精神醫〕 시체성애(性愛), 시간(屍姦), 사간(死姦).

ne·crop·o·lis [nekrápəlis, nə-/-krɔ́p-] (*pl.* ***-lises***[-lisi:z], ***-les***[-lì:z], ***-leis***[-làis]) *n.* ⓒ(특히 옛 도시의) 공동 묘지.

nec·tar [néktər] *n.* ⓤ (1) 〔그 神〕 신주(神酒). 【cf.】 ambrosia. (2) 감미로운 음료, 감로(甘露); 과즙, 넥타. (3) 〔植〕 화밀(花蜜).

nec·tar·ine [nèktəríːn/néktərin] *n.* ⓒ 승도(僧桃) 복숭아

nec·ta·ry [néktəri] *n.* ⓒ 〔植〕 밀조(蜜槽), 밀선(蜜腺), 꿀샘, 밀관.

Ned·dy [nédi] *n.* (1) 네디 《Edward의 통칭.【cf.】 Ned》. (2) (n-) 《英口》 당나귀(donkey); 바보(fool).

nee, née [nei] *a.* 《F.》 구성(舊姓)은, 친정의 성은 … 《기혼 여성의 구성을 나타내기 위해》 : Mrs. Jones, ~Adams 존스 부인, 구성 애덤스.

:need [ni:d] *n.* (1) ⓤ (또는 a~) 필요, 소용 《*for* ; *of* ; *to* do》. (2) ⓒ (흔히 *pl.*) 필요한 물건 (the thing needed): our daily ~ s 일용 필수품. (3) ⓤ 결핍, 부족(want, lack). (4) ⓤ 위급할 때, 만일의 경우(a situation or time of difficulty). (5)ⓤ 빈곤, 궁핍(poverty) : The family's ~ is acute. 그 가족의 궁핍은 극심하다.

at ~ 만약의 경우에, 요긴한 때에. ***be*** 〈***stand***〉 ***in ~ of*** …을 필요로 하다. …이 필요하다 (be in want of). ***have ~ of*** 〈***for***〉 …을 필요로 하다(require). ***have ~ to*** do …하지 않으면 안 되다(must do), 할 필요가 있다. ***if ~ be*** 〈***were***〉 《文語》 = ***when*** 〈***as, if***〉 ***the ~ srises*** 필요하다면, 부득이 하다면, 어쩔 수 없다면(if necessary) : *If ~ be*, I'll come with you. 필요하다면 동행하겠네.

—*vt.* (1) 《~+目/ +目 + to do / + -ing》 …을 필요로 하다, …이 필요하다(want, require) : ~ money. 돈이 필요하다. (2) 〔to 不定詞를 수반〕 …할 필요가 있다, …하지 않으면 안되다 (be obliged, must) : she did not ~ *to* be told twice. 그녀에게는 되풀이해 말할 필요가 없었다.

—*aux. v.* 〔疑問文 · 否定文에 있어서 *to* 없는 原形不定詞를 뒤에 붙임, 의문문 · 부정문을 만드는데 do를 취하지 않음〕 …하지 않으면 안 되다,…할 필요가 있다 : Need he go ? 그는 가야 합니까 / No, he ~ not (go). 아니, 가지 않아도 좋다《※ 주절의 동사가 과거형 이라도 종속절의 need는 그대로 씀》.

***need ful** [níːdfəl] *a.* 필요한, 없어서는 안 될.

—*n.* (the~) 《口》 (1) 필요한 것 : do *the* ~ 필요한 일을 하다. (2) (곧 쓸 수 있는)돈, 현금.

파) **~·ly** *ad.*

:nee·dle [níːdl] *n.* (1) ⓒ 바늘, 뜨개바늘 : a ~ and thread 실이 꿰어져 있는 바늘 / tread a ~ 바늘에 실을 꿰다. (2) ⓒ (주사 · 외과 · 조각 · 축음기 따위의)바늘, 수술용 전기침(針) ; 자침(磁針), 나침(羅針) ; (소총의)공이 : a phonograph ~축음기 바늘. ※ 시계의 바늘은 hand. (3) ⓒ (침엽수의)잎 : a pine ~ 솔잎. (4) ⓒ 〔鑛〕 침정(針晶), 침상 결정체 ; 뾰족한 바위 ; 방첨탑(方尖塔)(obelisk) ; 〔動〕 침골(針骨). (5) (the~) 《英俗》

신경의 날카로움, 짜증, 걱정, 당황 : get⟨give⟩ the ~ 안달나다 ⟨안달나게하다⟩. (6) (the~) 《口》 가시 돋친 말⟨농담, 평(評)⟩, 꼬집음. (**as**) **sharp as a** ~ ⇨ SHARP. ***look for a ~ in a bottle ⟨bundle⟩ of hay = look ⟨search⟩ for a~in a haystack*** 덤불 속에서 바늘을 찾다, 헛수고를 하다. ***on the ~*** 《俗》 마약 중독에 걸린 ; 《美俗》 마약에 취해 있는.
—*vt.* (1) …을 바늘로 꿰매다. (2) …을 누비듯이 나가다《*between* ; *through*》. (3) …을 바늘로 찌르다 ; 바늘에 꿰다 ; 《口》 …에게 주사하다. (4) 《~+目/ +目+前+名》《口》 …을(가시 돋친 말로)놀리다, 속상하게 하다, 괴롭히다 ; 부추기다 ; 자극하여 …시키다《*about* ; *into*》.
—*vi.* 바느질을 하다, 누비듯이 나아가다.

néedle càse 바늘쌈.

needle·fish [ní:dlfiʃ] *n.* ⓒ 〔魚〕 가늘고 긴 물고기《동갈치 따위》.

néedle gàme ⟨màtch⟩ 《英》 접전(接戰).

nee·dle·point [ní:dlpɔ̀int] *n.* (1) ⓒ 바늘 끝. (2) ⓤ 바늘로 뜬 레이스(needle lace).

:need·less [ní:dlis] *a.* 필요 없는, 군 : a ~ remark 쓸데 없는 말 / a ~ waste of food 식량의 낭비. ***~ to say ⟨add⟩*** 《※ 흔히 글머리에 둠》 말할 필요도없이, 물론.
파) **~·ly** *ad.* 쓸데 없이. **~·ness** *n.*

néedle thèrapy 침 요법 (acupuncture).

nee·dle·wom·an [ní:dlwùmən] (*pl.* ***-wom·en*** [-wìmin]) *n.* ⓒ 바느질하는 여자, 침모.

***nee·dle·work** [-wə̀:rk] *n.* ⓤ 바느⟨뜨게⟩질 (기술 · 작품) ; 자수

need·n't [ní:dnt] 《口》 need not의 간약형.

needs [ni:dz] *ad.* 《文語》 반드시, 꼭, 어떻게든지 《※ 긍정문에서 must와 함께 쓰임》. ***must ~*** do (1) = needs must do : This work *must* ~ be done within the week. 이 일은 금주 안에 끝내야 한다. (2) 꼭 한다고 우겨대다. ***~ must*** do 꼭 해야 한다. …하지 않을 수 없다.

·needy [ní:di] (***need·i·er ; -i·est***) *a.* (1) 매우 가난한. (2) (the (poor and)~)〔名詞的 ; 複數취급〕빈궁한 자.
파) **néed·i·ness** *n.*

ne'er-do-well [nέərdu:wèl] *n.* ⓒ 변변치 못한 사람 밥벌레.
—*a.* 〔限定約〕 쓸모없는, 변변치 못한.

ne·far·i·ous [nifέəriəs] *a.* 못된, 사악한, 악질인, 극악한 : their ~ cruelty 그들의 극악한 잔학성. 파) **~·ly** *ad.* **~·ness** *n.*

neg. negative(ly).

ne·gate *vt.* (1) …을 부정(부인)하다(deny) ; 취소하다. (2) 〔컴〕 부정하다 《부정의 작동⟨연산⟩을 하다》. (3) 무효로 하다.

ne·ga·tion [nigéiʃən] *n.* (1) ⓤⓒ 부정, 부인, 취소. 〚opp.〛 *affirmation.* (2) ⓤ 없음, 무, 비존재, 비실재(非實在). (3) ⓤ 〔文法〕 부정(否定). (4) ⓤ 〔컴〕 부정(inversion).

:neg·a·tive [négətiv] (***more ~ ; most ~***) *a.* (1) 부정의, 부인⟨취소⟩의. 〚opp.〛 *affirmative.* 『 a ~ sentence 부정문. (2) 거부의, 거절의 ; 금지의,반대의 : the ~ side ⟨team⟩ (토론의) 반대측 / a ~ order ⟨command⟩ 금지령. (3) 소극적인. 〚opp.〛 *positive.* 『 a ~ character 소극적인 성격 / a ~ attitude 소극적인 태도. (4) 효과가 없는 ; 기대에 반하는 ; (노력 따위의)결과가 없는. 〔電〕 음전기의, 음극의 ; 〔數〕 마이너스의 ; 〔醫〕 음성의 ; 〔寫〕 음화의, 음(陰)의 : a ~ quantity 음수, 음의 양(量).
—*n.* ⓒ (1) 부정⟨거부, 반대⟩의 말⟨견해, 회답, 동작, 행위⟩ ; 부정 명제. (2) 거부, 거절, 부정(의 대답) ; 거부권(veto). (3) 〔文法〕 부정을 나타내는 말《no, not, never, by no means 등》. (4) 〔數〕 음수, 음의 양(量), 마이너스 부호, 〔電〕 음전기, 음극판 ; 〔寫〕 원판, 음화. ***in the ~*** 부정⟨반대⟩하여⟨하는⟩.
—*vt.* (1) …부정하다 : 거절⟨거부⟩하다 ; …에 반대하다. (2) …을 논박하다, 반증하다 ; 무효로 하다, 중화하다.

négative lógic 〔컴〕 음 논리 《더 많은 음의 전압이 1을, 보다 적은 음의 전압이 0 을 나타내는 논리》.

neg·a·tive·ly [négətivli] *ad.* 부정⟨소극, 거부⟩ 적으로, 부인하여 : answer ~ 아니라고 대답하다.

négative póle (1) (자석의) 남극. (2) 〔電〕 음극(陰極).

négative sígn 마이너스 부호 《-》, 감호.

neg·a·tiv·ism [négətivìzən] *n.* ⓤ (1) 부정⟨회의⟩적 사고 경향 ; 부정주의 《불가지론 · 회의론 등》. (2) 〔心〕 반항⟨반대⟩벽(癖), 거절(증).
파) **·-ist** [-ist] *n.*

ne·ga·tor,-gat·er [nigéitər] *n.* 〔컴〕 부정 소자.

:ne·glect [niglékt] *vt.* (1) 《~+目/+~*ing*/+*to* do》 (의무 · 일 따위)를 게을리하다, …하지 않고 그대로 두다 : ~ one's business 일을 게을리하다 / ~ one's family 가족을 돌보지 않다. (2) …을 무시하다, 경시하다 ; 간과하다 : ~ a person's advice 아무의 충고를 무시하다 / a ~*ed* poet 세상의 인정을 받지 못한 시인.
—*n.* ⓤ 태만 ; 무시, 경시 ; 방치(상태), 소홀.

ne·glect·ful [-fəl] *a.* (1) 게으른, 태만한. (2) 〔敍述的〕 …에 부주의한, 소홀히 하는 ; 무(관)심한《of》
파) **~·ly** [-fəli] *ad.* **~·ness** *n.*

neg·li·gee, nég·li·gé [négliʒèi, ⌐-⌐] *n.* (1) ⓒ 실내복, 네글리제, 화장복, (2) ⓤ 약식 복장, 평상복 : in ~ 평상복으로, 평소의 차림으로.

·neg·li·gence [néglidʒəns] *n.* ⓤ (1) 태만, 등한 ; 부주의 ; 되는 대로임 ; 무관심 : ~ of one's duty 직무 태만. (2) 〔法〕(부주의로 인한)과실 : gross ~ 중과실.

neg·li·gent [néglidʒənt] *a.* (1) 소홀한, 태만한 ; 부주의한《*of* ; *in*》 ; 되는 대로의 ; 무관심한 : a ~ way of speaking 아무렇게나 하는 말투. (2) 〔敍述的〕 (…에) 무관심한 《about》. ▫neglect *v.*
파) **~·ly** *ad.*

·neg·li·gi·ble [néglidʒəbəl] *a.* 무시해도 좋은, 하찮은, 무가치한, 사소한 : a ~ amount 하찮은 양 / be not ~ 무시할 수 없다. 파) **-bly** *ad.*

ne·go·ti·a·ble [nigóuʃiəbəl] *a.* (1) 협상⟨협정⟩할 수 있는. (2) (증권 · 수표 따위가) 양도⟨유통⟩할 수 있는 : a ~ bill 유통어음 / ~ instruments 유통 증권. (3) (산 · 길 따위가) 다닐⟨넘을⟩ 수 있는.
파) **ne·gò·ti·a·bíl·i·ty** [-bíləti] *n.*

***ne·go·ti·ate** [nigóuʃièit] *vt.* (1) …을 협상⟨협의⟩하다, 교섭하여 결정하다, 협정하다. (2) …을 매도⟨양도⟩하다 ; 돈으로 바꾸다, 유통시키다 《어음·증권 따위를》 : ~ a bill of exchange 환어음을 돈으로 바꾸다. (3) (도로의 위험 개소)를 통과하다 ; (장애 등)을 뚫고 나아가다 ; (어려운 일)을 잘 처리하다.
—*vi.* 《+前+名》 협상⟨협의⟩하다《*with*》. ▫ negotiation *n.*

:ne·go·ti·a·tion [nigòuʃiéiʃən] *n.* (1) ⓤⓒ (종종

pl.) 협상, 교섭, 절충 : peace ~ s 평화 협상 / ~ s on trade 무역 협상 / be in~with … 와 교섭 중이다 / break off 〈carry on〉~ s 교섭을 중단〈속행〉하다. (2) (증권 따위의)양도, 유통. (3) (도로 ·곤란의) 극복, 뚫고 나감.

ne·go·ti·a·tor [nigóuʃièitər] (*fem.* ***-a•tress***, [-ʃiətris] ***-a•trix*** [-ʃiətriks]) *n.* ⓒ (1) 협상〈교섭〉자 ; 거래인, 절충자. (2) 어음 양도인, 배서인.

:Ne·gro [níːgrou] (*pl.* ***~es*** ; *fem.* ***Ne•gress*** [-gris]) *n.*ⓒ 니그로, 흑인. 【cf.】 nigger. ※ 흑인은 이 말을 좋아하지 않으며 미국에서는 Black이 일반적이며, 또 완곡하게 colored man 〈woman, people〉이라는 명칭도 종종 쓰임

── *a.* 〔限定的〕 니그로의 ; 흑인(종)의 : the ~ race 흑인종 / a ~ spiritual 흑인 영가.

Ne·gro id [níːgrɔid]*a. n.* ⓒ 흑색 인종의(사람).

Ne·he·mi·ah [nìːəmáiə] *n.* (1) 〖聖〗 느헤미야《기원전 5세기의 헤브라이의 지도자》. (2) 느헤미야서 (=**Bóok of ~**) 《略 : Neh》.

***neigh** [nei] *n.* ⓒ (말의) 울음.

──*vi.* (말이)울다.

:neigh·bor, 《英》 **-bour** [néibər]*n.* ⓒ (1) 이웃(사람), 이웃집〈근처〉사람, 옆의 사람 : my next door ~ 이웃집 사람 / a ~ at dinner 식탁에서 옆자리 (에 앉은) 사람 / Love your ~. yet pull not down your fence. 《俗談》 이웃을 사랑하라, 그러나 담은 두고 지내라. (2) 이웃 나라(사람) : our ~ s across the Channel (영국 사람이 본) 프랑스 사람. (3) (같은) 동료, 동포. (4) 이웃〈가까이〉에 있는 (같은 종류의)것.

──*a.* 〔限定的〕 이웃의, 근처의 : a ~ country 이웃나라 / a good ~ policy 선린 정책.

──*vi.* 《+前+名》 …와 이웃하다, 가까이 살다〈있다〉 《*on, upon*》.

──*vt.* …에 인접하다, 이웃하다.

:neigh·bor·hood, 《英》 **-bour-** [néibərhùd]*n.* (1) (*sing.*) (종종 the ~, one's ~)근처, 이웃, 인근 : (in) this~ 이 근처(에), 이 곳(에서는). (2) ⓒ 〔修飾語를 수반하여〕 (어떤 특징을 갖는) 지구, 지역 ; 《英》 (도시 계획의) 주택 지구 : a fashionable ~ 고급 지구 / The wealthy ~ is near the river. 강 근처는 부유 지구이다. (*sing.*) 〔集合的 ; 單·複數취급〕 근처의 사람들. ***in the ~ of*** 1) …의 근처에. 2) 《口》약, 대략 … : *in the ~ of* $1,000. 약 천 달러.

néighborhood wátch 《美》 (범죄 방지를 위한) 지역 주민의 자체 경비.

:neigh·bor·ing 《英》 **-bour-** [néibəriŋ] *a.* 〔限定的〕 이웃의, 인접〈근접〉해 있는, 가까운 : ~ countries 인접 국가.

neigh·bor·less, 《英》 **-bour-** [néibərlis] *a.* 이웃이 없는 ; 고독한(solitary).

neigh·bor·ly, 《英》 **-bour-** [néibərli] *a.* (친한) 이웃 사람 같은〈다운〉 ; 우호적인, 친절한, 사귐성이 있는 : live on ~ terms with … 와 사이좋게 지내다. 파) **-li•ness** *n.* ⓤ 이웃사랑 ; 친절.

:nei·ther [níːðər, nái-] *a.* 〔單數名詞의 앞에서〕 (둘 중에서) 어느 쪽의 ~도 … 아니다〈않다〉《主語를 수식하는 경우를 제외하고 《口》에서는 not...either를 쓸 때가 많음》.

── *pron.* (둘 중의)어느 쪽도 … 아니다〈않다〉 : *Neither* (of the books) is 〈are〉 good. (그 책의) 어느 쪽 (것)도 다 좋지 않다《neither는 원칙적으로 단수로 취급하나 《口》에서는 복수로도 취급함》 / We ~ of us will go. 우리는 둘 다 가지 않는다《We와 ~ of us는 동격》.

── *conj.* 〔nor와 결합하여 상관적으로〕 …도—도아니다〈않다〉 : I have ~ time, (*nor*) patience, *nor* the inclinations, *nor* the right to do that. 그것을 할 만한 시간도, 인내도, 흥미도, 권리도 없다《셋 이상의 어구를 다 부정할 때도도 있음》.

──*ad.* 〔否定文 또는 否定의 節 뒤에서〕 … 도 또한

— ad. (〔否定文 또는 否定의 節 뒤에서〕 …도 또한 - 아니다〈않다〉《neither+(조)동사+주어의 語順이 됨》 : I don't smoke, (and) ~ do I drink.나는 담배도 피우지 않으며 술도 먹을 줄 모릅니다(=I don't smoke, (and) I don't drink(,) either, = I ~ smoke nor drink.). ***~ here nor there*** ⇨ HERE. ***~ more nor less than...*** ⇨ MORE. *ad.*

Nel·lie, -ly [néli]*n.* (1) 넬리《여자 이름 ; Eleanor, Helen의 애칭》. (2) (n-) 《俗》 바보, 여자 같은 놈〈호모〉. ***Not on your ~ !***. 《英俗》 절대 그렇지 않다, 당치도 않다 : "Perhaps you could take Simon to the party". "*Not on your* ~ !" '자네는 사이몬을 그 파티에 데려을 수 있을 거야' '절대 그런 짓은 안하겠네'.

nem con. [némkàn/-kɔ́n] *ad.* 《L.》 만장 일치로.

Nem·e·sis [néməsis] *n.* (1) 〖그神〗 네메시스, 인과 응보·복수의 여신. (2) (n-) (*pl.* ***-ses*** [-sìːz], ***~•es***) a] ⓒ 벌을 주는 사람. b] ⓤ 천벌, 인과응보. c]ⓒ 강적, 대적.

neo·clas·sic, -si·cal [nìːouklǽsik], [-əl] *a.* 〖經·美術·文藝〗 신고전주의(파)의. 파) **-si•cism** [-klǽsəsìzəm] *n.* **-cist** *n.*

ne·o·co·lo·ni·al·ism [nìːoukəlóuniəlìzəm]*n.* ⓤ 신식민주의.

ne·o·con·serv·a·tism [nìːoukənsə́ːrvətizəm] *n.* ⓤ 《美》 신보수주의《거대한 정부에 반대하고 복지정책 ·민주적 자본주의를 지지》.

ne·o·dym·i·um [nìːoudímiəm] *n.* ⓤ 〖化〗네오디뮴《희토류 원소; 기호 Nd; 번호 60》.

ne·o·fas·cism [nìːoufǽʃizəm] *n.* ⓤ 신파시즘. 파) **-fas•cist** *a., n.*

ne·o·im·pe·ri·al·ism [nìːouimpíəriəlìzəm] *n.* ⓤ 신제국주의. 파) **-ist** *n.*

Ne·o·lith·ic [nìːoulíθik] *a.* 신석기 시대의 : the ~ Age〈Era, Period〉 신석기 시대.

ne·ol·o·gism [niːɑ́lədʒizəm/-ɔ́l-] *n.* (1) ⓒ (눈살이 찌푸려지는) 신조어(新造語), 신어구(新語句) ; (기성 어구의) 새 어의(語義). (2) ⓤ 신어구〈어의〉 채용〈고안〉.

***ne·on** [níːɑn/-ən, -ɔn] *n.* (1) ⓤ 〖化〗 네온《비활성 기체 원소의 하나 ; 기호 Ne ; 번호 10》. (2) NEON LAMP ; 네온사인(에 의한 조명).

ne·o·nate [níːənèit] *n.* ⓒ (생후 1개월 내의) 신생아

Ne·o·Na·zism [nìːounɑ́ːtsizəm]*n.*ⓤ 신나치주의.

néon lámp 〈**líght, túbe**〉 네온 램프.

néon sígn 네온 사인.

ne·o·phyte [níːəfàit] *n.* ⓒ a] 신개종자. b] 〖가톨릭〗 신임 사제 (司祭). c] 〖가톨릭〗 수련 수사. (2) 신참자(新參者), 초심자(beginner).

ne·o·plasm [níːəplæ̀zəm] *n.* ⓒ〖醫〗 (체내에 생기는) 신생물(新生物), 《특히》 종양(腫瘍).

Ne·pal [nipɔ́ːl, -pɑ́ːl, -pǽl] *n.* 네팔《인도· 티베트 사이에 있는 왕국 ; 수도 Katmandu》.

Nep·a·lese [nèpəlí:z, -lí:s] *n.*, *a.* 네팔사람 ; 네팔〈사람〈말〉〉의.
Ne·pali [nipɔ́:li, -pá:li, -pǽli] (*pl.* ~, **-pál•is**) *n.* ⓒ네팔 사람 ; ⓤ 네팔어(語).
—*a.* 네팔(사람〈어〉)의.
:neph·ew [néfju:/névju:] *n.* ⓒ조카, 생질. 【cf.】 NIECE.
ne·phro·sis [nifróusis] *n.* ⓤ 네프로오제, (상피성(上皮性)) 신장증(症).
ne plus ul·tra [ní:-plʌs-ʌ́ltrə] 《L.》 (the~) 극치(acme), 극점, 정점《*of*》.
nep·o·tism [népətìzəm] *n.* ⓤ (관직 임용 따위의) 친척 편중, 동족 등용.
파) **nèp•o•tís•tic** *a.*
***Nep·tune** [néptju:n] *n.* (1) 〔로神〕 바다의 신, 넵튠《그리스 신화의 Poseidon》. (2) 〔天〕 해왕성.
nep·tu·ni·um [neptjú:niəm] *n.* ⓤ〔化〕 넵투늄《방사선 원소의 하나 ; 기호Np ; 번호 93》.
nerd [nə́:rd] *n.* ⓒ 《美俗》 (1) 바보, 얼간이. (2)일에만 열중하고 사회 관계에 무능한 사람 : a compuler ~ 컴퓨터 얼간이.
Ne·ro [ní:rou] *n.* 네로《로마의 폭군 ; 37-68》.
nerv·al [nə́:rvəl] *a.* 신경(계)의, 신경 조직의 ; 신경을 자극하는.
:nerve [nə:rv] *n.* (1) ⓒ 신경 ; (치수(齒髓))의 신경조직, (흔히)치아의 신경. (2) ⓤ 용기, 배짱, 담력, 기력, 정신력. (3) ⓤ 《口》 뻔뻔스러움, '강심장' : What(a) ~ ! 정말 뻔뻔스럽군 / you' ve got a ~.자네도 뻔뻔하군. (4) ⓒ(*pl.*)신경과민(증), 신경질 ; 히스테리 : calm〈steady〉 one' s ~ 신경을 진정시키다 / suffer from ~*s* 노이로제이다. (5) ⓒ 〔植〕 엽맥 ; 〔動〕시맥(翅脈), 날개맥.
be all ~s 몹시 신경과민이다. ***get*** 〈***jar***〉 ***on*** a person***´s ~s*** = ***give*** a person ***the ~s*** 아무의 신경을 건드리다, 아무를 짜증나게 하다. ***get up the ~*** 용기를 내다. ***have iron ~ s = havs ~ s of steel*** 담력이 있다, 대담하다. ***hit*** 〈***touch***〉 ***a*** (***row***) ***~ live on*** one' ***s ~***항상 마음 조리며 살다. ***lose*** one***´s ~*** 기가 죽다, 캥기다. ***strain every ~*** 모든 노력을 다하다, 전력을 다하다《*to* do》.
— *vt.* (1) 《~+目/+目+*to* do/+目+前+名》 힘을 두다, …에게 용기를 〈기운을〉 북돋우다. (2) 〔再歸的〕 용기를 내어 … 하다, 분발하여 … 하다.
nérve cènter (1) 〔醫〕 신경 중추. (2) (the~) (조직·운동 따위의) 중추, 중심, 수뇌부.
nerved [nə:rvd] a. 〔複合語를 만듦〕 신경이 …한: strong- ~ 신경이 강한, 용기가 있는, 대담한.
nérve fiber 〔解〕 신경 섬유.
nérve gàs 〔軍〕 신경 가스《독가스》.
nérve impulse 〔生理〕 신경 충격《신경 섬유를따라 전도되는 화학적·전기적 변화》.
nerve·less [nə́:rvlis] *a.* (1) 활기〈용기〉가 없는, 소심한, 힘빠진, 무기력한. (2) 냉정한, 침착한(calm).
파) **~•ly** *ad.* **~•ness** *n.*
nerve-rack·ing, -wrack- [ˊræ̀kiŋ] *a.* 신경을 건드리는〈괴롭히는, 조마조마하게 하는〉 ; 가슴 설레게 하는 : My wedding was the most ~ thing I' ve ever experienced. 내가 경험한 것 중에서 내 결혼식 만큼 가슴 설레게 한 것을 없었다.
:nerv·ous [nə́:əvəs] (***more ~ ; must ~***) *a.* (1) 〔限定的〕 신경(성)의,신경에 작용하는 : ~ tension신경의 긴장. (2) 신경질적인, 신경 과민의, 흥분하기 쉬운 : become ~ 신경질적으로 되다 ; (敍述的) (…을) 두려워 하는, (…에) 가슴 졸이는 ; …라는것에 가슴 졸이는《*of* ; *about* ; *that*》 : She' s ~ *of* going out at night.그녀는 밤에 외출하는 것을 두려워하고 있다.
▫ nerve *n.*
파) ˙**~•ly** [-li] *ad.* 신경질적으로 ;안달이 나서.
~•ness *n.* 신경과민.
nérvous bréakdown 신경 쇠약.
nérvous sỳstem (the~) 〔解·動〕 신경계(통).
nérvous wréck 《英口》 신경과민으로 불안해 하는 사람.
nervy [nə́:rvi] (***norv•i•er ; -i•est***) *a.* (1) 《英口》 대담함, 뻔뻔스러운. (2) 《英》 신경질적인, 과민한, 흥분잘하는.
파) **nerv•i•ly** *ad.* **nerv•i•ness** *n.* 곶, 해각.
nes·cience [néʃiəns]*n.* ⓤ (1) 무지(ignorance). (2) 〔哲〕 불가지론(agnosticism).
nes·cient [néʃiənt] *a.* (1) 무학의, 무지한. (2) 〔哲〕 불가지론(자)의.
— *n.* 불가지론자.
-ness *suf.* (복합)형용사· 분사 따위에 붙여서 '성질·상태'를 나타내는 추상명사를만듦 : kind*ness*, tired*ness*.
:nest [nest]*n.* ⓒ (1) 보금자리, 둥지《주로 새·벌레·물고기·거북 따위의》 : build a ~ 보금자리를 짓다. (2) a] 안식처, 휴식소. b] (도둑 따위의) 소굴(haunt) ; (악의) 온상《of》 : a ~ of crime 범죄의 온상. (3) 〔集合的〕 a] 둥지 속의 알·새끼. b] (못된 장소 따위에) 같이 드나드는 한 패, 동류. c] (새·벌레 등의) 떼. (4) (찬합식으로 차례로 큰 것에 끼워 넣게 된 기물의) 한 벌〈세트〉. ***feather*** 〈***line***〉 one***´s ~*** 사복(私腹)을 채우다. ***foul*** 〈***befoul***〉 one***´s*** own ***~*** 자기 집안〈당〉의 일을 나쁘게 말하다.
— *vi* (1) 보금자리를 짓다, 깃들이다 (2) 새집을 찾다 : go ~*ing* 새집을 찾으러 가다. (3) (상자따위가) 차례로 끼워 넣게 되어 있다.
nest·ed [néstid] *a.* 차례로 포개어 넣게 된.
nést ègg *vi.* (1) 밑알. (2) (저금 따위의) 밑천, ; 비상금, 본전.
·nes·tle [nésəl] (보금자리를 만들다)의 뜻에서 *vi.* (1) 《+副》 a] 편히 몸을 누이다, 기분좋게 눕다.〈앉다, 쪼그리다〉《*down* ; *in,into* ; among》 : ~down in bed 침대에 편안히 〈기분 좋게〉 드러눕다. b] 바싹 다가서다(up), 옆에 가까이 가다 《*up to* ; *against*》 : ~*up* 〈close〉 to one' s mother 어머니에게 바싹 달라붙다〈기대다〉. (2) 《+前+名》 외진 곳에 자리잡고 있다.
— *vt.* (1) 《目+前+名》 …에 기분 좋게 누이다 《*in*》 : ~ oneself *in* bed 잠자리에 편안히 드러눕다. (2) 〔종종 受動으로〕(젖먹이)를 껴안다《*in*》 ; (머리·얼굴·어깨 따위)를 갖다 대다《*on* ; *against*》.
nest·ling [néstliŋ]*n.* ⓒ 갓깬 새끼새, 어린 아이.
Nes·tor [néstər, -tɔ:r] *n.* (1) 〔그神〕 네스토르《Troy 전쟁때의 그리스군의 현명한 노장(老將)》. (2) ⓒ (종종 n-) 현명한 노인 ; 원로.
:net[1] [net] *n.* (1) ⓒ (동물을 잡는) 그물, 네트 : a fishing ~ 어망 / cast〈throw〉 a ~그물을 치다 / draw in a ~ 그물을 당기다. (2) ⓤ 그물 모양의 것 ; 망상(網狀) 조직, 그물 세공 ; 망사(網紗), 그물 레이스 ; 헤어네트(hair net). (3) ⓒ 올가미, 함정, 계략 ; 수사망, 포위망. (4) ⓒ (축구·하키 등의) 골 ; 〔테니스〕 네트《네트에 맞히는 일》, = NET BALL. (5) ⓒ 연락망, 통신망, 방송망(net work). ***cast*** one***´s ~ wide*** 그물을 넓게 치다.

—(**-tt-**) *vt.* (1) …을 **그물로 잡다** : ~ fish 투망으로 고기를 잡다. (2) 《俗》 …을 올가미〈계략〉에 걸리게 하다. (3) …에 그물을 치다〈던지다〉 : ~ a river 강에 그물을 치다, 강에서 투망질하다. (4) (과수 등)을 그물로 덮다〈가리다〉; 연락망을 구성하다 : ~ the bed 침대 위에 모기장을 치다. (5) 〔테니스〕 (공)을 네트에 치다 ; 〔蹴·하키〕 (공)을 슛하다. (6) …을 뜨다, 짜다. ※ 흔히 과거분사로 형용사적으로 쓰임.

──*vi.* 그물코를 뜨다 ; 그물을 뜨다.

·net² *a.* 〔限定的〕 (1) 정미(正味)의, 알속의, 순수한 ; 에누리 없는. 【cf.】 gross「 a ~ gain〈profit〉순이익 / a ~ price 정가 / ~ at 10dollars 정가 10달러로. (2) 궁극의, 최종적인 : ~ conclusion 최종적 결론.

— *n.* ⓒ 정량(正量), 순중량, 순이익, 정가.

— (**-tt-**) *vt.* 《~+目/+目+目/+目+前+名》 … 의 순이익을 올리다《*from*》, … 의 순이익을 얻다 : … 에 이익을 가져오다《*for*》.

nét báll 〔테니스〕 서브할 때 네트를 스친 공.

net·ball [nétbɔ̀:l] *n.* ⓤ 《英》 네트볼《한 팀 7명이 행하는 농구 비슷한 여성의 경기》.

neth·er [néðər] *a.* 〔限定的〕《文語·戱》 아래(쪽)의 ; 지하의, 지옥의 : ~ garments 바지 / the ~ world 〈regions〉 명계(冥界), 지옥 ; the ~ lip 아랫입술.

·Neth·er·lands [néðərləndz] *n.* (the ~) 〔單·複數취급〕 네덜란드(Holland)《공식명 the Kingdom of the ~ ; 수도 Amsterdam, 정부 소재지는 The Hague》.

neth·er·most [néðərmòust, -məst] *a.* 〔限定的〕 《文語》맨밑〈아래쪽〉의, 가장 깊은 : the ~ hell 지옥의 밑바닥.

net·ting [nétiŋ] *n.* ⓤ〔集合的〕 그물 세공〈제품〉 : wire ~ 철망 / fish ~ 어망, 그물질.

net·tle [nétl] *n.* ⓒ (1) 〔植〕 쐐기풀. (2) 초조하게〈화나게〉 하는 것. ***grasp the ~*** 단호하게 곤란과 싸우다. ***on ~s*** 초조하여, 안절부절 못하여.

──*vt.* 〔흔히 受動으로〕 초조하게 〈화나게〉하다 : He was ~*d by* her manner. 그녀의 태도에 그는 화가 났다.

néttle ràsh 두드러기(urticaria).

net·tle·some [nétlsəm] *a.* 애태우게 하는, 짜증나게 하는 ; 화〈부아〉가 나는(over).

nét tón =SHORT TON ; 순(純)톤.

:net·work [nétwə̀:rk] *n.* (1) ⓤⓒ **그물 세공**, 망상(網狀) 직물. (2) ⓒ 망상 조직 ; 〔電〕 회로망 ; (상점 따위의) 체인 ; 연락망 ; 개인의 정보〈연락〉망 : a ~ of railroads 철도망. (3) ⓒ 방송망, 네트워크 : TV ~s. (4) 〔通信·컴〕 통신망, 네트워크.

— *vt.* (철도 따위)를 망상 조직으로 부설하다; 방송망을 형성하다, 방송망으로 방송하다 ; 〔컴〕 통신망에 접속하다.

— *vi.* 망상조직을 형성하다 ; 방송망으로 방송하다.

net·work·ing [nétwə̀:rkiŋ] *n.* ⓤ (1) 〔컴〕 네트워킹《여러 대의컴퓨터나 자료 은행(data bank)이 연락하는 시스템》. (2) (타인과의 교제 등을 통한) 개인적 정보망의 형성.

neu·ral [njúərəl] *a.* (1) 〔解〕 신경(계)의 : the ~ system 신경 조직. 【cf.】 *hemal.* (2) 〔컴〕 신경의《신경 세포의 결합을 모델화한 것을 말함》.

neu·ral·gia [njuərǽldʒə] *n.* ⓤ〔醫〕 신경통《보통, 머리·얼굴의》. 파) **neu·rál·gic** [-dʒik] *a.*

néural nétwork 〔컴〕 (1) 인간의 뇌, 신경 세포가 반응하는 것과 유사하게 설계된 회로. (2) 신경(통신)망(neural net).

neur·as·the·nia [njùərəsθí:niə] *n.* ⓤ 〔醫〕 신경 쇠약(증).

파) **-thén·ic** [-θénik] *a.* 신경 쇠약(증)의

neu·ri·tis [njùəráitis] *n* . ⓤ 신경염.

파) **neu·ri·tic** [rítik] *a.*

neu·ro·bi·ol·o·gy [njùəroubaiálədʒi/-ɔ́l-] *n.* ⓤ 신경 생물학.

neu·rol·o·gist [njùərálədʒist/-rɔ́l-] *n.* ⓒ 신경(병)학자,신경과 전문의사.

neu·ron, neu·rone [njúəran/-rɔn-] [-roun] *n.* ⓒ 〔解〕 신경 단위,뉴런(세포).

neu·ro·pa·thol·o·gy [njùəroupəθálədʒi/-θɔ́l-] *n.* ⓤ〔醫〕 신경 병리학.

파) **-gist** *n.*

neu·ro·phys·i·ol·o·gy [njùərəfiziálədʒi/-ɔ́l-] *n.* ⓤ신경 생리학.

neu·ro·sci·ence [njùərousáiəns/-rɔ́l-] *n.* ⓤ 신경과학《주로 행동·학습에 관한 신경조직 연구 분야의 총칭》. 파) **-scí·en·tist** *n.*

·neu·ro·sis [njùəróusis] (*pl.* ***-ses*** [-si:z])*n.* ⓤⓒ 〔醫〕 신경증, 노이로제 : a severe case of 중증의 노이로제, 신경 감동.

***neu·rot·ic** [njuərátik/-rɔ́t-] *a.* 신경의, 신경계의 ; 신경증의 ; 《口》 신경 과민의.

— *n.* ⓒ 신경증 환자 ; 극도로 신경질적인 사람.

neu·ro·trans·mit·ter [njùəroutræ̀nsmítər] *n.* 〔生〕 신경 전달물질.

neu·ter [njú:tər] *a.* (1) 〔文法〕 중성의 : the ~ gender 중성. (2) 〔生〕 무성(無性)의 : ~ flowers 중성화.

— *n.* ⓒ (1) 〔文法〕중성 ; 중성명사〈형용사·대명사〉 ; 자동사. (2) 중성생물,무성동물〈식물〉 : 중성형(中性型) 곤충《일벌·일개미 따위》; 거세동물. (3) 중립자.

— *vt.* 〔흔히 受動으로〕(동물)을 거세하다 ; 난소를 제거하다.

:neu·tral [njú:trəl] (***more ~ ; most ~***) *a.* (1) 중립의; 중립국의 : a ~nation〈state〉 중립국. (2) 불편 부당의, 공평한 : take a ~ stand 중립적 입장을 취하다. (3) 명확지 않은, 애매한 ; (색이) 우중충한, 뚜렷하지 않은. (4) 〔物·化〕 중성의 ; 《動·植》 무성〈중성〉의, 암수 구별이 없는 ; 〔電〕 중성의《전하(電荷)가 없는》. (5) 〔音聲〕 (모음이) 중간음의 : a ~ vowel 중간음, 중성 모음.

— *n.* (1) ⓒ 국외 중립자 ; 중립국(민). (2) ⓤ 〔機〕 뉴트럴 기어《톱니바퀴의 공전(空轉) 위치》. 파) **~·ly** *ad.*

neu·tral·ism [njú:trəlìzəm] *n.* ⓤ (1) 중립주의〈태도, 정책, 표명〉.

파) ***-ist*** *n.* ⓒ 중립주의자.

neu·tral·i·ty [nju:trǽləti] *n.* ⓤ (1) 중립 (상태) ; 국외(局外) 중립 ; 불편 부당 : armed 〈strict〉 ~무장〈엄정〉 중립. (2) 〔化〕 중성.

neu·tral·i·za·tion [njú:trəlizéiʃən] *n.* ⓤ (1) 중립화, 중립 (상태). (2) 〔化〕 중화(中和). (3) 【言】 중화.

·neu·tral·ize [njú:trəlàiz] *vt.* (1) (나라·지대 따위)를 중립화하다 ; 중립 지대로 하다. (2) 〔化·電〕 …을 중화하다 ; …에 보색(補色)을 섞다 : a *neutralizing* agent 중화제. (3) …을 무효로〈무력하게〉 하다.

파) **-iz·er** *n.* ⓒ 중화물〈제〉, 중립시키는 것.

neu·tri·no [nju:trí:nou] (*pl.* **~s**) *n.* ⓒ 〔物〕 중성미자(微子), 뉴트리노.

neu·tron [njú:tran/njú:trɔn] *n.* 〔物〕 중성자, 뉴트

론.

néutron bòmb 중성자탄.

néutron Stàr 〔天〕 중성자 별.

Nev. Nevada.

Ne·va·da [nivǽdə, -vɑ́:də] *n.* 네바다《미국 서부의 주 ; Nev., NV; 주도는 Carson City》.

파) **Ne·vád·an** 〈-n〉 *a., n.* Nevada주의 (사람).

:nev·er [névər] *ad.* (1) 일찍이 …(한 적이)없다, 언제나 〈한번도〉… (한 적이)없다 : He ~ gets up early. 그는 한 번도 일찍 일어난 일이 없다. (2) 〔not 보다 강한 否定을 나타내어〕《口》 a〕 결코 … 하지 않다 (not at all) : I ~ drink anything but water. 나는 물 이외는 절대로 아무것도 마시지 않는다 / I ~ had a cent. 단 1 센트도 없었다 / *Never* mind! 괜찮아, 걱정하지 마라. b〕 〔~a …로〕 〈한 사람〉도 …않다 : ~ a one 하나도 없다. (3) 《口》 〔의심·감탄·놀라움을 나타내어〕 설마 …은 아니겠지 : You're ~ twenty. 자네 설마 스무 살은 아니겠지.
Never! 그런 일이 절대로 있을 리가 없다. ***~ ever*** 《口》 결단코 …아니다《never의 강의형》. ***Never say die!*** ⇨ DIE. ***Never tell me!*** 농담이실 테죠. ***~ the...*** (***for***—) 〔比較級을 수반하여〕 (—하여도) 조금도 … 않다. ***Well, I ~ ! = I ~ did!*** 어유 깜짝이야, 어머나, 설마.

·nev·er-end·ing [névəréndiŋ] *a.* 끝없는, 항구적인, 영원한.

nev·er·more [nèvərmɔ́:r] *ad.* 앞으로는 결코 …않다, 두 번 다시 …않다(never again).

nev·er-nev·er [névərnévər] *n.* (the~) 《英口》 분할불, 할부 : *on* the ~ 《英口》 분할불로, 할부로.
—*a.* 비현실적인, 공상의, 가공의.

névér-never lànd 〈**cóuntry**〉 공상적〈이상적〉인 곳, 꿈의 나라.

nev·er-say-die [névərsèidái] *a.* 지기 싫어하는, 불굴의 : a ~ spirit 불굴의 정신.

:nev·er·the·less [nèvərðəlés] *ad.* 그럼에도 불구하고, 역시 그렇지만(yet).

ne·vus, 《주로 英》 **nae-** [ní:vəs] (*pl.* ***-vi*** [-vai]) *n.* 〔醫〕 모반(母班)(birthmark), 사마귀.

:new [nju:] (***~·er*** ; ***~·est***) *a.* (1) 새로운 : 새로 나타난〈만들어진〉, 신(新)발견의, 신발명의. 〖opp.〗 *old* 「 a ~ book 신간(新刊) 서적 / a ~ suit of clothes 새로 맞춘 옷. (2) 신식의 : 처음 보는〈듣는〉. (3) a〕 아직 안 쓴, 신품의, 중고가 아닌 : as good as ~ 신품과 마찬가지. b〕 새로 구입한 : This is our ~ house. 이것이 새로 산 우리 집이다. (4) 〔限定的〕 (음식 따위가) 신선한, 싱싱한, 갓 만든 : ~ rice 햅쌀 / ~ potatoes 햇감자 / ~ bread 갓구운 빵. (5) 〔限定的〕 신임의, 새로 시작되는, 새로온, 풋내기의. (6) 익숙지 않은, 경험이 없는 ; 낯 선. (7) 〔限定的〕 새로 추가 된, 또 다른 ; 그 이상의 : search ~ infomation on a subject 어느 문제에 대한 새로운 정보를 찾다. (8) 〔限定的〕 (면목을) 일신한, 새로워진, 한결 더 좋은, 갱생한, 다음의(another): a~chapter 다음장. (9) (the~) 현대적〈근대적〉인 새 것을 좋아하는 ; 혁신적인 : *the* ~ theater 신극(新劇) / *the* ~ rich 신흥 벼락부자 / *the* ~ woman《蔑》 (인습을 타파하려는) 새로운 형의 여성 / the ~ idea 신사상. (10) (N-) 〔言〕 근세의, 근대의 : ⇨ NEW ENGLISH, NEW HIGH GERMAN. ***What's ~ ?*** (요즘) 어떠하십니까《인사말》 ; 뭔가 별 다른 일이라도 있습니까?
—*ad.* 〔주로 過去分詞와 함께 複合語를 이루어〕 다시, 새로이, 새롭게, 싱싱한 : ~-*baked* 갓 구운, ~ *mown* 갓 베어낸.
파) **~·ness** *n.*

Nèw Áge 뉴에이지《1980 년대부터 90년대 초에 걸쳐, 유럽적인 가치관 문화를 거부하고 신비적 · 전체적 관점에서 환경문제·의학·인간관계를 새롭게 파악하려는 관심이 나타났던 시기》

·new·born [njú:bɔ̀:rn]*a.* 〔限定的〕 (1) 갓 태어난, 신생의. (2) 재생의, 부활한, 갱생한 : a ~ man 갱생한 사람.
— (*pl.* ~(***s***)) *n.* Ⓒ 신생아.

néw bróom 개혁에 열중하는 신임자 ; 신관은 구악을 일소한다.

Néw Brúns·wick [njù:brʌ́nzwik] 뉴브런즈윅《캐나다 남동 연안의 주(州) ; 주도는 Fredericton. 略 : N.B.》.

new-built [´bílt]*a.* 새로 지은, 신축한.

New·cas·tle [´kæ̀səl, ´kɑ̀:səl] *n.* 뉴캐슬《석탄 수출로 유명한 잉글랜드 북부의 항구도시 ; 정식 명칭은 Newcastle-upon-Tynel.》 carry coals to ~ ⇨ COAL.

new-collar [-kɑ́lər/-kɔ́lər] *a.* 뉴컬러의《부모 보다 교육을 많이 받고, 풍족한 중류 계급에 속하는 사람들을 지칭하는 말》. 【cf.】 blue〈white〉-collar.

·new·com·er [´kʌ̀mər] *n.* Ⓒ 새로 온 사람《*to* ; *in*》 ; 초심자, 신출내기, 풋내기, 신인《*to*》.

Néw Cómmonwealth (the~) 신영연방《1954년 이후 독립하여 영연방에 가입할 나라들》.

Néw Críticism (the~) 신비평 《작자보다 작품 자체를 검토하려고 하는 비평》.

Néw Déal (the~) 뉴딜 정책《미국의 F.D. Roosevelt 대통령이 1933-39년에 실시한 사회보 장·경제 부흥 정책》.

new·el [njú:əl]*n.* ⓤ 〔建〕 (나선 계단의) 중심 기둥 ; 엄지기둥(= **~ pòst**) 《계단의 상하 양 끝의》 : ~ stairs 급히 꺽인 층계.

Nèw Énglish Bíble (the~) 신영역 성서 《신약은 1961년, 신구약 합본은 1970년 간행 ; 略 : N.E.B.》.

néw fáce (정계·영화계 따위의) 신인.

new·fan·gled [njú:fæ̀ŋgəld] *a.* 신기한 것을 좋아하는 ; 최신식의, 신유행의, 유행의 첨단을 걷는.

new·fash·ioned [´fǽʃənd]*a.* 신식의, 새 유행의, 최신의(up-to-date). 〖opp.〗 *old-fashioned.*

new·found [´fáund]*a* . 새로 발견된.

New·found·land [njú:fəndlənd, -lǽnd] *n.* 뉴펀들랜드. (1) a〕 뉴펀들랜드섬《캐나다 동쪽에 있는 최대의 섬》. b〕 뉴펀들랜드 섬과 Labrador 지방을 포함하는 주(州) 《略 : N.F.,NFD, Nfd, Newf.》. (2) 그 섬 원산의 큰 개의 일종 (= **~ dóg**).

Néw Frontíer (the~) 뉴 프런티어《신개척자 정신 : 1960년 7월 대통령 후보 수락 연설에서 Kennedy가 내세움》 ; Kennedy 정권(1961-63).

Nèw Guínea 뉴기니 섬《 略 : N.G》.

Nèw Hámpshire 뉴 햄프셔《미국 북동부의 주 ; 주도는 Concord : 略 : N.H., NH》.

new·ish [njú:iʃ]*a.* 다소 새로운(약간).

Nèw Jér·sey [-dʒə́:rzi] 뉴저지《미국 동부의 주 ; 주도는 Trenton ; N.J., 〔美郵〕 NJ》.

new-laid [´léid] *a.* 갓 낳은《달걀》, 방금 쌓은.

Néw Léft (the~) 〔集合的〕 《美》 신좌익《1960 년대에서 70년대에 걸쳐 대두한 급진적 좌익 정치 운동〈단체〉》. 파) **~·ist** *n.*

N

néw líne 〔컴〕 새줄《단말기 등에서 다음줄로 넘어가게 하는 기능》.

:new·ly [njú:li] **(more ~ ; most~)** *ad.* 〈흔히 過去分詞와 함께 써서〉 (1) 최근에, 요즈음. (2) 새로이 : 다시 : a ~ appointed ambassador 신임 대사 / a ~ marred couple 신혼 부부 / a ~ painted door (새로이) 다시 칠한 문. (3) 새로운 형식〈방법〉으로 : ~-decorated 신장〈개장(改裝)〉한.

new·ly·wed [-wèd]*n.* (1) (*pl.*) 신혼 부부. (2) 갓 결혼한 사람.
— *a.* 신혼의.

néw mán (때로 N- M-) 신남성《육아·가사 등을 자진해서 하는 새로운 형의 남자》.

néw média (신소재·전자 기기 등에 의한) 새로운 정보 전달 수단, 뉴미디어.

Nèw México 미국 남서부의 주《주도는 santa Fe; 略 : New M., N. Mex., n.m., 〔美郵〕NM》.

néw móon 초승달.

new mown [njú:móun] *a.* (목초 등을) 갓벤.

néw òne 《口》 (a~) 첫 체험 : 처음 겪는 일.

Nèw Órleans 뉴올리언스《미국 Louisiana 주 남동부의 항구 도시》.

néw pénny 《英》 신(新)페니《1971년에 실시된 새 화폐 : 1파운드의 100분의 1》.

new-poor [njú:púər] *n.* (the~) 〔集合的〕 최근에 영락한 사람들, 사양족(斜陽族).

new-rich [⌐rítʃ] *n.* (die~) 〔集合的〕 벼락 부자.
— *a.* 벼락 부자(특유)의.

Néw Ríght (the~) 〔集合約〕 신우익《1980년대에 일어난 신보수주의 운동》.
파) **~•ist** *n.*

:news [nju:z] *n.* ⓤ (1) (신문·라디오의) 뉴스, 보도 ; 정보(情報) : foreign 〈home〉 ~해외〈국내〉 뉴스/ an important piece of ~ 중대 뉴스 / you won't find much~in today's paper 오늘날의 신문에는 (읽을 만한) 두드러진 기사가 없습니다. (2) 새로운 사실, 흥미로운 사건〈인물〉, 진문(珍聞) : That is quite 〈no〉 ~ to me. 《口》 그건 금시 초문이다〈벌써 알고 있다〉 / Madonna is ~whatever she does. 마돈나는 무엇을 하든 뉴스감이 된다. (3) 소식, 기별 : good〈bad〉 ~ 길〈흉〉보. (4)(N-) … 신문《신문 이름》 The Daily News 데일리 뉴스. ***break the ~ to*** … 에게(나쁜) 소식을 알리다.

néws àgency 통신사.

news·a·gent [njú:zèidʒənt] *n.* 《英》 신문〈잡지〉 판매업자〈업소〉(《美》 newsdealer).

néws ànalyst 시사 해설가 (commentator).

news·boy [njú:zbɔ̀i] *n.* ⓒ 남자 신문 배달원, 남자 신문팔이.

news·break [⌐brèik]*n.* ⓒ 보도 가치가 있는 일〈사건〉

news·cast [⌐kæ̀st, ⌐kɑ̀:st] *n.* ⓒ 뉴스 방송.
파) **~•er** [-ər] *n.* ⓒ 뉴스 방송〈해설〉자. **~ing** *n.* ⓤ 뉴스방송.

néws còmmentator 시사 해설자.

néws cònference 기자회견 (press conference).

news·copy [njú:zkɑ́pi/-kɔ́pi] *n.* ⓤ (신문·라디오 따위의) 뉴스 원고.

news·deal·er [⌐dì:lər] *n.* ⓒ 《美》 신문〈잡지〉 판매업자 (《英》 newsagent) .

néws èditor (일간 신문의) 기사 편집자.

néws·flàsh 〔라디오·TV〕 뉴스 속보(速報) (flash)

news·girl [njú:zgə̀:rl] *n* ⓒ 여자 신문 배달원, 여자 신문 팔이.

news·hound [⌐hàund]*n.* 《美口》 적극적으로 사건을 좇아다니는 기자 (newshawk), 보도원.

news·let·ter [⌐lètər] *n.* ⓒ (1) (회사·단체 등의) 사보, 회보, 연보, 월보. (2) (특별 구독자를 위한) 시사 통신 〈해설〉.

news·mag·a·zine [⌐mæ̀gəzì:n]*n.* ⓒ 시사(주간) 잡지《*Time, Newsweek* 따위》.

news·mak·er [⌐mèikər]*n.* ⓒ 《美》 기삿거리가 되는 사람〈사건, 물건〉.

news·me·dia [⌐mì:diə] *n. pl.* 뉴스미디어, 뉴스 매체《신문·라디오·텔레비전 등》.

news·mon·ger [⌐mʌ̀ŋgər]*n.* ⓒ 소문을 퍼뜨리기 좋아하는 사람 : 수다쟁이, 떠버리.

:news·pa·per [njú:zpèipər, njú:s-] *n.* (1) ⓒ 신문 : a morning 〈an evening〉 ~ 조간〈석간〉 / a daily〈weekly〉 ~ 일간〈주간〉지. (2) ⓒ 신문사. (3) ⓤ 신문지, 신문인쇄용지.

news·pa·per·man [⌐mæ̀n] (*pl.* **-men** [-mən]) *n.* ⓒ 신문인, 《특히》신문 기자〈편집자〉 : 신문 경영자.

new·speak [njú:spì:k] *n.* ⓤ (종종 N-) (정부 관리 등이 여론 조작을 위해 쓰는) 고의적으로 애매하게 말하여 사람을 기만하는 표현법.

news·per·son [njú:zpə̀rsən] *n.* ⓤ (신문) 기자, 특파원, 리포터, 뉴스캐스터(보도자).

news·print [⌐prìnt] *n.* ⓤ 신문 (인쇄) 용지.

news·reel [⌐rì:l] *n.* ⓒ(단편의) 뉴스 영화.

news·room [njú:zrù:m] *n.* ⓒ (1) (신문사·방송사의)뉴스 편집실. (2) (방송사의) 방송실, 스튜디오.

néws sèrvice 통신사(news agency).

news·sheet [njú:zʃì:t] *n.* 한 장짜리 신문《접지 않은》 ; 회보, 사보(社報), 공보(newsletter).

néws·sòurce 〔新聞〕 뉴스 소스《뉴스의 출처》.

news·stand [njú:zstæ̀nd] *n.* ⓒ (길거리나 역의) 신문〈잡지〉 판매점.

néws·stòry 뉴스 기사 〖cf.〗 editorial, feature story.

néws válue 보도 가치.

news·ven·dor [njú:zvèndər] *n.* ⓒ 신문 판매원, 신문팔이.

news·week·ly [⌐wì:kli] *n.* ⓒ 주간 시사 잡지,주관 신문.

news·wom·an [⌐wùmən] (*pl.* **-wom•en** [⌐wìmin]) *n.* ⓒ여기자 ; 신문 잡지의 여판매원.

news·wor·thy [⌐wə̀:rði] *a* 보도 가치(news value)가 있는 ; 기삿거리가 되는.

newsy (***news•i•er ; -i•est***) [njú:zi] *a.* 《口》 뉴스감이 많은 ; 화제가 풍부한.
파) **news•i•ness** *n.*

newt [njú:t] *n.* ⓒ 〔動〕 영원(蠑蚖) (eft, triton).

·Néw Téstament (the~) 신약 성서.

·New·ton [njú:tn] *n.* (1) **Isaac ~** 뉴턴《영국의 물리학자·수학자 : 1642-1727). (2) (n-) 〔物〕 힘의 mks 단위 《기호 N》.

New·to·ni·an [njú:tóuniən] *a.* 뉴턴의 ; 뉴턴 학설〈발견〉의.
— *n.* ⓒ 뉴턴 학설을 믿는 사람.

:Néw Wórld (the~) 신세계, 서반구, 《특히》 남북아메리카 대륙(〖opp.〗 *old-world*).

:néw yéar (흔히 the~) 신년 ; (보통 N- Y-) 설날 a New Year's gifts 새해 선물.

N

(*I wish You*) *a happy new Year!* 새해 복 많이 받으십시오. 근하 신년.

Néw Yèar's (Day) 정월 초하루, 설날《공휴일 ; 미국·캐나다에서는 종종 Day를 생략함》.

Néw Yèar's Éve 섣달 그믐날.

:Néw Yórk (1) a] 뉴욕시(= **Néw Yòrk City**) (略 : N.Y.C.). b] = GRETER NEW YORK. (2) 뉴욕주(= **Nèw Yórk State**)《미국 북동부의 주 ; 주도는Albany ; 略 : N.Y.,〔美郵〕NY》.

Nèw Yórk·er [-jɔ́:rkər] (1) 뉴욕주 사람 ; 뉴욕시 시민. (2) (the~) 미국의 주간지의 하나.

·Nèw Zéa·land [-zí:lənd] 뉴질랜드《남태평양에 있는 영연방 자치국 ; 수도 Wellington》.
파)~·er *n.* ⓒ 뉴질랜드 사람.

:next [nekst] *a.* (1) 〔時間的으로〕 a] 〔無冠詞〕 다음의, 이번의, 내(來)〈오는〉 … : ~ month 내월. b) (흔히the ~) (일정한 때를 기준으로) 그 다음의, 다음〈이듬, 이튿〉 … : *the* ~ week그 다음주 / (*the*) ~ day 〈morning, evening〉 그 이튿날(아침, 저녁).
(2) (空間的으로) (흔히 the~) 가장 가까운 ; 이웃의 ; 다음의 *the* ~house 이웃집 the building ~ *to* the corner 모퉁이에서 두 번째 건물. (3) 〔順序·價値 등〕 그 다음〈버금〉 가는, 차위(次位)의 《to》 : the person ~(*to*) him in rank 계급이 그의 다음인 사람.
as ... as the ~ fellow 〈***man, woman, person***〉《口》 어느 누구에게도 뒤지지 않는〈못지 않게〉 : I am as brave as *the* ~ *fellow.* 용기에 있어서는 아무에게도 지지 않는다. **get ~ to**...《美俗》 …의 환심을 사다, …와 가까와 가까워지다 : She concentrates on *getting* ~ *to* the people who can help her career. 자기의 출세에 도움이 될 수 있는 사람들의 환심을 사려고 그녀는 필사적이다. ***in the ~ place*** 다음에 ; 둘째로. ***~door to...*** 1) (… 의) 이웃에〈의〉 : They lived ~ *door to* us. 그들은 우리 이웃에 살았다. 2) 《比》 …에 가까운(near to) ; 거의 : They are ~ *door to* poverty. 가난뱅이나 마찬가지다. 3) 〔不定詞 앞에서〕 = ~ to(成句)(2). ***~ time*** 1) 이번에는, 다음에는 : I'll beat him at chess (*the*)~ *time.* 이 다음에는 체스로 그를 누르겠다. 2) 〔接續詞的〕 다음〈이번〉에 … 할 때에. ***~ to...*** 1) …와 나란히 … 의 이웃〈곁〉에 ; …에 이어서 ; He sat ~ *to* his sister. 그는 누이 옆에앉았다 / the man ~ *to* him in rank 그의 다음 서열인 사람. 2) 〔否定語 의 앞에서〕 거의 … : We have achieved ~ *to nothing.* 우리는 거의 아무것도 이루지 못했다. ***put*** a person ***~ to...***《美俗》 아무에게 …을 알리다 ; (아무를) …에 접근시키다, 친하게 교제하게 하다. ***the ~ … but*** one 〈two〉 하나〈둘〉 걸러 다음의, 두〈세〉번째의. (***the***) ***~ thing*** 다음에, 두번 째로. (***the***) ***~ thing*** one ***knows*** 《口》 정신을 차리고 보니, 어느 틈엔가.
— *pron.* 다음 사람〈것〉, 옆의 것, 가장 가까운 사람〈것〉《形容詞 용법의 next 다음에 오는 各詞가 생략된 것》 : *Next* (, please)! 그 다음을 ; 다음 분〈것〉; 다음 질문을《순서에 따라 불러 들이거나 질문등을 재촉할 때》 He was the ~ (person) to appear. 그가 다음에 나타났다. ***~ of kin*** 〔法〕 가장 가까운 친족, 최근친자《특히 유언 없이 사망한 자의 유산 상속권이 있는》.
— *ad.* (1) 다음에, 이번에 : When shall I meet you ~? 다음에는 언제 만날 수 있겠소. (2) (순서로 따져서) 다음으로, 바로 뒤에《*to*》 ; …의 옆에 …에 인접하여《*to*》 : the largest state ~ *to* Alaska 알래스카 다음으로 큰 주. ***What ~ !***〈***?***〉 ⇨What.
— *prep.* …의 다음〈옆〉에 … 에 가장 가까운 : a seat ~ the fire 난로 옆의 자리 / come 〈sit〉~him 그 사람 다음에 오다〈앉다〉.

·next-door [nékstdɔ̀:r] *a.* 〔限定的〕 이웃(집)의 : a ~ neighbor 바로 이웃 사람.

néxt fríend (the~) 〔법〕 (미성년자·유부녀 등 법적 무능력자의) 대리인, 후견인.

néxt world (the~) 내세, 저승.

nex·us [néksəs] (*pl.* ***~es, ~*** [-səs, -su:s]) *n.* ⓒ (1) 연계(連繫), 관련, 유대 : 관계 : the cash ~ 현금 거래 관계 / the ~ of man to man 사람과 사람의 유대 / the causal ~ 인과 관계 (2) (사물·관념등의) 연쇄, 연합. (3) 〔文法〕 서술적 관계〈표현〉《Jespersen의 용어로서, *Dogs bark*》.

ni·a·cin [náiəsin] *n.* ⓤ 〔生化〕 니코틴산(nicotinic acid).

Ni·ag·a·ra [naiǽgərə] *n.* (1) (the~) 나이아가라《미국과 캐나다 국경의 강》. (2) = NIAGARA FALLS. (3)(n-) 대홍수 ; 쇄도: shoot ~ 큰 모험을 하다.

***Niágara Fálls** (the~) 나이아가라 폭포.

nib [nib] *n.* ⓒ (1) (새의) 부리. (2) 펜촉. (3) 뾰족한 끝.

·nib·ble [níbəl] *vt.* (1) (짐승·물고기 등이 먹이)를 조금씩 물어뜯다〈갉아 먹다〉《*away* ; *off*》 ; 갉아서 구멍 따위를 내다《*through*》. (2) (재산등)을 조금씩 잠식하다《*away* : *off*》.
— *vi.* (1) 입질하다〈쪼다〉《*at*》 : A fish tried to ~ *at* the bait. 물고기가 입질하려 했다. (2) (유혹·거래 등에) 마음이 움직이는 기색을 보이다《*at*》.
— *n.* ⓒ (1) 조금씩 물어뜯음《*at*》 : have a ~ at … 을 조금씩 갉아먹다. (2) 한번 물어뜯는 양, 한 입; 소량. (3) 〔컴〕 니블《12 바이트 ; 보통 4 비트》.

Ni·be·lung·en·lied [ní:bəlùŋənlì:t] *n.* 《G.》 (the~) 니벨룽겐의 노래《13 세기전반에 이루어진 남부 독일의 대서사시(詩)》.

nib·lick [níbik] *n.* ⓒ〔골프〕 니블릭 《골프채의 하나 ; 아이언 9 번(number nine iron)》

nibs [nibz] *n.* (흔히 his 〈her〉 ~)《口》 잘 난 체하는 사람, 높은 양반.

Nic·a·ra·gua [nìkərɑ́:gwə] *n.* 니카라과《중앙 아메리카의 공화국 : 수도 Managua》.
파)**~n** *n.*, *a.* ~사람(의).

Nice [ni:s] *n.* 니스《프랑스 남부의 항구 도시 : 피한지 (避寒地)》.

:nice [nais] (***níc•er ; níce•st***) *a.* (1) 좋은, 훌륭한 ; 쾌적한 ; 기쁜, 흡족한 : a ~ day 기분 좋은〈맑게 갠〉 날씨 / have a ~ time 즐거운 시간을 보내다. (2) 아름다운, 매력 있는 : a ~ face 아름다운 얼굴. (3) 맛있는 : ~ dishes 맛있는 요리. 〖opp.〗 *nasty.* (4) 인정많은, 친절한 : My neighbors are all ~ people. 우리 이웃 사람들은 모두가 친절한 사람들이다. (5) 점잖은, 교양 있는, 고상한. (6) 민감한, 정밀한, 교묘〈능숙〉한 ; 식별력을 요하는 : a ~ ear for music / 음악에 대한 섬세한 귀〈청각〉 / a ~ sense of color 민감한 색체 감각 / a ~ shot 정확한 일격. (7) 꼼꼼한 ; 몹시 가리는, 까다로운《*about* ; *in*》 : ~ *about* the choice of words 말의 선택에 까다로운. (8) 미묘한, 미세한. (9) 신중을 요하는, 어려운 ; 수완을 요하는 : a ~ issue / problem 어려운 문제. (10) 〔反語的〕 불쾌한, 바람직하지 않은.
파) **~•ness** *n.*

N

nice·ly** [náisli] *ad.* (1) 좋게, 잘, 능숙하게 ; 훌륭하게. (2) 상냥하게, 친절하게. (3) 세심하게, 세밀〈신중〉하게, 꼼꼼히. (4) 꼭. ***Nicely. 잘 있습니다. 잘 해 가고 있습니다. ***Nicely!*** (스포츠 따위에서) 잘한다.

Ní·cene Créed [náisi:n-] (the~) 니케아 신조(信條), 니케아 신경(信經)(325년 니케아회의에서 결정된).

níce nélly 〈**Nélly**〉《美俗》 점잔빼는 사람.

nice-nel·ly, -Nel·ly [ˊnéli] *a.* 《美俗》 점잔빼는 ; 완곡한.

파) **níce-nél·ly·ìsm** *n.* ⓤ 점잔빼기. ; 완곡한 표현〈말〉.

ni·ce·ty [náisəti] *n.* (1) ⓤ 정확 ; 정밀. (2) ⓤ (감정 · 취미의) 섬세 ; 고상. (3) a] ⓤ 기미 (機微) ; 미묘함. b] ⓒ (흔히 *pl.*) 미묘한 점, 세세한 차이. ▫ nice *a.*

to a ~ 정확히, 정밀히, 완벽하게(exactly).

niche [nitʃ] *n.* ⓒ (1) 벽감(壁龕)《조각품들을 내놓는》. (2) 적소(適所). (3)〖生態〗 생태적 지위.

—*vt.* (1) …을 벽감에 안치하다〈놓다〉. (2) 〔再歸的〕(알맞은 곳)에 자리잡다.

ni·chrome [náikroum] *n.* ⓤ 니크롬 ; (N-) 그 상표명

·nick¹ [nik] *n.* (1) ⓒ 새긴 금(notch). (2) ⓒ (접시 등의)흠, 깨진 곳. (3) (the~)《英俗》 감방, 교도소. ***in the*** (***very***) ***~*** (***of time***) 마침 제때에, 아슬아슬한 때에. — *vt.* (1) …에 상처를 내다 ; …에 흠을 내다. (2) 《俗》 …을 속이다. (3) a] 《英俗》 빼앗다, 훔치다. b] …을 체포하다.

nick² *n.* ⓤ 〔in … ~로〕《英俗》(건강) 상태.

:nick·el [níkəl] *n.* (1) ⓤ 〖化〗 니켈《금속 원소 ; 기호 Ni ; 번호 28》; 백동(白銅). (2) ⓒ 백동전, 《美 · Can.》 5센트짜리 백동돈 ; 5센트, 잔돈.

— (***-l-***, 《英》 ***-ll-***) *vt.* … 에 니켈 도금을 하다.

nick·el-and-dime [níkələndáim] *a.* 《美口》 소액의 ; 하찮은 ; 인색한.

níckel pláte *vt.* 니켈 도금하다.

nick·el-plat·ed [níkəlpléitid] *a.* …에 니켈 도금을 한.

níckel sílver 양은(洋銀) (German silver).

níckel stéel 니켈강(鋼).

nick·er [níkər] (*pl.* ~, ***~s***) *n.* ⓒ 《英俗》 1파운드 영국 화폐.

:nick·name [níknèim] *n.* ⓒ (1) 별명, 닉네임《Shorty '꼬마', Fatty '뚱뚱이' 따위》. (2) 애칭, 약칭《Robert를 Bob 이라고 부르는 따위》.

— *vt* . 《~+目/+目+補》 …에게 별명을 붙이다 ; 별명〈애칭〉으로 부르다.

nic·o·tine [níkəti:n, -tin] *n.* ⓤ 〖化〗 니코틴.

nic·o·tín·ic ácid [nìkətínik-] 〖化〗 니코틴산.

nic·o·tin·ism [níkəti:nìzəm] *n.* ⓤ 〖醫〗 만성니코틴〈담배〉 중독.

:niece [ni:s] *n.* ⓒ 조카딸, 질녀. 〖cf.〗 nephew.

NIEs [ni:s] *n.* 니스, 신흥공업 경제 지역《한국 · 타이완 · 싱가포르 · 홍콩을 비롯하여 멕시코 · 브라질 · 아르헨티나 및 포르투갈 · 그리스 등》.

〈◂ Newly Industrializing *E*conomies〉

Nie · tzsche [ní:tʃə] *n.* **Friedrich Wilhelm ~** 니체《독일의 철학자 : 1844-1900》.

niff [nif] *n.* ⓒ(흔히 a~)악취.

— *vi.*《英俗》 악취가 나다. 파) **níffy** *a.*

nif·ty [nífti] (***-ti•er*** ; ***-ti•est***) *a.* 《口》 멋들어진, 재치있는.

— *n.* (*pl.* ***-ties***) 재치있는 말 ; 매력적인.

Ni·ge·ria [naidʒíəriə] *n.* 나이지리아《아프리카 서부의 공화국 ; 略 : Nig. ; 수도 Abuja》.

파) **Ni•gé•ri•an** [-n] *a.*, *n.* 나이지리아(사람)의 ; 나이지리아 사람.

nig·gard [nígərd] *n.* ⓒ 구두쇠(miser).

nig·gard·ly [nígərdli] *a.* (1) 인색한《*with*》; (…을)아까워하는《*of* 》. (2) 근소한.

— *ad.* 인색〈째째〉하게. 파) **-li•ness** *n.*

nig·ger [nígər] *n.* ⓒ 〖蔑〗 흑인, 검둥이《※ 사용을 기피하는 말임》. ***a ~ in the woodpile*** 《口》 ***~ melodies*** 흑인의 노래.

nig·gle [nígəl] 하찮은 일에 구애되다〈신경을 쓰다〉《*about* ; *over*》; (사소한 일로) 괴로워하다《*at*》.

— *vt* 《口》 …을 끊임없이 괴롭히다, 초조하게 하다.

— *n.* ⓒ 하찮은 불평, 결점.

nig·gling [nígliŋ] *a.* 〔限定的〕 하찮은 일에 신경쓰는, 옹졸한 ; 읽기 힘든 ; 좀스러운.

nigh [nai] (***nigh•er*** [náiər], 《古》 ***near*** ; ***nighest*** [náiist], 《古》 ***next***) *a.*, *ad.*, *prep.* 《古 · 詩 · 方》 = NEAR.

:night [nait] *n.* (1) ⓤⓒ 밤, 야간(〖opp.〗 *day*). (2) ⓤ 야음 ; 어둠 (3) ⓤ 어둠 ; 무지, 몽매, 맹목(blindness). (4) (특정 행사가 있는) …의 밤. ***all ~*** (***long***) = ***all the ~ through*** 밤새 도록 : I dreamed *all* ~. 밤새도록 꿈을 꾸었다. (***as***) ***dark*** 〈***black***〉 ***as ~*** 새까만, 캄캄한. ***at dead of ~*** = ***in the dead of*** (***the***) ***~*** 한밤 중에. ***at ~*** 1) 해질 무렵에. 2) 밤중(에)《특히 6시부터 12시까지》. ***at ~ s*** 밤마다. ***by ~*** 1) 밤에는 ; 밤중에. 2) 야음을 틈타. ***call it a ~*** 《口》그날 밤의 일을 마치다 : Let's call it a~오늘밤은 이쯤으로 끝냅시다. ***far into the ~*** 밤늦도록. ***for the ~*** 밤(동안)에는. ***Good ~!*** 편히 주무십시오 ; 안녕《밤에 해어질 때의 인사》. ***have***〈***pass***〉 ***a good*** 〈***bad***〉 ~잠을잘〈잘못〉 자다. ***have*** 〈***make***〉 (***tonight***) ***an early ~*** 일찍자다. ***have*** 〈***get, take***〉 ***a ~ off*** (야근하는 사람이) 하룻밤 (일을) 쉬다. ***have a ~ out*** 1) 하룻밤을 밖에서 놀며 지새우다. 2) (휴가를 얻어)하룻밤 외출하다. ***in the ~*** 야간에, 밤중에. ***make a ~ of it*** 밤새도록 마시며 〈놀며〉지내다. ***~ after***〈***by***〉 ***~*** 매일밤, 밤마다. ***~ and day*** = ***day and ~*** 밤낮〈없이〉. ***of***(***o'***)***~s*** 《口》 밤에, 밤에 때때로. ***on the ~ that...*** … 한 날 밤(에). ***turn ~ into day*** 낮에 할 일을 밤에 하다, 밤새워 일하다〈놀다〉, 밤을 낮으로 삼다.

— *a.* 〔限定的〕 밤의, 야간(용)의 ; 밤에 활동하는, 야행성의 : a ~ baseball 야구의 야간 경기 / ~ duty 야근 숙직 / a ~ air 밤공기, 밤바람 / a ~ train 야간 열차, 밤차.

night·bird [náitbə̀:rd] *n.* ⓒ 밤에 나다니는 사람 ; 밤도 둑.

night-blind [ˊblàind] *a.* 밤눈이 어두운, 야맹증의.

night blìndness 〖醫〗 야맹증(nyctalopia).

night·cap [ˊkæ̀p] *n.* ⓒ (1) 잠잘 때 쓰는모자, 나이트캡. (2) 자기 전에 마시는 술. (3) 《美口》 당일 최종 시합〈레이스〉, 《특히》 야구의 더블헤더 때의 뒷 시합.

night·clothes [ˊklòuðz] *n. pl.* 잠옷(night-dress, nightwear)

night·club [ˊklʌ̀b] *n.* ⓒ 나이트클럽(nightspot)

— *vi.* 나이트클럽에서 놀다. .

·night·fall [ˊfɔ̀:l] *n.* ⓤ 해질녘, 황혼, 땅거미(dusk): at ~ 해질녘에.

níght fìghter 야간 전투기.
night·gown [ˊgàun] *n.* ⓒ (여성·어린이용) 잠옷, 네글리제. =NIGHTSHIRT.
night·hawk [ˊhɔ̀:k] *n.* ⓒ (1) 쏙독새의 일종. (2)《口》밤놀이〈밤샘〉하는 사람.
Night·in·gale [náitəngèil] *n.* Florence ~ 나이팅게일《영국의 간호사 ; 근대 간호학 확립의 공로자 ; 1820-1910》.
·night·in·gale *n.* ⓒ 나이팅게일《유럽산 지빠귓과의 작은새 ; 밤에 아름다운 소리로 울》.
night·jar [náitdʒɑ̀:r] *n.* ⓒ 쏙독새《유럽산》.
níght làtch (문 따위의) 빗장의 일종《안에서는 손잡이로, 밖에서는 열쇠로 조작》.
níght lètter (야간) 간송(間送) 전보《다음날 아 침에 배달되며, 요금이 쌈》.【cf.】day letter.
night·life [ˊlàif] *n.* ⓒ(환락가 등에서의) 밤의 유흥.
night-light [ˊlàit] *n.* ⓒ (침실·복도용의) 철야등.
night·long [ˊlɔ̀:ŋ/ˊlɔ̀ŋ] *a., ad.* 철야의〈로〉 밤새우는〈새워〉.
·night·ly [náitli] *a.*〔限定的〕(1) 밤의, 밤에 일어나는~dew 밤이슬. (2) 밤마다와 매일 밤의.
— *ad.* 밤에 ; 밤마다.
:night·mare [náitmɛ̀ər] *n.* ⓒ (1) 악몽, 가위눌림. (2) 악몽 같은 경험〈사태, 상황〉 ; 공포〈불안〉감. (3) 몽마(夢魔)《잠자는 이를 질식시 킨다는 마녀》.
night·mar·ish [ˊmɛ̀əriʃ] *a.* 악몽〈몽마〉 같은 ; 불유쾌한.
파) **~·ly.** *ad.*
níght nùrse 야근 간호사.
níght òwl 《口》 밤샘하는 사람.
níght pòrter 《英》 (호텔 프런트의) 야근 보이〈도어맨〉.
nights [naits] *ad.* 매일 밤, 밤마다 : He works ~. 그는 밤에 일한다.【cf.】AFTER-NOONS.
níght sàfe 야간 금고《은행 등의 폐점 후의》.
níght schòol 야간 학교.
night·shade [náit-ʃèid] *n.* ⓤⓒ 가지속(屬)의 식물.
níght shìft (1) (공장 등의)야간 근무 (시간).【cf.】day shift. (2) (종종 the~)〔集合的 ; 單·複數 취급〕야간 근무자.【cf.】graveyard shift.
night·shirt [ˊʃə̀:rt] *n.* ⓒ (남자용의 긴 셔츠 모양) 잠옷.
níght sòil 똥거름, 분뇨《야간에 쳐내는》.
níght stìck (경찰이 차고 다니는) 경찰봉.
níght tàble 침대 곁 책상 (= **béd·stànd**).
·night·time [ˊtàim] *n.* ⓤ 야간, 밤중.
night·walk·er [ˊwɔ̀:kər] *n.* ⓒ 밤에 배회하는 사람《밤도둑 ·매춘부 따위》, 몽유병자.
níght wàtch (1) 야경(夜警), 야번(夜番). (2) (종종 the~)〔集合的 ; 單·複數 취급〕야경꾼. (3) (흔히 the~es) 교대 야경시간《하룻밤을 셋이나 넷으로 나눈 그 하나》.
níght wàtchman 야경꾼.
night·wear [ˊwɛ̀ər] *n.* 잠옷(nightclothes).
níght wòrk 밤일, 야근.
ni·hil·ism [náiəlìzəm, ní:ə-] *n.* ⓤ (1)【哲·倫】허무주의, 니힐리즘. (2)【政】폭력혁명〔무정부〕주의.
파) **ni·hil·ist** [-ist] *n.* ⓒ 허무〔무정부〕주의자. **nì·hil·ís·tic** [-ístik] *a.* 허무주의(자)의 ; 무정부주의(자)의.
-nik *suf.* 《口·蔑》'…와 관계 있는 사람, … 한 특징이 있는 사람, …애호자'의 뜻 : beat*nik*, peace*nik*.
nil [nil] *n.* ⓤ (1) 무(無), 영(nothing). (2)《英》【競】영점. (3)【컴】없음.
Nile [nail] *n.* (the~) 나일강《아프리카 동부에서 발원, 지중해로 흘러드는 세계 최장의 강》.【cf.】Blue〈White〉Nile.
Ni·lot·ic [nailɑ́tik/-lɔ̀t-] *a.* 나일 강의 ; 나일 강 유역(주민)의.
·nim·ble [nímbəl] **(-bler ; -blest)** *a.* (1) 재빠른, 민첩한. (2) 영리한, 이해가 빠른, 빈틈 없는. 파) **~·ness** *n.* ⓤ **-bly** *ad.*
nim·bo·stra·tus [nímboustréitəs] (*pl.*~) *n.* ⓒ【氣】난층운, 비층구름, 비구름《略: Ns》.
nim·bus [nímbəs] (*pl.* **-bi** [-bai], **~·es**) *n.* ⓒ(1) (신·성자 등의) 후광(halo) ; 원광(圓光) ; (사람 또는 물건이 내는) 기운, 숭고한 분위기, 매력. (2)【氣】난운(亂雲), 비구름.
nim·i·ny-pim·i·ny [nímənipíməni] *a.* 짐짓 빼는, 새침한, 얌전빼는 ; 연약한(유약한).
nin·com·poop [nínkəmpù:p, níŋ-] *n.* ⓒ 《口》 바보, 멍청이(simpleton)
파) **~·ery** [-əri] *n.* .
:nine [nain] *a.* (1)〔限定的〕9의, 9명〈개〉의. (2)〔敍述的〕아홉 살의 : He's~. 그는 아홉 살이다.
~ tenths 10분의 9. 거의 전부. ***~ times out of ten*** = ***in ~ cases out of ten*** 십중 팔구, 대개.
— *n.* (1) a〕ⓤⓒ〔흔히 無冠詞〕9. b〕ⓒ 9의 숫자〈기호〉《9, ix, IX》. (2) ⓤ 9세 ; 9시 ; 9명. (3) ⓒ 9인〈개〉1조 ;《美》야구 팀. (4) ⓒ【카드놀이】9끗짜리 패. (5) (the N-)뮤즈의 아홉 여신.【cf.】Muse. ***dressed (up) to the ~ s*** 성장(盛裝)하여. ***~ to five*** 9시부터 5시까지의 보통 근무 시간.
— *pron.* (*pl.*) 아홉(개, 명). ***~ are here.*** 9명은 여기에 있다.
nine·fold [ˊfòuld] *a. ad.* 9배의〈로〉. 아홉겹의 〈으로〉.
999 [náinnàinnáin] *n.* 《英》비상〈구급〉 전화번호《경찰·구급차·소방서를 부르는 번호》.
nine-one-one [ˊwʌ̀nwʌ́n] *n.* 《美》 (경찰·구급차·소방서 등에의) 긴급 전화 번호, 911.
nine·pin [ˊpìn] *n.* (1) (*pl.*)〔單數취급〕나인핀스, 구주희 (九柱戱)《아홉개의 핀을 세우고 큰 공으로 이를 쓰러뜨리는 놀이》.【cf.】tenpin. (2) ⓒ 나인핀스용의 핀.
:nine·teen [náintí:n] *a.* (1)〔限定的〕19의 : 19명〈세, 개〉의. (2)〔敍述的〕19세의.
— *n.* (1) a〕ⓤⓒ〔흔히 無冠詞〕19. b〕ⓒ19의 기호. (2) ⓤ 19세, 19달러〈파운드 · 센트등〉. ***talk 〈go, run, wag〉 ~ to the dozen*** ⇨DOZEN.
:nine·teenth [náintí:nθ] *a.* (1)(흔히 the ~) 제 19의, 열아홉째의. (2) 19분의 1의.
— *n.* (흔히 the ~) a〕제 19. b〕(월일의)19일. (2)ⓒ 19분의 1.
— *pron.* (the~) 열아홉번째의 사람〈것〉
nine·ti·eth [náintiiθ] *n., a.* 제 90(의) ; 90분의 1(의).
nine-to-five [náintəfáiv] a.〔限定的〕(평일의 9시부터 5시까지) 일상적인 일을〈근무를〉 하는 사람〈월급쟁이〉의, 회사원의.
nine-to-fiv·er [náintəfáivər] *n.* ⓒ 《俗》 월급쟁이 ; 규칙적인 일.
:nine·ty [náinti] *a.* (1)〔限定的〕90 의, 90 개〈명〉의. (2)〔敍述的〕90 세의: He's~.그는 90 세다.

N

— (*pl.* **-ties**) *n.* (1) a] ⓤⓒ 〔흔히 無冠詞〕 90, 90개. b] 90의 기호《xc, XC》. (2) a] ⓤ 90세, 90 달러〈파운드·센트·펜스 등〉. b] (the nineties)(세기의) 90 년대, 90 세대(歲代), 90도〈1점〉대. — pron. 90 개〈명〉(복수 취급).

nine·ty-nine [´náin] *a.* (1) 〔限定的〕 99, 99개〈명, 세〉의. (2) 〔敍述的〕 99세의.

nin·ny [níni] *n.* ⓒ 바보, 얼간이.

:ninth [nainθ] *a.*(1) (흔히 the~) 제 9 의, 아홉째의. (2) 9분의 1 의. ***the ~ part of a man*** 《戲》 재봉사, 양복장이.

— *ad.* 아홉(번)째로.

— *n.* (흔히 the~) (1) ⓤ 제 9, 9번 ; (월일의)9일. (2) ⓒ〔樂〕 9도 음정. (3) ⓒ 9분의 1(a~part). ※ nineth는 잘못.

파) **~·ly** *ad.* 아홉째로.

ni·o·bi·um [náioubiəm] *n* .ⓤ〔化〕 니오브《금속 원소, 기호 Nb ; 번호 41》.

·nip¹ [nip] (**-pp-**) *vt.* (1) 《~+目/ +目+前+名》 (집게발 등이) …을 물다, 집다, 꼬집다 ; 끼〈우〉다 ; (개 등이)물다. (2) 《+目+副》 따다, 잘라내다《*off* 》. (3) (바람·서리·추위 따위가) 해치다, 얼게 하다, 상하게 하다 ; 저지하다, 좌절시키다. (4) 《俗》 잡아채다 ; 훔치다(away up).

— *vi.* (1) (집게발 따위가) 물다, 꼬집다, 집다 ; (개 따위가)물다. (2) 《+副》《英口》 급히 가다 ; 재빨리 움직이다《*along* ; *in* ; *out* ; *over* ; *up* ; *down*》. ***~in*** 〈***out***〉 《俗》훌쩍 뛰어들다〈나오다〉. ***~... in the bud*** 1) 싹이 트기 전에 잘라 버리다. 2) 미연에 방지하다.

— *n.* (a~) (1) 한 번 꼬집기〈자르기, 물기〉. (2) 손끝으로 집는 약간의 양. 근소(僅少)《*of* 》. (3) 서리 피해 ; 모진 추위. (4) (음식물의) 강한 맛, 풍미. (5) 날쌘 움직임.

nip² *n.* ⓒ (*sing.*) (술 따위의) 한 모금〈잔〉, 소량.

— (**-pp-**) *vi.*(술을) 홀짝거리 다.

ni·pa [ní:pə] *n.* (1) ⓒ〔植〕 니파야자(= **~ pàlm**) 《동인도산》. (2) 니파주(酒).

nip·per [nípər] *n.* (1) ⓒ 집는〈무는, 꼬집는〉 사람〈것〉 ; 따는 사람〈것〉. (2) ⓒ 《英口》 소년.

nip·ping [nípiŋ] *a.* (1) 〔限定的〕 (찬 바람이) 살을 에는 듯한. (2) (말씨가) 비꼬는, 신랄한.

nip·ple [nípəl] *n.* ⓒ (1) 유두, 젖꼭지, (젖병의) 고무 젖꼭지. (젖 먹일 때의) 젖꼭지 씌우개 (= **~ *shièld***). (2) 젖꼭지 모양의 돌기. (3) 〔機〕 (파이프의)접속용 파이프, 니플 ; 〔機〕 그리스 주입구.

nip·py [nípi] (**-pi•er ; -pi•est**) *a.* (1) 살을 에는 듯한, 호된, 차가운 ; 날카로운, 통렬한 (2)《英口》 날쌘, 민첩한 ; (차가) 첫출발이 좋은.

파) **níp•pi•ly** *ad.* **-pi•ness** *n.*

nir·va·na [nə:rvá:nə, niər-, -vǽnə] *n.* 《Sans.》 (1) (흔히 N-) ⓤ 〔佛敎〕 열반. (2) ⓤⓒ 해탈(의 경지), 안식.

nit¹ [nit]*n.* ⓒ(이 기타 기생충의) 알, 서캐.

nit² *n.* 《英俗》 = NITWIT.

nit·pick [nítpìk] *vi.* 《口》 (이 잡듯이) 수색하다 《*for*》 ; (시시한 일을 가지고) 끙끙 앓다.

파) **~•er** *n.* **~•ing** *a.*, *n.* ⓤ 《美口》 자잘한 일에까지 간섭하다. (남의)흠을 들추는〈들춤〉.

ni·trate [náitreit, -trit] *n.* ⓤⓒ (1) 〔化〕 질산염〈에스테르〉. (2) 〔農〕 질산칼륨〈질산나트륨〉을 주성분으로 하는 화학 비료. ***~ of silver*** = ***silver ~*** 질산은.

ni·tric [náitrik] *a.* 〔限定的〕 〔化〕 질소의, 질소를 함유하는 : ~ acid 질산.

ni·tride [náitraid, -trid] *n.* ⓤ 〔化〕 질소화물.

ni·tri·fy [náitrəfài] *vt.* 〔化〕 …와 질소와 화합시키다, 질소 (화합물)로 포화시키다.

ni·trite [náitrait] *n.* ⓤ 〔化〕 아질산염.

nitr(o)- '질산·질소' 의 뜻의 결합사.

ni·tro·ben·zene [nàitroubénzi:n, -benzí:n] *n.* ⓤ 〔化〕 니트로벤젠 《황색의 결정·액체》

ni·tro·cel·lu·lose [nàitrəséljəòus] *n.* ⓤ 〔化〕 니트로셀룰로오스.

:ni·tro·gen [nàitrədʒən] *n.* ⓤ 〔化〕 질소《기호 N ; 번호7》.

nítrogen cýcle 〔生〕 질소 순환.

nítrogen dióxide 〔化〕 이산화 질소.

nítrogen fixàtion 〔化〕 질소 고정(법).

ni·trog·e·nous [naitrádʒənəs/-trɔ́-] *a.* 질소의 ; 질소를 함유하는 : ~ fertilizer 질소 비료.

nítrogen óxide 〔化〕 산화 질소, 질소 산화물.

ni·tro·glyc·er, -ine. [nàitrouglísərin], [-glísərin, -rì:n] *n.* ⓤ 〔化〕 니트로글리세린.

ni·trous [náitrəs] *a.* 질소(의)를 함유하는 ; 초석(의)을 함유하는.

nit·ty-grit·ty [nítigríti] *n.* (the~) 《俗》 사물의 핵심〈본질〉; 엄연한 진실〈현실〉. ***get down to the~*** 핵심에 대해 언급하다.

nit·wit [nítwìt] *n.* ⓤ 《口》 바보, 멍청이.

nix [níks] *n.* ⓤ 《俗》 (1) 무(無), 전무(全無). (2) 거부, 거절.

— *ad.* 〔否定의 답〕 아니(오)(no), 결코 ~않다(never).

— *vt.* …을 거절하다.

Nix·on [níksən] *n.* **Richard Milhous ~** 닉슨《미국의 제 37대 대통령 Watergate사건으로 중도사임 ; 1913-94》.

Níxon Dóctrine (the~) 닉슨 독트린《우방 각국의 자립을 기대하는 기본 정책》.

:no [nou] *a.* 〔限定的〕 (비교 없음) (1)〔主語·目的語인 名詞 앞에 써서〕 a]〔單數 普通名詞 앞에서〕 하나〈한 사람〉도 … 없는〈않는〉. b]〔複數名詞, 不可算名詞 앞에 쓰이어〕 어떤〈약간의〉 … 도 없는〈않는〉《복수로 존재한다고 생각되는 것은 보통 복수형을 씀》. c]〔there is *no* … ing형태로〕 … 할수는〈수가〉 없다. (2)〔be 動詞의 補語인 名詞 앞에 쓰여〕결코 … 아닌〈않는〉 ; … 은 커녕 그 반대의. (3)〔no+名詞로, 名詞만을 부정하여〕 …이 없는 상태. (4)〔생략문〕 (게시 등에서) … 금지, 사절, … 반대 ; … 없음.

by no means ⇨MEANS. ***in no time*** ⇨TIME. (***it's***)***no go.*** 실패다, 허사다, 잘 안된다. ***no one*** ⇨NO ONE. …아니다〈않나〉(nobody). *No one* knows the fact. 그 사실을 알고 있는 사람은 없다. ***no other than*** 〈***but***〉 ***...*** = NONE other than〈but〉... (成句). ***No side!*** ⇨SIDE. ***no sweat*** ⇨SWEAT. ***no way*** ⇨WAY.

— *ad.* (1) 〔肯定의 질문이나 진술에 답하여〕 아뇨, 아니 ;〔否定의 질문이나 진술에 답하여〕네, 그렇습니다《물음이나 진술이 肯定이든 否定이든 관계없이 답의 내용이 否定이면 No. 肯定이면 Yes》.

(2) a] 〔比較級앞에 쓰이어〕 조금도 …아니다〈않다〉(not at all). b]〔形容詞 앞에서 否定하여〕결코 …아니다〈않다〉. c] 〔good과 different 앞에서〕 …이 아니다, … 하지 않다(not).

(3) a] 〔nor, not 앞에서, 강한 否定을 나타내어〕 아니, 그래. b] 〔앞의 말을 정정하여〕 아니 … 이다.

(4)《稀》〔…or no의 형태로〕…인지 어떤지(아닌지) ; 이든 아니든.
(5)〔놀라움·의문·낙담·슬픔 등을 나타내어〕설마, (아니) 뭐라고
no better than... ⇨BETTER. ***No can do.***《口》그런 일〈짓〉은 못 한다. ***no less than...*** ⇨LESS. ***no longer*** 이제는 … 아니다〈않다〉. ***no more than*** ⇨MORE. ***no sooner than...*** ⇨SOON.
―(*pl.* ***noes*** [nouz]) *n.* ⓒ,ⓤ (1) '아니(no)'라고하는 말 ; 부정 ; 거절, 부인(否認) : say *no* '아니'라고 하다, 부인하다. (2) 반대 투표 ; (흔히 *pl.*) 반대 투표자(〖opp.〗 *aye*).
·**NO., No, no.** [nʌ́mbər] (*pl.* ***Nos., Nos, nos.*** [-z]) *n.* 〔숫자 앞에 붙여서〕제(…)번, 제(…)호. ***No. 1*** = NUMBER ONE. ***No. 10*** (***Downing Street***) 영국 수상 관저《소재지의 번지》
no-ac·count [nóuəkàunt] *a.* 〔限定的〕, *n.* ⓒ《美口》무가치한 ; 하잘것없는 (사람), 무능〈무책임〉한 (사람).
·**No·ah** [nóuə] *n.* (1) 노아《남자 이름》. (2) 〖聖〗 노아《헤브라이 사람의 족장(族長)》.
Nóah's Árk 〖聖〗노아의 방주(方舟).
nob¹ [nɑb/nɔb] *n.* ⓒ《俗》머리.
nob² *n.* ⓒ《英俗》높은 양반, 고관, 부자.
nob·ble [nábəl/nɔ́bəl] *vt.*《英俗》(1) 〖競馬〗 (경주마)를 이기지 못하게 하다. (2) (사람 따위)를 매수하다, 부정 수단으로 자기 편에 끌어넣다. (3)(범인)을 체포하다 ; 잡다.
No·bel [noubél] *n.* (1) 남자 이름. (2) **Alfred Bernhard ~** 노벨《스웨덴의 화학자·다이너마이트의 발명자 ; 1833-96》.
No·bel·ist [noubélist] *n.* ⓒ 노벨상 수상자.
No·be·li·um [noubí:liəm] *n.* ⓤ 〖化〗 노벨륨《인공 방사성 원소; 기호 No; 번호 102》.
·**Nó·bel príze** [nóubel] 노벨상.
⁑**no·bil·i·ty** [noubíləti] *n.* (1) ⓤ 고귀(성), 숭고, 고결함, 기품, 고귀한 태생〈신분〉. (2) (the~) 〔集合的 ; 單·複數 취급〕귀족 : 〈계급〉,《특히》영국 귀족《※ 귀족에는 다음의 5계급이 있음 : duke(공작), marquis(후작), earl(백작. 대륙에서는count), viscount(자작), baron(남작)》.
⁑**no·ble** [nóubəl] ('잘 알려진'의 뜻에서) (***-bler ; -blest***) *a.* (1) a] (계급·지위·출생 따위가) 귀족의, 고귀한. b] 유명한, 훌륭한. (2) (사상·성격 따위가) 고상한, 숭고한 고결한. 〖opp.〗 *ignoble.* (3) 당당한, 웅대〈장대〉한. (4) (금속·보석 등이) 귀중한(precious) ; 부식하지 않는.
― *n.* ⓒ 귀족《※ 특히 봉건 시대의 귀족을 일컬음》. 파) **~·ness** *n.* ⓤ 고귀, 고상 ; 장대, 징임.
noble árt 〈**scíenc**〉 (the~) 권투.
·**no·ble·man** [nóubəlmən] (*pl.* ***-men***) *n.* ⓒ 귀족.
no·ble-mind·ed [nóubəlmáindid] *a.* 마음이 고결한〈넓은〉. 파) **~·ly** *ad.* **~·ness** *n.*
no·blesse ob·lige [noublésoublí:ʒ] 《F.》높은 신분에 따르는 도덕상의 의무.
no·ble·wom·an [nóubəlwúmən] (*pl.* ***-women*** [-wìmin]) *n.* ⓒ귀족의 부인.
·**no·bly** [nóubli] *ad.* (1) 훌륭하게, 고결하게, 씩씩하게. (2) 고귀하게 ; 귀족으로서〈답게〉.
⁑**no·body** [nóubàdi, -bədi/-bɔ̀di] *pron.* 아무도 … 않다(no one). **~ *else*** 그 밖에 아무도 …않다.
― *n.* ⓒ 보잘것 없는〈하찮은〉 사람. 【cf.】 *somebody.* ***somebodies and nobodies*** 유명 무명의 사람들.
nock [nɑk/nɔk] *n.* ⓒ 활고자 ; 오늬.
no-cláim(s) bónus [nòukléim(z)-] (자동차의 상해 보험에서) 일정 기간 무사고로 지낸 피보험자에게 적용되는 보험료의 할인.
no-con·fi·dence [nòukánfənəns/-kɔ́n-] *n.* ⓤ 불신임 : a vote of ~ 불신임 투표.
noc·tam·bu·lism [nɑktǽmbjəlìzəm/nɔk-] *n.* ⓤ 몽유병, 몽중 보행.
noc·tam·bu·list [nɑktǽmbjəlist/nɔk-] *n.* ⓒ 몽유병자.
noc·tur·nal [nɑktə́:rnl/nɔk-] *a.* (1) 밤의, 야간의. 〖opp.〗 *diurnal.* (2) 〖動〗 야간에 나오는〈활동하는〉, 야행성의. (3) 〖植〗 밤에 피는.
파) **~·ly** *ad.* 야간에
noctúrnal emíssion 〖生理〗 몽정(夢精).
noc·turne [náktə:rn/nɔ́k-] *n.* ⓒ (1)〖樂〗 야상곡. (2)야경(화(畫)) (night scene).
⁑**nod** [nɑd/nɔd] (***-dd-***) *vi.* (1)《~/ +前+名/ +to do》끄덕이다 ; 끄덕여 승낙〈명령〉하다《*to* : *at*》. (2) …에게 가볍게 인사하다. (3) a] 졸다, 잠들다. b] 방심하다, 무심코 실수하다. (4)《~/+前+名》(식물 따위가)흔들리다, 너울거리다, 기울다.
― *vt.* (1) (머리)를 끄덕이다. (2)《~+目/+目+前+名/+目+目/+目+*that*節》(승낙·인사등)을 끄덕여 나타내다. ***~ off*** 졸다, 자다. ***~ through*** …을 고개를 끄덕여 승인하다.
― *n.* ⓒ (흔히 *sing.*) (1) 끄덕임《동의·인사·신호·명령 따위》, 묵례. (2) 졺, (졸 때의)꾸벅임. ***be at a person's ~*** 아무의 지배 아래 있다. 아무의 부림을 받고 있다. ***get the ~***《口》동의를 얻다. ***give the ~***《口》… 에 동의하다《*to*》. ***on the ~*** 1)외상〈신용〉으로《물건을 사는 것 등》. 2)형식적 찬성으로. ***the land of Nod*** 1) 〖聖〗 놋 땅《창세기Ⅳ:16》. 2)《戲》꿈나라, 수면
nod·al [nóudl] *a.* 마디(모양)의, 결절(結節)의.
nód·ding acquáintance [nádiŋ-/nɔ́d-] (a ~) (1) 만나면 목례 할 정도의 사이《*with*》. (2) 피상적인 지식《*with*》.
nod·dle [nádl/nɔ́dl] *n.* ⓒ《戲·口》머리.
nod·dy [nádi/nɔ́di] *n.* ⓒ 바보, 얼간이.
node [noud] *n.* ⓒ (1) 마디, 결절 ; 혹. (2) 〖植〗 마디《잎이 나는 곳》; 〖醫〗 결절 ; 〖天〗 교점. (3) 〖數〗 맺힘점, 결절점《곡선·면이 만나는 점》; 〖物〗 마디, 파절 (波節《진동체의 정지점》. (4) (복잡한 조직의) 중심점. (5) 〖컴〗 마디, 교점《네트워크의 분기점이나 단말 장치의 접속점》.
nod·u·lar [nádʒulər/nɔ́-] *a.* (1) 마디의, 마디가〈혹이〉 있는. (2) 결절 모양이. (3) 〖地質〗 단괴상(團塊狀) 의덩어리가 있는.
nod·ule [nádʒu:l/nɔ́-] *n.* ⓒ (1) 작은 마디 : 작은 혹 ; 〖植〗뿌리 혹. (2) 〖地質〗 단괴 (團塊).
No·el No·ël [nouél] *n.* ⓤ 노엘, 크리스마스.
no-frill(s) [nóufríl(z)] *a.* 〔限定的〕 여분이 없는, 실질 본위의 : ~ air fare 불필요한 서비스를 뺀 항공 운임.
nog¹ [nɑg/nɔg] *n.* ⓒ 나무못〈마개〉.
nog² [nɑg/nɔg] *n.* ⓤ (1) (원래 영국 Norfolk에서 제조된) 독한 맥주. (2)《美浴》달걀술(eggnog).
nog·gin [nágin/nɔ́g] *n.* ⓒ (1) 작은 잔, 소형 조끼《맥주 컵》. (2) (술 등의) 조금. (3)《口》머리, 두뇌.
no-go [nóugóu] *a.*《俗》진행 준비가 안 된, 중단된 ;

잘 되지 않는. (2) 〔限定的〕 출입 금지의 : a ~ area 출입 금지 지역.

no·good [nóugùd] *a.*, *n.* ⓒ 쓸모 없는(것·녀석), 무가치한 (것).

no·hit [nóuhít] *a.* 〖野〗 무안타의, 노히트노런의 a ~ game 무안타 경기.

no·hit·ter [nóuhítər] *n.* ⓒ〖野〗 무안타 경기 (no-hit game).

no·how [nóuhàu] *ad.* 《口·方》 〔흔히 cannot을 수반함〕 결코〈조금도〉 … 않다(not at all).

:noise [nɔiz] *n.* (1) ⓤⓒ (불쾌한)소리, 소음, 시끄러운 소리. (2) ⓤ (라디오·텔레비전의)잡음, 노이즈. 【cf.】 snow[1] (3) ⓤ 〖컴〗 잡음. ***make a ~*** 1)소리를 내다. 2) 불평하다《*about*》. ***make a ~ in the world*** 세평에 오르다. ***make ~ s*** 〔흔히 修飾語를 수반〕 의견이나 감상을 말하다.

—*vt.* 《+目+副》 〔종종 受動으로〕 …을 널리 퍼뜨리다 ; 소문내다《*about* ; *abroad*》.

·noise·less [nɔ́izlis] *a.* 〔限定的〕 소리 없는, 조용한 ; 소음이 적은《녹음》.

파) **~·ly** *ad.* **~·ness** *n.*

noise·mak·er [nɔ́izmèikər] *n.* ⓒ 소리를 내는 사람〈것〉, 뿔피리(hron).

nóise pllùtion 소음 공해.

noise·proof [nɔ́izprù:f] *a.* 방음(防音)의.

nois·i·ly [nɔ́izəli] *ad.* 요란하게, 시끄럽게.

noi·some [nɔ́isəm] *a.* (1) 해로운, 유독한. (2) 악취가 나는, 구린. (3) 불쾌한.

파) **~·ness** *n.*

:noisy [nɔ́izi] (***nois·i·er*** ; ***-i·est***) *a.* (1) 떠들석한, 시끄러운. 【opp.】 quiet (2) 야한, 화려한《복장·색채따 위》.

파) **-i·ness** *n.*

no-knock [nóunák/-nɔ́k] *a.* 《美》 경찰관의 무단 가택 수색을 인정하는.

— *n.* ⓤⓒ 무단 가택 수색.

·no·mad, no·made [nóumæd] *n.* ⓒ(1) 유목민. (2)방랑자.

— *a.* = NOMADIC.

no·mad·ic [noumǽdik] *a.* (1) 유목(생활)의. (2) 방랑(생활)의.

파) **-i·cal·ly** [-kəli] *ad.*

no·mad·ism [nóumædìzəm] *n.* ⓤ 유목(생활) ; 방랑 생활.

no-man's-land, nó màn's lànd [nóumænzlæ̀nd] *n.* (1) (a~) (사람이 살지 않는) 무인지대, 소유자 불명의 토지. (2) ⓤ (양군의) 최전선 사이의 무인 지대. (3) ⓤ 어느쪽에도 들지 않는〈애매한〉상태, 성격이 분명치 않은 분야.

nom de plume [nàmdəplú:m/nɔ̀m-] (*pl.* ***noms de plums*** [-z-], ***nom de plumes*** [-z]) 《F》 아호, 필명.

no·men·cla·ture [nóumənklèitʃər] *n.* (1) ⓤⓒ (분류상의)학명 명명법. (2) ⓤ 〔集合的〕 전문어.

:nom·i·nal [námənl/nɔ́m-] *a.*(1) a〕 이름의, 명칭상의(【opp.】 *effective*), 공칭의. b〕 (주식 따위) 기명의. (2) 이름뿐인, 유명 무실한 ; 보잘것 없는. (3) (가격 따위) 액면(상)의, 명목의. (4) 〖文法〗 〔限定的〕 명사의.

— *n.* ⓒ〖文法〗 명사어구.

파) **~·ly** [-nəli] *ad.* (1) 이름뿐으로, 명목상. (2) 명사적으로.

nóminal GNP [-dʒí:ènpí:] 〖經〗 명목 국민 총생산, 명목 GNP《그 기간의 화폐액으로 표시한 국민 총생산》.

nom·i·nal·ism [námənlìzəm/nɔ́m-] *n.* ⓤ〖哲〗 유명론(唯名論), 명목론. 【opp.】 realism.

파) **-ist** *n.* ⓒ 유명론자, 명목론자.

nóminal wáges 명목 임금.

:nom·i·nate [námənèit] *vt.* (1) 《~+目/+目+前+名》 (선거·임명의 후보자로서) …을 **지명하다** ; 천거하다《*for*》. (2) 《~+目/+目+前+名/+目+as補/+目+補》 …을 **임명하다**. (3) (회합의 일시등)을 지정하다.

nom·i·na·tion [nàmənéiʃən/nɔ̀m-] *n.* (1) ⓤⓒ 지명〈임명〉, 추천(권). (2) ⓤ 임명〈추천〉권 : have a ~ 임명권이 있다.

·nom·i·na·tive [námənətiv/nɔ́m-] *a.* (1) 〖文法〗 주격의. (2) 〈+-nei-〉 지명〈임명〉의.

— *n.* ⓒ〖文法〗 (1) (흔히 *sing.*)주격. (2) 주어. 파) **~·ly** *ad.*

nom·i·na·tor [námənèitər/nɔ́m-] *n.* ⓒ 지명자, 임명자, 추천자.

nom·i·nee [nàməní:/nɔ̀m-] *n.* ⓒ(1)지명〈임명·추천〉된 사람.(2) (연금 따위의) 수령 명의인 ; (주권의) 명의인.

nom·o·gram, -graph [náməgræ̀m, nóum], [-græ̀f, -grà:f] *n.* ⓒ 계산 도표, 노모그램.

-nomy '…학(學), …법(法)'의 뜻의 결합사 : *astronomy, econemy*.

non- *pref* '무·비(非)·불(不)'의 뜻《※ 일반적으로 in-, un-은 '반대'의 뜻을, non-은 '부정·결여'의 뜻을, 나타냄. 특히 《口》에서는 '그 이름에 걸맞지 않은'의 뜻》.

non·abil·i·ty [nánəbíləti, nɔ̀n-] *n.* ⓤ 불능, 무능(inability).

non·age [nánidʒ, nóun-]*n.* ⓤ (1) (법률상의) 미성년(기)(minority). (2) 미성숙(기), 발달 초기.

non·a·ge·nar·i·an [nànədʒənέəriən, nòun-] *a.*,*n.* ⓒ 90대의 (사람).

non·ag·gres·sion [nànəgréʃən, nɔ̀n-] *n.* ⓤ, *a.* 〔限定的〕 불침략(의) : a ~ pact 불가침 조약.

non·a·gon [nánəgàn, nɔ́əgɔ̀n-] *n.* ⓒ 9각형, 9변형.

non·al·co·hol·ic [nánælkəhɔ́:lik, -hál- / nɔ̀nælkhɔ́l-] *a.* 알코올을 함유하지 않은.

non·a·ligned [nànəláind/nɔ̀n-] *a.* 중립을 지키는, 비동맹의 : ~ nations 비동맹국들.

nona·lign·ment [-mənt] *n.* ⓤ 비동맹 : ~ Policy 비동맹 정책.

non·ap·pear·ance [nànəpí(:)rəns/nɔ̀nəpíər-]*n.* ⓤ 불참, (법정에의) 불출두.

non·as·ser·tive [nànəsə́:rtiv/nɔ̀n-] *a.* 〖文法〗 (문·절이) 비단정적 인.

non·at·tend·ance [nànəténdəns/nɔ̀n-] *n.* ⓤ (1) 결석, 불참 (2) (의무 교육에의) 불취학.

non·bank [nánbǽŋk/nɔ́n-] *a.* 은행 이외의 금융기관의〈에 의한〉 : ~ bank 비 은행계 금융기관.

non·bel·lig·er·ent [nànbilídʒərənt/nɔ̀n-] *n.* ⓒ, *a.* 비(非)교전국(의).

non·book [nánbúk/nɔ̀n-] *n.* ⓒ 〖美〗 논북《문학적·예술적 가치가 없는 자료를 모은 책》.

non·can·di·date [nankǽndidèit, -dit/nɔn-] *n.* ⓒ 비(非)후보(자).《특히》 불출마 표명자.

nonce [nans/nɔns-] *n.* 지금, 목하, 당분간, 당면의 목적.

N

non·cha·lance [nɑ̀nʃəlɑ́:ns, nɑ́nʃələns/nɔ́n-] *n.* ⓤ 무관심, 냉담, 태연.
non·cha·lant [nɑ̀nʃəlɑ́:nt, nɑ́nʃələnt/nɔ́n-] *a.* 아랑곳하지 않는무관심〈냉담〉한 ; 태연한, 냉정한.
파) **~·ly** *ad.*
noncom. noncommissioned officer. *n.* 하사관.
non·com·bat·ant [nɑnkɑ́mbətənt, nɑ̀nkəm-bǽt-/nɔ́nkɔ́mbətənt] *n.* ⓒ, *a.* 【軍】 비(非)전투원(의).
non·com·bus·ti·ble [nɑ̀nkəmbʌ́stəbəl/nɔ̀n-] *a.* 불연성(不燃性)의 : ~ construction..
non·com·mer·cial [nɑ̀nkəmə́:rʃəl/nɔ̀n-] *a.* 비영리적인.
파) **~·ly** *ad.*
non·com·mis·sioned ófficer [nɑ̀nkəmíʃənd-] 【軍】 하사관《略 : n.c.o.》. ※ 해군에서는 petty officer.
non·com·mit·tal [nɑ̀nkəmítl/nɔ̀n-] *a.* 확실한 의견을 말하지 않는, 언질을 주지 않는 ; 어물쩍 거리는, 애매한, 막연한.
파) **~·ly** *ad.*
non·con·cur·rence [nɑ̀nkənkə́nkə́:rəns, -kʌ́rəns/nɔ̀n-] *n.* ⓤ 불찬성(不贊成) .
non·con·duc·tor. [nɑ̀nkəndʌ́ktər/nɔ̀n-] *n.* ⓒ 부도체《열·전기·소리 따위의》, 절연체.
non·con·fi·dence [nɑnkɑ́nfidəns/nɔnkɔ́n-]*n.* ⓤ 불신임.
non·con·form·ist [nɑ̀nkənfɔ́:rmist/nɔ̀n-] *n.* ⓒ (1) 비순종주의자 ; 비협조 주의자. (2) (종종 N-) 《英》 비국교도(dissenter).
non·con·form·i·ty [nɑ̀nkənfɔ́:rməti/nɔ̀n-] *n.* ⓤ (1) 비협조, 불일치 ; (체제 등에 대한) 불복종《*to*》. (2) (종종 N-)《英》 a] 국교 불신봉, 비국교주의. b] 〔集合的〕 비국교도.
non·con·trib·u·to·ry [nɑ́nkəntríbjətɔ̀:ri / nɔ́nkəntríbjətəri] *a.* 〔限定的〕 (연금·보험제도 등이) 무각출의, (고용자 측의)전액 부담인.
non·con·vert·i·ble [nɑ̀nkənvə́:rtəbəl/nɔ̀n-] *a.* 금화로 바꿀 수 없는, 불환(不換)의.
non·co·op·er·a·tion [nɑ̀nkouɑ̀pəréiʃən / nɔ̀nkouɔ̀p-] *n.* ⓤ 비협력《with》.
파) **non·co·op·er·a·tive** *a.* 비협력적인.
non·dairy [nɑ́ndέəri/nɔ̀n-] *a.* 우유를 함유하지 않은.
non·de·liv·ery [nɑ̀ndilívəri/nɔ̀n-] *n.* ⓤ 인도(引渡) 불능 ; 배달 불능, 불착.
non·de·nom·i·na·tion·al [ˌdinɑ̀mənéiʃənəl/nɔ̀m-] *a.* 특정 종교에 관계가 없는〈속하지 않은〉.
non·de·script [nɑ̀ndiskrípt/nɔ̀ndiskrípt] *a.*, *n.* ⓤ 특징이 없는(사람〈것〉), 별로 인상에 남지 않는 ; 막연한(indefinite).
non·de·struc·tive [nɑ̀ndistrʌ́ktiv/nɔ̀n-] *a.* 비파괴적인. (검사 등에서 그 대상 물실을) 파괴하지 않는. 파) **~·ly** *ad.* **~·ness** *n.*
non·dis·crim·i·na·tion. [nɑ̀ndiskriminéiʃən/nɔ̀n-] *n.* ⓤ 차별(대우)를 하지 않음.
non·dis·tinc·tive [nɑ̀ndistíŋktiv/nɔ̀n-] *a.* 【音聲】 비변별적(非辨別的)인, 이음(異音)의. 파)**~·ly** *ad.*
non·du·ra·ble [nɑ̀ndjúərəbəl/nɔ̀n-] *a.* 비(非) 내구성의 : ~goods 비내구재.
— *n.* (*pl.*) 비내구재.
:none [nʌn] *pron.* (1) 〔아무도 … 않다〈없다〉. 아무것도 … 않다〈없다〉.

☞ 語法 (1) 주어로만 사용됨. 이 용법으로는 no one 이나 no body가 일반적이지만 이들보다는 격식 차린 말임. (2) 분명한 단수인 경우이외에는 보통 복수 취급함.

(2) 〔~ of+複數(代)名詞꼴로 單·複數動詞를 수반〕 어느 것도 … 않다〈없다〉.

☞ 語法 (1) of다음의 명사구는 the, my, those, them 따위 한정사를 수반하는 것에 한함. (2) 불가산 명사인 경우는 항상 단수 취급. (3) 《口》에서는 복수 취급이 일반적임.

(3) 〔~ of+單數(代)名詞〕 조금도 … 않다〈없다〉. (4) 〔'no+名詞'의 名詞 생략꼴, 單·複數 취급〕 전혀 …없다 〈않다〉. (그러한 것을) …하지 않다. ***~ but*** …외는 아무도 —않다 ; —하는 것은 …의 정도다. ***~ other than*** 다름 아닌〈바로〉 그것〈그 사람〉. ***will* 〈*would*〉 *have ~ of...*** …을 거부 하다. 인정하지 않다.
— *ad.* (1) (the+比較級 또는 so,too를 수반하여〕 조금도(결코) …않다,(…하다고 해서)그만큼 …한 것은 아니다. (2)〔단독으로 쓰이어〕 조금도〈결코〉 … 않다. ***~ the less*** 그럼에도 불구하고, 그래도, 역시. =NONETHELESS.
non·ef·fec·tive [nɑ́niféktiv/nɔ̀n-] *a.* 효력이 없는.
— *n.* 전투력이 없는 군인.
non·en·ti·ty [nɑ̀nentəti/nɔ̀n-] *n.* ⓤⓒ (1) 존재〈실재〉하지 않음, 허무. (2) 실재하지 않는 것, 날조하기, 허구. (3) 보잘것 없는 사람〈것〉.
non·es·sen·tial [nɑ̀nisénʃəl/nɔ̀n-]*a.* (1) 비본질적인. (2) 중요하지 않은(것, 사람).
none·such [nʌ́nsʌ̀tʃ] *n.* ⓒ(흔히 *sing.*)비길 데없는 사람〈것〉, 일품.
no·net [nounét] *n.* ⓒ 【樂】 9중주〈창〉(곡) ; 9중주〈창〉단.
none·the·less [nʌ̀nðəlés] *ad.* 그럼에도 불구하고, 역시(none the less)
non·Eu·clid·e·an [nɑ́nju:klídiən] *a.* 비(非)유클리드의 : ~ geometry 비유클리드 기하학.
non·e·vent [nɑ̀nivént/nɔ̀n] *n.* ⓒ기대밖의 사건.
non·ex·ist·ence [nɑ̀negzístəns/nɔ̀n] *n.* ⓤ 존재〈실재〉치 않음, 비 존재물.
파) **-ent** *a.* 존재〈실재〉하지 않는.
non·fea·sance [nɑnfí:zəns/nɔ̀n-] *n.* ⓤ 【法】 의무 불이행, 부작위(不作爲).
non·fer·rous [nɑnférəs/nɔn-] *a.* 비철(非鐵)의 ; 철을 함유하지 않은 : ~ metals 비철 금속.
·non·fic·tion [nɑnfíkʃən/nɔn] *n.* ⓤ 논픽션, 소설이 아닌 산문 문학《전기·역사·탐험 기록 등》.
파) **~·al** *a.* 논픽션의.
non·flam·ma·ble [nɑnflǽməbəl/nɔn-] *a.* 불연성(不燃性)의(【opp.】 *inflammable*).
non·freez·ing [nɑnfrí:ziŋ/nɔn-] *a.* 얼지 않는,부동(不凍)(성)의.
non·ful·fill·ment [nɑ̀nfulfílmənt/nɔ̀n-] *n.* ⓤ (의무·약속의) 불이행.
nom·gov·ern·men·tal [nangʌ̀ərnméntl] *a.* 비(非)정부의, 정부와 무관한 ; 민간의.
non·green [nɑngrí:n/nɔn-] *a.* 녹색이 아닌, 푸르지 않은 ; 《특히》엽록소가 없는.
non·hu·man [nɑnhjú:mən/nɔn-] *a.* 인간이 아닌, 인간 이외의 ; 인간성에 위배되는.
non·im·pàct prìnter [nɑ̀nimpǽkt-/nɔ̀n-] = 【컴】

안때림〈비충격〉 인쇄기《무소음을 목적으로 무타격으로 인자(印字)하는 프린터》.

non·in·flam·ma·ble [nàninflǽməbəl/nɔ̀n-] *a.* 불연성 (不燃性)의. =NONFLAMMABLE.

non·in·ter·fer·ence [nànintərfíərəns/nɔ̀n-] *n.* ⓤ (특히 정치상의) 불간섭.

non·in·ter·ven·tion [nànintərvénʃən/nɔ̀n-] *n.* ⓤ (1)불간섭. (2)〔外交〕내정 불간섭, 불개입.

non·iron [nànáiərn/nɔ̀n-] *a.* 〔英〕 다리미질이 필요 없는(drip-dry)

non·le·gal [nànlí:gəl/nɔ̀n-] *a.* 비법률적인, 법률과는 관계 없는.

non·lin·e·ar [nanlíniər/non-] *a.* 직선이 아닌, 비선형(非線形)의.

non·log·i·cal [nanládʒikəl/nonlɔ́dʒ-] *a.* 논리 이외의 방법에 의한, 비논리적인, 직관적인, 무의식의.

non·ma·ter·ri·al [nànmətíəriəl/nɔ̀n-] *a.* 비 물질적인, 영적인, 정신적인, 문화적인.

non·member [nanmémbər/nonmém-] *n.* ⓒ 비(非)회원. : a ~ bank 비가맹 은행/

non·met·al [nánmètl/nɔ̀n-] *n.* ⓤ 〔化〕 비금속.

non·me·tal·lic [nánmitǽlik] *a.* 비금속의.

non·mor·al [nanmɔ́;rəl, -már-/nonmɔ́r-] *a.* 도덕에 관계 없는 ; 초(超)도덕적인.

non·na·tive [nannéitiv/non-] *n.* ⓒ, *a.* 본국〈본토〉 태생이 아닌(사람), 외국인(의).

non·ne·go·ti·a·bale [nànnigóuʃiəbəl/nɔ̀n-] *a.* 교섭〈협정〉할 수 없는 ; 유통 불가능한.

non·nu·cle·ar [nànnju:kliər/nɔ̀n-] *a.* 핵폭발을 일으키지 않는, 비핵(非核)의, 핵무기를 안 가진.

non·nu·mer·i·cal [nànnju; mérikəl/nɔ̀n-] *a.* 〔컴〕 비수치(非數値)의.

no-no [nóunòu] (*pl.* **~s, ~'s**) *n.* ⓒ《美俗》 해서는〈말해서는, 써서는〉 안 되는 일〈것〉.

non·ob·jec·tive [nànəbdʒéktiv/nɔ̀n-] *a.* 〔美術〕 비객관적인, 비구상적인, 추상적인.

non·ob·serv·ance [nànəbzə́:rvəns/nɔ̀n-] *n.* ⓤ (의무·관례·규칙 따위를) 불준수 ; 위반.

non·of·fi·cial [nànəfíʃəl/nɔ̀n-] *a.* 비공식의.

no-non·sense [nóunánsəns/nɔ̀n-] *a.* 〔限定的〕근엄한(진지한), 실제〈현실, 사무〉적인, 허식을 좋아하지 않는.

non·pa·reil [nànpərél/nɔ̀npərəl] *a.* 비할〈비길〉데 없는, 무류(無類)의, 천하 일품의, 둘도 없는.
――*n.* ⓒ 비할 바 없는 사람〈것〉 ; 극상품.

non·par·ti·san [nanpá:rtəzən/non-] *a.*, *n.* ⓒ 당파에 속하지 않은(사람), 무소속의(사람).

non·par·ty [nanpá:rti/nɔ̀n-] *a.* 무소속의 ; 정당과 관계가 없는, 불평부당의.

non·pay·ment [nanpéimənt/non-] *n.* ⓤ 지급하지 않음, 지급 불능 ; 미납《of》

non·per·form·ance [nànpərfɔ́:rməns/non-] *n.* ⓤ(계약 등의) 불이행, 불실행.

non·plus [nanplʌ́s, ⌐-/non⌐, ⌐-] (**-s-**),《특히英》**-ss-**)〔흔히 受動으로〕 *vt.* 어찌 할 바를 모름.

non·poi·son·ous [nànpɔ́izənəs/nɔ̀n-] *a.* 독이 없는, 무해(無害)한.

non·po·lit·i·cal [nànpəlítikəl/nɔ̀n-] *a.* 정치에 관계하지 않는, 비정치적인.

non·pol·lut·ing [nànpəlú:tiŋ/nɔ̀n-] *a.* 오염시키지 않는, 무공해성의.

non·po·rous [nànpɔ́:rəs/nɔ̀n-] *a.* 작은 구멍이 없는, 통기성(通氣性)이 없는.

non·pre·scrip·tion [nànpriskrípʃən/nɔ̀n-] *a.* (약을) 처방전 없이 살 수 있는.

non·pro·duc·tive [nànprədʌ́ktiv/nɔ̀n-] *a.* ,비생산적인, 생산성이 낮은.

non·pro·fes·sion·al [nànprəféʃənəl/nɔ̀n-] *a.* 비직업(적)인 ; 전문이 아닌.

non·prof·it [nànpráfit/nɔ̀nprɔ́f-] *a.* 〔限定的〕 비영리적인 : a ~ organization 비(非)영리 단체.

non·pro·lif·er·a·tion [nànproulìfəréiʃən/nɔ̀n-] *n.* ⓤ (핵무기 등의) 확산 방지, 비확산.

non·read·er [nànrí:dər/nɔ̀n-] *n.* ⓒ (1) 독서를 하지 않는〈할 수 없는〉 사람. (2) 읽기를 깨우치는 것이 더딘 어린이.

non·re·néw·a·ble resóurces [nànrinjəu:əbəl/nɔ̀n-] 재생 불가능 자원《석유·석탄 따위》.

non·rep·re·sen·ta·tion·al [nànrèprizentéiʃənəl/nɔ̀n-] *a.* 〔美術〕 비구상적인, 추상적인.
파) **~·ism** *n.*

non·res·i·dent [nànrézədənt/nɔ̀n-] *a.*, *n.* ⓒ 임지(등)에 거주하지 않는(사람,성직자), 부재의.

non·re·sist·ance [nànrizístəns/nɔ̀n-] *n.* ⓤ (권력, 법률 등에 대한) 무저항(주의).

non·re·sist·ant [nànrizístənt/nɔ̀n-] *a.* 무저항(주의)의. ――*n.* ⓒ 무저항주의자.

non·re·stric·tive [nànristríktiv/nɔ̀n-] *a.* 〔文法〕 비(非)제한적인.

non·re·turn·a·ble [nànrité:rnəbəl/nɔ̀n-] *a.* (빈 병 등)회수할 수없는, 반환할 필요 없는.

non·sched·uled [nànskédʒuld/nɔnʃédju:ld] *a.* 예정에 없는, 부정기 운항의《항공로 따위》.

non·sec·tar·i·an [nànsektέəriən/nɔ̀n-] a. 무종파(無宗派)의, 파벌성이 없는.

non·self [nànself/nɔ̀n-] *n.* ⓒ 비자신(非自身).

***non·sense** [nànsens/nɔ̀nsəns, -sens] *n.* ⓤ (1)(《英》 a ~) 무의미한 말, 허튼 소리, 난센스 : sheer ~ 아주 터무니없는 말. (2) 허튼짓 ; 시시한 일, 하찮은 것. (3) 난센스 시(詩). *make(a) ~ of* 《英》 (계획 등)을 망쳐 놓다.
――*a.* 〔限定的〕 무의미한, 엉터리없는.
――*int.* 바보같이.

non·sen·si·cal [nanséns ikə.
파) **~·ly** *ad.*

non se·qui·tur [nan-sékwitər/non-] *n.* ⓒ《L.》 (1)(전제와 연결이 안 되는) 그릇된, 불합리한 추론〈결론〉《略 : non seq.》. (2)(지금까지의 화재와는) 관계가 없는 이야기.

non·sex·ist [nanséksist/non-] *a.* 성에의한 차별을〈여성 멸시를〉 하지 않는.

non·sex·u·al [nansékʃuəl/nonséksju-] *a.* 성과 관계가 없는, 무성의(sexless).

non·sked [nánskéd/nɔ́n-] *n.* ⓒ 《美口》 부정기 항공노선〈기, 편〉.

non·skid [nánskíd/nɔ́n-] a. 미끄러지지 않는《타이어 등》.

non·slip [nanslíp/non-] *a.*(길 따위가) 미끄럽지 않은, 미끄러지지 않는.

non·smok·er [nansmóukər/non-] *n.* ⓒ (1) 비(非)흡연자 ; 금연가. (2) (열차의) 금연실.

non·smok·ing [nansmóukiŋ/non-] *a.* (차량 따위) 금연의.

non·so·cial [nànsóuʃəl/nɔ́n-] *a.* 비사교적인 ; 사회적 관련이 없는.【cf.】 unsocial.

non·stand·ard [nànstǽndərd/nɔ̀n-] *a.* (1)(제품

등) 표준에 맞지 않는. (2) (언어·발음 따위) 표준어가 아닌 : ~ English 비표준 영어.

non·start·er [nànstá:rtər/nɔn-] *n.* ⓒ 《英口》 (흔히 sing.) 가망이 없는 사람〈것〉.

non·stick [nánstík/nɔ̀n-] *a.* (냄비·프라이팬이 특수 가공으로) 음식물이 눌어붙지 않게 되어 있는.

non·stop [nánstáp/nɔ́nstɔ́p] *a.* 도중에서 정지하지 않는, 직행의(으로).
—*ad.* (1) 직행으로, 계속. (2) 연속적인(으로), 계속.

non·suit [nànsú:t/nɔ̀n] *n.* (소송) 소송취하〈기각〉.
—*vt.* (소송)을 취하하다, 각하하다.

non·sup·port [nànsəpɔ́:rt/nɔ̀n-] *n.* ⓤ (1) 지지하지 않음. (2) 〔美法〕 부양 의무 불이행.

non·tár·iff bárrier [nantǽrif-/nɔn-] 비관세 장벽 《略:NTB》.

non·tech·ni·cal [nantéknikəl/nɔn-] *a.* (1) 전문이 아닌, 비(非)전문의. (2) 비(非)기술적인.

non·ten·ured [nanténjərd/nɔn-] *a.* (대학 교수가)종신 재직권이 없는.

non·ti·tle [nàntáitl/nɔ̀n-] *a.* 논타이틀의, 타이틀이 걸리지 않은.

non·tox·ic [nantáksik/nɔntɔ́k-] *a.* 독이 없는, 중독성이 아닌.

non·trans·fer·a·ble [nàntrænsfə́:rəbəl/nɔ̀n-] *a.* 양도할 수 없는.

non trop·po [nàntrápou/nɔ̀ntrɔ́pou-] 《It.》〔樂〕과도하지 않게, 알맞게(It. =not tooo much).

non-U [nanjú:/nɔn-] *a.* 《英口》 (언사·품행이)상류 계급답지 않은.

non·un·ion [nanjú:njən/nɔn-] *a.* 〔限定的〕 (1) 노동조합에 속하지 않은; 노동조합을 인정치 않는. (2) 조합원이 만든 것이 아닌
파) **~·ism** [-ìzəm] *n.* ⓤ 노동조합 무시, 반(反)노조주의(적 이론〈행동〉). **~·ist** *n.* ⓒ 노동조합 반대자 ; 비노동조합원.

nonúnion shóp (1)노조를 승인 않는 회사(반노조 기업). (2) 비(非)유니언숍.

non·use [nanjú:s/nɔn-] *n.* ⓤ 사용치 않음, 포기.

non·ver·bal [nanvə́:rbəl/nɔn-] *a.* 말을 쓰지 않는, 비 언어적인, 말이 서투른.
파) **~·ly** *ad.*

·non·vi·o·lence [nanváiələns/nɔn-] *n.* ⓤ 비폭력(주의). 파) **-lent** *a.*

non·vol·a·tile [nanválətl/nɔnvɔ́lətail] *a.* 〔컴〕 (전원이 끊겨도 정보가 지워지지 않는) 비휘발성인.

non·vot·er [nanvóutər/nɔn-] *n.* ⓒ (1) 투표하지 않는 사람, 투표 기권자. (2) 투표권 없는 사람.

non·white [nanhwáit/nɔn-] *a.* 백인(종)이 아닌.
—*n.* ⓒ 비백인(非白人).

noo·dle[1] [nú:dl] *n.* ⓒ (1) 바보, 멍청이. (2) 《俗》 머리

noo·dle[2] *n.* ⓒ (흔히 *pl.*) 달걀을 넣은 국수의 일종, 누들 : soup with ~s 누들이 든 수프.

·nook [nuk] *n.* ⓒ (1) (방 따위의) 구석. (2) 외진 곳, 벽지(僻地). (3) 눈에 띄지 않는 곳 ; 피난처.

⁑noon [nu:n] *n.* ⓤ (1) 정오, 한낮(midday). (2) (the~) 한창, 전성기, 절정《*of*》. ***at the height of ~*** 한낮에. ***the ~ of night*** 한밤중, 야반.
— *a.* [限定的] 정오의, 한낮의 : a ~ meal 점심식사 / the heat of~ 한낮의 더위.

·noon·day [ˊdèi] *n.* ⓤ, *a.* 정오(의), 대낮(의).

·nó òne, no-one [nóuwʌ̀n, -wən] *pron.* 아무도 … 않다(nobody).

☞語法 (1) 최근 《美口》에서는 no one을 they로 받는 경우가 일반화되고 있는데, 이는 영어에는 남녀 공통의 단수 인칭 대명사가 없기 때문임: *No one* was hurt, were they? 아무도 다치지 않았지.

noon·tide [nú:ntàid] *n.*= NOON. 전성기, 절정.

noose [nú:s] *n.* ⓒ (1) a] 올가미(snare). b] (the~) 교수형에 쓰는 밧줄 ; 교수형. (2) (부부 등의) 유대. ***put*** one' ***s neck*** 〈***head***〉 ***into*** 〈***in***〉 ***the ~*** 자승 자박하다.

NOP [nap/nɔp] *n.* 〔컴〕 무작동, 무연산.

nope [noup] *ad.* 《口》 아니, 아니오(no). 〖opp.〗 yep.

no·place [nóuplèis] *ad.* = NOWHERE. 중요하지 않은 장소.

NOR [nɔ:r] *n.* 〔컴〕 아니또는, 노어《부정 논리합(論理合)》 : ~ circuit, NOR 회로.

⁑nor [nɔ:r, 弱 nər] *conj.* (1) 〔neither 또는 not 과 상관적으로〕 …도 또한 …않다. (2) 〔앞의 否定文을 받아서 다시 否定이 계속 됨〕 … 도—하지 않다. (3) 《古·詩》〔앞에 neither 없이〕 … 도 아니다〈하지 않다〉. (4) 《詩》〔nor를 반복하여〕 …도 —도 … 않다. (5) 〔肯定文 뒤에 또는 文頭에서 繼續詞로〕 그리고 … 않다(and not). ※ 2), 5) 는 'nor+(조)동사+주어' 의 어순이 됨.

Nor·dic [nɔ́:rdik] *n.*ⓒ, *a.* (1) 북유럽 사람(의). (2) 〔스키〕 노르딕 경기의.

·norm [nɔ:rm] *n.* ⓒ(1) (*pl.*) (행동 양식의) 표준 기준 ; 규범. (2) (the~) 일반 표준, 수준, 평균. (3) 노르마, 기준 노동량〈생산고〉 (4) 〔컴〕 기준.

⁑nor·mal [nɔ́:rməl] (***more ~ ; most ~***) *a.* (1) 정상의, 보통의, 통상의. (2) 표준적인, 전형적인, 정규의. (3)〔化〕(용액이) 규정(規定)의 ; 〔數〕법선(法線)의; 수직의, 직각의. ▫ normalcy, normality *n.*
—*n.* ⓤ (1)상태(常態). (2) 표준; 평균; 평온(平溫). (3) 〔數〕 법선, 수직선 : an equation of ~ 법선 방정식. (4)〔컴〕 정규.

nor·mal·i·ty [nɔ:rmǽləti] *n.* ⓤ 정상 ; 상태(常態), 규정도.

nor·mal·ize [nɔ́:rməlàiz] *vt., vi.* 상태(常態) 로하다〈되돌아오다〉, 정상화하다, 표준에 맞추다〈대로 되다〉; 통일하다.
파) **nòr·mal·i·zá·tion** [-lizéiʃən] *n.* 표준화

·nor·mal·ly [nɔ́:rməli] (***more ~ ; most ~***) *ad.* (1) 정상적으로, 순리적으로, 평소〈관례〉대로. (2) 〔文章修飾〕보통은, 평소는.

nórmal schòol 《美》 사범 학교《지금은 4년제로 승격되고 teacher' s college (교육 대학)로 개칭》.

⁑Nor·man [nɔ́:rmən] *n.* ⓒ 노르만 사람.

Nórman Cónquest (the ~) 노르만 정복 《1066 년의 노르만인의 영국 정복》.

Norman·dy [nɔ́:rməndi] *n.* 노르망디《영국 해협에 면한 프랑스 북서부의 지방》.

nor·ma·tive [nɔ́:rmətiv] *a.* (1) 기준을 세운, 기준에 따르는, 표준의. (2) 규범적인.

Norn [nɔ:rn] *n.* (흔히 the ~ s) 〔북유럽 神〕 노른 《운명을 맡아 보는 세 여신의 하나》.

Norse [nɔ:rs] *a.* 옛 스칸디나비아(사람〈말〉)의, 노르웨이(사람〈어〉)의.

Norse·man [nɔ́:rsmən] (*pl.* ***-men***) *n.* ⓒ (1) 옛 스칸디나비아 사람(Northman). (2) 현대 스칸디나비

N

아 사람,《특히》 노르웨이 사람.

:north [nɔːrθ] n. (1) (흔히 the ~) 북, 북방《略: N,N., n》 〖opp.〗 *south*. (2) a) (흔히 the N-)(어느 지역의) 북부 지방〈지역〉, 북부. c) (the N-) 북부 (선진) 나라들. (3) (the~)(자석의)북극.
—a. 〔限定的〕 (1) 북쪽의, 북방에 있는. (2) 북쪽에서의《바람 따위》. (3) (N-) 북부의 : *North Korea* 북한.
—ad. 북으로, 북방으로, 북쪽에.

:Nórth América 북아메리카.

Nórth Atlántic Tréaty Organizàtion (the ~) 북대서양 조약 기구《略: NATO》.

north·bound [nɔ́ːrθàund] a. 북쪽으로 가는.

Nórth Brítain 북영 (北英), 스코틀랜드 《略:N.B》.

Nórth Cápe (1) 노르곶《노르웨이 북단》. (2)노스곶《뉴질랜드의 북단》.

·Nórth Carolína 노스캐롤라이나. 《미국 남동부의 주;略: N.C.》.
파) **-lin·i·an** n., a. ~주〈사람〉(의)

Nórth Còuntry (the ~) (1) 알래스카 주와 캐나다의 Yukon 지방을 포함하는 지역. (2) 잉글랜드 북부 지방.

north·coun·try·man [nɔ́ːrθkʌ́ntrimæn] (*pl.* ***-men***) n. 《英》 잉글랜드 북부의 사람, 북잉글랜드 사람.

·Nórth Dakóta 노스다코타《미국 중서부의 주 ; 略:N.Dak.,N.D.》. 파)**~n** n., a. ~주〈사람〉(의)

:north·east [nɔ́ːrθíst, 《海》 nɔ̀ːríːst] n. (1) (the ~)북동《微:NE.》. (2) a) (the ~) 북동부(지방). b)(the N ~)《美》미국 북동부〈지방〉 ; 《특히》뉴잉글랜드 지방.

north·east·er [nɔ̀ːrθíːstər, 《海》 nɔ̀ːríːst-] n. ⓒ 북동풍 ; 북동의 폭풍〈강풍〉.

·north·east·ern [nɔ̀ːrθíːstərn, 《海》 nɔ̀ːríːst-] a. (1) 북동(부)〈에 있는〉. (2) (종종 N-)북동부 지방의. (3) (바람이) 북동으로부터 (부는).

north·east·ward [nɔ̀ːrθíːswərd, 《海》 nɔ̀ːríːst-] a., ad. 북동(쪽)에 있는 ; 북동쪽의〈에〉.
—n. (the ~)북동쪽〈부〉.

north·er [nɔ́ːrðər] n. ⓒ 《美》 강한 북풍《특히 가을·겨울에 Taxas·Florida 주(州) 및 멕시코 만에서 부는 차가운 북풍》.

north·er·ly [nɔ́ːrðərli] a. 북쪽의 〈에 있는〉 ; 북쪽에서 오는.
—ad. 북으로(부터).
—n. ⓒ 북풍.

:North·ern [nɔ́ːrðərn] a. (1) 북쪽에 있는, 북부에 사는 ; 북으로부터 오는〈부는〉, 북향의. (2)《美》 북부 방언의《독특한》. (3) (N-) 북부 지방의. 《美》북부 제주(諸州)의.

North·ern·er [nɔ́ːrðərnər] n. ⓒ (1) 북국〈북부〉 지방 사람. (2) 《美》 북부 제주(諸州)의 사람.

Nórthern Hemisphere (the ~) 북반구.

Nórthern Íreland 북아일랜드《영국의 일부로 아일랜드 북부에 위치함》.

north·ern·most [nɔ́ːrðərnmoùst, -məst] a. 〔northern의 최상급〕 가장 북쪽의, 최북단의.

north·land [nɔ́ːrθlənd] n. (1) (the ~) 북부 지방. (2) (종종 N-) ⓒ (지구상의) 북부 지대.
파) **~·er** [-ər] n. 북극사람.

North·man [nɔ́ːrθmən] (*pl.* ***-men*** [-mən]) n.ⓒ (1) = NORSEMAN : 북방 사람. (2)(현재의) 북유럽인, 《특히》 노르웨이 사람.

north-north·east [nɔ́ːrθnɔ̀ːrθíːst, 《海》 nɔ́ːrnɔ̀ːríːst-] n. (the ~) 북북동《略 : NNE》.
—a., ad. 북북동의〈에〉.

north-north·west [nɔ́ːrθnɔ̀ːrθwést, 《海》 nɔ́ːrnɔ̀ːrwést] n. (the~) 북북서《略 : NNW》.
—a., ad. 북북서의〈에〉.

Nórth Póle (the ~) (1) (지구의) 북극. (2) (n-p-) (하늘의)북극. (3) (자석의)북극, N극.

Nórth Séa (the ~) 북해(유럽대륙과 영국사이의 얕은 바다).

Nórth stár (the ~) 북극성(Polaris).

North·um·ber·land [nɔːrθʌ́mbərlənd] n. 노섬벌랜드.

North·um·bria [nɔːrθʌ̀mbriə] n. 노섬브리아《중세기 영국의 북부에 있었던 왕국》.

north·ward [nɔ́ːrθwərd, 《海》 nɔ́ːrðərd] ad. 북쪽에〈으로〉, 북을 향하여.
—n.(the ~) 북부 (지역), 북방.
파) **~·ly** ad., a. **~s** [-z] ad. = northward.

·north·west [nɔ̀ːrθwést, 《海》 nɔ̀ːrwést] n. (1) (the ~)북서 《略 : NW》. (2)(the N-) 북서(北西)지방. ***~ by north*** 북서미(微)북 《略 : NWbN》. ***~ by west*** 북서미(微)서《略 : NWbW》.
—a. 북서(에서)의, 서북에서 부는.

north·west·er [nɔ̀ːrθwéstər, 《海》 nɔ̀ːrwést-] n. ⓒ 북서풍 ; 북서 강풍.

north·west·er·ly [⌐wéstərli] a., ad. 북서의 ; 북서로〈에서〉(불어오는).

:north·west·ern [nɔ̀ːrθwéstərn, 《海》 nɔ̀ːrwést-] a. (1)북서의 ; 북서쪽에 있는 ; 북서로부터의. (2)(종종 N-) 북서부 지방의.

Nórthwest Térritories (the ~) 노스웨스트주, 캐나다 북서부의 연방 직할지 《略: N.W.T.》.

north·west·ward [nɔ̀ːrθwéstwərd, 《海》 nɔ̀ːrwést-] a., ad. 북서에 있는 ; 북서쪽의〈에〉.
파) **~·ly** a., ad. = northwestward. **~s** [-z]ad. 북서쪽에 〈으로〉.

Nórth Yórkshire 노스요크셔《잉글랜드 북부의 주(州)》.

:Nor·way [nɔ̀ːrwei]n. 노르웨이《북유럽의 서부의왕국 : 수도 Oslo; 略 : Nor(w).》.

:Nor·we·gian [nɔːrwíːdʒrn] a. 노르웨이의 ; 노르웨이 사람〈말〉의.

nor'-west·er [nɔːrwéstər] n. (1) = NORTHWESTER. (2) ⓒ (선원용의) 유포모(油佈帽).

:nose [nouz] n. (1)ⓒ 코. (2) (a~) 후각 ; 식별력, 직감력, 육감. (3)ⓒ 돌출부; 관의 끝, 총구; 뱃머리, 이물; (비행기의) 기수; 탄두(彈頭); 〖골프〗 헤드의 선단(先端). (4) (one's ~) 주제넘게 나섬, 간섭, 쓸데없는 참견. (5) 《俗》 (경찰의)밀정이, 밀고자.
(as) plain as the ~ in 〈on〉 one' ***s face*** 명명백백하여. by a~(선거나 경마 따위에서)근소한 차이로, 간신히. ***Cannot see beyond (the end 〈length〉 of)*** ons' ***s ~ see no further than (the end of)*** ons' ***s ~*** 바로 코 앞일을 내다보지 못하다《상상력〈통찰력〉이 없다》. ***count 〈tell〉 ~ s*** (출석자·찬성자 따위의)인원수를 세다, … 을 수로 결정하다, 인원의 수로 결정하다. ***follow*** one' ***s ~*** 1) 똑바로 앞으로 나아가다. 2) 본능〈직감〉에 따라 행동하다. ***get up*** a Person' ***s ~*** 《口》 ~를 신경질나게 만들다, 부아가 나게 하다. ***have 〈hold, stick〉*** one' ***s ~ in = the air*** 잘난체 ***the air*** 잘난 체하다, 거만하게 굴다. ***have 〈hold, keep, put〉*** a person' ***s ~ to the grind-***

stone ⇨GRINDSTONE. **keep** one′**s ~ clean** 분규에 휩쓸리지 않도록 하다 건. **lead** a person **by the ~** 아무를 마음대로 부려먹다. **look down** one′**s ~ at** 멸시하다. **make a long ~ at** a person 아무를 경멸하다, … 을 조롱하다. **make** a person′**s ~ swell** 아무를 부러워하개 하다. **~ to tail** (차 따위가) 줄줄이 이어져. **on the~** 《俗》 조금도 어김없이, 정확하게. **pay through the ~** 엄청난 돈을 치르다. 바가지 쓰다. **powder** one′**s ~** 《婉》(여성이)화장실에 가다. **put** a person′**s ~ out of joint** 아무를 밀쳐 내고 대신 총애를 가르치다 ; 《口》 아무의 콧대를 꺾다. **rub** a person′**s ~ in** (과거의 실수·잘못 등)사람이 싫어하는 것을 들춰내어 지껄이다. **turn up** one′**s ~ at** 코웃음치다, …을 멸시하다 ; …을 상대조차 않다. **under** a person′**s** (**very**) **~** 1) 아무의 코 앞 〈면전〉에서 2) 아무의 불쾌함을 아랑곳 않고. **with** one′**s ~ in the air** 거만하게.

—*vt.* (1) 《~+目/ +目+副》 …을 냄새 맡다, 낌새 채다, 냄새를 맡아 내다 : 찾아 내다, 간파하다 《*out*》 ; (기자 따위가) 냄새를 맡아내다. (2) 《~+目/ +目+副/ +目+補 》 …을 코로 밀다 〈움직이게 하다〉 … 에 코를 비벼대다. (3) 《+目+前+名》 … 을 조심스럽게 전진하다.

—*vi.* (1) 《+副/ +前+名》 냄새 맡다, 냄새 맡고 다니다《*at* ; *about*》. (2)《+前+名》 파고들다. 탐색하다 《*after*; *for*》 ; 참견〈간섭〉하다《*about* ; *into* ; *with*》. (3)《+前+名》(배 따위가) 조심스럽게 전진하다. **~ down** 〈**up**〉 (비행기가) 기수를 아래로 하고 내려가다〈위로 하고 올라가다〉. **~ out** 1) 찾아 내다, 알아 내다.

nóse bàg (말목에 거는) 꼴 자루.

nose band [⌐bæ̀nd] *n.* ⓒ (말의) 코굴레 가죽, 재갈끈.

nose·bleed. -bleed·ing [⌐blìːd], [⌐blìːdiŋ] *n.* ⓒ 코피, 비(鼻)출혈.

nóse càndy 《美俗》 코카인(cocaine).

nóse còne (미사일로켓 따위의) 원추형 두부(頭部).

nose·dive [⌐dàiv] *n.* ⓒ (1) 〔空〕 급강하. (2) (시세 등의) 폭락.

nose·gay [⌐gèi] *n.* ⓒ (흔히 상의에 꽂는) 꽃송이, 작은 꽃다발.

nose·piece [⌐pìːs] *n.* ⓒ (1) (말 따위의) 코굴레 가죽. (2) a] (투구의)코싸개. b] (현미경의) 대물렌즈 장치 부분. (3) 안경의 브리지.

nóse ràg 《俗》 손수건.

nóse rìng (1) (소의) 코뚜레. (2) (장식용) 코고리.

nose·wheel [⌐hwìːl] *n.* ⓒ (비행기의) 앞바퀴 (nose gear).

nosh [naʃ / nɔʃ] 《口》 *n.* ⓒ (1)가벼운 식사, 간식. (2)(a~) 《英》음식

—*vi.*, *vt.* (… 을) 먹다, 마시다, 가벼운 식사를 하다, 간식하다.

no-show [nóuʃòu] *n.* ⓒ(여객기 등의 좌석 예약을 하고)나타나지 않는 사람 ; 입장권 등을 사고 안 쓰는 사람〈일〉 ; 불참객.

nose-up [náʃʌ̀p/nɔ́ʃ-] *n.* (a~) 《英俗》 식사, 진수성찬.

·**nos·tal·gia** [nastǽldʒiə/nɔs-] *n.* ⓤ 향수, 노스탤지어, 향수병(homesickness).

파) **-gic** *a.* 고향을 그리는 **-gi·cal·ly** *ad.*

Nos·tra·da·mus [nàstrəgéiməs/nɔ̀s] *n.* (1) 노스트라다무스《프랑스의 점성가 ; 1503-66》. (2) ⓒ 점성가, 예언자, 점쟁이.

·**nos·tril** [nástril/nɔ́s] *n.* ⓒ 콧구멍, 콧방울.

nos·trum [nástrəm/nɔ́s] n. ⓒ (1) 특효약, 묘약(妙藥), 만병통치약. (2) (정치·사회 문제 해결의) 묘책, 묘안.

nosy [nóuzi] (**nos · i · er ; -i · est**) a. (1) 《口》 코가 큰, 꼬치꼬치 캐기 좋아하는. (2) 〔敍述的〕 (…을) 알고 싶어하는《about》.

파) **nós·i·ly** *ad.* **-i·ness** *n.*

NOT [nat / nɔt] *n.* 〔컴〕 아니, 낫《진위(眞僞)를 역으로 한 논리 연산》 :~ operation 아니셈, 낫셈.

:not [强 nat, 弱 nt, n/强 nɔt, 弱 nt, n] *ad.* (1) 〔平敍文〕에서 助動詞 do, will, can 따위 및 動詞 be, have의 뒤에 와서〕 ′… 않다 …(은) 아니다.

(2) a] 〔述語動詞·文 이외의 어구를 否定하여〕 …이 아니고〈아니라〉 ; … 아닌〈않은〉. b] 〔不定詞·分詞·動名詞 앞에 와서 그것을 부정하여〕. c] 〔부정적 뜻의 어구 앞에서〕 … 아닌 것이 아닌〈아니게〉. d] 〔命令文에서 do not 또는 don′t 의 형태로 動詞앞에 와서〕 … 하지 마라 ; … 해서는 못 쓴다. e] 〔疑問文에서 主語 뒤에 와서〕 … 은 아닌가, … 하지 않는가.

(3)〔否定의 文章·動詞·節 따위의 생략 代用語로서〕.

(4) 〔any, either 따위를 수반, 전면 否定을 나타내어〕 조금도 … 아니다〈않다〉. 어느 것〈누구〉도 … 아니다〈않다〉.

(5) 〔all, both, every, always 따위를 수반. 部分否定을 나타냄〕 모두가〈언제나, 아주〉 … 하다는 것은 아니다, (… 라고 해서) 반드시—하다고는 할수(가) 없다.

(6) 〔not이 전이(轉移)하는 경우〕.

~ a (**single**) …하나〈한 사람〉의 …도 없다《no의 강조형 ; not a single은 더욱 힘준형》. **~ a few, ~ a little, ~ once or twice** ⇨2)c〕. **~ at all** ⇨at ALL. **~ ...but_** ⇨BUT *conj* : A〕 2) b〕. **~ but that** <**what**> ⇨ BUT. **~ half. ~ in the least** ⇨ LEAST. **~ much!** ⇨MUCH. **~ only** 〈**just, merely, simply**〉 **... but** (**also**)_… 뿐 아니라 —도(또한). **~ seldom** ⇨2) c〕 **~ so much as** … 조차 않다〈못 하다 〉. **~ so much...as_** … 라기보다는 오히려—. **~ that...** 그러나 〈그렇다고〉 … 하다는 건 아니다. **Not that I know of.** 내가 알고 있는 한 그런 일은 없다. **~ the least** ⇨LEAST. **~ to say** ⇨ SAY. **~ to speak of...** ⇨SPEAK.

no·tabe·ne [nóutə-bíːni] 《L.》 단단히 주의 하라, 주의《略: N.B., n.b.》(=Note well).

no·ta·bil·i·ty [nòutəbíləti] *n.*(1) ⓤ 현저, 저명. (2) ⓒ (흔히*pl.*)저명 인사, 명사.

:no·ta·ble [nóutəbəl] (**more ~ ; most ~**) *a.* (1) 주목할 만한 ; 두드러진, 뛰어난, 현저한. (2)〔敍述的〕(… 으로〈로서〉) 유명한《*for* ; *as*》. (3) 〈종종〉《古》 (주부가) 살림 잘하는.

—*n.* ⓒ (흔히 *pl.*) 저명한 사람, 명사.

파) ·**-bly** *ad.* (1)현저하게 ; 명료하게. (2)특히.

no·tar·i·al [noutέəriəl] *a.* 공증인의 ; 공증의 : a ~ deed 공정 (公正) 증서.

파) **~·ly** *ad.* 공증인에 의하여.

no·ta·rize [nóutəràiz] *vt.* (공증인이) 증명〈인증〉하다 ; (문서)를 공증해 받다.

nótary públic (*pl.* **notaries public, ~ s**) 공증인《略: N.P.》.

no·ta·tion [noutéiʃən] *n.* (1)ⓤ 기호법, 표시법《수·양을 부호로 나타냄》. (2) ⓒ 《美》 주석, 주해 : 각서, 기록.

·**notch** [natʃ / nɔtʃ] *n.* ⓒ (1) (V자 모양으로) 새긴

N

자국, 벤자리. (2) 《美》 산골짜기(길). (3) 《口》 단(段), 단계, 급(級).
—vt. (1) …에 금을 긋다 ; 칼자국을 새기다. (2) 《口》(득점·득표)를 올리다, 거두다 ; (승리·지위)를 획득하다, 거두다《up》.

notch·back [⁄bæ̀k] n. ⓒ 후부가 층이진 자동차형 ; 그런 차. 【cf.】 fastback.

notched [nɑtʃt / nɔtʃt] a. (1) 새긴〈벤〉 자국이 있는. (2) 〔植·動〕 톱니 모양을 한.

:note [nout] n. (1)ⓒ a〕 각서, 비망록, 메모《of : for》. b〕(pl.) (여행 등의) 수기, 짧은 기록 ; (강연 등의)초고, 문안. (2) ⓒ (외교상의) 문서, 통첩. (3) ⓒ 짧은 편지. (4) ⓒ 주(註), 주석, 주해《on》; 지식, 정보. (5) ⓤ 주목, 주의, 유의 . (6) ⓤ (of ~로)저명, 특색, 특징 ; 분위기, 모양. (7)ⓤ(of~로) 알려져 있음 ; 중요함. (8)ⓒ《英》 지폐(bank~ ; 《美》 bill); 〔商〕 어음, 증권. (9) ⓒ 기호, 부. (10) ⓒ 〔樂〕 음표 ; (피아노 등의) 건, 키 ; 음색. ***compare ~s*** 의견을 〈정보를〉 교환하다《with》. ***make a ~ of*** = ***take ~ s of*** … 을 적어 두다, … 을 필기〈노트〉하다《미국에서는 of 대신 on 도 씀》: I'll just *make a ~ of* your name and adress. 자네 이름과 주소를 적어 두겠네. ***strike the right ~*** 적절한 견해를 말하다〈태도를 취하다〉. —vt. (1) 《~+目/ +目+副》 …을 적어두다, 써놓다《down》. (2) …에 주석을 달다. (3) 《~+目/+*that* 節/+*wh.*節/+*wh.* to do/+目+~*ing*》 …에 주목하다,… 에 주의하다, …를 알아차리다. (4) …을 가리키다, 지시〈의미〉하다 ; 언급하다.

:note·book [nóutbùk] n. ⓒ (1) 노트, 공책, 필기장, 수첩. (2) = NOTEBOOK COMPUTER.

nótebook compùter 〔컴〕 노트북형 컴퓨터

note·case [⁄kèis] n.ⓒ《英》 지갑(wallet).

:not·ed [nóutid] (***more ~ ; most ~***) a. (1) 저명한, 유명한,이름난 (2) 〔敍述的〕 (…로〈로서〉) 유명인, 저명한 《*for* ; *as*》.
파) **~·ly** [-li] ad. 현저히, 두드러지게 **~ness** n.

note·less [nóutlis] a. (1) 무명의 ; 평범한, 이름없는. (2) 비음악적인, 음조가 나쁜.

note·pa·per [nóupèipər] n. ⓤ 편지지, 메모 용지.

·note·wor·thy [nóuwə̀:rði] a. 주목할 만한, 두드러진, 현저한.
파) **-thi · ness** n.

not-for-prof·it [nátfərpráfit/nɔ́tfərprɔ́-] a.《美》 비영리적인(nonprofit), 목적의.

:noth·ing [nʌ́θiŋ] *pron.* 아무 것〈아무 일〉도 … 아님〈하지 않음〉; 전혀 … 않다〈아님〉.
—n. (1) ⓤ 무(無), 공, 〔數〕 영(零). (2) ⓒ 영(零)의 기호 ; 하찮은 사람〈인, 물건〉 (3) (흔히 *pl.*) 쓸데없는 말, 하찮은 말. ***be ~ to*** 1) … 에겐 아무 것도 아니다, 무관계 하다. 2)… 와는 비교가 안되다. ***do ~ but*** ⇨BUT. ***for ~*** 1) 거저, 무료로: I got this *for~* … 이것을 거저 손에 넣었다. 2) 무익하게 헛되이 . 3) 이유〈까닭〉 없이《싸우다 따위》. ***have ~ on*** ⇨HAVE. vt. ***have ~ to do with*** ⇨DO. ***in ~ flat*** 깜짝하는 사이에, 즉시. ***like ~ on earth*** 〈***in the world***〉 《口》 〈흔히 feel, look, be와 함께〉 더없이 묘한〈기분이 나쁜, 추한, 처참한, 어리석은〉. ***make ~ of*** 1)… 을 아무렇지 않게 여기다. 2) 〈can, could와 함께〉 … 을 전혀 이해할 수 없다. 3) 예사로 … 하다《doing》. 4) 〈can, could와 함께〉 … 을 이용하지 못하다. ***no ~*** 《口》 전혀 아무 것도 없는. ***~but*** 〈***except***〉 ***= ~ else than*** 〈***but***〉 … 밖에 없는〈아닌〉 ; 다만 … 뿐 … 에 불과한(only). ***~ doing*** 1) 《口》 (요구를 거절하여) 안된다. 할 수 없다. 2) (there is ~으로) (실망을 나타내어) 아무것도 없다, 시시하다. 3) 허가〈허용〉되지 않다. (***there is***) ***~*** (***else***) ***for it but to*** … 할 수 밖에 없는. ***~ if not*** (1) 〔形容詞의 앞에서〕 더없이 … 몹시. (2) 〔名詞 앞에서〕전혀, 전형적인. ***Nothing great is easy.*** 《俗談》 위대한 일에 쉬운 것은 없다. ***~ less than*** ⇨LESS. ***~ more than***⇨MORE. ***~ much*** 대단치 않다. 별것 아니다. ***Nothing of the kind !*** (상대에 응답으로) 조금도 그런 일은 없다, 천만에 ***~ to speak of*** 사소한. ***There is ~ in*** 〈***to***〉 ***it.*** 1) 그건 새빨간 거짓말이다. 2) 그건 대단한 일이 아니다〈간단한 일이다〉. ***There is ~ to*** the story. 그 이야기에는 알맹이가 없다. ***think~of*** … 을 아무렇지 않게 생각하다 ; 예사로 … 하다. ***think ~ of*** do***ing*** ⇨THINK. ***to say ~ of*** … 은 말할 것도 없이, … 은 물론.
—*ad.* (1) 조금도〈결코〉 … 이 아니다 : *Nothing* dismayed, he repeated the questions. 조금도 당황하지 않고 그는 질문을 계속했다 / It helps ~. 아무 소용도 없다. (2) 《美口》 … 도 아무 것도 아니다《앞의 말을 부정하여》 Is it gold?—Gold~.그거 금이냐—천만에. ***~like*** 전혀 … 와 닮지 않다. … 와는 거리가 멀다 : It was ~ *like* what we expected. 예상한 바와는 거리가 멀었다.

noth·ing·ness [nʌ́θiŋnis] n. ⓤⓒ 존재하지 않음(nonexistence) ; 무, 공(空) ; 무가치(한 것); 인사불성, 죽음.

:no·tice [nóutis] n. (1) ⓤ 주의, 주목 ; 인지 ; 후대. (2) ⓤ 통지, 통고. (3) ⓤ (해직·퇴직·이전 등의) 예고 ; 경고(warning). (4) ⓒ 공고 ; 게시, 벽보 : put a ~ 공고하다. (5) ⓒ (신간·극·영화 따위의) 지상 소개, 비평: a theatrical ~ 연극평. ***at a moment′ s ~*** 그 자리에서, 즉각, 당장에. ***at*** 〈***on***〉 ***a month′ s*** 〈***week***〉 ***~*** 1개월〈1주〉간의 예고로, ***at*** 〈***on***〉 ***the short ~*** 곧, 당장 ; 급히. ***beneath*** one′***s ~*** 보잘것 없는, 고려할 가치도 없는. ***come into*** 〈***to, under***〉 ***~*** 주의를 끌다. 눈에 띄다. ***serve a ~ to*** … 에 통고하다 ; 경고하다《on》. ***sit up and take ~*** (1) 《戱》 (환자가) 나아져 가다. (2) 사태를 주목하다. ***take ~ of*** … 을 주의〈주목〉하다 《※ 종종 受動으로》. ***until*** 〈***til***〉 ***further*** 〈***farther***〉 ***~*** 추후 통지가 있을 때가지.
—*vt.* (1) 《~+目/+that節/+目+-*ing*/+目+do》 … 을 알아채다(perceive), … 을 인지하다; … 에 주의하다, … 을 유의하다\. (2) 《~+目/ 目+to do/ +that節》《美》 … 에게 통지〈예고〉하다 ; 통고하다. (3) … 에 언급하다, … 을 지적하다, (신간 따위)를 논평하다.
—*vi.* 주의하고 있다, 알아채다

·no·tice·a·ble [nóutisəbəl] a. (1) 눈에 띄는, 현저한 ; 두드러진. (2) 주목할 만한, 중요한.
파) **-bly** *ad.*

nótice bòard 《英》 게시판, 고지판, 팻말.

no·ti·fi·a·ble [nóutəaiəbəl] a. 통지해야 할 ; 신고해야 할(전염병 등).

no·ti·fi·ca·tion [nòutəfikéiʃən] n. (1) ⓤ 통지, 통고, 고시. (2) ⓒ 신고서, 통지서.

:no·ti·fy [nóutəfài] vt. (1) 《~+目/ +目+前+名/ +目+ to do/+目+that節》 … 에게 통지(통보)하다, … 에 공시(公示)하다; … 에 신고하다《of》. (2) 《+目+前+名》《주로 英》 … 에게 통고하다 ; 공고〈발표〉하다.

:no·tion [nóuʃən] n. ⓒ (1) 관념, 개념. (2) 생각, 견해(idea), 의견 ; 의향. (3) 이해. (4) (*pl.*) 《美》

방물, 자질구레한 실용품《바늘·실·리본·단추 따위).

no·tion·al [nóuʃənəl] *a.* 관념적인, 개념상의, 추상적인, 순이론적인(speculative).
파) **~·ly** [-əli] *ad.*

no·to·ri·e·ty [nòutəráiəti] *n.* (1) ⓤ 악명, 유명(함), (나쁜 의미의) 평판. (2)《英》ⓒ 악명 높은 사람.

·no·to·ri·ous [noutɔ́:riəs] ***(more ~ ; most ~)*** *a.*(보통 나쁜 의미로) 소문난, 유명한, 이름난.
파)**~·ly** *ad.*악명이 널리 알려질 만큼.**~·ness** *n.*

no-trump [nóutrʌ́mp] *a., n.* ⓒ 〔카드놀이〕 으뜸패가 없는 선언 (승부·수)

Not·ting·ham [nátiŋəm/nɔ́t-] *n.* 노팅엄 (1) = NOTTINGHAMSHIRE. (2)그 주도(州都).

Not·ting·ham·shire [nátiŋəmʃiər, -ʃər/nɔ́t-]*n.* 노팅엄셔《잉글랜드 중북부의 주; 略 Notts.》

:not·with·stand·ing [nàtwiðstǽndiŋ, -wiθ-/nɔ̀t-] *prep.* …에도 불구하고(in spite of)《※ 때로는 (대)명사 다음에 오는수가있음》.
—*ad.* 그림에도 불구하고(nevertheless); 하여튼, 역시.
—*conj.* 〔that 절을 수반하여〕 … 이라 해도.

·nou·gat [nú:gət, -ga:] *n.* ⓤⓒ누가《호도 따위가 든 캔디의 일종》.

:noun [naun] *n.* ⓒ. a. 〔文法〕 명사(의).

:nour·ish [nə́:riʃ/nʌ́r-] *vt.* (1) 《~+目/+目+前+名》… 에 자양분을 주다, 기르다, 살지게 하다, 거름을 주다. (2) …을 육성하다, 조성하다(promote), 키우다. (3) (희망·원한·노염 등)을 품다(cherish).
파) **~·ing** *a.* 자양분이 있는.

·nour·ish·ment [nə́:riʃmənt/nʌ́r-] *n.* ⓤ (1) 자양물, 음식물 ; (정신적) 양식 ; 영양 상태. (2) 조성, 육성.

nous [naus, nu:s] *n.*ⓤ《口》상식, 지혜, 마음, 지성.

nou·veau riche [nú:vourí:ʃ] (*pl.* ***nou.veaux riches***〈−〉)《F.》벼락부자, 졸부.

nou·velle cui·sine [nu:vélkwizí:n]《F.》누벨퀴진《밀가루와 저칼로리의 담백한 소스를 쓰는 새로운 프랑스 요리》.

nou·velle vague [nu:vélvá:g] (*pl.* ***nouvelles vagues*** 〈−〉)《F.》새물결, 누벨바그《1960년대 초, 프랑스·이탈리아 영화의 전위적 경향》.

·nov·el[1] [návəl/nɔ́v-] *a.* 신기한(strange), 진기한, 새로운(new) ; 기발한.

:nov·el[2] *n.* ⓒ (장편)소설: a popular ~ 대중 소설.

nov·el·ette [nàvəlét/nɔ̀v-] *n.* ⓒ 중편 소설.

:nov·el·ist [návəlist/nɔ́v-] *n.* ⓒ 소설가, 작가.

nov·el·is·tic [nàvəlístik/nɔ̀v-]*a.* 소설적인, 소설에 흔히 나오는.

nov·el·ize [návəlàiz/nɔ́v-] *vt.* … 을 소설화하다.

no·vel·la [nouvélə](*pl.* ***-le*** [-lei]) *n.* ⓒ《*It*》(1) 중편 소설. (2) 소품(小品)예기.

:nov·el·ty [návəlti/nɔ́v-] *n.* (1) ⓤ 신기함, 진기함 ; 새로움. (2) ⓒ 새로운 것; 색다른 것〈일〉, 새로운 경험. (3) ⓒ (*pl.*) 신 고안물.

:No·vem·ber [nouvémbər] *n.* 11월《略: Nov.》in ~ 11월에 / on ~ 5 = on5~ = on the 5th of~11월 5일에.

no·ve·na [nouví:nə](*pl.* ***~s. -nae*** [-ni:]) *n.* ⓒ 〔가톨릭〕 9일 간의 기도.

·nov·ice [návis/nɔ́v-] *n.* ⓒ (1) 신참자, 무경험자(beginner), 초심자, 풋내기. (2)수련 수사(修士)〈수녀〉; 새 신자.

no·vi·ti·ate, -ci·ate [nouvíʃiit, -èit] *n.* ⓤ 수습기간, 견습기간

:now [nau] *ad.* (1) 〔現在 時制의 동사와 함께〕 a〕 현재 ; 지금, 목하. b〕 지금 당장에, 즉시(at once) ; 이제부터. (2)〔사건·이야기 등의 안에서〕 바야흐로, 그때, 이젠, 그리고 나서. (3) 〔just·only에 수반하고, 動詞의 過去形과 더불어〕 바로 금방, 이제 막, 방금 (보통 just even ~을 씀). (4) 〔現在完了 동사와 함께〕 지금쯤은, 지금까지, 이제까지. (5) 현재로는, 오늘날에는 ; 지금에 이르러. (6) 〔接續詞的〕 헌데, 그래서《화제를 바꾸기 위해》. (7)〔感歎語的〕 자, 얘, 우선,《명령에 수반》. (8) 《口》그래도, 그렇지만.
come~ 1) 자 자《재촉·권유》 Come ~, we must start. 자, 출발해야겠다. 2) 저런, 어이 이봐《놀람·항의》 : Oh, come~! 저런. ***(every)~ and then = (every)~and again*** 때때로, 가끔. ***here and ~*** ⇨ HERE. ***just ~*** ※ now의 뜻에 대응하여 과거, 현재, 미래의 새 용법이있음: 1)방금, 이제 막《과거를 가리키므로 현재완료와 함께 사용하지 않음이 원칙이나 《美口》애서는 때때로 함께 사용하고 있음》. 2)바로 지금, 지금은. 3) 곧 : I'll be coming *just* ~.곧 돌아 오겠습니다. ~for그럼 다음은 … 이다. ***Now ~ = there ~*** 얘 얘, 이봐, 뭘《부드럽게 항의·주의하는 말》. *Now*~, don't be so hasty. 뭘 그렇게 서두느냐. ***Now then*** 1) 그렇다면. 2) =Now~.
—*conj.* … 이니(까), … 인〈한〉 이상은.
—*n* ⓤ 〔주로 前置詞 뒤에 써서〕 지금, 목하, 현재.
— *a.*〔限定的〕 (1) 현재의, 지금의 : the ~ king현국왕. (2) 《口》최첨단의, 최신 감각의, 유행의 : ~ music〈look〉 최신음악〈복장〉.

:now·a·days [náuədèiz] *ad.* 〔現在形의 동사와 함께〕 요즘에는, 오늘날에는.
—*n.*ⓤ 현재, 현대, 오늘날.

no·way(s) [nóuwèi(z)] *ad.* 조금도 … 아니다, 결코 … 않다(not at all).

:no·where [nóuhwὲər] *ad.* 아무 데도 … 없다. ***get ~*** ⇨GET. ***be 〈come (in)〉 ~*** (경기에서) 입상하지 못하다. ***~near*** (근처에는 아무 곳에도 …않는) 먼 ; 여간 … 이 아닌, ~은 당치도 않는(far from).
—*n.* ⓤ (1) … 할 곳이 없음. (2) 어딘지 모르는 곳 : appear from (out of) ~. 어디선지 나타났다. (3) 무명(의 상태). ***in the middle of ~ = miles from ~*** 《口》마을에서 멀리떨어져.

no-win [nóuwín] *a.*〔限定的〕 승산이 없는, 승패를 겨루지 않는.

nox·ious [nákʃəs/nɔ́k-] *a.* 유해한, 유독한, 불건전한.
파)**~·ly** *ad.* **~·ness** *n.*

noz·zle [názəl/nɔ́zəl] *n.* ⓒ(1) (끝이 가늘게 된) 대통〈파이프·호스〉주둥이, 노즐. (2) 《俗》코.

-n't [nt] *ad.* NOT의 간약형.

nth [enθ] *a.*〔限定的〕 (1) 제n번째 의; n배(倍)의. (2)《口》몇 번째인지 모를 정도의(umpteenth). ***to the ~ degree 〈power〉*** 1) n차(次)〈n제곱〉까지. 2) 최대한으로, 어디까지나, 최고도로.

nu [nju:] *n.* ⓤⓒ 그리스어 알파벳의 열세번째 글자《N,:로마자의 N. n에 해당》.

nu·ance [njú:a:ns, -ˊ] *n.* ⓒ 빛깔의 엷고 짙은 정도, 색조(色調) ; 뉘앙스, 미묘한 차이《말의뜻·감정·빛깔·소리 등의》.

nub [nʌb] *n.* =NUBBLE. (1) ⓒ 작은 덩이(lump). (2)(the ~) 요점, 골자.

nub·bin [nʌ́bin] *n.* ⓒ《美》(1) (과일·옥수수 등의)

N

작고 덜 여문 것(발육이 좋지 못한). (2) 몽당연필·담배 꽁초, 동강이 (따위)
Núbian Désert [njúːbiən-] (the ~) 누비아 사막.
nubile [njùːbil, -bail] a. (1) (여자의) 결혼 적령기의, 나이 찬. (2) (여성의 체격이) 성적 매력이 있는.
파) **nu·bil·i·ty** [njuːbíləti] n. ⓤ 혼기, 묘령, 방년.
:nu·cle·ar [njúːkliər] =NUCLEAR. a. 〔物〕 원자핵의 ; 핵무기의 ; 핵을 보유하는, 핵무장의. ***go ~*** 1) 핵보유국이 되다. 2) 원자력 발전을 채용하다.
—n. ⓒ (1) 핵무기. (2) 핵보유국.
núclear fámily (부모와 미혼 자녀 만으로 구성된) 핵가족. 〖opp.〗 extended family.
nuclear-free [njúːkliərfríː] a. 〔限定的〕 핵무기와 원자력 사용이 금지된.
núclear phýsicist (원자)핵물리 학자.
núclear phýsics (원자)핵물리학.
núclear plánt 원자력 발전소.
núclear reáctor 원자로(reactor).
núclear wínter (the ~) 핵겨울《핵전쟁후에 일어나는 전 지구의 한랭화 현상》.
nu·cle·ate [njúːklièit] vt., vi.(… 의) 핵을 이루다 ; 핵이 되다, 핵(모양)을 이루다.
nu·clé·ic ácid [njúːklíːik-, -kléi-] 〔生化〕 핵산(核酸). 【cf.】 DNA, RNA.
nu·cle·on [njúːkliɑ̀n/-kliɔ̀n] n. ⓒ 〔物〕 핵자(核子)《양성자와 중성자의 총칭》.
nu·cle·on·ics [njùːkliɑ́niks/-kliɔ́niks] n. ⓤ (원자) 핵공학.
·nu·cle·us [njúːkliəs] (pl. ***-clei*** [-kliài], ***~·es***) n. ⓒ (1) 핵, 심 ; 중심, 핵심 ; 중추, 기점, 토대. 【cf.】 core, kernel. (2) 〔物·化〕 (원자)핵; 〔生〕 세포핵, 혜성의 핵.
nu·clide [njúːklaid] n. ⓒ 〔物·化〕 핵종(核種).
·nude [njuːd] (***núd·er ; núd·est***) a. (1) 발가 벗은, 나체의. b] 〔限定的〕 있는 그대로의. (2) 초목이 없는《야산 등》; 장식이 없는《방 등》.
—n. (1) ⓒ a] 벌거벗은 사람. b] 나체화〈상〉. (2) (the~)나체《상태》.
파) **~·ly** ad. **~·ness** n.
nudge [nʌdʒ] n. ⓒ (주의를 끌기 위해) 팔꿈치로 슬쩍 찌르다.
—vt. (1) 팔꿈치로 슬쩍 찌르다《※ 신체 부위를 나타내는 명사 앞에 the를 쓴다》. (2) (팔꿈치로) 슬쩍 밀어서 움직이다.
—vi. (팔꿈치로) 살짝 찌르다〈밀다〉.
nude·ism [njúːduzəm] n. ⓤ 나체주의.
nud·ist [njúːdist] n. ⓒ 나체주의자, 누디스트.
—vi. 나체주의(자)의, 누디스트의.
nu·di·ty [njúːdəti] n. ⓤ 벌거숭인, 나체(상태), 꾸밈없는, 나체화(상).
nu·ga·to·ry [njúːgətɔ̀ːri/-təri] a. (1) 하찮은, 무가치〈무의미〉한, 쓸모없는. (2) 무효의.
nug·get [nʌ́git] n. ⓒ (1) (천연의) 귀금속 덩어리(lump). (2) 귀중한(흥미로운) 정보.
:nui·sance [njúːsəns] n. ⓒ (1) 남에게 폐를 끼치는 행위(것), 성가심, 귀찮음, 불쾌. (2) 난처한〈성가신, 골치 아픈〉것, 귀찮은 행위 〈사람〉. (3) 〔법〕 불법방해. (***commit***) ***No Nuisance!*** 《英》 (1)소변 금지. (2)쓰레기 버리지 말 것 《게시》. ***abate a ~*** 방해를 게거하다
núisance tàx 소액 소비세《보통 소비자가 부담》.
núisance válue 성가시게 한 만큼의 효과〈가치〉 ; 방해 효과.
nuke [njuːk] 《美俗》 n. (1) ⓒ 핵무기(nuclear weapon) ; 원자력 잠수함. (2) ⓒ 원자력 발전소. (3)ⓤ 원자력.
—vt. (1) …을 핵무기로 공격하다. (2) 《美》 (음식)을 전자 레인지로 조리하다〈데우다〉.
null [nʌl] a. (1)효력이 없는, 무효의(useless). (2) 가치없는. (3) 〔數〕 영의 ; 〔컴〕 빈《정보의 부재》. ***~ and void*** 〔法〕 무효의.
nul·li·fi·ca·tion [nʌ̀ləfikéiʃən] n. ⓤ 무효로 함〈됨〉, 폐기, 취소.
·nul·li·fy [nʌ́ləfài] vt. (1) …을 무효로 하다《특히 법률상》, 파기하다(destory), 폐기〈취소〉하다(cancel). (2) 무가치하게 만들다, 수포로 돌리다
nul·li·ty [nʌ́ləti] n. ⓤ (1) 무효, 무효의 행위(문서) : a ~ suit 혼인 무효 소송. (2)무, 무가치.
·numb [nʌm] (***´~·er ; ´~·est***) a. (1)(추위로) 곱은(benumbed), 언(손가락을). (2)(피로·슬픔 등으로) 마비된, 무감각해진.
—vt. 〔종종 受 動으로〕 감각을 잃게 하다, 마비시키다, 곱게 하다, 망연자실케 하다.
:num·ber [nʌ́mbər] n. (1) a] ⓒ (추상 개념의)수. b] ⓤ (종종 the~)(사람·물건의) (총)수 ; 개수, 인원수 c] ⓤ계수, 수리 (數理). (2) ⓒ 숫자, 수사(數詞)(numeral); 〔컴〕 숫자. (3) ⓒ 번호, 호수, 번지. (4) ⓒ (잡지의) 호(issue); 프로그램(중의 하나); (연주회의)곡목. (5)ⓒ 패, 동아리, 동료. (6) (때로 pl.) 다수, 약간. (7) (pl.) 산수(arithmetic). (8) 〔樂〕 음률 ; 운율 ; 운문, 시, 노래. (9) 〔文法〕 ⓤⓒ수. (10) 《美俗》 〔흔히 單數形으로,修飾語를 수반〕 a](다수 중에서 골라낸)사람, 물건. b]《口》처녀, 젊은 여자. c]《口》 상품 ; 의류품.
a ~ of 다수의(numbers of), 얼마간의(some). ***any ~ of*** 꽤 많이(quit to a few)《of》. ***beyond ~ = without 〈out off〉 ~***〔흔히 名詞 뒤에 놓여〕 셀 수 없는〈없이〉, 무수한〈히〉. ***by ~s*** 1) 수의 힘으로. 2) 《英軍》 = by the ~s. ***by the ~s*** 1) 《美軍》 구령에 맞추어. 2)규칙대로, 교과서대로. ***do a ~ on*** … 을 헐뜯다, 상처를 주다. ***get 〈have〉 a*** person***'s ~*** 《口》 아무의 의중〈성격〉을 간파하다(꿰뚫어보다). ***in ~s*** (1) (잡지 등을) 분책(分冊))하여 ; 여러 번에 나누어서. (2) 여럿이서 ; 〔흔히 修飾語를 수반하여〕 … 의 수로. one***'s ~ is 〈goes〉 up*** 《口》 수명〈운〉이 다하다 ; 천명이 다하다; 《口》 죽음이 다가오다. ***to the ~ of*** … 의 수에 이르도록, … 만치(as many as).
—vt. (1) …을 세다 ; 열거하다. (2)《+目+前+名》 … 를 셈에 넣다, … 을 속에 넣다, 구성원으로〈요소로〉 간주하다《among ; in ; with》. (3) (총계) … 이 되다 ; … 의 수에 달하다. (4) 〔受動으로〕 … 의 수를 제한하다 ; 국한하다. (5) … 에 번호〈숫자〉를 매기다.
— vi. (1)총계 … 이 되다《in》. (2) 포함되다《among; with》. ***~ off*** (점호때) 번호를 부르다.
númber crúncher 《口》(복잡한 계산을 하는)대형 컴퓨터.
núm·ber·ing machìne [nʌ́mbəriŋ-] 번호 인자기(印字機), 넘버링 (머신).
·num·ber·less [nʌ́lbərlis] a. (1)셀 수 없는(innumerable), 무수한. (2)번호 없는.
númber óne (1) 《口》 (이기적인 면에서) 자기(oneself) 자기 이해(利害), 중심인물. (2) a]제 1번, b] 《美口》 제 1인자, 제 1급〈1류〉의 것. (3) 《兒·婉》 쉬 : do ~ s 쉬하다
—a. 〔限定的〕《口》 (1) 제1의. (2) 일류의, 최고의 ;

특출 한 the⟨a⟩ ~ rock group 제1류급의 록 그룹.
númber plàte (1) 《英》(자동차 따위의) 번호판(《美》 license plate). (2) 번지 표시판(가옥의)
Num·bers [nʌ́mbərz] *n. pl.* 〔單數 취급〕 〖聖〗 (구약의) 민수기(民數記)《略 : Num(b).》.
númber tén 《美俗》 최악의.
Númbers Tén (**Dówning Stréet**) 영국수상 관저.
númber twó (1) 제 2의 실력자, 보좌역. (2)《兒·婉》응가, 대변.
numb·ing [nʌ́miŋ] *a.* 〔限定的〕 멍하게 하는 ; 무감각하게 만드는 ; 마비시키는.
nu·mer·a·ble [njúːmərəbəl] *a.* 셀 수 있는, 계산할 수 있는(countable).
nu·mer·a·cy [njúːmərəsi/njúː] *n.* ⓤ수학적 기초 지식이 있음, 기본적 계산력. 【cf.】 NUMERATE.
·nu·mer·al [njúːmərəl] *a.* 수의 ; 수를 나타내는. ── *n.* (1)ⓒ 숫자 ; 〖文法〗 수사(數詞). (2)(*pl.*) 《美》 (학교) 졸업 연도의 숫자.
nu·mer·ate [njùːmərèit] *vt.* (1) … 을 세다, 계산하다. (2) (수식)을 읽다.
── [-mərit] *a.* 《英》 수리적의 기초 지식이 있는.
nu·mer·a·tion [njùːməréiʃən] *n.* (1) ⓤ 계수(計數), 계산(법); 〖數〗명수법(命數法). (2) ⓤⓒ(인구 등의) 계산, 통계)《*of*》
nu·mer·a·tor [njúːmərèitər] *n.* ⓒ (1) 〖數〗 (분수의) 분자. (2) 계산자(者); 계산기.
·nu·mer·i·cal [njuːmérikəl] *a.* 수의, 수적인 , 숫자상의. 파) **~·ly** [-kəli] *ad.*
numérical kéypad 〔컴〕 숫자판.
nu·mer·ol·o·gy [njùːmərálədʒi/-mərɔ́l-] *n.* ⓤ수비학(數秘學), 수점(數占)《생년월일, 이름의 획수로 점을 침》.
:nu·mer·ous [njúːmərəs] *a.* (1) 〔複數名詞를 수반하여〕 다수의 ; 많은. (2) 〔單數形 집합명사를 수반하여〕 다 수로 이루어진, 수없이, 많은. 파) **~·ly** *ad.*
nu·mi·nous [njúːmənəs] *a.* 초자연적인, 신령적인 (numen), 신비적인, 엄숙한.
nu·mis·mat·ic [njùːməzmǽtik, -məs-] *a.* 화폐의 ; 고전학(古錢學)의.
nu·mis·mat·ics [njùːməzmǽtiks, -məs-] *n.* ⓤ 화폐 학, 고전(古錢)학.
nu·mis·ma·tist [njùːmízmətist, -mís-] *n.* ⓒ 화폐⟨고전(古錢)⟩학자.
:nun [nʌn]*n.* ⓒ 수녀. 【cf.】 monk.
nun·cio [nʌ́nʃiòu] (*pl.* **~s**) *n.* ⓒ (외국 주재의) 로마 교황 대사.

nun·nery [nʌ́nəri] (*pl.* **-ner·ies**) *n.*ⓒ 수녀원.
***nup·tial** [nʌ́pʃəl, -tʃəl] *a.*결혼(식)의.
── *n.* (흔히 *pl.*) 결혼식, 혼례.
:nurse [nəːrs] *n.* ⓒ (1) 유모(wet ~) ; 보모(dry ~); = NURSEMAID. (2) 간호사, 간호인. (3)〖蟲〗 보모충 《새끼 벌레를 보호하는 곤충 : 일벌·일개미 따위》.
── *vt.* (1) 《~+目/+目+前+名》 아이 보다, 돌보다 ; … 에게 젖을 먹이다, 키우다, 양육하다. (2) … 를 어르다, 애무하다, 끌어안다. (3) (원한·희망 따위)를 품다. (4) 《~+目+目+前+名》(환자)를 간호하다,병구완하다. (5)(병을 보양하여)고치다, 치료에 힘쓰다. (6) … 을 주의하여 다루다, 소중히 하다. (7) 《英》 (선거구 민의) 비위를 맞추다. (8) …을 단단히 지니다.
── *vi.* (1) 젖을 먹이다. (2) (어린애가) 젖을 먹다. (3) 간호하다, 간호 원으로 일하다.
nurse·maid [nə́ːrsmèid] *n.* ⓒ (1) 아이 보는 여자. (2)돌보아 주길 좋아하는 사람.
:nurs·ery [nə́ːrsəri] *n.* ⓒ (1) 아이방, 육아실 ; 탁아소(day ~); 보육원 ; (병원의) 신생아실 (2) (종종 *pl.*) 못자리, 종묘원 ; 양어장, 앙식장. (3)양성소 ; (범죄의) 온상.
núrse gàrden 묘목밭, 종묘원.
nurs·ery·man [ˊ-mən](*pl.* **-men** [-mən]) *n.* ⓒ 종묘원 주인⟨정원사⟩, 묘목상.
núrsery nùrse 《英》보모.
núrsery rhỳme 동요.
núrsery schòol 보육원(nursery), 유치원.
núrsery slòpes 〔스키〕 초보자용 (활강) 코스.
núrsery tàle 동화, 옛날 이야기.
núrse's áide 간호 보조원.
·nurs·ing [nə́ːrsiŋ] *a.* 수유(綬乳)⟨포유⟩하는, 양육⟨보육⟩하는 ; 간호하는.
── *n.* ⓤ (1) (직업으로의) 간호(업무), 간병, 병구완. (2)육아⟨보육⟩ 기간 ; 수유 기간.
núrsins bòttle 포유(젖)병(甁).
núrsing hòme 개인 병원⟨산원(産院)⟩; (노인·병자의) 요양소.
núrsing schòol 간호학교 ; 간호사 양성소.
nurs·ling [nə́ːrsliŋ] *n.* ⓒ (1) (유모가 기르는) 젖먹이, 유아. (2) 귀하게 자란 사람, 귀염둥이.
·nur·ture [nə́ːrtʃər] *n.* ⓤ (1) 양육 ; 앙성, 훈육, 교육. (2)영양(물), 음식.
── *vt.* … 을 양육하다 ; … 에게 영양물을 공급하다 ; 가르쳐 길들이다, 교육하다.
:nut [nʌt] *n.* (1) ⓒ 견과(호두·개암·밤 따위》. 【cf.】berry. (2) 〖機〗 너트, 고정나사. (3) ⓒ 〖樂〗(현악기의 활의) 현침 ; 현악기 지판(指板) 상부의 줄을 조절하는 부분. (4) ⓒ a] 《俗》 대가리. b] 괴짜, 바보, 미치광이. c] 열광적 애호가⟨신봉자⟩(【cf.】 nuts): a golf ~ 골프광(狂). (5)(*pl.*) 《英》(석탄·버터 등의) 작은 덩이. (6) (卑) (*pl.*) 불알.
a hard* ⟨*tough*⟩ *~ to crack 어려운 것⟨문제⟩ ; 처치 곤란한 사람. ***do*** one'***s ~ (s)*** 《英俗》 불같이 노하다, 미친 사람같이 되다. ***~s and bolt*** (the ~) (1) 사물의 기본⟨근본⟩. (2)실제 운영⟨경영⟩. ***not care a*** (***rotten***)~ 조금도 상관⟨개의치⟩ 않다. ***off*** one'***s ~*** 《俗》미쳐서. ― (**-tt**) *vi.*나무 열매를 줍다:go ~ *thing* 나무 열매를 주우러 가다.
nút càse 《俗》 미치광이, 괴짜.
nut·crack·er [ˊ-krӕkər] *n.* ⓒ (흔히 *pl.*) 호두까는 기구.
nut·hatch [ˊ-hӕtʃ] *n.* ⓒ 〖鳥〗 동고비.
nút hòuse 《俗》 정신 병원.
nut·meg [ˊ-meg] *n.* (1) ⓒ 〖植〗 육두구 ; 그 열매의 씨《약용·향료로 씀》. (2) ⓤ(육두구 열매를 빻아서 만든) 향신료.
nu·tria [njúːtriə] *n.* (1) ⓒ 〖動〗 뉴트리아《남아메리카산의 설치(齧齒) 동물》. (2) ⓤ 그 모피.
nu·tri·ent [njúːtriənt] *a.* 영양⟨자양⟩이 되는.
── *n.* ⓒ 영양소 ; 영양제, 자양물.
nu·tri·ment [njú;trəmənt] *n.* ⓤⓒ 영양물, 음식물, 영양소.
·nu·tri·tion [njuːtríʃən] *n.* ⓤ (1) 영양 ; 영양 공급⟨섭취⟩. (2) 자양물, 음식물. (3) 영양학.
파) **~·al**[-ʃənəl] *a.* 영양의, 자양의. **~·al·ly** [-ʃənəli] *ad.* **~ist** *n.* ⓒ 영양사⟨학자⟩.
nu·tri·tious [njuːtríʃəs] *a.* 자양분이 있는, 영양이

N

되는. 파) **~·ly** *ad.* **~·ness** *n.*

nu·tri·tive [njúːtrətiv] *a.* =NUTRITIOUS.

nuts [nʌts] *int.* 《俗》〔경멸·혐오·거부·실망 등을 나타내어〕 쯧쯧, 시시하군, 제기랄, 바보같이, 어이없군(nonsense, nerts)《*to*》.
—*a.* 〔敍述的〕《俗》 (1)열광적인, 열중하는《*about* ; *on* ; *over*》. (2) 미친, 미치광이의.

nut·shell [nʌ́t-ʃèl] *n.* ⓒ 견과(堅果)의 껍질, 아주 작은 그릇(집), 작은, 적은(짧은 것). ***in a ~*** 아주 간결하게〈요약해서〉, 말하자면, 요컨대.

nut·ter [nʌ́tər] *n.* ⓒ《英俗》 괴짜 ; 미치광이.

nut·ting [nʌ́tiŋ] *n.* ⓤ 나무 열매 줍기.

nut·ty [nʌ́ti] (***-ti·er*** ; ***-ti·est***) *a.* (1) 견과(堅果)가 많은 : 견과 맛이 나는. (2)《俗》 머리가 돈, 미치광이의(crazy).
파) **-ti·ly** *ad.* **-ti·ness** [-nis] *n.* ⓤ 견과의 맛이 있음 ;《俗》 홀딱 반함.

nuz·zle [nʌ́zəl] *vt.* (1) a] … 에 코를 가져다 대다 ; … 을 코로 비비다. b] (머리·얼굴·코 등)을 디밀다, 밀어넣다. (2) a] … 에 머리 따위를 비벼대다(문질러)《*against*》. b] 〔再歸的〕 … 에 다가붙다.
—*vi.* (1)코를 바싹 가져다 대다. (2) 다가붙다, ~ 에게 붙어자다《against》 : ~ oneself 바짝 다가붙다.

:ny·lon [náilɑn/-lɔn] *n.* (1) ⓤ 나일론. (2) (pl.) 여자용 나일론 양말(= ~stockings).

:nymph [nimf] *n.* ⓒ (1) 〔그神·로神〕 님프, 여정(女精). (2)《詩》 아름다운 처녀, 소녀. (3) 〔蟲〕 애벌레 ;《希》 번데기(pupa).

nymph·et [nímfit, nimfét] *n.* ⓒ 조숙한〈성적으로 눈뜬〉 소녀.

nympho [nímfou] *n.* ⓒ《口》 음란한〈색정증의〉여자(nymphomaniac).

nym·pho·ma·nia [nìmfəméiniə] *n.* ⓤ〔醫〕 여자 음란증, (여자의) 색정광(色情狂). 〖opp.〗 *satyriasis*
파) **-ni·ac** [-niæ̀k] *a.*, *n.* ⓒ 색정증의 (여자).

O

O¹, o [ou] (*pl.* **O's, Os, o's, o(e)s** [-z]) (1) 오《영어 알파벳의 열다섯째 글자》. (2) O자형(의 것) ; 원형 ; (전화 번호 등의)영. (3) 15번째(의 것)《J를 빼면 14번째》. ***O for Oliver,*** Oliver의 O《국제 전화 통화 용어》.

:O² *int.* 〔언제나 대문자며 바로 뒤엔 콤마·감탄부등을 붙이지 않음〕 (1) 오!, 앗!, 저런!, 어머나!《놀람·공포·찬탄·비탄·애소·간망(懇望) 등을 나타냄》. (2)〔특히 부를때 어세를 높이는 시적 표현으로〕오.

oaf [ouf] (*pl.* ***~s, oaves***[ouvz]) *n.* ⓒ 바보 ; 멍청이 : a big ~ 덩치만 크고 쓸모없는 사람.

oaf·ish [óufiʃ]*a.* 바보 같은 ; 바보의, 멍청한.

:oak [ouk] (*pl.* ***~s,*** ~) *n.* (1)ⓒ 〔植〕 오크《떡갈나무· 참나무·가시나무 류의 총칭》. (2)ⓤ 오크재목(= ~ **tìmber**) ; 오크 제품《가구 따위》. (3)ⓤ오크 잎《장식》. (4) 《英》(대학의 견고한) 바깥문짝.

óak àpple 오크의 몰식자(沒食子), 오배자(五倍子) 《예전의 잉크 원료》.

·oak·en [óukən] *a.* 오크(제)의.

Oaks [ouks] *n.* (the ~)《英》 오크스 경마《잉글랜드의 Surrey주 Epsom에서 매년 열리는 4살짜리 암말의 경마》.

OAPEC [ouéipek] Organization of Arab Petroleum Exporting Countries (아랍 석유 수출국 기구).

:oar [ɔːr] *n.* (1)ⓒ 노 【cf.】 paddle, scull. back the ~ s 반대로 젓다. (2) 노 젓는 사람(oarsman). **put 〈shove, stick〉 in** one'**s ~** = ***put〈shove, stick, thrust〉*** one'***s ~ in*** 쓸데없는 참견을 하다. ***rest 〈lie, lay〉 on*** one'***s ~ s*** (1)노를 수평으로 하고 잠시 쉬다. (2) 잠깐 쉬다. ***toss ~ s*** (경래로) 노를 곧추세우다. ***trail the ~s*** (젓지 않고) 노를 내맡기다
—*vi.* 노를 젓다.
—*vt.* (1) (노로 배)를 젓다 (row). (2) (~one's way로) 저어 나아가다.

oar·lock [ɔ́ːrlɑ̀k/-lɔk] *n.* ⓒ 《美》 놋좆, 노받이 (《英》 rowlock, thole).

oars·man [ɔ́ːrzmən] (*pl.* ***-men*** [-mən]) *n.* ⓒ노 젓는 사람(rower).

:oa·sis [ouéisis] (*pl.* ***-ses*** [siːz]) *n.* (1) 오아시스. (2)휴식처, 안식처.

oast [oust] *n.* ⓒ (홉(hop)·담배 등의) 건조로(爐).

oast·house [∠hàus] (*pl.* ***-houses***) *n.* ⓒ(양조(釀滴)용 식물인) 홉(hops) 건조소.

:oat [out] *n.* ⓒ 〔植〕 귀리, 메귀리.

oat·cake [∠kèik] *n.* ⓒ 귀리로 만들어 딱딱하게 구운 비스킷류(類).

oat·en [óutn] *a.* 귀리의, 귀리로 만든 : an ~ pipe 귀리짚 피리.

oat·er [óutər]*n.*ⓒ 《美俗》 서부극(horse opera).

:oath [ouθ] (*pl.* **~ s** ; [ouðz, ouθs] ; 〔所有格〕 **~'s** [-θs]) *n.* ⓒ (1) 맹세, 서약 ; 〔法〕 (법정의) 선서. (2) (분노, 욕설 등에서) 신성모독《보기 : God damm you! 따위》. (3)저주, 욕설. ***be under 〈on〉 ~*** (법정에서 진실을 말하겠다고) 선서하다. ***put*** a person ***under 〈on〉 ~*** 하여금 맹세케 하다.

·oat·meal [óutmìːl] *n.* ⓤ (1) 곱게 탄〈빻은〉귀리. (2) 오트밀(~ porridge)《우유와 설탕을 넣어 조반으로 먹음》.

oats [outs] *n. pl.* (1)귀리, 메저리《알맹이》. (2) 〔單·複數취급〕 = OATMEAL. ***be off*** one'***s ~*** 《口》 식욕이 없다. ***feel*** one'***s ~*** 《口》 (1) 아주 건강하다. (2) 《美》자만하다. ***sow*** one'***s (wild) ~*** 젊은혈기로 난봉을 피우다.

Oba·di·ah [òubədáiə] *n.* (1) 〔聖〕 오바댜(헤브라이 예언자). (2) 오바댜서(書)《구약성서 중 하나》.

ob·bli·ga·to [ɑ̀bligáːtou] (*pl.* ***~s, -ti*** [-tiː]) *n.*ⓒ 〔樂〕)오블리가토, 조주(助奏) : a song with (a) flute ~ 플루트 조주가 따르는 가곡.

ob·du·ra·cy [ɑ́bdjurəsi/ɔ́b-] *n.*ⓤ (1) 억지, 완고, 외고집(stubbornness). (2)냉혹.

ob·du·rate [ɑ́bdjurit/ɔ́b-] *a.* 억지센, 완고한, 냉혹한, 고집센.
파)**~·ly** *ad.*

:obe·di·ence [oubíːdiəns] *n.* ⓒ 복종, 공순 : 순종. □obey *v.*

:obe·di·ent [oubíːdiənt] ***(more ~ ; most ~)*** *a.* 순종하는, 유순한, 고분고분한, 순진한, 말 잘 듣는 《*to*》. □obey *v.* ***Your (most) ~ servant*** ⇨SERVANT.
파) **~·ly.** *ad.* 고분고분하게 ; 정중하게 **~·ly.** 여불비례《공식 서신을 끝맺는 말》.

obei·sance [oubeisəns, -bíː-] *n.* (1) ⓒ 경례, 절, 인사 ; ⓤ 경의(敬意), 존경, 복종.

obei·sant [oubéisənt, -bíː-] *a.* 경의를 표하는, 공손한.

·ob·e·lisk [ɑ́bəlisk/ɔ́b-] *n.* ⓒ(1)오벨리스크, 방첨탑(方尖塔). (2)〔印〕 단검표(dagger)《†》

obese [oubíːs] ***(obe·ser ; -sest)*** *a.* 살찐, 아주 뚱뚱한.

obe·si·ty [oubíːsəti] *n.* ⓤ 비만, 비대.

:obey [oubéi] *vt.* (1) … 에 복종하다, … 에 따르다. (2) (법률 따위)에 좇다 ; (이성 따위)에 따라 행동하다. (힘·충동)대로 움직이다.
—*vi.* 복종하다, 말을 잘 듣다《*to*》. □ obedience *n.*

ob·fus·cate [ɑbfʌ́skeit, ɑ́bfəskèit/ɔ́bfʌskèit] *vt.* (1)a](판단 등)을 흐리게 하다. b](문제 따위)를 애매하게 하다. (2)… 을 당혹게〈혼란케〉하다. 파)
ob·fus·ca·tion [ɑ̀bfəskéiʃən/ɔ̀b-] *n.* *혼미, 난처함.*

Obit [óubit, ɑ́b-/ɔ́b-] *n.* ⓒ《口》 사망 기사.

óbiter díc·tum [-díktəm] (*pl.* ***-dic·ta*** [-díktə]) 《L.》 (1) 〔法〕 (판결 중 판사의) 부수적 의견. (2) 그때 그때의 의견.

obit·u·ary [oubítʃuèri] *a.*〔限定約〕 사망(기록)의, 사망자의 : an ~ notice 사망 고시, 부고.
—*n.* ⓒ (신문 지상의) 사망 기사, 사망자 약력.

:ob·ject [ɑ́bdʒikt/ɔ́b-] *n.* ⓒ (1) 물건, 물체, 사물. (2) (동작·감정 등의) 대상. (3)목적, 목표(goal). (4) 〔哲〕 대상, 객체, 객관. 〖opp.〗 *subject.*(5)〔文法〕 목적어. (6)《口》우스운 것, 불쌍한 놈 ; 싫은 사람〈것〉. (7) 〔美術〕 오브제. (8)〔컴〕 목적, 객체《정보의 세트와 그 사용설명》. ***no ~*** … 은 아무래도 좋다, … 을 묻지 않음《3행 광고 따위의 용어》.
— [əbdʒékt] *vi.*《~/+前+名》 (1) … 에 반대하다, 이의를 말하다, 항의하다《*to* ; *against*》: . (2) … 에

불평을 품다, 반감을 가지다, 싫어하다, 불만이다《*to*》. ―*vt.* (1)《+that節》 반대하여 … 라고 말하다, 반대이유로서 … 라고 주장 하다. (2)《目+前+名》 반대의 이유로 들다, 난점 으로서 지적하다, 비난하다. ▫ objection *n.*

óbject còde 〔컴〕 목적 부호《컴파일러〈옮김틀〉·어셈블러〈짜맞추개〉의 출력으로 실행 가능한 기재어의 꼴이 된 것》.

óbject fìle 〔컴〕 목적철《목적 부호만을 보관하고 있는 파일》.

óbject glàss 〈**lèns**〉〔光〕 대물 렌즈. 【cf.】 EYEGLASS.

ob·jec·ti·fy [əbdʒéktəfài] *vt.*… 을 객관화하다 ; 구체화하다, 구상화(具象化)하다.

:ob·jec·tion [əbdʒékʃən] *n.* (1)ⓤ,ⓒ 반대 ; 이의, 이론 ; 불복. (2) ⓒ 반대 이유 ; 난점, 결점 ; 장애,지장《*to*》. ▫ object *v.*

·ob·jec·tion·a·ble [əbdʒékʃənəbəl] *a.* 반대할 만한 ; 싫은, 못마땅한,불쾌한.
파) **-bly** *ad.*

·ob·jec·tive [əbdʒéktiv] **(*more~ ; most~*)** *a* (1) 객관적인(〖opp.〗 *subjective*) ; 편견〈선입관〉이 없는. (2) 외계의, 실재의, 물질적인. (3) 목적〈목표〉의. (4) 〔文法〕 목적(격)의 : the ~ case 목적격.
―*n.* ⓒ (1) 목적, 목표. (2) 〔軍〕 목표 지점. (3) 〔光〕 대물 렌즈. (4) 〔文法〕목적격, 목적어. 파)**~·ly** *ad.* 객관적으로.

objéctive lèns = OBJECTIVE *n.* 대물렌즈.

ob·jec·tiv·ism [əbdʒéktəvìzəm] *n.* 객관주의, 객관론(〖opp.〗 *subjectivism*).
파) **-ist** *n.*

ob·jec·tiv·i·ty [àbdʒiktívəti, -dʒek-/ɔ̀b-] *n.* ⓤ(1) 객관(적타당)성. 〖opp.〗 *subjectivity.* (2) 객관적 실재 ; 객관주의적 경향〈지향〉

óbject lèsson (1)실물교육〈교수〉. (2)(교훈이 되는) 구체적 실례, 본보기《*in*》.

óbject mòdule 〔컴〕 목적 모듈〈뜸〉.

:ob·jec·tor [əbdʒéktər] *n.* ⓒ 반대자, 이의제기자.

óbject prògram 〔컴〕 목적 프로그램《프로그래머가 쓴 프로그램을 compiler나 assembler에 의해 기계어로 번역한 것》. 【cf.】 source program.

ob·jur·gate [ábdʒərgèit/ɔ́b-] *vt.* 을 심하게 꾸짖다, 비난하다(reprove), 책망하다. 파) **òb·jur·gá·tion** [-ʃən] *n.*ⓤ 질책, 비난.

ob·jur·ga·to·ry [ebdʒə́rgətɔ̀ːri/-təri] *a.* 질책하는, 비난하는, 꾸짖는.

ob·la·tion [abléiʃən/əb-]*n.* 〔敎會〕 (1)ⓤ,ⓒ (성체의)봉헌 ; 제물(offering). (2) ⓤ (자선적인) 기부, 헌금(교회에의).

ob·li·gate [ábləgèit/ɔ́b-] *vt.* 〔흔히受鈴으로〕 … 에게 의무를 지우다《법률상·도덕상의》.

ob·li·gat·ed [-tid] *a.* 〔敍述的〕 (1) … 할 의무가 있는. (2) 고맙게 여기는.

:ob·li·ga·tion [àbləgéiʃən/ɔ̀b-] *n.* (1) ⓤⓒ 의무, 책임. (2) ⓒ 〔法〕 채무, 채권〈채무〉관계 ; 채권 ; (금전) 채무증서 ; 계약(서). (3) 은의(恩誼), 신세, 의리.

ob·lig·a·to·ry [əblígətɔ̀ːri, áblig-/əblígətəri, ɔ́blig-] *a.* 의무로서 해야만 할, 의무적인(on, upon). (2) 필수(必須)의, 필수(必修)의《과목따위》.
파) **-ri·ly** *ad.*

:oblige [əbláidʒ] *vt.* (1)《+目+to do/ +目+前+名》… 을 별〈어쩔〉 수 없이 … 하게 하다, … 에게 … 하도록 강요하다, … 에게 의무를 지우다. (2)《~+目/前+目+名》… 에게 은혜를 베풀다《*with*》; … 의 소원을 이루어 주다《*by*》. ―*vi.* (1) 은혜를 베풀다. An answer will ~. 답장을 주신다면 감사하겠습니다. (2)《+前+名》《口》 호의를 보이다. 소원을 들어주다《*with*》.

o·bliged [-d] *a.*〔敍術的〕 (1)하지 않을 수 없는. (2) … 에 감사하는.

ob·li·gee [àblədʒíː/ɔ̀b-]*n.*ⓒ【法】 채권자. 〖opp.〗 obligor.

oblig·ing. [əbláidʒiŋ] *a.* 잘 돌봐 주는, 친절한, 일 잘 하는 (accommodating).
파) **~·ly** *ad.* 친절하게(도), 선선히.

ob·li·gor [àbləgɔ́ːr, ⌐-⌐/ɔ̀b-] *n.* ⓒ 〔法〕 채무자. 〖opp.〗 *obligee.*

·ob·lique [əblíːk, ou-,《美軍》 əbláik] *a.* (1) 비스듬한, 기울어진(slanting). (2) 부정(不正)한 ; 빗나간, 벗어난, 속임수의. (3) 〔限定的〕간접의, 에두른, 완곡한. (4) 【數】 사선 (斜線)의, 빗각의, 빗면의. (5) 【植】 (잎 따위가) 부등변의.
―*n.* ⓒ 비스듬한 금, 사선.
파)**~·ly** *ad.*비스듬 히(기울어): 부정하게 ; 완곡하게, 간접으로, 에둘러서. **~·ness** *n.* ⓤ 경사(도), 사각.

ob·liq·ui·ty [əblíkwəti] *n.* (1) ⓤ 경사, 기울기 ; 경도(傾度). (2) ⓤ 부정 행위 ; ⓒ 바르지 못한 행위〈생각〉. (3) ⓒ 에두른 말.

·ob·lit·er·ate [əblítərèit] *vt.* (1) (흔적을 남기지 않도록)… 을 지워버리다(destroy). (2) … 을 기억에서 지우다 ; 망각하다. (3) 말살하다, 말소하다(blot out). ▫ obliteration. *n.*

ob·lit·er·a·tion [əblìtəréiʃən] *n.* ⓤ (1)말살, 삭제. (2)망각. (3)소멸. ▫ obliterate. *v.*

·ob·liv·i·on [əblíviən] *n.* ⓤ(1)망각 ; 잊혀짐 ; 잊기 쉬움, 건망(forgetfulness). (2)무의식 상태, 인사불성. (3)〔法〕 사면. 【cf.】amnesty.

·ob·liv·i·ous [əblívuəs] *a.* 〔敍達的〕 (1)잊기 쉬운 ; … 을 잊은《*of*》. (2)(몰두하여) 알아차리지 못한《*of* ; *to*》.
파)**~·ly** *ad.* **~·ness** *n.*

·ob·long [áblɔːŋ, -laŋ/ɔ́blɔŋ] *a.* (1)직사각형의.【cf.】 square. (2)타원형의.
―*n.* ⓒ (1)직사각형. (2)타원형.

ob·lo·quy [ábləkwi/ɔ́b-] *n.*ⓤ (1) 욕설, 악담, 비방. (2)악평, 오명, (널리 알려진) 불명예.

ob·nox·ious [əbnákʃəs/-nɔ́k-] *a.* 밉살스러운, 불쾌한, 싫은 ; 미움받고 있는《*to*》.
파)**~·ly** *ad.* **~·ness** *n.*

oboe [óubou] *n.* ⓒ 【樂】 오보에《목관악기》.
파)**obo·ist** [óubouist] *n.* ⓒ 오보에 주자.

ob·scene [əbsíːn] *a.* (1) 외설〈음란〉한 ; 추잡한. (2)《口》 역겨운, 지긋지긋한.
파) **~·ly** *ad.*

ob·scen·i·ty [əbsénəti, -síːn-] *n.* (1)ⓤ 외설, 음란 (2)ⓒ(*pl.*) 음탕한 말, 외설〈행위〉. (3)《口》 역겨운 일〈것〉.

ob·scu·rant·ism [əbskjúərəntìzəm] *n.* ⓤ (1)반계몽주의, 개화 반대. (2)고의로 모호하게 함 ; (문학·미술 따위의) 난해주의. 파) **-ist** *n.*, *a.*

ob·scu·ra·tion [àskjuəréiʃən/ɔ̀b]*n.* ⓤ (1)어둡게 함〈됨〉, 암흑화, 몽롱, (2)모호함.

:ob·scure [əbskjúər] **(*-scurer ; -est*)** *a.* (1)어두운, 어두컴컴한(dim): (빛깔 따위가) 거무스름한, 어스레한. (2) (말·의미 따위가) 분명치 않은, 불명료한, 모호한. (3)확실치 않은 ; 알려지지 않은. (4)분명히

감지〈감득〉할 수 없는. (5)눈에 띄지 않는. 인가에서 멀리 떨어진, 호젓한, 구석진. (6)〔音聲〕 모음이 모호한, 모호한 모음의.
—vt. (1) … 을 덮어 감추다, 가리다; 어둡게 하다, 흐리게 하다. (2) (명성 따위)를 가리다, (남의) 영광 따위를 무색하게 하다. (3)(사물)을 알기 어렵게 하다 ; 애매하게 하다, 모호하게 하다. (4)모호하게 발음하다. ▫ obscuration n. 파)~·ly ad. 어둡게

·ob·scu·ri·ty [əvskjúərəti] n. (1)ⓤ 어두컴컴함. (2)ⓤ,ⓒ 불명료 ; 모호한 점, 난해한 곳. (3)ⓤ a] 세상에 알려지지 않음 ; 무명. b]낮은 신분.

ob·se·quies [ábsəkwiz/ɔ́b] (sing. **-quy**[-kwi]) n. pl. 장례식.

ob·se·qui·ous [əbsí:kwiəs] a. 아첨〈아부〉하는, 알랑거리는(fawning).
파)~·ly ad. 아부〈아첨〉하여. ~ness n.

ob·serv·a·ble [əbzə́:rvəbəl] a. (1)관찰할 수 있는, 눈에 띄는. (2)주목할 만한, 현저한. (3)지켜야 할 《규칙·관습 등》
파) -bly ad. ~ ·ness n.

:ob·serv·ance [əbzə́:rvəns] n. (1) ⓤ(규칙·관습 따위의)준수, 지킴, 준봉《of》. (2) ⓤ (종종 pl.) ; (종교상의)식전(式典), 제전, 습관, 관례, 행사. ▫ observe v.

·ob·serv·ant [əbzə́:rvənt] a. (1)관찰력이 예리한, 주의 깊은《of ; to》. (2)〔敍述的〕준수하는, 엄수하는《of》. 파)~·ly ad.

:ob·ser·va·tion [àbzərvéiʃən/ɔ̀b-] n. (1) ⓤⓒ관찰, 주목; 감시. (2)a]ⓤ,ⓒ(과학상의) 관측 ; 〔海〕천측(天測). b]ⓒ(종종 pl.) 관찰〈관측〉결과 ; 관측 보고《of》. (3)ⓤ 관찰력 : a man of ~ 관찰력이 있는 사람. (4)ⓒ(관찰에 의거한)의견, 소견, 발언(utterance), 말《on》. ▫ observe v. ***take an ~*** 천체를 관측 하다. ***under ~*** 감시〈관찰〉하는〈하여〉.
파) ~·al [-ʃənəl] a.관측〈감시〉의 ; 관찰에 의한, 실측적인. 【cf.】 EXPERIMENTAL.

observátion càr 〔美鐵〕 전망차.

observátion pòst 〔軍〕 감시 초소. (포격을 지휘하는) 관측소《略 : O.P.》.

·ob·serv·a·to·ry [əbzə́:rvətɔ̀:ri/-təri] n. ⓒ (1)천문〈기상, 관상〉대, 측후소 ; 관측소. (2)전망대 ; 망대, 감시소.

:ob·serve [əbzə́:rv] vt. (1)(법률 풍습 규정 시간따위)를 지키다, 준수하다. (2) … 의 관습을 지킨다 ; (명절·축일 따위)를 축하하다, 쇠다《관습·규정에 의해》 ; (의식·제식)을 거행하다, 올리다. (3)(행위 등)을 유지하다, 계속하다: ~ care 주의하다 / ~ silence 침묵을 지키다. (4)《~+目/+目+do/+目+ing/ +wh. 節》 관찰하다, 관측하다, 잘 보다 ; 주시〈주목〉하나 ; 감시하다. (5) 《~+目/+目+do / +目+ing/ +that 節》 … 을 보다, 인지(認知)하다. (6) 《~+目/ +that 節》(소견)을 진술하다, 말하다 "Bad weather" the captain ~d. '나쁜 날씨다' 하고 선장이 말했다 / He ~d that the plan would work well. 그 계획은 잘 되어 갈 것이라고 그가 말했다.
—vi. (1) 관찰〈관측〉하다 ; 주시하다 : ~care fully 잘보다 / ~closely 엄밀히 관측하다. (2) 《+前+名》소견을 말하다, 논평하다《on, upon》 : No one ~d (up)on that. 그 일에 의견을 말하는 사 람이 없었다 : the ~d of (=by) all observers 뭇사람의 주목을 맏는 가람. ▫ observance, observation n.

:ob·serv·er [əbzə́:rvər] n. ⓒ(1)관찰자 ; 관측자 ; 감시자. (2)입회인 ; 옵서버 ; 참관자. (3)준수자(of):.

ob·serv·ing [əbzə́:rviŋ] a. 주의깊은, 빈틈없는, 방심하지 않는; 관찰력이 예민한. (파)~·ly ad.

ob·sess [əbsés] vt. (귀신·망상 따위가) 들리다, 붙다, 괴롭히다.

ob·ses·sion [əbséʃən] n. (1)ⓤ(귀신·망상·공포 관념 따위가) … 을 사로잡음. (2)ⓒ 붙어서 떨어지지 않는 관념, 강박관념, 망상.

ob·ses·sion·al [əbséʃənəl] a. 강박 관념〈망상〉에 사로잡힌, 지나치게 신경을 쓰는, 떨어지지 않는.
파)~·y ad. 이상하리만큼 : 집요하게.

ob·ses·sive [əbsésiv] a. 붙어 떨어지지 않는《관념 따위》, 강박관념의 ; 비정상일 정도의. —n. ⓒ 망상(강박 관념)에 사로잡힌 사람.
파)ⓒ ~·ly 이상하리만큼, 집요하게.

ob·sid·i·an [əbsídiən]n. ⓤ,ⓒ〔鑛〕 흑요석(黑曜石).

ob·so·les·cence [àbsəlésəns/ɔ̀b-] n. ⓤ (1) 노폐(화), 노후(화), 쇠미. (2) 〔生〕 (기관의) 폐퇴.

ob·so·les·cent [àbsəlésənt/ɔ̀b-] a. (1)쇠퇴해 가고 있는. (2)〔生〕 퇴행성의, 퇴화한.

·ob·so·lete [àbsəlí:t, ⌐-⌐/ɔ̀bsəlì:t] a. (1)쓸모없이〈못쓰게〉된, 폐물이 된. (2) 시대에 뒤진, 진부한, 구식의. (3) 〔生〕 퇴화한. — n. 시대에 뒤진 사람.
파)~·ly ad.

:ob·sta·cle [ábstəkəl/ɔ̀b-] n. ⓒ 장애(물), 방해(물)《to》.

óbstacle cóurse (1)〔軍〕 장애물 통과 훈련장〈과정〉. (2)빠져나가야 할 일련의 장애.

óbstacle ràce 장애물 경주.

ob·stet·ric, -ri·cal [əbstétrik][-kəl] a. 산과(産科)의, 조산의 : 산과학(學)의.

ob·ste·tri·cian [àbstətríʃən] n. ⓤ 산과의(醫)사.

ob·stet·rics [əbstétriks] n. ⓤ 산과학(産科學), 조산술.

·ob·sti·na·cy [ábstənəsi/ɔ́b-] n. (1) ⓤ 완고, 강퍅《in》 ; 고집, 끈질김. (2)ⓒ완고한 언행《against》. (3) ⓤ(해악·병 따위의) 뿌리 깊음, 난치.

:ob·sti·nate [ábstənit/ɔ́b-] (**more ~ ; most ~**) a. (1)완고한, 억지 센, 강퍅한, 끈질긴 ; 완강한《저항 따위》. (2) 고치기 힘든《병·해악 따위》. ▫obstinacy n. 파) **:~·ly** ad. 완고〈완강〉하게 ; 집요하게. **~·ness** n.

ob·strep·er·ous [əbstrépərəs] a. 소란한, 시끄럽게 떠들어 감당할 수 없는.
파)~·ly ad. ~·ness n.

·ob·struct [əbstrʌ́kt] vt. (1)(길·통로 따위)를 막다 ; 차단하다, 장애물을 놓다. (2)《~+目/+目+前+名》(일의 진행·행동 따위)를 방해하다(hinder). (3)(시계(視界))를 가리다.
—vi. 방해하다 ▫ obstruction n.
파)~·tor n.ⓒ방해자〈물〉.

·ob·struc·tion [əbstrʌ́kʃən]n. (1)ⓤ방해 ; 장애, 지장 ; (특히 의회의)의사 방해. (2)ⓒ장애물, 방해물. (3)ⓤⓒ 〔스포츠〕 오브스트럭션《반칙인 방해 행위》. ▫ obstruct v. 파) ~·ist n. 의사 진행 방해자.

ob·struc·tive [əbstrʌ́ktiv] a. 방해하는, 방해되는 《of ; to》; 의사 방해의.
—n. ⓒ 방해〈장애〉물.
파) ~·ly ad. ~·ness n.

:ob·tain [əbtéin] vt. 《~+目/+目+前+名》 …을 얻다, 손에 넣다, 획득하다.
—vi. (널리)행해지다, 유행하다, 통용되다.

ob·tain·a·ble [-əbəl] a. 얻을수 있는, 손에 넣을

O

수있는.

ob·trude [əbtrúːd] *vt.* (1) a] (생각·의견 따위)를 강요〈강제〉하다, 억지쓰다《*on, upon*》. b]〔再歸的〕주제넘게 참견하다《*on, upon*》. (2)(머리 따위)를 불쑥 내밀다.
—*vi.* (1)주제넘게 나서다, 중뿔나다. (2)불쑥 나오다. 파) **-trud·er** *n.*

ob·tru·sion [əbtrúːʒən] *n.* (1) ⓤ (의견 따위의)우격 다짐의, 강요, 강제 《*on*》: 주제넘은 참견. (2)ⓒ 강제하는 행위, 나서는 행위.

ob·tru·sive [əbtrúːsiv] *a.* (1) 강요하는, 주제넘게 참견하는, 중뿔나게 구는. (2) 튀어나온, 눈〈귀〉에 거슬리는.
파)**~·ly** *ad.* **~ness** *n.*

ob·tuse [əbtjúːs] *a.* (1)무딘 ; 〔數〕 둔각의(〖opp.〗 acute). (2)우둔한, 둔감한.
파)**~·ly** *ad.* **~·ness** *n.*

ob·verse [ábvəːrs/ɔ́b-] *n.* (the ~) (1) 거죽, 겉, (화폐·메달등의) 표면 ; 앞면(〖opp.〗 *back*). (2) 반대인 것 ; (표리와 같이) 상대되는 것(counterpart).
파) **~•ly** *ad.* 표면을 드러내는.

ob·vi·ate [ábvièit/ɔ́b-] *vt.* (위험·곤란 따위)를 없애다, 제거하다 ; (대책을 써서) 미연에 방지하다.

:obvi·ous [ábviəs/ɔ́b-] ***(more ~ ; most ~)*** a (1)명백한, 명확한 ; 빤한. (2) 알기〈이해하기〉 쉬운.
파) **:~·ly** *ad.*〈文章修飾〉 분명히. **~·ness** *n.* 분명함.

oc·ari·na [àkəríːnə/ɔ̀k] *n.* ⓒ 오카리나《도기(陶器)로 된 고구마형 피리》.

:oc·ca·sion [əkéiʒən] *n.* (1) ⓒ (흔히 on... ~의 꼴로)(특정한)경우, 때, 시(時). (2)(*sing.*)… 할 기회, 호기(好機), 알맞은 때. (3)ⓤ 이유, 근거 ; 유인(誘因) ; 계기. ***(have) a sense of ~*** 때와 장소를 가리는 양식(이 있다). ***if the ~ arises*** 필요하(게 되)면. ***on 〈upon〉 ~ (s)*** 이따금; 때에 따라서(occasionally). ***on the ~ of*** 에즈음하여. ***rise to the ~*** ⇨ RISE. ***take 〈Seize〉 the ~ to*** do 기회를 틈타〈이용하여〉… 하다.
—*vt.* 《~+目/ +目+目/+目+ to do》 (1) … 을 야기시키다(cause). … 의 원인이되다. (2)(걱정 등)을 끼치다; (아무)에게 … ·시키다.

:oc·ca·sion·al [əkéiʒənəl] *a.* 〔限定的〕 (1)이따금씩의, 때때로의. (2)임시의, 예비의. (3)특별한 경우를 위한 《시·음악따위》.
파) **:~·ly** *ad.* 이따금(sometimes), 가끔 : I go there *~ly*. 나는 때때로 그곳에 갑니다.

·Oc·ci·dent [áksədənt/ɔ́k-] *n.* (the ~) 서양, 서양 문명 ; 서유럽 제국 ; 서반구. 〖opp.〗 *Orient*.

·Oc·ci·den·tal [àksədéntl/ɔ̀k-] *a.* (1)서양(제국)의. (2) 서양인의.
—*n.* ⓒ 서양 사람.
파) **~•ism** *n.* ⓤ 서양식. **~•ist** *n.*서양 숭배자.

oc·clude [əklúːd/ɔk-] *vt.* (1) (통로 구멍 따위)를 막다. (2) 〔物 ·化〕 (기체)를 흡장(吸藏)하다, 폐색하다.
—*vi.* 〔齒〕 (아래 윗니가) 잘 맞물다, 폐색되다.

oc·clúd·ed frónt [əklúːdid-/ɔk-] 〔氣〕 폐색 전선.

oc·clu·sive [əklúːsiv/ɔk-] *a.* 폐색시키는, 폐색하는.

occult [əkʌ́lt, ákʌlt/ɔkʌ́lt] a. 신비로운, 숨은 불가사의한; 초자연적인.
—*n.* (the ~) 오컬트 ; 신비, 신비로운 것.
— *vt.* (달 등의 다른 천체를) 엄폐하다, 숨기다.

oc·cult·ism [əkʌ́ltizəm/ɔk-] *n.* ⓤ 신비주의, 신비학, 오컬트 신앙. 파) **-ist** *n.* ⓒ 오컬트 신앙자.

oc·cu·pan·cy [ákjəpənsi/ɔ́k-] *n.* ⓤ (1) 점유, 점령. (2) ⓒ 점유 기간〈건물〉.

·oc·cu·pant [ákjəpənt/ɔ́k-] *n.*ⓒ (1)점유자 ; 현거주자 ; 점거자. (2)(때마침) 반〈차〉 안에 있는사람.

:oc·cu·pa·tion [àkjəpéiʃən/ɔ̀k-] *n.* (1) ⓒ 직업(vocation), 업무; 일. (2) ⓤ 점유, 거주 ; (지위 등의) 보유. (3) ⓒ(여가에 취미로 하는)일, 심심풀이. (4) ⓤ 점령, 점거 ; ⓒ 점령 기간: an army of~.
파) **~·less** *a.*

·oc·cu·pa·tion·al [àkjəpéiʃənəl/ɔ̀k-] *a.* 〔限定的〕 직업(상)의, 직업 때문에 일어나는.
파)**~·ly** *ad.*

occupátional thérapy 작업 요법《적당한 가벼운 일을 주어서 장애의 회복을 꾀하는 요법》

:oc·cu·py [ákjəpài/ɔ́k-] *vt.* (1)(시간·장소 등)을 차지하다 ; (시간)을 요하다. (2) 점령〈점거〉하다, 영유하다. (3) … 에 거주하다, 점유하다; 사용하다 ; 빌려쓰다. (4) (지위·일자리)를 차지하다. (5) (마음)을 사로잡다. (6) 《+目+前+名/ +目+-*ing*》〔흔히 受動으로 또는 再歸用法〕(아무를 종사시키다, 일시키다《*in* ; *with*》. □ occupation *n.* 파) **-pi•able** *a.*

:occur [əkə́ːr] **(-rr-)** *vi.* (1)(사건 따위가)일어나다, 발생하다. 【cf.】 befall. (2)나타나다, 나오다 ; 발견되다 ; 존재하다《*in*》. (3) (머리에)떠오르다, 생각이 나다《*to*》. 【cf.】 strike. A happy〈bright〉 idea *~red* to me. 명안〈묘안〉이 떠올랐다 / It *~red* to me that...… 라고한 생각이 떠올랐다.

***oc·cur·rence** [əkə́ːrəns, əkʌ́r-] *n.*(1) ⓒ 사건, 생긴 일. (2)ⓤ(사건의) 발생, 일어남.

:ocean [óuʃən] *n.* (1) ⓤ (흔히the ~)대양, 해양 ; (the… O-) … 양《5대양의 하나》 ; (the ~) 《美》 바다 (sea). (2) a] 꼭 (an~)끝없이 넓음 ; (… 의)바다《*of* 》. b] (*pl.*)막대한 양.

ocea·nar·i·um [òuʃənéəriəm] *n.* (*pl.* **~s, -nar·ia**) *n.*ⓒ(대규모) 해양 수족관.

ócean engineéring 해양 공학.

ocean·go·ing [-gòuiŋ] *a.* 외양〈원양〉 항해의 : an ~ tanker 원양 유조선.

Oce·an·ia [-òuʃiǽniə, -áːniə] *n.* 오세아니아주, 대양주. 파)**-ian** *a.*, *n.* ⓒ오세아니아의(사람〈주민〉).

oce·an·ic [òuʃiǽnik] *a.* (1)대양의, 대해의. (2)(기후가)대양성의. (3)대양산(産)의, 원해(遠海)에 사는.

Oce·a·nid [ousíːənid] (*pl.* **~s. Oce·an·i·des**) *n.* 〔그神〕 오케아니스《대양의 여정(女精)으로 Oceanus의 딸》.

ocea·nog·ra·pher [òuʃiənágrəfər/nɔ́g-] *n.* ⓒ 해양학자.

ocea·nog·ra·phy [òuʃiənágrəfi/nɔ́g-] *n.* ⓤ 해양학. 파) **-no·graph·ic** [òuʃənəgrǽfik] *a.* 해양학의.

Oce·a·nus [ouséləs] *n.* 〔그神〕 오케아노스《대양의 신》, 애륙을 둘러싸고 있는 대해양.

ocel·lus [ouséləs] (*pl.* **-li** [-lai])*n.* ⓒ〔動〕 (1)(곤충의)홑눈. (2)눈알처럼 생긴 무늬《나비·공작의 깃 따위》.

oce·lot [óusəlàt, ás-/óusəlɔ̀t] *n.* ⓒ 〔動〕 표범 비슷한 스라소니《라틴 아메리카산》.

ocher, ochre [óukər] *n.* ⓤ (1) 황토(黃土), 석간주(石間朱)《그림 물감의 원료》. (2) 오커, 황토색(yellow ~). 파) **ocher·ous** [óukərəs] *a.* 황토의 ; 황토색의(같은).

파)-ock *suf.* '작은 …'의 뜻 : hillock.

:o clock [əklák/əklɔ́k] *ad.* (1)… 시(時). (2)(목표의 위치·방향을 시계 문자반 위에 있다고 간주하여) … 시 방향.

OCR 〔컴〕글빛 읽개〈인식〉, 광학 문자 판독기〈판독〉 : ~ card 글빛 카드, 광학 문자 판독 카드. [◀optical character reader〈recognition〉]

·Oct. October. **oct.** octavo.

oct(a)- '8'의 뜻의 결합사.

oc·ta·gon [áktəgàn, -gən/ɔ́ktəgən] *n.* ⓒ (1)8변형 ; 8각형. (2)팔각정〈탑〉.

oc·tag·o·nal [aktǽgənl/ɔk-] *a.* 8변〈각〉형의.

oc·ta·he·dron [àktəíːdrən/ɔ̀k-] (*pl.* **~s, -dra**[-drəl]) *n.* ⓒ8면체 : 정8면체.

oc·tam·e·ter [aktǽmitər/ɔk-] *n.* ~〔韻〕 팔보격(八步格)(의 시), 8개의 시각으로 된.

—*a.* 팔보격의.

oc·tane [áktein] *n.* ⓤ〔化〕 옥탄《석유중의 무색 액체 탄화수소》.

óctane nùmber 〈**ràting**〉 옥탄가(價).

oc·tant [áktənt/ɔ́k-] *n.*ⓒ (1)팔분원(八分圓)《중심각 45도의 호》. 〔海〕 팔분의(八分儀).

·oc·tave [áktiv, -teiv/ɔ́k-] *n.* ⓒ (1) 〔樂〕 옥타브, 8도 음정 ; 옥타브의 8개의 음 ; (어떤 음으로 부터 세어) 제 8음. (2) 〔韻〕 8행시구(octet), (펜싱) 제8자세 【cf.】 PRIME.

oc·ta·vo [aktéivou/ɔk-] (*pl.* **~s**) *n.* (1) ⓤ8 절판(折版), 옥타보 판(版). (2) ⓒ 8절판의 책〈종이〉《略 : O., o., oct., 8vo ; 기호:8°》. 【cf.】folio.

—*a.* 8 절판의.

oc·tet(te) [aktét/ɔk-] *n.* ⓒ (1)〔樂〕 8중창(重唱), 8중주(奏) ; 8중창단. (2)〔韻〕 8행 연구(聯句)(octave)《sonnet의 처음의 8행》, 8행의 시 ; 8개 한 벌의 물건. (3)8인〈8개〉한 조(組). (4)〔컴〕 8중수.

:Oc·to·ber [aktóubər/ɔk-] *n.* 10월《略:Oct.》.

oc·to·ge·nar·i·an [àktədənέəriən/ɔ̀ktə-] *n.* ⓒ 80세〈대〉의 사람.

—*a.* 80세〈대〉.

***oc·to·pus** [áktəpəs/ɔ́k-] (*pl.* **~·se, -pi** [-pài] **oc·top·o·des** [aktápədìːz/ɔktɔ́-]) *n.* ⓒ(1)〔動〕 낙지. (2)여러 큰 조직을 가지고 유해한 세력을 떨치는 단체.

oc·to·roon [àktərúːn/ɔ̀k-] *n.* (흑인의 피를 1/8 받은)흑백 혼혈아. 【cf.】 mulatto, quadroon.

oc·to·syl·la·ble [áktəsìləbəl/ɔ́k-] *n.* ⓒ 8 음절어(語)〈시구〉.

파)**-lab·ic** *a.* 8음절의.

oc·u·lar [ákjəlist/ɔ́k-] *a.* 눈의 ; 눈에 의한 시각의.

—*n.*ⓒ 접안 렌즈. 파)**~·ly** *ad.* **-·ist** 의안 세조인.

oc·u·list [ákjəlist/ɔ́k-] *n.* ⓒ안과 의사 ; 검안사(檢眼士).

oda·lisque [óudəlìsk] *n.* ⓒ (옛 이슬람교국의)여자 노예.

:odd [ad/ɔd] *a.* (1) 기묘한, 이상한 ; 묘한(queer) ; 이상야릇한. (2) 기수〈홀수〉의 (3) (어림수를 들어) … 여(餘)의 … 남짓의, … 와 얼마의, 여분의. (4) 우수리의, 나머지의. (5) 외 짝〈한 짝〉의 : 짝이 안 맞는. (6) 그때 그때의, 임시의 ; 잡다한. (7) 외진, 멀리 떨어진.

—*n.* (1) (*pl.*) ⇨ODDS. (2) ⓒ 〔골프〕 한 홀에서 상대보다 많이 친 한 타 ; 《英》핸디캡으로서, 각 홀 에서 한 타씩을 스코어로부터 빼는 일.

파)**~·ness** *n.* 기묘, 기이(한 일) ; 불완전한 것.

odd·ball [⌐bɔ̀ːl] *n.* ⓒ《口》 별난 사람, 기인(奇人).

odd·i·ty [ádəti/ɔ́d-] *n.* (1) ⓤ 기이함, 괴상함, 진묘함 (2)ⓒ이상〈기이〉한 사람, 괴짜 ; 진묘한 것〈점〉.

ódd jóbber = ODD-JOBMAN, 뜨내기 일꾼.

odd-job·man [áddʒàbmən/ɔ́ddʒɔ̀bmən] (*pl.* **-men** [-mən]) *n.* ⓒ 잡역부.

·odd·ly [ádli/ɔ́d-] *ad.* (1) 기묘〈기이〉하게 이상하게. (2) 〔文章修飾〕 기묘하게도 : ~ enough 이상한 일이지만.

ódd màn óut (1) 동전을 던져서 술래를 뽑는 방법〈게임〉. 그 방법으로 뽑힌 사람. (2) 한 패에서 고립된 사람, 따돌림 받는 사람.

odd·ment [ádmənt/ɔ́d-] *n.* ⓒ (때때로 *pl.*) 남은 물건.

ódd párity 〔컴〕 홀수 맞춤《홀짝 맞춤(parity) 검사에서 세트된(1 의) 두값(bit)의 개수가 홀수임이 요구되는 방식(mode)》.

·odds [adz/ɔdz] *n. pl.* (1) 가망, 가능성, 확률. (2) 승세, 승산 : fight against heavy ~ 승산이 적은 싸움을 하다. (3) (경기 등에서 약자에게 주는) 유리한 조건, 접어주기, 핸디캡. (4)(내기 에서)상대의 돈보다 더 많이 걺. (건 돈의)비율. (5) 차이. ***be at ~ with*** … 와 불화가 있다, … 와 사이가 좋지 않다 : have the ~ on one's side 가망이 있다. ***by all ~*** 아마도, 십중팔구. ***~ and ends*** 나머지, 잡동사니. ***over the ~***《英口》 예상〈필요〉이상으로 높게 〈많이〉. ***What's the ~ ?***《英口》 그게 어떻다는 건가《상관없다》 : make no ~ 별 차이가 없다.

odds-on [ádzán, -ɔ́ːn/ɔ́dzɔ́n] *a.* 승리가〈당선이〉확실한, 승산〈가능성〉이 있는.

·ode [oud] *n.* ⓒ 송시(頌詩), 오드, 부(賦)《특정 인물이나 사물을 읊은 고상한 서정시》.

Odin [óudin] *n.* 〔北유럽神〕 오딘《예술·문화·전쟁·사자(死者) 등의 신》.

·odi·ous [óudiəs] *a.* 싫은, (얄)미운, 밉살스러운, 증오할 ; 불쾌한, 타기할 만한. 파) **~·ly** *ad.* **~·ness** *n.*

odi·um [óudiəm] *n.* ⓤ (1) 미움, 증오. (2) 비난, 오명, 악평.

odom·e·ter [oudámitər/oudɔ́-] *n.* ⓒ 오도미터, 주행(走行) 기록계.

odon·tol·o·gy [òudantálədʒi, àd-/ɔ̀dɔntɔ́l-] *n.* ⓤ 치과학 ; 치과 의술. 파) **~gic** *a.*

:odor, 《英》**odour** [óudər] *n.* (1)ⓒ 냄새, 향기; 방향(芳香). (2)ⓤ좋지 못한 냄새, 악취. (3)(an~) … 의 기색〈낌새〉, 티. (4)ⓤ평판, 인기, 명성.

파)**~·less** *a.* 냄새가 없는.

odor·if·er·ous [òudərífərəs] *a.* 향기로운.

파) **~·ly** *ad.* 향기롭게. **~·ness** *n.*

odor·ous [óudərəs] *a.* (1)향기로운. (2)냄새가 나는.

Od·ys·sey [ádəsi/ɔ́d-] *n.* (1)(The ~) 오디세이《Troy 전쟁후 Odysseus의 방랑을 노래한 Homer의 서사시》. (1)(종종 o-) ⓒ 긴 〈파란 만장한〉 방랑〈모험〉여행.

Oed·i·pus [édəpəs, íːd] *n.* 〔그神〕 오이디푸스(부모와의 관계를 모르고 아버지를 죽이고 어머니를 아내로 삼은 Thebes의 왕》.

Oedipus còmplex 〔精神醫〕 에디퍼스 콤플렉스《아들이 어머니에 대하여 무의식적으로 품는 성적인 사모》. 【cf.】 Electra complex.

oe·no·phile [íːnəfàil] *n.* ⓒ(특히 감정가로서의)와인 애호가.

O

:of [ɑv, ʌv/ɔv;《약음·보통》əv] *prep.* (1) a]〔기원·출처〕… 로부터, … 출신〈태생〉의 … 의《특정 연어(連語)를 제외하고 현재는 from이 보통》. b]〔원인 ·이유·동기〕… 로 인해,… 때문에, … (으)로.
(2) a]〔거리·위치·시간〕… 에서,… 로부터,… 의. b]〔시각〕《주로 美북부》(… 분)전(before).
(3)〔분리·박탈·제거〕a]〔動詞와 함께 쓰이어〕(… 에게서)—을(… 하다). b]〔形容詞와 함께 쓰이어〕… 로부터.
(4)〔of+名詞로 副詞句를 이루어〕《口》(때를 나타내어) … 에, … (같은) 때에, … 의.
(5)〔소유·소속〕… 의, … 이 소유하는, … 에 속하는.

☞ 參考 '소유'를 나타낼 때, 사람이나 생물에는 소유격 어미 's를 쓰고, 무생물에는 of를 쓰는 것이 보통이나 다음과 같은 경우에는 무생물이라도 종종 's가 쓰이는데 특히 신문 영어에서 흔히 쓰임. (1) 때·시간 :today's menu〈paper〉 오늘의 메뉴〈신문〉. a ten hours' delay. 10시간의 지체 (=a ten-hour delay). (2) 인간의 집단 : government's policy 정부의 정책. the committee's report 위원회의 보고. (3) 장소나 제도 : Korea's history (= he history of Korea). Korea's climate 한국의 기후. (4) 인간의 활동 : the plan's importance 그 계획의 중요성. the report's conclusions 급 고의 결론. (5) 탈 것 : the yacht's mast 요트의 마스트.

(6)〔of+名詞로 形容詞句를 이루어〕a]〔성질·상태〕… 의, … 한《(1) 나이·형상·색채·직업·크기·가격 따위를 나타낼 때는 흔히 of는 생략됨. (2)《한정 적으로도 서술적 으로도 쓰임》. b]〔비유〕〔名詞+of a…로〕… (와) 같은《앞부분의 名詞+of가 形容詞 구실을 함》.
(7)〔관계·관련〕a]〔名詞에 수반하여〕… 에 관해서, … 에 대해서, … 의 점에서. b]〔形容詞에 수반하여〕… 한〈하다는〉 점에서 (in respect of). c]〔allow, approve, accuse, complain, convince, inform, remind, suspect 등의 動詞에 수반하여〕.
(8)〔재료·구성 요소〕…로 만든, … 로 된, … 제(製)의.
(9) a]〔부분〕… 의(일부분), … 중의,… 중에서. b]〔날짜를 나타냄〕: the 30th *of* May. 5월 30일.
(10)〔분량·내용〕… 의 : a basket strawberries딸기 한 바구니.
(11)〔분류·종별〕… (종류)의.
(12)〔同格 관계〕… 라(고 하)는, … 하다는, … 인, … 의.
(13)〔主格 관계〕a]〔동작의 행위자·작품의 작자〕… 가, … 이, … 의. b]〔It Is+形容詞+of+代)名詞(+to do)로〕(아무)가 … 하는 것은—이다〈하다〉.
(14)〔目的格관계〕흔히 동작 名詞 또는 動名詞에 수반되어서〕… 을, … 의.

☞ 參考 the love of God은 '하나님의 사랑'이란 뜻도 되고 '하나님에 대한 사랑'이란 뜻도 됨. 이와 같이 같은 구조인데도 뜻이 다라질 수 있으므로, 이 구별을 뚜렷이 하기 위해 종종 목적격 관계를 ov로, 주격적 관계를 by, 또 특히 목적격 관계를 for로 낟낼 때도 있음 : the government of the people by a wise ruler 현명한 통치자에 의한 국민의 통치. the mother's love for 〈of〉 children 자식에 대한 어머니의 사랑.

as of ⇨AS. ***of all men*** 〈***people***〉 (1) 누구보다먼저〈우선〉. (2) 하필이면. ***of all others*** ⇨OTHER. ***of all things*** (1)무엇보다 먼저《more than anything 따위가 일반적임》. (2)하필이면. ***of course*** ⇨ COURSE. ***of late*** ⇨LATE. ***of old*** ⇨OLD.

:off [ɔːf, ɑf/ɔf] *ad.* (1) a]〔공간적으로〕떨어져, 저쪽으로 멀리. b]〔시간적으로〕앞으로 이후에 : The holidays are a week ~. 앞으로 1주일이면 휴가다.
(2)〔이동·방향·출발〕(어떤 곳에서) 저쪽으로 떠나(버려), 가 버려.
(3) a]〔분리·이탈〕분리하여, 떨어져, 벗어〈벗겨〉져, 빠져, 벗어나. b]〔절단·단절을 나타내는 動詞와 함께〕잘라〈떼어〉 내어, 끊어 내어 : 끊겨져.
(4)〔분할〕(하나이던 것을) 나누어, 갈라, 분리하여.
(5)〔감소·저하〕줄(이)어 : 빼어 : 덜하여.
(6)〔해방〕(일·근무 등을) 쉬어, 휴가를 얻어 have 〈take〉 a day~하루 일을 〈근무를〉 쉬다 : 하루 휴가를 얻다 / on one's day ~ 비번인 날에.
(7)〔중단·정지〕a] (… 와의) 관계가 끊어져《*with*》. b] 중지하여, 끝나, 종료하여.
(8)〔강조〕끝까지 (… 하다), 깨끗이, 완전히(entirely); 단숨에, 즉각.
(9)〔well, ill 따위 양태(樣態)의 副詞와 함께〕a] 살림살이가〈생활 형편이〉 … 하여. b](사물·돈 따위가) … 상태인《*for*》.
(10)【劇】무대 뒤에서(offstage).
~ and on = on and ~ 단속적으로, 때때로 : It rained *on and* ~ all day. 하루 종일 비가 내리다 그치다 했다. ***~ of...*** 《美口》… 에서 (떨어져) : Take your feet ~ *of* the table 테이블 에서 발을 내려놓아라. ***off with...!*** … 을 벗어라 ; … 을 없애라 ; … 을 쫓아버려라 : *Off with* your hat!모자를 벗어라 / *Off with* his head! 그의 목을 베어라 / *Off with* the old, on with the new.낡은 것은 버리고 새것을 맞이하라. ***Off with you!*** 꺼져. ***right*** 〈***straight***〉 ***~*** 《口》즉각, 곧. ***take a day ~*** 《美》하루 휴가를 얻다. ***take*** one***self ~*** 떠나다, 달아나다.
—*prep.* (1)〔떨어진 위치·상태를 나타내어〕a](장소)로부터〈에서〉 (떨어져, 벗어나), … 을 떠나(away from). b](기준·주제 등)에서 벗어나. c](일·활동 따위)로부터 떠나, … 을 안하고〈쉬고〉. d](시선 따위를) … 에서 떼어〈돌려〉. e] … 의 앞〈난〉 바다에 : ~ the coast *of* Inch'ŏn인천앞바다에. f]… 에 실려〈올려〉있지 않은 : ~ the record 기록에 올리지 않게, 비공식으로.
(2)〔고정된 것으로부터의 분리를 나타내어〕a] (고정된〈붙어 있는〉것) 으로부터 (떨어져). b](탈것 따위)에서 내리어, … 에서 떨어져. c]《口》(본래의 상태에서)벗어나 ; (심신의)상태가 좋지 않아.
(3)〔감소〕…에서 빼어〈덜하여, 할인하여〉, … 이하로(less than).
(4)〔근원〕《口》…로부터, …에서(from).
(5)〔중단·휴지〕a] (아무가) … 을 싫어하여, … 이 싫어져. b](아무가) … 을 안하고〈삼가고〉, … 을 끊고
(6)〔의존〕…에(욱) 의지〈의존〉하여, … 에 얹혀 살아 ; …을 먹고(on).
— *a.*
(1)〔限定的〕떨어진, 먼 쪽의, 저쪽의 ; (말·차의) 오른쪽의《말은 왼쪽에서 타니까 거기서 먼쪽》.
(2) (본길에서)갈라진, (중심에서) 벗어난, 지엽적인 ; 잘못된, 틀린.
(3) a] (아무가) 의식을 잃고 정상적이 아닌, 몸상태가 좋지 않아. b]《口》(식품 등이) 묵어서 ; 상해.
(4) 철이 지난, 제철이 아닌, 한산한 ; 흉작의, 불황의.
(5) (수도·가스·전기 따위가) 끊어진, 중단된.

(6) a] 쉬는, 비번(非番)[난번]의 : one's ~ day 비번〈쉬는〉날. b]순조롭지〈만족스럽지〉 못한, 상태가 나쁜: an ~ day 상태가 좋지 않은 날 재수없는〈불운의〉 날.
(7) 《口》 (기회 따위가 좀처럼) 있을 법하지〈것 같지〉 않은.
— n.(the ~) (1) (경마의)출주(出走). (2)〔크리켓〕 타자의 오른쪽 전방. 〖opp.〗 on. (3) 〔컴〕 끄기.
—vt. 《俗》 …을 죽이다, 없애다

off- pref. (1) '… 에서 떨어져서'의 뜻 : off - street. (2) '(색이) 불충분한'의 뜻: off - white.

of·fal [ɔ́(:)fəl, ɑ́fəl] n.ⓤ(1) 부스러기, 찌꺼기. (2)고깃부스러기, (새·짐승의)내장. (3) 썩은 고기.

off·beat [´bí:t] a. (1) 상식을 벗어난, 기이한, 보통이 아닌, 색다른, 엉뚱한. (2) 〔樂〕 오프 비트의.
— [´-´] n. ⓒ 〔樂〕 오프비트.

off-Broad·way [´brɔ́:dwèi] a., ad. 오프브로드웨이의〈로〉.
—n. ⓤ 〔集合的으로〕 오프브로드웨이 《미국 뉴욕의 브로드웨이 이외 지구에 있는 비영리적 극장 또는 여기서 상연되는 (연)극》.

off-cen·ter [´séntər] a. (1) 중심에서 벗어난. (2) 균형을 잃은, 불안전한.

óff chànce (sing.) 만에 하나의 가능성(remote chance), 도저히 있을 것 같지 않은 기회. ***on the ~*** 혹시·할지 모른다고 생각하고《that ; of doing》.

off-col·or [´kʌ́lər] a. (1) 빛깔〈안색·건강〉이 좋지 않은. (2) (보석 따위) 빛이 산뜻하지 않은. (3) 《口》 점잖지 못한.

off·cut [´kʌ̀t] n. ⓒ 잘라낸 것, 지스러기《종이·나무·천 따위 조각》.

óff dày (1) 비번 날, 쉬는날. (2) 《口》 (one's~) 액일(厄日), 수사나운 날.

off-du·ty [´djú:ti] a. 비번의, 휴식의. 〖opp.〗 on-duty.

:of·fence [əféns] n. 《英》 = OFFENSE.

:of·fend [əfénd] vt. (1) (~+目/+目+前+名)〔종종 受動으로〕 성나게 하다 ; 기분을 상하게 하다 ; …의 감정을 해치다《with》. (2) (감각·정의감 등)을 해치다, … 에 거슬리다. (3) (법 따위)를 위반하다, 범하다 : ~a statute규칙을 위반하다.
—vi. (1) 불쾌감을 주다, 감정을 상하다. (2) 《+前+名》 죄〈과오〉를 저지르다 ; 법〈규칙·예절 습관〉에 어긋나다, 범하다《against》.
파) **~·ing** a. 불쾌한, 화가 나는 ; 눈〈귀〉에 거슬리는.

·of·fend·er [əféndər] n. ⓒ (1) (법률상의)범칙자; 범죄자. (2) 무례한 자 ; 남의 감정을 해치는 것.

:of·fense, 《英》 **-fence** [əféns] n. (1) ⓒ (규칙·법령 따위의) 위반, 빈칙《against》. (2) ⓒ (풍습·예의범절 따위의)위법 (행위). (3) a] ⓤ 화냄(resentment), 기분상함, 모욕 : take~(at …) (…에 대해) 화내다. b]ⓒ 기분을 상하게 하는 것, 불쾌한 것. (4) [táfens, ɔ́(:)-] a] ⓤ 공격. b] ⓒ (the ~) 〔集合約 : 單·複數 취급〕 (스포츠의)공격측〈팀〉 : commit an ~ against 위범하다, 권리 등을 침범하다 / give (cause) ~ to …을 성나게 하다. / take ~ (at) 성내다. ▫ offend v.

of·fense·less [əfénslis] a. (1) 위반되지 않은. (2) 남의 감정을 해치지 않는 ; 악의가 없는. (3) 공격력이 없는.
파)**~·ly** ad.

:of·fen·sive [əfénsiv] a. (1) 불쾌한, 싫은. (2) 무례한, 화가 나는, 모욕적인. (3)[+ɑ́fensiv, ɔ́(:)-] 공격적인, 공격〈공세〉의.
—n. (the ~)공격 ; 공격 태세. (2) ⓒ (비군사적인)공세 ; 적극적인 활동.
파) **~·ly** ad. 무례하게. 공세로. **~·ness** n.

:of·fer [ɔ́(:)fər, ɑ́f-] vt. (1) 《~+目/ +目+目/+目+前+名》 … 을 권하다, 제공하다. (2)《~+目/+目+副》(신 등)에 바치다. (기도)를 드리다《up》. (3) (안(案)·회답 등)을 제출하다, 제의하다, 신청하다. (4) 《+to do》 (… 하겠다고)말하다 ; (… 하려고)시도하다. (5) (싸움·저항 따위)를 하다. (6) 야기하다, 생기게 하다 ; 나타나게 하다. (7) 《+目+前+名》 〔商〕 (어떤 값으로) 팔려고 내어놓다 ; (값·금액)을부르다.
—vi. (1) 제언〈제안〉하다. (2) 《+前+名》구혼〈청혼〉하다. (3) 생기다, 나타나다. ▫ offering n.
—n. ⓒ (1) 제언, 신청 ; 제의, 제안 ; 제공. (2) 바침 ; 기부. (3) 商)오퍼, 매매 제의 ; (매물(賣物)의) 제공 ; 매긴 값. (4) 결혼 신청. ***on ~*** 매물(賣物)로나와, 깍인 값으로 : cars on ~ 매물 자동차. 【cf.】 on SALE. ***under ~*** 《英》(팔 집이) 값이 매겨져.

of·fer·er, -or, [ɔ́(:)fərər, ɑ́f-] n. ⓒ 신청인, 제공자 ; 제의자.

·of·fer·ing [ɔ́(:)fəriŋ, ɑ́f] n. ⓤⓒ (1) (신에게의)제물, 봉헌(물). (2) (교회에의)헌금, 헌납, 선물. (3) 신청, 제공 ; 매물(賣物). (4) (개설된)강의 과목.

of·fer·to·ry [ɔ̀:fərtɔ̀:ri, ɑ́f-/ɔ́fətəri] n. ⓒ (1)(종종 O-) 〔가톨릭〕(빵과 포도주의) 봉헌, 봉헌송. (2) (교회에서의)헌금, 헌금송.

off·hand [ɔ́(:)fhǽnd, ɑ́f-] a. 즉석(卽席)의 (impromptu) ; 준비 없이 하는, 아무렇게나 하는, 되는 대로의.
—ad. (1) 그 자리에서, 즉석에서(extempore). (2) 무뚝뚝하게, 아무렇게나, 되는 대로.

off·hand·ed [´hǽndid] a. = OFFHAD.
파)**~·ly** ad. **~·ness**

:of·fice [ɔ́(:)fis, ɑ́f-] n. (1) ⓤⓒ 임무, 직무, 직책. (2) ⓒ 관직, 공직 ; (공직의) 지위. (3) ⓒ (O-) 〔흔히 複合語로〕 관공서, 관청 ; 국 ; (-O) 《美》 (관청 기구의)청, 국; 《英》 성(省). (4) ⓒ 사무소〈실〉, 오피스 ; 회사 ; 영업소 ; … 소. (5) ⓤ(the ~) (사무실의) 전(全)직원, 전종업원. (6) ⓒ 《美》 진료실,(개업 의사의) 의원 ; (대학 교수의)연구실. (7) (pl.) 《英》 가사실(家事室) 《부엌·헛간·세탁장·식료품실 따위》. (8) (the ~, one's ~)종교 의식 ; 〔가톨릭〕 성무일도(聖務日禱); 〔英國國敎〕 아침·저녁 기도. (9) ⓒ (흔히 pl.)진력, 알선, 주선. (10) (the ~) 《口》 (남에게)뀌를 일려줌, 암시, (비밀) 신호.
be in an ~ 사무소에 근무하다. ***kind ~s*** …에게 호의를 베풀다. ***do*** (***exercise***) ***the ~ of*** …의 직책을 맡아하다. ***enter*** (***upon***) ~ 공식에 취임하다. ***go out of ~*** 정권에서 물러나다. ***~s of profit*** 생기는 것이 많은 자리.

óffice automátion 오피스 오토메이션, 사무(처리의) 자동화(略 : OA).

óffice bòy (사무실) 사환.

óffice bùilding 《美》 사무실용 큰 빌딩 (《英》 office block).

óffice gìrl 여자 사무원(사환).

of·fice·hold·er [-hòuldər] n. ⓒ 《美》 공무원, 관공리(《英》 public servant).

óffice hòurs (1) 집무〈근무〉 시간, 영업시간.

:of·fi·cer [ɔ́(:)fisər, ɑ́f-] n. ⓒ (1) 장교, 사관. (2) (상선의)고급 선원. (3) 공무원, 관리 ; 경관, 순경; 집

달관. (4) (회사·단체· 클럽의) 임원 : a company ~ 회사 임원.
— vt. 장교(고급 선원)을 배치하다 ; 지휘하다.

óffice·wòrker 회사(사무)원.

:of·fi·cial [əfíʃəl] (*more~ ; most~*) a. (1) 공무상의, 관(官)의, 공식의 (【opp.】 *officious*) ; 직무상의, 공인의. (2) 관직에 있는 ; 관선(官選)의. (3) 관청식의. (4) 【藥】 약전에 의한.
— n. ⓒ(1) a] 공무원, 관공리 : government 〈public〉 ~s 관(공)리. b] (노동 조합 등의)임원. (2)(운동 경기의)경기 임원.

of·fi·cial·dom [əfíʃəldəm] n. ⓤ (1) 관공리 사회 ; 관계(官界). (2) 〔集合的〕 공무원, 관리.

of·fi·cial·ese [əfìʃəlí:z, -s] n. ⓤ (우회적이며 난해한) 관청 용어(법). 【cf.】journalese.

of·fi·cial·ism [əfíʃəlìzəm] n. ⓤ (1)관료〈형식〉주의, 관리 기질. (2)관청 제도.

·of·fi·cial·ly [əfíʃəli] ad. (1) 공무상, 직책상. (2) 공식으로, 정식으로. (3)〔文章修飾〕 표면상으로는.

official recéiver (때때로 O~R~; the~)【英法】 (파산) 관재인, 수익 관리인.

of·fi·ci·ant [əfíʃiənt] n. ⓒ 당회목사, 사제(司祭).

of·fi·ci·ate [əfíʃièit] vi. (1) 《+as 補》 직무를 행하다 ; 사회하다 . (2) 《+前+名》 (성직자가) 예배·미사를 집전하다. (3)(경기에서) 심판을 보다.
파) **-a•tor** n.

of·fic·i·nal [əfísənəl] a. (1) 약전에 의한《지금은 보통 official》. (2) 약용의《식물 따위》. 파)**~·ly** ad.

of·fi·cious [əfíʃəs] a. (1) (쓸데 없이) 참견〈간섭〉하는. (2)【外交】 비공식의. (3) 《古》 친절한, 호의적인.
파)**~·ly** ad. **~·ness** n.

off·ing [ɔ́(:)fiŋ, ɑ́f-] n. (the ~) 앞바다, 먼바다 . ***in the*** **~** 가까운 장래에, 머지않아 일어날 것 같은.

off·ish [ɔ́(:)fiʃ, ɑ́f-] a.《口》 푸접엇는, 새침한, 쌀쌀한, 친하기 힘든(distant).
파) **~·ly** ad. **~·ness**

off-key [⌐kí:] a. (1)음정이 〈가락이, 곡조가〉 맞지 않는. (2)정상이 아닌, 변칙적인.

off-li·cense [⌐làisəns] n. ⓒ《英》 주류판매 허가(를 받은 상점)《점포 내에서의 음주는 불가》.
— a. 주류판매 면허를 가진.

off-lim·its [⌐límits] a.《美》 출입 금지의.

off-line [⌐làin] a. 【컴】 따로잇기의, 오프라인의.
—ad. 【컴】 따로잇기로, 오프라인으로.

off-off-Broad·way [⌐⌐brɔ́:dwei] a., ad. 오프 오프브로드웨이의 〈에서〉.
—n. ⓤ 〔集合的〕 오프 오프브로드웨이 《오프브로드웨이보다 더 전위적인연극; 略 : OOB.》.

off-peak [⌐pí:k] a. 〔限定的〕 피크 때가 아닌 : 한산할 때의.

off-price [⌐práis] a. 〔限定的〕《美》 할인의.

off·print [⌐prìnt] n. ⓒ (잡지·논문의) 발췌 인쇄물.
— vt. (…을) 발췌 인쇄하다.

off-put·ting [pùtiŋ] a. 불쾌한 ; 당혹하게 하는.

off-road [⌐róud] a. 〔限定的〕 일반〈포장〉 도로 밖에서 사용되는〈사용하게 만든〉《설상(雪上)차, 무한 궤도가 달린 트럭 등》.
파) **~•er** n. 그러한 차량.

off-road racing 오프로드 경주.

off·screen [⌐skrí:n] a. 영화〈텔레비전〉에 나타나지 않는〈곳에서의〉 ; 사〈실〉생활의.
—ad. 영화〈텔레비전〉에 나오지 않는 곳에서는 ; 사〈실〉생활에서는 ; 남이 남 보는 곳에서.

·off-sea·son [⌐sí:zən] a., ad. 한산기의〈에〉 철이 지난(때에) ; (운동 따위가)제철이 아닌(때에).
—n. ⓒ (the ~) 오프시즌, (활동이 뜸한)한산한 철 : travel in *the* ~ 관광철이 아닌 때에 여행하다.

·off·set [ɔ̀(:)fsét, ɑ̀f-] (p., pp. ~; **~·ting**) vt. (1) 《~+目/+目+前+名》 차감 계산을 하다, … 와 상쇄〈상계〉하다 ; 벌충하다. (2) 【印】 오프셋 인쇄로 하다 (3) 벽면에 단을짓다.
— (1) 갈라져 나오다, 파생하다. (2) 오프셋 인쇄로(를) 하다..
—[⌐⌐] n. ⓒ (1) 차감 계산, 상계하는 것, 맞비김, 벌충. (2) a] (산(山)의) 지맥(支脈). b] 【植】 곁가지. (3) 【印】 오프셋 인쇄.

off·shoot [⌐ʃù:t] n. ⓒ 【植】 (1) 곁가지. (2) a] (씨족의) 분파, 방계 자손, 분가. b] 파생적인 결과. (3) 지맥, 지류.

off·shore [⌐ʃɔ́:r] a. (1) 앞바다의 ; 앞바다로 향하는《바람 따위》. (2) 국외에서의, 역외(域外)의.
— [⌐⌐] ad. 앞바다에 ; 앞바다로(향하여): a boat anchored ~ 앞바다에 닻을 내린 배. 【opp.】 *inshore.*

off·side [⌐sáid] a., ad. (1) 【蹴·하키】 오프사이드의〈에〉, 반칙이 되는 위치에. 【opp.】 *onside.* (2)반대쪽의〈에〉.
—n. (1) ⓤ 【스포츠】 오프사이드. (2) (the ~) 《英》 (말·마차의) 우측 ; (자동차에서)도로의 중앙 쪽.

:off·spring [⌐spriŋ] (~*pl.* **~ (*s*)**) n. ⓒ (1) 〔集合的〕 자식 ; 자손 ; 동물의 새끼. (2) 생겨난 것, 소산(fruit), 결과(result)《*of*》

off·stage [⌐stéidʒ] a. (1) 무대 뒤의. (2) 사생활의 ; 비공식의.
—ad. (1) 무대 뒤에서 : There was a loud crash ~. 무대 위에서 쾅하는 큰 소리가 났다. (2)사생활에서는, 비공식적으로.

off-street [⌐strí:t] a. 〔限定的〕 큰길에서 들어간, 뒷〈옆〉골목의 ; 길 밖의. 【opp.】 *on-street.*

off-the-books [⌐ðəbùks] a. 장부에 기재되지 않는, 과세 수입이 되지 않는.

off-the-cuff [⌐ðəkʌ́f] 【美口】 (연설 등이) 즉석의, 준비 없는: an ~ speech즉석 연설.

off-the-rack [⌐ðərǽk] a. (의복이)기성품인 (ready-made) : ~ clothes 기성복.

off-the-re·cord [⌐ðərékərd] a. ad. 비공개의〈로〉 ; 기록에 남기지 않는〈않고〉 ; 비공식의〈으로〉.

off-the-shelf [⌐ðəʃélf] a. (맞춤이 아닌)재고품인, 기성품인.

off-the-wall [⌐ðəwɔ́:l] a.《美口》 흔하지 않은,

off·track [⌐trǽk] a., ad. (경마 내기에서)경마장 밖에서 하는, 장외의〈에서〉.

off-white [⌐*h*wáit] n. ⓤ a. 회색〈황색〉을 띤 흰빛(의).

óff yèar《美》 (1)(대통령 선거 같은)큰 선거가 없는 해. (2)(농작·경기(景氣) 등이) 부진한 해.

off-year [⌐jìər] a. 대통령 선거가 없는 해의 : an ~ election 중간 선거.

·oft [ɑft, ɔ(:)ft] ad. 〔종종複合語로〕 흔히, 종종.

:often [ɔ́(:)ftən, ɑ́ftən] (**~·*er, more ~ ; ~ -est, most~***) ad. (1) 자주, 종종; 왕왕. ※ 문중의 위치는 흔히 동사의 앞, be 및 조동사의 뒤지만, 강조나 대조를 위해 문두·문미에도 둠. (2) 〔複數 꼴의 各詞·代名詞와 함께〕대개의 경우.

as ~ as 1) … 할 때마다(whenever). 2)〔强意的〕… 할 만큼 자주. ***as ~ as not*** 종종, (거의) 두 번에 한 번은. ***every so ~*** ⇨ EVERY. ***more ~ than not*** 종종, (거의)두번에 한번 이상은, 대개 ; 오히려. ***~ and ~*** 몇번이고.

ogle [óugəl] *n.* ⓒ (흔히 *sing.*)추파.
—*vt., vi.*(여성에 게)추파를 보내다《*at*》.

ogre [óugər] (*fem.* ***ogress*** [-gris]) *n.* ⓒ (1) (민화·동화의)사람 잡아먹는 귀신《거인·괴물》. (2)악마 같은 사람, 모질고 포악한 사람. (3)무서운 것〈일〉.
파) **ógre·ish** [óugəriʃ] *a.* 악마 같은. **ógre·ish·ly** *ad.* **~ss** [óugris] n. OGRE의 여성형.

:oh [ou] *int.* (1) 오오, 아, 어허, 앗, 아아, 여봐《놀람 ·공포·찬탄(讚嘆)·비탄·고통·간망(懇望)·부를 때 따위의 감정을 나타냄》. (2) 어이《직접적인 부름》. (3) 음《주저하거나 말이 막혔을 때에》. ***Oh, yes!*** 그렇고 말고! ***Oh for... !*** … 이 있으면 좋을 텐데. ***Oh, yés 〈yéah〉 ?*** (어이) 허 그런가, 설마(Really?)《불신·회의·말대답 따위》. ※ O는 언제나 대문자로 쓰고 휴지부《,》나 감탄부《!》를 붙이지 않으나, oh, Oh의 뒤에는 붙임. 【cf.】 O[2].

Ohio [ouháiou] *n.* 오하이오《미국 동북부의 주:略〔郵〕 OH》. 파)**~·an**
—*a.* 오하이오주〈사람〉의. —*n.* ⓒ 오하이오주 사람.

Ohm [oum] *n.* ⓒ 옴(전기 저항의 MKS단위 ; 기호 Ω). 【cf.】 mho.

ohm·ic [óumik] *a.* 〔電〕 옴의 ; 옴으로 잰.

ohm·me·ter [óummìːtər] *n.* ⓒ 〔電〕 옴계(計), 전기 저항계.

oho [ouhóu] *int.* 오호, 야아, 저런《놀람·기쁨·놀림 따위를 나타냄》.

OHP overhead projector(두상(頭上) 투영기).

-oid *suf.* '같은(것),… 모양의(것), … 질(質)의(것)' 의 뜻 : alkaloid, crcloid.

:oil [ɔil] *n.* (1) ⓤⓒ 기름; 석유. (2)a](*pl.*) 유화 그림 물감(~ colors). b] ⓒ 《口》 유화(~ painting). (3) (*pl.*) 《口》 유포(油布) ; 비옷, 방수복.
burn 〈consume〉 the midnight ~ ⇨MIDNIGHT. ***~ and vinegar 〈water〉*** 기름과 초, '물과 기름'《서로 맞지 않는 것》. ***pour ~ on the flame (s)*** 1)불에 기름을 붓다. 2)싸움을〈화를〉 선동〈부채질〉 하다. ***pour 〈throw〉 ~ on the troubled waters*** 풍파를〈싸움을〉 가라앉히다. ***stricke ~*** 1)유맥(油脈)을 찾아내다. 2)(투기에서)노다지를 잡다. (새 기업 따위가)크게 성공하다.
—a.〔限定的〕 기름을 연료로 사용하는 ; 기름의 ; 기름에서 채취되는.
—*vt* … 에 기름을 바르다〈치다〉 : ~ a bicycle자전거에 기름을 치다. ~ a person***'s hand 〈palm〉*** 이무에게 뇌물을 쓰다(bribe). ~one***'s 〈the〉 tongue*** 아첨하다. ***~ the wheels 〈works〉*** (뇌물을 주거나 아첨을 하여) 일을 원활하게 해 나가다
— *vi.* (지방, 버터 등이) 녹다.

oil-bear·ing [⌐bὲriŋ] *a.* 석유를 함유한《지층 따위》

óil càke 기름(짜고 난) 찌꺼기, 깻묵《가축 사료·비료》

oil·cloth [⌐klɔ̀(ː)θ, ⌐klɑ̀θ] *n.* (1) ⓤ 유포(油布), 방수포. (2)ⓒ오일클로스《식탁보 따위》

óil còlor (흔히 *pl.*) 유화 그림 물감; 유화.

óil crisis 〈crùnch〉 석유 파동, 석유 위기.

óil dòllars 오일 달러《중동 산유국이 석유 수출로 벌어들인 달러》.

óil drùm 석유(운반)용 드럼통.

óil èngine 석유 엔진.

oil·er [ɔ́ilər] *n.* ⓒ (1) 기름 붓는 사람 ; 급유기, 주유기(oilcan), (2)유조선, 탱커(tanker). (3)(*pl.*) 《美》방수복(oilskins). (4) 《俗》 아첨꾼.

óil fènce 수면에 유출된 기름을 막는 방책.

óil fìeld 유전(油田).

oil-fired [ɔ́ilfàiərd] *a.* 기름을 연료로 하는.

oil·man [⌐mæ̀n, ⌐mən] (*pl.* ***-men*** [⌐mèn, ⌐mən]) *n.* ⓒ (1) 《美》 석유 기업가. (2)기름 장수〈배달원〉.

óil mèal 깻묵가루《사료·비료》.

óil pàint 유화 그림 물감 ; (유성) 페인트.

óil pàinting 유화; 유화.

óil pàlm 〔植〕 기름야자나무《열매에서 팜유 (palm oil)를 채취》.

oil·pa·per [⌐pèipər] *n.* ⓤ 유지, 동유지(桐油紙).

óil prèss 착유기(搾油機).

oil-pro·duc·ing [⌐prədjúːsiŋ] *a.* 석유를 산출하는 : ~ countries 산유국.

oil·rig [⌐rìg] *n.* ⓒ (특히 해저) 석유 굴착 장치.

óil sànd 《地質》 유사(油砂)《석유를 함유하는 다공성 사암(多孔性 砂岩)》.

óil sèed (기름을 짤 수 있는) 유지 작물의 씨.

óil shàle 〔鑛〕 혈암(頁岩), 오일 셰일.

oil·skin [⌐skìn] *n.*ⓤ 유포(油布),방수포, (*pl.*) 방수복.

óil slìck (해상·호수 따위에 떠있는 석유의) 유막(油膜); 기름 바다.

óil stàtion 《美》 (자동차)급유소, 주유소(filling station).

oil tanker 유조선, 탱커, 유조차, 탱크로리.

óil wèll 유정(油井)

·oily [ɔ́ili] (***oil·i·er ; -i·est***) *a.* (1)a] 기름 〈유질(油質)·유성(油性)·유상(油狀)〉의. b] 기름칠한〈투성이의〉. 기름에 담근 c] 기름진. d](피부가)지성(脂性)의 . (2) 구변〈언변〉이 좋은.

oink [ɔiŋk] *n.* ⓒ 꿀꿀《돼지의 울음소리》.
—*vi.* 꿀꿀거리다.

·oint·ment [ɔ́intmənt] *n.* ⓤ,ⓒ〔藥〕 연고(軟膏).

:OK, O.K. [òukéi, ⌐⌐] *a., ad.* 《口》 〔종종 感歎詞的〕 좋아(all right) ; 알았어(agreed) ; 이제 됐어(yes)《납득·승낙·찬성 따위를 나타냄》 ; 호조를 띤〈띠고〉.
—[⌐⌐] (*pl.* ***OK' s*** [-z]) *n.* ⓒ 승인, 동의, 허가《*on* ; *to*》.
—[⌐⌐] (*p., pp.* ***OK' d, O.K.' d; OK' ing, O.K.' ing***) *vt.* … 을 승인하다 ; … 에 O.K.라고 쓰다《도로의 표시 따위로》.

oka·pi [oukáːpi] *n.* ⓒ〔動〕 오카피《기린과(科); 중앙 아프리카산》.

Okhotsk [oukátsk/-kɔ́-] *n.* the ***Sea of ~*** 오호츠크 해.

·Okla·ho·ma [òukləhóumə] *n.* 오클라호마《미국 중남부의 주.
파). ***-man*** *a., n.* 오클라호마 주의 (사람).

:old [ould] (***óld·er ; óld·est ;*** 〔장유(長幼)의 순서를 말할 때, 특히 《英》〕 (***eld·er ; eld·est***) *a.* (1) 나이 먹은, 늙은. 【opp.】 *young.* 『grow ~ 나이를 먹다. 늙다. (2) 노년의, 노후의〈한〉 :~ age 노년, 노후. (3) (만) … 세〈월, 주〉의(of age) ; (사물이) … 년된〈지난〉. (4) 낡은, 오래된 ; 헌, 닳은, 중고의. (5)예로부터의,오랜 세월 동안의. (6)이전부

터 친한, 그리운 ;《口》 친한. (7) 노련한, 사려깊은, 침착한 ; 숙련된 ; 노회(老獪)한, 만만치 않은. (8) 색이 칙칙한, 희미한, 퇴색한. (9)《口》〔다른 形容詞 뒤에 붙여 힘줌말로서〕 굉장한. ***any ~*** 《口》 어떤 …라도 : Any ~ thing will do. 어떤 것이든 상관 없다.

(as)~ as the hills 〈***world***〉 매우 오래된. ***~ head on young shoulders*** 젊은이답지 않은 피보. ***young and~ = ~ and young*** 남녀노소.

—*n.* ⓒ 〔...-year-old의 꼴로〕 … 살〈세〉된 사람〈동물〉: a 3-*year*-~ 세살난 어린애. ***from of ~*** 옛날부터. ***in days of ~*** 옛날에. ***of ~*** 옛날의〈은〉 ; 예로부터.

óld àge 노년(기)《대체로 65세 이상》. 노령.

óld àge pénsion (the ~) 노후 연금.

óld Bill 《英》 경관.

óld bóy 《英》 (1) 〔ᅩᅩ〕 동창생, 교우, 졸업생 (alumnus). (2) 〔ᅩᅩ〕 〔친밀히 부르는 말〕 여보게. (3)노인, 나이 지긋한 남성.

óld-bóy nètwork 《英》(the ~) 교우간의 유대〈연대·결속〉 ; 학벌 ; 동창 그룹.

óld cóuntry (the ~) (이민의) 본국, 조국.

·old·en [óuldən] *a.* 〔限定的〕《古·文語》 옛날의.

Óld Énglish 고대 영어《약 700-1100년 사이 ; 略 : OE》.

óld Énglish shéepdog 올드잉글리시 쉽도 그《털이 긴 영국 원산의 대형 목양견》.

ol·de-worl·de [óuldiwə́ːrldi] *a.* 《英口》 (매우) 예스러운: an ~ country pub 고풍스런 장식을 한 시골 술집.

:old-fash·ioned [óuldfǽʃənd] *a.* (1) 구식〈고풍〉의, 예전 유행의, 시대〈유행〉에 뒤진. (2) 〔限定的〕《英口》 (눈짓·표정 등이) 책망 하는 듯한.

óld fó·g(e)y [-fóugi] 시대에 뒤진 사람, 완고한 사람.

Óld Frénch 고대 프랑스어《900-1300년 사이 ; 略 : OF》.

óld gírl 《英》 (1) (여학교의) 졸업생, 교우(校友). (2) 나이 지긋한 부인.

Óld Glóry 《口》 성조기(Stars and Stripes).

óld guárd (the ~) 〔集合的 ; 單·複數 취급〕 보수파.

óld hánd 숙련자, 노련가(veteran)《*at*》 : an ~ *at* bricklaying 능숙한 벽돌공.

Óld Hárry (the ~) 악마(Old Nick).

óld hát 《口》 구식의 ; 시대에 뒤진 ; 진부한.

old·ie, oldy [óuldi] *n.* 《口》 (1) 흘러간 옛 노래〈영화〉. (2) 나이 지긋한 사람.

old·ish [óuldiʃ] *a.* 좀 늙은 ; 예스러운.

òld lády 《口》 (the ~ *or* one's ~) (1) 아내, 노부인. (2) 어머니. (3) 잔소리꾼(old maid). ***the Old Lady of Threadneedle Street*** 《英》 잉글랜드 은행《속칭》.

óld lág 《英口》 전과자.

old-line [óuldláin] *a.* (1) 보수적인 ; 전통파의. (2) 전통적인, 체제적인.

óld máid (1) 노처녀. (2) 《口》 고지식하고 잔소리가 심한 사람.

old-maid·ish [óuldméidiʃ] *a.* 노처녀 같은 ; 고지식하고 말 많은.

òld mán 《口》 (1) (the ~ *or* one's ~) 《俗》 a〕 아버지. b〕 남편. c〕 두목, 보스(boss). d〕 선장. (2) 여보게, 자네《친근한 호칭으로 쓰임》.

óld máster 거장(巨匠)《특히 16-18 세기 유럽의 대화가 Michelangelo, Raphael, Rubens, Rembrandt 등》 ; 옛 대화가의 작품.

Óld Níck 악마(Satan).

óld òne (an ~) 진부한 익살〈농담〉.

óld péople's hòme 양로원.

óld schòol (one's ~) (1) 모교. (2) (the ~)〔集合的〕 보수파, 낡은 생각을 가진 사람들.

óld schòol tíe (1) (영국의 public school 출신자가 매는) 모교의 빛깔을 표시하는 넥타이. (2) public school 출신자 간의 연대〈유대〉 ; 학벌. (3) 보수적 내도(생각).

óld sóldier (1) 노병, 고참병. (2) 숙련자.

óld stág·er [-stéidʒər] 《英》 노련한 사람〈동물〉.

old·ster [óuldstər] *n.* ⓒ 《口》 노인.

Óld Stýle (the ~) 구력(舊曆) 《율리우스력(曆)》, 구체 활자.

Óld Téstament (the ~) 구약 (성서) 《略 : O.T., OT》. 【cf.】 New Testament.

***old-time** [ᅩtáim] *a.* (1) 이전의, 예로부터의. (2) 오랜.

old-tim·er [ᅩtáimər] *n.* ⓒ (1) 《口》 고참, 구식 사람, 선배. (2) 《美》 노인.

óld wóman (1) (one's ~) a〕 마누라. b〕 어머니. (2) 신경질적이고 잔소리 많은 남자.

old-wom·an·ish [ᅩwúmәniʃ] *a.* (사나이가) 노파처럼 잔소리가 많은(old-maidish).

Óld Wórld (the ~) (1) 구세계〔유럽, 아시아, 아프리카〕. 【cf.】 New World. (2) (the ~) 동반구, 《특히》 유럽.

old-world [ᅩwə́ːrld] *a.* 〔限定的〕 (1) 예스러운, 태고의 ; 고풍스러운. (2) 구세계의, 《특히》 유럽(대륙)의.

ole·ag·i·nous [òuliǽdʒənəs] *a.* (1) 유질(油質)의, 유성(油性)의, 기름기가 있는. (2) 말주변이 좋은, 간살부리는.

ole·an·der [òuliǽndər, ᅩᅳᅩᅳ] *n.* ⓒ 【植】 서양협죽도(夾竹桃)(rosebay).

oleo·graph [óuliəgræ̀f, -grɑ̀ːf] *n.* ⓒ 유화식(油畵式) 석판화.

oleo·mar·ga·rine [òulioumɑ́ːrdʒəriːn] *n.* ⓤ 올레오 마가린《인조 버터》, (동물성) 마가린.

ol·fac·tion [ɑlfǽkʃən/ɔl-] *n.* ⓤ 후각(嗅覺).

ol·fac·to·ry [ɑlfǽktəri/ɔl-] *a.* 후각의 ; 냄새의.

ol·i·garch [ɑ́ləgɑ̀ːrk/ɔ́l-] *n.* ⓒ 과두 정치의 지배자.

ol·i·gar·chic [ɑ̀ləgɑ́ːrkik/ɔ̀l-], **-chi·cal** [-əl], **ol·i·gar·chal** [ɑ́ləgɑ̀ːrkəl/ɔ́l-] *a.* 과두〈소수〉 정치의, 소수 독재정치의.

ol·i·gar·chy [ɑ́ləgɑ̀ːrki/ɔ́l-] *n.* (1) ⓤ 과두정치, 소수 독재정치. 〖opp〗 *polyarchy*. (2) ⓒ 과두제 국가. (3) ⓒ《集合的 ; 單·複數 취급》 소수 독재자 그룹.

ol·i·gop·o·ly [ɑ̀ligɑ́pəli/ɔ̀ligɔ́p-] *n.* ⓤⓒ 【經】 (시장의) 과점(寡占). (파) **òl·i·gòp·o·lís·tic** *a.*

ol·i·gop·so·ny [ɑ̀ligɑ́psəni/ɔ̀ligɔ́p-] *n.* ⓤⓒ 【經】 (시장의) 소수 구매 독점, 수요 독점, 구매 과점. (파) **òl·i·gòp·so·nís·tic** *a.*

olio [óuliòu] (*pl.* ***oli·os***) *n.* 《Sp.》 (1) ⓤ 고기와 채소의 스튜. (2) 뒤섞은 것 ; 잡록(雜錄).

:ol·ive [ɑ́liv/ɔ́l-] *n.* (1) ⓒ 【植】 올리브(나무)《남유럽 원산의 상록수》 ; 올리브 열매. (2) ⓤ 올리브색.

ólive dràb (1) 짙은 황록색. (2) (*pl.*) 【美陸軍】 녹갈색의 동계용 군복《略 : O.D.》.

ól·ive gréen (덜 익은) 올리브색, 연록색.
ólive-gréen a. 올리브색의, 연록색의.
ólive òil 올리브유.
Ol·ives [ɑ́livz/ɔ́l-] n. ***the Mount of ~*** **[聖]** 올리브〈감람〉산《예루살렘 동쪽의 작은 산 ; 예수가 승천한 곳 ; 마태 XXVI : 30》.
ólive trèe **[植]** 올리브나무(olive).
ol·i·vine [ɑ́ləvìːn/ɔ́l-] n. ⓤⓒ **[鑛]** 감람석(橄欖石).
-ology *suf.* '…학(學), …론(論)' 의 뜻: bi*ology*.
Olym·pia [əlímpiə, ou-] n. 올림피아. (1)여자 이름. (2) 그리스 Peloponnesus 반도 서부의 평원《옛날 Olympic Games 가 열렸던 곳》.
Olym·pi·ad [əlímpiæ̀d, ou-] n. ⓒ (1) 국제 올림픽 대회(the Olympic Games). (2) (옛 그리스의)4년기(紀)《한 올림피아 대제(大祭)에서 다음까지의 4년간》.
Olym·pi·an [əlímpiən, ou-] a. (1) 올림포스 산(상)의, 천상의. (2) (위풍이) 당당한. — n. ⓒ (1) **[그神]** 올림포스의 12신의 하나. (2) 올림픽 경기 선수.
:Olym·pic [əlímpik, ou-] a. 〔限定的〕 (1) 올림피아 경기의 ; 국제 올리픽 경기의. (2) 올림피아(평원)의.
— n. (the ~s) = OLYMPIC GAMES.
Olympic Gámes (the ~) (1) (근대의) 국제 올림픽 경기대회(Olympiad) 《1896년부터 4년마다 개최》. (2) (고대 그리스의) 올림피아 경기대회.
***Olym·pus** [əlímpəs, ou-] n. 올림포스 산《그리스의 신들이 살고 있었다는 산》.
om·buds·man [ɑ́mbʌ̀dzmən/ɔ́m-] (*pl.* ***-men***) n. ⓒ 옴부즈맨《시민에 대한 관청·관리들의 위법 행위를 조사·처리하는 행정 감독원》, 민원 조사관.
***ome·ga** [oumíːgə, -méi-, -mé-] n. (1) ⓤⓒ 오메가《그리스 알파벳 스물 넷째〈마지막〉 글자, *Ω*, *ω*》. 【cf.】 alpha. (2) 맨 끝, 마지막, 최후(end).
***om·e·let(te)** [ɑ́məlit/ɔ́m-] n. ⓒ 오믈렛.
:omen [óumən] n. ⓤⓒ 전조, 예시, 징조, 조짐 ; 예언 ; 예감.
om·i·cron [ɑ́mikrɑ̀n, óum-/ɔ́mikrɔ̀n] n. ⓒ 오미크론《그리스 알파벳의 열 다섯째 글자, *Ο*, *ο*》.
***om·i·nous** [ɑ́mənəs/ɔ́m-] a. 불길한, 나쁜 징조의. (파) **~·ly** *ad.* 불길하게도.
omis·si·ble [oumísəbəl] a. 생략〈삭제, 할애〉할 수 있는.
***omis·sion** [oumíʃən] n. (1) ⓤ 생략 ; 유루(遺漏), 탈락. (2) ⓒ 생략된 것 ; 탈락된 부분. (3) ⓤ 소홀, 태만, 등한.
:omit [oumít] (***-tt-***) vt. (1) 《~+目/+目+前 +名》 …을 빼다, 빠뜨리다, 생략하다. (2) 《+*to* do/+-*ing*》 …을 게을리하다 ; …하기를 잊다, …할 것을 빼먹다.
omni- '전(全)·총(總)·범(汎)' 의 뜻의 결합사 : *omni*potent.
om·ni·bus** [ɑ́mnəbʌ̀s, -bəs/ɔ́m-] (*pl.* ***~·es) n. ⓒ (1) 승합마차 ; 승합 자동차, 버스, 전용버스. (2) 선집.
— a. 〔限定的〕 여러 가지 물건 〈항목〉을 포함하는 ; 총괄적인 ; 다목적인.
om·ni·far·i·ous [ɑ̀mnəfɛ́əriəs/ɔ̀m-] a. 다방면에 걸친, 가지각색의.
om·nip·o·tence [ɑmnípətəns/ɔm-] n. ⓤ 전능, 무한한 힘 ; (the O-) 전능한 신(God).
om·nip·o·tent [ɑmnípətənt/ɔm-] a. 전능한 (almighty), 무엇이든 할 수 있는, 절대력을 가진 ~.
om·ni·pres·ence [ɑ̀mnəprézəns/ɔ̀m-] n. ⓤ 편재(偏在)(ubiquity), 어디에나 있음.
om·ni·pres·ent [ɑ̀mnəprézənt/ɔ̀m-] a. 편재하는, 동시에 어디든지 있는. (파) **~·ly** *ad.*
om·nis·cience [ɑmníʃəns/ɔm-], [-si] n. ⓤ 전지(全知) ; 박식(博識) (the ~) 전지의 신.
om·nis·cient [ɑmníʃənt/ɔm-] a. 전지의, 무엇 이든지 알고 있는. (파) **~·ly** *ad.*
om·niv·o·rous [ɑmnívərəs/ɔm-] a. (1) 무엇이나 먹는, 잡식성의, 잡식의. (2) 닥치는 대로 읽는 《*of*》. (파) **~·ly** *ad.*
:on [ɑn, ɔːn/ɔn] *prep.* (1) 〔표면에의 접촉〕 …의 표면에, …위에, …에 ; …을 타고.
(2) 〔부착·소지·착용〕 …에 붙여, …에 달리어.
(3) 〔버팀·지점(支點)〕 a〕 …로 (버티어), …을 축(軸)으로 하여. b〕 (말·명예 따위)에 걸고.
(4) 〔근접〕 …에 접〈면〉하여, …을 따라, …을 끼고, …의 가에, …쪽〈편〉에.
(5) a〕 〔날·때·기회〕 …에, …때에 《날짜·요일에 붙는 on 은 구어나 신문 따위에서는 흔히 생략됨》. b〕 (특정한 날의 아침·오후·밤 따위)에.
(6) 〔動名詞 또는 동작을 나타내는 名詞와 함께〕…와 동시에, …하는 즉시(로), …하자 곧, …의〈한〉 바로 뒤에.
(7) 〔근거·원인·이유·조건 따위〕 a〕 …에 입각하여, …에 의(거)하여, …에 근거하여 ; …한 이유로〈조건으로〉, …하면. b〕 …을 먹고, …로.
(8) a〕 〔도중임을 나타내어〕 …하는 도중〈길〉에. b〕 〔운동의 방향을 나타내어〕 …을〈로〉 향해, …을 향하여, …쪽으로 ; …을 목표로 하여, …을(노리어). c〕 〔목적·용건을 나타내어〕 …을 위해 : go *on* an errand 심부름을 가다 / *on* business 사업차, 상용(商用)으로. d〕 〔동작의 대상〕 …에 대하여 : call *on* her 그녀를 방문하다 / hit a person *on the* head 아무의 머리를 때리다 《몸·옷의 일부를 나타 내는 名詞 앞에 the 를 붙임》 / turn one's back *on*... …에게 등을 돌리다 ; …을 (저)버리다 / put a tax *on* tobacco 담배에 세금을 (부)과하다 / spend much money *on* books 책에 많은 돈을 쓰다 / I am keen *on* swimming. 나는 수영에 열중 하고 있다. e〕 〔불이익〕 …에 대하여, …에 손해 〈폐〉를 끼쳐, …가 곤란하게도 ; …을 버리어 : walk out *on* one's family 가족을 버리다 / The joke was *on* me. 그 농담은 나를 비꼰 것 것이었다 / She hung up *on* me. 그녀 쪽에서 전화를 끊어 버렸다 / The light went out *on* us. 전등이 꺼져서 곤란하다. f〕 〔영향〕 …에 : act on... …에 작용하다 / have (a) great effect *on* ... …에 큰영향을 미치다 / The heat told *on* him. 그는 더위에 지쳤다.
(9) a〕 〔관계를 나타내어〕 …에 관〈대〉해서, …에 관한 《about 보다는 전문적인 내용의 것에 사용됨》 : a book *on* international relations 국제관계에 관한책 / an authority *on* pathology 병리학의 권위 / take notes *on* a lecture 《美》 강의내용을 받아쓰다. b〕 〔종사·소속〕 …에 관계하고 (있는), …에 종사하고, …에서 일하고, ; …의 일원으로 : We are *on* a joint research project. 우리들은 공동 연구를 하고 있다 / He is on the town council. 그는 읍의회에 관계하고 있다 / He is *on* the football team. 그는 풋볼팀의 일원이다.
(10) 〔상태〕 …상태로〈에〉, …하고, …중에 : *on* sale 판매 중 / *on* strike 파업 중 / They were married *on* the quiet. 그들은 은밀히 결혼하였다 / He is *on*

the run from the police. 그는 경찰로부터 도피 중이다.
(11) a] (투약·식이 요법 따위)를 받고 : go *on* a diet 식이요법을 시작하다 / He's *on* medication. 그는 약물치료 중이다. b] (마약 따위)를 상용(常用)하고, …에 중독되어 : He's *on* drugs 〈heroin〉. 그는 마약 중독이다.
(12) 〔방법·수단·기구〕 …로, …으로 : travel *on* the cheap 싸게 여행하다 / talk *on* the phone 전화로 이야기하다 / watch a game *on* television 텔레비전으로 경기를 보다 / play a waltz on the piano 피아노로 왈츠를 치다.
(13) 《口》 …의 부담〈비용〉으로, …가 내는〈지급하는〉 : It's *on* me. 이건 내가 낸다 / Have a drink *on* me! 내가 내기로 하고 한잔하세 / ⇨ *on* the HOUSE(成句).
(14) 〔같은 名詞를 되풀이하여〕 …에 더하여 : heaps *on* heaps 쌓이고 쌓여서 / bear disaster *on* disaster 잇따른 재난을 참다.
have* 〈*get*〉 *something on 《俗》 (아무)에게 불리한 것을 〈정보를〉 갖고 있다〈얻다〉 : The police *have nothing on* him. 경찰은 그에게 불리한 정보를 아무것도 갖고 있지 않다.
— *ad.* 《be 動詞와 결합될 경우에는 形容詞로 볼 수도 있음》. (1) a] 〔접촉〕 위에, (탈것을) 타고. 〖opp.〗 *off.* 『 put the tablecloth *on* 테이블보를 덮다 / get *on* (올라)타다, 승차(乘車)하다 / He jumped *on* to 〈《美》 onto〉 the stage. 그는 무대로 뛰어올라갔다 (=...jumped *on* the stage) / Is the cloth on? 테이블보는 깔려 있느냐. b] 〔부착〕 떨어지지 않게, 단단히, 꽉 : cling〈hang〉 on 매달리다 / Hold *on*! 꽉 잡아라.
(2) 〔착용·소지·화장〕 몸에 지니고〈걸치고〉, 입고, 쓰고, 신고, 바르고. 〖opp.〗 *off.* 『 with one's glasses *on* 안경을 쓰고 / put 〈have〉 one's coat *on* 코트를 입다〈입고 있다〉 / put one's shoes *on*신을 신다 / *On* with your hat! 모자를 써라 / She helped me *on* with my coat. 그녀는 내가 상의를 입도록 도와주었다 / She had *on* too much eye make-up. 그녀는 눈화장이 너무 진했다.
(3) 〔동작의 방향〕 a] 앞(쪽) 〈전방〉으로, 이쪽으로, …을 앞으로 향하여 : later *on* 나중에 / farther on 더 앞(쪽)으로 / bring *on* 가져오다 / come on 오다, 다가오다 / from that day *on* 그날 부터〈이후〉 / The two bicycles met head *on*. 두 대의 자전거가 정면으로 충돌했다. b] (시간이) 진행되어 ; (시계를) 더 가게〈빠르게〉 하여 : put the clock *on* 시계를 빠르게 하다 / He is getting *on* for thirty 〈is well *on* years〉. 그는 나이 30이 다된다〈웬만큼 나이가 들었다〉.
(4) 〔동작의 계속〕 계속해서, 쉴 사이 없이, 끊임없이, 끊이지 않고 : go *on* talking 계속해서 이야기하다 / keep *on* working 계속 일하다 / sleep *on* 계속(해서) 자다 / Go *on* with your story. 이야기를 계속하시오.
(5) a] 〔진행·예정〕 진행되고, 행해지고 ; 상연(上演) 되고 ; 예정되어 : I have nothing *on* this evening. 오늘 저녁은 아무 예정도 없다 / The new play is *on*. 새 연극이 상연되고 있다 / There was a war on. 전쟁을 하고 있다 / Is the game *on* at 5 p.m. or 6p.m.? 경기는 오후 5시부터 하느냐 6시부터 하느냐. b] (배우가) 무대에 나와 ; 근무하고 : What time is Madonna *on*? 몇 시에 마돈나는 출연하느냐 / My father is *on* today. 아버지께서는 오늘 근무하신다.
(6) 〔작동 중임을 나타내어〕 (기계·브레이크가) 작동되고 ; (전기·수도·가스가) 틀어져, 사용 상태에 ; (TV·라디오 따위가) 켜져, 틀어져 : turn *on* the light 전등을 켜다 / turn on the water 꼭지를 틀어 물을 내다 / The radio is *on*. 라디오가 켜져 있다.
(7) 《口》 찬성하여, 기꺼이 참가하고 : I'm *on!* 좋아, 찬성이다 / You're *on!* (거래·내기에서) 좋아, 그럽시다. ***and so on*** ⇨ AND.기타 등등 ***be* 〈*go, keep*〉 *on about...*** 《口》 …에 대해 투덜거리다 : What *are* you *on about?* 무엇이 불만인가. ***be on at...*** 《口》 (…에 관하여, …하도록) (아무)에게 불평을〈잔소리를〉 하다, (아무)에게 끈질기게 말하다 《*about* ; *to* do》. ***be on for...*** 《口》 …에 참가하다(take part in). ***be on to...*** 《口》 (진상·계획 따위)를 알고 있다, 알아채고 있다 ; (남의 기분)을 잘 알고 있다. ***be on with...*** (아무)에게 열중해 있다. ***be well on*** 1) (일 등이) 진척되어 있다. (2) 내기에 이길 듯하다. ***It*〈*That*〉 *is* (*just*) *not on!*** 《英口》 그것은 (정말) 불가능하다〈있을 수 없다〉. ***on and off*** = ***off and on*** 이따금 ; 단속적으로 : visit there *on and off* 이따금 그 곳을 찾다 / It rained *on and off* all day. 온종일 비가 오락가락했다. ***on and on*** 잇따라, 쉬지 않고 : We walked *on and on*. 계속해서 걸었다. ***on to...*** = ONTO.
— *n.* (the ~) 【크리켓】 (타자의) 좌전방, 왼쪽 전방. 〖opp.〗 *off.*

on·a·gain, off·a·gain [ánəgén, ɔ́:n-/ɔ́n-], [ɔ́:fəgèn, ɔ́:f-/ɔ́f-] *a.* 〔限定的〕 단속적인 ; 시작되는가 하면 중단되는 : *on-again, off-again* fads 정신 못 차리게 돌아가는 유행.

onan·ism [óunənìzəm] *n.* (1) 성교 중절(coitus interruptus). (2) 자위, 수음. (파) **ònan·ís·tic** *a.*

on-board [ánbɔ̀:rd, ɔ́(:)n-] *a.* (1) 선내(船內) 〈기내, 차내〉에 탑재한, 내장(內藏)한. (2) 선내〈기내, 차내〉에서 제공하는. (3) 【컴】 (메모리 등) 기판(基板)에 들어있는.

:once [wʌns] *ad.* (1) 한번, 한차례, 일회, 한곱. (2) 〔否定文〕 한번도 …(안하는). (3) 〔條件文〕 일단 …(하면), 적어도〈한번〉 …(하면) (4) 이전에(한 번), 일찍이, 한때 (formerly)
(***every***) ***~ in a while*** 〈《英》 ***way***〉 《美口》 때때로, 이따금. ***more than ~*** 한 번뿐만 아니라, 여러 번에 걸쳐. ***~ again*** 한번 더 : Say it ~ *again*. 다시 한 번 말해 주세요. ***~ and again*** 몇 번이고, 여러 번. ***~*** (***and***) ***for all*** 딱 잘라서, 단호히, 최종적으로 : He give up smoking ~ *and for all*. 그는 담배를 딱 끊었다. ***~ in a blue moon*** 극히 드물게. ***~ more*** 다시 한번, 또 한번. ***~ or twice*** 한두번. ***~ upon a time*** 옛날 (옛적)에 《옛날 이야기의 첫머리말》.
— *conj.* 일단 …하면, …해버리면.
— *n.* ⓤ 한번 : *Once* is enough for me. 나로서는 한번으로 충분하다.
all at ~ 1) 갑자기(suddenly). 2) 모두 동시에. ***at ~*** 1) 즉시, 곧, 당장. 2) 동시에. ***at ~ ... and*** _...하기도 하고 —하기도 한. (***just***) ***for ~*** = ***for ~ in a way*** 1) 한번만은 (특히). 2) 이번만은 (특히). ***just*** (***for***) ***this*** 〈***that***〉 ***~*** 이 번〈그 때〉만은.
— *a.* 예전의, 이전의(former).

once-o·ver [wʌ́nsòuvər] *n.* (*sing*). 《口》 대충 훑어봄, 간단히 조사함.

on·co·gene [áŋkədʒi:n/ɔ́ŋ-] *n.* ⓒ 발암 유전자.

on·co·gen·e·sis [àŋkədʒénəsis/ɔ̀ŋ-] *n.* ⓤ 【醫】 종양(腫瘍) 형성, 발암.

on·col·o·gy [ɑŋkɑ́lədʒi/ɔŋkɔ́l-] *n.* ⓤ 【醫】 종양학(腫瘍學).

on·com·ing [ɑ́nkʌ̀miŋ, ɔ́(:)n-] *a.* 〔限定的〕 (1) 접근하는, 다가오는. (2) 새로 나타나는, 장래의. — *n.* ⓤ 가까이 옴, 다가 옴, 접근《*of*》.

on·cost [ɑ́nkɔ̀:st, -kɑ̀st/ɔ́nkɔ̀st] *n.* ⓤ 《英》 간접비 (overhead).

on-disk [ㅅdísk] *a.* 【컴】 디스크에 기록되어 있는.

:one [wʌn] *a.* (1) 〔흔히 限定的〕 a〕 한 사람의, 하나의, 한 개의(single) 《특히 강조할 때 이외에는 보통 不定冠詞를 씀》. b〕 〔敍述的〕 한 살인. c〕 〔數詞 등을 수식하여〕 1 … 《특히 정확히 말하려고 할 때 이외에는 a가 보통》.
(2) a〕 〔때를 나타내는 名詞 앞에서〕 (미래, 과거의) 어느, 어떤 : ~ day 어느 날 ; 일찍이. b〕 〔인명 앞에서〕 …라고 하는 이름의 사람(a, a certain) : ~ Johnson 존슨이라고 하는 사람《형식을 차린 표현이므로, 지금은 경칭을 붙인 a Mr. 〈Dr. *etc.*〉 Johnson으로 하는 것이 일반적》.
(3) a〕 같은, 동일한. b〕 〔all ~ 형태로 ; 敍述的〕 아주 같은 일인, 아무래도 좋은 일인.
(4) 일체(一體)의, 합일의 ; (…와) 일치한, 한마음인 《*with*》 : *with* ~ voice 이구동성으로.
(5) 〔the ~, one's 로〕 단 하나〈한 사람〉의, 유일한 《one에 강세를 둠》.
(6) 〔another, the other와 상관되어〕 한쪽의, 한편의.
(7) 〔副詞的으로, 다음의 形容詞를 강조하여〕 《美口》 특히, 대단히, 굉장히.
become* 〈*be made*〉 ~** (…와) 한 몸이〈부부가〉되다 《*with*》 ; 결혼하다. ***for ~ thing ⇨ THING. ***~ ~ and only*** 단 하나 밖에 없는, 최고의. ***and the same...*** 전혀 같은… : ~ *and the same* person 동일 인물. ***~ or two*** 하나 또는 둘의 ; 《口》 2, 3〈두서넛〉의 (a few) : It will take ~ *or two* days. 하루나 이틀〈며칠〉 걸릴 것이다. ***~ thing or* 〈*and*〉 *another*** 《口》 이(런) 일 저(런) 일로. ***the*〈one*'s*〉 *one and only*** ⇨ ONLY.
— *n.* (1) ⓤⓒ 〔흔히 冠詞 없이〕 (기수의) 1, 하나, 한 사람, 한 개 : 제 1. (2) ⓒ 1의 숫자〈기호〉 : Your 1's look 7's. 자네가 쓴 1은 7 같이 보이네. (3) a〕 ⓤ 한 시 ; 한 살. b〕 ⓒ 1 달러〈파운드〉 지폐. (4) ⓤ 《口》 일격, 한 방 ; 한 잔. (5) (O-) 신, 하나님, 초인간적인 존재. (6) (a ~로) a〕 《口》 열렬한 사랑, 열망자, 열애자. b〕 〔놀라움을 나타내어〕 《俗》 이상한 사람, 괴짜. ***all in ~*** 1) 일치〈동의〉하여. 2) 하나로〈한 사람이〉 전부를 겸하여. ***as ~*** 전원 일치로, 일제히. ***at ~*** (…와) 일치〈동의〉하여 《*with*》. ***by ~s*** 하나씩. ***by ~s and twos*** 한 사람 두 사람씩(드문드문). ***for ~*** 한 예로서 ; 개인〈자신〉으로서는. ***get it in ~*** 《口》 이해가 빠르다. ***get ~ over ...*** 《口》 …보다 한발 앞서다, …보다 우위에 서다. ***go ~ better*** 끝수를 더 올리다. ***in ~*** 1) = all in ~(成句). 2) 《口》 단 한번의 시도로. ***in ~s and twos*** = by ~s and twos(成句). **(*in*) *the year ~*** 아주 옛날, 훨씬 이전에. ***~ after ~*** = ~ by ~. ***~ and all*** ⇨ ALL. 누구나, 누구든지, 어느 것이나. ***~ by ~*** 하나〈한 사람〉씩 (차례로). one***'s ~ and only*** 《口》 가장 사랑하는 사람, 진정한 애인. ***ten to ~*** ⇨ TEN.
— *pron.* (1) 〔총칭적 인칭으로서〕 (일반적인) 사람, 세상 사람, 누구든(지).

☞語法 1) one을 받는 대명사는 one 및 그 변화꼴(one's, oneself)을 쓰는 것이 원칙이나 《美》에서는 they 또는 he(내용에 따라서는 she) 및 그 변화꼴을 쓸 때가 많음.
2) 《口》에서는 one보다는 you, we, they, people 따위를 즐겨 씀.
3) 사전 따위에서 人稱代名詞의 대표형으로 : run as fast as ~ can 힘껏 빨리 뛰다 / make up ~'s mind 결심하다.

(2) 〔單數形으로〕 a〕 〔one of + 한정複數名詞〕 (특정한 사람·것 중의) 하나, 한 개, 한 사람. b〕 〔another, the other(s) 와 대응하여〕 한쪽(의것), 하나, 한 사람.
(3) 〔any, some ; no, every ; such a ; many a 또는 다른 수식어 뒤에서〕 사람, 것.
(4) 〔뒤에 수식어구가 와서 ; 複數形 없음〕 (비특정의) 사람《보통은 a man, a person을 씀》 : She lay on the bed like ~ dead. 그녀는 죽은 사람처럼 침상에 누워 있었다.
(5) 〔수식어 없이 앞에 나온 a + 普通名詞 대용으로〕 그와 같은 사람〈물건〉, 그것.

☞ 語法 1) one은 비특정의 것을 가리키는데 쓰이며 특정한 것을 지칭할 때는 it을 사용함. 단, 다음에 형용구〈절〉이 올 때의 특정어에는 that을 씀 : Do you have a watch? — No, but my brother has *one*(=a watch). He bought it(= the watch) yesterday. 너 시계 갖고 있니 — 아니, 나는 없지만 형은 가지고 있어. 어제 샀어. The capital of your country is larger than that (=the capital) of mine. 귀국의 수도가 우리 나라의 수도보다 커요.
2) 이 용법에서는 복수형이 없으며, 복수형에 맞먹는 것은 some 임 : If you like roses, I'll give you *some*. 장미를 좋아하시면 몇 송이 드리죠.

(6) 〔보통 수식어를 수반하여 앞에 나온 可算名詞의 대용으로〕 한 것〈사람〉.

☞參考 one 사용상의 주의 : 1) 명사·대명사의 소유격 뒤에서는 one을 쓰지 못함 : Your house is larger than *mine* 〈*Ted's*〉 너의 집은 나〈테드〉의 집보다 크다. 단, 성질형용사를 수반할 때는 소유격 뒤에서도 사용함 : If you need a dictionary, I will lend you my old *one*. 사전이 필요하면 내 헌 것을 빌려 주지.
2) 물질명사 대신으로는 쓰이지 않으며 따라서 다음의 some이나 형용사 뒤에 one을 붙이지 않음 : If you need money, I will lend you *some*. 돈이 필요하면 빌려 드리지요. I like red wine better than *white*. 나는 백포도주보다 적포도주가 좋다.
3) 序數 뒤에서 one이 단수일 때에는 써도 좋고 생략해도 좋지만 복수일 때에는 생략하지 않음 : The first volume is more interesting than the second (*one*). 제 1 권(卷)이 제 2 권보다 재미있다. Of the speakers the first *ones* were interesting. 강연자들 중에서 처음 번 사람들이 재미있었다.
4) of 앞의 형용사의 비교급 * 최상급에는 one 이 오지 않음 : He is the *taller of* the two 〈the *tallest of* them all〉. 그는 둘 중에서 키가 크다 〈그들 중에서 가장 키가 크다〉. 《※ 다음에 of가 없으면 다름 : Give me a *longer* 〈the *longest*〉 *one*. 더〈가장〉긴 것을 주시오》.

O

(7) 〔the, this, that, which 따위의 한정어를 수반하여〕 (특정 또는 비특정의) 사람, 것.
(8) 〔짐짓 점잔빼거나 겸손한 뜻으로〕 나, 저(I, me).
a good ~ ⇨ GOOD. ***(just) ~ of those things*** ⇨ THING. ~... ***after another*** 하나 또 하나의… . ***~ after another*** 속속 ; 차례로, 순차적으로, 하나〈한 사람〉씩, 잇따라《셋 이상의 것에 사용됨》. ***~ after the other*** 1) (두 사람·두 개의 것이) 번갈아.
2) (셋 이상의 것이) 차례로. ***~ another*** 서로《1) 동사·전치사의 목적어 또는 소유격 one another's 로 쓰임 2) each other 와 구별 없이 사용》 : All three hated ~ *another* 〈each other〉. 세 사람은 서로(를) 미워했다. ***one of these (fine) days*** ⇨ DAY. ~ ... ***the other*** (둘 중) 한쪽은 ... 다른 한쪽은. ***~ with another*** 평균하여, 대체적으로. ***the ~ that got away*** 아깝게도 놓쳐버린 물건〈사람, 기회〉. ***the ~ ... the other*** 전자〈후자〉는 … 후자〈전자〉는.

óne-base hít [wʌ́nbèis-] 【野】 단타(單打), 싱글히트.

one-celled [´-sèld] *a.* 【生】 단세포의

one-di·men·sion·al [wʌ́ndmén∫ənəl] *a.* (1) 1 차원의. (2) 깊이가 없는, 피상적인.

one-horse [´-hɔ́:rs] *a.* 〔限定的〕 (1) (말) 한 필이 끄는. (2) 《口》 작은 ; 하찮은, 빈약한, 자그마한 (petty).

one-lin·er [wʌ́nláinər] *n.* ⓒ 《美》 재치 있는 경구(警句), 기지 있는 익살.

one-man [´-mǽn] *a.* 〔限定的〕 (1) 혼자서 다하는. (2) (여자가) 한 남자만을 사랑하는.

óne-man bánd (1) 여러 악기를 혼자 다루는 거리의 악사. (2) 무엇이든 혼자서 하는 사람.

one·ness [wʌ́nnis] *n.* ⓤ (1) 단일성, 동일성, 통일성. (2) 일치, 조화, 완전.

óne-night stánd [´-nàit-] 《口》 (1) 한번〈하룻밤〉만의 흥행. (2) 하룻밤〈한번〉만의 정사(情事)(에 적합한 상태).

one-off [wʌ́nɔ́(:)f, -ɑ́f] *a.* 〔限定的〕 《英》 1 회 한의, 한번만의.

one-on-one [´-ɑnwʌ́n, ´ɔ(:)n´] *a.*, *ad.* (농구 등에서) 맨투맨(man-to-man)의〈으로〉, 1 대 1의 〈로〉.

one-piece [wʌ́npì:s] *n.* 〔限定的〕 (옷이) 원피스인, (아래위) 내리닫이의. — *n.* ⓒ 원피스. (파) **-piéc·er** *n.* = ONE-PIECE.

on·er·ous [ɑ́nərəs, óu-/ɔ́n] *a.* (1) 번거로운, 귀찮은, 성가신(burdensome). (2) 【法】 의무부담이 붙은《재산 따위》, 부담이 따르는.

:one's [wʌnz] *pron.* (1) one의 소유격. (2) one is 의 간약형.

:one·self [wʌnsélf] *pron.* (1) [-´] 〔再歸用法〕 자기 자신을〈에게〉. (2) [-´] 〔强意的〕 자신이, 몸소, 스스로.
beside ~ 자신을 잊고, 흥분하여. ***(all) by ~*** 1) (완전히) 혼자서. 2) (완전히) 혼자 힘으로. ***come to ~*** 의식을 되찾다, 제정신이 들다. ***for ~*** 스스로, 자신이. ***of ~*** 저절로, 자기 스스로. ***to ~*** 1) 자신에게. 2) 독점하여.

one-shot [wʌ́n∫ɑ̀t/´∫ɔ̀t] *a.* 《口》 한 번으로 완전〈유효〉한, 1회 한의, 단발(로)의, 한번만으로 성공하는. — *n.* 《口》 한 회로 끝나는 특집물〈기사·프로〉 ; 《口》 1회만의 출연〈상연〉 ; 단발물.

one-sid·ed [´-sáidid] *a.* (1) 한쪽으로 치우친, 불공평한. (2) 한쪽만의 ; 일방적인 ; 한쪽만 발달한. (파) **~·ly** *ad.* **~·ness** *n.*

one-step [´-stèp] *n.* ⓒ (종종 the ~) 원스텝《2/4 박자의 사교 댄스》, 또 그 음악. — *vi.* 원스텝을 추다.

one-time [´-tàim] *a.* 〔限定的〕 이전의, 한 때의, 옛날의 (former).

one-to-one [´-tə´] *a.* (대응 등이) 1대 1의.

one-track [´-trǽk] *a.* 〔限定的〕 (1) 한 번에 한 가지 밖에 생각하지 못하는, 융통성이 없는, 편협한. (2) 【鐵】 단선인.

one-two [´-tú:] *n.* ⓒ (1) 【拳】 원투(펀치)(= ~ **pùnch**〈**blòw**〉). (2) 【蹴】 1대 1 패스.

one-up [wʌ́nʌ́p] *a.* 〔敍述的〕 《口》 한 발 앞선, 한수 위의《*on*》. — **(-pp-)** *vt.* …을 앞지르다, 한수 위로 나오다, 한 발 앞서다.

one-up·man·ship [wʌ̀nʌ́pmən∫ìp] *n.* ⓤ 《口》 남보다 돋보이게 하는 재능, 남보다 한 걸음 앞서는 일.

one-way [´-wéi] *a.* 〔限定的〕 (1) 일방통행의, (차표가) 편도(片道)의, 한쪽(만)의 ; 【通信】 한쪽 방향만의. (2) 일방적인.

one-woman [´-wúmən] *a.* 〔限定的〕 (1) 여자 혼자만의, 여자 혼자서 하는. (2) (남자가) 한 여자만을 사랑하는.

on·flow [ɑ́nflòu, ɔ́(:)n-] *n.* ⓒ (흔히 *sing.*) (세찬) 흐름, 분류.

on·go·ing [ɑ́ngòuiŋ, ɔ́(:)n-] *a.* 〔限定的〕 전진하는, 진행하는 : ~ negotiations 진행 중인 교섭.

:on·ion [ʌ́njən] *n.* ⓒ (1) 【植】 양파. (2) 《俗》 머리, 사람. ***know*** one***'s ~s*** 《口》 자기 일에 정통하다.

ónion dóme (동방 정교회의) 양파 모양의 둥근 지붕.

on·ion·skin [-skìn] *n.* (1) ⓒ 양파껍질. (2) ⓤ (복 사용의) 얇은 반투명지(카본 복사용 등).

on-li·cense [ɑ́nlàisəns, ɔ́(:)n-] *n.* ⓒ 《英》 (점내(店內)에서 마실 수 있는) 주류판매 허가(를 받은 가게). 【cf.】 off-license.

on-line, on·line [ɑ́nláin, ɔ́(:)n-] *a.* 【컴】 온라인〈바로잇기, 이음〉 (식)의.

ón-line deláyed tíme sỳstem 【컴】 축적처리 시스템《정보를 즉시 처리하지 않는》.

ón-line réal tíme sỳstem 【컴】 온라인 실시간 처리 시스템《원격지의 정보를 즉시 처리하여 단말기로 보내는 시스템》, 원격 즉시 처리 시스템.

ón-line sỳstem 【컴】 온라인 시스템.

on·look·er [ɑ́nlùkər, ɔ́(:)n-] *n.* ⓒ 구경꾼, 방관자.

on·look·ing [ɑ́nlùkiŋ, ɔ́(:)n-] *a.* 방관하는, 방관적인, 구경하는, 기대하는 ; 예감이 드는.

:on·ly [óunli] *a.* 〔限定的〕 (1) (the ~, one's ~) 유일한, …만〈뿐〉의. (2) 비할 바 없는, 가장 알맞은, 최상의(best). (3) (an ~) 단 한 사람의 : *an ~* son 외아들. 《※ He is *an only* son. 그는 외아들이다(그 외에는 딸도 없다). He is *the only* son. 그는 (딸은 있지만) 단 하나의 아들이다. He is *an only* child. 그는 단 하나의 어린애이다《形容詞》. ***the*** 〈one***'s***〉 ***one and ~*** 유일한, 하나밖에 없는.
— *ad.* 오직, 겨우, 단지 ; ...만〈뿐〉. 【cf.】 even[1].
have ~ to do =《口》 ***~ have to*** do …(하기)만 하면 된다. ***You have ~ to go.*** 가기만 하면 된다. ***if ~*** 1) 단지〈다만〉 …라고 가정하여 ; …하기만 하면. 2) …하면 좋을 텐데 : *If* ~ we knew! 알고 있기만 하면 좋을 텐데. ***not ~ ... but(also)*** _ …뿐만 아니라 (또한) — 도. ***~ just*** 1) 간신히, 겨우. 2) 지금 막 …한. ***~***

too ⇨ TOO.
— *conj.* 《口》 (1) …이기는〈하기는〉 하나, 유감스럽게도, 그렇지만. (2) (만약) …이 아니라면《※ 종속절에 상당하는 only 절은 직설법, 주절은 가정법이 보통임》

o.n.o. 《英》《광고에서》 or near(est) offer (또는 그에 가까운 값으로) : Bicycle for sale, & 30,000 ~, 자전거 3만 원 내외로 팖.

ón/óff contròl 【컴】 켜고 끄기, 점멸 제어, 자동 제어 방식.

on·o·mat·o·poe·ia [ɑ̀nəmæ̀təpíːə/ɔ̀n-] *n.* 【言】 (1) ⓤ 의성(擬聲). (2) ⓒ 의성어《bow-wow, cuckoo 따위》.

on·o·mat·o·poe·ic [ɑ̀nəmæ̀təpíːik/ɔ̀n-] *a.* 의성의 ; 의성어(語)의, 성유법의. (파) **-i·cal·ly** *ad.*

on·rush [ɑ́nrʌ̀ʃ, ɔ́(ː)n-] *n.* ⓒ (흔히 *sing.*) (1) (맹렬한) 돌진, 돌격. (2) (강 따위의) 분류(奔流). (파) **~·ing** *a.* 〔限定的〕 돌진하는 ; 무턱대고 달리는.

on-screen [ˊskríːn] *ad.*, *a.* 영화로〈의〉, 텔레비전으로〈의〉 ; 컴퓨터 화면에〈의〉.

*__on·set__ [ɑ́nsèt, ɔ́(ː)n-] *n.* (the ~) (1) a] 개시, 시작, 착수. b] (병의) 징후, 발병. (2) 공격(attack), 습격.

on·shore [ɑ́nʃɔ́ːr, ɔ́(ː)n-] *ad.*, *a.* 육지〈물가〉 쪽으로〈의〉, 해안에 따른(따라서).

on·side [ɑ́nsáid, ɔ́(ː)n-] *a.*, *ad.* 【蹴·하키】 바른 위치의〈에〉. 〖opp.〗 *offside.*

on·slaught [ɑ́nslɔ̀ːt, ɔ́(ː)n-] *n.* ⓒ 돌격, 맹공격, 습격《*on*》 : make an ~ *on* …을 맹공격하다.

on·stage [ɑ́nstéidʒ, ɔ́(ː)n-] *a.*, *ad.* 무대의〈에서〉.

on·stream [ɑ́nstríːm, ɔ́(ː)n-] *ad.* 조업〈가동〉하여, 활동을 개시하여.

on-street [ɑ́nstrìːt, ɔ́(ː)n-] *a.* 노상의《주차》.

On·tar·i·an [ɑntέəriən/ɔn-] *a.* 온타리오 주(州) 주민의. — *n.* ⓒ 온타리오 주의 주민.

*__On·tar·io__ [ɑntέəriòu/ɔn-] *n.* (1) 온타리오《캐나다 남부의 주》. (2) (Lake ~) 온타리오 호《북아메리카 5 대호의 하나》.

on-the-job [ɑ́nðədʒɑ̀b, ɔ́ːn-/ɔ́nðədʒɔ̀b] *a.* 〔限定的〕 현직에 있으면서 익히는〈배우는〉, 실지로 배우는. 〖opp.〗 *off-the-job.* 『 ~ training 직장내 훈련.

on-the-scene [ɑ́nðəsìːn, ɔ́ːn-/ɔ́n-] *a.* 〔限定的〕 (사건) 현장의.

on-the-spot [ɑ́nðəspɑ̀t, ɔ́ːn-/ɔ́nðəspɔ̀t] *a.* 〔限定的〕《口》 현장의, 현지에서의.

*__on·to__ [强 ɑ́ntuː, ɔ́(ː)n-, 弱 -tə] *prep.* (1) …의 위에 (2) …에 붙어서. (3) 《口》 a] (흉계 따위를) 알아차리고, 알고. b] (좋은 결과·발견 따위에) 이를 것 같은.

on·tog·e·ny [ɑntɑ́dʒəni/ɔntɔ́dʒ-] *n.* ⓤⓒ 【生】 개체 발생(론). 【cf.】 phylogeny.

on·to·log·i·cal [ɑ̀ntəlɑ́dʒikəl/ ɔ̀ntəlɔ́dʒ-] *a.* 【哲】 존재론(상)의, 존재론적인. 파) **-i·cal·ly** *ad.*

on·tol·o·gy [ɑntɑ́lədʒi/ɔntɔ́l-] *n.* ⓤ 【哲】 존재론〈학〉, 본체론. 파) **-gist** *n.* 본체론 학자.

onus [óunəs] *n.* (the ~) 《L.》 부담, 무거운 짐 ; 책임 : lay〈put〉 *the* ~ on …에 책임을 지우다.

⁝**on·ward** [ɑ́nwərd, ɔ́(ː)n-] *ad.* 앞으로, 전방에〈으로〉, 나아가서. — *a.* 〔限定的〕 전방으로의 ; 전진적〈향상적〉인, 전진하는, 향상하는.

⁝**on-wards** [ɑ́nwərdz, ɔ́(ː)n-] *ad.* = ONWARD.

on·yx [ɑ́niks, óun-/ɔ́n-] *n.* ⓤⓒ 【鑛】 얼룩마노 (瑪瑙).

oo·dles [úːdlz] *n. pl.* (종종 *sing.*) 《口》 풍부, 듬뿍(lot)《*of*》.

oof [uːf] *int.* 음《배를 맞거나 불쾌·초조감을 나타냄》. — *n.* ⓤ 《俗》 돈, 현찰, 현금.

oofy [úːfi] *a.* 《俗》 부자의.

ooh [uː] *int.* 앗, 어, 아《놀람·기쁨·공포 등의 강한 감정》.

oomph [umf] *n.* ⓤ 《俗》 (1) 성적 매력, (일반적으로) 매력. (2) 원기, 정력, 활력(vigor).

oops [u(ː)ps] *int.* 《口》 아이쿠, 저런, 아뿔싸, 실례《놀람·낭패·사죄 따위를 나타냄》.

*__ooze__ [uːz] *vi.* (1) 《~/+前+名》 (물이) 스며나오다 ; 질금질금 새나오다. (2) 《+前+名》 질척거리다《*with*》. (3) (용기·흥미 따위가) 점점〈점차〉 없어지다, 사라지다《*away* ; *out*》. — *vt.* (1) …을 스며나오게 하다, 배어 나오다. (2) (매력 등)을 발산하다.
— *n.* ⓤ (1) 스며나옴, 분비 ; 분비물. (2) 떡갈나무 따위의 수액《무두질 용》. (3) (강바닥 따위의) 개흙.

oo·zy [úːzi] (***-zi·er*** ; ***-zi·est***) *a.* 질척질척한 ; 줄줄 흐르는, 새는, 스며나오는.

op [ɑp/ɔp] *n.* 《口》 (1) 수술《*for* ; *on*》. (2) 【軍】 작전.

opac·i·ty [oupǽsəti] *n.* ⓤ (1) 불투명(opaqueness) ; 부전도 ; 【寫】 불투명도. (2) a] (의미의) 불명료 ; 애매. b] 우둔, 어리석음.

opah [óupə] *n.* ⓒ 【魚】 붉은개복치《대서양산(産)의 대형 식용어》.

*__opal__ [óupəl] *n.* ⓤⓒ 【鑛】 단백석(蛋白石), 오팔.

opal·es·cence [òupəlésəns] *n.* ⓤ 유백광(乳白光), 단백(蛋白)광.

opal·es·cent [òupəléənt] *a.* 오팔과 같은.

opal·ine [óupəlin, -lìːn, -làin] *a.* 오팔과 같은 ; 단백석 비슷한 빛을 발하는.

*__opaque__ [oupéik] *a.* (1) 불투명한. (2) 광택이 없는 ; (색 등이) 칙칙한. (3) 분명치 않은 ; 애매한. (파) **~·ly** *ad.* **~·ness** *n.*

óp árt *n.* ⓤ 《美》 옵아트《착각적 효과를 노리는 추상 미술의 한 양식》.

op. cit. [ɑ́p-sít/ɔ́p-] opere citato 《L.》 (=in the work cited) 앞서 말한〈인용한〉 책 중에.

Op còde [ɑ́p-/ɔ́p-] 【컴】 연산〈작동〉 부호, 조작부호《실시 될 특정 연산(演算)을 지정하는 부호》.

OPEC [óupek] Organization of Petroleum Exporting Countries(석유 수출국 기구).

Op-Ed, op-ed [ɑ́péd/ɔ́p-] *n.* ⓒ (흔히 the ~) 《美》【新聞】 (사설란 반대쪽의) 기명 기사란.

⁝**open** [óupən] (***more ~, ~·er ; most ~, ~·est***) *a.*
(1) (문 따위가) 열린, 열려 있는, 열어 놓은.
(2) (상자 등이) 뚜껑〈덮개〉 없는, 뚜껑을 덮지 않은 ; (상처 등이) 노출된.
(3) 펼친.
(4) (바다·평야 따위가) 훤히 트인, 광활한 ; 막히지 않은, 방해물이 없는.
(5) (지위 따위가) 비어 있는, 공석의 ; (시간이) 한가한.
(6) 공개된, 공공의, 출입〈통행, 사용〉이 자유로운, 일반 사람이 참가할 수 있는.
(7) 이용〈입수〉 가능한.
(8) 공공연한, 버젓이 하는.
(9) (성격·태도 등이) 터놓고 대하는, 솔직한 ; 대범한, 활달한, 관대한, 활수한.
(10) (영향·공격 따위에) 노출되어 있는, …을 받아 들이는 ; 받기 쉬운, 좌우되기 쉬운, 면할 수 없는 ; (의심 따위의) 여지가 있는.
(11) 【軍】 (도시 따위의) 무방비인 ; 국제법상 보호를 받

O

는 : an ~ city 무방비 도시.
(12) (문제가) 미해결의, 미결산인, 미결정인.
(13) (상점·극장·의회 따위가) 열려 있는, 개점〈공연, 개최〉 중인.
(14) (사냥 등이) 해금(解禁) 중인 ; 《美》 도박〈술집〉을 허가〈개방〉하고 있는.
(15) 틈이 나 있는 ; (직물의) 올이 성긴, (이 등의) 사이가 벌어진, 촘촘치 않은 ; (대형이) 산개(散開)한.
(16) (音聲) (모음이) 개구(開口) (음)의 ; (음이) 개구적인 ; 개음절의 ; (자음이) 마찰의.
(17) 【樂】 (오르간의) 음전(音栓)이 열린 ; (현악기에서 현이) 손가락으로 눌려 있지 않은 ; 개방음의, 개방현의.
(18) 【印】 문자의 배열이 조잡한. 【cf.】 solid.
(19) (항만·수로가) 얼어 붙지 않은, 얼지 않는 ; 【海】 안개가 끼어 있지 않은 ; (기후가) 따뜻한, 온화한.
(20) 변비가 아닌, 변이 굳지 않은〈순한〉.
(21) 【컴】 열린 : ~ architecture 열린 얼개. ***have an ~ hand*** (돈 등을) 시원스럽게 쓰다, 인색하지 않다 ***lay*** one***self*** (***wide***) ***~ to*** …에 몸을 드러내다. …을 맞받다. ***with ~ arms*** 양 손을 벌리고 ; 진심으로 (환영하여).

— *n.* (1) (the ~) 공터, 광장, 수림(樹林)이 없는 한데 ; 광활한 곳, 아주 너른 지대 ; 너른 바다. (2) (경기 따위의) 오픈전, (the O-) (골프의) 오픈 선수권 경기 : the US *open.* 유에스 오픈 골프 선수권 대회. ***bring ...*** (***out***) ***into the ~*** …을 들추어내다, 공표하다. ***come*** (***out***) ***into the ~*** 드러나다, 공표되다. ***in the ~*** 1) 야외에서 ; 여러 사람 앞에서. 2) 공공연하게.

— *vt.* (1) 《~ +目/+目+前+名/+目+副》 (문·창 따위)를 열다, 열어젖히다 ; (보자기)를 풀다, (편지 봉투)를 뜯다 ; (책·신문 따위)를 펴다(unfold) 《*out* ; *up*》 ; (병의) 마개를 따다〈열다〉. (2) 《~ +目/+目+前+名/+目+副》 (토지 등)을 개간하다, 개척하다, 장애물을 제거하다 ; (길·통로 등)을 개설하다, 통하게 하다《*out* ; *up*》. (3) 《~ +目/+目+前+名》 …을 개방하다, 공개하다 ; (가게 따위)를 열다, 개업하다 《*up*》. (4) 《~ +目/+目+副/+目+前+名》 …을 시작하다, 개시하다《*up*》 ; 【法】 …의 모두(冒頭) 진술을 하다. (5) 《~ +目/+目+副/+目+前+名》 …을 털어놓다, 누설하다, (비밀 따위)를 폭로 하다《*out*》. (6) 《~ +目/+目+前+名》 …을 계발하다, …의 편견을 없애다, 눈을 뜨게 하다. (7) 【海】 …이 잘 보이는 곳으로 나오다. (8) 【醫】 절개하다 ; 변을 통하게 하다. (9) (대형 따위를) 산개(散開)하다 : ~ ranks 산개하다. (10) 【컴】 (파일을) 열다.

— *vi.* (1) (문·창문 따위가) 열리다 ; 넓어지다. (2) (꽃이) 피다. (3) (물건이) 벌어지다, 터지다 ; 갈라지다, 금이 가다 : The wound ~*ed.* 상처가 터졌다. (4) 《+前+名》 (방·문이 열려서) 통하다, 면(面)하다, 향하다, 내다보다《*into* ; *onto* ; *to* ; *upon*》. (5) 《~/+補/+前+名》 (상점 따위가) 열리다, 개점〈개업〉하다 ; (어떤 상태에서) 시작하다 ; 이야기하기 시작하다 ; 행동을 일으키다. (6) 《~/+副/+前+名》 전개하다《*out* ; *up*》. (7) 《+前+名》 책을 펴다 : *Open to* 〈《英》 *at*〉 page 8. 8페이지를 펴라. ~ a person' ***eyes*** 아무의 눈을 뜨게 하다, 계발하다, 깨우치다. ***~ fire*** 발포하다 ; 공격을 개시하다 : Troops ~*ed fire* on the rioters. 군대는 폭도들에게 발포를 개시했다. ***~ into*** 〈***on, onto***〉 (문 등이) …쪽으로 통하다. ***~ out*** 1) 펼치다 ; 발달시키다 ; 깨우치다. 2) 열다 ; 꽃피다 ; 전개하다, 개통하다 ; 펴지다 ; 발달하다 ; 속도를 가하다 ; 마음을 터놓다. ***~ the*** 〈***a***〉 ***door to*** …에게 기회〈편의〉를 주다, 문호를 열다. ***~ up*** 1) (*vt.*) (상자 따위)를 열다 ; (길 등)을 개설하다 ; (토지 등)을 개발하다 ; (사업 따위)를 시작하다 ; (상처 따위)를 절개하다 ; 폭로하다. 2) (vi.) 보이게〈통하게, 쓰게〉 되다 ; 《俗》 입을 열다, 털어놓다.

·ópen áir (the ~) 옥외, 야외.

:open-air [óupənέər] *a.* 〔限定的〕 옥외의 ; 야외의, 노천의 ; 옥외를 좋아하는, 야외에 익숙한.

open-and-shut [-ənʃʌ́t] *a.* 《口》 명백한, 금방 알 수 있는 ; 아주 간단한.

open-armed [-ɑ́ːrmd] *a.* (환영 따위) 진심에서의, 쌍수를 들고서의.

ópen bár (결혼 피로연 따위에서) 무료로 음료를 제공하는 바. 【cf.】 cash bar.

ópen bóok 알기 쉬운〈다 알려진〉 것〈일〉, 일목요연한 것 ; 아무런 비밀이 없는 사람.

open-cast [-kæ̀st, -kɑ̀st] *a.* 《英》 노천굴의 : ~ mining 노천 채굴.

ópen chéck 《英》 【商】 보통 수표.

ópen dày (학교 등의) 수업 참관일.

ópen dóor (1) (the ~) (무역·이민 따위의) 문호 개방(주의) ; 기회 균등. (2) 입장 자유, 출입 자유.

open-door [óupəndɔ́ːr] *a.* (문호) 개방의 ; 기회 균등의 : an ~ policy 문호 개방 정책.

open-end·ed [-éndid] *a.* (1) 자유 해답식의, 개방적인《질문·인터뷰 등》. (2) (시간·인원수 등의) 제한 없는. (3) (상황에 따라) 변경〈수정〉할 수 있는.

open·er [óupənər] *n.* ⓒ (1) a] 여는 사람, 개시자. b] 따는 도구, 병〈깡통〉따개. (2) 첫번 경기, 개막 경기 ; (프로그램의) 첫번째 공연물. ***for*** 〈***as***〉 ***~s*** 우선, 먼저.

open-eyed [-áid] *a.*, *ad.* 놀란, 놀라서, 눈을 동그랗게 뜬〈뜨고〉 ; 빈틈없는〈없이〉, 방심하지 않는 ; 눈 뜨고〈알고서〉 (한).

open-faced [-féist] *a.* 순진〈정직〉한 얼굴 생김새의(= **ópen-fàce**).

open-hand·ed [-hǽndid] *a.* 손이 큰, 아끼지 않는, 인색하지 않은, 협협한. (파) **~·ly** *ad.* **~·ness** *n.*

open-heart [-hɑ́ːrt] *a.* 【醫】 심장 절개의.

open-heart·ed [-hɑ́ːrtid] *a.* (1) 숨기지 않는, 솔직한. (2) 친절한, 너그러운.
(파) **~·ly** *ad.* **~·ness** *n.*

ópen hóuse (1) 공개 파티 ; 친척·친구들을 대접하는 모임. (2) 《美口》 아파트 등을 구매〈임차〉 희망자에게 공개하는 일. ***keep*** 〈***have***〉 ***~*** (집을 개방해서) 내객은 누구든지 환대한다《*for*》.

:open·ing [óupəniŋ] n. (1) ⓤ 열기 ; 개방. (2) ⓒ a] 열린 구멍, (들)창(窓), 구멍, 틈 ; 통로《*in*》. b] 빈 터, 광장. (3) ⓒ 개시, 시작 ; 개장, 개원, 첫머리, 개통 ; 모두 (冒頭) (진술). (4) ⓒ a] 취직 자리, 공석 《*at* ; *for* ; *in*》. b] 또는 구멍 ; 좋은 기회《*for*》 : an ~ *for* trade 교역의 호기. — *a.* 《限定的》 시작의, 개시의, 개회의.

ópening hóurs (은행·상점 등의) 영업 시간 ; (영화관 등의) 개관 시간.

ópening níght (연극·영화 등의) 초연(初演) ; (흥행) 첫날(밤).

ópening tíme (상점·도서관 등의) 개점 시각 ; (도서관 등의) 개관 시각.

ópen létter 공개장.

ópen lóop 【컴】 개회로(開回路), 개방 루프.

⟦opp.⟧ *closed loop.*
:open·ly [óupənli] *ad.* (1) 공공연히(publicly) ; 내놓고. (2) 숨김없이, 솔직하게(frankly).
ópen márket **[經]** 공개〈일반〉 시장.
open-mind·ed [-máindid] *a.* (1) 편견이 없는, 공평한, 허심탄회한. (2) 새로운 사상을 수용하는. (파) **~·ly** *ad.* **~·ness** *n.*
open-mouthed [-máuðd, -máuθt] *a.* (놀라서) 입을 딱 벌린.
open·ness [óupənnis] *n.* ⓤ 개방상태 ; 개방성, 솔직, 관대.
open-plan [∠-plæ̀n] *a.* 〔限定的〕 **[建]** 오픈플랜의《다양한 용도를 위해 방에 칸막이를 하지 않는 방식》.
ópen pórt (1) 개항장, 자유항. (2) 부동(不凍)항.
ópen príson 개방 교도소《수감자에게 대폭적인 자유가 주어짐》.
ópen sándwich 오픈 샌드위치《식빵 한 쪽에 소를 얹고 위쪽이 없는 것》.
ópen séa (the ~) (1) 공해(公海). ⟦opp.⟧ *closed sea.* (2) 외양(外洋), 외해.
ópen séason 수렵기, 수렵〈어렵〉 허가 기간《*for* ; *on*》: ~ *for* deer 사슴 사냥의 허가 시기.
ópen sécret 공공연한 비밀.
ópen shóp 개방적 공장, 오픈숍《비조합원도 고용하는 사업장》. ⟦opp.⟧ *closed-shop.*
ópen univérsity 방송 대학 ; (the O- U-) (영국의) 방송〈개방〉 대학.
open·work [-wə̀ːrk] *n.* ⓤ 도림질 세공, 내비침 세공.
:op·era[1] [ápərə/ɔ́p-] *n.* (1) ⓒ,ⓤ 오페라, 가극. (2) ⓒ 가극장 ; 가극단. — *a.* 〔限定的〕 오페라의, 가극의 : an ~ singer 오페라 가수.
ope·ra[2] [óupərə/ɔ́p-] OPUS 의 복수형.
op·er·a·ble [ápərəbəl/ɔ́p-] *a.* (1) 수술에 적합한, 수술할 수 있는. (2) 실시〈사용〉 가능한, 수술 가능한 ; 조종하기 쉬운. (파) **-bly** *ad.*
ope·ra buf·fa [ápərəbúːfə/ɔ́p-] 《It.》 오페라 부파《18세기의 이탈리아 희가극》.
opé·ra co·mique [ápərə kamíːk/ɔ́pərə kɔ-] 《F.》 (대화가 포함된, 특히 19세기의) 희가극 (comic opera).
ópera glàsses 오페라 글라스《관극용의 작은 쌍안경》.
ópera hàt 오페라 해트《접게 된 실크 해트》.
ópera hòuse 가극장 ; 《美》 (일반적으로) 극장.
:op·er·ate [ápərèit/ɔ́p-] *vi.* (1) (기계·기관 따위가) 작동하다, 움직이다, 일하다. (2) 《+前+名/+*to* do》 작용하다, 영향을 주다《*on, upon*》. (3) 《~/+前+名》 **[醫]** 수술을 하다 《*on, upon*》. (4) a〕 **[軍]** 군사행동을 취하다《*against*》, 작전하다. b〕 행동 〈활동〉하다, 일하다. — *vt.* (1) …을 조작하다, 운전하다, 조종하다. (2) 《주로 美》 (공장 등)을 운영〈경영〉하다, 관리하다(run).
op·er·at·ic [àpərǽtik/ɔ̀p-] *a.* 가극의 ; 오페라의 : ~ music 가극 음악. (파) **-i·cal·ly** [-kəli] *ad.*
·op·er·at·ing [ápərèitiŋ/ɔ́p-] *a.* (1) 수술의〈에 쓰는〉. (2) 경영〈운영〉상의〈에 요하는〉.
óperating sỳstem **[컴]** 운영 체계《기본적인 작동에 관계하는 무른모 ; 略 : OS》.
:op·er·a·tion [àpəréiʃən/ɔ̀p-] *n.* (1) ⓤ 가동(稼動), 작용, 작업. (2) ⓤ (기계 따위의) 조작, 운전, 운행. (3) ⓤ (사업 따위의) 운영, 경영, 운용, 조업. (4) ⓤ a〕 (법률 따위의) 실시, 시행. b〕 (약 따위의) 효력, 효과《*of*》. (5) ⓤ 수술《*on*》. (6) ⓒ (흔히 *pl.*) 군사행동, 작전. (7) ⓒ a〕 **[數]** 운산, 연산. b〕 **[컴]** 작동, 연산. ▫ operate *v.* ***come* 〈*go*〉 *into* ~** 움직이기 시작하다 ; 실시〈개시〉되다. ***in* ~** 1) 운전 중, 활동 중, 작업 중. 2) 시행 중, 실시되어.
·op·er·a·tion·al [àpəréiʃənəl/ɔ̀p-] *a.* (1) 조작상의 ; 경영〈운영〉상의. (2) 사용할 수 있는, 사용중인, 운전 가능한 ; 조업 중인. (3) **[軍]** 작전상의 ; 작전 태세에 있는. (파) **~·ly** *ad.*
operátion còde **[컴]** 연산 부호.
operátions resèarch (1) 과학적 연구에 의한 다각적인 경영 분석. (2) 작전 연구《군사 작전의 과학적 연구》.
·op·er·a·tive [àpərətiv, -rèi-/ɔ́p-] *a.* (1) 작용 하는, 활동하는 ; 운전하는, 운동하는. (2) (법률이) 효력이 있는, 효험 있는 ; 실시되고 있는. (3) 〔限定的〕 (구나 문 중의 어휘가) 가장 중요한, 가장 적절한. (4) 《醫》 수술의 : ~ surgery 수술.
— *n.* ⓒ (1) 직공, 공원(工員). (2) 《美》 형사, 탐정, 스파이.
:op·er·a·tor [ápərèitər/ɔ́p-] *n.* ⓒ (1) (기계의) 조작자, 기사, (기계의) 운전자, 오퍼레이터. (2) 전화 교환사(telephone ~) ; 통신 기술자. (3) 업자 ; 경영자, 관리자. (4) 〔흔히 修飾語와 함께〕 《口》 수완가, 민완가.
op·er·et·ta [àpərétə /ɔ̀p-] (*pl.* **~s, -ti** [-tiː]) *n.* ⓒ (단편) 희가극, 경가극, 오페레타.
oph·thal·mic [afθǽlmik, ap- /ɔf-] *a.* 눈의 ; 안과의, 안염의 : an ~ hospital 안과병원.
oph·thal·mol·o·gy [àfθælmálədʒi, àp-/ɔ̀fθæl-mɔ́l] *n.* ⓤ 안과학. (파) **-gist** *n.* ⓒ 안과 의사.
oph·thal·mo·scope [afθǽlməskòup, ap /ɔf-] *n.* ⓒ **[醫]** 검안경(檢眼鏡)《안구내 관찰용》.
opi·ate [óupiit, -pièit] *n.* ⓒ (1) 아편제(劑) ; 《널리》 마취약 ; 진정제. (2) 정신을 마비시키는 것 ; 진정제, 마약.
opine [oupáin] *vt.* 《口·戱》 …라고 생각하다 (hold), 의견을 말하다.
:opin·ion [əpínjən] *n.* (1) ⓒ a〕 의견, 견해. b〕 (흔히 *pl.*) 지론, 소신. (2) ⓤ (어떤 일에 대한) 세상 일반의 생각, 여론. (3) (an ~) 〔선악의 형용사 또는 no와 함께〕 (선악의) 판단, 평가, (세상의) 평판. (4) ⓤ 전문적인 의견, 감정. ***act up to* one*'s* ~s** 소신대로 행하다. ***a matter of* ~** 견해상의 문제, 의견이 갈리는 문제. ***be of the* ~ (*that*)** ... …라고 믿다〈생각하다〉, …라는 의견〈견해〉이다. 《※ 《英》에서는 주로 the를 생략함 ***in my* ~** 나의 생각으로는. ***in the* ~ *of*** …의 의견으로는.
opin·ion·at·ed [əpínjənèitid] *a.* 자기 설을 고 집하는 ; 고집이 센 ; 완고한.
opin·ion·a·tive [əpínjənèitiv] *a.* 의견상의, 소신상의.
opinion poll 여론조사.
opi·um [óupiəm] *n.* ⓤ (1) 아편. (2) 아편과 같은 것, 정신을 마비시키는것.
ópium dèn 아편굴.
ópium pòppy **[植]** 양귀비.
opos·sum [əpásəm/əpɔ́s-] (*pl.* **~s, ~**) *n.* ⓒ **[動]** (잡히면 죽은 체하는) 주머니쥐《미국산 ; 별명 possum》.
:op·po·nent [əpóunənt] *n.* ⓒ (1) (경기·논쟁 따위의) 적대자, 상대 ; 대항자. (2) 반대자(opposer)《*of*》.
·op·por·tune [àpərtjúːn/ɔ́pər∸] *a.* (1) 형편이 좋은 ; 시의(時宜)에 알맞은. (2) (언어 ·동작 등이) 적절한, 형

편에 맞는.
(파) **~·ly** *ad.* 때마침, 적절히.
opp·por·tun·ism [àpərtjú:nizəm/ɔ́pərtjù:n-] *n.* ⓤ 기회〈편의〉주의. (파) **-ist** *n.* ⓒ 기회〈편의〉 주의자.
:op·por·tu·ni·ty [àpərtjú:nəti/ɔ̀pər-] *n.* ⓤⓒ 기회, 호기 ; 행운 ; 가망《*of* ; *to* ; *for*》.

O

:op·pose [əpóuz] *vt.* (1) 《~+目/+目+前+名》 …에 반대하다, …에 이의를 제기하다. (2) 《+目+前+名》 …에 대비〈대조〉시키다.
·op·posed [əpóuzd] *a.* 반대의, 적대하는, 대항하는 ; 대립된 ; 마주 바라보는, 맞서 있는. ***as ~ to*** …에 대립하는 것으로서(의) ; …과는 대조적으로 〈전혀 다르게〉.
op·pos·ing [əpóuziŋ] *a.* 대립하는, 반대의.
:op·po·site [ápəzit, -sit/ɔ́p-] *a.* 〔限定的〕 (1) 마주 보고있는, 반대 편의맞은 편의, …에 면하고 있는 《*to*》. (2) 역(逆)의, 정반대의, 서로 용납하지 않는《*to* ; *from*》.
— *n.* ⓒ (the ~는 ⓤ) 정반대의 사람〈사물〉 ; 반대말(antonym).
— *ad., prep.* (…의) 반대 위치에 ; (…의) 맞은 〈건너〉 편에 ; **【劇】** (…의) 상대역을 하여.
(파) **~·ly** *ad.* 반대 위치에, 마주 향하여 ; 등을 맞대고, 거꾸로. **~·ness** *n.* ⓤ 반대임.
ópposite númber (one's ~) (다른 나라·직장·부서 등에서) 대등한〈동격의〉 지위에 있는 사람〈물건〉 대등자.
:op·po·si·tion [àpəzíʃən/ɔ̀p-] *n.* (1) ⓤ 반대, 반항; 방해 ; 대립 ; 대항, 적대. (2) ⓒ (종종 the O-) 반대당, 야당 ; 반대 세력 〈그룹〉. □ oppose *v.* ***have an ~ to*** …에 반대하다. ***in ~*** 야당의, 재야의. ***in ~ to*** …에 반대〈반항〉하여. (파) **~·ist** [-ist] *n.* ⓒ 반대자.
:op·press [əprés] *vt.* (1) …을 압박하다, 억압하다, 학대하다(persecute). (2) 《~+目/+目+前+名》 …에 중압감을 주다, 괴롭히다, 답답하게 하다.
(파) ***op·prés·sor** [-ər] *n.* ⓒ 압제자, 박해자.
op·pressed [əprést] *a.* (1) 압박〈억압〉된, 학대받는. (2) 〔敍述的〕 우울한, 침울한《*with*》.
:op·pres·sion [əpréʃən] n. (1) ⓤⓒ 압박, 억압, 압제, 탄압, 학대. (2) ⓤ 중압감, 무기력, 압박감, 의기소침.
·op·pres·sive [əprésiv] *a.* (1) 압제적인, 압박하는, 포악한, 엄한, 가혹한, 중압감을 주는. (2) 답답한 ; 숨이 막힐 듯한 ; 침울한, 음침한. (파) **~·ly** *ad.* **~·ness** *n.*
op·pro·bri·ous [əpróubriəs] *a.* 무례한, 모욕적인 ; 면목이 없는, 부끄러운. (파) **~·ly** *ad.* **~·ness** *n.*
op·pro·bri·um [əpróubriəm] *n.* ⓤ (1) 불명예, 오명, 치욕. (2) 악담, 욕지거리, 비난(abuse).
op·pugn [əpjú:n] *vt.* (1) …를 비난〈논박〉하다. (2) (…에 대하여) 이의를 제기하다.
opt [apt/ɔpt] *vi.* (1) 선택하다《*for* ; *between*》. (2) (양자중) (…하는) 쪽을 고르다, (골라서) …하기로 정하다《*to* do》. ***~out*** (***of...***) (활동·단체)에서 탈퇴하다〈손을 떼다〉.
op·ta·tive [áptətiv/ɔ́p-] *a.* **【文法】** 기원(祈願)을 나타내는.
***op·tic** [áptik/ɔ́p-] *a.* 〔限定的〕 **【解】** 눈의, 시력 〈시각〉의. — *n.* ⓒ (1) (광학기계로서의) 렌즈. (2) (O-) 《英》 (병목에 다는) 계량기《商標名》.
***op·ti·cal** [áptikəl/ɔ́p-] *a.* 〔限定的〕 (1) 눈의, 시각의, 시력의 ; 시력을 돕는. (2) 광학(상)의, 빛의.
(파) **~·ly** *ad.* 시각적〈광학적〉으로.
óptical árt = OP ART. 옵티컬 아트(추상 미술)
óptical bár-code rèader **【컴】** 광막대부호 읽개, 판독기《막대 부호 (bar code)를 광학적으로 읽어 내는 장치》.
óptical cháracter rèader **【컴】** 광학식 문자 판독기(器) 《略 : OCR》.
óptical cháracter recognìtion **【컴】** 광학식 문자 판독《略 : OCR》.
óptical communicátion 광(光) 통신.
óptical compúter **【컴】** 광(光) 컴퓨터.
óptical compúting **【컴】** (종래의 전자 대신에) 빛을 이용한 계산.
óptical dísk **【컴·TV】** 광(저장)판 (laser disk) 《videodisk, compact disk, CD-ROM 따위》.
óptical fíber **【電子】** 광(光)섬유.
óptical gláss 광학 유리《렌즈용》.
óptical láser disk **【컴】** (광레이저(저장) 판.
óptical máser = LASER.
óptical mémory **【컴】** 광(光) 메모리.
óptical móuse **【컴】** 광다람쥐《광원과 수광(受光) 장치를 내장한 다람쥐》.
óptical scánner **【컴】** 광학 주사기, 광훑개《빛을 주사하여 문자·기호·숫자를 판독하는 기기(機器)》.
óptical scánning **【컴】** 광학적주사(走査).
op·ti·cian [aptíʃən/ɔp-] *n.* ⓒ 안경상(商), 안경사(士).
·op·tics [áptiks/ɔ́p-] *n.* ⓤ 광학(光學).
op·ti·mal [áptəməl/ɔ́pt-] *a.* 최상〈최적〉의, 최선의.
·op·ti·mism [áptəmìzəm/ɔ́pt-] *n.* ⓤ 낙천주의 ; 낙관론. 【opp.】 *pessimism.* (파) ***-mist**[-mist] *n.* ⓒ 낙천가 ; 낙천주의자. 【opp.】 *pessimist.*
·op·ti·mis·tic [àptəmístik/ ɔ̀pt-] *a.* 낙관적인, 낙천적인.
(파) **-ti·cal·ly** [-kəli] *ad.* 낙관하여.
op·ti·mize [áptəmàiz/ ɔ́pt-] *vt.* …을 완벽하게 〈가장 효과적으로〉 활용하다, 최고로 활용하다 ; **【컴】** (프로그램)을 최대한으로 활용하다.
op·ti·mum [áptəməm/ ɔ́pt-] (*pl.* ***-ma*** [-mə], ~***s***) *n.* ⓒ **【生】** 최적 조건. — *a.* 〔限定的〕 가장 알맞은, 최적의(optimal).
op·tion** [ápʃən/ ɔ́p-] *n.* (1) ⓤ 선택권, 선택의 자유 ; 선택, 취사(取捨)《*of* do*ing* ; *to* do》. (2) ⓒ 선택할 수 있는 것, 옵션 ; 《英》 선택 과목. (3) ⓒ **【商】** 선택 매매권, 옵션《부동산·증권·상품 등을 계약서의 가격으로 일정기간 중 언제든지 매매할 수 있는 권리》. (4) ⓒ 《자동차 등의》 옵션《표준 장비품 이 외의 것》. (5) ⓒ **【컴】** 별도, 추가 선택 : Press 'P' to select the print ~. 프린트 옵션을 선택할 때는 'P'키를 누르세요. ***at one***'s ~*** 마음대로. ***have no ~ but to do*** …하는 수 밖에 없다. ***keep*** 〈***leave***〉 one***'s ~s open*** 태도 결정을 보류하다. ***make*** one***'s ~*** 선택하다.
***op·tion·al** [ápʃənəl/ɔ́p] *a.* (1) 임의〈수의〉의, 마음대로의 ; (자동차 등의 장비가) 옵션의. (2) (학과목이) 선택인.
— *n.* ⓒ 《英》 선택 과목(《美》 elective).
(파) **~·ly** [-nəli] *ad.* 마음대로.
op·to·e·lec·tron·ics [áptouilektrɑ̀niks/ɔ́ptou-ilektrɔ́n-] *n.* ⓤ 광전자(光電子) 공학.
(파) **òp·to·e·lec·trón·ic** *a.*
op·tom·e·ter [aptámitər/ɔptɔ́mi-] *n.* ⓒ 시력 측정 장치, 시력계(計)

op·tom·e·trist [ɑptɑ́mətrist/ɔptɔ́mi-] *n.* ⓒ 시력 측정의사 ; 《美》 검안사(檢眼士).
op·tom·e·try [ɑptɑ́mətri/ɔptɔ́mi-] *n.* ⓤ 시력 측정 ; 검안(법).
op·u·lence [ɑ́pjələns/ɔ́p-] *n.* ⓤ (1) 풍부(abundance) ; 부유 (wealth). (2) (음악·문장 등의) 현란(絢爛).
op·u·lent [ɑ́pjələnt/ɔ́p-] *a.* (1) 부유한 ; 풍부한, 풍족한. (2) 화려한, 현란한.
(파) **~·ly** *ad.* 풍요〈풍족〉하게.
opus [óupəs] (*pl.* ***op·e·ra*** [óupərə, ɑ́pərə/ɔ́p-], ***~·es***) *n.* ⓒ 《L.》 (문학·예술상의) 작품, 저작 ; 【樂】 작품《특히 작품 번호를 표시할 때씀 ; 略 : op.》.
OR [ɔːr] *n.* 【컴】 또는《논리합(論理合) ; 둘 중 그 어느쪽이 참이면 참으로 하고, 양쪽 다 거짓이면 거짓으로 하는 논리 연산》.
:or [ɔːr, 弱 ər] *conj.* (1) 〔선택〕 a〕〔肯定·疑問文에 쓰이어〕 혹은, 또는, …이나 — . b〕〔either 와 상관적으로〕 …나 또는 —나 c〕〔셋 이상의 선택〕 …나 —나 ~나, …든 —든 ~든《마지막 or 외에는 보통 생략함》. d〕〔否定文 에서 전면부정을 나타내어〕 …도 —도(아니다).

☞ 參考 **or**가 있는 의문문의 억양 A *or* B? 에서 A냐 B냐 어느 쪽인가의 대답을 요구하는 선택의 문일 때에는, Did you order tea *or* coffee? 홍차와 커피 중 어느 것을 시켰는가에서처럼 A에서 올리고 B에서 내리는 억양이 됨. Which is older, Smith *or* I? 도 마찬가지. 그러나 yes 또는 no의 대답을 요구하는 일반의문은 Do you like any such drink as tea *or* coffee? '홍차나 커피 같은 음료를 좋아하십니까'처럼 끝을 올리는 것이 보통임.

(2) 〔불확실·부정확〕 …이나 —(쯤), …정도, 또는.
(3) 〔명령문의 뒤, 또는 must 를 포함하는 서술문 중에서〕 그렇지 않으면《종종 or 뒤에 else 가 와서 뜻 을 강조함》.
(4) a〕〔환언·설명〕 즉, 바꿔 말하면《흔히 or 앞에 콤마를 찍음》. b〕〔정정·보완〕 아니…, 혹은(오히려). (5) 〔양보구를 이루어〕 …(이)든 -(이)든, …하든 -하든《or 앞뒤에는 문법적으로 대등한 : 名詞·形容詞· 動詞·句 따위가 옴》. ***A and / or B,*** A 및 B 또는 그 어느 한 쪽(편). ***either ... or*** ⇨ EITHER. ***or else*** 1) ⇨ (3). 2) 《口》〔경고·으름장 등을 나타내어〕 그러지 않았다간 혼난다. ***or rather ...*** 〔앞엣말을 정정하여〕 좀 더 정확히 말하면 ; …라고 하기보다는 차라리, 아니 오히려 (⇨ (4) b)). ***...or somebody*** 〈***something, somewhere***〉 …인가 누군가〈무언가, 어딘가〉, …이지 누군지〈무언지, 어딘지〉《or 앞에는 名詞·形容詞·副詞·句 따위가 옴》. ***whether ... or no***〈***not***〉 어느 쪽이든, 여하간 ; …인지 어떤지.
-or[1] *suf.* 동사에 붙여 '행위자, 기구'의 뜻의 명사를 만듦 : act*or*, elevat*or*.
-or[2] 《英》 **-our** *suf.* 동작 · 상태 · 성질 등을 나타내는 라틴어계 명사를 만듦 : col*or* (《英》 col*our*), fav*or* (《英》 fav*our*), hon*or*(《英》 hon*our*).
˙or·a·cle [ɔ́(ː)rəkəl, ɑ́r-] *n.* ⓒ (1) (고대 그리스의) 신탁(神託), 탁선(託宣) ; 탁선소(所). (2) 【聖】 신의 계시 ; (유대 신전의) 지성소(至聖所). (3) 신탁을 전하는 사람, 예언자.
orac·u·lar [ɔːrǽkjələr/ɔr-] *a.* (1) 신탁(神託)의, 신탁같은 ; 수수께끼 같은. (2) 엄숙한 ; 신비적인, 위엄있는. (파) **~·ly** *ad.*

˙oral [ɔ́ːrəl] *a.* (1) 구두(口頭)의, 구술의. (2) 입의, 구강(口腔)의 ; (약 등이) 경구(용)의. — *n.* ⓒ 《口》 구술 시험. (파) **~·ly** *ad.* 구두로, 말로 : 【醫】 입을 통하여, 경구적(經口的)으로.
óral hístory (역사적 중요인물과의 면담에 의한) 녹음사료(錄音史料), 구술 역사(문헌).
:or·ange [ɔ́(ː)rindʒ, ɑ́r-] *n.* (1) ⓤⓒ 오렌지, 등자(橙子), 감귤류《과실·나무》. (2) ⓤ 오렌지색, 주황색(= ~ **cólor**).
— *a.* 오렌지의 ; 오렌지색의, 주황색의.
or·ange·ade [ɔ̀(ː)rindʒéid, ɑ̀r-] *n.* (1) ⓤ 오렌지에이드, 오렌지 즙. (2) ⓒ 오렌지에이드 한 잔.
órange blòssom 오렌지 꽃《순결의 상징으로서 신부가 결혼식에서 머리에 장식》.
Órange Bòwl (the ~) 오렌지볼《미국 마이애미에서 오프 시즌에 열리는 대학 미식 축구 경기》.
órange jùice (1) 오렌지 주스. (2) 오렌지 주스한 잔.
órange pèel 오렌지 껍질《설탕에 절인 과자재료, 또는 약용》.
or·ange·ry [ɔ́(ː)rindʒəri, ɑ́r-] *n.* ⓒ 오렌지 재배 온실.
orang-utan, -ou·tang [ɔːrǽŋutæ̀n, ərǽŋ-/ɔ́ːreŋúːtæn], [-tæ̀ŋ] *n.* ⓒ 【動】 오랑우탄, 성성이.
orate [ɔːréit, ⌐-] *vi.* 《戱》 일장 연설을 하다, (익살) 연설하다 ; 연설조로 말하다.
˙ora·tion [ɔːréiʃən] *n.* ⓒ (특별한 경우의 정식) 연설 ; 식사(式辭)《※ 일반적인 연설은 speech》.
˙or·a·tor [ɔ́(ː)rətər, ɑ́r-] (*fem.* ***-tress*** [-tris]) *n.* ⓒ 연설자, 강연자, 연사 ; 웅변가.
or·a·tor·i·cal [ɔ̀ːrətɔ́ːrikəl, ɑ̀r-/ɔ̀rətɔ́r-] *a.* 연설의, 웅변의. (파) **~·ly** *ad.* 연설투로.
or·a·to·rio [ɔ̀(ː)rətɔ́ːriòu, ɑ̀r-] (*pl.* ***~s***) *n.* ⓒ 【樂】 오라토리오, 성담곡(聖譚曲).
˙or·a·to·ry[1] [ɔ́ːrətɔ̀ːri, ɑ́r-/ɔ́rətəri] *n.* ⓤ 웅변 (술) ; 수사(修辭), 과장한 언사〈문체〉
or·a·to·ry[2] *n.* ⓒ 【宗】 작은 예배당, 기도실《큰 교회나 사저(私邸)의》.
˙orb [ɔːrb] *n.* ⓒ (1) 구(체)((救)(體)). (2) (위에) 십자가가 달린 보주(寶珠)(mound) 《왕권을 상징》. (3) 《詩》 천체: the ~ of day 태양. (4) (흔히 *pl.*) 《詩》 안구, 눈. (5) 전일체, (천체의) 궤도.
:or·bit [ɔ́ːrbit] *n.* ⓒ (1) 【天】 궤도 ; 【物】 전자 궤도. (2) 활동〈세력〉 범위 ; (인생) 행로, 생활과정. ***go*** 〈***get***〉 ***into ~*** 1) 궤도를 타다, 성공하다. 2) 격노하다, 화를 버럭 내다. ***in*** 〈***into***〉 ***~*** 궤도위에, 궤도에 올라. ***out of ~*** 궤도 밖으로〈를 벗어나서〉. — *vt.* (1) (천체 · 인공위성 따위가) 궤도에 따라 돌다. (2) (인공위성 따위)를 궤도에 진입시키다. — *vi.* 궤도에 진입하다 ; 궤도를 그리며 돌다.
or·bit·al [ɔ́ːrbitl] *a.* (1) 궤도의. (2) (도로가) 환상인.
or·bit·er [ɔ́ːrbitər] *n.* ⓒ (궤도에 오른) 인공위성, 궤도 비행체.
or·ca [ɔ́ːrkə] *n.* ⓒ 범고래(grampus).
:or·chard [ɔ́ːrtʃərd] *n.* ⓒ 과수원.
:or·ches·tra [ɔ́ːrkəstrə] *n.* ⓒ (1) 오케스트라, 관현악단. (2) a〕 (극장의) 관현악단석. b〕 《美》 (극장의) 무대 앞 일등석(《英》 stalls). (3) (옛 로마 극장에서) 무대 앞 귀빈석.
or·ches·tral [ɔːrkéstrəl] *a.* 〔限定的〕 오케스트라(용)의, 관현악단이 연주하는.
órchestra pìt 오케스트라석, 관현악단석.

O

órchestra stàlls 《英》 극장의 일층, 《특히》 무대 앞의 일등석.

or·ches·trate [ɔ́ːrkəstrèit] *vt.* (1) …을 관현악용으로 편곡〈작곡〉하다. (2) 《美》 …을 조직화하다, 획책하다 ; 잘 배합하다 ; …을 결집하다.

or·ches·tra·tion [ɔ̀ːrkəstréiʃən] *n.* (1) a] ⓤ 관현악 편곡〈작곡〉 ; 관현악 편성(법). b] ⓒ관현악 모음곡. (2) ⓤⓒ 결집 ; 편성 ; 조직화.

or·chid [ɔ́ːrkid] *n.* ⓒ 【植】 난초(의 꽃). 연보라빛 : a wild ~ 야생란.

or·chis [ɔ́ːrkis] *n.* ⓒ난초《특히 야생의》.

:or·dain [ɔːrdéin] *vt.* (1) (신 · 운명 등이) …을 정하다. (2) (법률 등이) …을 규정하다, 제정하다, 명하다. (3) 《+目+前+名/ 目+補》 【教會】 …에게 성직을 주다, (사제)로 서품하다, (목사)로 임명하다.

·or·deal [ɔːrdíːəl, ɔ́ːrdiːl] *n.* (1) ⓒ 가혹한 시련, 괴로운〈체험〉. (2) ⓤ 옛날 튜턴 민족이 쓰던 죄인 판별법《열탕(熱湯)에 손을 넣게 하여 화상을 입지 않으면 무죄로 하는 따위》.

:or·der [ɔ́ːrdər] *n.* (1) ⓒ (종종 *pl.*) 명령, 지휘 ; 훈령 ; 지시 ; 명령서. (2) ⓤ (집회 등의) 규칙 ; 준법 ; (정치 · 사회적) 질서, 치안 ; 체제 ; (의회의 관습상의) 의사 진행 절차. (3) ⓤ 순서, 차례, 순 ; ⓒ 서열, 석차 ; 【文法】 어순(語順) (word ~) (4) ⓤ 정리, 정돈, 정열 ; 태세 ; 질서 (〖opp.〗 *confusion*). (5) ⓤ 상태, (기계의) 정상 상태 (〖opp.〗 *out of order*) ; 건강상태. (6) ⓤ 도리, 이치 ; 인도 : the ~ of nature 자연의 이치. (7) ⓒ 주문, 주문서, 주문품 ; 《美》 주문한 요리 1인분, 일품 : give a grocer an ~ for sugar and butter 식품점에 설탕과 버터를 주문하다. (8) a] (종종 *pl.*) (사회적) 지위, 신분, 계급 : the higher 〈lower〉 ~*s.* 상류〈하층〉 사회 / all ~*s* of society 사회의 모든 계층의 사람들. b] (the ~s) (직업·목적 등이 같은 사람의) 집단, 사회 : *the* military ~ 군인 사회 / the clerical ~ 성직자 사회. (9) ⓒ 결사 ; (종종 O-) (중세의) 기사단 ; (종종 O-) 수도회 : a monastic *Order* 수도회 / the Dominican *Order* 도미니크회. (10) (*pl.*) 성직 ; 【新教】 성직 안수식(按手式), 【카톨릭】 서품식 (ordination) : be in ~*s* 성직에 (종사하고) 있다 / take holy ~*s* 성직자〈목사〉가 되다. (11) ⓒ 종류(kind), 종 ; 【生】 (동식물 분류상의) 목(目)《class와 family 의 중간급》. (12) ⓒ 【建】 양식, 주식(株式) : the Corinthian ~ 코린트식. (13) ⓒ 훈위(勳位) ; 훈장 : the *Order* of the Garter 가터 훈장. (14) ⓤ 【軍】 대형(隊形) . (15) ⓒ 【數】 차수(次數), 도(度). (16) ⓒ 【商】 주문(서) ; 수주(受注)〈구입〉 상품 ; 환, 환어음 ; (어음 따위의) 지정인. (17) ⓒ 《英》 (박물관·극장 등의) 무료(할인) 입장권 ; (특변) 허가증. (18) ⓒ 【宗】 의식, 제전. (19) 【컴】 차례, 주문. ***be on ~*** 주문되어 있다. ***be under ~ to do*** …하라는 명을 받고 있다. ***by ~ of*** …의 명에 의해. ***call to ~*** (의장이) 정숙히 할 것을 명하다 ; …의 개회를 선언하다. ***come to ~*** 조용해지다. ***draw (up) in ~*** 정렬시키다. ***give an ~ for*** …을 주문하다. ***in ~*** 1) 순서를 따라, 차례대로. 2) 정연히, 정돈되어 : keep ... *in* ~ …을 정리해두다 ; …의 질서를 바로잡다 ; …에 규율을 지키게 하다. 3) 규칙에 맞아, 합당〈당연〉한. 4) 바람직한. 5) 건강하여. ***in ~s*** 성직에 종사하여. ***in ~ to*** do = ***in that*** one ***may*** do …하기 위하여. ***in short*** ~ 곧, 조속히. ***of*〈*in*〉 *the ~ of*** 《英》 대개 …(한) 정도의 ***on the ~ of*** 《美》 …와 거의 비슷하여. ***out of ~*** 차례가 어긋나 ; 고장이 나 ; 규칙을 벗어나. ***place an ~*** 주문하다. ***put*** one***'s ideas into ~*** 생각을 정리하다. ***to ~*** 주문에 맞추어〈따라〉.

— *vt.* (1) 《~+目/+目+*to* do/+目+副/+目+前+名/+*that* 節》 …에게 명령하다, …에게 지시하다 ; (특정 장소)에 가〈오〉도록 …에게 명하다. (2) 《~+目/+目+目/+目+前+名/+目+*to* do》 (의사가 환자에게) (약·요법등)을 지시하다《*for*》. (3) 《~ +目/+目+前+名/+目+目》 …을 주문하다, 주문해 가져오게 하다 《*for*》 . (4) (신(神)·운명 등)을 정하다, 명하다. (5) …을 성직에 서임〈임명〉하다. (6) …을 정돈하다, 정리하다 ; 처리하다. — *vi.* 명령〈주문〉하다. ***~ about* 〈*around*〉** 사방에 심부름 보내다 ; 혹사하다. ***Order arms !*** 【軍】 세워총《구령》. ***~ away* 〈*back*〉** 가라〈물러나라〉고 명령하다.

or·dered [ɔ́ːrdərd] *a.* (1) 정연한, 질서바른 ; 규칙적인. (2) 〔흔히 well, badly와 함께 複合語를 이루어〕 정돈된 : *well* -~ 잘 정돈된.

órdered líst 【컴】 차례 목록, 죽보(이)기.

órder fòrm 주문 용지.

or·der·ly** [ɔ́ːrdərli] (more ~ ; most ~***) *a.* (1) 잘 정돈된, 정연한, 규칙적인. (2) 규율 있는, 질서를 지키는, 법을 지키는. — *n.* ⓒ 【軍】 (1) 당번병. (2) 병원의 잡역부(夫).

órder pàper (종종 O- P-) 【英議會】 의사 일정표.

or·di·nal [ɔ́ːrdənəl] *n.* ⓒ 서수(~ number).
— *a.* (1) 순서를 나타내는. (2) 서수의.

órdinal númber 서수《first, second, third 따위》.

·or·di·nance [ɔ́ːrdənəns] *n.* ⓒ (1) 법령, 포고 ; (시·읍·면의) 조례. (2) 【教會】 의식, 《특히》 성찬식 : an Imperial ~ (영)칙령.

·or·di·nar·i·ly [ɔ̀ːrdənèrəli, ⌐-⌐-/ɔ́ːdənrili] *ad.* (1) 〔文章修飾〕 통상, 대개. (2) 보통(은〈으로〉), 예사롭게.

:or·di·nary [ɔ́ːrdənèri/ɔ́ːdənri] (***more ~ ; most ~***) *a.* (1) 보통〈일상〉의, 통상의, 정규의. (2) 범상한, 평범한(commonplace). ***in an* 〈*the*〉 *~ way*** 여느 때 같이〈같으면〉, 보통은, 평상대로.
— *n.* (the ~) 평상 상태. ***in ~*** 상임의, 상무(常務)의. ***out of the ~*** 예외적인, 이상한, 보통이 아닌, 드문.
(파) **ór·di·nàr·i·ness** *n.* 보통 ; 평상 상태.

órdinary séaman 【英海】 2급 선원.

or·di·nate [ɔ́ːrdənèit, -nit] *n.* ⓒ 【數】 세로좌표.

or·di·na·tion [ɔ̀ːrdənéiʃən] *n.* ⓤⓒ 【教會】 성직 수임(授任) (식), 서품(식), 안수(식).

ord·nance [ɔ́ːrdnəns] *n.* ⓤ 〔集合的〕 화기, 대포 ; 병기(weapons), 군수품 ; 군수품부.

Or·do·vi·cian [ɔ̀ːrdəvíʃən] *a.* 【地質】 오르도비스기(紀)〈계〉의 《고생대의 제 2 기》.

or·dure [ɔ́ːrdʒər, -djuər] *n.* ⓤ (1) 오물 ; 배설물. (2) 음탕한 일, 외설 ; 상스러운 말.

:ore [ɔːr] *n.* ⓤⓒ 광석.

***Or·e·gon** [ɔ́ːrigàn, -gən, ár-/ɔ́rigən, -gɔ̀n] *n.* 오리건《미국의 태평양 연안 북부의 주 ; 略 : Ore(g) ; 【美郵】 OR》. (파) **Or·e·go·ni·an** [ɔ̀ːrigóuniən, àr-/ɔ̀r-] *a.*, *n.* 오리건주(州)의 (사람).

Óregon Tráil (the ~) 【美史】 오리건 산길 《Missouri 주에서 Oregon 주에 이르는 3,200km의 도로 ; 1840-60년에 개척자들이 많이 이용》.

Ores·tes [ɔːréstiːz] *n.* 【그神】 오레스테스 《Agamemnon과 Clytemnestra의 아들로, 아버지를 살해한 어머니를 죽임》.

:or·gan [ɔ́ːrgən] *n.*ⓒ (1) 기관(器官), 장기(臟器) ; 《婉》 자지, 양물. (2) 오르간, 《특히》 파이프 오르간.

(3) (활동) 기관, 조직. (4) (보도) 기관 ; 기관지(紙·誌). (5) 음성 : a fine ~ 좋은 음성.

or·gan·blow·er [-blòuər] *n.* ⓒ 파이프 오르간의 풀무 개폐인(開閉人)〈장치〉.

or·gan·dy, -die [ɔ́:rgəndi] *n.* ⓤ 오건디《얇은 모슬린 천》.

órgan grìnder 배럴 오르간 연주자, 거리의 풍각쟁이.

·**or·gan·ic** [ɔ:rgǽnik] (*more* ~ : *most* ~) *a.* (1) 유기체〈물〉의 ; **[**化**]** 유기의 ; 탄소를 함유한. (2) 유기적, 조직적, 계통적(systematic). (3) 고유의, 근본적인 ; 구조상의 ; 타고난, 본질적인. (4) **[**醫**]** 기관(器官)〈장기〉의 ; **[**病理**]** 기질성(器質性)의.

or·gan·i·cal·ly [ɔ:rgǽnikəli] *ad.* (1) 유기적으로 ; 유기 비료를 써서. (2) 조직적으로. (3) 근본적으로.

·**or·gan·ism** [ɔ́:rgənìzəm] *n.* ⓒ (1) 유기체〈물〉; 생물(체). (2) 유기적 조직체《사회 따위》.

·**or·gan·ist** [ɔ́:rgənist] *n.* ⓒ 오르간 연주자.

:**or·gan·i·za·tion** [ɔ̀:rgənəzéiʃən/-nɑiz-] *n.* (1) ⓤ 조직(화), 구성, 편제, 편성. (2) ⓒ 기구, 체제 ; **[**生**]** 생물체, 유기체. (3) ⓒ 조직체, 단체, 조합.
(파) **~·al** *a.* 조직(상)의, 기관의.

organizátion màn 조직에 능한 사람.

:**or·gan·ize** [ɔ́:rgənàiz] *vt.* (1) 《~+目/+目+前+名》(단체 따위)를 조직하다, 편제〈편성〉하다 ; …을 구성하다. (2) …의 계통을 세우다, 정리하다, 체계화하다. (3) (계획·모임 따위)를 준비하다, 편성하다 ; 개최하다. (4) (아무)를 노동조합에 가입시키다, …에 노동조합을 만들다, …을 조직화하다 : ~ workers 노동자를 조직하여 조합을 만들다. — *vi.* 《美》(노동) 조합을 결성하다〈에 가입하다〉, 조직적으로 단결하다. □ organization *n.*

or·gan·ized [ɔ́:rgənàizd] *a.* (1) a] 〔종종 複合語로〕 조직〈편제〉된, 조직적인. b] 머리속이 정리된. (2) 노동조합에 가입한〈조직된〉: ~ labor 조직 노동자.

·**or·gan·iz·er** [ɔ́:rgənàizər] *n.* ⓒ (1) 조직자 ; 창시자 ; (노동조합 따위의) 조직책, (흥행 따위의) 주최자. (2) 분류 서류철, 서류정리 케이스.

órgan lòft (교회의) 오르간을 비치한 2층, 풍금석

or·gasm [ɔ:rgǽzəm] *n.* ⓤⓒ (1) 오르가슴, 성쾌감의 절정. (2) 극도의 흥분, 격노(激怒).
(파) **or·gas·mic** [ɔ:rgǽzmik] **or·gas·tic** [ɔ:rgǽstik] *a.* 술마시고 떠드는, 야단법석을 떠는.

·**or·gy** [ɔ́:rdʒi] *n.* (1) ⓒ a] 진탕 마시고 떠들기, 법석대기, 떠들썩한 술잔치 ; 난교, 섹스 파티. b] (지나치게) 열중함, 탐닉. (2) (*pl.*) (고대 그리스·로마에서 비밀히 행하던) 주신제(酒神祭).

ori·el [ɔ́:riəl] *n.* ⓒ **[**建**]** 퇴창, 벽에서 불쑥 튀어나온 창(= ~ **window**) 《세로 길게, 보통 2층의》.

:**ori·ent** [ɔ́:rənt, ènt] *n.* (1) (the O-) a] 동양, 아시아(〖opp.〗 *Occident*) ; 동양 여러 나라, 특히 극동. b] 《詩》동방, 동쪽 하늘. (2) ⓒ (동양산의) 진주.
— [ɔ́:rènt] *vt.* (1) 《~+目/+目+前+名》 a] (새로운 환경 따위에) …을 적응시키다《*to* ; *toward*》. b] 〔再歸的〕 적응〈순응〉하다《*to* ; *toward*》. (2) 동쪽으로 향하게 하다 ; (교회)를 동향(東向)으로 짓다《제단이 동쪽, 입구가 서쪽이 되도록》. (3) 《+目+副/+目+前+名》 a] …을 특정한 방향에 맞추다. b] 〔再歸的〕 …을 바른 위치에 맞추다.

:**ori·en·tal** [ɔ̀:riéntl] *a.* (흔히 O-) 동양의 ; 동양식의 〖opp.〗 *Occidental*. — *n.* ⓒ (O-) 동양인.
(파) **Ori·én·tal·ist** *n.* ⓒ 동양학자, 동양(어)통.

Ori·en·tal·ism [ɔ̀:riéntəlìzm] *n.* ⓤ (종종 o-) (1) 동양식 ; 동양 문화〈취미〉, 동양말투. (2) 동양학, 동양의 지식.

ori·en·tal·ize [ɔ̀:riéntəlàiz] *vt.*, *vi.* (종종 O-) (…을) 동양식으로 하다〈되다〉, 동양화하다.

***ori·en·ta·tion** [ɔ̀:rientéiʃən] *n.* ⓤⓒ (1) (새로운 환경 등에 대한) 적응, 순응 ; (신입생 · 신입사원 등에 대한) 오리엔테이션, (적응) 지도. (2) 정세 〈상황〉 판단 ; 태도, 관심, 대응. (3) 동쪽으로 향하게 함 ; (교회)를 재단이 동쪽이 되도록 세움 ; (시체의) 발을 동쪽으로 향하게 하여 묻음 ; (기도 등을 할 때) 동쪽을 향함.

orientátion còurse 《美》(대학 신입생에 대한) 오리엔테이션 과정.

o·ri·ent·ed [ɔ́:rièntid] *a.* 〔종종 複合語〕 방향〈관련〉 지워진, 지향성의, 경향의 ; 적응시켜진.

ori·en·teer·ing [ɔ̀:rientíəriŋ] *n.* ⓤ 오리엔티어링 《지도와 나침반으로 목적지를 찾아가는 크로스 컨트리 경기》.

·**or·i·fice** [ɔ́:rəfis, ɑ́rə-/ɔ́ri-] *n.* ⓒ 구멍, 빠끔한 구멍《관(管)·동굴·상처 따위의》.

orig. origin ; original(ly)

:**or·i·gin** [ɔ́:rədʒin, ɑ́rə-/ɔ́ri-] *n.* (1) ⓤⓒ 기원, 발단, 원천 ; 유래 ; 원인, 출처. (2) ⓤ (종종 *pl.*) 태생, 가문, 지체, 혈통. (3) **[**컴**]** 근원. □ original *a.*

:**orig·i·nal** [ərídʒənəl] (*more* ~ ; *most* ~) *a.* (1) 〔限定的〕 최초의(earliest) ; 본래의, 고유의. (2) 〔限定的〕 원물(原物)의, 원본의, 원형의, 원작의, 원도(原圖)의. (3) 독창적인, 창의성이 풍부한(creative).
— *n.* (1) ⓒ 원물, 원형, 오리지널 : This is a copy, not the ~. 이것은 카피지 오리지널이 아니다 / I'll keep a copy, and give you the ~. 나는 카피를 갖고, 네게 원본을 주겠다. (2) (the ~) 원문, 원도(原圖), 원서 ; (사진 등의) 본인, 실물 : I read it in *the* ~. 나는 원서로 그것을 읽었다. (3) ⓒ 독창적인 사람, 기인, 괴짜.

Oríginal dáta **[**컴**]** 근원 자료.

oríginal ínstrument 오리지널 악기.

·**orig·i·nal·i·ty** [ərìdʒənǽləti] *n.* ⓤ (1) 독창성〈력〉, 창작력, 창조력. (2) 창의 ; 신기〈전기〉성, 기발.

·**orig·i·nal·ly** [ərídʒənəli] (*more* ~ ; *most* ~) *ad.* (1) 원래 ; 최초에 ; 최초부터. (2) 독창적으로, 참신하게.

oríginal sín **[**神學**]** 원죄(原罪)

:**orig·i·nate** [ərídʒənèit] *vt.* …을 시작하다, 일으키다 ; 창설하다, 창작하다 ; 발명〈고안〉하다. — *vi.* 《+前+名》 (1) 비롯하다, 일어나다, 생기다, 시작하다 《*from* ; *in* ; *with*》. (2) 《美》(버스·열차 등이) …에서 시발하다《*in* ; *at*》.

orig·i·na·tion [ərìdʒənéiʃən] *n.* ⓤⓒ 시작 ; 일어남 ; 기인 ; 기점 ; 창작, 발명 ; 작성, 시초.

orig·i·na·tive [ərídʒənèitiv] *a.* 독창적인, 창작력 있는 ; 발명의 재간이 있는 ; 참신한, 기발한.

orig·i·na·tor [ərídʒənèitər] *n.* ⓒ 창작〈창시〉자, 창설자, 발기인, 시조, 원조.

ori·ole [ɔ́:riòul] *n.* ⓒ **[**鳥**]** (1) 꾀꼬리. (2) 《美》 찌르레깃과(科)의 작은 새.

·**Ori·on** [əráiən] *n.* (1) **[**그神·로神**]** 오리온《거대한 사냥꾼》. (2) **[**天**]** 오리온자리(the Hunter).

Oríon's Bélt **[**天**]** 오리온자리의 세 별.

Or·lon [ɔ́:rlɑn/-lɔn] *n.* ⓤ 올론《나일론 비슷한 합성섬유 ; 商標名》, 올론 실(천).

or·mo·lu [ɔ́:rməlù:] *n.* ⓤ (1) 도금용 금박《구리·아연·주석의 합금》: an ~ clock 금도금 시계. (2) 〔集

合的] 금도금한 것. — *a*. [限定的] 금도금한.

:or·na·ment [ɔ́:rnəmənt] *n*. (1) ⓤ 꾸밈, 장식. (2) ⓒ 장식품, 장신구 (personal ~*s*). 훈장, 장식용 기구. (3) ⓒ 광채를 더해 주는 사람〈물건〉《*to*》. (4) ⓒ 【樂】 꾸밈음. — [-mènt] *vt*. 《~+目/+目+前+名》…을 꾸미다 ; …의 장식이 되다《*with*》.

·or·na·men·tal [ɔ̀:rnəméntl] *a*. 장식의, 장식적인, 장식용의. 파) **~·ly** [-təli] *ad*.

or·na·men·ta·tion [ɔ̀:rnəmentéiʃən] *n*. ⓤ (1) 장식. (2) [集合的] 장식품(류).

or·nate [ɔ:rnéit, ⌐-] *a*. (1) 잘 꾸민〈장식한〉. (2) (문체가) 화려한. 파) **~·ly** *ad*. **~·ness** *n*.

or·nery [ɔ́:rnəri] *a*. 《美口》 (1) 하등의 ; 성질이 고약한, 비열한 ; 상스러운 ; 짓궂은. (2) 고집센. (3) 화를 잘 내는.

or·ni·thol·o·gy [ɔ̀:rnəθálədʒi/-θɔ́l-] *n*. ⓤ 조류학. 파) **or·ni·tho·log·i·cal** [ɔ̀:rnəθədʒikəl/-lɔ́dʒ-] *a*. 조류학(상)의. **or·ni·thol·o·gist** [ɔ̀:rnəθálədʒist/ -θɔ́l-] *n*. ⓒ 조류학자.

oro·tund [ɔ́:rətʌ̀nd] *a*. (1) (목소리가) 낭랑한. (2) (말 따위가) 과장된, 거창한, 태깔스런. 파) **oro·tun·di·ty** [ɔ̀:rətʌ́ndəti] *n*.

:or·phan [ɔ́:rfən] *n*. ⓒ 고아. — *a*. [限定的] 어버이 없는, 고아를 위한. — *vt*. [흔히 受動으로] …을 고아로 만들다.

or·phan·age [ɔ́:rfənidʒ] *n*. ⓒ 보육원(保育院).

Or·phe·an [ɔ:rfí:ən] *a*. (1) 《詩》 Orpheus의〈같은〉. (2) 절묘한 곡조의, 곡조가 아름다운 ; 황홀케 하는.

Or·phe·us [ɔ́:rfiəs, -fju:s] *n*. 【그神】 오르페우스 《하프의 명수 ; 무생물도 감동시켰다고 함》.

or·rery [ɔ́(:)rəri, ár-] *n*. ⓒ 태양계의(儀).

or·ris [ɔ́(:)ris, ár-] *n*. ⓒ 【植】 흰붓꽃《붓꽃과 (科)》 ; 그 뿌리(orrisroot).

or·ris·root [-rù:t] *n*. ⓒ 흰붓꽃의 뿌리《말려서 향료로 씀》.

orth(o)- '정(正), 직(直)'의 뜻의 결합사《모음 앞에서는 orth-》: *ortho*dox, *orth*icon.

or·tho·don·tics [ɔ̀:rθədántiks/-dɔ́n-] *n*. ⓤ 치과 교정학(矯正學) (dental ~) : (單數 취급) 치열 교정(술).

or·tho·don·tist [ɔ̀:rθədántist/-dɔ́n-] *n*. ⓒ 치열 교정의(醫).

·or·tho·dox [ɔ́:rθədàks/-dɔ̀ks-] (***more ~ ; most ~***) *a*. (1) 옳다고 인정된, 정통의, 정통파의 ; 승인〈공인〉된 ; 전통적인 ; 통상의. (2) (특히 종교상의) 정설《正說)의, 정교(正敎)를 받드는, 정통파의. (3) (O-) 그리스 정교회의 ; (O-) 유대교 정통파의.

Órthodox (Éastern) Chúrch (the ~) 동방 정교회《그리스 및 러시아 정교회 등》.

or·tho·doxy [ɔ́:rθədàksi/-dɔ̀ksi] *n*. ⓤ (1) 정통파적 신앙〈학설〉, 정교 신봉. (2) 정통파적 관행 ; 일반적인 설에 따름.

or·tho·ep·ist [ɔ:rθóuəpist, ɔ́:rθouèp-] *n*. ⓒ 정음(正音)학자.

or·tho·e·py [ɔ:rθóuəpi, ɔ́:rθouèp-] *n*. ⓤ 바른 발음(법) : 정음법(正音法), 정음학.

or·tho·graph·ic, -i·cal [ɔ̀:rθəgrǽfik], [-əl] *a*. 정자법의 ; 철자가 바른. 파) **-i·cal·ly** *ad*.

or·thog·ra·phy [ɔ:rθágrəfi/-θɔ́g-] *n*. ⓤ 바른 철자, 정자법(〖opp.〗 cacography) .

or·tho·pe·dic, -pae·dic [ɔ̀:rθoupí:dik] *a*. 【醫】 정형외과의; 정형술의t. 파) **-di·cal·ly** *ad*.

or·tho·pe·dics, -pae- [ɔ̀:rθoupí:diks] *n*. ⓤ 【醫】 정형외과(학). 파) **-dist** [ɔ̀:rθəpí:dist] *n*. ⓒ 【醫】 정형외과 의사.

or·to·lan [ɔ́:rtələn] *n*. 【鳥】 (1) ⓒ 촉새·멧새류(類). (2) ⓤ 멧새류의 고기.

Or·well [ɔ́:rwel, -wəl] *n*. **George ~** 오웰《영국의 소설가 · 수필가 ; 1903-50》.

-ory *suf*. (1) [名詞 · 動詞에 붙어] '…의, …의 성질을 가진'의 뜻의 형용사를 만듦 : renuciat*ory*, provis*ory*. (2) [名詞語尾] '…의 장소'의 뜻의 명사를 만듦 : dormit*ory*, laborat*ory*.

or·yx [ɔ́:riks] (*pl*. ***~·es, ~***) *n*. ⓒ 【動】 오릭스《아프리카산 영양의 일종》.

Os·car [áskər/ɔ́s-] *n*. (1) 오스카《남자 이름》. (2) ⓒ 【映】 오스카《매년 아카데미상 수상자에게 수여되는 작은 황금상(像)》.

os·cil·late [ásəlèit/ɔ́s-] *vi*. (1) (진자(振子)와 같이) 흔들리다, (시계추처럼) 진동하다 ; (선풍기 따위가) 좌우로 움직이며 돌다 ; (사람이 두 점 사이를) 왕복하다《*between*》. (2) (마음이나 의견 따위가) 왔다갔다) 동 요하다, 흔들리다, 갈피를 못 잡다《*between*》. (3) 【物】 진동하다 ; 【通信】 발진(發振) 하다, 잡음을 내다.

os·cil·la·tion [àsəléiʃən/ɔ̀s-] *n*. ⓤⓒ (1) 진동 ; 동요, 변동 ; 주저, 갈피를 못 잡음. (2) 【物】 (전파의) 진동, 발진(發振) ; 진폭(振幅)

os·cil·la·tor [ásəlèitər/ɔ́s-] *n*. ⓒ (1) 【電】 발진기(器) ; 【物】 진동자(子). (2) 진동하는 것 ; 동요하는 사람. 파) **-la·to·ry** [-lətɔ̀:ri/-lətəri] *a*. 진동하는 ; 흔들리는 ; 동요하는.

os·cil·lo·graph [əsíləgræ̀f, -grà:f] *n*. ⓒ 【電】 오실로그래프《전류의 진동 기록 장치》, 진동 기록기.

os·cil·lo·scope [əsíləskòup] *n*. ⓒ 【電】 오실로스코프, 역전류 검출관.

os·cu·late [áskjəlèit/ɔ́s-] *vt*. 《戱》 …에게 입맞추다, 키스하다. — *vi*. 최대 접촉하다, 상접하다..

파) **òs·cu·lá·tion** [-ʃən] *n*. ⓤ 《戱》 입맞춤.

osier [óuʒər] *n*. ⓒ 【植】 (1) 버드나무. (2) 말채나무. (3) 고리버들 ; 그 가지.

Osi·ris [ousáiəris] *n*. 【이집트 神】 오시리스《명부(冥府)의 왕》.

Os·lo [ázlou, ás-/ɔ́z-, ɔ́s] *n*. 오슬로《노르웨이의 수도·해항》.

os·mi·um [ázmiəm, /ɔ́z-] *n*. ⓤ 【化】 오스뮴《금속 원소 ; 기호 Os ; 번호 76》.

os·mo·sis [azmóusis, as-/ɔz-] *n*. ⓤ (1) 【化】 삼투 ; 배어듦, 침투. (2) 서서히 침투함〈영향을 끼침〉.

os·mot·ic [azmátik, as-/ɔzmɔ́t-] *a*. 【化】 삼투(성)의 : ~ pressure 삼투압.

os·prey [áspri/ɔ́s-] *n*. ⓒ 【鳥】 물수리.

os·se·ous [ásiəs/ɔ́s-] *a*. 뼈의, 뼈가 있는, 골질(骨質)의.

os·si·fi·ca·tion [àsəfəkéiʃən/ɔ̀s-] *n*. ⓤ (1) 뼈로 됨〈변함〉, 골화 ; 골화한 부분. (2) (감정·감각의) 경화, 정형화 ; (사상 따위의) 경직화.

os·si·fy [ásəfài/ɔ́s-] *vt*. (1) …을 뼈로 변하게 하다, 골화(骨化)하다. (2) …을 경직시키다, 고정하다. (3) 무정하게 (보수적으로) 하다. — *vi*. (1) 골화되다. (2) 경화되다.

os·su·ary [áʃuèri, ásjuəri/ɔ́sjəri] *n*. ⓒ (1) 납골당. (2) 뼈단지.

os·ten·si·ble [asténsəbəl/ɔs-] *a*. [限定的] 외면(상)의 ; 표면의, 거죽만의, 겉치레의.

os·ten·si·bly [asténsəbli/ɔs-] *ad.* 표면상.

os·ten·sive [asténsiv/ɔs-] *a.* (1) 구체적으로 나타내는, 명시하는. (2) = OSTENSIBLE.

os·ten·ta·tion [àstəntéiʃən/ɔ̀s-] *n.* ⓤ 허식 ; 겉보기 ; 겉치장, 과시.

os·ten·ta·tious [àstəntéiʃəs/ɔ̀s-] *a.* 여봐란 듯한, 과시하는, 겉보기를 꾸미는, 자랑삼아 드러내는, 화려한. 파) **~·ly** *ad.*

os·te·o·ar·thri·tis [àstiouɑːrθáitis/ɔ̀s-] *n.* ⓤ 【醫】 골관절염.

os·te·ol·o·gy [àstiálədʒi/ɔ̀stiɔ́l-] *n.* ⓤ 골학(骨學).

os·te·o·path [ástiəpæ̀θ/ɔ́s-] *n.* ⓒ 정골(整骨) 요법사.

os·te·op·a·thy [àstiápəθi/ɔ̀stiɔ́p-] *n.* ⓤ 오스테오파티〈정골〉 요법, 안마술(massage).

os·te·o·po·ro·sis [àstioupəróusis/ɔ̀s-] (*pl.* ***-ro·ses*** [-siːz]) *n.* ⓤ 【醫】 골다공증(骨多孔症).

ost·ler [áslər/ɔ́s-] *n.* ⓒ 《英》 (여관의) 말구종.

os·tra·cism [ástrəsìzəm/ɔ́s-] *n.* ⓤ (1) 추방, 배척. (2) 【古그】 오스트라시즘, 도편(陶片) 추방.

os·tra·cize [ástrəsàiz/ɔ́s-] *vt.* (1) …을 추방〈배척〉하다. (2) …을 도편추방하다.

***os·trich** [ɔ́(ː)stritʃ, ás-] *n.* ⓒ (1) 【鳥】 타조. (2) 《口》 현실 도피자.

OT, O.T. Old Testament(구약 성서). 【cf.】 N.T.

Othel·lo [ouθélou] *n.* 오셀로《Shakespeare의 4대 비극 중의 하나, 그 주인공》.

⁝**oth·er** [ʌ́ðər] *a.* (1) 〔複數名詞의 앞, 또는 no, any, some, one, the 따위와 함께〕 다른, 그 밖〈이외〉의 《單數名詞를 직접 수식하는 경우에는 another를 사용함》.
(2) a〕 (the ~ 또는 one's ~) (둘 중) 다른 하나의 ; (셋 이상 중) 나머지(전부)의. b〕 (the ~) 저편〈쪽〉의 ; 건너편의, 반대의(opposite).

☞ 參考 1) ***the other* books** 와 ***other* books** 일정한 무리 중에서 문제가 되고 있는 것을 제외한 '나머지(전부)의…'가 *the other* … 이고, 임의의 '다른…'이 *other* … 임 : *the other* people 나머지 사람들《限定》 ≒ *other* people 다른 사람들, 타인《不定》.
2) ***the other* book** 과 ***another* book** 전기한 특수한 경우로서 무리 중의 나머지가 한 개뿐임을 알고 있을 때 그 나머지 하나를 가리킴이 *the other* …, 임의의 다른 하나를 가리키는 것이 *another* …으로 됨. *the other* side of the street '길 건너편'은 *another* …로는 안 됨. 길거리에는 양측밖에 없으므로. *another* aspect of the problem '문제의 다른 일면'은 가능함. 몇 개고 나머지 면이 있을 수 있으므로.

(3) 〔~ than 의 형태로 ; 흔히 (代)名詞의 뒤 또는 敍述的으로 쓰이어〕 (…와는) 다른 ; …이외의.
(4) a〕 이전의, 옛날의 ; 장래의, 미래의. b〕 (the ~) 〔날·밤·주(週) 따위를 나타내는 名詞를 수식하여 副詞的으로〕 요전의, 얼마 전의. ***among ~ things*** ⇨ AMONG(成句). ***every ~ ..*** ⇨ EVERY. ***in ~ words*** ⇨ WORD. ***none ~ than*** ⇨ NONE. ***on the ~ hand*** ⇨ HAND. ***~ things being equal*** 다른 조건이 같으면. ***the ~ way about* 〈*around*〉** ⇨ WAY.
— (*pl.* ***~s***) *pron.* (1) 〔흔히 複數形으로 ; one, some, any를 수반할 때에는 單數形도 씀〕 다른 〈딴〉 사람, 다른〈딴〉것 ; 그 밖〈이외〉의 것《단독으로 單數를 가리킬 때엔 another를 씀》.
(2) a〕 (the ~) (둘 중의) 다른 한쪽(의 사람·것) ; (셋 이상 중의) 나머지 한 개〈사람〉. b〕 (the ~s) (셋 이상 중의) 나머지 전부(의 사람·것). ***among ~s*** ⇨ AMONG. 1) 많은 가운데, 그 중에서도 특히. 2) 참가하여, 끼어. ***and ~s*** …따위, …등. ***each ~*** ⇨ EACH. 서로. ***of all ~s*** 1) 그 중에서도, 특히. 2) 하필이면 : on that day *of all ~s*. 하필이면 그 날에. ***one after the ~*** (둘이) 차례로 번갈아. ***one from the ~*** 갑과 을을 분간〈구분〉하여. ***some ... or ~(s)*** 무언가, 누군가, 어딘가《some 뒤의 名詞는 흔히 단수형》. ***this, that, and the ~.*** ⇨ THIS (*pron*).
— *ad.* 〔否定·疑問文에서〕 그렇지 않고, (…와는) 다른 방법으로, 달리《*than*》.

oth·er-di·rect·ed [ʌ́ðərdiréktid] *a.* 남의 기준에 따르는, 타인 지향의, 타율적인, 주체성이 없는.

óther hálf (one's ~) 《口》 남편 ; 아내.

⁝**oth·er·wise** [ʌ́ðərwàiz] *ad.* (1) 딴 방법으로, 그렇지는 않고. (2) 〔종종 命令法·假定法過去 따위를 수반하여〕 만약 그렇지 않으면. (3) 그 밖의 다른 점에서는.
— *a.* (1) 〔敍述的〕 딴 것의, 다른. (2) 〔限定的〕 만약 그렇지 않다면 …인〈일지도 모르는〉. ***his ~ equals*** 다른 점에서는 그에게 필적하는 사람들. ***and ~*** …과 그렇지 않은 것, 기타. ***or ~*** …인지 아닌지, 또는 그 반대로.

óther wóman (the ~) 정부(情婦).

óther wórld (the ~) 저승, 내세 ; 공상의(이상의) 세계.

oth·er·world·ly [-wə́ːrldli] *a.* (1) 저승의, 내세의. (2) 공상적인 ; 초세속적인, 초속적인.

oti·ose [óuʃiòus, óuti-] *a.* (1) 불필요한 ; 연분의. (2) 쓸모없는. 파) **~·ly** *ad.*

oto·lar·yn·gol·o·gy [òutoulæ̀riŋgálədʒi/-gɔ́l-] *n.* ⓤ 【醫】 이비인후학(耳鼻咽喉學).

otol·o·gy [outálədʒi/-tɔ́l-] *n.* ⓤ 【醫】 이과(耳科)(학).

Ot·ta·wa [átəwə, -wɑ̀ː/ɔ́təwə-] *n.* 오타와《캐나다의 수도》.

***ot·ter** [átər/ɔ́t-] *n.* (1) ⓒ 【動】 수달. (2) ⓤ 수달피.

Ot·to·man [átəmən/ɔ́t-] *a.* 오스만 제국의 ; 터키 사람〈민족〉의. — (*pl.* ***~s***) *n.* (1) ⓒ 터키 사람. (2) ⓒ a〕 (o-) 오토만, (등받이 없는) 긴의자. b〕 쿠션 달린 발판. (3) ⓤ 일종의 견직물.

ou·bli·ette [ùːbliét] *n.* ⓒ 【史】 (옛날 성 안의) 비밀 지하 감옥.

·**ouch** [autʃ] *int.* 아야, 아얏, 아이쿠.

⁝**ought** [ɔːt] *aux. v.* 〔항상 to가 붙은 不定詞를 수반하며, 과거를 나타내려면 흔히 完了形不定詞를 함께 씀〕 (1) …해야만 하다, …하는 것이 당연하다. (2) …하기로 되어 있다, (틀림없이) …할 것이다, …임에 틀림없다.

ought·n't [ɔ́ːtnt] ought not의 간약형.

Oui·ja [wíːdʒə] *n.* ⓒ (심령(心靈) 전달에 쓰이는) 점판(占板), 부적판《商標名》.

⁝**ounce** [auns] *n.* (1) ⓒ (중량 단위의) 온스《略 : oz》. (2) ⓒ (액량 단위의) 온스(fluid ~). (3) (an ~) 극소량(a bit) 《*of*》.

⁝**our** [auər, ɑːr] *pron.* 〔we 의 所有格〕 (1) a〕 우리의, 우리들의. b〕 (O-) 〔神에 대한 呼稱〕 우리(들)의. (2) 짐(朕)의, 과인(寡人)의《군주가 my 대신 써서》. (3) (신문 등이 의견을 발표할 때) 우리의, 우리 사(社). (4) 《英口》 우리네의, 우리 친구의.

-our *suf*. = -OR².
⁝ours [auərz, ɑːrz] *pron*. 〔we의 所有代名詞〕 (1) 우리의 것. (2) (… of ~) 우리들의.
our·self [àuərsélf, ɑːr-] *pron*. 짐(朕)이 친히 ; 나 스스로, 본관(本官).
⁝our·selves [àuərsélvz, ɑːr-] *pron*. *pl*. (1) 〔强意 用法〕 우리 자신. (2) 〔再歸用法〕 우리 자신을〈에게〉, 우리 스스로가. (3) 보통 때와 같은(정상적인) 우리들. ***by*** ~ 우리들만으로, 독립으로 ; 우리들 이외에 아무도 없이. ***beside*** ~ ⇨ oneself. ***for*** ~ 독력으로 : 우리들을 위하여.
-ous *suf*. (1) '…이 많은, …성(性)의, …의 특징을 지닌, …와 비슷한 ; 자주 …하는, …의 버릇이 있는' 의 뜻의 형용사를 만듦 : danger*ous*, pomp*ous*. (2) 【化】 (-ic의 어미의 산(酸)에 대하여) '아(亞)'의 뜻 : nitr*ous*, sulfur*ous*.
·oust [aust] *vt*. (1) 《~+目/+目+前+名》 …을 내쫓다, 구축하다《*from*》. (2) …을 뺏다, 탈취하다. (파) **∠·er** *n*. ⓤⓒ (1) 추방. (2) 【法】 (재산 따위의) 몰수, 박탈.
⁝out [aut] *ad* 《be 動詞와 결합된 때에는 形容詞로 볼 수도 있음》.
a〕《안에서 밖으로의 방향·위치》
(1) 밖에〈으로〉, 외부에〈로〉.
(2) 집 밖에〈으로〉 ; 외출하고, 집에 없어, 부재중 ; 도회〈고국〉을 떠나.
(3) (배 따위가) 육지를 떠나서, 먼 바다에 나가서, 해상에, 공중에.
(4) (밖으로) 내밀어, 나와 ; 뻗(치)어 ; 펼치어.
(5) a〕 골라〈뽑아〉 내어. b〕 제거하여, 제외하여.
(6) 빌려〈내〉주어, 대출(貸出)하여 ; 임대(賃貸)하여 ; (여러 사람들에게) 분배하여.
(7) 내쫓아 ; 정권을 떠나, 재야(在野)에 ; 공직〈현직〉에서 물러나(not in office).
(8) 《口》 일을〈학교를〉 쉬고 ; 파업〈동맹휴학〉을 하고.
(9) (테니스 등에서) (볼이) 아웃되어(【opp.】 *in*).
b〕《출현·발생》
(1) a〕 (무엇이) 나타나, 나와, 출현하여 ; (어떤 일이) 일어나. b〕 (비밀 따위가) 드러나, 탄로가 나. c〕 공표되어, 발표되어서 ; (책이) 출판되어.
(2) a〕 (꽃 따위가) 피어 ; (잎이) 나와. b〕 (병아리가) 깨어, 부화되어.
(3) a〕 큰 소리로 ; 들릴〈들을〉 수 있도록.
c〕《상태(常態)로부터의 이탈》
(1) a〕 (본래의 상태에서) 벗어나 ; 부조(不調)를 보이고 ; (몸의) 상태가 좋지 않아 ; (…점에서) 틀려《*in*》 ; 손해를 보고. b〕 (…일로) 불화(不和)하여《*over* ; *about*》 ; (…와) 사이가 틀어져《*with*》.
(2) (정상 상태를) 잃고, 혼란에 빠져 ; 의식〈정신〉을 잃고 ; (권투에서) 녹아웃되어.
(3) 《口》 (생각·안(案) 등이) 문제 밖에, 실행 불가능하여 ; 금지되어.
d〕《기능의 정지》
(1) 제 기능을 못 하게 되어.
(2) a〕 없어져, 다하여 ; 품절되어. b〕 (불·촛불 따위가) 꺼져. c〕 (기한 따위가) 다 되어, 끝나, 만기가 되어. d〕 《口》 유행하지 않게 되어, 유행이 지나〈스러져〉 (【opp.】 *in*).
(3) a〕 【野·크리켓】 아웃이 되어. b〕 【크리켓】 퇴장이 되어.
E〕《완료》
(1) 끝〈최후〉까지 ; 완전히, 철저하게.
(2) (서류 따위의) 처리를 끝내어, 기결(既決)의 (【opp.】 *in*).
(3) 【골프】 (18홀의 코스에서) 전반(9홀)을 마치어, 아웃이 되어.
all ~ ⇨ ALL. (1) 오나전히, 전혀. (2) 전력을 다하여. ***be*** ~ ***and about*** (사람이 병후에) 외출〈활동, 일〉할 수 있게 되다(be up and about). ***be*** ~ ***for*** 〈***to*** do〉 ... 《口》 …을 얻으려고〈…하려고〉 힘을 쓰다. ~ ***and away*** 훨씬(by far), 단연(코), 빼어〈뛰어〉나게 (far and away). ~ ***and home*** 〈***back***〉 갈때나 올때나. ~ ***and*** ~ 철저한〈하게〉, 전적으로, 완전한〈히〉《흔히 바람직하지 않은 뜻으로 쓰임》. ~ ***of*** 1) …의 안에서 밖으로, …의 밖으로 (【opp.】 *into*). 2) (어떤 수) 중에서. 3) …의 범위 밖에, …이 미치지 않는 곳에. 4) a〕 …(상태)에서 떠나, …을〈에서〉 벗어나 ; …이 없어 ; …을 잃고. 5) 〔동기·원인〕 …에서, … 때문에. 6) 〔재료를 나타내어〕 …으로. 7) 〔기원·출처·출신〕 …에서, …로부터(의). 8) 〔결과〕 …을 잃게 ; …하지 않게 (【opp.】 *into*). ~ ***of doors*** ⇨ OUT-OF-DOORS. *ad*. ~ ***of it*** 〈***things***〉 1) (계획·사건 등에) 관여〈관계〉 하지 않고, 그것에서 제외되어. 2) 《口》 따돌림을 받아, 고립하여, 외로운. 3) 《美》 틀리어, (진상을) 잘못 알고, 추측을 잘못하고. 4) 할 바를 몰라 ; 기운을 잃어. 5) 시대〈유행〉에 뒤져. ~ ***there*** 저쪽에, 저쪽에 ; 《俗》 싸움터에. ~ ***to lunch*** ⇨ LUNCH. ***Out with it !*** 《口》 털어놔, 말해. ***Out you go !*** 《口》 나가라, 꺼져.
— *prep*. (1) 《美·英口》 (문·창 따위)를 통하여 밖으로, …로 부터(밖으로).
(2) 《美》 …의 밖에, …의 외측에(outside). ~ ***front*** ⇨ FRONT.
— *a*. (1) 〔限定的〕 밖의 ; 멀리 떨어진. (2) 【골프】 (18홀의 코스에서) 전반(9홀)의, 아웃의.
— *n*. (1) (the ~) 바깥쪽, 외부(outside), 옥외(屋外). (2) ⓒ 공직〈현직〉을 떠난 사람 ; 실직한 사람 ; (the ~s) 《英》 야당 (【opp.】 *ins*). (3) (*pl*.) (경기의) 수비측. (4) ⓒ 【野】 아웃. (5) (an ~) (일·비난 따위를 모면하기 위한) 변명, 구실. ***be at*** 〈***on the***〉 ~***s*** (***with***) (…와) 사이가 나쁘다〈틀어지다〉. ***from*** ~ ***to*** ~ 끝에서 끝까지, 전장(全長). on the ~s with 《美口》 …와 불화하여. ***the ins and*** ~***s*** ⇨ IN.
— *vi*. 〔흔히 will ~의 형식으로〕 나타나다(come out) ; (못된 일 따위가) 드러나다.
— *vt*. (1) 《口》 …을 좇아내다 : *Out* that man ! 저 사람을 좇아내라. (2) 【拳】 …을 때려눕히다 ; 【競】 아웃이 되게 하다 ; (테니스에서 공)을 선 밖으로 치다. (3) (불 따위)를 끄다.
out- *pref*. 〔動詞·名詞 등의 앞에 붙어〕 (1) 바깥(쪽)에, 앞으로, 떨어져. (2) …보다 훌륭하여, … 이상으로, …을 넘어서, 능가하여. (3) 〔인명에 붙여서 동사가 되며, 보통 그 인명을 목적으로 하여〕 이를 능가하는 뜻을 지님.
out·age [áutidʒ] *n*. (1) ⓤ (가스·수도 등의) 공급정지, 특히, 정전(停電), (2) ⓒ 정전〈단수〉 시간, 공급정지 기간.
out-and-out [áutndáut] *a*. 〔限定的〕 순전한, 철저한.
out-and-out·er [-ər] *n*. ⓒ 《俗》 (1) 철저히 하는 사람, 비상한 재사. (2) 극단적인 사람.
out·back [∠bæ̀k] *n*. (the ~) 《Austral.》 (미개척의) 오지(奧地), 벽지.
out·bal·ance [∸bǽləns] *vt*. …보다 더 무겁다 ; …을 능가하다, …보다 중요하다.
out·bid [∸bíd] (***-bid, -bade ; -bid, -bid- den ; -***

bid -ding) *vt.* (경매에서) …보다 비싼 값을 매기다.
out·board [ˊbɔ̀ːrd] *a.*, *ad.* 【海】 배 밖의〈으로〉; 뱃전의〈으로〉; 기관을 외부에 장치한. — *n.* ⓒ 선외 엔진이 달린 보트.
out·bound [ˊbáund] *a.* (1) 외국으로 가는. (2) (교통 기관 등이) 시외로 가는.
out·brave [ˋbréiv] *vt.* 용감히 …에 맞서다; …을 조금도 두려워하지 않다; …을 압도〈능가〉하다.
:out·break [áutbrèik] *n.* ⓒ (소동·전쟁·유행병 따위의) 발발, 돌발, 폭동, 소요.
out·build·ing [ˊbìldiŋ] *n.* ⓒ 딴채; 헛간.
·out·burst [ˊbə̀ːrst] *n.* ⓒ (1) (화산 따위의) 폭발, 파열. (2) (감정 따위의) 격발, (눈물 따위가) 쏟아져 나옴.
out·cast [ˊkæ̀st, ˊkɑ̀ːst] *a.* (집·사회에서) 내쫓긴, 쫓겨난, 버림받은; 집없는. — *n.* ⓒ 추방당한 사람, 부랑자.
out·caste [ˊkæ̀st, ˊkɑ̀ːst] *n.* ⓒ《Ind.》자기 소속 계급에서 추방당한 사람. 【cf.】 caste.
out·class [ˋklǽs, ˋklɑ́ːs] *vt.* …보다 고급이다; …보다 훨씬 낫다, …을 능가하다, …보다 뛰어나다.
:out·come [ˊkʌ̀m] *n.* ⓒ (흔히 *sing.*) 결과, 성과.
out·crop [ˊkrɑ̀p/ˊkrɔ̀p] *n.* ⓒ (1) 【地質】 노두(露頭): weathered ~s in the rock 바위의 풍화된 노출부. (2) 돌발, (갑작스러운) 출현.
·out·cry [ˊkrài] *n.* ⓒ 강렬한 항의; 반대.
out·dat·ed [ˋdéitid] *a.* 구식의, 시대에 뒤(떨어)진.
out·dis·tance [ˋdístəns] *vt.* (경쟁 상대)를 훨신 앞서다, …보다 낫다.
out·do [ˋdúː] (**-did**; **-done**) *vt.* 《~+目/+目+前+名》 (1) …을 능가하다. (2) 〔再歸的〕 이제까지보다〈의외로〉잘 하다.
:out·door [ˊdɔ̀ːr] *a.* 〔限定的〕 집 밖의, 야외의.
:out·doors [ˋdɔ́ːrz] *ad.* 문 밖에서〈으로〉, 야외에서〈로〉. — *n.* ⓒ (흔히 the ~) 옥외(open air), 문밖. 파) **~y** [-zi] *a.* 옥외운동을 좋아하는.
out·doors·man [-mən] (*pl.* **-men**) *n.* ⓒ 야외활동〈생활, 스포츠〉 애호가.
out·draw [ˋdrɔ́ː] *vt.* (1) (권총 등)을 더 빨리 뽑다. (2) (인기·청중 등)을 더 많이 끌다. 인기가 있다.
:out·er [áutər] (최상급 **~·most** [-mòust, -məst], ***out·most*** [áutmòust]) *a.* 〔限定的〕 밖의, 외부〈외면〉의, 외면적인. 〖opp.〗 *inner*.
óuter éar 【解】 외이(外耳).
óuter mán (the ~) (남자의) 옷차림, 복장, 풍채.
out·er·most [áutərmòust, -məst] *a.* 〔限定的〕 가장 바깥(쪽)의, 가장 먼.
óuter spáce 대기권외, 우주.
out·er·wear [áutərwὲər] *n.* ⓤ 〔集合的〕 옷 위에 덧입는 겉옷·외투·비옷따위.
óuter wóman (the ~) (여자의) 옷차림, 복장, 외양.
out·face [ˋféis] *vt.* (1) …을 노려보아 질리게 하다. (2) …에게 대담하게 대항하다; 도전하다.
out·fall [ˊfɔ̀ːl] *n.* ⓒ (1) 강어귀. (2) 유출〈배출〉구, (물이) 흘러 떨어지는 곳(outlet).
·out·field [ˊfìːld] *n.* (the ~) (1) 【野·크리켓】 외야(外野). (2) 〔集合的; 單·複數 취급〕 외야진, 변두리 밭. 〖opp.〗 *infield*. 파) ***~·er** *n.* ⓒ 외야수.
out·fight [ˋfáit] (*p.*, *pp.* **-fought**) *vt.* …와 싸워이기다.
:out·fit [ˊfit] *n.* ⓒ (1) (여행 따위의) 채비, 장비; (배의) 의장(艤裝). (2) (특정한 활동·장사 등의) 도구 한 벌; 용품류; (특정한 경우의) 의상 일습. (3)《口》〔集合的; 單·複數 취급〕 (협동활동의) 단체, 집단, 일단; 회사; 부대.
— (**-tt-**) *vt.* 《~+目/+目+前+名》 …에게 채비를 차려 주다, 갖추어 주다, …을 공급하다《*with*》. 파) **~·ter** *n.* ⓒ 장신구상, 운동〈여행〉용품상.
out·flank [ˋflǽŋk] *vt.* 【軍】 (1) (적의) 측면을 포위하다. (2) …의 선수치다, 적의 허를 찌르다, 계책으로 누르다.
out·flow [ˊflòu] *n.* (1) ⓤ 유출. (2) ⓒ 유출물, 유출량.
out·fox [ˋfɑ́ks/ˋfɔ́ks] *vt.* …을 앞지르다, 의표를 찌르다(outsmart).
out·front [ˋfrʌ́nt] *a.* 솔직한, 숨김 없는.
out·gen·er·al [ˋdʒénərəl] (**-l-**, 《英》 **-ll-**) *vt.* …을 작전으로〈전술로〉 이기다, 술책에 빠뜨리다.
out·go [àutgóu, ˊˋ] (*pl.* **~es**) *n.* ⓒ 출비(出費), 지출, 출발, 퇴거. 〖opp.〗 *income*.
·out·go·ing [ˊgòuiŋ] *a.* (1) 〔限定的〕 나가는, 출발하는; 떠나가는; 은퇴하는. (2) 사교적〈개방적〉인. — *n.* (1) ⓤ 나감; 길을 떠남, 출발; 퇴직. (2) (흔히 *pl.*) 출비(出費), 지출.
out·grow [ˋgróu] (**-grew** [-grúː]; **-grown** [-gróun]) *vt.* (1) …에 들어가지 못할 정도로 커지다, 몸이 커져서 입지 못하게 되다. (2) …보다도 커지다〈빨리 자라다〉.
out·growth [ˊgròuθ] *n.* ⓒ (1) 자연적인 발전〈산물〉, 결과; 부산물. (2) 생성물; 새싹; 싹틈.
out·guess [ˋgés] *vt.* (상대방의 의도 따위)를 미리 짐작하다, 낌새를 미리 알다, 꿰뚫어보다.
out-Her·od [ˋhérəd] *vt.* …보다 포학하다《흔히 다음 成句로》. **~ Herod** 포학함이 헤롯 왕을 빰치다《Shakespeare작 *Hamlet*에서》.
out·house [ˊháus] *n.* ⓒ (1) 딴채; 헛간. (2)《美》옥외 변소.
·out·ing [áutiŋ] *n.* ⓒ 들놀이, 야유회, 소풍(excursion).
out·land [áutlæ̀nd] *n.* ⓒ (1) (흔히 *pl.*) 변두리; 변경, 멀리 떨어진 땅, 외딴 섬. (2) 외국.
out·land·er [áutlæ̀ndər] *n.* ⓒ 외국인; 외래자; 《口》외부 사람, 국외자, 문외한.
out·land·ish [autlǽndiʃ] *a.* 기이〈기묘〉한, 외딴, 이상스러운.
파) **~·ly** *ad.* **~·ness** *n.*
out·last [àutlǽst, -lɑ́ːst] *vt.* (1) …보다 오래 견디다〈가다, 계속하다〉. (2) …보다 오래 살다.
·out·law [áutlɔ̀ː] *n.* ⓒ 법익 피박탈자(法益被剝奪者)《법률상의 보호를 박탈당한 사람》; 무법자.
— *vt.* (1) …로부터 법의 보호를 빼앗나, 사회에서 매장하다. (2) 불법이라고 (선언)하다, 금지하다.
파) **~·ry** [-ri] *n.* ⓤ 법익박탈; 사회적 추방(처분); 금지, 비합법화; 무법자의 상태; 법률 무시.
óutlaw strìke 불법 파업.
·out·lay [ˊlèi] *n.* ⓒ (흔히 *sing.*) 비용, 출비, 소비경비.
:out·let [áutlet, -lit] *n.* ⓒ (1) 배출구, 출구; 배수구. 【cf.】 intake. (2) (감정 등의) 토출구. (3) 팔곳, 판로, 대리점. (4) 【電】 콘센트.
:out·line [ˊlàin] *n.* ⓒ (1) 윤곽, 외형(선), 약도. (2) 대요, 개요, 개설, 요강. (3) 【컴】 테두리, 아우트라인. ***give an ~ of*** …의 대요를 설명하다. ***in ~*** 윤곽으로 나타낸; 개략의: a map *in* ~ 약도.

— *vt.* (1) …의 윤곽을〈약도를〉 그리다〈표시하다〉. (2) 개설하다, …의 대요를 말하다.

·**out·live** [àutlív] *vt.* (1) …보다도 오래 살다 ; …보다 오래 계속하다〈가다〉, 살아 남다. (2) 오래 살아서〈되어서〉 …을 잃다.

:**out·look** [áutlùk] *n.* ⓒ (흔히 *sing.*) (1) 조망, 전망, 경치《*on* ; *over*》. (2) 예측, 전망, 전도《*for*》. (3) 사고방식, 견해.

out·ly·ing [⌐làiiŋ] *a.* 〔限定的〕 중심을 떠난, 바깥에 있는 ; 동떨어진 ; 외진, 변경의.

out·ma·neu·ver, 《英》 **-noeu·vre** [⌐mənú:vər] *vt.* 책략으로 …에게 이기다, …의 허를 찌르다.

out·match [⌐mǽtʃ] *vt.* …보다 상수이다, …보다 낫다, 앞지르다, …을 능가하다.

out·mod·ed [⌐móudid] *a.* 구식의, 유행에 뒤진 ; 통용되지 않는.

out·most [áutmòust/-məst] *a.* 제일 밖의 ; 가장 먼(outermost).

out·num·ber [àutnʌ́mbər] *vt.* …보다 수가 많다 ; ~보다 수적(數的)으로 우세하다.

out-of-bounds [⌐əvbàundz] *a., ad.* 경계선〈제한 구역〉 밖의〈밖으로〉.

out-of-court [⌐əvkɔ́:rt] *a.* 법정 밖의 ; 합의에 의한 : an ~ settlement 법정 밖에서의 화해.

·**out-of-date** [⌐əvdéit] (***more ~ ; most ~***) *a.* 구식인, 시대에 뒤떨어진, 낡은. 【cf.】 up-to-date. ※ 보어로 쓰일 때는 out of date 로 하는 것이 보통임.

out-of-door [⌐əvdɔ́:r] *a.* = OUTDOOR.

out-of-doors [⌐əvdɔ́:rz] *ad., n.* = OUTDOORS.

out-of-pock·et [⌐əvpɑ́kit/-pɔ́k-] *a.* 현금지급의, 맞돈의 : ~ expenses 현금 지급 경비.

óut of ránge 【컴】 범위 넘음《지정된 범위를 벗어난 값》.

out-of-the-way [⌐əvðəwéi] *a.* (1) 외딴, 벽촌의, 시골 구석의 : an ~ inn up in the hills 산속 외딴 곳에 있는 여관. (2) 보통이 아닌, 괴상한, 진기한(eccentric) : His taste in music is a bit ~. 그의 음악 취미는 약간 괴상하다.

out-of-town [⌐əvtáun] *a.* (1) 다른 고장의. (2) 다른 고장에서 열리는.

out·pace [àutpéis] *vt.* (1) …보다 빨리 걷다. (2) 따라가 앞서다, …을 앞지르다 ; 능가하다 : a company that has consistently ~*d* the competition in sales 매상에서 경쟁사를 계속 능가하고 있는 회사.

out·pa·tient [⌐pèiʃənt] *n.* ⓒ (병원의) 외래환자. 【cf.】 inpatient.

out·per·form [àutpərfɔ́:rm] *vt.* (기계 따위가) …보다 성능이 우수하다 ; (사람이) …보다 기량이 위다. ~보다 성능이 낫다 : The new Pentium computers ~ our 486s. 새로운 펜티엄 컴퓨터는 우리 486 컴퓨터보다 성능이 우수하다.

out·place·ment [⌐pléismənt] *n.* ⓤⓒ (고용주의 고용인에 대한) 재취직 주선, 전직(轉職)알선.

out·play [⌐pléi] *vt.* 【競】 (상대)에게 이기다, 경기에서 상대방을 패배시키다.

out·point [⌐pɔ́int] *vt.* (경기에서) …보다 점수를 많이 따다 ; 【拳】 …에게 판정승하다.

out·post [⌐pòust] *n.* ⓒ (1) 변경의 식민〈거류〉지. (2) 【軍】 전초(前哨), 전초 부대〈지점〉, 전진기지 : We keep only a small garrison of men at our desert ~*s*. 우리는 사막의 전초 진지에 작은 수비대밖에 두고 있지 않다.

out·pour [àutpɔ́:r] *vt.* …을 흘려 내보내다, 유출하다. — [⌐⌐] *n.* ⓒ 흘러나옴, 유출 ; 유출물. 파) **óut·pòur·ing** [-riŋ] *n.* ⓒ (1) 흘러나옴, 유출(물) : the ~ *ing* of carbon dioxide from factories 공장에서의 탄산 가스 배출. (2) (*pl.*) (감정 등의) 발로, 토로 ; (감정적인) 말 : ~ *ings* of grief 우러나오는 슬픔.

:**out·put** [áutpùt] *n.* ⓒ (1) 산출, 생산 ; 산출〈생산〉고 ; 생산물 ; (문학 등의) 작품수〈량〉 : a sudden ~ of energy 별안간 힘을 냄 / *Output* is up 30%-on last year. 작년에는 생산고가 30% 증가했다. (2) 【電】 출력, 발전력. (3) 【컴】 출력《컴퓨터 내에서 처리된 정보를 외부장치로 끌어냄 ; 또 그 정보》. 【opp.】 *input*.
— *vt.* 【컴】 (정보)를 출력하다.

óutput dàta 【컴】 출력 자료.

óutput devìce 【컴】 (인쇄기, VDU 등의) 출력장치.

:**out·rage** [áutrèidʒ] *n.* (1) ⓤⓒ 침범, 위반 ; 불법행위 : ~ *against* the law 위법 / commit〈do〉 *an* ~ *against* humanity 인도에 어긋나는 행위를 하다. (2) ⓒ 난폭, 폭행, 능욕 : commit an ~ *on* …에게 폭행을 가하다. (3) ⓤ 분개, 격분 : *Outrage* seized the entire nation at the news of the attempted assassination. 암살 미수의 뉴스에 전국민이 격분했다. — *vt.* (1) (법률·도의 등)을 어기다, 범하다. (2) 격분시키다 : I was ~*d* by the whole proceeding. 그 조치 전반에 대해서 분개했다. (3) 폭행하다, 학대하다.

·**out·ra·geous** [ɑutréidʒəs] *a.* (1) 난폭한, 포학〈잔인무도〉한 : an ~ crime 극악한 범죄. (2) 무법한, 언어도단의, 터무니 없는 : ~ prices 터무니없는 값 / It's ~ that the poor should have to pay such high taxes. 가난한 사람이 그렇게 높은 세금을 내야 한다니 언어도단이다. (3) 《美俗》 엉뚱한, 색다른. 파) **~·ly** *ad.* **~·ness** *n.*

out·range [⌐réindʒ] *vt.* (1) …보다 착탄〈항속〉 거리가 멀다. (2) …보다 낫다.

out·rank [⌐rǽŋk] *vt.* (신분·계급 따위가) …의 윗자리이다, …보다 지위가 높다.

ou·tré [u:tréi] *a.* 《F.》 상궤를 벗어난, 지나친, 과격한 ; 기괴한, 색다른 : the genius of artists as ~ as Beardsley or Toulouse-Lautrec 비어즐리나 툴루즈로트레크처럼 엉뚱한 화가들의 천재적 재능.

out·reach [àutrí:tʃ] *vt.* …을 능가하다, 넘어가다, 웃돌다, 보다 낫다 : The demand has ~ed our supply. 수요가 우리의 공급을 웃돌고 있다.

out·ride [àutràid] (***-rode*** [-róud] ; ***-rid·den*** [-rídn]) *vt.* (1) …보다 잘〈빨리, 멀리〉 타다, 앞지르다 : I can ~ you on motorcycle any day ! 모터사이클로는 언제든지 네게 이길 수 있다. (2) (배가 폭풍우)를 헤치고 나아가다.

out·rid·er [áutràidər] *n.* ⓒ (1) (차의 앞·옆에 오토바이를 탄) 선도자〈호위〉, 선도 경찰관, 안내자. (2) 기마 시종(侍從) 《마차의 옆·앞의》.

out·rig·ger [⌐rìgər] *n.* ⓒ (1) 【海】 현외(舷外) 부재(浮材), 아우트리거. (2) 현외 부재가 달린 마상이.

***out·right** [áutráit] *ad.* (1) 철저하게, 완전히, 충분히 : The town was destroyed ~. 그 도시는 철저하게 파괴되었다. (2) 터놓고, 내놓고, 공공연히 ; 솔직히 : laugh ~ 터놓고 웃다 / Tell him ~ exactly what you think. 네가 생각하는 것을 숨김없이 정확하게 그에게 말하라. (3) 곧, 당장, 즉시(at once) : buy ~ 맞돈을 주고 사다 / be killed ~ 즉사하다. — [ˊˋ] *a.* 〔限定的〕 (1) 솔직한, 명백한, 노골적인 : make an ~ denial 딱 잘라 거절하다. (2) 철저한 ; 완전한 : an ~ rogue 철저한 악당 / an ~ lie 새빨간 거짓말 / He was the ~ victor. 그는 완벽한 승리를 거두었다.

out·ri·val [ˋráivəl] (**-l-,** 《英》 **-ll-**) *vt.* 경쟁에서 …에게 이기다.

·**out·run** [ˋrʌ́n] (**-ran** [-rǽn] ; **-run ; -run·ning**) *vt.* (1) …보다 빨리 달리다, 달리어 앞지르다 ; 달아나다《추격자로부터》: The rabbit couldn't ~ the fox. 토끼는 여우보다 빨리 달릴 수가 없었다. (2) …의 한도를 넘다, 도가 지나치다 ; 능가하다 : His imagination ~*s* the facts. 그는 실제 없는 일까지도 상상한다.

out·sell [ˋsél] (*p., pp.* **-sold**) *vt.* (1) (상품이) 보다 많이〈잘〉 팔리다 : a detergent that ~*s* every other brand 다른 품종보다 많이 팔리는 중성 세제 / Are Japanese cars still ~*ing* American ones ? 일본차가 지금도 미국차보다 더 잘 팔리고 있습니까. (2) (사람이) …보다 많이 팔다 : He ~*s* all (of) our other salespeople. 그는 우리 회사의 다른 판매 사원보다 판매 성적이 좋다.

·**out·set** [ˊsèt] *n.* (the ~) 시작, 착수, 시초, 최초 ; 발단 : at〈from〉 *the* ~ 최초에〈부터〉.

out·shine [àutʃáin] (*p., pp.* **-shone** [-ʃóun/-ʃɔ́n]) *vt.* (1) …보다 빛나다. (2) …보다 우수하다 (surpass) : Maria's flowers outshone all the others in the competition. 마리아의 꽃이 경쟁에서 다른 것보다 우수했다.

:out·side [ˊsáid, ˊˊ] *n.* (*sing.* ; 흔히 the ~) (1) 바깥쪽, 외면. 〚opp.〛 *inside.* (2) (사물의) 외관, 외부, 표면, 겉모양 ; (사람의) 겉보기, 생김새. ***at the* (*very*) ~** 기껏해서, 고작.
— [ˋˊ, ˊˋ] *a.* 〔限定的〕 (1) 바깥쪽의, 외면의 ; 외부의, 밖의 ; 밖으로부터의. (2) 국외(자)의, (사건·문제 따위와) 관계 없는 ; 단체〈조합·협회〉에 속하지 않은 ; 원외의. (3) 본업〈학업〉 이외의, 여가로 하는 : ~ interests 여가로 하는 취미. (4) (견적·가격 따위가) 최고〈최대〉의. (5) (가망·기회 등이) 생길 것 같지 않은, 극히 적은.
— [ˋˊ] *ad.* 밖에〈으로〉, 바깥쪽〈외부〉에 ; 집 밖으로〈에서〉 ; 해상으로〈에서〉. ***be* 〈*get*〉 *~ of*** 《俗》 …을 먹다〈마시다〉. come ~ (방안 또는 집안에서) 밖으로 나오다, 밖으로 나와(도전의 말). **~ *of ...*** 《口》 1) …을 제외하고(는). 2) …의 바깥쪽에.
— [ˋˊ, ˊˋ] *prep.* (1) …의 밖에〈으로, 의〉. (2) …의 범위를 넘어, 이상으로. (3) 《口》 …을 제외하고, 이외에.

óutside bróadcast 스튜디오 밖의 방송.

·**out·sid·er** [àutsáidər] *n.* ⓒ (1) 부외〈국외〉자, 한패가 아닌 사람 ; 당〈조합〉의 외의 사람 ; 문외한, 아웃사이더. 〚opp.〛 *insider.* (2) 승산이 없는 말〈경쟁자〉.

out·size [ˊsàiz] *a.* 〔限定的〕 특대(特大)의 : ~ clothes 특대 의복. — *n.* ⓒ 특대(품).

·**out·skirts** [ˊskə̀ːrts] *n. pl.* (도시 따위의) 변두리, 교외.

out·smart [ˋsmáːrt] *vt.* 《口》 …보다 약다〈수가 높다〉, …을 압도하다 ; 속이다, 의표를 지르다, …을 꾀로 이기다.

out·source [àutsɔ́ːrs] *vt.* 외국 회사에서 …을사다, 해외에서 조달하다.

out·sourc·ing [àutsɔ́ːrsiŋ, -sóur-] *n.* 부품을 외국 등에서 싸게 구입하여 조립함.

out·spo·ken [ˊspóukən] *a.* 거리낌없는 ; 까놓고 솔직한 : ~ criticism 거리낌없는 비평.
파) **~·ly** *ad.* **~·ness** *n.*

out·spread [ˋspréd] (*p., pp.* **-spread**) *vt.* …을 펼치다, 넓어지다, 퍼뜨리다, 벌리다. — *a.* 펼쳐진, 뻗친 ; 벌린.

:out·stand·ing [ˋstǽndiŋ] (**more ~ ; most ~**) *a.* (1) 걸출한, 아주 훌륭한. (2) 〔限定的〕 돌출한. (3) 미결제의 ; 미해결의. 파) **~·ly** *ad.*

out·stare [ˋstɛ́ər] *vt.* 노려보아 (상대방)을 당황하게 하다, …을 노려보아 굴복시키다.

out·sta·tion [áutstèiʃən] *n.* ⓒ (1) (변경에 있는) 출장소, 지소 ; 주둔지. (2) 《Austral.》 큰 목장에서 멀리 떨어진 목장.

out·stay [ˋstéi] *vt.* (다른 손님보다) 오래 앉아〈남아〉 있다. ~ one***'s welcome*** 오래 머물러 있어 미움을 사다.

·**out·stretched** [ˋstrétʃt] *a.* 펼친, 편, 뻗친.

out·strip [ˋstríp] (**-pp-**) *vt.* (1) 앞지르다. (2) …보다 낫다, …보다 뛰어나다, …을 이기다, 능가〈초월〉하다, 웃돌다.

out·take [ˊtèik] *n.* ⓒ (영화·텔레비전의) 촬영후 상영 필름에서 컷한 장면.

out·talk [ˋtɔ́ːk] *vt.* …보다 많이〈큰 소리로, 잘〉 지껄이다, 말로 이기다.

out·tray [ˊtrèi] *n.* ⓒ 기결 서류함. 〚opp.〛 *in-tray.*

out·turn [ˊtə̀ːrn] *n.* ⓤ (또는 an ~) 생산고, 산출(産出) (액) (output), (일련의 사건의) 경과, 결과.

out·vote [ˋvóut] *vt.* (투표) 수로 이기다.

out·walk [ˋwɔ́ːk] *vt.* (1) …보다 빨리〈멀리, 오래〉 걷다 ; 앞지르다. (2) 지나쳐 가다.

:out·ward [áutwərd] *a.* 〔限定的〕 (1) 밖을 향한, 외부로의 ; 밖으로 가는. (2) 외부의, 바깥쪽의. 〚opp.〛 *inward.* (3) 외관의 ; 표면에 나타난, 눈에 보이는. ***to all ~ appearances*** (실제야 어떻든) 겉으로는. —*n.* ⓒ 외면, 외부 ; 외모, 외견, 외관. — *ad.* (1) 바깥쪽에〈으로, 에서〉. (2) 국외〈해외〉로.
파) **~·ly** *ad.* (1) 밖에, 밖으로 향하여 ; 외면에. (2) 외견〈표면〉상(은). (3) 바깥쪽은.

out·ward-bound [-báund] *a.* (1) 외국행의, 해외로 향하는. (2) 시외로 향하는.

:out·wards [áutwərdz] *ad.* = OUTWARD.

out·wear [ˋwɛ́ər] (**-wore** [-wɔ́ːr] ; **-worn** [-wɔ́ːrn]) *vt.* (1) …보다 오래가다. (2) 입어 해어뜨리다, 써서 낡게 하다. (3) (체력 따위)를 소모시키다, 써 없애다.

out·weigh [ˋwéi] *vt.* (1) …보다 낫다〈중요하다〉 ; …보다 가치가 있다. (2) …보다 무겁다.

out·wit [ˋwít] (**-tt-**) *vt.* 선수치다, …의 의표〈허〉를 찌르다, 한술 더 뜨다, 속이다.

out·work [áutwə̀ːrk] *n.* (1) ⓒ (흔히 *pl.*) 【築城】 외보(外堡), 외루(外壘). (2) ⓤ 옥외〈직장외〉 작업〈일〉. — [ˋˊ] (*p., pp.* **-worked, -wrought** [-rɔ́ːt]) *vt.* …보다 잘〈열심히, 빨리〉 일을 하다.
파) **~·er** *n.* ⓒ 직장 밖에서 일하는 사람 ; 사외(社外)〈옥외〉 근무자〈노동자〉.

out·worn [àutwɔ́ːrn] OUTWEAR의 과거분사. — [ˊˊ] *a.* 〔限定的〕 (1) 써서 낡은 ; 입어서 해뜨린. (2) 케케묵은, 진부한, 시대에 뒤진.

ou·zel, -sel [úːzəl] *n.* ⓒ 【鳥】 지빠귀류의 작은 새, 《특히》 검은 지빠귀(blackbird).

ou·zo [úːzou] (*pl.* **~s**) *n.* ⓤⓒ anise 의 열매로 맛을 들인 그리스산 리큐르.

·oval [óuvəl] *a.* 달걀 모양의, 타원형의 : an ~ face 달걀모양의 얼굴. — *n.* ⓒ 달걀 모양 ; 달걀 모양의 물건, 타원체.

Óval Óffice (the ~) 《美》 (백악관의) 대통령 집무실《방이 달걀꼴임》.

ovar·i·an [ouvέəriən] *a.* 〔限定的〕 (1) 【植】 씨방의. (2) 【解】 알집의, 난소의.

ova·ry [óuvəri] *n.* ⓒ (1) 【植】 씨방. (2) 【解·動】 알집, 난소.

ovate [óuveit] *a.* 【生】 달걀모양의.

ova·tion [ouvéiʃən] *n.* ⓒ 열렬한 환영, 대단한 갈채, 대인기.

:ov·en [ʌ́vən] *n.* ⓒ 솥, 가마, 화덕, 오븐. ***have a bun in the ~*** 《口》 (여성이) 임신하고 있다《※ 남성이 쓰는 표현》. ***in the same ~*** 같은 처지〈신세〉에 있는. ***like an ~*** 지독하게 더운, 무더운.

ov·en-proof [ˊ-prúːf] *a.* (식기 등) 오븐〈전자 레인지〉용의.

ov·en-ready [ˊ-rèdi] *a.* 오븐에 넣기만 하면 되는 《즉석 식품》.

ov·en·wave [ˊ-wὲər] *n.* ⓤ 〔集合的〕 오븐용 접시〈식기〉.

:over [óuvər], 《詩》 **o'er** [ɔ́ːr/óuər] *prep.* (1) 〔위치〕 a〕 〔떨어진 바로 위의 위치를 보여〕 …의 위에〈의〉, …의 위쪽에〈의〉, …의 머리〈바로〉 위에〈의〉 (〖opp.〗 *under*). b〕 〔접촉한 위치를 보여〕 …의 위를〈에〉 덮어〈가리어, 걸치어〉. c〕 (무엇이 덮치듯) …의 위에, …위에 쑥 나와〈돌출해〉.
(2) 〔흔히 all ~로〕 …의 전면(全面)에, 온 …에, …에 걸치어 ; …의 여기저기를, …의 구석구석까지.
(3) a〕 〔동작을 나타내는 動詞와 함께〕 …을 넘어, …을 건너. b〕 (바다·강·거리 따위)의 건너편에〈의〉.
(4) 〔수량·정도·범위〕 …을 넘어, …이상《more than 이 일반적임》 (〖opp.〗 *under*).
(5) a〕 〔지배·우위·우선〕 …을 지배하고 ; …의 위〈상위(上位)〉에 ; …을 능가하여 ; …에 우선하여. b〕 …을 극복하여, …에서 회복하여.
(6) 〔기간〕 …동안 (죽), …에 걸쳐.
(7) 〔종사〕 …하면서, …에 종사하고.
(8) 〔관련〕 a〕 …에 관〈대〉해서. b〕 …의 일로.
(9) a〕 〔거리 따위〕 …에 걸쳐. b〕 …의 끝에서 끝까지.
(10) 〔수단〕 …에 의해서, …로《전화·라디오 등에 관해서 씀. 현재는 on을 쓰는 것이 보통》.
(11) (나눗셈에서) …로 나누어〈제하여〉.
all ~ ⇨ (2). ***~ all*** 끝에서 끝까지, 전체에 걸쳐. 【cf.】 overall. ***~ and above ...*** …에 더하여, …외에 (besides).
— *ad.* (비교없음) 《be 動詞와 결합할 때는 形容詞로 볼 수도 있음》. (1) a〕 위(쪽)에, 바로 위에 ; 높은 곳에, 높이. b〕 위에서 아래로 ; 튀어〈쑥〉 나와, 돌출하여, 내밀어.
(2) a〕 멀리 떨어진 곳에, 저기에, 저편에 ; (바다·강·도로따위의) 건너편으로, 저편으로. b〕 이쪽으로, (말하는 이의) 집으로.
(3) 남에게 넘겨 주어, 건네주어 ; 물려주어.
(4) 뒤집어, 거꾸로, 넘어져 ; 접(히)어.
(5) 전면에, 온통, 뒤덮여 ; 도처에, 여기저기《흔히 all 이 앞에 와서 뜻을 강조》.
(6) 처음부터 끝까지, 완전히, 자세히.
(7) a〕 (물이) 넘치어. b〕 초과하여. c〕 여분으로, 남아.
(8) 되풀이하여 ; 《주로 美》 다시〈또〉 한 번(again).
(9) 끝나, 지나.
(10) 《美》 (어떤 기간) 내내, 죽.
(11) 〔흔히 not ~로〕 《英》 그다지, 그리.
all ~ ⇨ ALL. (***all***) ***~ again*** 다시〈또〉 한 번, 되풀이해서. ***It's all ~ with*** (him). (그 사람)은 완전히 글렀어, (그)는 곧 죽어. ***~ against ...*** 1) …와 마주보고, …에 대〈면〉하여 ; …의 앞〈근처〉에 : ~ *against* the church 교회의 바로 맞은편에. 2) …와 대조〈비교〉해서. ***~ and above*** 그 위에. ***~ and done with*** 완전히 끝나. ***Over and out !*** (무선교신에서) 통신 끝. ***~ and ~*** (***again***) 몇 번이고 되풀이하여. ***~ here*** 이쪽으로, 이쪽에. ***~ there*** 저기〈저쪽〉에(서는) ; 《美》 유럽에서는 ; 【軍】 전지에서는 ***Over*** (***to you***) ***!*** (무선 교신에서) 응답하라.

over- *pref.* (1) '과도한, 지나친'의 뜻: *over*crowded, *over*cunning, *over*work. (2) '위의〈로〉, 외부의〈로〉, 밖의〈으로〉, 여분의〈으로〉' 따위의 뜻 : *over*coat, *over*board, *over*flow, *over*come, *over*time. (3) '넘어서, 지나서, 더하여' 따위의 뜻 : *over*shoot, *over*balance. (4) '아주, 완전히'의 뜻 : *over*master, *over*persuade.

over·a·bun·dance [òuvərəbʌ́ndəns] *n.* ⓤ 과잉, 남아돎 : an ~ of money 남아돌만큼 많은 돈.

over·a·bun·dant [òuvərəbʌ́ndənt] *a.* 과잉의, 남아도는, 너무 많은.

over·a·chieve [òuvərətʃíːv] *vt., vi.* (…의) 기대 이상으로 좋은 성적을 올리다. 파) **-chíev·er** *n.*

over·act [òuvərǽkt] *vt., vi.* (…을) 지나치게 연기하다 ; 과장하여 연기하다. 파) **òver·ác·tion** *n.*

over·ac·tive [òuvərǽktiv] *a.* 지나치게 활약〈활동〉하는. 파) **~·ly** *ad.*

over·age [óuvəréidʒ] *a.* 적령기를 넘은, 기준 연령을 지난《*for*》, 규정연령을 초과한.

·over·all [óuvərɔ̀ːl] *n.* (1) (*pl.*) (가슴받이가 달린) 작업 바지. (2) ⓒ 《英》 작업복, 덧옷《여자·어린이·의사·실험실용의》. (2) 전체적〈종합적, 일반적〉으로. — *a.* 〔限定的〕 전부의 ; 종합 〈일반, 전면〉적인.

over·am·bi·tious [òuvəræmbíʃəs] *a.* 지나치게 야심찬, 과도한 야망을 가진. 파) **~·ly** *a.*

over·anx·ious [óuvərǽŋkʃəs] *a.* 지나치게 걱정하는. 파) **~·ly** *ad.*

over·arch [òuvərɑ́ːrtʃ] *vt.* …의 위에 아치를 만들다 ; 아치형으로 덮다. — *vi.* 아치형이 되다

over·arm [óuvərɑ̀ːrm] *a.* (1) 【球技】 어깨 위로 손을 들어 공을 내리던지는. (2) 【泳】 손을 물 위로 내어 앞으로 쭉 뻗치는.

over·awe [òuvərɔ́ː] *vt.* …을 위압하다, 겁나하게 하다, 위협하다.

over·bal·ance [òuvərbǽləns] *vt.* 중심〈균형〉을 잃게 하다, 평형을 잃게 하다.
— *vi.* 균형을 잃다〈잃고 쓰러지다〉.

over·bear [òuvərbέər] (***-bore*** [-bɔ́ːr] ; ***-borne*** [-bɔ́ːrn]) *vt.* (1) …을(무게·압력으로) 누르다. (2) …을 위압하다, 압박하다, 억압하다.
— *vi.* 열매가 너무 많이 열리다.

over·bear·ing [òuvərbέəriŋ] *a.* 거만〈오만〉한, 건방진, 뽐내는(haughty). 파) **~·ly** *ad.*

over·bid [òuvərbíd] (***-bid ; -bid, -bid·den*** [-n] ; ***-bid·ding***) *vt.* (경매에서) …보다 높은 값을 매기다. — *vi.* (경매에서 남보다) 비싼 값을 매기다. — [ˊ-ˋ] *n.* ⓒ 비싼 값(을 매기는 일).

over·blouse [óuvərblàus, -bláuz] *n.* ⓒ 오버블라우스.

over·blown [òuvərblóun] *a.* (1) a〕 부풀린. b〕

너무 뚱뚱한. (2) 과장된. (3) a] (꽃이) 철이 지난. b] (여성이) 한창때를 지난.

˙**over·board** [óuvərbɔ̀:rd] *ad.* 배 밖으로, 배 밖에, (배에서) 물 속으로. ***go* 〈*fall*〉 ~《口》** 1)극단으로 나가다, 지나치다. 2) …에 열중하다, 열을 올리다《*about* ; *for*》.

over·bold [òuvərbóuld] *a.* 지나치게 대담한, 무모한, 경솔한, 철면피의, 뻔뻔스로운.

over·book [òuvərbúk] *vt.* (비행기·호텔 등)에서 정원 이상으로 예약을 받다.

over·brim [óuvərbrím] (*-mm-*) *vt.* (용기)에서 넘쳐 흐르다. — *vi.* 넘치다.

over·build [òuvərbíld] (*p.*, *pp.* ***-built*** [-bílt]) *vt.* (일정 지역)에 집을 지나치게 많이 짓다.

over·bur·den [òuvərbə́:rdn] *vt.* …에게 과중한 부담을 지우다 ; 과중한 노동을 시키다 ; 과적(過積)하다.

over·bur·den·ed [òuvərbə́:rdnd] *a.* (1) 짐〈책임〉이 너무 무거운, 과중한. (2) …로 몹시 시달린《*with*》.

over·busy [òuvərbízi] *a.* 너무 바쁜.

over·buy [òuvərbái] (*p.*, *pp.* ***-bought*** [-bɔ́:t]) *vt.* (물품)을 자력 이상으로 너무 많이 사다.

over·cap·i·tal·ize [òuvərkǽpətəlàiz] *vt.* (1) (회사 따위)의 자본을 과대하게 평가하다. (2) (기업 따위) 에 자본을 너무 많이 들이다. 파) **óver-càp·i·tal·i·zà·tion** [-kæ̀pətəlizéiʃən] *n.*

over·care·ful [óuvərkɛ́ərfəl] *a.* 지나치게 조심하는, 지나치게 신중한. 파) **~·ly** *ad.*

˙**over·cast** [òuvərkǽst, -kɑ́:st, ⌐-⌐] (*p.*, *pp.* ***-cast***) *vt.* …을 구름으로 덮다, 흐리게 하다 ; 어둡게 하다. — [⌐-⌐, ⌐-⌐] *a.* (1) 흐린 : It was ~. 날씨가 흐려 있었다. (2) 음침한, 우울한, 침울한. — [⌐-⌐] *n.* ⓤ 【氣】 흐림.

over·cau·tious [òuvərkɔ́:ʃəs] *a.* 지나치게 조심하는, 소심한. 파) **~·ly** *ad.*

over·charge [òuvərtʃɑ́:rdʒ] *vt.* (1) 《~+目/+目+前+名》…에게 지나치게 비싼 값을 요구하다《*for*》. (2) (전기 기구 등)에 과전류를 보내다 ; (전지 등)에 너무 많이 충전하다. — *vi.* 에누리하다.

— [óuvərtʃɑ̀:rdʒ] *n.* ⓒ (1) 지나친 값의 청구〈요구〉, 에누리. (2) 과전류, 과충전(過充電).

over·cloud [òuvərkláud] *vt.*, *vi.* (1) (…을) 흐리게 하다 ; 흐려지다. (2) (…을) 침울하게 하다, 음울하게 하다.

:**over·coat** [óuvərkòut] *n.* ⓒ 오버코트, 외투.

:**over·come** [òuvərkʌ́m] (***-came*** [-kéim] ; ***-come***) *vt.* (1) …을 이겨내다, 극복하다 ; 정복하다. (2) 《~+目/+目+前+名》〔受動으로〕 압도하다, (정신적·육체적으로) 쇠약하게 하다.

over·com·pen·sate [òuvərkɑ́mpənsèit/-kɔ́m-] *vi.* 과잉 보상하다. — *vt.* …에 과대한 보상을 하다.

over·com·pen·sa·tion [óuvərkɑ̀mpənséiʃən /-kɔ̀m-] *n.* ⓤ 과잉 보상.

over·con·fi·dence [òuvərkɑ́nfədəns/-kɔ́n-] *n.* ⓤ 과신(過信), 자만, 과신.

over·con·fi·dent [òuvərkɑ́nfədənt/-kɔ́n-] *a.* 지나치게 자신하는 자부심이 강한. 파) **~·ly** *ad.*

over·cook [òuvərkúk] *vt.* …을 지나치게 익히다〈삶다, 굽다〉.

over·crit·i·cal [òuvərkrítikəl] *a.* 너무 비판적인, 혹평하는.

over·crop [òuvərkrɑ́p/-krɔ́p] (***-pp-***) *vt.* (연작(連作) 하여) 토질을 저하시키다.

˙**over·crowd·ed** [òuvərkráudid] *a.* 초만원의, 과밀한, 혼잡한.

over·crowd·ing [òuvərkráudiŋ] *n.* ⓤ 과밀, 초만원.

over·cu·ri·ous [òuvərkjúəriəs] *a.* 미주알고주알 캐묻는, 호기심이 지나치게 강한. 파) **~·ly** *ad.*

over·del·i·ca·cy [òuvərdélikəsi] *n.* ⓤ 신경과민.

over·del·i·cate [òuvərdélikit] *a.* 지나친 신경질의.

over·de·vel·op [òuvərdivéləp] *vt.* (1) …을 과도하게 개발하다. (2) 【寫】 현상을 지나치게 하다. 파) **~·ment** *n.* 개발 과잉 ; 【寫】 과다현상.

over·do [òuvərdú:] (***-does*** [-dʌ́z] ; ***-did*** [-díd] ; ***-done*** [-dʌ́n]) *vt.* (1) …을 지나치게 하다, …의 도를 넘기다 ; 지나치게 많이 쓰다. (2) 과장하다. (3) 너무 굽다 〈삶다〉. **~ *it* 〈*things*〉** 지나치게 하다, 무리를 하다.

over·done [òuvərdʌ́n] OVERDO 의 과거분사. — *a.* 지나치게 구운〈삶은〉, 너무 익힌.

over·dose [óuvərdòus] *n.* ⓒ (약의) 지나친 투여(投與), 과복용. — [òuvərdóus] *vt.* …에게 약을 지나치게 먹이다. — *vi.* (약을) 과용하다《*on*》.

over·draft [óuvərdræ̀ft, -drɑ̀:ft] *n.* ⓒ 【商】 (은행 계정 등의) 초과 인출 ; 당좌대월(액) ; 수표〈어음〉의 과다 발행《略 : OD, O.D.》.

over·draw [òuvərdrɔ́:] (***-drew*** [-drú:] ; ***-drawn*** [-drɔ́:n]) *vt.* (1) 【商】 (예금 따위)를 너무 많이 찾다, 차월(借越)하다 ; (어음)을 지나치게 발행하다. (2) …을 과장하다. (활 등을) 너무 당기다.

over·dress [òuvərdrés] *vi.* 지나치게 옷치장을하다. — *vt.* (1) a] …을 지나치게 옷치장시키다. b] 〔再歸的〕 지나치게 옷치장하다. (2) 지나치게 옷을 많이 껴 입히다.

over·drink [òuvərdríŋk] (***-drank*** [-drǽŋk] ; ***-drunk*** [-drʌ́ŋk]) *vi.* 과음하다.

over·drive [óuvərdràiv] *n.* ⓤ 오버드라이브 장치 《주행 속도를 떨어뜨리지 않고 엔진의 회전수를 줄이는 기어 장치 ; 연료 소비 절약형》. ***go into* ~** 1) 기어를 오버드라이브에 넣다. 2) 맹렬하게 활동하다.

over·due [òuvərdjú:] *a.* (1) (지급) 기한이 지난, 미지급의《어음 등》. (2) 늦은, 연착한. (3) 〔敍述的〕 이미 무르익은〈준비가 되어 있는〉《*for*》.

over·ea·ger [òuvərí:gər] *a.* 지나치게 열심인, 너무 열중하는. 파) **~·ly** *ad.*

òver éasy 《美》 (달걀을) 양면을 반숙으로 익힌.

˙**over·eat** [òuvərí:t] (***-ate*** [-éit/-ét] ; ***-eat·en*** [-í:tn]) *vi.* 과식하다.

over·e·mo·tion·al [òuvərimóuʃənəl] *a.* 지나치게 개성적인.

over·em·pha·sis [òuvərémfəsis] *n.* ⓤⓒ 지나친 강조.

over·em·pha·size [òuvərémfəsàiz] *vt.* …을 지나치게 강조하다.

over·en·thu·si·as·tic [òuvərənθu:ziǽstik] *a.* 지나치게 열광적인. 파) **-ti·cal·ly** *ad.*

over·es·ti·mate [òuvəréstəmèit] *vt.* (1) (가치·능력)을 과대 평가하다, 높이 사다. (2) (수량 등을) 지나치게 어림하다. — *vi.* 과대 평가하다.

파) **-ma·tion** [⌐méiʃən] *n.* ⓤ 과대 평가.

over·ex·cit·ed [òuvəreksáitid] *a.* 지나치게 흥분한, 극도로 흥분한.

over·ex·ert [òuvəregzə́:rt] *vt.* 〔再歸的〕 무리한 노력을 하다, (정신력·지력 등을) 지나치게 쓰다. 파) **-ex·ér·tion** [-ʃən] *n.* ⓤ 무리한 노력.

over·ex·pose [òuvərekspóuz] *vt.* 【寫】 (필름 따위)를 과다하게 노출하다. 파) **-pó·sure** [-póuʒər] *n.* ⓤⓒ 노출 과다.
over·fall [óuvərfɔ̀:l] *n.* ⓒ (1) (운하나 댐 등의) 낙수하는 곳. (2) 단조(湍潮) 《바닷물이 역류에 부딪쳐서 생기는 해면의 물보라 파도》.
over·fa·mil·iar [òuvərfəmíljər] *a.* 지나치게 친밀한(친한). 파) **~·ly** *ad.*
over·fa·tigue [òuvərfətí:g] *n.* ⓤ 과로.
over·feed [òuvərfí:d] (*p.*, *pp.* **-fed** [-féd]) *vt.* …에 너무 많이 먹이다.
over·fill [òuvərfíl] *vi.* 가득차다. — *vt.* …을 너무 가득 채우다.
over·flight [óuvərflàit] *n.* ⓒ 영공 비행〈침범〉.
:over·flow [òuvərflóu] (**-flowed ; -flown**) *vt.* (1) (물 따위가) …에서 넘쳐 흐르다, …에 넘치다 ; 범람하다. (2) (사람이나 물건이) 다 들어가지 못하고 …에서 넘쳐 못 들어가다. — *vi.* (1) 넘치다, 가득 차다, 넘쳐 흐르다, 범람하다. (2) 《~/+前+名》 …이 남아돌다, 가득 차다 ; 충만하다.
— [óuvərflòu] *n.* (1) a] ⓤ 범람, 유출《*of*》. b] ⓒ 넘쳐 흐른 것, 넘쳐 흐름. (2) ⓒ 과다, 과잉. (3) ⓒ (여분의 물의) 배수로〈구, 관〉. (4) 【컴】 넘침 《연산 결과 등이 계산기의 기억·연산 단위 용량보다 커짐》.
óverflow pìpe (욕조 등의 넘치는 물을 빼는) 배수관.
over·fly [òuvərflái] *vt.* (비행기가) …의 상공을 날다 ; …의 상공을 침범하다.
over·fond [òuvərfánd/-fɔ́nd] *a.* 〔敍述的〕 …을 지나치게 좋아하는《*of*》.
over·full [óuvərfúl] *a.* 너무 가득 찬.
over·gen·er·ous [òuvərdʒénərəs] *a.* 지나치게 관대한. 파) **~·ly** *ad.*
over·graze [òuvərgréiz] *vt.* (목초지 등)에 지나치게 방목하다. — *vi.* 너무 방목하다.
over·grown [òuvərgróun] OVERGROW의 과거분사. — *a.* (1) (풀 따위가) 지나치게 자란, 온통 무성한《*with*》. (2) 〔限定的〕 너무 커진《사람 · 식물 따위》, 너무 크게 자란 ; (너무 커서) 볼꼴 사나운.
over·growth [óuvərgròuθ] *n.* (1) ⓤ 무성, 만연. (2) ⓤ 너무 자람〈살찜〉. (3) (an ~) 땅·건물을 뒤덮듯이 자란 것.
over·hand [óuvərhæ̀nd] *a.* (1) a] 【野】 어깨 위로 손을 들어 던지는, 오버핸드의. b] 【泳】 손을 물 위로 쭉 뻗는 : an ~ stroke 오버핸드 스트로크. c] 【테니스】 위에서 내려치는. (2) 【裁縫】 휘갑치는, 사뜨는.
— *ad.* (1) a] 【野】 오버핸드로. b] 【泳】 양손을 번갈아 물 위에 빼어. c] 【테니스】 위에서 내려 쳐서. (2) 【裁縫】 휘갑쳐서. — *n.* ⓒ 오버핸드 피칭〈스트로크〉.
·over·hang [òuvəhǽŋ] (*p.*, *pp.* **-hung** [-hʌ́ŋ], **-hanged** [-d]) *vt.* (1) …의 위에 걸치다 ; …의 위로 내밀나, 위에 발리다(hang over). (2) (위험·재해 따위가) 절박하다, …을 위협하다.
— [óuvərhæ̀ŋ] *n.* ⓤ 쑥 내밈, 돌출 ; 【建】 현수 (懸垂) ; 【登山】 오버행《경사 90도 이상의 암벽》.
·over·haul [òuvərhɔ́:l] *vt.* (1) …을 철저히 조사〈검토〉하다, (기계)를 분해 검사〈수리〉하다. (2) 뒤쫓아 앞지르다(overtake).
— [óuvərhɔ̀:l] *n.* ⓒ 철저한 조사, 분해 검사〈수리〉, 오버홀 ; 정밀검사.
:over·head [óuvərhéd] *ad.* (머리) 위에, 높이, 상공에.
— [óuvərhèd] *a.* (1) 〔限定的〕 머리 위의〈를 지나는〉 ; 고가(高架) (식)의 ; 위로부터의. (2) 【商】 경상(經常)의 ; 간접비로서의 : ~ expenses 경상비. — [óuvərhèd] *n.* ⓒ (1)(《英》 흔히 *pl.*) 【商】 경상비. (2) 【테니스】 머리 위에서 내리치기, 스매시(smash). (3) 【컴】 부담.
óverhead proféctor 오버헤드 프로젝터《그래프 따위를 투영하는 교육 기기 ; 略 : OHP》.
óverhead time 【컴】 부담 시간《operating system 의 제어 프로그램이 계산기를 사용하는 시간》.
·over·hear [òuvərhíər] (*p.*, *pp.* **-heard** [-hə́:rd]) *vt.* 귓결에〈어쩌다〉 듣다.
over·heat [òuvərhí:t] *vt* (1) …을 과열하다. (2) …을 지나치게 흥분시키다〈선동하다〉. — *vi.* 과열하다, 오버히트하다.
over·in·dulge [òuvərindʌ́ldʒ] *vt.* …을 지나치게 어하다.
over·in·dul·gence [òuvərindʌ́ldʒəns] *n.* ⓤ (1) 지나치게 어함, 방종, 제멋대로 함. (2) 탐닉.
over·in·dul·gent [òuvərindʌ́ldʒənt] *a.* 지나치게 어하는, 너무 멋대로 (하게) 하는.
over·in·sure [òuvərinʃúər] *vt.* 지나친 가액으로 보험에 들다.
over·is·sue [óuvərìʃu:] *n.* ⓒ (지폐·주권의) 남발, 한외(限外) 발행(물〈고〉)《*of*》.
over·joyed [òuvərdʒɔ́id] *a.* 〔敍述的〕 기쁨에 넘친, 크게 기뻐하는《*at* : *with*》.
over·kill [óuvərkìl] *n.* ⓤ (1) (핵무기에 의한) 과잉 살상력 ; 과잉살육. (2) (행동 등의) 과잉, 지나침.
over·lad·en [òuvərléidn] *a.* 짐을 지나치게 실은, (부담 따위가) 너무 큰, 과대한.
·over·land [òuvərlǽnd, -lənd] *a.* 육로〈육상〉의. — *ad.* 육로로, 육상으로.
·over·lap [òuvərlǽp] (**-pp-**) *vt.* (1) 부분적으로 덮다 ; …위에 겹치다, 포개다, 마주 겹치다 ; …에서 내밀다. (2) 일부분이 일치하다 ; (시간 등이) 중복하다, 맞부딪치다.
— *vi.* 《~/+前+名》 부분적으로 겹쳐지다, 일부분이 일치되다 ; (시간 따위가) 중복되다, 일부분이 일치하다《*with*》.
over·lay [òuvərléi] (*p.*, *pp.* **-laid** [-léid]) *vt.* (1) …에 들씌우다, …에 포개다 ; …의 위에 깔다. (2) 〔흔히 受動으로〕 …에 바르다 ; 덧칠하다《*with*》.
— [óuvərlèi] *n.* ⓒ (1) 덮어 대는 것, 덧씌우는것. (2) 외면, 표면. (3) 【컴】 갈마들이.
over·leaf [óuvərlì:f] *ad.* (종이의) 뒷면에 ; 다음 페이지에.
over·leap [òuvərlí:p] (*p.*, *pp.* **~ed** [-lí:pt, -lépt], **-leapt** [-lépt]) *vt.* (1) …을 뛰어넘다 : ~ fence 울타리를 뛰어넘다. (2) …을 빠뜨리다 ; 생략하다, 못보고 넘어가다, 무시하다, 간과하다.
over·lie [òuvərlái] (**-lay** [-léi] ; **-lain** [-éin] ; **-ly·ing** [-láiiŋ]) *vt.* (1) …의 위에 눕다, …의 위에서 자다. (2) (어린애)를 깔고 누워 질식시킨다.
·over·load [òuvərlóud] *vt.* (1) …에 짐을 너무 많이 싣다 ; 너무 부담을 주다(overburden)《*with*》. (2) 【電】 …에 지나치게 부하(負荷)를 걸다, 과충전하다. — [óuvərlòud] ⓒ *n.* (1) 과적재 ; 과중한 부담. (2) 【電】 과부하(過負荷).
over·long [óuvərlɔ́ŋ] *a.* 너무 긴. — *ad.* 너무나 오랫동안, 너무 길게 : stay ~ 너무 오래 머물다.
:over·look [òuvərlúk] *vt.* (1) …을 바라보다, 내려다보다 ; (건물 · 언덕 따위가) …을 내려다보는 위치에 있다. (2) …을 감독〈감시〉하다. (3) 빠뜨리고 보다

: (결점 따위)를 눈감아 주다, 너그럽게 보아 주다.
— *n.* [óuvərlùk] ⓒ 《美》 (1) 전망, 조망. (2) 전망이 좋은 곳.
over·lord [óuvərlɔ̀:rd] *n.* ⓒ 대군주(大君主).
over·ly [óuvərli] *ad.* 《美》 과도하게 ; 매우, 대단히, 지나치게.
over·manned [òuvərmǽnd] *a.* (직장 따위에) 필요 이상의 인원이 배치된.
over·man·ning [òuvərmǽniŋ] *n.* ⓤ 인원 과잉, 과잉 인원.
over·man·tel [óuvərmæ̀ntl] *n.* ⓒ 벽로(壁爐)위의 장식 선반.
over·mas·ter·ing [òuvərmǽstəriŋ, -mɑ́:s-] *a.* 지배적인, 압도하는.
over·match [òuvərmǽtʃ] *vt.* …보다 더 우수하다〈낫다〉, …에 이기다, …을 압도하다, 실력이 우인 상대와 시합시키다.
over·much [óuvərmʌ́tʃ] *a.* 과다한, 과도한.
— *ad.* (1) 과도하게. (2) 〔否定的으로〕 그다지.
˙**over·night** [óuvərnàit] *a.* 〔限定的〕 (1) 밤을 새는 ; 하룻밤 묵는. (2) 하룻밤 사이의〈에 출현한〉, 돌연한, 갑작스러운. — [óuvərnáit] *ad.* (1) 밤새껏, 밤새도록 ; 하룻밤. (2) 하룻밤 사이에, 돌연히, 갑자기.
over·pass [óuvərpæ̀s, -pɑ̀:s] *n.* ⓒ 《美》 구름다리, 육교 ; 고가도로 ; 오버패스. 【cf.】 underpass.
over·pay [òuvərpéi] (*p.*, *pp.* ***-paid*** [-péid]) *vt.* …에 더 많이 지급하다, …에게 과분하게 보수를 주다. 파) **~·ment** *n.* ⓤⓒ 과다 지급(금), 과분한 보수.
over·play [òuvərpléi] *vt.* 과장되게 연기하다 ; 과장하다.
over·plus [óuvərplʌ̀s] *n.* ⓤ 나머지, 과잉, 과다.
over·pop·u·lat·ed [òuvərpɑ́pjulèitid/-pɔ́p-] *a.* 인구 과잉의, 과밀한.
파) **òver·pop·u·lá·tion**[-léiʃən] *n.* ⓤ 인구 과잉.
˙**over·pow·er** [òuvərpáuər] *vt.* (1) …을 (힘으로) 눌러 버리다, 제압하다. (2) (육체·정신적 기능등) …을 무력하게 하다 ; 견딜 수 없게 하다.
over·pow·er·ing [òuvərpáuəriŋ] *a.* (1) 저항할 수 없는, 강렬한, 압도적인. (2) (사람이) 강력한 성격의. 파) **~·ly** *ad.* 압도적으로.
over·price [òuvərpráis] *vt.* …에 너무 비싼 값을 매기다.
over·print [òuvərprínt] *vt.* 【印】 …을 겹쳐 인쇄하다. — *vi.* 덧인쇄를 하다. — [óuvərprìnt] *n.* ⓒ 중복 인쇄.
over·pro·duce [òuvərprədjú:s] *vt.*, *vi.* 과잉생산하다. 파) ***-dúc·tion** [-dʌ́kʃən] *n.* ⓤ 생산과잉.
over·proof [óuvərprú:f] *a.* (주류가) 표준 이상의 알코올을 포함한.
over·pro·tect [òuvərprətékt] *vt.* …을 과(過) 보호하다. 파) **-pro·téc·tion** [tékʃən] *n.* ⓤ 과보호. **-pro·téc·tive** *a.* 과보호한.
over·rate [òuvəréit] *vt.* …을 과대평가하다.
over·reach [òuvərí:tʃ] *vt.* (1) (수를 써서) 앞지르다. (2) 〔再歸的〕 지나쳐서 그르치다, 너무 가다.
over·re·act [òuvəriǽkt] *vi.* (…에) 과잉 반응하다 《*to*》. 파) **-re·ác·tion** [-ǽkʃən] *n.* ⓤ 과잉 반응.
over·ride [òuvəráid] (***-rode*** [-róud] ; ***-rid·den*** [-rídn], ***-rid*** [-ríd]) *vt.* (1) …을 무시하다 ; 거절하다, 깔아 뭉개다 ; (결정 따위)를 뒤엎다. (2) …에 우월〈우선〉하다.
over·rid·ing [òuvəráidiŋ] *a.* 〔限定的〕 최우선의 ; 가장 중요한.
over·ripe [òuvəráip] *a.* 너무 익은.
over·rule [òuvərú:l] *vt.* (결정 등을 권세로) 눌러 뒤집다, 뒤엎다, 번복시키다 ; 파기〈각하〉하다 ; 무효로 하다.
˙**over·run** [òuvərʌ́n] (***-ran*** [-rǽn] ; ***-run*** ; ***-run·ning***) *vt.* (1) …의 전반에 걸쳐 퍼지다 ; (해충이) 들끓다 ; (잡초가) 우거지다 ; (병·사상 따위가) …에 갑자기 퍼지다《※ 때때로 受動으로, 前置詞는 *by*, *with*》. (2) 침략하다, (침략하여) 황폐시키다. (3) a〕 지나쳐 달리다, 오버런하다. b〕 (범위·제한)을 넘어서다, 초과하다.
— *vi.* (1) a〕 제한을 초과하다. b〕 달려서 지나치다. (2) 넘치다. — *n.* [óuvərʌ̀n] ⓒ (1) (시간·비용 등의) 초과. (2) 오버런.
over·scru·pu·lous [òuvərskrú:pjələs] *a.* 지나치게 세심〈면밀〉한.
˙**over·sea(s)** [óuvərsí:(z)] *a.* 〔限定的〕 해외(로 부터)의 ; 외국의, 해외로 가는〈향한〉. — [òuvərsí:z] *ad.* 해외로〈에, 에서〉 (abroad).
over·see [òuvərsí:] (***-saw*** [-sɔ́:] ; ***-seen*** [-sí:n]) *vt.* …을 감독하다.
over·se·er [óuvərsì:ər] *n.* ⓒ 감독《사람》 ; 직공장, 감독관, 단속하는 사람, 관리자.
over·sell [òuvərsél] (*p.*, *pp.* ***-sold*** [-sóuld]) *vt.* (1) (거래 가능한 양 이상으로) 지나치게 팔다. (2) 실제보다 높이 평가하다, 지나치게 칭찬하다.
over·sen·si·tive [òuvərsénsətiv] *a.* 지나치게 민감한, 신경과민인.
over·set [òuvərsét] (*p.*, *pp.* ***-set*** ; ***-set·ting***) *vt.* (1) …을 뒤엎다, 전복하다. (2) …을 혼란시키다, (제도를) 파괴하다.
˙**over·shad·ow** [òuvərʃǽdou] *vt.* (1) …을 그늘지게 하다, 가리다, 어둡게(흐리게) 하다. (2) …의 빛을 잃게 하다, 볼품없이 보이게 하다, …보다 중요하다〈낫다〉.
˙**over·shoe** [óuvərʃù:] *n.* (흔히 *pl.*) 오버슈즈, 방수용〈방한용〉 덧신.
over·shoot [òuvərʃú:t] (*p.*, *pp.* -shot [-ʃɑ́t/-ʃɔ́t]) *vt.* (목표)를 넘어가다 ; (정지선 · 착륙지점 따위)를 지나치다.
over·shot [òuvərʃɑ́t/-ʃɔ́t] OVERSHOOT 의 과거·과거분사. — *a.* (1) 위로부터 물을 받는, 상사식(上射式)의《물레바퀴》. (2) (개 등) 위턱이 쑥 내민.
over·side [óuvəràid] *a.* 뱃전으로부터의.
over·sight [óuvəràit] *n.* (1) ⓤⓒ 빠뜨림, 못봄, 실수. (2) ⓤ (또는 an ~) 감독, 감시, 단속, 관리 : by (through) (an) ~ 실수하여, 과실로.
over·sim·pli·fy [òuvərsímpləfài] *vt.* …을 지나치게 단순화하다. — *vi.* 너무 간단하게 다루다. (파) **òver·sim·pli·fi·cá·tion** [-fikéiʃən] *n.*
over·size [óuvərsáiz] *a.* 너무 큰 ; 특대의. 파) **~d** [-d] *a.* = OVERSIZE.
over·skirt [óuvərsə̀:rt] *n.* ⓒ 오버스커트《드레스 따위에 다시 겹쳐 입는 스커트》.
˙**over·sleep** [òuvəslí:p] (*p.*, *pp.* ***-slept*** [-slépt]) *vi.* 너무 오래 자다.
over·spend [òuvərspénd] (*p.*, *pp.* ***-spent*** [-spént]) vt, *vi.* (…을) 너무 쓰다 ; 돈을 지나치게 쓰다.
over·spill [òuvərspìl] *n.* ⓒ (흔히 sing). (1) 넘쳐 흐름, 과잉, 여분. (2) 《英》 (도시의) 과잉 인구.
— *a.* 〔限定的〕 《英》 과잉 인구용의 : an ~ housing 과잉 인구용 주택 단지.

over·spread**[1] [òuvərspréd] (*p., pp.* ***-spread) *vt.* 《~+目/+目+前+名》 …의 위에 퍼지다, ~의 전면에 흩뿌리다, 온통 뒤덮다.

over·spread[2] *a.* (…로) 온통 뒤덮힌《*with*》.

over·staffed [òuvərstǽft] *a.* 필요이상으로 인원이 많은.

over·state [òuvərstéit] *vt.* 허풍을 떨다, 과장하여 말하다. 파) **~·ment** *n.* (1) ⓤ 허풍, 과장해서 말하기. 【opp.】 *under-statement.* (2) ⓒ 과장된 말 〈표현〉.

over·stay [òuvərstéi] *vt.* …의 시간〈기간, 기한〉 뒤까지 오래 머무르다, (매석하여) 팔 시기를 놓치다. ~ one**'s welcome** 너무 오래 있어서 눈총을 맞다.

over·steer [óuvərstìər] *n.* ⓤ 오버스티어《핸들을 돌린 각도에 비하여 차체가 커브에서 더 안쪽으로 회전하는 조종 특성》. 【opp.】 *understeer.*
— [ˋ-ˊ] *vi.* (차가) 오버스티어하다〈되다〉.

over·step [òuvərstép] (***-pp-***) *vt.* …을 지나쳐가다, 넘어가다, 밟고 넘다 ; …의 한도를 넘다.

over·stock [òuvərsták/-stɔ́k] *vt.* 《~+目/+目+前+名》 …을 너무 많이 공급하다 ; 너무 사들이다《*with*》. — *vi.* 지나치게 사들이다《*with*》. — [ˊ-ˋ] *n.* ⓤ 공급 과잉 ; 재고 과잉.

over·strain [òuvərstréin] *vt.* (신경 따위)를 지나치게 긴장시키다 ; 무리하게 쓰다.

over·strung [òuvərstrʌ́ŋ] *a.* 너무 긴장한, (신경) 과민의.

over·stuffed [òuvərstʌ́ft] *a.* …에 지나치게 채워넣은 ; (소파 따위가) 지나치게 푹신푹신한.

over·sub·scribed [òuvərsəbskráibd] *a.* (1) (공채(公債) 등) 모집액 이상으로 신청한. (2) (극장 등) 정원 이상으로 예약된.

over·sup·ply [òuvərsəplái] *vt.* …을 지나치게 공급하다, 과잉 공급하다.

overt [óuvəːrt, -ˊ] *a.*〔限定的〕 명백한; 공공연한, 역연(歷然)한. 【opp.】 *covert.* 『 ~ discrimination 공공연한 차별 대우. 파) **~·ly** *ad.* **~·ness** *n.*

:over·take [òuvərtéik] (***-took*** [-túk] ; ***-tak·en*** [-téikən]) *vt.* (1) …을 따라잡다〈붙다〉 ; 추월하다. (2) (폭풍 따위가) …에게 덮치다, (불행 등이) 닥쳐오다 ; 허를 찌르다. — *vi.* 차가 추월하다(pass) : No *overtaking.* 추월 금지《표지》.

over·tak·en [òuvərtéikən] OVERTAKE 의 과거분사.

over·task [òuvərtǽsk, -tɑ́ːsk] *vt.* …에 무리한 일을 시키다 ; …을 혹사하다.

·**over·tax** [òuvərtǽks] *vt.* (1) …에 지나치게 과세하다. (2) a) …에 무리를 강요하다, 지나치게 일을 시키다. b)〔再歸的〕 무리를 하다.

over-the-coun·ter [òuvərðəkáuntər] *a.* 〔限定的〕 (1) 【證】 장외(場外) 거래의《略 : OTC, O.T.C.》. (2) (약이) 의사의 처방없이 팔 수 있는.

over-the-top [òuvərðətáp] *a.* 《口》 지나친 ; 냉랭한.

over·threw [òuvərθrúː] OVERTHROW 의 과거.

:over·throw [òuvərθróu] (***-threw*** [-θrúː] ; ***-thrown*** [-θróun] *vt.* (1) …을 뒤집어 엎다, 타파하다 ; (정부 따위)를 전복시키다, (제도 등)을 폐지하다. (2) 【野】 (베이스의) 위를 높이 벗어나게 폭투(暴投)하다.
— [óuvərθròu] *n.* ⓒ (1) (흔히 *sing.*) 타도, 전복(upset). (2) 【野】 폭투, 높이던지기.

over·time [óuvərtàim] *n.* ⓤ (1) 규정외 노동시간 ; 《특히》 시간외 노동, 초과근무, 잔업. (2) 초과근무〈잔업〉 수당. (3) 《美》 【競】 연장 경기시간, 연장전.
— *a.* 〔限定的〕 시간외의, 초과 근무의.
— *ad.* 시간외로 ; 규정 시간을 초과해서.

over·tire [òuvərtáiər] *vt.* (병자)를 지치게 하다 ; 〔再歸的〕 (병자가) 지치다.

over·tone [óuvərtòun] *n.* ⓒ (1) 【樂】 상음(上音), 배음(倍音) (【opp.】 *undertone*). (2) (주로 *pl.*) (말 따위의) 함축, 뉘앙스.

·**over·took** [òuvərtúk] OVERTAKE 의 과거.

over·top [òuvərtáp/-tɔ́p] (***-pp-***) *vt.* (1) …의 위에 높이 솟다 ; …보다 높다. (2) …보다 낫다.

over·train [òuvərtréin] *vt., vi.* (…을) 지나치게 훈련〈연습〉시키다〈하다〉.

over·trump [òuvərtrʌ́mp] *vt., vi.* 【카드놀이】 상대보다 끗수 높은 카드를 낸다.]

·**over·ture** [óuvərtʃər, -tʃùər] *n.* ⓒ (1) (종종 pl.) 신청, 제안, 제의, 교섭 개시, 예비교섭. (2) 【樂】 서곡, 전주곡(曲).

:over·turn [òuvərtə́ːrn] *vt.* (1) …을 뒤집어 엎다. 뒤집다, 전복시키다. (2) …을 타도하다.

over·use [òuvərjúːz] *vt.* …을 지나치게 쓰다, 남용하다. — [óuvərjùːs] ⓤ 과도한 사용, 남용.

over·val·ue [òuvərvǽljuː] *vt.* …을 실질 이상으로 평가하다, 과대 평가하다. 【opp.】 *undervalue.*

over·view [óuvərvjùː] *n.* ⓒ 개관, 개략 ; 대요(大要).

over·watch [òuvərwátʃ/-wɔ́tʃ] *vt.* …을 망보다, 감시하다(watch over).

over·ween·ing [òuvərwíːniŋ] *a.* 〔限定的〕 뽐내는, 자신 만만한 ; 거들먹거리는.

·**over·weight** [óuvərwèit] *n.* ⓤ (1) 초과중량, 더 나가는 무게, 과중, 우위. (2) 체중 초과, 지나치게 뚱뚱함.
— [òuvərwéit] *a.* (1) 중량이 초과된 ; 너무 무거운. (2) 지나치게 뚱뚱한. 파) **òver·wéight·ed** [-id] *a.* (1) 중량초과의, 짐을 너무 실은. (2) 한쪽에 치우친.

:over·whelm [òuvərhwélm] *vt.* (1) …을 압도하다《※ 종종 受動으로, 前置詞는 *by, with*》. (2) (물결 등이) 위에서 덮치다, 물 속에 가라앉히다, 땅에 파묻다.

·**over·whelm·ing** [òuvərhwélmiŋ] *a.* 〔限定的〕 압도적인, 불가항력의.
파) **~·ly** *ad.* 압도적으로.

·**over·work** [òuvərwə́ːrk] (*p., pp.* ***~ed*** [-t], ***-wrought*** [-rɔ́ːt]) *vt.* (1) …을 지나치게 부리다, 과로시키다. 【opp.】 *underwork.* (2) (특정한 어구 · 표현 등)을 너무 많이 쓰다. — [ˊ-ˋ] *n.* ⓤ 과로, 과도한 노동.

over·write [òuvərráit] (***-wrote*** [-róut] ; ***-writ·ten*** [-rítn]) *vt.* …에 대해 너무 쓰다 ; (다른 문자) 위에 겹쳐서 쓰다 ; 지나치게 공들인 문체로 쓰다. *vi.* 지나치게 자세히 쓰다.

over·wrought [òuvərrɔ́ːt] *a.* (1) 너무 긴장〈흥분〉한. (2) 지나치게 겉만 번드레한.

over·zeal·ous [òuvərzéləs] *a.* 지나치게 열심인.

ovi·duct [óuvədʌ̀kt] *n.* ⓒ 【解】 난관(卵管), 나팔관 ; 【動】 수란관.

ovi·form [óuvəfɔ̀ːrm] *a.* 난형(卵形)의.

ovip·a·rous [ouvípərəs] *a.* 【動】 난생(卵生)의.

ovu·late [óuvjulèit, ɑ́-] *vi.* 【生理】 배란하다. 파) **òvu·lá·tion** [-ʃən] *n.* ⓤ 【生】 배란.

ovum [óuvəm] (*pl.* ***ova*** [óuvəl]) *n.* ⓒ 【生】 알.

난자.

ow [au, uː] *int.* 앗 아파, 아야, 어《아픔·놀라움 따위의 표현》. 【cf.】 ouch.

:owe [ou] *vt.* (1) 《~+目/+目+前+名/+目+目》 …을 빚지고 있다, 지불할 의무를 지고 있다, (의무 등을) 지고 있다. (2) 《+目+目/+目+前+名》 …의 은혜를 입고 있다. (3) 《+目+前+名》 …의 은혜를 갚아야 하다, …의 덕이다, …의 신세를 지다. (4) 《+目+目》 (어떤 감정)을 …에게 품고 있다.
— *vi.* 《~/+前+名》 빚지고 있다. ***~ it to*** one***self to*** do …하는 것이 자신에 대한 의무이다, …하는 것은 자신을 위해 당연하다. (***think***) ***the world ~s*** one ***a living*** 세상에서 돌보아 주는 것이 당연하다(고 생각하다).

:ow·ing [óuiŋ] *a.* 〔敍述的〕 (1) 빚지고 있는, 미불로 되어 있는《*to*》. (2) …에 돌려야 할, …에 기인한《*to*》. ***~ to*** 〔前置詞句로서〕 …때문에, …로 인하여, …이 원인으로(because of).

:owl [aul] *n.* ⓒ (1) 올빼미 ; 부엉이. (2) 밤을 새우는 사람(night owl), 방일하는 사람. (3) 점잔빼는 사람, 진지한 체하는 사람. (***as***) ***wise as an ~*** 매우 영리한.

owl·et [áulət] *n.* ⓒ 새끼 올빼미, 작은 올빼미.

owl·ish [áuliʃ] *a.* (1) 올빼미 같은《둥근 얼굴에 안경을 끼고 눈이 큰 사람을 일컫는 말》. (2) 근엄한 얼굴을 한《똑똑한 것 같으면서 어리석은》.
파) **~·ly** *ad.*

owl·light [áullàit] *n.* ⓤ 황혼, 땅거미(twilight).

:own [oun] *a.* 〔주로 所有形容詞 다음에 쓰임〕 (1) 〔所有를 강조하여〕 (남의 것이 아니라) 자기 자신의. (2) 〔獨自性을 강조하여〕 (자기 자신에게) 고유한, 특유한, 개인적인, 독특한. (3) 〔행위자의 主體性을 강조해서〕 남의 도움을 빌리지 않는, 자력으로〈자신이〉 하는.
— *vt.* (1) …을 소유하다 ; 가지고 있다. (2) 《~+目/+目+前+名/+*that* 節/+目+(*to be*) 補/+目+*as* 補/+目+*done*》 (죄나 사실 등)을 인정하다 ; 자인(自認)하다, 고백하다. — *vi.* 《+前+名》 인정하다, 자백하다《*to*》.
~ up 《口》 …을 숨김없이〈깨끗이〉 자백하다《*to*》 : ~ *up to* a crime 죄를 자백하다.

own-brand [óunbrǽnd] *n.* ⓤ 자사(自社) 브랜드 상품. — *a.* 〔限定的〕 자사 브랜드의.

:own·er [óunər] *n.* ⓒ (1) 임자, 소유주, 소유권자, 오너. (2) 《英俗》 선장(captain).

own·er-driv·er [-dràivər] *n.* ⓒ 《英》 오너드라이버 ; 개인 택시 운전사.

own·er·less [óunərlis] *a.* 임자가 없는.

own·er-oc·cu·pi·er [óunərákjəpàiər/-rɔ́kjə-] *n.* ⓒ 《영》 자가(自家) 거주자.

·own·er·ship [óunərʃìp] *n.* ⓤ 소유자임 ; 소유권, 소유자로서의 자격.

ówn góal (1) 【蹴】 자살골. (2) 자기에게 불리한 언동.

:ox [ɑks/ɔks] (*pl.* ***ox·en*** [áksən/ɔ́ks-]) *n.* ⓒ (거세한) 수소. 【cf.】 bull[1], bullock, calf, cow[1]. (***as***) ***strong as an ~*** 완고하고 튼튼한.

ox·ál·ic ácid [aksǽlik-] 【化】 옥살산(酸), 수산.

ox·a·lis [áksələs/ɔ́ks-] *n.* ⓒ 【植】 괭이밥.

ox·bow [áksbòu/ɔ́ks-] *n.* ⓒ (1) 소의 U자형 멍에. (2) (하천의) U자형 만곡부(彎曲部).

Ox·bridge [áksbrìʒ/ɔ́ks-] *n.* ⓤ 《英》 (오랜 전통의) 옥스브리지《Oxford 대학과 Cambridge 대학》 ; 역사가 긴 대학.
— *a.* 옥스브리지의〈같은〉.

·ox·en [áksən/ɔ́ks-] ox의 복수.

ox·eye [áksài/ɔ́ks-] *n.* ⓒ 【植】 주변화(周邊花)가 있는 국화과 식물의 총칭, 《특히》 프랑스국화.

·Ox·ford [áksfərd/ɔ́ks-] *n.* (1) 옥스퍼드《잉글랜드 OXFORDSHIRE 의 주도 ; 옥스퍼드 대학의 소재 지》. 【cf.】 Cambridge. (2) = OXFORD UNIVERSITY. (3) (흔히 o-) (*pl.*) 《美》 옥스퍼드《발등 쪽에 끈을 매는 신사화》.

Óxford blúe 짙은 감색《Cambridge blue에 대하여》.

Ox·ford·shire [áksfərdʃìər, -ʃər/ɔ́ks-] *n.* 옥스퍼드주(州) 《잉글랜드 남부 ; 주도 Oxford》.

Óxford Univèrsity 옥스퍼드 대학《잉글랜드 동부의 Cambridge 대학과 더불어 영국 최고의 대학으로 12세기에 창립 ; 略 : OU》.

ox·i·dant [áksədənt/ɔ́ks-] *n.* ⓒ 【化】 옥시던트, 산화제, 강산화성(强酸化性) 물질.

ox·i·da·tion [àksədéiʃən/ɔ̀ks-] *n.* ⓤ 【化】 산화(작용).

·ox·ide [áksaid, -sid/ɔ́ksaid] *n.* ⓒ,ⓤ 【化】 산화물 : iron ~ 산화철.

ox·i·di·za·tion [àksədizéiʃən/ɔ̀ksədaiz-] *n.* ⓤ 산화

·ox·i·dize [áksədàiz/ɔ́ks-] *vt.*, *vi.* (…을) 산화 시키다〈하다〉 ; 녹슬(게 하)다; (은 따위를) 그슬려 산화시키다 : ~ *d* silver 그슬린 은. 파) **-dizer** *n.* 산화제.

ox·lip [ákslìp/ɔ́ks-] *n.* ⓒ 【植】 앵초(櫻草)의 일종.

Ox·on. *a.* (학위 등의 뒤에 붙여) 옥스퍼드 대학의 : John Smith, M.A., ~옥스포드 대학 석사 존 스미스.

Ox·o·ni·an [ɑksóuniən/ɔks-] *a.* Oxford (대학)의.
— *n.* ⓒ Oxford 대학 학생〈출신자〉 ; 옥스퍼드의 주민. 【cf.】 Cantabrigian.

ox·tail [ákstèil/ɔ́ks-] *n.* ⓒ,ⓤ 쇠꼬리《수프의 재료로 씀》.

ox·tongue [ákstʌ̀ŋ/ɔ́ks-] *n.* ⓒ,ⓤ 쇠서《요리용》.

oxy·a·cet·y·lene [àksiəsétiliːn/ɔ̀ks-] *n.* ⓤ 산소 아세틸렌가스. — *a.* 산소와 아세틸렌의 혼합물인.

:ox·y·gen [áksidʒən/ɔ́ks-] *n.* ⓤ 【化】 산소《기호 O ; 번호 8》.
— *a.* 〔限定的〕 산소의.

ox·y·gen·ate [áksidʒənèit/ɔ́ks-] *vt.* 【化】 …을 산소로 처리하다, 산소와 화합시키다, 산화하다.

ox·y·mo·ron [àksimɔ́ːrɑn/ɔ̀ksimɔ́ːrɔn] (*pl.* ***-ra*** [-rə], **~*s***) *n.* ⓒ 【修】 모순 어법《보기 : crowded solitude, cruel kindness 따위》

ox·y·tet·ra·cy·cline [àksitetrəsáikliːn] *n.* 【醫】 옥시테트라사이클린《항생 물질》.

oyes, oyez [óujes, -jez] *int.* 들어라, 조용히 《광고인 또는 법정의 정리(廷吏) 등이 사람들의 주의를 환기시키기 위해 보통 세 번 반복하여 외치는 소리》.

:oys·ter [ɔ́istər] *n.* ⓒ,ⓤ (1) 【貝】 굴, 진주 조개. (2) 진주조개. (3) 《口》 입이 무거운 사람.

óyster bèd 굴 양식상(床). =OYSTER FARM.

óyster fàrm 〈**fàrming**〉 굴 양식장〈양식〉.

ozone [óuzoun, -⌐] *n.* ⓤ (1) 【化】 오존 : an ~ apparatus 오존 발생장치 / ~ paper 오존 시험지. (2) 《口》 (해변 등지의) 신선(新鮮)한 공기.

ozone·friend·ly [óuzounfrèndli] *a.* 오존층 친화적인, 오존층을 파괴하지 않는.

ózone hòle 오존홀《오존층에 생기는 오존농도가 희

박한 곳으로 자외선을 통과시켜 인체에 악영향을 끼침》.

ózone làyer (the ~) 오존층(ozonosphere).

ozon·ize [óuzounàiz, -zə-] *vt.* 【化】 (1) (산소)를 오존화하다. (2) …을 오존으로 처리하다. 파) **òzon·i·zá·tion** [-ʃən] *n.*

ozon·o·sphere [ouzóunəsfìər] *n.* (the ~) 오존층(層)(= **ózone shìeld**)(지상 8~30 마일의 고온권).

P, p [piː] (*pl.* **P's, *Ps*, p's, *ps*** [-z]) (1) ⓤⓒ 피《영어 알파벳의 열 여섯째 글자》: *P* for Peter. Peter 의 P《국제 전화 통화 용어》. (2) ⓒ P자 모양(의 것). (3) ⓤ (연속한 것의) 열여섯 번째(의 것)《J를 제외할 경우에는 열다섯 번째》. (4) ⓒ (P)《美俗》=PEE². ***mind* 〈*watch*〉 one*'s P's and Q's* 〈*p's and q's*〉** 언행을 조심하다《p와 q가 혼동되기 쉬운데서》.

pab·u·lum [pǽbjələm] *n.* ⓤ (1) 음식, 영양물. (2) 정신적 양식 : mental ~ 마음의 양식《책 따위》.

Pac. Pacific. **P·A·C** 【心】 Parent, Adult, Childhood.

:pace¹ [peis] *n.* ⓒ (1) (한) 걸음, 한발 ; 1보폭《2 1/2 ft.》. (2) (a ~) 걸음걸이, 걷는 속도, 보조. (3) a] (a ~) 〔一般的〕 페이스, 속도. b] (*sing.*) (일·생활 등의) 속도, 템포. (4) (말의) 걸음걸이 ; 측대보(側對步)《한쪽 앞뒷다리를 동시에 드는 걸음걸이》, 《특히》 측대속보. ***at a foot's ~*** 보통 걸음으로. ***at a good ~*** 잰 걸음으로, 상당한 속도로 ; 활발하게. ***force the ~*** 무리하게 속도를 내다. ***go* 〈*hit*〉 *the ~*** 급히 가다, 급속도로 나아가다, 전속력으로 나아가다 ; 호화롭게 지내다, 방탕한 생활을 하다. ***go through*** one*'s ~s* 솜씨를 (드러내) 보이다. ***hold* 〈*keep*〉 *~ with*** …와 보조를 맞추다, …에 뒤지지 않도록 하다 : I can't *keep* ~ *with* you. 너와 보조를 맞출 수 없다. make one's ~ 보조를 빨리하다, 서두르다. ***make* 〈*set*〉 *the ~*** (1) (선두에 서서) 보조를 정하다, 정조(整調) 하다 《*for*》 ; 모범을 보이다, 솔선수범하다 ; 최첨단을 가다. ***put*** a horse 〈a person〉 ***through*** its〈his〉 ***~s*** 말의 보조를〈아무의 역량을〉 시험 하다. ***show*** one*'s ~s* (말이) 보태(步態)를 보이다 ; (사람이) 역량을 보이다. ***stand* 〈*stay*〉 *the ~*** 뒤지지 않고 따라가다.
— *vi.* (1) (고른 보조로) 천천히 걷다 ; 왔다갔다하다 《*up and down* ; *about*》. (2) (말이) 측대속보로 걷다. — *vt.* (1) (고른 보조로) …을 천천히 걷다, …을 왔다갔다하다 : ~ the floor 〈room〉 (걱정이 있거나 해서) 마루 위를 〈방안을〉 왔다갔다하다. (2) (거기)를 보측(步側)하다《*out* ; *off*》. (3) …에게 보조를 보여주다. …의 속도를 조정하다 ; 정조(整調) 하다.

pa·ce² [péisiː] *prep.* 《L》 (반대 의견을 공손하게 말할 때) …에게는 실례지만.

paced [peist] *a.* 〔複合語로〕 걸음이 …인, …한 걸음의 : slow-~ 걸음이 느린.

pace·mak·er [⊿mèikər] *n.* ⓒ (1) (레이스 등의) 보조〈속도〉 조정자, 페이스메이커. (2) 모범이 되는 사람, 선도자, 주도자. (3) 【醫】 페이스메이커, 심장 박동 조절장치.

pach·y·derm [pǽkidəːrm] *n.* ⓒ 【動】 후피(厚皮) 동물《코끼리·하마 등》.

pach·y·der·ma·tous [pæ̀kidə́ːrmətəs] *a.* (1) 후피 동물의. (2) 낯가죽이 두꺼운 ; 둔감한.

:pa·cif·ic [pəsífik] *a.* (1) 평화로운, 평온한. (2) 평화를 사랑하는, 화해적인, (성질·말 따위가) 온화]한. (3) (P-) 태평양의 ; 미국 태평양 연안(지방)의.

Pacific Àge〈Era〉 (the ~) 태평양 시대.

pac·i·fi·ca·tion [pæ̀səfikéiʃən] *n.* ⓤ 강화, 화해 ; 진정.

Pacífic Ócean (the ~) 태평양.

Pacífic Rìm (the ~) 환태평양《특히 태평양 연안의 산업국가를 말함》.

Pacífic (Stándard) Time (미국의) 태평양 표준시《그리니치 표준시보다 8시간이 늦음》.

pac·i·fi·er [pǽsəfàiər] *n.* ⓒ (1) 달래는 사람, 조정자. (2)《美》 고무 젖꼭지.

pac·i·fism [pǽsəfìzəm] *n.* ⓤ 평화주의, 부전주의.

·pac·i·fist [-fist] *n.* ⓒ 평화주의자.

·pac·i·fy [pǽsəfài] *vt.* (1)…을 달래다. (2) …에 평화를 회복시키다, (반란)을 진압하다.

:pack [pæk] *n.* (1) ⓒ a] 꾸러미, 보따리, 포장한짐〈묶음〉, 짐짝 ; 팩 ; 륙색, 배낭. b] (낙하산을 접어 넣은) 팩. (2) ⓒ (과일·생선 등의 연간·한 철의) 출하량. (3) ⓒ a] (사냥개·이리·비행기·군함 등의) 한 떼〈무리〉. b] (a ~) (악당 등의) 일당, 한 패《*of*》 : *a* ~ *of* thieve 한 떼의 도적. (4)《英》 ⓒ (카드의)한 벌 ;《美》(담배 등의) 한 갑. (5) ⓒ 〔集合的〕 【럭비】 전위. (6) ⓒ Cub Scouts 〈Brownie Guides〉의 편성단위. (7) ⓒ 【醫】 찜질(에 쓰는 천), 습포 ; (미용술의) 팩(용 화장품) : a cold 〈hot〉 ~ 냉〈온〉습포. (8) 【컴】 압축《자료를 압축 기억시키는 일》.
— *vt.* (1)《~目/+目+副/+目+前+名》 a] 싸다, 꾸리다, 묶다, 싸다, 포장하다 ; …에〈을〉 채우다, 넣다. (2)《~+目/+目+前+名》 (사람이) …을 꽉 채우다〈메우다〉, …에 가득 채우다 ; 채워〈틀어〉 넣다, 무리하게 넣다《*into*》. (3)《~+目/+目+前+名》 통조림으로 하다. (4) (동물에) 짐을 지우다 ; …에 지우다 《*with*》. (5) 메워 틀어막다, …에 패킹을 대다. (6) …에 찜질하다 ; (상처)에 거즈를 대다 ; (얼굴)에 미용팩을 하다. (7) …을 (포장하여) 나르다 ;《俗》 (총·권총 등)을 휴대하다(carry). (8)《口》 (강타·충격 등)을 가할 수 있다. (9) 【컴】 …을 압축하다. — *vi.* (1)《~/+副》 짐을 꾸리다《*up*》 ; (물건이) 꾸려지다, 포장되다〈할 수 있다〉. (2)《+前+名》 (사람이 좁은 장소)에 몰려들다《*into*》. (3) (짐승이) 떼를 이루다. (4) 【럭비】 스크럼을 짜다《*down*》.
~ away = ~off. ***~in*** 1) (연예인 등이) 많은 사람을 끌어들이다. 2)《英口》…을 그만두다. ***~it in***《英口》 1) (일·활동)을 그만두다. 2) 〔命令形〕 (시끄럽다) 그만 둬, 닥쳐. ***~ off***《口》 (사람)을 내쫓다, 돌려보내다《*to*》. ***~ up*** 1) (짐)을 꾸리다. 2) …을 그만두다. 3)《口》 죽다. 4)《口》 (엔진이) 멎다, 고장나다. ***send*** a person ***~ing***《口》 아무를 가차없이 해고하다, 쫓아내다.

:pack·age [pǽkidʒ] *n.* (1) ⓒ a] 꾸러미, 소포, 고리 ; 패키지. b] =PACKET(1). (2) 일괄해서 팔리는〈제공되는〉것. (3) =PACKAGE DEAL. (4)《口》=PACKAGE HOLIDAY 〈TOUR〉.
— *vt.* (1) (짐)을 꾸리다, 포장하다, 짜임새있게 〈예쁘게〉 담다 ; …의 장점이 두드러져 보이게 하다. (2) …을 일괄하다 ; 일괄 프로로서 제작하다 ; (제품)의 포장을 고안 제작하다.
— *a.* 〔限定的〕 일괄의, 패키지의, 포괄적인.

páckage stòre《美》 주류 소매점(《英》 off-license)《가게에서는 마실 수 없음》.

páck ànimal 짐 나르는 동물《짐을 운반하는 소·말·낙타 따위》.

packed [pækt] *a.* (1) 만원인 ; 꽉 찬. (2) 〔複合

P

語] …로 꽉찬. (3) (식품이) 팩〈상자〉에 든.

packed-out [pǽktáut] *a.* (방·건물 따위가) 혼잡한, 만원의.

·**pack·er** [pǽkə*r*] *n.* ⓒ (1) 짐 꾸리는 사람 ; 포장 업자. (2) 《美》 식료품 포장 출하업자. (3) 포장기〈장치〉.

pack·et [pǽkit] *n.* ⓒ (1) 소포 ; (편지 따위의) 한 묶음, 한 다발. (2)(사람수가 적은) 일단. (3) 우편선, 정기선(~ boat) 《우편 · 여객 · 화물용》. (4) **[컴]** 다발. (5) 《英口》 (도박·투기 따위에서 번〈잃은〉) 큰돈 ; 큰 손해 ; 대량, 다수. ***buy 〈catch, cop, get, stop〉 a ~*** 《英俗》 1) 혼나다. 2) (탄환 등으로) 크게 다치다. 3) 호되게 얻어맞다. ***cost a ~*** 《英口》 큰 돈이 들다. ***make a ~*** 큰 돈을 벌다.

·**pack·ing** [pǽkiŋ] *n.* ⓤ (1) 짐꾸리기, 포장 ; 《美》 통조림(제조)업 ; 식료품 포장 출하업. (2)포장용품〈재료〉, (포장용) 충전물, 패킹《삼 부스러기·솜 등》.

pack·man [pǽkmən] (*pl.* ***-man*** [-mən]) *n.* ⓒ 행상인(peddler).

pack·sad·dle [´sæ̀dl] *n.* ⓒ 길마.

pack·thread [´θrèd] *n.* ⓤ 짐 꾸리는 (노)끈.

:**pad**[1] [pæd] *n.* ⓒ (1) (충격·마찰·손상을 막는) 덧대는〈메워 넣는〉 것, 받침, 패드 ; (상처에 대는) 거즈, 탈지면《따위》 ; 패드《생리용구》. (2) 안장 대신 쓰는 방석, 안장 받침 ; **[球技]** 가슴받이, 정강이 받이《따위》 ; (웃옷의) 어깨심, 패드《padding이 정식》. (3) a] 스탬프 패드, 인주. b] 대(臺) ; 발착대, 발사대, 헬리콥터 이착륙장 ; (노면에 박힌) 교통 신호등 제어장치《차가 그 위를 통과하면 신호가 바뀜》. (4) (한 장식 떼어 쓰게 된) 종이철(綴). (5) (동물의) 육지(肉趾)《발바닥의 군은살》. (6) 《美》 (수련 따위의) 부엽(浮葉). (7) 《俗》 침상(寢床), 방, 주거. (8) 《美俗》 (경찰이 불법을 봐주고 공동으로 받는) 뇌물.

— *vt.* (***-dd-***) …에 덧대다 〈메우다〉 ; …에 패드를 넣다〈대다〉, (옷 따위에) 솜을 두다, 심을 넣다, 속을 넣다. ***~ out*** (글 따위에 불필요한 것)을 끼워 넣다, (문장·이야기)를 공연히 잡아늘리다《*with*》.

pad[2] (***-dd-***) *vt.* 발소리를 죽이고 걷다《*along*》.

pad·ding [pǽdiŋ] *n.* ⓤ (1) 패드를 댐〈넣음〉, 심을 넣음. (2) 충전물《헌솜·털·짚 등》. (3) (신문·잡지의) 여백을 메우는 불필요한 삽입 어구.

:**pad·dle**[1] [pǽdl] *n.* ⓒ (1) (카누 따위의) 짧고 폭 넓은 노 ; 노〈주걱〉 모양의 물건 ; (세탁용) 방망이 ; 《美》 (탁구의) 라켓, (패들 테니스의) 패들《따위》. (2) (물레방아·외륜선의) 물갈퀴 ; **[動]** (거북 등의) 지느러미 모양의 발(flipper). (3) (a ~) 노로 젓기, 한 번 저음. (4) 《美口》 철썩 때리기. — *vi.* (1) 노를 젓다 ; 조용히 젓다. (2) (배가) 외륜으로 움직이다. 개헤엄치다. — *vt.* (1) …을 노로〈외륜으로〉 움직이게 하다. (2) …을 노로저어 운반하다. (3) 《美口》 (체벌로서) …을 철썩 때리다(spank). (4) 개헤엄치다. ~one***'s own canoe*** ⇨ CANOE.

pad·dle[2] *vi.* 얕은 물속에서 철벅거리(며 놀)다.

pad·dle·fish [pǽdlfìʃ] *n.* ⓒ **[魚]** 주둥이가 주걱 같이 생긴 철갑상어《특히 Mississippi 강에 서식하는 것과 중국 양쯔강(揚子江)에 서식하는 것》.

pad·dler[1] [pǽdlə*r*] *n.* ⓒ (1) 물을 젓는 사람〈물건, 장치〉 ; 카누를〈카약을〉 젓는 사람. (2) 탁구 선수. (3) = PADDLE STEAMER.

pad·dler[2] *n.* ⓒ 물장난치는 사람 ; 물장난할 때 입는 옷《어린이용》.

páddle stèamer 외륜 기선(外輪汽船), 외륜선.

páddle whèel (외륜선의) 외륜.

páddling pòol (공원 등의) 어린이 물놀이터.

pad·dock [pǽdək] *n.* ⓒ (1) (마구간에 딸린) 작은 방목장(말 길들이는 곳). (2) 경마장 부속의 울친 잔디밭.

Pad·dy [pǽdi] *n.* (1) 패디 《1) 남자 이름 ; Patrick의 애칭. 2) 여자 이름. (2) ⓒ 《俗》아일랜드(계) 사람《별명》. (3) (p-) (a ~) 《美口》 성냄, 격노.

pad·dy [pǽdi] *n.* ⓤ 쌀, 벼 ; ⓒ 논(=~ **field**).

pád·dy wàgon (경찰의) 범인 호송차.

pad·lock [pǽdlɑ̀k/´lɔ̀k] *n.* ⓒ 맹꽁이자물쇠. — *vt.* …에 맹꽁이자물쇠를 채우다(잠그다).

pa·dre [pɑ́:drei, -dri] *n.* ⓒ (스페인·이탈리아 등지의) 신부, 목사 ; 《美口》 군목(軍牧), 군종신부.

pae·an [pí:ən] *n.* ⓒ 기쁨의 노래, 찬가.

pa·el·la [pɑ:éilə, -élə, -éiljə] *n.* ⓒ,ⓤ 파에야 《쌀·고기·어패류·야채 등에 사프란향(香)을 가미한 스페인 요리 ; 그것을 만드는 큰 냄비》

·**pa·gan** [péigən] *n.* ⓒ (1) 이교도(異敎徒) ; 《특히》 비기독교도. (2) (고대 그리스·로마의) 다신교도. **[cf.]** heathen. (3) 쾌락주의자, 무종교자. —*a.* (1) 이교(도)의, 이교 신봉의. (2) 무종교의.

pa·gan·ism [péigənìzəm] *n.* ⓤ (1) 이교(신앙) ; 이교 사상〈정신〉, 이교도의 신앙·관습. (2) 무종교 ; 관능 예찬.

:**page**[1] [peidʒ] *n.* ⓒ (1) 페이지《略 : *p.*, *pl.* pp.》, 쪽 ; (인쇄물의) 한 장. (2) (종종 *pl.*) a] (신문 등의) 난, 면 ; (책의) 한 절, 부분. b] 책, 기록. (3) (인생·일생의) 에피소드, (역사상의) 사건, 시기. (4) **[컴]** 쪽, 면 《기억 영역의 한 구획; 그것을 채우는 한 뭉뚱그려진 정보》. — *vt.* …에 페이지 수를 매기다. — *vi.* (1) 책 따위를 휙 훑어보다《*through*》. (2) **[컴]** 쪽 매기기(paging)를 하다.

·**page**[2] *n.* ⓒ (1) (제복 입은) 보이(~ boy), 급사 ; 신부 들러리 서는 소년 ; 《美》 (국회의원의 시중을 드는) 사환. (2) **[史]** 수습 기사(騎士).

— *vt.* (호텔·공항 등에서) 이름을 불러 (아무)를 찾다, 사환을 시켜 불러내다.

·**pag·eant** [pǽdʒənt] *n.* (1) ⓒ (역사적 장면을 표현하는) 야외극. (2) ⓒ (축제 따위의) 화려한 행렬, 가장 행렬, 꽃수레. (3) ⓤ 성관(盛觀), 장관 ; 허식, 겉치레. (4) (중세의 기적극 등의) 이동 무대.

pag·eant·ry [pǽdʒəntri] *n.* ⓤ (1) 화려한 구경거리 ; 장관, 성관. (2) 허식, 겉치레.

páge bòy 보이, 급사 ; 시동(侍童).

page·boy [péidʒbɔ̀i] *n.* ⓒ (1) 안말이《어깨 근처에서 머리끝을 안쪽으로 말아넣은 여자 머리 모양》. (2) = PAGE BOY.

pag·er [péidʒə*r*] *n.* ⓒ 무선 호출 수신기.

páge tùrner 숨막힐 듯이 재미있는 책.

pag·i·nal [pǽdʒənl] *a.* (1) 페이지의. (2) 한 페이지씩의, 페이지마다의.

pag·i·nate [pǽdʒənèit] *vt.* …에 페이지를 매기다.

pag·i·na·tion [pæ̀dʒənéiʃən] *n.* ⓤ (1) 페이지〈쪽〉 매김. (2) 〔集合的〕 페이지를 나타내는 숫자 ; 페이지 수. (3) **[컴]** 쪽매김.

pa·go·da [pəgóudə] *n.* ⓒ 탑, 파고다 ; (파고다 모양의) 매점(신문, 담배 등).

pah [pɑ:] *int.* 흥, 체《경멸·불쾌 등을 나타냄》.

:**paid** [peid] PAY[1]의 과거·과거분사. — *a.* (1) 유급의. (2) 지급〈정산〉을 끝낸《*up*》. ***put ~ to*** …의 끝장을 내다 ; (계획 등을) 틀어지게 하다, 좌절시키다《…에 '지급필 (paid)의 도장을 찍다' 의 뜻에서》.

paid·up [péidʌ́p] *a.* 회비〈입회금〉의 납입을 끝낸.
:pail [peil] *n.* ⓒ (1) 들통, 버킷. (2) = PAILFUL.
pail·ful [ˊ-fùl] *n.* ⓒ 들통 하나 가득(한 양)《*of*》.
:pain [pein] *n.* (1) a] ⓤ (육체적) 고통, 아픔. b] ⓒ (국부적인) 통증, 아픔. (2) ⓤ (정신적인) 고통, 고뇌 : the ~ of parting 이별의 쓰라림. (3) (*pl.*) 노력, 노고, 고심 ; 수고(efforts). (4) 《口》 (a ~) 싫은 것〈일, 사람〉, 골칫거리. ***a ~ in the neck*** 《口》 = ***a ~ in the ass*** 〈***arse***〉 《俗》 싫은〈지겨운〉 녀석〈것〉, 눈엣가시, 두통거리. ***be at ~s to*** do = ***be at the ~s of*** do***ing*** …하려고 고심하다, 애써서 …하다. ***for*** one***'s ~s*** 1) 수고값으로. 2) 애쓴 보람 없이. ***on*** 〈***upon, under***〉 ***~ of***... 위반하면 …의 벌을 받는다는 조건으로. ***~s and penalties*** 형벌. ***spare no ~s to*** do 수고를 아끼지 않고 …하다. ***take*** (***much***) ***~s*** 수고하다, 애쓰다.
— *vt.* (사람)을 괴롭히다. …에 고통을 주다. — *vi.* 아프다, 괴로워하다.
pained [peind] *a.* 마음 아픈 : 감정이 상한, 화난.
:pain·ful [péinfəl] (***more ~ ; most ~***) *a.* (1) 아픈, 괴로운, 고생스러운. (2) (추억 · 경험 등이) 불쾌한, 싫은 : 가슴 아픈, 괴로운. (3) (생활·일 등이) 힘이 드는, 어려운. 파) **~·ly** *ad.* 고통스럽게 ; 고생해서 ; 애써 ; 질력나서, 지겹게 ; 아픈〈괴로운〉 듯이. **~·ness** *n.*
pain·kill·er [péinkìlər] *n.* ⓒ 《口》 진통제.
pain·less [péinlis] *a.* (1) 아프지 않은, 고통이 없는 : ~ childbirth 무통 분만. (2) 힘 안 드는, 쉬운.
pains·tak·ing [péinztèikiŋ, péins-] *a.* (1) 수고를 아끼지 않는, 근면한. (2) 힘드는 ; 공들인, 고심한《작품》.
:paint [peint] *n.* ⓤⓒ (1) 그림물감, 채료. (2) 페인트, 도료. (3) 화장품《루주 · 연지·분따위》 : 도란(grease ~). (4) 겉치장, 허식.
— *vt.* (1) …에 페인트를 칠하다 ; …을 (…빛으로) 칠하다. (2) 《~+目/+目+前+名》 …을 (그림물감으로) 그리다. (3) …에 물감을 칠하다, 착색〈채색〉하다 ; 장식하다. (4) (얼굴 따위)에 (연지·분 따위로) 화장하다. (5) …을 (생생하게) 묘사 〈서술〉하다 ; 표현하다.
—*vi.* (1) 페인트로 칠하다. (2) 《~/+前+名》 (…로) 그림을 그리다. (3) 화장하다. (***as***) ***~ed as a picture*** 짙은 화장을 한. ***not as*** 〈***so***〉 ***black as*** one ***is ~ed*** 남이 말하는 것처럼(그렇게) 나쁜 것〈사람〉은 아닌. ***~ out*** 페인트로 칠하여 지우다. ***~ the town*** 〈***city***〉 (***red***) 《口》 (바 등을 돌며) 법석을 떨면서 다니다.
páint bòx 그림 물감 상자〈통〉.
paint·brush [péintbrʌ̀ʃ] *n.* ⓒ 화필(畵筆), 그림붓 ; 페인트 솔.
:paint·er[1] [péintər] *n.* ⓒ (1) 화가(artist). (2) 페인트 공, 칠장이, 도장공.
paint·er[2] *n.* ⓒ 【海】 배를 매는 밧줄 1) (밧줄을 풀어) 표류시키다. 2) 관계를 끊다.
:paint·ing [péintiŋ] *n.* (1) ⓒ 그림, 회화 ; 유화, 수채화. (2) ⓤ 그림그리기 ; 화법. (3) ⓤ 채색, 착색. (4) ⓤ 도장(塗裝), 페인트칠. (5) ⓤ (도자기의) 그림 그려 넣기.
paint·work [péintwə̀ːrk] *n.* ⓤ (자동차 등의) 도장면〈부분〉.
:pair [pɛər] (*pl.* ***~s,*** 《口》 ~) *n.* ⓒ (1) 한 쌍, (두 개로 된) 한 벌. (2) (짝진 것의) 한 짝. (3) 한 쌍의 남녀, 《특히》 부부, 약혼 중의 남녀 ; (동물의) 한 쌍 ; 2인조(組)《*of*》. (4) 【카드놀이】 동점의 카드 두 장 갖춤 ; (한 곳에 맨) 두 필의 말. (5) 【議會】 투표를 기권하기로 담합한 반대되는 정당의 두 의원 ; 그 담합. ***another*** 〈***a differnet***〉 ***~ of shoes*** 〈***boots***〉 별개 문제. ***I have only*** 〈***got***〉 ***one ~ of hands.*** 나는 손이 둘밖에 없다《"너무 많은 일을 내게 맡기지 말게"의 뜻》. ***in ~s*** 두 개〈사람〉 한 쌍이 되어.
— *vt., vi.* (1) 한 쌍이 되다〈으로 하다〉 ; 짝지어 나누다. (2) 결혼하다〈시키다〉, (동물이) 짝짓다. 짝지어 주다 《*with*》. ***~ off*** 두 사람〈개〉씩 떼어놓다 ; 두 사람씩 짜다 ; 두 사람이 한 쌍이 되다. ***~ up*** (일·스포츠에서) 두 사람씩 조가 되다〈로 하다〉, 두 사람씩 짝짓게 하다.
pais·ley [péizli] *n.* ⓤ (1) 페이즐리 천 ; 그 제품 《숄 따위》. (2) 페이즐리 무늬《다채롭고 섬세한 곡선 무늬》. — *a.* 페이즐리 천으로 만든 ; 페이즐리 무늬의.
pa·ja·ma [pədʒɑ́ːmə, -dʒǽmə/-dʒɑ́ːmə] *n.* (*pl.*) 《美》 파자마. — *a.* 〔限定的〕 파자마의, 파자마 차림의.
Pa·ki·stan [pɑ̀ːkistɑ́ːn, pǽkistæ̀n] *n.* 파키스탄.
:pal [pæl] *n.* ⓒ 《口》 동아리, 단짝, 친구 ; 동료 : 《호칭》 여보게, 자네 ; 공범. — (**-ll-**) *vt.* 《口》 친구로서 사귀다 ; 친해지다, 한패가 되다《*up* ; *with*》.
:pal·ace [pǽlis, -əs] *n.* (1) ⓒ 궁전, 왕궁, 궁궐 ; (고관·bishop 등의) 관저, 공관 ; 대저택. (2) ⓒ (오락장·요정·식당 따위의) 호화판 건물, 전당. (3) (the ~) 〔集合的〕 《英》 궁정의 유력자들, 측근.
— *a.* 〔限定的〕 (1) 궁전의. (2) 측근의.
pal·an·keen, -quin [pæ̀lənkíːn] *n.* ⓒ (중국 · 인도·한국 등의) 일인승의 가마 ; 탈 것.
pal·at·a·ble [pǽlətəbəl] *a.* (1) 맛있는, 맛좋은, 입에 맞는. (2) 취미〈마음〉에 맞는, 유쾌한.
pal·a·tal [pǽlətl] *a.* 구개(음)의. — *n.* ⓒ 【音聲】 구개음《 [j, ç] 따위》, 구개골
parl·a·tal·ize [pǽlətəlàiz] *vt.* 【音聲】 …을 구개음으로 발음하다. 구개(음)화하다《 [k]를 [ç], [tʃ]로 발음하는 따위》.
·pal·ate [pǽlit] *n.* (1) ⓒ 【解】 구개, 입천장. (2) ⓒ (흔히 *sing.*) 미각(味覺)《*for*》 ; 취미, 기호 (liking) ; 심미〈감식〉안.
pa·la·tial [pəléiʃəl] *a.* 궁전의, 대궐 같은 ; 호화로운 ; 광대한(magnificent), 웅장한.
pal·a·tine [pǽlətàin, -tin] *n.* (1) (P-) ⓒ 팔라틴 백작. (2) (the P-) = PALATINE HILL.
Pálatine Híll (the ~) 팔라틴 언덕.
Pa·lav·er [pəlǽvər, -lɑ́ːvər] *n.* (1) ⓒ 교섭, 상담 《특히 옛 아프리카 원주민과 외국 무역 상인과의》. (2) ⓤ 수다, 재잘거림 ; 아첨 ; 《俗》 일, 용무. (3) ⓤ 《口》 귀찮음, 성가심. — *vi.* 재잘거리다 ; 아첨하다 ; 감언으로 속이다.
:pale[1] [peil] (***pal·er ; pal·est***) *a.* (1) (얼굴이) 핼쑥한, 창백한. (2) (빛깔 따위가) 엷은. (3) (빛이) 어슴푸레한, 희미한. (4) 가냘픈, 약한, 힘 없는. ㅁ pallor *n.* — *vi., vt.* 파래지(게 하)다, 창백해지(게 하)다, (색·빛 등이) 엷어지(게 하)다. ***~ before*** 〈***beside, in comparison with***〉 …앞에 무색해지다. …보다 못해 보이다. (파) **ˊ~·ly** *ad.* **ˊ~·ness** *n.*
pale[2] *n.*ⓒ(끝이 뾰족한) 말뚝《우리를 만듦》 ; 울짱, 울타리. (2) (the ~) 경계(boundary), 범위 ; 구내, 경내. (3) 【紋章】 방패 복판의 세로줄. ***beyond*** 〈***within, without, outside***〉 ***the ~*** (언동·사람이) 타당성을 넘은, 상궤(常軌)를 벗어난.
pale·face [ˊ-fèis] *n.* ⓒ 《俗》 백인《본래 북아메리카 원주민이 백인을 이른 말》.

pa·le·o·cene [péiliəsìːn, pǽl-] 【地質】 *a.* 팔레오세(世)의. ― *n.* (the ~) 팔레오세.

pa·le·og·ra·phy [pèiliágrəf, pæ̀l-/-ɔ́g-] *n.* ⓤ 고(古) 문서학, 고문서, 고서체.

pa·le·o·lith·ic [pèiliəlíθik, pæ̀l-] *a.* 구석기 시대의.

pa·le·on·tol·o·gy [pèiliəntálədʒi, pæ̀l-/-ɔ́g-] *n.* ⓤ 고생물학, 화석학. 파) **-gist** *n.*

Pa·le·o·zo·ic [pèiliəzóuik, pæ̀l-] *a.* 고생대(古生代)의. ― *n.* (the ~) 고생대.

·**Pal·es·tine** [pǽləstàin] *n.* 팔레스타인. 파) **Pal·es·tin·i·an** [pæ̀ləstíniən, -njən] *a.*, *n.* ⓒ 팔레스타인의 (사람).

·**pal·ette** [pǽlit] *n.* ⓒ (1) 팔레트, 조색판(調色板) ; 팔레트의 채료, (한 벌의) 그림 물감. (2) (어느 화가의) 독특한 색채〈물감의 배합〉.

pálette knife 팔레트 나이프, 팔레트 나이프 모양의 조리 기구.

pal·i·mo·ny [pǽləmòuni] *n.* ⓒ 《美》 (같이 살다가 헤어진 여성에게 주는) 위자료. [◁ *pal* +*alimony*]

pal·imp·sest [pǽləmpsèst] *n.* ⓒ 팰림프세스트, 거듭 쓴 양피지의 사본, 이면에도 글을 새겨 넣은.

pal·in·drome [pǽlindròum] *n.* ⓒ 회문(回文).

pal·ing [péiliŋ] *n.* (1) ⓤ 말뚝(을 둘러)박기. (2) ⓒ 〔集合的〕 말뚝. (3) (*pl.*) 울짱, 울타리.

pal·i·sade [pæ̀ləséid] *n.* (1) ⓒ 말뚝 ; (방어를 위한) 울타리, 울짱. (2) (*pl.*) (강가의) 벼랑.
― *vt.* …에 울타리를 치다〈두르다〉.

pal·ish [péiliʃ] *a.* 좀 창백한, 파리한.

·**pall**[1] [pɔːl] *n.* (1) ⓒ 관〈영구차, 무덤(등)〉을 덮는 보 ; 【카톨릭】 성작(聖爵) 보〈덮개〉. (2) (a ~)(덮어 어둡게하는) 휘장, 막, 덮어가리는 것.
― *vt.* …에 관덮개를 덮다 ; …을 덮다, 싸다(cloak).

pall[2] *vi.* 《+前+名》 시시해지다. 물리다. 흥미를 잃다 《*on, upon*》.

Pal·la·di·um [pəléidiəm] (*pl.* ***-dia*** [-diə], **~s**) *n.* (1) ⓒ Pallas 여신상《특히 Troy의》. (2) ⓤⓒ (p-) 수호신〈물〉 ; 보장, 보호, 수호(protection).

Pal·las [pǽləs] *n.* 【그神】 팔라스.

pall·bear·er [pɔ́ːlbɛ̀ərər] *n.* ⓒ (1) 관 곁에 따르는 사람. (2) 운구(運柩)하는 사람.

pal·let[1] [pǽlit] *n.* ⓒ (1) 짚으로 만든 깔개. (2) 초라한 침상.

pal·let[2] *n.* ⓒ (1) (도공(陶工)의) 주걱. (2) 【機】 (톱니바퀴의) 미늘, 바퀴 멈추개(pawl). (3) (창고 등의 지게차용의) 화물의 운반대. (4) = PALETTE.

pal·liasse [pæljǽs, ⌐-] *n.* ⓒ 짚 (을 넣은) 방석.

pal·li·ate [pǽlièit] *vt.* (1) (병세 따위)를 잠시 누그러지게 하다, 편하게 하다, 완화하다. (2) (과실·죄 따위)를 가볍게 하다, 참작하다.

pal·li·a·tive [pǽlièitiv, -liə-] *a.* 고통을 완화하는, 경감하는 ; 변명하는, (죄 등을) 경감하는.
― *n.* ⓒ (1) 완화물〈제(劑)〉. (2) 고식책(姑息策).

pal·lid [pǽlid] (**~·er ; ~·est**) *a.* 윤기〈핏기〉 없는《얼굴 따위》, 핼쑥한, 창백한 ; 활기없는.

pal·lor [pǽlər] *n.* ⓤ (또는 a ~) (얼굴의) 창백 : a deathly ~ 사자(死者)와 같은 창백함.

pal·ly [pǽli] (***-li·er ; -li·est***) *a.* 〔敍述的〕 《口》 친한, 사이좋은《*with*》.

:**palm**[1] [paːm] *n.* ⓒ (1) 손바닥. (2) 손목에서 손가락 끝까지의 길이, 집게뼘. (3) 손바닥 모양의 물건 〈부분〉 ; 장갑의 손바닥 ; 노의 편평한 부분. ***cross*** a person***'s ~*** (***with silver***) ⇨ cross. ***grease*** 〈***cross, gild, tickle***〉 a person***'s*** 〈***the***〉 ~ 아무에게 뇌물을 쥐어주다. ***have an itching ~*** 《口》 뇌물을 탐내다, 욕심이 많다. ***hold*** 〈***have***〉 a person ***in the ~ of*** one***'s hand*** 아무를 완전히 손안에 넣고 주무르다. ― *vt.* (1) …을 손바닥으로 쓰다듬다, 손에 쥐다. 손으로 다루다. (2) …을 손 안에 감추다《요술 따위에서》. (3) …을 슬쩍 훔치다. ***~ off*** (가짜 따위를) 속여서 안기다〈팔아먹다〉《*on, upon*》 ; …을 거짓으로 속이다.

·**palm**[2] *n.* ⓒ (1) 【植】 야자, 종려, 야자과의 식물. (2) 종려의 잎〈가지〉《승리의 상징》. (3) (the ~) 승리(triumph), 영예 ; 상. ***bear*** 〈***carry off***〉 ***the ~*** 우승하다, 이기다. ***give*** 〈***yield***〉 ***the ~ to*** …에게 지다. …의 승리를 인정하다.

pal·mar [pǽlmər, páːl-] *a.* 【解】 손바닥의.

pal·mate, -mat·ed [pǽlmeit, -mit, páːl/-] [-meitid] *a.* (1) 손바닥 모양의 ; 【生】 장상(掌狀)의. (2) 【動】 물갈퀴가 있는. 파) **-mate·ly** *ad.*

Pal·met·to [pælmétou] (*pl.* **~(*e*)*s***) *n.* ⓒ 【植】 야자과의 일종《북아메리카 남부산》.

palm·ist [páːmist] *n.* ⓒ 수상가(手相家), 손금쟁이.

palm·is·try [páːmistri] *n.* ⓤ 수상술.

pálm lèaf 종려의 잎《모자·부채 등의 재료》.

pálm òil 야자 기름, 뇌물(bribe).

Pálm Súnday 【基】 종려 주일.

palm·top computer [páːmtàp-/-tɔ̀p-] 【컴】 손바닥 전산기.

palmy [páːmi] (***palm·i·er ; -i·est***) *a.* (1) 야자의 (같은) ; 야자가 무성한. (2) 번영하는, 승리를 얻은 ; 의기양양한.

pal·pa·ble [pǽlpəbəl] *a.* (1) 손으로 만져서 알 수 있는. (2) 명백한, 명료한.

pal·pate [pǽlpeit] *vt.* 【醫】 …을 촉진(觸診)하다.

pal·pa·tion [pælpéiʃən] *n.* ⓤⓒ 【醫】 촉진

pal·pi·tate [pǽlpətèit] *vi.* (1) 심장이 뛰다. 고동하다 ; (가슴이) 두근거리다. 맥박이 빨리 뛰다. (2) (몸이) 떨리다《*with*》.

pal·pi·ta·tion [pæ̀lpətéiʃən] *n.* (1) ⓤ (심장의) 고동. (2) ⓒ (*pl.*) 가슴이 두근거림 ; 떨림.

pal·sied [pɔ́ːlzid] *a.* 마비된, 중풍에 걸린.

pal·sy [pɔ́ːlzi] *n.* ⓤ = PARALYSES 마비, 중풍.

pal·sy-wal·sy [pǽlziwǽlzi] *a.* 【俗】 자못 친밀한 듯한《태도 등》, 사이좋은 듯한《*with*》.

pal·ter [pɔ́ːltər] *vi.* (1) 《+前+名》 속이다, 말끝을 흐리다〈얼버무리다〉(equivocate) ; 어름어름 넘기다 《*with*》. (2) 《+前+名》 (값을) 깎다, 흥정하다《*with, about*》.

pal·try [pɔ́ːltri] (***-tri·er ; -tri·est***) *a.* 하찮은, 시시한, 보잘 것 없는, 무가치한(petty) ; 얼마 안 되는 《금액 따위》.

Pa·mirs [pəmíərz, paː-] *n. pl.* (the ~) 파미르고원.

pam·pas [pǽmpəz, -pəs] *n. pl.* (the ~) 팜파스 《남아메리카, 특히 아르헨티나의 대초원》.

pam·per [pǽmpər] *vt.* …을 하고 싶은 대로 하게 하다, 어하다 ; …에게 실컷 먹이다 ; (욕망 등)을 채우다, 만족시키다, 응석 받다.

:**pam·phlet** [pǽmflit] *n.* ⓒ (1) (가철한) 팸플릿, 작은 책자. (2) 시사 논문〈논평〉, 소논문.

pam·phlet·eer [pæ̀mflitíər] *n.* ⓒ 팸플릿 저자 ; 격문의 필자.

pan[1] [pæn] *n.* ⓒ (1) 〔複合語를 만듦〕 (자루 달린) 납작한 냄비. (2) (저울 따위의) 접시 ; (구식총의) 약

실 ; (선광용의) 냄비. (3) 접시 모양으로 움푹 팬 땅, 소지(紹地) ; 염전(鹽田). (4) 《俗》 얼굴, 상판. (5) 《口》 혹평(酷評). ***a flash in the*** ⇨ flash. (***go***) ***down the*** ~ 《英俗》 쓸모없이 되다, 망가지다, 망하다. ***leap*** 〈***fall***〉 ***out of the ~ into the fire*** 작은 난을 피하여 큰 난을 만나다. — (***-nn-***) *vt.* (1) 【鑛山】 (흙·모래)를 냄비로 일다. (2) 《美》 …을 냄비로 요리하다 ; 졸여서 …의 엑스를 뽑다. (3) 《口》 (예술 작품 등)을 혹평하다, 호되게 공격하다. — *vi.* (사금을 채취하기 위해) 자갈을 선광냄비로 일다《*for*》. ***~ out*** 1) (자갈 등을) 선광냄 비로 일다. 2) (사금을) 냄비로 채취하다. 3) 금을 산출하다. 4) 〔흔히 부정문·의문문에서〕 《口》 (일이) 잘 되어가다, 전개되다.

pan[2] *n.* ⓒ 팬(촬영). — (***-nn-***) *vt., vi.* (카메라를) 팬하다.

pan·a·cea [pæ̀nəsíːə] *n.* ⓒ 만병 통치약.

pa·nache [pənǽʃ, -nɑ́ːʃ] *n.* (1) ⓒ (투구의) 깃털 장식. (2) ⓤ 당당한 태도, 뽐내기, 겉치레, 허세.

·Pan·a·ma [pǽnəmɑ̀ː, pæ̀nəmɑ́ː] *n.* (1) 파나마 공화국 ; 그 수도(=~ **City**). (2) ⓒ (때로 p-) 파나마 모자 (~ hat).

Pánama Canál (Zòne) (the ~) 파나마 운하(지대).

Pánama hát 파나마 모자(~ hat)

Pan·a·ma·ni·an [pæ̀nəméiniən, -mɑ́ː-] *a.* 파나마(사람)의. — *n.* ⓒ 파나마 사람.

Pan-A·mer·i·can [pæ̀nəmérikən] *a.* 범미〈전미〉(주의)의. 파) **~·ism** *n.* ⓤ 범미주의.

pan·a·tela, -tel·la [pæ̀nətélə] *n.* ⓒ 가늘게 만 여송연.

·pan·cake [pǽnkèik] *n.* (1) ⓒ,ⓤ 팬케이크《밀가루에 달걀을 섞어 프라이팬에 얇게 구운 것》. (2) ⓤⓒ 팬케이크《둥글납작한 고형(固形)의 분》. (3) 【空】 = PANCAKE LANDING. (4) 남·북극양의 원형의 엷은 얼음. (***as***) ***flat as a ~*** 납작한. — *vi., vt.* (비행기가〈를〉) 수평착륙하다〈시키다〉.

páncake lànding 【空】 수평 착륙《지면 가까이서 기체를 미리 수평으로 하여 실속(失速)시켜 착륙하는》.

pan·chro·mat·ic [pæ̀nkrouмǽtik] *a.* 【寫】 전정색성(全整色性)〈팬크로매틱〉의 : a ~ film 〈plate〉 팬크로매틱 필름〈건판(乾板)〉.

pan·cre·as [pǽŋkriəs, pǽn-] *n.* ⓒ 【解】 췌장.

pan·cre·at·ic [pæ̀ŋkriǽtik] *a.* 췌장의.

pan·da [pǽndə] *n.* ⓒ 【動】 판다《히말라야 등지에 서식하는 너구리 비슷한 짐승》 : 흑백곰의 일종 (giant ~)《티베트·중국 남부산》.

pánda càr 《英口》 (경찰의) 패트롤카, 순찰차.

pan·dect [pǽndekt] *n.* (1) a〕 ⓒ (종종 *pl.*) 법령전서, 법전(法典). b〕 (the P-s) 유스티니아누스 법전《6세기의 로마 민법 법진》. (2) ⓒ 요람, 총람.

pan·dem·ic [pændémik] *a., n.* ⓒ 전국적〈대륙적, 세계적〉으로 유행하는 (병), 유행성의.

pan·de·mo·ni·um [pæ̀ndəmóuniəm] *n.* (1) (P-) 악마전(殿), 복마전 ; 지옥. (2) a〕 ⓤ 대혼란. b〕 ⓒ 대혼란의 장소.

pan·der [pǽndər] *n.*ⓒ (1) 뚜쟁이, 포주. (2) (못된 짓의) 중개자. — *vi.* (1) 뚜쟁이 노릇을 하다. (남의 약점을) 이용하다. (2) (…의 못된 짓 따위를) 방조하다. (3) (취미·욕망에 영합하다.《*to*》.

·Pan·do·ra [pændɔ́ːrə] *n.* 【그神】 판도라.

Pandóra's bóx (1) 판도라의 상자. (2) 여러 가지 악의 근원.

pan·dow·dy [pændáudi] *n.* ⓒ,ⓤ 《美》 당밀이 든 사과 파이.

:pane [pein] *n.*ⓒ (1) (한 장의) 창유리 (windowpane). (2) 판벽널(panel), (3) (네모꼴의)한 구획, (미닫이의) 틀. — *vt.* 창유리를 끼우다.

pan·e·gyr·ic [pæ̀nədʒírik, -dʒái-] *n.* (1) ⓒ 찬사 ; 칭찬의 연설. (2) ⓤ 격찬.

pan·e·gyr·ist [pæ̀nədʒírist, -dʒái, ⌐-⌐-] *n.* ⓒ 찬사의 글을 쓰는사람 ; 상찬자(賞讚者), 찬양자.

:pan·el [pǽnl] *n.* ⓒ (1) a〕 판벽널, 머름 ; (창)틀. b〕 【服】 패널 《스커트 등의 색동 장식》. c〕 【空】 패널. (2) 네모꼴의 물건 ;《특히》 (캔버스 대용의) 화판 ; 패널화 《판자에 그린 그림》 : 【寫】 패널판, (3) 【法】 배심원 명부, 배심 총원(總員). (4) a〕 토론자단, 강사단 ; 심사원단, 조사원단, (전문)위원단《따위》 : (퀴즈 프로의) 해답자단. b〕 = PANEL DISCUSSION ; 패널 조사 ; 패널 조사의 대상이 되는 한 무리의 사람. (5) 【電】 배전〈제어〉반 ; 계기판. ***on the ~*** 토론자단〈심사원단〉에 참가하여. ***go on the ~*** 건강 보험의사의 진찰을 받다.

— (***-l-,*** 《주로 英》 ***-ll-***) *vt.* 《~+目/+目+前+名》 …에 머름을 끼우다, …을 벽널로 장식하다.

pánel bèater (자동차)의 판금(板金) 기술자.

pánel discùssion 공개 토론회, 패널 디스커션.

Pánel gàme〈**show**〉 (TV. 라디오의) 퀴즈 프로그램.

pánel hèating (마루 · 벽으로부터의) 복사식 〈방사〉 난방(radiant heating).

pan·el·ing, 《주로 英》 **-el·ling** [pǽnliŋ] *n.* ⓤ 〔集合的〕 판벽널, 판벽널 끼우기.

pan·el·ist [pǽnlist] *n.* ⓒ 패널리스트《1) 패널디스커션〈공개 토론회〉의 토론자. 2) 퀴즈프로그램의 해답자》.

pánel trùck 《美》 라이트밴, 패널 트럭.

pan-fry [pǽnfrài] *vt.* (음식)을 프라이팬으로 튀기다〈볶다〉.

·pang [pæŋ] *n.* ⓒ (1) (육체상의) 격통, (에는 듯한) 고통. (2) 고민, 번민, 상심.

pan·go·lin [pæŋgóulin, pǽŋgəlin] *n.* ⓒ 【動】 천산갑(穿山甲).

pan·han·dle [pǽngæ̀ndl] *n.* ⓒ (1)프라이팬의 손잡이. (2) (종종 P-) 《美》 좁고 길게 타주(他州)에 감입(嵌入)된 지역《West Virginia 주의 북부 따위》. — *vt., vi.* 《美口》(길에서) 구걸하다(beg). 파) **pán·hàn·dler** *n.* ⓒ 《美口》 거지.

:pan·ic [pǽnik] *n.* (1) ⓤ (또는 a ~) (원인이 분명치 않은) 돌연한 공포 ; 겁먹음 ; 당황, 낭패. (2) ⓒ 【經】 공황, 패닉. (3) (a ~) 《俗》 아주 우스꽝스러운〈익살맞은〉 것〈사람〉. ***get into a ~*** 공포(상태)에 빠지다. ***in*** (***a***) ***~*** 허섭지겁, 당황하여.

— *a.* 〔限定的〕 (1) (공포 따위가) 당황케 하는, 제정신을 잃게 하는. (2) 당황한, 미친 듯한. (3) 공황적인 ; (4) 까닭없는, 도가 지나친. (5) (P-) Pan 신(神)의.

— (***-ck-***) *vi., vt.* (1) 당황하(게 하)다. (2) 공황을 일으키다 ; (…에) 공황이 나게 하다 ; (…에 공황을 일으켜서) …시키다 《*into*》. (3) 《美俗》 (관중 따위를) 열광케하다. 파) **pán·icky** *a.*당황하기 쉬운, 전전긍긍하는 ; 공황의.

Pánic bùtton 《口》(긴급한 때 누르는)비상 벨. ***push*** 〈***press, hit***〉 ***the ~*** 《口》 몹시 당황하다 ; 비상수단을 취하다.

pánic státions 《英口》 공황 〈혼란〉 상태, 위기. ***be at ~*** (…로) 당황하다.

pan·ic·strick·en, -struck [pǽnikstrìkən], [-strʌ̀k] *a.* 공황에 휩쓸린 ; 당황한.
panier ⇨ PANNIER.
Pan·ja·bi [pʌndʒɑ́:bi] *n.* (1) ⓒ 펀잡 사람. (2) ⓤ 펀잡어(語)(Punjabi).
pan·jan·drum [pændʒǽndrəm] *n.* ⓒ《蔑》높은 양반, 나리, 어르신네.
Pan·mun·jom [pɑ́:nmúndʒʌ́m] *n.* 판문점(한국 전쟁의 휴전 회담 개최지)
pan·nier, pan·ier [pǽnjər, -niər] *n.* ⓒ (1) 옹구 ; 등광주리 ; 짐 바구니. (2) 옛 여자 스커트를 펼치기 위해 사용한 고래 수염 따위로 만든 테 ; 펼쳐진 스커트.

P

pan·ni·kin [pǽnikin] *n.* ⓒ《英》작은 금속재의컵.
pan·o·ply [pǽnəpli] *n.* ⓤ (1) 갑옷 투구 한 벌. (2) 멋진 장식〈꾸밈새〉.
pan·op·tic, -ti·cal [pænɑ́ptik/-nɔ́p-], [-əl] *a.* 모든 것이 한눈에 보이는, 파노라마적인.
:pan·o·rama [pæ̀nərǽmə, -rɑ́:mə] *a.* ⓒ (1) 파노라마, 회전화, 주마등 ; 연달아 바뀌는 광경 ; 전경. (2) (문제 등의) 광범위한 조사, 개관.
pan·o·ram·ic [pǽnərǽmik] *a.* 파노라마의〈같은〉. 파노라마식의, 개관적인.
panorámic cámera 파노라마식 사진기.
:pan·sy [pǽnzi] *n.* ⓒ (1) 【植】 팬지. (2)《口》여자 같은 사내, 동성애하는 남자.
:pant[1] [pænt] *vi.* (1) 헐떡거리다, 숨차다. (2) 몹시 두근거리다. (3)《~+前+名/+*to* do》갈망〈열망〉하다, 그리워하다《*for* ; *after*》. (4) (증기 따위를) 확 뿜다. — *vt.* …을 헐떡거리며 말하다《*out* ; *forth*》. — *n.* ⓒ (1) 헐떡거림(gasp), 숨참. (2) 심한 동계(動悸). (3) (엔진의) 배기음.
pant[2] *a.* 〔限定的〕 바지(pant)의.
·pan·ta·loon [pæ̀ntəlú:n] *n.* (1) ⓒ (P-)(옛 이탈리아 희극의) 늙은이 역 ; 늙은 어릿광대《무언극에서 clown의 상대역》. (2) (*pl.*) 19세기 홀태 바지.
pan·tech·ni·con [pæntéknikɑ̀n/-kən] *n.* ⓒ《英》가구 운반차.
pan·the·ism [pǽnθiìzəm] *n.* ⓤ(1) 범신론. (2) 다신교. 파) **~·ist** *n.*
pan·the·is·tic [pæ̀nθiístik] *a.* (1) 범신론의, 만규 신교의. (2) 다신교의.
pan·the·on [pǽnθiɑ̀n, -ən/pænθí:ən] *n.* (1) a] 판테온, 만신전(萬神殿). b] (the P-) 로마의 판테온. (2) ⓒ 〔集合的〕 판테온 ; 유명한 사람들〈영웅들〉의 화려한 무리〈집합〉《*of*》. (3) ⓒ 〔集合的〕 (한 국민이 믿는) 모든 신들.
·pan·ther [pǽnθər] (*pl.* **~s,** 〔集合的〕 ~ ; *fem.* **~·ess** [-ris]) *n.* ⓒ (1) 【動】 a]《美》퓨마. b] 표범. c] 아메리카 표범. (2)《口》흉포한 남자. (3)《美俗》싸구려 술, 《특히》 진.
pán·tie gírdle 〈**bèlt**〉 팬티거들 《코르셋의 일종》.
pant·ies [pǽntiz] *n. pl.* 《口》 (여성·소아용) 팬티, 드로어즈(drawers).
pan·tile [pǽntàil] *n.* ⓒ 【建】 왜(倭) 기와.
pant·ing·ly [pǽntiŋli] *ad.* 숨을 헐떡이면서, 숨을 몰아쉬면서.
pan·to·graph [pǽntəgræ̀f, -grɑ̀:f] *n.* ⓒ (1) 사도기(寫圖器)《도형을 일정 비율로 확대·축소하는 기구》, 축도기. (2) (전동차 따위의) 팬터그래프, 집전기(集電器)
·pan·to·mime [pǽntəmàim] *n.* (1) ⓤⓒ 무언극, 팬터마임. (2) ⓤⓒ《英》크리스마스 때의 동화극(Christmas ~). (3) ⓤ 몸짓, 손짓. (4) ⓒ (고대의) 무언극 배우. 파) **pan·to·mim·ic** *a.*
·pan·try [pǽntri] *n.* ⓒ (1) 식료품(저장)실. (2) (호텔·여객기 등의) 식기실, 식품 저장실.
·pants [pænts] *n. pl.* 《口》 바지 ;《英》속바지, (남자의) 팬츠 ; (여성·아이의) 팬티, 드로어즈. ***best the ~ off***《俗》완패시키다, 때려눕히다. ***bore the ~ off*** a person 아무를 질력나게 하다. ***catch*** a person ***with*** his ***~ down*** 허를 찌르다. ***in long ~***《美》(사람이) 어른이 되어. ***in short ~***《美》(사람이) 아직 어려서. ***scare*** 〈***frighten***〉 ***the ~ off*** a person《口》(아무를) 두렵게〈무섭게〉 만들다. ***wear the ~*** 내주장하다. ***with*** one***'s ~ down*** 허를 찔려, 당혹〈난처〉하여.
pant·suit [pǽnt-sù:t] *n.* ⓒ 여성용 재킷과 슬랙스의 슈트(= **pánts sùit**). 파) **~·ed** [-id] *a.*
panty·hose [pǽntihòuz] *n.* 〔複數 취급〕 팬티 스타킹.
panty·waist [pǽntiwèist] *n.* ⓒ《美》짧은 바지가 달린 아동복 ;《口》어린애〈계집애〉 같은 사내. — *a.*《口》어린애 같은 ; 여자같이 생긴, 뱅충 맞은.
pan·zer [pǽnzər; G. pɑ́ntsər] *a.*《G.》【軍】 기갑〈장갑(裝甲)〉의 ; 기갑 부대〈사단〉의. — *n.* ⓒ 장갑차, 전차 ; (*pl.*) 기갑 부대.
pap[1] [pæp] *n.* ⓤ (1) 빵죽《육아·환자용》. (2) 저속한 읽을 거리 ; 어린애 속이기〈속이는 이야기〉. (***as***) ***soft*** 〈***easy***〉 ***as ~*** 어린애 같은, 유치한. ***His mouth is full of ~.*** 그는 아직 젖비린내 난다.
:pa·pa [pɑ́:pə, pəpɑ́:] *n.* ⓒ《兒·美口·英古》아빠. 【cf.】 dad. 〖opp.〗 *mamma*.
pa·pa·cy [péipəsi] *n.* (1) (the~) 로마교황의 직위, 교황권. (2) ⓒ 교황의 임기. (3) ⓤ 교황제.
·pa·pal [péipəl] *a.* 〔限定的〕 로마 교황의 ; 카톨릭의. — *n.* 교황정치, 교황제 지지.
pápal cróss 교황 십자《가로대가 3개 있는 십자》.
pa·paw [pɔ́:pɔ:, pəpɔ́:] *n.* ⓒ,ⓤ (1) 포포나무《북아메리카산의 과수》 ; 그 열매. (2) = PAPAYA.
pa·pa·ya [pəpɑ́:jə, -pɑ́iə] *n.* (1) ⓒ 【植】 파파야 나무《열대 아메리카 산》. (2) ⓒ,ⓤ 그 열매.
:pa·per [péipər] *n.* (1) ⓤ 종이. (2) ⓤ 벽지, 도배지 ; (핀 · 바늘 등을 꽂아두는) 대지(臺紙) ; 문구. (3) ⓒ 신문(지). (4) (*pl.*) 서류, 문서, 기록 ;《美俗》주차 위반에 대한 호출장. (5) (*pl.*) 신분 증명서 ; 신임장(信任狀) ⓒ (연구) 논문, 논설. (7) ⓒ 시험 문제〈답안〉(지) ; 숙제. (8) ⓤ 증서, 증권, 어음 ; 지폐 ;《美俗》위조 지폐. (9) ⓒ 종이 꾸러미, 한 꾸러미. (10) ⓤ 종이 모양의 것. (11) ⓤ 〔集合的〕 무료 입장권〈자〉. (12) (*pl.*) 컬페이퍼《머리 지지는데 쓰는 종이》. (13)《美俗》마약 봉지. ***be not worth the ~ it is*** 〈***they are***〉 ***printed*** 〈***written***〉 ***on*** (계약서 등이) 전혀 가치가 없다, 휴지나 마찬가지다. ***commit ... to*** ~ …을 기록하다. ***get into*** 〈***be in the***〉 ***~s*** 신문이 실리다, 신문에 나다 ; 기삿거리가 되다. ***lay ~***《美俗》공수표를 떼다, 가짜돈을 쓰다. ***on ~*** 종이에 쓰인〈인쇄된〉 ; 서류상으로 ; 명목상으로 ; 자격면에서는 ; 이론〈통계〉상으로는 ; 계획〈입안〉 중인 ; 명목상. ***put pen to ~*** 붓〈펜〉을 들다. ***put*** one***'s ~s in***《美俗》입학을〈입대를〉 지원하다 ; 사임하다. ***send*** 〈***hand***〉 ***in*** one***'s ~s***《英》(군인이) 사표를 제출하다.
— *a.* 〔限定的〕 (1) 종이의, 종이로 만든〈쓰는〉 : a ~ bag 종이 봉지. (2) 종이 같은, 얇은, 취약한. (3) 지상의 ; 종이에 쓰인〈인쇄된〉 ; 장부상으로만의, 공론의,

가공의. (4) 무료로 입장한. — *vt.* (1) …을 종이로 싸다. (2) (방)에 종이〈벽지 따위〉를 바르다, 도배하다. (3) (포스터·전단 등)을 공급하다. (4) 《俗》 (극장 따위)를 무료 입장권을 발행하여 꽉 채우다. **~ over** 1) (얼룩·더러움 등)을 벽지를 발라 감추다, 종이에 싸다. 2) (불화·결점 등)을 숨기다, 호도(糊塗)하다, 얼버무리다. **~ up** (창·문 따위에) 종이를 바르다, …을 종이로 싸다.

pa·per·back [-bæ̀k] *n.* ⓒ 종이 표지의 (염가〈보급〉판) 책. 【cf.】 hardcover. — *a.* 〔限定的〕 종이 표지 〈염가본, 보급판〉의.

páper bìrch 【植】 자작나무 《북미산》.

pa·per·board [-bɔ̀ːrd] *n.* ⓒ 두꺼운 종이, 판지 (paperback).

pa·per·boy [-bɔ̀i] *n.* ⓒ 신문팔이 소년, 신문 배달원.

páper clìp 종이 물리개, 클립.

páper cùtter 재단기, 재지기(裁紙機컴), 종이 자르는 칼.

páper fìle 종이 물리개 ; (신문)철 ; 서류꽂이.

pa·per·girl [-gɜ̀ːrl] *n.* ⓒ 신문팔이〈배달〉 소녀.

pa·per·hang·er [-hæ̀ŋər] *n.* ⓒ (1) 표구사 : 도배장이. (2) 《美俗》 부도 수표〈어음〉 사용자, 수표 위조범.

pa·per·hang·ing [-hæ̀ŋiŋ] *n.* ⓤ 도배.

páper knìfe 종이 베는 칼.

páper móney 지폐《경화에 대한》, 유가 증권.

páper náutilus 【動】 오징어·문어 따위 두족류(頭足類).

páper prófit 가공 이익.

pa·per-push·er, -shuf·fler [péipərpùʃər], [-ʃʌ̀flər] *n.* ⓒ 《美口》 사무원 ; 공무원.

páper róund (매일 매일의) 신문 배달.

paper-thin [-θín] *a.* (1) 종이처럼 얇은 ; (승리 등이) 아슬아슬한. (2) (구실·이유가) 근거 박약한, 설득력 없는.

páper tíger 종이 호랑이 ; 허장성세.

pa·per·ware [péipərwὲər] *n.* ⓤ 〔集合的〕 《쓰고 버린》 종이 용기류..

pa·per·weight [-wèit] *n.* ⓒ 서진(書鎭), 문진.

pa·per·work [-wɜ̀ːrk] *n.* ⓤ 문서(文書) 업무, 탁상 사무, 서류 사무.

pa·pery [péipəri] *a.* (1) 종이의〈같은〉, 얇은. (2) (이유·구실 등이) 박약한.

pa·pier-ma·ché [pèipərməʃéi, -mæ-] *n.* ⓤ 《F.》 혼응지(混凝紙) 《송진과 기름을 먹인 딱딱한 종이 ; 종이 세공용》. — *a.* 〔限定的〕 (1) 틀에 종이를 발라 만든 모형의. (2) 금방 벗겨지는, 망가지는 ; 겉치레의.

pa·pil·la [pəpílə] (*pl.* **-lae** [-liː]) *n.* ⓒ 【解】 젖꼭지 모양의 작은 돌기 ; 【植】 유두 돌기, 젖꼭지 ; 【病理】 구진(丘疹), 여드름.

pap·il·lon [pɑ̀ːpijɔ́ːŋ/pǽpilɔ̀n] *n.* ⓒ 《F.》 스파니엘 종의 개《애완용》.

pa·pist [péipist] *n.* ⓒ 【蔑】 카톨릭 교도.

pa·poose [pæpúːs, pə-] *n.* ⓒ (북아메리카 원주민의) 어린애, 젖먹이, 유아 ; 비조합원 노동자.

pap·py [pǽpi] (**-pi·er ; -pi·est**) *a.* 빵죽 같은, 흐물흐물한, 질컥질컥한 ; 연한, 부드러운.

pap·ri·ka [pæpríːkə, pə-, pǽprikə] *n.* (1) ⓒ 단맛이 나는 고추의 일종. (2) ⓤ 이것으로 만든 향료.

Pap·ua [pǽpjuə] *n.* 파푸아.

Pap·u·an [pǽpjuən] *a.* 파푸아(섬)의 ; 파푸아 사람의. — *n.* 또 파푸아 사람.

Pápua Nèw Guínea 파푸아뉴기니.

pap·ule [pǽpjuːl] *n.* ⓒ 【醫】 구진(丘疹).

˙**pa·py·rus** [pəpáiərəs] (*pl.* **~·es, -ri** [-rai, -riː]) *n.* (1) ⓤ 【植】 파피루스. (2) ⓤ 파피루스 종이. (3) ⓒ 파피루스에 쓴 사본〈고(古)문서〉.

˙**par** [pɑːr] *n.* (1) (a ~) 동위(同位), 동등, 동수준, 동가. (2) ⓤ 【商】 액면 동가, 평가 ; 환(換) 평가. (3) ⓤ 평균, 표준(도(度)), 기준량〈액〉 ; (건강·정신의) 상태(常態). (4) ⓤ (또는 a ~) 【골프】 기준 타수, 파. **above ~** 액면 (가격) 이상으로 ; 표준 이상으로 ; 건강하여. **at ~** 액면 가격으로 ; 평가로. **below** 〈**under**〉 **~** 액면 이하로 ; 표준 이하로 ; 건강이 좋지 않아, 몸의 컨디션이 좋지 않아. **on a ~** 똑같은, 동등한《*with*》. **~ for the course** 《口》 보통〈예사로운, 당연한〉 일. **up to ~** 1) 표준에 달하여. 2) (몸의 컨디션·건강이) 좋은, 보통 상태인. — (**-rr-**) *vt.* 【골프】 (홀)을 파로 끝내다.

para [pǽrə] *n.* ⓒ 《口》 낙하산 부대원.

par·a·ble [pǽrəbəl] *n.* ⓒ 우화(寓話), 비유(담) ; 《古》 수수께기.

pa·rab·o·la [pərǽbələ] *n.* ⓒ 【數】 포물선.

par·a·bol·ic [pæ̀rəbɑ́lik/-bɔ́l-] *a.* (1) 비유(담)의, 우화같은. (2) 【數】 포물선의.

파) **par·a·bol·i·cal·ly** *ad.*

parabólic anténna 〈**áerial**〉 포물면 안테나, 패러볼라 안테나.

˙**par·a·chute** [pǽrəʃùːt] *n.* ⓒ 낙하산. — *vt.* …을 낙하산으로 떨어뜨리다.

— *vi.* 낙하산으로 강하하다.

par·a·chut·ist, -chut·er [pǽrəʃùːtist], [-ʃùːtər] *n.* ⓒ 낙하산병〈강하자〉.

par·a·clete [pǽrəkliːt] *n.* (1) ⓒ 변호자, 중재자 ; 위안자. (2) (the P-) 성령.

:pa·rade [pəréid] *n.* ⓒ (1) 관병식, 열병 ; = PARADE GROUND. (2) (사람의 눈을 끌기 위한) 행렬, 퍼레이드, 시위 행진. (3) 과시, 자랑 하기. (4) 《英》 광장, 운동장, (해안 등의) 산책길, 유보장(遊步場) ; 산책 하는 사람들. (5) (성(城)의) 안뜰. (6) ⓤ (사건 등의) 연속적 경과 ; (노래 · 기술(記述) 등의) 연속 ; 잇따라 나타나는 사람〈것〉. (7) (P-)…가(街). **make a ~ of** …을 자랑해보이다. **on ~** (군대가) 열병을 받아, 열병 대형으로 ; (배우 등이) 총출연하여. — *vt.* (1) (군대)를 열병하다 ; 정렬시키다, 줄지어 행진시키다. (2) (거리 등)을 줄지어 돌아다니다. (3) …을 자랑해 보이다, 과시하다. — *vi.* (1) (열병을 위하여) 정렬하다 ; (줄을 지어) 행진하다. (2) 줄지어 돌아다니다, 활보하다 ; 통용되다, …으로서 서젓이 통과하다, 통하다.

paráde gròund 연병〈열병〉장.

pa·rad·er [pəréidər] *n.* ⓒ 행진자.

par·a·digm [pǽrədàim] *n.* ⓒ (1) 보기, 범례, 모범《*of*》. (2) 패러다임. (3) 【文法】 어형 변화표, 활용례, 변화 계열 ; 【言】 (선택적) 계열 범례.

par·a·dig·mat·ic [pæ̀rədigmǽtik] *a.* (1) 모범이 되는, 전형적인. (2) 【文法】 어형 변화(표)의.

:par·a·dise [pǽrədàis, -dàiz] *n.* (1) (P-) 천국 ; 에덴 동산. (2) (a ~) 낙원, 극락. (3) ⓤ 안락, 지복(至福). (4) (군주의) 유원 ; 동물고원

páradise fìsh 【魚】 극락어《열대어》.

par·a·di·si·a·cal, -dis·i·ac [pæ̀rədisáiəkəl, -zái-], [-dísiæ̀k] *a.* 천국의, 낙원의〈같은〉.

:par·a·dox [pǽrədɑ̀ks/-dɔ̀ks] *n.* (1) ⓤⓒ 역설, 패러독스《틀린 것 같으면서도 옳은 의론》. (2) ⓒ 기론(奇論), 불합리한 연설 ; 자가당착의 말. (3) ⓒ 앞뒤가

맞지 않는 일 ; 모순된 인물.
par·a·dox·i·cal [pærədáksikəl/-dɔ́ks-] *a.* 역설적인, 모순된, 불합리한(absurd), 역설을 농하는 〈좋아하는〉.
par·af·fin, -fine [pǽrəfin], [-fiːn, -fin] *n.* ⓤ (1) 파라핀, 석랍(石蠟) ; 파라핀유(油) ; 《英》등유. (2) 파라핀족(族) 탄화수소. — *vt.* (1) 파라핀으로 처리하다. (2) …에 파라핀을 입히다.
páraffin òil 파라핀유《윤활유》; 《英》 등유(《美》 kerosine).
par·a·glid·er [pǽrəglàidər] *n.* ⓒ 패러글라이더.
par·a·gon [pǽrəgàn, -gən] *n.* ⓒ (1) 모범, 본보기, 전형(典型), 귀감 ; 걸물(傑物), 일물(逸物) . (2) 100캐럿 이상의 완전한 금강석 ; 둥글고 알이 굵은 양질의 진주. (3) 【印】 패러건 활자《20 포인트》.
:par·a·graph [pǽrəgræ̀f, -grɑ̀ːf] *n.* ⓒ (1) (문장의) 절(節), 항(項), 단락. (2) (교정 따위의) 패러그래프〈참조, 단락〉 부호《¶》. (3) (신문의) 단편기사 ; 단평.
— *vt.* (1) (문장)을 절로〈단락으로〉 나누다. (2) …의 기사를〈단평을〉 쓰다, 신문 기삿거리로 삼다.
Par·a·guay [pǽrəgwài, -gwèi] *n.* 파라과이(남미의 공화국 : 수도 suncion).
par·a·keet [pǽrəkiːt] *n.* ⓒ 【鳥】 잉꼬.
:par·al·lel [pǽrəlèl] *a.* (1) 평행의, 평행하는, 나란한《*to* ; *with*》. (2) 같은 방향〈경향〉의 ; 《比》 같은 종류의, 유사한, 대응하는《*to* ; *with*》. (3) 【電】 병렬(竝列)의. (4) 【컴】 병렬의《동시에 복수 처리를 하는 ; 동시에 복수 두값(bit)을 처리하는》. — *ad.* 평행하여 《*with* ; *to*》.
— *n.* ⓒ (1) 평행선〈면〉, 평행물. (2) 유사(물) ; 필적하는 것〈사람〉, 대등한 사람《*to*》. (3) 비교, 대비(對比). (4) 위도권(圈), 위도선(線)(=**~́ of láti-tude**). (5) 【印】 평행 부호《||》 ; 【電】 병렬《회로 따위》. ***draw a ~ between*** …양자를 대비〈비교〉하다. ***have no a known ~*** 선례(先例)가 없다. ***in ~*** …과 병행(竝行)하여, 동시에《*with*》, 【電】 병렬식으로. ***on a ~ with***… 1) …와 평행하여. 2) …와 필적하여, 호각(互角)으로. ***without (a) ~*** 유례없이.
— (**-l-,** 《英》 **-ll-**) *vt.* (1) 《~+目/+目+前+名》 …을 같은〈비슷한〉 것으로서 예시하다 ; …에 필적하다 ; …유사〈상응〉하다. (2) …에 병행하다. (3) 《+目+前+名》 …을 비교하다 《*with*》.
páraller bárs (the ~) (체조의) 평행봉.
par·al·lel·ism [pǽrəlelìzəm] *n.* ⓤ (1) 평행 ; 병행. (2) 유사《*between*》. (3) 【修】 대구법(對句法). (4) 【哲】 병행론. (5) 【生】 병행 진화.
par·al·lel·o·gram [pærəleləgræ̀m] *n.* ⓒ 【數】 평행사변형.
párallel rúler 평행자.
Par·a·lym·pics [pærəlímpiks] *n.* 파랄림픽, 신체장애자 올림픽.
:par·a·lyse [pǽrəlàiz] *vt.* 《英》 = PARALYZE.
·pa·ral·y·sis [pərǽləsis] (*pl.* **-ses** [-siːz])*n.* ⓤ ⓒ (1) 【醫】 (완전) 마비, 불수(不隨) ; 중풍. (2) 활동불능(의 상태), 무(기)력 ; (교통 · 거래 등의)마비상태, 정체. ***cerebral ~*** 【醫】 뇌성 마비.
par·a·lyt·ic [pærəlítik] *a.* paralysis 의 ; 《英口》 곤드레로 취한. — *n.* ⓒ 마비〈중풍〉 환자.
par·a·ly·za·tion [pærəlizéiʃən] *n.* ⓤ 마비시킴 ; 무력화.
:par·a·lyze [pǽrəlàiz] *vt.* (1) 《~+目/+目+前+名》〔흔히 受動으로〕 …을 마비시키다, 불구가 되게 하다. (2) …을 활동 불능이 되게 하다, 쓸모없게 만들다, 무력케 하다.
파) **~d** *a.* 마비된 ; 무력한 ; 무효의.
par·a·mag·net [pærəmǽgnit] *n.* ⓒ 【物】 상자성체(常磁性體), 정자기체(正磁氣體).
par·a·me·ci·um [pærəmíːʃiəm, -siəm] (*pl.* **-cia** [-ʃiə, -siə], **~s**) *n.* ⓒ 【動】 짚신벌레.
par·a·med·ic [pærəmédik] *n.* ⓒ 준(準) 의료 활동 종사자, 진료 보조원《조산사·검사 기사 따위》.
par·a·med·i·cal [pærəmédikəl] *a.* 전문의를 보좌하는.
pa·ram·e·ter [pərǽmitər] *n.* ⓒ (1) 【數】 파라미터, 매개(媒介) 변수 ; 【統】 모수(母數). (2) (종종 *pl.*) 특질; 조건, 규정요인《*of*》. (3) (흔히 *pl.*) 《口》 한정요소, 한계, 제한 (범위).
par·a·mil·i·tary [pærəmílətèri/-təri] *a.* 준(準)군사적인, 준군사 조직의.
par·a·mount** [pǽrəmàunt] *a.* 최고의, 지상의 ; 주요한 ; 최고권〈주권〉이 있는 ; 탁월한 ; 보다 뛰어난 ; (…에) 우선하는《*to*》. ***the lady ~ 여왕. ***the lord ~*** 최고권자, 국왕.
par·a·mour [pǽrəmùər] *n.* ⓒ 《文語》 정부(情夫), 정부(情婦), 애인.
par·a·noi·a, par·a·noea [pærənɔ́iə], [-níːə] *n.* ⓤ 【精神醫】 편집병(偏執病), 망상증, 과대 망상광(狂) ; 《口》 (근거 없는) 심한 공포〈의심〉.
par·a·noid [pǽrənɔ̀id] *a.* 편집〈망상〉성의 ; 편집증 환자의, 편집적인 ; 편협한, 과대 망상적인.
— *n.* ⓒ 편집증 환자. 파) **pàr·a·nói·dal** *a.*
par·a·nor·mal [pærənɔ́ːrməl] *a.* 과학적으로 설명할 수 없는(초자연은 아니나).
·par·a·pet [pǽrəpit, -pèt] *n.* ⓒ (1) (지붕·다리 등의) 난간. (2) 【築城】 흉벽(胸壁), 흉장(胸牆).
par·a·pher·na·lia [pærəfərnéiljə] *n.* (1) ⓤ (개인의) 자잘한 소지품〈세간〉, 허섭쓰레기 ; 여러 가지 용구, 장구(裝具). (2) (*sing.*) (무엇을 하는데) 성가신〈귀찮은〉 것《*of*》.
:par·a·phrase [pǽrəfrèiz] *n.* ⓒ (상세히) 바꿔쓰기, 부연(敷衍), 의역, 석의(釋義). — *vt., vi.* (쉽게) 바꿔 쓰다〈말하다〉, 말을 바꿔서 설명하다, 패러프레이즈하다.
par·a·phras·tic [pærəfrǽstik] *a.* 알기 쉽게 바꾸어 말한〈쓴〉, 설명적인. 파) **-ti·cal·ly** *ad.*
par·a·ple·gia [pærəplíːdʒiə] *n.* ⓤ 【醫】 (하반신의) 대(對) 마비.
Par·a·ple·gic [pærəplíːdʒik] *a.* 【醫】 (하반신의) 대(對) 마비의. — *n.* ⓒ 대(對) 마비 환자.
par·a·pro·fess·sion·al [pærəprəféʃənəl] *n., a.* 전문직 보조원(의) ; 교사〈의사〉의 조수(의).
par·a·psy·chol·o·gy [pærəsaikálədʒi/-kɔ́l-] *n.* ⓤ 초(超) 심리학.
par·a·sail·ing [pǽrəseiliŋ] *n.* ⓤ 파라세일링《모터보트로 파라슈트를 끌어서 공중을 활주하는 스포츠》.
par·a·sci·ence [pærəsáiəns] *n.* ⓤ 초과학《염력(念力)·심령 현상 등을 연구하는 분야》.
·par·a·site [pǽrəsàit] *n.* ⓒ (1) 【生】 기생 동〈식〉물, 기생충〈균〉(【opp.】 *host*) ; 【植】 겨우살이 ; 【鳥】 탁란성(托卵性)의 새《두견이 따위》. (2) 기식자, 기생자, 식객. (3) 【言】 기생음(音), 기생자(字)《drownd-ed 의 d 따위》.
par·a·sit·ic, -i·cal [pærəsítik], [-əl] *a.* (1) 기생 하는, 기생적인 ; 기생 동물〈식물〉의, 기생충의 ; 【生】 기생체〈질〉의(【cf.】 symbiotic) ; (병이) 기생충

의 의한. (2) 기식하는, 식객 노릇 하는 ; 아첨하는. (3) 【電】 와류(渦流)의 ; 【라디오】 기생(진동)의. (4) 【言】 기생(음〈자(字)〉)의. 파) **-i·cal·ly** *ad.*

par·a·sit·i·cide [pæ̀rəsítəsàid] *n.* ⓤ 구충제. — *a.* 기생충을 구제하는, 구충의.

par·a·sit·ism [pǽrəsàitizəm, -sitìzəm] *n.* ⓤ 【生態】 기생 (생활) (【cf.】 symbiosis) ; 식객 노릇.

par·a·si·tol·o·gy [pæ̀rəsaitálədʒi, -si-/tɔ́l-] *n.* ⓤ 기생충〈생물〉학.

:par·a·sol [pǽrəsɔ̀:l, -sɑ̀l/-sɔ́l] *n.* ⓒ (여성용) 양산, 파라솔.

par·a·sym·pa·thet·ic [pæ̀rəsìmpəθétik] *n.*, *a.* 부교감 신경(계)(의).

parasympathétic (nérvous) sýstem 부교감 신경계(系).

par·a·tac·tic, -ti·cal [pæ̀rətǽktik], [-kəl] *a.* 【文法】 병렬(竝列)적인.

par·a·tax·is [pæ̀rətǽksis] *n.* ⓤ 【文法】 병렬《접속사 없이 문(文)·절·구를 나란히 늘어놓기. 【opp.】 *hypotaxis*》.

par·a·thi·on [pæ̀rəθáin/-ɔn] *n.* ⓤ 파라티온《살충제》.

par·a·thy·roid [pæ̀rəθáirɔid] *n.* ⓒ부갑상선.

parathýroid glànd 【解】 부갑상선.

par·a·troops [pǽrətrù:ps] *a. pl.* 【軍】 낙하산 부대.

par·a·ty·phoid [pæ̀rətàifɔid] *n.* ⓤ, *a.* 【醫】 파라티푸스(의).

par avi·on [pà:rævjɔ́ŋ] *ad.* 항공편으로(항공 우편물의 표지).

par·boil [pá:rbɔ̀il] *vt.* (식품)을 반숙하다, 살짝 데치다, 따끈한 물에 담그다.

:par·cel [pá:rsəl] *n.* (1) ⓒ 꾸러미, 소포, 소화물. (2) (a ~) 《蔑》 한 무리, 한 떼, 한 조(組), 한벌, 한 덩어리. (3) ⓒ 【法】 (토지의) 1구획, 1필(筆). (4) 《古》 일부분. ***a ~ of rubbish*** 하찮은 일. ***by ~s*** 조금씩. — (***-l-***, 《英》 ***-ll-***) *vt.* (1) 《+目+副》 …을 꾸러미〈소포〉로 하다, 뭉뚱그리다 《*up*》. (2) 《+目+副》 …을 나누다, 구분하다, 분배하다 《*out*》.

párcel bòmb 소포 폭탄 ; 우편 폭탄.

párcel póst 소포 우편《略 : p.p., P.P.》 ; 우편 소포. — *ad.* 소포 우편으로.

***parch** [pa:rtʃ] *vt.* (1) (콩 따위)를 볶다, 굽다 (roast) : 태우다(scorch), 그을리다. (2) (태양·열 따위가 지면)을 바싹 말리다. (3) …를 (목)마르게 하다 ; (곡물 등)을 말려서 보존하다. — *vi.* 바싹 마르다 ; 타다《*up*》.

parched [pá:rtʃit] *a.* (지면등이) 바싹 마른 : 《口》 (목·입술 따위가) 바싹 탄.

parch·ing [pá:rtʃiŋ] *a.* 찌는 듯한, 타는 듯한.

***parch·ment** [pá:rtʃmənt] *n.* (1) ⓤ 양피지(羊皮紙) ; 모조 양피지. (2) ⓒ 양피지의 문서.

pard·ner [pá:rdnər] *n.* ⓒ 《口》 짝패.

:par·don [pá:rdn] *n.* (1) ⓤⓒ 용서, 사면, 허용, 관대. (2) ⓒ 【法】 특사(特赦), 은사(恩赦) ; 【카톨릭】 교황의 대사(大赦) ; 면죄부 ; 대사제(大赦祭). ***I beg your ~.*** 1) 죄송합니다. 2) 실례지만 …. 3) (무슨 말씀인지) 다시 한번 말씀해 주십시오.
— *vt.* (1) …을 용서하다, 눈감아 주다. (2) 《~+目+目/+目+前+名》 …을 관대히 봐주다. (3) 【法】 …을 사면〈특사〉하다. ***Pardon me.*** = I beg your ~. ***There is nothing to ~.*** 천만의 말씀(입니다). 파) **~·a·ble**[-əbəl] *a.* 용서할 수 있는(excusable). **~·a·bly** *ad.* **~·a·ble·ness** *n.* **~·er** *n.* ⓒ 용서하는 사람 ; 【宗史】 면죄부 파는 사람.

pare** [pɛər] *vt.* (1) (과일 따위)의 껍질을 벗기다. (2) 《+目/+目+副/+目+前+名》 (손톱)을 깎다 ; (불필요한 곳)을 잘라,(떼어) 내다《*off* ; *away*》. (3) 《+目+副》 (비용 등)을 절감하다, 조금씩 줄이다《*away* ; *down*》. ~ one's ***nails to the quick 손톱을 바싹 깎다.

:par·ent[pɛ́ərənt] *n.* ⓒ (1) 어버이 ; (*pl.*) 양친. (2) 선조, 조상. (3) 근원, 원인, 근본, 기원. (4) (흔히 *pl.*) 《稀》 조상; (동식물의) 모체(母體). ***our first ~s*** 아담과 이브.
— *a.* 〔限定的〕 기원을〈모체를〉 이루는, 부모의, 어미의.

P

***par·ent·age** [pɛ́ərəntidʒ] *n.* ⓤ (1) 어버이임, 부모와 자식의 관계. (2) 태생, 출신, 가문, 혈통.

***pa·ren·tal** [pəréntl] *a.* 〔限定的〕 어버이(로서)의, 어버이다운.

pa·ren·the·sis** [pərénθəsis] (*pl.* ***-ses [-si:z]) *n.* ⓒ (1) 【文法】 삽입구. (2) (흔히 *pl.*) 괄호《( )》. ***by way of ~*** 말이 났으니 덧붙여, 그와 관련하여. ***in parentheses*** 괄호 안에 넣어서 ; 덧붙여 말하면.

pa·ren·the·size [pərénθəsàiz] *vt.* (1) …을 (소)괄호 속에 넣다. (2) …에 삽입구를 (많이) 넣다, …을 삽입구로 하다.

par·en·thet·ic, -i·cal [pæ̀rənθétik], [-əl] *a.* 삽입구의〈를 쓴〉 ; 삽입구적인. 파) **~·ly** *ad.*

par·ent·hood [pɛ́ərənthùd] *n.* ⓤ 어버이임, 어버이의 입장.

par·ent·ing [pɛ́ərəntiŋ] *n.* ⓤ (양친에 의한) 가정교육 ; 육아, 양육, 출산, 임신 ; 생식.

párent lànguage 조어(祖語).

par·er[pɛ́ərər] *n.* ⓒ 껍질 벗기는 사람〈기구, 칼〉.

par ex·cel·lence [pa:réksəlɑ̀:ns] 특히 뛰어난, 빼어난, 최우수의《명사 뒤에서》.

par·he·li·on [pa:rhí:lən, -ljən] (*pl.* ***-lia*** [-ljə]) *n.* ⓒ 【氣】 무리해, 환일(幻日)(mock sun).

pa·ri·ah [pəráiə, pǽriə] *n.* ⓒ (*or* P-) 파리아 ; 천민 ; 〔一般的〕 (사회에서) 추방당한 사람, 부랑자.

pa·ri·e·tal [pəráiətl] *a.* (1) 【解】 정수리(부분)의. (2) 【植】 측막(側膜)의. (3) 《美》 대학 구내 거주에 관한, (특히) 이성 방문 시간에 관한 : ~ egulations 이성 방문 시간에관한 규칙.

paríetal bòne 【解·動】 정수리뼈.

par·ing [pɛ́əriŋ] *n.* (1) ⓤ 껍질 벗기기 ; (손톱 등의) 깎기. (2) ⓒ (흔히 *pl.*) 벗긴〈깎은〉 껍질 ; 자른〈깎은〉 부스러기 ; 밀가루를 체질한 찌끼.

:Par·is[1] [pǽris] *n.* 파리《프랑스의 수도》.

Par·is[2] *n.* 【그神】 파리스.

par·ish** [pǽriʃ] *n.* ⓒ (1) 《주로 英》 본당(本堂) ; 교구(敎區)《각기 그 교회와 성직자가 있음》. (2) 지역의 교회. (3) 〔集合的〕 《美》 한 교회의 신도 ; 《英》 교구민 (parishioners). (4) 《英》 행정 교구(civil ~) 《원래 빈민 구조법 때문에 설치했으나 지금은 행정상의 최소 구획》. (5) 《美》 루이지애나주의 군(county). ***all over the ~ 《英口》 어디에나, 도처에(everywhere). ***go on the ~*** 《英古》 교구의; 부조를(구호를) 받다 ; 《英口》 가난하게 살다.

párish chùrch 《英》 교구 교회.

párish clèrk 교구 교회의 서무계원.

párish còuncil 《英》 교구회《지방 행정구(區)의 자치 기관》.

pa·rish·ion·er [pəríʃənər] *n.* ⓒ 교구민.

párish prìest 《英》 교구 목사〈사제〉, 주임 사제〈목사〉.

párish pùmp 시골 공동 우물《쑥덕공론장 ; 지방 근성의 상징》.

par·ish-pump [pǽriʃpʌ̀mp] *a.* 〔限定的〕 《英》 지방적 흥미〈관점〉에서의, 지방적 관심사의, 시야가 좁은, 지방적인.

párish régister 교구 기록《출생·세례·결혼·매장 따위의》.

***Pa·ri·sian** [pərí(ː)ʒiən, pərízìən] *a.* 파리(식)의, 파리 사람의 ; 표준 프랑스말의.
— *n.* ⓒ 파리 사람 ; ⓤ 파리 방언.

Pa·ri·si·enne [pərìːzién] *n.* ⓒ 《F.》 파리 여자, 파리 아가씨.

par·i·ty [pǽrəti] *n.* ⓤ (1) 동등, 동격, 동위 ; 동률, 동량 ; 대응, 유사(類似) ; 등가(等價)《*with*》 : Women workers are demanding ~ *with* their male colleagues. 여자 종업원들은 남자 동료직원과 같은 대우〈급료〉를 요구하고 있다. (2) 【經】 평가(平價) ; 《美》 평형(가격), 패리티《농산물 가격과 생활 필수품 가격과의 비율》 : ~ of exchange 환(換) 시세의 평가. ***be on ~ with*** ~와 균등(동등)하다. ***on a ~ with*** …와 동등〈균등〉한. ***stand at ~*** 동위〈동격〉이다.

:park [paːrk] *n.* ⓒ (1) 공원 ; 《美》 유원지 ; 자연공원, (공유의) 자연 보존구역 ; (the P-) 《英》 =HYDE PARK : a national ~ 국립 공원《※ 고유명사의 일부로 쓰일 때에는 무관사임》. (2) 《英》 (귀족·호족의) 사원(私園), 대정원. (3) 주차장. (4) 《美》 운동장, 경기장 ; 《英口》 축구장 : a baseball ~ 야구장.
— *vt.* (1) …을 주차하다 ; (사람)을 숙박시키다 ; (비행기)를 주기(駐機)하다 : You are〈Your car is〉 illegally ~ed. 당신(의 차)은 주차위반입니다. 92) 《口》 (…에) …을 두다, 두고 가다(leave) : ~ your hat on the table. 모자를 탁자 위에 두어라 ; (아이 등)을 남에게 맡기다 : *Park* your hat on the table. 모자를 탁자 위에 두어라. (3) 〔再歸的〕 (어떤 장소)에 앉다. — *vi.* (1) 주차하다. (2) 《口》 앉다. ***~ out*** (children) ***from*** (the ground) (운동장)에서 (아이들을) 쫓아내다.

par·ka [páːrkə] *n.* ⓒ (에스키모 사람의) 두건 달린 모피 옷 ; 두건 달린 긴 웃옷, 파카.

park·ing** [páːrkiŋ] *n.* ⓤ 주차. ***No ~ 주차 금지《게시》.

párking lìght (자동차) 주차등.

párking lòt 《美》 주차장(《英》 car park).

párking mèter 주차 요금 표시기(주차 시간 자동 표시기).

párking òrbit 【宇宙】 중계 궤도《최종 목표의 궤도에 오르기 전의 일시적 궤도》.

párking spàce 주차 공간.

párking tìcket (1) 주차 위반 스티커. (2) 주차장 이용권.

Pár·kin·son's disèase [páːrkinsənz-] 【醫】 파킨슨병.

Párkinson's láw 파킨슨 법칙《공무원의 수는 사무량에 관계없이 일정 비율로 증가한다는》.

park·land [páːrklæ̀nd] *n.* ⓤ (1) 공원 용지. (2) 《英》 지방의 대저택 주위의 녹지, 수림 초원.

párk rànger (국립) 공원 관리인.

park·way [páːrkwèi] *n.* ⓒ (1) 《美》 공원 도로《중앙에 가로수나 조경 공사를 한 큰 길 ; 트럭이나 대형 차량은 통행이 금지됨》. (2) 《英》 주차장 설비가 있는 역(驛).

parky [páːrki] (***park·i·er ; -i·est***) *a.* 《英俗》 싸늘한, 가운《공기·날씨 등》.

par·lance [páːrləns] *n.* ⓤ (1) 말투, 어법, 어조《※ 흔히 수식어를 수반함》. (2) 《古》 이야기, 토론. ***in common* 〈*ordinary*〉 *~*** 일반적인 말로는. ***in legal ~*** 법률 용어로.

par·lay [páːrlei, li] *vt.* (1) (원금과 상금)을 다시(다른 말에) 걸다. (2) (재산·재능 등을 활용하여 재산)을 증식하다, 증대하다, 크게 활용하다《*into*》 : They ~*ed* a small inheritance *into* a vast fortune. 그들은 얼마 안되는 유산을 운용하여 막대한 재산을 모았다.

·par·ley [páːrli] *n.* ⓒ 회담, 교섭 ; (전쟁터에서의) 적과의 회견〈담판〉 : beat 〈sound〉 a ~ (북 또는 나팔을 울리어) 적군에게 (평화)협상 제의의 신호를 하다. —*vi.* 《~/+前+名》 교섭〈담판〉하다《*with*》.

:par·lia·ment [páːrləmənt] *n.* (1) ⓒ 의회, 국회 : the French ~ 프랑스 의회. 【cf.】 congress, diet[2]. (2) (P-) (영국) 의회《the House of Lords 와 the House of Commons의 양원으로 구성됨》. ***a Member of Parliament*** 《英》 하원(下院)의원, (여러 나라의) 국회 의원《略 : M.P.》. ***enter* 〈*go into*〉 *Parliament*** 하원의원이 되다. ***open Parliament*** 의회의 개원식을 행하다. ***sit*〈*be*〉 *in Parliament*** 하원 의원이다.

par·lia·men·tar·i·an [pàːrləmentέəriən] *n.* ⓒ 의회법 학자 ; 의회 법규에 정통한 사람 ; (종종 P-) 《英》 하원 의원 ; (P-) 【英史】 = ROUNDHEAD.
—*a.* 의회(정치)의, 의회파의.

·par·lia·men·ta·ry [pàːrləméntəri] *a.* (1) 의회의. (2) 의회에서 제정된 ; 의회의 법규·관례에 의거한, 국회법에 의한 ; 【英史】 의회당(원)의. (3) 의회(제도)를 가지는, 의회제의. (4) (말 따위가) 의회에 적당한 ; 《口》 정중한.

:par·lor, 《英》 **-lour** [páːrlər] *n.* ⓒ (1) 《美》 객실(drawing room), 거실(living room). (2) (관저·은행 따위의) 응접실 ; (호텔·클럽 따위의) 특별 휴게〈담화〉실《개방적이 아닌》 ; (수도원 등의) 면회실. (3) 《美》 … 점(店) ; (원래는 객실처럼 설비한) 영업〈촬영, 진찰, 시술〉실.

párlor càr 【美鐵】 특별 객차, 특등 객차.

párlor gàme 실내 게임《퀴즈 등》.

par·lor·maid [páːrlərmèid] *n.* ⓒ 잔심부름하는 계집아이, (방에 딸린) 하녀.

par·lous [páːrləs] *a.* 〔限定的〕 《古·戲》 위험한(perilous) ; (국제 관계 등이) 불안한, 일촉즉발의 다루기 힘든, 까다로운.

Par·me·san [páːrmizæ̀n, ⌐-⌐] *a.* 파르마(Parma)《이탈리아 북부의 도시》의. —*n.* ⓤ 파르마 치즈 (= ***~ chéese***) 《Parma 산의 냄새가 강한 경질(硬質) 치즈》.

Par·nas·si·an [paːrnǽsiən] *a.* (1) 파르나소스산(山)의. (2) 시(詩)의, 시적(詩的)인 ; 고답적(高踏的)인, 고답파(시인)의 : the ~ (school) 고답파. —*n.* ⓒ (the ~) 프랑스 고답파 시인.

Par·nas·sus [paːrnǽsəs] *n.* (1) 파르나소스《그리스 중부의 산 ; Apollo 와 Muses 의 영지(靈地)》. (2) ⓤ 시단(詩壇) ; 문단. (***try***) ***to climb ~*** 시작(詩作)에 힘쓰다.

pa·ro·chi·al [pəróukiəl] *a.* (1) 교구(parish)의 ; 《美》 교구가 설립한〈운영하는〉《학교, 병원》. (2) (감

정 · 흥미 등이) 편협한.

pa·ro·chi·al·ism [pəróukiəlìzəm] *n.* ⓤ (1) 교구 제도. (2) 지방 근성 ; 편협.

paróchial schòol 《美》 교구 설립 학교(특히 카톨릭계의).

par·o·dist [pǽrədist] *n.* ⓒ parody 작자.

par·o·dy [pǽrədi] *n.* (1) ⓤⓒ (풍자적 · 해학적인) 모방 시문, 패러디, 희문(戱文), 야유적으로 가사를 고쳐 부르는 노래. (2) ⓒ 서투른 모방, 흉내.
—*vt.* … 을 서투르게 흉내내다 ; 풍자〈해학〉적으로 시문을 개작(改作)하다.

pa·role [pəróul] *n.* ⓤ (1) 가석방(기간 · 허가증), 가출소 ; 집행 유예. (2) 맹세, 서약, 서언(誓言) ; 【美軍】 포로 선서(= **~ of hónor**). (3) 【言】 구체적 언어 행위, 발화(發話). 【cf.】 langue. ***break*** one**'*s*** **~** 선서를 어기다, 가석방 기간이 지나도 교도소에 돌아가지 않다. ***on*** **~** 선서〈가(假)〉 석방되어《口》 감찰을 받아.
—*vt.* … 을 선서〈가(假)〉 석방하다 ; 《美》 (외국인)에게 임시 입국을 허락하다.

pa·rol·ee [pəroulíː] *n.* ⓒ 가석방된 사람, 가출소자.

pa·ro·tic [pərátik, -róu-/-rɔ́-] *a.* 귓가의, 귀부근의.

pa·rot·id [pərátid/-rɔ́t-] *n.* ⓒ 【解】 귀밑샘, 이하선(耳下腺) (= **~ glànd**).

par·ox·ysm [pǽrəksìzəm] *n.* ⓒ 【醫】 (주기적인) 발작 ; 경련 ; (감정 등의) 격발《*of* 》 ; 발작적 활동 ; 격동.

par·quet [pɑːrkéi] *n.* (1) ⓒ 나무쪽으로 모자이크한 마루 ; ⓤ 나무쪽 세공. (2) ⓒ 《美》 (극장의) 아래층 앞자리. — *vt.* …에 쪽모이 세공 마루를 깔다.

parquét círcle 《美》 (극장의) 아래층 뒤쪽《2층 관람석 밑》.

par·auet·ry [páːrkitri] *n.* ⓤ 나무쪽 세공, (마루의) 쪽나무 깔기.

parr, par [pɑːr] (*pl.* **~s.** 〔集合的〕 ~) *n.* ⓒ 【魚】 어린 연어, 어린 대구.

par·ri·cide [pǽrəsàid] *n.* ⓒ 존속〈웃어른, 주인〉 살해범 ; 반역자(자). (2) ⓤ 그 범죄, 반역죄.

:par·rot [pǽrət] *n.* ⓒ (1) 【鳥】 앵무새. (2) 앵무새처럼〈기계적으로〉 입내 내는 사람. —*vt.* (남의 말)을 앵무새 처럼 되뇌다.

par·rot·fash·ion [-fæ̀ʃən] *ad.* 《英口》 뜻도 모르고 되받아, 흉내내어.

par·ry [pǽri] *vi.* (공격 · 질문)을 받아넘기다, (펜싱 등에서) (슬쩍) 피하다 ; 회피하다, 얼버무리다. —*n.* ⓒ 받아넘김, 회피하는 자세, (펜싱 따위에서) 슬쩍 피함 ; 둘러댐, 얼버무림, 핑계.

parse [pɑːrs] *vt.* (1) 【文法】 (문장 · 어구)의 품사 및 문법적 관계를 설명하다. (2) (문장)을 해부〈분석〉하다.

Par·si, -see [páːrsiː, -⊿] *n.* ⓒ 【史】 파시교도, 파시말(파시 교전에 쓰인 페르시아 말).

par·si·mo·ni·ous [pàːrsəmóuniəs] *a.* 인색한, 째째한 ; 지나치게 알뜰한.

par·si·mo·ny [páːrsemòuni/-məni] *n.* ⓤ 인색 ; 극도의 절약.

pars·ley [páːrsli] *n.* ⓤ 【植】 파슬리.

pars·nip [páːrsnip] *n.* ⓒ 【植】 네덜란드〈미국〉 방풍나무《뿌리는 식용》.

·par·son [páːrsən] *n.* ⓒ (영국 국교회의) 교구 목사《rector, vicar 등》 ; 《口》 성직자, (개신교)목사.

par·son·age [páːrsənidʒ] *n.* ⓒ 목사관.

párson's nóse 《英口》 닭〈칠면조 등〉의 꽁무니살《《美》 pope's nose》.

:part [pɑːrt] *n.* (1) ⓒ (전체속의) 일부, 부분 ; (전체에서 분리된) 조각, 단편. (2) ((a) ~ of ...) 주요 부분, 요소. (3) ⓒ(책 · 희곡 · 시 따위의) 부, 편, 권. (4) (*pl.*) 몸의 부분, 기관 ; (기계의) 부분〈부속〉품, (예비) 부품. (5) ⓒ **a**〕〔序數에 붙여〕 … 분의 1《지금은 보통 생략함》. **b**〕〔基數에 붙여〕 전체를 하나 더 많은 수로 나눈 값. **c**〕 약수(約數), 인수. **d**〕 (조합(調合) 등의) 비율. (6) ⓒ (일 따위의) 분담, 몫. (7) ⓤ (또는 a ~) 직분, 본분 ; 관여, 관계 : It's not my ~ to interfere. 내가 간섭할 일이 아니다. (8) ⓒ (배우의) 역(role) ; 대사(臺詞) ; 대본. (9) ⓤ (논쟁 따위의)편, 쪽(side), 당사자의 한 쪽. (10) (*pl.*) 지역(quarter), 곳, 지구, 지방(district) (11) (*pl.*) 자질, 재능. (12) ⓒ 【樂】 음부, 성부. (13) ⓒ 《美》 (머리의) 가리마(《英》 parting). ㅁ partial *a.*
a great 〈***the greater***〉 **~ *of*** … 의 대부분〈다수〉. ***do*** one**'*s*** **~** 자기의 본분을 다하다. ***for*** one**'*s*** **~** 자기(로서)는, 자신만은. ***for the most*** **~** 대개, 대체로, 대부분은(mostly). ***in good*** **~** 1) 기분 좋게, 호의적으로. 2) 대부분은, 주로. ***in large*** **~** 크게(largely), 대부분. ***in ~d*** 나누어서. ***in*** **~** 부분적으로, 일부분, 얼마간(partly). ***in ~s*** 1) 나누어, 일부분씩 ; 분책으로. 2) 여기저기. ***look the*** **~** ⇨ Look *v.* ***on*** a person**'*s*** **~** =***on the*** **~ *of*** a person (1) 아무의 편에서는〈의. ; 아무를 대신하여. (2) …에 의한 ; …에 책임이 있는. **~ *and parcel*** 본질적인〈중요. 부분, 요점《*of*》. ***play*** 〈***act***〉 ***a*** **~** 1) 역(할)을 하다《*in*》. 2) 《比》 …처럼 행동하다, 시치미떼다. ***play*** 〈***do***〉 one**'*s*** **~** 맡은 바를 다하다, ~의 역(할)을 다하다, 본분을 다하다. ***play the*** **~ *of*** …의 역을 하다. ***take*** **~ *in*** (a thing, do*ing*) …에 관계〈참가, 공헌〉하다. ***take*** a person**'*s*** words 〈action〉 ***in good*** 〈***ill, evil, bad***〉 **~** 아무의 말을〈행위를〉 선의〈악의〉로 해석하다. …에 대해 노하지 않다〈노하다〉. ***take the*** **~ *of*** a person. =***take*** a person**'*s*** **~** = take ~ with 아무를 편들다. ***three ~s*** 4분의 3 ; 거의. ***want no*** **~ *of*** 〈***in***〉 (계획·제안 등)에 관여하고 싶지 않다.
— *ad.* 일부분은, 얼마간, 어느 정도.
— *vt.* (1) 《~+目/+目+前+名》 …을 나누다, 절단하다, 분할하다 ; 가르다, 찢다. (2) (머리)를 가리마 타다. (3) 《~+目/+目+前+名》 …을 갈라놓다, 떼어 놓다. (4)《+目+前+名》 …을 구별하다.
— *vi.* (1) 《~/+前+名》 깨지다, 쪼개지다, 끊어지다, 부서지다 ; 갈라지다, 나뉘다, 분리하다, 떨어지다. (2) 《~/+前+名/+(*as*)補》 갈라지다, (아무와) 헤어지다 ; 손을 끊다, …(에서) 손을 떼다《*from* ; *with*》. (3) (가진 것을) 내어놓다, 내주다《*with*》. (4) 《+前+名》 떠나다《*from*》. **~ *company*** 갈라지다, 절교하다 ; 의견을 달리하다《*with*》. **~ *with*** 1) (…을) 포기하나, 내놓다. 2) (사람을) 해고하다. 3) (물질이 열·원소 따위를) 발산하다. 4) (아무와) 헤어지다.
— *a.* 〔限定的〕 일부분(만)의, 부분적인 ; 불완전한.

part. participial ; participle ; particular.

:par·take [pɑːrtéik] (**-*took*** [-túk], **-*tak•en*** [-téikən]) *vi.* (1) 《+前+名》 참가〈참여〉하다, 더불어 하다, 함께 하다(participate)《*in* ; *of*》. (2) 《+前+名》 (식사 따위를) 같이 하다《*of*》. (3) 《+前+名》 얼마간 …(한) 성질이 있다, …(한) 기색이 있다, 기미가 있다《*of*》.

par·terre [pɑːrtέər] *n.* (1) 여러가지 화단을 배치한 정원. (2) =PARQUET CIRCLE.

part-ex·change [páːrtikstʃèindʒ] *n.* ⓤ 신품(新

P

品)의 대금 일부로 중고품을 인수하기.

par·the·no·gen·e·sis [pɑ̀ːrθənoudʒénəsis] *n.* ⓤ 【生】 단성〈처녀〉 생식.

Par·the·non [pɑ́ːrθənɑ̀n, -nən] *n.* (the ~) 파르테논.

Pár·thi·an shót 〈**sháft**〉 (퇴각할 때 쏘는) 마지막 화살 ; (헤어질 때) 내뱉는 신랄한 말.

:par·tial [pɑ́ːrʃəl] (***more ~ ; most ~***) *a.* (1)부분적인, 일부분의, 국부적인 ; 불완전한. (2) 불공평한, 편파적인, 한쪽에 치우친(prejudiced《*to*》. 【opp.】 *impartial*. (3) 특히〈몹시〉 좋아하는《*to*》.

pártial fráction 【數】 부분 분수.

par·ti·al·i·ty [pɑ̀ːrʃiǽləti] *n.* (1) ⓤ 편파, 불공평, 치우침. (2) (a ~) 특별히 좋아함(fondness), 편애《*for* ; *to*》; ⓤ 부분성, 국부성.

***par·tial·ly** [pɑ́ːrʃəli] *ad.* (1) 부분적으로, 일부분은. (2) 불공평하게, 편파적으로 : judge ~ 불공평하게 재판하다.

Pártial Tést Bàn Tréaty 부분적 핵실험 금지 조약.

***par·tic·i·pant** [pɑːrtísəpənt] *n.* ⓒ 관계자, 참여자, 참가자. — *a.* 참여하는, 더불어 하는.

:par·tic·i·pate [pɑːrtísəpèit] *vi.* (1)《+前+名》…(에)참가하다, 관여하다, 관계하다《*in* ; *with*》. (2) …(의) 성질을 띠다, …(한) 기미가 있다《*of*》.

***par·tic·i·pa·tion** [pɑːrtìsəpéiʃən] *n.* ⓤ 관여, 참여, 관계, 참가《*in*》.

par·ti·cip·i·al[pɑ̀ːrtəsípiəl] *a.* 【文法】 분사의. 파) **par•ti•cíp•i•al•ly** [-piəli] *ad.* 분사적으로, 분사로서.

participial ádjective 【文法】 분사형용사.

participial constrúction 분사 구문.

:par·ti·ci·ple [pɑ́ːrtəsìpəl] *n.*ⓒ 【文法】 분사.

:par·ti·cle [pɑ́ːrtikl] *n.* (1) 미립자, 분자, 극히 작은 조각. (2) 극소(량(量)), 극히 작음. (3) 【物】 입자. (4) 【文法】 불변화사(不變化詞), 접두(접미)사.

par·ti·col·or(ed), par·ty- [pɑ́ːrtikʌ̀lər(d)] *a.* 잡색의, 여러 색으로 물들인, 얼룩덜룩한 ;《比》다채로운, 파란이 많은.

:par·tic·u·lar [pərtíkjələr] (***more ~ ; most ~***) *a.* (1) 특별한, 특유의, 특수한. (2) 〔흔히 this, that 등의 지시형용사 뒤에 와서〕 특정한, 특히 그〈이〉, 바로 그, 문제의. (3) 각별한, 특별한. (4) 상세한(detailed), 정밀한. (5) 개개의, 개별적인 ; 각자의, 개인으로서의. (6) 꼼꼼한, 깔끔한 ; 까다로운《*about* ; *in* ; *over*》. (7) 【論】 특칭의.

be ~ about 〈***over, as to, in***〉 …에 까다롭게 굴다. ***for no ~ reason*** 이렇다 할 이유없이. ***give a full and ~ account of*** …에 대해 아주 상세히 설명하다.

— *n.* (1) (*pl.*) 상세, 전말, 명세 (2) ⓒ (하나하나의) 항목, 부분. (3) ⓒ 특색 ; 명물. (4) 【論】 (the ~) 특칭, 특수 ; 구체적 사상(事象).

from the general to the ~ 총론에서 각론에 이르기까지. ***give*** (***further***) ***~s*** (더욱) 상세히 설명하다. ***go*** 〈***enter***〉 ***into ~s*** 상세한 데에 미치다. ***in every ~*** 모든 점에서. ***in ~*** 특히, 각별히. ***Mr. Particular*** 까다로운 사람, 잔소리꾼.

par·tic·u·lar·ism [pərtíkjələrìzəm] *n.* ⓤ (1) 지방주의, 자기 중심주의, 배타주의, 자국〈자당〉 이변도주의 ;《美》(연방의) 각주 독립주의. (2) 【神學】 특정인 은총〈구속〉론.

par·tic·u·lar·i·ty [pərtìkjəlǽrəti] *n.* (1)ⓤ 특이〈독자〉성, 특수성 ; 독특. (2) ⓒ 특성, 특징. (3) ⓤ 까다로움, 꼼꼼함. (4) a〕 ⓤ 상세, 정밀 ; 꼼꼼. b〕 ⓒ 상세한 사항, 세목. (5) ⓒ 개인적인 일, 집안일.

par·tic·u·la·ri·za·tion [pərtìkjələrizéiʃən] *n.* ⓤⓒ 특수〈개별〉화, 특기, 상술, 열거.

par·tic·u·lar·ize[pərtíkjələràiz] *vt., vi.* (…을) 상술하다; 열거하다; 특필하다; 특수화하다.

:par·tic·u·lar·ly [pərtíkjələrli] (***more ~ ; most ~***) *ad.* (1) 특히, 각별히 ; 현저히. (2) 낱낱이, 상세히, 세목에 걸쳐.

par·tic·u·late [pərtíkjəlit, -lèit] *n.* ⓒ *a.* 미립자(의).

part·ing** [pɑ́ːrtiŋ] *n.* (1) ⓤⓒ 헤어짐, 이별, 작별(departure) ; 사별, 고별. (2) ⓒ (도로의) 분기점 ;《英》(머리의) 가리마 ; 분할선. 【opp.】 *on meeting*. ***on 〈***at***〉 ***~*** 이별에 즈음하여. ***the ~ of the ways*** 도로의 갈림길.

— *a.* 〔限定的〕 (1) 떠나〈저물어〉가는. (2) 이별의, 헤어지는. (3) 나누는, 분할〈분리〉하는. (4) 갈라지는, 분산하는.

***par·ti·san** [pɑ́ːrtəzən/ pɑ̀ːrtizǽn] *n.* ⓒ (1) 한동아리, 도당, 일당 ; 당파심이 강한 사람 ; 열성적인 지지자《*of*》. (2) 【軍】 유격병, 빨치산. — *a.* 당파심이 강한 ; 【軍】 유격대의, 별동대의, 게릴라의. 파) **~•ìsm, ~•shìp** *n.*ⓤ 당파심, 당파 근성 ; 가담.

***par·ti·tion** [pɑːrtíʃən, pər-] *n.* (1) ⓤ 분할, 분배, 구분. (2) ⓒ (구획한) 구획(선), 칸막이 ; 【生】 격벽(隔壁), 격막(隔膜). — *vt.* (1) …을 분할〈구획〉하다. (2) (토지 등)을 구분하다《*into*》, 칸막이하다《*off*》.

par·ti·tive [pɑ́ːrtətiv] *a.* (1) 구분하는. (2) 【文法】 부분을 나타내는. — *n.* ⓒ 【文法】 부분사.

:part·ly [pɑ́ːrtli] *ad.* (1) 부분적으로, 일부(는). (2) 얼마간, 어느 정도까지 ; 조금은. ***~ all***《美俗》거의 전부.

:part·ner [pɑ́ːrtnər] *n.* ⓒ (1) 협동자, 한동아리, 패거리. (2) 배우자《남편·아내》. (3) (댄스 따위의) 상대 ; (게임 따위에서) 자기편, 한패 ;《美口》(남자끼리의) 친구(들), 동무. (4) 【法】 조합원, (합자·합명 회사의) 사원. (5) 동맹·협약의 상대국. ***be ~ with*** a person 아무와 협동하다 ; 한 조(組)가 되다. — *vt.* (1) 〔종종 受動으로〕 제휴(협력)하다, 동료로서 함께 일하다, …을 한동아리로〈짝이 되게〉 하다《*up*〈*off*〉 *with*》. (2) …와 짜다, …의 상대가 되다.

part·ner·ship** [pɑ́ːrtnərʃìp] *n.* (1) ⓤ 공동, 협력, 제휴 ; 조합 영업. (2) ⓤⓒ 조합, 상회, 합명〈합자〉 회사. ***go 〈***enter***〉 ***into ~*** 협력〈제휴〉하다. ***in ~ with*** …와 협력해서〈공동으로〉 ; …와 합명으로〈합자로〉.

párt òwnor 【法】 공동 소유자.

párt òwnership 공동 소유.

par·tridge** [pɑ́ːrtridʒ] (*pl.* ***~s, 〔集合的〕 ~) *n.* ⓒ 【鳥】 반시(半翅)(류).

part-song [pɑ́ːrt-sɔ̀ːŋ] *n.* ⓒ 합창곡.

párt tíme 전시간(full time)의 일부 파트타임.

***part-time** [pɑ́ːrttàim] *a.* 파트타임의, 비상근의. 【opp.】 *full-time*. — *ad.* 파트타임〈비상근〉으로.

part-tim·er [pɑ́ːrttáimər] *n.* ⓒ 비상근을 하는 사람, 아르바이트생, 정시제 학교의 학생.

par·tu·ri·ent [pɑːrtjúəriənt] *a.* (1) 출산하는. (2) 배태(胚胎)하고 있는, 발표하려고 하는.

par·tu·ri·tion [pɑ̀ːrtjuəríʃən] *n.* ⓤ 분만, 출산.

part·way [pɑ́ːrtwéi] *ad.* 중도〈어느 정도〉까지, 다

소, 일부분은.

part·work [pá:rtwə̀:rk] *n.* ⓒ 분책(分冊)형식으로 간행되는 출판물, 한 질중의 한권.

:par·ty [pá:rti] *n.* (1) ⓒ (사교상의) 모임, 파티 (2) ⓒ 당, 당파 ; 정당 ; (the P-) 《특히》 공산당. (3) ⓒ 〔集合的〕 일행, 일단, 패거리 ; 대(隊), 단(團) ; 【軍】 분견대, 부대. (4) ⓒ 【法】 당사자, 한 쪽 편 ; 한패, 공범자《*to*》 ; 자기 편 ; 〔一般的〕 관계자, 당사자《*to*》 ; 전화의 상대. (5) ⓒ 《口·戱》 (문제의) 사람. ***be* 〈*become*〉 *a* ~ *to*** (나쁜 일 등)에 관계하다. ***give* 〈*hold, have, throw*〉 *a* ~** 파티를 개최하다. ***make* one'*s* ~ *good*** 자기 주장을 관철하다 〈입장을 좋게 하다〉. ***make up a* ~** 모여서 회합을 가지다. ***the parties concerned*** 당사자들.
— *a.* (1) 정당의, 당파의. (2) …에 관계〈관여〉하는 《*to*》. (3) 공유〈공용〉의. (4) 파티에 어울리는 ; 사교을 좋아하는. — *vi.* 《美口》 파티에 나가다, 파티를 열다 ; ; 《美俗》 파티에서 즐겁게 놀다, 법석을 떨다. ***~ out*** 《美口》 파티에서 지치도록 놀다.

Pàrty Cónference 〈Cónvention〉 당(黨) 대회.

párty lìne (1) (전화의) 공동(가입)선. (2) (토지 등의) 경계선. (3) (흔히 the ~) (정당의) 정책 방침, 당의 정치 노선, 공산당의 정책(노선).

párty píece (one's ~) (파티 등에서 하는) 장기(長技), 십팔번《익살, 농담 등》.

párty pólitics 당리 당략의 정치(공공의 이익보다 정당의 이익만을 생각하는).

párty pòop(er) 《口》 (연회의)흥을 깨는 사람.

párty wáll 【法】 (옆집과의) 경계벽, 공유벽.

pár válue (증권 등의) 액면 가액.

par·ve·nu [pá:rvənjù:] *n.* ⓒ *a.* 〔限定的〕 《F.》 벼락 출세자〈부자〉 (upstart)(의), 어정뱅이, 갑자기 출세한 사람.

Pas·cal [pǽskəl] *n.* **Blaise ~** 파스칼《프랑스의 철학자·수학자 ; 1623~62》.

pas·cal [pæskǽl] *n.* ⓒ 【物】 파스칼《압력의 SI단위. 【cf.】 SI unit.

pas·chal [pǽskəl, pá:s-] *a.* (때로 P-) (유대인의) 유월절(逾越節).

pas·quin·ade [pæ̀skwənéid] *n.* ⓒ 풍자문(lampoon) ; 풍자, 빈정거림(satire).

:pass [pæs, pɑ:s] (*p., pp.* ***~ed*** [-t], 《稀》 ***past*** [-t]) *vi.* (1) 《~/+副/+前+名》 지나다, 움직이다., 나아가다《*along* ; *by* ; *on* ; *out* ; *away*, etc.》 ; 가다《*to*》 ; 통과하다《*by* ; *over*》 ; (저쪽으로) 건너다《*over*》 ; 옮기다, 빠져 나가다《*through*》 ; (자동차로) 추월하다. (2) (때가) 지나다, 경과하다. (3) 《+前+名》 (말 따위가) …(사이에서) 교환되다《*between*》. (4) 변화〈변형〉하다, (…이) 되다《*to* ; *into*》. (5) 《+前+名》 (재산 따위가) …의 손에 넘어가다, 양도되다《*to* ; *into*》 ; (순서·권리 따위에 의해 당연히) 귀속하다《*to*》. (6) (화폐·별명 따위가) 통용되다 ; 인정되어 있다 ; (…으로) 통하고 있다《*for* ; *as*》 ; 《美》 (혼혈아가) 백인으로 통하다. (7) 관대히 봐주다, 불문에 부치다. (8) 합격〈급제〉하다 ; (의안 따위가) 통과하다, 가결되다, 승인〈비준〉 되다 ; (법령이) 제정〈실시〉되다 ; 비난받지 않다, 너그럽게 다루어지다. (9) 《+前+名》 (판결·감정(鑑定) 등이) 내려지다《*for* ; *against*》. (의견 따위가) 말해지다《*on, upon*》. (10) 《+前+名》 【法】 (배심원의) 일원이 되다《*on*》 ; (배심원이) 평결하다. (11) 《~/+前+名/+副》 사라져 없어지다, 떠나다, 소실〈소멸〉하다 ; 끝나다, 그치다 ; 조용해지다 ; 죽다 ; 《口》 기절하다《*out*》. (12) (사건이) 일어나다, 생기다. (13) 【球技】 자기편에 송구하다 ; 【카드놀이】 패스하다《손 대지 않고 다음 사람에게 넘김》 ; 【펜싱】 찌르다《*on, upon*》. (14) 【醫】 대변을 보다 ; 오줌 주다 ; 배설하다.
— *vt.* (1) …을 통과하다, 지나가다, 넘어가다〈서다〉 ; (자동차가) 추월하다. (2) 빠져 나가다, 건너다, 가로지르다, 넘다 ; …에서 나오다. (3) 《+目+前+名》 …을 통하게 하다, 통과시키다《*through*》. (4) 《+目+前+名》 (아무)를 통과시키다, 방에 들이다 ; (눈으로) 훑어보다, 눈길을 보내다 ; 열병하다 ; (손 따위)를 움직이다 ; (칼·바늘 따위로) 찌르다 ; (밧줄 따위로) 두르다《*round* ; *around*》. (5) (시간·세월)을 보내다(spend), 지내다《*in* ; *by*》 ; …을 경험하다. (6) 《~+目/+目+目/+目+前+名》 넘겨주다, 건네주다, 돌리다《*on* ; *around* ; *along* ; *to*》 ; (말)을 주고 받다. (7) 《+目+前+名》 【法】 (재산 따위)를 양도하다《*to*》. (8) 《~+目/+目+前+名》 【法】 (판결)을 내리다, 선고하다《*on*》 ; (판단)을 내리다 ; (의견)을 말하다《*on, upon*》 ; (말·비밀 등)을 입에서 흘리다. (9) (의안 따위)를 가결〈승인〉 하다, 비준하다 ; (의안이 의회)를 통과하다. (10) 《~+目/+目+*as*補》 통용시키다 ; (가짜 돈)을 받게 하다, 쓰다 ; (소문 따위)를 유포시키다. (11) (시험·검사)에 합격하다 ; (수험자)를 합격시키다 ; 눈감아 주다, 너그러이 봐주다, 묵인하다. (12) (일정한 범위 따위)를 넘다, 초과하다 ; …보다 낫다(excel). (13) (말·명령 등)을 전하다, 알리다 ; 전달하다《*on* ; *down*》. (14) 《美》 빼놓다, 생략하다 ; (배당 등)을 1회 거르다 ; 지불하지 않다 ; 거절하다. (15) 【球技】 (공)을 보내다, 패스하다 ; 【野】 (4구로 타자)를 걸리다 ; (요술·화투에서) 바꿔치다. (16) …을 배설하다.
let* ~** ⇨ LET[1]. ***~ around …을 차례차례 돌리다. ***~ as*** …으로 통하다, 간주되다. ***~ away*** (*vi.*) 때가 지나다, 경과하다 ; 가다, 가버리다 ; 끝나다 ; 소멸하다 ; 《婉》 죽다 ; 쇠퇴하다. (*vt.*) (때)를 보내다, 낭비하다 ; (재산 따위)를 양도하다. ***~ by*** (*vi.*) 옆을 지나다 ; (때가) 지나가다. (*vt.*) (들르지 않고) 지나치다, 모르는 체하다(ignore) ; 못 보고 지나치다(overlook) ; 너그럽게 봐주다 ; …의 이름으로 통하다 ; (어려운 질문 등을) 빼 버리다(omit), 피하다. ***~ by on the other side of*** …을 (도와주지 않고) 내버려두다. ***~ by* 〈*under*〉 *the name of*** …이라는 이름으로 통하다, ~이라고 불리다(⇨ *vi.*(6)). ***~ degree*** 《英》 (보통 성적으로) 대학을 졸업하다. ***~ down*** 대대로 전하다(hand down). ***~ for* 〈*as*〉** …으로 통(용)하다 ; …으로 간주되다. ***~ forward*** 【럭비】 앞으로 패스하다《반칙》. ***~ from among*** (us) (우리에게서) 빠지다, 이탈하다 ; (우리들을 누고) 떠나다, 죽다. ***~ in*** (어음 등을) 넘겨주다 ; 답안지 등을 제출하다. ***~ in* 〈*in* one'*s checks*〉** 《美口》 죽다. 사열(열병)하다, 분열식을 행하게 하다 ***~ into*** 1) …으로 변하다, …이 되다. 2) (아무의 손)에 넘어가다. 3) …의 시험에 합격하다. ***~ off*** (*vi.*) 1) (감각·감정 따위가) 차츰 사라지다, 약해지다. 2) (의식·절차 등이) 사고 없이 행해지다. (*vt.*) 1) (가짜 따위)를 쥐어주다, 속여 넘기다《*on* ; *as*》 ; 〔再歸的〕 …로 행세하다. 2) (난처한 입장)을 그럭저럭 모면하다, (말 따위)를 슬쩍 받아넘기다. ***~ on* 〈*upon*〉** 1) 나아가다 ; (때가) 지나가다. 2) 반복하다. 3) 죽다. 4)다음으로 돌리다, 넘겨주다 ; 전하다. 5) …에 판결〈평결〉을 내리다. 6) …의 허점을 이용하다, …을 속이다. 7) …을 감정하다. 8) 【펜싱】 찌르다. ***~* one'*s eye over*** …을 대강 훑어보다. ***~* one'*s***

hand on …을 쓰다듬다. ~ one'***s lips*** (말 등이) 입 밖으로 새어 나오다. ~ ***out*** 1) 나가다, 떠나다. 2) 《口》 기절하다 ; 《比》 죽다 : 《口》 (취해서) 의식을 잃다. 3) (명함 따위를) 내놓다 ; (…을 무료로) 배포하다. 4) 《英》 육군 사관학교를 졸업하다〈시키다〉. 5) (시간을) 보내다. ~ ***over*** 1) 경과하다, 끝나다. 2) 넘겨주다, 양도하다. 3) 가로지르다, 넘다. 4) …을 빼놓다, …을 생략하다, …을 무시하다 ; (승진 등에서) 제외하다《*for*》. 5) …을 너그럽게 봐주다, …을 용서하다 ; 《美口》 (혼혈인이) 백인으로 통하다. 6) (시일을) 보내다. 7) (손을) 대다 ; (하프 따위를) 연주하다. ~ one'***s hand over*** …을 어루만지다, 무마하다. ~ one'***s lips*** 무심코 지껄이다 ; (음식 등이) 입에 들어가다. ~ one'***s word*** 맹세하다, 약속하다《*to* do ; *that* ; *for*》. ~ ***the chair*** (의장·시장 등의) 임기를 완료하다, 퇴직하다. ~ ***the time of day*** 《口》 (지나는 길에) 인사를 나누다, 가벼운 이야기를 나누다《*with*》. ~ ***the word*** 명령을 전하다《*to* do》. ~ ***through*** (*vi.*) 통과〈횡단〉하다, 지나가다 ; (학교)의 과정을 수료하다 ; 경험하다. (*vt.*) …을 꿰찌르다, 꿰뚫다. ~ ***up*** 《口》 1) 올라가다 ; (연기 등이) 피어오르다. 2) (물건을) 위로 올려주다. 3) (기회 등을) 놓치다, 잃다. (요구·초대 등을) 거절하다. ~ ***water*** 오줌 누다 : ~ *water* on the road 한데서 소변 보다.

— *n.* ⓒ (1) 통행, 통과(passage) ; 【空】 상공 비행, 급강하 비행. (2) 통행〈입장〉 허가 ; (흔히 free ~) 패스, 통행권(券), 무료 승차권《*on* ; *over* a railroad, etc.》, 여권(passport), 통행〈입장〉 허가《*to*》 ; 【軍】 임시 외출증. (3) 급제, 합격 ; 【英大學】 (우등 급제에 대하여) 보통 급제(학위)=. (4) 〔흔히 형용사를 수반하여〕 상태, 형세 ; 위기, 난경(crisis). (5) (최면사의) 손의 움직임, 안수(按手) ; 기술(奇術), 요술, 속임수. (6) 【펜싱】 찌르기(thrust) ; 【球技】 송구 ; 패스(하는 사람) ; 【野】 4구 ; 【카드놀이】 패스. (7) 통로, 좁은 길, 샛길 (8) 산길, 고갯길 ; …재 ; 【軍】 요충지. (9) 수로《특히 강 어귀의》 ; 나루, 도섭장(徒涉場) ; (어살 위의) 고기의 통로 ; 시도, 노력 ; 《口》 구애(求愛). (10) 【컴】 과정《일련의 자료처리의 한 주기》. ***at a fine*** ~ 큰 야단이 나서. ***bring ... to*** ~ 1) 《文語》 …을 야기시키다. 2) 실현하다, 이룩하다. ***come to a pretty*** 〈***nice, fine***〉 ~ 난처하게 되다. ***come to*** ~ 《文語》 (일이) 일어나다 ; 실현되다. ***get a*** ~ 급제하다. ***hold the*** ~ 주의를〈이익을〉 옹호하다. ***make a*** ~ 〈***~es***〉 ***at*** (a woman) 1) (여자)에게 지분거리다, 구애하다. 2) …을 찌르다 ; 찌르는 시늉을 하다. ***make ~es*** (손을 움직여) 최면술을 걸다. ***sell the*** ~ 지위를 물려주다 ; 주의(主義)를 배반하다, 방위 시설을 포기하다.

*__pass·a·ble__ [pǽsəbəl, pɑ́:s-] *a.* (1) 통행〈입격〉할 수 있는, 건널 수 있는《강 따위》. (2) 상당한, 보통의, 괜찮은. (3) 유통될 수 있는, (화폐 따위가) 통용되는 ; (의안 따위가) 통과될 수 있는.

:**pas·sage** [pǽsidʒ] *n.* (1) ⓤ 통행, 통과. (2) ⓤ 이주(移住), (새의) 이동(移動). (3) ⓤ 경과, 추이, 변천. (4) a〕 ⓒ (바다·하늘의) 수송, 운방, 여행, 도항, 항해. b〕 ⓤ 통행권, 항행권 ; 통행료, 뱃삯, 차비. (5) ⓤ(의안(議案)의)통과, 가결(可決) (passing). (6) ⓒ 통로(way), 샛길 ; 수로, 항로 ; 출입구 ; 《英》 복도 ; (체내의) 관(管). (7) ⓒ (인용·발췌된 시문의) 일절, 한 줄. (8) ⓒ 논쟁, 토론. (9)ⓤ 【醫】 통변(通便) ; 《廢》 사망. (10)ⓒ 【樂】 악절. (11)【畫】 (그림 따위의) 부분, 일부.

a bird of ~ 철새. ; 뜨내기 ; 결투. ***a*** ~ ***at*** 〈***of***〉 ***arms*** 치고 받기, 싸움 ; 논쟁. ***force a*** ~ ***through*** (a crowd)(군중)을 헤치며 나아가다. ***have a rough*** ~ 난항하다. ***make a*** ~ 항해하다. ***on*** ~ 【海】 짐을 싣고 목적지로 항행 중인. ***point of*** ~ 【軍】 도하(渡河)〈통과〉점. ***take*** ~ ***in*** 〈***on, on board***〉 …을 타고 도항하다. ***work*** one'***s*** ~ 뱃삯 대신 배에서 일하다.

— *vi.* (1) 나아가다, 통과〈횡단〉하다 ; 가로지르다 ; 항해하다. (2) 칼싸움하다 ; 언쟁하다, 승강이하다.

*__pas·sage·way__ [pǽsidʒwèi] *n.* ⓒ 통로 ; 낭하, 복도.

pas·sant [pǽsənt] *a.* 【紋章】 오른쪽 앞발을 들고 있는 자세의《사자 따위》.

pass·book [pǽsbùk, pɑ́:s-] *n.* ⓒ 은행 통장(bankbook) ; (가게의) 외상 장부.

páss degrèe 【英大學】 (우등이 아닌) 보통 졸업 학위. 【cf.】 honors degree.

pas·sé [pæséi, ∠-, pɑ́:sei] (*fem.* ***-sée*** [--]) *a.* 《F.》 구티가 나는, 한창때가 지난 ; (여자가) 한물간 ; 시대에 뒤진.

passed [pæst, pɑ:st] PASS의 과거·과거분사. — *a.* 지나간 ; 통과한, 지나 버린 ; (시험에) 합격한 ; 【財政】 (배당 따위가) 미불의.

pássed báll 【野】 (포수의) 패스볼.

pas·sel [pǽsəl] *n.* ⓒ 《美口》 다수, 대집단.

:**pas·sen·ger** [pǽsəndʒər] *n.* ⓒ 승객, 여객, 선객 ; 《英口》 (팀·그룹의) 짐스러운 존재, 무능자.

pássenger sèat (특히 자동차의) 조수석.

passe-par·tout [pæ̀spɑ:rtú:] *n.* ⓒ 《F.》 (1) 곁쇠, 만능 열쇠(master key). (2) 사진(을 끼는) 틀 ; 대지(臺紙).

:**pass·er-by, pass·er·by** [pǽsərbái, pɑ́:s-] (*pl.* ***pass•ers-***) *n.* ⓒ 지나가는 사람, 통행인.

pas·sim [pǽsim] *ad.* 《L.》 (인용한 책의) 도처에, 곳곳에.

:**pass·ing** [pǽsiŋ, pɑ́:s-] *a.* 〔限定的〕 (1) 통행〈통과하는 ; 지나가는. (2) 눈앞의, 현재의, 당면의 :~ events 시사, 담면의. (4) 대충의, 조잡한 ; 우연한. (5) 합격〈급제〉의 ; 뛰어난. — *n.* ⓤ 통과, 경과 ; 소실 ; 《詩》 죽음 ; (의안의) 가결, 통과 ; 간과, 눈감아줌 ; (시험의) 합격 ; (사건의) 발생. ***in*** ~ …하는 김에, 내친걸음에.

— *ad.* 《古》 극히, 대단히, 뛰어나게.

pássing bèll 조종(弔鍾), 죽음을 알리는 종 ; 《比》 종언(終焉)의 징조.

pássing làne (도로의) 추월 차선.

pássing shòt 〈**stròke**〉 【테니스】 패싱 샷.

:**pas·sion** [pǽʃən] *n.* (1) a〕 ⓤⓒ 열정(熱情) ; 격정(激情), 정념 ; (어떤 일에 대한) 열, 열심, 열중《*for*》 b〕 (때로 *pl.*) (이성과 대비한) 감정, 정감. (2) ⓒ 격노, 울화 ; 흥분. (3) ⓤ 열애, 연애 ; 연정 ; 정욕(의 대상). (4) ⓒ 열망〈열애〉하는 것, 몹시 좋아하는 것〈사람〉. (5) ⓤ (the P-)(십자가 위의) 예수의 수난(기)《마가복음 XIV-XV 등》 ; 예수 수난화〈곡〉. (6) ⓤ 《古》 (순교자의) 수난, 순교 ; 병, 병고. ***be filled with*** ~ ***for*** …을 열렬히 사랑하다. ***be in a*** ~ 성나 있다. ***fly*** 〈***fall, break, get***〉 ***into a*** ~ 벌컥 성내다. ***have a*** ~ ***for*** …을 매우 좋아하다, …을 열애하다. ***put*** 〈***bring, throw***〉 a person ***into a*** ~ 아무를 격노케 하다, 남의 부아를 돋우다. — *vi.* 《詩》 정열을 느끼다〈나타내다〉.

:**pas·sion·ate** [pǽʃənit] (***more*** ~ ; ***most*** ~) *a.* (1) 열렬한, 정열적인, 열의에 찬. (2) (슬픔·애정 등이) 격렬한, 강렬한. (3) 성미가 급한, 성 잘 내는,

(4) 정열의, 다정한, 애욕에 빠지기 쉬운.

pas·sion·flow·er [-flàuər] *n.* ⓒ 【植】 시계초.

pássion frùit 【植】 시계풀의 열매. 「(時計)풀.

pas·sion·less [pǽʃənlis] *a.* 열(정)이 없는 ; 냉정한. 파) **~·ly** *ad.* **~·ness** *n.*

pássion plày (또는 P-P-) 예수 수난극.

Pássion Súnday 수난 주일.

Pássion Wèek 수난 주간《부활절의 전주》.

:pas·sive [pǽsiv] (***more ~ ; most ~***) *a.* (1) 수동의, 수동적인, 수세의 : 【文法】 수동의. 〖opp.〗 active. (2) 무저항의, 거역하지 않는, 순종하는, 순순히 따르는. (3) 활동적이 아닌, 활기가 없는 : 반응이 없는, 소극적인. (4) 비활성(非活性)의. — *n.* (the ~)【文法】 수동태(=~ **vóice**), 수동(구문).

pássive obédience 절대 복종, 묵종.

pássive smóking 간접 흡연.

pas·siv·i·ty [pæsívəti] *n.* ⓤ (1) 수동(성), 비활동. (2) 무저항 ; 인내.

pass·key [pǽskiː, pɑ́ːs-] *n.* ⓒ (1) 결쇠 ; 여벌쇠 ; 빗장 열쇠. (2) 사용(私用)의 열쇠.

pas·som·e·ter [pæsɑ́mitər/ -sɔ́m-] *n.* ⓒ 보수계(步數計). 【cf.】 pedmeter.

Pass·o·ver [pǽsòuvər, pɑ́ːs-] *n.* (the ~) 【聖】 유월절(逾越節)《출애굽기 XII : 27》; (p-) 유월절에 희생되는 어린 양 ; 《Sc.》 빠뜨린 것.

:pass·port [pǽspɔ̀ːrt, pɑ́ːs-] *n.* ⓒ (1) 여권, 패스포트. (2) 〔一般的〕 허가증. (3) 《比》 (어떤 목적을 위한) 수단, 보증《*to*》. (4) (선박의) 항해권.

pass·word [pǽswə̀ːrd, pɑ́ːs-] *n.* ⓒ 암호(말).

:past [pæst, pɑːst] *a.* (1) 지나간, 과거의, 의미 없어진. (2) 방금 지난, (지금부터) …전(前). (3) 임기가 끝난. (4) 노련한. (5) 【文法】 과거(형)의. ***for some time ~*** 일전부터. ***in ~ years*** = ***in years ~*** 연전(年前), 지난 몇 해 동안. ***the ~ month*** 지난 달 ; 요 한 달. — *n.* (1) ⓤ (흔히 the ~)과거, 기왕. (2) ⓒ (흔히 *sing.*) 과거의 사건 ; 경력, (특히 어두운) 이력, 과거의 생활. (3) ⓤ 【文法】 과거시제〈형〉. ***in the ~*** 과거에〈의〉, 종래《현재 완료형과 함께 쓸 수 있음》. — *prep.* (1) (시간적으로) …을 지나(서). 【cf.】 to. (2) (공간적으로) …의 저쪽, …을 지나서, (아무)와 스쳐 지나. (3) …의 범위를 넘어, …이상, …이 미치지 않는(beyond). (4) (…하는데) 관심이 없는, 염두에 두지 않은. ***fling the ~ in*** a person***'s face*** 지난 허물을 두고 아무를 비난하다. ***~ all belief*** 전혀 신용할 수 없는. ***~ it*** 《口》 너무 나이들어, 옛날처럼은 일을 못해. ***~ praying for*** ⇨ PRAY. 나을 (회개할) 가망이 없는. ***wouldn't put it ~*** a person ***to*** do 아무가 능히 …하고도 남으리라고 생각하다. — *ad.* 옆을 지나(서).

:paste [peist] *n.* ⓤⓒ (1) (접착용) 풀. (2) (밀가루)반죽, 가루반죽. (3) 반죽해서 만든 식품, 페이스트. (4) 반죽해서 만든 것 ; 튜브 치약 ; 연고 ; (낚시의) 반죽한 미끼, 떡밥 ; (도자기 제조용의) 점토 ; 이긴 흙. (5) (모조 보석용의) 납유리 ; 모조 보석. (6) =PASTA. (7) 【컴】 붙임, 붙이기《사이칸(buffer)내의 자료를 파일에 복사함》. — *vt.* (1) 《~+目/+目+副》 …(을) 풀로 바르다〈붙이다〉《*on* ; *up* ; *down* ; *together* ; etc.》. (2) 《+目+前+名》 …에 풀로 붙이다《*with*》 ; …에 종이를 바르다. ***~ over the cracks*** ⇨CRACK. ***~ up*** (벽 따위에)풀로 붙이다 ; 풀칠하여 봉하다 ; (사진 제판·인쇄 등을 위해) 대지에 붙이다.

paste·board [péistbɔ̀ːrd] *n.* (1) ⓤ 두꺼운 종이, 판지. (2) ⓒ 《俗》 명함, 카드 ; 《俗》 차표, 입장권. (3)《美》 빵 반죽판 ; 표구사의 풀칠판. — *a.* 〔限定的〕 판지로 만든, 종이로 만든 ; 실질이 없는, 알팍한 ; 가짜의.

pas·tel [pæstél pǽstl] *n.* (1) ⓤ 파스텔, 색분필. (2) ⓤⓒ 파스텔화(법) ; 파스텔풍의 색조(色調). (3) ⓒ (문예의) 산문, 만필. — *a.* 파스텔화(법)의 ; (색조가) 파스텔조(調)의 ; 섬세한.

pas·tern [pǽstəːrn] *n.* ⓒ 발회목뼈《말 따위의 발굽과 뒷발톱과의 사이》.

pas·teur·i·za·tion [pæ̀stərizéiʃən, -tʃə-] *n.* ⓤ 저온 살균법 ; 가열살균.

pas·teur·ize [pǽstəràiz, -tʃə-] *vt.* (우유 등)에 저온 살균을 행하다, 예방 접종을 행하다. ***~d milk*** 저온 살균 우유.

pas·tiche [pæstíːʃ] *n.* ⓒ 혼성곡(曲) ; 모조화(畵) ; 모방 작품《문학·미술·음악 따위의》 ; 긁어모은 것, 뒤섞인 것.

pas·til, pas·tille [pǽstil, -təl], [pæstí(ː)l pǽstəl] *n.* ⓤ 정제, 알약(troche) ; 향정(香錠) ; 선향(線香) ; 윤전(輪轉) 꽃불을 회전시키기 위한 화약이 든 종이통 ; 파스텔(로 만든 크레용).

***pas·time** [pǽstàim, pɑ́ːs-] *n.* ⓒ 기분 전환〈풀이〉, 오락, 유희, 소일거리.

past·ing [péistiŋ] *n.* ⓒ 《口》 (1) 강타, 맹타, 펀치, 맹공격. (2) (스포츠 등에서) 완패.

pást máster 명인, 대가《*in* ; *at* ; *of*》.

***pas·tor** [pǽstər, pɑ́ːs-] *n.* ⓒ 목사 ; 정신적 지도자. 【cf.】 minister.

***pas·to·ral** [pǽstərəl, pɑ́ːs-] *n.* ⓒ (1) 목가, 전원시 ; 전원곡〈극, 화〉. (2)=PASTORAL LETTER. (3) =PASTORAL STAFF. — *a.* 목자(牧者)의 ; 목축에 적합한 ;양치기의, 목축용의 ; 전원(생활)의, 목가적인 ; 목사의. 파) **~·ly** *ad.* 목가적으로.

pástoral cáre (종교 지도자·선생 등의) 충고, 조언.

pas·to·ra·le [pæ̀stərɑ́ːl] (*pl.* ***-li*** [-liː], ***~s***) *n.* ⓒ 《It.》 【樂】 전원곡, 목가곡 ; 목가적 가극《16-17세기의》.

pástoral létter 사목신서.

pástoral stáff 목장(牧杖).

pas·tor·ate [pǽstərit, pɑ́ːs-] *n.* (1) ⓤ 목사의 직〈임기, 관구〉 ; 【카톨릭】 주임 신부의 직. (2) (the ~) 〔集合的〕 목사단 ; 목사관(parsonage).

:pást párticiple 【文法】 과거 분사.

:pást pérfect 【文法】 과거 완료.

pas·tra·mi [pəstrɑ́ːmi] *n.* ⓤ 양념을 많이 한 훈제(燻製) 쇠고기의 일종.

***past·ry** [péistri] *n.* ⓤⓒ 가루반죽(paste) ; 가루반죽으로 만든 과자.

past·ry·cook [péistrikùk] *n.* ⓒ 빵〈과자〉 장수〈직공〉.

pas·tur·age [pǽstʃuridʒ, pɑ́ːstju-] *n.* ⓤ (1) 목축(업). (2) 목장, 목초(지). (3) 《Sc.》 방목권.

:pas·ture [pǽstʃər, pɑ́ːs-] *n.* (1) ⓤⓒ 목장, 방목장 ; 목초지. (2) ⓤ 목초; 《俗》 야구장(의 외야). ***put* 〈*send, turn*〉 *out to ~*** ⇨ put out to GRASS. (가축을) 목초지에 내놓다 ; (노후품을) 처분하다. — *vt.* (가축)에 풀을 뜯기다, (가축)을 방목하다. — *vi.* 풀을 먹다.

pas·ture·land [-lənd, -læ̀nd] *n.* ⓤ 목장, 목초지.

pas·tur·er [pǽstʃərər, pɑ́ːs-] *n.* ⓒ 목장주.

pas·ty[1] [pǽsti, pɑ́:sti] *n.* ⓒ 고기 만두〈파이〉.
pasty[2] [péisti] (***past•i•er ; -i•est***) *a.* 풀〈가루반죽〉 같은 ; 창백한《안색》 ; 활기가 없는.
pasty-faced [péistiféist] *a.* 창백한 얼굴의.
:pat[1] [pæt] *n.* ⓒ (1) 가볍게 두드리기. (2) (편평한 물건·손가락 따위로) 가볍게 치는 소리 ; 가벼운 발소리. (3) (버터 따위의) 작은 덩어리. ***a ~ on the back*** 격려〈칭찬〉(의 말). ***give*** one***self a ~ on the back*** 혼자서 만족하다. — **(-tt-)** *vt.* (1) 똑똑 두드리다, 토닥거리다, 가볍게 치다《손바닥·손가락 따위로》., 쳐서 모양을 만들다《*down*》. (2) (애정·찬의 따위를 나타내어) …을 가볍게 치다. — *vi.* (1) 가볍게 치다《*upon* ; *against*》. (2) 가볍게 소리내어 걷다〈뛰다〉. **~** a person ***on the back*** 아무의 등을 툭툭 치다《칭찬·격려의 뜻》 ; 아무를 칭찬〈격려〉하다, 아무에게 축하 인사를 하다. **~** one***self on the back*** 자화자찬하다, 자만하다.
pat[2] *a.* 적절한, 안성맞춤인, 마침 좋은《*to*》 ; 너무 능숙한, 지나치게 잘하는. — *ad.* 꼭 맞게, 적절하게, 잘 ; 즉시, 즉석에서 ; 완전히. ***have... (down 〈off〉) ~*** 《口》 =***know... ~*** …을 완전히 알고 있다, 터득하고 있다. ***stand ~*** **[카드 놀이]** 처음 패로 버티고 나가다 ; 《美口》 (계획·결의 등을) 끝까지 지키다, (의견을) 굽히지 않다, 끝까지 버티다.
pat·a·go·ni·an [pæ̀təgóuniən, -njən] *a.* (남아메리카 남단의) 파타고니아 지방의 ; 파타고니아 사람의. — *n.* ⓒ 파타고니아 사람〈원주민〉.
:patch [pætʃ] *n.* ⓒ (1) (옷 따위를 깁는) 헝겊조각, 깁는 헝겊 ; 천 조각. (2) (수리용의) 쇳조각 ; 판자 조각. (3) 고약 ; 상처에 붙이는 헝겊 ; 안대. (4) 애교점(beauty spot). (5) 부스러기, 작은 조각, 파편. (6) 큰 또는 불규칙한 반점 ; **[軍]** 수장(袖章)(shoulder ~). (7) 작은 구획, 밭 ; 한 밭의 농작물 ; 《英》 (경찰관의) 담당 구역. (8) (글의) 한절. (9) 《英》 시기, 기간. (10) **[컴]** 깁기《프로그램이나 데이터의 장애 부분에 대한 임시 교체 수정》 ; (전화 중계 등의) 임시 접속. (11) 《美俗》 (서커스 개최를 위한) 중개〈주선〉인(fixer), 변호사. ***be not a ~ on*** 《口》 …와는 비교도 안 되다, …보다 훨씬 못한, …와는 어림도 없는. ***in ~es*** 부분적으로, 군데군데. ***strike 〈hit, be going through〉 a bad〈sticky〉 ~*** 《英》 불행을 당하다, 고초를 겪다.
— *vt.* (1)…에 헝겊을 대(고 깁)다 ; …에 조각〈쇳조각〉을 대어 수선하다《*up*》. (2) 주워〈이어〉 맞추다, 미봉하다 ; 《比》 날조하다《*up* ; *together*》. (3) (사건·분규를) 수습하다, 가라앉히다《*up*》 ; (의견 차이 등을) 조정하다《*up* ; *together*》. (4) (얼굴에) 애교점을 붙이다. (5) **[컴]** 깁나《프로그램에 임시 교정을 하다》, 임시 정정하다 ; (전화 회선 등을) 임시로 접속하다.
pátch còrd **[電]** 패치코드, 접속 코드.
patch·ou·li, -ou·ly [pǽtʃuli, pətʃú:li] *n.* ⓤ 꿀풀속(屬)의 식물《인도산》 ; 그것에서 얻은 향유, 패출리유(油).
pátch pòcket (속기가 보이는) 바깥 포켓.
patch-up [pǽtʃʌ̀p] *n.* ⓒ 보수(補修), 수리.
— *a.* 〔限定的〕 보수의, 수리의.
patch·work [pǽtʃwə̀ːrk] *n.* ⓒⓤ 쪽모이 세공 ; 주워 모은 것, 잡동사니 ; 날림일 ; 미봉.
patchy [pǽtʃi] (***patch•i•er ; -i•est***) *a.* 누더누더 기운; 주워 모은 ; 고르지 못한; 어울리지 않는.
pát-down (séarch) [pǽtdàun(-)] 《美》 (무기·위험물 소지를 조사하기 위해) 옷 위로 몸을 더듬어 하는 신체 검사(frisking).
pate [peit] *n.* ⓒ 《古·戱》 머리 ; 정수리 ; 두뇌.
pa·tel·la [pətélə] (*pl.* ***-lae*** [-li:]) *n.* ⓒ **[解]** 슬개골(膝蓋骨), 종지뼈 ; **[動]** 배상부(杯狀部).
pat·en [pǽtn] *n.* ⓒ **[카톨릭]** 성반(聖盤), 파테나 ; 금속제(製)의 납작한 접시(둥근 접시).
pa·ten·cy [péitənsi, pǽ-] *n.* ⓤ 명백.
:pat·ent [pǽtənt, péit-] *n.* ⓒ (1) (전매) 특허, 특허권《*for* ; *on*》. (2) (전매) 특허증. (3) (전매) 특허품, 특허 물건. (4) 독특한 것〈방식〉 ; 표식, 특징《*of*》.
— (***more ~ ; most ~***) *a.* (1) 〔限定的〕 (전매) 특허의 ; 특허권을 가진〈에 관한〉. (2) 명백한, 뚜렷한, 빤한. (3) 〔限定的〕 《口》 신기한, 신안의, 독특한.
— *vt.* …의 (전매) 특허를 얻다〈주다〉 ; …에게 특허권을 주다 ; 《比》 전매 특허로 하다.
pátent attòrney 《美》 변리사(辨理士).
pat·en·tee [pæ̀təntí:, pèit-] *n.* ⓒ 특허권자.
pátent léather 에나멜 가죽 ; (*pl.*) 에나멜〈칠피〉 구두.
pátent médicine 특허 의약품 ; 《美》 매약.
Pátent Office 특허청, 특허국《略 : Pat. Off.》.
pa·ter [péitər] *n.* ⓒ 《英俗》 아버지.
pa·ter·fa·mil·i·as [pèitərfəmíliəs, -æs] (*pl.* ***patres-*** [pèitriz-]) *n.* ⓒ 가장, 가부, 호주 ; 가부장.
***pa·ter·nal** [pətə́ːrnl] *a.* 아버지(로서)의, 아버지다운, 아버지 편〈쪽〉의 ; 세습의 ; 온정주의의 ; 간섭적인, 보호해 주는.
be related on the ~ side 아버지 쪽의 친척이다. ***bid adieu to*** one***'s ~ roof*** 아버지의 슬하를 떠나다《독립하다》. ***~ government 〈legislation〉*** 온정주의의 정치〈입법〉.
pa·ter·nal·ism [pətə́ːrnəlìzəm] *n.* ⓤ (정치·고용 관계에서의) 온정주의, 가부장주의.
pa·ter·nal·is·tic [pətə̀ːrnəlístik] *a.* 온정〈가부장〉주의의.
pa·ter·ni·ty [pətə́ːrnəti] *n.* ⓤ (1) 아버지임 ; 부권, 부자의 관계 ; 아버지로서의 의무 ; 부계(父系). (2) 《比》 (일반적으로 생각 등의) 기원, 근원.
patérnity lèave (맞벌이 부부의) 남편의 출산·육아 휴가.
patérnity sùit **[法]** 부자 관계 결정 절차《법적인지 소송》.
patérnity tèst (혈액형 등에 의한) 친부(親父) 확정 검사.
pat·er·nos·ter [pǽtərnɑ̀:stər/ -nɔ̀s-] *n.* ⓒ (특히 라틴어의) 주기도문, 주의 기도.
:path [pæθ, pɑ:θ] (*pl.* ***~s*** [pæðz, pæθs/ pɑ:ðz]) *n.* ⓒ (1) 길, 작은 길, 오솔길, 보도(步道) ; 경주로 ; 통로. (2) (인생의)행로; 방침; 방향 ; (의론 따위의) 조리. (3) **[컴]** 길, 경로《파일을 자리에 누서나 판독할 때 컴퓨터가 거치는 일련의 경로》. ***beat a ~*** 길을 새로 내다, …에 달려가다 ; 쇄도하다《*to*》. ***cross*** one***'s ~*** =***cross the ~ of a person*** 우연히 만나다; 방해하다.
:pa·thet·ic, -i·cal [pəθétik], [-əl] *a.* (1) a] 애처로운, 애수에 찬. b] 감동적인. (2) (노력·이자 등이) 극히 적은, 무가치한, 아주 불충분한 ; 《美俗》 우스꽝스러운.
pathétic fállacy (the ~) 감상(感傷)의 허위.
path·find·er [pǽθfàindər, pɑ́:θ-] *n.* ⓒ (1) (미개지·새로운 학문 등의) 개척자, 탐험자(explorer), 파이어니어. (2) 조면탄 투하 비행기.
path·less [pǽθlis, pɑ́:θ-] *a.* 길 없는.

path·o·gen, -gene [pǽθədʒən], [-dʒìːn] *n.* ⓒ 병원균, 병원체.

path·o·gen·e·sis [pæ̀θədʒénəsis] *n.* ⓤ 질병 발생론, 발병학, 병인(病因)(론).

pa·thog·e·ny [pəθɑ́dʒəni/ -θɔ́dʒ-] *n.* ⓤ 발병 ; 병원(病原), 병인 ; 병원론, 발병학.

path·o·log·ic, -i·cal [pæ̀θəlɑ́dʒik/ -lɔ́dʒ-], [-əl] *a.* 병리학의, 병리상의 ; 병적인.

pa·thol·o·gy [pəθɑ́lədʒi/ -θɔ́l-] *n.* ⓤ 병리학.

***pa·thos** [péiθɑs/ -θɔs] *n.* ⓤ (1) 애수, 비애, 페이소스. (2) 정념(情念), 파토스.

***path·way** [pǽθwèi, pɑ́ːθ-] *n.* ⓤ 통로, 작은 길.

-pathy '감정, 고통, 요법' 등의 뜻의 결합사.

:pa·tience [péiʃəns] *n.* ⓤ (1) 인내(력), 참을성 ; 끈기, 불굴의 힘. (2) 《英》 페이션스《혼자 하는 카드놀이(《美》 solitaire)》, (혼자 하는)카드 점. ***have no ~ with* 〈*towards*〉** …은 참을 수 없다. ***lose** one**'s ~ with*** …을 더는 참을 수 없게 되다. ***My ~!*** 《俗》 어렵쇼, 요것 봐라, 원 저런. ***out of ~ with*** …에 정 떨어져. ***the ~ of Job*** (욥과 같은) 대단한 인내심《구약성서 욥기(記)》. ***try** a person**'s ~*** 아무를 괴롭히다, 신경질 나게 하다.

:pa·tient [péiʃənt] (***more ~ ; most ~***) *a.* (1) 인내심이 강한, 참을성이 있는, 끈기 좋은〈있는〉《*with*》. (2) 잘 견디는, 근면한, 부지런한. (3) (…에) 견딜 수 있는《*of*》. (4) 《英古》 …(의) 여지가 있는《*of*》. (5) 《稀》 수동적인. — *n.* ⓒ (1) (의사측에서 말하는) 병자, 환자. (2) (미장원 따위의) 손님 ; 수동자(受動者). 〖opp.〗 *agent*. 파) ***~·ly** *ad.* 참을성 있게, 끈기 있게.

pat·i·na [pǽtənə] *n.* ⓤ (또는 a~) (1) (청동기 따위의) 푸른 녹, 동록(銅綠), 녹청(綠青). (2) (오래된 가구 등의) 고색(古色).

pa·tis·se·rie [pətísəri] *n.* ⓤⓒ 《F.》 프랑스풍의 파이〈과자〉 (가게).

pat·ois [pǽtwɑː] (*pl.* ~[-z]) *n.* ⓤⓒ 《F.》 (특히 프랑스어의) 방언, 사투리.

pa·tri·arch [péitriɑ̀ːrk] *n.* ⓒ (1) 가장 ; 족장. (2) 【카톨릭】 로마 교황 ; 초기교회의 주교 ; (카톨릭 교회·그리스 정교의) 총대주교 ; 【모르몬敎】 교장(敎場). (3) 개조(改組), (교파·학파 따위의) 창시자. (4) 원로, 장로. (5) (*pl.*) Jacob의 12아들 ; 이스라엘 민족의 조상.

pa·tri·ár·chal cróss [pèiriɑ́ːrkəl-] 총대주교가 사용하는 십자가《‡꼴》.

pa·tri·ar·chy [péitriɑ̀ːrki] *n.* ⓤⓒ (1) 가장〈족장〉 정치 ; 남자 가장제(家長制) ; 부권 제도, 부주제. 〖opp.〗 *matriarchy*. (2) 부권사회.

pa·tri·cian [pətríʃən] *n.* ⓒ (고대 로마의) 귀족 ; 로마 제국의 지방 집정관 ; 중세 이탈리아 여러 공화국의 귀족 ; 〔一般的〕 귀족, 문벌가. — *a.* 귀족의《특히 고대 로마의》 ; 귀족적인, 귀족다운.

pat·ri·cide [pǽtrəsàid] *n.* (1) ⓤ 부친 살해 범죄. (2) ⓒ 부친 살해 범인. 【cf.】 MATRICIDE.

pat·ri·mo·ni·al [pæ̀trəmóuniəl, -njəl/ -mə́-] *a.* 세습의 ; 조상 전래의.

pat·ri·mo·ny [pǽtrəmòuni/ -mə-] *n.* ⓤ (또는 a~) (1) 세습 재산, 가독(家督). (2) 가전(家傳), 집안 내림, 유전, 전통. (3) 교회의 기본 재산.

:pa·tri·ot [péirtiət, -ɑ̀t/ pǽtriət] *n.* ⓒ 애국자, 우국지사.

***pa·tri·ot·ic** [pèitriɑ́tik/ pæ̀triɔ́tik] *a.* 애국적인, 애국의, 우국의.

***pa·tri·ot·ism** [péitriətìzəm/ pǽt-] *n.* ⓤ 애국심.

pa·tris·tic [pətrístik] *a.* (초기 기독교의) 교부(敎父)의 ; 교부의 저작의.

pa·trol** [pətróul] *n.* (1) ⓤ 순찰, 패트롤, 순시, 순회 ; 정찰, 초계(哨戒). (2) ⓒ 순찰대 ; (척후병·비행기 따위의) 정찰대 ; 순시인 ; 초계함(艦). (3) 소년〈소녀〉단의 분대. ***on ~* (*duty*)** 순찰중 ; 초계중. — (-ll-***) *vt.* (1) (지역)을 순찰〈순회〉하다. (2) (길거리 등)을 무리지어 행진하다. — *vi.* 순찰〈순시, 경비〉하다, 패트롤하다.

patról càr 순찰차.

pa·trol·man [-mən] (*pl.* ***-men*** [-mən]) *n.* ⓒ 순찰자 ; 《美》 순찰 경관, (주경찰의) 순경.

patról wàgon 《美》 범인 호송차(Black Maria, paddy wagon).

:pa·tron [péitrən] (*fem.* ***~·ess***) *n.* ⓒ (1) (개인·사업·주의·예술 따위의) 보호자, 후원〈지지〉자. (2) (상점·여관 따위의) 고객, 단골 손님. (3) =PATRON SAINT. (4) 【英國敎】 성직 수여권자. (5) 【古로】 (법정의) 변호인 ; 해방된 노예 보호자로서의 옛 주인 ; 평민을 보호한 귀족.

pa·tron·age** [péitrənidʒ, pǽt-] *n.* (1) ⓤ 보호, 후원, 찬조, 장려. (2) a] ⓤ 애고(愛顧), 애호, 단골《상점에 대한 손님의》. b] (a~) 〔集合的〕 단골 손님. (3) ⓤ 윗사람·보호자인 체하는 태도〈친절〉. (4) ⓤ 《때로 蔑》 (특히 관직의) 임명〈서임〉권 ; 【英國敎】 성직 수여권, 목사 추천권. ***under the ~ of …의 비호〈후원〉 아래.

***pa·tron·ize** [péitrənàiz, pǽt-] *vt.* (1) …(을) 보호하다(protect), 후원하다(support), 장려하다. (2) …의 단골 손님〈고객〉이 되다. (3) …에게 선심 쓰는 체하다, 은혜를 베풀다, 잘난 체하다.

pa·tron·iz·ing [péitrənàiziŋ, pǽt-] *a.* 은인인 체하는, 생색을 내는, 어딘지 모르게 건방진.

pátron sáint (개인·직업·토지 따위의) 수호 성인, 수호신 ; (정당 등의) 창시자.

pat·ro·nym·ic [pæ̀trənímik] *a.*, *n.* ⓒ 아버지〈조상〉의 이름을 딴 (이름), 부칭(父稱).

pat·sy [pǽtsi] *n.* ⓒ 《美俗》 죄를〈책임을〉 뒤집어 쓰는 사람(scapegoat) ; 웃음거리가〈놀림감이〉 되는 사람, 어수룩한 사람, '봉'(dupe).

pat·ten [pǽtn] *n.* ⓒ (흔히 *pl.*) 덧나막신《쇠굽 달린 나막신 ; 진창에서 신 위에 덧신음》; 〔一般的〕 나막신, 나무 덧신 ; 【建】 기둥뿌리, 벽의 굽도리.

***pat·ter**[1] [pǽtər] *vi.* (1) 《~/+前+名》 또닥또닥 소리가 나다, (비가) 후두두 내리다. (2) 《~/+前+名》 가볍게〈재게〉 움직이다, 또닥또닥 잔걸음으로 달리다〈걷다〉《*across*》.

— *vt.* 또닥또닥〈후두두〉 소리를 내다, (물 따위)를 철벅철벅 튀기다.

— *n.* (*sing.*) 후두두《빗소리》, 또닥또닥《발소리》, 후닥닥(또닥)거리는 소리. ***the ~ of tiny feet*** 《戱》 앞으로 태어날 갓난 아기(의 발소리).

***pat·ter**[2] *n.* (1)ⓤ 재게 재잘거림 ; 쓸데없는 이야기. (2) ⓤ (도둑·거지 따위의) 은어. (3) =PATTER SONG ; (흔히 conjurer's ~) (마술사의) 주문.— *vi.* 재잘대다 ; 《俗》 은어를 지껄이다. — *vt.* (주문 등)을 빠른 말로 외다.

:pat·tern [pǽtərn] *n.* ⓒ (1) (흔히 *sing.*) 모범, 본보기, 귀감. (2) 형(型), 양식 ; (양복·주물 등의) 본, 원형(原型), 모형(model), 목형(木型), 거푸집. (3) (행위·사고 등의) 형, 방식, 경향. (4) 도안, 무늬, 줄무늬 ; 자연의 무늬. (5) (옷감·무늬 등의) 견본. (6)

P

《美》 한 벌 분의 옷감. (7) (비행장의) 착륙 진입로 ; 그 도형. (8) 【컴】 도형(圖形), 패턴. ***after the ~ of*** …식으로, …을 본떠. ***a pater ~*** (양재의)종이본, 형지(型紙). ***a verb ~*** 동사가 취하는 문형. ***run to ~*** 틀에 박혀 있다.
— *vt.* (1) 《+目+前+名》 …을 모조하다, (…을 따라) 모방하다, 본떠서 만들다, (본에 따라) …을 만들다《*after* ; *on, upon*》. (2) …에 무늬를 넣다. — *vi.* 모방하다《*after* ; *on*》. ~ one***self after*** 〈***on, upon***〉 …을 모방하다. ***~ out*** 깨끗이 정돈하다, 정렬하다.

páttern bòmbing 일제〈융단〉폭격, 무차별 폭격.

páttern glàss 패턴 글라스.

pat·tern·mak·er [-mèikər] *n.* ⓒ 모형〈거푸집)〉 제작자 ; (직물·자수의) 도안가, 목형공.

pátter sòng 가극 속에 익살미를 내기 위한 바른 가사, 그 곡.

*__pat·ty, pat·tie__ [pǽti] *n.* ⓒⓤ 작은 파이(pâté).

pau·ci·ty [pɔ́ːsəti] *n.* ⓤ (a~) (1) 소수 ; 소량. (2) 결핍《*of*》.

Paul·ine[1] [pɔ́ːlain] *a.* 사도 바울의.

Pau·line[2] [pɔːlíːn] *n.* 폴린《여자 이름》.

paunch [pɔːntʃ, pɑːntʃ] *n.* ⓒ (1) 배, 위(胃) ; 《戱》 올챙이배 ; 【動】 혹위(rumen). (2) 【海】 (두껍고 튼튼한) 마찰 보호용(用) 거적(=**~ màt**).
— *vt.* …의 배를 가르다, 내장을 도려내다.

pau·per [pɔ́ːpər] *n.* ⓒ 【史】 (구빈법(救貧法)의 적용을 받는) 극빈자, 피구호민 ; 빈민 ; 거지 ; 【法】 (소송 비용을 면제받는) 빈민.
— *a.* 빈민의, 빈곤한.

pau·per·ize [pɔ́ːpəràiz] *vt.* …을 가난〈빈곤〉하게 만들다, 빈민〈피구제민〉으로 만들다.

:**pause** [pɔːz] *n.* ⓒ (1) 휴지(休止), 중지, 끊긴 동안. (2) (이야기의) 중단 ; 한숨 돌림 ; 주저. (3) 구절 끊기, 구두(句讀), 단락. (4) 《詩》 쉼 ; 【樂】 연장, 연장기호, 늘임표. (5) 【컴】 (프로그램 실행의) 쉼. ***come to a ~*** 끊어지다. ***give*** a person ***~*** (놀람·의아심 따위 때문에) 아무를 주저케 하다. ***give*** 〈***put***〉 ***~ to*** …을 잠시 중지시키다, …을 주저하게 하다. ***in*** 〈***at***〉 ***~*** 중지〈중단〉하여 ; 주저하여. ***make a ~*** 잠깐 쉬다 ; 한숨 돌리다. ***put*** a person ***to a ~*** 아무를 망설이게 하다. ***without a ~*** 끊임없이, 쉬지 않고 ; 주저없는〈없이〉. — *vi.* (1) 휴지〈중단〉하다, 끊기다. (2) 《~/+前+名/+*to* do》 잠시 멈추다, 한숨 돌리다 (=stop). (3) 《+前+名》 잠시 생각하다, 천천히 논하다《*on, upon*》 ; 머뭇거리다《*on, upon*》. (4) 【樂】 음을 길게 끌다.

:**pave** [peiv] *vt.* 《~+目/+目+前+名》 (도로)를 포장하다《*with*》. ***~ the way for*** 〈***to***〉 …에의 길을 열다, …의 길을 닦다 ; …을 가능〈수월〉케 하다.

:**pave·ment** [péivmənt] *n.* (1) ⓒ 포장도로 (【opp.】 *dirt road*) ; 포상(鋪床), 포장한 바닥. (2) ⓤ 포장 재료, 포석(鋪石). (3) ⓒ 《英》 (특히 포장한)인도, 보도(《美》sidewalk) ; 《美》차고(roadway) : on the ~ 거리를 걸어 ; 집 없는, 버림 받아.

pávement àrtist 거리의 화가.

:**pa·vil·ion** [pəvíljən] *n.* (1) 큰 천막. (2) 간편한 임시 건물 ; 《英》 (야외 경기장 등의) 관람석, 선수석. (3) (공원·정원의) 누각, 정자 ; (본관에서 내단) 별관, 병동(病棟) ; (박람회 등의) 전시관. (4) 《文語》 하늘, 창궁(蒼穹).

pav·ing [péiviŋ] *n.* (1) ⓤ 포장(공사) ; 포도 ; 포장재료. (2) ⓒ (흔히 *pl.*) (포장용) 블록.

páving brìck 포장용 벽돌.

páving stòne 포석(鋪石)《포장용》.

:**paw** [pɔː] *n.* ⓒ (1) (발톱 있는 동물의) 발. (2) 《戱·蔑》 (거칠거나 무딘) 사람의 손. — *vt.* (1) (짐승이) 앞발로 할퀴다〈치다〉, (말이) 앞발로 차다〈긁다〉, 앞발로 두드리다. (2) 《口》 거칠게〈함부로〉 다루다 ; 만지작거리다《*over*》 ; 난폭하게 달려들다〈치고 덤비다〉《*at*》. — *vi.* (말이) 앞발로 땅을 차다. ***~ about*** 〈***around***〉 마구 주물러대다.

pawky [pɔ́ːki] (***pawk·i·er ; -i·est***) *a.* 《北英·Sc.》 교활한, 내숭스런 ; (능청스레) 익살을 떠는 ; 《美方》 건방진, 주제넘은.

pawl [pɔːl] *n.* ⓒ 【機】 톱니멈춤쇠.

*__pawn__[1] [pɔːn] *n.* ⓤ 전당 ; ⓒ 전당물, 저당물, 담보물 ; 볼모, 인질 ; 《比》 맹세, 약속. ***at*** 〈***in***〉 ***~*** 전당〈저당〉 잡혀. ***get*** something ***out of ~*** (저당 잡힌) 물건을 되찾다. ***give*** 〈***put***〉 something ***in ~*** …을 전당잡히다. ***set at ~*** 걸다 ; 신조로 하다. — *vt.* …을 전당잡히다 ; (목숨·명예)를 걸고 맹세하다, …을 걸고 보증하다. ***~*** one***'s word*** 언질을 주다.

pawn[2] *n.* ⓒ (1) (체스의) 졸(卒)《略:P》. (2) 《比》 (남의) 앞잡이(tool)《*in*》.

pawn·bro·ker [⊿bròukər] *n.* ⓒ 전당포(주인), 전당포업자.

pawn·bro·king [⊿bròukiŋ] *n.* ⓤ 전당포업.

pawn·shop [pɔ́ːnʃɑ̀p/ -ʃɔ̀p] *n.* ⓒ 전당포.

páwn tìcket 전당표.

pax [pæks] *n.* ⓤ (1) 【카톨릭】 성패(聖牌)《예수·성모 등의 상을 그린 작은 패 ; 미사 때 여기에 입을 맞춤》; 친목의 키스. (2) (P-) a] 【로神】 평화의 여신. b] (흔히 P-) 평화. c] 〔흔히 감탄사〕 《英口》 타임, 잠깐 ; (어린이들의) 화해.

:**pay** [pei] (*p.*, *pp.* ***paid*** [peid]) *vt.* (1) (빚 따위)를 갚다, 상환하다, 청산하다. (2) 《~+目/+目+前+名/+目+目》 (아무에게 대금·임금 따위)를 치르다, 지불〈지 급〉하다《*for*》 ; 변충하다, 보상하다. (3) 《~+目/+目+目》 (일 따위가) …의 수입을 가져오다 ; …에게 이익을 주다. (4) 《~+目/+目+前+名/+目+目》 (관심)을 보이다, (주의·경의)를 표하다 ; (방문 등)을 하다. (5) …에 앙갚음하다, 보복하다 ; 혼내주다, 벌하다 ; (친절·은혜에) 보답하다《*back*》. (6) (고통 등을 당연한 것으로서) 참다, 받다. (7) (아무에게) 돈을 주고 …시키다. — *vi.* (1) 《~/+前+名》 지불을 하다, 대금을 치르다《*for*》; 빚을 갚다, 청산하다 ; 변상〈변제〉하다《*for*》. (2) (일 따위가) 수지맞다, 이익이 되다 ; 일한 보람이 있다. (3) 《+前+名》 벌을 받다, 보답이 있다《*for*》.
~ a call 방문하다. ***~ a on*** 방문하다. ***~ as you go*** 《美》 현금 시급하다 ; 지출을 수입 이내로 억제하다. ***~ away*** 돈을 쓰다. ***~ back*** 돈을 갚다 ; …에 보복하다《*for*》. ***~*** (***dear***) ***for*** one***'s whistle*** 하찮은 것을 비싸게 사다 ; 되게 혼나다. ***~ down*** 맞돈으로 지급하다 ; 계약금을 치르다. ***~ for*** 1) …의 대금을 치르다 ; …을 변상하다. 2) …에 대한 보복〈벌〉을 받다. ***~ in*** (돈을) 은행(계좌)에 입금하다. ***~*** a person ***in kind*** 물건으로 지불하다. ***~ ... into a bank account*** …을 은행계좌에 입금하다. ***~ off*** (*vt.*) 1) (빚을) 전부 갚다. 2) 봉급을 주고 해고하다 ; 요금을 치르고 (택시 등)을 돌려 보내다. 3) 《口》 …에게 뇌물을 쓰다. 4)《口》 …에 대한 보복을 하다. 5) 수지맞다. 6) …한 결과〈성과〉가 나다. (*vi.*) 1) 【海】 (이물을) 바람 불어 가는 쪽으로 돌리다. 2) 이익을 가져오다 ; 성과를 올리다, 잘 되다. ***~ out*** 1) (돈·임금·빚

을) 지급하다. 2)《英》…에 보복하다, 혼쭐내다《*for*》. **~ *over*** (돈을) 치르다. **~** one**'*s college*** 고학하여 대학을 졸업하다. **~** one**'*s*** (***own***) ***way*** 빚지지 않고 살다. 응분의 부담을 지다 ; 투자에 걸맞은 이익을 내다, 수지를 맞추다. **~ *the debt of nature*** 천명을 다하다, 죽다. **~ *through the nose*** ⇨ NOSE. **~ *up*** (마지못해) 전부〈깨끗이〉 청산해버리다 ; 전액 납입하다. **~** a person ***well in the future*** 아무의 장래를 위해서 도움이 되다《고생 따위가》. ***the devil to ~*** ⇨ DEVIL. ***who breaks ~s.*** 나쁜 일을 하면 벌을 받는다

— *n.* ⓤ (1) 지불, 지급. (2) 급료, 봉급, 임금. (3) 보복, (정신적인) 보수 ; 보상 ; 벌. (4) (지불 상태에서 본) 지급인. (5) 고용. (6) 피고용인. ***be good*** 〈***bad, poor***〉 **~** 돈을 잘 주다〈잘 안 주다〉. ***in the ~ of*** …에게 고용되어, ~의 부하가 되어. ***without ~*** 무보수로.

— *a.* (1) 유료의 ;《美》동전을 넣어 사용하는. (2) 자비(自費)의. (3) 채광(採鑛)상 유리한, 채산이 맞는.

***pay·a·ble** [péiəbəl] *a.* 〔敍述的〕 (1) 지급할 수 있는 ; 지급해야 할《돈 따위》. (2) 이익이 되는, 유리한, 수지 맞는《사업 등》. (3)【法】(어음·수표 등이) 지급 만기의. 파) **-bly**[-bli] *ad.* 유리하게.

pay-as-you-earn [péiəzjuə́ːrn] *n.* ⓤ《英》원천 과세(제도)《略:P.A.Y.E.》.

pay-as-you-en·ter [∠əzjuéntər] *n.* ⓤ 입장·승차 때 요금을 내는 방식《略:P.A.Y.E.》.

páy-as-you-gó plàn [∠əzjugóu-] 현금 지급주의 ; (세금의) 원천 징수(방식).

pay-as-you-see [∠əzjusíː] *a.* (TV가) 유료인.

pay·back [péibæ̀k] *n.*, *a.* 환급(의), 환불의 ; 원금 회수(의) ; 보복(의).

pay-bed [∠bèd] *n.* ⓒ (병원의) 유료 침대.

pay·check [∠tʃèk] *n.* ⓒ 봉급 지급 수표, 급료.

páy clàim (조합의) 임금 인상 요구.

pay·day [∠dèi] *n.* ⓤ 〔종종 無冠詞로〕 지급일 ; 봉급날.

páy dìrt《美》(1)유망한 광맥. (2)《口》횡재, 굉장한 발견물. ***hit ~*** 진귀한 것을〈노다지를〉 찾아 내다 ; 돈줄을 잡다.

pay·ee [peiíː] *n.* ⓒ (어음·수표 따위의) 수취인.

páy ènvelope《美》봉급 봉투(《英》pay packet) ;봉급.

pay·er [péiər] *n.* ⓒ 지급인, 지불인, (수표·증서 등의) 발행인.

pay·ing [péiiŋ] *a.* 지급하는, 유료의 ; 유리한, 수지 맞는.

páying guèst《英》(특히 단기간의) 하숙인.

pay·load [∠lòud] *n.* (1)【海·空】유효(수익) 하중(荷重). (2)【宇宙·軍】유효 탑재량, 페이로드 ; 미사일 탄두의 폭발력.

pay·mas·ter [∠mæ̀stər, ∠mɑ̀ːs-] *n.* ⓒ 회계 부〈과〉장, (급료) 지급 담당자 ;【軍】재무관 ; (종종 *pl.*) (나쁜 짓을 하는 일당의) 두목, 보스.

Páymaster Géneral (*pl.* ***Páymasters Gén-***)《美》(육해군의) 경리감 ;《英》재무성 지출 총감《略:Paym. Gen.》.

:pay·ment[péimənt] *n.* (1)ⓤ 지급, 납부, 납입. (2)ⓒ 지급 금액. (3)ⓤ 변상(辨償), 변제, 상환. (4) ⓤ 보수, 보상 ; 보복, 벌. ***in ~ for*** …의 지급〈대상(大賞)〉에〈으로〉. ***make ~*** 지급하다, 납부하다. ***~ arrangement*** 지급 협정. ***~ by installment*** 분할 지불. ***~ by result*** 능률급. ***~ in advance*** 선급금. ***~ in*** 〈***at***〉 ***full*** 전액 지급〈청산〉. ***~ in kind*** 현물 지급. ***~ in part*** 〈***on account***〉 내입(內入), 일부 지급. ***stop ~*** 지급 불능〈파산〉 선언을 하다. ***suspend ~s*** 파산하다.

páyment bill【商】지급 어음, 지불 어음.

pay·off [péiɔ̀(ː)f, -ɑ̀f] *n.* ⓒ (1) 급료 지급(일), 결제, 이익 분배(의 때) ;《口》이익, 이득 ;《口》증회, 뇌물. (2)《口》a] (일체의) 청산, 보복. b] (행위의) 결과 ; (사건 등의) 결말. (3)《美口》헌금, 뇌물.

pay·o·la [peióulə] *n.* ⓤ (또는 a~)《口》뇌물 ; 증회, 매수, 리베이트.

pay·out [∠àut] *n.* ⓤ 지급(금), 지출(금).

pay·roll [∠ròul] *n.* ⓒ 임금 대장 ; 종업원 명부. ***off the ~*** 실직하여, 해고되어. ***on the ~*** 고용되어.

páy slìp 급료 명세표.

páy stàtion《美》(주화 투입식) 공중 전화 박스.

páy tèlephone《美》공중 전화.

PC personal computer(개인용 컴퓨터). **PCB** polychlorinated biphenyl(폴리 염화 비페닐).

:pea [piː] (*pl.* ***~s,***《古·英方》***~se*** [piːz])【植】*n.* ⓤ ⓒ 완두(콩)(=bean), 완두 비슷한 콩과 식물. (***as***) ***like*** 〈***alike***〉 ***as two ~s*** (***in a pod***) 흡사한, 꼭 닮은. ***split ~s*** (까서) 말린 완두콩《스프용》.

péa bràin《美俗》바보, 얼간이.

:peace [piːs] *n.* (1) ⓤ (또는 a ~) 평화, 평온, 태평. (2) ⓤ (흔히 the ~) 치안, 질서, 안녕. (3) ⓤ (또는 a ~) (종종 P-) 강화(조약) ; 화해, 화친. (4) ⓤ 평정, 평온, 안심. (5) 정적, 침묵. ***at ~*** 1) 평화롭게, 사이좋게 ; 마음 편히. 2) 사이좋게《*with*》. 3)《婉》죽어서. ***a breach of the ~*** 치안 방해. ***be sworn of the ~*** 보안관으로 임명되다. ***breach of the ~*** 치안 방해. ***hold*** 〈***keep***〉 one**'*s ~*** 잠자코 있다, 항의하지 않다. ***in ~*** 편안히 ; 안심하여. ***keep*** 〈***break, disturb***〉 ***the ~*** 치안을 유지하다〈문란케 하다〉. ***let*** a person ***go in ~*** 아무를 방면(放免)하다. ***make ~*** 화해하다 ; 강화하다《*with*》. ***make*** one**'*s ~ with*** …와 화해〈사화〉하다. ***Man of Peace*** 그리스도. ***~ at any price*** (특히 영국 의회에서의) 절대 평화주의. ***~ of mind*** 마음의 평화. ***the*** (***king's*** 〈***queen's***〉) ***~***《英》치안. — *a.* 〔限定的〕 평화의〈를 위한〉.

***peace·a·ble** [píːsəbəl] *a.* 평화로운, 태평한, 평온한 ; 평화를 애호하는, 얌전한, 온순한.

peace·break·er [píːsbrèikər] *n.* ⓒ 평화 파괴자 ; 치안 방해자.

Péace Còrps (the ~) 평화 봉사단.

:peace·ful[píːsfəl] (***more ~; most ~***) *a.* (1)평화로운, 태평한; 평화적인; 평화를 애호하는《국민 따위》. 〖opp.〗 *warlike.* (2)평온한, 온화한 ; 조용한; 편안한; 온건한.

peace·keep·ing [∠kìːpiŋ] *n.* ⓤ 평화 유지.
— *a.* 〔限定的〕 평화를 유지하는.

peace-lov·ing [∠lʌ̀viŋ] *a.* 〔限定的〕 평화를 사랑하는.

peace·mak·er [∠mèikər] *n.* ⓒ (1) 조정자〈단〉, 중재인. (2) 평화 조약 조인자.

peace·mak·ing [-mèikiŋ] *n.* ⓤ 조정, 중재, 화해. — *a.* 〔限定的〕 조정〈중재〉하는, 화해하는.

peace·nik [píːsnik] *n.* ⓒ《俗》반전 운동가, 평화주의자.

péace òffering 화해〈화평〉의 선물 ; (신에 대한) 속죄〈사은〉의 희생물.

péace òfficer 보안관 ; 경찰관.

peace·time [píːstàim] *n.* ⓤ 평시. — *a.* 〔限定的〕 평시의.
:peach[1] [piːtʃ] *n.* (1) ⓤⓒ **【植】** 복숭아, 복숭아나무(~ tree). (2) ⓤ 복숭앗빛, 노란빛이 도는 핑크색. (3) (a ~) 《口》 훌륭한〈멋진〉 사람〈것〉, 예쁜 소녀. — *a.* 복숭앗빛의.
peach[2] *vi.* 《俗》 밀고〈고발〉하다《*against* ; *on*》.
peach·es-and-cream [píːtʃizəndkríːm] *a.* (얼굴이) 혈색이 좋고 윤기가 도는 ; 《俗》 근사한.
pea·chick [píːtʃìk] *n.* ⓒ 새끼공작.
péach trèe 복숭아나무.
peachy [píːtʃi] (***peach•i•er ; -i•est***) *a.* 복숭아같은 ; 복숭앗빛의《볼 따위》 ; 《口》 〔反語的〕 훌륭한, 멋진 ; 멋쟁이의.
:pea·cock [píːkàk/ ⌐kɔ̀k] (*pl.* **~s**, 〔集合的〕 **~**) *n.* ⓒ (1) **【鳥】** 공작《특히 수컷 ; 암컷은 peahen》, =PEADOWL. (2) (the P-) **【天】** 공작자리(Pavo). (3) 겉치레꾼. (***as***) ***proud as a ~*** 우쭐하여, 몹시 뽐내어. ***play the ~*** 뽐내다, 으스대다, 뻐기다. — *vt.* 뽐내다, 허세〈허영〉부리다《*oneself*》 ; 성장(盛裝)하다. — *vi.* 의기양양하게 걷다, 거만하게 굴다, 허세를 부리다.
파) **~•ery** *n.* ⓤ 허세, 허영, 멋부림. **~•ish, ~•lìke** *a.* 공작새 같은, 허세부리는.
pèacoke blúe 광택 있는 청색(의).
pea·fowl [píːfàul] *n.* ⓒ 공작《암컷·수컷 함께 말함》.
péa gréen 연둣빛, 연녹색.
pea·hen [píːhèn] *n.* ⓒ 공작의 암컷
péa jàcket (선원 등이 입는) 두꺼운 더블의 모직 상의.
:peak[1] [piːk] *n.* ⓒ (뾰족한) 끝, 첨단. (2) (뾰족한) 산꼭대기, 봉우리 ; 고봉(孤峰). (3) 절정, 최고점. (4) 돌출부 ; (군모 등의) 앞챙. (5) **【海】** 종범(縱帆)의 상외단(上外端) ; 비낀 활대의 상외단 ; 이물〈고물〉의 좁고 뾰족한 부분. (6) **【電·機】** 최대 부하(負荷).
— *a.* 〔限定的〕 최고의, 절정의, 피크의.
— *vi.* 뾰족해지다, 우뚝 솟다, (고래가) 꼬리를 올리다 ; 최고점〈한도〉에 달하다, 절정이 되다.
peak[2] *vi.* 여위다, 살이 빠지다. ***~ and pine*** (상사병 따위로) 수척해지다.
peaked[1] [pikkt, píːkid] *a.* 앞챙이 있는 ; 뾰족한, 뾰족한 끝이 있는, 봉우리를 이루는.
peak·ed[2] [píːkid] *a.* (병 따위로) 야윈, 수척한.
péak hòur 피크시(時), (TV의) 골든 아워.
péak lòad (발전소 따위의) 피크 부하(負荷), 절정(絶頂) 부하 ; 〔一般的〕 일정 기간 내의 최대(수송·교통)량.
peaky[1] [píːki] (***peak•i•er ; -i•est***) *a.* 봉우리가 있는〈많은〉 ; 봉우리를 이룬 ; 봉우리 같은, 뾰족한.
peaky[2] (***peak•i•er ; -i•est***) *a.* 《口》 수척한 ; 병약한.
peal** [piːl] *n.* ⓒ (1) (종의) 울림 ; (천둥·포성 따위의) 울리는 소리. (2) (음악적으로 음률을 맞춘) 한 벌의 종, 그 종의 주명악(奏鳴樂). ***in ~ (종소리가) 음률을 맞추어. — *vt.* (종 따위)를 울리다, 우렁차게 울리다《*out* ; *forth*》 ; (명성 따위)를 떨치다 ; (소문 따위)를 퍼뜨리다《*out*》. — *vi.* (종소리가) 울리다, 울려 퍼지다《*out*》.
***pea·nut** [píːnʌ̀t] *n.* ⓒⓤ (1) **【植】** 땅콩, 낙화생. (2) 《俗》 하찮은 사람 ; (*pl.*) 하찮은 것 ; (*pl.*) 《俗》 푼돈. — *a.* 《俗》 하찮은.
péanut bùtter 땅콩 버터.
péanut gàllery 《美口》 (극장의) 가장 값이 싼 자리.
péanut òil 땅콩 기름.
:pear [pɛər] *n.* ⓤⓒ **【植】** 서양배 ; 서양배나무.
péar dròp 서양배 모양(으로 서양배 향내가 나는) 캔디.
:pearl [pəːrl] *n.* (1) ⓒ 진주 ; (*pl.*) 진주 목걸이. (2) ⓤ 진주층(層), 진주모(母)(mother-of-~), 자개 ; 진줏(조개)빛(~ blue). (3) ⓒ 귀중한 물건, 일품 ; 정화(精華), 전형(典型). (4) ⓒ 진주 비슷한 것《이슬·눈물·흰 이 따위》 ; (철·석탄 따위의) 작은 알맹이 ; **【印】** 펄형 활자《5포인트》. (5) **【醫】** 백내장. ***a cultured ~*** 양식 진주. ***an artificial* 〈*a false, an imitation*〉 *~*** 모조(模造) 진주. ***cast* 〈*throw*〉 *~s before swine*** **【聖】** 돼지한테 진주를 던지다《마태복음 Ⅶ:6》.
— *a.* 〔限定的〕 (1) 진주의〈로 만든〉 ; 진주를 박은. (2) 진주색〈모양〉의. (3) 작은 알갱이의.
— *vt.* (1) …을 진주로 장식하다, 진주로 꾸미다, 진주를 박아넣다. (2) (진주 모양의 작은 구슬을) …에 뿌리다《*with*》. (3) 진주 모양〈빛깔〉이 되게 하다. (4)(보리 따위)를 대끼다, 정백(精白)하다.
— *vi.* (1) 진주 모양〈빛〉같이 되다 ; 구슬이 되다. (2) 진주를 캐다.
péarl bàrley 정맥(精麥)(수프용).
péarl dìver 진주조개 캐는 잠수부.
péarl gráy 진주색.
péarl ònion 아주 작은 양파.
péarl òyster 진주조개.
péarl wédding 진주혼식《결혼 30주년 기념》.
pearly [pə́ːrli] (***pearl•i•er ; -i•est***) *a.* 진주 같은〈모양의〉 ; 진주색의 ; 진주로 꾸민.
pear·main [pɛ́ərmein] *n.* ⓒ 페어 메인 사과의 일종.
pear-shaped [pɛ́ərʃèipt] *a.* (1) 서양배 모양의. (2) (목소리가) 부드럽고 풍부한, 낭랑한.
péar trèe 서양배나무.
:peas·ant [pézənt] *n.* ⓒ (1) 농부, 소작농. (2)촌사람.
peas·ant·ry [pézəntri] *n.* ⓤ (1) (흔히 the ~) 〔集合的 ; 單·複數 취급〕 농민 ; 소작농(小作農), 소작인 계급 ; 농민〈소작인〉의 지위〈신분〉. (2) 시골티, 무무함.
pea·shoot·er [píːʃùːtər] *n.* ⓒ 콩알총《장난감》, 소구경 권총.
péa sòup (특히 말린) 완두 수프 ; 《口》 =PEA-SOUPER.
pea-soup·er [píːsùːpər] *n.* ⓒ 《英口》 황색의 짙은 안개.
peat[piːt] *n.* (1)ⓤ 토탄(土炭). (2)ⓒ 토탄덩어리.
péat bóg 토탄 늪, 토탄지(土炭地).
peaty [píːti] (***peat•i•er ; -i•est***) *a.* 토탄질의, 이탄실의 ; 토탄이 많은.
:peb·ble [pébəl] *n.* (1) ⓒ (물의 작용으로 둥글게 된) 조약돌, 자갈. (2) ⓤ 수정 ; ⓒ 수정으로 만든 렌즈 ; 두꺼운 안경렌즈. (3) 마노(瑪瑙). (4) ⓤ (가죽 등의) 돌결 무늬, 돌결 무늬의 가죽(= **~ lèather**). (5) (영국의 대표적) 도자기의 일종. ***be not the only ~ on the beach*** 수많은 것 중의 하나에 불과하다, 달리 사람이 없는 것은 아니다 《과시 할 것 없다》. — *vt.* (1) (가죽·종이)의 겉을 도톨도톨하게 하다, 겉을 거칠게 하다. (2) …에 조약돌을 던지다, 작은 돌로 치다 ; 자갈로 덮다, 자갈로 포장하다.

peb·bly [pébli] (***-bli•er ; -bli•est***) *a.* 자갈이 많은, 자갈투성이의.

pe·can [pikǽn, -kɑ́:n, pí:kæn] *n.* ⓒ 【植】 피칸 ; 그 열매《식용》.

pec·ca·ble [pékəbəl] *a.* 죄를 범하기 쉬운 ; 잘못을 저지르기 쉬운.

pec·ca·dil·lo [pèkədílou] (*pl.* **~(*e*)*s***) *n.* ⓒ 가벼운 죄, 조그마한 과오 ; 작은 결점.

pec·ca·ry [pékəri] (*pl.* ***-ries,*** 〔集合的〕 **~**) *n.* ⓒ 【動】 멧돼지류《열대 아메리카산》.

:peck[1] [pek] *vt.* (1) 《~+目/+目+副》 (부리로) …을 쪼다, 쪼아먹다, 주워먹다《*out* ; *off*》. (2) (구멍 따위)를 쪼아 파다《*in*》 ; (땅·벽 등)을 쪼아 부서뜨리다. (3) 《口》 조금씩〈맛없다는 듯이〉 …을 먹다. (4) 《口》 급히〈형식적으로〉 입을 맞추다, 마지못해 키스하다. (5) 《+目+副》 (피아노·타자기의 키 따위를 두드리다《*out*》. — *vi.* (1) 쪼다《*at*》. (2) (쪼아먹듯이) 조금씩 먹다《*at*》. (3) 흠을 잡다, 귀찮게 잔소리하다《*at*》 ; 달달 들볶다《*at*》. — *n.* ⓒ (1) 쪼기, 쪼아먹음. (2) 쪼아서 생긴 구멍〈흠〉. (3) 《口》 (내키지 않는) 가벼운 키스. (4) 《俗》 음식물, 먹이, 모이.

peck[2] *n.* (1) ⓒ 펙《영국에서는 9.092리터 ; 미국에서는 8.81리터》. (2) ⓒ 1펙 짜리 되. (3) (a ~) 많음《*of*》.

peck·er [pékər] *n.* (1) ⓒ 쪼는 새 ; 딱따구리. (2) ⓒ 곡괭이류. (3) ⓒ 코, 부리. (4) ⓤ 《英口》 활기(活氣). (5) ⓒ 《俗》 자지. ***Keep your ~ up.*** 《英口》 기운을 잃지 마라.

péck·ing òrder [pékiŋ-] (1) (새의) 쪼는 순위. (2) (인간 사회의) 서열, 순위.

peck·ish [pékiʃ] *a.* (1) 《英》 배가 좀 고픈. (2) 《美》 성마른.

pec·tin [péktin] *n.* ⓤ 【生化】 펙틴.

pec·to·ral [péktərəl] *a.* 〔限定的〕 (1) 가슴의, 흉근(胸筋)의. (2) 가슴에 다는, 가슴을 장식하는. (3) 폐병의〈에 듣는〉.
— *n.* ⓒ 가슴 장식《특히 유대 고위 성직자의》 ; 가슴받이 ; 폐병약〈요법〉 ; 【動】 가슴지느러미 ; 흉근(胸筋).

péctoral cróss (감독·주교 등의) 패용(佩用)십자가.

péctoral fín 【魚】 가슴지느러미(물고기의).

péctoral múscle 【解】 흉근(胸筋).

pec·u·late [pékjəlèit] *vt.* (공금·수탁금)을 써버리다 ; (수탁품)을 횡령하다.

pec·u·la·tion [pèkjəléiʃən] *n.* ⓤⓒ 공금〈위탁금〉 횡령〈소비〉.

:pe·cu·liar [pikjú:ljər] (***more ~ ; most ~***) *a.* (1) 독특한, 고유의, 특유의, 독자의, 특유한《*to*》. (2) 특별한 ; 누드러진. (3) 기묘한, 괴상한, 색다른, 별난. (4) 《口》 기분이 좋지 않은.

***pe·cu·li·ar·i·ty** [pikjù:liǽrəti] *n.* (1)ⓤ 특색, 특수성; 특권. (2)ⓒ 기묘〈이상〉한 점. (3)ⓒ 버릇, 기습(奇習).

***pe·cu·liar·ly** [pikjú:ljərli] *ad.* (1) 특(별)히. (2) 개인적으로. (3) 기묘하게.

pe·cu·ni·ary [pikjú:nièri/ -njəri] *a.* (1) 금전(상)의, 재정상의. (2) 벌금을 물려야 할.

pecúniary advántage 【法】 (부정한) 금전상의 이익.

ped·a·gog·ic, -i·cal [pèdəgɑ́dʒik, -góudʒ-], [-əl] *a.* 교육학적인, 교육학상의 ; 교수법의.

ped·a·gogue, 《美》 **-gog** [pédəgɑ̀g, -gɔ̀:g] *n.* ⓒ 교사, 교육자 ; 《蔑》 아는 체하는 사람, 현학자(衒學者). 파) **péd•a•gòg(u)•ism** [-izəm] *n.* ⓤ 교사 기질, 선생인 체함 ; 현학(衒學).

ped·a·go·gy [pédəgòudʒi, -gɑ̀dʒi] *n.* ⓤ 교육학, 교수법 ; 교육 ; 교직.

***ped·al** [pédl] *n.* (1) 페달, 발판. (2) 【樂】 페달《피아노·오르간 따위의》 ; (파이프오르간의) 발로 밟는 건반. (3) 【數】 수족선〈면〉(垂足線〈面〉). — *a.* (1) 페달의 ; 【數】 수족선의. (2) 【動·解】 발의.
— (**-*l*-,** 《英》 ***-ll-***) *vi.* 《~/+副/+前+名》 (자전거의) 페달을 밟다 ; 페달을 밟아서 가다. — *vt.* 《~+目/+目+副/+目+前+名》 …의 페달을 밟다, 밟으며 가다 ; 페달을 밟아서 나아가게 〈움직이게〉 하다.

ped·a(l)·lo [pédəlòu] (*pl.* **~(*e*)*s***) *n.* ⓒ 수상 자전거.

pédal stéel (guitàr) 페달 스틸 기타.

ped·ant [pédənt] *n.* ⓒ (1) 학자연하는 사람, 현학자. (2) 공론가.

pe·dan·tic, -ti·cal [pidǽntik], [-əl] *a.* 아는 체하는, 학자연하는, 현학적인.

ped·ant·ry [pédəntri] *n.* (1) ⓤ 학자연함, 현학 ; 규칙·학설·선례 따위에 얽매임. (2) ⓒ 학자연하는 말〈행동〉, 점잔빼.

ped·ate [pédeit] *a.* (1) 【動】 발이 있는 ; 발 모양의. (2) 【植】 새발 모양의《잎》.

ped·dle [pédl] *vt.* …을 행상하다 ; 도부치다 ; …을 소매하다 ; (생각·계획 등)을 강요하려 들다 ; …을 (지껄여) 퍼뜨리다《소문 등을》. — *vi.* 행상하다 ; 하찮은 일에 안달하다. **~** one**'*s ass*** 《俗》 매춘(賣春)하다. **~** one**'*s papers*** 《美俗》 자기의 일을하다.

***ped·dler** [pédlər] *n.* ⓒ (1) 행상인. (2) 마약 밀매인.

ped·er·ast [pédəræ̀st, pí:d-] *n.* ⓒ 남색꾼, 계간자.

ped·es·tal** [pédəstl] *n.* ⓒ (1) (조상(彫像)따위의) 주춧대, 대좌(臺座) ; 주각(柱脚), (플로어 램프·테이블 따위의)다리. (2)근거, 기초. (3) (책상의) 보조탁자. ***knock a person ***off*** his ~ 아무의 가면을 벗기다 ; 거만한 콧대를 꺾다, 존경받는 자리에서 끌어 내리다. ***set*** 〈***put, place***〉 a person ***upon*** 〈***on***〉 ***a ~*** 아무를 받들어 모시다〈존경하다〉, 연장자(상급자)로서 존경하다.
— (**-*l*-,** 《英》 ***-ll-***) *vt.* …을 대(臺)에 올려놓다, …에 대를 붙이다 ; …을 받치다, 괴다.

pe·des·tri·an** [pədéstriən] (more ~ ; most ~***) *a.* (1) 도보의, 보행하는 ; 보행자(용)의. (2) (문체 따위가) 저속한, 범속한, 산문적인, 단조로운.
— *n.* ⓒ (1)보행자; 도보여행〈경주〉자. (2) 잘 걷는 사람 ; 도보주의자, 도보 경주자.

pedéstrian cróssing 《英》 횡단 보도(《美》 crosswalk).

pedéstrian ìsland (보행자용) 안전 지대.

pedéstrian précinct 보행자 천국, 보행자의 전용 도로 구역, 보행자용 안전 지대.

pe·di·at·ric [pì:diǽtrik, pèd-] *a.* 소아과(의사)의.

pe·di·a·tri·cian, -at·rist [pì:diətríʃən, pèd-], [-ǽtrist] *n.* ⓒ 소아과 의사.

pe·di·at·rics [pì:diǽtriks, pèd-] *n.* ⓤ 소아과(학).

ped·i·cab [pédikæ̀b] *n.* ⓒ (동남 아시아 등지의) 승객용 3륜 자전거〈택시〉.

ped·i·cel, -cle [pédəsèl, -səl], [pédikəl] *n.* ⓒ (1) 【植】 작은 꽃자루, 소화경(小花梗). (2) 【動】 육경(肉莖).

ped·i·cure [pédikjùər] *n.* (1) ⓤ 발 치료《티눈·물

집·까치눈 따위의》 ; ⓒ 발 치료 의사(chiropodist). (2) ⓤ 페디큐어《발톱 가꾸기》.

ped·i·gree [pédəgrìː] *n.* (1) ⓒ 계도(系圖) ; (순종 가축의) 혈통표 ; (가축의) 종(種), 순종. (2) ⓤ 가계(家系), 계통, 혈통 ; 가문, 문벌 ; 명문, 족보. (3) ⓤ (언어의) 유래, 어원. (4) ⓒ《美》(사람)의 경력 ; (일의) 유래, 배경, 신원 조사서 ; 전과 경력. — *a.* 〔限定的〕 혈통이 분명한.

ped·i·ment [pédəmənt] *n.* ⓒ (10 【建】 박공(벽). (2) 【地質】 산기슭의 완사면(緩斜面).

pe·dom·e·ter [pidámitər/-dɔ́m-] *n.* ⓒ 보수계(步數計), 보도계(步度計).

pe·dun·cle [pidʌ́ŋkəl] *n.* ⓒ (1) 【植】 꽃자루, 화경(花梗). (2) 【動】 육경(肉莖).

pee¹ [piː] *vi.* 《口》 쉬하다, 오줌누다. — *vt.* …을 오줌으로 적시다 ; 〔再歸用法〕 오줌을 지리다. ***Don't ~ 〈piss, shit〉 in your pants.*** 《口》 침착해라, 걱정하지 마라. ***~ in the same pot*** 《俗》 같은 생활 기반을 가지고 있다 ; 같은 사업에 참여하고 있다. ***~ one's pants*** 《俗》 바지에 오줌을 지릴 정도로 웃다.

— *n.* ⓤⓒ 오줌(piss).

pee² *n.* 《英口》 (통화 단위의) 페니, 피.

peek [piːk] *vi.* 살짝 들여다보다, 엿보다(peep)《*at* ; *in* ; *out*》 ; 《競馬俗》 3위로 들어오다.

— *n.* (a ~) (1) 엿봄 ; 흘끗 봄 ; 《競馬俗》 3위. (2) 【컴】 집어내기.

:peel [piːl] *n.* ⓤ (과일의) 껍질, (어린 가지의) 나무껍질. ***candied ~*** (오렌지 따위의) 설탕 절임한 과일 껍질. — *vt.* (1) 《~+目/+目+目/+目+前+名》 (과일 등)의 껍질을 벗기다 ; (…의 껍질·깍지·칠 등)을 벗기다, 벗겨내다《*off* ; *from*》. (2) 《口》 (옷)을 벗다, 벗기다《*off*》. — *vi.* (1) 《~/+副》 (껍질·피부 따위가) 벗어지다 ; (과일 따위가) 껍질이 벗겨지다 ; (페인트·벽지 따위가) 벗겨지다《*off*》. (2) (뱀 따위가) 허물을 벗다 ; 《口》 옷을 벗다(undress)《*off*》. (3) 《口》 그룹을 떠나다. ***keep*** one***'s eyes ~ed*** 방심 않고 경계하다, 노려보다 ; 정신 차리다, 유념하다《*for*》. ***~ it*** 《美俗》 전속력으로 달리다. ***~ off*** 1) (표면 등이) 벗겨지다 ; (껍질을) 벗기다, 깎다. 2) 《口》 옷을 벗다. 3) 【空】 (급강하 폭격 또는 착륙을 위해) 편대를 벗어나다 ; 〔一般的〕 집단에서 떠나다. ***~ out*** 《美俗》 타이어 자국이 날 정도의 속력으로 달려나가다 ; (인사도 없이) 갑자기 가버리다〈떨어지다〉. ***~ rubber 〈tires〉*** 《美俗》 = ~ out.

peel·er¹ [píːlər] *n.* ⓒ (1) 껍질 벗기는 사람〈기구〉. (2) 《美》 허물 벗을 무렵의 게〈새우〉. (3) 《口》 활동가(hustler), 수완가.

peel·er² *n.* ⓒ (1) 《英古俗》 경찰관, 순경. (2) 【英史】 아일랜드의 경찰관.

peel·ing [píːliŋ] *n.* (1) ⓤ 껍질을 벗김. (2) (*pl.*) 벗긴 껍질《특히 감자 따위의》.

:peep¹ [piːp] *vi.* (1) 《~/+前+名》 엿보다, 슬쩍 들여다보다. (2) 《~/+副》 (성질 따위가) 모르는 사이에 나타나다, (본바탕 따위가) 뜻밖에 드러나다《*out*》 ; (화초·해 따위가) 피기〈나기〉 시작하다. — *n.* (1) (a ~) 엿보기, 슬쩍 들여다보기 ; 흘끗 보기(glimpse). (2) ⓤ (아침해 따위가) 보이기 시작함, 출현. (3) ⓒ 엿보는 구멍. (4) ⓒ 《美軍俗》 지프차(jeep). ***(at) the ~ of day 〈dawn, the morning〉*** 날샐녘(에), 새벽(에). ***have 〈get, take〉 a ~ at*** …을 슬쩍 들여다보다, ~을 슬쩍 보다.

peep² *n.* (1) ⓒ 삐악삐악, 찍찍《병아리·쥐 따위의 울음 소리》. (2) (a ~) 〔흔히 否定文에서〕 작은 소리 ; 잔소리 ; 우는 소리, 불평. (3) (a ~) 소식. (4) ⓒ 《口·兒》 뛰뛰, 빵빵《자동차가 울리는 소리》. — *vi.* 삐악삐악 울다, 짹짹 울다 ; 작은 소리로 말하다.

peep·er¹ [píːpər] *n.* ⓒ (1) 들여다보는 사람, 《특히》 몰래 들여다보는 치한 ; 꼬치꼬치 묻기 좋아하는 사람 ; 《美俗》 사립 탐정. (2) (흔히 *pl.*) 《俗》 눈 ; 안경, 《美俗》 선글라스 ; 《口》 거울 ; 소형 망원경.

peep·er² *n.* ⓒ (1) 삐악삐악〈찍찍〉 우는 새〈동물〉. (2) 《美》 청개구리.

peep·hole [píːphòul] *n.* ⓒ 들여다보는 구멍.

Péep·ing Tóm [píːpiŋ-] (종종 p- T-) 엿보기 좋아하는 호색가 ; 캐기 좋아하는 사람.

péep shòw (1) 들여다보는 구경거리, 요지경. (2) 《俗》 스트립 쇼.

peer¹** [piər] *n.* (1) 동료, 동배, 동등〈대등〉한 사람 《사회적·법적으로》, 지위가 같은 사람 ; 《古》 한패. (1) (*fem.* **~·ess** [píəris]) 《英》 귀족《uke, marquis, earl, viscount, baron》 ; 상원의원. ***a ~ of the Realm 〈the United Kingdom〉 성년이 되면 영국 상원에 의석을 갖는 세습 귀족. ***without a ~*** 비길 데 없는.

***peer²** *vi.* (1) 《~.+前+名》 자세히 보다, 응시하다 《*into* ; *at*》. (2) 《~/+副》 보이기 시작하다, 힐끗 보이다《*out*》.

peer·age [píəridʒ] *n.* (1) (the ~) 〔集合的〕 귀족 ; 귀족 계급〈사회〉. (2) ⓤ 귀족의 작위, 귀족의 신분 (직위). (3) ⓒ 귀족 명감(名鑑).

peer·ess [píəris] *n.* ⓒ 귀족 부인(夫人), 여귀족, 부인(婦人) 귀족.

péer gròup 【社】 동류(同類)〈또래〉 집단.

***peer·less** [píərlis] *a.* 비할 데 없는, 무쌍한.

peeve [piːv] *vt.* 《口》 …을 애태우다, 안타깝게 하다, 성나게 하다. — *n.* ⓒ 애태움, 애탐 ; 노염 ; 초조(하게 하는 것) ; 울화(가 치밀게 하는 일) ; 불평, 불만.

pee·vish [píːviʃ] *a.* 성마른, 알달하는, 역정내는 ; 투정부리는, 까다로운, 기분이 언짢은《몸짓·말 따위》.

pee·wee [píːwìː] *n.* ⓒ 《美口》 유난히 작은 사람〈것〉.

:peg *n.* (1) ⓒ 나무 〈대〉못, 쐐기 ; 말뚝 ; 걸이못 ; (나무) 마개 ; (줄감개 ; 천막용 말뚝 ; 《英》 빨래 집게 ; 하켄《등산용》. (2) ⓒ 《比》 이유, 변명, 구실. (3) ⓒ 《口》 발 ; (목제의) 의족(義足)(을 단 사람). (4) (*pl.*) 《美俗》 바지. (5) ⓒ 《口》 〔副詞的으로 쓰여〕 (평가의) 등급, 등(等). (6) ⓒ 《英》 음료, 《특히》 독한 알코올 음료. (7) ⓒ 【野】 송구. ***a good ~ to hang (a discourse) on*** (토론)을 시작한 〈말문을 열〉 좋은 기회〈핑계, 주제〉. ***a round ~ in a square hole*** =***a square ~ in a round hole*** ⇨ HOLE. ***buy*** (clothes) ***off the ~*** 《英》 기성복을 사다. ***come down a ~ (or two)*** 《口》 (다소) 코가 잡작해지다, 면목을 잃다, 겸손해지다. ***take 〈bring, let〉*** a person ***down a ~ (or two)*** 《口》 아무의 콧대를 꺾다, 체면을 잃게 하다.

— **(-gg-)** *vt.* (1) …에 나무못〈말뚝〉을 박다. (2) 나무못〈말뚝〉으로 죄다〈고정시키다〉 ; 《英》 (세탁물)을 빨래집게로 빨랫줄에 고정시키다《*down* ; *in* ; *out* ; *up*》. (3) 【證】 (시세 변동)을 억제하다 ; 【財政】 (통화·물가)를 안정시키다《*down* ; *at*》. (4) (경계)를 못〈말뚝〉으로 표를 하다. (5) (개)에게 사냥감의 위치를 지시하다 ; 《口》 (돌 따위)를 던지다 ; 【野】 (공)을 던지다《*to* ; *at*》. (6) (신문 기사)를 쓰다, 게재하다《*on*》. (7) 《俗》 …을 어림잡다, 판단하다《*as*》.

— *vi.* (1) 《+前+名》 치며 덤비다 ; 《口》 겨누다《*at*》. (2) 《+副/+前+名》 열심히 일하다《*away* ; *along* ; *at*》 ; 활동하다《*at* ; *on* ; *away*》 ; 활발히 움직이다 《*down* ; *along*》. (3) 《口》 【野】 공을 던지다. (4) 《俗》 죽다, 파멸하다《*out*》.
~ away 〈***along, on***〉 열심히 일하다. ***~ down*** 1) (텐트를) 고정시키다. 2) (규칙·약속 등에) 묶어놓다 《*to*》. 3) (물가 등을) 낮게 억제하다. ***~ out*** 1) 《口》 (물건·사람의 힘이) 다하다 ; 《英口》 쓰러지다, 죽다. 2)(말뚝으로)경계를 명백히 하다. 3)(세탁물 따위를)빨래집게로 고정시키다.

Peg·a·sus [pégəsəs] *n.* (1) 【그神】 날개 달린 말 《시신(詩神) 뮤즈의 말》 ; 【天】 페가수스자리. (2) ⓤ 시흥(詩興), 시재(詩才). (3) ⓤ 《美》 【宇宙】 유성진(流星塵) 관측용 과학 위성.

peg·board [pégbɔ̀ːrd] *n.* ⓒ 나무못 말판《일종의 놀이도구 ; 못을 꽂을 수 있게 구멍이 뚫림》.

pég lèg 《口》 나무 의족(을 한 사람).

pég tòp (1) 서양배(pear) 모양의 나무 팽이. (2) (*pl.*) (위는 넓고 밑은 좁은) 팽이 모양의 자비〈스커트〉(=**pég-tòp tróusers** 〈**skírt**〉).

peg-top, peg-topped [pégtàp/ˊtɔ̀p], [-t] *a.* 위가 넓고 아래가 좁은 팽이 모양의.

pe·jo·ra·tive [pidʒárətiv, -dʒɔ́ːr-, pédʒə-, píːdʒə-] *a.* 가치를 떨어뜨리는 ; 퇴화적인 ; 경멸〈멸시〉적인. — *n.* ⓒ 경멸어(의 접미사).

***Pe·king, Bei·jing** [píːkíŋ], [béidʒíŋ] *n.* 베이징(北京)《중국의 수도》.

Pe·king·ese [pìːkiŋíːz, -s] *a.* 베이징(인)의.
— (*pl.* **~**) *n.* (1) ⓒ 베이징인 ; ⓤ 베이징어. (2) ⓒ 발바리(peke).

Péking mán 【人類】 베이징 원인(北京原人)(Sinanthropus).

pe·koe [píːkou] *n.* ⓤ 고급 홍차.

pe·lag·ic [pəlǽdʒik] *a.* 대양의, 심해의, 외양〈원양〉의 ; 외양〈원양〉에서 사는.

pel·ar·go·ni·um [pèlaːrgóuniəm, -lərg-] *n.* ⓒ 【植】 양아욱속(屬)의 식물《흔칭 : 제라늄》.

pelf [pelf] *n.* ⓤ 《蔑·戱》 금전, (부정한) 재산.

***pel·i·can** [pélikən] *n.* ⓒ (1) 【鳥】 펠리컨, 사다새. (2) 《英》 =PELICAN CROSSING. (3) (종종 P-) 《美俗》 루이지애나 주(州) 사람 ; 잘 빈정거리는 여자 ; 대식가(大食家).

pélican cròssing 《英》누름 단추신호식의 횡단보도.

pe·lisse [pəlíːs] *n.* ⓒ 《F.》 (1)여성용의 긴 외투투《특히 모피가 달린》. (2) 어린아이의 실외복. (3) 털로 안을 댄 (용기병(龍騎兵)의) 외투

pel·let [pélit] *n.* ⓒ (1) (종이 · 빵 · 초 등의) 둥글게 뭉친 것 ; 돌멩이《투석용(投石用)》. (2) 작은 총알, (공기총 따위의) 탄알, 산탄 ; 작은 알약. (3) (야구·골프 따위의) 공.

pell-mell [pélmél] *ad., a.* 난잡하게〈한〉, 엉망 진창으로〈인〉, 무턱대고 (하는) ; 황급히 (하는) ; 저돌적으로 (하는). — *n.* (a ~) 엉망진창, 뒤범벅 ; 혼잡, 난잡 ; 난투(melee).

pel·lu·cid [pəlúːsid] *a.* 투명한, 맑은 ; 명료한 (clear), 명백한《설명·표현 따위》 ; (두뇌가) 명석한.

pel·met [pélmit] *n.* ⓒ (커튼의) 금속부품 덮개.

pelt**[1] [pelt] *vt.* 《~ +目/+目+前+名》 …을 내던지다《*with*》 ; 연타(連打)하다, 세차게 때리다 ; 공격하다 《*with*》 ; 《比》 (질문·악담 등)을 퍼붓다 《*with*》. — *vi.* 1) 《~/+副/+前+名》 돌 등을 내던지다《*at*》 ; (비 따위가) 억수같이 퍼붓다《*down*》 ; 《稀》 욕을 퍼붓다. 2) 질주하다, 돌진하다 《*down*》. — *n.* (1) ⓤ 투척 ; ⓒ 강타, 연타 ; 난사 ; 억수같이 쏟아짐 ; 질주, 급속도, 속력(speed). (2) ⓤ 격노, 노발대발. (at***) ***full ~*** 전속력으로.

pelt[2] *n.* ⓤⓒ (1) (양·염소 따위의) 생가죽, 모피. (2) 가죽옷. (3) 《戱》 (털 많은 사람의) 피부(skin).

pelt·er [péltər] *n.* (1) ⓒ 내던지는 사람〈물건〉. (2) ⓒ 《戱》 총, 권총. (3) ⓤ 《口》 호우 ; 격노. (4) ⓒ 《美》 걸음이 빠른 말 ; 짐말. ***in a ~*** 격(앙)하여 ; 급하게.

pelt·ry [péltri] *n.* (1) ⓤ 〔集合的〕 생가죽, 모피류. (2) ⓒ (한 장의) 모피.

pel·vic [pélvik] *a.* 〔限定的〕 【解】 골반(pelvis)의. — *n.* ⓒ 골반 ; 배지느러미.

pel·vis [pélvis] (*pl.* ***~·es, -ves*** [-viːz]) *n.* ⓒ 【解】 골반 ; 골반 구조.

:pen[1] [pən] *n.* (1) ⓒ 펜촉(nib) ; 펜《펜촉과 펜대》 ; 만년필 ; 깃촉 펜(quill) ; 볼펜. (2) ⓤ (저작 용구로서의) 펜 ; 필력. (3) ⓒ (흔히 *sing.*) 문체. (4) ⓒ 작가, 문사 ; (the ~) 문필업. (5) ⓒ 《古》 깃대 ; (*pl.*) 날개. ***a knight of the ~*** 《戱》 문사(文士). ***dip*** one***'s ~ in gall*** 독필(毒筆)을 휘두르다. ***draw*** one***'s ~ against*** …을 글로써 공격하다. ***drive a ~*** 쓰다. ***wield*** one***'s ~*** 달필을 휘두르다. — (***-nn-***) *vt.* (편지 따위)를 쓰다 ; (시 · 문장)을 쓰다, 짓다.

:pen[2] *n.* ⓒ (1) 우리, 어리, 축사 ; 〔集合的〕 우리안의 동물 ; 작은 우리 ; = PLAYPEN. (2) (식료품 따위의) 저장실. (3) (서인도 제도의) 농장, 농원. (4) 잠수함 수리독 〈대피소〉 ; 【野】 불펜(bull pen).
— (*p., pp.* ***penned, pent ; pen·ning***) *vt.* …을 우리〈어리〉에 넣다 ; 가두다, 감금하다.

pen[3] *n.* ⓒ 《美俗》 교도소(penitentiary).

pen[4] *n.* ⓤ 백조의 암컷. 【opp.】 *cob*[1].

pe·nal [píːnəl] *a.* 〔限定的〕 (1) 형(形)의, 형벌의 ; 형법상의, 형사상의. (2) 형벌의 대상으로 되는. (3) 가혹한.

pe·nal·ize [píːnəlàiz, pén-] *vt.* (1) 【法】 …을 벌하다, …을 벌을 주다 ; 형을 과하다, …에게 유죄를 선고하다. (2) 불리하게 하다, 궁지에 몰아넣다. (3) 【競】 (반칙자)에게 벌칙을 적용하다.

:pen·al·ty [pénəlti] *n.* ⓤⓒ (1) 형, 형벌, 처벌 《*for*》. (2) 벌금, 과료(科料), 위약금. (3) 벌, 인과 응보, 천벌, 재앙. (4) 【競】 반칙의 벌, 패널티 ; 【카드놀이】 벌점. (5) 불리한 조건, (전번 승자에게 주는) 핸디캡. ***on*** 〈***under***〉 ***~ of*** (위반하면) …의 벌을 받는 조건으로. ***pay the ~ of*** 벌금을 물다, 벌을 받다.

pénalty bòx 【아이스하키】 패널티박스.

pénalty clàuse 【商】 (계약상의) 위약조항.

pénalty kick 【蹴·럭비】 페널티킥.

pénalty shòt 【아이스하키】 패널티 샷〈슛〉.

pen·ance** [pénəns] *n.* (1) ⓤ 참회, 회개, 후회 ; 회오의 행위, 속죄 ; 고행. (2) ⓤ 【카톨릭】 고행 성사. (3) ⓒ 힘드는 일 ; 고통스러운 일. ***do ~ for 속죄하다. ***in ~ of*** one***'s sins*** 자기의 죄를 회개하여.

pen-and-ink [pénəndíŋk] *a.* 〔限定的〕 펜으로 쓴, 필사(筆寫)한.

pen·chant [péntʃənt] *n.* ⓒ 《F.》 (흔히 a ~) 경향(inclination) ; 취미, 기호(liking)《*for*》.

:pen·cil [pénsəl] *n.* ⓒ (1) 연필《석필도 포함》, 샤프펜슬(mechanical ~). (2) 연필 모양의 것 ; (막대기 꼴의) 눈썹먹, 입술 연지 ; (의료용의) 질산은 막대. (3) 《古》 화필. (4) 【光】 광선속(光線束), 광속(光束) ;

【數】 속(束), 묶음.
— (**-l-,** 《英》 **-ll-**) vt. (1) …을 연필로 쓰다〈그리다, 표를 하다〉. (2) …을 눈썹먹으로 그리다. (3) 《比》 …에 새기다. **~ in** 일단 예정에 넣어두다.

péncil càse (연)필통.

péncil pùsher 《蔑》 필기를 업으로 하는 사람, 서기, 필생, 기자, 작가.

péncil shàrpener 연필 깎개.

péncil skètch 연필화.

·**pend·ant** [péndənt] n. © (1) 늘어져 있는 물건, 펜던트, 늘어뜨린 장식《목걸이·귀고리 따위》; 【建】 달대공(臺工), 천장에 매단 모양의 장식 ; 회중 시계의 용두 고리. (2) 부록, 부속물 ; (그림 따위의) 한쌍의 한 쪽《to》; 매다는 램프, 샹들리에 ; 【海】 짧은 밧줄 ; 【英海軍】 삼각기(三角旗).

pend·ent [péndənt] a. (1) 매달린, 늘어진 ; (절벽 따위의) 쑥 내민. (2) 미결의, 미정의. (3) 【文法】 불완전 구문의 ; (분사가) 현수적(懸垂的)인.

·**pend·ing** [péndiŋ] a. (1) 미정〈미결〉의, 심리 중의, 현안의 ; 계쟁 중의. (2) 절박한.
— prep. …중, …의 사이 ; (…할) 때까지는.

pénding trày 미결 서류함.

pen·du·lous [péndʒələs] a. 매달린 ; 흔들리는, 흔들흔들하는 ; 《稀》 (마음이) 갈팡질팡하는.

·**pen·du·lum** [péndʒələm, -də-] n. © (1) (시계 따위의) 진자, 흔들리는 추. (2) 매다는 램프, 샹들리에. (3) 마음을 잡지 못하는 사람, 몹시 흔들리는 물건. ***the swing of the ~*** 진자의 흔들림, 진자운동 ; 《比》 (인심·여론 따위의) 격변, (정당 따위의) 세력의 성쇠.

pen·e·tra·ble [pénətrəbəl] a. 침입〈침투, 관입, 관통〉할 수 있는《to》; 간파〈통찰〉할 수 있는.

:**pen·e·trate** [pénətrèit] vt. (1) …을 꿰뚫다, 관통하다, 침입하다. (2) (빛·목소리 따위가) …을 통과하다, 지나가다. (3) …에 스며들다 ; …에 침투하다. (4) 《+目+前+名》〔흔히 受動으로〕 (-로) …을 깊이 감동시키다, …에게 깊은 감명을 주다 ; 《文語》 …을 (-로) 꽉 채우다《with》. (5) (어둠)을 꿰뚫어 보다 ; …를 간파하다, 통찰하다. (6) 【컴】 (컴퓨터)에 부당한 정보를 넣다. — vi. (1) 《~/+前+名》 통과하다, 꿰뚫다, 침투하다, (…에) 스며들다, (…에) 퍼지다(permeate) ; 간파하다, 이해하다, 통찰하다《into ; through》. (2) 목소리가 잘 들리다. (3) 아무의 마음을 깊이 감동시키다, 아무를 감명시키다.

·**pen·e·trat·ing** [pénətrèitiŋ] a. (1) 꿰뚫는, 관통하는. (2) 통찰력이 있는, 예리한, 예민한. (3) (목소리 따위가) 잘 들리는, 새된, 날카로운.

·**pen·e·tra·tion** [pènətréiʃən] n. ⓤ (1) 꿰뚫고 들어감 ; 침투(력) ; (성기의) 삽입 ; 【軍】 (적진으로의) 침입, 돌입. (2) (탄알 따위의) 관통 ; 통찰(력) ; 간파(력) (insight), 안식(眼識). (3) 【政】 (세력 따위의) 침투, 신장 ; 【컴】 침해 ; (전기 제품 따위의 세대수에 대한) 보급률.

pen·e·tra·tive [pénətrèitiv] a. (1) 꿰뚫고 들어가는, 투입력이 있는. (2) 예민한, 통찰력이 있는.

*****pen·guin** [péŋwin, pén-] n. © 【鳥】 펭귄, 연습용 지상 활공기.

pen·hold·er [pénhòuldər] n. © 펜대 ; 펜걸이.

*****pen·i·cil·lin** [pènəsílin] n. ⓤ 【藥】 페니실린.

pe·nile [píːnail] a. 음경(陰莖)의, 남근(男根)의.

:**pe·nin·su·la** [pinínsələ, -sjə-] n. © 반도 ; (the P-) 이베리아 반도《스페인과 포르투갈》; (the P-) Gallipoli 반도《터키의》.

pe·nin·su·lar [pinínsələr, -sjə-] a. 반도(모양)의, 이베리아 반도의.

pe·nis [píːnis] (pl. **-nes** [-niːz], **~·es**) n. © 【解】 음경, 페니스.

pen·i·tence [pénətəns] n. ⓤ 후회, 참회, 개전.

·**pen·i·tent** [pénətənt] a. 죄를 뉘우치는, 회오하는. — n. © (1) 개전한 사람, 참회하는 사람. (2) 【가톨릭】 고해자 ; (종종 P-) 통회자(痛悔者)《13-16세기에 성행한 신심회원(信心會員)》.

pen·i·ten·tial [pènəténʃəl] a. 회오의, 참회의, 회개의 ; 속죄의 ; 고행의. — n. 【가톨릭】 고해 규정서, 회죄 총칙(悔罪總則) ; = PENITENT.

pen·i·ten·tia·ry [pènəténʃəri] n. © 《美》 교도소. — a. (1) 개과(改過)의. (2) 갱생을 위한. (3) (죄가) 교도소에 들어가야 할.

pen·knife [pénnàif] (pl. **-knives**) n. © 주머니칼.

pen·light, -lite [pénlàit] n. © 만년필형(型) 회중전등.

pen·man [pénmən] (pl. **-men** [-mən]) n. © 필자 ; 서가(書家), 능서가(能書家) ; 습자 교사 ; 문사, 묵객.

pén nàme 필명, 아호.

·**pen·nant** [pénənt] n. © (1) 페넌트, 길고 좁은 삼각기(旗). (2) (취역함(就役艦)의) 길다란 기(旗), 《美》 응원기 ; 우승기. ***the broad ~*** 제독(함장)기. ***win the ~*** 우승하다.

·**pen·ni·less** [pénilis] a. 무일푼의, 몹시 가난한.

pen·non [pénən] n. © (1) 길쭉한 삼각기, 제비꼬리 같은 작은 기. (2) 창에 다는 기 ; 〔一般的〕 기(旗) ; 《詩》 날개, 깃.

·**Penn·syl·va·nia** [pènsilvéiniə, -njə] n. 펜실베이니아.

Penn·syl·va·ni·an [pènsilvéiniən, -njən] n., a. Pennsylvania 사람(의).

:**pen·ny** [péni] (pl. **pen·nies** [-z], **pence** [pens]) n. © (1) 페니, 1 페니의 청동화(青銅貨). (2) 《美口·Can.口》 1 센트 동전《복수는 pennies》. (3) 〔否定文에서〕 푼돈, 잔돈. (4) 〔一般的〕 금전. (5) 【聖】 데나리. (6) 《美俗》 순경, 경관(policeman). ***a bad ~*** 싫은 사람〈것〉. ***A ~ for your thoughts.*** = 《俗》 ***A ~ for 'em.*** 무엇을 멍하니 생각하는가. ***a ~ plain and twopence colored*** 빛깔 없는 것은 1전, 빛깔 있는 것은 2전《싸고도 번지르르한 물건에 대한 경멸의 말》. ***A ~ saved is a ~ earned.*** 《俗談》 한 푼을 절약하면 한 푼을 번 것이다. ***a pretty ~*** 《口》 큰돈. ***be not (a) ~ the worse 〈the better〉*** 조금도 나빠지지〈좋아지지〉 않다. ***be two 〈ten〉 a ~*** 값이 안나간다, 싸구려이다 《《美》에서는 be a dime a dozen》. ***cut*** a person ***off with a ~*** 명색뿐인 아주 적은 유산을 주어 아무를 폐적(廢嫡)하다. ***have not a ~ (to bless*** one***self with)*** 매우 가난하다. ***pennies from heaven*** 하늘이 준〈뜻밖의〉 행운, 횡재. ***~ reading*** ⇨ READING. ***spend a ~*** 《英口》 (유료) 변소에 가다. ***Take care of the pence, and the pounds will take care of themselves.*** 《俗談》 푼돈을 아끼면 큰 돈은 저절로 모인다. ***The ~ (has) dropped.*** 《英口》 뜻이 가까스로 통했다《자동판매기에 동전이 들어갔다는 뜻에서》. ***think*** one***'s ~ silver*** 자만하고 있다. ***turn 〈earn, make〉 an honest ~*** 정직하게 일하(여 돈을 벌)다. — a. 1 페니의, 싸구려의. ***in ~ numbers*** 조금씩, 찔끔찔끔, 토막토막으로.

pénny arcáde 《美》 게임 센터, 오락 아케이드.

pen·ny-far·thing [-fáːrðiŋ] *n.* ⓒ《英》 구식 자전거의 일종.
pen·ny-in-the-slot [-inðəslɑ̀t/-slɔ̀t] *a.* 동전으로 움직이는.
pénny pìncher《口》 지독한 구두쇠〈노랑이〉.
pen·ny-pinch·ing [-pìntʃiŋ] *n.*, *a.* 《口》 인색(한) ; 긴축 재정(의).
pénny whìstle (장난감) 호루라기(= **tín whìstle**).
pen·ny·wise [-wáiz] *a.* 푼돈 아끼는.
pen·ny·worth [péniwəːrθ] *n.* ⓒ (1) 1 페니어치(의 양) ; 1 페니짜리 물건. (2) 소액 ; 조금, 근소 ; 거래액.
pe·nol·o·gy [piːnɑ́lədʒi/-nɔ́l-] *n.* ⓤ 형벌학 ; 교도소 관리학.
:pén pàl 펜팔, 편지를 통하여 사귀는 친구.
pen·push·er [pénpùʃər] *n.* ⓒ《口·蔑》 서기(書記).
:pen·sion[1] [pénʃən] *n.* ⓒ (1) 연금, 양로 연금, 부조금. (2) 장려금. ***an old-age ~*** 양로 연금. ***draw one's ~*** 연금을 타다. ***retire*** 〈***live***〉 ***on*** (***a***) ***~*** 연금을 받고 퇴직하다 〈연금으로 생활하다〉. — *vt.* …에게 연금을 주다. ***~ off*** 연금을 주어 퇴직시키다.
pen·sion[2] [pɑːnsjɔ́ːŋ/ᐩ-] *n.* ⓒ《F.》 (프랑스·벨기에 등지의) 하숙집, 기숙사, 하숙식 호텔.
pen·sion·a·ble [pénʃənəbəl] *a.* 연금을 받을 자격이 있는.
pen·sion·ary [pénʃənèri/-əri] *a.* 연금을 받는, 연금으로 생활하는 ; 연금의. — *n.* ⓒ (1) 연금 수령자. (2) 고용인, 부하 ; 용병, 고용병.
pen·sion·er [pénʃənər] *n.* ⓒ 연금 수령자〈생활자〉.
·pen·sive [pénsiv] *a.* 생각에 잠긴, 시름에 잠긴듯한 ; 구슬픈.
pen·stock [pénstɑ̀k/-stɔ̀k] *n.* ⓒ (1) 수문(sluice) ; 수로, (물방아 등의) 홈통. (2)《美》 소화전(栓). (3) (수력 발전소의) 수압관.
·pen·ta·gon [péntəgɑ̀n/-gɔ̀n] *n.* (1) ⓒ 【數】 5각형 ; 5변형. (2) ⓒ 【築城】 오릉보(五陵堡). (3) (the P-) 미국 국방부《건물이 오각형임》, 미군 당국.
pen·tag·o·nal [pentǽgənəl] *a.* 5각〈변〉형의.
pen·ta·he·dron [pèntəhíːdrən/-héd-] (*pl.* ***~s, -dra*** [-drə]) *n.* ⓒ 【數】 5면체.
pen·tam·e·ter [pentǽmitər] *n.* ⓒ 【韻】 오운각(五韻脚) (의 시), 오보격(格). — *a.* 오보격의.
Pen·ta·teuch [péntətjùːk] *n.* (the ~) 【聖】 모세 5경(經)《구약성서의 첫 5편》.
pen·tath·lon [pentǽθlən, lɑn] *n.* (the ~) 5종 경기(競技). 【cf.】 decathlon. 파) **~·ist** *n.* 5종 경기 선수.
Pen·te·cost [péntikɔ̀(ː)st, -kɑ̀st] *n.* (1) 【유대教】 유대의 수확절, 수장절(收藏節) (= **Shabúoth**). (2) 【基】 성령 강림절, 오순절《略 : Pent》.
Pen·te·cos·tal [pèntikɔ́ːstəl, -kɑ́st-] *a.* Pentecost의 ; 오순절 교회파의.
pent·house [pénthàus] *n.* ⓒ (1) 펜트 하우스. (2) 벽에 붙여 비스듬히 내단 지붕〈작은 집〉. (3) 차양, 처마 ; 차양 비슷한 것《눈썹 따위》. (4) (빌딩의) 옥상의 탑옥(塔屋). (5) (P ~) 미국의 월간 남성 잡지
pén tràу 펜 접시.
pent-up [péntʌ́p] *a.* 갇힌 ; 울적한《감정 따위》.
pe·nult, pe·nul·ti·ma [píːnʌlt, pinʌ́lt], [pinʌ́ltəmə] *n.* ⓒ (1) 어미(語尾)에서 둘째의 음절. (2) 끝에서 둘째의 것.
pe·nul·ti·mate [pinʌ́ltəmit] *a.* 어미에서 둘째 음절의 ; 끝에서 둘째의 것의.
— *n.* = PENULT.
pe·num·bra [pinʌ́mbrə] (*pl.* ***-brae*** [-briː], ***~s***) *n.* ⓒ (1) 【天】 반음영(半陰影), 반영(半影). (2) (의혹 등의) 음영《*of*》, 어두운 그림자. 파) **~l** *a.*
pe·nu·ri·ous [pinjúəriəs] *a.* 다라운, 몹시 아끼는, 인색한 ; 빈곤한 ; 궁핍한《*of*》.
pen·u·ry [pénjəri] *n.* ⓤ 빈곤, 궁핍.
pe·o·ny, pae- [píːəni] *n.* (1) ⓒ 【植】 모란, 작약(芍藥). (2) ⓤ 어두운 적색. ***a tree ~*** 모란. ***blush like a ~*** 낯이 빨개지다, 얼굴을 붉히다.
·peo·ple [píːpl] *n.* (1) 〔複數취급〕 a〕 〔一般的〕 사람들. b〕 〔不定代名詞用法 ; 무관사〕 세인(世人), 세상 사람들. c〕 (다른 동물과 구별하여) 사람, 인간. (2) (the ~) 국민, 민족. (3) 〔흔히 the 또는 소유격 내지는 수식어를 붙여서 ; 複數취급〕 a〕 (한 지방의) 주민, 사람들. b〕 (the ~ ; one's ~) 신민(臣民) ; 부하, 하층계급. c〕 (one's ~)《口》 가족 ; 친척, 일족. d〕 교구민. ***as ~ go*** ⇨ GO. 세상 통례〈상식〉대로 한다면. ***go to the ~*** (정치 지도자가) 국민의 신임을 묻다. ***of all ~*** 1) 하필이면. 2) 다른 어떤 사람보다는, 누구보다는. ***People say that ...*** 세상에서는 …라고들 말한다. ***the best ~***《口》 상류사회 사람들.
— *vt.* 〔흔히 受動으로〕 (1) …에 사람을 살게 하다 〈식민하다〉 ; (동물)을 많이 살게 하다《*with*》. (2) …에 살다.
pep [pep] 《口》 *n.* ⓤ 원기 ; 기력. — (***-pp-***) *vt.* …을 원기를 북돋우다, 격려하다《*up*》. [◁ pepper]
pep·lum [pépləm] (*pl.* ~***s, -la*** [-lə]) *n.* ⓒ 페플럼.
:pep·per [pépər] *n.* (1) ⓒ a〕 후추 ; 【植】 후추나무. b〕 고추. (2) ⓤⓒ 자극성(있는 것). (3) ⓤ 신랄함 ; 혹평 ; 성급함. ***a green*** 〈***sweet***〉 ***~*** 피망(pimiento). ***black*** 〈***white***〉 ***~*** 검은〈흰〉 후춧가루. ***Chinese*** 〈***Japanese***〉 ***~*** 산초나무. ***red ~*** 고추. ***round ~*** 껍질째로의 후추. — *vt.* (1) …에 후춧가루를 뿌리다, …에 후춧가루로 양념하다. (2)《+目+前+名》 …에 뿌려대다, …에 흩뜨리다《*with*》. (3)《+目+前+名》 (질문·총알 등)을 …에 퍼붓다《*with*》.
pep·per-and-salt [pépərənsɔ́ːlt] *a.*, *n.* 희고 검은 점이 뒤섞인 (옷감) ; 희끗희끗한 (머리카락).
pep·per·box [pépərbɑ̀ks/-bɔ̀ks] *n.* ⓒ (1) (식탁용) 후춧가루통 ;《戱》 (후춧가루통 비슷한) 작은 탑. (2) 성급한 사람, 화 잘내는 사람.
pep·per·corn [-kɔ̀ːrn] *n.* ⓒ (1) (말린) 후추 열매. (2)《比》 시시한 물건.
péppercorn rént 중세에 지대(地代) 대신에 바친 말린 후추 열매 ; 〔一般的〕 명색만의 지대〈집세〉.
pépper mìll (손으로 돌리는) 후추 빻는 기구.
pep·per·mint [-mìnt] *n.* (1) ⓤ 【植】 박하. (2) ⓤ 박하유 ; 페퍼민트《술》. (3) ⓒ 박하 정제(錠劑) ; 박하 사탕.
pépper pòt = PEPPERBOX. 붉은 후추로 양념한 고기
pep·pery [pépəri] *a.* (1) 후추의, 후추 같은 ; 매운. (2) 신랄한, 통렬한, 열렬한《연설 따위》. (3) 화 잘 내는, 성급한.
pép pìll《口》 각성제, 흥분제.
pep·py [pépi] (***-pi·er ; -pi·est***) *a.* (1)《口》 원기 왕성한, 기운이 넘치는. 【cf.】 pep. (2)《美俗》 (엔진·차 따위가) 가속(加速)이 빠른, 고속 운전할 수 있는.

P

pep·sin(e) [pépsin] *n.* ⓤ 펩신《위액 속의 단백질 분해 효소》; 펩신제.
pép tàlk 《口》(흔히 짧은) 격려 연설.
pep·tic [péptik] *a.* 소화를 돕는 ; 펩신의.
péptic úlcer (위·십이지장의) 소화성 궤양.
pep·tone [péptoun] *n.* ⓤ 펩톤(단백질이 펩신에 의하여 가수분해된 것).
:per [pəːr, 弱 pər] *prep.* 《L.》 (1) 〔수단·행위자〕 …에 의하여, …으로. (2) 〔배분〕 …에 대해, …마다. (3) …에 의하면 ; 《口》 …에 따라서. ***as ~*** 1) 【常用法】 …에 의하여. 2) …와 같이.
P **per·ad·ven·ture** [pə̀ːrədvéntʃər/pər-] *ad.* 《古》 아마 ; 우연히, 뜻밖에도.
— *n.* ⓤ 《古·文語》 의심, 의문 ; 우연 ; 불안, 걱정 ; 우연한〈불확실한〉 일. ***beyond* 〈*without*〉 (*a* 〈*all*〉) *~*** 틀림없이, 확실히, 꼭.
per·am·bu·late [pərǽmbjəlèit] *vt.*, vi (1) (…을) 소요〈배회〉하다 ; 순회하다 ; 답사하다. (2) 《英》 (어린이를) 유모차에 태우고 밀고 가다.
파) **per·am·bu·la·to·ry** [-ˊ-lətɔ̀ːri/-təri] *a.* 순회〈순시, 답사〉의.
per·am·bu·la·tion [pəræ̀mbjəléiʃən] *n.* (1) ⓤ 배회, 순회. (2) ⓒ 순회〈답사, 측량〉구(區). (3) ⓒ 답사 보고서.
·per·am·bu·la·tor [pərǽmbjəlèitər] *n.* ⓒ 《英》 유모차 ; 답사〈순찰〉자, 순회자.
per·cale [pərkéil] *n.* ⓤ 배게 짠 무명.
per cap·i·ta [pər-kǽpitə] 《L.》 1인당의, 개인별로, 머릿수로 나눈.
per·ceiv·a·ble [pərsíːvəbəl] *a.* 지각〈감지, 인지〉할 수 있는.
:per·ceive [pərsíːv] *vt.* (1) 《~+目/+目+-*ing*/+目+*do*》 …을 지각(知覺)하다, 감지하다 ; …을 눈치채다, 인식하다. (2) 《~+目/+*that* 節/+目+(*to be*) 副》 이해하다, 파악하다.
:per·cent, per cent [pərsént] (*pl.* ~, ***~s***) *n.* (1) ⓒ 퍼센트, 100분《기호 % ; 略 : p.c., pct.》. (2) ⓒ 《口》 백분율. (3) (*pl.*) 《英》 (일정 이율의) 공채. — *a.* 백분의. — *ad.* 백에 대하여.
·per·cent·age [pərséntidʒ] *n.* (1) ⓤⓒ 백분율, 백분비. (2) ⓤⓒ 비율, 율, 이율·조세《따위》. (4) ⓤ 〔주로 否定文에서〕 《俗》 이익, 벌이 ; 《口》 (이길) 가망 ; 이점. ***no ~*** 이익 제로. ***play the ~s*** 앞을 내다보고 행동하다.
per·cen·tile [pərséntail, -til] *n.*, *a.* 【競】 변수 구간의 100분의 1(의), 백분위수(百分位數)(의).
·per·cep·ti·ble [pərséptəbəl] *a.* (1) 인지〈지각〉할 수 있는. (2) 눈에 뜨이는, 상당한 징도의.
파) **-bly** *ad.* **per·cèp·ti·bíl·i·ty** [-bíləti] *n.* ⓤ 지각〈감지, 인식〉할 수 있는 것〈성질, 상태〉.
·per·cep·tion [pərsépʃən] *n.* (1) ⓤⓒ 지각(작용) ; 인식 ; 지각력, (2) ⓒ 지각 대상 ; (지각한) 것. (3) ⓤ 【法】 (세·작물·이익금 등의) 점유 취득, 징수. (4) ⓒ 견해.
per·cep·tive [pərséptiv] *a.* (1) 지각〈감지〉하는, 지각력 있는 ; 통찰력이 있는. (2) 명민한, 지각이 예리한. 파) **~·ly** *ad.* **~·ness** *n.*
per·cep·tu·al [pərséptʃuəl] *a.* 지각의 ; 지각 있는.
:perch[1] [pəːrtʃ] *n.* ⓒ (1) (새의) 횃대. (2) 높은〈안전한〉 장소 ; 높은 곳에 있는 휴게소 ; 《比》 높은 지위, 안전한 지위, 편안한 자리. (3) (마차 따위의)채 ; 마부석. (4) (야구장의) 좌석. (5) 《英》 퍼치《길이의 단위, 약 5.03m ; 면적의 단위, 약 25.3m2》. ***Come off your ~.*** 《口》 거만하게 굴지 마라, 비싸게 굴지 말게. ***hop* 〈*tip over, drop off*〉 *the ~*** 죽다. ***knock*** a person ***off*** his ~ 해치우다, 아무의 콧대를 꺾다.
— *vi.* 《+前+名》 (새가) 횃대에 앉다 ; (사람이) 앉다, 자리를 차지하다《*on, upon*》.
— *vi.* 《+目+前+名》 (1) (새)를 횃대에 앉게 하다 ; 〔흔히 受動으로〕 (높은 곳에) …을 놓다, 앉히다《*on*》. (2) 〔再歸的〕 …에 앉다《*on*》.
perch[2] (*pl.* ***~·es,*** 〔集合的〕 ~) *n.* ⓒ 【魚】 농어류의 식용 담수어.
per·cip·i·ent [pərsípiənt] *a.* 지각력〈통찰력〉 있는, 의식적인. — *n.* ⓒ 지각자 ; 천리안을 가진 사람.
파) **-ence, -en·cy** [-sípiəns], [-i] *n.* ⓤ 지각(력).
per·co·late [pə́ːrkəlèit] *vt.* …을 거르다, 여과하다, 스며나오게 하다 ; (액체가) …에 침투(浸透) 하다, 삼투하다.
— *vi.* 여과되다 ; 스며나오다, 침투(浸透)하다《*through*》 ; (커피가) 퍼컬레이터에서 끓다 ; 《美口》 활발해지다 ; 《美俗》 원활하게 움직이다 ; (뉴스 따위가) 퍼지다 ; 침투하다《*through*》.
per·co·la·tor [pə́ːrkəlèitər] *n.* ⓒ (1) 여과기, 추출기(抽出器) ; 여과기 달린 커피 끓이개, 퍼컬레이터 ; 여과하는 사람〈것〉. (2) 《美俗》 주최자의 집세를 돕기 위해 손님이 돈을 내는 파티.
per·cus·sion [pərkʌ́ʃən] *n.* (1) ⓤ 충격, 충돌. (2) ⓤ (충돌에 의한) 진동, 격동 ; 음향. (3) 【樂】 a〕 ⓤ 타악기의 연주. b〕 (*pl.*) (악단의) 타악기부(部). (4) ⓒ (총의) 격발(장치). (5) ⓤ 【醫】 타진(법).
percússion càp 뇌관, 딱총 알, 종이뇌관.
percússion ìnstrument 【樂】 타악기.
per·cus·sion·ist [pərkʌ́ʃənist] *n.* ⓒ (오케스트라의) 타악기 연주자.
percússion sèction (악단의) 타악기부.
per·cus·sive [pərkʌ́siv] *a.* (1) 충격의, 충격에 의한《울림·악기 등》. (2) 【醫】 타진(打診)(법)의.
per·di·tion [pərdíʃən] *n.* ⓤ 멸망, 파멸, 영원한 죽음 ; 지옥에 떨어짐 ; 지옥.
per·dur·a·ble [pə(ː)rdjúː(ː)rəbəl/-djúər-] *a.* 영속의 ; 불변의, 불멸〈불후〉의.
per·dure [pə(ː)ːrdjúər] *vi.* 영속하다 ; (오래)견디다.
per·e·gri·nate [pérəgrənèit] *vt.*, *vi.* (도보로) 여행〈편력〉하다 ; 외국에 살다.
per·e·gri·na·tion [pèrəgrənéiʃən] *n.* ⓤⓒ 여행, 편력.
per·e·grine [pérəgrin, -grìːn] *a.* 외국의, 유랑성의. *n.* ⓒ 해외거주자 ; 【鳥】 송골매.
per·emp·to·ry [pərémptəri, pérəmptɔ̀ːri] *a.* 단호한, 독단적인, 엄연한 ; 거만한, 강제적인 ; 【法】 확정된, 최종적인, 결정적인, 절대의.
·per·en·ni·al [pəréniəl] *a.* (1) 여죽 끊이지 않는 사철을 통한 ; 여러 해 계속하는, 영원한《젊음 따위》. (2) 【植】 다년생의, 숙근성(宿根性)의(【cf.】 annual, biennial) ; 1년 이상 사는《곤충》. — *n.* ⓒ 【植】 다년생 식물 ; (여러 해) 계속되는 것, 재발하는 것.
pe·res·troi·ka [pèrestrɔ́ikə] *n.* ⓤ 《Russ.》 페레스트로이카(= **re·build·ing**) 《사회주의 국가의 경제·정치 제도의 근본적 개혁》.
:per·fect [pə́ːrfikt] *a.* (1) 완전한, 더할 나위 없는, 결점이 없는, 이상적인. (2) 숙달한, 우수한《*in*》. (3) 정확한, 순수한, 조금도 틀림이 없는. (4) 《口》 지독한, 굉장한. (5) 【文法】 완료의. — *n.* ⓒ 【文法】 완

료 시제 ; 완료형. ***the ~ tenses*** 완료 시제. ***the present*** 〈***future, past***〉 ***~*** 현재〈미래, 과거〉 완료.
— [pəːrfékt] *vt.* (1) …을 완성하다, 끝내다 ; 수행하다. (2) …을 완전히 하다 ; 개선〈개량〉하다. (3) …을 숙달시키다. ▫ perfection *n.* ~ one***self in*** …에 아주 숙달하다. 파) **: ~·ly** *ad.* 완전히, 더할나위 없이.

pérfect competítion 【經】 완전 경쟁.

pérfect gáme 【野·볼링】 퍼펙트 게임, 완전시합.

per·fect·i·ble [pəːrféktəbəl] *a.* 완전히 할〈완성시킬〉 수 있는. 파) **per·fèct·i·bíl·i·ty** [-bíləti] *n.* ⓤ 완전히 할 수 있음, 완전성〈론〉.

:per·fec·tion [pərfékʃən] *n.* (1) ⓤ 완전, 완벽 ; 완비 ; 극치, 이상 (상태). (2) ⓤ 완성, 마무름 ; 성숙. (3) ⓤ 숙달, 탁월 《*in*》. (4) ⓤⓒ 완전한 물건〈사람〉 ; 전형, 모범, 화신《化身》. (5) (*pl.*) 재예(才藝) ; 미점. ▫ perfect *v.* ***attain ~*** 완전한 경지에 달하다. ***be the ~ of*** …의 극치다. ***bring to ~*** 완성시키다. ***come to ~*** 완성되다, 원숙해지다. ***to ~*** 완전히, 더할 나위 없이.

per·fec·tion·ism [pərfékʃənìzəm] *n.* ⓤ (1) 【哲】 완전론. (2) 완전주의, 깊이 골몰하는 성격.

per·fec·tion·ist [pərfékʃənist] *n.* ⓒ 완전론자 ; 완전을 기하는 사람, 완벽주의자.

pérfect número 【數】 완전수, 완수.

pérfect párticiple 【文法】 완료 분사.

pérfect pítch 【樂】 절대 음감(absolute pitch).

per·fer·vid [pəːrfə́ːrvid] *a.* 매우 열심인, 매우 심한 ; 작열의 ; 백열적인.

per·fid·i·ous [pərfídiəs] *a.* 불신의, 불성실한.

per·fi·dy [pə́ːrfədi] *n.* ⓤⓒ 불신〈불성실, 배반〉 (행위).

per·fo·rate [pə́ːrfərèit] *vt.* …에 구멍을 내다, 꿰뚫다, (우표 따위)에 미싱 바늘 구멍을 내다, (종이)에 눈금 바늘 구멍을 내다 ; (숫자 뚫는 기계로) …에 구멍 글자를 내다. — *vi.* 구멍내다, 꿰뚫다 《*into* ; *through*》. — [-rit, -rèit] *a.* 미싱 바늘 구멍이 뚫린, 바늘 구멍이 있는, 관통된.

per·fo·rat·ed [pə́ːrfərèitid] *a.* 구멍이 뚫린, 관통한 ; 미싱 바늘 구멍이 있는.

per·fo·ra·tion [pə̀ːrfəréiʃən] *n.* (1) ⓤ 구멍을 냄, 관통. (2) ⓒ 〔종종 複數形으로〕 (찍어 낸) 구멍, 눈금, 미싱 바늘 구멍.

per·force [pərfɔ́ːrs] *ad.* 《文語》 억지로, 무리로, 강제적으로 ; 부득이, 필연적으로. — *n.* 《稀》 〔다음 成句로〕 ***by ~*** 억지로, 무리하게, 강제적으로. ***of ~*** 부득이, (그 때의) 추세로, 필연적으로.

:per·form [pərfɔ́ːrm] *vt.* (1) (임무 따위)를 실행하다, 이행하다, 수행하다, 다하다. (2) (기술이 필요한 일)을 행하다, 하다. (3) (연극)을 공연하다, (연극의 역(役))을 연기하다(act) ; (음악)을 연주하다 ; (악기)를 켜다, 타다. (4) (의식 따위)를 집행하다, 거행하다.
— *vi.* (1) 일을 하다, 명령〈약속〉을 실행하다, 일을〈임무를〉 해 내다. (2) 《~/+前+名》 극을 공연하다 ; 연기하다《*on* ; *in*》 ; 연주하다, 노래부르다. (3) (동물 등이) 재주를 부리다. (4) 〔well 따위의 양태의 부사를 수반하여〕 (기계가) 작동하다. (5) 《俗》 시끄럽게 떠들어대다.

:per·form·ance [pərfɔ́ːrməns] *n.* (1) ⓤ 실행, 수행, 이행, 성취 ; 거행. (2) ⓤ (특정한) 행동, 행위 ; (힘드는) 일, 작업. (3) ⓤ (항공기·기계 따위의) 성능 ; 운전 ; 목표달성 기능. (4) ⓒ 성적, 성과. (5) ⓤ (또는 a ~) 《口》 망측한 행동, 이상한 행동. (6) ⓒ (극·음악 등의) 공연, 상연 ; 흥행(물). (7) ⓤⓒ 연기, 연주 (솜씨). (8) ⓤ 【言】 언어 운용. (9) 【컴】 성능. ***give a ~ of*** …을 상연하다.

perfórmance àrt 퍼포먼스 아트.

·per·form·er [pərfɔ́ːrmər] *n.* ⓒ (1) 행위자, 실행〈이행, 수행〉자. (2) 연예인 ; 연주자, 가수. (3) 〔흔히 修飾語를 수반〕 명인, 선수.

perfórming árts 무대 예술.

:per·fume [pə́ːrfjuːm, pərfjúːm] *n.* ⓤⓒ (1) 향기, 방향(芳香) (fragrance). (2) 향료, 향수(scent). — [-ˊ, ˊ-] *vt.* (1) …을 향기로 채우다. (2) …에 향수를 바르다, 향수를 뿌리다. — *vi.* 방향을 발하다.

per·fum·ery [pərfjúːməri] *n.* (1) ⓤ 〔集合的〕 향료류 (香料類) ; 향수. (2) ⓤ 향수 제조〈판매〉업. (3) ⓒ 향수 제조〈판매〉소.

per·func·to·ry [pəːrfʌ́ŋktəri] *a.* (1) 형식적인, 마지못한, 겉치레인. (2) 기계적인, 아무렇게나 하는, 열의 없는, 피상적인.

:per·haps [pərhǽps, pərǽps] *ad.* 〔文章修飾〕 (1) (낮은 가능성을 나타내어) 아마(도), 형편에 따라서는, 혹시, 어쩌면. (2) (정도를 약화시켜) 아마 …정도. (3) (표현을 부드럽게 하려고) 가능하다면, (…라고) 생각합니다만.
— *n.* ⓒ 우연한 일, 가정, 미지수.

per·i·carp [pérəkàːrp] *n.* ⓒ 【植】 과피(果皮).

per·i·dot [pérədàt/-dɔ̀t] *n.* ⓤ 【鑛】 감람석(橄欖石), 투명 감람석.

per·i·gee [pérədʒìː] *n.* ⓒ (흔히 *sing.*) 【天】 근지점(近地點). 【opp.】 *apogee*.

per·i·he·li·on [pèrəhíːliən, -ljən] (pl. ***-lia*** [-liə, -ljə]) *n.* ⓒ 【天】 근일점 《행성 등이 태양에 가장 접근하는 점》. 【opp.】 *aphelion*.

:per·il [pérəl] *n.* ⓤⓒ 위험, 위난 ; 위태, 모험. ***at*** one***'s ~*** 위험을 무릅쓰고, 목숨을 걸고. ***at the ~ of*** …을 (내)걸고, 무릅쓰고. ***in ~ of*** …의 위험에 빠져서.

:per·il·ous [pérələs] *a.* 위험한, 모험적인.
파) **~·ly** *ad.* 위험을 무릅쓰고, 위험하게.

pe·rim·e·ter [pərímitər] *n.* ⓒ (1) (평면 도형의) 둘레(의 길이). (2) (일정 지역의) 경계선 ; 주변(지역), 방어선(지대).

per·i·na·tal [pèrənéitəl] *a.* 분만 전후의, 주산기(周産期)의.

per·i·ne·um [pèrəníːəm] (*pl.* ***-nea*** [-níːəl]) *n.* ⓒ 【解】 회음(會陰)(부).

:pe·ri·od [píəriəd] *n.* (1) ⓒ 기간, 기(期). (2) a〕 ⓒ (역사적인) 시대 ; 시기 ; (발달 과정의) 단계. b〕 (the ~) 현대 ; 당대, 당시. (3) ⓒ (학교의) 수업 시간, 교시(校時) ; 경기의 구분《전반·후반 따위》. (4) (a ~) 마지막, 종결. (5) ⓒ 【文法】 마침표, 종지부, 피리어드(full stop). (6) 【修】 a〕 도미문(掉尾文). 【cf.】 periodic. b〕 (*pl.*) 미문(美文). (7) ⓒ 【數】 (순환 소수의) 순환절(節). (8) ⓒ 【天·物】 주기(周期). (9) ⓒ 【地質】 기(紀). (10) ⓒ 【倚】 주기, 시기, 단계. (11) ⓒ 월경(기), 생리. (12) ⓒ 【樂】 악절. ***at started ~s*** 정기에〈적으로〉. ***by ~s*** 주기적으로. ***put a ~ to*** …에 종지부를 찍다, …을 종결시키다. — *a.* (특히 가구·의상·건축 따위가) 어느(과거) 시대의, 역사물의.

·pe·ri·od·ic [pìəriádik/-ɔ́dik] *a.* (1) 주기적인, 정기적인. (2) 간헐적인, 이따금의. (3) 【修】 종합문의, 도미문(掉尾文)의.

·pe·ri·od·i·cal [pìəriádikəl/-ɔ́d-] *a.* (1) 정기 간행의. (2) = PERIODIC. — *n.* ⓒ 정기 간행물《일간지 제외》, 잡지. 파) **~·ly** [-kəli] *ad.* 주기〈정기〉적 으로.

pe·ri·o·dic·i·ty [pìəriədísəti] *n.* ⓤ (1) 주기〈정기

〉성. (2) 【電】 주파. (3) 정기 출현, 주기성.
per·i·o·don·tal [pèriədántəl/-dɔ́n-] *a.* 【齒】 치주(齒周) 〈치근막〉의.
per·i·o·don·ti·tis [pèriədantáitis/-dɔn-] *n.* ⓤ 【齒】 치주염(齒周炎), 치근막염(齒根膜炎).
périod pìece (1) 역사물. (2) 《口·戲》 구식 사람〈물건〉, 시대에 뒤떨어진 사람〈사물〉.
per·i·pa·tet·ic [pèrəpətétik] *a.* (1) 걸어 돌아다니는, 순회하는. (2) (P-) 소요(逍遙) 학파의. — *n.* ⓒ (1) 《戲》 걸어 돌아다니는 사람 ; 행상인 ; 순회교사. (2) (P-) 소요학파의 학도.
파) **-i·cal·ly** [-əli] *ad.*

P

pe·riph·er·al [pərífərəl] *a.* (1) 주위의, 주변의. (2) 그다지 중요하지 않은, 말초적인. (3) 【解】 말초(성)의, 주변적인. (4) 【컴】 주변 장치의. —*n.* ⓒ 【컴】 주변 장치. 파) **~·ly** *ad.*
pe·riph·ery [pərí:fəri] *n.* ⓒ (1) (흔히 *sing.*) a] (원·곡선 등의) 주위 ; 외면, 바깥 둘레. b] (the ~) (정계·단체의) 주변부, 외곽, 비주류계《*of*》. (2) 〔集合的〕 (신경·혈관의) 말초.
pe·riph·ra·sis [pərífrəsis] (*pl.*, **-ses** [-sì:z]) *n.* (1) ⓤ 【修】 완곡법(婉曲法), 우언법. (2) ⓒ 에두르는 표현.
per·i·phras·tic [pèrəfrǽstik] *a.* (1) 에둘러 말하는, 용장(冗長)한. (2) 【文法·修】 완곡한. 파) **-ti·cal·ly** *ad.*
per·i·scope [pérəskòup] *n.* ⓒ (잠수함의) 잠망경 ; (참호 따위의) 전망경(展望鏡).
파) **per·i·scop·ic** [pèrəskápik/-skɔ́p-] *a.*
:per·ish [périʃ] *vi.* (1) 멸망하다, (비명(非命)에) 죽다 ; 썩어 없어지다, 사라지다, 사멸하다, 소멸하다. (2) (고무제품 등의) 질이 떨어지다〈나빠지다〉. — *vt.* (1) 《+目+前+名》 〔흔히 受動으로〕《英口》 (사람)을 몹시 괴롭히다. (2) (고무 제품 따위)를 못 쓰게 하다. ***Perish the thought !*** 집어치워, 그만둬.
per·ish·a·ble [périʃəbəl] *a.* (음식이) 부패하기 쉬운. — *n.* (*pl.*) 부패하기 쉬운 식품〈것〉.
per·ish·er [périʃər] *n.* ⓒ 《英俗》 성가신〈싫은〉 놈〈아이〉.
per·ish·ing [périʃiŋ] *a.* 《英口》 (1) (날씨가) 몹시 추운. (2) 〔限定的〕 〔좋지 않은 일의 강조어로〕 지독한, 지긋지긋한.
— *ad.* 《英口》 지독히, 몹시. 파) **~·ly** *ad.*
per·i·stal·sis [pèrəstǽlsis, -stɔ́:l-] (*pl.* **-ses** [-si:z]) *n.* ⓤⓒ 【生理】 (소화관 등의) 연동(운동).
파) **-stal·tic** [-tik] *a.*
per·i·style [pérəstàil] *n.* ⓒ (1) 【建】 주주식(周柱式) ; 열주랑(列柱廊). (2) 열주가 있는 안마당.
per·i·to·ne·um [pèrətəní:əm] (*pl.* **~s, -nea** [-ní:ə]) *n.* ⓒ 【解】 복막(腹膜).
per·i·to·ni·tis [pèrətənáitis] *n.* ⓤ 【醫】 복막염.
per·i·wig [périwìg] *n.* ⓒ (법률가 등이 쓰는) 가발.
per·i·win·kle[1] [périwìŋkl] *n.* ⓒ 【植】 협죽도과(科)의 식물.
per·i·win·kle[2] *n.* ⓒ 【貝】 경단고둥 종류.
per·jure [pə́:rdʒər] *vt.* 〔다음 成句로〕 위증하다, 위서하다. 파) **-jur·er** [-dʒərər] *n.* ⓒ 위증자.
per·ju·ry [pə̀:rdʒəri] *n.* (1) ⓤ 【法】 거짓 맹세, 위증(죄) : commit ~ 위증죄를 범하다. (2) ⓒ 거짓(말).
perk[1] [pə:rk] *vi.* 《+副》 (낙담·병(病) 뒤에) 생기가 나다, 건강해지다 ; 활기 띠다《*up*》. — *vt.* 《+目+副》 (1) (옷)을 멋지게 입다 ; 차려입다 ; 돋보이게 하다《*up* ; *out*》. (2) (머리·귀 등)을 곧추 쳐들다〈세우다〉《*up* ; *out*》. (3) (사람)을 기운나게 하다, …의 원기를 회복시키다.
perk[2] *n.* ⓒ (흔히 *pl.*) (1) 《美》 임직원의 특전《주로 상급 관리직 임직원에게 주어지는 혜택》. (2) (급료 이외의) 임시 수입 ; 팁, 촌지.
perk[3] *vt.*, *vi.* 《口》 (커피를) percolator 로 끓이다.
perky [pə́:rki] (***perk·i·er ; -i·est***) *a.* 의기 양양한 ; 쾌활한 ; 전체하는, 건방진. 파) **pérk·i·ly** *ad.* **-i·ness** *n.* ⓤ
perm[1] [pə:rm] *n.* ⓒ 《口》 파마(permanent wave). — *vt.* (머리)를 파마하다.
perm[2] *n.* ⓒ 《英口》 (축구 도박에서) 선택한 승리팀 이름의 조합. — *vt.* (…에서 팀 이름)을 골라 짝맞추다.
per·ma·frost [pə́:rməfrɔ̀:st /-frɔ̀st] *n.* ⓤ 북극 지방의 영구 동토층(凍土層).
per·ma·nence [pə́:rmənəns] *n.* ⓤ 영구, 영속(성) ; 불변, 내구(성).
per·ma·nen·cy [pə́:rmənənsi] *n.* (1) ⓤ = PERMANENCE. (2) ⓒ 불변하는 것〈사람〉 ; 영속적(永續的)인 지위〈직업〉, 종신관(終身官).
:per·ma·nent [pə́:rmənənt] (***more ~; most ~***) *a.* (1) 영구한, 영속하는 ; 불변의, 내구성의. (2) 상설(常設)의, 상치의. 【opp.】 *temporary.* 파) * **~·ly** *ad.*
pérmanent mágnet 【物】 영구 자석.
pérmanent wáve 파마(넌트).
pérmanent wáy 【英鐵】 (철도의) 궤도.
per·man·ga·nate [pə:rmǽŋgənèit] *n.* ⓤ 【化】 과망간산염(鹽).
per·me·a·bil·i·ty [pə̀:rmiəbíləti] *n.* ⓤ (1) 침투성 ; 투과성. (2) 【物】 투자율(透磁率).
per·me·a·ble [pə́:rmiəbəl] *a.* 침투〈투과〉성의.
per·me·ate [pə́:rmièit] *vt.* (1) (액체 등이) …에 스며들다, 배어들다, 삼투하다, 침투하다, 투과하다. (2) (냄새·연기 따위가) 충만하다 ; (사상 따위가) …에 퍼지다, 보급하다. — *vi.* (1) 침투하다, 스며들다《*through*》. (2) 퍼지다, 보급되다《*among* ; *through*》.
(파) **pèr·me·á·tion** [-ʃən] *n.* ⓤ 침투 ; 보급.
Per·mi·an [pə́:rmiən] *a.* 【地質】 페름기〈계〉의. — *n.* (the ~) 페름기〈계〉.
per·mis·si·ble [pə:rmísəbəl] *a.* 허용할 수 있는 ; 지장 없을〈무방한〉 정도의《잘못 따위》. 파) **per·mís·si·bly** *ad.* 허가를 얻어, 허용되어.
:per·mis·sion [pə:rmíʃən] *n.* ⓤ 허가, 허락, 허용, 인가 : ask for 〈grant, give〉 ~ to do …하는 허가를 청하다. ***without*** ~ 허가를 받지 않고, 무단히.
per·mis·sive [pə:rmísiv] *a.* (1) 관대한, 응석을 받아주는, 끝을하는 (2) (규칙 등) 허용하는, 묵인하는 ; 임의의. (파) **~·ly** *ad.* **~·ness** *n.* ⓤ
:per·mit [pə:rmít] (**-tt-**) *vt.* (1) 《~+目/+目+*to do*/+目+目》 …을 허락하다, 허가하다, 인가하다. (2) 《~+目/+目+前+名》 (상관 하지 않고) …하도록 내버려두다, 방임〈묵인〉하다. (3) (사정이) …을 가능케 하다, 용납하다. — *vi.* 《~/+前+名》 허락하다, 인정하다, 여지가 있다《*of*》. ▫ permission *n.* ***weather ~ting*** 날씨가 좋으면.
— [pə́:rmit, pərmít] *n.* ⓒ 면허〈허가〉장 ; 증명서.
per·mu·ta·tion [pə̀:rmjutéiʃən] *n.* ⓤⓒ (1) 바꾸

어 넣음, 교환 ; 변경 ; (특히 축구 도박 팀의) 대전 편성. (2) 【數】 순열.

per·mute [pəːrmjúːt] *vt.* (1) …을 변경〈교환〉하다. (2) 【數】 순열로 배치하다, 치환하다.

***per·ni·cious** [pəːrníʃəs] *a.* 유해한, 유독한, 치명적인(fatal), 악성의.
파) **~·ly** *ad.* **~·ness** *n.*

pernícious anémia 【醫】 악성 빈혈.

per·nick·e·ty [pərníkəti] *a.* 《口》 (1) 자잘한 일에 너무 신경을 쓰는, 옹졸한 ; 까다로운. (2) 다루기 힘든, 세심한 주의를 요하는.

per·o·rate [pérərèit] *vi.* (1) (연설에서) 결론을 맺다. (2) 장광설을 늘어놓다, 열변을 토하다.
파) **pèr·o·rá·tion** [-ʃən] *n.* ⓤⓒ

per·ox·ide [pəráksaid/-rɔ́k-] *n.* ⓤ 【化】 (1) 과산화물. (2) 과산화수소. — *vt.* (머리털 등)을 과산화수소로 표백하다.

·per·pen·dic·u·lar [pə̀ːrpəndíkjələr] *a.* (1) 직각을 이루는《*to*》; 수직의, 직립한. (2) 깎아지른, 몹시 가파른. (3) (종종 P-) 【建】 수직식의. — *n.* (1) ⓒ 수선(垂線), 수직선 ; 수직면. (2) ⓤ (흔히 the ~) 수직, 수직의 위치〈자세〉. (3) (the ~) 【建】 수직식 건축(양식). 파) **~·ly** *ad.* **pèr·pen·dìc·u·lár·i·ty** [-ǽrəti] *n.* ⓤ 수직, 직립.

per·pe·trate [pə́ːrpətrèit] *vt.* (1) (나쁜 짓·죄)를 범하다, 저지르다. (2) 【戱】 (엉뚱한〈바보 같은〉 짓)을 해대다.
파) **pèr·pe·trá·tion** *n.* **pér·pe·trà·tor** *n.*

:per·pet·u·al [pərpétʃuəl] *a.* 〔흔히 限定的〕 (1) 영구의, 영속하는, 종신의. (2) 부단한, 끊임없는. (3) 【園藝】 사철 피는. 파) * **~·ly** *ad.* (1) 영구히 ; 종신토록. (2) 끊임 없이, 시종.

perpétual cálendar 만세력.

perpétual mótion (기계의) 영구 운동.

per·pet·u·ate [pə(ː)rpétʃuèit] *vt.* (1) …을 영속시키다, 영존시키다. (2) (명성 따위)를 불멸〈불후(不朽)〉케 하다. 파) **per·pèt·u·á·tion** [-ʃən] *n.* ⓤ 영속시킴, 불후케 함, 영구화〈보존〉.

per·pe·tu·i·ty [pə̀ːrpətjúːəti] *n.* (1) ⓤ 영속, 영존(永存) ; 불멸 ; 영원. 〖opp.〗 *temporality.* 『 in 〈to, for〉 ~ 영구히, 영원히. (2) ⓤ (재산의) 영구 구속, 영대 소유권. (3) ⓒ 종신 연금.

:per·plex [pərpléks] *vt.* (1) 《~+目/+目+前+名》 (사람)을 당혹하게 하다, 난감〈난처〉하게 하다. (2) …를 복잡하게 하다, 혼란스럽게 하다.

per·plexed [pərplékst] *a.* 당혹한, 어찌할 바를 모르는.
파) **per·pléx·ed·ly** [-idli] *ad.*

per·plex·ing [pərpléksiŋ] *a.* (문제 따위가) 난처하게〈당혹하게〉 하는 ; 복잡한, 까다로운.
파) **~·ly** *ad.*

·per·plex·i·ty [pərpléksəti] *n.* (1) ⓤ 당혹 ; 혼란 ; 복잡. (2) ⓤ 난처한 일, 난국. ***to*** one***'s*** **~** 〔獨立的〕 난처하게도.

per·qui·site [pə́ːrkwəzit] *n.* ⓒ (1) (봉급 이외의) 임시 수당 ; 부수입 ; 임직원의 특전. (2) (고용인에게 주는) 행하(行下), 정표 ; 팁.

per·ry [péri] *n.* ⓤ 《英》 배즙으로 빚은 술.

per se [pəːr-séi, síː] 《L.》 그 자체로서(는), 본질적으로, 본래.

·per·se·cute [pə́ːrsikjùːt] *vt.* (1) (특히 이단 따위를 이유로 사람)을 박해하다(oppress), 학대하다. (2) 《~+目/+目+前+名》 …을 성가시게 하다, 괴롭히다《*with* ; *by*》. ▫ persecution *n.* 파) **-cu·tor** [-tər] *n.* ⓒ 박해자, 학대자.

·per·se·cu·tion [pə̀ːrsikjúːʃən] *n.* ⓤⓒ (특히 종교상의) 박해, 졸라댐, 치근댐. ▫ persecute *v.*

:per·se·ver·ance [pə̀ːrsəvíərəns] *n.* ⓤ 인내(력), 불굴, 참을성, 버팀.

·per·se·vere [pə̀ːrsəvíər] *vi.* 참다, 견디다, 인내하다, 버티다《*in* ; *with*》. ▫ perseverance *n.*

per·se·ver·ing [pə̀ːrsəvíəriŋ] *a.* 참을성 있는, 끈기 있는. 파) **~·ly** *ad.*

·Per·sia [pə́ːrʒə, -ʃə] *n.* 페르시아.

:Per·sian [pə́ːrʒən, -ʃən] *a.* 페르시아의 ; 페르시아어(語) 〈사람〉의. — *n.* (1) ⓒ 페르시아 사람. (2) ⓤ 페르시아 말.

Pérsian blínds 【建】 널빤지식 차양 발〈문〉.

Pérsian cárpet 페르시아 융단.

Pérsian cát 페르시아 고양이.

per·si·flage [pə́ːrsəflàːʒ, pɛ̀ərsiflάːʒ] *n.* ⓤ 《F.》 야유, 희롱 ; 농담.

·per·sim·mon [pəːrsímən] *n.* ⓤⓒ 감(나무).

:per·sist [pəːrsíst, -zíst] *vi.* (1) 《+前+名》 고집하다, 주장하다, 집착하다《*in* ; *with*》. (2) 《~/+前+名》 지속하다, 존속하다, 살아남다.

·per·sist·ence, -en·cy [pəːrsístəns, -zíst-], [ənsi] *n.* ⓤ (1) 끈덕짐, 고집, 완고, 집요함. (2) 존속, 지속성.

:per·sist·ent [pəːrsístənt, -zíst-] *a.* (1) 고집하는, 완고한, 끈질긴 : ~ efforts 끈질긴 노력. (2) 〔限定的〕 영속하는, 지속성의 끊임없는.
파) **~·ly** *ad.*

:per·son [pə́ːrsən] *n.* (1) ⓒ 사람《개인으로서의》, 인간 ; 인물 ; 자(者) ; 《蔑》 놈, 녀석. (2) ⓒ (흔히 *sing.*) 몸, 신체 ; 용자(容姿), 풍채. (3) ⓤⓒ 【文法】 인칭. (4) ⓒ 【宗】 (3위 일체의) 위(位), 위격(位格).
in* ~** 1) 본인 자신이, 몸소. 2) 그 사람 자신은 ; (사진이 아닌) 실물로. ***in one***'s own* ~** = in ~ 1). ***in*** (one***'s***) ***proper* ~** (대표가 아니고) 개인 자격으로. ***in the* ~ *of...*** …라는 (사람에).

per·so·na [pərsóunə] (*pl.* ***-nae*** [-niː]) *n.* ⓒ 《L.》 (1) (종종 *pl.*) (극·소설 따위의) 등장 인물. (2) 【心】 페르소나, 외적 인격《가면을 쓴 인격》.

per·son·a·ble [pə́ːrsənəbəl] *a.* 풍채가 좋은, 품위 있는, 잘생긴. 파) **-bly** *ad.* **~·ness** *n.*

·per·son·age [pə́ːrsənidʒ] *n.* ⓒ (1) 명사, 훌륭한 사람. (2) (극·소설 중의) (등장) 인물.

:per·son·al [pə́ːrsənəl] (***more* ~ ; *most* ~**) *a.* (1) 〔限定的〕 개인의, 자기만의, 일신상의, (특정) 개인을 위한. (2) 〔限定的〕 본인 스스로의, 본인이 직접하는, 직접의. (3) (특정) 개인을 겨냥한, 남의 사사에 참섭하는 ; 인신 공격의. (4) 〔限定的〕 신체의 ; 용모〈풍채〉의. (5) 〔限定的〕 【文法】 인칭(人稱)의 . (6) 〔限定的〕 【法】 인적인, 대인(對人)의 ; 동산(動産)의.
— *n.* ⓒ 《美》 (1) (신문 따위의) 인사〈개인 소식〉. (2) (연락용의) 개인 광고. (3) (*pl.*) = PERSONAL COLUMN. (4) 인물 비평.

pérsonal assístant 개인 비서.

pérsonal cólumn (신문 등의) 개인 소식〈광고〉란.

pérsonal effécts *pl.* 【法】 일상용품, 개인 소지품, 사물(私物).

pérsonal equátion 【天】 (관측상의) 개인(오)차 ; 〔一般的〕 개인적 경향〈개인차〉에 의한 판단 〈방법〉의 차이.

pérsonal identificátion númber 【金融】 ⇨ PIN.

:per·son·al·i·ty [pə̀ːrsənǽləti] *n.* (1) ⓤⓒ 개성, 성격(=character), 인격, 인물 ; 《특히》 매력 있는 성격. (2) ⓤ 사람으로서의 존재 ; 인간(성). (3) ⓤ (사람의) 실재(성). (4) ⓒ (어떤 개성을 가진) 인물, 유명인, 명사. (5) (흔히 *pl.*) 인물 비평, 《특히》 인신 공격. (6) ⓤ (장소·사물 따위의) 분위기.

personálity cùlt 개인 숭배.

personálity tést 【心】 성격 검사, 인격 검사.

per·son·al·ize [pə́ːrsənəlàiz] *vt.* (1) …을 개인의 전유물로 만들다 ; …에 이름을〈머리글자를〉 넣다 〈붙이다〉. (2) (논의 등)을 개인적인 문제로 다루다. (3) …을 의인화하다.

파) **pèr·son·al·i·zá·tion** *n.*

:per·son·al·ly [pə́ːrsənəli] *ad.* (1) 몸소, 스스로, 직접(in person). (2) 〔종종 文章修飾〕 나 개인적으로(는), 자기로서는. (3) 자기의 일로서, 빗대어. (4) 인품으로서(는), 개인으로서.

pérsonal prónoun 【文法】 인칭 대명사.

pérsonal próperty 【法】 동산(動産), 인적 재산.

per·son·al·ty [pə́ːrsənəlti] *n.* ⓤ 【法】 동산(personal property). 〖opp.〗 *realty*.

per·so·na non gra·ta [pərsóunə-nɑn-grɑ́ːtə /-nɔn-] (*pl.* **~, *per·so·nae non gratae*** [-tiː, -tai]) 《L.》 (1) 마음에 안 드는 사람. (2) 【外交】 주재국 정부가 기피하는 외교관, 인물.

per·son·ate [pə́ːrsənèit] *vt.* (1) …의 역을 맡아 연기하다, …으로 분장하다. (2) …인 체하다, …의 이름을 사칭하다. (3) (극장·작품 등에서) 개성을 나타내다.

파) **pèr·son·á·tion** [-ʃən] *n.* ⓤ

·per·son·i·fi·ca·tion [pəːrsɑ̀nəfikéiʃən/-sɔ̀-] *n.* (1) ⓤⓒ 의인(擬人), 인격화 ; 【修】 의인법. (2) (the ~) 권화(權化), 화신.

per·son·i·fy [pəːrsɑ́nəfài/-sɔ́-] *vt.* (1) …을 인격화〈의인화〉하다. (2) …의 화신〈전형〉이 되다, …을 구현하다.

per·son·kind [pə̀ːrsənkáind] *n.* ⓤ 〔集合的〕 인간, 인류.

·per·son·nel [pə̀ːrsənél] *n.* ⓤ (1) 〔集合的 ; 複數 취급〕 (관청·회사 따위의) 전직원, 인원, 사원, 대원. (2) 〔集合的 ; 單·複數 취급〕 (회사·관청 따위의) 인사부〈과〉. (3) 〔複數 취급〕 《美》 사람들. — *a.* 〔限定的〕 (1) 인사의. (2) 군대용의.

per·son-to-per·son [pə́ːrsntəpə́ːrsn] *a.* (1) 직접의, 무릎을 맞대고 하는, 개인 대 개인의. (2) (장거리 전화가) 지명 통화의. 【cf.】 station-to-station. — *ad.* (1) 지명 통화로. (2) 개인 대 개인으로, 직접 마주 보고.

·per·spec·tive [pəːrspéktiv] *n.* (1) ⓤ 원근(화)법, 투시 화법 ; ⓒ 투시화도〈도〉. (2) ⓒ 원경(遠景), 경치, 조망, 전망. (3) ⓒ (특정한) 시각, 관점 ; (장래의) 전망, 전도(前途) ; 통찰. ***in* ~** 1) 원근 화법에 의하여. 2) 올바른 견해로〈균형으로〉. ***out of* ~** 1) 원근법에서 벗어나, 원근법에 의하지 않고. 2) 편견을 가지고.

— *a.* 〔限定的〕 투시〈원근〉 화법의 ; 원근법에 의한.

파) **~·ly** *ad.* 원근법에 의해 ; 명료하게.

Per·spex [pə́ːrspeks] *n.* ⓤ 방풍 유리.

per·spi·ca·cious [pə̀ːrspəkéiʃəs] *a.* 총명한, 통찰력〈선견지명〉이 있는. 파) **~·ly** *ad.*

per·spi·cac·i·ty [pə̀ːrspəkǽsəti] *n.* ⓤ 명민, 총명 ; 통찰력.

per·spi·cu·i·ty [pə̀ːrspəkjúːəti] *n.* ⓤ 명료함, 명쾌도.

per·spic·u·ous [pəːrspíkjuəs] *a.* (언어·문체 등이) 명쾌한, 명료한. 파) **~·ly** *ad.*

·per·spi·ra·tion [pə̀ːrspəréiʃən] *n.* ⓤ (1) 발한(작용). (2) 땀(sweat).

·per·spire [pərspáiər] *vi.* 땀을 흘리다, 발한(發汗) 하다. 【cf.】 sweat. ㅁ perspiration *n.*

per·suad·a·ble [pəːrswéidəbəl] *a.* 설득할 수 있는.

:per·suade [pəːrswéid] *vt.* (1) 《+目+*to* do/+目+前+名》 …을 설득하다, 권유〈재촉, 독촉〉하여 …시키다. 〖opp.〗 *dissuade*. (2) 《+目+前+名/+目+*that* 節》 …을 납득시키다, 믿게 하다, 확신시키다 《*of*》. ㅁ persuasion *n.*

~ a person ***out of*** 아무를 설득해서 …을 단념 시키다. ~ one***self*** 확신하다. 파) **per·suád·er** [-ər] *n.* ⓒ (1) 설득자. (2) 《口》 말을 듣게 하는 것.

·per·sua·sion [pərswéiʒən] *n.* (1) ⓤ 설득 ; 설득력. (2) ⓒ 확신, 신념. (3) ⓒ 신조(信條), 종지(宗旨) ; 종파(宗派). (4) ⓒ 《戱》 종류, …형(型), …파(派). ㅁ persuade v.

·per·sua·sive [pərswéisiv] *a.* 설득력 있는, 구변이 좋은. 파) **~·ly** *ad.* **~·ness** *n.* ⓤ 설득력.

pert [pəːrt] (***~·er ; -est***) *a.* (1) (아이 등) 건방진, 버릇 없는, 오지랖 넓은. (2) (옷 따위) 멋진, 세련미 있는.

파) **~·ly** *ad.* **~·ness** *n.*

·per·tain [pərtéin] *vi.* 《+前+名》 (1) (…에) 속하다, 부속하다《*to*》. (2) 적합하다, 어울리다《*to*》. (3) (…에) 관계되다《*to*》.

per·ti·na·cious [pə̀ːrtənéiʃəs] *a.* 집요한, 완고한 ; 끈기 있는, 불굴의. 파) **~·ly** *ad.* **~·ness** *n.*

per·ti·nac·i·ty [pə̀ːrtənǽsəti] *n.* ⓤ 집요함, 완고, 외고집 ; 끈덕짐, 불요불굴.

·per·ti·nent [pə́ːrtənənt] *a.* (1) 타당한, 적절한 《*to*》, 요령 있는. 〖opp.〗 *impertinent*. (2) …에 관련된《*to*》.

파) **~·ly** *ad.* 적절하게. **-nence, -nen·cy** *n.* ⓤ 적절, 적당.

·per·turb [pərtə́ːrb] *vt.* 〔종종 受動으로〕 (사람의 마음)을 교란하다, 어리둥절하게 하다, 혼란하게 하다, 당황케 하다, 불안하게 하다.

per·tur·ba·tion [pə̀ːrtərbéiʃən] *n.* (1) ⓤ (마음의) 동요, 혼란 ; 낭패, 불안. (2) ⓒ 【天】 섭동(攝動).

·Pe·ru [pərúː] *n.* 페루.

pe·ruke [pərúːk] *n.* ⓒ (17-18세기의) 남자 가발 (wig).

·pe·rus·al [pərúːzəl] *n.* ⓤⓒ 읽음, 숙독, 정독 ; 《稀》 음미, 정사(精査). ㅁ peruse v.

·pe·ruse [pərúːz] *vt.* (1) …을 숙독〈정독〉하다. (2) 《戱》 …을 읽다(scan). (3) …을 정사(精査)하다, 자세히 조사하다.

Pe·ru·vi·an [pərúːviən, -vjən] *a.* 페루(Peru)의 ; 페루 사람의. — *n.* ⓒ 페루 사람.

·per·vade [pərvéid] *vt.* …에 널리 퍼지다, 고루 미치다, 보급하다 ; …에 가득 차다, 충만하다 ; 스며들다.

per·va·sion [pərvéiʒən] *n.* ⓤ 보급, 충만 ; 침투.

per·va·sive [pərvéisiv] *a.* 퍼지는, 보급되는, 배어드는 ; 스며드는(permeative). 파) **~·ly** *ad.* **~·ness** *n.* ⓤ

·per·verse [pərvə́:rs] *a.* (1) 외고집의, 심술궂은, 성미가 비꼬인, 빙퉁그러진 ; 고집이 센. (2) 사악한 ; 정도(正道)를 벗어난, 잘못된. ㅁ perversity *n.* 파) **~·ly** *ad.* **~·ness** *n.*

per·ver·sion [pərvə́:rʒən, -ʃən] *n.* ⓤⓒ (1) 곡해, 왜곡, 억지. (2) 남용, 악용 ; 악화. (3) (성)도착. ㅁ pervert.

per·ver·si·ty [pərvə́:rsəti] *n.* (1) ⓤ 비뚤어짐, 외고집. (2) ⓒ 비뚤어진 행위.

per·ver·sive [pərvə́:rsiv] *a.* (1) 나쁜 길로 이끄는 ; 그르치게 하는. (2) 곡해하는.

per·vert [pə:rvə́:rt] *vt.* (1) (상도(常道))에서 벗어나게 하다. (2) (말 등)을 곡해하다, 오해하다. (3) …을 악용하다, 잘못 사용하다. (4) (사람)을 나쁜길로 이끌다 ; (판단 등)을 그르치게 하다. ㅁ perversion *n.* — [pə́:rvə:rt] *n.* ⓒ 타락자 ; 배교자 ; 【心】 성욕 도착자.

per·vert·ed [-id] *a.* (1) 【醫】 이상의 변태의, 도착의. (2) 사도(邪道)에 빠진, 비꾸러진. 파) **~·ly** *ad.*

per·vi·ous [pə́:rviəs] *a.* (1) (빛 · 물 따위)를 통과시키는, 통하게 하는《*to*》. (2) (도리 등이) 통하는, 아는, 감수력 있는《*to*》. 【opp.】 *impervious.*

pes·ky [péski] (**-ki·er ; -ki·est**) *a.* 《美口》〔限定的〕 성가신, 귀찮은.

pe·so [péisou] (*pl.* **~s**) *n.* ⓒ 《Sp.》 (1) 페소《필리핀 · 멕시코 및 중남이 여러 나라의 화폐 단위》. (2) 1페소 은화〈지폐〉. (3) 1페소 경화(지폐)

·pes·si·mism [pésəmìzəm] *n.* ⓤ 비관주의 ; 비관설〈론〉, 염세 사상. 【opp.】 *optimism.*

pes·si·mist [-mist] *n.* ⓒ 비관론〈주의〉자.

·pes·si·mis·tic [pèsəmístik] *a.* 비관적인, 염세적인《*about*》. 파) **-ti·cal·ly** [-tikəli] *ad.*

·pest [pest] *n.* (1) ⓒ 유해물 ; 해충. (2) ⓒ (흔히 sing.) 《口》 골칫거리, 귀찮은 물건. (3) ⓤⓒ 《稀》 악역(惡疫) ; 페스트, 흑사병.

pes·ter [péstər] *vt.* 《~+目/ 目+前+名/+目+*to* do》 (사람)을 괴롭히다, 고통을 주다.

pest·i·cide [péstəsàid] *n.* ⓤⓒ 농약.

pes·tif·er·ous [pestífərəs] *a.* (1) 유독한, 유해한, 위험한. (2) 성가신, 귀찮은.

·pes·ti·lence [péstələns] *n.* ⓤⓒ 악역(惡疫) ; 유행병.

pes·ti·lent [péstələnt] *a.* (1) 전염성의, 전염병의. (2) 《口》 성가신, 귀찮은. 파) **~·ly** *ad.*

pes·tle [pésl] *n.* ⓒ 막자 ; 공이.

:pet[1] [pet] *n.* ⓒ (1) 페트, 애완 동물. (2) a〕 총아, 마음에 드는 사람 : b〕 (흔히 *sing.*) 우리 아기, 착한 아이, 귀여운 사람. (3) 《口》 매우 멋진〈훌륭한〉 것《女性語》. ***make a ~ of*** …을 귀여워하다. — *a.* 〔限定的〕 (1) 애완의, 귀여워하며 기르는. (2) 득의의, 가장 좋아하는 : one's ~ theory 지론(持論). (3) 애정을 나타내는. one***'s ~ aversion***(***s***) 〈***hate***〉 《戱》 아주 싫은 것〈사람〉.
— (**-tt-**) *vt.* (1) …을 귀여워하다, 총애하다, 애무하다 ; 응석부리게 하다. (2) 《口》 (이성)을 껴안고 키스하다, 페팅하다. — *vi* 《口》 페팅하다.

pet[2] *n.* ⓒ 보로통〈뾰로통〉함, 뚱함.

·pet·al [pétl] *n.* ⓒ 【植】 꽃잎.

pet·al(l)ed [pétld] *a.* 꽃잎이 있는 ; 〔合成語〕 …판(瓣)의.

pe·tard [pitá:rd] *n.* ⓒ 【史】 폭약의 일종《성문 따위의 파괴용》 ; 꽃불, 폭죽. ***hoist with*** 〈***by***〉 one***'s own ~*** ⇨ HOIST[2].

pe·ter[1] *n.* ⓒ (1) 《俗》 (교도소의) 독방. (2) 《俗》 금고. (3) 《속·卑》 음경(陰莖), 페니스.

pe·ter[2] *vi.* (1) (광맥 등이) 가늘어지다, 다하다 《*out*》. (2) 점차 소멸하다《*out*》.

pe·ter·man [pítərmən] (*pl.* **-men** [-mən]) *n.* 《俗》 금고털이, 도둑, 날치기.

Péter Pàn cóllar 【服飾】 피터팬 칼라《여성 · 아동복의 작고 둥근 깃》.

pet·i·ole [pétiòul] *n.* ⓒ 【植】 잎꼭지, 엽병.

pet·it [péti] *a.* 《F.》 (주로 법률 용어로) 작은 ; 가치 없는, 중요하지 않은 ; 시시한, 사소한(little).

pe·tit bour·geois [pətí:búərʒwɑ:] (*pl.* ***pe·tits bour·geois*** [-z]) 《F.》 프티 부르주아, 소시민.

pe·tite [pətí:t] *a.* 《F.》 〔petit의 여성형〕 작은, 몸집이 작은《여자에 대해 말함》.

pet·it four [pétifɔ́:r] (*pl.* ***pet·its fours*** [-z]) 《F.》 소형의 케이크.

:pe·ti·tion [pitíʃən] *n.* ⓒ (1) 청원, 탄원, 신청, 진정 ; (신에의) 기원. (2) 청원〈탄원, 진정〉서 ; (법정에의) 신청(서), 소장(訴狀). ***~ of revision*** 상고장. ***the Petition of Right*** 【英史】 권리 청원. — *vt.* 《~+目/+目+前+名/+目+*to* do/+目+*that* 節》 …에 청원〈탄원, 진정, 신청〉하다 ; …에 기원하다《*for*》. — *vi.* 《+前+名/+*to* do》 신청하다, 청원하다《*for*》. 파) **~·a·ry** [-èri/-əri] *a.* ~의. * **~·er** *n.*

pétit júry 【法】 소배심(小陪審). 【cf.】 grand jury.

pét náme (사람·동물의) 애칭.

pet·rel [pétrəl] *n.* ⓒ 【鳥】 바다제비류.

pet·ri·fac·tion, pet·ri·fi·ca·tion [pètrəfǽkʃən], [-fikéiʃən] *n.* (1) ⓤ 석화(石化) (작용). (2) ⓒ 화석, 석화물. (3) ⓤ 망연 자실.

pet·ri·fied [pétrəfàid] *a.* (1) 석화(石化)한. (2) 〔敍述的〕 깜짝 놀라서, 망연자실하여.

pet·ri·fy [pétrəfài] *vt.* (1) …을 돌처럼 굳게 하다 ; 석화(石化)하다. (2) 〔흔히 過去分詞로 形容詞的〕 (사람)을 깜짝 놀라게 하다 ; 망연자실하게 하다. (3) (사회·조직 등)을 경직(硬直)시키다. — *vi.* (1) 석화하다. (2) 깜짝 놀라다, 망연 자실하다 ; 경직화하다.

pet·ro·chem·i·cal [pètroukémikəl] *n.* ⓒ (흔히 *pl.*) 석유 화학 제품.

pe·tro·chem·is·try [pètroukémistri] *n.* ⓤ 석유화학 ; 암석 화학.

pet·ro·dol·lars [pétroudɑ̀ərz/-dɔ̀l-] *n. pl.* 오일 달러.

pe·trog·ra·phy [pitrɑ́grəfi/-trɔ́g-] *n.* ⓤ 암석 기술학(記述學) ; 암석 분류학.

:pet·rol [pétrəl] *n.* ⓤ 《英》 가솔린, 휘발유(《美》 gasoline).

pet·ro·la·tum [pètrəléitəm] *n* ⓤ 【化】 바셀린 ; 광유(鑛油).

pétrol bòmb 《英》 화염병(Molotov cocktail).

·pe·tro·le·um [pitróuliəm] *n.* ⓤ 석유.

pe·trol·o·gist [pitrɑ́lədʒist/-trɔ́l-] *n.* ⓒ 암석학자.

pe·trol·o·gy [pitrɑ́lədʒi/-trɔ́l-] *n.* ⓤ 암석학.

pétrol stàtion 《英》 주유소.

·pet·ti·coat [pétikòut] *n.* ⓒ (1) 페티코트《스커트 속에 입는》. (2) 《口》 a〕 여자, 계집아이. b〕 (*pl.*) 여성. ***wear*** 〈***be in***〉 ***~s*** 여자〈어린애〉이다, 여성답게 행동하다. — *a.* 〔限定的〕 여자의, 여성적인 ; 페티코트를 입은.

pet·ti·fog [pétifɑ̀g, -fɔ̀:g-] (**-gg-**) *vi.* 궤변을 늘어

놓다 : 되잖은 이치를 늘어놓다. 파) **~·ger** [-ər] *n.* ⓒ 궤변꾼, 엉터리 변호사.

pet·ti·fog·ging [pétifɑ̀giŋ, -fɔ̀:g-] *a.* (1) 협잡적인, 속이는, 되잖은 이치를 말하는. (2) 시시한, 사소한.

pét·ting zòo [pétiŋ-] (동물을 쓰다듬을 수 있는) 어린이 동물원.

pet·tish [pétiʃ] *a.* 토라진 ; 골내기 잘하는. 파) **~·ly** *ad.* **~·ness** *n.*

:pet·ty [péti] (***-ti·er*** ; ***-ti·est***) *a.* (1) 사소한, 작은, 대단찮은. (2) 마음이 좁은. (3) 하급의 ; 소규모의. 파) **-ti·ly** *ad.* 인색〈비열〉하게. **-ti·ness** *n.*

pétty cásh 잔돈, 용돈 ; 소액 자금.

pétty lárceny 좀도둑질 ; 가벼운 절도죄.

pétty òfficer (해군의) 하사관.

pet·u·lance, -lan·cy [pétʃələns], [-si] *n.* ⓤ 성마름, 토라짐, 불쾌(한 언동).

pet·u·lant [pétʃələnt] *a.* 성마른, 화 잘내는, 까다로운, 앵돌아지는. 파) **~·ly** *ad.*

pe·tu·nia [pitjú:niə, -njə] *n.* (1) ⓒ 【植】 피튜니아. (2) ⓤ 암자색(暗紫色).

·pew [pju:] *n.* ⓒ (1) (교회의) 신도석(등받이 있는 긴 의자), 회중석. (2) 《口》 의자, 자리.

pe·wee [pí:wi:] *n.* ⓒ 딱새의 일종《미국산》.

pe·wit, pee·wit [pí:wit] *n.* ⓒ 【鳥】 (1) 댕기물떼새(lapwing). (2) 《美》 = PEWEE.

pew·ter [pjú:tər] *n.* ⓤ (1) 백랍(白鑞) 《주석과 납·놋쇠·구리 따위의 합금》. (2) 〔集合的〕 백랍제의 기물〈술잔〉.

pe·yo·te, -yotl [peióuti], [-tl] *n.* (1) ⓒ 【植】 (멕시코·미국 남서부산의) 선인장의 일종. (2) ⓤ 이식물에서 채취하는 환각제.

pfen·nig [pféniɡ] (*pl.* ***~s, -ni·ge*** [-nigəl]) *n.* ⓒ 페니히《독일의 동전 : 1 마르크의 1/100》.

PG-13 [pì:dʒì:θə̀:rtì:n] 《美》 【映】 13세 미만의 어린이에게는 부모의 특별한 지도가 요망되는 준(準)일반 영화. [◁ Parental Guidance]

pH [pì:éitʃ] *n.* 【化】 피에이치, 페하《수소 이온 농도를 나타내는 기호》, 페하지수.

Pha·ë·thon [féiəθən] *n.* 【그神】 파에톤《Helios (태양신)의 아들 ; 아버지 마차를 잘못 몰아 Zeus의 번갯불에 맞아 죽음》.

pha·e·ton [féiətn/féitn] *n.* ⓒ (1) 쌍두 4륜 마차, 포장 자동차. (2) 페이튼형 자동차.

phag·o·cyte [fǽgəsàit] *n.* ⓒ 【生理】 식세포《백혈구 따위》.

pha·lan·ger [fəlǽndʒər] *n.* ⓒ 【動】 팔란저속(屬)의 유대(有袋) 동물《오스트레일리아산(産)》.

pha·lanx [féilæŋks, fǽl-] (*pl.* ***~·es, pha·lan·ges*** [fəlǽndʒi:z/fə-]) *n.* ⓒ (1) (고대 그리스의) 방진(方陣)《창병(槍兵)을 네모꼴로 배치하는 진형》. (2) 밀집 대형 ; 밀집대(密集隊). (3) (흔히 *pl.* ***pha·lan·ges***) 【解·動】 지골(指骨), 지골(趾骨). ***in ~*** 동지끼리 단결하여.

phal·a·rope [fǽlərὸup] *n.* ⓒ 【鳥】 깝작도요류(類).

phal·lic [fǽlik] *a.* 남근(숭배)의 ; 남근 모양의.

phal·lus [fǽləs] (*pl.* ***-li*** [-lai], ***~·es***) *n.* ⓒ (1) 남근상(像). (2) 【解】 음경.

phan·tasm [fǽntæzəm] *n.* ⓒ (1) 환영(幻影) ; 환상(幻想). (2) 유령, 환상(幻像).

phan·tas·ma·go·ria [fæ̀ntæzməgɔ́:riə] *n.* ⓒ 주마등같이 변하는 광경〈환영·환상〉.

파) **-gór·ic** [-ik] *a.*

phan·tas·mal, -tas·mic [fæntǽzməl], [-mik] *a.* 환영의 ; 유령의, 허깨비의 ; 공상의, 환상적인.

phantasy ⇨ FANTASY.

·phan·tom [fǽntəm] *n.* ⓒ (1) 환영(幻影), 유령, 허깨비. (2) 환각, 착각, 망상. — *a.* 〔限定的〕 (1) 환상의, 망상의 ; 유령의. (2) 실체가 없는, 겉뿐인.

phántom límb 【醫】 환지(幻肢) 《절단 후에도 아직 수족(手足)이 있는 것 같은 느낌》.

Phar·aoh [fέərou] *n.* (고대 이집트의) 왕, 파라오.

Phar·i·sa·ic, Phar·i·sa·i·cal [fæ̀rəséiik], [-əl] *a.* (1) 바리새인〈주의〉의. (2) (p-) 허례를〈형식을〉 중시하는 ; 위선의 파) **-i·cal·ly** [-ikəli] *ad.*

Phar·i·sa·ism [fǽrəseiìzəm] *n.* ⓤ (1) 【聖】 바리새주의, 바리새파(派). (2) (p-) 형식주의 ; 위선.

Phar·i·see [fǽrəsì:] *n.* ⓒ (1) 바리새인(人). (2) (p-) (종교상의) 형식주의자 ; 위선자.

phar·ma·ceu·tic, -ti·cal [fɑ̀:rməsú:tik/-sjú:t-] *a.* 제약(학)의, 조제의, 약학의, 약사(藥事)의 ; 약제(藥劑)의. — *n.* ⓒ (-tical) 조제약, 의약, 약. 파) **-ti·cal·ly** [-tikəli] *ad.*

phar·ma·ceu·tics [fɑ̀:rməsú:tiks] *n.* ⓤ 조제학 ; 제약학.

phar·ma·cist [fɑ́:rməsist] *n.* ⓒ (1) 약사(藥師). (2) 《英》 (약방에서) 약 파는 사람, 약방 주인 (《美》 druggist).

phar·ma·col·o·gy [fɑ̀:rməkɑ́lədʒi/-kɔ́l-] *n.* ⓤ 약리학(藥理學), 약물학. 파) **phar·ma·co·log·i·cal** [⏊-kəlɑ́dʒikəl/-lɔ́dʒi-] *a.* **phar·ma·col·ogist** [⏊-kəlɑ́dʒist/-kɔ́l-] *n.* ⓒ 약리학자.

phar·ma·co·poe·ia, -pe·ia [fɑ̀:rməkəpí:ə] *n.* (1) ⓒ 약전(藥典), 조제서(調劑書). (2) ⓤ 약종(藥種), 약물류.

·phar·ma·cy [fɑ́:rməsi] *n.* (1) ⓤ 조제술, 약학 ; 제약업. (2) ⓒ 약국 (【cf.】 drugstore) ; 약종상.

pha·ros [fέərɑs/-rɔs] *n.* (1) ⓒ 《詩·文語》 등대 ; 항로 표지(beacon). (2) (the P-) 파로스 등대.

pha·ryn·ge·al [fərínd ʒiəl, fæ̀rindʒí:əl] *a.* 【解】 인두(咽頭)의.

phar·yn·gi·tis [fæ̀rindʒáitis] *n.* ⓤ 【醫】 인두염.

phar·ynx [fǽriŋks] (*pl.* ***~·es, pha·ryn·ges*** [fərínd ʒi:z]) *n.* ⓒ 【解】 인두.

:phase [feiz] *n.* ⓒ (1) (발달·변화의) 단계, 국면. (2) (물건·문제 따위의)면(面), 상(相). (3) 【天】 (달 기타 천체의) 상(相), 위상(位相), 상(像). (4) 【物】 (음파·광파·교류 전류 따위의) 위상, 상. (5) 【컴】 위상, 단계. ***in ~*** 1) 【物】 …와 위상이 같아 《*with*》. 2) 동조하여, 일치하여《*with*》. ***out of ~*** 1) 【物】 위상을 달리하여. 2) 조화되지 않아, 동조적이 아니고, 불일치하여. — *vt.* …을 단계적으로 실행하다. ***~ down*** …을 단계적으로 축소〈삭감〉하다. ***~ in*** 단계적으로 도입하다, (끌어들이다). ***~ out*** 단계적으로 제거〈철거, 폐지〉하다.

phase·out [féizàut] *n.* ⓒ 단계적 폐지〈철퇴, 제거〉.

phat·ic [fǽtik] *a.* 【言】 (말이) 교감(交感)적인, 사교적인.

Ph.D. [pí:èitʃdí:] *Philosophize Doctor* 《L.》 (= Doctor of Philosophy).

·pheas·ant [fézənt] (*pl.* ***~s,*** 〔集合的〕 ~) *n.* (1) ⓒ 꿩. (2) ⓤ 꿩 고기.

phe·no·bar·bi·tal [fì:noubɑ́:rbətæ̀l, -tɔ̀:l] *n.* ⓤ

【藥】 페노바르비탈《수면제·진정제》.
phe·no·bar·bi·tone [-toun] *n.* ⓤ 《英》 【藥】 페노바르비톤(phenobarbital).
phe·nol [fíːnoul, -nɑl, -nɔːl] *n.* ⓤ 【化】 페놀, 석탄산(酸).
phe·nom [finám/-nɔ́m] *n.* ⓒ 《美口》 천재, 굉장한 사람《스포츠계 따위에서》. =PHENOMENON.
phe·nom·e·nal [finámənl/-nɔ́m-] *a.* (1) 《口》 놀라운, 경이적인, 굉장한. (2) 현상(現象)의〈적인〉, 현상에 관한. (3) 인지〈지각〉할 수 있는, 외관상의. 파) **~·ly** *ad.*
phe·nom·e·nal·ism [finámənəlìzəm/-nɔ́m-] *n.* ⓤ 【哲】 현상론(現象論). 【cf.】 positivism.
phe·nom·e·nol·o·gy [finàmənáləd3i/-nɔ́mə-nɔ́l-] *n.* ⓤ 【哲】 현상학.
:phe·nom·e·non [finámənàn/-nɔ́mənən] (*pl.* **-e·na** [-nə]) *n.* ⓒ (1) 현상. (2) 사상(事象), 사건. (3) 【哲】 현상, 외상(外象). 【cf.】 noumenon. (4) (*pl.* **~s**) 놀라운 사물 ; 비범한 사람.
phe·no·type [fíːnətàip] *n.* 【生】 표현형(型).
phen·yl [fénəl, fíːn-] *n.* ⓤ 【化】 페닐기(基).
pher·o·mone [férəmòun] *n.* ⓒ 【生化】 페르몬, 유인(誘引) 물질.
phi·al [fáiəl] *n.* ⓒ 작은 유리병 ; 《특히》 약병. 【cf.】 vial.
Phí Béta Káppa (우수한 성적의) 미국 대학생 및 졸업생의 클럽《1776년 창설》 ; 그 회원.
·Phil·a·del·phia [fìlədélfiə, -fjə] *n.* 필라델피아.
Philadélphia chrómosome 【醫】 필라델피아 염색체《만성 골수성 백혈병 환자의 배양 백혈구에 보이는 미소한 염색체》.
Philadélphia láwyer 《美口》 민완 변호사, 수완 있는 법률가.
phi·lan·der [filǽndər] *vi.* (남자가) 여자를 쫓아다니다, (남자가) 여자를 희롱하다, 엽색하다, 여자와 새롱거리다《*with*》.
파) **~·er** [-dərər] *n.* ⓒ 연애 유희자《남자》.
phil·an·throp·ic, -i·cal [filənθrápik/-θrɔ́p-], [-əl] *a.* 박애(주의)의, 인정 많은, 인자한.
phi·lan·thro·pist [filǽnθrəpist] *n.* ⓒ 박애가〈주의자〉, 자선가. 파) **-pìsm** [-pìzəm] *n.* ⓤ
phi·lan·thro·py [filǽnθrəpi] *n.* (1) ⓤ 박애(주의), 자선. (2) ⓒ 자선 행위〈사업, 단체〉.
phi·lat·e·ly [filǽtəli] *n.* ⓤ 우표 수집〈연구〉, 애호.
파) **phil·a·tel·ic, -i·cal** [filətélik], [-əl] *a.* ~의. **phi·lát·e·list** *n.* ⓒ 우표 수집〈연구〉가.
Phi·le·mon [filíːmən, fai-/-mɔn] *n.* 【聖】 빌레몬서.
·phil·har·mon·ic [filhɑːrmánik, filər-/-mɔ́n-] *a.* 〔限定的〕 음악 애호의 ; 교향악단의《흔히 P-으로 명칭에 씀》. — *n.* ⓒ 교향악단.
phil·hel·lene [filhéliːn, ⌐-⌐] *n.* ⓒ 그리스 애호가〈심취자〉. 파) **phil·hel·le·nic** [filhelénik, -líːn-] *a.* 그리스 애호의, 친(親)그리스의.
Phi·lip·pi·ans [filípiənz] *n. pl.* 〔單數취급〕 【聖】 빌립보서.
phi·lip·pic [filípik] *n.* ⓒ 격렬한 공격〈탄핵〉 연설.
Phil·ip·pine [fíləpìːn, filəpíːn] *a.* 필리핀(사람)의. — *n.* (the ~s) (1) 필리핀 군도(the ~ Islands). (2) 필리핀 공화국.
***Phi·lis·tine** [fíləstìːn, filístiːn, fílistàin] *n.* ⓒ (1) 필리스틴 사람《옛날 Palestine 의 남부에 살던 민족이며 유대인의 강적》. (2) (*or* P-) 속물, 교양없는 사람. — *a.* 필리스틴(사람)의 ; (*or* P-) 속물적인, 교양 없는. 파) **-tin·ism** [fíləstinìzəm] *n.* ⓤ 필리스틴 사람의 기질 ; (*or* P-) 속물 근성, 실리주의.
phi·log·y·ny [filád3əni/-lɔ́d3-] *n.* ⓤ 여자를 좋아함. 【opp.】 *misogyny.*
phil·o·log·i·cal [filəlád3ikəl/-lɔ́d3-] *a.* 언어학〈문헌학〉(상)의. 파) **~·ly** [-kəli] *ad.*
phi·lol·o·gist [filáləd3ist/-lɔ́l-] *n.* ⓒ (1) 언어학자(linguist). (2) 문헌학자.
phi·lol·o·gy [filáləd3i/-lɔ́l-] *n.* ⓤ (1) 문헌학. (2) 언어학(linguistics).
:phi·los·o·pher [filásəfər/-lɔ́s-] *n.* ⓒ (1) 철학자. (2) 현인, 달관한 사람. ***the ~s'*** 〈**~'s**〉 ***stone*** 현자의 돌《보통의 금속을 금으로 만드는 힘이 있다고 믿어 옛날 연금술사가 애써 찾던 것》.
:phil·o·soph·ic, -i·cal [filəsáfik/-sɔ́f-], [-əl] *a.* (1) 철학(상)의. (2) 철학에 통달한, 철학의 조예가 깊은. (3) 이성적인 ; 냉정한. (4) 〔敍述的〕 (…을) 달관한, 체념한《*about*》. ▫ philosophy n.
파) **-i·cal·ly** [-kəli] *ad.* 철학적으로 ; 달관하여, 체관(諦觀)하여.
phi·los·o·phize [filásəfàiz/-lɔ́s-] *vi.* 철학적으로 연구〈사색〉하다 ; 철학자인 체하다《*about* ; *on*》.
:phi·los·o·phy [filásəfi/-lɔ́s-] *n.* (1) ⓤ 철학, 철학 체계. (2) ⓒ 철리, 원리. (3) ⓒ 인생 철학, 인생관. (4) (철학과 같은) 냉정함, 달관 ; 체념. (5) ⓒ 철학서. ***metaphysical*** ~ 형이상학.
phil·ter, 《英》 **-tre** [fíltər] *n.* ⓒ 미약(媚藥), 춘약(春藥). — *vt.* 마약으로 반하게 하다.
phiz, phiz·og [fiz], [fizág/-zɔ́g] *n.* ⓒ (흔히 *sing.*) 《口》 얼굴 ; 표정. [◁ *phys*iognomy]
phle·bi·tis [flibáitis] *n.* ⓤ 【醫】 정맥염(炎).
phle·bot·o·my [flibátəmi/-bɔ́t-] *n.* ⓤ 【醫】 자락(刺絡), 정맥 절개, 방혈《팔꿈치 관절의 정맥을 찔러 나쁜 피를 빼는 옛 의료법》, 사혈(瀉血)(bloodletting).
phlegm [flem] *n.* ⓤ (1) 담(痰) (【cf.】 saliva) ; 《古》 점액(粘液) ; 점액질. (2) 냉담, 무기력 ; 느릿함 ; 냉정, 침착.
phleg·mat·ic, -i·cal [flegmǽtik], [-əl] *a.* (1) 담(痰)이 많은. (2) 점액질의 ; 냉담한, 무기력한.
파) **-i·cal·ly** [-ikəli] *ad.*
phlox [flɑks/flɔks] (*pl.* **~, ⌐~es**) *n.* ⓒ 【植】 플록스《꽃창포과(科)의 화초》.
pho·bia [fóubiə] *n.* ⓤⓒ 공포병〈증〉, 병적인 공포(혐오).
pho·bic [fóubik] *a.* 공포증의, 병적으로 무서워 하는.
Phoe·ni·cia [finíʃə, -níː-/-ʃiə] *n.* 페니키아《지금의 시리아(Syria) 연안에 있던 도시국가》.
Phoe·ni·cian [finíʃən, -níːʃ-/-níʃiən] *a.* 페니키아(사람, 말)의. — *n.* (1) ⓒ 페니키아 사람. (2) ⓤ 페니키아 말.
·phoe·nix [fíːniks] *n.* 피닉스. (1) ⓒ (종종 P-) (이집트 신화의) 불사조. (2) (P-) 【天】 봉황새자리.
:phone[1] [foun] *n.* 《口》 (1) ⓤ (종종 the ~) 전화. (2) ⓒ 전화기, 수화기. [◀ tele*phone*]
— *vt.* 《~+目/+目+目》 …에게 전화를 걸다 ; …을 전화로 불러내다《*up*》. —*vi.* 《+前+名》 전화를 걸다《*to*》. ***~ in*** (직장 따위에) 전화를 걸다. ***~ ... in*** …을 전화로 알리다, (TV 시청자가 의견)을 전화로 알리다. ***~ in sick*** 《口》 (직장 등에) 전화로 병으로 결근함을 알리다.

P

phone² *n.* ⓒ 음성, 단음(單音)《모음 또는 자음》.
phóne bòok 전화 번호부.
phóne bòoth 《《英》 **box**》 (공중) 전화 박스.
phóne càll 전화로 불러냄, 통화.
phone·card [fóunkὰːrd] *n.* ⓒ cardphone용 삽입 카드, 공중 전화 카드.
phone-in [fóunìn] *n.* ⓒ (TV·라디오의) 시청자 전화 참가 프로그램(《美》 call-in).
pho·neme [fóuniːm] *n.* ⓒ 【音聲】 음소(音素), 음운, 포님.
pho·ne·mic [founíːmik] *a.* 【音聲】 음소(phoneme)의 ; 음소론의.
pho·ne·mi·cist [founíːməsist] *n.* ⓒ 음소론자.
pho·ne·mics [founíːmiks] *n.* ⓤ 【言】 (1) 음소론(音素論). (2) (한 언어의) 음소 조직.
phóne nùmber 전화 번호.
·**pho·net·ic, -i·cal** [founétik], [-əl] *a.* (1) 음성의, 음성상의 : 음성학의. (2) 발음대로 철자한, 표음식의.
파) **-i·cal·ly** *ad.* 발음대로 : 음성학상.
pho·ne·ti·cian [fòunətíʃən] *n.* ⓒ 음성학자.
pho·net·ics [founétiks] *n.* ⓤ (1) 음성학, 발음학. (2) (한 언어 · 어족의) 발음 조직〈체계〉.
phon·ic [fánik, fóun-] *a.* 음의 ; 음성(상)의 ; 발음상의.
pho·no·gram [fóunəgræ̀m] *n.* ⓒ 표음〈음표〉 문자, 속기의 표음자, (축음기의) 녹음, 음반. 【cf.】 ideogram.
·**pho·no·graph** [fóunəgræ̀f, -grὰːf] *n.* ⓒ 《美》 축음기, 레코드 플레이어(《英》 gramophone).
pho·nol·o·gist [founálədʒist/-nɔ́l-] *n.* ⓒ 음운학〈음성학〉자.
pho·nol·o·gy [founálədʒi/-nɔ́l-] *n.* ⓤ (한 언어의) 음운론 ; 음성학. 파) **pho·no·log·i·cal** [fòunəládʒikəl] *a.*
pho·ny [fóuni] (**-ni·er ; -ni·est**) *a.* 《口》 (물건 등이) 가짜의, 엉터리의, 허위의. — *n.* ⓒ 가짜, 엉터리 ; 사기꾼.
phoo·ey [fúːi] *int.* 《口》 피, 체, 흥《거절·경멸·혐오 등을 나타냄》.
·**phos·phate** [fásfeit/fɔ́s-] *n.* ⓤⓒ (1) 【化】 인산염(鹽). (2) (흔히 *pl.*) 인산 비료. (3) 탄산수.
phos·phor [fásfər/fɔ́s-] *n.* (1) ⓒ 인광(燐光) 물질. (2) (P-) 《詩》 샛별(Hesperus, Vesper).
phos·pho·resce [fὰsfərés/fɔ̀s-] *vi.* 인광을 내다.
phos·pho·res·cence [fὰsfərésəns/fɔ̀s-] *n.* ⓤ 인광(을 냄), 발광성, 【cf.】 fluorescence.
phos·pho·res·cent [fὰsfərésənt/fɔ̀s-] *a.* 인광을 내는, 인광성의.
파) **~·ly** *ad.*
·**phos·phor·ic** [fasfɔ́ːrik, -fár-/fɔsfɔ́rik] *a.* 인(燐)의, 인을 함유하는.
phos·pho·rus [fásfərəs/fɔ́s-] (*pl.* **-ri** [-rài]) *n.* ⓤ 【化】 인(燐)《비금속 원소 ; 기호 P》.
:**pho·to** [fóutou] (*pl.* **~s**) *n.* ⓒ 《口》 사진. — *vt., vi.* = PHOTOGRAPH. 사진을 찍다, 사진에 찍히다.
pho·to·cell [fóutousèl] *n.* ⓒ 광전지, 광전관.
pho·to·chem·i·cal [fòutoukémikəl] *a.* 광화학(光化學)의.
pho·to·chem·is·try [fòutoukémistri] *n.* ⓤ 광화학.
pho·to·com·pose [fòutoukəmpóuz] *vt.* 【印】 (활자를) 사진 식자하다. 파) **-pós·er** [-ər] *n.* ⓒ 사진 식자기. **pho·to·com·po·si·tion** [∸-kàmpəzíʃən/-kɔ̀m-] *n.* ⓒ 사진 식자.
pho·to·cop·i·er [fóutoukὰpiər/-kɔ̀p-] *n.* ⓒ 사진 복사기.
pho·to·copy [fóutoukὰpi/-kɔ̀p-] *n.* ⓒ (서류 등의) 사진 복사. — *vt.* …을 사진 복사하다.
pho·to·e·lec·tric [fòutouiléktrik] *a.* 【物】 광전자(光電子)의, 광전자 사진장치의 ; 광전 효과의.
pho·to·e·lec·tron [fòutouiléktran/-rɔn] *n.* ⓒ 【物·化】 광전자(光電子).
pho·to·en·grave [fòutouengréiv] *vt.* …의 사진 제판을 만들다. 파) **-gráv·er** *n.*
pho·to·en·grav·ing [fòutouengréiviŋ] *n.* (1) ⓤ 사진 제판(술). (2) ⓒ 사진 볼록판(版)(화(畵)).
pho·to-es·say [fòutouései] *n.* ⓒ 사진 에세이.
phóto fínish 【競】 (결승점에서의) 사진 판정.
pho·to·flash [fóutouflæ̀ʃ] *n.* ⓒ (사진용) 섬광 전구(flash bulb).
pho·to·flood [fóutouflʌ̀d] *n.* ⓒ 촬영용 일광등(溢光燈), 사진 촬영용 조명 전구.
pho·to·gen·ic [fòutədʒénik] *a.* (사람이) 사진 촬영에 적합한, 사진을 잘 받는《얼굴 등》.
:**pho·to·graph** [fóutəgræ̀f, -grὰːf] *n.* ⓒ 사진. — *vt.* …의 사진을 찍다 ; …을 촬영하다. — *vi.* (1) 사진을 찍다. (2) 《+副》 〔well, badly 등을 수반하여〕 사진발이 …하다.
·**pho·tog·ra·pher** [fətágrəfər/-tɔ́g-] *n.* ⓒ 사진사, 촬영자.
·**pho·to·graph·ic** [fòutəgræ̃fik] *a.* (1) 사진의, 사진 촬영(용)의. (2) 사진과 같은, 정밀한, 정확한. ▫ photography *n.* 파) **-i·cal·ly** *ad.* 사진으로 ; 사진과 같이.
·**pho·tog·ra·phy** [fətágrəfi/-tɔ́g-] *n.* ⓤ 사진술 ; 사진 촬영.
pho·to·gra·vure [fòutəgrəvjúər] *n.* (1) ⓤ 【印】 그라비어 인쇄. (2) ⓒ 그라비어 사진. — *vt.* …을 그라비어 인쇄하다.
pho·to·jour·nal·ism [fòutoudʒə́ːrnəlìzəm] *n.* ⓤ 포토저널리즘. 파) **-ist** *n.* ⓒ 사진 보도가.
pho·to·li·thog·ra·phy [fòutouliθágrəfi/-θɔ́g-] *n.* ⓤ 사진 석판술, 사진 평판(平板).
pho·to·me·chan·i·cal [fòutoumikǽnikəl] *a.* 【印】 사진 제판(법)의.
pho·tom·e·ter [foutámitər/-tɔ́-] *n.* ⓒ (1) 광도계(光度計). (2) 【寫】 노출계(計).
pho·to·mi·cro·graph [fòutoumáikrəgræ̀f, -grὰːf] *n.* ⓒ 현미경 사진 ; 미소(微小) 사진.
pho·to·mon·tage [fòutoumantáːʒ, -mɔn-] *n.* (1) ⓤ 몽타주 사진 제작법. (2) ⓒ 몽타주 사진.
pho·ton [fóutan/-tɔn] *n.* ⓒ 【物】 광양자(光量子), 광자(光子)《빛의 에너지》.
phóto opportúnity 《美·Can.》 사진 촬영시간, 카메라맨과의 회견.
pho·to·sen·si·tive [fòutousénsətiv] *a.* 감광성(性)의.
pho·to·sen·si·tize [fòutousénsətaiz] *vt.* …에 감광성을 주다.
pho·to·sphere [fóutousfìər] *n.* ⓒ 【天】 광구(光球)《태양 · 항성 등의》.
pho·to·stat [fóutoustæ̀t] *n.* ⓒ (1) 직접 복사용 카메라, 복사 사진기. (2) 직접 복사 사진.

pho·to·syn·the·sis [fòutousínθəsis] *n.* ⓤ 【生】 광합성(光合成).

pho·to·syn·the·size [fòutousínθəsàiz] *vt., vi.* 【生】 (탄수화물 등을) 광합성하다.

pho·to·syn·thet·ic [fòutousinθétik] *a.* 【生】 광합성의.

pho·to·te·leg·ra·phy [fòutoutilégrəfi] *n.* ⓤ 사진 전송.

pho·tot·ro·pism [foutátrəpìzəm/-tɔ́t-] *n.* ⓤ 【生】 굴광성. 【cf.】 heliotropism.

pho·to·vol·ta·ic [fòutouvaltéiik/-vɔl-] *a.* 【物】 광기전성(光起電性)의 ; 광전지의.

phras·al [fréizəl] *a.* 구(句)의, 구를 이루는.

:**phrase** [freiz] *n.* ⓒ (1) 【文法】 구(句). (2) 성구(成句), 관용구(idiom). (3) 말씨, 표현(법). (4) 경구, 명언. (5) 【樂】 작은 악절(樂節).
— *vt.* (1) 〔樣態의 副詞(句)를 수반하여〕 …을 (…한 말로) 표현한다. (2) 【樂】 (각 악절)을 (…한 표현으로) 연주하다.

phráse bòok (해외 여행자용 등의) 회화 표현집.

phra·se·ol·o·gy [frèiziálədʒi/-ɔ́l-] *n.* ⓤ (1) 말씨, 어법 ; 문체, 표현법. (2) 〔集合的〕 용어, 술어, 전문어.

phras·ing [fréiziŋ] *n.* ⓤ (1) 표현법, 어법 ; 말씨. (2) 【樂】 프레이징, 악구 구획법.

phre·nol·o·gy [frinálədʒi/-nɔ́l-] *n.* ⓤ 골상학. 파) **-gist** *n.* ⓒ 골상학자.

phut [fʌt] *n.* ⓒ 팡〈펑〉 (하는 소리). ***go*** **~** 《口》 1) (계획·사업 등이) 실패하다. 2) 고장이 나 못쓰게 되다, 고장나다, 녹초가 되다 ; (타이어가) 펑크나다.

phy·lac·tery [filǽktəri] *n.* ⓒ (유대교의) 성구함(聖句函).

phy·log·e·ny [failádʒəni/-lɔ́dʒ-] *n.* ⓤⓒ 【生】 계통 발생(론), 계통학. 【opp.】 *ontogeny.*

phy·lum [fáiləm] (*pl.* ***-la*** [-lə]) *n.* ⓒ (1) 【生】 문(門). (2) 【言】 어족(語族) (family).

·**phys·ic** [fízik] *n.* ⓤⓒ 약 ; 《특히》 하제(下劑).

:**phys·i·cal** [fízikəl] *a.* (1) 육체의, 신체의. (2) 물질의, 물질적인, 자연 과학의, 자연 법칙에 의한 ; 물질계의 ; 자연(계)의. 【opp.】 *spiritual, moral.* (3) 〔限定的〕 물리학(상)의, 물리적인. (4) (스포츠 등에서 사람·행동)이 과격한, 거친.
— *n.* ⓒ 신체 검사.

phýsical anthropólogy 자연 인류학.

phýsical chémistry 물리 화학.

phýsical educátion 체육《略 : PE》.

phýsical examinátion 신체 검사.

phýsical geógraphy 자연 지리학, 지문학.

phýsical jérks 《英口》 체조, 운동.

·**phys·i·cal·ly** [fízikəli] *a.* (1) 물리적으로, 자연의 법칙에 따라 : It's ~ impossible. 그것은 물리적으로 불가능하다. (2) 육체적으로. (3) 물질적으로.

phýsical scíence (생물학을 제외한) 자연 과학.

:**phy·si·cian** [fizíʃən] *n.* ⓒ 의사, (특히) 내과 의사. 【cf.】 surgeon. ¶ one's (family) ~ 단골의사 / consult a ~ 의사의 치료를〈진찰을〉 받다.

·**phys·i·cist** [fízisist] *n.* ⓒ 물리학자, 자연과학자 ; 유물론자.

phys·i·co·chem·i·cal [fìzikoukémikəl] *a.* 물리 화학의〈에 관한〉.

:**phys·ics** [fíziks] *n.* ⓤ 물리학 : muclear ~ 핵물리학.

phys·io [fíziòu] (*pl.* ***-i·òs***) *n.* 《口》 = PHYSIOTHERAPIST.

phys·i·og·no·my [fiziágnəmi/-ɔ́n-] *n.* (1) a] ⓤ 인상학, 골상학, 관상술. b] ⓒ 인상 ; 얼굴(생김새). (2) ⓤ (토지 따위의) 형상, 지형 ; 특징. 파) **-mist** *n.* ⓒ 인상학자, 관상가.

phys·i·og·ra·phy [fìziágrəfi/-ɔ́g-] *n.* = PHYSICAL GEOGERAPHY. 지문학, 자연 지리학

·**phys·i·o·log·i·cal** [fìziəládʒikəl/-lɔ́dʒ-] *a.* 생리학(상)의, 생리적인. 파) **~·ly** *ad.*

phys·i·ol·o·gist [fiziálədʒist/-ɔ́l-] *n.* ⓒ 생리학자.

·**phys·i·ol·o·gy** [fiziálədʒi/-ɔ́l-] *n.* ⓤ 생리학 ; 생리 기능〈현상〉.

phys·i·o·ther·a·py [fiziouθérəpi] *n.* ⓤ 【醫】 물리 요법. 파) **-pist** *n.* ⓒ 물리 요법가.

·**phy·sique** [fizí:k] *n.* ⓤ 체격, 지형 : a man of strong ~ 체격이 튼튼한 사람, 건장한 사람.

pi [pai] *n.* (1) ⓤⓒ 파이《그리스 알파벳의 16째 글자 *Π*, *π* ; 로마자의 p에 해당》. (2) ⓤ 【數】 파이《원주율, 약 3.1416 ; 기호 *π*》.

PI, P.I. Philippine Islands.

pi·a·nis·si·mo [pì:ənísəmòu] *ad., a.* 《It.》 【樂】 피아니시모로, 매우 약하게〈약한〉《略 : *pp.*》. 【opp.】 *fortissimo.* — (*pl.* ***~s***) *n.* ⓒ 최약음(부).

:**pi·an·ist** [piǽnist, pí:ən-, pjǽn-] *n.* ⓒ 피아니스트, 피아노 연주자 : She is a good ~.

:**pi·ano**[1] [piǽnou, pjǽnou] (*pl.* ***~s*** [-z]) *n.* (1) ⓒ 피아노 : ⇨ GRAND PIANO / play (on) the ~ 피아노를 치다 / a cottage ~ 작은 수형 피아노. (2) ⓤ (종종 the ~) 피아노 연주《이론·실기》 : a teacher of (*the*) ~ = a ~ teacher 피아노 교사 / teach〈learn〉 (*the*) ~ 피아노를 가르치다〈배우다〉.

pi·a·no[2] *ad., a.* 《It.》 【樂】 피아노로〈의〉, 약음으로〈의〉《略 : p.》. 【opp.】 *forte.* — (*pl.* ***~s***) *n.* ⓒ 약음(부).

pi·an·o·for·te [piǽnəfɔ̀:rt, piæ̀nəfɔ́:rti] *n.* = PIANO[1]《피아노의 형식적인 용어》.

Pi·a·no·la [pì:ənóulə] *n.* ⓒ 자동 피아노, 피아놀라《商標名》.

piáno òrgan 핸들을 돌리며 치는 오르간(hand organ).

pi·as·ter, 《英》 **-tre** [piǽstər] *n.* ⓒ 피아스터《터키·이집트·베트남 등지의 화폐(단위)》.

pi·az·za [piǽzə/-ǽtsə] *n.* ⓒ 광장(廣場) 《특히 이탈리아 도시의》, 네거리, 시장(market place).

pic [pik] (*pl.* ***pix*** [piks], ***~s***) *n.* ⓒ 《口》 (1) 사진. (2) 영화. [◀ *picture*]

pi·ca [páikə] *n.* ⓤ 【印】 파이카《12 포인트 활자》.

pic·a·dor [píkədɔ̀:r] *n.* ⓒ 기마(騎馬) 투우사.

pic·a·resque [pìkərésk] *a.* 악한을 제재로 한《소설 등》 : a ~ novel 악한 소설.

pic·a·roon [pikərú:n] *n.* ⓒ 악한, 도둑 ; 해적(선). — *vi.* 도둑질하다, 해적질하다.

Pi·cas·so [piká:sou, -kǽ-] *n.* **Pablo ~** 피카소《스페인 태생의 화가·조각 : 1881-1973》.

pic·a·yune [pìkəjú:n] *n.* ⓒ (1) 피카윤《옛날 미국 남부에서 유통했던 스페인 소화폐 ; 5센트 상당》. (2) 보잘 것 없는 물건 : not worth a ~ 전혀 쓸모없다.
— *a.* 보잘 것 없는, 무가치한.

Pic·ca·dil·ly [pìkədíli] *n.* 런던의 번화가의 하나.

Píccadilly Círcus 피커딜리 서커스《런던 번화가 중심의 광장》.

pic·ca·lil·li [píkəlìli] *n.* ⓤ 야채의 겨자 절임.

pic·ca·nin·ny [píkənìni] *n.* = PICKANINNY.

pic·co·lo [píkəlòu] (*pl.* **~s**) *n.* ⓒ 【樂】 피콜로《높은 음이 나는 작은 피리》, 고음 횡적.

:pick [pik] *vt.* (1) 《~+目/+目+前+名》 …을 따다, 뜯다(pluck), 채집하다 : ~ flowers 〈fruit〉 꽃〈과일〉을 따다 / She ~*ed* some strawberries for him. = She ~*ed* him some strawberries. 그에게 딸기를 좀 따 주었다. (2) 《~+目/+目+前+名》 (뼈에서 고기)를 뜯어내다《*from* ; *off*》 : I ~*ed* the meat *from* the bone. 뼈에서 고기를 뜯어냈다. (3) (모이·벌레 따위)를 쪼(아 먹)다 : ~ worms 벌레를 쪼아먹다. (4) (음식)을 (가려가며) 조금씩 먹다. (5) (새)의 깃털을 잡아뽑다 : ~ a fowl 닭 털을 뽑다. (6) (지갑·포켓)에서 훔치다. 소매치기하다 : He had his pocket ~*ed* in the crowd. 그는 군중들 속에서 주머니를 털렸다. (7) …을 고르다, 골라잡다 : ~ one's words carefully 말을 신중히 하다 / ~ only the best 제일 좋은 것만 고르다 / He ~*ed* a nice ring *for* me. 내게 멋진 반지를 골라주었다 / Helen was ~*ed* to represent our company. 헬렌은 우리 회사의 대표로 선출되었다. (8) (기회)를 붙잡다. (9) 《~+目/+目+前+名》 (싸움)을 걸다(provoke) 《*with*》 : ~ a fight. (10) (흠)을 들추어 내다 : ~ flaws *in* an argument 논거의 결점을 흠잡다. (11) 《~+目/+目+前+名》 …을 쑤시다, 후비다 ; 뽑아 내다 : ~ teeth *with* a toothpick 이쑤시개로 이를 쑤시다 / ~ one's teeth 이를 우비다 / ~ a thorn *out of* one's finger 손가락의 가시를 뽑아내다. (12) 《~ +目/+目+前+名》 (뾰족한 것으로) …에 구멍을 파다 : ~ rock 바위에 구멍을 뚫다 / ~ the ground *with* a pickax 곡괭이로 땅을 파다. (13) (자물쇠)를 비틀어〈억지로〉 열다 : ~ a lock. (14) (손·끈 따위)를 풀다, 풀어 헤치다 : ~ fibers 〈rags〉 섬유〈넝마〉를 풀어 헤치다. (15) (기타 따위)를 손가락으로 치다 : ~ a guitar 기타를 타다.

— *vi.* (1) 《~+前+名》 쿡쿡 찌르다, 쑤시다《*at*》. (2) 《~/+前+名》 a] (새 따위가) 쪼아 먹다《*at* ; *about*》 : The hens were busily ~*ing about* in their coop. 암탉들이 부지런히 닭장 안에서 모이를 쪼아먹고 있었다. b] 《俗》 (먹기 싫은 듯) 조금씩 먹다, 게적거리다《*at*》 : She only ~*ed at* her food. 그녀는 조금밖에 먹지 않았다. c] (과일 등이 꼭지에서) 쉽게 떨어지다〈따지다〉, 채집되다 : These grapes ~ easily. 이들 포도는 따기가 쉽다. ***be ~ed out with*** …으로 돋보이게 하다. ***have a bone to ~ with*** ⇨ BONE. ***~ and choose*** 신중히 고르다, 선발하다. ***~ and steal*** 좀도둑질하다. ***~ apart*** = ***~ ... to pieces.*** 1) …을 갈기갈기 찢다. 2) 《口》 …을 혹평하다. ***~ at*** 1) …을 조금씩 먹다, 깨지락거리다. 2) = ~ on ~ a person***'s brain*** 남의 지혜를 빌리다. ***~ a quarrel*** 〈***fight***〉 ***with*** …에게 싸움을 걸다. ***~ off*** 1) 따다, 쥐어뜯다. 2) 하나씩 겨누어 쏘다. 3) 【野】 (주자)를 견제구로 터치아웃시키다. ***~ on*** 1) …을 고르다. 2) …의 흠을 들추어 내다 ; 《口》 …을 비난〈혹평〉하다, …을 괴롭히다(annoy) ; …에게 잔소리를 하다. ***~ out*** 1) 골라내다. 2) 분간하다, 식별하다. 3) (의미를)알다. 4) 〔종종 受動으로〕 …을 (밝은 색 등으로) 돋보이게 하다《*in* ; *with*》. 5) (악곡)을 들어서 알고 있는 대로 연주하다. ***~ over*** (물건을) 꼼꼼히 점검하다 《골라내기 위해》. ***~ ... to pieces*** 1) …을 갈기갈기 찢다. 2) (사람 · 물건)을 혹평하다. ***~ up*** 1) …을 줍다, 집다, 집어 들다. 2) (차·배 따위가 승객)을 태우다 ; (아무)를 차로 마중(을) 나가다. 3) (차·배 등)을 잡다 ; (도망자)를 붙잡다. 4) (우연히) 손에 넣다, …을 만나다 ; (탐조 등으로) …을 찾아내다. 5) (저절로) 조금씩 익히다, 알다, 몸에 붙게〈배게〉 하다. 6) (정보 따위)를 입수하다 ; (방송)을 청취하다 ; (지식)을 얻다. 7) (속력)을 더하다, 내다 ; (건강)을 회복하다 ; (용기)를 되찾다. 8) 깨끗이 하다, 정돈하다. 9) 우연히 알게 되다 ; (여자와) 친해지다《*with*》. 10) (병에) 걸리다, 감염되다. 11) (이야기·활동 등을) 다시 시작하다. ***~ up and leave*** 《口》 짐을 챙겨서 가 버리다〈떠나다〉. ***~ up heart*** 〈one***'s courage***〉 용기를 불러일으키다, 기운을 내다. ***~ up on ...*** 1) 《美口》 …을 깨닫다, 눈치채다. 2) (경주 등에서) …을 따라붙다. ***~ up with*** …와 우연히 알게 되다.

—*n.* (1) ⓒ 쪼는 기구 ; 곡괭이 ; 자동 채굴기. (2) ⓤ 선택(권). (3) (the ~) 뽑아〈골라〉낸것, 극상(極上)의 것. (4) ⓒ (악기의) 채, 픽.

pick·a·nin·ny [píkənìni] *n.* ⓒ 《蔑》 흑인 아이.

pick·ax, -axe [píkæ̀ks] *n.* ⓒ 곡괭이.

picked [pikt] *a.* 〔限定的〕 (1) 정선한, 골라 뽑은. (2) 잡아 뜯은, 딴.

pick·er [píkər] *n.* (1) ⓒ 쪼(아 먹)는 사람〈동물, 기계〉. (2) 〔흔히 複合語를 이루어〕 따는 사람〈기계〉. (3) 싸움에 응하는 사람.

·pick·et [píkit] *n.* ⓒ (1) (종종. *pl.*) 끝이 뾰족한 말뚝, 긴 말뚝. (2) 【軍】 a] 소초(小哨). b] 〔集合的〕 경계부대. (3) (노동 쟁의 등의) 피켓, 감시원.

— *vt.* (1) …에 말뚝으로 울타리를 치다. (2) (경계병)을 배치하다. (3) (파업 중 파업 파괴자)를 감시하다, …에 피켓을 치다. — *vi.* 감시원으로 서다 《노동 쟁의 등에서》.

pícket fénce 말뚝 울타리, 울짱.

pícket lìne (1) 【軍】 전초선, 경계선. (2) 피켓의 경계선, 피켓라인《노동 쟁의의》.

·pick·ing [píkiŋ] *n.* (1) ⓤ (곡괭이 등으로) 팜 ; 억지로 비틀어 엶. (2) ⓤ 따는 일, 채집. (3) (*pl.*) 따고 남은 것 ; 이삭 ; (아직 쓸모 있는) 남은 것. (4) (*pl.*) (직위를 이용한) 부정 수입 ; 장물.

·pick·le [píkəl] *n.* (1) ⓒ,ⓤ (흔히 *pl.*) 절인 것 《오이지 따위》, 피클 : mixed ~*s*. (2) ⓤ (야채·생선 따위를) 절이는 물 《소금물·초 따위》. (3) (a ~) 《口》 곤경, 난처한〈혼란스러운〉 상태. (4) ⓒ 《口》 장난꾸러기.

— *vi.* (야채 따위)를 소금물〈식초〉에 절이다.

pick·led [píkəld] *a.* (1) 소금물〈초〉로 절인. (2) 〔敍述的〕 《俗》 만취한.

pick·lock [píklɑ̀k/-lɔ̀k] *n.* ⓒ 자물쇠를 비틀어 여는 도둑〈도구〉.

pick-me-up [´mi:ʌ̀p] *n.* ⓒ 《口》 (1) (피로) 회복약. (2) 신나는 소식〈경험〉.

pick-off [´ɔ:f/´ɔf] *n.* ⓒ 【野】 견제구에 의한 아웃.

·pick·pock·et [´pɑ̀kit/´pɔ̀k-] *n.* ⓒ 소매치기.

·pick·up [píkʌ̀p] *n.* (1) ⓒ 《口》 a] 우연히 알게 된 사람, 《특히》 오다가다 만난 여자. b] 자동차 편승 여행자 ; (택시 등의) 승객. (2) ⓒ 《口》 (장사·건강 따위가) 잘 되어감, 회복, 호전. (3) ⓤ 《美口》 (자동차의) 가속(성능). (4) ⓤⓒ (상품 따위의) 집배. (5) ⓒ 픽업《무개 소형 트럭》. (6) ⓒ 【球技】 픽업《공이 바운드한 직후에 잡음〈침〉》.

— *a.* 〔限定的〕 (1) 있는 재료만으로 만든《요리 따위》. (2) (당장) 적당히 그러모은《팀 따위》. (3) 우연히 알게 된.

Pick·wick·i·an [pikwíkiən] *a.* (1) (선의와 익살

에 넘친) Pickwick 식의. (2) 그 경우만의 (특수한) 뜻으로 쓰인《말 따위》.

picky [píki] (*pick·i·er* ; *-i·est*) a. 《美口》 가리는, 까다로운.

pick-your-own [⊿juəróun] a. 〔限定的〕 (과일·야채 따위를) 구매자가 산지에서 직접 채취 하는〈따는〉.

:pic·nic [píknik] n. ⓒ (1) 피크닉, 소풍. (2) 피크닉〈야외〉에서의 간단한 식사. (3) (흔히 no ~ 으로)《俗》 유쾌한〈즐거운〉 일 ; 쉬운 일.

— (p., pp. **pic·nicked** [-t] ; **pic·nick·ing**) vi. 소풍가다, 피크닉에 참가하다 ; (피크닉 식으로) 간소한 생활을 하다.

파) **pic·nick·er** [-ər] n. ⓒ 피크닉 가는 사람, 소풍객. **pic·nicky** [-i] a. 피크닉의, 피크닉 같은.

pic·to·graph [píktəgræ̀f, -grɑ̀ːf] n. ⓒ (1) 그림문자, 상형 문자. (2) 통계 도표.

파) **pic·to·graph·ic** [pìktəgræ̀fik] a.

pic·tog·ra·phy [pìkɑ́grəfi/-tɔ́g-] n. ⓤ 그림〈상형〉 문자 기술법.

·pic·to·ri·al [piktɔ́ːriəl] a. (1) 그림의 ; 그림을 넣은 ; 그림으로 나타낸, 그림 같은. (2) (묘사·서술이) 생생한. ▫ picture n. — n. ⓒ 화보, 그림이 많은 잡지〈신문〉. 파) **~·ly** [-i] ad.

:pic·ture [píktʃər] n. (1) ⓒ 그림, 회화 ; 초상화. (2) ⓒ 사진. (3) (a ~) 그림같이 아름다운 사람〈것, 풍경〉 ; 경치, 미관. (4) (the ~) 꼭 닮은 것 ; 화신. (5) ⓒ (흔히 sing.) 심상(心像). (6) ⓒ (TV·영화의) 화면, 화상, 영상(映像). (7) ⓒ (생생한) 묘사. (8) (the ~) 상황, 사태, 사정, 정세. (9) ⓒ 영화. 【cf.】 movies. ▫ pictorial, picturesque a. ***come into the*** ~ 1) 모습을 나타내다, 등장하다. 2) 중요한 의미〈관계〉를 갖게 되다. ***get the*** ~ 《口》 사정을 이해하다. ***in the*** ~ 1) 두드러진 ; 중요한. 2) 충분히 알려진. ***out of the*** ~ 1) 관계 없는 ; 중요치 않은. 2) 충분히 알려지지 않은.

— vt. (1) …을 그림으로 그리다. (2) 《~+目/+目+前+名/+目+-ing》 …을 마음에 그리다, 상상하다. (3) …을 묘사하다 ; 표시하다. ***~ to*** oneself 마음에 그리(어 보)다, 상상하다.

pícture bòok (특히 어린이들의) 그림책.

pícture càrd (트럼프의) 그림 패(牌).

pícture gàllery 미술관, 화랑.

pic·ture·go·er [píktʃərgòuər] n. ⓒ 영화팬.

pícture póstcard 그림 엽서.

:pic·tur·esque [pìktʃərésk] (*more ~ ; most ~*) a. (1) 그림과 같은, 아름다운, 화취를 돋우는. (2) (말·문체 등이) 생생한. (3) (사람·성격·풍채 등이) 남의 눈을 끄는, 좀 특이한(데가 있는). ▫ picture n. 파) **~·ly** ad. **~·ness** n.

pícture tùbe 수상관(受像管).

pícture wíndow 전망창《붙박이한》.

pícture wríting 그림 문자 ; 상형 문자 ; 그림 문자 기록(법).

pic·tur·ize [píktʃəràiz] vt. …을 그림으로 그리다〈나타내다〉 ; 그림으로 장식하다 ; 영화화하다.

pid·dle [pídl] vi. (1) 쓸데 없이 시간을 낭비하다. (2) 《口·兒》 오줌누다, 쉬하다.

pid·dling [pídliŋ] a. 보잘 것 없는, 사소한.

:pie [pai] n. (1) ⓤ 파이. (2) ⓤ 파이 모양의 것. (3) ⓤ (분배될 이익·경비 등의) 전체, 총액. (***as***) ***easy as*** ~ 《美口》 아주 간단한〈쉬운〉. ***be as good as*** ~ 아주 기분이 좋다***eat humble*** ~ 굴욕을 감수하다. ***~ in the sky*** 《口》 믿을 수 없는 장래의 (행)복〈보수〉, 그림의 떡.

pie·bald [páibɔ̀ːld] a. (백색과 흑색의) 얼룩의, 잡색의《말 따위》. — n. ⓒ 얼룩말.

:piece [piːs] n. (1) ⓒ 조각, 단편, 파편, 일부분. 【cf.】 bit. (2) a〕 하나 ; 부분품. b〕〔數詞를 수반하여 複合語로〕 (물건·사람 등의) 1 세트의, 한 조(組)의. (3) ⓒ (하나로 뭉뚱그러진 물건의) 일부(분), 한 구획. (4) ⓒ (흔히 a ~ of) 하나의 예. (5) ⓒ 경화, 동전. (6) ⓒ 총, 포(砲). (7) ⓒ (문학상 · 예술상의) 작품. (8) ⓒ (장기·체스 따위의 졸 이외의) 말. (9) ⓒ (옷감·지물 따위의 거래 단위인) 한 필, 한 통. (10) (one's ~) 의견, 견해. (11) ⓒ (흔히 sing.) (성의 대상으로서의) 여자.

(***all***) ***of a*** ~ 시종 일관한. ***a ~ of goods*** 《戱》 사람, (특히) 여자. ***a ~ of work*** 1) 작품 ; 힘드는 일. 2) 《俗》 소동. 3) 《口》 …한 놈. ***cut ... to ~s*** 1) …을 토막내다. 2) (적·주장 따위)를 분쇄하다. ***go to ~s*** 1) 산산조각이 나다 ; 엉망이 되다. 2) (정신적·육체적으로) 지치다, 자제심을 잃다. ***pick up the ~s*** 사태를 수습하다. ***~ by ~*** 하나씩 하나씩, 조금씩. ***go to ~s*** (1) 산산조각이 나다. (2) 건강을 잃다.

— vt. (1) 《~+目/+目+副》 (의복 등)에 바대를 대다. (2) 《+目+副/+目+前+名》 …을 이어붙이다, 접합하다 ; 연결하다《together》 : ~ fragments of cloth *together* 천 조각을 이어붙이다.

píece gòods 피륙 ; (자풀이로 파는) 옷감.

piece·meal [píːsmìːl] ad. 하나씩 ; 차차, 조금씩. — a. 조각난, 조금씩〈하나씩〉의.

píece ràte 성과급(임금), 단가.

piece·work [píːswə̀ːrk] n. ⓤ 일한 분량대로 지급받는 일, 도급일. 【cf.】 timework.

píe chàrt‹gràph› 【統】 원그래프.

pie·crust [páikrʌ̀st] n. ⓤⓒ 파이의 껍질.

pied [paid] a. 〔限定的〕 얼룩덜룩한, 잡색의.

pied-à-terre [pjéidɑːtέər] n. ⓒ 《F.》 일시적인 휴식처, 임시 숙소.

:pier [piər] n. ⓒ (1) 부두, 잔교(棧橋). (2) 지주(支柱) ; 교각(橋脚).

:pierce [piərs] vt. (1) …을 꿰찌르다, 꿰뚫다, 관통하다. (2) 《~+目/+目+前+名》 …에 구멍을 내다, (구멍)을 뚫다. (3) …을 돌파하다. (4) …을 간파하다, 통찰하다. (5) 《~+目/+目+前+名》 (마음)을 지르다. (6) (추위·고통 따위가) …에 스며들다, (소리가) …에 날카롭게 울리다. — vi. 《+前+名》 들어가다, 뚫다, 관통하다《into ; through》.

·pierc·ing [píərsiŋ] a. (1) (추위·바람 등) 뼛속까지 스며드는. (2) (눈 따위) 날카로운, 통찰력이 있는. (3) (목소리 따위) 날카로운, 귀를 찢는 듯한. 파) **~·ly** ad.

Pi·er·rot [píːəròu] (fem. ***Pier·rette*** [pìərét]) n. ⓒ 《F.》 (종종 p-) 피에로, 어릿광대, 가장 무도자.

·pi·e·ty [páiəti] n. (1) ⓤ (종교적인) 경건, 신앙심. (2) ⓒ 경건한 행동 ; 기도. (3) ⓤ 효심, 효행.

pi·e·zo·e·lec·tric·i·ty [paiìːzouilèktrísəti, -ìːlek-] n. ⓤ 【物】 압(壓)전기, 피에조 전기.

pif·fling [pífliŋ] a. 《口》 하찮은 ; 무의미한.

:pig [pig] n. (1) ⓒ 돼지 ; 《美》 돼지새끼《《美》에서 성장한 돼지는 hog라 함》. (2) ⓤ 돼지고기 (pork). (3) ⓒ 《口》 돼지 같은 사람 ; 불결한 사람, 탐욕스러운 사람, 완고한 사람, 꿀꿀이, 게걸쟁이. (4) = PIG IRON. (5) ⓒ 《俗》 순경. (6) ⓒ 《英口》 곤란〈불쾌〉한 일. ***a ~ ‹piggy› in the middle*** 새중간에 끼어 꼼짝 못 하는 사람. ***bleed like a*** (***stuck***) ~ 피를 많이 흘

리다. ***buy a ~ in a poke*** 잘 보지도 않고 물건을 사다, 충동구매하다. ***in a ~'s eye*** 《俗》 결코 …않는. ***in ~*** (암퇘지가) 새끼를 밴. ***make a ~ of oneself*** 돼지처럼 많이 먹다. ***make a ~'s ear (out) of*** … 《口》 …을 망쳐놓다. ***Pigs may fly.*** = ***Pigs might 〈could〉 fly.*** 그런 일은 있을 수 없다. ***Please the ~s*** (익살) 경우에 따라서는 순조롭게 된다면.
— (***-gg-***) *vt.* (1) (돼지가 새끼)를 낳다. (2) 〔再歸的〕 …을 걸신 들린 듯 먹다. ***~ it*** 돼지처럼 더러운 생활을 하다 ; 잡거 생활을 하다. ***~ out*** 《俗》 걸신 들린 듯이 먹다, 너무 많이 먹다.

P

pig·boat [pígbòut] *n.* ⓒ 《美軍俗》 잠수함.

:pi·geon [pídʒən] *n.* (1) a〕 ⓒ 비둘기. b〕 ⓤ 비둘기 고기. (2) **【射擊】** = CLAY PIGEON. (3) ⓒ 젊은 처녀 〈여자〉. (4) ⓒ 《口》 잘 속는 사람, '봉', 멍청이(dupe). (5) 《英口》 (one's ~) 일, 책임, 관심사. ***put 〈set〉 the cat among the ~s*** ⇨ CAT(成句).

pígeon brèast 〈chèst〉 **【醫】** 새가슴.

pi·geon-breast·ed [pídʒənbréstid] *a.* 새가슴의.

pi·geon-heart·ed [-há:rtid] *a.* 마음이 약한 ; 겁많은.

pi·geon·hole [-hòul] *n.* ⓒ (1) 비둘기장의 드나드는 구멍 ; 비둘기장의 칸. (2) (책상·캐비닛 등의) 작은 칸, 분류〈정리〉 선반〈함〉의 구획.
— *vt.* (1) (서류 등)을 정리함에 넣다, (정리하여) 보존하다. (2) (계획 등)을 뒤로 미루다, 묵살하다.

pígeon pàir 《英》 (1) 이성(異性) 쌍둥이. (2) (한 집의) 두 남매.

pi·geon-toed [pídʒəntòud] *a.* 안짱다리의.

pig·gery [pígəri] *n.* (1) ⓒ 양돈장 ; 돼지우리. (2) ⓤ 돼지 같은 불결한 행위.

pig·gish [pígiʃ] *a.* 돼지 같은 ; 욕심 많은 ; 불결한. 파) **~·ly** *ad.* **~·ness** *n.* ⓤ 탐욕 ; 불결.

pig·gy [pígi] *n.* ⓒ 《口·兒》 돼지(새끼) — (***pig·gi·er ; -gi·est***) *a.* = PIGGISH.

pig·gy·back [-bæ̀k] *a.* 〔限定的〕 어깨〈등〉에 탄. — *ad.* 어깨〈등〉에 태워〈싣고〉, 목말 타고(태워서) 업고. — *n.* ⓒ 목말, 업음 : I'll give you a ~. 내가 업어 주마.

píggy bànk 돼지 저금통《어린이용》.

pig·head·ed [píghèdid] *a.* 고집이 센 ; 성질이 비뚤어진. 파) **~·ly** *ad.* **~·ness** *n.*

píg ìron 【冶】 선철(銑鐵), 무쇠.

pig·let [píglit] *n.* ⓒ 돼지새끼.

píg mèat 《英》 돼지고기, 햄, 베이컨.

·pig·ment [pígmənt] *n.* (1) ⓤⓒ 그림물감 ; 안료(顔料). (2) ⓤ **【生·化】** 색소. — *vt., vi.* 착색하다.

pig·men·ta·tion [pìgməntéiʃən] *n.* ⓤ (1) 염색, 착색. (2) **【生】** 색소 형성.

pig-out [pígàut] *n.* ⓒ 《美俗》 과식.

pig·pen [←pèn] *n.* ⓒ 《美》 돼지 우리(美 hogpen) ; 더러운 곳.

pig·skin [←skìn] *n.* (1) ⓤ 돼지 가죽 ; 무두질한 돼지 가죽. (2) ⓒ 《美口》 축구공.

pig·stick·er [←stìkər] *n.* ⓒ 창 ; 큰 나이프.

pig·sty [←stài] *n.* ⓒ (1) 돼지 우리(pigpen). (2) 누추한 집〈방〉.

pig·swill [←swìl] *n.* ⓤ (1) 돼지 먹이로 주는 음식 찌꺼기. (2) 《蔑》 맛없는〈형편 없는〉 음식.

pig·tail [←tèil] *n.* ⓒ (1) 땋아 늘어뜨린 머리. (2) 가늘게 꼰 담배, 접속용 구리줄. 파) **~ed** *a.* 땋아 늘어뜨린 머리의.

pig·weed [←wì:d] *n.* ⓤⓒ **【植】** 명아주·비름 등의 잡초.

·pike[1] [paik] *n.* ⓒ 창《17세기까지 쓰던》.
— *vt.* (사람)을 창으로 찌르다〈찔러 죽이다〉.

pike[2] *n.* ⓒ (흔히 P-) 《北英》 (호수 지방의) 뾰족한 산봉우리, 첨봉(尖峰) 《지명에 쓰임》.

pike[3] (*pl.* ***~s.*** 〔集合的〕 ~) *n.* ⓒ **【魚】** 창꼬치.

pike[4] *n.* ⓒ (1) (유료 도로의) 요금 징수소. (2) (흔히 공영의) 유료 도로(turnpike).

pike·man [páikmən] (*pl.* ***-men*** [-mən]) *n.* ⓒ (유료 도로의) 통행료 징수원, 곡괭이를 사용하는 갱부.

pik·er [páikər] *n.* ⓒ 《美口》 (1) 째째한 노름꾼. (2) 구두쇠.

pike·staff [páikstæ̀f, -stɑ̀:f] (*pl.* ***-staves*** [-stèivz], ***~s***) *n.* ⓒ 창자루. (***as***) ***plain as a ~*** 극히 명백한.

pi·las·ter [pilǽstər] *n.* ⓒ **【建】** 벽기둥《벽면에 드러나게 만든 (장식용) 기둥》.

pil·chard [píltʃərd] *n.* (1) **【魚】** 정어리《서유럽산 또는 태평양산》. (2) ⓤ 정어리 고기〈살〉.

:pile[1] [pail] *n.* ⓒ (1) 쌓아올린 것, 더미. (2) 화장용(火葬用) 장작더미. (3) 《口》 (a ~ of ; ~s of) 다수(의), 대량(의). (4) (흔히 *sing.*) 큰돈, 떼돈, 한밑천. (5) 대형 건축물〈군(群)〉. (6) **【電】** 전지(電池).
— *vt.* (1) 《~+目/+目+副》 …을 겹쳐 쌓다, 쌓아올리다(heap) 《*up* ; *on*》. (2) 《+目+前+名》 (…을) …위에 산더미처럼 쌓다《*with* ; *onto*》. (3) 《+目+副》 …을 축적하다, 모으다《*up*》. — *vi.* (1) 《+副》 쌓이다《*up*》. (2) 《+前+名》 우르르 이동하다〈들어가다, 나오다〉 《*into* ; *out of*》. ***~ off a train*** 기차에서 우르르 내리다. ***~ it on*** 《口》 과장해서 말하다. ***~ up*** ⇨ *vt., vi.* ; (배가)좌초되다 ; 《口》 (차가)(연쇄) 충돌하다.

pile[2] *n.* ⓒ (1) 말뚝, 파일. (2) 화살촉. — *vt.* …에 말뚝을 박다.

pile[3] *n.* ⓤ (또는 a ~) (우단·주단 등의) 보풀 ; 파일.

píle drìver 말뚝 박는 기계(의 조작자).

pile·up [páilʌ̀p] *n.* ⓒ (1) (지겨운 일, 계산서 등의) 무더기. (2) (차량의) 다중〈연쇄〉 충돌.

pil·fer [pílfər] *vt., vi.* (…을) 조금(씩) 훔치다(=steal), 좀도둑질하다. 파) **~·er** [-rər] *n.* ⓒ 좀도둑.

pil·fer·age [pílfəridʒ] *n.* ⓤ (1) 좀도둑질, 훔치기. (2) 좀도둑에 의한 손실.

:pil·grim [pílgrim] *n.* (1) ⓒ 순례자, 성지 참배자. (2) ⓒ 나그네, 방랑자(wanderer).

·pil·grim·age [pílgrimidʒ] *n.* ⓤⓒ 순례 여행, 성지 순례〈참배〉.
— *vi.* 순례의 길을 떠나다.

pil·ing [páiliŋ] *n.* ⓤ (1) 말뚝박기(공사). (2) 〔集合的〕 말뚝(piles).

:pill [pil] *n.* (1) ⓒ 환약, 알약(= medicine). **【cf.】** tablet. (2) ⓒ 《比》 싫은 것, 괴로운 일 《俗》 싫은 사람. (3) ⓒ a〕 《口·戱》 (야구·골프 따위의) 공. b〕 (대포·소총의) 탄알, 총〈포〉탄. (4) (the ~ ; 종종 the P-) 《口》 경구(經口) 피임약. ***a bitter ~ (to swallow)*** 하지 않을 수 없는 싫은 일〈것〉. ***a ~ to cure an earthquake*** 없는 대책. ***sugar 〈sweeten〉 the ~*** 싫은 일을 받아들이기 쉽게 하다.

pil·lage [pílidʒ] *n.* (1) ⓤ 약탈. (2) ⓒ, ⓤ 약탈물.
— *vt., vi.* (…을) 약탈하다.
파) **-lag·er** [-ər] *n.* ⓒ 약탈자.

:pil·lar [pílər] *n.* ⓒ (1) 기둥 ; 표주(標柱), 기념주(柱). (2) 기둥 모양의 것 ; 불기둥 ; 물기둥 ; 【鑛山】 광주(鑛柱). (3) 《比》 (국가 · 사회 등의) 중심 인물〈세력〉, 기둥. ***a ~ of a cloud*** 〈***of fire***〉 구름〈불〉 기둥. ***from ~ to post*** = ***from post to ~*** 여기저기 정처 없이. ***the Pillars of Hercules*** 헤르쿨레스의 기둥.

píllar bòx 《英》 (기둥 모양의 빨간) 우체통.

pill·box [pílbɑ̀ks/-bɔ̀ks] *n.* ⓒ (1) (판지로 만든) 환약 상자. (2) (위가 납작한) 데 없는 여자용 모자. (3) 【軍】 토치카.

pil·lock [pìlək] *n.* ⓒ 《俗》 바보, 멍청이.

pil·lo·ry [píləri] *n.* ⓒ 칼《죄인의 목과 양손을 끼워 사람 앞에 보이게 한 판자의 옛 형구》, 웃음거리, 오명.
— *vt.* (1) (사람)을 칼에 씌워 여러 사람 앞에 보이다. (2) (사람)을 (…한 일로) 웃음거리로 만들다.

:pil·low [pílou] *n.* ⓒ 베개 ; 베개가 되는 물건《쿠션 따위》 ; (특수 의자 등의) 머리 받침대.
— *vt.* (1) (머리)를 올려놓다, 기대다《*on* ; *in*》. (2) (…이) …의 베개가 되다.

pil·low·case [píloukèis] *n.* ⓒ 베갯잇.

píllow fìght (아이들의) 베개던지기 놀이, 모의전.

píllow tàlk (잠자리에서 부부·연인 사이의) 다정한 이야기.

:pi·lot [páilət] *n.* ⓒ (1) 수로 안내인, 도선사(導船士). (2) 【空】 (비행기·우주선 등의) 조종사. (3) 지도자, 안내인.
— *vt.* (1) 《~+目/+目+前+名》 a〕 …의 수로 안내를 하다 ; (항공기)를 조종하다. b〕 (사람)을 안내하다 (guide). c〕 (일)을 잘 진행시키다 ; (법안 따위)를 통과시키다. (2) 실험적으로 시도하다.
— *a.* 〔限定的〕 지도〈안내〉의 ; 시험적인, 예비의 ; 표시〈지표〉의〈가 되는〉.

pi·lot·age [páilətidʒ] *n.* ⓤ (1) 수로 안내(료). (2) 지도(指導). (3) 항공기 조종(술).

pílot ballòon 【氣】 (풍향·풍속 관측용) 측풍 기구(測風氣球).

pílot bòat 수로 안내선.

pílot bùrner 점화용 불씨.

pi·lot·house [páiləthàus] *n.* ⓒ 【海】 조타실.

pílot làmp (전기기구·기계 등에 전기가 통하고 있음을 표시하는) 표시등, 파일럿 램프.

pílot òfficer 《英》 공군 소위.

pi·men·to [piméntou] (*pl.* ***~s, ~***) *n.* (1) 피멘토 나무. = ALLSPICE. (2) = PIMIENTO.

pimp [pimp] *n.* ⓒ 갈봇집 주인, 포주 ; 뚜쟁이.
— *vi.* 뚜쟁이짓을 하다, 매춘 알선을 하다.

pim·ple [pímpl] *n.* ⓒ 뾰루지, 여드름. 파) **~d, pím·ply** [-i] *a.* 여드름이 난〈투성이의〉.

:pin [pin] *n.* ⓒ (1) 핀, 못 바늘, 장식핀. (2) (핀이 달린) 기장(記章) ; 브로치. (3) 마개(peg) ; 못 ; 빗장(bolt). (4) 【海】 말뚝 ; (현악기의) 주감이 ; 빨래 무집게 ; 쐐기 ; (수류탄의) 안전핀(safety ~). (5) 볼링의 표적〈표주〉, 핀. (6) (흔히 *pl.*) 《口》 다리(legs). (7) 【골프】 hole을 표시하는 깃대. ***(as) bright*** 〈***clean, neat***〉 ***as a new ~*** 매우 산뜻〈말쑥〉한. ***be on*** one***'s last ~s*** 다 죽어가고 있다. ***for two ~s*** 무슨 계기〈꼬투리〉라도 있으면. ***not care a ~*** 〈***two ~s***〉 조금도 개의치 않다. ***~s and needles*** 손발이 저려 따끔따끔한 느낌.
— (**-nn-**) *vt.* (1) 《~+目/+目+副/+目+前+名》 …을 핀으로 고정시키다《*up* ; *together* ; *on* ; *to*》. (2) 《+目+副/+目+前+名》 …을 꽉 누르다 ; 꼿움직이게 하다《*down* ; *against*》 ; (아무)를 …으로 속박하다 : (3) a〕 (신뢰·희망 등)을 (…에) 걸다, 두다. b〕 (죄·책임 등)을 (아무에게) 뒤집어 씌우다. ***~*** (…) ***down*** 1) ⇨ *vt.* (2). 2) (…에게 사태의 처리 · 결단 등을) 강요하다. 3) (일을) 분명하게 하다, …을 파악하다 ; (아무를) 분명히 식별〈구별〉하다. ***Pin your ears back !*** 정신차려서 들어라! ***~ something on*** one …에게 …의 책임을 지우다.

pin·a·fore [pínəfɔ̀ːr] *n.* ⓒ (1) (가슴받이가 달린) 앞치마, 에이프런. (2) 에이프런 드레스《에이프런 모양의 여성복》 (= **~́ drèss**).

pince-nez [pǽnsnèi] (*pl.* ~ [-z]) *n.* ⓒ 《F.》 코안경.

pin·cers [pínsərz] *n. pl.* (1) 펜치(nipper), 못뽑이, 족집게. (2) 【動】 (새우·게 따위의) 집게발.

píncer(s) mòvement 【軍】 협공 (작전).

:pinch [pintʃ] *vt.* (1) 《~+目/+目+前+名》 …을 꼬집다, (두 손가락으로) 집다, (사이에) 끼다, 물다, 끼워 으깨다. (2) 《+目+副》 (곁가지 등의 성장 촉진을 위해 어린 싹 등)을 잘라내다, 따내다《*back* ; *down* ; *off* ; *out*》 ; 집어내다《*off, out of*》. (3) (구두 따위가) …을 빡빡하게 죄다, 꽉 끼게〈조이게〉하다. (4) 《~+目/+目+前+名》 (추위 등이) …을 괴롭히다 ; 움츠러들게 하다, 위축시키다 ; 곤궁하게하다. (5) 《~+目/+目+前+名》 《俗》 …을 (슬쩍) 훔치다 《*from* ; *out of*》. (6) 〔종종 受動으로〕 《俗》 …을 체포하다.
— *vi.* (1) 꼬집다, 집다. (2) (구두 등이) 죄다, 빡빡해서 아프다. (3) 절약하다, 인색하게 굴다. ***~ and save*** 〈***scrape***〉 인색하게 굴어 돈을 모으다. ***know*** 〈***feel***〉 ***where the shoe ~es*** 곤란한 점을 알고 있다. ***~ pennies*** 극도로 절약하다《*on*》.
— *n.* (1) ⓒ a〕 꼬집음, (두 손가락으로) 집음, 사이에 끼움. b〕 두 손끝으로 집을 만한 양, 자밤, 조금. (2) (the ~) 고통, 곤란 ; 위기. (3) ⓒ 《美俗》 포박, 체포. (4) ⓤ 《俗》 도둑질. ***at*** 〈***in, on***〉 ***a ~*** 만약의 경우에 ; 위급할 때에는. ***feel the ~*** 경제적 곤경에 빠지다.

pinch·beck [píntʃbèk] *n.* (1) ⓤ 금색동(金色銅). (2) 가짜, 위조 품. — *a.* (1) 금색동의 (2) 가짜의 ; 값싸고 번지르르한.

pinched [pintʃt] *a.* (1) a〕 (공복·추위·질병 등으로) 여윈, 파리한, 까칠한. b〕 〔敍述的〕 (추위·고통 따위로) 고생하는, 움츠러든《*with*》. (2) 〔敍述的〕 (금전 등에) 궁한, 옹색한 《*for*》.

pinch-hit [píntʃhít] (*p., pp.* ***-hit ; -hit·ting***) *vi.* (1) 【野】 핀치히터로 나가다. (2) 《美》 (절박한 경우에) 대역(代役)을 하다《*for*》, 대타자로 나서다.

pínch hítter (1) 【野】 핀치히터, 대(代)타자. (2) 《美》 대역, 대리자《*for*》.

pínch rúnner 【野】 핀치러너, 대주자(代走者).

pín cùrl 핀컬.

pin·cush·ion [pínkùʃən] *n.* ⓒ 바늘겨레(방석).

:pine[1] [pain] *n.* (1) ⓒ 【植】 솔, 소나무. (2) ⓤ 소나무 재목. — *a.* 〔限定的〕 소나무 재목의.

·pine[2] *vi.* (1) 《~/+副》 (슬픔·사랑으로) 파리〈수척〉해지다, 한탄하며 지내다《*away* ; *out*》. (2) 《+前+名/+*to* do》 연모〈갈망〉하다 《*for* ; *after*》.

pin·e·al [píniəl, páiniəl] *a.* 〔限定的〕 【解】 송과선〈체〉(松果腺〈體〉)의.

:pine·ap·ple [páinæ̀pl] *n.* (1) ⓒ 【植】 파인애플. (2) ⓒⓤ 그 열매.

píne còne 솔방울.

píne nèedle (흔히 *pl.*) 솔잎.

píne nùt 소나무 열매《식용》, 송과.

pin·ery [páinəri] *n.* ⓒ (1) 파인애플 재배원(園).
píne trèe 소나무.
pine·wood [páinwùd] *n.* (1) ⓒ (종종 *pl.*) 솔밭, 송림. (2) ⓤ 소나무 재목, 송재.
ping [piŋ] *n.* ⓒ (1) 핑《소총알 따위가 공중을 지나는 소리》. (2) 쨍강, 땡《스푼이 접시에 닿는 소리》(3) (내연기관의) 노크 (소리) (knock).
— *vi.* (1) 핑〈땡〉 소리가 나다. (2) (엔진 등이) 노킹을 일으키다.
·ping-pong [píŋpàŋ, -pɔ́(:)ŋ] *n.* ⓤ 탁구, 핑퐁 (table tennis).
— *vi., vt.* (1) 왔다갔다 하다, 주고받다. (2) 불필요한 진찰을 받게 하다〈받다〉.
pin·head [pínhèd] *n.* ⓒ (1) 핀의 대가리. (2) 아주 작은 것. (3)《俗》바보 ; 멍청이.
pin·hole [⌐hòul] *n.* ⓒ 작은 구멍 ; 바늘 구멍.
pínhole cámera 핀홀 카메라.
pin·ion[1] [pínjən] *n.* ⓒ 새 날개의 끝 부분 ; 날개털 ; 칼깃 ;《詩》날개. — *vt.* (1) (날지 못하도록) 날개의 한쪽 끝을 자르다 ; 두 날개를 동여매다. (2) (사람의 양팔)을 묶다. (3)《+目+前+名》(사람등)의 손발을 붙들어 매어 못 움직이게 하다.
pin·ion[2] *n.* ⓒ 【機】 피니언 톱니바퀴《작은 톱니바퀴》 ; 톱니가 있는 축.
:pink[1] [piŋk] *n.* (1) ⓤⓒ 연분홍색, 핑크색의, 핑크색(옷). (2) ⓒ《口》좌익에 기운 사람. 【cf.】 red. (3) (the ~) 정화(精華), 전형(典型) ; 최고 상태, 최고도. (4) ⓒ 패랭이꽃, 석죽. ***in the ~*** (***of condition*** 〈***health***〉)《口》아주 기력이 왕성〈건강〉하여.
— (***⌐·er ; ⌐·est***) *a.* (1) 연분홍색의. (2)《口》좌경사상의, 좌익으로 기운.
pink[2] *vt.* (1)《+目+前+名》…을 찌르다, 꿰뚫다. (2) ~를 톱니 모양으로 자르다, 장식하다《*out* ; *up*》.
pink[3] *vi.* (엔진이) 노킹하다(《美》 ping).
pink-col·lar [píŋkkálər/-kɔ́l-] *a.* (전통적으로) 여성이 종사하는.
pínk élephant (종종 *pl.*) 술이나 마약에 의한 환각.
pínk gín 핑크 진《진에 칵테일용 쓴 술을 섞은 음료》.
pink·ie [píŋki] *n.* ⓒ《美》새끼손가락.
pink·ing [píŋkiŋ] *n.* ⓤ 핑킹.
pink·ish [píŋkiʃ] *a.* 핑크색〈연분홍색〉을 띤.
pinko [píŋkou] (*pl.* ***pink·o*(*e*)*s***) *n.* ⓒ《美俗·蔑》빨갱이, 좌경한 사람(pink).
pín mòney 용돈.
pin·nace [pínis] *n.* ⓒ 【海】 피니스《함선에 싣는 중형 보트》, 함재정.
·pin·na·cle [pínəkəl] *n.* ⓒ (1) 【建】 작은 뾰족탑. (2) 뾰족한 산봉우리, 정상. (3) (흔히 *sing.*) 정점(頂點), 절정.
— *vt.* (1) 높은 곳에 두다. (2) 뾰족탑을 올리다.
pin·nate [píneit, -nit] *a.* 【植】 우상(羽狀)의, 우상엽(羽狀葉)이 달린.
pin·point [pínpɔ̀int] *n.* ⓒ (1) 핀〈바늘〉 끝, 뾰족한 것. (2) 아주 작은 물건 ; 소량. — *a.* 〔限定的〕 (1) 아주 작은. (2) 정확하게 목표를 정한 ; 정확한, 정밀한. — *vt.* (1) …의 위치를 정확히 나타내다. (2) …의 원인 · 성질을 정확히 지적〈발견〉하다. (3) 정밀 폭격하다.
pin·prick [pínprìk] *n.* ⓒ (1) 바늘로 콕 찌름. (2) 좀 성가신 일.
pin·set·ter [pínsètər] *n.* ⓒ 핀 세터《볼링의 핀을 나란히 놓는 기계》.
pin·stripe [pínstràip] *n.* ⓒ (1) 가는 세로 줄 무늬. (2) 그 무늬의 옷(= ***⌐ sùit***).
·pint [paint] *n.* ⓒ 파인트.
pinta [páintə] *n.* ⓒ《英口》1 파인트의 음료.
pin·to [píntou] *a.*《美》(흑백) 얼룩배기의. —(*pl.* ~s) *n.* ⓒ (흑백의) 얼룩말.
pint-size(d) [páintsàiz(d)] *a.*《口》자그마한, 작은, 소형의(small) ; 하찮은.
pin·up [pínʌ̀p] *a.* 〔限定的〕《口》벽에 핀으로 꽂아 장식할 만한. — *n.* ⓒ (1) (벽에 장식하는) 인기 있는 미인 등의 사진. (2) 미인〈미남〉.
pínup gírl 핀업에 알맞은 미녀(의 사진).
pin·wheel [pínhwìːl] *n.* ⓒ (1) 팔랑개비《장난감》. (2) 회전 불꽃.
pin·worm [pínwə̀ːrm] *n.* ⓒ 【動】 요충.
piny [páini] (***pin·i·er*** ; ***-i·est***) *a.* 소나무의〈같은〉 ; 소나무가 무성한.
Pin·yin [pínjín] *n.* ⓤ《Chin.》병음(倂音)《중국어의 로마자 표기법의 한 방식》.
:pi·o·neer [pàiəníər] *n.* ⓒ (1) (미개지·신분야 따위의) 개척자, 주창자, 선봉장. (2) 선구자, 파이오니어《*in* ; *of*》. — *a.* 〔限定的〕 개척자의 ; 선구적인. — *vt.* (미개지)를 개척하다 ; (도로 등)을 개설하다. — *vi.* 개척자가 되다 ; 솔선하다《*in*》.
:pi·ous [páiəs] (***more ~ ; most ~***) *a.* (1) 신앙심이 깊은 ; 경건한, 독실한(religious). 【opp.】 *impious.* (2) 경신(敬神)을〈종교를〉 빙자한 ; 위선적인, (특히, 종교상의) 방편으로서의 거짓말. (3) 〔限定的〕 훌륭한, 칭찬할 만한, 갸륵한. (4) 〔限定的〕 실현성 없는 〔특히 다음 成句로〕. ▫ piety *n.* 파) ***~·ly*** *ad.*
pip[1] [pip] *n.* ⓒ (사과·배·귤 따위의) 씨.
pip[2] *n.* ⓒ (1) (카드·주사위 따위의) 점, 눈. (2)《英》(견장의) 별.
pip[3] *n.* (the ~)《俗》기분이 언짢음.
pip[4] *n.* ⓒ '삐' 소리.
pip[5] (***-pp-***) *vt.*《英口》(1) …을 배척하다 ; …에 반대하다. (2) …을 총으로 쏘다. (3) (상대)를 이기다. ***~ at*** 〈***on***〉 ***the post*** 막판에서 완전히 이기다.
pip[6] (***-pp-***) *vt.* (껍질)을 깨고 나오다《병아리 따위가》. — *vi.* 삐악삐악 울다.
:pipe [paip] *n.* ⓒ (1) 파이프, 관(管), 도관(導管), 통(筒). (2) (담배) 파이프(tobacco ~), 담뱃대 ; (한 대 피우는) 담배. (3) a] 피리, 관악기 ; 파이프오르간의 관(organ ~). b] = BAGPIPE. c] 【海】 호적(號笛) ; 호각(소리). (4) a] (인체의) 관상(管狀) 기관. b] (흔히 *pl.*)《口》기관(氣管), 목구멍, 호흡기. (5) (포도주 등의) 큰 통 ; 그 용량(《美》126 gallons,《英》105 gallons). ***a distributing ~*** 배수관. ***have*** 〈***smoke***〉 ***a ~*** 한대 피우다. ***Put*** 〈***stick***〉 ***that in your ~ and smoke it.*** 천천히 잘 생각해 봐라《꾸짖은 후에 하는 말》. ***smoke the ~ of peace*** (북아메리카 원주민이) 화친의 표시로 담배를 돌려가며 피우다.
— *vi.* (1) 피리를 불다. (2) a] 짹짹 지저귀다 ; 삑삑 울다. b] 큰 소리〈새된 목소리〉로 말하다〈노래하다〉
— *vt.* (1)《~+目/+目+前+名》(물·가스 등)을 파이프를 통해 나르다. (2) …에 파이프를 설치하다, 배관하다. (3) (라디오·텔레비전 프로)를 유선 방송하다. (4) (노래)를 피리로 불다. (5) 새된(목)소리로 노래〈말〉하다. (6)《+目+前+名/+目+副》【海】 (선원)을 호각을 불어 부르다〈집합시키다〉. (7) (옷과 과자 따위)에 장식테를 두르다. ***~ away*** 호각을 불어 출발을 명령하다. ***~ down*** 〔흔히 命令形〕 낮은 소리로 말하다

; 입을 다물다, 조용해지다. ***~ up*** 새된 목소리로 말〈노래〉 하기 시작하다.
pípe clèaner 담배 파이프 청소용구.
píped músic (호텔·레스토랑 등에서) 계속적으로 조용히 흘려보내는 음악(=piped in music).
pipe·ful [páipfùl] *n.* ⓒ (파이프 담배) 한 대분.
·pipe·line [´-làin] *n.* ⓒ (1) 도관(導管), 송유관로(路), 가스 수송관. (2) (정보 따위의) 루트, 경로. (3) (제조자로부터 소매상에게) 끊임없이 보내지는 상품. ***in the ~*** 수송〈수배〉 중 ; 진행〈준비〉중.
pípe òrgan 파이프오르간. 【cf.】 reed organ.
·pip·er [páipər] *n.* ⓒ 피리 부는 사람 ; (특히) 백파이프를 부는 사람. (***as***) ***drunk as a ~*** 《口》 만취하여. ***pay the ~*** 〈***fiddler***〉 비용〈책임〉을 부담하다 ; 응보를 받다.
pípe ràck (담배) 파이프걸이.
·pip·ing [páipiŋ] *n.* ⓤ (1) 피리를 붊. (2) (종종 the ~) (작은 새의) 울음 소리. (3) 〔集合的〕 관(管) ; 관계(管係), 배관(配管). (4) (의복·케이크 등의) 가장자리 장식. — *a.* 〔限定的〕 (1) 새된〈날카로운〉 소리를 내는. (2) 〔副詞的으로 ; 흔히 ~ hot로〕 펄펄 끓을 정도로, 대단히.
pip·pin [pípin] *n.* ⓒ (1) 사과의 일종. (2) 《俗》 굉장한 물건〈사람〉 ; 미인.
pip·squeak [pípskwìːk] *n.* ⓒ 《俗》 보잘 것 없는 사람〈물건〉.
pi·quan·cy [píːkənsi] *n.* ⓤ 얼얼한〈짜릿한〉 맛 ; 신랄 ; 통쾌.
pi·quant [píːkənt] *a.* (1) 얼얼한《맛 따위》, 짜릿짜릿한 맛의. (2) 자극적이면서 기분좋은. 파) **~·ly** *ad.*
pique [piːk] *n.* ⓤ 화, 불쾌, 찌무룩함.
— *vt.* (1) 〔종종 受動으로〕 …을 화나게 하다. (2) (사람)을 흥분시키다 ; (호기심·흥미)를 자극하다〈자아내다〉. ***~ oneself on*** 〈***upon***〉 …을 자랑하다.
pi·ra·cy [páiərəsi] *n.* ⓤⓒ (1) 해적 행위. (2) 저작권 침해.
pi·ra·ru·cu [pirάːrəkuː] *n.* ⓒ 【魚】 피라루쿠.
:pi·rate [páiərət] *n.* ⓒ (1) 해적 ; 해적선. (2) 표절자, 저작권 침해자. (3) 해적 방송국. (4) 훔치는 사람, 약탈자. — *vt.* (1) …을 약탈하다. (2) …의 저작권을 침해하다 ; …을 표절하다 ; …의 해적판을 만들다.
pirate radio 해적 방송, 무허가 방송《특히 공해상에서의》 : a ~ station 해적 방송국.
pi·rat·ic, -i·cal [paiərǽtik], [-əl] *a.* (1) 해적의 ; 해적질하는. (2) 표절의 저작권〈특허권〉 침해의. 파) **-i·cal·ly** [-kəli] *ad.*
pir·ou·ette [pìruét] *n.* ⓒ 《F.》 피루엣, (발레의) 발끝으로 돌기, 급회전. — *vi.* 발끝으로 돌다.
Pi·sa [píːzə] *n.* 피사《이탈리아 중부의 노시》. ***the Leaning Tower of ~*** 피사의 사탑.
pis·ca·to·ry, pis·ca·to·ri·al [pískətɔ̀ːri/-təri], [pìskətɔ́ːriəl] *a.* 물고기의 ; 어부〈어업〉의 ; 낚시질의〈을 좋아하는〉 ; 어업에 종사하는. 파) **-ri·al·ly** *ad.*
Pis·ces [písiːz, pái-] *n. pl.* (1) 【天】 물고기자리. (2) a〕 쌍어궁(雙魚宮) (【cf.】 zodiac). b〕 ⓒ 물고기자리 태생의 사람.
pis·ci·cul·ture [písəkʌ̀ltʃər] *n.* ⓤ 양어(법).
pish [piʃ] *int.* 피, 체《경멸·혐오를 나타냄》.
piss [pis] *vi.* 《卑》 (1) 소변보다. (2) 〔it를 主語로 하여〕 세차게 비가 오다《*down*》. — *vt.* (1) a〕 …을 소변으로 적시다. b〕 〔再歸的〕 오줌을 지리다. (2) (피 등)을 오줌과 함께 배설하다. ***~ about*** 〈***around***〉 1) 어리석은 행동을 하다. 2) 시간을 헛되이 보내다. ***~ off*** 《俗》 1) 〔종종 受動으로〕 …을 진저리나게 하다, 따분하게 하다. 2) 《英》 〔흔히 命令形〕 나가다, 떠나다.
— *n.* (1) ⓤ 소변(urine). (2) (a ~) 소변을 봄. ***take the ~*** (***out of...***) …을 조롱하다, 놀려대다.
piss àrtist 《戱》 (1)주정뱅이. (2) 수다쟁이, 말주변이 좋은 사람. (3) 말썽을 일으키는 사람.
pissed [pist] *a.* 《卑》 〔敍述的〕 (1) 잔뜩 취한. (2) 화를 낸. (***as***) ***~ as a newt*** = ***~ out of*** one***'s mind*** 〈***head***〉 곤드레만드레 취한. ***~ off*** 진저리 난, 짜증난.
piss·pot [píspɑ̀t/-pɔ̀t] *n.* ⓒ 《俗》 변기.
pis·ta·chio [pistάːʃiòu, -tǽʃ-] (*pl.* **~s**) *n.* (1) ⓒ a〕 【植】 피스타치오. b〕 ⓤⓒ 그 열매《식용》(= **~ nùt**). (2) ⓤ 담황록색(= **~ grèen**).
piste [piːst] *n.* ⓒ 《F.》 【스키】 피스트《다져진 활강 코스》.
·pis·til [pístəl] *n.* ⓒ 【植】 암술 (【cf.】 stamen).
pis·til·late [pístəlit, -lèit] *a.* 암술이 있는, 암술만의. 〖opp.〗 *staminate.*
:pis·tol [pístl] *n.* ⓒ 피스톨, 권총. ***hold a ~*** 〈***gun***〉 ***to*** a person***'s head*** 1) 아무의 머리에 권총을 들이대다. 2) 아무를 위협하여 강제 하다. — *vt.* 권총으로 쏘다.
pis·tol-whip [-*h*wìp] *vt.* …을 권총으로 때리다.
·pis·ton [pístən] *n.* ⓒ (1) 【機】 피스톤. (2) 【樂】 (금관악기의) 판(瓣), 활전(活栓).
píston rìng *n.* ⓒ 【機】 피스톤 링.
píston ròd *n.* ⓒ 【機】 피스톤 로드〈봉〉.
:pit[1] [pit] *n.* (1) ⓒ a〕 (땅의) 구덩이, 구멍 : ⇨ SAWPIT. b〕 함정. c〕 (광산의) 갱(坑) ; 곧은바닥 ; 채굴장, 채석장. (2) ⓒ (흔히 *sing.*) 《美戱》 침상, 침대. (3) ⓒ (몸·물건 표면의) 우묵한 곳 ; (얼굴의) 마맛자국. (4) ⓒ (종종 the ~s) 피트. (5) ⓒ 투견장, 투계장《따위》, (동물원 등의) 맹수 우리. (6) ⓒ a〕 (the~) 《英》 (극장의) 일층석 (의 관객) 《〖cf.〗 stall.》 b〕 (극장의) 오케스트라석, 피트《무대의 바로 앞》. (6) ⓒ 《英》 (곡물 거래소의 칸 막은 판매장. (7) a〕 (the ~) 지옥, 나락. b〕 (the ~s) 《美俗》최악〈최저〉의 장소〈상태, 사람 등〉. ***be at the ~'s brink*** 다 죽어 가고 있다. ***dig a ~for*** …를 함정에 빠뜨리려고 한다.
— (**-tt-**) *vt.* (1) …을 움푹 패이게 하다 ; …에 구멍을 내다, 구덩이를 파다, 갱을 뚫다. (2) 《+目+前+名》 …에 마맛자국을 만들다. (3) 《+目+前+名》 (개·닭)을 싸움 붙이다, 맞붙게 하다《*against*》; …를 경쟁시키다《*against*》.
pit[2] *n.* ⓒ 《英》 (살구 · 복숭아 등의) 씨(stonc).
— (**-tt-**) *vt.* …의 씨를 빼다.
pit-a-pat [pítəpæ̀t, ⌐-´] *ad.* 팔딱팔딱《뛰다 따위》 ; 두근두근《가슴이 뛰다 따위》.
— *n.* (*sing.*) 팔딱팔딱, 두근두근《소리》.
:pitch[1] [pitʃ] *vt.* (1) 《~+目/+目+副/+目+目/+目+前+名》 …을 던지다 ; 내던지다《*out*》. (2) 【野】 (시합)에서 투수를 맡다 : ~ a no-hit game (투수가) 안타를 허용하지 않고 게임을 끝내다. (3) 《+目+副》 …의 높이를 정하다《*at* ; *in*》. (4) 《+目+副/+目+前+名》 【樂】 …의 음의 높이를 조정하다. (5) 《+目+前+名》 …의 위치를 정하다, …에 놓다, 세우다. (6) …을 단단히 고정시키다, 처박다, 세우다. (7) (천막)을 치다 ; (주거)를 정하다. (8) 【골프】 (공)을 피치샷하다. (9) (지붕)을 기울게 하다.
— *vi.* (1) 【野】 (투수가) 투구〈등판〉하다. (2) 《+副

/+前+名》거꾸로 떨어지다〈쓰러지다〉, 곤두박이치다. (3) (지붕 따위가) 기울다. (4) (배·항공기가) 뒷질하다, 앞뒤로 흔들리다. 【cf.】 roll. (5) 천막〈진영〉을 치다. (6) 【크리켓】 (공이) 바운드하다. ~ *in* 1) 《口》…을 열심히〈힘차게〉하기 시작하다. 2) 참가〈협력〉하다 ; 공헌하다. ~ *into* 《口》 1) …에 덤벼들다. 2) (일에) 힘차게 착수하다 ; …을 허겁지겁 먹다. ~ *...out* 《口》 아무를 (밖으로) 내팽개치다.

— *n.* (1) ⓒ 던짐; 던진 것. (2) ⓒ a] 【野】 투구, 투구 솜씨. b] 【골프】 =PITCH SHOT. (3) ⓤ (또는 a ~) 경사 ; 경사도 ; 물매. (4) 【樂】 ⓤⓒ 가락, 음의 고저 : the ~ of a voice. (5) (*sing.*) (세기 · 높이 따위의) 정도. (6) ⓒ (흔히 the ~) (비행기·배의) 뒷질. 【cf.】 roll (7) ⓒ 《英》 (축구·하키 따위의) 경기장 《美》 field). (8) 노점사이 가게를 차리는 일정한 장소. (9) ⓒ (세일즈맨의) 강매. (10) ⓒ 일정 시간에 보트의 노를 젓는 횟수.

:pitch[2] *n.* ⓤ (1) 피치. (2)송진 ; 수지 (樹脂). ***as black* 〈*dark*〉 *as* ~** 새까만, 캄캄한. ***He who touches ~ shall be defiled therewith*** 《俗談》 근묵자흑.

pitch-and-toss [pítʃəntɔ́:s/-tɔ́s] *n.* ⓤ 돈치기 놀이.

pitch-black, -dark [ˊblǽk], [ˊdɑ́:rk] *a.* 새까만, 캄캄한. 파) **~·ness** *n.*

pitch·blende [ˊblènd] *n.* ⓤ 【鑛】 역청 우라늄광.

:pitch·er[1] [pítʃər] *n.* ⓒ (귀 모양의 손잡이와 주둥이가 있는) 물주전자 ; = PITCHERFUL.

:pitch·er[2] *n.* ⓒ (1) 【野】 투수. (2) 《英》 포석(鋪石), 까는 돌. (3) 【골프】 아이언 7번.

pitch·er·ful [pítʃərfùl] (*pl.* ***~s, pítch·ers·fùl***) *n.* ⓒ 물주전자 하나 가득한 양(量)

pitch·fork [ˊfɔ̀:rk] *n.* ⓒ 건초용 포크, 갈퀴. — *vt.* (1) (건초 따위)를 긁어 올리다. (2) (아무를 어떤 지위)에 억지로 끌어앉히다《*into*》.

·pitch·ing [pítʃiŋ] *n.* ⓤ (1) 【野】 a] 투구, 피칭. b] 〔形容詞〕 투구용의. (2) 【空】 (배·비행기의) 뒷질. 【opp.】 *rolling*.

pitch·man [ˊmən] (*pl.* ***-men*** [ˊmən]) *n.* ⓒ 《美》 (1) 노점 상인, 행상인, 가두 상인. (2) 《口》 (텔레비전·라디오 등에서) 상품〈주의, 주장〉을 선전하는 사람.

pitchy [pítʃi] (***pitch·i·er ; -i·est***) *a.* (1) 피치가 많은〈와 같은〉, 진득진득한 : 역청을 칠한. (2) 새까만, 캄캄한.

·pit·e·ous [pítiəs] *a.* 불쌍한, 슬픈, 애처로운, 비참한, 가엾은. 파) **~·ly** *ad.* **~·ness** *n.* ⓤ

pit·fall [pítfɔ̀:l] *n.* ⓒ (1) 허방다리, (동물 따위의) 함정. (2) 뜻밖의〈감춰진〉 위험, 함정 ; 유혹.

·pith [piθ] *n.* (1) ⓤ (초목의) 고갱이, 심 ; (오렌지 따위의) 껍질 안쪽의 부드러운 조직. (2) (the ~) 심수(心髓), 급소, 요점 ; 핵심.

pit·head [píthèd] *n.* ⓒ 【鑛山】 곧은바닥의 갓분.

pithy [píθi] (***pith·i·er ; -i·est***)*a.* (1) 고갱이〈수(髓)〉가 있는. (2) (표현 등이) 힘찬 ; 간결하면서도 함축성 있는 파) **píth·i·ly** *ad.* **pith·i·ness** *n.*

piti·a·ble [pítiəbəl] *a.* (1) 가련한, 불쌍한 ; 비참한. (2) 딱한, 한심한(pitiful). 파) **-bly** *ad.*

·piti·ful [pítifəl] *a.* (1) 가엾은, 처량한, 비참한, 불쌍한. (2) 딱한, 한심한 파) **~·ly** [-fəli] *ad.* **~·ness** *n.*

***piti·less** [pítilis] *a.* 무자비한, 몰인정한, 냉혹한. 파) **~·ly** *ad.* **~·ness** *n.*

pit·man [pítmən] (*pl.* ***-men*** [-mən]) *n.* ⓒ 갱부 ; 탄갱부(coal miner).

Pí·tot tùbe [pí:tou-] 피토관(管) 《유속(流速) 측정에 사용》.

pit·tance [pí:təns] *n.* ⓒ (흔히 *sing.*) 약간의 수당〈수입〉, 소량, 소수.

pit·ted [pítid] *a.* (1) 얽은 자국이 있는. (2) 《美》 (과일의) 씨를 제거한.

pi·tu·i·ta·ry (gland) [pitjú:ətèri/-təri] *n.* ⓒ 【解】 뇌하수체.

:pity [píti] *n.* (1) ⓤ 불쌍히 여김, 동정. (2) (*sing.*) 애석한 일, 유감스러운 일. ㅁ pitiful, piteous *a.* ***more's the ~*** 유감스러운 일이지만, 공교롭게도. ***What a ~!*** 얼마나 딱한 일이냐.

— *vt.* 《~+目/+目+前+名》 …을 불쌍히 여기다, 애석하게 여기다.

pit·y·ing [pítiiŋ] *a.* 〔限定的〕 불쌍히 여기는, 동정하는. 파) **~·ly** *ad.*

·piv·ot [pívət] *n.* ⓒ (1) 【機】 피벗, 선회축(旋回軸), 추축(樞軸). (2) a] 중심점, 요점 b] 중심 인물. (3) 【댄스】 피벗《한 발을 축으로 도는 스텝》.

— *vt.* …을 추축(樞軸) 위에 놓다 ; …에 추축을 붙이다. — *vi.* (1) 추축으로 회전하다 ; 선회하다 《*on, upon*》. (2) (…에 의해) 결정되다 《*on, upon*》.

piv·ot·al [pívətl] *a.* (1) 추축의 (2) 중추의, 중요한.

pix·ie, pixy [píksi:] *n.* ⓒ 작은 요정(elf).

pix·i·lat·ed [píksəlèitid] *a.* (1) 머리가 좀 이상한. (2) 좀 취한.

pi(z)·zazz [pizǽz] *n.* ⓤ (俗) (1) 정력, 활력. (2) 야함, 화려함.

piz·zi·ca·to [pìtsikɑ́:tou] *a.* 《It.》 【樂】 피치카토, 《현(弦)을 손끝으로 뜨는 연주법》의, 손톱으로 뜯는〈연주하는〉. — (*pl.* ***-ti*** [-ti:], ***~s***) *n.* ⓒ 피치카토(곡) — *ad.* 피치카토로《(略) : pizz.》

plac·a·ble [plǽkəbəl, pléik-] *a.* 달래기 쉬운 ; 회유하기 쉬운 ; 온화한 ; 관대한. 파) **-bly** *ad.*

:plac·ard [plǽkɑ:rd, -kərd] *n.* ⓒ (1) ((평평하게 놓다)의 뜻에서)플래카드. (2) 간판, 벽보, 게시. (3) 포스터(poster) ; 전단 ; 꼬리표, 명찰. — [plækɑ́:rd] *vt.* (1) …에 간판을〈벽보를〉 붙이다. (2) …을 간판으로〈벽보로〉 알리다 〈공시하다〉, 게시하다.

pla·cate [pléikeit, plǽk-] *vt.* (1) …을 달래다 , 위로하다(soothe). (2) 진정시키다. 《美》 회유하다.

파) **pla·ca·tion** [pleikéiʃən, plæk-] *n.* ⓤ

pla·ca·to·ry [pléikətɔ̀:ri, plǽk-/-təri] *a.* 달래는, 회유적〈유화적〉인

:place [pleis] *n.* (1) ⓒ 장소, 곳 ; (특정의 목적을 위한) 장소, …장(場). (2) ⓒ (신체 따위의) 국소, 부분 ; (책따위의) 한 구절 ; (어떤 물건의 표면의 특정한) 장소, 부분 ; (음악의) 한 절, 악구(樂句).

(3) ⓒ 시, 읍, 면 / 지역, 지방.

(4) ⓒ a] 건(축)물, 관(館) ; 실(室), 사무실, b] (흔히 *sing.* ; one's ~) 수거, 십 , 방 ; 아파트. c] (시골의) 집, 별장.

(5) 〔固有名詞로서〕 (p-) 광장 ; 네거리 ; …가(街).

(6) ⓒ a] 있어야 할 장소. b] 《흔히 否定文으로》 적당한 장소〈기회〉. c] 입장, 경우, 처지, 환경.

(7) ⓒ 지위, 신분 ; 높은 지위 ; 관직, 공직 ; 직(職), 일자리, 직장(job).

(8) ⓤ 공간, 여지.

(9) ⓒ 좌석, 자리, 위치.

(10) ⓒ 【數】 위(位), 자리.
(11) ⓒ a〕 순서. b〕 【競】 상위(上位) 《1-3착》 ; 【競馬】 선착.
all over the **~** 1) 사방에, 도처에, 여기저기. 2) 난잡하게, 어수선하게 ; 흐트러져. ***another*** **~** 《英》 하원(상원)에서 본 상원(하원). ***a*** **~** ***in the sun*** 1) 햇빛이 드는 양지. 2) 《口》 유리한 지위. ***fall into*** **~** 1) 제자리에 들어앉다. 2) (사실·이야기·일 따위가) 제대로 맞다, 앞뒤가 들어맞다 ; 잘 이해되다. ***from*** **~** ***to*** **~** 1) 이리저리로, 여기저기로. (2) 장소에 따라. ***give*** **~** ***to*** …에게 자리를 양보하다, …와 교대하다, …을 위해 길을 비키다. ***go*** **~*s*** 《口》 1) 여기저기 여행하다. 2) 〔進行形 또는 未來形으로〕 성공〈출세〉하다. ***in*** **~** 1) 제 〈바른〉 자리에. 2) 적당한, 적절한. ***in*** a person***'s*** **~** = ***in*** **~** ***of*** …의 대신에. ***in the first*** 〈***second, last***〉 ~ 첫째〈둘째, 최후〉로. ***keep*** a person ***in his*** **~** 자기 분수를 지키게 하다. ***out of*** **~** 1) 제자리를 얻지 못한〈에 놓이지 않은〉, 부적절한(【opp.】 *in* ~). 2) 실직하여. ***put*** 〈***keep***〉 a person ***in*** his (***proper***) **~** (아무에게) 분수를 알게 하다. ***put*** one***self in*** a person***'s*** **~** 아무의 입장에 서서 생각하다. ***take*** **~** 1) (행사 등이) 개최되다. 2) (사건 등이) 일어나다. ***take*** a person***'s*** **~** 아무에 대신하다 ; 아무의 지위를 차지하다. ***take*** one***'s*** **~** 언제나와 같은 그 〈특정한〉 위치에 앉다 ; (어떤 특정한) 지위를 차지한다. ***take the*** **~** ***of*** …에 대신하다.
— *vt.* (1) 《~+目/+目+前+名》(…에)…을 두다, 놓다 ; 배치〈배열〉하다, 정돈하다 ; (광고)를 신문〈잡지〉에 싣다 ; (심의 따위를 하기 위해, 계획 따위)를 제출하다, 의제로서 내놓다. (2) 《+目+前+名》(아무)를 (…에) 임명하다 ; (아무)에게 (일자리 따위)를 찾아주다. (3) 《+目/+目+前+名》 …을 주문하다〈신청하다〉 ; (돈)을 맡기다, 투자하다 ; (주식 따위)를 팔아치우다. (4) 《+目+前+名》 (신용·희망·중점 따위)를 두다, 걸다《*in, on, upon*》. (5) 《~+目/ 目+前+名》 (아무의 신분·성격 따위)를 판정하다, 평가하다 ; 생각해내다, 알아차리다 ; …의 등급을〈위치를〉 정하다. (6) 《흔히 受動으로》 【競馬】 …의 순위를 정하다. (7) (교환원을 통하여, 전화)를 걸다. (8) 【美蹴·럭비】 (골)을 placekick으로 득점하다. — *vi.* …등이 되다 ; (경마 등에서) 3등 안에 들다 ; 《美》 (특히 경마·경견(競犬)에서) 2등이 되다.
pláce bèt 복승식 우승마 투표법, (경마 따위에서) 복승식으로 거는 방식《《美》 2등까지, 《英》 3등까지》.
pla·ce·bo [pləsíːbou] (*pl.* **~*s,* ~*es***) *n.* ⓒ 《L.》 (1) 【醫·藥】 위약(僞藥) 《환자를 안심시키기 위해 주는 약》. (2) 알랑거림, 알랑거리는 말, 아첨.
pláce càrd (공식 연회 따위의) 좌석표.
pláce kìck 【美蹴·럭비】 플레이스킥《공을 땅에 놓고 참》. 【cf.】 drop kick, punt[2].
place·kick [pléiskik] *vi.* 플레이스킥하다.
pláce màt 식탁용 매트, 식탕용 접시받침《일인분의 식기 밑에 깖》.
·place·ment [pléismənt] *n.* (1) ⓤ 놓음, 배치. (2) ⓤⓒ a〕 직업 소개, 취직 알선. b〕 (진학 학교의) 선정. (3) ⓤⓒ a〕 【럭비·蹴】 플레이스먼트《플레이스킥을 위해, 공을 땅 위에 놓기》. b〕 【테니스】 플레이스컨트 《상대방이 잡기 어려운 장소에의 쇼트》. — *a.* 〔限定 的〕 직업 소개의.
plácement tèst (신입생의) 학급 배치〈분반〉를 위한 실력 테스트, 학력 테스트, 반편성 시험.
place-name [⌐nèim] *n.* ⓒ 지명(地名)
pla·cen·ta [pləséntə] (*pl.* **~*s,* -*tae*** [-tiː]) *n.* ⓒ 【解】 태반.
pláce sètting (식사 때) 각자 앞에 놓인 식기 일습(一襲) ; 그 배치 ; 식탁용의 1인분 식기 세트.
·plac·id [plǽsid] *a.* (1) 평온한, 조용한(calm), 차분한 (2) 침착한.
파) **~·ly** *ad.* **pla·cid·ty** [pləsídəti] *n.*.
plack·et [plǽkit] *n.* ⓒ (스커트 따위의) 옆을 튼 데.
pla·gi·a·rism [pléidʒiərìzəm] *n.* (1) ⓤ 표절(剽竊), 도작(盜作). (2) ⓒ 표절물. 파) **-rist** *n.* ⓒ 표절자.
pla·gi·a·rize [pléidʒiəràiz, -dʒjə-] *vt. vi.* (남의 문장·설 등을) 도용하다, 표절하다《*from*》
:plague [pleig] *n.* (1) ⓒ 역병(疫病), 전염병. (2) ⓤ (흔히 the ~) 페스트, 흑사병. (3) ⓒ (유해동물의) 이상(異常) 대발생《*of*》. (4) ⓒ (흔히 *sing.*) 《口》 말썽 꾸러기 ; 귀찮은 것〈일〉. (***A***) **~** ***on*** 〈***upon***〉 (it 〈him〉) ***!*** =***Plague take*** (it 〈him〉) ***!*** 염병할것, 빌어먹을 (것, 놈), 제기랄. ***avoid ... like the*** **~** (마치 염병에라도 걸린 것처럼) …에 가까이 하지 않다, (…을) 기피하다. ***the black*** 〈***white***〉 **~** 페스트〈폐결핵〉.
— *vt.* (1) …을 역병〈재앙 따위〉에 걸리게 하다. (2) 《~+目/+目+前+名/+目+ *to* do》 …을 애태우다, 괴롭히다 ; 성가시게〈귀찮게〉 하다.
·plaid [plæd] *n.* (1) ⓤ 격자 무늬의 스카치 나사. (2) ⓒ 격자 무늬의 나사로 만든 어깨걸이《스코틀랜드 고지 사람이 왼쪽 어깨에 걸침》. — *a.* 격자 무늬의.
:plain [plein] (**~·*er* ; ~·*est***) *a.* (1) 분명한, 명백한 ; 똑똑히 보이는〈들리는〉 ; 평이한, 간단한, 알기 쉬운. (2) 솔직한, 꾸밈〈숨김, 거짓〉없는. (3) 순수한, 순전한, 철저한. (4) 무지(無地)의, 장식〈무늬, 빛깔〉이 없는 ; 평직(平織)의. (5) 보통의, 평범한 ; 젠체하지 않는. (6) 검소한, 간소한, 소박한, 간단하게 조리한. (7) (얼굴이) 예쁘지 않은, 못생긴. (***as***) **~** ***as day*** 〈***a pikestaff, the nose on*** one***'s face***〉 극히 명백한. ***in*** **~** ***English*** (영어로) 분명히 말하면. ***in*** **~** ***words*** 〈***terms***〉 터놓고 말하자면. ***make*** one***self*** **~** 자기 생각을 분명히 말하다. ***to be*** **~** ***with you*** 솔직히 말해서. — *ad.* (1) 분명히, 똑똑히. (2) 아주, 완전히, 전적으로. —*n.* ⓒ (종종 *pl.*) 평지, 평야, 평원.
파) ***∠·ly** *ad.* (1) 명백히, 분명히, 또렷이. (2) 솔직히, 꾸밈없이. (3) 검소하게, 수수하게. **∠·ness** *n.* ⓤ (1) 명백함 ; 솔직함. (2) 검소, 간소. (3) (얼굴이) 예쁘지 않음.
pláin clóthes (경찰관의) 평복, 사복.
plain·clothes·man [⌐klóuðzmən, -mǽn] (*pl.* **-*men***) *n.* ⓒ 사복 경찰과, 사복 형사.
pláin déaling (특히, 거래상의) 공정함, 솔직 〈정직〉한, 공명정대한.
pláin sáiling (1) 순조로운 항해. (2) (일의) 순조로운 진행, 척척 진행됨 ; 용이함.
plains·man [pléinzmən] (*pl.* **-*men*** [-mən]) *n.* ⓒ 평원의 주민.
plain·song [⌐sɔ̀(ː)ŋ, ⌐sɑ̀ŋ] *n.* ⓤ 단(單) 선율 성가, 소박한 선율.
plain·spo·ken [⌐spóukən] *a.* 솔직히 말하는 ; 노골적인.
plaint [pleint] *n.* 〔V〕 (1) 《詩·古》 비탄, 탄식. (2) 【英法】 고소 ; 고소장.
plain·tiff [pléintif] *n.* ⓒ 【法】 원고 (原告), 고소인 【opp.】 *defendant*.
·plain·tive [pléintiv] *a.* 애처로운, 슬픈 듯한, 애조를 띤. 파) **~·ly** *ad.* **~·ness** *n.* ⓤ

·**plait** [pleit, plæt] *n.* ⓒ (1) (천의) 주름(pleat). (2) (종종 *pl.*) 땋은 머리. — *vt.* (1) …을 땋다(braid). 엮다. (2) 땋아〈엮어〉 …을 만들다.

:**plan**[1] [plæn] *n.* ⓒ (1) 계획, 플랜, 안(案). (2) 도면, 설계도, 평면도, 약도, 도표, (시가지 등의) 지도. 【cf.】 elevation. (3) 시도,목적, 기도(企圖), 예정. (4) 방법, 방식.
— (**-nn-**) *vt.* (1) 《~+目/+目+副》 …을 계획하다. 입안하다 ; 꾀하다. (2) …을 설계하다. …의 설계도를 그리다 : ~ a house. (3) 《+*to* do》 …하기로 마음먹다. …할 작정이다. — *vi.* 《+前+名》 계획하다. 계획을 세우다. **~ out** 생각해 내다. 면밀히 기획하다.

plan·chette [plænʃét, -tʃét] *n.* ⓒ 플랑셰트. 점치는 판.

:**plane**[1] [plein] *n.* ⓒ (1) 평면, 면, 수평면. (2) (지식 따위의) 수준, 정도, 단계 ; 국면, 상태. (3) 비행기(airplane), 수상기(hydroplane). (4) 대패. **by** 〈**in, on**〉 **~** 비행기로, 공로로. — *a.* 〔限定的〕 편평한, 평탄한 ; 평면 도형의. 【cf.】 flat.
— *vt.* (1) …을 (대패로) 편평하게〈매끄럽게〉 하다. (2) …을 대패로 깎다《*away* ; *down*》. — *vi.* (1) (비행기가 엔진을 안 쓰고) 활공하다(down). (수상기가) 이수(離水)하다. (2) 비행기로 가다〈여행하다〉 (3) 대패질하다.

plane[2] *n.* ⓒ 플라타너스 (~ tree)

pláne cràsh (비행기의) 추락 사고.

pláne sáiling 평면 항법.

:**plan·et** [plǽnət] *n.* ⓒ (1) 【天】 행성. (2) 【占星】 운성(運星).

·**plan·e·tar·i·um** [plæ̀nətɛ́əriəm] (*pl.* **~s, -ia** [-iə]) *n.* ⓒ 【天】 플라네타륨, 행성의(儀) ; 별자리 투영기, 천문관.

·**plan·e·tary** [plǽnətèri/-təri] *a.* (1) 행성의〈같은〉 : 행성의 작용에 의한. (2) 【占星】 행성의 영향을 받은. (3) 이세상의 지구(상)의, 세계적인(global).

plánetary nébula 【天】 행성상(狀) 성운(星雲).

plan·e·tol·o·gy [plænətɑ́lədʒi/-tɔ́l-] *n.* ⓤ 【天】 행성학.

pláne trèe 플라타너스, (특히) 버짐나무.

plan·gent [plǽndʒənt] *a.* (1) 울려 퍼지는. (2) 구슬프게 울리는《종 따위》. 파) **~·ly** *ad.*

plan·i·sphere [plǽnəsfiər] *n.* ⓒ (1) 평면 구형도(球形圖). (2) 【天】 평면 천체도, 성좌 일람표.

:**plank** [plæŋk] *n.* ⓒ (1) 널, 두꺼운 판자. (2) 정당 강령(platform)의 항목〈조항〉. **walk the ~** 뱃전에서 밖으로 내민 판자 위를 눈이 가리워진 채 걷다 ; 《口》 강요에 의해 사직하다.
— *vt.* (1) 널빤지를 대다(덮다, 붙이다)(…을 판자로 깔다), …을 판자로 깔다. (2) 【美】 (생선이나 고기)를 판자 위에 얹어놓고 요리하(여 내놓)다. (3) 《+目+副》 《美口》 (돈)을 즉석에서 지급하다《*down* ; *out* ; *up*》.

plánk bèd (교도소 따위의) 판자 침상, 판자 침대.

plank·ing [plǽŋkiŋ] *n.* (1) ⓤ 판자깔기 (2) 〔集合的〕 붙이는 판자, 바닥에 까는 판자.

plank·ton [plǽŋktən] *n.* (1) ⓤ 〔集合的〕 플랑크톤, 부유생물.

planned [plænd] *a.* 계획한.

plan·ner [plǽnər] *n.* ⓒ 계획〈입안〉자 ; 설계자.

plan·ning [plǽniŋ] *n.* ⓤ 계획, 입안; 설계.

plánning permission 《英》 건축 허가.

pla·no-con·cave [plèinoukɑ́nkeiv/-kɔ́n-] *a.* (렌즈가) 평요(平凹)의《한 면만 오목한》.

pla·no-con·vex [plèinoukɑ́nveks/-kɔ́n-] *a.* (렌즈가) 평철(平凸)의《한 면만 볼록한》.

:**plant** [plænt, plɑːnt] *n.* (1) ⓒ (동물에 대한) 식물. (2) ⓒ (수목에 대한 작은)초목 ; 묘목, 모정 ; 삽목(插木) (용의 자른 가지). (3) 공장, 제조 공장, 플랜트 ; 공장 설비, 기계 장치, 기계 한 벌. (4) ⓒ (대학·연구소 따위의) 건물, 시설. (5) ⓒ (흔히 *sing.*) 《俗》 책략 ; 함정, 덫 ; (경찰의) 첩자.
— *vt.* (1) 《~+目/+目+前+名》 심다, (씨)를 뿌리다 ; (식물)을 이식(移植)하다. (2) 《+目+前+名》 (…을) …에 심다 《*with*》. (3)《+目+前+名》 (사상·관념 따위)를 주입하다 (implant), 가르치다. (4) 《+目+前+名》 (굴 따위)를 양식하다 ; (치어(稚漁))를 놓아 기르다. (강 따위)에 방류(放流)하다 《*with*》. (5) (식민지·도시 따위)를 창설〈건설〉하다 ; …에 식민시키다 (settle). (6) 《~+目/+目+前+名》 놓다, 앉히다 ; 설비하다 ; (사람)을 비치하다 ; (俗) (꿍꿍이속이 있어서 정보)를 흘리다. (7) 《+目+前+名》 찌르다, 쳐서 박다《*in* ; *on*》 ; (탄알)을 쏘아 대다 ; (타격 따위)를 주다. (8) 《俗》 (장물 등)을 파묻다, 감추다. (남에게 혐의가 가도록) 몰래 두다. **~ something on** 가짜 등을 남에게 속여 팔다. **~ out** (모종을) 간격을 두고 심다.

plan·tain[1] [plǽntin] *n.* ⓒ 【植】 질경이.

plan·tain[2] *n.* ⓒ 바나나의 일종《요리용》.

:**plan·ta·tion** [plæntéiʃən] *n.* ⓒ (1) 지배지, 농원, 농장. (2) 《英》 식림지, 조림지, 인공림. (3) 식민.

·**plant·er** [plǽntər, plɑ́ːntər] *n.* ⓒ (1) 씨 뿌리는 사람〈기계〉, 심는 사람, 경작자, 재배〈양식〉자. (2) 《美》 (미 남부의) 대농장의 주인. (3) 장식용 화분.

plánt lòuse 【蟲】 진디(aphis) ; 진디 비슷한 습성을 가진 곤충《나무진디 따위》.

plaque [plæk/plɑːk] *n.* (1) ⓒ (금속·도자기 따위로 된) 장식판 ; (벽에 끼워놓는) 기념 명판(銘板). (2) ⓤ 【齒科】 치구(齒垢), 치내, 플라크.

plash [plæʃ] *n.* (*sing.*) 절벅절벅, 철벙, 철썩철썩 (splash)《물소리》. — *vt.* (수면)을 요동시켜 절벅절벅〈찰싹찰싹〉 소리를 내다 ; …에 액체를 튀기다〈끼얹다〉. — *vi.* 절벅절벅〈찰싹찰싹〉 소리가 나다 ; (물이) 튀다.

·**plas·ma** [plǽzmə] *n.* ⓤ (1) 【性理】 혈장(血漿), 피장. (2) 【物】 플라스마, 전리 기체《원자핵과 전자가 분리된 가스 상태》.

:**plas·ter** [plǽstər, plɑ́ːs-] *n.* (1) ⓤ 회반죽, 벽토, 가루 석고. (2) ⓤ 석고 ; 깁스. (3) ⓤⓒ 【醫】 고약 ; 《英》 반창고(sticking ~).
— *vt.* (1) …에 회반죽을〈모르타르를〉 바르다 : ~ a wall 벽에 모르타르를 바르다. (2) 《+目+前+名》 (…을) …에 처덕처덕 두껍게 바르다《*with*》. (3) 《+目+前+名》 (…을) …에 온통 발라 붙이다《*with*》. (4) …에 고약을〈반창고를〉붙이다 ; (아픔)을 덜다. (5) 《+目+副》 뒤발라 반반하게 하다. (6) 《俗》 …에 큰 피해를 주다, 대패시키다 ; 맹폭(猛爆)하다.
파) **~ed** *a.* 〔敍述的〕 《俗》 취한. **~·er** *n.* ⓒ 석고 기술자 ; 미장이.

plas·ter·board [-bɔ̀ːrd] *n.* ⓤ 석고판.

pláster cást (1) 【彫】 석고상〈모형〉. (2) 【醫】 깁스 (붕대).

plas·ter·ing [plǽstəriŋ, plɑ́ːs-] *n.* (1) ⓤ 회반죽 바르기〈공사〉, 회반죽 칠, 미장 공사. (2) ⓒ 《口》 대패(大敗).

pláster sáint 《蔑》 (나무랄 데없는) 훌륭한 사람.

·**plas·tic** [plǽstik] (**more ~ ; most ~**) *a.* (1)형

성력이 있는 ; 형체를 만드는 ; 빚어 만들 수 있는 ; 조형적인 ; 가소성(可塑性)이 있는. (2) 플라스틱의〈으로 만든〉; 비닐제(製)의. (3) (찰흙 따위로 만든) 소상(塑)의 ; 소상술(術)의. (4) (성격 등) 유연한 ; 온순한, 감수성이 강한. (5) 【外科】 성형의. (6) 진짜가 아닌, 인공적인, 부자연스러운, 일부러 꾸민〈지은〉. ▫ plasticity *n.* — *n.* (1) ⓤⓒ 플라스틱, 합성 수지 ; 비닐. (2) ⓒ (흔히 *pl.*) 플라스틱(비닐)제품 ; (3) = PLASTIC MONEY.

plástic árt (흔히 *pl.*) 조형(造形) 미술.

plástic bómb 플라스틱 폭탄.

plástic búllet 플라스틱 탄《폭도 진압용》

plástic explósive (1) 가소성(可塑性) 폭약. (2) = PLASTIC BOMB. 플라스틱 폭약.

Plas·ti·cine [plǽstəsìːn] *n.* ⓤ 소상(塑像)용 점토《商標名》.

plas·tic·i·ty [plæstísəti] *n.* ⓤ (1) 【物】 가소성(可塑性), 성형력(成形力). (2) 유연성 ; 적응성.

plástic móney 크레디트 카드.

plástic súrgery 성형 외과.

plas·tron [plǽstrən] *n.* ⓒ (1) (여성복의) 가슴 장식, (남자용)셔츠의. (2) (펜싱용의) 가죽으로 된 가슴받이. (3) 【動】 (거북의) 복갑(腹甲).

plat[1] [plæt] *n.* ⓒ《美》(1) 울타리로 구획을 한 넓지 않은 토지 ; (화단 따위로 쓰는) 작은 땅. (2) (토지의) 도면, 토지 측량도 ; 지도.

plat[2] *n. vt.* (-*tt*-) = PLAIT.

plat du jour [plὰːdəʒúːər] (*pl.* ***plats du jour*** [plὰːz-]) 《F.》(레스토랑의) 오늘의 특별 요리.

:plate [pleit] *n.* (1) ⓒ 접시 (dish) 접시 모양의 것 : a dinner ~ 정찬용의 (큰)접시. (2) ⓤ 〔集合的〕 금은제〈도금〉의 식기류. (3) ⓒ (요리의) 한 접시, 일품 ; 1인분 (의 요리). (4) (the ~) 헌금 접시(에 모여진 돈). (5) (the ~) 금은 상배 (賞盃) ; 금은 상배가 나오는 경마〈경기〉. (6) ⓒ 【印·寫】 (금속 따위의) 판 ; 판금, 늘인 쇠. (7) ⓒ 감광판 ; 금속판, 전기판, 스테로판(板) ; 목〈금속〉 판화 ; 도판 : ⇨ FASHION PLATE. (8) ⓒ 갑(甲) ; 철갑 갑옷. (9) ⓒ 판유리(~ glass). (10) ⓒ 【野】 본루(home ~), 투수판(pitcher's ~). (11) ⓒ (흔히 *sing.*) 【齒科】 의치상(義齒床) (dental ~) ; 의치. (12) ⓤ 쇠갈비 안쪽에 붙은 고기, 안심. (13) ⓒ 【美】 【電子】 플레이트, (진공관의) 양극(anode). (14) ⓒ 【地質】 플레이트 《지각과 맨틀 상층부의 판상 부분》. ***family ~*** 문이 새겨져 있는 금은 식기. ***hand*** 〈***give***〉 a person something ***on a ~*** 《英口》 아무에게 무엇을 선선히 내주다. ***have a lot*** 〈***enough***〉 ***on*** one'***s ~*** 《英口》 할 일이 많이〈충분히〉 있다.

— *vt.* (1) …에(…로) 도금하다《*with*》. (2) (군함 따위)를 장갑하다.

pláte àrmor 철갑 갑옷 ; (군함 등의) 장갑판.

·pla·teau [plætóu/⌐-] (*pl.* ***~s, ~x*** [-z]) *n.* ⓒ (1) 고원, 대지(臺地). (2) 【敎】 학습 고원(高原) 《학습 등의 안정기》. (3) 상하변동〈부침〉이 거의 없는 시기〈상태〉, 안정기〈상태〉.

plat·ed [pléitid] *a.* 〔흔히 複合語〕 도금 (鍍金)한 . 겉은 털실로 안은 면사로 뜬.

plate·ful [pléitfùl] *n.* ⓒ 한 접시 가득 (한 양).

pláte glàss (고급의) 두꺼운 판유리.

plate-glass [pléitglæ̀s, -glὰːs] *a.* 《限定的》 (1)판유리의. (2) (종종 P-) 《美》 (대학이) 신설의《1960년 이후 판유리를 많이 써서 지은 현대 건축의 대학을 가리킴》.

plate·lay·er [pléitlèiər] *n.* ⓒ (美) 선로공(工), 보선공(《美》 tracklayer).

plate·let [pléitlit] *n.* ⓒ 【解】 혈소판(血小板), 작은 판.

plate·rack [pléitræ̀k] *n.* ⓒ (美) 물기 빼는 접시 걸이.

pláte ràil (장식용의) 접시 선반.

pláte tectónics 【地質】 판 구조론 (板構造論) 《지각(地殼) 의 표층이 판상(板狀)을 이루어 움직이고 있다는 학설》.

:plat·form [plǽtfɔ̀ːrm] *n.* ⓒ (1) 단(壇), 고대(高臺), 대지(臺地) ; 교단, 강단, 연단 ; 토론의 장(場) 〈기회〉. (2) (정거장의) 플랫폼. (3) 승강단, 덱(vestibule). (4) a] 발판. b] 헬리콥터의 발착장. c] (해저 유전 탐사를 위한) 플랫폼. (5) (흔히 *sing.*) a] (정당의) 강령, 정강. b] 《美》 정강 선언〈발표〉. (6) = PLATFORM SHOE.

plátform shòe (흔히 *pl.*) (코르크·가죽제의) 창이 두꺼운 여자 구두.

plátform tìcket (美) (철도역의) 입장권.

plat·ing [pléitiŋ] *n.* ⓤ (1) (금·은 따위의) 도금(coating). (2) (군함 따위의) 장갑. (3) (강철판의) 피복. (4) 현상 경마(경기).

plátinum blónde 백금색 머리의 젊은 여자 《염색한 경우가 많음》.

plat·i·tude [plǽtətjùːd] *n.* (1) ⓤ 단조로움, 평범함, 진부함. (2) ⓒ 평범한 의견, 상투어.

plat·i·tu·di·nous [plæ̀tətjúːdənəs] *a.* 시시한 말을 하는, 평범한, 진부한. 파) **~·ly** *ad.*

Pla·ton·ic [plətánik, pleit-/-tɔ̀n-] *a.* (1) 플라톤의 ; 플라톤학파〈철학〉의. (2) (흔히 P-) 정신〈우애〉적인 ; 이상〈관념〉적인(idealistic). 파) **-i·cal·ly** [-əli] *ad.*

Pla·to·nism [pléitənìzəm] *n.* ⓤ (1) 플라톤 철학〈학파〉; 플라톤주의. (2) (흔히 p-) 정신적 연애(platonic love).

pla·toon [plətúːn] *n.* ⓒ 〔集合的〕 (보병·공병·경관의) 소대.

plat·ter [plǽtər] *n.* ⓒ (1) (타원형의 얕은) 큰접시 《특히, 고기 요리용》. (2) 《美俗》 음반, 레코드. (3) 【컴】 원판.

platy·pus [plǽtipəs] (*pl.* ***~·es, -pi*** [-pài]) *n.* ⓒ 【動】 오리너구리.

plau·dit [plɔ́ːdət] *n.* ⓒ (흔히 *pl.*) 박수, 갈채 ; 칭찬.

plau·si·ble [plɔ́ːzəbəl] *a.* (1) (이유·구실 따위가) 그럴 듯한, 정말 같은. (2) (사람이) 구변이 좋은, 말주변이 좋은. 파) **-bly** *ad.* **plàu·si·bíl·i·ty** [-bíləti] *n.* ⓤ

:play [plei] *vi.* (1) 《~/+前+名/+副》 《…이》 놀다《*about*》; (…와) 놀다《*with*》.

(2) 《+前+名》 장난치다 ; (…을) 가지고 놀다, 희롱하다(trifle)《*with*》.

(3) 《~/+前+名/+副》 경쾌하게 날아다니다, 춤추다 ; 가볍게 흔들리다 ; 나부끼다 ; (빛 따위가) 비치다, 번쩍이다《*on* ; *over* ; *along*》; 조용히 지나가다.

(4) (기계 따위가) 원활하게 움직이다, 작동하다 (work).

(5) 《~/+前+名》 (분수·펌프 따위가) 물을 뿜다 ; (탄환 따위가) 연속 발사되다《*on* ; *over*》.

(6) 《+前+名》 게임을 즐기다, 경기에 참가하다 ; (…와) 대전하다《*against*》.

(7) 《~/+前+名》 도박을 하다, 내기를 하다 (gamble)《*for*》. (8) 《+副/+補》 (…한) 행동을 하다, …한

체하다 ; 말한 대로 하다.
(9) 《+前+名》 (악기를) 연주하다《*on*》 : ~ *on* the piano 피아노를 치다.
(10) 《~/+副》 (악기가)울리다, 곡을 연주하다, (녹음이) 재생되다.
(11) 《~/+前+名/+副》 (극·영화가) 상연되다 《*in* ; *at*》; (TV로) 방영되다《*on*》; (…에) 출연하다《*in*》.
(12) 《+副》 〔樣態의 副詞를 수반하여〕 (각본 따위가) 상연에 알맞다, 무대에 올릴만 하다.
(13) 《美》 놀고 있다, 일이 없다, 놀고〈게으름 피우고〉 지내다 ; (파업으로) 일을 쉬고 있다.
(14) 《+前+名》 〔樣態의 副詞를 수반하여〕 《口》 (제안·연설 등이) 받아들여지다, 효력을 발하다.
(15) 《口》 참가하다, 협력하다.
— *vt.* (1) (게임·경기)를 하다, …하며 즐기다 ; 겨루다.
(2) 【크리켓】 (볼)을 치다 ; 【체스】 (말)을 움직이다 ; 【카드놀이】 (패)를 내놓다 ; 《比》 (유리한 수)를 이용하다 ; (친 공)을 잡다.
(3) 《~+目/+目+前+名/+目+*as* 補》 (아무)를 게임에 내보내다〈참가시키다〉, 기용하다《*at*》 : (포지션)을 지키다, 맡다.
(4) (돈)을 걸다《내기에》 ; (말 따위)에 걸다.
(5) 《~+目/+*that* 節》 놀이하다 ; 을 흉내내며 놀다.
(6) 《~+目/+目+前+名》 (연극)을 상연하다 (perform) ; (배역)을 맡아 하다, …으로 분장하다 ; (본분·역학 따위)를 다하다《*in*》 ; 〔一般的〕 …인 체 거동하다.
(7) 《美》 극을 …에서 공연〈흥행〉하다 : ~ New York 뉴욕에서 흥행하다.
(8) 《~+目/+目+目/+目+前+名》 (악기·곡)을 연주하다.
(9) 《+目+副》 음악을 연주하여 …시키다.
(10) …을 (마음대로) 움직이게 하다, 쓰다 ; 다루다 ; 휘두르다.
(11) 《+目+目/+目+前+名》 …에게 (장난·농담·사기 따위)를 걸다, 치다, 하다, 행하다 (execute).
(12) …에 근거를 두고 행동하다, …에 의존하다 : ~ a hunch 직감에 의존하다.
(13) 《+目+前+名》 (빛 따위)를 내다, (포를) 발사하다, 향하게 하다.
(14) 【新聞】 (기사·사진)을 특정하게 다루다.
be ~ed out 《美》 녹초가 되다. ***~ about*** 〈***around***〉 돌아다니며 놀다 ; 가지고 놀다 《*with*》 ***~ along*** …와 동의〈협조〉하는 체하다《*with*》. ***away ~*** 노름으로 (돈 등을) 잃다. ***~ back*** 1) 【크리켓】 한쪽 발을 뒤로 빼고 치다 ; (공을) 되돌려 보내다. 2) (녹음·녹화 테이프를) 재생하다. ***~ both ends against the middle*** 《美》 양다리를 걸치다 ; (대립자를 다투게하여) 어부지리를 얻다《*in*》. ***~ down*** (*vt.*) 가볍게 다루다, 경시하다. ***~ false*** 〈***foul, foully***〉 부정하게 승부를 겨루다 ; 부정한 짓을 하다, 속이다 ⇨ FALSE *ad.* ***~ for time*** 질질 끌어 시간을 벌다. ***~ God*** ⇨ GOD. ***~ into the hands of*** = ***~into*** a person***'s hands*** …의 이익이 되도록 행동하다 ; …의 계략에 빠지다. ***~ it by ear*** ⇨ EAR[1]. 일이 되어가는 대로 처신하다. ***~ off*** 1) 속이다, (나쁜 일을) 하다. 2) (아무에게) 창피를 주다, …을 업신여기다. 3) (동점 경기에서) 결말을 짓다 : ~ *off* a match 4)…을 발사(發射) 하다. ~ a person ***off against*** another 아무도 누구와 대항 시켜 어부지리를 얻다. ***~ on*** 〈***upon***〉 1) (사람의 감정을) 자극하다. 2) …을 이용하다〈틈타다〉. 3) (악기)를 연주하다. ***~ out*** (*vt.*) 1)끝까지 연주〈경기〉하다. 2)다 써버리다 ; 녹초가 되게 하다 ; (밧줄 따위를) 끌어내다. 3) 연주를 하여 사람을 내보내다〈환송하다〉. (*vi.*) 1) 다하다, 떨어지다. 2) 녹초가 되다 ; (실패의 실 따위가) 꽤 풀리다. ***~ the devil*** 〈***the deuce***〉 ***with*** 《口》 ⇨ DEVIL. ***~ the field*** ⇨ FIELD. 【cf.】 go steady ***~ the game*** ⇨ GAME. ***~ up*** (*vt.*) 1)…을 중시하다, 크게 취급하다, 강조하다(【cf.】 ~ down). 2) 《美》 …을 화나게 하다, 괴롭히다 ; …에게 귀찮게 하다. (*vi.*) 1)연주를 시작하다. 2) 분투하다, 〔命令文〕 힘내라. 3) (기계·신체 따위가) 컨디션이 나빠지다. 4) (아이가) …에 장난치다 《*toward*》. 5) 《口》 (환부 따위가) 아프다. ***~ up to*** 《口》 …에게 아첨 떨다. ***~ with*** …을 가지고 놀다 : 《美俗》 …와 협력하다(~ ball with).
— *n.* (1) ⓤ 놀이, 놀기, 유희. (2) ⓤⓒ 장난(fun), 농담(joking). (3) a] ⓤ 도박, 노름(gambling). b] ⓒ (*sing.*) (카드놀이 등에서) 차례, 순번. (4) ⓤ (유희·승부의) 솜씨, 경기 태도 ; 경기. (5) ⓤ (또는 a ~) (경기·승부에서의) 하나하나의 동작. (6) ⓤ 행동, 행위. (7) ⓤ 활동, 활동의 자유〈여지〉 ; (기계의 부품 상호간 따위의) 틈. (8) ⓤ (빛·빛깔 따위의) 움직임, 어른거림, 번쩍임. (9) ⓒ 연극 ; 각본, 희곡(drama), 극. ***a ~ on*** 〈***upon***〉 ***words*** 말재치, 재담. ***bring*** 〈***call***〉 ***... into ~*** …을 이용하다, 활동시키다. ***come into ~*** 움직이기〈활동하기〉 시작하다. ***give full*** 〈***free***〉 ***~ to*** …을 충분히〈마음껏〉 발휘하다. ***in ~*** 장난〈농담〉으로 ; 【球技】 경기 중에, (공이) 살아(라인 내에) ; 일하고, 영향을 끼치고. ***make a*** 〈one***'s***〉 ***~ for*** …을 손에 넣으려고 고심하다〈책략을 쓰다〉 ; …에게 구애(求愛)하다. ***make ~*** (…을) 효과적으로 이용하다《*with*》. ***out of ~*** 【球技】 아웃이 되어 (라인 밖에).

play·a·ble [pléiəbəl] *a.* play 할 수 있는.

play·act [⌐æ̀kt] *vi.* (1) (연극에서) 연기하다. (2) …인 체하다 ; 과장된 몸짓을 하다.
파) **~·ing** [-iŋ] *n.* ⓤ 연극(을 함) ; 가장하다. 《比》 '연극', 가면(pretense).

play·back [⌐bæ̀k] *n.* ⓒ (레코드·테이프 등, 특히 녹음〈녹화〉 직후의) 재생.

play·bill [⌐bìl] *n.* ⓒ *n.* ⓒ (연극의) 광고 전단; 《美》 (극의) 프로그램.

play·book [⌐bùk] *n.* ⓒ (1) (연극) 각본. (2) 【美蹴】 팀의 공수 (攻守) 포메이션을 수록한 책.

play·boy [⌐bɔ̀i] *n.* ⓒ (돈과 시간이 있는) 바람둥이, (젊은 부자인) 한량, 플레이보이.

play-by-play [⌐baipléi] *a.* (경기 따위의) 실황의, 실황 방송의.
— *n.* ⓤⓒ 실황 방송.

played-out [pléidáut] *a.* (1) 지친, 기진한 ; 더는 해볼 수 없는. (2) 진부한 낡은.

:play·er [pléiər] *n.* ⓒ (1)경기자, 선수. (2) 배우 (actor) ; 연주자. (3) (자동 피아노 따위의) 자동 연주 장치 ; 레코드플레이어. (4) 도박꾼(gambler). (5) 《美俗》 혼음(混淫)을 일삼는 자, 《특히》 펨프.

Pláyer of the Yéar 【競】 연간 최우수 선수.

pláyer piáno 자동 피아노.

·play·ful [pléifəl] *a.* (1) 쾌활한 ; 놀기 좋아하는, 농담 좋아하는. (2) 장난의, 희롱하는, 농담의, 우스꽝스러운. 파) **~·ly** *ad.* **~·ness** *n.*

play·girl [⌐gə̀ːrl] *n.* ⓒ (쾌락을 찾아) 놀러다니는 여자, 플레이걸.

play·go·er [⌐gòuər] *n.* ⓒ 연극팬, 연극 구경을 자주 다니는 사람.

:play·ground [´gràund] *n.* ⓒ (1) (학교 따위의) 운동장. (2) (아이들의) 놀이터, 공원 ; 행락지.
play·group [´grù:p] *n.* ⓒ 사설 탁아소⟨유아원⟩.
play·house [´hàus] *n.* ⓒ (1) 극장(theater). (2) (아이들의) 놀이집, (어린이가 들어가서 노는) 장난감 집, 어린이 오락관.
pláying càrd (카드 따위의) 패.
pláying fìeld 경기장, 운동장.
:play·mate [´mèit] *n.* ⓒ 놀이 친구.
play-off [´ɔ̀:f/´ɔ̀f] *n.* ⓒ (1) (비기거나 동점인 경우의) 결승 경기. (2) (시즌 종료 후의) 우승 결정전 시리즈, 플레이오프.
play·pen [´pèn] *n.* ⓒ 유아 안전 놀이울《흔히 이동식》.
play·room [´rù:m] *n.* ⓒ 오락실, 유희실.
play·suit [´sù:t] *n.* ⓒ (여성·어린이의) 운동복, 레저웨어.
·play·thing [´θìŋ] *n.* ⓒ 장난감⟨노리개⟩ (취급받는 사람), 위안이 되는 것, 희롱물.
play·time [´tàim] *n.* ⓤ (학교의) 노는 시간.
·play·wright [´ràit] *n.* ⓒ 각본가 ; 극작가.
pla·za [plá:zə, plǽzə] *n.* ⓒ《Sp.》(1) (도시·읍의) 광장, (특히 스페인 도시의) 네거리. (2)《美》쇼핑 센터, 플라자. (3)《美》(고속 도로변의) 서비스 에어리어.
·plea [pli:] *n.* ⓒ (1) 탄원, 청원(entreaty) ; 기원. (2) 변명(excuse) ; 구실, 핑계(pretext). (3) 【法】 항변, 답변(서), 소송의 신청(allegation) ; 소송. ◻ plead *v.* ***enter a ~ of guilty*** ⟨***not guilty***⟩ 유죄⟨무죄⟩의 이의(異議) 신청을 하다. ***hold ~s*** 소송을 취급하다. ***make a ~ for*** …을 탄원⟨주장⟩하다. ***on*** ⟨***under***⟩ ***the ~ of*** …을 구실삼아, …이라는 핑계로.
pléa bàrgaining 【法】 유죄 답변 거래⟨흥정⟩.
pleach [pli:tʃ] *vt.* (가지와 가지)를 얽다 ; 가지를 얽어 산울타리를 만들다.
:plead [pli:d] (*pl.*, *pp.* ***plead·ed,*** 《美口·方》 ***ple(a)d*** [pled]) *vt.* (1) …을 변호하다, 변론하다. (2) 《~+目/+*that* 節》 …을 이유로 내세우다⟨주장하다⟩, 변명하다.
— *vi.* (1) 《~/+前+名/+補》 변론하다, 항변하다, 답변하다 ; (어떠한 일이) 구실⟨변명⟩이 되다 《*for*》. (2) 《+前+名》 …을 탄원하다, 간청하다(implore) 《*for*》. ***~ guilty*** ⟨***not guilty***⟩ (심문에 대해 피고가) 죄상을 인정하다⟨인정치 않다⟩.
plead·er [-ər] *n.* ⓒ (1) (법정의) 변호인(advocate) ; 항변자. (2) 탄원자.
plead·ing [plí:diŋ] *n.* (1) ⓤⓒ 변론, 변명. (2) (*pl.*) (소송상의) 답변(서). — *a.* 소원(所願)의, 탄원적인. 파) **~·ly** *ad.* 탄원적으로.
:pleas·ant [pléznt] (***more ~, ~·er ; most ~, ~·est***) *a.* 《중심적인 뜻 : 유쾌한 기분이 되게 하는》 (1) (사물이) 즐거운, 기분좋은, 유쾌한. (2) (날씨가) 좋은. (3) 호감이 가는, 상냥한 ; 쾌활한. ***make*** one***self ~ to*** (visitors) (방문객)에게 상냥하게 대하다. 파) **~·ness** *n.*
·pleas·ant·ly [plézntli] (***more ~ ; most ~***) *ad.* (1) 즐겁게, 유쾌하게, 쾌적하게. (2) 상냥하게, 쾌활하게.
pleas·ant·ry [plézntri] *n.* (1) ⓤ 기분 좋음 ; 익살. (2) ⓒ (흔히 *pl.*) 농담 ; 의례적인 정다운 말《인사 따위》.
:please [pi:z] *vt.* (1) (사람)을 기쁘게 하다, 만족시키다 (satisfy), …의 마음에 들다. (2) 〔it를 主語로 하여〕 …의 기쁨⟨희망⟩이다, …의 좋아하는 바다. (3) 제발, 부디, 미안하지만 (4) 〔as, what, where 등의 關係詞節에서〕 …하고 싶어하다. (5) 《+目+前+名/+目+*to* do/+*that* 節》〔受動으로〕 기꺼이, 마음에 들어 《*at* ; *by* ; *with* ; *about* ; *in*》.
— *vi.* (1) 남을 기쁘게 하다, 호감을 주다. (2) 〔as, when, if 등이 이끄는 從屬節 안에서〕 …하고싶다, 좋아하다. ◻ pleasing *a.* ***if you ~*** 1) 제발, 미안합니다만 ; 용서를 바라고, 실례를 무릅쓰고. 2) (비꼬아서) 글쎄 말이다, 놀랍게도. (***May it***) ***~ you*** 황송한 말씀이오나. ***~ God*** 《文語》 하느님의 뜻이라면, 순조롭게 나간다면.
— *ad.* 〔感歎詞的으로〕 (1) 〔흔히 命令文에 덧붙여〕 부디, 어서. (2) a〕〔疑問文에서〕 미안합니다만, 실례합니다만. b〕〔권유에 대한 대답으로서〕 (꼭) 부 탁합니다. (3) 〔상대의 주의를 끌려고〕 제발 부탁합니다.
pleased [pli:zd] *a.* 기뻐하는, 좋아하는, 만족한, 마음에 든.
:pleas·ing [plí:ziŋ] *a.* 즐거운, 기분좋은, 유쾌한 (agreeable), 호감이 가는, 붙임성 있는 ; 만족스러운. 파) **~·ly** *ad.*
pleas·ur·a·ble [pléʒərəbəl] *a.* (사물이) 즐거운 ; 기분좋은. 파) **-bly** *ad.* 즐거운⟨만족한⟩ 듯이. **~·ness** *n.*
:pleas·ure [pléʒər] *n.* (1) ⓤ 기쁨, 즐거움 (enjoyment) ; 쾌감, 만족(satisfaction). (2) ⓒ 즐거운 일, 유쾌한 일. (3) ⓤ 오락, 위안, 즐거움. (4) ⓤⓒ (관능적) 쾌락, 방종. (5) ⓤ 〔흔히 one's⟨a person's⟩ ~〕 희망, 의향, 욕구(desire). ***at***(one***'s***) ~ 하고 싶은 대로. ***do*** a person (***a***) ***~*** …의 마음에 들도록 하다. ***for ~*** 재미로《딴 이유 없이》. ***It's my*** ⟨***a***⟩ ***~.*** = ***The ~ is mine.*** 천만의 말씀을 ; 오히려 제가 즐거웠습니다. ***with ~*** 1) 기꺼이, 쾌히 : He did the work with ~. 그는 기꺼이 그 일을 했다. 2) (승낙의 대답으로서) 알겠습니다 ; 도와드리겠습니다.
pléasure bòat 유람선 ; 레저용(用) 보트.
pléasure gròund ⟨**garden**⟩ 유원지 ; 공원.
pléasure prìnciple 【心】 쾌락 추구 원칙.
pleat [pli:t] *n.* ⓒ (스커트 따위의) 주름, 플리트. 【cf.】 plait. — *vt.* 주름을⟨플리트를⟩ 잡다.
pleb [pleb] *n.* 《俗》 (1) ⓒ 평민, 서민《pebeian의 간약형》. (2) (the ~s) (일반) 대중.
plebe [pli:b] *n.* ⓒ 《美》 육군⟨해군⟩ 사관 학교의 최하급생, 신입생.
***ple·be·ian** [plibí:ən] *n.* ⓒ 【古로】 평민, 서민 《patrician에 대하여》 ; 대중. — *a.* (1) 평민의 ; 서민의, 하급 계층의. (2) 평범한 ; 비속한(vulgar).
pleb·i·scite [plébəsàit, -sit] *n.* ⓒ 국민⟨일반⟩투표.
plec·trum [pléktrəm] (*pl.* ***-tra*** [-trə], ***~s***) *n.* ⓒ (현악기 연주용의) 채, 픽(pick).
:pledge [pledʒ] *n.* (1) ⓒ 서약(vow), 굳은 약속 ; (정당 등의) 공약. (2) ⓤ 저당, 담보, 전당 ; ⓒ 저당⟨담보⟩물. (3) ⓒ 보증, (우정 따위의) 증거(token). (4) ⓒ 축배, 건배. ***sign*** ⟨***take***⟩ ***the ~*** 금주의 맹세를 하다. ***under ~ of*** …라는 약속⟨보증⟩으로.
— *vi.* (1) 《~+目/+目+前+名》 …을 서약⟨약속⟩하다. (2) 《+目+前+名/+目+*to* do》 (아무에게) 서약시키다, …할 것을 약속⟨서약⟩하다. (3) 《~+目/+目+目》 (언질을) 주다, (명예를) 걸다. (4) 《~+目/+目+前+名》 …을 전당잡히다(pawn), 담보로 넣다. (5) …을 위해 축배하다(toast).
pledg·ee [pledʒí:] *n.* ⓒ 【法】 (동산) 질권자 ; 저당

권자 ; 저당잡은 사람.

pledg·er [plédʒər] *n.* ⓒ (1) 전당잡힌 사람. (2) 【法】 저당권 설정자.

Ple·iad [plí:əd, pláiəd] (*pl.* **~s, -ia·des** [-ədì:z]) *n.* (1) (the Pleiades) 【天】 플레이아데스 성단(星團). (2) (the Pleiades) 【그神】 Atlas의 일곱 딸.

Pleis·to·cene [pláistəsì:n] *a.* 【地質】 플라이스토세(世)의, 홍적세(洪積世)의.
— *n.* (the ~) 홍적세, 갱신생.

·**ple·na·ry** [plí:nəri, plén-] *a.* 충분〈완전〉한 ; 무조건의, 절대적인 ; 전원 출석의 ; 전권을 가진 ; 【法】 정식의, 본식의 (〖opp.〗 *summary*).

plénary indúlgence 【카톨릭】 대사(大赦).

plen·i·po·ten·ti·ary [plènipətén∫əri, -∫ièri] *n.* ⓒ 전권 대사 ; 전권 위원〈사절〉.
— *a.* 전권을 가진 ; 전권 위원〈대사〉의. ***an ambassador extraordinary and ~*** 특명 전권대사. ***the minister ~*** 전권 공사.

plen·i·tude [plénət*j*ù:d] *n.* ⓤ 충분, 완전, 완벽 ; 충실 ; 풍부.

·**plen·te·ous** [pléntiəs, -tjəs] *a.* 《詩》 많은, 윤택한, 풍부한. 파) **~·ly** *ad.* **~·ness** *n.*

:**plen·ti·ful** [pléntifəl] *a.* 많은, 윤택한, 충분한, 풍부한. 【cf.】 abundant, copious. 〖opp.〗 *scanty.* 『 a ~ harvest 풍작. 파) **~·ly** *ad.* **~·ness** *n.*

:**plen·ty** [plénti] *n.* ⓤ 많음, 가득, 풍부, 다량, 충분《*of*》 ; 번영. ***a year of ~*** 풍년. ***in ~*** 1) 충분히, 많이, 풍부하게. 2) 유복하게. ***~ of*** 많은, 충분한.
— *a.* 《口》 많은, 충분한. —*ad.* 《口》 (1) 〔흔히 ~ enough로〕 듬뿍, 충분히, 아주. (2) 《美》 몹시, 대단히.

ple·num [plí:nəm] (*pl.* **~s, ~na** [-nə]) *n.* ⓒ (1) 물질이 충만한 공간 ; 충실, 충만. 〖opp.〗 *vacuum.* (2) (의회 등의)총회, 전체 회의.
— *a.* 완전 이용의.

ple·o·nasm [plí:ənæ̀zəm] *n.* 【修】 (1) ⓤ 용어법(冗語法). (2) ⓒ 용어구(冗語句), 중복어《a false lie 따위》. 파) **ple·o·nas·tic** [ㅗ-nǽstik] *a.*

pleth·o·ra [pléθərə] *n.* ⓤ (1) (a ~) 과다(過多), 과도, 과잉《*of*》. (2) ⓤ 【醫】 다혈증〈질〉 ; 적혈구 과다증.

ple·thor·ic [pliθɔ́:rik, -θár-, pléθər-/pleθɔ́r-] *a.* (1)과다한; 과잉의. (2)다혈증의, 적혈구 과다증.

pleu·ra[plúərə] (*pl.* **-rae** [-ri:]) *n.* ⓒ 【解】 늑막 ; 흉막.

pleu·ral [plúərəl] *a.* 【解】 흉막〈늑막〉의.

pleu·ri·sy [plúərəsi] *n.* ⓤ 【醫】 늑막〈흉막〉염.

Plex·i·glas [pléksiglæ̀s, -glὰ:s] *n.* ⓤ 플렉시 유리.

plex·us [pléksəs] (*pl.* **~es, ~**) *n.* ⓒ 【解】 (신경·혈관의) 총(叢), 망(網), 망상(網狀)조직.

pli·a·ble [pláiəbəl] *a.* (1) 휘기 쉬운, 나긋나긋한 (2) 유연한 ; 융통성 있는 ; 온순(온순)한, 고분고분한 ; 적응성 있는. 파) **- bly** *ad.* **pli·a·bil·i·ty** [-bíləti] *n.* ⓤ 유연성 ; 적응성.

pli·ers [pláiərz] *n. pl.* 집게, 뻰찌.

:**plight**[1] [plait] *n.* ⓒ (흔히 *sing.*) 곤경, 궁상 ; 어려운 입장〈처지, 상태〉. ***in a sorry* 〈*miserable, piteous, woeful*〉 *~*** 비참한 처지에. ***What a ~ to be in !*** 참 비참하게 되었군!.

plight[2] *n.* ⓒ 《文語》 서약, 맹세 ; 약혼.
—*vt.* 《古》 …을 서약〈맹세〉하다 ; (흔히 ~ one-self로) …와 약혼하다《*to*》 ; …에게 결혼을 맹세하다 : . ***be ~ed to*** …와 약혼 중이다. ***~ed lovers*** 서로 사랑을 언약한 남녀. ~ one***'s faith*** 〈***prom-ise, words, honor, troth***〉 굳게 약속하다.

Plímsoll màrk 〈**lìne**〉 【海】 플림솔 표(標), 재화(載貨) 흘수선표(load line).

plink [pliŋk] *vi., vt.* 찌르릉 소리를 내다, 찌르릉하고 울다〈울리다〉《악기 따위》. —*n.* ⓒ 찌르릉 울리는 소리.

plinth [plinθ] *n.* ⓒ 【建】 주초(柱礎), 초석, (원기둥의) 방형 대좌(方形臺座) ; (조상(彫像)의) 대좌 ; (건물의) 토대 언저리, 징두리돌 ; 굽도리, 각석.

Pli·o·cene [pláiəsì:n] *a.* 【地質】 플라이오세(世)의. —*n.* (the ~) 플라이오세 ; 플라이오통(統)《지층》.

·**plod** [plad, plɔd] (**-dd-**) *vi.* 《+副/+前+名》 (1) 터벅터벅 걷다(trudge)《*on* ; *along*》. (2) 끈기 있게 일〈공부〉하다(drudge)《*away* ; *at*》. (3) (사냥개가) 애써 사냥감의 냄새를 맡다. —*vt.* (길)을 힘들게 걷다, 터벅터벅 걷다. ~ one***'s*** (***weary***) ***way*** 지친 다리를 끌고 가다, 애쓰며 나아가다. —*n.* ⓒ (1) 무거운 발걸음 ; 무거운 발소리. (2) 끈기 있게 일함〈공부함〉 ; 노고.
파) **´~·der** [-ər] *n.* ⓒ 터벅터벅 걷는 사람 ; 끈기 있게 일하는 사람 ; 꾸준히 공부〈노력〉하는 사람.

plod·ding [plάdiŋ/plɔ́d-] *a.* 터벅터벅 〈무거운 발걸음으로〉 걷는 ; 끈기 있게 일하는. 파) **~·ly** *ad.*

plonk [plaŋk/plɔŋk] *n.* ⓤⓒ 《英口》 싸구려 포도주.

plop [plap/plɔp] (**-pp-**) *vi., vt.* (1) 풍덩 물에 떨어지다〈떨어뜨리다〉, 펑하고 소리내며 튀(기)다 ; 부글거리며 가라앉(히)다. (2) 《+前+名》 쿵하고 떨어지다〈앉다, 넘어지다〉. — *n.* (a ~) 풍덩, 쿵, 퐁당《소리》 ; 풍덩(떨어짐). —*ad.* 풍덩하고, 펑 소리내며 ; 갑자기.

plo·sive [plóusiv] *n.* ⓒ, *a.* 【音聲】 파열음(의).

:**plot** [plat/plɔt] *n.* ⓒ (1) 음모 ; (비밀) 계획 ; 책략. (2) (극·소설 따위의) 줄거리 각색, 구상. (3) 소구획, 작은 지면(地面), 소지구. (4) 《美》 부지도(敷地圖), 평면도.
—(**-tt-**) *vt.* (1) 《~+目/+*to* do》 (흔히 나쁜 일)몰래 꾸미다, 꾀하다, 계획하다. (2) (시·소설 따위)의 줄거리를 만들다, 구성하다. (3) (토지)를 구분〈구획〉하다《*out*》. (4) …의 도면을 〈겨냥도·설계도를〉 만들다 ; (비행기·배 따위의 위치·진로)를 도면에 기입하다 ; (모눈종이 따위)에 좌표로 위치를 결정하다 ; 그래프로 계산을 하다
—*vi.* 《~/+前+名》 꾀하다, 음모를 꾸미다, 작당하다《*for* ; *against*》.

plot·ter [plάtər/plɔ́t] *n.* ⓒ (1) 음모자, 밀모자 (2) 【컴】 제도 도구, 플로터 공모자, 구상을 짜는 사람《작도 장치》.

:**plow,** 《英》 **plough** [plau] *n.* ⓒ (1) 쟁기 ; 쟁기 모양의 기구, 제설기(機)(snow ~) ; 배장기(排障器)(《美》 cowcatcher). (2) ⓤ 경작, 농업 ; 《英》 경작지, 논밭. (3) (the P~) 【天】 북두칠성, 큰곰자리. ***be at* 〈*follow, hold*〉 *the ~*** 농업에 종사하다. ***go to*** one***'s ~*** 자기의 일을 하다. ***put* 〈*lay, set*〉** one***'s hand to the ~*** 일을 시작하다, 일에 착수하다. ***take a ~*** 《俗》 낙제하다. ***under the ~*** 경작되어〈된〉. —*vt.* (1)《~+目/+目+前+名/+目+副》 (토지)를 (쟁기·괭이로) 갈다(till) ; …에 두둑을 만들다 ; 갈아 일구다《*up*》. (2)《~+目/+目+前+名》 (얼굴에) 주름살을 짓다 ; (주름)을 새기다. (3) 《~+目/+目+前+

名》 …의 물결〈길〉 을 가르며〈헤치고〉 달리다〈나아가다〉, 고생하며 나아가다. (4)(돈 따위)를 …에 (재)투자〈투입〉하다《*into*》. (5)《英俗》 …을 낙제시키다, 〈시험에〉 떨어지다. —*vi*. (1) 《~/+副》 토지를 갈다 ; (토지가) 경작에 적합하다. (2) 《+前+名》 (진창·눈 속을) 힘들여 〈헤치고〉 나아가다 ; 수면을 가르고 나아가다 ; 심하게 충돌하다《*into*》, 〈일 등에〉 기세좋게 착수하다《*into*》 : (책 따위를) 힘들여 읽다 《*through*》. (3)《英俗》 낙제하다. ***~ a*** 〈one'***s***〉 ***lonely furrow*** = ~ one'***s furrow alone*** 독자적인 길을 걷다 ; 고독한 생활을 보내다 ; 혼자서 일하다. ***~ back*** 1)(파헤친 풀을) 쟁기로 도로 묻다《비료로서》. 2)(이익을) 재투자하다. ***~ into*** 1)(일 등에) 정력적으로 착수하다. 2)(…에) 세게 부딪치다, (차 따위가) 돌입하다. ***~ under*** 1)갈아서 메우다, 파묻다. 2)압도〈파괴〉하다.

plow·boy [ˊbɔ̀i] *n*. ⓒ (1) 쟁기 멘 소를〈말을〉 끄는 소년. (2) 농원 노동자, 농부 ; 시골 사람.

plow·land [ˊlæ̀nd] *n*. ⓤ 경작지, 논밭.

plow·man [ˊmən] *pl*. ***-men*** [ˊmən] *n*. ⓒ 농부 ; 시골 사람.

plow·share [ˊʃὲər] *n*. ⓒ 보습.

ploy [plɔi] *n*. ⓒ 《口》 (1) 술수, 책략. (2) 일(job).

:pluck [plʌk] *vt*. (1) 《~+目/+目+副/+目+前+名》 …을 잡아 뽑다《*out* ; *up*》. (2) (과일·꽃 따위)를 따다. (3)《~+目/+目+前+名/+目+副》 잡아당기다, 확 당기다. (4) (현악기)를 뜯다. (5)《美俗》 …에게서 물건·금전 등을 강탈하다, 등치다, 우려내다. (6)《英俗》 낙제시키다. —*vi*. 《+前+名》 (1) 확 당기다《*at*》. (2)잡으려고 하다, 붙들려고 하다《*at*》. (3) (현악기의 현을) 튕겨 소리를 내다. ***get ~ed*** 낙제하다. ***a pigeon, ~ away*** 지어뜯다. ***~ off*** 찢어〈뜯어〉내다. ***~ up*** one'***s courage*** 용기를 돋우다. —*n*. (1) (a ~) 확 당김. (2) ⓤ 용기, 담력, 원기. (3) ⓤ (동물의) 내장. (4)《英俗》 낙제.

plucky [plʌ́ki] (***pluck·i·er*** ; ***-i·est***) *a*. 용기 있는, 원기 왕성한, 담력 있는, 단호한 ; 대담한.
파) **pluck•i•ly** *ad*. **-i·ness** *n*. ⓤ

·plug [plʌg] *n*. ⓒ (1) 마개 ; 틀어막는 것 ; 【齒】 충전물(充塡物). (2) 소화전(fire ~) ; 뱃바닥 마개 ; 《口》 (수세식 변소의) 방수전(放水栓) ; 【機】 점화전(點火栓), 플러그(spark ~). (3) 【電】 (콘센트에 끼우는) 플러그 ; 《口》 소켓. (4) 《口》 (라디오·TV 프로 사이에 넣는) 짧은 광고 방송, 선전(문구). (5)씹는〈고형(固形)〉 담배. (6)《美俗》 늙어빠진 말. ***pull the ~ on . . .*** 《口》 …을 갑자기 중단하다 ; …의 생명 유지 장치를 떼어내다.
—(***-gg-***) *vt*. 《~+目/+目+副/+目+前+名》 …에〈으로〉 마개를 하다, 막다《*up*》 ; 채우다 : ~ a gap 갈라진 틈을 매우다. (2) 《俗》 (주먹으로) 한 대 치다 ; …에 총알을 쏘아 박다. (3) 꽂나, 실러넣다 ; 플러그를 꽂다, (다른 전기기구와)접속하다. (4) 《口》 (방송 따위에서) 끈덕지게 광고하다〈(노래 등을) 들려 주다〉 ; (상품·정책)을 집요하게 선전하다.
—*vi*. (1) 《+副/+前+名》《口》 부지런히 일하다〈노력하다〉 《*along* ; *away* ; *at* 》. (2) 《+前+名》《谷》 치다, 총을 쏘다. ***~ in*** 플러그를 끼우다 ; …의 코드를 콘센트에 끼우다. ***~ into*** 1) (플러그를) 끼우다 ; (전기기구의) 플러그를 끼우다, 접속하다. 2) 플러그로 접속하다. 3) 《美口》 …을 이해하다, 동조하다, 좋아 하다. ***~ up*** 마개로 틀어막다 ; 막히다.

plúg hát 《美口》 실크 해트.

plug·hole [ˊhòul] *n*. ⓒ 《英》 (욕조·싱크대 등의) 마개로 막는 구멍.

plug·ug·ly [plʌ́gʌ̀li] *n*. ⓒ 《美口》 깡패, 건달, 프로권투선수.

:plum [plʌm] *n*. (1) ⓒⓤ 【植】 플럼, 서양자두 ; 그 나무. (2) ⓒ (제과용) 건포도. (3) = SUGARPLUM. (4) ⓒ 좋은 것, 정수(精粹) ; 《특히》 수지 맞는 일. (5) ⓤ (푸른 빛깔을 띤) 짙은 보라색, 감색. —*a*. 최고의, 멋진, 굉장한. **plúmmy** *a*.

·plum·age [plúːmidʒ] *n*. ⓤ 〔集合約〕 깃털, 좋은 옷.

plumb [plʌm] *n*. ⓒ 연추(鉛鐘), 추. ***off*** (***out of***) ***~*** 수직이 아닌 ; 기울어진. ***a ~ block*** 축대
—*a*. (1) 똑바른, 곧은 ; 수직〈연직〉의. (2) 순전한, 전적인(sheer). —*ad*. (1) 수직〈연직〉으로 ; 정확하게. (2) 《美口》 정말, 완전히 : You are just ~ crazy ! 너는 완전히 머리가 돌았군. —*vt*. (1) (연추로) …의 수직을 조사하다 ; 수직되게 하다《*up*》. (2) (추로 물 깊이 따위)를 측량하다. (3) …을 알아차리다, 이해하다, 추량(權量)하다. (4) 납으로 봉하다 ***~ the depths*** (***of . . .***) 《戱》 (절망·고독·슬픔의) 나락에 떨어지다.
—*vt*. (1) 《口》 연공으로 일하다, 납땜질을 하다. (2) 수직으로 서다〈늘어지다〉.

plumb·er [plʌ́mər] *n*. ⓒ 배관공 ; 수도업자.

plumb·ing [plʌ́miŋ] *n*. ⓤ (1) (수도·가스의) 배관 공사 ; 연관 공사 ; (급배수(給排水)) 위생 공사. (2) 납 공업 ; 연관류(鉛管類) 제조 ; 연관류. (3) 수심 측량

plúmb lìne 추선(鐘線), 다림줄 ; 연직선, 측연선(測鉛線).

plúm cáke 건포도를 넣은 케이크.

:plume [pluːm] *n*. ⓒ (1) 깃털. (2) 깃털 장식 ; (모자·투구 등의) 앞에 꽂은 깃털, 꼬꼬마 ; 깃펜〈화살〉의 깃. (3) 깃털 모양의 것. (4) 【地質】 플룸《지구의 맨틀 심부(添部)에서 발생한다고 생각하는 마그마 상승류》. (5) 명예〈영예〉의 상징. ***in borrowed ~s*** 빌린 옷으로 ; 남의 지식〈공적, 신망〉을 제것인양하여 (이솝우화에서)
—*vt*. (1) 《~+目/+目+前+名》 …을 깃털로 장식하다 ; 빌린 옷으로 차려입다. (2) (再歸的) (새가) 깃털을 다듬다. (3) (再歸的) …을 자랑하다《*on* ; *upon*》.

plumed [pluːmd] *a*. (限定的) (…의) 깃털이 있는〈로 꾸민〉.

plum·met [plʌ́mit] *n*. ⓒ (1) 낚싯봉 ; 다림추. (2) 다림줄, 추규(錘規).
—*vi*. (1) 수직으로 떨어지다《*down*》. (2) (물가 따위가) 갑자기 내리다, 폭락하다.

plum·my [plʌ́mi] (***-mi·er*** ; ***-mi·est***) *a*. (1)서양자두 같은〈가 많은〉 ; 건포도가 든. (2) 《口》 좋은, 훌륭한. (3) (음성이) 낭랑한.

plu·mose, plu·mous [plúːmous], [plúːməs] *a*. 깃털을 가진 ; 깃털 모양의.

:plump[1] [plʌmp] (***ˊ·er*** ; ***ˊ·est***) *a*. (1) 부푼, 부드럽고 풍만한, 살이 잘 찐(fleshy). (2)(금액이) 대단한, 충분한.
—*vi*. 《~/+副》 불룩해지다, 포동포동 살찌다《*out* ; *up*》. —*vt*. 《~+目/+目+副》 …을 불룩하게 만들다, 살찌게 하다《*out* ; *up*》. **plúmpoly** *ad*. 파) **ˊ·ness** *n*. ⓤ

·plump[2] *vi*. (1) 털썩 떨어지다〈주저앉다〉, 갑자기 뛰어들다《*down* ; *in* ; *on*》. (2) 《+前+名》《英》 (연기(連記)투표권으로) 단 한 사람에게 투표하다, 절대 찬성〈지지〉하다《*for*》. —*vt*. (1) 《+目+前+名/+目+

副》…을 털썩 떨어뜨리다, 탁 던지다 ; (再歸的) 털썩 주저 앉다, 몸을 던지다. (2) 《口》 (진실 따위)를 퉁명스럽게〈느닷없이〉 말하다《*out*》 ; 지지〈칭찬〉하다.
—*n.* (a ~) 털썩 떨어짐 ; 털썩하는 소리.
—*a.* 노골적인 ; (말씨 등이) 퉁명스런 ; 순전한. —*ad.* (1) 털썩 ; 텀벙. (2) 곧바로, 곧장 아래로. (3) 노골적으로 (4) 갑작스럽게. 파) **~·ly** *ad.* 거침없이, 노골적으로.

plump·ish [plʌ́mpiʃ] *a.* (알맞게) 살찐, 포동포동한.

plúm púdding 건포도·설탕조림의 과일을 넣은 연한 과자《크리스마스용》.

plúm trèe 【植】 서양자두나무.

plum·y [plúːmi] (***plum·i·er ; -i·est***) *a.* 깃털 있는 ; 깃털 같은 ; 깃털로 꾸민.

·plun·der [plʌ́ndər] *vt.* (1) 《~+目/+目+前+名》 (사람·장소)로부터 약탈〈수탈〉하다《*of* 》. (2) (물건)을 훔치다 ; (공공의 금품)을 횡령하다. —*vi.* 노략질하다.
—*n.* ⓤ (1)약탈(품). (2) 《口》 벌이, 이득. (3) 《美口》 가재, 동산.
파) **~·er** [-rər] *n.* ⓒ 약탈자 ; 도둑.

:plunge [plʌndʒ] *vt.* (1) 《~+目/+目+前+名》 …을 던져넣다, 내던지다, 찌르다. (2) 《+目+前+名》 (어떤 상태·행동)에 빠지게 하다, 몰아넣다.
—*vi.* (1) 《~/+前+名》 뛰어들다, 잠수하다, 돌입하다《*into* ; *up* ; *down*》. (2) 《+目+前+名》 돌진하다, 꼬꾸라질 뻔하다. (3) 《+前+名》 착수하다, 갑자기 시작하다《*into*》 ; (어떤 상태에) 빠지다. (4) (주가·매출이) 급락하다. (5) 《口》 큰 도박을 하다 ; 빚을 지다.
—*n.* (*sing.*) (1) 뛰어듦. (2) 돌입, 돌진. (3) 말이 뒷다리를 들고 뛰어오르기 ; (배의) 세로로 흔들림. (4) 큰 도박, 큰투기. (5) 다이빙 하는 곳(발판).
take the ~ 과감히 하다, 모험을 하다.

plúnge bòard (수영의) 뜀판, 다이빙보드.

plung·er [plʌ́ndʒər] *n.* ⓒ (1) 뛰어드는 사람 ; 잠수자, 잠수 인부 ; 돌입〈돌진〉자, 돌입물. (2) **a**) 【機】 (피스톤의) 플런저. **b**) (자루 끝에 흡착 컵이 달린) 배수관 청소기. (3) 《口》 무모한 도박꾼〈투기꾼〉. (4) 《俗》 기병.

plúng·ing 〈plúnge〉 néckline [plʌ́ndʒiŋ-] (여성복의) 가슴이 깊이 팬 네크라인.

plunk [plʌŋk] *vt.* (1) …을 퉁 소리를 내다, (기타 등)을 튕기다. (2) 《+目+副/+目+前+名》 …을 홱 내던지다 ; 쿵하고 넘어뜨리다〈떨어뜨리다〉《*down*》 ; (再歸的) …에 털썩 앉다. —*vi.* (1) 퉁 울리다. (2) 쿵하고 떨어지다〈넘어지다〉 ; 털썩 주저앉다《*down*》.
—*n.* (1) (a ~) 땡하고 울림〈울리는 소리〉 ; 쿵하고 던짐〈떨어짐〉, 그 소리. (2) 《美俗》 강한 타격. (3) 《美俗》 1달러. —*ad.* (1) 퉁(소리를 내고) ; 쿵(하고), 털썩하고. (2)《口》 틀림없이, 바로, 꼭.

plu·per·fect [pluːpə́ːrfikt] *n.* ⓤⓒ, *a.* 【文法】 과거완료(의), 대(大)과거(의).

:plu·ral [plúərəl] *a.* 【文法】 복수의 ; 〔一般的〕 두 개 이상의, 복수의. 〖opp.〗 *singular.* —*n.* 【文法】 (1) ⓤ 복수. (2) ⓒ 복수형(의 말).

plu·ral·ism [plúərəlìzəm] *n.* ⓤ (1) 【教會】 몇몇 교회의 성직 겸임 ; 겸직, 겸임. (2) 【哲】 다원론(多元論). 〖opp.〗 *monism.* (3) (국가·사회 등의) 다원성, 다원적 공존. (4) **a**) 복수성(性) ; 복식 투표. **b**) 복잡성, 다양성. 파) **-ist** *n.* ⓒ 【教會】 몇 교회의 성직 겸임자 ; 겸직자 ; 【哲】 다원론자.

plu·ral·is·tic [plùərəlístik] *a.* (1) 【哲】 다원론의. (2) 복수 인종적인, 다원적인.

plu·ral·i·ty [pluərǽləti] *n.* (1) ⓤ 복수, 복수성〈상태〉. (2) ⓒ 다수, 대다수, 과반수《*of* 》. (3) ⓒ 《美》 초과 득표수《당선자와 차점자의 득표차》 (【cf.】 majority). (4) ⓤ 【教會】 몇몇 교회의 성직 겸임 ; 겸직.

plu·ral·ly [plúərəli] *ad.* 복수(꼴)로, 복수로서 ;복수의 뜻으로.

:plus [plʌs] *prep.* (1) 【數】 플러스, …을 더하여〈더한〉. 〖opp.〗 *minus.* (2) 《美口》 …에 덧붙여서, …외에(besides). (3) 《口》 …이 덧붙여져서 ; …을 덧붙여. (4) …을 벌어 ; …을 입은. —*ad.* 《美口》 게다가 ; 양으로, 정(正)으로.
—*a.* (1) 〔限定的〕 【數】 더하기의, 양수〈플러스〉의. (2)〔限定的〕 【電】 양(극)의. (3)〔限定的〕 여분의 (extra). (4)《口》 …의 약간 위의, 상위의 ; 보통 이상의 ; 《口》 플러스 알파의.
—(*pl.* ***plús·es, plús·ses***) *n.* ⓒ (1) 【數】 플러스 부호(~ sign)《+》. (2) 양수, 양의 양(量). (3) 여분, 나머지 ; 이익 ; 플러스 알파. (4) 【골프】 (우세한 자에게 주는) 핸디캡. —*conj.* 《口》 그리고 또, 게다가, 그 위에.

plús fóurs (골프용의) 짧은 바지.

plush [plʌʃ] *n.* ⓤ 견면(絹綿) 벨벳, 플러시천. —*a.* (1)플러시천으로 만든, 플러시천의(과 같은). (2) 《口》 멋있는, 호화로운.

plush·y [plʌ́ʃi] (***plush·i·er ; -i·est***) *a.* 《口》 호화로운, 사치스러운. 파) **-i·ness** *n.*

plús sign 【數】 플러스 기호《+》.

plu·toc·ra·cy [plu; tákrəsi/-tɔ́k-] *n.* (1) ⓤ 금권 정치〈지배, 주의〉. (2) ⓒ 재벌, 부호 계급.

plu·to·crat [plúːtoukræ̀t] *n.* ⓒ (1) 부호 정치가, 금권주의자. (2) 부자, 재산가.

plu·to·crat·ic, -i·cal [plùːtoukrǽtik], [-əl] *a.* (1) 금권 정치(가)의. (2) 재벌의.

Plu·to·ni·an [plu; tóuniən] *a.* (1) 【그神】 플루톤의. (2) 명계(冥界)〈하계(下界)〉의.

Plu·ton·ic [plu; tánik/-tɔ́n-] *a.* (1) = PLUTONIAN. (2) (-p) 【地質】 심성(深成)의.

plu·vi·al [plúːviəl] *a.* (1) 비의 ; 비가 많은, 다우(多雨)의. (2) 【地質】 빗물의 작용에 의한.

plu·vi·om·e·ter[plùːviámitər/-ɔ́m-] *n.* ⓒ 우량계(rain gauge). —**try**[-tri] *n.* 우량측정(법).

:ply[1] [plai] (***plied ; ply·ing***) *vt.* (1) (무기·도구 따위)를 부지런히 쓰다, 바쁘게 움직이다. (2) …에 열성을 내다, 열심히 일하다. (3) 《+目+前+名》 (질문·간청 등을) …에게 자꾸만 캐묻다, 집요하게 하다. (4) 《+目+前+名》 (…을 아무)에게 자꾸 권하다《*with*》. (5)(배 등이) …을 정기적으로 왕복하다.
—*vi.* 《+前+名》 (1) (배·차 등이 일정한 코스를) 정기적으로 왕복하다《*between* ; *from ... to* 》. (2) 〈뱃사공·역구내 짐꾼·택시 등이〉 손님을 기다리다. (3) 부지런히 일하다. (4) 팔며 다니다《*in*》. (5) 서두르다, 돌진하다. (6) 바람을 거슬러 항해하다. ***~ for hire*** (짐꾼·택시 따위가) 손님을 기다리다.

ply[2] *n.* ⓒ (1) (밧줄의) 가닥, 주름. (2) (합판 등의) (몇) 겹 ; 두께. (3) 경향, 버릇.
—*vt.* (plied) (1) 〈실 등을〉 꼬다. (2) 구부리다 (bend), 접다(fold).

·Plym·outh [plíməθ] *n.* 플리머스. (1) 잉글랜드 남서부의 군항. (2) 미국 Massachusetts 주의 도시.

ply·wood [pláiwùd] *n.* ⓒ 합판, 베니어판.

:P.M., p.m. [píːém] 오후《*post meridiem* (《L.》 = afternoon)의 간약형》. 【cf.】 A.M., a.m.
pneu·mat·ic [njumǽtik] *a.* (1) 공기의 작용에 의한, 공기식의. (2) 공기가 들어있는, 압축공기를 넣은. (3) 기강〈기낭〉을 가진. (4) 영적인
—*n.* 공기타이어 ; 공기타이어가 달린 자전거〈자동차〉. 파) **-i·cal·ly** [-ikəli] *ad.*
·pneu·mo·nia [njumóunjə, -niə] *n.* ⓤ 【醫】 폐렴. ***acute*** 〈***chronic***〉 ~ 급성〈만성〉 폐렴.
po [pou] (*pl.* **~s**) *n.* ⓒ《兒》실내 변기, 요강.
poach[1] [poutʃ] *vt.* (1) …에 침입하다《밀렵(密獵)〈밀어(密漁)〉하려고》; 밀렵〈밀어〉하다. (2) (남의 아이디어)를 도용하다. (타회사 근로자)를 빼내다, 가로채다, 스카우트하다. (3) …을 짓밟다 ; 밟아 진창으로 만들다 ; (진흙 등)을 짓이기다 ; (점토 등)에 물을 넣어 농도를 고르게 하다. (4) 【競走】 (유리한 위치)를 부정수단으로 얻다 ; 【테니스】 (partner가 칠 공)을 옆에서 뛰어나와 치다. —*vi.* (1) 《~/+前+名》 밀렵〈밀어(密漁)〉하다《*for*》 ; 침입하다《*on, upon*》. (2) 진창에 빠지다 ; (길 따위가) 진창이 되다. (3) (경주 등에서) 부정 수단을 쓰다 ; 【테니스】 공을 가로 채어 치다. (4) 〈점토 등을〉 물에 타서 농도를 고르게 하다. **~ *on another's preserves*** 남의 사냥터에서 밀렵하다 ; 남의 세력권을 침범하다.
poach[2] *vt.* …을 데치다 ; (깬 달걀)을 흩뜨리지 않고 뜨거운 물에 삶다.
— **póch•er** *vi.* 수란냄비, 스란짜
po·chette [pouʃét] *n.* ⓒ《F.》 포셰트. (1) 조끼의 작은 호주머니. (2)손잡이가 없는 작은 핸드백.
pock [pɑk/pɔk] *n.* ⓒ 두창(痘瘡), 얽은 자국, 천연두 【cf.】 pox.
:pock·et [pɑ́kit/pɔ́k-] *n.* ⓒ (1) **a**) 포켓, 호주머니 ; 쌈지, 지갑. **b**) 회중품, 소지금; 자력(資力). **c**) 【動】 (캥거루 등의) 주머니 ; 【海】 포켓《돛에 돛주머니를 단 주머니 모양의것》. (2) **a**) 【撞球】 포켓《대의 귀퉁이 및 양쪽에 있는 공받이》; 【野】 (미트의) 포켓《공받는 부분》 **b**) 광석 덩어리 ; 광혈(鑛穴) ; 광맥류(鑛脈瘤). (3) **a**) 오목한 곳, 에워싸인 곳, 막다른 골목 ; 《美》골짜기, 산간 ; 【空】 = AIR POCKET. **b**) 【競馬·競走】 포켓《딴 말〈사람〉에게 둘러싸인 불리한 위치》; 【美蹴】 포켓(cup) ; 주위에서 고립된 그룹〈지구〉, 작은 지역; 【軍】 적 점령하의 고립 지대 ; 【볼링】 포켓《헤드핀과 그 옆 핀과의 사이》. (4) (홉·양털 등의) 한 부대《168-224lb》. (5) (기둥 등의) 받침 구멍. ***a deep ~*** 충분한 자력. ***an empty ~*** 한푼 없음〈없는 사람〉. ***be*** 〈***live***〉 ***in each other's ~s*** 《口》 (두 사람이) 노상 함께 있다. ***be in ~*** 돈이 수중에 있다 ; 이득을 보고 있다. ***have*** a person ***in*** one'***s*** …을 완전히 제것으로 하고 있다, 아무를 마음먹은 내로 하다. ***In*** a person'***s ~*** 아무가 하라는 대로 되어. ***keep*** one'***s hands in*** one'***s ~s*** 일하시 않고 있다, 게으름 피우다. ***line*** one'***s ~s*** 〈***purse***〉 (부정 수단으로) 큰 돈을 벌다, 사복을 채우다. ***out of ~*** 1) 《俗》 외출하고 있는, 자리를 비우고 있는. 2) 손해를 본. ***pay out of*** one'***s own ~*** 자기 개인 돈으로 치르다. ***pick a ~*** (회중품을) 소매치기하다. ***put*** 〈***dip***〉 one'***s hand in*** one'***s ~*** 돈을 쓰다. ***put*** one'***s pride in*** one'***s ~*** 자존심을 억누르다. ***suffer in one's*** (금전상의) 손해를 보다, 돈이 나가다. ***suit every ~*** 누구라도 장만할 수 있다.
—*vt.* (1) …을 호주머니에 넣다 ; 감추다, 집어 넣다 ; 저장하다. (2)(흔히, 부정한 방법으로) …을 자기 것으로 하다, 착복하다. (3)(감정 따위)를 숨기다, 억누르다. (4)(모욕 등)을 꾹 참다. (5)【撞球】 (공)을 포켓에 넣다. (6)《美》 (의안 따위)를 묵살하다. (7) …에 포켓을 달다. (8) …을 가두다, 둘러싸다. (9) 앞과 양 옆을 둘러싸서 방해하다. —*a.* 〔限定的〕 (1) 포켓용(형)의 ; 소형의, 작은. (2) 소규모의, 국시적인.
·pock·et·book [-bùk] *n.* ⓒ (1)(돈)지갑 ;《美》 핸드백. (2) 포켓북, 문고판 ;《英》 수첩.
pock·et·ful [pɑ́kitfúː/ pɔ́k-] (*pl.* **~s** ***póck•ets•fùl***) *n.* ⓒ 한 주머니 가득《*of*》; 《口》 많음《*of*》.
pock·et-hand·ker·chief [-hǽŋkərtʃif, -tʃìːf] *n.* ⓒ 손수건. —*a.* (限定的) 《英口》 네모지고 작은, 좁은.
pock·et·knife [-nàif] (*pl.* ***-knives***) *n.* ⓒ 주머니칼, 접칼.
pócket mòney 용돈 ; 《英》 용돈. 【cf.】 pin money.
pócket·pàrk (고층 건물들 사이에 있는) 미니 공원.
pócket pìece 운수 좋으라고 지니고 다니는 돈.
pock·et-size(d) [-sáiz(d)] *a.* 포켓형의, 소형의 ; (규모가) 작은《국가, 시장》.
pócket vèto 《美》 (대통령·주지사의) 의안 거부권.
pock·et-ve·to [-vìːtou] *vt.* (의안)을 묵살하다.
pock·mark [pɑ́kmɑ̀ːrk/pɔ̀k-] *n.* ⓒ 얽은자국. 파) **-màrked** [-t] *a.* (1) 얽은. (2) 〔敍述的〕 (…로) 구멍이 난《*with*》.
pocky [pɑ́ki/pɔ̀ki] (***pock·i·er ; -i·est***) *a.* 얽은자국의〈이 있는〉.
po·co [póukou] *ad., a.* 《It》 【樂】 약간(의). **~ *a ~*** 서서히, 조금씩. **~ *largo*** 〈***presto***〉 약간느리게 〈빠르게〉.
·pod [pod/pɔd] *n.* ⓒ (1) (완두콩 등의) 꼬투리. (2) 메뚜기의 알주머니 ; (목이 좁은 장어를 잡는) 자루그물 ; 《口》 배 ; (바다표범·고래·상어 등의) 작은 떼. (3) 【空】 날개〈동체〉 밑에 단 유선형의 용기. (4) 【宇宙】 우주선 분리가 가능한 구획. ***in ~*** 《俗》 임신하여. —(***-dd-***) *v.* (***~•ded ; ~•ding***) *vi.* 꼬투리가 되다, 꼬투리가 맺다, 꼬투리가 생기다《*up*》; 꼬투리처럼 부풀다. —*vt.* (콩)의 꼬투리를 까다(shell) ; 껍질을 벗기다.
podgy [pɑ́dʒi/pɔ́dʒi] (***pódg·i·er ; -i·est***) *a.* 《英口》 땅딸막한 ; (얼굴 따위가) 오동통한. 파) **podg·i·ness** *n.*
po·di·a·try [poudáiətri] *n.* ⓤ 《美》 【醫】 발 치료, 족병학(足病學)(chiropody).
— **trist** *n.* 《美》 발병 전문가.
po·di·um [póudiəm] (*pl.* **~s. *-dia*** [-diə]) *n.* ⓒ (1) 【建】 맨 밑바닥의 토대석(土臺石), 기단(基壇) ; 요벽(腰壁) ; 칸막이 벽. (2) 연단(演壇), (오케스트라의) 지휘대, 성서대(聖書臺).
:po·em [póuim] *n.* ⓒ (한 편의) 시. 【cf.】 poetry.
po·e·sy [póuizi, -si] (*pl.* ***-sies***) *n.* ⓤ《古·詩》 (1) 〔集合的〕 시, 운문. (2) 작시(법)(作詩(法)).
:po·et [póuit] (*fem.* **~·ess** [-is]) *n.* ⓒ (1) 시인 ; 가인(歌人). (2) 시심(詩心)을 가진 사람.
po·et·as·ter [póuitæ̀stər] *n.* ⓒ 삼류 시인.
po·et·ess [póuitis] *n.* ⓒ 여류 시인.
·po·et·ic [pouétik] (***more ~ ; most ~***) *a.* (1) 시의, 시적인. (2) 시의 소재가 되는 ; (장소 등) 시로 읊은, 시로 유명한. (3) 시인(기질)의 ; 시를 좋아하는. (4) 운문으로 쓴, 낭만적인 ; 창조적인.

po·et·i·cal [pouétikəl] *a.* (1) 〔限定的〕 시(詩)의, 운문으로 쓰여진. (2) = POETIC.

poétic jústice 시적 정의《권선 징악 · 인과 응보의 사상》.

poétic lícence 시적 허용《시 따위에서 효과를 높이기 위해 운률 · 문법 · 논리 등을 일탈》.

po·et·ics [pouétiks] *n.* ⓤ (1) 시학(詩學), 시론. (2) 운율학(韻律學).

póet láureate (*pl.* ***poets laureate, ~s***) (때때로 the ~ ; 또는 P- L-) 《英》 계관 시인(국왕이 임명하는 왕실시인).

:po·et·ry [póuitri] *n.* ⓤ (1) 〔集合的〕 시, 시가, 운문. 【cf.】 poem, prose. (2) 시집. (3) 작시(법). (4) 시적 재능〈요소〉 ; 시정(詩情), 시심(詩心), 시적감흥. (5) (P-) 시신(詩神)(The Muse).

po-faced [póufèist] *a.* 《英口 · 蔑》 자못 진지〈심각〉한 얼굴의 ; 무표정한.

po·go [póugou] (*pl.* ***~s)*** *n.* ⓒ 용수철 달린 죽마(竹馬)를 타고 뛰어다니는 놀이 ; 그 놀이 도구(=~ **stick**).

po·grom [póugrəm/pógrəm] *n.* ⓒ 《Russ.》 학살《조직적 · 계획적인》 ; 《특히》 유대인 학살.
—*vt.* (조직적으로) …을 대량 학살〈파괴〉하다.

poi [pɔi, póui] *n.* ⓒ,ⓤ (하와이의) 토란 요리.

poign·ant [pɔ́injənt] *a.* (1) 매서운, 날카로운, 통렬한《아픔 따위》 ; 통절한 《비애 따위》. (2) 신랄한 《풍자 따위》. (3) 통쾌한, 얼얼한《맛 · 냄새 따위》 ; 혀〈코〉를 자극하는, 쏘는, 매운. — **~•ly** *ad.* 홍성초.

poin·set·tia [pɔinsétiə] *n.* ⓒ 【植】 포인세티아(크리스마스 장식용).

:point [pɔint] *n.* (1) ⓒ **뾰족한 끝**, (무기 · 도구 등의) 끝 ; 【彩刻】 바늘 ; 뜨개바늘 ; 《美俗》 (마약의) 주삿바늘 ; 《美》 펜촉(nib). (2) ⓒ 돌출한 것, 쑥 내민 것 ; 갑(岬), 곶(cape), 해각(海角)(=~ of land) 《종종 지명》 ; (사슴뿔의) 갈래 ; (the ~) 【拳】 턱끝 ; (가축의) 발끝 ; 《특히》 샴고양이(Siamese cat)의 머리〈귀, 꼬리, 발〉. (3) ⓒ (작은) **점**, 반점, 얼룩. (4)ⓒ (기호로서의) 점 ; 《특히》 【數】 소수점(decimal ~) ; 구두점, 종지부(period), 마침표 ; 【樂】 부호. (5) ⓒ (온도계 따위의) 눈금 ; (온도의) 도(度) ; (물가 · 주식 · 시세 등의) 지표(指標), 포인트. (6) ⓒ 득점, 점수, 평점 ; 《美》 (학과의) 학점, 단위 ; 《美軍》 종군 점수, 배급 점수. (7) ⓒ (지)점, 접촉점 ; 장소. (8) ⓒ 정도, 한계점. (9) ⓒ (생각해야 할) 점, 사항, 항목, 문제 ; 문제점, 논점. (10) ⓤ **요점**, 요지, 주안점. (11) ⓤ **목적**, **취지**, 의미. (12) ⓒ **a**) 특징이 되는 점, 특질. **b**) (전체 중의) 강조점, 사항. (13) ⓤ 이떤 특정한 때, 시전(時點) ; (the ~) 결정적 순간, 찰나. (14) ⓤ 【印】 활자 크기의 단위《1인치의 약 1/72》. (15) ⓒ 《口》 힌트, 암시, 시사. (16) ⓒ 《口》 역(驛), 정거장, 정류소.
(17) = POINT LACE. (18) ⓒ 【軍】 첨병(尖兵), 선봉 ; 《美俗》 (범죄 행위시의) 망꾼. (19) 【크리켓】 **a**) 삼주문(三柱門)의 오른쪽 약간 앞에 서는 야수(野手)의 위치. **b**) ⓒ 그 야수. (20) 【발레】 (복수형으로) 발끝으로 선 자세 ; 발끝. (21) ⓒ 【電】 접점(接點), 포인트 ; 《英》 콘센트. (22) ⓒ 【海】 나침반 주위의 방위를 가리키는 32점의 하나《두 점 사이의 각도는 11°15′》. (23) 【컴】 점《 1) 그림 정보의 가장 작은 단위. 2) 활자 크기의 단위로 약 1/72인치》.
at all ~s 모든 점에서, 철저하게 ; 철두 철미. ***at the ~ of*** …의 순간에, 막 …하려고 하여. ***at the ~ of the sword***〈***bayonet***〉 ⇨ SWORD. ***at this ~*** 지금. ***away from the ~*** 대중이 빗나간〈나간〉 〈이야기 등〉 탈선하여. ***beside***〈***off, away from***〉 ***the ~*** 요점을 벗어나, 예상이 어긋나, 부적절하여. ***beat***〈***win***〉 ***on ~s*** 득점〈판정〉으로 이기다. ***carry***〈***gain***〉 one***'s ~*** 목적을 달성하다, 주장을 관철하다. ***come to a ~*** (사냥개가) 사냥감 있는 곳을 알리다 ; 끝이 뾰족하게 되다. ***come***〈***get***〉 ***to the ~*** 막상 …할 때가 되다 ; 요점에 언급하다. ***from ~ to ~*** 축차적으로, 순서를 따라 ; 상세히. ***gain a ~*** 1점을 얻다, 우세하게 되다. ***get*** a person's ~ 아무의 이야기의 논지를 파악하다. ***give ~s to*** a person = ***give*** a person ***~s*** 1) 아무에게 유리한 조건을 주다, 아무에게 핸디캡을 주다. 2) 《比》 …보다 낫다 ; 아무에게 조언하다. ***give*** (***a***) ***~ to . . .*** 1) …을 뾰족하게 하다. 2) …을 강조하다. ***grow to a ~*** 끝이 가늘어지다〈뾰족하여지다〉. ***have*** (***got***) ***a ~*** 일리 있다. ***have*** one***'s ~s*** (나름대로) 장점이 있다. ***in ~*** 적절한. ***in ~ of*** …의 점에서는, …에 관하여(는). ***keep***〈***stick***〉 ***to the ~*** 요점을 벗어나지 않다. ***labor the ~*** (뻔히 알고 있는 사실을) 지루하게 〈끈덕지게〉 늘어놓다. ***make a ~*** 1) 점을 얻다. 2) 논지를 충분히 입증하다. 3) =come to a point. ***make a ~ of*** do***ing*** 1) …을 주장〈강조, 중요시〉하다. 2)반드시 …하다. ***make a ~ that . . .***〈***of . . .***〉 반드시 …하다, …을 주장(강조, 중시)하다. ***make it a ~ to*** do... 정해 놓고 〈반드시〉 …하다. ***make***〈***score***〉 ***~s with*** 《俗》 윗 사람에게 빌붙다, '점수를 따다'. ***not to put too fine a ~ on it*** 사실대로 말하면, 기탄 없이 말해서. ***off the ~*** 대중〈속셈〉이 틀린. ***on the ~ of*** do***ing*** 바야흐로 …하려고 하여, …하는 순간에(at the ~ of). ***~ by*** ~한 항목씩, 하나하나. ***~ for*** ~하나하나〈차례대로〉 비교하여. ***~ of honor*** 명예에 관한 문제. ***~ of no return*** 귀환 불능점 ; 이제 돌아설 수 없는 곳. ***~ of order*** 의사 진행에 관한 문제. ***~s of the compass*** 나침반이 가리키는 32방위. ***~ of time*** 시점. ***prove a ~*** (의론 등에서) 주장의 정당함을 밝히다, …를 설득시키다. ***reach a low ~*** (도덕 · 사기(士氣) 따위가) 저하하다. ***stand upon ~s*** 사소한 일에 구애되다, 지나치게 꼼꼼하다. ***strain***〈***stretch***〉 ***a ~*** 양보하다 ; 파격적인 취급을 하다. ***take*** a person***'s ~*** 사람의 한 말을 이해하다 ; 의견에 동의하다. ***to the ~*** 요령 있는, 적절한. ***up to a ~*** 어느 정도. ***win***〈***lose, be beaten***〉 ***on ~s*** 【拳】 판정으로 이기다〈지다〉. ***You have a ~ there.*** 그 점에선 네 주장도 타당하다(=that's a point).
—*vt.* (1) …을 뾰족하게 하다, 날카롭게 하다. (2)《+目+前+名》 …에 끝을 붙이다 ; …의 끝에 붙이다《*with*》. (3) 【樂】 …에 점을 찍다〈부호를 달다〉 ; …에 구두점을 찍다(punctuate) ; 소수점을 찍어 끊다《*off* 》. (4) 《~+目/+目+副》 (충고 · 교훈 따위)를 강조하다《*up*》, …에 힘을〈기세를〉 더하다 ; (예 따위를 들어) 설명하다. (5) 《~+目/+目+前+名》 (손가락 등)을 향하게 하다《*at* ; *towards*》. (6)(사냥개가 사냥감의 위치)를 멈춰 서서 그 방향을 알리다. (7)《~+目/+目+目/+目+副/+目+前+名》 …을 지시하다 ; 지적하다《*out*》 ; 주의를 환기시키다, 가리키다. (8) 【石工】 (돌)을 깍다. (9) 【建】 (석회·시멘트)를 …의 이음매에 바르다. (10) 【農】 (땅)을 갈다《*over*》 ; (비료)를 삽으로 묻다《*in*》. (11) (댄서가) 발끝으로 서다.
—*n.* (1) 《+前+名》 가리키다《*at* ; *to*》. (2) 《+前+名》 지시하다, 시사하다《*to*》 ; 경향을 나타내다, 경향이 있다《*to*》. 경제 상태는 인플레이션 악화의 양상을 보이고 있다. (3) 《+前+名》 (어떤 방향을) 향해 있다《*to* ; *toward(s)*》. (4)(사냥개가) 사냥감이 있는 곳을

가리키다. **~ off** 콤마로〈소수점으로〉 구분하다 ; …에 점을 찍다. **~ out** 가리키다, …을 지적하다. **~ to** …의 경향을 나타내다 ; …의 증거가 되다. **~ up** 강조하다, 눈에 띄게 하다.

point-blank [pɔ́intblǽŋk] *a.* (1) 직사(直射)의, 수평 사격의. (2)정면으로부터의, 노골적인, 솔직한, 단도직입적인. —*ad.* (1)직사하여 ; 직선으로. (2)정면으로, 드러내어, 단도직입적으로. —*n.* 직사(점).

póint dùty 《英》 (교통 순경의) 입초근무, 교통정리 (근무).

:point·ed [pɔ́intid] *a.* (1) 뾰족한 ; 뾰족한 끝이 있는, 예리한 ; 찌르는. (2) 날카로운, 신랄한 ; 빗대는. (3) 들이댄. (4) 눈에 띄는 ; 명백한 ; (주의력 따위가) 집중한.

·point·er [pɔ́intər] *n.* (1) ⓒ 지시하는 사람〈물건〉 ; (교사 등이 지도·흑판 따위를 짚는) 지시봉 ; (시계·저울 따위의) 바늘, 지침 ; 《口》 조언, 암시, 힌트. (2) ⓒ 포인터《사냥개》. (3) (*pl.*) (P-) 【天】 지극성(指極星)《큰곰자리의 α, β의 두 별》. (4) ⓒ 【軍】 조준수(照準手). (5) ⓒ 【컴】 알리개, 지시자, 지시기.

poin·til·lism [pwǽntəlìzəm] *n.* ⓤ 【美術】 (프랑스 인상파의) 점묘법(點描法), 점묘주의. **-list** *n.* 점묘화가.

póint in tíme 《美》 (특정한) 때.

póint làce 손으로 뜬 레이스.

point·less [pɔ́intlis] *a.* (1) 뾰족한 끝이 없는, 무딘. (2) 박력〈효과〉 없는, 헛된, 적절하지 못한, 무의미한 ; 요령 없는. (3) 【競】 쌍방 득점 없는. (4)【植】 까끄라기가 없는. — **~·ly** *ad.* **~·ness** *n.*

póint of hónor 명예〈면목〉에 관계되는 문제.

póint of nó retúrn 【空】 귀환 불능 지점.

póint of órder 의사 진행상의 문제.

point-of-sale(s) [pɔ́intəvséil(z)] *a.* 〔限定的〕 【經營】 매장(賣場)〈점두〉의, 판매촉진용의, POS《컴퓨터를 써서 판매 시점에서 판매활동을 관리하는 시스템을 이름》의.

points·man [pɔ́intsmən] (*pl.* **-men** [-mən]) *n.* ⓒ 《英》 (1) 【鐵】 전철수(轉撤手)(switchman). (2)근무 중의 교통 순경.

póint swìtch 【鐵】 전철기(轉撤機).

póint sỳstem (1) 【敎】 학점(진급)제. (2) (맹인용의) 점자방식. (3) 【印】 포인트식(式)《활자 분류법》. (4) 《美》 (운전자에 대한 벌칙의) 점수제 ; 【經營】 (작업 평가의) 점수제.

point-to-point [pɔ́inttəpɔ́int] *n.* ⓒ 자유 코스의 크로스컨트리의 경마. — *a.* 전야횡단의

pointy [pɔ́inti] (**point·i·er ; -i·est**) *a.* 끝이 약간 뾰족한 ; 뾰족한 점이 있는, 〈식물 등이〉 가시돋은.

·poise [pɔiz] *vt.* (1) …을 균형잡히게 하다, 평형되게 하다. (2) (어떤 자세)를 취하다, (어떤 상태)로 유지하다. (3) (受動으로·再歸的) …의 준비를 하다, …할 각오를 하다《*for* ; *to* do》. (4) …을 (어떤 상태로) 유지하다, (어떤 상태)로 운반하다. —*vi.* 균형이 잡히다, (새 따위가) 공중에서 맴돌다(hover).

—*n.* (1) ⓤ 평형, 균형. (2) ⓒ 자세, (몸·머리 따위의) 가짐새. (3) 【比】 ⓤ 평정(平靜) ; 안정. (4) 《古》 ⓒ 분동(分洞), 추. (5) (새 등이) 공중을 맴돎.

파) **~d** *a.* 〔敍述的〕 침착한, 위엄 있는 ; 균형잡힌 ; 태세를 갖춘《*for*》 ; 흔들리는 ; 공중에 뜬.

:poi·son [pɔ́izən] *n.* ⓤⓒ (1) 독, 독물, 독약. (2) 폐해, 해독 ; 해로운 주의〈설(說), 영향〉. (3) 《口》 (특히) 술. (4) 〈원자로의〉 유독(유해)물질. **aerial ~** 말라리아. **hate . . . like ~** …를 지독하게 미워하다. **What's your ~ ?** 《口》 너는 무슨 술을 마시겠느냐.

—*vt.* (1) 《~+目/~+目+前+名》 …를 독살〈독해(毒害)〉하다, 식중독에 걸리게 하다. (2) …에 독을 넣다〈바르다〉. (3) …에 해독을 끼치다, 악화시키다 ; 악풍(惡風)에 물들게 하다. (4) (공기·물 등)을 오염시키다, 못 쓰게 만들다. (5) 《+目+前+名》 편견을 갖게 하다《*against*》. ~ a person**'s mind against** 아무에게 …에 대한 편견을 갖게 하다. —*a.* 유독한, 해로운.

poi·soned [pɔ́izənd] *a.* 독이 든, 독을 바른.

póison gás 【軍】 독가스.

póison hémlock 【植】 독(毒)당근, 독미나리.

poi·son·ing [pɔ́izəniŋ] *n.* ⓤ (1) 중독. (2) 독살.

póison ívy 【植】 옻나무 ; 덩굴옻나무.

·poi·son·ous [pɔ́izənəs] (**more ; most ~**) *a.* (1) 유독한. (2) 유해한, 독살스러운 ; 악의의. (3) 《口》 불쾌한.

poi·son-pen [pɔ́izəmpén] *a.* 〔限定的〕 (악의에 찬) 익명 집필의, 중상적인.

·poke[1] [pouk] *vt.* (1) 《~+目/+目+前+名》 (손·막대기 따위의 끝으로) …을 찌르다, 콕콕 찌르다 《*in* ; *up* ; *down*》. (2)《~+目/+目+前+名》 ~를 바싹 갖다대다 ; 쑥 넣다 : 쑥 내밀다. (3) 《~+目/+目+前+名》 (구멍)을 찔러서 뚫다《*in* ; *through*》. (4) 《~+目/+目+副》 (묻힌 불 따위)를 쑤셔 일으키다. (5) (귀·손가락·얼굴 따위)를 …로 향하다《*at*》, (남의 일)에 끼어들다《*into*》. (6)《俗》 (여자)와 성교하다 ; 《口》 주먹으로 때리다 ; 《野球俗》 히트를 치다. (7) 〔再歸的·受動으로〕 갑갑한 곳에 가두다《*up*》. (8) 【컴】 (자료)를 어느 번지에 집어넣다. —*vi.* (1) 찌르다《*at*》 ; 튀어나오다. (2) 《~/+前+名》 쓸데없는 참견을 하다《*into*》 ; …을 꼬치꼬치 캐다《*about* ; *around*》. (3) 주저주저하다, 빈둥거리다, 어슬렁거리다《*along*》. (4) 여기저기 뒤지다〈찾아 헤매다〉 《*about* ; *around*》. (5)【크리켓】 천천히 신중하게 경기하다. (6) 《口》 주먹으로 치다. **~ and pry** 꼬치꼬치 캐다. **~ about** 《口》 1) 뒤지다, 찾아헤매다. 2) 어슬렁거리다, 느릿느릿 가다(일하다). **~ and pry** 꼬치꼬치캐다. **~ fun at** …을 놀리다. **~ out** 쑥 내밀다 ; 삐죽이〈비어져〉 나오다. ~ one**'s head** 머리를 내밀다 ; 앞으로 약간 숙이다. ~ one**'s nose into** …에 참견하다, …에 쓸데 없는 간섭을 하다.

—*n.* ⓒ (1)찌름 ; 팔꿈치로 찌름. (2)《口》 주먹으로 때림 ; 《俗》 성교; 《野球俗》 히트. (3)목고리. (4)굼벵이 ; 게으름쟁이, 빈둥거리는 사람. (5)(보닛 따위의) 챙이 쑥나온 여성모(帽)(= **~ bònnet**). (6)【컴】 집어넣기.

poke[2] *n.* ⓒ 《方》 부대, 작은 주머니 ; 《古》 포켓 ; 《俗》 시삽. **buy a pig in a ~** ⇨PIG.

poke·ber·ry [∠bèri/∠bəri] *n.* ⓒ 【植】 서양자리 공 ; 그 열매.

·pok·er[1] [póukər] *n.* ⓒ (1) 찌르는 사람〈물건〉 ; 부지깽이. (2) 낙화(烙畵) 도구. (3) 《英學生俗》 대학 부총장의 권표(mace). **(as) stiff as a ~** 〈태도 등이〉 아주 딱딱한. **by the holy ~** 맹세코, 단연코.

pok·er[2] *n.* ⓤ 포커《카드놀이의 일종》.

póker fàce 《口》 무표정한 얼굴(의 사람).

poker-faced [póukərfèist] *a.* 무표정한, 무관심한.

póker wòrk 낙화(烙畵)《흰 나무에 그린》.

pokey[1] [póuki] *n.* ⓒ 《美俗》 교도소(jail).

pokey[2] (**pok·i·er ; -i·est**) *a.* (1) 《口》 활기 없는, 굼뜬, 느린. (2) (종종 ~ little) 비좁은, 갑갑한, 보잘

것없는, 지저분한《장소 따위》. (3) 초라한《복장 따위》; 시시한《일 따위》. — **pók•i•ly** *ad.* **pók•i•ness** *n.*

pol [pɑl/pɔl] *n.* ⓒ 《美口·蔑》 정치가.

Po·lack [póulæk] *n.* ⓒ 《美俗·蔑》 폴란드계(系)의 사람. 《古》 폴란드 사람.

Po·land [póulənd] *n.* 폴란드《수도 Warsaw》. — **~•er** *vt.* 폴란드 사람(pole).

:**po·lar** [póulər] *a.* 〔限定的〕 (1) 극지(極地)의, 남극〈북극〉의 ; 극지에 가까운 : beaver 《俗》 수염이 흰 사람. (2) **[電]** 음극〈양극〉을 가지는 ; 자극(磁極)의 ; 자기가 있는 ; 극성(極性)의. (3) 정반대의. — *vt.* 극선.

pólar bèar **[動]** 흰곰, 북극곰 (white bear).

pólar cáp **[地]** 극지의 빙관(氷冠) ; **[天]** 화성의 빙관.

pólar círcle (the ~) (남·북의) 극권(極圈).

pólar coórdinates **[數]** 극좌표.

pólar frònt **[氣]** 극전선(極前線).

Po·lar·is [pouléəris, -lǽr-] *n.* **[天]** 북극성.

po·lar·i·scope [poulǽrəskòup] *n.* ⓒ **[光學]** 편광기(偏光器).— **po•làr•i•scóp•ic** [-skápik -skɔ́p-] *a.*

po·lar·i·ty [poulǽrəti] *n.* ⓤⓒ (1) 양극(兩極)을 가짐, 전기의 극성 ; 자성(磁性) 인력 ; **[물]** 극성 ; 양극성. (2) (주의·성격 등의) 정반대, 양극단《*of* ; *bewteen*》.

po·lar·i·za·tion [pòulərizéiʃən] *n.* ⓤⓒ (1)**[物]** 극성(極性)을 생기게 함〈갖게 됨〉, 분극(分極)(화(化)) ; **[光]** 편광. (2) (주의·경향 등의) 대립, 양극화.

po·lar·ize [póuləràiz] *vt.* (1) …에 극성(極性)을 주다, 분극하다 ; 편광시키다, 성극〈분극〉작용. (2) (어휘 등)에 특수한 뜻〈적용〉을 갖게 하다 ; (사상 등)을 편향시키다. (3) (당파 등)을 양극화하다, 분극화〈분열, 대립〉시키다《*into*》. —*vi.* (1) (빛이) 편광하다 ; **[電·物]** (금속 등이) 성극(成極)하다 ; 분극하다. (2) 분열〈편향, 대립〉하다. ***~d light*** 편광. ***polarizing action*** **[電]** 성극〈분극〉 작용. 파) **-iz·er** [-zər] *n.* ⓒ 편광자(偏光子), 편광 프리즘. **-iz·a·ble** *a.* **pò·lar·ìz·a·bíl·i·ty** *n.* 분극성 ; 분극률.

pólar líghts (the ~) 극광, 오로라.

po·lar·ly [póulərli] *ad.* (1) 극(지)처럼, 극 쪽으로. (2) 자기(磁氣)로써 ; 음양의 전기로써 ; 대극선(對極線)으로써. (3) 정반대로.

Po·lar·oid [póulərɔ̀id] *n.* 《商標名》 (1) ⓤ 폴라로이드, 인조 편광판. (2) ⓒ 폴라로이드카메라(=~ **Càmera**)《촬영과 현상·인화 제작이 카메라 안에서 이루어짐》. (3) (*pl.*)폴라로이드 안경.

pólar órbit 극궤도.

Pólarn Régions (the ~) 극지방(極地方).

pólar stár (the ~) 북극성.

Pole [poul] *n.* ⓒ 폴란드(Poland) 사람.

:**pole¹** [poul] *n.* ⓒ (1) 막대기, 장대, 기둥, 지주 ; 《특히》 깃대 ; 천막의 버팀목 ; 전주 ; (장대높이뛰기의) 장대 ; (스키의) 스톡 ; 돛대 ; (전동차의) 폴《집전용》 ; (이발소의) 간판 기둥. (2) 척도의 단위《5.03m》 ; 면적의 단위《25.3m²》. (3) 〈수레의〉 채. ***climb up the greasy ~*** 곤란한〈실패하기 쉬운〉 일에 착수하다. ***under bare ~s*** **[海]** 1)돛을 달지 않고. 2)벌거숭이로. ***up the ~*** 《英口》 진퇴 양난에 빠져 ; 약간 미쳐서 ; 취하여.

—*vt.* (1) …을 막대기로 받치다. (2) …에 막대기를〈기둥을〉 세워 (토지를) 구획하다 ; 막대기로 둘러메다. (3) (배)를 장대로 밀다《*off*》. (4) 《野球俗》 (장타)를 날리다. (5) …을 장대로 뛰다.

—*vi.* 막대기〈장대〉를 쓰다, 스키스톡으로 속도를 내다 ; 삿대질하여 나아가다.

:**pole²** *n.* ⓒ (1) **[天·地]** 극《남극, 북극》· 극지. (2) **[物]** 전극 ; 자극 ; (전지 따위의) 극판, 극선 ; **[數]** 극. (3) **[生]** (핵·세포 따위의) 극. (4) (주의·주장·성격 따위의) 극단, 정반대 ; 대립되는 사상(세력). ***be ~s asunder*** 〈***apart***〉 완전히 정반대이다, 극단적으로 다르다. ***from ~ to ~*** 온 세계에(서). ***the North*** 〈***South***〉 ***Pole*** 북극(남극). ***the positive*** 〈***negative***〉 ***~*** 양극〈음극〉.

pole·ax, -axe [-æ̀ks] (*pl.* **-ax•es**)*n.* ⓒ 자루가 긴 전부(戰芽) ; 도살용 도끼. —*vt.* (1) …을 전부〈도끼〉로 찍어 넘어뜨리다〈죽이다〉 ; 강타하여 쓰러뜨리다. (2) 〔흔히 受動으로〕 (사람)을 깜짝 놀라게 하다.

pole·cat [-kæ̀t] *n.* ⓒ **[動]** (1) 족제비의 일종, 긴털족제비《유럽산》. (2) 《美》 = SKUNK.

póle jùmp 〈**jùmping**〉 장대높이뛰기.

pole-jump [póuldʒʌ̀mp] *vi.* 장대높이뛰기하다.

po·lem·ic [pəlémik, pou-] *n.* ⓤ 논쟁 ; ⓒ 격론, 논객. —*a.* (1) 논쟁의 ; 논쟁을 좋아하는. (2) 논쟁술의 ; 논증법의

pole·star [póulstɑ̀ːr] *n.* (1) **[天]** (the ~) 북극성, 지도자. (2)ⓒ 지도 원리; 주목의 대상, 목표.

póle vàult 장대높이뛰기.

pole-vault [-vɔ̀ːlt] *vi.* 장대높이뛰기하다. — **~•er** *n.*.

pole·ward(s) [-wərd(z)] *ad.* 극(지)에〈로〉.

:**po·lice** [pəlíːs] *n.* (1) (종종 the ~) 〔集合約 ; 複載 취급〕 경찰 ; 경찰(대); 경찰관 ; 경찰청 : the military ~ 《美》 헌병대.. (2) 치안〈보안〉(대). (3) 〈건조물·장비 등의〉 청소·청결유지, 정돈. ***have the ~ after*** 경찰관에게 미행당하다. —*vt.* (1) …에 경찰을 두다 ; 경비하다, 단속하다, …의 치안을 유지하다. (2) …을 잘 감시하다, 관리하다. (3) 《美軍》 〈막사 등을〉 청소하다.

políce càr (경찰) 순찰차.

políce cònstable 《英》 순경《略 : P.C.》.

políce còurt 즉결 재판소《경범죄의》.

políce dòg 경찰견.

políce fòrce 경찰력, 경찰대.

políce jústice 〈**mágistrate, júdge**〉 즉결 재판소 판사《경범죄 담당 판사》.

:**po·lice·man** [-mən] (*pl.* ***-men***[-mən]) *n.* ⓒ 경찰관, 순경.

políce offènse 경범죄.

políce òffice 《英》 (시·읍의) 경찰서.

políce òfficer 경관(policeman) 《美》 순경.

políce récord 전과(前科).

políce repòrter 경찰 출입 기자.

***políce stàte** 경찰 국가. 【cf.】 garirson state.

políce stàtion (지방) 경찰서.

po·lice·wom·an [pəlíːswùmən] (*pl.* ***wom·en***[-wìmin]) *n.* ⓒ 여자 경찰관, 여경관.

:**pol·i·cy** [pɑ́ləsi/pɔ́l-] *n.* (1) ⓤⓒ 정책, 방침 ; (회사의) 경영 방침 : the Government's ~ on trade 정부의 무역 정책 / ~ switch 정책 전환. (2) ⓤⓒ 방법, 수단. (3) ⓤ (실제적) 현명, 심려(深慮), 신중. (4) ⓤ 정치적 머리, 지모(智謀). (5) 정원. ***for reasons of ~*** 정략상(上). ***marketing ~*** 판매정책. ***open-door ~*** 문호개방정책. ***~ of nonalignment*** 비동맹정책.

pol·i·cy[2] *n.* (1) ⓒ 보험 증권(~ of assurance, insurance ~). (2) ⓤ《美》 숫자 도박(numbers pool)《그 도박장은 ~ shop》: play ~ 숫자 도박을 하다.

·**po·lio** [póuliòu] *n.* ⓤ **[醫]** 폴리오, 소아마비, 소아마비 환자.

pólio váccine 《口》 소아마비 백신.

·**Po·lish** [póuliʃ] *a.* 폴란드(Poland)의 ; 폴란드 사람〈말〉의. —*n.* ⓤ 폴란드어.

:**pol·ish** [páliʃ/pɔ́l-] *vt.* (1) …을 닦다, …의 윤을 내다 : ~ silver candlesticks to a bright shine 은촛대를 윤이 나도록 닦다. (2) …을 다듬다, 품위 있게 하다《*up*》. (3) …을 세련되게 하다 ; (문장의 글귀 따위)를 퇴고하다. (4) 《+目+前+名/+目+副》 …을 갈아〈문질러〉 다른 상태로 하다 ; …을 문질러 떼다, 마멸시키다《*away* ; *off* ; *out*》: ~ *away* the soil of the shoes 구두의 흙먼지를 닦아내다. — *vi.* 〔흔히 樣據의 副詞를 수반하여〕 (1) 윤이 나다. (2) 품위 있게 되다, 세련되다. **~ *off*** 《口》 1) (일 · 식사 등)을 재빨리 마무르다〈끝내다〉, 해내다. 2) 《口》 (상대방 등)을 해치우다 ; 낙승하다 ; 《俗》 없애다(kill). **~ *up*** 다듬어 내다, 마무르다 ; 윤을 내다〈이 나다〉 ; 꾸미다.
—*n.* (1) ⓤ (또는 a ~) 닦기. (2) ⓤⓒ 광내는 〈닦는〉 재료《마분(磨粉) · 광택제 · 니스 · 옻 따위》 ; 매니큐어(nail ~) : shoe 〈boot〉 ~ 구두약(藥). (3) ⓤ (또는 a ~) 광택, 윤. (4) ⓤ (태도·작법 따위의) 세련, 품위, 우미 ; 수양(修養). 파) **~·a·ble** *a.* **~ed** [-t] *a.* (1) 닦아진 ; 광택있는 : ~*ed* product 완성품. (2) 품위 있는, 세련된.

:**po·lite** [pəláit] (***po·lit·er*** ; ***-est***) *a.* (1) 공손한, 은근한, 예의 바른. (2) (문장 따위가) 세련된, 품위 있는 : ~ society 상류 사회 / ~ arts 미술 / ~ litters 〈literature〉 순문학. (3) 우아한, 교양 있는 (〖opp.〗 *vulgar*) : the ~ thing 고상한 태도.

:**po·lite·ly** [pəláitli] *ad.* (1) 공손히, 은근히. (2) 예의바르게. (3) 점잖게, 우아하게.

·**po·lite·ness** [pəláitnis] *n.* ⓒ (1)공손 ; 예의바름. (2)고상 ; 우아, 품위 있음.

·**pol·i·tic** [pálitik/pɔ́l-] *a.* (1) 정치의, 정책의 ; 사려 깊은, 현명한 ; 술책부리는, 교활한(artful). (2) 시기에 적합한, 교묘한; 정책적인. (3)정치상의 : the body ~ 국가 정치 역학, 역학관계..

:**po·lit·i·cal** [pəlítikəl] (***more*** ~ ; ***most*** ~) *a.* (1) 정치의, 정치상의. (2) 정치에 관한〈를 다루는〉 (3) 개인〈단체〉의 지위에 관계되는, 정당의, 당략의, 정략적인. (4) 행정에 관한〈관여하는〉 : a ~ office 〈officer〉 행정관청〈행정관〉. (5) 정치에 관심이 있는, 정치 활동을 하는, 정치적인. (6) 정부의, 국가의, 국사(國事)의. 파) **~·ly** *ad.* (1) 정치〈정략상〉. (2) 현명히게 ; 교묘히. — *n.* 《英史》 (인도)주재관 ; 국사범인.

polítical ecónomy 정치 경제학 ; (19세기의) 경제학(economics).

:**pol·i·ti·cian** [pàlətíʃən/ pɔ̀l-] *n.* ⓒ (1) 정치가. (2) 정당〈직업〉 정치가. (3) 《美》 정상배(輩), 책사(策士), 정치꾼.

po·lit·i·cize [pəlítəsàiz] *vt.* (1) …을 정치〈문제〉화하다, 정치적으로 다루다〈논하다〉. (2)(아무)를 정치에 관심을 가지게 하다. —*vi.* 정치에 종사하다, 관심을 가지다, 정치를 논하다 ; 정치화하다. 파) **po·lìt·i·ci·zá·tion** *n.*

pol·i·tick [pálitik/pɔ́l-] *vi.* 정치 활동을 하다. 파) **~·ing** *n.* ⓤ 정치 활동〈참가〉 ; 선거 운동 ; 정치적 홍정. **~·er** *n.*

:**pol·i·tics** [pálitiks/pɔ́l-] *n.* (1) ⓤ 정치학. (2) ⓤ(單·複數취급) 정치 : talk ~ 정치를 논하다./go into ~ 정계에 들어가다. (3) ⓤ 정략 ; (정당의) 홍정 ; 책략, 술책. (4) 〔複數취급〕 정강, 정견. (5) 〈單數취급〉 경영 : play ~ 당리 본위로 행동하다《*with*》 : 사리를 꾀하다.

pol·i·ty [páləti/pɔ́l-] *n.* (1) ⓤ 정치(조직) ; 정체(政體), 국체(國體). (2) ⓒ 정치적 조직체, 국가, 정부(state). (3) 〈보통 the ~ ; 集合的〉 (한 국가 안의) 시민, 국민. ***civil*** 〈***ecclesiastical***〉 **~** 국가〈교회〉 행정 조직.

pol·ka [póu*l*kə/ pɔ̀l-] *n.* ⓒ 폴카《댄스의 일종》 ; 그 곡. (2) (보통 털실로 짠) 여자용 재킷. —*vi.* 폴카를 추다.

:**poll** [poul] *n.* (1) ⓒ (흔히 *sing.*) 투표, 선거. (2) (*sing.*) 득표 집계 ; 투표 결과, 투표수 : a heavy 〈light〉 ~ 높은〈낮은〉 투표율/declare the ~ 선거 결과를 공표하다. (3) ⓒ 선거인 명부. (4) (the ~*s*) 투표소. (5) ⓒ 여론 조사(의 질문표) ; 〔一般的〕 셈, 열거 : ⇨ GALLUP POLL. (6) = POLL TAX. 인두세 (7) (사람의) 머리, 뒤통수, 대가리. (8) 뿔 없는 소. ***at the head of the*** **~** 최고 득표로. ***go to the*** **~*s*** 1) 투표하러 가다, 투표하다. 2) (정책 등에 대해) 선거인의 판단을 청하다. ***take a*** **~** 표결하다. —*vt.* (1) (표)를 얻다. (2) (표)를 던지다. (3) 선거인 명부에 등록하다. (4) …의 여론 조사를 하다. (5) (나무 등)의 가지 끝을 자르다 ; …의 머리털을 깎다, …의 털〈뿔〉을 짧게 자르다. (6) 《法》 (증서 등의) 절취 선을 일직선으로 자르다. —*vi.* 투표하다《*for* ; *against*》.

pol·lard [pálərd/pɔ́l-] *n.* ⓒ (1) 뿔을 자른 사슴〈소 · 양 (따위)〉. (2) 가지를 잘라낸 나무. (3) 가루가 섞인 밀기울.
—*vt.* (나무)의 가지를 치다, 전정(剪定)하다.

·**pol·len** [pálən/pɔ́l-] *n.* ⓤ **[植]** 꽃가루, 화분 .
—*vt.* =POLLINATE.

póllen còunt (특정 시간 · 장소의 공기 속에 포함되어 있는) 화분수(花粉數).

pol·li·nate [pálənèit/pɔ́l-] *vt.* **[植]** …에 가루받이 하다, 수분(授粉)하다.

poll·ing [póuliŋ] *n.* ⓤ 투표(율).

póll·ing bòoth 《英》 (투표장의) 기표소.

pólling dày 투표일.

pólling plàce 투표소.

pólling stàtion 《英》 투표소(polling place).

pol·li·no·sis [pàlənóusis/pɔ̀l-] *n.* ⓤ **[醫]** 꽃가루 알레르기, 꽃가룻병(病).

poll·ster [póulstər] *n.* ⓒ 《口》 여론 조사원.

pol·lu·tant [pəlúːtənt] *n.* ⓒ 오염 물질.

·**pol·lute** [pəlúːt] *vt.* (1) 《~+目/+目+前+名》 더럽히다, 불결하게 하다, 오염시키다. (2) **a**) (정신적으로) 타락시키다. **b**) 모독하다, (신성한 곳)을 더럽히다.

:**pol·lu·tion** [pəlúːʃən] *n.* ⓤ (1) 불결, 오염, 환경파괴, 공해, 오염 물질. (2) 모독 ; (정신적) 타락. (3) 몽정.

pol·lu·tion·free [-fríː] *a.* 무공해의.

·**po·lo** [póulou] *n.* ⓤ (1) 폴로《말 위에서 공치기하는 경기》. (2) 수구(水球).

pol·o·naise [pàlənéiz, pòul-/pɔ̀l-] *n.* ⓒ (1) 폴로네즈《3박자 댄스》 ; 그 곡. (2) (평상복 위에 입는) 여성복의 일종《스커트 앞이 갈라져 있음》.

po·lo·neck [póulounèk] 《英》 *a.* 자라목 깃의. —*n.* = TURTENECK.

po·lo·ni·um [pəlóuniəm] *n.* ⓤ 【化】 폴로늄《방사성 원소 ; 기호 Po ; 번호 84》.

pol·ter·geist [póultərgàist/pɔ́l-] *n.* ⓒ 《G.》 폴터가이스트《시끄러운 소리를 내는 장난꾸러기 요정》.

pol·troon [paltrúːn/pɔl-] *n.* ⓒ 비겁한 사람, 겁쟁이(coward). ― 비겁한 **~·ish** *a.* **~·ish·ly** *ad.*

pol·y·an·drous [pàliǽndrəs/pɔ̀l-] *n.* ⓤ (1) 일처 다부의. (2) 【植】 수술이 많은.

pol·y·an·dry [páliæ̀ndri, ∸-∸-/pɔ́liæ̀n-, ∸-∸-] *n.* ⓒ (1) 일처 다부(一妻峯夫). 【cf.】 polygamy. (2) 【植】 수술이 많음 ; 【動】 일자 다웅(一雌多雄).

pol·y·chrome [pálikròum/pɔ́l-] *a.* 여러가지 색체(多色彩)의 ; 다색 인쇄의. ―*n.* ⓒ 다색화(畫) ; 색채 장식장(裝飾像).

pol·y·clin·ic [pàliklínik/pɔ̀l-] *n.* ⓒ 종합 병원〈진료소〉.

pol·y·es·ter [pálièstər/pɔ́l-] *n.* ⓤ 【化】 폴리에스테르《다가(多價) 알코올과 다(多) 염기산을 축합(縮合)한 고분자 화합물》 ; 그 섬유(= **~ fíber**) ; 그 수지(= **~ résin** 〈**plástic**〉).

po·lyg·amous [pəlígəməs] *a.* (1) 일부 다처의. (2) 【植】 자웅 혼주(雌雄混株)의, 잡성화(雜性花) 의. (3) 【動】 다혼성(多婚性)의.

po·lyg·a·my [pəlígəmi] *n.* ⓤ (1) 일부 다처(제). 【opp.】 *monogamy*. (2) 【植】 자웅 혼주(混株).

pol·y·glot [páliglàt/póliglɔ̀t] *a.* 〔限定的〕수개 국어에 통하는 ; 여러나라 말로 쓴.
―*n.* ⓒ 수개 국어에 통하는 사람 ; 수개 국어로 쓴 책 ; 수개 국어 대역(對譯)서(특히 성서).

pol·y·gon [páligàn/póligɔ̀n] *n.* ⓒ 【數】 다각형 : a regular ~ 정다각형 **po·lyg·o·nal** [pəlígən/pəl-] *a.*

pol·y·graph [páligræ̀f/pɔ̀ligrɑ̀ːf] *n.* ⓒ (1) 폴리그래프, 거짓말 탐지기. (2) 복사기. (3) 다작가, 다방면의 작가. (4)다용도 기록계.
―*vt.* 거짓말 탐지기에 걸다.

po·lyg·y·ny [pəlídʒəni] *n.* ⓤ (1)일부 다처. (2) 【植】 암술이 많음. 파) **-nous** *a.*

pol·y·he·dral, -dric [pàlihíːdrəl/pɔ̀lihíːd-] [-drik] *n.* 다면(체)의.

pol·y·he·dron [pàlihíːdrən/pɔ̀lihíːd-] (*pl.* **~s, -ra**[-rə]) *n.* ⓒ 【數】 다면체.

pol·y·mor·phous [pàlimɔ́ːrfəs/pɔ̀l-] *a.* 다형의 ; 여러가지 모양이 있는 ; 다형태의 ; 다양한 단계를 거치는.

Pol·y·ne·sia [pàləníːʒə, -ʃə/pɔ̀l-] *n.* 폴리네시아.

Pol·y·ne·sian [pàləníːʒən, -ʃən/pɔ̀l-] *a.* 폴리네시아(사람, 말)의. ―*n.* ⓒ 폴리네시아 사람 ; ⓤ 폴리네시아 말.

pol·y·no·mi·al [pàlənóumiəl/pɔ̀l-] *a.* 【數】 다항식의 : a ~ expression 다항식. ―*n.* ⓒ 다항식, 다명.

pol·y·phon·ic, po·lyph·o·nous [pàlifánik/pɔ̀lifɔ́n-], [pəlífənəs] *a.* 【樂】 다성(多聖)의, 대위법상의 ; 【音聲】 다음(多音)을 표시하는.

po·lyph·o·ny [pəlífəni] *n.* ⓒ (1)【音聲】 다음(多音). (2)【樂】 다성(多聲) 음악.

pol·y·pro·pyl·ene [pàlipróupəlìːn/pɔ̀l-] *n.* ⓤ 【化】 폴리프로필렌《수지〈섬유〉의 원료》.

pol·y·sty·rene [pàlistáiəriːn/pɔ̀l-] *n.* ⓤ 【化】 폴리스티렌《무색 투명한 합성 수지의 일종》.

pol·y·syl·lab·ic [pàlisilǽbik/pɔ̀l-] *a.* 다음절의. ― **-i·cal·ly** *ad.*

pol·y·syl·la·ble [pálisiləbəl/pɔ́l-] *n.* ⓒ 다음절어《3음절 이상의》. 【cf.】 monosyllable.

pol·y·tech·nic [pàliténik/pɔ̀l-] *a.* 여러 공예의, 종합〈과학〉 기술의.
―*n.* ⓤⓒ 공예학교, 과학기술 전문학교, 《英》 폴리테크닉(대학 수준의 종합 기술 전문학교).

pol·y·the·ism [páliθìːizəm/pɔ́l-] *n.* ⓤ 다신교〈론〉, 다신 숭배. 【cf.】 monotheism. ― **-ist** *n.* 다신론자, 다신교도.

pol·y·u·re·thane [pàlijúərəθèin/pɔ̀l-] *n.* ⓤ 【化】 폴리우레탄.

·**po·made** [paméid/poumɑ́ːd] *n.* ⓤ 포마드, 향유, 머릿기름. ―*vt.* (머리)에 포마드를 바르다.

po·man·der [póumændər, poumǽn-] *n.* ⓒ 향료알〈갑〉《방충(防蟲)·방역(防資)에 섰음》 ; (옷장에 넣는) 향료.

po·ma·to [pəméitou, -mɑ́ː-] *n.* ⓒ 【植】 포마토《감자(potato)와 토마토(tomato)를 세포 융합시켜 만든 신종 작물》.

pome [poum] *n.* ⓒ (1) 이과(梨果)《사과·배 따위》. (2) 《詩》 사과.

Pom·er·a·ni·an [pàməréiniən, -njən/pɔ̀m-] *n.* ⓒ (1) 포메라니아 사람. (2) 포메라니아종의 작은개.

pom·mel [pʌ́məl, pám-/pɔ́m-] *n.* ⓒ (1)(칼의) 자루끝(knob). (2) 안장의 앞머리. (3) 【體操】 (안마의) 핸들. ―(**-l-**, 《英》 **-ll-**) *vt.* (자루끝 따위로) 치다 ; 주먹으로 연달아 때리다, 칼자루 끝으로 치다 : ~ to a jelly. 녹초가 되도록 때리다.

:pomp [pamp/pɔmp] *n.* ⓤ (1) 화려, 장관(壯觀). (2) (*pl.*) 허식, 겉치레 ; 허세. (3) 《古》 화려한 행렬.

pom·pa·dour [pámpədɔ̀ːr, -dùər/pɔ́mpədùər] *n.* ⓤ (1)(머리카락을 매만져 위로 올리는) 여자 머리형의 일종 ; (남자의) 올백의 일종.(2) 깃을 낮추어 네모지게 자른 여성용 속옷. (3) 연분홍색.

Pom·peii [pampéii/pɔm-] *n.* 폼페이《이탈리아 Naples 근처의 옛 도시 ; 서기 79년 Vesuvius 화산의 분학(噴火)로 매몰되었음》.

pom-pom [pámpàm/pɔ́mpɔ̀m] *n.* ⓒ (1) 자동 고사포, 대공 속사포. (2) = POMPON (1).

pom·pos·i·ty [pampásəti/pɔmpɔ́s-] *n.* 화려 ; 점잖빼, 거드름 피움. ⓤ 거만, 건방짐, (말의) 과장됨 ; ⓒ 건방진 사람.

·**pomp·ous** [pámpəs/pɔ́m-] *a.* (1) 거만한, 건방진, 젠체하는 ; 과장한《말 따위》. (2) 호화로운, 장려한 ; 성대한. 파) **~·ly** *ad.* **~·ness** *n.*

ponce [pans/pɔns] 《英俗》 *n.* ⓒ (매춘부와) 정부, 기둥서방(pimp) ; 간들거리는 남자.
―*vi.* 기둥서방이 되다, 건들거리며 나돌다《*about, around*》, 호화로이 지내다.

pon·cho [pántʃou/pɔ́n-] (*pl.* **~s**) *n.* ⓒ 판초《1) 남아메리카 원주민의 한 장의 천으로 된 외투. 2) 그 비슷한 우의》.

pon·cy [pánsi/pɔ́n-] *a.* 호모(homo) 같은 ; 간들거리는.

:pond [pand/pɔnd] *n.* (1) ⓒ 못 ; 늪 ; 샘물 ; 양어지. (2) (the ~) 《英戱》 바다. ―*vt.* (물을 막아서) 못으로 만들다. ―*vi.* 못이 되다 ; (물이) 괴다.

·**pon·der** [pándər/pɔ́n-] *vi.* 《+前+名》 숙고하다, 깊이 생각하다《*on* ; *over*》.
―*vt.* …을 신중히 고려하다.

pon·der·a·ble [pándərəbəl/pɔ́n-] *a.* (1) (무게를) 달 수 있는, 무게 있는. (2) 일고의 가치가 있는.

—*n.* 〔종종 *pl.*〕 무게 있는 것.

·pon·der·ous [pándərəs/pɔ́n-] *a.* (1) 대단히 무거운, 묵직한, 육중한. (2) 다루기에 힘드는. (3)답답한, 지루한《담화·문체 따위》. 【opp.】 *light.*
파) **~·ly** *ad.* **~·ness** *n.*

pone [poun] *n.* ⓒ,ⓤ 《美南部》 옥수수빵.

pong *n.* ⓒ 《口》 악취. —*vi.* 악취를 발하다(stink).

pon·gee [pandʒíː/pɔn-] *n.* ⓤ 산누에 실로 짠 명주《견직물의 일종》.

pongy [páŋi/pɔ́ŋi] (***pong·i·er*** **;** ***-i·est***) *a.* 《英俗》 악취가 나는, 고약한 냄새가 나는.

pon·iard [pánjərd/pɔ́n-] *n.* ⓒ 단검, 비수.
—*vt.* 단검으로 찌르다.

pon·tiff [pántif/pɔ́n-] *n.* (the ~) 로마교황(Pole) ; 주교(bishop) ; (유대의) 제사장 ; 〔一般的〕 고위 성직자.

pon·tif·i·cal [pantífikəl/pɔn-] *a.* (1) 로마 교황의 ; 주교의. (2) (유대의) 제사장의, 고위 성직자 의. (3) 오만한, 독단적인. —*n.* (*pl.*) 【가톨릭】 주교의 제의(祭衣) 및 휘장 ; 주교 전례서(典禮書). ***in full ~s*** 주교의 정장을 하고. 파) **~·ly** [-kəli] *ad.* 사제답게 ; 주교의 교권으로써, 주교로서.

pon·tif·i·cate [pantífikit/pɔn-] *n.* ⓒ pontiff의 직위〈임기〉. —[-kèit] *vi.* (1) pontiff로서 직무를 수행하다. (2) 거드름피우다〈피우며 이야기하다〉《*about* ; *on*》. — *vt.* 독단적으로〈권위 있듯이〉 말하다.

pon·toon [pantúːn/pɔn-] *n.* (1) ⓒ (바닥이 평평한) 평저선, 거룻배 ; (배다리용의) 납작한 배 ; 【軍】 (가교(架橋)〈주교〉용) 경주정(輕舟艇) 또는 고무 보트 ; 부교. (2) ⓒ 【空】 (수상 비행기의) 플로트(float). (3) ⓤ 《英》 카드놀이의 일종. —*vt.* …에 배다리를 놓다 ; (강)을 배다리로 건너다.

:po·ny [póuni] *n.* ⓒ (1) 조랑말《키가 4.7feet 이하의 작은 말》 ; 〔一般的〕 작은 말(small horse)《망아지는 colt임》. (2) 《美口》 (외국어 교과서·고전(古典) 따위의) 주해서(crib, trot). (3) 〔一般的〕 소형의 것, 몸집이 작은 여자 ; 소형 기관차. (4) 《口》 커닝페이퍼. (5) 《英俗》 (주로 내기에서) 25파운드. (6) (*pl.*) 《俗》 경주마(racehorses). —*vt.*, *vi.* 《美俗》 (1) (…을) 참고서로 예습하다. (2)(돈을) 지불하다, (잔금을) 청산하다《*up*》. —*a.* 보통것 보다 작은, 소형의.

pooch [puːtʃ] *n.* ⓒ 《俗》 개, 《특히》 잡종개.

poo·dle [púːdl] *n.* ⓒ 푸들《작고 영리한 복슬개》.
—*vt.* (개의) 털을 짧게 깎다.

Pooh-Bah [púːbáː] *n.* ⓒ (때로 p-b-) 한꺼번에 많은 역(役)을 겸하는 사람 ; 높은 사람, 고관, 무능하고 거만한 사람《희가극 *The Mikado* 중의 인물 이름에서》.

pooh-pooh [púːpúː] *vt.* 《俗》 …을 업신여기다, 조롱하다, 깔보다.

:pool[1] [puːl] *n.* ⓒ (1) 물웅덩이 ; 괸 곳. (2) (인공의) 작은 못, 저수지. (3) (수영용) 풀(swimming ~). (4) 깊은 늪. — *vt.*, *vi* 고이다, 웅덩가 되(게 하)다.

·pool[2] *n.* (1) ⓒ 공동출자 ; 공동계산〈이용, 관리〉 ; 풀제(制) ; 기업연합. (2) ⓒ 《美》 공동 이용 시설〈역무(役務) 등의〉 요원 : a car ~ 자가용차의 공동이용 ; 그 그룹 / motor ~ 모터풀. (3) ⓒ (내기의) 태운 돈 전부. (4) ⓤ (돈을 걸고 하는) 당구의 일종. (5) 【펜싱】 각 팀의 리그전. (6) = COMMERCIAL POOL ; 【新聞】 합동 대표 취재. (7) (the ~s) 《英》 축구 도박 : ⇨FOOTBALL POOLS.
—*vt.* (1) …을 공동 출자〈부담, 이용〉하다 : ~ed security 【政】 집단 보장 / ~ing of capital 자본의 합동. (2) 협력하다, 함께 하다. —*vi.* 기업연합에 가입하다 ; 공동 출자하다.

pool·room [⌐rùːm] *n.* ⓒ 《美》 내기 당구장, 공개 도박장.

póol tàble (pocket이 6개 있는) 당구대.

poop *vt.* 《美俗》 숨을 헐떡이게 하다, 몹시 지치게 하다《흔히 과거분사형으로 형용사적으로 쓰임⇨pooped》. ***~ out*** (겁이 나거나 지쳐서) 그만두다, 내팽개치다 ; 고장나다, 작동을 멈추다.
—*vi.* 몹시 지치다 ; 고장나다.

pooped [puːpt] *a.* 【敍述的】 《美口》 지쳐버린, 녹초가 된.

:poor [puər] (***~·er*** **;** ***~·est***) *a.* (1) 가난〈빈곤〉한. 【opp.】 *rich, wealthy.* 『 be born ~ 가난하게 태어나다. (2) 빈약〈초라〉한. (3) 〔限定的〕 (비교 없음)(사람·동물이) 불쌍한, 가엾은, 불행한. (4) 〔限定的〕 (비교 없음) (고인에 대하여)돌아가신, 고인이 된, 망(亡). (5) 부족한, 불충분한, (…이) 없는《*in*》. (6) (물건이) 빈약한, 내용이 빈약한, 조악(粗惡)한 ; (수확이) 흉작의 ; (땅이) 메마른 : a ~ crop 흉작 / ~ soil 메마른 땅. (7) (아무의 활동·작품 따위가) 서투른, (성적이) 나쁜 ; 무능한. (8) 열등한, 기력 없는, 건강치 못한 : ~ health 좋지 못한 건강, 약질 / a ~ memory 건망증이 심한 머리 / in ~ spirits 의기소침하여. (9) 〔限定的〕 (비교 없음) (가치가) 하찮은 ; 비열한 ; 겨우 …의. (10) 약간의, 적은 : a ~ audience 약간의 청중. (11) (가축이) 야윈. (12) (the ~) 〔名詞的用法〕 빈민(들) ; 생활보호를 받는 사람. ◻ poverty *n.*

:poor·ly [púərli] *ad.* (1) 가난하게. (2) 빈약하게 ; 불충분하게 : a ~ paid job 급료가 낮은 일. (3) 서투르게 ; 졸렬하게 : a ~ built house 날림집. (4) 뜻대로 안 되어, 실패하여 ; 불완전하게. ***~ off*** 생활이 어려운(【opp.】 *well off*) ; 부족한《*for*》. ***think ~ of*** …을 시시하게 여기다 ; …을 좋게 생각지 않다 : I *think ~ of* him. 나는 그를 좋게 생각지 않는다.
—*a.* 〔敍述的〕 《口》 기분 나쁜(unwell), 건강이 좋지 못한 : feel ~. 기분이 나쁘다.

poor-mouth [⌐màuð] *vi.* (1) 가난을 푸념하다〈구실삼다〉. (2) 우는 소리를 하다, 넋두리하다 ; 궁상떨다. —*vt.* …을 비방하다, 험담하다.
파) **~·er** *n.*

poor·ness [púərnis] *n.* ⓤ (1) 빈곤, 부족. (2)불완전, 졸열, 조악, 열등. (3) 허약, 병약. (4) 불모.

póor relátion (…에 비해서) 뒤떨어지는 사람〈물건〉《*of*》.

poor-spir·it·ed [⌐spíritid] *a.* 심약한, 겁 많은.

póor whíte 《蔑》 (특히, 미국 남부의) 무지하고 가난한 백인.

·pop[1] [pap/pɔp] (***-pp-***) *vi.* (1) **a**) 《~/+前+名》 펑 소리가 나다 ; 뻥 울리다 ; 펑 터지다 ; 《口》 탕 쏘다《*at*》. **b**) 【野】 내야 플라이를 치다《*up*》, 내야 플라이를 치고 아웃이 되다《*out*》. (2) 《+副/+前+名》 불쑥 나타나다, 쑥 들어오다〈나가다〉, 갑자기 움직이다《*in* ; *out* ; *up* ; *off*》. (3) (놀라움으로 눈이) 튀어나오다《*out*》. (4) 펑하고 열리다 : The lid *~ped* open. 마개가 펑하고 열렸다. —*vt.* (1) (폭죽 따위)를 펑펑 터뜨리다 ; (총)을 탕 쏘다, 발포하다 ; 《口》 때리다. (2) (마개)를 펑하고 뽑다 : ~ the tab on a beer can 캔맥주의 탭을 확 열다. (3) 《美》 (옥수수 따위)를 튀기다. (4) 《+目+前+名/+目+副》 확 움직이게 하다〈놓다, 내밀다, 찌르다〉《*in* ; *into* ; *out* ; *down*》. (5) (갑

자기) …에게 질문하다《*at*》: ~ a question at a person 아무에게 갑자기 질문을 하다. (6) 【野】 짧은 플라이를 쳐올리다. (7)《英口》 저당잡히다. (8)《俗》 (마약)을 먹다〈맞다〉; (스낵 등을) 연달아 먹다. **~ back** 급히 돌아가다; 돌려주다. **~ in** 돌연 방문하다; 갑자기 (안으로) 들어가다. **~ off** 1) 갑자기 나가다〈떠나가다〉. 2)《俗》 갑자기 사라지다;《口》 갑자기 죽다. 3) (불평 따위를) 노골적으로 말하다. 4) 말참견하다. **~ off the hooks**《俗》 죽다. **~ out** 갑자기 튀어나오다〈꺼지다〉: 【野】 짧은 플라이로 아웃이 되다; 갑자기 죽다. **~ the question**《口》 (여자에게) 구혼하다《*to*》. **~ up** 1) 별안간 나타나다. 2) 내야 플라이를 치다. **~up with** 갑자기 제출하다, 갑자기 말을 꺼내다.

—*n.* (1) ⓒ 펑〈뻥〉하는 소리: the ~ of a cork 병마개가 뻥하고 빠지는 소리. (2) ⓒ 탕《총소리》: 발포. (3) ⓤ (마개를 뽑으면 뻥 소리를 내며) 거품이 이는 (청량) 음료《탄산수·샴페인 따위》

—*ad.* (1) 펑하고. (2) 갑자기, 불시에. **go ~** 뻥하고 소리나다, 터지다; 죽다.

pop[2] *a.* 〔限定的〕《口》 통속〈대중〉적인 팝 뮤직의; 팝 아트(조(彫))의: a ~ singer 유행가 가수.

—*n.* (1) ⓤ 유행 음악, 팝 뮤직. (2) ⓒ 팝송. (3)ⓤ = POP ART.

póp árt 팝 아트, 대중 미술(pop)《1962년경부터 뉴욕을 중심으로 한 전위미술 운동; 광고·만화·상업미술 따위를 사용함》.

·pop·corn [pápkɔ̀ːrn/pɔ́p-] *n.* ⓤ 팝콘.

póp cùlture 대중 문화.

Pope [poup] *n.* **Alexander ~** 포드《영국의 시인: 1688~1744》. — *vt.* 넓적다리의 급소(를 치다): take a person's ~ …의 넓적다리 급소를 치다.

·pope [poup] *n.* ⓒ (1) (*or* P-) 로마 교황. (2)절대적인 권위를 가진 사람, 교황 같은 인물《오류를 범하지 않는다고 자타가 인정하는 사람》. (3) 【그 正敎】 (Alexandria의) 총주교; 교구 성직자.

pop·ery [póupəri] *n.* (때로 P—) ⓤ《蔑》 천주교(의 제도, 관습).

Pop·eye [pápai/pɔ́p-] *n.* 포파이《미국 Elzie Segar의 만화(1929)의 주인공인 선원》.

pop-eyed [pápàid/pɔ́p-] *a.* 퉁방울눈의; (놀라서) 눈이 휘둥그래진.

pop·gun [pápgʌ̀n/pɔ́p-] *n.* ⓒ 장난감총《다치지 않도록 코르크나 종이 따위를 총알로 하는》;《蔑》 쓸모없는 총.

pop·ish [póupiʃ] *a.* (때로 P-)《蔑》 로마교황의, 천주교의.

·pop·lar [páplər/pɔ́p-] *n.* (1) ⓒ 【植】 포플러, 백양. (2) ⓤ 그 목재. (3)《美》 튤립나무, 아메리카 목련(tulip tree).

pop·lin [páplin/pɔ́p-] *n.* ⓤ 포플린《옷감》.

pop·per [pápər/pɔ́p-] *n.* ⓒ (1) **a**) 펑 소리를 내는 사람〈것〉. **b**) (옥수수를) 볶는 그릇《프라이팬 따위》. **c**)《英口》 똑딱단추. (2) 훌쩍 찾아오는〈떠나는〉 사람. (3) 꽃불, 총, 권총. (4) 사수, 포수. (5)《英俗》 전당 잡히는 사람.

pop·pet [pápit/pɔ́p-] *n.* ⓒ《英口》 귀여운 아이《애칭》. (2) 침목; 선반두; 양판.

pop·py [pápi/pɔ́pi] *n.* ⓒ 【植】 양귀비《양귀비 속 식물의 총칭》; 양귀비의 엑스(트랙트)《약용》. 《특히》 아편; (Poppy Day에 가슴에 다는) 조화의 양귀비 꽃. (2) ⓤ 황적색(~ red): opium ~ 아편의 원료가 되는 양귀비.

pop·py·cock [pápikɑ̀k/pɔ́pikɔ̀k] *n.* ⓤ《口》 무의미, 허튼〈당찮은〉 소리, 당치 않은 말(nonsence).

pops [paps/pɔps] *n.* 〔單數 또는 複數취급〕 팝스 오케스트라.《美俗》 1) 아저씨. 2) 아빠. 3) 유행가. — *a.* 〔限定的\ 팝스 오케스트라의: a ~ concert 팝스 콘서트.

pop·shop [pápʃɑ̀p/pɔ́pʃɔ̀p] *n.* ⓒ《英俗》 전당포.

Pop·si·cle [pápsikəl/pɔ́p-] *n.* ⓤ《美》 (가는 막대기에 얼린) 아이스캔디《ice lolly의 商標名》.

pop·ster [pápstər/pɔ́p-] *n.* ⓒ《美俗》 팝 아트 작가(pop artist).

pop·sy, -sie [pápsi/pɔ́p-] (*pl.* **-sies**) *n.* ⓒ《口》 섹시한 젊은 여자, 여자 친구, 애인.

pop-top [páptɑ̀p/pɔ́ptɔ̀p] *a.* (깡통 맥주처럼) 잡아올려 따는 식의. —*n.* ⓒ 고리를 잡아올려 따는 깡통.

·pop·u·lace [pápjələs/pɔ́p-] *n.* (the ~) 〔集合的〕 (1) 민중, 대중, 서민(common people); (어느 지역의) 전(全)주민(population). (2) 하층 사회. (3)《蔑》 오합지중(烏合之衆).

:pop·u·lar [pápjələr/pɔ́p-] (**more ~ ; most ~**) *a.* (1) 〔限定的〕 민중의, 서민의: ~ discontent 민중의 불만. (2) 대중적인, 통속적인; 쉬운; 값싼. (3) 인기 있는, 평판이 좋은《*in*; *among*; *with*》. (4) 유행의, 널리 보급되어 있는《*among*》: ~ ballads 민요. **in ~ language** 쉬운 말로.

:pop·u·lar·i·ty [pɑ̀pjəlǽrəti/pɔ̀p-] *n.* ⓤ (1)인기, 인망; 유행: win ~ 인기를 얻다, 유행하다/~ poll 인기 투표/enioy (great) ~ (굉장한) 인기를 누리고 있다 / his ~ with young people 젊은이들 사이의 그의 인기. (2) 대중성, 통속성: 대중에 받아들여짐.

pop·u·lar·i·za·tion [pɑ̀pjəraizéiʃən/pɔ̀p-] *n.* ⓤⓒ 대중〈통속〉화.

pop·u·lar·ize [pápjələràiz/pɔ́p-] *vt.* …을 대중〈통속〉화하다; 보급시키다.

·pop·u·lar·ly [pápjələrli/pɔ́p-] *ad.* (1) 일반적으로, 널리; 대중 사이에; 일반 투표로. (2) 쉽게, 평이하게, 통속적으로. (3) 값싸게. (4) 인기를 얻을 수 있도록.

pópular sóvereignty 국민 주권설, 주권 재민주의.

pópular vóte《美》 일반 투표《대통령 후보 선출처럼 일정 자격이 있는 선거인이 행하는 투표》.

·pop·u·late [pápjəlèit/pɔ̀p-] *vt.* (1) …에 사람을 거주케 하다: densely(sparsely) ~d 인구가 조밀(희박)한. : …에 식민하다. (2) (종종 受動으로) …에 살다, …의 주민이다.

:pop·u·la·tion [pɑ̀pjəléiʃən/pɔ̀p-] *n.* (1) ⓤⓒ 인구, 주민수. (2) (the ~) 주민; (한 지역의) 전주민, 특정 계급의 사람들. (3) (*sing.*) 【生】 (어떤 지역 안의) 개체군(個體群), 집단; 개체수. (4) ⓤ 식민. (5) 모집단.

populátion dènsity 인구 밀도.

populátion explósion 인구 폭발, 인구 증가.

pop·u·lism [pápjəlìzəm/pɔ́p-] *n.* ⓤ 인민주의.

·pop·u·lous [pápjələs/pɔ́p-] *a.* (1) 인구가 조밀한. (2) 사람이 붐빈; 사람이 혼잡한. (3) 사람수가 많은.

파) **~·ness** *n.*

pop-up [pápʌ̀p/pɔ́p-] *a.* 〔限定的〕 퐁〈탁〉하고 튀어나오게 되어 있는, 팝업식의: a ~ toaster 펍업식〈알맞게 구어지면 빵이 자동적으로 튀어나오게 되어 있는〉 토스터: a ~ book 펼치면 그림이 튀어 나오는 책.

·por·ce·lain [pɔ́ːrsəlin] *n.* ⓤ (1) 자기(磁器). (2) 〔集合的〕 자기 제품. 【cf.】 china. —*a.* 〔限定的〕 자기로 만든 : Nankin ~ 남경자기, 청자.
pórcelain cláy 고령토(kaolin).
:porch [pɔːrtʃ] *n.* ⓒ (1) 현관, 차 대는 곳, 입구. (2) 《美》 = VERANDA(H).
por·cine [pɔ́ːrsain, -sin] . 돼지의〈같은〉 ; 불결한 ; 주접스러운 ; 욕심꾸러기의(swinish).
por·cu·pine [pɔ́ːrkjəpàin] *n.* ⓒ 【動】 (1) 호저. (2) 많은 바늘이 달린 도구.
·pore[1] [pɔːr] *vi.* 《+前+名》 (1) 숙고하다, 곰곰이 생각하다《*over* ; *on, upon*》. (2) 주시하다《*at* ; *on* ; *over* ; *in*》. (3) 열심히 독서〈연구〉하다《*over*》. — *vt.* 몰두하여 …하게 하다.
pore[2] *n.* ⓒ 털구멍 ; 【植】 기공(氣孔), 세공(細孔) ; (암석 따위의) 흡수공. ***sweet from every ~*** 찌는 듯이 덥다 ; 식은땀을 흘리다.
por·gy [pɔ́ːrgi] (*pl.* ***-gies***, 〔集合的〕 ~) *n.* ⓒ 【魚】 도미 · 참돔의 무리.
:pork [pɔːrk] *n.* ⓤ 돼지고기《식용》.
pork·er [pɔ́ːrkər] *n.* ⓒ 식용 돼지 ; 살찐 새끼 돼지. (2) 《익살》 돼지.
porky [pɔ́ːrki] (***pork·i·er*** ; ***-i·est***) *a.* (1) 돼지(고기) 같은 ; 《口》 살찐. (2) 《俗》 건방진, 염치없는.
por·no, porn [pɔ́ːrnou] , [pɔːrn] (*pl.* ***~s***) 《口》 *n.* ⓒ,ⓤ 포르노(pornography) ; 도색〈포르노〉 영화 ; 포르노 작가. —*a.* 포르노의.
po·ros·i·ty [pourɑ́səti, pə-/pɔːrɔ́s-] *n.* ⓤ 다공(多孔)〈유공(有孔)〉 성(性) ; ⓒ (작은) 구멍.
po·rous [pɔ́ːrəs] *a.* 작은 구멍이 많은, 기공(氣孔)이 있는 ; 다공성의 ; 침투성의 : ~waterproof 통기성 방수포. 파) **~·ness** *n.*
por·phy·ry [pɔ́ːrfəri] *n.* ⓤ 【地質】 반암(班岩).
:por·ridge [pɔ́ːridʒ, pɑ́r-/pɔ́r-] *n.* ⓤ (1) 포리지《오트밀을 물이나 우유로 끓인 죽》 ; (말레이시아에서) 쌀죽. (2) 《英俗》 수감(收監), 형기(刑期). ***do*** (one'***s***) ~ 《英俗》 옥살이하다, 콩밥을 먹다. ***save*** 〈***keep***〉 one'***s breath to cool*** one'***s ~*** 객쩍은 말참견을 삼가다.
:port[1] [pɔːrt] *n.* ⓒ,ⓤ (1) 항구, 무역항. (2) (특히 세관이 있는) 항구 도시 ; 개항장. (3) (배의) 피난소, 휴식소 : come safe to ~ 무사히 (항구에서) 난을 피하다. ***any ~ in a storm*** 궁여지책. ***in ~*** 입항하여, 정박 중인. ***leave*** (***a***) 〈***clear a***〉 ***~*** 출항하다. ***close ~*** 《英》 강의 상류에 있는 항구. ***touch a ~*** 기항하다. ***~ of coaling*** 석탄 적재항.
—*a.* 〔限定的〕 항만〈항구〉의, 항만에 관한.
port[2] *n.* ⓒ (1) (군항의) 포문, 총안(銃限) ; (상선의) 하역구(荷役口), 창구 ; 현문 ; 현창(舷窓). (2) 《Sc.》 문 ; 성문. (3) 【機】 (가스 · 증기따위의) 배출구, 실린더의 배출구 : an exhaust ~ 배기구 / a stesm ~ 증기구.
port[3] *n.* ⓤ 【海】 (이물을 향하여) 좌현(左舷) ; 【空】 (기수를 향하여) 좌측. —*a.* 〔限定的〕 좌현의. — *vt., vi.* 좌현으로 향하(게 하)다.
port[5] *n.* (1) ⓤ 태도, 태, 티, 거동, 모양, 풍채. (2) (the ~) 【軍】 앞에총의 자세. ***at the ~*** 앞에총을 하고. —*vt.* 【軍】 (총)을 앞에총(을) 하다. ***Port arms !*** 앞에총《구령》.
:port·a·ble [pɔ́ːrtəbəl] (***more ~*** ; ***most ~***) *a.* 들고 다닐 수 있는, 운반할 수 있는 ; 휴대용의.
—*n.* ⓒ 휴대용 기구, 포터블《타자기, 라디오, 텔레비전 따위》. 파) **port·abil·i·ty** [pɔ̀ːrtəbíləti] *n.* ⓤ 휴대할 수 있음. **pórt·a·bly** *ad.*
por·tage [pɔ́ːrtidʒ] *n.* (1) ⓤ 연수 육운(運木陸運)《두 수로를 잇는 육로》 ; 연수 육로 운반. (2) ⓤ 운임 ; 운반(물). (3) ⓒ 연수육로. — *vt.* (배·화물을) 연수육로로 운반하다.
·por·tal [pɔ́ːrtl] *n.* ⓒ (흔히 *pl.*) (1) (궁전 등 큰 건물)의 정문, 입구. (2) 발단. — *a.* 간문의 ; 문맥의.
porte-co·chere [pɔ̀ːrtkouʃɛ́ər] *n.* ⓒ 《F.》 (지붕이 있는 현관의) 차 대는 곳, 차(마차)의 출입구.
por·tend [pɔːrténd] *vt.* …의 전조(前兆)가 되다, …을 미리 알리다 ; …의 경로를 주다.
por·tent [pɔ́ːrtənt] *n.* (1) ⓒ (궂은 일 · 대사건의) 조짐, 전조(omen) ; 경이적인 사람 〈사건, 물건〉《*of* 》. (2) ⓤ (불길한) 의미 : an occurrence of dire ~ 불길한 의미를 갖는 사건.
por·ten·tous [pɔːrténtəs] *a.* (1) 전조의 ; 흉조의. (2) 놀라운, 이상한 ; 무서운, 당당한. (3) 《戱》 엄숙한《침묵 따위》. 파) **~·ly** *ad.*
:por·ter[1] [pɔ́ːrtər] (*fem.* ***por·tress*** [-ris]) *n.* ⓒ 《英》 문지기, 수위(doorkeeper) ; (공동 주택의) 관리인 : a ~'*s* lodge 수위실.
:por·ter[2] *n.* (1) ⓒ 운반인 ; 짐꾼 ; (호텔의) 포터. (2) ⓒ 《美》 (침대차 · 식당차의) 급사 ; 잡역부. (3) ⓤ 흑맥주(~s' ale). 파) **~·age** [-təridʒ] *n.* ⓤ 운반 ; 운송업 ; 운임.
port·fo·lio [pɔːrtfóuliòu] (*pl.* ***-li·os***) *n.* ⓒ (1) **a**) 종이집게식 손가방 ; 관청의 서류 나르는 가방. **b**) (종이 집게식) 화집, 화첩. (2) 유가 증권 명세표, 포트폴리오 ; 자산 구성《각종 금융 자산의 집합》. (3) 장관의 지위〈직〉.
port·hole [pɔ́ːrthòul] *n.* ⓒ (1) (배의) 현의 창문 ; 비행기의 창문. (2) (요새 · 성벽의) 총안, 포문. (3) 증기구.
por·tiere [pɔːrtjɛ́ər, -tiɛ́ər] *n.* ⓒ 《F.》 (문간 등에 치는) 휘장, 막, 칸막이 커튼.
:por·tion [pɔ́ːrʃən] *n.* (1) ⓒ 한 조각, 일부, 부분(part)《*of* 》. (2) ⓒ 몫(share)《*of* 》 ; (음식의) 1 인분《*of* 》 : a ~ *of* pudding 한 사람분의 푸딩 / a ~ *of* the blame (for …) (…에 대한) 한가닥 책임 / eat two ~*s of* chicken 닭고기 2인분을 먹다. (3) (one's ~) 운명, 운(lot) : accept *one's* ~ in life 운명을 감수하다. (4) ⓒ 【法】 분배 재산 ; 유산의 한 몫 ; 상속분 ; 지참금(dowry).
—*vt.* (1) 《~+目/+目+副》 나누다, 분할하다, 분배하다《*out*》 : ~ *out* food 식량을 분배하다. (2) 《+目+前+名》 몫으로 주다《*to*》 ; …에게 상속분〈지참금〉을 주다《*with*》. (3) …에게 운명을 지우다.
port·ly [pɔ́ːrtli] (***-li·er*** ; ***-li·est***) *a.* (중년의 사람이) 실찐, 당당한, 풍채 좋은.
port·man·teau [pɔːrtmǽntou] (*pl.* ***~s, ~x*** [z]) *n.* ⓒ 《F.》 (양쪽으로 열리게 된) 여행 가방.
:por·trait [pɔ́ːrtrit, -treit] *n.* ⓒ (1) 초상 ; 초상화 ; 초상〈인물〉 사진. (2) (언어에 의한 인물의) 꼭 닮은 것, 생생한 묘사. (3) 《口》 구경거리 파) **~·ist** *n.* ⓒ 초상화가.
por·trai·ture [pɔ́ːrtrətʃər] *n.* ⓤ 초상화법.
·por·tray [pɔːrtréi] *vt.* (1) (풍경 따위)를 그리다, …의 초상을 그리다. (2) (문장에서 인물)을 묘사하다(depict) ; …을 극적으로 표현하다. (3)(배우가 역)맡아하다. 파) **~·al** [-tréiəl] *n.* ⓤ 그리기 ; 묘사, 기술(記述) ; ⓒ 초상(화).
Ports·mouth [pɔ́ːrtsməθ] *n.* 포츠머스. (1) 영국 남부의 항구. (2) 미국 New Hampshire 주의 항구

《러·일 강화 조약 체결지(1905)》.

·**Por·tu·gal** [pɔ́ːrtʃəgəl] *n.* 포르투갈 《수도는 Lisbon.》.

·**Por·tu·guese** [pɔ̀ːrtʃəgíːz, -gíːs, ∠-∠] (*pl.* ~) *n.* (1)ⓒ 포르투갈 사람. (2)ⓤ 포르투갈 말.
—*a.* 포르투갈의 ; 포르투갈 사람〈말〉의.

:**pose**[1] [pouz] *n.* ⓒ (1) (사진·초상화 등의) 포즈, 자세. (2) (꾸민) 태도, 겉치레. (3) 마음가짐(mantal attitude). (4) (the ~) (도미노 놀이) 제1의 도미노 패를 판에 내놓음.
—*vi.* (1) 《~/+前+名》 자세〈포즈〉를 취하다 ; (모델로서) 포즈를 잡다. (2) 《~/+as 補》 (어떤) 태도를 취하다, 짐짓 …인 체하다 ; (…을) 가장하다 : ~*as* a richman 부자인 체하다.
—*vt.* (1) 《~+目/+目+前+名》 …에게 자세를 취하게 하다 ; …을 적절히 배치하다《*for*》. (2) (요구 따위)를 주장 하다, (문제 등)을 제기하다, 제출하다.

pose[2] *vt.* (어려운 문제〈질문〉 따위로 아무)를 괴롭히다 ; 쩔쩔매게 하다.

Po·sei·don [pousáidən, pə-] *n.* 【그神】 포세이돈 《해신(海神) ; 로마 신화의 Neptune에 해당》.

pos·er [póuzər] *n.* ⓒ 어려운 문제〈질문〉. 《古》 난문 출제자, 시험관.

posh[1] [paʃ/pɔʃ] *a.* (1) 《口》 (호텔 등) 호화로운. (2) (복장 등) 우아한, 스마트한, 멋진. —*ad.* 스마트하게, 짐짓 점잔 빼며 : talk ~ 점잔빼며 이야기하다 / act ~ 짐짓 점잖게 행동하다.
—*vt.* 멋내다 《*up*》

posh[2] *int.* 체《경멸·혐오를 나타냄》.

pos·it [pázit/pɔ́z-] *vt.* 【論】 …을 가정〈단정〉하다 ; …라고 가정〈단정〉하다《*that*》. —*n.* ⓒ 가정.

:**po·si·tion** [pəzíʃən] *n.* (1) ⓒ **a**) 위치, 장소, 소재지 ; 적소. **b**) (흔히 *sing.*) 처지, 입장. (2) ⓤⓒ 지위, 신분 ; 높은 지위. (3) ⓒ 직책, 직(職), 근무처. (4) ⓤ 태도, 자세 ; 심적 태도 ; ⓒ (문제 등에 대한) 입장, 견해, 주장. (5) ⓒ 상태, 형세, 국면. (6) ⓤ 【競】 수비(공격) 위치 ; (체스 등의 말의) 배치. ***be in* 〈*out of*〉 ~** 적당한 〈부적당한〉 위치에 있다. ***be in a* ~ *to*** do …할 수 있다. ***take up the* ~ *that*** …이라도 의견을 주장하다, …한 입장을 취하다. ***in a false* ~** 달갑잖은〈난처한〉 입장에. ***in* (*my*) ~** 내 처지로는. ***maneuver* 〈*jockey*〉 *for* ~** 유리한 위치를 차지하려고 꾀하다. ***out of* ~** 부적당한 자리에 놓여; 위치에서 벗어나; 탈이 나서.
—*vt.* …을 적당한 장소에 두다〈놓다〉 ; (상품)을 특정 구매자를 노리고 시장에 내다 ; 【軍】 (부대)를 배치하다 ; 《稀》 …의 위치를 정하다.

po·si·tion·al [pəzíʃənəl] *a.* 위치(상)의 ; 지위의. (2) 〔限定的〕 【스포츠】 수비(상)의 : make ~ changes 수비위치를 바꾸다.

:**pos·i·tive** [pázətiv/pɔ́z-] (***more* ~ ; *most* ~**) *a.* (1) 〔敍述的〕 확신하는, 자신 있는. (2) 단정적인, 명확한, 의문의 여지 없는 ; 확실한, 확언한, 단호한. (3) 긍정적인 ; 적극적인, 건설적인. 〖opp.〗 *negative*. 『a ~ attitude toward the life 〈future〉 인생〈장래〉에 대한 긍정적인 태도. (4) (사람·태도가) 자신이 있는〈넘치는〉, 자신과잉의. (5)실제하는. (6) 실제〈실증적〉인 : ~ virtue 실행으로 나타내는 덕.
—*n.* (1) ⓒ 현실(물) ; 실재, 확실성, 그정. (2) ⓤ (성격 따위의) 적극성, 적극적 측면. (3) (the ~) 【文法】 원급(=~ degree). (4) ⓒ 【數】 양수 ; 정량(正量) ; 【電】 양극판 ; 【寫】 양화. (5) 실증할 수 있는 것.

·**pos·i·tive·ly** [pázətivli/pɔ́z-] *ad.* (1) 확실히, 단호히. (2) 정말로 ; 단연. (3) 적극적으로, 건설적으로, 실제적으로 : think ~ 사물을 적극적으로 생각하다. (4) 【電】 양전기로.
—*int.* 단연, 물론.

pos·i·tiv·ism [pázətivìzəm/pɔ́z-] *n.* ⓤ (1) 실증 철학, 실증론 ; 실증주의. (2) 적극성〈주의〉 ; 명확성 ; 확신, 독단(론) **-ist** *n.*

pos·se [pási/pɔ́si] *n.* ⓒ 《L.》 (1) 《美》 (치안 유지 따위를 위하여 법적(法的) 권한을 가진) 민병대, 경호단. (2) 《俗》 일단, 집단《*of*》. (3) 가능성(possibility)·잠재력 : in ~ 가능한, 잠재적으로.

:**pos·sess** [pəzés] *vt.* (1) 《수동태·진행형 불가》 **a**) …을 소유하다, 가지고 있다. **b**) (자격·능력)을 지니다, 갖추다(have) : ~ wisdom〈courage, a sturdy character〉 지혜가 있다〈용기, 굳은 성격〉을 가지고 있다. (2) (마음·감정 등)을 억제하다 : ~ one's temper 노여움을 참다. (3) 〔再歸的〕 …을 자제하다, 인내하다 : ~ one*self* in patience 꾹 참다. (4) 《+目+前+名》 (마음·자신)을 …의 상태로 유지하다 : ~ one's soul *in* peace 마음을 편안히 가지다. (5) …을 점유하다 ; 손에 넣다 ; (여자와) 육체 관계를 가지다. (6) 〔흔히 受動으로〕 (악마·귀신이) …에게 들리다〈씌다〉《*with* ; *by* ; *of*》. (7) 《~+目/+目+*to* do》 (감정·관념 따위가) …을 지배하다, …의 마음을 사로잡다. (8) 〔what ~ed의 형태로〕 …에게(…하도록) 작용하다 《*to* do》. **~ one*self of*** …을 자기 것으로 하다.

·**pos·sessed** [pəzést] *a.* (1) 〔敍述的〕 (…에) 홀린, 씐, 미친, 열중한《*by* ; *of* ; *with*》. (2) (때때로 명사 뒤에 와서) 홀린, 열중한. (3) 침착한, 냉정한. (4) 《文語》 소유한《*of*》. ***be* ~ *of*** …을 소유하고 있다. ***like one* 〈《美》 *all* ~〉 ~** 악마에 홀린 듯이 ; 열심히, 맹렬히.

:**pos·ses·sion** [pəzéʃən] *n.* (1) ⓤ 소유 ; 입수 ; 점령, 점거, 점유. (2) (*pl.*) 소유물, 소지품 ; 재산 : lose all one's ~*s* 전 재산을 잃다. (3) ⓒ 속령, 영지, 속국. (4) ⓤ 홀림, (감정의) 사로잡힌. ***come into*** a person**'*s* ~** 손에 들어오다. ***get* (*take*) ~ *of*** …을 입수하다, …을 점유하다. ***in the* ~ *of*** …에 소유되어. ***rejoice in the* ~ *of*** 다행히도 …을 소유하다. ***with the full* ~ *of*** …을 독점하여.

:**pos·ses·sive** [pəzésiv] *a.* (1) **a**) 소유의, 소유욕이 강한 : ~ rights 소유권. **b**) 〔敍述的〕 독점하고 싶어하는《*about* ; *with* ; *of*》. (2) 【文法】 소유를 나타내는. —【文法】 *n.* (1) (the ~) 소유격. (2) ⓒ 소유형용사〈대명사〉.

·**pos·ses·sor** [pəzésər] *n.* ⓒ (흔히 *sing.* ; 종종 the ~) 소유자 ; 【法】 점유자《*of*》.

pos·set [pásit/pɔ́s-] *n.* ⓤⓒ 포시트, 밀크주《뜨거운 우유에 포도주·향료 등을 넣은 음료 ; 전에 감기약으로 썼음》.

:**pos·si·bil·i·ty** [pàsəbíləti/pɔ̀s-] *n.* (1) ⓤⓒ 가능성, 실현성, 있을〈일어날〉 수 있음《*of*》. (2) ⓒ 실현〈실행〉 가능한 일〈수단〉. (3) (종종 *pl.*) 발전의 가능성, 장래성. (4)《口》 어울리는 사람(것). ***be within the bounds* 〈*range, realms*〉 *of* ~** 있을 수 있는 일이다. ***by any* ~** 1) 〔制件節에서〕 만일에, 혹시 : if *by any* ~ I am absent, …혹시 내가 없거든 …. 2) 〔否定語와 함께〕 도저히 …, 아무래도 ….

:**pos·si·ble** [pásəbəl, pɔ́s-] *a.* (1) **a**) (일 따위가) 가능한, 할 수 있는《이런 의미로 사용할 경우 '사람'을 주어로 하지는 않는다. 따라서 He is ~의 형은 성립되지 않는다》 : a ~ but difficult job 가능하나

힘드는 일 / a ~ excuse〈answer〉 생각할 수 있는 구실〈대답〉. **b**) 〔敍述的〕 (일 따위가)(사람에게) 가능한《*for* ; *to* ; *with*》. **c**) (…하는 것이) 가능한 : Is it ~ *for* him *to* got there in time? 그가 시간에 대어 그곳에 도착할 수 있을까. (2) 있음직한, 일어날 수 있는. (3) 진실〈정말〉일지도 모르는. (4) 《口》 그런대로 괜찮은. (5) 〔최상급, all, every 등에 딸려 그 의미를 강조함〕 할 수 있는 한의 : provide *all* ~ help 가능한 한의 모든 원조를 제공하다. ***as . . . as ~*** 되도록(= as ... as one can). ***if ~*** 가능하다면.

— *n*. (1) (*pl*.) 가능한 일, 있을 수 있는 일. (2) (the ~) 가능성. (3) (one's ~) 전력. (4) ⓒ 후보자, 선수 후보《*for*》. (5) 〈사격 등의〉 최고점.

:pos·si·bly [pásəbəli/pɔ́s-] *ad*. (1) (문장 전체를 수식) 어쩌면, 혹은. 아마(perhaps, maybe). (2) 〔肯定文에서 can과 같이〕 어떻게든지 해서, 될 수 있는 한: as soon as I ~ can 어떻게 되도록 빨리. (3) 〔疑問文에서 can과 같이〕 어떻게든지 해서, 제발《정중한 부탁을 나타냄》 : *Can* you ~ help me? 어떻게 좀 도와 주지 않겠습니까. (4) 〔否定文에서 can과 같이〕 아무리 해도, 도저히 (…않다) : I *cannot* ~ do it. 도저히 할 수 없다. — **póssible** *a*.

pos·sum [pásəm/pɔ́s-] 《口》 *n*. 【動】 = OPOSSUM ; 《Austral., *n*. Zeal》 = PHALANGER. ***play ~*** 꾀병부리다 ; 죽은〈자는〉 체하다 ; 속이다 ; 시치미떼다.

:post[1] [poust] *n*. (1) ⓒ 기둥, 말뚝, 문기둥, 지주(支柱) ; 푯말. (2) (the ~) (경마 등의) 표주(標注) : a starting 〈winning〉 ~ 출발점〈결승점〉 표주. (3) ⓒ 【鑛山】 탄주(炭注), 광주(鑛柱).

—*vt*. (1) 《~+目/+目+副/+目+前+名》 (게시 · 전단 따위)를 붙이다《*up*》 ; …에 붙이다《*with*》 : ~ the board (*over*) *with* bills 게시판 전면에 광고를 붙이다. (2) 《~+目/+目+前+名》 게시〈공시〉하다 ; 게시하여 알리다, 퍼뜨리다. (3) 《~+目/+目+as補》 〔흔히 受動으로〕 (배)를 행방 불명이라고 발표하다. (4) 《英》 대학에서 불합격자)를 게시하다. (5) 《美》 (토지)에 출입 금지〈금렵구(區)〉 게시를 하다. (6) 【競】 (스코어)를 기록하다.

:post[2] *n*. ⓒ (1) **a**) 지위(position), 직(戰), 직장 : get a ~ as a teacher 교사의 직을 얻다. **b**) 【軍】 부서, 초소, 경계 구역. (2) 【軍】 주둔지 ; 주둔 부대. (3) (미개지 원주민과의) 교역(交易)소. (4) 《美》 (재향군인회의) 지부. (5) 【軍】 취침 나팔.

—*vt*. (1) 《~+目/+目+前+名》 (보초병 등)을 배치하다《*to*》. (2) 《~+目+前+名》 〔흔히 受動으로〕 《英》 …에 배속〈전출〉시키다《*to*》. (3) 〈채권 등을〉 매출하다, 공탁하다.

post[3] *n*. (1) ⓤ 《英》 우편(《美》 the mail), 우편제도 ; 〔集合的〕 우편물. (2) (the ~) 집배(集配), 편(便)《우편물의 차편 · 배편 따위》. (3) 《英》 (the ~) (1회 배달분의) 우편물. (4) (the ~) 《英》 우체국 ; 우체통(《美》 mailbox). (5) ⓒ 《古》 역참(stage), 역참 간의 거리. (6)(P-) 신문의 이름 : the Washington *Post*. ***by return of ~*** ⇨RETURN. ***take ~*** 역마로 가다, 급히 여행하다〈지나가다〉 —*vt*. (1) 《英》 …을 우송하다 ; 투함(投函)하다 (《美》 mrail) : ~ a letter 편지를 부치다. (2) 《~+目/+目+副》 【簿記】 전기(轉記)하다, 분개(分介)하다《*up*》 : ~ sales 매출액을 원장에 기입하다 / ~ *up* a ledger (분개장에서) 원장에 전부 기입하다. (3) 《+目+副/+目+前+名》 …에게 최근의 정보를 알리다 ; 〔흔히 受動으로〕 (…에)통하고 있다《*in* ; *on* ; *about*》. (4) 역마로 보내다. —*vi*. 급히 여행하다 ; 서두르다 ; 【史】 파발마(馬)로 여행하다. ***~ off*** 급히 떠나다. ***be well ~ed*** (***up***) ***in*** ⇨*vt*. (3).

—*ad*. 역마로, 파발편으로 ;황급히, 부랴부랴.

:post·tage [póustidʒ] *n*. ⓤ 우편 요금.

póstage mèter 《美》 (요금 별납 우편물의) 우편요금 미터 스탬프.

:póstage stàmp 우표 ; 《口》 비좁은 자리.

:post·al [póustəl] *a*. 〔眼定的〕 (1) 우편의 ; 우체국의 : ~ matter 우편물 / ~ savings 우편저금. (2) 우송〈우편〉에 의한. ***the Universal Postal Union*** 만국 우편 연합《略 : UPU》.

·póstal càrd 《美》 관제 엽서 ; = POSTCARD.

póstal òrder 《英》 우편환《略 : P.O.》.

póstal sérvice 우편 업무 ; (the (US) P- S-) (미국) 우정(郵政) 공사《1971년 the Post Office를 개편한 것》.

post·bag [póustbæ̀g] *n*. ⓒ (1) 《英》 우편낭, 행낭(《美》 mailbagx). (2) (*sing*.) 〔集合的〕 (한번에 받는) 우편물 : get *a* big ~ 우편물이 많이 오다.

post·box [póustbɑ̀ks/-bɔ̀ks] *n*. ⓒ 《英》 우체통(《美》 mailbox) ; (각 가정의) 우편함.

:post·card [póustkɑ̀ːrd] *n*. ⓒ 우편 엽서 ; 《美》 사제 엽서, 《특히》 그림 엽서(picture ~).

post·code [póustkòud] *n*. ⓒ 《英 · Austral.》 우편 번호(《美》 zip code).

post·date [pòustdéit] *vt*. (1) (편지 수표 · 사건 등의) 날짜를 실제보다 늦추어 달다, 날짜를 차례로 늦추다. (2) (시간적으로) …의 뒤에 오다. —*n*. ⓒ (증서 등의) 사후 일부(日付), 늦은 일부..

·post·er [poustər] *n*. ⓒ 포스터, 광고 전단.

póster còlor 〈**pàint**〉 포스터 컬러.

·pos·te·ri·or [pɑstíəiər, pɔs-] *a*. 〔敍述的〕 (1) (시간 · 순서가) 뒤의, 다음의《*to*》. (2) 〔限定的〕 (위치가) 뒤의, 배면(背面)의. 〖opp.〗 *anterior*. (3) 【動】 미부(峯部)의 ; 【解】 후배부(後背部)의. ***~ to*** …보다 뒤에 이어지는, …이후의《*to*》. —*n*. ⓒ (몸의) 후부(後部) ; 엉덩이.

:pos·ter·i·ty [pɑstérəti/pɔs-] *n*. ⓒ 〔集合的〕 (1) 후세〈후대〉의 사람들. 〖opp.〗 *ancestry*. (2) (흔히 one's ~) 자손. ***hand down . . . to*** …을 후세에 전하다.

pos·tern [póustəːrn/pás-] *n*. ⓒ 뒷문 ; 협문(夾門) ; 성채의 뒷문 ; 【樂城】 지하도 ; 샛길, 도피로. — *a*. (1) 뒷문의. (2) 비밀의.

póst exchànge 【美陸軍】 매점(略 : PX).

post-free [póustfríː] *a*., *ad*. 우송료 무료의〈로〉 ; 《英》 우송료 선불의〈로〉 (postpaid).

post·grad·u·ate [póustgrǽdʒuit, -èit] *a*. (1) 대학 졸업 후의. (2) 대학원의(《美》 graduate).

—*n*. ⓒ 대학원 학생, 연구(과)생 : the ~ research institute 대학원.

post·har·vest [pòusthɑ́ːrvist] *a*. 수확 후의.

post·hu·mous [pástʃuməs/pɔ́s-] *a*. (1) 사후의, 사후에 태어난 : confer ~ honors 추서(追敍)하다《*on*》. (2) 저자의 사후에 출판된 : ~ works 유저(遺著). (3) 부(父)의 사후에 태어난 : confer ~ honors 증위〈추서〉하다.

post·im·pres·sion·ism [pòustimpréʃənì-zəm] *n*. ⓒ 《美》 후기 인상파.

post·ing [póustiŋ] *n*. ⓒ 임명, 배속.

·post·man [póustmən] (*pl*. ***-men*** [-mən]) *n*. ⓒ 우편 집배원.

post·mark [póus*t*mɑ̀ːrk] *n.* ⓒ 소인(消印). —*vt.* 〔흔히 受動으로〕 …에 소인을 찍다.

·**post·mas·ter** [póus*t*mæ̀stər, -mɑ̀ːs-] (*fem.* ***póst·mìs·tress***) *n.* ⓒ 우체국장 《略 : P.M.》.

póstmaster géneral (*pl.* ***postmasters g-***) 《美》 우정 공사 총재, 《英》 체신 공사 총재.

post·me·rid·i·em [pòust-mərídiəm] 《L.》 오후 《略 : P.M., p.m.》.

post·mod·ern·ism [pòustmádə*r*nìzəm/-mɔ́d-] *n.* ⓒ 【文】 포스트모더니즘 《20세기의 모더니즘을 부정하고 고전적·역사적인 양식이나 수법을 받아들이려는 1980년대의 예술 운동》.

post-mor·tem [poustmɔ́ːrtəm] *a.* 〔限定的〕 《L.》 (1) 사망 후의 ; 검시(용)의. (2) 사후(事後)의. 【opp.】 *antemortem.* —*n.* ⓒ (1) 시체 해부, 검시(檢屍). (2) 《口》 승부 결정 뒤의 검토 ; 사후(事後) 검토〈분석, 평가〉.

post·na·tal [pòustnéitl] *a.* 출생 후의, 출산 후의.

post·nup·tial [pòustnʌ́pʃəl] *a.* 결혼〈혼인〉 후의.

⁝**póst òffice** (1) 우체국. (2) (the P-O-) 《英》 체신 공사 ; 《美》 우정성(郵政省) 《1971년 우정 공사(the Postal Service)로 개편》. (3) 《美》 우체국놀이.

póst-of·fice·bòx [←ɔ̀; fis-] 사서함 《略 : P.O.B.》.

post·paid [póustpéid] *a., ad.* 《美》 우편 요금 선불의〈로〉.

:**post·pone** [pous*t*póun] *vt.* (1) …을 연기하다 《*put off*》, 미루다 ; (…할 것)을 연기하다. (2) …을 차위(次位)에 두다《*to*》. (3) 〈말 등을〉 문장 끝에 두다. —*vi.* 〈병 등이〉 손쓰기에 늦어지다. ***-ment*** *n.* 연기, 뒤로 미룸.

post·po·si·tion [pòus*t*pəzíʃən] *n.* 【文法】 (1)ⓤ 뒤에 두기. (2) ⓒ 후치사《cityward의 -ward 따위》.

post·pran·di·al [pòus*t*prǽndiəl] *a.* 〔限定的〕 정찬후〈식후〉의.

·**post·script** [póus*t*skrìpt] *n.* ⓒ (1) (편지의) 추신. (2) 단서(但書) ; 후기(後記).

post-tax [póus*t*tæ̀ks] *a.* 〔限定的〕 (수입이) 세금 공제 후의.

pos·tu·lant [pástʃələnt/pɔ́s-] *n.* ⓒ 《특히》 성직(聖職) 지망자.

pos·tu·late [pástʃəlèit/pɔ́s-] *vt.* (1) (자명한 일로서) …을 가정하다. (2) (보통 過去分詞꼴로) …을 요구하다(demand)《*that* ; *to* do》. (3) (상위 기관의 인가를 조건으로) 성직에 임명하다. —*vi.* 요구하다.
—[-lit, -lèit] *n.* ⓒ (1) 가정 ; 자명한 원리, 전제〈선결〉 조건. (2) 【數】 공리(公理).
파) **pòs·tu·lá·tion** [-ʃən] *n* ⓤ (1) 가정. (2) 요구.

·**pos·ture** [pástʃər/pɔ́s-] *n.* (1) **a**) ⓤ 자세, 사태. **b**) (a ~) (어느 특정한) 자세, 포즈. (2) ⓒ (흔히 *sing.*) (어떤 것에 대한) 태도, 마음 가짐《*on*》. (3) ⓒ 사태, 정세《*of* 》.
—*vi.* (1) 자세를 취하다. (2) 포즈를 取하다, 젠체하다
—*vt.* …에게 자세〈위치〉를 취하게 하다.

pos·turing [pástʃəriŋ/pɔ́s] *n.* ⓤⓒ (흔히 *pl.*) (겉만의) 자세 ; (변죽 울리는) 언동.

·**post·war** [póustwɔ́ːr] *a.* 〔限定的〕 전후(戰後)의 : ~ days 전후. 【opp.】 *prewar.*

po·sy [póuzi] *n.* ⓒ 꽃, 꽃다발.

:**pot** [pat/pɔt] *n.* (1) ⓒ **a**) (도기·금속·유리 제품의) 원통형의 그릇, 단지, 항아리, 독, 병 ; (깊은) 냄비(【cf.】 pan), 바리때 ; 요강(chamber ~) ; 화분 ; (맥주 등의) 머그(mug) : ~*s* and pans 취사도구. **b**) 한 잔의 분량〈술〉 ; 단지 하나 가득한 분량. (2) ⓒ 도가니(melting pot) ; (물고기 잡는) 통발 ; 《美俗》 카뷰레터, (차의) 엔진. (3) ⓒ (경기 등의) 상배(賞盃), 《俗》 상품. (4) (the ~) (poker 등에서) 한 번에 거는 돈 ; 공유의 자금. (5) ⓒ (종종 *pl.*) 《口》 큰 돈. (6) ⓒ 《口》 배불뚝이(potbelly). (7) ⓒ 【英撞球】 포켓(에 넣은 쇼트). ***a ~* 〈*~s*〉 *of money*** 큰 돈. ***go* (*all*) *to ~*** 영락〈파멸〉하다, 결딴나다, 죽다. ***keep the ~ boiling*** 생계를 꾸려 나가다. : 활기 있게 잘 계속해 가다. ***make a ~ at*** …을 보고 얼굴을 찡그리다. ***make a ~* (*~s*) *of money.*** 큰 돈을 벌다. . ***put*** a person***'s ~ on* 〈*onto*〉** 아무를 밀고하다. ***take a ~ at*** …을 겨냥하여 쏘다.
—(***-tt-***) *vt.* (1) …을 (보존하기 위해서) 병·단지 따위에 넣다 ; 통〈병〉저림으로 하다《과거분사로 형용사적으로 씀 ⇨ POTTED (2)》. (2) …을 화분에 심다《*up*》. (3) (물고기·동물)을 사냥하다 ; 닥치는 대로 쏘다. (4) …을 냄비로 요리하다. —*vi.* 《口》 (1) 마구〈닥치는 대로〉 쏘다《*at*》. (2) 술을 마시다.

po·ta·ble [póustəbəl] *a.* 마시기에 알맞은 : The water is not ~. —*n.* ⓒ (흔히 *pl.*) 음료, 술.

po·tage [poutɑ́ːʒ/pɔ-] *n.* ⓤⓒ 《F.》 포타주《진한 수프》. 【cf.】consomme.

pot·ash [pátæ̀ʃ/pɔ́t-] *n.* ⓤ 【化】 (1) 탄산칼륨 (caustic ~). (2) = POTASSIUM.

·**po·tas·si·um** [pətǽsiəm] *n.* ⓤ 【化】 칼륨, 포타슘《금속 원소 ; 기호 K ; 번호 19》. 잿물.

po·ta·tion [poutéiʃən] *n.* (1) ⓤ 마시기, 한 모금. (2) ⓒ (흔히 *pl.*) 음주 ; 술 : deep ~s 주연.

⁝**po·ta·to** [pətéitou] (*pl.* ***~es***) *n.* (1) ⓒ,ⓤ 감자 (white 〈Irish〉 ~) ; 《美》 고구마(sweet ~)《음식물은 ⓤ》. (2) (양말의) 구멍. (3) 《俗》 머리, 추한 얼굴. (4) (*pl.*) 《俗》 돈, 달러. ***small ~es*** ⇨SMALL PATATOES.

po·ta·to-head [-hèd-] *n.* ⓒ 《美俗》 바보, 멍텅구리, 얼간이.

pot·bel·lied [pátbèlid/pɔ́t-] *a.* 올챙이배의, 똥배가 나온 ; (그릇이) 아래가 불룩한, (난로, 술병 등이) 배불뚝이의.

pot·bel·ly [←bèli] *n.* ⓒ 올챙이배 ; 배불뚝이.

pot-bound [←bàund] *a.* 〔敍述的〕 화분 전체에 뿌리를 뻗은《식물》 ; 성장〈발전〉할 여지가 없는.

po·ten·cy [póutənsi] *n.* ⓤ (1) 권력, 권위, 권세. (2) (약 따위의) 효능, 유효성. (3) (남성의) 성적 능력. (4) (의론 등의) 설득력.

·**po·tent** [póutənt] *a.* (1) 세력 있는, 유력한, 힘센. (2) 효능 있는, (약 따위가) 잘 듣는. (3) 성적(性的) 능력이 있는(【opp.】 *impotent*) ; 【文語】 (논점이) 사람을 신복시키는 : ~ reasoning 그럴싸한 논법. 파) **~·ly** *ad.*

·**po·ten·tate** [póutəntèit] *n.* ⓒ 권력자, 유력자 ; (옛날의)주권자, 군주.

:**po·ten·tial** [pouténʃəl] *a.* (1) 〔限定的〕 잠재적인 ; 잠세(潛勢)의, 가능한 ; 장래 …의 가능성이 있는. 【cf.】 latent. (2)【物】 위치의, 변압의, 전위(電位)의 : ~ energy 【物】 위치 에너지 / ~ difference 【物】 전위차. (3) 《文法》 가능법의.
—*n.* (1) ⓤ (또는 a ~) 잠세(潛勢), 잠재력 ; 가능성. (2) ⓤ 【物】 전위(電位). 파) **~·ly** [-i] *ad.* 가능적으로 ; 잠재적으로 ; 혹시 (…일지도 모르겠다).

·**po·ten·ti·al·i·ty** [pou*t*ènʃiǽləti] *n.* (1) ⓤ 가능력 ; 가능성 : human ~ 인간의 가능성. (2) ⓒ (흔히 *pl.*) (발전의) 가망, 잠재적 힘 ; 가능력(잠재력)

을 가진 것.

pot·ful [pátfùl/pɔ́t-] *n.* ⓒ 한 남비〈항아리, 단지〉의 양.

poth·er [páðər/pɔ̀ð-] *n.* ⓤ (또는 a ~) 야단법석, 소동, 혼란 : be in *a* ~ 왁자지껄 떠들고 있다 / the ~ of city traffic 도시 교통의 혼잡.

pot·herb [páthə̀ːrb/pɔ́t-] *n.* ⓒ (1) 데쳐 먹는 야채《시금치 따위》. (2) 향신료로서의 야채.

pot·hold [⌐hòul] *n.* ⓒ (1) 【地質】 돌개구멍《강바닥 암석에 생긴 단지 모양의 구멍》. (2) 길에 팬 구멍. —*vi.* (스포츠·취미로) 동굴을 탐험하다. 파) **-hol·ing** ⓤ (스포츠로서의) 동굴 탐험.

pot·hunt·er [⌐hʌ̀ntər] *n.* ⓒ (1) (규칙·운동 정신을 무시하고) 닥치는 대로 쏘는 사냥꾼. (2) 상품을 노리는 경기 참가자. (3) 아마추어 고고학자.

po·tion [póuʃən] *n.* ⓒ (독약·영약(靈藥) 따위의) 물약. 《稀》 음료 .

pot·luck [pátlʌ̀k/pɔ́t-] *n.* (1) ⓤ (손님에게 내는) 있는 것으로만 장만한 요리. (2) = POTLUCK SUPPER. ***take ~*** 1) (생각지 않은 내객이) 있는 대로의 것으로 식사하다. 2) 우선 하고 보자는 식으로 하다. (충분한 지식 없이) 닥치는 대로 고르다.

·**Po·to·mac** [pətóumək] *n.* (the ~) 포토맥《미국의 수도 Washington 시를 흐르는 강》.

pot·pie [pátpài/pɔ́t-] *n.* ⓤⓒ 포트파이《고기를 넣은 파이 ; 고기 만두 스튜》.

pót plànt 화분에 심는 감상용 식물, 분종(盆種).

pot·pour·ri [pòupuríː, poupúəri] *n.* ⓒ 《F.》 (1) 포푸리《방·양복장·화장실 등에 두는, 장미 꽃잎을 향료와 섞어 단지에 넣어 화향(花香)을 풍기게 한것》. (2) 【樂】 혼합곡. (3) 문집, 잡집(雜集).

Pats·dam [pátsdæ̀m/pɔ́ts-] . 포츠담《독일 동북부의 도시》. ***the ~ Declaration*** 포츠담 선언.

pot·shot [pátʃàt/pɔ́tʃɔ̀t] *n.* ⓒ (1) (스포츠 정신을 무시하고 잡기만 하면 된다는 식의) 무분별한 총사냥 ; (잠복 위치 등에서의) 근거리 사격 ; 닥치는 대로의 사격. (2) 무책임한 비평.

pot·tage [pátidʒ/pɔ́t-] *n.* ⓤⓒ 《美》 포타주《야채(와 고기)를 넣은 스튜, 진한 수프》, 잡탕.

pot·ted [pátid/pɔ́t-] *a.* 〔限定的〕 (1) 화분에 심은. (2) 단지〈항아리〉에 넣은, 병에 넣은, 병조림의. (3) (간이〈간단〉하게) 요약한. (4) 《美俗》 술취한 ; 《英俗》 녹음한.

·**pot·ter** [pátər/pɔ́t-] *n.* ⓒ 도공(陶工), 옹기장이, 도예가 : ~'*s* work 〈ware〉 도기.

·**pot·tery** [pátəri/pɔ́t-] *n.* (1) ⓤ 〔集合的〕 도기류. (2) ⓤ 도기 제조(업). (3) ⓒ 도기 제조소. (4) 도기 산지.

pót·ting shèd [pátiŋ /pɔ́t] 묘목(苗木) 육성곳간《화분에 심은 식물을 보호·육성하거나 원예도구를 보관하는 오두막집》.

pot·ty[1] [páti/pɔ̀ti] (***-ti·er ; -ti·est***) *a.* 《英口》 (1) (사람이) 머리가 이상한, 어리석은 ; (생각·행동 등이) 바보같은. (2) 〔限定的 ; 흔히 ~ little로〕 하찮은, 시시한, 대수롭지 않은. (3) 〔敍述的〕 (…에)열중한 《*about*》.

pot·ty[2] *n.* ⓒ 《口》 어린이용 변기 ; 《兒》 변소.

pot·ty-trained [-trèind] *a.* 《英》 어린이가 대소변을 가리는, 변기를 사용하게 된.

·**pouch** [pautʃ] *n.* ⓒ (1) (가죽으로 만든) 작은 주머니, 주머니, 쌈지 ; 돈지갑. (2) 【軍】 가죽 탄띠. (3) (자물쇠 있는) 우편 행낭(行囊) ; (외교문서 송달용) 파우치, 외교행낭. (4) 주머니 모양의 것 【動】 (캥거루 등의) 육아낭, (펠리컨의) 턱주머니 ; 【植】 낭상포(囊狀胞). (5) 눈밑의 처진 살. —*vt.* (1) …을 주머니에 넣다. (2) …을 주머니처럼 늘어뜨리다. 파) **~ed** [-t] *a.* 주머니 달린 ; 【動】 유대(有袋)의.

poul·tice [póultis] *n.* ⓤ (밀가루·약초 등을 헝겊에 바른) 찜질약.
—*vt.* …에 찜질약을 붙이다, 찜질하다.

·**poul·try** [póultri] *n.* (1) 〔集合的 ; 複數취급〕 (식용의) 가금(家禽). (2) ⓤ 새〈닭〉고기.

poul·try·man [-mən] (*pl.* ***-men*** [-mən]) *n.* ⓒ 양계가, 가금(家禽) 사육가 ; 가금〔새〕장수, 새고기 장수.

·**pounce** [pauns] *vi.* 《+前+名》 (1) (…에) 달려들다, 와락 덤벼들다《*on* ; *at*》. (2) 갑자기 찾아오다〈뛰어들다〉 ; 머리에 떠오르다 : ~ *into* a room 방 안으로 뛰어들다. (3) 《比》 (잘못 등을) 몰아세우다《*on* ; *upon*》.
—*vt.* 달려들어 와락 움켜잡다.
—*n.* ⓒ (흔히 a ~) (맹금·짐승의) 갈고리 발톱 ; 무기 : 급습, 갑자기 달려 들기. ***make a ~ upon*** …에 와락 덤벼 움키려들다. ***on the ~*** 덤벼들려고 하여, 막 덤벼들려고.

:**pound**[1] [paund] (*pl.* ***~s,*** 〔集合的〕 ~) *n.* (1) ⓒ 파운드《중량의 단위 ; 略 : lb. ; 상형(常衡)(avoirdupois)은 16온스, 약 453.6g ; 금형(金衡) (troy)은 12온스, 약 373g》. (2) ⓒ 파운드(~ sterling) 《영국 화폐단위 ; 1971년 2월 15일 이후 100pence ; 종전에는 20shillings에 해당 ; 略 : £》.
a ~ to a penny 《口》 있을 수 있는 일. ***by the ~*** (무게) 1파운드에 얼마로《팔다 따위》 : Butter is sold *by the* ~. 버터는 1파운드에 얼마로 팔리고 있다. ***~ for*** 〈***and***〉 ***~*** 등분(等分)으로. ***~ of flesh*** 가혹한 요구, 치명적인 대상(代償)《Shakespeare 작 *The Merchant of Venice* 에서》. ***~s, shilings, and pence*** 돈(£. s.d.).

pound[2] *n.* ⓒ 동물 수용소《길잃은 고양이·개 따위를 가둬두는 공공 시설》, 울타리, 우리 ; (불법주차 차량의) 일시 보관소 ; 짐승우리 ; 활어조(活魚槽) ; 유치장.

·**pound**[3] *vt.* (1) …을 탕탕 치다, 사정없이 치다〈두드리다〉. (2) 《~+目/+目+副/+目+前+名》 …을 때려부수다, 가루로 만들다《*to* ; *into* ; *up*》 : ~ a brick *to* pieces 벽돌을 산산이 부수다. (3) 《+目+副》 (피아노 따위)를 쾅쾅 쳐서 소리내다〈소리내서 연주하다〉《*out*》 ; (타자기 따위)를 두드려 대어 (소설·기사 따위)를 만들다《*out*》. (4) 심하게 훈련시키다 ; 주입 시키다《*in* ; *into*》. (5) 맹렬히 포격하다. —*vi.* (1) 《+前+名》 세게 두드리다, 난타하다, 마구 치다《*at* ; *on*》 ; 맹포격하다《*at* ; *on* ; *away*》. (2) 둥둥 울리다 ; (심장이) 두근거리다. (3) 쿵쾅쿵쾅 걷다, 힘차게 나가다 : (배가) 파도에 쾅쾅 부딪다. (4) 열심히〈묵묵히〉 일을 계속하다《*away*》. ~ one***'s ear*** 《俗》 잠자다. ***~ the pavement*** 《美俗》 (일자리를 찾아) 거리를 돌아다니다.

pound·age [páundidʒ] *n.* ⓤ (돈·무게의) 1파운드에 대한 수수료〈세금〉. 【cf.】 tonnage.

pound·al [páundəl] *n.* ⓒ 【物】 파운달《야드·파운드계의 힘의 단위 ; 질량 1파운드의 질점(質點)에 작용하여 매초 1피트의 가속도를 일으키는 힘》.

pound·er [páundər] *n.* ⓒ 두들기는 사람 ; 빻는 사람 ; 절굿공이 ; 《美俗》 경찰관.

pound·ing [páundiŋ] *n.* (1) ⓤⓒ 강타〈연타〉(의 소리). (2) ⓒ 《口》 대패(大敗), 심한 타격.

take*(*get*) *a ~ from …로부터 대패를 맛보다 ; 수많은 비평을 받다.

:pour [pɔːr] *vt.* (1) 《~+目/+目+副/+目+目/+目+前+名》 …을 따르다, 쏟다, 붓다, 흘리다《*away* ; *in* ; *out*》. (2) 《~+目/+目+副/+目+前+名》 (탄환·조소·경멸 등)을 퍼붓다《*on* ; *into* ; *out*》 : (빛·열 따위)를 쏟다, 방사하다 ; (건물 등이 군중)을 토해 내다 ; (자금 따위)를 쏟아 넣다《*into*》 : The sun *~ed down* its heat. 햇볕이 쨍쨍 내리쬐었다. (3) 《+目+副/+目+前+名》 쉴새없이 입을 놀리다, 기염을 토하다, 노래하다《*out* ; *forth*》 : ~ (*out*).
—*vi.* (1) 《+前+名/+副》 (대량으로) 흐르다, 흘러나가다〈들다〉 ; 쇄도하다, 밀어닥치다《*down* ; *forth* ; *out* ; *into*》. (2) 《~/+副/+前+名》 (it을 主語로) (비가) 억수같이 퍼붓다《*down* ; 《英》 *with*》 ; 《比》 흐르듯이 이동하다 ; (총알이) 빗발치다. (3) (말 따위가) 연발하다. ***~ cold water on*** ⇨COLD. ***~ it on*** 《口》 마구 아첨(阿諂)을 부리다 ; (남을 기쁘게 해주려고)계속 노력하다, 맹렬히 하다 ; 급히 가다. ***~ off*** …에서 흘러나가다. ***~ oil on the fire*** 불에 기름을 붓다, 분노를 〈소동을〉 부추기다. ***~ oil upon troubled waters*** 풍파를 가라앉히다, 분쟁을 원만히 수습하다. ***~ out*** 1) (차 따위를) 따르다. 2) 말하다, 표출하다. ***~ scorn on*** 〈***over***〉 …을 경멸하다, 깔보다.

·pout [paut] *vi.* 입을 삐죽거리다 ; 토라진 얼굴을 하다, 토라지다 ; (입 따위가) 삐죽 나오다.
—*vt.* (입)을 삐죽 내밀다, 뿌루퉁해서 말하다.
—*n.* ⓒ 입을 삐죽거림, 샐쭉거림. ***in the ~s*** 뾰루퉁〈샐쭉〉하여, 토라져서.

pout·er [páutər] *n.* ⓒ (1) 삐죽거리는〈뾰루퉁한, 샐쭉거리는〉 사람. (2) **[鳥]** 비둘기의 일종.

pouty [páuti] (***pout·i·er*** ; ***-i·est***) *a.* 부루퉁한 (sulky), 토라지기 잘하는 ; 잘 부루퉁하는.

:pov·er·ty [pávərti/póv-] *n.* ⓤ (1) 가난, 빈곤 (〖opp.〗 *wealth*). (2) 결핍, 부족《*of* ; *in*》 : ~ *of* blood 빈혈 / ~ *in* vitamins 비타민 결핍. (3) 열등, 빈약, 쇠약 : ~ of the soil 땅의 메마름.

pov·er·ty-strick·en [-strìkən] *a.* 매우 가난한, 가난에 시달린 ; 초라한.

:pow·der [páudər] *n.* (1) ⓤ 가루, 분말: tooth ~ 가루치약. (2) ⓤⓒ 분말 제품 ; 분 ; 가루약. (3) ⓤ 《古》 화약. (4) ⓤ 흙먼지 ; 가랑눈(= **~ snòw**). (5) = POWDER BLUE. ***keep*** one***'s ~ dry*** 《稀》 만일에 대비하다. ***~ and shot*** 탄약, 군수품 ; 비용, 노력(勞力) : not worth (*the*) ~ *and shot* 노력할 가치가 없다, 채산이 맞지 않다. ***put on ~*** 분을 바르다, 가루르 뿌리다. ***smell ~*** 실전을 경험하다. ***take a ~*** 1) 가루약을 먹다. 2) 《俗》 도망치다, 모습을 감추다. ***the smell of ~*** 실전 경험.
—*vt.* (1) …에 분을 바르다, 파우더를 칠하다. (2) 〔흔히 受動으로〕 …을 가루로 만들다. (3) …에 가루를 뿌리다《*with*》.
—*vi.* (1) 가루로 만들다. (2) 화장하다.

pówder blúe 분말 화감청(華紺青) ; 담청색.

pow·dered [páudərd] *a.* (1) 가루의. (2) 가루를 뿌린 ; 분을 바른.

pówder kèg (옛날의) 화약통 ; (언제 폭발할지 모르는) 위험물 ; 위험한 상황.

pówder pùff (파우더) 퍼프, 분첩 ; 《俗》 겁쟁이 ; 만만한 경기 상대.

pówder ròom (여성용) 화장실, (군함의) 화약실.

pow·dery [páudəri] *a.* 가루(모양)의 ; 가루투성이의 ; 가루가 되기 쉬운.

:pow·er [páuər] *n.* (1) ⓤ 힘, 능력 ; 생활력 : ~s equal to the tasks 직무에 걸맞는 능력. (2) 효험(效驗), 효력 : the ~ of a medicine 〈a prayer〉 약〈기도〉의 효험. (3)ⓤ **[機]** 동력 ; 물리〈기계〉적 에너지원(源)《*of*》 : 《특히》 전력. (4) ⓒ,ⓤ (흔히 *pl.*) (특수한) 능력, 재능 ; ⓤ 체력, 정력. (5) ⓤ 위력, 권력, 권위, 권능, 지배력 : 정권(political ~) : (국가·군대의) 힘, 국력, 군사력. (6) ⓒ 유력자, 권력자. (7) ⓒ (종종 *pl.*) 강국. (8) ⓒ 《古》 군대, 병력(forces). (9) ⓤ 위임된 권력, 위임(장). (10) ⓒ **[數]** 거듭제곱, 멱(冪). (11) ⓤ (렌즈의) 배율, 확대력. (12) ⓒ 《口》 다수, 다량《*of*》 : a ~ *of* work 많은 일 / a ~ *of* help 큰 도움. (13) (종종 *pl.*) 신 ; (*pl.*) 능품(能品) 천사《천사의 제 6계급》 : the ~*s* of darkness 〈evil〉 악마. (14) ⓤ **[物]** 작업률, 일률(率), 공정(工程). (15) **[컴]** **a**) 전원. **b**) 제곱, 승. ***a*** 〈***the***〉 ***~ behind the throne*** 흑막, 막후인물. ***a ~ of*** 많은. ***be in the ~ of*** …의 수중에 있다. ***beyond*** 〈***out of***〉 one***'s ~***(***s***) 힘이 미치지 않는, 불가능한 ; 권한 밖의. ***come to*** 〈***into***〉 ***~*** 정권을 장악하다 ; 세력을 얻다. ***do all in*** one***'s ~*** 할 수 있는 한 힘쓰다. ***have ~ over*** …을 지배하다, …을 마음대로 하다. ***in*** 〈***out of***〉 ***~*** 정권을 잡고〈떠나서〉 ; 권한이 있는〈없는〉 : the party *in* ~ 여당. ***in*** one***'s ~*** 1) 힘이 미치는 범위내에서. 2) 지배 아래, 손안에. ***Merciful ~s!*** 자비로운 제신들이시여. ***More*** 〈***All***〉 ***~ to you*** 〈***your elbow***〉! 더욱 건강〈성공〉하시기를. ***political ~*** 정권 ***raise to the second*** 〈***third***〉 ~ 두〈세〉제곱하다. ***the ~s that be*** (종종 戱) 당국(자), (당시의) 권력자(those in ~).
—*vt.* …에 동력을 공급하다 ; …을 촉진〈강화〉하다 ; 동력으로 나아가다. —*vi.* 맹렬한 힘으로 달리다, 급히 가다. ***~ down*** 〈***up***〉 (우주선)의 에너지 소비량을 내리다〈올리다〉.

pow·er·boat [páuərbòut] *n.* ⓒ 동력선, 발동기선.

pówer bráke 동력 브레이크.

pówer bréakfast (실력자 등의) 조찬회.

pówer bròker (정계의) 막후 인물, 흑막.

pówer dìve **[空]** 동력 급강하(엔진을 건채로 하는 급강하).

(·)pow·ered [páuərd] *a.* (…)마력의, 발동기를 장비한 ; (렌즈 등이) 배율(倍率) …의.

pówer elíte (the ~) 〔集合的〕 권력의 핵심들.

:pow·er·ful [páuərfəl] (***more ~ ; most ~***) *a.* (1) 강한, 강력한 ; 유력한, 우세한. (2)사람을 감동시키는 《연설 따위》 ; 효능 있는《약 따위》. (3) 《方》 많은. (4)동력〈출력·배율 (등)〉이 높은 : a ~ engine 강력한 엔진.

pówer gàme (시배릭) 권력 획득 경쟁.

·pow·er·less [páuərlis] *a.* (1) 무력한, 무능한, 의지할 곳 없는; 세력이 없는 ; 권력이 없는 ; 효능이 없는 ; 마비된. (2) 〔敍述的〕 …할 힘이 없는.

pówer plànt (1) 동력〈발전〉 장치. (2) 《美》 발전소.

pówer plày (1) (정치·기업 등에서의) 공세적 행동 작전, 시력 행사. (2) **[美蹴]** 파워 플레이《집단 집중공격》.

pówer pòint 《英》 콘센트(《美》 outlet).

pow·er-shar·ing [-ʃɛ̀əriŋ] *n.* ⓤ (정당간에 있어서) 권력 분담. —*a.* 권력을 부담하는

pówer shòvel 동력삽 《동력으로 흙 등을 푸는 삽》.

pówer stàtion 발전소.

pox [pɑks/pɔks] *n.* ⓤ (1) 발진(發疹)하는 병. (2) (the ~)《口》매독.

·**prac·ti·ca·ble** [prǽktikəbəl] *a.* (1) (계획 등이) 실행할 수 있는, 실행성 있는, 실제적인, 실리적인, 실용적인 : a ~ plan 실행 가능한 계획. (2) 사용할 수 있는, 통행할 수 있는《다리·도로 따위》. (3) (연극 도구가) 실물인《창(窓) 따위》.

prac·ti·ca·bil·i·ty [prӕktikəbíləti] *n.* ⓤⓒ (1) 실행 가능성. (2) 실용성.

:**prac·ti·cal** [prǽktikəl] *a.* (1) **a**) (생각·목적 등이) 실제적인, 실제상의 ; 실천적인. **b**) (사람이)(일처리에) 현실적인, 실무형인 ; 솜씨 좋은. (2) 실용적인, 실제〈실무〉 소용에 닿는, 소용이 있는. (3) 〔限定的〕 경험이 풍부한, 경험있는. (4) (명목은 다르나) 사실상의, 실질적인 ; with ~ unanimity 거의 만장 일치로. (5)《蔑》실리〈실용〉 밖에 모르는 ; 사무적인 ; 산문(散文)적인. ***be of ~ use*** 실용적이다. ***for*** 《***all***》 ***~ purposes*** (이론은 여하튼 간에) 실제로는. ***It is not ~ politics.*** 논할 가치가 없다.
—*n.* ⓒ 실기 시험 ; (*pl.*) 실제가(家).

práctical jóke 장난, (말이 아니라 행동에 의한) 못된 장난.

:**prac·ti·cal·ly** [prǽktikəli] (***more ~ ; most ~***) *ad.* (1) 실제적으로, 실용적으로, 실지로. (2) 사실상, 거의 …나 다름 없이. ***~ speaking*** 실제는, 사실상.

práctical núrse 《美》준간호사《경험뿐으로 정규 훈련을 받지 않은》.

:**prac·tice** [prǽktis] *n.* (1) ⓤ **a**) 실행, 실시, 실제. **b**) (실제적으로 얻은) 경험. (2) **a**) ⓤⓒ 실습(exercise), 연습 ; (연습에서 익힌) 기량 : do ~ (*in* ...) (…의) 연습을 하다 / daily piano ~ 매일하는 피아노 연습. **b**) 숙련(skill), 수완. (3) ⓤⓒ 버릇(개인의), 습관, 상습적인 행동, (사회의) 관례, 풍습. 【cf.】 habit. (4) ⓤⓒ (의사·변호사 등의) 업무, 영업 ; 사무소·진료소. (5) ⓒ 〔集合的〕 환자, 사건 의뢰인. (6) (흔히 *pl.*)《古》책략, 음모, 상투 수단 : artful ~*s* 교활한 수단. ***be in ~*** 연습〈숙련〉하고 있다, 익숙하다 ; 개업하고 있다. ***be*** 〈***get***〉 ***out of ~*** (연습 부족으로) 서투르다〈게 되다〉. ***have a large ~*** (의사·변호사가) 번창하고 있다, 영업이 잘 되다. ***in ~*** 실제로는 ; 연습을 쌓아 ; 개업하여 : keep *in* ~ 끊임없이 연습하고 있다. ***make a ~ of*** do***ing*** 항상 …하다 ; …을 습관으로 하다. ***put*** 〈***bring***〉 ***... in*** 〈***into***〉 ***~*** …을 실행하다, …을 실행에 옮기다.
—(《英》에서는 ***-tise***) *vt.* …을 실행하다, 늘 행하다 ; (신앙·이념 등을) 실천하다, 신봉하다. (2) 《~+目/+-*ing*》 …을 연습하다, 실습하다 : ~ the piano 피아노를 연습하다. (3) 《~+目/+目+前+名》 …을 훈련하다, …에게 가르치다 : ~ pupils *in* English 학생에게 영어를 가르치다. (4) (법률·의술 등)을 업으로 하다 ; …에 종사하다.
—*vi.* (1) 늘 습관적으로 행하다. (2) 《~/+前+名》 연습하다, 실습하다, 익히다《*at* ; *on* ; *with*》 : ~ *at* 〈*on*〉 the piano 피아노 연습을 하다. (3) 《~/+前+名》 (의사·변호사를) 개업하다〈하고 있다〉. (4) 《+前+名》 속이다 ; 《古》 음모를 꾸미 다. ***~ on*** 〈***upon***〉 a person***'s weakness*** 아무의 약점을 이용하다. ~ one***self*** 독습(獨習)하다.

prac·tice-teach [⌐tìːtʃ] *vi.* 교육실습을 하다.

prac·tic·ing [prǽktisiŋ] *a.* (1) (현재) 활동〈개업〉 하고 있는 : a ~ physician 개업의(醫). (2) 종교의 가르침을 실천하고 있는 : a ~ Catholic 실천적인 가톨릭 교도.

:**prac·tise** 《특히 英》 ⇨PRACTICE.

·**prac·ti·tion·er** [præktíʃənər] *n.* ⓒ 개업자, 개업 의사《특히 개업의(醫)·변호사 따위》 : a general ~ 일반 개업의《전문의에 대하여 ; 略 : GP》.

prae·tor, pre- [príːtər] *n.* ⓒ 【古로】 집정관(執政官) ; (나중에는 집정관 밑의) 치안관.

prag·mat·ic [prӕgmǽtik] (1) 실제적인. (2) 【哲】 실용주의의 : ~ philosophy 프래그머티즘〈실용주의〉 철학 / ~ lines of thought 실용주의적인 사고 방식. (3) 쓸데없는 참견을 하는, 오지랖 넓은, 간섭하는.

prag·mat·i·cal [prӕgmǽtikəl] *a.* (1) 실용주의의. (2) 교만하는, 전제적인, 쓸데없이 참견하는 ; 독단적인.

prag·ma·tism [prǽgmətìzəm] *n.* ⓤ (1) 【哲】 프래그머티즘, 실용주의. (2) 실리주의, 실제적인 사고 방식. 파) **-tist** *n.* ⓒ 【哲】 실용주의자.

·**Prague** [prɑːg] *n.* 프라하《Czech 공화국 수도》.

:**prai·rie** [prέəri] *n.* ⓒ (1) 대초원. (2) (목)초지.

práirie òyster (1) 프레리 오이스터, 날달걀《숙취(宿醉)의 약으로 먹는》. (2) (식용으로 하는) 송아지 고환.

:**praise** [preiz] *n.* (1) ⓤ 칭찬, 찬양, 칭찬하는 말. (2) ⓤⓒ 숭배, 찬미 ; 신을 찬양하는 말〈노래〉 : *Praise* be (to God!) 신을 찬미할지어다 ; 참 고맙기도 해라. (3) ⓒ 칭찬의 대상〈이유〉. ***be loud*** 〈***warm***〉 ***in*** a person***'s ~***(***s***) 아무를 절찬하다. ***beyond all ~*** ⇨BEYOND. ***damn . . . with faint ~*** 마음에 없는 칭찬을 하여 도리어 (…에게) 비난의 뜻을 나타내다.
—*vt.* (1) 《~+目/+目+前+名》 (사람·일)을 칭찬하다《*for* ; *as*》. (2) (신을) 찬미하다. ***God be ~d!*** (참) 고맙기도 해라.

praise·wor·thy [préizwəːrði] *a.* 칭찬할 만한, 기특한, 갸륵한(praisable). 〖opp.〗 *blameworthy.*

pram [præm] *n.* ⓒ 《英》 유모차(《美》 baby carriage) ; 우유 배달용 손수레(handcart).

·**prance** [præns, prɑːns] *vi., vt.* (1) (말이) 뒷발로 뛰어다니다, 껑충거리며 나아가다, 날뛰며 나아가다 《*along*》. (2) 《比》 의기 양양하게 가다. —*n.* (a ~) (말의) 도약 ; 활보.

pran·di·al [prǽndiəl] 《戲》 식사의, 정찬(dinner)의.

prang [præŋ] 《英俗》 *vt.* (표적)을 정확히 폭격하다 ; (비행기·탈것)을 추락〈충돌〉시키다, 충격으로 파괴하다.
—*vi.* 비행기를 〈탈것을〉 추락〈충돌〉시키다.
—*n.* ⓒ 충돌, 추락 ; 폭격, 회롱.

·**prank**[1] [præŋk] *n.* ⓒ (1) 농담, 못된 장난. (2) 《戲》 (기계 등의) 비정상적인 움직임. ***play ~s on*** … 에게 못된 장난을 하다, …을 놀리다.

prank[2] *vt., vi.* (…을) 장식하다(adorn), 모양내다, 성장하다《*out* ; *up*》.

prank·ish [prǽŋkiʃ] *a.* 장난치는, 회롱거리는.

prate [preit] *vi., vt.* 재잘재잘 지껄이다《*about*》 ; 쓸데없는 소리 하다(chatter) ; (시시한 일 따위를) 수다 떨다. —*n.* ⓤ 수다, 지껄이기, 시시한 얘기.

prat·tle [prǽtl] *vi., vt.* 혀짧배기 소리를 하다 ; 쓸데없는 말을 하다. —*n.* ⓤ 혀짧배기 소리 ; 실없는 소리.

prawn [prɔːn] *n.* ⓒ 【動】 참새우 무리《lobster보다 작고 shrimp보다는 큰 것》 —*vi.* 참새우를 잡다 ; 참새우를 미끼로 낚시질을 하다.

prax·is [prǽksis] (*pl*. ***prax•es*** [-siːz] **, ~•es**) *n*. ⓤⓒ (1) 습관, 관습. (2) 연습, 실습, 연습문제(집).

:pray [prei] *vi*. (1) 《~/+前+名》 간원(懇願)하다, 간청하다《*for*》 : 빌다《*to*》. (2) 《+前+名》 희구하다《*for*》. —*vt*. (1) 《~+目/+目+前+名/+目+*to* do/+目+*that* 節》 (신에게) …을 기원하다, 기도하다 ; (사람에게) 간원하다, 탄원하다. (2) 《~+目/+*that* 節》 …을 희구하다, 기구(祈求)하다. (3) (기도)를 올리다. (4) 《+目+前+名》 간원〈기원〉하여 …하게 하다 : ~ a sinner *to* redemption 죄인을 위해 기원하여 구제하다. ***Pray don't mention it.*** 천만의 말씀(입니다). **~ *down*** 기도로(악마나 적을) 무찌르다. **~ *in aid* (*of* ...)** (…의) 조력을 부탁하다.

:prayer[1] [prɛər] *n*. (1) ⓤ 빌기, 기도 : kneel down in ~ 무릎 꿇고 기도하다. (2) ⓒ 기도의 문구. (3) ⓒ 소원 : an unspoken ~ 비원(秘願). (4) (*pl*.) 기도식. (5) 《美俗》 (否定形) 극히 적은 기회.

:pray·er[2] [préiər] *n*. ⓒ 기도하는 사람.

prayer·ful [prɛ́ərfəl] *a*. 잘 기도하는, 신앙심 깊은.

práyer mèeting [prɛ́ər-] 기도회.

práyer whèel [prɛ́ər-] (라마교의) 기도문통(筒)《기도문을 넣은 회전 원통》.

práy·ing mántis [préiiŋ-] 【蟲】 사마귀, 버마재비(mantis).

:preach [priːtʃ] *vi*. (1) 《+前+名》 전도하다 : ~ *to* heathens 이교도에게 전도하다. (2) 《~/+前+名》 설교하다 : ~ on 《*from*, *to*》 a text 성서 중의 한 구절을 제목으로 설교하다. (3) 《+前+名》 타이르다, 설유(說諭)하다《*to*》 : ~ *against* smoking 담배의 해독을 설유하다. —*vt*. (1) …을 전도〈설교〉하다 : ~ the Gospel 복음을 전도하다. (2) 《~+目/+目+目/+目+前+名》 설교를 하다(deliver). (3) 《~+目/+目+前+名/ ~+*that* 節》 …을 고취하다, 설복〈설유〉하다. **~ *against*** …에 반대하는 설교를 하다, 훈계하다 : ~ *against* using violence 폭력을 쓰지 말라고 훈계하다. **~ *down*** 깎아내리다 : 설복시키다. **~ *to deaf ears*** 마이동풍. **~ *up*** 칭찬하다, 추어올리다.

·preach·er [príːtʃər] *n*. ⓒ (1) 설교자, 전도사, 훈계(설교)하는 사람. (2) 참도자, 주창자, 훈계자.

preach·i·fy [príːtʃəfài] *vi*. 《口》 설교하다, 지루하게 이야기하다.

preachy [príːtʃi] (***preach·i·er ; -i·est***) *a*. 《口》 설교하기 좋아하는 : 설교조의, 넌더리나는.

pre·am·ble [príːæmbəl, priːǽm-] *n*. ⓒ (법률 · 조약 따위의) 머리말, 서론, 전문(前文)《*to* ; *of*》.

pre·ar·range [prìːəréindʒ] *vt*. …을 미리 타합〈협정〉하다 ; 예정하다.

Pre·cam·bri·an [prì; kǽmbriən] *a*. 【地質】 선(先)캄브리아시대의. — *n*. (the ~) 전 캄보디아대.

·pre·car·i·ous [prikɛ́əriəs] *a*. (1) 불확실한, 믿을 수 없는, 불안정한 : 위험한 : 불안한《생활 따위》. (2) 지레짐작의, 근거 없는《가설 · 추측 따위》, 근거가 불확실한.

:pre·cau·tion [prikɔ́ːʃən] *n*. (1) ⓤⓒ 조심, 경계. (2) 예방책(策). ***take ~s against*** …을 경계하다 ; …의 예방책을 강구하다. 파) **~·ary** [-èri/-əri] *a*. 예방〈경계〉의 : ~*ary* measures 예방책《*against*》.

:pre·cede [prisíːd] (1) …에 선행하다, …에 앞서다, …보다 먼저 일어나다 ; 앞장서다, 선도(先導)하다. (2) …에 우선하다 ; …의 우위〈상석〉에 있다. (3) 《+目+前+名》 …을 전제하다《*with* ; *by*》.

prec·e·dence [présədəns] *n*. ⓤ (1) (위치 · 시간적으로) 앞서기, 선행, 선임, 상위 ; 우선(권). (2) 【컴】 우선 순위《식이 계산될 때 각 연산자에 주어진 순위》. ***give*** a person ***the ~ to*** 아무에게 윗자리를 주다 ; 아무의 우월을 인정하다. ***personal ~*** 문벌에 의한 서열. ***take* 〈*have*〉 (*the*) *~ of*〈*over*〉** …에 우선하다, ~보다 우월하다, …보다 상석을 차지하다 : 보다 낫다. ***the order of ~*** 석차.

·prec·e·dent[1] [présədənt] *n*. (1) **a**) ⓒ 선례, 종래의, 전례 : 관례《*for* ; *of*》. **b**) ⓤ 선례를 따름 : follow〈break〉 a ~ 전례를 따르다〈깨다〉. (2) ⓤⓒ 【法】 판(결)례.

pre·ced·ent[2] [prisíːdənt, présə-] *a*. 앞서는, 앞장서는, 선행의, 이전의 : ⇨ CONDITION PRECEDENT.

·pre·ced·ing [prisíːdiŋ] *a*. 〔限定的〕 이전의 ; 바로 전의 ; 전술한. 〖opp.〗 *following*. 『the ~ years 이전의 수년.

pre·cen·tor [priséntər] (*fem*. ***-trix*** [-triks]) *n*. ⓒ (성가대의) 선창자(先唱者).

·pre·cept [príːsept] *n*. ⓤⓒ (1) 가르침, 교훈, 훈계 ; 격언(maxim). (2) (기술 등의) 형(型), 법칙 ; 【法】 명령서, 영장.

pre·cep·tor [priséptər, príː sep-] (*fem*. ***-tress*** [-tris]) *n*. ⓒ 교훈자 ; 교사, 교장(병원에서 의학생을 지도하는) 지도의사.

pre·ces·sion [priséʃən] *n*. ⓤⓒ (1) 선행, 우선. (2) 【天】 세차(歲差) (운동).

·pre·cinct [príːsiŋkt] *n*. ⓒ (1) 《주로 美》 (행정상의) 관구(管區) ; (지방) 선거구 ; (경찰서의) 관할구역 ; (보행자 천국 등의) 지정 지구. (2) 《주로 英》 (도시 등의 특정) 지역, 구역 ; (교회 따위의) 경내(境內)《*of*》.

pre·ci·os·i·ty [prèʃiɑ́səti/-ɔ́s-] *n*. (1) ⓤ (특히 말씨 · 취미 따위의) 까다로움, 지나치게 세심함, 점잔빼기. (2) ⓒ (흔히 *pl*.) 까다로운 표현.

:pre·cious [préʃəs] (***more ~ ; most ~***) *a*. (1) 비싼, 귀중한, 가치가 있는. (1) 사랑스러운, 귀여운, 둘도 없는, 소중한. (3) 《口》 (反語的) 순전한, 대단한 : a ~ fool 순 바보. (4) 점잔빼는, 까다로운. ***a ~ deal*** 대단히. ***a ~ sight more* 〈*than*〉** (보다) 훨씬 많이. ***make a ~ mess of it*** 그것을 엉망으로 만들다, 대단한 실수를 하다. —*ad*. 《口》 (흔히 ~ little 〈few〉로) 매우, 대단히, 지독하게. —*n*. ⓒ 《口》 (나의) 귀여운 사람《호칭》.

·prec·i·pice [présəpis] *n*. ⓒ (1) 절벽, 벼랑. (2) 위기.

pre·cip·i·tan·cy, -tance [prisípətənsi], [-təns] *n*. ⓤ 화급, 황급 ; (*pl*.) 경솔.

pre·cip·i·tant [prisípətənt] *a*. 곤두박질의, 거꾸로의 ; 줄달음치는 ; 화급한, 갑작스러운 ; 덤벙이는, 경솔한. —*n*. 【化】 ⓒ 침전제, 침전 시약(試藥).

·pre·cip·i·tate [prisípətèit] *vt*. (1) 《~+目/+目+前+名》 …을 거꾸로 떨어뜨리다, 팽개치다 ; (어떤 상태)에 갑자기 빠뜨리다《*into*》. (2) …을 촉진시키다, 무턱대고 재촉하다 ; 몰아대다. (3) 【化】 …을 침전시키다 ; 【物 · 氣】 (수증기)를 응결〈강수(降水)〉시키다. —*vi*. 갑자기 빠지다《붕괴 상태 따위로》 ; 【化】 침전하다. —[priseípətit, -tèit] *a*. (1) 거꾸로의 ; 줄달음질치는. (2) 조급히 구는, 덤비는, 경솔한. (3) 급한, 돌연한.

—[-tit, -tèit] *n*. ⓤⓒ 【化】 침전(물) ; 【物 · 氣】 수분이 응결한 것《비 · 이슬 등》.

·pre·cip·i·ta·tion [prisìpətéiʃən] *n.* (1) ⓤ 투하, 낙하, 맹진, 추락 ; 돌진. (2) ⓤ 화급, 조급 ; 경솔 ; 급격한 촉진. (3) 【化】 ⓤⓒ 침전(물) ; 【氣】 강수량, 우량.
·pre·cip·i·tous [prisípətəs] *a.* (1) 험한, 깎아지른 듯한, 절벽의 ; 직하하는. (2) 황급한, 경솔한, 무모한.
pré·cis [preisíː, ⌐-] (*pl.* [-z]) *n.* ⓒ 《F.》 대의(大意), 개략 ; 발췌, 요약(summary) : ~ writing 대의〈요점〉 필기. —*vt.* 대의를 쓰다 ; …에서 발췌하다, 요약하다(summarize).
:pre·cise [prisáis] (***-cis·er*** ; ***-est***) *a.* (1) 정밀한, 정확한(exact), 엄밀한, 적확한. (2) 〔限定的〕딱들어맞는, 조금도 틀림없는. (3) 꼼꼼한, 세세한 ; 딱딱한, 까다로운.
:pre·cise·ly [prisáisli] *ad.* (1) 정밀하게, 엄밀히. (2) 바로, 정확하게(exactly). (3) 틀림없이, 전혀. (4) (동의를 나타내어) 바로 그렇다.
·pre·ci·sion [prisíʒən] *n.* ⓤ (또는 a ~) 정확, 정밀《*in*》 : 꼼꼼함 ; 【修】 정확 ; 【컴】 정밀도《수치를 나타내는》. ***arms of ~*** 정밀 조준기가 달린 총포.
—*a.* 정밀한 ; 【軍】 정(正)조준의.
pre·clude [priklúːd] *vt.* (1) …을 제외하다, 일어나지 않게 하다, 미리 배제하다《*from*》. (2) …을 방해하다, 막다 ; 못〈불가능〉하게 하다《*from*》. ㅁ preclusion *n.*
pre·clu·sive [priklúːsiv] *a.* 제외하는 ; 방해하는, 방지하는, 예방적인 ; 예방의《*of*》. 파) **~·ly** *ad.*
pre·co·cious [prikóuʃəs] *a.* (1) 조숙한, 어른다운《아이 · 거동 따위》. (2) (사물이) 발달이 빠른. (3) 【植】 조생(早生)의, 일찍 꽃피는.
pre·coc·i·ty [prikásəti/-kɔ́s-] *n.* ⓤ 조숙 ; 일찍 꽃핌 ; (야채 · 과일 따위의) 조생(早生).
pre·cog·ni·tion [prìːkagníʃən/-kɔg-] *n.* ⓤ 예지(豫知), 예견, 사전 인지.
pre·con·ceive [prìːkənsíːv] *vt.* …에 선입관을 갖다, …을 미리 생각하다, 예상하다 : ~d opinions 선입견
pre·con·cert [prìːkənsə́ːrt] *vt.* …을 미리 협정하다, 사전에 타협해 놓다. 파) **~·ed**[-id] *a.*
pre·con·di·tion [prìːkəndíʃən] *n.* ⓒ 전제〈필수〉 조건. — *vt.* 미리 바람직한 상태에 놓다(조정하다)
pre·cook [priːkúk] *vt.* (식품)을 미리 조리하다.
pre·cur·sor [prikə́ːrsər, príːkəːr-] *n.* ⓒ (1) **a**) 선구자, 선각자, 선봉 ; 선임자, 선배. **b**) (기계 · 발명품 따위의) 전형, 전신. (2) 전조(前兆), 예고, 조짐.
pred·a·tor [prédətər] *n.* ⓒ (1) 약탈자 ; (금전 · 성적으로) 남은 회생물로 하는 자. (2) 포식 동물, 육식동물.
pred·a·to·ry [prédətɔ̀ːri/-təri] *a.* (1) **a**) 약탈하는 ; 약탈을 일삼는 ; 약탈〈착취〉로 살아가는. **b**) (자기 이익 · 성적 목적으로) 남을 희생시키는. (2)【動】 포식성의, 육식의.
pre·dawn [priːdɔ́ːn, ⌐⌐] *n.* ⓤ *a.* 동트기 전(의), 해가 뜨기 전의.
pre·de·cease [prìːdisíːs] *vt.* (어느 사람보다) 먼저 죽다.
·pred·e·ces·sor [prédisèsər, ⌐-⌐-/príː; disèsər] *n.* ⓒ 전임자 (〖opp.〗 *successor*) ; 선배 ; 선행자.
pre·des·ti·na·tion [pridèstanéiʃən] *n.* ⓤ 숙명, 운명, 예정, 전생의 약속 ; 【神學】 운명 예정설.
pre·des·tine [pridéstin] *vt.* (신이 사람)의 운명을 정하다 ; 예정하다.
·pre·de·ter·mine [prìːditə́ːrmin] *vt.* …을 미리 결정하다, 예정하다《흔히 受動으로 씀》. ~을 미리 계산하다(어림하다).
pred·i·ca·ble [prédikəbəl] *a.* 단정할 수 있는, (~의) 속성으로 단정할 수 있는. —*n.* ⓒ 단정되는 것 ; 속성(attribute).
·pre·dic·a·ment [pridikəmənt] *n.* ⓒ 궁지, 곤경 : in a ~ 곤경에 빠져.
:pred·i·cate [prédikit] *n.* ⓒ 【文法】 술부, 술어(〖opp.〗 *subject*). —*a.* 〔限定的〕 【文法】 술부〈술어〉의 : a ~ adjective 서술형용사. —[-kèit] *vt.* (1) 《~+目/+*that* 節/+目+to be 補》 …을 (…라고) 단언〈단정〉하다 : ~ of a motive *that* it is good =~ a motive *to be* good 어떤 동기를 좋다고 하다. (2) 《+目+前+名》 (어떤 특질)을 …의 속성이라 단언하다〈보다〉《*about* ; *of*》 : We ~ fithfulness of a dog. 충실을 개의 속성으로 친다. (3) 【文法】 …을 진술〈서술〉하다. (4) …을 내포하다, 함축하다. (5) 《+目+前+名》 (판단 · 행동 따위를 어떤 근거)에 입각시키다, 기초를 두다《*on* ; *upon*》.
—*vi.* 단언〈단정〉하다.
·pred·i·ca·tive [prédikèitiv, -kə-] *a.* 단정적인 ; 【文法】 술사(述詞)의, 서술적인.
—*n.* ⓒ 술사, 서술어. 파) **~·ly** *ad.*
:pre·dict [pridíkt] *vt.* 《~+目/+that 節》 …을 예언하다(prophesy) ; 예보하다 : He ~*ed* when war would break out. 전쟁이 언제 일어날 것인지 예언하였다..
—*vi.* 《+前+名》 예언하다 ; 예보하다.
pre·dict·a·bly [pridiktəbli] *ad.* (1) 예언〈예상〉되듯이. (2)〔文章修飾〕 예상대로, 예언한 반대로.
·pre·dic·tion [pridíkʃən] *n.* ⓤⓒ 예언하기, 예언 ; 예보.
pre·dic·tive [pridíktiv] *a.* 예언〈예보〉하는, 예언적인 ; 전조(前兆)가 되는《*of*》.
pre·dic·tor [pridíktər] *n.* ⓒ 예언자, 예보자.
pre·di·lec·tion [prìːdəlékʃən, prèd-] *n.* ⓒ 선입(先入)적 애호, 편애(偏愛).
pre·dis·pose [prìːdispóuz] *vt.* (1) 《+目+*to* do/+目+前+名》 미리 (…의) 경향〈소인〉을 주다, 미리 처치(처분)하다 ; …에 기울게 하다《*to* ; *toward*》, …할 마음이 나게 하다. (2) 《+目+前+名》 (병에) 걸리기 쉽게 만들다《*to*》.
·pre·dis·po·si·tion [prì; dispəzíʃən, -⌐-⌐-] *n.* ⓒ (1) 경향, 성질《*to* do》 : a ~ *to* think optimistically 낭만적으로 일을 생각하는 경향. (2) 【醫】 (병 등에 걸리기 쉬운) 소질, 소인(素因)《*to* malaria》.
·pre·dom·i·nant [pridámənənt/-dɔ́m-] *a.* (1) 뛰어난, 탁월한, 유력한 ; 우세한, 지배적인《*over*》. (2) 주된, 두드러진, 현저한, 눈에 띄는.
·pre·dom·i·nate [pridámənèit/-dɔ́m-] *vi.* 《~/+前+名》 (1) 뛰어나다, 우세하다, 탁월하다 ; 주되다, 지배하다《*over*》. (2) (…을) 지배하다, …보다 뛰어나다, 주권을 장악하다.
pre·e·lec·tion [prìːilékʃən] *n.* ⓤⓒ 예선.
—*a.* 선거 전의(에 일어나는).
pre·em·i·nence [priémənəns] *n.* ⓤ 걸출, 탁월, 발군.
pre·em·i·nent [priémənənt] *a.* 우수한, 발군의, 걸출한, 뛰어난, 탁월한, 굉장한, 현저한. 파) **~·ly** *ad.*
pre·empt [priémpt] *vt.* (1) …을 선매권(先買權)에 의해 얻다 ; 《美》 (공유지)를 선매권을 얻기 위해 점유하다. (2) …을 선취(先取)하다 ; 사물화(私物化)하다.

(3) (예상되는 사태를 미리 손을 써서) …을 회피하다. (4) (…을) 자기를 이해 이용하다, …를 대신하다, …로 바꾸다.

pre·emp·tive [priémptiv] *a.* (1) 선매의, 선매권이 있는 : (a) ~ right 선매권. (2) 【軍】 선제의 : a ~ attack 선제 공격.
파) **~·ly** *ad.*

preen [pri:n] *vt.* (1) (새가 날개)를 부리로 다듬다. (2) 〔再歸的〕 …을 몸치장 하다, 차려입다, 모양내다. (3) 〔再歸的〕 (업적·능력 등)을 자랑하다, 뽐내다. —*vi.* (아무가) 멋을 부리다, 모양을 내다 ; 우쭐해지다.

pre·ex·ist [prì:igzíst] *vi.* 전에 존재하다, 선재(先在)하다. —*vt.* …보다 전에 존재하다.

pre·ex·ist·ence [prì:igzístəns] *n.* ⓤ (어떤 일의) 전부터의 존재 ; 미리 존재함. 파) **-ent** *a.*

pre·fab [prí:fæ̀b] *a. n.* ⓒ《口》 조립식 가옥. —*a.* 조립식의. —*vt.* (가옥을) 조리비식으로 짓다

pre·fab·ri·cate [pri; fǽbrikèit] *vt.* (집 따위)를 조립식으로 만들다 : a ~*d* house 조립식 간이 주택.

:pref·ace [préfis] *n.* ⓒ (1) 서문, 서언, 머리말 (foreword) : write a ~ to a book 책에 서문을 쓰다. (2) 전제, 계기, 발단 ; 시작의 말. —*vt.* (1)《+目+前+名》 …에 허두를 놓다, …에 서문을 쓰다. (2) …을 시작하다《*with* ; *by*》. (3) …의 단서〈실마리〉를 열다, …의 발단이 되다.

pref·a·to·ry [préfətɔ̀:ri/təri] *a.* 서문의, 머릿말의.

pre·fect [prí:fekt] *n.* ⓒ (1) (종종 P-) **a**) (고대 로마의) 장관. **b**) (프랑스·이탈리아의) 지사(知事). (2)《英》 (public school의) 반장.

:pre·fec·ture [pri:fektʃər] *n.* (1) ⓒ (종종 P-) (프랑스 등지의)현(縣). (2) ⓤ prefect의 직(職)〈임기·관할권〉. (3) ⓒ 현청 ; 지사 관저.

:pre·fer [prifə́:r] (**-rr-**) *vt.* (1) 《~+目/+目+前+名/+to do/+目+to do/目+*done*/+-*ing*/+*that* 節》 (오히려) …을 좋아하다, 차라리 …을 취하다. (2) 《~+目/+目+前+名》 (고소 등)을 제기하다. (3) …을 등용하다, 승진시키다, 발탁하다, 임명하다《*as* ; *to*》 : be ~*red* for advancement 승진하다. (4) 【法】 (채권자 등)에게 우선권을 주다.

·pref·er·a·ble [préfərəbəl] *a.* 차라리 나은, 오히려 더 나은, 바람직한《*to*》.

·pref·era·bly [préfərəbli] *ad.* 차라리 ; 즐겨, 오히려, 되도록이면.

:pref·er·ence [préfərəns] *n.* (1) ⓤⓒ 더 좋아함, 좋아함, ⓤ 편애(偏愛)《*for*》. (2) ⓒ 좋아하는 물건, 더 좋아하는 것, 선택물. (3) ⓤⓒ 【法】 우선(권)선취권, 【經】 (관세 따위의) 특혜, 차등 : offer 〈afford〉 a ~ 우선권을 〈특해를〉 주다. ***by* 〈*for*〉 ~** 즐겨, 되도록이면. ***have a* ~ *for* 〈*to*〉** …을 (오히려) 좋아하다. ***have the* ~** 선호되다. ***in* ~ *to*** …에 우선하여, …보다는 차라리.

pref·er·en·tial [prèfərénʃəl] *a.* 〔限定的〕 (1) 선취권이 있는, 우선(권)의 ; 선택적(차별적)인 : ~ right 우선권 / ~ treatment 우대. (2) (관세 등이) 특혜의 : ~ tariffs〈duties〉 특혜 관세. 파) **~·ly** *ad.*

pre·fer·ment [prifə́:rmənt] *n.* ⓤ 승진, 승급 ; 발탁, 고위, 윗자리.

pre·fig·u·ra·tion [pri:fìgjəréiʃən, ⌐--⌐--] *n.* ⓤⓒ 예시, 예표(豫表) ; 예상, 예측 ; 원형(原形).

pre·fig·ure [pri:fígjər] *vt.* (1) …의 모양을 미리 나타내다 ; 예시하다. (2) …을 예상하다.

:pre·fix [prí:fiks] *n.* ⓒ (1) 【文法】 접두사. 【cf.】 suffix. (1) (인명 앞에 붙이는) 경칭《Mr., Sir》.
—[pri:fíks, ⌐-] *vt.* (1) 【文法】 …에 접두사를 붙이다. (2) 《+目+前+名》 …의 앞에 놓다, 앞에 덧붙이다《*to*》.

preg·na·ble [prégnənsi] *a.* 공격〈점령〉하기 쉬운, 정복할 수 있는, 정복하기 쉬운 ; 약한, 취약한.

preg·nan·cy [prégnəbəi] *n.* (1) ⓤⓒ 임신 ; 임신기간 : a ~ test 임신 테스트〈검사〉. (2) ⓤ 풍부, 풍만 ; 함축성이 있음, (내용) 충실, 의미 심장.

·preg·nant [prégnənt] *a.* (1) 임신한 《*of* ; *with*》. (2) …이 가득 찬, (…로) 충만한《*with*》. (3) 의미 심장한, 함축성 있는《말 따위》. (4) 풍부한《상상력·공상·기지 따위》. (5) 《古·詩》 다산의, 비옥한.

pre·his·sile [prihénsil, -sail] *a.* 【動】 (발·꼬리 등이) 쥘〈잡을〉 수 있는 ; 파악력이 있는.

·pre·hen·tor·ic [prì:histɔ́:rik, -tár-/-tɔ́r-] *a.* (1) 유사 이전의, 선사 시대의. (2) 《口》 아주 옛날의, 구식의.

pre·his·to·ry [pri:hístəri] *n.* (1) ⓤ 선사학(先史學), 유사 이전(의 사건) ; 선사시대. (2) (a ~) (…의) 전사(前史), 앞의 경위, 전말.

pre·judge [pri; dʒʌ́dʒ] *vt.* …을 미리 판단하다, 조급한 판단을 내리다; …을 조급히 결정하다.

:pre·j·u·dice [prédʒidis] *n.* (1) ⓤⓒ 편견, 선입관 ; 치우친 생각, 편애. (2) ⓤ 【法】 침해, 불리, 손상 : without ~ to …을 침해하지 않고 ; …을 해치지 〈손상하지〉 않고 ; …에 불리하지 않게.
—*vt.* (1) 《+目+前+名》 …에 (좋지 않은) 편견을 갖게 하다《*against*》 ; …을 편애케 하다《*in favor of*》. (2) (권리·이익 따위)를 손상시키다, …에 손해를 주다, 불리케 하다.

prej·u·diced [prédʒədist] *a.* 편견을 가진, 선입관을 가진 ; 반감을 품은《*to* ; *toward* ; *against*》.

prej·u·di·cial [prèdʒədiʃəl] *a.* (1) 편견을 갖게 하는 ; 편파적인. (2) 해가 되는, 불리한《*to*》.

prel·a·cy [préləsi] *n.* (1) ⓒ 고위 성직자의 직〈지위〉. (2) (the ~) 〔集合的〕 prelate들.

·prel·ate [prélit] *n.* ⓒ 고위 성직자.

pre·launch [pri:lɔ́:ntʃ] *a.* 【宇宙】 (우주선 따위가) 발사 준비 단계의, 발사 준비 중의.

pre·lim [prí:lim, prilím] *n.* ⓒ 《口》 (흔히 *pl.*) 예비 시험(preliminary examination), 예선 ; (권투 등의) 오픈 게임 := PRELIMINARY *n.* (3).

:pre·lim·i·na·ry [prilímənèri/-nəri] *a.* (1)예비의, 준비의 ; 임시의 ; 시초의 : a ~ examination 예비 시험《구어로 prelim》 / ~ expenses 【商】 창업비 / a ~ hearing 【法】 예심 / ~ negotiations 예비 교섭 / In ~ discussions, American officials rejected the requests. 예비 토의에서 미국 관리들은 그 요구를 거절하였다. (2) 서문의. **~ *to*** …에 앞서서.
—*n.* (흔히 *pl.*) (1) 준비(행동), 예비 행위〈단계〉. (2) 예비 시험 ; (권투 등의) 오픈 게임, 예선. (3) 《英》 (책의) 본문 앞의 페이지 (front matter).

pre·lit·er·ate [pri:lítərit] *a.* 문자 사용 이전의.

·prel·ude [prélju:d, préi-, pri-] *n.* ⓒ (1) 【樂】 전주곡, 서곡(overture)(【opp.】 *postlude*) ; (교회 예배전의) 오르간 독주. (2) 서문, 서론《*to* ; *of* 》. (3) (흔히 *sing.*) 예고, 전조(前兆)《*to*》. (4) 준비〈예비〉 행위, 서막, 서두.
—*vt.* (1) …의 서곡이 되다. (2) …을 예고하다 ; …의 선구(선도)가 되다. (3) …의 허두(虛頭)를 놓다. —*vi.* (1) 본론에 앞서 머리말을 하다, (연극 따위의) 개막사를 말하다 ; 서곡〈전주곡〉을 연주하다. (2) …의 전조가 되다《*to*》.

pre·ma·ri·tal [priːmǽritl] *a.* 결혼 전의, 혼전의. — **~·ly** *ad.*

·**pre·ma·ture** [prìːmətjúər, ⌐-⌐] *a.* 조숙한 ; 너무 이른, 때 아닌 ; 시기 상조의, 너무 서두른, 조급한. □prematurity *n.* —*n.* ⓒ 조산아 (= ~ **báby**) ; (포탄·어뢰의) 조발(早發).

pre·med·i·ca·tion [prìːmedikéiʃən] *n.* ⓒ **[醫]** (마취 전의) 전(前)투약, 예비 마취.

pre·med·i·tate [priːmédətèit] *vt.*, *vi.* 미리 생각〈의논, 연구, 계획〉하다. 파) **-ta·tor** *n.*

pre·med·i·ta·tion [priːmèdətéiʃən] *n.* ⓒ (1) 미리 생각〈계획〉하기. (2) **[法]** 고의, 예모(豫謀).

pre·men·stru·al [priːménstruəl] *a.* 월경〈기〉 전의 : ~ tension〈syndrome〉 월경 전의 긴장〈증후군〉. 파) **~·ly** *ad.*

:pre·mier [primíər, -príːmi-] *n.* ⓒ (종종 P-) 수상 ; 국무 총리. —*a.* 〔限定的〕 첫째의, 수위의, 최초의.

pre·miere [primíər, -mjɛ́ər] *n.* ⓒ **[劇]** 첫날, 초연(帝演) ; (영화의) 특별 개봉 ; 주연 여우.
—*vt.*, *vi.* (…의) 첫 공연〈상연〉을 하다 ; 처음으로 주역을 맡아 연기하다.

·**prem·ise** [prémis] *n.* (1) ⓒ **[論]** 전제(前提) : a major(minor) ~ 대(소)전제. (2) (*pl.*) (the ~) **[檢]** 전술한 사항《재산·토지·가옥 따위》 ; 증서의 두서(頭書)《당사자 성명·양도 물건·양도 이유 따위를 기술한 것》. (3) (*pl.*) 토지, 집과 대지, 구내.
—[primáiz, prémis] *vt.*, *vi.* 허두(虛頭)를 놓다, 전제로 말하다, 제언하다.

·**pre·mi·um** [príːmiəm] *n.* ⓒ (1) 할증금 ; 할증가격 ; 프리미엄. (2) 상(금) ; 포상금, 상여(bonus). (3) 보험료《1회분의 지급 금액》, 보험 약조금. (4) (권유를 위한) 경품, 덤. (5) 수수료 ; 이자. (6) 사례금, 수업료(fee). —*a.* 〔限定的〕 (1) 뛰어나게 우수한 ; 고가의, 특제의. (2) 프리미엄의〈이 붙은〉.

pre·mo·ni·tion [prìːməníʃən] *n.* ⓒ (1) 사전 경고, 예고. (2)예감, 징후, 전조.

pre·mon·i·to·ry [primánitɔ̀ːri/-mɔ̀nətə-] *a.* 예고의, 전조의 ; 경고의 ; **[醫]** 전구적(前驅的)인.

·**pre·oc·cu·pa·tion** [priːɑ̀kjəpéiʃən/-ɔ̀k-] *n.*ⓒ (1) ⓤ 선취(先取) ; 선점(免占). (2)ⓤ 선입관, 편견. (3) ⓤ (또는 a ~) 몰두, 전심, 열중. (4)ⓒ 무엇보다도 중요한 일, 첫째 임무 ; (중대) 관심사.

·**pre·oc·cu·pied** [priːɑ́kjəpàid] *a.* (1) 선취(先取)된. (2) 몰두한, 여념이 없는, 열중한.

·**pre·oc·co·py** [priːɑ́kjəpài/-ɔ́k-] *vt.* (1) …을 먼저 점유하다, 선취(先取)하다, 미리 점령하다. (2) …의 마음을 빼앗다, 열중케 하다.

pre·or·dain [prìːɔːrdéin] *vt.* …을 예정하다 (predetermine), …의 운명을 미리 정하다.

prep [prep] 《口》 *a.* 진학 준비의. —*n.* ⓒ 《美》 진학 준비생.
—*vt*, (1) …에게 준비를 시키다《*for*》. (2) (환자에게) 수술준비를 시키다.
—*vi.* (1) 준비하다, (2) 예비 학교에 다니다

pre·pack·age [priːpǽkidʒ] *vt.* (식품 등)을 판매하기 전에 포장하다.

pre·paid [priːpéid] PREPAY의 과거·과거분사. —*a.* 《美》 선불의, 지급필의.

:prep·a·ra·tion [prèpəréiʃən] *n.* (1) **a**) ⓤ (또는 a ~) 준비(하는 일), 예비《*of* ; *for*》. **b**) ⓒ (때때로 *pl.*) 사전준비. (2) ⓤ 조리 ; (약의) 조제 ; ⓒ 조합제. (3) ⓒ 조직 표본, 프레파라트. (4) ⓒ 《英》 숙제. □ prepare *v.*

pre·par·a·tive [pripǽrətiv] *a.* 준비〈예비〉의 《*to*》. —*n.* ⓤ 준비 ; 예비(행위) ; **[軍]** 준비의 신호 (북·나팔소리). 파) **~·ly** *ad.*

·**pre·par·a·to·ry** [pripǽrətɔ̀ːri/-təri] *a.* (1)준비의, 예비적인《*to*》 : ~ pleadings〈proceeding〉 **[法]** 준비 서면〈절차〉. (2) 《美》 대학 입학 준비의 ; 《英》 public school 입학 준비의. ***~ to*** …의 준비로서, …에 앞서, …의 앞에.

:pre·pare [pripɛ́ər] *vt.* (1) 《~+目/+目+前+名》 …을 준비하다, 채비하다《*for*》 ; …을 미리 마련하다 ; …을 미리 조사하다, 예습하다 : ~ a lesson 학과 예습을 하다 / ~ the soil *for* sowing 땅을 씨 뿌릴 수 있게 하다. (2) 《+目+前+名》 (아무)에게 준비시키다, ~의 채비를 하게 하다 ; 가르쳐서 준비시키다 《*for*》 : ~ a boy *for* an examination 아이에게 시험 준비를 시키다. (3) 《+目+前+名》 **a**) (…에게 …의) 각오를 갖게 하다《*for*》. **b**) (再歸的) …을 각오하다, 마음의 준비를 하다. (4) (계획·제도 등)을 작성하다, 입안하다 ; 조리하다 ; (약 따위)를 조제하다 : ~ plans for a battle 작전 계획을 세우다.
—*vi.* 《+前+名》 (1) 채비하다, 준비하다, 대비하다 《*for* ; *against*》 : ~ for examinations 시험 준비를 하다. (2) 각오하다《*for*》.

pre·pared [pripɛ́ərd] *a.* (1) **a**) 채비〈준비〉가 되어 있는 ; 각오하고 있는. **b**) 조제〈조합(調合)〉한. (2) 〔敍述的〕 **a**) (…의) 준비가 된, 조리된, 각오가 된 《*for*》. **b**) (…할) 준비가 된, 각오가 된 ; 기꺼이〈자진하여〉하려고《*to*》.

pre·par·ed·ness [pripɛ́əridnis, -pɛ́ərd-] *n.* ⓤ 준비〈각오〉(가 되어 있음), 《특히》 전시에 대한 대비, 군비, 전비, 방어 태세《*for*》.

pre·pay [priːpéi] (*p.*, *pp.* ***-paid*** [-péid] ; ***-pay·ing***) *vt.* …을 선불하다, (운임 따위)를 미리 치르다 ; (우편 요금 따위)를 선납하다 : ~ a reply to a telegram 전보의 반신료를 선불하다.

pre·pon·der·ance [pripɑ́ndərəns/-pɔ́n-] *n.* (the ~, a ~) (1) (무게·힘에 있어서의) 중량(수량)에서의 능가《*of*》. (2)우세, 우월 ; 다수(majority).

pre·ponder·ant [pripɑ́ndərənt/-pɔ́n-] *a.* 무게(수·양·힘)에 있어 우세한, 무게가 더한, 압도적인 《*over*》. 파) **~·ly** *ad.*

pre·pon·der·ate [pripɑ́ndərèit/-pɔ́n-] *vi.* (1) 무게(수·양·힘 따위)에 있어서 우세하다, 우월하다. (2) 보다〈가장〉 중요하다, 영향력이 있다《*over*》.

:prep·o·si·tion [prèpəzíʃən] *n.* ⓒ **[文法]** (앞에 두다의 뜻에서) 전치사《略 : prep》.

pre·pos·i·tive [priːpɑ́zitiv/-pɔ́z-] *a.* **[文法]** 앞에 둔, 접두사적인.

pre·pos·sess [prìpəzés] *vt.* (1) 《~+目/+目+前+名》 (감정·생각 등)을 미리 일으키다《*with*》. (2) 《+目+前+名》 〔흔히 受動으로〕 (인물·태도·얼굴 등이) 호의를 품게 하다, …에게 좋은 인상을 주다, 호감을 갖게 하다 ; (감정·생각이) 스며들다, 선입관이 되다.

pre·pos·ses·sion [prìːpəzéʃən] *n.* (1) ⓒ 선입적 호감, 편애 ; 선입관, 두둔. (2) ⓤ 몰두, 집착 ; 먼저 가짐.

·**pre·pos·ter·ous** [pripɑ́stərəs/-pɔ́s-] *a.* 앞뒤가 뒤바뀐 ; 상식을〈도리를〉 벗어난, 터무니없는, 도리에 맞지 않는 ; 어리석은.

prep·pie, -py [prépi] (*fem.* ***prep-pette*** [prepét]) *n.* ⓒ 《美俗》 preparatory school의 학생

〈출신자〉《부유층 자제에 많음》 : 복장·태도가 ~ 풍(風)의 사람. —*a.* ~ 풍의.

pre·proc·ess [prìːpráses/-próu-] *vt.* (1) (자료 등)을 미리 조사·분석하다. (2) 【컴】 (데이터)를 앞처리하다, 예비적으로 처리하다.

pre·puce [príːpjuːs] *n.* ⓒ 【醫】 포피.

pre·re·cord [prìːrkɔ́ːrd] *vt.* (프로그램 따위)를 미리 녹음〈녹화〉해 두다.

pre·req·ui·site [priːrikwəzit] *a.* 미리 필요한, 필수의, 전제가 되는, 불가결한《*to* ; *for*》.
—*n.* ⓒ 선행〈필요〉 조건(이 되는 것)《*for* ; *of* ; *to*》 : 기초 필수 과목.

·**pre·rog·a·tive** [prirágətiv/-rɔ́g-] *n.* ⓒ (흔히 a ~) (관직·지위 따위에 따르는) 특권, 특전 ; (영국의) 국왕 대권 (the royal ~) ; 우선 투표권 ; (남보다 뛰어난) 특질, 우선권 : ~ right 특권.

pres·by·ter [prézbitər] *n.* ⓒ 예감, 육감 ; 전조(omen), 조짐.
—[présidʒ, priséidʒ] *vt.* (1) …의 전조가 되다, …을 예시하다 ; 예언하다. (2) …을 예지〈예감〉하다《*that*》.

pres·by·ter [prézbitər] *n.* ⓒ 【敎會】 (초대 교회의) 장로 ; (장로 교회의) 장로(elder), (감독 교회의) bishop과 deacon 사이에 위치하는 성직자.

·**Pres·by·te·ri·an** [prèzbitíəriən] *a.* (종종 P-) 장로회제의 ; 장로 교회의. —*n.* ⓒ 장로교 회원 ; 장로제〈파〉주의자.

pres·by·tery [prézbitèri/-təri] *n.* ⓒ 【敎會】 장로회 ; 장로회 관할구(區) ; (교회당의) 성전(聖殿)(sanctuary), 사제석 ; 【가톨릭】 사제관(館).

pre·school [príːskúːl] *a.* 〔限定的〕 학력 미달의, 취학 전의. —[스스] *n.* ⓒ 유아원, 유치원, 보육원.

pre·sci·ence [préʃiəns, príː-] *n.* ⓤ 예지 ; 선견, 통찰.

:**pre·scribe** [priskráib] *vt.* (1) 《~+目/+目+前+名/+*wh.*節/+*wh.* to do》 …을 규정하다, 정하다, 지시하다, 명하다(order). (2) 《~+目/+目+前+名》 (약)을 처방하다 ; (요법)을 권하다. (3) 【法】 …을 시효로 하다, …을 시효에 의해 취득〈소멸〉하다.
—*vi.* 《~/+前+名》 (1) 규칙을 정하다, 지령하다. (2) 【醫】 처방을 내리다, 치료법을 지시하다 : ~ *to* 〈*for*〉 a patient. 환자에게 처방을 적어주다 (3) 【法】 소멸 시효를〈에 의한 취득을〉 주장하다《*for* ; *to*》 : 시효가 되다.

pre·script [príːskript] *n.* ⓒ 명령 ; 규칙, 규정, 규칙 ; 법령, 법률.

·**pre·scrip·tion** [priskrípʃən] *n.* (1) ⓤ 명령, 규정 ; ⓒ 법규, 규범. (2) 【醫】 ⓤ 처방 ; ⓒ 처방전 ; 처방약 ; 【法】 시효, 취득시효 ; 오랜 사용〈관습〉에 따른 권리〈권위〉 : write out a ~ (의사가) 처방전을 쓰다. ※ prescribe *v.*

pre·scrip·tive [priskríptiv] *a.* 규정하는, 규범적인, 지시(지령)하는 ; 【法】 시효에 의하여 얻은 ; 관례의.

:**pres·ence** [prézəns] *n.* (1) ⓤ 존재, 현존, 실존. (2) ⓤ 출석, 임석 ; 참석 ; (*sing.*) (군대 등의) 주둔. (3) ⓤ (사람이) 있는 자리, 면전. (4) (the ~) 《英》 어전 : withdraw from *the* ~ 어전에서 물러나다. (5) 〔形容詞를 수반〕 ⓒ 위풍 있는 존재, 훌륭한 인물. (6) ⓤⓒ 풍채, 인품, 태도. (7) ⓤ 냉정, 침착 : stage ~ 무대에서의 침착성. (8) ⓒ 신령, 영혼, 유령. (9) (음향의) 임장감(臨場感). : be admitted to (banished from) the royal ~ 알현이 허가되다(어전에서 물러나게 되다) ***make*** one'***s ~ felt*** ⇨FEEL. **~ *of mind*** (위급시의) 침착, 평정(【opp.】 *absence of mind*) : lose one's ~ *of mind* 당황하다.

:**pres·ent**[1] [prézənt] *a.* (1) 〔敍述的〕 있는, 출석하고 있는, 존재하는. 【opp.】 *absent*. (2) 〔限定的〕 지금의, 오늘날의, 현재의, 현(現)… : one's ~ address 현주소. (3) 【文法】 현재(시제)의 : the ~ tense 현재시제, 현재형. (4) 당면한, 문제의, 여기 있는, 이. (5) 〔敍述的〕 (마음·기억 따위에) 있는, 잊지못하는《*to* ; *in*》 : ~ *to* the imagination 상상속에 있어.
—*n.* (1) ⓒ (종종 the ~) 현재, 오늘날 : (There is) no time like *the* ~. 《俗談》 이런 좋은 때는 또 없다《지금이 호기이다.》. (2) 【文法】 현재시제. (3) (*pl.*) 【法】 본서류, 본증서. ***for the ~*** 현재로서는, 당분간.

:**pres·ent**[2] *n.* ⓒ 선물, 선사, 예물.

:**pre·sent**[3] [prizént] *vt.* (1) 《~+目/+目+前+名》 …을 선물하다, 증정하다, 바치다 ; …에게 주다《*to* ; *with*》 : ~ a message 메시지를 보내다 / ~ a medal *to* a winner 우승자에게 메달을 수여(授與)하다. (2) 《+目+目》 (기회·가능성 따위)를 주다, 제공하다 : ~ a person an opportunity for ... …아무에게 …할 기회를 주다. (3) 《~+目/+目+前+名》 (서류·계산서·명함(名啣) 따위)를 제출하다, 내놓다, 건네주다 : ~ one's card *to* …에게 명함을 내놓다. (4) 《~+目/+目+前+名》 (계획·안(案))을 제출하다, 제안하다 ; (이유·인사 따위)를 진술하다, 말하다 : ~ facts 〈arguments〉 사실〈의론〉을 진술하다/ ~ apetition to (the authorities) (당국)에 청원서를 제출하다. (5) 《~+目/+目+前+名》〔再歸的〕 모습을 보이다〈나타내다〉, 나타나다 ; …을 일으키다, 생기게 하다. (6) 《~+目/+目+前+名/+目+*as* 補》 (광경 등)을 나타내다(exhibit), 보이다 ; …라고 느끼게 하다, …한 인상을 주다. (7) 《~+目/+目+前+名》 (…에게) …을 소개하다, 인사시키다 ; 배알케 하다《*to* ; *at*》 : The chat show host ~*ed* his guests *to* the audience. 대담(對談) 쇼프로의 호스트는 출연자들을 청중에게 소개했다. (8) (영화 회사가 영화 등)을 제공하다, 공개하다, (연극)을 상연하다 ; (배우)를 출연시키다 : ~ a new play 〈an unknown actor〉 새 연극을 상연하다〈무명의 배우를 출연시키다〉. (9) (역(役))을 맡아 하다. (10) (전갈·인사·경의 등)을 …에게 공손히 말하다, 전하다, 바치다. (11) 《~+目/+目+前+名》 …으로 향하게 하다, 돌리다《*to*》, 겨누다《*at*》 ; 【軍】 받들어 총을 하다.

pre·sent·a·ble [prizéntəbəl] *a.* (1) 남 앞에 내놓을 만한, 볼품이 있는, 외모가 좋은, 보기 흉하지 않은. (2)선사하기에 알맞은, 선사한여 부끄럽지 않은 ; 소개할 수 있는 ; 상연할 수 있는.

·**pres·en·ta·tion** [prèzəntéiʃən] *n.* (1) ⓤⓒ 증여, 바침, 기증, 수여, 증정 ; ⓒ 수여식. (2) ⓒ (공식적인) 선물(gift). (3) ⓤ 소개, 피로(披露) ; 배알, 알현《*at court*》. (4) ⓤⓒ 제출 ; 표시 ; 진술, 표현, 발표. (5) ⓤⓒ (극·영화 따위의) 상연, 상영, 공개. (6) ⓤⓒ 【醫】 태위(胎位). (7) ⓤ 【商】 (어음 따위의) 제시.

·**pres·ent-day** [prézəntdéi] *a.* 〔限定的〕 현대의, 오늘날의 : ~ English 현대 영어.

pre·sent·er [prizéntər] *n.* ⓒ (1) 증여자 ; 추천인 ; 제출자 ; 신고자, 고소인. (2) 《英》 (TV·라디오의) 뉴스 캐스터(《美》 anchorman).

pre·sen·ti·ment [prizéntəmənt] *n.* ⓒ (불길한)

예감, 예각(豫覺), 육감《of : that》.

:pres·ent·ly [prézəntli] ad. 이내, 얼마 안 있어, 곧(soon). (2)《美·Sc》현재.

pre·sent·ment [prizéntmənt] n. (1) ⓤ 진술, 서술《of》. (2) ⓒ (극의) 상연, 연출 : 묘사 : 초상 : 그림. (3) ⓤ (서류 따위의) 제출, 신청 : (어음 등의) 제시. (4) ⓒ **[法]** 대배심의 고소(고발) : **[敎會]** 진정(陳情), 추천. (5) ⓤ **[哲·心]** 표상, 표출, 관념.

présent párticiple [文法] 현재 분사.

présent pérfect [文法] 현재 완료.

pre·serv·a·ble [prizə́ːrvəbəl] a. 보존〈보관, 저장, 보호〉할 수 있는.

·pres·er·va·tion [prèzərvéiʃən] n. ⓤ (1) 보존, 저장 : 보호, 보관. (2) 보존 상태, 보호 상태 : be in good 〈bad〉 ~ 보존 상태가 좋다〈나쁘다〉.

pre·serv·a·tive [prizə́ːrvətiv] a. 보존의, 보존하는, 보존력 있는 : 방부의 : a ~ agent 방부제. —n. ⓤⓒ (1) 방부(防腐)제, …막이〈방지〉. (2) 예방약.

:pre·serve [prizə́ːrv] vt. (1) …을 보전〈유지〉하다. (2) …을 보존하다. (3) (과일 등)을 저장 식품으로 만들다, 저장하다 ; 설탕〈소금〉 절임으로 하다, 통〈병〉조림으로 하다 . (4)《~+目/+目+前+名》…을 보호하다, 지키다《from》. (5) (새·짐승)을 보호하다《금렵 조치에 의해》. (6) 마음에 간직하다, 잊지 않다.

—vi. (1) 보존 식품으로 하다. (2) 금렵구로 지정하다 : 사냥을 금하다.

—n. (1) (흔히 pl.) 보존 식품, 설탕 절임, 잼(jam), 통〈병〉조림의 과일. (2) ⓒ 금렵지 : 양어장 :《美》자연 자원 보호 구역. (3) ⓒ《比》(개인의) 영역, 분야. (4) (pl.) 차광〈먼지막이〉 안경.

pre·set [priːsét] vt. …을 미리 세트〈설치, 조절〉하다. —a. 미리 조절(세트)한.

pre·shrunk [priːʃrʌ́ŋk] a. 방축(防縮) 가공한.

:pre·side [prizáid] vi. 《+前+名》(1) 의장을 하다, 사회를 하다. (2) 통할하다, 통솔하다, 관장하다. (3) (식탁에서) 주인역을 맡아 보다《at》. (4) 연주를 맡아 보다. (5) (…의) 책임을 지다.

pres·i·den·cy [prézidənsi] n. (1) ⓤⓒ 대통령〈사장, 학장〉의 직〈지위, 임기〉 : (종종 P-) 미국 대통령의 지위. (2) 통할, 주재(主宰).

:pres·i·dent [prézidənt] n. ⓒ (1) (종종 P-) 대통령. (2) 장(長), 회장, 총재 : 의장, 사회자 : 사장 : (대학의) 총장, 학장 : the ~ of a society 협회의 회장. (3) **[史]** 지사. ▫ presidential a.

·pres·i·den·tial [prèzidénʃəl] a. 〔限定的〕 (1) 대통령의, 대통령 선거의 : a ~ plane 대통령 전용기 / a ~ timber《美》대통령감. (2) 총장〈학장·회장·은행장〉의. ▫ president n.

:press[1] [pres] vt. (1)《+目+副/+目+前+名》…을 (내리)누르다, 밀어붙이다 : The crowd ~ed him into a corner. 군중은 그를 한 구석에 밀어붙였다. (2)《~+目/+目+前+名》…을 눌러 펴다, 프레스하다 : ~ flowers 꽃을 종이 사이에 끼워 납작하게 하다. (3)《~+目/+目+前+名》…을 껴안다, 꽉 쥐다. (4)《~+目/+目+前+名》(짓눌러) …에서 즙을 내다, 눌러 짜내다. (5) …을 강조〈역설〉하다, 주장하다. (6)《~+目/+目+to do/+目+前+名》…에게 강요하다, …을 조르다《for》: He's ~ing me for an answer. 그는 나에게 대답을 강요하고 있다 / We ~ed him to stay another week. 그에게 1주일간 더 머물고 가라고 힘써 권했다. (7)《+目+前+名/+目 +to do》〔흔히 受動으로〕 **a)** (질문·문제 등으로) …을 괴롭히다《with》 **b)** (경제적·시간적인 일로) 괴로운 입장에 서게 하다, 압박하다《for : to do》: (일·문제 등으로) 괴롭히다《with : by》: be ~ed for time〈money〉 시간〈돈〉에 쪼들리다〈곤란을 받다〉. (8) …을 인쇄하다. (9)《~+目/+目+副/+目+前+名》(계획·행동 등)을 추진하다 : (적 등)을 공격하다, 협박하다 : (공격 등)을 강행하다 : ~ a charge *against* a person 아무를 고발하다. (10) (음반)을 원판에서 복제하다.

—vi. (1)《+前+名》내리누르다, (단추 등을)밀다, 압박하다 : 몸을 기대다. (2)《~+前+名》(마음에) 무겁게 걸리다《upon, on》. (3)《+前+名》밀어 제치며 나아가다, 돌진하다, 밀어닥치다 : 밀려 오다 : 몰려들다《up》. (4)《+前+名/+副》서두르다, 급히 가다《on : forward》. (5)재촉하다, 서두르다: Time ~es. 시간이 절박하다. (6)《+前+名》조르다, 강요하다《for》. (7)영향을 주다, 효험이 있다. (8)프레스하다, 다리미질하다《on》. ▫ pressure n.

be ~ed for ⇒vt. (7) b). ***~ back*** 되밀치다 : 퇴각시키다. ***~ hard upon*** …에 육박하다 : …을 추궁하다. ***~ home*** 1) 물건을 꽉 차도록 밀어 넣다. 2) (유리한 입장을) 최대한으로 이용하다. 3) (알아듣도록) 차근차근 타이르다. 4) (공격 따위를) 강행하다. ***~ in*** 〈***into***〉 …에 밀어넣다, …에 침입하다. ***~ on*** 〈***upon***〉 1) 무겁게 짓누르다. 2) 매진하다, 추진하다, 계속하다. 3) (강제로) 주다, 억지로 쥐어주다. ***~ on*** (one***'s wat***) 길을 재촉하다. ***~ on*** (one***'s way***) 길을 재촉하다. ***~ the button*** ⇨ BUTTON. ***~ the flesh*** ⇒FLESH.

—n. (1) ⓒ 누름 : 압박, 압착 :《口》(의복의) 다리미질 : 움켜쥠. (2) ⓒ 압착기, 짜는 기구 ; 누름단추 : (라켓 따위의) 휘는 것을 막는 죔쇠, 프레스. (3) ⓤ 밀림, 밀어닥침, 돌진 : 혼잡, 군집, 붐빔. (4) ⓤ 분망, 절박, 화급 : in the ~ of business 일이 분망하여. (5) **a)** ⓒ 인쇄기(《英》machine) : 인쇄술〈소〉 : 발행소, 출판부. **b)** ⓤ (the ~) 〔集合的〕 신문, 잡지, 정기 간행물. (6) **a)** (the ~) 보도 기관 : 〔集合的〕 보도 기자 : freedom of the ~ 출판〈언론〉의 자유. **b)** (the ~) 〔종종 複數취급〕 보도진, 기자단. (7) ⓒ 찬장 : 책장 : 양복장. ***be at*** 〈***in*** (***the***)〉 ***~*** 인쇄중이다. ***be off the ~*** 인쇄가 끝나 발행 중이다. ***come*** 〈***go***〉 ***to*** (***the***) ***~*** 인쇄에 돌려지다. ***correct the ~*** 교정하다. ***freedom*** (***liberty***) ***of the ~*** 출판의 자유***give . . . to the ~*** …을 신문에 공표하다.

—a. 〔限定的〕 신문의, 보도에 관한.

press[2] n. ⓤ **[史]** (수병·병사의) 강제 징모 : 징발 : ⓒ 강제 징모 영장(令狀). —vt. (1) …을 강제로 병역에 복무시키다 ; 징발하다, 강제로 모집하다. (2) …을 임시 변통하다《속옷을 수건으로 쓰는 등》. ***~ into service*** (부득불 임시로) 대신 쓰다, 이용하다.

préss àgency 통신사(news agency).

préss àgent (극단 따위의) 선전원, 보도〈홍보〉 담당원, 대변인.

préss clìpping 《美》신문〈잡지〉 오려낸 것, 신문 스크랩.

préss cònference 기자 회견.

préss còrps 《美》〔the ~ ; 集合的〕 신문 기자단.

pressed [prest] a. (1) 〔限定的〕 **a)** (식품 등이) 통조림용으로 압축된 ; 프레스 가공된, 눌린. **b)** (꽃잎 등을) 납짝하게 압축한. (2) 〔흔히 合成語〕 (의복 등이) 다리미질을 한, 프레스한 : well-(badly-) ~ clothes 다리미질이 잘된〈잘 안된〉 옷. (3) 〔敍述的〕 (시간·돈 등이) 부족하여, (…없어) 어려워《for》.

press·er [présər] n. ⓒ 압착기〈공(工)〉.

préss gàllery (영국 하원의) 신문 기자석 : 의회 기자단.

press-gang [présgæ̀ŋ] *vi.* 《口》 (사람을) 강제로 …시키다《*into*》.

:press·ing [présiŋ] *a.* (1) 절박한, 긴급한 (urgent) : a ~ need 절박한 필요. (2) 간청하는, 귀찮게 조르는, 절실한. —*n.* ⓤ 누르기, 압축하기, 억누름, 내리누름 ; 압착물 ; ⓒ (원판에서 프레스하여 만든) 레코드 ; 동시에 프레스한 레코드《전체》.

press·man [présmən] (*pl.* ***-men*** [-mən]) *n.* ⓒ (1) 인쇄(직)공. (2) 《英》 신문 기자(《美》 newsman).

préss òfficer 《대규모 조직 · 기관 등의》 공보 담당자, 대변인.

press·room [présrù:m] *n.* ⓒ 《美》 (1) (인쇄소 내의) 인쇄실(《英》 machineroom). (2) 신문 기자실.

préss sècretary (미국 대통령의) 보도 담당 비서, 대변인, 공보 담당관.

:pres·sure [préʃər] *n.* (1) ⓤⓒ 압력, 누르기 : 압축, 압착 : give ~ to …에 압력을 가하다. (2) ⓤ 압박, 강제(력). (3)ⓤⓒ 【物】 압력 《略 : P》 ; 【氣】 기압 ; 【醫】 혈압. (4)ⓤⓒ 곤란, 고난 ; (*pl.*) 궁경(窮境). (5) ⓤ 긴급, 지급, 분망 : ~ of business 일의 분망. ▫ press v. ***at high* 〈*low*〉 *~*** 맹렬히〈한가하게〉《일하다 등》. ***~ for money*** 돈에 궁함. ***put ~ on* 〈*upon*〉** …에 압력을 가하다. ***under* (*the*) *~ of*** …의 압력을 받고 ; (가난 · 기아 등에) 몰려〈시달려〉. ***under ~*** 1) 압력을 받아서. 2) 압박받아, 재촉받아 : be 〈come〉 *under* ~ to do …하도록 압력을 받고 있다. 3) 강제되어.
—*vt.* 《美》 (1) …에 압력을 가하다, 강제하다. (2) = PRESSURIZE.

préssure càbin 【空】 기밀실(氣密室).

pres·sure-cook [préʃərkùk] *vt.*, *vi.* 압력솥으로 요리하다, 가압 조리하다.

préssure pòint (1) (피부의) 압각점(壓覺點), 지혈할 때 누르는 압점. (2) 지혈점(止血點). (3) 정치 압력의 표적.

pres·sur·ize [préʃəràiz] *vt.* (1) (비행기 · 잠수함 따위)의 기압을 정상으로 유지하다. (2) …을 압력솥으로 요리하다, 가스를 입입하다. (3) = PRESSURE.

pres·ti·dig·i·ta·tion [prèstədìdʒətéiʃən] *n.* ⓤ 요술, 속임수, 기술(奇術).

·pres·ti·ge [prestí:dʒ, prestidʒ] *n.* ⓤ 위신, 위광(威光), 명성, 신망, 세력 : loss of ~ 위신 손상 / national ~ 국위. —*a.* 명성이 있는, 신망이 두터운 : a ~ school 명문고 / a ~ car 고급차.

pres·ti·gious [prestídʒiəs] *a.* 명성 있는, 이름이 난 ; 유명한, 세상에 알려진, 칭송〈존경〉 받는. 파) **~·ly** *ad.* **~·ness** *n.*

pres·tis·si·mo [prestísimòu] *ad.*, *a.* 《It.》 【樂】 아주 빠르게〈빠른〉.

pres·to[1] [préstou] *ad.*, *int.* 급히, 빨리《요술쟁이의 기합 소리》. ***Hey ~ (, pass* 〈*be gone*〉) *!*** 자, 빨리 변해라〈없어져라〉 업《요술사의 기합 소리》.
—*a.* 빠른, 신속한 ; 요술 같은.

pres·to[2] 【樂】 *ad.*, *a.* 《It.》 급속히〈한〉, 빠른(빨리).—(*pl.* ***~s***) *n.* ⓒ 급속곡(急速曲), 프레스토 악절〈악장〉.

pre·sum·a·ble [prizú:məbəl] *a.* 추측〈가정〉할 수 있는, 있음직한, 그럴 듯한.

pre·sum·a·bly [prizú:məbli] *ad.* (1) (문장 전체를 수식하여) 아마, 다분히, 생각해 보건대. (2) (부가어적으로 가벼운 의문의 뜻을 내포하여) …이겠지요.

:pre·sume [prizú:m] *vt.* (1) 《~+目/+(that)節/+目+(*to be*)》 …을 추정하다, 가정하다, 상상하다, …라고 생각하다. (2) 《~+目/+目+補》 【法】 (반대 증거가 없어) …로 추정하다, 가정하다 : ~ the death of a missing person=~ a missing person dead 행방 불명자를 죽은 것으로 추정하다. (3) 《+*to* do》 감히 …하다, 대담하게 …하다. —*vi.* (1) 추정하다, 상상하다. (2) (흔히 부정문 또는 의문문에서) 대담하게〈건방지게〉 굴다 ; 남의 일에 참견하다, 주제넘다. (3) 《~/+前+名》 (남의 약점 따위를) 이용하다, 편승하다《*on* ; *upon*》. ***May I ~*** (to ask you a question)? 실례지만 (한 가지 여쭈어 보겠습니다). ***You ~*** 주제넘다, 무엄하다.

pre·sum·ed·ly [prizjú:midli] *ad.* 추측상, 생각건대, 아마(presumably).

pre·sum·ing [prizú:miŋ] *a.* 주제넘은, 뻔뻔스러운, 건방진. 파) **~·ly** *ad.*

·pre·sump·tion [prizʌ́mpʃən] *n.* (1) ⓤⓒ 추정, 가정, 추측, 억측 ; 추정의 이유〈근거〉, 어림짐작 ; 있음직한, 가망. (2) ⓤ 주제넘음, 체면 없음, 철면피.

pre·sump·tive [prizʌ́mptiv] *a.* 〔限定的〕 추정의, 가정의 ; 추정의 근거를 주는. 파) **~·ly** *ad.*

·pre·sump·tu·ous [prizʌ́mptʃuəs] *a.* 주제넘은, 뻔뻔스러운, 건방진.

pre·sup·pose [prì:səpóuz] *vt.* (1) …을 미리 가정〈예상〉하다. (2) …을 필요 조건으로 예상하다, 전제로 하다 ; …의 뜻을 포함하다.
파) **pre·sup·po·si·tion** [-ʃən] *n.* (1) ⓤ 예상, 가정. (2) ⓒ …라는 전제(조건).

pret. preterit(e).

prêt-à-por·ter [prètɑpɔrtéi] *n.*, *a.* 《F.》 (고급) 기성복(의).

pre·tax [prì:tǽks] *a.* 세금을 포함한.

pre·teen·ag·er [prí:tìnèidʒər] *n.* ⓒ 사춘기 직전의 어린이, 사춘기가 시작되려는 나이 직전《10-12세》.

:pre·tend [priténd] *vt.* (1) …인 체하다, …같이 꾸미다, 가장하다, 자칭하다 (2) 《+*that*節》 (…라고) 속이다, 거짓말하다, 핑계하다. (3) 《+*to* do》 (흔히 부정문 또는 의문문에서) (…하는) 체하다, (…하는) 시늉을 하다, 감히 …하다, 주제넘게 …하려고 하다.
—*vi.* (1) 꾸미다, 속이다, (…인) 체하다. (2)《+前+名》 자칭하다, 자부하다, 자처하다《*to*》 : ~ *to* great knowledge 박식함을 자처〈자부〉하다. (3)《+前+名》 주장〈요구〉하다, 탐내다《*to*》. (4) (어린이들이) 흉내놀이를 하다. ▫ pretense, pretension *n.* ***Let's ~ that*** …흉내내기(놀이)를 하자.
—*a.* 〔限定的〕 상상의, 가공(架空)의.
파) **~·ed** [-id] *a.* 외양만의, 거짓의.

pre·tend·er [priténdər] *n.* ⓒ …인 체하는 사람 ; 요구자 ; 왕위 요구자.

·pre·tense, 《英》 **-tence** [priténs] *n.* ⓤ (1) 구실, 핑계. (2) 겉치레, 가면, 가식, 거짓. (3) 허영(을 부리기), 자랑해 보임, 허식. (4) 〔흔히 부정문, 의문문에서〕 주장, 요구《*to*》. ▫ pretend *v.* ***by* 〈*under*〉 *false ~s*** 속여서, 거짓 구실로 : I could not go on living with a man who had married me *under false* ~*s*. 거짓 구실로 나와 결혼한 남자와는 나는 더 살아갈 수 없었다. ***make a ~ of*** …인 체하다, …을 가장하다. ***on* 〈*under*〉 (*the*) *~ of*** …을 구실로, …을 빙자하여 ; …인 것처럼 보이게 하고.

·pre·ten·sion [priténʃən] *n.* (1) ⓒ **a**) 요구(claim), 주장, 권리 ; 진위가 모호한 주장. **b**) (종종 *pl.*) 암묵의 요구 ; 자임(自任), 자부. (2) ⓤ 구실. (3) ⓤ 가장, 허식. ▫ pretend v. ***have on ~s to***

…을 주장할 권리가 없다 ; 자부하지 않다. ***without* 〈*free from*〉 ~** 수수한〈하게〉 ; 우쭐대지 않고.

·pre·ten·tious [priténʃəs] *a.* 자부〈자만〉하는, 우쭐하는 ; 뽐내는, 허세부리는, 과장된 ; 거짓의.

pret·er·it (e) [prétərit] *n.* (the ~) 【文法】 과거(시제), 과거형《略 : pret.》 —*a.* 【文法】 과거(형)의, (익사)과거의, 지난날의.

pre·ter·nat·u·ral [prì:tərnǽtʃərəl] *a.* 초자연적인 ; 이상한, 불가사의한.

pre·test [prí:tèst] *n.* ⓒ 예비 시험, 예비 검사. —*vt.* [-ˊ] (…에게) 예비 시험을〈검사를〉 하다. —*vi.* [-ˊ] 예비 테스트를 실시하다.

·pre·text [prí:tekst] *n.* ⓒ (사실과는 다른 허위의) 핑계, 구실《*of* ; *for*》. ***find* 〈*make*〉 *a ~ for*** …의 구실을 만들다 ; …할 구실을 찾다. ***on some ~ or other*** 이 핑계 저 핑계하여. ***on* 〈*under*〉 *the ~ of*** …을 구실로, …을 빙자하여.

·pret·ti·fy [prítifài] *vt.* 《종종 蔑》 …을 아름답게〈곱게〉 꾸미다 ; 《특히》 …을 싸구려로〈천박하게〉 꾸미다, 치레하다.

·pret·ti·ly [prítili] *ad.* 곱게, 귀엽게, 예쁘장하게 ; 얌전히.

:pret·ty [príti] (***-ti·er*** ; ***-ti·est***) *a.* (1) 예쁜, 귀여운, 참한, 조촐한. (2) 깔끔한, 훌륭한, 멋진. (3) 〔限定的 ; 反語的〕 엉뚱한 ; 곤란한, 골치 아픈 . (4) 〔限定的〕《口》(수·양이) 꽤 많은, 꽤 큰, 상당한. (5) 〔限定的〕 (남자가) 멋부린, 멋진. —*ad.* (형용사·다른 부사를 수식하여) 꽤, 비교적, 상당히, 매우. ***be ~sick about it*** 아주 싫어지다. ***~ much* 〈*well, nearly*〉** ⇨ WELL. ***~ soon*** 얼마 안 있다가, 곧. ***sitting ~*** 《口》 좋은 지위에 앉아서 ; 성공하여 : 유복하여.
—*n.* ⓒ (1) (처자 등에 대해) 여보, 이쁜이, 귀여운 아이, 아가《호칭》 : My ~! (2) (*pl.*) 《美》 예쁘장한 물건《의복·속옷·장신구 등》.
—*vt.* 《~+目/+目+副》 …을 예쁘게 하다, 장식하다. 파) **-ti·ness** *n.*

prev. previous(ly).

:pre·vail [privéil] *vi.* (1) 《~/+前+名》 우세하다, 이기다, 극복하다《*over* ; *against*》. (2) 널리 보급되다, 유행하다 ; …보다 우세하다, 차지하다《*in* ; *among*》. (3) 유력하다, 효과가 나타나다, 잘 되다. (4) 《+前+名/+前+名+*to* do》〔受動도 가능〕설복하다, 설득하여 ~ 시키다《*on, upon, with*》.

·pre·vail·ing [privéiliŋ] *a.* 〔限定的〕 (1) 우세한, 주요한 ; 유력한, 효과 있는, 효과적인. (2) 널리 보급되어〈행하여지고〉 있는, 유행하고 있는, 보급되는 ; 일반적인, 보통의.

·prev·a·lence, -cy [prévələns] [-si] *n.* ⓤ 널리 행해짐, 보급, 유행 ; 우세, 유력 ; 보급률 ; 이환율(罹患率). ㅁ prevail v.

·prev·a·lent [prévələnt] (***more ~*** ; ***most ~***) *a.* (널리) 보급된, 널리 행해지는, 일반적으로 행하여지는 ; 유행하고 있는 ; 우세한, 유력한.

pre·var·i·cate [privǽrəkèit] *vi.* 얼버무려 넘기다, 발뺌하다, 속이다 ; 《婉》 거짓말하다(lie).
파) **pre·var·i·ca·tion** [-ʃən] *n.* ⓤⓒ 발뺌, 얼버무려 넘김, 거짓말함. **pre·vár·i·cà·tor** [-ər] *n.*

:pre·vent [privént] *vt.* (1) 《~+目/+目+前+名/+目+-*ing*》 (사람·일 따위가) …하는 것을 막다, 방해하다, 방해하여 ~하지 못하게 하다. (2) 《+目+前+名》 (질병·재해 따위)를 예방하다, 회피하다, 방지하다 : ~ a plague *from* spreading 전염병 만연을 예방하다. (3) (…의 발생)을 막다, 방지하다, 예방하다.

:pre·ven·tion [privénʃən] *n.* ⓤ (1) 방지, 저지, 막음, 예방 ; ⓒ 예방법《*against*》. (2) 방해. ㅁ prevents *v.* ***by way of ~*** 예방법으로서 ; 방해하기 위해.

·pre·ven·tive [privéntiv] *a.* 예방의, 예방하는 ; 막는, 방지하는《*of*》 : *be ~ of* …을 방지하다 / ~ measures 예방책. —*n.* ⓒ 방지하는 것 ; 예방법《책, 약》《*for*》 : 피임약. 파) **~·ly** *ad.*

pre·view [prí:vjù:] *n.* ⓒ (1) 예비 검사 ; 내람(內覽). (2) 시연(試演), (영화 등의) 시사(試寫)(회). (3) 《美》 영화〈텔레비전〉의 예고편, (라디오의) 프로 예고. (4) 예고 기사. (5) 【컴】 미리보기《문서 처리나 전자 출판 풀그림에서 편집한 문서를 인쇄 전에 미리 화면에 출력시켜 보는 일》. —*vt.*, *vi.* (…의) 시연을〈시사를〉 보다〈보이다〉.

:pre·vi·ous [prí:viəs] *a.* (1) 〔限定的〕 앞의, 이전의《*to*》. (2) 사전의, 앞서의 : without ~ notice 예고없이. (3) 〔敍述的〕 너무 일찍 서두른, 조급한 : You have been a little too ~. 자네는 좀 너무 서둘렀네. —*ad.* …보다 전에〈앞서〉. ※ 주로 다음 成句로 전치사적으로 쓰임. ***~ to*** …보다 전에〈앞서〉, ~ 이전에.

·pre·vi·ous·ly [prí:viəsli] *ad.* (1) 전에(는), 본래는. (2) 사전에, 먼저, 미리 ; 예비적으로.

prévious quéstion 【議會】 선결 문제.

pre·vi·sion [privíʒən] *n.* ⓤⓒ 선견, 예지.

·pre·war [prí:wɔ́:r] *a.* 〔限定的〕 전전(戰前)의.

prexy, prex·ie [préksi] **prex** [preks] *n.* ⓒ 《美俗》 (대학의) 학장, 총장.

:prey [prei] *n.* (1) ⓤ 먹이, 피식자(被食者). (2)ⓤⓒ 희생, (먹이로서의) 밥. (3)ⓤ 포획 ; 포식성(捕食性). ***a beast* 〈*bird*〉 *of ~*** 육식수(肉食獸)〈조(鳥)〉, 맹수〈맹금〉. ***become* 〈*fall*〉 *a ~ to*** …의 희생이 되다. ***in search of ~*** 먹이를 찾아서.
—*vi.* 《+前+名》 (1) 밥으로 하다, 잡아 먹다《*on* ; *upon*》. (2) 먹이로 하다 : ~ *on* 〈*upon*〉 the poor 가난한 사람들을 먹이로 삼다〈수탈하다〉. (3) (해적 따위가)약탈하다, 휩쓸다《*on, upon*》. (4)괴롭히.

prez [prez] *n.* ⓒ《美俗》 대통령, 사장, 학장.

:price [prais] *n.* (1) ⓒ 가격, 대가(代價) ; 값, 시세, 물가, 시가(市價), 정가. (2) 〔單數꼴로〕 (…을 획득하기 위한) 대가, 대상(代償) ; 희생. (3) ⓒ (도박에서) 건 돈의 비율 ; 《美》 도박에 건 돈. (4) ⓒ **a**) 상금, 현상(금) : have a ~ on one's head 목에 현상금이 걸려 있다. **b**) 매수금(買收金), 증여물. ***above* 〈*beyond, without*〉 ~** 매우 귀중한《값을 매길 수 없을만큼》. ***at any ~*** 1) 값이 얼마든 ; 어떠한 희생을 치르더라도. 2) (부정문에서) 결코 (…하지 않는다). ***at a ~*** 비교적 비싸게 ; 상당한 희생을 치르고. ***at cost ~*** 원가로. ***at the ~ of*** …을 걸고서, …을 희생으로 하여. ***fetch a high ~*** 비싼 값으로 팔리다. ***make* 〈*give quote*〉 *a ~*** 값을 말하다. ***reduced ~*** 할인 가격 ***put*〈*set*〉 *a ~ on*** …에 값을 매기다. ***set* 〈*put*〉 *a ~ on*** a person***'s head*** 아무의 목에 상금을 걸다. ***the ~ asked*** 부르는 값. ***the starting ~*** 【競馬】 출발시의 마지막걸기. ***What ~ . . . ?*** 1) (경마 따위의) 승산은 어떤가 ; 《比》 가망이 있는가. 2)(실패한 계획 등을 냉소하여) 꼴 참 좋다, …이 다 뭐냐. 3) (도대체) 무슨 소용이 있는가.
—*vt.* 〔종종 受動으로〕 (1) …에 값을 매기다 ; 평가하다. (2) 《口》 (싼데와 시세를 알려고) 값을 여기저기 알아 보다〈조사하다〉 《※ 受動으로는 불가》. ***~ . . . out of the market*** 1) (물건 따위에) 터무니 없는 비싼 값

을 매겨 시장에서 축출하는 결과가 되다. 2) 〔종종 再歸的〕 터무니 없는 값을 매겨 시장에서 축출되다. 3) 〔再歸的〕 자기를 비싸게 내세워 경원시되다.

príce contròl (정부에 의한) 물가〈가격〉 통제.

priced [praist] *a.* (1) 정가가 붙은 : a ~ catalog(ue) 가격 표시 카탈로그, 정가표. (2) 〔複合語〕 …의 가격의 : high-〈low-〉~ 비싼〈싼〉.

príce fìxing (정부나 업자의) 가격 협정〈결정〉.

príce ìndex 물가 지수.

·price·less [práislis] *a.* (1) 대단히 귀중한, 값을 매길 수 없는. (2) 《口》 아주 걸작인〈재미있는, 어이없는〉, 아주 별난.

príce list 가격표, 시가표.

príce tàg (상품에 붙이는) 정찰, 정가표

pric·ey, pricy [práisi] (***pric·i·er ; -i·est***) *a.* 《英口》 돈〈비용〉이 드는, 비싼.

·prick [prik] *vt.* (1) (바늘 따위)로 따끔하게찌르다 《*on* ; *with*》, 쑤시다, (바늘 등)을 꽂다 : ~ one's finger 손가락을 찌르다. (2) (양심 따위가) 찌르다, …에 아픔을 주다. (3) 《+目+副》 ~ 에 자극을 주다, 재촉하다. (4) …에 작을 구멍을 내다. (5) …을 얼얼하게 만들다. —*vi.* (1) 따끔 따끔 아프다 ; 콕콕 쑤시(듯이 아프)다. (2) **a**) 얼얼〈따끔따끔〉하다. **b**) (양심의) 가책을 받다. ***~ a* 〈*the*〉 *bladder* 〈*bubble*〉** ⇨ BUBBLE. ***~ out* 〈*off*〉** (묘목을) 구덩이에 심다.

—*n.* ⓒ (1) (바늘·가시 등으로) 찌름 ; (바늘로 찌르는 듯한) 아픔, 쑤심 ; (양심의) 가책. (2) 찔린 상처. (3) 찌르는 물건 : 바늘, 가시, 꼬치.

prick·le [príkəl] *n.* ⓒ (1) 가시《동식물의 표피(表皮)에 돋친》, 바늘, 가시같이 생긴 것. (2) (a ~) 쑤시는 듯한 아픔.

—*vt.*, *vi.* 찌르다 ; 뜨끔뜨끔 들이쑤시게 하다〈쑤시다〉 ; (가시) 바늘처럼 서다.

prick·ly [príkli] (***-li·er ; -li·est***) *a.* (1) 가시가 많은, 바늘투성이의. (2) 따끔따끔 아픈, 욱신욱신 쑤시는. (3) 성가신. (4) 과민한, 성마른.

:pride [praid] *n.* (1) ⓤ 자랑, 자존심, 긍지, 프라이드 ; 득의, 만족. (2) ⓤ 자만심, 오만, 거만, 우쭐해함(false ~). (3) ⓤ (흔히 the ~, one's ~) 자랑거리《*of* 》. (4) ⓒ 한창때, 전성기. (5) ⓒ (사자 따위의) 떼 : (화사한〈요란스런〉 사람들의) 일단(一團). ***in ~ of*** one***'s years*** 전성 시대에. ***~ of place*** 교만 ; 고위(高位). a person***'s ~ and joy*** 아무의 자랑거리. ***swallow*** one***'s ~*** 자존심을 억누르다. ***take* (*a*) *~ in*** …을 자랑하다. —*vt.* (再歸的) …을 자랑하다《*on*, *upon*》. 파) **~·ful** (fel) *a.* **~·ful·ly** *ad.*

:priest [priːst] (*fem.* ***~·ess*** [ˊis]) *n.* ⓒ (1)성직자 : (감독 교회의) 목사, 신부 : **[가톨릭]** 사제 : ⇨ HIGH PRIEST. (2) 봉사〈옹호〉자.

priest·hood [ˊhud] *n.* (1) ⓤ 성직. (2) (the ~) 〔集合約〕 성직자, 사제.

priest·ly [príːstli] (***-li·er ; -li·est***) *a.* 성직자의 ; 성직자다운, 능더의, 퐁디니는 : vestments 성직복(服).

prig [prig] *n.* ⓒ 딱딱한〈깐깐한〉 사람, 잔소리꾼 ; 젠체하는 사람 ; 학자〈교육가〉연하는 사람.

prim [prim] (***-mm-***) *a.* 꼼꼼한, 딱딱한 ; (특히 여자가) 새침떠는, 숙녀연하는.

—(***-mm-***) *vt.*, *vi.* (복장 등을) 단정히 차려 입다 ; (얌전빼어 입을) 꼭 다물다《*out* ; *up*》.

prí·ma ballerína [príːmə-] 《It.》 프리마 발레리나《발레단의 주역 무용수》.

pri·ma·cy [práiməsi] *n.* (1) ⓤ 제일, 으뜸, 수위 ; 탁월《*of* ; *over*》. (2) ⓤⓒ 대주교(primate)의 직(職)〈지위〉 ; **[가톨릭]** 교황의 지상권(至上權).

pri·ma don·na [prì(ː)mədɑ́nə, priːmədɔ́nə] (*pl.* ***~s, pri·me don·ne*** [príːmeidɑ́ːnəi/-dɔ̃n-] *n.* ⓒ 《It》 프리마돈나《가극의 주역 여가수》 ; 《口》 간섭〈구속〉을 싫어하는 사람 ; 《口》 기분파, 변덕꾸러기 《특히 여성의》.

pri·ma fa·cie [práimə-féiʃiiː, -ʃiː] *a.* 〔限定的〕 《L.》 얼핏 보기에는, 첫 인상은 ; 명백한, 자명한.

príma fàcie évidence **[法]** (반증이 없는 한 충분하다고 보는) 일단 채택된 증거.

pri·mal [práiməl] *a.* 〔限定的〕 (1) 제일의, 최초의, 원시의. (2) 주요한 ; 근본적인.

·pri·ma·ri·ly [praimérəli, ˊ---/práiməri-] *ad.* (1) 첫째로, 최초로, 처음에는, 원래. (2) 주로 ; 근본적으로(는) ; 본래는.

:pri·ma·ry [práimèri, -məri] (***more ~ ; most ~***) *a.* 〔限定的〕 (1) 첫째의, 제 1위의, 수위의, 주요한. (2) 최초의, 처음의, 본질의. (3) 원시적인, 근원적인.

prímary elèction 《美》 예비 선거.

·prímary schòol 초등 학교《영국은 5~11세까지 ; 미국은 elementary school 하급 3〈4〉 학년으로 구성되며, 때로 유치원도 포함함》.

pri·mate [práimit, -meit] *n.* ⓒ (1) (종종 P-) **[英國教]** 대주교 ; **[가톨릭]** 수석(首席) 대주교. (2)영장류(靈長類)(Primates)의 동물 : the ~ of all England 켄터베리 대주교.

:prime [praim] *a.* 〔限定的〕 (1) 첫째의, 수위의, 주요한. (2) 최초의, 원시적인. (3) 기초적인, 근본적인. (4) 일류의, 제 1 급의, 최량(最良)의 : of ~ quality 최양질의. (5) 《口》 훌륭한, 우수한 : In ~ conditions 가장 좋은 컨디션으로.

—*n.* (1) ⓤ (흔히 the〈one's〉 ~) 전성기, 한창 때 ; 청춘(시절) ; 장년기. (2) ⓤ 가장 좋은 부분, 정화(精華)《*of*》. (3) ⓤ (식육의) 최량급. (4)ⓤ 처음, 초기. (5)ⓤ 새벽, 해돋이 때 ; (종종 P-) **[가톨릭]** 아침 기도. (6)ⓒ **[數]** 소수. (7) ⓒ **[印]** 프라임 부호(ʹ) ; **[펜싱]** 제1의 자세〈찌르기〉 ; **[樂]** 1도(度), 동음(同音)(unison).

—*vt.* (1)(특정한 목적·작업을 위해) 준비하다(prepare). (2) (총)에 화약을 재다 ; (폭발물)에 뇌관〈도화선〉을 달다. (3) (벽·판자 따위)에 초벌칠하다. (4) 《目+前+名》 (펌프)에 마중물을 붓다 ; 《比》 …에 자극을 주다 ; (기화기 따위)에 가솔린을 주입하다《*with*》. (5) 《~+目/+目+前+名》 …에게 미리 가르쳐 주다, …에게 꾀를 일러 주다《*with*》.

~ the pump ⇨PUMP[1].

:prìme mínister 국무총리, 수상.

príme móver (1) **[機]** 원동력《풍력·수력·전력 등》. (2) 원동력, 주도자. (3) 대포를 끄는 것, 견인차, 트랙터.

príme númber **[數]** 소수(素數).

·prim·er[1] [prímər/práim-] *n.* ⓒ 첫걸음《책》, 초보(독본), 입문서 : a Latin ~ 라틴어 입문서.

prim·er[2] [práimər] *n.* (1) ⓒ 도화선, 뇌관. (2)ⓤⓒ (페인트 등의) 애벌칠 (원료).

pri·me·val, -mae- [praimíː vəl] *a.* 초기의, 원시(시대)의 (prehistoric, primitive), 태고의 : a ~ forest 원시림. 파) **~·ly** *ad.*

:prim·i·tive [prímətiv] *a.* (1) 〔限定的〕 원시의, 원시시대의, 태고의, 초기의. (2) 원시적인, 소박한, 미개의, 유치한. (3) 야만의, 야성적인 ; 구식의. (4) 본원적인, 근본의. —*n.* ⓒ (1) 원시인, 미개인 ; 소박한

사람. (2) 원선, 원색문예 부흥기 이전의 화가 ; 그 작품 ; 독학한 화가 ; 소박한 화풍의 화가.

prim·i·tiv·ism [prímətivìzəm] *n.* ⓤ 원시주의.

pri·mo·gen·i·tor [pràimoudʒénətər] *n.* ⓒ 시조, 조상 ; 선조(ancestor).

pri·mo·gen·i·ture [pràimoudʒénetʃər] *n.* ⓤ 장자임〈신분〉; **[法]** 장자 상속권〈법〉.

pri·mor·di·al [praimɔ́ːrdiəl] *a.* (1) 원시(시대부터)의, 원시 시대부터 있는. (2) 최초의, 원초적인, 근본적인 ; **[生]** 초생의. 파) **~·ly** *ad.*

primp [primp] *vi.* 멋을 부리다 ; 차려 입다. —*vt.* (머리 등)을 매만지다 ;〔再歸的〕차려입다.

·prim·rose [prímròuz] *n.* ⓒ **[植]** 앵초(櫻草) ; 그 꽃 ; 금달맞이꽃(evening primrose) ; ⓤ 앵초색.

:prince [prins] *n.* ⓒ (1) (*fem.* ***prin·cess***) 왕자, 황태자, 세자, 대군. (2) (제왕에 예속된 소국의) 군주, 제후. (3) (영국 이외의) 공작, …(공(公)). (4) 《比》 제 1인자, 대가. (5) 《美口》 인품이 좋은 사람, 귀공자. (6) (the P-) '군주론'《Machiavelli의 정치론》. ***a ~ of the church*** 교회의 군자. ***a ~ of the blood*** 황족. ***(as) happy as a ~*** 매우 행복한. ***live like a ~*** 호화롭게 살다. ***the manners of a ~*** 기품 있는 왕자의 태도. ***the Prince of Denmark*** 덴마크의 왕자《Hamlet》. ***the Prince of Peace*** 예수.

Prìnce Álbert (1) 일종의 프록코트(감자의 일종)(= **Prìnce Álbert cóat**) ; (남자용) 슬리퍼. (2) 앨버트 공(公)⇨ALBERT (2).

prince·dom [prínsdəm] *n.* (1) ⓤⓒ prince의 지위〈신분, 위엄, 권력, 영토〉. (2) ⓒ 공국(公國).

prince·let, -ling [prínslit] [-liŋ] *n.* ⓒ 어린 군주 ; 소공자(princekin).

·prince·ly [prínsli] (***-li·er ; -li·est***) *a.*〔限定的〕군주다운, 왕후(王候) 같은, 왕자다운 ; 기품높은, 위엄 있는 ; 관대한 ; 장엄한, 훌륭한. (2) 왕후의, 왕자의 ; 왕후로서의. (3) 광대한《부지》. —*ad.* 왕후〈왕자〉답게 ; 의젓〈대범〉하게.
파) **-li·ness** *n.*

:prin·cess [prínsis, -səs, prinsés] (*pl.* ***~·es*** [prínsəsiz, prinsésiz]) *n.* ⓒ (1) 공주, 왕녀, 황녀(皇女). (2) 왕비, 왕자비. (3) (영국 이외의) 공작부인.
—*a.*〔限定的〕**[服]** 프린세스 스타일의《몸에 꼭맞도록 깃에서 플레어 스커트까지 모두 삼각포(gore)로 만들어 진》.

:prin·ci·pal [prínsəpəl] *a.*〔限定的〕(1) 주요한, 앞장서는, 제 1의 ; 중요한. (2) **[商]** 원금의. (3) **[文法]** 주부의. —*n.* ⓒ (1) 장(長), 장관 ; 사장 ; 교장 ; 회장. (2) 으뜸, 우두머리, 주동자 ; 본인 ; 주역. (3) **[法]** 정범, 주범(〖opp.〗 *accessory*). (4) 주물(主物), 주건(主件). (5) **[商]** 원금(〖cf.〗 interest) ; 기본 재산. (6) **[建]** 주재(主材), 주된 구조. ***the ~ and accessory*** **[法]** 주종(主從). ***the ~ in the first 〈second〉 degree*** 제 1급〈제 2급〉정범(正犯).

prin·ci·pal·i·ty [prìnsəpǽləti] *n.* (1) ⓒ 공국《prince가 통치하는》; (the P-) 《英》 Walse의 별명. (2) ⓒ 공국 군주의 지위·지배·권력. (3) ⓤ 학장〈교장〉의 지위. (4) (*pl.*) **[基]** 권품(權品)천사.

:prin·ci·ple [prínsəpəl] *n.* (1) ⓒ 원리, 원칙, 원금, (물리·자연의) 법칙. (2) ⓒ 근본방침, 주의. (3) ⓤ (선악의 기준으로서의) 행동규준, 정의 ; (*pl.*) 도의 절조. (4) ⓒ 본질, 소인(素因). (5) **[化]** 원소, 정(精), 소(素) : a coloring ~ 염색소. (6) (P-) **[크리스천사이언스]** 신(God). ***a man of no ~*** 절조 없는 사람. ***as a matter of ~*** = ***on ~. in ~*** 원칙적으로. ***on ~*** 주의〈신조〉로서 ; 원칙에 따라, 도덕적 견지에서《※ on ~ 에서 무관사에 주의》.

(·)prin·ci·pled [prínsəpld] *a.* (1) 절조있는 ; 주의〈원칙〉에 의거한, 도의에 의거한. (2)〔複合語로서〕주의가 …의 ; 절조있는 : high-~ 신조가 고결한.

prink [priŋk] *vt.* 화려하게 꾸미다, 치장하다《*up*》; (새가 깃털)을 부리로 다듬다(preen).
—*vi.* 화장하다, 맵시내다《*up*》.

:print [print] (1) …을 인쇄하다 ; 출판〈간행〉하다, 프린트하다 : ~ pictures 그림을 인쇄하다. (2) …을 판화 인쇄하다. (3) (무늬)를 날염하다. (4) 《~+目/+目+前+名》 …을 찍다, 눌러서 박다 ; 자국을 내다《*on* ; *in*》. (5) 《+目+前+名》 인상을 주다(impress). (6) 《~+目/+目+副》 **[寫]** …을 인화하다 : ~ *off* 〈*out*〉 a negative 네거티브를 인화하다. —*vi.* (1)인쇄를 직업으로 하다 ; 출판하다. (2) 《+副》 인쇄되다 ; **[寫** 인화되다. (3) 활자체로 쓰다. ***~ out . . .*** 1) **[컴]** …의 printout을 만들다. 2) 출판하다, 간행하다.
—*n.* (1) ⓤ 인쇄, 인쇄부수, 판. (2) ⓤ 인쇄된 글씨체 ; 활자의 크기. (3) ⓤ 제 …쇄(刷). (4) ⓒ 인쇄물 ; 《美》 출판물《신문·잡지》 weekly ~*s* 주간지. (5) ⓒ 판화. (6) ⓤ 신문 용지. (7) ⓒ 자국, 흔적. (8) ⓒ 지문(fingerpoint). (9) ⓒ **[寫]** 양화(陽畫)(positive) ; 인화지. ***cotton ~*** 사라사(천) ***in cold ~*** 인쇄되어 ; 변경할 수 없는 상태로 되어. ***in large 〈small〉 ~*** 큰〈작은〉 활자로. ***in ~*** 활자화되어 ; 인쇄〈출판〉되어 ; (책이) 입수 가능하여, 절판이 아닌. ***out of ~*** (책이) 절판되어. ***put into ~*** 인쇄하다, 출판하다. ***rush into ~*** 황급히 출판하다, 서둘러 신문에 발표하다.

print·a·ble [⌐əbəl] *a.* (1) 인쇄할 수 있는 ; 출판할 가치 있는. (2) 틀로 누를 수 있는, 날염할 수 있는. (3) **[寫]** 인화할 수 있는, 눌러 무늬를 박을 수 있는.

print·ed [príntid] *a.* (1) 인쇄한〈된〉. (2) 날염한 프린트의.

prínt·ed-cír·cuit·bòard [-sə́ːrkit-] **[컴]** 인쇄회로 기판(PC board).

prínted mátter (특별 요금으로 우송할 수 있는) 인쇄물.

prínted wórd (the ~) 인쇄〈활자화〉된 문자.

:print·er [príntər] *n.* ⓒ (1) 인쇄업자 ; 인쇄공, 활판업자, 식자공 ; 출판자. (2) 날염공. (3) 인쇄 기계 ; **[寫]** 인화기. (4) **[컴]** 인쇄기(印刷機), 프린터 : spill ~'s ink 원고를 인쇄에 돌리다(인쇄시키다).

prínter contróller **[컴]** 인쇄기 제어기.

prínter hèad **[컴]** 인쇄기 머리틀.

:print·ing [príntiŋ] *n.* (1) ⓒ 인쇄, 인쇄술〈업〉. (2) ⓒ (제) …쇄(刷)(동일 판(版)에 의한) ; 인쇄 부수 ; 인쇄물. (3) ⓤ 활자체의 글자, 인쇄체. (4) ⓤ 날염 ; **[寫]** 인화.

prínting prèss (1) 인쇄기, 《특히》 동력 인쇄기. (2) 날염기 : a cylinder ~ 인쇄 윤전기.

print·out [⌐àut] *n.* ⓒ **[컴]** 인쇄 출력《인쇄기의 출력》; 출력된 본문.

prínt prèss 《美》 (라디오·TV 업계에 대하여)출판·신문계.

prínt shèet **[컴]** 인쇄 용지.

print·shop [⌐ʃɑ̀p/⌐ʃɔ̀p] *n.* ⓒ 판화 가게 ; 인쇄소.

:pri·or[1] [práiər] *a.* (1)〔限定的〕(시간·순서 따위가) 앞(서)의, 이전의, 사전의. 〖opp.〗 *posterior*. (2) **a)**〔限定的〕(…보다) 앞선, 윗자리의, 우선하는 : a ~ claim 우선권. **b)**〔敍述的〕우선하는 ; 보다 중요한《*to*》.

—*ad.* 〔다음 成句로〕 ~ *to* 〔前置詞的으로〕 …보다 전에〈먼저〉 : ~ to coming here 여기 오기 전에.

pri·or² (*fem.* **~·ess**[-ris]) *n.* ⓒ 수도원 부원장《abbot의 다음》, 소(小)수도원(priory)의 원장.

pri·or·i·tize [praiɔ́ritàiz, -ɑ́r-] *n.* …에 우선시키다. (계획·목표에) 우선 순위를 매기다.

파) **pri·òr·i·ti·zá·tion** [-tə-] *n.*

·**pri·or·i·ty** [praiɔ́(ː)rəti, -ɑ́r-] *n.* (1) ⓤ (시간·순서가) 앞〈먼저〉임, 우위, 상위. (2) ⓤ 보다 중요함, 우선 ; 상석《*to*》 : 【法】 우선권, 선취권 ; (자동차 등의) 선행권 : 《美》 (부족 물자 배급 등의) 우선권. (3) ⓒ 우선〈중요〉 사항, 긴급사 ; 선천성. (4) 【컴】 우선권. □ prior¹ *a.* ***according to*** **~** 순서를 따라. ***creditors by*** **~** 우선 채권자. ***give*** **~** ***to*** …에게 우선권을 주다. ***have*** **~** ***over*** a person 아무보다 우선권이 있다. ***take*** **~** ***of*** ~의 우선권을 얻다.

·**prism** [prizəm] *n.* (1) ⓒ 프리즘, 분광기 ; (*pl.*) 7가지 빛깔 : a ~ finder 【寫】 프리즘식 반사 파인더. (2) 【數】 각기둥, 각주 ; 【結晶】 주(柱).

pris·mat·ic [prizmǽtik] *a.* 프리즘으로 분해한, 분광(分光)의 ; 무지개빛의.

:**pris·on** [prízn] *a.* (1) ⓒ 교도소, 감옥, 구치소 : 《美》 주(州)교도소. (2) ⓤ 금고, 감금, 유폐. ***a*** **~** ***without bars*** 창살 없는 감옥. ***be*** 〈***lie***〉 ***in*** **~** 수감 중이다. ***be released from*** **~** 출소하다. ***break*** (***out of***) 〈***escape from***〉 **~** 탈옥하다.

:**pris·on·er** [príznər] *n.* ⓒ (1) 죄수 : 피고인. (2) 포로 : a ~'*s* camp 포로 수용소. (3) 사로잡힌 자, 자유를 빼앗긴 자 : hold ~ 포로로 잡아두다. ***take*** 〈***make***〉 a person ~ 아무를 포로로 하다.

pris·sy [prísi] (**-si·er ; -si·est**) 《口》 *a.* 잔소리가 심한, 몹시 까다로운〈깐깐한〉, 깔끔한, 조그마한 일에 신경 쓰는 ; 신경질의.

pris·tine [prístiːn, -tain] *a.* 〔限定的〕 (1) 원래의, 옛날의, 원시 시대의(primitive). (2) 순박한. (3) 청결〈신선〉한.

·**pri·va·cy** [práivəsi/prív-] *n.* ⓒ (1) 사적〈개인적〉 자유 ; 사생활, 프라이버시. (2)비밀, 남의 눈을 피함, 은둔, 은퇴 생활, 은거. ***in*** **~** 몰래, 숨어서《살다 등》. ***in the*** **~** ***of*** one'***s thoughts*** 마음 속으로.

:**pri·vate** [práivit] (***more*** **~ ;** ***most*** **~**) *a.* 〔限定的〕 (1) 사적인, 사사로운, 일개인의, 개인에 속하는, 개인 전용의 ; (의료 따위) 자기 부담의. 〚opp.〛 *public.* (2) 공개하지 않는, 비 공식의, 비밀의, 자기 혼자의. (3) 〔限定的〕 사영(私營)의, 사유의, 사립의, 사설의, 민간의 : a ~ house 민가. (4) 〔限定的〕 공직〈관직〉에 있지 않은 ; 공직에서 물러난 ; 평민의. (5) 은둔한, 남의 눈을 피한. (6) 일개 병졸의. ***for*** one'***s*** **~** ***ear*** 내밀히, 남모르게, 비밀히. ***in my*** **~** ***opinion*** 사견으로는.

—*n.* (1) ⓒ 병사, 병졸. (2)(*pl.*) 음부. ***in*** **~** 내밀히, 비공식으로, 사생활상.

prívate bránd 상업자〈자가〉 상표.

prívate detéctive 사립 탐정(사설 탐정).

prívate énterprise 민간〈개인〉 기업, 사기업.

pri·va·teer [pràivətíər] *n.* ⓒ 사략선(私掠船).

prívate láw 사법(私法).

prívate líne 【通信·컴】 전용 회선, 사설 회선 : ~ service 전용 회선 서비스.

prívate méans 〈**íncome**〉 불로소득《투자에 의한 수입 따위》, 봉급외 수입.

prívate mémber (**of Párliament**) (종종 P- M-) (영국 하원의) 비(非)각료 의원.

prívate pátient 《英》 개인 부담 환자.

prívate práctice *a.* (의사의)개인개업(영업).

prívate schóol 사립 학교.

prívate séctor (the ~) 민간 부문.

prívate sóldier 병졸, 사병.

pri·va·tion [praivéiʃən] *n.* ⓤⓒ (1) 결여, 결핍 ; 궁핍 ; (종종 *pl.*) 고난 : suffer ~*s* 여러 가지 고난을 겪다. (2) 상실 ; 박탈, 몰수. (3) 성질 결여, 결성

pri·va·tism [práivətìzəm] *n.* ⓤ 개인주의, 사생활 중심주의.

priv·a·tive [prívətiv] *a.* 결핍을 보이는, 결핍의결여된 ; 소극적인 ; 빼앗는 ; 【文法】 결성(缺性)(사(辭))의. —*n.* ⓒ 결성어, 결성사(辭)《속성의 결여를 나타내는 dumb 등 ; 또 否定의 접두사·접미사 a-, un-, -less 등》.

pri·va·tize [práivətàiz] *vt.* (1)사영화하다. (2) 배타〈독점〉하다 ; 한정〈전유〉하다.

:**priv·i·lege** [prívəlidʒ] *n.* ⓤⓒ (1) (*the* ~) 특권 ; 특전, 특별 취급 : 대권. (2) (흔히 a ~) (개인적인) 은전, (특별한) 은혜, 특별 취급 ; 명예. (3) (the ~) 기본적인 인권 : *the* ~ of equality 평등권. (4) 【法】 면책, 면제. **~** ***against self-incrimination*** 불리한 진술을 강요받지 않을 권리. ***a breach of*** **~** (국회의원) 특권 침해. ***a writ of*** **~** 특사장(特赦狀). ***the*** **~** ***of Parliament*** 국회(의원)의 특권. ***water*** **~** 수리권, 용수 사용권. —*vt.* (1) 《~+目/+目+*to* do》 …에게 특권〈특전〉을 주다《※ 흔히 과거분사로, 형용사적으로 쓰임》. (2) 《+目+前+名》 …에게 특권〈특전〉으로서 면제하다《*from*》.

priv·i·leged [prívəlidʒd] *a.* (1) 특권〈특전〉이 있는, 특별 허가〈면제〉된 : the ~ classes 특권 계급. (2) 【法】 면책 특권의〈발언·정보 등〉 : 【法】 증언을 거부할 수 있는 ; (敍述的) (…하여) 영광스러운《*to* do》.

·**privy** [prívi] (**priv·er ; -i·est**) *a.* (1) 내밀히 관여〈관지〉하는《*to*》 : be ~ *to* the plot 음모에 가담 하고 있다. (2)《古》 비밀의, 숨은, 은밀한 ; 남의 눈에 띄지 않는 : the ~ parts 음부. (3) 일개인의, 사유의. —*n.* ⓒ (1) 【法】 이해 관계인, 당사자. (2) 《美》 옥외 변소(outhouse).

prívy séal (the ~) 【英史】 옥쇄(玉璽), 옥쇄관.

:**prize¹** [praiz] *n.* ⓒ (1) 상품, 상, 상금, 포상. (2) 현상금, 경품. (3) 당첨. (4) (경쟁·노력·소망의) 목표 : the ~*s* of life 인생의 목표《명예·부 등》. (5) 《口》 훌륭한〈귀중한〉 것. (6) 《古》 경쟁, 시합. ***no*** **~*s*** ***for guessing*** …을 짐작하기에는 쉬운 일이다, 명백하다. ***play*** 〈***run***〉 **~*s*** (상품을 타려고) 경쟁〈시합〉에 나가다. —*a.* 〔限定的〕 (1) 현상의, 입상의, 상품으로 주는. (2) 〔종종 反語的〕 상을 탈 만한, 훌륭한. —*vt.* (1) 《~+目/+目+as補》 …을 높이 평가하다, 존중하다, 고맙게 여기다 ; 소중히 여기다. (2) …을 평가하다.

prize² *n.* ⓒ (1) 노획물〈재산〉, 전리품 ; 나포선, 포획한 재산. (2) 의외의 소득, 횡재. ***make*** (***a***) **~** ***of*** …을 포획하다. —*vt.* 을 포획〈나포〉하다.

prize³ *vt.* 《~+目/+目+副/+目+補》 《주로 英》 …을 지레로 움직이다, 억지로, 비집어 열다《*open; out; up; off*》. **~** ***out*** (돌·못 등을) 힘들여 제거하다, 뽑아내다: (비밀 등을)탐지하다, 알아내다.

prize·giv·ing [∠gìviŋ] *n.* ⓒ (1) 상품〈상금〉 수여식, 표창식. (2) 연간 학업성적 우수자 표창일(= **príze dày**).

—*a.* 〔限定的〕 상품〈상금〉 수여의.

prize·man [∠mən] (*pl.* **-men** [-mən]) *n.* ⓒ

(1) 수상자. (2)《英》(대학에서) 우등상 수상학생.
príze mòney 상금, 현상금, 포획 상금.
príze rìng 프로 권투의 링.
prize·win·ner [ˊwìnər] n. ⓒ 수상자 ; 수상작품 : a Nobel ~ 노벨상 수상자.
***pro**[1] [prou] (pl. **~s**) n. ⓒ 전문가, 직업 선수. ―a. 직업 선수의, 프로의.
pro[2] (pl. **~s**) n. ⓒ《L.》찬성(론) ; 찬성 투표 ; 찬성자 ; 이로운 점. ***~s and cons*** 찬부 양론(贊否兩論) ; 이해 득실. ―ad. 찬성하여. 【opp.】 con[3], contra. ***~ and con 〈contra〉*** 찬부 모두 함께 ; 찬반의 ; …에 찬부를 표명하여〈하는〉.
n. ⓒ《俗》매춘부(prostitute).
pro·ac·tive [prouǽktiv] a. (1) 사전 행동의〈에 호소한〉; 예방의. (2) 【心】 순행(順行)의.
pro·am [próuǽm] n. ⓒ 프로와 아마추어 합동참가 경기.
:prob·a·bil·i·ty [prɑ̀bəbíləti/prɔ̀b-] n. (1) ⓤ 있음직함, 일어남직함, 사실 같음, 그럴 듯함 ; ⓒ 가망 ; (일어남직한) 일. (2) ⓤ 【哲】 개연성. (3) ⓒ 【數】 확률 ; 공산(公算). (4) 【컴】 확률. (5) (pl.) 일기 예보. ▫ probable a. ***in all ~*** 아마, 십중 팔구는. ***The ~ is that . . .*** 아마 …일 것이다. ***There is every 〈no〉 ~ of 〈that〉*** …할〈일〉 가능성이 많다〈없다〉, 꼭 …할 것 같다〈전혀 …할 것 같지 않다〉.
:prob·a·ble [prɑ́bəblə/prɔ́b-] (***more ~ ; most ~***) a. (1) (확실하지도 않으나) 있음직한, 일어남직한, 우선은 확실한 ; 가망성이 있는, 유망한, 그럴듯한. (2) 〔敍述的〕(it is ~ that ...로) 아마 …일 것이다. ―n. ⓒ (1) 있음직한 일. (2) 무슨 일을 할 듯싶은 사람, 유력한 후보자. (3) (스포츠의) 보결 ; 신인. (4)파괴할 것이 거의 확실한 공격 목표, 추정 격추기〈격침함〉.
:prob·a·bly [prɑ́bəbli/prɔ́b-] (***more ~ ; most ~***) ad. (文章修飾) 아마, 필시, 대개는, 십중팔구.
pro·bate [próubeit] n. (1) ⓤ 유언의 검인(檢認) : apply for ~ 유언 검인을 신청하다. (2) ⓒ 유언 검인증 ; 검인필의 유언장. ―vt.《美》(유언서를) 검인하다 ; 검인을 받다 ; 보호 관찰에 돌리다.
pro·ba·tion** [proubéiʃən] n. ⓤ (1) 검정(檢定), 시험 ; 입증. (2) 시험해 보기 ; 수습 ; 견습 기간. (3)【神】 시련 ; 【法】 판결〈집행〉 유예, 보호 관찰. (4)《美》(실격·처벌 학생의) 가(假) 급제 기간, 근신 기간. ***on ~ 수습으로서, 시험삼아 ; 보호 관찰아래 ;《美》가급제로.
pro·ba·tion·al, -tion·ary [proubéiʃənəl] [-ʃənèri/-nəri] a. 〔限定的〕 (1) 시도의 ; 시련의, 수습 중인. (2) 보호 관찰(중)의. (3)《美》가급제(假及第)〈근신〉 중인.
pro·ba·tion·er [proubéiʃənər] n. ⓒ (1) 시험 중인 사람, 견습생, 수습생, 시보(試補) ; 가(假)급제자 ; 전도(傳道) 시험 중인 신학생 ; 목사보(補). (2) 집행유예 중인 죄인, 보호 관찰에 부쳐진 자. 파) **~·ship** n. ⓤ 수습 (기간) ; 집행 유예(기간).
***probe** [proub] n. ⓒ (1) 【醫】 소식자(消息子), 탐침(探針)《상처 따위를 살피는 기구》. (2) 조사《불법행위에 대한 위원회 따위의》, 시험, 시도. (3) 탐사침(探査針)《전자 공학 물리 실험용의》. (4) (대기권 밖 탐사용) 로켓〈인공 위성, 망원경〉, 탐사기(機)〈장치〉. (5) 【컴】 문안침, 탐색침.
―vt. (1) …을 탐침으로 살피다, 검사하다. (2) …을 정사(精査)하다, 탐사하다. ―vi.《+前+名》면밀히 조사하다 ; (미지의 세계 · 넓은 사막 등에) 들어가다 ; 돌진하다《into, to》: ~ into the cause of a crime 범죄의 원인을 면밀히 조사하다.
prob·ing [próubiŋ] n. ⓒ 엄밀한 조사. ―a. 철저한, 엄밀한.
pro·bi·ty [próubəti, prɑ́b-] n. ⓤ 고결, 정직, 성실, 염직(廉直).
:prob·lem [prɑ́bləm/prɔ́b-] n. ⓒ (1) (특히 해결이 어려운) 문제, 난문. (2) (흔히 a~) 귀찮은 일〈사정, 사람〉. (3) (시험 등의) 문제 ; 【체스】 묘수풀이(문제) : solve 〈discuss〉 a ~ 문제를 풀다〈검토하다〉. (4) 【論】 삼단논법에 포함된 문제. ***No problem.*** 1)《美口》좋습니다, 알았습니다. 2)《口》문제 없다.
―a. 〔限定的〕 (1) 문제가 많은, 다루기 어려운, 감당할 수 없는. (2) 개인 · 사회적 문제로서 다룬.
prob·lem·at·ic, -i·cal [prɑ̀blemǽtik/ prɔ̀b-], [-əl] a. 문제의 : 문제가 되는, 미심쩍은, 불확실한.
pro·bos·cis [proubɑ́sis/-bɔ́s-] (pl. **~·es**[-iz], ***-ci·des*** [-sidìːz] n. ⓒ (1) (코끼리 · 맥 따위의 비죽 나온) 코. (2) (곤충 따위의 긴) 주둥이. (3)《口 · 戱》(사람의) 큰 코.
:pro·ce·dure [prəsíːdʒər] n. (1) ⓒ 순서, 경과, (진행 · 처리의) 절차 ; 조처 : follow the correct ~ 올바른 절차에 따라 행하다. (2) ⓤⓒ 【法】 소송 절차 ; 의회 의사(議事) 절차 : (a) parliamentary ~ 의사 운영 절차. (3) 【컴】 절차《컴퓨터에서 실행되는 일련의 처리》. 파) **-dur·al** [-dʒərəl] a. 절차상〈처리상〉의 : summary ~ 즉결(약식) 재판 절차.
:pro·ceed [prousíːd] vi. (1)《~/+前+名》나아가다, 가다, 앞으로 나아가다, (…에) 이르다《to》. (2) (일이) 진행되다, 속행되다, 계속되다. (3)《~/+前+名/+to do》계속하여 행하다 ; 말을 계속하다《with》. (4)《~/+前+名/+to do》착수하다《to》, 처리하다 ; …하기 시작하다. (5)《+前+名》처분하다, 절차를 밟다《with》; 【法】 소송을 일으키다《against》. (6)《+前+名》생기다, 일어나다, 기인(起因)하다《from ; out of》. (7)《+前+名》《英》학위를 취득하다《to》: ~ to the degree of 석사 학위를 따다.
:pro·ceed·ing [prousíːdiŋ] n. (1) ⓤ 진행, 속행. (2) ⓒ 행동, 행위 ; 조처(종종 pl.) 일이 되어가는 형편 ; 일련의 일들 : an illegal ~ 불법적인 조치. (3) (pl.) 소송 절차 ; 변론. (4) (pl.) 의사(議事), 의사록, 회의록 ; (학회의) 회보. ***summary ~s*** 약식(재판) 절차. ***take 〈institute〉 ~s against*** …에 대하여 소송을 제기하다.
pro·ceeds [próusiːdz] n. pl. (1) 수익, 수입, 매상《from》. (2) 결과, 과실.
:proc·ess[1] [prɑ́ses/próu-] n. (1) ⓤⓒ (현상(現象) · 사건 등의) 진행, 과정, 경과. (2) ⓤ 【物】 과정 ; ⓒ 공성, 순서, 처리, 방법 : ~ of manufacture 제조 공정. (3) ⓒ 【컴】 처리, 조작. (4) ⓤ (일의) 진전, 발전. (5) ⓤ 작용 : the ~ of digestion 소화작용. (6)ⓤ (기술적인) …법 ; 【寫】 사진 제판법 ; 인쇄법 ; 【映】 스크린 프로세스 : the three-color ~ 삼색 인채법. (7) ⓒ 【法】 소송 절차 ; 소환장, 집행 영장. ▫ proceed v. ***due ~ of law*** 【法】 법의 정당한 절차. ***in ~ of time*** 시간이 흐름에 따라. ***in the ~*** 동시에 그 과정에서. ***in (the) ~ of*** …의 과정 중에서 ; …의 진행 중에.
―a. 〔限定的〕 (1) (화학적으로) 가공(처리)한 ; 제조 과정에서 생기는《열 · 증기 따위》. (2) 사진 제판법에 의한 ; 【映】 특수 효과를 내는 데 쓰는. ―vt. (1) 처리하다 ; (자료 등)을 조사 분류하다. (2) 기소하다 ; …

에게 소환장을 내다. (3) (식품)을 가공 처리〈저장〉하다.

pro·cess[2] [prəsés] *vi.* 《英口》 줄지어 걷다.

prócess contròl 프로세스 제어《자동 제어의 한 부문》 ; 【컴】 처리 통제 ; 【工】 공정관리.

proc·ess·ing [prásesiŋ/próu-] *n.* ⓤ (1) 【컴】 (자료의) 처리. (2) 가공 : food ~ 식품가공.

:pro·ces·sion [prəséʃən] *n.* (1) ⓒ 행진, 행렬 : a wedding〈funeral〉 ~ 결혼〈장례〉 행렬. (2) ⓤ (행렬의) 진행, 전진 ; 【神】 성령의 발현(發現). (3) 순위에 변화가 없는 재미 없는 경주.

pro·ces·sion·al [prəséʃənəl] *a.* 〔限定的〕 행렬(용)의 : a ~ cross 행렬용(用) 십자가.
—*n.* ⓒ 【敎會】 행렬 성가(집). 파) **~·ly** *ad.*

proc·es·sor [prásesər/próu-] *n.* ⓒ (1) (농산물의) 가공업자. (2) 【컴】 처리기《컴퓨터 내부의 명령 실행 기구》.

:pro·claim [proukléim, prə-] *vt.* (1) 《~+目/+目+(*to be*) /+*that* 節》 …을 포고〈선언〉하다, 공포하다 ; 성명하다. (2) 《~+目/+目+(*to be*) 補/+*that*節》 …을 증명하다, 분명히 나타내다. —*vi.* 선언〈포고, 성명〉하다.

·proc·la·ma·tion [prákləméiʃən/prɔ̀k-] *n.* (1) ⓤ 선언, 포고, 발포 : the ~ of war 선전 포고. (2) ⓒ 선언〈성명〉서 : issue〈make〉 a ~ 성명서를 발표하다.

pro·cliv·i·ty [prouklívəti] *n.* ⓒ (좋지 않은 일에의) 경향, 성향, 성벽, 기질《*for doing* ; *to* ; *toward* ; *to do*》.

pro·con·sul [proukánsəl], [-kɔ́n] *n.* ⓒ 【古로】 지방 총독 ; (근세의) 식민지 총독 ; 부영사.

pro·cras·ti·nate [proukrǽstənèit] *vi., vt.* …을 지연하다〈시키다〉, 늑장부리다, 꾸물거리다, 질질 끌다. 파) **pro·cràs·ti·ná·tion** [-ʃən] *n.* ⓤ 지연, 지체 ; 미루는 버릇.

pro·cre·ate [próukrièit] *vt., vi.* (자식)을 보다, 자손을 낳다 ; (신종(新種) 따위를) 내다.

Pro·crus·te·an [proukrʌ́stiən] *a.* Procrustes의 ; (종종 p-) 억지로 기준에 맞추려 하는, 견강부회의, 무리한 규준(規準)에 맞추려고 하는.

·proc·tor [páktər/prɔ́k-] *n.* ⓒ (1) 대리인, 대소인(代訴人), 사무 변호사. (2) 《英》 (Cambridge 및 Oxford 대학의) 학생감. (3) 《美》 시험 감독관 ; 【英國國敎】 (성직자 회의의) 대의원. —*vt., vi.* 《美》 (시험을) 감독하다.

pro·cur·a·ble [proukjúərəbəl, prə-] *a.* 손에 넣을 수 있는(obtainable).

proc·u·ra·tion [pràkjəréiʃən/prɔ̀-] *n.* (1) ⓤ 획득 ; 조달. (2) ⓤ 【法】 대리 ; 위임 ; ⓒ 위임장. (3) ⓒ 빚돈의 주선(료) ; ⓤ 매춘부를 둠, 뚜쟁이질. ***by* 〈*per*〉 ~** 대리(代理)로《略 : per pro(c).》.

:pro·cure [proukjúər, prə-] *vt.* (1) 《~+目/+目+目/+目+前+名》 (노력하여 …)을 획득하다, 마련하다〈하게 하다〉, (필수품)을 조달하다〈하게 하다〉 : ~ weapons 무기를 손에 넣다. (2) 《稀》 (남의 손 빌려) …을 야기하다, 초래하다. (3) (매춘부)를 주선하다. —*vi.* 매춘부를 알선하다, 뚜쟁이짓을 하다. 파) ***~·ment** *n.* ⓤ (1) 획득, 조달. (2) (매춘의) 주선. **-cúr·er** [-kjúərər] (*fem.* ***-cur·ess*** [-kjúəris]) *n.* ⓒ 획득자(obtainer) ; 뚜쟁이(pimp).

prod [prɑd/prɔd] *n.* ⓒ (1) 찌르는 바늘, 침 ; (가축을 몰기 위해) 찌르는 막대기(goad) ; 꼬챙이(skewer). (2) 찌르기, 찌름. (3)자극, 조언, 암시.
—(***-dd-***) *vt.* (1) …을 찌르다, 쑤시다. (2) 《~+目/+目+前+名》 …을 자극하다(incite) ; 불러일으키다 ; 촉구하다 ; 괴롭히다(irritate).

·prod·i·gal [prádigəl/prɔ́d-] *a.* (1) 낭비하는 ; 방탕한. (2) 풍부한. (3) 〔敍述的〕 아낌없는, 대범한, 마구 소비하는, 쓸데없이 쓰는《*of*》. —*n.* ⓒ 낭비자 ; 방탕아. ***play the* ~** 방탕하다, 낭비하다.

·prod·i·gious [prədídʒəs] *a.* (1) 거대한, 막대한(vast, enormous). (2) 비범한, 이상한, 놀라운.

·prod·i·gy [prádədʒi/prɔ́d-] *n.* ⓒ (1) 경이(驚異)(로운 것) ; 불가사의한 것 ; 위관(偉觀), 장관 : a ~ of nature 자연계의 경이. (2) 비범한 사람 ; 천재(아). (3) 《古》 불가사의한 조짐.

:pro·duce [prədjú:s] *vt.* (1) …을 산출하다, 생기게 하다, 낳다, (열매)를 맺다 ; (동물 · 사람이) 새끼〈아기〉를 낳다. (2) …을 생산〈제작〉하다, 창작하다. (3) …을 일으키다, 나게 하다 : ~ a sensation 대평판을 일으키다. (4) 꺼내다, 제시하다 ; (증거 따위)를 제출하다. (5) (연극 등)을 연출하다, 상연〈공연〉하다 : ~ a play. (6) 【數】 (선)을 연장하다 : ~ a line.
—*vi.* 만들어 내다 ; 산출하다 ; 창작하다.
—[prádju:s], [próu] *n.* ⓒ 〔集合的〕 (농)산물 : garden ~ 원예 청과류《공업 생산물은 product》.

:pro·duc·er [prədjú:sər] *n.* (1) 생산자(국), 제작자. 【opp.】 *consumer*. 「a ~'s price 생산자 가격. (2) 【劇 · 映】 감독, 연출가(《美》 director); 《美》 프로듀서《연출 · 제작의 책임자》. (3)가스 발생기

prodúcer gàs 발생로 가스《연료》.

prodúcer(s') gòods 【經】 생산재(生産財).

:prod·uct [prádəkt, -dʌkt/prɔ́d-] *n.* ⓒ (1) (종종 *pl.*) 산물, 생산품 ; 제작물 ; 창작(품). (2) 결과 ; 소산, 성과. (3) 【生】 생성물 ; 【化】 생성물질. 【opp.】 *educt*. (4) 【數 · 컴】 곱. 【cf.】 quotient. 「40 is the ~ of 8 by 5. 40은 8과 5와의 곱. ▫ produce v.

:pro·duc·tion [prədʌ́kʃən] *n.* (1) ⓒ 생산, 산출 ; 생산고, 생산량. 【opp.】 *consumption*. . (2) ⓤ 제작 ; 저작. (3) ⓒ 생산〈제작〉물 ; 저작물 ; 작품 ; 연구 성과 : a domestic ~ 국산품/an artistic ~ 예술작품. (4) ⓤ 제공, 제출, 제시. (5) ⓤ (영화 등의) 제작, 연출 ; ⓒ 영화 제작소, 프로덕션 : film ~ 영화 제작. (6) ⓤ (선 따위의) 연장 ; 【數】 연장(선). (7) 《口》 큰소동. ▫ produce v. 파) **~·al** *a.*

prodúction lìne (일관작업의) 생산 공정〈라인〉.

:pro·duc·tive [prədʌ́ktiv] *a.* (1) 생산적인, 생산력을 가진 : a worker 생산적인 노동자. (2) 다산의, 다작의, 풍요한, 비옥한 : ~ land 기름진 땅. (3) 【經】 이익을 낳는 ; 영리성의 : ~ enterprises 영리성 기업. (4)(회의 · 경험 · 우정 등이) 생산적인, 결실을 맺는. (5) 〔敍述的〕 (결과로서) 생기는《*of*》. (6) 【言】 신조력(新造力)이 있는《접사(接辭) 따위》 ▫ produce v. 파) **~·ly** *ad.* 생산적으로 ; 다산으로 ; 풍요하게.

·pro·duc·tiv·i·ty [pròudʌktívəti, prád-/prɔ̀d-] . ⓒ 생산성, 다산(성), 생산력 ; 다산, 풍요.

próduct liabìlity 《美》 (제품에의한 피해에 대한) 생산자 책임《略 : PL》.

próduct life cỳcle 【經營】제품라이프 사이클.

pro·em [próuem] *n.* ⓒ 서문, 머리말(preface) ;개시.

prof [prɑf/prɔf] *n.* ⓒ 《口》 교수. (◁ professor)

prof·a·na·tion [pràfənéiʃən] *n.* ⓤⓒ 독신(瀆神) ; 신성을 더럽힘 ; 남용, 악용(misuse).

·pro·fane [prəféin, prou-] *a.* (1) 독신(瀆神)의,

모독적인, 불경스런 : ~ language 불경스런 언사. (2) 〔限定的〕 종교·성전(聖典)에 관계되지 않은, 세속의 ; 비속한, 더럽혀진 : ~ history 세속사《성사(聖史)에 대해》. (3) 이교적인, 사교의, 외도의. —*vt.* …을 모독하다, (신성)을 더럽히다 ; 남용하다.

pro·fan·i·ty [prəfǽnəti, prou-] *n.* ⓤ 신성을 더럽힘, 불경, 모독 ; ⓒ (흔히 *pl.*) 신성을 더럽히는 언행.

·pro·fess [prəfés] *vt.* (1) 《~+目/+目+(*to be*) 補/+*that* 節》 …을 공언하다, 분명히 말하다, 명언하다, 고백하다. (2) 《~+目/+*to* do/+目+(*to be*)補》 …을 칭하다, 주장하다 ; 자칭하다, …한 체하다《feign》 : ~ ignorance 모르는 체하다. (3) (신도가) …을 믿는다고 고백하다, 신앙하다. (4) …을 직업으로 하다 ; …의 교수가 되다, 교수하다. —*vi.* (1) 공언하다, 언명하다. (2) 대학 교수로 근무하다. (3) 신앙을 고백하다 ; 서약하고 수도회에 들어가다. ㅁ profession *n.*

pro·fessed [prəfést] *a.* (1) 〔限定的〕 공언한, 공공연한. (2) 서약하고 수도회에 들어간. (3) 외양만의, 자칭의, 거짓의.

:pro·fes·sion [prəféʃən] *n.* (1) ⓒ 직업. (2) ⓒ 공언, 언명, 고백, 선언. (3) (the ~) 〔集合的〕 동업자들 ; 《俗》 배우들, 연예인들《※ 집합체로 생각할 때는 단수, 구성요소로 생각할 때는 복수로 취급》. (4) ⓒ 【宗】 신앙 고백 ; 서약하고 종교단체에 들어감 ; 고백한 신앙. ㅁ profess *v.*

***Adam's* ~** 원예. ***by* ~** 직업은. ***make* one*'s* ~** (성직자가 될) 선서를 하다 ***in practice* 〈*fact*〉 *if not in* ~** 공언은 하지 않지만 사실상.

:pro·fes·sion·al [prəféʃənəl] (***more* ~ ; *most* ~**) *a.* (1) 〔限定的〕 직업의, 직업적 ; 직업상의, 장사의. (2) 지적 직업의, 전문적 직업의. (3) 전문의, 본직〈전업〉의, 프로의. 〖opp.〗 *amateur*. (4) 〔限定的〕 《蔑》 장사속으로 하는 ; 《婉》 【競】 (규칙 위반이) 고의인.

—*n.* ⓒ (1) 지적 직업인 ; 기술 전문가. (2) 전문가. (3) 직업 선수, 프로 선수. ***turn* ~** 프로가 되다. 파) **~·ism** [-féʃənəlìzəm] *n.* ⓒ (1) 전문가적 기질. (2) 전문적〈직업적〉 기술.

:pro·fes·sor [prəfésər] *n.* ⓒ (1) (대학) 교수. (2) 《口》 (남자) 교사, 선생. (3) (과장한 호칭) 선생. (4) 공언하는 사람; 자칭자; 신앙 고백자. 파) **~·ship** *n.* ⓒ 교수의 직〈지위〉. **~·ess** *n. fem.* 《古》.

pro·fes·so·ri·al [pròufəsɔ́ːriəl, prɑ̀f/prɛf] *a.* 교수의 ; 교수다운 ; 학자인 체하는 ; 독단적인(dogmatic).

·prof·fer [prάfər/prɔ́fər] *vt.* (1) (물건)을 내놓다. (2) …을 제의하다, 제공하다. —*n.* ⓤⓒ 제출, 제의, 제공(물), 신물, 세언.

·pro·fi·cien·cy [prəfíʃənsi] *n.* ⓒ 숙달, 진보, 능숙(skill)《*in*》.

·pro·fi·cient [prəfíʃənt] (***more* ~ ; *most* ~**) *a.* 숙달된, 능숙한, 능란한《*at* ; *in*》.

—*n.* ⓒ 숙달된 사람, 명인《*in*》.

·pro·file [próufail] *n.* ⓒ (1) (조상(彫像) 따위의) 옆모습, 측면 ; 반면상. (2) 윤곽(outline), 외형, 소묘(素描) ; (신문·텔레비전 등에서의) 인물 단평〈소개〉. ***in* ~** 측면에서 보아, 옆모습으로는.

—*vt.* (1) …의 윤곽을 그리다 ; …의 종단면도〈측면도〉를 작성하다. (2) ~의 인물 소개를 쓰다 ; 반면상으로 만들다. (3) 〔흔히 受動으로〕 …의 윤곽을 보이다《*against*》.

***keep* 〈*maintain*〉 *a low* ~** 눈에 띄지 않도록〈조심스럽게〉 행동하다, 저자세를 취하다.

:prof·it [prάfit/prɔ́f-] *n.* (1) ⓤⓒ (종종 *pl.*) (금전상의) 이익, 수익, 이득, 이윤, 소득. (2) ⓤ 득(得), 덕. (3) (흔히 *pl.*) (자본·보험에 대한) 이자 . ***in* ~** (회사가) 이익을 올리고 흑자로. ***make a* ~ *on*** …으로 이익을 보다. ***make* one*'s* ~ *of*** …을 잘 이용하다. ***sell at a* ~** 이익을 보고 팔다.

—*vt.* 《~+目/+目+目》 …의 이익이 되다, …의 득〈도움〉이 되다. —*vi.* 《+前+名》 이익을 보다, 소득을 얻다, (…에 의해, …에서) 덕을 입다《*by* ; *from* ; *over*》.

:prof·it·a·ble [prάfitəbəl/prɔ́f-] (***more* ~ ; *most* ~**) *a.* (1) 유리한, 벌이가 많은, 이문이 있는 《*to*》 : a ~ deal 유리한 거래. (2) 유익한, 얻는 바가 많은, 이로운《*for*》. 파) **-bly** *ad.* 유리〈유익〉하게. **~·ness** *n.* 유익. **pròf·it·a·bíl·i·ty** [-bíləti] *n.* ⓤ 《특히》 이익률, 수익성.

prof·it·eer [prὰfitíər/prɔ̀f-] *n.* ⓒ 부당 이득자 《특히 전시 따위의》 ; 모리배, 간상(奸商).

—*vi.* 부당 이득을 취하다, 폭리를 보다.

prof·it·less [prάfitlis/prɔ́f-] *a.* 이익 없는, 벌이가 없는 ; 무익한, 쓸모없는. 파) **~·ly** *ad.*

prof·li·ga·cy [prάfligəsi/prɔ́f-] *n.* ⓤ 방탕, 품행이 나쁨 ; 낭비.

prof·li·gate [prάfligit, -gèit/prɔ́f-] *a.* 방탕한, 품행이 나쁜 ; 낭비가 심한. —*n.* ⓒ 방탕아, 난봉꾼, 도락자 ; 낭비가.

pro for·ma [prou-fɔ́ːrmə] 《L.》 형식상, 형식을위한 : a ~ invoice 견적, 송장.

:pro·found [prəfáund] (***~·er* ; *~·est***) *a.* (1) 깊은 : a ~ abyss 심연, 밑바닥이 깊은 ; (병 따위의) 뿌리 깊은 : ~ depths 깊은 밑바닥 / ~ sleep 깊은 잠. (2) 뜻깊은, 심원한. 〖opp.〗 *superficial*. (3) 충심으로부터의, 심심한, 심한, 충분한, 정중한. (4) (변화·영향 등이) 중대한, 깊은, 심대한.

pro·fun·di·ty [prəfʌ́ndəti] *n.* (1) ⓤ 깊음, 깊이, 깊은 속 ; 깊숙함, 심오(深奧). (2) ⓒ 심연(深淵). (3) ⓒ (*pl.*) 깊은 사상 ; (*pl.*) 심원한 일.

·pro·fuse [prəfjúːs] *a.* (1) 〔叙述的〕 아낌없는, 마음이 후한, 통이 큰 ; 사치스러운, 돈의 씀씀이가헤픈 《*in* ; *of*》. (2) 수 없이 많은, 풍부한.

·pro·fu·sion [prəfjúːʒən] *n.* ⓤ (또는 a ~) 대량, 풍부, 대범, 사치《*of*》. ***in* ~** 풍부하게, 대단히 많이.

pro·gen·i·tor [proudʒénətər] *fem.* ***-tress*** [-tris] *n.* ⓒ (1) 조상, 선조, 어버이 ; 창시자, 선각자, 선배. (2)원본(原本); (동식물의) 원종(原種).

prog·e·ny [prάdʒəni/prɔ́dʒ-] *n.* ⓤ 〔集合的 ; 單·複數취급〕 자손 ; (사람·동물의)어린 것들 ; 후계자 ; 《比》 결과, 소산(所産).

prog·na·thous [prάgnəθəs, prαgnéi-/prɔgnéi-, prɔ́gnə-] *a.* 【解】 턱이 튀어나온.

prog·no·sis [prαgnóusis/prɔg-] (*pl.* ***-ses***[-siːz])*n.* ⓤⓒ 예후, 예지, 예측.

prog·nos·tic [prαgnάstik/prɔgnɔ́s-] *a.* 전조를 나타내는, 예지하는《*of* 》 ; 【醫】 예후(豫後)의.

—*n.* ⓒ 전조 ; 예측, 예상, 예언 ; 【醫】 예후.

prog·nos·ti·cate [prαgnάstikèit/prɔgnɔ́sti-] *vt.*, *vi.* (전조에 의해) 예지하다, 예언〈예측〉하다 ; …의 징후를 보이다. 파) **prog·nòs·ti·cá·tion** [-ʃən] *n.* ⓤ 예측, 예언 ; ⓒ 전조, 징후.

:pro·gram, 《英》 **-gramme** [próugræm, -grəm] *n.* ⓒ (1) 프로그램, 차례표. (2) 〔集合的〕 상

연 종목, 연주 곡목 : a ~ of French music. (3) 댄스 차례표〈카드〉《상대자의 이름을 기입하는 여백이 있음》. (4) 계획(표), 예정(표). (5) (강의 따위의) 요목 ; 학과 과정(표) : a school ~ 학과 과정표.
—(**-gramed, -gram·ing** : 《특히 英, 컴퓨터》 **-grammed, -gram·ming**) *vt.* …의 프로그램(차례)을 짜다 ; …의 계획을 세우다.
—*vi.* 프로그램을 만들다 ; 계획〈예정〉대로 하다.

prógram' dirèctor (라디오·TV의) 프로 편성자.

pro·gram·ma·ble, -gram·a·ble [próugræməbəl, ⌐⌐--] *a.* 【컴】 프로그램화할 수 있는.

pro·gram·mat·ic [pròugrəmǽtik] *a.* 표제(標題) 음악의 ; 프로그램의. 파) **-i·cal·ly** *ad.*

prógrammed léarning 【敎】 프로그램 학습.

pro·gram(m)er [próugræmər, -grəm-] *n.* ⓒ (1) (영화·라디오 따위의) 프로그램 작성자. (2) 【컴】 프로그램 작성자, 프로그래머.

pro·gram·(m)ing [próugræmiŋ, -grəm-] *n.* ⓒ 【컴】 프로그램 짜기(라디오·TV), 프로그램 편성.

:prog·ress [prágres/próug-] *n.* (1) ⓤ **전진, 진행.** (2) ⓤ **진보, 발달, 진척, 숙달, 보급.** (3) ⓤ 경과, 추이. (4) ⓒ 《英》 (국왕 등의) 공적 여행, 순행. ***in* ~** 진행 중. ***make* ~** 전진〈숙달〉하다, 진보하다.
—[prəgrés] *vi.* (1) 《~/+前+名》 **전진〈진행〉하다,** 진척하다. 【opp.】 *retrogress.* 『 ~ *toward* health 건강해지다. (2)《~/+前+名》 **진보하다, 발달하다.** (3) 진척되다, 잘 되어가다.

·pro·gres·sion [prəgréʃən] (1) ⓤ (또는 a~) 전진, 진행 ; 진보, 발달, 개량 : a ~ in quality 질(質)의 향상. (2)ⓒ 연속, 계기(繼起)《*of*》. (3)ⓒ 【數】 수열. ***harmonic* ~** 조화수열. ***in* ~** 연속적으로, 점차.

:pro·gres·sive [prəgrésiv] (***more* ~ ; *most* ~**) *a.* (1) (부단히) **전진하는** : ~ motion 전진〈운동〉. 【opp.】 *retrogresstive.* (2) **진보적** ; 진보주의의 ; (P-) 진보당의. 【opp.】 *conservative.* ¶ a ~ nation 진취적인 국민. (3) 점진적 ; 누진적. (4) 【醫】 진행성의 : a ~ disease/~ paralysis 진행성 마비. (5) 【文法】 진행형의. —*n.* ⓒ 진보〈혁신〉주의자〈론자〉 ; 【文法】 진행형 ; (P-) 《美史》 진보당(원).

pro·gres·siv·ism [prougrésivìzəm] *n.* ⓤ 진보주의, 혁신론 ; 진보주의 교육 이론.

:pro·hib·it [prouhíbit] *vt.* (1) …을 금하다. (2) 《目+前+名》 (…에게 …하는 것)을 금지하다《*from* do*ing*》. (3) 《目+前+名》 …을 방해하다, 불가능하게 하다, …에게 지장을 가져오다. ▫ prohibition *n.* ***~ed articles* 〈*goods*〉** 금제품.

:pro·hi·bi·tion [pròuhəbíʃən] *n.* (1) ⓤ 금지, 금제(禁制) ; ⓒ 금령 : ~ of the sale of firearms 총기류의 판매 금지. (2)(흔히 P-) ⓤ 《美》 주류 양조 판매 금지 ; 《美》 금주법(禁酒法) 《美》 금주법 기간 《1920-33》.

pro·hib·i·tivo [prouhíbotiv] *a.* (1) 금지〈금제〉의, 금지하는. (2) 금지하는 것이나 다름없는, 엄청나게 비싼 : a ~ tax 금지적 중세(重稅).

pro·hib·i·to·ry [prouhíbətɔ̀ːri/-təri] *a.* 금지의.

:project[1] [prədʒékt] *vt.* (1) …을 입안하다, 계획하다, 안출하다, 설계하다 : ~ a new dam 새로운 댐을 계획〈설계〉하다. (2) 《~+目/+目+前+名》 …을 발사〈사출〉하다, 내던지다. (3) 《+目+前+名》 …을 투영하다 ; 영사하다 ; 【數】 투영하다. (4) …의 이미지를 주다, 이해시키다, (관념)을 넓히다, (자신)을 잘 표출하다, 인상지우다《*as*》. (5) …을 마음 속에 그리다, 상상하다. (6) 〔흔히 受動으로〕 (…이라고) 예측하다, (미래·비용 따위)를 계량하다. (7) 【劇】 (음성·연기)를 강조하여 관객에게 호소하다 ; (소리)를 크게 하여 멀리까지 들리게 하다. (8)【心】 (무의식의 감정·관념 따위)를 (다른 대상에) 투사(投射)하다, (마음을 비우고) …을 객관화하다. —*vi* (1) 《~/+前+名》 삐쭉〈불쑥〉 나오다, 돌출하다, 내밀다. (2) 자기의 사상·감정을 분명히〈강력히〉 전하다. ▫ projection *n.* **~ one*self*** 1) (머릿속에서) 자기 몸을 …에 놓고 보다 : ~ *oneself* into the past 과거의 자신을 마음에 그려보다. 2) 【靈買術】(…에게) 모습을 보이다《*to*》. 파) **~·a·ble** *a.*

:proj·ect[2] [prádʒekt/prɔ́dʒ] *n.* ⓒ (1)안(案), 계획, 설계 ; 예정 : carry out a ~ 계획을 실시하다. (2) 계획 사업 ; 개발 토목 공사 ; 《美》 주택 단지 (housing ~) : engineering ~ 토목 사업. (3)【敎】 연구 계획〈과제〉.

pro·ject·ed [prɑdʒéktid/prɔdʒéktid] *a.* (1) 계획된 : a ~ visit 계획된 방문. (2) 예상된.

pro·jec·tile [prədʒéktil, -tail] *a.* 〔限定的〕 사출〈발사〉하는 ; 투사될 수 있는 ; 추진하는. —*n.* ⓒ 투사물, 사출물 ; 【軍】 발사체《로켓·어뢰·미사일 등》 ; 【物】 포물체(抛物體).

pro·ject·ing [prədʒéktiŋ] *a.* 돌출한, 튀어나온 : ~ eyes 퉁방울눈 / ~ teeth 뻐드렁니.

·pro·jec·tion [prədʒékʃən] *n.* (1) ⓤ **사출(射出),** 투사, 발사. (2) ⓤ 【物】 사영(射影), 투영 ; 【映】 영사(映寫). (3) ⓒ 돌출(부), 돌기(부). (4) ⓤ 설계, 계획, 고안. (5) ⓒ 【數】 투영(법). (6) ⓤⓒ (관념 따위의) 구체화 ; 심상(心象) ; 【心】 주관의 객관화. (7) ⓒ 예상, 추정, 계산. (8) 【컴】 비춰내기. ▫ project *v.*

pro·jec·tive [prədʒéktiv] *a.* 사영(射影)의, 투시력이 있는 ; 튀어나온 ; 【心】 주관을 반영하는.

pro·jec·tor [prədʒéktər] *n.* ⓒ 설계자, 계획자 ; (유령 회사의) 발기인 ; 투광기(投光器) ; 【映】 영사기 ; 영사 기사.

pro·lac·tin [proulǽktin] *n.* ⓒ 【生化】 프롤락틴 《뇌하수체 전엽(前葉)의 성호르몬 ; 포유동물의·젖샘 따위의 기능을 증진함》.

pro·lapse [proulǽps, ⌐-] *n.* ⓤⓒ 【醫】 (자궁·직장 등의) 탈출, 탈(출증). —[proulǽps] *vi.* (자궁·직장 등이) 탈출하다, 빠져 처지다.

·pro·le·tar·i·an [pròulitέəriət] *a.* 프롤레타리아의, 무산 계급의 : ~ dictatorship 프롤레타리아 독재. —*n.* ⓒ 프롤레타리아, 무산자. 파) **~·ism** [-ìzəm] *n.* ⓒ 무산주의 ; 무산 계급 정치 ; 무산자의 처지〈신분〉.

·pro·le·tar·i·at [pròulitέəriət] *n.* ⓤ (흔히 the ~) 〔集合的〕 (1) 프롤레타리아트, 무산 계급 : the dictatorship of the ~ 프롤레타리아 독재. (2) 【로史】 최하층 사회《종종 경멸적》.

pro·lif·er·ate [proulífərèit] *vi.* 【生】 (분아(分芽)·세포 분열 등으로) 증식〈번식〉하다 ; 급격히 증가하다.

·pro·lif·ic [proulífik] *a.* (1) (많은) 아이를 낳는, 열매를 맺는 ; 다산(多産)의. (2) (작가가) 다작의 : a ~ writer 다작의 작가. (3) 〔敍述的〕 풍부한, (…이) 많은《*of* ; *in*》.

pro·lix [proulíks] *a.* 지루한, 장황한.

·pro·logue, 《美》 **-log** [próulɔːg, lɑg/-lɔg] *n.* ⓒ (1) 머리말, 서언 ; 《詩》 서사(序詞). (2) (연극의) 개막사(辭) ; 개막사를 말하는 배우 ; 서막. 【opp.】 *epilogue.* (3) 서막적〈예비적〉인 사건〈행동〉《*to*》. (4)

[樂] 프롤로그, 전주곡, 도입곡.

:pro·long [proulɔ́ːŋ, -lɑ́ŋ] *vt.* (1) (공간적으로) …을 늘이다, 길게 하다, 연장하다(lengthen) : ~ a line. (2) (시간적으로) …을 오래끌다, 연기하다. (3)(모음 따위)를 길게 발음하다. **~ *the agony*** ⇨AGONY.

pro·lon·ga·tion [pròulɔːŋgéiʃən, -lɑŋ-] *n.* ⓤ 연장 ; 연기, 유예 ; ⓒ 연장 부분 ; 연장형.

pro·longed [prəlɔ́ːŋd, -lɑ́ŋd] *a.* 연장한 ; 오래 끄는 ; 장기(長期)의 : a ~ stay 장기 체재.

prom [prɑm/prɔm] *n.* ⓒ 《주로 英口》 = PROMENADE CONCERT ; 《美口》 (대학·고교 따위의) 무도회, 댄스 파티.

·prom·e·nade [prɑ̀mənéid, -nɑ́ːd/prɔ̀m-] *n.* ⓒ (1) 산책, 거닐기, 산보 ; (무도회 시작할 때의) 전원의 행진. (2) 산책길, 유보장(遊步場), 산책하는 곳. —*vi.* 《~/+副/+前+名》 슬슬 거닐다, 산책하다 ; 뽐내며 걷다, 말(마차, 차)을 몰다. —*vt.* (1) …을 산책하다. (2) 《+目+前+名》 (아무)를 데리고 산책하다 ; (미인 따위)를 여봐란 듯이 데리고 다니다.

promenáde cóncert 유보(遊步) 음악회(연주 중 청중이 돌아다녀도 좋음).

Pro·me·the·us [prəmíːθiəs, -θjuːs] *n.* [그神] 프로메테우스.

pro·me·thi·um [prəmíːθiəm] *n.* ⓤ [化] 프로메튬《귀금속 원소 ; 기호 Pm ; 번호 61》.

·prom·i·nence, -nen·cy [prɑ́mənəns/ prɔ́m-] [-i] *n.* (1) ⓒ 돌기, 돌출 ; 돌출물, 돌출부. (2) ⓤ 두드러짐, 현저, 걸출, 탁월. (3) ⓒ [天] (태양 주변의) 홍염.

:prom·i·nent [prɑ́mənənt/prɔ́m-] (***more ~ ; most ~***) *a.* (1) 현저한, 두드러진 , 특이한 ; 저명한, 걸출, 탁월한 : a ~ writer 저명한 작가. (2) 돌기한, 돌출한 : ~ eyes 퉁방울눈 / ~ teeth 뻐드렁니. 파) **~·ly** *ad.*

prom·is·cu·i·ty [prɑ̀məskjúːəti, pròum- / prɔ̀m-] *n.* ⓤ (1) 뒤범벅, 난잡, 무차별. (2) (성적) 난교(亂交), 난혼.

pro·mis·cu·ous [prəmískjuəs] *a.* (1) (성관계가) 문란한, 난교(亂交)의. (2) 난잡〈혼잡〉의 ; 마구잡이의, 무차별한 : ~ hospitality 아무나 가리지 않는 대접. (3) 남녀를 가리지 않는 : ~ bathing 남녀혼욕. (4) 그때그때의, 불규칙한, 되는 대로의.

:prom·ise [prɑ́mis/prɔ́m-] *n.* (1) ⓒ 약속, 서약, 계약. (2) ⓒ 약속한 것. (3) ⓤ (성공에 대한) 기대, 희망, 가망. (4) ⓤ (봄 따위의) 징후, 징조. ***be full of ~*** 크게 유망하다. ***give* 〈*make*〉 *a ~*** 약속하다. ***give* 〈*afford, show*〉 *~ of*** …의 가망이 있다. ***keep* 〈*break*〉** one***'s ~*** 약속을 지키다〈어기다〉. ***on*(*the*) *~ that . . .*** …이라는 약속으로. ***the Land of Promise*** = PROMISED LAND.
—*vt.* (1) 《~+目/+*to* do/+目+目/+目+前+名/+目+*to* do/+(*that*)節/+目+(*that*)節》 …을 약속하다, 약정하다 ; 주기로 약속을 하다 : ~ a donation 기부를 (하기로) 약속하다. (2)《+目+目》〔再歸的〕 …을 마음속에 기약하다, 기대하다. (3) 《~+目/+*to* do》 …의 가망〈희망〉이 있다, …할 듯하다(be likely). (4) 《+目+(*that*) 節》《口》 (제 1인칭에만) …을 단언하다, 보증하다. —*vi.* (1) 약속〈제약〉하다. (2) 《+副》 〔종종 well, fair를 동반하여〕 가망이 있다, 유망하다. ***as ~d*** 약속대로. ***be ~d to*** …의 약혼자이다. **~** a person ***the earth* 〈*moon*〉** 가망도 없는 것을(아무에게) 약속하다.

:prom·is·ing [prɑ́məsiŋ/prɔ́m-] (***more ~ ; most ~***) *a.* 가망있는, 장래성 있는, 유망한, 믿음직한 : a ~ youth 유망한 청년. ***in a ~ state* 〈*way*〉** 가망 있는 ; 병이 회복되어 가는 ; 임신하여.

prom·is·so·ry [prɑ́məsɔ̀ːri/prɔ́-] *a.* 약속하는, 약속의 ; [商] 지급을 약속하는. ***a ~ note*** [商] 약속 어음《略 : p.n.》.

pro·mo [próumou] *a.* 《美口》 판매 촉진의, 광고선전의. —(*pl.* **~s**) *n.* ⓒ 선전 광고, 선전용 필름, (텔레비전·라디오의) 프로 예고.

prom·on·to·ry [prɑ́məntɔ̀ːri/prɔ́məntəri] *n.* ⓒ 곶, 갑(岬) ; [解] 융기, 돌기. 파) **-ried** [-rid] *a.* 곶이 있는, 돌기가 있는.

:pro·mote [prəmóut] *vt.* …을 진전〈진척〉시키다, 조장〈증진〉하다, 촉진하다, 장려하다 : ~ world peace 세계 평화를 증진시키다. (2) 《~+目/+目+前+名/+目+(*to be*)補》 …의 계급·지위 등을 올리다, 승진시키다. 〖opp.〗 *demote.* (3) 《+目+前+名》 [敎] …을 진급시키다. (4) (회사 따위의) 설립을 발기하다 ; (법안의) 통과에 노력하다. (5)(상품의) 판매를 선전을 통해 촉진시키다. (6) [체스] (졸을 queen으로) 승격시키다. (7) (복싱·연극 따위의) 흥행을 주최하다. (8) 《英》 (하위리그 팀)을 승격시키다 《*to*》. □ promotion *n.*

·pro·mot·er [prəmóutər] *n.* ⓒ 촉진자〈물〉, 조장자 ; 증진자, 후원자, 장려자 ; (주식 회사의) 발기인 ; 주창자.

:pro·mo·tion [prəmóuʃən] *n.* (1) ⓤⓒ 승진, 승격, 진급. (2) ⓤ 촉진, 조장, 증진, 진흥, 장려. (3) ⓤⓒ 판매촉진(상품). (4) ⓤ 주창, 발기, (회사) 창립. ***get* 〈*obtain, win*〉 ~** 승진하다.

pro·mo·tive [prəmóutiv] *a.* 증진하는, 조장하는, 장려하는. 파) **~·ness** *n.*

:prompt [prɑmpt/prɔmpt] (**~·er ; ~·est**) *a.* (1) 신속한, 재빠른, 기민한 ; 즉석의 : a ~ reply 즉답. (2) 즉시〈기꺼이〉 …하는《*to* do》. (3) [商] 즉시불의. —*n.* ⓒ (1) [商] 지급 기일 ; 지급 기한부 계약. (2) (배우가 대사를 잊었을 때) 숨어서 대사를 일러줌, 후견 ; 조언. (3) 자극〈촉진〉하는 것. (4) [컴] 길잡이《컴퓨터가 조작자에 대하여 입력을 요구하고 있음을 나타내는 단말 화면상의 기호〈글〉》.
—*vt.* (1) 《~+目/+目+前+名/+目+*to* do》 …을 자극하다, 격려〈고무〉하다《*to*》 : ~ a person *to* decision 아무를 자극하여 결심하게 하다. (2) (행동)을 촉구하다, 부추기다, 유발하다. (3) (감정 따위)를 불러일으키다 ; (어떤 생각)을 생각나게 하다, 머리에 떠오르게 하다. (4)(아무)에게 해야 할 말을 암시해〈가르쳐〉 주다. (5)[劇] …에게 뒤에서 대사를 일러주다. —*ad.* 정확히 at five o'clock ~ 정확히 5시에.

prompt·er [prɑ́mptər/prɔ́mp-] *n.* ⓒ (1) 격려〈고무〉자. (2) [劇] (배우에게) 대사를 일러주는 자, 프로프터.

prompt·ing [prɑ́mptiŋ/prɔ́mp-] *n.* (1) ⓤ (때때로 *pl.*) 자극, 격려, 선동, 고무. (2) ⓒ [劇] 대사 일러주기.

promp·ti·tude [prɑ́mptətjùːd/prɔ́m-] *n.* ⓤ 민첩, 신속, 기민 ; 즉결 ; 시간 엄수.

:prompt·ly [prɑ́mptli/prɔ́mpt-] *ad.* (1) 신속히, 재빠르게 ; 즉석에서, 즉시. (2) 정확히, 시간대로.

prom·ul·gate [prɑ́məlgèit, proúmʌ́lgeit/ prɔ́məlgèit] *vt.* (법령 따위)를 반포〈공포〉하다, 선포하다 ; 공표하다 ; (교리 따위)를 널리 펴다, 선전하다 ; (비밀 따위를) 터뜨리다, 공표하다. 파) **pròm·ul·gá·tion** [-ʃən] *n.* ⓤ 반포(頒布), 공표 ; 선전.

·prone [proun] *a.* (1) 수그린, 납작 엎드린 ; 납작해진. 〖opp.〗 *supine*[1]. (2) …하기 쉬운, …의 경향이 있는, (~하기) 일쑤인 ; …에 걸리기 쉬운《*to*》.

prong [prɔːŋ/prɔŋ] *n.* ⓒ (1) 포크 모양의 물건, 갈퀴, 쇠스랑. (2) (포크 따위의) 갈래, 날 ; (사슴뿔 따위의) 가지. —*vt.* …을 찌르다, 꿰찌르다 ; (흙 따위)를 파헤치다 ; (갈퀴 따위로) 긁다.
파) **~ed** [-d] *a.* 발이 달린, 갈래진.

pro·nom·i·nal [prounámənəl/-nɔ́m-] *a.* 대명사의 ; 대명사적인.

:pro·noun [próunàun] *n.* ⓒ 【文法】 대명사.

:pro·nounce [prənáuns] *vt.* (1) …을 발음하다, 소리내어 읽다, 음독하다. (2) (낱말의) 발음을 표시하다. ▫ pronunciation *n.* (3) 《~+目/+目+前+名》 …을 선언하다, 선고하다, 표명하다. (4) 《+目+補/+*that* 節/+目+*to be* 補/+目+*done*》 단언하다 ; 언명하다 ; 공표하다 ; 진술하다. —*vi.* (1) 발음하다 : ~ clearly 똑똑히 발음하다. (2) 《+前+名》 의견을 표명하다, 판단을 내리다《*on, upon*》 : ~ *on* a proposal 제안에 대한 의견을 말하다. ***~ a curse on* 〈*upon*〉** …에게 악담〈욕〉을 하다. ***~ against* 〈*for, in favor of*〉** …에게 반대〈찬성〉하다, …에게 불리〈유리〉한 선고를 내리다. ***~ a sentence of death on* 〈*upon*〉** …에게 사형을 선고하다.

pro·nounced [prənáunst] *a.* 뚜렷한 ; 명백한 ; 단호한, 확고한 : a ~ tendency 두드러진 경향.

·pro·nounce·ment [prənáunsmənt] *n.* ⓒ 선언, 선고 ; 표명, 성명, 발표, 판결 ; 의견.

pron·to [prántou/prɔ́n-] *ad.* 《Sp.》《口》 신속히, 재빨리, 급속히.

:pro·nun·ci·a·tion [prənʌ̀nsiéiʃən] *n.* ⓤⓒ 발음 ; 발음하는 법. ▫ pronounce v.

:proof [pruːf] (*pl.* **~s**) *n.* (1) ⓤ 증명, 증거 ; ⓒ 증거(가 되는 것). (2) ⓒ (*pl.*) 【法】 증거서류 ; 증언. (3) ⓒ 시험, 테스트, 음미(trial) ; 【數】 검산, 검토. (4) ⓒ (종종 *pl.*) 【印】 교정쇄 ; (판화 따위의) 시험쇄 ; 【寫】 시험 인화 : pass the ~s for press 교료(校了)하다. (5) ⓤ (술의) 표준 도수〈강도〉. ▫ prove v. ***bring* 〈*put*〉 *to the ~*** 시험하다. ***have ~ of shot*** (총알)이 관통되지 않다 ***give ~ of* 〈*that*〉** …을 증명하다. ***in ~*** = ***on the ~*** 교정쇄로 : make correction *in* ~ 교정 중에 정정하다《in ~인 경우는 무관사임》. ***In ~ of*** …의 증거로. ***make ~ of*** …을〈임을〉 입증〈증명〉하다 ; …을 시험해 보다. ***~ positive of*** …의 확증. ***read* 〈*revise*〉 *the ~(s)*** 교정하다.
—*a.* (1) 〔敍述的〕 검사필의, 보증 붙은〈된〉. (2) 〔敍述的〕 (불·총알 따위를) 막는, 통과 안 시키는, (…에) 견디어내는《*against* ; *to*》 : ~ *against* temptation 유혹에 안 넘어가는. (3) 교정쇄(校正刷)의 ; 시험용〈검사용〉의. (4) 표준 도수〈강도〉의.
—*vt.* (1) …에 내구력을 부여하다 ; (천 따위)를 방수 가공하다. (2) …을 교정 보다 ; 시험하다.

próof list 【김】 검시 목록.

proof·read [ˊrìːd] (*p., pp.* **-read**[ˊrèd]) 교정보다, …의 교정쇄를 읽다.

próof shèet 【印】 교정쇄(교정지).

próof strèss 내력(耐力).

·prop[1] [prap/prɔp] *n.* ⓒ (1) 지주(支柱), 버팀목, 받침, 버팀대. (2) 지지자, 후원자, 의지(가 되는 사람).
—(**-pp-**) *vt.* (1) 《~+目+補/+目+副/+目+前+名》 …을 버티다, 받치다, …에 버팀목(木)을 대다《*up*》 ; 기대 놓다《*against*》. (2) 《+目+副》 …을 지지(支持)하다, 보강하다《*up*》.

:prop·a·gan·da [prɑ̀pəgǽndə/prɔ̀p-] *n.* (1)ⓤⓒ (흔히 無冠詞) (주의·신념의) 선전 ; 선전 활동, 선전 방법 ; (선전하는) 주의, 주장. (2) ⓒ 선전 기관〈단체〉. (3) (the P-) 【가톨릭】 해외 포교성성(布敎聖省) ; (the (College of) P-) 포교 신학교. ***make* 〈*spread*〉 *~ for*〈*against*〉** …의 선전〈비난선전〉을 하다. ***set up a ~ for*** …의 선전 기관을〈체제를〉 만들다.
—*a.* 〔限定的〕 (정치) 선전 등의 : ~ films〈posters〉 선전 영화〈포스터〉.

prop·a·gan·dist [prɑ̀pəgǽndist] *n.* ⓒ 선전자 ; 전도사, 선교사.

prop·a·gan·dize [prɑ̀pəgǽndaiz/prɔ́p-] *vt., vi.* 선정하다 ; 선교〈전도〉하다.

·prop·a·gate [prápəgèit/prɔ́p-] *vt.* (1) …을 번식시키다, ~을 증진시키다, 늘〈불〉리다. (2) …을 널리 펴다, 선전〈보급〉하다. (3) (빛·소리 따위)를 전파하다, 전하다. (4) (성질 따위)를 유전시키다, 전염시키다. —*vi.* 늘다, 붇다, 번식〈증식〉하다. **~ *itself*** 번식하다. ▫ propagation, propaganda *n.*

·prop·a·ga·tion [prɑ̀pəgéiʃən/prɔ̀p-] *n.* ⓤ (1) (동물 따위의) 번식, 증식. (2) 보급, 선전. (3) 유전, 전파, 전달. (4) (틈·금 등의) 확대.

pro·pane [próupein] *n.* ⓤ 【化】 프로판《메탄계 탄화 수소의 하나 ; 액화 가스는 연료용》.

·pro·pel [prəpél] (**-ll-**) *vt.* …을 추진하다, 나아가게 하다, 몰아대다 : ~*ling* power 추진력.

pro·pel·lant [prəpélənt] *n.* ⓤⓒ 추진시키는 것〈사람〉 ; (총포의) 발사 화약, 장약(裝藥) ; (로켓 등의) 추진제(연료와 산화제);(분무기용) 고압 가스.

pro·pel·lent [prəpélənt] *a.* 추진하는.
—*n.* = PROPELLANT.

:pro·pel·ler [prəpélər] *n.* ⓒ 프로펠러, 추진기 ; 추진시키는 사람〈것〉.

pro·pen·si·ty [prəpénsəti] *n.* ⓒ 경향, 성질, 성벽(inclination), 버릇《*to* ; *for*》. ***~ to consume*** 【經】 소비성향.

:prop·er [prápər/prɔ́p-] (***more ~ ; most ~***) *a.* (1) 적당한, 타당한, 적합한, 지당한, 상응하는《*for*》. (2) 올바른, 정식의 : a ~ way of skiing 올바른 스키타기. (3) 예의바른, 단정한, 품위 있는. (4) 고유의, 특유한, 독특한《*to*》. (5) 〔흔히 名詞 뒤에 와서〕 본래의, 진정한, 엄격한 의미로서의. (6) 개인〈개체〉에 속하는 ; 【文法】 고유의. (7) 《英口》 순전한. ***as you think ~*** 적당히, 잘 요량해서, 적절히. ***in the ~ sense of the word*** 그 말의 본래의 뜻에 있어서. ***in the ~ way*** 적당한 방법으로, 적당히. ***paint*** a person ***in his ~ colors*** 아무를 있는 그대로 비평하다. ***~ for the occasion*** 때〈시기〉에 알맞은. ***with my* (*own*) *~ eyes*** 바로 내 눈으로. —*ad.* 《俗·方》 완전히. ***good and ~*** 《口》 완전히.

:prop·er·ly [prápərli/prɔ́p-] (***more ~ ; most ~***) *ad.* (1) 당연히, 정당하게, 알맞게. (2) 똑바로, 올바르게, 정확히 ; 완전히. (3) 훌륭하게, 단정히, 예의 바르게. (4) 적당하게, 온당하게, 훌륭히, 알맞게. (5) 《口》 철저하게 ; 아주, 몹시. ***~ speaking*** = ***speaking ~*** = ***to speak ~*** 정확히 말하면 ; 본래.

próper nóun 〈**náme**〉 【文法】 고유 명사.

prop·er·tied [prápərtid/prɔ̀p-] *a.* 〔限定的〕재산이 있는(특히 토지를 가진) : the ~ class(es) 유산계급.

:prop·er·ty [prápərti/prɔ́p-] *n.* (1) ⓤ 〔集合的〕 재산, 자산 : a man of ~ 재산가. (2) ⓒ 소유물

〈지〉. (3) ⓤ 소유(권), 소유 본능, 물욕(物欲). (4) ⓒ (고유한) 성질, 특성, 특질 : he properties of iron 철의 특성 ; **[論]** 고유성. (5) ⓒ 도구, (흔히 *pl.*) **[劇]** 소품 ; (상연될) 극, 각본. ***literary ~*** 저작권. ***personal* 〈*movable*〉 *~*** 동산. ***private* 〈*public*〉 *~*** 사유〈공유〉 재산. ***~ in copyright*** 판권 소유. ***real ~*** 부동산. 파) **~·less** *a.*

·proph·e·cy [prάfəsi/prɔ́-] *n.* (1) **a)** ⓤⓒ 예언 ; 신의(神意)의 전달. **b)** ⓤ 예언 능력. (2) ⓒ **[聖]**예언서.

·proph·e·sy [prάfəsài/prɔ́-] *vt.* 《~+目/+that 節/+目+目》 …을 예언하다 ; 선지하다, 예측하다 ; 《古》 (성경)을 해석하다. —*vi.* (1) 《+前+名》 예언하다 ; 예보를 하다《*of*》. (2)《古》 (신의 대변자로서) 가르치다, 말하다.

:proph·et [prάfit/prɔ́-] *fem.* ***~·ess*** [-is] *n.* ⓒ 예언자 ; 신의(神意)를 전달하는 사람, 선지자. (2)(주의 따위의) 대변자, 제창자, 선각자. (3) 《俗》 (경마의) 예상가, 예측가 ; 예보자. (4) (the P-) (구약성서 중의) 예언자〈서〉. ***the major ~s,*** 4대 선지자〈예언서〉. ***the minor ~s,*** 12소(小) 선지자〈예언서〉.

·pro·phet·ic, -i·cal [prəfétik], [-əl] *a.* (1) 예언의, 예언적인 ; 예언하는 : be ~ of …을 예언하다. (2) 예언자의, 예언자다운〈같은〉.

pro·phy·lac·tic [pròufəlǽktik, prὰf-/prɔ̀f-] *a.* 질병 예방의. —*n.* ⓒ (1) 예방약 ; 예방법. (2)《美》 피임용구 ; 콘돔.

pro·phy·lax·is [pròufəlǽksis, prὰf- / prɔ̀-] (*pl.* ***-lax·es***[-lǽksi:z]) *n.* ⓤⓒ **[醫]** (병 따위의) 예방(법) ; 예방 조처 ; **[齒]** (치석 제거를 위한) 이의 청소.

pro·pin·qui·ty [prəpíŋkwəti] *n.* ⓤ (장소·시간의) 가까움, 근접 ; 근친 ; 유사.

pro·pi·ti·ate [prəpíʃièit] *vt.* …을 달래다, 누이다 ; 화해시키다 ; 비위를 맞추다.

pro·pi·ti·a·tion [prəpìʃiéiʃən] *n.* (1) ⓤ 달램, 화해. (2) ⓒ 달래기 위한 물건.

pro·pi·ti·a·to·ry [prəpíʃiətɔ̀:ri/-təri] *a.* 달래는, 비위에 맞는, 달래기 위한 ; 화해의. 파) **-ri·ly** *ad.*

pro·pi·tious [prəpíʃəs] *a.* (1) 순조로운, (형편) 좋은(favorable)《*for* ; *to*》 ; 상서로운, 길조의. (2) (신이) 호의를 가진, 자비로운 ; 행운의. 파) **~·ly** *ad.*

pro·po·nent [prəpóunənt] *n.* ⓒ (1) 제안자, 제의자, 주창자《*of*》. (2) 지지자《*of*》.

:pro·por·tion [prəpɔ́:rʃən] *n.* (1) ⓤⓒ 비(比), 비율. (2) ⓤ 조화, 균형 : bear no ~ to …와 균형이 잡히지 않다. (3) ⓒ (일정 비율의) 부분 ; 몫, 할당〈배분〉분. (4) ⓤ 《比》 정도 ; (*pl.*) 크기, 넓이 ; 규모 : a building of gigantic ~s 거대한 대조물. (5) ⓤ **[數]** 비례(산(算)). 【cf.】 ratio. ***a large ~ of*** …의 대부분, 대다수. ***in ~ to* 〈*as*〉** …에 비례하여. ***out of ~*** 1) 균형을 잃은. 2) (어떤 일을) 왜곡하여. ***out of* (*all*) *~ to*** (전혀) …와 균형이 안 잡히는. ***simple* 〈*compound*〉 *~*** 단〈복〉비.

—*vt.* 《~+目/+目+目+目》 …을 균형잡히게 하다, 조화〈비례〉시킨다《*to* ; *with*》.

·pro·por·tion·al [prəpɔ́:rʃənəl] *a.* 비례의, 어울리는 ; 균형이 잡힌, 조화된, 비례하는《*to*》.

—*n.* ⓒ **[數]** 비례항, 비례수.

·pro·por·tion·ate [prəpɔ́:rʃənit] *a.* 균형잡힌, 조화를 이룬, 비례를 이룬《*to*》.

—[-ʃənit] *vt.* 《~+目/+目+前+名》 …을 균형잡히게 하다 ; …을 (—에) 비례시키다《*to*》.

pro·por·tioned [prəpɔ́:rʃənd] *a.* 〔흔히 樣態를 나타내는 副詞를 수반〕 비례한, 균형잡힌 : a well-~ body 균형잡힌 몸.

:pro·pos·al [prəpóuzəl] *n.* (1) ⓤⓒ 신청 ; 제안, 제의, 건의 : a ~ of 〈for〉 peace 화평의 제안. (2) ⓤⓒ 계획, 안. (3) ⓒ 《특히》 청혼《*to*》 : make a ~ *to* a woman 여자에게 청혼하다. ▭ propose *v.* ***have* 〈*make*〉 *a ~ of* 〈*for*〉** …의 신청〈제안〉을 받다〈하다〉.

:pro·pose [prəpóuz] *vt.* (1) 《~+目/+*to* do/+-*ing*/+*that* 節/+目+前+名》 …을 제안하다, 제의하다, (의안·수수께끼 따위)를 내다. (2) 《+*to* do/+-*ing*》 …을 꾀하다, 기도하다. (3)《+目+*as* 補/+目+前+名》 …을 추천하다, 지명하다《*for* ; *as*》. (4)(축배)를 제창하다.

—*vi.* (1) 《~/+前+名》 제안하다, 건의하다, 발의하다 ; 계획하다《*to*》. (2) 《+目+目》 청혼하다《*to*》. ▭ proposal, proposition *n.* ***~ the health* 〈*toast*〉 *of*** a person 아무를 위하여 축배를 제의하다.

:prop·o·si·tion [prὰpəzíʃən/prɔ̀p-] *n.* ⓒ (1)제안, 건의, 제의 : make ~*s* of peace 강화를 제의하다. (2) 계획. (3) 진술, 주장. (4) **[論]** 명제 ; **[修]** 주제. (5) **[數]** 정리, 명제 : a ~ in algebra 대수의 정리. (6)(a ~) (흔히 修飾語를 수반) **a)** 《美口》 기업, 사업, 일, 문제. **b)** (…한) 놈, 상대. (7)《口》 (성교섭의) 꾐, 유혹. —*vt.* 《口》 (1) (…에게) …을 제안하다. (2) (여성)을 유혹하다.

pro·pound [prəpáund] *vt.* (학설·문제·계획 따위)를 제출하다, 제의하다. **[法]** 유언장을 제출하다

pro·pri·e·tary [prəpráiətèri/-təri] *a.* 〔限定的〕 (1) 소유자의 ; 재산이 있는 ; 개인 또는 회사가 소유하는. (2) 독점의, 전매(특허)의.

propríetary nàme (상품의) 특허명, 상표명.

·pro·pri·e·tor [prəpráiətər] (*fem.* ***-tress***[-tris]) *n.* ⓒ 소유자 ; 경영자 ; (토지·상점·여관 등의) 주인, (학교의) 교주《따위》.

pro·pri·e·to·ri·al [prəpràiətɔ́:riəl] *a.* 소유(권)의 ; 소유자의 ; 독점하는 ; 혼자만의 : ~ right 소유권.

·pro·pri·e·ty [prəpráiəti] *n.* (1) ⓤ 타당, 적당 ; 적정, 적부. (2) ⓤ 예의바름, 예모, 교양. (3) (the proprieties) 예의 범절. ▭ proper *a.* ***a breach of ~*** 예절에 어긋남. ***observe* 〈*offend against*〉 *the proprieties*** 예의 범절을 지키다〈어기다〉. ***with ~*** 예법바르게.

pro·pul·sion [prəpʌ́lʃən] *n.* ⓤ 추진(력) : get ~ 제트추진.

pro·pul·sive [prəpʌ́lsiv] *a.* 〔限定的〕 추진하는, 추진력이 있는.

pro ra·ta [prou-réitə, -rά:tə] 《L.》 비례하여, 안분하여 ; 비례하는.

pro·rate [prouréit, ∠-] *vt.*, *vi.* 비례 배분하다, 할당하다, 안분하다.

pro·rogue [prouróug] *vt.* (특히 영국에서 의회)를 정회하다 ; 《稀》 연기하다. —*vi.* (의회가) 정회되다. 파) **prò·ro·gá·tion** [-ʃən] *n.* ⓤ 정회.

pro·sa·ic [prouzéiik] *a.* (1) 산문(체)의 ; 산문적인. 【opp.】 *poetical, poetic.* (2) 평범한, 단조로운 ; 살풍경한, 활기〈재미〉 없는, 지루한.

파) **-i·cal·ly** *ad.*

pro·sce·ni·um [prousí:niəm] (*pl.* ***-nia*** [-niə]) *n.* ⓒ 앞무대《막과 오케스트라석 사이》 ; (고대 로마 극장의) 무대 ; 《比》 전경(前景)(foreground).

pro·scribe [prouskráib] *vt.* (1) (사람)의 인권을 박탈하다, (사람)을 법률의 보호 밖에 두다 ; 추방하다. (2) …을 (위험한 것으로서) 금지하다, 배척하다.

pro·scrip·tion [prouskrípʃən] *n.* ⓤ 인권 박탈 ; 처벌〈추방〉의 선고 ; 추방 ; 금지.

:prose [prouz] *n.* (1) ⓤ 산문. 【cf.】 verse. (2) ⓒ《英》(외국어로의) 번역 연습문제.
—*a.* 〔限定的〕 (1) 산문의, 산문으로 된. (2) 평범한, 단조로운.

·pros·e·cute [prásəkjùːt/prɔ́-] *vt.* (1) (장사 따위)에 종사하다 ; (노력이 드는 일)을 행하다. (2)《~+目/+目+前+名》【法】 …을 기소하다, 소추(訴追)하다, (법에 호소해) 강행〈획득〉하다. —*vi.* 기소하다, 고소하다. ~ a person ***for*** 아무를 …로 기소하다.

·pros·e·cu·tion [pràsəkjúːʃən/prɔ̀-] *n.* (1) ⓤ 실행, 수행 ; 속행, 추구. (2) ⓤ 종사, 경영. (3)ⓤ, ⓒ 기소, 소추(訴追), 고소 ; 구형 : a criminal ~ 형사소추. (4) ⓤ (the ~) 기소자측, 검찰 당국 〖opp.〗 *defense.* ***the director of public ~s***《英》 검찰 총장. ▫ prosecute v.

·pros·e·cu·tor [prásəkjùːtər/prɔ́-] (*fem.* ***-cu·trix*** [-triks]) ; *fem. pl.* ***-tri·ces*** [-trisìːz]) *n.* ⓒ 실행자, 수행자, 경영자 ; 【法】 소추자, 기소자, 고발자 ; 검찰관. ***a public ~*** 검사.

pros·e·lyte [prásəlàit/prɔ́-] *n.* ⓒ (1) 개종자, 전향자. (2)(정치적) 변절자.
—*vt.*, *vi.* 개종〈전향〉시키다〈하다〉 ;《美》좋은 조건으로 선발해 가다《회원·운동 선수 등을》.
파) **-lyt·ism** [-lətìzəm, -lait-] *n.* ⓤ 개종〈전향〉의 권유 ; 개종 ; 변절.

pro·sit [próusit] *int.* 《L.》 축하합니다, 건강을 빕니다, 건배《축배 들 때의 말》.

pro·sod·ic [prəsádik/-sɔ́d-] *a.* 〔限定的〕 작시법(作詩法)의 ; 운율법에 맞는, 시형론의.

pros·o·dy [prásədi/prɔ́s-] *n.* ⓤ 시형론, 운율론, 작시법.

:pros·pect [práspekt/prɔ́s-] *n.* (1) ⓒ (흔히 *sing.*) 조망(眺望), 전망 ; 경치(scene). (2) ⓒ (집·토지 따위가 면한) 향(向), 방위. (3) a] ⓤ (또는 a ~) 예상, 전망, 기대. b] (*pl.*) (장래의) 가망 : He has good *~s.* 그는 전도 유망하다. 〖opp.〗 *retrospect.* (4) ⓒ 〔흔히 修飾語를 수반〕《美》 단골 손님이 될 듯한 사람, 팔아줄 듯싶은 손님 ; 가망이 있는 사람. ***have . . . in ~*** …의 가망이 있다 ; …을 계획하고 있다. ***in ~*** 고려중인 ; 예상〈예기, 기대〉되어 ; 기도하여.
—[prəspékt] *vi.* (1)《+前+名》(금광·석유 등을 찾아) 답사하다, 시굴하다《*for*》 : ~ *for* gold 금의 시굴을 하다. (2)《+副》(광산이) 유망하다.
—*vt.*《~+目/+目+前+名》 (지역)을 답사〈조사〉하다 ; (광산)을 시굴하다.

·pro·spec·tive [prəspéktiv] *a.* 〔限定的〕 (1)기대되는, 가망이 있는, 예기된, 장차의. (2) 장래의 : ~ earnings 장래의 수입.

pros·pec·tor [práspektər/prəspék-] *n.* ⓒ 탐광자(探鑛者), 답사자, 시굴자 ; 투기자.

pro·spec·tus [prəspéktəs] (*pl.* ***~es***) *n.* ⓒ (1) (새 회사 따위의) 설립 취지서, 내용 설명서. (2) (신간 서적의) 내용 견본. (3) 학교 입학 안내서.

·pros·per [práspər/prɔ́s-] *vi.* (사업 등이) 번영하다, 번창하다, 성공하다 ; (어린이가) 잘 자라다. —*vt.*《古》(신이) …을 성공시키다, 번영케 하다.

:pros·per·i·ty [prɑspérəti/prɔs-] *n.* ⓤ 번영 ; 성공. 〖opp.〗 *adversity.*

:pros·per·ous [práspərəs/prɔ́s-] (***more ~ ; most ~***) *a.* (1) 번영하는, 번창하고 있는, 성공한 : a ~ business 번창하고 있는 사업. (2) 부유한 : a ~ family 부유한 집안. (3) 잘 되어 가는, 성공한, 순조로운 ; 운이 좋은. ***in a ~ hour*** 좋은 때에, 때마침.

pros·tate [prásteit/prɔ́s-] *a.* 전립선(前立線)의(= prostatic) —*n.* ⓒ 전립선(= **~ glànd**).

pros·the·sis [prásθəsis/prɔ́s-] (*pl.* ***-ses*** [-sìːz]) *n.* (1) ⓤ 인공 보철(補綴). (2) ⓒ 인공 보철물《의치·의족·의수 따위》 : dental ~ 치과 보철술.

pros·ti·tute [prástətjùːt/prɔ́s-] *n.* ⓒ 매춘부 ; (돈을 벌기 위하여 작품의 질을 떨어뜨리는) 사람〈작가〉. —*vt.* (1) 〔再歸的〕 매춘하다, 몸을 팔다. (2) (명예·재능 등)을 돈을 위해 팔다, 비열한 목적에 이용하다.

pros·ti·tu·tion [prɑ̀stətjúːʃən/prɔ̀s-] *n.* ⓤ 매춘, 매음, 변절 ; 타락 ; 악용.

·pros·trate [prástreit/prɔstréit] *vt.* (1) …을 넘어뜨리다, 뒤엎다. (2) 〔再歸的〕 엎드리다. (3) 〔흔히 受動으로〕 쇠약하게 하다, 극도로 피로케 하다. ***be ~d by the heat*** 더위에 지치다.
—[prástreit/prɔ́s-] *a.* (1) 엎어진, 엎드린. (2) 패배한, 굴복한, 항복한. (3) 기진 맥진한, 기운을 잃은 : be ~ with illness 병으로 지쳐 있다. (4) 【植】 포복성의.

pros·tra·tion [prɑstréiʃən/prɔs-] *n.* (1) ⓤ,ⓒ 엎드림 : ~ *before* the altar 제단(祭壇) 앞에 엎드림. (2) ⓤ 피로, 쇠약 ; 의기 소침. ***general* 〈*nervous*〉 ~** 전신〈신경〉 쇠약

prosy [próuzi] (***pros·i·er ; -i·est***) *a.* 산문의, 산문체의 ; 몰취미한, 평범한, 지루한(prosaic), 단조로운. 파) **pros·i·ly** *ad.* **-i·ness** *n.*

pro·tag·o·nist [proutǽgənist] *n.* ⓒ (흔히 the ~) 【劇】 주역, (소설·이야기 따위의) 주인공 ; 〔一般的〕 주역 ; (주의·운동의) 주창자 ; 수령(首領), 주창자, 지도자.

Pro·te·an [próutiən, proutíːən] *a.* (1) Proteus의 〈같은〉. (2) (p-) 변화 무쌍한 ; 다방면의.

:pro·tect [prətékt] *vt.* (1)《~+目/+目+前+名》 …을 보호〈수호, 비호〉하다, 막다, 지키다《*against* ; *from*》 : a *~ed* state 보호국. (2) 【機】 …에 안전〈보호〉 장치를 하다 : a *~ed* rifles 안전 장치가 된 소총. (3) 【經】 (보호 관세 등에 의하여) 보호하다《국내 산업을》 : *~ed* trade 보호 무역.

:pro·tec·tion [prətékʃən] *n.* (1) ⓤ 보호, 옹호《*from* ; *against*》. (2) ⓤ 후원, 두둔. (3) (a ~) 보호하는 사람〈물건〉 : a ~ *against* cold 방한구. (4) ⓤ 【經】 보호 무역(제도). 〖opp.〗 *free trade.* ▫ protect *v.* ***give* 〈*afford, proride*〉 ~** …을 보호하다.

pro·tec·tion·ism [prətékʃənizm] *n.* ⓤ 보호무역주의.

pro·tec·tion·ist [prətékʃənist] *n.* ⓒ 보호무역주의자 *a.* 보호무역주의의(적).

·pro·tec·tive [prətéktiv] (***more ~ , most ~***) *a.* (1) 보호하는 : ~ clothing 보호복, 안전. (2) 〔限定的〕 보호 무역(정책)의 : a ~ trade policy 보호 무역 정책. —*n.* ⓒ 보호물 ; 《특히》 콘돔. 파) **~·ly** *ad.* **~·ness** *n.*

protéctive colorátion 〈**cóloring**〉 【動】 보호색.

protéctive cústody 【法】 보호 구치(拘置), 예비(보호)구금.

protéctive fóods 영양 식품.
protéctive táriff 보호 관세(율).
pro·tec·tor** [prətéktər] (*fem.* ***-tress [-tris]) *n.* ⓒ (1) 보호자, 옹호자, 후원자, 원조자. (2) 보호 장치〈물(物)〉, 안전〈안전〉 장치. (3) 【野】 가슴받이 (chest ~), 프로텍터.
pro·tec·tor·ate [prətéktərit] *n.* ⓒ 보호령, 보호국, 섭정의 직위(임기, 정치).
pro·té·gé [próutəʒèi, ∸-∠] (*fem.* ***-gee***[-təʒèi]) *n.* ⓒ 《F.》 피보호자 ; 부하.
:pro·tein [próuti:in] 【生化】 *n.* ⓤ,ⓒ (최초의 물질의 뜻에서) 단백질.
pro tem·po·re [prou-témpərì:] 《L.》 당분간 ; 일시적인〈으로〉 ; 임시의〈로〉.
:pro·test [prətést] *vi.* 《~/+前+名》 항의하다, 이의를 제기하다《*against* ; *about* ; *at*》, 말하다.
—*vt.* (1) 《美》 …에 항의〈이의를 제기〉하다 : ~ a witness 증인에 대해 이의를 신청하다 / ~ low wages 낮은 임금에 항의하다. (2) (인용문과 함께) …라고 단언하다. (3) 《~+目/+*that* 節》 …을 주장〈단언, 확언〉하다, 맹세하고 말하다.
—[próutest] *n.* (1) ⓤ,ⓒ 항의, 항변, 이의(신청) : ~ *against* increased taxation 증세에 대한 항의. (2) ⓒ 항의 집회〈데모〉. (3) ⓒ 【競】 항의(서).
without ~ 반대하지 않고, 아무 말 없이.
파) **~·er, -tés·tor** *n.* ⓒ 항의자 ; 이의 신청자 ; 주창자.
·Prot·es·tant [prátəstənt/prɔ́-] *a.* (1) 【基】 프로테스탄트의, 신교의 ; 신교도의. (2) (p-) 이의(異議)를 제기하는, 항의하는. —*n.* ⓒ (1) 신교도. (2) (p-) 항의자. 파) **~·ìsm** [-ìzəm] *n.* ⓤ 신교(의 교리).
prot·es·ta·tion [pràtistéiʃən, pròutes-/ prɔ̀t-] *n.* (1) ⓤ 항의 ; 이의 (신청), 거절《*against*》. (2)ⓒ 주장, 단언, 확언, 언명《*of* ; *that*》.
Pro·teus [próutju:s, -tiəs] *n.* (1) ⓒ (모양·성질이) 변하기 쉬운 물건 ; (모습·생각이) 잘 변하는 사람, 변덕쟁이. (2) 【그神】 프로테우스.
pro·to·col [próutəkɑ̀l, -kɔ̀:l/ -kɔ̀l] *n.* (1) ⓒ (국가간의) 협정. (2) ⓒ (문서의) 원본, 프로토콜, 의정서(議定書) ; 조서(調書) ; (조약 따위의) 원안. (3) ⓤ 외교 의례, 의식, 전례(典禮), 의전(儀典): according to ~ 전례에 따라. (4) ⓒ 《美》 실험〈부검 등의〉 계획안〈기록〉.
pro·to·plasm [próutouplæ̀zəm] *n.* ⓤ 【生】 원형질.
pro·to·type [próutoutàip] *n.* ⓒ (1) 【生】 원형(原形). (2) 원형, 기본형, 시작품 ; 표준, 모범.
Pro·to·zoa [pròutouzóuə] *n. pl.* (*sing.* ***-zo•on*** [-zóuɑn/ -ɔn]) 【動】원생 동물.
파) **pròto•zó•an**[-n] *n.*, *a.* 원생동물(문(門)의).
pro·to·zo·on [pròutəzóuɑn/ -ɔn] (*pl.* ***-zoa***) *n.* =PROTOZOAN.
pro·tract[proutrǽkt] *vt.* (1)【醫】 뻗다, 내밀다. (2) 오래 끌게하다, 길게 하다, 연장하다(prolong). 파) **pro•trac•tiv** [-iv] *a.*
pro·tract·ed [proutrǽktid] *a.* 오래 끈〈끄는〉《병·교섭 따위》 : a ~ illness 긴병.
파) **-ly** *ad.* **~•ness** *n.*
pro·trac·tile [proutrǽktil, -tail] *a.* 【動】 내밀 수 있는, 길게 늘일 수 있는《동물의 기관 따위》, 내뻗은.
pro·trac·tion [proutrǽkʃən] *n.* ⓤ 신장(伸長), 연장 ; 오래 끌게 하기.
pro·trac·tor [proutrǽktər] *n.* ⓒ (1) 오래 끄는 사람〈것〉. (2) 【測】 각도기, 분도기.
***pro·trude** [proutrú:d] *vt.* …을 (밀어)내다, 내다 : ~ one's tongue 혀를 내밀다. — *vi.* 불쑥 나오다, 비어져 나오다《*from* ; *beyond*》.
pro·tru·sion [proutrú:ʒən] *n.* (1) 【醫】 ⓒ 돌기(부〈물〉), 융기(부〈물〉). (2) ⓤ 내밂, 돌출, 비어져 나옴.
pro·tru·sive [proutrú:siv] *a.* (1) 주제넘게 나서는, 눈꼴 사나운. (2) 내민, 돌출한. 파) **-ly** *ad.* **~•ness** *n.*
pro·tu·ber·ance [proutjú:bərəns] *n.* ⓤ 돌기, 융기:ⓒ 돌출물, 돌기물, 혹, 결절《*on* a tree》.
pro·tu·ber·ant [proutjú:bərənt] *a.* 불룩 솟은, 돌출〈돌기〉한, 융기한 ; 현저한, 뚜렷한.
:proud [praud] (**∠•er ; ∠•est**) *a.* (1) 자존심이 있는, 명예를 중히 여기는 ; 식견 있는. (2) 거만한 (haughty), 잘난 체하는(arrogant), 뽐내는, 자랑하는. (3) 자랑으로 여기는, 영광으로 여기는; (좋은 의미로) 의기 양양한《*of*》. (4)〔限定的〕 자랑할 만한, 당당한 (imposing), 훌륭한(splendid). (5) (말 따위가) 기운찬(spirited). ▫ pride *n.*
(***as***) ~ ***as Punch*** 〈***a peacock, a turkey***〉 의기 양양하여, 크게 기뻐서.
— *ad.* 〔다음 成句로만 쓰임〕 ***do*** a person ~ 《口》 1) 아무를 기쁘게 해주다, 만족하게 하다, 아무의 면목을 세워 주다. 2) …을 성대히 대접하다. ***do*** one***self*** ~ 훌륭하게 처신하다, 면목을 세우다.
próud flésh 【醫】(상처가 아문 뒤에 생기는) 육아(肉芽), 새 살.
proud·ly [práudli] *ad.* (1) 거만스럽게, 뽐내며. (2) 자랑스러운듯, 자만하여.
prov·a·ble [prú:vəbəl] *a.* 증명〈입증〉 가능한.
파) **-bly** *ad.*
:prove [pru:v] (***~d ; ~d, prov•en*** [prú:vən]) *vt.* (1) …을 시험하다 ; 실험하다, 경험하다. (2) 《~+目/+目+補/+目+(*to* be) 補/+*that*節》 …을 증명하다, 입증(立證)하다 ; 〔再歸的〕 자기가 …임을 증명하다. (3) (유언장)에 검인을 받다 ; 검인하다. (4) 【數】 …을 검산하다 : ~ a sum.
— *vi.* (1) 《+(*to* be)補/+*to* do》 (…임을) 알다, (…라는 것이) 판명되다(turn out)《*to* do는 상태를 나타내는 동사에 한함》. (2) (가루 반죽이) 알맞게 부풀다, 발효하다. ▫ proof *n.* ~ ***out*** (*vi.*) 희망〈계획〉대로 되다 ; 잘 되어가다. (*vt.*) (성능 등)을 확인하다 ; …을 철저히 조사하다. ~ ***up*** 권리를 입증하다; 예상대로 되다.
prov·e·nance [prɑ́vənəns/ prɔ́v-] *n.* ⓤ 유래, 기원, 출처.
Pro·ven·çal [pròuvənsɑ́:l, pràv-/ prɔ̀vɑ:n-] *a.* 프로방스 사람〈말〉의 ; Provence의.
— *n.* ⓒ 프로방스 사람 ; ⓤ 프로방스 말.
:prov·erb [prɑ́və:rb/ prɔ́v-] *n.* ⓒ (1) 정평 있는 사람〈것〉. (2) 속담, 격언(adage), 금언(金言). (3) (the P-s) 〔單數취급〕 【聖】 잠언《구약 성서의 한 편》.
as the ~ ***goes***〈***runs, says***〉 속담에 있듯이. ***be a*** ~ ***for*** …의 점에서 유명하다. ***pass into a*** ~ 소문이 나다, 웃음거리가 되다. ***to a*** ~ 유명하게 될〈소문날〉 정도로.
pro-verb [próuvə̀:rb] *n.* ⓒ 【文法】 대동사(代動詞).
***pro·ver·bi·al** [prəvə́:rbiəl] *a.* 속담투의 ; 속담의 ; 속담에 있는, 속담 같은; 소문난, 이름난.
:pro·vide [prəváid] *vt.* (1) 《+*that*節》 …을 규정하다(stipulate). (2)《~+目/+目+前+名》 (필요품)

을 주다, 공급⟨지급⟩하다(supply) ~ a person *with* food = ~ food *for* a person 아무에게 식사를 제공하다. — *vi.* 《+前+名》 (1) 준비하다, 대비하다《*for*; *against*》: ~ *for* urgent needs 긴급한 필요에 대비하다. (2) 생활의 자금⟨필요물⟩을 공급하다, 주다, 부양하다《*for*》. (3) 【法】 규정하다《*for*》; 금지하다《*against*》. ~ one***self*** 자활⟨지급⟩하다.

***pro·vid·ed** [prəváidid] *conj.* 〔종종 ~ that의 꼴로 조건을 나타냄〕만약 …이면(if, if only)《*that*》; …을 조건으로 하여(on the condition). — *a.* 준비된, 필요 물품이 공급된; 예비의.

***prov·i·dence** [prάvədəns/ prɔ́v-] *n.* (1) (P-) 하느님(God), 천주, 신. (2) ⓤ (또는 a ~) (종종 P-)섭리, 하느님의 뜻. (3) ⓤ 선견(지명), 조심, 배려; 절약.

prov·i·dent [prάvədənt/ prɔ́-] *a.* 신중한, 조심성이 있는, 선견지명이 있는(foreseeing); 검소한(thrifty)《*of*》.

prov·i·den·tial [prὰvədénʃəl/ prɔ̀-] *a.* 신의 뜻에 의한, 섭리의; 천우의, 행운의.

pro·vid·er [prəváidər] *n.* ⓒ 조달자, 준비자; 공급자; (가족의) 부양자: a good ⟨poor⟩ ~ 가족에게 윤택⟨곤궁⟩한 생활을 시키는 사람.

***pro·vid·ing** [prəváidiŋ] *conj.* =PROVIDED.

:prov·ince [prάvins/ prɔ́v-] *n.* (1) (the ~s) (수도·대도시에 대해서) 지방, 시골. (2) ⓒ 지방, 지역(district). (3) ⓒ (행정 구획으로서의) 주(州), 성(省), 도(道). (4) ⓤ (학문의) 범위(sphere), 분야(branch); 직분(duty). ***be within ⟨outside⟩*** one**'*s* ~*s*** 자기 본분(전문분야, 권한)내에 있다⟨밖이다⟩, 활동범위에 속하다⟨속하지 않다⟩. ***in the ~ of*** …의 분야에서. ***in the ~s*** 지방⟨시골⟩에서.

***pro·vin·cial** [prəvínʃəl] *a.* (1) 주(州)의, 도(道)의; 영토의: a ~ government 주정부. (2) 〔限定的〕 지방의, 시골의; 지방민의 【cf.】 local. (3) 지방적인; 조야한; 편협한. — *n.* ⓒ (1) 지방민, 시골 사람, 편협한 사람. (2) 【敎會】 대교구장.
파) **-ly** *ad.*

pro·vin·cial·ism [prəvínʃəlìzəm] *n.* (1) ⓒ 사투리, 방언. (2) ⓤ 시골⟨지방⟩티; 야비. (3) ⓤ 지방 제일주의, 지방 기질; 편협(성).

:pro·vi·sion [prəvíʒən] *n.* (1) ⓤⓒ 공급, 지급; 지급량(量). (2) ⓤ 예비, 준비, 설비《*for*; *against*》. (3)(*pl.*) 양식, 식량; 저장품. (4) ⓒ【法】 규정, 조항(clause). ▫ provide *v.* ***run out of ⟨short of⟩ ~s*** 식량이 떨어지다⟨부족하다⟩.
— *vt.* …에게 양식을 공급하다.

***pro·vi·sion·al** [prəvíʒənəl] *a.* 가(假)…, 일시적인, 잠정적인, 임시의(temporary). 파) **-ly** *ad.*

pro·vi·so [prəváizou] (*pl.* **~(*e*)*s***) *n.* ⓒ 조건(condition); 단서(但書)《흔히 provided로 시작됨》. ***with the ~*** 조건부로.

pro·vi·so·ry [prəváizəri] *a.* 조건부의; 단서가 붙은; 일시적인, 임시적인: a ~ clause 단서.

prov·o·ca·tion** [prὰvəkéiʃən/ prɔ̀v-] *n.* (1) ⓒ 도전, 도발, 자극. (2) ⓤ 성나게 함 성남, 약오름, 분개, 분노. ▫ provoke *v.* ***feel ~ 성내다. ***give ~*** 성나게 하다. ***under ~*** 도발을 받고, 성나서, 분개하여.

***pro·voc·a·tive** [prəvάkətiv/ -vɔ́k-] *a.* 약올리는; 성나게 하는; 도발적인(irritating), (성적으로) 자극적⟨선동적⟩인《말·태도 등》; …을 유발시키는《*of*》; 자극성의. 파) **-ly** *ad.*

:pro·voke [prəvóuk] *vt.* (1) …을 성나게 하다(enrage), 신경질나게하다. (2)(감정 등)을 불러 일으키다, 선동⟨자극⟩하다: ~ a laugh 웃음을 자아내게 하다. (3) 《+目+前+名/+目+*to* do》 …을 유발시키다, 야기하다, 이끌다, 자극하여 …시 키다(incite)《*to*; *into*》. (4) 선동⟨도발⟩하다; 야기시키다: ~ a revolt 반란을 선동하다.

pro·vok·ing [prəvóukiŋ] *a.* 약오르는, 자극하는, 짜증나는, 귀찮은. 파) **-ly** *ad.*

pro·vost [próuvoust, prάvəst] *n.* ⓒ (1)【敎會】주임사제; 교무원장, 수도원장. (2)【英大學】 학료장(學寮長); 【美大學】(교무) 사무장. (3)《Sc.》 시장(市長).

próvost guàrd 《美》 헌병대.

***prow** [prau] *n.* ⓒ 이물(bow), 뱃머리; (항공기 따위의) 기수(機首); 《詩》 배(vessel).

***prow·ess** [práuis] *n.* ⓤ (1) 훌륭한 솜씨《*in*; *at*》. (2) 용감, 용맹, 무용(武勇) (valor); 용감한 행위.

***prowl** [praul] *vi.* (1) (도둑 등이) 동정을 살피다, 기웃거리다. (2) 《~/+前+名》 (먹이를) 찾아 헤매다; 어슬렁거리다, 배회하다(wander): ~ *for* one's prey 먹이를 찾아 헤매다.
— *vt.* (1)…을 헤매다, 배회하다. (2) 《美俗》 (총의 소지 여부를 알기 위해 아무)를 옷 위로 만져 보다. — *n.* ⓤ (또는 a ~) 찾아 헤맴; 배회. ***be ⟨go⟩ on the ~*** (훔칠 기회를 노리고) 배회하다. ***take a ~*** 배회하다. 파) **~·er** *n.* ⓒ 배회하는 사람⟨동물⟩; 부랑자; 빈집을 털려고 노리는 도둑.

prówl càr 《美》 (경찰의) 순찰차(squad car).

prox·e·mics [prɑksíːmiks/ prɔks-] *n.* ⓤ 근접학 《인간과 문화적 공간과의 관계를 연구함》.

prox·i·mal [prάksəməl/ prɔ́k-] *a.* 인접하는(proximate), 가장 가까운, 인접하는; 【解】기부(基部)의, 몸 중심에 가까운(위치의). 【opp.】 *distal.*

prox·i·mate [prάksəmit/ prɔ́k-] *a.* (1) 〔限定的〕 직접적인: the ~ cause 근인(近因). (2) 가장 가까운(nearest), 바로 다음⟨앞⟩의. 파) **-ly** *ad.*

prox·i·mi·ty [prɑksíməti/ prɔks-] *n.* ⓤ 가까움(nearness)《*to*》, 근접. ***in close ~ to*** 아주 접근하여. ***in the ~ of*** …의 부근에. ***~ of blood*** 혈족 관계, 근친.

prox·i·mo [prάksəmòu/ prɔ́ks-] *ad.* 《L.》 내달 《略: prox.》 【cf.】 instant(4), ultimo.

proxy [prάksi/ prɔ́ksi] *n.* (1)ⓒ 대리인(agent); 대용물; 대리 투표; 위임장. (2)ⓤ 대리(권). ***by(per) ~*** 대리인으로 하여금. ***stand ⟨be⟩ ~ for*** …의 대리가 되다, …의 대용이 되다.
— *a.* 〔限定的〕 대리의⟨에 의한⟩.

prude [pruːd] *n.* ⓒ (남녀 관계에) 결벽한 사람 《특히 여성》. 【opp.】 *coquette.*

***pru·dence** [prúːdəns] *n.* ⓤ 세심, 신중, 사려, 분별, 빈틈없음.

:pru·dent [prúːdənt] (***more ~; most ~***) *a.* (1) 빈틈없는, 타산적인(self-interested). (2) 신중한, 조심성 있는; 분별있는; 현명한. 파) **-ly** *ad.*

pru·den·tial [pruːdénʃəl] *a.* (1) 《美》 자문의, 고문의: a ~ committee 자문 위원회. (2) 신중한, 조심성 있는, 세심한: on ~ grounds 깊이 생각한 후. 파) **-ly** *ad.*

prud·er·y [prúːdəri] *n.* (1) ⓒ (흔히 *pl.*) 얌전 빼는 행위⟨말⟩. (2) ⓤ 숙녀인 얌전한⟨숙녀인⟩ 체하기.

prud·ish [prúːdiʃ] *a.* 지나치게 얌전빼는; 숙녀인⟨얌전한⟩체 하는. 파) **-ly** *ad.* **~·ness** *n.*

***prune¹** [pruːn] *vt.* (1) (불필요한 부분)을 제거하다

; (비용 따위)를 바싹 줄이다 ; 정리하다 ; (문장 따위)를 간결하게 하다《*away ; down ; of*》. (2)(여분의 가지·뿌리 등)을 잘라내다, 전지하다, 치다《*back; away ; down ; off*》.

***prune**[2] *n.* (1) ⓒ 《口》 바보, 얼간이, 불쾌한 사람. (2) ⓒⓤ 말린 자두(dried plum).

prúning shèars (**scissors**) 전정(剪定)가위.

pru·ri·ent [prúəriənt] *a.* 음란한, 호색의, 외설한. 파) **-ence** *n.* ⓤ 호색, 색욕. **~·ly** *ad.*

Prus·sia [prʌ́ʃə] *n.* 프로이센 《독일 북부에 있었던 왕국(1701-1918)》.

Prus·sian [prʌ́ʃən] *a.* 프로이센 사람〈말〉의 ; 프로이센의; 프로이센식의. — *n.* (1) ⓒ 프로이센 사람. (2) ⓤ 프로이센 말.

***pry**[1] [prai] *vi.* 《+前+名/+副》 동정을 살피다《*about ; into*》, 엿보다(peep) ; 파고들다, 꼬치꼬치 캐다《*into*》.

pry[2] *vt.* (1) 《+目+前+名》 (비밀 따위)를 알아 내다. (2)《+目+補》…을 지레로 움직이다〈올리다〉《*up ; off*》, 비밀 등을 알아내다 : ~ *up* the lid of a box 지레로 상자뚜껑을 비집어 열다 / ~ a door open 문을 비틀어 열다.

pry·ing [práiiŋ] *a.* 캐기 좋아하는 ; 들여다보는 : a ~ newspaper reporter 꼬치꼬치 캐기 좋아하는 신문기자. 파) **-ly** *ad.*

P.S. [píːés] *n.* ⓒ (1) 후기. (2) (편지의) 추신.

:psalm [sɑːm] *n.* (1) (the P-s)〔單數취급〕 **【聖】**(구약성서의) 시편(詩篇)(=**the Bóok of Psálms**) 《略 : Ps., Psa., Pss.》. (2) ⓒ 찬송가, 성가(hymn), 성시(聖詩).

psalm·ist [sáːmist] *n.* ⓒ 찬송가 작자, 시편작가.

psal·mo·dy [sáːmədi, sǽlmə-] *n.* (1) ⓒ 〔集合的〕찬송가, 찬송가집. (2) ⓤ 성가 영창.

Psal·ter [sɔ́ːltər] *n.* (1) ⓒ (p-) (예배용) 시편서〈집〉, 성서집《150장으로 된 기도문》. (2) (the ~) 시편(詩篇)(= the Book of Psalms)(성시집).

psal·tery [sɔ́ːltəri] *n.* ⓒ **【樂】** 옛날의 현악기.

pse·phol·o·gy [sifálədʒi/ -fɔ́l-] *n.* ⓤ 선거학(選擧學)(투표·선거에 관한 연구).

pseud [suːd] 《口》 *a.* 가짜의, 거짓의, …인 체하는. — *n.* ⓒ 잘난 체하는 사람, 거드름 피우는 사람 ; 사이비…《사람》.

pseu·do [súːdou] *a.* 모조의, 가짜의, 허위의 ; 의사(擬似)의.
— (*pl.* **~s**) *n.* ⓒ 《口》 겉을 꾸미는 사람, 거짓으로 속이는 사람.

pseu·do·nym [súːdənim] *n.* ⓒ (특히 저작자의) 필명(penname), 익명 : write under a ~ 익명으로 쓰다.

pseu·don·y·mous [suːdánəməs/ -dɔ́n-] *a.* 필명으로 쓴, 익명의, 필명의.

pso·ri·a·sis [səráiəsis] *n.* ⓤ **【醫】** 건선(乾癬), 마른버짐.

psst, pst [pst] *int.* 여보세요, 저, 잠깐《조용히 주의를 끌기 위해 부르는 말》.

psych [saik] 《俗》 *vt.* (1) (육감·직감으로 상대)를 꼭뒤지르다《*out*》. (2) …을 불안하게 하다, 두렵게 하다《*out*》. (3) 〔再歸的〕 마음을 다지다《*up*》 : oneself *up* for a match 경기에 임하는 마음의 준비를 하다.

Psy·che [sáiki] *n.* (1) ⓒ (p-) (육체에 대해서) 영혼, 정신, 마음. (2) **【그神】** 사이키, 프시케《영혼을 인격화한 것으로서, 나비 날개를 단 미녀의 모습을 취함; Eros의 애인》. (3) 나방의 일종.

psy·chi·at·ric [sàikiǽtrik] *a.* 정신병 치료의, 정신병학의, 정신과의: a ~ clinic 정신병 진료소. 파) **-ri·cal·ly** *ad.*

psy·chi·a·try [saikáiətri, si-] *n.* ⓤ 정신병 치료법 ; 정신병학, 정신 의학.

psy·chic [sáikik] *a.* (1) 영혼의, 심령(현상)의; 심령 작용을 받기 쉬운, 초능력을 갖는: a ~ healer 심령 치료자, 심령술사. (2) 마음의, 정신적인. 〖opp.〗 *physical.* — *n.* ⓒ 무당, 영매.

psy·cho [sáikou] (*pl.* **~s**) 《口》 *a.*〔敍述的〕 정신병의, 정신의학의. — *n.* ⓒ 정신병 환자, 정신 분석.

psy·cho·an·a·lyt·ic, -i·cal [sàikouæ̀nəlítik], [-əl] *a.* 정신 분석(학)의. 파) **-i·cal·ly** *ad.*

psy·cho·an·a·lyze [sàikouǽnəlàiz] *vt.* (사람)에게 정신 분석을 하다.

psy·cho·gen·ic [sáikoudʒènik] *a.* 심인성(心因性)의.

psy·cho·lin·guis·tics [sàikouliŋgwístiks] *n.* ⓤ 언어 심리학.

psy·cho·log·i·cal** [sàikəládʒikəl/ -lɔ́dʒ-] (more ~ ; most ~***) *a.* (1) 정신의, 심리적인 : ~ effects 심리적 효과/ a ~ novel 심리 소설. (2) 〔限定的〕 심리학(상)의, 심리학적인. 파) **-i·cal·ly** *ad.*

:psy·chol·o·gy [saikálədʒi/ -kɔ́l-] *n.* (1)ⓤⓒ 심리(상태) : women's ~ 여성의 심리. (2) ⓤ 심리학. (3) ⓤ 사람의 마음을 읽는 힘, 통찰력, 독심술. 파) ***psy·chól·o·gist** [-dʒist] *n.* ⓒ 심리학자.

psy·cho·neu·ro·sis [sàikounjuəróusis] (*pl.* **-ses** [-siːz]) *n.* ⓤ 노이로제, 정신 신경증.

psy·cho·path [sáikoupæ̀θ] *n.* ⓒ (반사회적 또는 폭력적 경향이 있는) 정신병질자. 파) **psy·cho·páth·ic** [-ik] *a.* 정신병질(質)의 : a ~ personality 정신병질 인격; 정신병질자.

psy·cho·pa·thol·o·gy [sàikoupəθálədʒi/ -θɔ́l-] *n.* ⓤ 정신 병리학. 파) **-gist** *n.* ⓒ

psy·chop·a·thy [saikápəθi/ -kɔ́p-] *n.* ⓤ 정신병질 ; 정신병.

psy·cho·sis [saikóusis] (*pl.* **-ses** [-siːz]) *n.* ⓤⓒ 정신 이상 ; 정신병.

psy·cho·so·cial [sàikousóuʃəl] *a.* 심리 사회적인. 파) **-ly** *ad.*

psy·cho·so·mat·ic [sàikousoumǽtik] *a.* (병이) 정신 신체 (상관)의, 정의(情意)에 의해 영향받는, 심신의. 파) **-i·cal·ly** *ad.*

psy·cho·ther·a·py [sàikouθérəpi] *n.* ⓤ 정신〈심리〉 요법. 파) **-ther·a·péu·tic** [-θerəpjúːtik] *a.* 심리 요법의.

psy·cho·trop·ic [sàikoutrápik/ -trɔ́p-] *a.* 향(向)정신성의《약제》, 정신에 영향을 주는.
— *n.* 향정신제(정신 안성제·환각제 등)

ptar·mi·gan [táːrmigən] (*pl.* **~(s)**) *n.* ⓒ **【鳥】** 뇌조(雷鳥)(snow grouse).

Ptol·e·ma·ic [tàləméiik/ tɔ̀l-] *a.* 천동설(天動說)의(〖opp.〗 Copernican) ; 프톨레마이오스(Ptolemy)의 : the ~ system 〈theory〉 천동설.

pto·main(e) [tóumein, -ˊ] *n.* ⓤ **【化】** 프토마인《단백질의 부패로 생기는 유독물》.

pub [pʌb] *n.* ⓒ 《口》 대폿집, 술집, 선술집《※ 영국 특유의 대중 주점으로, 그 지역의 사교장 구실도 함》.

pub-crawl [pʌ́bkrɔ̀ːl] *n.* ⓒ 《英口》 술집 순례, 이 집 저집 돌아다니며 연거푸 술마시기: do 〈go on〉 a ~. 파) **~·er** *n.* ⓒ

pu·ber·ty [pjú:bərti] *n.* ⓤ 춘기 발동기, 사춘기, 묘령.

pu·bes [pjú:bi:z] (*pl.* ~) *n.* (1) ⓤ 〔종종 the 〈one's, a person's〉 ~로〕음모, 거웃. (2) ⓒ음부, 연모, 유모.

pu·bes·cence [pju:bésəns] *n.* ⓤ 묘령, 사춘기에 이름.

pu·be.

pu·bic [pjú:bik] *a.* 음부의: the ~ hair 음모 / the ~ bone 치골.

pu·bis [pjú:bis] (*pl.* ***-bes*** [-bi:z], ***-bi•ses*** [-bisi:z]) *n.* ⓒ 【解】 치골(恥骨).

:pub·lic [pʌ́blik] (***more ~ ; most ~***) *a.* (1) 공립의, 공설의. (2) 공중의, 일반 국민의, 공공의, 공공에 속하는, 인민 전체를 위한, 인민 전체의 . (3) 공적인, 공무의, 국사의 : a ~ official 〈officer〉 공무원, 관리. (4) 공개의, 공공연한 : a ~ auction 〈sale〉 경매, 공매. (5) 소문난, 모르는 사람이 없는 : a ~ scandal 모르는 사람이 없는 추문. ***go ~*** 1) (회사가) 주식을 공개하다. 2) 비밀 등을 공표하다. **in the ~ eye** ⇨ eye. ***make ~*** 공표〈간행〉하다.

— *n.* (1) ⓤ (the ~)〔集合的〕 공중, 국민 : (일반) 사회, 세상 : *the* general ~ 일반 대중〈사회〉 / *the* British ~ 영국 국민. (2) ⓤ (또는 a ~)〔集合的〕 …계(界), …사회, …동아리. (3)《英口》=PUBLIC HOUSE. ***in ~*** 공공연히. 〖opp.〗 *in private.*

파) **-ly** *ad.* 공공연히; 공적으로.

púb·lic-ac·cess télevision [pʌ́blikǽkses-] 시청자 제작 프로그램.

pub·li·can [pʌ́blikən] *n.* ⓒ (1)《英》선술집(pub)의 주인. (2) 【古로】 수세리(收稅吏).

públic assístance 《美》(사회 보장법에 의한) 생활 보호.

:pub·li·ca·tion [pʌ̀bləkéiʃən] *n.* (1) ⓤ 간행, 출판, 발행. (2) ⓤ 발표, 공표 ; 발포(發布), 공포. (3) ⓒ 출판〈간행〉물. ▫ publish *v.*

públic bár 《英》(선술집의) 일반석. 【cf.】 saloon bar.

públic bìll 공공 관계 법률안. 【cf.】 private bill.

públic cómpany 《英》 주식 회사.

públic corporátion 【法】 공공단체, 공법인 : 공공 기업체, 공사(公社), 공단(公團).

públic domáin (the ~) 【法】공유(公有)《시간의 경과에 따라 특허 · 저작권 등의 권리가 소멸된 상태》, 권리 소멸 상태.

:pub·lic·i·ty [bʌblísəti] *n.* ⓤ (1) 공표, 공개 ; 선전, 광고(문 · 수단) : a ~ campaign 공보〈선전〉활동, (2)주지(周知)(의 상태), 널리 알려짐, 명성. 〖opp.〗 *privacy.*

pub·li·cize [pʌ́bləsàiz] *vt.* …을 선전〈공표, 광고〉하다.

públic láw 공법, 국제법.

pub·lic-mind·ed [pʌ́blikmáindid] *a.* 공공심〈애국심〉이 있는.

públic óffice 관청; 관공서.

públic opínion 여론 : a ~ poll 여론 조사.

públic ównership 국유(화), 공유(제).

públic prósecutor 검찰관, 검사.

públic relátions (1) 어떤 조직과 일반 사람들과의 관계. (2)〔單數취급〕 홍보〈선전〉활동 : 섭외(사무), 피아르《略: PR》.

públic sále 경매(auction), 공매(公賣).

***públic schóol** (1)《英》 사립 중 · 고등학교《상류 자제들을 위한 자치 · 기숙사 제도의 대학 예비교로 Eton, Winchester 등이 유명》. (2)《美》(초 · 중등) 공립학교.

públic sérvant 공복(公僕), 공무원(【cf.】 PUBLIC OFFICER).

púb·lic-sér·vice corporàtion [pʌ́bliksə́:rvis-] 《美》 공익법인, 공익사업 회사.

públic spéaking 변론술, 화술; 연설.

públic spírit 애국심, 공공심.

públic utílity 공익 사업〈기업〉《전기 · 가스 · 수도 따위》.

públic wélfare 공안, 공공 복지.

públic wórks 공공 토목 공사, 공공사업.

:pub·lish [pʌ́bliʃ] *vt.* (1) (책 따위)를 출판하다. (2) …을 발표〈공표〉하다. — *vi.* (1) 발행하다 ; 출판 사업을 하다. (2) (저작을) 출판하다《*with*》. ▫ publication *n.*

:pub·lish·er [pʌ́bliʃər] *n.* ⓒ (1)《美》 신문업자, 신문사주. (2) (종종 *pl.*) 출판 업자, 출판사.

pub·lish·ing [pʌ́bliʃiŋ] *a.* 출판(업)의 : a ~ house〈company, firm〉 출판사. — *n.* ⓤ 출판(업) : get a job in ~ 출판사에 취직하다.

puce [pju:s] *a.* 암갈색의.

— *n.* ⓤ 암갈색.

puck [pʌk] *n.* (1) ⓒ 장난 꾸러기, 선머슴. (2) (P-) 퍽《영국 전설상의 장난꾸러기 꼬마 요정(Robin Goodfellow)》.

puck·er [pʌ́kər] *vt.* 《~+目/+目+副》 …에 주름살지게 하다, 주름잡다; (입술 등)을 오므리다《*up*》 : ~ (*up*) one's brow 눈살을 찌푸리다. — *vi.* 《~/+副》 주름잡히다, 주름살 지다; 오므라들다《*up*》.

— *n.* ⓒ 주름, 주름살, 구겨짐. 파) **~y** [pʌ́kəri] a. 주름이 지는, 주름이 많은.

puck·ish [pʌ́kiʃ] *a.* 멋대로 구는, 장난꾸러기의. **in a ~** 당혹(당황)하여. 파) **-ly** *ad.* **~•ness** *n.*

:pud·ding [púdiŋ] *n.* (1) ⓤⓒ 《英》 (식후의) 디저트. (2) ⓤⓒ 푸딩《밀가루에 우유 · 달걀 · 과일 · 설탕 · 향료를 넣고 찐〈구운〉, 식후에 먹는 과자》. (3) ⓤⓒ 〔흔히 複合語로〕 (오트밀 · 선지 따위를 넣은) 순대〈소시지〉의 일종. (4) ⓒ 《口》땅딸보. ***in the ~ club*** ➜ CLUB.

(***as***) ***fit as a ~*** 아주 적절한(적당한), 잘 어울리는. ***more praise than ~*** 말뿐이 칭찬. ***the ~ house*** 밥통, 위.

púdding fàce 《口》 동글넓적한 얼굴.

púdding stòne 【地質】역암(礫岩).

pud·dle [pʌ́dl] *n.* (1) ⓤ 이긴 흙《진흙과 모래를 섞어 이긴 것》, 뒤범벅, 뒤죽박죽. (2) ⓒ 웅덩이. — *vt.* …을 개어 진흙으로 만들다 ; 진흙을 바르다 ; (구멍 따위)를 진흙으로 막다《*up*》.

pudgy [pʌ́dʒi] (***pudg•i•er ; -i•est***) *a.* 부피〈무게〉가 있는; 땅딸막한, 뚱뚱한.

pu·er·ile [pjú:əril, -ràil] *a.* 앳된, 어린애의〈같은〉 ; 유치한, 철없는, 미숙한.

파) **~•ly** *ad.*

pu·er·il·i·ty [pju:əríləti] *n.* (1)ⓒ (흔히 *pl.*) 어린애 같은 언행. (2)ⓤ 어린애 같음; 철없음, 유치함.

pu·er·per·al [pju:ə́:rpərəl] *a.* 〔限定的〕 【醫】 분만에 의한, 해산의, 산욕(産褥)의 : ~ fever 산욕열.

:puff [pʌf] *n.* (1) ⓒ 한 번 부는 양 ; (담배의) 한 모금. (2) ⓒ 훅 불기〈부는 소리〉; 한 번 휙 불기. (3) ⓒ 불룩한 부분《머리털 · 드레스 따위의》 ; 부푼 것《혹 · 종기(腫氣) 따위》. (4) ⓒ 퍼프, 분첩(powder

~). (5) ⓒ 깃털 이불. (6) ⓒ 부풀린 과자, 슈 크림. (7) ⓒ 과장된 칭찬, 비행기 태우기 ; 자기 선전 : get⟨give⟩ a good ~ 크게 칭찬받다⟨하다⟩, 호평을 받다⟨하다⟩. (8) ⓤ《口》숨, 호흡 : be out of ~ 숨이 가쁘다, 숨차다, 헐떡거리다.

— *vi.* (1)《~/+前+名/+副》(숨을) 훅 불다, (연기를) 내뿜다; (담배를) 빠끔빠끔 피우다⟨빨다⟩《*out* ; *up* ; *away* ; *at* ; *on*》: ~ (*away*) *at* one's pipe 파이프를 (빠끔빠끔) 빨다. (2) 헐떡이다, 숨차하다. (3)《+副》부풀어 오르다《*up* ; *out*》: My hair won't ~ *out*. 머리가 부풀지 않는다.

— *vt.* (1)《~+目/+目+副》(먼지·연기 등을) 내뿜다《*out* ; *up* ; *away*》; 훅 불어버리다《*away*》; (담배)를 빠끔빠끔 피우다 : ~ *out* the candle 촛불을 훅 불어 끄다 / ~ *away* dust 먼지를 훅 불어 날리다. (2)《~+目/+目+前+名/+目+副》…을 부풀리다 ; (가슴)을 우쭐하여 부풀리다 : He ~*ed* (*out*) his chest *with* pride. 그는 우쭐하여 가슴을 폈다. (3)《+目+副》…의 자 만심을 일으키게 하다《*up*》. (4) …을 마구 추어 올리다 ; 자찬하다 ; (과대) 선전하다. (5)《+目+副》《俗》헐떡이며 말하다. ~ ***and blow*** ⟨***pant***⟩ 헐떡이다. ***~ out*** 1) 훅 불어 끄다. 2) 부풀리다. ***~ up*** 1) …을 부풀어 오르게 하다. 2) 득의 양양하(게 하)다. (3) 부풀다 ; 상처 가 붓다.

puff·ball [⌐bɔ̀ːl] *n.* ⓒ 【植】 말불버섯.

puffed [pʌft] *a.* 〔敍述的〕《口》숨이 찬, 부푼, 헐떡이고《*out*》.

puffed-up [⌐ʌ́p] *a.* 〔限定的〕 우쭐해 하는.

puff·er [pʌ́fər] *n.* ⓒ (1) 【魚】 복어의 일종(=~**fish**). (2) a〕 훅 부는 사람⟨물건⟩《흡연자·증기선 따위》. b〕《兒》(기차의) 칙칙폭폭.

puffy [pʌ́fi] (***puff•i•er*** ; ***-i•est***) *a.* (1) 자만하는, 우쭐하는. (2) 부풀어오른 ; 비만한. (3) 숨이찬, 헐떡이는, 씨근거리는. (4) 훅 부는 ; 한 바탕 부는《바람 따위》. 파) **púff•i•ly** *ad.* **-i•ness** *n.*

:pug[1] [pʌg] *n.* ⓒ 퍼그(=**púg-dòg**)《불독 비슷한 얼굴을 한 발바리의 일종》.

pug[2]《俗》*n.* ⓒ 프로복서 ;《美》난폭한 사나이.

pu·gil·ism [pjúːdʒəlizəm] *n.* ⓤ(프로) 권투.

pu·gil·ist [pjúːdʒəlist] *n.* ⓒ 권투 선수(boxer),《특히》프로 복서.

파) **pù•gil•ís•tic** [-tik] *a.*

pug·na·cious [pʌgnéiʃəs] *a.* 싸움하기 좋아하는. 파) **-ly** *ad.* **~•ness** *n.* ⓤ **pug•na•ci•ty** [pʌgnǽsəti] *n.* ⓤ*n.*

púg nòse 들창코.

pug-nosed [pʌ́gnòuzd] *a.* 사자코의.

pu·is·sance [pjúːisəns, pwísəns] *n.* (1) ⓒ 【馬】 장애물 뛰어넘기 경기. (2) ⓤ《古·詩》(특히 국왕의) 권력, 세력.

pu·is·sant [pjúːisənt, pwísənt] *a.*《詩·古》권력(세력)이 있는, 힘센.

puke [pjuːk] *n.* ⓤ《口》토한 것 ; 구토.

— *vi.*, *vt.*《口》(…을) 토하다(vomit)《*up*》: I ~*d up* my dinner. 저녁 먹은 것을 토했다.

pul·chri·tude[pʌ́lkrətjùːd] *n.* ⓤ《文語》(특히 여자의 육체의)아름다움.

파) **pùl•chri•tú•di•nous** [-dənəs] *a.*

:pull [pul] *vt.* (1) (수레)를 끌고 가다. (2)《~+目/+目+補/+目+前+名/+目+副》…을 끌다, …을 당기다, 끌(어 당기)다, 잡아 끌다. 〖opp.〗 *push.* 『 ~ a cart 짐수레를 끌다 / ~ a bell 줄을 당겨 종을 울리다 / ~ a person out of bed 아무를 침대에서 끌어내다. (3) (주문·손님)을 끌어 들이다, 끌다 ; (투표 따위)를 끌어 모으다, (후원 따위)를 획득하다. (4) (보트·노)를 젓다 ; (배에 …개의 노)가 달려 있다. (5)《~+目/+目+副》…을 떼어놓다 ; 빼내다, 뽑아내다《*out*》; 찢다《*off*》: ~ the kids apart (싸우고 있는) 아이들을 떼어놓다. (6) (꽃·열매 따위)를 따다《*from* ; *off*》. (7) (새)의 털을 뜯다, (생가죽)의 털을 뽑다. (8) (근육 따위)를 무리하게 쓰다 ; (여러 가지 얼굴)을 하다 : ~ a face ⟨faces⟩ 찌푸린 얼굴을 하다 ;《英俗》〔a+인명 앞에서〕…의 흉내를 내다. (9) 【印】 (교정쇄(校正刷))를 찍어내다. (10) (고삐를 당겨 말)을 멈추다 ; 【競馬】(말을 고의로 이기지 못하게) 제어하다. (11) 【拳】 (펀치)의 힘을 줄이다. (12) 【골프】(공)을 왼편으로 꺾어 치다; 【크리켓】 삼주문(三柱門)의 off쪽에서 on쪽으로 치다. (13)《俗》(경관이 범인)을 체포⟨검거⟩ 하다; (도박장 따위)를 급습하다 : ~ a pickpocket 소매치기를 붙잡다. (14)《口》a〕 (계획 등)을 (잘) 실행하다, (승리)를 얻다; (의무·사명 등)을 이룩하다《*off*》. b〕 (나쁜 일 등)을 행하다, (강도짓)을하다, (계략)을 (…에게) 쓰다《*on*》. (15)《~+目/+目+副》《口》(칼·권총 등)을 빼어들다, 들이대다 : ~ a revolver out 권총을 꺼내다. (16) (차 따위)를 몰다, 나아가게 하다, 움직이게 하다. (17)(군대·사절단)을 철수시키다.

— *vi.* (1)《+副/+前+名》a〕 끌다, 당기다, 잡아당기다《*at*》: ~ *at* one's tie 넥타이를 졸라매다 / ~ *at* a rope 밧줄을 잡아 당기다. b〕〔종종 well등의 副詞를 수반하여〕(말·엔진 등이) 끄는 힘이 있다, 마력(馬力)이 있다. 〖opp.〗 *push.* (2)《+前+名/+副》(끌려) 움직이다 ; (사람이) 배를 젓다(row), (배가) 저어지다. (3)《~/+前+名/+副》(차·열 차 따위가) 나아가다 ; (어느 방향으로) 배⟨차⟩를 움직이다《*for*》; (애를 써서) 나아가다《*away* ; *ahead* ; *in* ; *out of* ; *for* ; *towards* ; *through*》. (4)《+前+名》담배를 피우다, (병에서) 술을 꿀꺽 마시다《*at* ; *on*》: ~ *at* a bottle 병째로⟨에서 직접⟩ 마시다 / ~ *at* a pipe 파이프 담배를 피우다. (5) (선전이) 효과가 있다, 고객을 끌다; 인기를 모으다⟨끌다⟩ ; 후원하다. (6)《+副》끌리다, 당겨지다.

~ about ⟨***around***⟩ 여기저기 끌고 다니다 ; 거칠 게 다루다. ***~ a fast one***《俗》감쪽같이 속이다. ***~ ahead*** 선두로 나가다, 앞지르다. ***~ apart*** 1)떼어놓다 ; 잡아 찢다⟨끊다⟩. 2) 분석⟨검토⟩하다. 3) …의 흉을 찾다, 헐뜯다 ; 혹평하다. ***~ around*** (…의) 생기를 되찾게 하다, 건강⟨의식⟩을 회복하다. ***~ away*** 1) (…에서)몸을 빼치다 ; 이탈하다. 2) 발차하다, 달리기 시작하다; 보트가 해안을 떠나다. 3)강제로 떨어지게 하다. ***~ back*** 1)물러가다 ; (군대가) 후퇴하다 : ~a person *back from* the fire 아무를 불에서 물러서게 하다. 2)(지출)을 삼가다, 경비를 절약하다《*on*》. 3) …을 되돌리다. 4) (뒤로) 물리나 ; 생각을 바꾸어 그만두다, 한 말을 취소하다 ; 약속을 깨다. ***~ down*** 1) 허물어뜨리다. 2) (가치·지위 따위)를 떨어뜨리다. 3) 쇠약하게 하다. 4)《美口》(일정 수입)을 얻다, (돈을) 벌다. 5) 창문의 블라인드를 내리다. ***~ down*** one***'s house about*** one***'s ears*** 자멸을 꾀하다. ***~ foot*** = ***~ it***《口》. ***~ in*** 1) (목 따위)를 움츠리다 ; 후퇴시키다. 2) (비용)을 절약하다. 3) (기차 따위가)역에 들어오다. 4)《口》체포하다. 5) (손님 따위)를 끌다. 6) (드라이브인·주유소 등에) 대다《*at*》. 7) 〔再歸的〕 차렷자세를 취하다. 8) (말 따위의) 걸음을 늦추게 하다, 세우다. 9)《口》돈을 벌다. ***~ off*** 1)떼어내다, 잡아떼다. 2) (옷 따위)를 급히 벗다. 3) (상)을 타다 ; (경

쟁)에 이기다. 4)《口》 잘 해내다. 5) (배, 차 따위가) 떠나다 ; 차를 길가에 대다. **~ on** (옷)을 입다, (장갑)을 끼다, (양말)을 신다 ; 계속 젓다. **~ out** 1) 빼내다, 꺼내다; 뽑아내다, (이 따위)를 뽑다. 2) 배를 저어 나가다 ; (열차가) 역을 발차하다~ one***self together*** 병에서 회복되다 ; 마음을 가다듬다, 정신을 차리다 ; , 자제력을 발휘하다. **~** one***self up*** 자제하다, 갑자기 그치다 ; 등을 펴고 서다. ***Pull the other leg* 〈*one*〉 (*it's got bells on it*)**. 말을 믿을 수가 없다. ***~ through*** 1) (난국·병)을 헤쳐 나가다〈나가게 하다〉 ; 곤란을 극복하게 하다. 2) …에서 살아나다〈구조되다〉, 완쾌하다. ***~ to* 〈*in*〉 *pieces*** 1)…을 갈기갈기 찢다. 2)…을 혹평하다, 헐뜯다. ***~ up*** 1)…을 잡아뽑다. 2) (말·차)를 세우다, 멈추다 ; (말·차가) 멎다. 3)…을 비난하다, 꾸짖다, 제지하다. 4) 중지하다〈시키다〉 ; 제지하다. 5) (성적이〈을〉) 오르다〈올리다〉 ; (성적이 올라) 따라잡다. 6)〔再歸的〕곧바로 일어서다《*up*》.

— *n.* (1) ⓒ 잡아당기기, 한차례 당기기〈끌기〉 ; 한 번 젓기. (2) ⓤ 당기는 힘, 인력. (3) (a ~) 노력, 수고. (4) ⓒ(술·담배 따위의) 한 모금. (5)ⓒ (문의) 손잡이, 당기는 줄. (6(ⓒ (흔히 *sing.*) 【印】 교정쇄 ; 수쇄(手刷). (7) ⓒ 【골프·野】잡아당겨 치기. 【cf.】slice. (8) ⓤ (또는 a ~)《口》 연줄, 빽, 연고(緣故) : have ~ 〈not much ~〉 *with* the company 회사에 연고가〈연줄이〉 있다〈그다지 없다〉. (9) ⓤⓒ《口》 매력, 이점.

pull·back [ˊbæ̀k] *n.* ⓒ (군대의) 철수, 후퇴.

pull·by dàte [ˊbài-] (유제품 등의) 판매 유효 기한의 날짜.

pul·let [púlit] *n.* ⓒ (흔히 1년 미만의) 영계.

***pul·ley** [púli] *n.* ⓒ 활차(滑車), 도르래, 벨트차, 풀리.

púlley blòck 【機】 도르래 장치.

pull-in [púlìn] *n.* ⓒ《英》 (특히 트럭 운전수용) 드라이브인(《美》truck stop).

pull-on [púlɑ̀n, -ɔ̀(ː)n] *n.* ⓒ 잡아당겨 입는〈신는, 끼는〉 것《스웨터·장갑 등》. — [ˊˊ] *a.*〔限定的〕 잡아당겨 착용하는.

pull·out [púlàut] *n.* ⓒ (1) (군대·거류민 등의) 철수(撤收), 이동. (2) (책 가운데) 접어 넣은 페이지〈그림판〉. (3) 【空】 (급강하에서) 수평자세로 옮기기.

pull·o·ver [púlòuvər] *n.*, *a.* 풀오버(식의)《머리로부터 입는 스웨터 따위》.

pul·lu·late [pʌ́ljəlèit] *vi.* (1) (많은 수가) 우글거리다. (2) (어린가지·새싹이)싹트다, 움트다. (3) 번식하다. (4) (사상·주의 등이) 퍼지다.

pul·mo·nary [pʌ́lmənèri, púl-/ pʌ́lmənəri] *a.* 〔限定的〕 폐질환의 ; 폐의 : ~ complaints 〈diseases〉 폐질환.

pulp**[pʌlp] *n.* (1) ⓤ 펄프《제지 원료》. (2) ⓤ 과육(果肉). (3) ⓤ (또는 a ~) 걸쭉걸쭉한 물건. (4) ⓒ 선정적인 싸구려 잡지〈서적〉. ***beat a person ***to a ~*** (아무를) 늘씬하게 때려주다 ***reduce*** a person ***to* (*a*) ~** 〈사람을〉 (정신적으로) 녹초가 되게 하다.

— *vt.* (1) …을 펄프화하다, 걸쭉하게 하다. (2) (헌 신문 따위)를 펄프로 재생하다.

— *a.* 〔限定的〕 싸구려의, 저속한.

***pul·pit** [púlpit, pʌ́l-] *n.* ⓒ (1) (the ~)〔集合的〕 설교사, 목사; 종교계. (2)설교단(壇), 강단 ; 연단. (3)(the ~) 설교 : occupy *the* ~ 설교하다.

pulpy [pʌ́lpi] (***pulp•i•er ; -i•est***) *a.* (1) 펄프 모양의 ; 과육모양의, 과육질의 ; 걸쭉한, 즙이 많은. (2) 과육(果肉) (모양)의. 파) **-i•ness** *n.*

pul·sar [pʌ́lsɑːr, -sər] *n.* ⓒ 【天】 펄서《전파 천체의 하나》.

pul·sate [pʌ́lseit/ -ˊ] *vi.* (1) 【電】(전류가) 맥동(脈動)하다. (2) (맥박 등이) 뛰다, 정확하게 고동하다. (3) 두근거리다, 떨리다 : ~ with excitement 흥분으로 두근거리다. ▫ pulsation *n.*

:pulse[1] [pʌls] n. ⓒ (1)(광선·음향 따위의) 파동, 진동. (2)(흔히 *sing.*) 맥박, 고동, 동계 : a weak〈an irregular〉 ~ 약한 맥박〈부정맥〉 / feel 〈take〉 a person's ~ 아무의 맥을 짚어 보다 ; 아무의 의중〈반응〉을 살피다. (3) 【電】 펄스《지속 시간이 극히 짧은 전류 또는 변조 전파》. (4) 【樂】 율동 ; 박(拍). (5) (사회 등의)동향, 맥동, 경향. (6) 흥분. ***stir*** a person***'s ~*** …을 흥분시키다. ***have* 〈*keep*〉** one***'s finger on the ~*** 현황을 파악하고 있다, 실상에 정통하고 있다.

— *vi.* 맥이 뛰다, 고동하다.

pulse[2] *n.* ⓒ (흔히 *pl.*) 콩 ; 콩류.

pul·ver·ize [pʌ́lvəràiz] *vt.* (1) (주장·의견 따위)를 분쇄하다 ; ~을 격파하다 ; 완전히 쳐 이기다 : We absolutely ~*d* the opposition. 우리는 철저하게 반대 세력을 뭉개버렸다. (2) …을 가루로 만들다, 부수다, 빻다.

— *vi.* 가루가 되다, 부서지다.

파) **pul•ver•i•za•tion** [pʌ̀lvərizéiʃən] *n.* ⓤ 분쇄(粉碎). **-iz•er** [-ər] *n.* ⓒ 분쇄기; 분무기; 분쇄자.

pu·ma [pjúːmə] (*pl.* **~s,**〔集合的〕 **~**) *n.* ⓒ 【動】 퓨마(cougar), 아메리카, 라이온.

pum·ice [pʌ́mis] *n.* ⓤ 부석(浮石), 속돌.

pum·mel [pʌ́məl] (***-l-,*《英》 *-ll-***) *vt.* 연타하다, (연달아) 주먹으로 치다(pommel).

:pump[1] [pʌmp] *n.* (1) (a ~) 펌프로 빨아올림. (2) ⓒ 펌프, 양수기 : a bicycle ~ 자전거 펌프 / a feed(ing) ~ 급수 펌프. (3) ⓒ 살살 꾀어 물어보기; 유도 신문 ; 유도 신문하는 사람. ***All hands to the ~*(*s*)*!*** 전원 총력을 다하여 분투하라, 단결하여 난국을 극복하다. ***give*** a person***'s hand a ~*** 손을 상하로 흔들어 악수하다. ***fetch a ~*** 펌프에 마중물을 붓다. ***on ~*《美》** 외상으로, 신용대부로. ***prime the ~*** (경기) 부양책을 취하다.

— *vt.* (1)《+目+副》 (물)을 펌프로 푸다《*out* ; *up*》 : *out* water 펌프로 물을 퍼내다. (2)《~+目/+目+補》 …에서 물을 퍼내다 : ~ a well dry 펌프로 퍼내 우물을 치다〈말리다〉. (3) (액체·공기 따위)를 주입하다, 흘려보내다, 넣다 : ~ air *into* a tire 타이어에 공기를 넣다. (4)《+目+前+名》 (욕설·총알 따위)를 퍼붓다. (5)《~+目/+目+前+名》 (지식 따위)를 머리에 틀어넣다, …에 돈을 퍼부어 넣다 : ~ knowlodge *into* the heads of one's pupils 학생들의 머리에 지식을 주입하다. (6) (사람의 손 따위)를 펌프질 하듯 상하로 움직이다 : ~ one's hand. (7)《口》 유도 신문하다 : He ~*ed* me *for* the information. 그는 정보를 캐내려고 나를 유도 신문했다. (8) (위장 속)에 든 것을 (튜브 따위로) 빨아내다 (독을 마신 사람)의 위장을 세척하다《*out*》 : She had to be taken to the hospital to have her stomach ~*ed out*. 그녀의 위장을 세척하기 위해 그녀는 병원으로 운반되어야 했다. — *vi.* (1) 펌프로 물을 퍼올리다〈퍼내다〉《*out* ; *up*》. (2)펌프의 작용을 하다. (3) 급격히 오르내리다《기압계의 수은 따위》.

pump[2] *n.* ⓒ (흔히 *pl.*) 끈 없고 운두가 낮은 신《야회용·무도용》, 펌프스.

pum·per·nick·el [pʌ́mpərnìkəl] *n.* ⓤⓒ 조제

(粗製)한 호밀빵.

pump·han·dle [pʌ́mphæ̀ndl] *vt.* 《口》 (악수할 때 남의 손을) 과장되게 아래위로 흔들다.

:pump·kin [pʌ́mpkin, pʌ́ŋkin] *n.* ⓤⓒ 【植】 (서양) 호박 ; 호박줄기(덩굴) : a ~ pie 호박 파이.

pun [pʌn] *n.* ⓒ 신소리, 말장난, 재담, 결말, 동음이의(同音異義)의 익살.
— (**-nn-**) *vi.* 결말을 〈신소리를〉 하다, 익살을 떨다, 재담하다《*on, upon*》.

Punch [pʌntʃ] *n.* (1) 펀치지(誌)《풍자 만화를 싣는 영국의 주간지; 1841년 창간, 1992년 폐간》. (***as***) ***pleased*** 〈***proud***〉 ***as Punch*** 아주 기뻐서〈의기 양양하여〉. (2) 펀치《영국 인형극 *Punch- and-Judy show*의 주인공》.

:punch¹ [pʌntʃ] *n.* (1) ⓒ 타격, 펀치, 주먹으로 치기, 때리기 : give a person a ~ on the head 아무의 머리에 한방 먹이다. (2)ⓒ 구멍 뚫는 기구 : 타인기(打印器) ; 찍어서 도려내는 기구 ; 표 찍는 가위(ticket ~), 펀치. (3) ⓤ 《口》 힘, 세력, 활기 ; 효과 ; 박력 : a cartoon without ~ 박력이 없는 만화. ***get a ~ on the nose*** 콧등을 한대 얻어맞다. ***pull*** one'***s ~es*** 《口》 (공격·비평 등에서) 사정을 봐주다. take a ~ at 《美俗》 치려고 덤벼들다
— *vt.* (1) (구멍 뚫는 기구로) …에 구멍을 뚫다; (표 따위)를 가위로 찍다 : ~ holes *in* an iron plate 철판에 구멍을 뚫다. (2) (주먹으로) …을 치다, 후려갈기다 : ~ a person's chin = ~ a person on the chin 아무의 턱에 펀치를 가하다. (3) (타이프라이터 따위)를 치다. **~ *in*** 《美》 타임리코더로 출근 시각을 기록하다 : 【컴】(데이터 등을) 입력하다. 파) **∠·er** *n.* ⓒ 키펀처, 구멍 뚫는 사람〈기구〉 ; 펀처 ; 타인기.

***punch²** *n.* ⓤⓒ 펀치《술·설탕·우유·레몬즙·포도주 등의 혼합 음료》.

punch·ball [∠bɔ̀ːl] *n.*《英》=PUNCHING BAG.

punch-drunk [∠drʌ̀ŋk] *a.* (권투 선수 등이 얻어맞고) 뇌에 손상을 입은 ; 비틀거리는(groggy).

pun·chi·nel·lo [pʌ̀ntʃənélou] (*pl.* **~(*e*)*s***) *n.* (1) ⓒ (종종 P-) 땅딸막한 곱사등이 ; 용모가 괴상한 남자. (2) 펀치넬로《17세기, 이탈리아 인형 희극에 나오는 어릿광대》.

púnch·ing bàg 〈《英》**bàll**〉 [pʌ́ntʃiŋ-] (권투 연습용의) 달아맨 자루〈볼〉.

punch-up [pʌ́ntʃʌ̀p] *n.* ⓒ 《英口》 난투, 싸움, 패싸움.

punchy [pʌ́ntʃi] (***punch·i·er ; -i·est***) *a.* 《口》(1) =PUNCH-DRUNK. (2) 힘센, 힘찬 : a ~ style 박력 있는 문체.

punc·til·io [pʌŋktíliòu] (*pl.* **~*s***) *n.* ⓤⓒ (형식·의식(儀式) 등에서) 세밀한 점까지 마음을 씀, 지나치게 꼼꼼함, 곰상스러움.

punc·til·i·ous [pʌŋktíliəs] *a.* 격식을 차리는, 떡딱한, 꼼꼼한, 세심 정밀한. 파) **-ly** *ad.* **~·ness** *n.*

:punc·tu·al [pʌ́ŋktʃuəl] (***more ~ ; most ~***) *a.* (1) 〔敍述的〕 (사람이 …하는데) 틀림없는, 빈틈없는, 세심한, 꼼꼼한《*in*》. (2) 시간〈기한〉을 엄수하는 ; 어김없는 : be ~ *in* the payment of one's rent 집세를 꼬박꼬박 내고 있다. 파) **~·ly** [-i] *ad.*

punc·tu·al·i·ty [pʌ̀ŋktʃuǽləti] *n.* ⓤ 정확함, 꼼꼼함 ; 시간〈기간〉 엄수.

punc·tu·ate [pʌ́ŋktʃuèit] *vt.* (1) 《+目+前+名》 중단시키다, (이야기)를 중도에 잠시 그치게하다《*with*》 : ~ a speech *with* cheers 연설 도중 박수를 쳐서 연설을 중단시키다. (2) …에 구두점을 찍다.

***punc·tu·a·tion** [pʌ̀ŋktʃuéiʃən] *n.* ⓤ (1) 〔集合的〕구두점(句讀點). (2) 구두법(句讀法).

***punc·ture** [pʌ́ŋktʃər] *n.* 펑크《타이어 따위의》 찌름, 구멍 뚫기.
— *vt.* (1) (사람의 자존심)을 손상시키다, 결딴내다, 못쓰게 만들다. (2) (바늘 따위로) 찌르다, …에 구멍을 뚫다 ; (타이어)를 펑크내다 : He had his car tire ~*d.* 차의 타이어가 펑크났다《누군가가 펑크를 냈다》.
— *vi.* 펑크나다 ; 구멍이 뚫리다, 못쓰게 되다.

pun·dit [pʌ́ndit] *n.* ⓒ (인도의) 범학자(梵學者), 학자; 박식한 사람, 박물 군자.

pun·gent [pʌ́ndʒənt] *a.* (1) 날카로운, 신랄한《말 따위》 : ~ sarcasm 날카로운 풍자. (2 매운, 얼얼한, 자극성의《맛 따위》: a ~ sauce 매운 소스.
파) **-gen·cy** [-si] *n.* **~·ly** *ad.*

Pu·nic [pjúːnik] *a.* 〔限定的〕 (1) 믿을 수 없는, 신의가 없는, 불신의, 배신하는 : ~ faith 〈fidelity〉 반역, 배신, 불신. (2) 고대 카르타고 (사람)의.

:pun·ish [pʌ́niʃ] *vt.* (1)…을 혼내주다, 난폭히 다루다 ; 혹사하다. (2) 《~+目/+目+前+名》 (사람 또는 죄)를 벌하다; 응징하다, 처형하다《*by* ; *for* ; *with*》 : ~ a person *with* 〈*by*〉 a fine 아무를 벌금형에 처하다.

pun·ish·a·ble [pʌ́niʃəbəl] *a.* 처벌할 만한, 벌 줄 수 있는, 처벌해야 할 : a ~ offense 처벌해야 할 죄. 파) **pùn·ish·a·bíl·i·ty** *n.*

pun·ish·ing [pʌ́niʃiŋ] *a.* 〔限定的〕 《口》 유해한, 해를 끼치는 ; 몹시 지치게 만드는, 고통을 주는 : a ~ road (차에 유해한) 험한 길. — *n.* ⓤ (a ~) 심한 타격 ; 혹사.

:pun·ish·ment [pʌ́niʃmənt] *n.* (1) ⓒ 응징, 징벌, 징계, 본보기 : He suffered the just ~ of his crime. 그는 자기 죄에 대한 정당한 처벌을 받았다. (2) ⓤ 벌, 형벌, 처벌 : capital ~ 극형 / corporal ~ 체형(體刑). (3) ⓤ 《口》 혹사, 학대.

pu·ni·tive [pjúːnətiv] *a.* (1) (과세 등이) 엄한, 가혹한, 무거운. (2) 형벌의, 징벌의, 응보의 : a ~ force 토벌군(軍) / ~ justice 인과 응보. 파) **~·ly** *ad.*

punk¹ [pʌŋk] *n.* ⓤ 《美》 (1) (꽃불 등의) 점화 물질. (2) (불쏘시개로 쓰는) 마른 나무 ; 불쏘시개. **punk²** *a.* (1) 《俗》 시시한. (2) 〔限定的〕 펑크조(調)의. (3) 《美》 건강치 못한, 병든.
— *n.* (1) ⓒ《口》 쓸모없는 인간. (2) ⓒ 풋내기, 조무래기, 애송이 ; 불량배 (3) ⓤ 하찮은 물건 ; 실없는 소리.

pun·net [pʌ́nit] *n.* ⓒ 《주로 英》 (가벼운 나무로 엮은) 넓적한 광주리《과일·야채 등을 담음》.

pun·ster [pʌ́nstər] *n.* ⓒ 익살을 잘 부리는 사람, 우스운 이야기를 잘 하는 사람, 말장난을 잘하는 사람.

punt¹ [pʌnt] *vt., vi.* (너벅선 등을) 삿대로 젓다 ; 너벅선으로 나르다〈가다〉. 파) **∠·er¹** *n.* — *n.* ⓒ《英》 (삿대로 젓는) 너벅선.

punt² 【美蹴·럭비】 *vt., vi.* (손에서 떨어뜨린 공을) 펀트하다, 땅에 닿기 전에 차다.
— *n.* ⓒ 펀트하기. 【cf.】 drop kick. 파) **∠·er²** *n.*

punt³ *vi.* 《英口》 (경마 등에서) 돈을 걸다 ; 물주에게 대항하여 돈을 걸다《faro 등의 트럼프에서》 파) **∠·er³** *n.*

pu·ny [pjúːni] (***-ni·er ; -ni·est***) *a.* (1) 허약한. (2) 자그마한 ; 미약한 ; 하잘것 없는, 대단찮은.

pup** [pʌp] *n.* ⓒ (1) 건방진 풋내기. ***in ~ (개가)새끼를 배고. ***sell*** a person ***a ~*** 《英口》 (장래 가치가 오

르리라는 등 거짓말로) …을 속여 팔다. (2) 강아지 ; (여우 · 바다표범 등의) 새끼. 【cf.】 cub.
— (*-pp-*) *vi.* (암캐가) 새끼를 낳다.

pu·pa [pjú:pə] (*pl.* ***-pae*** [-pi:], ***-pas***) *n.* ⓒ 번데기. 파) **pù•pal** [pjú:pəl] *a.*

pu·pate [pjú:peit] *vi.* 번데기가 되다.

:pu·pil¹ [pjú:pəl] *n.* ⓒ 학생《흔히 초등 학생 · 중 학생》; 제자.

pu·pil² *n.* ⓒ 【解】 동공(瞳孔), 눈동자.

***pup·pet** [pʌ́pit] *n.* ⓒ 꼭두각시 ; 작은 인형 ; 괴뢰, 앞잡이, 로봇 ; 망석중. — *a.* 〔限定的〕 괴뢰의, 앞잡이의, 로봇의 : a ~ government 괴뢰 정권. 파) **púp•pe•teer** [pʌ̀pitíər] n. ⓒ인형을 부리는 사람.

***pup·py** [pʌ́pi] *n.* ⓒ (1) 건방진 애송이. (2) 강아지 ; (물개 따위의) 새끼(pup).

pur·blind [pə́:rblàind] *a.* (1) 우둔한. (2) 반(半)소경의, 시력이 흐린.

pur·chas·a·ble [pə́:rtʃəsəbəl] *a.* 구매 가능한, 살 수 있는 ; 매수할 수 있는.

:pur·chase [pə́:rtʃəs] *vt.* (1) 《~+目/+目+前+名》 (노력 · 희생을 치르고)…을 획득하다, 손에 넣다 : ~freedom 〈victory〉 *with* blood 피 흘려 자유〈승리〉를 쟁취하다. (2) 《~+目/+目+前+名》 (물건)을 사다, 구입하다 : ~ a book (*at* 〈*for*〉 ten dollars) 책을 (10달러 주고) 사다.
— *n.* (1) ⓤ 사들임, 구입, 매입 : the ~ price 구입 가격 / ~ money 【商】 구입 대금 / (a) ~ order 구입 주문(서) / the ~ of a house 가옥의 구입. (2) ⓒ (종종 *pl.*) 구입〈매입〉품. (3) ⓤ (또는 a ~) 발판, 손잡이 ; 실마리.

***pur·chas·er** [pə́:rtʃəsər] *n.* ⓒ 구매자, 사는 사람.

pùr·chas·ing pówer [pə́:rtʃəsiŋ-] 구매력.

:pure [pjuər] (***púr•er*** ; ***púr•est***) *a.* (1) 맑은, 깨끗한 : ~ water 맑은 물 / ~ skin 깨끗한 피부. (2) 순수한 : ~ gold 순금. (3) 청순한, 순결한, 죄짓지 않은, 정숙한 : ~ in body and mind 몸과 마음이 청순한. (4) 섞이지 않은, 순종의 : a ~ Englishman 토박이 영국인. (5) 【音聲】 (모음이) 단순한, 단모음의 ; (소리가) 맑은, 순음(純音)의 ; 【樂】 음조가 올바른, 불협화음이 아닌. (6) 〔限定的〕 감각 · 경험에 의하지 않는 ; 순이론적인 : ~ and simple 순전한, 섞인 것 없는 / ~ of 〈from〉 taint 오점 없는 / ~ mathematics 순수〈이론〉 수학. ◻ purity *n.*
(***as***) ***~ as the driven snow*** 〔종종 反語的〕순수한, 청순한. 파) **~•ness** *n.* ⓤ 깨끗함, 청정; 순수 ; 결백.

pure·bred [´-bréd] *a.* 순계(純系)의 ; 순종의.
— [´-´] *n* ⓒ 순종(의 동물).

pu·rée [pjuréi, pjúrei, -rí:] *n.* ⓤ 《F.》 퓌레《야채 · 고기를 삶아서 거른 진한 수프》.

:pure·ly [pjúərli] (***more ~ ; most ~***) *ad.* (1)맑게, 깨끗하게, 순결하게 : live ~ 깨끗하게 살다. (2) 순수하게. (3) 전연, 완전히, 아주 : be ~ accidental 전혀 우연이다. (4) 단순히. ***~ and simply*** 에누리 없이, 순전히 : I can tell you now, I'm doing it ~ *and simply* for the money. 이제 이야기하는데, 나는 순전히 돈 때문에 그것을 하고 있다.

pur·ga·tion [pə:rgéiʃən] *n.* ⓤ (1) (설사약으로) 변이 잘 통하게 하기. (2) 깨끗하게 하기, 정화(淨化), 죄를 씻음 ; 【가톨릭】 정죄(淨罪)《연옥에서의》.

pur·ga·tive [pə́:rgətiv] *a.* 깨끗하게 하는 ; 하제의 : ~ medicine 하제(下劑).
— *n.* ⓒ 【醫】 변통(便痛)약, 하제.

pur·ga·to·ri·al [pə̀:rgətɔ́:riəl] *a.* 【가톨릭】 연옥(煉獄)의.

pur·ga·to·ry [pə́:rgətɔ̀:ri/ -təri] *n.* (1) ⓤⓒ (일시적인) 고난, 고행. (2) (종종 P-) ⓤ 【가톨릭】 연옥.

:purge [pə:rdʒ] *vt.* (1) 《~+目/+目+副/+目+前+名》 (죄(罪) · 더러움)을 제거하다, 일소하다《*away* ; *off* ; *out*》 : ~ *away* one's sins 죄를 씻다. (2) 《~+目/+目+前+名》 (몸 · 마음)을 깨끗이 하다《*of* ; *from*》 : ~ the mind *of* 〈*from*〉 false notions 마음속의 옳지 않은 생각을 깨끗이 씻다. (3) 《~+目/+目+前+名》【政】 (반대자 등) 을 추방하다, 숙청하다 : ~ a person *of* his office 아무를 그 직에서 몰아내다. (4) …에게 하제를 쓰다, 변이 잘 통하게 하다. (5) 《~+目/+目+前+名》 【法】 (혐의)를 풀게 하다 ; 무죄를 증명하다 ; 속죄하다 : ~ a person〈oneself〉 of suspicion …의 〈자신의〉 결백을 입증하다.
— *n.* ⓒ (1) 깨끗하게 함, 정화. (2) 추방, 숙청. (3) 하제(下劑).

***pu·ri·fi·ca·tion** [pjùərəfikéiʃən] *n.* ⓤ 깨끗이〈청결히〉 정화 ; 하기 ; 정제 : a water ~ plant 정수(淨水)장치 / the ~ of souls 심령의 정화.

pu·rif·i·ca·to·ry [pjuərífəkətɔ̀:ri] *a.* 맑게 하는, 정화의, 깨끗이 하는 ; 정제(精製)의.

***pu·ri·fy** [pjúərəfài] *vt.* (1) …을 제련〈정제〉하다 : ~ metals 금속을 제련하다. (2) …의 더러움을 제거하다, 깨끗이 하다, 맑게 하다. (3) 《~+目/+目+前+名》 …의 죄를 씻어 깨끗이 하다, 정죄하다 : ~ the heart 마음의 죄를 씻다. ◻ purification *n.* 파) **pu•ri•fi•er**[-fàiər] *n.* ⓒ 정화 장치〈용구〉.

pur·ism [pjúərizəm] *n.* ⓤⓒ (언어 등의) 순수주의. 파) **pur•ist** [-rist] *n.* ⓒ 순수주의자.

:Pu·ri·tan [pjúərətən] *n.* ⓒ (1) (p-) 엄격한 사람, 근엄한 사람. (2) 퓨리턴, 청교도《16-17세기에 영국에 나타난 신교도의 한 파》.
— *a.* (1) 청교도의〈같은〉. (2) (p-) 엄격한, 근엄한, 청교도의 (같은).

pu·ri·tan·i·cal [pjùərətǽnikəl] *a.* (1) (P-) 청교도의. (2) 청교도적〈금욕적〉인, 엄격한 ; 금욕적인. 파) **~•ly** *ad.*

Pu·ri·tan·ism [pjúərətənìzəm] *n.* ⓤ (1) (p-) 엄정주의《특히, 도덕 · 종교상의》. (2) 퓨리터니즘, 청교(주의) ; 청교도 기질.

***pu·ri·ty** [pjúərəti] *n.* ⓤ (1) 깨끗함, 청결, 맑음. (2) 순수. (3) (말의) 순정(純正). (4) (마음의) 청렴, 결백, 순결 : the Virgin Mary is a symbol of ~. 동정녀 마리아는 순결의 상징이다.

purl¹ [pə:rl] *vt., vi.* 【編物】 (골이 지게) 뒤집어 뜨다.
— *n.* ⓤ 【編物】 뒤집어 뜨기.

purl² *vi.* 졸졸 소리를 내며〈소용돌이치며〉 흐르다. — *n.* (*sing.*) 졸졸 흐름, 또 그 소리.

purl·er [pə́:rlər] *n.* (a ~) 《口》 낙마 ; 곤두박이, 거꾸로 떨어짐 : come *a* ~ 곤두박이치다.

pur·lieu [pə́:rlju:] *n.* (1) (*pl.*) 근처, 수변. (2)자주 드나드는 곳, 늘 가는 장소 ; 힘이 미치는 범위.

pur·loin [pərlɔ́in, pə́:r-] *vt.* 《文語 · 戱》 (대단치 않은 귀중품 따위)를 훔치다, 슬쩍하다.

:pur·ple [pə́:rpəl] (***-pler*** ; ***-plest***) *a.* (1) 제왕의 ; 귀인〈고관〉의. (2) (문장 따위가) 화려한 : a ~ passage〈patch〉 (문장 중의) 화려한〈세련된〉 부분. (3) 자줏빛의.
— *n.* (1) ⓤ 자줏빛. (2) (the ~) a] 제위, 왕권, 고

위. b] 추기경(의 직) : be raised to *the* ~ 추기경이 되다. ***be born* 〈*cradled*〉 *in* 〈*to*〉 *the* ~** 왕가〈귀족의 집안〉에 태어나다. ***marry into the* ~** (이름없는 집안의 여자가) 귀인에게 출가하다. ***royal* ~** 푸른 기가 도는 자줏빛.

pur·plish, pur·ply [pə́ːrpliʃ], [-pli] *a.* 자줏빛을 띤.

pur·port [pərpɔ́ːrt, pə́ːrpɔːrt] *vt.* (1) 《+*to* do》 (가부는 불문하고) …이라 주장하다, 칭하다 : a man ~*ing to* be a policeman 경찰관이라고 자칭하는 사람. (2) 의미하다 ; …을 취지로 하다 《~+that節》. — [pə́ːrpɔːrt] *n.* ⓤ (서류·연설 등의) 의미, 취지, 요지 : the ~ of the statement 그 성명의 취지.

pur·port·ed [pərpɔ́ːrtid] *a.* …라고 하는〈소문난〉 : a ~ foreign spy 외국의 스파이라고 소문이 난 사람. 파) **~·ly** *ad.*

:pur·pose [pə́ːrpəs] *n.* (1) ⓤ 의지 ; 결심, 결의 : weak of ~ 의지 박약한/ renew one's ~ 결의를 새롭게 하다. (2) ⓒ 목적(aim), 의도 ; 용도. (3) ⓤ 용도, 효과 : serve various ~*s* 여러 가지 용도에 쓰이다. ***answer* 〈*serve*〉 *the* 〈one's〉 ~** 목적에 합치하다 ; 쓸모있다. ***be at cross* ~** 부지중에 서로 방해하다, 서로 어긋나다. ***for that* ~** 그 (목적) 때문에. ***for* 〈*with*〉 *the* ~ *of doing*** …하기 위하여. ***of* (*set*) ~** 뚜렷한 목적을 세우고, 계획적으로. ***on* ~** 1) 고의로, 일부러 (〖opp.〗 *by accident*) : Was it an accident or did David do it *on* ~? 그것은 우연한 사고였나 아니면 데이빗이 고의로 그것을 하였느냐. 2) 일부러 …하기 위해. ***to good* ~** 유효하게. ***to no* 〈*little*〉 ~** 아주〈거의〉 헛되이; 아주〈거의〉 예상 밖으로. ***to the* ~** 요령 있게; 적절히.
— *vt.* (1) …을 의도하다, 꾀하다 : ~ a trip abroad 해외 여행을 꾀하다. (2)…하려고 결심하다.

pur·pose-built [pə́ːrpəsbìlt] *a.* 특별한 목적을 위해 세워진〈만들어진〉.

pur·pose·ful [pə́ːrpəsfəl] *a.* (1)과단성 있는, 결단을 내린: What the company needs is a strong and ~ manger. 회사에 필요한 것은 강력하고 과단성 있는 관리자다. (2)(분명한)목적이 있는: 의도가 있는, 고의의. 파) **~·ly** *ad.* **~·ness** *n.*

pur·pose·less [pə́ːrpəslis] *a.* 무의미한, 무익한. 파) **~·ly** *ad.*

pur·pose·ly [pə́ːrpəsli] *ad.* 고의로, 일부러.

pur·pose-made [-méid] *a.* 《美》 특별한 목적을 위하여 만들어진.

pur·pos·ive [pə́ːrpəsiv] *a.* (1) 결단력 있는. (2) 목적에 합치한. 파) **~·ly** *ad.*

pur·pu·ra [pə́ːrpjurə] *n.* ⓤ 자반병(紫斑病).

***purr** [pəːr] *vi.* (1) (자동차의 엔신 등이) 낮은 소리를 내다 : We could hear the sound of a lawnmower ~*ing* in the back garden. 뒤뜰에서 제초기의 윙윙거리는 소리가 들려왔다. (2) (고양이가 기분 좋은 듯) 목을 가르랑거리다 : 목구멍을 울리다.
— *vt.* (사람이) 만족스럽게 이야기하다. — *n.* ⓒ (1) (고양이의) 가르랑거리는 소리 ; 목구멍을 울리는 소리. (2) (엔진 따위의) 낮은 소리.

:purse [pəːrs] *n.* (1) (*sing.*) 금전 ; 자력 : the power of the ~ 금력(金力), 돈의 힘 / live within one's ~ 수입 범위 내에서 생활하다. (2) ⓒ (꼭지쇠가 달린) 돈지갑 : 《美》 핸드백 : Who holds the ~ rules the house. 《俗談》 돈이 제갈량(諸葛亮). (3) ⓒ 기부금, 현상금, 증여금 : win the ~ in a race 경주에 우승하여 상금을 타다. ***a long* 〈*fat, heavy*〉 ~** 두둑한 돈주머니, 부유. ***a slender* 〈*lean, light*〉 ~** 빈곤. ***line* one's ~** (부정한 수단으로) 큰 돈을 벌다. ***open* one's ~** 돈을 내놓다. — *vt.* (입 따위)를 오므리다《*up*》.

purse-proud [ˊpràud] *a.* 부유함〈돈〉을 자랑하는〈내세우는〉.

purs·er [pə́ːrsər] *n.* ⓒ (선박·여객기의) 퍼서, 사무장.

púrse strìngs (the ~) 재정상의 권한 ; 주머니끈 : hold the ~ 경리를 맡아보다 : loosen 〈tighten〉 *the* ~ 주머니 끈을 풀다〈죄다〉.

pur·su·ance [pərsúːəns/ -sjúː-] *n.* ⓤ 종사 : 이행, 수행, 속행 : in ~ of …에 종사하여 ; …을 수행중에.

***pur·su·ant** [pərsúːənt/ -sjúː-] *a.* 〔前置詞的으로〕 …에 의해, …에 따라서, 준(準)하여《*to*》 : ~ to the rules 규칙에 따라서, 규칙대로.

:pur·sue [pərsúː/ -sjúː] *vt.* (1) 추구하다 : ~ pleasure 쾌락을 추구하다. (2) …을 뒤쫓다, 추적하다 ; 〖軍〗 추격하다. (3) (싫은 사람·불행 따위가) 따라〈붙어〉다니다, 괴롭히다. (4) (일·연구 등)을 수행하다, 종사하다, 속행하다 : / ~ one's studies 연구에 종사하다. (5) 가다, (길)을 찾아가다. — *vi.* 쫓아가다, 따라가다, 속행하다《*after*》.

***pur·su·er** [pərsúːər/ -sjúː-] *n.* ⓒ (1) 추구자, 속행자, 수행자 ; 종사자, 연구자. (2) 추적자 ; 추구자.

:pur·suit [pərsúːt/ -sjúːt] *n.* (1) ⓤ 속행, 수행, 종사 : the ~ *of* plan 계획의 수행. (2) ⓤ 추적; 추격 ; 추구《*of*》 : the ~ *of* happiness 행복의 추구. ***in hot* ~** 맹렬히 추구하여. ***in* ~ *of*** …을 추구하여, …을 얻고자. ***in the* ~ *of* one's *duties*** 직무 수행상. (3) ⓒ 일 ; 취미 ; 연구 ; 오락 : one's daily ~*s* 일상 하는 일 / literary ~ 문학 연구.

pu·ru·lent [pjúərələnt] *a.* 화농성(化膿性)의, 고름의, 곪은.

pur·vey [pərvéi] *vt.* (1) (정보 등)을 제공하다. (2) 《~+目/+目+前+名》 (식료품 따위)를 공급하다, 조달하다, 납품하다《*for* ; *to*》 : ~ food *for* an army 군대에 식량을 납품하다.
— *vi.* (…에) 식료품 등을 조달하다《*for* ; *to*》.

pur·vey·ance [pərvéiəns] *n.* ⓤ (식료품의) 조달, 공급.

pur·vey·or [pərvéiər] *n.* ⓒ (식료품) 조달〈납품〉업자 ; 조달자.

pur·view [pə́ːrvjuː] *n.* ⓤ 권한 ; 범위, 영역 : within 〈outside〉 the ~ of …의 범위내〈외〉에.

pus [pʌs] *n.* ⓤ 고름.

:push [puʃ] *vt.* (1) 《~+目/+目+副》 (목적·일 등)을 추진하다, 확장하다 : one's business 사업을 확장하다 / ~ one's conquests still further 더 멀리 정복해 나아가다. (2) 《~+目/+目+副/+目+補/+目+前+名》 밀다, 밀치다, 밀어 움직이다 : ~ a wheelbarrow 손수레를 밀다 / ~ a door open 문을 밀어 열다. (3) 《~+目/+目+副/+目+前+名》 (제안·목적 따위)를 밀고 나아가다, (강력히) 추구하다 : ~ trade with Australia 오스트레일리아와의 무역을 강력히 추진하다. (4) 《+目+前+名》 …을 압박하다, 괴롭히다, (돈 따위에) 궁하게 하다 ; 재촉하다《*for*》 : 〔受動으로〕 (…의) 부족으로 곤란받다《*for*》 : ~ a person *for* payment 〈an answer〉 아무에게 지급〈회답〉을 재촉하다. (5) 《+目+*to* do/+目+前+名》 …에게 강요하다, 성화같이 독촉하다 : ~ a child *to* do his homework 어린애에게 숙제를 하라고 성화같이 야

단치다. (6) (상품 따위의) 판매를 촉진하다, 광고 선전하다. (7) 《~+目/+目+副/+目+前+名》 (손발)을 내밀다, (뿌리·싹)을 뻗다 : ~ *out* fresh shoot 새싹이 나오다 / ~ roots *down* into the ground 땅속에 뿌리를 뻗다. (8) 《~+目/+目+前+名》 후원하다 : ~ a person *in* the world 아무의 출세를 후원하다. (9) (물가·실업률 등)을 밀어올리다〈내리다〉《*up*〈*down*〉》. (10) 《口》 (마약 따위)를 밀매하다, 행상하다. (11) (택시·트럭 따위)를 운전하다 ; 몰다 : ~ a car to over eighty miles an hour 차를 시속 80마일 이상으로 몰다. (12) 【컴】 (데이터 항목을 동전통(stack)에) 밀어넣다. (13) 〔進行形〕 (수·연령에) 접근하다.

— *vi.* (1) 《~/+前+名》 밀다, 밀치다 : Don't ~ *at* the back ! 뒤에서 밀지 마라. (2) 《+前+名》 밀고 나아가다 ; 전진하다 : ~ *to* the front 앞으로 밀고 나아가다. (3) 《+前+名》 (…을) 자꾸 요구하다, 강요하다《*for*》. (4) 《俗》 마약을 팔다. ***~ across*** 《美俗》 1) 사람을 죽이다. 2) (경기에서) 득점ㅅ하다. ***~ ahead*** 척척 나아가다《*to*》 ; (계획을) 추진하다《*with*》 : The Government *~ed ahead with* the program. 정부는 그 계획을 추진했다. ***~ along*** 1) 밀고 나아가다, 전진하다《*to*》. 2) 《口》 (손님이) 돌아가다, 작별하다. ***~ around*** 〈***about***〉 《口》 (사람)을 매정하게 다루다, 혹사하다 : She left because she didn't like being *~ed around* by her manager. 그녀는 부장에게서 혹사당하는 것이 싫어 회사를 그만두었다. ***~ aside*** …을 옆으로 밀어놓다 ; (문제 따위)를 뒤로 돌리다. ***~ back*** 도로 밀치다, 뒤로 밀어내다, (적 따위)를 후퇴시키다 : ~ away 밀어 제치다. ***~ in*** (사람이) 떼밀고 들어가다; 주제넘게 나서다. ***~ off*** 1) 출범하다. 2)《口》〔흔히 命令形〕가 버리다, 떠나다. 3) 떠밀다. ***~ on*** 1) 힘차게 나아가다. 2) 서두르다. 3) (사람)을 몰아대다, 다그쳐서 …시키다. ***~*** one***'s way through*** (…을) 밀어 제치고 나아가다. ***~ through(...)*** (*vt.*) 1) (의안 따위)를 억지로 (…을) 통과케 하다 ; (일 따위)를 수행하다 : The president is trying to ~ *through* tax reform. 대통령은 세제 개혁을 완수하려 하고 있다. 2) (아무를) 도와 (시험에) 합격하게 하다. (*vi.*) (…을) 헤치며 나아가다, 뚫고 나가다, (잎 등이) 나다. ***~ up*** 밀어 올리다 : (수량)을 증대시키다, (물가 등)을 올리다; (경쟁 등에서) 돌진하다.

— *n.* (1) ⓒ a〕 (한 번) 밀기 ; (한 번) 찌르기, 찌름 : give a ~ 한 번 찌르다, 한번 밀다. b〕 【軍】 공격 ; 압력, 압박 : at the first ~ 첫째로 ; 첫 공격으로. (2) a〕 ⓒ 추진 ; 한바탕의 앙버팀, 분발, 용씀. b〕 ⓤ 기력, 진취저 기상, 억지가 셈 c〕 ⓤ 추천 후원. (3) (흔히 the ~) 밀어닥치는 힘, 압력. (4) 【컴】 밀어넣기. ***at a ~.*** 위기에 처하여 ; 만일의 경우에는. ***at one ~*** 대번에, 단숨에. ***come*** 〈***bring, put***〉 ***to the ~*** 궁지에 빠지다 〈몰아넣다〉. ***full of ~ and go*** 정력이 넘치는 : a man *full of ~ and go* 정력가. ***give*** 〈***get***〉 ***the ~*** 해고당하다 ; 절교당하다. ***make a ~*** 분발하다, 노력하다《*at* ; *for*》.

push·ball [ˊbɔ̀ːl] *n.* ⓤ 【競】 푸시볼《지름 6피트의 큰 공을 서로 상대편의 골에 발로 차지 않고 밀어넣는 경기》.

push-bike [ˊbàik] *n.* ⓒ 《英口》 페달식 보통 자전거. 【cf.】 motorbike.

púsh bùtton (벨·컴퓨터 등의) 누름 단추.

push-but·ton [ˊbʌ̀tn] *a.*〔限定的〕 원격 조종에 의한 ; 누름 단추식의, 자동화된 : a ~ telephone 버튼식 전화.

push·cart [ˊkɑ̀ːrt] *n.* ⓒ (장보기용 등의) 미는 손수레.

push·chair [ˊtʃɛ̀ər] *n.* ⓒ 《英》 (접을 수 있는) 유모차(《美》stroller).

pushed [puʃt] *a.* 〔敍述的〕 《口》 (1) 틈이 없는, 바쁜 : I'm a bit ~ now. 지금은 약간 바쁘다. (2) (사람이)돈·시간에 쪼들리는《*for*》: I'm always rather ~ *for* money at the end of the month. 늘 월말이면 조금 돈에 쪼들린다. (3)(…하는 것이) 곤란한, 어려운《*to* do》.

push·er [púʃər] *n.* ⓒ (1)억지가 센 사람, 오지랖 넓은 사람. (2) 미는 사람〈것〉, 후원자. (3)《口》마약 밀매꾼.

push·ing[púʃiŋ] *a.* (1)활동적인, 진취적인, 진취적 기상이 있는. (2)미는, 찌르는. (3)배짱이 센, 주제넘은, 나서기 잘하는. 파) **~·ly** *ad.*

push·out [ˊàut] *n.* ⓒ 《美口》 (가정·학교·직장에서) 쫓겨난 사람.

push·o·ver [ˊòuvər] *n.* (a ~) 《口》 (1) 잘 속는 사람, 영향을 받기 쉬운 사람. (2)손 쉬운 일, 식은 죽 먹기, 낙승(樂勝).

push·pin [ˊpìn] *n.* ⓒ 제도용〈도화지용〉 압핀.

push-up [púʃʌ̀p] *n.* ⓒ (1) 【컴】 처음 먼저내기《최초에 기억된 자료가 최초에 꺼내지도록 하는》 : ~ ist 처음먼저내기 목록, 축보(이)기. (2) 《美》 엎드려 팔굽혀펴기 : do twenty *~s.*

pushy [púʃi] (***push·i·er*** ; ***-i·est***) *a.* 《口》 억지가 센, 나서기 잘하는, 강력히 밀어붙이는 ; 뻔뻔스런. 파) **púsh·i·ly** *ad.* **-i·ness** *n.* ⓤ 《美》 원기, 적극성.

pu·sil·la·nim·i·ty [pjùːsələníməti] *n.* ⓤ 비겁, 무기력, 나약한, 겁많음.

pu·sil·lan·i·mous [pjùːsəlǽnəməs] *a.* 겁 많은, 무기력한, 소심한. 파) **~·ly** *ad.*

puss[1] [pus] *n.* ⓒ (1) 《口》 소녀, 계집애. (2) 고양이, 나비《주로 호칭》.

puss[2] *n.* ⓒ 《俗》 (흔히 a ~) 낯짝, 얼굴 ; 입.

***pussy** [púsi] *n.* (1) ⓒ (고양이 처럼)털이 있고 부드러운 것《버들개지 따위》. (2) ⓒ 《兒》 고양이. (3) ⓒ 《卑》여자의 음부. (4) 《美》 a〕 ⓤ 성교. b〕 ⓒ 성교 상대 《여자》.

puss·y·cat [púsikæ̀t] *n.* ⓒ (1) 《俗》 호인. (2)고양이.

puss·y·foot [púsifùt] *vi.* 《口》 (1) 모호한 태도를 취하다, 기회주의적인 태도를 취하다. (2) 살그머니 걷다.

pus·tule [pʌ́stʃuːl] *n.* ⓒ 【醫】농포(膿疱).

:put [put] (*p.*, *pp.* ***put*** ; ***pút·ting***) *vt.* (1) 《+目+前+名》 (어떤 방향으로) 향하게 하다 : ~ one's horse *to* 〈*at*〉 a fence (뛰어넘게 하려고) 말을 담을 향하게 하다. (2) 《+目+前+名/+目+副》 (어떤 위치)에 놓다, 두다, 설치하다, 붙이다, 얹다, 대다; 내려놓다: ~ a book *on* the shelf 책을 선반 위에 얹다〈올려놓다〉 / ~ one's cap *on* one's head 모자를 쓰다. (3) 《+目+前+名/+目+副/+目+補》 (어떤 상태에) 놓다, (…으로) 하다《*in* ; *to*》 ; (어떤 상태에서) 벗어나게 하다, 벗기다《*out of*》 : ~ the names *in* alphabetical order 이름을 abc 순으로 배열하다 / ~ a room *in* order 방을 정돈하다. (4) 《+目+前+名》 (사람을 일 따위에) 종사시키다, 배치하다《*to*》 : I've ~ the children *to* work clearing the snow from the path. 아이들에게 길의 눈을 치우는 일을 시켰다. (5) 《+目+前+名》 …을 회부하다, 받게〈당하

게〉하다(subject)《*to*》: ~ a person *to* torture 아무를 고문하다. (6)《+目+前+名》…을 더하다, 붙이다, 넣다, 타다, 치다 : ~ water *to* wine 술에 물을 타다 / ~ sugar *in* tea 홍차에 설탕을 치다. (7)《+目+前+名》…을 달다, 끼우다, 덧붙이다. 주다 ; 서명하다 : ~ a horse *to* a cart 짐수레에 말을 매다. (8)《+目+前+名》(제지 · 압력 등)을 가하다 ; (종말 등)을 짓다. (9)《+目+前+名》(주의 · 정력 · 기술 따위)를 기울이다, 집중하다, 적용시키다, 발휘시키다 ; (돈 따위를 …에) 충당하다, 투자하다《*in* ; *to* ; *into*》: ~ one's money *into* land 토지에 투자하다. (10)《~+目/+目+前+名》(문제 · 질문 · 의견 등)을 제출하다, 내다 : a ~ case *before* a tribunal 사건을 법정에서 진술하다 / I ~ it *to* you. 부탁합니다. (11)《~+目/+目+前+名/+目+副》a) 〔흔히 put it로 樣態의 副詞(句)를 수반함〕(말로) 표현하다, 말하다 : Let me ~ *it* in another way. 다른 방식으로 말해 보지. b) 번역하다《*in, into*》; 쓰다, 기록하다 : He ~ his experience *into* a novel. 자신의 체험을 소설로 썼다. (12)《+目+前+名》눈어림하다,어림잡다《*at*》; 평 가하다《*on*》: Drama critics have ~ her *on* a level with the great Shakespearean actresses. 연극 비평가들은 그녀를 셰익스피어 시대의 가장 위대한 여배우들과 맞먹는 수준으로 평가하였다. (13)《+目+前+名》(세금 · 의무 · 해석 · 비난 · 치욕 등)을 부과〈가〉하다, 억지로 떠맡기다, 퍼붓다 : They ~ a heavy tax *on* luxury goods. 사치품에 중과세했다. (14)《+目+前+名》…의 탓으로 돌리다《*to*》: They ~ it *to* his ignorance. 그들은 그것을 그의 무식의 탓으로 돌렸다. (15) (경기자가 포환 따위)를 던지다 : ~ the shot 포환던지기를 하다.

— *vi.* (1)《+副/+前+名》(배 따위가) 나아가다, 침로(針路)를 잡다, 향하다《*out to* ; *to* ; *for* ; *away*》; 《美》(강물 따위가) 흘러가다 : ~ *away* from the shore (배가) 물을 떠나다/ ~ (*in*)*to* harbor 입항하다. (2)《+前+名》《口》(사람이) 여행길에 오르다, 출발하다 ; 달아나다 : ~ *for* home 급히 귀가하다. (3) (식물이) 싹트다《*out*》.

be hard ~ to it ➜HARD *ad.* ***~ about*** (*vt.*) 1) …의 침로를 바꾸다. 2) …을 공표(발표)하다, 퍼뜨리다 : ~ *about* a rumor 소문을 퍼뜨리다. (*vi.*) (배가) 방향을 바꾸다; 되돌아가다. ***~ across*** 1)(…을) 가로질러 건네다, 놓다, (사람을) 건네주다 : ~ a car *across* the river 자동차를 강 건너로 건네다. 2)훌륭히 해내다 : ~ a project *across* 계획을 훌륭히 성공시키다(달성하다). 3) …을 속이다. 4) 이해 시키다《*to*》. ***~ apart*** ➜ SET. apart. ***~ aside*** 1) (일시) 제쳐놓다, 치우다, 걷어 치우다. 2) (후일을 위하여) …을 따로 남겨〈떼어〉두다, 저축하다. 3) (불화 · 증오 따위)를 무시하다, 잊다. ***~ asunder*** 서로 떼어놓다, 산산히 흩뜨리다. ***~ at*** 1) …으로 어림잡다. 2) …을 공격하다, 박해하다. ***~ away*** 1) (언제나 두는 곳에) 치우다. 2)(장차를 위해) 떼어두다, 비축하다 : ~ a little money *away* 조금 돈을 모으다. 3)《婉》투옥하다, (정신 병원에) 감금하다, 격리하다. 4)《婉》(늙은 개 등)을 죽이다, 처치하다. 5) (생각 등)을 포기하다, 버리다. 6) (음식)을 먹어치우다. ***~back*** 1) 제자리에 되돌리다, 뒤쪽으로 옮기다〈향하게 하다〉. 2) (시계)의 바늘을 되돌리다; 후퇴〈정체〉시키다 ; 늦추다, 연기하다(~ off) : *Put* the clock *back* five minutes. 시계를 5분 늦추어라. 3)《口》(많은 양의 술)을 마시다. 4) (배가〈를〉) 되돌아가다〈가게 하다〉. ***~... before*** …을 …의 앞에 놓다, …보다 우선시키다; ➜ *vt.*(10). ***~ by*** 제쳐놓다 ; 떼어두다, 간수하다, 저축해두다. ***~ down*** 1) (아래로)내려놓다, (아기)를 침대에 누이다; (통화 중에 전화)를 끊다. 2) (힘 · 권력으로) 억누르다, 잠잠케 하다, 침묵시키다. 3) (값 · 집세)를 내리다 : ~ prices *down* 물가를 내리다. 4) …을 저장해 두다, 보존하다 : ~ *down* vegetables in salt 야채를 소금에 절여 저장하다. 5) …으로 보다〈간주하다〉《*as* ; *at* ; *for*》; 어림잡다. 6) 적어놓다 ; (예약 · 신청자로서) …의 이름을 기입하다《*for*》; …의 대금을 (…의 계정으로) 기장하다《*to*》: *Put* the bill *down to* my account. 그 계산은 내 앞으로 달아놓으세요. 7) (승객)을 내려놓다 ; (비행기가) 착륙하다 ; (비행기)를 착륙시키다 : *Put* me *down at* Piccadily Circus. 피카딜리 서커스에서 내려주세요. 8)《口》열심히 마시다. 9)(병이 든 가축)을 죽이다, 처치하다. ***~ down the drain***《口》소비하다, 낭비하다. ***~ down to*** 1) (계산을) …이름으로 달아놓다. 2) …탓으로 돌리다. ***~ forth*** 1) 내밀다, 뻗치다 ; (싹이) 나오다. 2)(손 따위)를 뻗다, 내밀다. 3)《美》(계획 · 생각 · 문제 따위)를 제안하다, 내놓다, 진술하다. 4) (이론 따위)를 공표하다 ; (책 따위)를 출판하다 : ~ *forth* a new book 새로 책을 출판하다. 5) (힘 따위)를 발휘하다; 행사하다 ; (소리 따위)를 크게 외치다. 6) 항구를 나가다, 출발하다. ***~ forward*** 1) 제안〈제언, 주장〉하다 : ~ *forward* a new theory 새로운 설을 제창하다. 2) (시계의 바늘)을 빠르게 하다 ; 빨리 가게 하다 ; (…의) 날짜를 앞당기다 : ~ one's watch *forward* two minutes 시계의 바늘을 2분 빠르게 하다. 3) (날씨 등이 작물의 성장)을 촉진하다. ***~ in*** 1) …을 넣다, 끼우다 ; 더하다 ; 삽입하다; 첨가하다 ; (말로) 거들어주다 : ~ *in* a good word *for* one's friend 친구를 위해 한 마디 거들어주다. 2) (작물)을 심다 ; (씨)를 뿌리다. 3)(타격 따위)를 가하다 : ~ *in* a heavy blow 강한 펀치를 한대 먹이다. 4) (요구 · 탄원서 따위)를 내놓다, 제출하다 : ~ *in* a claim for damages 손해 배상을 요구하다/ ~ *in* a plea 탄원서를 제출하다. 5)임명하다, 직장에 배치하다 : ~ *in* guards 파수꾼을 배치하다. 6) (어떤 일에) 시간을 보내다: ~ *in* the summer at a resort 피서지에서 여름을 보내다. 7) 들르다, 방문하다 ; 기항하다. 8)(일)을 하다: If I ~ *in* some extra hours today, I can have some time off tomorrow. 오늘 몇 시간 일을 더 하면 내일은 몇 시간 쉴 수 있다. ***~ in for*** 1) 신청하다. 2) 입후보하다. 3)《美俗》요구하다. ***~ into*** 1) …의 안에 넣다, 끼워넣다, …에 삽입하다 ; …에 주입(注入)하다 : ~ a knife *into* it 칼을 푹 찌르다. 2)➜ vt.(11)b〕. 3) …에 입항하다. ***~ it across*** 1) (사람)을 혼내주다, 혹평하다 : I'll ~ *it across* her. 그녀를 혼내주겠다. 2)《口》속이나. ***~ it on***《口》〔흔히 ~ it on thick〕1) 감정을 과장해서 나타내다, 태깔부리다 , 허풍떨나. 2) 엄청난 값을 부르다, 바가지 씌우다. 3) 살찌다. ***~ off*** 1) 연기하다, 미루다 : ~ *off* an appointment 약속을 연기하다. 2) (옷)을 벗다, 버리다, 제거하다《※ 의복을 목적어로 할 때는 take off 쪽이 보통임. put off는 오히려 정신적인 것에 쓰임》. 3) (사람)을 기다리게 하다 ; 피하다 ; (사람 · 요구)를 회피하다, 용케 벗어나다. 4) (태도나 냄새 따위가) …에게 흥미를〈식욕을〉잃게 하다, 혐오감을 갖게 하다 ; (사물 · 사람이) …에 대한 의욕〈기력〉을 잃게 하다, 싫어하게 하다. 5) (수도 · 가스 등)을 잠그다; (라디오 · 전 등)을 끄다. (6)(습관 · 근심)을 떨쳐버리다 : *Put off* those foolish ideas ! 그런 어리석은 생각들은 떨쳐버리게. 7) (배가) 출항하다. 8) (보트 · 구명

정)을 내리다. **~ on** 1) 몸에 걸치다. (옷)을 입다. (모자)를 쓰다. (신)을 신다. (반지)를 끼다. (안경)을 쓰다 (〖opp.〗 *take off*) : ~ *on* one's shirt 〈hat, boots, ring, spectacles, etc.〉. 2) (체중·속력 따위)를 늘리다 : ~ *on* years 나이를 먹다, 늙어가다. 3) (점수를) 더하다 : ~ *on* 100 runs (크리켓에서) 100점을 얻다. 4) …하는 체하다, …을 가장하다; (찌푸린 얼굴 따위)를 하다. 5) (시계)를 앞으로 돌리다, 빨리 가게 하다. 6) (임시 열차 따위)를 마련하다. 7) (연극)을 상연하다. 8) (아무를 경기·무대 등에)등장시키다, 내보내다: I'm ~*ting* you *on* next. 다음은 자네가 나갈 차례일세. 9) …의 전화를 연결하다. 10) (물·가스 따위)를 고동을 열어서 내다, (불·라디오·TV 등)을 켜다(turn on). 11) (레코드·테이프 따위)를 틀다. 12) (식사) 준비를 시작하다. 13) (브레이크)를 걸다. 14)《美口》(사람을)속이다, 놀리다. 15) …에 돈을 걸다; (세금·벌금)을 부과하다, 값을 더하다. **~ one over on**《口》(사람)을 속이다. **~ out** 1) 끄다 : ~ *out* a candle 촛불을 끄다. 2) 내쫓다, 물리치다; 해고하다. 3) 내밀다 : She ~ *out* her hand to shake mine. 그녀는 나와 악수하기 위해 손을 내밀었다. 4)➜vi. (3). (5) 탈구(脫臼)하다, 삐다 : ~ one's shoulder *out* 어깨 관절을 삐다. 6) …을 성가시게 하다, 들볶다, 괴롭히다, 번거롭게 하다 ;〔종종 受動으로〕당황케 하다, 난처케 하다, 짜증〈화〉나게 하다. 7) (힘)을 내다, 발휘하다, 나타내다 : ~ *out* one's strength 힘을 쥐어짜내다. 8)발행하다, 출판하다, 발표하다; 생산하다 : ~ *out* a pamphlet 팸플릿을 내놓다. 9) …을 밖에 내놓다 ; (일 따위)를 외주하다; 하청주다. 10) 대출(貸出)하다, 투자하다. 11) 【크리켓·野】(타자)를 아웃시키다. 12) 출범하다 : 갑자기 떠나다. 13) 노력하다 14) …을 실신시키다. 15) …에 오차를 일으키다, 고장나게 하다. 16)《俗》(돈·섹스 따위로) 바라는 대로 행동하다, (여자가) 상대와〈아무하고나〉 자다《*for*》. **~ over** 1) 저편에 건네다 ; 맞은편으로 건너가다. 2) 연기하다. 3) (상대방에게) 잘 전하다, 이해시키다《*to*》. 4) (영화·연극에서) 성공하다. **~** one***self in for*** (경기 등에) 참가〈출전〉하다 : ~ *oneself in for* the high jump 높이뛰기 경기에 출전 신청을 내다. **~** one***self out*** (남을 위해) 애를 쓰다: Brian's always willing to ~ *himself out* for other people. 브라이언은 언제나 남을 위해 궂은 일을 마다하지 않는다. **~ *pain to*** …을 끝난 것으로 생각하다. **~ *right*** 1) 정정하다. 2) (병자를) 고치다. **~ *through*** 1)(일)을 성취하다 ; (신청서 등)을 처리하다 ~ *through* a business deal 상거래를 성립시키다. 2)…의 전화를 연결시키다. **~ *together*** 1) (부분·요소)를 모으다, 구성하다 ; 조립하다, 편집하다 : ~ *together* a dictionary. 2) …을 종합(편찬)하다, 합계하다《※ 흔히 수동으로 쓰이며, 명사 뒤에 둠》. 3) …을 결혼시키다. **~ *under*** 1) (사람 따위)를 마취제로 의식을 잃게 하다 ; (사람)을 최면에 걸리게 하다. 3) 사람을 죽이다, 매장하다 **~ *up*** 1)올리다. (미사일 따위)를 쏴 올리다; (기·돛 따위)를 올리다, 내걸다; (광고 따위)를 내붙이다 ; (천막 따위)를 치다; (우산)을 받다; (견장 따위)를 붙이다; (집 따위)를 짓다 : ~ *up* a notice on a bulletin board 게시판에 광고문을 게시하다. 2) 치우다, 넣어두다, 거두다 : *Put up* your sword. 칼을 칼집에 넣어 두시오. 3)(설탕·소금 절임으로 하여) 저장하다, 통조림으로 하다 : 포장하다 : ~ *up* fruit 과일을 (설탕절임으로) 저장하다. 4) (값)을 올리다. 5) (기도 따위)를 올리다 ; (청원서)를 제출하다. 6) 추천하다, 후보자로 지명하다 : 입후보하다 : I will ~ you *up* for the club, if you like. 원하신다면 클럽에 추천해 드리겠소. 7) (제안·생각 등)을 내놓다, 제안하다, 주장하다 : ~ *up* a new proposal 새로운 제안을 내놓다. 8) 투숙하다 : 숙박시키다 : ~ *up* at an inn 여관에 묵다. 9) (저항·반대 등)을 보이다 ; (싸움)을 계속하다. 10) 경매에 붙이다, 팔려고 내놓다《*for*》 : ~ *up* his personal effects to auction 그의 가재 도구를 경매에 붙이다. 11) 꾀하다, 날조하다, 꾸미다 : ~ *up* a job 일〈나쁜 짓〉을 꾸미다. 12)《美》(돈)을 지급하다, 갚다; 걸다. 13) (머리)를 세트하다. 14) (짐승)을 내몰다《사냥에서》. 15) (약 등)을 조제하다. up a (good) fight 선전하다. **~ *up or shut up*** 〔보통 命令法으로〕《口》돈을 걸어라, 그렇지 않으면 가만히 있거라 ; 해볼테면 해봐라. **~ *upon*** 〔흔히 受動으로〕《口》(아무)를 속이다, 약점을 이용하다 ; …을 부당하게 다루다, …에게 폐를 끼치다. **~** a person ***up to*** 아무를 선동하여 …시키다 ; …을 알리다〈경고하다〉 : (생각 등)을 …에게 제시하다 ; (결정 따위)를 …에게 맡기다 : The child said his brother had ~ him *up to* it. 어린이는 자기 형의 충동으로 했다고 말했다. **~ *up with*** …을 (지그시) 참다. **~** a person ***wise*** 아무에게 어떤 사실을 알려주다, 귀띔하다《*to*》. ***would not ~ it past*** a person ***to*** do ➜ PAST.

— *a.*《口》자리잡은, 꼼짝않고 있는, 정착한(fixed) : stay ~ 꼼짝 않고 있다, 안정되어 있다.

— *n.* ⓒ (흔히 *sing.*) (포환 등의) 던지기.

pu·ta·tive [pjú:tətiv] *a.* 〔限定的〕 억측의, 추정되고 있는, 추정의; 소문이 들리는. 파) **~·ly** *ad.*

put·down [pútdun] *n.* ⓤ (1) 심술궂은 말, 혹평, 호된 응수, 말대꾸, 비난. (2) (비행기의) 착륙.

put·off [pútɔ̀(:)f, -àf] n. ⓒ《美》핑계, 변명.

put·on [pútàn/ -ɔ̀n] *a.* 임시의, 거짓의, …인체 하는 ; 꾸민 행동의. — [pútàn/ -ɔ̀n] *n.* (2) (*sing.*)걸치레 ; 태깔부림. (2) ⓒ《美》농담.

put·put [pʌ́tpʌ́t, ㅅㅅ] **(-*tt*-)** *vi.* 펑펑〈통통〉 거리며 나아가다, 통통 소리를 내며 전진하다(움직이다). — *n.* ⓒ (소형 가솔린 엔진의) 펑펑〈통통〉하는 소리.

pu·tre·fac·tion [pjù:trəfǽkʃən] *n.* ⓤ 부패(작용) ; 부패물. 파) **pù·tre·fác·tive** [-tiv] *a.* 부패하는〈하기 쉬운〉 ; 부패시키는.

pu·tre·fy [pjú:trəfài] *vi.* (1) 썩다, 곪다. (2) 타락하다. — *vt.* …을 썩게 하다.

pu·tres·cent [pju:trésənt] *a.* 부패한 : 썩어가는. 파) **-cence** *n.* ⓤ 부패.

pu·trid [pjú:trid] *a.* (1)《俗》지독한, 고약한, 불쾌한. (2) 부패한 ; 악취가 나는 ; 타락한 : turn ~ 썩다.

파) **pu·trid·i·ty** [pju:trídəti] *n.* ⓤ 부패.

putsch [putʃ] *n.* ⓒ《G.》(정치적인) 폭동, 반란 ; 정부 전복 기도.

putt [pʌt] *n.* ⓒ 공을 가볍게 침경타(輕打), 퍼트. — *vt.*, *vi.* 【골프】 퍼트하다《green에서 hole로 향하여 가볍게 침》 ; 공을 가볍게 치다.

put·tee [pʌtí:, pʌ́ti] *n.* ⓒ (흔히 *pl.*) 가죽 각반; 각반.

put·ter [pútər] *n.* ⓒ 놓는 사람 ; 운반부.

put·to [pú:tou] (*pl.* ***-ti*** [-ti]) *n.* ⓒ 【美術】 푸토《큐피드와 같은 어린이의 화상(畫像)》.

put·ty [pʌ́ti] *vt.* …을 퍼티로 접합하다〈메우다〉.

— *n.* ⓤ 퍼티《창유리 따위의 접합제》 : glazier's 〈plasterer's〉 ~ 유리창용 〈미장이가 쓰는〉 퍼티.

put-up [pútʌ̀p] *a.*〔限定的〕《口》미리 꾸며놓은, 야

바위하는 : a ~ job 짜고 하는 일.
put-up·on [pútəpɑ̀n/ -ɔ̀n] *a.* 〔敍述的〕 속은, 이용당한.
:puz·zle[pʌ́zl] *n.* (1) ⓒ (*sing.*) 난문, 난제. (2)ⓒ 수수께끼, 퍼즐, 알아맞히기, 퀴즈 : a crossword~ 크로스워드퍼즐《낱말을 가로세로 맞추기》. (3)(*sing.*) 당혹, 곤혹: be in a ~ 당황하여, 어리둥절하여. — *vt.* (1) 《~+目/+目+*wh.to* do》 당혹하게 하다, 난처하게 만들다. (2) 《+目+前+名》 (머리)를 아프게 하다 《*over; about; as to*》 : ~ one's mind 〈brains〉 *over* 〈*about*〉 the solution of a problem 문제 해결에 부심하다.
— *vi.* 《+前+名》 이리저리 생각하다, 머리를 짜내다 《*over*》.
~ one's head 〈brains〉 머리를 짜다. **~ through** 손으로 더듬어 빠져 나가다. **~ out** (문제를) 풀다, 생각해 내다.
puz·zled [pʌ́zld] *a.* 어리둥절한, 어찌할 바를 모르는, 당황한 : a ~ expression 당혹한 표정 / You look ~. 곤혹스러운 것 같군.
puz·zle·ment [pʌ́zlmənt] *n.* ⓤ 당혹, 어리둥절 : He turned to her in ~. 어리둥절하여 그녀를 돌아보 았다.
puz·zler [pʌ́zlər] *n.* ⓒ 당혹하게 하는 사람〈것〉, 《특히》난문제.
***puz·zling** [pʌ́zliŋ] *a.* 어리둥절하는, 당혹하게 하는, 영문모를 : a ~ situation 난처한 상황.
py·e·li·tis[pàiəláitəs] *n.* ⓤ 【醫】신우염(腎盂炎).
***pyg·my** [pígmi] *n.* ⓒ (1) 왜인, 키가 작은 사람, 난쟁이 ; 보잘것 없는 사람〈물건〉. (2)(P-) 피그미족 《아프리카 적도 부근에 사는 키가 작은 종족》. — *a.* 〔限定的〕(1) 난쟁이의. (2) 아주 작은 ; 하찮은.
py·ja·mas [pədʒɑ́ːməz] *n.* =PAJAMA.
py·lon [páilɑn/ -lɔn] *n.* ⓒ (1) 【空】(비행장의) 지시탑, 목표탑, 파일런. (2) 【電】고압선용 철탑. (3) 탑문(塔門)《고대 이집트 신전의》.
:pyr·a·mid [pírəmìd] *n.* ⓒ (1) 【數】 각뿔 ; 【結晶】 추(錐) : a right ~ 직각 뿔. (2) 피라미드 : 피라미드형의 것, 금자탑. (3) 【史】 피라미드형 조직.
py·ram·i·dal [pirǽmədəl] *a.* 피라미드 모양의.
pyre [páiər] *n.* ⓤ 화장용(火葬用) 장작(연료).
Pyr·e·ne·an [pìrəníːən] *a.*, *n.* ⓒ 피레네 산맥의 (주민).
Pyr·e·nees [pírənìːz/ ⌐-⌐] *n. pl.* (the ~) 피레네 산맥《프랑스 · 스페인 국경의》.
py·re·thrum [paiəríːθrəm] *n.* ⓒ 제충국(除蟲菊); ⓤ 제충국 가루.
py·ret·ic [paiərétik] *a.* 【醫】발열성의.
py·rite [páiərait] *n.* ⓤ 황철광(黃鐵鑛).
py·ri·tes [paiəráitiːz, pə-, páiraits] *n.* ⓤ 【鑛】 황화(黃化) 금속 광물 : copper ~ 황동광 / iron ~ 황철광.
py·ro·ma·nia [pàiərəméiniə] *n.* ⓤ 【精神醫】 방화광(狂), 방화벽(放火癖), 방화 상습범.
파) **-ma•ni•ac** [-méiniæ̀k] *n.* ⓒ 방화광《사람》.
py·ro·tech·nic [pàiəroutéknik] *a.* (1)눈부신, 화려한. (2) 꽃불(제조술)의, 꽃불 같은.
py·ro·tech·nics [pàiəroutékniks] *n.* (1) 〔複數취급〕꽃불 올리기. (2) ⓤ 꽃불 제조술. (3) ⓤ (변설 · 기지 등의) 화려함.
Py·thag·o·ras [piθǽgərəs] *n.* 피타고라스 (580?-500? B. C.)《그리스의 철학자 · 수학자》.
Py·thag·o·re·an [piθæ̀gəríːən] *a.* 피타고라스의 the ~ proposition 〈theorem〉 피타고라스의 정리.
Pyth·i·an [píθiən] *a.* 【그神】 Delphi에 있는 아폴로 신전의; Delphi의; 아폴로의 신탁(神託)의.
py·thon [páiθɑn, -θən] *n.* ⓒ 【動】비단뱀, 거대한 뱀.
pyx [piks] *n.* ⓒ 【가톨릭】 성합(聖盒)《성체(聖體)용기》.

Q

Q, q [kjuː] (*pl.* ***Q's, Qs, q's, qs*** [-z]) (1) ⓒ Q 자형(의 것). (2) ⓤⓒ 큐《영어 알파벳의 17째 글자》. (3) ⓤ (연속된 것의) 제 17번째(의 것).

Qa·tar [kάːtɑːr, kətάːr] *n.* 카타르《페르시아 만 연안의 토후국; 수도는 Doha》. 파) **Qa•ta•ri** [-ri] *n.*, *a.* 카타르 주민(의).

Qi·a·na [kiάːnə] *n.* 키아나《나일론계의 합성 섬유; 商標名》.

qua [kwei, kwɑː] *ad.* 《L.》 …로서, …의 자격으로.

*__quack__[1] [kwæk] *n.* ⓒ 꽥꽥《집오리 우는 소리》; (시끄러운) 수다떨기.
— *vi.* (1) 객적은 수다를 떨다. (2) (집오리가) 꽥꽥 울다; 시끄럽게 (쓸데없는 말을)지껄이다.

quack[2] *n.* ⓒ (1) 사기꾼, 야바위꾼. (2) 가짜 의사, 돌팔이 의사(charlatan). — *a.* 가짜 의사의, 사기〈엉터리〉의 : a ~ doctor 가짜〈돌팔이〉 의사 / ~ medicines〈remedies〉 가짜 약〈엉터리 요법〉.

quack·ery [kwǽkəri] *n.* ⓤⓒ 엉터리 치료(법).

quád dénsity 【컴】4배 기록 밀도.

Quad·ra·ges·i·ma [kwὰdrədʒésəmə/ kwɔ̀d-] *n.* 【敎會】 4순절(Lent)의 첫째 일요일(=**~ Súnday**) ; (4순절의) 40일(간).

quad·ran·gle [kwάdræŋgəl/ kwɔ́d-] *n.* ⓒ (1) a〕 (특히 대학 등의 건물에 둘러싸인) 안뜰. b〕 안뜰을 둘러싼 건물. (2) 4각형, 4변형《특히 정사각형과 직사각형》= 네모꼴.

quad·ran·gu·lar [kwɑdrǽŋgjələr/ kwɔd-] *a.* 4각형〈변형〉의, 네모꼴의.

quad·rant [kwάdrənt/ kwɔ́d-] *n.* ⓒ (1) 【天·海】 사분의(儀), 상한의(儀)《옛 천체 고도 측정기》. (2) 【數】사분면(四分面), 상한(象限).

quad·ra·phon·ic [kwὰdrəfάnik/ kwɔ̀drəfɔ́nik] *a.* (녹음·재생이) 4채널 방식의.

qua·draph·o·ny [kwɑdrǽfəni/ kwɔ-] *n.* ⓤ (녹음·채널 등의) 4채널 방식.

quad·rate [kwάdrit, -reit/ kwɔ́d-] *a.* 정방형의, 네모꼴의, 정사각형의 : a ~ bone 〈muscle〉 방형골〈근〉 / a ~ lobe (뇌수의) 방형엽(葉). — *n.* ⓒ (1) 정사각형, 정방형. (2) 【解】 방형골(骨), 방형근(筋).

quad·ra·thon [kwάdrəθὰn/ kwɔ́drəθɔ̀n] *n.* 4종 경기《수영·경보·자전거·마라톤을 하루에 치르는 경기》.

qua·drat·ic [kwɑdrǽtik/ kwɔd-] 【數】 *a.* 2차의 : solve a ~ equation. 2차 방정식을 풀다

qua·dren·ni·al [kwɑdréniəl/ kwɔd-] *a.* 4년마다의, 4년간 계속되는. 파) **~•ly** *ad.*

quad·ri·lat·er·al [kwὰdrəlǽtərəl/ kwɔ̀d-] *n.*, *a.* 4변형(의): a complete ~ 【數】 완전 사변형.

qua·drille [kwɑdríl, kwə-] *n.* ⓒ 쿼드릴《네 사람이 한 조로 추는 square dance》; 그 곡(曲).

qua·droon [kwɑdrúːn/ kwɔd-] *n.* ⓒ 4분의 1흑인 ; 백인과 반백인(mulatto)과의 혼혈아. 【cf.】 mulatto, octoroon.

quad·ru·ped [kwάdrupèd/ kwɔ́d-] *a.* 네발 가진. — *n.* ⓒ 【動】 네발짐승, 4지동물〈보통 포유류〉.

qua·dru·ple [kwɑdrúːpəl, kwάdru-/ kwɔ́drupəl] *a.* (1) 4부로 된 ; 4자간의. (2) 4배의《*to*》; 네 겹의. (3) 【樂】4박자의: ~ time 〈measure, rhythm〉 【樂】 4박자. 【cf.】 triple, quintuple. — *n.* ⓤ (the ~) 4배(수), 4배의 양《of》. — *vt.*, *vi.* 4배로 하다〈되다〉.
파) **-ply** [-i] *ad.*

quad·ru·plet [kwάdruplit, kwɑdrʌ́p-, -drúːp-/ kwɔ́drup-] *n.* ⓒ (1) a〕 네 쌍둥이 중의 한 사람. b〕 (*pl.*) 네 쌍둥이. (2) 네 개 한세트〈벌〉. (3) 4인승 자전거.

quad·ru·pli·cate [kwɑdrúːplikit/ kwɔd-] *a.* 네 번 반복한, 네 번 거듭한 ; 4배〈겹〉의 ; 네 통 복사한《증서 따위》. — *n.* ⓒ 4조〈통〉 중의 하나 ; (*pl.*) 같은 사본의 네 통의 문서. ***in* ~** (같은 문서를) 네 통으로 작성하여.
파) **qua•drù•pli•cá•tion** [-kéiʃən] *n.*

quaff [kwɑːf, kwæf] *vt.* 《~+目/+目+副》 …을 단숨에 마시다《*off* ; *out* ; *up*》; 들쭉 〈꿀꺽꿀꺽〉 들이켜다.
— *vi.* 술을 꿀꺽꿀꺽(단숨에) 들이켜다.

quag·mire[kwǽgmàiər] *n.* (1) (a ~) 꼼짝할 수 없는 곤경, 진구렁: be in *a* ~ of debt 빚 때문에 옴쭉〈꼼짝〉 못하다. (2)ⓒ 소택지, 수렁, 진창.

*__quail__[1] [kweil] (*pl.* **~s**, 〔集合的〕 **~**) *n.* ⓒ【鳥】 메추라기 ; ⓤ 그 고기.

quail[2] *vi.* 《~/+前+名》 겁내다, 기가 죽다, 주춤 춤〈움찔〉하다(shrink)《*at* ; *before* ; *to*》.

:quaint [kweint] *a.* (1) (특히, 오래되어) 색다르고 흥미있는, 별스러워 흥미를 끄는 ; 예스런 멋이〈아취가〉 있는 : a ~ old house. (2) 기묘한, 기이한, 이상한(incongruous, strange): the ~ notion that... …라는 기묘한 생각. 파) **~•ly** *ad.* **~•ness** *n.*

*__quake__ [kweik] *vi.* (1) 《~/+前+名》(추위·공포로) 전율하다(tremble), 몸서리치다, 떨다(shudder)《*with* ; *for*》. ***be quaking in* one*'s boots* 〈*shoes*〉** 몹시 두려움을 느끼다. (2) (지면이) 흔들리다(shake), 진동하다(vibrate). — *n.* ⓒ (1) 흔들림, 동요, 전율, 떨기, 진동. (2) 《口》지진(earthquake).

quake·proof [kwéikprùːf] *vt.* (건물)에 내진성을 주다. — *a.* 내진성의.

:Quak·er [kwéikər] (*fem.* **~•es** [-kəris]) *n.* ⓒ 퀘이커교도《17세기 중엽 영국의 George Fox가 창시한 Society of Friends 회원의 별칭》.

Quak·er·ism [kwéikərìzəm] *n.* ⓤ 퀘이커 교도의 교리, 습관.

qual·i·fi·ca·tion [kwὰləfəkéiʃən/ kwɔ̀l-] *n.* (1) ⓒⓤ 조건(을 붙임), 제한(을 가함) (restriction). (2) ⓒ (종종 *pl.*) (지위·직업 등을 위한) 자격,, 증명, 면허 증명, 면허 ; (직에 어울리는) 능력, 기술, 지식《*for* ; *to do*》. (3) ⓤ 자격 부여〈취득〉.

*__qual·i·fied__ [kwάləfàid/ kwɔ́l-] (***more* ~ ; *most* ~**) *a.* (1) 제한〈한정〉된, 조건부의 : acceptance 【商】 (어음의) 제한 인수 / ~ approval 조건부 찬성. (2) 자격이 있는 ; 적격의, 적임의, 적당한(fitted)《*for* ; *to do*》; 면허를 받은, 검정을 거친.

qual·i·fi·er [kwάləfàiər/ kwɔ́l-] *n.* ⓒ (1) 【文法】 한정사, 수식어《형용사·부사 따위》. (2) 자격〈권한〉을 주는 사람〈것〉 : 한정하는 것.

:qual·i·fy [kwάləfài/ kwɔ́l-] (***-fied* ; *~•ing***) *vt.* (1) …을 제한하다, 한정하다(limit) : ~ a claim 요

구에 제한을 붙이다. (2) 《~+目/+目+*to* do/+目+前+名/+目+*as* 補》 …에게 자격〈권한〉을 주다 ; (지능·기술 등이) …을 …에 적격〈적임〉으로 하다, 적합하게 하다. (3) …을 누그러뜨리다, 진정하다(soften) : ~ one's anger 노여움을 누그러뜨리다. (4) 【文法】 …을 수식하다, 꾸미다(modify). — *vi.* 《+前+名/+*as* 補》 자격을〈면허를〉얻다 ; 적임이다, 적격이 되다. ***a ~ing examination*** 자격 검정 시험.

*__qual·i·ta·tive__ [kwálətèitiv/ kwɔ́lətə-] *a.* 질적인 ; 성질상의, 정성(定性)의, 정질(定質)의. 【opp.】 *quantitative.* 『 ~ analysis 【化】 정성 분석.

:**qual·i·ty** [kwáləti/ kwɔ́l-] *n.* (1) ⓒ 특질, 특성, 속성(attribute), 자질 : the ~ of love 사랑의 본질. (2) ⓤ 질, 품질. 【opp.】 *quantity.* 『 the ~ of students 학생의 질. (3) ⓤ 양질(fineness), 우수성(excellence) ; 재능 : goods of ~ 질 좋은 물건. (4) ⓤ 음질 ; 음색. ***give*** a person ***a taste of*** one***'s ~*** 수완(능력)을 엿보이다. ***have ~*** 뛰어나다. ***in*** (***the***) ***~ of*** …의 자격으로. ***the ~*** 상류 사회 사람들. — *a.* 질 좋은, 뛰어난, 고급의 : ~ goods 우량품.

quálity contròl 품질 관리《略: QC》.

qualm [kwɑːm, kwɔːm] *n.* ⓒ (종종 *pl.*) (1) (돌연한) 불안, 염려, 걱정(misgiving), 의구심(doubt) 《*about*》. (2) 일시적 현기증, 구역질, 메스꺼움(nausea) : ~*s* of seasickness 뱃멀미. (3) (양심의) 가책《*about*》. ***with no ~s*** = ***without ~s*** 〈***a ~***〉 아주 주저함 없이.
파) **~·ish** *a.* 느글거리는; 양심의 가책을 느끼는.

quan·da·ry [kwándəri/ kwɔ́n-] *n.* ⓒ 당황, 난처한 처지, 난국, 곤혹 ; 궁지, 곤경(dilemma), 진퇴유곡 《*about* ; *over*》.

quan·go [kwǽŋgou] (*pl.* ***~s***) *n.* ⓒ 《英》 특수법인 《정부로부터 재정 지원과 상급 직원의 임명을 받으나 독립된 권한을 가진 기관》, 독립정부기관. 〔◀ *quasi-autonomous national governmental organization*〕

quan·ti·fi·ca·tion [kwàntəfəkéiʃən/ kwɔ̀n-] *n.* ⓤ 수량화(數量化), 정량화(定量化).

quan·ti·fi·er [kwántəfàiər/ kwɔ́n-] *n.* ⓒ 【言·文法】 수량(형용)사《some, many 따위》 ; 【論】 양(量)〔한정〕기호.

quan·ti·fy [kwántəfài/ kwɔ́n-] *vt.* …의 양(量)을 표시하다 ; 양을 정하다 ; 양을 재다.

*__quan·ti·ta·tive__ [kwántətèitiv/ kwɔ́ntə-] *a.* 양의, 양에 관한, 분량상의, 양에 의한, 양적인 : ~ analysis 【化】 정량 분석; 【經營】 양적 분석.

:**quan·ti·ty** [kwántəti/ kwɔ́n-] *n.* (1) ⓒ (흔히 *pl.*) 다량, 다수, 많음 : a ~ of books 많은 책/ *quantities* of money 많은 돈 / ~ production 대량 생산. (2) ⓤ 양(量) ; ⓒ(어떤 특정한) 분량, 수량, 액: a given ~ 일 정량 / I prefer quality to ~. 양보다 질을 택한다. (3) ⓒ 【數】 양 ; 양을 나타내는 숫자〈기호〉 : a known〈an unknown〉 ~ 기지〈미지〉량〈수〉 : a negligible ~ 【數】무시할 수 있는 양; 하찮은〈축에도 안드는〉 사람〈물건〉. ***a ~*** 〈***quantities***〉 of 많은, 다량〈다수〉의. ***in ~*** 〈***large quantities***〉 많은〈많이〉, 다량의〈으로〉.

quan·tum [kwántəm/ kwɔ́n-] (*pl.* ***-ta*** [-tə]) *n.* ⓒ 《L.》 (1) 【物】양자(量子). ***have*** one***'s ~ of*** …을 충분히 얻다. (2) 양(量), 액(額);《특히》소량. (3) 특정량
— *a.* 획기적인, 비약적인 : a ~ improvement *in* quality 질의 획기적 개량.

quántum jùmp (**lèap**) (1)비약적 진보〈개선〉, 돌연한 비약, 약진(躍進): a *quantum leap* in growth 비약적인 성장. (2) 【物】 양자(量子) 도약.

quántum mechánics 【物】양자 역학.

quántum nùmber 【物】양자수.

quántum phýsics 【物】양자 물리학.

quántum thèory (종종 the ~) 【物】양자론.

quar·an·tine [kwɔ́ːrəntìːn, kwár-] *n.* (1) ⓒ 검역 정선(停船) 기간《40일간》. (2) ⓤ격리《전염병 예방을 위한》. (3) ⓒ 격리소; 검역소. ***in*** 〈***out of***〉 ***~*** 격리 중에 〈검역을 받고〉. (4) 고립화
— *vt.* 〔종종 受動으로〕 …을 검역하다 ; (전염병 환자 등)을 격리하다 ; (검역) 정선을 명하다 ; 고립시키다.

quark [kwɔːrk, kwɑːrk] *n.* ⓒ 【物】 쿼크《소립자(素粒子)의 구성 요소로 되어 있는 입자》.

:**quar·rel** [kwɔ́ːrəl, kwár-] *n.* ⓒ (1) (흔히 *sing.*) 싸움〈말다툼〉의 원인, 불평《*against* ; *with*》 ; 싸움의 구실. (2) 싸움, 말다툼 ; 티격남, 불화《*with*》 : I had a terrible ~ *with* my other brothers. 나는 다른 형제들과 심하게 다투었다. ***fight*** a person***'s ~ for*** 아무의 싸움에 합세하다. ***find ~ in a straw*** 사소한 일로 시비를 걸다. ***in a food ~*** 떳떳한 싸움에서. ***make up a ~*** 화해하다. ***pick*** 〈***seek***〉 ***a ~ with*** 싸움을 걸다.
— (***-l-***,《英》***-ll-***) *vi.* 《~/+前+名》 (1) 싸우다, 언쟁하다《*with* ; *about* ; *for*》 ; 티격나다, 불화하게 되다 《*with*》. (2) 불평하다, 비난하다, 이의(異議)를 제기하다《*with*》 : A bad workman ~*s with* his tools. 《俗談》 서툰 장색 연장 나무라기.

*__quar·rel·some__ [kwɔ́ːrəlsəm, kwár-] *a.* 시비조의 ; 싸우기 좋아하는, 논쟁하기 좋아하는, 걸핏하면 싸우려는. 파) **~·ness** *n.*

*__quar·ry__[1] [kwɔ́ːri, kwári] *n.* ⓒ (1) 지식의 원천; 출처, (인용 등의) 전거. (2)채석장.
— *vt.* (1) 《~+目/+目+副》 (돌)을 파내다, 떠내다 : ~ (*out*) marble 대리석을 떠내다. (2) (사실 따위)를 애써 찾아내다《서적 등에서》 ; (기록 따위)를 애써 찾다. (3) …에 채석장을 만들다.
— *vi.* 고심하여 자료를 찾아내다.

quar·ry[2] *n.* (*sing.*) (쫓기는) 추적당하는 사람〈대상〉 ; 공격의 목적; 사냥감.

quar·ry·man [-mən] (*pl.* ***-men*** [-mən]) *n.* ⓒ 채석공, 석수.

*__quart__ [kwɔːrt] *n.* ⓒ (1) 1쿼트들이의 용기. (2)쿼트《액량인 경우는 1/ 4gallon, 약 1. 14 *l* 》 ; 건량(乾糧)《보리·콩 따위에서는 1/ 8peck, 2pints》. (3) 1쿼트의 맥주〈술〉. 【cf.】 half pint. ***try to put a ~ into a pint pot*** 불가능한 일을 하려고 하다.

:**quar·ter**[kwɔ́ːrtər] *n.* (1) ⓒ 15분 : at (a) ~past〈《美》 after〉 two, 2시 15분 지나 / at (a) ~ to 〈《美》 of〉 two, 2시 15분 전에《a는 종종 생략함》. (2) ⓒ 4분의 1 : a mile and a ~, 1마일과 4분의 1/ a ~ of a pound, 4분의 1파운드. (3) ⓒ 4분기(의 지급); 《美》 (4학기로 나눈)1학기. 【cf.】 semester. 『 owe two ~s' rent 반년치의 집세가 밀리다. (4) ⓒ 【天】 현(弦)《달의 공 전기의 1/4》: the first 〈last〉 ~ 상현〈하현〉. (5) ⓒ 《美·Can.》 25센트 경화. 【cf.】 dime, nickel, penny. (6) ⓒ《英》쿼터《1) 곡량(穀量)의 단위= 8 bushels. 2) 무게의 단위=《美》 25pounds,《英》 28pounds》. (7) ⓒ 4분의 1야드〈마일〉 ; (the ~) 4분의 1마일 경주; 【海】4분의 1길 (fathom); 네 발짐승의 네 다리의 하나. (8)ⓒ 나침반

Q

의 4방위의 하나, 방위(direction). (9) ⓒ 방면 ; 지역, 지방(地方) ; (도시의)지구, …거리(district) : the Chinese ~ of San Francisco 샌프란시스코의 중국인 거리. (10) ⓒ (특수한) 방면, 통(通), (정보 등의) 출처(source). (11) (*pl.*) a] 숙소, 거처, 주소 : an office with sleeping ~*s* 숙직실이 있는 사무실. b]【軍】진영, 병사(兵舍). (12) (*pl.*) (함선내의) 부서, 배치 : be at ⟨call to⟩ ~ 부서에 자리잡다⟨배치하다⟩. (13) ⓤ 〔흔히 否定文〕(항복한 적에게 보이는) 자비(mercy), 관대(indulgence). (14) ⓒ【建】간주(間柱) ;【紋章】(방패의) 4반절 무늬. (15) ⓒ【競】경기 시작 전체의 4분의 1 ;【美蹴】=QUARTERBACK. ***ask for ⟨cry⟩ ~*** (포로·패잔자 등이) 살려 달라고 빌다. ***at close ~s*** 바싹 접근하여. ***give ⟨receive⟩ ~*** 살려주다 ⟨목숨을 건지다⟩ : give no ~ to …을 사정없이 공격하다. ***live in close ~*** 좁은 곳에 다닥다닥 살다. ***take up*** one***'s ~s*** 숙소를 잡다 :【軍】부서에 자리잡다《특히 군함에서》.

— *a.* 〔限定的〕 4분의 1의 : a ~ mile, 4분의 1마일 (경주).

— *vt.* (1) …을 4(등)분하다, (짐승)을 네 갈래로 찢다 : ~ an apple 사과를 4등분하다. (2) (죄인)을 사지(四肢)를 찢어 죽이다 ;【紋章】(방패)를 열십자로 4등분하다. (3) 《~+目/+目+前+名》 …을 숙박⟨숙영⟩시키다, 숙사를 준비하다 ; 부서에 자리잡게 하다《*in* ; *on* ; *with*》.

quar·ter·back [kwɔ́ːrtərbæ̀k] *n.* ⓤⓒ【美蹴】쿼터백《forward와 halfback 중간에 위치 ; 略 : qb, QB》.

quar·ter·deck [-dèk] *n.* (the ~) 선미 갑판, 뒷갑판.

quar·ter·fi·nal [kwɔ̀ːtərfáinəl] *n.* ⓒ, *a.* (스포츠) 준준결승(의). 【cf.】 semifinal. 파) **~·ist** *n.* ⓒ 준준결승 출전 선수⟨팀⟩.

quárter hòrse 단거리 경주말《$\frac{1}{4}$ 마일 경주용으로 개량된 말》.

quar·ter-hour [kwɔ́ːrtəráuər] *n.* ⓒ 15분간 : (어떤 시각의) 15분 전⟨지난⟩ 시점.

quárter lìght 《英》 (자동차 측면의) 3각 창.

quar·ter·ly [kwɔ́ːrtərli] *a.*, *ad.* (1) 방패를 열십자로 4등분한⟨하여⟩. (2) 연(年) 4회 발행의⟨에⟩, 철마다(의), 한해 네번의(으로) : ~ issue 계간(季刊). — *n.* ⓒ 연 4회 간행물, 계간지(誌).

quar·ter·mas·ter [kwɔ́ːtermæ̀stər, -mɑ̀ːs-] *n.* ⓒ (1)【海軍】조타수(操舵手). (2)【陸軍】병참(兵站)⟨보급⟩ 장교《略 : Q. M.》; 보급 계원.

quártermaster géneral (*pl.* **~s, ~**)【軍】병참감《略 : Q. M. G.》.

quárter nòte 《美》【樂】4분음표.

quar·ter·staff [kwɔ́ːrtərstæ̀f, -stɑ̀ːf] (*pl.* ***-staves*** [-stèivz]) *n.* ⓒ 옛날 영국 농민이 무기로 쓰던 6-8피트의 막대.

***quar·tet** 《英》 **-tette** [kwɔːrtét] *n.* ⓒ (1) 네개 한벌, 네개짜리; 4인조. (2)【樂】4중주, 4중창; 4중주곡, 4중창곡; 4중주단, 4중창단. 【cf.】 solo.

quar·to [kwɔ́ːrtou] (*pl.* **~s**) *n.* (1) ⓒ 4절판의 책. 【cf.】 folio, sexto, octavo. (2) ⓤ 4절판《$9\frac{1}{2}\times12\frac{1}{2}$인치 크기; 略: Q., 4 to 4°》. — *a.* 4절(판)의 : ~ paper 4절지 / a ~ edition 4절판.

quash [kwɑʃ/ kwɔʃ] *vt.* (1)【法】(판결·명령 따위)를 취소하다, 파기하다, 폐기하다, 무효로 하다. (2) (반란 따위)를 가라앉히다, 진압하다, 억누르다 : ~ a revolt⟨a rebellion⟩ 반란을 진압하다.

qua·si [kwéisai, -zai, kwɑ́ːsi, -zi] *a.* 준(準)하는, 유사한.

qua·ter·nary [kwətə́ːrnəri, kwɑ́ːtərnèri] *a.* (1) (Q-)【地質】제 4기(紀)의. (2) 4요소로 되는 ; 넷 한 조⟨짝⟩의, 4개 한벌의 ; 4변수의 ; 4부분으로 되는 ;【化】4원소 또는 4기(基)로 되는. — *n.* (1) ⓒ 4개 한 조의 것. (2)(the Q-)【地質】제 4기(紀)⟨층(層)⟩.

quat·rain [kwɑ́trein/ kwɔ́t-] *n.* ⓒ 4행시《흔히 abab라고 압운함》.

quat·re·foil [kǽtərfɔ̀il, kǽtrə-] *n.* ⓒ (1)【建】사엽(四葉) 장식. (2) 사판화(四瓣花) ; (클로버 따위의) 네 잎.

***qua·ver** [kwéivər] *vi.* (1)떠는 소리로 말⟨이야기⟩하다《*out*》. (2)(목소리가) 떨(리)다, 진동하다. — *vt.* 《~+目/+目+副》 …을 떨리는 소리로 노래⟨말⟩하다: ~ (out) a word 떨리는 소리로 한 마디 말하다. — *n.* ⓒ (1) 떨리는 소리; 진음. (2)《英》【樂】8분음표 (eighthnote).

quay [kiː] (*pl.* **~s**) *n.* ⓒ (흔히, 돌 또는 콘크리트의) 부두, 선창, 방파제, 안벽(岸壁). 【cf.】 pier, wharf.

quay·side [⌐sàid] *n.* ⓒ 부두 지구.

quea·sy [kwíːzi] (***-si·er*** ; ***-si·est***) *a.* (1) (음식·장면 등이)속을 느글거리게 하는, 욕지기 나는, 역겨운, 메스껍게 하는. (2) 메슥거리는. (3)성미가 까다로운, 불안한 ; 소심한《*at* ; *about*》. 파) **-si·ly** *ad.* 메스껍게. **-si·ness** *n.*

Que·bec [kwibék] *n.* 퀘벡《캐나다 동부의 주; 그주도(州都). 파) **~·er** *n.* ⓒ 퀘벡 주의 주민.

⁑queen [kwiːn] *n.* ⓒ (1) (종종 Q-) (신화·전설의) 여신 ; 《특히》미인 경연 대회의 입선자, (사교계 따위의) 여왕, 스타 ; (어느 분야에서의) 여성의 제1인자 : the ~ of beauty 미(美)의 여왕. (2) (종종 Q-) a] 여왕, 여제(女帝)(~ regnant) : How long did *Queen* Victoria reign? 빅토리아 여왕은 얼마동안이나 통치하였는가. b] 왕비, 왕후(~ consort) : the King and *Queen* 국왕 부처. (3) (여왕에 비길 만한) 뛰어나게 아름다운 것, 숭배의 대상. (4) 정부(情婦), 연인, 아내 : my ~ 애인. (5)【카드놀이·체스】퀸. (6)【蟲】여왕벌, 여왕 개미. (7)《俗》 여자 역(할)을 하는 남자 동성 연애자. ***the ~ of hearts***【카드놀이】하트의 퀸; 미인(美人). ***the Queen of Heaven⟨Grace, Glory⟩*** 성모 마리아 ; (the Queen of Heaven) =JUNO. ***the Queen of love*** = VENUS.

— *vt.* (1) …을 여왕으로⟨왕비(王妃)로⟩ 삼다. (2) 여왕으로서 다스리다. (3)【체스】졸을 여왕으로 만들다. ***~ it*** 여왕같이 행동하다, 여왕노릇을 하다 ; 여왕인 양 군림하다《*over*》.

Quéen Ánne 앤 여왕조(朝) 양식(~ style)의《18세기 초기 영국의 건축·가구 양식》.

quéen ánt 여왕 개미.

quéen bée (1)여왕처럼 구는 여성 ; 여성지도자, 여두목. (2)여왕벌.

quéen cónsort (국왕의 아내로서의) 왕비(여왕과 구별하여).

quéen dówager (전왕의 미망인인) 왕대비.

queen·ly [kwíːnli] (***-li·er*** ; ***-li·est***) *a.* 여왕에 어울리는, 여왕 같은⟨다운⟩.

quéen pòst【建】암기둥, 쌍대공 트러스. 【cf.】 king post.

quéen régent 섭정(攝政) 여왕.

quéen régnant (한나라의 군주로서의) 여왕.

Quéen's Énglish (the ~) (여왕 치세 중의) 순정〈표준〉 영어.
queen-size [kwí:nsàiz] *a.* 〈침대가〉 중특대의 《kingsize 보다 작은》.
Queens·land [kwí:nzlənd, -lǽnd] *n.* 퀸즐랜드 《오스트레일리아 북동쪽의 주》.
queer** [kwiər] (*~·er* ; *~·est*) *a.* (1) 《口》 수상한, 의아〈의심〉스러운(suspicious) : a ~ goings-on 수상한 행위. (2) 이상한, 기묘한(odd, strange) : 야릇한, 색다른, 괴상한(eccentric) : a ~ sort of fellow 이상한 놈. (3)어지러운(giddy), 몸〈기분〉이 좋지 않은(unwell). (4) 〔敍述的〕 머리가 좀 돈(deranged): go ~ 머리가 좀 돌다. (5) 《美俗》 가짜의, 위조의(counterfeit) : ~ money. (6) 《美俗》 (남자가) 동성애의. (7) 《英俗》 술취한. ***be ~ for …에 정신이 팔리다, 열중하다. ***a ~ fish*** 〈***bird, card, customer***〉 괴짜, 기인. ***in queer Street*** 〈***~ street***〉 《英俗》 1) 돈에 쪼들려. 2) 궁지에 빠져.
— *vt.* 《+目+前+名》 (남의 계획·준비·기회 등)을 엉망으로 해놓다, 망치다. ***~ the pitch for*** a person = ***~*** a person'***s pitch*** (사전에) 아무의 계획을〈기회를〉 망쳐놓다. — *n.* ⓒ 《俗·蔑》호모, 동성애의 남자. 파) **~·ly** *ad.* **~·ness** *n.*
quell** [kwel] *vt.* (1) (반란 등)을 진압하다, 평정하다. ***~ one'***s hopes*** 희망을 잃게 하다. (2) (공포 등)을 (억)누르다, 가라앉히다. 파) **~·er** *n.*
:quench [kwentʃ] *vt.* (1) (갈증 따위)를 풀다: one's thirst. (2) 《~+目/+目+前+名》《文語》(불 따위)를 끄다(extinguish) : ~ a fire with water 물로 불을 끄다. (3) (희망·속력·동작)을 억누르다, 제지하다, 억압 〈억제〉하다(suppress). (4) 【冶】 …을 쇠담금〈담금질〉하다; (달군 쇠 등)을 물〈기름 따위〉로 냉각시키다. (5) 《俗》 (반대자)를 침묵시키다. ***~ the smoking flax*** 【聖】모처럼의 희망을 도중에서 꺾다《이사야 XLII:3》. 파) **~·er** *n.* ⓒ (1) ~ 하는 사람 ; .
quer·u·lous [kwérjələs] *a.* 투덜거리는, 불평이 많은, 불평투성이의(complaining) : a ~ tone〈attitude〉 불만스러운 어조〈태도〉. 파) **~·ly** *ad.* **~·ness** *n.*
***que·ry** [kwíəri] *n.* ⓒ (1) 〔particle로서 의문구(句) 앞에 써서〕감히 묻다, 과연 그런가, 묻노니《略: q., qu., qy.》. (2) (불신·의혹을 품은)질문, 의문 (3)물음표《?》. (4) 【컴】 질문, 조회《자료를(data base)에 대한 특정 정보의 검색 요구》 : ~ language 질의어(質疑語). — *vt.* (1) …을 묻다, 질문하다, 캐어묻다《*about*》. (2) 《~+目/+*wh.*節》 (언명·말 따위)를 의심하다, …에 의문을 던지다 : I ~ *whether* 〈*if*〉 his word can be relied on. 그의 말이 믿을 만한 것인지 의심스럽다.
:quest [kwest] *n.* ⓒ 탐구(hunt), 탐색(search), 추구(pursuit)《*for*》 : Their ~ *for* valuable minerals was in vain. 그들의 유용광물의 탐색은 허사가 되었다. ***in ~ of*** …을 찾아 : go *in* ~ *of* adventure. — *vi.* 《+副/+前+名》 (…을) 뒤밟아, 찾아다니다, 탐색하다《*for* ; *after* ; *about*》 : ~ *about for* game 사냥감의 뒤를 밟아 찾아다니다.
:ques·tion[kwéstʃən] *n.* (1) ⓤ 의심, 의문《*about* ; *as to*》 : There's no ~ *about* his sincerity. 그가 성실함은 의심할 여지가 없다. (2) ⓒ 질문, 심문, 물음(〖opp.〗 *answer*) ; 【文法】의문문: ~ and answer 질의 응답. (3) ⓒ (해결할)문제 ; (…로 정해질) 문제(problem), 현안 : an open ~ 미해결 문제/ the ~ of unemployment 실업 문제 / economic ~*s* 경제 문제. (4)(the ~) 논제(論題) ; 의제 ; 표결 : *the* ~ before the senate 상원이 채결(採結)할 의제(議題) / put the matter to *the*~ 문제를 표결에 부치다. ***beg the ~*** ➔ BEG. ***beside the ~*** 본제를 벗어난, 요점에서 벗어난, 문제외의, 부적절한. ***beyond*** (***all***)〈***past***〉 ***~*** 틀림없이, 확실히. ***call in***〈*into*〉 ~ 문제 삼다, 이의를 제기하다. ***come into ~*** 문제가 되다, 논의의 대상이 되다. ***in ~*** 문제의, 당해(當該)의 : the matter *in* ~ 당해 문제, 본건. ***make no ~ of*** …을 의심치 않다. ***out of*** 〈***past, without***〉***~*** =beyond~. ***out of the ~*** 문제가 되지 않는, 전혀 불가능한. ***put a ~ to*** …에게 질문하다. ***put the ~*** (의장이) 표결에 붙이다. ***raise a ~*** 문제를 제기하다, 문제삼다. ***The ~ is...*** 문제는 …이다. ***There is no ~.*** 의문의 여지가 없다. — *vt.* (1) 《~+目/+目+前+名》…에게 묻다 : ~ the governor *on* his politics 지사에게 정책에 대하여 질문하다. (2) …을 신문하다(inquire of) : ~ a suspect 용의자를 신문하다. (3) 《~+目/+*wh.*節/+*that* 節》 …을 의문으로 여기다(doubt), 문제시하다 ; 이의를 제기하다. (4) (사실 따위)를 탐구하다, 연구〈조사〉하다. — *vi.* 묻다, 질문하다. 파) **~·er** *n.* ⓒ 질문〈심문〉자.
***ques·tion·a·ble** [kwéstʃənəbəl] *a.* (1) (행동 등이) 수상쩍은, 문제가 되는 : ~ conduct 미심쩍은 행동. (2) 의심스러운, 미심쩍은, 의문의 여지가 있는. 파) **-bly** *ad.*
ques·tion·ing [kwéstʃəniŋ] *n.* ⓤ 심문, 질문.
— *a.* 의심스러운, 수상한, 따지는, 캐묻는, 미심쩍어하는. 파) **~·ly** *ad.*
:quéstion màrk (1) 미지의 사항, '미지수'. (2) 의문부, 물음표《?》.
ques·tion·naire [kwèstʃənέər] *n.* ⓒ 《F.》(참고자료용의) 질문표《조목별로 쓰인》, 질문 사항, 앙케트 《※ 프랑스어 enguéte [ɑ:ŋkét]에 유래》 : fill out a ~ 앙케트에 기입하다.
queue** [kju(:)] *n.* ⓒ (1) 《英》 열, 줄, 행렬《차례를 기다리는 사람·차 따위의》(《美》line) : stand in a ~ 줄을 서다. ***jump the ~ 《英》(열에) 새치기하다. (2) (예전, 남성 등의) 변발(辮髮). — *vi.* 《英》 열〈줄〉을 짓다.
queue-jump [´-ʒʌ̀mp] *vi.* 《英》 (순번을 무시하고) 새치기하다, 줄에 끼어들다.
quib·ble [kwíbəl] *n.* ⓒ (1) 쓸데없는 비판, 트집; 쓸데없는 반대〈이론〉. (2) 둔사(遁辭), 강변, 핑계, 구차스런 변명, 어물쩍 하는 말; 애매한 말(투). — *vi.* 쓸데없는 의론을 하다〈트집을 잡다〉, 애매한 말을 쓰다《*about*》.
파) **quíb·bler** *n.* **quíb·bling** *a., n.* 속이는, 핑계(대는). **quíb·bling·ly** *ad.*
:quick [kwik] (*~·er, more ~; ~·est, most ~*) *a.* (1) 민감한, 눈치〈약삭〉빠른, 이해가 빠른, 머리가 잘 도는, 영리한, 약은 : ~ *to* learn 사물을 빨리 깨치는 / ~ *of* apprehension 이해가 빠른 / have ~ wits 재치 있다. (2) a〕 빠른, 잽싼, 신속한 ; 즉석의(prompt) : Be ~ (about it)! 꾸물거리지 말고 빨리 해라 / a ~ reply 즉답 / a ~ grower 생장이 빠른 식물. b〕 (…하는 것이) 빠른《*to* do》 : He is *to* take offense. 그는 걸핏하면 화를 낸다. c〕 (…에) 빠른《*at* ; *in*》; (…이) 빠른《*of*》 : be ~ *at* figures 계산이 빠르다/ *Quick* at meal, ~ *at* work.《俗談》 식사에 빠른 자 일도 빠르다. (3) 성미 급한, 조급한, 성마른, 괄괄한: have a ~ temper 성마른 사람이다. (4) (커브 따위가) 급한, 급커브의;《美俗》 꽉 끼는, 갑

Q

갑한 : a ~ bend⟨curve⟩ in the road 도로의 급커브/ make a ~ turn 급히 진로를 바꾸다. (5)《古》a] 살아 있는. b](the ~)〔名詞的; 複數 취급〕 살아있는 사람들 : *the* ~ and the dead 살아있는 자와 죽은 자. ***a ~ one*** (쭉 들이켜는) 한 잔(의 술). (***Be***) ***~!*** 빨리.

— *ad*. (1) 빨리, 속히, 급히. (2) 〔分詞와 결합하여〕 빨리 : a ~-acting medicine 즉효약. ***~ as thought*** ⟨***lightning, wink***⟩ 순식간에, 당장에, 번개처럼.

— *n*. ⓤ (1) (the~) 살아 있는 사람. (2) (특히 손톱 밑의) 생살; (상처 따위의)새살, 생살. ***to the ~*** 1) 속살까지, 골수까지: cut one's nails *to the* ~ 손톱을 바짝 깎다. 2)골수에 사무치게, 절실히. 3)철두철미한, 알짜의, 토박이의.

Q

:quick·en [kwíkən] *vt*. (1) …을 활기 띠게 하다, 자극⟨고무⟩하다, 생기를 주다, 불러 일으키다. (2) (걸음 등)을 빠르게 하다, 서두르게 하다(hasten). (3) 《~+目/+目+前+名》 …을 되살리다, 소생시키다 (revive) : The spring rains ~*ed* the earth. 봄비가 대지를 소생시켰다. — *vi*. (1) 빨라지다, 속도가 더해지다 : His pulse ~*ed*. 맥박이 빨라졌다. (2) 활기 띠다, 생기 띠다 ; (흥미 등이) 솟아 나다. (3) 살아나다, 피어나다, 소생하다. (4) (태아가) 태동하다, 놀다. 파) **~·er** *n*.

quick-fire, -fir·ing [ˊfáiər], [ˊfáiəriŋ] *a*.《口》 잇따라 퍼붓는《질문 따위》 : a ~ gun 속사포; 속사(속사)의.

quíck fíx 임시 처변, 임시 변통, 응급조치, 즉효약.

quick-freeze [ˊfrìːz] (***-froze ; -frozen***) *vt*. (식품)을 급속 냉동하다《보존을 위해》.

quíck fréezing 급속 냉동(법).

quick·ie[kwíki] *n*. ⓒ《口》 (1) 급히 만든 것, 날림으로 한 일. (2)간단히⟨짧게⟩ 되는 일. (3)간단한 한 잔. — *a*. 급히 만든, 속성의.

quick·lime [ˊlàim] *n*. ⓤ 생석회.

:quick·ly [kwíkli] (***more ~ ; most ~***) *ad*. 급히, 서둘러, 속히, 빠르게 ; 곧.

quick·sand [ˊsæ̀nd] *n*. ⓒ (종종 *pl*.) 유사(流砂), 퀵샌드《그 위를 걷는 사람·짐승을 빨아들임》. 파) **-sàndy** *a*.

quick·set [ˊsèt] *a*. 산울타리의. — *n*. ⓒ (산울타리용의) 어린 나무, (특히 산사나무의) 산울타리(=ˊ~ **hèdge**).

quick·sil·ver [ˊsìlvər] *n*. ⓤ 수은(mercury).

quick-tem·pered [ˊtémpərd] a. 성마른, 괄괄한, 성급한.

quíck tìme [軍]속보.

quick-wit·ted [ˊwítid] *a*. 약삭빠른, 기지에 찬, 재치 있는, 눈치 빠른.

quid[1] [kwid] (*pl*. ~(***s***)) *n*. ⓒ《英口》 소브린(sovereign) 화(貨), 1파운드 금화; 1파운드(지폐): five ~, 5파운드. ***be ~s in*** 《英口》 운이 좋다 : 바람직한⟨유리한⟩ 입장에 있다.

quid[2] *n*. ⓒ 한번 씹을 분량《씹는 담배의》.

qui·es·cence [kwəiésəns] *n*. ⓤ 무활동(inactivity) ; 정지(靜止) ; 정적 ; 침묵 ; (누에의) 휴면(休眠).

qui·es·cent [kwaiésənt] *a*. 무활동의 ; 정지한 ; 침묵의, 움직이지 않는, 조용한. 파) **~·ly** *ad*.

:qui·et [kwáiət] (***~·er ; ~·est***) *a*. (1) 정숙한, 얌전한, 말수가 없는, 내성적인, 찬찬한 : ~ boys 얌전한 아이들 / a ~ person 과묵한 사람 / ~ manners 조용한 태도. (2) 조용한, 고요한, 소리 없는 【opp.】 *noisy*. 『 Be⟨Keep⟩ ~ ! 정숙해 주시오, 조용히 / a ~ street 한적한 거리 / ~ neighbors 시끄럽지 않은 이웃들. (3) 온화한, 고요한, 평화로운평온한 : live a ~ life 평온한 생활을 하다. (4) 숨겨진, 비밀의, 은밀한 : ~ resentment 내심의 노여움. (5) 수수한, 눈에 띄지 않는, 점잖은 : a ~ color 차분한 색⟨빛깔⟩ / a ~ irony 은근히 꼬집기⟨빈정대기⟩. (6) (거래가) 한산한, 활기 없는: a ~ market. (7) 비공식적인(informal) : a ~ dinner party 비공식 만찬회. (***as***) ***~ as a mouse*** 매우 조용한, 고요하기 그지없는. — *n*. ⓤ (1) 고요함, 정적(stillness) : in the ~ of the night 밤의 정적 속에. (2) 평정, 평온, 마음의 평화, 안식(rest and ~) : have an hour's ~. 1시간의 안식을 취하다. ***at ~*** 평온하게, 평정하게. ***in ~*** 조용히, 편안히, 고요히. ***on the ~*** 몰래, 은밀하게, 살그머니, 가만히. ***out of ~*** 침착을 잃고. — *vt*. (1) …을 진정시키다, 가라앉히다《*down*》 : ~ (*down*) the excited crowd 흥분한 군중을 진정시키다. (2) 누그러지게 하다. (mollify), (소란 따위)를 가라앉히다. (3) …을 달래다, 안심시키다(soothe).

— *vi*. 《+副》 고요해⟨조용해⟩지다, 평온해지다, 잠잠해지다, 가라앉다《*down*》. 파) **~·en** [kwáiətn] *vt*., *vi*. 《英》 =quiet. **~·er** *n*. 【機】(내연 기관 등의) 소음 장치. **~·ness** *n*.

qui·et·ism [kwáiətìzəm] *n*. ⓤ (1) 무저항주의. (2) 【哲】 정적(靜寂)주의《17세기의 신비주의적 종교 운동》. 파) **qui·et·ist** [-ist] *n*. ⓒ 정적⟨무저항⟩주의자.

:qui·et·ly[kwáiətli] (***more ~ ; most ~***) *ad*. (1)침착하게, 차분하게. (2)조용히, 고요히, 평온하게, 얌전하게. (3)수수하게: be dressed ~ in gray 수수한 회색옷을 입고 있다. (4) 은밀히.

qui·e·tude [kwáiətjùːd] *n*. ⓤ 평온, 고요, 정적 (quietness).

qui·e·tus [kwaiíːtəs] *n*. (흔히 *sing*.)(마지막의) 최후의 일격, 숨통끊기, 결정타(打). ***get*** one***'s ~*** 최후의 일격을 받다, 죽다. ***give a ~ to*** (a rumor) (소문)을 근절시키다. ***give*** a person ***his ~*** …에게 최후의 일격을 가하다, 아무를 죽이다.

quiff [kwif] *n*. ⓒ《英》 앞이마에 늘어붙인 남성의 고수머리 ;《俗》 교묘한 수단.

***quill** [kwil] *n*. ⓒ (1) 깃촉펜(=~ **pèn**); 악기의 채 (plectrum). (2) 깃촉 : (날개깃·꼬리 따위의 튼튼한) 큰 깃. (3)(흔히 *pl*.) (호저(豪猪)의) 가시.

***quilt** [kwilt] *vt*. 《~+目/+目+前+名》 …을 속을 두어서 누비다⟨무늬지게 누비다⟩, 퀼트로 하다. — *n*. ⓒ (솜·털·깃털 따위를 둔) 누비이불 : 누비 침대 덮개(coverlet), 퀼트.

quilt·ed [kwíltid] *a*. 퀼드 풍의.

quilt·ing [kwíltiŋ] *n*. ⓤ 속을 넣어 누빔, 퀼팅, 누비 ; 누비 재료.

quin·cen·te·na·ry [kwinséntənèri/ kwìnsentíːnəri] *a*. 500년제(祭)⟨기념⟩의, — *n*. ⓒ 500 년제⟨잔치⟩. — *a*. 500년제(祭)⟨기념⟩의.

quin·qua·ge·nar·i·an [kwìŋkwədʒinέəriən] *a*., *n*. ⓒ 50대의 (사람).

quin·quag·e·nary [kwinkwǽdʒinèri/ kwìŋkwədʒíːnəri] *n*. ⓒ 50세의 사람; 50년(기념).

— *a*. 50세⟨대⟩의.

Quin·qua·ges·i·ma [kwìŋkwədʒésəmə] *n*. 【聖公會】 4순절(Lent) 바로 앞 일요일(=ˊ~ **Súnday**) ; 【가톨릭】 5순절(의 주일).

quin·quen·ni·al [kwiŋkwéniəl] *a*. 5년의, 5년간

계속되는; 5년 마다의.
— *n.* ⓒ 5년마다 발생하는 것 ; 5주년(기념), 5년제(祭), 5주년 기념일 ; 5년의 임기 ; 5년간.

quin·sy [kwínzi] *n.* ⓤ 【醫】 후두염, 편도선염.

quin·tal [kwíntl] *n.* ⓒ 퀸틀《무게의 1단위; 미국에서는 100 lb, 영국에서는 112 lb., 미터법에서는 100 kg》.

quin·tes·sence [kwintésəns] *n.* ⓤ (the ~) (1) 전형《*of*》: She is *the* ~ *of* female virtue. 그녀는 부덕(婦德)의 전형이다. (2) 정수, 진수, 본질, 본체《*of*》.

quin·tes·sen·tial [kwìntəsénʃəl] *a.* 전형적인 ; 정수의, 본질적인. 파) **~·ly** *ad.* 참으로, 철저히.

quin·tet, -tette [kwintét] *n.* ⓒ (1) 5인조 ; 5개 한 벌 ;《美口》(남자) 농구 팀. (2) 【樂】 5중주(곡) ; 5중창(곡) ; 5중주단(의 멤버).

quin·til·lion [kwintíljən] *n.* ⓒ, *a.* 《英·獨·프》 백만의 5제곱《10^{30}》(의) ;《美》백만의 3제곱《10^{18}》(의).

quin·tu·ple [kwintjú(:)pl/ kwíntju:pl] *a.* 5배의, 5배양(量)〈액〉의 ; 5겹의 ; 5중의. — *n.* ⓒ 5배 ; 5배양〈액〉; 5개 한 벌〈짝〉. 【cf.】sextuple. — *vt., vi.* 5배로 하다〈되다〉.

quin·tu·plet [kwintʌ́plət, -tjú:-/ kwíntjuplit] *n.* ⓒ (1)다섯 쌍둥이의 한 사람(quint) ; (*pl.*) 다섯 쌍둥이(quins)《※ '다섯쌍둥이 중 둘'하면 two of the ~s 라고 함이 보통》. (2)5개 한 벌; 5인 1조.

quip [kwip] *n.* ⓒ 명언, 경구, 재치 있는 말 ; 빈정거리는 말, 신랄한 말 ; 둔사(遁辭), 핑계; 기묘한 것. — (**-pp-**) *vt., vi.* (…에게) 빈정거리다, 비꼬다, 놀리다 ; 둔사를 쓰다.

quire[kwaiər] *n.* ⓒ 1권(卷)《종이 24 또는 25매》; 1첩(帖), (제본 때의) 한 절(折)《略:q., qr.》.

quirk [kwə:rk] *n.* ⓒ (1) 우연, 운명의 장난. (2) 변덕, 기상(奇想) ; 버릇, 기벽(奇癖): have a strange ~ of doing …하는 묘한 버릇이 있다.

quirky [kwə́:rki] (**quirk·i·er ; -i·est**) *a.* 별난, 기묘한 ; 변덕스러운. 파) **quírk·i·ly** *ad.* **-i·ness** *n.*

quirt [kwə:rt] *n.* ⓒ, *vt.* 《美》 가죽으로 엮은 말채찍(으로 때리다).

:quit [kwit] (*p., pp.* **~·ted**,《주로 美》**~ ; ~·ting**) *vt.* (1)…에서 떠나다, 물러나다 ; 버리고 가다, 포기하다, 내놓다(give up).
(2)《~+目/+-*ing*》(일 따위)를 그치다, 그만두다, 중지하다(discontinue): *Quit* that ! 그거 그만두시오〈그치시오〉. (3) (직)을 떠나다 : ~ office 〈a job〉 사직하다 / ~ hold of …을 놓아주다. — *vi.* (1)《~/+前+名》 일을 그만두다, 중지하다(stop). 단념하다 : ~ *on* life 삶을 포기하다. (2) 사직하다. ***give* 〈*have*〉 *notice to* ~** 사직〈물러갈 것〉을 권고하나〈받다〉. **~ *it*** 《美俗》 죽다. ***Quit it out !*** 《俗》 제발 그만둬(Cut it out !). **~ *the scene*** ➜ SCENE(成句).
— *a.* 〔敍述的〕 용서되어 ; 면제되어《*of*》: be ~ for …만으로 그치다〈면하다〉/ get ~ of one's debts 〈빚을〉 벗어나다.

:quite [kwait] *ad.* (1) 〔not와 함께 部分不定으로〕 완전히〈아주〉…은 아니다 : I am *not* ~ ready. 준비가 덜 됐다. (2) 〔정도를 나타지 않는 形容詞·動詞 또는 최상급의 形容詞 등을 修飾하여〕완전히, 아주, 전혀(completely): That's ~ meaningless. 그건 전혀 무의미하다. (3) 정말, 확실히 ; 사실상(actually), 실로, 꽤, 매우(very) : Are you ~ sure? 정말 자신이 있나. (4) 〔종종 다음에 but을 수반하여〕《英》 확실히〈상당히, 꽤나〉…(그러나) : She is ~ pretty, *but* uninteresting. 그녀는 확실히 예쁘긴 하나 재미가 없다. (5) 〔~ a +名詞〕…이라 해도 좋을 정도로, 꽤, 상당히, 제법. (6)《주로 英》그렇다, 그럼은요, 그렇고말고요, 동감입니다《대화에서》 : Yes, ~. =Oh!, ~. =Quite (so). 그럼은요, 동감이오, 그야 그렇지요. ***be ~ the thing*** 대유행이다. **~ *a bit*** 〈***a few, a little***〉《口》 어지간히, 꽤 많이〈많은〉. ***not ~ the thing to*** do 아주 좋다고는 할 수 없는, 좀 신통치 않지만. **~ *something*** 《口》 대단한 것〈일〉. **~ *the thing*** 유행되고 있는 것, 좋게 여겨지고 있는 것 : be ~ *the thing* 크게 유행하고 있다.

quits [kwits] *a.* 비긴, 피장파장인《갚음·보복에 의해》, 대등〈팽팽〉하게 된. ***be ~ with*** …에 복수하다; …와 대등해지다. ***cry*** 〈***call it***〉 **~** 1) (일 따위를) 일단 끝맺다, (오늘은) 이것으로 끝이라고 하다. 2) 무승부에 동의 하다, 비긴 것으로 하다.

quit·tance [kwítəns] *n.* (1) ⓒ 영수증, 채무면제 증명서. (2) ⓤ (채무·의무로부터의) 면제, 해제, 풀림《from》. ***give*** a person his ~ 아무에게 나가라고 말하다.

quit·ter [kwítər] *n.* ⓒ《口》 체념이 빠른〈줏대 없는〉 사람, (일 따위를) 끝까지 해보지 않고, 곧 팽개치는 사람 ; 겁쟁이.

:quiv·er[1] [kwívər] *vi.* 《~/+前+名》 (가늘게) 흔들리다 ; 떨리다(tremble, vibrate) : The leaves ~*ed* in the wind. 나뭇잎이 바람에 흔들렸다. — *vt.* (곤충이 날개·촉각)을 가늘게 떨다.
— *n.* ⓒ (흔히 *sing.*) 떨림, 떪 ; 진동 ; 떨리는 소리.

quiv·er[2] *n.* ⓒ 전동(箭筒), 화살통. ***a ~ full of children*** 【聖】 대가족, 많은 아이들. ***have an arrow*** 〈***a shaft***〉 ***left in*** one***'s ~*** 아직 수단〈자력〉이 남아 있다. ***have*** one***'s ~ full*** 수단〈재력〉은 충분하다.

qui vive [ki:ví:v] 《F.》 누구야《보초의 수하(誰何)》. ***on the ~*** 경계하여 (on the lookout), 방심 않고《*for*》.

quix·ot·ic [kwiksátik/ -sɔ́t-] *a.* (1) 공상적인, 비현실적인(unpractical). (2) (or Q-) 돈키호테식의; 극단적으로 의협심이 있는, 주책없는 기사도를 발휘하는. 파) **-i·cal·ly** [-kəli] *ad.*

quix·ot·ism [kwíksətìzəm] *n.* ⓤ 돈키호테적인 성격 ; ⓒ 기사연(然)하는〈공상적인〉 행동〈생각〉.

***quiz** [kwiz] (*pl.* **~·zes**) *n.* ⓒ (1) 간단한 구두〈필기〉시험. (2) 질문, 간단한 테스트 ; (라디오·TV의) 퀴즈: take part in a ~ 퀴즈에 참가하다.
— (**-zz-**) *vt.* 《~+目/+目+前+名》 …에게 귀찮게 질문하다 : She ~*zed* me *about* my private life. 그녀는 내 사생활을 귀찮게 캐물었다.

quíz gàme (**prògram, shòw**) 【放送】 (라디오·텔레비전의)퀴즈놀이〈프로〉.

quiz·mas·ter [kwízmæ̀stər, -mà:s-] *n.* ⓒ 퀴즈의 사회자.

quiz·zi·cal[kwízikəl] *a.* (1) 괴상한, 야릇한(odd), 기묘한(queer), 우스꽝스러운, 우스운(comical). (2) 놀리는(bantering), 조롱하는(chaffing), 짓궂은. 파) **~·ly** *ad.* **~·ness** *n.*

quod[kwɑd/ kwɔd] 《英俗》 *n.* ⓒ 교도소: in〈out of〉 ~ 투옥(출옥)되어 있는.
— (**-dd-**) *vt.* …을 투옥하다(imprison).

quod vi·de[kwɑd-váidi/ kwɔd-] 《L.》 (=which see) …참조《略 : q.v.》.《※ 참조할 곳이 둘 이상일 때에는 quae vide; 略: qq.v.》, …을 보라.

quoin [kwɔin] *n.* ⓒ (1) (건물 외각에 쌓는) 귀돌. (2) 【建】(벽 · 건물의) 외각(外角); (방의) 구석.

quoit [kwait/ -ɔit] *n.* (1) (*pl.*)〔單數취급〕고리던지기《땅 위에 세운 말뚝에 고리를 던지는 놀이》. (2)ⓒ 고리《고리 던지기 놀이의》: deck ~s 갑판위에서의 고리던지기.

quon·dam [kwándəm/ kwɔ́n-] *a.* 《L.》〔限定的〕 이전의, 한때의 : a ~ friend 옛 친구.

quor·ate [kwɔ́:rit] *a.* 《英》 (회의가) 정족수에 달한. 〔◀ *quorum+-ate*〕

quo·rum [kwɔ́:rəm] *n.* ⓒ(의결에 필요한) 정족수(定足數).

quo·ta [kwóutə] *n.* ⓒ (1) (제조 · 수출입 등의) 상품 할당량, 쿼터. (2)몫, 분담한 몫, 모가치. (3)(이민 · 회원 · 학생 등의) 정원(수).

Q

quot·a·ble [kwóutəbəl] *a.* 인용가치가 있는, 인용할 수 있는; 인용할 만한. 파) **quot•a•bil•i•ty** [kwòutəbíləti] *n.* ⓤ 인용 가치.

quóta·sỳstem (the ~) 할당 제도《수출입액 · 이민수 따위의》.

:quo·ta·tion[kwoutéiʃən] *n.* (1)ⓒ 【商】시세, 시가; 시세놓기; 가격표, 견적서; 【證】 상장: today's ~ on〈for〉 raw silk 오늘의 생사 시세. (2) a] ⓤ 인용 : suitable for ~ 인용에 적합한. b]ⓒ인용구〈어,문〉《*from*》.

:quotátion màrks 인용부호, 따옴표 : single ~ 작은 따옴표《' 》/ double ~ 큰 따옴표《"》.

:quote [kwout] *vt.* (1)《+目/+目+目》 …을 예시(例示)하다 : He ~*d* many facts in support of his argument. 그는 많은 사실을 들어 자기 주장을 뒷받침했다. (2)《~+目/+目+前+名》(남의 말 · 문장 따위)를 인용하다, 따다 쓰다, 초들다 : ~ Shakespeare 셰익스피어의 말을 인용하다. (3)《~+目/+目+前+名》【商】 (가격 · 시세)를 부르다, 매기다, 견적하다 ; 어림치다 : ~ a price 값을 매기다 / ~ a thing *at* $100, 어떤 물건값을 백달러로 어림잡다.

— *vi.* (1)《~/+前+名》 인용하다《*from*》: ~ *from* the Bible 성서에서 인용하다. (2)〔命令形〕 인용(문)을 시작하다《인용문의 개시를 나타냄; 【cf.】 ~ unquote》《口》 말하자면, 다시 말해서 ***be ~d as saying*** …라고 말하였다(라고 전한다)《※ 신문 등에서 흔히 쓰임》. — *n.* ⓒ《口》 (1) 인용구(引用句), 인용문. (2) (흔히 *pl.*) 인용부, 따옴표 : in ~s 따옴표로 싸서〈둘러〉. (3) 시세, 견적(액).

quoth [kwouθ] *vt.*《古 》…라고 말했다(said)《※ 1인칭 및 3인칭의 직설법 과거; 항상 주어의 앞에 둠》.

quo·tid·i·an[kwoutídiən] *a.*〔限定的〕 흔해빠진, 평범한, 시시한(trivial); 나날의, 매일 일어나는, 일상적인.

quo·tient [kwóuʃənt] *n.* ⓒ (1) 지수, 비율: intelligence ~ 지능지수. (2) 【數】 몫 : differential ~ 미분몫.

R

R, r [ɑːr] (*pl.* **R' s, *Rs,* r' s, *rs*** [-z]) *n.* (1) ⓒ R 자 모양의 것. (3) ⓤ 제 18번째(의 것)《j를 빼면 17번째》; (R) 로마 숫자의 80. (2) ⓤⓒ 아르《영어 알파벳의 열여덟째 글자》.
Ra [rɑː] *n.* (이집트 신화의) 태양신.
R.A. 《英》 Royal Academy〈Academician〉; Rear Admiral ; 《英》 Royal Artillery. **Ra** 【化】 radium.
rab·bet [rǽbit] *n.* ⓒ 【木工】 은촉 이음 ; 은촉홈; 사개 ; 은촉붙임, 사개맞춤.
— *vt.* …을 사개 맞춤을 하다, 은촉이음으로 하다.
rábbet jòint 사개 맞춤.
rab·bi [rǽbai] (*pl.* **~(*e*)*s***) *n.* ⓒ (1) (경칭으로) 선생님. (2) 유대의 율법 박사; 랍비.
rab·bin·i·cal [rəbínikəl] *n.*, *a.* 랍비의 교의(敎義)〈말투, 저작〉(의); 랍비식(의).
:rab·bit[bǽbit] *n.* (1) ⓤ 토끼의 모피〈고기〉. (2)ⓒ (*pl.* **~(*s*)**) 집토끼. (3)ⓒ (장거리 경주의) 페이스 메이커. (4) ⓒ《英口》(골프 · 테니스 따위의) 서투른 경기자. (5)= *welsh rabbit*. **(*as*) *scared* 〈*weak, timid*〉 *as a* ~** (토끼처럼) 겁을 내는〈소심한, 겁쟁이인〉. ***breed* 〈*multiply*〉 *like ~s*** 〈경멸〉 (사람이) 아이를 많이 낳다.
— **(*-tt-*)** *vi.* (1) 토끼 사냥을 하다. (2)《英口》 투덜거리다《*about*》.
rábbit èars 《美口》V자형 실내용 텔레비전안테나.
rábbit hùtch 토끼장《상자꼴의》.
rábbit pùnch 【拳】래빗 펀치《뒤통수 치기》.
rábbit wàrren 토끼 번식장.
rab·ble [rǽbəl] *n.* (1)(the ~)《蔑》하층민, 서민, 천민, 대중. (2)ⓤⓒ〔集合的〕구경꾼, 오합지졸, 어중이 떠중이, 폭도들.
rab·ble-rous·er [rǽbəlràuzər] *a.* 〔限定的〕 대중을 선동하는. — *n.* ⓒ 대중 선동가. 파) **-ròus•ing** *n.* ⓤ 대중을 선동하는 일.
Rab·e·lai·si·an, -lae- [ræ̀bəléiziən, -ʒən] *a.* 야비하고 우스꽝스러운 ; 라블레(풍)의. — *n.* ⓒ 라블레 숭배자《모방자, 연구가》.
rab·id [rǽbid] (**~•*er* ; ~•*est***) *a.* (1) 광견병에 걸린. (2) 〔限定的〕 맹렬한, 격렬한, , 미친 듯한; 광포한; 과격한. 파) **~•ly** *ad.* **~•ness** *n.*
***ra·bies** [réibiːz] *n.* ⓤ 【醫】 공수병(恐水病)(hydrophobia), 광견병.
RAC 《英》 Royal Automobile Club (영국 자동차 클럽).
rac·coon [rækúːn, rə-] (*pl.* **~(*s*)**) *n.* (1) ⓤ 미국너구리의 모피. (2) ⓒ 【動】 미국 너구리(먹이를 발로 씻어먹는 버릇이 있음).
raccóon dòg 너구리《동부 아시아산(産)》.
:race[1] [reis] *n.* (1) (the ~s) 경마〈경견(競犬)〉(회). (2) ⓒ 경주 ; 보트〈요트〉레이스, 경마, 경견(競犬), 경륜(競輪), 자동차 레이스《*with* ; *against*》. (3) ⓒ 〔一般的〕 경쟁 ; 급히 서두름, 노력《*for* ; *against*》. (4) ⓒ《古》 인생 행로, 생애 ;《古》(천체의) 운행 ; 《古》 시간의 경과 ; (사건 · 이야기 등의) 진행. (5) ⓒ 급류, 여울 ; 수로, 용수로. ***in* 〈*out of*〉 *the* ~** 승산이 있고〈없고〉.
***make the* ~** 《美》 (공직에) 입후보하다.
— *vi.* (1)《~/+前+名》 경주하다, 다투다, 경쟁하다《*with* ; *for*》; 질주하다. (2) (기계가) 헛돌다.
— *vt.* (1)《~+目/+目+前+名》…와 경주하다. (2)《~+目/+目+前+名》…을 경주시키다《*against*》. (3) …을 전속력으로 달리게 하다, 경주시키다. (4)《~+目/+目+前+名》(상품 등)을 급송하다 ; (서류 등)을 급히 돌리다, (의안 등)을 황급히 통과시키다. (5) (기계)를 헛돌게 하다 ; …을 전속력으로 돌리다 ; (기온·경비 등이 …까지) 급상승하다《*into, to*》
:race[2] *n.* (1) ⓤⓒ (문화상의 구별로) 민족, 국민. (2) ⓤⓒ 인종, 종족 ; 인류. (3) ⓒ 〔修飾語와 함께〕 【生】 유(類) ; 【動】 종족, 품종. (4) ⓤ 혈통, 씨족, 가족 ; 자손 ; 가계(家系), 명문, 오래 대를 이어온 집안. (5) ⓒ 부류, 패거리, 동아리, 동업자.
— *a.* 〔限定的〕 인종(상)의, 인종적인.
ráce càrd (경마 등의) 출전표〈프로그램〉.
race·course [⊿kɔ̀ːrs] *n.* ⓒ (1)(물레방아의) 수로. (2)경주로(路), 경조 (競漕)로, 경마장.
race·horse [⊿hɔ̀ːrs] *n.* ⓒ 경주말, 경주마.
ráce mèeting 《英》 경마대회.
rac·er [réisər] *n.* ⓒ (1) 경마말, 경주용 보트, 경주용 자전거〈자동차 · 요트〉. (2) 경주자, 레이서.
race·track [réistræ̀k] *n.* ⓒ (1) 경마〈경견〉장, 트랙, 레이스 코스. (2) 경주장.
***ra·cial** [réiʃəl] *a.* 종족의, 인종(상)의, 민족(간)의. 파) **~•ly** *ad.* 인종적으로, 인종상.
***rac·ing** [résiŋ] *n.* ⓤ 경주 ; 경마 ; 보트 경주.
— *a.* 경주용의, 경주의 ; 경마광의 ; 경주하는 ; 경주에 참가하는.
rácing fòrm 경마 신문〈전문지(誌)〉.
rac·ism [réisizəm] *n.* ⓤ 민족적 우월감 ; 인종 차별주의〈정책〉 ; 인종적 증오. 파) **rac•ist** *n.*, *a.* 인종차별주의자 ; 민족주의적인, 인종 차별적인.
:rack[1] [ræk] *n.* (1) ⓒ 【機】 (톱니바퀴의) 래크. (2) ⓒ 선반《그물 · 막대 · 못으로 만든》 ; (열차 따위의) 그물 선반, 격자(格子) 선반 ; 걸이《모자걸이 · 칼걸이 · 총걸이 따위》 ; (서류 따위의) 분류 상자. (3) (the ~) 고문대《중세에 팔다리를 잡아 늘이는》 ; 고문. ***be on the* ~** 고문을 당하고 있다; 긴장하고 있다 ; 크게 괴로워하고 있다. ***live at ~ and manger*** 《古》 호사롭게(유복하게) 살다. ***off the* ~** (진열용의) 옷걸이에서 가져온 기성복의. ***put*** a person ***to* 〈*on*〉 *the* ~** 아무를 고문하다, 따끔한 맛을 보이다.
— *vt.* (1) …을 고통을 주다, …을 괴롭히다. (2) …을 고문하다. **~** one***'s brains* 〈*memory*〉** 머리를 짜서 생각하다, 생각해 내려고 애쓰다. **~ *up*** 《口》 해치우다, 달성하다, (득점을) 올리다, (결정적인) 승리를 거두다.
rack[2] *n.* ⓤ 조각 구름, 바람에 날리는 구름.
rack[3] *vi.* (말이) 경구보로〈가볍게〉 뛰어가다.
— *n.* ⓒ (말의) 가볍게 뛰는 걸음 ; 측대보.
rack[4] *n.* ⓤ 황폐(destruction), 파괴. ***go to* ~(*and ruin*)** 파멸하다, 황폐해지다, 못쓰게 되다.
:rack·et[1] [rǽkit] *n.* (1) ⓒ (테니스 · 배드민턴 · 탁구용) 라켓. (2)(*pl.*)〔單數취급〕 =RACQUET. (3)ⓒ (라켓 모양의) 눈신(snowshoe).
rack·et[2] *n.* (1) ⓤ 유흥, 법석, 도락. (2) (a ~) 떠드는 소리, 큰 소리, 소음. (3) ⓒ《口》 부정 ; 부정

R

한 돈벌이〈방법〉, 공갈, 사기, 밀수, 밀매. (4) ⓒ《口》 직업, 장사.

rack·et·eer [rӕkitíər] *n.* ⓤ 폭력배, (공갈·사기 등으로) 부정하게 돈벌이하는 사람, 공갈꾼, 야바위꾼.

rack·et·eer·ing [rӕkətíəriŋ] *n.* ⓤ 공갈 ; (공갈·사기 등에 의한) 부정한 돈벌이 ; 암거래.

rack·et·y [rǽkiti] *a.* (1) 떠들기 좋아하는; 방탕하는, 흥청거리는. (2) 소란스러운(noisy).

rack·ing [rǽkiŋ] *a.* 심한, 고문하는, 몹시 고통스런.

ráck ràilway (**ràilroad**) 아프트식 철도, 랙 철도.

ráck rènt 엄청나게 비싼 지대〈소작료, 집세〉.

ráck whèel 큰 톱니바퀴(cogwheel).

ra·con [kéikɑn/ -kɔn] *n.* ⓒ 레이콘《레이더용 비콘》.

rac·on·teur [kӕkɑntə́:r/ -kɔn-] (*fem.* ***-teuse*** [-tə́:z]) *n.* ⓒ《F.》이야기꾼, 이야기 잘하는 사람, 좌담가.

rac·quet [rǽkit] *n.* =RACKET[1] ; 라켓 구기《벽으로 둘러싸인 코트에서 함》.

R

rac·quet·ball [-bɔ̀:l] *n.* ⓤ《美》라켓볼《2-4명이 자루가 짧은 라켓과 handball보다 조금 큰 공으로 하는, squash 비슷한 구기》.

racy [réisi] (***rac•i•er ; -i•est***) *a.* (1) 발랄한, 팔팔기있는, 기운찬 ; 생기 있는. (2) (음식·맛 따위)독특한 맛이 있는, 향기로운 ; 신선한. (3) 추잡한, 음탕한. 파) **rác•i•ly** *ad.* **-i•ness** *n.*

rad[1] [rӕd] *n.* ⓒ 【物】 래드《1그램에 대해 100에르그의 흡수 에너지를 주는 방사선량을 1래드라 함》. 〔◀ *radiation*〕

rad[2] *a.* 《美俗》 멋있는, 근사한. — *n.* ⓒ《美俗》 과격파(radical).

R.A.D.A., RADA [rɑ́:də]《英》Royal Academy of Dramatic Art (영국 왕립 연극 학교).

ra·dar**[réidɑ:r] *n.* ⓒ (1)전파 탐지기. (2)레이더, 전파 탐지법. — *a.* 〔限定的〕레이더의. ***by ~ 레이더로.

rádar tràp 【交通】 (레이더에 의한) 속도 위반 탐지 장치.

***ra·di·al** [réidiəl] *a.* 광선의, 방사상(狀)의. 파) **~•ly** *ad.*

ra·di·an [réidiən] *n.* ⓒ 【數】 라디안《호도법(弧度法)의 각도 단위; 약 57°; 기호 rad》, 호도 ; 【컴】 부채각, 라디안《단위》.

***ra·di·ance, -an·cy** [réidiəns], [-i] *n.* ⓤ (눈이나 얼굴 따위의) 빛남 ; 광채, 광휘(光輝) ; 발광.

:ra·di·ant [réidiənt] (***more ~ ; most ~***) *a.* (1) (행복·희망 따위로) 빛나는, 밝은. (2) 〔限定的〕 빛나는, 찬란한 ; 빈짝이는 ; 밝은. (3) 방사〈복사〉의〈에 의한〉 ; 방사상(狀)의. — *n.* ⓒ 【光】 광점(光點) ; 광체(光體). 파) **~•ly** *ad.*

rádiant héater 복사〈방사〉 난방기.

***ra·di·ate** [réidièit] *vi.* 《~/+前+名》 (1) (빛·열 따위가) …에서 발하다, 방출되다, 복사상으로 발하다 《*from*》. (2) (중심에서) 방사상으로 퍼지다《*from*》. (3) (기쁨 등으로) 빛나다 ; (기쁨 등을) 발산하다 《*with*》.
— *vt.* (1) (빛·열 등)을 방사하다, 발하다 ; (중심에서) …을 분출〈확산〉 시키다. (2) (기쁨·호의 등)을 발산시키다, 흩뿌리다.

***ra·di·a·tion** [rèidiéiʃən] *n.* (1) ⓒ 복사선, 복사에너지. (2) ⓤ (빛·열 등의)방사, 복사 ; 발광(發光), 방열(放熱). (3) ⓤ 방사능〈성〉.

radiátion chémistry 방사선 화학.

radiátion sìckness 방사선 숙취, 방사선 병, 방사능증.

***ra·di·a·tor** [réidièitər] *n.* ⓒ (1) (자동차·비행기의) 냉각 장치. (2) 라디에이터, 방열기, 난방기.

rádiator grìlle 라디에이터 그릴《자동차 정면의 공기 냉각용 격자》.

:rad·i·cal [rǽdikəl] (***more ~ ; most ~***) *a.* (1)급진적인, 과격한, 혁명적인. (2) 근본적인, 기초적인; 철저한. (3) (흔히 R-) 급진파의. (4)【數】 근(根)의 ; 【化】 기(基)의 ; 【植】 근생(根生)의 ; 【言】어근 ; 【樂】 근음(根音)의. — *n.* ⓒ (1) 과격론자, 과격분자; (흔히 R-) 급진당원. (2) 【數】 근; 근호; 【化】 기(基); 【言】 어근; 【樂】 근음; (한자의) 부수(部數)《변(邊)·방(旁)·윗머리 등》.

rad·i·cal·ly [rǽdikəli] *ad.* 근본적으로, 철저하게, 완전히.

rad·i·cal·ism [rǽdikəlìzəm] *n.* ⓤ 급진주의.

rad·i·cal·ize [rǽdikəlàiz] *vi.*, *vt.* 과격하게 되다, 급진적으로〈급진주의로〉 하다〈되다〉; 근본적으로 개혁하다.

rad·i·cle[rǽdikəl] *n.* ⓒ 【植】 유근(幼根), 작은 뿌리, 어린 뿌리.

ra·dii [réidiài] RADIUS의 복수.

:ra·dio [réidiòu] (*pl.* ***-di•os***) *n.* (1) ⓒ 라디오(수신기). (2) ⓤ (흔히 the ~) 라디오(방송). (3) a〕 ⓤ 무선 전신〈전화〉, 무전. b〕 ⓒ 무선 전신기〈장치〉.
— *a.*〔限定的〕 라디오(방송)의 ; 무선의, 무전의. — *vt.*, *vi.* (…을) 무선(통신)으로 전하다, (남에게) 무전으로 연락하다.

***ra·di·o·ac·tive** [rèidiouǽktiv] *a.* 방사능이 있는, 방사성의 파) **~•ly** *ad.*

ra·di·o·ac·tiv·i·ty [rèidiouæktívəti] *n.* ⓤ 방사능〈성〉.

rádio astrónomy 전파 천문학.

rádio bèacon 무선〈전파〉 표식(標識)(소(所)), 라디오 비콘.

rádio bèam 신호〈라디오〉 전파 빔, 무선 빔.

ra·di·o·bi·ol·o·gy [rèidioubaiɑ́lədʒi/ -ɔ́l-] *n.* ⓤ 방사선 생물학.

ra·di·o·broad·cast [rèidioubrɔ́:dkæ̀st, -kɑ̀:st] *n.* ⓤ 라디오 (무선) 방송. — (*p.*, *pp.* ***~, ~•ed***) *vt.*, *vi.* (…을) 라디오(로) 방송하다.

ra·di·o·car·bon [rèidioukɑ́:rbən] *n.* ⓤ 【化】 방사성 탄소 ; 《특히》 탄소 14.

ra·di·o·chem·is·try [rèidioukéməstri] *n.* ⓤ 방사 화학.

rádio compass 무선 방향 탐지기, 라디오 컴퍼스.

ra·di·o·con·trolled [rèidioukəntróuld] *a.* 무선 조종의.

ra·di·o·el·e·ment [rèidiouéləmənt] *n.* ⓤ 방사성 원소.

rádio fréquency 무선 주파수.

ra·di·o·gram [réidiougræ̀m] *n.* ⓒ (1)무선 전보. (2) =RADIOGRAPH.

ra·di·o·graph [réidiougræ̀f, -grɑ̀:f] *n.* ⓒ 뢴트겐〈감마선〉 사진, 방사선 사진. —*vt.* …의 뢴트겐 사진을 찍다. 파) **ra•di•og•ra•pher** [rèidiɑ́grəfər/ -ɔ́g-] *n.* ⓒ 뢴트겐 기사. **ra•di•o•graph•ic** [rèidiougrǽfik] *a.* 뢴트겐 촬영의. **ra•di•og•ra•phy** [rèidiɑ́grəfi/ -ɔ́g-] *n.* ⓤ 뢴트겐〈방사선〉 촬영(법).

ra·di·o·i·so·tope [rèidiouáisətòup] *n.* ⓒ 방사성 동위 원소.
ra·di·o·lo·ca·tion [rèidiouloukéiʃən] *n.* ⓤ 전파 탐지기에 의한 탐지〈측정〉.
ra·di·o·log·i·cal [rèidiəládʒikəl/ -lɔ́dʒ-] *a.* 핵방사선의, 방사선 물질에 의한 ; 방사선(의)학의.
ra·di·ol·o·gy[rèidiálədʒi/ -ɔ́l-] *n.* ⓤ 방사선(의)학. 파) **-gist** *n.* ⓒ 방사선〈능〉 학자; 뢴트겐 기사.
ra·di·o·phar·ma·ceu·ti·cal [rèidioufὰ:rməsú:tikəl] *a.*, *n.* ⓒ 방사성 의약품(의).
ra·di·o·pho·to, -pho·to·graph [rèidioufóutou], [-fóutəgræ̀f, -grὰ:f] *n.* ⓒ 무선 전송사진.
ra·di·os·co·py[rèidiáskəpi/ -ɔ́s-] *n.* ⓤ 엑스선 투시(법), 방사선 투시(법), 뢴트겐진찰〈검사〉(법). 파) **~•o•scóp•ic** *a.*
ra·di·o·sonde [réidiousὰnd/ -sɔ̀nd] *n.* ⓒ 【氣】 라디오존데《대기 상층의 기상 관측 기계》.
rádio stàr 【天】전파성, 라디오성《우주 전파원의 하나》.
rádio stàtion 《美》(라디오) 방송국 ; 무선국.
ra·di·o·te·leg·ra·phy [rèidioutəlégrəfi] *n.* ⓤ 무선 전신(술). 파) **-tel•e•graph•ic** *a.*
ra·di·o·tel·e·phone [rèidioutéləfòun] *n.* ⓒ 무선 전화(기). — *vt.*, *vi.* 무선전화를 걸다
rádio télescope 전파 망원경.
ra·di·o·ther·a·py[rèidiouθérəpi] *n.* ⓤⓒ 방사선 치료법 ; 방사선 치료사의 일. 파) **-ther•a•pist** *n.* ⓒ 방사선 치료사.
rádio wàve 【通信】전파, 전자파.
*__rad·ish__ [rǽdiʃ] *n.* ⓤⓒ 【植】 무.
*__ra·di·um__ [réidiəm] *n.* ⓤ 【化】 라듐《방사성 원소; 기호 Ra; 번호 88》.
ra·di·um·ther·a·py [-θèrəpi] *n.* ⓤ 라듐 치료법 (radiotherapy).
*__ra·di·us__ [réidiəs] (*pl.* **-dii** [-diài], **~•es**) *n.* ⓒ (1)행동 반경 ;《比》(활동 따위의) 범위. (2) (원·구의) 반지름; 반지름내의 범위. (3) 【醫】 요골(橈骨). ***a***〈***the***〉 ***~ of action*** 【軍】 행동 반경. ***~ of damage*** 【軍】 손해〈사상〉 반경.
ra·dix [réidiks] (*pl.* **-di•ces** [réidəsì:z, rǽ-], **~•es**) *n.* ⓒ (1) 【植】뿌리(root). (2) 【數】 기(基), 근(根) ; (통계의) 기수(基數). (3) 근원.
ra·dome [réidoum] *n.* ⓒ레이돔《레이더 안테나 보호용의 덮개》.
ra·don [réidɑn/ -dɔn] *n.* ⓤ 【化】 라돈《라듐 붕괴로 발생하는 방사성의 비활성 기체 원소; 기호 Rn; 번호 86》.
RAF, R.A.F. [《口》[ræf]] 《英》 Royal Air Force.
raf·fia [rǽfiə] *n.* (1) ⓤ 라피아 잎의 섬유. (2) ⓒ 【植】 라피아 야자(=**~ pàlm**).
raff·ish [rǽfiʃ] *a.* (1) 저속한 ; 상스러운. (2) 불량한, 관습에 얽매이지 않는, 허랑 방탕한. 파) **~•ly** *ad.* **~•ness** *n.*
raf·fle[1] [rǽfəl] *vt.* …을 복권식으로 팔다《*off*》. — *n.* ⓒ 복권 판매.
raf·fle[2] *n.* ⓤ 잡동사니, 폐물, 쓰레기(rubbish).
*__raft__[1] [ræft, rɑ:ft] *n.* ⓒ (1) (고무로 만든) 구명 뗏목. (2) 뗏목. (3)부잔교(浮棧橋). — *vt.* (1)…을 뗏목으로 엮다. (2)…을 뗏목으로 나르다〈건네다〉. — *vi.* 《~+副》 뗏목으로 가다 ; 뗏목을 쓰다.
raft[2] *n.* (a ~)《美口》다량《*of*》, 다수.
*__raf·ter__[1] [rǽftər, rɑ́:ftər] *n.* ⓒ 【建】 서까래. — *vt.* …에 서까래를 얹다 ; 서까래로 만들다.
raft·ered [rǽftərd/ rɑ́:f-] *a.* 서까래가 보이는 ; 서까래를 얹은.
rafts·man [rǽftsmən, rɑ́fts-] (*pl.* **-men**[-mən]) *n.* ⓒ 뗏목타는 사람, 뗏사공.
:**rag**[1] [ræg] *n.* (1) ⓒ 넝마와 같은 것 ;《蔑》 해진조각《손수건·신문·지폐·깃발·(극장의)막·돛 따위의》. (2) ⓤⓒ 넝마, 넝마조각, 지스러기 ; 걸레. (3) (*pl.*) 누더기옷;《戱》의복. (4) a〕 ⓒ 단편, 조각. b〕 (a ~) 〔흔히 否定文으로〕조금도 ; 아무 것도. ***chew the ~*** ➜ CHEW. ***feel like a wet ~*** 《口》 몹시 지쳐 있다. ***from ~s to riches*** 가난뱅이에서 부자로. ***in ~s*** 1) 누더기〈넝마〉가 되어. 2) 누더기를 입고. ***like a red ~ to a bull***(소에 빨간 천을 보인 것처럼) 홍분〈격분〉되어. ***not a ~ of*** …이라곤 조금도 없는. ***on the ~*** 《美口》 화나서, 초조하여. ***take the ~ off*** …을 능가하다.
rag[2] (**-gg-**) *n.* ⓒ 《英》(1) 《口》 짓궂은 장난, 떠들고 놀기. (2) (자선 등을 위한) 학생의 가장 행렬. — *vt.* 《口》 …을 지분거리다.《英口》놀리다.
rag[3] *n.* ⓒ 래그《래그타임 리듬으로 지은 곡》.
rag·a·muf·fin [rǽgəmʌ̀fin] *n.* ⓒ 누더기를 걸친 더러운 사내〈아이〉.
rág-and-bóne màn [rǽgənbóun-] 《英》넝마 주이〈장수〉.
rag·bag [rǽgbæ̀g] *n.* ⓒ (1)이것저것 긁어모은 것 ; 잡동사니. (2)헝겊 주머니. (3)《俗》 너절한 옷차림의 여인.
rág bòok 천으로 만든 그림책《씻을 수 있음》.
rág dòll 봉제 인형.
:**rage** [reidʒ] *n.* (1) ⓒ (흔히 *sing.*) 열망(熱望), …광(狂)《*for*》. (2)ⓤ (또는 a~) 격노, 분격. 【cf.】 fury, wrath. (3) ⓤ (바람·파도 등의) 사나움, 맹위. (4) (the ~) (일시적) 대유행. ***burst into a ~ of tears*** 울음보를 터뜨리다, 눈물이 왈칵 쏟아지다. ***fly into a ~*** 벌컥 화를 내다. ***in a ~*** (…에) 성을 내어, 화를 벌컥 내어《*with*》.
— *vi.* (1) 《+前+名》 격노하다 ; 호되게 꾸짖다《*against* ; *at* ; *over*》. (2) 사납게 날뛰다, 맹위를 떨치다 ; (유행병 따위가) 창궐하다.
:**rag·ged** [rǽgid] (종종 **~•er** ; **~•est**) *a.* (1) 누더기를 입은, 행색이 초라한. (2) 누덕누덕한, 해어진. (3) 텁수룩한, 멋대로 자란. (4) 깔쭉깔쭉한, 울퉁불퉁한. (5) 거친 ; 귀에 거슬리는. ***on the ~ edge*** 위기에 처하여, 위기 일보 직전에서. ***be run ~*** (긴장의 연속 등으로) 지치다. 파) **~•ly** *ad.* **~•ness** *n.*
rag·gle-tag·gle [rǽgəltǽgəl] *a.* 잡동사니의, 잡다한 ; 가지 각색의, 마구 뒤섞인.
rag·ing [réidʒiŋ] *a.* 〔限定的〕 (1) 미친 듯이 날뛰는 ; 맹렬한, 맹위를 떨치는. (2) 격노한. (3) (감정·고통 따위가) 격렬한. 파) **~•ly** *ad.*
rag·lan [rǽglən] *a.* 〔限定的〕 래글런의. — *n.* ⓒ 래글런《외투》.
rag·man [rǽgmæ̀n, -mən] (*pl.* **-men** [-mèn, -mən]) *n.* ⓒ 넝마주이, 넝마장수.
rág pàper 넝마펄프로 만든 종이《최고급 종이》.
rag·pick·er [rǽgpìkər] *n.* ⓒ 넝마주이.
rágtag and bóbtail (the ~)〔集合的〕하층민, 사회의 찌꺼기 부랑자.
rag·time [ˊtàim] 【樂】 *a.* 《俗》 우스꽝스러운, 미친듯한 ; 저속한. — *n.* ⓤⓒ 래그타임《빠른 박자로 싱코페이션(syncopation)을 많이 사용한 곡 ; 재즈 음악의 시초》 ; 그 박자.
rág tràde (the ~)《口》복식 산업.

rah·rah [rá:rá:] *a.* 《口》 열광적으로(노골적으로) 응원하는.
raid** [reid] *n.* ⓒ (1) (경찰의) 불시 단속 ; (불량배) 일제 검거《*on, upon*》. (2) 급습, 습격; (약탈 목적의) 불의의 침입《*on*》 ; 침략군 (3) 【金融】 (주가 폭락을 노리는 투기꾼의) 투매. (4)종업원·조합원을 빼돌리기〈스카우트하기〉. ***make a ~ upon (인가·가축 따위)를 습격〈수색〉하다. ***make a ~ into*** (영토·장소 따위에) 침입하다.
— *vt.* (1) …을 급습하다, 침입하다 ; 쳐들어가다. (2) (경찰이) …을 수색하다, 단속하다, 급습하다.
— *vi.* (1) 《+前+名》 침입〈급습〉하다《*on, upon*》.
raid·er [réider] *n.* ⓒ (1) 불시에 단속하는 경관. (2) 급습자 ; 침입자, 침략자 ; 【軍】 특공대(원).
:rail¹ [reil] *n.* (1) ⓒ 난간 ; (*pl.*) 울타리. (2)ⓒ (울 따위의) 가로대, 가로장. (3) a〕 ⓒ 레일, 궤조(軌條). b〕 ⓤ 철도. (***as***) ***straight as a ~*** 똑바로. ***by ~*** 철도(편으)로. ***off the ~s*** 1) (열차가) 탈선하여. 2) 상궤(常軌)를 벗어나 ; 사회의 관습을 지키지 않고. 3) 혼란하여 ; (사람이) 미쳐서. ***on the ~s*** 1) 궤도에 올라, 순조로이 진행되어. 2) 상궤를 벗어나지 않고; 사회의 관습을 지키고. ***over the ~s*** 【海】 뱃전에 기대어 ; (뱃전을 넘어) 바닷속으로.
— *vt.* 《~+目/+目+副/+目+前+名》 …에 난간〈가로장〉으로 사이를 막다〈두르다〉《*off ; in*》.
rail² (*pl.* **~(*s*)**) *n.* ⓒ 【鳥】 흰눈썹뜸부기류(類).
rail³ *vi.* 《+前+名》 불평을 말하다 ; 욕을 퍼붓다, 꾸짖다《*at ; against*》.
rail·bird [⊿bə̀:rd] *n.* ⓒ (1) 비평가 ; 관객. (2)《美口》 (울타리에서 경마나 조련을 구경하는)경마광.
rail·car [⊿kɑ̀:r] *n.* ⓒ (1) 《美》 철도 차량. (2) 기동차. **rail·card** [⊿kɑ̀:rd] *n.* ⓒ 《英》 철도 운임 할인증.
ráil fènce 《美》 가로장 울타리.
rail·gun [réilgʌ̀n] *n.* ⓒ 【軍】 레일건.
rail·head [⊿hèd] *n.* ⓒ 철도의 시발점, 철도수송〈종점〉.
***rail·ing** [réiliŋ] *n.* (1) ⓤ 〔集合的〕 레일, 난간, 울타리. (2) ⓒ (종종 *pl.*) 난간, 울타리, 가로장.
rail·lery [réiləri] *n.* ⓤ 조롱, 농담, 야유.
rail·man [⊿mən] (*pl.* ***-men*** [⊿mən]) *n.* ⓒ 철도 종업원.
:rail·road [réilròud] *n.* ⓒ 《美》 (1) 철도《회사·종업원·시설을 포함함 ; 略: R.R.》. (2)철도(선로) (《英》railway) 《※미국에서도 경량철도 등은 railway 이라 함》. — *a.* 〔限定的〕 《美》 철도의.
— *vt.* (1) …을 철도로 수송하다. (2) 《+目+前+名》 《口》 …을 재촉하여 시키다《*into*》 ; (의안 따위)를 (억지로)강제로 통과시키다《*through*》. (3) …에 누명을 씌우다, 무고한 죄를 뒤집어 씌우다, 죄명을 만들어 투옥하다. — *vi.* 《美》 철도에서 일하다 ; 철도로 여행하다.
파) **~·er** *n.* ⓒ 《美》 철도(종업)원(《英》railway-man).
ráilroad flàt (**apàrtment**) 《美》 복도가 없는 기차칸식 아파트.
:ráilroad stàtion 《美》 철도역.
:rail·way [réilwèi] *n.* ⓒ (1) 《美》 경편(輕便)〈시가, 고가, 지하철〉 궤도. (2) 《英》 철도, 철도선로(《美》rail-road). (3) 철도 회사. — *a.* 〔限定的〕 《英》 철도의〈에 관한〉.
rail·way·man [-mæ̀n, -mən] (*pl.* ***-men*** [-mèn, -mən]) *n.* 《英》 =RAILROADER.
railway yard [-jɑ̀:rd] 《英》 (철도의) 조차장(操車場).
rai·ment [réimənt] *n.* ⓤ 〔集合的〕 《古·詩》의복, 의류. 【cf.】 array, garb, garment.
:rain [rein] *n.* (1) (*pl.*) 소나기 ; 한 차례 내리는 비, 장마; (the ~s) (열대의) 우기. (2) ⓤⓒ 비, 강우 ; ⓤ 우천 : (a) heavy ~ 호우(豪雨). (3) (a ~) 《比》빗발(치는듯한…). (***as***) ***right as ~*** 《英口》완전히 건강을 회복하여. ***in ~*** 빗발치듯. ***in the ~*** 빗속에, 비를 무릅쓰고. ***It looks like ~.*** 비가 올 것 같다. ***~ or shine*** 〈***fine***〉 = ***come ~, come shine=come ~ or*** (***come***) ***shine*** 비가 오거나 말거나 ; 어떤 일이 있어도.
— *vi.* (1)〔it를 主語로〕 비가 오다. (2)《+前+名/+副》 비오듯 내리다. (3)(신·구름 따위가) 비를 내리다《*on*》.
— *vt.* (1)《~+目+副》〔it를 主語로 한 再歸的〕 비를 내리다.
(2) 〔it를 主語로〕 …의 비를 내리게 하다. (3) 《~+目/+目+前+名》빗발치듯 퍼붓다.
be ~ed out 〈《英》***off***〉 (경기 따위가) 비 때문에 중지〈연기〉되다.
:rain·bow [réinbòu] *a.* (1) 무지개 빛깔의 ; 가지각색의. (2)여러집단〈인종〉으로 이루어지는. — *n.* ⓒ 무지개, 덧없는 희망. ***all the colors of the ~*** 갖가지의 빛깔. ***chase*** (***after***) ***~s*** 이룰 수 없는 소망을 품고 많은 시간을 허비하다.
ráinbow tròut 【魚】 무지개송어《캐나다 원산》.
ráin chèck 우천 교환권《야구 경기 등을 우천으로 연기할 때 주는 다음 회 유효권》 ; (품절의 경우 따위에) 후일 우선 물품〈서비스〉 보증 ; (초대 등의) 연기
ráin clòud 비구름(nimbus).
:rain·coat [⊿kòut] *n.* ⓒ 비옷, 레인코트.
ráin dàte 행사 당일이 우천일 경우의 변경일.
:rain·drop [⊿drɑ̀p/ ⊿drɔ̀p] *n.* ⓒ 빗방울, 낙숫물.
:rain·fall[⊿fɔ̀:l] *n.* (1)ⓤ 강우(降雨). (2)ⓤⓒ (비·눈 등을 포함한)강우량, 강수량.
ráin fòrest 열대 다우림.
ráin gàuge 우량계.
rain·mak·er[⊿mèikər] *n.* ⓒ (1)《美》 (마술로 비를 내리게 하는)기우사. (2)《口》 인공 강우전문가.
rain·mak·ing [⊿mèikiŋ] *n.* ⓤ (1) 《美》 마술로 비를 내리게 하는 일. (2) 인공 강우.
rain·proof [⊿prù:f] *a.* 방수의〈천·외투 등〉.
rain·storm [⊿stɔ̀:rm] *n.* ⓒ 폭풍우.
rain·wa·ter [⊿wɔ̀:tər, ⊿wɑ̀tər] *n.* ⓤ 빗물, 천수(天水). — *a.* 빗물의.
rain·wear [⊿wɛ̀ər] *n.* ⓤ 우비, 비옷
:rainy [réini] (***rain·i·er ; -i·est***) *a.* (1) 비올 듯한, 비를 품은, 비섞인. (2) 비오는, 우천의; 비가 많이 내리는. (3) 비에 젖은. ***for a ~ day*** 유사시에 대비하여.
파) **rain·i·ly** *ad.* 비가 와서. **-i·ness** *n.*
:raise[reiz] *vt.* (1)《~+目/+目+前+名》 a〕(넘어진 것)을 안아 일으키다, 일으켜 세우다. b〕〔再歸的〕 몸을 일으키다《*up*》.
(2) 《~+目/+目+前+名/+目+副》 …을 (위로)올리다, 끌어올리다《비유적으로도 씀》.
(3) 《+目+前+名/+目+副》 …을 승진〈출세〉시키다, 진급시키다.
(4) 《+目+前+名》 …을 분기시키다, 분발시키다, 격분시키다.
(5) (영혼 등)을 불러내다 ; (죽은 자)를 되살리다.

(6) (새)를 날개치게 하다 ; (먼지)를 일으키다〈피우다〉.
(7) (곤란 · 문제 따위)를 일으키다, 제기하다.
(8) (소동·반란 · 폭동 따위)를 일으키다.
(9) 《~+目/+目+前+名》 (생리적 · 육체적 현상)을 일으키게 하다.
(10) (소리)를 지르다.
(11) (집 따위)를 세우다, 건축〈건립〉하다.
(12) …을 기르다, 사육하다, 재배하다.
(13) (돈)을 마련〈조달〉하다, 모금하다 ; (병사)를 모집하다.
(14) (빵)을 부풀리다《이스트 따위로》.
(15) (포위 · 금지 따위)를 풀다.
(16) 【海】 (육지 · 딴 배 등)이 보이는 곳까지 오다.
(17) (통신으로) …을 호출하다, …와 교신하다. ***~ a check*** 《美》 수표의 액수를 고액으로 고쳐쓰다(위조하다). ***~ a dust*** ➜DUST. ***~ Cain*** 〈***hell, hell's delight, the roof, ned, heck, the devil, the mischief,*** etc. 〉《口》 ➜CAIN, HELL 등. ***~ money on*** ➜ MONEY. ~ one***'s eyebrows*** ➜ EYEBROW. ~ one***'s glass to*** a person 아무를 축복하여 건배하다. ~ one***'s hat to*** ➜HAT. ~ one***'s head*** ➜ HEAD. ~ a person***'s spirits*** 아무의 원기를 북돋우다. ***~ the wind*** 《俗》 ➜WIND[1].
— *n.* ⓒ 《美》 (1) 《美》 임금 인상, 승급(액)(《英》 rise). (2)높인 곳, 돋운 곳.

rais·er[réizər] *n.* ⓒ 〔흔히 複合語로〕 (1)《美》사육자. (2)일으키는 사람〈것〉.

***rai·sin** [réizən] *n.* ⓤⓒ 건포도.

rai·son d'ê·tre [réizoundétrə] (*pl.* ***raisons d'être*** [réizounz-]) 《F.》 존재 이유.

ra·ja, ra·jah [rɑ́:dʒə] *n.* (종종 R-) 《Ind.》 (옛날 인도의) 왕후(王侯), 왕〈왕자〉, 귀족, 라자.

:rake[1] [reik] *n.* ⓒ (1) (도박장의) 판돈 그러모으는 도구. (2) 갈퀴 ; 고무래(꼴의 부지깽이), 써레.
— *vt.* (1) 《~+目/+目+副/+目+前+名/+目+補》 …을 갈퀴로 긁다, 긁어 내다《*out*》 ; 긁어 모으다《*up*》 ; 긁어서 고르다 ; 긁어서 치우다 《*off*》. (2) …을 긁다; 스치다, 할퀴다《*with*》. (3) 《+目+副/+目+前+名》 …을 샅샅이 찾다, 조사하다《*for*》. (4) 《+目+副》 …을 들추어서 밝히다《*up*》. (5) …을(멀리) 바라보다, (죽)훑어보다《*with*》. (6) 《+目+副》 (부 · 재산)을 재빨리〈풍부히〉 손에 넣다《*in*》. (7) …을 소사(掃射)하다 ; 조사(照射)하다. — *vi.* (1) 갈퀴를 쓰다, 갈퀴로 긁다. (2) 《+前+名》 깊이 파고들다《*in, into ; among*》 ; 샅샅이 캐내다, 애써 모으다. ***~ in*** 《口》 돈을 잔뜩 긁어 들이다〈벌다〉. ***~ it in*** 《口》 큰돈을 벌다. ***~ out*** 1) 긁어내다 : ~ *out* a fire (화덕의) 불을 긁어내다. 2) 《口》 …을 찾아내다. ***~ up*** 1) (과거 · 추문 따위를) 들추어 내다. 2) …로 긁어모으다. ***~ over the ashes*** 〈***coals***〉 의논을 다시 되풀이하다, 과거의 일을 나무라다.

rake[2] *n.* (*sing.*) (1) 【海】 이물〈고물〉의 돌출(부) ; (마스트 · 굴뚝 따위의) 고물〈뒤〉쪽으로의 경사(도) ; 【劇】무대〈관람석〉의 경사. (2) 경사도.
— *vt., vi.* (1) (무대가) 경사지(게 하)다. (2) (돛대가) 고물〈뒤〉 쪽으로 경사지(게 하)다.

rake[3] *n.* ⓒ 방탕자(libertine), 난봉꾼. — *vt., vi.* 방탕하다

rake-off [réikɔ̀(:)f, -ɑ̀f] *n.* ⓒ 《口》 (특히 거래상의 부정한) 배당, 구문, 리베이트(rebate).

rak·ish[1] [réikiʃ] *a.* (1) 멋진, 날씬한(smart). (2) (배가) 경쾌한, 속력이 빠를 것 같은. 파) **~·ly** *ad.* **~·ness** *n.*

rak·ish[2] *a.* 건달패 티가 나는; 방탕한, 무절제한. 파) **~·ly** *ad.*

ral·len·tan·do [rɑ̀:ləntɑ́:ndou/ ræ̀lentǽn-] *a., ad.* 《It.》 【樂】 점점 느린〈느리게〉, 랄렌탄도《略: rall.》. — *n.* ⓒ (*pl.* **~s**) 랄렌탄도(의 악장).

:ral·ly[1] [rǽli] *vt.* (1) (정력 따위)를 분기시키다, 집중시키다. (2) …을 모으다, 결집하다, 규합하다 ; 만회하다 ; 재편성하다.
— *vi.* (1) 다시 모이다, 다시 집결하다 ; 집합하다. (2) 《~/+前+名》 (공통의 목적 · 주의 · 아무의 지지를 위하여) 모이다; 참가하다《*to ; round*》. (3) 《~/+前+名》 원기를 회복하다.
— *n.* (1) (a ~) 집결; 참집. (2) ⓒ 【政 · 宗】 대회, 집회. (3) ⓒ 자동차 랠리《규정된 평균 속도로 공로에서 행하는 장거리 경주》. (4) (a ~) (건강 · 경기 등의) 회복. (5) (배드민턴 · 테니스 등에서) 서로 연달아 계속 쳐 넘기기, 랠리.

ral·ly[2] *vt.* …을 조롱하다, 업신여기다, 놀리다《*about ; on*》.

rál·ly·ing crỳ [rǽliiŋ-] (정치 운동 등의) 표어, 슬로건 ; 함성.

***ram** [ræm] *n.* (1)ⓒ 공성(公城) 망치(battering ~) ; 충각(衝角)《옛날, 군함의 이물에 붙인 쇠로 된 돌기》 ; 충각이 있는 군함. (2) a〕 ⓒ (거세하지 않은) 숫양《암양은 ewe》. b〕 (the R-) 【天】양자리(Aries), 백양궁(宮). (3) ⓒ 말뚝 박는 메, 달구 ; 말뚝 박는 드롭 해머. (4)ⓒ (자동)양수기(hydraulic ~) ; (수압기 · 밀펌프의) 피스톤.
— (**-mm-**) *vt.* (1) 《~+目/+目+前+名》 …을 충각으로 들이받다, 성벽을 부수는 해머로 치다; 부딪치게 하다《*against ; at ; into ; on*》. (2) 《~+目/+目+前+名》…을 때려박다《*down ; in ; into*》 ; 쑤셔 넣다《*into ; with*》. (3) 《+目+副》 (흙)을 다져 굳히다《*down*》.
~ down a person***'s throat*** ➜ THROAT. ***~ home*** 반복하여 (의론을) 충분히 납득시키다; (사고 따위의 사실이 필요성을) 명백히 하다. ***~ ... into*** a person***'s head*** (의견 등을) 반복하여 남의 머리에 박아넣다

RAM [ræm] 【컴】 random-access memory (램, 임의 접근 기억 장치; 무작위 접근 기억 장치).

***ram·ble** [rǽmbəl] *n.* ⓒ 산책, 만보, 소요. — *vi.* (1) (이리저리) 거닐다. (2) 두서없이 이야기하다〈쓰다〉《*on ; about*》. (3) 《~/+前+名》 (덩굴풀 등이) 퍼지다. (4) (강 · 길이) 구불구불 뻗어가다, 굽이치다. 파)

rám·bler [-blər] *n.* ⓒ (1) (공원 따위를) 어슬렁거리는 사람. (2) 두서없이 지껄이는〈쓰는〉 사람. (3) 【植】 덩굴 장미.

ram·bling [rǽmbliŋ] *a.* (1) 산만한, 종작없는. (2) 어슬렁거리는, 한가로이 걷는; 방랑성의. (3) (집 · 가로가) 무질서하게 뻗어있는; 가지런하지 못한. (4) 【植】 덩굴지는. 파) **~·ly** *ad.*

ram·bunc·tious [ræmbʌ́ŋkʃəs] *a.* 《美口》 (사람이 · 행위가) 사나운; 다루기 힘드는; 사납게 날뛰는 ; 제멋대로인. 파) **~·ly** *ad.* **~·ness** *n.*

ram·ie [rǽmi] *n.* (1) ⓤ 모시 섬유, 라미, 모시. (2) ⓒ 【植】 모시풀.

ram·i·fi·ca·tion [ræ̀məfikéiʃən] *n.* ⓒ (흔히 *pl.*) (1) 지맥(支脈), 지류(支流). (2) 분지(分枝), 분기. (3) (파생한) 효과, 결과.

ram·i·fy [rǽməfài] *vi.* 분파하다, 분기하다; 그물눈처럼 갈라지다, 작게 구분되다(하다). — *vt.* 〔흔히 受

R

動으로〕…을 분기(分岐)시키다 ; …을 작게 구분하다.
rám·jet (ènġine) [rǽmdʒèt(-)] 【空】 램제트(엔진)《고속 비행 중의 유입 공기압으로 공기를 압축하는 분사 추진 기관의 일종》.
ramp[1] [ræmp] *n.* ⓒ (1) (여객기 따위의) 이동 트랩 (boarding ~). (2) (건물의 각층을 연락하는)경사로 ; 입체 교차로 따위의 연결용 경사로, 램프. (3)《英》스피드 방지대《도로를 가로질러 도드라지게한 부분》.
ramp[2] *n.* ⓒ《英口》편취, 사기; 폭리.
ram·page [rǽmpeidʒ/ -́] *n.* (성나서) 날뛰기, 야단법석. 〔주로 다음 成句로〕 ***go* 〈*be*〉 *on the* 〈*a*〉 ~** 날뛰다. — [ræmpéidʒ] *vi.* (1) 마구 날뛰다. (2) 돌진하다《*about* ; *through*》.
ram·pa·geous [ræmpéidʒəs] *a.* 난폭한, 날뛰며 돌아다니는, 광포한, 휘어잡을 수 없는.
ramp·ant** [rǽmpənt] *a.* (1) (잡초 등이) 무성한, 우거진. (2) (언동이) 과격한, 사나운 ; 자유 분방한. (3) (병·범죄·소문 등이) 만연하는, 성한, 마구 퍼지는. (4) (명사 뒤에 두어) 【紋章】 뒷발로 선. ***a lion ~ 【紋章】 뒷발로 일어선 사자. 파) **~·ly** *ad.*
***ram·part** [rǽmpaːrt, -pərt] *n.* ⓒ (1)《比》수비, 방어. (2)(종종 *pl.*) 누벽(壘壁), 성벽. — *vt.* (1) 성벽(누벽)을 두르다. (2) 방어하다, 방비하다.
ram·rod [rǽmrɑ̀d/ -rɔ̀d] *n.* ⓒ 꽂을대 ; 전장총(前裝銃)·전장포(砲)에 탄약을 재던 쇠꼬챙이.
(as) stiff* 〈*straight*〉 *as a ~ 1) 곧은, 직립부동의. 2) (태도나 외관이) 딱딱한.
— *a.* 곧게 서서 움직이지 않는. — *ad.* 곧게 서서 움직이지 않고.
ram·shack·le [rǽmʃæ̀kəl] *a.* 덜컥 거리는, 금방 넘어질 듯한《집 등》; 흔들〈덜컥〉거리는《차 등》.
:ran [ræn] RUN[1] 의 과거.
***ranch** [ræntʃ] *n.* ⓒ (1) 〔특정 동물·과일 등의 修飾語와 함께〕(특정 가축·작물을 기르는) 농장, 사육장. (2) (미국·캐나다의) 대목장. 【cf.】 range.
— *vi.* 목장을 경영하다; 목장에서 일하다.
ranch·er [rǽntʃər] *n.* ⓒ (1) 목장〈농장〉에서 일하는 사람, 목장 노동자, 목장 감독. (2) 목장〈농장〉주. (3)=RANCH HOUSE(1).
ránch hòuse (1) 랜치하우스《일반주택으로 지붕의 경사가 완만한 단층집》. (2) (목장에 있는) 목장주의 주택.
ranch·man [rǽntʃmən] (*pl.* ***-men*** [-mən]) *n.* ⓒ《美》목동 ; 목장 경영자〈감독〉; 목장 노동자.
ran·cho [rǽntʃou, rɑ́ːn-] (*pl.* ***~s***) *n.* ⓒ (1) 목장. (2)《英》(목동·농장 노동자용의) 오두막집(합숙소).
ran·cid [rǽnsid] *a.* (1) 불쾌한, (맛이) 고약한. (2) 고약한 냄새가 나는. 파) **~·ly** *ad.* **~·ness** *n.*
ran·cor,《英》**-cour** [rǽŋkər] *n.* ⓤ 적의, 깊은 원한 ; 심한 증오, 유감, 악의.
ran·cor·ous [rǽŋkərəs] *a.* 악의에 불타는 ; 원한이 사무친. 파) **~·ly** *ad.* **~·ness** *n.*
R&B, r&b rhythm and blues. **R&D, R and D** research and development(연구 개발).
:ran·dom [rǽndəm] (***more ~ ; most ~***) *a.* 〔限定的〕 (1) 【統】 임의의, 무작위(無作爲)의. (2) 닥치는 대로의, 되는 대로의, 임의의. — *n.* 되어 가는 대로임. 〔다음 成句로〕 ***at ~*** 닥치는 대로 ; 아무렇게나. 파) **~·ly** *ad.* **~·ness** *n.*
rándom sámple 【統】 무작위〈임의〉, 랜덤(임의) 파일, (추출)표본.
rándom sámpling 【統】임의〈무작위〉표본 추출법, 랜덤 샘플링.
randy [rǽndi] (***rand·i·er ; -i·est***) *a.* 추잡한, 거친, 혼란스러운, 다루기 힘든, 호색적인. 파) **-i·ly** *ad.* **-i·ness** *n.*
ra·nee [rɑ́ːni, rɑːníː] *n.* ⓒ (인도의 옛날) 왕공 귀족의 부인 ; 왕비 ; 공주.
:range [reindʒ] *vt.* (1)《+目+前+名》〔受動으로 또는 再歸用法으로〕 (동아리·당 따위)에 가입하다, (어느 집단에) 들어가다, 소속하다, …의 편을 들다, …을 지지하다《*with* ; *among* ; *on*》; 반대편에 서다《*against*》. (2)《~+目/+目+前+名》 a〕…을 정렬시키다, 늘어놓다, 배치하다《*along*》. b〕〔再歸的〕 줄지어 서다, 가지런히 하다, 정렬하다. (3) 돌아다니다, 방랑하다. (4)《美》방목하다.
— *vi.* (1)《+副/+前+名》 줄짓다 ; (산맥 따위가) (한 줄로) 연하다, (산맥 등이) 연해 있다, 뻗다. (2)《+前+名》(사람·동물이) 헤매다, (떠)돌아다니다. (3)《+前+名》 퍼지다, (…의) 범위에 걸치다. (4) (어떤 범위 안에서) 이동하다, 변동하다, 변화하다《*between*》. (5)《+前+名》 (어떤) 반열(班列) 에 들다, 위치하다《*with*》. (7)《+補》 (탄알이) 도달하다 ; 사거리가 …이다.
— *n.* (1) (*sing.*)(활동·지식·경험 등이 미치는) 범위, 구역, 넓이《*of*》. (2) (*sing.*) (변동의)범위, 한도, 폭《*of*》. (3) ⓤ (또는 a ~) 사거리(射距離), 사정(射程) ; ⓒ 사격장. (4) (a ~) 【空·海】 항속 거리. (5) ⓒ 열(列), 줄 ; 연속 ; 산맥 ; 연산(連山)《*of*》. (6) (a ~) 음 역. (7) (*sing.*) (동식물의) 분포〈생식〉 구역. (8)ⓒ《美》 (방)목장. (9) ⓒ (요리용) 레인지,《美》전자〈가스〉레인지.
a golf* (*driving*) ~** 골프 연습장 ***at long* 〈*short, close*〉 ~** 원〈근〉거리에서. ***beyond the ~ of …이 미치지 않는 곳에. ***in ~ with*** (2개의 물건이) …와 같은 방향으로, …와 나란히 ***in the ~ of*** …의 범위내에. ***on the ~*** 방목되어.
ránge fìnder 거리계(計), 거리 측정기; =TACHYMETER.
***rang·er** [réindʒər] *n.* ⓒ (1)《美》기마 경찰대원. (2)《美》삼림 경비대〈감시〉원 ;《英》왕실 소유림(林)의 감시원. (3) (R-)《美》(제 2차 세계대전 중의) 특별 공격대원, 추격대원 ;《美》(특히 밀림 지대의) 게릴라전 훈련을 받은 병사. (4)《英》레인저《Girl Guide의 16세 이상 단원》.
Ran·goon [ræŋgúːn] *n.* Myanmar의 수도 Yangon의 구명.
rangy [réindʒi] (***rang·i·er ; -i·est***) *a.* (1) 산맥〈산〉이 많은, 드넓은. (2) (사람·짐승이) 팔다리가 껑충한; 돌아다니기에 알맞은, 돌아다니는.
:rank[1] [ræŋk] *n.* (1) ⓒ a〕 (사람·물건의) 열, 줄《*of*》. b〕 【軍】 횡열(보통 둘). (2) ⓤⓒ 계급, 등급 ; (사회적) 지위. (3) (the ~s) a〕 【軍】 (장교 이외의) 군대 구성원, 병사. b〕 (정당·회사·단체의) 일반 당원, 사원, 회원, 단이리. (4) ⓐ 체스판의 가로줄. 【cf.】 file[1]. (5) ⓒ《英》손님 대기 택시의 주차장 (《美》stand): ➜TAXI RANK. (6) 【컴】 순번.
close the ~s ➜CLOSE[1](成句). ***all ~s*** 전원 ***other ~s*** (장교이외의) 사병. ***pull* one*'s ~* (*on*)**《口》(…에게) 지위를 이용하여 강제로 명령하다. ***take ~ of*** …의 윗자리를 차지하다. ***take ~ with*** …와 나란히 서다, …와 어깨를 나란히 하다. ***the ~ and fashion*** 상류 사회. ***the ~ and file*** 1) 병졸들, 사병들. 2) 평사원, 일반당원. 3) 서민, 일반대중.
— *vt.* (1) 〔때때로 受動으로〕…을 나란히 세우다, 정

렬시키다. (2) 《+目+補/+目+前+名/+目+as補》 …의 위치를 정하다, 부류에 넣다, 분류하다; 등급짓다; 평가하다. (3) 《美》 …보다 낫다, …의 윗자리에 서다(outrank).
— *vi.* (1) 《+as補/+前+名/+補》 자리잡다, 지위를 차지하다; 어깨를 겨루다. (2) 《美》 윗자리를 차지하다; 제 1위를 차지하다.

rank² *a.* (1) 맛이 고약한; 고약한 냄새가 나는; 썩은《*with*》. (2) 무성한, 울창한《*with*》. (3) 〔限定的〕 지독한, 심한, 참을 수 없는; 완전한; 순전한.
파) **~·ly** *ad.* **~·ness** *n.*

rank-and-file [rǽŋkənfáil] *a.* 〔限定的〕 일반 대중의; 평사원〈평조합원〉의; 일개 사병의.

rank·er [rǽŋkər] *n.* ⓒ (1) 사병 출신의 (특진) 장교. (2) 사병. (3) 정렬하는(시키는) 사람.

rank·ing [rǽŋkiŋ] *n.* ⓤ 순위, 서열; 등급 매기기.
— *a.* 〔限定的〕《美》 (1) 뛰어난, 발군(拔群)의, 일류의. (2) 상급의, 간부의. (3) 〔종종 複合語로〕 …의 지위에 있는.

ran·kle [rǽŋkəl] *vi.* (원한 따위가) 마음에 사무치다, 끊임없이 아프다《*with*》.

ran·sack [rǽnsæk] *vt.* (1) 《+目+前+名》 (도시 등)을 약탈하다, 빼앗다(pillage)《*of*》. (2) 《~+目/+目+前+名》 …을 샅샅이 〈구석구석까지〉 뒤지다; 찾아 헤매다《*for*》.

ran·som** [rǽnsəm] *n.* (1) ⓤ (인질 등의) 해방, 인수. ***hold a person ***to*** 〈***for***〉 ~ 아무를 억류하고 몸값을 요구하다; 《比》 아무를 협박하여 양보를 요구하다. (2) ⓒ (인질 등의) 몸값, 배상금.
— *vt.* (인질 따위)를 몸값〈배상금〉을 치르고 되찾다.

rant [rænt] *n.* ⓤ 떠드는 소리; 호언 장담. — *vi.* (1) 폭언을 하다, 마구 호통치다, 고함치다; 야단치다《*at*; *about*》. (2) 열광적으로 설교하다, 호언장담하다. (3) (배우 등이) 대사를 외치듯이 말하다. — *vt.* (대사 따위)를 큰소리로 말하다; 과장해서 떠들어대다. ***~ and rave*** 마구 고함치다, 고래고래 소리치다.

rant·er [rǽntər] *n.* ⓒ (1)(R-) 초기 메서디스트 교파 신자. (2) 호언장담하는 사람, 고함을 지르는 사람.

rap¹** [ræp] *n.* (1) ⓒ 《俗》 비난, 질책, 범죄 혐의; 《美》 체포. (2) ⓒ (문·테이블 따위를) 톡톡 두드림; 세게 두드리는 소리. (3) ⓒ 《俗》 지껄임, 수다. (4) ⓤ 랩《지껄이 듯이 노래하는 솔 음악》. ***beat the ~ 《俗》 벌을 면하다, 무죄가 되다. ***get a ~ on the knuckles*** 심하게 매맞다, 야단맞다, 꾸중듣다. ***give*** a person ***a ~ on*** 〈***over***〉 ***the knuckles*** (벌로) 아무를 몹시 때리다; 꾸짖다. ***take a ~*** 《美口》 얻어맞다, 부딪치다. ***take the ~*** 《美口》 비난〈벌〉을 받다; 남의 죄를 뒤집어 쓰다.
— (**-pp-**) *vt.* (1) 《~+目/+目+副/+目+前+名》 (문, 책상 따위)를 톡톡 두드리다; (사람의 신체)를 탁 치다. (2) 《美俗》 비난〈혹평〉하다, 나무라다. (3) 《俗》 …에게 판결을 내리다; (형사범으로서) …을 체포하다.
— *vi.* (1) 《+前+名》 (문·책상 따위를) 톡톡 두드리다《*at*; *on*; *against*》. (2) 《俗》 지껄이다, 잡담하다《*with*; *about*》. ***~ out*** (신령이 영매(靈媒)등을 통해 뜻을) 톡톡 두드려 알리다; 내뱉듯이 날카롭게 말하다.

rap² *n.* (a ~) 〔否定文에서〕 《口》 조금(bit), 피천 한 닢. ***not card*** 〈***mind***〉 ***a ~*** 조금도 상관않다. ***not worth a ~*** 보잘것없는.

ra·pa·cious [rəpéiʃəs] *a.* (1) 욕심많은, 탐욕〈게걸〉스러운. (2) (완력으로) 잡아채는, 강탈하는. (3) 【動】 산 동물을 잡아 먹는, 육식하는. 파) **~·ly** *ad.* **~·ness** *n.*

ra·pac·i·ty [rəpǽsəti] *n.* ⓤ (1)탐욕, 탐식. (2)강탈.

***rape¹** [reip] *n.* ⓤⓒ (1) 강탈, 약탈, 파괴; (2) 성폭행. — *vt.* (1) …을 성폭행하다, 강간하다. (2) …을 약탈(강탈)하다, 파괴하다.

rape² *n.* ⓤ 【植】평지.

:rap·id [rǽpid] (***more ~, ~·er; most ~, ~·est***) *a.* (1) (행동이) 재빠른, 날랜, 민첩한. (2) (속도가) 빠른, 신속한. (3) 가파른, 몹시 비탈진. (4) 고속도 촬영의. — *n.* ⓒ (흔히 *pl.*) 급류, 여울. ***shoot the ~s*** (보트가) 여울을 건너다; 위험한 짓을 하다. 파) **~·ness** *n.*

rap·id-fire [rǽpidfáiər] *a.* 〔限定的〕 (1) 연이은, 잇단. (2) 속사의.

***ra·pid·i·ty** [rəpídəti] *n.* ⓤ 급속, 신속; 민첩; with ~ 빠르게(신속히)(rapidly).

:rap·id·ly [rǽpidli] *ad.* 재빨리, 빠르게, 신속히, 순식간에.

rápid tránsit (고가 철도·지하철에 의한 여객의) 고속 수송(법).

rap·ine [rǽpin, -pain] *n.* ⓤ 《詩·文語》약탈, 강탈.

rap·ist [réipist] *n.* ⓒ 성폭행 범인.

rap·per [rǽpər] *n.* ⓒ (1)(문의) 노커. (2) 두드리는 사람〈것〉. (3) 랩 음악을 하는 사람. (4) 《美俗》 수다떠는 사람, 말하는 사람.

rap·port [ræpɔ́ːr] *n.* ⓤ (또는 a ~) 《F.》 (친밀한·공감적인) 조화, 관계《*with*; *between*》.

rap·proche·ment [ræprouʃmɑ́ːŋ/ ræprɔ́ʃmɑːŋ] *n.* 《F.》 친교〈국교〉 회복, 우호관계 수립《*with*; *between*》.

rap·scal·lion [ræpskǽljən] *n.* ⓒ 무뢰한, 악한.

ráp shèet 《美俗》 전과(前科)기록.

***rapt** [ræpt] *a.* (1) 〔敍述的〕 열중하여 정신이 없는, 몰두〈몰입〉한《*in*》. (2) (생각 따위에) 정신이 팔린, 넋을 잃은, 황홀해 있는.

rap·to·ri·al [ræptɔ́ːriəl] *a.* (1) 【動】 맹금류(猛禽類)의. (2) 육식의《새·짐승 따위》.

:rap·ture [rǽptʃər] *n.* ⓤ (또는 *pl.*) 환희, 큰 기쁨, 황홀《*at*; *about*; *over*》. ***go*** 〈***fall***〉 ***into ~s over*** …에 열광 하다. ***in ~(s)*** 열광〈열중〉하여.

rap·tur·ous [rǽptʃərəs] *a.* 미칠 듯이 기뻐하는, 기뻐 날뛰는, 열광적인. 파) **~·ly** *ad.* **~·ness** *n.*

:rare¹ [rɛər] (***rár·er; -est***) *a.* (1) 〔限定的〕 매우 근사한. (2) 드문, 진기한, 좀처럼 없는. (3) (공기 따위가) 희박한. ***in ~ cases*** =***on ~ occasions*** 드물게, 때로는. ***~ and*** 《口》 매우.
파) **~·ness** *n.* 희귀; 희박; 진기.

***rare²** *a.* 설익은《고기 등》, 덜 구워진.

ráre éarth 【化】희토류 원소(의 산화물).

ráre-éarth èlement (**mètal**) [rɛ́ərə́ːrθ-] 【化】 희토류 원소《원자 번호 57-71》.

rar·e·fy [rɛ́ərəfài] *vt.* (1) …을 순화〈정화〉하다(purity). (2)(기체 따위)를 희박하게하다. — *vi.* 희박해지다, 세밀하게 되다.

rar·e·fied [rɛ́ərəfàid] *a.* 〔限定的〕 (1)희박한. (2)높은, 고상한; 높은 곳의; ~ tastes 고상한 취미.

:rare·ly [rɛ́ərli] (***more ~; most ~***) *ad.* (1) 매우 (잘), 희한하게. (2) 〔文章修飾〕 드물게, 좀처럼 …하지 않는(seldom). ***~ (if) ever*** 《口》 좀처럼 …하지 않는.

rar·ing [rɛ́əriŋ] *a.* 〔敍述的〕 《口》 좀이 쑤셔하는(eager), 열광하는, 몹시 …하고 싶어하는《*to* do》.

rar·i·ty [rɛ́ərəti] *n.* (1) ⓒ 만나기〈보기〉힘든 사람, 진귀한 것, 진품. (2) ⓤ 아주 드묾; 진기, 희박.

R

:ras·cal [rǽskəl/ rɑ́ːs-] *n.* ⓒ (1) 《戱》 장난꾸러기, 개구쟁이. (2) 악당, 깡패, 불량배.

ras·cal·i·ty [ræskǽləti/ rɑːs-] *n.* ⓤⓒ 악당의 소행 ; 나쁜 짓, 악행 ; 악당 근성.

ras·cal·ly [rǽskəli/ rɑ́ːs-] *a.* (1) 교활한 ; 파렴치한. (2) 무뢰한의 ; 악당 같은.

:rash[1] [ræʃ] (**~·er ; ~·est**) *a.* (1) 분별 없는. (2) 성급한, 무모한. 파) **~·ly** *ad.* 분별없게, 무모〈경솔〉하게(도). **~·ness** *n.*

rash[2] *n.* (a ~) (1) (보통 불쾌한 일 등의) 다발(多發), 빈발《*of*》. (2) 【醫】 발진(發疹), 뾰루지 : a heat ~ 땀띠.

rash·er[rǽʃər] *n.* ⓒ (굽거나 프라이하기 위한 것)베이컨〈햄〉의 얇게 썬 조각.

rasp [ræsp, rɑːsp] *n.* (1)(a ~) 줄질(하는 소리) 끽끽하는 소리. (2) ⓒ 거친 줄(=**rásp-cùt fíle**).
— *vt.* (1) 《~+目/+目+補》 …을 거친 줄로 갈다 ; 강판으로 갈다; 쓸어〈갈아〉 내다《*away* ; *off*》. (2)《+目+副》 …을 쉰〈귀에 거슬리는〉 목소리로 말하다《*out*》. (3) …을 안타깝게〈초조하게〉 하다. — *vi.* (1) 《+前+名》 삐걱거리다, 쓸리다 : She was ~*ing on* her violin. 그녀는 바이올린을 끽끽거리고 있었다. (2) 끽끽 소리를 내어 초조하게 만들다《*on, upon*》 : The noise ~*s on* my nerves. 그 시끄러운 소리가 내 신경을 곤두세우고 있다.

***rasp·ber·ry** [rǽzbèri, -bəri, rɑ́ːz-] *n.* (1) ⓒ《俗》 입술 사이에서 혀를 떨며 내는 소리《경멸·냉소적인 행위》 : get(give, hand) the〈a〉 ~ 조롱당하다. (2) ⓤⓒ 나무딸기(열매).

rasp·ing [rǽspiŋ, rɑ́ːsp-] *a.* (1) (감정을) 초조하게 하는. (2) 삐걱거리는, 귀에 거슬리는. 파) **~·ly** *ad.*

raspy [rǽspi, rɑ́ːspi] (**rasp·i·er ; -i·est**) *a.* (1) 삐걱거리는. (2) 신경질적인, 성 잘 내는.

:rat [ræt] *n.* ⓒ (1) 《俗》 비열한 놈, 변절자, 배반자, 탈당자 : You old ~ ! 이 쥐새끼 같은 놈. (2) 쥐, 시궁쥐. 【cf.】 mouse. (3) 《俗》 파업에 동참 않는 노동자. (4) 《俗》 밀고자. ***as drunk as a ~*** 곤드레만드레 취해서. ***like 〈as wet as〉 a drowned ~*** 물에 빠진 생쥐처럼, 함빡 젖어서. ***smell a ~*** 《口》 수상쩍게 생각하다, 이상하다고 느끼다. — *int.* (~s) 《俗》 〔불신·실망 등을 나타내어〕체, 젠장, 천만에.
— (**-tt-**) *vi.* (1) 쥐를 잡다. (2) a〕 변절하다 ; 배반하다, 밀고하다《*on*》. b〕 (약속 따위를) 깨다《*on*》.

rat·a·ble [réitəbəl] *a.* (1) 비례하는, 일정한, 비율에 따른. (2) 평가할 수 있는. (3) 《英》 과세할 수 있는; 세를 부담할.

rat·a·tat [rǽtətǽt] *n.* (a ~) 쾅쾅《문, 북 따위를 두드리는 소리》, 둥둥, 기관총.

rat·bag [rǽtbæ̀g] *n.* ⓒ 《Austral. 俗》 몹시 불쾌한 놈, 역겨운 녀석.

rat·catch·er [rǽtkæ̀tʃər] *n.* ⓒ 쥐잡는 사람〈동물〉.

ratch·et [rǽtʃit] *n.* ⓒ (1) (톱니바퀴의 역회전을 방지하는) 미늘, 제동기, 제차기. (2) 깔쭉 톱니바퀴(장치) ; 미늘톱니바퀴 (장치).

rátchet whèel 깔쭉 톱니바퀴, 래치트.

:rate[1] [reit] *n.* (1) ⓒ 가격, 시세. (2) ⓒ 율(率), 비율. (3) ⓒ 요금, 사용료. (4) ⓒ 속도, 진도. (5) (*pl.*) 《英》 지방세. (6) ⓤ 〔序數와 함께〕 등급, …등. ***at a great ~*** 고속으로. ***at a high 〈low〉 ~*** 비싸게〈싸게〉. ***at all ~s*** 기필코, 어떻게든지. ***at an easy ~*** 싼 값으로 ; 쉽게. ***at any ~*** 하여튼, 하여간 ; 적어도. ***at that 〈this〉 ~*** 《口》 그런〈이런〉꼴로는〈상태로는〉. ***at the 〈a〉 ~ of*** …의 비율로 ; …의 값으로.
— *vt.* (1) 《+目+補/+目+前+名》 …을 평가하다, 어림잡다《*at*》. (2) 《+目+(*as*)補/+目+前+名》 …으로 간주하다, 생각하다《*among*》. (3) 《英》 〔흔히 受動으로〕 과세의 목적으로 평가하다《at》; …에게 과세하다. (4) …만한 가치가 있다.
— *vi.* (1) 《+副》 어림짐작되다, 평가되다. (2) 《+*as* 補》 (…으로) 간주되다. (3) a〕 (…와) 같은 등급이다, 동열이다《*with*》 : This ~*s with* the very best. 이것이야말로 최고급품의 반열에 속한다. b〕 《口》 (…에게)평판이 좋다, 사랑받고 있다《*with*》.

rate[2] *vt.* …을 꾸짖다, 나무라다, …에게 욕설을 퍼붓다《*at*》.

rate·cap·ping [réitkæ̀piŋ] *n.* ⓤ 《英》 지방자치단체의 지방세 징수액시 상한을 정하는 일.

rate·pay·er [réitpèiər] *n.* ⓒ 《英》 지방세(재산세) 납부자.

rat fink 《美俗》 비열한 사람, 밀고자, 꼴보기 싫은 놈(fink), 배반자.

:rath·er [rǽðər, rɑ́ːð-] *ad.* (1) 어느 정도, 다소, 조금 ; 상당히, 꽤. (2) (…보다는) 오히려, 차라리 《*than*》 ; 어느쪽인가 하면. (3) 〔文章修飾〕 …그렇기는 커녕, 도리어: It wasn't a help, ~ a hindrance. 도움은커녕 방해였었다. (4) 〔or ~로〕 더 정확히 말하면.

☞ 參考 **rather than** 과 **better than** : I like peaches *rather than* apples. 에서는 '복숭아는 좋아하지만 사과는 좋아하지 않는다'를 의미하고 I like peaches *better than* apples. 에서는 '양쪽 다 좋아하지만 복숭아 쪽을 더 좋아한다'를 의미함.

the ~ 《口》 좀더 빨리(서둘러서) ***the ~ that 〈because〉*** …이기 때문에 더욱.
— *int.* [rǽðə́ːr, rɑ́ːð-] 《英口》 〔反語的으로 강한 긍정의 답에〕그렇고 말고(certainly), 아무렴, 물론(Yes, indeed !).

***rat·i·fi·ca·tion** [ræ̀təfikéiʃən] *n.* ⓤ(조약 등의) 시인, 비준(批准), 재가.

***rat·i·fy** [rǽtəfài] *vt.* 재가하다, (조약 등)을 비준하다, 실증하다.
파) **rát·i·fi·er** *n.*

rat·ing[réitiŋ] *n.* (1)ⓒ (실업가·기업 등의) 신용도; (라디오·TV의) 시청률; (정치의)지지율. (2) a〕ⓤ 평가, 견적(見積). b〕 ⓒ 평가 가격, 평가액. (3)ⓒ (선박·승무원 등의) 등급, 급수. (4)ⓒ 【英海軍】 수병. (5) ⓒ 《英》 지방세(재산세) 부과액.

***ra·tio** [réiʃou, -ʃiòu] (*pl.* **~s**) *n.* ⓤⓒ (1) 【數】비, 비례《*to*》. (2) 비, 비율《*to*》.

ra·ti·oc·i·nate [ræ̀ʃiɑ́sənèit, ræ̀ti-, -óus-/ ræ̀tiɔ́si-] *vi.* (삼단논법 따위로) 추리〈추론〉하다.
파) **ràti·oc·i·ná·tion**[-néiʃən] *n.* ⓤ 추론, 추리.

ra·tion** [rǽʃən, réi-] *n.* (1) (*pl.*) 식량, 양식; (흔히 *pl.*) 【軍】 1일분 식량, 하루분 식량. ***be put on ~s 정액 지급을 받다, 배급 받다. ***on short ~s*** 양식이 제한되어. ***the iron 〈emergency〉 ~*** 비상용 휴대 양식. (2) ⓒ 정량 ; (식품 등의) 배급(량).
— *vt.* (1) (식량·연료 등)을 제한하다 ; 공급을 제한하다. (2) …을 배급하다《*out* ; *to* ; *among*》.

***ra·tion·al** [rǽʃənl] (**more ~ ; most ~**) *a.* (1)합리적인 ; 사리에 맞는, 온당한. (2) 이성이 있는, 도리를 아는, 이성적인 ; 제 정신인. (3) 추리〈추론〉의 ; 순이론적인. (4) 【數】유리(有理)의, 합리적인 것, 도리를 아는 자, 인간. 〖opp.〗 *irrational*. 「 a ~ expression 유리식. — *n.* ⓒ 【數】 유리수(有理數)(~ number). 파) **~•ly** *ad.*

ra·tion·ale [ræ̀ʃənǽl/ -nɑ́:l] *n.* (the ~) 이론적 해석〈근거〉《*of*》.

ra·tion·al·ism [rǽʃənlìzəm] *n.* ⓤ (1) 이성주의. 【cf.】 empiricism. sensationalism 파) **-ist** [-ist] *n.* ⓒ (특히 신학·철학상의) 이성론자, 순리론자, 합리론자. (2) 합리주의, 이성론, 순리론(純理論). — *ad.* =RATIONALISTIC.

ra·tion·al·is·tic [ræ̀ʃənlístik] *a.* (1) 합리주의자의, 이성론자의. (2) 순리〈합리〉적인 ; 이성주의(적)인. 파) **-ti•cal•ly** [-tikəli] *ad.*

ra·tion·al·i·ty [ræ̀ʃənǽləti] *n.* ⓤ 순리성, 합리성 ; 도리를 앎, 합리적인 행동(견해).

ra·tion·al·ize [rǽʃənəlàiz] *vt.* (1) (산업)을 합리화〈재조직〉하다. (2) …을 합리화하다 ; …을 합리적으로 다루다〈해석하다〉 ; …을 정당화 하다. (3) 【數】 …을 유리화(有理化)하다 — *vi.* (1) 합리적으로 생각, 행동하다 ; 정당화하다. (2) (산업) 합리화를 행하다.

ra·tion·al·i·za·tion [ræ̀ʃənlizéiʃən] *n.* ⓤⓒ (1) 합리화, 합리적 사고. (2) 정당화, 이론적 설명. (3) 【數】 유리화.

ra·tion·ing [rǽʃəniŋ] *n.* ⓤ 배급(제도).

rat·lin(e) [rǽtlin] *n.* ⓒ (흔히 *pl.*) 【海】 줄사다리(의 디딤줄) (*pl.*) 줄사닥다리.

rát ràce (the ~) 《口》 기진맥진케 하는 출세〈생존〉 경쟁, (치열한) 경쟁 사회.

rat·tan [rætǽn, rə-] *n.* (1) ⓒ 등지팡이, 등회초리. (2) ⓒ 【植】등 ; 그 줄기. (3) ⓤ 〔集合的〕 등《제품용의 줄기》.

rat·ter [rǽtər] *n.* ⓒ (사냥개나 고양이 같이) 쥐 잡는 동물·사람·물건, 탈당자, 밀고자, 배신자.

:rat·tle [rǽtl] *vi.* 《~/+前+名》 (1) (차 따위가) 덜거덕거리며 달리다〈질주하다〉《*along* ; *down* ; *over*》. (2) 덜걱덜걱〈우르르〉 소리나다〈내다〉. (3) 빠른 말로 지껄이다, (생각 없이) 재잘거리다《*away* ; *on*》.

— *vt.* (1) …을 덜걱덜걱〈우르르〉 소리나게 하다〈울리다〉. (2) 《~+目/+目+副》 (시·이야기 따위)를 줄줄 외다〈읽다, 노래를 하다〉, 재잘거리다《*off* ; *out* ; *over* ; *away*》. (3) 《종종 受動으로》 …을 흥분시키다; …을 놀래다, 당황케 하다.

— *n.* (1) ⓤ (또는 a ~) 드르륵, 덜걱덜걱(하는 소리). (2) ⓒ 달각달각 소리를 내는 기관(器官) 《방울뱀의 꼬리 따위》 ; 드르륵 소리내는 도구 ; (장난감의) 딸랑이. (3) ⓒ 쓸데없는 이야기, 잡담.

rat·tle·brain [∠brèin] *n.* ⓒ 머리가 빈 사람. 파) **rat•tle•brained** [-d] *a.* 수다스럽고 머리가 텅 빈.

rat·tler [rǽtlər] *n.* ⓒ (1) 《口》 우수품, 일품(逸品). (2) 덜걱거리는 것〈사람〉 ; 《美》=RATTLESNAKE ; 《美口》 화물열차.

***rat·tle·snake** [rǽtlsnèik] *n.* ⓒ 배반자, 믿을 수 없는 녀석 ; 방울뱀.

***rat·tle·trap** [∠træ̀p] *a.* 〔限定的〕 덜걱거리는, 낡아빠진. — *n.* ⓒ 낡은 털터리 자동차.

rat·tling[rǽtliŋ] *a.* 〔限定的〕 (1) 활발한, 기운찬 ; (발이)빠른. — *ad.* 《口》 굉장히, 아주, 매우. (2)덜거덕거리는.

rat·tly [rǽtli] *a.* 덜거덕덜거덕 소리를 내는.

rat·trap [rǽttræ̀p] *n.* ⓒ (1) 쥐덫. (2) 절망적 상황, 난국. (3) 《口》 누추하고 헐어빠진 건물.

rat·ty [rǽti] (***rat•ti•er*** ; ***-ti•est***) *a.* (1) 《俗》 초라〈남루〉한, 비참한. (2) 쥐 같은 ; 쥐 특유의 ; 쥐가 많은. (3) 《俗》 안달하는, 성 잘 내는. ***get ~ with*** …에 화를 내다.

rau·cous [rɔ́:kəs] *a.* (1) 무질서하고 소란한. (2) 목이 쉰, 쉰 목소리의, 귀에 거슬리는. 파) **~•ly** *ad.* **~•ness** *n.*

raun·chy [rɔ́:ntʃi, rɑ́:n-] (***-chi•er*** ; ***-chi•est***) *a.* (1) 천격스러운, 외설한, 야비한, 호색적인 ; 술취한. (2)《美俗》 불결한, 남루한, 누추한, 추잡한. 파) **~•chi•ness** *n.*

***rav·age** [rǽvidʒ] *n.* (1) (the ~s) 손해, 참해(慘害) ; 파괴된 자취《*of*》. (2) ⓤ 파괴, 황폐 ; 파괴의 맹위. — *vt.* (1) 〔종종 受動으로〕 …을 파괴하다 ; …을 황폐하게 하다. (2) …을 약탈하다.

***rave**[reiv] *vi.* (1)사납게 날뛰다, 노호(怒號)하다《바다·바람 따위가》. (2) 《~/+前+名》 헛소리를 하다 ; (미친 사람같이) 소리치다,지껄이다, 떠들다《*about* ; *against* ; *at* ; *for* ; *of*》. (3)《+前+名》 열심히 이야기하다 ; 격찬하다《*about* ; *of* ; *over*》. (4) 《英口》 야단법석을 떨다.

— *vt.* (1) …을 격찬하다. (2) 《~+目/+目+補/+目+前+名》〔再歸的〕 악을 쓰고 …되다. (3) 《+目+副》〔再歸的〕(폭풍 등이) 사납게 치다가 …(의 상태)가 되다.

— *n.* ⓤⓒ (1) 악을 씀, 고함을 지름, 사납게 날뜀. (2) 《口》 격찬, 무턱댄 호평. — *a.* 〔限定的〕 침이 마르도록 칭찬하는 ; 열광적인.

rav·el [rǽvəl] (***-l-***, 《英》***-ll-***) *vt.* (1) 엉클다 ; (문제)를 혼란〈착잡〉하게 하다《up》. (2) (꼬인 밧줄·편물 등을) 풀다 ; (얽힌 사건 등을) 밝히다, 해명하다《*out*》. — *vi.* (1) 풀리다《*out*》. (2) (곤란이) 해소하다《*out*》.

— *n.* ⓒ (1) (피륙 등의) 풀린 끝. (2) (털실 따위의) 엉클림. (3) 혼란, 착잡(complication).

***ra·ven**[1] [réivən] *a.* 〔限定的〕 검고 윤나는, 새까만, 칠흑의《머리털 따위》. — *n.* ⓒ 【鳥】 갈가마귀《불길한 새로 봄》 ; 큰까마귀.

rav·en[2] [rǽvən] *vi.* (1) 먹이를 찾아다니다《*for* ; *after*》. (2) 강탈하다, 노략질하다《*about*》. (3) 게걸스레 먹다. — *vt.* …을 탐욕스레 먹다.

rav·en·ing [rǽvəniŋ] *a.* 〔限定的〕 탐욕스러운, 게걸스럽게 먹는 ; 먹이를 찾아다니는.

rav·en·ous [rǽvənəs] *a.* (1) 〔敍述的〕 …을 열망하는《*after* ; *for*》. (2) 몹시 굶주린, 탐욕스러운. 파) **~•ly** *ad.* **~•ness** *n.*

rav·er [réivər] *n.* ⓒ 《英俗》 멋대로 살아가는 사람, 방탕아 ; 열광적인 사람〈팬〉, 쾌락주의자.

rave-up [réivʌ̀p] *n.* ⓒ 《美俗》 떠들썩한 파티, 소란한 파티.

***ra·vine** [rəví:n] *n.* ⓒ 산골짜기, 협곡, 계곡. 【cf.】 canyon, gully.

rav·ing [réiviŋ] *a.* (1) 《口》 대단한, 굉장한《미인 따위》. (2) 미쳐 날뛰는, 광란하는. — *ad.* 굉장〈대단〉하게. ***be ~ mad*** 《口》 아주 미치다. — *n.* ⓒ (흔히 *pl.*) 헛소리. 파) **~•ly** *ad.*

rav·ish [rǽviʃ] *vt.* (1) …을 성폭행하다. (2)〈종 종 受動으로〉…을 황홀하게 하다 ; 미칠 듯이 기쁘게 하다. 파) **~•ing** [-iŋ] *a.* 매혹적인, 황홀한. **~•ing•ly** *ad.* **~•ment** *n.* ⓤ

:raw [rɔ:] *a.* (1) 〔限定的〕 a〕 가공하지 않은, 원료 그대로의, 다루지 않은. b〕(짐승 가죽이) 무두질 되지 않은 ; ~ hides (제혁용) 원료 가죽. c〕 (술 따위가) 물을 타지 않은, 희석 되지 않은. d〕 (자료·서류 등이)

R

필요한 처리〈정리·편집·수정〉가 되지 않은 : 【統·컴】(자료나 값이) 정리되지 않은. e〕(필름이) 노광〈사용〉하지 않은. (2) 생〈날〉것의(〖opp.〗 *cooked*) : 설구워진, 덜익은. (3) 【限定的】 무경험의, 미숙한 ; 세련되지 않은. (4) a〕 껍질이 벗겨진《상처》, 생살이 나온 ; 얼얼한, 따끔따끔 쑤시는. b〕〔敍述的〕 …로 살갗이 튼《*with*》. (5) (습하고) 으스스 추운. (6) (문장 등이) 다듬어지지 않은, 생경한 ; (묘사 등이) 노골적인. (7) 《口》 불공평한, 부당한.
— *n.* ⓒ (the~) 살갗이 벗겨진 곳, 빨간 생살 ; 아픈 곳. ***in the ~*** 1) 자연 그대로, 가공하지 않고. (2) 알몸으로. ***touch***〈***catch***〉a person ***on the ~*** 아무의 아픈 데를〈약점을〉건드리다.
파) **ˊ~•ly** *ad.* **ˊ~•ness** *n.*

raw·boned [ˊbóund] *a.* 뼈만 남은, 빼빼 마른, 앙상한.

raw·hide [ˊhàid] *n.* ⓒ 생가죽 채찍〈밧줄〉 ; ⓤ 생가죽(가축의). — *a.* 〔限定的〕 생가죽(제)의.

ráw matérial (1) (소설 등의) 소재. (2)원료.

:ray[1] [rei] *n.* (1)ⓒ 약간, 소량《*of*》. (2)ⓒ 광선. (3) (*pl.*)열선, 방사선, 복사선, …선.

R

ray[2] *n.* ⓒ 【魚】 가오리.

ráy gùn (SF에 나오는) 광선총.

***ray·on** [réiɑn/ -ɔn] *n.* ⓤ 레이온, 인조견사.
— *a.* 〔限定的〕 레이온(제)의.

raze [reiz] *vt.* (1) 남김없이 파괴하다, 무너뜨리다《도시·집 등을》. (2) …을 지우다, 없애다《기억 등에서》.

:ra·zor [réizər] *n.* ⓒ 전기 면도기 ; 면도칼.

ra·zor·back [-bæ̀k] *n.* ⓒ (1) 《美》 반야생의 돼지 (=ˊ~ **hóg**). (2) 【動】 큰고래.

rázor blade 면도날.

ra·zor-edge, rázor' s edge** [réizərèdʒ] *n.* ⓒ (1) 위기, 아슬아슬한 고비. ***be on a〈***the***〉 ***~*** 위기에 처해 있다. (2) 면도날 ; 날카로운 날 ; 뾰족한 산등.

ra·zor-sharp [-ʃɑ́ːrp] *a.* 매우 날카로운.

razz [ræz] 《美俗》 *vt.* 냉소하다 ; …을 비난〈혹평〉하다. — *n.* =RASPBERRY(2). 혹평, 비난

raz·zle [rǽzəl] *n.* ⓤ (the~) 《俗》 법석댐(razzledazzle). ***be***〈***go***〉***on the ~*** 법석떨다.

raz·zle-daz·zle [rǽzəldǽzəl] *n.* =RAZZLE. 야단법석.

razz·ma·tazz [rǽzmətǽz] *n.* ⓤ 《口》 (1) 생기, 활기. (2) 화사함. (3) 사기.

Rb 【化】rubidium.

r-col·ored [ɑ́ːrkʌ̀lərd] *a.* 【音聲】 (모음이) r음의 영향을 받은〈음색을 띤〉.

Re [rei, riː] *n.* 【이집트神】레《태양신 Ra의 별칭》.

re, ray [rei, riː], [rei] *n.* ⓤⓒ 【樂】 레《장음계의 둘째 음》.

re- *pref.* (1) 동사 또는 그 파생어에 붙어서 '다시, 새로이, 거듭 (되풀이하여) 원상(原狀)으로' 따위의 뜻을 나타냄. (2) 라틴계의 낱말이 붙어서 '반복, 강의(强意), 되, 서로, 반대, 뒤, 물러남, 비밀, 격리, 가버린, 아래의, 많은, 아닌, 비(非)' 따위의 뜻을 나타냄.

☞ *參考* a〕〔發音〕 1) (1)의 뜻을 나타내는 경우 및 re- 다음이 모음으로 시작되는 경우는 [riː]로 발음함 : *re*arrange [rìːəréindʒ]. 2) 위에 해당하지 않는 말 다음에 오는 음절에 악센트가 있을 때는 [ri]로 발음함 : *re*flect [riflékt]. 3) re 다음에 자음으로 시작되며 악센트가 없는 음절이 오는 경우 및 re-에 악센트가 있는 경우는 [re]로 발음함 : *re*collect [rèkəlékt]. b〕〔하이픈〕 1) re- 다음이 e로 시작되면 하이픈을 사용함 : reelect. 2) 특히 기성어와 구별하는 경우 및 (1)의 뜻을 강조하는 경우는 하이픈을 사용함 : reform. 【cf.】 reform.

Re 【化】rhenium. rupee.

:reach [riːtʃ] *vt.* (1) …의 마음을 움직이다.
(2) …에 도착하다, …에 도달하다, …에 이르다 : (적용범위 등이) …에까지 이르다〈미치다〉 ; …와 연락이 되다.
(3) 《~+目/+目+前+名/+目+副》 …을 뻗다, 내밀다《*out*》.
(4) 《+目+目》 …을 -까지 다다르게 하다, 건네주다.
(5) (전화 따위로) …와 연락을 취하다.
— *vi.* (1) 《+副/+前+名》 (어떤 물건을 잡으려고) 손·발을 뻗치다《*for* ; *toward*》 ; 발돋움하다. (2) 《+前+名/+副》 얻으려고(이룩하려고) 애쓰다, 구(求)하다《*after*》. (3)《~/+前+名/+副》 퍼지다 ; 이르다, 도달하다, 미치다《*to, into*》.
as far as the eye can ~ 눈이 미치는 데까지, 바라보이는 한. ***~ back*** 1) (물건을 집기 위해) 몸을 뒤로 젖히다. 2) 기억을 거슬러 오르다. ***~ for the stars*** 불가능에 가까운 이상을 좇다. ~ a person***' s conscience*** 아무의 양심을 움직이다.
— *n.* (1) (a ~) 팔의 길이, 리치. (2) ⓤ 손발을 뻗칠 수 있는〈손발이 닿는〉 범위〈한도〉. (3) ⓤ (행동·지력·능력·권력 따위의) 미치는〈유효〉범위 ; 이해력, 견해. (4) ⓒ (흔히 *pl.*) 넓게 퍼진 곳, 구역 ; (강의 두 굽이 사이의 한눈에 바라볼 수 있는) 직선 유역 ; (운하의 두 수문간의) 일직선 구간.
beyond〈***above, out of***〉 a person***' s ~*** 아무의 손이 닿지 않는, 힘이 미치지 못하는. ***have a wide ~*** 범위가 넓다. ***not ... by a long ~*** 훨씬(…않다) ***within*** (***easy***) ***~ of*** (쉽게) …의 손이 닿을 수 있는 곳에 ; (쉽게) 갈 수 있는 거리에. ***within*** a person***' s ~*** 아무의 힘이 닿는 곳에.

reach-me-down [ríːtʃmidàun] *a., n.* 《英》 값싸고 저질의 (기성복)(hand-me-down).

***re·act** [riːǽtk] *vi.* 《~/+前+名》 (1) (작용·힘에 대해)반대하다, 반항하다《*against*》. (2) 반작용하다, 되튀다《*on, upon*》 ; 서로 작용하다. (3) (자극 등에 대해) 반응을 나타내다, 감응하다《*to*》. (4)【化】 반응(反應)을 나타내다, 반응하다《*on* ; *with*》. ▫ reaction *n.*

re-act [riːǽkt] *vt.* (1) …을 되풀이하다, 다시 하다. (2) …을 재연하다.

re·ac·tance [riːǽktəns] *n.* ⓤ 【電】 리액턴스 유도저항.

re·ac·tant [riːǽktənt] *n.* ⓒ 【化】 반응 물질.

:re·ac·tion [riːǽkʃən] *n.* (1) a〕 ⓤ (또는 a ~) 반동, 역행《*against*》. b〕 반항, 반발. (2) ⓤⓒ 반응, 반작용. (3) ⓤ (또는 a ~)(피로 흥분 등의 뒤에) 활력 감퇴, 무기력.
(4) ⓤⓒ 【化】 반응 ; 【醫】(나쁜) 반응.

***re·ac·tion·ary** [riːǽkʃənèri/ -ʃənəri] *a.* 반동주의의, 보수적인 ; 반동의, 반발적인 ; 역(逆)코스의. — *n.* ⓒ 반동〈보수〉주의자.

re·ac·ti·vate [riːǽktəvèit] *vt.* (1)…을 재활성화하다. (2) …을 다시 활동적으로〈활발하게〉 하다, 현역에 복귀시키다.

re·ac·tive [riːǽktiv] *a.* 【化】 반응이 있는.
파) **~•ly** *ad.* 반동적으로. **~•ness** *n.*

***re·ac·tor** [riːǽktər] *n.* ⓒ (1) 【化】 반응기(器). (2) 【物】 반응로 ; 원자로.

:read[1] [riːd] (*p.*, *pp.* **read** [red]) *vt.* (1) 《+目+副/+副+目/+目+前+名》 …을 음독〈낭독〉하다《*aloud* ; *out* ; *off*》. 읽어 (들려) 주다. (2) (책·편지 따위)를 읽다; (외국어 따위)를 이해하고 읽다. (3) (표정 따위에서 사람의 마음·생각 등)을 읽다, 알아차리다; (카드 따위)로 점치다. (수수께끼·징후 따위)를 풀다; (미래)를 예언하다. (4) (기호·속기·악보 따위)를 읽다, 해독(解讀)하다 ; (점자 따위)를 판독하다. (5) 《~/+目/+目+*as* 補》 (말·행위 따위)를 해석(解釋)하다, 뜻을 붙이다. (6) 《+目+前+名》 …을 …라고 정정해서 읽다 ; (원고)를 정정해 편집하다 ; (쇄(刷))를 교정보다(proofread). (7) 《주로 英》 (대학에서) …을 연구〈전공〉하다. (학위 취득 등을 위해) 공부하다. (8) 《+ *that* 節》 (…라는 것)을 읽어서 알다〈배우다〉. (9) (온도계 등이 눈금·도수)를 나타내다. (10) 《+目+前+名》 【議會】 〔흔히 受動으로〕 …을 독회(讀會)에 회부하다. (11)(구화술에서 입술)을 읽다; (전신·전화로)청취하다. (12)【컴】 (자료·프로그램·제어 정보)를 읽다; 【生】 (유전 정보)를 읽다.

— *vi.* (1) 읽다, 독서하다. (2)《+前+名》음독〈낭독〉하다 ; 읽어주다《*to*》. (3) 《+前+名》읽어서 알다, 읽다《*of* ; *about*》 : ~ *of* daily happenings (신문 등을 읽어) 그날그날의 사건들을 알다. (4) 《~/+前+名》 공부〈연구〉하다, 많이 읽어 두다. (5) 《well 등의 樣態副詞를 수반하여》 …하게 읽을 수 있다, 읽어서 …한 느낌을 주다. (6) …라고 씌어(져)있다, …로 해석되다《*as* ; *like*》.

~ a person ***a lesson***〈***lecture***〉 아무에게 설교하다, 잔소리하다. **~ *back*** 다시〈고쳐〉읽다. **~ *between the lines*** ⇨ LINE[1]. 행간을 읽다 **~ *in*** (말하거나 글쓴 사람이 의도하지 않은 것)을 알아내다 ; 【컴】(자료·프로그램·제어 정보 등)을 읽다《주기억 장치에 입력하다》. **~ *off*** (리스트 따위)를 거침없이 읽어나가다. **~ *out*** (1) 소리내어 읽다 ; 읽어주다. (2)【컴】 판독하다. ~ a person ***out of*** 아무를 …에서 제명하다. **~ *over***〈***through***〉 …을 끝까지 읽다 ; 통독하다, 훑어보다. **~ *the Riot Act*** ⇨ RIOT ACT. **~ *up*** 공부〈연구〉하다 ; 읽어두다《*on*, *about*》. **~ *upon*** …을 충분히 연구(공부)하다. **~ *with*** a person 의 공부상대가 되어 주다.

— *n.* (1) (a ~) (일회의) 독서 (시간). (2)〔修飾語와 함께〕(어떤) 읽을거리.

:read[2] [red] READ[1]의 과거·과거분사.

— (***more ~ ; most ~***) *a.* 〔副詞를 수반하여〕 (1) a) 〔敍述的〕 …에 깊이 통하는. ***take... as ~*** …을 당연한 것으로 여기다. b)읽어〈공부하여〉잘 알고 있는.

read·a·bil·i·ty [riːdəbíləti] *n.* ⓤ 재미있게 읽힘 ; 읽기 쉬움 ; 【컴】 읽힘성, 가독성.

read·a·ble[ríːdəbəl] *a.* (1)(필적 등이)읽기 쉬운, 읽을 수 있는, 똑똑한. (2) 읽어서 재미있는, 읽기 쉬운.

re·ad·dress [riːədrés] *vt.* (1) …의 주소를 고쳐〈바꿔〉쓰다. (2) …에게 다시 이야기를 걸다. (3) (문제 등)에 다시 착수케 하다. ~ one***self*** 재차 착수하다《*to*》.

:read·er [ríːdər] *n.* (1) ⓒ 리더, 독본. (2) ⓒ 독자 ; 독서가. (3) ⓒⓤ 출판사의 원고 검토인 ; 교정원. (4) 낭독자 ; 【敎會】 (예배 때 성서·기도서의) 낭독자 ; (라디오 등에서의) 낭독자. (5) ⓒⓤ 《英》 (대학의) 강사 ; 《美》 (교수를 보좌하는) 조수. (6) ⓒ 【컴】 읽개, 판독기. (7) =MICROREADER. (8) ⓒ (가스·전기 등의)검침원. 파) **~•ship**[-ʃìp] *n.* (1) (*sing.*)(신문·잡지 등의) 독자수〈층〉. (2) ⓤ (또는 a ~) 대학 강사의 직〈신분〉.

:read·i·ly [rédəli] (***more ~ ; most ~***) *ad.* (1)이의없이, 쾌히. (2) 즉시 ; 쉽사리, 손쉽게.

read·i·ness** [rédinis] *n.* (1) ⓤ (a ~) 자진해서 함, 기꺼이 함. (2) ⓤ 《흔히 in ~ 로》 …에 대해 준비함《*for*》. (3) ⓤ (또는 a ~) 신속, 재빠름《*of*》. (4) ⓤ 【敎育】 준비도 《행동 등에 필요한 일정 단계의 발달상 조건》. ▫ ready *a.* **~ *of wit 임기 응변의 재치. ***with ~*** 기꺼이, 자진하여.

:read·ing [ríːdiŋ] *n.* (1) ⓤ (독서에 의한) 학식, 지식. (2) ⓤ 읽기, 독서 ; 낭독, 독서력. (3)ⓒ 낭독회, 강독회. (4) ⓒ 〔序數詞를 수반하여〕 (의회의) 독회. (5) ⓤ 읽을거리, 기사. (6) ⓤ 해석, 견해, (꿈·날씨·정세 등의) 판단 ; (각본의) 연출. (7) ⓒ (기압계·온도계 등의) 시도(示度)《*on* ; *of*》. (8) 〔形容詞的으로〕독서용의.

— *a.* 〔限定的〕 독서하는, 책을 즐기는.

réading àge 독서 연령.

réading dèsk (교회의) 성경대(lectern) ; (서서 읽게 된 경사진) 독서대, 열람 책상.

réading glàss (1)(*pl.*)독서용 안경. (2)확대경.

réading màtter 읽을거리, (신문·잡지의)기사.

réading ròom (1)(인쇄소의) 교정실. (2)서실, 도서 열람실.

re·ad·just [rìːədʒʌ́st] *vt.* …을 새로이〈다시〉조정〈정리〉하다《*to*》. — *vi.* …에 다시 순응하다《*to*》. 파) **~•ment** *n.* ⓤⓒ 재조정.

read-on·ly[ríːdóunli] *a.* 【컴】 읽기 전용의.

:ready [rédi] (***read•i•er ; -i•est***) *a.* (1) 〔敍述的〕 금방에라도 …할 것 같은《*to* do》. (2) 〔敍述的〕 준비가 된《*for*》; (언제든지 …할) 채비를 갖춘《*to* do》 ; …의 각오가 되어 있는《*for*》. (3) a) 〔限定的〕즉석에서의, 재빠른. b) 〔敍述的〕금방 …하는 ; 재빠른. (4)즉시 쓸 수 있는, 편리한 ; 손 가까이에 있는. ▫readiness *n.*

— *n.* (1) (the ~) 《口》 현금. (2) (the readies)《英口》 은행권(지폐). ***at the ~*** 1) (총이) 쏠 수 있는 위치에, 곧 발사할 수 있는. 2) 곧 사용할 수 있는 상태로.

— (***readi•er ; readi•est***) *ad.* (1) 〔過去分詞를 수반하여 종종 複合語를 이룸〕 미리, 준비하여. (2) 〔흔히 比較級·最上級의 형태로〕 빨리, 신속히.

— *vt.* 《~+目/+目+前+名》 …을 마련〈준비〉하다. (2) 〔再歸的〕 …의 준비를 하다.

read·y-made [-méid] *a.* (1) 매우 편리한, 안성맞춤의. (2) (옷 따위가) 기성품의 (〖opp.〗 *made-to-order, custom-made*). (3) (사상·의견 따위가) 진부한, 제 것이 아닌, 빌려 온, 개성이 없는. — *n.* ⓒ 기성품.

read·y-mix [rédimìks, ⌐⌐] *n.* ⓤ 각종 성분을 미리 조합한 물건《식품, 모르타르, 페인트 등》.

— *a.* (즉시 쓸 수 있도록) 각종 성분을 조합한.

réady móney (**cásh**) 현금, 맞돈.

réady réckoner 계산(조견)표.

read·y-to-wear, read·y-for-wear [-təwέər], [-fərwέər] *a.* 〔限定的〕 기성복을 취급하는 ; (의복이) 기성품인.

read·y-wit·ted [-wítid] *a.* 꾀바른, 기민한, 재치〈기지〉있는, 임기 응변의.

re·af·for·est [rìːəfɔ́ːrist, -fɑ́r-/ -fɔ́r-] *vt.* 《英》 …을 다시 조림(造林)하다(reforest).

re·a·gent [riːéidʒənt] *n.* ⓒ 【化】 (1) 반응물〈력〉.

R

(2) 시약(試藥), 시제(試劑). (3) 반응자, 피험자

:re·al¹ [rí:əl, ríəl] (***more ~, ~·er ; most ~, ~·est***) *a.* (1) 현실의, 실제의, (공상이 아닌)실재하는 : 객관적인(〚opp.〛 *ideal, nominal*). (2) 진실의, 진짜의. (3) a〕 (묘사 등이) 박진감있는 ; 생생한. b〕 〔限定的, 强意的〕 진짜의. c〕〔限定的〕 대단한. (4) **【法】** 부동산의. **【cf.】** personal. (5) **【數】** 실수(實數)의 ; **【光】** 실상(實像)의.
— *ad.* 《美口》 정말로(really), 매우, 아주(quite). — *n.* (the ~) 현실, 실물, 실체. ***for ~*** 《美口》 1) 〔形容詞的〕 진짜의. 2) 〔副詞的〕 진짜로, 진지하게.

re·al² [rí:əl, reiá:l] (*pl.* ***~s, re·a·les*** [reiá:leis]) *n.* ⓒ (1) 브라질의 화폐단위. (2) 옛 에스파냐의 작은 은화 ; 에스파냐의 구 화폐 단위《1/4 peseta》.

réal estàte **【法】**부동산, (특히 토지) 물적 재산. — *a.* 《美》 부동산을 매매하는.

re·a·lia [ri:éiliə] *n. pl.* **【教】** 실물 교재(教材)《일상 생활을 설명하는 데 씀》.

re·align [rì:əláin] *vt.* …을 재편성〈조정〉하다, 재정렬하다.
파) **~·ment** *n.* ⓤ 재조정, 재편성.

re·al·ise [rí:əlàiz] *v.* 《英》 =REALIZE.

***re·al·ism** [rí:əlìzəm] *n.* ⓤ (1) (종종 R-) **【文藝 · 美術】** 사실주의, 리얼리즘. 〚opp.〛 *idealism.* (2) 현실주의. (3) **【哲】** 실재론(實在論), 실념론(實念論). 〚opp.〛 *nominalism.* (4) 실학주의, 실체주의

***re·al·ist** [rí:əlist] *n.* ⓒ (1) **【文藝 · 美術】** 사실주의 작가〈화가〉, 리얼리스트. (2) 실제가 ; 현실주의자. 〚opp.〛 *idealist.*

re·al·is·tic** [rìəlístik] (more ~ ; most ~***) *a.* (1) 사실주의의, 사실적인 ; 생동감이 나는. (2) 현실주의의 ; 현실적인, 실제적인. (3) 실재론(자)의.
파) **-ti·cal·ly** [-əli] *ad.*

:re·al·i·ty [ri:ǽləti] *n.* (1) ⓤ 박진성, 실물 그대로임. ***in ~*** 실은, 실제는 (〚opp.〛 *in name*), 정말로. (2)ⓤ 현실(성), 진실성; 사실; 실재, 본체(real existence).

re·al·iz·a·ble [rí:əlàizəbl] *a.* (1) 현금화할 수 있는. (2) 실현할 수 있는.

***re·al·i·za·tion** [rìələzéiʃən/ -lai-] *n.* (1) ⓤ 실현, 현실화《*of*》. (3) (the ~) 현금화 ; (재산의) 취득《*of*》. (2)ⓤ (또는 a ~) 사실로 깨달음, 실정을 앎, 이해, 인식.

:re·al·ize[rí:əlàiz] *vt.* (1) …을 여실히 보이다 ; …에게 현실감을 주다. (2)〔종종 受動으로〕(소망 · 계획 따위)를 실현하다, 현실화하다. (3) …을 실감하다, 분명히 파악하다, (생생하게) 깨닫다. (4) 현금으로 바꾸다 : (재산 · 이익)을 얻다, 벌다. (5) (얼마에) 팔리다.

re·al-life [rí:əllàif] *a.* 〔限定的〕 공상〈가공〉이 아닌, 현실의, 실재의.

:re·al·ly [rí:əli] *ad.* (1) 〔감탄사적으로 사용하여 놀람 · 의문 · 비난 등을 나타냄〕어머, 아니, 뭐. (2) 참으로, 착실히, 정말(이지), 실로, 실은, 실제로, 확실히.

:realm [relm] *n.* ⓒ (1) (종종 *pl.*) 범위, 영역; (학문의) 부문《*of*》. (2) (종종 R-) 《文語》 왕국, 국토. (3) (동식물 분포의)권(圈), 대(帶).

real McCoy [-makɔ́i] *n.* (the ~)《俗》진짜.

re·al·po·li·tik [reiá:lpòulitì:k, ri-] *n.* ⓤ 《G.》 (종종 R-) 현실적 정책〈정치〉《power politics의 완곡한 표현》, 실익 정책.

réal tíme **【컴】** 실(實)시간《입력되는 자료(data)를 즉시 처리하는 것》, 즉시, 동시.

real-time [rí:əltáim] *a.* **【컴】** 실시간의.

réal-tìme sỳstem **【컴】** 실시간〈즉시 처리〉시스템. **【cf.】** batch system.

re·al·tor [rí:əltər, -tɔ̀:r] *n.* ⓒ 《美》 공인중개사 ; 부동산 중개업자(《英》 estate agent).

re·al·ty [rí:əlti] *n.* ⓤ **【法】**부동산(real estate).

ream¹ [ri:m] *n.* (1) (흔히 *pl.*) 다량《특히 종이나 문서》. (2) ⓒ 연(連).

ream² *vt.* (1) 《美》 과즙을 짜내다. (2) (리머로 구멍)을 넓히다, 크게 하다. (3) 《美俗》 …을 속이다 ; 속여 우려내다(cheat)《*out of...*》, 기만하다.

ream·er [rí:mər] *n.* ⓒ (1) 《美》 과즙 압착기(squeezer). (2) 리머, 확공기(擴孔器).

re·an·i·mate [rì:ǽnəmèit] *vt.* (1) 고무하다, …에 활기를 회복시키다. (2)…을 소생〈부활〉시키다.

:reap [ri:p] *vt.* (1) (성과 · 이익 따위)를 올리다, 거둬들이다 : (보답 따위)를 받다. — *vi.* 수확하다 ; (보답을) 받다. (2) (농작물)을 거둬들이다 ; 수확하다.
파) **~·er** *n.* (1) ⓒ 베어〈거둬〉들이는 사람. (2) ⓒ (자동)수확기. (3) (the (Grim) R-) 죽음의 신(神)《해골이 수의를 입고 큰 낫을 든 모습으로 표현됨》.

***re·ap·pear** [rì:əpíər] *vi.* 재발하다, 재현하다 ; 다시 나타나다. 파) **~·ance** [-píərəns] *n.*

re·ap·prais·al [rì:əpréizəl] *n.* ⓤⓒ 재평가, 재검토.

:rear¹ [riər] *n.* (1) (the ~) **【軍】** 후위, 후미, 후방. **【cf.】** van². (2) (the ~) 뒤, 배면, 배후. (3) ⓒ 《英口》《口》 궁둥이. ***at*** (***in***) ***the ~ of*** …의 배후에(에서). ***bring*** 〈***close***〉 ***up the ~*** 후위를 맡아보다, 맨 뒤에 오다. — *a.* 〔限定的〕 후방의, 후방에 있는.

rear²** *vt.* (1) 《~+目/+目+前+名》 a〕 《文語》 …을 곧추세우다, 일으키다, 들어올리다. b〕 〔再歸的〕일어서다. (2) …을 기르다 ; 사육〈재배〉하다 ; 육성하다, 길들이다. (3) (회당 · 기념비 등)을 세우다. — *vi.* (1) (말 따위가) 뒷다리로 서다《*up*》. (2) 우뚝 솟다. ***~ it's (***ugly***) ***head*** 불쾌〈불행〉한 일이 모습을 드러내다, 고개를 쳐들다.

réar ádmiral 해군 소장.

réar énd (1) 《口》 궁둥이(buttocks). (2) 후부, 후미.

réar guárd **【軍】** 후위 (〚opp.〛 *vanguard*). (정당 등의) 보수파.

réar-guard áction [ríərgà:rd-] (1)**【軍】** 후위전. (2)(우세한 사회적 추세에 대한) 무익한 저항.

re·arm [ri:á:rm] *vt.* (1) (신무기)를 갖추게 하다《*with*》. (2) …을 재무장시키다. — *vi.* 재무장〈재군비〉하다. 파) **re·ar·ma·ment** [ri:á:rməmənt] *n.* ⓤ 재무장, 재군비.

rear·most[ríərmòust] *a.* 〔限定的〕맨 뒤〈후미〉의, 최후의.

***re·ar·range** [rì:əréindʒ] *vt.* …의 배열을 바꾸다, 재정리〈재배열〉하다 ; 재편성하다. 파) **~·ment** *n.* ⓤⓒ 재정리, 재배열 ; 배치 전환.

réar·view mírror [ríərvjù:-] (자동차 따위의) 백미러.

rear·ward [ríərwərd] *ad.* 배후로, 후방으로.
— *n.* ⓤ 후방, 후부, 배후. — *a.* 〔限定的〕 후방의 ; 후미〈배후〉에 있는.

rear·wards [ríərwərdz] *ad.* = REARWARD. 후미의, 제일 뒤의.

:rea·son [rí:zən] *n.* (1) ⓤ 도리, 조리, 핑계. (2) ⓤⓒ 이유(cause), 까닭 ; 동기(**【cf.】** cause). (3) ⓤ 이성, 사고력, 지성 ; 추리력 ; 판단력; 분별. ***as ~ is*** 〈***was***〉 이성이 명하는대로, 양식에 따라. ***beyond***

(***all***) ~ 터무니 없는. ***bring*** a person ***to*** ~ 아무에게 사물의 도리를 깨치게 하다. ***by***〈***for***〉 ~ ***of*** …의 이유로, …때문에. ***by*** ~ (***that***) …인고로. ***for no other*** ~ ***but this***〈***than that***〉단지 이것〈…라는 것〉만의 이유로. ***for one*** ~ ***or another*** 이런저런 이유로. ***for*** ~***s best known to*** one***self*** 개인적인 이유로. ***hear***〈***listen to***〉 ~ 이치에 따르다. ***in*** ~ 도리에 맞는; 합당한, 옳은. ***lose*** one'***s*** ~ 미치다. ***out of all*** ~ 이치에 닿지 않는, 터무니 없는. ***pass*** (***all***) ~ = beyond(all) ~ ***regain*** one'***s*** ~=be restored to ~ 제정신이 들다. ~(***s***) ***of state*** 국가적 이유. ***speak***〈***talk***〉 ~ 지당〈마땅〉한 말을 하다. ***with*** (***good***) ~ (…함도) 당연하다《※ 문장 전체를 수식함》. ***within*** ~=in ~. ***without rhyme or*** ~ 분별없는, 전혀 조리가 맞지 않는, 까닭을 알 수 없는.

— *vt.* (1)《~+目/+*that*節/+*wh.*節》…을 논〈추론〉하다. (2)《+目+副》…을 이론적으로 생각해 내다 ; …을 이론적으로 해결하다《*out*》. (3)《+目+副/+目+前+名》…을 설득하다. — *vi.*《~/+前+名》(1) 논리적으로 생각하다, 추리하다, 추론하다《*about* ; *of* ; *from* ; *upon*》. (2) 설득하다, 설명하다, (이치를) 따지다 ; 이야기하다, 논하다《*with*》. ***ours***〈***yours, theirs,*** etc.〉 ***not to*** ~ ***why*** 《口》우리〈당신들, 그들〉에게는 가타부타할 권리가 없다.

파) **rea•son•er** [ríːzənər] *n.* ⓒ 추론자 ; 논객.

:rea·son·a·ble [ríːzənəbəl] (***more*** ~ ; ***most*** ~) *a.* (1) 이치에 맞는, 조리 있는 ; 정당한. (2) 분별 있는, 사리를 아는, 이성이 있는. (3) 온당한, 적당한 (moderate) ; 엄청나지 않은. (4) (가격 따위가) 비싸지 않은, 알맞은, 타당한. 파) **~•ness** *n.*

***rea·son·a·bly** [ríːzənəbli] *ad.* (1) 적당하게 ; 알맞게. (2) 합리적으로, 이치에 닿게, 사리에 맞게. (3) 〔文章修飾〕 당연히, 마땅하여.

rea·soned [ríːzənd] *a.* 〔限定的〕 심사숙고한.

***rea·son·ing** [ríːzəniŋ] *n.* ⓤ (1) 〔集合的〕 논거, 증명. (2) 추론, 추리 ; 논법, 추리력.

rea·son·less [ríːzənlis] *a.* (1) 도리를 모르는, 분별없는. (2) 이성이 없는. 파) **~•ly** *ad.*

re·as·sert [rìːəsə́ːrt] *vt.* (권리 따위)를 거듭 주장하다.

re·as·sur·ance [rìːəʃúərəns] *n.* ⓤⓒ (1) 안심, 안도 ; 기운을 북돋움; (새로운) 자신, 확신. (2) 재보증. 《英》재보험.

***re·as·sure** [rìːəʃúər] *vt.* (1) …을 안심시키다 ; 새로이 자신을 갖게 하다, 다시 자신을 갖게 하다 ; 기운을 돋우다. (2) …을 재보증하다, 재보험에 부치다.

re·as·sur·ing [rìəʃúəriŋ] *a.* 기운을 돋우는, 고무적인, 안심시키는, 위안을 주는. 파) ***~•ly** *ad.*

re·bar·ba·tive [ribɑ́ːrbətiv] *a.* 《文語》 호감이 안 가는, 이쩐지 마음에 들지 않는, 싫은, 정떨어지는.

re·bate [ríːbeit, ribéit] *n.* ⓒ 리베이트 ; 환급(還給).

:reb·el [rébəl] *n.* ⓒ 모반자, 반역자. — *a.* 〔限定的〕반역의.

— [ribél] (***-ll-***) *vi.* (1) 모반하다, 배반하다, 반란을 일으키다 ; 반항하다《*against*》. (2) 반감을 들어내다, 반발하다 ; 몹시 싫어하다《*against* ; *at*》.

:re·bel·lion [ribéljən] *n.* ⓤⓒ (1) (권력·관습에 대한)반항, 배반《*against*》. (2) (정부·권위자에 대한) 모반, 반란, 폭동《*against*》.

***re·bel·lious** [ribéljəs] *a.* (1) 반란을 일으킨, 반란에 참가한. (2) 반항적인, 반역심이 있는.
파) **~•ly** *ad.* **~•ness** *n.*

re·bind [riːbáind] (*p., pp.* ***re•bound*** [riːbáund]) *vt.* (1) …을 다시 제본하다. (2) …을 다시 묶다.

re·birth [riːbə́ːrθ] *n.* ⓤ (*sing.*) (1)부활; 부흥. (2) 재생(갱생).

re·born [riːbɔ́ːrn] *a.* 〔敍述的〕 (정신적으로) 재생한, 다시 태어난.

re·bound [ribáund] *vi.* 《~/+前+名》 (1) …로 되돌아오다《*on, upon*》. (2) (공 등이) 되튀다《*from*》. (3) 원래대로 되돌아가다, 만회하다《*from*》.

— [ríːbàund, ribáund] *n.* ⓒ (1) 되튐, 반발 ; 반동. (2) 【籠】 리바운드. ***on the*** ~ 1) 되튀어나온. (2) (실연 등의) 반발로.

re·broad·cast [riːbrɔ́ːdkæ̀st, -kɑ̀ːst] (*p., pp.* ***-cast, -cast•ed***) *vi., vt.* (…을) 재방송하다 ; 중계방송하다. — *n.* (1) ⓤ 중계〈재〉방송. (2) ⓒ 중계 방송〈재방송〉 프로그램.

re·buff [ribʌ́f] *n.* ⓒ 퇴짜, 거절, 좌절, 자빡댐.

re·build** [riːbíld] (*p., pp.* ***-built [-bílt]) *vt.* (1)…을 고치다, 개조하다, 개축하다;다시 일으키다. (2)…을 재건하다, 다시 짓다(reconstruct).

:re·buke [ribjúːk] *vt.* 《~+目/+目+前+名》 …을 꾸짖다, 비난하다, 견책하다《*for*》. — *n.* ⓤⓒ 비난, 힐책. ***give***〈***receive***〉 ***a*** ~ 꾸지람하다〈듣다〉. ***without*** ~ 대과(大過) 없이. 파) **re•buk•ing•ly** *ad.* 호되게, 비난하듯.

re·bus [ríːbəs] *n.* ⓒ 수수께끼 그림《그림·기호·문자 등을 맞추어 어구를 만드는》.

re·but [ribʌ́t] (***-tt-***) *vt.* 【法】 …을 논박〈반박〉하다 ; …의 반증을 들다, 물리치다, 거절하다, 반박하다.

re·but·tal [ribʌ́tl] *n.* (1) ⓒ (제출된) 반증, 반박. (2) ⓤ 반증(의 제출).

re·cal·ci·trant [rikǽlsətrənt] *a.* 고집센, 완강한, 반항〈저항〉하는, 말을 잘 안 듣는, 어기대는. — *n.* ⓒ 반항자, 고집쟁이. 파) **-trance** *n.*

:re·call [rikɔ́ːl] *vt.* (1)《+目+前+名》 (현실 등으로 마음)을 돌아오게 하다 ; 상기시키다《*to*》. (2)《~+目/+-*ing*/+*wh.*節/+*that*節》…을 생각해내다, 상기하다 ; (일)을 생각나게 하다. (3) …을 소환하다, 귀환시키다. (4)《美》 (공직에 있는 사람)을 리콜하다. (5) (결함 상품)을 회수하다. (6) …을 취소하다, 철회하다.

— [+ ríːkɔ̀ːl] *n.* (1) ⓤ 회상(력), 기억(력). (2)ⓤ (또는 a ~) 되부름, 소환《대사 등의》. (3) ⓤ 《美》 리콜《일반 투표에 의한 공직자의 해임(권)》 ; (결함 상품의) 회수. (4) ⓤ 취소, 철회. (5) 【컴】 (입력한 정보의) 되부르기. (6) (the ~) 【軍】 (나팔·북 따위의) 재집합 신호. ***beyond***〈***past***〉 ~ 생각해 낼 수 없는 ; 되돌릴 수 없는.

re·cant [rikǽnt] *vi.* 자설(自說)을 철회하다. 파) **re•can•ta•tion** [rìːkæntéiʃən] *n.* ⓤⓒ 취소, 철회
— *vt.* (신앙·주장 등)을 바꾸다, 그치다, 취소하다, 철회하다.

re·cap[1] [ríːkæ̀p, -ᐩ] (***-pp-***) *vt.* 《美》 (헌 타이어)를 수리하여 재생하다(【cf.】 retread).
— [ᐩᐩ] *n.* ⓒ재생 타이어. 파) **re•cáp•pa•ble** *a.*

re·cap[2] [ríːkæ̀p] *n.* =RECAPITULATION. — (***-pp-***) 《口》 *vt., vi.* =RECAPITULATE.

re·ca·pit·u·late [rìːkəpítʃəlèit] *vt., vi.* (…의) 개괄〈요약〉하다, 요점을 되풀이하여 말하다, 반복하다. 파) **rè•ca•pit•u•lá•tion** [-léiʃən] *n.* ⓤⓒ 요점의 반복 ; 개괄, 요약.

***re·cap·ture** [riːkǽptʃər] *n.* ⓤ 회복, 탈환.
— *vt.* (1) …을 되찾다, 탈환하다(retake) ; 다시 체포하다. (2) (어떤 감정 등)을 불러일으키다; 다시 체험

R

하다 ; 재현하다.

re·cast[riːkǽst, -kɑ́ːst] (*p.*, *pp.* ~) *vt.* (1) (글·계획 등)을 고쳐 만들다〈쓰다〉. (2)(금속제품)을 개주(改鑄)하다. (3)배역을 바꾸다. — [⌒] *n.* ⓒ (1)개주물(物). (2)개작(품). (3)배역 변경.

rec·ce[réki(ː)] 《軍口》*vt.*, *vi.* =RECONNOITER. — *n.* =RECONNAISSANCE.

rec'd., recd. received.

***re·cede** [risíːd] *vi.* (1) 《+前+名》 몸을 빼다; 철회하다 ; 손을 떼다《*from*》. (2) 《~/+前+名》 물러나다, 퇴각하다; 멀어지다《*from*》. (3)뒤쪽으로 기울다, 후퇴하다. (4)《~/+前+名》 (가치·품질 따위가) 떨어지다, 하락하다 ; (인상·기억이) 엷어지다, 희미해지다. ▫ recession *n.*

:re·ceipt [risíːt] *n.* (1)ⓒ 인수증, 영수증. (2) ⓤ 수령(受領), 영수, 받음, 수취. (3) (흔히 *pl.*) 수령〈수입〉액. ▫ receive *v.* ***be in ~ of*** **【商】** …을 받다《※ have received 보다 겸손한 표현》. ***on*** (***the***) ***~ of*** …을 받는 즉시.
— *vt.* (계산서)에 영수필(Received)이라고 쓰다.

re·ceiv·a·ble [risíːvəbəl] *a.* (1) 〔흔히 명사 뒤에 서〕돈을 받을 수 있는 ; 지급해야 할.
— *n.* (*pl.*) **【簿記】** 받을 어음, 수취 계정.

:re·ceive [risíːv] *vt.* (1) 《~+目/+目+前+名》 (교육·훈련·모욕·타격 따위)를 받다, 입다. (2) 《~+目/+目+前+名》 …을 받다, 수취하다, 수령하다. (3) (제안 등)을 수리하다, (신청 등을)접수하다, 응하다《※ 받는 쪽의 동의나 승인 여부는 무관》. (4) 《~+目/+目+*as*補/+目+前+名》 …을 (마음에) 받아들이다, 인정하다, 이해하다. (5) 《+目+前+名》 (힘·무게 등)을 버티다, 받아서 막다 (6) …을 맞이하다, 환영하다 : 접견하다. (7) **【通信】** (전파) 를 수신〈청취〉하다 ; **【테니스】**(서브)를 되받아 치다(【cf.】 serve).
— *vi.* (1) (물건을) 받다. (2)방문을 받다, 응접하다. (3)**【通信】** 수신〈수상(受像)〉하다, 청취하다. (4)(테니스 등에서) 리시브하다. ▫ receipt, reception *n.* ***~ ... at the hands of*** a person …이 손수 주는 것을 받다, 수령하다. ~ a person***'s confession*** 〈***oath***〉 아무의 고백〈서언(誓言)〉을 듣다〈받다〉. ***~ the sacrament*** 〈***the Holy Communion***〉영성체하다, 성체를 영하다.

re·ceived [risíːvd] *a.* 〔限定的〕인정받고 있는; 받아들여진, 믿어지고 있는.

Recéived Pronunciátion 표준 발음《영국의 음성학자 Daniel Jones의 용어로, Received Standard의 발음; 略: RP》.

Recéived Stándard (Énglish) 공인 표준 영어《public school 및 Oxford, Cambridge 양 대학에서, 또 널리 교양인 사이에서 쓰이는 영어》.

:re·ceiv·er [risíːvər] *n.* (1) ⓒ 수납계원, 회계원(treasurer); 접대자(entertainer). (2) ⓒ 수령인. 【opp.】 *sender*. (3) (종종 R-) **【法】** (파산 또는 계쟁 중인 재산의) 관리인, 관재인(管財人); 장물 취득자 ; **【테니스】** 리시버 ; **【野】** 캐처. (4)ⓒ 용기, …받이. (5) ⓒ 수신기, 수화기, 리시버; (텔리비전의)수상기. 【opp.】*sender*.
파) **~•ship** *n.* ⓤ 관재인의 직〈임기〉 ; 관재인에 의한 관리.

re·ceiv·ing [risíːviŋ] *n.* ⓤ (1) 장물 취득. (2) 받음. — *a.* 〔限定的〕 받는 ; 수신의.

recéiving ènd 받는 쪽; 희생자, 싫어도 받아들이지 않을 수 없는 사람;《野球俗》포수의 수비 위치. ***be at*** 〈***on***〉 ***the ~*** (피해·비난·공격 등을) 받는 쪽에 서다.

recéiving òrder 《英》 (파산 재산의)관리 명령(서).

:re·cent [ríːsənt] (***more ~ ; most ~***) *a.* (1) (R-) **【地質】** 현세의 ▫ recency *n.* (2) 근래의, 최근의(late), 근대의 ; 새로운. 파) **~•ness** *n.* ⓤ

:re·cent·ly [ríːsəntli] (***more ~ ; most ~***) *ad.* 작금, 최근 ; 요즘《※ 완료형·과거형의 어느 것에나 쓸 수 있음》.

***re·cep·ta·cle** [riséptəkəl] *n.* ⓒ (1) **【植】** 화탁(花托), 꽃턱. (2) 그릇, 용기 ; 두는 곳, 저장소 . (3) **【電】** 콘센트 ; 소켓.

:re·cep·tion [risépʃən] *n.* (1)ⓒ (흔히 *sing.*)〔修飾語와 함께〕 환영 ; 응접, 접견. (2)ⓤ 받아들임, 수령; 접수, 수리. (3) ⓒ 환영회, 리셉션. (4) ⓤ 《英》 (호텔·회사 따위의) 접수구(처); 프런트 데스크. (5) ⓤ 입회(허가), 가입. (6) ⓒ (평가되는)반응, 인기, 평판. (7) ⓤ **【通信】** 수신〈수상〉(의 상태), 수신율〈력〉. ▫receive *v.*

recéption dèsk (호텔의) 프런트, 접수처.

re·cep·tion·ist [risépʃənist] *n.* ⓒ (회사·호텔 따위의) 응접〈접수〉계원.

recéption òrder 《英》(정신 이상자의) 수용명령, (정신 병원에의)입원 명령.

recéption ròom (hàll) (1) 《英》 (침실·주방·화장실 등에 대응하여) 거실(居室)《건축업자의 용어》. (2) 응접실, 접견실 ; (병원 따위의)대합실.

re·cep·tive [riséptiv] *a.* 감수성이 예민한, 이해력이 빠른 ; 잘 받아들이는《*to*》. 파) **~•ly** *ad.* **~•ness** *n.*

re·cep·tiv·i·ty [rìseptívəti, risèp-] *n.* ⓤ 감수성(이 예민함), 수용성, 이해력.

:re·cess [ríːses, risés] *n.* (1) ⓤ 《美》 (법정의)휴정 ; (대학의) 휴가(vacation). (2) ⓤⓒ 쉼, 휴식 (시간) ; (의회의) 휴회. (3) ⓒ (*pl.*) 깊숙한 곳〈부분〉, 구석 ; 후미진〈구석진〉 곳 ; (마음)속. (4) ⓒ (해안선·산맥 등의) 우묵한 곳 ; 벽의 움푹 들어간 곳, 벽감(inche); 구석진 방(alcove); **【醫】**(기관의) 와(窩), 오목한 데. ***at ~*** 휴식 시간에. ***be in ~*** 휴정(休廷)〈휴게〉중이다. ***go into ~*** 휴회하다. ***in ~*** 휴회 중. ***in the inmost*** (***deepest***) ***~es of*** …의 깊숙한 곳에(서는).
— *vt.* (1) 오목한 곳에 …을 두다〈감추다〉. (2) …에 우묵 들어간 곳을 만들다. (3) 《美》 …을 중단시키다, 휴회〈휴정〉시키다. — *vi.* 《美》 휴회〈휴정〉하다(adjourn), 휴식하다.

re·ces·sion [riséʃən] *n.* (1) ⓒ (벽면 따위의) 들어간 곳〈부분〉, 우묵한 곳, 후미진 곳. (2) ⓤ 퇴거, 후퇴. (3)ⓒ (일시적인) 경기 후퇴(slump), 불경기.

re·ces·sion·al [riséʃənəl] *n.* ⓒ 퇴장할 때 부르는 찬송가(=~hymn). — *a.* 퇴장 때 노래하는.

re·ces·sive [risésiv] *a.* (1) **【生】** 열성(劣性)인(【opp.】 *dominant*) **【生】** 열성 형질(形質). (2) 퇴행(退行)의, 역행의.

re·charge [riːtʃɑ́ːrdʒ] *vt.* (1) …을 재습격하다, 역습하다, 재고발하다. (2) (전지)를 재충전하다. 파) **~•a·ble** *a.* 재충전 가능한.

re·check [riːtʃék] *n.* ⓒ 재검사. — *vt.*, *vi.* (…을) 재검토하다, 재대조하다.

re·cher·ché [rəʃέərʃei, --⌒] *a.* 《F.》 (요리·표현 등이) 공들인, 멋있는.

re·cid·i·vist [risídəvist] *n.* ⓒ 상습범 ; 재범자.

— a. 〔限定的〕 재범자의.

***rec·i·pe** [résəpìː] n. ⓒ (1) (요리의) 조리법, 요리법《for》. (2) (약제 등의) 처방(전)《기호: R》. (3) (무엇을 하기 위한) 비결, 비법.

re·cip·i·ent [risípiənt] n. ⓒ 수령인, 수납자 ; 수용자, 수상자, 수혈자.

***re·cip·ro·cal** [risíprəkəl] a. (1) 【文法】 상호 작용을〈관계를〉나타내는. (2) 상호의(mutual), 호혜적인 : ~ help 상호 원조 / ~ trade 호혜 통상/ a ~ treaty 호혜 조약. 파) **~·ly** [-kəli] ad.

re·cip·ro·cate [risíprəkèit] vt. (1) …에 보답〈답례〉하다 ; 갚다, 보복하다. (2) …을 주고받다, 교환하다 《친절 따위를》. (3 【機】왕복 운동을 시키다. — vi. (1) 《~/+前+名》 보답〈답례〉하다 ; (…으로) 갚다《with》. (2) 왕복 운동을 하다.

re·cíp·ro·cat·ing èngine [risíprəkèitiŋ-] 【機】 왕복 기관.

re·cip·ro·ca·tion [risìprəkéiʃən] n. ⓤ (1) 교환. (2) 보답 ; 보복, 응수. (3) 【機】 왕복 운동.

rec·i·proc·i·ty [rèsəprάsəti/ -prɔ́s-] n. ⓤ (1) 【商】 상호 이해, 호혜주의. (2) 상호성(性), 상호 관계〈의존〉 ; 상호의 이익〈의무, 권리〉 ; 교환.

***re·cit·al** [risáitl] n. (1) ⓤ 상설(詳說), 상술(詳述); 이야기. (2) ⓒ 【樂】 독주(회), (시 등의) 낭송, 낭독(회), 독창(회) ; 리사이틀.

***rec·i·ta·tion** [risìprəkéiʃən] n. (1) ⓤ 낭독, 음송, 암송 ; ⓒ 암송하는 시문(詩文). ▫ recite v. (2) ⓤ 자세히 이야기 함 ; 열거, 상술.

rec·i·ta·tive [rèsətətíːv] n. 【樂】 (1) ⓒ 서창부(部)《오페라 · 오라토리오 따위의》. (2) ⓤ 서창(敍唱), 레치타티보. — a. 서술(敍述)의, 설화의.

:re·cite [risáit] vt. (1) …을 이야기하다(narrate), 상술하다, 열거하다(enumerate). (2) …을 암송하다, (청중 앞에서) 읊다, 낭송〈음송〉하다. — vi. 암송〈음송〉하다, 읊다. ▫recitation n.

reck [rɛk] vi. 《詩 · 文語》〔否定文 · 疑問文〕《+前+名》 괘념〈개의〉하다, 마음을 쓰다《of ; with》.

:reck·less [réklis] (*more ~ ; most ~*) a. (1) 〔敍述的〕(위험 따위를) 염두에 두지 않는, 개의치 않는《of》. (2) 분별 없는 ; (…하는 것은) 무모한《of ; to》. 파) **~·ly** ad. 무모하게, 개의치 않고. **~·ness** n.

:reck·on [rékən] vt. (1) 《+目+(to be)補/+目+前+名》 …을 (…로) 보다, 간주하다(consider), 판단〈단정〉하다, 평가하다《as ; for》. (2) 《~+目/+目+副》 …을 세다(count), 낱낱이 세다, 열거하다《up ; over》 ; 기산(起算)하다; 합산하다《up》. (3) 《+目+前+名》 …을 (…속에) 셈하다, 셈에 넣다(include)《among ; in ; with》. (4) 《口》 생각하다《특히《美》에서는 삽입석으로도 쓰임》 ; 《英俗》 좋디고〈가망 있다고〉 생각하다. — vi. 세다, 계산하다; 지급하다, 청산하다(settle). **~ *for*** ~에 책임이 있다. ~의 준비를 히다. **~ *in*** 계산에 넣다. **~ *on*** …을 의지하다. **~ *with*** …을 고려에 넣다. **~ *without*** …을 무시하다, 간과하다, 고려에 넣지 않다. 파) **~·er** n. ⓒ 계산 조견표(ready ~er).

reck·on·ing [rékəniŋ] n. (1) ⓒ 계산서《술집 따위의》. (2) ⓤ 계산, 셈 ; 결산, 청산. (3) ⓤ 【海】 배위치의 측정 ; 그 측정 위치. ***be out in* 〈*of*〉 *one's ~*** 1) 계산을 잘못하다. (2) 기대가 어긋나다. ***the day of ~*** 1) 결산일. 2) =JUDGMENT DAY.

re·claim [rikléin] vt. (1) 《~+目/+目+前+名》 …을 교정(矯正)하다, 개심케 하다, 교화하다. (2) 반환을 요구하다 ; 되찾다. (3) 《~+目/+目+前+名》 …을 개간〈개척〉하다 ; (땅)을 메우다, 매립하다 ; 간척하다. (4) …을 재생 이용하다, 이용하기 위해 회수하다. ▫ reclamation n.

rec·la·ma·tion [rèkləméiʃən] n. ⓤ (1) (폐물의) 재생(이용). ▫reclaim v. (2)개간, 매립, 간척.

***re·cline** [rikláin] vt. 《~+目/+目+前+名》 (1)(좌석)을 뒤로 젖히다, 눕히다. (2) …을 기대게 하다, 의지하다, (몸)을 눕히다《on》.
— vi. (1) 《+前+名》 기대다(lean), 눕다《on ; against》, 의지하다. (2) (좌석이) 뒤로 눕다. 파) **re·clin·er** n. ⓒ (1)=RECLINING CHAR. (2) 기대는〈눕는〉 사람.

re·clín·ing chàir [rikláiniŋ-] (등받이와 발판이 조절되는) 안락 의자.

re·cluse [rékluːs, riklúːs] n. ⓒ 속세를 떠나서 사는 사람, 세상을 버린 사람, 은둔자.

rec·og·nise [rékəgnàiz] v.《英》=RECOGNIZE.

rec·og·ni·tion [rèkəgníʃən] n. ⓤ (1) ⓤ (또는 a ~)(공로 등의) 인정, 치하, 표창《of》. (2) 인식, 인정 ; 승인. (3) 알아봄, 면식, 인사, 절. ▫ recognize v.

rec·og·niz·a·ble [rékəgnàizəbəl] a. (1) 알아볼 수 있는, 분간할 수 있는. 파) **-bly** ad. 곧 알아볼 수 있을 정도로. (2) 인식〈승인〉할 수 있는.

re·cog·ni·zance [rikάgnəzəns/ -kɔ́g-] n. ⓒ 서약 보증금 ; 【法】 서약(서).

:rec·og·nize [rékəgnàiz] vt. (1) (공로 따위)를 인정하다, 감사하다, 표창하다. (2) 《~+目/+目+as 補》 …을 알아보다, 보고 곧 알다, 알아〈생각해〉내다 ; 인지하다. (3) 《~+目/+目+to be 補/+that 節/+目+as 補》 (사실)을 인정하다 ; 승인하다(acknowledge). (4)《美》 (의회에서) …에게 발언권을 인정하다, …에게 발언을 허가하다.

***re·coil** [rikɔ́il, ríːkɔ̀il] n. ⓤ (1)뒷걸음질, 움찔함, 외축(畏縮), 싫음. (2)(용수철 따위의)되튐 ; (총포의) 반동, 뒤로 물러남. — [rikɔ́il] vi. 《~/+前+名》 (1) 되튀다 ; 되돌아오다 ; 반동하다. (2)퇴각〈패주〉하다; 후퇴하다 ; 주춤하다《from ; before ; at》. 파) **~·less** a. 반동이 없는, 무반동의.

:rec·ol·lect [rèkəlékt] vt. 《~+目/+-ing/+to do/+目+-ing/+that節/+wh. to do/+wh.節》 …을 생각해 내다, 회상하다(recall). — vi. 기억이 있다, 생각나다, 기억나다, 상기하다. ▫recollection n.

re·col·lect [rìːkəlékt] vt. (1) 〔再歸的〕 마음을 가라앉히다. (2) …을 다시 모으다. (3) (힘 · 용기)를 불러일으키다.

:rec·ol·lec·tion [rèkəlékʃən] n. (1) ⓒ (종종 pl.) 옛 생각, 추억되는 일. ***be in* 〈*within*〉 *one's ~*** 기억하고 있다. ***to the best of my ~*** 내가 생각해 낼 수 있는 한에서(는). (2) ⓤ (또는 a ~) 회상, 상기, 추억 ; 기억력.

re·com·bi·nant [riːkάmbəbənt/ -kɔ́m-] 【遺 · 生化】 a. 재(再)조합형의. — n. ⓒ (유전자의) 재조합형 ; 재조합체.

re·com·bi·na·tion [rìːkambənéiʃən/ -kɔm-] n. ⓤ 【遺】(유전자의) 재결합; 재조합.

:re·com·mend [rèkəménd] vt. (1) 《+目+to do/+目+目/+目+前+名/+that節》 …을 권하다, 권고하다, 충고하다. (2) 《~+目/+目+as補/+目+前+名/+目+目》 …을 추천〈천거〉하다. (3) (행위 · 성질 따위가) …의 호감을 사게 하다, 마음에 들게 하다《to》. ▫ recommendation n. 파) **~·a·ble** a. 추천할 수 있는, 권할 만한.

:rec·om·men·da·tion [rèkəmendéiʃən] n. (1)

ⓒ 추천⟨소개⟩장(letter of ~). (2)ⓤ 추천, 천거, 권장. (3)ⓤⓒ 권고, 충고, 건의. (4)ⓒ 장점, 취할 점. ▫ recommend *v.*

rec·om·mend·a·to·ry [rèkəméndətɔ̀ːri/ -təri] *a.* (1) 장점이 되는, 권고의. (2) 추천의 ; 권고적인.

re·com·mit [rìːkəmít] (**-tt-**) *vt.* (1) …을 다시 위탁하다 ; (의안)을 위원회에 다시 회부하다. (2) (죄)를 다시 범하다. 파) **~•ment**, **~•tal** [-tl] *n.* ⓤ (1) (의안의) 재차 회부. (2) 재범.

:rec·om·pense [rékəmpèns] *n.* ⓤ (또는 a ~) (1) 보상, 배상(compensation)《*for*》. (2) 보수 ; 보답(reward)《*for*》. — *vt.*《~+目/+目+前+名》 (1) …에게 보답하다, …에게 갚다⟨대갚음하다⟩《*for* ; *with*》. (2) …에게 보상하다《*for*》.

re·con[rikán/ rikɔ́n] 《口》*n.* = RECONNAISSANCE. — *vt.*, *vi.* =RECONNOITER.

rec·on·cil·a·ble [rékənsàiləbəl, ⏑⏑-⏑-] *a.* (1)조화⟨일치⟩ 시킬 수 있는. (2) 화해할 수 있는, 조정의 가망이 있는. 파) **-bly** *ad.*

:rec·on·cile [rékənsàil] *vt.* (1) 《~+目/+目+前+名》 (싸움·논쟁 따위)를 조정하다 ; 조화시키다, 일치시키다《*to* ; *with*》. (2)《~+目/+目+前+名》 〔종종 受動으로〕 …을 화해시키다, 사화시키다《*to* ; *with*》 : ~ person's to each other = ~ aperson to (with) another 두 사람을 화해시키다 / Are you *~d with* her ? 그녀와 화해했니. (3) 《+目+前+名》 〔흔히 再歸的 또는 受動으로〕 …으로 만족하다, 스스로 단념⟨만족⟩하게 하다《to》. ▫ reconciliation *n.*

:rec·on·cil·i·a·tion[rèkənsìliéiʃən] *n.* ⓤ (또는 a ~) (1)조화, 일치《*of*》. ▫reconcile *v.* (2)조정; 화해 《*between* ; *with*》.

rec·on·cil·i·a·to·ry [rèkənsíliətɔ̀ːri/ -təri] *a.* 조화의, 일치의 ; 화해의, 조정의.

rec·on·dite [rékəndàit, rikándait/ rikɔ́n-] *a.* 심원한, 난해한(profound), 알기 어려운..
파) **~•ly** *ad.* **~•ness** *n.*

re·con·di·tion [rìːkəndíʃən] *vt.* (기계 따위)를 신품처럼 고치다.

re·con·firm [rìːkənfə́ːrm] *vt.* …(의 예약 따위)를 다시 확인하다. — *vi.* 예약 등의 재확인을 하다.

re·con·fir·ma·tion [rìːkɑnfərméiʃən/rìːkɔn-] *n.* ⓤⓒ 재확인 ; 〖空〗 예약 재확인.

·re·con·nais·sance [rikánəzəns, -səns/ -kɔ́n-] *n.* ⓤⓒ 정찰, 정찰대. — *a.* 〔限定的〕 정찰하기 위한 : a ~ plane⟨party⟩ 정찰기⟨대⟩.

reconnaissance satellite 정찰 위성.

re·con·noi·ter, 《英》 **-tre** [rìːkənɔ́itər, rèk-] *vt.*, *vi.* (…을) 정찰하다 ; 답사하다.

·re·con·sid·er [rìːkənsídər] *vt.* (1)…을 다시 생각하다, 재고하다. (2)(의안·동의 등)을 재심의에 부치다. — *vi.* 재고하다 ; 재심하다.
파) **rè·con·sid·er·á·tion** [-sidəréiʃən] *n.* ⓤ 재고, 재심.

re·con·sti·tute [rìːkánstət*j*ùːt/ -kɔ́n-] *vt.*, *vi.* (1)(…을) 재구성⟨재편성, 재제정⟩하다. (2)물을 타서 원래대로 되게 하다.

:re·con·struct [rìːkənstrʌ́kt] *vt.* (1)…을 재건하다(rebuild) ; 부흥하다개조⟨개축⟩하다. (2)(사건 등)을 재구성하다, 재현하다. ▫ reconstruction *n.*

:re·con·struc·tion [rìːkənstrʌ́kʃən] *n.* (1) ⓤ 재건, 개축 ; 개조 ; 복원《*of*》. (2) ⓒ 재건⟨복원⟩된 것《*of*》.

:rec·ord[1] [rékərd/ -kɔːrd] *n.* (1) ⓤ 기록, 기입, 등록. (2) ⓒ 기록 (문서) ; 공판기록 ; 의사록. (3) ⓒ 이력, 경력 ; 전과(前科). (4) ⓒ (학교 등의) 성적 ; 경기 기록, 《특히》최고 기록. (5) ⓒ 레코드, 음반 : play⟨put on⟩ a ~ of Chopin 쇼팽의 레코드 판을 돌리다. ***a matter of ~*** 공식 기록에 올라 있는 사실. ***bear ~ to*** …의 증언을 하다. ***beat*** ⟨***break, cut***⟩ ***the ~*** 기록을 깨뜨리다. ***for the ~*** 공식적인⟨으로⟩, 기록을 위한⟨위해⟩. **go on ~** (기록에 남도록) 공식으로 의견을 발표하다. ***have the ~ for***⟨***in***⟩ …의 기록을 보유하고 있다. ***off the ~*** 비공식의⟨으로⟩, 공표⟨인용⟩해서는 안 되는. ***on ~*** 1)기록되어 ; 기록적인. 2)공표되어, 널리 알려져. ***police ~s*** 전과. ***put ... on ~*** 기록하다. ***put***⟨***set***⟩ ***the ~ straight*** 기록을 바로잡다 ; 오해를 풀다.
— *a.* 〔限定的〕 (1)기록적인. (2)레코드에 의한.

:record[2] [rikɔ́ːrd] *vt.* (1)…을 기록하다, 적어 놓다, 등기⟨등록⟩하다. (2)…을 녹음⟨녹화⟩하다. (3)(계기 등이) …을 표시하다. (4)공식으로 발표하다. — *vi.* 기록⟨녹음, 녹화⟩하다.

récord brèaker 기록을 깨뜨린 사람.

rec·ord-break·ing [rékərdbrèikiŋ/-kɔːrd-] *a.* 기록 돌파의, 공전의.

re·córd·ed delívery [rikɔ́ːrdid-] 《英》 간이 등기(우편).

:re·cord·er [rikɔ́ːrdər] *n.* ⓒ (1)기록자, 등록자. (2)기록 기계⟨장치⟩ ; 녹음기, 녹화기, 리코더 ; (전신의) 수신기. (3)《英》(종종 R-) 지방 법원 판사. (4) 〖樂〗 (옛날의) 플루트의 일종.

récord hòlder (최고) 기록 보유자.

·re·cord·ing [rikɔ́ːrdiŋ] *a.* 기록하는 ; 기록용의 ; 자동 기록 장치의. — *n.* (1) ⓤⓒ 녹음, 녹화. (2) ⓒ 녹음⟨녹화⟩ 테이프. (3)〔形容詞的〕 녹음⟨녹화⟩하기 위한.

recórding àngel 〖基〗 (사람의 선악을 기록하는) 기록 천사.

record lìbrary (대출용) 레코드 도서관.

:récord plàyer 레코드플레이어 ; 전축.

·re·count [rikáunt] *vt.* …을 자세히 말하다.

re·count [riːkáunt] *vt.* …을 다시 세다. — [⏑-⏑, -⏑] *n.* ⓒ 다시 세기, 재계표《투표 등의》.

re·coup [rikúːp] *vt.* (1)…을 벌충하다, 메우다, 되찾다 《*for*》 ; 보상하다. (2)〖法〗 …을 공제하다.

·re·course [ríːkɔːrs, rikɔ́ːrs] *n.* (1) ⓤ 의지, 의뢰《*to*》. (2) ⓒ 의지가 되는 것, 믿는 사람. ***have ~ to*** …에 의지⟨호소⟩하다. ***without ~ to*** …에 의지하지 않고.

:re·cov·er [rikʌ́vər] *vt.* (1)《~+目/+目+前+名》 (앗긴 것)을 되찾다 ; (잃은⟨놓친⟩ 것)을 찾아내다, 발견하다 ; (매몰·잊었던 것)을 캐내다. (2)(손실)을 만회하다, 벌충하다. (3)(기능·의식 등)을 회복하다. (4) 《~+目/+目+前+名》(폐기물 등에서 유용한 물질)을 재생⟨회수⟩하다《*from*》. — *vi.* (1)《~/+前+名》 원상태로 되다, 복구되다. (2)《~/+前+名》 회복하다, 낫다《*from* ; *of*》. (3)〖法〗 소송에 이기다. ▫ recovery *n.*

re·cov·er [riːkʌ́vər] *vt.* (1)…을 다시 덮다. (2)…을 다시 바르다 ; (의자 등의 천)을 갈아대다, 표지를 갈아붙이다.

re·cov·er·a·ble [rikʌ́vərəbəl] *a.* 되찾을⟨회복시킬⟩ 수 있는, 회복가능한.

:re·cov·ery [rikʌ́vəri] *n.* (1) ⓤ (또는 a ~) 회복, 복구 ; 경기 회복. (2) ⓤ (또는 a ~) (병의) 쾌유 ; 회복. (3) ⓤ 되찾음, 회수. (4) ⓤⓒ 〖法〗 재산

권리〉 회복. ㅁ recover *v.*
recóvery ròom (병원의) 회복실.
rec·re·ant [rékriənt] *a.* 《詩·文語》겁 많은, 비겁한(cowardly) ; 변절한. — *n.* ⓒ 겁쟁이, 비겁한 사람 ; 배신자.
·rec·re·ate [rékrièit] *vt.* 〔再歸的〕 휴양하다, 기분전환을 하다.— *vi.* 휴양하다, 기분전환을 하다.
re-cre·ate [rì:kriéit] *vt.* …을 개조하다, 고쳐〈다시〉 만들다 ; 재현하다.
:rec·re·a·tion [rèkriéiʃən] *n.* ⓤⓒ 휴양, 보양 ; 기분전환, 레크리에이션, 오락. 파) **·~al** *a.* 레크리에이션의, 휴양의.
re-cre·a·tion [rì:kriéiʃən] *n.* ⓤ 재창조, 개조 ; 재현.
recreátional véhicle 레크리에이션용 차량《camper, trailer 따위 ; 略 : RV》.
recreátion gròund 《英》 운동장, 유원지.
re·crim·i·nate [rikrímənèit] *vi.* 되비난하다《*against*》. 파) **re·crìm·i·ná·tion** [-ʃən] *n.* — **-na·tò·ry** [-nətɔ̀:ri/ -təri] *a.*
réc ròom〈hàll〉 [rék-] 《美口》 =RECREATION ROOM〈HALL〉.
re·cru·des·cence [rì:kru:désns] *n.* ⓒ 재발, 도짐 ; 재연. 파) **-dés·cent** [-désnt] *a.*
·re·cruit [rikrú:t] *vt.* (1)(새 회원 등)을 모집하다〈들이다〉. (2)신병을 모집하다. (3)《古》(체력·건강 따위)를 회복하다. — *vi.* 신병〈새 회원〉을 모집하다〈들이다〉. — *n.* ⓒ 신병, 보충병 ; 신당원 ; 신입생, 풋내기 ; 신회원. 파) **~·er** *n.* **~·ment** *n.* ⓤ 신병 징모 ; 신규 모집 ; 보충.
rec·tal [réktl] *a.* 직장(直腸)의.
·rec·tan·gle [réktæ̀ŋgəl] *n.* ⓒ 【數】 직사각형.
·rec·tan·gu·lar [rektǽŋgjələr] *a.* (1)직사각형의. (2)직각의.
rec·ti·fi·er [réktəfàiər] *n.* ⓒ (1)개정〈수정〉자. (2)【電·化】 정류기(整流器).
rec·ti·fy [réktəfài] *vt.* (1)…을 개정〈수정, 교정〉 하다 ; 고치다. (2)【電·化】 정류(整流)하다 ; 【機】 (궤도 등)을 수정하다, 조정하다. 파) **réc·ti·f·i·a·ble** [-əbəl] *a.* 개정〈수정, 교정〉할 수 있는. **rec·ti·fi·ca·tion** [rèktəfikéiʃən] *n.*
rec·ti·lin·e·ar, -lin·e·al [rèktəlíniər] [-əl] *a.* (1)직선의 ; 직선으로 둘러싸인. (2)직진하는.
rec·ti·tude [réktətjù:d] *n.* ⓤ 정직, 실직(實直), 청렴.
rec·to [réktou] (*pl.* **~s**) *n.* ⓒ (펼쳐 놓은 책의) 오른쪽 페이지 ; 종이의 겉면. 【opp.】 *verso.*
·rec·tor [réktər] (*fem.* **-tress** [-tris]) *n.* ⓒ (1)【宗】 (영국 국교의) 교구 목사 ; 《美》 (미국 감독 교회의) 교구 목사. 【cf.】 vicar. (2)교장, 학장, 총장 ; 【가톨릭】 신학교장, 수도원장.
rec·to·ry [réktəri] *n.* ⓒ rector 의 주택, 목사관(館) ; 《英》 rector의 영지〈수입〉.
rec·tum [réktəm] (*pl.* **~s, -ta** [-tə]) *n.* ⓒ 【解】 직장(直腸).
re·cum·bent [rikʌ́mbənt] *a.* 옆으로 비스듬한 ; 가로누운. 파) **-ben·cy** *n.* ⓤ 가로누움 ; 휴식(repose).
re·cu·per·ate [rikjú:pərèit] *vt.* (건강·손실 등)을 회복〈만회〉하다. — *vi.* (병·손실 등에서) 회복하다《*from*》.
파) **re·cù·per·á·tion** [-ʃən] *n.* ⓤ 회복, 만회.
re·cu·per·a·tive [rikjú:pərèitiv, -rət-] *a.* 회복시키는 ; 회복력 있는.
·re·cur [rikə́:r] (**-rr-**) *vi.* (1)(사건·문제 따위가) 재발하다 ; 되풀이되다. (2)《+前+名》(생각 등이) 마음에 다시 떠오르다, 상기되다 ; 다시 이야기하다《*to*》. (3)【數】 순환하다(circulate). ㅁ recurrence *n.*
re·cur·rence [rikə́:rəns, -kʌ́r-] *n.* ⓤⓒ 재기, 재현(repetition), 재발 ; 반복 ; 순환《*of*》.
re·cur·rent [rikə́:rənt, -kʌ́r-] *a.* 재발〈재현〉하는 ; 정기적으로 되풀이되는 ; 회귀성(回歸性)의. 파) **~·ly** *ad.*
re·cur·ring [rikə́:riŋ] *a.* 되풀이하여 발생하는 ; 【數】 순환하는.
recúrring décimal 【數】 순환 소수(repeating decimal).
re·cy·cla·ble [rì:sáikləbl] *a.* 재생 이용이 가능한. — *n.* ⓒ 재생 이용이 가능한 것.
re·cy·cle [ri:sáikəl] *vt.* …을 재생 이용하다.
re·cy·cling *n.* (1) ⓤ 재생 이용, 리사이클링 (2)〔形容詞的〕 재생 이용하는.
:red [red] (**⁓·der ; ⁓·dest**) *a.* (1)빨간, 붉은, 적색의 ; 불그스름한. (2)(노여움·부끄럼 등으로) (얼굴이) 붉어진, 눈에 핏발이 선, 붉은 피부의. (3)피로 물든, 유혈이 낭자한. (4)(종종 R-) 적화한, 공산주의(국)의 (【cf.】 pink[1]) ; 《口》 좌익의. ***paint the town ~*** 《口》 ⇨ PAINT. — *n.* ⓤⓒ (1)빨강, 적색 : a deep ~ 짙은 빨강. (2)빨간 천〈옷〉 ; (당구의) 빨간 공. (3)(종종 R-) 공산주의자 ; 《口》 좌익, 급진파. (4)(the ~) 적자. ***be in the ~*** 《美口》 적자를 내고 있다. ***come out of* (*the*) *~*** 적자에서 헤어나다. ***go* 〈*get*〉 *into the ~*** 적자를 내다, 결손을 보다. ***see ~*** 《口》 격노하다, 살기를 띠다.
-red [rəd] *suf.* 상태를 나타내는 명사를 만듦 : hat*red*, kind*red*.
réd ádmiral 【蟲】 큰멋쟁이《나비》.
réd alért (공습의) 적색 경보 ; 긴급 비상 사태.
réd bìddy *n.* ⓤ 《英口》 (메틸 알코올을 섞은) 싸구려 레드 와인.
red·bird [⁓bə̀:rd] *n.* ⓒ 【鳥】 피리새 무리의 새 ; 홍관조의 속명(cardinal bird)《되샛과》.
réd blóod cèll 〈còrpuscle〉 【解】 적혈구.
red-blood·ed [⁓blʌ́did] 《口》 *a.* 〔限定的〕 기운찬, 발랄한, 남자다운, 씩씩한, 용감한 ; 폭력물의. 파) **~·ness** *n.*
red·breast [⁓brèst] *n.* ⓒ 【鳥】 울새.
red·brick [⁓brìk] *a.* 〔限定的〕 (1)붉은 벽돌의〈로 지은〉. (2)《英》 (대학이) 근대에 와서 창립된. — *n.* ⓒ (종종 R-) (Oxford, Cambridge 대학 이외의) 대학, 근대 창설 대학, 붉은 벽돌 대학.
red·cap [⁓kæ̀p] *n.* ⓒ (1)《美》 (역의) 짐꾼, 포터(porter). (2)《英》 헌병.
réd cárd *n.* ⓒ 【蹴球】 레드 카드《레프리로부터의 퇴장 경고》. 【cf.】 yellow card.
réd cárpet (귀빈을 맞기 위한) 붉은 융단. ***roll out the ~* (*for*)** (…을) 정중〈성대〉하게 환영하다.
red-car·pet [⁓ká:rpit] *a.* 〔限定的〕 정중한 ; 열렬한, 성대한, 융숭한.
réd cént 《口》 (옛날의) 1 센트화 ; 피천《부정문에 쓰임》.
réd clóver 【植】 붉은 토끼풀(cowgrass)《사료》.
red·coat [⁓kòut] *n.* ⓒ (종종 R-) (옛날의) 영국군인《특히 미국 독립전쟁 당시의》.
réd córpuscle 〈corpúscule〉 적혈구.
Réd Créscent (the ~) 적신월사(赤新月社)《회교

R

국의 적십자사에 해당하는 조직》.
:Réd Cróss (the ~) 적십자사(=~́ **Society**) ; 적십자장(章) ; (the ~) 십자군(장(章)) ; (r- c-) 성(聖)조지 십자장(章)《영국의 국장》.
réd dèer 【動】 고라니.
·red·den [rédn] *vt.* …을 붉게 하다, 얼굴을 붉히게 하다. — *vi.* (1)붉어지다(become red). (2)얼굴을 붉히다《*at*》, (노여움·부끄럼으로) 붉어지다《*with*》.
·red·dish[rédiʃ] *a.* 불그스레한, 불그레한갈색을 띤.
red·dle [rédl] *n.* ⓤ 【鑛】 대자석(代·石), 자토.
re·dec·o·rate [riːdékərèit] *vt.* …을 다시 꾸미다, 개장(改裝)하다. — *vi.* 다시 꾸미다.
·re·deem [ridíːm] *vt.* (1)…을 되사다, 되찾다 ; (저당물)을 도로 찾다《*from*》. (2)(쿠폰·상품권 등)을 상품으로 바꾸다, 상각〈상환〉하다 ; (지폐)를 태환〈회수〉하다. (3)〔종종 再歸的〕 (노력하여) 명예 등을 회복하다, 다시 찾다. (4)속량(贖良)하다, 구하다. (5)(신·그리스도가) …을 구속(救贖)하다, 속죄하다《*from*》. (6)《~+目/+目+前+名》(결점·과실 등)을 벌충하다, 채우다《*from*》. (7)(약속·의무 등)을 이행하다. ㅁ redemption *n.*
re·deem·a·ble [ridíːməbəl] *a.* (1)되살〈전당물을 되찾을〉 수 있는. (2)태환할 수 있는. (3)속죄할 수 있는.
Re·deem·er [ridíːmər] *n.* (the ~, our ~) 구세주, 그리스도.
re·deem·ing [ridíːmiŋ] *a.* (결점·과실 등을) 보완하는, 벌충하는.
·re·demp·tion [ridémpʃən] *n.* ⓤ (1)되찾음, 되삼. (2)속전을 내고 죄인을 구제함. (3)상환, 상각. (4)(약속의) 이행. (5)구출 ; 【神學】 (예수에 의한) 구속(salvation). ㅁ redeem *v.* ***beyond*** 〈***past, without***〉 ~ 회복할 가망이 없는 ; 구제 불능의.
re·demp·tive [ridémptiv] *a.* 구속(救贖)의, 되사는(저당잡힌 것을) 도로 찾는.
réd énsign (the ~) 영국 상선기(商船旗) (【cf.】 white ensign).
re·de·ploy [rìːdiplɔ́i] *vt.* (부대·생산시설 따위)를 이동(전환)시키다. 파) **~·ment** *n.* ⓤ 이동, 배치 전환.
re·de·vel·op [rìːdivéləp] *vt.* …을 재개발하다. 파) **~·ment** *n.*
red-eye [rédài] *n.* (1) ⓒ 《美口》 야간 비행편 (=~́ **flight**). (2) ⓤ 《美俗》싸구려 위스키. — a. 〔限定的〕《美口》장거리 야간 비행의.
red-faced [∠féist] *a.* (1)불그스름한 얼굴의. (2)(화·곤혹·부끄럼 따위로) 낯을 붉힌.
réd flág (1)적기(赤旗)《혁명기·위험 신호》. (2)(the R- F-) 적기가(歌)《영국 노동당 당가》
réd fóx 【動】 여우, 붉은여우 ; 여우 가죽.
réd gróuse 【鳥】 붉은 뇌조(moorfowl, moorgame)《영국 및 그 주변산》.
red-hand·ed [∠hǽndid] *a.* 〔敍述的〕 (나쁜 짓의) 현행범의.
réd hát 추기경(cardinal)의 모자 ; 추기경.
red·head [∠hèd] *n.* ⓒ 머리칼이 빨간 사람.
red·head·ed [∠hèdid] *a.* 머리칼이 빨간 ; 【鳥】 머리깃이 빨간.
réd héat (1)【物】 적열(赤熱) (상태·온도). (2)격노, 흥분.
réd hérring (1)훈제한 청어. (2)남의 관심을 딴 데로 돌리는 것.
draw a ~ across a person***'s*** 〈***the***〉 ***track*** 〈***trail, path***〉 아무의 관심을 딴 데로 돌리려 하다. ***neither fish, flesh, fowl, nor good ~*** =***neither fish, flesh nor fowl*** =***neither fish nor fowl*** ⇨ FISH.
·red-hot [∠hát/ ∠hɔ́t] *a.* (1)(금속 등이) 빨갛게 달구어진. (2)몹시 흥분한 ; 열렬한. (3)(뉴스 등이) 최신의. (4) 선정적인.
Re·dif·fu·sion [rìːdifjúːʒən] *n.* ⓤ 《英》(유선 방식에 의한 라디오·텔레비전 프로의) 중계 시스템《商標名》.
Réd Índian 북아메리카 원주민(redskin).
redi·rect [rìːdirékt, -dai-] *vt.* (1)(방향)을 고치다, …의 방향을 바꾸다. (2)〈편지의〉수신인 주소를 고쳐 쓰다(readdress).
re·dis·trib·ute [rìːdistríbju(ː)t] *vt.* …를 다시 분배하다, 재분배하다.
파) **rè·dis·tri·bú·tion** [-tribjúːʃən] *n.*
réd léad [-léd] 연단(鉛丹) (minium), 광명단.
réd-létter dày [∠létər-] (1)축(제)일. (2)기념일, 특별히 기억할 만한 즐거운 날.
réd líght (건널목의) 붉은 신호 ; 위험신호(【opp.】 *green light*). ***see the ~*** 위험을 알아차리다.
réd-líght dìstrict [rédláit-] 홍등가.
red·ly [rédli] *ad.* 붉게, 빨갛게, 붉은 색으로.
réd méat 빨간 고기《쇠고기·양고기 따위》.
red·neck [rédnèk] *n.* ⓒ 《美口》《종종 蔑》(남부의 교육을 받지 못한) 백인 노동자.
re·do [riːdúː] (***-did*** [-díd] ***; -done*** [-dʌ́n]) *vt.* …을 다시 하다 ; 고쳐 만들다〈쓰다〉 ; 개장(改裝)하다.
réd ócher 대자석《안료용》.
red·o·lence [rédələns] *n.* ⓤ 방향, 향기《*of*》.
red·o·lent [rédələnt] *a.* (1) a〕향기로운. b〕〔敍述的〕 …의 향기가 나는《*of* ; *with*》. (2)〔敍述的〕 …을 생각나게 하는, 암시하는(suggestive)《*of* ; *with*》. 파) **~·ly** *ad.*
·re·dou·ble [riːdʌ́bəl] *vt.* …를 다시 배가(倍加)하다 ; 세게 하다. — *vi.* 배가되다, 강화되다.
re·doubt [ridáut] *n.* ⓒ 【築城】 각면보(角面堡) ; 작은 요새, 성채.
re·doubt·a·ble [ridáutəbəl] *a.* (1)가공할, 무서운 ; 가벼이 볼 수 없는. (2)외경(畏敬)의 마음을 일으키게 하는, 당당한.
re·dound [ridáund] *vi.* (1)(신용·이익 등을) 늘리다, 높이다《*to*》. (2)(행위의 선악〈인과〉 따위가) 되돌아오다《*on, upon*》.
red-pen·cil [∠pénsəl] (***-l-***, 《특히 英》***-ll-***) *vt.* …에 붉은 연필로 정정〈가필〉하다(censor, correct).
réd pépper 고추.
re·draft [ríːdræ̀ft, -drɑ̀ːft] *vt.* …을 다시 쓰다 ; 다시 기초하다.
réd rág 화나게 하는 것.
·re·dress [ríːdres, ridrés] *n.* ⓤ 부정(不正)의 교정 ; 보상, 구제. — [ridrés] vt. (1)(불공평 따위)를 고치다, 시정하다. (2)(평형)을 되찾다. (3)(불평 등)의 원인을 제거하다. ***~ the balance*** 〈***scales***〉 평등하게 하다, 불균형을 시정하다.
re·dress [ridrés] *vt.* …을 다시 입히다 ; 붕대를 고쳐 감다.
Réd Séa (the ~) 홍해.
red·skin [∠skìn] *n.* ⓒ 《종종 蔑》북아메리카 인디언.
réd squírrel 【動】 붉은 다람쥐《북아메리카산》.
red·start [∠stɑ̀ːrt] *n.* ⓒ 【鳥】 딱새.
réd tápe 관청식, 관료적 형식주의, 번문 욕례.

réd tíde 적조(赤潮) (=**réd wáter**).

:re·duce [ridjúːs] *vt.* (1)《~+目/+目+前+名》(양·액수·정도 따위)를 줄이다 ; 축소하다, 감소시키다(diminish) ; 한정하다. (2)《~+目/+目+前+名》〔종종 受動으로〕 (지위·계급 등)을 떨어뜨리다, 낮추다 ; 영락게 하다. (3)《+目+前+名》〔종종 受動으로〕 …을 (어떤 상태로) 만들다, 바꾸다. (4)《+目+前+名》…을 진압하다, 항복시키다. (5)《+目+前+名》…을 변형시키다 ; 단순화하다 ; 분해〈분류〉하다《*to*》. (6)《~+目/+目+前+名》【數】 …을 환산하다 ; 맞줄임〈통분〉하다 ; (방정식)을 풀다. (7)《~+目/+目+前+名》【化】 …을 환원하다(deoxidize), 분해하다. (8)【醫】 (탈구(脫臼) 따위)를 고치다 ; 접골〈정골〉하다.
— *vi.* (1)줄다, 축소하다 ; 내려가다. (2)《口》 (식이요법 등으로) 체중을 줄이다. ▫ reduction *n.* ***be ~d to nothing*** 〈***to skin and bones***〉 (말라서) 피골이 상접해지다. ~ one***self into*** …한 처지에 빠지다. ~ (a rule) ***to practice*** (규칙을) 실시하다.

re·duced *a.* (1)준, 감소한. (2)영락(零落)한.

re·duc·i·ble [ribjúːsəbl] *a.* (1)축소〈감소〉할 수 있는. (2)요약할 수 있는. (3)환원할 수 있는.

re·duc·tio ad ab·sur·dum [ridʌ́ktiòu-ǽd-æbsə́ːrdəm] *n.* ⓤ 《L.》 【論·數】 귀류법(歸謬法) (=reduction to absurdity).

:re·duc·tion [ridʌ́kʃən] *n.* (1)ⓤⓒ 감소, 삭감, 축소 ; 축사(縮寫) ; 축도(縮圖) ; 할인. (2) ⓤ 하락 ; 격하 ; 변형 ; 정리. (3) ⓤ 【數】 약분 ; 환산. (4)ⓒ 【化】 환원(법). ▫ reduce *v.*

redúction divìsion 【生】 감수 분열.

re·dun·dan·cy , -dance [ridʌ́ndənsi], [-dəns] *n.* ⓤⓒ (1)과잉, 여분. (2)(특히 말의) 쓸데없는 반복. (3)여분의 것〈부분, 양〉. (4)【言】 잉여(성) ; 【컴】 중복. (5)《주로 英》실업(상태) ; 잉여 종업원 ; 실업자.

redúndancy pày 《英》 (잉여 노동자 해고시의) 퇴직 수당.

re·dun·dant [ridʌ́ndənt] *a.* (1)여분의, 과다한 ; (표현이) 용장(冗長)한. (2)【컴】 중복(重複)인. (3)《주로 英》 (노동자가) 잉여 인원이 된, (일시) 해고되는. 파) **~·ly** *ad.*

re·du·pli·cate [ridjúːplikèit] *vt.* (1)…을 이중으로 하다, 배가하다 ; 되풀이하다(repeat). (2)【文法】 (문자·음절)을 중복시키다 ; 음절을 중복하여 (파생어·변화형 등)을 만들다.

re·du·pli·ca·tion [ridjúːplikéiʃən] *n.* ⓤ (1)이중, 배가 ; 반복. (2)【文法】 (어두·음절의) 중복.

réd wíne 붉은 포도주.

red·wing [rédwìŋ] *n.* ⓒ 【鳥】 개똥지빠귀의 일종.

red·wood [⌐wùd] *n.* (1) ⓒ 【植】 미국삼나무. (2)〔一般的〕 ⓤ 적색 목재(가 되는 나무).

ree·bok [ríːbak/ -bɔk] *n.* ⓒ 【動】 리복《남아프리카에서 나는 작은 영양》.

re·echo [ri(ː)ékou] *vi.* 반향하다 ; 울려 퍼지다. — *vt.* …를 반향하다.

:reed [riːd] *n.* (1) a]ⓒ 【植】 갈대. b]ⓤ 갈대밭. c](*pl.*) (지붕의) 갈대 이엉. (2)【樂】 a]ⓒ (악기의) 혀. b]ⓒ (흔히 *pl.*) 리드 악기. c](the ~s) (관현악단의) 리드 악기부《oboe, bassoon, clarinet 따위》.
— *vt.* (1)(지붕)을 갈대로 이다. (2)…을 갈대로 꾸미다.

réed ìnstrument 리드 악기.

réed òrgan 리드오르간, 페달식 풍금.

réed pìpe 【樂】 (1)(풍금 따위의) 리드관(管). (2) 갈대피리, 목적(牧笛).

re·ed·u·cate [riːédʒukèit] *vt.* …을 재교육하다 ; 재활교육을 하다.

re·ed·u·ca·tion [riːèdʒukéiʃən] *n.* ⓤ 재교육.

reedy [ríːdi] (***reed·i·er ; -i·est***) *a.* (1)갈대가 많은; 갈대 모양의, 호리호리한, 몹시 약한. (2)높고 날카로운, (목소리가)피리소리와 비슷한. 파) **réed·i·ness** [-inis] *n.*

·reef[1] [riːf] *n.* ⓒ 초(礁)《암초·모래톱 따위》.

reef[2] *n.* ⓒ 【海】 축범부(縮帆部)《돛을 말아 올려 줄일 수 있는 부분》. ***take in a ~*** 1)돛을 줄이다. 2)조심하여 나아가다, 신중히 하다.
— *vt.* (돛)을 줄이다《*in*》; (topmast, bowsprit 따위)를 짧게 하다 ;《美》(축범하듯이) 접치다.

reef·er[1] [ríːfər] *n.* ⓒ (1)돛을 줄이는〈축범(縮帆)하는〉 사람. (2)리퍼《두꺼운 더블 웃옷의 일종》.

reef·er[2] *n.* ⓒ 《俗》 마리화나 궐련.

ree·fer[3] *n.* ⓒ 《美口》 (1)(철도의) 냉동차, 냉동 트럭, 냉동선. (2)(사람이 들어갈 수 있는 대형) 냉장고.

réef knòt 【海】 옭매듭(square knot).

reefy [ríːfi] (***ree·i·er ; -i·est***) *a.* (해안 등) 암초가 많은.

reek [riːk] *n.* ⓤ (또는 a ~) 악취(惡臭). — *vi.* 《~/+前+名》 (1)연기나다 ; …냄새가 나다《*of*》;《比》 …의 낌새가 있다《*of* ; *with*》. (2)(땀·피) 투성이가 되다《*with; of*》.

reeky [ríːki] (***reek·i·er ; -i·est***)*a.* 악취를 풍기는.

:reel[1] [riːl] *n.* ⓒ (1)릴, 얼레 ; 한 두루마리의 양. (2)물레, 자새, 실패. (3)(낚싯대의) 감개, 릴 ; (기계의) 회전부. (4)(필름의) 1권. (5)【컴】 테, 감개, 릴. (***right*** 〈***straight***〉) ***off the ~*** 《口》(실 따위가) 줄줄 곧장 풀려 ; 막힘 없이《이야기하다》; 주저 없이. — *vt.* (1)《+目+前+名》 …을 얼레에 감다 ; (실)을 감다 : ~ silk *in* a frame 명주실을 얼레에 감다. (2)《+目+副》 (물고기·낚싯줄 따위)를 릴로 끌어올리다〈끌어당기다〉《*in* ; *up*》: ~ a fish *in*〈*up*〉 릴을 감아 물고기를 끌어올리다. ***~ off*** 1)(물레로부터) 풀어내다 ; (실을) 자아내다《고치로부터》. 2)술술〈거침없이〉 이야기하다〈쓰다〉.

reel[2] *vi.* (1)비틀거리다 ; 비틀비틀〈휘청휘청〉 걷다《*about; along*》. (2)어질어질하다, 현기증이 나다; (눈앞의 것이) 빙빙 도는 듯이 보이다.

reel[3] *n.* ⓒ 릴《스코틀랜드 고지 사람의 경쾌한 춤, 그 곡》. — *vi.* 릴을 추다.

·re·e·lect [rìːilékt] vt. …을 재선〈개선〉하다.

re·elec·tion [rìːilékʃən] *n.* ⓤⓒ 재선, 개선.

re·en·force [rìːenfɔ́ːrs] vt. 《美》 =REINFORCE. 파) **~·ment** *n.* 《美》 =REINFORCEMENT.

·re·en·ter [riːéntər] *vt.* (1)…에 다시 들어가다. (2)…에 다시 가입〈등록〉하다 ; 재기입하다. — *vi.* (1)다시 들어가다. (2)다시가입〈기입〉하다. (3) 다시 소유권을 얻다.

re·en·try [riːéntri] *n.* ⓤⓒ (1)다시 넣기〈들어가기〉 ; 재입국 ; 재등록. (2)(로켓·우주선의 대기권에의) 재돌입(atmospheric ~).

reeve [riːv] *n.* ⓒ (1)【英史】 (읍·지방의) 장(長) ; 장원(莊園) 관리인. (2)《Can.》 (읍·면 의회의) 의장.

re·ex·am·i·na·tion [rìːegzæ̀minéiʃən] *n.* ⓤⓒ (1)재시험, 재검토, 재검사. (2)【法】 재신문.

re·ex·am·ine [rìːegzǽmin] *vt.* …을 재시험〈재검사, 재검토〉하다 ; 【法】 (증인)을 재신문하다.

re·face [riːféis] *vt.* (건물·벽 등)의 표면을 새롭게 하다.

re·fash·ion [riːfǽʃən] *vt.* (1)…을 고쳐 만들다, 개

R

조하다, 개장하다. (2)모양〈배열〉을 바꾸다.
re·fec·to·ry [riféktəri] *n.* ⓒ 큰 식당(dining hall), (특히 수도원의) 식당 ; 휴게실.
reféctory tàble 직사각형의 긴 식탁《다리가 굵고 발을 걸치는 가로대가 있음》.
:re·fer [rifə́:r] (-rr-) *vt.* (1)《+目+前+名》(조력·정보·결정을 위해 아무)를 보내다, 조회하다《to》 ; (아무)에게 참조시키다, 주목〈유의〉시키다《to》. (2)《+目+前+名》(사건·문제 따위)를 위탁하다, 맡기다, 회부하다《to》. (3)(의안 따위)를 되돌려보내다.
— *vi.* (1)《+前+名》지시하다 ; 관계하다, 관련하다 ; (규칙 따위가) 적용되다《to》. (2)《+前+名》조회〈문의〉하다, 참고로 하다《to》. (3)《+前+名》언급하다, 변죽 울리다 ; 인용하다《to》. ▫ reference *n.* ~ one**self to** …에게 일임하다. **~ to … as_** …을 —의 이름으로 부르다〈—로 칭하다〉.
ref·er·a·ble [réfərəbəl, rifə́:rəbəl] *a.* 〔敍述的〕 …로 돌릴〈…에 귀속시킬, 관계를 갖게 할〉 수 있는《to》.
·ref·er·ee [rèfərí:] *n.* ⓒ (1) 중재인, 조정관. (2)《英》신원 조회처, 신원 보증인. (3)(경기·시합의) 심판원, 레퍼리. (4)논문 교열자(校閱者). — *vt.* …을 중재하다 ; …을 심판하다. — *vi.* 심판을 보다, 중재를 맡아보다.
:ref·er·ence [réfərəns] *n.* (1) ⓤ 문의, 조회《to》. (2) ⓒ 신용 조회처 ; 신원 보증인. (3) ⓒ (신원 등의) 증명서, 신용 조회장(狀). (4) ⓤ 참조, 참고《to》. (5) ⓒ 참고서 ; 참조 문헌 ; 참고문(文) ; 인용문 ; 참조 부호(~ mark)《*, †, ‡, 『, §, ‖ 따위》. (6) ⓤ 언급, 논급《to》. (7) ⓤ 관련, 관계《to》. (8) ⓤ 위탁, 부탁《to》. (9) ⓤ 【컴】 참조. ▫ refer *v.* **frame of ~** ⇨ FRAME *n.* **in〈with〉 ~ to** …에 관하여. **without ~ to** …에 관계없이, …에 구애 없이. — *a.* 〔限定的〕 기준의, 참조용의.
réference bòok 참고서(book of 〈for〉 reference)《사서·백과 사전·지도 따위》.
réference lìbrary 참고 도서관《대출하지 않는》 ; 참고 도서류.
réference màrk 참조 부호(reference ⑤).
réference ròom (참고서를 두는) 자료실.
ref·er·en·dum [rèfəréndəm] (*pl.* **~s, -da** [-də]) *n.* ⓒ 국민〈일반〉 투표.
ref·er·ent [réfərənt] *n.* ⓒ 【言】 지시 대상(물).
ref·er·en·tial [rèfərénʃəl] *a.* 참조의, 참고용의.
re·fer·ral [rifə́:rəl] *n.* (1) ⓤⓒ 참조 ; 조회 ; 추천 ; 위탁. (2) ⓒ 보내진〈소개받은〉 사람.
re·fill [ri:fíl] *vt.* …으로 다시 채우다, (재)충전하다 ; 보충하다.
— [rí:fil] *n.* ⓒ (1)보충물, 다시 채우는 것 ; (볼펜 등의) 대체 심. (2)《口》 (음식물의) 두 그릇째.
·re·fine [rifáin] *vt.* (1)…을 정련(제련)하다, 정제〈순화〉하다. (2)…을 세련하다, 품위 있게 하다, 풍치〈풍류, 멋이〉 있게 하다 ; …을 다듬다. — *vi.* (1)순수〈청정〉해지다. (2)세련되다, 품위 있게 되다, 나름어지다. **~ on 〈upon〉** …을 다듬다〈개선하다〉. (3) 세밀히 구별하다 ; 상세히 논술하다《on, upon》
:re·fined [rifáind] (**more ~ ; most ~**) *a.* (1)정련한, 정제한. (2)《때로 蔑》세련된, 땟물을 벗은, 품위(가) 있는, 우아한. (3)정치(精緻)한, 미묘한, 정밀한, 정교한.
·re·fine·ment [rifáinmənt] *n.* (1) ⓤ 정련, 정제《of》. (2) ⓤ 세련, 고상, 우아, 품위 있음. (3) ⓒ a] 개선, 개량(점)《of》. b]세밀한 구별《of》.
re·fin·er [rifáinər] *n.* ⓒ 〔흔히 修飾語와 함께〕 정제업자 ; 정제기.
·re·fin·ery [rifáinəri] *n.* ⓒ 정련〈정제〉소 ; 정련 장치〈기구〉.
re·fit [ri:fít] (-tt-) *vt.* (배 따위)를 재(再)장비〈개장(改裝)〉하다, 수리하다. — *vi.* (특히 배가) 수리를 받다; 재장비〈개장〉되다.
— [rí:fit] *n.* ⓒ (특히 배의) 수리, 개장.
re·flag [rì:flǽg] *vt.* (배의) 국적을 바꾸다.
re·flate [rifléit] *vt., vi.* (수축된 통화를) 다시 팽창시키다 ; (통화의) 재팽창 정책을 취하다. 【cf.】 deflate, inflate.
re·fla·tion [rifléiʃən] *n.* ⓤ 【經】 통화 재팽창, 리플레이션.
re·fla·tion·ary [rifléiʃənèri/ -əri] *a.* 통화 재팽창의, 리플레이션의.
:re·flect [riflékt] *vt.* (1)(빛·소리·열 따위)를 반사하다, 되튀기다. (2)(거울 따위) 물건을 비추다. (3)《比》 …을 반영하다, 나타내다. (4)《+目+前+名》(신용·불명예 따위)를 가져오게 하다, 초래하다《on, upon》. (5)《+that절/+wh.절》 …을 깊이 생각하다 ; 숙고하다.
— *vi.* (1)《+前+名》 반사하다 ; 반향(反響)하다. (2)《~/+前+名》곰곰이 생각하여 보다, 회고하다《on, upon》. (3)《+前+名》〔well, badly 등 부사와 함께〕 (나쁜) 영향 을 미치다《on, upon》. ▫ reflection *n.*
re·flect·ed [rifléktid] *a.* 반사된 ; 비친 .
re·fléct·ing tèlescope [rifléktiŋ-] 반사 망원경.
:re·flec·tion, 《英》 **re·flex·ion** [riflékʃən] 《reflexion은 주로 과학 용어》 *n.* (1) ⓤⓒ 반사 ; 반사열〈광(光), 색〉, 반향음. (2) ⓒ 반영 ; 영상, (물에 비친) 그림자. (3) ⓒ 남을 흉내내는 사람 ; 꼭 닮은 것, 꼭 닮은 동작〈언어, 사상〉. (4) ⓤ 반성, 숙고, 심사, 회상《on, upon》. (5) ⓒ (종종 *pl.*) 감상, 의견, 사상. (6) ⓒ 비난, 잔소리《on, upon》. ▫ reflect *v.*
·re·flec·tive [rifléktiv] *a.* (1)반사하는 ; 반영하는. (2)숙고하는 ; 사려 깊은. (3)〔敍述的〕 (…을) 반영하는《of》.
파) **~·ly** *ad.* 반성하여, 반사적으로. **~·ness** *n.*
·re·flec·tor [rifléktər] *n.* ⓒ 반사물〈기(器)〉 ; 반사경〈판〉 ; 반사 망원경.
·re·flex [rí:fleks] *a.* (1)반사적인. (2)반동적인, 재귀적(再歸的)인. (3)반성하는 ; 내향적〈내성적〉인.
— *n.* ⓒ (1)반사 운동(=~ **áct**) ; 반사 작용(=~ **áction**) ; (*pl.*) 반사 능력. (2)(습관적인) 사고 방식, 행동 양식.
réflex ángle 【數】 우각(優角) .
réflex cámera 【寫】 리플렉스 카메라.
re·flex·ive [rifléksiv] *a.* (1)【文法】 재귀의. (2)반사성의, 반사적인. (3) 회상적인, 되돌아오는 — *n.* ⓒ 재귀 동사〈대명사〉.
파) **~·ly** *ad.*
re·flex·ol·o·gy [rì:fleksálədʒi/ -ɔ́l-] *n.* ⓤ (1)손발에 있는 경혈의 마사지법. (2)【生理】 반사학.
re·float [ri:flóut] *vt.* (침몰선 따위)를 다시 뜨게 하다, 떠오르게 하다 ; (침몰선)을 끌어올리다.
— *vi.* (침몰선 등이) 다시 떠오르다, 인양되다.
re·flux [rí:flʌ̀ks] *n.* ⓤⓒ 역류 ; 썰물, 퇴조.
re·for·est [ri:fɔ́(:)rist, -fár-] *vt.* 《美》 …에 다시 식림(植林)하다, 재조림하다, (토지에 나무를 심어) 숲을 재생시키다.
re·for·est·a·tion [rì:fɔ(:)ristéiʃən] *n.* ⓤ 산림 재생.

:re·form [rifɔ́ːrm] *vt.* (1)…을 개혁하다, 개정〈개량〉하다. (2) a]…을 교정(矯正)하다, 시정하다 ; 개심시키다. b]〔再歸的〕 개심하다. (3) 수정(정정)하다(correct). — *vi.* (1)개혁〈개선, 교정, 시정〉되다. (2)개심하다. ▫ reformation *n.*
— *n.* ⓤⓒ (1)개혁, 개정, 개선《*of*》. (2)교정(矯正), 개심 ; 시정. — *a.* 〔限定的〕 개혁〈개정〉의.

re-form [riːfɔ́ːrm] *vt.* …을 다시 만들다, 고쳐 만들다 ; 재편성하다. — *vi.* 형태가 바뀌다, 개편되다, 다시 성립되다.

·ref·or·ma·tion [rèfərméiʃən] *n.* (1) ⓤⓒ a] 개혁, 개정, 개선. 〖opp.〗 *deformation.* b]개심, 교정(矯正). (2)(the R-) 【史】 (16세기의) 종교 개혁.

re-for·ma·tion [rìːfɔːrméiʃən] *n.* ⓤ 재구성, 재편성, 개조(改造).

re·form·a·to·ry [rifɔ́ːrmətɔ̀ːri/ -təri] *n.* ⓒ 《美》소년원. — *a.* 개혁〈개선, 교정〉을 위한.

re·formed [rifɔ́ːrmd] *a.* 개혁〈교정, 개선〉된 ; 개심한.

·re·form·er [rifɔ́ːrmər] *n.* ⓒ (1)개혁가. (2)(R-) (특히 16세기의) 종교 개혁의 지도자.

re·form·ist [rifɔ́ːrmist] *n.* ⓒ 개혁〈혁신〉주의자. — *a.* 혁신주의(자)의.

refórm schòol 감화원, 소년원(reformatory).

re·fract [rifrǽkt] *vt.* 【物】 (광선)을 굴절시키다.

re·fráct·ing tèlescope [rifrǽktiŋ-] 굴절 망원경.

re·frac·tion [rifrǽkʃən] *n.* ⓤ (빛 등의) 굴절(작용). ***the index of ~*** 【物】 굴절률.

re·frac·tive [rifrǽktiv] *a.* 굴절하는 ; 굴절에 의한 ; 굴절의. 파) **~·ly** *ad.* **~·ness** *n.*

re·frac·tor [rifrǽktər] *n.* ⓒ (1)굴절시키는 것《렌즈 따위》, 굴절 매체(媒體). (2)굴절 망원경.

re·frac·to·ry [rifrǽktəri] *a.* (1)말을 안 듣는, 다루기 어려운, 고집 센. (2)난치의, 고질적인《병 따위》. (3)녹기 어려운 ; 처리하기 힘든 ; 내화성(耐火性)의, 내열성의. — *n.* ⓒ 내화 물질《내화 벽돌 따위》.

:re·frain[1] [rifréin] *vi.* 《+前+名》 그만두다, 삼가다, 참다《*from*》.

·re·frain[2] *n.* ⓒ 후렴, (시가의) 반복(구)(burden, chorus)〈시나 노래의 각 절 끝의〉, 리프레인.

:re·fresh [rifréʃ] *vt.* (1)(심신)을 상쾌하게 하다, 기운나게 하다. (2)(기억)을 새로이 하다. (3)【컴】 (화상이나 기억장치의 내용)을 재생하다. ▫ refreshment *n.* ***feel ~ed*** 기분이 상쾌해지다. ~ one***self*** 원기를 되찾다《특히 먹거나 마시어》.

re·freshed [rifréʃt] *a.* 〔敍述的〕 …로 상쾌해진, 다시 기운이 난《*with*》.

re·fresh·er [rifréʃər] *n.* ⓒ (1)원기를 회복시켜 주는 사람〈것〉 ; 음식물. (2) =REFRESHER COURSE. (3) 【英法】 추가 사례금, 가외 보수《소송을 오래 끌 때 변호사에게 지급하는》.

refrésher còurse 재교육 과정《전문 지식을 보완하기 위한》.

·re·fresh·ing [rifréʃiŋ] *a.* (1)상쾌한, 후련한, 마음이 시원한. (2)새롭고 재미있는 ; 참신하고 기분 좋은. 파) **~·ly** *ad.*

:re·fresh·ment [rifréʃmənt] *n.* (1) ⓤ (또는 a ~) 원기 회복, 기분을 상쾌하게 함. (2) ⓤ (또는 *pl.*) (가벼운) 음식물, 다과.

refréshment ròom (역(驛)·회관 등의) 식당.

re·frig·er·ant [rifrídʒərənt] *a.* (1)얼게 하는, 냉각하는 ; 식히는. (2)해열의. — *n.* ⓒ (1)냉각〈냉동〉제. (2)해열제.

re·frig·er·ate [rifrídʒərèit] *vt.* …을 냉각하다 ; 서늘하게〈차게〉 하다 ; 냉장〈냉동〉하다.

re·frig·er·a·tion [rifrìdʒəréiʃən] *n.* ⓤ 냉장, 냉동 ; 냉각.

·re·frig·er·a·tor [rifrídʒərèitər] *n.* ⓒ 냉장고 ; 냉각〈냉동〉 장치 ; 증기 응결기(凝結器).

refrígerator càr (철도의) 냉동차.

re·fu·el [riːfjúːəl] (**-l-,** 《英》 **-ll-**) *vt.* …에 연료를 보급하다. — *vi.* 연료 보급을 받다.

:ref·uge [réfjuːdʒ] *n.* (1) ⓤ 피난, 도피 ; 보호《*from*》. (2) ⓒ 피난소, 은신처 ; (등산자의) 대피막. (3) ⓒ (가로(街路)의) 안전 지대(safety island). (4) ⓒ 의지가 되는 사람〈물건〉, 위안물. (5) ⓒ (궁지를 벗어나기 위한) 수단, 구실, 도피구, 핑계. ***give ~ to*** …을 숨겨주다, …을 보호하다. ***seek ~ from*** …로부터 피난〈도피〉하다. ***seek ~ with*** a person …에게 가서 피신하다. ***take ~ in*** 〈***at***〉 …에 피난하다.

·ref·u·gee [rèfjudʒíː, ⌐-⌐] *n.* ⓒ 피난자, 난민 ; 망명자, 도망자.

re·ful·gent [rifʌ́ldʒənt] *a.* 찬연히 빛나는, 찬란한. 파) **-gence** *n.* ⓤ 광휘, 빛남, 광채(光彩).

·re·fund [ríːfʌnd] *n.* ⓤⓒ 환불, 반환, 변제 ; 상환(금) ; 변상(금).
— [rifʌnd, ríːfʌnd] *vt.* …을 환불하다, 반환하다 ; 상환하다 ; (산 물건)을 반품하다 ; (아무)에게 배상하다. — *vi.* 변제하다.

re·fur·bish [riːfə́ːrbiʃ] *vt.* …을 다시 닦다〈윤내다〉, 다시 갈다 ; …을 일신〈쇄신〉하다.
파) **~·ment** *n.*

:re·fus·al [rifjúːzəl] *n.* (1) ⓤⓒ 거절 ; 거부 ; 사퇴. (2)((the) first ~로) 우선권, 선택의 권리 ; 선매권(先買權). ▫ refuse *v.* ***take no ~*** 거절을 못하게 하다.

:refuse[1] [rifjúːz] *vt.* (1)《~+目/+目+目》(부탁·요구 명령 등)을 거절하다, 거부하다, 물리치다(〖opp.〗 *accept*) ; (여성이) 청혼을 거절하다. (2)(제의 등)을 받아들이지 않다, 사절〈사퇴〉하다. (3)《+*to* do》 …하려 하지 않다, …하는 경향〈성질〉이 없다. — *vi.* 거절〈사퇴〉하다. ▫ refusal *n.*
파) **~·er** *n.*

ref·use[2] [réfjuːs, -fjuːz] *n.* ⓤ 폐물, 쓰레기, 찌꺼기, 허섭스레기.
— *a.* 〔限定的〕 지질한, 폐물의.

re·fut·a·ble [rifjúːtəbəl, réfjətə-] *a.* 논파〈논박〉할 수 있는, 잘못된.

ref·u·ta·tion [rèfjutéiʃən] *n.* ⓤⓒ 남의 잘못을 논증〈논파〉함, 논박, 반박.

re·fute [rifjúːt] *vt.* (학설 따위)를 논박〈빈박〉하다 ; 잘못을 밝히다. 파) **re·fút·er** [-ər] *n.*

·re·gain [rigéin] *vt.* (1)…을 되찾다, 탈환하다, 회복하다. (2)…에 되돌아가다 ; 다시 도달하다. ~ one***'s feet*** 〈***footing, legs***〉 (넘어진 사람이) 일어나다〈서다〉.

·re·gal [ríːgəl] *a.* (1)국왕의, 제왕의 ; 왕자(王者)다운. 【cf.】 royal. (2)장엄한, 당당한 ; 호사로운. 파) **~·ly** *ad.* 제왕과 같이 ; 당당하게.

re·gale [rigéil] *vt.* 《~+目/+目+前+名》 (1)…을 향응하다, …를 융숭하게 대접하다《*with* ; *on*》 : They ~*d* us *with* champagne. 그들은 우리에게 샴페인을 대접해 주었다. (2) a]…을 기쁘게 해주다, 만족케 하다. b]〔再歸的〕 …을 먹다, 마시다《*with*》. — *vi.* (1)성찬을 먹다. (2)크게 기뻐하다. 파) **~·ment**

R

n. ⓤ 향응 ; 성찬.

re·ga·lia [rigéiliə, -ljə] n. pl. (1)왕위의 표상〈상징〉, 왕보(王寶)《왕관·홀(笏)·보주(寶珠) 따위》. (2)(벼슬 따위의) 기장(記章) ; (벼슬 따위를 나타내는) 예복, 훈장. (3)**[史]** 왕권.

:re·gard [rigá:rd] vt. (1) a)〔흔히 副詞(句)와 함께〕 …을 주목해서 보다, 주시〈응시〉하다《*with*》. b)《+目+前+名》(애정·증오 따위의 감정을 가지고) …을 보다, 대하다. (2)중시하다, 존중〈존경〉하다 ; 주의하다. (3)〔흔히 否定形으로〕 …을 고려〈참작〉하다, …에 주의하다. (4)《+目+as補》 …을 (―로) 생각하다〈여기다〉《as》. ***as ~s*** =***as ~ing*** …에 대해서 말하면, …에 관해서는, …의 점에서는.

― n. (1) ⓤ 배려, 관심, 걱정 ; 고려《*for* ; *to*》. (2) ⓤ (또는 a ~) 존경, 경의 ; 호의, 호감《*for*》. (3)(*pl.*) (편지 등에서) 안녕이라는 인사. (4) ⓤ (또는 a ~) 주시(注視), (응시하고 있는) 시선. (5) ⓤ (고려할) 점《※ 흔히 다음의 구로만 쓰임》. ***Give my best ~s to*** …에게 안부 전해 주시오. ***in ~ of***〈***to***〉 =***with ~ to*** …에 관해서(는). ***without ~ to***〈***for***〉 …을 돌보지 않고, …에 상관없이.

R

re·gard·ful [rigá:rdfəl] a. 〔敍述的〕 개의하는, 주의 깊은《*of*》.

:re·gard·ing [rigá:rdiŋ] prep. …에 관하여(는), …의 점에서는(with regard to).

·re·gard·less [rigá:rdlis] a. 무관심한 ; 부주의한《*of*》 ; 관심없는. ***~ of*** …을 개의〈괘념〉치 않고 ; …에 관계없이. ― ad. 〔생략 構文〕 비용〈반대, 곤란〉을 마다하지 않고〈개의치 않고〉, 여하튼.

·re·gat·ta [rigǽtə] n. ⓒ 레가타《보트〈요트〉 조정(漕艇)(대회)》, 보트 레이스.

re·gen·cy [rí:dʒənsi] n. (1) ⓤ 섭정 정치 ; 섭정의 지위〈자리〉. (2) ⓒ 집정(執政) 기간. (3)(the R-) 섭정 시대《영국에서 1811-20》. ― a. 〔限定的〕 (R-) (영국) 섭정 시대풍의《가구 등》.

·re·gen·er·ate [ridʒénərèit] vt. (1)(정신적·도덕적으로) 갱생시키다. (2)…을 되살아나게 하다. (3)(사회·제도 따위)를 혁신〈쇄신〉하다. (4)**[生]** (잃어버린 기관(器官)을 재생시키다. ― vi. 재생하다 ; 갱생〈개심〉하다. ― [-rit] a. 〔限定的〕 (1)새 생명을 얻은, 갱생한. (2)개량〈쇄신〉된.

re·gen·er·a·tion [ridʒènəréiʃən] n. ⓤ (1)재건, 부흥, 부활 ; 개혁, 쇄신. (2)(정신적·도덕적) 갱생, 신생. (3)**[生]** 재생.

re·gen·er·a·tive [ridʒénərèitiv, -rətiv] a. 재생〈갱생〉시키는 ; 개심시키는.

re·gent [rí:dʒənt] n. ⓒ (1)(종종 R-) 섭정. (2)《美》(대학의) 평의원. ― a. 〔名詞 뒤에서〕(종종 R-) 섭정의 지위에 있는.

reg·i·cide [rédʒəsàid] n. (1) ⓤ 국왕 시해, 대역(大逆). (2) ⓒ 대역자. 파) **règ·i·cíd·al** [-sáidl] a.

·re·gime, ré·gime [reiʒí:m, ri-] n. ⓒ (1)〔흔히 修飾語와 함께〕 정체, 체제 ; 정권 ; 제도. (2) =REGIMEN.

reg·i·men [rédʒəmən, -mèn] n. ⓒ **[醫]** (식사·운동 등의 규제에 의한) 섭생, 식이 요법.

·reg·i·ment [rédʒəmənt] n. ⓒ (1)**[軍]** 연대《略 : regt., R.》 : the Colonel of a ~ 연대장. (2)(종종 *pl.*) 《주로 方言》다수, 큰 무리《*of*》. ― [rédʒəmènt] vt. (1)…을 연대로 편성〈편입〉하다. (2)…을 엄격하게 통제하다, 관리〈조직화〉하다《※ 종종 受動으로 쓰임》.

reg·i·men·tal [rèdʒəméntl] a. 〔限定的〕 연대의 ; 연대에 배속된 ; 통제적인.

― n. (*pl.*) 연대복, 군복.

reg·i·men·ta·tion [rèdʒəmentéiʃən, -mən-] n. ⓤ (1)연대 편성. (2)편성, 조직화 ; (관리) 통제.

reg·i·ment·ed [rédʒəmèntid] a. 엄격히 통제〈관리, 조직화〉된.

re·gi·na [ridʒáinə] n. 《L.》 (칭호에는 R-) 여왕《略 : R. ; 보기 : E.R. =Elizabeth *Regina*》. **[cf.]** rex.

:re·gion [rí:dʒən] n. ⓒ (1)(종종 *pl.*) (뚜렷한 한계가 없는 광대한) 지방, 지역, 지구, 지대. (2)(종종 *pl.*) (세계 또는 우주의) 부분, 역(域), 층, 계 ; (동식물 지리상의) 구(區) ; (대기·해수의) 층. (3)(학문·예술 따위의) 영역, 범위, 분야. (4)(신체의) 국부, 부위. (5)**[컴]** 영역《기억 장치의 구역》. ***in the ~ of*** …의 부근에 ; 거의…, 약…(about) : *in the ~ of* $ 5,000. 약 5천 달러 가량.

·re·gion·al [rí:dʒənəl] a. 〔限定的〕 지방의 ; 지역적인 ; **[醫]** 국부의.

re·gion·al·ism [rí:dʒənəlìzəm] n. ⓤ 지방(분권)주의 ; 지방적 특색 ; 지방색 ; 향토애.

re·gion·al·ly [rí:dʒənəli] ad. 지방에서, 지방적으로 ; 국부적으로.

:reg·is·ter [rédʒəstər] n. (1) ⓒ 기록부, (출생·선적 등의) 등록〈등기〉부(=**~ bòok**). (2) ⓒ 기록, 등록, 등기. (3) ⓒ 자동 기록기, 금전 등록기, 레지스터 ; 기록 표시기. (4) ⓒ 통풍〈온도 조절〉 장치. (5) ⓒ **[樂]** 성역, 음역 ; (오르간의) 음전(音栓), 스톱 : the head 〈chest〉 ~ 두성(頭聲) 〈흉성(胸聲)〉. (6) ⓒ **[컴]** 기록기. (7) ⓤⓒ **[言]** 위상(어), 사용역(域).

― vt. (1)…에 기록〈기입〉하다 ; 등록〈등기〉하다. (2)(우편물)을 등기로 부치다. (3)(온도계 따위가) 가리키다 ; (기계가) 표시〈기록〉하다. (4) a)(표정 따위로 감정)을 나타내다. b)(의견 따위)를 정식으로 표명하다.

― vi. (1)《~/+前+名》 명부에 등록하다, 등록 절차를 밟다, 숙박부에 기재하다 : ~ *for* the new course 새학기 수강 신청을 하다 / ~ *at* a hotel 호텔의 숙박부에 기재하다. (2)〔흔히 否定文에서〕《口》 효과적인 인상을 주다, 마음에 새겨지다. ▫ registration n. ~ one***self*** (선거인 등의) 명부에 등록하다 ; 등록 절차를 밟다 ; (호텔 따위에서) 숙박부에 기재하다.

·reg·is·tered [rédʒəstərd] a. (1)등록한, 등기를 필한 ; 기명의. (2)(우편물이) 등기로 된.

régistered núrse 《美》 공인 간호사《略 : R.N.》.

régister òffice 등기소 ; 《美》 직업 소개소.

régister tòn [海] 등록 톤《배의 내부 용적의 단위 ; =100 입방 피트》.

reg·is·tra·ble [rédʒəstəbəl] a. 등록〈등기〉할 수 있는 ; 등기로 부칠 수 있는.

reg·is·trant [rédʒəstrənt] n. ⓒ 등록자.

reg·is·trar [rédʒəstrà:r, ⌐-⌐] n. ⓒ (1)기록원, 등록〈호적〉계원 ; 등기 관리 ; (대학의) 사무 주임. (2)《英》(병원의) 수련의.

·reg·is·tra·tion [rèdʒəstréiʃən] n. (1) ⓤ 기재, 등기, 등록 ; 기명《*of*》 ; (우편물의) 등기. (2) ⓒ a)등록된 사람〈사항〉. b)등록 증명서. c)〔集合的〕 등록자 수, 등록 건수. ― a. 등기의, 등록의 : a ~ fee 등기〈등록〉료. ▫ register v.

registrátion nùmber 〈**màrk**〉 (자동차) 등록 번호, 차량 번호.

reg·is·try [rédʒəstri] n. (1) ⓤ 기입, 등기, 등록. (2) ⓒ 등기소, 등록소.

régistry òffice 《英》 호적 등기소.

reg·nant [régnənt] *a.* 〔名詞 뒤에 써서〕 통치하는, 군림하는 : ⇨ QUEEN REGNANT.

re·gress [ríːgres] *n.* ⓤ 후퇴 ; 역행 ; 퇴보 ; 타락.

re·gres·sion [rigréʃən] *n.* ⓤ 복귀 ; 역행 ; 퇴보, 퇴화 ; 【天】 역행(운동) ; 【數】 (곡선의) 회귀.

re·gres·sive [rigrésiv] *a.* (1)후퇴의, 역행하는 ; 퇴화〈퇴보〉하는 ; 회귀하는. (2)(세금이) 누감(累減)적인.

:re·gret [rigrét] *n.* (1) ⓤ (또는 a ~) a](행위·실패 등에 대한) 유감 ; 후회《*for* ; *about*》. (2)(*pl.*) a] 유감의 뜻, 후회의 말《*at* ; *about*》. b](초대장에 대한) 사절(장). (***much*** 〈***greatly***〉) ***to*** one***'s*** ~ (대단히) 유감이지만, (정말) 유감스럽게도.

— (***-tt-***) *vt.* (1)《~+目/+-*ing*/+*that* 節》…을 후회하다 ; 유감으로 생각하다. (2)《~+目/+*to* do》 유감스럽게도 …하다, …을 유감스럽게 생각하다.

·re·gret·ful [rigrétfəl] *a.* (1)아쉬워하는, 애석해 하는 ; 유감의 뜻을 나타내는. (2)〔敍述的〕 …을 후회하는, 슬퍼하는《*for* ; *about*》. 파) **~·ness** *n.*

re·gret·ful·ly [rigrétfəli] *ad.* (1)아쉬운 듯이 ; 후회하고 : sigh ~ 아쉬운 듯 한숨을 쉬다. (2)〔文章修飾〕 유감스럽게도《※ 이 용법을 잘못되었다고 하는 사람도 있음》.

·re·gret·ta·ble [rigrétəbəl] *a.* 유감스런, 안된 ; 슬퍼할 만한, 가엾은.

re·gret·ta·bly [rigrétəbəli] *ad.* (1)유감스럽게도, 안쓰러울 정도로. (2)〔文章修飾〕 유감스럽게도.

re·group [riːgrúːp] *vt.* …을 다시 모으다 ; 【軍】 재편성하다. — *vi.* 재조직하다, (부대를) 재편성하다.

:reg·u·lar [régjələr] (***more*** ~ ; ***most*** ~) *a.* (1)규칙적인, 정연한, 계통이 선 ; 조직적인, 균형 잡힌. (2)〔限定的〕 정례의, 정기적인 ; 〔敍述的〕 규칙적으로 통변〈월경〉이 있는. (3)일정한, 불변의 ; 늘 다니는. (4)(사이즈가) 보통의, 표준의 ; (커피에) 보통 양의 밀크와 설탕이 든. (5)〔限定的〕 정규의, 정식의 ; 면허 있는, 본직의 ; 【軍】 상비의, 정규의 ; 《美》 (정당 따위의) 공인의. 【cf.】 normal. (6)〔限定的〕《口》 전적인, 완전한 ; 정말의, 진짜의. (7)〔限定的〕《美口》 기분 좋은, 재미있는, 의지가 되는. (8)교단〈수도회〉에 속하는 (【cf.】 secular). (9)균형이 잡힌 ; 가지런한. (10) 【數】 등각 등변(等角 等邊)의 ; (입체에서) 면의 크기와 모양이 같은. ***keep*** ~ ***hours*** =***lead a*** ~ ***life*** 규칙적인 생활을 하다.

— *n.* (1) ⓒ 정규〈상비〉병 ; 정(규)선수. (2) ⓒ 《口》 단골 손님 ; 상시 고용(인). (3) ⓒ 표준 사이즈(기성복). (4) ⓤ 레귤러〈무연(無鉛)〉 가솔린. (5)ⓒ 수사(修士).

régular gásoline 레귤러(가솔린)《옥탄가가 낮은 보통 가솔린》.

reg·u·lar·i·ty [règjəlǽrəti] *n.* ⓤ (1)규칙적임. (2) 질서가 있음 ; 조화가 이루어져〈균형이 잡혀〉 있음. (3) 일정 불변. (4)정규, 보통.

reg·u·lar·i·za·tion [règjələrizéiʃən/ -raiz-] *n.* ⓤ 규칙화.

reg·u·lar·ize [régjələràiz] *vt.* …을 규칙적으로〈질서 있게〉 하다, 조직화하다 ; 조정하다.

:reg·u·lar·ly [régjələrli] (***more*** ~ ; ***most*** ~) *ad.* (1)규칙적으로, 질서있게 ; 정식으로 ; 균형 있게. (2) 정기적으로, 일정하게. (3)《口》 아주 ; 철저히.

·reg·u·late [régjəlèit] *vt.* (1)…을 규제하다 ; 통제〈단속〉하다. (2)…을 조절하다, 정리하다. ▫ regulation *n.*

·reg·u·la·tion [règjəléiʃən] *n.* (1) ⓒ 규칙, 규정, 법규, 조례. (2) ⓤ 조절, 조정 ; 단속, 제한.

— *a.* 〔限定的〕 (1)규정대로의, 정규의 ; 정식의, 표준의. (2)언제나 꼭 같은, 보통의, 평범한. ▫ regulate *v.*

reg·u·la·tor [régjəlèitər] *n.* ⓒ (1)규정자 ; 조정자 ; 단속인. (2)【機】 조정기, 조절기. (3)시간 조정 장치, 표준 시계.

reg·u·la·to·ry [régjələtɔ̀ːri/ ⌐létəri] *a.* 규정하는 ; 단속하는 ; 조정하는.

reg·u·lo [régjəlòu] (*pl.* **~s**) *n.* ⓒ 〔흔히 숫자와 함께〕《英》레귤로《가스 오븐의 열도 표시》.

re·gur·gi·tate [rigə́ːrdʒətèit] *vt.* (1)(먹은 것)을 토해 내다. (2)…을 앵무새처럼 되뇌다.

파) **re·gùr·gi·tá·tion** [-ʃən] *n.*

re·ha·bil·i·tate [rìːhəbílətèit] *vt.* (1)(장애자·부상자·범죄자 등)을 사회에 복귀시키다 ; …에 사회 복귀 훈련을 베풀다. (2)…을 복권〈복직, 복위〉시키다, 지위·권리를 회복시키다. (3)…을 원상태로 되돌리다, 복구하다, 부흥하다.

·re·ha·bil·i·ta·tion [rìːhəbilətéiʃən] *n.* ⓤ (1)사회 복귀, 리허빌리테이션. (2)복위, 복권, 명예〈신용〉 회복. (3)부흥, 재건. — *a.* 〔限定的〕 리허빌리테이션의.

re·hash [riːhǽʃ] *vt.* (낡은 것)을 개작하다, 고쳐 만들다 ; 재검토하다.

— [ríːhæʃ] *n.* ⓒ (흔히 *sing.*) (낡은 것을) 고쳐 쓰기, 개작, 재탕.

re·hear [riːhíər] (*p.*, *pp.* ***-heard*** [-hə́ːrd]) *vt.* (1)…을 다시 듣다. (2)【法】 …을 재심하다.

·re·hears·al [rihə́ːrsəl] *n.* (1) ⓤⓒ 연습, 대본(臺本)읽기, 시연(試演), (극·음악 따위의) 리허설 ; (의식 따위의) 예행 연습. (2) ⓒ 열거함, 자세히 말함《*of*》. (3) ⓒ 암송, 복창《*of*》.

·re·hearse [rihə́ːrs] *vt.* (1)…을 연습하다, 시연하다 ; 예행 연습을 하다. (2)(불평 따위)를 늘어놓다, 자세히 이야기하다. (3)(마음속에서) 복창하다, 암송하다.

— *vi.* (예행) 연습을 하다 ; 리허설 하다.

re·house [riːháuz] *vt.* …에게 새 집을 주다, …을 새 집에 살게 하다.

re·i·fy [ríːəfài, réiə-] *vt.* (추상관념 따위)를 구체화하다, 구상화하다. 파) **rè·i·fi·cá·tion** [-fikéiʃən] *n.* ⓤ 구상화(具象化).

:reign [rein] *n.* (1) ⓒ 치세, 왕대, 성대. (2) ⓤ 통치, 지배 ; 통치〈지배〉권, 힘, 세력, 권세.

— *vi.* (1)《~/+前+名》 군림하다, 지배하다《*over*》. (2)세력을〈권세를〉 떨치다 ; 크게 유행하다.

reign·ing [réiniŋ] *a.* 〔限定的〕 군림하는 ; 현재의.

re·im·burse [rìːimbə́ːrs] *vt.* (빚 따위)를 갚다 ; 상환하다(repay) ; …에게 변상〈배상〉하다.

re·im·burse·ment [rìːimbə́ːrsmənt] *n.* ⓤⓒ 변상, 배상, 상환, 변제.

·rein [rein] *n.* ⓒ (1)(종종 *pl.*) 고삐 ; 유아보호용 벨트. (2)(*pl.*) 통어, 제어, 억제 ; 지배권 ; 구속(력). ***give*** ((***a***) ***free*** 〈***full***〉) ~ 〈***the ~s, a loose ~***〉 ***to*** …에게 자유를 주다, …에게 저 좋을 대로 하게 하다. ***keep a tight ~ on*** …을 엄격히 제어하다, 꼭 누르고 있다.

— *vt.* (1)(말)을 고삐로 어거〈제어〉하다 ; 멈추게 하다《*in* ; *up* ; *back*》. (2)(감정 등)을 억누르다, 억제하다. ***~ back*** 〈***up***〉 말 따위를 세우다. ***~ in*** (말의) 걸음을 늦추게〈멈추게〉 하다 ; 억제하다 ; 삼가다.

re·in·car·nate [rìːinkáːrneit] *vt.* (1)…에 다시 육체를 부여하다 ; 화신(化身)시키다. (2)환생시키다《*as*》《※ 흔히 受動으로》. — [rìːinkáːrnit] *a.* 화신을

R

한 ; 딴 몸으로 태어난, 환생한.

re·in·car·na·tion [rìːinkaːrnéiʃən] *n.* (1) ⓤ 다시 육체를 부여함 ; 윤회(輪廻). (2) ⓒ 화신(化身), 재생, 환생《*of*》.

rein·deer [réindìər] (*pl.* **~s,** 〔集合的〕 ~) *n.* ⓒ **[動]** 순록(馴鹿).

·re·in·force [rìːinfɔ́ːrs] *vt.* (1)…을 강화하다, 보강하다, 증강하다. (2)〔一般的〕 강화〈보강〉하다, …에게 기운을 불어넣다(strengthen). (3)**[心]** (자극에 대한 반응)을 강화하다.

re·in·fórced cóncrete [rìːinfɔ́ːrst-] 철근 콘크리트.

re·in·force·ment [rìːinfɔ́ːrsmənt] *n.* (1) ⓤ 보강, 강화, 증원. (2)(*pl.*) 증원병, 증원 부대〈함대〉. (3) ⓒ 보강(재), 보급(품). (4) ⓤⓒ **[心]** 강화.

re·in·state [rìːinstéit] *vt.* (1)…을 본래대로 하다, 회복하다. (2)…을 복위〈복직, 복권〉시키다. 파) **~·ment** *n.*

re·in·sure [rìːinʃúər] *vt.* …을 위해 재보험을 들다. 파) **re·in·sur·ance** [-ʃúərəns] *n.* 재보험(액).

re·is·sue [riːíʃuː/ -ísjuː] *vt.* (통화·우표·책 따위)를 재발행하다. — *n.* ⓒ 재발행(물)《도서·통화》.

·re·it·er·ate [riːítərèit] *vt.* …을 여러 차례 되풀이하다, 반복하다.

re·it·er·a·tion [riːìtəreiʃən] *n.* ⓤⓒ 반복 ; 되풀이《*to*》.

:re·ject [ridʒékt] *vt.* (1)(요구·제의 등)을 거절하다, 사절하다, 각하하다. (2)(불량품 등)을 물리치다, 버리다. (3)(지원자 등)을 불합격 처리하다 ; (구혼자)의 신청을 거절하다 ; (사람)을 무시하다. (4)(위가 음식)을 받지 않다, 게우다. (5)**[生理]** (이식된 장기(臟器) 따위)에 거부 반응을 일으키다.
□ rejection *n.* — [ríːdʒekt] *n.* ⓒ 거부된 물건〈사람〉, 불합격품〈자〉, 파치.

re·ject·er, re·jec·tor [ridʒéktər] *n.* ⓒ 거절자.

·re·jec·tion [ridʒékʃən] *n.* (1) ⓤⓒ 거절, 기각 ; 부결 ; 폐기. (2) ⓤⓒ **[生理]** 거부 (반응). (3)ⓒ 폐기물. □ reject *v.*

re·jig [riːdʒíg] (**-gg-**) *vt.* (1)(공장)에 새로운 시설을 갖추다 ; 재조정〈재정비〉하다. (2)《口》 …을 개조〈손질〉하다.

:re·joice [ridʒɔ́is] *vi.* (1)《+前+名/+*to* do/+*that* 節》 기뻐하다, 좋아하다, 축하하다《*at* ; *in* ; *over* ; *on*》. (2)《+前+名》누리고 있다, 부여되어 있다《*in*》. — *vt.* …을 기쁘게 하다, 즐겁게 하다. ***~ in the name of*** 《戲》 …라는 묘한 이름을〈칭호를〉 갖고 있다.

·re·joic·ing [ridʒɔ́isiŋ] *n.* (1) ⓤ 기쁨, 환희. (2)(*pl.*) 환호 ; 환락 ; 축하.
파) **~·ly** *ad.* 기뻐하여, 환호하여.

re·join[1] [riːdʒɔ́in] *vt.* (1)(망가진 것, 분리된 것)을 재결합하다 ; 재합동하다 ; 재접합(再接合)하다. (2)…을 다시 함께 되게 하다 ; …에 복귀하다.

re·join[2] [ridʒɔ́in] *vt.* …라고 대답하다, 대꾸하다. — *vi.* 응답〈답변〉하다.

re·join·der [ridʒɔ́indər] *n.* ⓒ 대답, 답변 ; 대꾸.

re·ju·ve·nate [ridʒúːvənèit] *vt.* …을 도로 젊어지게 하다, 활기 띠게 하다《※ 종종 受動으로》.

re·ju·ve·na·tion [ridʒúːvənéiʃən] *n.* ⓤ (또는 a ~) 되젊어짐, 회춘, 원기 회복.

re·kin·dle [riːkíndl] *vt.* (1)…에 다시 불붙이다 ; 다시 활발해지다. (2)다시 기운을 돋우다.

re·lapse [rilǽps] *n.* ⓒ (1)(본디 나쁜 상태로) 되돌아감 ; 다시 나쁜 길〈버릇〉에 빠짐 ; 타락, 퇴보《*into*》. (2)**[醫]** 재발. — *vi.* (1)(본디 나쁜 상태로) 되돌아가다, 다시 나빠지다《*into*》. (2)(병이) 재발하다《*into*》.

:re·late [riléit] *vt.* (1)《~+目/+目+前+名》 …와 관계시키다, 관련시키다, 관련시켜서 설명하다《*to* ; *with*》. (2)…을 이야기하다, 말하다.
— *vi.* (1)《+前+名》 …에 관계가 있다《*to*》. (2)《+前+名》관련이 있다 ; 상관하다《*to*》. (3)〔종종 否定으로〕 (남과) 잘 어울리다 ; 합치하다. □ relation *n.* ***Strange to ~*** 묘한 이야기지만.

·re·lat·ed [riléitid] *a.* (1)관계 있는, 관련되어 있는 ; 상관하고 있는. (2)동류의 ; 동족〈친척·혈연〉의. 파) **~·ness** *n.*

re·lat·er, re·la·tor [riléitər] *n.* ⓒ 이야기하는사람.

:re·la·tion [riléiʃən] *n.* (1) ⓤ 관계, 관련《*between* ; *to*》. (2)(*pl.*) 사이, 국제 관계 ; (사람과의) 이해 관계 ; (이성과의) 성적 관계《*between* ; *with*》. (3) a] ⓤ 친족〈혈연〉관계, 연고《이 뜻으로는 보통 relationship》. b]ⓒ 친척《이 뜻으로는 보통 relative》. (4) ⓒ 설화(說話), 진술 ; 이야기. □ relate *v.* ***in*〈*with*〉 *~ to*** …에 관하여.

re·la·tion·al [riléiʃənəl] *a.* (1)관계가 있는. (2)친족의. (3)**[文法]** 문법 관계를 나타내는, 상관적인.

·re·la·tion·ship [riléiʃənʃip] *n.* ⓤⓒ 친족 관계, 연고 관계 ; **[生]** 유연(類緣) 관계 ; 관계, 관련. ***the degree of ~*** 촌수, 친등(親等).

:rel·a·tive [rélətiv] *a.* (1)비교상의, 상대적인. 【cf.】 absolute, positive. (2)상호의 ; 상관적인. (3)…나름의, …에 의한. (4)관계〈관련〉 있는, 적절한《*to*》 ; **[樂]** 관계의 ; **[文法]** 관계를 나타내는. ***~ to*** 1)…에 관계가 있는, …에 관하여. 2)…에 비례하는.
— *n.* ⓒ (1)친척, 인척. 【cf.】 kinsman. (2)**[文法]** 관계사(詞) ; (특히) 관계 대명사. 파) **~·ness** *n.*

rélative áddress [컴] 상대(相對) 번지.

·rel·a·tive·ly [rélətivli] *ad.* (1)비교적 ; 상대적으로. (2)…에 비교하여, …에 비례하여, …에 비해서《*to*》.

rel·a·tiv·ism [rélətəvìzəm] *n.* ⓤ **[哲]** 상대주의〈론〉.

rel·a·tiv·is·tic [rèlətəvístik] *a.* **[哲]** 상대주의의.

rel·a·tiv·i·ty [rèlətívəti] *n.* ⓤ (1)관련성, 상관성 ; **[哲·物]** 상대성. (2)(종종 R-) **[物]** 상대성(이론).

:re·lax [rilǽks] vt. (1)(긴장·힘 등을)…을 늦추다(loosen), 완화하다. (2) a](주의·노력 따위)를 덜하다, 늦추다. b]…의 긴장을 풀다, 편하게 하다, 쉬게 하다. (3)(법·규율 따위)를 관대하게 하다, 경감〈완화〉하다(mitigate).
— *vi.* (1)(힘·긴장 따위가) 느슨해지다. (2)누그러지다, 약해지다 ; 관대하게 되다《*into*》. (3)마음을 풀다, (마음의) 긴장을 풀다, 피로를 풀다. (4) 변비가 낫다
□ relaxation *n.*

·re·lax·a·tion [rìːlækséiʃən] *n.* (1) ⓤ 느스러짐, 풀림, 이완(弛緩) ; (의무·부담 따위의) 경감, 완화《*of* ; *in*》. (2) ⓤⓒ 긴장을 풂, 휴양, 오락. □ relax *v.*

re·laxed [rilǽkst] *a.* 느스러진, 누그러진, 긴장을 푼, 편한.
파) **~·ly** [-lǽksidli, -stli] *ad.* **~·ness** *n.*

re·lax·ing [rilǽksiŋ] *a.* 편안한 ; 나른한.

re·lay [riːléi] (*p., pp.* **-laid** [-léid]) *vt.* …을 다시 놓다〈깔다〉 ; (철도 따위)를 다시 부설하다.

·re·lay [ríːlei] *n.* (1) ⓒ a]교체 요원, 신참 ; 새로

운 공급, 신재료. b](여행·사냥 따위의) 갈아타는 말, 역말(=~ **hòrse**) ; (사냥의) 교대용 개. (2) ⓒ【競】=RELAY RACE ; 릴레이의 각 선수 분담 거리. (3) a] ⓤ (라디오·텔레비전의) 중계. b] ⓒ 중계 방송.
— *a.* 〔限定的〕(1)릴레이 경주의. (2)중계 방송의 : ⇨ RELAY STATION.
— [ríːlei, riléi] *vt.* (1)…을 중계(방송)하다. (2)(중간에서) …을 전해주다.
— *vi.* (1) 대신 할 것을 얻다. (2) 중계 방송하다.

rélay ràce 릴레이 경주〈경영(競泳)〉, 계주.

rélay stàtion【通信】중계국(局).

:re·lease [rilíːs] *vt.* (1)《~+目/+目+前+名》…을 풀어놓다, 떼(어 놓)다, (손)을 놓다 ; (폭탄)을 투하하다 ; 방출하다. (2)《~+目/+目+前+名》…을 방면(放免)하다, 해방〈석방〉하다 ; 면제〈해제〉하다《*from*》. (3)(자물쇠 따위)를 풀다. (4)《~+目/+目+前+名》(영화)를 개봉하다 ; (정보·레코드·신간 등)을 공개〈발표, 발매〉하다. (5)【法】…을 포기하다, 양도하다.
— *n.* (1) ⓤ (또는 a ~) 해방, 석방, 면제. (2) ⓤ (또는 a ~) 발사, (폭탄의) 투하. (3) ⓤⓒ 발표〈공개, 발매〉(물) ; 개봉(영화). (4) ⓤⓒ【法】양도〈기권〉(증서). (5) ⓒ【機】시동〈정지〉 장치《핸들·바퀴 멈추개 등》.

reléase bùtton (핸드 브레이크 등의) 해제 단추.

rel·e·gate [réləgèit] *vt.* 《+目+前+名》(1)…을 퇴거시키다, …를 추방하다 ; 지위를 떨어뜨리다, 좌천하다《*to*》. (2)(운동 팀을 하위 리그로) 떨어뜨리다 ;《英》(축구팀을 하위 클래스로) 격하하다《*to*》. (3)(사건 등)을 이관하다, 위탁하다《*to*》. 파) **rèl·e·gá·tion** [-géiʃən] *n.*

·re·lent [rilént] *vi.* (1)상냥스러워지다, 누그러지다. (2)측은하게 생각하다, 가엾게 여기다《*toward* ; *at*》. (3)(바람 등이) 약해지다.

·re·lent·less [riléntlis] *a.* (1)가차 없는, 잔인한 ; 혹독한. (2)〔敍述的〕…에 가차없는《*in*》.
파) **~·ly** *ad.* **~·ness** *n.*

rel·e·vance, -cy [réləvəns], [-si] *n.* ⓤ (1)관련 ; 적당, 적절(성)《*to*》. (2)【컴】(사용자가 필요로 하는 자료의) 검색 능력.

·rel·e·vant [réləvənt] *a.* (당면한 문제에) 관련된 ; 적절한, 타당한《*to*》. 파) **~·ly** *ad.* 적절하게, 요령 있게.

re·li·a·bil·i·ty [rilàiəbíləti] *n.* ⓤ 신빙성, 확실성 ;【컴】믿음성, 신뢰도.

·re·li·a·ble [riláiəbəl] (***more ~ ; most ~***) *a.* 의지가 되는, 믿을 수 있는, 믿음직한 ; 확실한, 신뢰성 있는. ▫ rely *v.* 파) **~·ness** *n.*

re·li·a·bly [riláiəbli] *ad.* (1)믿을 수 있도록. (2)믿을 만한 곳에서.

·re·li·ance [riláiəns] *n.* (1) ⓤ 믿음, 의지, 신뢰《*on, upon* ; *in*》. (2) ⓒ 믿음직한 사람〈물건〉, 의지할 곳. ▫ rely *v.*

re·li·ant [riláiənt] *a.* 〔敍述的〕믿는, 의지하는, 신뢰하는《*on, upon*》.

·rel·ic [rélik] *n.* (1)(*pl.*) 유적, 유물. (2) ⓒ 잔재, 유풍(遺風). (3)(*pl.*) (성인·순교자의) 유골, 성물(聖物) ; 유품, 기념품.

rel·ict [rélikt] *n.* ⓒ 잔존 생물〈종(種)〉. — *a.* 〔限定的〕잔존하는.

:re·lief [rilíːf] (*pl.* ***~s***) *n.* a] (1) ⓤ a](고통·곤란·지루함 따위의) 경감, 제거. b](또는 a ~) 안심, 위안 ; 소창 ; 휴식. (2) ⓤ a] 구원, 구조, 구제 ; 원조 물자〈자금〉. b]ⓒ (버스·비행기 등의) 증편(增便). (3) a]ⓤ 교체, 증원. b] ⓒ〔集合的 ; 單·複數 취급〕교체자〈병〉. (4) ⓤ 세금의 면제금. (5)ⓤ (포위된 도시 따위의) 해방, 구원.
b] ⓤⓒ (1) a]【彫】부조(浮彫) ; 양각(陽刻) 세공.【cf.】intaglio. b]【印】철판(凸板) 인쇄. (2)두드러짐, 탁월 ; 강조. (3)(토지의) 고저, 기복. ▫ relieve *v.* ***in ~*** 양각한 ; 뚜렷이. ***on ~***《美》정부의 구호를 받고.
— *a.* 〔限定的〕(1)구제〈구원〉(용)의. (2)교체의 ;【野球】구원의, 릴리프의. (3)임시의, 증편의.

relíef màp 기복(起伏)〈모형〉 지도.

relíef ròad 《英》(교통 체증을 덜기 위한) 우회로.

:re·lieve [rilíːv] *vt.* a] (1) a](고통·부담 따위)를 경감하다, 덜다, 누이다. b]…을 안도케 하다 ; (긴장)을 풀게 하다. c]《~+目/+目+前+名》(고통·공포 따위로부터) 해방하다, (걱정)을 덜다《*of* ; *from*》:《戲》…을 훔치다《*of*》. (2)…을 구원하다 ; 구제〈구조〉 하다. (3)《~+目/+目+前+名》아무를 해임하다《*of*》; (아무로부터) …을 해제하다《*of*》; …와 교체하다〈교체시키다〉 ;【野】구원하다. (4)(단조로움)을 덜다 ; …에게 변화를 갖게 하다. (5)(포위된 도시 따위)를 해방하다, 구원하다. b] …을 돋보이게 하다, 눈에 띄게 하다《*by* ; *with*》. ~ one***'s feelings*** (울거나 고함치거나 하여) 답답함〈울분〉을 풀다. 파) **re·líev·er** *n.* ⓒ ~하는 사람〈물건〉 ;【野】구원 투수.

re·lieved [rilíːvd] *a.* (1)〔限定的〕한시름 놓은, 안심한 표정의. (2)〔敍述的〕안도하는, 안심하는《*at* ; *to* do》.

re·lie·vo [rilíːvou] (*pl.* ***~s***) *n.* (1) ⓤ【彫·建】부조(浮彫) (relief).【cf.】alto-relievo. (2) ⓒ 부조 세공〈모양〉.

:re·li·gion [rilídʒən] *n.* (1) ⓤ 종교 ; ⓒ (특정한) 종교, …교(敎). (2) ⓤ 신앙〈수도〉 (생활) ; 신앙심. (3)(*sing.*)(신앙처럼) 굳게 지키는 것 ; 몰두하는 것. ***enter into ~*** 수도원에 들어가다, 수도자가 되다. ***find ~*** (영적 체험에 의해) 회심하다. ***get*** 〈***experience***〉 ***~*** 1) 신앙생활에 들어가다. 2) 매우 진지해지다. ***make a ~ of*** do***ing*** =***make it ~ to*** do (신조처럼 지켜서) 반드시 …하다. ***the established ~*** 국교. ▫ religious *a.*

re·li·gion·ism [rilídʒənìzəm] n. ⓤ 종교에 미침, 신심 삼매(信心三昧) ; 독실한 체함.

re·li·gion·ist [rilídʒənist] *n.* ⓒ 독실한 신자 ; 광신자.

re·li·gi·ose [rilídʒiòus] *a.* 믿음이 깊은 ; 좀 광신적인. 파) **-os·i·ty** [rilidʒiásəti/-ɔ́s-] n.

:re·li·gious [rilídʒəs] (***more ~ ; most ~***) *a.* (1) 종교(상)의, 종교적인. 〖opp.〗 *secular*. (2) a]신앙의, 신앙심이 깊은, 경건한 ; (the ~) 종교가들, 신앙인들. b]계율을 따르는, 수도의 ; 수도회에 속한, 교단의. (3)양심적인 ; 세심한(scrupulous). ▫ religion *n.* — (*pl.* ~) *n.* ⓒ 수도자, 수사, 수녀. 파) **~·ness** *n.*

re·li·gious·ly [rilídʒəsli] *ad.* (1)독실하게 ; 경건히. (2)양심적으로 ; 정기적으로, 꼭.

re·line [riːláin] *vt.* (옷에) 안(감)을 다시 대다.

·re·lin·quish [rilíŋkwiʃ] *vt.* (1)《~+目/+目+前+名》(소유물·권리 따위)를 포기〈양도〉하다 ; 철회하다.【cf.】abandon[1], renounce. (2)…의 손을 늦추다, (줄)을 손에서 놓다. (3)(계획·습관 따위)를 버리다, 단념하다.
파) **~·ment** *n.* ⓤ 포기, 철회 ; 양도.

·rel·ish [réliʃ] *n.* (1) ⓤ (또는 a ~) 맛, 풍미(flavor). (2) ⓤ〔흔히 否定文으로 ; 肯定文에서는 a ~〕

R

흥미, 의욕. (3) ⓤⓒ 양념, 조미료. (4) ⓤ (또는 a ~) 기미, 기색 ; 소량《of》. **with ~** 1)맛있게. 2) 재미있게.
— *vt.* (1)…을 상미(賞味)하다 ; 맛있게 먹다 : ~ one's food 음식을 맛있게 먹다. (2)《~+目/+-*ing*》…을 즐기다(enjoy), (…하기)를 좋아하다, 기쁘게 여기다. — *vi.* 《~/+前+名》(…의) 맛이〈풍미가〉 나다《of》; (…한) 기미〈기〉가 있다《of》.

re·live [riːlív] *vt.* (생활·경험)을 되새기다, 회상하다 ; 다시 체험하다 ; 재생하다.

re·load [riːlóud] *vt.* (1)…에 짐을 되싣다. (2)…에 다시 탄약을 재다. — *vi.* 다시 장전하다.

re·lo·cate [riːlóukeit] *vt.* (1)…을 다시 배치하다 ; (주거·공장 주민 등)을 새 장소로 옮기다, 이전시키다《※ 개발 사업 등으로 강제 이주하는 등의 경우에 자주 쓰임》. (2)**[컴]** 다시 배치하다. — *vi.* 이전〈이동〉하다.

re·lo·ca·tion [rìːloukéiʃən] *n.* ⓤ 재배치, 배치전환 ; **[美軍]** (적(敵)국민의) 강제 격리 수용.

·re·luc·tance, -tan·cy [rilʌ́ktəns], [-i] *n.* ⓤ (1)마음이 내키지 않음, 마지못해 함, (하기) 싫음《to do》. (2)**[電]**자기(磁氣) 저항.

·re·luc·tant [rilʌ́ktənt] (***more ~ ; most ~***) *a.* 마음 내키지 않는(unwilling), 꺼리는, 마지못해 하는《to do》.

·re·luc·tant·ly [rilʌ́ktəntli] *ad.* (1)마지못해, 싫어하면서. (2)〔文章修飾〕 본의 아니게.

:re·ly [rilái] (*p., pp.* ***-lied*** [-láid] ; ***-ly·ing*** [-láiiŋ]) *vi.* 《+前+名》의지하다, 신뢰하다《on, upon》. ▫ reliance *n.*
~ upon it 〔文狀修飾〕 확실히(depend upon it), 틀림없이.

REM[1] [rem] *n.* ⓒ **[心]** 렘《수면중의 급속한 안구운동》. [◁ *r*apid *e*ye *m*ovement]

REM[2], **rem** [rem] (*pl.* ~) *n.* ⓒ **[物]** 렘《인체에 주는 피해 정도에 입각한 방사선량(量)의 단위》. [◁ *r*oentgen-*e*quivalent-*m*an]

:re·main [riméin] *vi.* (1)《~/+前+名》 남다, 남아 있다 ; 없어지지 않고 있다 ; 살아남다《in ; on ; to ; of》. (2)《+前+名/+副》머무르다, 체류하다. (3)《+to do》 …하지 않고 남아 있다, 아직 …하지 않으면 안 되다. (4)《+補/+done/+前+名》 …한 대로이다, 여전히 …이다. ***I ~ yours sincerely*** 〈***truly,*** etc.〉. 경구《편지의 결구》. (5) 결국 …의 것이 되다, …의 수중에 들어가다. ***Let it ~ as it is*** 그대로 내버려 둬라. ***Nothing ~s but to ...*** 이제는 …할 뿐이다. ***~ with*** …에게 돌아가다.
— *n.* (*pl.*) (1)잔존물 ; 나머지, 잔여《of》. (2)유물, 유적 ; 화석(fossil ~s) ; 유체, 유해(遺骸). (3)(작가의) 유고(遺稿).

·re·main·der [riméindər] *n.* (1)(the ~) 나머지, 잔여《of》. (2)(the ~) 잔류자〈물〉, 그 밖의 사람〈물건〉《of》. (3) ⓒ **[數]** (뺄셈·나눗셈의) 나머지, 잉여. (4)ⓒ 팔다 남은 책, 산품. — *vt.* …을 팔다 남은 책으로서 싸게 팔다.

re·main·ing [remeíniŋ] *a.* 〔限定的〕 남은, 나머지의.

re·make [riːméik] (*p., pp.* ***-made***) *vt.* …을 고쳐 만들다, 개조하다, 개작하다. — [스] *n.* ⓒ 재제조 ; 개작, 개조 ; 《특히》 재영화화한 작품.

re·mand [rimǽnd, -máːnd] *vt.* (1)…을 재유치하다《흔히 受動으로》. (2)…을 하급 법원으로 반송하다. — *n.* ⓤ 재구류, 재유치.

remánd hòme 〈**cènter**〉《英》 소년 구치소.

:re·mark [rimáːrk] *vt.* (1)…에 주목〈주의〉하다 ; …을 알아차리다, 인지하다(perceive). (2)《~+目/(+前+名)+*that*節》 …라고 말하다, 한 마디 말하다.
— *vi.* 《+前+名》의견을 말하다, 비평하다《on, upon》. ***as ~ed above*** 위에서 말한 것처럼.
— *n.* (1) ⓤ 주의, 주목 ; 관찰. (2) ⓒ 소견, 비평《about, on》.

:re·mark·a·ble [rimáːrkəbəl] (***more ~ ; most ~***) *a.* (1)주목할 만한, 놀랄 만한. (2)비범한; 대단한. 파) **~·ness** *n.*

·re·mark·a·bly [rimáːrkəbəli] (***more ~ ; most ~***) *ad.* (1)매우, 대단히, 뚜렷이. (2)〔文章修飾〕 놀랍게도.

re·mar·ry [riːmǽri] *vt., vi.* 재혼시키다〈하다〉.

re·me·di·a·ble [rimíːdiəbəl] *a.* 치료할 수 있는 ; 구제〈교정〉 가능한. 파) **-bly** *ad.* **~·ness** *n.*

re·me·di·al [rimíːdiəl] *a.* (1)치료상의, 치료를 위한. (2)구제〈수정〉적인 ; 교정〈개선〉하는. (3)보수적(補修的)인. 파) **~·ly** ad.

:rem·e·dy [rémədi] *n.* ⓤⓒ (1)치료(법)《for ; against》. (2)구제책, 교정(矯正)법《for》.
— *vt.* (1)…을 고치다, 치료〈교정〉하다 ; 보수하다. (2)…을 구제하다 ; 교정하다, 개선하다.

:re·mem·ber [rimémbər] *vt.* (1)《~+目/+*that* 節》 …을 생각해 내다, 상기하다. (2)《~+目/+*to do*/+-*ing*/+*that* 節/+目+-*ing*/+*wh.*節/+*wh. to do*/+目+*as* 補/+目+前+名》 …을 기억하고 있다, 기억해두다 ; 잊지 않고 …하다. (3)《~+目/+目+前+名》 …에게 특별한 감정을 품다 ; …에게 선물〈팁〉을 주다 ; …을 위해 기도하다; 기록〈기념〉하다. (4)《+目+前+名》 …로부터 안부를 전하다〈전언(傳言)하다〉.
— *vi.* 기억하고 있다 ; 회고하다, 생각나다 ; …을 생각해내다《of》.

:re·mem·brance [rimémbrəns] *n.* (1) ⓤⓒ 기억 ; 회상, 추상 ; 기억력. (2) ⓤⓒ 기념 ; 기념품, 유품(keepsake). (3)(*pl.*) (안부의) 전언. ▫ remember.

Remémbrance Dày 〈**Súnday**〉 현충일 (顯忠日)《《美》 제1·2차 세계 대전의 전사자를 기념하는 법정 휴일 ; 11월 11일에 가까운 일요일》.

re·mem·branc·er [rimémbrənsər] *n.* ⓒ (1)생각나게 하는 사람〈것〉. (2)기념품 ; 추억거리(reminder) ; 비망록, 메모.

re·mil·i·ta·ri·za·tion [riːmìlitərizéiʃən] *n.* ⓤ 재군비(rearmament).

re·mil·i·ta·rize [riːmílitəràiz] *vt., vi.* 재군비하다

:re·mind [rimáind] *vt.* 《~+目/+目+前+名/+目+*to do*/+目+*that* 節》 …에게 생각나게 하다, …에게 깨닫게 하다, …에게 주의를 주다《of》.

·re·mind·er [rimáindər] *n.* ⓒ (1)생각나게 하는 사람〈것〉. (2)생각나게 하기 위한 조언〈주의〉 ; 독촉장.

re·mind·ful [rimáindfəl] *a.* (1)생각나게 하는, 추억의 요인이 되는《of》. (2)기억하고 있는.

rem·i·nisce [rèmənís] *vi.* 추억에 잠기다 ; (…의) 추억을 말하다〈쓰다〉《about》.

·rem·i·nis·cence [rèmənísəns] *n.* (1) ⓤ 회상, 추억 ; 기억〈상기〉력. (2)(*pl.*) 추억, 회고담, 회상록《of》.

·rem·i·nis·cent [rèmənísənt] *a.* (1)〔敍述的〕 생각나게 하는《of》. (2)추억의, 추억에 잠기는. 파) **~·ly**

ad. 회상에 잠겨.

re·miss [rimís] a. 〔敍述的〕 태만한, 부주의한(careless). 파) **~·ly** ad. **~·ness** n.

re·mis·sion [rimíʃən] n. (1) ⓤ 용서, 면제 ; 면죄, 사면(pardon)《of》. (2) ⓤⓒ (모범수의) 형기 단축. (3) ⓤⓒ 풀림, 누그러짐 ; 경감 ; (아픔 따위의) 진정 ; (병의) 차도. □ remit v.

·re·mit [rimít] (**-tt-**) vt. (1)《+目+目/+目+前+名》(돈·화물 따위)를 보내다, 우송하다. (2)(문제·사건을 위원회 등)에 회부하다 ; (소송)을 하급 법원으로 환송하다《to》. (3)(부채·세금·형벌 등)을 면제하다, 감면하다. (4)(노염·고통 따위)를 누그러뜨리다(abate), (노력)을 완화하다, 감하다. — vi. (1)송금하다, 지급하다. (2)누그러지다, 풀리다 ; (병이) 차도가 있다. (3) 감퇴하다. — n. ⓤ (위원회 등에 위탁된) 권한. □ remission n.

re·mit·tance [rimítəns] n. ⓤ (또는 a ~) 송금, 송금액. □ remit v.

re·mit·tent [rimítənt] a. 【醫】 더했다 덜했다 하는, 이장성(弛張性)의, (열이) 오르내리는.

re·mit·ter [rimítər] n. ⓒ 송금자 ; 발행인.

·rem·nant [rémnənt] n. (1)(종종 pl.) 나머지, 잔여《of》. (2) ⓒ 찌꺼기(scrap), 우수리 ; 자투리. (3) ⓒ 잔존물, 유물, 자취, 유풍《of》.
— a. 〔限定的〕 나머지〈물건〉의. □ remain v.

re·mod·el [ri:mádl/ -mɔ́dl] (**-l-**, 《英》 **-ll-**) vt. 《~+目/+目+前+名》 …을 고쳐 만들다, 형(型)〈본〉을 고치다, 개조〈개작〉하다.

re·mold, 《英》 **-mould** [ri:móuld] vt. (자동차 타이어)의 지면 접촉면을 재생하다. — n. ⓒ 재생 타이어.

re·mon·strance [rimánstrəns/ -mɔ́n-] n. ⓤⓒ 항의 ; 충고 ; 타이름.

re·mon·strant [rimánstrənt/ -mɔ́n-] a. 반대하는, 항의의 ; 충고하는, 충고의, 타이르는.

re·mon·strate [rimánstreit, rémənstrèit/ rimɔ́nstreit] vi. 《~/+前+名》 이의를 말하다, 항의하다《against》 ; 충고하다, 간언하다(expostulate)《with》. — vt. …을 항의하다《that》.
파) **re·mon·stra·tion** [rìmanstréiʃən, rèmən-/ -rìmɔn-] n. **re·mon·stra·tive** [rimánstrətiv/ -rimɔ́n-] a. 간언(諫言)의, 항의의. **re·monst-ra·tor** [rimánstreitər, rémənstrèitər] n.

rem·o·ra [rémərə] n. ⓒ 【魚】 빨판상어.

·re·morse [rimɔ́:rs] n. ⓤ 후회, 양심의 가책(compunction)《for ; over》. ***without ~*** 가차 없이.

re·morse·ful [rimɔ́:rsfəl] a. 몹시 후회하고 있는, 양심의 가책을 받는.
파) **~·ly** ad. **~·ness** n.

re·morse·less [rimɔ́:rslis] a. 무자비한, 냉혹〈잔인〉한. 파) **~·ly** ad. **~·ness** n.

:re·mote [rimóut] (***-mot·er ; -mot·est***) a. (1) 먼, 먼 곳의 ; 인가에서 떨어진, 외딴(secluded)《from》. 【cf.】 far. (2)《比》 먼. (3)관계가 적은, 간접적인. (4)(태도 따위가) 쌀쌀한, 냉담한. (5)〔종종 最上級이나 또는 否定文으로〕 (가능성 따위가) 희박한 ; 여간해서 일어날 것 같지 않은. (6)원격 조작의 : ⇨ REMOTE CONTROL. 파) **~·ly** ad. **~·ness** n.

remóte contról 원격 제어(遠隔制御)〈조작〉, 리모컨.

remóte prócessing 【컴】 원격 처리.

re·mount [ri:máunt] vt. (1)(말·자동차 등)에 다시 타다 ; (사다리·산)에 다시 오르다. (2)(사진·보석 따위)를 갈아 끼우다. — vi. (1)다시 타다. (2)다시 오르다. — [ᅩᅩ, -ᅩ] n. ⓒ 갈아탈 말, 예비 말 ; 보충 말.

re·mov·a·ble [rimú:vəbəl] a. (1)이동할 수 있는 ; 제거할 수 있는 ; 해체할 수 있는. (2)해임〈면직〉할 수 있는.

·re·mov·al [rimú:vəl] n. ⓤⓒ (1)이동, 이전, 전거. (2)제거 ; 철수 ; 해임, 면직.
— a. 〔限定的〕《英》이삿짐 센터(업)의, 이삿짐 운반업의.

·re·move [rimú:v] vt. (1)《~+目/+目+前+名》 …을 옮기다, 움직이다, 이전〈이동〉시키다. (2)《~+目/+目+前+名》 …을 제거하다 ; 치우다 ; 벗(기)다. (3)《~+目/+目+前+名》 …을 내쫓다, 해임〈면직, 해고〉하다. (4)《口》 …을 죽이다, 암살하다. — vi. (1)《~/+前+名》이동하다 ; 이전하다《from ; to, into》. (2)《詩》떠나다, 사라지다(disappear). (3)제거되다, 벗겨지다.
— n. ⓒ 〔흔히 수를 나타내는 말과 함께〕 (1)거리, 간격. (2)단계 ; 촌수. (3) 이동, 이전(move), 퇴거, 철수. (4) 진급.

·re·moved [rimú:vd] a. (1)떨어진(remote), 사이를 둔(distant)《from》. (2)(once, twice, …times등과 함께) 연분〈인연〉이 먼 ; …촌(寸)의.

re·mov·er [rimú:vər] n. ⓒ (1)《英》 (이삿짐) 운송업자, 이삿짐 센터(《美》 mover). (2)(칠·얼룩의) 제거제. (3)이전〈전거(轉居)〉자.

RÉM slèep [rém-] 【生理】 역설(逆說)수면.

re·mu·ner·ate [rimjú:nərèit] vt. 《~+目/+目+前+名》 …에게 보수를 주다 ; 보상하다 ; 보답하다.

re·mu·ner·a·tion [rimjù:nəréiʃən] n. ⓤ (또는 a ~) 보수, 보상《for》 ; 급료.

re·mu·ner·a·tive [rimjù:nərèitiv/ -nərətiv] a. 보수가 있는 ; 유리한(profitable), 수지맞는.
파) **~·ly** ad. **~·ness** n.

Re·mus [rí:məs] n. 【로神】 Romulus의 쌍둥이 형제. 【cf.】 Romulus.

·Ren·ais·sance [rènəsá:ns, -zá:ns, ᅩᅩᅩ/ rinéisəns] n. (1) a](the ~) 문예 부흥, 르네상스《14-16세기 유럽의》. b]르네상스의 미술〈문예, 건축〉양식. (2)(r-) (문예·종교 등의) 부흥, 부활 ; 신생, 재생. — a. 문예 부흥(시대)의 ; 르네상스 양식의.

re·nal [rí:nəl] a. 콩팥의 ; 신장부(腎臟部)의. □ kidney n.

re·name [ri:néim] vt. …에게 새로 이름을 붙이다 ; 개명하다. — n. 【컴】 새 이름《파일 이름의 변경》.

re·nas·cence [rinǽsəns, -néi-] =RENAISSANCE.

·rend [rend] (p., pp. ***rent*** [rent]) vt. (1)…을 째다, 찢다. (2)…을 나누다, 분열〈분리〉시키다. (3)…을 떼어놓다, 비틀어 떼다, 강탈하다《off ; away》. (4)(옷·머리털 따위)를 쥐어뜯다 ; (마음)을 상하게 하다. (5)(외침 소리 따위가 하늘)을 찌르다.
— vi. 《~/+ 副》 째지다, 쪼개지다 ; 산산조각이 나다, 분열하다. 【cf.】 tear[2].

:ren·der [réndər] vt. (1)《+目+補》 …로 만들다, …이 되게 하다. (2) a]《+目+前+名》(보답으로서) …을 주다, 갚다, …에 보답하다. b]《~+目/+目+前+名》 (세금 따위)를 납부하다, 바치다《to》. (3)(계산서·이유·회답 등)을 제출하다, 교부하다 ; (판결 등)을 선고하다, 평결하다. (4)《~+目/+目+前+名/+目+目》(아무에게 어떤 일)을 하다, 행하다, 다하다 ; (조력 등)을 주다, 제공하다 ; (경의 따위)를 표하다. (5) a]표현하다, 묘사하다 ; 연주〈연출〉하다. b]《+目+前+

名》 …을 번역하다《*into*》. (6)《~+目/+目+副》(지방 따위)를 녹여서 정제(精製)하다 ; …에서 기름을 짜다. (7)《+目+副》 …을 갚다, 돌려주다. (8)(벽)에 초벽질을 하다. **~ *up*** (1)명도하다, 인도하다. (2)기도를 올리다.

ren·der·ing [réndəriŋ] *n.* ⓤⓒ (1)(연극·음악 등의) 표현, 연출, 연주《*of*》. (2)번역(문).

·*ren·dez·vous* [rɑ́ndivùː /rɔ́n-] (*pl.* ~ [-z]) *n.* ⓒ《F.》(1)(특정한 장소·때에) 만날 약속 ; 약속에 의한 회합(장소) ; 〔一般的〕 회합(장소). 【cf.】date. (2)【宇宙】 (우주선의) 랑데부. — *vi.* 약속 장소에서 만나다 ; (우주선이) 랑데부하다.

ren·di·tion [rendíʃən] *n.* ⓤⓒ 번역, 해석 ; 연출, 연주.

ren·e·gade [rénigèid] *n.* ⓒ (1)배교자. (2)배반자 ; 탈당자, 변절자 ; 반역자. — *a.* 〔限定的〕 (1)배교한. (2)배반의, 변절한.

re·nege, 《英》 **-negue** [riníg, -nég, -níːg/ -níːg] *vi.* (1)【카드놀이】 (선의 패와 같은 짝의 패를 가지고 있으면서) 딴 패를 내다《반칙》. (2)(계약·약속을) 어기다《*on*》.

R

:re·new [rinjúː] *vt.* (1)…을 새롭게 하다, 일신하다, 부활하다, 재흥하다. (2)…을 되찾다, 회복하다. (3)…을 재개하다 ; 반복하다, 되풀이하다. (4)(계약 등)을 갱신하다 ; …의 기한을 연장하다. (5)…을 신품과 교체하다 : ~ tires 타이어를 새로 교체하다. — *vi.* (1)새로워지다 ; 새로 시작하다(recommence), 다시 시작하다(일어나다). (2)회복하다. (3)계약을 갱신하다.

re·new·a·ble [rinjúːəbl] *a.* (1)(계약 등을) 계속〈연장〉할 수 있는〈해야 하는〉. (2)재생 가능한.

·re·new·al [rinjúːəl] *n.* ⓤⓒ (1)새롭게 하기. (2)부활, 회복 ; 재생, 소생, 재개. (3)(계약·어음 등의) 갱신, 개서(改書).

ren·net [rénit] *n.* ⓤ 응유(凝乳)《치즈 제조에 씀》 ; 응유 효소(rennin).

Re·noir [rénwɑːr] *n.* **Pierre Auguste ~** 르누아르《프랑스의 화가 ; 1841-1919》.

·re·nounce [rináuns] *vt.* (1)(정식으로 권리 등)을 포기하다(surrender), 기권하다 ; 버리다 ; 단념하다. (2)인연을 끊다, 의절하다.
— *vi.* (1) 포기(단념)하다 ; 권리 (등)을 포기하다. (2) (카드) 나온 패가 없어서 다른 짝의 패를 내다. 파) **~·ment** *n.*

ren·o·vate [rénəvèit] *vt.* (1)…을 새롭게 하다, 혁신하다, 쇄신하다 ; 고쳐 만들다, 수선하다. (2)…을 회복하다 ; 원기를 회복시키다, 활기를 불어넣다. 파) **rèn·o·vá·tion** [-ʃən] *n.* ⓤ 쇄신, 혁신 ; 수리, 수선 ; 원기 회복. **rén·o·và·tor** [-ər] *n.* ⓒ 혁신〈쇄신〉사 ; 수선자.

·re·nown [rináun] *n.* ⓤ 명성, 영명(令名).

·re·nowned [rináund] (***more ~ ; most ~***) *a.* 유명한, 명성이 있는.

:rent[1] [rent] *n.* ⓤ (또는 a ~) (1)지대, 소작료. (2)집세, 방세. (3)〔一般的〕 임대〈임차〉료. ***For ~.*** 《美》 셋집〈셋방〉 있음《게시문》. — *vt.* 《~+目/+目+前+名》 (1)…을 임차하다, 빌리다. (2)…을 임대하다, 빌려주다, 세놓다. — *vi.* 《+前+名》 세놓다, 임대되다. — *a.* 〔限定的〕 집세의, 지대의. 파) **~·a·ble** *a.*

rent[2] *n.* ⓒ (1)째진 틈, 해진 곳. (2)(구름 따위의) 갈라진 사이, 잘린 곳〈틈〉 ; 협곡. (3)(의견·관계 등의) 분열, 불화. ▫ rend *v.*

rent-a-car [réntəkɑ̀ːr] *n.* ⓒ 렌터카, 임대차 ; 렌터카 회사.

·rent·al [réntl] *n.* ⓒ (1)임대〈임차〉료. (2)《美》 임대용〈임차용〉의 집〈방, 차〉. (3)임대 업무 ; 임대〈렌터〉 회사. — *a.* 임대〈임차〉의 ; 지대〈집세〉의 ; 임대 업무를 행하고 있는 : (단기) 임대 방식.

réntal lìbrary 《美》 (유료) 대출 도서관, 대출 문고, 세책집.

rént bòy 젊은 남창(男娼).

rent·er [réntər] *n.* ⓒ 임차인, 차지인, 소작인 ; 임대인 ; 빌려주는 사람, 빌리는 사람.

rent-free [réntfríː] *a.*, *ad.* 땅세〈집세〉가 없는〈없이〉, 임대료 없이〈없는〉.

ren·tier [F. rɑ̃ːtjéi] *n.* ⓒ《F.》 금리〈배당〉 생활자.

re·nun·ci·a·tion [rinʌ̀nsiéiʃən, -ʃi-] *n.* ⓤⓒ (1)포기 ; 기권 ; 단념, 체념. (2)극기(克己), 자제. ▫ renounce *v.*

·re·o·pen [riːóupən] *vt.* …을 다시 열다 ; 다시 시작하다, 재개하다 ; …의 교섭을 재개하다. — *vi.* 다시 열리다, 재개되다.

·re·or·gan·i·za·tion [riːɔ̀ːrgənizéiʃən] *n.* ⓤ 재편, 개편 ; 개조.

·re·or·gan·ize [riːɔ́ːrgənàiz] *vt.* …을 재편성하다, 개편하다 ; 개조하다 ; 개혁하다.

rep[1] *n.* ⓒ《口》 (1)판매원, 외무 사원. (2)대표자.

rep[2] *n.* ⓤ《美俗》명성. [◁ *reputation*]

:re·pair[1] [ripέər] *vt.* (1)…을 수리〈수선, 개수〉하다. (2)(건강·힘 등)을 되찾다, 회복하다 ; (상처 등)을 치료하다. 【cf.】renew. (3)…을 정정〈교정(矯正)〉하다. (4)(손해·부족 등)을 벌충하다 ; (부정·죄 등)을 보상하다, 배상하다. — *n.* ⓤ 수리, 수선; ⓒ (종종 *pl.*) 수선〈수리, 복구〉 작업; ⓒ 수선 부분 ; (*pl.*) 수선비. ***beyond*** 〈***past***〉 ~ 수리의 가망이 없는. ***in good*** 〈***bad***〉 ~ =***in*** 〈***out of***〉 ~ 손질이 잘 되어 있어서〈있지 않아서〉. ***under ~***(***s***) 수리 중. 파) **~·er** *n.* 수리자.

re·pair[2] *vi.* 《~/+前+名》 가다, 다니다, 자주 가다《*to*》 ; 여럿이 가다《*to*》. — *n.* 의지, 의뢰, 자주 다니기.

re·pair·man [ripέərmæ̀n, -mən] (*pl.* ***-men*** [-mèn, -mən]) *n.* ⓒ (기계의) 수리공, 수선인.

rep·a·ra·ble [répərəbəl] *a.* 수선할 수 있는 ; 배상〈보상〉할 수 있는 ; 돌이킬 수 있는.

·rep·a·ra·tion [rèpəréiʃən] *n.* (1) ⓤ 보상, 배상. (2)(*pl.*) 배상금, 배상물(物).

rep·ar·tee [rèpɑːrtíː] *n.* ⓤ 재치 있는 즉답〈응수〉.

re·past [ripǽst, -pɑ́ːst] *n.* ⓒ 식사.

re·pa·tri·ate [riːpéitrièit/ -pǽt-] *vt.* (1)…을 본국에 송환하다. (2)(이익·자산 등)을 본국으로 보내다 — *vi.* 본국에 돌아가다. — [riːpéitriit/ -pǽt-] *n.* ⓒ 본국으로의 송환자, 귀환자. 【cf.】evacuee.
파) **re·pa·tri·a·tion** [riːpèitriéiʃən/ -pæ̀t-] *n.* ⓤ 본국 송환〈귀환〉.

:re·pay [ripéi] (*p.*, *pp.* ***paid*** [-péid]) *vt.* (1)《~+目/+目+目/+目+前+名》(아무에게 돈)을 갚다, 상환하다. (2)《~+目/+目+前+名》 (아무)에게 보답하다, 은혜를 갚다《*for* ; *with*》. (3)(행위 따위)에 보답하다 ; 값어치가 있다.
— *vi.* 돈을 갚다 ; 보답하다. 파) **~·a·ble** [-əbəl] *a.* 돌려 줄〈반제할〉 수 있는 ; 돌려줘야〈반제해야〉 할. **~·ment** [-mənt] *n.* ⓤⓒ 반제, 상환 ; 보상 ; 보은 ; 앙갚음.

·re·peal [ripíːl] *vt.* …을 무효로 하다, 폐지하다, 철회하다. — *n.* ⓤ 폐지, 철회.

:re·peat [ripíːt] *vt.* (1)…을 되풀이하다, 반복하다. (2)《~+目/+*that* 節》…을 되풀이해 말하다. (3)…을 흉내내어 말하다. (4)…을 그대로 사람에게 전하다, 딴 사람에게 말하다. (5)〔흔히 受動으로〕…을 재방영〈재방송〉하다. — *vi.* (1)되풀이하여 말하다. (2)《~/+前+名》(먹은 음식의) 냄새가 그대로 입안에 남아 있다《*on*》. (3)《美》(불법으로) 이중 투표하다. (4)(수·소수 따위가) 순환하다. (5)(시계가) 시보를 되풀이하다. (6) 유급하다, 재수하다. ▫ repetition *n.* ***No, ~, no*** 절대로 아니다. ***not bear repeating*** (말이) 입에 담기 민망할 만큼 지독하다.
— *n.* ⓒ (1)되풀이함 ; 반복. (2)【樂】 도돌이(표). (3)【商】 재공급, 재주문. (4)(라디오·텔레비전의) 재방송. — *a.* 〔限定的〕 되풀이하는.

re·peat·a·ble [ripíːtəbəl] *a.* 되풀이할 수 있는, 되풀이하기 알맞은

·re·peat·ed [ripíːtid] *a.* 〔限定的〕 되풀이된, 종종 있는.

·re·peat·ed·ly [ripíːtidli] (***more ~ ; most ~***) *ad.* 되풀이하여, 몇 번이고, 재삼 재사.

re·peat·er [ripíːtər] *n.* ⓒ (1)되풀이하는 사람〈것〉; 암송자. (2)연발총. (3)【數】 순환 소수. (4)《美》 여러 번 투표하는 부정 투표자 ; 상습범. (5)낙제생, 재수생. (6)시보를 되풀이하는 시계.

re·peat·ing [ripíːtiŋ] *a.* 〔限定的〕 (1)되풀이하는, 반복하는. (2)순환하는. (3)연발식의《총》.

·re·pel [ripél] (***-ll-***) *vt.* (1)…을 쫓아버리다, 격퇴하다. (2)…을 반박하다 ; 저항하다 ; 퇴짜놓다, 거절하다. (3)【物】 …을 반발하다, 튀기다. (4)…에게 혐오감〈불쾌감〉을 주다. — *vi.* (1)쫓아내다, 퇴짜놓다. (2)불쾌하게 하다. ▫ repulse, repulsion *n.*

re·pel·lent [ripélənt] *a.* (1)불쾌한, 싫은. (2)〔종종 複合語를 이루어〕 반발하는 ; (물 따위를) 먹지 않는.
— *n.* ⓤⓒ 방수 가공제《헝겊에 바르는》; 구충제.

:re·pent [ripént] *vi.* 《~/+前+名》 후회하다, 유감으로 생각하다《*of* ; *for*》 ; 회개하다《*of*》. — *vt.* 《~+目/+-*ing*/+*that* 節》 …을 후회〈회개, 참회〉하다, 유감으로 생각하다. 파) **~·er** *n.*

·re·pent·ance [ripéntəns] *n.* ⓤ 후회 ; 회개. 【cf.】 penitence, remorse.

re·pent·ant [ripéntənt] *a.* 후회하고 있는《*of*》 ; 개전의 정을 보이는 ; 참회의. 파) **~·ly** *ad.*

re·per·cus·sion [rìːpərkʌ́ʃən] *n.* ⓤⓒ (1)(소리의) 반향 ; (빛 따위의) 반사. (2)(흔히 *pl.*) (어떤 사건·행동 등의 오래도록 남는) 영향.

rep·er·toire [répərtwɑ̀ːr] *n.* ⓒ 연예〈상연〉 목록, 연주 곡목, 레퍼토리.

rep·er·to·ry [répərtɔ̀ːri/ -təri] *n.* (1) =REPERTOIRE. (2) ⓒ (지식·정보 따위의) 축적 ; 보고(寶庫). (3) =REPERTORY COMPANY〈THEATER〉.

répertory cȯmpany〈thèater〉 레퍼토리 극단〈극장〉.

:rep·e·ti·tion [rèpətíʃən] *n.* (1) ⓤⓒ 되풀이, 반복. (2) ⓤ 복창 ; 암송. (3) ⓒ 되풀이되는 말 ; 암송문 ; 복사, 모사. ▫ repeat *v.*

rep·e·ti·tious [rèpətíʃəs] *a.* 자꾸 되풀이하는, 중복하는 ; 번거로운. 파) **~·ly** *ad.* **~·ness** *n.*

re·pet·i·tive [ripétətiv] *a.* 되풀이하는, 반복성의.

re·phrase [riːfréiz] *vt.* …을 고쳐〈바꾸어〉 말하다.

re·pine [ripáin] *vi.* 불평하다, 투덜거리다 ; 푸념하다《*at* ; *against*》.

:re·place [ripléis] *vt.* (1)《~+目/+目+前+名》 …을 제자리에 놓다, 되돌리다. (2)《~+目/+目+*as* 補》 …에 대신하다, …의 후계자가 되다. (3)《~+目/+目+前+名》 …을 바꾸다, 바꾸어 놓다〈넣다〉《*by* ; *with*》. a person ***hard to ~*** 대체할 수 없는 사람.
— *n.* 【컴】 새로 바꾸기. 파) **~·a·ble** [-əbəl] *a.* 제자리에 되돌릴 수 있는 ; 바꾸어 놓을 수 있는.

·re·place·ment [ripléismənt] *n.* (1) ⓤ 제자리에 되돌림 ; 복직, 반환 ; 대체, 교체. (2) ⓒ 후계자 ; 교체자〈물〉 ; 【軍】 보충병, 교체 요원. (3) ⓤ 【컴】 대체(代替).

re·play [riːpléi] *vt.* (1)(경기 등)을 재시합하다 ; 재연(再演)하다. (2)(테이프 따위)를 재생하다.
— [ríːplèi] *n.* ⓒ 재(再)경기 ; (녹음·녹화 테이프의) 재생.

re·plen·ish [ripléniʃ] *vt.* 《~+目/+目+前+名》 …을 다시 채우다 ; …을 계속 공급하다 ; 새로 보충〈보급〉하다《*with*》.
파) **~·ment** [-mənt] *n.* ⓤ 보충, 보급 ; ⓒ 보급물.

re·plete [riplíːt] *a.* 〔敍述的〕 (1)가득 찬, 충만한《*with*》. (2)포만한, 포식한《*with*》.

re·ple·tion [riplíːʃən] *n.* ⓤ 충만, 과다 ; 포식, 만복(滿腹). ***to ~*** 충분히, 가득히 ; 실컷.

rep·li·ca [réplikə] *n.* ⓒ (1)(특히 원작자의 손으로 된) 복사《그림·상(像) 따위의》. (2)모사(模寫), 복제(품).

rep·li·cate [répləkèit] *vt.* (1)…을 반대편으로 접다〈젖히다〉. (2)…을 모사하다 ; 복제하다.

rep·li·ca·tion [rèpləkéiʃən] *n.* ⓤⓒ 복사, 모사 ; 복제 ; 반대로 잦혀짐, 응답, 되풀이.

:re·ply [riplái] *vi.* (1)《~/+前+名》 대답하다《*to*》. (2)《~/+前+名》 응수하다 ; 응전하다《*to* ; *with*》. — *vt.*《~+目/+*that* 節》 a)〔疑問文에서 또는 that節을 수반하여〕 …라고 대답하다. b)〔否定文에서〕 답하다. ***~ for*** …을 대신하여 답변하다 ; …을 대표하여 답사를 하다. — *n.* ⓒ 답, 대답, 회답《*to*》. ***in ~*** (***to***) (…의) 대답으로, (…에) 답하여.

re·ply-paid [ripláipèid] *a.* 반신료가 첨부된《전보》 ; 요금 수취인불의《봉투》.

re·point [rìːpɔ́int] *vt.* (벽돌 구조물)의 줄눈에 다시 모르타르를 바르다.

:re·port [ripɔ́ːrt] *vt.* (1)《~+目/+目+(*to be*)補/+*that* 節/+目+前+名/+-*ing*》(연구·조사 등)을 보고하다 ; (들은 것)을 전하다, 말하다, 이야기하다 ; …을 보도하다 ; 공표하다 ; (세상에서) …라고 말하다. (2)《~+目/+目+前+名》 (소재·상황)을 신고하다, 통보하다《*to*》 ; 〔再歸的〕 …에 출두하다. (3)(강연 따위)를 기록하다 ; …의 기사를 쓰다〈싣다〉, 취재하다. (4)《~+目/+目+前+名》 (상사 등)에게 …에 대한 일을 고자질하다. — *vi.* (1)《+前+名》 보고하다, 복명하다《*of* ; *on, upon*》. (2)《+前+名》 기사를 작성하다〈보내다〉, 보도하다《*on, upon*》 ; 탐방하다, 탐방 기자 일을 보다. (3)《+補/+前+名》(자기의 거처·상태를) 신고하다, 보고하다 ; 출두하다. ***~ back*** 1)(…라는) 보고를 가지고 돌아오다. 2)돌아와서 보고하다. 3) 조사하여 보도하다. ***~ well*** 〈***badly***〉 ***of*** …을 좋게〈나쁘게〉 보고하다. ***~ progress*** 경과 보고를 하다.
— *n.* (1) ⓒ 보고(서) ; 공보 ; 보도, 기사《*on*》 ; (학교의) 성적표. (2) ⓤⓒ 소문, 세평 ; 평판, 명성. (3) ⓒ (흔히 *pl.*) 판례집 ; 의사록. (4) ⓒ 총성, 포성, 폭발음. ***on ~*** (규칙 위반 등으로) 출두 명령을 받고. 파) **~·a·ble** *a.* 보고〈보도〉할 수 있는 ; 보고〈보도〉 가치가 있는.

re·port·age [rèpɔːrtáːʒ, ripɔ́ːrtidʒ] *n.* ⓤ 《F.》 르포르타주, 보고 문학〈문체〉 ; 현지 보고.

R

repórt càrd 《美》 (1)성적〈생활〉 통지표. (2)(일반적) 성적 평가.

re·port·ed·ly [ripɔ́ːrtidli] *ad.* 〔文章修飾〕 소문에 의하면, 들리는 바에 의하면.

re·pórt·ed spéech [ripɔ́ːrtid-] 【文法】 간접 화법(indirect narration).

·re·port·er [ripɔ́ːrtər] *n.* ⓒ (1)보고자, 신고자. (2)보도 기자, 통신원, 탐방 기자《*for*》; 뉴스 아나운서. (3)의사〈판결〉 기록원.

rep·or·to·ri·al [rèpərtɔ́ːriəl] *a.* 《美》 보고자의, 기자의 ; 기록〈속기〉자의 ; 보도의.

:re·pose[1] [ripóuz] *n.* ⓤ (1)휴식, 휴양 ; 수면. (2)침착, 평정(平靜), 평안 ; (색채 등의) 조화. ***in*** **~** (표정이) 안온하게 ; 침착하게.
— *vt.* 《~+目/+目+前+名》 …에 누이다 ; 쉬게 하다《*on* ; *in*》. — *vi.* (1)《~/+前+名》쉬다, 휴식하다《*on, in*》. (2)《~/+前+名》 영면하다, 안치되다《*on* ; *in* ; *below*》. (3)《+前+名》 가로놓이다, (바다·섬 따위가) 조용히 가로놓여 있다 ; 기초를 두다《*on, upon*》. ~ one***self*** 쉬다, 자다《*on* ; *in*》

re·pose[2] *vt.* (신용·희망 따위)를 두다, 걸다《*in* ; *on*》.

R

re·pos·i·tory [ripázitɔ̀ːri/ -pɔ́zitəri] *n.* ⓒ (1)저장소, 창고. (2)《比》 (지식 등의) 보고(寶庫)《사람에게도 씀》. (3)납골당(納骨堂), 매장소. (4)(비밀 등을) 터놓을 수 있는 사람, 막역한 친구.

re·pos·sess [rìːpəzés] *vt.* …을 다시 손에 넣다, 되찾다 ; (상품)을 회수하다《할부 계약 따위의 불이행으로》; (아무)에게 도로 찾아〈회복시켜〉주다.
파) **re·pos·ses·sion** [rìːpəzéʃən] *n.* ⓤ 되찾음, 재(再)소유, 회복.

re·pot [riːpát/ -pɔ́t] (**-*tt-***) *vt.* (식물)을 딴 화분에 옮겨 심다.

repp ⇨ REP[1]

rep·re·hend [rèprihénd] *vt.* …를 꾸짖다, 나무라다, 비난하다.

rep·re·hen·si·ble [rèprihénsəbəl] *a.* 비난할 만한, 괘씸한. 파) **~bly** *ad.*

rep·re·hen·sion [rèprihénʃən] *n.* ⓤ 비난.

rep·re·hen·sive [rèprihénsiv] *a.* 비난하는, 질책하는. 파) **~·ly** *ad.*

:rep·re·sent [rèprizént] *vt.* (1)…을 묘사하다, 그리다. (2)《~+目/+目+前+名》 …을 마음에 그리다, 상상하다. (3)《+目+*as* 補/+目+*to be* 補/+*that* 節》 …을 말하다, 기술하다, 말로 표현하다, 주장〈단언〉하다. (4)(기호 등)이 표시〈상징〉하다 ; 의미하다. (5)…의 표본〈일례〉이다. (6)…을 대표하다, 대리하다. (7)《~+目/+目+前+名》 …을 설명하다, 납득시키다. (8)…을 상연하다 ; …의 역을 맡아 하다. …으로 분장하다. (9)…에 상당하다. ~ one***self as*** 〈***to be***〉 자기는 …라고 주장하다〈말하다〉.

re·pre·sent [rìːprizént] *vt.* (1)…을 다시 선사하다; 다시 제출하다. (2)(극 따위)를 재연하다.

·rep·re·sen·ta·tion [rèprizentéiʃən] *n.* (1) ⓤ 표시, 표현, 묘사. (2) ⓒ 초상(화), 조상(彫像), 회화. (3)(종종 *pl.*) 진정 ; 항의《*to, against*》. (4) ⓤⓒ 상연, 연출; 분장. (5) ⓒ 설명, 진술. (6) ⓤ 대표(권), 대리(권) ; 대표 참가; 대의 제도; 〔集合的〕 의원단. 파) **~·al** [-ʃənəl] *a.* (1)구상(具象)파〈주의〉의. (2)대의제(代議制)에 관한.

·rep·re·sent·a·tive [rèprizéntətiv] (***more ~ ; most ~***) *a.* (1)대표하는, 전형적인. (2)대리〈대표〉하는 ; 대의제의. (3)〔敍述的〕 표시하는, 표현하는, 묘사하는 ; 상징하는《*of*》.
— *n.* ⓒ (1)대표자, 대행자, 대리인《*of* ; *from* ; *on* ; *at*》; 재외(在外) 사절 ; 후계자, 상속자. (2)대의원 ; (R-) 《美》 하원 의원. (3)판매 대리인, 판매 회사. (4)견본, 표본 ; 전형. ***the House of Representatives*** 《美》 하원. 파) **~·ly** *ad.*

rep·re·sént·ed spéech [rèprizéntid-] 【文法】 묘출(描出)화법《직접화법과 간접화법과의 중간 성격》.

·re·press [riprés] *vt.* (1)…을 억누르다 ; 참다. (2)(반란 등)을 진압하다. (3)【心】 (욕구 등)을 억제하다.

re·pressed [riprést] *a.* 억눌린 ; 억제된 ; 욕구 불만의.

re·press·i·ble [riprésəbəl] *a.* 억제〈제압〉할 수 있는.

re·pres·sion [ripréʃən] *n.* (1) ⓤ 진압, 제지, 억제. (2)【心】 a]ⓤ 억압. b]ⓒ 억압 본능.

re·pres·sive [riprésiv] *a.* 제지하는, 억압적인 ; 진압하는. 파) **~·ly** *ad.* **~·ness** *n.*

re·prieve [ripríːv] *n.* ⓒ 【法】 집행 유예《특히 사형의》, 그 영장 ; 일시적 경감〈유예, 모면〉.
— *vt.* 【法】 …의 형의 집행을 유예하다, 처형을 일시 연기하다 ; 일시 구제〈경감〉하다.

rep·ri·mand [réprəmæ̀nd, -màːnd] *n.* ⓤⓒ 견책, 징계 ; 비난, 질책. — *vt.* 《~+目/+目+前+名》 …를 견책〈징계〉하다 ; 호되게 꾸짖다《*for*》.

·re·print [riːprínt] *vt.* …을 증쇄(增刷)〈재판〉하다, (개정하지 않고) 다시 인쇄하다 ; 번각(飜刻)하다. — *vi.* 증쇄〈재판〉되다. — *n.* ⓒ 증쇄, 재세(再刷), 재판.

re·pris·al [ripráizəl] *n.* ⓤⓒ (정치적·군사적) 앙갚음, 보복.

re·prise [rəpríːz] *n.* ⓒ 【樂】 (주제의) 반복.

re·pro [ríːprou] (*pl.* **~*s***) *n.* ⓒ (1)《口》 =REPRODUCTION (2). (2)=REPRODUCTION PROOF.
— *a.* 〔限定的〕 복제의, 재생의.

:re·proach [ripróutʃ] *vt.* 《+目+前+名》 (아무)를 비난하다《*for*》; 나무라다, 꾸짖다《*with*》. — *n.* (1) ⓤ 비난, 질책. (2) ⓒ 비난의 대상〈말〉. (3) a]ⓤ 불명예, 치욕. b](a ~) 치욕스러운 것《*to*》. ***beyond*** **~** 나무랄데 없는, 훌륭한. ***bring*** 〈***draw***〉 **~** ***on*** 〈***upon***〉 …의 치욕이 되다. ***heap*** **~*es*** ***on*** …을 마구 꾸짖다〈비난하다〉.

re·proach·ful [ripróutʃfəl] *a.* 꾸짖는, 비난하는 ; 책망하는 듯한. 파) **~·ly** *ad.* =REPROACHINGLY.

re·proach·ing·ly [ripróutʃiŋli] *ad.* 나무라듯이, 비난조로.

rep·ro·bate [réprəbèit] *vt.* (1)…을 책망하다, 비난하다. (2)(신이 사람)을 저버리다.
— *a.* 사악한, 불량한. — *n.* ⓒ 타락한 사람, 무뢰한(漢).

rep·ro·ba·tion [rèprəbéiʃən] *n.* ⓤ 비난, 질책 ; 배척 ; 【神學】 영벌(永罰).

re·proc·ess [riːprɑses/ -prous-] *vt.* (폐품 따위)를 재생하다, 재가공〈재처리〉하다.

re·próc·ess·ing plànt [riːprɑ́sesiŋ/ -próus-] (핵연료) 재처리 공장, 재처리 플랜트.

·re·pro·duce [rìːprədjúːs] *vt.* (1)…을 재생하다 ; 재현하다 ; 재연하다 ; (책)을 재판하다. (2)《~+目/+目+前+名》 …을 복사하다, 모사하다 ; 모조하다. (3)〔再歸的〕 …을 생식〈번식〉하다. — *vi.* (1)생식하다, 번식하다. (2)〔well 등의 樣態의 副詞와 함께〕 복제〈복사, 재생〉되다.

파) **-dúc·er** *n.* **-dú·ci·ble** [-əbəls] *a.*
·re·pro·duc·tion [rìːprədʌ́kʃən] *n.* (1) ⓤ 재생, 재현. (2) ⓤⓒ 복제(물), 복사, 모조 ; 전재(轉載) ; 번각(飜刻)(물). (3) ⓤ 생식(生殖) ; 번식. (4) ⓤ 【經】 재생산. ― *a.* 〔限定的〕 (가구 등) 옛 것을 모방한.
reprodúction pròof 【印】 전사(repro proof).
re·pro·duc·tive [rìːprədʌ́ktiv] *a.* 〔限定的〕 (1)생식의. (2) 재생의, 재현의. (3)복제하는, 복사하는. 파) **~·ly** *ad.* **~·ness** *n.*
·re·proof [riprúːf] (*pl.* **~s**) *n.* (1) ⓤ 비난, 질책 ; 꾸지람. 【cf.】 reproach. (2) ⓒ 잔소리. □ reprove *v.* ***in ~ of*** …을 비난하여.
·re·prove [riprúːv] *vt.* 《~+目/+目+前+名》 …을 꾸짖다, 비난하다 ; 훈계하다, 타이르다.
re·prov·ing [riprúːviŋ] *a.* 〔限定的〕 꾸짖는〈질책하는〉 듯한. 파) **~·ly** [-li] *ad.* 비난하듯이, 꾸짖듯이, 듣기 싫게.
·rep·tile [réptil, -tail] *n.* ⓒ (1)파충류의 동물. (2) 《比》 비열한 인간, 엉큼한 사람.
rep·til·i·an [reptíliən] *a.* (1)파충류의 ; 파충류 비슷한. (2)비열한, 음험한. ― *n.* ⓒ 파충류의 동물.
:re·pub·lic [ripʌ́blik] *n.* ⓒ (1)공화국 ; 공화정체. 【cf.】 monarchy (2)(공동목적을 가진) …사회, …계(界). (3)(the R-) 〔흔히 序數와 함께〕 (프랑스의) 공화제. (4) 《古》 국가.
·re·pub·li·can [ripʌ́blikən] (***more ~ ; most ~***) *a.* (1)공화 정체의 ; 공화국의 ; 공화주의의. (2)(R-) 《美》 공화당의. ― *n.* ⓒ (1)공화주의자. (2)(R-) 《美》 공화당원, 공화당 지지자.
파) **~·ism** [-ìzəm] *n.* ⓤ (1)공화 정체 ; 공화주의. (2)(R-) 《美》 공화당의 주의〈정책〉.
Repúblican Párty (the ~) 《美》 공화당.
re·pu·di·ate [ripjúːdièit] *vt.* (1)…을 거부하다, 부인하다, 거절하다. (2)(채무 이행)을 거부하다 ; (국가·자치 단체 등이) …의 지급 의무를 부인하다. (3)(어버이와 자식)의 인연을 끊다, 의절하다.
re·pu·di·a·tion [ripjùːdiéiʃən] *n.* ⓤⓒ (1)거부, 거절. (2)부인. (3)지급 거절. (4)(자식과의) 절연 ; 이혼.
re·pug·nance [ripʌ́gnəns] *n.* ⓤ 질색, 강한 반감, 혐오.
re·pug·nant [ripʌ́gnənt] *a.* (1)비위에 거슬리는, 불유쾌한, 싫은《*to*》. (2)〔敍述的〕 모순된《*to*》 ; 일치〈조화〉되지 않는《*to* ; *with*》. 파) **~·ly** ad.
·re·pulse [ripʌ́ls] *vt.* (1)…을 되쫓아버리다, 격퇴하다. (2)…을 거절하다 ; 퇴박놓다. ― *n.* (*sing.*) 격퇴 ; 거절.
re·pul·sion [ripʌ́lʃən] *n.* ⓤ (1)반감, 혐오《*for*》. (2)【物】 척력(斥力), 반발 작용(【opp.】 *attraction*).
re·pul·sive [ripʌ́lsiv] *a.* (1)몹시 싫은, 불쾌한 《*to*》. (2)【物】 반발하는. 파) **~·ly** *ad.* **~·ness** *n.*
rep·u·ta·ble [répjətəbəl] *a.* 평판 좋은, 영명(令名) 높은 ; 훌륭한, 존경할 만한(respectable).
파) **-bly** [-bəli] *ad.* 평판 좋게 ; 훌륭히.
:rep·u·ta·tion [rèpjətéiʃən] *n.* (1) ⓤ (또는 a ~) 평판, 세평《*of* ; *for*》. (2) ⓤ 명성, 신망, 호평.
·re·pute [ripjúːt] *n.* ⓤ (1)(좋은 또는 나쁜) 평판, 세평. (2) ⓤ 명성, 영명(令名). ***through good and ill ~*** 세평에 개의치〈구애받지〉 않고.
re·put·ed [ripjúːtid] *a.* 〔限定的〕 유명한 ; …라 일컬어지는, …이란 평판이 있는.
파) **~·ly** *ad.* 〔文章修飾〕 평판으로는, 세평에 의하면.
:re·quest [rikwést] *n.* (1) ⓤⓒ 요구, 요망, 의뢰, 소망. (2) ⓒ 의뢰물 ; 요망서 . (3)ⓤ 수요(demand). ***at*** a person***'s ~*** =***at the ~ of*** a person 아무의 부탁〈요구〉에 의하여. ***by ~*** 의뢰에 의하여, 요구에 응하여. ***be in*** (***great***) ***~*** (대단히 많은) 수요가 있다. ***come into ~*** 수요가 생기다. ***in ~*** 수요가 있어서. ***on ~*** 신청에 의해 ; 청구하는 대로.
― *vt.* (1)…을 요청하다, (신)청하다. (2)《~+目/+目+*to* do/+*that* 節/+目+*that* 節》 …에게 원하다, …에게 부탁〈청〉하다.
requést stòp (승하차객이 있을 때만 서는) 버스 정류소.
req·ui·em [rékwiəm, ríː-, réi-] *n.* ⓒ (1)(종종 R-) 【가톨릭】 죽은 이를 위한 미사, 그 미사곡, 위령곡, 레퀴엠. (2) (죽은 이의 명복을 비는) 애가(哀歌)(dirge), 만가(挽歌), 진혼곡.
réquiem máss 위령 미사, 연미사.
:re·quire [rikwáiər] *vt.* (1)《~+目/+目+前+名/+目+*to* do/+*that* 節》 …을 요구하다, 명하다, 규정하다《*of*》. (2)《~+目/+*to* do/+*-ing*/+*that*節》 …을 필요로 하다 ; …할〈될〉 필요가 있다. ***if circumstances ~*** 필요하다면. ***It ~s that*** …할 필요가 있다. ― *vi.* (법률 등이) 요구하다, 명하다.
re·quired [rikwáiərd] *a.* (학과 등이) 필수의.
:re·quire·ment [rikwáiərmənt] *n.* ⓒ (1)요구 하는 것, 요구물, 요건. (2)필요로 하는 것, 필요물 ; 필요 조건.
·req·ui·site [rékwəzit] *a.* 〔限定的〕 필요한, 없어서는 안 될(essential), 필수의(needful)《*to* ; *for*》. ― *n.* ⓒ (흔히 *pl.*) 필요물, 필수품, 필수조건《*for* ; *of*》. 파) **~·ly** *ad.* **~·ness** *n.*
req·ui·si·tion [rèkwəzíʃən] *n.* (1) ⓤ (특히 군대 등에 의한) 징발, 징용 ; 접수(接受). (2) ⓒ 징발령 《*for*》.
― *vt.* 《~+目/+目+前+名》 …을 징발하다, 징용하다, 접수하다《*for*》. ***be in*** 〈***under***〉 ***~*** 수요가 있다, 사용되다. ***bring*** 〈***call, place***〉 ***into ~*** =***put in ~*** =***lay under ~*** 징용〈징발〉하다.
re·quit·al [rikwáitl] *n.* ⓤ 보수, 보답 ; 앙갚음, 보복.
re·quite [rikwáit] *vt.* (1)《~+目/+目+前+名》 …을 갚다, 보상하다, 보답하다. (2)《+目+前+名》 …을 앙갚음하다, 보복하다《*for* ; *with*》 ; 벌하다, 징벌하다.
·re·read [riːríːd] (*p.*, *pp.* **-read** [-réd]) *vt.* …을 다시 읽다, 재독(再讀)하다.
rere·dos [ríərdɑs/ -dɔs] *n.* ⓒ 제단(祭壇) 뒤의 장식 벽〈병풍〉(altarpiece).
re·route [riːrúːt, -ráut] *vt.* …을 다른〈새로운〉 길로 수송하다 ; (항공기의 항로)를 변경시키다.
re·run [ríːrʌ̀n] *n.* ⓒ (1)【映】 재상영(영화) ; 【TV】 재방송(프로). (2)【컴】 재실행.
― [riːrʌ́n] (**-ran** [-rǽn] ; **-run ; -run•ning**) *vt.* (1) …을 재상영하다 ; 재방송하다. (2)(레이스)를 다시 하다. (3)【컴】 …을 다시 실행하다.
re·sale [ríːsèil, ⌐⌐] *n.* ⓤⓒ 재판매, 재매각 ; 전매(轉賣) ; (구매자에게의) 추가 판매.
résale price màintenance 재판매 가격 유지.
re·sched·ule [riːskédʒu(ː)l] (**-uled ; -ul•ing**) *vt.* (1)…의 스케줄을 다시 잡다, 계획을 변경하다. (2)(채무 변제)를 연장하다.
re·scind [risínd] *vt.* (법률·조건 등)을 폐지하다 ; (계약 등)을 무효로 하다, 취소하다.

R

파) ~·ment *n.*

re·scis·sion [risíʒən] *n.* ⓤ 폐지, 취소, 무효로 함, 철폐.

:res·cue [réskju:] *vt.* (1)《~+目/+目+前+名》…을 구조하다, 구하다 ; (파괴 따위)로부터 보호하다. (2)【法】(압류 물건)을 불법으로 탈환하다 ; (죄수)를 탈주시키다.
— *n.* (1) ⓤⓒ 구조, 구출, 구제. (2) ⓤ【法】불법 탈환〈석방〉.
파) **rés·cu·er** *n.* ⓒ 구조자, 구원자.

:re·search [risə́:rtʃ, rí:sə:rtʃ] *n.* ⓤ〔종종 one's ~es 로〕(학술) 연구, 조사, 과학적 탐구, 신중한 탐색《*for* ; *in* ; *on*》. — *vi.*《~/+前+名》연구하다, 조사하다《*into*》. — *vt.* …을 연구하다, 조사하다. 파) ***~·er** *n.* 연구〈조사〉원.

reséarch-inténsive [risə́:rtʃinténsiv] *a.* 연구 개발에 돈이 많이 드는.

re·seat [ri:sí:t] *vt.* (1)〔再歸的〕다시 앉다《※ 受動으로도 쓰임》. (2)(의자)의 앉는 부분을 갈다.

re·sell [ri:sél] (*p.*, *pp.* ***-sold*** [-sóuld]) *vt.* …을 다시 팔다, 전매하다.

·re·sem·blance [rizémbləns] *n.* (1) ⓤⓒ 유사(성), 유사점《*to* ; *between*》. (2) ⓒ 닮은 얼굴, 초상화.

:re·sem·ble [rizémbəl] *vt.* …와 닮다, …와 공통점이 있다.

·re·sent [rizént] *vt.*《~+目/+-*ing*》…에 골내다, …에 분개하다 ; 원망하다.

re·sent·ful [rizéntfəl] *a.* 분개한, 성마른 ; 성 잘 내는.
파) **~·ly** *ad.* **~·ness** *n.*

·re·sent·ment [rizéntmənt] *n.* ⓤ (또는 a ~) 노함, 분개《*against* ; *at* ; *toward*》.

·res·er·va·tion [rèzərvéiʃən] *n.* (1) ⓤⓒ 예약 ; 예약석, 예약실. (2) ⓤⓒ 조건, 제한, 단서(但書). (3 ⓒ 인디언 보호 거주지 ;《英》차도의 중앙 분리대. ***make ~s*** 전세 예약을 하다, 유보 조항을 달다. ***mental ~*** 심중유보, 심거유보. ***off the ~*** 일상의 속박에서 벗어나다. ***without ~*** 솔직하게 ; 무조건적으로.

:re·serve [rizə́:rv] *vt.* (1)《~+目/+目+前+名》(미래 혹은 어떤 목적을 위하여) …을 떼어두다, 비축하다 . (2)《+目+前+名》(특정한 사람 등을 위하여) …을 준비〈마련〉해 두다 ; 예정해 두다 ; 운명지우다《*for* ; *to*》《※ 흔히 과거분사로 형용사적으로 쓰임》. (3)…을 예약하다. (4)(권리·이익)을 유보하다.
— *n.* (1) ⓤⓒ 비축, 예비 ; (*pl.*) 예비〈보존〉품 ; (pl.) 준비〈적립〉금 ; 후보 선수. (2)(종종 Reserve, the ~, *pl.*)【軍】예비대〈함대〉; 예비역병 ; 보결선수 (3) ⓒ (종종 *pl.*) 준비금, 적립금. (4) ⓒ〔修飾語와 함께〕특별 보류지. (5) ⓒ (경매 등의)최저 가격. (6) ⓤ 삼감 ; 침묵. ***with all*** (***proper***) ~ 시인을〈지지를〉유보하고, 진위에 대해 보증을 일체 하지 않고. ***with ~*** 조건부로 ; 사양하여 ***without ~*** 기탄 없이, 사양하지 않고 ; 무조건적으로.
— *a.*〔限定的〕예비의 ; 준비의.

resérve bànk《美》연방 준비 은행.

·re·served [rizə́:rvd] *a.* (1)보류된, 따로 치워둔 ; 전세의, 예약의 ; 예비의 ; 저장〈보존〉되어 있는. (2) 겸양하는, 서름서름한, 수줍어하는, 말없는, 내성적인. (3)〔敍述的〕숙명적인, 운명적인《*for*》. 파) **~·ness** *n.*

re·serv·ed·ly [rizə́:rvidli] *ad.* 삼가서, 서름서름하게.

resérve prìce【商】최저 경매 가격.

re·serv·ist [rizə́:rvist] *n.* ⓒ 예비병, 재향 군인.

·res·er·voir [rézərvwà:r, -vwɔ̀:r] *n.* ⓒ (1)저장소 ; 저수지, 급수소〈탱크〉. (2)(지식·부 따위의) 축적, 저장.

re·set[1] [ri:sét] (*p.*, *pp.* ***-set*** ; ***-set·ting***) *vt.* (1)《~+目/+目+前+名》…을 고쳐 놓다 ; (계기의 눈금)을 다시 맞추다. (2)(보석 따위)를 고쳐 박다. (3)칼날을 다시 세우다. (4)【印】(활자)를 다시 짜다. (5)【醫】(부러진 뼈)를 접골〈정골〉하다. (6)【컴】…을 재(再)시동〈리셋〉하다《메모리·낱칸(cell)의 값을 0으로 함》.
— [rí:sèt] *n.* ⓒ (1)바꾸어 놓기 ; 고쳐 박기. (2)【印】고쳐 짜기〈짠 것〉. (3)【컴】재시동, 리셋.

re·set·tle [ri:sétl] *vt.* (특히, 피난민)을 다시 정주(定住)시키다《*in*》. — *vi.* 다시 정주하다.
파) **~·ment** *n.* ⓤ 재정주 ; 재식민.

re·shuf·fle [ri:ʃʌ́fəl] *vt.* (1)(카드의 패)를 다시 치다〈섞다〉. (2)(내각 등)을 개편하다. — n. ⓒ (1)(패를) 다시 침〈섞음〉. (2)(내각 등의) 개편.

:re·side [rizáid] *vi.*《+前+名》(1)살다《*at* ; *in*》; 주재하다. (2)존재하다 ; (성질이) 있다 ; (권리 등이 …에) 귀속하다, (…으로) 돌아가다《*in*》.

:res·i·dence [rézidəns] *n.* (1) ⓤ 주거, 주택 ; 저택. (2) ⓤ 거주, 재주(在住) ; 주재, 재근(在勤), 재학. (3) ⓤ 체재〈주재〉기간. ▫ reside *v.* ***in ~*** 1)주재하여, 관저〈공관〉에 살며. 2)(대학 기숙사 내에) 기숙하여, 재학하여.

res·i·den·cy [rézidənsi] *n.* ⓤ《美》(전문의의) 수련 기간《병원에서 기숙》; 수련의의 신분.

:res·i·dent [rézidənt] *a.* (1)거주하는, 재주〈거류〉하는《*at* ; *in*》. (2)주재하는, 입주하는. (3)〔敍述的〕고유의, 내재하는《*in*》. (4)(탤런트·기술자·학자 등이) …에 전속된, 전임의. (5)(새나 짐승이) 이주하지 않는.
— *n.* ⓒ (1)거주자, 살고 있는 사람, 거류민. (2)(호텔 등의) 투숙객, 체재자. (3)텃새.【cf.】migrant, MIGRATORY bird (4)《美》전문의(醫) 수련자 ; 실습생《병원·연구소에 숙식하는》.

·res·i·den·tial [rèzidénʃəl] (***more ~*** ; ***most ~***) *a.*〔限定的〕(1)주거의, 주택에 알맞은. (2)(일이나 연구 등을) 현지〈학교〉에 거주하면서 하는. (3)장기 투숙객을 위한 ; (학생을 위한) 숙박 설비가 있는.

re·sid·u·al [rizídʒuəl] *a.*〔限定的〕(1)나머지의. (2)【數】나머지의 ; (계산의 오차를) 설명할 수 없는
— *n.* ⓒ (1)잔여 ; 찌꺼기. (2)【數】나머지 ; 오차. (3)(*pl.*) (출연자에게 주는) 재방송료. (4)(종종 *pl.*)【醫】후유증.

re·sid·u·ary [rizídʒuèri/ əri] *a.*〔限定的〕잔여의, 나머지의 ; 잔류성의 ;【法】잔여재산의.

res·i·due [rézidjù:] *n.* ⓒ (흔히 *sing.*) (1)나머지. (2)【法】잔여재산. (3)【化】찌꺼기.

re·sid·u·um [rizídʒuəm] (*pl.* ***-sid·ua*** [-dʒuə]) *n.* ⓒ (1)나머지 ; 찌꺼기 ;【化】잔류물 ;【數】나머지 ; 오차. (2)【法】잔여 재산.

:re·sign [rizáin] *vt.* (1)(지위·관직 따위)를 사임하다, 사직하다, 그만두다. (2)(권리 따위)를 포기하다, 단념하다. (3)(사람·일 따위)를 …에 맡기다《*to*》. (4)《+目+前+名》〔흔히 再歸的 또는 受動으로〕몸을 맡기다, 따르다《*to*》. ▫ resignation *n.*
— *vi.*《~/+前+名/+*as* 補》사임하다, 사직하다《*from*》. (2)(운명에) 복종하다, 맡기다《*to*》.

·res·ig·na·tion [rèzignéiʃən] *n.* (1) ⓤⓒ 사직, 사임. (2) ⓒ (흔히 one's ~) 사표. (3)ⓤ 포기, 단념 ;

체념, 인종(忍從), 감수《*to*》.

re·signed [rizáind] *a.* (1)체념한, 복종하고 있는 ; 감수하는, 체념하는《*to*》. (2)사직〈퇴직〉한; 사직〈사임〉해서 자리가 빈.

re·sign·ed·ly [rizáinidli] *ad.* 체념하여, 어쩔 수 없이.

re·sil·ience, -ien·cy [rizíljəns, -liəns], [-ənsi] *n.* ⓤ (또는 a ~) (1)되튐, 반발 ; 탄성(elasticity), 탄력. (2)(원기의) 회복력.

re·sil·ient [rizíljənt, -liənt] *a.* (1)되튀는 ; 탄력 있는. (2)곧 원기를 회복하는; 쾌활한, 발랄한. 파) **~·ly** *ad.*

·res·in [rézin] *n.* ⓤⓒ (1)(나무의) 진, 수지(樹脂), 송진. (2)합성 수지(synthetic resin).

res·in·at·ed [rézənèitid] *a.* 수지 가공〈처리〉한 ; 수지의 향을 바른.

res·in·ous [rézənəs] *a.* 수진(질)의, 수지 모양의, 진이 많은, 수지를 함유한, 수지로 만든.

:re·sist [rizíst] *vt.* (1)《~+目/+-*ing*》 …에 저항하다 ; 격퇴하다 ; 방해하다. (2)(병·화학 작용 등)에 견디다, 침식〈영향〉받지 않다. (3)《~+目/+-*ing*》〔주로 否定文에서〕 …을 참다.
— *vi.* 저항하다.

:re·sist·ance [rizístəns] *n.* (1) ⓤ (또는 a ~) 저항, 반항. (2) ⓤ (종종 the R-) **[政]** (특히 제2차 세계 대전 중의 나치스 점령지에서의) 레지스탕스, 지하 저항(운동). (3) ⓤ **[物]** 저항 ; 저항기 ; (세균·병에 대한) 내성. ***the line of least ~*** 가장 편한 방법.

re·sist·ant [rizístənt] *a.* (1)저항하는, 반항하는. (2)〔종종 複合語로〕 견디는, 내성(耐性)이 있는.

re·sist·i·ble [rizístəbəl] *a.* 저항〈반항〉할 수 있는.

re·sis·tor [rizístər] *n.* ⓒ **[電]** 저항기(器).

re·sole [riːsóul] *vt.* (구두)의 창을 갈다.

re·sol·u·ble [rizáljəbəl, rézəl- /rizɔ́l-] *a.* (1)분해〈용해〉할 수 있는《*into*》. (2)해결할 수 있는.

·res·o·lute [rézəlùːt] (***more ~ ; most ~***) *a.* (1)굳게 결심한, 결연한. (2)굳은, 단호한.
파) **~·ly** *ad.* 단호히, 결연히. **~·ness** *n.*

:res·o·lu·tion [rèzəlúːʃən] *n.* (1)ⓤⓒ 결심, 결의. (2) ⓤ 확고한 정신, 과단. (3) ⓒ 결의, 결의안〈문〉. (4) ⓤ 해결, 해답《*of*》. (5) ⓤ 분해, 분석《*into*》. □ resolve *v.* ***pass a ~ against* 〈*in favor of*〉** …에 반대〈찬성〉의 결의를 하다.

re·solv·a·ble [rizálvəbəl -zɔ́lv-] a. =RESOL-UBLE.

:re·solve [rizálv/ -zɔ́lv] *vt.* (1)《~+目/+目+前+名》 …을 분해하다, 분석하다《*into*》. (2)《+目+前+名》〔종종 再歸的〕 …로 화하다, (분해하여) …으로 변형시키다《*into*》. (3)(문제·곤란 따위)를 풀다, 해결하다, 해소하다 ; (의혹)을 풀다. (4)《+*that* 節/+*to* do》 …을 결의하다, 결정하다. (5)《+目+*to* do》…에게 결심〈결정〉시키다. (6)《+*to* do/+*that* 節》 …을 결심하다.
— *vi.* 《+前+名》 결심하다, 결정하다, 결의하다《*on, upon*》. (2)《+前+名》 분해하다, 변하다 ; 환원하다, 귀착하다《*into* ; *to*》. □ resolution *n.* resolute, resolvent *a.*
— *n.* (1) ⓤⓒ 결심, 결의. (2) ⓤ 《文語》 견인 불발. (3) ⓒ 《美》(의회 등의) 결의.

·re·solved [rizálvd/ -zɔ́l-] *a.* 〔敍述的〕 결심한 (determined), 단호한(resolute) ; 깊이 생각한. 파) **re·sólv·ed·ly** [-idli] *ad.* 단호히, 결연히.

res·o·nance [rézənəns] *n.* (1) ⓤⓒ 반향, 울림 ; 여운. (2)**[物]** ⓤ 공명(共鳴), 공진(共振).

res·o·nant [rézənənt] *a.* 공명하는 ; 반향하는, 울리는《*with*》. 파) **~·ly** *ad.*

res·o·nate [rézənèit] *vi.* (1)울리다, 울려 퍼지다. (2)(…에) 공진〈반향〉하다《*with*》. 파) **-na·tor** [-ər] *n.* ⓒ 공명기(共鳴器), 공명체 ; **[電子]** 공진기, 공진자(子).

re-sort [riːsɔ́ːrt] *vt.* …을 재분류하다.

:re·sort [rizɔ́ːrt] *n.* (1) ⓒ a]유흥지, 행락지. b]〔흔히 修飾語를 수반하여〕 사람들이 잘 가는 곳. (2) ⓤ 자주 다님, 사람들의 출입. (3) ⓤ 의지, 의뢰《*to*》; ⓒ 의지가 되는 사람〈물건〉, 수단, 방책. ***have* 〈*make*〉 *~ to*** (violence) (폭력)에 호소하다. ***in the last ~*** =***as a* 〈*the*〉 *last ~*** 최후의 수단으로서, 결국. ***without ~ to*** …에 의지하지 않고. — *vi.* (1)《+前+名》 가다 ; 자주 드나들다〈습관적으로 다니다〉《*to*》. (2)《+前+名》 의지하다, 도움을 청하다, 호소하다《*to*》.

re·sort·er [rizɔ́ːrtər] *n.* ⓒ (유흥지 따위에) 잘 가는〈모이는〉 사람.

·re·sound [rizáund] *vi.* (1)(소리가) 울리다, 울려 퍼지다 ; 공명하다《*through* ; *throughout* ; *in*》. (2)《~/+前+名》 반향하다《*with*》. (3)《+前+名》 (사건·명성 따위가) 떨치다, 평판이 자자하다《*through* ; *throughout* ; *all over*》. — *vt.* (1) 반향하다. (2) 큰소리로 말하다, 극구 칭찬하다, 찬양하다.

re·sound·ing [rizáundiŋ] *a.* 〔限定的〕 (1)반향하는, 울리는. (2)널리 알려진 ; 철저한. 파) **~·ly** *ad.*

:re·source [ríːsɔːrs, -zɔːrs, risɔ́ːrs, -zɔ́ːrs] *n.* (1) ⓒ (흔히 *pl.*) 자원 ; 물자 ; 재원(~ of money), 자력. (2) ⓒ (의지하는) 수단, 방책. (3) ⓒ 힘, 재능, 역량. (4) ⓒ 소창, 위안, 오락. (5) ⓤ 기지, 재치 ; 임기응변.
leave a person ***to*** his ***own ~s*** 아무를 그의 하고 싶은 대로 놓아두다. ***without ~*** 의지할 곳 없이.

re·source·ful [risɔ́ːrsfəl, -zɔ́ːrs-] *a.* 꾀바른, 기략이 풍부한, 책략이 있는. 파) **~·ly** *ad.* **~·ness** *n.*

:re·spect [rispékt] *n.* (1)ⓤ (또는 a ~) 존경, 경의(敬意)《*for*》. (2)(one's ~s) 인사, 안부를 전함《*to*》. (3) ⓤ 존중, 중시《*for*》. (4) ⓤ 주의, 관심《*to*》. (5) ⓒ 점, 개소, 세목. ***in all* 〈*some*〉 *~s*** 모든〈어떤〉 점에서. ***in every ~*** 모든 점에서. ***in no ~*** 아무리 보아도 〈전연〉 …이 아니다. ***in ~ of* 〈*to*〉** …에 관해서는, …에 대해서는; …의 대가〈사례〉로서《상업 통신문에서》. ***with* (*all due*) *~*** 의견은 지당합니다마는, 송구스럽습니다마는. ***without ~ to* 〈*of*〉** …을 무시하고〈고려하지 않고〉. ***with ~ to*** …에 관해.
— *vt.* (1)《~+目/+目+*as* 補》 …를 존중하다, 존경하다. (2)…을 중히 여기다, 고려에 넣다.

re·spect·a·bil·i·ty [rispèktəbíləti] *n.* (1) ⓤ 존경할 만함 ; 체면 ; 상당한 사회적 지위가 있음. (2)〔集合的〕 훌륭한 사람들 ;〔反語的〕 점잖은 양반들.

:re·spect·a·ble [rispéktəbəl] (***more ~ ; most ~***) *a.* (1)존경할 만한, 훌륭한, 신분이 높은. (2)흉하지 않은, 모양새 좋은. (3)《口》 (질·수량 등이) 상당한. 파) **-bly** *ad.* 훌륭하게, 꽤. **~·ness** *n.*

re·spect·er [rispéktər] *n.* ⓒ 〔흔히 否定構文〕 차별 대우하는 사람, 편들어주는 사람. ***be no ~ of persons*** (하느님·죽음·법 따위가) (지위·빈부 등에 의해) 사람을 차별하지 않다《사도행전 X : 34》.

·re·spect·ful [rispéktfəl] (***more ~ ; most ~***) *a.* 경의를 표하는, 공손한, 정중한《*to* ; *toward(s)*》 ; (…을) 중히 여기는《*of*》. 파) **~·ness** *n.*

:re·spect·ful·ly [rispéktfəli] *ad.* 공손히, 정중하게. ***Respectfully yours*** =***Yours ~*** 경백(敬白), 경

R

구(敬具)《편지의 끝맺는 말》.

re·spect·ing [rispéktiŋ] *prep.* …에 관하여 ; …에 비추어. 【cf.】 concerning, regarding.

·re·spec·tive [rispéktiv] *a.* 〔限定的〕 각각의, 각기의, 각자의〔흔히 複數名詞를 수반함〕. 파) ***~·ly** *ad.* 각각, 각기, 따로따로.

·res·pi·ra·tion [rèspəréiʃən] *n.* (1) ⓤ 호흡. (2) ⓒ 한 번 숨쉼.

res·pi·ra·tor [réspərèitər] *n.* ⓒ 마스크《천으로 된》 ; 방독면, 가스 마스크 ; 인공 호흡 장치.

res·pi·ra·to·ry [réspərətɔ̀ːri, rispáiərə- /rispáiərətəri] *a.* 〔限定的〕 호흡(작용)의, 호흡(성(性))의 ; 호흡을 위한.

re·spire [rispáiər] *vi.* 호흡하다.

res·pite [réspit] *n.* ⓤ (또는 a ~) (1)연기 ; 유예 ; 【法】 (사형의) 집행 유예. (2)휴식, 중간 휴식 《*from*》. — *vt.* (1) …에게 형의 집행을 유예하다. (2) 연기하다. (3) 정지하다. (4) 일시적으로 덜어주다.

re·splend·ence, -en·cy [rispléndəns], [-i] *n.* ⓤ 번쩍임, 광휘, 눈부심, 찬란함(brilliancy).

re·splend·ent [rispléndənt] *a.* 빤짝빤짝 빛나는, 눈부신. 파) **~·ly** *ad.* 번쩍이고, 눈부시게.

:re·spond [rispánd/ -spɔ́nd] *vi.* (1)《~/+前+名》 응답하다, 대답하다, 응(수)하다《*to*》. (2)(자극 등에) 반응하다 ; (약 등에) 좋은 반응을 보이다. (3)【教會】 (회중이 사제에게) 답창〈응창〉하다. — *vt.* …라고 답하다, 응답하다. ▫ response *n.*

re·spond·ent [rispándənt/ -spɔ́nd-] *n.* ⓒ (조사 등의) 회답자 ; 【法】 피고《이혼 소송의》.

:re·sponse [rispáns/ -spɔ́ns] n. (1) ⓒ 응답, 대답. (2) ⓤⓒ 감응, 반응 ; 【生·心】 반응. (3) ⓒ (흔히 *pl.*) 【教會】 답창, 화창하는 구절. ▫ respond *v.* ***in ~ to*** …에 응하여〈답하여〉. ***make no ~*** 대답하지 않다, 응답이 없다.

:re·spon·si·bil·i·ty [rispànsəbíləti/ -spɔ̀n-] *n.* (1) ⓤ 책임, 책무, 의무《*of* ; *for*》. (2) ⓒ 책임이 되는 것, 부담, 무거운 짐. (3) ⓤ 신뢰성〈도〉 ; 의무 이행 능력, 지급 능력. ***be relieved of*** one***'s ~*** 〈***responsibilities***〉 책임을 면하게 되다.

:re·spon·si·ble [rispánsəbəl/ -spɔ́n-] (***more ~ ; most ~***) *a.* (1)…에 책임 있는, 책임을 져야 할《*to* ; *for*》. (2)원인이 되는, …의 탓인《*for*》. (3)신뢰할 수 있는, 책임을 다할 수 있는, 도의심이 있는. (4)책임이 무거운. ▫ responsibility *n.* ***hold*** a person 〈oneself〉 ***~ for*** 아무에게 …의 책임을 지우다〈…의 책임을 맡다〉. ***make oneself ~*** for …의 책임을 지다. 파) **-bly** *ad.* 책임지고, 확실히.

·re·spon·sive [rispánsiv/ -spɔ́n-] *a.* 곧 응답하는, 응하는 ; 감응〈감동〉하기 쉬운《*to*》. 파) **~·ly** *ad.* 대답하여 ; 반응하여. **~·ness** *n.*

:rest[1] [rest] *n.* (1) ⓤⓒ 휴식, 휴게, 정양. (2) ⓤ (또는 a ~) 안정, 안락 ; 안심. (3) ⓤⓒ 수면. (4) ⓤ 휴지, 정지(靜止). (5) ⓒ 【樂】 휴지, 쉼표. (6) ⓒ (물건·발을 올려놓는) 받침 ; 《英》 【撞球】 큐대, 레스트. ***at ~*** 1)휴식하여, 안심하여, 안정되어. 2)(기계 등이) 정지하여. 3)해결되어. 4)영면하여. ***be called to*** one***'s eternal ~*** 영원히 잠들다, 죽다. ***come to ~*** 정지하다, 멈추다. ***Give it a ~ !*** 《英口》 그만해 ; 입 다물어. ***lay... to ~*** 1)매장하다. 2)망각하다.

— *vi.* (1)《~/+前+名》 쉬다, 휴식하다《*from*》. (2)《~/+前+名》 눕다, 자다 ; 영면하다, 지하에 잠들다. (3)〔흔히 否定文에서〕《~/+前+名》 안심하다, 안심하고 있다. (5)《+前+名》 (…에) 있다, 놓여 있다, 얹혀 있다, 기대다; 앉다《*on, upon* ; *against*》 ; (시선 따위가) 쏠리다, 멈추다. (6)《+前+名》신뢰를 두다《*in*》 ; 의지하다《*on, upon*》. (7)《+前+名》 기초를 두다, 의거하다《*on, upon*》 ; (결정 등이) …에게 있다 《*with*》. (8)(땅이) 갈지 않은 채로 있다, 놀고 있다. (9)《+前+名》 (짐·책임이) 지워져 있다《*on, upon*》. (10)《+前+名》오래 머무르다, 감돌다《*on, upon*》. (11)【法】 (변호인이) 증거 제출을 자발적으로 중지하다.

— *vt.* (1) a]…을 쉬게 하다, 휴식시키다 ; 휴양시키다 ; 편히 쉬게 하다. b]〔再歸的〕 휴식하다. (2)《+目+前+名》 …을 놓다, 얹다; 세워 놓다, 기대게 하다 《*on, upon* ; *against*》. (3)《+目+前+名》 (시선 등)을 멈추다. (4)《+目+前+名》 …에 기초를 두다 ; …에 의거하다 ; (희망 등)을 걸다. (5)【法】 …의 증거 제출을 자발적으로 중지하다.

:rest[2] *n.* (the ~) (1)나머지, 잔여(殘餘). (2)〔集合的〕 나머지〈그 밖의〉 사람들.

re·stage [riːstéidʒ] *vt.* (연극 등)을 재상연하다.

rést àrea 《美》 (고속 도로 등의) 대피소.

re·state [riːstéit] *vt.* …을 다시 진술하다 ; 고쳐 말하다. 파) **~·ment** [-mənt] *n.* ⓒ,ⓤ 재성명.

:res·tau·rant [réstərənt, -rɑ̀ːnt/ -rɔ̀nt, -rɔ̀ːŋ] *n.* ⓒ 《F.》 요리점, 레스토랑 ; (호텔 등의) 식당.

réstaurant càr 《英》 식당차(dining car).

res·tau·ra·teur [rèstərətə́ːr/ -tɔ(ː)rə-] *n.* ⓒ《F.》 요리점 경영자.

rést cùre 안정 요법《주로 정신병의》.

rést dày 안식일, 휴일.

rest·ed [réstid] *a.* 휴식한, 쉰.

rest·ful [réstfəl] *a.* 휴식을 주는 ; 고요한, 한적한, 편안한, 평온한. 파) **~·ly** *ad.* **~·ness** *n.*

rést hòuse (여행자를 위한) 휴게소, 숙박소.

rest·ing-place [réstiŋplèis] *n.* ⓒ 휴식처 ; 무덤 : one's last ~ 무덤.

res·ti·tu·tion [rèstətjúːʃən] *n.* ⓤ (정당한 소유자에의) 반환, 배상. (2) 복위, 복직

res·tive [réstiv] *a.* (1)침착하지 못한, 안달하는, 마음이 들뜬(restless). (2)(말 따위가) 나아가기를 싫어하는, 힘에 부치는 ; 다루기 힘든 ; 반항적인. 파) **~·ly** *ad.* **~·ness** *n.*

:rest·less [réstlis] (***more ~ ; most ~***) *a.* (1)침착하지 못한, 들떠 있는. (2)〔限定的〕 잠을 이룰 수 없는, 불안한. (3)끊임없는. 파) **~·ly** *ad.* **~·ness** *n.*

re·stock [riːsták/ -stɔ́k] *vt.* …을 보충하다, 새로 사들이다《*with*》. — *vi.* 새로 사들이다.

re·stor·able [ristɔ́ːrəbəl] *a.* 회복〈복구〉할 수 있는.

·res·to·ra·tion [rèstəréiʃən] *n.* (1) ⓤ 회복 ; 복구《*of*》 ; 복직 ; 반환《*of* ; *to*》. (2) ⓤⓒ (미술품·문헌 따위의) 수복(修復), 복원(復元) ; ⓒ (건축·미술품·고생물 따위의) 원형 모조, 수복〈복원〉된 것. (3)(the R-) 【英史】 왕정 복고《1660년 Charles 2세의 즉위》, 왕정 복고 시대(1660-88).

re·stor·a·tive [ristɔ́ːrətiv] *a.* 〔限定的〕 (건강·원기를) 회복시키는. — *n.* ⓒ 각성제.

:re·store [ristɔ́ːr] *vt.* (1)《~+目/+目+前+名》 …을 원장소에 되돌리다 ; 반환〈반송〉하다《*to*》. (2)…을 부흥〈부활〉하다 ; 복구〈재건〉하다 ; 복원하다, 수선하다. (3)《~+目/+目+前+名》 (원지위)로 복귀시키다 ; 복위시키다. (4)《~+目/+目+前+名》 (…의 건강·의식

따위)를 회복시키다. ▫ restoration *n.*
파) **re·stór·er** [-rər] *n.* ⓒ 〔흔히 修飾語와 함께〕 원상 복구시키는 사람〈것〉.

:re·strain [ristréin] *vt.* (1)《~+目/+目+前+名》 …을 제지〈방지〉하다 ; 제한하다. (2)(감정·욕망 등)을 억누르다, 억제하다. (3)…를 구속하다, 감금하다. ▫ restraint *n.* ~ one***self*** 참다, 자제하다.

·re·strained [ristréind] *a.* (1)삼가는, 자제하는. (2)억제된, 진득한, 침착한.
파) **re·strain·ed·ly** [-stréinidli] *ad.*

·re·straint [ristréint] *n.* (1) ⓤⓒ 제지, 금지, 억제(작용·력) ; 억제 수단〈도구〉. (2) ⓤ 속박, 구속, 감금. (3) ⓤ 자제, 근신. ▫ restrain *v.*

·re·strict [ristríkt] *vt.* 《~+目/+目+前+名》 …을 제한하다, 한정하다《*to*》. ▫ restriction *n.*

·re·strict·ed [ristríktid] *a.* (1)한정된, 제한된 : ⇨ RESTRICTED AREA. (2)특정한 목적〈사람〉에 한정된. (3)《美》 (정보·문서 따위가) 기밀의, 부외비(部外秘)의. (4)비좁은, 답답한.
파) **~·ly** *ad.* **~·ness** *n.*

restrícted área 【美軍】 출입 금지 구역 ; 《英》자동차 속도 제한 구역.

·re·stric·tion [ristríkʃən] *n.* ⓤⓒ 제한, 한정 ; 제약. ▫ restrict *v.*

restríction ènzyme 【生化】 제한 효소《이중 사슬 DNA를 특정 부위에서 절단하는 효소》.

·re·stric·tive [ristríktiv] *a.* (1)제한하는, 구속하는, 한정하는. (2)【文法】 한정적인. 파) **~·ly** *ad.* **~·ness** *n.*

rést ròom 《美》 (극장 따위의) 휴게실 ; 화장실.

re·struc·ture [riːstrʌ́ktʃər] *vt.* …을 재구성〈편성〉하다, 개조하다. — *vi.* 다시 구축하다, 구조를 개조하다.

rést stòp =REST AREA.

:re·sult [rizʌ́lt] *n.* (1) ⓤⓒ 결과, 결말, 성과, 성적. (2) ⓒ (계산의) 결과, 답. (3)(*pl.*) (경기 따위의) 결과, 성적 ; 《英俗》 (축구 경기의) 승리. ***as a ~ of*** …의 결과로서. ***without ~*** 헛되게, 보람없이 ; 공연한. ***with the ~ that*** 그 결과.
— *vi.* (1)《~/+前+名》 결과로서 일어나다, 생기다, 유래하다《*from*》. (2)《+前+名》 귀착하다, 끝나다《*in*》.

·re·sult·ant [rizʌ́ltənt] *a.* 〔限定的〕 (1)결과로서 생기는. (2)【物】 합성된.
— *n.* ⓒ 결과 ; 【物】 합성력 ; 합성 운동.

re·sult·ful [rizʌ́ltfəl] *a.* 성과〈효과〉 있는.

re·sult·less [rizʌ́ltlis] *a.* 성과〈효과〉 없는.

:re·sume [rizúːm/ -zjúːm] *vt.* (1)(자리 따위)를 다시 차지하다〈점유하다〉. (2)…을 되찾다 ; (건강)을 회복하다. (3)…을 다시 시작〈계속〉하다. (4) 다시 착용하다. (5) 용약하다. — *vi.* 다시 차지하다 ; 다시 찾다 ; 다시 시작하다, 계속하다.
▫ resumption *n.*

ré·su·mé [rèzuméi, ⌐-⌐] *n.* ⓒ (1)《F.》 적요, 요약, 경개(梗槪). (2)《美》 이력서.

·re·sump·tion [rizʌ́mpʃən] *n.* ⓤ (1)되찾음, 회수, 회복《*of*》. (2)재개시, 속행 ▫ resume *v.*

re·sur·face [riːsə́ːrfis] *vt.* …의 표지를 바꾸다, 거죽을 다시 꾸미다 ; (길)을 다시 포장하다.
— *vi.* (잠수함이) 다시 떠오르다.

re·sur·gent [risə́ːrdʒənt] *a.* 〔限定的〕 소생〈부활〉하는.
파) **re·súr·gence** *n.* ⓤ (또는 a ~) 재기, 부활.

res·ur·rect [rèzərékt] *vt.* (1)(쇠퇴한 습관 따위)를 부흥시키다. (2)【神學】 죽은 이를 소생시키다. — *vi.* 소생〈부활〉하다.

·res·ur·rec·tion [rèzərékʃən] *n.* (1)(the R-) 예수의 부활 ; (the R-) (최후의 심판일에 있어서의) 전(全)인류의 부활. (2) ⓤ 부활 ; 부흥, 재유행《*of*》. ▫ resurrect *v.*

re·sus·ci·tate [risʌ́sətèit] *vt.* (인공 호흡 따위)로 소생시키다 ; 의식을〈원기를〉 회복시키다.
파) **re·sùs·ci·tá·tion** *n.* ⓤ 소생, 부활.

·re·tail [ríːteil] *n.* ⓤ 소매(小賣) : at〈《英》 by〉 ~ 소매로. 〖opp.〗 *wholesale.* — *a.* 〔限定的〕 소매하는. — *ad.* 소매로. — *vt.* (1)…을 소매하다. (2)[ritéil] (들은 얘기)를 그대로 옮기다 ; (소문 따위)를 퍼뜨리다. — *vi.* 《+前+名》 소매되다《*at* ; *for*》.

re·tail·er [ríːteilər] *n.* ⓒ 소매상인.

:re·tain [ritéin] *vt.* (1)…을 보유〈유지〉하다, 간직하다. (2)(변호사·사환)을 고용하다. (3)…을 잊지 않고 있다. ▫ retention *n.* 파) **~·ment** *n.*

re·táined óbject [ritéind-] 【文法】 보류 목적어.

re·tain·er[1] [ritéinər] *n.* ⓒ (1)보유자. (2)【史】 가신(家臣), 종자.

re·tain·er[2] *n.* ⓒ (변호사 따위의) 고용 ; 【法】 변호 의뢰(료)《예약을 위한》 ; 변호 약속.

retáining wàll 옹벽(擁壁).

re·take [riːtéik] (**-took** [-túk] ; **-taken** [-téikən]) *vt.* (1)…을 다시 잡다 ; 되찾다, 탈환〈회복〉하다. (2)(영화 따위)를 다시 찍다. (3)시험을 다시 치다.
— [ríːtèik] *n.* ⓒ (1)【映】 재촬영. (2)재시험.

re·tal·i·ate [ritǽlièit] *vi.* 《~/+前+名》 보복하다, 앙갚음하다《*on, upon* ; *for*》 ; 대꾸하다, 응수하다《*by* ; *with*》.
— *vt.* …에게 보복하다, 앙갚음하다.

re·tal·i·a·tion [ritæ̀lièisən] *n.* ⓤ 보복, 앙갚음. ***in ~ of*** 〈***for***〉 …의 보복으로.

re·tal·i·a·tive, -a·to·ry [ritǽlièitiv], [-ətɔ̀ːri / -ətəri] *a.* 보복적인.

re·tard [ritáːrd] *vt.* …을 늦어지게 하다, 지체시키다 ; 방해하다, 저지하다. — *vi.* 늦어지다, 지연되다. — *n.* 지체, 지연, 방해, 저지. ***in ~*** 늦어서, 지체당하여. ***the ~ of the tide*** 〈***high water***〉 지조시간. 〖opp.〗 *accelerate.* ▫ retardation *n.*

re·tard·ant [ritáːrdənt] a. 〔흔히 複合形으로〕 늦어지게 하는 ; 저지하는. — *n.* ⓤⓒ 【化】 지연〈억제〉제(劑).

re·tar·date [ritáːrdeit] *n.* ⓒ 지능 발달이 뒤진 사람. — *a.* 《美》 지능 발달이 늦은.

re·tar·da·tion [rìːtaːrdéiʃən] *n.* ⓤⓒ 지연 ; 방해 ; 저지 ; 【心】 정신 지체《보통 IQ 70 미만》.

re·tard·ed [ritáːrdid] *a.* 발달이 늦은 ; (지능, 정서, 학력 등이) 뒤진.

retch [retʃ] *vi.* 헛구역질을 하다; 억지로 토하려고 하다. — *n.* ⓒ 구역질(소리).

re·tell [riːtél] (*p., pp.* **-told** [-tóuld]) *vt.* 다른 형식으로〈형태를 바꾸어〉 말하다 ; 다시 말하다.

re·ten·tion [riténʃən] *n.* ⓤ (1)보유, 보존 ; 보류 ; 유지. (2)보유력 ; 기억력. (3)【醫】 정체(停滯). ▫ retain *v.*

re·ten·tive [riténtiv] *a.* (1)보유하는, 보유력이 있는《*of*》. (2)기억력이 좋은. 파) **~·ly** *ad.* **~·ness** *n.*

re·think [riːθíŋk] (*p., pp.* **-thought**) *vt., vi.* 재고하다, 고쳐 생각하다. — [ríːθìŋk] *n.* ⓤ (또는 a ~) 재고.

R

ret·i·cent [rétəsənt] *a.* (1)과묵한 ; 말을 삼가는《*on* ; *about*》. (2)삼가는 ; 억제된. 파) **~·ly** *ad.* **-cence** [-səns] *n.* ⓤ 과묵, (입을) 조심함.

re·tic·u·lat·ed [ritíkjəlèitid] *a.* 그물 모양의 ; 그물코 무늬의. 파) **re·tìc·u·lá·tion** [léiʃən] *n.* (종종 *pl.*) 그물모양(의 것), 망상(網狀) 조직 ; 그물코 무늬.

ret·i·cule [rétikjùːl] *n.* ⓒ (여성용의) 손가방, 그물 주머니.

ret·i·na [rétənə] (*pl.* **~s, -nae** [-nìː]) *n.* ⓒ 【解】 (눈의) 망막. 파) **-nal** [-nəl] *a.* 망막의.

ret·i·nue [rétənjùː] *n.* ⓒ 〔集合的〕 (특히 왕·귀족의) 수행원, 종자(從者).

:re·tire [ritáiər] *vi.* (1)《~/+前+名》 물러가다, 칩거하다. (2)《~/+前+名》 자다, 자리에 들다. (3)《~/+前+名》 은퇴하다, 퇴직하다 ; 폐업하다《*from* ; *into*》. (4)퇴각하다. (5)(선수가 부상 등으로) 중도 퇴장하다.
— *vt.* (1)…를 퇴직〈퇴역, 은퇴〉시키다. (2)(군대)를 철수시키다. (3)【野·크리켓】 (타자)를 아웃시키다. **~ *into* one*self*** (생각에 잠겨) 말을 하지 않다 ; 사람과 사귀지 않다.

·re·tired [ritáiərd] *a.* (1)은퇴한, 퇴직한, 퇴역의. 〖opp.〗 *active.* (2)궁벽한 ; 외딴. (3) 삼가는, 사양하는.

re·tir·ee [ritaiəríː, -ˊ-ˋ] *n.* ⓒ (정년) 퇴직자, 은퇴자.

·re·tire·ment [ritáiərmənt] *n.* (1) ⓤ 퇴거 ; 은퇴, 은거. (2) ⓤⓒ 퇴직, 퇴역 ; 정년(停年) (후의 시기).
— *a.* 〔限定的〕 퇴직자의.

retírement pènsion 퇴직 연금.

·re·tir·ing [ritáiəriŋ] *a.* (1) 〔限定的〕 곧 은퇴하는, 퇴직(자)의. (2)암띤 ; 사교성 없는, 수줍은.

retríng àge (the ~) 퇴직 연령, 정년.

·re·tort[1] [ritɔ́ːrt] *vt.* (1)《~+目/+目+前+名》(반론·의론·장난)을 받아넘기다, 응수하다《*on, upon* ; *against*》. (2)반론하여 말하다, 반박하다《*that*》. — *vi.*《~/+前+名》 반론〈반박〉하다, 말대꾸하다 ; 역습〈반격〉하다, 응전하다《*on, upon* ; *against*》.
— *n.* ⓤⓒ 말대꾸, 반박(refutation).

re·tort[2] *n.* ⓒ 【化】 레토르트, 증류기.

re·touch [riːtʌ́tʃ] *vt.* …을 다시 손대다 ; (사진·그림·문장 따위)를 손질〈수정, 가필〉하다.
— [ˊ-, -ˊ] *n.* ⓒ (사진·그림·문장 따위의) 손질〈수정〉, 가필.

re·trace [ritréis] *vt.* (1)(길 따위)를 되돌아가다, 되풀이하다. (2)…을 근원을 찾다, 거슬러 올라가 조사하다. (3)…을 회고〈회상〉하다.

re·tract [ritrǽkt] *vt.* (1)(혀 등을 입안으로) 끌어넣다 ; 수축시키다. (2)(앞서 한 말·약속·명령 등)을 취소〈철회〉하다. (3) 〈착륙 장치 등을〉 기체내로 끌어들이다. — *vi.* (1)쑥 들어가다 ; 수축하다. (2)(앞서 한 말을) 취소〈철회〉하다.

re·tract·a·ble [ritrǽktəbəl] *a.* (1)(자동차의 헤드라이트·비행기의 바퀴 따위를) 안으로 들일〈접어 넣을〉 수 있는 ; 신축 자재의. (2)취소〈철회〉할 수 있는.

re·trac·tile [ritrǽktil, -tail] *a.* 신축 자재의 ; 【動】 (목을) 움츠려 들일 수 있는, (발톱을) 오므릴 수 있는. 〖opp.〗 *protractile.*

re·trac·tion [ritrǽkʃən] *n.* (1) ⓤ (발톱 따위를) 오므림. (2) ⓤⓒ 취소, 철회.

re·tread [riːtréd] (***-trod*** [-trɑ́d/ -trɔ́d] ; ***-trodden*** [-trɑ́dn/ -trɔ́dn], ***-trod***) *vt.* 타이어를 재생하다. — [ríːtrèd] *n.* ⓒ (바닥을 갈아 댄) 재생타이어.

:re·treat [ritríːt] *n.* (1) ⓤⓒ 퇴각, 퇴거. (2) ⓒ 정양하는 곳, 은신처, 피난처 ; (취한·노인 등의) 수용소. (3) ⓤⓒ 묵상 ; 피정(避靜)《일정 기간 조용한 곳에서 하는 종교적 수련》. be in ~ 묵상 중이다.
— *vi.* (1)《~/+前+名》 물러가다, 후퇴하다, 퇴각하다《*from*》. (2)《+前+名》 (불쾌한 곳에서) …로 떠나다, 피하다. ***beat a ~*** 퇴각하다, 〈사업에서〉 손을 떼다. ***be in full ~*** 총퇴각하다. ***go into ~*** 은둔생활을 하다. ***make good*** one***'s ~*** 무사히 퇴각하다〈피하다〉.

re·trench [ritréntʃ] *vt.* (1)(비용 따위)를 절감〈절약〉하다(reduce). (2)…을 삭제〈생략〉하다.
— *vi.* 절약〈검약〉하다.
파) **~·ment** *n.* ⓤⓒ 경비 절약 ; 단축, 축소 ; 삭감.

re·tri·al [riːtráiəl] *n.* ⓤⓒ 【法】 재심.

ret·ri·bu·tion [rètrəbjúːʃən] *n.* ⓤ (또는 a ~) 보복 ; 징벌 ; 【神學】 응보, 천벌.

re·trib·u·tive [ritríbjətiv] *a.* 보복의, 응보의.

re·triev·al [ritríːvəl] *n.* ⓤ (1)만회, 복구, 회복 ; 벌충, 보상. (2)【컴】 (정보의) 검색.

retríeval sỳstem 【컴】 정보 검색 시스템.

·re·trieve [ritríːv] *vt.* (1)…을 회수하다. (2)…을 회복〈만회〉하다. (3)…을 보상〈벌충〉하다(atone for) ; 수선하다 ; 정정하다. (4)《+目+前+名》 …을 구하다, 구출하다《*from* ; *out of*》. (5)…을 갱생〈부활〉시키다. (6)(사냥개가 잡은 짐승)을 찾아 가지고 오다; (테니스 등에서) (어려운 볼을) 잘 되치다. (7)【컴】 (정보)를 검색(檢索)하다. — *vi.* (사냥개가) 잡은 짐승을 찾아 물고 오다. — *n.* =RETRIEVAL.

re·triev·er [ritríːvər] *n.* ⓒ (1)retrieve하는 사람〈물건〉. (2)잡은 짐승을 찾아 가지고 오는 사냥개 ; 리트리버《사냥개의 일종》.

ret·ro [rétrou] *n.* ⓤⓒ (복장 등) 복고조 스타일.
— *a.* 〔限定的〕 (1)복고조의. (2) =RETROACTIVE.

ret·ro·ac·tive [rètrouǽktiv] *a.* (법률·효력 등이) 소급하는. 파) **~·ly** *ad.*

ret·ro·fire [rétroufàiər] *vt.* (역추진 로켓)에 점화하다, 발사시키다. — *vi.* (역추진 로켓이) 점화〈분사〉하다.

ret·ro·fit [rétroufit] *vt.* 구형(舊型) 장치〈장비〉를 개조하다. — *n.* (1) ⓤ 장치의 개조. (2) ⓒ 개조한 부품.

ret·ro·flex(ed) [rétrəflèks(t)] *a.* 뒤로 휜〈굽은〉, 반전한 ; 【醫】 후굴의 ; 【音聲】 반전음의.

ret·ro·flex·ion [rètrəflékʃən] *n.* ⓤ 반전(反轉) ; 【醫】 자궁 후굴 ; 【音聲】 반전음.

ret·ro·grade [rétrəgrèid] *a.* (1)후퇴하는, 역진 하는. (2)퇴보하는 ; 역행적인. (3)(순서 따위가) 역의.
— *vi.* (1)후퇴하다, 역행하다. (2)퇴보〈퇴화〉하다.

ret·ro·gress [rétrəgrès, ˌ-ˊ] *vi.* (1)뒤로 되돌아가다, 후퇴하다, 역행하다. (2)퇴보〈퇴화〉하다 ; 쇠퇴하다, 악화하다. 〖opp.〗 *progress.*
파) **rèt·ro·grés·sion** [-ʃən] *n.*

ret·ro·gres·sive [rètrəgrésiv] *a.* 후퇴〈역행〉하는 ; 퇴화하는. 〖opp.〗 *progressive.* 파) **~·ly** *ad.*

ret·ro·rock·et [rétrourɑ̀kit/ -rɔ̀k-] *n.* ⓒ 【宇宙】 역추진〈역분사〉 로켓.

ret·ro·spect [rétrəspèkt] *n.* ⓤ 회고, 회상, 회구(懷舊). 〖opp.〗 *prospect.* ***in ~*** 뒤돌아 보면, 회고하면.
파) **rèt·ro·spéc·tion** [-ʃən] *n.* ⓤ 회고, 회상, 추억.

ret·ro·spec·tive [rètrəspéktiv] *a.* (1)회고의, 회

구(懷舊)의. 〖opp.〗 prospective. (2)과거로 거슬러 올라가는 ; 【法】 소급하는(retroactive). — *n.* ⓒ 회고전(展). 파) **~·ly** *ad.* 회고하면.
ret·rous·sé [rètru:séi/rətrú:sei] *a.* 《F.》 (코 따위가) 위로 향한〈젖혀진〉, 들창코의.
ret·ro·vi·rus [rètrəváiərəs, ⌐-⌐-] *n.* ⓒ 【生】 레트로바이러스《RNA 종양 바이러스 ; AIDS 바이러스나 발암에 관련한 바이러스가 포함됨》.
:re·turn [ritə́:rn] *vi.* (1)《~/+前+名》(본래의 장소·상태·화재 따위로) 되돌아가다, 돌아가〈오〉다. (2)다시 (찾아)오다, 다시 일어나다 ; (병 따위가) 재발하다. (3)답하다, 말대꾸하다.
— *vt.* (1)《~+目/+目+目/+目+前+名》 …을 돌려주다, 도로 보내다, 반환하다 ; (포로 따위)를 송환하다 ; (무기 따위)를 제자리에〈본디 상태로〉 되돌리다 ; 반사〈반향〉하다. (2)《~+目/+目+前+名》 …을 갚다, 보답하다, 답례하다《*for*》. (3)《~+目/+目+前+名》 대답하다 ; 답변하다 ; 대꾸하다. (4)(이익 따위)를 낳다. (5)《~+目/+目+補/+目+*as* 補》(정식으로) …을 보고하다, 복명(復命)하다, 신고하다 ; (배심원이) 답신하다. (6)《~+目/+目+前+名》 (선거구가) …을 선출하다. (7)【카드놀이】 같은 패로 응하다 ; 【테니스】 (공)을 되받아 치다(strike back). ***~ good for evil*** 악을 선으로 갚다. ***~ home*** 귀가하다. ***~ like for like*** 같은 수단으로 응수하다. ***~ thanks*** 감사하다. ***~ to dust*** 흙으로 돌아가다, 주다. ***To* 〈*Now to*〉** ~ (to the subject)〔독립부정사로서〕 본론으로 돌아가서…, 여담은 그만하고….
— *n.* (1) ⓤⓒ 돌아옴〈감〉, 귀가, 귀향, 귀국. (2) ⓤⓒ 복귀, 회복 ; 재발, 반복. (3) ⓤ 반환, 되돌림, 반송(返送) ; (*pl.*) 반품(返品). (4) ⓒ 보답, 답례 ; 말대꾸 ; 대답, 회답. (5) ⓒ (공식) 보고(서), 신고(서) ; 소득세 신고서 ; 과세 대상 재산 목록 ; (흔히 *pl.*) 통계표. (6) ⓤ 《英》 선출 ; (흔히 *pl.*) 개표보고. (7) ⓒ (종종 *pl.*) 수입, 수익 ; 보수 ; 【經】 수익률. (8) ⓒ 【테니스】 공을 되받아 치기. (9)ⓒ 설욕전, 리턴 매치. (10)〔形容詞的〕 돌아가〈오〉는 ; 《英》 왕복의 ; 보답〈답례〉의 ; 꺾인 ; 재차의. ***by ~*** (***of post*** 〈《美》 ***mail***〉) (우편에서) 받는 즉시로, 대지급으로. ***in ~*** 답례로, 대답으로 ; 보답으로 ; 그 대신에.
re·turn·a·ble [ritə́:rnəbəl] *a.* 되돌릴 수 있는 ; 반환〈보고〉해야 할. — *n.* ⓒ 《美》 반환하면 돈을 받을 수 있는 빈 병〈깡통〉.
retúrn addrèss 발신〈발송〉인의 주소·성명 ; 【컴】 복귀 번지.
retúrn càrd (상점 등의 광고용) 왕복 엽서.
re·turn·ee [ritə:rní:, -⌐-] *n.* ⓒ (1)(전쟁터·외국 등에서의) 귀환자 ; 귀국자. (2)장기 휴가에서 돌아온 자. (3)귀국한 자녀.
retúrn gáme 〈**mátch**〉 (경기의) 설욕전, 리턴 매치.
re·túrn·ing òfficer [ritə́:rniŋ-] 《英·Can.》 선거 관리관.
retúrn tícket 《英》 왕복표(《美》 round trip ticket) ; 《美》 돌아올 때 쓰는 표.
retúrn tríp (1)《美》 돌아오는 길, 귀로. (2)《英》 왕복 여행(《美》 round trip).
re·u·ni·fy [ri:jú:nəfài] *vt.* 다시 통일〈통합〉시키다. 파) **rè·u·ni·fi·cá·tion** [-fikéiʃən] *n.* ⓤ 재통일.
·re·un·ion [ri:jú:njən] *n.* (1) ⓤ 재결합, 재합동. (2) ⓒ 재회의 모임, 친목회, 동창회 ; 재회.
re·u·nite [rì:ju:náit] *vi.*, *vt.* 재결합〈재합동〉하다〈시키다〉, 화해〈재회〉하다〈시키다〉.
re·us·a·ble [ri:jú:zəbəl] *a.* 재활용할 수 있는.
re·use [ri:jú:z] *vt.* …을 다시 이용하다.
— [ri:jú:s, rí:jù:s] ⓤ 재사용, 재이용.
Reu·ters [rɔ́itərz] *n.* (영국의) 로이터 통신사 (=**Réuter's Néws Àgency**).
rev [rev] *n.* ⓒ 《口》 (엔진·레코드 등의) 회전.
— (**-vv-**) *vt.* (1)《+目+副》 (엔진)의 회전 속도를 올리다 ; 공회전시키다 ; (활동)을 더욱 활발하게 하다《*up*》. — *vi.* 《+副》 (엔진이) 회전을 빨리 하다《*up*》. [◁ *revolution*]
re·val·u·a·tion [ri:væljuéiʃən] *n.* ⓤ (1)재평가. (2)【經】 평가 절상(切上).
re·val·ue [ri:vǽlju:] *vt.* (1)…을 재평가하다. (2)…의 평가를 절상하다.
re·vamp [ri:vǽmp] *vt.* …을 개수하다 ; 개조〈개정(改訂)〉하다 ; 개편〈개혁〉하다. — *n.* (1) 맞잇기, 맞붙임. (2) 혁신, 개조.
Revd. Reverend.
:re·veal [riví:l] *vt.* (1)《~+目/+目+前+名/+目+(*to be*) 補/+*that* 節》(숨겨졌던 것)을 드러내다 ; 알리다, 누설하다《*to*》 ; 폭로하다, 들추어내다. — *n.* (2)《~+目/+目+前+名/+目+*as* 補》 …을 보이다, 나타내다. (3)(신이) 묵시하다, 계시하다《*to*》. ▫ revelation *n.* 파) **~·ment** [-mənt] *n.* ⓤ 폭로 ; 【神學】 계시, 묵시.
re·véaled relígion [riví:ld-] 계시 종교《유대교·기독교》. 〖opp.〗 *natural religion.*
re·veal·ing [riví:liŋ] *a.* (1)드러나 있는, 노출된. (2)계발적(啓發的)인 ; 의미가 있는.
rev·eil·le [révəli/rivǽli] *n.* ⓤ (종종 the ~) 【軍】 기상 나팔.
·rev·el [révəl] (**-l-**, 《英》 **-ll-**) *vi.* (1)주연을 베풀다, 마시고 흥청거리다. (2)《+前+名》 한껏 즐기다 ; …에 빠지다《*in*》.
— *n.* ⓒ (종종 *pl.*) 술잔치 ; 흥청망청 떠들기.
파) **rév·el·er,** 《英》 **-el·ler** [-ər] *n.* ⓒ 주연을 베푸는 사람, 술 마시고 떠드는 사람.
·rev·e·la·tion [rèvəléiʃən] *n.* (1) ⓤ 폭로 ; (비밀의) 누설, 발각《*of*》. (2) ⓒ 폭로된 것, 의외의 새 사실. (3) ⓤ 【神學】 천계(天啓), 묵시, 계시(啓示), 신탁(神託). (4)(the R-, (the) R-s) 〔單數취급〕 【聖】 요한 계시록(the Apocalypse)《略 : Rev.》. ▫ reveal *v.*
rev·el·ry [révəlri] *n.* ⓤ (또는 *pl.*) 술 마시고〈흥청망청〉 떠들기, 환락(merrymaking).
:re·venge [rivéndʒ] *n.* ⓤ (1)보복, 복수(vengeance), 앙갚음, 분풀이《*on, upon*》. (2)원한, 유한(遺恨), 복수심. (3)복수의 기회 ; (스포츠·카드놀이 등의) 설욕의 기회.
— *vt.* (1)《+目+前+名》 〔再歸用法 또는 受動으로〕 …에게 원수를 갚다, 앙갚음〈복수〉하다《*on, upon*》. (2)〔피해자·부당 행위를 目的語로 하여〕 …의 원수를 갚다, 원한을 풀다 ; (가해 등에) 보복하다.
re·venge·ful [rivéndʒfəl] *a.* 복수심에 불타는, 앙심을 품은. 파) **~·ly** *ad.* **~·ness** *n.*
:rev·e·nue [révənjù:] *n.* (1)ⓤ (또는 *pl.*) (국가의) 세입 ; (국가·단체·개인 등의) 총수입, 총소득. (2) ⓒ 수익 ; 수입 ; 수입원. (3)(흔히 the ~) 국세청, 세무서.
révenue expénditure 【商】 수익 지출. 【cf.】 capital expenditure.
révenue stàmp 수입 인지.
révenue tàriff 수입(收入) 관세, 재정(財政) 관세.

R

〖opp.〗 *protective tariff.*

re·ver·ber·ant [rivə́ːrbərənt] *a.* 반향하는 ; 울려 퍼지는.

re·ver·ber·ate [rivə́ːrbərèit] *vi.* (1)《~/+前+名》 반향하다(echo) ; 울려 퍼지다. (2)(열·빛이) 반사하다. (3)(뉴스·소문 따위가) 입에 오르다, 퍼지다. — *vt.* (1)(소리)를 반향시키다. (2)(열·빛)을 반사하다, 굴절시키다.

re·ver·ber·a·tion [rivə̀ːrbəréiʃən] *n.* (1)ⓤ 반향 ; 여운 ; ⓒ 반사(열〈광〉). (2) ⓒ (흔히 *pl.*) 반향음, 울리는 소리.

re·ver·ber·a·to·ry [rivə́ːrbərətɔ̀ːri/ -təri] *a.* (1) 반사의 ; 반사에 의한. (2)반사형의《노(爐) 따위》. — *n.* ⓒ 반사로.

re·vere [rivíər] *vt.* …을 존경하다, 숭배하다.

˙rev·er·ence [révərəns] *n.* (1) ⓤ 숭배, 존경 ; 경의. 【cf.】 respect, veneration. (2)(흔히 your 〈his〉 R-) 신부〈목사〉님《성직자에 대한 경칭 ; you, he, him 대신에 씀》. — *vt.* …을 존경하다, 숭배하다.

rev·er·end [révərənd] *a.* 〔限定的〕 (1)귀하신, 존경할 만한, 거룩한《사람·사물·장소 따위》. (2)(the R-) …님《성직자에 대한 경칭 ; 略 : Rev.》. (3)성직의, 목사〈신부〉의.
— *n.* ⓒ《口》성직자, 목사, 신부.

rev·er·ent [révərənt] *a.* 경건한, 공손한.
파) **~·ly** *ad.* 경건하게, 공손히.

rev·er·en·tial [rèvərénʃəl] *a.* 경건한, 존경을 표시하는, 존경심으로 가득 찬, 공손한. 파) **~·ly** *ad.* 경건하게, 삼가.

rev·er·ie, rev·ery [révəri] *n.* (1) ⓤⓒ 공상, 환상 ; 몽상. (2) ⓒ 【樂】 환상곡.

re·ver·sal [rivə́ːrsəl] *n.* ⓤⓒ (1)반전(反轉), 전도 ; 역전. (2)【法】 원판결의 파기, 취소. (3)【寫】 반전(현상). ▫ reverse *v.*

:re·verse [rivə́ːrs] *vt.* (1)…을 거꾸로 하다, 반대로 하다 ; 뒤집다 ; (위치 등)을 바꾸다, 전환하다. (2)(자동차)를 후진시키다 ; (기계)를 역전시키다. (3)(주의·결정 등)을 뒤엎다, 번복하다 ; 【法】 취소하다, 파기하다. (4)《英》 (통화 요금)을 수신인 지급으로 하다. — *vi.* (1)거꾸로 되다 ; 되돌아가다 ; 역행하다. (2)차를 후진시키다 ; (엔진 등이) 역회전하다. (3)【댄스】 역으로 돌다.
— *a.* (1)〔限定的〕 반대의, 거꾸로의《*to*》 ; 상반되는, 역의. (2)(…와) 반대의《*to*》. (3)뒤로 향한 ; 역전하는. (4)〔限定的〕 뒤의, 이면의, 배후의.
— *n.* (1) ⓤ (the ~) 역(逆), 반대《*of*》 (2) ⓒ (the ~) 뒤, 배면, 배후 ; (화폐·메달 등의) 이면(〖opp.〗 *obverse*) ; (책의) 뒤 페이지, 왼쪽 페이지(verso)(〖opp.〗 *recto*). (3) ⓒ 불운, 실패, 패배(defeat). (4) ⓤⓒ 역전, 역진(장치) ; (자동차의) 후진(장치). (5)【댄스】 역으로 돌기.
파) **~·ly** *ad.* 거꾸로, 반대로 ; 이에 반하여

revérse gèar (자동차의) 후진 기어.

re·vers·i·ble [rivə́ːrsəbəl] *a.* (1)역으로〈전도, 전환〉할 수 있는 ; 뒤집을 수 있는. (2)안팎으로 입을 수 있는《코트 따위》, 양면의. — *n.* ⓒ 안팎이 없는 천〈옷〉.

re·vérs·ing lìght [rivə́ːrsiŋ] (자동차의) 후진등(後進燈)(《美》 backup light).

re·ver·sion [rivə́ːrʒən, -ʃən] *n.* (1) ⓤ 역전, 전환 ; 되돌아가기, (원래 상태로의) 복귀. (2) ⓤ 【生】 격세〈귀선(歸先)〉 유전(atavism). (3) ⓤⓒ 【法】 복귀권 ; 계승권, 상속권 ; (양도인·상속인에의) 재산복귀 ; 복귀재산. 파) **~·ary** [-èri/ -əri] *a.* 【法】 복귀권이 있는, 장래 향유할.

˙re·vert [rivə́ːrt] *vi.* (1)《+前+名》(본래 습관·상태·신앙으로) 되돌아가다 ; (본래 화제 등으로) 돌아가다《*to*》. (2)(부동산 따위가) 복귀하다《*to*》. (3)【生】 격세 유전하다《*to*》. **~ *to type*** 본래의 모습으로 되돌아가다.

revery ⇨ REVERIE.

re·vet·ment [rivétmənt] *n.* ⓒ 【軍】 방벽(防壁) ; 【土】 옹벽(擁壁) ; 호안(護岸).

:re·view [rivjúː] *n.* (1) ⓤⓒ 재조사, 재음미, 재검토 ; 관찰. (2) ⓒ 개관(槪觀) ; 전망 ; 보고 ; 반성, 회고. (3) ⓒ《美》 복습, 연습 ; 복습 과제. (4) ⓤⓒ 열병(閱兵), 관병식(觀兵式), 관함식(觀艦式). (5) ⓒ 비평, 논평 ; (종종 R-) 평론 잡지. (6) ⓤⓒ 【法】 재심리. (7)【劇】 =REVUE. ***be* 〈*come*〉 *under ~*** 검토되고 있다(검토되기 시작하다). ***pass... in ~*** 1)검사를〈검열, 열병을〉 받다〈하다〉. 2)…을 회고하다.
— *vt.* (1)…을 재검토〈재음미〉하다 ; 자세히 조사하다. (2)…을 반성하다 ; 회고하다. (3)《美》 (학과)를 복습하다(《英》 revise). (4)…을 열병하다. (5)(책 등)을 비평〈논평〉하다. (6)【法】 (하급 법원의 판결 등)을 재심리하다. — *vi.* (1)(신문·잡지에) 서평〈극평〉을 쓰다. (2)복습하다. 파) **~·er** *n.* ⓒ 평론〈비평〉가 ; 평론 잡지 기자 ; 검열자 ; 재심자.

˙re·vile [riváil] *vt.*, *vi.* 욕하다, 욕설하다, 헐뜯다《*at* ; *against*》. 파) **~·ment** *n.*

˙re·vise [riváiz] *vt.* (1)…을 개정하다 ; 교정(校訂)〈수정〉하다 ; 교정(校正)〈교열〉하다 ; 재검사하다. (2)(의견·규칙 따위)을 바꾸다, 변경하다. (3)《英》 …을 복습하다(《美》review. — *vi.* 《英》 복습하다 (《美》 review). ▫ revision *n.*
— *n.* ⓒ (1)교정, 수정, 정정. (2)【印】 재교쇄.

Revísed Stándard Vérsion (the ~) 현대 어역 성서《신약은 1946년, 구약은 1952년 미국에서 발행 ; 略 : RSV, R.S.V.》.

Revísed Vérsion (of the Bíble) (the ~) 개역 성서《Authorized Version의 개정판, 신약은 1881년, 구약은 1885년에 발행 ; 略 : R.V., Rev. Ver.》.

˙re·vi·sion [rivíʒən] *n.* (1) ⓤⓒ 개정, 정정, 교정(校訂), 교열, 수정. (2) ⓒ 교정본, 개정판. (3)《英》 ⓤ 복습. ▫ revise *v.* 파) **~·ism** [-ìzəm] *n.* ⓤ 수정론〈주의〉, 수정사회주의. **~·ist** *n.* ⓒ 수정론자, 수정주의자. — *a.* 수정주의(자)의.

re·vis·it [riːvízit] *vt.* …을 재방문하다 ; …로 되돌아오다.

re·vi·tal·ize, 《英》 **-ise** [riːváitəlàiz] *vt.* …의 생기를 회복시키다 ; 소생시키다 ; (사업 따위)를 부활〈부흥〉시키다. 파) **re·vì·tal·i·zá·tion** [-lizéiʃən] *n.* ⓤ 새 활력〈생명, 힘〉을 줌 ; 경기 부양화.

˙re·viv·al [riváivəl] *n.* (1) ⓤⓒ a)소생, 재생, 부활 ; (의식·체력의) 회복. b)부흥 ; (예전 건축양식·복장 등의) 재유행 ; (the R-) 문예 부흥(Renaissance). (2) ⓒ 【基】 신앙 부흥(운동) ; 신앙 부흥 전도 집회. (3) ⓒ 【劇】 리바이벌, 재상연, 재연주, 【映】 재상영. ▫ revive *v.* ***the Revival of Learning* 〈*Letters, Literature*〉** 문예 부흥.
파) **~·ìsm** *n.* ⓤ 신앙 부흥 운동; 부흥 기운. **~·ist** *n.* ⓒ 신앙 부흥 운동자.

revíval mèeting 신앙 부흥 전도 집회.

:re·vive [riváiv] *vt.* (1)…을 소생하게 하다 ; (…의

의식)을 회복시키다 ; 기운나게 하다. (2)(잊혀진 것·유행·효력·기억·관심·희망 따위)가 되살아나게 하다, 부활시키다, 부흥시키다. (3)…을 재상연〈재상영〉하다.
— *vi.* (1)《+前+名》 소생하다, 살아나다 ; 원기를 회복하다. (2)부활하다, 되살아나다, 부흥하다, 재유행하다. ▫ revival *n.*

re·viv·i·fy [rivívəfài] *vt.* (1)…을 소생시키다, 다시 살아나게 하다, 부활시키다. (2)…을 기운나게 하다.

rev·o·ca·tion [rèvəkéiʃən] *n.* ⓤⓒ 폐지, 취소.

re·voke [rivóuk] *vt.* (명령·약속·특권 따위)를 철회〈폐지, 취소〉하다, 무효로 하다, 해약하다(repeal, annul). 【cf.】 refuse[1], renounce. — *vi.* 【카드놀이】 (물주가 낸 패와 같은 패를 가지고 있으면서) 딴 패를 내다, 리복하다.
— *n.* ⓒ 【카드놀이】 리복하기.

:re·volt [rivóult] *n.* ⓤⓒ (1)반란, 반역 ; 폭동. (2)반항(심), 혐오감, 불쾌, 반감.
— *vi.* (1)《~/+前+名》 반란(폭동)을 일으키다, 반항하다《*against*》, 반역하다《*from*》. (2)《+前+名》 비위에 거슬리다, 구역질나다《*at* ; *against* ; *from*》.
— *vt.* 불쾌감을 갖게 하다, 불쾌하게 하다. 파) **~·er** *n.*

re·volt·ing [rivóultiŋ] *a.* (1)혐오할 만한, 불쾌감을 일으키게 하는, 구역질나는. (2)반란을 일으킨. 파) **~·ly** *ad.* 몹시 불쾌하게 ; 구역질이 날 만큼.

:rev·o·lu·tion [rèvəlúːʃən] *n.* (1) ⓤⓒ 혁명 ; 변혁. (2) ⓤⓒ 회전 (운동), 1회전. (3) ⓤⓒ【天】 공전(公轉). (4)(계절의) 주기 ; 순환. ▫ revolve *v.*

·rev·o·lu·tion·ary [rèvəlúːʃənèri/ -nəri] *a.* (1)〔限定的〕 (정치적·사회적) 혁명의. (2)(발명 등에서) 혁명적인, 획기적인. (3)(R-) 미국 독립전쟁(시대)의.
— *n.* =REVOLUTIONIST. 혁명당원, 혁명론자.

rev·o·lu·tion·ist [rèvəlúːʃənist] *n.* ⓒ 혁명가, 혁명론자〈당원, 주의자〉.

rev·o·lu·tion·ize [rèvəlúːʃənàiz] *vt.* 혁명을 일으키다 ; 대변혁을 일으키다.

·re·volve [riválv/ -vɔ́lv] *vi.* (1)《+前+名》 회전하다, (축을 중심으로) 돌다《*on*》. (2)《+前+名》 (…의 주위를) 돌다《*about* ; *round*》. (3)순환하다, 주기적으로 일어나다 ; (마음속을) 맴돌다. (4)중심 과제가 되다.
— *vt.* (1)…을 회전〈공전〉시키다. (2)…을 궁리하다, 곰곰이 생각하다. (3) 운행시키다. ▫ revolution *n.*

·re·volv·er [riválvər/ -vɔ́lv-] *n.* ⓒ (회전식의) 연발 권총 ; 리벌버.

re·volv·ing [riválviŋ/ -vɔ́lv-] *a.* 〔限定的〕 회전하는 ; (주기적으로) 돌아오는.

re·vue [rivjúː] *n.* ⓤⓒ 《F.》 레뷔 ; 시사 풍자의 익살극《노래·춤·시국 풍자 따위를 호화찬란하게 뒤섞은 것》. ※ review 라고도 씀.

re·vul·sion [rivʌ́lʃən] *n.* ⓤ (또는 a ~) (1)반감, 혐오, 증오《*against*》. (2)(감정 따위의) 격변, 급변.

:re·ward [riwɔ́ːrd] *n.* (1) ⓤⓒ 보수, 포상 ; 보답, 응보《*for*》. (2) ⓒ 사례금, 상금《*for* ; *of*》. — *vi.* (1)《~+目/+目+前+名》 a]…에 보답하다. b](주의·연구할) 가치가 있다. (2)(사람)에게 보답하다《*with*》 ; 보상〈보수·상〉을 주다《*for*》. — *vt.* (1) 보답하다, 보상하다. (2) 보수(상)을 주다. (3) 보복하다, 벌하다. 파) **~·ing** *a.* (…할) 보람이 있는, (…할 만한) 가치가 있는.

re·wind [riːwáind] (**-*wound*,** 《稀》 **-*wind·ed***) *vt.* (테이프·필름)을 되감다, 다시 감다.

re·wire [riːwáiər] *vt.* …의 철사를〈배선을〉 갈다 ; 다시〈회신〉 전보를 치다.

re·word [riːwɔ́ːrd] *vt.* …을 되풀이하여 말하다 (repeat) ; 바꾸어 말하다.

:re·write [riːráit] (**-*wrote*** [-róut] ; **-*writ·ten*** [-rítn]) *vt.* …을 고쳐 쓰다 ; 다시 쓰다 ; 《美》 (취재 기사)를 기사용으로 고쳐 쓰다. — [ríːràit] *n.* ⓒ 《美》 고쳐 쓴 기사 ; 완성된 원고.

Rey·kja·vik [réikjəvìːk] *n.* 레이캬비크《Iceland의 수도》.

R.F.C. 《英》 Rugby Football Club. **RFD, R.F.D.** 《美》 Rural Free Delivery. **Rh** rhesus ; Rh factor ; 【化】 rhodium. **rh., r.h.** 【樂】 right hand (오른손 (사용)).

rhap·sod·ic [ræpsádik/ -sɔ́d-] *a.* (1)열광〈광상〉적인 ; 과장된. (2)랩소디 (양식)의.

rhap·so·dize [rǽpsədàiz] *vi.* (…에 관해) 열광적으로 쓰다〈이야기하다〉《*about* ; *on*》.

rhap·so·dy [rǽpsədi] *n.* (1) ⓒ (옛 그리스의) 서사시. (2) ⓒ (종종 *pl.*) 열광적인 말〈문장, 시가〉《*about* ; *over*》. (3)(종종 R-) 【樂】 광시곡, 랩소디.

Rhen·ish [réniʃ, ríːn-] *a.* Rhine강(유역)의.
— *n.* ⓤ =RHINE WINE.

rhe·ni·um [ríːniəm] *n.* ⓤ 【化】 레늄《망간족 전이원소에 속하는 금속원소 ; 기호 Re ; 번호 75》.

rhe·o·stat [ríːəstæ̀t] *n.* ⓒ 【電】 가감 저항기.

Rhésus fàctor 〈**àntigen**〉 =RH FACTOR.

rhésus mónkey 【動】 붉은털원숭이《의학 실험용 ; Rh 인자를 가진 원숭이》.

·rhet·o·ric [rétərik] *n.* ⓤ (1)수사(修辭) ; 수사학 ; 웅변술. (2)화려한 문체, 미사여구.

rhe·tor·i·cal [ritɔ́(ː)rikəl, -tár-] *a.* (1)〔限定的〕 수사학의 ; 수사학에 맞는 ; 수사적인. (2)미사여구의, 과장한. 파) **~·ly** *ad.* 수사(학)적으로 ; 미사여구를 써서, 과장하여.

rhetórical quéstion 【文法】 수사 의문《보기 : Nobody cares. 의 뜻의 *Who cares ?*》.

rhet·o·ri·cian [rètəríʃən] *n.* ⓒ 수사학자 ; 웅변가 ; 수사에 능한 사람.

rheum [ruːm] *n.* ⓤ 【醫】 카타르성 분비물《콧물·눈물 등》.

rheu·mat·ic [ruːmǽtik] *a.* 【醫】 류머티즘의〈에 의한〉 ; 류머티즘에 걸린〈걸리기 쉬운〉 ; 류머티즘을 일으키는. — *n.* ⓒ 류머티즘 환자 ; (the ~s) 《口》 류머티즘.

rheu·mat·icky [ruːmǽtiki] *a.* 《口》류머티즘으로 고생하는.

***rheu·ma·tism** [rúːmətìzəm] *n.* ⓤ 【醫】 류머티즘.

rheu·ma·toid [rúːmətɔ̀id] *a.* 류머티스성(性)의.

rheumy [rúːmi] (***rheum·i·er*** ; ***-i·est***) *a.* 가다르성(性) 분비물의〈이 많은〉 ; 비염(鼻炎)에 걸린 ; 비염을 일으키기 쉬운 ; 냉습한《공기 따위》.

rhine·stone [ráinstòun] *n.* ⓤⓒ 라인석《수정의 일종 ; 모조 다이아몬드》.

Rhíne wìne 라인 백포도주(Rhenish).

·rhi·noc·er·os [rainásərəs -nɔ́s-] (*pl.* **~*es*,** 〔集合的〕 ~) *n.* ⓒ 【動】 코뿔소, 무소.

rhi·zome, rhi·zo·ma [ráizoum], [raizóumə] *n.* ⓒ 【植】 뿌리줄기, 땅속줄기.

Rhòde Ísland [ròud-] 로드아일랜드《미국 북동부의 주 ; 略 : R.I.》.

Rho·de·sia [roudíːʒiə] *n.* 로디지아《아프리카 남부지역 ; 북로디지아의 잠비아(Zambia) 공화국 및 남로디지아의 짐바브웨 공화국으로 나뉨》.

R

rho·do·den·dron [ròudədéndrən] *n.* ⓒ 【植】 철쭉속(屬)의 식물《만병초 따위》.

rhom·bic [rámbik/rɔ́m] *a.* 마름모의, 사방(斜方)형의 ; 【結晶】 사방정계(斜方晶系)의.

rhom·boid [rámbɔid/rɔ́m-] *n.* ⓒ 【數】 편능형(偏菱形), 장사방(長斜方)형. — *a.* 장사방형의. 파) **rhom·boi·dal** [rambɔ́idl/rɔm-] *a.*

rhom·bus [rámbəs/rɔ́m-] (*pl.* **~·es** [-iz], **-bi** [-bai]) *n.* ⓒ 【數】 마름모, 사방형(斜方形) ; 【結晶】 사방(斜方) 육면체.

rhu·barb [rú:bɑ:rb] *n.* (1) ⓤ 【植】 장군풀, 대황(大黃) ; 장군풀의 잎자루《식용》 ; 대황근(根)《하제(下劑)용》. (2) ⓒ 《美俗》 격론(row), 말다툼 ;《口》(많은 사람이 동시에) 떠들어대는 소리.

·**rhyme, rime** [raim] *n.* (1) ⓤⓒ 【韻】 운, 압운(押韻), 각운(脚韻). (2) ⓒ 동운어(同韻語)《*to* ; *for*》. (3) ⓒ 〔集合的〕 압운시 ; 운문. ***double* 〈*female, feminine*〉 ~** 이중 압운 ***imperfect* ~** 불완전운《예컨대 love와 move, phase와 race》. ***~ or reason*** 〔흔히 否定으로〕 이유, 근거. ***single* 〈*male, masculine*〉 ~** 단운(單韻)〈남성운〉《heart와 part처럼 단음절어가 다는 운》. — *vi.* (1)《~/+前+名》 운을 달다 ; 운이 맞다《*to* ; *with*》. (2)시를 짓다.
— *vt.* (1)(시·운문)을 짓다 ; 시로 만들다. (2)《+目+前+名》 …에 운을 달게 하다《*with*》.

rhymed [raimd] *a.* 운을 단, 압운(押韻)한 ; 압운의. 【cf.】 blank verse.

rhyme·ster, rime- [ráimstər] *n.* ⓒ 엉터리 시인.

rhym·ing [ráimiŋ] *a.* 〔限定的〕 운이 맞는.

rhýming slàng 압운 속어《tealeaf로 thief를 나타내는 따위 ; [-i:f]의 음이 같음》.

:**rhythm** [ríðəm] *n.* ⓤⓒ (1)율동, 리듬 ; 율동적인 가락, 주기적 변동. (2)【樂】 리듬, 음률. (3)운율. (4)반복(주제 등의)

rhýthm and blúes 리듬 앤드 블루스《흑인 음악의 일종》.

·**rhyth·mic** [ríðmik] *a.* 율동적인, 리드미컬한. 파) **-mi·cal** *a.* **-mi·cal·ly** [-kəli] *ad.*

rhýthmic (**sportive**) **gymnastics** [스포츠] 리듬 체조.

rhýthm mèthod (the ~) 주기(周期)(피임)법.

rhýthm sèction 【樂】 리듬 섹션《밴드의 리듬 담당 그룹》.

ri·al [riɔ́:l, -ɑ́:l] *n.* ⓒ 리알《Iran 의 화폐 단위 ; =100 dinars ; 기호 R》.

ri·al·to [riǽltou] (*pl.* **~s**) *n.* (1) ⓒ 거래소, 시장. (2) ⓒ 《美》 뉴욕 Broadway의 극장가. (3)(the R-) Venice의 Grand Canal에 걸린 대리석 다리 ; (the R-) 베네치아의 상업 중심 구역.

:**rib** [rib] *n.* ⓒ (1) 【醫】 늑골, 갈빗대. (2)(고기가 붙은) 갈비. (3)【植】 주엽맥(主葉脈). (4)늑골 모양의 것 ; (선박의) 늑재(肋材) ; 【建】 리브, 둥근 지붕의 서까래 ; (양산의) 살. (5)(논·밭의) 둑, 이랑 ; (직물의) 이랑. ***poke* 〈*nudge*〉 a person *in the ~s*** 아무의 옆구리를 살짝 찔러 주의시키다.
— (**-bb-**) *vt.* (1)…에 늑골을〈늑재(肋材)를〉 붙이다, 늑골〈늑재〉로 두르다. (2)…에 이랑을〈이랑 무늬를〉 만들다. (3)《口》 …를 괴롭히다, 놀리다, 조롱하다(tease).

rib·ald [ríbəld] *a.* 입이 건〈추잡한〉, 상스러운, 음란한 : a ~ joke 상스런 농담. — *n.* ⓒ 상스런 말을 하는 사람. 파) **~·ry** [-ri] *n.* ⓤ 품위가 낮음, 상스러움 ; 야비한〈상스러운〉 말〈농담〉.

ribbed [ribd] *a.* 〔종종 複合語로〕 늑골〈이랑, 엽맥〉이 있는.

rib·bing [ríbiŋ] *n.* ⓤ (1)〔集合的〕 늑골 ; 이랑 ; 늑상(肋狀) 조직《잎맥·늑재(肋材)·날개맥 따위》. (2)골지게 짠 무늬. (3)(또는 a ~)《口》(악의 없는) 조롱, 놀림.

:**rib·bon** [ríbən] *n.* (1) ⓤⓒ 리본, 장식띠. (2) ⓒ (훈장의) 장식띠, 수(綬) ; (타이프라이터 따위의) 잉크 리본. (3) ⓒ 끈〈띠〉 모양의 물건, 오라기, 가늘고 긴 조각. (4)(*pl.*) 가늘게 째진 것. — *vt.* (1) 리본을 달다. (2) 끈모양으로 찢다. — *vi.* 끈모양으로 되다(퍼지다). ***be torn to* 〈*having in*〉 *~s*** 갈기갈기 찢어지다. ***handle* 〈*take*〉 *the ~s*** 말〈마차〉을 몰다. ***to a ~*** 완전히, 완벽하게.

ríbbon devèlopment 대상(帶狀) 발전〈개발〉(string development)《도시에서 교외로 간선도로를 따라 띠 모양으로 뻗어 가는 건축군(群)》.

ríbbon wòrm 유형(紐形) 동물(=**ne·mér·te·an**).

ríb càge 【解】 흉곽(胸廓).

ri·bo·fla·vin [ràiboufléivin, -bə-, ⌐-⌐-] *n.* ⓤ 【生化】 리보플라빈《비타민 B_2, 또는 G》.

ri·bo·nu·clé·ic ácid [ràibounju:klí:ik-, -kléi-] 【生化】 리보핵산(核酸)《略 : RNA》.

:**rice** [rais] *n.* ⓤ 쌀 ; 밥 ; 벼. — *vt.*《美》(감자 따위)를 ricer로 으깨다, 쌀알처럼 만들다.

ríce bòwl 밥 그릇〈공기〉 ; 미작(米作) 지대.

ríce pàper 얇은 고급 종이, 라이스페이퍼.

ríce púdding 우유와 쌀가루로 만든 푸딩.

ric·er [ráisər] *n.* ⓒ 《美》 라이서《삶은 감자 따위를 으깨어 뽑는 주방 기구》.

:**rich** [ritʃ] (**∠·er ; ∠·est**) *a.* (1) a)부자의, 부유한. b)(the ~) 〔名詞的 ; 複數취급〕 부자들. (2)〔敍述的〕 (…이) 많은, (…이) 풍부한《*in* ; *with*》. (3)비옥한, 기름진 ; 산출이 많은. (4)값진, 귀중한, 화려한, 훌륭한, 사치한. (5)(음식·음료가) 향료를 듬뿍 친 ; 영양분이 풍부한; 기름기가 많은. (6)(빛깔이) 짙은, 선명한(vivid) ; (음성이) 낭랑한, 굵은 ; (향기가) 강한. (7)의미심장한. (8)《口》 몹시 우스운, 아주 재미있는. (9)《口》 터무니없는, 말도 안 되는(absurd). (10)〔分詞와 결합해 副詞的으로〕 훌륭하게, 사치스럽게. (11)(술이) 독하고 맛이 좋은, 감칠맛 있는, 향기 좋은. (***as***) **~ *as Croesus*** ⇨ CROESUS. ***~ and poor*** 부자나 가난한 사람이나 모두《※ 複數취급》. ***strike it*** 거참 재미있군! ***That's ~!*** 1)그거 참 재미있는데. 2)〔反語的〕 말도 안돼!《예상 밖의 일이 일어났을 때》.

:**rich·es** [rítʃiz] *n. pl.* 〔흔히 複數취급 ; 본디 單數취급〕 부(富), 재산. ***heap up* 〈*amass*〉 *great ~*** 거만의 부를 쌓다. ***~ have wings*** 재물에는 날개가 있다《俗談》 ***the ~ of knowledge*** (***the soil***) 지식의 풍부. ◻ rich *a.*

:**rich·ly** [rítʃli] *ad.* (1)풍부하게 ; 충분히. (2)호화롭게 ; 화려하게. (3)짙게 ; 선명하게. (4)(~ deserved로) 충분히 ; 완전히.

·**rich·ness** [rítʃnis] *n.* ⓤ 부유 ; 풍부 ; 비옥 ; 귀중, 훌륭함 ; 농후.

Rích·ter scàle [ríktər-] (the ~) 리히터 스케일.

rick[1] [rik] *n.* ⓒ 건초〈짚·곡물 따위〉의 가리《보통, 풀로 이엉을 해 씌운 것》 ; 장작더미.
— *vt.* (건초 따위)를 쌓아 올리다, 가리다.

rick[2] 《英》 *vt.* 접질리다, 삐다. — *n.* 접질림, 삠.

rick·ets [ríkits] *n.* ⓤ 〔흔히 單數취급〕 **【醫】** 구루병, 곱사등.

rick·ett·sia [rikétsiə] (*pl.* ***-si·ae*** [-tsiì:], ***~s***) *n.* ⓒ **【醫】** 리케차《발진티푸스 등의 병원체》.

rick·ety [ríkiti] (***-et·i·er*** ; ***-et·i·est***) *a.* (1)구루병에 걸린, 곱사등의. (2)흔들흔들하는, 쓰러질 듯한. (3)비틀비틀〈비실비실〉 하는.

rick·shaw, -sha [ríkʃɔ:, -ʃa:] *n.* ⓒ 인력거.

ric·o·chet [ríkəʃèi/ -ʃèt] *n.* ⓤ 도비(跳飛)《탄환 등이 물수제비뜨는 돌멩이처럼 튀면서 날기》 ; ⓒ 도탄(跳彈). ―(*p., pp.* ***~ed*** [-ʃèid], 《英》 ***~·ted*** [-ʃètid] ; ***~·ing*** [-ʃèiiŋ], 《英》 ***~·ting*** [-ʃètiŋ]) *vi.* (탄환 등이) 튀면서 날다.

·**rid** [rid] (*p., pp.* ***~, ~·ded*** [rídid] ; ***~·ding***) *vt.* (1)《+目+前+名》 …을 제거하다. (2)〔再歸的〕 …을 면하다, …에서 벗어나다《受動으로도 쓰이며, …을 면하다, …이 없어지다의 뜻이 됨》. ***get ~ of*** …을 면하다〈벗어나다〉 ; …을 제거하다〈치워놓다〉 ; …을 폐(廢)하다〈죽이다〉.

rid·dance [rídəns] *n.* ⓤ 면함 ; (장애물·귀찮은 것을) 제거함, 쫓아버림. ***good ~*** (***to bad rubbish***) 귀찮은 것을 떼쳐서 시원하다.

:**rid·dle**[1] [rídl] *n.* ⓒ (1)수수께끼, 알아맞히기. (2)난(難)문제 ; 수수께끼 같은 사람〈물건〉.

rid·dle[2] *n.* ⓒ 어레미, 도드미《자갈 따위를 치는》. ― *vt.* (1)체질을 해서 거르다. (2)(화덕의 재받이 따위)를 흔들다, 떨다. (3)(총탄 따위로 벌집같이) 구멍 투성이를 만들다《*with*》.

rid·dled [rídld] *a.* 〔敍述的〕 (1)…로 구멍투성이가 되어《*with*》. (2)(…로) 가득한.

:**ride** [raid] (***rode*** [roud], 《古》 ***rid*** [rid] ; ***rid·den*** [rídn]) *vi.* (1)《~/+副/+前+名》(말·탈것 따위에) 타다, 타고 가다《*on* ; *in*》. (2)승마하다, 말을 타고 가다. (3)《~/+前+名》 말 타듯이 올라타다, 걸터타다. (4)《~/+前+名/+補》 (배가) 물에 뜨다, 정박하다 ; (천체·새가) 공중에 뜨다, 걸리다, 떠 있다, 떠오르다. (5)《~/+前+名》(부러진 뼈·인쇄 등이) 겹치다. (6)《+前+名》 얹혀서 움직이다 ; (일이) …에 달려있다《*on, upon*》. (7)《~/+補》 탄 기분이 …하다.

― *vt.* (1)《~+目/+目+前+名》 (말·탈것 등)에 타다, 타고 가다 ; (말)을 타고 몰다. (2)(말·탈것)으로 나아가다, 지나가다, 건너다 : (말·탈것)을 타고 행하다. (3)《~+目/+目+前+名》 …을 타게 하다, 걸터 태우다 ; 태워서 실어 나르다. (4)…에 뜨다, …을 타다, …에 걸리다, …에 얹혀 있다. (5)〔흔히 受動으로〕 …을 지배하다 ; 괴롭히다, 압박〈학대〉하다. (6)《美口》 (짓궂게) 놀리다, 괴롭히다, 애먹이다 ; 속이다. (7)(암컷)에 타다, 《卑》 (여자)와 성교하다. ***let ~*** 《俗》 방치하다, 버려 두다. ***~ again*** 원기를 되찾아 다시 나다니다. ***~ down*** 말로 뒤쫓아 잡다 ; 말로 짓밟다. ***~ for a fall*** 무리하게 말을 다다 ; 무모한 짓을 하다. ***~herd on*** ⇨ HERD[1]. ***~ high*** 성공하다, 잘 해내다. ***~ off on side issues*** 지엽적인 문제를 꺼내어 요점을 피하다. ***~ out*** (폭풍·곤란 따위를) 이겨내다 ; (어려움 등을) 극복하다. ~ (***roughshod***) ***over*** ⇨ROUGH-SHOD. ***~ to hounds*** ⇨ HOUND. ***~ up*** (앉을 때 치마 따위가) 밀려올라가다.

― *n.* ⓒ (1)(말·탈것·사람의 등 따위에) 탐, 태움 ; 타고〈태우고〉 감. (2)타는 시간 ; 승마〈차〉 여행. (3)(숲속의) 승마 도로 ; (유원지 등의) 탈것. (4)〔修飾語와 함께〕 승차감 : This car has 〈gives〉 a rough 〈soft〉 ~. 이 차는 승차감이 나쁘다〈부드럽다〉. ***along for the ~*** 일단 참가하여 소극적으로 가담하여. ***give*** a person ***a ~*** …을 태워주다. ***go for a ~*** (말·자전거·열차 등을) 타러가다. ***have a ~ on a horse***〈***in a car***〉 말(차)에 타다. ***take*** a person ***for a ~*** 《口》 1)…을 승마〈드라이브〉하러 데려가다. 2)아무를 속이다. 3)죽이기 위해 아무를 끌어내다.

:**rid·er** [ráidər] *n.* ⓒ (1) a]타는 사람, 기수 ; 《美》 카우보이. b]〔修飾語와 함께〕 말타는 것이 …한 사람. (2)추서(追書), 첨서(添書), 부가 조항. 파) **~·less** *a.* 탄 사람 없는.

:**ridge** [ridʒ] *n.* ⓒ (1)산마루, 산등성이 ; 능선 ; 분수령. (2)〔一般的〕 융기 ; (파도의) 물마루, 이랑 ; 콧대 ; 두둑, 이랑 ; 용마루. (3)(일기도에서) 고기압이 확장된 부분, 기압 마루. ― *vt.* (1)…에 용마루를 대다. (2)…두둑〈이랑〉을 만들다《*up*》. ― *vi.* 이랑지다 ; 물결치다, 물결이 일다.

ridge·pole [ˊpòul] *n.* ⓒ 마룻대, 천막의 들보 재목.

ridge·way [ˊwèi] *n.* ⓒ 산마룻길 ; 논두길.

·**rid·i·cule** [rídikjù:l] *n.* ⓤ 비웃음, 조소, 조롱. ▫ ridiculous *a.* ― *vt.* …을 비웃다, 조소하다, 놀리다.

:**ri·dic·u·lous** [ridíkjələs] (***more ~ ; most ~***) *a.* 웃기는, 어리석은 ; 엉뚱한 【cf.】 ludicrous. ▫ ridicule *n.* 파) **~·ly** *ad.* 우스꽝스럽게 ; 터무니 없이.

·**rid·ing** [ráidiŋ] *n.* ⓤ 승마 ; 승차 ; 〔形容詞的으로〕 승마(용)의.

ríding làmp 〈**lìght**〉 **【海】** 정박등(燈).

ríding school 승마 학교.

Ries·ling [rí:zliŋ, rí:s-] *n.* ⓤⓒ 리슬링《리슬링 포도로 만든 백포도주 ; 라인 와인 따위》.

rife [raif] *a.* 〔敍述的〕 (1)(질병이) 유행하는. (2)(나쁜 일이) 가득한, 많은《*with*》.

riff [rif] *n.* ⓒ **【재즈】** 리프, 반복 악절. ― *vi.* 리프를 연주하다.

rif·fle [rífəl] *n.* ⓒ (1)《美》 (강의) 얕은 여울 ; 잔물결. (2)**【카드놀이】** 카드를 두 손으로 나누어 쥐고 튀기며 엇갈리게 섞기, 리플.

― *vi.* (1)(책장을) 펄럭펄럭 넘기다《*through*》. (2)잔물결이 일다.

― *vt.* (1)(카드)를 리플하다. (2)(책장 따위)를 펄럭펄럭 넘기다. (3)…에 잔물결을 일으키다.

riff·raff [rífræ̀f] *n.* (the ~) 〔集合的〕 (하층 계급의) 하찮은 패거리 ; 잡동사니, 하찮은 물건.

:**ri·fle**[1] [ráifəl] *n.* (1) ⓒ 라이플총 ; 소총. (2)(*pl.*) 라이플총 부대. ― *vt.* (총신〈포신〉)에 선조를 새기다.

ri·fle[2] *vt.* 《~+目/+目+前+名》 …을 샅샅이 뒤져서 훔치다.

ri·fle·man [-mən] (*pl.* ***-men*** [-mən]) *n.* ⓒ 소총병 ; 라이플총 명사수(名射手).

rífle rànge (1)소총 사정(射程). (2)소총 사격장.

ri·fling [ráifliŋ] *n.* ⓤ (라이플의) 선조.

rift [rift] *n.* ⓒ (1)째진 틈, 갈라진 틈. (2)불화(不和) ; (관계의) 단절《*in* ; *between*》.

ríft vàlley **【地】** 지구대(地溝帶).

·**rig**[1] [rig] *n.* (1) ⓒ **【船】** 의장(艤裝), 범장(帆裝). (2) ⓤ 〔修飾語와 함께〕 복장, (현란한·색다른) 몸차림. (3)(*pl.*) (특정 목적의) 도구 ; 장구(裝具). (4) ⓒ 《美》 트레일러차 ; 말을 맨 마차. ***in full ~*** 한껏 모양을 내어.

―(***-gg-***) *vt.* (1)…에 돛·삭구(索具) 등을 장비〈장착(裝着)〉하다, 의장하다(equip) ; 장비를 갖추다, 준비하다《*out* ; *with*》. (2)…을 입히다, 차려 입히다《*out* ; *up*》. (3)〔再歸的 또는 受動으로〕 이상한 복장을 하다

:성장하다《out》. (4)《+目+副》 …을 임시변통으로 만들다, 날림으로 짓다《up》.

rig[2] (**-gg-**) vt. 부정을 저지르다 ; 사기치다.

rigged [rigd] a. 〔흔히 複合語로〕 …식(式) 범장(帆裝)의.

rig·ger[1] [rígər] n. ⓒ (1)삭구(索具) 장비자, 의장자(艤裝者). (2)〔흔히 複合語로〕 …(식) 범장선.

rig·ger[2] n. ⓒ (증권시장 등에서) 시세를 조작하는 사람 ; 부정을 행하는 사람.

rig·ging [rígiŋ] n. ⓤ 삭구, 장비 ; 의장(艤裝).

:right [rait] (**more ~ ; most ~**) a. (1)옳은, 올바른, (법적·도덕적으로) 정당한. 【opp.】 wrong. (2)정확한, 틀리지 않은. 【opp.】 wrong. 【cf.】 correct. (3)곧은, 곧게 선, 직각(直角)의. (4)적절한, 제격인, 어울리는. (5)형편 좋은, 안성맞춤의, 말할 나위 없는 ; 정상적인. (6)건강한 ; 제 정신의 ; 정연한, 상태가 좋은. (7)겉의, 표면의, 정면의. 【opp.】 wrong. (9)〔사람의 주의를 환기하거나 확인하기 위해〕 그런데 ; 그렇다면. (10)오른쪽의, 우측의. 【opp.】 left. (11) 우파(右派)〈보수주의〉의 ; (야구 따위의) 우익의. 【opp.】 left. **all ~** 1)좋다 ; 더할 나위 없이〈없는〉 ; 무사히〈한〉; 확실히. 2)《美俗》 신뢰할 수 있는. 3)어디 두고 보자. (**as**) **~ as rain** 아주 순조로와, 아주 건강하여. **get it ~** 을 올바르게 이해시키다. **get on the ~ side of** …의 마음에 들다. **on the ~ side of** 아직 …살 이전의. **put...** ~ 1)…을 정리하다. 2)…을 교정〈정정〉하다. 3)…을 다시 건강하게 하다. **put** one**self** ~ 1)…와 친해지다 ; …와 화해하다. 2)자기 잘못을 고치다. **~ as rain** 〈**a trivet**〉《英口》 지극히 건강하여. **~ enough** 만족스러운 ; 기대한대로. **Right oh!** 《俗》 좋아, 알았다. **~ or wrong** 좋건 나쁘건, 옳든 그르든, 불가불. **Right you are!** 《口》 옳은 말씀이오 ; 좋다, 알았습니다. **Too ~ !** 《Austral. 口》 좋아(okay), 됐어.

— (**more ~ ; most ~**) ad. (1)(도덕상) 바르게, 옳게, 공정하게. (2)정확히. (3)적절히 ; 바라는 대로, 알맞게, 편리하게, 정연하게. (4)〔副詞(句)를 수식하여〕 바로, 꼭, 아주 ; 정면으로, 똑바로. (5)우측에〈으로〉. (6)《口·方》매우, 몹시. (7)〔稱號·尊稱 등과 함께〕 **get in ~ with** a person 《美》 (아무의) 마음에 들다, (아무에게) 아첨하다. **~ along** 쉬지 않고, 줄곧, 끊임없이; 순조롭게. **~ away** 〈**off, now**〉 곧, 즉시, 당장에. **~ enough** 예상대로, 정확히. **~ off** = ~ away. **~ on !** 《口》 (int.) 찬성이오, 옳소. (a.) 납득한 ; 진지한, 착실한.

— n. (1) ⓤ 올바름, 정의, 공정. (2) ⓤⓒ 권리. 【cf.】 rights. (3) ⓤ 정확함. (4)(pl.) 진상, 실황 ; 올바른 상태 ; 옳은 해석. (5) ⓒ,ⓤ 판권, 상연〈소유〉권. (6) ⓤ 오른쪽, 우측. (7) ⓒ 우로 꺾음. (8) ⓒ 【拳】 라이트, 오른손의 일격 ; 【野】 라이트, 우익수. (9)(종종 the R-) 【政】 (의장(議場)의) 우측, 우익 ; (흔히 the R-) 【政】 우파(세력), 보수당(의원) ; 보수적 입장 ; 반동적 견해. (10) ⓒ 표면, 정면. **as of ~** 당연한 권리로. **be in the ~** 올바르다, 이치에 닿다〈맞다〉. **by** 〈**in**〉 **~ of** …의 권한에 의해, …의 이유로. **by ~s** 바르게, 정당하게. **do** a person **~** 아무를 공평히 다루다〈정당하게 평가하다〉. **get** a person **dead to ~s** =get a person's NUMBER. **in** one**'s** (**own**) ~ 자기의 (타고난) 권리로 ; 당연히, 의당. **Mr. Right** 《口》 (결혼 상대로) 이상적인 남자.

— vt. (1)(잘못 등)을 바로잡다, 고치다 ; (손해 등)을 보상하다. (2)…의 위치를 바르게 하다, 정돈하다, 본래대로 하다; 일으키다, 다시 세우다.

— vi. (기울어진 것이) 똑바로 일어서다. **~ itself**〈one**self**〉 1)원상으로 돌아가다, 바로 서다. 2)변명하다, 결백을 증명하다, 명예를 회복하다.

right·ab·out [ráitəbàut] n. ⓒ 정반대의 방향 ; =rightabout-face. 파) **~-fáce** [-féis] n. ⓒ 【軍】 (1)뒤로 돌아(의 구령). (2)(주의·정책 등의 180도) 방향 전환. (3)재빠른 후퇴.

:right ángle 【數】 직각

right-an·gled [⁄ǽŋgəld] a. 직각의.

ríght árm (1)(the ~, one's ~) 오른팔. (2)(one's ~) 심복(right hand).

·right·eous [ráitʃəs] a. (1)도의적으로 올바른, 정직한 ; 염직(廉直)한 ; 공정한, 정의의, 덕이 있는. (2) 정당한, 당연한. 파) **~·ly** ad. ***~·ness** n. ⓤ 올바름, 정의, 공정 ; 염직.

ríght fíeld 【野】 우익, 라이트 필드.

ríght fíelder 【野】 우익수.

·right·ful [ráitfəl] a. 〔限定的〕 올바른 ; 정당한 ; 당연한 ; 적법의, 합법의. 파) **~·ly** [-fəli] ad.

ríght hánd (1)(the ~, one's ~) 오른손 ; (우정·환영 등의) 악수하는 손. (2)(one's ~) 믿을 수 있는 사람, 심복. (3)명예로운 지위

·right-hand [ráithǽnd] a. 〔限定的〕 (1)오른손의, 우측의. (2)오른손을 쓰는, 오른손에 관한 ; 오른손잡이의. (3)의지가 되는, 한팔이 되는, 심복의.

right-hand·ed [⁄hǽndid] a. (1)오른쪽의 ; 오른손잡이의, 오른손을 쓰는. (2)오른팔이 될 수 있는, 믿을 수 있는 : one's ~ man 심복. (3)오른쪽으로 도는 《시계 바늘과 같은 방향의》, 우선회의. — ad. 오른손으로, 오른손을 써서. 파) **~·ly** ad. **~·ness** n.

right-hand·er [⁄hǽndər] n. ⓒ (1)오른손잡이 ; 【野】 우완 투수〈타자〉. (2)《口》 오른손의 일격 ; 오른손 던지기.

right·ist [ráitist] n. ⓒ (종종 R-) 우익〈우파〉 인사 ; 보수주의자. — a. 우익의, 우파의.

·right·ly [ráitli] (**more ~ ; most ~**) ad. (1)올바르게, 정당하게. (2)〔文章修飾〕 당연히, 마땅히 : *Rightly*, she refused. 당연히 그녀는 거절했다. (3)〔否定文으로〕 《口》 정확히〈확실히〉(는).

right-mind·ed [⁄máindid] a. 〔限定的〕 마음이 바른, 정직한. 파) **~·ness** n.

right·ness [ráitnis] n. ⓤ (1)올바름, 공정 ; 정의. (2)정확 ; 적정.

right-of-cen·ter [ráitəvséntər] a. 중도 우파의.

right-of-search [ráitəvsə́ːrtʃ] n. (the ~) 【國際法】 (교전국의 공해상의 중립국 선박에 대한) 수색권.

right-of-way [ráitəvwéi] (pl. **rights-, ~s**) n. (1) ⓒ (타인 소유지내의) 통행권, 통행권이 있는 도로. (2) ⓒ 도로(선로)용지. (3) (the ~, one's ~) 교통상의 우선통행권, 우선.

right-on [⁄án, ⁄ɔ́(ː)n] a. 전적으로 옳은 ; 시대에 맞는.

right-to-die [ráittədái] a. 《美》 죽을 권리를 인정하는《회복 불능 환자의 안락사 등과 같은》.

right-to-life [ráittəláif] a. 《美》 임신 중절에 반대하는《임신 중절 금지법을 지지하는》.
파) **-líf·er** n. ⓒ 임신 중절 반대〈금지법〉 지지자.

right·ward [⁄wərd] a. 오른쪽 방향의, 우측의. — ad. 오른쪽에〈으로〉.

ríght whále 큰고래.

ríght wíng 우익(수) ; 우파, 보수파.

right-wing [⁄wíŋ] a. 우익(수)의 ; 우파〈보수파〉의. 파) **~·er** n. ⓒ 우익〈우파〉의 사람.

ˑ**rig·id** [rídʒid] (*more ~ ; most ~*) *a.* (1)굳은, 단단한, 휘어지지 않는 ; 경직된. 〚opp.〛 *pliable, soft.* (2)완고한, (생각 등) 딱딱한, 융통성 없는. (3)엄격한, 엄정한. (4)엄밀한, 정밀한. (5) 술취한《美俗》 파) **~·ly** *ad.* **~·ness** *n.*

ri·gid·i·ty [ridʒídəti] *n.* ⓤ (1)단단함, 경직(성). (2)완고, 엄격 ; 엄정, 엄밀. (3)【物】 강성(剛性).

rig·ma·role [rígməròul] *n.* (1) ⓤ (또는 a ~) 데데한 긴 이야기 ; 조리 없는 긴 글. (2) ⓤ 질질 끄는 수법〈절차〉.

ˑ**rig·or,** 《英》 **-our** [rígər] *n.* (1) ⓤ 엄함, 엄격. (2)(the ~ ; 종종 *pl.*) (추위 따위가) 혹독함, (생활 따위의) 곤궁. (3) ⓤ (연구 방법 등의) 엄밀함, 정밀함, 정확함.

ríg·or mór·tis [rígərmɔ́ːrtis/ráigɔːr-] 《L.》 【醫】 사후 경직(死後硬直)(stiffness of death).

ˑ**rig·or·ous** [rígərəs] *a.* (1)준엄한 ; 가혹한 ; 엄격한. (2)(한서(寒暑) 따위가) 매우 혹독한. (3)엄밀한, 정밀한. 파) **~·ly** *ad.* **~·ness** *n.*

rig·out [rígàut] *n.* ⓒ 《口》 (괴상한) 의복 한 벌 ; 복장.

rile [rail] *vt.* 《美》 (1)…을 휘저어서 흐리게 하다《물 따위를》. (2)《口》 …를 화나게 하다, 짜증나게 하다.

ˑ**rill** [ril] *n.* ⓒ 작은 내, 시내, 실개천. 【cf.】 rivulet, stream.

ː**rim** [rim] *n.* ⓒ (1)(특히 원형물의) 가장자리, 테. (2)(타이어를 끼우는) 테, 림.

— (*-mm-*) *vt.* …에 가장자리〈가, 테〉를 달다 ; …을 둘러싸다.

rime [raim] *n.* ⓤ 【氣】 무빙(霧氷), 상고대.

rim·less [rímlis] *a.* 테가 없는《안경 따위》.

rimmed [rimd] *a.* 〔흔히 複合語를 이루어〕 …의 테가〈틀이〉 있는.

rimy [ráimi] (*rim·i·er ; -i·est*) *a.* 서리로 덮인(frosty).

ˑ**rind** [raind] *n.* ⓤⓒ 껍질《과실·야채 따위의》, 외피 ; 베이컨의 껍질 ; 치즈의 겉껍질《※ 오렌지 껍질은 peel, 바나나·양파 등의 껍질은 skin》.

rin·der·pest [ríndərpèst] *n.* ⓤ 《G.》 우역(牛疫).

ː**ring**[1] [riŋ] *n.* (1) ⓒ 고리 ; 바퀴 ; 고리 모양의 것. (2) ⓒ 반지 ; 귀걸이, 팔찌《따위》. (3) ⓒ 원, 원형 ; 빙 둘러앉은 사람들 ; 빙 둘러앉다 ; 손가락으로 원을 지어 보이다《OK의 뜻으로》. (4) ⓒ 【植】 나이테. (5)(the ~) 경마〈경기, 권투〉장, 씨름판, 링. (6)(the ~) 권투(계) ; 투쟁장. (7) ⓒ (장사·정치상의) 한패, 도당 ; (경마의) 도박꾼 ; 사설 마권업자. (8) ⓒ 【數】 환(環) ; 【化】 고리《고리모양으로 결합된 원자 집단》 ; 【天】 (토성 등의) 환, 고리. (9) ⓒ 【建】 링, 바퀴 모양의 테두리. (10)(*pl.*) 【體操】 링, 조환. ***make* 〈*run*〉 *~s around*** a person 《口》 아무보다 훨씬 빨리 가다〈하다〉, (승부에서) 상대를 여지없이 패배시키다. ***toss*** one***'s hat in the ~*** (선거에서) 입후보하다. win the ~ 《古》 상을 타다, 이기다.

— (*p., pp.* ***~ed,*** 《稀》 ***rung*** [rʌŋ]) *vt.* (1)…을 둘러싸다, 에워싸다《*about ; round*》. (2)(소의 코, 비둘기의 다리 따위)에 쇠코뚜레를 끼우다 ; 발가락지를 채우다. (3)(과일·채소 등)을 고리 모양으로 썰다. (4)…에 고리〈편자〉를 던져 끼우다《고리던지기의 놀이에서》. — *vi.* (1) 고리가 되다, 둥글게 되다. (2) 빙빙 돌다, 원을 그리며 날아오르다.

ː**ring**[2] (***rang*** [ræŋ], 《稀》 ***rung*** [rʌŋ] ; ***rung***) *vt.* (1)(종·벨·타악기 따위)를 울리다, 울려서 알리다. (2)《~+目/+目+副》 (벨 따위를 울려) 부르다, 불러들이다〈내다〉. (3)《+目+副》《英》 …에게 전화를 걸다《*up*》. (4)(종을 쳐서) 묵은 해〈오는 해〉를 보내다〈맞다〉.

— *vi.* (1)《~/+副》 (종·벨 따위가) 울다, (소리가) 울려 퍼지다. (2)《+前+名》 (장소 따위에 소리가) 울리다 ; (평판·이야기 등이) 자자해지다《*with*》. (3)(귀가) 울리다. (4)《+補》 …하게 울리다, …하게 들리다. (5)《~/+前+名》 초인종〈벨〉을 울리다《*at*》 ; 울려서 부르다〈요구하다〉《*for*》. (6)《英》 전화를 걸다《*up ; through*》. (7)《英俗》 속이다(cheat). ***~ a bell*** ⇨ BELL[1]. ***~ back*** 《英》 나중에 (다시) 전화하다(《美》 call back). ***~ down* 〈*up*〉 *the curtain*** ⇨ CURTAIN. ***~ in*** 1)(타임리코더로) 출근 시각을 기록하다(〚opp.〛 *ring out*). 2)(새해 등을) 종을 울려 맞이하다. 3)《英口》 전화를 하여 연락을 취하다. ***~ off*** 《英》 전화를 끊다. ***~ the bell*** 1)《口》 성공하다, 잘 되다. 2)(링을 눌러) …를 부르다. ~ (***the***) ***cha-nges*** ⇨ CHANGE. ***~ the knell of*** ⇨ KNELL. ***~ up*** (매상)을 금전 등록기에 기록하다 ; 성취하다, 이루다 ; 《英》전화하다. — *n.* (1) ⓒ (종·벨·경화(硬貨) 따위를) 울리기, 울리는 소리《땡, 딸랑, 쩔렁 따위》 ; (벨·전화의) 호출. (2) ⓒ 울림, 잘 울리는 소리. (3)(a ~, the ~)(말·이야기 내용 등의)(…다운) 울림, 가락, …다움, 느낌, 인상《*of*》. (4)(교회의) 한 벌의 종 : a ~ of bells. (5)전화.

ríng bìnder 링 바인더.

ring·er [ˊər] *n.* ⓒ (1)종〈방울〉을 울리는 사람 ; 방울 울리는 장치. (2)《俗》 (신원 등을 속인) 부정 출장 선수. (3)(종종 dead ~) 《俗》아주 닮은 사람〈것〉《*for ; of*》.

ríng fìnger (흔히 결혼반지를 끼는 왼손의) 약손가락.

ring·ing [ríŋiŋ] *a.* 울리는, 울려 퍼지는.

ring·lead·er [ríŋlìːdər] *n.* ⓒ (폭동·데모 등의) 주모자, 장본인.

ring·let [ríŋlit] *n.* ⓒ (1)컬한 머리털. (2)작은 바퀴, 작은 고리.

ring·mas·ter [ˊmæ̀stər, -mɑ̀ːs-] *n.* ⓒ (서커스 등의) 연기 지도자, 곡마단장.

ring-necked [ˊnèkt] *a.* 【動】 목 주위에 고리 무늬가 있는《새·동물》.

ring-pull [ˊpùl] *a.* 고리를 당겨 딸 수 있는《캔맥주·캔쥬스 따위》.

ríng ròad 《英》 (도시 주변의) 순환 도로(《美》belt highway 〈way〉).

ring·side [ˊsàid] *n.* (the ~) (서커스·권투 따위의) 링 주변, 링사이드. — *a.* 〔限定的〕 링사이드의.

ring·tailed [ríŋtèild] *a.* 꼬리에 고리무늬가 있는.

ring·worm [ˊwəːrm] *n.* ⓤ 【醫】 백선(白癬) ; 완선(頑癬), 쇠버짐.

rink [riŋk] *n.* ⓒ (흔히, 실내의) 스케이트장, 스케이트링크 ; 롤러스케이트장 ; 【氷上】 curling 장 ; 아이스하키장. — *vi.* 스케이트장에서 얼음을 지치다.

rinky-dink [ríŋkidíŋk] *a.* 《美俗》 (1)싸구려의. (2)고리타분한(쓸데없는). — *n.* ⓒ 진부한 사람, 케케묵은 것.

ˑ**rinse** [rins] *n.* (1) ⓒ 헹구기, 가시기 ; 씻어내기. (2) ⓤⓒ 린스《머리 헹구는 유성제(油性劑)》.

— *vt.* (1)…을 헹구다, 가시다. (2)《+目+前+名》 …을 씻어내다《*away ; off ; out*》. (3)《+目+副》 (우유 따위로 음식물을 위(胃) 속)에 흘려 넣다《*down*》.

Rio de Ja·nei·ro [ríːoudeiʒənɛ́ərou, -dədʒəníərou] 리우데자네이루《브라질 공화국의 옛 수도 ; 略 : Rio》.

Rio Gran·de [ríːougrǽndi] (the ~) 리오그란데 《미국과 멕시코 국경을 이루는 강》.

:ri·ot [ráiət] *n.* (1) ⓒ 폭동, 소동 ; 대혼란 ; **[法]** 소요죄 : get up〈raise, start, set off〉. (2)(a ~)(색채·소리 따위의) 다채로움《*of*》. (3)(a ~) (감정·상상 등의) 분방(奔放), 분출, 격발《*of*》 : *a ~ of* emotion 감정의 격발. (4)(a ~) 《口》 우스꽝스러운 사람〈일〉 ; 크게 웃을 만한 일. ***run ~*** 소란을 피우며 다니다 ; (꽃이) 만발하다. — *a.* 〔限定的〕 폭동 진압용의.
— *vi.* (1)폭동을 일으키다. (2)떠들다 ; 법석을 떨다. (3)방탕한 생활을 하다. — *vt.* 방탕생활로 (시간·돈을) 소비하다.

Ríot Àct (1)(the ~) 《英》 소요 단속법. (2)(the r- a-) 질책, 비난. ***read the ~*** 소동을 그치도록 엄명하다《*to*》 ; 《戱》엄히 꾸짖다.

ri·ot·er [ráiətər] *n.* ⓒ 폭도 ; 야단법석을 떠는 사람.

ri·ot·ous [ráiətəs] *a.* (1)폭동의 ; 폭동에 가담하고 있는. (2)시끄러운, 술 마시고 떠드는. (3)《口》 매우 유쾌한.
파) **~·ly** *ad.* **~·ness** *n.*

ríot squàd 〈police〉 〔集合的 ; 複數 취급〕 폭동 진압 경찰대, 경찰 기동대.

·rip[1] [rip] (**-pp-**) *vt.* (1)《~+目/+目+補》 …을 쪼개다, 째다, 찢다《*open* ; *up*》. (2)《+目+副/+目+前+名》 …을 벗겨내다, 떼어내다《*out* ; *off* ; *away*》. (3)(목재 따위)를 빠개다, 세로로 켜다.
— *vi.* 《+副》 (1)쪼개지다, 째지다, 찢어지다 ; 터지다. (2)《口》 돌진하다《*along*》. (3)맹렬히 공격하다〈비난하다〉. ***Let her 〈it〉 ~.*** 《口》 (자동차 등을) 마구 몰아라. ***let ~*** 몹시 비난하다《*against*》 ; 멋대로 지껄이다《*about* ; *at*》 ; 욕지거리하다. ***Let things ~.*** 되어 가는 대로〈밥이 되든 죽이 되든〉 내버려두어라. ***~ off*** 1)《口》 (아무로부터) 지나치게 많은 돈을 받다. 2) 《俗》 …을 훔치다〈속이다〉. ***~ up*** 잡아찢다, 파헤치다 (길 등을). ***~ up the back*** 험담을 하다..
— *n.* ⓒ 찢음 ; (옷의) 터짐, 찢어진 곳 ; 열상(裂傷).

rip[2] *n.* ⓒ 《口》 방탕자, 불량배.

rip[3] *n.* ⓒ 여울에 이는 물결 ; 격랑(激浪), 흐름이 빠른 조류(潮流).

ri·par·i·an [ripέəriən, rai-] *a.* 강기슭의 ; 강기슭에 나는〈사는〉.

ríp còrd **[空]** (기구(氣球)·비행선의) 긴급 가스 방출삭(放出索) ; (낙하산을) 펼치는 줄, 립 코드.

ríp cùrrent 역조(逆潮), 이안류(離岸流)《바닷가에서 난바다 쪽으로 흐르는 강한 조류(潮流)》.

:ripe [raip] (**rip·er ; rip·est**) *a.* (1)(과일·곡식이) 익은, 여문. (2)(술 따위가) 숙성한, 먹게 된. (3)원숙한, 숙달된 ; 심신이 성숙한. (4)고령의. (5)(기회가) 무르익은 ; 막 …하게 되어 있는. (6)(암내 따위) 역겨운 냄새가 나는. (7)《口》 천한, 상스런. ▫ ripen *v.*
파) **~·ly** *ad.* 익어서 ; 원숙하여 ; 기회가 무르익어.

·rip·en [ráipən] *vi.* 《~/+前+名+補》 (1)익다. (2)원숙하다 ; 무르익다. — *vt.* …을 익게 하다, 원숙하게 하다. 파) **~·ness** *n.*

rip-off [rípɔ̀(ː)f, -ɑ̀f] *n.* ⓒ 《俗》 (1)지나치게 많은 돈을 받음, 착취. (2)도둑질, 사기 ; 장물.

ri·poste [ripóust] *n.* ⓒ (1)**[펜싱]** 되찌르기. (2)재치 있는 즉답, 응구 첩대(應口輒對). — *vi.* 빨리 되찌르다 ; 되받아 넘겨 대꾸하다, 재치 있는 즉답을 하다.

rip·per [rípər] *n.* ⓒ (1)찢는 사람〈도구〉 ; 살인광. (2)내릴톱(ripsaw).

rip·ping [rípiŋ] *a.* 《美口·英俗》훌륭한, 멋있는.

:rip·ple [rípəl] *n.* (1) ⓒ 잔물결, 파문. (2) ⓒ (머리털 따위의) 곱슬곱슬함, 웨이브. (3)(*sing.*) 잔물결(같은) 소리 ; 소곤거림. (4) ⓤ 리플《초콜릿과 라즈베리가 줄무늬처럼 들어 있는 아이스크림》. (5)ⓒ 《美》 작은 여울. — *vi.* (1)잔물결〈파문〉이 일다. (2)졸졸 흐르다. (3)웅성거리다, 술렁거리다 ; 물결처럼 퍼지다. — *vt.* (1)…에 잔물결〈파문〉을 일으키다. (2)(머리털 등)을 곱슬곱슬하게 하다.

rípple effèct 파급 효과.

rípple màrk 모래 위의 파문〈풍문(風紋)〉.

rip-roar·ing [ríprɔ̀ːriŋ] *a.* 《口》 (1)떠들썩한, 왜자기는. (2)《英》 멋진, 근사한.

rip·saw [rípsɔ̀ː] *n.* ⓒ 세로 켜는 톱.

rip·snort·er [rípsɔ̀ːrtər] *n.* ⓒ 《口》 매우 떠들썩한〈난폭한〉 사람 ; 훌륭한〈재미있는〉 사람〈물건〉 ; 굉장한〈맹렬한〉 것.

:rise [raiz] (**rose** [rouz] ; **ris·en** [rízən]) *vi.* (1)《~/+前+名》 일어서다, 일어나다. (2)(회합이) 폐회되다, 산회하다. (3)《~/+副》 기상하다. (4)《+副/+前+名》 **[神學]** 다시 살아나다. (5)《~/+副/+前+名》 (연기 따위가) 오르다 ; (해·달이) 떠오르다 ; (막이) 오르다. (6)(토지·길이) 오르막이 되다, 치받이가 되다. (7)《~/+前+名》 지위가 오르다, 승진하다. (8)《~/+前+名》 (물가·수치 따위가) 상승하다. (9)(부피가) 늘다 ; (감정이) 격해지다 ; (소리가) 높아지다 ; (색 따위가) 짙어지다 ; (신용·흥미·중요성 등이) 증대하다 ; (기분이) 나다. (10)(바람이) 세어지다, 일다 ; (강의) 물이 붇다. (11)《~/+副/+前+名》 치솟다. (12)《~/+前+名》 (집이) 서다, 세워지다 : The houses *rose* quickly. 집이 속속 들어섰다. (13)《+前+名》 반항하여 일어나다, 반역하다《*against*》. (14)《~/+前+名》 나타나다, 수면에 떠오르다, (배 따위가 수평선 위로) 보이기 시작하다. (15)《+前+名》 (생각 따위 가) 미음에 떠오르다 ; (맛·냄새가) 느껴지다. (16)《+前+名》 (사건·강 따위가) 생기다, 근원을 이루다《*from* ; *in* ; *at*》. (17)(빵이) 부풀다. (18)감정이 격해지다. (19)《+前+名》 대처하다, 타개하다《*to*》. ***morining 〈down〉 ~s*** 아침〈새벽〉이 된다. ***~ above*** 1)…의 위에 솟아나다. 2)…을 초월하다 ; (곤란 따위)를 극복〈무시〉하다. ***~ and fall*** (배 따위가) 파도에 오르내리다 ; (가슴이) 뛰다. ***~ and shine*** 기상하다; 〔종종 命令形으로〕 기상. ***~ in the mind*** 마음에 떠오르다. ~ 2,000 feet ***out of the sea 〈above the sea level〉*** 해발 2,000피트이다. ***~ to*** 1)…에 응하여 일어서다. 2)…에 오르다. ***~ to*** one***'s eyes*** (눈물이) 눈에 글썽거리다. ***~ to the occasion〈emergency, crisis〉*** 난국〈위기〉에 대처하다
— *n.* (1) ⓒ 상승, 오름. (2) ⓒ (물가·수치·눈금 등의) 상승 ; 《英》승급(액). (3) ⓒ (정도 등의) 증가 ; (감정 등의) 고조, 격앙. (4) ⓒ 증대(량), 증수(량). (5) ⓤ (또는 a ~) 진보, 향상 ; 입신 출세. (6) ⓒ 높은 지대, 언덕(길). (7) ⓤⓒ 반란, 봉기. (8)(물고기 따위의) 떠오름. (9)기원, 발생; 소생. (10) ⓤⓒ (아치 등의) 높이 ; (층계의) 한 계단 높이. (11)회생, 소생. (12) ⓤ (무대의) 막이 오름. ***and the ~*** 《美口》 그리고 그 이상(and more). ***get 〈have, take〉 a 〈the〉 ~ out of*** a person 아무를 부추기어 바라는 바를 이루다 ; 《口》 아무를 계획적으로 골나게 하다. ***give ~ to*** …을 일으키다, 생기게 하다, …의 근원이 되다. ***on the ~*** 등귀하는 경향으로. ***take 〈have〉 its ~*** 일어나다, 생기다 ; (강 따위가) …에서 기원하다.

the ~ and fall (of the Roman Empire) (로마 제국의) 성쇠. ***the ~ of*** 《美口》

ris·er [ráizər] *n.* ⓒ (1)〔early, late의 形容詞를 보다 조금 많은. 수반하여〕 기상자(起床者). (2)【建】 (층계의) 층뒤판. (3) 반도, 폭도.

ris·i·bil·i·ty [rìzəbíləti] *n.* ⓤ (1) 잘 웃는 성질, 웃는 버릇 ; (종종 *pl.*) 웃음에 대한 감수성〈이해〉. (2) 큰 웃음, 즐겁게 떠듬..

ris·i·ble [rízəbəl] *a.* 웃을 수 있는 ; 잘 웃는 ; 웃음의, 웃기는, 우스운.

·ris·ing [ráiziŋ] *a.* (1)(태양 따위가) 떠오르는, 오르는. (2)등귀〈증대〉하는 ; 증수(增水)하는. (3)승진하는 ; 신진의 ; 성장중의 ; 인기가 한창 오르고 있는. — *n.* (1) ⓤ 오름, 상승. (2) ⓤ 기립, 기상. (3) ⓤ 부활, 소생. (4) ⓒ 봉기, 반란. (5) ⓒ 돈대.
— *prep.* (연령 등이) …에 가까운, 거의 …한, 약.

rísing dámp 상승 수분〈습도〉《땅 속에서 건물의 벽으로 스미는 습기》.

:risk [risk] *n.* (1) ⓤⓒ 위험 ; 모험 ; 위험성〈도〉, 손상〈손해〉의 염려. (2) ⓒ 〔흔히 修飾語와 함께〕 【保險】 피보험자〈물〉. ***at all ~s*** = ***at any*** 〈***whatever***〉 ~ 어떤 위험을 무릅쓰고라도. ***at ~*** 《英》 위험한 상태로. ***at*** one***'s own ~*** 자기가 책임지고. ***at the ~ of*** …의 위험을 무릅쓰고, …을 걸고.
— *vt.* (1)…을 위험에 내맡기다, 모험하다, 위태롭게 하다, (목숨 등)을 걸다. (2)《~+目/+-*ing*》 위험을 무릅쓰고 …하다, 감행하다.

risky [ríski] (***risk·i·er ; -i·est***) *a.* (1)위험한 ; 모험적인. (2)외설스러운, 아슬아슬한(risqué)《이야기·장면 등이》. 파) **rísk·i·ly** *ad.* **-i·ness** *n.*

ris·qué [riskéi] *a.* 《F.》 풍속을 해치는, 외설스러운 (off-color).

ris·sole [risóul] *n.* ⓒ,ⓤ 《F.》 리솔《파이 껍질에 고기·생선 등을 넣어 튀긴 요리》.

ri·tar·dan·do [rìːtaːrdáːndou] *a.*, *ad.* 《It.》 【樂】 점점 느린〈느리게〉. — (*pl.* ***~s***) *n.* ⓒ 【樂】 리타르단도(의 악장).

·rite [rait] *n.* ⓒ (종종 *pl.*) 의례, 의식, 관습, 관례 ; 교회의 의식, 전례(典禮).

·rit·u·al [rítʃuəl] *a.* (교회 따위의) 의식의, 제식의 ; 의식에 관한〈에 사용되는〉. — *n.* (1) ⓤ (종교적) 의식, 예배식 ; 제식. (2) ⓒ 의식서 ; 식전. (3) ⓒ 의식적 행사〈관습〉, (의식처럼) 반드시 지키는 일. 파) **~-ism** *n.* ⓤ 의식주의. **~-ist** *n.* ⓒ 의식주의자. **~-ly** *ad.*

rit·u·al·is·tic [rìtʃuəlístik] *a.* 의식의 ; 의식주의의, 의례(고수)주의의. 파) **-ti·cal·ly** *ad.*

ritzy [rítsi] (***ritz·i·er ; -i·est***) *a.* 《俗》 몹시 사치한, 초고급의, 호화로운, 아주 고급의, 거만한, 속물의.

riv. river.

:ri·val [ráivəl] *n.* ⓒ 경쟁자, 라이벌 ; 맞실 사람, 호적수, 필적할 사람《*in* ; *for*》. — *a.* 〔限定的〕 경쟁자의, 서로 싸우는.
— (***-l-***, 《英》 ***-ll-***) *vt.* 《~+目/+目+前+名》 …와 경쟁하다, …와 맞서다《*in*》 ; …에 필적하다, …에 뒤지지 않다.

·ri·val·ry [ráivəlri] *n.* ⓤⓒ 경쟁, 대항, 적대, 필적.

riv·en [rívən] *a.* 〔敍述的〕 찢어진 ; 갈라진.

:riv·er [rívər] *n.* (1) ⓒ 강, 하천. (2) ⓒ 물 이외의 흐름 ; (*pl.*) 다량의 흐름. ***cross the ~*** (***of death***) 죽다. ***sell*** a person ***down the ~*** 《口》 (아무를) 배반하다, 저버리다. ***send*** a person ***up the ~*** 《美俗》 교도소에 처넣다.

riv·er·bank [rívərbæ̀ŋk] *n.* ⓒ 하안(河岸), 강둑.

ríver bàsin 하천 유역.

riv·er·bed [rívərbèd] *n.* ⓒ 강바닥, 하상(河床).

riv·er·boat [-bòut] *n.* ⓒ 강(江)배.

riv·er·head [-hèd] *n.* ⓒ 강의 수원(지), 원류.

ríver hòrse 【動】 하마(hippopotamus).

riv·er·ine [rívəràin] *a.* 강의 ; 강변의, 강기슭의, 강가의 ; (동식물 따위가) 강가에서 나는〈사는〉.

·riv·er·side [rívərsàid] *n.* (the ~) 강가, 강변, 강기슭. — *a.* 〔限定的〕 강가의, 강변의 강기슭의.

·riv·et [rívit] *n.* ⓒ 리벳, 대갈못. — *vt.* (1)《~+目/+目+副/+目+前+名》 …을 리벳으로 붙박다《*down* ; *into* ; *on* ; *to* ; *together*》. (2)《~+目/+目+前+名》〔종종 受動 또는 過去分詞로 形容詞的으로〕《比》 …에 못박다 ; …을 단단히 고정시키다. (3)《~+目/+目+前+名》 (시선 등)을 쏟다, (주의)를 집중하다《*on*, *upon*》.
파) **~·er** [-ər] *n.* ⓒ 리벳공(工) ; 리벳 박는 기계.

riv·et·ing [rívitiŋ] *a.* 황홀케 하는, 매혹적인 ; 재미있는.

·riv·u·let [rívjəlit] *n.* ⓒ 개울, 시내. 【cf.】 rill, brook[1], stream.

Ri·yadh [riːjáːd] *n.* 리야드《사우디아라비아의 수도》.

ri·yal [rijáːl, -jɔ́ːl] *n.* ⓒ 리얄《사우디아라비아의 화폐단위 ; 기호 R.》.

R.L.S. Robert Louis Stevenson. R.M. 《英》Royal Mail ; 《英》 Royal Marines.

R mònths [áːr-] (the ~) 'R' 달《달 이름에 r자가 있는 9월에서 4월까지의 8개월 ; 굴(oyster)의 계절》.

RNA [àːrènéi] *n.* 【生化】 리보핵산(ribonucleic acid).

roach [routʃ] (*pl.* ***~·es,*** 〔集合的〕 ~) *n.* ⓒ 로치《잉어과의 물고기》.

:road [roud] *n.* (1) ⓒ 길, 도로. (2) a〕(the R-)(특정한 곳으로 통하는) 가도(街道). b〕(R-) (도시의 주요 가로명으로 쓰여) 주요 가로, 가(街)《略 : Rd.》. (3)(the ~) 길, 방법, 수단. (4)《美》 철도. (5) ⓒ (종종 *pl.*) 【海】 정박지(地).
burn up the ~ 《口》 대단한 속도로 운전하다〈나아가다〉. ***by ~*** 육로로, 자동차로. ***down the ~*** 1)이〈그〉 길 저편에. 2)장래. ***get out of the*** 〈a person***'s***〉 ~ 《口》 아무의 방해가 되지 않도록 하다. ***hit the ~*** 《俗》 여행을 떠나다, 여행을 계속하다 ; 《俗》 방랑 생활을 시작〈계속〉하다. ***hold*** 〈***hug***〉 ***the ~*** (차가) 매끄럽게 노상을 달리다. ***in the*** 〈a person***'s***〉 ~ 아무의 방해가 되어. ***on the ~*** 1)도로상에서. 2)도상(途上)에서. 3)(세일즈맨이) 지방을 다니고. 4)(극단이) 지방 순회 중에. 5)(자동차 등이) 아직 사용할 수 있어. ***take to the ~*** 1)여행을 떠나다. 2)방랑생활을 하다.
— *a.* 〔限定的〕 도로 (위)의.

róad àgent 【美史】 노상 강도.

road·bed [←bèd] *n.* ⓒ (흔히 *sing.*) 노상(路床) ; (철도의) 노반(路盤) ; 노면.

road·block [←blàk/ ←blɔ̀k] *n.* ⓒ (군용(軍用)의 도로상의) 방책, 도로 봉쇄 ; 장애(물), 방해(물).
— *vt.* 봉쇄하다.

róad còmpany 지방 순회 극단.

róad fùnd licence 《英口》 자동차세 납부 증명서.

róad gàme 원정 경기.

róad hòg (타(他)차선으로 나오거나 도로 복판을 달려) 다른 차의 통행을 방해하는 난폭 운전사.

road·hold·ing [ˊhòuldiŋ] *n.* ⓤ 《英》 (자동차의) 노면 보존 성능, 주행 안전성.
road·house [ˊhàus] *n.* ⓒ 교외 간선 도로변의 여관〈술집, 나이트클럽〉.
róad hùmp 과속 방지 턱(sleeping policeman).
road·less [róudlis] *a.* 길이 없는.
road·man [ˊmən] (*pl.* **-men** [ˊmən]) *n.* ⓒ 도로 인부 ; 트럭 운전수.
róad màp 도로 지도《자동차 여행용의》.
róad mènder 도로 수리 인부.
róad mètal 도로 포장용 자갈, (자갈 따위의) 포장 재료.
róad ràce (자동차 등의) 도로 경주.
róad ràcer (1)도로 경주용 자동차. (2)도로 경주 선수.
róad ràcing (특히 자동차의) 도로 경주《도로 또는 도로를 본뜬 코스에서 행함》.
róad ròller 도로를 다지는 롤러, 로드 롤러.
road·run·ner [ˊrʌ̀nər] *n.* ⓒ 【鳥】 두견잇과(科)의 일종《땅위를 질주하며 뱀을 잡아먹음 ; 미국 남서부·멕시코산(産)》 (=**chaparrál bìrd**).
róad sàfety 교통 안전.
róad sènse 도로 이용 능력, 도로 감각《운전자·보행자·개 등의》.
·**róad shòw** (1)(극단 따위의) 지방 흥행. (2)《美》 (신작(新作) 영화의) 독점 개봉 흥행, 로드쇼. (3)(브로드웨이 뮤지컬 등의) 지방 흥행.
·**road·side** [ˊsàid] *n.* (the ~) 길가, 노변. — *a.* 〔限定的〕 연도〈길가〉의.
road·stead [ˊstèd] *n.* ⓒ 【海】 난바다의 정박지, 항구 밖의 투묘소(投錨所).
road·ster [róudstər] *n.* ⓒ 2·3 인용의 무개(無蓋) 자동차.
róad tèst (1)(자동차의) 노상 성능 시험, 시운전. (2)(면허를 위한) 노상 운전 시험.
파) **róad-tèst** *vt.* 노상에서 테스트를 하다.
·**road·way** [ˊwèi] *n.* (the ~) 도로 ; 차도, 노선 ; (철도의) 선로 ; (교량의) 차도 부분.
road·work [ˊwə̀ːrk] *n.* (1) ⓤ 【競】 로드워크《권투 선수 등이 컨디션 조절을 위해 행하는 장거리 러닝》. (2)(*pl.*) 《英》 도로 공사.
road·wor·thy [ˊwə̀ːrði] (**-thi·er ; -thi·est**) *a.* (차가) 도로에 알맞은, 여행에 견디는.
:**roam** [roum] *vi.* 《~/+前+名》 (건들건들) 돌아다니다, 방랑〈배회〉하다《*about* ; *around* ; *through* ; *over*》. — *vt.* …을 돌아다니다, 방랑〈배회〉하다.
— *n.* ⓒ 돌아다님. 파) **ˊ·er** *n.* ⓒ 배회〈방랑〉자.
roan[1] [roun] *a.* 〔限定的〕 회색 또는 흰 얼룩이 섞인 《밤색 말 따위》. — *n.* ⓒ 워라말《따위》.
roan[2] *n.* ⓤ 부드러운 양피(羊皮)《제본용》.
:**roar** [rɔːr] *vi.* (1)(짐승 따위가) 으르렁거리다, 포효하다. (2)《~/+前+名》 고함치다, 소리지르다, 외치다. (3)《~/+前+名》 크게 웃다. (4)(대포·천둥 따위가) 울리다, 울려 퍼지다, (파도 따위가) 노호하다. (5)《+副》 큰 소리를 내다.
— *vt.* (1)《~+目/+目+副》 …을 큰 소리로 말〈노래〉하다《*out*》, 외치다. (2)《~+目/+目+副/+目+補》 큰 소리를 질러 …하게 하다.
— *n.* ⓒ 으르렁거리는 소리, 고함소리 ; 노호. ***in a ~*** 와자그르르 떠들어, 떠들썩하게.
파) **~·er** [rɔ́ːrər] *n.* 포효하는 것 ; 소리치는 사람.
·**roar·ing** [rɔ́ːriŋ] *n.* (1) ⓤ 으르렁거림, 포효. (2)(a ~) 포효〈노호〉 소리 ; 고함.
— *a.* 〔限定的〕 (1)포효〈노호〉하는 ; 소란한. (2)《口》 번창한 ; 활기찬. — *ad.* 몹시.
róaring fórties (the ~) 풍랑이 심한 해역《북위 및 남위 40-50도》.
Róaring Twénties (the ~) 《美》 광란의 '20년대《재즈와 호경기의 광란의 시대인 1920년대》.
:**roast** [roust] *vt.* (1)(고기)를 굽다, 불에 쬐다, 익히다, 오븐〈뜨거운 재〉에 굽다. (2)《~+目/+目+補》 (콩·커피 열매 따위)를 볶다, 덖다. (3)〔再歸的〕 불에 데우다 ; 불을 쬐어 따뜻하게 하다. (4)《口》 조롱하다, 놀리다 ; 혹평하다. — *vi.* (1)구워지다, 볶아지다. (2)볕에 그을리다 ; 더워지다, 찌는 듯이 덥다. — *a.* 〔限定的〕 구운, 불에 쬔, 볶은 : ⇨ ROAST BEEF.
— *n.* (1) ⓤⓒ (오븐에 구운) 불고기 ; ⓒ (불고기용의) 고기(《英》 joint), 로스트 고기《흔히 쇠고기》. (2)(a ~) 굽기 ; 볶. (3) ⓒ 《口》 불고기를 먹는 피크닉〈파티〉. ***rule the ~*** =rule the ROOST.
róast béef 로스트 비프《오븐에 구운 쇠고기 ; 전형적인 영국 요리로 양고추냉이를 발라먹음》.
roast·er [róustər] *n.* ⓒ 굽는 사람 ; 굽는 기구, 고기 굽는 냄비〈오븐〉, 로스터 ; 《특히》 로스트용의 돼지 새끼.
roast·ing [róustiŋ] *a.* (1)몹시 뜨거운〈더운〉. (2)〔副詞的〕 몹시 더워. — *n.* (1)ⓤ 불에 구움〈볶음〉. (2)(a ~) 《口》 철저하게 헐뜯음 : get *a* ~ 몹시 비난받다.
:**rob** [rab/rɔb] (**-bb-**) *vt.* (1)《+目+前+名》 …에서 훔치다, 강탈〈약탈〉하다, 빼앗다 ; (권리 등)을 잃게 하다《*of*》. (2)(집·상점)을 털다 ; (금고 따위)의 내용물을 훔치다. (3)(사람)으로부터 행복·능력을 빼앗다.
— *vi.* 강도질을 하다(plunder), 약탈하다.
:**rob·ber** [rábər/rɔ́bər] *n.* ⓒ (특히 폭력을 쓰는) 도둑, 강도 ; 약탈자.
·**rob·bery** [rábəri/rɔ́b-] *n.* ⓤⓒ 강도 (행위), 약탈.
:**robe** [roub] *n.* (1) ⓒ 길고 헐거운 겉옷 ; 긴 원피스와 여자 옷 ; 긴 아동복 ; =BATHROBE. (2)(종종 *pl.*) 관복, 예복 ; 법복. (3)《美》 (차에 탔을 때 쓰는) 무릎 가리개.
— *vt.* (1) 〔再歸的·受動으로〕 …을 입다. (2) 장식하다. — *vi.* 예복(관복)을 입다.
Rob·ert [rábərt/rɔ́b-] *n.* 로버트《남자 이름 ; 애칭 Bert, Berty, Bob, Dob, Rob, Robin》.
:**rob·in** [rábin/rɔ́b-] *n.* ⓒ 울새((~) redbreast) ; 《美》 개똥지빠귀의 일종.
Róbin Góod·fel·low [-gúdfelou] (영국 전설의) 장난꾸러기 꼬마 요정. 【cf.】 Puck.
Róbin Hòod 로빈후드《중세 영국 전설에 나오는 의적》. 【cf.】 Maid Marian.
róbin rédbreast 울새.
Rób·in·son Crú·soe [rábinsənkrúːsou/rɔ́b-] 로빈슨 크루소.
·**ro·bot** [róudət, -bat/róubɔt] *n.* ⓒ (1)로봇, 인조인간 ; 자동 장치. (2)기계적으로 일하는 사람.
ro·bot·ics [roubátiks, /-bɔ́t-] *n.* ⓤ 로봇 공학.
·**ro·bust** [roubʌ́st, róubʌst] (**~·er ; ~·est**) *a.* (1) 튼튼한, 강건한. (2)건전한 ; 힘이 드는《일 따위》. (3)(연설 등이) 강렬한, (말·농담 등이) 거친. (4)(술 따위가) 감칠맛이 있는.
파) **~·ly** *ad.* **~·ness** *n.*
roc [rak/rɔk] *n.* 아라비아 전설의 큰 괴조(怪鳥). ***a ~'s egg*** 이야기뿐이며 실제로는 없는 것, 믿을 수 없는 것.
:**rock**[1] [rak/rɔk] *n.* (1) ⓤⓒ 바위, 암석, 암반(岩盤)

; 암벽. (2)(종종 *pl.*) 암초(暗礁). (3)(*sing.*) (견고한) 토대, 지지, 지주 ; 방호〈보호〉해주는 것. (4)《美》 조약돌. (5) ⓤⓒ 다이아몬드, 보석. (6) ⓤ 《英》 단단한 사탕 과자, 얼음사탕. (7)(*pl.*) 《卑》 불알. (8)(*pl.*) 《美俗》 돈. (9) ⓤ《俗》 코카인. **(as) firm 〈steady, solid〉 as** (a) ~ 1)극히 단단한. 2)(사람이) 믿을 수 있는. **built 〈founded〉 on the ~** ~ 반석위에 세운, 기초가 튼튼한. **go 〈run〉 upon the ~s** 좌초(난파)하다. **off the ~s** 《口》 위험에서 벗어나, 파탄〈파산〉의 걱정 없이. **on the ~s** 1)좌초〈난파〉하여. 2)파멸하여 ; 진퇴 양난으로 ; 《口》 돈에 쪼들려. 3)《口》 (몇 개의) 얼음 덩어리 위에 부은《위스키 따위》.

:rock[2] *vt.* (1)…을 흔들리게 하다 ; 진동시키다. (2)《~+目/+目+補/+目+to do》 …을 (요람에 태워) 흔들다, 흔들어 …하게 하다 ; 달래다, 기분 좋게 해주다. — *vi.* (1)흔들리다 ; 흔들거리다. (2)진동하다. (3)동요하다 ; 감동하다. — *n.* (1) ⓒ 흔들림 ; 진동, 동요 ; 한 번 흔듦. (2) ⓤ =ROCK'N' ROLL ; 로큰롤에서 파생된 록음악.

rock·a·bil·ly [rákəbìli/rɔ́k-] *n.* ⓤ 로커빌리《열정적인 리듬의 재즈 음악》. [◁ *rock* and roll+

róck bóttom 맨 밑바닥, 최저 ; 깊은 내막.

rock-bot·tom [rákbátəm/rɔ́kbɔ́t-] *a.* 〔限定的〕 맨 밑바닥의, 최저의.

rock·bound [´bàund] *a.* 바위로 둘러싸인 ; 바위투성이의 ; 끈질긴, 완강한.

róck cáke 겉이 딱딱하고 꺼칠한 쿠키.

róck cándy 《美》 (1)얼음 사탕(《英》 sugar candy). (2)막대 모양의 얼음 과자.

rock-climb·ing [´klàimiŋ] *n.* ⓤ 【登山】 암벽 등반, 바위타기.

róck crýstal 【鑛】 (무색·투명의) 수정.

Rock·e·fel·ler [rákəfèlər/rɔ́k-] *n.* 록펠러《**John Davison** ~ 미국의 자본가·자선 사업가 ; 1839-1937》.

Róckefeller Cénter (the ~) 록펠러 센터.

rock·er [rákər/rɔ́k-] *n.* (1)흔들리는 것, (흔들의자 따위의 밑에 달린) 호상(弧狀)의 다리 ; 흔들의자 (rocking chair) ; 흔들 목마. (2)《英》 폭주족《1960 년대에 가죽 잠바를 입고 오토바이를 타며 록음악을 듣던 십대들》. (3)《口》 록 연주가, 록 팬, 록음악. **off** one**'s ~** 《俗》 제 정신이 아닌; 미친.

:rock·et [rákit/rɔ́k-] *n.* (1) ⓒ 로켓 ; 로켓탄 ; 로켓 발사 우주선. (2) ⓒ 화전(火箭), 봉화 ; 쏘아 올리는 불꽃. (3)(a ~) 《口》 심한 질책.
— *vt.* (1)…을 로켓으로 나르다〈쏴 올리다〉. (2)(아무)를 급히 …되게 하다. — *vi.* (1)(로켓처럼) 돌진하다. (2)(바람직한) 상태로 급변하다. (3)(가격 등이) 갑작스레 치솟다.
— *a.* 〔限定的〕 로켓의.

rock·e·teer [ràkitíər/rɔ̀k-] *n.* ⓒ 로켓 사수(射手) 〈조종사〉 ; 로켓 기사〈연구가, 설계사〉.

rócket èngine 〈mòtor〉 (초음속 비행기 등의) 로켓 엔진.

rock·et-pro·pelled [rákitprəpéld/rɔ́k-] *a.* 로켓 추진식의.

rock·et·ry [rákitri/rɔ́k-] *n.* ⓤ 로켓 공학〈실험, 사용〉.

rócket shìp (공상 과학 소설에 나오는) 우주선.

rock·fall [rákfɔ̀ːl/rɔ́k-] *n.* ⓒ 낙석, 낙반.

róck gàrden 암석 정원 ; 석가산(石假山)이 있는 정원.

rócking chàir 흔들의자.

rócking stòne 흔들리는 바위(logan stone).

róck mùsic 록음악.

rock'n'roll, rock-'n'roll [rákənróul/rɔ́k-] *n.* ⓤ 로큰롤.

róck plànt 암생(岩生) 식물 ; 고산 식물.

róck pòol 썰물 때 드러나는 바위틈의 웅덩이.

róck sálmon 《英》 dogfish, pollack, wolffish 등 몇몇 해산 식용어의 총칭《생선 장수의 용어》.

róck sàlt 암염(岩鹽). 【cf.】 sea salt.

róck wòol 암면(岩綿)《광석을 녹여 만든 섬유 ; 단열·보온·방음용》.

:rocky[1] [ráki/rɔ́ki] (***rock·i·er ; -i·est***) *a.* (1)암석이 많은, 바위로 된. (2)바위 같은, 튼튼한. (3)부동의, 태연한 ; 완고한, 냉혹한, 무정한.

rocky[2] (***rock·i·er ; -i·est***) *a.* (1)흔들흔들하는, 불안정한. (2)《口》 비슬거리는, 현기증 나는.

Rócky Móuntains (the ~) 로키 산맥.

ro·co·co [rəkóukou, ròukəkóu] *n.* ⓤ (종종 R-) 로코코식《18세기경 유행된 건축·미술 등의 양식》.
— *a.* 로코코식의 ; 지나치게 장식이 많은.

:rod [rad/rɔd] *n.* (1) ⓒ 〔종종 複合語로〕 장대, (가늘고 긴) 막대 ; 낚싯대 : ⇨ CURTAIN ROD. (2) ⓒ 작은 가지, 애가지. (3) ⓒ 회초리 ; (the ~) 회초리로 때리기, 매질, 징계. (4) ⓒ 권장(權杖), 홀(笏) ; 권력, 직권. (5) ⓒ 로드(perch[1])《길이의 단위 ; $5^1/_2$야드, 5.0292 미터》 ; 면적의 단위《$30^1/_4$평방야드, 25.29 평방미터》. (6) ⓒ 《美俗》 권총. (7) ⓒ 【機】 간(桿) ; 측량간. (8) ⓒ 【生】 간균(桿菌). (9) ⓒ 【解】 간상체(桿狀體). **give the ~** 매질하다. **kiss the ~** 순순히 벌을 받다. **make a ~ for** one**self 〈for** one**'s own back〉** 화를 자초하다, 사서 고생하다.

ro·dent [róudənt] *n.* ⓒ 설치류의 동물《쥐·토끼 따위》.

ro·deo [róudiòu, roudéiou] (*pl.* **~s**) *n.* ⓒ 《美》 (1)(낙인을 찍기 위하여) 목우(牧牛)를 한데 모으기. (2)로데오《카우보이의 말타기 따위의 공개 경기 대회》.

Ro·din [roudǽn, -dáːn] *n.* **Auguste ~** 로댕《프랑스의 조각가 ; 1840-1917》.

rod·o·mon·tade [ràdəmanéid, ròu-, -táːd] *n.* ⓤ 호언 장담, 허풍. — *a.* 자랑하는, 허풍떠는.
— *vi.* 호언 장담하다.

roe[1] [rou] (*pl.* **~s,** 〔集合的〕~) *n.* 노루(~ deer).

roe[2] *n.* ⓤⓒ (1)곤이, 어란(漁卵) (hard ~). (2)어정(魚精), 이리(soft ~).

roe·buck [´bʌ̀k] (*pl.* ~, **~s**) *n.* ⓒ 노루의 수컷.

róe dèer 노루.

ro·ga·tion [rougéiʃən] *n.* (*pl.*) 【基】 (예수 승천축일 전의 3일간의) 기도, 기원.

Rogátion Dàys (the ~) 기도 성일《예수 승천축일 전의 3일간》.

rog·er[1] [rádʒər/rɔ́djər] *int.* (or R-) 【通信】 알았다, 로저 ; 《口》 좋다, 알겠다(all right, O.K.).

rog·er[2] *vt.*, *vi.* 《英卑》 (…와) 동침〈성교〉하다.

:rogue [roug] *n.* ⓒ (1)악한, 불량배, 깡패. (2)《戱》 개구쟁이, 장난꾸러기. (3) 건달, 방랑자, 부랑자. (4) 떠돌아 다니는 코끼리(물소). (5) 같은 씨앗에서 싹튼 식물 중 제일 하치. — *vt.* 속이다, 슦다. — *vi.* 떠돌아다니다, 못된 짓하다.
— *a.* 〔限定的〕 (야생 동물이) 무리와 떨어져있어 사나운 ; 단독으로〈외톨로〉 이탈한.

ro·guery [róugəri] *n.* ⓤⓒ 못된 짓, 부정 ; 장난, 짓궂음. **play ~ upon** …을 속이다.

rógues' gállery (경찰 등의) 범인 사진첩.
ro·guish [róugiʃ] *a.* 깡패의, 건달의 ; 장난치는, 짓궂은. 파) **~·ly** *ad.* **~·ness** *n.*
roil [rɔil] *vt.* (1)…을 휘젓다, 휘정거려 흐리게 하다. (2)《美》=RILE.
rois·ter·er [rɔ́istərər] *n.* ⓒ 술 마시고 (들떠서) 떠드는 사람.
rois·ter·ing [rɔ́istəriŋ] *n.* ⓤ 술 마시고 떠듦. — *a.* 〔限定的〕 술 마시고 떠드는.
ROK the Republic of Korea(대한 민국).
:role, rôle [roul] *n.* 《F.》 (1)(배우의) 배역 : ⇨ TITLE ROLE. (2)역할, 임무.
róle mòdel 역할 모델.
role-play·ing [ˊplèiiŋ] *n.* ⓤ 역할 연기《심리극 따위에서》.
:roll [roul] *vi.* (1)《~/+副/+前+名》 (공·바퀴 따위가) 구르다, 굴러가다, 회전(回轉)하다. (2)(차가) 나아가다, 달리다, (차로) 가다《*along* ; *by*》. (3)(작업 등이) 척척 진척하다. (4)《+前+名》 (천체가) 주기적으로 운행하다. (5)《+副》 (세월이) 지나가다《*on* ; *away* ; *by*》 ; (다시)돌아오다, 돌고 돌다《*round* ; *around*》. (6)《~/+前+名/+副》(땅이 높고 낮게) 기복하다 ; (파도 따위가) 굽이치다, 파동하다 ; (연기·안개 등이) 끼다, 감돌다. (7)《~/+副/+前+名》 (배·비행기가) 옆질하다, 좌우로 흔들리다. 【cf.】 pitch[1]. (8)(사람이) 몸을 흔들며 걷다 ; 뒤치다, 뒹굴다. (9)《俗》 나가다 ; 착수하다. (10)(천둥이) 우르르하다〈울리다〉, (북이) 둥둥 울리다. (11)(이야기·변설 등이) 유창하다, 도도히 논하다 ; (새가) 떨리는 소리로 지저귀다. (12)《+副/+前+名》 동그래지다, 똘똘 뭉쳐〈말려〉 졸아들다《*up* ; *together*》. (13)(금속·인쇄잉크·가루반죽 등이 롤러에 걸려) 늘어나다〈압연되다〉, 펴지다. (14)(눈이) 희번덕거리다 ; 눈알을 부라리며 보다《*at*》. (15)《+前+名》《口》 호화롭게 살다, 남아 돌아갈 만큼 있다. (16)《口》 (일 따위에) 착수하다, 시작하다 ; 출발하다.
— *vt.* (1)《~+目/+目+前+名》 …을 굴리다, 회전시키다. (2)《+目+前+名》 …을 굴려 가다, 실어 나르다 ; 탈것으로〈굴림대로〉 옮기다. (3)《~+目/+目+前+名》 (파도·물)을 굽이치게 하다, (안개)를 감돌게 하다 ; 물결처럼 굽이쳐 나가게 하다 ; (연기·먼지 등)을 휘말아 올리다. (4)《~+目/+目+前+名》 …을 동그랗게 하다, 말다, 말아서 만들다 ; 감다《*around*》 ; 감싼다, 싸다. (5)…을 롤러를 굴려 판판하게 하다, 밀 방망이로 밀어 늘리다 ; (금속)을 압연하다. (6)…을 조작하다, 움직이다. (7)(북 따위)를 둥둥 울리다 ; 울리게 하다 ; 낭랑하게 지껄여대다 ; (r)를 혀를 꼬부려 발음을 하다. (8)《~+目/+目+副/+目+前+名》 (눈알)을 희번덕거리다. (9)《+目+副》 (배·비행기)를 옆질하게〈좌우로 흔들리게〉 하다. (10)(아무)를 때려서 자빠뜨리다 ; (술취한 사람)에게서 돈을 훔치다, 강탈하다. (11)《+目+副》 (감은 것)을 펴다, 펼치다《*out*》. ***let it ~*** 자동차의 속도를 유지하다. ***~ along*** 〈마차가〉 덜커덕 덜커덕 굴러가다 ; 계속 움직이다. ***~ around*** 데굴데굴 구르다. ***be ~ing in it*** 《口》 굉장한 부자다(⇨ *vi.* (15)). ***~ back*** 《美》 (*vt.*)(카펫 따위)를 말아서 치우다 ; 역전〈격퇴〉시키다 ; 《美》 (통제하여 물가)를 본래 수준으로 되돌리다. (*vi.*) (파도·조수 따위가) 빠지다 ; 후퇴하다. 【cf.】 rollback. ***~ down*** 굴러 떨어지다, 흘러내리다. ***~ in*** 1)꾸역꾸역 모여들다, 많이 오다. 2)《美》 자다, 잠자리에 들다. 3)《口》 (집 따위에) 겨우 다다르다. ***~ in the aisles*** ⇨ AISLE. ***~ into one*** 합하여 하나로 만들다. ***~ on*** 굴러가다 ; (세월이) 흘러가다 ; 《英》〔命令形 ; 主語를 文尾에 놓고〕 (기다리는 날 등이) 빨리 오너라 ; (페인트 등을) 롤러로 칠하다. ***~ out*** 1)굴러 나오다. 2)《美俗》 (침대에서) 일어나 나오다. 3)펴서 판판하게 하다 4)낮은 음조로 말하다. 5)《口》 대량 생산하다. ***~ out the red carpet*** 정중히 환영(할 준비를) 하다. ***~ over*** 1)(몸을) 뒤치다. 2)옆으로 기울다. 3)넘어뜨리다. ~ one***self*** 1)동그래지다 ; 몸을 감싸다《*in*》. 2)굴리다 ; (몸을) 뒤치다《*onto*》. ***~ up***(*vi.*) 1)동그래지다, 감싸이다 2)(연기 따위가) 뭉게뭉게 오르다 ;《口》 나타나다, (늦게 〈취하여〉) 오다. (*vt.*) 1)…을 둘둘 말다 ; 손잡이를 돌려 (자동차 문 등)을 닫다 ; …을 싸다 ; 감싸다. 2)(돈 따위)를 모으다. ***~ up*** one***'s sleeves*** ⇨ SLEEVE.
— *n.* ⓒ (1)회전, 구르기. (2)(배 등의) 옆질. 〖opp.〗 *pitch*. (3)(비행기·로켓 등의) 횡전(橫轉). (4)(땅 따위의) 기복, 굽이침. (5)두루마리, 권축(卷軸), 둘둘 만 종이, 한 통, 롤. (6)명부, 《英》 변호사 명부 ; 출석부 ; 표, 기록(부) ; 공문서 ; 사본 ; 목록. (7)구형〈원통형〉의 것 ; 말아서 만든 것, 말려 있는 것《빵·케이크·담배·실 따위》. (8)(지방 등의) 쌓인 덩이 : ~*s* of fat 비곗덩어리. (9)(천둥 등의) 울림 ; (북의) 연타 ; 낭랑한 음조. (10)《美口》 지폐 뭉치. (11)(the R-s) 《英》 공문서 보관소. (12)주사위를 흔듦 ; 주사위를 던져서 나온 수의 합계. ***call the ~*** 출석을 부르다. ***in the ~ of saints*** 성인(성녀)의 반열에 들어. ***on the ~s*** 변호사 명부에 이름이 올라. ***~ in the hay*** 성교(하다). ***on a ~*** 《美口》 운이 따라 ; 상태가 좋아. ***the ~ of honor*** 영예의 전사자 명부.
roll·a·way [róuləwèi] *a.* (가구 따위가) 바퀴 달린. — *n.* ⓒ 롤러 달린 침대(=ˊ~ **bèd**).
roll·back [ˊbæ̀k] *n.* ⓒ (1)역전, 되돌림. (2)(물가·임금의 이전 수준으로의) 인하. (3) 롤백 정책
róll bàr 롤바《충돌·전복에 대비한 레이스용 자동차의 천장 보강용 철봉》.
róll bóok (교사가 지니는) 출석부, 교무수첩.
róll càll 출석 조사, 점호 ; 【軍】 점호 나팔〈북〉, 점호 시간.
rólled góld (**plàte**) [róuld-] 금을 얇게 입힌 황동판(黃銅板) ; 황금제의 얇은 전극판.
rólled óats (멧돌로) 탄 귀리《오트밀용(用)》.
rolled-up [ˊʌ̀p] *a.* 둘둘 감은〈만〉.
:roll·er [róulər] *n.* ⓒ (1)롤러, 녹로, (지도 등의) 축, 권축(卷軸) ; 굴림대, (무거운 것을 굴리기 위한) 산륜(散輪) ; 땅 고르는 기계 ; 압연기(壓延機) ; 【印】 잉크롤러. (2) 두루마리 붕대. (3) (폭풍우 후의) 큰 놀. (4) 굴리는 사람, 회전 기계 조작자. (5)롤러카나리아 ; 집비둘기의 일종.
róller bàndage 두루마리 붕대.
róller bèaring 【機】 롤러베어링.
róller blìnd 《英》 감아 올리는 블라인드.
róller cóaster 롤러 코스터(《英》 switchback)《환상(環狀)의 물매진 선로를 달리는 오락용 활주 차(滑走車)》.
róller skàte (흔히 *pl.*) 롤러스케이트 구두. 파) **róller skàter** 롤러스케이트 타는 사람.
roll·er-skate [-skèit] *vi.* 롤러스케이트를 타다.
roll·er-skat·ing [-skèitiŋ] *n.* ⓤ 롤러스케이트 타기.
róller tòwel 고리 타월《타월 양끝을 맞꿰메어 롤러에 매단》.
róll fìlm 【寫】 두루마리 필름. 【cf.】 plate.
rol·lick·ing[1] [rɑ́likiŋ/rɔ́l-] *a.* 〔限定的〕 까부는, 떠드는 ; 쾌활한.

rol·lick·ing² *n.* ⓒ《英口》 심한 꾸지람.

:roll·ing [róuliŋ] *a.* (1)구르는 ; 회전하는 ; (눈알이) 두리번거리는. (2)옆질하는, 비틀거리는 ; 놀치는 ; (토지가) 기복이 있는. (3)〔敍述的〕 (흔히 ~ in it) 《口》돈이 엄청나게 많은. (4) 소리를 내며 흐르는 〈천둥 등이〉 울리는. (5) (계절 등이) 순환(경과)하는, 돌아오는, (모자테·칼라 등이) 밀려 올라가는. — *n.* ⓤ 구르기, 굴리기 ; 회전 ; 눈을 두리번거림 ; (배·비행기의) 옆질 ; 기복, 굽이침 ; 우르르 울림 ; (금속의) 압연.

rólling mìll 압연기 ; 압연 공장.

rólling pìn 밀방망이.

rólling stóck 〔集合的〕 (철도의) 차량《기관차·객차·화차 따위》 ; (철도회사〈《美》 운수업자〉 소유의) 화물 자동차.

rólling stóne 구르는 돌 ; 진득하지 못한 사람, 주거를〈직업을〉 자주 바꾸는 사람 ; 《美》 활동가 《다음 속담에서》.

roll-on [róulàn/ -ɔ̀n] *a.* 〔限定的〕 (화장품·약품이) 롤온식(式)의, 회전 도포식의.

roll-on roll-off, roll-on-roll-off [∸∸róul-ɔ́(ː)f, -ɑ́f] *a.* 〔限定的〕 롤온 롤오프식의, (페리 등이) 짐 실은 트럭〈트레일러 등〉을 그대로 승·하선시킬 수 있는.

roll·over [róulòuvər] *n.* ⓒ (자동차의) 전복.

Rolls-Royce [róulzrɔ́is] *n.* 롤스로이스《영국제 고급 승용차 ; 商標名》.

róll-top désk 접이식의 뚜껑이 달린 책상.

roll-up [róulʌ̀p] *n.* ⓒ 손으로 만 담배.

ro·ly-po·ly [róulipóuli] *n.* ⓤⓒ (1)잼·과일 등을 넣은 꽈배기 푸딩(=∼ **pùdding**). (2)토실토실한 사람〈동물〉. — *a.* 토실토실 살찐.

Rom. Roman ; Romance ; Romanic ; Romans ; Rome. **rom.** 【印】 roman (type).

:Ro·man [róumən] (***more ~ ; most ~***) *a.* (1)로마시의 ; (현대의) 로마(사람)의 ; (고대) 로마 사람의. (2)로마 가톨릭교의. (3)(흔히 r-) 로마 글자(체)의 (【cf.】 italic) ; 로마 숫자의. (4)로마 사람 풍〈기질〉의 ; 고대 로마 건축 양식의. (5) 콧날이 우뚝한.
— (*pl.* **~s**) *n.* (1) ⓒ **로마 사람** ; (이탈리아 말의) 로마 방언. (2)(the ~s) 【聖】 로마서《略 : Rom.》. (3) ⓒ 로마 가톨릭교도. (4)(흔히 r-) ⓤ 【印】 로마자(의 활자)(=**róman týpe**)《略 : rom.》.

Róman álphabet (the ~) 로마자(字).

Róman cándle 꽃불의 일종《긴 통에서 불똥이 튀어나옴》.

Róman Cátholic *a.* (로마) 가톨릭교의 ; 천주교의. — *n.* ⓒ (로마) 가톨릭교도.

Róman Cathólicism (로마) 가톨릭교, 천주교 ; 가톨릭의 교의〈의식, 관습〉.

:ro·mance [rouméns, róumæns] *n.* (1) ⓤⓒ 가공적인 이야기 ⓒ (중세의) 기사〈모험〉 이야기 ; 전기〈모험〉 소설 ; 연애 소설. (2) ⓒ **로맨스**, 연애, 정사(情事). (3) ⓤ 로맨틱한 분위기. (4) ⓤ 【樂】 서정적인 기악곡.
— *a.* (R-) 로망스어의, 라틴계 언어의.
— *vi.* (1)(…에 대해) 꾸민 이야기를 말하다〈생각하다, 쓰다〉. (2)로맨틱한 시간을 보내다. (3) 낭만적으로 생각하다.
— *vt.* (1) (사건 등을) 가공적으로 만들어내다. (2) …의 호의를 사려고 하다. (3) …에게 구애하다, …와 연애하다.

Rómance lánguages (the ~) 로망스어《라틴말 계통의 근대어 ; 프랑스 말·이탈리아 말·스페인 말·루마니아 말 따위》.

Róman Émpire (the ~) 로마 제국(帝國)《기원전 27년 Augustus가 건설 ; 395년 동서로 분열》.

Ro·man·esque [ròumənésk] *a.* 로마네스크 양식의. — *n.* ⓤ 로마네스크 양식《건축·조각 회화 등의》.

ro·man-fleuve [F. rɔmɑ̃flœːv] (*pl.* ***romans-fleuves*** [—]) *n.* 《F.》 대하(大河) 소설(river novel ; 《英》 saga novel).

Róman hóliday 로마(인)의 휴일《남을 희생시키고 즐기는 오락》.

Ro·man·ize [róumənàiz] *vt.* (1)(r-) 로마 글자체로 쓰다, 로마자로 고치다. (2)가톨릭교화하다.
파) **Rò·ma·ni·zá·tion** [-nizéiʃən] *n.*

Róman láw 로마법.

róman létters 【印】 로마자(字) ; 로마 자체(字體)의 활자.

Róman númerals 로마 숫자《I=1, II=2, V=5, X=10, L=50, C=100, D=500, M=1,000 따위》. 【cf.】 ARABIC NUMERALS.

:ro·man·tic [roumǽntik] (***more ~ ; most ~***) *a.* (1) a〕공상〈모험, 연애〉 소설적인, 로맨틱한 ; 신비적인, 괴기적인. b〕공상적인, 엉뚱한 ; 비현실적인, 실행키 어려운. c〕공상에 잠기는. **d**〕(이야기 등이) 가공의, 허구의. (2)열렬한 연애의, 정사적인. (3)(종종 R-) 낭만주의(파)의. □ romanticism.
— *n.* ⓒ 로맨틱한 사람; (종종 R-) 낭만주의 작가〈시인, 작곡가〉, 로맨틱한 사상〈특징, 요소〉.
파) **-ti·cal·ly** [-kəli] *ad.* 낭만〈공상〉적으로.

ro·man·ti·cism [roumǽntəsìzəm] *n.* ⓤ (1)로맨틱함, 공상적인 경향. (2)(종종 R-) 로맨티시즘, 낭만주의. 【cf.】 classicism.
파) **-cist** *n.* ⓒ 로맨티스트, 낭만주의자.

ro·man·ti·cize [roumǽntəsàiz] *vt., vi.* (…을) 로맨틱하게 하다〈다루다〉 ; 낭만적으로 묘사하다.

Rom·a·ny [rάməni, róum- /rɔ́m-] (*pl.* **~, *Rom·a·nies***) *n.* (1) ⓒ 집시. (2) ⓤ 집시 말.

:Rome [roum] *n.* (1)로마《이탈리아의 수도 ; 고대 로마 제국의 수도》. (2)(로마) 가톨릭 교회. ***fiddle while ~ is burning*** 큰일을 제쳐놓고 안일에 빠지다 《Nero의 고사(古事)에서》.

Ro·meo [róumiòu] *n.* (1)로미오《Shakespeare의 비극 *Romeo and Juliet*의 주인공》. (2) ⓒ (*pl.* **~s**) 사랑에 빠진 남자 ; 열렬한 애인(lover)《남자》.

Rom·ish [róumiʃ] *a.* (로마) 가톨릭교의.

·romp [rɑmp/rɔmp] *n.* ⓒ (1)떠들며 뛰어 놀기, 활발한 장난, 희롱하며 뛰어놀기. (2)장난꾸러기, 《특히》 말괄량이. (3)쾌주, 낙승. — *vi.* (1)떠들썩하게 뛰놀다, 장난치며 놀다《*about* ; *around*》. (2)(…에) 쉽사리 성공하다《*along* ; *past* ; *through*》. ***~home*** 〈***in***〉 《口》 (큰 차이로) 낙승(樂勝)하다. 파) **∸·er** *n.*

Rom·u·lus [rάmjələs/rɔ́m] *n.* 【로神】 로물루스《로마의 건설자로 초대 왕 ; 그 쌍둥이 형제, Remus와 함께 늑대에게 양육되었다 함》.

ron·deau [rάndou/rɔ́n-] (*pl.* ***-deaus, -deaux*** [-dou(z)]) *n.* ⓒ 론도체(의 시)《10행〈13행〉 시 ; 두 개의 운(韻)을 가지며 시의 첫말 또는 구가 두 번 후렴(refrain)으로 쓰임》.

ron·do [rάndou/rɔ́n-] (*pl.* **~s**) *n.* ⓒ 《It.》 【樂】 론도, 회선곡(回旋曲).

rood [ruːd] *n.* ⓒ (1)(the ~) 교회 안의 십자 고상(苦像), 십자가 위의 예수상(像). (2)루드《길이의 단위 ; 5½-8 yard ; 때로 1 rod ; 토지 면적의 단위.

róod scrèen (교회의) 강단 후면의 칸막이.

:roof [ruːf, ruf] (*pl.* **~s** [-s]) *n.* ⓒ (1)지붕 ; 지붕 모양의 것. (2)《比》 집, 가정. (3)정상, 꼭대기, 최고부. ***be*** (***left***) ***with-out a ~*** =***have no ~ over*** one***'s head*** 거처할 집이 없다. ***bring the ~ down*** 《口》 (지붕이 무너지도록) 큰소리로 이야기하다, 떠들어대다. ***full to the*** 지붕까지, 한방 가득히. ***hit*** 〈***go through***〉 ***the ~*** 1)몹시 화를 내다. 2)(물가가) 천장부지로 오르다. ***live under the same ~*** (***as*** a person) (아무와) 동거하다, 한 집에 살다. ***raise the ~*** 《口》 1)큰 소동을 일으키다. 2)큰 소리로 불평을 늘어놓다. ***under*** a person***'s ~*** 아무의 집에 묵어, 아무의 신세를 지고. ***You'll bring the ~ down!*** 《口》 목소리가 높다, 시끄럽구나.
— *vt.* 《~+目/ +目+副/ +目+前+名》 …에 지붕을 달다 ; (지붕)을 이다《*with*》 ; 지붕처럼 덮다《*in* ; *over*》.
파) **~·er** *n.* ⓒ 기와장이.

róof gàrden 옥상 정원.

roof·ing [rúːfiŋ, rúf-] *n.* ⓤ (1)지붕잇기. (2)지붕 이는 재료.

roof·less [rúːflis, rúf-] *a.* (1)지붕이 없는. (2)집 없는《떠돌이 등》.

róof ràck 《英》 자동차 지붕 위의 짐 싣는 곳.

roof·top [rúːftɑ̀p, rúf- / -tɔ̀p] *n.* ⓒ 옥상, 지붕. ***shout ... from the ~s*** (…을) 세상에 소문내다 ; 크게 떠들어대다.

roof·tree [rúːftrìː, rúf-] *n.* ⓒ 【建】 마룻대 ; 지붕 ; 주거.

rook[1] [ruk] *n.* ⓒ (1)【鳥】 떼까마귀《유럽산》. (2)사기꾼 ; (카드놀이에서) 속이는 사람. — *vt.* (내기)에서 속이다, 협잡하다 ; (손님)에게서 부당한 대금을 받다, 바가지 씌우다.

rook[2] *n.* ⓒ 【체스】 룩, 성장(城將) (castle)《장기의 차(車)에 해당 ; 略 : R》.

rook·ery [rúkəri] *n.* ⓒ (1)당까마귀의 군생(群生)하는 숲〈집단 서식지〉 ; 당까마귀떼. (2)바다표범·펭귄 따위의 번식지.

rook·ie [rúki] *n.* ⓒ 《口》신병 ; 신출내기 ; (프로스포츠의) 신인 선수. [◁ *recruit*].

:room [ruːm, rum] 《[ruːm] 이 더 우세하며, 특히 미국에 많음》 *n.* (1) ⓒ 〔종종 複合語를 이루어〕 방《略 : rm.》. (2)(*pl.*) (침실·거실·응접실 따위) 한 벌이 갖추어져 있는 방 ; 하숙방, 셋방. (3)(혼히 the ~) 방 안의 사람들, 한자리에 모인 사람들. (4) ⓤ (빈) 장소, 공간, 여지(餘地) ; 기회 ; 여유《*for*》. ***give ~*** 물러가다, 물러나서 …에게 기회를 주다《*to*》. ***in*** a person***'s ~*** =***in the ~ of*** a person 《古》 …대신에. ***leave ~ for*** …의 여지를 남겨두다. ***make ~ for*** …을 위하여 장소〈통로〉를 비우다, 자리를 양보하다. ***~ and board*** 식사 제공 하숙방. ***~*** (***and***) ***to spare*** 《口》 충분한 여지.
— *vi.* 《~/ +前+名》 묵다 ; 동숙〈합숙〉하다 ; 《美》하숙하다《*in* ; *with*》.

roomed [ru(ː)md] *a.* 〔複合語로서〕 방(房)이 … 개 있는.

room·er [rú(ː)mər] *n.* ⓒ 《美》 셋방 든 사람 ; (특히 방만 빌리고 식사는 하지 않는) 하숙인.

room·ette [ru(ː)mét] *n.* ⓒ 【美鐵】 (침대차의) 작은 독방《침대·세면소가 달린》.

room·ful [rú(ː)mful] *n.* ⓒ 한 방 가득(한 사람·물건) ; 만장(滿場)의 사람들《*of*》.

róoming hòuse 하숙집(lodging house)《취사 설비는 없고 외식하는》.

room·mate [rú(ː)mmèit] *n.* ⓒ 동숙인, 룸메이트, 동거인.

róom nùmber (호텔 등의) 객실 번호.

róom sèrvice 룸서비스《호텔·하숙 등에서 객실에 식사 따위를 운반하는 일 ; 그 담당자〈부서〉》.

roomy[1] [rú(ː)mi] (***room·i·er*** ; ***-i·est***) *a.* 칸수(數)가 많은 ; 넓은, 널찍한《침실 따위》. 파) **-i·ness** *n.*

roomy[2] =ROOMMATE.

roor·back [rúərbæ̀k] *n.* ⓒ 《美》 중상적 데마《선거 같은 때 정적(政敵)에게 퍼붓는》.

Roo·se·velt [róuzəvèlt, róuzvəlt] *n.* 루스벨트. (1)**Franklin Delano ~** 미국의 제32대 대통령(1882-1945). (2)**Theodore ~** 미국 제26대 대통령(1858-1919).

·roost [ruːst] *n.* ⓒ (새가) 앉는 나무, 홰 ; 보금자리 ; 닭장(안의 홰). ***at ~*** 홰에 앉아서, 보금자리에 들어 ; 잠자리에 들어. ***come home to ~*** 나쁜 일이 제게 되돌아오다 ; 자업자득이 되다. ***rule the ~*** 지배하다, 좌지우지하다.
— *vi.* (홰에) 앉다, 보금자리에 들다.

·roost·er [rúːstər] *n.* ⓒ 《美》 수탉(cock[1]) ; 《口》 젠체하는 사람.

:root[1] [ruːt, rut] *n.* (1) a〕 ⓒ 뿌리. b〕(*pl.*) 《英》근채류(根菜類). (2) ⓒ 밑동, (털·이·손톱·손가락 따위의) 밑뿌리. (3) ⓒ (흔히 the ~(s)) a〕근원, 원인. b〕근본, 기초 ; 기반. (4) a〕(*pl.*) (정신적인) 고향 ; (사람들·토지 등의) 깊은 결합. b〕ⓒ 조상, 시조. (5) 【數】 근(根)《기호 : √》 (【cf.】 square 〈cube〉 ~) ; 【言】 어원, 어근 ; 【樂】 바탕음. ***have*** (***its***) ***~*** (***s***) ***in*** …에 근거하다. ***pull up by the ~*** (***s***) 1)뿌리째 뽑다. 2)…을 근절하다. ***put down ~s*** 뿌리를 내리다, 자리를 잡다. ***~ and branch*** 완전히, 철저하게. ***take*** 〈***strike***〉 ~ 뿌리를 박다 ; 정착하다.
— *a.* 〔限定的〕 근(根)의, 근본적인.
— *vi.* 뿌리박다 ; 정착하다.
— *vt.* (1)《~+目/+目+前+名》 …을 뿌리박게 하다 ; 《比》 뿌리 깊게 심다, 정착〈고착〉시키다. (2)《+目+副/+目+前+名》 …을 뿌리째 뽑다 ; 근절하다《*up* ; *out* ; *away*》. ***be ~ed in*** 1)…에 원인이 있다, …에서 유래하다. 2)(습관 등이) …에 뿌리 박혀있다, 정착시키다.

root[2] *vi.* (1)《+副》 (돼지 등이) 코로 땅을 헤집다 ; 헤적이다. (2)(사람이 물건을 찾아) 휘젓다, 탐색하다 《*about* ; *around* ; *for*》. — *vt.* …을 코로 파다, 파헤집다《*up*》 ; 찾아내다, 밝혀내다《*up* ; *out*》. (3) 악착스럽게 일하다.

root[3] *vi.* 《美口》 (요란하게) 응원하다, 성원하다 (cheer) ; 격려하다《*for*》.

róot bèer 《美》 사르사 뿌리·사사프라스 뿌리 따위로 만드는 청량음료《알코올 성분이 거의 없음》.

róot cròp 근채(根菜)작물《감자·순무 등》.

·root·ed [rúːtid, rút-] *a.* (1)뿌리를 박은 ; 뿌리가 있는 ; 《比》 뿌리 깊은. (2)〔敍述的〕 (뿌리 박힌 듯) 움직이지 않는.

root·er[1] [rúːtər, rút-] *n.* ⓒ 코로 땅 파는 동물《돼지 따위》.

root·er[2] *n.* ⓒ 《美口》 (열광적인) 응원자.

róot hàir 【植】 뿌리털, 근모(根毛).

roo·tle [rúːtl] *vt.*, *vi.* 《英》 =ROOT[2].

root·less [rúːtlis, rút-] *a.* (1)뿌리가 없는. (2)불안정한 ; 사회적으로 바탕이 없는.
파) **~·ness** *n.*

root·let [rúːtlit, rút-] *n.* ⓒ 【植】 작은〈연한〉 뿌리, 지근(支根).

root·stock [rúːtstɑ̀k, rút- /rúːtstɔ̀k] *n.* ⓒ (1)【植】 근경(根莖). (2)근원, 기원. (3)【園藝】(접목의) 접본(接本).

rooty [rúːti, rúti] (*root·i·er* ; *-i·est*) *a.* 뿌리가 많은, 뿌리 모양의, 뿌리 같은.

:rope [roup] *n.* (1) ⓤⓒ (밧)줄, 끈, 로프. (2) ⓒ 《美》 올가미 밧줄(lasso) ; (the ~) 목매는 밧줄 ; 교수형. (3) ⓤ 한 꿰미, 한 두름. (4)(*pl.*) 둘러치는 새끼줄, (권투장 따위의) 링의 밧줄. (5)(the ~s) 비결, 요령. ***a ~ of send*** 믿을 수 없는 것. ***be at* 〈*come to*〉 *the end of*** one***'s ~*** 백계무책이다, 진퇴유곡이 되다. ***be outside the ~s*** 《俗》 요령을 모르다, 문외한이다. ***give*** a person ***enough*〈*plenty of*〉 *~* (*to hang*** him***self***) (지나쳐 실패할 것을 기대하고) 아무에게 하고 싶은 대로 하게 내버려두다. ***on the ~*** (등산가가) 밧줄로 몸을 서로 이어 매고. ***on the ~s*** 【拳】 로프에 기대어 ; 《口》 매우 곤란하게 되어, 궁지에 몰려.
— *vt.* (1)…을 줄로 묶다 ; (등산가 등이) 몸을 밧줄로 묶다〈매다〉《*up*》. (2)《~+目+副》 …에 밧줄을 둘러치다, 새끼줄을 치다《*in* ; *off*》. (3)《美》 …을 올가미를 던져 잡다 ; 밧줄로 끌어당기다.
— *vi.* (1) (로프를 써서) 등산하다. (2) 로프를 잡고 움직이다《*up* ; *down*》. (3) 끈적끈적해지다, 실같이 되다. (4) (말을) 이기지 못하도록 억제하다. ***~ in*** 1) 로프로 둘러치다. 2)(동아리로) 꼬여 들이다.

rópe brìdge 줄다리.

rope·danc·er [róupdæ̀nsər, -dɑ̀ːns] *n.* ⓒ 줄타기 광대.

rópe làdder 줄사닥다리.

rope·walk [róupwɔ̀ːk] *n.* ⓒ 새끼〈밧줄〉 공장.

rope·walk·er [⌐wɔ̀ːkər] *n.* ⓒ 줄타기 광대.

rope·walk·ing [⌐wɔ̀ːkiŋ] *n.* ⓤ 줄타기.

rope·way [⌐wèi] *n.* ⓒ 삭도(索道) ; 로프웨이, 공중 케이블.

rópe yàrd 새끼〈밧줄〉 제조장(ropewalk).

ropy [róupi] (*rop·i·er* ; *-i·est*) *a.* (1)끈적끈적한, 끈끈한, 점착성이 있는. (2)밧줄과 같은. (3)《英口》 a〕(몸의) 컨디션이 좋지 않은. b〕(물건이) 질이 나쁜, 빈약한.

Róque·fort (chéese) [róukfərt(-)/rɔ́kfɔːr(-)] *n.* ⓤⓒ 《F.》 로크포르 치즈《염소젖으로 만듦 ; 商標名》.

Rór·schach tèst [rɔ́ːrʃɑːk-] 【心】 로르샤흐 검사《잉크 얼룩 같은 도형을 해석시켜 사람의 성격을 판단함》.

ro·sa·ry [róuzəri] *n.* ⓒ 【가톨릭】 (1)로자리오, 묵주. (2)(the ~, 종종 R-) 로자리오의 기도(서).

:rose *n.* ⓒ 【植】 장미(꽃). (2) ⓒ 장미꽃 무늬 ; 장미 매듭(~ knot) ; 【建】 장미창(窓), 원화창(圓華窓) ; (물뿌리개·호스의) 살수구(撒水口). (3) ⓤ 장밋빛, 담홍색 ; (흔히 *pl.*) 발그레한 얼굴빛. (4)(the ~) 미인, 명화(名花). ***come up ~s*** 〔흔히 進行形으로〕 《口》 (생각했던 것보다 훨씬) 잘 되다. ***not all ~s*** 반드시 편한 것만은 아닌 : Life is *not all* ~*s*. 인생은 즐거운 것만은 아니다. ***under the ~*** 비밀히, 몰래.
— *a.* 〔限定的〕 장미의 ; 장밋빛의 ; 장미 향기가 나는 ; 장미에 둘러싸인.

ro·sé [rouzéi] *n.* ⓤⓒ 《F.》 로제《장밋빛의 포도주》.

ro·se·ate [róuziit, -èit] *a.* (1)장밋빛의. (2)행복한 ; 쾌활한, 밝은 ; 낙관적인.

róse bòwl (1)꺾꽂이 장미를 꽂는 유리분. (2)(the R- B-) 로즈 볼《Los Angeles 교외의 Pasadena 에 있는 스타디움 ; 또 그 곳에서 1월 1일 행해지는 미식 축구의 대학 패자(覇者) 경기》.

·rose·bud [⌐bʌ̀d] *n.* ⓒ (1)장미 봉오리. (2)《英》 묘령의 아름다운 소녀 ; 사교계에 처음 나가는 소녀.

rose·bush [⌐bùʃ] *n.* ⓒ 장미 관목〈덩굴〉.

rose-col·ored [⌐kʌ̀lərd] *a.* (1)장밋빛의, 담홍색의. (2)밝은, 유망한, 낙관적인, 명랑한, 쾌활한.

róse hìp 〈hàw〉 장미의 열매.

rose·leaf [róuzlìːf] *n.* ⓒ 장미 꽃잎 ; 장미잎.

rose·ma·ry [⌐mɛ̀əri] *n.* ⓒ 【植】 로즈메리《상록 관목으로 충실·정조·기억의 상징》.

rose-pink [⌐piŋk] *a.* (연한) 장밋빛의, 담홍색의.

rose-red [⌐réd] *a.* 장미처럼 빨간, 심홍색의.

róse trèe 장미 나무.

Ro·sét·ta stòne [rouzétə-] (the ~) 로제타석(石)《1799년에 나폴레옹 원정시 나일하구의 Rosetta에서 발견된 비석 ; 고대 이집트 상형문자 해독의 단서가 됨》.

ro·sette [rouzét] *n.* ⓒ (1) a〕장미꽃 모양의 술〈매듭〉 ; 장미꽃 장식 ; 【建】 (벽면(壁面) 따위의) 꽃 모양의 장식 ; (꽃무늬살의) 장식 원창(圓窓). b〕【植】 로제트병(病)《잎이 로제트처럼 겹치는》. c〕로즈형〈24면〉 다이아몬드. (2)(R-) 여자 이름《Rosetta의 이명》.

róse wàter (1) 장미 향수. (2) 찬사 ; 미지근한 수법.

róse wíndow 【建】 장미창, 원화창(圓華窓).

rose·wood [róuzwùd] *n.* (1) ⓒ 【植】 자단(紫檀). (2) ⓤ 화류(樺榴), 그 재목.

Rosh Ha·sha·na(h), -sho·no(h) [róuʃ-həʃɑ́ːnə, rɔ́ːʃ- /rɔ́ʃ-] 유대 신년제(新年祭)《유대력 1월 1일, 2일》.

ros·in [rɑ́zən, rɔ́(ː)zn] *n.* ⓤ 로진《송진에서 테레빈유를 증류시키고 남은 잔류물 ; 현악기의 활이 미끄러짐을 방지함》. 【cf.】 resin.
— *vt.* …을 로진으로 문지르다, 로진을 바르다.

ros·ter [rɑ́stər/rɔ́s-] *n.* ⓒ 【軍】 근무(당번)표 ; 〔一般的〕 명부 ; 등록부 ; 【野】 (벤치에 들어갈 수 있는) 등록 멤버. — *vt.* …을 명부에 실리다.

ros·trum [rɑ́strəm/rɔ́s-] (*pl.* ***-tra*** [-trə], ***~s***) *n.* ⓒ (1)연단, 강단, 설교단 ; (오케스트라의) 지휘대. (2)【動】 부리(모양의 돌기).

:rosy [róuzi] (***rosi·er*** ; ***-i·est***) *a.* (1) a〕장밋빛의, 담홍색의. b〕(피부·볼 등이건강하여) 불그레한, 홍안의. (2)유망한, 밝은, 낙관적인. 파) **rós·i·ly** *ad.* 장미처럼 ; 장밋빛으로 ; 밝게, 낙천적으로. **-i·ness** *n.*

·rot [rɑt/rɔt] *n.* (1) ⓤ a〕썩음, 부패, 부식 ; 부패물. b〕(사회적·정신적인) 부패, 타락, 퇴패. (2)(the ~) (설명할 수 없는) 잇따른 실패 ; 사태의 악화. (3) ⓤ 《俗》 잠꼬대 같은 소리, 허튼 소리.
— (***-tt-***) *vi.* (1)《~/+副》 썩다, 썩어 없어지다, 부패하다 ; 말라죽다, 시들다《*away* ; *off* ; *out*》. (2)(시회·제도 등이) 도덕적으로 부패〈타락〉하다, 못쓰게 되다. (3)(죄수 등이)(감방에서) 쇠약해지다. (4)〔進行形〕 《英俗》 허튼 소리하다, 빈정대다.
—*vt.* (1)…을 썩이다, 부패시키다. (2)(도덕적으로) 타락시키다. (3)《英俗》 …을 놀리다.

ro·ta [róutə] *n.* ⓒ 《英》 명부 ; (특히) 순번 근무 당번표(roster) ; 당번, 순번.

Ro·tar·i·an [routɛ́əriən] *a.*, *n.* 로터리 클럽의 (회원).

·ro·ta·ry [róutəri] *a.* (1)회전〈선회, 윤전〉하는, 환상의. (2)(기계 등에) 회전 부분이 있는 ; 회전식의. — *n.* ⓒ 윤전기 ; 로터리, 환상(環狀) 교차로(《英》

roundabout) ; **[電]** 회전 변류기(=**~́ convérter**).

Rótary Clùb (the ~) 로터리클럽《1905년 Chicago서 창설됨. 세계 각지의 지부가 Rotary International (국제 로터리)를 구성함》.

·ro·tate [róuteit/ -́] *vi.* (1)회전하다 ; 순환하다. (2)교대하다, 윤번으로 하다. — *vt.* (1)(축을 중심으로) …을 회전시키다 ; 순환시키다. (2)…을 교체하다 ; (작물)을 윤작하다, 돌려 짓다.

·ro·ta·tion [routéiʃən] *n.* (1) ⓤⓒ 회전 ; 순환, 선회 ; (지구의) 자전. (2) ⓤ 규칙적인 교대 ; 윤번. (3) ⓤⓒ **[農]** 돌려짓기(=**~́ of cróps**). ▫ rotate *v.* 파) **~·al** *a.*

ro·ta·tor [róuteitər/ -́-] *n.* ⓒ (1)(*pl.* **~s**) 회전하는〈맴도는〉 것 ; 회전 장치 ; **[物]** 회전자 ; **[治]** 회전로(爐). (2)(*pl.* **~s, ~·es** [ròutətɔ́:ri:z]) **[解]** 회선근(回旋筋). (3)(윤번으로) 교체하는 사람.

ro·ta·to·ry [róutətɔ̀:ri/ -təri] *a.* 회전하는 ; 회전 운동의 ; 순환하는 ; 윤번의 ; 회전시키는 ; 교대하는 ; (근육이) 회선(回旋)하는.

ROTC, R.O.T.C. 《美》 (the ~) Reserve Officers' Training Corps (학도 군사 훈련단).

rote [rout] *n.* 기계적 방법 ; 기계적인 암기(법) ; (지루한) 되풀이. ***by ~*** 기계적으로.

róte lèarning 암기(暗記).

rot·gut [rátgʌ̀t/rɔ́t-] *n.* ⓤ 《俗》 싸구려 술, 저질 술.

ro·tis·ser·ie [routísəri] *n.* ⓒ 《F.》 (1)불고기집. (2)회전식의 고기 굽는 전기 기구.

ro·to·gra·vure [ròutəgrəvjúər] *n.* (1) ⓤ **[印]** 사진 요판(凹版)(술), 윤전 그라비어(판). (2) ⓒ 《美》 (신문의) 그라비어 사진 페이지.

ro·tor [róutər] *n.* ⓒ (1)**[電]** (발전기의) 회전자. 〖opp.〗 *stator.* (2)**[機]** (증기 터빈의) 축차 로터. (3)**[空]** (헬리콥터의) 회전익.

:rot·ten [rátn/rɔ́tn] (**~·er ; ~·est**) *a.* (1)썩은, 부패한. (3)(도덕적으로) 부패한, 타락한, 너무 응석을 받아 준. (4)부서지기 쉬운, 취약한. (5)《口》 지독히 나쁜 ; 불쾌한. (6)《口》 기분이 나쁜. (7) 안락, 쾌락 파) **~·ly** *ad.* **~·ness** *n.*

rot·ter [rátər/rɔ́t-] *n.* ⓒ 《英俗》 건달, 변변치 못한 자.

ro·tund [routʌ́nd] *a.* (1)둥근 ; 토실토실 살찐. (2)(음성이) 낭랑한. 파) **~·ly** *ad.*

ro·tun·da [routʌ́ndə] *n.* ⓒ **[建]** (지붕이 둥근) 원형의 건물 ; 둥근 천장의 홀.

ro·tun·di·ty [routʌ́ndəti] *n.* ⓤ 구상(球狀), 원형(原型) ; 둥근 물건 ; 살이 쪄서 둥글둥글함, 비만 ; 낭랑한 목소리 ; 미사여구.

·rouge [ru:ʒ] *n.* ⓤ (1)입술 연지, 루즈. (2)**[化]** 산화 제 2 철, 철단(鐵丹)《연마용(研磨用)》.

— *vt., vi.* (입술) 연지를 바르다《*on*》.

:rough [rʌf] (**~́·er ; ~́·est**) *a.* (1)거친, 거칠거칠한, 껄껄한 〖opp.〗 *smooth.* (2)털투성이의, 털이 많은. (3)울퉁불퉁한, 험한. (4)(날씨 따위가) 험악한, 거친 ; (항행·장소 따위가) 위험〈불안〉한. (5)가공되지 않은, 손질하지 않은 ; 미완성의. (6)난폭한 ; 세련되지 않은 ; 사나운 ; 귀에 거슬리는 ; (맛이) 떫은〈신〉 ; 변변치 않은《음식 따위》. (7)괴로운, 감당할 수 없는. (8)대강의, 대충의. (9)《口》 기분〈컨디션〉이 나쁜. ***have a ~ time*** (***of it***) 쓰라린 일을 겪다, 애를 먹다. ***in the ~ leaf*** 아직 잎이 어릴적에. ***~ and round*** 보잘것 없으나 많이 있는. ***~ and tough*** 튼튼한. ***give*** a person ***the ~ side***〈***edge***〉 ***of*** one'***s tongue*** 아무에게 딱딱거리다, 아무를 꾸짖다. ***~ and ready*** = ROUGH-AND-READY.

— *ad.* 거칠게, 난폭하게, 우악스럽게 ; 대충, 개략적으로(roughly) ; (특히 옥외에서) 아무렇게나. ***cut up ~*** 《口》 화를〈역정을〉 내다.

— *n.* (1) ⓤ 울퉁불퉁한 땅 ; (the ~) **[골프]** (fairway 밖의) 잡초가 우거진 곳. (2)(the ~) 고생, 고난. (3) ⓒ 밑그림, 스케치. (4) ⓒ 《英》 불량배, 깡패. ***in ~*** 초잡아, 대충 (그려). ***in the ~*** 1)미완성〈미가공〉인 채로〈의〉. 2)평상대로의, 준비 없이.

— *vt.* (1)…을 거칠게 하다, 울퉁불퉁하게 하다 ; (머리 따위)를 헝클어뜨리다. (2)…을 대충대충 하다, 건목치다 ; (상대에게) 거친 플레이를 하다.

— *vi.* 화내다, 거칠어지다. ***~ in***〈***out***〉 대충 쓰다〈그리다〉, 윤곽을 그리다. ***~ it*** 불편한 생활을 하다〈에 견디다〉. ***~ up*** 《俗》 (아무)를 거칠게 다루다, (협박하기 위해) 폭력을 휘두르다 ; (장소)를 어지럽히다.

rough·age [-́idʒ] *n.* ⓤ 조악한 음식물〈사료〉《등겨·짚·과피 따위》 ; 섬유소를 함유하는 음식《장의 연동 운동을 자극함》.

rough-and-ready [-́ənrédi] *a.* 조잡한, 정성들이지 않은 ; 임시변통의.

rough-and-tum·ble [-́əntʌ́mbəl] *a.* (행동·경쟁이) 난폭한, 무법의, 마구잡이의. — *n.* ⓤⓒ 난투.

rough·cast [-́kæ̀st, -́kɑ̀:st] (*p., pp.* **-cast**) *vt.* (1)초벽을 치다, 초벌칠하다. (2)(계획 등)을 대충 준비하다 ; (소설 등의) 대강의 줄거리를 세우다.

róugh cóat (벽면의) 애벌칠.

róugh cópy (1)(원고의) 초고. (2)밑그림.

rough-dry [rʌ́fdrái] *vt.* (세탁물)을 말리기만 하다. — [-́-] *a.* 말리기만 하고 다리지 않은.

rough·en [-́ən] *vt., vi.* (…을) 거칠게 하다, 거칠어지다, 꺼칠꺼칠하게 하다〈되다〉, 울퉁불퉁하게 하다〈되다〉.

rough-handle [-́hǽndl] *vt.* …을 거칠게 다루다.

rough-hewn [-́hjú:n] *a.* (1)대충 깎은 ; 건목친. (2)조야한, 버릇없는 ; 교양이 없는.

rough·house [-́hàus] 《口》 *n.* (*sing.*) (옥내에서의) 난장판, 야단법석 ; 난폭 ; 큰 싸움. — *vt.* (사람을) 거칠게 다루다. — *vi.* 큰 소동을 벌이다, 대판 싸우다.

róugh jústice (1)거의 공정한 취급. (2)부당한 취급.

:rough·ly [rʌ́fli] (***more ~ ; most ~***) *ad.* (1)거칠게, 버릇없이, 난폭하게. (2)대충, 개략적으로.

rough·neck [-́nèk] *n.* ⓒ 《口》 (1)버릇없는 놈, 난폭한 사람(rowdy). (2)유정(油井)을 파는 인부.

rough·ness [-́nis] *n.* (1) ⓤ 거칠 ; 난폭 ; 조야 ; 거친 날씨 ; 날림. (2) ⓒ 거친 부분. (3) 귀에 거슬림, 부조화. (4) 조제. (5) 개략, 대충.

róugh pássage 황천(荒天)의 항해 ; 《比》 시련기(期).

rough·rid·er [rʌ́fràidər] *n.* ⓒ (1)사나운 말을 잘 다루는 사람. (2)조마사(調馬師).

rough·shod [-́ʃàd/ -́ʃɔ̀d] *a.* (말이) 미끄러지지 않게 스파이크 편자를 박은. ***ride ~ over*** …을 거칠게 다루다 ; 남의 사정은 고려하지 않고 제멋대로 행하다.

róugh stùff 《俗》 폭력(행위), 상스러운 일.

rou·lade [ru:lɑ́:d] *n.* ⓒ 《F.》 (1)**[樂]** 룰라드《장식음의 한 가지》. (2)잘게 다진 고기를 얇게 썬 쇠고기 조각에 싸서 만 요리.

rou·lette [ru:lét] *n.* ⓤ 《F.》 룰렛《회전하는 원반 위에 공을 굴리는 노름》 ; 그 기구.

:round[1] [raund] (*~·er ; ~·est*) *a.* (1)둥근, 원형의 ; 구상(球狀)〈원통형, 반원형, 호상(弧狀)〉의. (2)둥그스름한 ; 똥똥한, 토실토실 살찐. (3)한 바퀴 도는 ; 《美》 왕복의 ;《英》 주유(周遊)의. (4)우수리 없는, 꼭. (5)(10, 100, 1,000 …단위로) 약 ; 대략 : in ~ numbers〈figures〉 우수리를 버리고, 대략의 숫자 로. (6)꽤 많은, 상당한, 큰. (7) a] (문체 따위가) 원숙한. b] (술 따위가) 숙성한. (8) (소리·음성이) 풍부한, 쩡쩡 울리는, 낭랑한. (9)활기 있는 : 활발한, 민첩한 (10) 솔직한, 곧이 곧대로의, 기탄 없는, 노골적인. (11)사정 없는《매질 따위》. (12)【音聲】 원순음(圓脣音)의 : a ~ vowel 원순 모음《보기 : [u, o]》

—*n.* ⓒ (1)원(圓), 고리, 구(球) : 원〈구, 원통〉형의 것. (2)한 바퀴, 순환 ; 일주(로(路)). (3)연속, 되풀이 ; 정해진 일(생활). (4) (종종 *pl.*)순시, 순회, (의사의) 회진 ; (종종 *pl.*) 순회〈담당〉 구역 ; (소문 따위의) 전달 경로. (5) 범위. (6) (승부의) 한 판, 한게임, 1회, 1라운드, (토너먼트의) …회전. (7) 일제 사격(에 필요만 탄알) ; (탄약의) 한 방분, (탄알의) 한 발. (8) 일제 협의, 일련의 교섭. (9) (사람의) 일단 ; 둘러 앉은 사람들. (10) (술 등의) 한 순배(巡杯) (의 양). (11) 윤무(輪舞) ; 윤창(輪唱). (12) 사닥다리의 발판〈가로장〉. (13) 소의 넓적다리살(~ of beef). (14) (둥그스름한) 책의 등〈가장자리〉. (15) (종종 *pl.*) 떠나갈 듯 한 박수 ; (환성·갈채 따위의)한바탕.

make one***'s ~s*** 1) 순시〈순회〉하다. 2) (소문 질병 따위가) 퍼지다. ***make the ~ of*** …을 한 바퀴 돌다. ***in the*** ~ 1) 【彫】 환조(丸彫)로. 2) 개괄적으로, 모든 특징을 나타내어. 3) 생생하게 ; (극장 등이) 원형식의. ***take a ~*** 한 바퀴 돌다 ;산책하다《*of* 》.

—*ad.* (1) 돌아서, 빙(그르르). (2) 둘레에 (빙), 사방에 ; 둘레가 …로. (3) 한 바퀴〈먼길을〉 돌아서 ; 우회하여 ; 특정 장소에. (4) 고루 미쳐, 차례차례. (5) 처음부터 끝까지. (6) 약(約), 대략. (7) (방향·생각이) 반대 방향으로, 역으로. ***ask*** a person ~ 아무를 자택으로 초대하다. ***loaf ~*** 여기저기 빈둥거리며 돌아다니다. ***order*** (a car) ***~*** (자동차를) 돌리게 하다. ***~ about*** 1) 원을 이루어, 둘레에, 사방에 ; 멀리 돌아서. 2) 반대쪽에. 3) 대략, 대체로. ***~ and ~*** 빙글빙글. ***show*** a person ~ 아무를 안내하고 다니다. ***turn*** (***short***) ~ *about* (갑자기) 돌아보다.

—*prep.* (1) … 의 둘레를〈에〉 ; …을 돌아서. (2) …을 돈 곳에. (3) … 의 부근에〈의〉. (4) … 의 안을 이곳저곳. (5) …정도 ; …경. (6) …하는 동안 죽. ***~ about*** …의 주위에(를); 대략〈대충〉. ***~ and ~*** …의 주위를 빙글빙글.

—*vt.* (1) …을 둥글게 하다 ; 둥그스름하게 하다 : …의 모를 둥글게 하다《*off* 》. (2)(끝수)를 반올림하다. (3) …을 일주하다, (커브·모퉁이)를 돌다. (4) 【音聲】 입술을 둥글게 하고 발음하다.

—*vi.* (1) 휘다, 만곡하다. (2) 《+前+名》 돌다 ; 돌아보다. (3) 한 바퀴돌다, 순회하다. (4) 둥글게 되다 ; 토실토실해지다. ***~ down*** (수·금전 따위의) 우수리를 잘라버리다. ***~ off*** 1) 의 모를 둥글게 하다. 2) 깨끗이 마무르다, 완결하다《*by* ; *with*》. 3) 사사오입하다 ; 개략수로 나타내다. ***~ on*** 〈***upon***〉 1) …에게 대들다. 2) …을 배반하다. ***~ out*** 몸에 살이 붙다 ; …의 마지막 마무리를 하다. ***~ up*** 1) (가축)을 몰아서 모으다 ; (사람)을 불러모으다. 2) (범인)을 체포하다. 3) …을 둥글게 뭉치다 ; (수·금전)을 우수리가 없게 잘라 올리다.

파) ***~·ness*** *n.* ⓤ (1) 둥근, 원형 ; 구형(球形). (2) 솔직, 정직. (3) 완전, 원만.

·round·a·bout [ráundəbàut] *a.* 〔限定的〕 (1)우회하는, 돌아가는. (2) (말 따위가) 에두르는, 간접적인.

—*n.* ⓒ (1)《英》 환상 교차로, 로터리(《美》 traffic circle). (2)《英》 회전 목마(木馬) (merry-go-round). (3)에움길, 둥근 곳〈것〉.

róund brácket 【印】 둥근 괄호.

round·ed [ráundid] *a.* (1) 둥글게 된, 둥글린. (2) 수북이 고봉으로 한. (3)【音聲】 원순(圓脣)의. (4) 완성된, 완벽한. (5)10배의 배수로 표시되는.

round·el[ráundl] *n.* ⓒ 둥근 것 ; 작은 원반 ; (조명·신호용의) 원형 (착색) 유리판, 원형 방패 ; 원 형의 작은 창 ; (영국 군용기의) 원형 표지 ; 후렴있는 짧은 노래.

round·er [∠ər] *n.* ⓒ (1)둥글리는 사람(연장). (2)(*pl.*) 〔單數취급〕《英》 라운더스《야구 비슷한 구기》. (3)《美》 2차·3차 돌아가며 술을 마시는 사람. (4)《拳》 …회전〔回戰〕(의 경기). (5)《古》순회자.

round-eyed [ráundàid] *a.* (깜짝 놀라) 눈을 둥그렇게 뜬, 눈이 휘둥그래진.

róund hánd (잇대어 쓰지 않은) 동글동글한 글씨체《주로 제도용》. 【cf.】 running hand.

Round·head [ráundhèd] *n.* ⓒ (1)【英史】 의회당원.

round·house [∠hàus] *n.* ⓒ (1) (원형·반원형의) 기관차고(庫). (2)【海】 후갑판 선실. (3)【拳】 크게 휘두르는 훅. (4)《史》구류소. (5)큰 커브의 투구.

round·ish [∠iʃ] *a.* 둥그스름한, 약간 둥근.

round·ly [∠li] *ad.* (1) 둥글게, 원형으로. (2) 솔직히, 노골적으로 ; 가차 없이 ; 단호히. (3) 기운차게, 활발히. (4) 충분〈완전〉히. (5)대강, 어림셈으로.

róund róbin (1) 사발통문식 청원서 〈탄원서〉《서명자의 순서를 감추기 위한》. (2)【競】 리그전(戰).

round-shoul·dered [ráundʃóuldərd] *a.* 새우등의(등이 굽은).

rounds·man [ráundzmən] (*pl.* ***-men*** [-mən]) *n.* ⓒ (1)《美》 경사(警査). (2)《英》 (빵이나 우유를) 주문받으러 다니는 사람, 배달원, 외무원.

róund tàble 원탁〈에 둘러앉아 토론하는 사람들〉 ; 원탁 회의 ;《口》 토론회 ; (the R- T-) (Arthur 왕의 전설에서) 대리석의 원탁, 원탁의 기사단.

round-ta·ble [ráundtèibəl] *a.* 〔限定的〕 원탁의.

round-the-clock [∠ðklák/-klɔ́k] *a.* 24시간 연속(제)의 〔《英》 around-the-clock〕.

róund tríp 주유〈周遊〉 여행 ; 왕복 여행.

round-trip [ráundtríp] *a.* 〔限定的〕《美》 왕복〈여행〉의 ; 〈英〉 주유(周遊)(여행)의.

round·up [∠ʌ̀p] *n.* ⓒ (1)《美方》 (가축을) 몰아 한데 모으기〈모으는 카우보이, 말〉 ; 몰아서 한데 모은 가축. (2)(범인 따위의) 일제 검거. (3) (뉴스 등의) 총괄적인 보고, 개요, 요약 (summary).

round·worm [∠wə̀ːrm] *n.* ⓒ 【動】 회충.

:rouse [rauz] *vt.* (1) 《+目+副 /+目+前+名》 …을 깨우다, 일으키다 ; …의 의식을 회복시키다《*from* ; *out of* 》. (2) 《~+目/+目+前+名》 (아무)를 분기시키다 ; (감정)을 돋우다 ; 성나게 하다. (3) 〔再歸的〕 분기하다. (4) 《+目+前+名》 (새 따위)를 훽 날게 하다, 몰아내다.

—*vi.* (1) 《+副/+前+名》 깨다, 일어나다《*up*》. (2) 《+副》 분기〈분발〉하다《*up*》.

—*n.* 각성, 분기 ;《軍》 기상나팔.

rous·ing [ráuziŋ] *a.* 깨우치는 ; 분기시키는 ; 감동

시키는 ; 활발한, 왕성한 : a ~ speech 감동적인 연설. 파) **~·ly** *ad.*

Rous·seau [ruːsóu] *n.* **Jean Jacques** ~ 루소《프랑스의 철학자·저술가 ; 1712-78》.

roust·a·bout [ráustəbàut] *n.* ⓒ《美》부두 노동자, 갑판 일꾼, 화물 운반인 ;《美》미숙련 노동자.

·rout[1] [raut] *n.*ⓤⓒ 참패, 패주.
—*vt.* …을 참패 (패주)시키다 : The racists were ~*ed* in the elections. 인종 차별주의자는 선거에서 완패했다.

rout[2] *vt.*, *vi.* (돼지 따위가) 코 끝으로 파헤치다 ; 찾아내다 ; 두들겨 깨우다《*up*》; …에서 끌어내다《*out*》.

:route [ruːt, raut] *n.* ⓒ (1)도로, 길 : 〔일정한〕 통로, 노선. (2) (R-)《美》주요 간선 도로. (3) (성공 · 파멸 등에 이르는) 길. (4)《口》(우유·신문 따위의) 배달 루트〈구역〉.
go the **~** (임무 따위를)끝까지 해내다 ; **[野]** 완투(完投)하다.
—*vt.* (1) …의 경로를 정하다 : ~ one's tour 여행 경로를 정하다. (2) (어떤 경로·노선을 통해) …을 발송(송달)하다 ; (어떤 방향으로) 돌리다 : ~ the goods *through* the Panama Canal 파나마 운하의 루트로 물품을 발송하다.

:rou·tine [ruːtíːn] *n.* ⓤⓒ (1) 정해진 일, 일상의 과정〈일〉. (2) a] 정해진 수순〈과정〉, 관례 ; 기계적 조작. b] 상투적인 말 ; 틀에 박힌 연기 ; (춤 따위의) 정해진 일련의 스텝. (3) **[컴]** 루틴《어떤 작업에 대한 일련의 명령군(群) ; 완성된 프로그램》.
—*a.* 일상의 ; 판에 박힌 ; 정기적인 : a boring ~ job 따분한 판에 박힌 일. [◁ route]
파) **~·ly** *ad.*

rou·tin·ize [ruːtíːnaiz] *vt.* …을 관례화하다 ; …을 일상의 일로 삼다 ; 규칙〈격식〉화 하다.

roux [ruː] *n.* 루《소스나 수프를 진하게 하는데 쓰는 밀가루·버터를 섞은 것》.

·rove [rouv] *vi.* (1)《~/+前+名》〔정처 없이〕 헤매다, 배회〈유랑〉하다, 떠돌다 ; 표류하다. (2)〔눈이〕 두리번거리다《*around* ; *about*》. (3)임의로 정한 먼 과녁을 쏘다 ; 산 미끼로 견지질하다.
—*vt.*(1) …을 배회하다,유랑하다. **【cf.】** roam. 『 ~ the woods 숲속을 배회하다. (2) …을 두리번거리다, 힐끔힐끔 보다.
—*n.* ⓤ (종종 the ~) 헤맴, 배회, 유랑 : on *the* ~ 배회하여, 유랑하여.

·rov·er [róuvər] *n.* ⓒ 배회자 ; 유랑자 ; 해적(선) ; 임시 과녁.

rov·ing [róuviŋ] *a.* 방랑하는 ; 정주하지 않는, 이동하는. — *n.* ⓤ 방랑 ; 먼 과녁 쏘기.

róving commíssion (조사원의) 자유 여행 권한 ;《口》여기저기 돌아다니는 일.

:row[1] [rou] *n.* ⓒ (1)열, 줄, 횡렬 ; 〔극장 따위의〕 좌석의 줄. (2) (곧바로 늘어선 나무·집 따위의) 줄 ; (양쪽에 집이 즐비한) 거리 ;《英》(R-) (거리 이름으로) …거리〈로(路)〉. 연속적으로.

:row[2] *vt.* (1) (노로 배)를 젓다 ; …의 노잡이를 맡다 : ~ a boat 배를 젓다. (2)《~+目/+目+副/+目+前+名》(배로) …을 저어 나르다. (3)〔보트 경주〕에 출전하다 ; …와 보트 경주를 하다.
—*vi.* (1)《~/+前+名》배를 젓다. (2) (보트가) 저어지다. (3)《~/+前+名》보트 경주에 참가하다《*against*》.
—*n.* (a ~) 노〈배〉젓기 ; 젓는 거리〈시간〉.

:row[3] [rau] *n.* (1) ⓒ 법석, 소동. (2)《口》ⓒ 말다툼, 싸움 ; 꾸짖음 ; (정치·사회적) 논쟁, 논의. (3) (*sing.*) 소란스럼, 소음. (4) ⓒ《英》야단 맞음.
—*vi.* (아무와) 싸움〈언쟁〉하다.

row·an [róuən, ráu-] *n.* ⓒ **【植】** (1) 마가목의 일종. **【cf.】** mountain ash. (2) 그 빨간 열매〔=~-**bèr·ry**).

row·boat [róubòut] *n.* ⓒ 노로 젓는 배.

row·dy [ráudi] *n.* ⓒ 난폭한〈싸움 좋아하는〉 사람.
—(**-di·er: -di·est**) *a.* 난폭한, 난장치는, 싸움 좋아하는 ; 떠들썩한.
파) **-di·ly** *ad.* **-di·ness** *n.* **~·ish** *a.*

row·dy·ism [ráudiìzəm] *n.* ⓤ 난폭한 태도〈성질, 행위〉; 떠들썩 함.

row·el [ráuəl] *n.* ⓒ (박차(拍車) 끝의) 작은 톱니바퀴.

row·er [róuər] *n.* ⓒ 노잡이, 노젓는 사람.

rów hòuse《美》(단지 등의) 잇대어 지은 같은 형의 집 중의 하나 ; 연립 주택의 하나.

row·ing [róuiŋ] *n.* ⓤ 로잉, 노젓기, 조정(漕艇).

row·lock [rálək, rʌ́l-/rɔ́l-, rʌ̀l-] *n.* ⓒ《英》노걸이, 노받이, 클러치.

:roy·al [rɔ́iəl] *a.* 〔限定的〕 (1) (종종 R-) 왕〈여왕〉의 ; 왕실의, 왕족의. **【cf.】** regal. 『the ~ blood 〈birth〉 왕족, 왕통. (2) (흔히 R~) 왕립의 ; 칙허(勅許)의, 국왕의 보호를 받는 ; 국왕에게 봉사하는. (3) 왕자다운, 당당한, 훌륭한, 고귀한. (4)대형의 ; 매우 중요한, 지위가 높은.
—*n.* ⓒ (흔히 *pl.*)《口》왕족〈왕가〉의 사람.

Róyla Acádemy (**of Arts**) (the ~)《英》왕립 미술원(the Academy)《略 : R.A.》.

Róyal Aír Fòrce (the ~) 영국 공군《略 : R.A.F》.

róyal blúe《英》감청색(紺青色).

Róyal Commíssion 영국 심의회.

róyal fámily (the ~) 〔集合的〕 (1) 왕족. (2) (종종 the R-F-) 영국 왕실.

róyal flúsh **[카드놀이]** 로열 플러시《포커에서 같은 조의 으뜸패(ace)로부터 연속된 5장》

Róyal Híghness 전하《황족에 대한 경칭 : 略 : R.H. ; **【cf.】** highness》.

róyal ícing 로열 아이싱《사탕과 달걀 흰자로 만든 당의(糖衣)》.

Róyal Institútion (the ~) 영국 왕립 과학 연구소《1799년 창립 ; 略 : R.I.》.

roy·al·ism [rɔ́iəlìzəm] *n.* ⓤ 왕당주의 ; 군주주의, 왕제 주의.

roy·al·ist [-ist] *n.* ⓒ (1)왕당원 ; 군주(제) 지지자 ; (R-) **[英史]** (Charles 1 세를 지지한) 왕당원 ; **[美史]** (독립 전쟁 당시의) 영국파. (2) 보수주의자, 완고한 사람. — *a.* 왕당(주의)의.

róyal jélly 로열 젤리《꿀벌이 여왕벌이 될 애벌레에게 주는 영양 있는 분비물》.

roy·al·ly [rɔ́iəli] *ad.* 왕〈여왕〉으로서, 왕〈여왕〉답게 ; 존엄하게, 당당히.

Róyal Máil (the ~) 영국 체신(부).

Róyal Marínes (the ~) 영국 해병대《略 : R.M.》.

Róyal Mínt (the ~) 영국 왕립 조폐국.

Róyal Návy (the ~) 영국 해군《略 : R.N.》.

róyal prerógative (the ~ ; 종종 the R- P-)

왕〈여왕〉의 특권, 대권.
róyal púrple 질푸른 자주빛.
·**róyal róad** 왕도, 지름길, 쉬운 방법.
Róyal Socíety (the) 영국 학술원《1662년 창립 ;略 : R.S.》.
·**roy·al·ty** [rɔ́iəlti] *n*. (1) ⓤ 왕〈여왕〉임 ; 왕권, 왕위 ; 왕의 위엄 ; 장엄 ; 왕도 ; 왕자 ; (흔히 *pl*.) 왕의 특권 ; ⓒ 왕실의 일원. (2) ⓒ 특허권〈저작권〉 사용료 ; 〔희곡〕 상연료 ; 인세(印稅) ; 채굴권 ; 광구〈광산, 유전, 특허권〉 사용료.
róyal wárrant 왕실 어용상인〈납품업자〉 허가증.
roz·zer [rázər/rɔ́z-] *n*. ⓒ《英俗》순경, 형사
R.P. Received Pronunciation 〔표준적인 발음〕. :
rub [rʌb] (**-bb-**) *vt*. (1)《~+目/+目+副/+目+前+名》…을 문지르다, 비비다 ; 마찰하다. (2)《~+目/+目+副/+目+前+名》…을 닦다《*up*》; 문질러 지우다. 비벼 떼다〈없애다〉 ; 스쳐 벗기다. 까지게 하다《*off* ; *out*》. (3)《~+目+保 /+目+前+名》…을 비벼서〈문질러〉(…로) 하다. (4)《+目+前+名》…을 문질러 바르다 ; …에 (몸을) 비벼대다《*over* ; *on* ; *in*, *into* ; *against*》.
—*vi*.《+前+名/+副》(1) 마찰하다, 닿다 ; 비벼 떨어지다《*against* ; *on* ; *off* ; *out*》. (2) …에 (몸 따위)를 비비다《*against* ; *on*》.
~***along*** 1) 그럭저럭 해 나가다. 2) …와 사이 좋게 지내다《*with*》. 3) (여럿이서) 잘하고 있다. ~ ***down*** 1) 마찰하다. 2) 문질러 닦다 〈면이 고르게 하다〉. ~ ***elbows*** 〈***shoulders***〉 ***with*** …와 팔꿈치〈어깨〉를 맞대다 ; …와 어울리다 ; (저명인사 등)과 (친하게) 교제하다. ~ (***it***) ***in***《口》(사실·잘못 등을) 짓궂게 되풀이하여 말하다. ~ ***off on to*** 〈***onto***〉 (성질·습관 등이) …에 옮다 ; 영향을 미치다. ***~out*** 1)문질러 지우다 ; (담뱃불 따위를) 비벼 끄다. 2)《俗》(사람을) 죽이다, 제거하다(murder). ~ (a person) (***up***) ***the wrong way*** (아무의) 신경을 건드리다, 짜증나게 하다, 화나게 하다 ***~ up*** 1) 충분히 문지르다, 닦다. 2) 더욱 연마하다 ; 복습하다.
—*n*. (1)〔a ~〕 마찰, 문지름:. (2)〔the ~〕장애, 곤란.
:**rub·ber**[1] [rʌ́bər] *n*. (1) ⓒ 고무, 생고무, 천연고무. (2) ⓒ 고무 제품 ; 고무〈칠판〉 지우개(eraser) ; 고무 밴드(~ band) ;《口》풍선 ; 고무 타이어《차 한 대분》; (고무제(製)의) 레인코트, 비옷 ; (*pl*.) 고무덧신. (3) ⓒ 문지르는〈닦는〉 사람 ; 안마사 ; (목욕탕용의) 큰 타월. (4) ⓒ 숫돌(whetstone) ; 사포, 연마사(砂) ; 거친 줄. (5) (the ~) 【野】 투수판, 홈플레이트.
—*a*.〔限定的〕 고무제(품)의.
rub·ber[2] *n*. ⓒ (카드놀이 따위의) 3판 승부 ; (the ~) 3판 승부 중의 2승.
rúbber bánd 고무 밴드.
rúbber chéck《口》부도 수표.
rúbber dínghy《美》(소형) 고무 보트.
rúbber góods《婉》고무제품《피임용구》.
rub·ber·ize [rʌ́bəràiz] *vt*. …에 고무를 입히다 ; 고무로 처리하다.
rub·ber·neck [rʌ́bərnèk] 《口》 *vi*. (1) 목을 (길게) 빼고 유심히 보다〈살피다〉 ; 구경하다. (2) (안내원의 인솔로) 단체 관광 여행을 가다.
—*n*. ⓒ (1) 구경(하기 좋아)하는 사람 ; 호기심이 많은 사람. (2) 관광객.
—*a*.〔限定的〕 관광용의.
rúbber plànt 고무나무, 《특히》 인도고무나무.
rúbber stámp (1) 고무 도장. (2)《口》 무턱대고 도장을 찍는 사람, 무비판적으로 승인〈찬성〉하는 사람 〈관청·의회〉.
rubber-stamp [rʌ́bərstǽmp] *vt*. (1) …에 고무 도장을 찍다. (2)《口》…에 무턱대고 도장을 찍다 ; …을 잘 생각지도 않고 찬성〈승인〉하다.
rúbber trèe 고무나무, 《특히》 파라고무나무.
rub·bery [rʌ́bəri] *a*. 고무 같은, 탄력〔성〕 있는 (elastic) ; 질긴(tough).
rub·bing [rʌ́biŋ] *n*. (1) ⓤⓒ 마찰 ; 연마 ; 안마, 마사지. (2) ⓒ (비명(碑銘) 따위의) 탑본, 탁본.
rúbbing àlcohol《美》소독용 알코올.
·**rub·bish** [rʌ́biʃ] *n*. ⓤ (1)쓰레기, 폐물, 잡동사니. (2) 하찮은 것, 부질 없는 생각, 어리석은 짓.
—*vt*. …을 형편 없다고 혹평하다.
—*int*. 바보같이, 쓸데 없이.
rub·bishy [rʌ́biʃi] *a*. (1)쓰레기의, 잡동사니의. (2)하찮은, 시시한.
rub·ble [rʌ́bəl] *n*. ⓤ(1)깨진 기와〈벽돌〉 조각. (2) 잡석〔雜石〕. 파) **rub·bly** *a*.
rub·down [rʌ́bdáun] *n*. 〔a ~〕 (1)신체 마찰, 마사지. (2)박박 문지르는〈닦는〉 일.
rube [ru:b] *n*. ⓒ《俗》(도회지로 갓 올라온) 시골뜨기 ;《美俗》풋내기, 철부지 ;《俗》멍텅구리.
Ru·bi·con [rú:bikàn/-kən] *n*. (the ~) 루비콘강. ***cross*** 〈***pass***〉 ***the ~*** 단호한 조처를 취하다, 홍망을 걸고 해보다.
ru·bi·cund [rú:bikʌ̀nd] *a*. 얼굴이 붉고 건강한, 혈색이 좋은.
Rú·bik('s) Cùbe [rú:bik(s)-] 루빅 큐브《정육면체의 색깔 맞추기 장난감 ; 商標名》.
ru·ble, rou- [rú:bəl] *n*. 루블《러시아의 화폐 단위 ; 기호 R, Rub ; =100 kopecks ; 기호 R., r》
rub·out [rʌ́:bàut] n.ⓒ《美俗》살인, 말살.
ru·bric [rú:brik] *n*. ⓒ (1) (시험지 위쪽에 써 붙인) 수험 요령 ; 관례, 규정. (2) (책의 장·절에 붙이는) 제목. (3) 【基】 전례 법규. (4) 붉게 인쇄한 것. 빨간 글씨.
ru·bri·cate [rú:brəkèit] *vt*. …을 주서(朱書)하다, 붉게 인쇄하다 ; 빨간 제목을 붙이다 ; 전례 법규로 규정하다.
rub·up [rʌ́bʌ́p] *n*. (a ~) 닦음, 닦기, 복습.
·**ru·by** [rú:bi] *n*. (1) ⓤⓒ 【鑛】 루비 ; 홍옥(紅玉). (2) ⓤ 루비 빛깔, 진홍색. —*a*. 〔限定的〕 루비(빛) 의, 진홍색의. —*vt*. 진홍색으로 물들이다.
ruck[1] [rʌk] *vt*., *vi*. (…을) 주름살 투성이가 되(게 하)다《*up*》.
—*n*. ⓒ 주름살, 주름(crease).
ruck[2] *n*. (1) (the ~) 무리 ; 군중, 대중. (2) ⓒ 잡동사니 ; 다수. (3) (the ~) (경마에서) 낙오한 말의 떼 ; (경주 따위에서) 후속 집단. (4) (*sing*.) 【럭비】 럭《지면의 공을 둘러싸고 선수들이 밀집해 서로 밀고 있는 상태》.
—*vi*.《럭비》러크하다.
ruck·sack [rʌ́ksæ̀k, rúk-] *n*. ⓒ《G.》배낭, 륙색.
ruck·us [rʌ́kəs] *n*. ⓒ (*sing*.)《口》법석, 소동.
ruc·tion [rʌ́kʃən] *n*.《口》(1) (*sing*.) 소란, 소동. (2) (*pl*.) 불평 ; 격론. (3)《鳥》꽁지 깃.
·**rud·der** [rʌ́dər] *n*. ⓒ (1)〔배의〕 키 ; 〔비행기의〕 방향타〔舵〕. (2)《比》지도자 ; 지침.

rud·der·less [ˊlis] *a.* 키가 없는 ; 지도자가 없는.
rud·dle [rʌ́dl] *n.* ⓤ 《鑛》 홍토(紅土), 대자석(代赭石).
—*vt.* 홍토로 표를 하다《특히 양(羊)에게》 ; 홍토를 바르다 ; (연지 등을) 진하게 바르다.
·**rud·dy** [rʌ́di] (**-di·er ; -di·est**) *a.* (1) 붉은, 불그스름한 ; 혈색이 좋은, 건강한. 【cf.】 rosy. (2) 〔限定的 ; 强意語〕 《英俗》 싫은, 괘씸한, 지긋지긋한. —*ad.* 〔强意的〕 매우, 몹시.
—*vt.*, *vi.* **(-di·ed)** 붉게하다, 붉어지다.
:**rude** [ruːd] (**rúd·er ; rúd·est**) *a.* (1) 버릇 없는, 무례한(impolite), 실례의《*to*》. (2) 교양이 없는, 미개한, 야만의 ; 야비한. (3) 난폭한 ; 거친. (4) 미가공의, 미완성의. (5) 미숙한, 조잡한 ; 대강의. (6) 튼튼한, 건강한. 〖opp.〗 *delicate.* (7) 귀에 거슬리는 ; (음식이) 맛없는, 소홀한. (8)격심한 ; 돌연한.
파) **~·ness** *n.*
rude·ly [ˊli] (**more ~ ; most ~**) *ad.* (1) 버릇 없이, 무례하게. (2) 갑자기, 거칠게. (3) 조잡하게.
ru·di·ment [rúːdəmənt] *n.* (1) (*pl.*) 기본, 기초(원리) ; 초보 ; 시초《*of*》. (2) ⓒ 【生】 퇴화 흔적, 퇴화 기관.
ru·di·men·ta·ry [rùːdəméntəri] *a.* (1) 근본의, 기본의 ; 초보의(elementary) ; 원시적인 ; 변변치 못한. (2) 미발달의 ; 발육 부전의 ; 흔적의. (3) (발전의) 조짐.
rue[1] [ruː] *vt.* …을 후회하다, 유감으로 생각하다.
— *n.* ⓤ 후회.
rue[2] *n.* ⓤ 【植】 루타(*Ruta*)《운향과(芸香科)의 상록 다년초 ; 흥분제·자극제로 사용했음》.
rue·ful [rúːfəl] *a.* (1) 후회하고 있는; 슬퍼하는 (2) (광경 따위가) 가련한, 애통스러운. 파) **~·ly** *ad.*
ruff[1] [rʌf] *n.* ⓒ (1) 풀이 센 높은 주름 칼라《특히 16세기의》. (2) 새·짐승의 목 둘레의 고리 모양의 털〈깃털〉. (3) 【鳥】 목도리 도요.
ruff[2], **ruffe** *n.* 작은 농어류(類)의 민물고기《 유럽산.(産)》
ruff[3] *n.* ⓤ 【카드놀이】 으뜸패로 잡기.
—*vi.* 으뜸패로 잡다〈를 내놓다〉.
rúffed gróuse [rʌ́ft-] 【鳥】 목도리뇌조 (雷鳥) 《북아메리카산》.
·**ruf·fi·an** [rʌ́fiən, -fjən] *n.* ⓒ 악한, 불량배, 폭력배, 무법자.
파) **~·ly** *a.*
— **~•ism** *vi.* ⓤ 흉악, 잔인.
·**ruf·fle**[1] [rʌ́fəl] *vt.* (1) (머리카락 등)을 헝클어뜨리다 ; …은 물결치게 하다. (2)《~+目/+目+副》 (새가 성을 내어 깃털)을 곤두 세우다《*up*》 ; 성나게〈약이 오르게〉 하다. (3) …에 주름을 잡다 ; 프릴을 달다.
—*vi.* 구김살지다, 구겨지다 ; 물결이 일다 ; (깃발 따위가) 펄럭이다 ; 화나다, 안달하다.
—*n.* ⓒ (1)(옷깃·소맷부리 따위의) 프릴 ; 새의 목털. (2) 물결 일기 ; 잔물결. (3) 동요, 불안.
ruf·fle[2] *n.* ⓒ 북을 나직이 둥둥 침, 또는 그 북치는 소리. —*vt.* (북)을 나직이 둥둥 치다.
ruf·fled [rʌ̀fəld] *a.* (1) 주름(장식)이 있는 ; 목털이 있는. (2) 구겨진 ; 물결이 이는. (3) 어지럽혀진.
:**rug** [rʌg] *n.* ⓒ (1)a] 〔바닥의〕 깔개, 융단, 양탄자. b] 까는 모피, 《특히》 난로 앞에 까는 것. (2)《英》 무릎 덮개〔《美》 lap robe〕. (3) 《美俗》 남성용 가발.
pull the ~(s)* 〈*carpet*〉 (*out*) *from under ⇨ CARPET. ***sweep* 〈*brush, push*〉 *under the ~* 〈*carpet*〉** ⇨ CARPET(成句).
·**Rug·by** [rʌ́gbi] *n.* (1) 럭비. (2) 럭비교(~School). (3) (종종 r~) 럭비(~ football). 【cf.】 football.
Rúgby fóotball (종종 r~) 럭비(식 축구).
·**rug·ged** [rʌ́gid] (**more ~, ~·er ; most ~, ~·est**) *a.* (1) 우툴두툴한《바위 · 나무껍질 등》, 울퉁불퉁한 길. (2) 메부수수한, 소박한, 조야한(rude). (3) (얼굴 모습 따위가) 만만찮은, 엄하게 보이는. (4) 엄한, 어려운, 괴로운 ; 궂은 날씨의 ; 거친. (5) 귀에 거슬리는. (6) 단단한, 억센. (7) 주름진, 찌푸린.
파) **~·ly** *ad.* **~·ness** *n.*
:**ru·in** [rúːin] *n.* (1) ⓤ 파멸 ; 파산, 몰락 ; 황패. (2) (*pl.*) 폐허, 옛터(remains) ; ⓒ 파괴된〈황폐한〉 것 ; 잔해. (3) ⓒ (옛 모습을 찾을 수 없게) 몰락〈영락〉한 사람〈모습〉. (4) (the ~, one's ~) 파멸의 원인, 화근 : Alcohol was *his* ~. 그는 술 때문에 몸을 망쳤다. ***in ~s*** 1) 폐허가 되어, 황폐하여. 2)파멸하여.
—*vt.* (1) …을 파괴하다 ; 파멸〈황폐〉시키다 ; 못 쓰게 하다. (2) …을 영락〈몰락〉 시키다, 파산시키다. (3) (여자의 처녀성)을 빼앗다, 타락시키다.
—*vi.* (1) 황폐하다, 파멸하다, 망하다. (2) 영락〈몰락〉하다. (3) 《詩》 거꾸로 떨어지다.
파) **~·ed** *a.* 멸망한, 파멸된 ; 타락한, 몰락〈파산〉 한 ; 시든, 해를 입은.
ru·in·a·tion [rùːinéiʃən] *n.* ⓤ 파멸, 멸망 ; 황폐 ; 몰락, 파산 ; 파멸〈타락〉의 원인, 화근 .
ru·in·ous [rúːinəs] *a.* 파괴적인, 파멸을 초래하는 ; 황폐한 ; 폐허의 ; 《口》 터없이 비싼. 파) **~·ly** *ad.*
:**rule** [ruːl] *n.* (1) ⓒ 규칙, 규정 ; 법칙 ; 【宗】 종규(宗規). (2) ⓒ 통례, 관례, 습관 ; 주의. (3) ⓤ 지배(control), 통치. (4) 〔修飾語와 함께〕 통치 기간 ; 치세. (5) ⓒ 자(ruler). (6) ⓒ 【印】 괘선(罫線). (7) (수학의) 공식, 해법, (과학상·예술상의) 법칙, 방식.
a hard and fast ~ 융통성 없는 규정〈방식〉. ***as a* (*general*) *~*** 대개, 일반적으로. ***by* 〈*according to*〉 *~*** 규칙대로. ***make it a ~ to*** do 언제나 …하기로 하고 있다. ***the ~ of three,*** 3수법〔數法〕. ***work to ~*** 《英》 (노동 조합원이) 준법 투쟁을 하다.
—*vt.* (1) …을 다스리다, 통치하다. (2) 〔흔히 受動으로〕 지시〈좌우〉하다. (3) …을 억제하다 : ~ one's desires 욕망을 누르다. (4) 《+*that* 節》 …을 재정하다, 판결하다. (5) 《~+目/+目+前+名》 …에 자로 줄을 긋다. —*vi.* (1) 《~/+前+名》 통치〈지배〉하다 《*over*》. (2) 널리 행해지다. (3) 《~/+前+名》 재정〈판결〉하다. ***~ off*** (난(欄)따위를) 선을 그어 구획하다 ; (경기자 등)을 제외하다. ***~ out*** (규정 등에 따라) 제외하다, 불가능하게 하다, 방해하다 ; 금지하다. ***~ the roots* 〈*roast*〉** ⇨ ROOST. ~ with a rod of iron ⇨ iron.
rule book [ˊbùk] *n.* (1) ⓒ (취업) 규칙서. (2)〔the~〕〔스포츠 등의〕 규칙집(集).
ruled [-d] *n.* 괘선을 그은 : ~ paper 괘선지.
:**rul·er** [ˊər] *n.* ⓒ (1) 통치자, 주권자, 지배자《*of*》. (2) 자.
파) **~•ship** *n.* ⓤ 통치자의 지위.
:**rul·ing** [ˊiŋ] *a.* 〔限定的〕 지배하는, 통치하는 ; 주된, 우세한, 유력한 ; 일반적인, 평균의《시세 따위》.
—*n.* (1) ⓤ 지배 ; 통치. (2) ⓒ 【法】 판결, 재정(裁定). (3) ⓤ (자로) 괘선을 그음, 줄긋기 ; 괘선

(ruled lines).

·rum[1] [rʌm] *n.* ⓤⓒ 럼주(酒)《사탕수수·당밀〔糖蜜〕로 만듦》; 《美》〔一般的〕 술.

rum[2] (*˜·mer* ; *˜·mest*) *a.* 《俗》 기묘한(queer), 괴상한〔odd〕; 위험한 ; 서투른 ; 나쁜(bad). 파) **˜·ly** *ad.* **˜·ness** *n.*

Ru·ma·nia [ruːméiniə, -njə] *n.* 루마니아 (Roumania).
파) **-ni·an** *n.*, *a.* 루마니아 사람(의) ; ⓤ 루마니아 말(의).

·rum·ble[1] [rʌ́mbəl] *n.* (*sing.*) (1) (천둥·수레 따위의) 우르르〈덜커덕덜커덕〉 울리는 소리 ; 《美俗》 불량배끼리의 싸움. (2) (차 등이)덜거덕 거리며 가다《*by, down*》
—*vi.* (1) 우르르 울리다, 덜커덕덜커덕 소리가 나다 . (2) 《+副》 (수레가) 덜커덕거리며 가다《*away* ; *along* ; *by* ; *down*》. (3) 장황하게 이야기하다.
—*vt.* …을 굵은 소리로 말하다 ; (와글와글, 우르르)소리내다.

rum·ble[2] *vt.* 《俗》 …을 꿰뚫어 보다, 간파하다.

rúmble sèat 《美》 자동차 후부의 무개(無蓋)접좌석 .

rum·bling [rʌ́mbəliŋ] *n.* ⓒ (1) (*sing.*)우르르〈덜거덕〉 소리. (2) (흔히 *pl.*) 불평, 불만.

rum·bus·tious [rəmbʌ́stʃəs] *a.* 《英口》 떠들썩한, 시끄러운(boisterous).
파) **˜·ly** *ad.* **˜·ness** *n.*

ru·men [rúːmin] (*pl.* **-mi·na** [-nə]) *n.* ⓒ 《L.》 (반추 동물의) 반추위(胃)《제 1 위(胃)》 ; (제 1 위에서) 되돌린 음식.

ru·mi·nant [rúːmənənt] *a.* (1) 되새기는, 반추 동물의. (2) 심사숙고의, 생각〈묵상〉에 잠긴(meditative).
—*n.* ⓒ 반추 동물. 파) **˜·ly** *ad.*

ru·mi·nate [rúːmənèit] *vi.* (1)반추하다. (2)곰곰이 생각하다, 생각에 잠기다《*about* ; *on*; *over*》.
—*vt.* …을 되새기다.
파) **ru·mi·na·tion** [-ʃən] *n.* (1) ⓤ 반추. (2) 생각에 잠김, 묵상. (3) ⓒ (종종 *pl.*) 심사 숙고의 결과.

ru·mi·na·tive [rúːmənèitiv/-nətiv] *a.* 묵상적인, 묵상에 잠긴(pondering). 파) **˜·ly** *ad.* 명상적으로.

rum·mage [rʌ́midʒ] *vt.* (1) …을 샅샅이 뒤지다〈찾다〉. (2) 《~+目/+目+副》 …을 찾아내다, 발견하다《*out* ; *up*》 ; (찾기 위해) 마구 뒤적거리다.
—*vi.* 《~+前+名/+副》 뒤적거려 찾다, 샅샅이 찾다《*about* ; *for* ; *among* ; *in*》.
—*n.* (1) (a ~) 샅샅이 뒤지기. (2) ⓤ 쓰레기, 잡동사니.

rúmmage sàle 자선 기부 경매 ; 재고품 정리 판매, 잡동사니 시장 ; 떨이 판매.

rum·my [rʌ́mi] *n.* 《美俗》 주정뱅이 ; 대주가.

:ru·mor, 《英》 **-mour** [rúːmər] *n.* ⓤⓒ 소문, 풍문, 세평, 풍설《*about* ; *of*》.
—*vt.* (남의 이야기)를 하다, 소문을 내다.

ru·mored [ˊ-d] *a.* (1) 〔限定的〕 소문난. (2) 〔敍述的〕 a〕〔it is ~ that …로〕 …라는 소문이 있는. b〕《+目+*to* do》 …라는 소문이 떠도는.

ru·mor·mon·ger [-mʌ̀ŋgər] *n.* ⓒ 소문을 내는 사람

·rump [rʌmp] *n.* ⓒ (1) (새·짐승 따위의) 둔부, 궁둥이 ; 엉덩잇살《특히 소의》. (2) 남은 것 ; 잔당《특히 의회·정당 등의》.

rum·ple [rʌ́mpəl] *vt.* (옷·종이 따위)를 구기다 ; (머리)를 헝클어뜨리다.
—*n.* ⓒ 구김살 ; 주름살.

rúmp stèak 홍두깨살(비프 스테이크).

rum·pus [rʌ́mpəs] *n.* (*sing.*) 《口》 소동, 소란 ; 격론, 싸움, 언쟁 ; 소음.

rúmpus ròom 오락실《주로 지하실》.

:run[1] [rʌn] (*ran*[ræn] ; *run* ; *rún·ning*) *vi.* (1) 《~/+前+名/+副》 (사람·말이) 달리다, 뛰다.
(2) 《~/+前+名/+副》 급하게 가다, 잠깐 들르다〈방문하다〉《*down* ; *over* ; *up*》.
(3) 《+前+名》 …에〈을〉 의지하다 ; …에 호소하다《*to*》: ~ *to* arms 무력에 호소하다.
(4) 《~/+前+名》 (차·배가) 달리다, 다니다, 왕복〈운행〉하다(ply)《*between* ;*from*... *to*》.
(5) 《+副/+前+名》 떠돌아다니다, 헤매다, 배회 〈방황〉하다《*about* ; *around*》.
(6) 《+副/+前+名》 (길 따위가) 통하다, 이어지다.
(7) 《~/+前+名/+副》 달아나다, 도망치다 (flee).
(8) 《+副》 (세월이) 흐르다, (때·인생이) 지나다.
(9) 《~/+前+名》 (뉴스·소문 따위가) 퍼지다, 전 해지다 ; 인쇄되다 ; 기사화하다, 실리다.
(10) 《+前+名》 (생각·기억 따위가) 떠오르다.
(11) 《~/+補/+前+名》 경주에 출장하다 ; (시합·경주에서) …등이 되다.
(12) 《~/+前+名》 입후보〈출마〉하다《*for*》.
(13) 《~/+前+名》 (미끄러지듯) 움직이다, 이동하다 ; 구르다, 굴러가다.
(14) 《~/+前+名/+副》 (기계 따위가) 돌아가다, 돌다 ; 잘 움직이다.
(15) 《~/+前+名》 (영화·극 등이) 연속 공연되다, 상영〈상연〉 중이다.
(16) 《~/+前+名》 계속하다〈되다〉(continue) ; 〖法〗 (영장 등이) 유효하다.
(17) 《+補》 (어떤 상태가) 되다, 변하다(become).
(18) 《~/+前+名》 (수·액수가) …에 달하다《*to*》.
(19) 《~/+前+名/+補》 …한 경향이 있다, 대체로〈평균〉 …이다다.
(20) 《~/+*as* 補/+副》 …라고 씌어 있다.
(21) 《+補/+副》 (식물이) 뻗다, 퍼지다 ; (물고기가) 떼를 지어 이동하다, 강을 거슬러 오르다 ; 자꾸 성장하다.
(22) 《~/+前+名》 (화제가) …에 미치다, 걸치다《*on*》 ; (종류·범위·크기가) 미치다《*from* ... *to*》 ; 뻗다.
(23)《~/+前+名/+補》 (물·피·강 따위가) 흐르다.
(24)《~/+前+名》 (눈·코·상처가) 눈물·콧물·피를 흘리다, (고름 따위가) 나오다.
(25) 《~/+副》 (촛농 따위가) 녹아 흐르다, (색깔이) 배어나오다, 번지다(spread) ; 새다 ; 넘치다《*over*》 ; (모래 시계의) 모래가 흘러내리다.
(26) (직물이) 풀리다 ; 《美》 (양말이) 올이 풀리다 (《英》 ladder).
(27) 《+前+名》 서둘러 하다, 대충 훑어보다《*over* ; *through*》 ; (빚이) 밀리다.
—*vt.* (1)《~+目/+目+前+名/+目+補》 (말·개 따위)를 달리게〈뛰게〉 하다, 서두르게 하다 ; 달려서 …하게 하다.
(2) 《+目+前+名》 …을 빨리 움직이다〈놀리다〉.
(3) 《+目+前+名》 (말)을 경마에 내보내다 ; (아 무)를 입후보시키다.
(4) 《~+目/+目+前+名》 (차·배 따위)를 달리게〈다니게〉 하다, 왕복시키다.

(5) (심부름 따위)를 달려서 하다.
(6) 《~+目/+目+目/+目+前+名》 (아무)와 경주하다.
(7) 《~+目/+目+副/+目+前+名》 (사냥감)을 쫓다, 몰다 ; 《比》 뒤쫓다.
(8)《+目+前+名/+目+副》 …을 부딪다, 부딪치다 《*against*》.
(9) 《+目+前+名》 …을 찌르다, 처박다.
(10) 《+目+前+名》 (실 따위)를 꿰다, 통과시키다 《*into* ; *through*》.
(11) (길)을 빠져나가다, 돌파하다, 지나가다 ; 뛰어가다, 뛰어다니다.
(12) (어떤 거리)를 달리다.
(13) (위험)을 무릅쓰다.
(14) …에서 도망지다.
(15) 《+目+前+名》 (차에 실어) …을 나르다.
(16) 《+目+副》 (부주의 등으로 배·차 등)을 일정한 침로에서 벗어나게 하다.
(17) 《~+目/+目+副/+目+前+名》 (책 따위) 를 찍다, 인쇄하다《*off*》 ; (기사·광고 따위)를 게재하다.
(18) 《+目+前+名》 …을 (어떤 상태로) 몰아 넣다.
(19) 《~+目/+目+前+名》 (기계·모터 따위)를 돌리다, 움직이다, 회전시키다, 조작하다 ; 공전〔空轉〕 시키다.
(20) (실험 따위)를 하다 ; (물건)을 제작하다, 제조하다, 정제하다(refine).
(21) …을 경영하다, 관리하다 ; 지휘(지배)하다.
(22) (가축)을 기르다〈치다〉, 사육하다 ; (가축 따위가) …의 풀을 뜯(어 먹)다.
(23) 《~+目/+目+前+名》 …을 흘리다, (물따위) 를 붓다 ; 녹여 (부어) 넣다, 주조(鑄造)하다.
(24) (물·눈물)을 흘리다, 넘쳐 흐르게 하다.
(25) (그릇)을 가득 채우다.
(26) 《+目+前+名》 (선(線))을 긋다 ; (경계)를 짓다.
(27) 《+目+前+名》《美》 (옷·양말의) 올이 풀어지게 하다.
(28) 《~+目/+目+補》 …의 비용이 들다, …하게 먹히다.
(29) (아편·술·무기 따위)를 밀수입〈밀수출〉하다 (smuggle). 【cf.】 rumrunner.
(30) 《口》 (흔히 進行形) (열)을 내다, (열)이 나다 ; (병)에 걸리다 : She is ~*ning* a temperature 〈fever〉 with (the) flu. 그녀는 감기로 열이 나 있다.
(31) 【撞球】 (점수)를 연속해서 올리다 ; 【골프】 (공)이 낙하한 뒤에 구르도록 치다, 런(run)시키다 ; 【크리켓】 (…점)을 따다, 득점하다.
(32) 【컴】 (프로그램 속의 명령)을 처리하다(process). (명령)을 실행하다.
be ~(clean) off one***'s feet*** 《口》 몹시 바쁘다 ; 부지런히 일해야 하다. ***~ across*** …을 우연히 만나다 〈찾아내다〉. ***~ after*** …을 뒤쫓다, …을 추적하다 : 《口》 …의 꽁무니를 쫓아다니다 . …의 시중을 들다, 보살펴주다. ***~ against*** 1) …와 충돌하다 〈부딪치다〉. 2) …와 우연히 만나다. 3) …에게 불리하다. ***~ along*** 떠나(가)다. ***~ around*** 《口》 여기저기 놀며 다니다. 《특히》 아내〈남편〉 아닌 딴 여자〈남자〉와 관계하다《*with*》. ***~ at*** …에게 덤벼들다. ***~ away*** 달아나다, 가출하다 ; (일이) 잘못되다. ***~ away with*** 1) …을 가지고 〈훔치어〉 도망치다 ; …와 함께 달아나다, …와 사랑의 도피를 하다 (elope with). 2) (감정 따위)에 이끌리다 ; (아무의 의견)을 지레 짐작하다. 3) …으로 남을 압도하다 ; 남을 물리치고 상을 타다. 4) (돈 따위)를 소비하다. ***~ back*** 1)뛰어 돌아오다〈가다〉. 2) (가계(家系) 등이) (…에)거슬러 올라가다《*to*》. 3) 회상하다《*over*》. 4)〔필름·테이프〕를 되감다. ***~ down*** (*vi.*) 1) 뛰어내려가다 ; (도회에서)시골로 내려가다. 2) 쇠하다 ; 힘이 감소하다. 3) (태엽이 풀려 시계 등이) 서다, (전지 따위가) 다하다. (*vt.*) 1) 바싹 뒤쫓다, 몰아대다, 찾아내다. 2) 헐뜯다, 욕하다. 3) 부딪쳐〈받아〉 쓰러뜨리다 ; …와 충돌하다 ; 【野】 (주자를) 협살하다. 4) …의 가치를 떨어뜨리다 ; (인원 따위)를 삭감〈감원〉하다. 5) 〔흔히 受動으로〕 쇠약해지다. 6) 대충 읽어 보다, 속독하다. ***~ for it*** 급히 〔위험 등에서〕 달아나다.
~ for one***'s*** 〈***dear***〉 ***life*** 필사적으로 달아나다 ; 기를 쓰고 도망치다. ***~ in*** 1) 뛰어들다 ; 《口》 (남의 집에) 잠깐 들르다《*to*》. 2) 【印】 행을 바꾸지 않고 이어 짜다(~on). 3) 맞붙어 격투하다 ; 육박하다. 4) 《口》 구류〈체포〉하다. 5) (새 기계〈차〉를) 길들이다, 시(試)운전하다. 6) (후보자를) 당선시키다. 7) …와 일치하다《*with*》. ***~ in the family*** 〈***in blood***〉 …혈통을 〈피를〉 물려받다, 유전하다. ***~ into*** 1) …에 뛰어들다 ; (강이 바다로) 흘러들다 ; …한 상태에 빠지다(빠지게 하다). 2) …까지 계속하다. 3) …와 충돌하다〈시키다〉, …와 우연히 만나다. 4) …와 합류하다. 5)…을 (푹) 찌르다. ***~ off*** 1) 도망치다 ; 《口》 사랑의 도피를 하다《*with*》. 2) 흘러나오다. 3) 벗어나다, (얘기가) 빗나가다. 4) 유출시키다 ; 마르게 하다 ; 방출하다 ; 《Can.》 (눈·얼음 등이) 녹다. 5) (경기에서) 결승전을 하다. 6) (시·글 따위를) 거침 없이〈줄줄〉 읽다〈말하다, 쓰다〉. 7) 인쇄하다. ***~ off with*** …을 가지고 달아나다(steal) ; …와 사랑의 도피행을 하다. ***~ on*** 〔on이 副詞인 경우〕 1) 계속 달리다 ; 노상 지껄이다 ; 【印】 절〔節〕·행〔行〕을 끊지 않고 계속하다〈되다〉. 2)경과하다. 〔on이 前置詞인 경우〕 1) …을 화제〈문제〉로 하다, …에 미치다. 2) (암초)에 좌초하다. 3) (은행에 예금을 찾으려고 예금자가) 밀려들다. ***~ out*** 1) 끝까지 달리다, 내내 달리다 ; 뛰쳐 나가다. 2) 흘러 나오다. 3) (계약 기간이) 끝나다 ; 만기가 되다 ; (재고품·보급 등이) 끝나다, 다하다. 4) (주자를) 아웃시키다. 5) (경기의)승부를 가리다. 6) 내쫓다, 추방하다《*of*》 ; 【野】 러너를 아웃시키다. 7) (그물 따위를) 풀어내다〈풀려나가다〉. 8) 돌출하다 9) 무성하다. 10) (시계 등이) 태엽이 풀려 서다. ***~ out of*** …을 다 써버리다 ; (물품 따위가) 바닥이 나다 ; 추방하다, 내쫓다. ***~ out on*** 《口》 (처·자식 따위를) 버리다(desert). ***~ over*** 1) (액체가) 그릇을 넘쳐 흐르다. 2) (말·차 따위로) 가다, 들르다《*to*》 3) (특히 차가 사람을) 치다. 4) 대충 훑어보다. ***~ through*** 1) 통독하다 ; (…을) 대충 훑어보다. 2) (…을) 다 써 버리다, (…을)낭비하다. 3) (철도가) 통하다 ; (강이) 관류(貫流)하다 ; 뛰어 빠져나가다. 4) (글씨 따위를) 선을 그어 지우다. 5) 미끄러지다 ; (생각 등이) 떠오르다. 6) …을 찌르다. ***~ through*** one***'s mind*** 1) 머리〈귀〉에 박혀 사라지지 않다. 2) 머리를 스치다. ***~ to*** 1) (도움을 구하려고)뛰어 …로 가다. 2) (수량이) …에 이르다〈미치다〉, …에 달하다 ; …을 할 자력〈돈〉이 있다. 3) (파멸 등)에 빠지다. 4) …하는 경향이 있다. ***~ together*** 혼합〈결합〉하다 ; 화합하다. ***~ up*** 1) (…을) 뛰어오르다 ; (도시 따위로) 급히 나가다 ; 달려가다. 2) (값이)오르다, (값을) 올리다 ; (수량 따위가) 달하다《*to*》 ; (지출·빚 따위가) 갑자기 늘다 ; (지출·빚 따위를)늘리다 3) 부쩍부쩍 자라다《*to*》. 4) (집 따위를) 급히 짓다 ; 급히 꿰매다 ; (숫자를) 합계하다. 5) (기를)걸다, 올리다. ***~ up against*** …와 충

돌하다. (곤란 따위에) 부딪치다 ; …와 우연히 마주치다. ~ **upon** …를 (뜻밖에) 만나다 ; …이 문득 생각나다 ; (배가) 좌초하다. **~ wild** ⇨WILD.
—*n.* (1) ⓒ 달림, 뛰기, 뜀박질 ; 도주 ; 경주.
(2) (a ~) 단거리 여행(trip) ; 드라이브.
(3) (a ~) (배가) 일정 시간에 가는 거리 ; 주행 거리.
(4) a] 노선, 코스, 항로. b] (스키 등의) 사면(斜面), 슬로프.
(5) (*sing.*) 조업 (시간), 운전 (시간) ; 작업량.
(6) 흐름, 유량(流量) ; (the ~s)《俗》설사 ;《美》개천 ; 수로 ; 도관(導管), 물받이.
(7) (특히 산란기의 물고기가) 강을 거슬러 오르는 것 ; 산란기 물고기의 이동(하는 무리).
(8) (a ~) 연속.
(9) 연속 흥행(공연).
(10) 사육장 ; 방목장 ; (사슴 등의) 통로 : a chicken ~ 양계장.
(11) 보통의 것〈종류〉.
(12) (상품 따위의) 종류.
(13) 형세, 추세, (사건의) 귀추(歸趨) ; 방향, 층향(層向) ; 광맥(의 방향).
(14) 큰 수요, 날개 돋치듯 팔림 ; 인기, 유행《*on*》; (은행에의) 지급 청구 쇄도《*on*》.
(15) (the ~) 출입〈사용〉의 자유.
(16)《美》(신문에의) 연재 ; (기자의) 담당구역.
(17) 【野】 득점, 1점.
(18) 【樂】 빠른 연주〔roulade〕, 【컴】 (프로그램) 실행.
(19)《美》(양말의) 올의 풀림(《英》 ladder)《*in*》.
(20) 【空】 활주 ; 【軍】 (폭격 목표로의) 직선 비행, 접근 : a landing ~ 착륙 활주.
a* (*good*) *~ for* one*'s money《口》1) 막상막하의 경쟁〈승부〉, 접전 : 대단한 노력〈수고〉. 2)돈을 준〈애쓴〉만큼의 이익〈만족〉. ***at a ~*** 구보로. ***in* (《美》*over*) *the long ~*** 긴 안목으로 보면, 결국은 (in the end). ***in the short ~*** 단기적 관점에서 보면, 눈앞의 계산으로는, 당장은. ***on the* 〈*a*〉 *dead ~*** 전속력으로 ; 대단히 분주하여. ***make a ~ for it*** 급히 도주하다. ***on the ~*** 뛰어서 ; 서둘러서 ; 쫓기어, 도망하여, (바삐) 뛰어 돌아다니며. ***with a ~*** 갑자기, 일제히, 한꺼번에

:run[2] [rʌn] RUN[1]의 과거분사.
—*a.* 바다에서 갓 거슬러 올라온《물고기》; 짜낸 ; 녹은 ; 주조된 ; 밀수입〈밀수출〉한 ; 〔複合語〕 …경 영의.

run·a·bout [rʌ́nəbàut] *n.* ⓒ (1) 배회하는 사람 ; 바쁘게 돌아다니는 사람. (2) 소형 자동차〈오픈카〉; 작은 발동기선 ; 소형 비행기.
—*a.* 배회하는, 뛰어다니는.

run·a·round [ˊəràund] *n.* (the ~)《口》발뺌, 핑계, 속임수.

·run·a·way [ˊəwèi] *n.* ⓒ (1) 도망자, 탈주자 ; 가출 소년〈소녀〉; 도망친 망아지 ; 폭주차(暴走車). (2) 도망, 탈주 ; 사랑의 도피(eloping). (3) 낙승, 손쉬운 성공.
—*a.* 〔限定的〕 (1) 도주한 ; 다룰 수 없는 ; (차 따 위가) 폭주한. (2) 사랑의 도피를 한 . (3) 수월하게 이긴, 낙승의. (4) (물가 등이) 마구 뛰어오르는, 끝없는.

run·down [ˊdàun] *n.* (1) (the ~) (산업·회사 등의) 축소(화), 쇠퇴《*of*》. (2) ⓒ《口》개요(의 설명)《*on*》. (3) ⓒ 【野】 런다운, 협살.

run-down [ˊdáun] *a.* (1) 몹시 황폐한, 쇠퇴한. (2) 〔敍述的〕 몹시 피곤한 ; 몸 상태가 좋지 않은, 병난. (3) 태엽이 풀려서 선《시계》.

rune [ruːn] *n.* ⓒ (1)룬 문자《옛날 북유럽 민족이 쓴》. (2) 신비로운 기호〈문자〉. (3) 핀란드의 시가.

rung [rʌŋ] *n.* ⓒ (1) (사닥다리의) 발을 딛는 가로장 ; (의자 따위의) 가로대. (2) (사회적 지위 등의) 단계. ***on the top* 〈*bottom*〉 *~* 〈*of the ladder*〉** 최고〈최저〉 지위에.

ru·nic [rúːnik] *a.* (1) 룬 문자(rune)의. (2) 고대 북유럽 사람의 ; 고대 북유럽(식)의. (3) 신비적인.

run-in [rʌ́nìn] (*pl.* **~s**) *n.* (1) ⓒ《口》싸움, 논쟁 ; 분쟁《*with*》. (2) (the ~)《英》준비 기간. —*a.* 【印】 (행 바꿈 없이) 본문에 추가되는, 삽입된.

run·nel [rʌ́nl] *n.* ⓒ 시내 ; 작은 수로(水路).

:run·ner [rʌ́nər] *n.* ⓒ (1) 달리는 사람 ; 경주자〈말〉; 【野】 러너, 주자(走者)(base runner). (2) 〔흔히 複合語로〕 ; 밀수입자〈선〉; (마약 등의) 밀매인. (3) 잔심부름꾼 ; 수금원, 외교원 ; 손님 끄는 사람 ; 정보원. (4) (기계 등의) 운전자. (5) (스케이트·썰매 따위의) 활주부(滑走部) ; (기계·커튼 따위의) 홈, 고리 ; (기계의) 롤러 ; 움직도르래, 동활차 ; (맷돌의) 위짝 ; 터빈의 날개 ; 우산의 사북. (6) 【植】 덩굴, (딸기 따위의) 포복지(匍匐枝). (7) 【鳥】 흰눈썹뜸부기. (8) (양말의) 올이 풀린 곳 (9) (복도나 홀 등에 깐) 기다란 융단 ; 기다란 장식용 테이블 보. ***do a ~***《俗》급히 떠나다, 도망치다.

rúnner bèan《英》【植】 꼬투리를 먹는 콩(string bean)《강낭콩·완두 따위》.

run·ner-up [rʌ́nərʌ́p] (*pl.* **run·ners-, ~s**) *n.* ⓒ (경기·경쟁의) 차점자, 2등(팀) ; 입상자, 입선자.

·run·ning [ˊiŋ] *a.* 〔限定的〕 (1) 달리는, 달리면서 하는 ; 경주(용)의. (2) 흐르는 ; (고름·액체가) 흘러나오는. (3) (음악이) 유려한 ; (필적이) 흘림체의. (4) (열차·버스 등이) 주행 중인, 달리고 있는. (5) (기계 등이) 가동〈운전〉 중인 ; 유지〈운용〉하는. (6) 연속적인, 계속하는. (7) 동시 진행의. ***in ~ order*** (기계가) 정상 가동하여.
—*ad.* 〔複數名詞 뒤에서〕 잇따라, 계속해서.
—*n.* ⓤ (1) 달리기 ; 경주 ; 주력(走力). (2) 유출(물) ; 유출량. (3) 운전 ; 경영. (4) 【野】 주루(走壘). ***in* 〈*out of*〉 *the ~*** 경주·경쟁에 참가〈불참〉하여 ; 승산이 있어〈없어〉. ***make* 〈*take up*〉 *the ~*** (말이) 선두를 달리다 ; 솔선하다, 앞장서다.

rúnning accòunt (은행의) 당좌 계정.

rúnning bòard (옛 자동차의) 발판.

rúnning cómmentary (스포츠 등의) 실황 방송 ; 필요에 따라 수시로 하는 해설〈비평〉《*on*》.

rúnning fíre (a ~) (이동하면서 하는) 연속 사격 ; (비평·질문 등의) 연발.

rúnning héad(líne) 【印】 (책의 각 페이지 상단의) 난외(欄外)표제.

rúnning júmp (도움닫기를 하는) 높이〈멀리〉 뛰기. (***go and***) ***take a ~*** (***at yourself***)《口》(命令形) 꺼져 버려, 뒈져 버려《분노·초조함 등을 나타냄》.

rúnning knót 풀 매듭 ; 당기면 죄어지는 고.

rúnning líght (1) 【海·空】 야간 항행등. (2) (자동차의) 주행등.

rúnning màte (1) 【競馬】 (보조를 조종하기 위해) 같이 뛰게 하는 연습 상대 말. (2)《美》러닝 메이트, (선거에서) 부…후보,《특히》부통령 후보.

rúnning repáirs 간단한〈응급〉 수리.

rúnning tótal 어떤 시점〈현재〉까지의 합계액.

rúnning wáter (1) 수도〔물〕 ; 파이프로 급수하는 물. (2) 유수(流水).

run·ny [rʌ́ni] (*-ni·er* ; *-ni·est*) *a.* (1) (버터·잼등이) 너무 무른, 액체 비슷한. (2) 점액(粘液)을 잘 분비하는.

run·off [⌐ɔ̀(:)f, -ɑ̀f] *n.* ⓒ (1) 빗물, 눈녹은 물 ; 《美》 (땅 위를 흐르는) 빗물. (2) (동점자의)결승전 ; 《美》= RUNOFF PRIMARY.

rúnoff prìmary **[美政]** 결선 투표(두 최고 득표자 중 지면 후보가 될 사람을 정하는).

run-of-(the-)mill [⌐ɔv(ðə)míl] *a.* 보통의, 평범한.

run-on [⌐ɑ̀n, -ɔ̀; n/-ɔ̀n] *a.* (1) **[詩學]** 행마다 뜻〈문장〉이 끊어지지 않는. 〖opp.〗 *end-stopped.* (2)**[印]** 행을 바꾸지 않고 계속하는 ; 추가의. —*n.* ⓒ 추가(사항).

runt [rʌnt] *n.* ⓒ (1)〔한 배 새끼 중에서 가장 발 육이 나쁜〕 작은 새끼. (2)꼬마, 못난이. (3) 집 비둘기 일종.

run-through [rʌ́nθrù:] *n.* ⓒ (연극·음악회 따위의), 예행 연습(rehearsal) ; 개요, 요약 ; 통독.

run-up [⌐ʌ̀p] *n.* (1)ⓒ **[競]** 도움닫기. (2) (the ~) (어떤 행사를 위한) 준비 기간(활동)《*to*》. (3) ⓒ 《美》 급증, 급등.

·run·way [⌐wèi] *n.* ⓒ (1) 주로(走路), 통로 ; 수로(水路). (2) 짐승이 다니는 길. (3) **[空]** 활주로. (4) (도움닫기 하는) 조주로(助走路). (5) 무대에서 관람석으로 튀어나온 부분 ; (패션쇼 등의) 스테이지, 런웨이. (6) 좌석사이의 통로 ; 경사로.

ru·pee [ru:pí:] *n.* ⓒ 루피《인도·파키스탄·스리랑카의 화폐 단위 ; 기호 R. Re》 ; 루피 화폐.

ru·pi·ah [ru; pí; ə] (*pl.* ~, **~s**) *n.* 루피아《인도네시아의 화폐 단위 ; 기호 Rp》.

rup·ture [rʌ́ptʃər] *n.* (1)ⓤⓒ 파열, 파괴 ; 결렬 ; 불화, 사이가 틀어짐《*between* ; *with*》. (2) **[醫]** 헤르니아(hernia), 탈장.

—*vt.* (1) …을 터뜨리다, 찢다, 째다, (관계 등)을 끊다. (2) **[醫]** 헤르니아에 걸리게 하다. —*vi.* (1) 파열하다, 찢어지다, 갈라지다. (2) **[醫]** 헤르니아에 걸리다.

:ru·ral [rúərəl] (*more ~ ; most ~*) *a.* (1) 시골의, 지방의 ; 시골풍의, 전원의. 〖opp.〗 *urban.* (2) 농업의, 농사의.

rúral déan **[英國國敎]** 지방 감독.

rúral delívery sèrvice 지방 무료 우편 배달

ruse [ru:z] *n.* ⓒ 책략, 계략(trick).

:rush[1] [rʌʃ] *vi.* (1)《~/+副/+前+名》 돌진하다, 맥진〈쇄도, 급행〉하다, 힘차게 …하다. (2) 《+前+名》 달려들다《*on, upon* ; *at*》. (3) 《+前+名》 급하게〈무모하게〉 행동하나, 덤비다《*to* ; *into*》. (4) 《+前+名》 (생각 따위가) 갑자기〈문뜩〉 떠오르다 ; 갑자기 일어나다〈나타나다〉.

—*vt.* (1) …을 몰아대다 ; 재치다. (2) 《~+目/+目+前+名/+目+副》 …을 부랴부랴 보내다 〈운반하다, 데리고 가다〉, 부리나케 〈급히〉 해치우다. (3) …을 향해 돌진하다 ; 급습〈돌격〉하다, 급습하여 점령하다. (4) (금광·연단 따위)에 여럿이 밀어닥치다, 몰려가서 점거하다. (5) 《美口》 (여자에게) 열렬히 〈끈덕지게〉 구혼하다 ; 《美口》 (대학의 사교 클럽에) 입회를 권유하기 위해 환대하다. (6) 《~+目/+目+目/+目+前+名》《英俗》 (손님)에게 바가지씌우다《*for*》. ***~ out*** (인쇄물 등)을 대량으로 증쇄하다. ***~ through*** (법안 등)을 급하게 통과시키다 ; (일)을 급히 해치우다.

—*n.* (1) ⓒ 돌진, 돌격 ; 쇄도. (2) (a ~) (사람의) 쇄도 ; 붐빔. (3) ⓤ 분망(함), 몹시 바쁨 ; 대수요(需要), 주문의 쇄도《*for* ; *on*》. (4) (*pl.*) **[映]** (제작 도중의) 편집용 프린트. (5) ⓒ (미식 축구·럭비의) 러시. ***with a ~*** 와락 한꺼번에, 갑자기 ; 황급히.

—*a.* 〔限定的〕 쇄도하는, 급한.

rush[2] *n.* (1) ⓒ 등심초속(屬)의 식물, 골풀. (2) 하찮은 물건.

rush candle 골풀 양초(rushlight).

rúsh hòur 러시 아워, 혼잡한 시간.

rush-hour [rʌ́ʃàuər] *a.* 〔限定的〕 러시 아워의.

rushy [rʌ́ʃi] (*rush·i·er* ; *-i·est*) *a.* 등심초가 많은 ; 골풀로 만든.

rusk [rʌsk] *n.* ⓤⓒ 러스크《살짝 구운 빵·비스킷》 ; 노르께하게 구운 빵.

rus·set [rʌ́sət] *a.* 황갈색의, 적갈색〈고동색〉의.

—*n.* (1)ⓤ 황갈색, 적갈색. (2)ⓤ 황갈색의 거친 수직〔手織〕천, 그 옷. (3) 적갈색의 사과.

:Rus·sia [rʌ́ʃə] *n.* (1) 러시아 연방(1991년 옛소련의 해체로 성립, 수도 Moscow). (2) 러시아 제국(1917년의 혁명으로 멸망, 수도 St. Petersburg).

:Rus·sian [rʌ́ʃən] *a.* 러시아(사람·말)의.

—*n.* ⓒ 러시아 사람 ; ⓤ 러시아 말.

Rússian Émpire (the ~) 러시아 제국《1917년의 혁명으로 멸망》.

Rússian Federátion 러시아 연방《수도는 Moscow》.

Rússian Órthodox Chúrch (the ~) 러시아 정교회(= **Russian Church**).

Rússian Revolútion (the ~) 러시아 혁명(February Revolution)《1917년 러시아력(曆) 2월》 ; 10 월 혁명(October Revolution)《1917년 러시아력 10 월》.

Rússian Sóviet Féderated Sócialist Repúblic (the ~) 러시아 소비에트 연방 사회주의 공화국《Russian Federation의 구칭(1917-91)》.

Rus·so-Ko·re·an [rʌ́sppilərí(:)əm] *a.* 한러의, 한로(韓露)의.

:rust [rʌst] *n.* ⓤ (1) (금속의) 녹. (2) **[植]** 녹병(病)(균). (3) 적갈색, 고동색 ; 적갈색의 도료(염료). (4) 무 활동 ; 나쁜 습관.

—*vi.* (1) 《~/+副》 녹나다, 부식하다 ; (머리 따위가) 둔해지다, 쓸모 없이 되다 .(2) **[植]** 녹병에 걸리다. (3) 녹빛이 되다. — *vt.* (1) …을 녹슬게 하다, 부식시키다. (2) (머리 등)을 둔하게 하다 ; 쓸모 없게 하다, 못쓰게 하다. (3) **[植]** 녹병에 걸리게 하다.

rust·col·ored [rʌ́stkʌ̀lərd] *a.* 녹빛의.

:rus·tic [rʌ́stik] (*more ~ ; most ~*) *a.* (1)시골의 ; 시골풍의, 전원 생활의. (2) 단순한, 소박한 ; 조야한, 교양 없는. (3) 거칠게 만든, 통나무로 만든 : a ~ bridge 〈chair〉 통나무다리〈의자〉. ㅁ rusticity *n.*

—*n.* ⓒ 시골뜨기 ; 농부.

파) **-ti·cal·ly** [-ʃəli] *ad.*

rus·ti·cate [rʌ́stəkèit] *vi.* 시골로 가다 ; 시골에서 살다. —*vt.* (1) …을 시골에서 살게 하다 ; 시골풍으로 하다. (2) 《美》 (대학에서) …에게 정학을 명하다.

파) **rùs·ti·cá·tion**[-ʃən] *n.* ⓤ 시골살이 ; 시골로 쫓음 ; 정학.

rus·tic·i·ty [rʌstísəti] *n.* ⓤ 시골풍 ; 전원 생활 ; 소박 ; 질박 ; 조야, 무교양.

:rus·tle [rʌ́səl] *vi.* 《~/+副》 (1) (나뭇잎이나 비단 등이) 와삭〈바스락〉거리다. (2) 옷 스치는 소리를 내며

걷다. (3) 《美口》 활발히 움직이다. (정력적으로) 활동하다〈일하다〉《*around*》. (4) 《美口》 가축을 훔치다.
—*vt*. (1) (나뭇잎·종이 등)을 와스스 소리를 내게 하다 ; …을 와삭와삭 뒤흔들다 ; 옷 스치는 소리를 내게 하다. (2) 《美口》 (가축)을 훔치다. (3) 활발히 움직이다 ; 재빨리 손에 넣다. **~ *up*** 《口》 (1) …을 애써서 모으다 ; 두루 찾아서 발견하다〈입수하다〉. (2) (재료)를 (서둘러) 준비하다〈만들다〉.
—*n*. (*sing*.) 살랑〈와삭, 바스락〉거리는 소리 ; 옷 스치는 소리.

rus·tler [rʌ́slər] *n*. ⓒ 《美口》 소도둑 ; 활동가.

rust·less [⌐is] *a*. 녹슬지 않은〈않는〉.

rus·tling [⌐iŋ] *n*. ⓤ (1) (*pl*.) 바삭바삭 하는 소리. (2)《美口》 활동적인, 활발한
파) **~·ly** ad.

rust·proof [rʌ́stprùːf] *a*. 녹슬지 않는 〈않게 해 둔〉.

:rusty [rʌ́sti] (***rust·i·er ; -i·est***) *a*. (1) 녹슨, 녹이 난. (2) 〔敍述的〕 (쓰지 않아) 무디어진, 못쓰게 된 ; 서툴러진. (3) 녹빛의, 적갈색의. (4) (목이) 쉰.
파) **rust·i·ly** *ad*. **-i·ness** *n*.

rut[1] [rʌt] *n*. (1) ⓒ 바퀴 자국 ; 홈. (2) (a ~) 판에 박힌 방법, 틀에 박힌 일, 상습, 관례, 상례(常例).

rut[2] *n*. (1)ⓤ (사슴·염소·양 등의) 발정(heat). (2)(the ~)발정기.
—(**-tt-**) *vi*. 암내나다, 발정하다.

ru·ta·ba·ga [rùːtəbéigə] *n*. ⓤⓒ 【植】 황색의 큰 순무의 일종(Swedish turnip).

Ruth [ruːθ] *n*. (1) 루스《여자 이름》. (2) 【聖】 룻《시어머니에 대한 효성으로 유명》 ; 룻기(記)《구약성서의 한 편》.

ru·the·ni·um [ruːθíːniəm, -njəm] *n*. ⓒ 【化】 루테늄《금속 원소 ; 기호 Ru ; 번호 44》.

·ruth·less [rúːθlis] (***more ~ ; most ~***) *a*. 무정한, 무자비한, 인정머리 없는(pitiless) ; 잔인한.
파) ***~·ly** *ad*. **~·ness** *n*.

rut·ted [rʌ́tid] *a*. (바퀴) 자국이 난.

rut·ting [rʌ́tiŋ] *a*. 〔限定的〕 (수사슴 등이) 발정하고 있는, 발정기의.

rut·ty [rʌ́ti] (***-ti·er ; -ti·est***) *a*. (도로 따위가) 바퀴 자국투성이인.

Rwan·da [ruɑ́ːndə] *n*. 르완다.
파) **-dan** [-dən] *a*., *n*.

Rx [ɑ́ːréks] (*pl*. ***~'s, ~s***) *n*. 처방(prescription) ; 대응책, 대처법, 조처.

·rye [rai] *n*. ⓤ (1) 호밀. (2) = RYE WHISKEY. (3) = RYE BREAD.

rýe bréad (호밀로 만든) 흑빵.

rýe whískey 라이 〈호밀〉위스키.

S

S, s [es] (*pl.* **S's, Ss, s's, ss**[ésiz]) (1) ⓤⓒ 에스《영어 알파벳의 열아홉째 글자》. (2) ⓒ S자 모양(의 것). (3) ⓤ (연속된 것의) 19 번째(의 것).
:$, $ dollar(s) : $1(=one 〈a〉 dollar라고 읽음) 1달러 / $30.50(=thirty dollars, (and) fifty cents라고 읽음) 3달러 50센트.
sab [sæb] *n.* ⓒ《英口》유혈이 따르는 사냥을 방해하고 반대하는 사람 : a hunt ~ 사냥 반대자.
—(***sabbed ; sáb·bing***) *vt.*, *vi.* (사냥을) 방해하고 반대하다.
Sab·ba·tar·i·an [sæbətέəriən] *a.* (종종 s-) 안식일을 엄수하는.
—*n.* ⓒ 안식일(Sabbath)을 지키는 사람.
파) **~·ism** *n.* ⓤ 안식일 엄수주의.
·Sab·bath [sǽbəθ] *n.* (1) (the ~) 안식일《유대교에서는 토요일, 기독교는 일요일》: break *the* ~ 안식일을 어기다 / keep (observe) *the* ~ 안식일을 지키다. (2) (연 1 회 야밤중에 열린다는) 악마의 연회 (witches' ~). (3) (S ~) 휴식(기간), 평화.
sab·bat·i·cal [səbǽtikəl] *n.* ⓒ 안식 휴가, 서배티컬《1년 또는 반년간의 유급 휴가 ; 대학 교수 등에 7년마다 줌》. —*a.* 〔限定的〕 안식의, 안식 휴가의 : (a) ~ leave 안식 휴가, 서배티컬.
·sa·ber 《英》 **-bre** [séibər] *n.* (1) ⓒ 사브르《옛날의 약간 휜 기병도(刀)》: The cavalry rode into battle brandishing their ~*s.* 기병대는 말을 타고 기병도를 내흔들며 싸움에 뛰어들었다. (2) a] ⓒ《펜싱》사브르《찌르기와 베는데 쓰는 칼》. b] ⓤ 사브르 경기. —*vt.* …을 사브르로 베다. ***rattle*** one'***s*** 1) 무력으로 위협하다. 2) 화를 낸 체하다.
sa·ber-rat·tling [-rǽtliŋ] *n.* ⓤ 무력 시위.
Sá·bin vàccine [séibin-] 세이빈 백신《소아마비 생(生) 백신》.
·sa·ble [séibəl] *n.* (1) a] ⓒ 【動】 검은담비. b] ⓤ 검은담비의 모피. (2) ⓤ《詩》검정빛. (3) (흔히 pl.) 상복
—*a.* (1) 검은담비 (털)가죽의. (2)《詩》검은, 흑색의 ; 암흑의. (3) 악마의
·sab·ot [sǽbou] (*pl.* **~s**[-z]) *n.* ⓒ《F.》사보. (1) 나막신. (2) 【軍】 탄저탄. (3) 끝이 짧은 요트.
sab·o·tage [sǽbətàːʒ, -tidʒ] *n.* ⓤ《F.》(1)사보타주《※ sabotage는 '태업'의 뜻이 아님. 이 뜻으로는 《美》 slowdow,《英》 go-slow임》. (2) 방해〈파괴〉 행위.
—*vi.* …을 고의로 방해〈파괴〉하다.
sab·o·teur [sæ̀bətə́ːr] *n.* ⓒ《F.》파괴〈방해〉 활동가.
sa·bra [sáːbrə] *n.* ⓒ (종종 S-) 〈토박이〉 이스라엘인.
·sabre ⇨SABER.
sac [sæk] *n.* ⓒ 【生】 낭(囊), 액낭(液囊), 기낭(氣囊).
sac·cha·rin [sǽkərin] *n.* ⓤ 【化】 사카린.
sac·cha·rine [sǽkəràin, -rin, -rìːn] *a.* (1) 당질(糖質)의 ; 당분 과다의. (2) 달콤한《음성·태도·웃음》: ~ music 감미로운 음악.
sac·er·do·tal [sæ̀sərdóutl] *a.* 성직자의, 사제(司祭)의 ; 성직(聖職) 존중의. 파) **~·ism** [-təl-ìzəm] *n.* ⓤ 성직자〈사제〉 제도 ; 성직 존중주의.
sa·chem [séitʃəm] *n.* ⓒ (1) (북아메리카 원주민의)추장(chief). (2)《美》지도자, 리더, 두목.
sa·chet [sæʃéi/⌐⌐] *n.* ⓒ《F.》(1) (1회분의 설탕·샴푸 등을 넣은) 작은 주머니. (2) (옷장 등에 넣어 두는) 향낭(香囊) ; 향분(= **~ pòwder**).
:sack[1] [sæk] *n.* ⓒ (1) 마대, 자루, 부대. (2)《美》(식품 따위를 넣는) 종이 봉지, 비닐 봉지 ; 한 봉지(의 양) : a ~ of candies 캔디 한 봉지. (3) (부녀자·아이들의) 헐렁한 웃옷. (4) (the ~)《口》해고, '모가지'. (5) (the ~)《俗》잠자리. (6)《野救俗》누(壘), 베이스(base). — *vt.* (1) …을 부대〈자루〉에 넣다. (2)《口》해고하다(dismiss). (3) 격파하다. (4) 획득하다.
sack[2] *vt.* (1) (점령군이 도시)를 약탈하다 ; 노략질하다 : The invaders ~*ed* every village they passed on their route. 침략군은 지나는 길에 있는 모든 마을을 약탈했다. (2) 【美蹴】 〔쿼터백〕을 스크리미지 라인의 뒤에서 태클하다. —*n.* (the ~) (점령지의) 약탈 ; 강탈 ; put to *the* ~ 약탈하다.
sack·cloth [⌐klɔ̀(ː)θ, ⌐klɑ̀θ] *n.* ⓤ (1) 부대를 만드는 데 쓰는 거친 마포, 즈크. (2) (예전에 뉘우치는 표시로 입던) 삼베옷. ***in ~ and ashes*** 깊이 뉘우쳐 ; 비탄에 잠겨.
sáck còat 헐렁한 신사복 상의.
sack·ful [sǽkfùl] (*pl.* **~s, sacks·ful**) *n.* ⓒ (1) 부대 가득한 분량, 한 부대 : a ~ of coal 석탄 한 부대. (2) 산더미만큼
sack·ing [sǽkiŋ] *n.* (1) = SACKCLOTH. (2) ⓒ (흔히 *sing.*)해고.
sáck ràce 자루 경주《자루에서 목만 내놓고 달림》.
sa·cral [séikrəl] *a.* 제식(祭式)의, 성례(聖禮)의.
sac·ra·ment [sǽkrəmənt] *n.* (1) ⓒ 【新教】 성례전〔聖禮典〕《세례(baptism)·성찬(the Eucharist)의 두 예식》; 【가톨릭】 성사(聖事)《세례·견진·성체·고백·병자·신품·혼인의 일곱가지》 (2) (the ~, the S-) a] 성체(= the ***~ of the alter***). b] 성찬의 전례, 성찬식. (3) 상징(*of*). (4) 신성한 것〈맹세〉. ***go to the ~*** 성찬식에 참석하다.
—*vt.* 신성하게 하다.
sac·ra·men·tal [sæ̀krəméntl] *a.* (1) 성례전(聖禮典)〈성찬〉의 ; 신성한 ; 성례전 존중의 : ~ rites 성찬식. (2) 성사 중시(주의). (3) 상징적인.
파) **~·ism** [-təlìzəm] *n.* ⓤ 성사 중시(重視)주의.
:sa·cred [séikrid] (***more ~ ; most ~***) *a.* (1) 신성한(holy) ; 신에게 바쳐진, 신을 모신 : a ~ building 〈edifice〉 신전. (2) 종교적인, 성전(聖典)의. 〖opp.〗 *profane, secular.* 『~ music 종교 음악 / ~ writings 성전(聖典)《성경 또는 코란》. (3) (약속 등이) 신성 불가침의 ; 존중해야 할 : a ~ promise 어겨서는 안될 약속. (4) 〔敍述的〕 (신령 등에) 바쳐진 (dedicated)《*to*》. ***the S- Heart (of Jesus)*** 【카톨릭】 예수 성심.
파) **~·ly** *ad.* **~·ness** *n.*
sácred ców (1) (인도의) 성우(聖牛). (2)《比》(사상·제도 등) 비판〈공격〉할 수 없는 신성한 것.
sácred íbis 【鳥】 (옛 이집트에서 영조(靈鳥)로 삼던) 따오기.

:sacri·fice [sǽkrəfàis] *n.* (1) a] ⓤⓒ 신에게 산 제물을 바침. b] ⓒ 희생, 산 제물, 제물 : offer a ~ 제물을 바치다. (2) a] ⓤⓒ 희생(으로 삼음)《*of*》: at the ~ *of* …을 희생하여 / make a ~ *of* …을 희생하다. b] ⓒ 희생(적인 행위), 헌신. (3) ⓒ 【商】 투매(投賣) (~ sale) : sell at a considerable ~ 아주 싸게 투매하다. (4) ⓒ 【野】 희생타, 희생 번트(~bunt). —*vt.* (1)《+目+前+名》 …을 희생하다, 제물로 바치다 ; 단념〈포기〉하다《*for* ; *to*》: ~ oneself *for* one's country 조국을 위해(서) 몸을 바치다. (2) 【商】 …을 투매하다, 헐값에 팔다. (3) 【野】 (주자)를 희생타로 진루시키다. —*vi.* (1)《前+名》 (…에) 산 제물을 바치다 : ~ *to* God 신에게 산 제물을 바치다. (2)《+*for*+名》 (…을 위해) 희생이 되다. (3)《口》 투매하다. (4) 【野】 희생타를 치다.

sácrifice flý 【野】 희생 플라이.

sac·ri·fi·cial [sæ̀krəfíʃəl] *a.* (1) 희생의, 산 제물의 : a ~ lamb 희생양. (2)헌신적인, 희생적인. (3) 투매의. 파) ~**·ly** *ad.*

sac·ri·lege [sǽkrəlidʒ] *n.* (1) ⓤ 신성 모독(죄). (2) ⓒ (흔히 *sing.*) 벌받을 행위.

sac·ri·le·gious [sæ̀krəlídʒəs, -líː-] *a.* (1) 신성 모독의 : an ~ act 신성 모독 행위. (2) 벌받을 파) ~**·ly** *ad.* ~**·ness** *n.*

sac·ris·tan [sǽkrəstən] *n.* ⓒ 【가톨릭】 성당 성물(聖物) 관리인, 성당지기.

sac·ris·ty [sǽkrəsti] *n.* ⓒ 【카톨릭】 제의실《성직자가 여기서 옷을 갈아 입음》.

sac·ro·sanct [sǽkrousæ̀ŋkt] *a.* (1) 지극히 신성한, 신성 불가침의 : ~ rights 신성 불가침의 권리. (2) 매우 소중한.

sa·crum [séikrəm, sǽk-] (*pl.* **~s, ~cra**[-krə]) *n.* ⓒ 【解】 천골(薦骨).

:sad [sæd] (**-dd-**) *a.* (1) 슬픈, 슬픔에 잠긴(sorrowful), 슬픈 듯한. 【opp.】 *happy*. 「feel ~ 슬프다, 슬퍼하다 /a ~ face〈heart〉 슬픈 안색〈마음〉. (2) 슬퍼할, 슬프게 하는 ; 통탄할. (3) 〔限定的〕 괘씸한, 지독한 ; 열등한 : a ~ rogue 지독한 악당. (4) (색이) 칙칙한(dull), 충충한(somber). ***a ~der and* 〈*but*〉 *a wiser man*** (슬픈 경험을 겪어 현명해진) 고생한 사람. ***~ to say*** 유감스럽게도, 슬프게도.

sad-col·ored [sǽdkʌ́lərd] *a.* 충충한, 칙칙한.

·sad·den [sǽdn] *vt.* …을 슬프게 하다.
—*vi.* 슬퍼지다 《*at*》.

:sad·dle [sǽdl] *n.* (1) ⓒ 안장 ; (자전거 따위의) 안장 : put a ~ on a horse 말에 안장을 놓다. (2) ⓤⓒ (양 따위의) 등심 고기 : (a) ~ of mutton〈venison〉양〈사슴〉의 등심. (3) ⓒ 【地】 안부(鞍部), 산등성이. ***in the ~*** 1) 말을 타고, 2) 권력을 잡아.
—*vt.* (1) …에 안장을 놓다. (2) 《+目+前+名》 a] …에게(부담·책임 따위)를 지우다, …에게 과(課)하다《*with*》. b] 〔再歸的〕 (책임 등)을 지다《*with*》.
—*vi.* (1) (안장을 얹은) 말을 타다. (2)말에 안장을 얹다《*up*》.
파) ~**·like** *a.*

sad·dle·bag [-bæ̀g] *n.* ⓒ (1) 안장에 다는 주머니. (2) (자전거·오토바이 따위의) 새들백.

sáddle·choth 안장 방석〈받침〉.

sáddle hòrse 승마용의 말.

saddle·less [sǽdlles] *a.* 안장을 얹지 않은.

sad·dler [sǽdlər] *n.* ⓒ 마구 만드는〈파는〉 사람 ; 《美》 승용마.

sad·dlery [sǽdləri] *n.* (1) ⓒ 마구 제작소, 마구점〈두는 곳〉. (2) ⓤ 〔集合的〕 마구 한 벌, 마구(류). (3) ⓤ 마구 제조 기술.

sáddle sòap 가죽 닦는 비누.

sáddle sòre (안장으로 인하여 사람·말에 생긴) 쓸린 상처.

sad·dle·sore [sǽdlsɔ̀ːr] *a.* 안장에 쓸려 아픈, (말을 타서) 몸이 아픈〈뻣뻣한〉.

sáddle stitch 【製本】 주간지처럼 책 등을 철사로 박는 제본 방식.

Sad·du·cee [sǽdʒəsìː, -djə-] *n.* ⓒ 사두개 교도.

sadhu [sáːduː] *n.* ⓒ 성인(聖人), 현인 ; 고행자.

sad·ism [sǽdizəm, séid-] *n.* ⓤ (1) 사디즘, 가학성(加虐性) 변태 성욕. (2) 병적인 잔혹성. 【opp.】 *masochism*. 파) **-ist** *n.* ⓒ (1) 가학성 변태 성욕자, 사디스트. (2) 잔혹한 짓을 좋아하는 사람. **sa·dis·tic** [sədístik, sei-] *a.* 사디스트적인.

:sad·ly [sǽdli] (***more ~ ; most ~***) *ad.* (1) 슬픈 듯이, 애처롭게, 구슬프게. (2) 〔文章修飾〕 슬프게도, 유감스럽게도. (3) 몹시 : a ~ neglected garden 너무 방치된 정원 / be 〈look〉 ~ 기분이 좋지 않〈은 듯하〉다.
—*a.* 기분이 언짢은.

:sad·ness [sǽdnis] *n.* ⓒ (1)슬픔, 비애. (2)슬픈 일, 슬프게 하는 일.

sa·do·mas·o·chism [sèidoumǽzəkìzəm, sæ̀d, -mǽs-] *n.* ⓒ 가학 피학성 변태 성욕(加虐被虐性變態性欲).
파) **-chist** *n.* 가학 피학성 변태 성욕자.

sád sàck 《美口》 멍청이, 덜된 사람 ; 무능한 병사.

sa·fa·ri [səfáːri] *n.* ⓒ (1) (아프리카에서 하는)수렵〈조사, 탐험〉 여행(대), 사파리. (2)《口》 탐험, 모험 여행 : an Artic ~ 남극 탐험.
—*vi.* 원정 여행을 하다.

safári jàcket 사파리 재킷.

safári pàrk 《英》 자연 동물원, 사파리 파크《짐승을 놓아 기르며 사람은 차안에서 구경함》.

safári sùit 사파리 슈트《safari jacket과 같은 천의 스커트〈바지〉의 맞춤》.

:safe [seif] (***sáf·er ; sáf·est***) *a.* (1) 안전한, 위험이 없는, 피해 입을〈가해할〉 걱정이 없는《*from*》. 【opp.】 *dangerous*. 「be ~ *from* fire 불날 염려가 없다. (2) 〔be, come, arrive, bring, keep 따위의 補語〕 무사히, 탈없이, 손상 없이 : see a person ~ home 아무를 무사히 집에까지 바래다 주다. ※ safe는 예전엔 부사이기도 했으므로 오늘날에도 safely를 대용하는 일이 있음. (3) 믿을 수 있는. (4) 신중한, 주의 깊은, 소심한 : a~ play 신중한 경기 자세. (5) 확실한, 반드시 …하는 : a ~ winner 우승이 확실한 사람〈말〉. (6) 【野】 세이프의. ㅁ safety *n.*
(***as***) ***~ as anything*** 〈《口》***houses***〉 더없이 안전한. ***be on the ~ side*** 신중을 기하다. ***play*** (***it***) ***~*** 《口》 신중을 기하다, 모험을 피하다. ***~ and sound*** 무사히, 탈없이.
—(*pl.* **~s**) *n.* ⓒ (1) 금고. (2) (육류 따위 식품을 보존하는) 파리장(meat safe). (3)《美俗》 = CONDOM.
파) ~**·ness** *n.* 안전성, 확실

safe·con·duct [∠kándʌkt/∠kɔ́n-] *n.* (1) ⓤ (특히 전시의)안전 통행권〈증〉. (2) ⓒ (특정 지역의) 안전 통행증 : in 〈with, under, upon〉 (a) ~ 안전 통행을 허가 받아.

safe·crack·er [∠kræ̀kər] *n.* ⓒ 《美》 금고털이

S

《사람》.
safe·crack·ing [ˊkrӕkiŋ] *n.* ⓒ 《美》 금고털이 《행위》.
sáfe depòsit (은행의) 대여 금고 ; 보관소.
safe-de·pos·it [ˊdipɑ̀zit/-pɔ̀z-] *a.* 안전 보관의 : a ~ company 금고 대여 회사.
·safe·guard [ˊgɑ̀:rd] *n.* ⓒ (1) 보호물, 안전 장치 : a ~ against accident〈fire〉 사고〈화재〉 방지 장치〈설비〉. (2) 보장 조항〈규약〉 : 방위(수단) 《*against*》.
—*vt.* …을 보호하다, 호위하다《*against*》 : a policy to ~ home industry 국내산업 보호 정책.
sáfe hít 【野】 안타(base hit).
sáfe hóuse (간첩 등의) 아지트, 연락 장소.
safe·keep [ˊkì:p] *vt.* …을 보호〈보관〉하다.
safe·keep·ing [ˊkì:piŋ] *n.* ⓤ 보호, 호위, 보관 (custody).
safe·light [ˊlàit] *n.* ⓤ 【寫】 (암실용의) 안전광(光).
:safe·ly [séifli] (***more ~ ; most ~***) *ad.* (1) 안전하게, 무사히 : arrive ~ 안착하다 / put away ~ 안전한 곳에 치우다. (2) 틀림없이.
sáfe pèriod (흔히 the ~) 피임 안전 기간.
sáfe sex (성병 예방의) 안전한 성행위.
:safe·ty [séifti] *n.* (1) ⓤ 안전, 무사 ; 무난(security), 무해 : flee for ~ 피난하다 / traffic 〈road〉 ~ 교통 안전. (2) ⓒ (총의) 안전 장치, 안전판. (3)ⓒ 【野】 안타(safe hit) ; 【美蹴】 세이프티.
—*a.* 〔限定的〕 안전을 지키는 : a ~ device 〔apparatus〕 안전 장치 / ~ measures 안전 조치.
sáfety bèlt (자동차·비행기나 고소 작업용의) 안전벨트〈띠〉, 안전 밴드.
sáfety càtch (총·기계 따위의) 안전 장치 ; (승강기 등의) 안전 정지 장치.
sáfety cùrtain (극장의) 방화막(防火幕).
safe·ty-first [-fə̀:rst] *a.* 안전 제일주의의, 아주 신중한.
sáfety glàss (자동차 앞유리 등의) 안전 유리.
sáfety hàt 안전모《공사장 작업용의》.
sáfety inspèction 《美》 차량 검사(《英》 M.O.T. (test)) ; 안전 점검〈검사〉.
sáfety ìsland (**ìsle**) (도로의) 안전 지대.
sáfety làmp (광산용) 안전등.
sáfety lòck 안전 자물쇠 ; (총의) 안전 장치.
sáfety màtch (안전) 성냥.
sáfety mèasure 안전 대책.
sáfety nèt (1) (서커스 등의) 안전망. (2) 안전책 보호 수단.
sáfety pin 안전핀.
sáfety ràzor 안전 면도칼(기).
sáfety vàlve (1) (보일러의) 안전판(瓣). (2) (정력·감정 등의) 배출구《*for*》.
sáfety zòne 《美》 (도로 위의) 안전 지대.
saf·flow·er [sǽflàuər] *n.* (1) ⓒ 【植】 잇꽃. (2) ⓤ 잇꽃물감《붉은색》.
·saf·fron [sǽfrən] *n.* (1) a] ⓒ 【植】 사프란(= **~ cròcus**). b] ⓤ 그 꽃의 암술머리《본디는 약용, 지금은 과자 따위의 착색 향미료》. (2) ⓤ 사프란색, 샛노랑(= **~ yéllow**).
saf·ing [séifiŋ] *a.* 【宇宙】 (로켓·미사일 따위가)안전화 장치가 돼 있는.
·sag [sæg] (**-gg-**) *vi.*. (1) a] 〔다리·선반 등의 중앙부가〕 휘다, 처지다. b] (노령으로 피부·근육 등이) 축 늘어지다. c] (바지 무릎 따위가) 쑥 나오다. (2) (시세·물가 등이) 떨어지다. (3) 기운이 빠지다, 낙담하다 : (흥미 등이) 시들해지다 ; (책 따위가) 따분해지다. (4) (길·땅이) 가라앉다. (5) 떠내려 가다《*to*》 —*n.* ⓤ (또는 a ~) (1) 휨, 처짐, 늘어짐. (2) 【商】 (시세의) 하락, 점락(漸落) : *a* ~ in sales 매상 하락. (3) 【海】 표류
sa·ga [sɑ́:gə] *n.* ⓒ (1) 사가《영웅·왕후(王候) 등을 다룬 북유럽의 전설》. (2) 무용담, 모험담. (3) 대하소설(~novel, *roman-fleuve*).
·sa·ga·cious [səgéiʃəs] *a.* 총명〈명민, 현명〉한 ; (판단 등이) 정확한《※ wise보다는 딱딱한 말씨》 : a ~ person 현명한 사람. 파) **~·ly** *ad.* **~·ness** *n.*
·sa·gac·i·ty [səgǽsəti] *n.* ⓤ 총명, 명민.
sága nòvel 대하 소설.
·sage [seidʒ] *a.* 〔限定的〕 (1) 슬기로운, 현명한 ; 사려 깊은, 경험이 많은 : ~ advice 현명한 조언 / a ~ counselor 사려 깊고 경험 많은 조언자. (2) 《戱》 현인인 체하는, 점잔 빼는《얼굴 따위》. —*n.* ⓒ 현인, 철인 ; 경험이 풍부한 사람 : 《戱》 현인인 체하는 사람. ***the seven ~s*** (***of ancient Greece***) (고대 그리스의) 7현인. 파) **~·ly** *ad.* **~·ness** *n.*
ságe tèa 샐비어 잎을 달인 건강 음료.
sag·gy [sǽgi] (**-gi·er ; -gi·est**) *a.* 처진, 늘어진.
Sag·it·tar·i·us [sӕdʒətέəriəs] *n.* 【天】 궁수(弓手)자리 ; 인마궁(人馬宮) (the Archer).
Sa·hara [səhǽrə, səhɑ́: rə, səhέərə] *n.* (the ~) 사하라 사막. 파) **Sa·har·an** [-ən] *a.*
sa·hib [sɑ́:*h*ib] (*fem.* **-hi·ba**(**h**) [-ə] , ***mém-sà·hib***) *n.* 《Ind.》 (1) (S-) 각하, 대감, 선생, …님 : James ~ 제임스 나리 / Colonel ~ 대령님. (2) ⓒ 나리 ; 신사. (3) 《口》 백인.
:said [sed] SAY의 과거·과거 분사.
—*a.* 〔限定的〕 (흔히 the ~) 전기(前記)한, 상술(上述)한 : *the* ~ person 본인, 당해 인물, 당사자.
:sail [seil] *n.* (1) ⓒ 돛 : ⓤ 〔集合約〕 배의 돛《한 척의 배의 일부 또는 전부》 : in full ~ 돛을 전부 올리고 / hoist 〈carry〉 ~ 돛을 올리다〈올리고 있다〉. (2) ⓒ 〔單·複同形〕 돛단배, 범선 ; 선박 : the days of ~ 범선 시대. (3) a] (a ~) 범주(帆走), 항해 ; 뱃놀이. b] ⓤ (또는 a ~)범주 거리, 항정(航程). (4) ⓒ 돛 모양의 것 ; 풍차의 날개. (5) ⓒ 【魚】 돛새치의 등지느러미. ***make ~*** 1) (…을 향해) 돛을 올리다, 출범하다《*for*》. 2) 돛을 더 달고 빨리 가다. ***make ~ to*** (a fair wind) (순풍)에 돛을 달다. ***set ~*** (…을 향하여) 출범하다《*for*》. ***take the wind out of*** 〈***from***〉 a posion' ***s ~s*** 아무의 허(虛)〈의표〉를 찌르다. ***under*** (***full***)***~*** (온) 돛을 펴고 ; (전력) 항해 중에.
—*vi* (1) 《~/+前+名/+副/+補》 범주하다 ; 항해하다 ; 출범하다 : ~ (*at*) ten knots 10 노트로 항해하다 / The boat ~*ed along* the coast. 배는해안을 따라 항해했다. (2) 《~/+副》 (새·비행기 등이) 날다 ; (물새 등이) 미끄러지듯 헤엄쳐가다, 유영(游泳)하다. (3) 《前+名》 빙빙이 나아가다 ; (특히 여성이) 점잔빼며 걷다 ; She ~*ed into* the room. 그녀는 점잖게 방으로 들어왔다. (4) 《前+名》《口》 힘있게 일을 시작하다 ; 감연히 하다《*in* ; *into*》. (5) 《前+名》 공격하다, 매도하다. (6) 《前+名》 (시험·곤란 등)을 쉽게 통과하다 : 성취하다 《*through*》.
—*vt.* (1) …을 항해하다 ; (사람·배가 바다·강)을 항행하다, (새·항공기 등이 하늘)을 날다. (2) (배나 요트)를 달리다, 조종하다. ***~ close to*** 〈***near***〉 ***the wind*** 1)【海】 바람을 옆으로 받으며 범주(帆走)하다. 2)

(법률·도덕 따위에 저촉될까 말까 한) 아슬아슬한 짓을하다. **~ *into*** 〈*in*〉 1) (…에) 입항하다. 2) 《口》…을 과감히 시작하다 ; 당당히 나아가다〈걷다〉. **~ *large*** (배가) 순풍을 받고 달리다.

sail·board [∠bɔ̀ːrd] *n.* ⓒ 세일보드《1-2 인용 소형 평저(平底)범선 ; 윈드 서핑용 보드》.

sail·boat [∠bòut] *a.* ⓒ **[美]** (경기용) 돛배, 범선 ; 요트(《英》 sailing boat).

sail·cloth [∠klɔ̀(ː)θ, ∠klɑ̀θ] *n.* ⓤ 범포(帆布) ; 거친 삼베.

sail·er [séilər] *n.* ⓒ (1)범선. (2) (속력이) …한 배 : a heavy 〈bad, poor, slow〉 ~ 속력이 느린 배.

sail·fish [séilfiʃ] *n.* ⓒ **[魚]** 돛새치.

sail·ing [séiliŋ] *n.* (1) ⓤ 범주(帆走) (법) ; 항해(술); 요트 경기 : ⇨PLAIN 〈PLANE SAILING / great-circle ~ 대권 항법(大圈航法). (2) ⓤⓒ 바다 여행, 항해 ; (정기선의) 출항, 출범 : the hours of ~ 항해 시간 / a list of ~*s* 출항표. (3) ⓤ 항행력, 속력. —*a.* 항해의, 출항〈출범〉의.

sáiling bòat 《英》 돛배, 범선, 요트(**[美]** sailboat).

sáiling dày (객선의) 출항 예정일.

sáiling lèngth 요트의 전장(全長).

sáiling lìst 출항 예정표.

sáiling master **[海]** 항해장《〔英〕 요트의, 〔美〕 군함의》.

sáiling òrders 출항 명령(서), 항해 지시서.

sáiling shìp 〈**vèssel**〉 범선(대형).

:sail·or [séilər] *n.* ⓒ (1) 뱃사람, 선원. (2) 수병 ; 해군 군인. (3) (배에) …한 사람 : a bad〈poor〉 ~ 뱃멀미를 하는 사람.
파) **~·ing** [-riŋ] *n.* ⓤ 선원 생활 ; 선원 〈뱃사람〉의 일.

sáilor còllar 세일라 칼라《세일러복의 접은 깃》.

sail·or·man [-mæ̀n, -mən] (*pl.* ***-men*** [-mèn]) *n.* ⓒ 뱃사람, 선원.

sáilors' hòme 선원 숙박소(보호소, 회관).

sáilor's knòt (1) 선원의 밧줄 매듭(법). (2) 넥타이 매는 법의 하나(세일러 노트).

sailor sùit (어린이용) 세일러복.

sail·plane [séilplèin] *n.* ⓒ 세일플레인《익면하중(翼面荷重)이 작은 글라이더》. —*vi.* 세일플레인으로 활공하다〈날다〉. 파) **~·er** *n.*

:saint [seint] (*fem.* **´~·ess** [-is]) *n.* ⓒ (1) 성인《죽은 후 교회에 의해 시성(諡聖)이 된 사람》 ; 성자 : make a ~ of …을 성인 반열에 올리다. (2) (S-) 성(聖) …《인명·교회명·지명 따위 앞에서는 흔히 St. [seint, sənt (자음 앞), sənt 모음 앞)] 로 씀》 : *St.* Helena 세인트헬레나 ; 유명지. (3) 덕이 높은 사람 ; 군자(君子) ; 훌륭한 사람 : live a ~ 성인 같은 생활을 하다. (4) (흔히 *pl.*) 죽은이(의 영혼) ; 천국에 간 사람.

saint·ed [séintid] *a.* (1) 성인이 된, 시성(諡聖)이 된《略 : Std.》. (2) 《때로 戲》 신성한 ; 덕망 높은. (3) 죽은, 고(故).

saint·hood [séinthùd] *n.* ⓤ (1) 성인의 지위. (2) 〔集合約〕 성인〈성도〉들.

saint·ly [séintli] *a.* 성인 같은〈다운〉 ; 덕망 높은, 거룩한 : a ~ expression on her face 그녀 얼굴의 성인같은 표정. 파) **-li·ness** *n.*

sáint's dày 성인 축일.

Sai·pan [saipǽn] *n.* 사이판《북부 Mariana 제도의 수도로 이 나라 최대의 섬》.

:sake [seik] *n.* ⓤ 위함, 이익 ; 목적 ; 원인, 이유《※ 현재는 보통 for the ~ of... ; for ...'s ~의 형태로 쓰임 ; for ...'s ~의 형태에서 sake 앞의 명사가 [s] 음으로 끝날 때는 흔히 소유격 s를 생략함》. ***for God's*** (***Christ's, goodness***('), ***heaven's, mercy's, Peter's, Pete's, pity's***, etc.) ~ 1) 제발, 아무쪼록, 부디《다음에 오는 명령문을 강조함》. 2) 도대체《의문문에서 짜증·난처함을 나타냄》 : What's your real intention, *for goodness'* ~? 도대체, 진의가 무엇이냐. ***for old times'* ~** 옛 정분으로 ; 옛 추억으로.

sa·laam [səlɑ́ːm] *n.* ⓒ (1) 살람《이슬람 교도의 인사 말》. (2) (인도 사람의) 오른손을 이마에 대고 하는 절. —*vt.*, *vi.* 이마에 손을 대고 절하다.

sal·a·bil·i·ty [sèiləbíləti] *n.* ⓤ 잘 팔림, 시장성, 상품성.

sal·a·ble [séiləbəl] *a.* 팔기에 적합한 ; (값이) 적당한 ; 잘 먹히는, 수요가 많은.

sa·la·cious [səléiʃəs] *a.* (1) 호색의. (2) 외설〈추잡〉한 《말씨·서화 등》 : a ~ film〈book〉 음란 영화〈서적〉. 파) **~·ly** *ad.* **~·ness** *n.*

sa·lac·i·ty [səlǽsəti] *n.* ⓤ 호색, 외설 ; 음탕.

:sal·ad [sǽləd] *n.* (1) ⓒ,ⓤ 생채 요리, 샐러드 : make〈prepare〉 a ~ 샐러드를 만들다. (2)ⓤ 샐러드용 생야채《특히 lettuce》 ; 《美俗》 = FRUIT SALAD.

sálad bòwl 샐러드용 접시.

sálad crèam 크림 같은 샐러드 드레싱《마요네스 등》.

sálad dàys (one's ~) (철없는) 풋내기〈신출내기〉 시절.

sálad drèssing 샐러드용 소스.

sálad òil 샐러드 기름.

sa·la·mi [səlɑ́ːmi] (*sing.* ***-me*** [-mei]) *n.* ⓤⓒ 《It.》 살라미《향미 강한 이탈리아 소시지》.

sal·a·ried [sǽlərid] *a.* (시간급이 아닌) 봉급을 받는 ; 유급의 : a ~ man 봉급 생활자《a salary man 은 오용》.

:sal·a·ry [sǽləri] *n.* ⓤⓒ (공무원·회사원 따위의) 봉급, 급료, 샐러리《※ 노동자의 임금은 wages》.
—*vt.* (**-ried**) 봉급을 주다.

:sale [seil] *n.* (1) ⓤⓒ 판매, 팔기, 매매 : (a) cash ~ 현금 판매. (2) ⓒ a] 팔림새, 매상 ; 판로, 수요 : Stocks find no ~. 증권은 전혀 거래가 없다. b] (*pl.*) 매상액 : *Sales* are up this months. 이달 매상액이 올랐다. (3) ⓒ 특매 : 염가 매출, 세일 : a closing down ~ 점포 정리 대매출. (4) (*pl.*)판매(촉진) 활동 : 판매부문 : a ~*s* executive 판매 부장. (5) ⓒ 경매(auction). ㅁ sell *v.* ***for* ~** 팔려고 내놓은 : Not *for* ~. 비매품《게시》. ***offer for* ~** 팔려고 내놓다 ***on* ~** (싸게 팔려고) 내놓아 ; 특가로《팔다》. ***on ~ or return*** **[商]** 재고 인수 조건으로, 위탁 판매제로. ***~ of work*** (수제품) 자선시, 바자.

sáles anàlysis **[마케팅]** 판매 분석.

sáles chèck (소매점의) 매상 전표.

sáles depàrtment (회사의) 판매부.

sáles engineèr 판매 담당 기술자.

sáles fòrecast **[마케팅]** 판매 예측.

sales·girl [séilzgəːrl] *n.* 《美》 (젊은) 여점원, 판매원.

:sales·man [séilzmən] (*pl.* ***-men*** [-mən]) *n.* ⓒ (1)판매원, 남성 점원. (2) 《美》 세일즈맨, 외판원. 파) **~·ship** *n.* ⓤ 판매술, 판매수완.

S

sáles mànagement 【마케팅】 판매 관리.
sáles mànager 판매 부장.
sales·man·ship [-ʃip] *n.* ⓤ 판매술〈정책〉; 판매 수완.
sáles orientàtion 【마케팅】 판매 지향《제품 구입을 설득시키는 경영 이념》.
sales·peo·ple [séilzpìːpl] *n.* 〔集合的 ; 複數 취급〕《美》 판매원.
sáles promòtion (광고 이외의) 판매 촉진 (활동).
sáles represèntative 외판원《형식적》.
sales resistance 《美》 (일반 소비자의) 구매 거부〈저항〉; (새로운 사상 등에 대한) 수용 거부.
sales·room [séilzru(ː)m] *n.* ⓒ 판〈경〉매장.
sáles tàlk 《美》 (1) 팔기 위한 권유, 상담. (2)설득력 있는 의론〈권유〉.
sáles tàx 《美》 물품세《흔히, 판매자가 판매 가격에 포함시켜 구입자로부터 징수함》.
sales·wom·an [séilzwùmən] (*pl.* ***-wom·en*** [-wìmin]) *n.* 여점원, 여자 판매원.
sa·li·ence, -en·cy [séiliəns, -ljəns], [-ənsi] *n.* (1) a] ⓤ 돌출, 돌기. b] ⓒ 돌기물. (2) ⓒ (이야기·의론 등의) (중)요점, 골자.
sa·li·ent [séiliənt, -ljənt] *a.* (1) 현저한, 두드러진. (2) 돌출〈돌기〉한, 돌각(突角)의. 【opp.】 reentrant. ¶ a ~ angle 철각(凸角). (3) a] (짐승·물고기 등이) 튀어오르는. b] (물·샘 따위)분출하는.
—*n.* ⓒ 돌각(= **~ ángle**) (【opp.】 reentering angle) ; (전선·요새 등의) 돌출부. 파) **~·ly** *ad.*
sa·lif·er·ous [səlífərəs] *a.* 【地質】 염분이 있는.
sal·i·fy [sǽləfài] *vt.* 【化】 …을 염화하다.
sa·line [séiliːn, -lain] *a.* 염분이 있는 ; 짠 : a ~ lake 염수호.
—*n.* ⓤ 마그네슘 하제 ; 【醫】 생리 식염수 ; 염수호.
sa·lin·i·ty [səlínəti] *n.* ⓤ 염분, 염도.
sal·i·nom·e·ter [sæ̀lənάmitər/-nɔ́m-] *n.* ⓒ 염분계(鹽分計), 검염계.
sa·li·va [səláivə] *n.* ⓤ 침, 타액(唾液).
sali·vary [sǽləvèri/-vəri] *a.* 침의 ; 타액을 분비하는 : ~ glands 【解】 침샘, 타액선.
sal·i·vate [sǽləvèit] *vi.* 침을 내다 ; 침을 흘리다. 파) **sàl·i·vá·tion** [-ʃən] *n.* ⓤ (1) 타액 분비. (2) 【醫】 유연증(流涎症).
·sal·low [sǽlou] (***~·er ; ~·est***) *a.* (안색 등이 병적으로) 누르스름한, 혈색이 나쁜. 【opp.】 *ruddy.*
—*vt.* …을 누르스름하게 〈창백하게〉 하다. 파) **~·ness** *n.* 혈색이 나쁜
:sal·ly [sǽli] *n.* ⓒ (1) (농성 부대 등의) 출격, 돌격 : make a ~ 뛰쳐나가다, 출격하다. (2) 《口》 외출, 소풍, 여행. (3) (행위 등의) 돌발 ; (감정·재치 등의) 분출《*of*》 : a ~ *of* anger 분노의 폭발. (4) (상대를 공격하는) 야유 ; 비꼼, 농담.
—*vi.* (1) 치고 나가다 (역습적으로) 출격하다《*out*》. (2) 《+副》 기운차게 나서다 ; (소풍등에) 신나게 출발하다《*forth* ; *out*》.
sal·mi [sǽlmi] *n.* ⓤⓒ 새고기 스튜.
:salm·on [sǽmən] (*pl.* ***~s,*** 〔集合的〕~) *n.* (1) ⓒ 【魚】 연어. (2) ⓤ 연어 살빛(= **~ pínk**) ; 연어 고기 : canned ~ 연어 통조림.
—*a.* 〔限定的〕 (1)연어의. (2) 연어 살빛의.
sàlmon làdder 〈**lèap, stàir**〉 (산란기에)연어를 방죽 위로 올라가게 하는 어제(魚梯).
·sa·lon [səlάn/-lɔ́n] *n.* ⓒ 《F.》 (1) (프랑스 등지의 대저택의) 객실, 응접실, 살롱. (2) (대저택의 객실에서 갖는) 명사들의 모임, 상류 부인의 초대회 ; 상류 사회. (3) 미술 전람회장 ; (the S-) 살롱《매년 개최되는 파리의 현대 미술 전람회》. (4) (양장점·미용실 따위의) …점〈실〉 : a beauty ~ 미용실. 파) **~·ist** *n.*
salón mùsic 살롱 음악《객실 등에서 연주되는 경음악》.
·sa·loon [səlúːn] *n.* ⓒ (1) (호텔 따위의) 큰 홀(hall), (여객선의) 담화실. (2) (일반이 출입하는) …장(場). (3) 《美》 술집, 바 《지금은 흔히 bar를 씀》 ; 《英》 = SALOON BAR. (4) (여객기의) 객실 ; 《英鐵》 특별 객차, 전망차. (5) 객실, 응접실.
sal·sa [sɔ́ːlsə] *n.* (1) ⓒ 살사《쿠바 기원의 맘보 비슷한 춤곡》. (2) ⓤ 스페인〈이탈리아〉풍의 소스.
sal·si·fy [sǽlsəfài] *n.* ⓒ,ⓤ 【植】 선모(仙茅)《뿌리는 식용, 남유럽 원산》.
:salt [sɔːlt] *n.* (1) ⓤ 소금, 식염(= **cómmon ~**) : spill ~ 소금을 흘리다《재수없다고 함》. (2) ⓒ 소금 그릇(saltcellar). (3) ⓒ 【化】 염, 염류 ; (*pl.*) 약용 소금, 약소금《하제(下劑) 등》. (4) ⓤ 얼얼한〈짜릿한〉 맛 ; 자극, 활기〈흥미〉를 주는 것 ; 기지(機智) : ⇨ ATTIC SALT. (5) ⓒ (흔히 old ~) 《口》 노련한 뱃사람.
eat a person***'s ~*** = ***eat ~ with*** a person 1) 아무의 손님이 되다. 2) 아무의 집에 기식하다. ***like a dose of ~s*** 《俗》 (하제가 곧 듣듯이)대단히 빨리, 효율적으로. ***not made of ~*** 비가 와도 끄떡없이. ***rub ~ in*** 〈***into***〉 ***the*** 〈a person***'s***〉 ***wound***(***s***) (상처에 소금을 바르듯) 아무의 고통〈슬픔 등〉을 가중시키다. (사태를) 더욱 악화시키다. ***take ... with a grain*** (***pinch***) ***of ~*** (남의 이야기 따위)를 에누리해서 듣다〈받아들이다〉. ***the ~ of the earth*** 【聖】 세상의 소금《마태복음 V : 13》 ; 세상의 사표(師表)가 되는 사람(들). ***worth*** one***'s ~*** 〔종종 否定文〕 급료를 받은 만큼의 구실을 하는 ; 유능한, 쓸모 있는. —*a.* (1) 소금을〈소금기를〉 함유한 ; 짠 ; 소금에 절인 : ~ breezes 바닷바람. (2) 〔限定的〕 바닷물에 잠긴 ; 소금물의.
—*vt.* (1) a] … 에 소금을 치다, 소금을 쳐서 간을 맞추다 ; …을 절이다 ; 소금으로 처리하다. b] (얼음을 녹이려고 언 도로 등)에 소금을 뿌리다. (2) (가축)에 소금을 주다. (3) 〔흔히 受動으로〕 (이야기 따위)에 흥미를 돋우다, …을 재미있게 하다. (4) a] (속임수로) …을 실제 이상으로〈진짜 같이〉 보이게 하다. b] 《俗》 (광산·유정(油井))에 질 좋은 광물을〈석유를〉 넣어 속이다.
—*vi.* 소금의 침전〈앙금〉이 생기다《*out*》. ***~ away*** 〈***down***〉 1) …을 소금에 절이다. 2) 《口》 (앞날을 위해 재물 따위)를 비축해 두다, 모으다.
sal·ta·tion [sæltéiʃən] *n.* ⓤ (1) (껑충)뜀, 도약. (2) 격변, 격동. (3) 돌연변이.
salt·box [sɔ́ːltbὰks/-bɔ̀ks] *n.* ⓒ (1) (부엌의) 소금 그릇. (2) 《美》 소금통 모양의 집《전면은 2층, 후면은 단층》 (= **~ hòuse**).
salt·ed [sɔ́ːltid] *a.* 소금에 절인, 소금으로 간을 한 : lightly ~ butter 심심하게 간을 한 버터. (2) 면역된 ; 숙련된.
salt·er [sɔ́ːltər] *n.* ⓒ (1) 제염업자 ; 소금장수. (2) (고기·생선 등의) 소금절이 가공업자. (3) 소금 절임 그릇.
salt·ine [sɔːltíːn] *n.* ⓒ 짭짤한 크래커.
sal·tire [sǽltaiər, sɔ́ːl-, -tiər] *n.* ⓒ 【紋章】 X형 십자, 성 안드레 십자가.
salt·ish [sɔ́ːltiʃ] *a.* 소금기가 있는, 짭짤한.

sált láke 함수호(鹹水湖), 염호.
salt·less [sɔ́ːltlis] a. (1) 소금기 없는, 맛없는. (2) 자극이 없는, 시시한, 하찮은(dull).
sált lìck (1) 동물이 소금기를 핥으러 모이는 곳. (2) (목초지에 두는)가축용 암염(岩鹽).
salt·pan [sɔ́ːltpæ̀n] n. ⓒ (천연) 염전.
salt·pe·ter, 《英》 **-tre** [sɔ̀ːltpíːtər/ ⌐ ⌐ ⌐] n. ⓤ 초석(硝石) : Chile ~ 칠레 초석.
salt·shak·er [sɔ́ːlt-ʃèikər] n. ⓒ 《美》 식탁용 소금 그릇《윈부분에 구멍이 뚫림》.
sált spòon (식탁용의 작은) 소금 숟가락.
sált wáter (1)소금물, 바닷물. (2) 눈물.
salt·wa·ter [⌐wɔ̀ːtər, ⌐wɑ̀tər] a. 【限定的】 (1) 소금물의 ; 바닷물에서 나는 : a ~ fish 바닷물고기. (2) 바다에 익숙한, 바다에서 일하는.
salt·works [sɔ́ːltwə̀ːrks] n. pl. 제염소.
·**salty** [sɔ́ːlti] (***salt·i·er, more ~ ; -i·est, most ~***) a. (1) 짠, 소금기가 있는 : ~ butter 짠 버터. (2) (말 따위가) 신랄한, 재치 있는 : her ~ language 그녀의 재치있는 말씨. (3) 노련한, 산전수전 다 겪은.
파) **sált·i·ly** ad. **-i·ness** n.
sa·lu·bri·ous [səlúːbriəs] a. (기후·토지 따위가) 건강에 좋은 : ~ mountain air 건강에 좋은 산 공기.
파) **~·ly** ad. **~·ness** n.
sa·lú·bri·ty [səlúːbrəti] n. ⓤ 건강에 좋음.
sal·u·tary [sǽljətèri/-təri] a. (1) 유익한 : a ~ lesson〈experience〉 유익한 교훈(경험). (2) 건강에 좋은.
·**sal·u·ta·tion** [sæ̀ljətéiʃən] n. (1) ⓒ 인사《※ 지금은 흔히 greeting을 씀》 : raise one's hat in ~ 모자를 들어 인사하다. (2) ⓒ 인사말〈문구〉 편지의 서두《Dear Sir 따위》. (3) (가벼운) 절, 경례(현재는 salute가 보통).
sa·lu·ta·to·ri·an [səlùːtətɔ́ːriən] n. 《美》 (졸업생 대표로) salutatory를 하는 학생.
sa·lu·ta·to·ry [səlúːtətɔ̀ːri/-təri] a. 인사의, 환영의.
—n. ⓒ 《美》 (졸업식에서 내빈에 대한)인사말 《흔히 차석 우등 졸업생이 함》.
:**sa·lute** [səlúːt] vt. (1) 《~+目/+目+前+名》 …에게 인사하다《특히 깍듯이》. (2) (거수·받들어총·예포 등으로) …에 경례하다, 경의를 표하다《*with* ; *by*》 : ~ the flag *with* a hand 국기에 대하여 거수경례하다. (3) (사람·행위등)을 칭찬〈칭송〉하다. (4) (사람)을 …로 맞이하다《*with*》. ▫ salutation n.
—vi. 경례하다 ; 예포를 쏘다.
—n. ⓒ (1) 인사《※ 이 뜻으론 greeting이 더 일반적》. (2) 경례, 거수 경례 ; 예포 : give〈make〉 a ~ 경례하다 / give〈fire〉 a 21-gun ~, 21발의 예포를 쏘다. (4) 갈채, 민세. (4) 쏙죽.
·**sal·vage** [sǽlvidʒ] n. ⓤ (1) 해난 구조 ; (침몰선의) 인양 (작업) ; (화재시의) 인명 구조 : a ~ company 구난 회사, 침몰선 인양 회사 / ~ of the wreck 난파선의 구조. (2) (침몰·화재로부터의) 구조 화물, 구조 재산 ; 인양된 선박. (3) 해난 구조료 ; 구조 사례액 ; 보험금 공제액. (4) 폐물(廢物) 이용, 폐품 회수 : a ~ campaign 폐품 수집 운동.
—vt. (1) (해난·화재 따위로부터 선박·화물·가재 따위)를 구조하다《*from*》. (2) (곤란한 사태로부터) …을 구(救)하다 ; (환부)를 치료하다 : "We'll try to ~ your leg". '우리가 당신 다리를 구해 보겠오'. (3) (재활용할) 폐물을 이용하다.
파) **~·a·ble** a.
·**sal·va·tion** [sælvéiʃən] n. (1) ⓤ 구조, 구제. (2) ⓒ (흔히 *sing.*) 구조물, 구제자, 구조 수단. (3) ⓤ 【神學】 (죄로부터의) 구원, 구세(주) : the ~ of souls 영혼의 구원 / be the ~ of …을 구제하다.
Salvátion Ármy (the ~) 구세군.
Sal·va·tion·ist [sælvéiʃənist] n. ⓒ (1) 구세군 군인. (2) (종종 s-) 복음 전도자.
salve [sæ(;)v, sɑ;v/sælv] n. (1) ⓤⓒ 연고, 고약. (2) ⓒ 위안《*for*》. (3) 미봉책《*for*》.
—vt. (1) (고통)을 덜다, 완화하다 ; (양심 등)을 달래다. (2) 고약을 바르다. (3) (결점 등을) 미봉하다.
sal·ver [sǽlvər] n. ⓒ (금속제의 둥근) 쟁반 《편지·음료·명함 따위를 얹어 내놓음》.
sal·via [sǽlviə] n. 【植】 샐비어, 깨꽃.
sal·vo [sǽlvou] (pl. **~(*e*)*s***) n. ⓒ (1) 【軍】 일제 사격 ; (의식에서의) 일제 축포 ; 【空】 (폭탄의) 일제 투하. (2) 일제히 터져나온 박수 갈채 : a ~ of applause.
— vt., vi. 일제사격(투하)을 하다.
sal vo·la·ti·le [sæ̀l-voulǽtəlì;] 《L.》 각성제《탄산암모니아수》.
sal·vor [sǽlvər] n. ⓒ 해난 구조자〈선〉.
Sal·yut [sæljúːt] n. 살류트《구소련의 우주 스테 이션》. 【cf.】 Soyuz.
Sa·mar·ia [səmέəriə] n. 사마리아《옛 Palestine의 북부 지방 ; 그 수도》.
Sa·mar·i·tan [səmǽrətn] a. Samaria의 ; Samaria 사람의.
—n. (1) ⓒ 사마리아 사람. (2) a] (the ~s) 사마리아인 협회《영국의 자선 단체》. b] 사마리아인 협회의 회원. ***a good ~*** 착한 사마리아 사람《누가 복음 X : 30-37》.
sam·ba [sǽmbə] (pl. **~s**) n. (1) (the ~) 삼바 《아프리카 기원의 경쾌한 브라질의 댄스》. (2) ⓒ 삼바곡(曲).
— vi. (**~ed,~d**)삼바춤을 추다.
sam·bo [sǽmbou] n. ⓤ 삼보 《러시아 특유의 격투기》.
:**same** [seim] a. (1) (흔히 the ~) 같은, 마찬가지의 (【opp.】 *different*). ※ 1) 별개의 것이지만 종류·외관·양 등에서 다르지 않다는 뜻. identical은 동일물임. 2) 종종 as와 상관적으로 쓰임. (2) (흔히 the〈this, that, these, those〉~) a] 동일한, 바로 그. b] 방금 말한, 선술한, 예의 : *This* ~ man was later prime minister. 방금 말한 이 사람이 뒤에 수상이 되었다. (3) (흔히 the ~) (전과) 다름없는, 마찬가지 : The patient is much *the* ~ (as yesterday). 환자는 (어제와) 같은 용태이다. (4) (the 없이) 단조로운, 변함없는.
—ad. (흔히 the ~) 마찬가지로 ; (~ as) 《口》 …와 마찬가지로. ***all the ~*** 1) 아주 같은〈한가지인〉, 아무래도〈어느 쪽이든〉 상관 없는. 2) 그래도 (역시), 그럼에도 불구하고 : Days were pleasant *all the* ~. 변함없이〈여전히〉 하루하루가 즐거웠다. ***at the ~ time*** ⇨ TIME. ***one and the ~*** 아주 동일한. (***the***) ***~ but*** (***only***) ***different***《口》 거의 같은, 약간 다른.
—pron. (1) (the ~) 동일한 것. (2) (the 없이)《戲》 【法·商】 앞에서 언급한 동일한 일〈사람〉 : Please remit ~. 동액 송금 바랍니다. ***Same here.*** 《口》 1) 나도 같은 것《음식 주문 등에서》. 2) 나도 그렇다 (***The***) ***~ again***(***, please***). 《口》 더 주시오《같은 음료를 청할 때의 말》

S

same·ness [séimnis] *n.* ⓤ (1) 동일(성), 흡사. (2) 변화 없음, 단조로움.

samey [séimi] (***sam·i·er ; -i·est***) *a.* 《英口》 단조로운, 구별이 않되는.

Sa·moa [səmóuə] *n.* 사모아《남서 태평양의 군도 ; American Samoa와 Western Samoa로 나뉨》. 파) **Sa·mó·an** [-n] *a.* Samoa의 ; 사모아 말〈사람〉의. ― *n.* (1)ⓒ 사모아 사람. (2)ⓤ 사모아어.

sam·o·var [sǽmouvàːr, ⌐-⌐] *n.* ⓒ 사모바르《러시아의 차 끓이는 주전자》.

Sam·o·yed(e) [sæ̀məjéd, səmáiid] (*pl.* **~(s)**) *n.* (1) (the ~s) 사모예드 사람《시베리아 거주 몽고족》. (2) ⓤ 사모예드 어. (3) [sæ̀məjéd/ səmɔ́ied] 사모예드 개.

samp [sæmp] *n.* ⓤ 《美》 탄 옥수수(로 끓인 죽).

sam·pan [sǽmpæn] *n.* ⓤ 삼판《중국·동남아 일대의 작은 목선》.

:sam·ple [sǽmpəl/sάːm-] *n.* ⓒ (1) 견본, 샘플, 표본 ; 시료(試料) ; 본보기, 샘플 : buy by ~ 견본을 보고 사다. (2) 실례(實例) (illustration). (3) 【統】 (추출) 표본, 샘플 : take a random ~ of 50,000 adult civilians. 5만 명의 성인에 대해 무작위 표본 조사를 하다.
―*a.* 〔限定的〕 견본의 : a ~ fair 견본시(市).
―*vt.* (1) …의 견본을 뽑다 ; 견본으로 조사하다. (2) …을 실제로 경험해보다. (3) 【統】 …의 표본 추출을 하다.

sam·pler [sǽmplər, sάːm-] *n.* ⓒ (1) 견본 검사원 ; 시식〈시음〉자. (2) 《美》 견본집, 선집(選集). (3) (뜨개 솜씨를 보이기 위한) 자수 시작품 (試作品). (4) 견본 추출 검사기.

·sam·pling [sǽmpliŋ] *n.* ⓤ 견본 추출, 시료 채취 : random ~ 【統】 무작위〈임의〉표본 추출. (2) ⓒ 추출 견본 ; 시식〈시음〉품〈회〉. (3) 【電】 샘플링.

Sam·son [sǽmsən] *n.* 【聖】 삼손《힘이 장사인 히브리의 사사(士師) ; 사사기(士師記) XⅢ-XⅥ》 ; 힘센 사람. 【cf.】 Delilah.

Sam·u·el [sǽmjuəl] *n.* (1) 사무엘《남자 이름》. (2) 【聖】 a] 사무엘《히브리의 사사(士師)·예언자》 b] 사무엘기(記) 《구약성서의 **The First 〈Sécond〉 Bóok of ~** (사무엘기 상〈하〉)의 하나 ; 略 : Sam.》.

son·a·tive [sǽnətiv] *a.* 병을 고치는 : (육체·정신의) 건강에 좋은.

san·a·to·ri·um [sæ̀nətɔ́ːriəm] (*pl.* **~s, -ria**[-riə]) *n.* ⓒ (1)새너토리엄, (특히 병 회복기 및 결핵 환자의) 요양소(sanitarium). (2) 요양지. (3) (학교의) 양호실.

sanc·ti·fi·ca·tion [sæ̀ŋktəfikéiʃən] *n.* ⓤ (1) 성화(聖化), 축성(祝聖). (2) 죄를 씻음.

sanc·ti·fied [sǽŋktəfàid] *a.* (1) 성화된 : 축성된. (2) 믿음이 두터운 체하는.

·sanc·ti·fy [sǽŋktəfài] *vt.* (1) …을 신성하게 하다, 축성(祝聖)하다. (2) 죄를 씻다 : ~ a person's heart 아무의 마음을 깨끗이 하다. (3) 〔흔히 受動으로〕 …을 정당화하다, 시인하다(justify).

sanc·ti·mo·ni·ous [sæ̀ŋktəmóuniəs] *a.* 신앙이 깊은 체하는, 경건한 체하는 : a ~ smile〈voice〉 경건한 체하는 미소〈음성〉.
파) **~·ly** *ad.* **~·ness** *n.*

sanc·ti·mo·ny [sǽŋktəmòuni] *n.* ⓤ 성자인 체함, 신앙이 깊은 체함.

·sanc·tion [sǽŋkʃən] *n.* (1) ⓤ 재가(裁可), 인가 ; 승인, 허가. (2) ⓒ (법규 위반자에 대한) 제재, 처벌 : social ~ 사회적 제재. (3) ⓒ (흔히*pl.*) (국제법 위반국에 대한) 제재(조치) : impose military 〈economic〉 ~*s* against〈on〉 …에 군사적〈경제적〉 제재를 가하다. (4) ⓒ 도덕〈사회〉적 구속(력).
―*vt.* …을 재가〈인가〉하다 ; 시인〈확인〉하다.

·sanc·ti·ty [sǽŋktəti] *n.* (1) ⓤ 신성, 존엄 : 고결, 청정(淸淨) ; 신성한 것 : the ~ of human life 인간 생명의 존엄성. (2) (*pl.*) 신성한 의무〈감정〉 : the *sanctities* of the home 가정의 신성한 의무.

·sanc·tu·ary [sǽŋktʃuèri/-əri] *n.* (1) ⓒ a] 거룩한 장소, 성역《교회, 신전, 사원 등》. b] (교회 안쪽 제단 앞의) 지성소(至聖所) (holy of holies). (2) ⓒ a] 성역《중세에 법률의 힘이 미치지 못한 교회 등》, 은신처, 피난처. b] ⓒ (교회등의) 죄인 비호(권) : give ~ to …을 비호하다 ; …에게 '성역'을 제공하다 / break 〈violate〉 ~ 성역(聖域)을 침범하다〈침범하여 도피자를 체포하다〉. (3) ⓒ 조수(鳥獸) 보호 구역, 금렵구(禁獵區) : 자연보호 구역.

sanc·tum [sǽŋktəm] (*pl.* **~s. -ta**[-tə]) *n.* ⓒ (1) 거룩한 곳, 성소(聖所). (2) 《口》 사실(私室), 서재.

:sand [sænd] *n.* (1) ⓤ 모래 ; (흔히 *pl.*) 모래알 : a grain of ~ 모래 한 알. (2) (흔히 *pl.*) 모래밭, 사막 ; 모래펄 ; 모래톱. (3) (*pl.*) (모래 시계의) 모래알 ; 시각 ; 수명. (4) ⓤ 모래빛, 적황색. (5) ⓤ 《美口》 용기, 기개 : a man who has got plenty of ~ 매우 기골이 있는 남자. ***built on ~*** 모래 위에 세운, 불안정한. ***bury 〈hide, have, put〉*** one ***'s head in the ~*** ⇨ HEAD ***make a rope of ~*** 불가능한 일을 꾀〈시도〉하다. ***numberless 〈numerous〉 as the ~s*** 무수한. ***run into the ~s*** 꼼짝못하게 되다.
―*vt.* (1) …에 모래를 뿌리다. (2) 《+目+副》 …을 모래로 덮다〈묻다〉《*over* ; *up*》. (3) …을 모래〈샌드페이퍼〉로 닦다《*down*》. (4) 모래를 섞다 : cement 시멘트에 모래를 섞다.

·san·dal [sǽndl] *n.* ⓒ (흔히 *pl.*) (1) 샌들 : a pair of ~*s* / open-toed ~*s* 앞이 막히지 않은 샌들. (2) (고대 그리스·로마 사람의) 짚신 모양의 신발. (3) 《美》 운두가 낮은 덧신.
―(**-l-,** 《英》 **-ll-**) *vt.* …에게 샌들을 신기다.
파) ***sán·dal(l)ed*** [-dld] *a.* 샌들을 신은 : one's ~*ed* feet 샌들을 신은 발.

san·dal·wood [sǽndlwùd] *n.*ⓤ 【植】 백단향.

sand·bag [sǽndbæ̀g] *n.* ⓒ (1)모래 부대, 사낭(砂囊). (2) (흉기로 이용할 수 있는) 막대 모양의 모래 주머니.
―(**-gg-**) *vt.* (1) …을 모래 부대로(틀어) 막다. (2) …을 모래주머니로 때려 눕히다. (3) 《美口》 …을 강제하다.

sand·bank [sǽndbæ̀ŋk] *n.* ⓒ 모래톱, 모래언덕.

sánd bàr (조류 때문에 형성된) 모래톱.

sánd bàth 모래욕(浴), 모래찜 ; (닭의) 사욕

sand·blast [sǽndblæ̀st, -blάːst] *n.* (1) ⓤ 모래뿜기《유리의 투명성을 없애거나 건물의 외면을 청소하기 위함》. (2) 모래뿜는 기계.
―*vt.* …에 모래를 뿜어 닦다
― vi. 분사기를 사용하다.

sand·box [sǽndbɑ̀ks/-bɔ́ks] *n.* ⓒ 《美》 (어린이) 모래 놀이통, 모래밭《놀이터》 ; 【골프】 tee용르 모래 그릇.

sand·cas·tle [⌐kæ̀sl, ⌐kὰːsl] *n.* ⓒ (어린이가 만드는) 모래성.

sánd clòud (사막의 열풍으로 일어나는) 모래 먼지.

sánd dùne (바람에 의한) 사구(砂丘), 모래 언덕.
sánd flèa 【蟲】 모래벼룩 ; 갯벼룩.
sand·fly [sǽndflài] *n.* ⓒ 【蟲】 등에의 일종.
sand·glass [sǽndglæ̀s, -glɑ̀ːs] *n.* ⓒ 모래시계(hourglass).
sánd hill 모래 언덕(산).
sánd hòpper 갯벼룩.
SanDi·e·go [sæ̀ndiéigou] 샌디에이고《미국 서해안의 군항》.
sand·lot [sǽndlɑ̀t/-lɔ̀t] *n.* ⓒ 《美》 (도시의 어린이 운동용) 빈터.
—*a.* 〔限定的〕 빈터의, 빈터에서 하는 : ~ baseball 빈터(에서 하는) 동네 야구.
파) **~·ter** *n.*
sand·man [sǽndmæ̀n] (*pl.* **~men**[-mèn]) *n.* ⓒ (the ~) (어린이 눈에 모래를 뿌려 잠들게 한다는) 잠귀신.
sand-pail [sǽndpèil] *n.* ⓒ 《美》 모래 버킷《아이들 놀이용》.
sánd pàinting 모래 그림.
sand·pa·per [sǽndpèipər] *n.* ⓤ 사포(砂布). —*vt.* …을 사포로 닦다《*down*》.
sand·pit [sǽndpìt] *n.* ⓒ 《英》 (어린이들이 노 는) 모래밭(《美》 sand box).
sánd pùmp 모래 펌프.
sánd shòe 《英》 즈크신의 일종《테니스용》 : 모래땅에서 신는 신..
sand·stone [sǽndstòun] *n.* ⓤ 【地質】 사암(砂岩)《주로 건축용》.
sand·storm [sǽndstɔ̀ːrm] *n.* ⓤ (사막의) 모래폭풍.
:sand·wich [sǽndwitʃ/sǽnwidʒ, -witʃ] *n.* ⓒ,ⓤ (1)샌드위치. (2) 《英》 = SANDWICH CAKE.
—*vt.* 《~+目+副/+目+前+名》 (사람 · 물건 · 일)을 삽입하다, (억지로) 끼우다《*in*》.
sándwich bàr (카운터식의) 샌드위치 전문식당.
sándwich bóard 샌드위치맨이 걸치는 앞뒤의 광고판.
sándwich cóurse 《英》 샌드위치 코스《실업 학교에서 현장 실습과 이론 연구를 번갈아 하는 교육 제도 : 3내지 6개월 교대》.
sándwich màn 샌드위치맨《몸 앞뒤에 광고판을 달고 다니는 사람》.
sand·worm [sǽndwə̀ːrm] *n.* ⓒ 갯지렁이.
·sandy [sǽndi] (**san·er ; -i·est**)*a.* (1) 모래의, 모래땅의 ; 모래투성이의 : the long ~ beach긴 모래 해변. (2) 모랫빛(머리털)의, 연한 갈색의. (3) 깔깔한. (4) (모래같이) 불안정한.
파) **sánd·i·ness** *n.*
sánd yàcht 사상(砂上) 요트《바퀴 달린》. 파) **~·ing** *n.* ⓤ 사상 요트 경주.
·sane [sein] (**sánd·i·er ; more ~ ; sán·est, most ~**) *a.* (1) 제정신을 가진, 【opp.】 *insane*. (2) (정신적으로) 온건한, 건전한, 분별 있는 : ~ educational system 건전한 교육 제도 / ~ judgment 〈view〉 분별있는 판단〈견해〉. ▫ sanity *n.*
파) **~·ly** *ad.* **~·ness** *n.*
San·for·ize [sǽnfəràiz] *vt.* (천)에 방축(防縮) 가공을 하다.
:San Fran·cis·co [sæ̀nfrənsískou/-fræn-] *n.* 샌프란시스코《미국 California주의 항구 도시》.
파) **Sàn Fran·cís·can** 샌프란시스코 주민.
:sang [sæŋ] SING의 과거.
sang·froid [sɑːŋfrwɑ́ː, sæŋ-: *F.* sɑ̃frwa] *n.* ⓤ 《F.》 냉정, 침착.
san·gria [sæŋgríːə] *n.* ⓤⓒ 생그리어《붉은 포도주에 주스·탄산수를 타서 냉각시켜 마시는 음료》.
san·gui·nar·y [sǽŋgwənèri/-nəri] *a.* (1) 피비린내나는, 피투성이의(bloody) : a ~ battle 피비린내나는 싸움. (2) 피에 굶주린, 살벌〈잔인〉한 : a ~ disposition〈vilain〉 잔인한 기질〈악당〉. (3) 사형을 과(科)하는. 파) **-ri·ly** *ad.* **-ri·ness** *n.*
·san·guine [sǽŋgwin] *a.* (1) 붉은빛을 띤 ; 혈색이 좋은 ; 다혈질의 : a ~ temperature 다혈질. (2) (기질 등이) 쾌활한, 낙관하는 ; 낙천적인《*of*》 : a ~ person 낙천가. (3) 살육을 좋아하는, 잔인한.
파) **~·ly** *ad.* **~·ness** *n.*
san·guin·e·ous [sæŋgwíniəs] *a.* (1) 피의 ; 붉은핏빛의. (2) 다혈질의, 혈기 왕성한. (3) 유혈의, 피비린내나는.
파) **~·ness** *n.*
san·i·tar·i·an [sæ̀nətɛ́əriən] *n.* ⓒ (공중) 위생학자 ; 위생 개선가. — *a.* (공중) 위생의.
·san·i·tar·i·um [sæ̀nətɛ́ərəm] (*pl.* **~s, ~ia**[-riə]) *n.* 《美》 = SANATORIUM. (1), (2).
:san·i·ta·ry [sǽnətèri/-təri] (**more ~ ; most ~**) *a.* (1) 〔限定的〕 (공중) 위생의, 보건상의 : ~ regulations〈laws〉 공중 위생 규칙(법). (2) 위생적인, 깨끗한. 파) **-ri·ly** *ad.*
sánitary engineér 위생 기사, 배관공.
sánitary engineéring 위생 공학〈공사〉.
san·i·tate [sǽnətèit] *vt.* …을 위생적으로 하다 ; …에 위생 설비를 하다.
·san·i·ta·tion [sæ̀nətéiʃən] *n.* ⓤ (1) (공중) 위생. (2) 위생 시설〈설비〉 ; 《특히》 하수 설비.
san·i·tize [sǽnətàiz] *vt.* (1) (소독 등에 의해)…을 위생적으로 하다, …에 위생 설비를 하다. (2) (진실을 왜곡하거나 골자를 빼서 뉴스 등)을 부드럽게 만들다. (3) (나쁜 이미지를) 불식하다.
san·i·ty [sǽnəti] *n.* ⓤ (1) 제정신, 정신이 멀쩡함. 【opp.】 *insanity*. (2) (사고 · 판단 등의) 건전함, 온건함.
San Jo·se [sæ̀nəzéi] *n.* 새너제이《California주 서부 San Francisco 남남동부의 도시》.
San Jo·sé [sæ̀n-houzéi] *n.* 산호세《Costa Rica의 수도》.
:sank [sæŋk] SINK의 과거.
sans [sænz : *F.* sɑ̃] *prep.* 《古·文語》 …없이, 없어서(without).
San Sal·va·dor [sænsǽlvədɔ̀ːr] *n.* 산살바도르《중앙아메리카 El Salvador의 수도》.
sans·cu·lotte [sæ̀nzkjulɑ́t/-lɔ́t] *n.* ⓤ (1)《F.》 (프랑스 혁명 당시의) 과격 공화당원《귀족적인culotte를 입지 않은 데서 연유》. (2) 과격주의자, 급진 혁명가. — *a.* 혁명적인, 과격파의.
San·skrit [sǽnskrit] *n.* ⓤ 산스크리트, 범어(梵語) 《略 : Skr., Skrt., Skt》. —*a.* 산스크리트〈범어〉의.
sans serif [sǽnzsérif/sǽnser-] *n.* 【印】 (1) ⓤ 산세리프체《보기 : **ABC abc**》. (2) ⓒ 산세리프체 활자. 【cf.】 serif.
:Sán·ta Clàus [sǽntəklɔ̀ːz] 산타클로스.
san·ti·a·go [sæ̀ntiɑ́ːgou] *n.* 산티아고 《칠레의수도》.
São To·mé and Prín·ci·pe [sɑ́ːuŋtəméiənd(e) prínsəpə] 상투메 프린시페《서아프리카 기니 만

의 공화국, 수도 São Tomé》.

:sap[1] [sæp] n (1)ⓤ 수액(樹液) : It was spring, and the ~ was rising in the trees. 봄이었다. 그리고 나무 속에서 수액이 오르고 있었다. (2) ⓤ 활력, 원기, 생기 : the ~ of life 활력, 정력. (3) ⓒ《俗》 바보, 얼간이, 멍청이(saphead) : The poor ~ never knew his wife was cheating him. 그 불쌍한 멍텅구리는 아내가 그를 속인다는 것을 조금도 몰랐다. (4)ⓒ《美俗》 곤봉.
—(*-pp-*) *vt.* (1) …에서 수액을 짜내다 (2) …에서 활력을 없애다, 약화시키다 : Looking after her dying mother ~*ped* all her energy. 빈사의 모친 병수발로 그녀는 기진맥진했다. (3)《美俗》 …을 몽둥이로 때리다.

sap[2] *n.* ⓒ **【軍】** (적진 접근을 위한) 대호(對壕). —(*-pp-*) *vt.* (1) **【軍】** 대호를 파서 (적진에) 접근하다. (2) (담 밑 등)을 파서 무너〈쓰러〉뜨리다《*away*》 : The foundations were ~*ped away* by termites in a few years. 흰개미 때문에 기초는 몇 년이 못가 무너져 내렸다. (3) (건강·기력 등)을 점차 약화시키다 : Overwork has ~*ped* his health. 과로가 그의 건강을 좀먹어 들어갔다. —*vi.* 대호를 파다, 대호를 파서 적진에 접근하다.

sap·head [sǽphèd] *n.* ⓒ《俗》 바보, 얼간이. 파) **~·ed** *a.*《俗》 바보 같은.

sa·pi·ence [séipiəns] *n.* ⓤ 지혜 : 아는 체함.

sa·pi·ent [séipiənt] *a.* (1) 아는 체하는. (2)《文語》약은, 영리한. 파) **~·ly** *ad.*

sap·less [sǽplis] *a.* (1) 수액이 없는 ; 시든. (2) 기운 없는, 활기 없는. 파) **~·ness** *n.*

sap·ling [sǽpliŋ] *n.* ⓒ (1) 묘목, 어린 나무. (2) 젊은이, 청년(youth). (3) 어린 그레이하운드.

sap·o·dil·la [sæ̀pədílə] *n.* ⓒ **【植】** 사포딜라《열대 아메리카산의 상록수로, 수액에서 추잉 검 원료인 chicle을 얻음》 : 그 열매.

sap·o·na·ceous [sæ̀pənéiʃəs] *a.* (1) 비누 같은, 비누질(質)의. (2) 종 잡을 수 없는.

sa·pon·i·fy [səpánəfài/-pɔ́n-] *vi., vt.* **【化】** (유지(油脂)를) 비누화하다〈시키다〉. — *n.* 감화제.

sap·per [sǽpər] *n.* ⓒ **【軍】** 공병(工兵) ; 적전 공작병.

Sap·phic [sǽfik] *a.* (1) Sappho(식)의 ; 사포시체(詩體)의 : a ~ verse 사포시체. (2) (s-) (여성의) 동성애의 : ~ vice = SAPPHISM.
—*n.* ⓒ 사포시체(詩體).

·sap·phire [sǽfaiər] *n.* (1) ⓤⓒ 사파이어, 청옥(靑玉) : a ~ ring 사파이어반지. (2) ⓤ 사파이어빛, 자색을 띤 남색, 하늘빛 : She has ~ blue eyes. 그녀는 눈이 푸르다. *a.* 사파이어빛의.

sap·phism [sǽfizəm] *n.* ⓤ (여성의) 동성애.

Sap·pho [sǽfou] *n.* 사포《기원전 600년경의 그리스 제일의 여류 시인》.

sap·py [sǽpi] (*-pi·er* ; *-pi·est*) *a.* (1) 수액(樹液)이 (물기가) 많은. (2) (젊어) 기운이 좋은. (3) a]《美俗》 어리석은. b] 몹시 감상적인.

sap·wood [sǽpwùd] *n.* ⓤ (목재의) 변재(邊材), 백목질(白木質)《나무 껍질 바로 밑의 연한 목재》.

sar·a·band(e) [sǽrəbæ̀nd] *n.* ⓒ 사라반드《느린 3박자의 스페인 춤》 : 그 곡.

Sar·a·cen [sǽrəsən] *n.* ⓒ (1) 사라센 사람《시리아·아라비아의 사막에 사는 유목민》. (2) (특히 십자군 시대의) 이슬람 교도 ; (넓은 뜻으로) 아랍인.
—*a.* = SARACENIC. 파) **~·ism** *n.*

Sar·a·cen·ic [sæ̀rəsénik] *a.* (1) 사라센(사람)의. (2) 사라센 양식의.

Sa·ra·je·vo [sæ̀rəjéivou] *n.* 사라예보《보스니아헤르체고비나 공화국의 수도》.

Sa·ra·wak [sərɑːwɑ́ːk, -wæk/-wək] *n.* 사라와크《Borneo 서북부, 말레이시아 연방의 한 주》.

sar·casm [sɑ́ːrkæzəm] *n.* (1) ⓤ 빈정 거림, 비꼼《※ irony와 달라, 상대의 감정을 해치는 악의있는 말》 : in ~ 비꼬아서. (2) ⓒ 풍자 ; 비꼬는 말.

:sar·cas·tic, -ti·cal [sɑːrkǽstik], [-əl] *a.* 빈정거리는, 신랄한, 비꼬는 : The teacher's ~ comment made her cry. 선생님의 신랄한 말에 그녀는 울어버렸다.
파) **-ti·cal·ly** [-əli] *ad.*

sar·co·ma [sɑːrkóumə] (*pl.* **-ma·ta** [-mətə] **~s**) *n.* ⓒ,ⓤ **【醫】** 육종(肉腫).

sar·coph·a·gus [sɑːrkɑ́fəgəs/-kɔ́f-] (*pl.* **-gi** [-dʒài, -gài] **~·es**) *n.* ⓒ (정교한 조각을 한, 대리석제의 고대) 석관(石棺).

sard [sɑːrd] *n.* ⓤⓒ **【鑛】** 홍옥수(紅玉髓).

·sar·dine [sɑːrdíːn] *n.* ⓒ,ⓤ **【魚】** 정어리 : The ten of us were squashed together like ~*s* in the tiny room. 우리 열 사람은 그 작은 방에 정어리처럼 한데 처넣어져 있었다. ***be packed like ~s*** 빽빽하게〈꽉〉 채워지다. — *vt.* 빽빽이 채우다.

sar·don·ic [sɑːrdɑ́nik/-dɔ́n-] *a.* 조소하는, 냉소적인, 빈정대는 : She gave him a ~ smile. 그녀는 그를 보고 차갑게 웃었다. 파) **-i·cal·ly** *ad.*

sar·do·nyx [sɑ́ːrdɑniks] *n.* ⓤⓒ **【鑛】** 붉은 줄무늬가 있는 마노(瑪瑙) ; 진홍색.

saree ⇨SARI.

sar·gas·so [sɑːrgǽsou] (*pl.* **~(*e*)*s***) *n.* ⓒ **【植】** 사르가소, 모자반류(類)《바닷말》.

sarge [sɑːrdʒ] *n.*《口》 = SERGEANT.《호칭》.

sa·ri [sɑ́ːri(ː)] (*pl.* **~s**) *n.* ⓒ (인도 여성이 몸에 두르는) 사리 : women in brightly colored ~*s* 밝은 색의 사리를 입은 여인들.

sa·rin [sɑ́ːrən, zɑːríːn] *n.* ⓤ **【化】** 사린《치사(致死)성 신경가스의 일종》.

sarky [sɑ́ːrki] *a.*《英口》 = SARCASTIC.

sa·rong [sərɔ́(ː)ŋ, -rɑ́ŋ] *n.* ⓒ 사롱《말레이 군도 원주민의 허리 두르개》.

sar·sa·pa·ril·la [sɑ́ːrsəpərílə] *n.* (1) ⓒ **【植】** 청미래덩굴속(屬)의 식물, 사르사 ; 그 뿌리《약용》 (2) ⓤ 사르사 뿌리로 가미한 탄산수의 일종.

sar·to·ri·al [sɑːrtɔ́ːriəl] *a.* (1) 재봉(사)의 ; 바느질의 : the ~ art 재봉기술. (2) 의복에 관한, 의상의. 파) **~·ly** *ad.*

Sar·tre [sɑ́ːrtrə] *n.* **Jean Paul** ~ 사르트르《프랑스의 실존주의 작가 : 1905-80》.

SAS [sæs] Scandinavian Airlines System(스카디나비아 항공). **SASE.**《美》 self-addressed stamped envelope (자기 주소를 쓴 반신용 봉투).

:sash[1] [sæʃ] *n.* ⓒ (1) (여성·어린이용의) 띠, 장식띠, 허리띠. (2) **【軍】** (어깨에서 내려 드리는)현장(懸章). 파) **~ed** [sæʃt] *a.*

sash[2] (*pl.* ~, **~·es**) *n.* ⓒ **【建】** 새시 창틀 ; (온실 등의) 유리창. —*vt.* …에 새시를 달다.

sa·shay [sæʃéi] *vi.*《口》 미끄러지듯 나아가다〈움직이다〉 ;《口》 뽐내며 걷다 : She ~*ed down* the stairs, into the hall. 사뿐사뿐 계단을 내려와서 홀로 들어갔다. — *n.* 소풍, 산책.

sásh còrd (내리닫이 창의) 도르래 줄.

sásh wìndow 내리닫이 창(窓). 【cf.】 casement window.

sa·sin [séisin] *n.* ⓒ 【動】 영양(羚羊).

Sas·katch·e·wan [sæskǽtʃəwɑ̀n, səs-, -wən] *n.* 서스캐처원《캐나다 남서부의 주 ; 略 : Sask.》.

Sas·quatch [sǽskwætʃ, -kwɑtʃ] *n.* ⓒ 【動】 새스콰치(Bigfoot, Omah)《북아메리카 북서부 산중에 산다는 손이 길고 털이 많은, 사람 비슷한 동물》.

sass [sæs] *n.* ⓒ 《美口》 건방진, 말대꾸 : I don't want to hear any more of your ~ ! 더이상 그따위 말대꾸는 듣기도 싫어.
—*vt.* 《美口》 (윗사람)에게 건방진 말을 하다, 말 대꾸하다 : Don't you dare ~ me! 이놈, 감히 내게 말대꾸하다니.

sas·sa·fras [sǽsəfræ̀s] *n.* (1) ⓒ 【植】 사사프라스《북아메리카산(産) 녹나뭇과(科) 식물》 (2) ⓤ 그 나무〈뿌리〉의 껍질을 말린 것《강장제·향료》.

sassy [sǽsi] (***sas·si·er ; -si·est***) *a.* 《美口》 (1) 건방진, 염치없는 : a ~ young girl 건방진 소녀. (2) 활발한, 생기가 넘치는 : The company takes pride in its ~ management style. 회사는 그 활기찬 경영 방식을 자랑하고 있다.

:sat [sæt] SIT의 과거·과거분사.

SAT 《美》 Scholastic Aptitude Test(대학 진학 적성 검사). **Sat.** Saturday ; Saturn.

:Sa·tan [séitən] *n.* 사탄, 악마, 마왕(the Devil) : ~ rebuking sin 자기 잘못을 제쳐놓고 남의 잘못을 비난하는 사람.

sa·tan·ic [seitǽnik, sə-] *a.* (1) (때로 S-) 악마의, 마왕의. (2) 악마같은, 흉악한 : ~ cruelties 악마 같은 잔학 행위. 파) **-i·cal·ly** [-əli] *ad.*

Sa·tan·ism [séitənìzəm] *n.* ⓤ 악마주의, 악마숭배. 파) **-ist** *n.* 악마 숭배자.

·satch·el [sǽtʃəl] *n.* ⓒ 학생 가방 《손에 들거나 어깨에 멤》.

sate [seit] *vt.* (1) (갈증·욕망 등)을 충분히 만족시키다. (2) (남)을 물리게〈넌덜나게〉 하다《※ 흔히 過去分詞로 形容詞的으로 쓰임》.

sat·ed [séitid] *a.* 넌더리〈진저리〉나는 : He was ~ with steak. 스테이크를 물리도록 먹었다.

sa·teen [sætíːn] *n.* ⓤ 면수자(綿수子). 모(毛) 수자.

:sat·el·lite [sǽtəlàit] *n.* (1) 【天】 위성 ; 인공위성(artifical ~) : a broadcasting〈military, scientific, weather〉 ~ 방송〈군사, 과학, 기상(氣象)〉 위성. (2) ⓤ 위성 방송. (3) ⓒ 위성국; 위성 도시 : Many of these problems are shared by the former ~ countries. 이 많은 문제들은 이전의 위성국가들이 다같이 겪는〈안고 있는〉 문제이다. (4) ⓒ 아첨꾼, 식객. —*a.* 〔限定的〕 (1) (인공) 위성의 ; 위성과 같은 : ~ hookup 위성중계. (2) 종속된 : ~ states 위성국.

sátellite bròadcasting 위성 방송.

sátellite bùsiness 위성 비지니스《통신 위성을 사용한 전화·텔레비전·팩시밀리·데이터 통신 등, 정보 서비스 비지니스》.

sátellite dìsh 파라볼라 안테나, 위성 텔레비전 수신용 안테나.

sátellite stàtion 인공위성〈우주선〉 기지 ; 위성 방송 기지.

sa·tia·ble [séiʃiəbəl/-ʃə-] *a.* 만족할 수 있는. 파) **-bly** *ad.*

sa·ti·ate [séiʃièit] *vt.* (1) (필요·욕망 등)을 충분히 만족시키다《*with*》 : These books ~ the reader's interest. 이들 책은 독자의 흥미를 충분히 만족시킨다. (2) (남)을 물리게 하다《*with*》《※ 흔히 過去分詞로 形容詞的으로 쓰임》. 파) **sà·ti·á·tion** [-ʃən] *n.* ⓤ (1) 포만, 포식. (2) 물리게 함. — *a.* 배가 잔뜩 부른, 물린.

sa·ti·e·ty [sətáiəti] *n.* ⓤ 물림, 포만 : to (the point of) ~ 진저리〈넌더리〉 날 만큼.

·sat·in [sǽtən] *n.* ⓤ 견수자(絹수子), 공단, 새틴. 【cf.】 sateen. —*a.* (1) 수자로〈공단으로〉 만든, (2) 매끄러운, 광택이 있는. — *vt.* 공단과 같은 광택을 내다.

sátin pàper (윤기 있는) 필기용 종이, 광택지.

sat·in·wood [sǽtənwùd] *n.* (1) ⓒ (동인도산의) 마호가니류(類)의 나무. (2) ⓤ 그 목재《가구재》.

sat·iny [sǽtəni] *a.* 수자 같은〔광택이 나는〕 ; 매끄러운.

:sat·ire [sǽtaiər] *n.* (1) ⓤⓒ 풍자《*on, upon*》 a biting ~ on existing society 현 사회에 대한 날카로운 풍자. ※ satire는 사회(제도)나 사회적 권위자에 대한 풍자, sarcasm은 일반 개인에 대한 비꼬기. (2) ⓤ 〔集合的〕 풍자 문학. (3) ⓒ 풍자 작품《시·소설·연극 등》 : George Orwell's "Animal Farm" is a work of political ~. 조지 오웰의 '동물 농장'은 정치적 풍자 작품이다. (4) 웃음거리로 만드는 것, 모순.

sa·tir·ic, -i·cal [sətírik] [-əl] *a.* 풍자적인, 풍자를 좋아하는 ; 풍자문을 쓰는 : a ~ novel 풍자 소설. 파) **-i·cal·ly** *ad.*

sat·i·rist [sǽterist] *n.* ⓒ 풍자시〈문〉 작자 ; 풍자가, 빈정대는 사람 : a political ~ 정치 풍자가.

sat·i·rize [sǽtəràiz] *vt.* …을 풍자하다 ; 빈정대다, 비꼬다 : This is a poem *satirizing* the government. 이것은 정부를 풍자한 시다.

:sat·is·fac·tion [sæ̀tisfǽkʃən] *n.* (1) ⓤ 만족(감)《*at* ; *with*》 : *with* great〈much〉 ~ 매우 만족하여. (2) ⓤⓒ 만족시키는 것《*to*》 : Your success will be a great ~ *to* your parents. 성공하여 부모님께서 매우 만족하시겠다. (3) 【法】 ⓤ (빚의) 변제, (손해의) 배상《*for*》 : (의무의) 이행 : give ~ to …에게 배상하다 / make ~ *for* …을 변상하다. (4) ⓤ (명예 훼손에 대해) 사죄·결투 등에 의한 명예 회복의 기회《*for*》 : demand ~ *for* an insult 모욕을 씻기 위한 사죄〈결투〉를 요구하다.
□ satisfy *v.* ***to the ~ of*** …가 만족〈납득〉하도록. ***with*(*great, much*)** ~ (크게) 만족하여.

sat·is·fac·to·ri·ly [sæ̀tisfǽktərəli] *ad.* 만족하게, 마음껏, 더할 나위 없이 : The central heating system is working ~. 중앙 난방 시스템은 만족하게 돌아가고 있다.

sat·is·fac·to·ry [sæ̀tisfǽktəri] (***more ~ ; most ~***) *a.* (1) 만족스러운, 더할 나위 없는《*to*》 : ~ results 아주 좋은 결과. (2) (성적이) 보통인, C인. (3) 충분한 속죄가 되는.

sat·is·fied [sǽtisfàid] (***more ~ ; most ~***) *a.* (1) 만족한, 흡족한 : a ~ smile 만족스러운 미소. (2) 〔敍述的〕 확신하는 : I'm ~ that he's innocent. 나는 그의 무고함을 확신한다. be ~ of …을 확신하다. e ~ with …에 만족하다.

:sat·is·fy [sǽtisfài] *vt.* (1) 《~+目/+目+前+名/+目+*to* do》 …을 **만족시키다** : (희망 등)을 충족시키다, 채우다 : ~ one's appetite 식욕을 채우다 / ~ one's thirst *with* water 물로 갈증을 풀다 / I was *satisfied to* meet her. 그녀를 만나 서 만족스

러웠다. (2) 《~+目/+目+前+名/+目+*that* 節》 (의심 따위)를 풀다, (아무)를 안심〈확신〉시키다, 납득시키다(convince)《*of*》 : ~ an objection 이의에 답변하다 / ~ a person *of* a fact 아무에게 어떤 사실을 납득시키다 / He *satisfied* me *that* he could finish it in time. 그는 제때에 그 일을 마칠 수 있다고 나를 안심시켰다. (3) 《~+目/+目+前+名》 (채권자)에게 변제하다 ; (빚 등)을 갚다 ; (배상 요구 등)에 응하다 ; (의무)를 이행하다 : ~ a bill 셈을 치르다 / ~ claims *for* damage 손해 배상 청구에 응하다. —*vi.* 만족을 주다 ; 만족시키다. ***~ the examiners*** (대학 시험에서) 합격점에 달하다, 보통 성적으로 합격하다. 파) **-fi·er** *n.*

·sat·is·fy·ing [sǽtisfàiiŋ] *a.* 만족한, 충분한. 파) **~·ly** *ad.* **~·ness** *n.*

sat·u·ra·ble [sǽtʃərəbəl] *a.* 포화(飽和)시킬 수 있는. 파) **sàt·u·ra·bil·i·ty** [-bíləti] *n.*

·sat·u·rate [sǽtʃərèit] *vt.* 《+目+前+名》 …을 적시다 ; 흠뻑 적시다 ; (…에) …을 배어들게 하다 《*with*》 : ~ a handkerchief *with* water 손수건에 물을 적시다. (2) (상품)을 과잉 공급하다 ; 충만하게 하다《*with*》. (3) 《+目+前+名》 【物·化】 …을 포화시키다 : ~ water *with* salt 물을 소금으로 포화시키다. (4) (담배연기)등이 방안을 가득 채우다.

sat·u·rat·ed [sǽtʃərèitid] *a.* (1) 스며든, 흠뻑 젖은. (2) 〔敍述的〕 (전통·편견 등이) 배어 있는, 스며 있는《*with* ; *in*》 : a college ~ *with* old tradition 오랜 전통이 배어 있는 대학. (3) 〔限定的〕 【物·化】 (용액이) 포화 상태가 된.

sat·u·ra·tion [sæ̀tʃəréiʃən] *n.* ⓤ (1) 침투, 침윤(浸潤). (2) 【美術】 채도(彩度). 【cf.】 brilliance, hue[1]. (3) 【物·化】 포화(상태). (4) 【軍】 집중 공격〈폭격〉.

saturátion pòint 포화점 ; 한도, 극한.

:Sat·ur·day [sǽtərdi, -dèi] *n.* 〔원칙적으로 無冠詞로 ⓤ ; 그러나 의미에 따라 冠詞가 붙기도 하고 ⓒ도 됨〕 토요일 《略 : Sat.》. —*a.* 〔限定的〕 토요일의 : on ~ afternoon 토요일 오후에. —*ad.* 《美》 토요일에.

Sáturday nìght spécial (싸구려) 소형 권총 《주말 범죄에 잘 쓰이는 데서》.

·Sat·urn [sǽtərn] *n.* (1) 【로神】 농업의 신. (2)【天】 토성. 【cf.】 planet.

Sat·ur·na·lia [sæ̀tərnéiliə, -ljə] *n.* (1) (고대 로마의) 농신제(農神祭)《12월 17 일경》. (2) (종종 s-) ⓒ (*pl.* ***-li·as,*** ~) 법석떪.

Sa·tur·ni·an [sætə́ːrniən] *a.* 【天】 토성의 ; 번영한, 행복한.

sat·ur·nine [sǽtərnàin] *a.* (안색·기질이) 무뚝뚝한, 음침한(gloomy) : a ~ character 무뚝뚝한 성격. 〖opp.〗 *mercurial.*

:sauce [sɔːs] *n.* (1) ⓤⓒ 소스 : Hunger is the best ~. 《俗談》 시장이 반찬. (2) ⓒ 맛을 돋우는 것, 자극, 재미. (3) ⓤⓒ 《口》 건방짐, 건방진 말, 뻔뻔스러움(cheek) : None of your ~ ! 건방진 소리 마. (4)ⓤ 《美》 (과일의) 설탕 조림. —*vt.* (1) …에 소스를 치다, …을 (소스로) 맛을 내다. (2) …에 흥미를 더하다 : a sermon ~*d* with wit 재치로 흥미를 돋운 설교. (3) 《口》 …에게 무례한 말을 하다(= 《美口》 sass).

sauce·boat [⁼bòut] *n.* ⓒ (배 모양의) 소스 그릇.

·sauce·pan [sɔ́ːspæ̀n] *n.* ⓒ (자루·뚜껑이 달린) 스튜 냄비.

:sau·cer [sɔ́ːsər] *n.* ⓒ (1) (커피 잔 따위의) 받침 접시 ; (화분의) 받침 (접시). (2) 받침 접시 모양의 것 ; (특히 전파 망원경의) 파라볼라 안테나.

sau·cer-eyed [sɔ́ːsəràid] *a.* (놀라서) 눈이 접시같이 둥근, 눈을 부릅뜬.

sau·ci·ly [sɔ́ːsəli] *ad.* 건방지게, 뻔뻔스럽게.

:sau·cy [sɔ́ːsi] (***-ci·er, more ~ ; -ci·est, most ~***) *a.* (1) 건방진, 뻔뻔스런. (2) 《口》 (특히 옷이) 맵시 있는, 멋들어진(smart). (3) 《口》 음란한, 외설적인(영화·연극) : a ~ magazine 외설 잡지. (4) 쾌활한, 기운찬.
파) **-ci·ness** *n.*

Sau·di [sáudi, sɑːúːdi, sɔ́ːdi] *a.* 사우디 아라비아의. —*n.* ⓒ 사우디 아라비아 사람

Sáudi Arábia 사우디 아라비아《수도 Riyadh, 종교의 중심은 Mecca》.

sau·er·kraut [sáuərkràut] *n.* ⓤ 《G.》 사우어크라우트《잘게 썬 양배추에 식초를 쳐서 담근 독일 김치》.

sau·na [sáunə, sɔ́ːnə] *n.* ⓒ (핀란드의) 증기욕〈탕〉, 사우나(탕).

saun·ter [sɔ́ːntər, sɑ́ːn-] *vi.* 어슬렁거리다, 산책하다(stroll).
—*n.* (a ~) 산책(ramble), 배회.
파) **~·er** *n.* ⓒ 산책하는 사람.

:sau·sage [sɔ́ːsidʒ/sɔ́s-] *n.* (1) ⓤⓒ 소시지, 순대 : a string of ~*s* 한 두름으로 된 소시지. (2) 소시지 모양의 것. (3) 독일 사람. (4) 부정한 여자.

sáusage fìnger 끝이 뭉툭한 손가락. 〖opp.〗 *taper finger.*

sáusage mèat (소시지용) 다진 고기.

sáusage róll 《英》 소시지 롤빵.

sau·té [soutéi, sɔ-] *a.* 《F.》 【料】 (버터 따위로) 살짝 튀긴, 소테로 한. —*n.* ⓤⓒ 소테《살짝 튀긴 요리》. —(~(***e***)***d*** ; ***~·ing***) *vt.* 살짝 튀기다.

sav·a·ble, save·a- [séivəbəl] *a.* (1) 구조할 수 있는. (2) 저축〈절약〉할 수 있는.

:sav·age [sǽvidʒ] (***-age·er, more ~ ; -ag·est, most ~***) *a.* (1) 〔限定的〕 야만의, 미개한 ; 미개인의. 【cf.】 barbarous. 〖opp.〗 *civil.* 『~ tribes 야만족 / ~ fine arts 미개인의 예술. (2) 사나운 ; 잔혹한, 잔인한 : ~ beasts 사나운 야수. (3) (풍경이) 황량한, 쓸쓸한 : ~ mountain scenery 황량한 산 경치. (4) 길들지 않은, 야생의 : 《口》 성난 : get ~ with …에 몹시 화를 내다. (5) 천한, 무례한. (6) 나체의. (7) 쳐고의, 근사한. ***make a ~ attack upon*** …을 맹렬히 공격하다.
—*n.* ⓒ (1) 야만인, 미개인. (2) 잔인한 사람 ; 무뢰한, 버릇없는 사람.
— *vt.* (1) (성난 말·개 따위가 사람)을 물어뜯다 : She was ~*d* by a large dog. 그녀는 큰 개한테 물렸다. (2) …을 맹렬히 비난하다, 혹평하다. 파) **~·ly** *ad.* **~·ness** *n.*

sav·age·ry [sǽvidʒəri] *n.* (1) ⓤ 야만, 미개(상태). (2) ⓤ 흉포성 ; 거칠고 사나움 : the ~ of the attack 공격의 흉포성. (3) (*pl.*) 야만 행위, 만행. (4) 야수, 야만인.

·sa·van·na(h) [səvǽnə] *n.* ⓤⓒ (특히 열대 아프리카·아열대 지방의 수목이 없는) 대초원, 사바나. 【cf.】 pampas, prairie, steppe.

sa·vant [sævɑ́ːnt, sǽvənt : *F.* savɑ̃] *n.* ⓒ 《F.》 《文語》학자, 석학(碩學).

sav·a·rin [sǽvərin] *n.* ⓤⓒ 《F.》 사바랭《럼주등을 넣고 만든 원통형의 케이크》.

sa·vate [sævǽt, -vɑ́ːt] *n.* ⓤ 사바트《손과 발을 쓰는 프랑스식 권투》.

:save[1] [seiv] *vt.* (1) 《~+目/+目+前+名》 (위험 따위)에서 구하다, 건지다《*from*》. (2) (안전하게) …을 지키다 : ~ one's honor 〈name〉 명예를〈명성을〉 지키다.
(3) 《~+目/+目+前+名》 a] …을 떼어〈남겨〉두다 ; 절약하다, 아끼다, 쓰지 않고 때우다 : *Save* money for a rainy day 만일을 위해 돈을 아껴라. b] 〔再歸的〕 …을 위해 체력을 소모하지 않도록 하다.
(4) …을 모으다, 저축하다 : ~ money 저축하다.
(5) 《~+目/+-*ing*/+目+目》 (지출)을 덜다 ; (수고·어려움 따위)를 적게 하다, 면하게 하다 : ~ trouble 수고를 덜다.
—*vi.* (1) 《~/+副/+前+名》 낭비를 막다, 절약하다 ; 저축하다《*for* ; *up* ; *on*》 : We're *saving* (*up*) *for* a new car. 새 차를 사기 위해 저축하고 있다. (2) 구하다, 구제하다 ; 골을 지키다. ◻ safe *a.* ***God ~ us!*** = ***Save us!*** 어유 놀랐다. ***~ appearances*** 체면을 지키다〈차리다〉. ~ a person ***from*** 1) 아무를 …에서 구하다. 2) 아무에게 …을 면하게 하다. ~ one***'s bacon*** 목숨을 건지다. (간신히) 위해(危害)를 모면하다. ~ one***'s breath*** 쓸데없는 말을 하지 않다. ~ one***'s pains*** 〈***trouble***〉 헛수고를 덜다. ~ one***'s pocket*** 손해〈출비(出費)〉를 면(免)하다.
—*n.* ⓒ (1) (축구 등에서) 상대편의 득점을 막음. (2) 【野】 구원 투수가 리드를 지켜 나감, 세이브.

:save[2] *prep.* …을 제외하고, …이외에, …은 별도로 치고. ※ 《美》에서는 except 다음으로 흔히 쓰이나, 《英》에서는 《古》 또는 《文語》로 사용됨. ***~ for*** …을 제외하고.
—*conj.* (~ that로) 《古》 …임을 제외하고는.

save-as-you-earn [séivəzjuːə́ːrn] *n.* ⓤ 《英》 급료 공제 예금《略 : S.A.Y.E.》.

sav·e·loy [sévəlɔ̀i] (*pl.* ***~s***) *n.* ⓤⓒ 《英》 새벌로이《조미(調味)한 건제(乾製) 소시지》.

sav·er [séivər] *n.* ⓒ (1) 구조〈구제〉자. (2) 절약〈저축〉가. (3)〔複合語로〕 …절약기〈장치〉.

:sav·ing [séiviŋ] (***more ~ ; most ~***) *a.* (1) 절약하는, 알뜰한, 검소한 : a ~ housewife 알뜰한 주부. (2) 도움이 되는, 구조〈구제〉하는. (3) 〔限定的〕 손해 없는, 벌충〈장점〉이 되는 : a ~ bargain 손해 없는 거래. (4) 예외의 ; 제외하는, 보류의 : a ~ clause 유보 조항, 단서.
—*n.* (1) ⓤⓒ 절약, 검약(economy). (2) (*pl.*) 저금, 저축(액) : ~*s* deposits 저축성 예금. (3) ⓤ 구조, 구제 ; 제도(濟度). (4) ⓤ 【法】 유보(留保), 제외.
—*prep.* …을 제외하고, …외에.

sávings accòunt 저축 예금《《美》 '보통 예금', 《英》 '적립 정기예금'에 상당》.

sávings and lóan associàtion 《美》 저축 대출 조합, 상호 은행《略 : S & L》.

sávings bànk 저축 은행 ; 《美》 저금통.

sávings bònd 《美》 저축 채권.

sáving gráce (결점을 보완하는) 장점.

·sav·ior, 《英》 **-iour** [séivjər] *n.* (1) ⓒ 구조자. (2) (the〈our〉 S-) 구세주, 구주(救主) 《예수》. ※ (2) 의 뜻으로는 《美》에서도 saviour로 쓰는 일이 많음.

sa·voir faire [sǽvwɑːrfέər] *n.* ⓤ 《F.》 (=to know how to do) (사교계 등에서의) 임기 응변의 재치, 수완.

·sa·vor, 《英》 **-vour** [séivər] *n.* (1) ⓤ (또는 a ~) (독특한) 맛, 풍미 : This soup has *a* ~ of garlic. 이 수프는 마늘 맛이 난다. (2) (a ~) (…의) 기미, 느낌《*of*》. (3) ⓤ (또는 a ~) 흥취, 흥미, 재미.
—*vt.* …을 만끽하다 ; 맛보다, 완미(玩味)하다 : ~ the finest French cuisine 가장 훌륭한 프랑스 요리를 맛보다.
—*vi.* 《+前+名》 맛이 나다《*of*》 ; 기미가 있다《*of*》, (…의) 느낌이 들다.

sa·vory[1] [séivəri] *n.* ⓒ 【植】 차조깃과(科)의 식물《요리용, 유럽산(産)》.

sa·vory[2], 《英》 **-voury** [séivəri] (***-vor·i·er ; -vor·i·est***) *a.* (1) 풍미있는, 맛좋은, 향기로운. (2) 〔흔히 否定文으로〕 (도덕적으로) 건전한. (3) 【料】 짭짤한, 소금으로 간을 한 : a ~ omelet 소금으로 간을 한 오믈렛. (4) 재미있는, 즐거운 ; 쾌적한.
—*n.* ⓒ 《英》 (흔히 식후에 내는) 짭짤한 맛이 나는 요리, 세이버리. 파) **sá·vor·i·ly** *ad.* **-i·ness** *n.*

savóy càbbage 【植】 양배추의 한 가지.

savóy óperas (the ~) 사보이 오페라《19세기 말 영국의 극작가 Gilbert와 작곡가 Sullivan의 합작으로 된 일련의 희가극》.

sav·vy [sǽvi] 《俗》 *vt.* …을 알다, 이해하다.
—*n.* ⓤ (실제적) 상식, 지식.
—(***-vi·er ; -vi·est***) *a.* 사정에 정통한, 약은, 경험 있고 박식한, 이해하는.

:saw[1] [sɔː] *n.* ⓒ 톱 : the teeth of a ~ 톱니.
—(***~ed ; ~n***[sɔːn], 《稀》***~ed***) *vt.* (1) 《~+目/+目+前+名/+目+副》 …을 톱으로 켜다〈자르다〉 ;톱으로 켜서 만들다 : ~ boards 판자를 톱으로 켜다 ; (나무를 켜서) 판자를 만들다 / a branch *off* 가지를 톱으로 자르다. (2) 《~+目+副/+目+前+名》 (톱질 하듯이) …을 앞뒤로 움직이다 : ~ *out* a tune on the violin (활을 앞뒤로 움직여) 바이올린으로 한 곡 켜다. —*vi.* (1) 톱질하다. (2)《+副》 (나무가) 톱으로 …하게 켜지다. (3) 《~/+副/+前+名》 (톱질하듯이) 손을 앞뒤로 움직이다 : ~ the air 팔을 앞뒤로 움직이다. ~ wood 《美俗》 (참견 않고) 자기 일에만 전념하다, 코를 골다..

saw[2] *n.* ⓒ 속담(proverb), 격언《보통 old saw 또는 wise saw 로서 쓰임》. 『old ~ 옛속담, 옛말.

:saw[3] SEE[1]의 과거.

saw·bones [´bòunz] (*pl.* ***~, ~·es***) *n.* ⓒ 《俗》 …의사, 《특히》 외과의.

saw·dust [´dʌst] *n.* ⓒ 톱밥. ***let the ~ out of*** …의 약점을 들춰내다《인형 속의 톱밥을 끄집어 내는 데서》.

saw·edged [´édʒd] *a.* 톱니 모양의 들쭉날쭉한.

sawed-off [sɔ́ːdɔ́(ː)f, -ɑ́f] *a.* 《美》 한쪽 끝을 살라 짧게 한 : a ~ gun 총신을 짧게 자른 총《갱들이 사용》. (2) 《俗》 키가 작은.

·saw·mill [´mìl] *n.* ⓒ (1) 제재소. (2) 대형 제재(製材)톱.

·sawn [sɔːn] SAW[1]의 과거분사.

sáw pit 톱질 구덩이《두 사람이 위아래로 되어 톱질할 때 아래쪽 사람이 들어감》.

sáw sèt 톱날 세우는 기구.

saw-toothed [´tùːθt] *a.* 톱니(모양)의, 들쭉날쭉한.

saw·yer [sɔ́ːjər] *n.* (1) ⓒ 톱장이. (2) 강물에 떠내려 가는 표류목. (3) 하늘소.

sax·horn [sǽkshɔ̀ːrn] *n.* ⓒ 【樂】 색스혼《금관 악기의 하나 ; saxophone과는 다름》.

S

·Sax·on [sǽksən] *n.* (1) a] ⓒ 색슨 사람. b] (the ~s) 색슨 족《독일 북부 Elbe 강 하구에 살고 있던 게르만족으로, 그 일부는 5~6 세기에 영국을 정복했음》. (2) ⓒ 영국 사람, 잉글랜드 사람(Englishman)《아일랜드 사람·웨일스 사람에 대 하여》. (3) ⓤ (색슨 사람이 사용하던) 색슨 말.
—*a.* 색슨 사람〈말〉의 : ~ words 본래의 영어.

sax·o·phone [sǽksəfòun] *n.* ⓒ 색소폰《목관 악기의 하나》. 파) **sax·o·phon·ist** [sǽksəfòunist] *n.* ⓒ 색소폰 연주가.

:say [sei] (*p.*, *pp.* ***said*** [sed] ; 3인칭 단수 현재 직설법 ***says*** [sez]) *vt.* (1) 《~+目/+(目+前)+*that* 節/+*wh.* 節/+目+前+名》…을 말하다, 이야기하다 : What did you ~? 뭐라고 했나 / He *said* (*to* John) *that* little damage was caused. 그는 (존에게) 손해는 거의 없다고 말했다 / ~ a word 한마디 하다. 【cf.】 speak.
(2) 《+目+前+名》(말 이외의 방법으로) …을 나 타내다, 표현하다.
(3) 《+*that* 節》(신문·게시·편지·책 따위가) …라고 씌어져 있다 ; (책 따위에) 나 있다. : The Bible ~*s that* ... 성서에는 …라고 씌어져 있다.
(4) 《+*that* 節》(세상 사람들이) …이라 전하다, 말하다, …라고(들) 하다.
(5) (기도문·시 등)을 외다 ; 암송하다 : ~ one's part 대사를 외다.
(6) 〔삽입구처럼 예시하는 것 앞에서〕 이를테면, 예를 들면, 글쎄요.
(7) 《+*that* 節》〔命令形으로〕 (가령) …라고 한다면.
(8) 《+*to* do》《美口》…을 명하다, …하라고 말하다.
—*vi.* (1) 《~/+副》말하다 ; 의견을 말하다, 단언하다 : It is just as you ~. 정말 자네 말대로다. (2) 《美口》이봐, 여보세요, 저어 ; 이거 놀랐다(《英》 I ~) : *Say*, there! 여보세요.
and so ~ all of us 모두 같은 의견이다. ***as much as to ~*** (마치) …라고나 하려는 듯이. ***As you ~!*** 말씀하시는 그대로입니다. ***be said to*** do 하다고 한다. ***How ~ you?*** (배심원에게) 판결을 청합니다. ***I dare ~.*** 아마 그렇죠. ***I mean to ~*** 《口》 더 정확하게 말하면. ***I must ~*** (문장의 뜻을 强調) 정말로, 아주. ***I ~.*** 1) 《英》 이봐, 여보세요. 2) 《英口》 아이구 깜짝이야 : *I ~!* What a surprise! 야 ! 정말 놀랐는데. ***I should ~ so*** 〈***not***〉. 그렇다고 〈그렇지 않다고〉 생각한다. ***It goes without ~ing that . . . .*** …(임)은 말할 것도 없다. ***It is not too much to ~ that . . . .*** …라고 해도 과언은 아니다. ***~ a good word for*** …을 추천하다, 좋게 말하다 ; …을 위하여 변호하다. ***~ for*** one***self*** 변명하다. ***~ no*** '아니다' 라고 말하다, …에 반대하다《*to*》. ***~ on*** 〔혼히 命令形으로〕 말을 계속하다《※ go on이 일반적》. ***~ out*** 을 숨김없이 말하다, 털어놓다. ***~ the word*** 명령을 내리다. ***~ to*** one***self*** 스스로 다짐하다, 혼자 말하다 : 마음속에 생각하다. ***~ what you like*** 당신이 반대하여도. ***~ yes*** …에 동의하다, 찬성하다. ***so to ~*** 말하자면, 마치, 이를테면. ***that is to ~*** 즉, 바꿔 말하면 ; 적어도. ***though I ~ it*** (***who*** 〈《口》 ***as***〉 ***should not***) 나의 입으로 말하기는 쑥스럽지만. ***to ~ nothing of*** …은 제쳐놓고 〈고사하고〉, …은 말할 것도 없고. ***to the least of it*** 극히 줄잡아 말해도. ***What do you ~*** 〈《美口》 ***What ~ you to ...?*** …이 어떨까요 : *What do you ~ to* a drink ? 한 잔 어떻소.
—*n.* (1) ⓤ 할 말 ; 주장, 의견. (2) ⓤ (또는 a ~) 발언권, 발언할 차례〈기회〉. (3) (the ~) 《美》 (최후의) 결정권(權) : have *the* ~ 최종적 결정권을 갖다《*in* ; *on*》. ***say*** 〈***have***〉 one***'s ~*** 하고 싶은 말을 하다.

:say·ing [séiiŋ] *n.* (1) a] ⓤ 말하기, 발언 : He's better at ~ than doing. 그는 실행보다는 말이 앞선다. b] ⓒ 말, 진술 : It was a ~ of his that .... 그는 곧잘 …라고 말했다. (2) ⓒ 속담, 격언, 전해 오는 말.

say-so *n.* [séisòu] (*sing.*)《口》 (1) 〔흔히 on one's ~로〕 독단적인 주장, (근거없는) 발언 : I cannot accept it just *on your* ~. 네 말 만으로는 그걸 믿을 수 없다. (2) 〔on the ~로〕 (권위 있는) 발언, 단정, 허가 : No baggage can go into the aircraft without his ~. 그의 허가없이는 어떤 수화물도 기내에 들여가지 못한다.

scab [skæb] *n.* (1) ⓒ (헌데·상처의) 딱지. (2) ⓤ a] 옴, 개선(疥癬)(scabies), (가축의) 피부병. b] 【植】 (감자 따위의) 반점병. (3) ⓒ 【蔑】 노동 조합 비가입자, 파업을 깨뜨리는 사람 ; 배반자. (4) 악질, 건달.
—(**-bb-**) *vi.* (1) (상처에) 딱지가 앉다. (2)《~/+前+名》《美》《蔑》 비조합원으로 일하다, 파업을 깨뜨리다《*on*》 : ~ *on* strikers 파업하는 사람들을 배반하다, 파업을 깨뜨리다.

·scab·bard [skǽbərd] *n.* ⓒ (1) (칼 따위의) 집. (2) 《美》 권총집. — *vt.* 칼집에 꽂다 ; 칼집을 만들어 끼우다.

scábbard fish 【魚】 갈치.

scab·by [skǽbi] (**-bi·er ; -bi·est**) *a.* (1) 딱지 투성이의, 딱지가 앉은. (2) 옴〈부패병〉에 걸린. (3) 더러운 ; 비열한. (4) (표면이) 두툴두툴한 ; 선명치 못한.

sca·bi·es [skéibiìːz, -bìːz] *n.* ⓤ 【醫】 개선(疥癬), 옴.

sca·bi·ous[1] [skéibiəs] *a.* 딱지 있는, 딱지투성이인 ; 딱지의 〈같은〉 ; 몸의〈같은〉.

sca·bi·ous[2] *n.* ⓤ 【植】 옴에 좋다는 초본《체꽃·망초 따위》 : sweet ~ 체꽃.

scab·rous [skǽbrəs/skéi-] *a.* (1) (표면이) 꺼칠꺼칠〈우툴두툴〉한 : a ~ leaf 까칠까칠한 나뭇잎. (2) (문제 따위가) 골치 아픈, 까다로운. (3) (소설 따위가) 외설〈음란〉한.
파) **~·ly** *ad.* **~·ness** *n.*

scad [skæd] *n.*〔종종 *pl.*〕《美口》 많음《*of*》 : He earned ~*s of* money. 많은 돈을 벌었다.

·scaf·fold [skǽfəld, -fould] *n.* (1) ⓒ (건축장 따위의) 비계(scaffolding). (2) a] ⓒ 교수대, 단두대. b] (the ~) (교수·단두에 의한) 사형 : send〈bring〉 a person to *the* ~ 아무를 교수대에 보내다〈사형에 처하다〉. (3) ⓒ 야외의 조립식 무대. (4) 골격, 뼈대.
—*vt.* …에 비계를〈발판을〉 만들다.

scaf·fold·ing [-iŋ] *n.* ⓤ (1) (건축장의) 비계, 발판. (2) 〔集合的〕 발판 재료.

scag [skæg] *n.* ⓤ 《美述》 헤로인俗 ; 지겨운 놈; 못생긴 여자.

scal·a·ble [skéiləbl] *a.* (1) (산 따위에) 오를 수 있는. (2) (저울로) 달 수 있는. (3) 비늘이 벗겨지는.

sca·lar [skéilər] *n.* ⓒ 【物·數】 스칼라《실수(實數)로 표시할 수 있는 수량》. 【cf.】 vector.
—*a.* 스칼라의〈를 사용한〉.

scal·a·wag, 《英》 **scal·la-** [skǽləwæ̀g] *n.* ⓒ (1) 밥벌레 ; 장난꾸러기, 개구쟁이. (2) 무골충, 겁쟁이《남북 전쟁 후 공화당에 가담한 남부의 백인 ; 남부 민주당원이 하는 욕》. (3) 작은 동물, 영양 불량의 동물.

·scald [skɔːld] *n.* (1) ⓒ (끓는 물·김에 의한) 뎀

《※ 불에 덴 때는 burn》. (2) ⓤ (과일의) 물크러짐. —*vt*. (1) 《~+目/+目+前+名》 (끓는 물·김으로) ~ 을 데게 하다 : be ~*ed* to death 화상으로 죽다. (2) (닭·야채 따위)를 데치다 ; (기물(器物))을 끓는 물로 씻다〈소독하다〉《*out*》. (3) (우유 등)을 비등점 가까이 까지 데우다. —*vi*. 데다. ***like a ~ed cat*** 맹렬한 기세로〈움직이다〉.

scald·ing [skɔ́ːldiŋ] *a*. (1) 델 것 같은 ; (모래밭 등이) 타는 듯한 : ~ tears (비탄의) 뜨거운 눈물. (2) (비평 등이) 신랄한, 통렬한. —*ad*. 델 정도로.

:scale[1] [skeil] *n*. (1) ⓒ 눈금, 저울눈 ; 척도 ; 자(ruler). (2)ⓒ (지도 따위의) 축척, 비율. (3) ⓒ (임금·요금·세금 등의) 율(率) ; 임금표 : a ~ of taxation 세율. (4) ⓤⓒ 규모, 정도 : a plan of a large ~ 대규모의 계획. (5) ⓒ 계급(rank), 등급, 단계(gradation). (6) ⓒ 【樂】 음계, 도레미파 : the major 〈minor〉 ~ 장〈단〉음계. (7) ⓒ 【數】 …진법, 기수법(記數法) : the decimal ~ 십진법. ***in ~*** 일정한 척도에 따라, 균형이 잡혀《*with*》. ***out of ~*** 일정한 척도에서 벗어나, 균형을 잃고 《*with*》. ***to ~*** 일정한 비율로 확대〈축소〉한.

—*vt*. (1) (산 따위)에 올라가다 ; 사다리로 오르다 : ~ a wall with a ladder 벽에 사다리를 대고 오르다. (2) (지도)를 축척으로 그리다 ; 일정한 비율로 만들다〈에 따라 정하다〉 ; (단계적으로) 줄이다《*down*》 : ~ a map 축척으로 지도를 그리다 (3) …을 조정하다 ; 비율에 따라 축소〈확대〉하다. (4) (사람·물건 등을) 적절히 판단하다 ; 어림잡다. —*vi*. 오르다 ; 점점 높아지다. ***~ back*** 축소하다 : ~ *back* military forces 병력을 감축하다. ***~ down*** 〈***up***〉 비율에 따 라 줄이다〈늘리다〉, 축소〈확대〉하다.

:scale[2] *n*. (1) ⓒ 천칭의 접시, (흔히 *pl*.) 천칭 ; (종종 *pl*.) 저울 : a pair of ~s 천칭 / a spring ~ 용수철 저울. (2) (the S-s) 【天】 저울자리〈궁〉(Libra). ***go to ~ at*** 체중이 …이다. ***hang in the ~*** 어느 쪽으로도 결정하지 않다. ***hold the ~s even*** 〈***equally***〉 공평히 판가름하다. ***tip*** 〈***tilt, turn***〉 ***the ~(s)*** 1) 무게가 나가다《*at*》. 2) (저울을 기울게 하듯이) 형세를〈국면을〉 일변시키다 : turn the ~ at …의 무게가 나가다..

—*vt*. …을 저울로 달다 ; (마음속으로)저울질하다.

—*vi*. 《+補》 무게가 …나가다(weigh) : It ~s 10 tons. 그것은 무게가 10 톤 나간다.

·scale[3] *n*. (1) ⓒ 비늘. (2) ⓤ 비늘 모양의 것 ; 얇은 조각 : 인편(鱗片) ; 딱지. (3)ⓒ 【植】 아린(牙鱗) 《싹·봉오리를 보호하는》, 인포(鱗苞). (4) ⓤ 《주로 美》 (보일러 속에 끼는) 물때. (5) ⓤ 이똥, 치석(齒石)(tartar). (6) (눈에 끼어) 흐리게 하는 것. (7) ⓤⓒ 개각충, 깍지진디〈병〉. ***remove the ~s from*** a person***'s eyes*** 아무의 눈을 뜨게 하나 ; 살못을 깨닫게 하다. ***The ~s fall*** (***off***) ***from*** one***'s eyes.*** 【聖】 잘못을 께닫다《사도행전 Ⅸ : 18》.

—*vt*. (1) …에서 비늘〈껍질〉을 벗기다 : ~ a fish. (2) 《~+目/+目+前+名》 이똥〈치석〉을 벗기다 《*from*》. (3) (보일러 따위)의 물때를 벗기다.

—*vi*. (1)《~/+副/+前+名》 (비늘·페인트 등이)벗겨져 떨어지다《*off* ; *away*》. (2) 버캐가〈쇳농, 이똥 등이〉 끼다.

scaled [skeild] *a*. (1) 눈금이 있는. (2) 【動】 비늘이있는, 비늘 모양의.

scále ìnsect 【蟲】 개각충〔介殼蟲〕, 깍지진디.

sca·lene [skeilíːn] *a*. 【數】 (삼각형이)부등변의 : a ~ triangle 부등변 삼각형.

scal·ing [skéiliŋ] *n*. ⓤ 【컴】 크기 조정 ; 【齒】 치석 제거.

scáling làdder 공성(攻城) 사다리 ; 소방 사다리.

scal·lion [skǽljən] *n*. ⓒ 【植】 부추(leek), 골파.

scal·lop [skɑ́ləp, skǽl-/skɔ́l-] *n*. (1) ⓒ 【貝】 가리비 ; 그 껍질(~ shell), 조개 냄비, 속이 얕은 냄비. (2) (*pl*.) 【服】 스캘럽《가장자리 장식으로 쓰이는 부채꼴의 연속 무늬》. —*vt*. (1)…을 부채 모 양으로 하다 ; 【刺繡】 스캘럽으로 꾸미다. (2) …을 조개 냄비에 조리하다〈요리하다〉. 파) **~·er** *n*. **~·ing** *n*.ⓤ 가리비 모양의 장식〈무늬〉.

·scalp [skælp] *n*. ⓒ (1) 머릿가죽. (2) a] (머리털이 붙은) 머릿가죽. b] 《口》 전리품(trophy), 승리의 징표. (3) 민둥산 꼭대기. (4) 고래 대가리. (5) 매매 차익금.

—*vt*. (1) …의 머릿가죽을 벗기다. (2) 《美口》 a] (증권 등)을 차익금을 남기고 팔다. b] (표 따위)를 (매점했다가) 비싸게 팔아 넘기다. (3) 혹평하다, 험담하다.

scalp·er [skǽlpər] *n*. ⓒ (1) 머릿가죽을 벗기는 사람. (2) 《口》 당장의 이윤을 노려 사고 파는 사람 ; 암표상(ticket ~). (3) (조각용) 둥근 끌.

scaly [skéili] (***scal·i·er*** ; ***-i·est***) *a*. (1) 비늘이 있는 ; 비늘 모양의. (2) 비늘처럼 벗겨지는. (3) 물때가 있는, 버캐가 앉은. 파) **scál·i·ness** *n*.

scam, skam [skæm] *n*. ⓒ 【美俗】 (신용) 사기, 편취. —(***-mm-***) *vt*. …을 속이다, 사기치다.

—*vi*. (1)애무하다. (2)성교하다.

scamp [skæmp] *n*. ⓒ (1) 무뢰한, 깡패. (2)(애칭으로서) 개구쟁이, 장난꾸러기 ; 말괄량이. —*vt*. (일)을 되는 대로 하다, 겉날리다.

·scam·per [skǽmpər] *vi*. 《~/+前+名》 (어린 아이·작은 짐승 등이) 깡총깡총 뛰어다니다〈돌아다니다〉, 재빨리 도망가다《*about* ; *around* ; *into*》. —*n*. ⓒ 뛰어다님, 질주, 도주 ; 급한 여행(읽기).

scam·pi [skǽmpi] (*pl*. ~) *n*. (1) ⓒ 참새우. (2) ⓤ 스캠피《참새우를 기름이나 버터에 지진 요리》.

·scan [skæn] (***-nn-***) *vt*. (1) (얼굴 등)을 자세히 쳐다보다 ; 자세히 조사하다, 세밀히 살피다(scrutinize) : ~s person's face 아무의 얼굴을 뚫어지게 〈자세히〉 보다. (2) 《美口》 (신문 등)을 대충 훑어보다. (3)【TV】 (영상)을 주사(走査)하다 ; (레이더나 소나)로 탐지하다 ; 【컴】 훑다, 주사(走査)하다. (4) (인체에 방사성 물질을 넣어) 주사(走査)하다, 스캔하다. —*vi*. (1) (시행(詩行)이) 운율〈운각〉에 맞다. (2) 【TV】 주사(走査)하다.

—*n*. (a ~) (1) 자세히 살핌 ; 정사(精査). (2) 【TV·통신·컴·醫】 주사(走査), 스캔. (3) 운율을 맞추기. (4) 시야 ; 이해력.

:scan·dal [skǽndl] *n*. (1) ⓤⓒ 추문, 스캔들, 의옥(疑獄), 독직〈부정〉 사건〈행위〉 : a political ~ 정치적 스캔들 / A financial ~ 금융 부정 사건. (2) ⓒ 불명예, 창피, 수치(disgrace)《*to*》 : What a ~ ! 무슨 창피람. (3) ⓒ (스캔들에 대한) 세상의 분개, 물의. (4) ⓤ 악평 ; 중상 ; 험구 ; 비방(backbiting) : talk ~중상하다. ***cause*** 〈***creat, give rise to***〉 ~ 세간에 물의를 일으키다. to the great ~ of …이 분개한 것은.

scan·dal·ize [skǽndəlàiz] *vt*. 〔흔히 受動으로〕 …을 어이없게 만들다, 분개시키다, …의 반감을 사다 《*at* ; *by*》.

scan·dal·mon·ger [skǽndlmʌ̀ŋgər] *n*. ⓒ 험담꾼, 추문을 퍼뜨리는 사람.

S

·**scan·dal·ous** [skǽndələs] *a.* (1) 소문이 나쁜 ; 명예롭지 못한, 수치스러운(shameful). (2) 괘씸한 ; 중상적인, 욕을 하는 : ~ reports 중상 보도. 파) **~·ly** *ad.* **~·ness** *n.*
scándal shèet 《美》 추문·가십을 크게 다루는 신문〈잡지〉.
Scan·di·na·via [skæ̀ndənéiviə] *n.* 스칸디나비아 : 북유럽《스웨덴·노르웨이·덴마크, 때로는 아이슬란드와 그 부근의 섬을 포함함》.
·**Scan·di·na·vi·an** [skæ̀ndənéiviən] *a.* (1) 스칸디나비아의. (2) 스칸디나비아 사람〈어〉의. —*n.* (1) ⓒ스칸디나비아 사람. (2) 스칸디나비아어.
Scandinávian Península (the ~) 스칸디나비아 반도.
scan·di·um [skǽndiəm] *n.* ⓤ 【化】 스칸듐《희(稀) 금속 원소 ; 기호 Sc ; 번호 21》.
scan·ner [skǽnər] *n.* ⓒ (1) 【TV·通信】 영상(映像) 주사기 ; 주사(走査) 공중선. (2) 【醫】 (인체 주사용) 단층 촬영장치, 스캐너. (3) scan하는 사람.
scan·ning [skǽniŋ] *n.* ⓤ (1)【TV·通信·컴·레이더】 주사(走査). (2) 【醫】 인체 스캐닝, 단층 촬영. — *a.* 정사(주사)하는.
scánning lìne *n.* 【TV】 주사선(走査線).
scánning ràdar 주사식(走査式) 레이더.
scan·sion [skǽnʃən] *n.* ⓤⓒ 율독(律讀)(법) 《운율을 붙여 낭독함》 ; (시의) 운율 분석
□ scan *v.*

S

·**scant** [skænt] *a.* (1) (지식·경험·청중 등) 많지 않은, 불충분한, 부족한(deficient) : a ~ supply of water 부족한 물공급. (2) 〔敍述的〕 모자라는, 부족한 《*of*》. (3) 〔限定的 : 수량을 나타내는 말을 修飾〕 약간 모자라는. ***with ~ courtesy*** 아무렇게나, 되는대로. — *vt.* (1) 아까워하다, 인색하다. (2) 경시하다. — *ad.* 아껴서, 간신히, 가까스로.
scant·ies [skǽntiz] *n. pl.* 《口》 (여성용의) 짧은 바지, 스캔티.
scant·ling [skǽntliŋ] *n.* (1) ⓒ (서까래 따위로 쓰는 5인치각(角) 이하의) 각재(角材). (2) ⓤ 〔集合的〕 작은 각재류. (3) (a~) 소량, 조금《*of*》.
:**scanty** [skǽnti] (***scant·i·er ; -i·est***) *a.* (수·양·치수 등이) 모자라는, 부족한, 얼마 안되는, 불충분한(insufficient), 빈약한. 〖opp.〗 *plentiful, ample.* 『a ~ breakfast 불충분한 조반.
파) **scánt·i·ly** *ad.* 모자라게, 부족하게, 빈약하게. **-i·ness** *n.* ⓤ 모자람, 부족.
scape [skeip] *n.* ⓒ 【植】 (수선화처럼 뿌리에서 곧장 나오는) 꽃꼭지, 꽃줄기.
scape·goat [skéipgòut] *n.* ⓒ (1) 【聖】 속죄양《사람의 죄를 대신 지고 광야에 버려진 양》. (2) 남의 죄를 대신 지는 사람, 희생양. — *vt.* …에게 죄를 전가하다.
scape·grace [⌐grèis] *n.* ⓒ 성가신 놈, 쓸모없는 사람 ; 밥벌레, 식충이 ; 개구장이.
scap·u·la [skǽpjələ] (*pl.* ***-lae***[-lìː, -lài], **~s**) *n.* ⓒ 《L.》 【解】 견갑골(肩胛骨), 어깨뼈.
scap·u·lar [skǽpjələr] *a.* 견갑골의 ; 어깨의.
:**scar** [skɑːr] *n.* ⓒ (1) a〕 (화상·부스럼 따위의) 상처 자국, 흉터. b〕 (가구 따위의) 흠집. (2) 자국. (3) (마음·명성 등의)상처 : leave a ~ on one's good name 명성이 손상되다.
—(***-rr-***) *vt.* …에 상처를 남기다. —*vi.* 상처가 되다 ; 흉터〈상처〉를 남기고 낫다《*over*》.
scar·ab [skǽrəb] *n.* ⓒ (1) 【蟲】 풍뎅이(= ~ **bèetle**). (2) 스카라베《고대 이집트인이 부적이나 장식품으로 썼던 풍뎅이 모양의 보석·도기(陶器)》.
Scar·a·mouch [skǽrəmùː ʃ, -màutʃ] *n.* ⓒ (1)스카라무슈《옛 이탈리아 희극의 겁많은 어릿광대 역(役)》. (2) (s~) 공연히 우쭐대는 겁쟁이 ; 허풍쟁이.
:**scarce** [skɛərs] *a.* (1) 〔敍述的〕 (음식물·돈·생활 필수품이) 부족한, 적은, 결핍한《*of* 》 : be ~ *of* provisions 식량이 부족하다. (2) 드문, 희귀한(rare) : a ~ book 진본(珍本). □ scarcity *n.* ***make*** one*-**self*** **~** 《口》 (난처한 사람·일에서) 슬쩍 몸을 숨기다, 사라지다.
:**scarce·ly** [skɛ́ərsli] *ad.* (1) 간신히, 가까스로, 겨우. 【cf.】 hardly. 『He is ~ seventeen. 그는 겨우 17세가 될까말까 한다. (2) 거의 …아니다 ; 설마 …하는 일은 없다 : I can ~ see. 거의 안 보인다. (3)단연 …아니다. ~ ***. . . but*** …하지 않은 것은〈없는 것은〉 거의 없다. **~ *ever*** 좀처럼 …않다. **~ *. . . when*** 〈***before***〉 …하자마자〈하기가 무섭게〉.
·**scar·ci·ty** [skɛ́ərsəti] *n.* (1) ⓤⓒ (생필품 등의) 부족(lack) ; 결핍《*of* 》. (2) ⓤ 드문 일(rarity), 희소가치.
:**scare** [skɛər] *vt.* (1) …을 위협하다, 놀라게〈겁나게〉 하다 : a ~*d* look 겁에 질린 표정. (2) 《+目+前+名/+目+副》 …을 겁주어〈위협해〉 …하게 하다 《*into* 》 ; 을러대어 좇아버리다《*away* ; *off* 》 : ~ a person *from* a room 위협해 아무를 방에서 쫓아내다. (3) 《+目+副》 …을 무섭게 하여 …한 상태로 만들다.
—*vi.* 《~/+前+名》 겁내다, 놀라다 : She ~*d at* a lizard. 그녀는 도마뱀에 놀랐다. **~ *the life*** 〈***the hell***〉 ***out of*** a person 《口》 …을 기절초풍하게 하다. **~ *up*** 〈***out***〉 《美》 1) (숨어 있는 사냥 짐승)을 몰아내다. 2) (돈·급히 필요한 물건)을 변통하다, 긁어 모으다 ; (갖고 있는 것으로 식사 따위)를 마련하다.
—*n.* (1) (a ~) 공포, 겁, 놀라기. (2) ⓒ (잘못된 소문으로) 놀라서 떠들기, (사회적) 공황, 패닉.
—*a.* 〔限定的〕 놀라게 하는, 겁주는 : a ~ headline 깜짝 놀라게 하는 신문의 표제(기사).
:**scare·crow** [⌐kròu] *n.* ⓒ (1) 허수아비. (2) 《口》초라한 〈여윈〉 사람. (3) (실속없는) 허세.
scared [skɛərd] (***more ~ ; most ~***) *a.* 무서워 하는, 겁먹은 : a ~ boy〈look〉 겁먹은 아이〈표정〉.
scaredy-cat [skɛ̀ərdikæ̀t] *n.* ⓒ 《口》 겁쟁이.
scare·heading [skɛ́ərhèdiŋ] *n.* ⓒ 《口》 (신문의) 특대 표제.
scare·mon·ger [⌐mʌ̀ŋgər] *n.* ⓒ (유언비어 등으로) 세상을 시끄럽게 하는 사람.
scare·truck [⌐trʌ̀k] *n.* ⓒ 《美俗》 (주차 위반차를 끌어가는 경찰의) 견인차.
:**scarf** [skɑːrf] (*pl.* **~s**[-fs] , ***scarves*** [-vz])*n.* ⓒ (1) 스카프, 목도리. (2) 《美》 (옷장·테이블 피아노 따위의) 덮개, 보《따위》. — *vt.* (1) 목도리를 두르다. (2) (옷을) 입다. (3) 덮다, 싸다.
scar·faced [skɑ́ːrfèist] *a.* 얼굴에 흉터가 있는.
scarf·pin [skɑ́ːrfpìn] *n.* ⓒ 스카프핀, 넥타이 핀.
scarf·wise [skɑ́ːrfwàiz] *ad.* (어깨띠 모양으로)어깨에서 옆구리로 비스듬히.
scar·i·fy[1] [skǽrəfài] *vt.* (1) 【醫】 (피부)를 마구 베다《우두 등에서 살갗을 몇 군데 잘게 절개하는일》. (2) 【農】 (표토)를 파 뒤집다. (3)《文語》 …을 혹평하다, 마구 헐뜯다.
scar·i·fy[2] [skǽrəfài] *vt.* 《口》 …을 겁주다, 무섭게 하다.
:**scar·let** [skɑ́ːrlit] *n.* ⓤ (1) 주홍, 진홍색《죄악을

상징하는 빛으로 동시에, 지위·신분이 높음도 상징》. (2) 진홍색의 옷〔감〕. —*a.* (1) 주홍의, 다〈진〉홍색의. (2) (성적으로) 음란한(whorish).
scárlet féver 【醫】 성홍열(猩紅熱).
scárlet létter 주홍글자《옛날, 미국 청교도들이 간통한 자의 옷가슴에 꿰맨 주홍색의 A글자 : adultery의 머릿글자임》.
scárlet rásh 【醫】 장미진(疹).
scárlet wóman 음란한 여자, 매춘부.
scarp [skɑːrp] *n.* ⓒ 【地質】 (단층(斷層) 또는 침식에 의한) 가파른 사면(斜面). — *vt.* (사면을) 가파르게 하다.
scar·per [skάːrpər] *vi.* 《英俗》 도망치다 : Go on ~ ! 튀자.
scarred [skɑːrd] *a.* 상흔(傷痕)을 남기고 있는 : a war-~ country 전쟁의 상흔을 남기고 있는 나라.
scár tissue 【醫】 반흔(瘢痕) 조직.
scar·y [skέəri] (***scar·i·er ; -i·est***) *a.* 《口》 (1) 잘 놀라는, 겁이 많은, 소심한 : There is something very ~ to him. 그는 아주 소심한 데가 있다. (2) 무서운, 두려운 : a ~ movie 공포 영화. 파) **scár·i·ness** *n.*
scat[1] [skæt] *vi.* 〔흔히, 命令形으로〕 황급히 가다 : *Scat !* 꺼져.
— *n.* 쉿 ; 쾅.
scat[2] *n.* ⓤ 【재즈】 스캣《무의미한 음절을 반복하 는 노래〈창법〉》. —(***-tt-***) *vi.* 스캣을 부르다.
scath·ing [skéiðiŋ] *a.* (비평 등이) 냉혹한, 가차없는 : ~ criticism 통렬한 비평. 파) **~·ly** *ad.*
sca·tol·o·gy [skətάlədʒi/-tɔ́l-] *n.* ⓤ (1) (화석의) 분석학(糞石學) : 【醫】 분변학(糞便學). (2) 배설물에 관한 외설(문학). 파) **scat·o·log·i·cal** [skætəlάdʒikəl/-lɔ́dʒ-] *a.*
:**scat·ter** [skǽtər] *vt.* (1) …을 흩뿌리다, (씨 따위)를 뿌리다《*around ; round ; about*》.
(2) 《~+目/+目+前+名》 …에 흩뜨려 놓다, 산재(散在)시키다 《*with*》 : a child who ~*s* his toys all over the house 온 집안에 장난감들을 어질러 놓는 아이.
(3) (군중·짐승·적군 등)을 흩어버리다, 쫓아버리다.
(4) (희망·공포·의심 따위)를 흩어버리다, 사라지게 하다(dissipate) : ~ one's hopes.
—*vi.* (1) 뿔뿔이 흩어지다 : The protesters ~*ed* at the sound of gunshots. 항의자들은 총성을 듣고 흩어졌다. (2) (총알이) 산발하다. ***~ to the four winds*** 사방에 흩뿌리다〈흩어지다〉.
—*n.* (1) ⓤ 흩뿌리기, 살포. (2) (a ~) 흩뿌리는 정도의 수〈양〉, 소수, 소량 : *a* ~ of rain on the window 똑똑 창문을 때리는 비.
scat·ter·brain [skǽtərbrèin] *n.* ⓒ 머리가 산 만한 사람 ; 침착하지 못한 사람.
scat·ter·brained [skǽtərbrèind] *a.* 침착하지 못한, 머리가 산만한.
scátter cùshion 《美》 (소파용의) 쿠션.
·**scat·tered** [skǽtərd] *a.* (1) 뿔뿔이 된, 산재하는, 드문드문한 : ~ houses 드문드문한 민가. (2) 산발적인 : sunshine with ~ showers 산발적인 소나기를 동반한 맑은 날씨.
scat·ter·ing [skǽtəriŋ] *a.* 드문드문 있는, 흩어지는, 산재하는 : ~ birds 사방으로 흩어져 날아가 는 새들. —*n.* ⓤ (1) 흩어지기, 산재 : the blue night sky with its ~ of stars 별들이 산재하는푸른 밤하늘. (2) (또는 a ~) 흩뿌리는 정도의 수〈양〉, 소수, 소량《*of* 》 : have *a* ~ *of* visitors 간간이 손님이 오다. 파) **~·ly** *ad.* 분산되어, 뿔뿔이.
scátter propagàtion 【通信】 산란 전파 (傳播).
scátter rùg (방 안 여기저기에 깔아 놓는) 작은 융단(throw rug).
scat·ter·shot [skǽtərʃɑ̀t/-ʃɔ̀t] *a.* 〔限定的〕 《美》 마구 쏘는, 난사하는 ; 닥치는 대로의, 무차별적인. — *n.* (장전한) 산탄 ; 산탄의 비산.
scat·ty [skǽti] (***-ti·er ; -ti·est***) *a.* 《英口》 덜 떨어진, 머리가 산만한, 미덥지 못한.
scav·enge [skǽvəndʒ] *vt.* (1) (거리)를 청소하다. (2) (내연 기관의 기통)에서 배기(排氣)하다. — *vi.* (1) 먹을 것을 찾아 헤매다 ; (썩은 고기, 음식 찌꺼기)를 먹다 : a crow *scavenging* for carrion 썩은고기를 뜯어먹고 있는 까마귀. (2) (이용할 수 있는 것)을 폐품 중에서 가려내다〈모으다〉 : 폐품을 이용하다.
scav·en·ger [skǽvindʒər] *n.* ⓒ (1) 썩은 고기를 먹는 짐승. (2) 《英》 a〕 거리 청소부《※ 지금은 흔히 dustman을 씀》. b〕 넝마주이, 폐품업자.
— *vi.* (1) 청소부 노릇을 하다. (2) 지저분한 일을 하다.
sce·na [ʃéinə] (*pl.* ***-nae***[-ni; , -nai]) *n.* ⓒ 《It.》 【樂】 (가극의) 한 장면 ; 극적 독창곡.
sce·nar·io [sinέəriòu, -nάːr-] (*pl.* ***-i·os***) *n.* ⓒ (1) 《It.》 【劇】 극본 ; 【映】 시나리오, 영화 각본(screenplay), 촬영대본(shooting script). (2) 행동계획, 계획안 ; 개요, 초안.
sce·nar·ist [sinέərist, -nάːr-] *n.* ⓒ 영화 각본가, 시나리오 작가.
:**scene** [siːn] *n.* (1) ⓒ (종종 *pl.*) (연극의) **무대 장면** ; (영화의) 세트 ; (무대의) 배경, 무대장치 : paint ~*s* 배경을 그리다. (2) ⓒ (극의)장(場) : (무대·영화에 펼쳐지는 특정한) **장면** ; 신 : a love ~ 러브 신. (3) ⓒ **광경**, 경치, 조망. (4) (the ~) (사건·소설 따위의) 무대, **현장** : *the* ~ of action (disaster) 현장〈조난지〉. (5)ⓒ (울부짖는) 큰 소동. (6) ⓒ a〕 《口》 실황, 사정 : (the ~)《口》(패션·음악 등의) …계(界) : an intriguing newcomer on *the* rockmusic ~ 록뮤직계의 매혹적인 신인 / . b〕 (one's ~) 〔흔히 否定文으로〕《口》 흥미(의 대상), 기호. ㅁ scenic *a.*
behind the ~s 1) 무대 뒤〈막후〉에서. 2) 이면에서, 비밀로. ***come* 〈*appear, arrive*〉 *on the ~*** 무대에 등장하다 ; 나타나다. ***have a nice ~*** 활극을 벌이다《*with*》 : 법석을 떨 다. ***on the ~*** 현장에, 그 자리에. ***quit the ~*** 퇴장하다 ; 죽다. ***set the ~*** 준비하다, (…으로의) 길을 트다《*for*》 ; 장소를 설정하다. ***steal the ~*** (엉뚱한 사람이) 인기를 앗아가다, 주의를 딴 데로 돌리게 하다.
scène [sɛn] *n.*ⓒ 《F.》 = SCENE. ***en ~*** 상연되어(= on the stage).
scéne pàinter (1) (무대의) 배경화가. (2) 풍경화가.
:**scen·ery** [síːnəri] *n.* ⓤ 〔集合的〕 (1) (연극의) **무대 장면**, 배경, (무대의)장치. (2) (한 지방〈자연〉 전체의) **풍경**, **경치** : natural ~ 자연 풍경.
scene·shift·er [síːnʃiftər] *n.* ⓒ (연극의) 무대장치 담당자.
scene-steal·er [síːnstìːlər] *n.* ⓒ 【劇】 주역보다 더 인기 있는 (조연) 배우 ; (중심 인물이 아닌데) 대 인기 얻는 사람.

S

·sce·nic [síːnik, sén-] *a.* (1) 경치의 ; 경치가 좋은. (2) 무대의, 배경의 : 무대 장치의 : ~ effects 무대 효과 / a ~ artist (무대의) 배경 화가. (3) (그림이나 조각 등) 장면을 묘사한. 파) **sce·ni·cal·ly** [-əli] *ad.* 풍경에 관해서 ; 무대상으로 ; 극적으로.

scénic dríve 《美》 경치가 아름다운 길임을 알리는 도로 표지.

:scent [sent] *n.* (1) ⓤⓒ 냄새 ; (좋은) 향기, 향내 : the ~ of lilac〈roses〉 라일락〈장미〉 꽃향기. (2) (a ~) (사냥개의) 후각(嗅覺) : 센스, 직각력(nose) 《*for*》 : have no ~ *for* …에 대한 센스가 무디다. (3) ⓒ 〔흔히 *sing.*〕 (짐승 따위가 남긴) 냄새 ; (수사의) 단서 : lose the ~ (사냥개 등이) 냄새를 잃다 ; (사람이) 단서를 놓치다. (4) 《英》 ⓤ 향수(perfume). (5) 뿌린 종이 조각. ***get*** 〈***take the***〉 ***~ of*** …을 냄새맡다〈눈치채다〉. ***on the ~*** 냄새를 맡고, 단서를 잡아. ***put ~ on the ~*** …에게 뒤를 쫓게 하다, 단서를 잡게 하다. ***put*** 〈***throw***〉 a person ***off the ~*** = ***put*** a person ***on the*** 〈***a***〉 ***wrong*** 〈***false***〉 ~아무를 따돌리다 〈헷갈리게 하다, 혼란시키다〉.
—*vt.* (1) …을 냄새맡다. 냄새를 구별하다《*out*》. (2) (비밀 등)을 냄새맡다, 눈치채다 ; 의심하기 시작하다 ; (위험 따위)를 감지하다 : ~ danger 위험을 감지하다. (3) 냄새를 풍기다, …에 향수를 뿌리다 : ~ one's handkerchief 손수건에 향수를 뿌리다.
—*vi.* (냄새를 따라) 추적하다《*about*》 ; …의 냄새를 풍기다.

S

scent·ed [séntid] *a.* (1) 향수가 든, 향수를 바른, 향기로운. (2) 〔複合語로〕 …냄새가 있는 ; 후각이 …한 : keen-~ 후각이 예민한 / ~-soap 향수 비누. (3) 냄새로 가득찬《*with*》.

scént glànd 【動】 사향(麝香) 분비선, 향선.

scent·less [séntlis] *a.* (1) 향기〈냄새〉가 없는. (2) 사냥감의 냄새가 없어진.

scep·ter, 《英》 **-tre** [séptər] *n.* (1) ⓒ (제왕의) 홀(笏). (2) (the ~) 왕권, 왕위 ; 주권 : lay down *the* ~ 왕위를 물러나다. — *vt.* 왕권에〈을〉 앉히다〈주다〉.

:sched·ule [skédʒu(ː)l/ʃédju; l] *n.* ⓒ (1) 《美》 시간표 (timetable) : a train ~ 열차 시각〈발착〉표 / a school ~ 수업 시간표. (2) 예정(표), 스케줄, 일정 : have a heavy〈full, tight, crowded〉 ~ 예정〈일정〉이 꽉 차 있다. (3)표(list), 일람표 ; 목록 ; (본표에 딸린)별표, 부속명세서 ; 조목, 항목 ; 조사표. ***according to ~*** 예정대로, 예정에 의하면 : Everything is running *according to* ~ 모든 것은 예정대로 진행되고 있다. ***behind*** 〈***ahead of***〉 ***~*** 예정 시간보다 늦게〈앞서〉. ***on ~*** 시간(표)〈예정〉대로 ; 찡시에.
—*vt.* (1) 《+目+前+名/+目+*to* do》 〔종종 受動으로〕 (특정 일시에) …을 예정하다 : The meeting *is* ~*d for* Sunday. 회합은 일요일로 예정되어 있다. (2) …을 예정(표)에 넣다. (3) 표를 작성하다.

schéd·uled flíght [skédʒ(ː)ld-/ʃédjuːld-] 정기편(定期便) : Are you going by a ~ or by charter ? 정기편으로 갑니까 아니면 전세기로 갑니까?

sche·ma [skíːmə] (*pl.* ***~·ta*** [-tə]) *n.* ⓒ (1) 도식, 도표, 도해. (2) 개요, 대요. (3) (삼단논법의) 격 ; 비유.

sche·mat·ic [ski(ː)mǽtik] *a.* (1) 도해의, 약도의 ; 도식적인. (2) 개요의, 개략적인. 파) **-i·cal·ly** *ad.*

sche·ma·tize, sche·ma·tise [skíːmətàiz] *vt.* …을 도식화하다 ; 조직적으로 배열하다.

:scheme [skiːm] *n.* ⓒ (1) 계획, 안 : adopt a ~ 계획을 채택하다 . (2) 획책, 책략, 음모 : a ~ to escape taxes 탈세하려는 책략. (3) 조직, 기구, 체계 : in the ~ of things 사물의 구성〈체계〉상. (4) 일람표, 도표(schema), 도식(圖式), 도해 : a ~ of postal rate 우편 요금(일람)표. —*vt.* (1) 《~+目/+目+副》 (종종 ~ out) …을 계획〈안출〉하다. (2) 《+*to* do》 …의 음모를 꾸미다, …을 책동하다, 꾀하다 .
—*vi.* 계획을 세우다 ; 음모를 꾸미다, 책동하다.

schem·er [skíːmər] *n.* ⓒ 계획자. (특히) 음모가, 책사〔策士〕.

schem·ing [skíːmiŋ] *a.* 계획적인 ; 교활한 : a ~ politician 술수에 능한 정치가. 파) **~·ly** *ad.*

scher·zo [skέərtsou] (*pl.* ***~s, -zi*** [-tsiː]) *n.* ⓒ 《It.》 【樂】 스케르초《경쾌하고 해학적인 곡》.

schil·ling [ʃíliŋ] *n.* ⓒ (1) 실링《오스트리아의 화폐 단위 ; 기호 S》. (2)1실링 화폐.

schism [sízəm, skíz-] *n.* ⓤⓒ (단체의) 분리, 분열 ; (특히 교회·종파의) 분립, 분파 ; ⓤ 종파 분립제.

schis·mat·ic [sizmǽtik, skiz-] *n.* ⓒ (교회 등의) 종파 분리론자 ; 분리〈분파〉자. —*a.* 분리〈분렬〉의 ; 종파 분립(죄)의.

schiz·oid [skítsɔid] *a.* 정신 분열병의 〈같은〉, 분열 병질의. —*n.* ⓒ 분열병질인 사람.

schiz·o·phre·nia [skìzəfríːniə, -tsə-] *n.* ⓤ 【醫】 정신 분열병〈증〉. 파) **schíz·o·phrén·ic** [-frénik] *a.*, *n.* ⓒ 정신 분열병의 (환자).

schlep(p) [ʃlep] 《美俗》 *n.* ⓒ (1) 아둔한 사람. (2) 따분한 일. —(***-pp-***) *vt.* …을 힘들게 나르다〈끌다〉. —*vi.* 발을 질질 끌며 걷다, 천천히 움직이다 : ~ around the town trying to find a job 일자리를 찾아 시내를 돌아다니다.

schlock [ʃlak/ʃlɔk] *a.* 《美俗》 저속한, 싸구려의, 하찮은. —*n.* ⓤ 하찮은 것.

schmal(t)z [ʃmaːlts, ʃmɔːlts] *n.* ⓤ 《美口》 몹시 감상적인 음악. 파) **~·y** *a.* 지나치게 감상적인.

schmo(e) [ʃmou] *n.* ⓒ 《美俗》 얼간이, 바보.

schmooze [ʃmuːz] *n.* ⓒ 수다, 허튼 소리.
—*vi.* 《美俗》 수다 떨다, 잡담하다.

schmuck [ʃmʌk] *n.* ⓒ 《美俗》 얼간이, 시시한 놈.

schnapps [ʃnæps/ʃnaːps] *n.* ⓤⓒ 슈납스《알코올 도수가 강한 증류수》 ; (일반적으로) 독한 술.

schnook [ʃnuk] *n.* ⓒ 《美俗》 잘 속는 사람.

schnoz·zle [ʃnázəl/ʃnɔ́zəl] *n.* ⓒ 《美俗》 (큰)코.

:schol·ar [skálər/skɔ́l-] *n.* ⓒ (1) 학자《특히 인문학·고전학의》. (2) 〔흔히 否定文으로〕 《口》 학식〈학문〉이 있는 사람. (3) 장학생, 특대생. (4) 《古·雅》 학생 ; 생도《※ 오늘날엔 student가 보통》.

·schol·ar·ly [skálərli/skɔ́l-] *a.* (1) 학자다운, 학구적인. (2) 학문적인, 학술적인.
— *ad.* 학자답게, 학자적으로.

·schol·ar·ship [skálərʃip/skɔ́l-] *n.* (1) ⓤ 학문 (특히 인문학·고전의) 학식, 박학. (2) ⓒ 〔종종 명칭과 함께 써서 S-〕 장학금, 육영 자금. (3) ⓤ 장학금을 받을 자격.

·scho·las·tic [skəlǽstik] *a.* (1) 〔限定的〕 학교의 ; 학교 교육의. (2) a〕 학자의, 학자 같은. b〕 사소한 일에 까다로운, 학자연하는, 형식적인. (3) (종종 S-) 스콜라 철학자의, 스콜라 철학적인. ***a Scholastic Aptitude Test*** 진학 적성 검사.
—*n.* ⓒ (1) (종종 S-) 스콜라 철학자. (2) 현학자(衒

學者), 학자티를 내는 사람.
파) **-ti·cal·ly** *ad.* 학자처럼〈연하며〉 ; 스콜라 철학풍으로 ; 형식적으로.
scho·las·ti·cism [skəlǽstəsìzəm] *n.* ⓤ (종종 S-) 스콜라 철학 ; 학풍(전통적 교의) 고집.
:school[1] [sku:l] *n.* (1) a] ⓒ (건물·시설로서의) 학교. b] ⓤ(無冠詞) (교육으로서의) 학교 ; 수업. c] ⓒ (대학의) 학부, 전문 학부《일반적으로 대학원 과정을 포함한》 ; 대학원. (2) (the ~s) 〔集合的〕 대학, 학계. (3) ⓒ (대학에 대하여) 초·중·고등학교. (4) (the ~) 〔集合的〕 전교 학생(과 교직원). (5) a] ⓒ 〔종종 複合語〕 (특수기능을 가르치는) 학교, 교습〈양성〉소. b] ⓒ (경험 등의) 수련장, 도장. (6) ⓒ 파, 학파, 유파(流派). ***go to ~*** 1) 학교에 다니다, 등교하다. 2) 취학하다 ; 취학 중이다. ***go to ~ to*** …에게서 가르침을 받다, …에게서 배우다. ***of the old ~*** 구식의 ; 전통을 지키는. ***out of ~*** 학교를 나와, 졸업하여. ***~ of thought*** 생각〈의견〉을 같이 하는 사람들, 학파, 유파.
—*a.* 〔限定的〕 학교(교육)의〈에 관한〉.
—*vt.* (1) 《~+目/+目+前+名》 a] …을 가르치다 ; 익히다, 훈련〈단련〉하다. b] 〔再歸的〕 (…하도록) 수양하다, 기르다. (2) …을 교육하다, …에게 학교 교육을 받게 하다. (3) 《古》…을 꾸짖다, 훈계하다.
school[2] *n.* ⓒ (물고기 따위의) 무리, 떼 : in ~*s* 떼를 지어. —*vi.* (물고기 따위가) 떼를 짓다, 떼를 이루어 (헤엄쳐) 나아가다.
schóol àge (1) 취학 연령. (2) 의무 교육 연한.
school·bag [ˊbæ̀g] *n.* ⓒ 학생 가방.
schóol bòard 《美》 교육 위원회, 《英》 학무위원회.
school·book [ˊbùk] *n.* ⓒ 교과서.
:school·boy [ˊbɔ̀i] *n.* ⓒ (초·중·고등 학교의) 남학생《※ 아직 어리다는 어감이 있고, 미국에서는 잘 안 쓰임》 ; 《명사를 수식하여》 학생의〈다운〉.
schóol bùs 통학 버스.
school·child [ˊtʃàild] (*pl.* ***-chil·dren***) *n.* ⓒ 학동《schoolboy 또는 schoolgirl》.
schóol dày (1) 수업일 : on a ~ 수업이 있는 날은. (2) (one's ~s) 학창〈학생〉 시절 : in *one's* ~*s* 학창〈학생〉 시절에.
schóol dìstrict 《美》 학구(學區).
schóol fèe(s) 수업료.
:school·girl [ˊgə̀:rl] *n.* ⓒ 여학생《초등 학교, 중·고등 학교의》.
schóol hóuse 《英》 교장 숙사《public school 등의》.
:school·house [ˊhàus] *n.* ⓒ (1) (특히 시골 초등 학교의 작은) 교사(校舍). (2) 《英》 (학교 부속의) 교원 주택.
·school·ing [skú:liŋ] *n.* ⓤ (1)학교 교육 ; (통신 교육의) 교실 수업 : get (a) good ~ 제대로의 교육을 받다. (2) 학비, 교육비. (3) (말의)조련(調練). (4) 《古》 견책.
schóol inspèctor 장학관.
school-leav·er [ˊlì:vər] *n.* ⓒ 《英》 의무 교육수료자.
school·ma'am, -marm [ˊmàm, ˊmæ̀m] [ˊmà:rm] *n.* ⓒ 《口》 (생각이 구식인) 여선생.
파) **~·ish** *a.* 엄격하고 잔소리가 많은.
school·man [ˊmən, ˊmæ̀n] (*pl.* ***-men*** [ˊmən, ˊmèn] *n.* ⓒ (종종 S-) (중세의) 스콜라 철학자 ; 《美》 (학교) 교사.
:school·mas·ter [ˊmæ̀stər, -mà:s] *n.* ⓒ 《英》 (1) 남자 교원, 남선생. (2) 교장. (3) 선생같은 지도자. (4) 교육기자재.
school·mate [skú:lmèit] *n.* ⓒ 교우, 동창.
schóol repòrt 《英》 성적〈생활〉 통지표(《美》 report card).
·school·room [ˊrù(:)m] *n.* ⓒ 교실《※ classroom이 더 일반적임》 ; 아이들의 공부방, 학습실.
school·teach·er [ˊtì:tʃər] *n.* ⓒ 학교 선생《초등·중등·고등학교의》.
school·time [ˊtàim] *n.* (1) ⓤ 수업 시간 (2)ⓒ (흔히 *pl.*) 학창〈학생〉 시절.
school·work [ˊwə̀:rk] *n.* ⓤ 학업 ; (학교의)숙제 : neglect one's ~ 공부를 게을리하다.
school·yard [ˊjà:rd] *n.* ⓒ 교정, 학교 운동장.
·schoon·er [skú:nər] *n.* ⓒ (1) 【海】 스쿠너《두 개 이상의 마스트를 가진 세로돛의 범선》. (2)《美》 큰 맥줏잔(jug). (3) 《英》 맥주 등의 양의 단위.
schuss [ʃu(:)s] *n.* ⓒ 【스키】 (전속력) 직(直)활강, 슈스. —*vi.* 직활강하다.
sci·at·ic [saiǽtik] *a.* 【醫】 좌골의, 좌골신경(통)의 : ~ nerve 좌골 신경.
sci·at·i·ca [saiǽtikə] *n.* ⓤ 【醫】 좌골 신경통, 《널리》 좌골통.
:sci·ence [sáiəns] *n.* (1) ⓤ 과학 ; 《특히》 자연 과학. (2) ⓤⓒ (세분된 개개의) 과학, …학(學) : political ~ 정치학. (3) ⓤ 《경기·요리 등의》 기술, 기량 ; 숙련.
【cf.】 art. 『cooking ~ 요리술. ▫ scientific *a.*
scíence fíction 공상 과학 소설《略 : SF, sf》.
Scíence Pàrk 《英》 첨단과학 밀집지역. 【cf.】 《美》 Silicon Valley.
:sci·en·tif·ic [sàiəntífik] (***more ~ ; most ~***) *a.* (1) 〔限定的〕 과학의, 자연 과학(상)의 : ~ knowledge 과학 지식. (2) 과학적인, 정확한 ; 계통이 선 : ~ farming 과학적 영농. (3)(경기 등에서) 기량이 좋은, 숙련된 : a ~ boxer 기량이 좋은 권투선수.
sci·en·tif·i·cal·ly [sàiəntífikəli] *ad.* 과학적으로 : ~ proven 과학적으로 증명된.
sci·en·tism [sáiəntìzəm] *n.* ⓤ (1) (종종 蔑)과학주의, 과학 만능주의. (2) (인문과학에 있어) 과학자적 방법〈태도〉. (3) 과학 용어.
:sci·en·tist [sáiəntist] *n.* ⓒ 과학자 ; 《특히》 자연 과학자 ; 〔S~〕 (최고의 치료자로서) 그리스도 ; 신앙요법 신자.
sci·li·cet [síləsèt] *ad.* 《L.》 다시 말하면, 즉 (namely) 〔略 : scil., sc.〕.
scim·i·tar [símətər] *n.* ⓒ (터키·아라비아인 등의) 언월도(偃月刀).
scin·til·la [sintílə] *n.* (a ~) 〔흔히 疑問·否定文으로〕. (극)소량, 흔적《*of*》.
scin·til·lant [síntələnt] *a.* 불꽃을 내는, 번쩍이는, 번득이는. 파) ~·**ly** *ad.*
scin·til·late [sínəlèit] *vi.* (1) 불꽃을 내다 ; (다이아몬드처럼) 번쩍이다. (2) (재치·기지 등이) 번득이다.
— *vt.* (1) (불꽃·섬광을) 발하다. (2) (재치 등을) 번쩍이게 하다.
scin·til·lat·ing [síntəlèitiŋ] *a.* (1) 반짝반짝 빛나는. (2) 번득이는, 재치가 넘치는 : ~ conversation. 파) ~·**ly** *ad.*
scin·til·la·tion [sìntəléiʃən] *n.* ⓤ (1) 불꽃〈섬광〉(을 냄) ; 번쩍임. (2) 재기(才氣) 발랄. (3) 【天】

S

항성의 번쩍임.
sci·on [sáiən] *n.* ⓒ (1) (접목의) 접수(接穗) ; 삽수(揷穗). (2) (특히 명문·귀족의) 아들, 자손, 상속인.
scis·sion [síʒən, síʃən] *n.* ⓒ (1) 절단(cutting). (2) 분할, 분리, 분열.
scis·sor [sízər] *vt.* …을 가위로 자르다, 잘라내다《*off* ; *up* ; *into* ; *out*》: 베어〈오려〉내다《*out:of*》. — *n.* 가위.
:scis·sors [sízərz] *n. pl.* (1)가위《※ 흔히 複數, 때로 單數 취급도 하나 그때는 a pair of ~ 가 일반적》: two pairs of ~ 가위 두 자루. (2) (a ~)〔單數취급〕 a] 【레슬링】 다리로 죄기. b] 【體操】 (도약할 때) 두 다리를 가위처럼 놀리기. ***~ and paste*** (남의 저서에서 인용한) 풀과 가위질만의 편집.
scis·sors·and·paste [sízərzəndpéist] *a.* 《口》 풀과 가위의〈를 사용하는〉《남의 책을 오려내 편집하는 일》.
sclaff [sklæf/sklɑ:f] 【골프】 *vt.*, *vi.* (타구 직전에) 골프채가 지면을 스치[게 하]다, 스클랩하다.
—*n.* ⓒ 【골프】 스클랩《타구 직전에 골프채가 지면을 스치게 함》.
scle·ro·sis [skliəróusis, sklə-] (*pl.* ***-ses*** [-si:z]) *n.* ⓤⓒ 【醫】 (동맥 등의) 경화증(硬化症) : ~ of the arteries 동맥 경화(증).
·scoff[1] [skɔ:f, skɑf] *n.* (1) ⓒ (흔히 *pl.*) 비웃음, 냉소, 조롱《*at*》. (2) (the ~) 웃음거리《*of* 》: *the* ~ *of* the world. 세상의 웃음거리.
—*vi.* 《~/+前+名》 비웃다, 조소하다, 조롱하다《*at*》.
파) **~·er** *n.*
scoff[2] *n.* ⓤ 음식물. —*vt.*, *vi.* (…을) 게걸스레 먹다.
scoff·law [skɔ̀:flɔ̀:, skɑ́f-] *n.* ⓒ 《美口》 법을 우습게 아는 사람 ; 벌금에 응하지 않는 사람 ; 《특히》 상습적인 교통법〈주류법〉 위반자..
:scold [skould] *vt.* 《~+目/+目+前+名》 (어린애 등)을 꾸짖다, …에게 잔소리하다. —*vi.* 《~/+目+名》 꾸짖다, 잔소리하다 ; 호통치다《*at*》.
—*n.* ⓒ (흔히 *sing.*) 잔소리가 심한 사람《특히 여자》: a common ~ 이웃 사람들에게 쨍쨍거리는 여자.
scold·ing [skóuldiŋ] *n.* ⓤⓒ 꾸짖음, 잔소리, 질책 : give a good ~ 한바탕 꾸짖다.
—*a.* (특히 여자가) 쨍쨍거리는, 꾸짖는.
sconce [skɑns/skɔns] *n.* ⓒ (벽 따위에 설비한) 쑥 내민 촛대〈전등〉; 장식 촛대 ; (촛대의) 양초 받침.
scone [skoun, skɑn/skɔn] *n.* ⓤⓒ 스콘《핫케이크의 일종》.
·scoop [sku:p] *n.* ⓤ, ⓒ (1) 국자 ; (설탕·밀가루·석탄 따위를 퍼내는) 삽 ; 주걱, 큰 숟가락 ; (아이스 크림)을 푸는 기구. (2) (토목 공사용) 대형 삽 ; (준설기의) 버킷. (3) 한 번 퍼내는 양(量) : a ~ of icecream. (4) (신문의) 특종 ; 스쿠프. (5) 《口》 (경쟁자를 앞지르는) 큰 벌이〈이익〉, 대성공 : make a big ~ 크게 성공하다. ***at* 〈*in*, *with*〉 *one* 〈*a*〉 ~** 한번 퍼서, 한번에 ; 일거에 : win 50 dollars *at one* ~ 단번에 50달러를 벌다. —*vt.* (1)《+目+前+名》 …을 푸다, 뜨다, 퍼올리다《*up* ; *out*》. (2) 《+目+補》 …의 물을 퍼서 (…의) 상태로 만들다 : ~ a boat dry 보트의 물을 모두 퍼내다. (3) 《~+目/+目+副/+目+前+名》 파다 ; 퍼서 …을 만들다《*out*》. (4) 【新聞】 (특종으로) 다른 신문을 앞지르다, 스쿠프하다. —*vi.* 국자〈삽〉로 퍼 없애다〈모으다〉.
scoop·ful [skú:pfùl] (*pl.* ***~s***) *n.* ⓒ 한 국자〈삽〉 가득(한 분량) : a ~ of ice cream.
scóop nèck (여성복의) 둥글게 파인 목둘레의 선.
scóop nèt 뜰채.
scoot [sku:t] *vi.* 내닫다, 뛰쳐 나가다. —*vt.* …을 내닫게 하다, 뛰어 가게 하다. —*n.* 돌진, 질주.
scoot·er [skú:tər] *a.* ⓒ (1) (아이들의) 장난감스쿠터. (2) (모터) 스쿠터(motor ~). —*vi.* 스쿠터로 달리다.
:scope [skoup] *n.* ⓒ (1) (지력·연구·활동 등이 미치는) 범위, 영역 ; (정신적) 시야 : an investigation of wide ~ 광범위한 조사. (2) (능력 등을 발휘할) 여유, 여지, 기회《*for*》.
beyond* 〈*outside*〉 *the ~ of …이 미치지 않는 곳에서, …의 범위 밖에서.
scor·bu·tic [skɔ:rbjú:tik] 【醫】 *a.* 괴혈병(scurvy)의 〈에 걸린〉. — *n.* ⓒ 괴혈병 환자〈특효약〉.
:scorch [skɔ:rtʃ] *vt.* (1) …을 태우다, 그슬리다 : You ~*ed* my shirt when you ironed it. 내 셔츠를 다리미질하면서 태웠다. (2) (햇볕이 살갗)을 태우다, (열로 초목)을 말라죽게 하다 : The sun ~*ed* my face. 볕에 얼굴이 탔다. (3) …을 헐뜯다, 몹시 꾸짖다, …에게 욕지거리하다. —*vi.* (1) 타다, 그을다. (2) (열로) 시들해지다, 마르다. (3) 《口》 (자동차 따위가) 마구 달리다 ; (자동차·자전거로) 전속력으로 달리다《*off* ; *away*》. —*n.* (1) ⓒ (음식이)탐, (옷이) 눌음. (2) ⓤ (식물의 잎이) 말라 죽음. (3) 질주.
scorched [skɔ:rtʃt] *a.* 탄, 그을은.
scorch·er [skɔ́:rtʃər] *n.* (1) (a ~) 타는듯이 더운 날. (2) (a ~) 신랄〈통렬〉한 비난〈비평〉. (3) ⓒ (자전거·자동차 등의) 폭주족(暴走族). (4) (a ~) 《俗》 굉장한 (선풍을 일으키는) 사람 ; 굉장한 것, 일품. (5) 《印》 스코처《지형을 건조시켜 반원형으로 하는 기재》.
scorch·ing [skɔ́:rtʃiŋ] *a.* (1) 태우는 듯한, 몹시 뜨거운. (2) (비판 등이) 호된, 신랄한.
— *ad.* (햇볕에)탈 정도로 : It's ~ hot. 무지무지하게 덥다. — *n.* (1) (검게) 태움. (2) 난폭한 질주.
파) **~·ly** *ad.*
:score [skɔ:r] *n.* (1) a] ⓒ (*pl.* ~) 20, 스무 사람〈개〉. b] (*pl.*) 다수, 다대 : ~*s* of times 종종, 몇 번이고 / ~*s* of years ago 수십년 전에. (2) ⓒ 새긴 표〈금〉, 칼자국 ; 긁힌 자국, 베인 상처. (3) ⓒ (흔히 *sing.*) (경기 등에서) 득점(표) ; (시험의) 득점, 성적 : make a ~ 득점하다 / win by a ~ of 4 to 2. 4대 2로 이기다. (4) ⓒ 【樂】 악보, 《특히》 총보(總譜). (5) ⓒ (예전, 술집에서 술값을 기록했던) 엄대 ; 셈, 빚 (6) ⓒ 옛〈묵은〉 원한. (7) ⓒ《口》 성공, 행운(hit) : What a ~ ! (8) ⓒ (흔히 *sing.*) 이유, 근거(ground). ***know the ~*** (불쾌한) 신상〈내막〉을 알고 있다, 세상 일〈이면〉을 알고 있다. ***on that ~*** 1) 그 점에 관해서(는). 2) 그 때문에. ***on the ~ of*** 1) …의 이유로. 2) …라는 점〈일〉에 대해서는 : *On the* ~ *of* money, don't worry. 돈 문제 라면 걱정 마라.
—*vt.* (1) …을 기록하다. (2) …의 셈을 달다 ; 채점하다 : ~ a test 시험을 채점하다. (3) 득점하다 ; (이익·성공 등)을 거두다 : ~ a point 한 점을 얻다. (4) …에 칼자국〈긁힌 자국〉을 내다, …에 선을 긋다 ; (선을 그어) 지우다《*out* ; *off*》. (5) 【樂】 …으로 편곡〈작곡〉하다《*for*》 : a piece ~*d for* violin, viola and cello 바이올린, 비올라, 첼로를 위해 편곡한 악보. (6) 《美》 …을 욕하다, 깎아내리다 ; 꾸짖다 ; 크게 비난하다.

—*vi*. (1) 득점하다 ; 득점을 올리다 ; 이기다《*against*》: He ~*d* several times. 그는 여러 번득점했다. (2) 득을 보다. (3) (시험 등에서) …성적을 얻다 : ~ high *on*〈*in*〉 an exam 시험에서 좋은 성적을 올리다. (4) 선〈칼자국〉을 내다. 밑줄을 긋다《*under*》. (5)《俗》 a] (남성이) 용케 성교 상대를 구하다. b] 불법으로 마약을 입수하다. **~ *a run* [野]** 득점하다. **~ *off*** a person (의론 따위로) 아무를 이기다, 납작하게 만들다. **~ (*a point*〈*points*〉) *off* (*against, over*)** …보다 우세하다, …을 찍소리 못하게 하다, 논파하다. **~ *up*** 기입〈계산〉하다.

score·board [ˊ-bɔ̀:rd] *n*. ⓒ 스코어보드, 득점 게시판.

score·card [ˊ-kɑ́:rd] *n*. ⓒ (1) **[競]** 채점표, 득점 카드. (2) (상대 팀의) 선수 명단.

scor·keep·er [ˊ-kì:pər] *n*. ⓒ (공식) 점수 기록원.

scor·less [skɔ́:rlis] *a*. 무득점의, 0 대 0인.

scorn [skɔ:rn] *n*. (1) ⓤ **경멸**, 멸시, 비웃음, 냉소 : with ~ 경멸하여 / have〈feel〉 ~ for …에 대해 경멸감을 갖다 / laugh a person to ~ 아무를 비웃다. (2) (the ~) 경멸의 대상, 웃음거리. —*vt*. (1) …을 경멸하다, 모욕하다 : People ~ me as a single parent. 사람들은 나를 결손 가족이라고 업신여긴다. (2)《+*to* do/~+*-ing*》 …을 치사하게〈수치로〉 여기다.

·scorn·ful [skɔ́:rnfəl] (***more ~ ; most ~***)*a*. 경멸하는, 비웃는.
파)***~·ly** *ad*. 경멸하여, 깔보아. **~·ness** *n*.

Scor·pio [skɔ́:rpiòu] *n*. **[天]** 전갈 자리 ; 천갈궁 : ⓒ 전갈자리에 태어난 사람.

·scor·pi·on [skɔ́:rpiən] *n*. (1) ⓒ **[動] 전갈**. (2) (the S-) **[天]** = SCORPIO. (3) 전갈 같은 사람. (4) 투석기.

·Scot [skɑt/skɔt] *n*. (1) ⓒ **스코틀랜드 사람** (Scotsman). (2) (the ~s) 스코트족《6세기경 아일랜드에서 스코틀랜드로 이주한 게일족(Gaels)의 일파》.

:Scotch [skɑtʃ/skɔtʃ] *a*. (1) **스코틀랜드의**, 스코틀랜드 사람〈말〉의. (2) (흔히 S-) 인색한. —*n*. (1) (the ~)〔集合的 ; 複數 취급〕 스코틀랜드 사람. (2) ⓤ 스코틀랜드 영어〈방언〉 :He speaks broad ~. 그의 말은 순 스코틀랜드 방언이다. (3)ⓤⓒ (종종 s-) 스카치 위스키(~ whisky).

Scótch bróth 스카치 브로스《고기 · 야채 · 보리가 든 진한 수프》.

Scótch égg 스카치 에그《삶은 달걀을 저민 고기로 싸서 튀긴 것》.

Scotch-Irish [ˊ-áiəriʃ] *a*. 스코틀랜드계 아일랜드 사람의.

Scotch·man [ˊ-mən] (*pl*. ***-men***[ˊ-mən]) *n*. ⓒ 스코틀랜드 사람.

Scótch míst (스코틀랜드 산악지대의) 짙은 안개비.

Scótch tápe《美》 스카치 테이프《商標名》.

Scótch térrier 스카치테리어《개》.

Scotch·wom·an [ˊ-wùmən] (*pl*. ***-wom·en*** [wìmin]) *n*. ⓒ 스코틀랜드 여자.

scot-free [skɑ́tfrí:/skɔ́t-] *a*. 〔敍述的〕 처벌을 모면한 ; 무사한 : escape ~ 무사히 도망치다.

:Scot·land [skɑ́tlənd/skɔ́t-] *n*. **스코틀랜드**.

Scótland Yárd 런던 경찰국《원래의 소재지명에서 : 정식명은 New ~》.

Scots [skɑts/skɔts] *a*. 스코틀랜드(사람 · 말)의. —*n*. ⓤ《Sc.》 스코틀랜드 영어〈방언〉 ; 스코틀랜드 사람.

Scots·man [ˊ-mən] (*pl*. ***-men***[ˊ-mən]) *n*. ⓒ 스코틀랜드 사람.

Scots·wom·an [ˊ-wùmən] ⓒ *n*. 스코틀랜드 여자.

Scott [skɑt/skɔt] *n*. Sir **Walter ~** 스코트《스코틀랜드의 소설가 · 시인 ; 1771-1832》.

·Scot·tish [skɑ́tiʃ/skɔ́tiʃ] *a*., *n*. = SCOTCH.

·scoun·drel [skáundrəl] *n*. ⓒ 악당, 깡패, 불한당. 파) **~·ly** *a*. 악당의, 악당 같은. **~·ism.** *n*. ⓤⓒ 나쁜행동, 악당 근성

·scour[1] [skauər] *vt*. (1) a] …을 **문질러 닦다** ; 윤내다《*down* ; *out*》 : ~ the floor *with* a brush 브러시로 마루를 문질러 닦다 . b] 비벼 빨다, 세탁하다. (2)《+目+前+名/+目+副》 (녹 · 얼룩)을 문질러〈씻어〉 없애다《*off* ; *away* ; *out*》 : ~ rust *off* a knife 칼의 녹을 벗기다. (3) a] (파이프 · 배수로 등)에 물을 부어 깨끗이 하다. ~ (*out*) a ditch 물을 흘려보내 도랑을 쳐내다. b] (물 따위가 세게 흘러 수로 등)을 형성하다. (4)《~+目/+目+副》 (물로) …을 씻어내다. —*n*. (a ~) 문질러 닦기, 씻어내기 : She gave the saucepan *a* good ~. 소스팬을 깨끗이 닦았다.—*vi*. (1) 문질러 닦다 ; 세탁하다. (2) 닦어 윤이 나다. (3) 설사하다.

scour[2] *vt*. (1) …을 찾아 (급히) 돌아다니다, 찾아다니다《*for*》. (2) …을 급히 지나치다. (3) …을 대충 생각하다.
—*vi*. 《~+副/+前+名》 (…을 구하여) 찾아다니다〈헤매다〉《*about* ; *after* ; *for*》.

scour·er [skáurər, skáuərər] *n*. ⓒ (나일론이나 쇠로 만든) 수세미 ; 문질러 닦는 사람〈도구〉 ; 세탁하는 사람.

·scourge [skə:rdʒ] *n*. ⓒ (1) (천재 · 전쟁 등) 하늘의 응징, 천벌. (2) **두통거리**. (3) 채찍, 매.
—*vt*. …을 몹시 괴롭히다 ; 징계하다 ; 채찍질하다.

:scout[1] [skaut] *n*. (1) ⓒ a] **[軍] 정찰병**, 척후병. b] 정찰기〈선, 함〉. (2) (a ~) 정찰, 찾아다님 : take *a* ~ around 〔《美》 rounds〕 여기저기 정찰하(며 돌아다니)다. (3) ⓒ (종종 S-) 보이스카웃(Boy Scouts)의 일원. (4) ⓒ (경기 · 예능 등의) 신인을 찾는 사람 : a talent ~ 신인 발굴자. (5) ⓒ《英》 Oxford 대학의 사환, 용원(傭員). (6) ⓒ《口》 녀석, 놈. ***be on*〈*in*〉 *the* ~** 정찰중.
—*vt*. (1) (적정 따위)를 정찰하다. (2)《口》 …을 수색하다, 찾아 다니다《*out* ; *up*》. (3) 스카우트하다 ; (…을 유ㅣ하여) 스카우트로서 일하다《*for*》.
—*vi*. (1) 정찰〈척후〉하다 : He went out ~*ing*. 그가 척후에 나갔다. (2) (…을) 찾아 다니다《*around* ; *about*》.

scout[2] *vt*. (제의 · 의견 등)을 거절하다, 코웃음 치다. —*vi*. 조롱〈조소〉하다《*at*》

scóut cár [美軍] 고속 정찰 자동차, 순찰차.

scout·hood [skàuthùd] *n*. ⓤ 보이〈걸〉 스카우트의 신분〈특징, 정신〉 ; 스카우트다움.

scout·ing [skáutiŋ] *n*. ⓤ (1) 척후〈정찰〉 활동. (2) 소년〈소녀〉 단의 활동.

scout·mas·ter [ˊ-mæ̀stər, ˊ-mɑ̀:s-] *n*. ⓒ 스카우트 대장 ;《특히》 보이스카우트 어른 대장.

scow [skau] *n*. ⓒ (모래 · 광석 · 폐기물 운반용) 대형 평저선(平底船) ;《美俗》 대형 트럭.

·scowl [skaul] *n*. ⓒ 찌뿌린 얼굴, 오만상 ; 험한 날씨.

S

—*vi.* 《+前+名》 얼굴을 찌뿌리다, 오만상을 짓다 ; 노려보다《*at* ; *on*》. —*vt.* 얼굴을 찌뿌려 (감정을) 나타내다 : ~ down a person 눈살을 찌뿌려 아무가 입을 다물게 한다.

scrab·ble [skrǽbəl] *vi.* (1) (손톱으로) 할퀴다《*at* ; *against*》. (2) 휘갈겨 쓰다. (3) 헤적여 찾다《*about* ; *around*》. —*n.* (a ~) (1) 해적질. (2)쟁탈. (3) 낙서.

scrag [skræg] *n.* (1) ⓒ 말라빠진 사람〈동물〉. (2) ⓤ (양·송아지의) 목덜미 고기. (3) ⓒ《俗》 사람의 모가지. —**(-gg-)** *vt.* (1) (짐승의 목)을 비틀어 죽이다. (2) …의 목을 쥐고 거칠게 다루다 (3) …을 마구 다루다 ; 혼내다. (4) (죄인을) 교살하다.

scrag·gly [skrǽgəli] *a.* 터부룩한《수염 따위》; (바위 따위가) 삐죽삐죽한, 우툴두툴한 : a ~ beard 더부룩한 턱수염.

scrag·gy [skrǽgi] *a.* (1) 말라 빠진 : 뼈만 앙상한 : a ~ neck. (2) 까칠까칠한, 울퉁불퉁한 : ~ cliffs. 파) **-gi·ly** *ad.* **-gi·ness** *n.*

scram[1] [skræm] **(-mm-)** *vi.* 〔흔히 命令文으로〕《口》 도망하다, (급히) 떠나다, 나가다. —*vt.* 긴급 정지시키다.

scram[2] [skræm] *n.* ⓒ 【原子】 스크램《원자로의 긴급 정지》.

:scram·ble [skrǽmbəl] *vi.* (1) 《+前+名》 기어오르다《*up* ; *on* ; *over*》. (2)《~/+副》 기(어가)듯 움직이다, 기어가다 : ~ *about* 기어다니다. (3) 《+前+名》 급히 움직이다 : ~ into one's coat 서둘러 코트를 입다. (4) 《+前+名》 다투다, 서로 빼앗다, 얻으려고 다투다《*for* ; *after*》 : ~ *after* promotion 승진을 겨루다. (5) (적기를 요격하기 위해) 긴급 발진하다. (6) (덩굴 등이) 무성하다.

—*vt.* (1) 《+目+副》 …을 (급히) 긁어모으다, 그러모으다《*up*》. (2) …을 뒤섞다, 혼동하다. (3) 달걀을 휘저으며 익히다, (카드)를 뒤섞다. (4) 【通信】(도청 못하도록 주파수)를 변경하다. (5) (요격기)를긴급 발진시키다. (6) …을 급히 움직이게 하다.

—*n.* (1) (a ~) 기어 오름. (2) a] (a ~) 쟁탈《*for*》. b] 《+*to* do》 (…하기 위한)다툼《*for*》 : a ~ *for to* get best seat 좋은 자리를 차지하기 위한 쟁탈. (3) ⓒ 【空軍】 긴급 발진, 스크램블. (4) (a ~) 무질서한 그러모으기. (5) ⓒ (급경사·울퉁불퉁한 코스에서 하는) 오토바이의 스크램블 레이스.

scram·bler [skrǽmblər] *n.* ⓒ (도청 방지의) 주파수대 (帶) 변환기 ; 스크램블 하는 사람(것).

scram·jet [skrǽmdʒèt] *n.* ⓒ 스크램제트《초음속 기류 속에서 연료를 연소시키는 램제트 엔진》; 스크램제트기.

:scrap[1] [skræp] *n.* (1) ⓒ 작은 조각 : 토막, 단편《*of*》 : a ~ *of* paper 종잇조각 / ~*s of* conversation 대화의 단편 / ~*s of* news 단편적인 뉴스. (2) a] (*pl.*) 먹다 남은 음식, 찌꺼기. b] (a ~) 〔不定文으로〕 근소, 조금. (3) ⓤ 폐물, 쓰레기 ; 파쇠, 스크랩 : ~ iron 파쇠. (4) ⓒ (*pl.*) (신문 잡지 따위의) 발췌 : 스크랩《※《美》에선 흔히 clipping, 《英》에서는 cutting 이라 함》.

—*a.* 〔限定的〕 (1) 조각의, 조각으로 된. (2) 폐물이〈허섭쓰레기가〉 된, 폐물로 버려질 : ~ value 【商】 잔존(殘存) 가치.

—**(-pp-)** *vt.* (1) …을 쓰레기로 버리다, 파쇠로 하다. (2) (계획 등)을 폐기하다.

scrap[2] **(-pp-)** 《口》 *vi.* …와 싸우다《*with*》.

—*n.* ⓒ 승강이, 언쟁, 알력 : get into a ~ 옥신각신하다.

·scrap·book [∠bùk] *n.* ⓒ 스크랩북.

:scrape [skreip] *vt.* (1) 《~+目/+目+副/+目+前+名》 …을 문지르다, 문질러〈긁어, 닦아서〉 반반하게 하다, 후리다 ; 문질러〈긁어〉 벗기다, 비벼서〈문질러〉 깨끗이 하다《*off* ; *away* ; *out*》 : ~ the potatoes 감자를 깎다 / ~ peeling paint *off*〈*away*〉 벗겨져가는 페인트를 긁어 벗기다. (2) …와 마찰시켜 삐걱거리게 하다, 비벼 소리를 내다 ; (바이올린 따위)를 켜다. (3) 《~+目/+目+副》 a] (자금·선수 등)을 긁어 모으다, 마련하다《*up* ; *together*》 : ~ *together* enough money for …에 쓸 수 있을 만큼의 돈을 애써서 긁어 모으다. b] (겨우 생활비)를 벌다 : manage to ~ living 그럭저럭 살아가다.

—*vi.* (1) 《+前+名》 스치다《*against* ; *past*》. (2) 쓸리다《*on* ; *against*》. (3) 《+前+名》 (악기)를 켜다 : ~ *on* a violin. (4) 《+副/+前+名》 간신히〈가까스로〉 …하다. (5) (돈·사람 등)을 근근이 모으다《*up* ; *together*》. ***bow and ~*** ⇨BOW[2] v. ***~ acquaintance with*** …와 사귀려고 하다. **~** **(*the bottom of*)** ***the barrel*** ⇨BARREL.

—*n.* ⓒ (1) ~ 하기 ; ~ 하는 소리. (2) 찰과상, 긁힌 자국 : a ~ on the car door 자동차 문에 난 긁힌 자국. (3) 《口》 (스스로 자초한) 곤란, 곤경. (4) 문지름, 긁음, 비빔.

·scrap·er [skréipər] *n.* ⓒ (1) (신발의) 흙떨이 (매트). (2) 페인트를 긁어내는 주걱. (3) (그릇에 붙은 음식 찌꺼기 등을 긁어내는) 딱딱한 고무제의 주걱. (4) 서툰 바이올린쟁이 ; 이발사. (5) 구두쇠.

scráp hèap (1) 쓰레기〈고철〉 더미. (2) (the ~) 쓰레기터(폐기장). ***on the ~*** 버려져서, 폐기되어.

scrap·ing [skréipiŋ] *n.* (1) ⓤ 깎음, 문지름, 긁음 ; 깎는〈문지르는, 켜는〉 소리. (2) (*pl.*) 깎은 부스러기 ; 쓰레기 : the ~*s* and scourings of the street 거리의 쓰레기, 거리의 불량배.

scrap·ple [skrǽpəl] *n.* ⓤ 《美》 스크래플《저민 돼지고기와 옥수수가루를 섞어 기름에 튀긴 요리》.

scrap·py[1] [skrǽpi] **(-pi·er ; -pi·est)** *a.* (1) 부스러기의, 지스러기의 : a ~ dinner 먹다 남은 것으로 만든 저녁. (2) 단편적인, 산만한 : a ~ education 단편적인 교육.

파) **-pi·ly** *ad.* **-pi·ness** *n.*

scrap·py[2] *a.* 《口》 툭하면 싸우는, 논쟁하기를 좋아하는. 파) **-pi·ly** *ad.* **-pi·ness** *n.*

scrap·yard [skrǽpjɑ̀ːrd] *n.* ⓒ 쓰레기 버리는 곳, 고철〈폐품〉 하치장.

:scratch [skrætʃ] *vt.* (1) 《~+目/+目+副》 …을 할퀴다, 긁다 ; (몸)에 할퀸 상처를 내다 ; (가려운 곳)을 긁다 ; (땅)을 긁어 구멍을 내다, …을 긁어 벗기다 : The cat ~*ed* my face. 고양이가 내 얼굴을 할퀴었다. (2) …을 휘갈겨쓰다 : She ~ed a note hurriedly. 그녀는 서둘러 메모를 휘갈겼다. (3)《~+目/+目+副》 …을 지워 없애다, 말살(抹殺)하다 ; 명부〈예정〉에서 지우다〈빼다〉《*out* ; *off* ; *through*》 : ~ (*out*) a candidate 후보자를 명단에서 빼다. (4) 《+目+副》 (돈 따위)를 긁어 모으다, 푼푼이 저축하다《*together* ; *up*》. (5) (후보자)의 이름을 지우다, 삭제하다《*off* ; *from* ; *out of*》. (6) 【競】 (선수·말 등)을 출장 명부에서 지우다. (7) 술근술근 긁다, 간질이다.

—*vi.* (1) a] 긁다, 갉다《*at* ; *on*》 ; (가려운 데를) (계속) 긁었다《*away* ; *at* ; *on*》 : ~ *on* the door 문을 긁다. b] 《+前+名/+副》 긁어 파다 ; 헤집어 찾다, 긁어 모으다 《*for* ; *about*》. (2) (펜이 닳아서)

긁히다 : This pen doesn't ~. 이 펜은 쓰기가 좋다. (3) 《+副》 가까스로 살아가다〈타개하다〉《*along*》. (4) 후보자의 이름을 취소하다 ; (경쟁·일 따위에서) 손을 떼다《*from*》. **~ *about* 〈*around*〉 *for*** …을 찾아 헤매다〈다니다〉. **~ *the surface of*** …의 겉을 만지다《핵심에 닿지 않다》. ~a person ***where he itches*** 가려운 곳을 긁어주다 ; 아무의 마음에 들도록 해 주다.

—*n.* (1) (a~) (가려운 데를) 긁기. (2) ⓒ a] 긁은〈할퀸〉 자국, 할퀸 상처, 찰상(擦傷) : a ~ *on* one's face 얼굴의 찰과상. b] 긁는 소리, 스크래치 : the ~ of a pen on paper 종이에 펜 긁히는 소리. (3) ⓒ 【競】 출장을 취소한 선수. (4) ⓤ 《俗》 돈, 현금. (5) ⓤ 【樂】 (랩음악에서 쓰이는) 스크래치. ***from ~*** 출발점에서부터 ; 처음부터, 무(無)에서. ***up to* (*the*)~** 표준에 닿아, 좋은 상태로.

—*a.* 〔限定的〕 (1) 긁어 모은, 있는 것으로 만든 : a ~ team 그러모은〈갑자기 편성한〉 팀. (2) 【競】 대등한, 핸디캡 없는 : a ~ golfer 핸디가 제로인 골퍼. (3) 갈겨쓰기 용지. (4) 《口》 요행으로 맞은

scrátch lìne (경주의) 출발선 ; 【美競】 발을 굴러 도약하는 곳〈선〉, 스로인 라인《따위》.

scrátch pàd (1) 《美》 (낱장으로 떼어 쓰는)편지지, 메모용지철. (2) 【컴】 스크래치 패드《정보의 일시적 기억 장치》.

scratchy [skrǽtʃi] (***scratch·i·er ; -i·est***) *a.* (1) 〈글씨·그림 등을〉 휘갈긴, 날림의 : ~ hand writing 마구 휘갈긴 필적. (2) (펜 따위가) 긁히는, (레코드 판이) 직직 소리나는 : ~ old jazz records 직직거리는 낡은 재즈 레코드판. (3) (옷 따위가) 가려운, 따끔거리는. (4) 잘 할퀴는. (5) (선수 등을) 그러모은. 파) **scratch·i·ly** *ad.* **-i·ness** *n.*

·scrawl [skrɔːl] *vt.* 《~+目/+目+前+名》 …을 휘갈겨〈흘려〉 쓰다 ; (벽 따위)에 낙서하다 : ~ a letter 편지를 갈겨쓰다. —*vi.* 갈겨 쓰다, 낙서하다《*on* ; *over*》. —*n.* (1) ⓒ (흔히 *sing.*) 휘갈겨 쓴 글씨〈편지〉. (2) (one's ~) 마구 휘갈긴 필적 : Excuse *my* ~. 악필을 용서하십시오.

scraw·ny [skrɔ́ːni] (***-ni·er ; -ni·est***)*a.* 《口》 (1) 야윈, 앙상한 : a ~ pine 앙상한 소나무. (2) (식물 등이) 키가 작은, 왜소한.

:scream [skriːm] *vi.* (1)《~/+前+名》 소리치다, 비명을 지르다. (2) 《+前+名》 깔깔대다 : We all ~*ed with* laughter at his joke. 그의 농담에 우리는 배를 쥐고 웃었다. (3) (아이들이) 앙앙 울다 : (올빼미 따위가) 날카로운 소리로 울다 ; (기적 등이) 삐익하고 울리다 ; (바람이) 씽씽 불다. (4) 《俗》 (비행기·차가) 쌩하고 날아〈지나〉가다. (5) (빛깔 등이) 안 어울리다.

—*vt.* (1) 《~+目/+目+副/+*that* 節》 …을 새된 소리로 말하나, 큰 소리로 외치다, 절규하여 알리다 : ~ conspiracy 음모라고 외치다 / ~ *out* an order 큰 소리로 명령을 내리다. (2) 《+目+副》 〔再歸的〕 소리 질러 …한 상태가 되다〈되게 하다〉 : ~ *oneself* hoarse 목이 쉬도록 외치다 / ~ for …을 필사적으로 구하다..

—*n.* (1) ⓒ 외침(소리), (공포·고통의) 절규, 비명 ; 새된 소리. (2) (a ~) 《口》 아주 웃기는 사람〈일, 물건〉 : He is really *a* ~. 정말 재미있는 친구다.

scream·er [skríːmər] *n.* 【醫】 (1) 외치는 사람, 날카로운 소리를 지르는 사람〈내는 것〉. (2) 《口》 몹시 웃기는 이야기〈일, 사람〉. (3) 《美俗》 (신문의) 센세이셔널한 표제. 【cf.】 banner(line).

scream·ing [skríːmiŋ] *a.* (1) 외치는, 날카로운 소리를 내는. (2) 배를 움켜쥐게 하는, (사람이)킬킬 웃는. (3) 깜짝 놀라게 하는, 센세이셔널한. (4) (빛깔 등이) 야단스러운 : ~ colors 현란한 색채. (5) 이목을 끌게하는.

scream·ing·ly [skríːmiŋli] *ad.* 〔흔히 ~ funny 로〕 몹시 : ~ *funny* 아주 웃기는〈재미 있는〉.

scree [skriː] *n.* (1) ⓒ 자갈〈돌〉더미. (2) ⓤ 암설(岩屑)로 된 산허리의 급사면.

·screech [skriːtʃ] *n.* ⓒ 날카로운 소리 ; (브레이크 따위가) 끼익하는 소리.

—*vi.* (1) 날카로운〈새된〉 소리를 내다, 비명을 지르다. (2) (자동차·브레이크 등이) 끼익하고 소리를 내다 : The car ~*ed* to a halt. 자동차가 끼익 소리를 내며 멈추었다. —*vt.* 《~+目/+目+副》 (1) …을 날카로운〈새된〉 소리로 외치다《*out*》. (2) (자동차·브레이크 등)을 끼익 소리 나게 하다. 파) **~·er** *n.*

screech·ing [skríːtʃiŋ] *a.* (1) 날카로운 소리를 내는. (2) 끼익소리를 내는 : come to a ~ halt (차 등이) 끼익하고 멈추다 ; (계획 등이) 갑자기 중지되다.

screechy [skríːtʃi] (***screech·i·er ; -i·est***) *a.* (1) (음성·소리 등이) 날카로운. (2) (사람이) 새된 소리를 내는 ; 절규하는.

screed [skríːd] *n.* ⓒ (종종 *pl.*) 장황한〈지루한〉이야기〈문장〉.

:screen [skríːn] *n.* (1) ⓒ 칸막이 ; 병풍, 장지 ; 차폐물 ; 칸막이 커튼〈장치〉, 막 ; 《美》 (창문의) 망, 방충망 : a folding ~ of six panels, 6폭으로 된 병풍. (2)ⓒ (교회당의) 재단과 신자석(席) 사이의 구획. (3) a] ⓒ 스크린 ; 영사막. b] (the ~) 〔集合的〕 영화(계) : appear on *the* ~ 영화에 출연하다. c] ⓒ (TV·컴퓨터의) 영상면(面). (4) ⓒ (흙·모래 등을 거르는) 어레미. (5) 【軍】 견제부대. (6) 심사 제도. ***under* (*the*) *~ of night*** 야음을 틈타서.

—*vt.* (1) 《~+目/+目+前+名/+目+副》 …을 가리다 ; 칸막다 ; (빛·사람의 눈 등)을 가로막다 ; 막다, 숨기다, 감싸다《*from* ; *out* ; *against* ; *off*》. (2) (석탄 등)을 체질하여 가르다, 체로 치다. (3) (지원자)를 선발〈심사〉하다《*out*》 ; (소지품·병균 등에 대해) (사람)을 조사 하다. (4) 영사〈상영〉하다 ; 영화화〈각색〉하다 ; 촬영하다. (5) 차단벽을 만들다.

—*vi.* 〔well, badly 등의 부사와 함께〕 (배우가) 영화에 어울리다.

—*a.* 〔限定的〕 (1) 쇠망을 친. (2) 영화〈은막〉의 : a ~ actor 영화 배우 / a ~ face 영화에 맞는 얼굴/~ time 상영 시간.

screen·ing [skríːniŋ] *n.* (1) ⓤⓒ (영화·TV 등의) 상영, 영사(映寫). (2) ⓤ a] 선발, (적격) 심사 : a ~ test 적격 심사 ; 【醫】 선별〈예비〉 검사 / a ~ committee 적격 심사 위원회. b] 【醫】 집단 검진. (3) (*pl.*) 체질하고 남은 찌꺼기. (4) 체로 침. (5) 가림, 철망.

screen·play [⌐plèi] *n.* ⓒ 영화 대본, 시나리오.

scréen stár 영화 스타.

screen·writ·er (실제 촬영에 의한) 스크린 테스트《영화 배우의 적성〈배역〉 심사》.

screen·writ·er [⌐ràitər] *n.* ⓒ 시나리오 작가.

:screw [skruː] *n.* ⓒ (1) 나사 ; 나사못, 볼트 : a female 〈male〉 ~ 암〈수〉나사. (2) (배의) 스크루, 추진기 ; (비행기의) 프로펠러 : a twin-~ cruiser 쌍발 순항기 (3) (병의) 마개뽑이(corkscrew). (4) 비틀기 ; (나사의)한번 틀기〈죔〉, 한번 돌림. (5) 《英俗》 임금, 급료 : draw one's ~ 급료를 타다. (6) 《英》 (담배·소금 등을) 양끝을 꼬아 싼 봉투, 한 봉지 : a

S

~ of tobacco 담배 한 봉지. (7)《英口》 구두쇠. (8)《英口》 쇠약한 말, 폐마. (9)《俗》 교도관(jailer). (10)《俗》 성교(의 상대). ***a ~ loose***《口》 머리가 좀 이상하다 ; 고장나다. ***put 〈tighten〉 the ~(s) on*** a person 《口》 (동의하도록) 아무에게 압력을 넣다, …을 을러메다.

—*vt.* (1)《~+目+副/+目+前+名》 …을 나사로 죄다《*up*》 : 나사못으로 고정시키다《*down* ; *on*》 ; …에서 나사를 풀어서 떼다《*off*》. (2)《~+目/+目+副/+目+前+名》 …을 (비)틀다 ; 굽히다 ; (병(마개)등)을 돌려 죄다〈틀어넣다, 따다〉《*round* ; *around*》 : ~ a person's arm 아무의 팔을 비틀다 / ~ a bottle open〈shut〉 마개를 틀어 병을 따다〈막다〉. (3)《+目+前+名》 (얼굴 등)을 찡그리다, 일그러뜨리다 : ~ one's face into winkles 얼굴을 찡그려 주름살 투성이로 만들다. (4) (불안하여 종이 따위)를 꾸깃꾸깃 뭉치다. (5) …을 긴장시키다 ; (용기 등)을 불러 일으키다《*up*》 : I ~*ed up* my courage to ask for help. 용기를 내어 도움을 청했다. (6)《~+目/+目+前+名/+目+副》《口》 쥐어 짜다 ; 착취하다 ; 무리하게 빼앗다《*out of* ; *from*》.

—*vi.* (1) (나사가) 돌(아가)다, 틀리다 ; 나사 모양으로 돌다, 비틀리다 : The handle won't ~. 손잡이가 돌지 않는다. (2) 나사로 고정되다, 잠기다《*on* ; *together* ; *off*》. (3) (당구 공이) 커트되다. (4) 실수하다, 잘못되다《*up*》. (5)《卑》성교하다. ***have*** one***'s head ~ed on the right way*** = ***have*** one***'s head well ~ed on*** 빈틈이 없다, 분별(分別)이 있다 ; 옳은 판단을 하다. ***~ around*** 1)빈둥빈둥 시간을 낭비하다. 2)《俗》 난교 (亂交)하다. ***~ out*** 짜내다, 착취하다.

screw·ball [skrúːbɔ̀ːl] *n.* ⓒ (1)《美俗》 괴짜(nut) ; 재미있는 사람. (2) 【野】 스크루볼《변화구의 일종》. —*a.*《美口》 별난, 엉뚱한.

scréw bòlt 나사 볼트.

scréw bòx 나사받이, (나무 나사를 깎는) 나사틀

scréw convèyer 스크루 컨베이어.

scréw cùtter 나사 깎는 기구.

screw·driv·er [ˊdràivər] *n.* (1) ⓒ 나사돌리개, 드라이버. (2) ⓤⓒ《美》 스크루드라이버《보드카와 오렌지주스를 섞은 칵테일》.

scréw propèller (1) (배의) 추진기. (2) (비행기의) 프로펠러.

scréw thrèad 나사의 이(날).

scréw tòp (병 따위의) 나사 뚜껑《돌려서 개폐》.

screwy [skrúːi] (***screw·i·er ; -i·est***)*a.* (1)《口》 정신나간, 어딘가 별난. (2) (일 · 생각 등이) 매우 이상한. (3) 나선꼴의, 비틀린. (4)《口》 인색한, 째째한. (5) 술 취한.

·**scrib·ble** [skríbəl] *n.* (1) ⓤ (또는 a) 갈겨 쓰기, 난필(亂筆), 악필 : I can't read this ~. 이 난필은 읽을 수가 없다. (2) ⓒ (종종 *pl.*) 흘려 쓴 것, 낙서.

—*vt.* …을 갈겨쓰다《*down*》 : She ~*d down* his comments. 그녀는 그의 논평을 부랴부랴 휘갈겨 썼다. —*vi.* (1) 휘갈겨쓰다, 낙서하다. (2) 서투른 문장(시)을 쓰다. (3) 문필을 업으로 삼다.

scrib·bler [skríblər] *n.* ⓒ (1) 휘갈겨쓰는 사람, 난필〈악필〉가. (2) 삼류 작가.

scribe [skraib] *n.* ⓒ (1) (인쇄술 발명 전의) 필기사, 필생(筆生). (2) 【聖】 (흔히 S-) 율법학자. (3)《美口》 저널리스트, 작가.

—*vt.* (금속 · 나무 · 벽돌 등)에 화선기(畫線器)로 선을 새기다〈긋다〉. 파) **scríb·er** *n.* ⓒ 화선기.

scrim [skrim] *n.* ⓤ (1) 스크림《올이 성긴 면 또는 마직물의 일종》. (2)《美》 스크림으로 만든 반투명의 무대 장식용 커튼.

scrim·mage [skrímidʒ] *n.* ⓒ (1)격투, 드잡이, 난투. (2) 【美蹴】 스크리미지. ***line of ~*** 스크리미지 라인.

—*vi.* (1) 격투〈드잡이〉하다. (2)【美蹴】 스크리미지하다. —*vt.* (공을) 스크럼 속에 넣다.

scrimp [skrimp] *vt.* …을 긴축〈절약〉하다. (음식 등)을 바싹 줄이다 ; (돈)을 꾸준히 모으다.

—*vi.* 《~/+前+名》 인색하게 굴다, 절약하다《*on*》 : She ~*s on* food. 그녀는 먹는 것에 인색하게 군다. ***~ and scrape*** 검소하게 살다, 꾸준하게 조금씩 저축하다 : I've been ~*ing and scraping* all year for our holiday. 나는 우리 휴가를 위해 한 해를 꼬박 검소하게 지냈다.

scrimpy [skrímpi] (***scrimp·i·er ; -i·est***) *a.* 긴축하는, 조리차하는, 인색한.
파) **scrímpi·ly** *ad.*

scrim·shank [skrímʃæŋk] *vi.*《英俗》 일을 태만히 하다, 농땡이 부리다.

scrim·shaw [skrímʃɔ̀ː] *n.* ⓒ,ⓤ (오랜 항해 중 선원이 심심풀이로 조가비 · 해마의 엄니 등으로 만든) 세공(품). —*vt., vi.* 수공품을 만들다, 솜씨 좋게 세공하다.

scrip [skrip] *n.* ⓤ (긴급시에 발행되는) 임시 지폐 ; (점령군의) 군표 ; (간단한) 서류, 종이조각..

:script [skript] *n.* (1) ⓤ 손으로 쓴 글《print에 대해》 ; 필체 ; ⓤ 【印】 필기 〈스크립트〉체 (활자). (2) ⓤ 문자, 글자. (3) (극 · 영화 · 방송극 등의) 각본, 대본, 스크립트. (4) ⓒ (흔히 *pl.*)《英》답안. (5)《法》 정본(正本) ; 유언서. —*vt.*《口》 (영화 등의) 스크립트를 〈대본을〉 쓰다.

script·ed [skríptəd] *a.* (방송 등이) 대본이 있는, 대본대로의 ; (연설 등이) 원고를 읽은.

scrip·to·ri·um [skriptɔ́ːriəm] (*pl.* ***~s, -ria*** [-riə])*n.* ⓒ (특히 수도원의) 사자실(寫字室), 기록실, 필사실(筆寫室).

scrip·tur·al [skríptʃərəl] *a.* (종종 S-) 성서(聖書)의〈에 바탕을 둔〉 : a ~ scholar 성서학자.
파) **~·ly** *ad.*

·**scrip·ture** [skríptʃər] *n.* (1) (the S-(s)) 성서(Holy Scripture). (2) ⓒ 성서의 한 절, 성구 : a ~ lesson 일과로서 읽는 성서 구절. (3) ⓤ (또는 ~s ; 종종 S-) (기독교 이외의) 경전(經典), 성전(聖典). —*a.* (종종 S ~~) 성서의(에 있는).

scriv·en·er [skrívnər] *n.* ⓒ (옛날의) 대서인, 공증인 (notary public) ; 금융업자, 대금업자.

scrof·u·la [skrɔ́ːfjulə, skrɑ́f-/skrɔ́f-] *n.* ⓤ 【醫】 연주창(King's Evil). 파) **-lous** [-ləs] *a.* 연주창의(에 걸린).

·**scroll** [skroul] *n.* ⓒ (1) (양피지 또는 종이) 두루마리《옛날의 문서로 양끝에 막대가 있음》 : ~ bar. (2) 【建】 (장식용의) 소용돌이 무늬, 소용돌이 모양. (3) (바이올린 등 현악기 선단의) 소용돌이 머리 ; 스크롤. (4) (서명 등의 뒤에 쓰는) 장식 글씨.

—*vt.* 두루마리에〈로〉 쓰다〈만들다〉. —*vi.* 말다, 두루마리 모양으로 되다.

scrolled [skrould] *a.* 소용돌이 장식이 있는.

scróll sàw (곡선용) 실톱.

scroll·work [ˊwəːrk] *n.* ⓒ 소용돌이 장식, 당초(唐草) 무늬.

scro·tum [skróutəm] (*pl.* ***~s*** [-z] , ***-ta*** [-tə])*n.*

ⓒ 【解】 음낭(陰囊). 파) **scró·tal** [təl] *a.*

scrounge [skraundʒ] 《口》 *vt.* (1) …을 찾아다니다〈헤매다〉. (2) …을 조르다, 졸라서 손에 넣다《*off*》: ~ a cigarette *off* a person 아무에게서 담배 한 대를 얻어내다 (3) 훔치다, 눈속이다.
—*vi.* 여기저기 찾아 (돌아)다니다《*around*》; 우려내다(wheedle).

scroung·er [skráundʒər] *n.* ⓒ 등치는 사람, 공갈배; 식객.

:scrub[1] [skrʌb] (**-bb-**) *vt.* (1) 《~+目/+目+副/+目+前+名》 비벼 빨다〈씻다〉; 북북 문지르다〈닦다〉; (솔 따위로) 세게 문지르다: ~ *out* a dish 접시를 문질러 닦다. (2) a] (불순물)을 없애다, 제거하다. b] 【컴】 (필요없는 데이터를 제거하여 파일을) 깨끗이 하다. (3) a] 《口》 (계획·명령 등)을 취소하다《*out*》. b] (로켓발사 등)을 중지〈연기〉하다. —*vi.* 문질러서 깨끗이 하다〈씻다〉; (외과의가) 수술전에 손을 씻다《*up*》. ~ ***round*** 《口》 …을 피하다, 회피(回避)하다.
—*n.* ⓤ (1) (또는 a ~) 북북 문지르기, 세게 닦기. (2) 미사일 발사 중지. (3) 《俗》 취소, 중지.

scrub[2] *n.* (1) 〔集合的〕 덤불, 관목숲(brush-wood); 잡목 지대. (2) ⓒ 지질한 사람〈것〉, 좀스러운 〈인색한〉 놈. (3)ⓒ 《美口》 보결〈2류〉 선수.

scrub·ber [skrʌ́bər] *n.* ⓒ (1) 마루(바닥) 닦는 사람. (2) 솔, 수세미, 걸레; 집진기, 스크래퍼. (3) 《英俗》 갈보, 창녀. (4) 가스 세정기.

scrub(·bing) brùsh [skrʌ́b(iŋ)-] 《美》 세탁솔, 수세미.

scrub·by [skrʌ́bi] *a.* (1) (나무·짐승이) 작은, 왜소한. (2) 관목이 우거진, 덤불이 많은: the ~ slopes of the hills 덤불이 우거진 산비탈. (3) (사람이) 왜소한, 초라한.

scrub·land [skrʌ́blæ̀nd] *n.* ⓤ 작은 잡목이 우거진 땅, 관목 지대, 총림지(叢林地).

scrub·wom·an [∠wùmən] (*pl.* **-wòm·en** [-wìmin]) *n.* ⓒ 《美》 잡역부(婦) (charwoman).

scruff[1] [skrʌf] *n.* ⓒ 〔흔히 the ~ of the neck로〕 (사람·짐승의) 목덜미(nape).

scruff[2] *n.* ⓒ 《英口》 궁상맞은〈추레한〉 사람; 비듬.

scruffy [skrʌ́fi] (***scruff·i·er*; *-i·est***) *a.* 추레한, 꾀죄죄한, 더러운.

scrum,scrum·mage [skrʌm] [skrʌ́midʒ] *n.* ⓒ (1) 【럭비】 스크럼: taking the ball from ~ 스크럼에서 공을 빼내서. (2) 《英口》 (전철·바겐세일 등에) 쇄도하는 군중. —*vi.* 【럭비】 스크럼을 짜다.

scrum·cap [skrʌ́mkæ̀p] *n.* ⓒ 【럭비】 헤드기어《두부(頭部) 보호용》.

scrúm hàlf 【럭비】 스크럼 하프《공을 스크럼 안에 넣는 하프백》.

scrump [skrʌmp] *vt.* (특히 사과)를 서리하다; (과수원에서) 훔치다.

scrump·tious [skrʌ́mpʃəs] *a.* 《口》 굉장한, 멋진, (음식 따위가) 아주 맛있는.
파) **~·ly** *ad.* **~·ness** *n.*

scrum·py [skrʌ́mpi] *n.* ⓤ 《英方》 신맛이 강한 사과주《잉글랜드 남서부 특산》.

·scru·pel[1] [skrúːpəl] *n.* (1) ⓒ (종종 ~s) 양심의 가책《*about*》: a man of no ~*s* 양심의 가책을 모르는 사람, 나쁜 짓을 예사로 하는 사람. (2) ⓤ 〔흔히 no, without 등의 뒤에 써서〕(일의 옳고 그름에 대한) 의심, 주저, 망설임.
—*vt.* 《古》 망설이다, 꺼리다. —*vi.* 〔흔히 否定文〕 《+前+名》 (…하는 것을) 망설이다, 주저하다.

scru·ple[2] *n.* ⓒ (1) 스크루플《약량(藥量)의 단위; 20 grains =1.296g; 略: sc.》. (2) 조금, 미량.

scru·pu·los·i·ty [skrùːpjəlɑ́səti] *n.* ⓤ 자세하고 빈틈없음, 꼼꼼함.

·scru·pu·lous [skrùːpjələs] *a.* (1) 양심적인, 성실한. (2) 세심한, 꼼꼼한. 파) **~·ly** *ad.* **~·ness** *n.*

·scru·ti·neer [skrùːtəníər] *n.* ⓒ 《英》 검사관, (특히) 투표 감시인 (《美》 canvasser).

·scru·ti·nize [skrúːtənàiz] *vt.* (1) …을 자세〈철저〉히 조사하다. (2) …을 유심히〈자세히〉 살피다《*into*》.
파) **-nìz·ing·ly** *ad.* 꼼꼼히, 유심히.

·scru·ti·ny [skrúːtəni] *n.* (1) ⓤⓒ a] (면밀한) 음미 〈조사〉, 정사(精査). b] 자세히 보는 일. (2) ⓒ 《英》 투표(재)검사.

scu·ba [skúːbə] *n.* ⓒ 스쿠버《잠수용 수중 호흡기; aqualung 은 이것이 나오기 전의 商標名》.

scúba dive 스쿠버 다이빙을 하다.

scúba diver 스쿠버 다이버.

scúba diving 스쿠버 다이빙. 【cf.】 skin diving.

scud [skʌd] (**-dd-**) *vi.* 질주하다; 구름이 바람에 휙 날라가다; 【海】 배가 강풍에 밀려 거의 돛을 안 펴고 달리다.
—*n.* (1) (a ~) 휙 달리는〈나는〉 일. (2) ⓤ (바람에 날리는) 조각 구름, 비구름. (3) ⓒ 소나기; 돌풍.

Scúd mìssile 스커드 미사일《구소련제 장거리 지대지 미사일》.

scuff [skʌf] *vi.* (1) 발을 질질 끌며 걷다(shuffle). (2) (구두 따위가) 닳다《*up*》.
—*vt.* (1) a] (발)을 끌다. b] (발로) …을 비비다, 문지르다. (2) (신발·마루 따위)를 닳게 하다《*up*》.
—*n.* ⓒ (1) 비벼서 〈닳아서〉 생긴 흠집. (2) (흔히 *pl.*) 슬리퍼. (3) 발을 질질 끄는 걸음.

scuf·fle [skʌ́fəl] *n.* ⓒ 드잡이, 격투, 난투. —*vi.* (1) (…와) 드잡이하다, 난투하다《*with*》. (2) 허둥대다. (3) 발을 끌며 걷다.

scull [skʌl] *n.* (1) ⓒ 스컬《한 사람이 양손에 한 자루씩 가지고 젓는 노》; 그 노로 젓는 가벼운 경조용 보트 (2) (a ~) 스컬로 젓는 일. (3) (~s) 스컬 경기.
—*vi.*, *vt.* (보트를) 스컬〈노〉로 젓다.
파) **´~·er** *n.* ⓒ 스컬〈노〉로 젓는 사람.

scul·lery [skʌ́ləri] *n.* ⓒ (대저택 등의 부엌에 붙은) 그릇씻는 곳.

·sculp·tor [skʌ́lptər] (*fem.* **-tress**[-tris]) *n.* ⓒ 조각가, 조각사(師).

:sculp·ture [skʌ́lptʃər] *n.* (1) ⓤ 조각(술), 조소(彫塑). (2) ⓤⓒ 조각 작품. —*vt.* (1) 《~+目/+目+前+名》 …의 상을 조각하다; (…로 상)을 조각하다《*in, out of*》: ~ a king 임금의 상을 조각하다. (2) …에 여러 가지 조각을 하다, …을 조각으로 장식하다. (3) 침식하다(erode). —*vi.* 조각을 하다. 파) **-tur·al** [-tʃərəl] *a.* 조각한, 조각 된, 조각적인; 조각술의.

sculp·tured [skʌ́lptʃərd] *a.* 조각한, 조각으로장식한: ~ columns 여러 가지 조각을 한 원기둥.

sculp·tur·esque [skʌ̀lptʃərésk] *a.* 조각풍의, 조각 같은; 모양이〈이목구비가〉 반듯한.

scum [skʌm] *n.* (1) ⓤ (또는 a ~) (액체 표면에) 떠 있는 찌끼, 더껑이, 버캐; 거품《*of*》: a pond covered with (*a*) ~ 찌꺼기로 덮인 연못. (2) ⓤ 〔集合的; 複數 취급〕 인간 쓰레기.
—*vi.* (**-med; -ming**) 찌꺼기〈가스〉가 생기다, 거품이 일다.

S

—*vt.* …에서 뜬 찌꺼기를 걷어내다, …에 거품을 만들다.
scum·my [skʌ́mi] (**-mi·er ; -mi·est**) *a.* (1) 더껑이가 생긴, 거품이 인, 더껑이 같은. (2) 《口》 하찮은, 비열한, 쓸모없는.
scup·per [skʌ́pər] *n.* ⓒ (흔히 ~s) 【海】 (갑판의) 배수구. —*vt.* 《英俗》 (1) (배)를 의도적으로 침몰시키다. (2) 〔흔히 受動으로〕 《口》 (계획 등)을 망치다, 망가뜨리다. (3) (사람)을 죽이다.
scurf [skəːrf] *n.* ⓤ 비듬(dandruff) ; 때. 파) **~y** *a.* 비듬투성이의 ; 비듬 같은.
scur·ril·i·ty [skəːríləti] *n.* (1) ⓤ 천박. (2) a〕 ⓤ 상스러움. b〕 ⓒ 상말.
scur·ril·ous [skə́ːrələs, skʌ́-] *a.* 천박한, 야비한 ; 상스러운 : ~ remark 쌍말.
파) **~·ly** *ad.* **~·ness** *n.*
·**scur·ry** [skə́ːri, skʌ́ri] *vi.* 종종걸음으로〈허둥지둥〉 달리다, 잔달음질치다《*about* ; *along* ; *off* ; *away*》.
—*n.* (1)(a~, the ~) (허둥대는) 급한 걸음 ; 종종걸음 ; 그 발소리. (2) 단거리 경마. (3) 허둥지둥함. (4) 소나기.
scur·vy [skə́ːrvi] (**-vi·er ; -vi·est**) *a.* 《口》 상스러운 : a ~ trick 비열한 속임수. —*n.* ⓤ 【醫】 괴혈병. 파) **-vi·ly** *ad.* 천하게. **-vi·ness** *n.* 천함.
scut [skʌt] *n.* ⓒ (토끼 따위의) 짧은 꼬리.
·**scut·tle**[1] [skʌ́tl] *n.* ⓒ (실내용) 석탄 그릇〈통〉.
scut·tle[2] *vi.* 급히 가다, 황급히 달리다 ; 허둥지둥 도망가다《*away* ; *off*》. —*n.* (a ~) 종종걸음 ; 허둥지둥 달리기〈도망치기, 떠나기〉.
scut·tle[3] *n.* ⓒ (배의) 현창(舷窓) ; 천창(天窓), (천장·벽 따위의) 채광창 ; 그 뚜껑 ; (자동차의) 스커틀.
—*vt.* (1) (배)를 선저판(船底瓣)을 열어〈밑바닥에 구멍을 뚫어〉 침몰시키다. (2) (계획·희망 등)을 단념하다, 버리다.
scut·tle·butt [skʌ́tlbʌ̀t] *n.* ⓒ 《口》 (뜬) 소문, 가십.
scuzz [skʌz] *n.* ⓒ 불결한 사람〈물건〉.
—*a.* = SCUZZY.
scuz·zy [skʌ́zi] (**-zi·er ; -zi·est**) *a.* 《美俗》 더러운, 불결한 : Who's that ~-looking guy in the corner? 구석의 저 지저분한 놈은 누구냐.
·**scythe** [saið] *n.* ⓒ (자루가 긴) 큰 낫《양손에 들고 쓸듯이 풀 따위를 벰 ; 사신(死神)의 상징이기도 함》 : swing(wield) a ~ 큰 낫을 휘둘러 베다.
—*vt.* …을 큰 낫으로 베다《*down, off*》.
—*vi.* 큰 낫으로 베다.
:sea [siː] *n.* (1) a〕 ⓒ 〔흔히 the ~, 또는 ~s〕 바다, 대해, 해양. 【cf.】 ocean. ※ '바다'의 뜻으로 미국에서는 일반적으로 ocean을 쓰며 sea는 흔히 시적인 느낌을 가짐. 『sail on〈in〉 *the* ~ 해상을 항해하다 / an arm of *the* ~ 후미《호수나 바다가 육지로 파고든 곳》. b〕 (the ~) 해안, 해변. (2) (the ~) (육지·섬으로 둘린) 바다, …해《동해·지중해 따위》 ; 염수호(湖) ; 큰 호수 : *the* closed ~ 영해 / ⇨SEVEN SEAS, DEAD SEA, BLACK SEA. (3) ⓒ 〔종종 ~s ; 흔히 수식어와 함께〕 (어떤 상태의) 바다 ; 파도, 조수. (4) (a ~ ; 또는 ~s) (바다처럼) 많음, (광대한) 퍼짐, …의 바다 ; 다량, 다수《*of*》 : a ~ *of* flame 불바다 / a ~ *of* troubles〈care(s)〉 한없는 걱정〈근심거리〉. ***at* ~** 1) 해상에서, 항해중에 : The ship was lost *at* ~. 그 배는 항해중에 행방불명되었다. 2) (종종 completely 〈all〉 at ~로) 어찌할 바를 몰라. ***beyond the* ~(*s*)** 바다 저편, 외국에서. ***by* ~** 바닷길로, 뱃길로 ; 배편으로 : *go by* ~ 배편으로 가다. ***follow the* ~** 뱃사람〈선원〉이 되다. ***go to* ~** 1) 뱃사람이 되다. 2) 출항하다. ***over the* ~(*s*)** = beyond the ~(s).
séa anémone 【動】 말미잘(seaflower).
sea·bag [∠bæ̀g] *n.* ⓒ 세일러백《선원들의 옷 따위를 넣는 원통형의 즈크제 주머니》.
Sea·bed [síːbèd] *n.* (the ~) 해저(seafloor).
sea·bee [∠bìː] *n.* ⓒ 【美海軍】 건설대(원) ; (S~) 시비선.
sea·bird [∠bə̀ːrd] *n.* ⓒ 바닷새(= **séa bìrd**).
séa blùbber 【動】 해파리(jellyfish).
sea·board [∠bɔ̀ːrd] *n.* ⓒ 해안, 연해〈연안〉 지방 ; 해안선 : the eastern ~ of the US 미국 동부 해안.
—*a.* 〔限定的〕 해변의, 해안(지대)의, 바다에 임한.
sea·borne [∠bɔ̀ːrn] *a.* (1) 해상 수송의〈에 의한〉 ; 바다를 건너오는 : ~ articles 외래품 / ~ goods 해운 화물. (2) (배가) 떠서, 해상의.
séa brèam 【魚】 도미류(類).
séa càptain 《口》 (특히 상선의) 선장 ; 해군 대령 ; 대제독.
séa chànge 《文語》 급격한〈눈부신〉 변화 : undergo a ~ 면목을 일신하다.
·**sea·coast** [∠kòust] *n.* ⓒ 연안, 해안, 해변.
séa còw 【動】 (1) 해우. (2) 해마.
séa cùcumber 【動】 해삼.
sea·cul·ture [∠kʌ̀ltʃər] *n.* ⓤ 해산물의 양식(養殖).
séa dòg 노련한 선원〈선장〉 ; 해적.
sea·ear [∠ìər] *n.* ⓒ 【貝】 전복(abalone).
sea·far·er [∠fɛ̀ərər] *n.* ⓒ 뱃사람 ; 항해자 : experienced ~*s* 노련한 뱃사람들.
·**sea·far·ing** [∠fɛ̀əriŋ] *a.* 〔限定的〕 항해의 ; 선원을 직업으로 하는 ; 바다에서 생활하는 : a ~ life 선원 생활 / a ~ man 뱃사람. —*n.* ⓤ (1) 선원 생활 ; 배를 타는 직업. (2) 항해.
séa fìght (전함끼리의) 해전.
sea·food [∠fùːd] *n.* ⓤ 해산 식품《생선·조개류》.
—*a.* 〔限定的〕 생선·조개류의.
sea·fowl [∠fàul] (*pl.* **~s**) *n.* ⓒ 바닷새.
sea·front [∠frʌ̀nt] *n.* (the ~) (도시의) 해안 거리 : a hotel on *the* ~ 해안 거리의 호텔.
—*a.* 〔限定的〕 해안 거리의 : a ~ restaurant.
sea·girt [∠gə̀ːrt] *a.* 《詩》 바다로 둘러싸인(섬 등이).
sea·go·ing [∠gòuiŋ] *a.* 〔限定的〕 (1) (배가) 원양 항해의〈에 적합한〉. (2) 직업적으로 배를 타는.
sea·green [∠gríːn] *a.* 푸른 빛이 도는 초록색의 : her ~ eyes
séa gùll 갈매기《특히 해안에서 볼 수 있는 갈매기》.
séa hòrse (1) 【神】 해마《해신의 전차를 끄는 말머리·물고기 꼬리의 괴물》. (2) 【動·魚】 해마.
séa ìsland (**cótton**) 해도면(海島綿)《서인도 제도산의 고급 면》.
séa kàle 겨잣과(科)의 식물《유럽 해안산 ; 새싹은 식용》.
·**seal**[1] [siːl] (*pl.* **~s, ~**) *n.* (1) ⓒ 【動】 바다표범, 물개(fur~), 강치. (2) ⓤ 그 모피.
—*vi.* 바다표범〈물개, 강치〉 사냥을 하다.
:seal[2] *n.* ⓒ (1) 봉인, 증인(證印)《봉랍(封蠟)·봉연(封鉛)·봉인지 등에 찍은》 ; (seal을 찍기 위한) 인장 ; 옥새(玉璽) ; 문장(紋章) ; 인발 : impress one's

~ on the wax 인장을 봉랍 위에 찍다. (2) 보증〈인증〉의 표적, 보증인(印). (3) 비밀 엄수 약속, 입막음하는 것 : under ~ of secrecy 비밀을 지킨다는 약속으로. (4) (사회 사업 등으로 발행하는) 실, 장식 우표 : a Christmas ~. (5) (흔히 the ~s (of office)) 《英》 대법관〈장관〉의 관직. ***given under** one's **hand and*** ~ (증서 따위에) 서명 날인한. ***put*** 〈***set***〉 one'***s ~ to*** 1) …에 도장을 찍다. 2) …을 보증〈승인〉하다. ***set the ~ to*** 〈***on***〉 …의 결말을 내다, …을 끝내다. ―*vt*. (1) …에 날인하다, …에 조인하다 ; (상담 따위)를 타결짓다. (2) 《~+目/+目+前+名》 (상품 따위에) 검인하다 ; 보증하다 ; 확인〈증명〉하다. (3) …에 봉인하다《*off*》 ; (편지를) 봉하다. (4) 《~+目/+目+副》 밀봉하다, 밀폐하다, 틈새를 막다《*up*》 : ~ *up* a window 창문을 밀폐하다. (5) 《+目+副》 가두다 : be ~*ed up* in ice 얼음에 갇혀서 꼼짝 못 하다 / The army immediately ~*ed* the country's borders. 군은 즉시 국경을 봉쇄했다 (6) (입 따위)를 막다, (눈)을 가리다. (7) (비밀)을 엄수시키다. (8) 《~+目/+目+副》 (운명 따위)를 결정하다 : His fate is ~*ed* (*up*) 그의 운명은 결정됐다. ***~ off*** 밀봉하다 ; 출입을 금지하다, (비상선 등으로) 포위하다.

sea·lane [´-lein] *n*. ⓒ 해상 교통 수송로, 해로, 항로.

seal·ant [síːlənt] *n*. ⓤⓒ 밀폐〈봉함〉제(劑), 방수제.

sealed [siːld] *a*. 〔限定的〕 도장을 찍은, 조인한 ; 봉인〈밀봉〉한.

séald bóok 신비, 수수께끼.

séaled órders 【海】 봉함 명령《어느 시점까지 개봉이 금지된 선장 등에 대한 명령서》.

seal·er[1] [síːlər] *n*. ⓒ (1) 날인자(者)〈기(機)〉, 검인자 ; 봉인자. (2) 《美》 도량형 검사관《합격된 것에 검인을 찍음》.

seal·er[2] *n*. ⓒ 바다표범잡이《사람, 선박》.

séa lèvel 해수면, 평균 해면 : above ~ 해발.

séa lìly 【動】 갯나리, 바다나리(crinoid).

séal·ing wàx [síːliŋ-] 봉랍.

séa lìon 【動】 강치.

séal rìng 인발이 찍힌 반지(signet ring).

seal·skin [síːlskìn] *n*. (1) ⓤ 바다표범〈물개〉 가죽. (2) ⓒ 그것으로 만든 코트 (따위).

Sea·ly·ham (**tèrrier**) [síːlihæ̀m(-)] 실리햄《테리어의 일종으로 백색의 복슬복슬한 털이 남》.

:seam [siːm] *n*. ⓒ (1) (천 따위의) 솔기 : cut a ~ open 솔기를 뜯다. (2) (판자 따위의) 이음매 : ~*s* in brickwork 쌓은 벽돌의 줄눈. (3) a〕 상처 (자국), 주름. b〕 【醫】 봉합선. c〕 (얼굴 등의) 주름. (4) 갈라진 틈, 금 ; 【地質】 두 지층 사이의 경계선, (석탄 등의) 얇은 층 ; 《口》 (계획 등이 여기저기 파투가 나) 틀어지다.
―*vt*. (1) 《+目+副》 …을 이어〈꿰매어〉 맞추다 《*together* ; *up*》. (2) 《~+目/+目+前+名》 …에 주름〈상처·자국〉을 내다《※ 흔히 과거분사로서 형용사적으로 쓰임》 : a face ~*ed* with saber cuts 칼자국이 난 얼굴.
―*vi*. 터지다, 갈라지다 ; 주름살지다.

:sea·man [síːmən] (*pl*. **-men**[-mən]) *n*. (1)ⓒ 선원, 뱃사람 ; 항해자 ; 【海軍】 수병(bluejacket) : a merchant ~ 상선 승무원. (2) 〔形容詞와 함께〕 배의 조종이 …하는 사람.

sea·man·like [´-làik] *a*. 선원〈수병〉 같은 ; 항해술이 뛰어난.

séaman recrúit 【美海軍】 신병 ; 2등병..

sea·man·ship [síːmənʃìp] *n*. ⓤ 선박 조종술, 항해술.

sea·mark [síːmɑ̀rk] *n*. ⓒ (1)항로 표지. 【cf.】 landmark. (2) (파도가 밀리는 물가의) 파선(波線), 만조(滿潮) 수위선. (3) 항해 목표. (4) 해안선.

seamed [siːmd] *a*. (1) 주름이 잡힌《*with*》. (2) 〔敍述的〕 …의 상처가 있는《*with*》 : a face ~ *with* scars 상처 있는 얼굴.

séa mìle 해리 (nautical mile).

seam·less [síːmlis] *a*. 솔기〈이음매〉 없는 : ~ stockings.

seam·stress [síːmstris/sém-] *n*. ⓒ 침모, 여자 재봉사(sewing woman).

seamy [síːmi] (**seam·i·er ; -i·est**) *a*. (1) 솔기 (이음매)가 있는. (2) 〔흔히 the ~ side of …로〕 이면의, 보기 흉한, 불쾌한, 더러운 : *the* ~ *side of* life 인생의 이면, 사회의 암흑면.
파) **-i·ness** *n*.

Séan·ad Éir·eann [sǽnɑːd-ɛ́ərən] (the ~)아일랜드 공화국의 상원. 【cf.】 Oireachtas.

se·ance, sé- [séiɑːns] *n*. ⓒ 《F.》 (영매(靈媒)를 통한) 강령회(降靈會), 교령회(交靈會).

séa òtter 【動】 해달.

séa pìg 【動】 돌고래 ; 듀공(dugong).

séa pìnk 【植】 아르메리아(thrift).

sea·plane [´-plèin] *n*. ⓒ 수상 비행기, 비행정.

séa plànt 해초.

:sea·port [síːpɔ̀rt] *n*. ⓒ 항구, 항구 도시.

séa pòwer 해군력, 제해권 ; 해군국.

sear [siər] *vt*. (1) …을 태우다, (뜨겁게 재빨리) 굽다 ; 눋게 하다. (2) (상처)를 소작(燒灼)하다 ; 데다 《*on* ; *with*》. (3) (양심·감정 따위)를 마비시키다.
―*a*. 시든, 말라 배틀어진.
―*vt*. (초목이) 시들다, 말라죽다.

:search [səːrtʃ] *vt*. (1) 《~+目/+目+前+名》 (장소)를 찾다, 뒤지다, 탐색하다, 수색하다《*for*》. (2) …의 몸을 수색하다 : We were stopped by the police and ~*ed*. 우리는 경찰에게 정지당하여 몸수색을 받았다. (3) (상처·감정 따위)를 살피다 : ~ one's heart 자기의 마음 속을 살펴보다. (4) 《~+目/+目+前+名》 (얼굴 등)을 유심히 (살펴)보다. (5) (기억 등)을 더듬다. (6) (추위·바람·빛 등이) …의 구석구석까지 미치다, …속에 스며들다 : The beam ~*ed* the room. 광선이 방안 가득히 들어왔다. ―*vi*. 《+前+名》 (1) 찾다《*for* ; *after*》. (2) 조사하다, 파헤치다《*through* ; *into*》. ***Search me !*** 《口》 난 몰라 (I don't know). ' ***~ out*** (조사·탐색 따위를 통하여) …을 찾아내다.
―*n*. ⓒ (1) 탐색(探索), 수색, 추구《*for* ; *after*》 : a close ~ 엄밀한 수색 / Every ~ was made *for* him. 백방으로 손을 써서 그를 찾았다. (2) 조사, 검사《*of* 》. ***in ~ of*** …을 찾아. ***the right of ~*** (교전국의 중립국 선박에 대한) 수색권.

search·er [sə́ːrtʃər] *n*. ⓒ (1)수색자, 조사자. (2)세관〈선박〉 검사관, 신체 검사관. (3) 포강 검사기. (4) 탐침.

search·ing [sə́ːrtʃiŋ] *a*. (1) (조사 따위가) 철저한, 면밀한, 엄중한 (2) (시선 등이) 날카로운. (3) (찬바람 등이) 스며드는 : a ~ cold 몸에 스며드는 추위.
―*n*. ⓤ 수색, 탐색 ; 검사, 음미.
파) **~·ly** *ad*. 엄격히, 신랄히. **~·ness** *n*.

S

search·light [∠làit] *n.* ⓒ 탐조등, 서치라이트 : 그 불빛 : play a ~ on …을 탐조등으로 비추다.
séarch pàrty 수색대.
sear·ing [síəriŋ] *a.* (1) 타는 듯한 : the ~ heat of the tropical summer 열대 지방 여름의 타는듯한 더위. (2)《口》(성적으로) 흥분시키는.
séa ròom 【海】 조선(操船) 여지(餘地)《배를 조종하기에 넉넉한 해면》.
séa ròute 항로, 해로.
séa ròver 해적(선).
séa sèrpent (1) (전설상의) 큰 바다뱀. (2) (the S- S-) 【天】 바다뱀자리(Hydra).
séa shèll 바닷조개, 조가비.
:**sea·shore** [∠ʃɔ̀ːr] *n.* ⓤ 해변, 해안. —*a.* (限定的) 해안의, 해변의 : a ~ village 바닷가 마을.
·**sea·sick** [∠sìk] *a.* 뱃멀미하는 : get ~ 뱃멀미하다. 파) **~·ness** *n.* ⓤ 뱃멀미.
:**sea·side** [∠sàid] *n.* (the ~) 해변, 바닷가《※ 특히 《英》에서는 피서지로서의 해변》 : go to *the* ~ (수영·피서차) 해변으로 가다. —*a.* 〔限定的〕 해안의 : a ~ resort 해수욕장, 해안의 유원지.
:sea·son [síːzən] *n.* ⓒ (1) 계절, 철, 사철의 하나 : the cycle of the ~*s* 계절의 순환 / the four ~*s* 사계절 / at〈in〉 all ~*s* 일년 내내, 사철을 통하여 (2) 시절, 철. (3) 한창 때, 한물, 활동기, 시즌 : the baseball 〈holiday〉 ~ 야구〈휴가〉시즌. (4) 호기(好機), 알맞은 때, 제때 : a word in ~ 때에 알맞은 충고. (5)《英口》= SEASON TICKET. ***in good ~*** 때 마침, 때맞춰 ; 넉넉히 제시간에 대어 : go back *in good* ~ 일찌감치 돌아가다. ***in ~*** 마침 좋은 때의 ; (과일 따위가) 한물 때에, 한창〈제때〉인 사냥철에. ***in ~ and out of ~*** (철을 가리지 않고) 언제나, 늘, 때없이. ***out of ~*** 철 지난, 한물 간, 한창 때를〈제철이〉 지난 : 시기를 놓치어 : 금렵기에.
—*vt.* (1)《~+目/+目+前+名》…에 맛을 내다, 간을 맞추다, 조미하다 : ~ food *with* salt 소금으로 음식의 간을 맞추다. (2)《+目+前+名》…에 홍취를 돋우다. (3) …을 누그러뜨리다, 완화하다. (4)《~+目/+目+前+名》(환경·기후 따위에) 적응시키다, 길들이다, 단련하다. (5) (재목)을 말리다 : furniture made of oak that has been well ~*ed* 잘 마른 오크 재목으로 만든 가구.
—*vi.* (재목이) 마르다 ; 맛이 들다, 익다 ; 길들다.
sea·son·a·ble [síːzənəbəl] *a.* (1) 계절에 알맞은 : ~ clothes 계절에 맞는〈어울리는〉 옷. (2) (시기) 적절한.
파) **-bly** *ad.* **~·ness** *n.*
·**sea·son·al** [síːzənəl] *a.* (1) 특정한 계절만의 : a ~ laborer 계절 노동자/ ~ rates 계절 요금. (2) 주기적인, 계절적인.
파) **~·ly** [-nəli] *ad.*
sea·soned [síːzənd] *a.* (1)조미〔調味〕한, 맛을 낸. (2)a] 〔재목 등이〕 잘 마른 b] 〔담배 파이프 등〕 길이 잘 든. (3)〔限定的〕 경험이 많은, 숙달된 : a ~ soldier 노련한 군인, 고참병.
sea·son·ing [síːzəniŋ] *n.* (1) ⓤ 조미(調味), 맛내기. (2) ⓤⓒ 조미료, 양념. (3) ⓒ 홍을 돋우는 것. (4) ⓤ (목재 등의) 건조. (5) 익힘, 길들임 ; 단련
séason tícket (1)《英》 정기 승차권(《美》 commutation ticket). (2) (연극·연주회 등의) 정기 입장권.
:seat [siːt] *n.* ⓒ (1) 자리, 좌석 ; 걸상《의자·벤치 따위》 ; (의자 따위의) 앉는 부분 : leave one's ~ 자리를 뜨다 / rise from one's ~ 자리에서 일어서다. (2) (극장 따위의) 지정석, 예약석 : reserve a ~ on a train 열차에 자리 하나를 예약하다. (3) 의석, 의원〈위원〉의 지위 ; 왕좌, 왕권 : win〈get〉 a ~ in Congress의원에 당선되다. (4) a] (활동 등의) 소재지, 위치 ; 중심지《*of*》 : the ~ *of* government 정부 소재지. b] 병원(病源), 병소(病巢), 환부《*of*》. (5) 영지(領地), 토지 ; (시골의) 저택 : 별장 : a country ~ 시골의 대저택. (6) 엉덩이, 둔부(臀部) ; (바지 등의)엉덩이, 시트. (7) 착석법 ; (말 따위에) 탄 자세, (말)타기 : have a good ~ on a horse 말을 잘 타다〈부리다〉. (8) (기계 따위의)대(臺), 대좌. ***by the ~ of*** one'***s pants***《口》 자기 경험에 의거하여, (경험으로 얻은) 감으로. ***keep 〈have, hold〉 a*** (one'***s***) ***~*** (1) 자리에 앉은 채로 있다. (2) (의원이)지위를〈의석을〉 유지하다, 재선되다.
—*vt.* (1)《~+目/+目+前+名》 a] …을 앉히다, 착석시키다. b] 〔再歸的〕 앉다《※ 受動으로도 쓰임》 : He was ~*ed* at his desk. 그는 책상머리에 앉아 있었다. (2)《~+目/+目+前+名》 (건물이) …명분의 좌석을 갖다 ; …을 수용하다. (3)《+目+前+名》〔흔히 再歸的 또는 受動으로〕 …에 위치하다, 정주하다, 자리잡다. (4) (걸상·바지 등의) 앉는 부분을 갈다〈대다〉 : ~ a chair 의자의 시트를 갈다. (5) (기계 등을) 고〈설치〉하다. (6) 취임시키다.
séat bèlt (비행기·자동차 등의) 좌석〈안전〉 벨트, 시트벨트 : fasten 〈unfasten〉 a ~ 좌석 벨트를 매다〈풀다〉.
(·)**seat·ed** [síːtid] *a.* (1) 걸상〈좌석〉이 …인 ; 걸터앉는〈엉덩이〉 부분이 …인. (2) 위치가 …인.
seat·er [síːtər] *n.* ⓒ 〔흔히 合成語로〕 (자동차·비행기의) …인승 : a four-~, 4인승.
seat·ing [síːtiŋ] *n.* ⓤ (1) 착석 ; 좌석의 배치. (2) 〔集合的〕 좌석(수. (3) (의자의) 쿠션〈커버〉 자료 : strong cotton ~ 튼튼한 무명 의자 천. (4) 승마의 자세
—*a.* 〔限定的〕 좌석의 : a ~ capacity 좌석수, 수용력.
seat·mate [∠mèit] *n.* ⓒ《美》 (열차·항공기 등의) 옆자리 사람.
Se·at·tle [siːǽtl] *n.* 시애틀《미국 워싱턴주의 항구 도시》.
séa ùrchin 【動】 성게.
séa wàll 안벽(岸壁), 호안(護岸), 방파제.
·**sea·ward** [siːǽtl] *a.* 바다에 면한.
—*ad.* 바다쪽으로. —*n.* (the ~) 바다쪽.
sea·water [∠wɔ̀ːtər] *n.* ⓤ 바닷물, 해수.
sea·way [∠wèi] *n.* (1) ⓒ 해로 ; 항로. (2) ⓒ (큰 배가 다닐 수 있는) 깊은 내륙 수로. (3) ⓤ (선박의) 속도 : make (good) ~ (배가) (빠르게) 항진하다. (4) 외해(外海), 난바다, 격랑.
·**sea·weed** [∠wìːd] *n.* ⓤ 【植】 해조, 바닷말, 해초.
sea·wor·thy [∠wə̀ːrði] *a.* (배 따위가) 항해에 적합한, 항해할 수 있는.
파) **-thi·ness** *n.* ⓤ 내항성.
se·ba·ceous [sibéiʃəs] *a.* 피지성(皮脂性)의 : 지방을 분비하는 : ~ glands 【解】 피지선(皮脂腺).
se·bum [síːbəm] *n.* ⓤ 【生理】 피지(皮脂).
sec[1] [sek] *a.*《F.》(포도주가) 맛이 쓴(dry).
sec[2] *n.* ⓒ《口》 일각, 순간(second) : Wait a ~. 잠깐.
se·cant [síːkənt, -kænt] *a.* 【數】 나누는, 자르는,

교차하는 : a ~ line 할선(割線).
—*n.* ⓒ 할선 ; 시컨트《略 : sec》.

sec·a·teurs [sékətə̀ ; *rz*] *n. pl.* 〔單·複數취급〕《英》 전정(剪定) 가위.

se·cede [sisí:d] *vi.* (교회·정당 등에서) 정식으로 탈퇴〈분리〉하다《*from*》. ▫ secession *n.*

se·ced·er [sisí:dər] *n.* ⓒ (교회·정당 등에서의) 탈퇴자, 탈당자, 분리자.

se·ces·sion [siséʃən] *n.* (1)ⓤ (정당·교회 등에서의) 탈퇴, 분리. (2)(종종 S-) 【美史】 (남북 전쟁의 발단이 된) 남부 11주의 연방 탈퇴. the war of S~ 【美史】 남북전쟁. 파) **~·al** [-ʃnəl] *a.* **~·ism** *n.* 분리론 ; 시세션 운동, 분리파.

se·ces·sion·ism [siséʃənìzm] *n.* 騷 ⓤ(1)분리론, 탈퇴론. (2)(종종 S-) 【美史】 (남북전쟁에서의)연방 탈퇴론.

·se·clude [siklú:d] *vt.* 《~+目/+目+前+名》 (1)(사람을) …에서 분리하다, 격리하다《*from*》 : ~ a patient *for* long periods 어떤 환자를 오랫동안 격리시키다. (2)〔再歸的〕 …에서 은퇴하다《*from*》 ; …에 틀어박히다《*in*》 : ~*oneself from* society 사회에서 은둔하다. ▫seclusion *n.*

se·clud·ed [siklú:did] *a.* (1)외진 곳에 있는, 인가에서 떨어진, 한적한 : a ~ mountain cottage 인가에서 떨어진 산장. (2)은둔〈은퇴〉한 : lead a ~ life 은둔생활을 하다.

se·clu·sion [siklú:ʒən] *n.* ⓤ(1)격리 : a policy of ~ 쇄국 정책 / in the ~ of one's room 자기 방에 틀어박혀. (2)은퇴, 은둔(隱遁) ; 한거(閑居): live in ~ 은둔 생활을 하다, 한거하다.
파) **~·ist** *n.* 표면에 나서기를 좋아하지 않는 사람 ; 쇄국주의자.

se·clu·sive [siklú:siv] *a.* 틀어박혀 있기를 좋아하는. 파) **~·ly** *ad.* **~·ness** *n.*

:sec·ond[1] [sékənd] *a.* (1)(흔히 the ~) 제2의, 둘째번〈두 번째〉의 ; 2등의, 둘째〈2위〉의, 차위의《略 : 2d, 2nd》 : *the* ~ day of the month 초이틀. (2) 다음〈버금〉가는, 부(副)의, 보조의 ; 종속적인 : He is a member of the school's ~ baseball team. 그는 학교의 2군 야구 선수다. (3)또 하나의, 다른 : Try it a ~ time. 한번 더 해봐라 / a ~ Daniel (명재판관) 다니엘의 재래 / ⇨ SECOND HABIT. (4)【樂】 제2의 ; 음정이 낮은 : a ~ violin 제 2 바이올린. ***at ~ hand*** 전해〈얻어〉 들어서; 중간체를 개재하여, 간접적으로. ***for the ~ time*** 다시, 두 번, 재차. ***~ to none*** 누구에게도〈무엇에도〉 뒤지지 않는, 첫째 가는.
— *ad.* (1)둘째 〈제 2〉로, 다음으로, 두 번째로: come in ~ (경주에서) 2 등이 되다. (2)(교통 기관의) 2등으로 : travel ~, 2등차로 여행하다.
— *n.* (1)ⓤ (흔히 the ~ ; 때로 a ~) a)둘째, 2위, 2류, 2번, 2등, 2호 : *the* ~ in command 부사령관 b)초이틀, 제 2 일 : *the* ~ of March. (2) ⓒ 딴 사람, 또 한 사람; 대신인 사람 ; 두 번째의 남편〈아내〉. (3) ⓒ 조수, 보조자 ; (결투·권투 따위의) 입회인, 세컨드 : act as ~ to a person 아무의 세컨드를 보다. (4) ⓤ 〔無冠詞로〕 【野】 2루(수). (5) ⓒ 【樂】 2도 음정, 둘째음;알토. (6)(*pl.*) 《口》 더 달래서 먹는 음식, 두 그릇째의 음식. (7) ⓤ (자동차의) 2단 속도, 세컨드: shift into ~, 2단 기어를 넣다. a good〈poor〉 ~ 1등과 큰차가 없는〈있는〉 2등자. the ~ in command 부사령관.
— *vt.* (1)후원하다 ; 보좌하다, 시중들다, 입회하다《특히 결투·권투에서》. (2)(동의·제안 따위)에 찬성하다, 지지하다.

sec·ond[2] [sikánd, sékənd/sikɔ́nd] *vt.* (1)〔흔히 受動으로〕 【英軍】 (장교)의 부대 소속을 해제하다, 대외(隊外) 근무를 명하다《*for*》. (2)《英》 (공무원)배치 변경하다, 소속을 임시로 바꾸다.

:sec·ond[3] [sékənd] *n.* ⓒ(1)초《시간·각도의 단위; 기호″ ; 略 s, sec.》. (2)《口》 매우 짧은 시간 : Wait a ~. 잠깐 기다려/a split ~ 몇 분의 1초 : 눈 깜짝할 사이. ***in a few ~s*** 잠시 후에 곧. not for a 〈one〉 ~ 조금도 …않다(never).

Sécond Ádvent (the ~) 예수의 재림.

sec·on·da·ri·ly [sékəndèrəli/ -dəri-] *ad.* 두번째로, 다음으로 ; 종속적으로; 보좌〈보조〉로서.

:sec·on·da·ry [sékəndèri/ -dəri-] *a.* (1)(중요성·순서 등이) 제 2 위의, 2차의, 2류의, 제이의적(第二義的)인, 제 2 의. 【cf.】 primary. 『 a ~ cause 제2의 원인. (2)다음〈버금〉의 ; 파생적인, 부차적인 ; 보조의, 종속적인 : a ~ meaning 파생적 의미 / a ~ product 부산물. (3)중등 교육의, 중등 학교의. 【cf.】 primary. 『 ~ education 중등 교육 / a ~ teacher 중학교 선생. (4)【電·化】 2차의.
— *n.* ⓒ (1)제 2 위(位)적인 것, 제이의적인 것. (2) 대리인 ; 보좌. (3)【天】 (행성의) 위성. (4)【美蹴】 세컨더리《전위 뒤의 제 2 수비진》. (5) 뒷날개. (6)《文法》 2차어(구). (7) 2차 회로.

Sécondary cólor 〈《英》 **cólour**〉 등화색(等和色)《두 원색을 등분으로 섞은 색》.

Sécondary módern (**schòol**) 《英》 근대 중등 학교《실용 과목을 중시하는 공립 중학교의 하나 ; comprehensive school의 증가에 따라 감소함》.

Sécondary schòol 중등 학교, 중학교(《美》의 high school, 《英》의 공립 중학교).

Sécond bállot 결선〈제2차〉 투표.

Sécond banána 《美俗》 (코미디의) 조연(자).

Sécond báse 〔흔히 無冠詞〕 【野】 2루 ; 2루의위치〈수비〉 : play ~, 2루를 지키다.

Sécond báseman 【野】 2루수.

Sécond bést 차선책, 차선의 사람〈사물〉.

sec·ond-best [sékəndbést] *a.* 차선의, 두 번째로 좋은: one's ~ suit 두번째로 좋은 옷.

sécond chíldhood (a ~, one's ~) 노망(dotage).

sécond cláss (1)2급; 2류. (2)(탈것의)2등. (3)《美》 제 2 종 우편물《신문·잡지 등 정기 간행물》 ; 《英》 (속달에 대한) 보통 우편. (4) 《英》 (대학졸업 시험의) 차석우등 졸업.

sec·ond-class [-klǽs, -klɑ́:s] *a.* (1)2등의 : a ~ passenger〈ticket〉, 2등 승객〈(차)표〉 / a ~ cabin, 2등 선실. (2)2류의, 평범한 : a ~ hotel, 2류 호텔. (3)(우편물이) 제 2 종의 : a ~ matter 제 2 종 우편물. — *ad.* 2등〈등〉으로 : go ~, 2등석에 타고 가다 / send a letter ~《英》 편지를 2종 우편으로 붙이다.

sec·ond-de·gree [-digrí:] *a.* (1)(화상(火傷)이) 제 2도의 : ~ burn 【醫】 2도 화상. (2)(죄질이) 제 2급의 : ~ murder 제 2 급 살인.

sec·ond·er [sékəndər] *n.* (1)(의안·동의(動議)의) 찬성자. (2)후원자. 【cf.】 proposer.

sécond flóor (1)《美》 2층 《3층 이상인 집의 2층이 second floor, 2층집의 2층은 흔히 upstairs》. (2)《英》 3층.

sécond géar (자동차의) 2단 기어, 변속기.

sec·ond-guess [-gés] *vt.* 《美口》 (남이 한 일

S

을 '그랬어야 했다'고) 사후에 비판하다, 예언하다 (predict), (남의 마음을) 미리 알다. 파) **~·er** *n.*

˙**sécond hánd** (시계의) 초침.

:**sec·ond·hand** [-hǽnd] *a.* (1)간접적인; 전해 〈얻어〉 들은 : ~ news 얻어 들은 뉴스. (2)(상품 등이) 중고(품)의, 고물의; 고물〈헌것〉을 다루는 : a ~ car 중고차 / a ~ bookseller〈bookshop, bookstore〉 헌책방.
— *ad.* (1)간접으로; 전해 들어 : get the news ~ 그 소식을 간접으로 듣다. (2)중고품으로, 고물로.

sécondhand smóke 간접 흡연《비흡연자가흡연자의 담배 연기를 마시는 일》.

sec·ond-in-com·mand [-inkəmǽnd, -mɑ́ːnd] *n.* ⓒ (1)부사령관. (2)차장.

sécond lánguage (한 나라의) 제 2 공용어 ; (모어(母語)에 다음가는) 제 2의 언어.

sécond lieuténant 【軍】 소위.

˙**sec·ond·ly** [sékəndli] *ad.* 제 2 로, 다음으로.

sécond náme 성(姓).

sécond náture 제 2의 천성 : Habit is ~.《俗談》습관은 제 2의 천성.

sécond pérson (the ~) 【文法】 제 2 인칭《you》.

˙**sec·ond-rate** [-réit] *a.* 2류의; 2등의 : 열등한 (interior) ; 평범한 : a ~ writer〈actor〉 2류 작가〈배우〉 / a ~ play 시원찮은 연기. 파) **~·ness** *n.*

sécond sélf (one's ~) (절친한) 친구.

sécond síght 투시력, 통찰력, 천리안.
파) **séc·ond-síght·ed** [-sáitid] *a.*

sec·ond-sto·ry [-stɔ̀ːri] *a.* 《美》 2층의.

sécond-stóry màn 《美口》 2층 창으로 침입한 밤도둑(cat burglar).

sécond stríng (1)〔集合的〕 (팀 등의) 2군. (2) 차선책, 대안.

sec·ond-string [-stríŋ] *a.* 《美》 (1)(팀·선수 등이) 2군의, 보결(補缺)의. (2)2류의, 하찮은 : 제 2선급(線級)의《선수 따위》 ; 《英》 차선(次善)의 《방책·계획 등》. 파) **~·er** n. 《口》 2류급 선수(등) ; 시시한 것(사람) ; 차선책.

sec·ond-string·er [-stríŋər] *n.* ⓒ 2군 선수, 보결 선수.

sécond tóoth 영구치(齒). 【cf.】 milk tooth.

sécond thóught(s) 재고(再考): have ~*s* about …을 다시 생각하다, 재고하다. ***on ~*** 잘 생각해서, 다시 생각해서.

sécond wínd (1)(심한 운동 뒤의) 호흡 조정. (2)원기 회복: get one's ~ 원기를〈컨디션을〉 회복하다. (3) 제2 호흡.

Sécond Wórld (the ~) 제 2 세계《사회주의 국가들》.

Sécond Wórld Wár (the ~) 제 2 차 세계대전(1939-1945).

:**se·cre·cy** [síːkrəsi] *n.* ⓤ (1)비밀(성) ; 비밀주의, 은밀, 은둔 : in ~ 비밀히/ preserve〈maintain〉 ~ 비밀에 부쳐두다. (2)비밀 엄수, 입이 무거움 : promise ~ 비밀 엄수를 약속하다.

:**se·cret** [síːkrit] (***more ~ ; most ~***) *a.* (1)비밀〈기밀〉의 ; 내밀의: a ~ messenger 밀사. (2)〔限定的〕사람 눈에 안 띄는, 외진, 으슥한: a ~ place 〈spot〉 으슥한〈구석진〉 곳. (3)〔敍述的〕 비밀을 지키는, 입이 무거운 ; 숨기는 《about》: I've been ~ *about* personal affairs. 나는 개인적인 일을 비밀리에 해왔다. (4)〔限定的〕 공표되지 않은, 인정을 받지 못한 : the ~ party 음부. — *n.* (1) ⓒ 비밀 (한 일) ; 기밀(사항) : a military ~ 군사 기밀 / an open ~ 공공연한 비밀. (2)(the ~) 비법, 비결《*of*》 : What's *the* ~ *of* your success?네 성공의 비결은 뭐냐. (3) ⓒ (자연계의) 신비, 불가사의, 수수께끼. (4) 해결의 열쇠·진의. (5) 음부. ***in***(***on***) ***the*** ~ 비밀을 알고, 기밀에 관여하여 : be *in the* ~ of a person's plan 아무의 계획의 비밀을 알고 있다. ***in ~*** 비밀히, 은밀히.

sécret ágent 첩보원, 첩자, 스파이, 간첩.

sec·re·tar·i·al [sèkrətέəriəl] *a.* (1)비서의 : ~ work 비서의 일 / a ~ pool〈section〉 비서실〈과〉. (2)(S-) (국무) 장관의.

sec·re·tar·i·ate [sèkrətέəriət] *n.* (1)ⓒ 비서과, 문서과, 사무국. (2)ⓤ 〔集合的 ; 單·複數 취급〕 그 직원들. (3) 〔S~ 〕 (국제연합) 사무국.

:**sec·re·ta·ry** [sékrətèri /-tri] *n.* ⓒ(1)(개인의)비서《*to*》. (2)(단체·협회의) 서기, 간사 ; (관청의) 서기관, 비서관 : a first 〈third〉 ~ of the embassy 대사관 1등〈3등〉 서기관 / an honorary ~ 명예 간사. (3)(S-)(각 부(部)의) 장관: the *Secretary* of State 《美》 국무 장관 ; 《英》 장관 / the *Secretary* of Defense 〈Treasury〉《美》 국방〈재무〉 장관.

sécretary bírd 【鳥】 독수리의 일종《뱀을 먹음; 아프리카산》.

sec·re·ta·ry-gen·er·al [-dʒénərəl] (*pl.* ***secre·tar·ies-***) *n.* ⓒ 사무 총장, 사무 국장.

sécret bállot 비밀 투표, 무기명 투표.

se·crete[1] [sikríːt] *vt.* …을 비밀로 하다, 은닉하다; 숨기다 : ~ oneself 자취를 감추다.

se·crete[2] *vt.* 【生理】 …을 분비하다.

se·cre·tion[1] [sikríːʃən] *n.* ⓤ 숨김, 은닉.

se·cre·tion[2] *n.* (1) ⓤ 【生理】 분비(작용). (2)ⓒ 분비물, 분비액.

se·cre·tive [sikríːtiv, síːkrə-] *a.* (1) (사람이) 숨기는; 비밀주의의《*about*》, 숨기는 경향이 있는 사람〈사람·성적 등〉 (2) 분비(성)의 : a ~ nature 비사교적 성격. 파) **~·ly** *ad.* **~·ness** *n.*

:**se·cret·ly** [siːkritli] *ad.* 비밀로, 몰래 ; 소리를 내지 않고.

se·cre·to·ry [sikríːtəri] *a.* 【生理】 분비(성)의 : a ~ organ〈gland〉 분비 기관〈선(腺)〉.

sécret políce (the ~) 비밀 경찰.

sécret sérvice (1)(the ~)(국가의) 비밀 정보 기관, 첩보부. 【cf.】 intelligence service. (2) (the S- S-) 시크릿서비스. a〕《美》 재무부 비밀 검찰부《대통령의 호위, 위조 지폐 적발 따위를 담당》. b〕《英》 내무성 (비밀) 검찰국〈정보부〉.

sécret society 비밀 결사.

˙**sect** [sekt] *n.* ⓒ 분파, 종파 ; 교파 ; 당파 ; (철학 따위의) 학파, 섹트, 파벌.

sec·tar·i·an [sektέəriən] *a.* 분파의, 종파의 ; 학파의 ; 당파심이 강한 ; 협량한, 편협한 : ~ politics 파벌 정치 — *n* ⓒ 종파에 속하는 사람; 파벌적인 사람 ; 종파〈당파〉심이 강한 사람 ; 당파에 속하는 사람, (특히) 열성적인 신도 ; 독립파의 신도.

:**sec·tion** [sékʃən] *n.* (1) a〕 ⓤⓒ 절단 ; 절개 : Caesarean ~ 〈operation〉 제왕 절개. b〕 ⓒ 잘라낸 조각 : a microscopic ~ 현미경용 박편(薄片). (2) ⓒ 자른 면, 단면(도) : a longitudinal〈a cross〉 ~ of the ship 선박의 종〈횡〉단면도. (3) ⓒ 부분, 단편 ; 부분품, 접합 부분 : the ~*s* of an orange 귤의 조각 / the freezer ~ of a refrigerator 냉장고의 냉동칸.

(4) ⓒ 구분, 구획 ; 구역(區域) ; 구간 ; 《美》(town등의) 한 구역, 지구, 지방. 【cf.】 district. 『 a business ~ 상업 지구 / a smoking 〈non-smoking〉 ~ 흡연〈금연〉 구역. (5) ⓒ 부문 ; (단체의) 파 ; (관청 등의)부, 과, 반 : the conservative ~ 보수파 / a personnel ~ 인사과. (6) ⓒ (군대의) 분대. (7) ⓒ (책·문장의) 절(節), 항(項), 단락(段落) ; (신문의) 난(欄) ; 【樂】 악절 : the social〈sports〉 ~ of a newspaper 신문의 사회〈스포츠〉란. ***in*** ~ 단면으로. ***in*** ~ ***s*** 분해〈해체〉 하여.
—*vt.* (1)…을 분할하다, 구분하다. (2)【醫】 …을 절개하다. (3) …의 단면도를 그리다. (4)(현미경 검사를 위해) …의 박편을 만들다 ; 단락(절)으로 나누다(나누어 배열하다).

sec·tion·al [sékʃənəl] *a.* (1)부분의 ; 구분의 ; 부분적인 : the ~ renovation of a house 가옥의 부분적 보수. (2)부(部)의, 과(課)의 : a ~ chief 과장. (3)조립식의, 짜맞추는 식의 : ~ furniture 조립식 가구. (4)부문적인 ; 지방적인 ; 지방적 편견이 있는. (5)단면(도)의. — n. 《美》 조립식 소파〈책꽂이(등)〉. 파) **~·ly** [-nəli] *ad.*

sec·tion·al·ism [sékʃənəlìzəm] *n.* ⓤ 지방〈부분〉 편중, 지방중심〈주의〉 ; 지방적 편견 ; 파벌주의 ; 섹트주의 〈근성〉.

sec·tion·al·ize [sékʃənəlàiz] *vt.* …을 부분으 로 나누다 ; 지역으로 나누다.

·**sec·tor** [séktər] *n.* ⓒ (1)【數】 부채꼴, 함수자. (2)【軍】(각 부대가 책임지는) 전투 지구, 작전 지구. (3)(산업·경제 등의)분야, 방면, 영역. — *vt.* 부채꼴로 분할하다.

sec·to·ri·al [sektɔ́ːriəl] *a.* sector의; 부채꼴의, (이빨이) 물어뜯기에 적합한.

·**sec·u·lar** [sékjələr] *a.* (1)(영적·종교적인 것과 구별하여) 현세의, 세속의; 비종교적인 : ~ affairs속세의 일 / ~ education (종교 교육에 대하여) 보통 교육. (2)【가톨릭】 (성직자가) 교구에 속한. 『opp.』 *regular.* — *n.* ⓒ(1)【가톨릭】 교구 신부. (2)속인(俗人). (3) 《美》 (흑인의) 속가. 파) **~·ly** *ad.*

sec·u·lar·ism [sékjələrìzəm] *n.* ⓤ 세속주의 ; 교육 종교 분리주의. 파) **-ist** *n.* ⓒ 세속주의자 ; 교육 종교 분리주의자. **sèc·u·lar·ís·tic** *a.*

sec·u·lar·i·ty [sèkjəlǽrəti] *n.* (1) ⓤ 세속성 ; 속심(俗心), 비속. (2) ⓒ 속된 일.

sec·u·lar·ize [sékjələràiz] *vt.* (1)…을 세속화 하다. (2)…에서 종교를 배제하다 : ~ education 교육을 종교로부터 분리하다. 파) **sèc·u·lar·i·zá·tion** *n.* ⓤ (1)세속화. (2)교육(등)의 종교로부터의 분리.

:**se·cure** [sikjúər] (***more*** ~, ***-cur·er*** ; ***most*** ~, ***-cur·est***) *a.* (1)안전한, 위험이 없는《*against* ; *from*》 : a ~ hideout 안전한 은신처 / a ~ job 안정된 일자리. (2)(토대·발판 등이) 안정된, 튼튼한. (3)〔敍述的〕 안전하게 보관된 ; 도망칠 염려 없는. (4) 확실한 ; (관계·명성 등이) 확립된 ; (판단 등이) 믿을 수 있는 : a ~ life 안정된 생활. (5)〔敍述的〕 (…에 대해) 안심하는, 걱정 없는《*about* ; *as to*》 ; …을 확신하는. ~ against〈from〉 …에 대해서 안전하다, …의 우려가 없다. be ~ of …을 확신하다. ▫security. *n.*
— *vt.*(1)《~+目/+目+前+名》 …을 안전하게하다, 굳게 지키다《*against* ; *from*》 : He ~*d* himself *against* the cold. 그는 추위에 대비했다. (2)…을 확실하게 하다, 확고히 하다. (3)《~+目/+目+前+名》 …을 보증하다, 책임지다, …에 담보를 제공하다 〈잡히다〉 ; …을 보험에 넣다 : ~ a loan 차관에 담보를 하다(붙이다). ~ oneself against accidents 상해보험에 들다. (4)《~+目/+目+目/+目+前+名》 확보〈획득〉하다, 얻다, 손에 넣다 ; (회견 따위를 할 기회)를 간신히 얻다. (5)(죄인 등)을 가두다, 감금하다. (6)(문)을 단단히 잠그다, 채우다. (7)…에 쇠고리를 걸다 ; 고착시키다, 잡아매다《*to*》. — *vi.* (1) 안전하다(하게되다). (2) 작업을 그만두다 ; 〈배가〉 정박하다 (moor).
파) **~·ly** *ad.* 확실히, 안전히, 단단히.

·**se·cu·ri·ty** [sikjúəriti] *n.* (1) ⓤ 안전, 무사 ; 안심: rest in ~ 안심하고 쉬다. (2) ⓤ 안심, 마음 든든함. (3) ⓤⓒ 보안, 방위(수단), 보호, 방어 ; (요인 보호 등의) 경비 ; 안전 보장《*against* ; *from*》 : a ~ *against* burglars 도둑에 대한 방위 (수단). (4)ⓤⓒ 보증; 보증금 ; 담보(요건) ; 보증인 ; 차용증《*for*》 : ~ for a loan 차용금에 대한 담보. (5)(*pl.*) 유가증권《share, bond 따위의 총칭》 : government *securities* 정부에서 발행하는 유가증권《국채·공채 따위》 / the *securities* market 증권시장 / go 〈stand〉 ~ for 의 보증인이 되다 / in ~ 무사하게.
— *a.* 〔限定的〕 안전〈보안〉을 위한, 안전 보장의 : ~ forces 보안대 / a ~ company 경비회사.

Secúrity Còuncil (the ~)(유엔) 안전 보장 이사회《略 : S.C.》.

secúrity guàrd (빌딩 등의) 경비원.

secúrity políce 비밀 경찰.

secúrity rìsk 기밀 유지상의 요주의 인물.

secy., sec'y. secretary.

se·dan [sidǽn] *n.* ⓒ(1)《美》 세단형 자동차(《英》 saloon). (2)(예전의) 의자 가마(= **~ chàir**).

se·date [sidéit] (***-dat·er*** ; ***-dat·est***) *a.* (1) 침착한, 조용한, 진지한. (2) 점잖은(빛깔등). — *vt.* (진정제로) 진정시키다, 안정시키다 : a ~ old lady 점잖은 노부인. 파) **~·ly** *ad.* **~·ness** *n.*

se·da·tion [sidéiʃən] *n.* ⓤ【醫】 (진정제 등에 의한) 진정(작용).

sed·a·tive [sédətiv] *a.* 진정 작용이 있는.
— *n.* ⓒ 【醫】 진정제.

·**sed·en·ta·ry** [sédəntèri/-təri] *a.* (1)앉아만 있는, 앉으려 드는; 앉아서 할 수 있는: lead a ~ life (노령·병 등으로) 앉아 지내다 / a ~ job〈work〉 좌업(坐業). (2)【動】 이주〈이동〉하지 않는《새》. 파) **-ri·ly** *ad.* (늘) 앉아서 ; 정주(定住)하여. **-ri·ness** *n.*

sedge [sedʒ] *n.* ⓤ 사초속(屬)의 각종 식물.
파) **sédgy** a. 사초가 무성한 ; 사초의〈같은〉.

·**sed·i·ment** [sédəmənt] *n.* (1) ⓤ (또는 a ~) 앙금, 침전물. (2) ⓤ 【地質】 퇴적물.
— *vi.*, *vt.* 침전하다〈시키다〉.

sed·i·men·tary [sèdəméntəri] *a.* 앙금의, 침전물의 ; 침전〈퇴적〉으로 생긴 : fossil in ancient ~ rock 고대 퇴적암에 든 화석.

sed·i·men·ta·tion [sèdəməntéiʃən] *n.* ⓤ (1)【地質】 침전〈퇴적〉(작용). (2)【物】 침강(沈降) 분리, 침강(법).

se·di·tion [sidíʃən] *n.* ⓤ (반정부적) 선동, 치안방해(죄), 폭동 교사(행위). 파) **~·ist** *n.*

se·di·tious [sidíʃəs] *a.* 선동적인, 치안 방해의 : a ~ speech 선동 연설 / ~ activities 치안 방해 활동. 파) **~·ly** *ad.* **~·ness** *n.*

·**se·duce** [sidjúːs] *vt.* (1)《+目+前+名》 …을 부추기다, 속이다, 꾀다 : ~ a person *into* error아무를 속여 실수하게 하다. (2)(여자)를 유혹하다 ; 매혹시키다, 반하게 하다 : She claimed that he had ~*d*

S

her. 그가 자신을 유혹했다고 그녀는 주장했다. (3)(좋은 뜻으로)…을 끌다, 혹하게 하다. 파) **se·dúc·er** *n.* ⓒ 유혹자〈물〉. 《특히》 여자 농락꾼, 색마.

se·duc·tion [sidʌ́kʃən] *n.* (1) ⓤⓒ 사주(使嗾), 유혹 : 【法】 부녀 유괴. (2)(흔히 *pl.*) 유혹물, 매력, 매혹 《*of*》 : the ~*s of* city life 도시 생활의 매력.

se·duc·tive [sidʌ́ktiv] *a.* 유혹하는 ; 눈길을 끄는, 매력 있는 : a ~ woman 남성에게 매력적인 여성. 파) **~·ly** *ad.* **~·ness** *n.*

se·du·li·ty [sidjúːləti] *n.* ⓤ 근면, 정려(精勵).

sed·u·lous [sédʒuləs] *a.* (1)근면한, 부지런한 : a ~ worker. (2)(행동이) 꼼꼼한, 공들인: ~ attention 세심한 주의. 파) **~·ly** *ad.* 유혹적으로. **~·ness** *n.* 유혹하는 힘.

:see[1] [siː] (***saw*** [sɔː] ; ***seen*** [siːn]) *vt.* (1) 《~+目/+目+*do*/+目+-*ing* 》…을 보다, … 이 보이다《※ 흔히 進行形 없음》: *See* me in the face. 나를 똑바로 보시오 / I *saw* her kniting wool into stockings. 그녀가 털실로 양말을 뜨고 있는 걸 보았다.
(2)《+目+前+名》(글자·인쇄물 등)을 보다, 읽다《※ 進行形 없음》.
(3)…을 바라보다, 관찰하다 ; 구경하다 : He ~*s* only her faults. 그에게는 그녀의 결점만이 눈에 비친다 / ~the sights. 명소를 관광하다.
(4)…를 만나(보)다, …를 면회하다, …와 회견〈회 담〉하다 : Come and ~ me sometime. 언제나 와 주십시오.
(5)방문하다, 위문하다, (환자)를 문병하다 ; (의사에게) 진찰을 받다 : The doctor can't ~ you yet : he's ~*ing* someone else at the moment. 아직은 의사 선생님을 만날 수 없습니다. 선생님은 지금 다른 환자를 진찰하고 계십니다.
(6)…와 자주 만나다〈데이트하다〉 : ~ each other 서로(가끔) 만나고〈데이트하고〉 있다.
(7)…을 만나다, 접견하다, 겪다, 경험하다 ; (장소가) …현장이 되다, 목격하다 : Everyone will ~ death. 누구에게나 죽음은 온다 / This town has *seen* a lot of change. 이 마을은 꽤나 변했다.
(8)《~+目/+目+前+名》 인정하다, 발견하다, 《특히》 장점으로서 …을 찾아내다 : I looked for her but I couldn't ~ her in the crowd. 나는 그녀를 찾았으나 군중 속의 그녀를 볼 수 없었다.
(9) 《~+目/+*wh.*節/+ *that* 節/+目+*to* do/+*wh.to* do》 깨닫다, 이해하다, 알다 ; …을 알아채다 《※ 進行形 없음》 : I don't ~ your point. 취지를 모르겠습니다/ "Do you ~ *what* I mean?" "Yes, now I ~." '내 말을 알겠나' '응, 이제 알겠다' / If you watch carefully you'll *how* I do it 〈*how* it is done〉. 자세히 지켜보면 내가 어떻게 하는지 〈그게 어떻게 해서 되는지〉 알 것이다.
(10)《~+目/+*wh.*節》 잘 보다, 살펴보다, 조사〈검사〉하다 : It would be better for you to go and ~ its truth for yourself. 가서 직접 그 진위를 확인하는 것이 좋겠다 / *See who* is at the door. 누가 왔는지 나가봐라.
(11)《~+目/+目+*as* 補/+目+-*ing*》 생각해 보다, 상상하다, (꿈에) 보다.
(12)《~+目/+目+副/+目+補》〔종종 副詞(句)를 수반해〕 생각하다, …하다고〈…라고〉 생각하다〈보다〉 : ~ things differently now 이제는 세상을 다르게 보다 / He *saw* it right to do so. 그는 그렇게 하는 것이 옳다고 여겼다.
(13)《+目+副/+目+前+名》 바래다 주다 ; 배웅하다 《*to*》 : May I ~ you home? 댁까지 바래다 드릴까요.
(14)《+目+前+名》 …에게 원조를〈도움을, 돈을〉 주다.
(15)《+*that* 節/+目+*done*》 (…이 …하도록) 마음을 쓰다, 주선〈배려, 조처〉하다: You go and play. I'll ~ to the dishes. 설거지는 내가 할테니 가서 놀아라.
(16)《+目+-*ing*/+目+*do*/+目+*done*》 묵인하다; 〔will ~ …before의 구문으로〕 바라다 : I can't ~ him mak*ing* use of me. 나는 그에게 이용당하고만 있을 수 없다.
— *vi.* (1)〔종종 can을 수반 ; 進行形 없음〕 보다 ; 보이다, 눈이 보이다 : (보인 것을 가리켜) 저봐, 자, 어때 : Owls *can* ~ in the dark. 부엉이는 어둠속에서도 볼 수 있다. (2)알다, 이해하다, 납득하다 : *See* 〈Do you ~〉? 알았느냐 / I ~. 알았어요 / You'll ~. (내 말을) 언제고 알게 될 것이다 ; 나중에 말해주겠다. (3)《~/+前+名/+*that*節》 살펴보다, 주의하다, 확인하다, 조사하다 : Go and ~ for yourself. 가서 스스로 확인해라 【cf.】 *vt.* (10)》 (4)생각해 보다. ***as I ~ it*** 내가 보는 바로는. have seen better 〈one's best〉 days 떵떵거리던 시절도 있었다. have seen service 경험이 많다. ***I'll be seeing you !***안녕《헤어질 때 인사》. ***Let me ~.*** ⇨ LET[1]. ***~ about*** …을 주선〈준비〉하다, …을 생각해 두다 : We'll ~ *about* the place. 장소는 우리가 알아보겠다. ***~ after*** …을 돌보다《look after 쪽이 보통임》. ***~ eye to eye (with)*** ⇨ EYE. ***~ fit 〈good〉 to*** do …하는 것이 좋다고 생각하다, …하려고 작정하다《※ 形式目的語의 it를 see 뒤에 안 두는 것이 관용적》. ***See here !*** 《美》 어이, 이봐《흔히 경고, 금지의 뜻으로 씀》. ***~ in*** (1)…집〈방〉 안에 안내하다. (2)(새해)를 맞다 : ~ *in* the New Year = ~ the New Year *in*. ***~ into*** …을 조사〈간파〉하다. ***~ much 〈less, nothing, something〉 of*** …을 자주 만나다〈자주 만나지 않다, 통 못 만나다, 때로 만나다〉. ***~ off*** (1)배웅하다 ~ a person *off* into the train 기차를 탈 때까지 배웅하다. (2)(침입자 등)을 쫓아버리다, 격퇴 하다. ***~ out*** (1)현관까지 배웅하다《*of*》 : I can ~ myself *out*. (현관까지 배웅하지 않아도) 혼자 돌아갈 수 있습니다. (2)끝까지(지켜)보다 : ~ a play *out* 연극을 끝까지 보다. (3)…이 (끝까지) 지탱하다. ***~ over 〈round〉*** …을 돌아보다, …을 시찰하다, …을 검사하다 : He *saw over* the house he wanted to buy. 사고 싶은 집을 찬찬히 살폈다. ***~ reason*** ⇨ REASON. ***~ red*** ⇨ RED. ~ a person ***right*** 아무를 정당하게 다루다, 아무가 손해를 안보게 하다. ***~ round*** = ~ over. ***~ the back of*** ⇨ BACK. ***~ the color of*** a person***'s money*** 아무에게 돈을 치르게 하다. ***~ the last of*** …와 손을 끊다, …를 내쫓다. ***~ things*** 환각을 일으키다. through 《美口》 비용을 대어주다 : ~ a thing through(out) 일을 끝까지 해내다. ~ through a brick wall 통찰력이 있다. ***~ through*** …을 꿰뚫어 보다 〈간파하다〉 : ~ *through* a brick wall〈a millstone〉 ⇨ WALL. MILLSTONE. ***See you (later) !*** ⇨ LATER. ***So I ~.*** 그렇군, 네 말대로다. ***We'll (soon) ~ about that !*** 그렇게는 내버려두지 않겠다, 못하게 하겠다. ***You ~.*** 어때, 알겠나.

see[2] [siː] *n.* ⓒ bishop 〈archbishop〉의 지위〈관구〉 : the *See* of Rome = the Holy *See* 교황의 지위 ; 로마 교황청 / the ~ of Canterbury 캔터베리 대주교 관구.

:seed [siːd](*pl.* **~s, ~**)*n.* (1) ⓤⓒ 씨(앗), 종자 :

Sow parsley ~s now, covering them with a little soil. 이제 파슬리씨를 뿌리고 흙으로 조금씩 덮어라 / grow a plant from ~ 씨를 뿌려 식물을 키우다. (2) ⓤ [聖]〔集合的〕자손. (3) ⓤ a](물고기 따위의) 이리. b]정액. (4)(흔히 *pl.*)《比》(악의)근원, (싸움의) 원인〈불씨〉《*of*》: sow〈plant〉 the ~s of future trouble 장차의 재앙의 씨를 뿌리다. (5) ⓒ [競] 시드 선수. ***go*** 〈***run***〉 ***to*** ~ 1)꽃이 지고 열매를 맺다. 2) (사람 등이) 한창 때가 지나다, 초라해지다. ***in*** ~ (꽃이 지고) 씨를 맺어.

— *vi.* (1)씨를 뿌리다. (2)씨앗이 생기다, 씨를 맺다 ; 씨를 떨어뜨리다 : Dandelions ~ themselves. 민들레는 스스로 씨를 뿌린다. — *vt.* (1)《~+目/+目+前+名》(땅)에 씨를 뿌리다 ; (씨앗)을 뿌리다, 구근을 삼다. (2)…에서 씨를 제거하다 : She ~*ed* the raisins for the cake. 그녀는 과자를 만들기 위해 건포도의 씨를 발라냈다. (3)[競]〔흔히 受動으로〕시드 배정하다《우수 선수끼리 처음부터 맞붙지 않도록 대진표를 짜다》. ~ the draw 강약별로 나누어 추첨하다. ~ down 씨를 뿌리다. (4)(구름에) 드라이아이스 등 약품을 살포하다《인공 강우를 위해》.

seed·bed [´bèd] *n.* ⓒ (1)묘상(苗床), 모판. (2)(죄악 따위의) 온상, 양성소.

seed·cake [´kèik] *n.* ⓤⓒ 시드케이크《주로 (caraway의) 씨를 넣은 과자》.

seed·case [´kèis] *n.* ⓒ 과피(果皮), 씨 주머니.

séed còrn (1)씨앗용 옥수수. (2)장차의 이익에다시 이용되는 자산(資産).

seed·er [síːdər] *n.* ⓒ (1)씨 뿌리는 사람. (2)파종기 ; 씨 받는 기계〈장치〉.

seed·less [´lis]) *a.* [植] 씨없는 : ~ grapes.

˚seed·ling [síːdliŋ] *n.* ⓒ (1)[植] 실생(實生) 식물. (2)묘목《3피트 이하》.

séed mòney (새 사업의) 착수(자)금, 밑천.

séed òyster [貝] (양식용의) 종자(種子)굴.

séed plànt 종자 식물.

seeds·man [síːdzmən] (*pl.* ***-men*** [-mən]) *n.* (1)씨 뿌리는 사람. (2)씨앗 장수, 종묘상.

seedy [síːdi] (***seed·i·er*** ; ***-i·est***) *a.* (1)씨가 많은 : ~ grapes. (2) a]초라한, 지저분한, 누추한, 꼴사나운 : ~ clothes 헐어빠진 옷 / a ~ hotel 초라한 호텔. b]〔敍述的〕《口》기분이 언짢은, 몸이 불편한 : feel〈look〉 ~ 기분이 나쁘다 〈나빠 보이다〉. (3) 풀향기가 나는, (유리가) 작은 기포가 든.

파) **séed·i·ly** *ad.* **-i·ness** *n.*

˚see·ing [síːiŋ] *n.* (1) ⓤⓒ 보기, 보는 일 : It is a sight worth ~. 그것은 볼 만한 경치다 / *Seeing* is believing. 《俗談》백문이 불여일견. (2) ⓤ 시력, 시각. —*conj.* 〔종종 *that* 〈《口》*as*〉 와 함께〕 …이므로, …이니까, …에 비추어(considering), …임을 생각하면.

— *a.* (사람이) 눈이 보이는 시력이 있다.

Séeing Èye (**dòg**) 맹도견(guide dog)《자선단체 Seeing Eye에서 훈련, 공급하는 개》.

⁝seek [siːk] (*p.*, *pp.* ***sought*** [sɔːt]) *vt.* (1)…을 찾다 ; 추구〈탐구〉하다, 조사하다; (명성·부(富) 따위)를 얻으려고 하다 ; (…에게 조언·설명)을 구하다, 요구하다 : ~ fame 〈power〉 명성〈권력〉을 추구하다 / ~ a lady's hand in marriage 여자에게 구혼하다. (2)…하려고 시도〈노력〉하다《*to* do》: ~ *to* satisfy their needs 그들의 필요를 충족시키려고 노력하다. (3)…에 가다(…의 방향으로) 움직이다 : ~ a place to rest 쉴 곳으로 가다. — *vi.* (1)《~ /+前+名》찾다, 수색하다 ; 탐구하다《*after* ; *for* 》: ~ for something lost 잃은 것을 찾다. (2)《+前+名》얻으려고〈찾으려고〉하다《*after* ; *for*》: He *is* always ~*ing after* fame. 그는 항상 명성을 추구하고 있다. ***be not far to*** ~ 가까운 곳에 있다 ; 명백하다. yet to ~《古, 詩》아직 없다. ~after〈for〉 …을 탐구하다, 열심히 찾다. ~ out 찾아내다.

파) **~·er** *n.* ⓒ 찾는 사람, 수색자 ; 탐구자.

⁝seem [siːm] *vi.* (1)《+(*to be*)補》〔進行形 不可〕 …으로 보이다, …(인 것) 같다, …(인 것으)로 생각되다 : He ~*s* (*to be*) a kind man. 그는 친절한 사람(인 것) 같다/They don't ~ (*to be*) happy. 그들은 즐거워 보이지 않는다/Things are not what they ~. 사물은 겉모습과는 다르다/ He ~ed to think do to me 네게는 그가 그렇게 생각하고 있는 것처럼 보였다.

(2)《+*to* do》(아무가 …하는 것 같이) 생각되다, (…하는 것 같은) 느낌이 들다, (…하는 것 같이)여겨지다〈생각되다〉: I ~ *to* hear him sing. 그의 노랫소리가 들리는 것 같다.

(3)《+補/+*that* 節/+前+名+*that* 節》〔it를 主語로 하여〕 …인〈한〉 것 같다《※《口》에서는 that이 생략될 수도 있고 that 대신 as if 또는 as though, 때로 like도 쓰임》: *It* ~*s* so. 그런 것 같다 / *It* ~*s* likely to rain. 비가 올 것 같다 / *It* ~*s* (*that*) we have no other alternative. 다른 방도가 있을 것 같지 않다 / *It* ~*s* (*that*) they are wrong. 그들이 잘못인 것 같다(=They ~ *to* be wrong.) / *It* ~*s to* me *that* he likes study. 내게는 그가 공부를 좋아하는 것 같다(=He ~*s to* like study to me.).

(4)〔there ~(s) to be ...〕 …이 있는 것같이 생각되다: *There* ~*s to be* no need to wait. 기다릴 필요는 없을 것 같다.

can't 〈***cannot***〉 ~ ***to*** do 〈be〉《口》…할 수 없을 것 같다 : She *couldn't* ~ *to* get out of the habit. 그녀는 그 버릇을 고칠 성 싶지 않았다. ***There*** ~(***s***) (***to be***) …이 있는 것 같다.

˚seem·ing [síːmiŋ] *a.* 〔限定的〕 겉으로의, 외관상〈표면만〉의 ; 겉꾸민, 허울만의, 그럴 듯한 : ~ friendship 허울만의 우정 / with ~ kindness 자못 친절한 듯이. — *n.* ⓤⓒ 외관 ; 겉모양 ; 겉보기 : to all ~ 어느 모로 보나.

˚seem·ing·ly [síːmiŋli] *ad.* (1)보기엔, 외관상 : two ~ unrelated cases 외관상 관계가 없는 듯이 보이는 두 사건. (2)겉으로는, 표면〈외관〉상(은).

seem·ly [síːmli] (***-li·er*** ; ***-li·est***) *a.* (언행이 예의에) 어울리는, 알맞은, 적당한; 점잖은: ~ behavior 품위있는 행동.

파) **-li·ness** *n.*

⁝seen [siːn] SEE[1] 의 과거분사.

seep [siːp] *vi.* (1) (액체가)스며나오나, 새다, 뚝뚝 떨어지다. (2)(사상·이해 등이) 서서히 침투하다, 확산하다, 퍼지다.

seep·sge [síːpidʒ] *n.* ⓤ (또는 a ~) 삼출(滲出), 침투(浸透) ; 스며나온 양(量)〈액체〉 : water lost through ~ out of the container 용기에서 새나간 물.

seepy [síːpi] (***seep·i·er*** ; ***-i·est***) *a.* 물〈기름〉이 스며든《땅》, 배수(排水)가 잘 안되는.

˚se·er *n.* ⓒ (1)[síːər] 보는사람. (2)[síər] 앞일을 내다보는 사람 ; 예언자, 선지자 ; 선각자.

seer·suck·er [síərsʌ̀kər] *n.* ⓤ (시어) 서커《세로 줄무늬가 있는 아마포 ; 여성, 아동복지》.

:see·saw [síːsɔ̀ː] *n.* (1) **a**]ⓤ 시소(놀이) : play(at) ~ 시소(로) 놀이하다. **b**]ⓒ 시소판(板), 널. (2) ⓤⓒ 아래 위〈앞뒤〉 움직임 ; 동요, 변동, 상하〈전후〉동(動) ; 일진일퇴(一進一退) : a ~ in prices 물가 변동. — *vi.* (1)시소를 타다, 널뛰다. (2)아래위〈앞뒤〉로 번갈아 움직이다 ; 변동하다, 동요하다.

˙seethe [siːð] (**~s,** 《古》 ***sod*** [sɑd/sɔd] ; **~d,** 《古》 ***sod·den*** [sɑ́dn/sɔ́dn]) *vi.* (1) **a**]끓어오르다; 펄펄 끓다, 비등하다(boil). **b**](파도 따위가) 굽이치다, 소용돌이치다. (2)〔흔히 進行形으로〕 **a**](사람이) 화가 나서 속이 끓다《*with*》. **b**](나라·군중등이)(불평 등으로) 들끓다《*with*》.

seeth·ing [síːðiŋ] *a.* (1)끓고 있는 ; (파도 등이) 소용돌이치는 : the ~ waters 소용돌이치는 파도. (2) **a**](노여움·흥분 등으로) 속이 끓어오르는 : ~ anger. **b**]〔敍述的〕 (…로) 시끄러운, 술렁거리는 《*with*》 : a country ~ *with* revolution.

see-through [síːθrùː] *a.* 〔限定的〕 (물건 따위가) 비쳐 보이는, (옷 등이) 비치는.
— *n.* ⓒ 비치는 옷〈드레스〉.

˙seg·ment [ségmənt] *n.* ⓒ (1)단편, 조각 ; 부분, 구획 : a ~ of an orange 귤 한 조각. (2)【數】 (직선의) 선분 ; (원의) 호(弧), 활꼴. (3)【動】 체절, 환절(環節). (4)【컴】 칸살《1)프로그램의 일부분으로 다른 부분과는 독립해 컴퓨터에 올려 실행함. 2)data base 내의 data의 단위》.
— [ségment/─ˊ] *vt., vi.* 분단〈분할〉하다, 분열하〈시키다〉, 가르다, 나누(이)다.

˙seg·men·tal [segméntl] *a.* 부분의, 구분의, 부분으로 이루어진, 부분으로 나누어지는.
파) **~·ly** *ad.*

seg·men·tary [ségmәntèri/-təri] *a.* =SEG-MENTAL.

seg·men·ta·tion [sègmәntéiʃən] *n.* (1) ⓤⓒ 분할, 분열. (2) ⓤ 【生】 (수정난의) 난할(卵割), 분할.

se·go [síːgou] (*pl.* **~s**) *n.* ⓒ 【植】(북아메리카 서부의) 백합의 일종(= **~ líly**) 《알뿌리는 식용》.

seg·re·gate [ségrigèit] *vt.* (1)…을 분리〈격리〉하다(separate, isolate)《*from*》 : ~ the cholera patients *from* …에서 콜레라 환자를 격리하다. (2)〔흔히 受動으로〕 (어떤 인종·성별 등에 따라) …을 분리 하다.
—*vi.* (1)분리하다. (2)(인종·성별 등에 따라) 분리 정책을 쓰다.

seg·re·gat·ed [ségrigèitid] *a.* (1)분리〈격리〉된. (2)인종 차별의〈을 하는〉. (3)특수 인종〈그룹〉에 한정된 : ~ education 인종차별교육.

seg·re·ga·tion [sègrigéiʃən] *n.* ⓤ (1)분리, 격리. (2)인종 〈차별〉적 분리〈대우〉 : a policy of racial ~ 인종차별 정책.
파) **~·ist** [-ist] *n.* ⓒ 인종 차별〈분리〉주의자.

seg·re·ga·tive [ségrigèitiv] *a.* (1)(사람이) 교제를 싫어하는, 비사교적인. (2)인종 〈차별〉적인.

˙Seine [sein] *n.* (the ~) 센 강《파리의 강》.

sei·sin [síːzin] *n.* ⓤ 【法】 (토지·동산의) (특별)점유(권), 점유 행위 ; 점유 물건.

seis·mic [sáizmik] *a.* (1)지진의〈에 의한〉 : ~ waves 지진파 / a ~ belt 지진대. (2)(정도가) 큰, 심한. 파) **-mic·i·ty** [saizmísəti] *n.* ⓤ (특정 지역의) 지진 활동의 활발도.

seis·mo·gram [sáizməgræ̀m] *n.* ⓒ (지진계가 기록한) 진동 기록, 진동도(震動圖).

seis·mol·o·gy [saizmɑ́lədʒi/ -mɔ́l-] *n.* ⓤ 지진학. 파) **-gist** *n.* ⓒ 지진학자.

seis·mo·log·i·cal [sàizməlɑ́dʒikəl/ -lɔ́dʒ-] *a.* 지진학의 : a ~ laboratory 지진 연구소.

seis·mom·e·ter [saizmɑ́mitər/ -mɔ́m-] *n.* ⓒ 지진계.

seiz·a·ble [síːzəbəl] *a.* (1)잡을 수 있는. (2)압류할 수 있는.

˙seize [siːz] *vt.* (1)《~+目/+目+前+名》 …을(갑자기)(붙)잡다, 붙들다, 꽉(움켜) 쥐다 : ~ a rope 밧줄을 꽉 붙잡다. (2)(기회 따위)를 붙잡다, 포착하다, …을 이용하다 : ~ an opportunity to ask questions 질문할 기회를 잡다. (3)…을 빼앗다, 탈취〈강탈〉하다 : ~ a fortress 요새를 빼앗다. (4)(의미 따위)를 파악〈이해〉하다(comprehend), 납득하다 : ~ the point of an argument 의론의 요점을 파악하다. (5)《~+目/+目+前+名》〔종종 受動으로〕 (공포·병 등이) 덮치다, 엄습하다, …에게 달라붙다 《*with*; *by*》. (6)〔종종 受動으로〕 (범인 따위)를 체포하다, 붙잡다 (arrest) : A bogus professor *was* ~*d* on Sunday by three detectives. 일요일에 한 가짜 교수가 세 형사에게 체포되었다. (7)【法】 …을 몰수〈압수〉하다, 압류하다. (8)《~+目/+目+副/+目+前+名》【海】 …을 동여〈잡아〉 매다 《*together*》: ~ two ropes *together* 두 가닥의 밧줄을 서로 동여매다. — *vi.* (1)《~+前+名》 꽉 쥐다, 움켜쥐다 ; (기회·구실·결점 등을)붙잡다, 포착하다, 잘 이용하다《*on, upon*》 : ~ *upon* a chance〈pretext〉 기회를〈구실을〉 잡다. (2)(과열·과압으로) 기계가 갑자기 서다, 멈추다《*up*》 : The engine has ~*d up.* 엔진이 멈췄다. ▫ seizure *n.*

seized [siːzd] *a.* 〔敍述的〕 (1)【法】 (…을) 소유〈점유〉한《*of*》. (2)(…을) 알고 있는《*of* 》.

˙sei·zure [síːʒər] *n.* (1) ⓤ 붙잡기, 쥐기, 체포. (2) ⓤ 압류, 압수, 몰수《*of*》. (3) ⓤ 강탈 ; 점령 ; 점유《*of*》 : the ~ *of* factories by the workers 노동자들에 의한 공장점거. (4) ⓒ (지랄증 등의) 발작, 발병, 《특히》 졸도 : a heart ~ 심장 발작. ▫ seize *v.*

:sel·dom [séldəm] *ad.* 좀처럼 …않는, 드물게 (rarely) 《※ 글에서의 위치는 often과 같음》. 【opp.】 *often.* ***not ~*** 왕왕, 간혹, 때때로(often). ***~, if ever*** 설령 …이라 치더라도 매우 드물게 : He ~, *if ever,* goes out. 외출하는 일은 좀처럼 없다. ***~ or never*** =***very ~*** 거의 …하지 않는, 좀처럼 …않는〈없는〉 (hardly ever) : He ~ *or never* reads. 그는 거의 책을 읽지 않는다.

:se·lect [silékt] *vt.* 《~+目/+目+前+名/+目+副/+目+*to* do》(많은 것 중에서 가장 좋은 것으로) 을 선택하다, 고르다, 선발하다《*out of*; *from* ; *among*》 : *Select* the book you want. 갖고 싶은 책을 골라라/ I was ~*ed to* make the speech. 내가 선발되어 연설을 했다.
— *vi.* 선택하다, 고르다. — (***more ~ ; most ~***) *a.* (1)〔限定的〕 가려〈추려〉낸, 정선한, 극상의, 발췌한 (superior) : ~ passages from Milton 밀턴 저서에서 정선한 몇 구절 / a ~ library 양서(良書)만으로 된 장서 / a ~ crew 선발된 선원들. (2)가리는 ; (회·학교 따위의) 입회〈입학〉 조건이〈선택에〉 까다로운. (3)상류 사회의, 상류 계급의 : a ~ part of the city 그 도시의 고급 주택가.

seléct commíttee 【英·美議會】 특별(조사)위원회.

:se·lec·tion [silékʃən] *n.* (1)ⓤ **a**]선발, 선택, 정선, 선정 : She stood little chance of ~. 그녀에게 선택의 여지가 거의 없었다. **b**] 선발된 것〈사람〉 : 선

택물, 발췌. (2) ⓒ (흔히 *sing.*) 정선물 ; 선집 : a fine ~ of summer goods 정선된 여름철 물건. (3) ⓤ 【生】 선택, 도태.

·se·lec·tive [siléktiv] *a.* (1)선택(성)의. 정선 하는. (2) a]선택력 있는, 선택안(眼)이 있는 : ~ readers 수준 높은 독자들. b]〔敍述的〕 선택적인《*in*》. (3)【通信】 선택식의, 분리 감도가 좋은. 파) **~·ly** *ad.* **~·ness** *n.*

seléctive sérvice 《美》 의무 병역(제도) (《英》 national service).

se·lec·tiv·i·ty [silèktívəti] *n.* ⓤ (1)선택력, 정선. (2)【通信】 (수신기 따위의) 분리 감도, 선택도.

se·lec·tor [siléktər] *n.* ⓒ (1) a] 선택자, 정선자 ; 선별기. b]《英》 선수 선발 위원. (2)【機·通信·컴】 선택 장치.

se·le·ni·um [silíːniəm] *n.* ⓤ 【化】 셀렌, 셀레늄 《비금속원소 ; 기호 Se ; 번호 34》.

sel·e·nol·o·gy [sèlənálədʒi/ -nɔ́l-] *n.* ⓤ 월학(月學), 월리학(月理學)《달의 물리적 특성, 기원 등을 취급》.

:self [self] (*pl.* ***selves*** [selvz]) *n.* (1) a]ⓒ 〔흔히 修飾語와 함께〕 자기, 자신, (이기심으로서의)자기 : one's own ~ 자기 자신/ your honored ~ 귀하 / have no thought of ~ 자기 일〈사욕〉을 생각지 않다. b]ⓤ (종종 the ~) 【哲】 자아 : the study of ~ 자아의 탐구. (2)(one's ~)〔修飾語와 함께〕 (자기의) 일면 ; (특정 시기에 있어서의) 그 사람 : his former〈present〉 ~ 이전〈현재〉의 그 사람 : one's better ~ 자기의 좋은 면, 자기의 양심. (3) ⓤ 자기, 본성, 진수: reveal its true ~ 본성을 드러내다. (4) ⓤ 사리, 사욕, 사심, 이기심.

— *a.* 같은 색의, 같은 종류〈재료〉의 : a dress with the ~ belt 같은 천의 벨트가 있는 여성복 / ~ black 검정 일색.

self-a·ban·don·ment [ˊəbǽndənmənt] *n.* ⓤ 자포 자기, 방종.

self-a·base·ment [ˊəbéismənt] *n.* ⓤ 겸손(modesty), 자기를 낮춤, 자기 비하.

self-ab·hor·rence [ˊəbhɔ́ːrəns, -hár-/-hɔ́r-] *n.* ⓤ 자기 혐오〈증오〉.

self-ab·sorbed [ˊəbsɔ́ːrbd, -zɔ́ːrbd] *a.* 자기 일〈생각, 이익〉에 골똘한, 자기 도취의.

self-ab·sorp·tion [ˊəbsɔ́ːrpʃən, -zɔ́ːrp-] *n.* ⓤ 자기 몰두〈도취〉, 열중.

self-ac·cu·sa·tion [ˊӕkjuzéiʃən] *n.* ⓤ 자책, 자책감.

self-act·ing [ˊǽktiŋ] a. 자동(식)의.

self-ad·dressed [ˊədrést] *a.* 〈봉투 등〉자기(이름) 앞으로의〈쓴〉, 반신용의 : a ~ stamped envelope 자기 앞 반신용(返信用) 봉투《略 : SASE, s.a.s.e.》.

self-ad·he·sive [ˊædhíːsiv] *a.* (종이·플라스틱·봉투 등이) 풀칠되어 있는 : ~ ceramic tiles 접착제가 도포된 타일.

self-ad·just·ing [ˊədʒʌ́stiŋ] *a.* 자동조정(식)의.

self-ag·gran·dize·ment [ˊəgrǽndizmənt] *n.* ⓤ (남을 꺼리지 않는) 자기 권력〈재산〉의 확대〈강화〉, 자기 발전.

self-ap·point·ed [ˊəpɔ́intid] *a.* 〔限定的〕 독단적인, 자천(自薦)의, 자칭(自稱)의 : the new ~ leaders of the movement 그 운동의 새로운 지도자로 자청하고 나선 사람들.

self-as·ser·tion [ˊəsɔ́ːrʃən] *n.* ⓤ 자기 주장, 주제넘게 나섬, 과시.

self-as·ser·tive [ˊəsɔ́ːrtiv] *a.* 자기 주장을 하는, 주제넘은. 파) **~·ly** *ad.* **~·ness** *n.*

self-as·sur·ance [ˊəʃúərəns] *n.* ⓤ 자신(自信), 자기 과신.

self-as·sured [ˊəʃúərd] *a.* 자신 있는 ; 자기만족의 : The Prime Minister appeared less ~ than usual. 수상은 평소보다는 덜 자신에 찬 모습으로 나타났다.

self-cat·er·ing [ˊkéitəriŋ] *a.* 《주로 英》 셀프 케이터링, 자취용의 : ~ flats for students 자취 학생을 위한 아파트.

self-cen·tered [ˊséntərd] *a.* 자기 중심〈본위〉의 ; 이기적인 ; 자주적인, 자기 충족적인.

self-clean·ing [ˊklíːniŋ] *a.* 자정 능력(自淨能力)이 있는.

self-col·ored [ˊkʌ́lərd] *a.* (1)(꽃·동물·천 등이) 단색(單色)의 : a ~ flower 〈cloth〉. (2)(천 따위가) 자연색의.

self-com·mand [ˊkəmǽnd, -máːnd] *n.* ⓤ 자제, 극기(克己) ; 침착.

self-com·pla·cen·cy [ˊkəmpléisnsi] *n.* ⓤ 자기 만족, 자기 도취, 독선.

self-com·posed [ˊkəmpóuzd] *a.* 냉정한, 침착한.

self-con·ceit [ˊkənsíːt] *n.* ⓤ 자부심, 허영심. 파) **~·ed** *a.* 자부심이 강한.

self-con·demned [ˊkəndémd] *a.* 자책의, 양심의 가책을 받은.

self-con·fi·dence [ˊkánfədəns/ ˊkɔ́nf-] *n.* ⓤ 자신(自信) ; 자신 과잉, 자기 과신, 자부.

self-con·fi·dent [ˊkánfədənt/ ˊkɔ́nf-] *a.* 자신 있는 ; 자신 과잉의.

self-con·grat·u·la·tion [ˊkəngrӕtʃuléiʃən] *n.* ⓤ 자축(自祝), 자기 만족, 혼자 좋아함.

·self-con·scious [ˊkánʃəs/ ˊkɔ́n-] (***more*** **~ ;** ***most*** **~**) *a.* (1) a]자의식이 강한 ; 사람앞을 꺼리는 ; 수줍어 하는. b]〔敍述的〕 …을 지나치게 의식하는. (2)【哲·心】 자의식의.

파) **~·ly** *ad.* **~·ness** *n.* ⓤ 자기 의식, 자의식, 자각 ; 수줍음.

self-con·sist·ent [ˊkənsístənt] *a.* 사리에 맞는, 조리가 닿는, 자기 모순이 없는, 일관성 있는.

self-con·sti·tut·ed [ˊkánstətjùːtid/ ˊkɔ́nstitjùːtid] *a.* 스스로 정한, 자기 설정의.

self-con·tained [ˊkəntéind] *a.* (1)말이 없는, 터놓지 않는, 자제하는 ; 초연한. (2)(설비 따위가) 그것만으로 완비된, 일체 완비된, 자급식의 ; 《英》 각 가구가 독립식인《아파드 따위》.

self-con·tempt [ˊkəntémpt] *n.* ⓤ 자기 비하.

self-con·tent [ˊkəntént] *n.* ⓤ 자기 만족.

self-con·tra·dic·to·ry [ˊkàntrədíktəri/ ˊkɔ̀n-] *a.* 자기 모순의, 자가 당착의.

·self-con·trol [ˊkəntróul] *n.* ⓤ 자제(심), 극기(克己) : lose 〈show, exercise〉 (one's) ~ 자제심을 잃다 〈발휘하다〉.

self-con·trolled [ˊkəntróuld] *a.* 자제심이 있는.

self-cor·rect·ing [ˊkəréktiŋ] *a.* (기계 등이) 스스로 바르게 하는; 자동 수정〈식〉의.

self-crit·i·cism [ˊkrítisìzəm] *n.*ⓤ 자기 비판.

self-de·ceiv·ing [ˊdisíːviŋ] *a.* 자기 기만의.

self-de·cep·tion [ˊdisépʃən] *n.*ⓤ 자기 기만 ; 망상.

S

self-de·feat·ing [∠difíːtiŋ] *a.* 자멸적인, 자기 좌절의.
·**self-de·fense,** 《英》 **-fence** [∠diféns] *n.* ⓤ 호신, 자위(自衛), 자기 방어; 【法】 정당 방위: the (noble) art of ~ 자기 방어술, 호신술. 파) **-fén·sive** *a.*
self-de·lu·sion [∠dilúːʒən] *n.* ⓤ 자기 기만.
self-de·ni·al [∠dináiəl] *n.* ⓤ 자기 부정, 극기; 금욕; 자제⟨력⟩; 무사(無私).
self-de·ny·ing [∠dináiiŋ] *a.* 자기부정적인, 극기의, 무사(無私)의, 헌신적인; 금욕적인.
self-de·pend·ence [∠dipéndəns] *n.* ⓤ 자기신뢰⟨의존⟩, 자립, 독립 독행.
self-dep·re·ci·a·tion [∠dipriːʃiéiʃən] *n.* ⓤ 자기 경시, 자기를 낮춤, 자기 비하.
self-de·struct [∠distrʌ́kt] *vi.* 《주로 美》 (로켓·미사일이 고장났을 때 등에) 자기파괴하다, 자폭하다, 자멸⟨자살⟩ 하다. — *a.* 〔限定的〕 자기파괴가 되는, 자폭하는.
self-de·struc·tion [∠distrʌ́kʃən] *n.* ⓤ 자멸; 자살; 자폭(自爆).
self-de·ter·mi·na·tion [∠ditə̀ːrminéiʃən] *n.* ⓤ 민족 자결(自決)(권); 자발적 결정(능력), 자기 결정: racial ~ 민족 자결(주의⟨권⟩).
self-de·vo·tion [∠divóuʃən] *n.* ⓤ 헌신, 자기 회생; 몰두.
self-di·rect·ed [∠diréktid] *a.* 스스로 방향을 정하는, 자발적인.
self-dis·ci·pline [∠dísəplin] *n.* ⓤ 자기 훈련⟨수양⟩; 자제.
self-dis·cov·ery [∠diskʌ́vəri] *n.* ⓤⓒ 자기 발견.
self-dis·play [∠displéi] *n.* ⓤ 자기 현시, 자기 선전.
self-drive [∠dráiv] *a.* 《英》 (자동차 등) 빌어 쓰는 사람이 손수 운전하는: a ~ car 렌터카.
self-ed·u·cat·ed [∠édʒukèitid] *a.* 독학의, 고학한.
self-ef·face·ment [∠iféismənt] *n.* ⓤ (겸손하여)표면에 나타나지 않음, 삼가는 태도.
self-ef·fac·ing [∠iféisiŋ] *a.* 나서기를 삼가는, 표면에 나서지 않는, 자기를 내세우지 않는.
self-em·ployed [∠implɔ́id, ∠em-] *a.* 자가 경업(근무)의, 자영(自營)의, 자유업의: Do you pay less tax if you're ~? 자영업자가 되면 세금을 덜냅니까.
self-es·teem [∠estíːm] *n.* ⓤ 자존(심); 자부(심), 자만(심).
self-ev·i·dent [∠évədənt] *a.* 자명한.
self-ex·am·i·na·tion [∠igzæ̀minéiʃən] *n.* ⓤ자기 반성⟨진단⟩, 반성, 자기 분석.
self-ex·plan·a·to·ry [∠iksplǽnətɔ̀ːri/ ∠təri] *a.* 자명한, 설명이 없어도 명백한.
self-ex·pres·sion [∠ikspréʃən] *n.* ⓤ (예술·문학 등에 있어서) 자기⟨개성⟩ 표현.
self-feed·er [∠fíːdər] *n.* ⓒ (사료·연료의) 자동 공급기.
self-fer·ti·li·za·tion [∠fə̀ːrtəlizéiʃən/ -tilai-] *n.* ⓤ 【植】 자화 수정, 자가 수정, 제꽃정받이.
self-for·get·ful [∠fərgétfəl] *a.* 자기를 잊은, 헌신적인, 무사무욕의.
self-ful·fill·ing [∠fulfíliŋ] *a.* 자기 실현의, 자기 달성을 하고 있는, 예정되로 성취되는.
self-ful·fil(l)·ment[∠fulfílmənt] *n.*ⓤ 자기 달성.
self-gov·erned [∠gʌ́vərnd] *a.* 자치(제)의, 극기의.
self-gov·ern·ing [∠gʌ́vərniŋ] *a.* 자치의, 자제의, 극기의; 독립의: the ~ colonies 자치 식민지.
self-gov·ern·ment [∠gʌ́vərnmənt, -ərmənt] *n.* ⓤ (1)(식민지에 있어서의 자국민에 의한) 자치, 민주 정치, 자주관리. (2)자제, 극기.
self-ha·tred [∠héitrid] *n.* ⓤ 자기 혐오.
self-help [∠hélp] *n.* ⓤ 자립, 자조(自助): *Selfhelp* is the best help. 《格言》 자조가 최상의 도움이다. — *a.* 〔限定的〕 자습의.
self-hood [∠hùd] *n.* ⓤ (1)자아; 개성. (2)자기 본위, 이기심.
self-hyp·no·sis [∠hipnóusis] *n.* ⓤ 자기 최면.
self-im·age [∠ímidʒ] *n.* ⓒ 자기에 대한 이미지, 자상(自像).
self-im·por·tance [∠impɔ́ːrtəns] *n.* ⓤ 자존, 자부, 자만, 거만하게 굶.
self-im·por·tant [∠impɔ́ːrtənt] *a.* 젠체하는, 자부심이 강한, 거드름 피우는. 파) **~·ly** *ad.*
self-im·posed [∠impóuzd] *a.* 스스로 맡아서 하는, 자진해서 하는, 제가 좋아서 하는.
self-im·prove·ment [∠imprúːvmənt] *n.* ⓤ자기 개선, 자기 수양.
self-in·dul·gence [∠indʌ́ldʒəns] *n.* ⓤ 방종 제멋대로 굶.
self-in·dul·gent [∠indʌ́ldʒənt] *a.* 방종한, 제멋대로 구는. 파) **~·ly** *ad.*
self-in·flict·ed [∠inflíktid] *a.* (피해 등) 스스로 자초(自招)한: Another six people are said to have died from ~ injuries. 또다른 여섯 사람이 자해로 인해 사망했다고 한다.
self-in·ter·est [∠intərist] *n.* ⓤ 자기의 이익 ⟨권익⟩; 사리 사욕; 이기주의, 이기심: act purely from ⟨out of⟩ ~ 순전히 사리⟨私利⟩에서 행동하다.
self-in·ter·est·ed [∠intəristid] *a.* 자기 본위의, 이기적인, 사리를 도모하는.
self-in·tro·duc·tion [∠intrədʌ́kʃən] *n.* ⓤⓒ 자기 소개.
self-in·vit·ed [∠inváitid] *a.* 초대도 받지 않고 찾아간, 불청객의, 자청한.
:**self-ish** [sélfiʃ] (***more*** **~ ;** ***most*** **~**) *a.* 이기적인, 이기주의의, 제멋대로 하는, 자기 본위의: It is ~ of you to say so. 그런 말을 한다는 것은 너의 이기주의다. 파) **~·ly** *ad.* **~·ness** *n.*
self-jus·ti·fi·ca·tion [∠dʒʌ̀stəfikéiʃən] *n.* ⓤ 자기 정당화 ⟨합리화⟩, 자기 변호.
self-knowl·edge [∠nálidʒ/ ∠nɔ́l-] *n.* ⓤ 자각, 자기 인식.
self-less [sélflis] *a.* 사심⟨이기심⟩ 없는, 무욕⟨무사⟩의(unselfish). 파) **~·ly** *ad.* **~·ness** *n.*
self-load·ing [∠lóudiŋ] *a.* (총·카메라 따위가) 자동 장전의, 반자동식의.
self-lock·ing [∠lákiŋ/ ∠lɔ́k-] *a.* 자동으로 자물쇠가 잠기는.
self-mas·tery [∠mǽstəri, ∠máːs-] *n.* ⓤ 극기, 자제(自制), 침착.
self-mov·ing [∠múːviŋ] *a.* 자동(식)의.
self-mur·der [∠mə̀ːrdər] *n.* ⓤ 자해, 자살.
self-o·pin·ion·at·ed [∠əpínjənèitid] *a.* 자부심이 강한, 고집이 센, 자기 주장을 고집하는, 완고한.
self-pity [∠píti] *n.* ⓤ 자기 연민.
self-pol·li·na·tion [∠pɑ̀lənéiʃən/ ∠pɔ̀l-] *n.* ⓤ 【植】 자화 수분, 제꽃가루받이.

self-por·trait [∠pɔ́:rtrit, ∸pɔ́:rtreit] *n.* ⓒ 자화상 : a ~ by van Gogh 반고흐의 자화상.
self-pos·sessed [∠pəzést] *a.* 침착한, 냉정한.
self-pos·ses·sion [∠pəzéʃən] *n.* ⓤ 침착, 냉정 : keep〈lose, regain〉 one's ~ 냉정을 지키다〈잃다, 되찾다〉.
self-praise [∠préiz] *n.* ⓤ 자화자찬, 자기 자랑.
self-pres·er·va·tion [∠prèzərvéiʃən] *n.* ⓤ 자기 보존, 본능적 자위.
self-pro·pelled [∠prəpéld] *a.* (미사일 등) 자력 추진의 ; 자주식(自走式)의 : a ~ gun 자주포.
self-pro·tec·tion [∠prətékʃən] *n.* ⓤ 자기 방위, 자위(self-defense).
self-rais·ing [∠réiziŋ] *a.* 《英》 = SELF-RISING.
self-re·al·i·za·tion [∠rì:əlizéiʃən] *n.* ⓤ 자기 실현〈완성〉.
self-re·cord·ing [∠rikɔ́:rdiŋ] *a.* 자동 기록(식)의, 자기(自記)의.
self-re·gard [∠rigɑ́:rd] *n.* ⓤ (1)자애, 이기(利己). (2)자존(심).
self-reg·u·lat·ing [∠régjəlèitiŋ] *a.* 자동조정의 ; 자기 조절의, 자동 제어의.
self-re·li·ance [∠riláiəns] *n.* ⓤ 자기 신뢰, 자기 의존, 독립 독행, 자립, 자신(自信) : The Prime Minister called for more economic ~. 수상은 더 한층의 경제적 자립에 협력을 호소했다.
self-re·li·ant [∠riláiənt] *a.* 자력에 의한, 자기를 의지하는, 독립 독행의 : She lives alone and is totally ~. 그녀는 혼자서 그리고 전적으로 자력으로 믿고 산다.
self-re·nun·ci·a·tion [∠rinʌ̀nsiéiʃən] *n.* ⓤ 자기 포기〈희생〉, 헌신, 무사(無私), 무의.
˙self-re·spect [∠rispékt] *n.* ⓤ 자존(심), 자중(自重).
self-res·pect·ing [∠rispéktiŋ] a. 〔限定的〕 자존심이 있는, 자중하는 : a mature, ~ citizen 자존심 있는성숙한 시민.
self-re·straint [∠ristréint] *n.* ⓤ 자제(自制), 극기(克己) : He was angry but managed, with great ~, to reply calmly. 그는 화가 났지만 가까스로 자제하여 조용하게 대답을 했다.
self-re·veal·ing [∠riví:liŋ] *a.* (본의 아니게) 본심을 나타내는, 자기를 나타내고 있는.
self-right·eous [∠ráitʃəs] *a.* 독선적인: a ~ attitude 독선적 태도. 파) **~·ly** *ad.* **~·ness** *n.*
self-right·ing [∠ráitiŋ] *a.* (보트 따위가) 자동 복원(復元)하는, 전복할 우려가 없는 : a ~ boat.
self-rule [∠rú:l] *n.* ⓤ 자치(self-government).
self-sac·ri·fice [∠sǽkrəfàis] *n.* ⓤ 자기희생, 헌신(적 행위). 파) **-fic·ing** *a.*
self·same [sélfsèim] *a.* (the ~) 〔限定的〕 꼭 같은, 동일한《※ same의 강조형(强調形)》 : *the* ~ name 똑같은 이름.
self-sat·is·fac·tion [∠sæ̀tisfǽkʃən] *n.* ⓤ 자기 만족, 자부, 독선.
self-sat·is·fied [∠sǽtisfàid] *a.* 자기 만족의, 독선적인.
self-seal·ing [∠sí:liŋ] *a.* (1)펑크가 나도 자동적으로 구멍이 메워지는. (2)(봉투가) 풀이 필요없는.
self-seek·er [∠sí:kər] *n.* ⓒ 이기주의자, 자기본위의 사람.
self-seek·ing [∠sí:kiŋ] *n.* ⓤ 이기주의, 자기본위. ― *a.* 이기적인, 자기 본위(의).
self-serv·ice [∠sə́:rvis] *n.* (1) ⓤ (식당·매점 따위의) 셀프서비스. (2) ⓒ 《口》 셀프서비스하는 상점. ― *a.* 〔限定的〕 셀프서비스하는, 자급식의 : a ~ restaurant / a ~ laundry〈cafeteria〉 셀프서비스 세탁소〈카페테리아〉.
self-serv·ing [∠sə́:rviŋ] *a.* (사람이) 자기 잇속만 차리는, 사리적인, 이기적인 : ~ propaganda 자기 선전/ corrupt, ~ politician 부패하고 이기적인 정치가.
self-sown [∠sóun] *a.* (식물 따위가) 저절로 생긴〈난〉, 자생(自生)의.
self-start·er [∠stɑ́:rtər] *n.* ⓒ (1) a〕(자동차·오토바이 등의) 자동 시동 장치, 셀프스타터. b〕셀프스타터가 있는 차·오토바이(등). (2)《美口》 솔선해서 일하는 사람.
self-styled [∠stáild] *a.* 〔限定的〕 자칭〈자임〉하는 : a ~ leader〈champion〉.
self-suf·fi·cien·cy [∠səfíʃənsi] *n.* ⓤ 자급자족, 자부.
self-suf·fi·cient, -suf·fic·ing [∠səfíʃənt], [∠səfáisiŋ] *a.* (1)자급자족의 ; (…을) 자급할 수 있는 《*in*》 : ~ economy 자급자족 경제. (2) 자부심이 강한, 오만한, 거만한.
self-sup·port [∠səpɔ́:rt] *n.* ⓤ (1)(사람의) 자활, 자립. (2)(회사 등의) 자영, 독립 경영.
self-sup·port·ing [∠səpɔ́:rtiŋ] *a.* (1)(사람이) 자활하는 : The vast majority of students here are ~. 여기 있는 대다수의 학생은 자활하고 있다. (2)(회사 등이) 자영하는, 독립 채산의, 독립경영의.
self-sus·tain·ing [∠səstéiniŋ] *a.* 자립의, 자활의, 자급자족의.
self-taught [∠tɔ́:t] *a.* 독학의, 독습〈자습〉의 : ~ knowledge 독학으로 얻은 지식.
self-tim·er [∠táimər] *n.* ⓒ 【寫】 (카메라의) 자동셔터, 셀프타이머.
self-will [∠wíl] *n.* ⓤ 억지, 아집, 자기본위의, 제멋대로임 ; 방자.
self-willed [∠wíld] *a.* 제멋대로의, 방자한, 버릇없는, 고집센, 자기주장의.
self-wind·ing [∠wáindiŋ] *a.* (시계의 태엽이)자동적으로 감기는.
:sell [sel] (*p.*, *pp.* ***sold*** [sould]) *vt.* (1)《~+目/+目+前+名/+目+目》 a〕…을 팔다, 매도〈매각〉하다 《*at* ; *for*》. 【opp.】 *buy*. 『 He *sold* his house *for* $80,000. 그는 집을 8만 달러에 매각했다. b〕(가게가) …을 팔고 있다, 매매하다, 장사하다. (2)(명예·정조 따위)를 팔다. (조국·친구등)을 배반하다. (3)(무엇이) …의 판매를 촉진시키다, …의 팔림새를 돕다, 선전하다, 추천하다 : Its high quality ~*s* well this products. 품질이 좋아서 이 제품이 잘 팔린다. (4)《+目+前+名》《口》 …에게 (―을) 받아 들이게 하다〈납득시키다〉《*on*》. (5)〔흔히 受動으로〕 《口》 감쪽같이 속여 넘기다.
― *vi.* (1)《~/+副/+前+名》 팔리다《*at* ; *for*》 : ~ like hot cakes〈crazy, mad〉 《口》 날개 돋히듯팔리다 / These baskets ~ well. 이런 바구니가 잘 팔리고 있다. (2)팔려고 내놓다; 장사를 하다 : I like the house. Will you ~? 이 집이 마음에 듭니다. 팔겠습니까. (3)〔흔히 副詞句를 수반하여〕 팔림새가 …하다 : The new edition of this book is ~*ing* well. 이 책의 신판은 잘 팔리고 있다. (4)(생각 등이) 《口》 받아들여지다, 채용되다, 환영받다. ***be sold on*** (1) …에 열중하다. (2) 《口》 …의 가치를〈무조건〉 인정하다, 받아들이다. ***be sold out of*** 매진〈품절〉되다. **~**

S

off 싸게 팔아치우다 : We were forced to ~ *off* our land. 우리는 땅을 싸게 팔라고 강요당했다. **~ *out*** (*vt.*) (1)…을 죄다 팔아 치우다, 매각하다 : 〔흔히 受動으로〕 (물건·표 등)을 …에게 매진케 하다《*of*》. (2)(채무자)의 소유물을 팔아버리다. (*vi.*) 1)전상품을 팔아버리다, 폐점하다, 사업에서 손을 떼다. 2)(상점에서 물건)을 다 팔아버리다《*of*》; (물건)이다 팔리다 : We've *sold out of* your size. 구하시는 치수는 다 나갔습니다. 3)(이익을 위해 친구·주의 등)을 팔다, 배반하다《*to*》. **~ *short*** ⇨ SHORT. **~ *up***《英》1)가게를 처분하다, 폐업하다. 2)(채무자)의 재산을 처분하다. 3)사업을 팔아 넘기다.
— *n.* (1) ⓤ 판매(술). (2)(a ~) 사기 ; 실망스러운 것.

séll-by dàte《英》(포장 식품 등의) 판매 유효 기한 날짜(《美》pull-by date).

˙sell·er [sélər] *n.* ⓒ (1)파는 사람, 판매인 : a book ~ 책장수, 서적 판매인. (2)팔리는 물건, 잘 나가는 상품 : a good 〈bad, poor〉 ~ 잘 팔리는〈안 팔리는〉 상품.

séllers´ màrket 판매자 시장《상품의 공급이 적고 수요가 많아서 판매자에게 유리한 시장》. 〖opp.〗 *buyers' market*.

sélling pòint 판매시의 강조점, 셀링 포인트:.

sell-off [sélɔ̀(:)f, -ɑ̀f] *n.* ⓤ(주가·채권 등의) 급락, 폭락.

S

Sel·lo·tape [sélətèip] *n.* ⓤ 셀로테이프, 스카치 테이프《商標名》. 【cf.】 Scotch Tape. — *vt.* (때로 s-) …을 셀로테이프로 붙이다.

sell·out [sélàut] *n.* ⓒ《口》(1) a〕매진. b〕(흔히 *sing.*) 입장권이 매진된 흥행, 초만원 : a ~ audience 만원인 청중. (2)(흔히 *sing.*) 배반(행위), 내통.

se·man·tic [simǽntik] *a.* 의미론(상)의, 의미에 관한 : ~ analysis 【心】 의미 분석.

se·man·tics [simǽntiks] *n.* 【信·哲】 의미론 ; 어의발달론.

sem·a·phore [séməfɔ̀:r] *n.* (1) ⓒ (철도의) 까치발 신호기, 시그널. (2) ⓤ 수기(手旗) 신호.
— *vt.*, *vi.* (신호를) 신호기〈수기〉로 알리다.

˙sem·blance [sémbləns] *n.* (*sing.*) (1) a〕외관, 외형《*of*》: in ~ 외형은. b〕겉보기 ; 꾸밈 : She put on a ~ of anger. 그녀는 성난 척했다. (2)유사, 닮음 ; …비슷한 것 : have the ~ of …와 비슷하다, …처럼 보이다. in(the) ~ of …의 모습으로. put on a ~ of …인체하다, …을 가장하다.

˙se·mes·ter [siméstər] *n.* ⓒ (1년 2학기제 대학의) 1학기, 반학년.

sem·i·an·nu·al [sèmiǽnjuəl, sèmai-] *a.* 반년마다의, 1년에 두번의, 반기의. 파) **~·ly** *ad.*

sem·i·ar·id [sèmiǽrid, sèmai-] *a.* 반건조의, 비가 매우 적은《지대·기후》.

sem·i·au·to·mat·ic [sèmiɔ̀:təmǽtik, sèmai-] *a.* 반자동식의《기계·총 따위》. — *n.* ⓒ 반자동식 소총《기계》.

sem·i·breve [sémibrì:v, sémai-] *n.* ⓒ《英》【樂】 온음표(《美》whole note).

sem·i·cir·cu·lar [sèmisə́:rkjələr] *a.* 반원(형)의 : a ~ flower-bed 반원형의 화단.

:sem·i·co·lon [sémikòulən] *n.* ⓒ 세미콜론《;》《※ period《.》보다 가볍고, comma《,》보다는 무거운 구두점》.

sem·i·con·duc·tor [sèmikəndʌ́ktər, sèmai-] *n.* ⓒ 【物】 반도체 ; 반도체를 이용한 장치《트랜지스터·IC 등》; ~ junction laser 반도체 접합 레이저.

sem·i·con·scious [sèmikɑ́nʃəs, sèmai-/sèmikɔ́n-] *a.* 반의식이 있는, 의식이 완전치 않은.

sem·i·de·tached [sèmiditǽtʃt, sèmai-] *a.* 《주로 英》반쯤〈일부분〉떨어진 ; 한쪽 벽이 옆채에 붙은, 두 가구 연립의. 【cf.】 detached — *n.* ⓒ《英》2가구 연립주택 (《美》duplex house).

sem·i·doc·u·men·ta·ry [sèmidɑ̀kjəméntəri, sèmai-/sèmidɔ̀k-] *n.* ⓒ 세미다큐멘터리《다큐멘터리 영화 수법으로 만들어진 극영화·TV 프로》.
— *a.* 세미다큐멘터리의..

sem·i·fi·nal [sèmifáinəl, sèmai-] *n.* ⓒ (종종*pl.*) 【競】 준결승 경기. — *a.* 준결승의. 파) **~·ist** *n.* ⓒ 준결승 진출 선수〈팀〉.

sem·i·flu·id [sèmiflú:id, sèmai-] *a.* 반유동체의.
— *n.* ⓤⓒ 반유동체.

sem·i·lu·nar [sèmilú:nər, sèmai-]*a.* 반달 꼴의.

sem·i·month·ly [sèmimʌ́nθli, sèmai-] *a.* 반달마다의, 한달에 두번의. —*ad.* 반달마다, 월2회.
— *n.* ⓒ 월 2회의 (정기)간행물. 【cf.】 bimonthly.

se·mi·nal [sémənl, sí:m-] *a.* (1)정액의: a ~ duct 정관. (2)【植】 씨의 : a ~ leaf 자엽, 떡잎. (3) a〕발전성〈장래성〉있는 : a ~ idea 발전성있는 사고. b〕독창성이 풍부한 ; 생산적인.

:sem·i·nar [sémənɑ̀:r] *n.* ⓒ (1)세미나《대학에서 교수의 지도 아래 소수 학생이 특수 주제를 연구토의하는 학습법》; (대학의) 연구과, 대학원 과정 ; 세미나 연구실. (2) (단기간에 집중적으로 하는) 연구〈토론〉 집회:《美》전문가 회의.

sem·i·nar·i·an[sèmənέəriən] *n.* ⓒ 신학교의 학생.

˙sem·i·na·ry [sémənèri/ -nəri] *n.* ⓒ (1)(가톨릭 계통의) 신학교. (2)《美》(가톨릭 이외 종파의) 신학교. (3) (특히 high school 이상의) 학교.

sem·i·of·fi·cial [sèmiəfíʃəl, sèmai-] *a.* 반관적(半官的)인《보도, 성명 따위》. 반공식적인.

se·mi·ot·ics [sì:miɑ́tiks, sèm-, sì:mai-/-ɔ́t-] *n.* ⓤ 【論·言】 기호(언어)학.

sem·i·per·me·a·ble [sèmipə́:rmiəbəl, sèmai-] *a.* (막(膜) 따위가) 반투과성(半透過性)의.

sem·i·pre·cious [sèmipréʃəs, sèmai-] *a.* (광석이) 준(準)보석의.

sem·i·pri·vate [sèmipráivit, sèmai-] *a.* (1) (병실 등이) 준특실(準特室)의. (2) 반사용의.

sem·i·pro·fes·sion·al [sèmiprəféʃənəl, sèmai-] *a.*, *n.* ⓒ (음악가·선수가) 반직업적인 (선수), 세미프로(의).

sem·i·qua·ver [sémikwèivər, sémai-] *n.* ⓒ《英》【樂】 16분 음표(《美》sixteenth note).

sem·i·skilled [sèmiskíld, sèmai-] *a.* (1) 반숙련의. (2) 한정된 손 일만 하는.

sem·i·soft[⌐sɔ́(:)ft]*a.*(치즈 등이)적당히 부드러 운〈굳은〉.

sem·i·sweet [sèmiswí:t, sèmai] *a.* (초콜릿 등을) 조금〈약간〉달게 한, 너무 달지 않은 (과자).

Sem·ite [sémait/ sí:m-] *n.* ⓒ(1)셈족(族)《히브리 사람·아라비아 사람 등. 또 옛 아시리아 사람·바빌로니아 사람·페니키아 사람 등》. (2)유대인.

sem·i·tone [sémitòun] *n.* ⓒ《英》【樂】 반음(정) (《美》halftone).

sem·i·trail·er [sémitrèilər, sémai-] *n.* ⓒ 세미트레일러《트렉터와 트레일러로 분리 될수 있게 만든 대형

화물·승합 자동차》.

sem·i·trop·i·cal [sèmitrápikəl, sèmai-/-trɔ́p-] *a.* 아열대의.

sem·i·vow·el [sémivàuəl, sèmai-] *n.* ⓒ (1)반모음《[w, j] 따위 ; [m, n, ŋ, r, l] 따위를 포함시킬때도 있음》. (2)반모음자《w, y 따위》.

sem·i·week·ly [sèmiwí:kli, sèmai-] *a.* 반주(半週)마다의, 주 2회의. — *ad.* 주 2회(씩).
— *n.* ⓒ 주 2회의 (정기) 간행물.

sem·i·year·ly [sèmijíərli, sèmai-] *a.* 반년마다의, 연 2회의. — *ad.* 반년마다, 연 2회(씩).

:sen·ate [sénət] *n.* (1) a](the S-) 〔集合的; 單·複數 취급〕 (미국·캐나다·프랑스 등지의) 상원. 【cf.】 congress. 『 *a Senate* hearing 상원 청문회. b]ⓒ 상원 의사당. (2) ⓒ (종종 the ~) 〔集合的 ; 單·複數 취급〕 (대학 등의) 평의원회, 이사회. (3) ⓤ (고대 로마·그리스의) 원로원. (4) ⓒ 입법부, 의회.

:sen·a·tor [sénətər] *n.* ⓒ (1)(종종 S-) 《美》 상원 의원. (2)(대학의) 평의원, 이사. (3)(고대 로마의) 원로원 의원.

sen·a·to·ri·al [sènətɔ́:riəl] *a.* (1)상원의, 상원 의원의, 상원의원 다운 : a ~ district《美》 상원 의원 선출권이 있는 선거구. (2)(대학의) 평의원회의. (3)원로원(의원)의.

:send [send] (*p., pp.* ***sent*** [sent]) *vt.* (1)《~+目/+目+副/+目+目/+目+前+名》 …을 보내다 ; 발송하다 ; 송달하다 : I'll ~ him a letter tomorrow. 내일 그에게 편지를 보내겠다. (2)《~+目/+目+副/+目+前+名》 (사람·군대 등)을 파견하다, 가게하다, 보내다 : ~ an emissary 밀사를 보내다 / ~ a person *abroad* 아무를 해외에 파견하다. (3)(접시·술 등)을 차례로 전하다, 돌리다. (4)《~+目/+目+副/+目+前+名》 …을 내다, 발(發)하다 《*forth; off ; out ; through*》 ; (일정한 방향)으로 발사하다, 쏘다 ; (연기 따위)를 내다 ; (돌 따위)를 던지다 ; (탄알 따위)를 도달시키다 : ~ an arrow 화살을 쏘다 / ~ *out* light 빛을 내다. (5)《+目+前+名》 …을 내몰다, 억지로 가게하다. (6)《文語》 (하느님·신이) …을 주다, 허하다, 베풀다 ; (재앙 따위)를 입히다 ; 배려하다 …하게〈되게〉 하다. (7)《+目+補/+目+前+名/+目+-*ing*》 …의 상태로 되게〈빠지게〉 하다 ; …상태로 몰아넣다《*into ; to*》 : This noise will ~ me mad. 시끄러워서 미칠 것 같다 / ~ a person *into* tears 〈laughter〉 아무를 울리다〈웃기다〉. (8)《口》(청중)을 흥분시키다《재즈 연주 따위로》, 황홀하게 하다. (9)(신호·전파)를 보내다.
— *vi.* (1)《~/+前+名/+to do》 사람을 보내다, 심부름꾼을 보내다 : If you want me, please ~. 일이 있으면 사람을 보내시오. (2)편지를 보내다, 전언을 써 보내다, 소식을 전하다. (3)【電】 신호를 보내다.
~ a person ***about*** his ***business*** 아무를 내쫓다, 해고하다. ***~ after*** 1)…의 뒤를 좇게 하다. 2)…에게 전갈을 보내다. ***~ away*** 1)추방하다, 떠나게〈물러가게〉 하다, 내쫓다. 2)해고하다, …을 내어보내다. 3)멀리 가지러 보내다. ***~back*** 돌려주다, 반환하다. ***~ for*** 1)…을 부르러 보내다 : ~ *for* the doctor 의사를 부르러 보내다. 2)…을 주문〈청구〉하다 : ~ *for* your catalog today 오늘 귀사의 카탈로그를 주문하다. ***~ forth*** 1)파견하다, 보내다. 2)(잎 따위)를 내다. 3)(향기·증기 따위)를 발하다, 내다. 4)(책)을 발행하다. ***~ in*** 1)(방 따위)에 안내하다, 들이다. 2)(신청서·사표 따위)를 내다, 제출하다 ; (그림 등)을 출품하다, (명함)을 내놓다《전갈 나온 사람에게》 ; (선수)를 경기에 출전 시키다《*for*》 : ~ *in* one's name 명함을 내놓다, 〈경기에〉 참가 신청을 하다. ***~ off*** 배웅하다; 쫓아내다, 해고하다 ; (편지 따위)를 발송하다. ***~ on*** 1)(화물·편지 등)을 회송하다. 2)(짐 등)을 미리 보내다 : ~ on one's luggage 짐을 미리 보내다. 3)(사람)을앞서 보내다 ; (극·경기 등에 사람)을 출연〈출장〉 시키다. ***~ out*** 1)…을 발송하다, (초대장·주문품 등)을 내다; 파견하다. 2)(물건)을 가지러〈사러〉(사람)을 보내다《*for*》. 3)(나무가 싹 등)을 내다. 4)(빛·향기 등)을 발하다 : The sun ~*s out* light and warmth. 태양은 빛과 온기를 발산한다. ***~ over*** 방송하다. ~ a person ***packing*** 아무를 데꺽 해고하다, 쫓아내다. ~ round (1) 돌리다, 회람시키다 ; 회송하다. (2) 파견하다. ~ through 〈전갈 등을〉 전하다, 알리다. ***~ up*** 1)…을 올리다. 2)(공 따위)를 보내다. 3)(서류)를 제출하다 : (이름)을 알리다, (명함)을 내놓다 : ~ *up* the bill to the customer 손님에게 청구서를 제출하다. 4) (음식)을 식탁에 내놓다.

·send·er [séndər] *n.* ⓒ (1)발송인〈주〉, 발신인, 제출자《※ 봉투따위에 적는 말 : 無冠詞》. (2)【電】 송신기.

send·off [séndɔ̀(:)f, -àf] *n.* ⓒ《口》 배웅, 송별 : She was given a good ~ at the airport. 그녀는 공항에서 성대한 배웅을 받았다.

send·up [séndʌ̀p] *n.* ⓒ《英口》 흉내, 비꼼, 흉내내어 놀림, 놀림 : do a ~ of a person 남을 놀리다.

Sen·e·gal [sènigɔ́:l] *n.* 세네갈《아프리카 서부에있는 공화국 ; 수도 Dakar》.

Sen·e·gal·ese [sènəgɔ:lí:z, -gə-, -lí:s] *n.* ⓒ *a.* 세네갈(의) ; 세네갈 사람(의).

se·nes·cense [sinésəns] *n.* ⓤ 노후, 노쇠, 노령, 노경.

se·nes·cent [sinésənt] *a.* 늙은, 노쇠한.

se·nile [sí:nail, sén-] *a.* 나이 많은 ; 노망난 : ~ dementia 노인성 치매증.

se·nil·i·ty [siníləti] *n.* ⓤ 고령, 노쇠 ; 노인성 치매증, 노망.

:sen·ior [sí:njər] *a.* (1)손위의, 연상의《*to*》. (2)(가족·학교 따위 동일 집단의 같은 이름인 사람에 대해) 나이 많은 쪽의《略 : sen, senr. 또는 Sr.》. (3)선배의, 선임의, 고참의 ; 상사의, 윗자리의, 상급의 ; a ~ man고참자, 상급생 / the ~ service《英》 (육군에 대하여) 해군 / a ~ examination 진급 시험 / a ~ counsel 수석 변호사. (4)《美》 (4년제 대학의) 제 4년〈최상〉급의, (고교의) 최고학년의 ; 《英》 중등 교육의. 【cf.】 freshman, sophomore, junior.
— *n.* ⓒ (1)(one's ~) 연장자(者), 손윗사람. (2)어른, 고로(古老), 장로 : the village ~*s* 마을의 어른들. (3)상급자, 선배, 선임자, 고참자. (4)상사, 상관, 윗사람, 수석자. (5)《美》 최상급생, 4학년생 ; 《英》(대학의) 상급생.

sénior cítizen 고령의 연금 생활자, 고령자, 노인.

sénior hígh schòol 《美》 상급 고등학교《10,11,12학년으로 우리의 고교에 해당》. 【cf.】junior high school.

sen·ior·i·ty [si:njɔ́:rəti, -njár-] *n.* ⓤ (1)연상, 손위임(年上). (2)선배임, 선임, 고참 ; 연공(서열) (3)선임순서.

sénior tútor 《英》 시니어 튜터《커리큘럼의 조정도 맡아보는 지도 교수》.

se·ñor [senjɔ́:r] (*pl.* ***-ñor·es*** [-njɔ́:reis]) *n.*《Sp.》 (1) a]귀하, 선생님, 나리《영어의 sir에 해당》. b](S-

S

) …님, …씨, …선생《영어의 Mr.에 해당 : 略 : Sr.》. (2) ⓒ (스페인) 신사, 남성.

se·ño·ri·ta [sèinjɔríːtə, sìː-] *n.* 《Sp.》 (1) **a**] 영애, 아가씨, 아씨. **b**](S-) …양《영어의 Miss에 해당 ; 略 : Srta.》. (2) ⓒ (스페인의) 미혼 여성, 처녀, 아가씨.

:sen·sa·tion [senséiʃən] *n.* (1) ⓤⓒ (오관·특히촉각에 의한) 감각, 지각(知覺). (2) ⓒ (막연한) 감, 느낌, 기분, …감《※ 이 뜻으로는 feeling이 일반적》: a pleasant〈disagreeable〉 ~ 기분이 좋은〈나쁜〉 느낌 / the ~ of heat〈cold〉 더운〈차가운〉 느낌. (3) ⓤ (또는 a ~) 센세이션, 세상을 떠들석하게 하는 것, 물의, 평판(이 대단한 것), 대사건: *a* worldwide ~ 세계적인 평판 / create 〈cause, make〉 *a* ~ 센세이션을 일으키다.

·sen·sa·tion·al [senséiʃənəl] *a.* (1)선풍적 인기의, 대평판의, 세상을 깜짝 놀라게 하는, 크게 물의를 일으키는 : 선정적인, 센세이셔널한 : a ~ novel 선정적인 소설. (2)감각상의, 지각의. 파) **~·ly** *ad.*

sen·sa·tion·al·ism [senséiʃənəlizəm] *n.* ⓤ (1)(예술·저널리즘·정치 등의) 선정주의, 흥미 본위, 인기 위주. (2)【哲】 감각론 ; 【論】 감정론.

sen·sa·tion·al·ist [-ʃənəlist] *n.* ⓒ 인기를 얻으려고 애쓰는 자, 크게 물의를 일으키는 사람, 선정주의자.

:sense [sens] *n.* (1) **a**]ⓒ (시각·청각·촉각 따위의)감각, 오감(五感)의 하나, 관능 : 감각기관 : the ~ of touch 〈vision, hearing, taste, smell,〉 촉각〈시각, 청각, 미각, 후각〉 / the (five) ~*s* 오감/⇨ SIXTH SENSE. **b**](one's ~s) (*pl.*) 오감 : 제정신, 본정신 ; 의식 ; 정상적인 의식 상태, 침착, 평정. (2) **a**]ⓤ (또는 a ~)(막연한)느낌, …감 : *a* ~ of hunger〈uneasiness〉공복〈불안〉감. **b**](the *or* a ~) 의식, 직감, 깨달음, (직감적인) 이해, (…의) 관념,…을 이해하는 마음 : *a* ~ of beauty 미감 / *a* ~ of humor 유모어 감각/*the* moral ~ 도덕 관념. (3) ⓤ (또는 a ~)(미·방향 등에 대한) 분별력, 센스, 사려, 판단력《*of*》: *a* man *of* ~ 분별 있는 사람, 지각 있는 사람 / I have *a* poor ~ *of* direction. 나는 방향 감각이 없다. (4) ⓤ (여러 사람의) 의향, 의견 ; 여론 : take the ~ of meeting 회중(會衆)의 의향을 묻다. (5) ⓒ 의미, 뜻. ***come to*** one***'s ~s*** 1)의식을 되찾다 ; 깨어나다. 2)본심으로 되돌아오다. ***in a*** 〈***one***〉 **~** 어떤 점〈뜻〉에서, 어느 정도까지. ***in no ~*** 결코 …아니다 : He is *in no* ~ normal. 절대로 정상적인 사람이 아니다. ***make ~*** (사물이) 도리에 맞다 : (표현·행동 등이) 뜻을 이루다, 이해되다. ***make ~*** (***out***) ***of*** [흔히 否定·疑問文으로] …의 뜻을 이해하다. ***talk ~*** 맞는 말을 하다, 이치에 닿는 말을하다 : On defense matter he *talked* a great deal of ~. 방어 문제에 대해 그는 많은 유익한 말을 했다. ***under a ~ of wrong*** 학대받았다고 생각하고.

— *vt.* (1)…을 느끼다, 지각하다. (2)《~+目/+*that* 節》…을 알아채다 ; 깨닫다 : He fully ~*d* the danger of his position. 그는 자기의 입장이 위험함을 잘 감지했다. (3)《美》 …을 납득〈이해〉하다, 양해하다 : I ~*ed that* there was a double meaning in his words. 나는 그의 말에 두가지 뜻이 있음을 알았다. (4)(계기가) …을 감지하다 : apparatus that ~*s* the presence of the toxic gases 유독가스를 감지하는 기계.

·sense·less [sénslis] (***more ~ ; most ~***) *a.* (1)무감각한 ; 정신을 잃은, 인사불성의 : I saw my boy lying ~ on the floor. 마루에 인사불성으로 누워있는 아들을 발견했다. (2)몰상식한, 어리석은, 분별〈상식〉 없는.
파) **~·ly** *ad.* **~·ness** *n.*

sénse òrgan 감각 기관.

·sen·si·bil·i·ty [sènsəbíləti] *n.* ⓤ (1)감각(력), 지각 : My left hand lost its ~ for time. 한동안 왼손의 감각이 없었다. (2)(종종 *pl.*) **a**](예술가등의) 예민한 감수성, 감각 : the ~ of a writer to words 작가의 언어에 대한 예민한 감각. **b**]섬세한 감정 : a woman of ~ 감정이 섬세한 여인. (3)(자극에 대한) 민감함, 감수성.

:sen·si·ble [sénsəbəl] (***more ~ ; most ~***) *a.* (1)분별 있는, 지각이있는, 상식적인, 똑똑한, 양식(良識)을 갖춘, 사리를 아는, 현명한 : ~ advice. (2)느끼는, 깨닫는《*of*》《※ 지금은 딱딱한 느낌을 줌》. (3) **a**]느낄〈깨달을〉 수 있는 (정도의) : Her distress was ~ from her manner. 그녀 태도에서 고민을 느낄 수 있었다. **b**]두드러질 정도의, 현저한. (4)〈限定的〉 (의복 등) 모양보다는 실용 위주의, 기능적인 : ~ clothes 실용적인 의복. 파) **~·ness** *n.*

sen·si·bly [sénsəbəli] *ad.* (1)현명하게, 분별 있게. (2)두드러지게, 꽤 : grow ~ colder 꽤 추워지다. (3)실용적으로.

:sen·si·tive [sénsətiv] (***more ~ ; most ~***) *a.* (1)느끼기 쉬운, 과민한, 민감한, 예민한《*to*》 : a ~ ear 밝은 귀. (2)감수성이 강한 ; 신경 과민의, 신경질적인 ; (감정이) 상하기 쉬운 ; 걱정〈고민〉하는《*about ; over*》 : be ~ *over* the scar on one's face 얼굴의 흉터로 고민하다. (3)(계기(計器) 등이)고감도의, (필름이) 감광성의 : ~ paper 감광지. (4)(사람·연기등이) 예민한, 섬세한 : a ~ actor 연기가 섬세한 배우 / give a ~ performance 섬세한 연기를 하다. (5) **a**](일·문제 등이) 미묘한 ; 주의를 요하는 ; 골치 아픈, 다루기 난처한. **b**](문서 ·직무 등이) 국가 기밀에 관한, 기밀 취급의 : ~ documents 기밀 서류.
파) **~·ly** *ad.* 민감하게. **~·ness** *n.*

sénsitive plánt 【植】 함수초.

·sen·si·tiv·i·ty [sènsətívəti] *n.* ⓤ (1)느끼기 쉬움, 감성(感性), 민감도, 감수성(irritability). (2)(필름 등의)감광도 ; (계기·수신기 등의) 감도(感度).

sen·si·tize [sénsətàiz] *vt.* (1) **a**]…을 민감하게 하다 : become ~*d* to …에 민감해지다. **b**]【免疫】(사람)을 항원에 민감케 하다. (2)(종이·필름)에 감광성을 주다 : ~*d* paper 감광지.

sen·sor [sénsər, -sɔːr] *n.* ⓒ 감지기, 감지장치, 센서《빛·열·소리 등에 반응하는 감지기(器)》.

sen·so·ry [sénsəri] *a.* 지〈감〉각의 ; 지각 기관의 : a ~ nerve 지각 신경.

·sen·su·al [sénʃuəl] *a.* 관능적인 ; 호색(好色)의, 음탕한, 육욕의 ; 육감적인, 유체작 감각의. 【cf.】 sensuous. 『 ~ pleasure 관능〈육체〉적 쾌락 / ~ music. 파) **~·ly** *ad.*

sen·su·al·ism [sénʃuəlizəm] *n.* ⓤ (1)육욕〈관능〉주의, 호색. (2)【美術】 감각〈관능〉주의.

sen·su·al·ist [sénʃuəlist] *n.* ⓒ (1)호색가. (2)【美術】 감각〈관능〉주의자.

sen·su·al·i·ty [sènʃuǽləti] *n.* ⓤ (1)관능성, 육욕성. (2) 육욕에 빠짐, 호색, 음탕.
【opp.】 *spirituality*.

sen·su·ous [sénʃuəs] *a.* (1)감각적인 ; 오감에 의한 ; 감각에 호소하는 ; 감각을 즐겁게 하는 : ~ colors〈music〉 감각적인 색〈음악〉. (2)감각이 예민한, 민감한.
파) ~·ly *ad.* ~·ness *n.*

:sent [sent] SEND의 과거·과거분사.

:sen·tence [séntəns] *n.* (1) ⓒ 【文法】 문장, 글. 【cf.】 passage, style. 『 stop a ~ 문장에 마침표를 찍다 / a declarative ~ 평서문 / an imperative 〈interrogative〉 ~ 명령〈의문〉문 / a simple 〈compound〉 ~ 단문〈중문〉. (2) a〕ⓤⓒ 【法】 판결, 선고 ; 형(刑). 【cf.】 verdict. 『 be under ~ of …의 선고(宣告)를 받다. b〕ⓒ 〔修飾語와 함께〕 …형(刑) : a life ~ 종신형 / a death ~ 사형 / receive a light 〈heavy〉 ~ 가벼운〈무거운〉 형을 받다. (3) ⓒ 《古》 격언, 금언, 명언.
— *vt.* 《~+目/+目+前+名》 …에게 판결을 내리다 〈형을 선고하다〉《*to*》.

sen·ten·tious [senténʃəs] *a.* (1)(말·사람이) 점잔빼는, 설교조의. (2)금언적인, 경구조의, 간결한, 격언식의.
파) ~·ly *ad.* ~·ness *n.*

sen·tience, -tien·cy [sénʃəns], [-si] *n.* ⓤ 감(각)성, 지각력.

sen·tient [sénʃənt] *a.* (1)〔限定的〕 감각력〈지각력〉이 있는 : Is there ~ life on Mars? 화성에 지각 있는 생물이 존재합니까. (2)알고 있는, 의식하는 (aware)《*of*》.

:sen·ti·ment [séntəmənt] *n.* (1) ⓤ a〕(종종*pl.*) (고상한) 감정, 정서, 정조, 정감 : patriotic ~(*s*) 애국심. b〕(예술품에 나타나는) 정취, 세련된 감정. (2) ⓤ (애착·추억 등에 의한) 감상, 다정다감, 감상 : She is full of ~. 그녀는 다정다감하다. (3) ⓒ (흔히 *pl.*) 소감, 감상, 생각, 감회 ; 취지 ; (말 자체에 대해 그 이면의) 뜻, 생각, 기분 : My ~ is exactly! 전적으로 동감〈찬성〉이오. (4)ⓒ (때로 ~s) 상투적인 인사(말)《인사장 등에 인쇄된 말이나 건배 때의 말》.

·sen·ti·men·tal [sèntəméntl] *a.* (1) a〕(사람이) 감상적인 : 다정다감한 ; 정에 약한, 정에 호소하는. b〕(소설 ·극 등이) 감상적인, 센티멘털한 : a ~ melodrama 감상적인 멜로드라마. (2)(이성을 떠나) 감정적인, 감정에 의거한〈이끌리는〉. 파) ~·ly *ad.* 감정적〈감상적〉으로.

sen·ti·men·tal·ism [sèntəméntəlìzəm] *n.* ⓤ감정〈정서〉주의, 감상주의 ; 다정다감, 감격성, 감상벽, 정에 무름. 파) -ist *n.*

sen·ti·men·tal·i·ty [sèntəmentǽləti] *n.* ⓤ 감정〈감상〉적임, 감상벽, 다정다감.

sen·ti·men·tal·ize [sèntəméntəlàiz] *vi., vt.* 감상적으로 다루다 〈하다〉 ; 감상에 빠지다 ; 감상적이 되다 《*about* ; *over*》.

·sen·ti·nel [séntənl] *n.* ⓒ 《文語》 보초 ; 파수병, 망꾼《※ 지금은 sentry 가 일반적》 : stant ~ 보초를 서다, 파수를 보다.

·sen·try [séntri] *n.* ⓒ 【軍】 보초, 초병 : be on 〈keep〉 ~ 보초를 서다, 파수를 보다 / Who is ~ duty tonight? 오늘밤 보초는 누구냐.

séntry bòx 보초막, 초소 ; 파수막, 위병〈보초〉교대의 신호.

sen·try-go [∠gòu] *n.* ⓤ 《英》 보초 근무 : be 〈stand〉 on ~ 보초 근무를 하다, 보초를 서다.

·Se·oul [sóul] *n.* 서울. 파) **Se·oul·ite** [sóulait] *n.* ⓒ, *a.* 서울 사람〈시민〉(의).

se·pal [síːpəl] *n.* ⓒ 【植】 꽃받침. 【cf.】 petal.

sep·a·ra·bil·i·ty [sèpərəbíləti] *n.* ⓤ 분리할 수 있음, 나눌수 있음, 분리성, 가분성(可分性).

sep·a·ra·ble [sépərəbəl] *a.* 분리할〈가를〉 수 있는 《*from*》.
파) -bly *ad.*

:sep·a·rate [sépərèit] *vt.* (1)《~+目/+目+前+名》 …을 잘라서 떼어 놓다, 분리하다, 가르다《*into* ; *from*》 : ~ an egg 계란 노른자와 흰자위를 분리하다. (2)《~+目/+目+前+名》 (사람)을 떼어〈갈라〉놓다, 별거시키다, 이간붙이다 : War ~*d* the families. 전쟁은 가족들을 이산시켰다. (3)《~+目/+目+前+名》 …을 식별하다, 구별하다 : We must ~ a crime *from* a person who commits it. 우리는 범죄와 그 범인을 구분해야 한다. (4)《~+目/+目+前+名》 …을 분류하다, 분리하여 뽑아내다《*from*》 : ~ cream *from* milk 우유를 탈지하다. (5) …을 제대시키다 ; 해고하다 ; 퇴학시키다《*from*》.
— *vi.* (1)《~/+前+名》 분리하다, 이탈하다, 독립하다, 떨어지다, 교제를 끊다《*from*》 : America ~*d* *from* Britain in 1776. 미국은 1776년 영국에서 분리 독립했다. (2)《~+前+名》(성분이) 서로 섞이지 않다 : Oil ~*s* *from* water. 기름은 물과 섞이지 않는다. (3)(부부가) 별거하다, 갈라지다. (4)헤어지다, 산회〈해산〉하다. (5)끊어지다.
~ the grain* 〈*wheat*〉 *from the chaff 가치있는 것과 그렇지 않은 것을 가르다.
— [sépərit] (***more ~ ; most ~***) *a.* (1)갈라진, 분리된, 분산된, 떨어진, 끊어진《*from*》 : ~ volumes 분책(分冊). (2)따로따로의, 하나하나의, 한 사람 한 사람의, 단독의, 독립〈격리〉된.
— [sépərit] *n.* (1) ⓒ (잡지·논문 등의) 발췌 인쇄(물). (2)(*pl.*) 【服】 세퍼레이츠《아래위가 따로 된 여성·유아복》.

sep·a·rate·ly [sépəritli, -pərtli] *ad.* 갈라져 ; 따로따로, 개별적으로, 단독으로《*from*》.

:sep·a·ra·tion [sèpəréiʃən] *n.* (1) ⓤⓒ 분리, 독립, 이탈《*of*》 : ~ *of* church and state 정교 분리 / the ~ *of* (three) powers 삼권 분립. (2)ⓤⓒ 이별 ; 별거《*from*》. (3) ⓒ 분리된 곳, 분기점 ; 터진 데. (4) ⓤ 《美》 제대 ; 해고, 퇴교《*from*》. (5) ⓤⓒ 【法】 (부부의) 별거 : judicial〈legal〉 ~ 판결에 의한 부부 별거. (6) ⓤ 【宇宙】(다단 로켓의) 분리. ▫separate *v.*

seperátion òrder (재판소가 내는) 부부 별거 명령.

sep·a·ra·tism [sépərətìzəm] *n.* ⓤ (정치·종교·인종·계급상의) 분리주의(상태).
〖opp.〗 *unionism.*

sep·a·rat·ist [sépərèitist, -ərətist] *n.* ⓒ 분리주의자, 분리〈독립〉파의 사람.
— *a.* 분리주의(자)의.

sep·a·ra·tive [sépərèitiv, sépərət-] a. 분리적경향이 있는, 분리성의, 독립적인 ; 구별적인.

sep·a·ra·tor [sépərèitər] *n.* ⓒ (1)분리하는 사람. (2) a〕(우유에서 크림을 분리하는) 분리기. b〕선광기(選鑛器). c〕(전지(電池)의) 격리판(板). (3)【컴】 (정보 단위의 개시·종료를 나타내는) 분리 기호 ; 분리대(帶).

se·pia [síːpiə] *n.* (1) ⓤ 세피아《뼈오징어(cuttle-fish)의 먹물》 ; (오징어의 먹물로 만든) 암갈색의 그림물감. (2) ⓤ 세피아 색. (3) ⓒ 세피아 색의 사진〈그림〉. — *a.* 세피아 색〈그림〉의.

se·poy [síːpɔi] *n.* ⓒ 【史】(본래 영국 육군의) 인도용병.

sep·sis [sépsis] *n.* ⓤⓒ 【醫】 화농증, 패혈증.

S

˙Sept. September

:Sep·tem·ber [septémbər] *n.* 9월《略 : Sep., Sept.》.

sep·tet, -tette [septét] *n.* ⓒ 【樂】 7중주〈창〉곡, 7부 합주〈창〉곡.

sep·tic [séptik] *a.* 부패(성)의, 패혈증성의: ~ poisoning 패혈증.

sep·ti·ce·mia, -cae- [sèptəsí:miə] *n.* ⓤ 【醫】 패혈증(blood poisoning).

sep·tu·a·ge·nar·i·an [sèptʃu:ədʒənέəriən, -tju:-] *a., n.* 70세의 (사람) ; 70대(代)의 (사람).

sep·tum [séptəm] (*pl.* **-ta** [-tə]) *n.* ⓒ 【生·解】 격벽(隔壁) ; 격막(膈膜), 중격(中隔).

˙sep·ul·cher, 《英》 **-chre** [sépəlkər] *n.* (1)무덤《특히 바위를 뚫거나, 돌·벽돌로 구축한 것》, 지하 매장소.

se·pul·chral [səpʌ́lkrəl] *a.* (1)묘의, 무덤의 ; 매장(식)의 : a ~ stone 묘석. (2)(얼굴·음성 등이)음산한(dismal) : a ~ tone 음침한 목소리.

sep·ul·ture [sépəltʃər] *n.* ⓒ (1) 매장. (2) 묘소, 무덤

se·quel [sí:kwəl] *n.* ⓒ (1)(소설·영화 등의) 계속, 후편《*to*》 : the ~ *to* the novel 그 소설의 후편. (2) 귀추, 결과, 결말, 귀착점《*of* ; *to*》.

:se·quence [sí:kwəns] *n.* (1) ⓤ 연달아 일어남, 속발. (2) ⓤ 연속, 연쇄, 계속 : Calamities fall in rapid ~. 불행은 잇따라 급히 일어난다 / a ~ of tragedies 일련의 비극. (3) ⓤ 전후 관련 ; 순서, 차례 : out of ~ 순서가 틀려. (4) ⓤ 이치, 조리. (5) ⓤ 결과, 귀추 ; 결론《*of* ; *to*》 : What was the ~ *to* that? 그 결과는 어떻게 됐나. (6) ⓒ 【樂】 반복 진행, 계기(繼起).
— *vt.* …을 차례로 배열하다.

se·quent [sí:kwənt] *a.* 연속하는, 잇따라 일어나는 ; 다음의 ; 결과로서 생기는《*on, upon* ; *to*》.

se·quen·tial [sikwénʃəl] *a.* (1)연속되는, 일련의, 잇따라 일어나는. (2)결과로서 일어나는.

˙se·ques·ter [sikwéstər] *vt.* (1) …을 격리 하다. (2) **a)**…을 은퇴시키다《*from*》. **b)**〔再歸的〕 …에서 은퇴하다《*from*》. (3)【法】 …을 가(假)압류하다 ; 몰수하다, 압수하다, 접수하다.

se·ques·tered [-tərd] *a.* (1)은퇴한(retired) : lead a ~ life 은퇴 생활하다 (2)(장소 등) 구석진, 외딴 : a ~ valley 〈spot〉 외딴 골짜기〈장소〉.

se·ques·tra·ble [sikwéstrəbəl] *a.* 가압류할 수 있는, 몰수할 수 있는.

se·ques·tra·tion [sì:kwestréiʃən] *n.* ⓤⓒ (1)격리, 추방 ; 은퇴 ; 은둔. (2)【法】 (재산의) 가압류, 몰수, 일시적 상제 관리.

se·quin [sí:kwin] *n.* ⓒ 세퀸, 스팽글(spangle)《의복 장식으로 다는 원형의 반짝이는 작은 금속편》.

se·quoia [sikwɔ́iə] *n.* ⓒ 세쿼이아《미국 캘리포니아산(産)의 거목(巨木) : 높이 100m 이상의 것도 있음》.

˙ser·aph [sérəf] (*pl.* ***~s, -a·phim*** [-ìm]) *n.* ⓒ 치품 천사(熾品天使), 세라핌《세 쌍의 날개를 가진 최고 위천사》. 【cf.】 archangel, cherub.

se·raph·ic [siræ̃fik] *a.* (1)치품 천사의. (2)(미소·아이 등이) 천사와 같은, 아름답고 거룩한, 맑은 청순한.

Serb, Ser·bi·an [sə:rb], [sə́:rbiən] *a.* 세르비아(사람)의 ; 세르비아어의.
— *n.* ⓒ 세르비아 사람 ; ⓤ 세르비아어.

sere [siər] *a.* 《詩》 말라빠진, 시든, 마른.

˙ser·e·nade [sèrənéid] *n.* ⓒ 【樂】 세레나데, 소야곡《특히, 남유럽 풍습으로 남자가 밤에 연인의 창밑에서 부르는 노래·연주》 ; (소규모 그룹이 연주하는) 기악곡.
— *vt.* …에게 세레나데를 들려주다〈연주하다, 노래하다〉. 파) **-nád·er** *n.*

ser·en·dip·i·ty [sèrəndípəti] *n.* ⓤ 뜻밖의 발견(을 하는 능력).

:se·rene [sirí:n](***se·ren·er*** ; ***-est***) *a.* (1)고요한, 잔잔한 ; 화창한, 맑게 갠, 청명한, (하늘 등이) 구름이 없는. (2)(사람·표정·기질 따위가) 침착한, 차분한 ; 평화스러운. (3)(S-) 고귀한《유럽 대륙에서 왕후·왕비에 대한 경칭에 쓰임》 : His〈Her〉 *Serene* Highness. 전하(殿下). ***All ~.*** 《英俗》평온무사, 이상 무(all right). 파) **~·ly** *ad.* **~·ness** *n.*

˙se·ren·i·ty [sirénəti] *n.* ⓤ (1)(자연·바다·하늘 등의) 고요함 ; 맑음, 청명, 화창함 : the Sea of *Serenity* (달의) '고요의 바다'. (2)(마음의) 평온, 차분함 ; 침착, 태연.

serf [sə:rf] *n.* ⓒ (중세의) 농노(農奴)《토지와 함께 매매된 최하위 계급의 농민》.

serf·dom [sə́:rfdəm] *n.* ⓤ 농노 신분 ; 농노제 : abolish ~ 농노제를 철폐하다 / He was released from his ~. 그는 농노에서 해방됐다.

˙serge [sə:rdʒ] *n.* ⓤ 서지, 세루《피륙》.

:ser·geant [sá:rdʒənt] *n.* (1)하사관(상사, 중사, 하사), 병장《略 : Serg., Sergt., Sgt.》. ※ 미국 육군에서는 staff sergeant의 아래, corporal의 윗 계급. (2)경사(警査)《미국은captain 또는 lieutenant와 patrolman의 중간, 영국은 inspector와 constable의 중간》.

ser·geant-at-arms [-ətá:rmz] (*pl.* ***sér·geants-at-árms***) *n.* ⓒ (의회·법정 등의) 경위(警衛).

sérgeant màjor 【美陸軍·海兵隊】 특무상사, 원사(元士).

˙se·ri·al [síəriəl] *a.* (1)계속되는, 연속〈일련〉의 ; 연속적인 : in ~ order 번호순으로, 연속해서 / ~ murders 연쇄 살인. (2)〔限定的〕 (소설 등이) 연속물인, 연속 출판의 ; 정기의《간행물 따위》 : a ~ publication 정기 간행물.
— *n.* ⓒ (1)연속물《신문·잡지 또는 영화의》 ; 계속물 : a television ~, TV 연속 프로. (2)정기 간행물. 파) **~·ly** *ad.*

se·ri·al·ize [síəriəlàiz] *vt.* …을 차례로 나열하다 ; 연속물로서 연재〈출판, 방송〉하다.
파) **sè·ri·al·i·zá·tion** [sì(ə)riəlizéiʃən] *n.* ⓤⓒ 연재 ; 연속 방송〈방영, 상영〉

sérial númber 일련 번호 ; 제조〈제작〉 번호 ; 【軍】 군번.

sérial ríghts 【出版】 연재권(連載權).

se·ri·ate [síərièit] *vt.* …을 연속시키다, 연속적으로 배열하다. — [síəriit] *a.* 연속한, 연속적인, 일련의.

se·ri·a·tim [sìəriéitim] *ad.* 계속하여, 순차로, 잇달아.

ser·i·cul·ture [sérəkʌ̀ltʃər] *n.* ⓤ 양잠(업).
파) **sèr·i·cúl·tur·al** [-tʃərəl] *a.* **sèr·i·cúl·tur·ist** [-tʃərist] *n.* ⓒ 양잠가 〈업자〉.

:se·ries [síəri:z] (*pl.* ~) *n.* (1)일련, 한 계열, 연속《*of*》 : a ~ *of* rainy days 우천의 연속 / a ~ *of* victories (연전) 연승. (2) **a)**시리즈, 총서, 연속 출판물, 연속물 : the first ~ (연속) 간행물의 제1집.

b)[TV·라디오] 연속물〈프로〉 ; 연속 강의. c)연속 시합 : The World *Series* 월드 시리즈《미국 프로 야구 선수권 경기》. (3) ⓒ(우표·코인 따위의) 한 세트. (4) ⓤ 【電】 직렬(연결). (5) ⓒ 【數】급수(級數) : arithmetic〈geometric〉 ~ 등차〈등비〉급수. ***in ~*** 연속하여 ; 연속(진행)물로써 ; 【電】 직렬로 ; 총서로서.
— *a.* 【電】 직렬(식)의 : a ~ circuit 직렬 회로.

se·ri·graph [sérəgræ̀f/ -grɑ̀ːf] *n.* ⓤ 세리그래프《실크스크린 날염의 색채화》.

se·rig·ra·phy [sirígrəfi, sə-] *n.* ⓤ 세리그래피《실크스크린 인쇄법》.

se·ri·o·com·ic [sìəriouká́mik/ -kɔ́m-] *a.* 진지하면서도 우스운《그 반대의 경우도 말함》. 파) **-i·cal·ly** *ad.*

:se·ri·ous [síəriəs] (***more ~ ; most ~***) *a.* (1) a)진지한, 진정인, 농담이 아닌, 심각한 : Are you ~ ? 너 지금 진담이냐. b)(표정 따위가) 정색을 한, 심각한 : a ~ look〈face〉 심각한 표정〈얼굴〉 / look ~ 심각한 표정을하다. (2)(사태, 문제 등이) 중대한, 심상치 않은(important) ; (병·부상 따위가) 심한, 중한: a ~ problem 〈matter〉 중대한 문제〈일〉. (3)(문학 등이) 진지한, 딱딱한: ~ literature 순수문학〈문예〉 / ~ readings 딱딱한 읽을거리〈책〉, 교양서. — *ad.* 매우, 대단히.

:se·ri·ous·ly [síəriəsli] (***more ~ ; most ~***) *ad.* (1)심각〈진지〉하게, 진정으로 : Don't take his promises ~. 그의 약속은 곧이곧대로 들을 것이 못된다. (2)〔文章修飾〕 진담인데《농이 아니고》. (3)심각하게, 중대하게, 매우 : She's ~ wounded. 그녀는 중상이다. ***~ speaking*** 진담인데.

sérious móney 많은 돈.

se·ri·ous·ness [síəriəsnis] *n.* ⓤ (1)진정, 진심. (2)중대, 진지함, 심각함 : the ~ of an illness 중태.

:ser·mon [sə́ːrmən] *n.* ⓒ (1)설교 : preach a ~ 설교하다. 【cf.】 preachment. (2)《口》 잔소리 ; 장광설 : get a ~ on …일로 잔소리를 듣다. ofter ~ 예배가 끝난후에 / at ~ 교회에 가서, 예배중에. ***the Sermon on the Mount*** 【聖】 산상 수훈(垂訓)《마태복음 Ⅴ-Ⅶ》.

ser·mon·ize [sə́ːrmənàiz] *vt., vi.* (…에게) 설교하다, 잔소리하다.

se·rol·o·gy [siərɑ́lədʒi/ -ɔ́l-] *n.* ⓤ 혈청학.

se·rous [síərəs] *a.* (1)【生理】 장액(漿液)의, 혈장(血漿)(모양)의. (2)물 같은, 멀건, 희박한.

:ser·pent [sə́ːrpənt] *n.* ⓒ (1)(크고 독 있는) 뱀. (2)음험한 사람: 교활한〈뱀 같은〉 사람 ; 악인, 유혹자. (3)【樂】 (옛날의) 뱀 모양의 나팔. ***the*** (***Old***) ***Serpent*** 【聖】 악마《창세기 Ⅲ : 1-5》.

ser·pen·tine [sə́ːrpəntàin, -tìːn] *a.* (1)꾸불꾸불한. (2)음험한, 교활한.

ser·rat·ed [séreitid] *a.* (1)톱니 모양의, 깔쭉깔쭉한. (2)(잎 가장자리가) 톱니모양의.

ser·ra·tion [seréiʃən] *n.* ⓤ 톱니 모양 ; 톱니(모양의 돌기).

ser·ried [sérid] *a.* 〔限定的〕 밀집한, 빽빽한《대열(隊列)·나무 등》 : ~ ranks of soldiers 빽빽한 군인의 대열.

se·rum [síərəm] (*pl.* ***~s, -ra*** [-rə]) *n.* (1) ⓤ 【生理】 장액(漿液), 림프액. (2)ⓤⓒ 【醫】 혈청. 【cf.】 vaccine. 『 a ~ injection 혈청 주사

ser·val [sə́ːrvəl] *n.* ⓒ 【動】 서벌《살쾡이의 일종 ; 아프리카산; 표범 같은 얼룩무늬가 있음》.

:serv·ant [sə́ːrvənt] *n.* ⓒ(1)사용인, 고용인, 하인, 머슴, 종《보통 이 말 대신 (domestic) help를 씀》. 【opp.】 *master.* 『 a ~ woman 〈made〉 가정부. (2)공무원, 관리. ***Your*** (***most***) ***obedient*** 〈***humble***〉 ~ 《英》 경백 (敬白)《공문서의 맺음말》.

:serve [səːrv] *vt.* (1)(신·사람 등)을 섬기다, …에 봉사하다, 모시다 ; …을 위해 진력하다, …을 위해 일하다 : ~ one's master. 〈God〉 주인〈신〉을 섬기다. (2)《~+目/+目+前+名》 (손님)의 주문을 받다. (손님)에게 보이다 : ~ a customer 손님을 접대하다. (3)《~+目/+目+補》 (음식)을 차려내다, 상을 차리다 ; (손님)의 시중을 들다 : They ~ very good roast beef at that restaurant. 저 식당에서는 아주 맛있는 로스트 비프를 제공한다. (4)《~+目/+目+前+名》 …에게 공급하다, …의 요구를 충족시키다, …에게 편의를 주다 ; (교통기관이) …에 통하다 : ~ a town *with* gas=~ gas *to* a town 시(市)에 가스를 공급하다. (5)《~+目/+目+*as* 補》 …에 도움〈소용〉되다, …에 공헌〈이바지〉하다 ; (요구·필요)를 만족시키다, …(목적)을 채우다 : ~ two ends 일거 양득이 되다. (6)《+目+目/+目+前+名/+目+副》 …을 다루다, 대우하다 ; …에 보답하다 : ~ a person trick 아무를 속이다 / ~ a person *cruelly* 〈*well*〉 아무를 학대하다 〈친절히 대우하다〉 / That ~*d* him *ill*. 그것은 그에게 맞는 대우가 못 되었다. (7)《~+目/+目+副/+目+*as* 補》 (임기·연한 따위)를 치르다, 복무〈근무〉하다, 보내다 : ~ time 복역하다 형을 살다. (8)(공)을 서브하다《테니스 등에서》. (9)《~+目/+目+前+名》 【法】 (영장 따위)를 송달하다, 집행하다《*with*》. (10)(씨말 따위를 암말)과 교미시키다(cover).
— *vi.* (1)《~/+前+名/+*as* 補》 봉사하다, 섬기다, 모시다 ; 근무하다, 복무하다, 《특히》 군무에 복무하다 : ~ *on* a farm〈*in* the kitchen〉 농장〈부엌〉에서 일하다. (2)《+前+名》(의원·임원 등이) 임기 동안 일보다 : ~ *on* a committee 위원을 맡아보다. (3)《+前+名》 (손님의) 시중을 들다. (4)《+前+名/+as 補/+*to* do》 도움〈소용〉이 되다, 쓸모있다, 알맞다, 족하다 ; 편리하다 : This log will ~ *as* 〈*for*〉 a chair. 이 통나무는 걸상 대용이 될 것이다. (5)(날씨 따위가) 알맞다, 적당하다. (6)《+副》 (테니스 따위에서) 서브하다 : ~ *well* 〈*badly, poorly*〉 서브가 좋다〈나쁘다〉. (7)(미사에서) 복사(服事)로 일하다. ㅁ service *n.* as memory〈occasion〉 ~ s 생각나는〈기회있는〉 대로. ~ one's time 근무연한을 치루다. ***~ out*** (1) 음식을 도르다. (2)(임기·형기)를 다 채우다. ~ a person ***right*** 아무에게 마땅한 대우를 하다, 당연한 취급을 하다. ~ a person ***'s turn*** 〈***need***〉 아무에게 쓸모있다, 유용하다. ***~ up*** (음식을) 식탁에 내다.
— *n.* ⓤⓒ (테니스 따위에서) 서브(권) : return a ~ 서브를 되받아 넘기다.

·serv·er [sə́ːrvər] *n.* ⓒ (1)봉사자, 섬기는 사람, 급사 ; 근무자. (2)【가톨릭】 (미사 때 사제(司祭)를 돕는) 복사(服事). (3)(테니스 드에서) 서브하는 사람. (4)음식을 나누는 큰 쟁반 〈포크 (따위)〉 : salad ~*s* 큰 샐러드 쟁반.

:ser·vice [sə́ːrvis] *n.* (1) ⓒ (흔히 *pl.*) 봉사, 노고, 돌 봄, 수고, 공헌, 이바지. (2) ⓤⓒ 돌봄, 조력 ; 도움, 유익, 유용 ; 편의, 은혜. (3) ⓤⓒ (흔히 *pl.*) 【經】 용역, 서비스 ; 사무; 공로, 공훈 : the ~*s* of a doctor 의사의 일 / ⇨ PUBLIC SERVICE. (4) ⓤ 부림을 당함, 고용(살이), 봉직, 근무 : go into ~ 고용되다. (5) ⓤⓒ a)(손님에 대한) 서비스, 접대 ; (식사)시

중 ; (자동차·전기 기구 따위의)(애프터)서비스 ; (정기) 점검〈수리〉: repair ~ (판매품에 대한) 수리 서비스 / regular ~ (차량 등의) 정기 점검. b]ⓒ 서비스업《제품 생산을 않는 운송·오락 등의 산업》. (6) ⓒ,ⓤ (교통기관의) 편(便), 운항 : We have three airline ~*s* daily. 하루 3회의 항공편(便)이 있다. (7) ⓒ,ⓤ 공공사업, (우편·전화·전신 등의) 시설 ; (가스·수도의) 공급 ; 부설 ; (*pl.*) 부대 설비 : telephone ~ 전화 사업 / mail 〈postal〉 ~ 우편 업무. (8) ⓒ (관청의) 부문(department), …부, 국(局), 청(廳) ; (병원의) 과(科) : ⇨ CIVIL SERVICE / the intelligence ~ 정보부(의 사람들). (9) ⓤ 복무, 군무, 병역(기간) ; ⓒ (육·해·공의) 군(軍) : the (three) ~*s* 육해공군, 3군 / the senior ~《英》(육군에 대한) 해군 / the military ~ 병역. (10) ⓒ,ⓤ (종종 *pl.*) 예배(의식), 신을 섬김 ; 식 ; 전례 (典禮)(음악), 전례 성가 : a burial ~ 장례식 / a marriage ~ 결혼식. (11) ⓒ (식기 등의) 한 벌, 한 세트 : a silver tea ~ for seven, 7인용의 은제 티세트. (12) ⓒ (테니스·탁구 따위에서) 서브(넣기) : receive a ~ 서브를 받다. (13) ⓤ 【法】 (영장 따위의) 송달 : ~ of a writ 영장의 송달. (14) ⓤ 【畜産】 흘레붙이기. ▫ serve *v.* ***at*** a person's ~ …의 마음대로, 언제나 소용에 닿는〈쓸모 있는〉: enter the ~ 입대하다 / 봉사(근무)하다 / ~ 재직중 ; 현역인. ***in*** **~** 1)(기구·탈것·교량·도로 등이) 사용〈운영〉되고. 2)군에 복무하고. ***in the ~s*** 《英》군에 입대하여. ***On His 〈Her〉 Majesty's Service*** 《英》 공용《공문서 등의 무료 송달 도장 ; 略 ; O.H.M.S.》. ***see*** **~** 1)종군하다 ; 실전 경험을 쌓다. (2)〔完了形으로〕 (옷 따위가) 오래 소용이 되다, 써서 낡다. ***take ~ with*** 〈***in***〉 …에 근무하다 〈고용되다〉.

— *a.* 〔限定的〕 (1)근무의 ; 군용의 : ~ clothes 근무복, 평상복 / ~ regulations 군복무 규율 / (a) ~ uniform〈dress〉 (군) 제복. (2)고용인용의, 업무용의. (3)애프터 서비스의 : the ~ department (in a store) (가게의) 애프터 서비스부. (4)일상 사용하는, 유용한, 쓸만한, 덕용의: a ~ brake 보통 브레이크《emergency brake(비상 브레이크)에 대한》.

— *vt.* (1)…의 애프터 서비스를 하다, …을 보수 점검하다: ~ a car 자동차 수리를 하다. (2)…에 정보를 제공하다. (3)(융자·부채)의 이자를 치르다.

ser·vice·a·bil·i·ty [´səbíləti] *n.* ⓤ 유용(성), 편리 ; 오래감, 내구성이 좋음.

·**ser·vice·a·ble** [sə́ːrvisəbəl] *a.* (1)쓸모 있는, 사용할 수 있는, 유용한, 편리한《*to*》. (2)튼튼한(durable), 오래 쓸수 있는, 실용적인.
파) **-bly** *ad.* **~*ness*** *n.*

service àce 【테니스】 서비스 에이스(ace).

sérvice àrea (1)(라디오·TV의) 가시청 지역. (2)(수도·전기의) 공급 구역. (3)(고속 도로변의) 휴게소《주유소·식당·화장실 등이있는》.

sérvice chàrge 수수료, (호텔 따위의) 서비스료, 서비스 차지.

sérvice clùb (1)지역 사회 봉사가 목적인 봉사 클럽《로터리 클럽 따위》. (2)하사관용 오락 시설.

sérvice còurt 【테니스】 서브를 넣는 장소.

sérvice flàt 《英》 호텔식 아파트《식사 제공과 청소도 해주는 아파트》.

sérvice ìndustry (교통 ·오락 등의) 서비스(산)업.

ser·vice·man [-mæ̀n] (*pl.* ***-men*** [-mèn]) *n.* ⓒ (1)(현역) 군인 : an ex-~ 재향 군인. (2)수리공 ; 주유소 종업원.

sérvice màrk 서비스 마크《자사의 서비스를 타사의 것과 구별키 위해 사용하는 표장〈어구(語句) (따위)〉 ; 등록하면 법적으로 보호받음》. 【cf.】 trademark.

sérvice stàtion (1)(자동차 등의) 주유소. (2) 수리소《기계·전기 기구 따위의 정비·수리 등을 하는 곳》.

ser·vice·wo·man [´wùmən] *n.* ⓒ 여군.

ser·vi·ette [sə̀ːrviét] *n.* ⓒ 《英》 냅킨.

·**ser·vile** [sə́ːrvil, -vail] *a.* (1)노예의 ; 노예 근성의, 비굴한(mean). (2)〔敍述的〕맹종하는, 굴종적인, 굽실거리는《*to*》 : be ~ *to* people in authority 권력자에게 굽실거리다. (3)(예술 따위) 맹종적인, 독창성이 없는.
파) **~·ly** *ad.*

ser·vil·i·ty [səːrvíləti] *n.* ⓤ 노예 근성, 비굴 ; 노예 상태, 굴종, 추종.

serv·ing [sə́ːrviŋ] *n.* (1) a]ⓤ 식사 시중 들기. b]〔形容詞的〕 음식을 내기〈도르기〉 의한. (2) ⓒ (식사의) 1인분.

·**ser·vi·tude** [sə́ːrvətjùːd] *n.* ⓤ (1)노예 상태 ; 예속《*to*》. (2)강제 노동, 징역, 고역, 노동 : The workers were tricked into ~ by plantation owners. 노동자들은 농장주에 속아 강제 노역을 했다.

sérvo contròl 【空】 *n.* 서보 조종 장치.

ser·vo·mech·an·ism [sə́ːrvoumèkənìzəm] *n.* ⓤ 【機】 서보 기구(機構)《자동 귀환 제어 장치》.

ser·vo·mo·tor [sə́ːrvoumòutər] *n.* ⓒ 【機】 서보 모터《자동 제어장치로 움직이는》.

·**ses·a·me** [sésəmi] *n.* ⓤ 참깨(씨). ***open*** **~** (1) 열려라 참깨《Ali Baba의 이야기에서 문여는 주문》. (2)(소망을 이루어 주는) 마법의 열쇠.

sésame òil 참기름.

ses·qui·cen·ten·ni·al [sèskwisenténiəl] *a.* 150년(축제)의. — *n.* ⓒ 150년 축제. 【cf.】 centennial.

:**ses·sion** [séʃən] *n.* (1) ⓤ (의회·회의 등의) 개회중, 개회해 있음 ; (법정이) 개정중임 : go into ~ 개회〈개정〉하다 / Congress is now in〈out of〉 ~ 의회는 지금 개회〈폐회〉 중이다. (2) ⓒ 회기, 개정 기간 ; 회의 : a plenary〈an extraordinary〉 ~ 본〈임시〉 회의 / the 30 ~ of the National Assembly 제 30 회기 국회. (3) ⓒ 《Sc.·美》 학기 ; 《英》 학년 ; 《美》 수업 시간. (4) ⓒ 《口》 (양자 간의)상의, 이야기 : a difficult ~ with one's teenage son, 10대의 자식과의 골치아픈 이야기. (5) ⓒ (특히, 집단으로 행하는 특정 목적의) 활동, 강습회, 모임 ; 그 기간.

ses·sion·al [séʃənəl] *a.* 개회〈개정·회기〉(중)의 ; 회기 마다의 : ~ orders (영국 의회에서) 회기 중의 의사 규정.

:**set** [set] (*p.*, *pp.* ***set*** ; ***sét·ting***) *vt.* (1)《+目+前+名/+目+副》 (특정 장소에 움직이지 않게) …을 두다, 놓다, 세우다, 얹다, 설치하다.
(2)《~+目/+目+副/+目+前+名》 …을 앉히다 : 'She ~ her baby *in* the chair. 그녀는 아이를 의자에 앉혔다
(3)《~+目/+目+前+名》 (모종·씨 등)을 심다 ; (그림 등)을 끼우다 : ~ plants 묘목을 심다 / ~ seeds 씨를 뿌리다.
(4)《~+目/+目+前+名》 (정연히) …을 배치하다, 나란히 세우다 : ~ a watch 파수꾼을 세우다.
(5)…을 준비〈마련〉하다, 차리다 : Will you ~ the table, please? 밥상을 좀 차려 주겠소.

(6)《+目+前+名》 (개 등)을 부추기다《*on* ; *at*; *against*》: ~ a dog *on* a robber 개를 부추겨 도둑에게 덤벼들게 하다.
(7)《+目+前+名/+目+副》 (얼굴·진로 등)을 (…에) 향하다, 향하게 하다, 돌리다 ; (눈길·마음 따위)를 쏟다: ~ one's face *towards* the light 얼굴을 빛 쪽으로돌리다 / ~ one's mind *to* 〈*on*〉 a task 일에 열중하다.
(8)《+目+前+名/+目+*to* do》 (아무)를 …에 종사시키다《*to*》 ; (아무에게) …시키다(impose, assign) : The boss ~ him *to* a work〈*to* chopping wood〉. 주인은 그에게 일을 시켰다〈장작을 패라 했다〉.
(9)《+目+補/+目+前+名/+目+*-ing*》 …하게 하다《*on*》, 어떤 상태로 하다 : ~ a prisoner free 죄수를 풀어〈놓아〉 주다 / ~ a room *in* order 방을 치우다〈정돈하다〉.
(10)《~+目/+目+前+名/+目+目》 (때·장소 따위)를 정하다, 지정하다 ; (일·과제)를 과하다, 맡기다《*for*》 : Let us ~ a place and a date (*for* a meeting). (회합) 장소와 날짜를 정합시다 / Demand ~*s* a limit *to* production. 수요는 생산을 제한한다.
(11)《~+目/+目+目/+目+前+名》 (모범·유행 따위)를 보이다 : ~ the pace (선두에서) 보조를 정하다 ; 모범을 보이다 / ~ a person an example= ~ an example *to* a person 아무에게 모범을 보여 주다.
(12)《+目+前+名》 (값)을 결정하다, 매기다 ; (가치)를 두다 ; 평가하다 : The committee ~*s* the price 위원회가 가격을 결정한다.
(13)《+目+前+名》 …을 갖다 대다, 접근시키다, 붙이다 : ~ pen *to* paper 펜을 잡다, 글을 쓰다.
(14)《~+目/+目+副/+目+前+名》 …을 고정하다, (물건을)굳히다, 꼭 죄다 ; (머리)를 세트하다 ; (뼈)를 잇다 : ~ the white of an egg by boiling it 달걀을 삶아 흰자위를 굳히다.
(15)《~+目/+目+前+名》 (기계 따위)를 설치하다, 사용 가능한 상태로 하다, 조정하다 : ~ one's camera lens *to* infinity 카메라 렌즈를 무한대에 맞추다.
(16)《+目+前+名》 …을 편곡하다《*to*》 : ~ music *for* the orchestra 관현악으로 편곡하다.
(17)《+目+前+名》 (시계)를 맞추다 ; (눈금·다이얼 따위)를 맞추다 ; (자명종 따위)를 …시에 울리게 맞춰 놓다.
(18)《~+目/+目+前+名》 (알)을 안기다, 부화기에 넣다.
(19)《+目+前+名》 (무대·장면)을 장치〈세트〉하다 : ~ a scene *in* Paris 파리를 무대로 하다
(20)(문서에 도장)을 찍다, 누르다, 서명하다 : He ~ his hand〈name〉 to the document. 그는 서류에 날인〈서명〉했다.
(21)《+目+前+名》 …에 끼워 박다《*with*》 : ~ a bracelet *with* pearls 팔찌에 진주를 박다.
(22)《~+目/+目+前+名》 (반죽)을 부풀리다 ; (우유 등)을 응고시키다 ; (결의 따위를 보이기 위해 얼굴 따위)를 굳게 하다 : ~ milk *for* cheese 우유를 굳혀 치즈로 만들다.
— *vi.* (1)《~/+前+名》 (해·달이) 지다, 넘어가다, 저물다 : The sun ~*s in* the west. 해는 서쪽으로 진다. (2)기울다, 쇠하다. (3) a]굳어지다, 응고하다 : Cement ~*s* as it dries 시멘트는 마르면 굳는다. b](부러진뼈가) 제자리에 맞추어지다, 정복(整復)되다. (4)(표정 따위가) 굳어지다. (5)(머리가) 세트되다, 모양이 잡히다. (6)《+副》 (옷이)어울리다, 맞다. (7)종사하다, 착수하다《*about*; *to* work》; 움직이기 시작하다, 출발하다《*forth*; *out* ; *off* 》. (8)《+前+名/+副》 (조수·바람 따위가) 흐르다, 불다. (9)《+副》【植】 열매를 맺다, 결실하다. (10)《+副/+前+名》 (암탉이) 알을 품다 ; (사냥개가) 멈춰서서 사냥감의 방향을 가리키다 : This dog ~*s well*. 이 개는 사냥감을 잘 찾아 낸다.
~ about 1)…에 착수하다, …하기 시작하다 : 꾀하다. 2)《口》 …을 공격하다. 3)(소문을)퍼뜨리다 : ~ a rumor *about* 소문을 퍼뜨리다. ***~ against*** 1)(물건을)…와 비교하다 ; …와 균형을 맞추다 : ~ gains against losses 이익과 손실을 맞대보다. 2)…와 사이가 틀어지게 하다 ; …에 대항시키다. 3)…을 반대 방향으로 돌리다 ; …을 부추겨 공격하게 하다. ***~ apart*** 1)제쳐두다, …을 따로 떼어 두다(reserve)《*for*》. 2)갈라 놓다(separate) : He felt ~ *apart from* the other boys. 그는 다른 아이들로부터 소외감을 느꼈다. ***~ ashore*** 상륙시키다. ***~ aside*** 1)곁에 두다; 챙겨 두다《*for*》. 2)무시하다 ; 거절하다, 제외하다 ; (적의·의례(儀禮) 따위)를 버리다 ; 【法】 (판결 따위)를 파기하다, 무효로 하다. ~ at (1) …을 공격하다, 습격하다. (2)(개를) …에게 부추기다. (3) …으로 평가하다. ***~ back*** 1)저지하다, 늦어지게 하다. 2)(시계 바늘등)을 되돌리다 : ~*back* the clock one hour 시계 바늘을 한 시간 되돌려 놓다. 3)《口》 …에 비용을 들이다. ~... ***beside*** …와 …을 비교하다. ***~ by*** (돈·물건 등)을 따로 떼두다, 여축하다. ***~ down*** 1)밑에 놓다; 앉히다. 2)적어 두다: Why don't you ~ your ideas *down* on paper? 생각을 적어두면 좋지 않나. 3)《英》(승객·짐 따위를) 내리다. 4)규정하다, (원칙)을 세우다. 5) …로 보다《*as*》. 6)…탓으로 돌리다《*to*》 : He ~ *down* mr failure *to* idleness. 그는 실패가 내 게으른 탓으로 보았다. 7)《美》 착륙하다, (비행기)를 착륙시키다. ***~ eyes on*** …을보다, 발견하다. ***~ fair*** 좋은 날씨가 계속 될것 같은 ; 가망이 충분하여. ***~ forth*** 1)출발하다. 2) …을 밝히다 ; 발표〈공표〉하다 : ~ *forth* one's views 의견을 말하다. ***~ in*** 1)(바람직하지 않은 일·계절 등이) 시작되다 : The rainy season has ~ *in*. 장마철에 들어섰다. 2)(밀물이) 들어오다; (바람이) 뭍 쪽으로 불다 ; (배)를 해안 쪽으로 향하다. (3)삽입하다. ***~ forward*** (1) 촉진하다, 돕다. (2) (시계를) 빠르게하다. (3) 제의하다 ; 제출하다. (4) 출발하다. ***~ little〈light〉 by*** …을 경시하다. ***~ much 〈store, a great deal〉 by*** …을 크게 존중하다, 소중히 하다. ***~ off*** 출발하다. ~ ... ***off*** 1)…을 돋보이게 하다, 드러나게 하다. 2)에끼다, 벌충하다 : He ~ *off* the loss by hard work. 그는 열심히 일해 손실을 벌충했다. 3)〔흔히 受動으로〕 구획하다, 가르다, 끊다 : Sentences *are* ~ *off* by full stop. 문장은 피리오드로 구획된다. 4)폭발시키다, (불꽃 등)을 쏴올리다. 5)(일)을 일으키다, 유발하다 ; 와 웃기다 ; (아무)에게 …시키다 : His jokes ~ everyone *off* laughing. 그의 조크가 모두를 웃겼다. 6)(기계·장치 등)을 시동시키다, 시작하다 : ~ *off* fire alarm 화재 경보기를 울리다. 7)유행하다, 습관으로 굳다. ***~ on 〈upon〉*** 1)…을 덮치다, …을 공격하다. 2)(개)를 공격시키다. 3)부추기다 : ~ *on* a crew to mutiny 선원을 부추겨 반란을 일으키게 하다. one's hand to …하도록 노력하다, …에 착수하다, …을 하다. ***~ out*** 1)출발하다 ; 착수하다. 2)말하다, 상설(詳說)하다, 명백히 하다. 3)…하기 시작〈착수〉하다《*to* do》. 4)구분짓다. 5)진열하다 ; (음식)을 늘어놓다. 6)(묘목 등)을 사이를 두고 심다. ***~ over***

양도하다, 넘겨주다 ; (삶을) 감독시키다. ~ over 양도하다, 넘겨주다 ; 〈사람을〉 감독하다. ***~ ... straight*** …에게 사태의 실상을 전하다. ***~ to*** 1)〔to는 前置詞〕(어떤 방향)으로 향하다 ; (스퀘어 댄스에서) 상대와 마주 보다 : ~ *to* one's partner 춤상대와 마주서다. 2)〔to는 副詞〕 본격적으로〈열심히〉 시작하다 ; 싸움〈논쟁〉을 시작하다 ; 먹기 시작하다. ***~ up*** 1)독립하다, 장사를 시작하다 : He ~ *up* as a baker. 그는 독립해서 빵집을 냈다. 2)자처하다, 거드름피우다《*as*》. ***~ ... up*** 1)…을 세우다 ; (간판 등)을 내걸다 : ~ *up* a pole 기둥을 세우다 / ~ *up* a tent 텐트를 치다. (2)…을 설립하다, 일으키다 : ~ *up* a hospital 병원을 세우다 / ~ *up* a house-keeping 살림을 차리다. (3)…을 독립시키다, (장사)를 시키다 : He ~ *up* his son *in* business. 그는 아들에게 장사를 시켰다. 4)(소리)를 지르다, (소동따위)를 일으키다 : ~ *up* a cry 비명을지르다 / ~ up a protest 항의를 제기하다. 5)《口》(휴가·식사 등이) …의 원기를 회복시키다, 몸에 기운이 나게하다. 6)〔종종 受動으로〕 …에게 (필요한 것을) 공급하다《*with* ; *for*》 : He's well ~ *up*. 그에게 자금은 넉넉히 지급되었다. 7)《美》 …에게 한턱내다 : He ~ *up* the next turn. 그가 이 차를 냈다. 8)《口》 …을 (계략으로) 위험한 처지에 빠뜨리다. 9)【印】 (활자)를 짜다. 10)【컴】 (체계)를 (어느 형태로) 설정하다. ~ up against …에 대항하다(시키다) / ~ up for …이라고 주장하다 ; …인 체하다. — *n.* (1) ⓒ (도구·식기 등의) 한 벌, 한 조, 일습, 한 세트 : a ~ of dishes 접시 한 세트 / a ~ of false teeth 틀니 한벌 / a ~ *of* twins 쌍둥이 한 쌍. (2)〔集合的 ; 單·複數 취급〕 한패(거리), 동아리, 사람들, 사회 : a fine ~ of men 훌륭한 사람들 / the 〈a〉 smart ~ 유행의 첨단을 자임하는 사람들 / a literary ~ 문인 사회. (3) ⓒ (라디오) 수신기, (TV) 수상기. (4)(the ~) 모양(새), 체격, 자세 ; (옷 따위의) 맞음새, 입음새 《*of*》. (5)(*sing.*) (조류·바람 등의) 흐름, 방향 ; (여론의) 경향, 추세 ; (성격의) 경향, 면《*toward*》 ; 휨, 경사, 물매 ; 【心】 (자극에 대한)반응 자세. (6)(*sing.*) 응고, 응결 : hard ~ (시멘트의) 응결. (7)【園藝】 ⓒ 꺾꽂이 나무, 묘목. (8) ⓤ 《詩》 (해·달의) 짐 ; 그 시각 : at ~ of sun 해질녘에. (9)【土】 포석(鋪石), 까는 돌(sett). (10) ⓤ (사냥감을 발견한 사냥개의) 부동 자세. (11) ⓒ 【劇·映】 무대 장치 : an open ~ 야외 세트. ***make a dead ~*** (1) 맹렬히 공격하다. (2) (여성이 남성에게 잘 보이려고) 필사적으로 노력하다, 열렬히 구애하다《*at*》.

— (***more ~; most ~***) *a.* (1)고정된, 움직이지 않는 : ~ eyes 시선이 고정된〈응시하는〉 눈 / a ~ smile 딱딱한〈억지〉 웃음. (2)결심한, 단호한 ; 완고한《*in* ; *on*》 : a ~ mind 결심. (3)(미리) 정해진, 규정〈결정〉된, 소정의 ; 관습적인 : a ~ meal 정식(定食) / ~ rules 정해진 규칙 / at the ~ time 규정된 시간에. (4)〔敍述的〕 (종종 all ~) 준비가 된(ready) : *All* ~? 《口》 준비 다됐나 / got ~ 준비를 갖추다.

set·back [sétbæ̀k] *n.* ⓒ (1) a](진보 등의) 방해, 역전, 역행 ; 퇴보 : His resignation is a serious ~ to the firm. 그의 사임은 회사에 심각한 타격이다. b](병의) 재발. (2)정체, 좌절, 패배, 실패 : He had 〈suffered〉 a ~ in his business. 그는 장사에 실패했다. (3)【建】 세트백《일조(日照)·통풍 등을 위해고 층건물의 상부를 단계적으로 좁힌 것》.

set-in [sétìn] *a.* 끼워 넣는, 삽입식의 : a ~ bookcase 붙박이 책장.

set·off [sétɔ̀(ː)f, -ɑ̀f] *n.* ⓒ (1)(부채의) 탕감 ; 상쇄. (2)돋보이게 하는 것 ; 장식, 꾸밈.

set·out [sétàut] *n.* (1) ⓤ 개시, 출발(start) : at the first ~ 최초에. (2) ⓒ (여행 등의) 준비 ; 복장. (3) ⓒ (식기 등의) 한 벌 ; 상 차리기, 차려놓은 음식 ; 진열(display).

sét pìece (1)(틀에 박힌) 예술〈문학〉 작품. (2)특수 조작된 꽃불.

sét scène 【劇】 무대 장치 ; 【映】 촬영용 장치.

set·screw [sétskrùː] *n.* ⓒ (톱니바퀴 등의) 멈춤나사 ; 스프링 조정 나사.

sét squàre (제도용) 삼각자.

sett [set] *n.* ⓒ (도로 포장용 네모진) 포석(鋪石)(set).

set·tee [setíː] *n.* ⓒ (등받이가 있는) 긴 의자.

set·ter [sétər] *n.* ⓒ (1)〔흔히 複合語로〕 set 하는 사람〈물건〉 ; 상감자(象嵌者) ; 식자공. (2)세터《사냥감을 발견하면 멈춰서서 그 소재를 알리도록 훈련된 사냥개》.

***set·ting** [sétiŋ] *n.* (1) ⓤ 놓기, 붙박아 두기, 고정시킴, 설치, 설정. (2) ⓤ (해·달의) 지기 : the ~ *of* the sun 지는 해, 일몰. (3)(흔히 *sing.*) a]환경, 주위(surroundings). b](소설·영화·극 등의) 배경. c]무대 장치, 무대 연. (4) ⓒ (보석 따위의) 박아 끼우기, 상감(inlaying) ; 거미발, 상감물. (5) ⓒ (기계·기구의) 조절 ; 조절점. (6) ⓤ 【樂】 (시 따위에 붙인) 곡, 작곡, 곡조 붙이기. (7) ⓒ (한 사람분의) 식기(류).

:set·tle[1] [sétl] *vt.* (1)…에 놓다, 두다, …을 안치〈설치〉하다, 앉히다 ; 안정시키다 : ~ a gun 포를 설치하다 / ~ a camera on a tripod 카메라를 삼각가에 설치하다. (2)〔再歸的〕 …에 앉다, 자리 잡다. (3)《+目+前+名》(취직·결혼 따위)로 안정시키다, (직업)을 잡게 하다, 틀잡히게 하다(establish) : ~ one's son *in* business 아들에게 장사를하게 하다. (4)《+目+前+名》(주거)에 자리잡게 하다, 살게 하다, 정착〈거류〉시키다, 정주시키다 : ~ immigrants *in* rural areas 이민을 지방에 정착시키다. (5)《+目+前+名》 …에 식민〈이주〉하다 (colonize) ; (아무를) …에 식민〈이주〉시키다. (6)(마음)을 진정시키다, 안정하게하다, (차분히) 가라앉히다(pacify). (7)(부유물 따위)를 가라앉히다, 침전시키다 ; (액체)를 맑게 하다(clarify) : The rain will ~ that dust. 비가 왔으니 먼지가 일지 않을 테지. (8)(문제·분쟁 등)을 결말을 짓다, 해결하다 : ~ a dispute 분쟁을 해결하다, 처리하다. (9)《~+目/+*wh.* *to* do/+*to* do》 (날짜·조건 등)을 결정하다, 정하다(decide) : ~ a date for the conference 회의 날짜를 정하다 / Have you ~*d* *what to* do? 무엇을 하기로 결정했나. (10)《~+目/+目+副/+目+前+名》 (셈)을 청산〈지불〉하다, 가리다《*up* ; *with*》 : ~(*up*) a bill 셈을 치르다. (11)《+目+前+名》 (권리 따위)를 양도하다 ; (유산 등)을 물려주다, 〈재산을〉 나누어 주다《*on*, *upon*》.

vi. (1)《+前+名》(새 따위가) 앉다, 내려앉다 ; (비행기가) 착륙하다 ; (시선 따위가) 멈추다, 못박히다 : A bird ~*d* *on* the branch. 새 한 마리가 나뭇가지에 앉았다. (2)《+前+名/+副》 자리잡다, 살다, 생활의 틀을 잡다, 정착〈정주〉하다 ; 식민하다 《*down*》. (3)《+前+名》안정하다 ; 〈일에〉 전념하다, 마음을 붙이다 ; (…한 상태에) 빠지다 《*into*》 ; (일 따위를) 하다, 익숙해지다《*down* ; *to*》 : ~ *into* sleep 잠에 빠지다. (4)《+前+名》 결심하다, 결정하다 ; 동의(同意)하다 《*on*, *upon*; *with*》 : ~ *upon* a plan 방안을 정하다. (5)《+副》 (사건·정세·마음 따위가) 가라앉다, 진정

되다. (6)(문제가) 해결되다 ; 처리되다, 결말나다. (7)침전하다 ; (액체가) 맑아지다 : Dust ~*d on* the furniture. 가구에 먼지가 앉았다. (8)(토지 따위가) 내려〈주저〉앉다, 빠져들다 ; (배가) 가라앉다, 기울다 : The car ~*d* in the mud. 차가 진창에 빠져버렸다. (9)《+前+名》 청산하다, 지불하다 : Will you ~ *for* me? 셈 좀 끝내 주시오. (10)《+前+名》 (안개 따위가) 내리다, 끼다 ; (침묵·우울 따위가) 지배하다 : Silence ~*d on* the lake. 호수는 잠잠해졌다.
~ down 1)편히 앉다. 2)정주〈이주〉하다. 3)안정하다 : It is about time he ~*d down.* 그도 이제 자리가 잡혀야 할 때다. 4)(…을) 본격적으로 착수하다, 몰두하다《*to*》. 5)진정되다, 가라앉다 : It took her sometime to ~ *down.* 그녀가 진정될 때까지 좀 시간이 걸렸다. 6)(찌꺼기가) 가라앉다, 침전하다, 맑아지다. 7)기울다. ***~ in*** 1)거처를 정하다, 이사하다. 2)집에서 편히 쉬다 ; (새 집 따위)에 자리잡게 하다. ***~ one's affairs*** 신변 정리를 하다 ; (특히 유언 따위로) 사후의 일을 정리해 두다. ***~ up*** 해결하다 ; 결제하다, …의 빚을 청산하다.

set·tle[2] *n.* ⓒ 등널이 높은 긴 나무 의자《팔걸이가 있고 좌석 밑이 물건 넣는 상자로 됨》.

˙set·tled [sétld] *a.* (1) **a**]정해진, 일정한 ; 확립된, 고정된, 확고한 : a ~ income 고정 수입 / ~ convictions 확고한 신념. **b**](기후 따위가) 안정된 : We had a long periods of ~ weather last autumn. 지난 가을은 한동안 날씨가 안정됐었다. **c**](생활등이) 안정된: lead a quiet, ~ life 조용한 안정된 생활을 하다. **d**](슬픔 등이) 뿌리 깊은. (2)한 곳에 정주하는 ; 거주민이 있는, 기틀이 잡힌, 자리잡힌. (3)결말이 난 ; 청산된 : a ~ account 청산된 셈

:set·tle·ment [sétlmənt] *n.* (1) ⓤ **a**]정착, 정주(定住). **b**](결혼·취직 등에 의한) 생활의 안정, 자리잡기, 일정한 직업을 갖기. (2) **a**]ⓤ 이민, 식민(colonization). **b**]ⓒ 거류지, 개척지, 식민지, 이주지(colony). **c**]ⓒ 취락(聚落), 촌락 : a fishing ~ 어촌. (3) **a**]ⓤ 세틀먼트〈인보〉 사업, (사회) 복지 사업《빈민들의 생활 개선을 꾀하는》. **b**]ⓒ 세틀먼트 사업 시설. (4) ⓒ (사건 등의) 해결, 결정, (소송의) 화해 : come to a ~ 화해하다. (5)ⓒ 청산, 결산 ; 지불. (6) ⓤ (액체의) 맑아짐 ; 침전(물) ; 침하, (바닥 따위의) 내려앉음. (7) ⓒ 【法】 (재산) 증여 : 증여재산《*on, upon*》 : make a ~ *on* …에게 재산을 증여하다. ***in ~ of*** …의 결제로서.

séttlement dày (거래소에서) 결산〈결제〉일.

séttlement wòrker 사회 복지 사업 봉사원〈가〉.

:set·tler [sétlər] *n.* ⓒ (1)(초기의) 식민자, 이주민, 이주자 ; 개척자. (2)문제를 해결하는 사람 : a ~ of disputes 분생 해결사. (3)끝상내는 것 ; (꼼짝 못하게 하는) 최후의 일격, 결정적 타격.

sét·tling dày [sétliŋ-] 청산일, 결산일.

set·tlings [sétliŋz] *n. pl.* 침전물, 찌끼, 앙금.

set-to [séttù] *n.* (a ~) 《口》 (권투 등의) 치고받는 싸움 ; 언쟁, 격론《*with*》.

˙set·up [sétʌ̀p] *n.* ⓒ (1)(흔히 *sing.*) **a**]조직의 편제, 기구 ; 구성. **b**](기계 등의) 조립 ; 장치, 설비. (2)《美》 자세, 몸가짐, 거동 ; 입장. (3)(기호에 맞는 술을 만드는 데 필요한) 소다수·얼음·잔 등의 일습.

:sev·en [sévən] *a.* (1)〔限定的〕 일곱의, 일곱 개〈사람〉의. (2)〔敍述的〕 일곱 살인 : He's ~. ***the City of (the) Seven Hills*** 로마《별칭》. ***the ~ deadly sins*** ⇨ DEADLY. ***the Seven Hills (of Rome)*** 로마의 일곱 언덕《고대 로마가 일곱 언덕 위 및 그 주변에 건설되어, Rome이 the City of Seven Hills 라 불림》. ***the Seven Wonders of the World*** 세계의 7 대 불가사의. — *n.* (1) **a**]ⓤⓒ 〔흔히 無冠詞〕일곱, 7. **b**]ⓒ 기호의 7《7, vii, VII》. (2) ⓤ 일곱 살 ; 일곱 시 ; 7달러〈파운드, 센트, 펜스 (등)〉 : a child of ~ 일곱살의 아이 / It's ~ sharp. 정각 일곱시다. (3)〔複數취급〕 일곱 사람〈개〉.

sev·en·fold [sévənfòuld] *a., ad.* 일곱 부분으로 이루어지는 ; 일곱 배의〈로〉 ; 일곱 겹〈접이〉인〈으로〉.

séven séas (the ~) (1)7대양《남북 태평양·남북 대서양·인도양·남북 빙양(氷洋)》. (2)세계의 바다.

:sev·en·teen [sévəntíːn] *a.* 열 일곱의, 17의, 열일곱 개〈사람〉의 ; 열 일곱 살인.
— *n.* (1) **a**]ⓤⓒ 〔흔히 無冠詞〕 열 일곱, 17. **b**]ⓒ 17의 기호《17, xvii, XVII》. (2)17세 ; 17달러 〈파운드, 센트, 팬스 (등)〉 : a boy of 17. (3)〔複數취급〕 17일 ; 17개.

:sev·en·teenth [sévəntíːnθ] *a.* (1)(흔히 the ~) 제17의, 열일곱(번)째의. (2)17분의 1의. — *n.*ⓒ (1)(흔히 the ~) 제 열일곱번째(의 사람, 물건). (2)17분의 1(a ~ part) ; (달의) 17일.

:sev·enth [sévənθ] *a.* (1)(흔히 the ~) 제7의, 일곱(번)째의. (2)7분의 1의 : a ~ part, 7분의 1. — *n.* (1) ⓤ (흔히 the ~) (서수의)제 7, 일곱 번째, (달의) 7일. (2) ⓒ 7 분의 1. (3) ⓒ 【樂】 7 도(음정) ; 제 7 음. ***in the ~ heaven*** ⇨ SEVENTH HEAVEN. 파) **~·ly** *ad.* 일곱 (번)째로.

Séventh Dày (the ~) 주(週)의 제 7 일《유대교 및 프렌드 교회에서는 토요일이 안식일》 ; 토요일(퀘이커 교도의 용어).

sev·enth-day [sévənθdèi] *a.* 주(週)의 제 7 일인 토요일의 ; (흔히 Seventh-Day) 토요일을 안식일로 하는.

sev·en·ti·eth [sévəntiiθ] *a.*(1)(흔히 the ~) 제 70의, 일흔 번째의. (2)70분의 1의. — *n.* (1)ⓤ(흔히 the ~) 서수의 제 70, 일흔째. (2) ⓒ 70 분의 1.

:sev·en·ty [sévənti] *a.* 70의 ; 70개〈명〉의, 70세의. — *n.* (1) **a**]ⓤⓒ 〔흔히 無冠詞〕 70. **b**]70의 기호《70, lxx, LXX》. (2) ⓤ 70, 일흔; 일흔 살, 70세 ; 70 달러〈파운드, 센트, 펜스 (등)〉 : an old man of ~ 일흔살의 노인.

˙sev·er [sévər] *vt.* (1)《~+目/+目+前+名》 …을 절단하다, 자르다, 끊다《*from*》 : ~ a rope 로프를 끊다 / ~ the meat *from* the bone 뼈에서 살을 발라내다. (2)《~+目/+目+前+名》 …을 떼어놓다, 가르다. (3)《~+目/+目+前+名》 …의 사이를 떼다, 불화하게 하다, 이간시키다《A *and* B, A *from* B》.
— *vi.* (1)절단하다 ; 둘로 갈라지다 ; 분리하다, 끊어지다. (2)단절되다, 사이를 가르다 ; 분열하다

:sev·er·al [sévərəl] *a.* 〔限定的 ; 흔히 複數名詞를 수식〕 (1)몇몇의, 몇 개의, 수개의 ; 몇 사람〈명〉의 ; 몇번의. (2)각각〈각자〉의, 각기의 ; 여러 가지의 ; 따로따로의 ; 단독의, 개별적인 : Each has his ~ ideal. 사람은 각기 이상이 있다.
— *pron.* 〔複數취급〕 몇몇, 몇 개 ; 몇 사람 ; 몇 마리 : I have ~. 몇 개 가지고 있다 / in ~ 《古》 따로따로의, 개별적으로. 파) **-ly** *ad.* 따로따로 ; 각자.

sev·er·ance [sévərəns] *n.* (1) ⓤⓒ 절단, 분리, 격리, 끊음, 단절 : the ~ of diplomatic relations 외교관계의 단절. (2) ⓤ 고용계약의 해제, 해고.

séverance pày 해직〈퇴직〉 수당.

:se·vere [səvíər] (***se·ver·er, more ~ ; -est, most ~***) *a.* (1)엄한, 엄밀한, 엄중한, 엄격한 ; 엄정한(exact) : a ~ teacher 엄격한〈무서운〉 선생님. (2)호된, 모진 ; 용서없는, 통렬한, (벌 따위가) 가혹한(harsh) :a ~ punishment 엄벌 / ~ criticism 혹평. (3)(아픔·폭풍 따위가) 맹렬한, 격심한, (병세가)심한, 위중한(grave) : a ~ ache 격심한 아픔/ ~ heat 혹서(酷暑). (4)(일 따위가) 힘드는, 어려운 : ~ competition 격렬한 경쟁 / a ~ task 힘든 일. (5)(복장, 건축, 문체 등이) 수수한(plain) ; 간결한, 간소한(terse), 꾸밈없는 : a ~ style 간결한 문체.

:se·vere·ly [səvíərli] *ad.* (1)호되게 ; 격심하게, 심하게 ; 엄격하게 : be ~ punished 엄벌에 처해지다. (2)수수하게, 간소하게.

˙se·ver·i·ty [səvérəti] *n.* ⓤ (1)엄격(rigor), 엄정, 가혹(harshness) ; 엄중 ; 격렬함 ; 통렬함, 신랄함. (2)간소, 수수함(plainness). (3)(*pl.*) 가혹한 처사 〈경험〉.

:sew [sou] (***sewed ; sewed, sewn*** [soun]) *vt.* (1)《~+目 /+目+副 /+目+前+名》, 바느질하다, …을 꿰매다, 깁다 ; 꿰매어 붙이다 〈달다〉, 박다 : ~ pieces of cloth *together* 헝겊 조각을 꿰매어 잇다. (2)**[**製本**]** (책)을 매다, 철하다. — *vi.* 바느질하다 ; 재봉틀로 박다. ***~ up*** 1) …을 꿰매어 잇다 ; 기워서 막다 ; (상처)를 꿰매다 ; 속에 넣고 꿰매다《*in* ; *inside*》. 2)《美》 독점하다, 지배권을 쥐다. 3)《口》(거래·계약 등)을 잘 마무리짓다, 잘 결정짓다(성사시키다), 체결하다, …로 잘 귀결〈결말〉짓다 : It will take another week or two to ~ *up* this deal. 이 거래를 마무리하자면 한두 주일 더 걸리겠다.

sew·age [súːidʒ] *n.* ⓤ 하수 오물, 하수, 오수(汚水).

séwage dispòsal 하수 처리 : a ~ plant 하수 처리 시설.

séwage wòrks 하수 처리장《하수를 처리하여 비료를 만듦》.

sew·er[1] [sóuər] *n.* ⓒ 바느질하는 사람, 재봉사 ; 재봉틀.

˙sew·er[2] [sjúːər] *n.* ⓒ 하수구(下水溝), 하수본관, 하수도 : the city's ~ system 시의 하수처리 체계.

sew·er·age [sjúːəridʒ] *n.* ⓤ (1)하수 설비, 하수도. (2)하수 처리 : a town with a modern ~ system 최신식 하수처리 체계를 갖춘 시. (3)=SEWAGE.

séwer ràt [動**]** 시궁쥐.

˙sew·ing [sóuiŋ] *n.* ⓤ(1)재봉(裁縫), 바느질. (2)바느질감. (3) (*pl.*) 바느질실.

séwing còtton (무명의) 재봉실.

séwing machìne 재봉틀, 미싱 : a head 〈an electric〉 ~ 수동〈전동〉 미싱.

˙sewn [soun] SEW의 과거분사.

:sex [seks] *n.* (1) ⓤ 성(性), 성별:a member of the opposite 〈same〉 ~ 이성〈동성〉인 사람. (2)〔集合的〕(흔히 the ~)남성, 여성 : the equality of *the ~es* 남녀 평등. (3) ⓤ 섹스 ; 성욕 ; 《口》 성교 : have ~ *with...* 《口》…와 성교하다. ㅁ sexual *a.*
— *a.* 〔限定的〕《口》 성의, 성에 관한 : ~ education 〈instruction〉 성교육 / ~ impulse 〈instinct〉 성적 충동〈본능〉.
— *vt.* (1)(짐승, 특히 병아리)의 자웅을 감별하다. (2)…을 성적으로 흥분시키다 ; …의 성적 매력을 더하다.

sex·a·ge·nar·i·an [sèksədʒənɛ́əriən] *a.* (사람이) 60세〈대〉의. — *n.* ⓒ 60대의 사람.

séx appèal 성적 매력, 섹스어필.

séx chròmosome [生**]** 성염색체.

sexed [sekst] *a.* (1)성욕이 있는 ; 성적 매력이 있는. (2)〔흔히 複合語로〕 …하는 성욕이 있는, 성욕이 …인 : highly- ~ 성욕이 강한.

sex·ism [séksizəm] *n.* ⓤ (흔히 여성에 대한) 성차별(주의) ; (특히)여성 멸시, 남성 상위주의.

sex·ist [séksist] *n.* ⓒ 성차별〈남성 우위〉주의자.
— *a.* 성차별의, 여성 멸시의.

sex·less [sékslis] *a.* (1)성별이 없는, 무성의. (2) 성적 매력이 없는, 성적 감정이 없는, 성적으로 냉담한.

sex-linked [sékslìŋkt] *a.* **[**生**]** 반성(伴性)의, 염색체에 위치한 유전 인자에 의해 결정되는《치사(致死)·유전》.

séx mànìac 색광(色狂), 색정광 : He's a real ~. 그자는 색이라면 사족을 못 쓴다.

séx òbject 성적 대상(이 되기만 하는 사람).

sex·ol·o·gy [seksálədʒi/ -ɔ́l-] *n.* ⓤ 성과학(性科學), 성학(性學), 성에 관한 연구.

sex·ploi·ta·tion [sèksplɔitéiʃən] *n.* ⓤ (영화·잡지 등에서) 성을 이용해 먹기.

sex·pot [sékspàt/ -pɔ̀t] *n.* ⓒ 《口》 섹시한 여성, 성적 매력이 대단한 여자.

sex-starved [∸stàːrvd] *a.* 성에 굶주린.

séx symbol 성적 매력으로 유명한 사람, 섹스심벌.

sex·ton [sékstən] *n.* ⓒ 교회지기, 교회 관리인.

sex·tu·ple [sekstjúːpəl, sékstju-] *a.* (1)6배의 ; 여섯겹의. (2)**[**樂**]** 6 박자의.
— *n.* ⓒ 6배(의 것).
— *vt., vi.* 6배하다 〈가 되다〉, 6겹으로 하다.

sex·tu·plet [sekstjúːplit, -tʌ́p-, sékstju-] *n.* ⓒ (1)여섯 쌍둥이 중의 하나. (2)여섯 개 한 벌.

sex·u·al [sékʃuəl] (***more ~ ; most ~***) *a.* 성(性)의 ; 성적인 ; 성에 관심이 많은, 남녀〈암수〉의 : ~ excitement 성적 흥분 / ~ organs 성기, 생식기. 파) **~·ly** *ad.*

séxual haràssment(직장 등에서의)성희롱.

séxual íntercourse 성교(coitus).

˙sex·u·al·i·ty [sèkʃuǽləti] *n.* ⓤ(1)(남녀·암수의) 성별, 구별. (2)성행위, 성욕, 성적 관심.

séxually transmítted disèase 성행위를 매개로 하는 병, 성병《매독·에이즈 등 ; 略 : STD》.

sexy [séksi] (***sex·i·er ; -i·est***) *a.* (1)성적 매력이 있는, 섹시한. (2)성적인, (옷 따위가) 도발적인, 아슬아슬한, 외설한 : a ~ film / a ~ novel 포르노 소설.
파) **séx·i·ly** *ad.* 섹시하게. **séx·i·ness** *n.*

Sey·chelles [seiʃél, -ʃélz] *n.* (the ~) 세이셸《인도양 서부의 92개 섬으로 구성된 공화국》.

sez [seʒ] **[**발음철자**]** says. ***Sez you*** 〈***he***〉***!*** 《口》 글쎄요 ; 정말이냐, 설마.

sfor·zan·do [sfɔːrtsáːndou/ -tsǽn-] *a., ad.* 《It.》 **[**樂**]** 스포르찬도이〈로〉, 강음의〈으로〉 ; 특히 세〈세게〉, 힘을 준〈주어〉.

:shab·by [ʃǽbi] (***-bi·er ; -bi·est***) *a.* (1)초라한(seedy) ; 누더기를 걸친, 헙수룩한 차림의 낡아빠진, 허름한. (2)닳아 해진, 입어서 낡은, 누더기의(worn). (3)(길·집이) 지저분한, 더러운, 누추한. (4)비열한, 인색한, 다랍게 구는 : He played a ~ trick on me. 내게 비열한 수를 썼다. 파) **-bi·ly** *ad.* **-bi·ness** *n.*

shab·by-gen·teel [ʃǽbidʒentíːl] *a.* 《英》 영락했으면서도 체면을 차리는.

shack [ʃæk] *n.* ⓒ (초라한) 오두막, 판잣집, 통나무집. — *vi.* 《口》 동서(同棲) 생활하다《*up* ; *together*》.

˙shack·le [ʃǽkəl] *n.* (1) ⓒ (흔히 *pl.*) **a**] 쇠고랑, 수갑, 족쇄, 차꼬(fetters). **b**] 구속, 속박, 계류, 굴레(impediment). (2) ⓒ (자물통의) U자형 고리. — *vt.* (1)…에 족쇄〈수갑〉을 채우다, 차꼬[족쇄]를 채우다, 쇠사슬로 붙들어 매다. (2)〔흔히 受動으로〕 구속하다, 속박하다, 방해하다《*with*》 : He *is* ~*d by* his own debts. 그는 빚으로 옴쭉 못하고 있다.

shad [ʃæd] (*pl.* ~(*s*)) *n.* ⓒ 【魚】 청어류.

:shade [ʃeid] *n.* (1) ⓤⓒ (종종 the ~) 그늘, 응달, 음지, 그늘진 곳. (2)(*pl.*) 땅거미, 어스름, (저녁때의) 어둠. 【cf.】 shadow. 『 The ~*s* of evening soon fell. 이윽고 땅거미가 졌다. (3) ⓒ (의미 등의) 근소한 차이, 뉘앙스《*of*》. (4)(얼굴의) 어두운 기색(cloud). (5) **a**]ⓒ 차양(blind), 빛을 가리는 것; 커튼, 차일 ; 남포의 갓. **b**](*pl.*) 《美口》 선글라스. (6) **a**]ⓒ〔흔히 修飾語와 함께〕(색조의) 미묘한 차이, (같은 색채의) 농담(濃淡) : a lighter ~ of green 좀 엷은 색조의 초록 / all ~*s* of green 다양한 색조의 초록. **b**]ⓤ (또는 *pl.*) (그림·사진 등의) 그늘(부분), 음영(陰影). (7)(a ~) 극히 조금, 기미, 약간. (8) **a**]ⓒ 망령, 유령. **b**] 《詩》 (the ~s) 저승 ; 황천. fall into the ~ 빛을 잃다 ; 세상에서 잊혀지다. go〈down〉 to the ~*s* 죽다. ***in the ~*** 1)(나무) 그늘에서. 2)눈에 띄지 않게, 잊혀져서. ***throw* 〈*put, cast*〉 *. . . in* 〈*into*〉 *the ~*** …로 하여금 빛을 잃게〈무색게〉 하다. ***remain in the ~*** 은둔해 있다, 세상에 알려지지 않고 있다. ***Shades of . . . !*** …을 생각나게 하다.

— *vt.* (1)…을 그늘지게 하다, …위에 그늘을 만든다 : The trees ~ the house nicely. 나무들로 집은 시원하게 그늘이 져있다. (2)《~+目/+目+前+名》 …을 덮다(cover), 가리다(conceal), …에 차양을 달다 ; (남포 등)에 갓을 달다 : a ~*d* lamp 갓을 단 전등. (3)《~+目/+目+前+名》 …을 어둡게 하다, 흐리게 하다(darken) : a face ~*d with* melancholy 우울한〈어두운〉 얼굴. (4)…에 그늘을 만들다, …에 명암〈농담〉이 지게 하다《*in*》. (5) (의견·방법 등)을 점차(조금씩) 변화시키다. (6)【商】 …의 값을 조금 내리다.

— *vi.* 《+副/+前+名》 (색채, 의견, 방법, 의미 따위가) 조금씩 변해 가다《*away* ; *off* ; *into*》.

파) **~·less** *a.* 그늘이 없는.

shåde trèe 그늘을 주는 나무《가로수 따위》.

shad·ing [ʃéidiŋ] *n.* (1) ⓤ 그늘지게 하기, 차광(遮光), 차일(遮日), 햇볕가림. (2) ⓤ 【畵】 (그림의) 명암법 ; 농담(濃淡) ; ⓒ (빛깔·성질 등의) 근소한〈점차적인〉 변화.

:shad·ow [ʃǽdou] *n.* (1) ⓒ 그림자 : The ~*s* lengthened as the sun went down. 해가 짐에 따라 그림자가 길어졌다. (2)(the ~s) 어둠 ; 저녁의어둠, 컴컴함. (3) ⓒ (불행 등의) 어두운 그림자 ; 음울 : cast a ~ on a person's reputation 아무의 명성에 어두운 그림자를 던지다. (4) ⓒ (거울 따위에 비친) 영상(映像), 그림자 ; 《詩》 모습 : one's ~ in the mirror 거울에 비친 자기 모습. (5) ⓒ 유령, 망령(ghost) ; 곡두, 환영(幻影), 실체가 없는 것 ; 이름뿐인 것 ; (쇠약하여)뼈와 가죽뿐인 사람 ; 희미한 것 : give the ~ of a smile 희미한 미소를 띄우다. (6)(*sing.*)〔흔히 否定·疑問文을수반〕조금, 극히 조금《*of*》. (7) ⓤ 볕이 미치지 않는 곳, 그늘. (8) ⓒ (그림자처럼) 따라다니는 사람, 늘 붙어지내는 삶 ; 미행자《밀정·탐정·형사 따위》. (9)(종종 *pl.*) (나쁜)조짐, 전조(foreshadowing) : ~*s* of war 전쟁의 조짐. ***be afraid of*** one***'s own ~*** 제 그림자에 놀라다 ; 지나치게 겁을 내다 : Our dog's so nervous, it's *afraid of its own* ~. 우리 개는 너무 소심해서 제 그림자에도 놀랜다. ***in the ~ of*** 1)…의 그늘에 : lie down *in the* ~ *of* a tree. 2)…의 바로 근처에. ***under the ~ of*** 1)=in the ~ of (1). (2)…의 위험에 직면하여, …의 운명을 지고. (3)…의 가호 밑에.

— *a.* 〔限定的〕 (1)그림자의, 그늘진 : a ~ play 그림자 놀이. (2) **a**]거죽만의. **b**]《英》 그림자(내각)의 : ⇨ SHADOW CABINET.

— *vt.*(1)…을 어둡게 하다, 그늘지게 하다. (2)《+目+前+名》 …을 덮다, 가리다 : ~ the heat *from* one's face 얼굴에 열이 닿지 않게 가리다. (3)…을 미행하다. (4)…의 전조가 되다(prefigure) ; …의 개요를 나타내다《*forth* ; *out*》.

shad·ow·box [ʃǽdoubɑ̀ks/ -bɔ̀ks] *vi.* (1) 혼자서 권투 연습을 하다, 섀도복싱하다. (2) 직접적〈결정적〉 행동을 피하다.

shádow cábinet 《英》 재야내각《집권을 예상하고 만든 야당의 각료 후보자들》.

shad·ow·less [ʃǽdoulis] *a.* 그림자 없는.

˙shad·owy [ʃǽdoui] (***-ow·i·er ; -i·est***) *a.* (1) 그림자가 많은, 그늘 있는〈많은〉, 어둑한(shady) : I watched him from a ~ corner. 나는 어둑한 구석에서 그를 지켜봤다. (2)그림자 같은; 아련〈희미〉한(faint). (3) 공허한 ; 덧없는.

˙shady [ʃéidi] (***shad·i·er ; -i·est***) *a.* (1)그늘의, 그늘이 많은, 응달진(【opp.】 *sunny*) ; (나무 따위가) 그늘을 이루는. (2)《口》 뒤가 구린, 떳떳하지 못한, 의심스러운, 수상한(questionable) : a ~ transaction 암거래. ***on the ~ side of*** (forty), (40)의 고개를 넘어, (마흔) 살 이상이 되어.

파) **shád·i·ly** *ad.* **shád·i·ness** *n.*

:shaft [ʃæft, ʃɑːft] *n.* ⓒ (1)(창·망치·도끼·골프채 등의) 자루, 손잡이(handle) ; 화살대 ; 《古·文語》 화살, 창 : the ~ of an arrow 살대. (2)한줄기 광선. (3)(*pl.*) (수레의) 채, 끌채(thill). (4)〔흔히 複合語로〕 【機】샤프트, 굴대(axle) : a crank ~ 크랭크 샤프트. (5)엘리베이터의 통로〈수직 공간〉. (6)《比》 사람을 찌르는 듯한 냉소, 가시 돋친 말 : ~*s* of sarcasm 〈wit〉 날카로운 풍자 〈위트〉. (7)【植】 줄기(trunk) ; 【植】 깃촉(scape).

get the ~ 《美俗》 혼쭐나다, 속다. ***give*** a person ***the ~*** 《美俗》 아무를 혼내주다.

— *vt.* 〔종종 受動으로〕 …을 혼내주다 : I got ~*ed* in that deal.

shag[1] [ʃæg] *n.* ⓤ (1)(짐승의) 거친〈덥수룩한〉 털, 조모(粗毛). (2)(천의) 보풀, (3)거친 살담배.

shag[2] *vt.* 《英俗》 …와 섹스하다, 성교하다.

shagged [ʃægd] *a.* 〔敍述的〕 《英俗》 지친, 기진맥진한《*out*》.

˙shag·gy [ʃǽgi] (***-gi·er ; -gi·est***) *a.* (1)털북숭이의, 털이 텁수룩한 ; 털〈숱〉이 많은, 털이 많은, 보풀이 많은. 【opp.】 smooth. 『 ~ eyebrows 숱이 많은 눈썹. (2)(피륙이)보풀이 인. 파) **-gi·ly** *ad.* **-gi·ness** *n.*

shág·gy-dóg stòry [-dɔ́(ː)g-, -dɑ́g-] 따분하고 지루한 이야기.

sha·green [ʃəgríːn, ʃæg-] *n.* ⓤ (1)섀그린 가죽《말·낙타 따위의 우툴두툴한 가죽》. (2)상어 가죽 《연마용》.

shah [ʃɑː] *n.* ⓒ 《Per.》 (종종 S-) 샤《왕조 시절, 이

S

란 왕의 칭호》.

Shak. Shakespeare.

shak·a·ble [ʃéikəbəl] *a.* 휘두를〈흔들〉 수 있는 ; 진동할〈뒤흔들〉 수 있는, 동요시킬 수 있는.

:shake [ʃeik] (***shook*** [ʃuk] ; ***shak·en*** [ʃéikən]) *vt.* (1)《~+目/+目+前+名》 **a**](상하 좌우로)…을 흔들다 : He *shook* his head at the plan. 그는 그 계획에 대해 머리를 옆으로 흔들었다《반대》. **b**]〔再歸的〕 몸을 흔들다 : The wet dog *shook itself*. 젖은 개가 몸을 마구 흔들었다. (2)…을 흔들어 움직이다, 휘두르다. (3)《~+目/+目+前+名/+目+副》 …을흔들어 (…의 상태로) 되게 하다 : ~ a person *out of* sleep 아무를 흔들어 깨우다. (4)《~+目/+目+前+名》〔종종 受動으로〕 (자신·신뢰 등)을 흔들리게 하다, (용기·결심 등)을 꺾다, …의 의지력이 꺾이게 하다, 좌절시키다 : ~ one's faith 신념이 흔들리다. (5)…의마음을 동요시키다, 혼란시키다, …의 용기를 꺾다 : She was badly *shaken* by the news. 그 소식에 몹시 마음이 흔들렸다. (6)**【樂】** (목소리)를 떨다. (7)(주사위)를 흔들어 굴리다. (8)《美俗》 (뒤쫓는 사람 따위)를 떨어〈떼어〉 버리다, …으로부터 도망치다. — *vi.* (1)흔들리다 ; 진동(震動)하다. (2)《~/+前+名》 **a**](추위·공포 따위로) 떨다, 덜덜〈벌벌〉떨다 ; 동요되다 : ~ *with* cold 〈fear〉. **b**]배꼽이 빠지게 웃다 : He 〈His belly〉 *shook with* laughter. 그는 배를 쥐고 웃었다. (3)(신념·결심·용기 따위가) 흔들리다. (4)《口》 악수하다 《*with*》.

~ a foot* 〈*leg*〉** 바삐 걷다, 서두르다 ; 댄스를 하다. a person by the hand = ~ hands with a person …와 악수하다. ***~ down (*vi.*) 1)(환경 등에) 익숙해지다, 자리 잡히다. 2)임시 잠자리에서 자다. ***~ . . . down*** (*vt.*) 1)(열매)를 흔들어 떨어뜨리다. 2)흔들어 채우다 〈고르다〉 : (여분)을 통합 정리하여 줄이다. 3)《美口》 (배·비행기 등)을 시운전하다. 4)《美俗》 (속이거나 해서) …에게서 돈을 빼앗다. 5)《美口》 철저히 조사하다 ;《美俗》…의 몸수색을 하다(frisk). ***~ in* one'*s shoes*** (무서워서) 흠칫흠칫하다. ***~ off*** (1)(먼지 등을) 털어내다. (2)(병·버릇 등을) 고치다 ; 쫓아버리다. (3) 떨어지다, 처지게 하다. (4) (추적자를) 따돌리다. ***~ out*** 1)(기 따위를) 펼치다. 2)(먼지 따위)를 털다 ; (그릇)을 흔들어 속을 비우다 ; (군대가) 산개 대형을 취하다《적의 포격을 피해》.

— *n.* (1) ⓒ (흔히 *sing.*) **a**](한 번) 흔들기 : with a ~ of one's 〈the〉 head 머리를 가로 저어《'No'의 표시》/ Give the jar a good ~. 항아리를 잘 흔들어라. **b**]악수. (2) ⓒ **a**]진동(振動), 동요, 흔들림. **b**]《美口》 지진(earthquake). (3) ⓒ **a**](몸 을) 떪, 전율, 덜덜 떪 : a ~ in the voice 음성의 떨림. **b**](the ~s) 《口》 오한 : have *the* ~*s* 오한이나다. (4) ⓒ 《美》 흔들어 만드는 음료수, 밀크 셰이크(milk ~). (5) ⓒ **【樂】** 전음(顫音)(trill). (6) (a ~) 〔形容詞와 함께〕 《美》 …한 처사, 대우 : get *a* fair ~ 공정한 대우를 받다. ***in the ~s* (*of a lamb's* 〈*dog's*〉 *tail*) =*in* (*hair*) *a ~*** 곧, 즉시 : I'll be with you *in a* ~. 곧 찾아뵙겠습니다. ***no great ~s*** 대수롭지 않은, 평범한.

shake·down [ʃéikdàun] *n.* ⓒ (1)(임시 변통의) 침상, 잠자리. (2)(선박·비행기 등의) 성능 테스트, 시운전, 승무원 적응운전 ; 조정 : a ~ voyage 〈flight〉 항행(航行) 〈비행〉 테스트. (3)《美俗》 등쳐먹기(extortion), 갈취, 수회(收賄). (4)《美口》 철저한 (몸)수색. — *a.* 〔限定的〕 시운전의, 성능 시험의《항해·비행 따위》.

:shak·en [ʃéikən] SHAKE의 과거분사.

shake-out [ʃéikàut] *n.* ⓒ (인원 감원 등에 의한) 조직의 쇄신, 기업 합리화.

shak·er [ʃéikər] *n.* (1)흔드는 사람〈물건〉 ; 교반기(攪拌器). (2)칵테일 셰이커 ;《美》(조미료 등을) 흔들어 뿌리는 병 : a salt〈pepper〉 ~. (3)(S-) 셰이커 교도(敎徒). **【cf.】** Quaker.

:Shake·speare [ʃéikspiər] *n.* **William ~** 셰익스피어《영국의 시인·극작가: 1564-1616》. ※ **Shake·spere, Shak·speare, Shak·spere** 라고도 씀.

˙Shake·spear·e·an, -i·an [ʃeikspíəriən] *a.* 셰익스피어(시대)의 ; 셰익스피어류(풍)의.
— *n.* ⓒ 셰익스피어 학자 〈연구가〉.

shake-up [ʃéikʌ̀p] *n.* ⓒ《口》(내각·회사 따위의) 일대 쇄신, 대개혁 : a cabinet ~ 대폭 개각.

shak·o [ʃǽkou, ʃéi, ʃάː-] (*pl.* ~(**e**)**s**) *n.* ('뾰족한 모자'의 뜻에서)샤코《깃털이 앞에 달린 통 모양의 군모》.

˙shaky [ʃéiki] (***shak·i·er ; -i·est***) *a.* (1)흔들리는 : a ~ table 〈chair〉. (2)(음성·필적 등이) 떨리는 ; 흔들거리는, 덜컥거리는, (사람이) 비틀거리는 : in a ~ voice 떨리는 음성으로. (3)불안정한, 불확실한, 믿을 수 없는. 파) **shák·i·ly** *ad.* **shák·i·ness** *n.* 동요, 진동; 불안정.

shale [ʃeil] *n.* ⓤ **【地質】** 혈암(頁岩), 셰일, 이판암(泥板岩).

shále òil 혈암유(頁岩油).

:shall [ʃæl; 弱ʃəl] (should [ʃud; 弱ʃəd]) ; 2인칭·단수 《古》 **shalt** [ʃælt; 弱ʃəlt]; shall not 의 간약형 ***shan't*** [ʃænt/ʃɑːnt], should not의 간약형 ***shouldn't*** [ʃúdnt] *aux. v.* (1)〔I 〈We〉 ~〕 **a**]〔單純未來〕 …일〈할〉 것이다 ; …하기로 되어 있다 : I ~ be 20 in August. 8월이면 스무 살이 됩니다. **b**]〔결의의 객관적인 표현〕 꼭 …한다 : I ~ 〈I'll〉 be at home at nine. 9시에는 집에 돌아와 있습니다《a]의 단순 미래로도 볼 수가 있음》. (2)〔Shall I 〈we〉...?〕 **a**]〔單純未來〕 …일〈…할〉 까요, …하게 될까요: *Shall* I be in time for the train? 열차 시간에 댈 수 있을까요. **b**]〔상대의 의사·결단을 물음〕 …할〈일〉까요, …하면 좋을까요 : *Shall* I help you? 도와 드릴까요《대답으로서 '네, 부탁드립니다'는 Yes, please. '아뇨, 괜찮습니다'는 No, thank you. 따위》.
(3)〔You ~〕 **a**]〔文語的 문맥에서 명령·금지〕 …할지니라, …할지어다: Thou *shalt* not kill. 사람을 죽이지 말지어다. **b**]〔말하는 이의 결의·약속·협박〕 …하게 〈하도록〉 하겠다, …해 주겠다, …할 테다 : You ~ have my answer tomorrow. 내일 대답을 드리지요(=I will give you...).
(4)〔Shall you...? 單純未來〕 …할〈될〉 겁니까. *Shall* you go to the meeting on Sunday? 일요일에 회합에 나갑니까. ※ I shall …의 대답을기대하는 질문이나 지금은 보통 will을 씀.
(5)〔He 〈She, It, They〉 ~〕 **a**]〔文語的 문맥에서운명적인 필연·예언을 나타냄〕 …하리라, …이리라, …될지어다 : All men ~ die. 모든 사람은 죽으리라. **b**]〔말하는 이의 결의·약속·협박〕 …하게 하겠다, …하게 할 테다 : He says he won't go, but I say he ~. 그는 안 간다지만 난 가게 하겠다.
(6)〔Shall he 〈she, it, they〉...? ; 말을 거는 상대방의 의향·의지를 물음〕 …에게 〈…로 하여금〉 —하게 할까요 : *Shall* he wait? 그를 기다리게 할까요.
(7)〔Who shall...? 수사적 疑問文〕《文語》 누구라서

…할 수 있을 것인가, 아무도 …않다〈못하다〉.
(8) a]〔명령·규정을 나타내어〕…하여 〈이어〉 야 한다(【cf.】 shalt): The fine ~ not exceed $400. 벌금은 4백 달러를 넘지 않는 것으로 한다. b]〔명령·요구·협정·따위를 나타내는 動詞에 따르는 that節 속에서〕.

shal·lot [ʃəlát/ -lɔ́t] *n.* ⓒ 【植】 샬롯(서양파의 한 재배종).

:shal·low [ʃǽlou] (*~·er ; ~·est*) *a.* (1)얕은. 【opp.】*deep.* 『 a ~ stream얕은 시냇물. (2)(사람·생각 등이) 천박한, 피상적인 : a ~ mind 천박한 생각. — *n.* (종종 *pl.* ; 흔히 the ~) 〔單·複數취급〕 물이 얕은 곳, 여울.
— *vt., vi.* 얕게 하다, 얕아지다.

sha·lom [ʃɑːlóum] *int.* 《Heb.》 샬롬, 안녕하세요, 안녕히 가십시오 〈계십시오〉《유대인의 인사》.

shalt [ʃælt; 흔히 弱 ʃəlt] *aux. v.* 《古》 SHALL의 2인칭 단수·직설법 현재《주어가 thou일 때 씀》 : Thou ~ not steal. 도적질하지 말지어다.

sham [ʃæm] *n.* (1) ⓤ (또는 a ~) 거짓, 허위, 속임, 위선 : What she said was all ~. 그녀 말은 모두 거짓이었다. (2) ⓒ 속이는 사람 ; 허풍선, 사기꾼(fraud). — *a.* 〔限定的〕 모조의, 가짜의, 허위의, 속임의, 모의의 : a ~ battle(《英》 fight) 모의전, 군사 연습. — (*-mm-*) *vt.*…인 체하다, …을 가장하다 : ~ sleep 〈madness〉 잠든〈미친〉척하다.
— *vi.* 《~/+補》 …하는 체하다, 시늉〈가장〉하다.

sha·man [ʃáːmən, ʃǽm-, ʃéi-] (*pl.* ~*s*) *n.* ⓒ 샤먼 ; 주술사(呪術師), 마술사, 무당, 마법사.

sha·man·ism [ʃáːmənìzəm, ʃǽm-, ʃéi-] *n.* ⓤ샤머니즘《샤먼을 중심한 원시 종교의 하나》.

sham·a·teur [ʃǽmətʃùər, -tər] *n.* ⓒ 《英口》 사이비 아마 추어, 세미 프로 선수《아마추어이면서 돈을 버는 선수》.

sham·ble [ʃǽmbəl] *vi.* 비슬비슬 걷다, 비틀거 리다, 휘청휘청 걷다. — *n.* 비틀거림, 비틀걸음.

sham·bles [ʃǽmbəlz] (*pl.* ~) *n.* (1) ⓒ 도살장(slaughterhouse). (1)(a ~) 살육장, 수라장《싸움터 따위》. (3)(a ~) 난장판; 일대 혼란: Your room is (in) *a* ~. Tidy it up! 네 방은 엉망이구나, 정돈해라.

sham·bol·ic [ʃæmbálik/ -bɔ́l-] *a.* 《英口》 (극도로) 난잡한, 수라장 같은.

:shame [ʃeim] *n.* (1) ⓤ 부끄럼, 부끄러워하는 마음, 수치심 : I can't do that for (very) ~. 부끄러워 (정말) 그건 못하겠다. (2) a]ⓤ 수치, 창피, 치욕, 불명예. 【cf.】 disgrace. 『 There's no ~ in being poor. 가난은 수치가 아니다. a](a ~) 창피스러운 일〈사람〉. (3)(a ~) 《口》 심한《너무한》 일 : 유감된 일 : What *a* ~ ! 유감이다, 참안됐구나. ***put* 〈*bring*〉** a person ***to*** ~ 1)아무에게 창피를〈모욕·무안을〉 주다, 아무의 면목〈체면〉을 잃게 하다 : His son's crimes *put* the old man *to* ~. 사식의 죄로 그 노인은 낯을 못들게 됐다. 2)(기량·질적으로) …을 압도〈능가〉하다. ***Shame !*** =***For ~ !*** =***Fie for ~ !*** =***Shame on you !*** 수치를 좀 알아라, 부끄럽지도 않으냐, 꼴도 보기 싫다 : *For* ~, let me go. 부끄럽게 왜 이래요, 놓으세요.
— *vt.* (1)…을 창피 주다, 망신시키다 ; 모욕하다 : ~ one's family 가문을 더럽히다. (2) …을 부끄러워하게 하다. (3)《+目+前+名》 부끄러워 …하게 하다.

shame·faced [ʃéimfèist] *a.* (1)창피하게 여기는, 쑥쓰러〈멋적 어〉하는. (2)부끄러운 듯한(bashful), 부끄러워〈수줍어〉하는(shy) ; 숫기 없는, 얌전한. 파) **-fàc·ed·ly** [-sidli] *ad.* **-fàc·ed·ness** *n.*

˙shame·ful [ʃéimfəl] (***more ~ ; most ~***) *a.* (1) 부끄러운, 창피스러운 : a ~ conduct 부끄러운 행위. (2)괘씸한, 고약한, 못된(scandalous) : It's ~ that he behaves that way. 그가 그따위로 놀다니 괘씸하다. 파) **~·ly** [-fəli] *ad.*

˙shame·less [ʃéimlis]*a.* (1) 부끄럼을 모르는, 수치를 모르는, 파렴치한, 뻔뻔스러운: You are absolutely ~ !넌 정말 파렴치한 놈이다. (2) 풍속을 문란케하는, 외설한. 파) **~·ly** *ad.* **~·ness** *n.*

sham·mer [ʃǽmər] *n.* ⓒ 속이는 사람, 사기꾼, 거짓말쟁이, 가장하는 사람, 협작꾼.

˙sham·poo [ʃæmpúː] *vt.* (머리)를 감다; (세제로 카펫 따위)를 클리닝하다.
— (*pl.* ***~s***) *n.* (1) ⓒ 세발, 머리감기 : give oneself a ~ 머리를 감다. (2) ⓤⓒ 세발제(劑), 샴푸 : a dry ~ 알코올성 세발액.

sha·mus [ʃáːməs, ʃéi-] *n.* ⓒ 《美俗》 경관 ; 사립탐정.

shan·dy [ʃǽndi] *n.* ⓤⓒ 샌디《맥주와 레모네이드의 혼합주》.

Shang·hai [ʃæŋhái/ -ˊ] *n.* 상하이(上海)《중국의 항구 도시》.

shang·hai [ʃǽŋhai, -ˊ](*p., pp.* ***~ed ; ~·ing***) *vt.* (1)《海俗》 (마취제·술 따위로 의식을 잃게 하고 배에 납치하여) …을 선원으로 만들다 ; 배로 끌어들이다 ; 유괴 〈납치〉하다. (2)《俗》 …을 속여서 (억지로)(싫은 일을) 시키다 《*into*》

shank [ʃæŋk] *n.* (1) ⓒ (사람·동물의) 정강이 《knee 에서 ankle 까지》. (2) ⓤⓒ (양·소 따위의)정강이살. (3) ⓒ (연장의) 손잡이, 자루, (못·징의) 몸대, 긴 축《열쇠·닻·숟가락·낚시 등의》. (4) ⓒ 구두창의 땅이 닿지 않는 부분. in the ~ of the evening 《美口》저녁에.

˙shan't [ʃænt, ʃɑːnt] shall not의 간약형. ※ 《美》에서는 별로 안 쓰임.

shan·ty [ʃǽnti] *n.* (초라한) 오두막집, 판잣집.

shan·ty·town [-tàun] *n.* ⓒ (도시안에 있는)판자촌, 빈민가.

:shape [ʃeip] *n.* (1) ⓤⓒ 모양, 형상, 외형, 꼴 : houses of all ~*s* and sizes 가지각색의 모양과 크기의 가옥들. (2) ⓤ (또는 a ~)(사람의) 모습, 생김새, 스타일, 차림, 외양(guise) : an angel in human ~ 인간의 모습을 한 천사. (3) ⓒ (어렴풋〈기괴〉한) 모습, 유령, 곡두(phantom). (4) ⓤ (계획 등의) 정리〈구체화〉된 형태 : the whole ~ of economics 경제의 전체상. (5) ⓤ (추상적인) 형태, (어떤 것의) 본디의 모양. (6) ⓤ 《口》 (건강·경영·기계 등의) 상태, 컨디션 : That company is in pretty bad ~. 그 회사 경영은 퍽 좋지 않다. (7) ⓒ 【建·金型】 형강(形鋼), 형(型), 모형틀 ; 【料】 (젤리·우무 따위의)판 ; (모자 따위의) 골. find A ~ 실현〈구체화〉하다《*in*》. get into ~ 틀잡다, 정리하다, 형태를 갖추다. give ~ to …에 형상을 주다. ***in any ~ or form*** 〔否定文으로〕 어떤 형태로라도, 아무리 해도, 어떠한 …이라도. ***in ~*** 본래의 상태로; 몸의 컨디션이 좋아, 건강하여 : *in* good 〈poor〉 ~ 컨디션이 좋은〈좋지 않은〉. ***in the ~ of*** …형식으로, …으로서의: a reward *in the* ~ *of* $200, 200 달러의 사례. ***out of ~*** 1)모양이 엉망이 되어 : The box was crushed *out of* ~. 상자는 엉망으로 찌그러졌다. 2)몸이 불편하여.
— (***~ d ; ~ d,*** 《古》 ***shap·en*** [ʃéipən]) *vt.* (1)《~+目/+目+前+名》 …을 모양짓다, 형체를 이루다

S

(form). 만들다 : ~ a pot on a wheel 녹로로 단지를 만들다. (2)《~+目/+目+前+名》 …을 형체짓다, 구체화하다, 실현하다; 구상하다, 고안하다《*up*》 ; 정리하다, 말로 나타내다(express) : ~ one's plan 계획을 구체화하다. (3)《+目+前+名》 …을 적합시키다《*to*》 ; (몸에 옷)을 맞추다 : ~ one's living *to* the times 생활 방식을 시대에 맞추다. (4)(진로·방침·행동·태도)를 정하다 : He early ~*d* his course in life. 그는 일찍이 제 나아갈 길을 정했다. — *vi.* 《+副》 (1)모양을〈모습을, 형태를〉 취하다, …의 꼴을 이루다, 모양잡히다, 형태가 〈모양이〉 되다 《*into*》. (2)다 되다, (계획 등이)구체화되다 《*up*》. (3)발전하다, 잘 되어 가다《*up*》. **~ *up* 〈*out*〉** 1)구체화하다, 성립되다. 2)발전〈발달〉하다. 3)행실 (등)을 고치다.

shaped [ʃeipt] *a.* (1)[종종 複合語로] …의 모양을 한. (2)모양지어진.

˙shape·less [ʃéiplis] *a.* (1)형태가 〈모양이〉 없는, 무형의 : a ~ old coat 모양이 우그러진 낡은 코트. (2)볼품 없는, 엉성한, 못생긴, 보기흉한 : a fat ~ figure 뚱뚱하고 볼품없는 모습. 파) **~·ly** *ad.* **~·ness** *n.*

shape·ly [ʃéipli] (***shape·li·er ; -li·est***) *a.* (특히 여성이) 맵시 있는, 형태(모양)가 좋은, 아름다운, 균형잡힌. 파) **-li·ness** *n.*

shap·er [ʃéipər] *n.* ⓒ (1)모양을〈형태를〉 만드는사람〈것〉. (2)【機】 형삭반(形削盤), 셰이퍼.

shard [ʃɑːrd] *n.* ⓒ 사금파리 파편(fragments).

:share [ʃɛər] *n.* (1)(*sing.*) 몫 ; 배당몫, 할당몫, 일부분《*of* ; *in*》 : a fair ~ 정당한 〈당연한〉 몫. (2)(*sing.*) 분담, 부담; 출자(비율)《*of* ; *in*》 : Do your ~ *of* work. 할당된 일은 해라. (3) ⓤ (또는 a ~) 역할, 진력, 공헌, 참가《*in*》. (4) ⓒ a]주(株); 증권, 주권(株券)(~ certificate) ; (*pl.*) 《英》 주식(《美》 stock) : preferred [《英》 preference] ~*s* 우선주. b](회사 등에의) 출자(분) : He has a ~ in the bank. 그는 그 은행에 출자하고 있다. (5) ⓤⓒ 셰어, 시장 점유율(market ~). bear〈take〉 one's ~ of …의 일부를 분담하다. fall to a person's ~ …의 부담이 되다. ***go ~s*** 분담하다《*with*》. ***~ and ~ alike with*** a person 아무와 같은 몫으로 (나누다). ***take the lion's ~*** 최대의 몫을〈가장 좋은 부분을〉 갖다.

— *vt.* (1)《~+目/+目+副/+目+前+名》 …을 분배하다, 나누다. (2)《~+目/+目+前+名》(물건)을 공유하다, (연장·방 따위)를 함께 쓰다《*with*》 : ~ a hotel room *with* a stranger 남과 호텔에서 한방에 들다. (3)《~+目 /+目+前+名》 (비용·책임 등)을 공동 부담하다, 함께 나누다 : Let me ~ the cost *with* you. 비용을 공동으로 부담하자. — *vi.* 《+前+名》 (1)분배를〈몫을〉받다 : All must ~ alike. 모두 똑같이 할당받아야 한다 / ~ *in* profit 이익 분배에 한 몫 끼다. (2)함께 나누다, 공동 부담하다《*in* ; *with*》. ***~ and ~ alike*** 등분하다, 평등하게 나누다.

share·crop [ʃɛ́ərkràp/ ˊkrɔ̀p] (**-pp-**) *vt., vi.* 《美》 소작하다. 파) **~·per** *n.* ⓒ 《美》 소작인.

share·hold·er [ˊhòuldər] *n.* ⓒ 《英》 주주(株主)(《美》 stockholder).

share-out [ʃɛ́əràut] *n.* (*sing.*) 분배, 배급《*of*》 : a ~ *of* the profits 이익 분배.

share·ware [ˊwɛ̀ər] *n.* 【컴】 맛보기(쓸모), 나눠쓸모《저작권이 있는 소프트웨어로 무료 혹은 명목적 요금으로 사용할 수 있으나 계속 사용할 때는 유료로 하는 것》.

:shark [ʃɑːrk] *n.* ⓒ (1)【魚】 상어. (2)탐욕스러운사람, 고리 대금업자(loan shark) ; 사기꾼(swindler). (3)《美俗》 능수, 달인 : a card ~.
— *vi.* 상어잡이를 하다.

shark·skin [ʃɑ́ːrkskìn] *n.* ⓤ (1)상어 가죽. (2)샤크스킨《상어 가죽 같은 양털·화학 섬유 직물》.

:sharp [ʃɑːrp] *a.* (1) a](칼 따위가) 날카로운, 잘 드는, 예리한 ; 뾰족한(pointed). 〖opp.〗 *dull, blunt.* 「 a ~ point 〈summit〉 뾰족한 끝〈산봉우리〉 / a ~ knife. b](비탈 등이) 가파른, 험준한(steep) ; (길 따위가) 갑자기 꺾이는 : a ~ turn in the road 도로의 급커브 / make a ~ turn 급커브를 돌다. (2) a](기질·말·목소리 따위가) 날카로운, 격렬한 ; (아픔·맛·추위·경험 따위가) 살을 에이는 듯한, 격심한, 모진, 매서운, 쓰라린, 신랄한(bitter). 얼얼한 ; 《美》 (치즈) 냄새가 강렬한 : a ~ temper 날카로운 성미 / a ~ wind 살을 에는 듯한 찬바람. b](눈·코·귀 따위가) 예민한 : have a ~ ear〈nose〉 귀가 밝다 〈후각이 예민하다〉 / His ~ eyes would never miss it. 그의 날카로운 눈이 그걸 놓칠 리가 없다. (3)(머리 등이) 예민한(acute), 민감한, 영리한, 똑똑한 ; 빈틈이 없는(vigilant), 약삭빠른(shrewd), 교활한(crafty) : ~ wits 날카로운 재치. (4)명확한 (distinct), 뚜렷한(clear) : a ~ outline 뚜렷한 윤곽 / a ~ impression 선명한 인상. (5)(행동이) 날쌘, 재빠른, 민첩한 ; (변화 등이) 심한 : ~ work 날랜 솜씨. (6)《口》 멋진 옷차림을 한, 스마트한, 얼굴이 잘생긴 : a ~ dresser 옷차림이 멋있는 사람. (7)【樂】 반음 높은, 올림표(#)가 붙은. 〖opp.〗 *flat*[1]. ***~ as a needle* 〈*tack*〉** 아주 약은, 머리가 좋은, 빈틈없는. ***Sharp's the word !*** 자아 빨리빨리, 서둘러라. — (***ˊ·er, more ~ ; ˊ·est, most ~***) *ad.* (1)갑자기, 빨리, 급히, 돌연(abruptly), 급속히. (2)꼭, 정각(exactly). (3) 높은 음조로, 반음 올려서 : You're singing ~. 자네 노래는 음조가 높네.

—*n.* ⓒ (1)사기꾼(sharper). (2)《美口》 전문가, 엑스퍼트(expert). (3)【樂】 올림표, 샤프(#).
~s and flats (피아노·오르간의) 검은 키.
—*vt., vi.* (1)【樂】 (음)을 반음 올리다 ; 반음 높게 노래 〈연주〉 하다(《英》 sharpen). (2)《俗》 속이다, 협작하다.

˙sharp·en [ʃɑ́ːrpən] *vt.* (1)…을 날카롭게 하다 ; 뾰족하게 하다 〈깎다〉 : ~ a knife 칼을 갈다 / ~ a pencil 연필을 뾰족하게 깎다. (2) a](식욕·통증등)을 격심하게〈강하게〉 하다. b](감각 등)을 예민하게 하다, 영리하게 하다. (3)(말 따위)를 신랄하게 하다. (4)【樂】 반음 올리다. — *vi.* 날카로워지다, 격해지다. 파) **~·er** *n.* ⓒ 가는〈깎는〉 사람〈기구〉 : a pencil ~*er* 연필깎이 / a knife-~*er* 칼 가는 숫돌.

sharp·er [ʃɑ́ːrpər] *n.* ⓒ 사기꾼, 전문적인 노름꾼.

sharp-eyed [ʃɑ́ːrpáid] *a.* (1)눈이 날카로운, 눈치 빠른 : a ~ detective 눈이 매서운 형사. (2)관찰력이 예리한, 민첩한.

sharp·ie [ʃɑ́ːrpi] *n.* ⓒ 《美》 (1)빈틈없는 사람 (2)사기꾼.

sharp·ish [ʃɑ́ːrpiʃ] *a.* 《口》 다소 예민한〈날카로운〉, 좀 높은, 좀 빠른. — *ad.* 급하게, 빨리, 즉시.

:sharp·ly [ʃɑ́ːrpli] *ad.* (1)날카롭게(keenly). (2)세게, 직렬하게, 호되게, 심하게, 마구, 뚜렷이, 몹시. (3) 급격하게 ; 날쌔게. (4)빈틈없이, 민첩하게. (5)뚜렷이.

sharp-nosed [ˊnóuzd] *a.* (1)코끝이 뾰족한. (2) 후각이 예민한 : a ~ dog.

sharp-set [ˊsèt] *a.* (1)몹시 시장한〈굶주린〉. (2)

끝이 날카로운.

sharp·sight·ed [∸sáitid] *a.* 눈이 날카로운, 눈치 빠른 ; 빈틈 없는.

sharp-tongued [∸tʌ́ŋd] *a.* 입정이 사나운, 말이 신랄한, 독설을 내뱉는.

sharp-wit·ted [∸wítid] *a.* 빈틈없는, 민첩한 ; 머리가 예민한, 재기가 날카로운.

sharpy [ʃɑ́ːrpi] =SHARPIE.

shat [ʃæt] SHIT 의 과거·과거 분사.

:shat·ter [ʃǽtər] *vt.* (1)…을 산산이 부수다, 분쇄하다, 박살내다. (2)(건강·신경 따위)를 해치다, 못쓰게 만들다 : (희망 따위)를 꺾다, 좌절시키다, 파괴하다. (3)〔종종 受動으로〕《口》…을 지치게 하다. — *vi.* 부서지다, 산산조각이 나다, 깨지다, 손상시키다 ; 못쓰게 되다.

— *n.* (흔히 *pl.*) 파편, 깨진 조각 : break into ~*s* 분쇄하다.

shat·tered [ʃǽtərd] *a.* (1)산산조각이 된 : a ~ cup. (2)손상된, 망가진 : ~ nerves 손상된 신경. (3)기겁을 한, 놀란 : He was ~ by the news. 그 소식에 그는 충격을 받았다. (4)《英》 기진맥진한.

shat·ter·proof [∸prùːf] *a.* (유리 따위가) 깨져도 산산조각이 나지 않는.

:shave [ʃeiv] (*~d ; ~d, shav·en* [ʃéivən]) *vt.* (1)(수염)을 깎다, 면도하다 ; (잔디 따위)를 짧게 깎다 : ~ one's face =~ oneself 면도하다. (2) a]…을 대패질하다, 깎다 ; 밀다 ; 깎아내다《*off*》 : ~ (*off*) thin slices 얇은 조각으로 깎아내다. b](치즈 등)을 얇게 뜨다. (3)(자동차 등이) …을 스칠 듯 지나가다, 스치다 (graze). (4)(값)을 조금 깎다. — *vi.* 수염을 깎다, 면도하다 : He does not ~ every day. 그는 매일 면도하지는 않는다. (2)스치다.

— *n.* (1) ⓒ (흔히 *sing.*) 면도하기, 수염깎기(shaving) : have a ~ 수염을 깎(아 달래)다. (2)(a close ~로) 간신히 모면하기, 위기 일발. (3) ⓒ 깎아낸 조각〈부스러기〉, 대팻밥 : beef ~*s* 얇게 저민 쇠고기. by a close〈narrow, near〉 ~ 간신히, 아슬아슬하게. clean ~ 깨끗이 수염을 깎음.

shav·er [ʃéivər] *n.* ⓒ (1)깎는〈면도하는〉 사람 ; 이발사. (2)깎는 도구 ; 전기 면도기(electric razor). (3)《稀》《口》 애송이, 사내아이(boy). (4)《美》 고리대금 업자 ; 사기꾼.

˙shav·ing [ʃéiviŋ] *n.* (1) ⓤ 깎음, 면도 ; 깎아냄. (2)(*pl.*) 깎아낸 부스러기, 대팻밥.

sháving brùsh 면도솔.

sháving crèam 면도용 크림.

Shaw [ʃɔː] *n.* **George Bernard** ~ 쇼《영국의 극작가·비평가 ; 1856-1950 ; 略 : G.B.S.》.

˙shawl [ʃɔːl] *n.* ⓒ 숄, 어깨걸이 : wear a ~ 숄을 두르다〈걸치다〉.

Shaw·nee [ʃɔːníː] (*pl.* **~, ~s**) *n.*(1)(the ~s) (미국 중동(中東)부에 살았던) 쇼니족(族)《Algonquin 족의 하나》. (2) ⓤ 쇼니어(語).

:she [ʃiː ; 보통 弱 ʃi] (*pl.* ***they***) *pron.* 그녀는〈가〉《3인칭 여성 단수 주격의 인칭대명사 ; 소유격·목적격은 her ; 소유대명사는 hers》 : My sister says ~ likes to read. 누이는 독서를 좋아한다고 말한다.

— (*pl.* **~s** [-z]) *n.* ⓒ 여자 ; 암컷, (경멸)계집 : Is your baby a he or a ~? 아기는 사내냐 계집애냐.

— *a.* 〔限定的; 複合語〕 암컷의 : a ~-rabbit 암토끼 / a ~-cat 암고양이 ; 짓궂은〈앙칼진〉 여자.

s / he [ʃíːhìː] *pron.* 그(녀)는, 그(녀)가《he or she, she or he ; nonsexist의 사용어 (使用語)》.

˙sheaf [ʃiːf] (*pl.* ***sheaves*** [ʃiːvz] *n.* ⓒ (곡식·서류 등의) 단, 묶음, 다발, 한 다발《*of*》 : a ~ *of* papers 서류 한 묶음 / a ~ *of* wheat 밀 한 다발.

˙shear [ʃiər] (*~ed,* 《方·古》 ***shore***[ʃɔːr] ; *~ed, shorn* [ʃɔːrn]) *vt.* (1)《~+目/+目+前+名》 (큰가위로양털 따위)를 베다, 잘라내다, 치다 ; 깎다. (2)(모직물 따위의 보풀)을 베어 내다. (3)《+目+前+名》〔흔히 受動으로〕 (권력 따위를) …에게서 빼앗다, …로부터 박탈〈탈취〉하다《*of*》 : be *shorn* of one's authority 권한을 빼앗기다. (4)【機】(케이블 등)을 절단하다. — *vi.* (케이블 따위가) 잘리다.

— *n.* (1)(*pl.*) 큰 가위《흔히 a pair of ~s》 ; 원예용가위 ; 전정 가위 ; 전단기(剪斷機). (2) ⓒ (양의) 털 깎은 횟수 : (양의) 나이. 파) **~·er** [ʃíərər] *n.* ⓒ 베는〈깎는〉 사람 ; 양털 깎는 사람 ; 전단기.

˙sheath [ʃiːθ](*pl.* **~s** [ʃiːðz, ʃiːθs]) *n.* ⓒ (1)칼집 ; (연장의) 집, 덮개. (2)콘돔(condom).

sheathe [ʃiːð] *vt.* (1) …을 칼집에 넣다〈꽂다〉. (2)(보호를 위해) …을 덮다, 싸다, 씌우다. (3)상자에 넣다(담다). ~ the sword 칼을 칼집에 넣다.

sheath·ing [ʃíːðiŋ] *n.* ⓤ (1)칼집에 꽂기. (2)(보호용의) 덮개 ; 피복(被服) 재료.

sheave [ʃiːv] *n.* ⓒ 활차〈고패〉 바퀴 ; 도르래 바퀴.

She·ba [ʃíːbə] *n.* 【聖】 시바《아라비아 남부의 옛왕국》. ***the Queen of ~*** 【聖】 시바의 여왕《Solomon 왕의 슬기와 위대함에 감복해서 가르침을 청한 여왕 ; 열왕기 上》.

she·bang [ʃibǽŋ] *n.* (the whole ~으로) 《美口》 모조리, 깡그리 : blow up *the whole* ~ 깡그리 망치다.

:shed[1] [ʃed] (*p.*, *pp.* ~ ; **~·ding**) *vt.* (1)(눈물·피 등)을 흘리다 : ~ tears 〈sweat〉 눈물〈땀〉을 흘리다 / ~ blood 피를 흘리다, 유혈의 참사를 빚다. (2)(잎·씨 따위)를 떨어뜨리다 ; (뿔·껍질·깃털 ·잎 따위)를 갈다, 벗다 ; (옷)을 벗다, 벗어 버리다(leave off) : Trees ~ their leaves in fall. 나무는 가을에 잎이 떨어진다. (3)《~+目/+目+前+名/+目+副》 (빛·열·향기 등)을 발(산)하다, 퍼뜨리다, 풍기다(diffuse) : These lilacs ~ sweet perfume. 이 라일락은 향기가 좋다. (4)《英》 (트럭 따위가 잘못해 짐)을 떨어뜨리다. (5)(천 따위가 물)이 스며들지 않다, (물)을 튀기다(repel). (6)(영향 따위)를 주위에 미치게 하다, 주다(impact)《*on*》 : He ~*s* confidence wherever he goes. 그는 어디를 가나 남에게 신뢰감을 준다.

— *vi.* 탈모(脫毛)〈탈피〉하다, 털갈이하다 ; 껍질〈허물〉을 벗다 ; (잎·씨 등이) 떨어지다.

˙shed[2] *n.* ⓒ (1)헛간, 광 ; 가축 우리 : a cattle ~ 가축 우리. (2)차고, 격납고 : a bicycle ~ / a train ~ 열차 차고.

sheen [ʃiːn] *n.* ⓤ (또는 a ~) 번쩍임, 광휘, 광채(brightness) ; 광택, 윤(luster).

sheeny [ʃíːni] (***sheen·i·er ; -i·est***) *a.* 광택 있는, 윤나는 ; 빛나는.

:sheep [ʃiːp] (*pl.* ~) *n.* (1) ⓒ 양, 면양 : a flock of ~ 한 떼의 양. (2) ⓤ 양가죽, 양피(羊皮). (3)겁쟁이, 마음 약한 사람 ; 어리석은 사람. (4)〔集合的〕 교구민, 신자(【cf.】 shepherd). ***a lost*** 〈***stray***〉 ~ 【聖】 길 잃은 양, 정도(正道)를 벗어난 사람《예레미야 L : 6》. ***a wolf in ~'s clothing*** 【聖】 양의 가죽을 쓴 이리, 착한 사람의 가면을 쓴 악인《마태복음 Ⅶ : 15》. ***separate the ~ from the goats*** 【聖】 선인과

악인을 구별하다《마태복음 XXV : 32》.
sheep-dip [ˊdìp] *n.* (1) ⓤ 세양액(洗羊液)《기생충 구제(驅除)용》. (2) ⓒ 세양조(洗羊槽).
sheep·herd·er [ˊhə̀:rdər] *n.* ⓒ 《美》 양 치는 사람(shepherd).
sheep·ish [ʃí:piʃ] *a.* 양같은, (양처럼) 마음이 약한, 수줍어하는, 겁 많은,얼뜬, 무서워 쩔쩔매는. 파) **~·ly** *ad.* **~·ness** *n.*
shéep's èyes 《口》 곁눈질, 추파 : cast〈make〉 ~ at ... 《口》 …에(게) 추파를 던지다〈곁눈질하다〉.
sheep·shear·er [ˊʃìərər]*n.* ⓒ 양털깎는 사람〈기계〉.
sheep·shear·ing [ˊʃìəriŋ] *n.*(1)ⓤ 양털 깎기. (2)양털 깎는 시기〈축제〉.
sheep·skin [ˊskìn] *n.* (1) ⓤ 양가죽, 무두질한 양가죽. (2) ⓒ 양가죽 제품《외투·모자 따위》. (3) ⓤ 양피지. (4) ⓒ 양피지 서류, 《美口》 졸업 증서(diploma).
:sheer[1] [ʃiər] (***~·er ; ~·est***) *a.* (1)(천·피륙이)얇은 ; (내)비치는(diaphanous). (2)〔限定的〕 순전한, 단순한(mere), 완전한, 전적인 : a ~ waste of time 순전한 시간 낭비. (3)(낭떠러지 등이)깎아지른 듯한(perpendicular), 험준한, 수직의 : a ~ drop of 100 feet to the water 수면까지 100피트의 수직 낙하 거리. — *ad.* (1)완전히, 순전히, 아주 ; 정면〈정통〉으로. (2)수직으로, 똑바로 : fall ~ down 300 feet, 300피트 아래로 곤두박질하다. — *n.* (1) ⓤ 얇고 비치는 피륙. (2) ⓒ 그 옷.
sheer[2] *vi.* (1)(배 따위가 충돌을 피해) 갑자기 방향을 바꾸다《*away* ; *off*》. (2)(싫은 사람·화제 등을) 기피하다《*away* ; *off*》.
:sheet[1] [ʃi:t] *n.* ⓒ (1)시트, 요위에 까는 천, (침구 따위의) 커버, 홑이불. (2)(플레이트(plate)보다 얇은 유리·쇠 베니어판 따위의) 얇은 판, 박판 : a ~ of glass〈iron〉판유리〈철판〉 한 장. (3)…장〈매〉 ; 한 장의 종이 ; (서적·인쇄물·편지·신문 따위의) 한 장 : two ~*s* of paper 종이 두 장. (4)(눈·물·불·색(色) 따위의) 넓게 퍼진면, 질펀함, 온통…, 일대(-帶) : a ~ of water 질펀한 물 / a ~ of fire 불바다 / A thick ~ of ice had formed all over river. 강은 온통 두껍게 결빙되어 있었다. (5)(암석·흙·얼음 따위의) 얇은 층〈켜〉. (6)(흔히 *pl.*) 매엽지(枚葉紙)《인쇄용 사이즈로 된 종이》 : (설계 따위의) 도면; (우표의) 시트 ; 인쇄물 ; 《口》 신문, 정기 간행물《따위》 : a proof ~ 교정쇄. ***a clean ~*** 전과가 없는〈선량한〉 사람. (***as***) ***pale*** 〈***white***〉 ***as a ~*** 새파랗게 질리어, 백지장같이 되어. blank ~ 백지 ; 백지같은 마음〈사람〉. clean ~ 전과없는. get between the ~s 자다. ***in ~s*** 1)【製本】 제본하지 않고, 인쇄한 채로. 2)(비·안개가) 몹시.
— *a.* 〔限定的〕 박판(薄板) 모양의 : ~ glass 박판 유리. — *vt.* (1)…에 시트를 깔다, 시트〈홑이불〉로 덮다. (2)〔종종 受動으로〕 …을 온통 (뒤)덮다. — *vi.* (비가) 몹시내리다.
sheet[2] *n.* ⓒ 【海】 (1)아딧줄, 시트. (2)(*pl.*) (이물〈고물〉의) 공간, 자리. ***three ~s in the wind*** 《口》 고주망태가 되어.
sheet·ing [ʃí:tiŋ] *n.* ⓤ (1)시트감. (2)(피복용)판금.
shéet lìghtning 【氣】시트 방전(放電), 판(板)번개.
she-goat [ʃí:gòut] *n.* ⓒ 암염소.【cf.】 hegoat.
sheik, sheikh [ʃi:k, ʃeik] *n.* ⓒ (아라비아인 ·이슬람교도의) 가장, 족장, 촌장 ; 교주, 수장《경칭으로도 씀》. 파) **ˊ·dom** *n.* ⓒ ~의 영지(領地).
shek·el [ʃékəl] *n.* ⓒ (1)셰켈《1) 옛 유대의 무게·은화의 단위. 2)이스라엘의 통화 단위 : 기호 IS》. (2)(*pl.*) 《口》 금전(money), 부(富).
shel·drake [ʃéldrèik] (*pl.* ***~s***, 〔集合的〕 ~ ; *fem.* ***shel·duck*** [-dʌ̀k], *fem. pl.* ***~s***, 〔集合的〕 ~) *n.* ⓒ 【鳥】 혹부리오리, 황오리.
:shelf [ʃelf] (*pl.* ***shelves*** [ʃelvz]) *n.* ⓒ (1)선반, 시렁. (2)선반 하나 분량의 책 : a ~ of books. (3) a】(벼랑의) 바위턱(edge). b】암초, 모래톱,(sand bank). 여울목 ; 대륙붕(continental ~). ***off the ~*** (재고가 있어) 언제든 살 수 있어. ***on the ~*** 《口》 1)(사람이) 일이 없어, 놀고 있어. 2)(여자가) 혼기를 놓쳐.
shélf lìfe (약·식품 등의) 재고 가능 기간, 저장 수명.
shélf màrk (도서관의) 서가(書架) 기호.
:shell [ʃel] *n.* (1) ⓤⓒ a】(달걀·조개 따위의)껍질, 조가비(sea ~) : an egg ~ 달걀 껍질 / a snail ~ 달팽이 껍데기. b】(거북의) 등딱지(tortoise ~). c】(과일·씨 따위의) 딱딱한 외피〈겉껍데기〉, 껍질, 깍지 : a nut ~ 호두 껍질. (2) ⓒ a】포탄, 유탄(榴彈). b】《美》 약협(藥莢), 탄피 ; 포탄의 파편 : a tear ~ 최루탄. (3) ⓒ (내실이 없는) 외관, 겉보기. (4) ⓒ a】(건물·탈것 등의) 뼈대, 외곽(틀) ; 선체 ; 차체 : the ~ of a house 집의 뼈대. b】(혼백이 나간 인간의) 껍데기 : a mere ~ of a man 의욕을 상실한 껍데기만의 남자. (5) ⓒ (셸형(shell 型)의) 경주용 보트. (6)【物】 (전자의) 껍질. ***come out of*** one***'s ~*** 마음을 터놓다. ***draw***〈***go, retire***〉 ***into*** one***'s ~*** 《口》 자기의 조가비 속으로 들어가 버리다, 입을 다물다.
— *vt.* (1)…에서 껍데기〈깍지·꼬투리〉를 벗기다 ; 껍데기〈깍지〉에서 끄집어 내다 : ~ eggs 달걀 껍질을 벗기다 / ~ peas 콩깍지를 까다.
(2)…을 포격하다(bombard). — *vi.* (1)(껍질·껍데기 따위가) 벗어지다, 벗겨지다. (2)포격하다.
:she'll [ʃi:l, 弱 ʃil] she will〈shall〉의 간약형.
shel·lac [ʃəlǽk] *n.* ⓤ 셸락 (도료). — (*p.*, *pp.* ***-lacked ; -lack·ing***) *vt.* (1)…에 셸락을 바르다. (2)《美俗》(몽둥이 등으로)…을 묵사발이 되도록 패주다.
shel·lack·ing [-kiŋ] *n.* ⓒ (흔히 *sing.*) 《美》 구타 ; 참패.
shell·back [ʃélbæ̀k] *n.* ⓒ (1)늙은〈노련한〉 선원. (2)《口》 배로 적도를 횡단한 사람.
shelled [ʃeld] *a.* (1)〔複合語로〕 껍질이 있는 : a hard-~ crab. (2)껍데기〈깍지〉를 벗긴 : ~ beans.
shell·er [ʃélər] *n.* ⓒ (1)껍질〈깍지〉 벗기는〈까는〉 사람(기계) : 탈곡기. (2)조가비 수집가.
shell·fire [ˊfàiər] *n.* ⓤⓒ 【軍】 포화(砲火).
'shell·fish [ˊfiʃ] *n.* ⓤⓒ 조개 ; 갑각류(甲殼類)《새우·게 따위》.
shell·proof [ʃélprù:f] *a.* 방탄(성)의, 포격(폭격)에 견디는.
shell-shocked [ˊʃɑ̀kt/ ˊʃɔ̀kt] *a.* 【醫】 포탄(탄환) 충격의, 전쟁 노이로제의.
shell·work [ˊwə̀:rk] *n.* ⓤ 조가비 세공.
shelly [ʃéli] (***shell·i·er ; -i·est***) *a.* (조개) 껍질이 많은〈로 덮인〉 ; (조개) 껍질 같은.
:shel·ter [ʃéltər] *n.* (1) ⓒ 피난 장소, 은신처 ; 대합실 : 【軍】 대피호, 방공호(air-raid ~) : a bus ~ (차양 있는) 버스 정류장. (2) ⓒ 차폐물, 엄호물 : a

~ from the sun 해가리개, 차양. (3) ⓤ 보호, 비호, 옹호(protection) : give⟨provide, offer⟩ a person ~ 아무를 보호해 주다. (4) ⓤ 차폐 ; 피난(refuge) : get under ~ 대피하다. (5) ⓤ (비바람을 피하는)오두막, 숙소, 집, 주거 : food, clothing and ~ 의식주《※ 우리와 순서가 다르나 영어는 이 순서로 말함》.
— *vt.* 《~+目/+目+前+名》 …을 숨기다, 감추다 ; 비호⟨보호⟩하다(shield) : ~ a person for the night 아무를 하룻밤 재워주다. — *vi.* (1)《~/+前+名》숨다, 피난하다 ; (해·바람·비 따위를) 피하다《*from* ; *in* ; *under*》 : ~ *from* the rain (under a tree)(나무 밑에서) 비를 피하다. (2)(부모·윗사람 등의) 비호에 의지하다《*under* ; *behind*》.
파) **~·less** *a.* 숨을 데가 없는, 피난할 곳이 없는 ; 보호⟨의지⟩할 데 없는.

shel·ter·belt [-bèlt] *n.* ⓒ 방풍림(防風林).

shel·tered [ʃéltərd] *a.* (1)(장소가) 비바람에서지켜주는. (2)(사람·생활이 위험 등에서) 보호받는, 보호된, 지켜지고 있는. (3)(장애자·노인에게) 사회복귀의 장소·기회를 주는.

shélter tènt 《美》 (2인용의) 개인 천막.

ˈ**shelve** [ʃelv] *vt.* (1) a]…을 시렁⟨선반⟩에 얹다⟨두다⟩. b]…에 선반을 달다. (2)(해결 따위)를 미루다, 보류하다, 무기 연기하다 ; 깔아 뭉개다, (의안 따위)를 묵살하다. (3)…을 퇴직⟨해임⟩시키다(dismiss). □ shelf *n.*

ˈ**shelves** [ʃelvz] SHELF 의 복수. 《*up* ; *down*》.

shelv·ing [ʃélviŋ] *n.* ⓤ (1)선반의 재료. (2)〔集合的〕 선반, 시렁. (3) 무기연기, 보류.

she·moz·zle [ʃimázəl/ -mɔ́zəl] *n.* ⓒ (흔히 *sing.*) 《英俗》 (1)소동, 난장판. (2)뒤죽박죽, 혼란.

she·nan·i·gan [ʃinǽnigən] *n.* ⓒ 《口》 (흔히 *pl.*) (1)장난, 허튼소리. (2)사기, 속임수.

She·ol [ʃíːoul] *n.* ⓒ 《Heb.》 저승, 황천 (Hades).

:**shep·herd** [ʃépərd] (*fem.* **~·ess** [-is]) *n.* ⓒ (1)양치는 사람, 양치기, 목야자, (양을) 치다. (2) a]목사(pastor). b](정신적) 지도자, 교사. c](the (Good) S-) 착한목자, 예수 그리스도. — *vt.* (1)(양)을 지키다, 보살피다, 기르다. (2)《~+目/+目+前+名》 …을 이끌다, 안내하다(guide) : ~ a crowd *into* a train 여러 사람을 안내해 열차에 태우다.

shépherd's chéck ⟨**pláid**⟩ (1)흑백 격자 무늬. (2)그런 천.

shépherd's cróok(끝이 굽은)목양자의 지팡이.

Sher·a·ton [ʃérətən] *n.* ⓤ 셰라턴 양식《영국의가구 설계사 T. Sheraton(1751-1806) 이름에서》.

sher·bet [ʃə́ːrbit] *n.* ⓤⓒ 셔벗《과즙을 주로 한빙과》 ; 《英》 찬 과즙 음료; 소다수류.

sherd [ʃəːrd] *n.* =SHARD.

:**sher·iff** [ʃérif] *n.* ⓒ (1)《美》 군(郡) 보안관(군민이 선출하는 군 최고관리로 보통 사법권과 경찰권을 가짐). (2)《英》 주(州) 장관《county 또는 shire의 치안과 행정을 집행하는 행정관; 현재는 high sheriff라 하며 명예직》.

sher·pa [ʃɛ́ərpə, ʃə́ːr-] (*pl.* **~, ~s**) *n.* ⓒ 셰르파사람《티베트의 한 종족; 등산인의 포터로 많이 활약》.

sher·ry [ʃéri] *n.* ⓤⓒ 셰리《스페인산 백포도주》 : 일반적으로 백포도주.

:**she's** [ʃiːz, 弱 ʃiz] she is ⟨has⟩의 간약형.

shib·bo·leth [ʃíbəliθ, -lèθ] *n.* ⓒ (1) 【聖】 시볼렛《적대하던 두 종족이 Sh [ʃ] 음의 발음을 할 수 있는지 없는지를 시험해 적을 식별하던 말》. (2) a](출생국·계급 등을 알아보기 위한) 변말. b](어떤 계급 특유의) 은어 ; 관습, 말투. (3)진부한 문구, 관습.

:**shield** [ʃiːld] *n.* ⓒ (1)방패. (2)보호물, 방어물, 차폐물 ; 후원자, 보호⟨옹호⟩자. (3)보호, 보장. (4)원자로를 싸는 차폐물. (5)방패 꼴 ; (기계 따위의) 호신판(護身板) ; 방패꼴의 트로피 ;【工】(터널 등을 팔 때 갱부를 보호하는) 실드, 받침대. (6)【紋章】(방패 모양의) 바탕 ; 《美》 경찰관의 기장(記章). both sides of the ~ 방패의 양면, 사물의 안팎. — *vt.* (1)《~+目/+目+前+名》 …을 감싸다, 보호하다(protect) ; 수호하다, 막다《*from*》 : ~ a person *from* danger 아무를 위험에서 지키다.

:**shift** [ʃift] *vi.* (1)《~/+副/+前+名》 이동하다, 자리를 옮기다⟨바꾸다, 뜨다⟩ She ~*ed about* for many years. 그녀는 여러 해 동안 여기저기 옮겨 살았다. (2)《+前+名》 (방향이) 바뀌다. (3)(장면·상황·성격 따위가) 바뀌다, 변화하다. (4)《美》 (자동차의) 기어를 바꿔 넣다, 변속하다 ; (타자기의) 시프트 키를 누르다. (5)더럼이 없어지다. (6)《~/+前+名》 이리저리 변통하다 ⟨둘러대다⟩, 꾸려나가다(manage) : ~ *through* life 이럭저럭 살아가다.
— *vt.* (1)《~+目/+目+前+名/+目+副》 …을 이동시키다, 옮기다, 전위(轉位)하다 : ~ a burden *to* the other shoulder 짐을 다른 어깨로 옮기다. (2)(방향·위치·장면 등)을 바꾸다, 변경하다, 변화시키다 : ~ one's opinion 의견을 바꾸다. (3)《+目+前+名》 (책임 등)을 …에게 전가하다. (4)《美》 (자동차의 기어)를 바꿔 넣다, 변속하다. (5)《~+目/+目+前+名》 (더럼 등)을 제거하다, 없애다(remove) : ~ the dirt 먼지를 치우다. ***~ for*** one***self*** 자기 힘으로 꾸려 나가다, 자활하다 : He had to ~ *for himself* since his father died. 부친 사망 후 그는 자력으로 살아가야 했다. ***~ off*** (책임 따위)를 남에게 전가하다, 회피하다 ; (의무)를 미루다. — *n.* ⓒ (1)변천, 추이 ; 변화, 변동 ; (장면·태도·견해의) 변경, 전환 : ~*s* in fashion 유행의 변천 / ~*s* in policy 정책의 변화. (2)(근무의) 교체, 교대(시간) ; 교대조(組): work in three ~*s*, 3 교대제로 일하다 (3 교대제 조업의) 야간 교대(조)《0시부터 8시까지》. (3)(종종 *pl.*) 임시 변통⟨방편⟩, 둘러대는 수단(expedient) ; 속임수, 술책(trick) : The villagers were living by ~(*s*). 마을 사람들은 그럭저럭 살고 있었다. (4)【言】 음성의 추이. (5)(농작물의) 윤작, 돌려짓기 : ~ of crops. (6)시프트드레스(~ dress)《어깨에서 직선으로 내려오는 여성복》 ; (바이올린 켤 때의) 왼손 놀림⟨이동⟩. (7)【野】 수비 위치의 이동. (8)【컴】 밀기, 시프트《데이터를 우 또는 좌로 이동시킴》. ***make*** (***a***) ***~*** 그럭저럭 꾸려 나가다 ; 변통하다.

shíft kèy (타자기·컴퓨터 따위의) 내문사를 씩을때 누르는 타자기의 키, 시프트 키, 윗 (글)쇠.

shift·less [ʃíftlis] *a.* 속수 무책의 ; 변변치 못한, 주변머리 없는, 무능한, 기력없는 ; 게으른(lazy). 파) **~·ly** *ad.* **~·ness** *n.*

shifty [ʃífti] (***shift·i·er*** ; ***-i·est***) *a.* 책략이⟨재치가⟩ 풍부한 ; 교활한, 못믿을, 농간을 잘 부리는 ; 엉터리의, 부정직한 : a ~ look 교활한 시선.
파) **shíft·i·ly** *ad.* **-i·ness** *n.*

shill [ʃil] *n.* ⓒ 《美俗》 (도박장 등의) 야바위꾼, 한통속. — *vi.* (…의) 바람잡이 노릇을 하다.

:**shil·ling** [ʃíliŋ] *n.* ⓒ(1)실링《영국의 화폐 단위 ; 1/20 pound=12 pence에 상당 ; 略 : s. ; 1971년 2월 15일 폐지됨》 ; 1 실링의 백통전. (2)실링《영국령 동아프리카의 화폐 단위 ; 略 : Sh.》.

shil·ly-shal·ly [ʃíliʃæ̀li] *a.* 《口》 결단을 못 내 리는(irresolute), 망설이는, 우유부단한.
— *n.* ⓤ 주저, 망설임, 우유부단. — *vi.* 망설이다, 결단을 못내리고 우물쭈물하다, 주저하다.

shim [ʃim] *n.* ⓒ 틈새를 메우는 나무〈쇠〉, 돌, 쐐기. — (***-mm-***) *vt.* …에 쐐기를 박다.

˙shim·mer [ʃímər] *n.* ⓤ (또는 a ~) 어렴풋한빛, 가물거리는 (불)빛, 미광(微光). — *vi.* (1)희미하게 반짝이다, 빛나다, 가물거리다. (2)아른거리다.

shim·my [ʃími] *n.* ⓒ 《美》 (1)(자동차 앞바퀴의)이상 진동. (2)시미《제1차 세계대전 후에 유행한 몸을 떨며 추는 재즈 춤의 일종》.
— *vi.* (1)몹시 흔들리다. (2)시미춤을 추다.

˙shin [ʃin] *n.* ⓒ 정강이. — (***-nn-***) *vi.* (1)《+前+名》 기어오르다《*up*》. (2)《+前+名/+副》 부여잡고 내려오다《*down*》: ~ *down* the drainpipe 홈통을 붙들고 내려오다. ~it = ~ off 《美》 헤어지다, 떠나가다.

shin·bone [ʃínbòun] *n.* ⓒ 【解】 정강이뼈.

shin·dig [ʃíndìg] *n.* ⓒ 《口》 (1)떠들썩하고 흥겨운 모임〈파티〉 ; 무도회. (2)=SHINDY.

shin·dy [ʃíndi] *n.* ⓒ 《英口》 소동 ; 싸움, 옥신각신.

⁝shine [ʃain] (*p.*, *pp.* ***shone***) *vt.* (1)《~+目/+目+前+名》 …을 빛나게〈번쩍이게〉 하다 ; 비추다 ; (불빛·거울 등)을 어떤 방향으로 돌리다 : *Shine* your flashlight on my steps. 회중전등으로 발 밑을 비추어 주게. (2) (*p.*, *pp.* ***~d***)(구두·쇠장식·거울 따위)를 닦다(polish), 광을 내다 : I had my boots ~*d*. 구두 를 닦아 달랬다. — *vt.* (1)《~/+前+名/+副》 빛나다, 번쩍이다, 비치다 : (홍분·기쁨으로 얼굴이) 밝다 : The moon ~*s* bright(ly). 달이 환하게 비친다. (2)《+前+名/+*as* 補》 이채를 띠다, 눈에 띄다, 두드러지다, 빼어나다(excel) ; 반짝 띄다, 돋보이다 : ~ in speech 연설을 뛰어나게 잘하다. (3)(성질·감정 등이) 확연히 나타나다, 완연하다. ***~ up to*** = ***~ round*** 《美俗》 …의 환심을 사려 들다, (여자)에게 추파를 보내다. — *n.* (1) ⓤ(또는 a ~) a]빛(남), 광휘(brightness). b]찬란〈화려〉함. (2)(a ~) a]윤, 광(택). b]구두에 광내기 : give one's shoes *a* ~ 구두에 광을 내다. ***come rain or ~*** =(***in***) ***rain or ~*** =RAIN. make〈kick up〉 a ~ 소동을 일으키다. put a good ~ on …을 잘닦다. ***take a ~ to*** 〈***for***〉 《口》 …에 한눈에 반하다. ***take the ~ out of*** 〈***off***〉 1)…의 광택을 지우다. 2)…을 무색하게 하다, 볼품 없게 만들다.

shin·er [ʃáinər] *n.* ⓒ (1)빛나는 물건 ; 번쩍 띄는 인물. (2)《口》 시퍼렇게 멍든 눈.

˙shin·gle[1] [ʃíŋgəl] *n.* ⓒ (1)지붕널, 지붕 이는 판자 ; That roofs had ~*s* missing. 지붕에 널이 몇장 빠져있다. (2)《美口》 (의사·변호사 등의) 작은 간판. (3)(여성 머리의) 싱글커트, 치켜 깎기. — *vt.* (1)…을 지붕널로 이다. (2)(머리)를 싱글커트하다.

shin·gle[2] *n.* ⓤ 〔集合的〕 (해안·강기슭의) 조약돌《사실(gravel)보다 큰》, 자갈 ; (*pl.*) 조약돌이 깔린 해변.

shin·gles [ʃíŋgəlz] *n.* ⓤ 【醫】 대상포진(帶狀疱疹).

shin·gly [ʃíŋgli] *a.* 자갈〈조약돌〉이 많은, 자갈투성이의 : a ~ beach 자갈이 많은 해변.

shín guàrd (흔히 *pl.*) 정강이받이《하키·야구 캐처용의》.

shin·ing [ʃáiniŋ] *a.* 〔限定的〕 (1)빛나는, 번쩍이는, 반짝반짝하는 : ~ eyes 반짝이는 눈. (2)화려한, 두드러진, 탁월한, 뛰어난. ***improve each*** 〈***the***〉 ***~ hour*** =HOUR.

shin·ny[1] [ʃíni] *n.* ⓤ 시니《하키 비슷한 경기》 ; ⓒ 그것에 쓰는 클럽〈타구봉〉.

shin·ny[2] *vi.* 《美口》 (나무 등에) 기어오르다《*up*》.

˙shiny [ʃáini] (***shin·i·er ; -i·est***) *a.* (1) a]빛나는 ; 번쩍이는, 윤나는. b]날씨가 (청명한) 해가 쬐는. (2)오래 입어 반들반들한, 번들거리는《옷 따위》.

⁝ship [ʃip] *n.* ⓒ (1)배, 선박《흔히 돛·동력으로 움직이는 항해·수송용의 대형 선박을 이름 ; 광의로는 일반적인 배도 가리킴》 : a cargo ~ 화물선 / a merchant ~ 상선. (2)(레이스용) 보트. (3)항공기, 비행선 ; 우주선(spaceship). (4) 〔集合的 ; 單·複數 취급〕 (배의) 승무원 전체. ***jump ~*** (선원이) 배 에서 도망치다. ***run a tight ~*** 완전히(잡고) 지배하다. ***when*** one***'s ~ comes home*** 〈***in***〉 돈이 생기면, 돈을 벌면, 운이 트이면.
— (***-pp-***) *vt.* (1)《~+目/+目+前+名》 …을 배로 보내다 ; 배에 싣다 《*off* ; *out*》 : The corn was ~*ped to* Africa. 곡물은 배로 아프리카에 수송됐다. (2)《美》 (철도·트럭 따위로) …을 수송〈발송〉하다 : ~ cattle by rail 소를 철도로 수송하다. (3)(사람)을 …에 전속시킨다 ; 쫓아 버리다《*off*》. (4)(배가 파도)를 뒤집어 쓰다. — *vi.* (1)배를 타다, 승선하다(embark) : ~ from San Francisco 샌프란시스코에서 승선하다. (2)《+前+名》 선원으로 일하다.

-ship *suf.* (1)형용사에 붙여 추상명사를 만듦: hard*ship*. (2)명사에 붙어 '상태, 신분, 직, 수완' 등을 나타내는 추상명사를 만듦 : scholar*ship*.

ship·board [⌐bɔ̀ːrd] *n.* ⓤ 배. 〔다음 成句로만〕 ***on ~*** 배 위〈안〉에(서) : go *on* ~ 승선하다.
— *a.* 〔限定的〕 배에서의 : ~ life 선상 생활.

shíp brèaker 선박 해체업자.

ship·build·er [⌐bìldər] *n.* ⓒ 조선업자, 조선 기사 ; 조선회사.

ship·build·ing [⌐bìldiŋ] *n.* ⓤ 조선학〈술〉 ; 조선업, 조선.

ship·load [⌐lòud] *n.* ⓒ (한 배분의) 적하량《*of*》.

ship·mas·ter [⌐mæ̀stər, ⌐màːs-] *n.* ⓒ 선장.

ship·mate [⌐mèit] *n.* ⓒ (같은 배) 동료 선원 ; (낯선 선원 사이에 부르는) 친근한 호칭.

ship·ment [ʃípmənt] *n.* (1) ⓤⓒ 배에 싣기, 선적 ; 출하, 수송, 발송 :urgent ~ of the products by air 항공편에 의한 제품의 긴급 발송 / articles ready for ~ 출하 준비가 된 물품. (2) ⓒ 적하(積荷), 선하, 선적량, 뱃짐.

ship·own·er [⌐òunər] *n.* ⓒ 선박 소유자, 선주.

ship·per [ʃípər] *n.* ⓒ (1)화주. (2)운송업자.

⁝ship·ping [ʃípiŋ] *n.* ⓤ (1)해운업, 선박회사, 해상 운송업. (2)선적(船積), 적하, 적송 ; 운송, 수송: the ~ of oil from the middle East 중동으로부터의 석유 수송. (3)〔集合的〕(한 나라·한 항구의) 선박 ; 선박톤수.

shípping àgent 해운업자, 선박 회사 대리점.

ship·shape [⌐ʃèip] *a.* 〔敍述的〕 정돈된, (질서)정연한, 깨끗한, 다정한 : keep everything ~ 모는 것을 말끔히 정리해두다. — *ad.* 정연하게, 깔끔하게.

ship-to-ship [ʃíptəʃíp] *a.* (미사일 등) 함대함(艦對艦)의 : a ~ missile.

ship·worm [⌐wəːrm] *n.* ⓒ 【貝】 좀조개《목조 선박에 붙어 큰 피해를 줌》.

˙ship·wreck [⌐rèk] *n.* (1) ⓤⓒ 난선(難船), 난파, 배의 조난 사고 : suffer ~ 난파하다. (2) ⓒ 난파선. (3) ⓤ 파멸, 파괴 ; 실패 : All our hopes were ~*ed* by the bad news. 그 흉보로 우리의 모

든 희망은 물거품이 됐다. — *vt.* (1)〔흔히受動으로〕 …을 조난〈난선〉시킨다〈하다〉 : a ~*ed* vessel 난파선 / They were ~*ed off* the coast of the Cape of Good Hope. 그들은 희망봉 앞바다에서 조난당했다. (2)〔흔히 受動으로〕 (사람·희망등)을 파멸시키다〈하다〉 (destroy).

ship·wright [⌐ràit] *n.* ⓒ 조선공(造船工), 선공(船工), 선장(船匠), 배대목.

shire [ʃáiər] *n.* (1) ⓒ (영국의) 주(州) (county) ; SHIRE HORSE. (2)(the S-s) 영국 중부 지방《shire로 끝나는 이름을 가진 여러 주(州), 특히 여우 사냥으로 유명한 Leicestershire 따위》. the knight of the ~《英史》 주 선출 대의원.

shíre hòrse 샤이어《영국 중부 지방산의 크고 힘센 짐마차 말》.

shirk [ʃəːrk] *vt.* 《~+目/+-*ing*》 (책임·일·의무등)을 회피하다 ; 기피하다 ; 꾀부리다, 게으름 피우다 : ~ military service 징병을 기피하다. — *vi.* 《~/+副/+前+名》 책임을 피하다 ; 빈들거리다. ~ away (off, out) 살금살금 빠져나가다. 파) **⌐·er** *n.* ⓒ 책임회피자, 빈들거리는 사람.

shirr [ʃəːr] *n.* =SHIRRING. — *vt.* 【服飾】 …에 셔링을 달다, 주름잡아 꿰매다 ; 【料】 달걀을 깨어 버터바른 얇은 접시에 고르게 담아 익히다.

파) **~·ing** [ʃə́ːriŋ] *n.* ⓒ 【服飾】 셔링《폭이 좁은 장식주름》.

:shirt [ʃəːrt] *n.* ⓒ (1)와이셔츠《※ 와이셔츠는 white shirt에서 온 말이며 영어로는 그냥 shirt라함》 : He was wearing a ~ and tie. 그는 와이셔츠에 넥타이를 매고 있었다. (2)칼라 및 커프스가 달린 블라우스. (3)내의. ***bet*** one***'s ~*** 확신하다, 꼭 …이라고 생각하다《*on*》. ***give*** (***away***) ***the ~ off*** one***'s back*** 《口》 (가진 것을) 다 주어 버리다. ***keep*** one***'s ~ on*** 《俗》〔흔히 命令法으로〕 냉정을 유지하다 : ***Keep your ~ on !*** ***lose*** one***'s*** ~ 《口》 (경마·투자 등으로) 무일푼이 되다. ***put*** 〈***bet***〉 one***'s ~ on*** … 《口》 (경마 따위)에 돈을 몽땅 걸다.

shírt frònt 와이셔츠의 앞가슴, (떼었다 붙였다하는) 셔츠의 가슴판(dickey).

shirt·sleeve [ʃírtslìːv] *n.* ⓒ 와이셔츠 소매. ***in***(one***'s***) ***~s*** 상의를 벗고, 와이셔츠 바람으로.

shirt-sleeve(s) [⌐slìːv(z)] *a.* (1) **a**]상의를 입지 않은, 와이셔츠 바람의 : ~ spectators 와이셔츠 바람의 관중. **b**](상의를 벗어도 좋을 만큼) 따뜻한. (2)비공식의, 약식의 ; 직접적인 ; 노골적인, 형식에 매이지 않는(informal) : ~ diplomacy (격식에 구애되지 않는) 비공식 외교. (3)실제적인 일을 하는, 실무를 보는.

shirt·tail [⌐tèil] *n.* ⓒ 셔츠 자락.

shirt·waist [⌐wèist] *n.* ⓒ 《美》 (1)(여성용의 와이셔츠식) 블라우스. (2)앞으로 열리는 원피스.

shirty [ʃə́ːrti] (***shirt·i·er ; -i·est***) *a.* 《英口》 기분이 언짢은, 시무룩한, 성난, 토라진, 기분상한.

shit [ʃit] (*p.*, *pp.* ***⌐·ted, ~, shat*** [ʃæt] ; ***⌐·ting***) *vi.* 똥을 누다.

— *vt.* (1) …에 대변을 보다, 똥누다. (2) **a**]〔再歸的〕 무의식 중에 똥을 지리다. **b**](똥을 지릴만큼) 전전긍긍하다. — *n.* (1) **a**]ⓤ 똥(dung), 대변. **b**]ⓤ (또는 a ~)똥을 눔 : have〈take〉 *a* ~ 대변을 보다. **c**](the ~s) 설사. (2) ⓤ 허튼소리, 되잖은 짓거리. (3) ⓒ 똥쌀 놈. (4)(a ~) 〔흔히 否定·疑問文으로〕 하찮은 것 : *not* worth *a* ~ 아무짝에 못 쓰다. ***beat*** 〈***kick, knock***〉 ***the ~ out of*** a person 《俗·卑》 (아무)를 때려누이다, 두들겨 패다. ***in the ~*** 《俗·卑》 몹시 곤란해, 난처해. ~ on 밀고하다. ~ on one's own doorstep 귀찮은 일을 자초하다.—*int.* (노여움·초조함을 나타내어) 빌어먹을, 제기랄.

shit·ty [ʃíti] (***shit·ti·er ; -ti·est***) *a.* 《卑》 싫은, 불쾌한; 진절머리나는, 따분한 ; 비열한, 심술궂은 : I feel ~. 불쾌하다.

:shiv·er[1] [ʃívər] *vi.* 《~/+前+名》 (추위·흥분·공포 따위로) 와들와들〈후들후들〉 떨리다, 전율하다 (tremble): ~ *with* cold 추위로 덜덜 떨다 . — *n.* (1) ⓒ 몸서리 ; 떨림 : A ~ ran down my back. 등골이 오싹했다. (2)(the ~s) 오한, 전율 : have *the* ~*s* 오한이 나다 / give a person the ~ s …을 떨게하다.

shiv·er[2] *n.* ⓒ (흔히 *pl.*) 조각, 파편. ***in ~s*** 산산조각이 나서. — *vt.*, *vi.* 산산이 부수다; 부서지다, 깨지다.

shiv·er·ing·ly [ʃívəriŋli] *ad.* 벌벌떨면서.

shiv·ery [ʃívəri] *a.* (1)(사람이 추위·공포로) 떠는, 오싹하는. (2)(날씨가)오슬오슬 추운 : a ~ winter day 추운 겨울날.

˙shoal[1] [ʃoul] *n.* ⓒ 얕은 곳, 여울목 ; 모래톱, 사주.

shoal[2] *n.* ⓒ (1)(물고기 따위의) 떼《*of*》 : a ~ *of* salmon 연어 떼. (2)다량, 다수《*of*》 : ~*s of* people 많은 사람들. ***in ~s*** 떼를 지어 : The refugees come *in* ~*s*. 피난민들이 떼지어 몰려온다.

shoal·ly [ʃóuli] *a.* 얕은 곳〈여울〉이 많은.

:shock[1] [ʃak/ʃɔk] *n.* (1) ⓤⓒ (충돌·폭발·지진등의) 충격 ; 진동(concussion) : the ~ of an earthquake 지진의 진동. (2) ⓤⓒ (정신적인) 충격, 쇼크, 타격 : die of ~ 충격으로 죽다 / give a terrible ~ to a person 아무에게 큰 타격을 주다. (3) ⓤ 【醫】 쇼크, 진탕증(震湯症). (4) ⓤⓒ 전기 충격, 감전. (5)(*pl.*) 《口》 =SHOCK ABSORBER.

— *vt.* (1)《~+目/+*to* do /+目+前+名/+*that* 節》 〔흔히 受動으로〕 …에 충격을〈쇼크를〉 주다〈일으키다〉 ; 깜짝 놀라게 하다. (2)《+目+前+名》 충격을 주어 …하게 하다 ; …을 어이없게 만들다, 화나게 하다. (3) …을 감전(感電)시키다 : get ~*ed* 감전되다.

shock[2] *n.* 〔흔히 a ~ of hairs로〕 흐트러진 머리털, 엉클어진 털(의) : a boy with *a* ~ *of* red hairs.

shock[3] *n.* ⓒ 낟가리《벼·옥수수 따위의》.

— *vt.* …을 낟가리로 하다.

shóck absòrber 【機】 (자동차·비행기 따위의) 완충기, 완충장치, 쇼크앱소버.

shock·er [ʃákər/ʃɔ́k-] *n.* 《口》 (1)오싹 놀라게 하는 사람〈것〉. (2)선정적인 소설〈극·영화〉.

shock·head·ed [ʃákhèdid/ʃɔ́k-] *a.* 머리털이 부스스한, 봉두 난발의.

˙shock·ing [ʃákiŋ/ʃɔ́k-] *a.* (1)충격적인, 소름끼치는, 쇼킹한 : a ~ accident 충격적인 사고. (2)고약한, 괘씸한 ; 망측한, 발칙한 : ~ conduct 망측한 행동. (3)아주 조잡한, 형편없는 : a ~ dinner 형편 없는 식사. (4)〔副詞的〕 몹시, 지독히(shockingly).

shock·ing·ly [⌐li] *ad.* (1)놀랄정도로, 몹시 : ~ rude behavior 발칙할 정도로 버릇없는 행동. (2)《口》 말도 안되게, 지독하게 : It's ~ expensive. 그건 엄청나게 비싸다.

shock·proof [ʃákprùːf/ʃɔ́k-] *a.* (시계·기계가) 내진(耐震)(성)의, 충격에 견디게 만든.

shóck stàll 【空】 충격파(波) 실속(失速).

shóck tàctics (1)【軍】 집단 기병대(騎兵隊) 공격 ; 급습전술. (2)급격한 행동〈동작〉.

shóck tròops 【軍】 기습 부대, 돌격대.

shóck wàve (1)【物】 충격파(波). (2)(대사건등의) 충격, 파문, 여파 : The crime sent ~*s* throughout the country. 그 범죄는 온 나라에 충격을 주었다.

shod·dy [ʃádi/ʃɔ́di] *n.* ⓤ (1)재생 털실 ; 재생 모직물(로 만든 것). (2)싸구려 물품, 가짜 물건, 모조품. — (***-di·er ; -di·est***) *a.* (1)재생 털실〈모직물〉의. (2)겉만 번드레한, 날림의 : ~ merchandise 모조품, 가짜. 파) **shód·di·ly** *ad.* **-di·ness** *n.*

:shoe [ʃuː] *n.* ⓒ (1)(흔히 ~*s*) 신, 구두 ; 《英》 단화(《美》 low ~s). 【cf.】 boot[1]. 『 this ~ 이 구두 한 짝. (2)편자(horse-shoe). (3)소켓, 끼우는 쇠. (4)(브레이크의) 바퀴멈추개, 브레이크슈. ***die with*** one***'s ~s on*** =***die in*** one***'s ~*** 횡사하다 ; 교수형에 처해지다. ***fill*** 〈***stand***〉 a person***'s ~s*** 아무를 대신하다. ***in*** a person***'s ~s*** 아무의 입장이 되어, 아무를 대신하여. ***put*** one***self in*** 〈***into***〉 a person***'s ~s*** 아무의 입장이 되어 생각하다. ***shake*** 〈***shiver***〉 ***in*** one***'s ~s*** 벌벌 떨다, 흠칫거리다. ***step into*** a person***'s ~s*** 아무의 후임자로 들어앉다. ***where the ~ pinches*** 어려운〈난처한〉 일.
—(*p.*, *pp.* ***shod*** [ʃɑd/ʃɔd], ***shoed***) *vt.* (1) a]…에 구두를 신기다. b](말)에 편자를 박다. (2)…에 쇠테〈쇠굴레〉를 끼우다 ; 물미〈마구리〉를 달다〈붙이다〉 《*with*》 : a stick *shod with* iron. 끝에 물미를 댄 지팡이.

shoe·black [´blæ̀k] *n.* ⓒ (거리의) 구두닦이(사람).

shoe·horn [´hɔ̀ːrn] *n.* ⓒ 구둣주걱.

shoe·lace [´lèis] *n.* ⓒ 구두끈(shoestring).

˙shoe·mak·er [´mèikər] *n.* ⓒ 구두 만드는〈고치는〉 사람, 제화공.

shoe·mak·ing [´mèikiŋ] *n.* ⓤ 구두 만들기 〈고치기〉.

shoe·shine [´ʃàin] *n.* ⓒ 《美》 구두닦기 ; 닦은 구두의 윤 : a ~ boy 구두닦이 소년.

shoe·string [´strìŋ] *n.* ⓒ 구두끈(shoelace). ***on a ~*** 《口》 적은 자본으로 : live *on a* ~ 근근히살(아 가)다. — *a.* 〔限定的〕 (1)길고 가느다란. (2)(돈·자금등이) 적은, 가까스로의 : a ~ budget 궁핍 예산.

shoe·tree [´trìː] *n.* ⓒ 구둣골.

:shone [ʃoun/ʃɔn] SHINE 의 과거·과거분사.

shoo [ʃuː] *int.* 쉬이 !, 쉿 ! 《새 따위를 쫓는 소리》. — *vt.* 쉬이 하다, …을 쉬이하며 쫓다《*away* ; *out*》.

shoo-in [ʃúːìn] *n.* ⓒ 《美口》 (1)당선〈우승〉이 확실한 후보자〈경기, 선수〉. (2) (선거의) 낙승.

:shook SHAKE 의 과거.

:shoot[1] [ʃuːt] (*p.*, *pp.* ***shot*** [ʃɑt/ʃɔt] *vt.* (1) 《~+目/+目+前+名/+目+副》 (총·화살을)쏘다, 발사하다 : ~ a rifle 발포하다 / ~ an arrow *into* the air〈*at* the target〉 공중〈과녁〉을 향해 활을 쏘다. (2)《~+目/+目+前+名》 (빛 따위)를 발하다, 내(쏘)다, 향하다, (광선을) 방사하다 ; (시선·미소 등)을 던지다, 돌리다 : ~ a light *on* the stage 무대에 조명을 비추다 / ~ a glance *at* a person 아무를 흘끗 보다. (3)《+目+前+名》(질문·말 따위)를 연거푸 퍼붓다, 연발하다. (4)(구슬치기에서 구슬)을 튀기다, 던지다 ; (축구·농구 따위에서 공)을 차〈던져〉 넣다 ; (득점)을 올리다. (5)《~+目/+目+前+名》 (주사위)를 던지다 ; (팽이)를 던지다 ; (짐 따위)를 들어 던지다 ; 내(어)던지다 ; (쓰레기 따위)를 (왈칵) 버리다, 비우다 : ~ an anchor 닻을 내리다 / ~ a fishing net 투망(投網)하다. (6)《~+目/+目+副/+目+前+名》(초목이 새싹·가지)를 뻗게 하다《*out* ; *forth*》 ; (혀·입술·팔 등)을 내밀다《*out*》 ; (셔츠의 소매 등)을 쑥 잡아 빼다 : ~ one's cuffs. (7)(빗장 따위)를 지르다 : ~ a bolt to shut a door 문을 닫으려고 빗장을 지르다〈꽂다〉. (8)《~+目/+目+補/+目+前+名/+目+副》 …을 사살하다, 총살하다 ; (사냥감)을 쏴 죽이다 ; (비행기)를 격추하다《*down*》 : ~ a bird 새를 쏘(아 죽이)다 / ~ a person *to* death 아무를 사살하다. (9)총알〈화살〉로 상처를 입히다. (10)…의 사진을 찍다(photograph), 촬영하다 : ~ a western 서부극을 촬영하다. (11)(어느 지역)을 사냥하다. (12)(급류)를 쏜살같이 내려가다, 재빨리 지나가다 ;《俗》 (신호)를 무시하고 내달리다. (13)《俗》 (마약을 정맥)에 주사하다《*up*》.
— *vi.* (1)《~/+前+名》 사격하다, 쏘다《*at*》 : ~ *at* a target 표적을 향해 쏘다 / Don't ~! 쏘지 마. (2)총사냥하다 : He went ~*ting*. 그는 사냥하러 갔다. (3)《~+副》 (총에서) 튀어나가다〈발사되다〉, 총을 쏘다 : Can you ~ a bow? 활 쏠 줄 아니. (4)《~/+副/+前+名》 분출하다, 세차게 나오다〈흐르다〉 ; 화살같이 …하다, 질주하다, 힘차게 움직이다 ; (빛이) 번쩍하고 빛나다 ; (통증·쾌감 등이) 짜릿하고 지나다 : Flames *shot up from* the burning house. 불타는 집에서 불길이 확 치솟아 올랐다. (5)사진을 찍다 ; 촬영하다, 촬영을 개시하다. (6)《+副》 (초목이) 싹트다, 발아하다, 싹이 나오다 ; 아이들이 쑥쑥 자라다 ; (물가 등이) 갑자기 급등하다《*out* ; *forth*》 : Buds ~ *forth* in (the) spring. 봄엔 싹이 난다. (7)《+副/+前+名》 돌출하다, 내밀다, 튀어 나오다《*out*》 ; 치솟다, 우뚝 솟다《*up*》 : a cape that ~*s out into* the sea 바다에 돌출한 곶(岬). (8)(빗장이) 걸리다, (자물쇠가) 채워지다. (9)(골을 향해 공을) 차다, 던지다, 슛하다. (10)《~/+前+名》 욱신욱신 쑤시다〈아프다〉 : A sharp pain *shot through* 〈*up*〉 me. 격통이 온몸에 퍼졌다. (11)《口》 〔命令形〕(할 말을) 거침없이 하다. ***I'll be shot if....*** 〔강한 否定·否認〕 …이면 내 목을 쳐라, 절대로 아니다, 그게 사실이면 내 목을 주마. ***~ after*** 《美口》 급히 뒤쫓다. ***~ ahead of*** 《美口》 (자동차 등이) 날쌔게 앞서다. ***~ down*** 1)(사람)을 쏴죽이다 ; 쏘아 떨어뜨리다. 2)(토론 등에서)(상대)를 철저히 논파하다 ; (제안 등)을 단호히 거절하다; 끽소리 못하게 하다. ***~ from the hip*** 성급히〈지레 짐작으로〉 말하다〈행동하다〉. ***~ it out*** 총격으로 결말을 짓다. ~ one***'s bolt*** ⇨ BOLT. ~ one***'s mouth off*** 《口》 1)함부로 지껄이다. 2)지껄이다가 비밀을 말해버리다. ***~ the breeze*** 〈***bull***〉 잡담을 하다(chat). ***~ the works*** 철저하게 하다. ***~ up*** 1)마구 쏘아대다, 위협사격하다. 2) 싹이 트다 ; (어린이·초목 등이) 쑥쑥 자라다 ; (물가가)급등하다. 3)우뚝 솟다.
— *n.* ⓒ (1)a]사격, 발사 발포, b]《美》(우주선·로켓 등의) 발사. (2)사격 대회 ; 《英》 유렵회(遊獵會). (3)어린 가지, 새싹, 새로나온 가지 : the tender ~*s* in spring 초봄의 새싹. (4) =CHUTE. ***the whole ~*** 《俗》 이것 저것 다, 모두.

shoot[2] *int.* (놀람·후회 등을 나타내어) 쳇.

shoot- em-up [ʃúːtəmʌ̀p] *n.* ⓒ 《美口》 총격 전 ; 유혈 장면이 많은 영화 〈TV〉.

shoot·er [ʃúːtər] *n.* ⓒ (1)사수, 포수 ; 사냥꾼 (2)연발총 ; 권총(revolver), …총 : a six ~, 6연발

총.

:shoot·ing [ʃúːtiŋ] *n.* (1) ⓤ 사격, 저격, 발사; 총사냥, 총렵(권). (2) ⓤⓒ 쿡쿡쑤시는 아픔. (3) ⓤ (영화)촬영(shot) : outdoor ~ 야외 촬영.

shóoting màtch (1)사격 대회. (2)(the whole ~로) 《口》 무엇이건 모두, 모조리, 모든 것, 전부, 일체.

shoot·out [∠àut] *n.* ⓒ(1) 《口》(결판을 내는) 총격전 ; 결전. (2)《美》【蹴】 승부차기.

:shop [ʃɑp/ʃɔp] *n.* (1) ⓒ a]가게, 상점 ; 소매점. 《※ 주로 《英》 에서 쓰임 ; 《美》 에서는 store가 일반적이나 flower ~.gift ~, curiosity ~ 등으로 한정된 고급품을 파는 가게에 쓰임》 : open a ~ 가게를 열다 〈시작하다〉. b]전문점 ; (백화점 등의) 특선 상품 매장. (2) ⓒ 공장, 일터 ; 작업장, 제작소. (3)ⓤ 자기의 전문 ; 직업상 일 ; 전문 분야의 이야기 : Cut the ~!일 이야기는 집어쳐. (4)《英俗》 (자기의) 직장, 일터, 근무처. (5)《美》 a]ⓒ (초등·중학교의) 공작실. b]ⓤ (교과목으로서의) 공작 : do well in ~ 공작성적이 좋다. ***all over the ~*** 《英口》 1)여기 저기, 도처에〈를〉. 2)난잡하게, 지저분하게, 어지러 놓아. ***close ~*** =shut up ~ 1)문을 닫다. 2)가게를 걷어 치우다. 3)《口》 활동을 그만두다. ***come*〈*go*〉 *to the wrong ~*** 《口》 엉뚱한 사람에게 부탁하러 오다〈가다〉. ***keep ~*** 가게를 지키다. ***set up ~*** 개업하다, 가게를 차리다, 가게를 내다. ***shut up ~*** 1)(밤에) 가게 문을 닫다. 2)가게를 그만두다, 폐점하다. 3)일(따위)를 그만두다. smell of the ~ 전문가인체 하다, 지나치게 전문적이다. — (***-pp-***) *vi.* 물건을 사다, 장보러 가다 : go ~*ping* 장보러 가다, 쇼핑가다.

— *vt.* (1)《英俗》 …을 밀고하다, 찌르다. (2)《美口》 (물건 사러 가게)를 찾다. ***~ around*** 1) (사기 전에) 몇 가게를 돌아다니다. 2)(싼·물건·투자 대상 등)을 물색하다, 찾아다니다 《*for*》.

shóp assìstant 《英》 (소매점의) 점원(《美》 salesclerk).

shop·boy [∠bɔ̀i] *n.* ⓒ 점원.

shóp flòor 《英》 (the ~) (경영자와 구별하여) 노동자의 작업장〈일터〉.

shop·girl [∠gə̀ːrl] *n.* ⓒ 여점원, 여자 판매원.

:shop·keep·er [∠kìːpər] *n.* ⓒ 《英》 가게 주인 ; 소매 상인(《美》 storekeeper).

shop·keep·ing [∠kìːpiŋ]*n.*ⓤ 소매업,소매상.

shop·lift [∠lìft] *vt., vi.* (가게 물건을) 훔치다, 슬쩍하다. 파) **~·er** *n.* ⓒ (가게에서) 물건 후무리는 사람, 들치기.

shop·per [ʃɑ́pər / ʃɔ́pər] *n.* ⓒ (1)(물건)사는 손님. (2)《英》 큰 쇼핑백. (3)《英俗》 밀고자.

:shop·ping [ʃɑ́piŋ/ʃɔ́p-] *n* (1) ⓤ 쇼핑, 물건사기, 장보기, 가게(장)구경 : do one's ~ 쇼핑하다, 물건을사다.

shóp·ping-bag làdy [-bæ̀g-] 《美》 전재산을쇼핑 백에 넣고 떠돌아다니는 여성.

shópping càrt 《美》 (슈퍼 마켓 등의) 손님용의 손수레.

shópping màll 《美》 (자동차를 못들어오게 하는) 보행자 전용 상점가.

shóp stèward (노동 조합의) 직장 대표.

shop·talk [∠tɔ̀ːk] *n.* ⓤ (1)(직장 밖에서의) 장사〈직업〉 이야기. (2)장사 〈직업〉 용어.

shop·walk·er [∠wɔ̀ːkər] *n.* ⓒ 《英》 (백화점 등에서) 판매장 감독(《美》 floorwalker).

shop·win·dow [∠wìndou] *n.* ⓒ 가게의 진열창 (show window).

shop·worn [∠wɔ̀ːrn] *a.* 《美》 (1)상품이 오랫동안 진열되어 찌든(《英》 shop-soiled) : a sale of ~ goods at half price 재고품의 반액 세일. (2)신선미를 잃은, 진부한.

sho·ran [ʃɔ́ːræn] *n.* ⓒ (*or* S-) 【空】 쇼랜《단거리 무선 항법 장치》, 쇼랜항법. 【cf.】 loran.

:shore[1] [ʃɔːr] *n.* (1)ⓒ (바다·강·호수의) 물가, 기슭, 해안(지방), 해변 : the ~ of the sea 해안 / walk along ~ of a lake 호숫가를 거닐다. (2) ⓤ (바다에 대하여) 육지. (3) ⓒ(흔히 *pl.*) 나라, (특정한) 토지. ***off ~*** 난바다에. go〈come〉 on ~ 상륙하다. ***on ~*** 육지에, 상륙해. 【opp.】 *on the water, on board.* 『 go〈come〉 *on* ~ 상륙하다.

shore[2] *n.* ⓒ 지주(支柱), 버팀대(prop)《건조·수리 때의 건물·선체 등의》. — *vt.* (1) …을 지주로 받치다. (2)(통화·가격·체제 등)을 유지하다, 강화하다 《*up*》.

shóre dìnner 《美》 해산물 요리.

shore·less [∠lis] *a.* (1)(상륙할) 해안이 없는. (2)끝없는 : ~ waters 끝없는 바다.

shore·ward [ʃɔ́ːrwərd] *ad.* 해안〈육지〉 쪽으로, 물가 쪽으로. — *a.* 해안쪽〈으로〉의.

shorn [ʃɔːrn] SHEAR 의 과거분사.

— *a.* (1)(낫 따위로) 베어낸, 잘라〈깎아〉낸 ; 빼앗긴. (2)〔敍述的〕 …을 빼앗긴《*of*》 : a dictator ~ *of* his power 권력을 박탈당한 독재자.

:short [ʃɔːrt] (***∠·er ; ∠·est***) *a.* (1)짧은《길이·거리·시간 등이》(【opp.】 *long*) : a ~ time 〈distance〉 단시간〈거리〉 / a ~ walk〈trip〉 단거리의 보행〈여행〉 / at a ~ distance 가까이에 / a ~ time ago 조금 전에 / in his ~ life 그의 짧은 생애에. (2)간결한, 간단한 : ~ terms 간결한 말 / to make a long story ~ 간단히 말하면. (3)(키 등이) 작은(【opp.】 *tall*) : a ~ man 키 작은 사람. (4)불충분〈부족〉한, 모자라는(insufficient) ; 주머니 사정이 나쁜. (5)성마른, 퉁명스러운, 무뚝뚝한《*with*》 : a ~ answer 무뚝뚝한 대답. (6)(숨결· 맥박이) 빠른 : ~ of breath 숨이 차서. (7)(지식 ·견해·시력 등이) 얕은, 좁은, 약한. (8)〔限定的〕 (술 따위에) 물을 타지 않은 ; 작은 글라스에 따른: a ~ drink(작은 잔에 따른) 독한 술 / Let's have something ~. 한잔 쭉 들이켤까. (9) 【商】 (어음 등이) 단기의; 【證】 공매(空賣)의 : a ~ contract 【證】 공매 계약 / ~ credit 단기 신용 대부. (10)【音聲】 단음의 : a ~ vowel 단모음.

come(fall) ~ of 부족하다, 〈기대에〉 어긋나다 ; 그치다. ***in the ~ run*** 간단히 말하면. ***make ~ work of*** …을 후다닥 해치우다. ***nothing* 〈*little*〉 *~ of*** 아주〈거의〉 …한 : *nothing* ~ *of* marvelous 아주 기적적인. ***~ and sweet*** 《口》 간결하고 요령 있는 : Keep it ~ *and sweet*, please. (말씀) 간결하게 부탁합니다. ***~ of...*** 1)…이하의, …에 못 미치는. 2)…에 부족한. 3)…까지는 안 가고, …하지 못하고; …을 제하고, 따로치고.

—(***∠·er ; ∠·est***) *ad.* (1)간단히, 짤막하게(briefly): speak ~ / cut a rope ~. (2)쌀쌀하게, 냉담하게, 무뚝뚝하게. (3)갑자기, 별안간(suddenly). (4)미치지 않아, 바로 앞에 : The arrow landed ~. 화살이 미치지 못했다. ***be taken ~*** 갑자기 뒤가 마렵다. break ~ off 뚝하고 부러뜨리다(꺾이다). ***come* 〈*fall*〉 *~ of*** …에 미치지〈달하지〉 못하다 ; (기대 따위)에 어긋나다. ***cut ~*** 1)…을 줄이다, 단축하다 : to *cut* a long story ~ 간단히 말하면. 2)…을 중단하

다. ***go ~*** (***of***) …없이 해나가다. ***run ~*** 1)없어지다 : We've *run* ~ of oil. 기름이 떨어졌다. 2)바닥나다, 부족하다《*of*》: The supply of food is *running* ~ *of* (what we need). 식량 보급이 줄어들고 있다. ***sell ~*** 1)【證】 공매(空賣)하다. 2)…을 얕보다. ***~ of*** 1)…을제외하고, …을 별문제로 하고 : *Short of* theft, I'll do anything for you. 도둑질 빼고는 널 위해 무엇이든 하겠다. 2)…하지 않는 한. 3)…의 이쪽〈못미처〉에.

— *n.* (1) ⓒ 단편 영화 〈소설〉 ; (신문·잡지의) 짧은 기사. (2) ⓒ 【商】 공(空)거래 ; 공거래하는 사람〈투기꾼〉. (3) ⓒ 【音聲】 단음절(short syllable), 단음(short sound). (4)(*pl.*) 짧은 바지. (5) ⓒ 【野】 유격수. (6) ⓒ 【電】 단락(短絡)(~ circuit). (7) ⓒ(위스키 등) 화주(火酒)(의 한 잔) : He only takes ~*s*. 그는 독한 술만 마신다. ***for ~*** 약하여. ***in ~*** 요컨대, 한마디로 말하자면 : *In* ~, It was a failure. 한마디로 말해, 그것은 실패였다. ***the ~ and*** (***the***) ***long*** 요점, 결국.

— *vt., vi.* 《口》 (1)=SHORT-CIRCUIT. (2)《美》 =SHORTCHANGE.

:short·age [ʃɔ́:rtidʒ] *n.* (1)ⓤⓒ 부족(不足), 고갈, 결핍(deficiency), 부족량〈액〉: a food ~ 식량난. (2)결점, 결함.

short·bread [⁴brèd] *n.* ⓤⓒ(버터를 잔뜩 넣은)쿠키 같은 과자.

short·change [⁴tʃéindʒ] *vt.* …에게 거스름돈을 덜 주다 ; 속이다 : That's the second time I've been ~*d* in that shop. 그 가게에서 거스름돈 덜 받은 게 두번째다.

shórt círcuit 【電】 단락, 쇼트.

short-cir·cuit [⁴sə́:rkit] *vt.* 【電】 (1)…을 단락(短絡)〈쇼트〉시키다 ; 누전시키다. (2)(복잡한 것)을 짧게〈간단히〉하다. (3)…을 방해하다, 망치다, 중단시키다.

˙short·com·ing [⁴kʌ̀miŋ] *n.* ⓒ (흔히 *pl.*) 결점, 단점, 모자라는 점 ; 결핍, 부족《※ fail과 같고 fault보다는 가벼움》: make up for one's ~*s* 단점을 보완하다.

short·cut [⁴kʌ̀t] *n.* ⓒ (1)지름길 : by a ~ 지름길로. (2)손쉬운 방법 : There is no ~ to success.

short-dat·ed [⁴déitid] *a.* (채권 등이)단기의.

˙short·en [ʃɔ́:rtn] *vt.* (1)…을 짧게 하다, 줄이다 : ~ trousers / ~ step 보폭을 줄이다 / ~ a story. (2)(쇼트닝을 넣어 과자 따위)를 바삭바삭하게 굽다. (3)【海】 (돛)을 줄이다, 감다(reef) : ~ sail.

— *vi.* 짧아지다, 줄다, 감소〈축소〉하다 : I felt the days were ~*ing* considerably. 해가 상당히 짧아진다고 느꼈다.

short·en·ing [ʃɔ́:rtniŋ] *n.* ⓤ (1)짧게 함, 단축. (2)【言】 생략(법), 단축(하) ; 생략어, 단축어. (3)쇼트닝.

short·fall [ʃɔ́:rtfɔ̀:l] *n.* ⓒ 부족액(不足額), 적자(deficit).

:short·hand [⁴hæ̀nd] *n.* ⓤ (1)속기 : take ~ 속기하다. (2)간략 기호법.

— *a.* 〔限定的〕 속기의〈에 의한〉 : a~ writer 속기사.

— *vt., vi.* 속기하다, 속기로 쓰다.

short-hand·ed [⁴hǽndid] *a.* 일손〈사람〉이 부족한.

shórt-haul [ʃɔ́:rthɔ̀:l] *a.* 〔限定的〕 (특히 항공편의) 단거리 수송의.

short·horn [⁴hɔ̀:rn] *n.* ⓒ 뿔이 짧은 소; Durham 종의 소.

short·ish [ʃɔ́:rtiʃ] *a.* 약간〈좀〉 짧은, 좀 간단한 ; 키가 좀 작은.

shórt lìst 《英》 선발 후보자 명단.

short-list [⁴lìst] *vt.* …을 선발 후보자 명단에 올리다.

˙short-lived [⁴lívd, ⁴láivd] *a.* (1)단명의 : ~ insects. (2)일시적인, 덧없는 : His joy and relief were ~. 그의 기쁨과 위안은 일시적이었다.

:short·ly [ʃɔ́:rtli] (***more ~ ; most ~***) *ad.* (1)곧, 이내, 즉시, 머지않아 : ~ before 〈after〉 three o'clock, 3시 조금 전〈후〉에. (2)간략하게, 짧게, 간단히 : to put it ~ 간단히 말하면, 요컨대. (3)냉랭하게, 무뚝뚝하게, 쌀쌀하게. (4)가까이에(서).

shórt òrder 《美》 (식당에서의) 즉석 요리(의 주문). ***in ~*** 즉시, 재빨리.

short-range [⁴réindʒ] *a.* (1)사정 거리가 짧은 ; 단거리의 : a ~ missile. (1)단기간의 : a ~ plan 〈project〉 단기 계획 / a ~ weather forecast 단기 일기 예보.

shorts [ʃɔ:rts] *n. pl.* (1)반바지, 쇼츠 : a pair of ~. (2)《美》 (남성용) 팬츠(underpants).

˙shórt shórt stòry 장편(掌篇) 소설.

:short·sight·ed [⁴sáitid] *a.* (1)근시(안)의 : He's very ~. 그는 심한 근시다. (2)근시적인 ; 선견지명이 없는. 【opp.】 *long*〈*far-*〉*sighted.* 파)**~·ly** *ad.* **~·ness** *n.*

short-spo·ken [⁴spóukən] *a.* (말이) 무뚝뚝한, 퉁명스런, 말수가 적은.

short-staffed [⁴stǽft, ⁴stá:ft] *a.* 직원〈요원〉부족의.

short·stop [⁴stɑ̀p/ ⁴stɔ̀p] *n.* (1) ⓒ 【野】 유격수, 쇼트, 스톱. (2) ⓤ 유격수의 위치 : play ~ 쇼트의 위치를 지키다.

shórt stóry 단편 소설. 【cf.】 novel[2].

short-tem·pered [⁴témpərd] *a.* 성마른, 불끈거리는.

short-term [⁴tə̀:rm] *a.* 단기의 : a ~ loan / The artificial heart is designed only ~ use. 인공 심장은 단기 사용만을 위해 설계되고 있다.

shórt tíme 【經】 조업 단축.

short-waist·ed [⁴wéistid] *a.* 허리선이 높은《옷이 어깨와 웨이스트 사이가 짧은 옷》.

short·wave [⁴wéiv] *n.* (1)ⓤ 【電】 단파. (2)ⓒ 단파 라디오〈송신기〉 : I used the ~ to get latest news then. 당시 나는 최신 뉴스를 알기 위해 단파 라디오를 썼다.

short-weight [⁴wéit] *vt.* …의 무게를 속여 팔다.

— *n.* (상품의) 중량부족

short-wind·ed [⁴wíndid] *a.* (1)숨이 찬, 숨가쁜. (2)(문장·이야기 따위가) 간결(簡潔)한, 짧은.

shorty [ʃɔ́:rti] *n.* ⓒ 《口》 (1)《蔑》 키 작은 사람, 꼬마. (2)짧은 옷《나이트 가운 따위》. — *a.* 〔限定的〕 (의복이) 기장이 짧은.

:shot[1] [ʃɑt/ʃɔt] (*pl.* **~, ~s**) *n.* (1) ⓒ **a)**발포, 발사 : take a ~ at …에게 발사되다. **b)**총성, 포성 : I heard a ~ just now. 방금 총성이 들렸다. **c)**(우주선·로켓 등의) 발사. (2) **a)**ⓤ 〔集合的〕 산탄(散彈). **b)**ⓤⓒ (옛날의) 포탄《shell과 달라 폭발 않음》: (경기용) 포환 : put the ~ 포환 던지기하다. (3) ⓤ 착탄 거리, 사정 : out of 〈within〉 ~ 사정 밖에〈안에〉. (4) ⓒ (흔히 *sing.*) 추측, 어림짐작 ; 시도(attempt) ; 빗댐 : have〈take, make〉 a ~ at …

을 어림짐작하다. (5) ⓒ (운동에서) 차기, 던지기, 치기: a penalty ~ 페널티 샷〈슛〉 /practice golf ~ 골프샷 연습을 하다. (6) ⓒ 총수(銃手) 사(격)수 (marksman) : ⇨ DEAD SHOT / He's a good 〈poor〉~. 그는 사격을 잘한다〈못한다〉. (7) ⓒ 【映·寫】 (영화·TV의) 쇼트《연속된 한 장면》 : ⇨ CLOSE 〈LONG〉SHOT. (8) ⓒ (술의) 한 잔 ; (주사 따위의) 한 대(dose). (9) ⓒ 《英》(술집의)술값. 〔다음 구(句)로〕: pay one's ~ 술값을 치르다. ◻ shoot *v.* ***a ~ across the bows*** (계획 중지의)경고. ***a ~ in the arm*** 팔뚝 주사 ; 자극물〈제〉 ; 《口》'활력소'. ***a ~ in the dark*** 막연한 추측. ***call the ~s*** 명하다; 좌지우지하다. ***like a ~*** 번개 같은 동작으로, 총알처럼 재빠르게 ; 즉시. ***not by a long ~*** 조금도 …않다.

shot² SHOOT의 과거·과거분사. — (***more ~ ; most ~***) *a.* (1)(보기에 따라 색이 변하게 짠) 양색(兩色) 직물의. (2)〔敍述的〕《口》 닳아서 낡은, (물건 등이) 아주 못쓰게 된 ; 몹시 지친. (3)〔敍述的〕(~ through로) …이 가득한, 충만한 : a sad story ~ *through* with humor 해학이 가득한 슬픈 이야기.

shótgun márriage 〈**wédding**〉 《口》 상대 처녀의 임신으로 마지못해 하는 결혼 ; 마지 못해하는 타협.

shot·put·ter [⌐pùtər] *n.* ⓒ 투포환 선수.

⁝should [ʃud; 弱 ʃəd] (should not의 간약형 ***should·n't*** [ʃúdnt]; 2 인칭·단수 《古》 ***shouldst*** [ʃudst; 弱 ʃədst], ***should·est*** [ʃúdist]) *aux. v.* (1)〔시제 일치에 따른 shall의 과거 ; 과거의 어느 시점에서 본 미래를 나타냄〕: I was afraid I ~ be late. 지각할까봐 걱정했다. (2)〔條件文의 歸結節〕 a)〔I〈we〉 ~로 현재 또는 미래의 일에 관한 상상을 나타냄〕 …할〈일〉 텐데 : I ~ be grateful if you could do it by tomorrow. 내일가지 해주신다면 고맙겠는데요. 《※ 《美》와 《英口》에서는 흔히 would를 씀》. b)I〈we〉 ~ have+過去分詞로 과거의 일에 관한 상상을 나타냄〕 …했을〈이었을〉 텐데. 《※《美》와 《英口》에서는 흔히 would를 씀》. (3)〔條件節에서 실현 가능성이 적은 일에 대한 가정·양보를 나타냄〕 만일 …하면 ; 설사 …하더라도. (4)〔의무·당연〕 a)…하여야 한다, …하는 것이 당연하다〈좋다〉, 마땅히 …이어야 한다 《ought to, must보다 뜻이 약하고, 흔히 권고에 가까움》 : You ~ love your neighbor. 사람은 (마땅히) 이웃을 사랑해야 한다. b)〔~ have+過去分詞로〕 …했어야 했는데 《실제와 반대였음을 나타냄》 : You ~ really *have been* more careful. 자넨 좀더 조심 했어야 했어. (5)〔기대·가능성·추측〕 a)…임〈함〉에틀림없다, 틀림없이 …일 것이다. b)〔should have+過去分詞〕 …했음〈었음〉에 틀림없다, …해 버렸을 거다 : He ~ *have arrived* at the office by now. 그는 지금쯤 회사에 도착해 있을 것이나. (6) a)〔why, how 따위와 함께 쓰여, 당연의 뜻을 강조하여〕 대체(어떻게, 어쌔서, 어니서 따위) …인가 ; …해야(만) 하나…하지 않으면 안된다, …하여서 나쁠 이유가 없다 : *Why* ~ you stay in Seoul in this hot weather? 이런 더위에 왜 서울에 남아있는가. b)〔who 〈what〉 ~ ...but_의 형식으로, 놀라움·우스움을 나타내어〕 (대체 —말고 누가〈무엇이〉〕 …이었을까 : *Who* ~ be there *but* Tom? 톰 말고 누가 거기에 있었겠나. c)〔흔히 ~ worry 형태로 ; 反語的〕 (걱정할) 필요가 있을까 : With his riches, he ~ *worry* about a penny! 그 사람 정도의 부(富)를 갖고서도 1페니를 걱정할 필요가 있을까. (7) a)〔놀라움·유감 따위를 나타내는 主節에 계속되는 that-節에서〕 …하다니, …이라니 : It is surprising *that* he ~ do a thing like that. 그가 그런 일을 하다니 놀라운 일이다. b)〔필요·당연 등을 나타내는 主節에 계속되는 名詞節에서〕 …하다, …하는 것은 〈이〉 : It is important *that* she ~ learn to control her temper.그녀는 자신의 감정을 억누를 수 있게 하는 것이 중요하다. c)〔요구·제안·의향·주장 ·결정 따위를 나타내는 主節에 계속되는 名詞節에서〕 …하는 것, …하도록 : I suggest *that* you ~ join us. 당신도 가담하실 것을 권하는 바입니다. (8) a)〔lest에 계속되는 從屬節에서〕 …하지 않도록 : We hid behind the trees *lest* they ~ see us. 그들에게 발견되지 않게 우리는 나무 뒤에 숨었다. 《※ 흔히 should를 생략함》. b)〔목적의 副詞節에 사용되어서〕 …하도록. (9)〔I ~로 말하는 사람의 의견·감정을 완곡하게 나타내어〕 (나로서는) …하고 싶지만, (나라면) …할텐데.

⁝shoul·der [ʃóuldər] *n.* (1) ⓒ 어깨 : He patted me on the ~. 내 어깨를 툭 쳤다. (2)(*pl.*) 견부(肩部), 어깨 부분 ; (책임을 짊어지는) 어깨 : bear a burden on one's ~*s* 〔비유적으로도〕 무거운 짐〈부담〉을 짊어지다. (3) ⓤⓒ 어깨살〈고기〉 《육식수(獸)의 앞다리 또는 전반부》 : a ~ of mutton 양의 어깨살고기. (4) ⓒ 어깨에 해당하는 부분 ; (옷·병·도구·현악기 따위의) 어깨 ; 어깨 모양의 것 ; 산마루의 아랫부분 ; 갓길《길 양옆 가장자리》 : the soft ~ (of a road) (도로의 포장이 안된) 갓길. (5) ⓒ 【軍】 (the ~) 어깨총의 자세 : come to *the* ~ 어깨총하다. ***a ~ to cry on*** 고민을 들어줄 사람. ***give*** 〈***show, turn***〉 ***the cold ~ to*** …을 냉대하다 ; …을 피하다. ***have broad ~s*** 1)어깨폭이 넓다. 2)무거운 책임을 감당하다, 믿음직하다. ***old head on young ~s*** ⇨ OLD. ***put*** 〈***set***〉 one***'s ~ to the wheel*** 한몫 거들다, 발벗고 나서다, 크게 애〈힘〉쓰다. ***put out*** one***'s ~*** 어깨뼈를 삐다. ***rub ~s with*** (명사 등)과 교제하다. ***~ to ~*** 어깨를 나란히하여, 협력 하여, 밀집하여. ***stand head and ~s above*** (***one's colleagues***)(동료)보다 한층 뛰어나다. — *vt.* (1)…을 짊어지다. 메다. (2)(책임 따위)를 떠맡다, 짊어지다 : ~ the responsibility〈expense〉. (3) a) 《+目+前+名》 …을 어깨로 밀다〈밀어헤치고 나아가다〉 : He ~*ed* his way to the front. 그는 앞쪽으로 비집고 나아갔다. b)《+目+補》 …을 어깨로 밀어 …하게 하다.

shóulder bàg 어깨에 메는 백.

shóulder bèlt (자동차 좌석의) 안전 벨트, 멜빵, 견대.

shoul·der-high [⌐hái] *ad., a.* 어깨 높이까지

shóulder hòlster 권총 장착용 견대(肩帶).

shóulder knòt (리본 또는 레이스의) 어깨 장식 ; 【軍】 정장(正裝) 견장.

shoul·der-length [⌐léŋkθ] *a.* (머리 따위가) 어깨까지 내려오는 (길이의).

shóulder pàd (여성복의) 어깨심, 패드.

⁝should·n't [ʃúdnt] should not의 간약형.

shouldst [ʃudst, 弱 ʃədst], [ʃúdist] *aux. v.* 《古》 shall의 제 2 인칭 단수형《주어가 thou일 때》.

⁝shout [ʃaut] *vi.* (1)《~ /+前+名 /+*to* do》 외치다, 소리〈고함〉치다, 큰 소리로 이야기하다 : ~ at the top of one's voice 목청껏 소리치다 / ~ at a person 아무에게 큰 소리〈야단〉치다. (2)《+前+名》 호통치다, 떠들어대다, 환성을 올리다《*at* ; *for*》 : You must not ~ *at* him. 그를 야단쳐서는 안된다. — *vt.* (1) 《~+目/+目+副/+*that* 節》 …을 큰 소

리로 말하다《*out*》: ~ approbation 큰 소리로 찬성하다. (2)(기쁨 따위)를 큰 소리로 나타내다 : The audience ~*ed* its 〈their〉 pleasure. 관객은 와하고 환성을 질렀다. **~ *down*** 소리쳐 반대하다, 고함쳐 물리치다. — *n.* (1) ⓒ 외침, 부르짖음, 큰소리: a ~ for help. (2) ⓒ 환호, 환성, 갈채. (3)(*sing.*; 흔히 one's ~로) 한턱할 차례 : It is *my* ~ 내가 낼 차례다.

shout·ing [ʃáutiŋ] *n.* ⓤ 환성, 환호. ***be all over bar* 〈*but*〉 *the ~*** (경기·경쟁에서) 승패는 결정되었다. ***within ~ distance*** 소리지르면 들리는 거리에.

shove [ʃʌv] *vt.* 《~+目/+目+前+名/+目+副》 (1)…을 (난폭하게) 밀(치)다, 떠밀다, 밀고 나아가다, 냅다 밀다, 밀어 제치다 : ~ a person over a cliff 아무를 벼랑에서 밀어뜨리다. (2)《口》 (아무렇게나) …을 찔러넣다 ; 밀어넣다, 처넣다 ; (난폭하게) 놓다, 두다《*up* ; *down* ; *in, into*》 — *vi.* 《+副 /+前+名》 밀다, (떠)밀고 나아가다, 밀고 가다 : *Shove* over, would you? (자리를) 좀 다가 앉아 주세요. ***~ around*** 《口》 마구 부리다, (사람을) 혹사하다, 볶아대다, 들볶다. ***~ off* 〈*out*〉** 1)(배를 장대로) 밀어 내다 ; 저어 나가다. 2)〔命令形〕가다, 떠나다. — *n.* ⓒ (흔히 *sing.*) 밂, 떠밂 ; 밀어 제침 : give it a ~ 그것을 냅다 밀다.

:**shov·el** [ʃʌ́vəl] *n.* ⓒ (1)삽, 부삽 ; 동력삽. (2) =SHOVELFUL. — (**-l-**, 《英》 **-ll-**) *vt.* (1)《~+目/+目+副/+目+前+名》 …을 삽〈부삽〉으로 푸다(뜨다) : ~ up coal 석탄을 삽으로 푸다. (2)《~+目/+目+前+名》(길·도랑 등)을 삽으로 파다 〈만들다〉 : ~ a path through the snow 눈밭에 삽으로 길을 내다. (3)《+目+前+名》 …을 많이 퍼넣다 : ~ sugar into one's coffee 커피에 설탕을 많이 넣다.

shov·el·er, 《英》 **-el·ler** [ʃʌ́vələr] *n.* ⓒ (1)삽질하는 사람 ; 퍼담는 도구(기계). (2)【鳥】 넓적 부리(=**shóv·el·bìll**).

shov·el·ful [ʃʌ́vəlfùl] (*pl.* **~s, shov·els·ful**) *n.* ⓒ 한 삽 가득(한 양).

shóvel hàt (영국 국교회의 성직자가 쓰는) 챙넓은 모자.

:**show** [ʃou] (**~ed ; shown,** 《稀》 **~ed**) *vt.* (1) 《~+目/+目+目/+目+前+名》 …을 보이다 : 제시하다, 나타내다 : 지적〈지시〉하다 : ~ one's teeth 이빨을 드러내다. (2)《~+目/+目+補/+*that* 節/+目+*to be* 補/+目+*that* 節/+*wh.*節》 …임을 보이다, 나타내다 ; …을 표시하다, 가리키다 ; …을 증명하다, 밝히다, 설명(說明)하다 : As the statement ~*ed*, a great deal of pressure is being put on us. 성명에서 밝혔듯이 지금 우리에게 엄청난 압력이 가해지고 있다. (3)《+目+目/+目+*wh.*節/+目+*wh. to* do》 …을 해 보이다, 설명하다, 가르치다(explain) : Would you ~ me the way to handle this computer? 이 컴퓨터 조작법을 알려 주겠나. (4)…을 진열〈전시, 출품〉하다(exhibit); 달다 ; (연극 따위)를 상연하다 ; (영화를) 상영하다 : ~ one's dogs for prizes 상금을 목표로 (품평회에) 개를 내놓다. (5) …을 눈에 띄게〈두드러지게〉 하다 : A light-colored coat ~*s* soil readily. 밝은 색의 상의는 눈에 잘 띈다. (6)《+目+前+名/+目+副》 …을 안내하다, 보이다(guide) : ~ a guest *in* 〈*out*〉 손님을 안내 〈전송〉하다. (7)《~+目/+目+前+名/+目+目》 (감정 따위)를 나타내다 ; (호의 따위)를 보이다, 베풀다 (8)(계기 등이) …을 나타내다 : The thermometer ~*ed* 10 below zero. 온도계는 영하 10도를 가리키고 있었다. (9)【法】 …을 주장〈말〉하다(allege) : ~ cause 이유를 말하다.

— *vi.* (1)《~/+前+名》 나타나다, 보이다(appear), 눈에 띄다, 알려지다. (2)《+前+名》《口》 출석하다 ; 등장〈참가〉하다 : He seldom ~s at his daughter's at homes. 그는 딸의 가정 초대회에 좀처럼 나타나지 않는다. (3)《~+前+名/+補》 (어떤 상태로) 보이다 : ~ to advantage 두드러져 보이다. (4)(극·영화)가 흥행되다, 전시(진열)하다, 상연〈상영〉 중이다. ***forth ~*** (1) 공표하다 ; 명시하다. (2) 나타나다. ***go to ~*** 1)(…이라는) 증명이 되다. 2)(It just〈only〉 *goes to* ~로) (말하려는 것이) 잘 이해되다, 바로 잘 증명되어 있다. ***have nothing to ~ for*** …의 노력의 흔적이 되는 아무것도 없다. ***~ a clean pair of heels*** ⇨ HEEL[1]. ***~ off*** 1)…을 자랑해 보이다. 2)드러내다, 돋보이게 하다. ~ one***'s teeth*** 이를 드러내다, 성내다. ~ a person ***the door*** 아무를 밖으로 내쫓다. ***~ through*** (…을 통하여) 들여다 보이다 ; (본성 등이) 드러나다. ***~ up*** (*vt.*) 1)…의 본색〈결점〉을 드러내다 (reveal), 폭로하다. 2) 《口》 …을 무안하게 하다. (*vi.*) 1)(저절로) 나타나다, 눈에 띄다돋보이다, , 두드러지다. 2)《口》 (회합·모임 따위에) 얼굴을 내밀다, 나타나다, 나오다, 나가다. — *n.* (1)(a ~) 보이기, 나타내기, 표시 : *a* ~ of hands (찬반 표결의) 거수의 표시. (2) ⓤ (또는 a ~) 과시(ostentation), 성장(盛裝), 허식(display) : He's fond of ~. 그는 허영을 좋아한다. (3) ⓤ (또는 a ~) 시늉, 짓(pretense) ; 외관, 표면, 겉꾸밈, 겉치레(appearance) : put on *a* ~ 거짓 꾸미다, 연극을하다. (4) ⓒ 구경거리, 볼만한 것, (극장·나이트클럽·TV 등의) 흥행, 쇼 : What ~*s* are on tonight? 오늘 밤에는 무슨 쇼가 있습니까. (5) ⓒ 전시회, 전람회(exhibition). (6) ⓒ 볼만한 것 ; 웃음거리 : make a ~ of oneself 웃음거리가 되다. (7) ⓒ (출산의) 징후〈출혈〉. (8) ⓤ (또는 a ~) (수완을 보일) 호기, 기회(chance). (9) ⓤ 《美》 (경마 따위의) 3위. ***get the ~ on the road*** 《口》 (일·행동 등)을 시작하다, 활동을 개시하다. ***give the* (*whole*) *~ away*** =***give away the* (*whole*) *~*** 내막을 폭로하다 ; 마각을 드러내다. ***Good ~ !*** 《英口》 1)잘 했다. 2)거 참 다행이다, 잘 됐군. ***in ~*** 자랑삼아. ***on ~*** 진열되어, 구경거리가 되어. ***Poor* 〈*Bad*〉 *~!*** 《英口》 1)형편없었다. 2)유감천만이었다. ***run* 〈*boss*〉 *the ~*** 주도권을 쥐다 ; 운영하다. ***steal the ~*** (조연이 주연의) 인기를 가로채다.

shów bill 포스터 ; 광고 쪽지.

show·boat [ˊbòut] *n.* ⓒ 연예선(船), 쇼보트. — *vt.*, *vi.* 《美俗》 자랑해 보이다, 과시하다.

shów bùsiness 연예업, 흥행업.

shów càrd 광고 쪽지, 광고 전단 ; 상품견본이 붙은 카드.

show·case [ˊkèis] *n.* ⓒ (유리로 된) 진열 상자, 쇼케이스.

show·down [ˊdàun] *n.* ⓒ (흔히 *sing.*)(포커에서) 쇼다운《손에 든 패 전부를 보이기; 이로써 승자를 가림》. (2)《口》 (논쟁·대결 등의) 최종단계, 막판 : a ~ vote 결선 투표 / have a ~ with …와 결판을 내다.

show·er[1] [ʃóuər] *n.* ⓒ 보이는 사람〈물건〉.

:**show·er**[2] [ʃáuər] *n.* ⓒ (1)소나기 ; 갑자기 쏟아지는 눈. (2)(탄알·편지 등의) 빗발, 홍수, 쏟아짐, 쇄도 : a ~ of bullets 빗발치는 총알. (3)샤워 : take 〈have〉 a ~ 샤워하다. (4)《美》 (신부 등에의) 선물 파티 : have a bridal〈stork〉 ~ 머지 않아 신부〈어머니〉가 될 사람에게 선물 파티를 베풀다. (5)〔集合的〕 지저분한 사람, 꼴보기 싫은 자들. — *vi.* (1)〔흔히 it를

主語로〕 소나기가 오다 ; 억수로 쏟아지다. (2)《+前+名》 빗발치듯 쏟아지다. (3)샤워를 하다. — *vt.* (1)《+目+前+名》 (칭찬 등)을 빗발처럼 퍼붓다, 뿌리다《*on, upon*》. (2)〔再歸的〕 …을 샤워하다.

show·er·proof [-prù:p] *a.* (천·옷이) 방수의. — *vt.* …을 방수처리하다.

show·ery [ʃáuəri] *a.* 소나기의, 소나기(가 올 것) 같은 ; 소나기가 잦은.

shów gìrl 쇼걸《뮤지컬 등의 가수 겸 무용수》.

˙**show·ing** [ʃóuiŋ] *n.* (1)ⓒ 전시(회), 전람(회) ; (영화·연극 등의) 상영, 상연 : a ~ of new fashions. (2)(a ~) 외관, 겉보기. (3)(*sing.* ; 흔히 on ~) a〕정세, 형세 : *on* any ~ 정세가 어떻든, 아무리 보아도. b〕주장 ; 진술(statement). (4)(a ~) 성적 ; 성과 : He made *a* good ~ in the finals. 그는 결승에서 훌륭한 성적을 올렸다.

show·man [ʃóumən] (*pl.* **-men** [-mən]) *n.* ⓒ (1)흥행사. (2)연출이 능한 사람, 쇼맨.

show-man·ship [-ʃip] *n.* ⓤ 흥행술, 흥행 수완 ; 연출솜씨 ; 관객을 끄는 수완.

:**shown** [ʃoun] SHOW 의 과거분사.

show-off [ʃóuɔ̀(:)f, -ɑ̀f] *n.* (1) ⓤ 자랑, 과시. (2) ⓒ 자랑꾼, 쇼맨십이 있는 사람. 파) **~·ish** *a.*

show·piece [-pì:s] *n.* ⓒ 전시용 우수 견본, 전시물, 특별품 ; 자랑거리.

show·place [-plèis] *n.* ⓒ (여행자들의 흥미를 끄는) 명승지, 명소, 고적.

show·room [-rù(:)m] *n.* ⓒ 상품 진열실, 전시실.

show-stop·per [-stɑ̀pər/ -stɔ̀p-] *n.* ⓒ 갈채를 받는 명연기〈명연주〉.

shów wìndow 상품 진열창, 쇼윈도.

˙**showy** [ʃóui] (***show·i·er*** ; **-i·est**) *a.* (1)화려한, 눈부신, 눈에 띄는(striking) : a ~ flower. (2)야한, 화려한현란한, 야단스러운, 겉멋을 부리는. 파)**shów·i·ly** *ad.* **-i·nes** *n.*

˙**shrank** [ʃræŋk] SHRINK 의 과거.

shrap·nel [ʃrǽpnəl] (*pl.* ~) *n.* ⓤ 〔集合的〕 유산탄(榴散彈) ; 포탄〈총탄〉의 파편.

˙**shred** [ʃred] *n.* ⓒ (종종 *pl.*) 끄트러기(strip), (갸름한) 조각, 단편, 파편 : in ~*s* 갈기갈기 찢겨〈찢긴〉 / Cut the cabbage, into fine long ~*s*. 그 양배추를 가늘고 길게 채쳐라. (2)(a ~) 〔흔히 否定·疑問文으로〕 약간, 소량(bit), 극히 조금《*of*》. 【cf.】 scrap[1]. — (*p., pp.* **~·ded ; ~·ding**) *vt.* …을 조각내다 ; 갈가리 찢다. 파) **~·der** [-ər] *n.* ⓒ 문서 절단기.

shrew [ʃru:] *n.* ⓒ (1)잔소리 심한 여자. (2)【動】 뾰족뒤쥐.

:**shrewd** [ʃru:d] (**~·er, more ~ ; ~·est, most ~**) *a.* (1)빈틈없는, 약빠른, 재빠른, 기민한(astute) : ~ in business 장사에 빈틈없는 / a ~ lawyer 〈politician〉 빈틈없는 변호사〈정치가〉. (2)예민한, 날카로운, 영리한, 통찰력이 있는, 현명한 : a ~ observer.

파) **~·ly** *ad.* 기민하게 ; 현명하게. **~·ness** *n.*

shrew·ish [ʃrú:iʃ] a. 잔소리가 심한, 앙알거리는; 심술궂은(malicious). 파)**~·ly** *ad.*

:**shriek** [ʃri:k] *n.* ⓒ 날카로운 소리〈웃음 소리〉, 부르짖음 ; 비명 : give 〈utter〉 a ~ 비명을 지르다.
— *vi.* 《+前+名》 날카로운〈새된〉 소리를 지르다, 비명을 지르다 ; (악기·기적 등이) 날카로운 소리를 내다 : ~ with laughter 깔깔거리며 웃다. — *vt.* 《~+目/+目+前+名/+目+副》 …을 날카로운 소리로 말하다 : She ~*ed* oath at me. 그녀는 소리소리 지르며 나를 저주했다.

shrike [ʃraik] *n.* ⓒ 【鳥】 때까치.

:**shrill** [ʃril] (**~·er, more ~ ; ~·est, most ~**) *a.* (1)(소리가) 날카로운 : a ~ whistle 날카로운 기적(소리). (2)(요구·항의 등이)격렬한, 집요한, 신랄한. — *n.* ⓒ 날카로운 (목)소리. — *vt.* 《~+目/+目+副》 …을 날카로운 소리로 말하다〈노래하다〉 : ~ a song.
—*vi.* 날카로운 소리를 내다. 파) **shril·ly** [ʃríl*l*i] *ad.* **~·ness** *n.*

˙**shrimp** [ʃrimp] (*pl.* **~s,** 〔集合的〕 ~) *n.* ⓒ (1)작은 새우. (2)《口·蔑》 왜소한 사람, 난쟁이, 꼬마, 하찮은 놈. — *vi.* 작은 새우를 잡다 : go ~*ing*.

:**shrine** [ʃrain] *n.* ⓒ(1)(성인의 유골·유물을 담은) 성골함(聖骨函). (2)(성인들의 유물·유골을 모신) 성당, 사당, 묘(廟). (3)전당, 성지(聖地), 성소, 영역(靈域) : a ~ of art〈learning〉 예술〈학문〉의 전당.
— *vt.* 《詩》 …을 사당에 모시다(enshrine).

:**shrink** [ʃriŋk] (***shrank*** [ʃræŋk], ***shrunk*** [ʃrʌŋk] ; ***shrunk, shrunk·en*** [ʃrʌ́ŋkən]) *vi.* (1) 《~/+前+名/+副》 a〕(천 따위가) 오그라들다, (수량·가치 등이) 줄어들다《*up* ; *away*》 : Wool ~*s* when washed. 양모는 빨면 준다. b〕줄다, 작아지다 : My earnings *shrank away*. 벌이는 줄어들었다. (2)《+前+名/+副》 움츠리다《*up*》, 위축되다《*at*》 ; 뒷걸음치다 ; 주춤하다《*from*》 ; 망서리다, 꺼리다 : ~ back 물러서다, 뒤로 움츠리다. — *vt.* (1)…을 오그라뜨리다, 수축시키다 ; 줄어들게 하다 : ~ the office to the holder's ability 회사를 관리자의 능력에 맞추어 축소하다. (2)(천 따위)를 방축 가공하다.
— *n.* ⓒ (1)뒷걸음질, 무르춤하기(recoil). (2)수축(shrinking). (3)《俗》 정신과 의사. 파) **~·able** [-əbəl] *a.* 오그라들기 쉬운 ; 수축할 수 있는.

shrink·age [ʃríŋkidʒ] *n.* ⓤ (또는 a ~) 수축, 축소, 감소.

shrínk·ing víolet [ʃríŋkiŋ-] 수줍어 하는 내 성적인 사람.

shrink-wrap [-ræ̀p] *vt.* …을 수축 포장하다. — *n.* ⓤ 수축 포장용 필름.

shriv·el [ʃrí:vəl] (**-l-,** 《英》 **-ll-**) *vi.* 시들다, 오그라들다(wither). — *vt.* …을 주름(살)지게 하다 ; 시들게 하다.

shroud [ʃraud] *n.* ⓒ (1)수의(壽衣). (2)덮개, 가리개, 장막(veil) : a ~ of mist〈darkness〉 안개〈어둠의〉 장막. (3)(*pl.*) 【海】 돛대 줄《돛대 꼭대기에서 양쪽 뱃전으로 뻗치는》. — *vt.* 〔흔히 受動으로〕 …을 싸다, 가리다, 감추다《*in* ; *by*》 : The airport *was* ~*ed in* a heavy mist. 공항은 짙은 안개에 싸여 있었다.

Shrove·tide [ʃróuvtàid] *n.* '재의 수요일' 바로 전의 사흘간.

:**shrub** [ʃrʌb] *n.* ⓒ 키 작은 나무, 관목(灌木). 【cf.】 bush[1]. 『 a ~ zone 관목 지대.

shrub·bery [ʃrʌ́bəri] *n.* (1)ⓤ 〔集合的〕 관목(림), 관목. (2)ⓒ (정원 등의)관목을 많이 심은 길.

shrub·by [ʃrʌ́bi] (**-bi·er ; -bi·est**) *a.* 관목의; 관목 같은; 관목이 무성한.

˙**shrug** [ʃrʌg] (**-gg-**) *vt., v.* (어깨를) 으쓱하다《의심·당혹·무관심 등을 나타냄》. ***~ off*** 1)…을 아무렇게나 처내버려두다, 무시하다 : I can't just ~ *off* such a protest. 그런 항의를 그냥 무시만 할 수는 없

다. 2)…을 떨쳐버리다 : ~ *off* sleep.
— *n.* ⓒ (흔히 *sing.*) 어깨를 으쓱하기.

˙shrunk [ʃrʌŋk] SHRINK 의 과거·과거분사.

shrunk·en [ʃrʌ́ŋkən] SHRINK 의 과거분사.
— *a.* 〔限定的〕 쪼그라든, 시든, 주름진 : a ~ old woman 쪼그라든 노파.

shtick [ʃtik] *n.* ⓒ 《美俗》 (1)(쇼 등의) 상투적인익살스런 장면〈동작〉. (2)(이목을 끄는) 특기, 특징, 특수한 재능.

shuck [ʃʌk] *n.* (1) ⓒ (옥수수·땅콩 등의) 껍질, 겉껍데기, 깍지. (2) ⓒ (굴·대합 등의)껍데기, 조가비. (3)(*pl.*) 하찮은 것, 시시한 것, 무가치한 것. — *vt.* (1)…의 껍데기〈꼬투리〉를 까다, 벗기다. (2)《口》 (옷 따위)를 벗다.

:shud·der [ʃʌ́dər] *vi.* (1)《~/+前+名/+*to* do》 (공포·추위 따위로) 떨다, 전율하다(shiver, tremble). (2)《+前+名/+*to* do》 진저리치다《*at*》 : ~ *at* the thought of=~ to think of …을 생각만 해도 몸서리나다. — *n.* (1) ⓒ 떨림, 전율 : with a ~ 벌벌 떨면서. (2)(the ~s) 《口》 몸서리 치는발작.

shud·der·ing [ʃʌ́dəriŋ] *a.* 벌벌떠는 ; 몸서리치는 ; 오싹하는, 쭈뼛해지는. 파) **~·ly** *ad.*

˙shuf·fle [ʃʌ́fəl] *vi.* (1)《~/+副/+前+名》 발을 질질 끌다 ; 발을 끌며 추다《춤에서》 : ~ *along* (a street) 발을 끌며 (길을) 걷다. (2)**[트럼프]**카드를 섞어 떼다. ※ cut (떼어 나누다)와 비교. (3)(옷을) 아무렇게나 입다, 되는 대로 걸치다《*into*》 ; 벗다《*out of*》 : He ~*d into*〈*out of*〉 his clothes. 그는 아무렇게나 옷을 입었다〈벗었다〉. (4) 《+前+名》 속이다, 얼버무리다《*on*》 ; 핑계대다, 교묘하게 …하다〈해내다〉《*through*》 ; 교묘하게 빠져나가다《*out of*》 : I'd to ~ *on* that point. 나는 그 점을 어물어물 넘겨야 했다.
— *vt.* (1) (발)을 질질 끌다 ; (발을) 질질끌며 걷다 : The old man ~*d along* the sidewalk. 노인은 발을 끌며 보도를 걸어갔다. (2) 《~+目/+目+副》 …을 섞다,(카드)를 섞어 떼다 ; 뒤섞다《*together*》. (3) (초조해서 발 따위)를 이리저리 흔들다. (4) 《+目+副》 (옷)을 아무렇게나 걸치다〈벗다〉《*on* ; *off*》 : She ~*d* her clothes off. 그녀는 옷을 아무렇게나 벗어던졌다. (5) (책임 등)을 전가하다《*off* ; *onto*》.
— *n.* (1)(a ~) 발을 질질 끌기, 지척거리기 ; (댄스의) 발을 끄는 동작 : walk with *a* ~ 발을 질질 끌며 걷다. (2) ⓒ 뒤섞음, 혼합 ; 카드를 쳐서 떼기〔떼는 차례〕. (3) ⓒ 장소를 〔인원을〕 바꾸기, 재편성 : a Cabinet ~ =a ~ of the Cabinet 내각 개편. (4) ⓒ 조작, 술책 ; 핑계.

shuf·fle·board [-bɔ̀:rd] *n.* ⓤ 셔플보드《긴 막대로 원반을 밀어서 점수를 나타낸 구획〈테두리〉 안에 넣는 놀이 ; 주로 배의 갑판에서 함》.

shuf·fler [ʃʌ́flər] *n.* ⓒ (1) 카드를 섞는 사람. (2) 속이는 사람, 사기도박꾼.

shuf·ty, -ti [ʃʌ́fti] n. (a ~) 《英俗》 훑어 보기, 한 번 봄 : Just take〈have〉 *a* ~ at this flower. 이 꽃을 한번 보게나.

˙shun [ʃʌn] (***-nn-***) *vt.* …을 피하다, 비키다, 가까이 않다, 멀리하다. **【cf.】** avoid『 ~ society 남과의 접촉을 피하다 / ~ meeting people 사람을 만나지 않도록 한다.

shunt [ʃʌnt] *vt.* (1) **a**〕(화제 등)을 바꾸다《*to* ; *onto*》 ; (문제 등)을 바꾸다, 회피하다 ; (계획 등)을 보류하다. **b**〕(아무)를 좌천하다《*off* ; *away*》. (2)〔흔히 受動으로〕 **【鐵】** (열차 등을)〈다른 선로에〉 넣다, 전철(轉轍)하다《*to* ; *onto*》. (3)(물건)의 위치를 옮기다. (4)**【醫】** (혈액)을 다른 혈관에 흘리다. — *vi.* (1)한쪽으로 비키다. (2)**【鐵】** 옆선로로 들어가다, 대피하다.
— *n.* ⓒ (1)한 옆으로 비켜섬. (2)**【鐵】** 전철(기)(switch) ; **【電】** 분로, 분류기(分流器). (3)**【醫】** (혈액의) 측로(側路). (4)《俗》 (자동차 경주 중의) 충돌 사고.

shunt·er [ʃʌ́ntər] *n.* ⓒ shunt 하는 사람 ; **【鐵】** 전철원(轉轍員), 입환용 기관차.

shush [ʃʌʃ] *int.* 쉬잇, 조용히 해. — *vt.* 쉬잇하여 입 다물게 하다《*up*》 : *Shush*, now. Don't cry.쉿, 울지마.

:shut [ʃʌt] (*p.*, *pp.* ***~*** ; ***~·ting***) *vt.* (1) 《~+目/+目+前+名/+目+副》 **a**〕(문 따위)를 닫다《*up* ; *down*》. 【opp.】 *open.*『 ~ the gate〈lid〉 문〈뚜껑〉을 닫다〈덮다〉. **b**〕 (눈·귀·마음따위)를감다(닫다)《*to* ; *on* ; *against*》. (2)《~+目/+目+副》 (점포·공장 따위)를 일시 폐쇄하다, 폐점〈휴업〉하다《*up* ; *down*》 : Heavy snow caused the airport to be ~ down. 폭설로 공항은 (일시) 폐쇄되었다. (3) …을 (…에 대하여)막다 : The road is ~ *to* all traffic. 그 도로는 전면 폐쇄되어있다. (4)《+目+副/+目+前+名》 가두다, 에워싸다; 가로막다. (5) 《+目+前+名》 (문 따위)에 끼우다 : ~ one's clothes *in* a door 문틈에 옷이 끼다.
— *vi.* (1) 닫히다, 잠기다, 막히다. (2) 휴업〈폐점〉하다《*down* ; *up*》 : Many people will lose their jobs if the factory ~*s* (*down*). 공장이 문을 닫으면 많은 사람들이 일자리를 잃게 된다. ***be* 〈*get*〉 *~ of*** … 《俗》 …을 내쫓다 ; …와 인연을 끊다. ***~ away*** 격리하다; 틀어박히다 ; 잠시 보류하다. ***~ down*** (상점·공장 등을) 닫다, 잠그다 ; 폐쇄하다 ; 가두다. ***~ in*** 1) …을가두다, 감금하다. 2) …을 에워싸다, 두러싸다, 가리다, 안보이게 하다. ***~ off*** 1) (교통)을 차단하다 ; (물·가스·기계 따위)를 잠그다, 끄다. 2) …을 격리하다, …에서 떼어내다. ***~ out*** 1) …을 들이지 않다, 내쫓다 : ~ a person *out* 아무를 내쫓다. 2) 보이지 않게 하다. 3) **【美競】** …을 영패시키다 : one's heart to …을 생각하려고도 하지 않다 ; …에 냉담하다. ~ one's lights(off) 죽다, 자살하다. ~ one's mouth 입을 다물다 ; 묵비권을 행사하다. ***~ the door upon*** …에대하여 문호를 닫다. ***~ to*** (문 따위)를 꼭 닫다, 걸어 잠그다. ***~ up*** 1) (집 따위)를 잠가〈닫아〉 두다 ; (가게 문)을 닫다, 폐업하다. 2) …을 챙겨넣다. 3) 《口》 …을 침묵시키다, (말)을 못 하게 하다. 4) 〔再歸的〕 …에 들어 박히다《*in*》.

shut·down [⌐dàun] *n.* ⓒ (공장 등)의 일시 휴업, 조업 정지 : an emergency ~ 긴급 조업 정지.

shut-eye [⌐ài] *n.* ⓤ 《口》 (한숨) 잠, 수면 : catch〈get〉 a little〈some〉 ~ 한숨 자다

shut-in [⌐ìn] *a.* 《美》 (1) (병 따위로) 집안〈병원〉에 갇힌, 몸져누운. (2) 소극적인, 비사교적인.
— *n.* ⓒ 몸져누운 병자.

shut·off [⌐ɔ̀(:)f, ⌐àf] *n.* ⓒ 마개 꼭지 ; 막는 것, 차단기 ; ⓤ 멈춤, 차단.

shut·out [⌐àut] *n.* ⓒ(1) 공장 폐쇄(lockout). (2)**【野】** 셧아웃, 완봉 (경기), 영봉 : pitch a ~ (투수가) 완봉하다.

:shut·ter [ʃʌ́tər] *n.* ⓒ (1)덧문, 겉문, 겉창, (널)빈지(blind). (2)(사진기의) 셔터. ***put up the ~s*** 1) 덧문을 내리다, 가게문을 닫다. 2)(영구히) 가게를 닫다, 폐업하다.

— *vt.* 〔흔히 受動으로〕 덧문(겉창)을 닫다.
shut·ter·bug [-bʌ̀g] *n.* ⓒ《美俗》 사진광(狂), 아마추어 카메라맨.
ˑ**shut·tle** [ʃʌ́tl] *n.* ⓒ (1) (직조기의) 북 ; (재봉틀의 밑실이 든) 북. (2) (근거리) 왕복 운행(열차·버스·항공기 등) ; 우주 왕복선(space ~) ; = SHUTTLECOCK.
— *vt.* (1) …을 (정기) 왕복편으로 수송하다. (2)…을 이리저리 움직이게 하다, (북처럼) 좌우로 움직이다.
— *vi.* 앞뒤로〈이리저리〉 움직이다 ; 왕복하다.
shut·tle·cock [-kɑ̀k/ -kɔ̀k] *n.* ⓒ (배드민턴의) 셔틀콕.
shúttle diplómacy 왕복외교《제 3국의 중개자가 분쟁중인 두 나라 사이를 오가는》.
shúttle sérvice (근거리)왕복 운행, 셔틀 편.
shúttle tráin 근거리 왕복 열차(편).
ː**shy**[1] [ʃai] (***shý·er ; ~·est ;*** or ***shí·er ; shí·est***) *a.* (1) a〕소심한, 부끄럼타는(bashful), 수줍어하는, 암띤, 숫기없는. b〕조심성 많은(wary) ; 조심하여 …하지 않는《*of* 〈*about*〉 do*ing*》. c〕(새·짐승·물고기가) 잘 놀라는, 겁많은(timid). (2) 〔敍述的〕(…이) 부족한, 없는《*of* ; *on*》 : The house is ~ *of* a bathroom. 그 집에는 욕실이 없다.
fight ~ of …을 피하다〈싫어하다〉, …을 경원하다.
— *vi.* (***shied ; shý·ing***) (말이 놀라서) 뛰며 물러나다 ; 뒷걸음치다, 뛰어 물러나다, 주춤하다《*at* ; *from*》 ; (사람이) 꽁무니 빼다, 주저하다, 피하다《*away* ; *off*》. — *n.* ⓒ (말의) 뒷걸음질, 뒤로 물러섬
파) **shý·er** *n.* ⓒ 겁많은 사람〈말〉, 잘 놀라는 말
ˑ**shý·ly** *ad.* 부끄러워서, 수줍어하여 : 겁을 내어.
ˑ**~·ness** *n.* ⓤ 수줍음, 스스러움 ; 소심, 겁.
shy[2] (***shied, ~·ing***) *vt., vi.* (…을) 던지다, 내던지다《*at* ; *over*》 : ~stones *at* a dog.
— *n.* ⓒ (1) 던지기, 내던짐. (2)《口》 시도. (3)《口》 조소, 비웃음(gibe). ***have* 〈*take*〉 *a ~ at*** 1) …을 향해 던지다. 2) …을 놀리다. ***have*〈*take, make*〉 *a ~ at* do*ing*** (something)《口》 시험 삼아 …을 해보다.
-shy 'shy[1] *a.*'의 뜻의 결합사 : gun-~ 총을〈대포를〉 겁내는 / work-~ 일을 싫어하는.
Shy·ly [ʃáili] *ad.* 수줍게 ; 겁내어 ; 부끄러워 하며.
shy·ster [ʃáistər] *n.* ⓒ《美口》 협잡 변호사 ; 사기꾼.
si [siː] *n.* 【樂】 시《장음계의 제7음》, 나 음.
Si·a·mess [sàiəmíːz, -míːs] *a.* 샴의 ; 샴어(語)〈사람〉의. — (*pl.* ~) *n.* ⓒ 샴 사람 ; ⓤ 샴어(語).
Síamese cát 샴고양이《파란 눈, 짧은 털의 집 괭이》
sib [sib] *n.* ⓒ 혈연자, 친척되는 사람 ; 〔集合的〕 친척.
ˑ**Si·be·ria** [saibíəriə] *n.* 시베리아.
파) **-ri·an** *a., n.* 시베리아의, 시베리아인(의).
sib·i·lant [síbələnt] *a.* 쉬쉬 소리를 내는(hissing) ; 【音聲】 마찰음의. — *n.* ⓒ 【音聲】 마찰음《[s, z, ʃ, ʒ]등》 ; 마찰음 문자.
sib·ling [sibliŋ] *n.* ⓒ (남녀 구별 없이) 형제《형·제·자(姉)·매(妹)의 어느 한 사람》.
si·byl·line [síbəlì(ː)n, -làin] *a.* sibyl의; sibyl적인 ; 예언적인 ; 신비적인.
sic [sik] *ad.* 《L.》 원문 그대로(thus, so)《명백히 그릇되거나 불확실한 원문을 인용할 때 그런 부분 다음에 (*sic*) 또는 [*sic*] 라고 부기(附記)함》.
Si·cil·i·an [sisíliən, -ljən] *a.* 시칠리아 섬〈왕국, 사람, 방언〉의. — *n.* ⓒ 시칠리아 사람 ; ⓤ 시칠리아 방언.
ˑ**Sic·i·ly** [sísəli] *n.* 시칠리아 섬, 시칠리아.
ː**sick**[1] [sik] (***~·er ; ~·est***) *a.* (1) a〕 병의, 병에 걸린, 앓은. b〕〔the ~ ; 名詞的〕 환자들. (2) 〔限定的〕 환자(용)의 : a ~ chair 환자용 의자 / ~ ward 7 제 7병동(病棟). (3) (얼굴빛 따위가) 핼쑥〈파리〉한, 병적인(pale) ; 기운이 없는 : a ~ look 창백한 얼굴. (4)《英》 느글거리는, 메스꺼운(nauseated) : a ~ smell 메스꺼운 냄새. (5) 〔敍述的〕 실망한《*about* ; *at*》 ; 울화가 치미는《*at*》. (6)〔종종 ~ and tired의 형태로〕 지긋지긋한, 진절머리가 나는, 싫증나서, 질려서《*of*》 : We are ~ *and tired of* her sermons. 그녀 잔소리엔 물렸다. (7)그리워〈사모〉하는, 동경하는《*for* ; *of*》 : They were ~ *for* home. 그들은 고향〈집〉을 그리워했다. (8) (농담 등이) 병적인, 저질의. (9) (기계 등이) 고장난 ; (술 등이) 변질된 : ~ wine 신포도주. (10) 〔複合語를 이루어〕 (…에) 취한 : ⇨ AIRSICK, CARSICK, SEASICK. (as) ~, as a dog〈cat, horse〉《俗》 몹시 매스거운. ***go* 〈*report*〉 *~*** 병으로 결근하다, 병결근 신고를 내다. ***~ at heart*** 고민하여, 슬퍼하여, 비관하여, 번민하여. ***worried ~*** (걱정으로) 병이 날 지경인
— *n.* ⓤ《英口》 구토.
— *vt.*《英口》 (먹은 것)을 토하다, 게우다《*up*》.
sick[2] *vt.* (1) (개)를 부추겨 …에 덤벼들게 하다《*on, upon*》. (2) 〔흔히 개를 부추기는 命令文에서〕 …을 공격하다, 쫓다 : *Sick* him! 덤벼들어, 쉭쉭.
síck báy (함선내의) 병실, (학교의) 양호실.
síck cáll 【軍】 진료 소집(의 시간·장소).
ˑ**sick·en** [síkən] *vt.* (1) …에 구역질나게 하다(nauseate). (2) 물리게〈신물나게〉 하다(disgust). (3) 병나게 하다.
— *vi.* (1)《~/+前+名/+*to* do》 구역질 나다, 느글거리다《*at*》 : I ~*ed* at the mere sight of the lice. 이를 보기만 하여도 구역질이 났다. (2)《+前+名》 물리다, 싫증나다, 신물〈넌더리〉나다《*of*》 : I am ~*ing of* my daily routine. 매일매일의 판에 박힌 일에 신물이 난다. (3)《~/+前+名》 병이 나다, 몸이 편찮다.
sick·en·ing [síkəniŋ] *a.* (1) 구역질나게 하는, 욕지기 나게 하는, 느글거리게 하는 : a ~ smell. (2) 신물나게 하는, 넌더리나게 하는. (3) 병들게 하는. 파) **~·ly** *ad.*
síck héadache 구토성 두통 : 편두통.
sick·ie [síki] *n.* ⓒ《美俗》 정신병자.
sick·ish [síkiʃ] *a.* 토할 것 같은 ; 느글거리는.
파) **~·ly** *ad.* **~·ness** *n.*
ˑ**sick·le** [síkəl] *n.* ⓒ (한 손으로 쓰는) 낫, 작은 낫. ※ 양손을 쓰는 큰 낫은 scythe.
síck list (흔히 the ~) (군대·선박 등의) 환자 명부 : be on the ~ 병결중이다.
ˑ**sick·ly** [síkli] (***-li·er ; -li·est***) *a.* (1)병약한, 허약한 : a ~ child 병약한 어린이. (2)(얼굴 따위가)창백한, 핼쑥한 : 약하디 약한 : a ~ smile 힘없는 미소. (3) (기후 · 풍토 따위가) 건강에 좋지 않은. (4) (냄새 등이) 역겨운. (5) 감상적인.
ː**sick·ness** [síknis] *n.* (1) ⓒ,ⓤ 병(disease) ; 건강치 못함 : in ~ and in health 병든 때나 건강한 때나《결혼식의 선서말 중에서》. (2) ⓤ 욕지기, 구역질(nausea), 메스꺼움.
sickout [síkàut] *n., vi.* ⓒ《美》 병을 구실로 하는

파업.

síck pày (병가(病暇) 중의) 질병수당

sick·room [síkrù(:)m] *n.* ⓒ 병실.

⁑side [said] *n.* (1) ⓒ 쪽, 측, 측면, 면《앞뒤·좌우·상하·안팎·동서 등의 점·선·면의 어느 뜻 으로도 쓰임》.
(2) ⓒ 산중턱 ; 사면, 비탈: on the ~s of amountain 산중턱에.
(3) ⓒ 가장자리, 가《도로·강 따위의》: by the ~of a road〈river〉 길 옆에〈강기슭에〉.
(4) ⓒ (흔히 *sing.*) (사람·물건의) 옆, 곁
(5) ⓒ 옆구리: I have a slight pain in my left ~ 왼쪽 옆구리가 좀 결린다.
(6) ⓒ (소 따위의) 허구리살, 옆구리살, 몸의 한쪽: a ~ of beef 소의 허릿고기.
(7) ⓒ (문제 따위의)측면, (관찰) 면, 관점 : There are two ~*s* to every question. 모든 문제에는 양면이 있다.
(8) ⓒ (혈통의) 계(系) : the maternal~ 모계.
(9) ⓒ (적과 자기편의) …쪽, …편, 당파: Pick〈choose〉 ~s (경기 전에) 편을 가르다.
(10) ⓒ **【數】** 변, 면.
(11) ⓒ a] (종이·피륙 따위의) 한 쪽 면, (책·기록의) 1쪽; (레코드의) 한 쪽 면(에 녹음되어 있는 곡). b]《英口》(텔레비전의) 채널.
(12) ⓤ《英俗》젠체하기, 난 체하기, 거만함.
(13) ⓤ 거리낌〈스스럼〉없음, 뻔뻔스러움: He has too much ~. 너무 건방지다.
by〈***at***〉a person' s~= ***by***〈***at***〉***the ~of*** a person (1) 아무리 곁(옆)에. (2) …에 비하여. ***from all*** ~s〈***every***~〉 각 방면에(서) ; 빈틈없이. ***from ~ to*** ~ 옆으로, 좌우로. ***get on the right***〈***wrong***〉 ***~ of*** a person …의 마음에 들다 〈눈 밖에 나다〉. have lots of~ 《口》 뽐내다, 뻐기다. ***hold***〈***shake, split, burst***〉 one' ***s ~s with***〈***for***〉 ***laughter***〈***laughing***〉 배를 잡고 웃다. ***let the ~ down*** 자기편을 불리하게 하다〈배신 하다〉, 동료(등)에 폐를 끼치다. **No ~ !**《럭비》경기 끝. 타임 아웃. **on all~s**〈***every side***〉 도처에. ***on the right***〈***wrong, far, shady, other, thither***, etc.〉 **~ of** (70), (70)의 고개를 넘기지 않고(넘어). ***on the*** ~ 덤으로 :《英》부업 (副業)으로,《美》곁들이는 요리로 : I took a right job *on the* ~ 나는 부업으로 밤에 하는 일을 가졌다. ***on the*** ... ~ 얼마간, …한 편인. ***on the ~of***…을 편들어. ***put***〈***leave***〉... ***on***〈***to***〉 ***one*** ~ 물건을 치우다: 따로 간직하다 ;《比》(문제·일 따위를) 일시 중단하다 ; 보류하다. ***pot on~***《口》뽐내다, 공을들어치다. ***~ by ~*** 나란히, 병행하여 ; …와 밀접한 관계를 가지고: We've worked ~ *by* ~ for years 우리는 의좋게 수년 동안을 함께 일해왔다. ***take ~s*** (***a ~***) ***with*** a person = ***take*** a person' ***s ~***(토론 등에서) 아무의 편을 들다. ***this ~ of*** …《口》(1) …에까지 가지 않고. (2) …의 일보 직전의.
—*a.*, (1) 한쪽의. (2) 〔限定的〕 곁의, 옆의 ; 측면의, 옆으로(부터)의. (3) 부(副)의, 버금 가는, 종속적인 ; 부업의: a ~ job부업
—*vi.* (1) 찬성〈지지〉하다, 편들다《*with*》 : 반대편에 편들다《*against*》: my mother always ~*d with* me. 어머니는 늘 내 편을 드셨다 (2)《美口》치우다 밀어 젖히다.

side·arm [sáidɑ̀:rm] *a. ad.* **【野】** 옆으로 던지는 〈던져〉: ~delivery 공을 옆으로 던지기

˙side·board [sáidbɔ̀:rd] *n.* ⓒ (1) (식당 벽면의) 식기 찬장 (2) (*pl.*)《英》= SIDEWHISKERS.

side·burns [ˊbə̀:rnz] *n.* ⓒ *pi.* 짧은 구레나룻 ; 살쩍, 귀밑털.

side·car [ˊkɑ̀:r] *n.* (1) ⓒ 사이드카《오토바이의》. (2) ⓤ,ⓒ 사이드카《칵테일의 일종 ; 브랜디에 레몬주스·밀감주를 섞은 것》.

sid·ed [sáidid] *a.* 〔흔히 複合語 이루어〕 측〈면, 변〉을 가진: one-~, many-~ /a steep-~ hill 급사면의 산.

síde dìsh 〈주(主)요리에〉 곁들이는 요리.

síde effèct (약물 따위의) 부작용.

side·glance [sáidglæ̀ns, ˊglɑ̀:ns] *n.* ⓒ 곁눈(질) : take a ~at … 을 곁눈질하다.

síde hòrse (the ~) **【體操】** 안마(鞍馬)《英》pommel).

side·kick [sáidkìk] *n.* ⓒ《美口》한패, 동료, 친구.

side·light [ˊlàit] *n.* (1) ⓤ 측면광(光); ⓒ《英》(흔히 ~s) (자동차의) 차폭등. (2) ⓒ **【海】** 현등(舷燈). (3) ⓒ (큰 창 따위의 옆의) 옆들창. (4)ⓒ 간접적〈부수적〉 정보·지식《*on, upon*》.

side·line [ˊlàin] *n.* ⓒ (1) a]측선(側線) ; **【球技】** 사이드라인. b] (pi.) 사이드라인의 바깥쪽 (2) 부업. **On the ~ s** 방관자로서 : I prefer to stand *on the* ~*s* and watch. 나는 제3자의 입장에서 지켜보는 것이 좋다.

side·long [ˊlɔ̀:ŋ/ˊlɔ̀ŋ] *ad.* 옆으로, (엇)비스듬히. — *a* 그 옆으로의, 비스듬한 : 간접적인. 완곡한.

side·man [ˊmæ̀n, ˊmən] *pl.* ***-men*** [ˊmèn, ˊmən] *n.*ⓒ (특히 재즈·스윙의) 반주악기 연주자, 악단원.

side·piece [ˊpì:s] *n.* ⓒ(흔히 the ~) (물건의)측면부, 측면에 덧붙인 것.

si·de·re·al [saidíəriəl] *a.* 〔限定的〕 (1) 별의, 항성(恒星)의, 성좌의. (2) 항성〈별자리〉의 운행에 근거한 : a ~ hour 항성시《항성일의 1/24》/ a~ day 항성일《태양일보다 약 4분 짧음》

sid·er·ite [sídəràit] *n.* ⓤ 능철광(鑛).

side·sad·dle [sáidsæ̀dl] *n.* ⓒ 여성용 안장《양발을 나란히 옆으로 드리우고 앉음》.
—*ad.* ~안에 앉아; ~처럼《앉다 따위》: ride ~.

síde shòw (1) (서커스 따위의) 여흥, 촌극 (2) (부수되는) 소사건.

side·slip [sáidslìp] *n.* ⓒ (자동차·비행기 등이급커브·급선회할 때)옆으로 미끄러지는 일. —*vi.* ***(-pp-)*** 옆으로 미끄러지다.

sides·man [sáidzmən] (*pl.*~***men*** (-man)) *n.* ⓒ **【英國國交】** 교구(敎區) 위원《교회의 헌금 거두 는 사람》.

side-split·ting [ˊsplìtiŋ] *a* 우스워 견딜 수 없는, 포복 절도할 : a ~ joke. **【cf.】** split one's sides.

side·step [ˊstèp] ***(-pp-)*** *vt.* (1) (권투·축구등에서 공격)을 한옆으로 비켜서 피하다. (2) (책임, 질문 등)을 회피하다. —*vi.*
(1) 옆으로 비켜서다. (2) 회피하다.

síde·stream smóke [ˊstrì:m] = 생 담배연기

side·stroke [sáidstròuk] *n.* ⓤ (흔히 the ~) 횡영(橫泳);옆치기;부수적행위.

side·swipe [ˊswàip] *n.* ⓒ (1)《英》옆을 스치듯 치기. (2)《口》(…하는 김에 잇따라서 하는) 비난. —*vt.*《英》(1)… 을 스치듯 옆을 때리다. (2) …을 스치다

side·track [sàidtræ̀k] *n.* ⓒ (1) **【鐵道】** 측선(側線), 대피선. (2)주제에서 벗어나기.—*vt.* (1) (열차)를

대피선에 넣다. (2) 〔흔히 受動으로〕 (이야기등)을 옆길로 새게 하다. 얼버무리다.

side·view mìrror [sáidvjù:-] (자동차의) 사이드미러.

:side·walk [⌐wɔ̀:k] *n.* ⓒ《美》(포장된) 보도, 인도(《英》pavement, footpath)

sídewalk ártist = 거리의 화가.

side·ward [sáidwərd] *a.* 측면의, 비스듬한. — *ad.* 옆으로, 비스듬히.

side·way [⌐wèi] *n.* 샛길, 옆길:인도 보도 *ad.*.*a.* = SIDEWAYS.

side·ways [⌐wèiz] *ad.* 옆으로, 비스듬히, 옆에서. ***Knock throw*** ... ~《口》쇼크를 주다 ; … 을 어리둥절하게 하다. —*a.* 옆으로 향한, 비스듬한 : a ~ glance 곁눈질

side·wheel [⌐*h*wì:l] *n.* ⓒ *a.* 외륜(外輪)(식의)《기선 따위의》. 파) **~er** *n.* ⓒ 외륜선(外輪船)(paddle steamer); 왼손잡이(투수).

side·wind·er [sáidwàindər] *n.* ⓒ (1)방울뱀의 일종《몸을 S자 모양으로 해 옆으로 나아감》(2)(S-)【美軍】사이드와인더《공대공(空對空)미사일의 하나》. (3)《美口》옆으로부터 일격.

sid·ing [sáidiŋ] *n.*(1) ⓒ 【鑛】측선(側線), 대피선.(2) ⓤ【美建】(건물 외벽의) 벽널 ; 판자벽.

Si·dle [sáidl] *vi.* 옆걸음질하다; (가만가만) 다가가다(다가서다)《*along; up*》.

:siege [si:dʒ] *n.* (1) ⓤ,ⓒ 포위 공격 ; (경찰 등의) 포위 작전 ; 포위 공격 기간: *raise*〈*lift*〉 *the ~of* 포위를 풀다 ; 포위 공격을 중지하다. (2)ⓒ 끈덕진 권유〈조름〉; 《美》끈질긴 병. ***lay ~ to*** …을 포위 공격하다 ***push***〈***press***〉 ***the ~*** 맹렬히 포위 공격하다 ***stand a long ~*** 오랜 포위공격에 견디다 ***state of ~*** 계엄(상태).

Sieg·fried [sí:gfri:d] *n.* 지크프리트《거대한 용을 퇴치한 독일 전설의 영웅》.

si·en·na [siénə] *n.* ⓤ 시에나토(土)《황갈색 또는 적갈색의 그림 물감 원료》.

si·er·ra [siérə] *n.* ⓒ (1) (종종 *pl.*) 톱니처럼 뾰족뾰족한 산맥《스페인·라틴 아메리카의》. (2)【漁】삼치류(類)

Siérra Le·ó·ne [-lióun] *n.* 시에라리온《아프리카 서부의 독립국으로 영연방의 하나 ; 수도Freetown》

si·es·ta [siéstə] *n.* ⓒ《Sp.》시에스타《스페인 남미 등 더운 나라에서의 점심 후의 낮잠》: have〈take〉 a ~

˙sieve [siv] *n.* ⓒ (고운) 체 ; 조리 ***have a head***〈***mind, memory***〉 ***like a*** ~《口》머리가 아주 나쁘다. —*vt.* … 을 체질하다. 거르다.

sie·vert [sí:vərt] *n.* ⓒ【物】시버트《인체가 방사선을 쬐었을 때 받는 영향의 정도를 나타내는 국제 단위 : 기호 SV》.

:sift [sift] *vt.* 《~+目/+目+前+名》… 을 체질하다 ~ the wheat *from* the chaff 겨를 체질해서 밀을 가려내다. (2)《~+目/+目+副/+目+前+名》… 을 가려내다《*out*》. (3) … 을 면밀히 조사하다. 심문하다.—*vi.* (1) 체를 통해서 떨어지다. (2)《+前+名》(눈 따위가) 날아들다, 새어들다《*into; through*》 Light ~*ed* through a chink in the wall. 불빛이 벽틈으로 새어들어 왔다.(3) 가려내다 ; 정사(精査)하다. 파) ⌐**·er** *n.* ⓒ 체 ; 체질하는 사람 : 상세히 조사하는 사람

sig signal ; signature ; signor(s); signora.

:sigh [sai] *vi.* (1)《~/+前+名》한숨 쉬다〈짓다〉탄식하다《*with*》: 한탄〈슬퍼〉하다《*over*》그리워 하다《*for*》. ~ *with* relief〈vexation〉 한시름 놓다〈괴로워 한숨짓다〉.(2)(바람이) 살랑거리다 . 한숨같은 소리를 내다.—*vt.* 《~+目/+目+副》탄식하여〈한숨지으며〉 말하다《*out*》. —*n.* ⓒ (1)한숨, 탄식, 탄식 소리 (2)(바람의) 산들거리는 소리. ***give***〈***heave. let out***〉 ***a ~ of relief*** 안도의 한숨을 쉬다. 한시름 놓다.

:sight [sait]*n.* (1)a]ⓤ시각(視覺), 시력(vision) : long〈near, short〉 ~ 원시〈근시〉. b] ⓤ (또는 a ~) 봄.한번 보기, 일견, 일별, 목격《*of*》: They waited for a ~ *of* the popular actress. 그들은 그 인기 여배우를 한번 보려고 기다렸다.c]ⓤ 시계, 눈길 닿는 범위. 시야: The ship came *into* ~. 배가 시야에 들어왔다〈보였다〉. d] ⓤ 관점, 견해(opinion), 판단(judg-ment) : in the ~of the law 법률적 관점 에서. (2)ⓒ a] 조망, 광경 ; 풍경, 경치(view). (3)ⓒ (종종*pl.*) (총의) 겨냥, 조준(기) ; 가늠쇠〈자〉: take a (careful)~.(조심스럽게) 조준을 맞추다 / raise 〈lower〉 one's ~ 조준을〈목표를〉 올리다〈내리다〉.(4)(a ~)《美口》많음, 다수, 다량(a lot of) : *a ~ of* money 산더미 같은 돈.(5)〔副詞的〕훨씬 : This is a (long)~ better than that. 이건 저것보다 훨씬 좋다. (6)〔形容詞的〕처음으로 본 ; 즉석의 : a ~ translation《英》즉석 번역 / ⇨SIGHT DRAFT ***a ~for sore eyes*** ⇨EYE. ***at first ~*** 언뜻 본 바로는; 첫눈에〈의〉 : The results of the tests were, at *first* ~, surprising 실험 결과는 언뜻 보기에는 놀라왔다. ***at*** 〈***on***〉~ (1)보자마자 (2)【商】일람 출급의: a bill payable *at*~ 일람 출급 어음. ***in~***(1) 보이는, 보이는 거리에 : The mountain is still *in* ~ 산은 아직 보이고 있다.(2)아주 가까이에 ***Keep ~ of...=keep*** … ***in ~*** …을 놓치지 않으려고 지켜보다. ***Know*** a person ***by ~*** 아무의 얼굴만은 알고 있다. ***lose ~ of*** (1) …을 (시야에서) 놓치다. (2) … 을 잊다 (3) …의 소식이 끊기다. ***not by a long***〈***damned, considerable***〉 **~**《口》결코〈절대로〉 …아닌. ***out of my ~ !*** 썩 꺼져라. ***out of ~*** (1) 보이지 않는 곳에. (2)《口》터무니없이(는). (3)《美口》멋있는, 근사한 : That's *out of* ~. 그거 끝내 준다. ***~ unseen*** 【商】현물을 보지 않고《사다》

—vt.(1)… 을 찾아내다, 목격하다. 보다. (2)(별 따위)를 관측하다: ~ a star. (3)…을 겨냥하다. 조준하다 (4) …에 조준기〈가늠자〉를 달다, 조정하다《*on*》~ a rifle (*on* a rabit)총의 가늠자를 (토끼에) 맞추다.—*vi.* (1)겨냥〈조준〉하다. (2)(어떤 방향을) 주의깊게 바라보다《*on; along*》.

(•)sight·ed [-sáitid] *a.* (1)〔複合語로〕시력이 …한 … 한 시력의 : weak-~ 시력이 약한/ short-~ 근시의 (2)눈이 보이는.

sight·ing [sáitiŋ] *n.*(1)ⓤ 조준 맞춤. (2)ⓒ (UFO나 항공기 따위의) 관찰〈목격〉례(例)《*of*》.

sight·less [⌐lis] *a.* (1)보지 못하는, 눈먼(blind). (2)《詩》보이지 않는(invisible). ~·ly ad. ~·ness *n.*

sight·line [⌐làin] *n.* ⓒ (관객의 눈과 무대를 잇는)시선 (= **síght lìne**).

sight·ly [⌐li] (***-li.er ;~il-est***) *a.* (1)보아서 기분이 좋은, 보기 좋은(comely), 아름다운. a ~ house 아름다운 집. (2)《美》전망이 좋은.

파) **-li·ness** *n.*

sight-read [⌐rì:d] *vt. vi.* (1) (외국어를)즉석에서 읽다. (2)(악보 등을) 보고 즉석에서 연주〈노래〉하

다.
파) **~·er** *n.* ⓒ 악보를 처음 보고 즉석에서 연주〈노래〉하는 사람. **~·ing** *n.* ⓤ 초견(初見)《악보를 처음 보고 연주〈노래〉하기》; 즉독즉해.
sight·see [ˊsìː] *vi.* 《흔히 go ~ing의 꼴로》관광 여행하다, 유람하다. (2)유람하다, 관광하다.
:sight·see·ing [ˊsìːiŋ] *n.* ⓤ 관광, 유람 : do some ~ 관광하다. —*a.* 관광〈유람〉의 : a ~ party 관광단 / a ~trip〈tour〉 관광 여행.
˙sight·se·er [ˊsìːər] *n.* ⓤ 관광객, 유람객
sight-sing [ˊsìŋ] *vt. vi* (악보를) 처음 보고 노래하다.
sight·wor·thy [ˊwɔ̀ːrðì] *a.* 볼 만한, 볼 가치가 있는.
:sign [sain] *n.* ⓒ (1) (수학 · 음악 등의) 기호, 표시, 부호《※ '서명'의 뜻인 '사인'은 signature 또는 autograph》. 【cf.】 mark[1], symbol. 『the negative(minus) ~ 마이너스 부호《-》/ the positive 〈plus〉 ~ 플러스 부호《+》 / the equal(s) ~ 등호《=》. (2)〔흔히 複合語로〕 a]신호,손짓,몸짓 (gesture) : a traffic ~ 교통 신호 / a call ~ 호출 부호. b] 표지, 길잡이, 도표; 간판〈signboard〉 : street ~s 도로 표지/ a drugstore's ~ 약국 간판. (2) a]기미, 징후 : 조짐(indication). 전조 ; 모습, 기색 ; 【醫】 증후, 증세《*of*》. b] 〈흔 히 否定語와 더불어〕 흔적(trace), 자취, 형적(vestige) ; (들짐승의) 자귀, 똥. c] 【宗】 기적(miracle) : pray for a ~ 기적이 나타나기를 빌다. (3) 【天 · 占點】 궁(宮)《12궁의》. in ~ of〔that...〕 …의 표시로서 ***make〈give〉 a ~ to*** …에 신호하다. ***make no ~*** (혼절해서) 꼼짝도 않하다, 아무 의사 표시를 하지 않다 make the ~ of the cross 십자를 긋다\ seek a ~기적을 구하다
—*vt.* (1)《~+目/+目+前+名》 …에 사인〈서명〉하다 : ~ a legislative bill *into* law 법안에 서명하여 법률로서 발효시키다. (2)《+目+副/+目+前+名》 … 에 서명하여 양도《처분》하다 《*away* ; *off* ; *over*》. (3)《~+目/+目+*to* do》 (손짓 · 발짓 따위) (4) …을 서명하여 고용하다. (5)…에 표를 하다; …에 십자를 긋다.
—*vi.* (1)서명하다, 서명하여 승인〈계약〉하다《*for*》 : ~ *for* a package 소포 수령의 사인을 하다. (2)《+前+名~to do》 (손짓 · 몸짓따위로) 알리다, 신호하다 : The police ~*ed to* the truck *to* stop. 경관은 트럭에게 정지하라는 신호를 했다. ***~ in〈out〉*** 서명하여 도착(출발)을 기록하다. ***~off*** (1)【라디오 · TV】(그날의) 방송〈방영〉 종료 신호를 하다, 방송〈방영〉 을 마치다 (〖opp〗 *sign on*) (2)(사인하고) 편지를 끝내다. (3) ***~ on*** 1)(고용 계약서에 서명하고) 취업 계약을 하다. (2) 【라디오 · TV】 방송촬영〈개시〉를 알리다(〖opp〗 *sign off*).⇨ sign in *vt.* ***up*** (1) = ~ on:(1) 군에 입대하다《*for*》 (2) (…와) 계약하다《*for*》. (3) (…에)등록을 신청하다《*for*》He ~*ed up for* the advanced class. 그는 상급반에 등록을 신청했다.
:sig·nal [sígnəl] *n.* ⓒ (1)신호 ; 암호 ; (야구의) 사인 : a traffic ~ 교통 신호 / by ~ 신호로 《※ 無冠詞》. (2)신호기(機), (철도의) 시그널. (3)계기, 도화선, 동기《*for*》: the ~ *for* revolt 폭동의 도화선
—*a.* 〔限定的〕 (1) 신호의, 암호의 : 신호용의 : a~lamp 신호등 / a~ fire 봉화 / a ~flag 신호기. (2) 두드러진, 현저한, 주목할 만한; 뛰어난, 훌륭한 : a ~achivement 괄목할 업적.
—(***-l-***,《英》 ***-ll-***) *vi.* 《~/+前+名/+前+名+to do》 신호하다, 눈짓하다. —*vt.* (1)《~+目/+目+to do/+目+前+名/+目+*that* 節》 … 에게 신호하다. 〈를 보내다〉 ; … 을 신호로 알리다 (2) …의 전조가〈조짐이〉 되다.
sígnal bòx 〈**càbin**〉 《英》 (철도의) 신호소, 경보함.
sig·nal·er 《英》 **-nal·ler** [sígnələr] *n.* ⓒ (1)(육 · 해군의) 신호병(수). (2)신호기(機)
sig·nal·ize [sígnlàiz] *vt.* (1)《~+目/+目+前+名》〔흔히 再歸的 또는 受動으로〕 …을 유명하게 하다; 두드러지게 하다(distinguish) (2) …을 명확히지적 하다. (3) …에게 신호를 보내다. (※英에서는 signalise 라고도 씀)
sig·nal·ly [sígnəli] *ad.* 두드러지게, 현저히.
sig·nal·man [sígnəlmən, -mæ̀n] (*pi.* ~***men*** [-mən, -mèn]) *n.* ⓒ (1)《英》 (철도의) 신호원(수). (2)【軍】 통신대원.
sig·na·to·ry [sígnətɔ̀ːri/-təri] *a.* 서명한, 참가〈가맹〉 조인한 : the ~ powers *to* a treaty 조약 가맹국. —*n.* ⓒ 서명인; 조인자; 조인국(國), (가맹국).
:sig·na·ture [sígnətʃer] *a.* (1) a] ⓒ서명 《※ '사인'이 서명의 뜻에선 signature ; 작가 · 연예인 등 의 '사인'은 autograph》 : write one's ~ 서명하다 / put one's ~ on〈to〉 …에 서명하다 b] ⓤ 서명하기 (2)ⓒ【樂】 =KEY〈TIME〉 SIGNATURE (3)=SIGNATURE TUNE (4)ⓤ 【醫】 (약의 용기 · 처방에 쓰는) 용법주의 《略: S.또는 Sig》. (5)ⓒ 【印】 접지 순서〈번호〉, 쪽지 표시 : 견양 접장(摺帳) : 번호 매긴 전지. (6)ⓒ 《라디오 · TV》 (라디오) 테마 음악
sígnature tùne 《英》 (방송 프로의) 테마 음악 (theme song).
sign·board [sáinbɔ̀ːrd] *n.* ⓒ 간판 ; 게시판
signed [saind] *a.* 서명된, 서명이 있는: a ~first edition (저자의) 서명이 있는 초판(본)
sign·er [sáinər] *n.* ⓒ 서명자; 〔S~〕《英》.독립 선언서 서명자
sig·net [sígnət] *n.* (1)ⓒ (반지 따위에 새긴) 도장, 인장. (2)(the ~) 옥새
sígnet rìng 도장이 새겨진 반지
:sig·nif·i·cance [signífikəns] *n.* ⓤ (또는 a ~)(1)중요, 중대성(importance)(장래에의 중요성에 무게를 둠). 〖opp〗 *insignificance*. 『 a matter of little 〈no〉 ~ 그리〈전혀〉 중요치 않은 문제. (2)의의, 의미(meaning), 취지(import). (3)의미 심장, 의미 있음 : with a look〈word〉 of great ~ 매우 의미 심장한 표정으로〈말로〉.
:sig·nif·i·cant [signífikənt] *a.* (1)중대한, 중요한,뜻(이)깊은(important). (2)뜻있는, 의미 깊은: a ~phrase 뜻이 깊은 어구. (3)함축성 있는, 암시적인 : a ~ wink 함축성 있는 눈짓 (4)나타내는(expressive). …을 표시하는(indicative), 뜻하는《*of*》; Smiles are ~ *of* pleasure. 미소는 기쁨의 표시이다. (5)상당한, 두드러진 : a ~ increase in the trade surplus. 무역 흑자의 상당한 증가.
sig·nif·i·cant·ly [-li] *ad.* (1)의미(가) 있는 듯이 (2)꽤, 상당히. (3)〔文章修節〕 의미심장하게(도).
sinifícant óther (1)중요한 타자(他者)《영향력 있는》 부모 · 친구 (2)《美口》 소중한 사람 《배우자, 애인》.
sig·ni·fi·ca·tion [sìgnəfikéiʃən] *n.* (1)ⓤ 의미 ; ⓒ 의의, 말뜻. (2) ⓤ,ⓒ 표시, 표의(表意) ; (정식)통보.
˙sig·ni·fy [sígnəfài] *vt.* (1) … 을 의미하다, 뜻하다 (mean) : Red often *signifies* danger. 적색은 종종 위험을 의미한다. (2)《~+目/+*that* 節》 (기호 · 몸

짓 등이) …을 표시하다 ; 나타내다(represent).(3) …의 전조가〈조짐이〉 되다. —*vi*..《~/+副》〔주로 否定 ; 종종 much, litte을 수반〕 중대하다, 문제가 되다(matter).

sígn lànguage (1) 손짓〈몸짓〉으로 하는 말.(2) (농아자의) 지화법(指話法), 수화(手話)(dactylology) .

si·gnor [síːnjɔːr, si(ː)njɔ́ːr] (*pl*. **~s, si·gno· ri** [ríː]) *n*. 《It.》 (1)(S-) (이름 앞에 두어) … 각하, … 씨 , … 님, … 선생 《Mr.,Sir에 해당》. (2)ⓒ (특히 이탈리아의) 귀족, 신사.

si·gno·ra [síːnjɔ́ːrə] (*pl*. ~**s**. ~**re**[-reí]) *n*.《It.》 (S-)(이름 앞에 두어) ….부인, 마님, 여사《Mrs.Madam에 해당》: ⓒ(특히 이탈리아의) 귀부인

si·gno·ri·na [sìːnjɔːríːnə] (*pl*. **~ne**) *n*. 《It.》 (S-) (이름 앞에 두어) … 양(孃), 아가씨 《Miss.에 해당》

sígn pàinter 〈**wrìter**〉 간판장이.

sign·post [sáinpòust] *n*. ⓒ (1)푯말, 이정표 guidepost) ; 안내 표지. (2)《比》(명확한) 길잡이.
—*vt*.(1)〔흔히 受動으로〕 (도로)에 안내 푯말을 세우다. (2)방향을 〈지시〉 표시 하다.

Sikh [siːk]*n*. ⓒ《Ind.》 시크 교도(의) 《북부 인도의 힌두교 종파》 파) **~ism** *n*. ⓤ 시크교(敎) .

si·lage [sáilidʒ] *n*. ⓒ 사일로(silo)에 저장한 꼴 =ENSILAGE

:si·lence [sáiləns] *n*. (1) ⓤ 침묵, 무언; 정숙 : a man of ~ 말이 없는 사람. b] ⓒ 침묵의 시간 : a breathless ~ 숨막히는 침묵. (2)ⓤ 비밀 엄수(secrecy), 묵살; 언급하지 않음 : the law's ~ as to the problem 이 문제에 관해서는 아무런 법조문이 없음. (3)ⓤ,ⓒ 격조, 소식 두절(4)ⓤ 고요함, 정적 : deathlike ~ 죽음과 같은 고요 /the ~ of midnight 한밤의 정적. (5)ⓤ,ⓒ 묵도: observe (a) two minutes' ~, 2분간 묵념을 하다. ***buy*** a person' ***s*** ~ 아무에게 돈을 주어 입을 막다
—*vt*. (1)…을 침묵시키다, 조용하게 하다. (2)(적의 반대 · 포화 등) 을 침묵시키다. break (keep)~침묵을 깨뜨리다 〈지키다〉 give the ~ 《俗》무시하다. in~ 말없이, 조용이. —*int*. 조용히, 쉬.
파) **sí·lenc·er** *n*. ⓒ (1) 침묵시키는 사람〈것〉 (2) 《英》(내연기관의) 소음기(消音器), 머플러《美》(muffler). (3)(권총의) 소음장치, 사일랜서

:si·lent [sáilənt](***more*** ~ ; ***most***~) *a*. (1)침묵하는, 무언의(mute): 말없는, 침묵을 지키는.(2)조용한, 고요한: (기계 등이) 소리없는: /~ laughter 조용한 웃음. (3)〔敍述的〕 (… 에 대해) 아무 말〈언급〉이 없는(unmentioned)《*on; about*》. (4)소식 없는, 무소식의. (5)활동하지 않는, 쉬고 있는(inactive) : a ~ volcano 휴화산.(6) 【音聲】 발음되지 않는, 묵음(默音)의《cake, knife의 e,k 따위》. (***as***) ***~ as the grave*** ⇨ GRAVE1.—*n*. 《口》(*pl*.) 무성 영화. **~·ness** *n*.

:si·lent·ly [sáiləntli] *ad*. 조용히, 소리 없이, 잠자코.

sílent majórity (흔히 the ~) 말없는 다수 : 일반 대중.

·sil·hou·ette [sìluːét] *n*. ⓒ (1)실루엣, 그림자, (옆얼굴의) 흑색의 반면 영상(半面映像).(2)(유행 여성복 · 신형차 등의) 윤곽(선), 실루엣. ***in*** ~실루엣으로 ; 윤각만으로. —***vt*** 《~+目/+目+前+名》《보통 受動으로》 …을 실루엣으로 그리다 …의 윤곽만 보이다 《*against*》 : a tree ~*d against* the evening sky 저녁 하늘을 배경으로 검은 윤곽을 드리운 한 그루의 나무.

sil·i·ca [sílikə]*n*. ⓤ 실리카.

sílica gèl 【化】실리카 겔《방습제》.

sil·i·cate [síləkèit] *n*. ⓤ,ⓒ 【化】 규산염

sil·i·con [sílikən] *n*. ⓤ 【化】 규소《비금속 원소 : 기호 Si; 번호 14 》: ~ oil 실리콘 유/~ resin 실리콘 수지.

sílicon chíp 【電子】 실리콘칩(집적회로가 프린트된 반도체 조각 ; 그냥 chip 이라고도 함》.

sil·i·cone [síləkòun] *n*. ⓤ,ⓒ 【化】 실리콘, 규소수지《합성 · 수지 · 합성고무 따위의 유기 화합물》.

sil·i·co·sis [sìləkóusis] *n*. ⓤ 【醫】 규폐증(珪肺症)《규토의 가루를 마셔 걸리는 폐질환》.

:silk [silk]*n*. (1) a] ⓤ 명주실, 생사, 견직물.b] (*pl*.) 비단(옷); (경마의 기수 등이 입는) 색색으로 된 비단 제복. (2)ⓒ 《英》 비단 법복을 입는) 왕실 변호사. (3)ⓤ (거미의) 줄: (옥수수의) 수염 (corn ~). take(the) ~ 《英》 왕실 변호사가 되다
—*a*. 비단의, 비단으로 만든 : 생사의 ~ stock ings 실크 양말 / a ~ gown 비단 법복《왕실 변호사의》 / a ~ handkerchief 실크 손수건.

·silk·en [sílkən] *a* (1)명주의,비단으로 만든 : a ~ dress 비단드레스. (2)비단 같은, 부드러운, 매끄러운.

silk·stock·ing [sílkstákiŋ/⁻stɔ́k-] *a*. 《美》 (1) 사치스러운 복장을 한.(2) 상류의, 유복한, 귀족 적인. (3) 비단 양말

silk·worm [⁻wə̀ːrm] *n*. ⓒ 누에.

silky [sílki] (***silk ·i·er ~ ; -i ·est***) *a*. (1)(피부 · 머리카락 등이) 비단 같은 ; 보드라운(soft) : ~ skin 비단같은 피부 (2) (음성 · 태도 등이) 나긋나긋한, 은근한(suave) : a ~ smile 교태 어린 웃음. (3) 맛이 순한 파) **- i·ness** *n*.

sill [sil] *n*. ⓒ 하인방(下引榜): 문지방, 문턱(threshold), 창턱 (window ~): 갱도의 바닥

sil·la·bub [síləbʌ̀b] *n*. ⓤ,ⓒ 실러버브《우유 · 크림을 거품이 일게 하여 포도주 등을 섞은 음료》

:sil·ly [síli] (***sil·li·er ; -li·est***) *a*.(1) 어리석은(stupid) 바보 같은(absurd): Don't be so ~. 그런 바보 같은 소리〈짓〉 마라 (2) 《口》 (얻어맞거나 해서) 기절한, 아찔해진. (3) 백치의, 저능한: 어리석은; 순진한 —*n*. ⓒ《口》 바보《흔히 아이들 끼리 또는 아이들에 대한 악의 없는 호칭으로 쓰임》.

sílly sèason (the ~) (신문의) 불황기(期) 《8 · 9 월의 신문 기삿거리가 동날 때).

si·lo [sáilou] (*pl*. ~**s**) *n*. ⓒ (1) 사일로(사료·곡물 등을 넣어 저장하는 원탑 모양의 건축물). (2) 【軍】 유도탄의 지하 격납고 겸 발사대.

silt [silt] *n*. ⓤ 침니 (沈泥)《모래보다 곱고 진흙보다 거친 침적토(沈積土)》. —*vt*. *vi*. (하구 등을〈이〉 침니로 막다〈막히다〉《*up*》 파) **~·y** *a*. 침니의〈깉은〉 : 침니로 꽉 막힌.

sil·va·nus [silvéinəs] *n*. 【로神】 실바누스《숲의 신; 후에 농목(農牧)의 신》.【cf.】 Pan.

:sil·ver [sílvər] *n*. ⓤ (1)은《금속 원소: 기호 Ag : 번호 47》 ; pure〈solid〉 ~순은.(2)〔集合約〕 은그릇, 은식기, 은제품(silverware) ; 은세공(품) : 은박(箔), 은실 : table ~ 은 (도금한) 식기《스푼 · 나이프 · 접시 따위》. (3) 은화 ; 금전, 화폐. (4) 은백, 은빛, 은의 광택. —*a* (1)은의, 은으로 만든: a ~ coin 은화. (2) 은 같은; 은빛으로 빛나는; (머리 따위가) 은백색의 : the ~ moon 은빛으로 빛나는 달. (3) (소리가) 맑은(silvery) : (말이) 유창한(eloquent) : He has a ~ tongue. 그는 웅변가다.(4)〔限定的〕 (기념일등의) 25 주년의.

—*vt*. (1) 은도금하다 ; …에 은을 입히다, 은빛으로 하다 : ~ copper articles 구리 용기에 은을 입히다. (2) … 을 은빛이 되게 하다 —*vi*. (1) 은빛이 되다. 은빛으로 빛나다. (2) (머리가) 은백색이 되다.
Sílver Áge (the ~; 때로 the s~ a~) 【그·로神】 (황금시대 다음의) 은(銀)시대. 【cf.】 Golden-Age.
sil·ver·fish [-fìʃ] (*pl*. **~fish(-es)**) *n*. ⓒ 은붕어 ; 【蟲】 좀벌레(bookworm).
sílver médal 은메달《2등상》.
sílver nítrate 【化】 질산은.
sílver páper 은박지, 은종이
sílver pláte (식탁 또는 장식용) 은그릇, 은식기. ; 은도금(한박)
sil·ver-plate [sílvərpleít] *vt* … 에 은도금하다.
sil·ver-plat·ed [-pléitid] *a*. 은도금한, 은을 입힌.
sílver scréen (1) (화면을 비추는) 영사막 ; 은막. (2) (the ~) 영화(계): stars of *the* ~
silver·side [sílvərsaid] *n*. ⓤ 《英》 소의 넓적다리 살의 윗부분.
sil·ver·smith [-smìθ] *n*. ⓒ 은장이, 은세공인.
sil·ver-tongued [-tʌ́ŋd] *a*. 《文語》 유창한, 구변이 좋은, 설득력이 있는.
sil·ver·ware [-wɛ̀ər] *n*. ⓤ 〔集合的〕 식탁용 은제품 ; 은그릇(silver plate).
·sil·very [sílvəri] *a* (1)은과 같은 ; 은빛의 : ~ hair 은발 (2)(음성·소리 등) 은방울 같은, 맑은, 낭랑한 ; the peal of~bells 맑고 아름다운 종소리.
sim·i·an [símiən] *a*. 원숭이의 ; 유인원(類人猿)의 ; 원숭이 같은(apelike). —*n*. ⓒ 원숭이(monkey); 《특히》 유인원(ape).
:sim·i·lar [símələr] (**more~ ; most ~**) *a*. (1) 유사한, 비슷한, 닮은, 같은《*to*》: ~ tastes 비슷한 취미. (2) 【數】 닮은꼴의, 상사(相似)의: ~ figures닮은꼴. (3) 〔樂〕 평행하게 나아가는
·sim·i·lar·i·ty [sìməlǽrəti] *n*. (1)ⓤ 유사, 상사 : points of ~ 유사점. (2)ⓒ 유사〈상사〉점.
·sim·i·lar·ly [símələrli]) *ad*. (1)유사하여, 비슷하여. (2)〔文章修飾〕 같게, 마찬가지로
sim·i·le [síməlìː] *n*. ⓤ,ⓒ 【修】 직유(直喩) 명유(明喩)《like, as 따위를 써서 하나를 직접 다른 것에 비유하기.
si·mil·i·tude [simílətjùːd] *n*. (1) ⓤ 유사, 상사, 비슷함. (2) ⓤ 외모, 모습 (3) ⓒ 유사한〈닮은〉 물건·사람 (4) ⓒ 비유.
·sim·mer [símər] *vi*. (1) (약한 불에) 부글부글〈지글지글〉 끓다. (주전자물 등이) 픽픽하고 끓다. (2) (끓는 물 등이) 푹푹소리를 내다. (3) 《+前+名》 (감정이) 당장이라도 터질 것 같다 부글부글 끓어오르다 《*with*》. —*vt*. 뭉근히 끓게 하다〈삼다〉. 약한 불로 끓이다. ~ **down** (1) 졸아서 잦아들다. (2) (흥분 따위가) 가라앉다 ; 마음이 진정되다.
—*n*. (*sing*) 끓어오르려는〈폭발하려는〉 상태 :at a 〈on the〉 ~ 부글부글 끓어 (올라) · 당장이라도 폭발할 것 같은 상태에서.
파) **~ · ing·ly** *ad*.
si·mon-pure [sáimənpjúər] *a*. 진짜의《영국 작가 S. Centlivre 작의 희극 중의 인물명에서》.
si·moom, si·moon [simúːm, sai-], [-múːn] *n*. ⓒ 시뭄《아라비아 사막의 모래열풍〈폭풍〉》.
sim·per [símpər] *n*. ⓒ (바보 같은) 선웃음.
—*vi*. 바보같이 선웃음웃다. 파) **~·ing·ly** [-riŋli] *ad*.
:sim·ple [símpəl] (**-pler ; -plest**) *a*. (1) 단일의, 분해할 수 없는.〔각종 술어에 붙어〕 단(單) … 【opp】 *compound* . *complex*.(2) 단순한, 간단한 ; 수월한. (3) 간소한, 검소한, 꾸밈 없는(unadorned); (식사 등이) 담백한. (4) 성실하고 정직한(sincere), 순박〈소박〉한. (5) 죄 없는, 순진한, 티없는(innocent). (6) 사람 좋은, 어리석은. 무지한, 경험〈지식〉이 부족한. (7) 순연한, 순전한(sheer). (8) 무조건〈무제한〉의(unconditional). (9) 하찮은. 대단치 않은: 《文語》 천한; 평민(출신)의 (humble). **pure and** ~ 순전한. 섞이는 것이 없는.
—*n* ⓒ 무지한〈어리석은〉 사람.
파) **~ · ness** *n*. 《古》 = SMPLICITY.
sim·ple-heart·ed [-háːrtid] *a*. 순진 〈천진〉한 ; 티없는 ; 성실한, 곧은 성격의.
símple ínterest 단리(單利) : at ~ 단리로.
símple machíne 단순 기계 .
sim·ple-mind·ed [símpəlmáindid] *a* (1) 잘 속는, 어리석은. (2) 우둔한, 저능의. (3)단순한, 순진한.
파)~ · **ly** *ad*.~ · **ness** *n*.
símple séntence 【文法】 단문(單文) .
sim·ple·ton [símpəltən] *n*. ⓒ 숙맥, 바보, 얼간이.
sim·plex [símpleks] *a*. (1) 단순한,단일의(【opp】 *complex*). (2)【通信】 단신(單信) 방식의(【cf.】 duplex) : ~ telegraphy 단신법(單信法).
:sim·plic·i·ty [simplísəti] *n*. ⓤ (1) 단순 : 단일 ; 간단, 평이. (2) 간소, 검소 ; 수수함, 담백. (3) 순박함, 순진, 천진난만 : with ~ 순진하게. (4) 우직, 무지 (silliness) **be ~ itself** 《口》 아주 간단하다.
sim·pli·fi·ca·tion [sìmpləfikéiʃən] *n*. (1) ⓤ 단순〈간소〉화. (2)ⓒ 단순〈간소〉하게 된 것.
sim·pli·fied [símpləfàid] *a*. 간이화한, 쉽게한.
·sim·pli·fy [símpləfài] *vt* … 을 단순〈간단〉하게 하다, 쉽게 하다.
sim·plis·tic [simplístik] *a*. 극단적으로 단순화〈평이화, 간이화〉한. 파) **ti·cal·ly** *ad*.
:sim·ply [símpli] (**more ~; most ~**) *ad*. (1)솔직히, 순진〈천진〉하게 , 소박하게. (2) 알기 쉽게, 평이하게(clearly) (3) 간소 〈검소〉하게, 꾸밈없이, 수수하게(plainly). (4) 단순히, 단지(merely). (5) 【强調】실로, 아주, 정말(very); 〔否定文 에서〕 전혀, 절대로.
sim·u·la·crum [sìmjəléikrəm] (*pl*. **-cra** [-krə], ~s) *n*. ⓒ(1) 상(像), 모습 (image). (2) 그림자, 환영(幻影). (3) 가짜(sham)《 *of* 》.
·sim·u·late [símjəlèit] *vt*. (1) … 을 가장하다, … 체하다. (2) a〕 … 을 흉내내다 ; …로 분장하다. b〕 【生】 의태(擬態) 하다(mimic). (3) …의 모의 실험〈연습〉을 하다. -[lət] *a*. 흉내낸. 닮게 꾸민: 의태의
sim·u·lat·ed [símjəlèitid] *a*. (1) … 과 같이 보이는, 가장한, 흉내낸 . (가죽 보석 등이) 모조의. (2) 모의〈실험(훈련)〉의.
sim·u·la·tion [sìmjəléiʃən] *n*. ⓤ,ⓒ (1)가장, 흉내, …처럼 보이기. (2)모의 실험 : 시뮬레이션. (3)【生】 의태.
sim·u·la·tive [símjəlèitiv] *a*. 흉내내는, 속이는《*of* 》〈가장〉하는. 파) **~ · ly** *ad*.
sim·u·la·tor [símjəlèitər] *n*. ⓒ (1) 【機】 시뮬레이터 실제와 똑같은 상황을 만들어 내는 모의 조정〈실험〉 장치》. (2) 흉내내는 사람 〈것〉
si·mul·cast [sáiməlkæ̀st, sím-, -kɑ̀ːst] *n*. ⓒ (라디오와 TV 또는 AM과 FM 과의) 동시 방송.
— (*p.pp*. **-cast**) *vt*. … 을 라디오·TV로 동시 방송하다.

si·mul·ta·ne·i·ty [sàiməltəní:əti, sìm-] *n.* ⓤ 동시〈발생〉, 동시성.

·**si·mul·ta·ne·ous** [sàiməltéiniəs, sìm-] *a.* 동시의, 동시에 일어나는, 동시에 존재하는《*with*》.
파)~ · **ness** *n.*

simultáneous equátions 【數】 연립 방정식.

:**si·mul·ta·ne·ous·ly** [sàiməltéiniəsli, sìm-] *ad.* … 와 동시에 ; 일제히

:**sin**[1] [sin] *n.* (1)ⓤ,ⓒ (종교상 · 도덕상의) 죄, 죄악 (transgression): ⇨ ACTUAL SIN, ORIGINAL SIN / commit a ~ 죄를 범하다. (2)ⓒ 과실, 잘못 ; 위반 (offense)《*against*》. (3)ⓒ 어리석은 일, 바보 같은 짓. ***as*** ~《口》 실로, 참으로: (***as***) ugly as ~ 참으로 못생긴. ***for*** one'***s*** ~ ***s***《英口 · 戲》 무슨 팔자인지. ***like*** ~ 《俗》 정색〈발끈〉하여 ; 몹시, 맹렬히(furiously). ***live in*** ~《口》 불의의 생활을 하다. the man of ~ 그리스도의 적, 악마 ***the*** (***seven***) ***deadly*** **~*s*** ⇨ DEADLY
—(*-nn-*) (흔히 의식적으로 종교적 · 도덕적) 죄를 범하다, 나쁜 짓을 하다《*against*》 ; (예절따위에)어긋나다《*against*》. ***be more sinned against than sinning*** 저지른 죄 이상으로 비난받다.

sin[2] 【數】 sine.

Si·nai [sáinai, -niài] *n.*(1) 【舊約聖書】(Mount ~) 시내산(山)《모세가 십계명을 받은 산》.(2) 시나이 반도 (=the ~ **Península**).

since [sins] *ad.* (비교 없음) (1) 〔보통 完了形動詞와 함께〕 a〕그 후 (지금까지), 그 이래 (지금〈그때〉까지).b〕〔종종 ever ~의 형태로〕 (그 때) 이래(쭉), 그 후 내내, 그 이후(쭉 지금까지).(2) (흔히 long ~로)(지금부터) …전에《ago가 일반적임》.
—*prep.* (1) a〕〔흔히 계속 · 경험의 完了動詞와 더불어〕 … 이래〈이후〉,… 로부터(지금〈그 때〉)에 이르기까지) b〕《口》 …(발명〈발견〉된)시대 이래. (2) 〔It is 〈has been〉 ... ~ _의 구문으로〕 —이래 (…가 되다).
—*conj.* (1) 〔동작 · 상태가 시작된 과거의 시점을 나타내어〕 a〕〔完了形動詞를 가진 主節과 함께〕 ~ 한 이래, … 한 후(지금〈그 때〉까지)《since 節 속의동사는 보통 과거형》《since절중 완료형은 지금도 살고 있음을 나타냄》.b〕〔It is〈《口》 has been〉 … ~—의 구문으로〕 ~한 이래〈~한지〉 …이 된다《since節속의 동사는 過去形》.
(2)〔이유를 나타내어〕 a〕 … 하〈이〉므로, … 까닭에 ,… 인〈한〉 이상. b〕 …하므로〈이기에〉 말하지만.

:**sin·cere** [sinsíər] (***more*** ~ ; ***sin·cer·er; most*** ~, ***sin·cer·est***) *a.* (1) 성실한 진실한 ; 정직한 (2) (감정 · 행동이) 충심으로의 성심 성의의, 진정한, 거짓 없는 (honest).

:**sin·cere·ly** [sinsíərli] (***more*** ~ ; ***most***~) *ad.* 성실〈진실〉하게 ; 마음으로 부터, 진심에서. ***Yours*** ~ =《美》 ***s***~(***yours***) 재배, 경구(敬具)《편지의 끝맺음말》.

·**sin·cer·i·ty** [sinsérəti] *n.* ⓤ 성실, 성의, 진실, 진심 ; 순수함

Sind·bad [síndbæd] *n.* 신드바드《*Arabian Nights* 에 나오는 뱃사람》.

sine [sain] *n.* ⓒ 【數】 사인, 정현(正弦) 《略 : sin》 : ~ curve 사인 곡선.

si·ne·cure [sáinikjùər, síni-] *n.* ⓒ (명예 또는 수입이 있는) 한직(閑職) ; 쉽고 수입이 많은 일, 명목뿐인 목사직(職). ***hardly a*** 〈***not a, no***〉 ~ 결코 쉽지 않은 일.

si·ne die [sáini-dáii:] 《L.》 *ad.* 무기한의〈으로〉

si·ne qua non [-kwei-nán/ -nɔ́n] 《L.》 꼭 필요한 ; 필수 조건.

·**sin·ew** [sínju:] *n.* (1)ⓤ,ⓒ 【解】 힘줄: (*pl.*) 근육, 체력, 정력.(2)(흔히 *pl.*) 지지자〈물〉, 원동력

sin·ewy [sínju:i] *a.* (1)근골이 억센, 튼튼한. (2) 힘찬《문체 따위》, 야무진.

sin·ful [sínfəl] *a.* (1)죄 있는, 죄 많은. (2)죄스러운, 벌받을.
파) ~ · **ly** [-fəli] *ad.* ~ · **ness** *n.*

:**sing** [siŋ] (***Sang*** [sæŋ], 《稀》 ***Sung*** [sʌŋ] ; ***Sung***) *vi.* (1)《~+前+名》 노래하다. (2) 〈새가〉 울다, 지저귀다; (시냇물 따위가) 졸졸거리다. (탄알 · 바람 소리가) 퓽퓽 〈쌩쌩, 쏴아쏴아〉 소리내다. (주전자의 물 끓는 소리가) 부글부글〈픽픽〉 하다: (벌레가) 윙윙거리다.(3) 《+前+名》 (기뻐서) 가슴이 마구 뛰다. 《*with*》. (4) 《~/+前+名》 시를 짓다《*of*》 ; (시 · 노래로) 찬미 〈예찬〉하다. 구가하다《*of*》.(5) 《+副》 노래가 되다: (가사가) 노래로 부를 수 있다. (6) (귀가) 울리다. (7)《美俗》 (범죄자가) 자백하다. 밀고하다.
—*vt.* (1) 《~+目/+目+目+目+前+名》 …을 노래하다. (2)(새가) 지저귀다. (3) 노래하여 축하하다. 구가하다: ~ Mass 노래미사를 드리다. (4)《+目+前+名/+目+副》 노래하여 …시키다: 노래로 보내다〈맞이하다〉《*out* ; *in*》. ~ ***another*** 〈***a different***〉 ***song*** 〈***tune***〉 가락 〈논조, 태도, 생각〉을 바꾸다. ~***for*** one's ***supper*** 응분의 답례를〈갚음을〉 하다. ~***out***《口》소리치다. 고함치다: She *sang out* at me. 그녀는 나를 향해 소리쳤다. ~small 풀이죽다. ~ ***the praises of*** …을 찬양〈칭찬〉하다. ~***up*** 소리를 더 크게 하여 노래하다.
—*n.* ⓒ (1)노래 부르기. (2)《美》 합창회.

sing·a·ble [-əbəl] *a.* 노래할 수 있는, 노래 부르기 쉬운.

sing·a·long [síŋəlɔ̀:ŋ, -làŋ] *n.* ⓒ 《美》 (1)노래 부르기 위한 모임(songfest). (2) (관객 등에 의한) 합창

Sin·ga·pore [síŋgəpɔ̀:r/^-^] *n.* 싱가포르《말레이 반도 남단의 섬 ; 영연방 자치령으로서 1965년 말레이시아에서 독립, : 그 수도》.

singe [sindʒ] (~ · ing) *vt.* (1) …의 표면을 태우다. 그스르다. (2)(돼지 · 새 등의) 털을 그스르다; (천의) 보풀을 태우다《제조 과정에서》
—*vi.* 그을다. ~ one'***s feathers***〈***wings***〉 (위험한 사업 등에서) 실패하다 : 명성에 흠집이 나다. —*n.* ⓒ 그슬림, 탄〈눌은〉 자국.

:**sing·er** [síŋər] *n.* ⓒ (1)노래하는 사람, 《특히》가수, 성악가(vocalist). (2)【鳥】 우는 새. (songbird). (3)시인.

sing·er-song·writ·er [síŋərsɔ̀ŋ:ràitər] *n.* ⓒ 싱어송라이터《가수 겸 작곡가》.

:**sing·ing** [síŋiŋ] *n.* (1)ⓤ,ⓒ 노래하기, 창가: 노랫소리. (2)ⓤ 지저귐. (3)〔形容詞的으로〕 노래의, 노래하는.(4)(a ~) 귀울림

:**sin·gle** [síŋgəl] *a.* 〔限定的〕 (1)단 하나의, 단 한개의 (2)1인용의 ; 한 가족용의. (3)혼자〈독신〉의: a ~ life 독신 생활 / a ~ woman 독신녀 (4)1대 1의.(5) 개개의, 따로따로의. (6) (꽃 따위가) 외겹〈홑겹〉의. 홑의, 단일의 : a ~ rose 홑겹 장미. (7)《英》 편도의《차표 등》 : a~ ticket (8)한결같은: with a ~ eye 〈heart, mind〉 성실히, 일편단심으로, (9) (숫자가) 한자리수의.(10)(위스키 등) 싱글의《다른 술을 섞지 않은》.(11)일치된, 단결된

—*n*. ⓒ (1) a]한 사람: 《美》 독신자: a ~s bar 독신 남녀가 찾는 바. b] 1 인용 방, 독방《호텔 등》.(2) (~s) **[테니스]** 단식(경기), 싱글즈. (3)《野 · 크리켓》 단타(單打)(one-base hit).(4) (흔히 *pl.*) **[골프]** 싱글. 2인 경기. (5) 《英》 편도 차표(~ ticket).(6)(흔히 *pl.*)《英》)1 파운드 지폐 (7) (래코드의) 싱글 음반. 【opp】 *LP. album*. ***in ~s*** 한 사람 한사람. 하나하나.

—*vt*. (1) 《~+目+前+名/+目+副》 …을 뽑다. 선발〈발탁〉하다《*out* : *out of*》: The boss ~*d* Mr. Smith *out for* promotion 상사는 스미스를 승진의 대상으로 발탁했다. (2) **[野]** (주자)를 단타 (單打)로 진루시키다. (1타점)을 단타로 올리다.

—*vi*.. **[野]** 단타를 치다.

sin·gle·breast·ed [-bréstid] *a*. (양복이) 싱글의 **[cf.]** double-breasted.

síngle créam 《英》 싱글크림《18%의 저지방 크림 : 커피용 크림》.

síngle cúrrency (수개국 공통의) 단일 통화.

sin·gle-deck·er [síngəldékər] *n*. ⓒ 《英》 2층없는〈단층〉 전차〈버스〉 **[cf.]** double-decker.

síngle éntry 단식 부기 (기장법). **[cf.]** double entry.

sin·gle-eyed [síŋgəláid] *a*. (1) 홑눈의, 단안의. (2) 한눈 팔지 않는. 외곬의. (3) 순진한

síngle fíle 일렬 종대. ※ 副詞的으로도 쓰임.

sin·gle-hand·ed [síŋgəlhǽndid] *a*. (1) 외손의. 외손용의. (2) 단독의, 독력의. 파)~ · **ly** *ad.*

sin·gle-heart·ed [-hɑ́:rtid] *a*. 일편단심의, 진심의, 성실한(sincere), 헌신적인.
파)~ · **ly** *ad.*~ · **ness** *n.*

sin·gle-lens réflex [-lènz-] 일안(一眼) 반사형 카메라 《略 : SLR》.

sin·gle-mind·ed [-máindid] *a*. = SINGLE-HEARTED ; 목적이 단 하나의, 오로지 한마음의.
파)~ · **ly** *ad.*~ · **ness** *n.*

sin·gle-ness [-nis] *n*. ⓤ (1) 단일, 단독: 독신. (2) 성의, 전심.

síngle párent 자녀를 기르는 편친(偏親)

sin·gles [síŋgəlz] *n*. ⓒ (테니스 등의) 싱글즈, 단식 경기, **[cf.]** doubles.

sin·gle-seat·er [síŋgəlsí:tər] *n*. ⓒ 1인승 자동차〈비행기, 오토바이〉.

sin·gle·sex [-sèks] *a*. (남 · 녀) 한 쪽의 성만을위한, (남 · 녀) 공학이아닌

sin·gle-stick [-stìk] *n*. (1) ⓤ (한 손) 목검술.봉술(棒術). (2) ⓒ 목검.

sin·glet [síŋgəlit] *n*. ⓒ 《英》 (팔 없는) 속셔츠.내의《스포츠용》. **[cf.]** doublet

sin·gle·ton [síŋgəltən] *n*. ⓒ (1)**[카드놀이]** (손에 남은 마지막) 한 장(패) (2)외동이

sin·gle-track [-træ̀k] *a* (1)**[鐵]** 단선의. (2)하나밖에 모르는, 융통성이 없는.

·**sin·gly** [síŋgəli] *ad*. (1)하나씩, 따로따로(separately). (2)단독으로 홀로.

sing·song [síŋsɔ̀:ŋ/-sɔ̀ŋ] *n*. (1) ⓤ (또는 a ~) 억양없는 단조로운 말투. (2) ⓒ 단조로운 시〈노래〉. (3) ⓒ 《英》 합창회(《美》 sing, sing -along).

:**sin·gu·lar** [síŋgjələr] (***more ~ ; most ~***) *a*. (1)보기드문, 뛰어난, 비범한(unusual). (2)야릇한, 기묘한, 이상한(strange). (3)**[文法]** 단수의. 【opp】 *plural*. 『 the ~ noun 단수명사. —*n*. ⓒ **[文法]** (흔히 the ~) 단수(형) ; 단수형의 말.

sin·gu·lar·i·ty [sìŋgjəlǽrəti] *n*. (1) ⓤ 기이(奇異), 희유(稀有) : 비범. (2) ⓒ 기이한 물건 ; 특이성 ; 특이점(singular point). (3) ⓤ 단일, 단독

sin·gu·lar·ize [síŋgjələràiz] *vt*. (1) … 을 단수(꼴)로 하다. (2) …을 두드러 지게 하다.

sin·gu·lar·ly [-lərli] *ad*. (1)유별나게, 몹시. (2) 기묘하게, 색다르게.

·**sin·is·ter** [sínistər] (***more ~ ; most ~***) *a*. (1) 불길한 (2) 악의있는, 기분나쁜. 못된(wicked) (3) **[紋章]** (방패무늬의) 왼쪽의《마주 보아 오른쪽》.【opp】 *dexter*. 파)~ · **ly** *ad*. 불길하게 ; 사악하게.

sin·is·tral [sínistrəl] *a*. (1)왼쪽의 : 왼손잡이의 (2) 왼쪽으로 감린. 【opp.】 *dextral.*
파) ~·**ly** *ad.*

:**sink** [siŋk] (***sank*** [sæŋk], 《美古》 ***sunk***[sʌŋk] ; ***sunk, sunk·en*** [sʌ́ŋkən]) *vi*. (1) 《~/+前+名》 (무거운 것이) 가라앉다, 침몰하다. (2) 《~/+前+名》 (해 · 달 따위가) 지다. 떨어지다 (3) (구름 따위가) 내려오다: 내리덮다. (어둠이) 깔리다. (4) 《~/+前+名》 (건물 · 지반 따위가) 내려앉다, 함몰〈침하〉하다 (subside). (5) 《~/+副+前+名》) a] (고개 · 팔 따위가) 늘어지다. 수그러지다(droop). (눈이) 밑을 향하다. b](사람이)비실비실〈맥없이〉 쓰러지다. 풀썩 주저앉다(fall).
(6) 《+副》 (눈이) 우묵해지다. 쏙 들어가다. (볼이) 홀쭉해 지다.《*in*》.
(7) 《~/+前+名》 녹초가 되다: 쇠약 해지다.
(8) (의기(意氣)가) 꺾이다. 풀이 죽다.
(9) 《~/+前+名》 망하다. 몰락하다 ; 타락 하다.
(10) 《~/+副+前+名》 (물 · 수량 등이) 줄다 ; 불길 · 바람 따위가) 약해지다《*down*》 ; (물가 따위가) 내리다, 떨어지다 (11) 《+前+名》 (물 따위가) 스며들다. 침투하다 (penetrate). (12) 《+孵+前+名》 (말 · 교훈 따위가) 마음에 새겨지다. 명심되다《*in* ; *into*》.
(13)《+前+名》 (잠에) 빠지다: (침묵 · 망각 따위에) 잠기다.
(14) (평가 · 평판 따위가) 하락하다. 저하하다.
—*vt*.(1) … 을 가라앉히다. 침몰〈격침〉시키다.
(2) 《~+目/+目+前+名》 (말뚝따위)를 (파)묻다. 박아 넣다 : 침하시키다.
(3) 땅을 파내리다. 파다.
(4) 《~+目/+目+前+名》 …을 새기다, 파다, 조각하다.(engrave) ; … 을 꽉 물다.
(5) 《~+目/+目+前+名》 (목소리 · 음 따위)를 낮추다, 내리다(lower).
(6) 《~+目/+目+前+名》 (고개 따위)를 떨어뜨리다, 숙이다 : (눈을) 내리깔다
(7) (명예 따위)를 손상하다: 몰락시키다.
(8) (재산)을 잃다. 거덜내다
(9) 《 +目/+目+前+名》 …을 파괴〈파멸〉시키다 ; 망치다.
(10) 《~+目/+目+前+名》 (자본)을 투자〈투입〉하다, (자본을)고정시키다 ; (부채)를 상환하다.
(11) (작업 · 이름 따위)를 숨기다. 감추다: … 을 덮어두다. 불문에 부치다. 무시하다.
(12) 〔再歸的 또는 受動으로〕 … 에 몰두하다《*in* ; *into*》 ***~ or swim*** 성패를 하늘에 맡기고, 홍하든 망하든, 죽느냐 사느냐. ~tooth into《美》 …을 먹다.
—*n*. ⓒ (1) a](부엌의) 싱크대 : a stainless steel ~ 스테인리스 스틸 싱크대. b]《美》 세면대, (2) 하수구(sewer), 시궁창. 구정물받이.(3) (… 의)소굴《*of*》.

sink·a·ble [síŋkəbəl] *a*. 가라앉힐 수 있는 ; 침몰할 우려가 있는.

sink·er [síŋkər] *n.* ⓒ (1) 가라앉히는 사람〈것〉. (2) (낚싯줄의) 추. (3) 우물 파는 사람. (4) 《美俗》 도넛. (5) **[野]**싱커 (=~ **bàll**)《타자 앞에서 갑자기 낮아지는 공》.
sink·hole [síŋkhòul] *n.* ⓒ (1)배수구 ; 하수구. (2) …의 소굴 (3) 《口》 수지 안 맞는 사업.
sínking féeling (a ~) 《口》 (공포 · 불안 · 허기 등으로 인한) 무력감, 허탈감.
sínking fùnd 감채(減債) 기금.
sin·less [sínlis] *a.* 죄 없는, 결백한; 순결〈순진〉한. 파) ~·**ness** *n.* ~·**ly ad.**
·**sin·ner** [sínər] *n.* ⓒ (1)(종교상 · 도덕상의) 죄인. (2)《口》 (천)벌받을 놈.
Si·no-Ko·re·an [sàinoukərí:ən, sìnou-] *a.* 한중(韓中)의, the ~relations 한중관계
Si·nol·o·gist [sainálədʒist, si-/-nɔ́l-] *n.* ⓒ중국학 학자. =SINOLOGUE
Si·nol·o·gy [sainálədʒi, si-/-nɔ́l-] *n.* (*or* s-) ⓤ 중국학 《중국의 언어 · 역사 · 문화 풍속 따위의 연구》. -**gist** *n.*
sin·u·ate [sínjuit, -èit] *a.* 꾸불꾸불한(winding) ; **[植]** (잎 가장자리가) 물결 모양의.
sin·u·os·i·ty [sínjuásəti/-ɔ́s-] *n.* (*pl.* **-tise**)(1)ⓤ 꾸불꾸불함, 굴곡, 만곡. (2) ⓒ(강 · 길등의)굽이진 곳. (3) 복잡함.
sin·u·ous [sínjuəs] *a.* (1) 꾸불꾸불한, 굽이진 (winding) ; 물결 모양의. (2) (동작 등이) 부드러운, 유연한.
si·nus [sáinəs] (*pl.* ~, **~·es**) *n.* ⓒ (1)**[解]** (신체의) 강(蘿), 공동(空洞)(cavity)(2)굽이 만곡부(부).
-sion ⇨-TION.
Siou·an [sú:ən] *n. a.* Sioux족(族) 《북아메리카 인디언의 한 종족》 〈말〉(의).
Sioux [su:] (*pl.* ~ [su:(z)]) *n.* ⓒ 수 족(族)의 사람 ; ⓤ 수 말. —***a.*** 수 족〈말〉의.
:sip [sip] *n.* ⓒ (마실 것의) 한 모금, 한 번 홀짝임. —(**-pp-**) *vt.* … 을 조금씩 마시다, 홀짝이다 —*vi.* 조금씩 마시다《*at*》. 파)~ · **per** *n.* ⓒ 홀짝거리며 마시는 사람.
·**si·phon, sy-** [sáifən] *n.* ⓒ (1) 사이펀, 빨아올리는 관(管). (2) (소다수용의 압축 탄산수를 채운)사이펀 병 (= ~ **bòttle**). (3) **[動]** 수관(水管), 흡관.
—*vt.* (1) 《~+目/+目+前+名》 … 을 사이펀으로 빨아 올리다〈옮기다〉 . (2) (수입 · 이익 따위)를 흡수하다. 빨아올리다 《*off*》 (3) (자금 등)을 유용하다 《*off*》. —***vi.*** 《~/+前+名》 사이펀을 통하다, 사이펀에서(처럼) 흘러나오다.
:sir [sə́; r, 弱 sər] *n.* (1) 《호칭》님, 선생(님), 귀하, 각하, 나리《손윗사람 · 미지(未知)의 남성 또는 의장에 대한 경칭 ; 구태여 번역할 것 없이 글 전체를 정중히 표현하면 되는 경우가 많음》. (2) 〔强勢를 두어〕 이봐, 이놈아《꾸짖거나 빈정거릴때》
(3) (S~) 근계(謹啓), (보통 상용문의 서두.): (Sirs) 제위(諸位), 귀중. (4) 《美口》 《성 (性)에 관계 없이 Yes나 No 를 강조함: sir에 강세》 (…)고 말고요 (5) (S-) … 경(卿), 써《《英》에서는 준(準)남작(baronet), 또는 나이트(knight) 앞에 두는 경칭. 이 경우 *Sir* Laurence Olivier, *Sir* Laurence 라고 하며 *Sir* Olivier 라고는 하지 않음》.
·**sire** [saiər] *n.* ⓒ (1) 가축의 아비. (2) 폐하;아버지, 조상 —*vt.* (종마가 새끼) 를 낳게 하다.
·**sir·en** [sáiərən] *n.* ⓒ (1)사이렌, 경적. (2)(S-) **[그神]** 사이렌 《아름다운 노랫소리로 근처를 지나는 뱃사람을 유혹하여 난파시켰다는 바다의 요정》. (3)아름다운 목소리의 여가수 ; 남자를 호리는 요부. - a. 싸이렌의 ; 매혹적인
sir·loin [sə́:rlɔin] *n.* ⓒ,ⓤ 서로인 《소 허릿고기의 윗부분》: (a) ~ steak.
si·roc·co [sirákou/-rɔ́k-] (*pl.* ~ **s**) *n.* ⓒ 시로코 《사하라 사막에서 지중해연안으로 부는 열풍》.
sir·ree [sərí:] *int.* (*or* S-) 《美口》 성별에 〔관계 없이 yes 또는 no의 뒤에 붙여 강조하는 말〕 = SIR.
·**sir·up** [sírəp, sə́:r-] *n. vt.* 《美》 = SYRUP
sis [sis] *n.* 《口》 =SISTER ; 《호칭》 아가씨.
SIS 《英》 Secret Intelligence Service.
sis·al[sáisəl, sís-] *n.* ⓒ **[植]** 사이잘초(草) 《용설란의 일종》 ; ⓤ (그 잎에서 얻은) 사이잘삼(= ~**hèmp**) 《밧줄의 원료》.
sis·sy [sísi] *n.* ⓒ 《口》 (1) 여자 같은 남자아이. (2) 《美俗》 동성애자, 호모
— *a* 계집애 같은, 유약한.
:sis·ter [sístər] *n.* ⓒ (1) 여자 형제, 자매, 언니, 누이(동생); 의붓〈배다른〉 자매 ; 처제, 처형, 올케, 형수, 계수. (2) 여자 친구 : 동종(同宗)〈동지〉의 여자; 동급 여학생, 여성 회원, 여성 사우(社友) (3) 젊은 여성. (4) a〕 **[가톨릭]** 수녀, 시스터. b〕 《英》 간호사, 《특히》 수(首)간호사. (5) 《比》 자매 《나라 · 도시 따위》.
—*a* 자매〈관계〉의 : a ~ language(같은 조어(祖語)의) 자매어《영어와 독일어 등》/ a ~ ship 자매함(艦).
sis·ter·hood [sístərhùd] *n.* ⓤ 자매임, 자매관계 ; 자매의 도리〈의리〉 ; 자매간의 정.
·**sis·ter-in-law** [sístərinlɔ̀:] (*pl.* ***sis · ters***) *n.* 형수, 계수, 동서, 시누이, 올케, 처형, 처제《따위》.
sis·ter·ly [sístərli] *a.* 자매 같은〈다운〉 ; 정다운 ; 친한. —*ad.* 자매같이. 파)**-li·ness** [-linis] *n.*
Sis·y·phus [sísəfəs] *n.* **[그神]** 시시포스《코린토스의 못된 왕으로, 죽은 후 지옥에서 돌을 산꼭대기에 굴려 올리면 되굴러 털어져 이를 영원히 되풀이해야 하는 벌을 받음》.
:sit [sit] (*p, pp.* ***sat*** [sæt], 《古》 ***sate*** [seit sæt] ;***sít · ting***) *vi.* (1) 《~/+前+名/+保/+副》 앉다, 걸터앉다 ; 앉아 있다《※흔히 sit는 '앉아있다' 는 상태를, sit down은 '앉다' 는 동작을 나타냄》.
(2) 《~/+前+名》 (개 따위가) 앉다, 쭈그리다 ; (새가) 앉다(perch)《*on*》.
(3) 《+前+名》 (의회 · 위인회의) 일원이다, 일원이 되다《*on; in*》 : (선거구를) 대표하다《*for*》.
(4) (의회 · 법정이) 개회하다, 개원〈개정(開廷)〉하다 ; 의사(議事)를 진행하다
(5) 《+前+名》(사진 · 초상화 따위를 위해) 자세〈포즈〉를 취하다《*for*》 : 《英》 (시험을) 치르다 《*for*》.
(6) 《+前+名》 (손해 · 책임 · 근심 따위가) … 에 걸려 있다 (rest) : 짓누르다, 부담〈고통〉이 되다 ;(먹은 것이) 얹히다.
(7)(사물이) 방치되어 있다 ; 그대로 있다.
(8)《+前+名》 …에 위치〈존재〉하다 ; (바람 방향이) … 쪽이다. (바람이) … 에서 불어오다 《*in*》.
(9)《+副+前+名》 (옷 · 지위 따위가) 어울리다, 몸에 맞다《on; *with*》.
(10)간호하다, 시중들다, 아이를 보다(baby-~)
(11) 《口》 (거칠게) 억누르다, 침묵시키다 《*on*》 ; (보도 · 조사 등을)억압하다, 덮어두다 《*on*》
—*vt.* (1)《~+目+副/+目+前+名》 a〕 … 를 (…에) 앉히다. b〕〔再歸的〕 …에 앉다. (2) 《+目+副》 (말 따위)를 타다. (3) 《英》 (필기 시험)을 치르다. ~

around (***about***) 빈둥거리다. ~ ***back*** 1)(의자에) 깊숙이 앉다. 2)팔짱끼고 기다리다. 3) (일을 마치고) 편히 쉬다 ~ ***by*** 소극적인〈무관심한〉 태도를 취하다 ~ ***down***(***hard***) ***on*** (a plan) 《美》 (계획)에 강경하게 반대하다. ~ ***down to*** (1) (신라)에 앉다. (2) … 을 열심히 시작하다. ~ ***down under*** (모욕 따위)를 감수하다. 참다. ~ ***in*** (1) (경기·회의 따위에) 참가하다. (2) … 을 대신하다. 대행다.《*for*》. (3)《英口》 고용되어 아이를 보다(baby-sit). (4) 연좌데모를 하다. ***~n on*** …을 방청〈참관, 견학〉하다 ~*in on* a class 수업을 참관하다. ***~on*** 〈***upon***〉 (1) (위원회 따위)의 일원이다(【cf.】 *vi.* ④). (2) (사건 따위)를 심리(조사)하다. (3) 《口》 (아랫 사람)을 억누르다〈억압하다〉. (4) …을 재쳐두다. 묵살하다 ~ ***on*** one's ***hands*** ⇨ HAND ~ ***on the bench*** 재판관이 되다. ~ ***on the fence*** (형세)를 관망하다. ~ ***out*** (1)옥외에〈양지에〉 나가 앉다. (2) (댄스·경기 따위에) 참가하지 않다. (3) (음악회·연극 따위)를 끝까지 듣다〈보다〉 ~ ***through*** =sit out(3). ~ ***tight*** 《口》 주장을 굽히지 않다: 꼼짝 않고 앉아 있다. ~ ***ting pretty*** ⇨ PRETTY. ~***up*** (1) 똑바로 앉다 : 일어나〈앉〉다: ~ *up* in bed (환자가) 침대에서 일어나 앉다 / ~ *up*(straight) 똑바로 단정히 앉다. (2)자지 않고 (일어나) 있다: ~*up* late 〈all night〉 밤 늦도록 안자고 있다〈철야하다〉. (3)《口》 깜짝 놀라다 : 정신 차리다. 제 정신이 들다. ***~up and take notice*** 《口》 (환자가) 차도를 보이다: (갑자기)관심을 나타내다. 주목하다. ~up with 《美口》 (환자를) 돌보다. 간호하다. ~will with …에게 어울리다.

sit·down [sítdàun] *n.* ⓒ 연좌〈농성〉 파업 (= ~ **strìke** 〈**demonstrátion**〉 ; 집회, 편히 쉬는 시간. — *a.* (식사 따위가) 자리에 앉아서 먹는.

:site [sait] *n.* ⓒ (1)(사건등의) 현장, 유적《*of*》. (2) (건물따위의) 용지, 집터. 부지.
—*vt.* 〔종종 受動으로〕 … 의 용지〈부지〉를 정하다 … 을 자리잡게 하다.

sit·in [sítìn] *n.* ⓒ =SITDOWN : (인종 차별 등에 대한) 연좌 항의.

·sit·ter [sítər] *n.* ⓒ (1) 초상화·사진의) 모델 (이 되는 사람). (2)알을 품고 있는 새. (3)a〕 = BABY-SITTER. b〕《口》 쉽게 명중할 수 있는 사냥감. c〕《俗》 수월한 일.

sit·er·in [sítərín] (*pl.* ***sitters-***) *n.* ⓒ (1)《英》 = BABY-SITTER (2) 연좌 데모에 참가하는 사람.

·sit·ting [sítiŋ] *n.* (1) a〕 ⓤ 착석, 앉음. b〕 ⓒ 개회, 개정(開廷) : 회기, 개정 기간. (2) ⓒ 초상화〈사진〉의 모델이 되기. (3) a〕 ⓤ 알품기. b〕 ⓒ 한 번의 포란수(抱卵數). (4)ⓒ (앉아서 쉬지 않고) 한 차례 해내는 일〈승부〉. (5) ⓒ (선내 식당 등에서, 일단의 사람들에게 할당된)식사 시간 : (교대제로 배식하는 식당에서) 함께 식사하는 한 팀. ***at a*** 〈***one***〉~한번에, 단번에. 단숨에《읽기 따위》.
—*a.* (1) 현직의. (2)《英》 지금 거주하고 있는 : a ~ tenant 현재 세들어 있는 사람. (3) (새가) 알을 품고 있는.

sítting dúck 《口》 봉, 쉬운 일. 손쉬운 목표(= **sítting tárget**).

:sítting ròom 《英》거실, 거처방(living room).

:sit·u·ate [sítʃuèit] *vt.* (어떤 장소·처지에) …을 놓다, 놓이게 하다, 두다, … 의 위치를 정하다.

:sit·u·at·ed [sítʃuèitid] *a.* (1) 위치하고 있는 (located) 있는《*at*; *on*》. (2) (…한 환경·입장)에 놓여있는, 처해 있는

:sit·u·a·tion [sìtʃuéiʃən] *n.* ⓒ (1) 위치, 장소 ; 입지조건. (2) 입장, 경우, 사정. (3)정세, 형새. 상태. 상황. (4) (연극·소설 따위의) 중대한 국면〈장면〉(5) 일자리(post).
파)**~·al** [-ʃənəl] *a.* 상황의〈에 의한, 에 알맞은〉.

situátion còmedy 【라디오·TV】 연속 홈코미디. (sitcom). 【cf.】 soap opera.

sit·up [sítʌ̀p] *n.* ⓒ 윗몸 일으키기 《복근(複筋)운동》.

sit·up·on [sítəpɑ́n/-pɔ́n] *n.* ⓒ 《英口》 엉덩이 (buttocks).

Si·va [síːvə, ʃíː-] *n.* 【힌두 教】 시바 《3대 신격 (神格) 의 하나로 파괴의 상징》. 【cf.】 Brahma, Vishne

:six [siks] *a.* 여섯〈6〉의, 여섯개〈명〉의
—*n.* (1) ⓤ,ⓒ 〔흔히 無冠詞〕 (기수(基數)의) 여섯, 6 : 여섯 개〈명〉(한 벌 〈 조〉) ; 6의 기호《6, vi, VI》. (2) ⓤ 여섯 시〈살〉, 6분 ; 6달러〈파운드, 센트, 펜스(등)〉. (3) ⓒ 【카드놀이】 6의 패 : 6의 눈이 나온 주사위. ***at ~s and sevens*** 《口》 (완전히) 혼란하여 : (의견 등이) 제각각으로. (***It is***)~ ***of one and half a dozen of the other*** 오십보 백보, 비슷비슷하다.

six·er [síksər] *n.* ⓒ 【크리켓】 6점타(6點打).

six·fold [síksfòuld] *a. ad.* 6배의〈로〉. 6 겹의〈으로〉.

six·foot·er [∸fútər] *n.* ⓒ 《口》 키가 6퍼트(이상이나) 되는 사람〈것〉.

six·pack [∸pæ̀k] *n.* (깡통·병 따위의 6개들이)종이 상자《특히 맥주》.

·six·pence [∸pəns] *n.* 《英》 (1) ⓒ 6펜스 은화 《1971년 폐지》. (2) ⓤ 6펜스의 가치. 6펜스어치.

six·pen·ny [∸pəni, ∸pèni] *a.* 《英》 (1) 6펜스의. (2) 하찮은, 싸구려의.

six·shoot·er [∸ʃúːtər] *n.* ⓒ 《美口》 6연발 권총.

:six·teen [síkstíːn] *a.* (1) 열여섯〈16〉의, 열여섯개〈명〉의 (2) 16세의 : He's ~ . 그는 16세다. —*n.* (1) a〕ⓤ,ⓒ 〔흔히 無冠詞〕 (기수(基數)의) 16. b〕ⓒ 16 의 기호《16, xvi, XVI》. (2) ⓤ 16달러〈파운드, 센트, 펜스(등)〉. (3) ⓒ 16인〈개〉(한 조〈벌〉).

:six·teenth [síkstíːnθ] *a.* (흔히 the ~)16번째의; 16분의 1의. —*n.* (1) ⓤ (흔히 the~) a〕 (서수의) 16번째《略 : 6th》. b〕 (달의) 16일. (2) ⓒ 16분의 1. 파)**~·ly** *ad.*

síxtéenth nòte 《美》【樂】 16분 음표.

:sixth [siksθ] *a.* (흔히 the ~) 6번째의; 6분 1의
—*n.*(1) ⓤ (흔히 the ~) a〕 (서수의) 제 6, 6번째《略 ; 6th》. b〕 (달의) 6일. (2) ⓒ 6분의 1. (3) ⓒ 【樂】 6도 음정. 파)**∸·ly** *ad.*

síxth fórm 《英》 제 6학년《16세 이상 학생으로 된 영국 중학교의 최상급 학년 ; 대학 진학 준비 학급》. 파) · **sixth-fòrm · er** *n.*

síxth sénse (the ~) (제) 6감, 직감.

·six·ti·eth [síkstiiθ] *a.* (1) (흔히 the ~) 60(번째)의. (2) 60분의 1의. —*n.* ⓒ (1) (흔히 the ~) 60번째의 사람〈것〉 (2) 60분의 1.

:six·ty [síksti] *a.* 60의 ; 60명〈개〉의, —*n.* (1) a〕 ⓤ,ⓒ 〔흔히 無冠詞〕 (기수의) 60, b〕 ⓒ 60의 기호 《60, lx, LX》. (2)ⓤ 60세 ; 60달러〈파운드, 센트, 페니(등)〉. (3) 〔單·複數〕 60명. 60개. (4) a〕(one's sixties) 60대.

siz·a·ble [sáizəbəl] *a.* (1) 꽤 큰: a ~ house. (2) 상당한, 꽤 많은: a ~ salary 상당한 급료.

:size[1] [saiz] *n.* (1) ⓤ,ⓒ (사람·물건의) 크기, 치수 (dimension). (2)ⓒ (옷·모자·신발 따위의) 사이즈

치수 (3) ⓤ (양·규모 따위가) 큼, (상당한) 크기, 스캐일, 규모 ; (사람의) 역량, 기량. (4) 《口》 실정, 진상. ***cut* 〈*chop*〉... *down to* ~** (과대 평가된 사람·문제 등)을 실력〈실상〉에 맞게 평가하다. ***of a* ~** 같은 크기의.
—*vt*. (1) 《~+目/+目+前+名》 크기에 따라 배열〈분류〉하다. (2)《+目+前+名》 … 의 치수〈크기〉로 만들다. ~..***up*** (1) …의 치수를 재다. (2) 《口》 (인물·가치 따위)를 평가하다 ;(정세 따위)를 판단하다.
—*vi*. (cambridge대학의) 정식 (정량의 음료)을 주문하다.

size² *n*. ⓤ 사이즈, 반수(礬水)《종이·피륙의 흡수성(吸水性)을 줄이려고 겉에 칠하는 도료 ; 흔히 젤라틴 용액》 칠하는 니스. —*vt*. … 에 반수를 바르다 ; (직물)에 녹말풀을 먹이다.

(-)sized [saizd] *a*.〔흔히 複合語로〕 크기가 … 인.

siz·zle [sízəl] *vi* (1) (튀김이나 고기 구울 때) 지글거리다. (2) 《口》 찌는 듯이 덥다. (3)《美口》 화가나서 속이 부글부글 끓다 《*over*》. —*n*. ⓤ (1)지글지글하는 소리. (2)대단한 열기〈홍분〉.

siz·zler [sízələr] *n*. © 《口》찌는 듯이 더운 날.지글거리는 것.

siz·zling [sízəliŋ] *a*.(1)지글지글 소리 내는.(2)몹시 더운〈뜨거운〉 : ~ hot《口》 몹시 더운〈뜨거운〉.

:skate¹ [skeit] *n*. © (흔히 *pl*.) 스케이트 (화(靴)) ; 롤러스케이트(roller ~). ***get* 〈*put*〉 one'*s* ~*on*** 《口》 서두르다〈hurry〉.
—*vi*. (1) 스케이트를 타다. (2) (문제등에) 가볍게 언급하다, 파상적으로 다루다. **~ *over*〈*around*, *round*〉** (문제따위)에 깊이 개입하지 않다, …을 대충대충 다루다 ; 〈화제 따위〉를 피하다. **~ *over* 〈*on*〉 *thin ice*** 아슬아슬한 짓을 하다.

skate² *n*. © 【魚】 홍어.

skate·board [ˊbɔ̀:*r*d] *n*. © 스케이트보드《롤러스케이트 위에 널을 댄 기구》.
—*vi*. 스케이트보드를 타다.~·er *n*.

·skat·er [skéitər] *n*. © 스케이트를 (잘) 타는 사람.

:skat·ing [skéitiŋ] *n*. ⓤ 얼음지치기, 스케이트.

ske·dad·dle [skidǽdl] *vi*. 《口》〔흔히 命令文으로〕 허둥지둥 달아나다.

skeet [ski:t] *n*. 스키트 사격 (= **ˊshòoting**).

skein [skein] *n*. © (1) 실타래 : a ~ of yarn 실한 타래.(2) (기러기 등) 날짐승의 떼(flight).(3) 엉클어짐, 혼란.

skel·e·tal [skélətl] *a*. (1) 골격의, 해골의.(2) 〈굶주림·질병 등으로) 피골이 상접한.

:skel·e·ton [skélətn] *n*. © (1) (사람·동물의) 골격 ; 해골〈표본〉 ; 뼈만 앙상한 사람〈동물〉 (2) (집·배 등의) 뼈대, 골조; 타고 남은 잔해 (3) (계획·사건 따위의) 골자, 윤곽, 개략(outlinc). ***a* 〈*the*〉 - *at the feast* 〔*banquet*〉** 흥을 깨뜨리는 사람〈것〉. ***a* 〈*the*〉 ~ *in the closet* 〈《英》 *cupboard*〉** (세상에 알려지는 것을 꺼리는) 집안의 비밀. (family skeleton)
—*a*.(1) 해골의 ; 말라빠진. (2) (계획이) 뼈대 뿐인, 윤곽만의. (3) (인원이) 최소 한도의 : 기간(基幹)의 : a ~ regiment 〈company〉 (최소한의 인원만 있는) 기간 연대 〈중대〉 / a ~ crew 【海軍】기간 승무원 / a ~ staff 최소한의 인원.

skel·e·ton·ize [skélətənàiz] *vt*. (1) … 을 해골로 만들다. (2) … 의 개요를 적다, 요약하다 (3) (인원)을 대폭 정리 하다.…의 수량을 크게 삭감하다.

skéleton kèy (여러 자물쇠에 맞는) 맞쇠.

skep·tic《英》 **scep-** [skeptik]*n*. © (1) 회의론자. (2) 무신론자. —*a*. = SKEPTICAL

·skep·ti·cal, 《英》 **scep-** [sképtikəl] *a*. (1) 의심많은, 회의적인《*about* ; *of*》. (2) 무신론적인. 파)~**·ly** *ad*. ~**·ness** *n*.

skep·ti·cism, 《英》 **scep-** [sképtəsìzəm] *n*.회의〈론〉 ; 무신론.

:sketch [sketʃ] *n*. © (1) 스케치, 사생화 ; 밑그림, 약도, 겨냥도. (2) (사건 등의) 대략, 개요; (인물 등의) 소묘(素描). (3) (소설·연극 등의) 소품, 단편; 토막극. (풍자적인) 촌극 ; 【樂】 소품〈소묘〉곡
—*vt*. (1) … 을 스케치〈사생〉하다, …의 약도를 그리다. (2)《~+目/+目+副》 …의 개요를 말하다 〈적다〉, … 을 개설하다 《*out*》 : ~ *out* a plan〈scheme〉 계획을 개설(槪說)하다. —*vi* 《~+前+名》 스케치〈사생〉하다; 약도를 그리다.

sketch·book [skétʃbùk] *n*. © (1) 사생첩, 스케치북. (2) 소품 〈단편〉집.

skétch màp 약도, 겨냥도.

sketchy [skétʃi] (***sketch·i·er*** ; ***-i·est***)*a*. (1) 사생〈스케치풍〉의. (2) 《口》불완전〈불충분〉한, 피상적인; 빈약한.
파)~**·skétch·i·ly** *ad*. **-i·ness** *n*.

skew [skju:] *a*. (1) 비스듬한, 굽은 (2) 【數·統】 불균제(不均齋)의, (분포 따위가) 비대칭의(unsymmetrical). —*n*. ⓤ,© 휨, 비뚤어짐, 비스듬함. ***on the* 〈*a*〉 ~** 비스듬히, 비뚤어져.
—*vt*. … 을 비뚤어지게 하다, 구부리다(slant) ; … 을 휘(게 하)다(distort) ; (사실 등)을 왜곡하다.
—*vi*. 굽다 ; 빗나가다; 곁눈으로 보다.《at》

skew·bald [ˊbɔ̀:ld] *a*. (말이 흰색과 갈색으로)얼룩진, 얼룩덜룩한.【cf.】 piebald.

skew·er [skjú:ər] *n*. © 꼬챙이, 꼬치, 꼬챙이 모양의 물건. —*vt*. 를 꼬챙이로 꿰다.

:ski [ski;] (*pl*.~, ~*s*)*n*. 스키 ;수상 스키(water ~).
— 〈*p*.,*pp*. ***skied***, ***ski'd***: ***skí·ing***) *vi*. 스키를 타다

ski·bob [skí:bɑ̀b-bɔ̀b] *n*. © 스키밥《바퀴 대신 스키가 달린 자전거 비슷한 탈것》.

skid [skid] *n*. (1) (a ~) 〈자동차·차바퀴 등의)미끄럼, 옆으로 미끄러지기.(2) © 미끄럼막이. (3) © (흔히 *pl*.) (무거운 짐을 굴릴때 까는) 활재(滑材). (4) 【空】 (헬리콥터의 착륙용)활주부(滑走部). ***on the* ~*s*** 《美口》 (명성 따위)가 내리막길로 접어든. ***put the* ~*s on* 〈*under*〉** ...《口》(1) … 을 재촉하다, … 을 재촉해서 파멸의 길로 몰아가다.
(2)(계획 등)을 좌절시키다.
— **(-*dd*-)** *vi*. (자동차·차륜 등이) 옆으로 미끄러지다 . The car ~ *ded* into ours 〈over the cliff〉. 그 차는 옆으로 미끄러지면서 우리차와 충돌했다〈벼랑에서 떨어졌다〉. —*vt*. (바퀴)에 미끄럼막이를 대다.

skíd lìd 《口》 (오토바이용)안전 헬멧.

skíd rów 《美口》 우범 지대 슬럼가(街)

·ski·er [skíər] *n*. © 스키를 타는 사람, 스키어.

skiff [skif] *n*. ⓤ 스키프《혼자 젓는 작은 배》.

:ski·ing [skí:iŋ].*n*. ⓤ (스포츠로서의) 스키(타기) 《※ ski는 기구를 말함》 : a ~ ground 스키장.

skí jùmp 스키점프(대) ; 그 경기.-*vi*. 스키 점프하다.

:skil·ful [skífəl] *a*. =SKILLFUL.

skí lìft (skier를 나르는) 리프트 스키리프트.
:skill [skil] *n.* ⓤ (1) 숙련, 노련, 능숙함. 솜씨. (우수한) 기량《*in; to do*》.(2) (훈련·숙련이 필요한 특수한) 기능, 기술《*in ; of* 》.
:skilled [skild] (***more ~ ;most ~***) *a.* (1) 숙련된, 기술이좋은, 능숙한(proficient)《*at ; in*》: a ~ worker 숙련 노동자 (2) 숙련을 요하는.
skil·let [skílit] *n.* ⓒ (1)《美》 프라이팬.(2)《英》(손잡이가 길고 발이 있는) 스튜 냄비.
:skill·ful, 《英》 **Skil·ful** [skílfəl] *a.* 능숙〈능란〉한, 숙련된《*at; in; of*》: 잘 만듦어진, 교묘한.
파)~**·ly** *ad.* 솜씨 있게. ~**·ness** *n.*
:skim [skim] (***-mm-***) *vt.* (1)《~+目/+目+副/+目+前+名》··· 의 위에 뜬 것을 걷어내다《*off*》. (2)《~+目/+目+前+名》(수면 등)을 스쳐 지나가다. 미끄러지듯 가다 ; (수면 따위)를 스치듯 날리다. (3)(책 따위)를 대충 훑어 읽다〈보다〉. —***vi.*** (1)《~/+副》웃더껑이가〈피막이〉 생기다. 살얼음이 덮이다《*over*》. (2)스쳐 지나가다, 미끄러지듯 지나가다.(3)《+前+名》〈보다〉《*over ; othrough*》. ~(***the cream***) ***off*** ***.*** 1) 더껑이를 걷어내다. 2) 가장 좋은 것〈유능한 사람〉을 취하다〈뽑다〉.
—*n.* ⓤ (1) 더껑이를 (또 찌꺼기)걷어내기. (2) 스치듯이 지나가기. (3) 걷어낸 더껑이.
skim·board [skímbɔ̀ːrd] *n.* ⓤ 스킴보드《물가에서 파도타는 원반형 널》.
skím(**med**) **mílk** [skím(d)-] 탈지유(脫脂乳), 스킴 밀크《우유에서 생크림을 제거한 것》.
skim·mer [skímər] *n.* ⓒ (1) (더껑이 걷어내는) 석자〈그물국자〉 ; 스키머《수면 유출유〈油〉를 그러모으는 기구》. (2) 【鳥】 제비갈매기류(類). (3)스키머《챙이 넓고 위가 납작한(밀짚) 모자》.
skim·ming [skímiŋ] *n.*(1)ⓤ 더껑이를 걷어냄.(2) (*pl.*) 걷어낸 크림.(3) (탈세를 목적으로) 소득의.
skimp [skimp] *vt.* 《~+目/+目+前+名》(돈·음식 따위)를 찔끔찔끔〈감질나게〉 주다 ; 인색하게 굴다, 아끼다.
—*a* 빈약한, 인색한 —*n.* ⓒ《口》 작은 것 ; 끼어서 갑갑한 옷.
skimpy [skímpi] (***skimp·i·er ; -i·est***) *a.* 불충분한 ; 부족한(scanty), 빈약한(meager).
:skin [skin] *n.* (1) ⓤ,ⓒ (사람의) 피부, 살갗 : a fair〈dark〉 ~ 흰〈검은〉 피부. (2) a〕ⓤ,ⓒ (동물의)가죽, 피혁. b〕 ⓒ 가죽 제품, 모피, 수피(獸皮)《깔개로 쓰는》. c〕 ⓒ (술을 담는)가죽 부대. (3) ⓤ,ⓒ (과일 따위의) 껍질,(곡물의) 겉껍질(rind) ; (진주의) 외피 : an apple ~ 사과 껍질. (4) ⓤ (선체·비행기의) 외판(外板) (planking) ; (선률의) 외상. (5) ⓒ (스튜, 데운 우유 등의 표면에 생기는) 얇은 막. (6) (*pl.*) 악단의 드럼. (7)《美俗》= SKINFLINT.(8) ⓒ《美俗》사기꾼. (9) ⓒ《美俗》 달러 지폐. (10)《英俗》=SKINHEAD ***be no ~ off*** person'***s nose*** 〈***back***〉《口》··· 와는 전연 관계가 없다, ···의 알 바가 아니다, ··· 에게는 아무렇지도않다. ***by the ~ of*** one'***s teeth***《口》 겨우, 가까스로, 간신히 : ***fly*** 〈***jump, leap***〉 ***out of*** one'***s*** ~ (놀람·기름 따위로) 펄쩍 뛰다. ***get under*** 〈***beneath***〉 a person'***s*** ~《口》··· 을 성나게 하다 ; 흥분시키다, 열중하게 하다. ***have a thick*** 〈***thin***〉 ~ (남의 말·비판에) 둔감〈민감〉하다. ***in*** one'***s*** ~ 벌거벗고, 알몸으로. ***keep a whole*** ~ =***save*** one'***s*** ~《口》〈자기만〉 무사히 도망하다. ***risk*** one'***s*** ~ 목숨에 관계되는 일을 하다. ~ ***and bone***(***s***)(바짝 말라) 뼈와 가죽뿐인, 피골〈皮骨〉이 상접한. ***under the*** ~ 한 꺼풀 벗기면, 내심〈심중〉은, ***wet to the*** ~흠뻑 젖은.
—*a*. (1)살갗〈피부〉의 〈에 관한〉 :~ care 피부 관리. (2)《美俗》 나체의, 누드〈섹스〉를 다루는, 포르노의 : a ~ magazine 도색 잡지.
—*a*.(***-nn-***) *vt.* (1) ··· 의 껍질〈가죽〉을 벗기다 (flay, peel) ; 피부를 까지게 하다. 스쳐 허물이 벗어지게하다. (2) ···을 〈가죽 따위로) 덮다《*over*》. (3)《~+目/+目+前+名》《俗》(···에게서 돈 따위)를 뜯어내다. 빼앗다. 사취하다(fleece)《*out ;of ; of*》.
—*vi.*.(1)《+副》(상처 따위가) 가죽으로〈껍질로〉덮이다 ; 아물다《*over*》. (2)《美》(좁은 곳을) 가까스로 빠져나오다. 통과하다 ; (시험 따위에서) 겨우 합격하다《*by; through*》. ***keep*** one'***s eyes*** ~***ned***《口》 눈을 크게 뜨고 지켜보다, 방심하지 않다. ~ a person ***alive*** ···의 날가죽을 벗기다, 괘롭히다.《美口》 호되게 꾸짖다〈벌주다〉.
skin-deep [ˊdíːp] *a.* (1)(상처 등이) 깊지 않은, 가죽 한꺼풀의 : a ~ wound 찰과상.(2)겉만의 : 피상적인.—*ad.* 피상적으로.
skin-dive [ˊdàiv] *vi.* 스킨다이빙을 하다.
파)**-skín dìver** 스킨다이버.
skín dìving 스킨다이빙《안경·물갈퀴·잠수용 수중 호흡기(aqualung) 따위의 장비를 갖추고 하는 잠수법》.【cf.】scuba diving.
skin·flint [ˊflìnt] *n.* ⓒ《蘿》 매우 인색한 사람.
skin·ful [skínfùl] *n.* (a ~)《口》 취할 만큼의 주량 ; 배불리 잔뜩 : have *a* ~ 술에 취하다.
skín gàme 《口》 사기 게임〈도박〉, 야바위.
skín gràft [外科] 피부 이식용의 피부 조각.
skín gràfting [外科] 피부 이식 (술) .
skin·head [ˊhèd] *n.* ⓒ (1) 머리를 민 〈짧게 깎은〉 남자. (2)《英》 스킨헤드족 (집단으로 몰려다니는 까까머리의 불량 청소년.
skin·less [skínlis] *a.* 껍질이 없는, 과민한.
skinned [skind] *a.* (1) 껍질이 벗겨진, (2) 〔準合語로〕 ··· 한 피부를 가진.
skin·ner [skínər] *n.* ⓒ (1) 가죽〈모피〉 상인 ; 가죽을 벗기는〈무두질하는〉 사람. (2)《口》 사기꾼. (3)《美口》 노새〈말〉 모든 사람, 마부.
skin·ny [skíni] (***-ni•er ; -ni•est***) *a.* (사람이) 뼈와 가죽뿐인, 바싹 마른, 피골이 상접한.
skin·ny·dip [-dìp] *vi. n.* 《口》 알몸으로 헤엄 치다〈헤엄치기〉. 파)**- dìp•per** *n.*
skint [skint] *a.* 《英俗》 무일푼의, 거덜난.(penniless).
skin·tight [skíntàit] *a.* (옷 따위가) 살에 착 붙는, 몸에 꼭 맞는 : jeans 살에 딱 붙는 청바지.
:skip[1] [skip] (***-pp-***) *vi.* (1)《~/+副/+前+名》가볍게 뛰다. 깡충깡충 뛰(놀)다, 까불다《*about*》: ~ *about* for joy 기뻐서 깡충깡충 뛰다. (2)《+前+名》(돌 따위가) ···의 표면을 스치며 날아가다. (3)《英》 줄넘기하다.(4)《~/+前+名》(일·화제 등이) 이리저리 바뀌다《*around*》: (말하는 사람이) 화제를 마구 바꾸다 : (이야기 따위가) 급전(急轉)하다《*from... to* 》. (5)《~/+前+名》a〕 빠뜨리다《*over*》; 건너뛰며 읽다 ;《口》 대충 훑어보다《*through*》. b〕 (식 등)을 거르다. (6)《美》 월반(越班)하다.
— *vt.* (1) (가볍게) ··· 을 뛰어넘다 : ~ a brook 개울을 뛰어넘다. (2)《~+目/+目+前+名》(돌)을 물수제비뜨다 : ~ a stone *on* the river 강에서 물수제비뜨다. (3) ··· 을 거르다. 빠뜨리다: (군데군데)

건너뛰어 읽다 : ~ large cities (관광 등에서) 큰 도시 몇 개를 빠뜨리다 (4)《口》…에서 급히〈허겁지겁〉 떠나다 ; 셈을 치르지 않고 도망치다. (5)《口》(학교 등)을 빼먹다, 결석하다. ***skip it!*** 《口》 1) 그 얘기는 이제 그만. 2) 신경쓰지 마. 3) 튀어라, 도망쳐라.
— *n.* ⓒ (1) 뜀, 도약 ; 줄넘기. (2) 거르기 건너뜀, 빠뜨림 ; 건너뛰어 읽은 부분 : read a book without a ~ 책을 빠뜨린 부분 없이 모두 읽다.

skip² *n.* ⓒ (1) (사람·광석을 나르는) 광차(鑛車). (2)《英》(건설 현장 등에서 폐기물을 나르는 대형 철제 용기〈버킷〉.

skip·jack [⌐dʒæ̀k] 〈*pl.* **~s**. 〔集合的〕 **~**) *n.* ⓒ (1) 물 위로 뛰어오르는 물고기, 《특히》 가다랑어(= **⌐ tùna**). (2) **[蟲]** 방아벌레 류.

ski·plane [skí; plèin] *n.* ⓒ **[空]** 설상기(雪上機).

skip·per¹ [skípər] *n.* ⓒ (1)(작은 상선·어선 따위의) 선장. (2) (운동 팀의) 주장. (3) (항공기의) 기장(機長).

·skip·per² *n.* ⓒ 가볍게 뛰는〈춤추는〉 사람.

skip〈·ping〉 ròpe [skíp(iŋ)-] (줄넘기의) 줄.

skirl [skəːrl] (*sing*) *n.* 높고 날카로운 소리 : 백파이프의 소리.

·skir·mish [skə́ːrmiʃ] *n.* ⓒ (1)(부대간의) 작은 접전,(소규모의) 조우전. (2) (일반적인) 작은 충돌〈논쟁〉. — *vi.*, *n.* 작은 충돌을〈승강이를〉 하다《*with*》. 파)~**·er** *n.* 사소한 충돌을 하는 사람.

:skirt [skəːrt] *n.* (1) ⓒ **스커트** 치마 ; (일반적으로 옷의) 자락. (2) ⓒ (기계·차량 따위의) 철판 덮개. (3) (*pl.*) 교외, 변두리(outskirts). (4) ⓤ 〔集合的〕(흔히 a bit〈piece〉)of ~ 로) 《俗》 (성적 대상으로서의) 여자. (5) ⓒ 《英》 (소의)옆구리 살.
— *vt.* (1) …을 둘러싸다, 두르다 ; …와 접경하다(border) ; …의 가〈변두리〉를 지나다. (2) … 을 피해가다 ; (문제·어려움 따위)를 회피하다 ; 간신히 면하다. — ***vi.*** (1)《+前+名》 a〕 (길·강 따위가 …을) 따라 나 있다《*along*》. b〕 (…을) 따라가다《*along*》. (2)(문제·어려움 등을) 피하다, 회피하다《*round* ; *around* 》.

skírting bòard 《英》 **[建]** 굽도리널, 걸레받이 (《美》 baseboard).

skí rùn (스키를 타는) 활주로, 겔렌데.

skit [skit] *n.* ⓒ (풍자적인)촌극, 짧은 희극 ; 가벼운 풍자(문), 빈정대는 글《*on, upon*》.

skit·ter [skítər] *vi.* (1)(작은 동물이) 경쾌하게〈잽싸게〉 나아가다〈달리다〉 ; 미끄러지다《*about, along, across, off*》. (2) (물새 등이) 수면을 스치듯 날다. (3) 흘림 낚시를 하다. — *vt.* 《+目+前+名》 (낚싯바늘)을 수면에 스칠 듯이 까닥까닥 움직이다.

skit·tish [skítiʃ] *a.* (1) (말 등이) 겁 많은, 놀라기 잘하는 ; (사람이) 내성적인. (2) (특히 여성이)수다스러운, 경망스러우 ; 말괄량이의.
파)~**·ly** *ad.* ~**·ness** *n.*

skit·tle [skítl] *n.* (*pl.*) **[單數취급]** (볼링 비슷한) 구주희(九柱戱)용의 작은 핀 〈= **⌐ pìn**〉. — *vt.* 〔다음 成句로〕 ***~ out*** **[크리켓]** (타자)를 간단히 아웃시키다.

skive [skaiv] *vi.* 《英俗》 (일을) 게을리하다, 멋대로 일찍 가다.

skiv·vy¹ [skívi] *n.* 《美俗》 (1) (*pl.*) (남성용)내의, 속셔츠. (2) =SKIVVY SHIRT

skiv·vy² *n.* 《英口·蘿》 하녀. — *vi.* 하녀로 일하다《*for*》).

skivvy shirt 스키비티셔츠《소매가 긴 티셔츠》.

skoal [skoul] *int.* 《Dan》건배. — *vi.* 축배하다.

skua [skjúːə] *n.* ⓒ **[鳥]** 도둑갈매기 (= **⌐ gùll**).

skul·dug·gry [skʌldʌ́gəri] *n.* ⓤ,ⓒ 《口·戱》 야바위, 속임수(trickery) : 부정 행위.

skulk [skʌlk] — *vi.* (1) 살금살금 행동하다〈걷다〉, 몰래〈슬그머니〉 숨다〈도망치다〉《*about* ; *around* 》. (2)《英》 일〈위험, 책임〉을 기피하다, 회피하다(shirk) ; 빤들거리다. 파) **⌐·er** *n.*

·skull [skʌl]*n.* ⓒ 두개골(cranium) : 《口·蔑》 머리(head), 두뇌(brain).

skúll and cróssbones 해골 밑에 대퇴골(大腿骨)을 X자형으로 엇걸은 그림《죽음의 상징 ; 해적기나 독약 병의 표지》.

skull·cap [skʌ́lkæ̀p] *n.* ⓒ 사발을 엎은 모양의 챙이 없는 모자《노인 성직자용》.

·skunk [skʌŋk] (*pl.* **~(*S*)**) *n.* (1) ⓒ **[動]** 스컹크(북아메리카산) ; ⓤ 스컹크 모피. (2) ⓒ 《口》 밉살맞은놈.

skúnk càbbage [植] 앉은 부채.

:sky [skai] *n.* (1) (the ~; 종종 *pl.*) 하늘, 창공 《※《文語· 詩》에서는 종종 the skies를 씀, 또 형용사가 앞에 붙으면 a … sky라고 함》. (2) (*pl.*) 날씨 ; 기후, 풍토(climate). (3) (the ~, the skies) 천국, 천계(天界)(heaven). ***out of a clear 〈blue〉 ~*** (천천의 벽력처럼) 갑자기, 느닷없이. ***The ~ is the limit.*** 《口》 (돈·비용 따위가) 무제한이다, 상한(上限)이 없다. ***under the open ~***야외〈한데〉에서.
— (***skied, ~ed ; ⌐·ing***) *vt.* (1) (그림)을 높직한 곳에 걸다, 진열하다. (2) (공)을 높이 쳐올리다.

ský blúe 하늘빛(azure) .

sky·bome [⌐bɔ̀ːrn] *a.* 공수의(airborne).

sky·bridge [⌐brìdʒ] *n.* ⓒ 두 빌딩 사이를 잇는 구름다리 (= **ský ·wàlk**).

sky·cap [⌐kæ̀p] *n.* 공항 포터.

sky·dive [⌐dàiv] *vi.* 스카이다이빙하다.
파)**-dìv·er** [-ər] *n.* **- div·ing** [-iŋ] *n.*

sky·high [⌐hái] *ad.* (1) 하늘처럼 높이, 아주 높이. (2) 산산조각으로, 산산히.

sky·jack [⌐dʒæ̀k] *vt.* (비행기)를 탈취하다, 하이잭하다. ⓤ 비행기의 공중납치. 파) ~**·er** *n.* 비행기 탈취범 ~**·ing** *n.*

Sky·lap [⌐læ̀b] *n.* 스카이랩《미국의 유인(有人) 우주 실험실》. [◁ *sky+laboratory*]

·sky·lark [⌐àːrk] *n.* ⓒ **[鳥]** 종다리.—*vi.* 법석을 떨다, 뛰어내리다.

sky·light [⌐làit] *n.* ⓒ **[建]** 천장에 낸 채광창, 천창(天窓).

·sky·line [⌐làin] *n.* ⓒ (1)지평선(horizon).(2)스카이라인《산·고층 건물 등이 하늘을 배경으로 하는 윤곽선》.

ský màrshal 《美》〈하이재킹 방지를 임무로 하는〉 기내(機內) 경관.

sky·rock·et [⌐ràkit/⌐rɔ̀k] *n.* 유성(流星) 꽃불, 봉화. — *vi.* 급상승하다, 급등하다.

sky·scra·per [⌐skrèipər] *n.* 마천루, 초고층 건물.

ský sìgn (전광) 공중 광고, 옥상 광고.

sky·ward [⌐wərd] *ad.* 하늘쪽으로, 위쪽으로
— *a.* 하늘로 향한.

ský wàve [通信] 공간파(波), 상공파(上空波).

sky·way [⌐wèi] *n.* ⓒ 항공로(airway) ; 《美》 고가식(高架式) 고속도로.

sky·writ·ing [⌐ràitiŋ] *n.* (비행기가 연기 따위로 공중에 그리는) 공중 문자〈광고〉.

:slab [slæb] *n.* ⓒ (1) a] (돌·나무 금속 등의 네모진〉 두꺼운 평판(平板). b](고기·빵·치즈 등의) 두꺼운 조각. (2)《英口》(the ~) (병원의)석제, 시체 안치대(돌로 만든)..

·slack¹ [slæk] *a.* (1) (밧줄·나사 등이) 느슨한(loose). 【opp】 *tight*. (2) (사람이) 느즈러진, 꾸물거리는, 태만한, 되는 대로의, 부주의한(careless)《*in* ; *at*; *about*》; (규율 따위가) 해이된. (3) (장사가) 불경기와 한산한 침체된. ***keep a ~ hand 〈rein〉*** 고삐를 늦추다 ; 관대하게 다루다.

— *n.* ⓤ (1) 느슨함, 느즈러짐, 처짐 ; (the ~) (밧줄·띠 등의) 느즈러진 부분. (2) 불황(기) ; 불경기 : a ~ in business. ***take up 〈take in, pull in〉. the ~*** (1) (로프의) 느슨함을 죄다《*on* ; *in*》. (2) (부진한 사업 등에) 활력을 주다.

— *vt.* (1) 《+目+目+副》(의무·경제 등)을 게을리 하다《*away* ; *off*》. (2) (속도·밧줄 등)를 늦추다.

— *vi.* (1) 느슨해 지다. (2) (풍속·경기 등이) 약해지다. 활기가 줄다《*off*; *up*》. (3) 게을리하다, 적당히 하다《*off*; *up*》: ~ up 속력을 늦추다. (노력을) 게을리하다. 파) **~·ly** *ad.* **~·ness** *n.*

slack² *n.* ⓤ 【鑛】 분탄(粉炭), 지스러기탄.

·slack·en [slǽkən] *vt.* (1) … 을 늦추다《*off*》. (2) (노력·속도등)을 줄이다, 떨어뜨리다《*up*》. — *vi.* (1) (밧줄 등이) 느즈러지다《*off*》. (2) a] (사람이) 게을러지다, 느려지다《*off*; *up*》. b] (속도 등이) 떨어지다 ; (경기 등이) 한산〈침체〉해지다《*off*》.

slack·er [slǽkər] *n.* ⓒ (1) 태만한 사람 ; 일을 날리는 사람. (2) 병역 기피자.

slacks [slæks] *n.* (*pl.*) 슬랙스《보통 웃옷과 한 벌이 아닌 헐거운 평상복 바지, 남녀 공용》.

sláck wáter 정지 상태의 조수(潮水), 개조(시〈時〉)(=**~ tíde**) ; (강 따위의) 정체된 물.

slag [slæg] *n.* (1) ⓤ (광석의) 용재(鎔滓), 광재(dross), 슬래그. (2) ⓤ 화산암재(滓). (3) ⓒ《英俗·蔑》음란한 여자, 매춘부. — **(-gg-)** *vt.* 《英俗》…을 헐뜯다, 혹평하다《*off*》.— *vi.* 광재가 생기다.

slag·heap [slǽghì:p] *n.* ⓒ《주로 英》 광재 〈버력〉 더미 : on the ~ 이제는 아무 쓸모가 없어져서.

:slain SLAY 의 과거분사.

slake [sleik] *vt.* (1) (갈증·굶주림 욕망 따위)를풀다, 채우다, 만족시키다(satisfy) : (노염 등)을 누그러뜨리다(assuage), (원한 등)을 풀다. (2) (불)을 끄다. (3) (석회)를 소화(消和)〈비화(沸化)〉하다. — *vi.* (석회가)소화〈비화〉되다, 느즈러지다.

sla·lom [slá:ləm, loum] *n.* (흔히 the ~) 슬랄롬《스키·오토바이·카누 등의 회전 경기〈활강〉》.

— *vt.* 슬랄롬〈회전 경기〉을 하다

·slam¹ [slæm] (**-mm-**) *vt.* (1) 《~+目/+目+副》(문 따위)를 탕〈쾅〉 닫다. (2) 《~+目/+目+前+名》 a] (무엇)을 털썩〈탁〉 놓다〈던지다〉, 냅다 팽개치다. b] (브레이크 등)을 급히 밟다. (3) … 을 세게 치다〈부딪다〉. (4) …을 혹평하다《신문 용어》. — *vi.* 쾅〈탁〉 닫히다 ; 쾅 떨어지다〈부딪다〉.

— *n.* (1) (a ~) 난폭하게 닫기〈치기, 부딪기〉: 쾅, 탁, 쿵 : with *a* ~ 쾅하고 ; 난폭하게. (2) ⓒ《口》혹평.

slam² *n.* ⓒ 【카드놀이】 전승, 완승.

slam-bang [⌐bǽŋ] *ad.* 쾅, 탕(하고) — *a.* (1) 통탕거리는, 성가신. (2) 기운찬, 정력적인, 마구(recklessly). (3) 굉장한, 뛰어난.

slám dùnk 【籠】 슬램덩크《강력한 덩크슛》.

slam·mer [slǽmər] *n.*(흔히 the ~)《美俗》감방, 빵깐, 교도소.

·slan·der [slǽndər slá:n] *n.* ⓤⓒ 중상, 비방.

— *vt.* …을 중상〈비방〉하다, 명예를 훼손하다.

파) **~·er** [-rər] *n.*

slan·der·ous [slǽndərəs/slán-] *a.* 중상적인 ; 헐뜯는, 비방하는; (사람이) 입이 험한: a ~ tongue 독설. 파) **~·ly** *ad.* **~·ness** *n.*

:slang [slæŋ] *n.* ⓤ (1)속어, 슬랭《표준적인 어법으로 인정되어 있지 않은 구어》. (2) (어떤 제급·사회의) 통용어, 전문어, 술어. (3) (도적 따위의) 은어. — *vt.* 《英口》 …의 욕을 하다, …를 험담〈매도〉하다(abuse), 속어를 쓰다.

slangy [slǽŋ] (***slang·i·er*** ; ***-i·est***) *a.* 속어적인, 속어가 많은 ; 속어를 쓰는.

파) **-i·ness** *n.*

:slant [slænt/slɑ;nt] *n.* (1)(*sing*) 경사, 비탈 ; 사면(斜面), 빗면 ; 【印】 사선《 / 》. (2) ⓒ (마음 따위의) 경향 ; 관점, 견해《*on*》. (3) ⓒ《美口》슬쩍〈언뜻〉 봄, 곁눈질(glane) ; give〈take〉 a ~ at … 을 흘끗 보다. ***on 〈at〉 the 〈a〉*** ~ 비스듬히

— *a.* 기운, 비스듬한, 경사진.

— *vt.* (1) …을 비스듬히 하다 ; 기울이다 : ~ a line 선을 비스듬히 긋다. (2) 《~+目/+目+前+名》〔흔히 受動으로〕 (기사·사실 등)을 왜곡(歪曲)하다 ; (기사 등)을 어느 특정 계층에 맞게 쓰다〈편집하다〉.

— *vi.* 《~/+前+名》 기울다, 경사지다《*on* ; *upon*; *against*》; 경향이 있다(foward) : ~ to the right 우로 기울다.

slant-eyed [⌐àid] *a.* 눈꼬리가 올라간.

slant·ing [slǽntiŋ/slá; nt-] *a.* 경사진, 비스듬한. 파) **~·ly** *ad.* 기울어져, 비스듬하게.

slant·ways, -wise [slǽntwèiz/slánt-], [-wàiz] *ad. a.* 비스듬히〈한〉, 기울게, 기운.

:slap [slæp] *n.* ⓒ (1) (손바닥 같은 것으로) 철썩 때리기. (2) 모욕(insult), 비난 ; 거절(rebuff). ***a ~ in the face*** 1) 따귀를 때리기, 2) 퇴짜 ; (면전에서의) 거절 ;모욕 ***a ~ on the wrist*** 《口》 가벼운 벌〈경고〉. — (**-pp-**) *vt.* (1) 《~+目/+目+前+名》… 을 철썩 때리다 (2) 《+目+前+名》… 을 세게 〈탁, 털썩〉 놓다《*down*; *on*》. (3) (페인트·버터 따위)를 …에 (아무렇게) 바르다《*on*; *onto*》. ***~ down*** (1) =*vt.*(2). (2) …을 거칠게 억누르다, 제지하다 ; 호되게 나무라다 ; 딱 잘라 거절하다.

— *ad.* (1) 철썩, 불쑥. (2) 정면으로, 정통으로.

slap-bang [⌐bǽŋ] *ad.* 《口》 격렬하게 ; 갑자기.느닷없이 ; 정면으로, 당장에.

slap·dash [⌐dǽʃ] *ad.* 함부로, 무모하게, 되는 대로. —*a.* 날림의, 되는 대로의, 엉성한.

slap·hap·py [⌐hæ̀pi] (***-pi·er*** ; ***-pi·est***) *a.* 《口》 (1) (얻어 맞고) 비틀거리는(groggy), 휘청거리는. (2)《英》=SLAPDASH (3) 너무 들떠 있는, 매우 기분이 좋은, 경박한.

slap·stick [⌐stìk] *n.* (1) ⓒ (어릿광대의) 끝이 갈라진 타봉(打棒). (2) ⓤ 몹시 요란한 싸구려 희극.

slap-up [⌐ʌ̀p] *a.* 《英口》 (호텔·식사 따위가) 일류의, 최고급의(excellent).

·slash [slæʃ] *vt.* (1) (검·나이프 따위로) …을 휙 〈썩〉 베다, 내리쳐 베다 ; 난도질하다 ; 깊숙이 베다. (2) …을 채찍으로 치다(lash), 휘두르다. (3) (옷의 일부)를 터 놓다《안감이 보이게》, 옷에 슬릿(slit)을 내다 : a ~*ed* dress. (4) (가격·예산 등)을 대폭 깎아 내리다〈삭감하다〉 ; (책의 내용 등)을 삭제하다, 크게 개정〈改訂〉하다. (5) …을 혹평하다, 깎아내리다.

—*vi.* 《+前+名》 (1) (…을 향해) 마구 칼질〈매질〉하다《*at*》. (2) (비 따위가) 내리 퍼붓다.
— *n.* (1) ⓒ 휙〈썩〉 벰, 한 번 내리침, 일격 ; 난도질 : 깊은 상처 ; 한번의 채찍질. (2) ⓒ (옷의) 터놓음, 슬릿(slit). (3) ⓒ 삭감, 절하. (4) ⓒ 【印】 사선(solidus). (5) (a ~) 《英俗》 방뇨.
slash-and-burn [slǽʃənd*b*ə́ːrn] *a.* (농사가)화전식(火田式)의.
slash·ing [slǽʃiŋ] *a.* (1) 맹렬한, 날카로운, 신랄한 : (a) ~ rain 억수. (2) 《口》 굉장한, 훌륭한.
slat [slæt] *n.* (블라인드 등의) 슬랫《금속제 · 목제 · 플라스틱제의 가늘고 긴 얇은 조각》.
:slate[1] [sleit] *n.* (1) ⓒ (지붕을 이는) 슬레이트 ; ⓤ 점판암〈粘板岩〉. (2)ⓒ(옛날에 필기용으로 쓰던) 석판(石板) (3) 《美》 (지명) 후보자 명부.
a clean ~ 깨끗한〈훌륭한〉 경력〈기록〉. ***clean*** 〈***wipe off***〉 ***the*** ~ =***wipe the*** ~***clean*** 과거를 청산하다, 깨끗이 잊어버리다.
— *vt.* (1) (지붕)을 슬레이트로 이다. (2) 《~+目》 〔흔히 受動으로〕 …을 (…의) 후보로 세우다. (3) 《~+目/+目+前+名》〔受動으로〕 《美》 예정하다, 다음 주에.
— *a.* 석판질(質)의, 석판의〈같은〉 ; 석판색〈쥐색〉의.
slate[2] [sleit] *vt.* 《英口》 …을 혹평하다, 깎아내리다.
sláte pèncil 석필.
slat·er [sléitər] *n.* ⓒ 슬레이트공(工), 지붕이는 사람.
slat·tern [slǽtərn] *n.* ⓒ 단정치 못한 여자 ; 허튼 계집, 매춘부. — *a.* = SLATTERNLY.
slat·tern·ly [slǽtərnli] *a.* 단정〈칠칠〉치 못한,몸가짐이 헤픈. — *ad.* 단정치 않게, 칠칠찮게.
slaty [sleiti] (***slat·i·er; -i·est***) *a.* (1) 슬레이트색의 ; 암회색의. (2) 슬레이트 같은.
:slaugh·ter [slɔ́ːtər] *n.* (1) ⓤ (식용 동물의) 도살(butchering). (2) ⓤⓒ (흔히 대규모의) 학살, 대량 살인(massacre). (3) ⓒ (흔히 *sing*)《口》 (스포츠의) 완패, 괴멸.— *vt.* (1) …을 도살하다(butcher). (2) (전쟁 따위로) …을 대량 학살하다, 대승리를 거두다, 쳐부수다. (3) 《口》 …을 완패시키다. 파) **~·er** [-tərər] *n.* 도살자.
slaugh·ter·house [-hàus] *n.* ⓒ 도살장.
slaugh·ter·ous [slɔ́ːtərəs] *a.* 살육을 즐기는, 잔인한, 파괴적인. 파) **~·ly** *ad.*
:slave [sleiv] *n.* (1)노예 ; 노예처럼 일하는 사람 :free ~s 노예를 해방하다. (2)《比》 …에 빠진〈사로잡힌〉 사람 ; 헌신하는 사람《*of; to*》.
— *vi.* 《~+副/+前+名》 노예처럼〈고되게〉 일하다《*away*》 : ~ *away* for a living 생활비를 벌기 위해 고되게 일하다.
sláve drìver (1) 노예 감독. (2) 무자비하게 일을 시키는 주인〈고용주〉.
slave·hold·er [ˊhòuldər] *n.* ⓒ 노예 소유자
sláve lábor 노예의 노동; 강제〈저임금〉 노동.
slav·er[1] [sléivər] *n.* ⓒ 【史】 노예 상인 : 노예선(船).
slav·er[2] [slǽvər, sléivər] *vi.* 침을 흘리다(slob ~ ber)《*over*》 — *n.* ⓤ 침, 군침(saliva).
:slav·ery [sléivəri] *n.* ⓤ (1) 노예의 신분 ; 노예의 몸(신세, 상태). (2) 노예 제도 ; 노예 소유. (3) 굴종, 예속 ; (욕망 · 악습 등의) 노예《*to* ; *of*》. (4) 혹심한 노동〈일〉.
sláve shìp 노예〈무역〉선.
Slave State 【美史】 (종종 the ~s) 노예주(州).
sláve tràde〈**tràffic**〉 【史】 노예 매매.
Slav·ic [slɑ́ːvik, slǽv-] *a.* 슬라브족의 ; 슬라브어(語)의. — *n.* ⓤ 슬라브 어(Slavonic).
slav·ish [sléiviʃ] *a.* (1)노예의 ; 노예적인 ; 노예근성의. (2)독창성이 없는, 똑같이 모방하는, 맹종하는. 파)~**·ly** *ad.* ~**·ness** *n.*
Sla·von·ic [sləvɑ́nik/ -vɔ́n-] *a.* =SLAVIC.
slaw [slɔː] *n.* ⓤ 양배추 샐러드(caleslaw).
:slay [slei] (***slew*** [sluː] ; ***slain*** [slein]) *vt.* (1) …을 살해하다(kill), 근절하다《※ 《英》에서는 주로《文語 · 戱》, 《美》에서는 보통 저널리즘 용어》. (2) 《美俗》 (관객 따위)를 크게 웃기다, 포복요절케 하다. 파) **~·er** *n.* ⓒ 살해자.
slea·zy [slíːzi, slél-] (***-zi·er*** ; ***-zi·est***) *a.* (1) (건물 따위가)너절한, 초라한, 값싼, 보잘것 없는. (2)(옷 · 천 따위가)얄팍한, 흐르르한(flimsy). 파) **-·zi·ly** *ad.* **-zi·ness** *n.*
·sled [sled] *n.* ⓒ (주로 美) (1) (놀이용의 작은)썰매 (2)(말이나 개가 끄는〉 대형 썰매. 【cf.】 sleigh.
— (***-dd-***) *vt.* … 을 썰매로 나르다. — *vi.* 썰매를 타다, 썰매로 가다.
sled·ding [slédiŋ] *n.* ⓤ (1) 썰매 이용 ; 썰매 타기 ; (썰매 이용에 알맞은) 눈의 상태. (2) 《美》 (일등의) 진행 상태.
sléd 〈**slédge**〉 **dòg** 썰매 끄는 개.
·sledge [sledʒ] *n.* ⓒ (1) 《美》 (승용 · 화물 운반용의) 대형 썰매. (2) 《英 》 =SLED(1).
— *vi.* 《英》 썰매로가다, 썰매타기하다.
sledge·ham·mer [slédʒhæ̀mər] *n.* ⓒ 대형 쇠망치〈해머〉. — *a.*강력한, 압도〈괴멸〉적인.
·sleek [sliːk] *a.* (1) (모발 · 모피 따위가) 매끄러운(smooth). 윤기 있는(glossy) ~ hair 윤기 있는 머리털. (2) (옷차림 따위가) 단정〈말쑥〉한, 맵시 있는, 스마트한. (3) 말주변이 좋은 ; 대인 관계가 드러운. 파)~**·ly** *ad.* ~**·ness** *n.*
:sleep [sliːp] (*p., pp.* ***slept*** [slept]) *vi.* (1) 잠자다, 자다. (2) (…에서) 자다, 유숙하다, 묵다《*at* ; *in*》 ; (이성과) 동침하다《*together* ; *with*》. (3) 영원히 잠들어 있다. 묻혀 있다. (4) (기능 따위가) 활동하지 않다, (제자리에) 가만히〈조용히〉 있다. (5) (팽이가) 서 있다.《빨리 돌아 움직이지 않는 것처럼 보임》.
— *vi.* (1) 〔흔히 修飾語가 따른 同族目的語를 수반하여〕 잠자다, …한 잠을자다. (2) 〔~ oneself〕 잠을 자서 자신을 …상태로 하다 ; 잠을 자서 … 을 고치다〈없애다〉. (3) 투숙시키다, …만큼의 침실이 있다. (4) 자서〈시간〉을 보내다《*away* ; *through*》. ***~ in*** 1) (주인집에서) 숙식하다《고용인이》. 2) 늦잠자다. ***~ like a log*** 〈***top***〉 푹 자다. ***~ it off*** 《口》 잠을 자서 고치다. ***~ on*** 〈***upon***〉 〔종종 it을 수반하여〕 《口》 (문제 따위)를 하룻밤 자며 생각하다 ; … 의 결정을 다음날〈뒤〉로 미루다. ***~ out*** 외박하다 ; (근무처에서 숙식하던 사람이) 통근하다(〚opp〛 sleep in); 《口》 옥외에서 자다. ~ ***over*** (남의 집에) 외박하다, 하룻밤 자다. ***~ through*** … 〈소음 따위〉 한번도 깨지 않고 계속 자다 : ~ *through* a noise.
— *n.* (1) 그대로, 졸음 ; (a ~) 수면(시간). (2) ⓤ 활동 정지, 정지(靜止) ; (감각의) 마비 ; (식물의) 수면 ; 동면. (3) ⓤ 《婉》 영면, 죽음. (4) ⓤ 《口》 눈곱.
got to ~ 〔흔히 疑問文 · 否定文으로〕 잠들다. ***go to ~*** 1) 잠자리에 들다. 2) 《口》 (팔 · 다리가) 저리다.
lose ~ over 〈***about***〉 〔흔히 否定文으로〕 《口》 …에 관해 잠잘 수 없을 정도로 걱정〈염려〉하다. ***put***〈***send*** 〉 ***… to ~*** 1) … 을 재우다 : *put*〈*send*〉 a child *to*

~ 아기를 재우다. 2) …을 마위시키다《수술 등을 위해》. 3) (짐승 따위)를 안락사시키다.

·**sleep·er** [slíːpər] *n.* ⓒ (1) 잠자는〈자고 있는〉 사람 ; 잠꾸러기 ; 동면 동물 : a good〈bad〉 ~ 잘 자는〈잠 못 이루는〉 사람. (2)《英》 (철도의) 침목(《美》 tie). (3)《美》 침대차(sleeping car). (4) (흔히 *pl.*)《美》 (특히 어린이용) 잠옷《발이 안 나오게 되어 있음》. (5)《美口》 예상 외로 성공한 사람〈것〉, 우연히 얻은 진귀한 것. (6) 슬리퍼《오랫동안 한 지방에 살며 거기 동화된 간첩》.

·**sleep-in** [⌐ìn] *a. n.* 근무처에서 숙식하는(사람).

sleep·ing [slíːpiŋ] *n.* ⓤ(1)잠, 수면. (2) 휴지(休止), 활발치 않음. — *a.* (1) 자고 있는, 자는. (2) 쳐면용의. (3) (손발이) 마비되, 저린, 활동하지 않는.

sléeping bàg 〈**sàck**〉 침낭(寢嚢), 슬리핑 백.

sléeping càr 〈《英》 **carriage**〉 (철도의) 침대차 (sleeper).

sléeping pártner《英》 (경영에 참여치 않는) 익명 사원 〈《美》 silent partner〉.

sléeping pìll 〈**tablet**〉 수면제.

sléeping polícemanˇ《英》 과속(過速) 방지턱. 【cf.】 speed bump, rumble strip.

sléeping sìckness 【醫】 (1) 수면병 《열대의 전염병》. (2) 기면성(嗜眠性) 뇌염.

sleep·less [slíːplis] *a.* (1) 잠 못 자는, 잠들〈안면할〉 수 없는. (2) 쉬지 않는, 끊임없는, 가만 있지 않는 : 방심하지 않는.

파) **~·ly** *ad.* **~·ness** *n.*

sleep·walk·er [⌐wɔ̀ːkər] *n.* ⓤ 몽유병자

sleep·walk·ing [⌐wɔ̀ːkiŋ] *n.* ⓤ 몽유병. — *a.* 몽유병의.

:**sleepy** [slíːpi] (***sleep·i·er*** ; ***-i·est***) *a.* (1)졸린, 졸음이 오는; 졸린 듯한. (2)자고 있는듯한 : 활기가 없는. (3) (과일이 곯아서) 물컹거리는, 너무 익어 속이 썩기 시작한. 파) **sléep·i·ly** *ad.* **-i·ness** *n*

·**sleepy·head** [-hèd] *n.* ⓒ 잠꾸러기《특히 아이》.

·**sleet**[sliːt] *n.* ⓤ 진눈깨비.

sleety [sliːti] (***sleet·i·er*** : ***-i·est***) *a.* 진눈깨비의, 진눈깨비가 오는.

:**sleeve** [sliːv] *n.* ⓒ (1) 소매, 소맷자락. (2)《주로 英》 (래코드의) 재킷 (《美》 jacket), 커버. (3) 【機】 슬리브《축(軸) 따위로 끼우는 통·관(管)》. ***have*** 〈***keep***〉 ***up*** one'***s*** ~ 만일에 대비해 몰래 …을 준비하고 있다. ***laugh in*** 〈***up***〉 one'***s***《口》 가만히 뒷전에서 웃다, 득의의의 미소를 짓다. ***roll*** 〈***turn***〉 ***up*** one'***s ~s***《口》소매를 걷어붙이다 ; (큰 일의)준비를 하다, 본격적으로 달라붙다. — *vt.* 소매를 달다.

sleeved [sliːvd] *a.* (1) 소매 있는〈달린〉. (2) 〔複合語로〕 …한 소매의 : 〈short- long half〉 ~ 짧은〈긴, 반〉 소매의.

sleeve·less [slíːvlis] *a.* 소매 없는.

sléeve nòte 《英》레코드 재킷에 인쇄된 해설 (《美》 liner notes).

·**sleigh** [slei] *n.* ⓒ 썰매《흔히 말이 끌고 사람이 탐》 — *vi.* 썰매로 가다, 썰매를 타다. — vt. 썰매로 운반하다.

sleight [slait] *n.* ⓤⓒ 능숙한솜씨, 재빠르고 재치있는 솜씨(skill); 술책(artifice), 기계(奇計); 교활.

:**slen·der** [sléndər] (***~ ·er*** ; ***~ ·est***) *a.* (1) 홀쭉한, 가느다란, 가냘픈, 날씬한. (2) 얼마 안 되는, 적은, 빈약한(meager), 소액의. (3) (가능성·근거 등이) 희박한. 파) **~·ly** *ad.* **~·ness** *n.*

slen·der·ize [sléndəràiz] *vt.* (1) …을 가늘게 하다. (2) (운동·다이어트 등으로) 몸을 날씬하게 하다. (oneself로) 몸을 날씬하게 하다.

— *vi.* 가늘어지다.

:**slept** SLEEP의 과거·과거분사

sleuth [sluːθ] *n.* ⓒ (1)《口·보통 戱》 형사, 탐정 (detective). (2) = SLEUTHHOUND

—*vi. vt.*《口》 추적하다, 뒤를 밟다(track).

sleuth·hound [⌐hàund] *n.* ⓒ 경찰견(犬), (특히) 블러드하운드(bloodhound), 탐정.

slew[1] [sluː] *n.* ⓤ《美·Can.》 습지 ; 늪.

slew[2] *vt.* …을 돌리다. — *vi.* 돌다, 피하다.

— *n.* ⓤ (수평적인) 회전.

slew[3] *n.* (*a* ~)《美口》 다수, 대량, 많음《*of*》.

·**slew**[4] SLAY의 과거.

slewed [sluːd] *a.*《俗》 술 취한.

:**slice** [slais] *n.* ⓒ (1) (빵·햄 따위의) 얇은 썬 조각, (베어낸) 한 조각, 단편(斷片). (2) 한 부분 (Part), 몫(share)《*of*》. (3) 얇은 식칼 생선 써는 나이프(fish ~)《식탁용》; (부침 따위의) 뒤집개. (4) (골프 등에서 오른손잡이의) 우곡구(右略球), 슬라이스. 【cf.】 hook.

—*vt.*. (1)《~+目/+目+副》 …을 얇게 베다〈썰다〉《*up*》; 얇게 베어〈저며〉내 다.《*off*》. (2)《~+目/+目+副/+目+前+名》 …을 나누다, 자르다, 분할하다. (3) (손가락 따위)를 베다. (4) (배 따위가) …을 가르듯이 나아가다. (5) (골프 등에서 공)을 곡타(曲打)하다, 알아치다. — *vi.* (1) (골프 등애서) 공을 깎아치다, 곡타하다. (2) 얇게 싹 베다《*through*》. (3) (물·공기 등을) 가르듯이 나아가다《*into* ; *through*》. 어느 모로 보나. ***any way you ~ it***《美口》 어찌 생각하든.

파) **~·a·ble** *a.*

slic·er [sláisər] *n.* ⓒ (빵·햄 따위를) 얇게 써는 기계, 슬라이서.

·**slick** [slik] (***~·er*** ; ***~·est***) *a.* (1) 매끄러운 (smooth), 미끈거리는(slippery). (2) 교묘한, 능란한 (clever) ; 교활한. (3)(잡지가) 광나는 고급지를 쓴. (4)(태도가) 빈틈없는, 눈치빠른 말솜씨가 좋은 (plausible) ; a ~ talker 구변 좋은 사람.

—*ad.* (1) 매끄럽게 ; 교묘하게(cleverly). (2) 정통으로(directly), 바로(exactly).

—*n.* ⓒ (1) 수면의 유막(油膜) (oil slick) ; 미끄러운 부분. (2) (흔히 *pl.*)《美口》 (광택지의 호화판) 고급 잡지《흔히 내용은 평범》.

—*vt.* (1) …을 매끄럽게 하다 ;《美口》 깨끗〈말쑥말끔〉하게 하다《*up*; *off*》. (2) (머리)를 기름을 발라 매끈하게 다듬다《*down*》.

파) **~·ly** *ad.* **~·ness** *n.*

slick·er [slíkər] *n.* ⓒ (1)《美》 슬리커(길고 풍신한 레인코트). (2)《美口》 협잡〈사기〉꾼 ; (잘 차려입고 약아빠진) 도시인.

·**slid** SLIDE의 과거·과거분사.

:**slide** [slaid] (***slid*** [slid], ***slid***, 《古》 ***slid·den*** [slídn]) *vi.* (1)《~+副/+前+名》 미끄러지다《*on*; *upon* ; *over*》. (2)《+前+名》 미끄럽타다 ; 【野】 슬라이딩하다. (3)《~+副/+前+名》 (부지중 악습 따위에) 빠지다《*into*; *to*》. (4)《~+副/+前+名》 (시간 등이) 어느새 지나가다.

—*vt.*《~+目/+目+前+名》 …을 미끄러지게 하다, 활주시키다《*down*; *up*; *on*, *upon*》. (2)《+目+前+名》 …을 미끄러져 들어가게 하다, 슬슬 움직이다, 슬그머니〈가만히〉 넣다《*to* ; *into*》 ***let*** (things) ~ (…을) 되어가는 대로 내버려 두다, 방치해 두다 : *Let* it ~!《口》 내버려둬. ***~ over***〈***around***〉 (문제 등)을 (정면

에서 맞붙지 않고) 피해 가다 ; 자세히 다루지 않고 처리하다.

—*n.* ⓒ (1) 미끄러짐, 활주 ; 【野】 슬라이딩. (2) 비탈길 ; 미그럼틀〈판〉 ; (물건을 떨어뜨리는) 활송(滑送)장치(chute). (3) 〔흔히 複合語로〕 사태, 눈, 〈산〉 사태 : ⇨ LANDSLIDE, SNOWSLIDE. (4) (가격 · 분량 등의)하락, 저하. (5) 【寫】 (환등기 · 현미경의) 슬라이드 (6) 【樂】 (트롬본 따위의 U자형)활주관(滑奏管), 슬라이드.

slíde fàstener 지퍼(zipper).

slid·er [sláidər] *n.* ⓒ 미끄러지는 사람〈물건〉 ;【機】 (기계 따위의) 활동부(滑動部) : 【野】 슬라이더《타자 근처에서 외각으로 빠지는 공》.

slíde rùle 계산자, 게산척.

slid·ing [sláidiŋ] *n.* ⓤ,ⓒ 미끄러짐, 이동하는 (movable), 활주 ; 【野】

slíding dóor 미닫이(문) .

slíding róof (자동차 따위의) 여닫는 지붕.

:slight [slait] *a.* (1) **a**〕 (수 · 양 · 정도 따위가) 약간의, 적 은, 근소한(inconsiderable). **b**〕 〔最上級으로 否定文에〕 조금도(않은). (2) 가벼운 ; 사소한 대수롭지 않은, 하찮은(trivial) (3) (몸체 따위가)가는, 홀쭉한, 가냘픈(slender). ***make ~ of***《古》 …을 경시하다〈얕보다〉. ***not*****...** ***in the ~est*** 조금도 …않는 : I'm *not* worried *in the ~est.* 나는 조금도 염려치 않는다. —*vt.* (1) …을 경멸〈경시〉하다, 얕보다 : 무시 하다(disregard). (2) (일 따위)를 등한(等閑)히 하다(neglect).

—*n.* ⓒ 경멸(contempt), 얕봄; 모욕, 등한시 ; 냉대《*to* ; *on*》. ***put a ~ upon*** …을 경시〈모욕〉하다.

slight·ing [sláitiŋ] *a.* 깔보는, 경멸하는, 모욕하는. 파)~**·ly** *ad.* 얕보아.

:slightly [sláitli] (***more ~ ; most ~***) *ad.* (1)약간, 조금. (2) 약하게, 홀쭉하게, 가냘프게.

·slim [slim] (***slím·mer ; slím·mest***) *a.* (1) 호리호리한, 날씬한, 가냘픈(slender). (2) 얼마 안 되는, 불충분한(scanty) ; 빈약한, 아주적은.

—(***-mm-***) *vi.* (감식 · 운동 따위로) 체중을 줄이다. —*vt.* …을 가늘게〈마르게〉 하다 ; (규모)를 줄이다. 삭감하다《*down*》 파) ***´~·ly*** *ad.* 호리호리하게 ; 불충분하게. ***´~·ness*** *n.*

slime [slaim] *n.* ⓤ (1) (하저 등의)차진 흙, 연니(軟泥), 이사(泥砂). (2) (달팽이 · 미꾸라지 따위의)점액. —*vt.* (진흙 등으로) 바르다.

slimy [sláimi] (***slim·i·er ; -i·est***) *a.* (1) 진흙(투성이)의 ; 끈적끈적한 : 점액성의. (2) (사람 · 말이) 불쾌한 ; 혐오감을 주는(disgusting).

파)**slím·i·ly** *ad.* **-i·ness** *n.*

·sling [sliŋ] *n.* ⓒ (1) **a**〕 투석기(投石器)《예전의 무기》. **b**〕 Y자 모양의 새총《어린이 장난감》. (2) (투석기이 의한) 투석 ; 팔매질 ; 일격. (3) (무거운 것을) 달아 올리는 밧줄 · 사슬 : 【醫】 팔걸이 붕내, 삼삭건(巾) ; (총 따위의) 멜빵.

—(*p., pp.* ***slung*** [slʌŋ]) *vt.* (1) …을 내던지다 ; 돌)을 투석기로 날리다. (2) **a**〕 …을 매달다, 달아 올리다 ; (어깨)에 걸머지다, 메다. **b**〕 …을 걸치다《*over*》

sling·shot [slíŋʃàt/-ʃɔt] *n.* ⓒ 《美》 (Y자항의 고무줄) 새총(《英》 catapult).

slink [sliŋk] (***slunk*** [slʌŋk], 《古》 ***slank*** ([slæŋk] ; ***slunk***) *vi.* 살금살금 걷다 〈도망치다〉《*away* ; *off*》.

slink·ing·ly [slíŋkiŋli] *ad.* 몰래, 가만히, 살며시

slinky [slíŋki] (***slink·i·er ; -i·est***) *a.* (1) (행동이) 은밀한, 남의 눈에 안띄는(furtive). (2)《口》(동작 · 자태 등이) 우아한. (3)《口》(여성복이) 우아하고 체형을 살린, 섹시한.

파) **~·i·ness** *n.*

:slip[1] [slip] (*p., pp.* ***slipped*** [-t], 《古》 ***slipt*** [-t] ; ***slíp·ping***) *n.* (1) 《~/+前+名》 (찍) 미끄러지다, 미끄러져 넘어지다(trip) : 미끄러져 내리다〈떨 어지다〉, 벗겨지다《*down* ; *off*》《※ silp은 실수 · 사고로, slide는 의도적으로 미끄러지는 일》. (2) 《~+副/+前+名》 슬그머니〈가만히〉 떠나다《*away* ; *off*》 ; 미끄러져〈몰래〉 들어가다〈나오다〉《*in* ; *into* ; *out* ; *out of*》. (3) 《~/+副》 미끄러지듯 달리다〈움직이다, 흐르다〉 ; (때가) 어느덧 지나가다《*along* ; *by*》. (4) 《~/+前+名》 **a**〕 (기회 등이) 사라지다, 놓치다. 《away ; *by*》. **b**〕 (기억 등이) 없어지다. 사라지다 《*from* ; *out of*》. (5) 《+前+名》 (비밀 · 이야기를) 무심코 입밖에 내다 《*from*》; 얼결에 틀리다〈실수하다〉《*in*》. (6) 《+前+名》 후딱〈홀랑〉입다〈벗다〉 《*into* ; *off* ; *out of*》. (7) (자동차 · 비행기가) 옆으로 미끄러지다(side-slip), 슬립하다.

—*vt.* (1) 《~+目/+目+前+名》 …을 미끄러뜨리다 ; …을 스르르〈살짝〉 넣다〈꺼내다〉 《*into* ; *out of*》. (2) 《+目+前+名/+目+副》 …을 쑥 끼우다〈입다, 신다〉《*on*》 ; 쑥 벗기다〈빼다〉《*off*》. (3) …을 풀다, 풀어 놓다, 놓아주다 : (닻 따위)를 내리다. (4) (기억)에서 사라지다, 없어지다 : memory 〈mind〉. 잊어버리다. ***let... ~*** 1) (비밀 따위)를 무심코 입밖에 내다 실언하다. 2) (기회 등)을 놓치다. ***~ one***〈***something, it***〉. ***over on*** a person 《美口》 …를 속이다, …에게 속임수를 쓰다. ~ through a person's ***fingers*** ⇨ FINGER. ***~ up*** 미끄러져 넘어지다 ; 헛디디다 ; 《口》 실수하다.

—*n.* (1) **a**〕. 미끄러짐, 미끄러져 넘어짐, 헛디딤 : a ~ on the ice 얼음 위에서 미끄러져 넘어지기. **b**〕 (비행기 따위의) 슬립, 옆으로 미끄러짐(side - slip). (2) (무심결에 범하는)오류, 실수(error). (3) 슬립《여성용 속옷》 ; 베갯잇. (4) (경사진) 조선대 (造船臺). (5) (*pl.*) 【劇】 무대 측면의 출입구.

slip[2] *n.* ⓒ (1) (천 · 종이 따위의) 가늘고 긴 조각, 종잇조각. (2) 【園藝】 접지(接枝), 꺾꽂이용 가지. (3) (흔히 *sing.*) 호리호리한 아이.

slip·case [´kèis] *n.* ⓒ 책 케이스, 책갑(slipcover).

slip·cov·er [´kʌvər] *n.* ⓒ 《美》(긴 의자 따위의) 커버, 덮개.

slip·knot [-nàt/´nɔ̀t] *n.* ⓒ 풀매듭.

slip-on [slípàn, -ɔ̀; n/-ɔ̀n] *a.n.* (매거나 채우지 않고) 손쉽게 입고 벗을 수 있는 (옷 · 스웨터 · 신발(등)).

slip·over [slípòuvər] *n. a.* 머리를 꿰어 입는 (스웨터 따위). = PULLOVER.

slip·page [slípidʒ] *n.* ⓤ (1)미끄리 짐. (2) (가치 · 가격의)저하, 하락. (3) (목표 · 계획 등의) 지지부진, 지연.

slípped dísk [slípt-] 【醫】 추간판(椎間板) 헤르니아, '디스크' : get a ~ 디스크에 걸리다.

:slip·per [slípər] *n.* (*pl.*) 슬리퍼, 실내화.

·slip·pery [slípəri] (***~Per·i·er ; -i·est***) *a.* (1) (길 따위가) 미끄러운. (2) (물건이) 미끈거리는, 붙잡기 힘든 : a ~ eel. (3) 《口》(사람 · 사물이) 믿을 수 없는, 뻰들뻰들한 놈 ; 애매한, 교활한. ***the ~ slope*** 《英口》 (쉽사리 곤경에 빠질 것 같은) 위험한 상황, 위험한 비탈길.

slip·py [slípi] (***-pi·er ; -p·i·est***) *a.* 《口》 (1) =

SLIPPERY (2)《주로 英》재빠른, 기민한(nimble). ***Look ~.!*** 서둘러라, 꾸물거리지 마라.

slip-road [slípròud] *n.* 《英》고속 도로에의 진입로.

slip·shod [ˊʃɑ̀d/ˊʃɔ̀d] *a.* (1)《古》뒤축이 닳아빠진 신을 신은. (2) (입은 옷 따위가) 단정치 못한 홑게 늦은(slovenly). (3) (일 따위가) 거친, 철저하지 못한, 엉터리의 : a ~ report 적당히 만든 엉터리 보고서.

slip·stream [ˊstrìːm] *n.* (1)《空》(프로펠러의) 후류. (2) 슬립스트림《고속 주행 중인 레이싱카 뒤에 생기는 저압(低壓) 기류 ; 후속 차가 이 부분에 들어오면 스피드 유지가 잘 됨》.

slip-up [slípʌ̀p] *n.* ⓒ《口》(사소한)잘못; 못 보고 빠뜨린 것.

slip·way [ˊwèi] *n.* ⓒ (경사진) 조선대(造船臺) 선가(船架).

·slit [slit] *n.* (1) 길게 베어진 상처〈자국〉 ; 아귀 : 갈라진 틈새. (2) (스커트 따위의) 슬릿, 아귀. (3) (공중 전화·자동 판매기 등의) 동전 넣는 구멍.
—(*p.*, *pp.*~ ; ***~·ting***) *vt.* 《~+目/+目+前+名》 (1) (세로로) …을 가느다랗게 쪼개다〈자르다, 째다, 찢다〉. (2) (옷)에 슬릿을 내다. (3) (눈 따위)를 가늘게 뜨다.

slith·er [slíðər] *vi.* 주르르 미끄러지다 ; 미끄러져 가다〈내리다〉.

slith·ery [slíðəri] *a.* 주르르, 미끄러지는.

sliv·er [slívər] *n.* ⓒ (1) (목재·유리 등의)쪼개진 가늘고 긴 조각《*of*》. (2) (베이컨 등의) 조각.
—*vt.* …을 가늘고 길게 자르다〈쪼개다〉. —*vi.* 〈세로로〉갈라지다, 쪼개지다, 찢어지다.

slob [slɑb/slɔb] *n.* ⓒ《蔑》게으르고, 무례하거나 옷이 단정치 못한 사람.

slob·ber [slɑ́bər/slɔ́b-] *vi.* (1) 군침을 흘리다(drivel). (2)《蔑》(…에게) 지나친 애정을 보이다, ~ over 무턱대고 귀여워 하다 ; (…에 관해) 너무 감정을 넣어 〈감상적으로〉 말하다《*over*》. —*vt.* (침 따위로) … 을 더럽히다.
—*n.* (1) ⓤ 침. (2)ⓤ,ⓒ 지나치게 감상적인 이야기 ; 우는 소리.

slob·bery [slɑ́bəri/slɔ́b-] (***-ber·i·er*** ; ***-i·est***) *a.* (1) 침흘리는, 군침에 젖은〈더러워진〉. (2) 몹시 감상적인, 우는 소리를 하는.

slog [slɑg/slɔg] (***-gg-***) *vt.* (복싱·크리켓 등에서) … 을 강타하다 : ~ a ball.
—*vi.* (1) (…에) 쉬지 않고〈열심히〉 일하다《*at*》; 오랜 시간 걷다〈행군하다〉 : 터벅터벅 걷다. (2) (…을) 강타하다《*at*》. —*n.* (1) ⓒ 강타, 난타. (2) ⓤ(또는 a ~) 장시간의 중노동〈행군〉. ***~ it out***《口》결말이 날 때까지 싸우다.

·slo·gan [slóugən] *n.* ⓒ (정당·단체 따위의) 슬로건, 표어 ; (상품의) 선전 문구, 모토.

slog·ger [slɑ́gər/slɔ́gər] *n.* ⓒ(1) (권투·크리켓 등의) 강타자. (2) 부지런한 근면한 사람.

sloop [sluːp] *n.* ⓒ 슬루프형 돛배《외대박이의》.

slop [slɑp/slɔp] *n.* (1) ⓤ 엎지른 물, 흙탕물, 진창(slush). (2) ⓤ (또는 ~*s*) 구정물, 개숫물 ; 먹다남은 찌꺼기《가축 사료》; (*pl.*) 똥오줌. (3) ⓤ (또는 ~*s*) (환자용의) 반유동식《죽 따위》.
—(***-pp-***) *vt.* (1) …을 엎지르다 ; …을 엎질러 더럽히다. (2) (돼지 따위)에게 음식 찌꺼기를 주다.
—*vi.* (1) (액체가) 엎질러지다, 넘치다《*over* ; *out*》. (2)진창길을 절벅절벅 걷다《*about* ; *around*》. ***~around***〈***about***〉 (1) (액체가) 출렁거리다. (2) (물웅덩이 속을) 철버덕거리면서 돌아다니다. ***~out*** (교도소 수감자가) 방의 오물을 내다 버리다. ***~over*** (1)넘치다. (2)《口》마구 지껄이다 ; 푸념을 늘어놓다; 지나치게 감상적이되다. 한도를 지나치다.

slóp bàsin 《《英》**bòwl**》 (식탁의) 찻잔 가신 물을 받는 그릇.

:slope [sloup] *n.* (1) ⓒ 경사면, 비탈; (종종 *pl.*)경사지 (2) ⓤ,ⓒ 경사〈도〉, 물매. (3) ⓤ 【軍】 어깨총 자세 .
—*vt.* … 을 물매〈경사〉지게 하다.
—*vi.* 《~/+副/+前+名》 경사지다, 비탈지다. ***Slope arms*** !《口令》어깨총(銃). ***~ off***《英俗》(일을 안 하려고)몰래 달아나다.

slop·ing [slóupiŋ] *a.* 경사진, 물매진, 비탈진. 파)**~·ly** *ad.*

·slop·py [slɑ́pi/slɔ́pi] (***-Pi·er*** : ***~Pi·est***) *a.* (1) (음식이) 묽은, 물기〈수분이〉 많은, 맛 없는. (2) (길 따위가) 질퍽한 질척거리는(muddy); 흙탕물을 튀기는 : a ~ road 질척한 길. (3) (옷차림·일 따위가) 단정치 못한(slovenly) ; 엉성한, 되는 대로의(careless). (4)《口》감상적인, 잔 불평이 많은.
파) **slóp·pi·ly** *ad.* **-pi·ness** *n.*

slop·shop [ˊʃɑ̀p/ˊʃɔ̀p] *n.*ⓒ (싸구려) 기성복점.

slosh [slɑʃ/slɔʃ] *n.* ⓤ (1) = SLUSH (2) (또는 a~) (액체의) 철벅거리는〈튀기는〉 소리.
—*vt.*. (1) a〕(흙탕물 따위)를 튀기다 ; (물 속에서) … 을 마구 휘젓다, 마구 흔들다《*about* ; *around*》. b〕(페인트 따위)를 뒤바르다《*about* ; *around*》. (2) (아무)를 세게 때리다《*on*; *in*》.
—*vi.* 물 〈흙탕〉 속을 절벅거리며 가다〈돌아다니다〉 ; 물을 튀기다《*about*; *around*》: (액체 따위가) 출렁거리다《*about*; *around*》 : ~ around in a puddle 웅덩이에 철벙거리며 돌아다니다.

sloshed [slɑʃt/slɔʃt] *a.* 〔敍述的〕《口》술 취한(drunk).

slot [slɑt/slɔt] *n.* (1) (기계의)홈, 가늘고 긴 구멍 ; (공중전화·자동 판매기 따위의) 요금 삽입구 : insert coins into the ~ 삽입구에 동전을 넣다 (2) a〕(조직·계획·표 등에서의) 위치, 지위, 자리, 장소. b〕(TV·라디오의) 시간대. (3) 【컴】 슬롯.
—(***-tt-***) *vt.* (1) … 에 홈〈갸름한 구멍〉을 파다. (2) …을 끼워넣다《*in*, *into*》 : She ~*ted* in a fresh filter. 그녀는 새 필터를 끼워 넣었다.

·sloth [slouθ, slɔːθ] *n.* (1) ⓤ 게으름, 나태, 태만(laziness) (2) ⓒ 【動】 나무늘보.

sloth·ful [slóuθfəl, slɔ́ːθ] *a.* 나태한, 게으른(indolent); 굼뜬, 느리고. 파)**~·ly** [-li] *ad.* **~·ness** *n.*

slót machìne (1)《英》(표·과자 등의) 자동 판매기 (《美》 vending machine) (2)《美》슬롯 머신, 자동 노박기.

slouch [slautʃ] *n.* (1) (a ~) 구부정한 걸음걸이〈앉음새, 서 있는 자세〉: walk with *a* ~ 구부정한 자세로 걷다. (2)ⓒ 〔흔히 否定文으로〕《口》재주가 없는〈무능한〉 사람《*at*》: be on~ 꽤 잘하다. (좋다)
—*vi.* (1) (모자 차양 따위가) 아래로 처지다 : a hat with a brim that ~*es* 차양이 아래로 처진 모자. (2)a〕구부정하게 앉다〈서다〉. b〕구부정하게 걷다《*along*; *about*》: ~ about (around) 꾸부정하게 어슬렁거리다. —*vt.*(1)(모자 차양)을 한쪽으로 처지게 하다, (모자)를 깊숙이 눌러쓰다 : He ~ *ed* his hat over his eyes. 그는 모자를 푹 눌러쓰고 있었다. (2)(어깨 따위)를 구부리다 : with ~*ed* shoulders 어깨를 구부정하게 하고.

slóuch hàt 챙이 늘어진 중절모.
slouchy [sláutʃi] (***slouch·i·er; -i·est***) *a.* (1)앞으로 구부정한. (2)단정치 못한.
slough[1] [slau] *n.* ⓒ (1)진창길, 질퍽한 데. (2)[slu:]《美·Can.》 저습지, 늪지대, 진구렁.(slew, slue) (3) (타락·절망 등의) 수렁, 구렁텅이, 빠져나오지 못할곳.
the ~ of despond 절망의 구렁텅이 《Bunyan작 *Pilgrim's progress* 에서》.
slough[2] [slʌf] *n.* ⓒ (1)(뱀 따위의) 벗은 허물. (2)버린 습관〈편견〉. (3) 【醫】 딱지(scab), 썩은 살.
—*vi.* (1) (뱀 따위가) 허물을 벗다, 딱지가 떨어지다 《*off; away*》. (2) 탈피하다. —*vt.* (1)(껍질)을 벗(어버리)다《*off*》 (2) 《~+目/+目+副》 (편견 따위)를 버리다《*off*》: *off* old habits 묵은 습관에서 벗어나다.
sloughy [sláui, slú:i] (***slough·i·er ; -i·est***) *a.* 질퍽거리는, 진창의 ; 진흙 구덩이가 많은.
Slo·vak [slóuvæk] *n.* ⓒ 슬로바키아 사람《서(西)슬라브족의 하나》; ⓤ 슬로바키아 말.
—*a.* 슬로바키아 민족〈말〉의.
Slo·va·kia [slou*vá*; kiə, -vǽ-] *n.* 슬로바키아 공화국《유럽 중부의 구 체코슬로바키아 동부를 점하고 있음 ; 수도 Bratislava》.
파)**Slo·va·ki·an** [-n] = SLOVAK
slo·ven [slʌ́vən] *n.* ⓒ 꾀죄죄한 사람, 게으름쟁이 ; 깔끔하지 못한 사람, 부주의한 사람.
Slo·vene [slóuvi:n, -ˊ] *n.* ⓒ Slovenia 사람 ;ⓤ Slovenia 말. —*a.* 슬로베니아 인 〈말〉의.
Slo·ve·nia [slou*ví*:niə, -njə] *n.* 슬로배니아공화국《1991년 Yugoslavia 에서 분리 독립함 : 수도: Liubljana》.파)**-n·an** [-n]*n., a.* =SLOVENE.
·**slov·en·ly** [slʌ́vənli] (***-li·er ; -li·est***)*a.* 다정치 못한; 꾀좌죄한, 초라한(untidy).부주의한 —*ad.* 다정치 못하게, 되는 대로. 파) **~li·ness** *n.*
:**slow** [slou] (***ˊ~er ; ˊ~est***) *a.* (1)(동작·속도가) 느린, 더딘 ; 느릿느릿한. 〖opp〗 *fast quick, swift.* a ~ train 완행 열차(【cf.】 express) / a ~ growth 더딘 성장〈발육〉 (2) (약 따위의) 효과가〈효력이〉 더딘 : (필 름의) 감광도가 낮은 : a ~ medicine 효력이 더딘약 / a ~ film 감광도가 낮은 필름. (3) 【限定的】 (도로·코스 따위가) 속도를 떨어뜨리게 하는, 빨리 달릴 수 없는 : a ~ track 빨리 달릴 수 없는 경주로.(4) (난로 따위의) 화력이 약한: Cook the fish on a ~ fire. 생선을 뭉근 불에 구워라. (5) (시계가) 늦은, 더디 가는.〖opp.〗 *fast.* (6) (경기 따위가) 침체한 (slack). 환기 없는(slug gish), 불경기의: a ~town 활기 없는 거리 / Business is ~in a summer. 여름에는 장사가 잘 안된다. (7)(머리가) 둔한, 이해가 더딘 ; 둔감한 : ~ *at* accounts. 계산에 둔하다.(8) (변화 따위가 없어) 따분한, 지루한, 시시한(uninteresting) : The game was very ~. 그 시험은 아주 시시했다. (9)좀처럼 … 않는《*to* ; *of; in todo; in doing*》 ~ *to* take offense 좀처럼 화내지 않는.
—*ad.*. 늦게, 느리게, 천천히(slowly). ※ 감탄문에서 how의 다음 또는 복합어를 이룰 때 외에는 동사 뒤에 쓰이며 slowly 보다 구어적이고 강세임. 『Drive ~. 서행(徐行). ***go `~*** 천천히 가다〈하다〉 ; 태업(怠業)하다 ; 조심하다. ***Take it ~.*** 《美俗》 당황하지 말고 천천히 해라
—*vt.* 《+目+副》 … 을 더디게 하다, 늦어지게 하다 : (자동차 등의 속력)을낮추다 《*down; up*》 : *Slow down* your car. 차 속도를 줄이시오. —*vi.* (~ (+副)) 속도가 떨어지다, 늦어지다, 속도를 낮추다 : ***~down*** 《美》 노동자가 사보타주하다〈태업하다〉(《英》 go ~). 파) **ˊ~i·sh** *a.* **ˊ~·ness** *n.*
slow·coach [ˊkòutʃ] *n.* ⓒ (동작이) 굼뜬 사람 (《美》 slowpoke): 시대에 뒤떨어진 사람.
slow·down [ˊdàun] ⓒ *n.* (1)속력을 늦춤, 감속 ; 경기의 침체. (2)《美》 (공장의) 조업 단축 ;《美》 태업 (=ˊ~ ***strìke***).경기후퇴.
slow-foot·ed [ˊfútid] *a.* 걸음이 느린, 굼뜬.
:**slow·ly** [slóuli] (***more ~ ; most ~***) *ad.* 느릿느릿, 천천히, 완만하게, 느리게 ***~ but surely*** 느리지만 착실하게.
slów mótion (영화 TV등의) 슬로모션 : a scene in ~ 슬로모션의 장면.
slow-mo·tion [ˊmóuʃən] *a.* (1) 스로모션의, 고속도 촬영의 : a ~ picture 슬로모션 영화. (2) 느린.
slow-mov·ing [ˊmú:viŋ] *a.* (1)느리게 움직이는, 동작이 둔한. (2) (상품 따위가) 잘 팔리지 않는, 거래가 뜬.
slow·poke [ˊpòuk] *n.* ⓒ《美口》 굼뜬 사람, 굼벵이 (《英》 slowcoach).
slów-wáve slèep [slóuwéiv-] 【生理】 서파(徐波) 수면《뇌파가 완만한 5~6시간 동안의 거의 꿈 없는 숙면》.
slow-wit·ted [ˊwítid] *a.* 이해가 더딘, 머리가 둔한(dull~witted).
slow·worm [ˊwə̀:*r*m] *n.* ⓒ 【動】 뱀도마뱀.
sludge[slʌdʒ] *n.* ⓤ (1) 진흙, 진창, 질척질척한 눈. (2) (하수 등의) 침전물. (3)슬러지《탱크·보일러 따위 바닥에 괴는 침전물》.
파) **slúdgy** *a.* 진창의 ; 질척거리는, 질척눈의.
·**slug**[1] [slʌg] *n.* ⓒ (1) 【動】 민달팽이, 괄태충. (2) 《美》느림보. (3) 작은 금속 덩어리 : (공기총 따위 의) 산탄(霰彈). (4) 《美》 (자동 판매기용의) 대용경화(硬貨). (5) 【印】 대형의 공목〈인테르〉《두께 6포인트 정도》 (6) 《美俗》 (위스키 따위의) 한 잔, 한 번 마시는 양 (draught) .
slug[2] (***-gg-***) 《美》 *vt.* (주먹으로) … 을 후려갈기다. ~ ***it out*** (1) 끝까지 맹렬히 싸우다. (2) 버티다.
slug·gard [slʌ́gə*r*d] *n.* ⓒ 게으름뱅이, 농땡이
—*a.* 게으른(lazy), 빈둥거리는(idle).
slug·ger [slʌ̀gə*r*] *n.* ⓒ 《美口》 (야구·복싱 따위의) 강타자, 슬라거.
·**slug·gish** [slʌ́giʃ] *a.* (1) (사람이) 게으른, 기능이 둔한, 나태한 ; 동작이 느린, 굼뜬. (2) (흐름 따위가) 완만한, (3) 부진(不振)한, 불경기의.
파)**~·ly** *ad.* **~·ness** *n.*
sluice [slu:s] *n.* ⓒ (1) 수문(~ gate), 보(狀). (2) 수문으로 갇힌 물, 봇물.(3) (통나무를 띄어 보내는) 인공 수로, 방수로(drain), 용수로.
—*vt.* (1) 《~+目/+目+前+名》 (수문을 열어물)을 일시에 내보내다《*out* ; *off; down*》. (2) (흐르는 물로) …을 씻다, 씻어내리다《*out* ; *down*》.(3) (통나무 따위)를 수로로 나르다. —*vi.* (물이)수문에서 흘러나오다, (수로를) 솟구쳐 흐르다, 분류하다. :Water ~*d* out. 물이 수문에서 흘러나왔다.
slúice gàte 수문.
sluice·way [slú:swèi] *n.* ⓒ (수문이 있는) 인공수로, 방수로.
·**slum** [slʌm] *n.*(1) (종종 *pl.*) 빈민굴, 슬럼가(街). (2)《口》 불결한장소.
—(***-mm-***) *vi.* (자선·호기심 등으로) 빈민굴을찾다 《흔히 go ~*ming*의 형태로》. ***`~it*** 《口》 생활수준을 바

싹 낮추다, 최소한의 생활비로 살다.

:slum·ber [slʌ́mbər] *n.* ⓤ,ⓒ 《文語》 (종종 *pl.*) (1)잠, (특히) 선잠, 얕은잠. (1)무기력 상태, 침체. —*vi.* (1) (편안하게) 잠자다, 선잠 자다(sleep). (2) (화산따위가) 활동을 멈추다〈휴지하다〉. —*vt.* (1)《+目+副》 잠자며 시간〈세월〉을 보내다, 무위하게 살다 《*away; out; through*》. (2) (불안 따위)를 잠으로 떨어버리다《*away*》. 파) **~·er** [-rer] *n.*

slum·ber·ous, -brous [slʌ́mbərəs], [-brəs] 《文語》 *a.* (1)졸린(듯한) ; 졸음이 오게 하는, 잠자고 있는(것 같은). (2)나태한, 활기없는(inactive, sluggish). (3)조용〈고요〉한(quiet).

slum·lord [slʌ́mlɔ̀:rd] *n.* ⓒ 《美》 (허름한 아파트에 터무니없는 집세를 받는) 악덕 (부재(不在))집주인.

slum·my [slʌ́mi] (***-mi·er : -i·est***) *a.* 《口》 빈민굴의〈같은〉 ; 불결한, 더럽고 누추한, 슬럼의.

slump [slʌmp] *n.* ⓒ (1) a〕 푹〈쑥〉 떨어짐. b〕 (물가 · 증권 시세 따위의) 폭락, 불황 (2) (인기 따위의)뚝 떨어짐. (3) 《美》(운동 선수 등의) 부진, 슬럼프 get 〈fall〉 into a ~ 슬럼프에 빠지다.

—*vi.* (1) 털썩 떨어지다〈주저 앉다〉, 푹 빠지다. 쿵 넘어지다〈쓰러지다〉. (2) (물가 따위가) 폭락하다 : (매상이) 뚝 떨어지다 ; (경기가)침체하다: (인기 · 열의 따위가) 갑자기 식다.

slung·shot [slʌ́ŋʃɑ̀t] *n.* ⓒ 쇠사슬 · 가죽끈 따위의 끝에 쇠뭉치를 단 무기〈흉기〉.

slur [slə:r] (***-rr-***) *vt.* (1) … 을 알아듣기 어렵게 빨리 말하다 ; 판독하기 어렵게 글자를 흘려〈붙여〉 쓰다, 연달아 발음하다. (2) 【樂】 (음표)를 잇대어 연주하다〈노래하다〉 : (음표)에 연결선을(슬러를)붙이다. 긋다. 【cf】 legato. (3) … 을 묵인하다, 보고도 못 본 체하다 ; 가볍게〈되는대로〉 처리하다《*over*》. (4) …을 헐뜯다 ; 중상〈비방〉하다

—*vi.* (1) 불분명하게 말하다, 글씨를 흘려 쓰다. (2) 【樂】 음표를 잇대어 노래 〈연주〉하다.

—*n.* (1)ⓤ 똑똑지 않은 잇따른 발음 : ⓒ 쓰기(인쇄, 발음, 노래)의 똑똑지 않은 부분. (2) 【樂】 슬러, 이음줄. (3) ⓒ 중상, 비방. (reproach): 오명, 치욕(stain). 불명예.

slurp[slə:rp] 《口》 (1) *vi. vt.* (음식을)소리를 내며 먹다〈마시다〉. (2) ⓒ 그 마시〈먹〉는 소리.

slush [slʌʃ] *n.* ⓤ (1) 진창눈; 진창(길). 녹기시작한 눈. (2)《口》너절한 감상적인 글〈푸념〉 : 저속한 애정소설〈영화〉. (3) 윤활유(제).

slúsh fùnd 《美》 (선거 등 정치 운동의) 뇌물, 매수 자금.

slushy [slʌ́ʃi] (***slush·i·er ; -i·est***) *a.* (1) 진창눈의 ; 질척거리는. (2) 데데한, 감상적인, 시시한.

slut [slʌt] *n.* ⓒ (1) 단정치 못한 여자, 허튼계집. (2) 매춘부.

slut·tish [slʌ́tiʃ] *a.* 방탕한 ; 몸가짐이 헤픈 ; 더러운. 파) **~·ly** *ad.* **~·ness** *n.*

:sly [slai] (***slý·er, slí·er*** [-ər] ; ***slý·est, slí·est*** [-ist]) *a.* (1)교활한(cunning), 음험한(insidious)비열한, 계략을 쓰는. (2)장난기가 있는(mischievous). 익살맞은. ***on*** 〈***upon***〉 ***the*** ~은밀히, 남 몰래 살짝. 파) **~·ly** *ad.* 교활하게. **~·ness** *n.* ⓤ

·smack[1] [smæk] *n.* (1)ⓒ 맛, 풍미, 향기 : 독특한 맛《*of*》. (1)(a ~)a〕 … 낌새, 기미 … 한 데《*of*》. b〕조금, 약간《*of*》

—*vi.* (1) 맛이 나다《*of*》. (2) 《+前+名》 낌새가〈 … 한 데가〉 있다《*of*》

·smack[2] *vt.* (1) 《+目+前+名》 … 을 세게 때리다, 손바닥으로 (철썩) 치다(slap) (2) … 을 쳐 날리다. (3) 《+目+前+名》 (입맛)을 다시다《*over*》. (4) … 에 쪽 소리를 내며 키스하다. (5)(회초리 · 채찍)을 휙휙 소리내다(crack).

—*vi.* (1) … 한 맛이〈향기가〉 있다《*of*》. (2)쩍쩍 입맛을 다시다. ***~down*** (1) … 을 탁 소리나게 놓 다. (2)… 을 호되게 야단치다.

— *n.*. ⓒ (1) (손바닥으로) 철썩 때리기〈때리는 소리〉. (2) (쩍쩍) 입맛 다시기. (3)《口》 쪽소리 나는 키스. (4)딱〈휙휙〉하는 소리 《채찍 등의》. ***a ~in the eye*** 〈***face***〉 《比》퇴짜, 호통, 퇴각, 거절. ***have a ~ at*** 《口》 … 을 한번 해 보다. —*ad.* 《口》 정면〈정통〉으로(directly) : 느닷없이

smack[3] *n.* (1) ⓒ 《美》 (활어조(活魚槽)의 설비를갖춘) 소형 어선. (2)ⓤ 《美俗》 해로인.

smack-dab [⁻dæ̀b] *ad.* 《美口》 정통으로, 세차게.

smack·er [smǽkər] *n.* ⓒ (1) (쩍쩍) 입맛다시는 사람. (2)《口》 쪽 소리가 나는 키스 (3)《美俗》 (흔히 *pl.*) 1달러(dollar) : 《美俗》 1파운드.

smack·ing [smǽkiŋ] *n.* ⓤ,ⓒ 입맛을 다심 ; 혀차기 찰싹 때림. —*a* (1) (키스따위) 쪽 소리가 나는 (2) 빠른 (3) (바람 따위가) 세찬(brisk). (4) 《口》 〔副詞的으로.

:small [smɔ:l] *a.* (1)작은, 소형의, 비좁은《※little이 지니는 「귀여운」이란 감정적 요소는 없음》. (2)소규모의, (3) (양 · 수(數) · 정도 · 기간 등이) 얼마 안 되는, 적은, 거의 없는 (4) 하찮은, 시시한, 사소한(trivial): ~ errors 사소한 잘못. (5) 도량이 좁은(illiberal), 인색한(stingy). 비열한(mean). (6) 〔補語的〕 떳떳지 못한, 부끄러운. (7) (목소리 따위가) 작은, 낮은(low): in a ~ voice 작은 목소리로. (8)소문자의. ***feel ~*** 풀이 죽다. 부끄럽게 여기다. ***look ~*** 기가 죽다, 부끄럽게 여기다, 주눅들다. ***Small is beautiful.*** 작은 것은 아름답다《특히 기업, 조직, 정부는 소규모가 좋다는 견해》 on the side 작은 편이어서.

—*ad.* (1) 잘게, 가늘게. (2) 작게, 소규모로. (3) (목소리 따위가) 약하게, 낮게. —*n.* (1)(the ~) 작은〈가는〉부분. (2) (*pl.*) 《英口》 자질구레한 빨랫감. 파) **~·ness** *n.* 작음 ; 협량(狹量); 비열.

smáll árms 【軍】 휴대 병기, 소(小)화기《소총 · 권총 따위》. 〚opp〛 *artillery.*

smáll béer (1) 싱거운, 약한 맥주. (2) 《口》 하찮은 사람〈물건, 일〉 : think no ~ *of* oneself 자만하다.

smáll cápital 〈**cáp**〉 【印】 소형 대문자.

smáll chánge (1)잔돈. (2)【比】괴 시시한 것〈일, 대화〉.

smáll-cláims còurt [smɔ́:lkléimz-] 【法】 소액(少額) 재판소(=**smáll-débts còurt**).

smáll frý (흔히 *pl.*) (1) 어린 물고기. (2) 어린이들, 꼬마들. (3) 잡배(雜輩), '송사리'.

smáll gáme 〔集合的〕 【獵】 작은 사냥감《토끼 · 비둘기 등》. 【cf.】 big game.

smáll hólder 《英》 소(小)자작농.

smáll hólding 《英》 소(小)자작농지《흔히, 50에이커 미만》.

smáll hóurs (the ~) 깊은 밤, 사경(四更)《새벽 1시부터 3시까지》.

smáll intéstine 【解】 (the ~) 작은창자, 소장.

small·ish [smɔ́:liʃ] *a.* 좀 작은(듯싶은).

small-mind·ed [⁻máindid] *a.* 도량이 좁은 : 야비한, 째째한, 인색한. 파) **~·ness** *n.*

·small·pox [⁻pàks/⁻pɔ̀ks] *n.* ⓤ 【醫】 천연두.

small-scale [smɔ́ːlskéil] *a.* 소규모의 ; 소비율의 ; 소축적의《지도》. 【cf.】 large-scale.
smáll tàlk 잡담.
small-time [ˊtáim] *a.* 《口》 소규모의, 시시한, 보잘것 없는 중요치 않은 (third-rate).
small-twon [ˊtáun] *a* (1) 지방 도시의. (2) 소박한 ; 촌스러운, 시골티가 나는.
smarmy [smɑ́ːrmi] (***smarm·i·er ; -i·est***) *a.*《口》 빌붙는, 얄밉도록 아첨하는(fulsome).
:smart [smɑːrt] *a.* (1) 쿡쿡 쑤시는, 욱신욱신 아픈. (2) (타격 따위가)쎈, 지독한, 심한. 날카로운, 호된. (3) 날렵한, 활발한, 재빠른 《*at* ; *in*》 솜씨있는. (4) 빈틈없는, 약삭빠른, 영리한, 재치있는 (5) 교활한, 약아빠진 (6) 스마트한, 맵시 있는. (7) 건방진 (8) (건물 등이) 정보처리 기능을 가진 ; 인텔리전트한 ; ⇨SMART BUILDING (9) (미사일 등) 고성능의
—*n.* (1) ⓒ 쓰린, 아픔. 쑤심, 동통, 고통. (2) (the ~)고뇌, 상심 ; 분개, 분노. (3) (흔히 *pl.*) (美口)지능, 지성. —*ad.* = SMARTLY ***play it ~*** 《주로 美口》 눈치있게 굴다. 잘 생각해서 하다. ***Look ~ !*** 〔命令形으로〕 조심해라 ; 정신차려, 빨리 해.
—*vi.* (1) (~+前+名) 욱신욱신 쑤시다, 아리다, 쓰리다《*with* : *from*》. (2) (말 따위로) 감정이 상하다. 분개하다《*from* : *at*》; 상심하다. 양심의 가책을 받다 《*under* : *over*》. (3) 벌을 받다, 혼나다《*for*》. 파) **ˊ·ly** *ad.* **ˊ·ness** *n.*
smárt àlec (**k**) 〈**àlick**〉 [-æ̀lik] (종종 s-A-) 《口》 건방진 놈 ; 잘난〈똑똑한〉 체하는 놈.
smárt àss 〈**àrse**〉《俗》 수완가 수재.
smárt building 스마트 빌딩《승강기 · 냉난방 · 조명 · 방화 장치 등이 모두 자동화된 빌딩》.
smárt càrd 스마트 카드《마이크로 프로세서나 메모리등의 반도체 칩을 내장한 카드》.
smart·en [smɑ́ːrtn] *vi.* 《~+目/+目+副》 (복장 · 건물 등)을 말쑥(깨끗)하게 하다. 산뜻하게 하다.
smárt móney 《美》 (1) (경험있는 투자가 등의) 투자금. (2) 【法】 징벌적 손해 배상금, 벌금.
smarty [smɑ́;rti] *n.* 《口》 = SMART-ALEC(K)— *a.* 아는 체하는, 자만의.
·smash [smæʃ] *vt.* (1) 《~+目/+目+副/+目+前+名/+目+補》 … 을 분쇄하다, 때려부수다, 박살내다 《*up*》 ; 부딪다, 충돌시키다. (2) (희망 따위)를 무너지게 하다. (3) (적 · 이론등)을 격파하다, 깨뜨리다, 충돌시키다. : (인습 · 기록 등)을 타파하다. (4) 《~+目/ 目+前+名 》 … 을 세차게 내리치다〈후려치다〉 《*down* ; *into* ; *with*》 (5) 【球技】 (공 · 깃털공)을 스매시하다. (6) … 을 파산〈도산〉시키다.
— *vi.* (1) 《~/+副/+前+名》 박살이나다, 부서지다. (2) 《~+前+名》 세게 충돌하다. (3) (회사 따위가) 파산하다.
(4)【球技】 스매시하다. ~ ***to pieces*** 산산이 깨지다.
—*n.*ⓒ (1) (흔히 *sing.*) 부서짐, 분쇄 산산조각이 남 ; 쟁그렁하고 부서지는 소리. (2) 대패 ;큰 실패 ; 파멸 ; 파산. (3) (기차 따위의) 격돌, 충돌. (4)《口》세찬 일격 : 【球技】 스매시. (5)《口》 = SMASH HIT. ***go <come> to ~*** (1) 산산조각이 되다. (2) 파산〔도산〕하다.
— *ad.* 철썩, 쟁그렁, 탕, 정면〈정통〉으로 【cf.】 bang. ***go<run> ~into*** (1) …에 정면 충돌하다 (2) 파산하다.
—*a.* 《口》대단한, 굉장한(smashing) : the ~ best seller of the year 연간 최고의 베스트 셀러.
smash-and-grab [smǽʃəngrǽb] *a.* 《英》 가게의 진열창을 깨고 비싼 진열품을 삽시에 탈취하는.
—*n.*그런 강도 진열창 강도
smashed [smæʃt] *a.* 《俗》 술에 취한.
smash·er [smǽʃər] *n.*ⓒ (1) 격렬한 타격 : 붕괴, 추락. (2) 《英口》 굉장한 사람〈것〉. (3)부수는 사람. 분쇄기. (4) 【테니스】 스매시에 능한 선수.
smásh hìt 《口》 대성공〈히트〉《영화따위》.
smash·ing [smǽʃiŋ]) *a.* (1) 격렬한 《타격 따위》 맹렬한. (2) 《英口》 굉장한, 대단한. 파) ~ ·ly ad
smash-up [ˊʌ̀p] *n.* ⓒ (1) (열차 따위의) 대충돌 ; 전복 : a 5-car~ 차량 다섯 대의 대충들 (2) 큰 패배 ; 대실패. (3) 파산 ; 파멸. (catastrophe)
smat·ter·ing [smǽtəriŋ] *n.* ⓒ (흔히 *sing*) 천박한〈수박 겉핥기의〉 지식《*of*》.
smaze [smeiz] *n.* ⓤ 스메이즈(smog보다 얇은 대기 중의 연무(煙霧). [◁ smoke+haze]
·smear [smiər] *vt.* (1) 《~+目/+目+前+名》 (기름 따위)를 바르다 : 칠하다 : 문대다 : (표면을 기름 따위)로 더럽히다《*on* ; *with*》. (2) … 을 문질러 더럽히다, 흐리게 하다 손상시키다. (3) …을 중상하다. 깎아내리다. (4)《美俗》 …을 결정적으로 해치우다. 압도하다 : 《拳》 완패시키다. —*vi.* 더러워지다,번지다. 흐려지다 《 페인트 · 잉크 따위로).
—*n.* ⓒ (1)얼룩, 오점《*of*》. (2)《口》 중상, 비방. (3) 【醫】 도포(塗布) 표본 《현미경 슬라이드에 바른》 : a ~ test 도포 표본 검사.
sméar wòrd (비방을 하기 위해 붙인) 별명.
smeaey [smíəri] (***smear·i·er ; -i·est***) *a.* 더러워진: 기름이 밴(greasy) ; 들러붙는, 끈적이는 (sticky) 파) ***sméar·i·ness*** *n.*
:smell [smel] (*p., pp.* ***smelt***[smelt] , ***~ed***[-d] ; ***smél ·ling***)*vt.* (1) … 을 냄새맡다. (2) 《~+目/+目+-*ing*》〔종종 can을 수반하여〕 … 하는 냄새를 맡다(느끼다) ~round 이리저리 냄새맡다. (3) 《~+目/+目+副》 … 을 알아채다. 눈치채다《*out* 》 : ~ *out* a plot 음모를 눈치채다. (4) 《~+目/+目+副》 … 의 냄새가 나다 : … 을 냄새로 체우다 《*up*》.
—*vi.* (1) 《~+前+名》 냄새를 맡다《*at* 》 : ~ *at* a flower. (2) 《+前+名/+補》 냄새가 나다 《*of* ; *like*》. (3) 《~+前+名》 … 냄새를 풍기다《of》. (4)악취를 풍기다 ; 구리다. (5) 냄새를 알다. 후각이 있다. ***~ a rat*** 수상쩍게 여기다. 낌새채다. ***~ of the lamp*** 밤중까지 공부한 흔적이 보이다 : 애쓴 흔적이 보이다. ***~ out*** … 을 맡아내다. 찾아내다.
—*n.* (1) ⓤ 후각. (2) ⓤ,ⓒ 냄새, 향기 : a sweet ~ 달콤한 향기. (3) ⓒ (흔히 *a* ~)악취 ; 구린내. (4) ⓤ (또는 a ~) … 하는 티〈풍〉. 낌새, 기미《*of* 》 (5) ⓒ (한번) 냄새맡음《*of* 》.
smélling sàlts 〈單 · 複數취급〉 후자극제 (嗅刺戟劑)《탄산 암모늄이 주제 (主劑)의 각성제》.
smelly [sméli] (***smell·i·er ; -i·est***) *a.* 구린내가 나는 : 냄새가 코를 찌르는. 파) ***smell·i ·ness*** *n.*
·smelt[1] [smelt] SMELL의 과거 · 과거분사.
smelt[2] *vt.* 【冶】 … 을 용해하다 ; 녹여서 분류하다 ; 제련하다 : a ~*ing* furnace 용광로.
smelter [smélter] *n.*ⓒ (1) 제련업자;제련공. (2) 제련소 (=**smél tery)**

:smile [smail] *vi.* (1) 《~+前+名/+*to* do》미소짓다, 생글〈방긋〉거리다 ; 미소를 보내다《*at* ; *on* ; *upon* 》. (2) (경치 등이) 환하다 산뜻리이 산뜻하다. (3) 《~+前+名》 (운 따위가) 트이다. 열리다《*on*》 Fortune ~*d on* her. 그녀에게 운이 트였다. —

vt. (1) (同族目的語 를 수반하여) … 에서 미소하다. … 한 웃음을 웃다. (2) …을 미소로써 나타내다. (3)《+目+前+名/+目+副》… 을 미소로써 … 하게 하다 《*away*》: *Smile* your grief *away*. 웃고 슬픔을 잊어라. ***come up smiling*** 굴하지않고 다시 일어서다. ***~ away*** 웃어 넘기다.
— *n.* ⓒ (1)미소. (2)(자연 등의) 밝은 모양, 운명 등의 미소〈은혜〉.

·smil·ing [smáiliŋ] *a.* 방글〈벙긋〉거리는, 미소하는, 명랑한.
파) **~·ly** *ad.* 웃음 지으면서.

smirch [sməːrtʃ] *vt.* (명성 따위)를 더럽히다.
— *n.* ⓒ 더럼, 오점(*on, upon*)

smirk [sməːrk] *vi.* (만족한 듯이) 히죽거리다. (남을) 깔보듯이 히죽히죽 웃다《*at* ; *on, upon* 》. — *n.* ⓒ능글맞은 웃음.

·smite [smait] (***smote*** [smout] ; ***smit·ten*** [smítn] ***smit*** [smit]) *vt.* (1)《~+目/+目+補》… 을 세게 때리다〈치다〉. (strike) ; 쳐부수다 ; 죽이다. (2) (흔히 受動으로) (병 · 재난 등이) … 을 덮치다. (양심이) …을 찌르다(*with* ; *by*) (3) (受動으로) … 을 매혹시키다. 감동을 주다《*with* ; *by*》.

·smith [smiθ] 대장장이 (blacksmith) ; 금속세공장【匠】《※ 흔히 複合語로서 씀》.

smith·er·eens [smìðəríːnz] *n. pl.* 작은 파편, 산산조각.

Smith·só·ni·an Institútion [smiθsóuniən-] (the~)스미스소니언 협회《 Washington D.C.에 있는 미국 국립 박물관 ; 1846년 창립》.

smithy [smíθi, smíði] *n.*ⓒ 대장간 대장장이 (blacksmith).

smit·ten [smítn] SMITE의 과거분사.

·smock [smɑk, smɔk] *n.*ⓒ (1) (옷 위에 걸치는) 작업복 ; 덧입는 겉옷《주로 어린이 옷》. (2) 임신부복(服). — *vt.* … 에 스목을 입히다 ; … 에 장식 주름을 붙이다(달다).

smock·ing [smɑ́kiŋ/smɔ́k-] *n.*ⓤ (옷 따위의) 장식 주름.

·smog [smɑg, smɔ(:)g] *n.* ⓤ,ⓒ스모그, 연무(煙霧).

smog·gy [smɑ́gi, smɔ́(:)gi] *a.* 스모그가 많은.

smog·bound [ˊbàund] *a.* 스모그에 뒤덮인.

:smoke [smouk] *n.* (1) a] ⓤ,ⓒ연기 b]ⓤ연기 비슷한 것《김 · 안개 물보라 따위》. (2) ⓤⓒ 허무한 〈덧없는〉 것, 꿈. (3) ⓒ 담배피움, 끽연(喫煙) ;《口》엽궐련, 궐련 : ***end*** (***go***) ***up in ~*** (1) (집 따위가) 타 없어지다. (2) (계획 · 희망등이) 연기처럼 사라지다.
—*vi.* (1) 연기를 내다 ; 연기를 내뿜다. (2) 담배를 피우다, 흡연하다, (3) 김을내다. (땀에서) 김이 무럭무럭 나다. —*vt.*(1) …에서 연기나게 하다, 그놀리게 하나. — vt.8 · 께서 연기나게 하다. 그을리게 괴다. (2) … 을 훈제(燻製)로 하다 : ~*d* salmon 훈제한 연어. (3) (연기로) … 을 소독하다 ; (벌레등을) 연기로 없애다. 《*out* 》 (4) 《~+目/+目+副/+目+前+名》 (담배 · 아편)을 피우다 ; 흡연하여 … 하다 ***~ out*** 1) (연기를 피워) … 을 나오게 하다, 몰아내다. 2) (범인 따위)를 조사해서 찾아내다 ; (계획 따위를) 알아내다.

smóke bòmb 연막탄, 발연(發煙)탄

smoked [smoukt] *a.* (1)훈제한 : ~ ham 훈제햄 (2) (검댕으로) 그을린

smóke detèctor 연기 탐지기《화재 경보기의 하나》.

smoke-dried [ˊdràid] *a.* 훈제의

smóke-filled róom [ˊfìld-] (정치적 협상을 하는) 막후 협상실 (호텔 등의).

smoke·house [ˊhàus] *n.* ⓒ 훈제소(실).

smoke·less [smóuklis] *a.* 연기 없는. 무연의. 파) ~·ly ad

·smok·er [smóukər] *n.* ⓒ (1) 흡연자 끽연자 a heavy 〈chain〉 ~ 골초. (2) (남자들만의)소탈한 모임.

smóke scrèen (1)【軍】 연막. (진의(眞意)를 감추기 위한) 위장, 연막술.

smoke·stack [ˊstæ̀k] *n.* ⓒ (1) 굴뚝. (2)《美》(증기 기관차의) 굴뚝. — *a.* 중공업의 재래식 산업의

smokey [smóuki] *n.* ⓒ《美》(1) 산림화재방지 마크《산림 소방대원 옷을 입은 곰의 그림》. (2)(종종 s-)《俗》고속 도로상의 경찰관.

smok·ing [smóukiŋ] *n.* ⓤ 흡연. ***No ~*** (within these walls). (구내) 금연《게시》. — *a.* 연기나는, 그을리는 ; 담배 피우는 ; 김이 서리는 ***~ hot*** 김이 서릴 정도로 뜨거운〈더운〉《부사적 용법》: ~ *hot* bread 김이 무럭무럭 나는 빵. -a 그을리는, 내는.

smóking càr 〈《英》 **càrriage**〉 (열차의) 흡연차.

smóking compàrtment (열차의)흡연 칸

smóking gún〈**pístol**〉 (범죄 등) 현장에 남겨진 결정적 증거.

smóking jàcket 집에서 입는 남성용 윗도리

·smoky, smok·ey [smóuki] (***smok·i·er*** ; ***-i·est***) *a.* (1) 연기나는 ; 연기가 자욱한. (2) 연기같은 ; 그을은.

smóky quàrtz 연수정(煙水晶)

smol·der, 《英》 **smoul-** [smóuldər] *vi.* (1) (장작등이 잘 안타고) 연기만 내다. (2) (분노 · 불만 등이) 쌓인불평
— *n.* ⓒ (흔히 *sing.*) (1) 연기나는 불, 연기남(2) (감정이) 삭지 않음, 맺힘 울적

smooch [smuːtʃ] *vi.* 키스하다 ; 애무하다(pet). — *n.* ⓤ (또는 a~) 키스 ; 애무.

:smooth [smuːð] *a.* (1) (표면이) 매끄러운 매끈매끈(반질반질)한, 반드러운 ; 평탄〈반반〉한(flat). 【opp.】 *rough*. (2) (움직임이)부드러운, 유연한. (3) (일이) 순조로운 (easy), 원활히 진행되는 ; 평온한. (4)(목소리 · 문체 따위가) 막힘, (거침)이 없는, 유창한(fluent). (5) 윤이 나는 매끈매끈한《머리칼 따위》 : ~ hair. (6) a](반죽 · 풀 따위가) 고루 잘 섞인, 잘 이겨진. b] (음식물 따위가) 입에 당기는, 감칠맛이 도는 : salad dressing 부드러운 셀러드 드레싱. (7) (남에게) 호감(好感)을 주는 (태도 따위가), 나긋나긋한 (suave). (8) (털 · 수염이) 없는, 민숭민숭한. (9)《口》스텝이 경쾌한《댄서》, 세련된. ***in ~ water***《英》 평온하게 ; 순조롭게, 원활하게.
— *vt.* (1)《~+目/+目+副》… 을 매끄럽게〈반반하게〉 하다 ; (주름)을 펴다, 다리다 ; (땅)을 고르다 《*away* ; *down* ; *out* 》. (2)《~+目/+目+副》…를 수월하게〈편하게〉 하다, 〈곤란따위〉를 제거하다《*out* 》: one's way (for…) …의 앞길의 장애를 재거하다. (3) (노여움 · 동요등)을 가라앉히다, 진정시키다 《*down* 》 (4) (크림 따위)를 바르다. —*vi.*(1) 매끈해(반드러워, 반반해)지다. (2)《+副》평온해지다, 원활해지다, 가라앉다《*down*》. ***~away***<***off***> 1)(주름)을 펴다. 2) (장애 등)을 제거하다 ***~ over*** 원만히 수습하다 ; (결점 따위)를 잘 보완하다, 감싸다. — *n.*(1)(

a~)매끈〈반반〉하게 하기, 고르기.(2)ⓒ 평면, 평지. ***take the rough with the ~*** 인생의 고락에 무관심하다, 느긋하게 행동하다 —*ad.* = SMOOTHLY 파) **~·ness** *n.* ~함 ; 감언(甘言), 교언 (巧言).

smooth·faced [~féist] *a.* (1)(얼굴에) 수염이 없는, 수염을 깍은. (2) (천의) 표면이 매끈매끈한. (3) (겉은) 온화한 ; 위선적인, 앙큼한.

smooth·ie [smú:ði] *n.* ⓒ 《口·蔑》 사근사근한 사람, 구변 좋은 사람.

:smooth·ly [smú:ðli] *ad.* (1) 매끈히게, 순조롭게, 수월하게. (2) (말을) 유창하게, 구변좋게.

smote [smout] SMITE의 과거.

·smoth·er [smʌ́ðər] *vt.* (1) 《~+目/+目+前+名》 …을 숨막히게 하다 《*with*》 ; 질식(사)시키다 ; …의 성장〈발전〉을 저지하다. (2) 《~+目/+目+前+名》 (불)을 덮어 끄다 《with》. (3) 《~+目/+目+副》 …을 덮어버리다, 은폐하다, 묵살하다 《*up*》. (4) (안개 따위로) … 을 푹 싸다, 휩 〈감〉싸다《*in*》 (5) (감정·충동 따위)를 억누르다 : (하품)을 삼키다 : ~ a yawn 하품을 삼키다 / ~one's grief 슬픔을 억누르다. (6) 《~+目+前+名 》(키스·선물·친절 따위로) … 을 압도하다, 숨막히게 하다《with》. (7) … 잘 찌다, 찜으로 하다. (8) … 에 바르다, … 에 듬뿍 칠하다《*with*》

— *vi.* 숨이 답답해지다, 질식(사)하다.《*in*》

— *n,* ⓤ(또는 ~a) (숨막히는 듯한) 연기, 먼지(등) ; 짙은 안개, 혼란, 소동.

smudge [smʌdʒ] *n.* ⓒ (1) 오점, 얼룩, 더러움. (2)《美》 모깃불(= **~fire**), 모닥불(구충·서리 방지용). — *vt.* … 을 더럽히다, 얼룩지게 하다 ; … 에 오염을 남기다. (3) (텐트·과수원 등)에 모깃불을 놓다. — *vi.* 더러워지다, (잉크 등이) 배다.

smudgy [smʌ́dʒi] (***smudg·i·er ; -i·est***) *a.* 더러워진, 얼룩투성이의 ; 화장이 진 ; 그들은 선명치 않은. 파) ***smúdg·i·ly*** *ad.* 더러워져. **-i·ness** *n.*

smug [smʌg] (**-gg-**) a. 독선적인, 점잔빼는. 파) **~·ly** *ad.* **~·ness** *n.* 젠체함 ; 독선.

·smug·gle [smʌ́gəl] (1) 《~+目/+目+副》 … 을 밀수입〈밀수출〉하다, 밀수〈밀매매〉하다 《*in* ; *out* ; *over*》; 밀항〈밀입국〉하다. (2) 《+目+前+名》 … 을 몰래 들여오다〈반입하다〉《into》: 몰래 내가다〈반출하다〉《*out* ; *of* 》.

— *vi.* 밀수입〈밀수출〉 하다. 밀항하다.

·smug·gler [smʌ́gələr] *n.* ⓒ(1) 밀수입〈밀수출〉자, 밀수업자. (2) 밀수선.

smut [smʌt] *n.* (1) ⓤ,ⓒ (검댕·연기 따위의) 덩어리 ; 얼룩, 더럼 ; ⓤ **【植】** 흑수병, (보리 등의)깜부기. (2) ⓤ 음탕한 말〈이야기, 소설〉, — (**-tt-**) *vt.* (1) (그을음 따위로) 을 더럽히다, 꺼멓게 하다. (2) **【植】** … 을 깜부기병에 걸리게 하다.

— *vi.* **【植】** 깜부기병에 걸리다. 더워지다.

smut·ty [smʌ́ti] (***-ti·er ; -ti·est***) *a.*(1) 더러워진, 그을은, 거무스름한. (2) 흑수병에 걸림. (3) 음란〈외설〉한(obscene). 파)***-ti·ly*** *ad.* ***-ti·ness*** *n.*

snack [snæk] *n.* ⓒ (1) (식간에 먹는) 가벼운 식사 ; 간식. (2) (음식 등의) 한입 ; 소량. —*vi.* 《美》 가벼운 식사를 하다. go ~s 몫으로 나누다.

snáck bàr 〈《英》 **chònter, stànd**〉 간이 식당, 스낵바.

snaf·fle [snǽfəl] *n.*ⓒ (말에 물리는) 작은 재갈. —*vt.* (1) (말)에 작은 재갈을 물리다. (2) 《英口》 … 을 훔치다.

sna·fu [snæfú:~-] 《美俗》 와글와글 들끓는, 대혼란의. — *vt.* … 을 혼란시키다. — *n.* ⓤ대혼란.

snag [snæg] *n.* ⓒ (1) (잘리거나 꺾인) 나뭇가지의 그루터기. (2) 부러진 이뿌리, 이촉, 덧니, 뻐드렁니. (3) (물 속에 잠겨 배의 통행을 방해하는) 나무, 잠긴 나무.(4) 뜻하지 않은 장애. (5) 옷·양말 따위의 긁혀 찢겨진 곳.

— (**-gg-**) *vt.* (1) (배)를 물에 잠긴 나무(암초)에 걸리게 하다. (2) … 을 방해하다 옷이 걸려서 찢어지다 ~을 재빨리 잡다. — *vi.* 《美》 (물 속에) 잠긴나무에 얹히다〈부딪치다〉 ; 장애가 되다 ; 걸리다.

snag·gle·tooth [snǽgəltù:θ]) (*pl.* ***-teeth*** [-tí:θ]) *n.* ⓒ 고르지 못한 이 ; 덧니, 뻐드렁니.

snag·gy [snǽgi] (***-gi·er ; -gi·est***) *a.* (1) (물 속에) 쓰러진 나무가 많은 (2) 뾰족하게 튀어나온.

:snail [sneil] *n.*ⓒ (1)**【動】** 달팽이 : an edible ~ 식용 달팽이. (2) 빈둥거리는 사람.

(*as*) *slow as a ~* 매우 느린. ***at a ~'s pace*** 〈***gallop***〉 매우 느릿느릿.

:snake [sneik] *n.*ⓒ (1) 뱀. (2) 뱀처럼 음흉〈냉혹, 교활〉한 사람, 악의가 있는 사람 ;《美學生 俗》 난봉꾼. (3) 굽은 도관(導管) 청소용 철선. ***a ~ in the grss*** 숨은 적, 눈에 보이지않는 적〈위험〉 ; 신용할 수 없는 사람〈친구〉. ***raise*** 〈***wake***〉 ***~s*** (1) 소동을 일으키다. (2) 법석을 떨다. ***see ~s*** = 《美口》 ***have ~s in*** one***'s boots*** 알코올 중독에 걸려 있다. — *vi* (뱀처럼) 꿈틀꿈틀 움직이다 ; 꾸불꾸불 나아가다 ;《美俗》몰래 〈살며시〉 가 버리다. —*vt.* 《美》 … 을 (홱)잡아당기다《*out*》 ; (체인이나 로프로 통나무 등)을 끌다 : ~ *out* a tooth 이를 잡아빼다. ~ one***'s way*** 꿈틀거리며 나아가다 A long train *~s its* way along the slop. 긴 열차가 경사면을 꾸불꾸불 달리고 있다. 파) ***~like*** *a.*

snake·bite [~bàit] *n.* (1) ⓒ 뱀에게 물린 상처. (2) ⓤ뱀에게 물린 상처의 통증.

snáke chàrmer 뱀 부리는 사람.

snáke dànce (종교 의식의) 뱀춤, (승리·축하·데모) 의 지그재그 행렬〈행진〉.

snáke pìt (1) 뱀을 넣어두는 우리〈구멍〉. (2) (환자를 거칠게 다루는) 정신 병원, 수라장.

snákes and ládders 〈單數취급〉 뱀과 사다리 《주사위를 던져 말을 나아가게 하는 게임》.

snake·skin [~skìn] *n.* (1) ⓒ 뱀의 표피(表皮). (2) ⓤ 무두질한 뱀 가죽.

snaky, snak·ey [snéiki] (***snak·i·er ; -i·est***) *a.*(1) 뱀의 ; 뱀 같은 ; 뱀이 많은. (2) 꾸불꾸불한 (winding). (3) 교활〈음흉〉한 ; 잔학〈냉혹〉한.

:snap [snæp] (**-pp-**) *vi.* (1) 《~/+前+名》 덥석 물다, 물어뜯다《*at*》. (2) 《~/+前+名》 (기뻐서) 달려들다, 움켜쥐다. (3) 《~/+前+名》 딱딱거리다《*at*》. (4) 《~/+副 》짤깍〈딱〉하고 소리를 내다 ; (문·자물쇠가) 찰깍(땅) 하고 닫히다 《*to*》. (5) 딱〈뚝〉 부러지다, 딱 하고 꺾이다(망그러지다). (6) (신경 따위가) (긴장으로) 갑자기 견딜 수 없게 되다. (7) (채찍·권총 등이) 딱(딸깍)소리를 내다, 불발이 되다. (8) (눈이) 번쩍 빛나다. (9) 날쌔게 행동하다, 민첩하게 움직이다, 스냅 사진을 찍다.

—*vt.* 《~+目/+目+副》 (1) …을 물다, 물어뜯다 《*up*》 ; 잘라먹다《*off* 》. (2) 《~+目+副/+目+前+名》. …을 움켜잡다, 긁어모으다《*up*》; 앞을 다투어 잡다〈빼앗다〉 : 낚아채다《*up* ; *off* 》. (3) … 을 급히〈서둘러〉 처리하다. (4) 《~+目/+目+補》 …을 딸깍 소리나게 하다 ; (손가락으로)딱 소리를 내다 ; (권총 따위)를 쏘다(문)을 탕 닫다〈열다〉. ; (채찍 따위)로 획

소리내다. (5) 《~+目/+目+副/+目+前+名》 … 을 뚝〈딱〉 부러뜨리다꺾다〈꺽다〉《off》 ; 을 싹독 잘라내다, 툭 끊다 : ~ off a twig 잔가지를 치다. (6) 《~+目/+目+副》 … 에게 딱딱거리며 날카롭게 말하다. 고함치다 《out》 되쏘아붙이다《back》. (7) …의 스냅 사진을 찍다. (8) 《~+目+前+名》 …을 급히 움직이다. 획 던지다. **~ back** 《口》 1)급속히 회복하다. 2)탄력있게 되돌아가다. 3)되쏘아 붙이다. **~(in)to it.** 《口》 신이 나서〈본격적으로〉 시작하다. 서두르다. **~it up** 《口》 = ~ into it. ~ **out of it** 《口》 기운을 내다 ; (… 한 기분 · 병에서) 벗어나다 ; 떨쳐버리고 기운을 되찾다.

—*n.* (1) ⓒ 덥석 물기 〈잡기〉 ; a ~ at a bite 먹이를 덥석 물음. (2) ⓒ 뚝 부러짐〈쪼개짐〉 ; (채찍등이) 획〈딱, 철썩〉 하는 소리. (3) ⓒ 스냅, (찰깍 하고 채워지는), 걸쇠. (4) ⓒ 퉁명스러움. (5) ⓒ (날씨의) 급변, 《특히》 갑작스러운 추위. (6) ⓒ 스냅 사진. (7) ⓒ 《英》 생강이 든 과자. (8) ⓤ《口》 정력, 활기. (9) (a ~) 《美口》 편한〈수월한〉 일 ; 《美俗》 무골 호인, 점수가 후한 선생 : a soft ~ 《美口》 쉬운 일. (10) ⓒ 《英方》 급히 서둘러 먹는 식사, 스낵, (노동자의) 도시락. (11) ⓤ 《英》 스냅《카드놀이의 일종》. ***in a ~*** 곧, 즉시. ***not(care) a ~*** 조금도 (개의치) 않다. ***not worth a ~*** 아무런 가치도 없는. ***with a ~*** 딱〈짤깍〉하고.

— *a.* 〔限定約〕 (1) 찰깍 채워지는 : a ~ bolt 자동식 빗장. (2) 황급한 : a ~ decision 황급한 결정 / take a ~ vote 갑작스런 투표를 〈표결을〉 하다. (3) 《美口》간단한, 쉬운 : a ~ job 쉬운 일 / a ~ course 《美學生俗》 (대학의) 학점을 따기 쉬운 학과. — *ad.* 딱, 뚝, 찰깍.

snáp bèan 《美》 꼬투리째 먹는 각종 콩과 식물.

snap·drag·on [-drӕgən] *n.* ⓒ (1) 【植】 금어초(金魚草). (2) 불붙인 브랜디 속에 든 건포도 등을 집어 먹는 놀이 (flapdragon)

snáp fàstener 【洋裝】 스냅, 똑딱단추.

snáp lòck 용수철식 자물쇠 《문이 닫히면 저절로 걸림》.

snap·per [snǽpər] *n.* ⓒ (1)스냅 (파스너), 똑딱단추 ; 짤깍하는 것. (2) 옹알〈딱딱〉거리는 사람. (3) = SNAPPING TURTLE. (4) 【魚】 도미의 일종.

snáp·ping tùrtle [snǽpiŋ-] 【動】 (북미 하천에 있는) 자라 비슷한 거북.

snap·pish [snǽpiʃ] *a.* (개 따위가) 무는 버릇이있는 ; 딱딱거리는, 골잘내는 ; 퉁명스러운(curt), 성마른(testy). 파)**~·ly** *ad.* **~·ness** *n.*

snap·py [snǽpi] (***-pi·er*** ; ***-pi·est***) *a.* (1) = SNAPPISH (2) (장작불 따위가) 타는. (3) 기운찬, 활기 있는. (4) 즉석의 : 재빠른. (5) 《口 》 멋진, 스마트한. (6) (바람 · 추위가) 살을 에는 듯한. ***look ~*** 《英口》 서두르다(hurry). ***Make it ~ !*** 《口》 빨리 하라, 서둘러라.

snap·shot [-ʃɑ̀t/-ʃɔ̀t] *n.* ⓒ 속사(速寫) 스냅(사진). ***take a ~ of*** … 을 속사(速寫)하다. … 의 스냅 (사진)을 찍다. — *vi.* 스냅사진을 찍다.

snápshot dùmp 【컴】 스냅샷 덤프 《프로그램실행 중인 여러 시점에서 기억 장치의 특정 부분을 인쇄 출력함》.

·snare [snɛər] *n.* (1) ⓒ 덫, 올가미. (2) ⓒ (흔히 *pl.*) 속임수, 함정. (사람이 빠지기 쉬운) 유혹 : set(lay)a~ 함정을 파놓다. (3) (*pl.*)향현(響絃)《북 한가운데에 댄 줄》. ***set 〈lay〉 a ~*** 덫을 (만들어) 놓다. — *vt.* … 을 덫으로〈올가미로〉 잡다 ; 《比》 (함정에) 빠뜨리다. 유혹하다. 약삭빠르게 손을 써 ~을 손에 넣다.

snáre drùm 군용(軍用) 작은 북 《뒷면에 향현을 댄것》.

·snarl[1] [snɑːrl] *vi.* 《~/+前+名》 (개가 이빨을 드러내고) 으르렁거리다 ; 고함치다, 호통치다 《*at*》.
—*n.* ⓒ (흔히 *sing.*) 으르렁거리는 소리(growl) ; 서로 으르렁거리기 ; 욕설.

snarl[2] *n.* ⓒ (흔히 *sing.*) 뒤얽힘, (머리 · 실 등의) 엉클어짐 ; 혼란.

snarl-up [snɑ́ːrlʌ̀p] *n.* ⓒ 《口》 혼란 ; 교통 마비.

:snatch [snætʃ] *vt.* (1) 《~+目/+目+前+名/+目+副》 … 을 와락 붙잡다, 움켜쥐다, 잡아채다, 강탈하다. 《*up* ; *away* ; *off* ; *from* 》. (2) 《~+目+副/+目+前+名》 (이 세상에서) … 을 앗아가다, 갑자기 모습을 감추게 하다, 죽이다. (3) (기회를 잡아) 재빨리 … 을 먹다〈취하다, 얻다〉. (4) 《~+目+前+名》 (화재 · 위험 등에서) 구해내다, 구출하다《*form* 》. (5) 《美俗》 … 을 체포하다, 날치기하다, 유괴하다(kidnap).
—*vi.* 《+前+名》낚아채려 하다, 움켜잡으려 하다, 달려들다《*at* 》.
— *n.* ⓒ (1) 잡아챔, 날치기, 강탈. (2) 와락 움켜잡음 ; 달려듦, 덤벼듦. (3) (흔히 *pl.*) 짧은 시간, 한바탕. (4) (흔히 *pl.*)단편(斷片)(fragments) ; 한입, 소량(bits). (5) 급히 먹는 식사. (6) 《美俗》 유괴, 납치 ; 체포. ***make a ~ (at . . .)*** (…을) 낚아채려 하다.

snatch·er [snǽtʃər] *n.* ⓒ 강탈, 분묘 도굴꾼, 시체 도둑 ; 유괴 범인.

snatchy [snǽtʃi] (***snatch·i·er ; -i·est***) *a.* 이따금의, 때때로의, 단속적인, 불규칙한.

snaz·zy [snǽzi] (***-zi·er ; -zi·est***) *a.* 《口》 멋을 낸, 멋진, 매력적인.

·sneak [sniːk] *vi.* (1) 《~+前+名/+副》 몰래〈살금살금〉 움직이다, 몰래〈가만히〉 내빼다《*away* ; *off* 》 : 살짝〈몰래〉 들어가다〈나오다〉 《*in, into* ; *out*》. (2) 비열하게 굴다. (3) 《英學俗》 (선생에게) 고자질하다 (peach).
—*vt.* (1) 《~+目+前+名》 … 을 슬쩍 가지고 가다〈넣다, 꺼내다〉. (2) 《口》 … 을 훔치다. ***~ out of*** … 로부터 슬쩍 피하다〈면하다〉.
— *n.* ⓒ (1) 몰래하기 〈하는 사람〉. 몰래 빠져나감 〈가버림〉 ; 좀도둑. (2) 《英學俗》 (선생에게) 고자질하는 학생(telltale), 밀고자.

sneak·er [sníːkər] *n.* (1) ⓒ 몰래〈가만히〉 협동하는 사람, 비겁자. (2) (*pl.*) 《美》 스니커《고무 바닥의 즈크화》(《英》plimsoll) .

sneak·ing [sníːkiŋ] *a.* (1) 살금살금 걷는, 몰래 〈가만히〉 하는(furtive). (2) 소심한, 겁많은 ; 비열한 (mean) ; 비밀의, 내심의.

sneak préview 《美口》 (관객이 반응을 보기위해 예고 없이 시행되는) 영화 시사회.

snéak thìef 좀도둑, 빈집털이.

sneaky [sníːki] (***sneak·i·er; -i·est***) *a.* (1) 몰래〈가만히〉하는. (2) 비열한, 남을 속이는 : a ~ attack 기습. 파) ***snéak·i·ly*** *ad.* ***-i·ness*** *n.*

·sneer [sniər] *n.* ⓒ 냉소 ; 비웃음, 경멸《*at*》 : 남을 깔보는 듯한 표정 〈빈정댐〉, 조소하다.
— *vi.* 《~/+前+名》 냉소〈조소〉하다《*at* 》 ; 비 웃다, 비꼬다《*at* 》. — *vt.* 《+目+副/+目+前+名》 … 을 조롱하여 말하다 《*down*》.
파) **~·ing·ly** [-riŋli] *ad.* 냉소하여.

·sneeze [sniːz] *n.* ⓒ 재채기 (소리).
—*vi.* 재채기하다. ***not to be ~d at*** 《口》.

파) **snéez·er** [-ər] *n.* ⓒ 재채기하는 사람.
snick [snik] *vt.* …에 칼자국을 내다. (nick) — *n.* ⓒ 벰 ; 가느다란 칼자국.
snick·er [sníkər] *vi.* (1)《美》(멸시하여) 킬킬거리다. (2) (말이) 울다.(whinny)울부짖음
—*n.* ⓒ (1)《美》킬킬거리는 웃음. (2)《주로 英》(말의) 울음소리.
snide [snaid] *a.* (말 따위가) 짓궂은, 거만한, 빈정대는, 헐뜯는(derogatory) ; 비열한. 파) ˊ**~·ly** *ad.* ˊ**~·ness** *n.*
:sniff [snif] *vi.* (1)《~/+前+名》코를 킁킁거리다, 냄새를 맡다《*at*》. (2)《+前+名》코방귀 뀌다《*at*》비웃듯이 말다.
— *vt.* (1)《~+目/+目+副》… 을 (코로) 들이마시다. (2) …의 냄새를 맡다, …의 냄새를 알아차리다. (3) …의 낌새를 눈치 채다(suspect)《*out*》. (4) 비웃는 투로 말하다.
—*n.* ⓒ 냄새 맡음.
sniff·er [snífər] *n.* ⓒ (1) 냄새를 맡는 사람 : a glue ~ 시너(마약) 냄새를 맡는 사람. (2) 냄새 탐지기.
sníffer dòg (마약 · 폭발물 등을) 냄새로 알아내는 개.
sniffy [snífi] (***sniff·i·er ; -i·est***) *a.* (1)《口》코방귀 뀌는, 거만한. (2)《英》구린, 악취 나는(malodorous).
snif·ter [sníftər] *n.* ⓒ (1) 주둥이가 조붓한 술잔. (2) (술의) 한 모금, 한잔.
snig·ger [snigər] *vi. n.*= SNICKER.
snip [snip] *vt.* (***-pp-***)《~+目/+目+副》… 을 가위로 자르다, 싹독 자르다《*off* ; *away* ; *from*》구멍을 내다, 잘라내다: — *vi.* 싹독 베다《*at*》: *~at* a hedge. —*n.* (1) ⓒ a] 싹독 자름, (그 소리) ; 가위질 : with a ~ 싹독하고. b] 끄트러기 (shred), 단편 ; 조금. (2) (*pl.*) 쇠 자르는 가위 . (3) (a~)《英口》싸게 산 물건. (4) ⓒ《美口》하찮은 놈 ; 건방진 사람(여자).
snipe [snaip] (*pl.* **~ s**〔集合約〕~) *n.* ⓒ 【鳥】도요새. —*vi.* (1) 도요새잡이를 하다. (2)【軍】(잠복해서 … 을) 적을 저격하다《*at*》. (3) (익명으로) 비난 공격하다《*at* ; *away*》: —*vt.* 저격하다, 저격하여죽이다.
snip·er [snáipər] *n.* ⓒ 도요새 사냥꾼 ; 저격병.
snip·pet [snípit] *n.* (1) ⓒ (베어 낸) 끄트러기, 조각, 단편(frogment). (2) (*pl.*)(문학 작품 등의) 발췌 ; 단편적인 지식〈보도〉. (1) ⓒ《美口》하찮은(시시한) 인물.
snitch[1] [snitʃ] *vt.*《俗》(대단찮은 것)을 몰래 훔치다, 후무리다(pilfer). —*n.* ⓒ 절도.
snitch[2]《俗》*vt.*, *vi.* (… 을) 고자질〈밀고〉하다. —*n.* ⓒ 통보사, 밀고자 ;《英 · 戲》코.
sniv·el [snívəl] (***-l-,***《英》***-ll-***) *vi.* (1) 콧물을 흘리다 , 코를 훌쩍이다(snuffle). (2) 훌쩍훌쩍 울다, 슬픈 체하다, 훌쩍이며 우는 소리(넋두리)하다.
— *n.* ⓤ (1) 콧물(을 흘림). (2) 가벼운 코감기, 우는 소리, 넋두리, 애처롭게 이야기하는 태도.
파) **snív·el·(l)er** *n.* **snív·el(·l)y** *a.*
snob [snɑb/snɔb] *n.* ⓒ (1) (지위 · 재산만을 존중하여) 윗사람에게 아첨하고 아랫사람에게 교만한 사람(속물). (2)〔修飾語와 함께〕(자기의 학문 · 취미 등이 최고라고 내세우는) 사이비 인텔리, 통달한체하는 사람.
snob·bery [snábəri / snɔ́b-] *n.*(1) 신사인체 함, 속물적 언동. (2) 윗사람에게 아첨하고 아랫사람에게 뻐김, 귀족 숭배.
·snob·bish [snábiʃ / snɔ́b-] *a.* 속물의, 신사인체하는 ; (지식〈지위〉등으로) 거드름을 피우는.
파) **~·ly** *ad.* **~·ness** *n.* 속물 근성.
SNOBOL [snóubɔ̀ul] 【컴】스노볼《문자열 (文字列) 을 취급하기 위한 언어》. 〔◁ St*ring* O*riented* Symb*olic* L*anguage*〕
snog [snɑg/snɔg] (***-gg-***) *vi.*《英口》키스하고 껴안다. — *n.* ⓒ 키스하고 껴안기(애무).
snood [snu:d] *n.* ⓒ 머리를 동이는 리본 ; 자루 모양의 헤어네트, 네트모(帽).— *vt.*리본으로 매다.
snook [snu(:)k] *n.* ⓒ《英口》엄지손가락을 코끝에 대고 다른 네 손가락을 펴 보이는 경멸의 동작. ***cock a~at*** — *vt.*《口》… 에게 snook의 동작으로 멸시하다. ***Snooks !*** 뭐야 시시하게.
snook·er [snú(:)kər] *n.* ⓤ 스누커《흰 볼 하나로 21개의 공을 포켓에 떨어뜨리는 당구》.
— *vt.* (종종 受動으로) (사람 · 계획 등)을 궁지에 빠뜨리다 ; 속이다 ; 방해하다 ; 사기치다.
snoop [snu:p] *vi.*《口》기웃거리며 돌아다니다 ; 어정거리다 ; 탐색하다, 스파이 노릇하다. — *n.* ⓒ《口》어정거리고 다니는 사람 ; 탐정, 스파이.
snoopy [snú:pi] (***snoop·i·er;-i·est***) *a.*《口》엿보며 돌아다지는 ; 캐기 좋아하는, 탐정.
snoot [snu:t] *n.* ⓒ (1)《口》코. (2) 찡그린 얼굴. — *vt.* 멸시하다.
snooty [snú:ti] (***snoot·i·er ; -i·est***) *a.*《口》속물적인, 젠체하는 ; 건방진, 자만하는, 무뚝뚝한.
파) ***snóot·i·ly*** *ad.* ***-i·ness*** *n.*
snooze [snu:z]《口》*vi.* 수잠 선잠 자다(nap), 꾸벅꾸벅 졸다(doze). — *n.* ⓒ(흔히 a ~) 수잠, 꾸벅꾸벅 졸음, 낮잠.
snore [snɔ:r] *n.* ⓒ 코골기. —*vi.* 코를 골다. — *vt.* (1)《+目+副》코골며 (시간을) 보내다《*away* ; *out*》. (2)《+目+補/+目+前+名》〔再歸的〕코를 골아 어떤 상태로 되게 하다. 파) **snór·er** [-rər] *n.* ⓒ 코고는 사람.
·snor·kel [snɔ́:rkəl] *n.* ⓒ 스노클《(1)잠수함의 환기용 튜브. (2) 잠수자가 입에 무는 호흡용 관》.
—*vi.* 스노클로 잠수하다, 수면을 잠하다.
·snort [snɔ:rt] *vi.* (1) (말이) 코김을 내뿜다. (2) (경멸 · 놀라움 · 불찬성 등으로) 코방귀 뀌다, 코웃음 치다《*at*》. — *vt.* (1) 코를 씩씩거리며 말하다《*out*》.(2)《美俗》(마약, 특히 코카인)을 코로 흡입하다.
—*n.* ⓒ (1) 거센 콧바람 ; 기관의 배기음. (2)《口》(독한 술을) 쭉 들이킴. (3)《美俗》(마약, 특히 코카인의) 흡입 ;《英》= SNORKEL.
snort·er [snɔ́:rtər] *n.* ⓒ (1) 거친 콧숨을 쉬는 사람〈동물〉. (2) (흔히a~)《口》엄청난〈굉장한〉것 ; 맹렬한〈위험한, 곤란한〉것.
snot [snɑt/snɔt] *n.* ⓤ《俗》(1) 콧물, 누런 콧물 ; 코딱지. (2) 버릇없는 녀석, 건방진 놈.
snot·ty [snáti/snɔ́ti] (***-ti·er ; -ti·est***) *a.*《俗》콧물 투성이의, 지저분한(dirty) ; 경멸할 (contemptible) ;《口》건방진, 예의를 모르는, 한심스러운.
snout [snaut] *n.* (1) ⓒ (돼지 · 개 · 악어 등의)삐죽한 코, 주둥이(muzzle) ;《口》코, (특히 못생긴) 큰 코. (2) ⓒ (호스 등의) 끝(nozzle). (3) ⓤ,ⓒ《英俗》경찰에의 밀고자.
:snow [snou] *n.* (1) ⓤ 눈 ; ⓒ 강설(降雪) ; (*pl.*) 적설(積雪). (2) ⓤ 눈 모양의 것. (3) ⓤ 시《詩》설백(雪白), 순백 ; (*pl.*) 백발. (4) ⓤ 【TV】스노

노이즈《전파가 약해서 생기는 화면의 흰 반점》. (5) ⓤ《俗》분말 코카인, 헤로인(heroin).
—*vi*. (1) 〔it을 主語로 하여〕 눈이 내리다. (2)《+副》눈처럼 내리다〈쏟아지다〉《*in* 》. — *vt*. (1) … 을 눈으로 덮다〈가두다〉.《*under* ; *up* ; *in* 》〔흔히 受動으로〕 : We *were ~ed up* in the valley. 우리는 골짜기에서 눈에 갇히고 말았다. (2)《+目+前+名》… 을 눈처럼 쏟아지게 하다〈뿌리다〉 : The ground is ~ed with flowers 낙화가 지면에 깔려있다. (3)《美俗》… 을 감언이설로 속이다, 설득하다.
~ under 1)눈으로 덮다. 2)〔흔히 受動으로〕《口》압도하다《*by* ; *with* 》: I *am ~ed under with* work at the moment. 나는 지금 산더미 같은 일로 꼼짝 못하고 있다.
·snow·ball [´bɔ̀ːl] ⓒ (1) 눈뭉치, 눈덩이 : a ~ fight 눈 싸움. (2) 【植】 = GUELDER ROSE. ***not have*〈*stand*〉 *a ~' s chance in hell.*** 《口》(성공 따위의) 찬스가 전여없다.
snow·bank [´bæ̀ŋk] *n*. ⓒ 크게 쌓인 눈더미.
snow·ber·ry [´bèri/´bəri] *n*. ⓒ【植】 인동덩굴과의 관목《북아메리카산》.
snow·bird [´bə̀ːrd] *n*. ⓒ (1) 【鳥】 흰멧새. (2)《美俗》코카인〈헤로인〉 중독자.
snow-blind [´blàind] *a*. 설맹(雪盲)의.
snów blìndness 설맹 (雪盲).
snow·blow·er [´blòuər] *n*. ⓒ《美》 분사식 제설기
snow·bound [´bàund] *a*. 눈에 갇힌 〈발이 묶인〉.
snow-capped [´kæ̀pt] *a*. (꼭대기가)눈으로 덮인.
snow-clad [´klæ̀d] *a*.《文語》눈에 덮인.
snow-cov·ered [´kʌ̀vərd] *a*. 눈으로 덮인.
snow·drift [´drìft] *n*. ⓒ 쌓인 눈더미, 휘몰아쳐 쌓인 눈.
snow·drop [´drɑ̀p/´drɔ̀p] *n*. ⓒ 【植】 갈란투스, 스노드롭 : 아네모네, 헌병.
·snow·fall [´fɔ̀ːl] *n*. (1)ⓒ 강설. (2) ⓤ (또는 a ~) 강설량.
snow·field [´fìːld] *n*. ⓒ 설원(雪原) 만년설.
snow·flake [´flèik] *n*. ⓒ (1)눈송이. (2) 【鳥】 흰 멧새. (3) 【植】 snowdrop 류.
snów gòose 【鳥】 흰기러기.
snów gràins 싸락눈.
snów jòb 《美俗》(그럴 듯하나) 기만적인 진술, 감언이설, 교묘한 거짓말.
snów lèopard 【動】 눈표범 애엽표(艾葉豹)(ounce)
snów lìne 〈**lìmit**〉 (the~)【氣】 설선(雪線)《만년설의 최저 경계선》.
·snow·man [´mæ̀n] (*pl*. ***-men*** [-mèn]) *n*. ⓒ (1) 눈사람. (2) (히말라야의) 설인(雪人).
snow·mo·bile [´məbìːl] *n*. ⓒ《美》설상차.
— *vi*.설상차로 가다.
snow·plow, 《英》 **-plough** [´plàu] *n*. ⓒ (눈치는) 넉가래, 제설기(차), 제설 장치.
snow·shed [´ʃèd] *n*. ⓒ 눈사태 방지 설비《선로변의》.
·snow·shoe [´ʃùː] *n*. ⓒ (흔히 *pl*.) 동철 박은 눈신, 설상화(雪上靴).— *vi*. 눈신을 신고 걷다.
snow·slide, -slip [´slàid], [´slìp] *n*. ⓒ 눈사태.
·snow·storm [´stɔ̀ːrm] *n*. ⓒ 눈보라 : 눈보라. 같은 것.
snow·suit [´sùːt] *n*. ⓒ눈옷《 유아용 방한복》.
snów tìre (자동차의) 스노 타이어.
·snow-white [´hwáit] *a*. 눈같이 흰 ; 새하얀.
:snowy [snóui] (***snow·i·er, more ~ ; -i·est, most ~***) *a*.(1) 눈의 ; 눈으로 덮인 ; 눈이 내리는. (2) 눈처럼 흰 청정한(pure) 깨끗한, 더럽지 않은. 파) ***-i·ness*** *n*.
Snr. Senior.
snub [snʌb] (***-bb-***) *vt*. 《~+目/+目+前+名》 (1) (흔히 受動으로) … 을 타박하다, 윽박지르다 ; 냉대〈무시〉하다. (2)(사람의 발언 따위)를 급히 멈추게하다, 갑자기 중지시키다 ; (제안 · 신청 등)을 매정하게 거절하다.
— *n*. ⓒ 윽박지름 ; 푸대접; 냉대.
— *a*. 사자코〈들창코〉의 : a~ nose 사자코.
snub·ber [snʌ́bər] *n*. ⓒ 닦아세우는 사람 :《美》(자동차의) 완충기, 급히 멈추는 장치.
snub-nosed [snʌ́bnóuzd] *a*. 사자코의.
snuff[1] [snʌf] *n*. ⓤ 초 심지가 타서 까맣게 된 부분 ; 남은 찌꺼기, 사소한 것.
— *vt*. (양초 따위)의 심지를 자르다 ; (촛불 따위)를 끄다. ***~ it*** 《英俗》 죽다. ***~ out*** (촛불 따위)를(심지를 손끝으로 잡아) 끄다 ; (희망 따위)를 꺾다 ; 멸하다 ; 소멸시키다 ; 진압하다 ;《口》를 없애 버리다《*out*》: ~out 소멸시키다 . 뒈지다(die).
·snuff[2] *vt*. 《~+目/+目+副》 (담배 따위)를 코로 들이쉬다 ; 킁킁거리며 냄새를 맡다 ; 눈치채다.
—*vi*. 코로 들이쉬다 ; 코를 킁킁 거리다 ; 냄새 맡다 《*at*》 ~(up) danger 위험을 알아차리다.
— *n*. ⓤ 코로 들이쉼 ; 냄새 맡는 약 ; 향기, 냄새. 【cf.】 sniff. take(a) ~코 냄새를 맡다.
up to ~ (건강 · 품질 등이) 어느 기준에 이른, 양호한 :《英口》빈틈없는, 속여 넘기기 어려운.
snuff·box [´bɑ̀ks/´bɔ̀ks] *n*. ⓒ 코담뱃갑.
snuff·er [snʌ́fər] *n*. ⓒ (1)촛불끄개《자루 끝에 종 모양의 쇠붙이가 달린》. (2) (흔히 (a pair of) ~s) 심지 (자르는) 가위.
snuf·fle [snʌ́fəl] *n*. (1)ⓒ 콧소리. (2) (the ~s) 코감기 ; 코가 멤. —*vi*., *vt*. (1) 코가 메다(막히다) ; (감기 따위로) 코를 킁킁거리다. (2) (… 을) 콧소리로 말하다〈노래하다〉. (3) 냄새를 맡다.
·snug [snʌg] (***snúg·ger ; -gest***) *a*.(1) (장소 따위가) 아늑한, 편안한, 포근하고 따스한, 안락한. (2) 아담한, 깔끔한, 조촐한, 편리한. (3) (옷 따위가) 꼭 맞는(closely fitting). (4) (수입이) 상당한, 넉넉한. (5) 숨기에 안전한 ; 숨은, 비밀의. (***as***) ***~ as a bug in a rug*** 매우 마음 편안하게, 아늑하게. —*n*. ⓒ《英 · Ir》(여관 따위의) 술 파는 곳 ; (특히) 술집의 구석신 방
파) ***~·ly*** *ad*. 있기 편하게 ; 조촐하게. ***~·ness*** *n*.
snug·gery [snʌ́gəri] *n*. ⓒ《英》(1) 아늑한 방〈장소〉;《특히》서재. (2) (특히, 술집의) 작은 방, 사실(私室).
snug·gle [snʌ́gəl] *vi*. 《+副+名/+副》 (1) (애정 · 아늑함을 찾아) 달라붙다. 다가붙다《*up* ; *to*》. (2) (기분 좋게) 드러눕다. —*vt*. 《+目+前+名》… 을 바싹 당기다, 끌어안다, 껴안다 (cuddle)《*in* ; *to* 》.
:so[1] [sou] *ad*. (비교 없음) (1) 〔양태 · 방법〕 이〈그〉와 같이, 이〈그〉렇게, 이〈그〉대로.
(2) a〕〔정도〕 그〈이〉 정도로, 이쯤. b〕〔일정한 한계 · 한도〕 고작 그〈이〉 정도까지는, 그〈이〉쯤까지는. c〕

〔强意的으로〕《口》매우, 무척, 대단히.
(3)〔代名詞約으로〕a]〔動詞 say, think, hope, expect, guess, believe 따위의 目的語로서〕그렇게《that節의 대용》. b]〔代動詞 do의 목적어로서〕그렇게, 그처럼.
(4) a]〔앞에 나오거나 문맥상 자명한 사항을 가리켜〕그러하여, 정말로. b]〔앞에 나온 名詞·形容詞 따위를 대신하여〕그렇게
(5)〔be, have, do 따위의 (助)動詞를 수반하여〕a]〔so + (助)動詞+主語의 어순으로〕… 도 (또한) 그렇다(too)《肯定文을 받아 先行節과 다른 主語에 관한 진술을 부가하여》. b]〔so+主語+(助)動詞의 어순으로〕(정말) 그렇다, 그렇고말고, 정말로《yes의 센 뜻으로, 동일 主語에 관한 진술의 되풀이》.
and so 1) 그래서, 그때문에, 따라서, 그러므로 2)그리고 나서(then). ***and so forth on*** ⇨ AND. ***as. . ., so_*** … 하는 것과 마찬가지로 — 하다《※ so는 as에 포함되는 비례 기능을 강조함, 또 so 다음의 주어와 동사는 도치되는 일이 많음》. ***ever so*** ⇨ EVEN[1]. ***even so*** (***much***) ⇨ EVER. ***How so?*** ⇨ HOW. ***in so far as*** = INSOFAR AS. ***just so*** ⇨ JUST. ***like so*** ⇨ LIKE[1]. ***not so***〈***as***〉***. . . as_***《as...as_의 否定形》—만큼(은) … 하지 않다 : John is *not so* tall *as* you. 존은 너만큼 키가 크지 않다《※최근에는 not as... as의 형태가 자주 쓰임》. ***not so much as. . .*** … 조차〈까지도〉하지 (를) 않다, … 조차 없다〈못하다〉(=not even). ***not so much. . . as*** … 라기보다는 오히려 —. ***or so***〔수량·기간을 나타내는 말 뒤에서〕…내외 그 정도, …쯤. ***so . . . as to*** do — 할 만큼 …한〈하게〉; …하도록, …하게도 — 하다. ***So be it.*** = ***Be it so.*** = ***Let it be so.*** 그러할지어다 ; 그렇다면 좋다 : 그렇게 말한다면 그럴 테지. ***so called*** ⇨ SO-CALLED. ***so far*** ⇨ FAR. ***so***〈***as***〉 ***far as*** ⇨ FAR. ***so far from*** do***ing*** … 은〈는〉커녕(도리어). ***so long as . . .*** ⇨ LONG[1]. ***so many*** ⇨ MANY. ***so much*** 1) 그만큼의 ; 그쯤〈그 정도〉의〈까지〉. 2) 순전한, … 에 지나지 않는 (nothing but). 3)〔일정량〈액〉을 가리켜〕얼마, 얼마의〈로〉4)〔the+比較級을 수식하여〕그만큼 더, 그럴수록 더욱〈점점 더〉. ***so much as*** ⇨AS[1] 및 not so much as. ***so much for. . .*** 1) … 은 이만. 2) … 란 그런 것《언행 불일치 등을 비꼬는 말투》. ***so that. . .*** 1)〔목적어의 副詞節을 이끌어〕… 하기 위해(서), …피도록《구어에서는 that이 종종 생략됨》. 2)〔결과의 副詞節을 이끌어 〕그래서, 그 때문에, …하여(서)《口語에서는 that이 종종 생략됨》. ***so. . . that_*** 1)〔목적〕— 하도록, … 하다. 2)〔정도·결과〕— 할 만큼 … ; 몹시 … 해서 — 하다)《口語에서는 that이 종종 생략됨》: → 몹시 배가 고파 걸을 수가 없었다. 3)〔양태〕《(過去分詞形의) 動詞 앞에서》… 하게《口語에서는that이 종종 생략됨》. ***so to speak***〈***say***〉말하자면 (as it were) 요컨대.
— *conj* (1)〔결과〕그러므로, 그래서, … 해서《and so로도 씀》. (2)〔문장 첫머리에서 써서, 결론·요약〕그럼, 그러면, 역시, 드디어, 바로. (3) 목적《口》… 하도록, … 하기 위하여할 수 있도록《so that의 that이 생략된 것임》. (4)〔Just so로서〕《口》하기만 한다면, … 인 한은. ***so what ?*** ⇨ WHAT.
—*int.* (1)〔시인 따위를 나타내어〕그렇습니다, 됐다. (2)〔놀람·불쾌함 따위를 나타내어〕그랬었던가, 역시, 그래.
so[2] [sou] *n.* 〚樂〛= SOL[1]
:soak [souk] *vi.* (1)《 ~/+前+名》(물 따위에)잠기다《*in*》. (2)《+前+名》(물 등이) 스미다, 빨아들이다, 스며나오다, 스며들다《*through* ; *in* ; *out* 》. (3)《+名+前》마음속에 스며들다, 알게 되다《*in* ; *into* 》. (4)《口》술을 진탕 마시다.
— *vt.* (1)《~+目/+目+前+名/+目+副》… 을 적시다, 담그다, 흠뻑 젖게 하다《*in*》. (2)《+目+副》… 을 물〈액체〉에 담가 스며나오게 하다《*out* 》. (3) (물·습기 따위가) … 에 스며들다. (4) 《+目+副》(물기)를 빨아들이다 ;《比》(지식 따위)를 흡수하다, 이해하다《*in* ; *up* 》. (5)《口》(술)을 퍼마시다 ;《口》술취하게 만들다. (6)《美俗》… 을 때리다 : 혼내주다 ;《俗》에 엄청난 값을 부르다, 바가지 씌우다, 등쳐먹다.
~ off (우표·벽지 등을) 물에 불려 벗기다. ~ ***oneself in*** …에 전념 하다.
—*n.* ⓒ (1) 담그기 ; 적시기 ; 흠뻑 젖음: Give the clothes a good ~. 의류를 잘 물에 담가 두어라. (2)《口》술고래, 주정뱅이.
soaked [soukt] *a.*〔敍述的〕(1)함빡 젖은 ; 베어든. (2)《美俗》잔뜩 술취한.
soak·ing [sóukiŋ] *a.* 흠뻑 젖은. — *ad.*흠뻑 젖어 : get ~wet 흠뻑 젖다. — *n.* ⓤⓒ 흠뻑 젖음.
·so-and-so [sóuənsòu] (*pl.* ***~s, ~'s***) *n.* (1) ⓤ 아무개 ; 무엇무엇. (2)ⓒ 나쁜 놈, 싫은 놈《※ bastard 따위의 완곡어》.
:soap [soup] *n.* (1) ⓤ 비누. (2) ⓒ《口》= SOAP OPERA. ***no ~***《美俗》(제안·신청에 대해) 수락 불가 (not agreed), 실패(failure).
— *vt.* …을 비누로 씻다, …에게 아첨하다.
soap·box [∠bɑ̀ks/∠bɔ̀ks] *n.* ⓒ (1) 비누 상자《포장용》(2) (임시로 만든) 약식 연단. ***get on***〈***off***〉one***'s ~*** - 자기 의견을 주장하다(하지 않다).
— *a.*〈限定的〉가두 연설의 : a ~ orator 가두 연설자 / ~ oratory 가두 연설.
sóap bùbble 비눗방울 ;《比》덧없는 것 ; 실속없는 것.
sóap òpera (주부들을 위한 주간의) 연속 라디오〈TV〉(멜로) 드라마《※ 본디 주로 비누 회사가 스폰서였던 데서 ; 그냥 soap라고도 함》.
sóap pòwder 가루 비누.
soap·stone [∠stòun] *n.* ⓤ 동석 (凍石)《비누 비슷한 부드러운 돌》.
soap·suds [∠sʌ̀dz] *n. pl.* 비누 거품 ; 비눗물.
soapy [sóupi] (***soap·i·er ; -i·est***) *a.* (1)비누 같은〈질(質)의〉; 비누투성이의 : ~ water 비눗물. (2)《口》알랑거리는, 들맞추는. (3) soap opera 같은.
:soar [sɔːr] *vi.* (1) (새·비행기 따위가) 높이 날다〈오르다〉, 날아 오르다. (2) 【空】(엔진을 끄고) 기류를 타고 날다, 활공하다. (3) (물가따위가)급등하다, 치솟다. (4) (희망· 기운 등이) 부풀다, 고양(高揚)하다. (5) (산·고층 건물 따위가) 솟다.
soar·ing [sɔ́ːriŋ] *a.* (1) 날아오르는, 원대한. (2) 치솟은. (3)급상 승하는, 폭등하는. (4) 원대한, 숭고한.
:sob [sɑb/sɔb] (***-bb-***) *vi.* (1) 흐느껴 울다, 흐느끼다. (2) (바람·파도 따위가) 쏴쏴 소리내다 ; (기관이) 쉭쉭 소리내다 ; 숨을 헐떡이다.
— *vt.* (1)《~+目/+目+副》… 을 흐느끼며 말하다《*out* 》. (2)《+目+副/+目+前+名》〔再歸的〕흐느껴 … 을 ~ 로 하다《*into* ; *to*》. ~ one***'s heart out.*** 가슴이 메어질 정도로 흐느껴 울다.
— *n.* ⓒ 흐느낌, 목메어 울기, 오열.
sob·bing·ly [sɑ́biŋli/sɔ́b-] *ad.* 흐느끼면서.
:so·ber [sóubər] (***~·er ; ~·est***) *a.* (1) 술 취하지

않은, 맑은 정신의 ; 절주하고 있는. (2) 착실한, 침착한 ; 냉정한, 진실한 ;건전한. (3) (옷색깔이) 수수한, 소박한. (4) 과장되지 않은, 있는 그대로의. (**as**) ~ **as a judge** (**on Friday**)매우 진지한.
— *vt.* (1) … 의 술을 깨게 하다《*up*》. (2) … 을 침착하게 하다 ; 진지하게 하다 《*down* ; *up*》
—*vi.* (1) 술이 깨다.《*off* ; *up*》 (2)진지〈엄숙〉해 지다. (마음이) 가라앉다《*down* 》.
파) **~·ly** *ad.* **~·ness** *n.*

so·ber-mind·ed [-máindid] *a.* 침착한, 자제심있는. **~·ly** *ad.* **~·ness** *n*

so·ber·sides [-sàidz] *n.* ⓒ 〔單·複數취급〕 (1) 근엄〈냉정, 진실〉한 사람. (2) 유머가 없는 사람.

so·bri·e·ty [soubráiəti, sə-] *n.* ⓒ 절주(節酒) ; 절제(temperance). (2) 제정신 ; 근엄.

so·bri·quet [sóubrikèi] *n.* ⓒ《F.》별명, 가명.

sób stòry《美口》눈물나게 하는 얘기《구차한 변명을 비웃는 말》. 신세타령.

:so-called [sóukɔ́:ld] *a.* 〔限定的〕 소위, 이른바.

:soccer [sɑ́kər/sɔ̀k-] *n.* ⓤ 사커, 축구(association football). 〖cf.〗 rugger.

so·cia·bil·i·ty [sòuʃəbíləti] *n.* ⓤ 사교성 ; 교제를 좋아함, 붙임성 있음, 사교에 능란함.

·so·cia·ble [sóuʃəbəl] *a.* (1)사교적인, 교제를 좋아하는, 붙임성 있는. (2) 마음을 탁 터놓은, 친목적인 《모임 따위》: a ~ party 친목회. — *n.* ⓒ《美》친목회. 파) **-bly** *ad.* 사교적으로, 허물없이.

:so·cial [sóuʃəl] (**more ~; most ~**) *a.* (1) 사회의, 사회적인 ; 사회 생활을 하는 ; 사회에 관한. (2) 사교적인, 친목적인. (3) 사교계의, 상류 사회의. (4) 교제를 좋아하는 ; 사교에 능란한. (5) a] 【動】 군거하는. b] 【植】 군생(群生)하는 사람 (6) 사회주의적인. ㅁ socialize. *v.* — *n.* ⓒ 친목회, 사교클럽. 파) **~·iy** [-ʃəli] *ad.*

sócial anthropólogy 사회〔문화〕 인류학.

sócial clímber (입신 출세를 노리는) 야심가 ; 출세주의자.

sócial cóntract (the -) 사회 계약설.

Sócial Demócracy 사회 민주주의.

Sócial Démocrat (1) 사회 민주당원. (2) 사회 민주주의자.

sócial disèase (1) 성병(性病). (2) (결핵같은) 사회병.

sócial insúrance 사회 보험.

·so·cial·ism [sóuʃəlizəm] *n.* ⓤ 사회주의 (운동). **state ~** 국가 사회주의.

·so·cial·ist [sóuʃəlist] *n.* ⓒ 사회주의자.
— *a.* = SOCIALISTIC.

so·cial·is·tic [sòuʃəlístik] *a.* 사회주의(자)의 ; 사회주의적인. 파) **-ti·cal·ly** *ad.*

so·cial·ite [sóuʃəlàit] *n.* ⓒ 사교계의 명사.

so·ci·al·i·ty [sòuʃiǽləti] *n.* (1) ⓤ 사회성, 사교계를 좋아함. (2) ⓒ (흔히 *pl.*) 사회적인 활동. (3)ⓤ 군서성(群居性). 군거적 경향.

·so·cial·i·za·tion [sòuʃəlizéiʃən] *n.* ⓤ (1) 사회화. (2) 사회주의화.

·so·cial·ize [sóuʃəlàiz] *vt.* (1) (사람)을 사회적〈사교적〉으로 만들다. (2) …을 사회화하다. (3) …을 사회주의화하다 ; 국영화하다《흔히 受動으로》.
— *vi.* 교제하다, 사교적 모임에 참석하다.

só·cial·ized médicine [sóuʃəlàizd-] 《美》 의료 사회화 제도《공영·국고 보조 따위》.

sócial scíence 사회 과학 ; 사회학.

sócial scíentist 사회 과학자.

sócial secúrity (종종 S- S-)《美》사회 보장 제도《양로연금·실업 보험 등》;《英》생활 보호.

sócial sérvice (1) (단체 조직에 의한) 사회 봉사. (2) (흔히 *pl.*)《英》사회복지 사업.

sócial stúdies (초·중등 학교의) 사회과(科).

sócial wélfare 사회 복지 ; 사회 사업.

sócial wòrk 사회(복지 관련) 사업.

sócial wòrker 사회 사업가 ;사회 복지 지도원.

so·ci·e·tal [səsáiətəl] *a.* 사회의〈에 관한〉, 사회적인.

:so·ci·e·ty [səsáiəti] *n.* (1) ⓤ,ⓒ 사회, 사회 집단 ; (생활) 공동체 ; 세상. (2) ⓒ (사회의) 층, …계. (3) ⓤ 사교계 ; 상류사회(의 사람들). (4) ⓤ 사교, 교제. (5) ⓒ 회, 협회, 단체, 학회, 조합. ***the Society for the Propagation of the Gospel*** 복음 전도회《略 : S.P.G.》 ***the Society of Jesus*** 예수회 《가톨릭 교회의 남성 수도회 ; 略 : S.J.》
— *a.* 〔限定的〕 상류사회〈사교계〉의 ; ~ column《美》(신문의) 사교란.

socio- '사회의, 사회학의'란 뜻의 결합사.

so·ci·o·log·i·cal [sòusiəlɑ́dʒikəl, -ʃi-/-iɔ́dʒ-] *a.* 사회학의, 사회학상의 ; 사회 문제〔조직〕의.
파) **~·ly** [-kəli] *ad.*

·so·ci·ol·o·gy [sòusiɑ́lədʒi, -ʃi-/-ɔ́l-] *n.* ⓤ 사회학. 파) **-gist** *n.* ⓒ 사회학자.

:sock[1] [sɑk/sɔk] (*pl.* **~ s.** 《美》 (1)에서 **sox**[sɑks/sɔks]) *n.* (1) ⓒ (흔히 *pl.*) 속스, 짧은 양말: a pair of ~*s* 양말 한 켤레. (2) ⓒ (흔히 *pl.*)(고대 그리스·로마의) 희극 배우용(用) 신발. (3) (the~) 희극(comedy). ***Pull your ~s up !*** = ***Pull up your ~s !***《英口》기운을 내라, 분발해라. ***Put a ~ in<into> it!*** 《英口·戲》입 닥쳐, 조용히 해.

sock[2]《口》*vt.* (주먹으로) … 을 치다. ***~ it to***《美口》… 을 세게 치다 ; … 을 압도하다, … 에 강렬한 인상을 주다. — *n.* ⓒ (주먹으로) 타격, 강타.

·sock·et [sɑ́kit/sɔ̀k-] *n.* ⓒ (1) 꽂는〈끼우는〉 구멍, (전구 따위를 끼우는) 소켓. (2) 【解】 (눈 따위 의) 와(窩), 강(腔).
— *vt.* … 을 소켓에 끼우다, 소켓을 달다.

Soc·ra·tes [sɑ́krəti:z/sɔ́k-] *n.* 소크라테스《옛 그리스의 철학자 : 470 ? - 399 B.C.》

So·crat·ic [səkrǽtik/sɔ-] *a.* 소크라테스(철학)의 : the ~ method 소크라테스의 문답 교수법. — *n.* ⓒ 소크라테스 문학〈학도〉.

Socrátic írony 소크라테스식 반어법《상대방에게 가르침을 청하는 체하면서 그의 잘못을 폭로하는 논법》.

·sod[1] [sɑd/sɔd] *n.* (1) ⓤ 떼, 잔디. (2) ⓒ (이식용의 네모진) 뗏장.

sod[2] *n.* ⓒ《英俗》놈, 녀석, 얼간이 ; 말썽꾸러기 ; 매우 귀찮은 것. ***not give*** 〈***care***〉 ***a ~***《英俗》전혀 개의치 않는.

:so·da [sóudə] *n.* ⓤ (1) 소다《특히 탄산소다·중탄산소다》; 중조(重曹), 수산화 나트륨. (2) 탄산수 ;《美》소다수(~ water). (3) 크림소다

sóda cràcker 비스킷의 일종《치즈 등과 함께 먹음》.

sóda fòuntain《美》(1) (주둥이가 달린) 소다수 그릇. (2) 소다수 판매점《가벼운 식사도 팖》.

sóda jèrk(**er**)《美俗》soda fountain (2)의 점원.

so·dal·i·ty [soudǽləti] *n.* (1) ⓤ 우호, 동지애. (2) ⓒ 조합 (association). (3) ⓒ 【카톨릭】 (신앙 및 자선 활동을 목적으로 하는) 신도회.

sóda pòp 《美》 (병에 넣은)소다수(水).
sod·den [sádn/sɔ́dn] *a.* (1) 흠뻑 젖은, (물에) 불은《*with*》. (2) 잔뜩 취한, 술에 젖은《사람》. (3) 무표정한, 우둔한.
so·di·um [sóudiəm] *n.* ⓤ 【化】 나트륨 《금속 원소 ; 기호 Na ; 번호 11》.
Sod·om [sádəm/sɔ́d-] *n.* (1) 【聖】 소돔《사해 남안(死海南岸)에 있던 옛 도시 ; 창세기 XVIII : 20-21; XIX : 24-28》. (2) 죄악 (타락)의 장소.
sod·om·ite [sádəmàit/sɔ́d-] *n.* ⓒ (1) 《稀》 남색자(男色者), 수간자(獸姦者). (2) (S-) 소돔사람.
sod·omy [sádəmi/sɔ́d-] *n.* ⓤ 비역, 남색 ; 수간(獸姦).
so·ev·er [souévər] *ad.* 〔how+形容詞 뒤에서〕 아무리 … 이라도〈하더라도〉 : 〔否定語를 강조하여〕 조금도〈전연〉 (… 않다).
:**so·fa** [sóufə] *n.* ⓒ 소파, 긴 의자.
:**soft** [sɔ(:)ft, sɑft] (*ˊ~ ·er ; ˊ~ ·est*) *a.* (1) 부드러운, 유연한, 폭신한. (2) 매끄러운, 보들보들한, 촉감이 좋은. (3) (빛·색이) 부드러운, 차분한 ; (음성이) 낮은(low), 조용한. (4) (윤곽이) 또렷하지않은, 아련한. (5) (기후 등이) 온화한, 따스한(mild), (바람 따위가) 상쾌한(balmy). (6) (태도 따위가) 온화한 ; 관대한, 너그러운(tolerant). (7) 연약〈나약〉한, 계집애 같은 ; 《口》 머리가 좀 모자라는. (8) 《俗》 수월한, 안이한(easy). (9) 알코올〈무기물〉이 들어있지 않은 ; (마약이) 해(害)가 적은, 습관성이 아닌 ; 【化】 연성의, 단물의. (10) 【音聲】 연음(軟音)의 《city의 〔s. gem의 [dʒ]》 ; 유성(有聲)의 《[k]에 대한 [g]》. (11) (충격이) 가벼운, 연착륙의 ; 다루기 쉬운 ; 부동적인. (12) (계산·수치 등이) 불확실한, 믿지 못할, 잘 변하는. ***be ~ on*** 〈《英》 ***about***〉 (아무)를 부드럽게 대하다 ; … 에게 관대하다 ; 《口》 … 을 사랑하고 있다. ***the ~(er) sex*** 여성. 【opp.】 *the rougher sex.* — *ad.* 부드럽게, 연하게 (softly), 상냥하게 ; 조용히, 가만히(quietly). 파) *ˊ~ ·ness n.*
soft·ball [ˊ-bɔ̀:l] *n.* (1) ⓤ 《美》 소프트볼 《야구 비슷한 구기》. (2) ⓒ 그 공.
soft-boiled [ˊ-bɔ́ild] a. 반숙(半熟) 의 《달걀 따위》 【opp.】 *hard - boiled.*
sóft cóal 연질탄(軟質炭) ; 유연탄.
sóft còpy 【컴】 화면 출력《인체용지에 기록한 것을 hard copy라고 하는 데 대해 기록으로 남지 않는 화면 표시 장치에의 출력을 이름》. 【opp.】 *hard copy.*
soft·cov·er [ˊ-kʌ̀vər] *a. n.* ⓒ종이 표지의 (책).
sóft drínk 청량 음료, 비 알콜성 음료.
:**sof·ten** [sɔ́(:)fən, sáfən] *vt.* (1) … 을 부드럽게〈연하게〉 하다. (2) … 의 마음을 누그러지게 하다 ; (나)약하게 하다. (3) (소리·빛깔 등)을 부드럽게 〈온화하게〉 히디.
— *vi.* (1) 부드러워 지다, 유연해지다. (2) (마음이) 누그러지다, 온화해지다 ; 누그러져 〈약해져〉 …이 되다. ***~ up*** (적의) 저항력을〈사기를〉 약화시키다 ; (설득 따위로)… 의 기분을 누그러뜨리다.
sof·ter·ner [sɔ́(:)fənər, sáfən-] *n.* ⓒ (1) 부드게 〈누그러지게〉하는 사람〈것〉. (2) (경수(硬水)를 연수(軟水)로 만드는) 연화제 〈장치〉 (water~).
soft·en·ing [sɔ́(:)fəniŋ, sáf-] *n.* ⓤ 연화(軟化) ; 연수법(軟水法) : ***~ of the brain*** (1) 【醫】 뇌(腦)연화증(症). (2) 《口》 노망, 우둔.
sóft frúit 말랑말랑한 과일《딸기처럼 껍질과 씨가 단단하지 않은 과일》.
sóft gòods 섬유 제품:직물과 의류(dry goods).
soft-head·ed [ˊ-hédid] a. (口) 투미한, 멍청한, 저능한.
soft-heart·ed [ˊ-há:rtid] *a.* 마음이 상냥한, 온화〈다정〉한. 파) **~·ly** *ad.* **~·ness** *n.*
soft-land [ˊ-lǽnd] *vi.*, *vt.* (우주선 따위가〈를〉)연(軟) 착륙하다〈시키다〉.
sóft lánding (천체에의) 연(軟)착륙.
:**soft·ly** [sɔ́(:)ftli, sáft-] *ad.* (1) 부드럽게. (2) 조심스럽게 ; 살며시 ; 조용하게.
sóft óption 편안한 방법 (의 선택)
sóft pálate 【解】 연구개 (軟口蓋) (velum).
sóft pèdal (피아노·하프의) 약음 페달.
soft-pe·dal [ˊ-pédl] (**-l-** 《英》 **-ll-**) *vi.* 약음 페달을 밟다. —*vt.* (1) (피아노 등의) 소리를 약하게 하다. (2) (어조 등)을 부드럽게 하다. (3) (어떤 일)을 두드러지지 않게 하다.
sóft scíence 소프트사이언스《정치학·경제학·사회학·심리학 등의 사회과학, 행동과학의 학문》.
sóft shèlled túrtle 【動】 자라.
sóft shóulder 포장하지 않은 갓길.
sóft sóap 연성(軟性) 비누; 【比】 아첨, 아부.
soft-soap [ˊ-sóup] *vt.* 《口》 … 에게 아첨하다. 【cf.】 soft.
soft-spo·ken [ˊ-sóukən] *a.* (1) 말씨가 상냥한〈온화한〉. (2) 표현이 부드러운.
sóft spòt (a~) (…에 대한) 특별한 애착, 선호, 편애《*for*》.
sóft tóuch 《口》 설득하기 쉬운 상대 ; 쉽게 돈을 빌려주는 〈내놓는〉 사람 ; 봉.
soft·ware [ˊ-wὲər] *n.* ⓤ 【컴】 무른모〈소프트웨어〉 꾸러미《많은 기업들이 공통으로 이용할 수 있도록 제작된 프로그램》.
soft·wood [ˊ-wùd] *n.* ⓤ 연재(軟材) 《재질이 연한 목재》.
softy, soft·ie [sɔ́(:)fti, sáfti] *n.* ⓒ 《口》 (1) 몹시 감상적인 사람. (2) 잘 속는 사람 ; 물컹이, 바보, 얼간이. (3) 유약한 사람.
sog·gy [sági, sɔ́(:)gi] (**-gi·er ; -gi·est**) *a.* (1) 흠뻑 젖은, 물에 잠긴 (soaked). (2) (빵 따위가) 설 구워진. (4) 무기력한, 침체된.
파) **-gi·ly** *ad.* **-gi·ness** *n.*
soi·gné [swɑnjéi] (*fem.* **-gnée** [-]) *a.* 《F.》 (1) 정성들인, 잘 매만진. (2) 몸차림이 단정한.
***soil**[1] [sɔil] *n.* (1) 흙, 토양. (2) ⓤⓒ 땅, 국토, 나라. (3) (the ~) 농지, 농업 (생활).
·**soil**[2] *n.* ⓤ (1) 더럼 ; 얼룩. (2) 오물 ; 분뇨, 거름 (night ~) . — *vt.* (1) (…의 표면)을 더럽히다, …에 얼룩을 묻히다. (2) (가명 등)을 더럽히다 : 타락시키다(corrupt). — *vi.* (1) 디리워지다, 얼룩이 묻다. (2) 타락하다.
sóil pipe (수세식 변소 등의) 하수관(下水管).
soi·ree, -rée [swɑ:réi/ˊ-] *n.* 《F.》 야회 (夜會)…의 밤. 【cf.】 matinée. 『 a musical ~ 음악의 밤.
·**so·journ** [sóudʒə:rn, -ˊ/sɔ́dʒ-] *n.* 《文語》 *vi.* 머무르다. 체류하다《*at* ; *in*》. (…의 집에 일시) 묵다. 기류(寄留)하다《*with*》.
— [sóudʒə:rn/sɔ́dʒ-] *n.* ⓒ 머무름, 체재, 기류.
파) **~·er** [-ər] *n.*
Sol [sɑl/sɔl] *n.* (1) 【로神】 솔《태양의 신》(【cf.】 Helios). (2) 《戱》 해, 태양 (old〈big〉~).
sol[1] [soul, sɑl/sɔl] *n.* ⓤ,ⓒ 【樂】 솔《장음계의 다섯째 음》.

sol[2] [sɔ(:)l, soul, sɑl] *n.* ⓤ 【化】 졸, 교질(膠質) 〈콜로이드〉용액.

·**sol·ace** [sɑ́ləs/sɔ́l-] *n.* (1) ⓤ 위안, 위로. (2) ⓒ 위안이 되는 것, 즐거움, 오락. 【cf.】 comfort. ―*vt.* 《~+目/+目+前+名》 … 을 위안〈위로〉 하다 ; … 에게 위안을 주다 ; (고통·슬픔 따위)를 덜어 주다. ~ one***self with*** … 으로 마음을 달래다〈자위하다〉.

:so·lar [sóulər] *a.* (1) 태양의, 태양에 관한 (2) 태양에서 나오는〈일어나는〉. (3) 태양 광선을 이용한.

sólar báttery 태양 전지.

sólar cálíendar 태양력(曆) 【cf.】 lunar calendar.

sólar céll 태양(광) 전지《한 개》.

sólar eclípse 일식(日蝕).

sólar enérgy 태양 에너지 〈열〉.

sólar hòuse 태양열 주택.

so·lar·i·um [soulɛ́əriəm] (*pl.* ***-ia***[-riə])*n.* ⓒ(병원 등의) 일광욕실; 해시계(sundial).

sólar pánel (우주선 등의) 태양 전지판(板).

sólar pléxus (1) 【解】 태양 신경총(叢) 《위(胃)뒤쪽의 신경 마디의 중심》. (2)《口》 명치.

sólar pówer sàtellite 태양 발전 위성.

sólar sỳstem (the ~) 【天】 태양계.

sólar yéar 태양년 (tropical year) 《 365일 5시간 48분 46초》.

:sold [sould] SELL의 과거·과거분사.

sol·der [sɑ́dər/sɔ́dər] *n.* (1) ⓤ 땜납. (2) ⓒ 결합물, 꺾쇠, 하나로 묶는 것, 유대(bond).

sól·der·ing ìron [sɑ́dəriŋ-/sɔ́l-] 납땜 인두.

:sol·dier [sóuldʒər] ⓒ (1) (육군) 군인《장교· 병사를 포함》. (2) (장교에 대해) 병사, 하사관. 【cf.】 officer. (3) (주의 (主義)를 위해 노력하는) 투사, 전사. (4) 【蟲】 병정개미(~ant). ***a ~ of fortune***. (이익 ·모험이라면 어디든 가는) 용병(傭兵) ; (혈기 왕성한)모험가. ***play at ~s*** 병정놀이하다.
―*vi.* (1) 《~/+前+名》 군인이 되다, 병역에 복무하다. (2) 《口》 바쁜 체하다 ; 꾀병을 앓다. ***go ~ ing*** 군인이 되다. ~ on 《英》 (곤란 등에) 굴하지 않고 버텨 나가다〈분투하다〉.

sóldier ánt 【蟲】 병정개미.

sol·dier·ing [sóudʒəriŋ]*n.* ⓤ 군대 생활 ; 군무.

sol·dier·like, -dier·ly [sóudʒərlàik], [-li] *a.* (1) 군인다운, 용감한. (2) 늠름(단정)한.

sol·diery [sóuldʒəri] *n.* ⓤ 〔集合的 ; 單·複數 취급〕 (흔히 나쁜 상태의) 군인, 군대.

:sole[1] [soul] *a.* 〔限定的〕 (1) 오직 하나〈혼자〉 의, 유일한(only). (2)【法】 독신〈미혼〉의. (3)단독의, 독점적인(exclusive).

·**sole**[2] *n.* ⓒ (1) 빌바닥 , (발) 굽바닥 ; 신바닥 ; 구두의 창(가죽). (2) 바닥판, (스키·골프채 등의)밑 부분 ; (오븐·다리미 등의) 바닥.

sole[3] *n.* ⓒ 【魚】 혀가자미, 혀넙치.

sol·e·cism [sɑ́ləsizəm/sɔ́l-] *n.* ⓒ (1)어법 〈문법〉 위반, 파격 어법. (2) 예법에 어긋남, 결례.

:sole·ly [sóulli] *ad.* (1) 혼자서, 단독으로. (2) 오로지, 전혀, 단지, 다만.

:sol·emn [sɑ́ləm/sɔ́l-] *a.* (***~·er, more~ ; ~·est, most~***) *a.*(1) 엄숙한, 근엄한. (2) 장엄한, 장중한. (3)엄연한, 중대한. (4) 진지한. (5) 【宗】 의식에 맞는, 종교상의, 신성한 ; 격식 차린. (6) 【法】 정식(正式)의. □ solemnity *n.*
파) **~·ly** *ad.* **~·ness** *n.*

·**so·lem·ni·ty** [səlémnəti] *n.* (1) ⓤ 장엄, 엄숙 ; 근엄, 장중. (2) ⓤ 진지한 체함. (3) ⓤ (종종 *pl.*) 의식, 제전. (4) ⓤ 정식 절차.

sol·em·ni·za·tion [sɑ̀ləmnizéiʃən/sɔ̀ləm-] *n.* (1) ⓤ (결혼 따위의) 식을 올림. (2) 장엄화(化).

sol·em·nize [sɑ́ləmnàiz/sɔ́l-] *vt.* (1)(경축일 등)을 엄숙히 축하하다 ; (결혼식 등)을 엄숙히 올리다. (2) … 을 장엄하게 하다.

sol-fa [sòulfɑ́:/sɔ̀l-] *n.* 【樂】 계명 (階名)부르기, 도레미파 창법 : sing ~ 도레미파로 노래하다.

·**so·lic·it** [səlísit] *vt.* (1) 《~+目/+目+前+名》 (… 에게) … 을 (간)청하다, 졸라대다 ; … 에게 부탁하다《*for*》 : (… 에게) … 을 구하다, 조르다《*from* ; *of* 》. (2) 《~+目/+目+前+名》 (나쁜 목적으로) (사람 등)에 접근〈가까이〉 하다. (3) 매춘부등이, (손님)을 유혹하다, 끌다
―*vi.* (1) 《~/+前+名》 간청하다 ; 권유하다《*for*》 (2) (매춘부가) 손님을 끌다.

so·lic·i·ta·tion [səlìsətéiʃən] *n.* ⓤ,ⓒ 간원(懇願), 간청(entreaty) ; 권유 ; 유도 ; 유혹.

·**so·lic·i·tor** [səlísətər] *n.* ⓒ (1) 《美》 (시·읍 따위의) 법무관. (2) 《英》 사무 변호사《법정 변호사와소송 의뢰인 사이에서 주로 사무만을 취급하는 법률가 법정에 나서지 않음》. 【cf.】 barrister. (3) 《美》 【商】 주문받는 사람, 권유원; 선거 운동원.

solíctor géneral (*pl.* ***solíctors géneral***) (1) 《英》 법무 차관(次官). (2) (또는 S- G-) 《美》 (연방 정부의) 법무국장.

so·lic·i·tous [səlísətəs] *a.*(1)열심인 ; 간절히 … 하려 하는, 갈망하는《*to* do ; *of*》. (2) 걱정〈염려〉 하는《*for* ; *about*》. 파) **~·ly** *ad.* **~·ness** *n.*

so·lic·i·tude [səlísətjù:d] *n.* (1) ⓤ 근심, 우려(care), 염려(concern)《*about*》. (2) (*pl.*) 걱정거리.

:sol·id [sɑ́lid/sɔ́l-] (***~·er ; ~·est***) *a.* (1)고체의, 고형체의 ; 단단한. (2) 견고한(firm), 튼튼한(massive). (3)속까지 단단한, 옹골진, 속이 꽉 찬(【opp.】 *hollow*) ; 속까지 동질인, 도금한 것이 아닌, 순수한. (4) 충실한, 실질적인(substantial) : a ~ meal 실속있는 식사. (5) (사업·재정 등이) 견실한. (근거 따위가) 확실한(sound). (6) 단결 〈결속〉한, 만장 일치의(unanimous). (7) (빛깔에) 농담이 없는, 한결같은. (8) 연속된(continuous), 끊긴 데 없는; 정미(正味), 알속. (9) 【數】 입체의 (10) (복합어가) 하이픈 없이 한 단어로 이어진. (11) 【印】 행간을 띄우지 않은, 빽빽히 짠.
― *n.* ⓒ (1) 고체(= **~ bódy**) ; 고형물 (固形物). (2) (흔히 *pl.*) 고형식(食). (3) 【數】 입체.
파) **~·ly** *ad.* **~·ness** *n.*

sol·i·dar·i·ty [sɑ̀lədǽrəti/sɔ̀l-] *n* ⓤ 결속, 단결, 공동 일치 ; 【法】 연대 책임.

sólid geómetry 입체 기하학.

so·lid·i·fy [səlídəfài] *vt.* (1) … 을 응고〈응결, 결정(結定)〉 시키다 ; 굳히다. (2) … 을 단결〈결속〉 시키다.

so·lid·i·ty [səlídəti] *n.* ⓤ (1) 고체성, 고형성 ; 단단함. 【opp.】 *fluidity*. (2) 속이 참, 충실. (3)견고, 튼튼함, 견실(성).

sol·id-state [-stéit] *a.* (1) 【電子】 (트랜지스터 따위의) 반도체를 이용한, 솔리드 스테이트의. (2) 【物】 고체(물리)의.

sol·i·dus [sɑ́lidəs/sɔ́l-] (*pl.* ***-di*** [-dài]) *n.* ⓒ 사선(斜線)

so·lil·o·quize [səlíəkwàiz] *vi.* (1) 혼자말하다. (2) 【劇】 독백하다.

so·lil·o·quy [səlíləkwi] *n.* (1) ⓤ,ⓒ 혼자말. (2) ⓒ 【劇】 독백. 【cf.】 monologue.

sol·i·taire [sálitɛ̀ər/sɔ́l-] *n.* (1) ⓒ (반지 따위에) 한 개 박은 보석 ; 보석 하나 박은 장신구(裝身具). (2) ⓤ 솔리테르.

:sol·i·tary [sálitèri/sɔ́litəri] (***more ~ ; most ~***) *a.* (1)〔限定的〕 고독한, 외로운, 혼자의(alone). (2) (장소 따위가) 쓸쓸한, 고립한, 외진(secluded). (3)〔限定的〕 (흔히 부정·의문문에서) 유일한(only). — *n.* (1) ⓒ 혼자 사는 사람 ; 은자(隱者). 파) **-ri·ly** *ad.*

sólitary confínement 독방 감금.

:sol·i·tude [sálitjù:d/sɔ́li-] *n.* (1) ⓤ 고독, 홀로 삶 ; 외로움. (2) ⓒ 쓸쓸한 곳, 벽지 ; 황야.

·so·lo [sóulou] (*pl.* ***~s, li*** [-li]) *n.* ⓒ (1) 【樂】 독주(곡) ; 독창(곡). (2) 【空】 단독 비행. (3) 일인극(一人劇), 독무(獨舞).
— *a.* 혼자 하는 ; 독창〈독주〉의 ; 단독의 : a ~ flight 단독 비행. —*ad.* 단독으로, 혼자서(alone).
— *vi.* 혼자 하다 ; 단독 비행하다.
파) **~·ist** [-ist] *n.* ⓒ 독주자, 독창자.

Sol·o·mon [sáləmən/sɔ́l] *n.* (1) 【舊約】 솔로몬《Israel 의 왕, David 의 아들》. (2) ⓒ (s-) 어진 사람. ***the Song of*** ~ ⇨ SONG.

Sólomon Íslands (the ~) *pl.* 솔로몬 제도《New Guinea 섬 동쪽에 위치 ; 1978년 영연방내의 독립국 ; 수도는 호니아라(Honiara)》.

so long, so·long [sòulɔ́:ŋ] *int.* 《口》 안녕(good-bye).

sol·stice [sálstis/sɔ́l-] *n.* ⓒ (1) 【天】 지(至), 지일(至日), 지점 (至點) : ⇨ SUMMER (WINTER) SOLSTICE. (2)《比》 최고점, 극점, 전환점.

sol·u·bil·i·ty [sɑ̀ljəbíləti/sɔ̀l-] *n.* ⓤ (1) 녹음, 가용성, 용해성 ; 용해도. (2) (문제·의문 등의) 해결〈해석〉 가능성.

·sol·u·ble [sáljəbəl/sɔ́l-] *a.* (1) 녹는, 녹기 쉬운《*in*》. (2) (문제 등이) 해결될 수 있는.

:solution [səlú:ʃən] *n.* (1) ⓤ 용해, 용해 상태 ; 용해법〈술〉. (2) ⓤ,ⓒ 용액, 용제(溶劑). (3)ⓤ,ⓒ(문제 등의) 해결(책).

solv·a·ble [sálvəbəl/sɔ́l-] *a.* (1) 풀 수 있는, 해결〈해석, 설명〉할 수 있는. (3) 분해할 수 있는.

:solve [sɑlv/sɔlv] *vt.* (1) (문제·수수께끼 따위)를 풀다, 해석하다, 설명하다. (2) (곤란 따위)를 해결하다, … 에 결말을 짓다.

·sol·vent [sálvənt/sɔ́l] *a.* (1) 【法】 지급 능력이 있는. (2) 용해력이 있는. — *n.* ⓒ (1) 용제 (溶劑), 용매(menstruum) 《*for* ; *of*》. (3) 해결책. 파) **sól·ven·cy** *n.* ⓤ (부채에 대한) 지급 능력(이 있음).

So·ma·li [soumá:li] *n.*(1) ⓒ 소말리인(人). (2)ⓤ 소말리어(語).

So·ma·lia [soumá:liə, -ljə] *n.* 소말리아 《아프리카 동부(東部)의 Aden만과 인도양에 면한 공화국 ; 수도는 모가지슈(Mogadishu)》.

So·ma·li·land [soumá:lilæ̀nd] *n.* 소말릴란드 《아프리카 동부의 연해(沿海) 지방》.

so·mat·ic [soumǽtik] *a.* 신체의 ; 육체의 (physical). 파) ***-i·cal·ly*** *ad.*

·som·ber 《英》 **-bre** [sámbər/sɔ́m-] (***more ~ ; most ~***) *a.* (1) 어둠침침한, 흐린 ; 거무스름한 ; (빛깔 따위가) 칙칙한 ; 수수한 : a ~ sky 흐린하늘 / a ~ dress 빛깔이 칙칙한 드레스. (2) 우울 〈음울〉한. 파) **~·ly** *ad.* **~·ness** *n.*

som·bre·ro [sɑmbrέərou/sɔm-] (*pl.* **~ *s***) *n.* ⓒ 솜브레로《챙이 넓은 미국 남서부·맥시코의 중절모〈밀짚 모자〉》.

:some [sʌm, 弱 səm] *a.* (1)〔肯定文에서 複數名詞또는 不可算名詞와 함께〕 얼만가의, 몇 개(인가)의, 다소(多少)의, 약간〈조금〉의.

☞ 語法 의문문·부정문·조건절에는 일반적으로 any를 쓰나, 다음과 같은 경우에는 예외적으로 some을 씀.
① 긍정의 대답을 기대하거나 권유·의뢰를 나타내는 의문문 : Don't you need *some* pencils ? 연필이 필요하지요? / Will you have *some* tea ? 차를 (좀) 드시지 않겠습니까〈드릴까요〉?
② 긍정이 기대되거나 예상되는 경우의 부정문 : It is surprising that you have not paid *some* attention to this fact. 네가 이 사실에 다소라도주의를 하지 않은 것은 의외다《You ought to have paid *some* attention to this fact. 란 뜻을 함축함》.
③ 조건의 가능성이 높음을 암시하는 조건절 : If you have *some* money, you should buy the book. 돈이 있으면 그 책을 사렴《any를 쓴 경우 보다 돈이 있을 가능성이 높음을 암시함》.

(2) [sʌm]〔單數可算名詞와 함께, 불확실하거나 불특정한 것·사람을 가리켜서〕 어떤 무언가의, 누군가의, 어딘가의《종종 명사 뒤에 or other를 곁들여 뜻을 강조함》.
(3) [흔히 sʌm]〔複數可算名詞 또는 不可算名詞와 함께〕(어떤) 일부의, 개중에는 … (도 있다).
(4) [sʌm] a]《口》 상당한, 어지간한, 꽤 (≒ considerable). b]《口》 대단한, 굉장한, 훌륭한 ; 격렬한. c]〔종종 文頭에 some+名詞가 와서, 빈정거리는 투로〕《口》 대단한 (… 이다)《전혀 … 아니다》.
~ day〔副詞的으로〕 언젠가 (후에), 훗날(someday). ***~ one*** 1) (… 중의) 어느 하나(의), 누군가 한 사람(의), 누군가, 어떤 사람. 2) = SOMEONE. ***~ other time*** 〈***day***〉 언젠가 다시. ***~ time*** 1) 언젠가 (뒷날), 머지 않아《 ※ 보통 sometime》. 2) 잠시(동안), 얼마 동안.
— *pron.* 《可算名詞의 대용일 때는 복수 취급, 不可算名詞의 대용일 때는 단수 취급 ; 용법은 形容詞에 준함》. (1) 다소, 얼마간(쯤), 좀, 약간, 일부.
(2) 어떤 사람들, 어떤 것 ; 사람〈사물〉에 따라 (… 한 사람〈사물〉 도 있다)《종종 뒤에 대조적으로others 또는 some을 사용》.
and then ~ 《美口》 그위에 듬뿍, 더욱 많이.
— *ad.* (비교 없음) (1)〔數詞 앞에 쓰여서〕 약《about가 보다 구어적임》. (2)《口》 얼마쯤, 어느 정도 조금은, 좀(≒somewhat). (3)《美口》 꽤, 어지간히, 사당히(considerably). ***~ few*** ⇨ FEW. ***~ little*** ⇨ LITTLE.

-some *suf.* (1) … 에 적합한, … 을 낳는〈가져오는〉, … 하게 하는' 의 뜻. a]〔名詞에 붙여〕 : hand*some*. b]〔形容詞에 붙여〕 : bilthe*some*. (2) '… 하기 쉬운, … 경향이 있는, … 하는' 의 뜻 : tire*some*. (3)〔數詞에 붙여〕 '… 사람으로〈… 개로〉 이루어진 무리〈조(組)〉' 의 뜻 : two*some*.

:some·body [sʌ́mbɑ̀di, -bʌ̀di, -bədi / -bɔ̀di] *pron.* 어떤 사람, 누군가 《 ※ 흔히 긍정문에 쓰임》. ***~ or other*** 누군지 모르지만.
— *n.* (아무개 라는) 어엿한〈훌륭한〉 사람, 상당한 인

물, 대단한 사람 : He acts as if he were ~ 그는 마치 자기가 뭐나 되는 듯이 행동한다《 ※ 會someone은 이 뜻으론 쓰지 않음》.

·**some·day** [sʌ́mdèi] *ad.* 언젠가 (훗날에)《미래에 대해서만 쓰이며 과거에는 one day를 씀》.

:**some·how** [sʌ́mhàu] *ad.* (1) 어떻게든지 하여, 여하튼, 어쨌든. (2) 어쩐지, 웬일인지, 아무래도. ***~ or other*** 이럭저럭, 어떻게든지 하여 : 웬일인지 《somehow의 강조형》.

:**some·one** [sʌ́mwʌ̀n, -wən] *pron.* 누군가, 어떤 사람(somebody).

some·place [sʌ́mplèis] *ad.* 《美口》 어딘가에〈로, 에서〉 (somewhere).

·**som·er·sault** [sʌ́mərsɔ̀ːlt] *n.* ⓒ 재주넘기, 공중제비. — *vi.* 재주넘다, 공중제비하다.

:**some·thing** [sʌ́mθiŋ] *pron.* 무언가, 어떤 것〈일〉.

☞ 語法 ① something은 긍정문 중에, anything은 의문문·부정문 중에 쓰는 것이 보통이지만, 긍정의 답을 기대하거나 남에게 무엇을 권하는 경우, 또는 Will (Could) you... 등으로 시작되는 의뢰문 따위에서도 something을 쓰는 일이 있음. ② anything, nothing과 마찬가지로 something을 수식하는 형용사는 뒤에 옴 : ~ *hot to drink* 뭔가 뜨거운 마실 것.

(2) 얼마간〈쯤〉, 어느 정도, 다소, 조금.
(3) 〔數詞 뒤에 붙여 副詞的으로〕 … 조금. ***be ~ of a. . .*** 조금 … 이다, 퍽, … 한 데가 있다. ***be 〈have〉 to do with*** … 와 관계가 있다. ***or ~*** 《口》 … 인지 무언지. ***~ else*** 1) 무엇인가 다른 것. 2)《口》 특별나게 굉장한〈훌륭한〉 사람〈것〉. ***You know ~ ?*** 알려주고 싶은 일이 있는데, 잠깐 할 얘기가 있는데.
— *n.* (1) ⓤ 《口》 꽤 가치 있는 사람(물건), 대단한 사람〈물건, 일〉, 다행스런 일. (1) 실재물, 무언가 실질이 있는 것. (3) (a ~) 어떤 것 약간의 것〈돈〉《 ※ 이것은 무언가 선물을 할 때에 겸손한 기분을 나타내는 표현임, 보통은 I hope you'll like this. 따위를 씀》. (4) 《口》〔the ~ 의 형식으로 놀람·노여움·강의 (强意) 따위를 나타내는 관용구에 사용〕 도대체(the devil). ***make ~ of*** … 을 중요시하다 ; … 을 이용하다 : … 을 문제〈싸움의 구실〉로 삼다. ***Something tells me. . . .*** 《口》 아마 … 이 아닐까 생각한다. — *ad.* (1) 얼마쯤〈간〉, 다소(somewhat). (2) 《口》 꽤, 상당히 (very). ***~ like*** ⇨ LIKE[2] *a.*

:**some·time** [sʌ́mtàim] *ad.* (1) 언젠가 ; 머지않아, 후에 : Come and see me ~. 일간 놀러 오게 / ~ in 1991. 1991년 중에. (2) 일찌기, 이전에, 언젠가. ***~ or other*** 머지 않아, 조만간. — *a.* 〔限定的〕 이전의 ; 《美口·英口》 한때의 : the ~ leader of the group. 그 그룹의 이 전의 지도자 / Mr Y. ~ professor at.... … 의 전 교수 Y씨.

‡**some·times** [sʌ́mtàimz, səmtàimz] *ad.* 때로, 때로는, 이따금.

☞參考 빈도 부사 sometimes, always, usually, often 따위는 문장 중의 위치가 꽤 자유로워서, 문장〈절〉의 앞에도, 가운데에도, 끝에도 올 수 있음. 인도를 보이는 다른 부사의 위치는 이것만큼 자유롭지는 못하지만, 다음과 같은 위치는 이들과 공통적으로 자주 쓰임.
①일반 정동사(定熱詞)의 앞 : He *sometimes* 〈*always, usually, often*〉 *gets* up early. 그는 이따금(언제나, 대개, 종종) 일찍 일어난다 / She never 〈*seldom, rarely*〉 *breaks* her word. 그녀는 결코〈거의〉 약속을 어기지 않는다.
② be동사 정형(定形) 또는 조동사의 바로 뒤 : We *were sometimes* at a loss. 때로는 어찌할 바를 모를 때도 있었다 / They *will seldom* complain. 좀처럼 불평은 없을 테죠 / I *have often* seen him. 그를 자주 만났다.
③ 빈도를 나타내는 부사들을 그 정도가 높은 것으로 부터 순서적으로 나열해 보면 대체로 다음과 같다.
always → usually → often → sometimes → seldom 〈rarely〉 → never.

some·way(s) [sʌ́mwèi(z)] *ad.* 어떻게든 해서 , 그럭저럭 ; 웬일인지 ; 조금 떨어져.

:**some·what** [sʌ́mhwɑ̀t, -hwʌ̀t/-hwɔ̀t] *ad.* 얼마간, 얼마쯤, 어느 정도, 약간(slightly).

:**somewhere** [sʌ́mhwɛ̀ər] *ad.* (1) a〕 어딘가에서(서), 어디론가

som·me·lier [sʌ̀məljéi] *n.* ⓒ 《F.》 (레스토랑 등의) 포도주 담당 웨이터.

som·nam·bu·lism [sɑmnǽmbjəlìzəm/səm-] *n.* ⓤ 몽유병. 파) **-list** *n.* ⓒ 몽유병자.

som·nam·bu·lis·tic [sɑmnæ̀mbjəlístik/səm-] *a.* 몽유병의 ; 잠결에 걸어다니는.

som·nif·er·ous [sɑmnífərəs/səm-] *a.* 최면의 졸리게 〈잠이 오게〉 하는(soporific).

som·no·lent [sɑ́mnələnt/sɔ́m-] *a.* (1)졸리는. (2) 잠이 오게 하는, 최면의. 파) **-lence, -len·cy** [-ləns], [-i] *n.* ⓤ 졸림, 비몽사몽 **~·ly** *ad.*

Somnus [sɑ́mnəs/sɔ́m-] *n.* 【로 神】 잠의 신.

:**son** [sʌn] *n.* (1) ⓒ 아들, 자식 ; 사위, 의붓아들 ; 수양아들, 양자(adopted ~). 【cf.】 daughter. (2) ⓒ (흔히 *pl.*) (남자) 자손. (3) ⓒ … 나라 사람 ; 일원 ; (특정 직업의) 종사자 《*of*》. (4)《호칭》 자네, 젊은이, 군. ***a ~ of a bitch 〈a gun〉*** 《俗》 개새끼, 치사한 놈. ***the Son of Man*** 인자(人子), 예수. ***the ~s of men*** 인류.

so·nance [sóunəns] *n.* ⓤ (1)【音聲】 유성(有聲). (2) 울림.

so·nant [sóunənt] *a.* (1) 【音聲】 유성 (有聲)의 울리는 소리의 ; 소리〈음〉의. (2) 울리는(sounding). — *n.* ⓒ 유성음《b, d, g등》. 〖opp.〗 *surd.*

·**so·na·ta** [sənɑ́ːtə] *n.* ⓒ 【樂】 소나타, 주명곡.

so·na·ti·na [sɑ̀nətíːnə/sɔ̀n] (*pl.* ***-ne*** [-nei]) *n.* ⓒ 《It.》 【樂】 소나티나, 소나티네, 소(小)주명곡.

:**song** [sɔ(ː)ŋ, sɑŋ] *n.* (1) ⓒ,ⓤ 노래, 창가, 성악 (singing) ; 가곡. (2) ⓤ 시, 시가(poetry). (3) ⓤ 우는 〈지저귀는〉 소리 : be in full ~ (s) 소리높여 울다〈지저귀다〉. (4) ⓤ,ⓒ(주전자의 물끓는) 소리, (시냇물 등의) 졸졸거리는 소리. (5) ⓤ 노래하기 : the gift of ~ 노래 하는 재능. ***a ~ and dance*** 1) 구차한 변명, 지어낸 이야기 : 《英口》 (쓸데 없는)소란, 소동. ***for a ~*** 헐값으로, 싸구려로. ***the Song of Songs 〈Solomon〉*** 【聖】 아가(雅歌) 《구약의 한 편》.

song·bird [´bə̀ːrd] *n.* ⓒ (1) 우는 새, 명금(鳴禽). (2) 여가수.

song·book [´bùk] *n.* ⓒ 가요집 (集), 노래 책.

song·fest [´fèst] *n.* ⓒ 함께 노래를 부르는 모임.

song·less [sɔ́(ː)ŋlis, sɑ́ŋ] *a.* (1) 노래가 없는 ; 노래를 못하는. (2) (새등이) 울지 못하는.

·**song·ster** [sɔ́(ː)ŋstər, sɑ́ŋ-] (*fem.* ***-stress*** [-stris]) *n.* ⓒ (1) 가수, 시인. (2) 명금(songbird).

sóng thrùsh 【鳥】 (유럽산) 지빠귀.

song·writ·er [⌐ràitər] *n.* ⓒ (유행 가곡의) 작사〈작곡〉가. 작사 작곡가.

son·ic [sánik/sɔ́n-] *a.* (1) 소리의, 음(파)의. (2)음속의. 【cf.】 subsonic, supersonic, transonic. 『at ~ speed 음속으로.

son-in-law [sʌ́ninlɔ̀ː] (*pl.* ***sons-***) *n.* ⓒ 사위 ; 양자(養子).

˙**son·net** [sánət/sɔ́n-] *n.* ⓒ 14 행시(行詩), 소네트 ; 단시(短詩).

son·ny [sʌ́ni] *n.* 《口》 아가야, 애《소년 · 연소자에 대한 친근한 호칭》.

˙**so·no·rous** [sənɔ́ːrəs, sánə-] *a.* (1) 낭랑한, 울려퍼지는. (2)(문체 · 연설 등이) 격조높은, 당당한. 파) ***~·ly ad. ~·ness n.***

⁝**soon** [suːn] (*~́ er ; ~́ est*) *ad.* 이윽고, 곧. 이내. (2) 빨리, 이르게 (early), 급히 ; 쉽게. (3) 〔비교급으로 would, had 등과 더불어〕 자진하여, 쾌히, 기꺼이 ; 오히려, 차라리.

as* 〈*so*〉 *~ as. . . … 하자마자, … 하자 곧. ***as ~ as possible*** 되도록 빨 리, 한시라도 빨리. ***no ~ er than . . .*** … 이 끝나기가 무섭게 … , … 하자마자… , … 한 순간에…. ***~ (er) or late(r)*** 머지 않아, 조만간. ***Would as ~ . . . as _*** — 하느니 (차라리) … 하겠다. ***would* 〈*should. had*〉 *~er . . . than_*** —하기보다는 차라리 … 하고 싶다.

˙**soot** [sut, suːt] *n.* ⓤ 그을음, 매연. —*vt.* … 을 그을음으로 더 럽히다.

⁝**soothe** [suːð] *vt.* (1) (사람 · 감정)을 달래다 (comfort), 위로하다. (2)(고통 따위)를 덜다 (relieve), 완화하다, 누그러지게 하다.

sooth·ing [súːðiŋ] *a.* 달래는 듯한, 위로하는, 마음을 진정시키는. 파) **~·ly** *ad.* 진정시키듯이.

sooth·say·er [súːθsèiər] *n.* ⓒ 예언자, 점쟁이

˙**sooty** [súti, súːti] 〈***soot·i·er ; -i·est***〉 *a.* (1) 그을은, 검댕투성이의. (2) 거무스름한. 파) **sóot·i·ness** *n.* 검댕투성이.

sop [sap/sɔp] *n.* ⓒ (1) (우유 · 스프 등에 적신) 빵 조각. (2) 환심사기 위한 선물, 뇌물. ***throw a ~ to Cerberus*** ⇨ CERBERUS.

— **(-pp-)** *vt.* 《~+目/+目+前+名/+目+副》 (1) (빵 조각 등)을 적시다(soak)《*in* milk》\. (2) (스펀지 따위로, 액체)를 빨아들이다《*up*》.

soph·ism [sáfizəm/sɔ́f-] *n.* (1)ⓒ 궤변. (2)ⓤ 궤변법

soph·ist [sáfist/sɔ́f-] *n.* ⓒ (1) 궤변가. (2) (S -) 소피스트《옛 그리스의 철학 · 수사(修辭) 학자》.

so·phis·tic, -cal [səfístik] [-kəl] *a.* 궤변의 ; 궤변같은, 궤변을 부리는 ; 소피스트의.

so·phis·ti·cate [səfístəkèit] *vt.* (1) 세파에 닳고 닳게〈물들게〉 하다 ; (도시적 · 지적(知的)으로) 세련되게 하다. (2) (기계를) 복잡〈정교〉하게 하다. — *n.* ⓒ 굴러먹은〈약아빠진〉 사람 ; 세련된 사람.

˙**so·phis·ti·cat·ed** [səfístəkèitid] *a.* (1) 순진 하지않은, 굴러먹은 : a ~ boy. (2) (기계 · 기술 따위가) 정교한, 고성능의. (3) (지적 · 도시적(都市的)으로) 세련된 ; (높은) 교양이 있는. 파) **~·ly** *ad.*

so·phis·ti·ca·tion [səfistəkéiʃən] *n.* ⓤ (1) (고도의) 지적 교양, 세련. (2)(기계 등의) 복잡〈정교〉화. (3) 세속화(世俗化) ; (세상사에) 빈틈이 없음.

soph·ist·ry [sáfistri/sɔ́fi-] *n.* (1) ⓒ 궤변. (2) ⓤ 궤변법.

˙**soph·o·more** [sáfəmɔ̀ːr/sɔ́f-] *n.* ⓒ 《美》 (1) (4년제 대학 · 고등학교의) 2 년생(【cf.】 freshman, junior, senior). (2) (실무 · 운동 등의 경험이) 2년인 사람. — a 〔限定的〕 2년생의.

soph·o·mo·ric [sɑ̀fəmɔ́ːrik/sɔ̀f-] *a.* 《美》 (1) 2년생의. (2) 아는체하나 미숙한, 건방진.

sop·o·rif·ic [sɑ̀pərífik, sòupə-] *a.* (1) 최면(성)의. (2) 졸린. *n.* ⓒ 수면제, 마취제.

sop·ping [sápiŋ/sɔ́p-] *a. ad.* 흠뻑 젖은〈젖어서〉 : be ~ wet 흠뻑 젖어 있다.

sop·py [sápi/sɔ́pi] (***- pi·er ; - pie·st***) *a.* (1) 흠뻑 젖은 ; 질퍽거리는(sloppy). (2)(날씨가) 구질구질한, 비오는. (3) 《口》 몹시 감성적인.

˙**sopra·no** [səprǽnou, -prɑ́ːn-] (*pl.* ***~ s, -ni***[-ni(ː)]) *n.* (1) a〕 ⓤ 【樂】 소프라노《여성 · 소년 등의 최고 음역》. (2) ⓒ 소프라노 가수 〈악기〉. — *a.* 소프라노의

sor·bet [sɔ́ːrbit] *n.* ⓤ,ⓒ 셔벗(sherbet).

Sor·bonne [sɔːrbɑ́n, -bʌ́n/-bɔ́n] *n.* 《F.》 (the~) 소르본 대학《구(舊)파리 대학 문리학부 : 지금은 파리 제 1 · 4대학의 통칭》.

sor·cer·er [sɔ́ːrsərər] (*fem.* ***-cer·ess*** [-ris]) *n.* ⓒ마법사(wizard), 마술사(magician), 박수.

sor·cery [sɔ́ːrsəri] *n.* ⓤ 마법, 마술, 요술, 무술.

˙**sor·did** [sɔ́ːrdid] *a.* (1)(환경 · 장소 등이) 더러운, 지저분한(dirty). (2) (사람 · 행위 등이) 치사스러운 ; 야비한. 파) **~·ly** *ad.* **~·ness** *n.*

⁝**sore** [sɔːr] (***sór·er ; ~́ est***) *a.* (1)(상처가) 아픈,(painful), 욱신욱신〈따끔따끔〉 쑤시는, 피부가까진 ; 염증을 일으킨. (2) 슬픈, 비탄에 잠긴 슬픔을 느끼게 하는. (3) 지독한, 매우 심한. (4) 감정을 해치는, 불유쾌한. (5) 《口》 성마른, 성내고 있는, 분해하는. ***a sight for ~ eyes*** ⇨ SIGHT.

— *n.* ⓒ 건드리면 아픈 곳 ; 헌데, 상처, 종기(boil). (2) 《北》 옛 상처, 언짢은 추억, 옛 원한 : old ~s (마음의) 옛 상처. 파) **~́·ness** *n.*

sore·head [⌐hèd] 《美口》 *n.* ⓒ 화를 잘 내는 사람 ; 불평가 ; (지고 나서) 분해하는 사람. — *a.* 약오른, 성마른.

˙**sore·ly** [sɔ́ːrli] *ad.* (1) 아파서, 견디기 어려워. (2)심하게, 몹시.

sor·ghum [sɔ́ːrgəm] *n.* ⓤ (1) 【植】 (S-) 수수속(屬)의 식물. (2) 사탕수수로 만든 시럽〈당밀〉.

so·ror·i·ty [sərɔ́ːrəti, -rɑ́r-] *n.* ⓒ 〔集合的, 單 · 複數취급〕《美》 (대학내의) 여학생 사교클럽 ; 여성 클럽.

sor·rel [sɔ́ːrəl-, sɑ́r-] *a.* 밤색의, (특히 말이) 밤색털인. — *n.* (1)ⓤ 밤색. (2) ⓒ 구렁말.

⁝**sor·row** [sárou, sɔ́ːr-] *n.* (1) ⓤ 슬픔, 비애 (sadness). 비통, 비난(grief) 《*at* ; *for* . *over*》. (2) ⓤ (잘못 · 실패 등에 대한) 유감, 후회 (regret), 아쉬움 《*for*》. (3) ⓒ (종종 *pl.*) 슬픔, 불행 ; 슬픔〈불행〉의 원인. ***drown*** one'***s ~ s*** 《口》 술로 슬픔을 달래다. ***more in ~ than in anger*** 화가나기 보다는 슬퍼서. — *vi.* 《文語》 슬퍼하다, 유감으로 생각하다《*at* ; *for* ; *over*》 : ~ *for* a lost person 돌아가신 이를 애도하다.

⁝**sor·row·ful** [sárоufel, sɔ́ːr-] (***more ~ ; most ~***) *a.* (1) 슬픈, 비탄에 잠긴(grieved). (2) 슬픈 듯한 (mournful), 슬픔을 나타낸. (3) 슬픔을 자아내는, 불행한. 파) **~·ly** *ad.*

⁝**sor·ry** [sári, sɔ́ːri] (***-ri·er ; -ri·est***) *a.* (1) 〔敍述的〕 슬픈, 유감스러운, 가엾은, 딱한《*about* ; *for* ; *to do* ; *that*》. (2) 〔敍述的〕 〔사죄 · 변명〕 미안합니다

(만), 죄송합니다만. (3)《文語》〔限定的〕한심한, 넌더리나는 ; 비참한 ; 빈약한 ; 서투른. (4) (S-?)《英口》뭐라고 말씀하셨지요(I beg your pardon)《되물을 때》.

:sort [sɔːrt] *n.* ⓒ (1) 종류(kind), 부류. (2) 성질, 품질(quality), 품등(品等). (3)《古》… 식, 양식, 방법, 모양, 정도. (4)《口》〔흔히 單數形으로 修飾語를 수반하여〕 인품. (5) 【印】 활자의 한 벌(font[2]). (6) 【컴】 차례짓기, 정렬. ***after a ~*** 약간, 어느 정도, 그럭저럭. all~(s)of 온갖종류의, 각 종류의. a ~ of (***a***) ***. . .*** 일종의 ; … 와 같은 것. (【cf.】 *of a* ~). ***in a ~*** (***of way***) = after a ~ ***in some ~*** 어느 정도(까지), 약간. ***nothing of the ~*** 〔강한 否定〕 그런 것은 … 아니다 ; 전혀 … 하지 않다. ***of a ~*** 신통치 않은, 이름뿐인, 서투른. 2류의. ***out of ~s*** 기운이 없는 ; 기분이 언짢은. ***~ of***《口》〔副詞的〕 다소, 얼마간, 말하자면. 【cf.】 kind of.

—*vt.* (1)《~+目/+目+副》… 을 분류하다(classify) ; (우편물)을 구분하다 : ~ letters 편지를 분류하다. (2) 【컴】 차례짓다《수치의 대소, 알파벳순 등에 의해》. ***~ out*** 1) … 을 가려내다, 구분하다《*from*》. 2)《英》… 을 정리하다. (분쟁 문제 등)을 해결하다. 3)《英》(집단 등)의 체제를 정비하다.

sort·er[1] [sɔ́ːrtər] *n.* ⓒ (1) 분류하는 사람〈기계〉 ; 선별기〈機〉 ; (우체국의) 우편물 분류계. (2) 【컴】 정렬기〈機〉《특정 자료 항목의 대소순(大小順)으로 카드를 고쳐 정렬함》.

sort·er[2] *ad.*《俗》어느 정도, 조금, 약간 (sort of).

sor·tie [sɔ́ːrti] *n.* ⓒ (1) 【軍】 (포위된 진지로 부터의) 출격, 돌격(sally) : make a ~ 출격하다. (2) (낯선 곳으로의) 짧은 여행.

SOS [ésòués](*pl.* ***~'s***) *n.* ⓒ (무전의) 조난신호 ; 구원 요청 : pick up 〈send〉 an ~ (call) 조난신호를 수신〈송신〉하다《 ※ 모스 부호에서 옴. Save Our Souls 〈Ships〉 의 약어라 함은 속설임》.

so-so [sóusòu]《口》*a.* 〔後置〕 그저 그렇고 그런(정도의) 좋지도 나쁘지도 않은.

sos·te·nu·to [sɑ̀stənúːtou/sɔ̀s-] 【樂】 *ad. a.*《It.》(음을) 계속하여〈끌어서〉, 연장하여, 소스테누토로〈의〉. —*n.* 소스테누토 악절.

sot [sɑt/sɔt] *n.* ⓒ 주정뱅이, 모주(drunkard).

sot·tish [sɑ́tiʃ/sɔ́t-] *a.* (1) 주정뱅이의. (2) 바보의. 파) ***~·ly*** *ad.* ***~·ness*** *n.*

sot·to vo·ce [sɑ́touvóutʃi/sɔ́t-]《It.》저음(低音)〉으로 ; 작은 소리로, 방백(傍白)으로(aside).

sough [sau, sʌf] *n.* ⓤ 윙윙《바람 소리 등》.
— *vi.* (바람이) 윙윙거리다, 쏴쏴 불다 파). **~·ful·ly ad.**

:sought [sɔːt] SEEK의 과거 · 과거분사.

sought·af·ter [sɔ́ːtæ̀ftər, -ɑ̀ːf-] *a.* 필요로 하고있는, 수요가 많은, 귀중히 여겨지는, 다투어 끌어갈려고 하는.

:soul [soul] *n.* (1) ⓒ (영)혼, 넋 ; 정신, 마음. 〖opp.〗 *body, flesh.* (2) ⓤ 생기, 기백, 감정, 열정. (3) (the ~) 정수, 생명《*of*》. (4) (the ~)전형, 화신(embodiment)《*of*》. (5) (the~) 중심 인물, 지도자《*of*》. (6) ⓒ 사람(person), 〔形容詞를 수반하여〕 (… 한)인물. (7) = SOULMUSIC. ***for the ~ of me*** = ***for my ~*** = ***to save my ~*** 〔否定文에서〕 아무리 해도 (… 할 수 없다). ***keep body and ~ together*** 겨우 살아가다, 연명하다. ***sell*** one***'s ~*** (***to the devil***) (악마에게) 영혼을 팔다 ; (금전 · 권력 따위를 위해) 양심에 부끄러운 짓을 하다《*for*》. ***upon my ~*** 맹세코, 진정으로.
— *a.*《美》〔限定的〕 흑인 (특유)의, 흑인 문화의.

sóul bròther《美》흑인 남성, 동포. 【cf.】 soul sister.

soul-de·stroy·ing [sóuldistrɔ̀iiŋ] *a.* (일 따위가) 매우 단조로운, 지겨운, 정말 시시한.

soul·ful [sóulfəl] *a.* (1) 정성어린, 혼〈감정〉이 담긴. (2)《口》대단히 감상적인.
파) **~·ly** *ad.* **~·ness** *n.*

soul·less [sóullis] *a.* 정신이 없는 ; 영혼이 없는 ; 맥이 빠진, 기백이 없는 ; 무정한 ; 비열한.
파) **~·ly** *ad.* **~·ness** *n.*

sóul màte 마음이 맞는 사람, 애인, 정부(情夫, 情婦)

sóul mùsic 【樂】 솔뮤직《리듬 앤드 블루스와 현대적인 흑인 영가인 gospel song 이 섞인 미국의 흑인 음악》.

soul-search·ing [⌐sə̀ːrtʃiŋ] *n.* ⓤ 자기 성찰, 진지한 자기 반성. — *a.* 자기 성찰의.

sóul sìster《美》(흑인의 동아리로서의) 흑인 여성. 【cf.】 soul brother.

:sound[1] [saund] *n.* (1) ⓤ,ⓒ 소리, 음 음향, 울림. (2) ⓤ 떠드는〈시끄러운〉 소리, 소음 ; 법석. (3)(*sing*) 〔흔히 修飾語(句)와 함께〕 (말 · 목소리 따위의) 인상, 느낌, 들림새, 어감. (4) ⓤ 들리는 범위 (earshot).
— *vi.* (1) 소리가 나다, 울리다, 소리를 내다. (2)《+補/+前+名》… 하게 들리다, … 하게 생각되다《*like*》. (3) 전해지다, 퍼지다. (4) … 로 발음되다, … 로 읽다. (5)《+前+名》【法】 … 관계하다《*in*》.
— *vt.* …을 잘 소리나게 하다, 울리다, 불다 : ~ a bell 벨을 울리다. (2) (나팔 · 북 · 종 따위로) … 을 알리다, 신호하다 : (찬사)를 크게 말하다, (평판)을 퍼뜨리다. (3) (벽 · 레일 따위)를 두드려 조사하다, 타진〈청진〉 하다. (4) (글자)를 발음하다(pronounce), 읽다. ***~ off***《口》(의견 따위)를 큰소리로 말하다 ; 자랑스럽게 이야기하다 ; 마구 떠들어 대다《*about* ; *on*》.

:sound[2] (***⌐ er ; ⌐ est***) *a.* (1) 건전한, 정상적인 ; 상하지〈썩지〉 않은 (uninjured). (2) 확실한, 착실〈견실〉한, 안전한(secure). (3) (건물 등이) 견고한, 단단한, 튼튼한(solid). (4) 철저한, 충분한 : a ~ sleep 숙면(熟眠). (5) 【法】 유효한. (***as***) ***~ as a bell*** 〈***colt, roach***〉 매우 건강하여. ***safe and ~*** 무사 안전한. — *ad.* 충분히, 잘.

:sound[3] *vt.* (1) (물 깊이)를 측량하다, (대기 · 우주)를 조사하다. (2) 【醫】 (소식자(消息子)를 넣어) … 을 진찰하다. (3)《+目/+目+副/+目+前+名》… 의 의중〈속〉을 떠보다, … 을 타진하다《out》. —*vi.* (1) 물 깊이를 재다. (2) (고래 따위가) 깊이 잠수하다.
— *n.* ⓒ 【醫】 (외과용) 소식자, 탐침(探針).

sound[4] *n.* ⓒ (1) 해협, 좁은 해협《 ※ strait 보다 큼》. (2) 후미, 내포(內浦). (3) (물고기의) 부레.

sóund bàrrier (the~) 소리〈음속〉의 장벽.

sóund effècts 【放送 · 劇】 음향 효과.

sound·er[1] [sáundər] *n.* ⓒ (1) 울리는 사람〈것〉. 소리내는 것. (2)【通信】 음향기《수신기의 일부》.

sound·er[2] *n.* ⓒ (1) 측심원 (測深員), 측심기. (2) 【醫】 소식자, 탐침.

sound·ing[1] [sáundiŋ] *n.* (1) ⓤ,ⓒ 수심 측량. (2) (*pl.*) 측연선(線)으로 잴 수 있는 수심《깊이 600피트 이내》 : in〈on〉 ~*s* 측연이 미치는 곳에. (3) ⓤ(종종 *pl.*) (여론 등의) (신중한) 조사.

sound·ing[2] *a.* 〔限定的〕 (1) 소리가나는, 울려 퍼지는(resonant). (2) 어마어마하게 들리는, 과장된, 담당한 : a ~ title 어마어마한 직함.
sóunding bòard (1) 【樂】 공명판 (2) 의견 등을 알리는 수단《신문의 투고란 따위》.
sóunding lìne 측연선(側鉛線) (lead line)
sound·less[1] [sáundlis] *a.* 소리가 나지 않는, 아주 고요한. 파) **~·ly**[1] *ad.*
sound·less[2] *a.* 대단히 깊은. 파) **~·ly**[2] *ad.*
sound·ly [sáundli] *ad.* (1) 건전하게 ; 견실히 ; 바르게. (2) (잠자는 상태가) 깊이. (3) (타격 등이) 심하게, 철저히.
sound·proof [-prú:f] *a.* 방음의.
sóund tràck (1) 【映】 사운드 트랙, (필름 가장자리의) 녹음대(帶). (2) 사운드 트랙 음악.
sóund trùck 《美》 (스피커를 장치한) 선전용 트럭〈차〉 (《英》 loudspeaker van)《선거 때 등의》.
sóund wàve 【物】 음파.
:soup [su:p] *n.* ⓤ,ⓒ 수프, 고깃국(물). ***from ~ to nuts*** 《美》 처음부터 끝까지. ***in the ~*** 《口》 곤경에 빠져, 난처하게 되어
— *a.* 【限定約】 수프용의 : a ~ plate 수프 접시.
— *vt.* 《俗》 (1) (엔진·모터 따위의) 마력 〈출력 성능〉을 증대시키다, 튠업하다《*up*》. (2) 《口》 (이야기 따위)를 한층 자극적〈매력적〉 으로 하다.
soup·çon [su:psɔ́:ŋ, --] *n.* (a ~) 《F.》 소량, 조금《*of* 》 ; 기미(氣味)《*of* 》.
soupy [sú:pi] (***soup·i·er ; -i·est***) *a.* (1) 수프 같은 ; 걸쭉한. (2) 《美口》 감상적인. (3) 안개가 짙은, 흐린.
:sour [sauər] *a.* (1) 시큼한, 신. (2) 산패(酸敗)한 ; 시큼한 냄새가 나는 : milk 산패한 우유. (3) (사물이) 불쾌한. (4) 찌무룩한, 심술궂은. ***go* 〈*turn*〉 *~*** 1) 시어지다. 2) 싫어지다.
—*n.* (1) ⓤ,ⓒ 시큼한 것 ; 신맛, 산미(酸味). (2) (the ~) 싫은〈불쾌한〉 것〈일〉, 괴로운 일. (3) ⓤ,ⓒ 《美》사워, 산성 음료수《레몬수·설탕을 탄 위스키 따위》.
— *vt.* (1) … 을 시게 하다. (2) 〔종종 受動으로〕 (사람)을 꽤까다롭게 하다. (3) … 을 싫증나게〈싫어지게〉 하다. — *vi.* (1) 시어지다. (2) (성미가)까다로워 지다. 파) **~·ly** *ad.* **~·ness** *n.*
:source [sɔ:rs] *n.* ⓒ (1) (하천의) 수원(지), 원천(fountainhead). (2)(일·사물의) 근원(origin). 근본, 원천, 원인, … 원(源). (3) (종종 *pl.*) (정보 등의) 출처, 근거, 자료 ; 관계 당국, 소식통. (4) 【컴】 바탕, 소스《파일의 복사 바탕》.
sóurce bòok (1) (역사·과학 등의 지식의 근원이 되는) 원전(原典). (2) 사료집(史料集).
sóurce còde 【컴】 바탕〈원천〉 부호, 소스코드《컴파일러나 어셈블러를 써서 기계어로 바꾸는 바탕이 되는 꼴의 프로그램》.
sóurce dàta 【컴】 바탕 자료, 소스 데이터《전산기 처리를 위해 준비된 으뜸 자료》.
sóurce dìsk 【컴】 바탕(저장)판, 소스 디스크《복사될 파일이나 프로그램을 가진 디스크》.
sóurce fìle 【컴】 바탕(기록)철, 소스 파일《바탕 프로그램 코드가 들어 있는 파일》.
sóurce prògram 【컴】 바탕〈소스〉 : 프로그램《바탕 언어로 나타낸 프로그램》.
sóur crèam 산패유(談敗乳), 사워 크림.
sóur grápes 억지, 지기 싫어함, 오기(傲氣) 《이솝우화의 '여우와 포도'에서》.
sou·sa·phone [sú:zəfòun, -sə-] *n.* ⓒ 【樂】 수자폰《tuba 종류의 관악기》.
souse [saus] *n.* (1) ⓤ a] 간국, 소금물. b] 《美》 소금에 절인 것《돼지의 머리·발·귀, 또는 청어 따위》. (2) ⓒ 물에 담금(흠뻑 젖음). (3) ⓒ 《俗》 술고래 (drunkard).
—*vt.* (1) … 을 소금에 절이다(pickle). (2) 《~+目/+目+前+名》 … 을 물에 담그다 ; (물 따위) 를 뿌리다 : ~ water *over* a thing 무엇에 물을 뿌리다. (3) … 을 흠뻑 젖게 하다(drench). (4) 《俗》 (사람)을 술에 취하게 하다(intoxicate).
soused [saust] *a.* (1) 소금에 절인. (2) 《俗》 몹시 취한 : get ~ 술 취하다.
sou·tane [su:tá:n] *n.* ⓒ 【가톨릭】 수단《사제 (司祭)의 평상시의 정복》.
:south [sauθ] *n.* (1) ⓤ (흔히 the ~) 남쪽, 남부 《略 : S, S., s.》. (2) a] (the ~) 남부 지방. b] (the S-) 《美》 남부 여러 주(州). (3) (the S-)남반구 ; (특히) 남극 지방. ***~ by east* 〈*west*〉** 남미동(南微東) 〈남미서(西)〉《略: SbE 〈SbW〉》.
—*a.* 〔限定的〕 (1) 남(쪽)의, 남쪽에 있는 ; 남쪽을 향한 : a ~ window 남향창. (2) (종종S-)남부의 ; 남쪽 나라의 ; 남부 주민의. (3) 남으로 부터의〈부는〉 : a ~ wind 남풍. — *ad.* 남방〈남부〉에 〈(으)로〉.
Sòuth África 남아프리카 공화국 《수도 Preto- ria》.
Sòuth Áfrican *a.* 남아프리카 공화국의.
— *n.* ⓒ 남아프리카 공화극의 주민.
:Sóuth América 남아메리카(대륙).
Sóuth Américan *a.* 남아메리카(사람)의.
Sóuth Ásia 남아시아.
Sóuth Austrália 사우스오스트레일리아《오스트레일리아 남부의 주(州)》.
south·bound [-bàund] *a.* 남행(南行)의.
Sóuth Carolínian *a. n.* 사우스캐롤라이나의 (사람).
Sóuth Chína Séa (the ~) 남중국해.
·Sóuth Dakóta 사우스다코타 《미국 중앙 북부의 주 : 略 : S.D(ak).》. 파)***~n*** *a. n.* ~의 (사람)
:south·east [sàuθí:st ; 《海》 sauí:st] *n.* (1)(the~) 남동《略 : S.E》 ; 남동부 (지방). (2)(the S-) 미국 남동부. ***~ by east* 〈*south*〉** 남동미(微) 동남〈남〉《略 : SEbE 〈SEbS〉》.
— *a.* 〔限定的〕 (1) 남동에 있는, 남동의 ; 남동향의. (2) 남동으로(부터)의 : a ~ wind 남동풍.
— *ad.* 남동에, 남동으로(부터).
Sóutheast Ásia 동남아시아.
south·east·er [sàuθí:stər ;《海》 sauí:-] *n.* ⓒ 남동풍 ; 남동의 강풍〈폭풍〉. 파) ***~·ly*** *a.* 남동의 ; 남동에서의. — *ad.* 남동으로(부터).
·south·east·ern [sàuθí:stərn ;《海》 sauí:-] (1) 남동의, 남동에 있는〈으로의〉 ; 남동에서의. (2) (S-) 미국 남동부(지방)의.
south·east·wards [sàuθí:stwərdz ;《海》 sauí:-] *ad.* = SOUTHEASTWARD.
south·er [sáuðər] *n.* ⓒ 남풍, 남쪽의 강풍.
south·er·ly [sʌ́ðərli] *a.* (1) 남쪽의, 남쪽에 있는 남쪽으로의 ; 남쪽으로부터의.
:south·ern [sʌ́ðərn] *a.* (1) 남쪽의, 남쪽에 있는 ; 남쪽으로의, 남향의. (2) 남쪽으로부터의. (3) (종종 S-) 남부 지방의, 《美》 남부 여러 주(州) (에서)의. — *n.* (흔히S-)(1)= SOUTHERNER. (2)(미국 영어의) 남부 사투리(=**Sóuthern díalect**).
Sóuther Cróss (the ~) 【天】 남(南)십자성.

Sóuthern Énglish 남부 영어《잉글랜드 남부의, 특히 교양 있는 사람들의 영어》.
south·ern·er [sʌ́ðərnər] n. ⓒ (1) 남부지방 사람. (2)《美》(S-) 남부 여러 주 사람.
Sóuthern Hémisphere (the ~) 남반구.
sóuthern líghts (the ~) 남극광.
south·ern·most [sʌ́ðərnmòust/-məst] a. 가장 남쪽〈남단〉의, (최)남단의.
Sóuth Koréa 대한민국, 한국.
south·land [sáuθlənd, -lǽnd] n. ⓒ (종종 S-) 남쪽 나라 ; (한 나라의) 남부 지방.
south·paw [sáuθpɔ̀ː] n. ⓒ 왼손잡이 ; **[野·拳]** 왼손잡이 투수〈선수〉. — a. 왼손잡이의.
Sóuth Póle (the ~) (지구의) 남극(南極) ; (the s- p-) (하늘의) 남극 ; (자석의) 남극.
Sóuth Sèa Íslands (the ~) 남양 제도(諸島)《남태평양의》. 파) **Sóuth Sèa Íslander** n.
Sóuth Séas (the ~) 남양, 《특히》 남태평양.
south-south·east [sáuθsàuθíːst ;《海》 sáusàu-] n. (the ~) 남남동《略 : SSE》. — a. 남남동에 (있는), 남남동으로(부터).
south·south·west [sáuθsàuθwést ;《海》 sáusaú-] 남남서《略 : SSW》. — a. 남남서에 (있는), 남남서로부터의. — ad. 남남서에, 남남서로(부터).
·**south·ward** [sáuθwərd] ad. 남쪽으로, 남쪽으로 향해. — a. 남으로 향한, 남쪽의.
— n. (the ~) 남부, 남방. 파) **~·ly** a. ad.
·**south·west** [sàuθwést ;《海》 sàuwést] n. ⓤ (the ~) 남서(南西)《略 : SW, S.W.》 ; 남서 지방. (2) (the S-) 《美》 미국 남서부《멕시코에 인접하는 여러 주》. ***~ by south* 〈*west*〉** 남서미(微)남〈서〉《略 : SWbE〈SWbW〉》. — a. 〔限定的〕 남서의 ; 남서쪽으로의 ; 남서로부터의. — ad. 남서쪽으로 ; 남서로부터.
south·west·er [sàuθwéstər ;《海》 sàuw-] n. ⓒ (1) 남서(강)풍. (2) 폭풍우용(用) 방수모(帽)《뒤쪽 양태가 넓음》. 파) **~·ly** a. 남서쪽의 ; 남서쪽에서 부는. — ad. 남서쪽으로〈에서〉.
:**south·west·ern** [sàuθwéstərn ;《海》 sàuw-] a. (1) 남서의, 남서에 있는, 남서로(부터)의 ; 남서로 향한. (2) (종종 S-) 미국 남서부 지방〈특유〉의.
south·west·ward [sàuθwéstwərd ;《海》 sàuwést-] ad. 남서로. — a. 남서의 남서에 있는. — n. (the ~) 남서(부). 파) **~·ly** a. ad. = SOUTHWESTERLY.
·**sou·ve·nir** [sùːvəníər ⌐-⌐] n. ⓒ 기념품, 선물 ; 유물《*of*》.
·**sov·er·eign** [sávərin, sʌ́n-] n. ⓒ (1) 주권자 군주 (monarch), 지배자. (2) (옛 영국의) 1파운드 금화《略 : sov.》. — a. (1) 주권이 있는, 군부인, 군림하는. (2) 독립한, 자주적인. (3) 최상의(supreme), 탁월한 : the ~ good **[論]** 지고선(至高善). (4) (약이) 특효가 있는 (effecacious).
·**sov·er·eign·ty** [sávərinti, sʌ́v-] n. (1) ⓤ 주권, 종주권 ; 통치권. (2)ⓒ 독립국.
:**So·vi·et** [sóuvièt, ⌐-⌐, sóuviit] n. 《Russ》 (1) (the ~*s*) 구 소련 정부 〈인민, 군〉. (2) (s ~) (소련의)회의, 평의회.
Sóviet Únion (the ~)소비에트연방《공식명 : the Union of Soviet Socialist Republics(소비에트 사회주의 공화국 연방) ; 1991년 12월 소멸》.
:**sow**[1] [sou] (***~ ed ; ~ ed, ~ n***[soun]) vt. (1) 《~+目/+目+前+名》 (…의 씨)를 뿌리다 ; …에 씨를 뿌리다(scatter). (2) (소문·분쟁 따위의 씨) 를 뿌린다. — vi. 씨를 뿌리다 : As a man ~s so shall he reap 《俗談》 제가 뿌린 씨는 제가 거둔다, 인과응보. ~ one***'s wild oats*** ⇨ OAT.
sow[2] [sau] n. ⓒ 암퇘지.
sow·er [sóuər] n. ⓒ (1) 씨 뿌리는 사람〈기계〉. (2)《北》 유포자, 선동자, 제창자.
sown [soun] sow[1] 의 과거분사.
sox [saks/sɔks] n. pl. 《口》 짧은 양말(socks).
soy, soya [sɔi] [sɔ́iə] n. (1) ⓤ 간장(醬) (soy sauce). (2) = SOYBEAN.
soy·bean [sɔ́ibìːn] n. ⓒ 콩(= **sóya bèan**).
sóy sàuce 간장.
soz·zled [sázəld/sɔ́z-] a. 《口》 억병으로 취한.
spa [spaː] n. ⓒ (1) 광천(鑛泉), 온천. (2) 온천이 있는 휴양지, 온천장. (3) (체육 시설·사우나등을 갖춘) 헬스 센터.
:**space** [speis] n. (1) ⓤ (시간에 대한) 공간, 허공. (2) ⓤ (대기권 밖의) 우주(공간)(outer ~). (3) ⓤ, ⓒ (일정한 넓이)의 공간, 빈곳, 여백, 여지(餘地) (room. (4) ⓒ (특정 목적의) 장소(place), 용지(用地), 구역 ; (탈것의) (빈)좌석(seat). (5) (a ~ , the ~) (시간적인) 사이, 동안 ; (특정 길이의) 시간, 잠깐 : ⓤ (라디오·텔레비젼에서) 스폰서에게 파는 시간 간격(interval) ; 거리(distance), 구간(區間). (6) ⓒ **[樂]** (악보의) 선간(線間) ; 행간(行間). (7) **[컴]** 사이. ▫ spacious a.
— a. 〔限定的〕 우주의 : ~ travel 우주 여행.
— vt. 《~+目/+目+副》 (1) … 에 일정한 간격〈거리, 시간〉을 두다《out》 : 구분하다 : The farms were ~*d out* three or four miles apart. 농장은3·4 마일(의) 간격으로 떨어져 있었다. (2) … 의행간〈어간〉을 띄우다 ; … 의 스페이스를 정하다 : *Space out* types more. 활자 행간을 더 띄워라.
spáce àge (때로 S- A- : the ~) 우주 시대.
space·age [⌐èidʒ] a. (1) 우주시대의. (2) 최신식의.
spáce bàr (1) 타자기의 어간을 떼는 가로막대. (2)**[컴]** 사이띄(우)개, 스페이스 바.
spáce càpsule 우주 캡슐《우주선의 기밀실》.
spáce chàracter [컴] 사이문자.
space·craft [⌐krǽft, ⌐kràft] n. ⓒ 우주선 (spaceship) : a manned ~ 유인 우주선.
spaced(-out) [spéist(áut)] a. 《俗》 (1) (마약·술·피로 등으로) 멍해진.(2) 기묘한, 매우 이상한
spáce flìght 우주 비행 ; 우주 여행.
spáce hèater 실내 난방기.
space·lab [spéislæ̀b] n. ⓒ 유인 우주 실험실.
space·less [spéislis] a. (1) 무한한, 끝없는. (2) 공간을 차지하지 않는.
:**space·man** [⌐mæ̀n, ⌐mən] (pl. **-men** [⌐mèn]) n. ⓒ 우주 비행사.
spáce mèdicine 우주 의학.
space·port [⌐pɔ̀ːrt] n. ⓒ 우주선 기지.
spáce pròbe 우주 탐사용(관측) 로켓.
spáce ròcket 우주선 발사 로켓.
spáce scìence 우주 과학.
:**space·ship** [⌐ʃip] n. ⓒ 우주선.
spáce shùttle 우주 왕복〈연락〉선.
·**spáce stàtion** 우주 정류장 (= **Spáce platform**).
space-time [⌐táim] n. ⓤ 시공(時空) 4차원의 세계 : ~ continuum. 시공 연속체.

space·walk [∠wɔ̀:k] *n.* ⓒ 우주 유영. — *vi.* 우주 유영을 하다.
spac·ing [spéisiŋ] *n.* ⓤ (1) 간격을 띄우기. (2) 【印】 어간·행간의 배열 상태 ; 어간, 행간.
:spa·cious [spéiʃəs] *a.* 드넓은(roomy), 넓은 범위의. 파) **~·ly** *ad.* **~·ness** *n.*
:spade[1] [speid] *n.* (1) ⓒ 가래, 삽. 【cf.】 shovel. (2) = SPADEFULL. ***call a ~ a ~*** 《口·戱》 사실 그대로〈까놓고〉 말하다, 직언하다.
·spade[2] *n.* (1)ⓒ 【카드놀이】 스페이드 (2) (*pl.*)스페이드 한 벌.
spade·ful [spéidfùl] *n.* ⓒ 가래로 하나 가득, 한 삽.
spade·work [∠wə̀:rk] *n.* ⓤ (힘드는) 기초 작업, 사전 준비.
spa·ghet·ti [spəgéti] *n.* 《It.》 ⓤ 스파게티.
:Spain [spein] *n.* 스페인, 에스파냐《수도Madrid》. 【cf.】 Spanish, Spaniard.
:span[1] [spæn] *n.* ⓒ (1) 한 뼘 《엄지손가락과 새끼손가락을 편 사이의 길이 ; 보통 9인치》. (2) (어느 한정된) 기간, 짧은 시간〈거리〉, 잠시 동안. (3) (한 끝에서 끝까지의) 길이, 전장(全長), 전폭(全幅) ; 전범위. (4) 【建】 경간(徑間) : 지점(支點)간의 거리, 기 간(支間). (5) 【空】 (비행기의)날개 길이, 날개폭, (6) 【컴】 범위.
—(***-nn-***) *vt.* (1) … 을 손가락〈뼘〉으로 재다 : ~ one's wrist. 손목의 굵기의 뼘으로 재다. (2) (교량이) … 걸리다. (3) 《~+目/+目+前+名》 … 에 다리를 놓다 《*with*》. (4) (시간적으로) … 에 걸치다〈미치다〉 ; (기억·상상 등이) … 에 미치다.
span[2] *a.* 아주 새로운 ; 깨끗하고 산뜻한.
span·drel, span·dril [spǽndrəl] [-dril] *n.* ⓒ 【建】 스펀드럴《인접한 두 아치 사이의 삼각형 모양의 빈 부분》.
·span·gle [spǽŋgəl] *n.* ⓒ (1) 번쩍이는 금속 조각 《특히 무대의상 등의》. (2) 번쩍번쩍 빛나는 것.
—*vt.* 《+目+前+名》 〔주로 過去分詞形으로〕 금속 조각으로 장식하다, 번쩍이게 하다. (보석 따위)를 박아 넣다.
·Span·iard [spǽnjərd] *n.* ⓒ 스페인 사람.
·span·iel [spǽnjəl] *n.* (1) 스패니얼《털의 결이 곱고 귀가 긴 개》. (2) 《北》 알랑쇠, 빌붙는 사람.
:Span·ish [spǽniʃ] *n.*(1) ⓤ 스페인 말. (2) (the ~) 〈集合的〉 스페인 사람. 【cf.】 Spaniard — *a.* 스페인의 ; 스페인 사람〈말〉의 ; 스페인풍〈식〉의.
Spánish América 스페인어권(語圈) 아메리카 《브라질 등을 제외한 라틴 아메리카》.
Span·ish-Amer·i·can [-əmérikən] *a.* (1) Spanish America (수민)의. (2) 스페인과 미국(간)의. — *n.* ⓒ 스페인계 미국인. the ~ War 【史】 미서(美西) 전쟁(1898).
Spánish Máin (the ~) (1) 카리브 해(海)연안지방《파나마 지협에서 베네수엘라의 오리노코(Orinoco) 강에 이르는 구역》. (2) (해적이 출몰하던 당시의) 카리브 해.
·spank [spæŋk] *vt.*(손바닥·슬리퍼 따위로) … 을 찰싹 때리다《벌로 엉덩이 등을》.
spank·er [spǽŋkər] *n.* ⓒ (1) 재치있는 사람. (2) 《口》 날랜 말, 준마(駿馬). (3) 【海】 후장 세로돛 《범선의 맨 뒤 마스트에 다는》.
spank·ing [spǽŋkiŋ] *a.* 〔限定的〕 (1) 위세가 당당한, 활발한. (2) 윙윙〈세차게〉 부는《바람 따위》 : a ~ breeze 세차게 부는 바람. (3) 《口》 멋진, 훌륭한. 파) **~·ly** ad 몹시, 매우, 대단히.
span·ner [spǽnər] *n.* ⓒ 《英》 【機】 스패너 (《美》 wrench)《너트를 죄는 공구》. ***throw*〈*put*〉 *a ~in*(*to*) *the woks*** 《英口》 (계획이나 일의 진행을) 방해를 놓다.
spán ròof 【建】 (양쪽이 같은 경사의) 맞배지붕.
spar[1] [spɑ:r] *n.* ⓒ (1) 【船】 원재(圓材) 《돛대·활대 등》. (2) 【空】 익형 (翼桁) 《비행기 날개의 주요 골조》.
spar[2] (***-rr-***) *vi.* (1) 〔拳〕 스파링하다《*with*》 ;(가볍게) 치고 덤비다《*at*》. (2) 【北】 말다툼하다.후 (3) 서로 차다.
— *n.* ⓒ (1) 스파링. (2) 언쟁.
:spare [spɛər] *vt.* (1)〔종종 否定文으로〕 … 을 절약하다. (2) 《~+目》 … 을 아껴서 사용하지 않다. (3) 《+目+前+名》 (특수한 목적으로) … 을 잡아두다. (4) 《~+目/+目+目/+目+前+名》 (여유가 있어서) … 을 떼어 두다 ; (충분해서) 나누어 주다, 빌려 주다 ; (시간 따위)를 할애하다. (5) (사람·사물)이 없이 지내다. (6)《~+目/+目+目》 … 을 용서해 주다, … 에게서 빼앗지 않다 ; … 에게 인정을〈자비를〉 배풀다. … 의 목숨을 살려 주다. (7) … 을 소중히 다루다 ; (… 한 변)을 당하지 않게 하다, 면하게 하다. (8) 《+目+目/+目+前+名》 (불행·수고 따위)를 끼치지 않다, 덜다. (9) 《+目+目/+ to do/+ *ing* 》 … 을 삼가다, 사양하다. ***enough and to ~*** 남아 돌아갈 만큼의. ***to ~***여분의. — (***spár·er ; spár·est***) *a.* (1) 여분의, 남아 돌아가는 ; 예비의, 따로 남겨 둔 ; 한가한. (2) 부족한, 빈약한(scanty), 인색한, 검소한. (3) 여윈(lean), 마른, 홀쭉한. ***go ~*** 《英俗》 크게 노하다〈걱정하다〉. — *n.* ⓒ (1) a〕 여분(의 것) ; 예비품 〈금, 실〉. b〕 (종종 *pl.*) (기계 따위의)예비 부품(= ~ **pàrts**), 스페어 ; 스페어 타이어. (2) 【볼링】 스페어《2구(球)로써 10주(注) 전부를 쓰러뜨리기》 ; 그 득점. 파) **~·ly** *ad.* **~·ness** *n.*
spáre tíre (1) 스페어 타이어. (2) 《英口·戱》 허리의 군살.
spar·ing [spέəriŋ] *a.* 절약하는, 검소한, 알뜰한 ; 검약하는, 아끼는《*in* ; *of* 》. 파) **~·ly** *ad.*
:spark [spɑ:rk] *n.* (1) ⓒ 불꽃, 불똥. (2) ⓒ 섬광, (보석의) 광채 ; (보석 따위의) 자잘한 조각, (유리칼 등의) 작은 다이아몬드. (3) ⓒ 【北】 (재치 따위의) 번득임. (4) ⓒ 생기, 활기를 더하는 것 : ⇨ VITAL SPARK. (5) (a ~) (종종 否定文으로) 아주 조금 《*of*》 : have not a ~ of interest 〈conscience〉흥미가〈관심이〉 조금도 없다. (6) (*pl.*) 〔單數취급〕 《口》 (배·항공기의) 무전〈전신〉 기사. — *vi.* (1) 불꽃이 (되어) 튀다. (2) 【電】 스파크 하다. — vt. (1) … 을 발화시키다《*off.*》 (2) (흥미·기운 따위) 를 갑자기 불러 일으키다, 북돋다, 고무하다《*to, into*》.
:spar·kle [spɑ́:rkəl] *n.* ⓒ,ⓤ (1) 불꽃, 불똥, 섬광. (2) 번쩍임, 광채, 광택. (3) 【比】 생기, 재치. (포도주 따위의) 거품.
— *vi.* (1) 불꽃을 튀기다. (2) 번쩍이다. (3) 생기〈활기〉가 있다 ; (재치가)뛰어나다〈번뜩이다〉. (4) 《포도주 따위가》 거품이 일다.
spar·kler [spɑ́:rklər] *n.* ⓒ (1) (번쩍) 빛나는 것〈사람〉 ; 불꽃. (2) 《口》 보석, 다이아몬드 (반지). (3) 재사(才士), 가인 (佳人).
·spar·kling [spɑ́:rkliŋ] *a.* (1) 불꽃을 튀기는 스파크하는, 번쩍하는. (2) 번쩍이는, 번득이는 ; 생기에 찬(lively) ; 재기가 넘쳐 흐르는. (3) 거품이 이는《포도주 따위》 (【opp.】 *still*). 파) **~·ly** *ad.*
spárkling wíne 발포〈포도〉주《알코올분 12%》.

spárk plùg (1) 스파크 플러그, (내연 기관의) 점화전. (2)《美口》 주동 역할, 중심적 인물 지도자.

spár·ring pàrtner [spɑ́ːriŋ-] 【拳】 스파링 파트너.

:sparrow [spǽrou] *n.* ⓒ 참새.

·sparse [spɑːrs] *a.* (1)성긴 (【opp.】 *dense*), 드문드문한, (털 등이) 숱이 적은(thin). (2)(인구 따위가) 희박한. 파) **~·ly** *ad.* **~·ness** *n.*

spari·si·ty *n.* ⓤ 성김, 희박; 빈약.

·Spar·ta [spɑ́ːrtə] *n.* 스파르타 《그리스의 옛 도시 국가》.

·Spar·tan [spɑ́ːrtən] *a.* (1) 스파르타의 ; 스파르타 사람의. (2) 스파르타식의, 검소하고 엄격한.
— *n.* ⓒ (1) 스파르타 사람. (2) 굳세고 용맹스런(검소하고 엄격한) 사람.
파) **~·ism** [-izəm] *n.* 스파르타주의〈정신, 교육〉.

spasm [spǽzəm] *n.* (1) ⓤ,ⓒ 【醫】 경련, 쥐. (2) ⓒ 발작, 발작적 감정〈활동〉 ; (일시적) 충동《*of*》.

spas·mo·dic, -i·cal [spæzmɑdik/-mɔ́d-] [-əl] *a.* (1) 【醫】 경련(성)의. (2) 〔一般的〕 발작적〈돌발적〉인. 파) **-i·cal·ly** [-kəli] *ad.*

spas·tic [spǽstik] *a.* 【醫】 (1) 경련 (성)의. (2) 《俗》 무능한, 바보의, 서투른 — *n.* ⓒ (1)경련성 마비 환자. (2)《俗·兒》 바보.

spat[1] [spæt] *n.* (1)ⓒ 굴의 알(spawn). (2) ⓤ 〔集合的〕 새끼굴.

spat[2] *n.* ⓒ (흔히 *pl.*) 스패츠《발등과 발목을 덮는 짧은 각반(脚絆)》. 〈◁spatterdash〉.

spat[3] *n.* ⓒ 《美》 승강이, 말다툼.

·spat[4] SPIT[1]의 과거·과거분사.

spate [speit] *n.* (1) ⓤ 《英》 큰물, 홍수(flood). (2) (a ~) 《北》 (말 등이) 잇달아 터져 나옴. (감정 따위의) 폭발 ; 대량, 다수《of》.

·spa·tial [spéiʃəl] *a.* (1) 공간의 ; 공간적인 ; 공간에 존재하는. (2) 장소의. ▫ space *n.* 파) **~·ly** *ad.* 공간적으로.

spa·ti·al·i·ty [spèiʃiǽləti] *n.* ⓤ 공간성, (공간적넓이.

spa·ti·o·tem·po·ral [spèiʃioutémpərəl] *a.* 공간과 시간상의, 시공(時空)의〈에 관한〉.

·spat·ter [spǽtər] *vt.* 《~+目/+目+前+名》 (1) (물·진창 따위)를 튀기다(splash) ; … 에 뿌리다(scatter)《*over*》 ; 튀겨 묻히다(spot). (2) (욕설)을 퍼붓다《*with*》. — *vi.* (물이) 튀다 ; (비가) 후두두 떨어지다. — *n.* ⓒ (1) 튀김, 튄 것. (2) (흔히 *sing.*)(비 따위가) 후두두하는소리 ; 소량, 소수 a ~ of rain 후두두 떨어지는 비.

spat·ter·dash [-dæ̀ʃ] *n.* ⓒ (흔희 *pl.*) 진흙막이 각반 (spat[2]), 가죽장화《승마용》.

spat·u·la [spǽtʃulə] *n.* ⓒ 《L.》 (1) (고약 따위를 펴는) 주걱. (2) 【醫】 압설자(壓舌子). 파) **-lar** *a.*

·spawn [spɔːn] *n.* ⓤ (1) 〈集合的〉 알《물고기·개구리·조개 따위의》 · 어란. (2) 【植】 균사(菌絲).

spay [spei] *vt.* 【獸醫】 동물의 난소를 떼다.

:speak [spiːk] (***spoke*** [spouk], 《古》 ***spake*** [speik] ; ***spo·ken***[spóukən], 《古》 ***spoke***) *vi.* (1)이야기〈말〉하다(talk) ; 지껄이다. (2) 《~/+前+名》 (… 에 관하여) 이야기를 하다《*about* ; *of*》 ; 이야기를 걸다《*to* ; 《稀》 *with*》. (3) 《+前+名》 연설하다, 강연하다, 의견을 말하다, 논하다《*about* ; *on* ; *to*》. (4) (표정·행위·사실 따위가) 진실〈감정, 의견〉을 나타내다, 전달하다(communicate). (5) (악기·시계·바람 따위가) 소리를 내다, (대포 소리 따위가) 울리다. (3) (개가) 짖다《*for*》. 【cf.】 say, tell. — *vt.* (1) … 을 말하다, 얘기하다(tell). (2) (《~+目/+目+補》. … 을 전하다 ; 나타내다. (3) (어느 국어)를 말하다, 쓰다(use). ***not to ~ of*** … 은 말할 것도 없고, … 은 물론. ***so to ~*** ⇨ SO[1] ***~ against*** … 에 반대하다. ***~ for*** 1) … 을 대변〈변호, 대표〉하다. 2) 〔흔히 受動으로〕 … 을 (미리) 예약〈청구, 주문〉하다. 3) … 을 증명하다. … 을 나타내다. ***~ for*** one***self*** 1) 자기를 위해 변명하다. 2)자기 생각을 말하다 ***~ ing of*** … 에 대하여 말하자면, … 라고 하면. ***~ out*** (의견 따위를) 용기를 내어〈거리낌 없이〉 말하다. ~ one***'s mind*** 털어 놓고 이야기하다. ***~ to*** 1) … 에게 말을 걸다, … 와 이야기 하다. 2) … 에 언급하다. 3)《口》 … 을 꾸짖다 4) … 을 증명하다. 5)《口》 (사물이) … 의 마음을〈흥미를〉 끌다. ***~ up*** 1) 〔종종 命令法 으로〕 더 큰 소리로 말하다. 2) 자기 의견을 자유롭게 말하다. ***~ volumes*** 《美》 말 이상으로 표현하다 ; 충분한 뜻이 있다. ***~ well for*** … (행위 등이) … 에게 유리한 증거가 되다. ***~ well*** 〈***ill***〉 ***of*** … 을 좋게〈나쁘게〉 말하다. … 을 칭찬하다〈헐뜯다〉. ***to ~ of*** 〔주로 否定資에서〕 언급할 만한 … (이 아니다).

:speak·er [spíːkər] *n.* ⓒ (1) 말〈이야기〉하는 사람 ; 강연자, 연설자, 변사(辯士). (2) (흔히 S-) (영·미 등 하원의) 의장. (3) 스피커
파) **~·ship** [-ʃip] *n.* ⓒ의자의 직〈임기〉.

·speak·ing [spíːkiŋ] *n.* ⓤ (1) 말하기(talking) ; 담화, 연설. ***in a manner of ~*** 말하자면, 어떤 의 미로는. —*a.* 말〈이야기〉 하는 ; 말할 수 있는 정도의 ; 말이라도 할 듯한, 살아 있는 것 같은(lifelike). (2) 〔複合語 를 만들어〕 … 을 말하는. ***be not on ~ terms*** 말을 건넬 정도의 사이는 아니다 ; 사이가 틀어져 서로 말하지 않다《*with*》.

spéaking clóck(the ~) 《英》 전화 시간 안내.

spéaking tùbe (건물·배 따위의) 통화관(管), 전성관.

:spear [spiər] *n.* ⓒ (1)창(槍), 투창(投槍) ; (고기 잡는) 작살. (2) (식물의) 새싹, 어린 가지 〈잎, 줄기〉. — *vt.* (1) … 을 창으로 찌르다. (2) (물고기)를 작살로 잡다. — *vi.* 창처럼 꽂이다.

spear·head [⌐hèd] *n.* ⓒ (1)창끝. (2) (흔히 *sing.*) 선봉, 돌격대의 선두, 공격 최전선, 선두에 서는 사람.

spear·mint [⌐mìnt] *n.* ⓤ 【植】 양박하.

spec [spek] *n.* ⓤ,ⓒ 《口》 투기 (speculation) . ***on ~*** 《口》 투기적으로, 요행수를 바라고..

:special [spéʃəl] (***more ~ ; most ~***) *a.*(1) 특별한, (particular), 특수한, 독특한, 특유의(peculiar). (2) 전용의, 개인용의 ; 특별히 맞춘 ; 특히 친한. (3) 선분〈선공〉의(specialized). (4) 임시의 (extra), 특정한(specific). (5) 유다른, 유별난, 이례(異例)의, 특이한(exceptional), 예외적인. — *n.* ⓒ (1)특별한 사람〈것〉 ; 특파원 (=**~ correspóndent**), 특사. (2) 특별〈임시〉 열차〈버스〉 ; 특전(特前), 호이 임시 증간(增刊). (3) 특별 제공〈봉사, 할인〉 품. 【opp.】 *regular*. ***on ~*** 《美口》 특매의 ; 특가(特價)의.

spécial delívery 《美》 (우편의) 속달.

spécial efféects 【映·TV】 특수 효과 ; 특수 촬영.

spe·cial·ism [spéʃəlìzəm] *n.*(1) ⓤ 전문. (2) ⓒ 전문분야.

:spe·cial·ist [spéʃəlist] *n.* ⓒ (1) 전문가《*in*》. (2) 전문의(醫)《*in*》.

·spe·ci·al·i·ty [spèʃiǽləti] *n.* 《英》 = SPECIALTY.

spe·cial·i·za·tion [spèʃəlizéiʃən] *n.* (1) ⓤ 특수화. (2) ⓤ 전문화. (3) ⓤ,ⓒ전문 과목(분야).
:spe·cial·ize [spéʃəlàiz] *vi.* 《~/+前+名》 전문으로 다루다〈하다〉, 전공하다《*in*》.
spécial júry 【法】 특별 배심.
spe·cial·ly [spéʃəli] (***more ~ ; most ~***) *ad.* (1) 특(별)히, 각별히 ; 일부러. (2) 특별〈유별〉나게, 눈에 띄게, 두드러지게.
spécial pléading 【法】 (1) 특별 변론《상대방 진술에 반증을 듦》. (2) 《口》 (자기에게 유리한 것만 말하는) 일방적인 진술〈의론〉.
spécial púrpose compúter 【컴】 특수(목적) 전산기《한정된 분야의 문제만을 처리하는》.
·spe·cial·ty [spéʃəlti] *n.* ⓒ (1) 전문, 전공, 본직 ; 특히 잘 하는 것, 장기(長技). (2)(지역이나 요리점의) 특제품 ; 명물 ; 특선품 ; 특산품.
spe·cie [spíːʃi(ː)] *n.* ⓤ 정금(正金), 정화(正貨) 《지폐에 대하여》.
:spe·cies [spíːʃi(ː)z] (*pl.* ~) *n.* ⓒ 《口》 종류. (2) 【生】 종(種).
specif specific ; specifically.
·spe·cif·ic [spisífik] (***more ~ ; most ~***) *a.* (1) 특유한〈의〉, 독특한(peculiar)《*to*》. 【opp.】 *general*. (2) 일정한, 특정한(specified) (3)(진술 따위가) 명확한(definite). 《*to*》. 상세한, 구체적인. (4) 〔限定的〕 (약이) 특효가 있는.
·spe·cif·i·cal·ly [⌐əli] (***more ~ ; most ~***) *ad.* (1) 명확히, 분명히. (2) 〔形容詞 앞에서〕 특히, 특별히. (3) 엄밀히 말하자면, 즉.
spec·i·fi·ca·tion [spèsəfikéiʃən] *n.* (1) ⓤ 상술, 상기《*of*》. (2) ⓒ (흔히 *pl.*) 설계 명세서, 시방서.
specífic héat 【物】 비열(比熱) 《略 : s.h.》.
·spec·i·fy [spésəfài] *vt.* (1) 《~+目》 … 을 일일이 이름을 들어 말하다 ; 명시하다, 명기하다. (2) 《~+*that* 節》 … 라고 상술하다〈명기하다〉.
:spec·i·men [spésəmən] *n.* ⓒ (1) 견본 ; (동식물의) 표본 ; 실례(實例), 전형(典型). (2) 〔修飾語와 함께〕 《口》 …별난 사람, 괴짜.
spe·cious [spíːʃəs] *a.* (사실과는 달리) 진실 같은 ; 그럴 듯한(plausible).
:speck [spek] *n.* ⓒ (1) 작은 반점(spot), 얼룩(stain). (2) 〔흔히 否定文으로〕 적은 양(量), 소량 《*of* 》.
specked [spekt] *a.* 점〈흠〉이 있는.
·speck·le [spékəl] *n.* ⓒ 작은 반점, 얼룩, 반문.
speck·led [-d] *a.* 얼룩덜룩한, 반점이 있는.
specs [speks] *n. pl.* 《口》 안경.
:spec·ta·cle [spéktəkəl] *n.* (1) ⓒ (뛰어난, 인상적인) 광경, 상관. (2) ⓒ (호화로운) 구경거리, 쇼. (3) (*pl.*) 안경 : a pair of ~*s* 안경 하나.
make a ~ of one***self*** 남의 웃음거리가 되다 , 창피한 꼴을 보이다.
spec·ta·cled [-d] *a.* 안경을 쓴.
:spec·tac·u·lar [spektǽkjələr] *a.* (1)구경거리의. (2) 장관의, 눈부신 ; 호화로운 ; 극적인. — *n.* ⓒ 호화판 텔레비전 쇼, 초대작(超大作). 파) **~·ly** *ad.*
:spec·ta·tor [spékteitər, -⌐-] (*fem.* ***-tress*** [-tris]) *n.*ⓒ 구경꾼, 관객.
:spéctator spórt 관객 동원력이 있는 스포츠.
·spec·ter, 《英》 **-tre** [spéktər] *n.* ⓒ (1) 유령, 요괴. (2) 무서운 것 〈환영 (幻影)〉.
·spectral [spéktrəl] *a.* (1) 유령의〈과 같은〉, 괴기한(ghostly). (2) 【物】 스펙트럼의.
spec·tro·scope [spéktrəskòup] *n.* ⓒ 【光】 분광기(分光器).
spec·tros·co·py [spektráskəpi / -trɔ́s-] *n.* ⓤ 분광학.
·spec·trum [spéktrəm] (*pl.* ***-tra*** [-trə] , **~*s***) 스펙트럼. *n.* ⓒ (1) 【物】 (어떤 것에 관한) 전(全)영역 ; (변동하는) 범위, 폭.
·spec·u·late [spékjəlèit] *vi.* 《~/+前+名》 (1) (확실한 근거 · 지식 없이) 여러가지로 생각하다. 추측하다 《*about* ; *on* 》. (2) 투기를 하다. 요행수를 노리다 《*in*》. — *vt.* 《~ +that節》 … 라고 추측하다.
□ speculation *n.*
:spec·u·la·tion [spèkjəléiʃən] *n.* ⓤ,ⓒ (1) (사실 … 에 근거를 안둔) 추측, 추론 ; 사색, 심사숙고. (2) 투기, 사행.
·spec·u·la·tive [spékjəlèitiv, -lə-] *a.* (1) 〔限定的〕 추측의, 추론에 의한 ; 사색적인, 공론의, 실제적이 아닌 ; (학문 등이) 순이론적인, 사변(思.辨)적인. (2) 투기의, 투기적인 ; 불확실한.
파) **~·ly** *ad.* **~·ness** *n.*
·spe·c·u·la·tor [spékjəlèitər] *n.* ⓒ (1) 투기꾼. (2) 사색가, 공론가. (3) 암표상인.
spec·u·lum [spékjələm] (*pl* ***-la*** [-lə], **~ *s***) *n.* ⓒ (1) 금속 거울, 반사경. (2) 【醫】 검경(檢鏡).
:sped [sped] SPEED의 과거 · 과거 분사.
:speech [spiːtʃ] *n.* (1) ⓤ 말, 언어(language) ; 방언(dialect). (2) ⓤ 표현력, 언어 능력. (3) ⓤ 말하기, 발언, 언론. (4) ⓤ (흔히 one's ~)말투, 말하는 식. (5) ⓒ 연설(address), 강연. (6) ⓤ 【文法】 화법(話法) ; ⓒ(배우의) 대사 ; ⓤ (학문으로서의) 변론(술), 스피치. figure of ~ ⇨ FIGURE. ***part*(*s*) *of* ~** 【文法】 품사.
spéech dày 《英》 (학교의) 스피치 데이《종업식 날, 부모도 출석하여 암송 · 연설을 들으며 학생들에게는 상품도 수여됨》.
speech·i·fy [spí; tʃəfài] *vi.* 《口 · 戱 · 蔑》 연설하다, 장광설을 늘어놓다 ; 지껄여대다(harangue).
·speech·less [spí; tʃlis] (1) 말을 못 하는, 벙어리의(dumb). (2) 입을 열지 않는(silent), 무언 의 ; 〔敍述的〕 (격분 · 충격 따위로) 말을 못 하는, 말이 안 나오는《*with*》. (3) 〔限定的〕 말로 표현할 수 없을 정도. 파) **~·ly** *ad.* **~·ness** *n.*
spéech recognìtion 【컴】 음성 인식.
spéech thèrapy 언어 장애 교정.
파) **spéech thèrapist** 언어 장애 교정의 전문가.
spéech wrìter 연설 원고 작성자《특히 정치가를 위해 쓰는 사람》.
:speed [spiːd] *n.* (1) ⓤ (행동 · 동작의) 빠르기, 신속함. (2) ⓤ,ⓒ 속도, 속력, 스피드. (3) ⓒ (자동차 따위의) 변속 장치 〈기어〉. (4) ⓤ 《俗》 각성제, 《특히》히로뽕. (5) ⓤ 【寫】 (필름 · 감광지의) 감도 ; 셔터 스피드. ***with all ~*** 크게 서둘러, 매우 빠르게.
— (*p.*, *pp.* ***sped*** [sped] , ***~·ed***) *vt.* (1) … 을 서두르게 하다, 질주시키다. (2) (사업 따위)를 진척 시키다(promote), 촉진하다. (3) 《+目+副》 (기계 따위)의 속도를 빠르게 하다 (accelerate).
— *vi.* (1) 《+前+名》 급히 가다, 질주하다, 《*along* ; *down*》. (2) 《~ / 副》 (자동차가) 속도를 늘리다, 스피드를 내다 ; 속도 위반을 하다. ***~ up*** 속도를 늘리다〈올리다〉 : … 을 서두르게 하다, 촉진하다.
speed·boat [⌐bòut] *n.* ⓒ 고속 모터 보트.
spéed bùmp (주택 지구나 학교 주변의) 과속 방지턱《감속시키기 위한》.

speed·er [spíːdər] *n.* ⓒ 고속 운전자 ; 속도 위반자.

·**speed·i·ly** [spíːdəli] *ad.* 빨리, 즉각, 급히.

spéed lìmit 제한 속도.

speed·om·e·ter [spiːdɑ́mitər/-dɔ́-] *n.* ⓒ (자동차 따위의) 속도계.

speed-read·ing [-rìːdiŋ] *n.* ⓤ 속독(법).

spéed skàting 스피드 스케이팅.

speed·ster [spíːdstər] *n.* ⓒ 고속으로 달리는 운전자〈차〉; 속도 위반자.

spéed tràp 속도 위반 단속 구간〈장치〉.

·**speed·up** [spíːdʌ̀p] *n.* ⓤ,ⓒ (1) (기계·생산 따위의) 능률 촉진. (열차 등의) 운전시간 단축.

speed·way [-wèi] *n.* (1) a] 오토바이·자동차 따위의 경주장, 스피드 웨이. b] ⓤ(스피드 웨이에서의) 오토바이 경주. (2) ⓒ《美》 고속 도로.

speed well [-wèl] *n.* ⓤ 【植】 꼬리풀의 일종.

·**speedy** [spíːdi] (***speed·i·er*** ; ***-i·est***) *a.* (1)빠른(quick) ; 급속한, 신속한(prompt). (2)즉시의, 즉석의 ; 재빠른(rapid). 파) **-i·ness** *n.* ⓤ

:**spell**[1] [spel] (*p.*, *pp.* ***spelt*** [spelt], ***~ed*** [spelt, -ld]) *vt.* (1)(낱말을 …라고 철자하다 ; …의 철자를 말하다〈쓰다〉. (2)…라고 철자하면 —이 되다, …라고 읽다. (3)《口》 (사물이) …을 의미하다, …한 결과가 되다, 가져오다, 따르다, 이끌다《*for*》. — *vi.* 철자하다, 철자를 쓰다. ***~ out*** 1)한 자 한 자 읽다〈쓰다, 철자하다〉. 2)…을 생략하지 않고 전부 쓰다 ; 똑똑히〈상세히〉 설명하다.

:**spell**[2] *n.* ⓒ (1)한 동안, 한 차례 ; 잠시 동안. (2)한 바탕의 일 : (일의) 교대(차례), 순번. (3)《美口》 (병의) 발작.
— (*p.*, *pp.* ***~ed*** [spelt, -ld]) *vt.*, *vi.* 《口》 (…와) 교대하다(relieve) ; 대신해서 일하다.

:**spell**[3] *n.* ⓒ (1)주문(呪文)(incantation). (2)(흔히 *sing.*) 마력, 마법 ; 매력.

spell·bind [-bàind] (*p.*, *pp.* ***-bound***) *vt.* …을 주문을 걸다 ; 마술을 걸다 ; 매혹하다.

spell·bind·er [-bàindər] *n.* ⓒ《口》 청중을 매료시키는 웅변가《특히, 정치가》.

spell·bound [-bàund] *a.* (1)주문에 걸린. (2)홀린.

spell·er [spélər] *n.* ⓒ (1)a good ~ 철자가 정확한 사람. (2)=SPELLING BOOK.

:**spell·ing** [spéliŋ] *n.* (1) ⓤ (낱말의) 철자법, 정서법. (2) ⓒ (단어의) 철자, 스펠.

spélling bèe 〈**màtch**〉 철자 시합.

spélling bòok 철자 교본.

spélling chècker 【컴】 맞춤법 검사기《입력된 단어의 철자법을 검사하는 프로그램》.

spélling pronunciàtion 철자 발음《boatswain [bóusən]을 [bóutswèin] 으로 발음하는 따위》.

spelt [spelt] SPELL[1,3]의 과거·과거분사.

:**spend** [spend] (*p.*, *pp.* ***spent*** [spent]) *vt.* (1)《~+目/+目+前+名》 (돈)을 쓰다, 소비하다(expend). (2)《~+目/+目+前+名》 (노력·시간·힘 따위)를 들이다, 소비하다(consume), 다 써버리다. (3)《~+目/+目+前+名》 (때·휴가 따위)를 보내다, 지내다(pass). (4)〔再歸的 또는 受動으로〕 (기운·힘 따위)를 다 써 버리다〈없애다〉.
— *vi.* 낭비하다, 돈을 (다) 쓰다 : ~ freely 아낌없이 돈을 쓰다.

spend·er [spéndər] *n.* ⓒ 〔흔히 수식어를 동반하여〕 돈 씀씀이가 …한 사람 ; 낭비가.

spend·thrift [spéndθrìft] *n.* ⓒ 돈 씀씀이가 헤픈 사람, 낭비가.

:**spent** [spent] SPEND의 과거·과거분사.
— (***more ~ ; most ~***) *a.* 힘이 빠진, 지쳐버린.

sperm [spəːrm] (*pl.* ~, ***~s***) *n.* (1) ⓤ 정액(精液)(semen). (2) ⓒ 정자, 정충.

sper·ma·ce·ti [spə̀ːrməséti, -síːti] *n.* ⓤ 경랍(鯨蠟)《향유고래의 머리에서 채취》.

spérm òil 【化】 고래 기름, 향유고래 기름.

spérm whàle 【動】 향유고래.

spew [spjuː] *vt.* (1)《俗》 (먹은 것)을 토해내다《*out*》. (2)…을 내뿜다, 뿜어내다《*out*》. — *vi.* (1)토하다《*up*》. (2)뿜어 나오다 ; 분출하다《*out*》.

sphag·num [sfǽgnəm] (*pl.* ***-na*** [-nə]) *n.* ⓤ 【植】 물이끼.

:**sphere** [sfiər] *n.* ⓒ (1)구체(球體), 구(球), 구형, 구면. (2)【天】 천체 ; 지구의(地球儀). (3)(세력·활동·지식 따위의) 영역, 범위《*of*》 ; (사회적인) 지위, 신분, 계급. (4)《詩》 하늘, 창공, 천공. — *vt* (1) 구(救)안에 두다. (2) 구 모양으로 만들다, 둘러싸다, 에워싸다.

·**spher·i·cal** [sférikəl] *a.* 구(球)의, 구면의 ; 천체〈천구〉의.

sphe·roid [sfíərɔid] *n.* ⓒ 【數】 회전 타원체〈면〉. 파) **sphe·roi·dal** [sfiərɔ́id] *a.*

sphinc·ter [sfíŋktər] *n.* ⓒ 【解】 괄약근(括約筋), 늘옴치근(筋).

:**sphinx** [sfiŋks] (*pl.* ***~·es, sphin·ges*** [sfíndʒiːz]) *n.* (1) a]ⓒ 스핑크스 상(像). b](the S~) 대(大)스핑크스 상(像)《이집트의 Giza 부근의 거상(巨像)》. (2) ⓒ 수수께끼의 인물, 불가해한 사람. (3)(the S-) 【그神】 스핑크스.

:**spice** [spais] *n.* (1) ⓤⓒ 〔集合的〕 양념(류), 향신료(香辛料). (2) ⓤ a]정취, 취향 ; (짜릿한) 맛(을 주는 것), 묘미《*of*》. b](a ~) 기미(氣味), …한 데《*of*》.
— *vt.* 《~+目/+目+前+名》 (1)…에 양념을〈향료를〉 치다 ; …에 맛을 내다(season)《*with*》 : ~ food *with* ginger 음식에 생강으로 맛을 내다. (2)《比》 …에 풍취를〈멋을〉 곁들이다《*with*》.

spic·ery [spáisəri] *n.* ⓤ (1)〔集合的〕 향신료. (2)방향(芳香), 짜릿한 맛.

spick-and-span [spíkənspǽn] *a.* 아주 새로운, 갓 맞춘《옷 따위》 ; (집·방 따위가) 산뜻한.

spicy [spáisi] (***spic·i·er*** ; ***-i·est***) *a.* (1)향(신)료를 넣은, 향긋한. (2)짜릿한, 통쾌한. (3)음란한, 외설한. 파) **spíc·i·ly** *ad.* **-i·ness** *n.*

:**spi·der** [spáidər] *n.* ⓒ (1)【動】 거미 ; 거미류에 속하는 절지동물. (2)삼발이. (3)《美》 (다리 달린) 프라이팬.

spi·der·man [-mən] (*pl.* ***-men*** [-mən]) *n.* ⓒ 빌딩 건축 현장 고소(高所) 작업원.

spi·dery [spáidəri] *a.* (1)거미의〈같은〉, 거미가 많은. (2)가늘고 긴.

spiel [spiːl] *n.* ⓤⓒ 《俗》 (손님을 끌기 위해 늘어놓는) 장광설, 홍감스럽게 떠벌림(harangue).

spig·ot [spígət] *n.* ⓒ (1)(수도·통 등의) 마개. (2)《美》 (액체를 따르는) 주둥이, 물꼭지(faucet).

·**spike**[1] [spaik] *n.* ⓒ (1)긴 대못 ; 담장 못《뾰족한 끝을 위나 밖으로 향하게 담 따위에 박음》 ; 철도용 대못. (2)(경기화의) 스파이크 ; (*pl.*) 스파이크 슈즈. (3)(파형(波形) 그래프의) 표족한 끝. (4)《俗》 피하 주사 바늘. (5)【排球】 스파이크. (6)《英俗》 싸구려 여인숙.

— *vt.* (1)…을 대못으로 박다 ; (침입자를 막기 위해) …에 담장 못을 박다. (2)(선수)에게 스파이크로 상처를 입히다. (3)(계획 따위)를 망쳐놓다, 방해하다, 좌절시키다 : ~ a person's guns …의 계획을 선수를 써서 좌절시키다. (4)【排球】 …을 스파이크하다. (5)《美俗》(음료)에 독한 술을 타다.

spike² *n.* ⓒ (1)(보리 따위의) 이삭. (2)【植】 수상(穗狀) 꽃차례.

spiky [spáiki] (***spik·i·er ; -i·est***) *a.* (1)대못과 같은, 끝이 뾰족한. (2)《口》 성마른.

:spill¹ [spil] (*p., pp.* ***~ed*** [-t, -d], ***spilt*** [spilt]) *vt.* (1)(액체·가루 따위)를 엎지르다, 흘뜨리다. (2)(피)를 흘리다(shed). (3)《~+目/+目+前+名》《口》(말·차에서 사람)을 내동댕이치다, 떨어뜨리다《*from*》. (4)《口》(정보·비밀)을 누설하다, 폭로하다 : ~ the secret. — *vi.* 《~/+前+名》 엎질러지다 ; 넘치다 : Milk *spilt from* the glass. 우유가 컵에서 엎질러졌다. ***~ money*** (노름 등에서) 돈을 잃다. ***~ out*** (그릇에서) (1) 흐르다, 엎질러지다, 흘리다. 엎지르다. (2) (비밀 등을) 폭로하다. ~ over (1) (비밀 등을) 누설하다. (2) 넘쳐흐르다. (3) (인구 등이) 넘치다. ***~ the beans*** 《口》 (얼떨결에) 비밀을 누설하다. — *n.* (1) ⓒ 엎지름, 엎질러짐(spilling) ; ⓤ 엎지른〈흘린〉 양. (2) ⓒ 《口》(탈것에서) 내던져짐, 떨어짐.

spill² *n.* ⓒ 점화용 심지 ; 불쏘시개.

spill·o·ver [spílòuvər] *n.* (1) ⓤ 넘쳐흐름, 유출. (2) ⓒ 넘친 양 ; 과잉.

spill·way [´wèi] *n.* ⓒ (저수지·댐·호수 따위의) 방수구(放水口), 배수구〈로〉.

·spilt [spilt] SPILL¹ 의 과거·과거분사.

:spin [spin] (***spun*** [spʌn], 《古》 ***span*** [spæn] ; ***spun ; ~·ning***) *vt.* (1)《~+目/+目+前+名》 (실)을 잣다, 방적하다, 실(모양으)로 만들다. (2)(누에·거미 따위가 실)을 내다, 토하다 ; (거미줄)을 치다. (3)《~+目》 (이야기 따위)를 (장황하게) 늘어놓다, 이야기하다(tell). (4)(팽이 따위)를 돌리다, 회전시키다 ; 【크리켓·테니스】 (공에 스핀)을 주다 ; (세탁물)을 탈수기로 탈수하다. —*vi.* (1)잣다 ; (누에·거미 따위가) 실을 내다, 고치를〈거미집을〉 짓다. (2)(팽이 따위가) 돌다, 뱅뱅 돌다《*round*》. (3)어지럽다, 눈이 핑 돌다 ; 나선식 강하를 하다 : One's head *~s.* (4)(차바퀴가) 공전시키다. (5)《+副》 질주하다《*along*》 ; 빨리 지나다 : Time *~s away.* ***~ off*** 1)(원심력으로) 흔들어 떨어뜨리다. 2)…을 부산물로 낳다 ; (회사 따위)를 분리 신설하다. ***~ out*** 1)(이야기·토론 등)을 질질 끌다 ; (돈을) 오래 간직하게 하다. 2)(세월)을 보내다, 어정버정 지내다.

— *n.* (1) ⓤ (또는a ~) 회전(whirl) ; (탁구·골프공 등의) 스핀. (2)(a ~) (차 따위의) 한바탕 달리기, 드라이브. (3)(a ~) 《口》 (가격 따위의) 급락. (4) ⓒ 【空】 나선식 강하. ***in a*** (***flat***) ~ 《口》(마음 등이) 혼란 상태에서, 허둥지둥.

·spin·ach [spínitʃ/ -nidʒ, -nitʃ] *n.* ⓤ 시금치.

spi·nal [spáinl] *a.* 【解】 등뼈(spin)의, 척추의.

·spin·dle [spíndl] *n.* ⓒ (1)물레 가락 ; (방적 기계의) 방추(紡錘). (2)축, 굴대(axle).

spin·dle-leg·ged [-lègid] *a.* 다리가 가늘고 긴.

spin·dle·legs [-lègz] *n. pl.* (1)가늘고 긴 다리. (2)〔單數취급〕《口》 다리가 가늘고 긴 사람.

spíndle trèe 【植】 화살나무.

spin·dly [spíndli] (***-dli·er ; -dli·est***) *a.* 가늘고 긴, 호리호리한.

spín dríer 〈**drýer**〉 (원심 분리식) 탈수기.

spin-dry [spíndrài] *vt.* (세탁물)을 원심력으로 탈수(脫水)하다.

·spine [spain] *n.* ⓒ (1)【解】 등뼈, 척주. (2)【植】 (선인장 따위의) 가시 ; 가시 모양의 돌기. (3)【製本】 (책의) 등. (4) 바늘. (5) (땅·바위 등의) 돌기.

spine-chill·ing [´tʃìliŋ] *a.* 등골이 오싹해지는, 무서운.

spine·less [spáinlis] *a.* (1)척주가 없는 ; 무척추의. (2)줏대가 없는, 무골충의 ; 결단력이 없는. (3)【植】 가시가 없는.

spin·na·ker [spínikər, 《海》 spǽŋkər] *n.* ⓒ 【海】 (이물의) 큰 삼각돛《경조용 요트의 대장범(大檣帆) 반대쪽에 순풍일 때 침》.

·spin·ner [spínər] *n.* ⓒ (1)실 잣는 사람, 방적공 ; 방적기. (2)【낚시】 꾐 미끼의 일종《뱅뱅 돎》. (3)【野·크리켓】 스핀을 건 공(을 잘 던지는 투수). (4)【서핑】 스피너《직진하는 서프보드에서 1회전하기》.

spin·ney [spíni] (*pl.* ***~s***) *n.* ⓒ 《英》 덤불, 잡목숲. — *a.* 방적(업)의.

·spin·ning [spíniŋ] *n.* ⓤ (1)방적, 방적업. (2)〔形容詞的〕 방적(용)의 : a ~ mill 방적 공장.

spínning whèel 물레.

spin-off [spínɔ̀(ː)f, -ɑ̀f] *n.* (1) ⓤ 《美》 스핀오프《모회사가 주주에게 자회사의 주를 배분하는 일》. (2) ⓤⓒ (산업·기술 개발 등의) 부산물, 파생물. (3) ⓒ 《美》 (TV 연속극 따위의) 속편, 개작품(改作品).

·spin·ster [spínstər] *n.* ⓒ (1)미혼 여자, 노처녀(oldmaid). 【cf.】 bachelor. (2)《古》 실 잣는 여자.

spin·ster·hood [-hud] *n.* ⓤ (여자의) 독신, 미혼(상태).

spiny [spáini] (***spin·i·er ; -i·est***) *a.* (1)가시로 덮힌, 가시 투성이의. (2)(문제 따위가) 어려운(difficult), 곤란한, 번거로운.

spíny lóbster 【動】 대하(大蝦).

·spi·ral [spáiərəl] *a.* 나선〈나사〉 모양의 ; 소용돌이 곡선의, 와선(渦線)의.

— (***-l-,*** 《英》 ***-ll-***) *vi.* (1)나선상으로 움직이다 ; (연기 따위가) 나선 모양으로 피어오르다 ; 【空】 나선 강하하다. (2)(물가 따위가) 급속히 변동〈상승, 하강〉하다《*up* ; *down*》 : The prices began to ~ (*up*). 물가가 한없이 오르기 시작했다.

파) **~·ly** *ad.*

spi·rant [spáiərənt] *n.* ⓒ 【音聲】 마찰음《[f, v, θ, ð]따위》. — *a.* 마찰음의.

:spire¹ [spɑiər] *n.* ⓒ (1)뾰족탑 ; (탑의) 뾰족한 꼭대기. (2)원추형〈원뿔 모양〉의 것, (산의) 정상.

spire² *n.* ⓒ (1)나선(의 한 둘레), 소용돌이. (2)【動】 나탑(螺塔)《권패(卷貝)의 껍데기가 말린 부분》.

spired [spaiərd] *a.* 탑의 지붕이 뾰족한.

:spir·it [spírit] *n.* (1) ⓤ 정신, 영(靈) (soul), 마음, (육체를 떠난) 영혼. 【opp.】 *body, flesh, matter.* (2) ⓤ 신령. (3) ⓒ 유령, 망령; 악마, 요정(sprite, elf), 초자연적인 존재. (4) ⓒ 〔形容詞를 수반하여〕 (…성격·기질을 가진) 사람, 인물. (5) ⓤ 활기, 기백, 의기. (6)(*pl.*) 기분(mood) : be in good *~s* 기분이 좋다. (7) ⓤ 성품, 기질, 심지(temper) ; (시대 따위의) 정신, 풍조, 시세(時勢)《*of*》. (8)(*sing* ; 흔히 the ~) (법 따위의) 정신, 참뜻(intent)《자의(字義)(letter)에 대해》. (9) ⓤ (소속 단체에 대한) 충성심(loyalty) : school 〈college〉 ~ 애교심. (10) a〕ⓤ 알코올, 주정(酒精). b〕(*pl.*) 독한 술《위스키 따위의 증류주》.

— *a.* 〔限定的〕 (1)정령(精靈)의 ; 심령술의 : a ~

rapper 영매(靈媒). (2)알코올의.
— *vt.* (1)《+目+副》 (어린애 등)을 유괴〈납치〉하다, 감쪽같이 채가다〈감추다〉《*away* ; *off*》 : ~ away a girl 소녀를 유괴하다. (2)《+目+副》 …을 북돋다, 분발시키다 ; 선동하다《*up*》 : ~ the mob *up to* revolt 군중을 선동하여 반란을 일으키게 하다.

·spir·it·ed [spíritid] *a.* (1)기운찬, 활발한, 용기 있는 ; 맹렬한. (2)〔複合語의 요소로서〕 정신이 …한, 원기가〈기분이〉 …한.

spírit làmp 알코올 램프.

spir·it·less [spíritlis] *a.* (1)생기〈정력, 원기, 용기〉가 없는. (2)마음이 내키지 않는, 열의가〈기력이〉 없는.

spírit lèvel 알코올 수준기(器).

:spir·it·u·al [spíritʃuəl] (*more* ~ ; *most* ~) *a.* (1)정신(상)의, 정신적인 ; 영적인. (2)숭고한, 탈속적(脫俗的)인. (3)신의, 신성한(sacred) ; 종교상의 ; 교회의.
—*n.* ⓒ 흑인 영가(Negro ~). 파) **~·ly** [-əli] *ad.*

spir·it·u·al·ism [spíritʃuəlizəm] *n.* ⓤ (1)강신술, 심령론, 감령설. (2)【哲】 유심론, 관념론.【cf.】materialism. 파) **spìr·i·tu·al·ís·tic** [-ístik] *a.*

spir·it·u·al·ist [spíritʃuəlist] *n.* ⓒ (1)심령술사 ; 심령주의자. (2)유심론자.

spir·it·u·al·i·ty [spìritʃuǽləti] *n.* ⓤ 정신적임, 영성(靈性) ; 신성 ; 고상, 탈속.

spir·it·u·al·i·za·tion [spìritʃuəlizéiʃən] *n.* ⓤ 영화(靈化), 정화(淨化).

spir·it·u·al·ize [spíritʃuəlàiz] *vt.* (사람·마음 따위)를 정신적〈영적〉으로 하다 ; 영화(靈化)〈정화〉하다.

spir·it·u·ous [spíritʃuəs] *a.* (1)(다량의) 알코올을 함유한, 알코올 성분이 강한. (2)(술이) 증류한(distilled).

:spit[1] [spit] (*p.*, *pp.* ***spat*** [spæt], ***spit*** ; ***spít·ting***) *vt.* (1)(침·음식·피 따위)를 뱉다, 토해내다《*out*》. (2)《~+目/+目+副/+目+前+名》 (욕·폭언 따위)를 내뱉다, 내뱉듯이 말하다《*out*》 ; (…에게 욕설)을 퍼붓다《*at*》.
—*vi.* (1)《~/+前+名》 침을 뱉다〈내뱉다〉. (2)《~/+前+名》(비·눈 따위가) 후두두〈조금〉 내리다. (3)(양초 따위가) 지그르르 타다 ; (끓는 기름 등이) 톡톡 튀다. (4)(성난 고양이가) 야옹거리다《*at*》. ***~ it out*** 《口》서슴지 않고 말하다 ; 나쁜 짓을 자백하다. ~ at (on) …에 침을 뱉다, …을 멸시하다.
— *n.* (1) ⓤ 침. (2) ⓤ (곤충의) 내뿜는 거품. (3)(the ~) 《口》 꼭 닮은 것(likeness)《*of*》 : *the* (very) ~ and image *of* …을 빼쏨. (4) 후두두 뿌리는 비(눈) ***~ and polish*** (1)(군대 등에서) 닦아서 광내는 작업. (2)(지나친) 청결 정돈.

spit[2] *n.* ⓒ (1)(고기 굽는) 쇠꼬챙이, 꼬치. (2)갑(岬), 곶, (바다에 길게 돌출한) 모래톱. — (***-tt-***) *vt.* (고기)를 구이용 꼬치에 꿰다 ; 막대기에 꿰다.

spit[3] *n.* ⓒ《英》 가래(spade)의 날만큼의 깊이.

spit·ball [∸bɔ̀:l] *n.* ⓒ (1)종이를 씹어 둥글게 뭉친 것. (2)【野】 스피트볼《공에 침〈땀〉을 발라서 베이스 가까이에서 떨어지게 던지는 변화구 ; 반칙》.

:spite [spait] *n.* ⓤ 악의(malice), 심술, 앙심, 원한. ***in ~ of*** =《稀》 ***~ of*** …에도 불구하고, …을 무릅쓰고. ***in ~ of*** one***self*** 저도 모르게, 무심코. — *vt.* 《~+目》 …에 심술부리다, 괴롭히다(annoy) : He did it just to ~ me. 그는 그저 내게 심술을 부려 그렇게 했다. (2) 앙갚음하다 : to ~ …은 괴롭히기 위해, 앙심에서.

spite·ful [spáitfəl] *a.* 악의에 찬, 짓궂은, 앙심을 품은. 파) **~·ly** *ad.* **~·ness** *n.*

spit·fire [spítfàiər] *n.* ⓒ 성마른 사람, 불뚱이.

spit·tle [spítl] *n.* ⓤ (특히 내뱉은) 침(spit, saliva).

spit·toon [spitú:n] *n.* ⓒ 타구(唾具).

:splash [splæʃ] *vt.* (1)《~+目/+目+副/+目+前+名》 (물·흙탕 따위)를 튀기다《*about* ; *over*》. (2)《~+目/+目+前+名》 (물 따위)를 튀겨 더럽히다〈적시다〉 ; …에 튀기다《*with*》. (3)(물이) …에 튀다. (4)《+目+前+名》 …을 첨벙 첨벙거리며 나아가다 ; (…으로 물 따위)를 튀기다. (5)《英口》 (돈 따위)를 호기있게 뿌리듯 쓰다《*about* ; *out* (*on*)》 ; 《口》 (신문 등이 뉴스 따위)를 크게 써대다. (6) (벽지 등을) 얼룩무늬로 하다. (7) 격추하다. (8) (뉴스 등을) 화려하게 다루다.
— *vi.* (1)《~/+副/+前+名》 튀(어 오르)다, 튀기다《*on*》. (2)풍덩하고 빠지다〈떨어지다〉《*into*》. (3)《+副/+前+名》 첨벙첨벙 소리를 내며 …하다〈나아가다〉《*across* ; *along* ; *through*》. (4)돈을 호기 있게 뿌리듯 쓰다. ***~ down*** (우주선이) 물위에 착륙〈착수(着水)〉하다.
— *n.* ⓒ (1)튀김 ; 튄 물 ; 튀기는 소리. (2)(잉크·흙탕물 따위의) 튄 것, 얼룩, 반점 : a white dog with black *~es* 바둑이. (3)《英口》 (위스키에 타는) 소량의 소다수 : a Scotch and ~소다수를 탄 스카치 위스키. (4)(신문·잡지 등에서) 크게〈요란하게〉 다룬 기사 : ~ headlines. ***make*** 〈***cut***〉 ***a ~*** 첨벙하고 소리를 내다 ; 《口》 크게 평판이 나다 : His new show *made a* big ~ in New York. 그의 신작 쇼는 뉴욕에서 크게 평판이 났다.
— *ad.* 첨벙〈철벅〉하고.

splat [splæt] *n.* (a ~)철벅, 철썩《물 따위가 튀거나 젖은 것이 바닥에 떨어질 때의 소리》.

splat·ter [splǽtər] *vt.* (물 따위)를 튀기다, 철벅거리다.

splay [splei] *vt.* (1)…을 바깥쪽으로 넓히다, 벌리다《*out*》. (2)(창틀 따위의 가장자리)를 바깥쪽으로 비스듬히 벌어지게 하다.

splay·foot [∸fùt] (*pl.* ***-feet***) *n.* ⓒ 편평족(扁平足), 평발(flatfoot). 파) **~·ed** *a.* 편평족의.

spleen [spli:n] *n.* (1) ⓒ 【解】 비장(脾臟), 지라. (2) ⓤ 울화, 기분이 언짢음 ; 앙심(grudge).

spleen·ful [splí:nfəl] *a.* 성마른(fiery).

:splen·did [spléndid] (*more* ~ ; *most* ~) *a.* (1)빛나는(glorious), 훌륭한, 장한. (2)화려한(gorgeous), 장려한 ; 아름다운. (3)《口》 (착상 따위가) 멋진, 근사한(excellent), 더할 나위 없는(satisfactory). (4) (색채 등이) 빛나는. ▫ splendor *n.* 파) **~·ly** *ad.* **~·ness** *n.*

:splendor, 《英》 **-dour** [spléndər] *n.* ⓤ (종종 *pl.*) (1)빛남, 광휘, 광채(brilliance). (2)호화, 장려, 장대(壯大). (3)현저함, 훌륭함, 뛰어남 ; (명성·업적 따위의) 화려함, 탁월.

sple·net·ic [splinétik] *a.* (1)비장〈지라〉의. (2)성을 잘 내는. — *n.* ⓒ 비장병 환자, 성미가 까다로운 사람.

splen·ic [splí:nik, splén] *a.* 비장〈지라〉의.

splice [splais] *vt.* (1)(두 가닥의 밧줄 따위)를 끝을 풀어 꼬아 잇다 ; (재목·필름 따위)를 겹쳐 잇다. (2)《口》 …을 결혼시키다 : get ~*d* 결혼하다.
— *n.* ⓒ 가닥을 꼬아 잇기, 이어 맞추기, 겹쳐잇기 ; 이음매.

splint [splint] *n.* ⓒ (1)얇은 널조각. (2)(접골 치료

용) 부목(副木). (3) (성냥)개비. (4) (갑옷의) 미늘 ; 비골. — *vt.* …에 부목을 대다.

splínt bòne 【解】 비골(. 종아리뼈.

·**splin·ter** [splíntər] *n.* ⓒ (1)부서진〈쪼개진〉 조각 ; 파편. (2)지저깨비 ; (나무·대나무 따위의) 가시. — *a.* 〔限定的〕 분리〈분열〉한. — *vt.* …을 쪼개다. 가르다. — *vi.* 쪼개(지)다. 찢(어지)다 ; (조직 등이) 분열되다.

splin·tery [splíntəri] *a.* (1)파편의 ; 열편(裂片)같은. (2)쪼개〈찢어〉지기 쉬운. (3)(나무·광석의 표면이) 깔쭉깔쭉한.

:**split** [split] (*p.*, *pp.* **~ ; ~·ting**) *vt.* (1)《~+目/+目+前+名》 …을 (세로로) 쪼개다(cleave), 찢다, 째다(rive) ; 분할하다. (2)《~+目/+目+前+名》 …을 분담하다(share) ; 나누다(divide). 《美》 (주식을) 분배하다. (3)《~+目/+目+前+名/+目+副》 …을 분열시키다, 이간시키다, 불화하게 하다《*up*》. (4)《+目+前+名》…을 떼어내다, 벗기다《*from*》. — *vi.* (1)《~/+前+名》 (세로로) 쪼개지다, 갈라지다, 찢어지다《*off* ; *up*》 ; 《~+補》 (…상태로) 갈라지다〈쪼개지다〉. (2)《~/+前+名/+副》 분열하다《*up* ; *into*》 사이가 틀어지다, 헤어지다, 별거하다 ; 이혼하다《*up* ; *with*》. (3)《口》 (서로) 나누어 갖다《*with*》 ; (비용 따위를) 나누다, 나눠내다《*on*》. (4)《英俗》 (…을) 배신하다. (…에게) 밀고하다《*on*, *upon*》. (5)《俗》 (서둘러) 떠나다, 도망가다.

~ *hairs* 〈***straws, words***〉 사소한 것을 크게 떠들어 대다 ; 지나치게 세세히 구별하다. ~ one'***s sides*** 포복 절도하다. ***~ the difference*** 접근〈타협〉하다.

— *a.* (1) (특히 세로로 또는 나뭇결처럼) 갈라진, 쪼개진, 분열한. (2) 갈라서 만든, 발라내어 말린 (소금에 절인)〈생선 등〉.

—*n.* (1) ⓒ 쪼개(지)기, 찢(어지)기. (2) ⓒ 쪼개진〈갈라진〉 금〈틈〉 ; 홈. (3) ⓒ 분열 ; 불화《*in*》. (4)불화의 원인, 입장의 상위(相違). (5) ⓒ 【證】 주식 분할 ; (이익 따위의) 몫. (6) ⓤⓒ 【料】 아이스크림을 친 얇게 썬 과일《특히 바나나》. (7)(종종 the ~s) 〔單數취급〕 두 다리를 일직선으로 벌리고 앉는 곡예 연기. (8) 【볼링】 스플릿《제1투(投)에서 핀 사이가 벌어진 채 남은 상태》. 【cf.】 spare.

split·lev·el [splítlévəl] *a.* 【建】 같은 층의 일부의 방이 딴 방보다 바닥이 높게 된.

splít péa 말려 쪼갠 완두콩《수프용》.

splít personálity 【心】 이중 인격.

splít sécond (a ~) 한 순간.

splít tícket 【美政】 분할 투표《두 당 이상의 후보를 연기(連記)한 표》 : vote a ~ 분할 투표하다.

split·ting [splítiŋ] *a.* (1)(두통으로 머리가) 빠개지는 듯한 ; 고막이 째지는 듯한; 격렬한. (2)《美口》 우스워 견딜 수 없는(sidesplitting). (3) 나는 듯한, 재빠른 — *n.* (*pl.*) 파편, 조각, 분열.

splotch [splɑtʃ/splɔtʃ] *n.* ⓒ 오점, 반점(斑點), 얼룩(stain). — *vt.* …을 얼룩지게 하다.

파) **splótchy** *a.* 더럽혀진, 얼룩진.

splurge [splə:rdʒ] *n.* ⓒ 《口》 (1)과시, 자랑. (2)낭비, 산재(散財). — *vi.* (1)돈을 마구 쓰다《*on*》 : ~ *on* a movie 큰마음 먹고 영화 구경가다. (2)자랑해 보이다, 과시하다. — *vt.* (돈)을 마구 쓰다《*on*》.

:**spoil** [spɔil] (*p.*, *pp.* ***spoilt*** [spɔilt], **~*ed*** [-t, -d]) *vt.* (1)…을 망쳐놓다(destroy), 결딴내다, 못 쓰게 만들다, 손상하다 ; (흥미 따위)를 깨다 ; (식욕)을 가시게 하다. (2)《~+目/+目+前+名》(아무의 성격·성질)을 못되게 만들다(ruin), (아이들 따위)를 버릇없게〈응석받이로〉 만들다. (3)(신선한 음식물 따위)를 썩게〈상하게〉 하다. (4)《~+目/+目+前+名》《古·文語》 …을 약탈〈강탈〉하다 ; (…에게서) …을 빼앗다(plunder)《*of*》. — *vi.* 결딴나다, 못쓰게 되다, 나빠지다 ; 상하다, 부패하다. ***be ~ing for*** 《口》 …을 하고 싶어서 못 견디다 ; …을 열망하다. ***be ~ing for*** (***a fight***) (싸움 등을) 하고 싶어 못 견디다. 간절히 바라다. ~ a person'***s beauty*** 〈***face***〉 ***for him*** 얼굴을 때려서 엉망으로 만들다. ***~ the Egyptians*** 가차없이 적의 물건을 빼앗다.

— *n.* (1) ⓤ (종종 *pl.*) 전리품, 약탈품, 탈취한 물건(booty). (2)(*pl.*) 《美》 이권《선거에 이긴 정당이 임명할 수 있는 관직·지위 따위》. (3)(*pl.*) 상품 ; 수집품, 헐값으로 산 좋은 물건.

spoil·age [spɔ́ilidʒ] *n.* ⓤ 망치기 ; 망쳐진 것 ; 손상(물(物)), 손상액(額.

spoil·er [spɔ́ilər] *n.* ⓒ (1)약탈자 ; 망쳐 놓는 사람〈것〉. (2)【空】 스포일러《하강 선회 능률을 좋게 하기 위하여 날개에 다는》. (3)《美》 방해 입후보자.

spoils·man [spɔ́ilzmən] (*pl.* ***-men*** [-mən]) *n.* ⓒ 《美》 (이익을 위해 정당을 지지하는) 이권 운동자, (금전의 이득을 도모하는) 엽관 운동자.

spoil·sport [spɔ́ilspɔ̀:rt] *n.* ⓒ 남의 흥을 깨는 사람, 남의 즐거움을 방해하는 사람, 불쾌한 사람.

·**spoke**[1] [spouk] *n.* ⓒ (1)(수레바퀴의) 살, 스포크. (2)【船】 (타륜(舵輪) 둘레의) 손잡이. (3) 제륜자. (4) (사닥다리의) 단목, 가로장. — *vt.* (1) (바퀴에) 살을 달다. (2) 제동자로 바퀴를 멈추다. ***put*** 〈***thrust***〉 ***a ~ in*** a person'***s wheel*** 아무의 (계획 등을) 훼방 놓다.

:**spoke**[2] SPEAK 의 과거.

:**spo·ken** [spóukən] SPEAK 의 과거분사.

— *a.* (1)말로 하는, 구두의(【opp.】 *written*), 구어의(【opp.】 *literary*). (2)〔複合的〕 말솜씨가 …한.

·**spokes·man** [spóuksmən] (*pl.* ***-men*** [-mən]) *n.* ⓒ 대변인.

spokes·per·son [⌐pə̀:rsən] (*pl.* ***~s, -people***) *n.* 대변인(spokesman, spokeswoman).

spokes·wom·an [⌐wùmən] (*pl.* ***-wom·en*** [-wìmin]) *n.* ⓒ 여성 대변인.

spo·li·a·tion [spòuliéiʃən] *n.* ⓤ 강탈(robbery), 약탈(plundering).

:**sponge** [spʌndʒ] *n.* (1) ⓒ 【動】 해면 (동물). (2) ⓤⓒ (목욕·세탁용의) 스펀지. (3) ⓤⓒ 해면 모양의 것 ; 스펀지 케이크. (4) ⓒ 《口》 기식자, 식객(parasite). (5) ⓒ 《口》 술고래. ***throw*** 〈***toss***〉 ***up*** 〈***in***〉 ***the ~*** 《比》 패배를 인정하다 ; 항복하다.

— *vt.* (1)《~+目/+目+副》 …을 해면으로 닦(아내)다〈씻다〉《*off* ; *out* ; *down*》 ; …을 해면으로 빨아들이다 (2)《口》(아무의 친절 따위를 기회로) …을 우려내다, 졸라서 손에 넣다《*from* ; *off*》.

— *vi.* (1)(해면 따위가 액체를) 흡수하다 ; 해면을 채취하다. (2)《口》 기식(寄食)하다, 식객이 되다《*on* ; *off*》 : ~ *on* one's relatives 친척들에게 빌붙어 살다.

spónge bàg 《英》 (방수(防水)의) 세면도구 주머니, 화장품 주머니.

spónge càke 스펀지 케이크《카스텔라류》.

spong·er [spʌ́ndʒər] *n.* ⓒ (1)해면으로 닦는 사람〈것〉 ; 해면 채취자〈선〉. (2)《口》 기식자, 식객.

·**spon·gy** [spʌ́ndʒi] (***-gi·er*** ; ***-gi·est***) *a.* (1)해면 모양의, 해면질(質)의. (2)작은 구멍이 많은.

·**spon·sor** [spɑ́nsər/spɔ́n-] *n.* ⓒ (1)보증인(sure-

ty), 신원 보증인 ; (사람·사물 따위에) 책임을 지는 사람《*for* ; *of*》. (2)(행사·선거 입후보자 따위의) 후원자, (법안의) 발기인, (자선 사업 등의) 자금 제공자. (3)《美》(상업 방송의) 스폰서, 프로 제공자, 광고주《*to*》. (4)【宗】 대부〈모〉(代父〈母〉)(godparent) ; (진수선(船)의) 명명자《*for*》. — *vt.* (1)…을 후원하다, 발기〈주최〉하다. (2)…의 보증인이 되다. (3)(상업 방송의) 광고주〈스폰서〉가 되다.
파) **spon·so·ri·al** [spɑnsɔ́ːriəl/spɔn-] *a.* **~·shìp** [-ʃìp] *n.* ⓤ (1)보증인〈스폰서〉임 ; 후원, 발기. (2)(스폰서의) 출자금 ; (후원자로부터의) 조성금.

spon·ta·ne·i·ty [spɑ̀ntəníːəti/spɔ̀n-] *n.* ⓤ (1)자발(성). (2)자연스러움. (3) 자발 행동(활동) ; 자연발생.

·spon·ta·ne·ous [spɑntéiniəs/spɔn-] (***more ~ ; most ~***) *a.* (1)자발적인, 자진해서 하는, 임의의(voluntary). (2)(행동 따위가) 저절로 나오는, 무의식적인 ; (현상 따위가) 자연 발생의, 자연의. (3)(문체 따위가) 자연스러운, 시원스러운 ; (사람이) 솔직한, 생각을 있는 그대로 표현하는. 파) ***~·ly** *ad.* **~·ness** *n.*

spoof [spuːf] *n.* ⓒ《口》(1)속여 넘김, 눈속임, 야바위(hoax). (2)희문(戱文). — *vt.* …을 장난으로 속이다, 속여넘기다(hoax) ; 조롱하다.
— *a.* 거짓(속임수, 가짜의) (faked).

spook [spuːk] *n.* ⓒ (1)《口》 유령, 도깨비(ghost, specter). (2)《俗》 스파이, 정보원. — *vt.* 《美口》(동물 따위)를 놀라게(하여 떠나게) 하다.

spooky [spúːki] (***spook·i·er ; -i·est***) *a.* 《口》(1) 유령 같은 ; 유령이 나올 것 같은, 무시무시한. (2)《美》(말 따위가) 겁 많은, 신경질적인.

Spool [spuːl] *n.* 【컴】 스풀《얼레치기(spooling)에 의한 처리, 복수 프로그램의 동시처리》.

spool [spuːl] *n.* ⓒ (1)실패(bobbin), 실꾸릿대(reel) ; (필름 따위의) 릴, 스풀. (2)한 릴의 분량.

spool·er [spúːlər] *n.* 【컴】 얼레, 순간 작동《얼레치기(spooling)를 행하는 프로그램》.

spool·ing [spúːliŋ] *n.* 【컴】 얼레치기, 순간작동(하기)《출력 데이터를 일시적으로 파일 등에 모으면서 순차 처리를 행하기》.

:spoon [spuːn] *n.* ⓒ (1)순가락, 스푼 ; 한 숟가락의 양. (2)숟가락 모양의 물건 ; 숟가락 모양의 노 ; 【골프】 숟가락 모양의 클럽. ***be born with a silver 〈gold〉 ~ in*** one***'s mouth*** 유복한 집에 태어나다.
— *vt.* (1)…을 숟가락으로 뜨다〈푸다〉《*out* ; *up*》: ~ *up* one's soup 수프를 스푼으로 뜨다. (2)【골프】(공)을 떠올리듯 (가볍게) 치다《*up*》. — *vi.* 《俗》(1) 서로 애무하다(neck)《*with*》. (2) 공을 퍼(떠)올리듯이 치다. (3) 추림낚시로 낚다.

spoon-fed [ˊfèd] *a.* (1)(어린애·환자 따위가) 숟가락으로 떠먹여 주는 것을 받아먹는. (2)지나치게 응석부리게 한 ; (산업 따위가) 과보호의.

spoon-food [ˊfiːd] (*p., pp.* **-fed**) *vt.* (1)(어린애 따위)에게 숟가락으로 떠먹이다. (2)…을 어하다 ; (산업을) 지나치게 보호하다. (3)(학생에게 필요 이상으로) 자상하게 가르치다.

·spoon·ful [spúːnfùl] (*pl.* ***~s, spóons·ful***) *n.* ⓒ 한 숟갈(분)《*of*》.

spoony, spoon·ey [spúːni] (***spoonier ; -iest***) *a.* 《口》 여자에게 무른 ; 바보 같은, 우매한.
— *n.* ⓒ《口》 여자에게 무른 남자 ; 바보.

spoor [spuər] *n.* ⓤ 자국, 배설물《야수가 남긴》.

spo·radic, -ical [spərǽdik] [-ikəl] *a.* (1)때때로 일어나는, 산발적인(occasional) ; (질병이) 산발〈돌발〉성의. (2) (식물 따위가) 산재하는, 드문드문한(scattered), 고립한. 파) **-i·cal·ly** *ad.* 이따금, 산발적으로 ; 드문드문.

·spore [spɔːr] *n.* ⓒ 【生】 (균류(菌類)·식물의) 포자(胞子), 아포(芽胞) : a ~ case 포자낭.

:sport [spɔːrt] *n.* ⓤⓒ (또는 *pl.*) (1)스포츠, 운동, (운동)경기《hunting, fishing을 포함하여》. (2)(*pl.*)《英》 운동회, 경기회. (3) ⓤ 후련한 기분풀이, 소창(消暢), 즐거움, 위안, 오락(fun). (4) ⓤ 농담, 장난, 희롱(jest), 놀림. (5) ⓒ 웃음〈조롱〉거리(laughing-stock) ; (the ~) ⓤ 농락 당하는 것, 놀림〈장난〉감. (6) ⓒ (스포츠맨답게) 공명 정대한 사람 ; (성품이) 소탈한 사람. (7)(호칭으로) 자네 : Old ~! 자네. (8) ⓒ 【生】 변종, 돌연변이(mutation). ***a ~ of terms 〈wit, word's〉*** 재담. ***Be a ~*** 스포츠맨답게 하다. ***make ~ of*** …을 놀리다, …을 조롱하다. — *a.* =SPORTS.
— *vi.* (1)(어린애·동물 등이) 놀다, 장난치다(play). (2)농락하다, 놀리다(wanton). (3)【生】 돌연변이를 일으키다(mutate). — *vt.* (1)《口》 …을 과시하다, 자랑해 보이다(display). (2)【生】 돌연변이를 일으키게 하다.

·sport·ing [spɔ́ːrtiŋ] *a.* (1)〔限定的〕 경기를〈사냥을〉 좋아하는 ; 운동〈경기〉용의. (2)운동가다운, 정정당당한. (3)모험적인 ; 투기적인. — *n.* ⓤ 스포츠 ; 유렵(遊獵).

spor·tive [spɔ́ːrtiv] *a.* 장난하며 노는 ; 까부는 ; 장난〈농담〉의. 파) **~·ly** *ad.* **~·ness** *n.*

sports [spɔːrts] *a.* 〔限定的〕 스포츠용의, 스포츠에 관한 ; (복장 등이)스포츠에 적합한.

spórts càr 스포츠카《보통 2인승 ; 차체가 낮은 무개(無蓋) 쾌속 자동차》.

sports·cast [spɔ́ːrtskæ̀st, -kɑ̀ːst] *n.* ⓒ《美口》 스포츠 방송〈뉴스〉. 파) **~·er** *n.* ⓒ 스포츠 담당 아나운서〈해설자〉. **~·ing** *n.*

:sports·man [ˊmən] (*pl.* ***-men*** [ˊmən]) *n.* ⓒ (1)운동가, 스포츠맨. (2)스포츠맨다운 사람, 무슨 일이나 정정당당하게 하는 사람.
파) **~·lìke** *a.* 운동가다운 ; 경기 정신에 어긋나지 않는, 정정당당한.

:sports·man·ship [spɔ́ːrtsmənʃìp] *n.* ⓤ (1) 스포츠맨십, 운동가 정신〈기질〉

sports·wear [spɔ́ːrtswὲər] *n.* ⓤ 〔集合的〕 운동복 ; 간이복.

sports·wom·an [ˊwùmən] (*pl.* ***-wom·en*** [ˊwìmin]) *n.* ⓒ 여자 운동가.

sports·writ·er [ˊràitər] *n.* ⓒ 스포츠 기자.

sporty [spɔ́ːrti] (***sport·i·er ; -i·est***) *a.* 《口》(복장이) 화려한(gay), 스포티한. 【cf.】 dressy.
파) **-i·ness** *n.*

:spot [spɑt/spɔt] *n.* (1) ⓒ 반점(speck), 점, 얼룩(stain). (2) ⓒ 【醫】 사마귀, 점 ; 《婉》 발진(發疹), 부스럼, 여드름(pimple). (3) ⓤ (인격·명성 따위의) 흠, 오점 ; 오명《*on, upon*》. (4) ⓒ (특정의) 지점, 장소(place) ; (사건 따위의) 현장. (5)《口》 지위(position), 직(職). (6)(*pl.*) 【商】 (상품 거래에서의) 현금 매물(賣物), 현물(~ goods) ; 《美俗》〔數詞를 수반하여〕 (소액의) 달러 지폐 ; (트럼프에서 2~10까지의) 패. (7)(a ~)《英口》 조금, 소량. (8)【TV·라디오】《口》 (프로 사이에 넣는) 짧은 광고〈뉴스〉 ; (프로그램 등에서의) 순번, 차례 ; (TV프로 등의) 짧은 출현.
change one***'s ~s*** 〔흔히 否定文〕 타고난 성격을 바꾸

다. ***in a* (*bad*)** ~《口》 매우 곤란하여, 궁지에 빠져. ***in* ~*s*** 《美》 어떤 점에서는 ; 곳곳에 ; 때때로. ***knock* (*the*) ~*s off* 〈*out of*〉** 《英口》 …을 완전히 굴복시키다; …을 훨씬 능가하다. ***on* 〈*upon*〉 *the* ~** 1)(바로) 그 자리에서, 즉석에서. 2)현장에서. 3)=in a spot.
— *a.* (1)즉석의, 당장의(on hand). (2)현장에서의. (3)【商】 현금 지불〈거래〉의, 현물의. (4)【放送】 현지의.
— *ad.* 《英口》 꼭, 정확히 : He came ~ on time. 그는 시간에 꼭 맞춰 왔다.
— (**-tt-**) *vt.* (1)《~+目/ ~+目+前+名》 …에 반점을 찍다, 얼룩지게 하다(stain) ; (얼룩지게 해서) …을 더럽히다《*with*》 : ~ one's dress *with* ink 드레스를 잉크로 더럽히다. (2)(인격 따위)를 손상시키다, 더럽히다 : ~ one's reputation 명성을 더럽히다. (3)《+目+副》《美》 …에서 얼룩을 빼다《*out*》 : ~ *out* the stain 얼룩을 빼다. (4) a]《~+目》 : …을 발견하다, 찾아내다 : ~ an error 잘못을 발견하다. b] 《~+目+*as*〈*for*〉補》 …을 (…라고) 알아보다, 간파하다 : I ~*ted* him at once *as* 〈*f* an American. 그가 미국인이라는 것을 곧 알아보았다. (5)《+目+前+名》 (어느 위치)에 두다 ; 배치하다, 점재(點在)시키다 : Lookouts are ~*ted along* the coast. 감시원이 연안 여기저기에 배치되어 있다. (6)《+目+目》 《美口》 (시합 등에서) …에게 핸디캡을 주다 : I ~*ted* him two points. 그에게 2점의 핸디캡을 주었다. — *vi.* (1)얼룩〈오점〉이 생기다 : 더러워지다 : White shirts ~ easily. 흰 셔츠는 더러움을 잘 탄다. (2)빗방울이 조금씩 떨어지다.

spót chèck 임의 추출 조사 ; 불시 점검.

spot-check [spáttʃèk/spɔ́t-] *vt.* …을 무작위(추출) 조사하다.

·spot·less [spátlis/spɔ́t-] *a.* (1)오점이 없는, 흠(티) 없는. (2)무구(無垢)의 ; 결점이 없는, 완벽한 ; 결백한. 파) **~·ly** *ad.* **~·ness** *n.*

·spot·light [⌐làit] *n.* (1) ⓒ 【劇】 스포트라이트, 각광(脚光). (2) ⓒ (자동차 따위의) 조사등(照射燈). (3)(the ~) (세인의) 주시, 관심. — *vt.* 스포트라이트로 비추다 ; 돋보이게 하다 : come into the ~ 세상의 주목을 받다, 세인의 주목을 모으다..

spot·ted [spátid/spɔ́t-] *a.* (1)반점이 있는, 얼룩덜룩한. (2)(명예 따위가) 손상된.

spot·ter [spátər/spɔ́t-] *n.* ⓒ (1)〔修飾語와 함께〕 《美》 (피고용인 등의) 감시자. (2)《美》 (세탁소의) 얼룩 빼는 사람.

spot·ty [spáti/spɔ́ti] (***-ti·er* ; *-ti·est***) *a.* (1)얼룩〈반점〉투성이의. (2)여드름이 있는. (3)한결같지 않은, 부조화의.

·spouse [spaus, spauz] *n.* ⓒ 배우자《美 spauz, spaus》. —*vt.* …와 결혼하다, 결혼시키다.

·spout [spaut] *vt.* (1)《~+目/+目+副》 (액체·연기 따위)를 내뿜다 ; 분출하다《*out*》 : ~ *out* smokes 연기를 내뿜다. (2)《口》 도도(滔滔)히〈막힘 없이〉 말하다 ; 음송(吟誦)하다.
— *vi.* (1)《~/+副/+前+名》 분출하다, 내뿜다 : Blood ~*ed from* his wound. 그의 상처에서 피가 내솟았다. (2)《口》 도도히〈막힘 없이〉 말하다, 낭송하다《*off*》. — *n.* ⓒ (1)(주전자 따위의) 주둥이 ; 물꼭지. (2)(고래의) 분수공(噴水孔). (3)분수, 분출 ; 물기둥(waterspout). (4) (전당포의) 전당물 운반용 엘리베이터 ; 전당포. ***up the* ~** 1)《英口》 전당잡혀. 2)《口》 곤경에 빠져, 영락하여. 3)《俗》 임신하여.

·sprain [sprein] *vt.* (발목·손목 따위)를 삐다(wrench). — *n.* ⓒ 삠, 접질림.

:sprang [spræŋ] SPRING 의 과거.

sprat [spræt] *n.* ⓒ 청어속(屬)의 작은 물고기. ***throw a* ~ *to catch a whale*** 적은 밑천으로 큰 것을 바라다.

·sprawl [sprɔːl] *vi.* (1)《~/+前+名》 손발을 쭉 뻗고 앉다〈눕다〉, 큰대자로 드러눕다 ; 배를 깔고 엎디다. (2)《+副/+前+名》 (도시·식물 따위가) 무계획적으로〈보기 흉하게〉 퍼지다〈뻗어나가다〉《*out*》 ; (필적 따위가) 구렁이 기어가듯하다. — *vt.* (1)(손발)을 큰대자로 뻗다. (2)(몸)을 큰대자로 눕히다〈내던 지다〉. (3)〈또는 a ~〉 불규칙하게 뻗음(넓어짐) ; (도시 등의) 스프롤 현상.
— *n.* (1) ⓒ (흔히 *sing.*)큰대자로 드러눕기, 배를 깔고 엎드리기. (2) ⓤ (또는 a ~) 불규칙하게〈모양 없이〉 퍼짐 ; (도시 등의) 스프롤 현상.

sprawl·ing [sprɔ́ːliŋ] *a.* (1)아무렇게나 손발을 뻗은. (2)(도시 등이) 불규칙적으로 뻗어나간. (3)(필적이) 겉날린, 휘갈겨 쓴. 파) **~·ly** *ad.*

:spray[1] [sprei] *n.* (1) ⓤ 물보라, 비말(飛沫), 물안개. (2) ⓤⓒ (향수·소독약·페인트 등의) 스프레이, 분무 ; 그 액(液). (3) ⓒ 흡입기 ; 소독기 ; 분무기, 향수 뿌리개. — *vt.* (1)《~+目》 물보라를 〈비말을〉 날리다. (2)《+目+前+名》 (…에게) …을 뿌리다《*on*》. (3)《+目+前+名》 (…을) …에 끼얹다《*with*》. — *vi.* (1)물을 뿜다〈뿌리다〉. (2)물보라가 되어 튀다.
파) **~·er** [-ər] *n.* ⓒ (1)물보라를 뿜는 사람〈장치〉. (2)분무기, 스프레이.

spray[2] *n.* ⓒ (1)작은 가지. (2)(보석 따위의) 가지 무늬 (모양의 장식), 꽃무늬.

spráy càn 에어로졸〈스프레이〉 통.

spráy gùn (페인트·방부제·살충제 등의) 분무기.

:spread [spred] (*p.*, *pp.* ~) *vt.* (1)《~+目/+目+前+名/+目+副》 (접은 것)을 펴다, 펼치다(unfold) ; (날개·양팔 따위)를 펴다, 벌리다, 뻗다《*out*》. (2)《~+目/+目+前+名》 (빵 따위에 버터)를 (얇게) 바르다 ; (페인트 따위)를 (고르게) 칠하다 ; (담요·테이블보 따위로) …을 덮다, 씌우다 ; (카펫 따위)를 깔다. (3)《+目+前+名》 …을 —에 흩뿌리다, …에 살포하다 ; 뒤덮다《*with*》. (4)《~+目/+目+副/+目+前+名》 (시간적으로) …을 미루다, 연기하다 ; (지불)을 …에 걸쳐 나눠 내도록 하다《*over*》 ; (위험 따위)를 분산하다. (5)(빛·소리·향기 따위)를 발산(發散)하다 ; (소문·보도 따위)를 퍼뜨리다, 유포하다, (지식 따위)를 보급시키다 ; (병·불평 따위)를 만연케 하다. (6)《~+目/+目+前+名》 (식탁)을 준비하다 ; (식탁)에 차려 놓다(serve)《*with*》. (7)〔再歸的〕 허세를 부리다.
— *vi.* (1)《~/+副》 퍼지다, (낙하산·돛 따위가) 펼쳐지다, (꽃 따위가) 피다 ; (덩굴·나뭇가지 따위가) 벋다. (2)(공간적으로) 퍼지다, 펼쳐지다, 멀리 미치다 ; (시계·경치가) 전개되다. (3)(어떤 기간·범위에) 걸치다, 미치다, 계속하다《*over*》. (4)《~/+副》 (명성·소문·유행 따위가) 퍼지다, 전해지다 : (병이) 만연되다. (5)(페인트·버터 따위가) 잘 발라지다, 칠해지다. ~ one***self* (*too*) *thin*** 《美》 한꺼번에 많은 것을 하려고〈얻으려고〉 하다.
— *n.* (1) ⓒ (흔히 *sing.*) 퍼짐 ; 폭, 넓이(extent). (2)(*sing.*, 흔히 the ~) 뻗음 ; 보급, 전파, 만연(diffusion) ; ⓒ 전개 ; 확장 : *the* ~ of knowledge 지식의 보급. (3) ⓒ 《口》 식탁에 차려 놓은 맛있는 음식. (4) ⓒ 〔흔히 複合語로〕 …덮개, …보, …시트 : a bed*spread*. (5) ⓤⓒ 빵에 바르는 것《버터·잼 따위》. (6) ⓒ (두 페이지에 걸치는 신문·잡지 등의) 큰 광고,

특집 기사 : a two-page ~ 좌우 두 페이지 광고〈기사〉. 파) **∠·a·ble** a.

spréad éagle 날개를 편 독수리《미국의 문장(紋章)》.

spread-ea·gle [sprédì:gl] a. (1)날개를 편 독수리 형태의. (2)《美口》 (미국인이) 자기 나라 일변도의 ; 과장적 애국주의의. — vi. 큰대자가 되다. 팔다리를 벌리고 서다(나아가다). 〈스케이트〉 양손을 벌리고 활주하다. — vt. (1) 사지를 벌려서 묶다. (2) 〈~ oneself 로〉 큰 대자로 드러눕다《※ 과거 분사로 형용사적으로 쓰이기도 함》.

spread·er [sprédər] n. ⓒ (1)퍼뜨리는 사람, 전파자. (2)버터 (바르는) 나이프 ; 흩뿌리는 기구·기계《비료 살포기 등》.

spread·sheet [∠ʃì:t] n. ⓒ 【컴】 스프레드시트, (펼친) 셈판, 표 계산(表計算)《1)자료를 가로 세로의 표 모양으로 나열해 놓은 것. 2)그런 자료를 편집·입력·조직하고 다루어 데이터 처리를 할 수 있게 된 프로그램 ; 회계용의 계산 처리 등을 하는 소프트웨어》.

spree [spri:] n. ⓒ《口》 흥청거림, 법석댐 ; 주연.

sprig [sprig] n. (1)잔가지, 어린 가지(shoot) ; (직물 도기·벽지 따위의) 잔가지 모양의 무늬.

sprigged [sprigd] a. 잔가지 무늬의.

·spright·ly [spráitli] (**-li·er ; -li·est**) a. 활발한, 쾌활한, 명랑한. — ad. 활발하게, 쾌활하게. 파) **-li·ness** n.

:spring [spriŋ] n. (1) ⓤⓒ (또는 the ~) 봄. (2) ⓤ (인생의) 청춘기, 초기. (3) ⓒ 튀어오름, 도약(leap), 비약. (4) ⓤ 용솟음치는 기운, 활력, 생기. (5) ⓒ 용수철, 스프링, 태엽. (6) ⓒ (종종 pl.)샘. (7)ⓒ 원천, 근원, 본원. (8) ⓤ 되튀기, 반동(recoil) ; 탄성, 탄력. (9) ⓤ (또는 a ~) (발걸음의) 경쾌함. (10) ⓒ《俗》 출옥 : 탈옥. (11)〔形容詞的〕 a〕탄력이 있는, 용수철〈스프링〉에 지탱된. b〕봄의 ; 봄철용의《모자 따위》.

— (***sprang*** [spræŋ], ***sprung*** [sprʌŋ] ; ***sprung***) vi. (1)《+副/+前+名》 튀다(leap), 도약하다, 뛰어넘다, 뛰어오르다(jump). (2)《+副/+補/+前+名》 갑자기 움직이다, 갑자기 …하다. (3)《+前+名/+副》 (물·눈물·피 등이) 솟다 : (불꽃·불이) 튀어 오르다, 타오르다《*forth* ; *out* ; *up*》. (4)《+副/+前+名》 (바람이) 불기 시작하다 ; (갑자기) 나타나다 ; (마음에) 떠오르다, (의심·생각 따위가) 일어나다, 생기다《*up*》. (5)《+前+名》 (아무가) …출신이다. (6)《+副》 (식물이) 싹트다, 돋아나다(shoot). (7)(탑 따위가) 솟아오르다《*above* ; *from*》. (8)(재목 등이) 휘다(warp), 뒤틀리다, 터지다, 갈라지다(crack).

— vt. (1)《~+目/ ~+目+補》 (용수철·덫 따위)를 되튀게〈튀게〉 하다 ; …을 (용수철 장치로) 튀어 …하게 하다. (2)《~+目/+目+副》 (숲 속에서 새 따위)를 날아오르게 하다 ; (말 따위)를 뛰어오르게 하다, 내닫게 하다. (3)(기뢰 따위)를 폭파시키다(explode). (4)《~+目/+目+前+名》 (이견·새 학설·질문·요구 따위)를 느닷없이 내놓다, 갑자기 꺼내다〈말하다〉. (5)(나무 따위)를 휘게 하다(warp), 굽히다 ; (너무 구부려) 부러지게〈갈라지게〉 하다(crack). (6)《口》 …을 출옥〈탈옥〉시키다. ***~ a butt*** (심한 동요 때문에 배의) 외판의 접합부 사이가 느슨해지다. ***~ a leak*** (배·지붕 따위가) 물이 새기 시작하다.

spring·board [spríŋbɔ̀:rd] n. ⓒ (1)(수영의) 뜀판, (체조 따위의) 도약판. (2)(…으로의) 동기〈계기〉를 주는 것, 출발점《*to* ; *for*》, 입각점, 도약대.

spring·bok, -buck [∠bɑ̀k/ ∠bɔ̀k], [∠bʌ̀k] (pl. ~**s**, 〔集合的〕 ~) n. ⓒ 스프링복《영양(羚羊)의 일종 ; 남아프리카산(産)》.

spríng chícken (1)(튀김 요리용) 햇닭. (2)〔흔히 no ~ 으로〕《俗》 젊은이 ; 풋내기.

spring-clean [∠klí:n] vt. …을 (춘계) 대청소를 하다. — n. (a ~)《英》 (춘계) 대청소. 파) **~-ing** n.《美》 (a ~) (춘계) 대청소.

spring·er [spríŋər] n. ⓒ (1)뛰〈튀〉는 사람〈것〉. (2)=SPRINGER SPANIEL. (3) 영양(springbok) ; 물돼지, 돌고래의 일종, 범고래(grampus). (4) 봄 병아리(튀김 요리용).

spríng féver 초봄의 우울증〈나른한 기분〉.

spring·head [∠hèd] n. 수원(水源), 원천.

spríng róll 얇게 구운 밀전병에 소를 넣고 기름에 튀긴 중국 요리.

:spring·time [∠tàim] n. ⓤ (종종 the ~) (1)봄(철). (2)청춘(기). (3)초기.

springy [spríŋi] (***spring·i·er ; -i·est***) a. (1)탄력〈탄성〉이 있는(elastic). (2)경쾌한《걸음걸이》.

:sprin·kle [spríŋkəl] vt. (1)《~+目》 (액체·분말 따위)를 뿌리다 ; 끼얹다 ; 흩(뿌리)다. (2)《+目+前+名》 (장소·물체)에 …을 뿌리다《*with*》 ; …을 살짝 적시다 ; (꽃 등에) 물을 주다s. (3)《+目+前+名》 …을 점재(點在)〈산재〉시키다, …을 드문드문〈여기저기〉 섞다《*with*》. — vi. 〔it 을 主語로 하여〕 가랑비가 내리다 : *It* began to ~ . 가랑비가 내리기 시작했다. — n. (1)소량 ; 조금《*of*》 : a ~ *of* salt 극소량의 소금. (2)가랑비.

sprin·kler [spríŋklər] n. ⓒ 자동 살수 장치, 스프링클러《방화 및 살수용》, 살수차 ; 물뿌리개 : a ~ system 스프링클러 장치《화재 방지용 또는 잔디 따위에의 자동 살수 장치》.

·sprin·kling [spríŋkliŋ] n. ⓒ (1)(흔히 *sing.*) (비 따위가) 부슬부슬 내림 ; (손님 등이) 드문드문함〈옴〉 ; 조금, 소량, 소수《*of*》. (2) ⓤ 흩뿌림, 살포.

sprint [sprint] vt., vi. (단거리를) 전력 질주하다. 파) **∠·er** [-ər] n. ⓒ 단거리 선수, 스프린터.

sprit [sprit] n. ⓒ 【船】 사형《돛을 펼쳐 매다는 활대》.

sprite [sprait] n. ⓒ (1)(작은) 요정(妖精). (2)【컴】 쪽화면.

sprit·sail [spritsèil, 《海》 -səl] n. ⓒ 【船】 사형돛.

sprock·et [sprɑ́kit/sprɔ́k-] n. ⓒ (1)사슬톱니 ; (자전거의 체인이 걸리는) 사슬톱니바퀴. (2)【寫】 스프로킷《사진기의 필름 감는 톱니》.

sprócket whéel (자전거의) 사슬톱니바퀴.

:sprout [spraut] vi. (1)《~/+副》 싹이 트다, 발아하다. (2)《+前+名》 빠르게 자라다〈성장하다〉 ; 갑자기 나타나다《*up*》.

— vt. (1)…에 싹을 트게〈나게〉 하다. (2)(뿔 따위)를 내다. (수염 따위)를 기르다.

— n. (1) ⓒ 싹, 눈, 움(bud). (2)(pl.) 《口》 겨잣과의 다년생 초본《양배추의 일종》(**Brússels spróuts**). (3)《口》 젊은이, 청년.

·spruce[1] [spru:s] n. ⓤⓒ 가문비나무속(屬)의 식물《갯솔·전나무 등》.

spruce[2] a. (복장 등이) 말쑥한, 멋진, 맵시 있는, 스마트한. — vt. 《+目+副》 …을 말쑥하게〈맵시 있게〉 하다《*up*》. 파) **∠·ly** ad. **∠·ness** n.

·sprung [sprʌŋ] SPRING 의 과거·과거분사.

— a. 스프링〈용수철〉이 달린. 《口》 (술이) 얼큰한, 거나한(tipsy).

spry [sprai] (***∠·er, spri·er ; ∠·est, spri·est***) a.

(노인 등이) 기운찬 ; 활발한, 민첩한. 파) ~·ly *ad.* ~·ness *n.*

spud [spʌd] *n.* ⓒ (1)작은 가래《제초용》. (2)《口》 감자(potato).

spume [spjuːm] *n.* ⓤ (파도 따위의) 거품(foam).

·spun [spʌn] SPIN 의 과거·과거분사.
—*a.* (1) (실을) 자은, 섬유로 만든 ; 잡아 늘인. (2) 《英俗》 지칠대로 지친(tired out).

spunk [spʌŋk] *n.* ⓤ (1)《口》 원기(mettle), 용기(courage). (2)부싯깃(tinder). (3)《英卑》 정액.

spunky [spʌ́ŋki] (***spunk·i·er ; -i·est***) *a.* 《口》 씩씩한(spirited), 용감한(plucky). 파) **-i·ness** *n.*

spún súgar 《美》 솜사탕(《英》 candy floss).

:spur [spəːr] *n.* ⓒ (1)박차. (2)《比》 자극 (stimulus), 격려. (3)(새의) 며느리발톱 ; (등산용 구두의) 아이젠(climbing iron), 동철(冬鐵) ; (쌈닭 발톱에 끼우는) 쇠발톱 ; (산의) 돌출부, (산맥의) 지맥 ; **[鐵]** (철도의) 지선. ***on*** (***upon***) ***the*** ~ 전속력으로 매우 급히. ***on the ~ of the moment*** 얼떨결에, 앞 뒤 생각없이 ; 충동적으로. ***win*** 〈***gain***〉 one**'*s ~s*** 《比》 이름을 떨치다.
— (***-rr-***) *vt.* (1)《~+目/+目+副》 (말)에 박차를 가하다 ; 질주하게 하다《*on*》. (2)《+目+副/+目+前+名/+目+*to* do》(아무)를 자극〈격려〉하다 ; (아무)를 …으로〈하도록〉 내몰다〈자극하다〉《(*on*) *to* ; *into*》. — *vi.* 《+副/+前+名》 (박차를 가하여) 말을 달리다 ; 서두르다.

spu·ri·ous [spjúəriəs] *a.* (1)가짜의, 위조의. (2)겉치레의, 그럴듯한. (3)**[生]** 의사(擬似)의.
파) **~·ly** *ad.* **~·ness** *n.*

:spurn [spəːrn] *vt.* (1)(제의·충고 등)을 퇴짜놓다. (2)…을 쫓아버리다. —*vi.* 상대하지 않다, 코방귀 뀌다. — *n.* ⓒ (1)일축, 문전 축객. (2)멸시.

·spurt[1]**, spirt** [spəːrt] *vi.* 《~/+副/+前+名》뿜어 나오다, 분출하다《*out* ; *up* ; *down*》 : ~ *out* in stream 분류(奔流)하다. — *n.* ⓒ (1)분출, 뿜어 나옴《*of*》. (2)(감정 등의) 격발《*of*》.

·spurt[2] *vi.* (전력을 다하여) 역주〈역영〉하다 ; 질주하다. — *n.* ⓒ (한바탕의) 분발 ; (경주에서의) 역주, 스퍼트.

sput·nik [spúːtnik, spʌ́t-] *n.* ⓒ (1)《Russ.》 (종종 S—) 스푸트니크《옛 소련의 인공 위성 ; 1호는 1957년 발사》. (2)인공 위성.

·sput·ter [spʌ́tər] *vi.* (1)《~/+副》 침을 튀기며 지껄이다. (2)탁탁〈지글지글〉 소리를 내다.
— *vt.* (1)(침 따위)를 튀기다. (2)《+目+副》 (흥분·혼란으로) 빠르게 지껄이다《*out*》.
— *n.* ⓤ (또는 a ~) (1)탁탁, 지글지글. (2)(흥분·혼란으로) 급히 하는 말. (3) 입에서 튀어 나오는 것(침·음식물 등).

spu·tum [spjúːtəm] (*pl.* ***-ta*** [-tə], ***~s***) *n.* ⓤⓒ 침, 타액 ; 가래(expectoration).

:spy [spai] *n.* ⓒ 스파이, 밀정, 간첩. — *vi.* 《~/+前+名》 (몰래) 감시하다《*on, upon*》. — *vt.* (1)《~+目》…을 스파이질하다 ; 감시하다 ; ~ 탐지하다, 조사하다《*out*》 : ~ *out* natural resources 천연 자원을 몰래 조사하다. (2)《~+目/+目+-*ing*》 발견하다 ; 찾아내다(discover)《*out*》 : He spied the church steeple, and knew where he was. 그는 교회의 첨탑을 발견하고 자기가 있는 장소를 알았다.

spy·glass [∠glæ̀s, ∠glɑ̀ːs] *n.* ⓒ 작은 망원경.

spy·hole [∠hòul] *n.* ⓒ (방문자 확인용의) 내다보는 구멍(peephole).

squab [skwɑb/skwɔb] *a.* (1)땅딸막한. (2)(새가) 털이 아직 안 난, 갓 부화된. — *n.* ⓒ (1)비둘기 새끼. (2)땅딸보 ; 소파 ; 《英》 푹신한 쿠션.

squab·ble [skwɑ́bəl/skwɔ́bəl] *n.* ⓒ 시시한 언쟁, 말다툼. — *vi.* 시시한 일로 말다툼하다《*over* ; *about*》.

·squad [skwɑd/skwɔd] *n.* ⓒ 〔集合的〕 (1)**[美軍]** 분대. (2)(같은 일에 종사하는) 한 무리, 한 대(隊) 〈조〉, 팀 : a ~ of policemen 경관대 / a relief ~ 구조대.

squád càr (경찰의) 순찰차(patrol car).

:squad·ron [skwɑ́drən/skwɔ́d-] *n.* ⓒ 〔集合的〕 (1)**[陸軍]** 기병〈전차〉대대. (2)**[海軍]** 소함대, 전대《함대(fleet)의 일부》. (3)**[美空軍]** 비행(대)대 ; **[英空軍]** 비행 중대《10-18 대로 편성됨》.

squádron lèader **[英空軍]** 비행 중대장, 공군 소령(《美》 major).

squal·id [skwɑ́lid/skwɔ́l-] *a.* 더러운, 누추한, 지저분한 ; 《比》 비참한 ; 비열한. 파) **~·ly** *ad.*

·squall[1] [skwɔːl] *n.* (1)돌풍, 스콜《단시간에 내리는 많은 비나 눈을 동반》. (2)(*pl.*) 《口》 (짧은) 소동, 혼란.

squall[2] *vi.* 비명〈고함〉을 지르다. — *vt.* 《+目+副》 …을 큰 소리로 말하다, 고함을 지르며 …라고 말하다.
— *n.* ⓒ 비명, 울부짖는 소리.

squally [skwɔ́ːli] (***squall·i·er ; -i·est***) *a.* 스콜의 ; 폭풍이 일 것 같은.

squal·or [skwɑ́lər, skwɔ́ːl- /skwɔ́lər] *n.* ⓤ (1)불결함 ; 누추함. (2)비열, 야비함. ▫ squalid *a.*

squan·der [skwɑ́ndər/skwɔ́n-] *vt.* (시간·돈 따위)를 낭비하다, 헛되이 쓰다(waste)《*in* ; *on*》.

:square [skwɛər] *n.* ⓒ (1)정사각형 ; 네모난 것. (2)(장기판 따위의) 네모진 칸. (3)(시가의 네모진) 광장 ; 《美》 (길로 둘러싸인) 시가의 한 구획(block). (4)《美》 (신문 광고란 따위의) 한 칸. (5)(옛 군대의) 방진(方陣). (6)직각자, 곱자. (7)**[數]** 평방, 제곱. (8)(*pl.*) 《美俗》 충분한 식사. (9)《口》 구식 〈고지식한〉 사람. ***break no ~***(***s***) 《英》 대단하지 (나쁘지) 않다, 문제가 되지 않다. ***by the ~*** 네모 반듯하게, 정확하게, 정밀하다 ***on the ~*** 1) 직각으로. 2)《口》 정직하게, 공정히. ***out of ~*** 1) 직각이 아닌. 2) 부정한〈하게〉.
— (***squár·er ; -est***) *a.* (1)정사각형의, 사각의 ; 직각의, 직각을 이루는《*with* ; *to*》. (2)잘 정돈된, 가지런한, 똑바른; 수평의, 같은 높이의《*with*》 : get things ~ 물건을 정돈하다. (3)〔敍述的〕 (…와) 동등〈대등〉한, 호각의 ; 대차 없는, 셈이 끝난. (4)공명 정대한, 올바른 ; 정직한. (5)단호한, 딱 잘라 말하는. (6)**[數]** 평방의, 제곱의. (7)《口》 실속 있는, 알찬, 충분한(식사 따위) : ~ meal (양적으로나 내용적으로) 푸짐한〈알찬〉 식사. (8)《口》 (생각·취미가) 구식인, 고지식한, 소박한. ***all ~*** 1)(골프 등에서) 호각의. 2)잘 정돈된. 3)대차(貸借)가 없는. ***a ~peg in a round hole*** 《口》 (일·지위에) 부적임자. ***fair and ~*** 공명 정대한, 올바른. ***get ~ with*** 1)…와 동등해지다. 2)…와 대차가 없어지다〈비기다〉. 3)…에게 앙갚음〈보복〉하다.
— (***squár·er, more ~ ; -est, most ~***) *ad.* (1)직각으로, 사각으로 (2)《口》 정면으로, 정통으로. (3)《口》 공평하게(fairly), 정정당당하게, 정직하게(honestly).
— *vt.* (1)《~+目/+目+副》 …을 정사각형으로 하다 ; (재목 따위)를 네모지게〈직각으로〉 하다《*off*》. (2)(어깨·팔꿈치)를 펴다, 똑바로 하다 : ~ one's

shoulders 어깨에 힘을 주고 떡 펴다. (3)《+目+前+名》…을 …와 맞추다, 적응시키다, 일치시키다《*with* ; *to*》. (4)…을 청산(결제)하다 : ~ a debt 빚을 청산하다. (5)【競】(시합·득점)을 동점으로(비기게) 하다. (6)【數】…을 제곱하다. …의 면적을 구하다 : Three ~*d* is nine. 3의 제곱은 9. (7)《口》(아무)를 매수하다(bribe) ; 뇌물을 주어 해결하다 : ~ the police 경찰을 매수하다.

— *vi.* (1)《+前+名》 맞다(conform), 적합하다(suit), 일치하다, 조화하다(agree)《*with*》. (2)《+前+名/+副》 청산(결제)하다《*for* ; *up*》. (3)《+副/+前+名》【拳】 자세를 취하다 ; (곤란 등과) 진지하게 맞서다《*off* ; *up*》. ***~ away*** 《美口》 (…을) 준비하다 ; 정리하다. ~one***self*** 《口》 과실(잘못)을 보상하다, 청산하다 ; 화해하다. ***~ the circle*** 원을 네모지게 하다 ; 불가능한 일을 꾀하다.

파) **∠·ness** *n.* 네모짐 ; 정직, 성실 ; 공정 거래.

squáre brácket (흔히 *pl.*) 꺾쇠괄호《[ ]》.

square-built [∠bílt] *a.* 어깨가 떡 벌어진.

squáre dànce 스퀘어댄스《둘씩 짝지어 4쌍이 한 단위로 춤》.

squáre déal (1)공평한 조처(거래). (2)공평한 대우(취급).

squáred páper 모눈종이.

:square·ly [skwέərli] *ad.* (1)네모꼴로, 네모지게 ; 직각으로. (2)정면으로(directly), 곧바로. (3)정직하게 ; 공평(공정)히. (4) 거리낌없이, 딱 잘라서. (5)《俗》(식사 등) 잔뜩, 배불리.

squáre méasure 【數】 제곱적(積), 면적.

square-rigged [skwέərrígd] *a.* 【海】 (배가) 가로돛 장치의.

square-rig·ger [∠rígər] *n.* ⓒ 가로돛(의) 배.

squáre róot 【數】 제곱근.

squáre sàil 【海】 가로돛.

squáre shóoter 《美口》 정직(공정)한 사람.

square-shoul·dered [∠ʃóuldərd] *a.* 어깨가 딱 벌어진.

˙squash[1] [skwαʃ/skwɔʃ] *vt.* (1)《~+目》…을 짓이기다 ; 으깨다. (2)《~+目+前+名》…을 밀어 넣다, 쑤셔 넣다《*into*》. (3)(반대·폭동 따위)를 억누르다(suppress), 진압하다 ; 《口》(아무)를 윽박질러 찍소리 못하게 하다 : ~ the riot 폭동을 진압하다. —*vi.* (1)으스러지다, 으깨지다 : Strawberries ~ easily. 딸기는 으깨기 쉽다. (2)《+前+名》 억지로 헤치고(비집고) 들어가다《*in* ; *into* ; *out*》. — *n.* (1)으깨진 것(상태) ; 철썩, 털썩《무겁고 부드러운 것이 떨어지는 소리》 : go to ~ 철썩하고 으깨지다. (2)(a ~) 붐빔 ; 군중. (3) ⓤ 《英》 스쿼시《과즙을 넣은 소다수》 : lemon ~ 레몬 스쿼시. (4)스쿼시《벽으로 둘러싸인 코트에서 두 사람이 라켓으로 공을 치는 운동》(=∠ **tènnis**).

squash[2] (*pl.* **∠·es, ~**) *n.* ⓒ,ⓤ 《美》【植】 호박.

squashy [skwάʃi skwɔ́ʃi] (***squash·i·er ; -i·est***) *a.* (1)찌부러지기 쉬운. (2)눅눅거리는 ; 질퍽질퍽한. (3) 모양이 찌부러진, 뭉크러진. 파) **squásh·i·ly** *ad.* **-i·ness** *n.*

˙squat [skwαt/skwɔt] (*p., pp.* ***squát·ted, ~ ; squát·ting***) *vi.* (1)웅크리다, 쭈그리고 앉다. (2)《美》 남의 땅(집)에 무단히 정주하다《*in* ; *on*》. (3)(동물이) 땅에 엎드리다 ; 숨다. —*vt.*《~+目/+目+副》〔再歸的〕…을 웅크리다.

—(***∠·ter ; ∠·test***) *a.* (1) 〔敍述的〕 웅크린, 쭈그린(crouching). (2)땅딸막한 ; 낮고 폭이 넓은.

—*n.* (1)(a ~) 웅크리기, 쭈그린 자세. (2) ⓒ 《英俗》 불법 거주에 적합한 빈 집 ; 불법 점거 건물(지).

squat·ter [skwάtər/skwɔ́t-] *n.* ⓒ (1)웅크리는 사람(동물). (2)(미개지·국유지·건물의) 무단 거주자, 불법 거주(점거)자. (3)《오스》 목장 차용인.

squat·ty [skwάti/skwɔ́ti] (***-ti·er ; -ti·est***) *a.* 땅딸막한.

squaw [skwɔː] *n.* ⓒ (1)북아메리카 인디언 여자(아내). (2)《美俗·戲》 아내, 처.

squawk [skwɔːk] *n.* ⓒ (1)꽥꽥, 깍깍《오리·갈매기 따위의 울음소리》. (2)《口》 시끄러운 불평.

— *vi.* (물오리 따위가) 꽥꽥(깍깍) 울다 ; 《口》 시끄럽게 불평하다, 투덜거리다.

squáwk bòx 《口》사내(구내, 기내) 방송용 스피커.

˙squeak [skwiːk] *vi.* (1)(쥐 따위가) 찍찍(끽끽) 울다 ; 새된 소리로 말하다(를 지르다) ; (차륜·구두 등이) 삐걱삐걱 소리내다 ; 삐걱거리다. (2)《口》 밀고하다, 고자질하다. (3)간신히 성공하다(이기다, 합격하다)《*through* ; *by*》. — *vt.* 새된 소리로 말하다.

— *n.* (1) ⓒ 찍찍하는 소리 ; 삐걱거리는 소리. (2)(a ~) 아슬아슬한 탈출, 위기 일발.

squeak·er [skwíːkər] *n.* ⓒ (1)찍찍(끽끽)거리는 것. (2)《口》 (경기·선거 등에서) 간신히 이김.

squeaky [skwíːki] (***squeak·i·er ; -i·est***) *a.* 찍찍(끽끽)하는, 삐걱거리는 ; 새된 목소리의.

squeal [skwiːl] *vi.* (1)(기쁨·공포 따위로) 끽끽(꽥꽥)거리다, 비명(환성)을 지르다. (2)《俗》 (밀고)하다《*on*》. — *vt.* …을 길고 새된 소리로 말하다《*out*》 : e a person ~ 《俗》 …을 협박 갈취하다. — *n.* ⓒ (1)끽끽 (우는 소리), (어린이·돼지 등의) 비명. (2)《俗》 불평, 밀고, 재신. 파) **∠·er** *n.*

squeam·ish [skwíːmiʃ] *a.* (1)(하찮은 일로) 충격을 잘 받는 ; 결벽한 ; 꽤까다로운(fastidious). (2)토하기 잘 하는. 파) **~·ly** *ad.* **~·ness** *n.*

squee·gee [skwíːdʒiː, -∠] *n.* ⓒ T자 모양의 유리 닦개《막대 끝에 직각으로 고무판을 단 것》.

— *vt.* …을 유리닦개로 닦다(청소하다).

:squeeze [skwiːz] *vt.* (1)《~+目/+目+副》 …을 죄다, 압착하다 ; 꽉 쥐다, 꼭 껴안다. (2)《~+目/+目+副/+目+前+名》 (…의 수분)을 짜내다. (3)《~+目+前+名》 …을 억지로 밀어(쑤셔) 넣다《*into*》. (4)《+目+前+名》 (아무에게서 돈 따위)를 착취하다, 우려먹다. (5)【野】 (주자)를 스퀴즈플레이로 생환시키다 ; (득점)을 스퀴즈로 올리다《*in*》. — *vi.* (1)죄어지다, 압착되다 ; 짜지다 : Sponges ~ easily. 스폰지는 쉽게 짜진다. (2)《+前+名/+副》 비집고 나아가다(들어가다, 나오다), 억지로 나아가다《*through* ; *in* ; *into* ; *out*》 : He tried to ~ *in.* 그는 비집고 들어오려 했다. — *n.* (1) ⓒ 압착 ; 짜기 ; 한 번 짠 양 ; a of lemon. 레몬을 짜낸 즙. (2)굳은 악수 ; 꼭 껴안기, 포옹. (3) (a ~) 서로 밀치기, 꽉 참 ; 붐빔, 혼잡. (4) ⓤ 《口》 협박, 뇌물의 강요《*on*》 : put the ~ *on* a person 아무에게 뇌물을 강요하다. (5)(흔히 *sing.*) 《口》 곤경, 진퇴 양난. (6)【野】 =SQUEEZE PLAY.

squéeze bòttle (플라스틱제의) 눌러 짜내는 그릇《마요네즈 따위의》.

squéeze plày 【野】 스퀴즈 플레이.

squeez·er [skwíːzər] *n.* ⓒ (1)(과즙) 압착기, 스퀴저. (2)착취자. (3) 오른편 윗 구석에 끝수가 적힌 카드 패.

squelch [skweltʃ] *vt.* (1)…을 짓눌러 짜부라뜨리다. (2)《口》 …을 윽박지르다, 입다물게 하다 ; (제안

·계획 등)을 묵살하다, 억압하다. — *vi.* 철벅 소리를 내다 ; (진창 따위를) 철벅거리며 걷다.
— *n.* (1)(흔히 *sing.*) 철벅거리는 소리 ; 철벅철벅 걷는 소리. (2)《口》 찍소리 못하게 하는 말 ; 짓누름 ; 진압.

squib [skwib] *n.* ⓒ (1)폭죽《일종의 작은 불꽃》. (2)풍자적인 이야기, 풍자문(文).

squid [skwid] (*pl.* **~(*s*)**) *n.* ⓒ,ⓤ **[動]** 오징어《cuttlefish 의 일종》.

squig·gle [skwígəl] *n.* ⓒ (1)구부러진 선. (2) 갈겨쓰기.

·**squint** [skwint] *a.* 눈을 가늘게 뜨고 보는, 사시(斜視)의, 사팔눈의. — *n.* ⓒ (1)(눈부시거나 총을 겨냥할 때처럼) 눈을 가늘게 뜨고 보기 ;《英口》 한번 봄, 일별《*at*》. (2)사팔눈, 사시. (3) 곁눈질, 흘긋 봄 — *vi.* (1)눈을 가늘게 뜨고 보다 ; 곁눈질로 보다. (2)사팔뜨기이다. (3) 잠깐보다, 일변하다. (4) 경향이 있다, 기울다. (5) 빗나가다. 파) **⌐·er** *n.*

squint-eyed [⌐àid] *a.* 사팔눈의 ; 곁눈질하는 ;《比》심술궂은, 편견을 가진.

·**squire** [skwaiər] *n.* (1) ⓒ (옛날 영국의) 지방 대지주. (2)《英口》 손님, 나리《점원 등이 손님을 부르는 호칭》. (3) ⓒ **[史]** 기사의 종자(從者).

squirm [skwə:rm] *vi.* (고통·초조·불쾌 따위로) 꿈틀거리다, 몸부림치다.
— *n.* ⓒ 꿈틀거림 ; 몸부림.

:**squir·rel** [skwə́:rəl/skwír-] (*pl.* **~s, ~**) *n.* (1)ⓒ **[動]** 다람쥐. (2) ⓤ 다람쥐 가죽.
— *vt.* (1) (돈·물건)을 저장하다《*away*》, 저축하다. (2)《美俗》(열차의) 지붕에 올라가다.

squírrel càge (1)(쳇바퀴가 달린) 다람쥐 집. (2) 단조롭고 헛된 일〈생활〉.

squirt [skwə:rt] *vi.* 《~/+前+名》 분출하다 ; 뿜어〈솟아〉 나오다《*from*》. — *vt.* (1)(액체)를 분출시키다《*out*》, 뿜어내다《*into*》. (2)(물 따위)를 …에 퍼붓다〈내뿜다〉 ; 젖게 하다《*with*》. —*n.* ⓒ (1)물총(=**⌐ gùn**) ; 주사기. (2)분출, 뿜어 나옴. (3)《口》 건방진 젊은이. 파) **⌐·er** *n.* ⓒ 분출 장치.

:**St.**[1] [seint, sənt/sənt, snt] (*pl.* ***Sts., SS.***) *n.* 성(聖)…, 세인트(Saint)….

St.[2] Saturday ; Strait ; Street. **S.T.** 《英》 summer time.

:**stab** [stæb] (**-*bb*-**) *vt.* (1)《~+目/+目+前+名》(칼 따위로) …을 찌르다(thrust)《*in* ; *into* ; *to*》. (2)《~+目/+目+前+名》《口》 (마음·몸 등)을 찌르듯이 아프게 하다 ; (명성 등)을 중상하다. —*vi.* 《~/+前+名》 찌르다, 찌르며 덤비다《*at*》. ~ a person ***in the back*** 1)아무의 등을 찌르다. 2)아무를 중상〈배신〉하다. —*vi.* (1) 찌르다, 찌르려고 대들다《*at*》. (2) 찌르듯이 아프다.
— *n.* ⓒ (1)찌르기 ; 찔린 상처. (2)찌르는 듯한 이픔. (3)기도(企圖) : have〈take〉 a ~ *at* …을 꾀하다, …을 해보다. ***a ~ in the back*** 배신 행위.

stab·ber [stǽbər] *n.* ⓒ 찌르는 사람〈것〉 ; 자객(刺客), 암살자.

stab·bing [stǽbiŋ] *a.* (1)(아픔 따위가) 찌르는 듯한 : ~ headaches. (2)(언사 따위가) 신랄한.

:**sta·bil·i·ty** [stəbíləti] *n.* ⓤ (또는 a ~) (1)안정(성), 부동(不動), 확고. (2)착실, 견실, 견인불발. (3)(선박·항공기의) 복원성(復原性)〈력〉 ; 안정성. ◻ stable *a.*

·**sta·bi·li·za·tion** [stèibəlizéiʃən] *n.* ⓤ 안정(시킴) ; (물가·통화·정치 따위의) 안정(화).

·**sta·bi·lize** [stéibəlàiz] *vt.* …을 안정시키다, 고정시키다.

sta·bi·liz·er [stéibəlàizər] *n.* ⓒ (1)안정시키는 사람〈것〉. (2)(배·비행기의) 안정 장치, (비행기의) 수평미익(水平尾翼), 안정판(板). (3)(화약 따위의 자연 분해를 막는) 안정제(劑).

:**sta·ble**[1] [stéibl] (***sta·bler, more ~ ; -blest, most ~***) *a.* (1)안정된(firm), 견실한. (2)착실한, 의지가〈신념이〉 굳은. (3)**[機]** 복원력(復原力)〈성〉이 있는. (4)**[化]** 분해하기 어려운 ; **[物]** 안정한《원자핵·소립자 등》. ◻ stability *n.* 파) **-bly** *ad.*

:**sta·ble**[2] *n.* (1)(종종 *pl.*) 마구간 ; 가축의 우리. (2)(종종 *pl.*) (경마말의) 마사(馬舍) ; 〔集合的〕 (한 마구간 소속의) 경주마. (3)(흔히 *sing.*) 같은 조직 안〈감독 밑〉에서 일하는 사람들《기수(騎手)·권투선수 등》. — *vi.* 마굿간에서 살다(유숙하다).

sta·ble·boy, -làd [-bɔ̀i], [-læ̀d] *n.* ⓒ 마부《특히 소년》.

sta·ble·man [-mən, -mæ̀n] (*pl.* ***-men*** [-mən, -mèn]) *n.* ⓒ 마부.

sta·bling [stéibliŋ] *n.* ⓤ (1)마구간 설비. (2)〔集合的〕 마구간(stables).

stac·ca·to [stəkɑ́:tou] 《It.》 **[樂]** *ad.* 스타카토로, 끊음음으로, 단음(斷音)으로. — *a.* 스타카토의, 끊음음의. — (*pl.* ***~s, -ti*** [-ti:]) *n.* ⓒ 스타카토, 끊음음〈표〉《略 : stacc.》.

·**stack** [stæk] *n.* (1)ⓒ 더미, 퇴적 : a ~ of books 책더미. (2) ⓒ 볏가리, 건초 더미. (3)(흔히 *pl.*) (도서관의) 서가(rack), 서고. (4) ⓒ **[軍]** 걸어총(~ of arms). (5) ⓒ (기차·기선 따위의) 굴뚝(funnel), 옥상에 죽 늘어선 굴뚝(=**chímney ~**). (6)(a ~, 또는 *pl.*) 《口》 다량, 많음《*of*》 : ~*s* of work 많은 분량의 일. (7)**[컴]** 스택《일시 기억용 컴퓨터의 기억 장치》. ***blow*** one***'s ~*** 《口》 발끈 화내다.
— *vt.* (1)…을 치쌓다, 산더미처럼 쌓아올리다. (2)(총)을 걸다. (3)(카드)를 부정한 방법으로 치다. (4)(착륙하려는 비행기들)에게 고도 차를 주어 선회토록 대기시키다. — *vi.* (1)산더미처럼 쌓이다《*up*》. (2)(비행기가 선회하며) 착륙을 위해 대기하다. ***~ up*** 1)…을 매점하다, 사재기하다《*with*》. 2) (자동차가) 정체하다. 3)《口》 비교할 만하다, 필적하다《*to* ; *against*》. 4)《美口》 합계 …이 되다 ; (형세 따위가) …이 되다〈되어 가다〉 : That's how things ~ *up* now. 그것이 지금의 정세다. (5) 열(무리)을 이루다《*up*》. ***have the cards ~ed against*** one 아주 불리한 상황에 처해 있다.

stacked [stækt] *a.* 《俗》(특히 여성이) 매력적인 몸매의, 유방이 큰.

:**sta·di·um** [stéidiəm] (*pl.* ***~s, -dia*** [-diə]) *n.* ⓒ (야외) 경기장, 스타디움, 야구장.

:**staff** [stæf, stɑ:f] (*pl.* (1), (2), (3), (7)은 ***staves*** [steivz], ***staffs ;*** 기타는 ***staffs***) *n.* (1) ⓒ 막대기, 지팡이(stick), 장대(pole), 곤봉. (2) ⓒ 지휘봉, (직권의 상징인) 권표(權標). (3) ⓒ 깃대. (4) ⓒ 《比》 버팀대, 의지(가 되는 것)《*of*》. (5) ⓒ **[軍]** 참모, 막료. (6)〔集合的〕〔흔히, 단수형으로 複數 취급〕 부원, (사무국) 직원, 사원, 간부《*of*》. (7)**[樂]** 오선(五線), 보표(譜表)(stave). ***be on the ~*** 직원〈부원, 간부〉이다. ***general ~*** 참모막료. ***the teaching ~*** 교수진용《*of*》
— *vt.* …에 직원〈부원〉을 두다 : The office is not sufficiently ~*ed.* 그 사무실은 직원이 부족하다.

staff·er [stǽfər, stɑ́:fər] *n.* ⓒ 《美》 직원, 종업원 ; (신문·잡지의) 편집부원, 기자.

stáff nùrse 《英》 수간호사 아래의 간호사.

Staf·ford·shire [stǽfərdʃìər, -ʃər] *n.* 스태퍼드셔 《잉글랜드 중서부의 주 ; 略 : Staffs.》.

·**stag** [stæg] *n.* (1)수사슴《특히 5살 이상의》(【cf.】 hart, hind[2]). (2)【英證】 단기 매매 차익(差益)을 노리는 신주 청약자. (3)《口》 (파티 등에) 여성을 동반치 않고 온 남성 ; 《口》 =STAG PARTY : No *Stags* Allowed. 부부 동반이 아니면 사절. —*a.* 【限定的】 남자만의, 여성을 뺀《파티 등》 ; 남성 취향의, 포르노의 : a ~ magazine 포르노 잡지. — *ad.* 《口》 여성 동반자 없이. — *vi.* 매매 차액의 이익만을 위하여 신주에 응모하다. — *vt.* 《美俗》 …의 뒤를 밟다, 밀고하다 ; 배신하다.

stág bèetle 【蟲】 사슴벌레.

:**stage** [steidʒ] *n.* (1) ⓒ 스테이지, 무대, 연단, 마루, 대(臺)(platform). (2)(the ~) 극(문학), 연극(drama), 배우업(業). (3) ⓒ (흔히 the ~) 활동 무대, 활동 범위《*of*》 ; (사건 등의) 장소. (4) ⓒ (옛날, 역마차의) 역(station), 역참 ; 여정(旅程) ; 역마차, 승합 마차(stagecoach) ; 《英》 (버스의 동일 운임) 구간. (5) ⓒ (발달의) 단계, 시기(period) . (6)ⓒ (다단식 로켓의) 단(段). ***be on the ~*** 〈사람이〉 배우이다. ***bring on* 〈*to*〉 *the ~*** 〈극을〉 상연하다 ; 〈극중 인물을〉 무대에서 연기하다. ***by* 〈*in*〉 *easy ~s*** (여행 따위를) 서두르지 않고, 쉬엄쉬엄. ***hold the ~*** 1)주목의 대상이 되다. 2)(극이) 상연을 계속하다, 호평을 받다. ***set the ~ for*** 1)…의 무대 장치를 하다. 2)…의 준비를 하다; …의 계기가 되다.

—*vt.* (1)(연극)을 상연하다, 각색하다 : (시합 따위)를 행하다〈개최하다〉 : We are going to ~ Hamlet. 햄릿을 상연할 예정이다. (2)(폭동·파업 따위)를 계획하다, 감행하다 : ~ a strike 파업을 감행하다. —*vi.* 《+副》(작품이) 무대에 오르다, 상연할 만하다 : The script will not ~ well. 그 대본으로는 좋은 연극이 안 될 것이다.

·**stage·coach** [∠kòutʃ] *n.* ⓒ (예전의) 역마차.

stage·craft [∠krǽft, ∠krὰːft] *n.* ⓤ 극작의 재능 ; 상연 기술, 연출 솜씨.

stáge dirèction (1)(배우의 동작을 지시하는) 무대 지시(서). (2)연출(기술).

stáge dirèctor 《美》 연출가 ; 《英》 무대감독.

stáge dóor 무대 출입구, (배우·관계자들이 출입하는) 극장 후문.

stáge effèct 무대 효과.

stáge fright (특히 첫무대의) 무대 공포증.

stage·hand [∠hæ̀nd] *n.* ⓒ (장치·조명 따위의) 무대 담당.

stage-man·age [∠mæ̀nidʒ] *vt.* …의 연출〈무대 감독〉을 하다.

stáge mànager 무대 감독.

stáge nàme 예명(藝名).

stáge rìght (관객을 향해) 무대 오른쪽.

stage-struck [∠strʌ̀k] *a.* 배우열에 들뜬, 무대 생활을 동경하는.

stáge whìsper (1)【劇】 (관객에게 들리도록) 크게 말하는 방백(傍白). (2)《比》 일부러 들으라고 하는 혼잣말.

stag·fla·tion [stæ̀gfléiʃən] *n.* ⓤ 【經】 스태그플레이션《불황하(不況下)의 물가고》.

:**stag·ger** [stǽgər] *vi.* (1)《~/+副/+前+名》〔副詞(句)를 수반하여〕 비틀거리다, 비틀거리며 걷다〈나아가다〉. (2)《~/+前+名》 망설이다, 주저하다(hesitate), 마음이 흔들리다. — *t.* (1)(아무)를 비틀거리게 하다 : The blow ~*ed* him. 그 일격으로 그는 비틀거렸다. (2)(결심 따위)를 흔들리게 하다. (3)(아무)를 깜짝 놀라게 하다. (4)《俗》 …을 서로 엇갈리게〈겹치지 않게〉 하다 : (출근 시간 따위에) 시차를 두다. — *n.* (1) ⓒ 비틀거림 ; 갈짓자 걸음. (2)(the ~s) (소·말·양 등의) 훈도병(暈倒病)(=**bínd ∠s**). (3) (바퀴살·비행기 날개 등에서의) 파상배치, 엇갈림.

파) **~·er** *n.*

·**stag·ger·ing** [stǽgəriŋ] *a.* (1)비틀거리는〈게 하는〉. (2)혼비백산케 하는, 어마어마한, 경이적인. 파) **~·ly** *ad.*

stag·ing [stéidʒiŋ] *n.* (1) ⓤ 〔集合的〕 발판, 비계(scaffolding). (2) ⓤⓒ 상연. (3) ⓤ 【로켓】 스테이징, 다단화(多段化).

stáging àrea (새로운 임무·작전에 앞서 체제 정비를 하기 위한) 집결지.

stáging pòst 【空】 (장거리 항공 여객기 따위의) 정기 기항지.

·**stag·nant** [stǽgnənt] *a.* (물·공기 따위가) 흐르지 않는, 괴어 있는 ; (활동·일 따위가) 정체된, 부진한(sluggish). 파) **-nan·cy, -nance** *n.* ⓤ (1)정체 ; 침체. (2)불경기, 부진. **~·ly** *ad.*

stag·nate [stǽgneit] *vi.* (1)(물이) 흐르지 않다, 괴다. (2)(일 따위가) 침체하다, 정체하다. — *vt.* (물 따위)를 괴게 하다 ; 침체시키다. 파) **stag·ná·tion** [-ʃən] *n.* ⓤ 침체, 정체 ; 부진, 불경기.

stág pàrty 남자들만의 파티. 【opp.】 *hen party.*

stagy, 《美》 **stag·ey** [stéidʒi] (***stag·i·er ; -i·est***) *a.* (1)무대의. (2)연극조의, 과장된. 파) **stág·i·ly** *ad.* **-i·ness** *n.*

staid [steid] 《古》 STAY[1]의 과거·과거분사.

— *a.* 착실한 ; 성실한, 침착한. 파) **∠·ly** *ad.* **∠·ness** *n.*

:**stain** [stein] *n.* (1) ⓒ 더럼, 얼룩, 반점 : an ink ~ 잉크의 얼룩. (2) ⓒ (인격·명성 따위에 대한) 오점, 흠《*on, upon*》. (3) ⓤⓒ 착색제 ; (현미경 검사용) 염료. — *vt.* 《~+目/+目+前+名》 …을 더럽히다, 얼룩지게 하다《*with*》. — *vi.* 더러워지다, 얼룩이 지다 ; 녹슬다 : Coffee ~*s*. 커피는 얼룩이 진다 / White cloth ~*s* easily. 흰 천은 쉬 더러워진다.

파) **stdin•a•ble** *a.* 착색할 수 있는. **stáin•er** *n.* 착색공, 염색공, 착색재료.

stáined gláss [stéind-] (착)색 유리, 스테인드글라스.

stain·less [stéinlis] *a.* (1)더럽혀지지 않은 ; 흠이 없는. (2)녹슬지 않는 ; 스테인리스(제)의.

— *n.* ⓤ 〔集合的〕 스테인리스 식기류.

:**stair** [stɛər] *n.* ⓒ (1)(계단의) 한 단. (2)(종종 ~s) 〔單·複數 취급〕 계단. — *a.* 〔限定的〕 계단(용)의 : a ~ carpet 계단용 카펫.

·**stair·case** [∠kèis] *n.* ⓒ (난간 등을 포함한) 계단, (건물의) 계단 부분 : a corkscrew〈spiral〉 ~ 나선 계단.

stair rod 계단의 융단 누르개.

·**stair·way** [∠wèi] *n.* =STAIRCASE.

stair·well [∠wèl] *n.* ⓒ 【建】 계단통《층층대를 중심으로 아래층에서 위층으로 트인 공간》.

:**stake**[1] [steik] *n.* (1) ⓒ 말뚝, 막대기(stick). (2) ⓒ 화형주(火刑柱) ; (the ~) 화형. — *vt.* (1)《+目+副》(말뚝을 박아) …의 경계를 표시하다〈구획하다〉《*off ; out*》. (2)《~+目/+目+前+名》 (동물)을 말뚝에 매다 ; (나무 따위)를 말뚝으로 받쳐주다. ***~ out*** 1)말뚝을 박아 구획하다. 2)《美口》 …에 경찰관을 배치하

다 : (경관이) …에 잠복 근무하다. **~ (*out*) *a* 〈one's〉 *claim*** (…에 대한) 권리를 주장하다《*to* : *on*》.

:stake[2] *n.* (1) ⓒ (종종 *pl.*)내기. (2)(종종 *pl.*) 내기에 건 돈, 상금 ; 〔單數취급〕 특별 상금 경마. (3) ⓒ (사업 따위에의) 출자금 ; 이해 관계 ; 관심(interest). ***at* ~** (돈·목숨·운명이) 걸리어 ; 위태로워져서. — *vt.* (1)《~+目/+目+前+名》 (생명·돈 따위)를 …에 걸다(wager)《*on*》. (2)《口》《+目+前+名》 (아무)에게 융통해〈제공해〉 주다 ; 한턱내다《*to*》.

stake·hold·er [´hòuldər] *n.* ⓒ 내깃돈을 보관하는 사람.

stake·out [stéikàut] *n.* ⓒ 《口》 (경찰의) 잠복(장소)《*on*》.

stal·ac·tite [stəlǽktait, stǽləktàit] *n.* ⓒ 【鑛】 종유석(鍾乳石).

sta·lag·mite [stəlǽgmait, stǽləgmàit] *n.* ⓒ 【鑛】 석순(石筍).

·stale [steil] (***stál·er ; -est***) *a.* (1)(음식 따위가) 상한 ; 신선하지 않은, 상해 가는(【opp.】 *fresh*). (2)(말·농담 따위가) 진부한, 케케묵은, 흔해빠진 (trite) (3)(과로 따위로) 생기가 없는, 지친, 맥빠진. 파) **´·ly** *ad.* **´·ness** *n.*

·stale·mate [´mèit] *n.* ⓤⓒ (1)【체스】 수의 막힘 《쌍방이 다 둘 만한 수가 없는 상태》. (2)막다름 ; 궁지. — *vt.* (1)【체스】 수가 막히게 하다. (2)막다르게 하다, 정돈(停頓)시키다.

Sta·lin [stáːlin] *n.* **Joseph V.** ~ 스탈린《옛 소련의 정치가 ; 1879-1953》. 파) **~·ìsm** *n.* 스탈린주의. **~·ist** *n.*, *a.* 스탈린주의자(의).

:stalk[1] [stɔːk] *n.* ⓒ (1)【植】 줄기, 대, 잎자루 (petiole), 화경(花梗), 꽃자루(peduncle). (2)가늘고 긴 버팀(대). (3) 경상부, 우축 파) **´y** *a.*

·stalk[2] *vi.* (1)(천천히) 성큼성큼 걷다, 활보하다 (stride)《*along*》. (2)(역병 따위가) 만연하다, 퍼지다 (spread). — *vt.* (1)(적·사냥감)에 살그머니 접근하다 ; 살그머니 …의 뒤를 쫓다. (2)(병 따위가) …에 퍼지다.
— *n.* ⓒ (1)성큼성큼 걷기. (2)살그머니 다가감〈뒤를 쫓기〉. (3) 활보.

stalk·ing-horse [stɔ́ːkiŋhɔ̀ːrs] *n.* ⓒ (1)은신마(隱身馬)《사냥꾼이 몸을 숨기어 사냥감에 다가가기 위한 말 (모양의 것)》. (2)《比》 구실(pretext) ; 위장.

:stall[1] [stɔːl] *n.* (1) ⓒ 마구간, 외양간〈마구간〉의 한 칸(구획), 마방(馬房)《한 마리씩 넣는》. (2) ⓒ 매점, 노점 ; 상품 진열대. (3)(the ~s) 《英》 (극장의) 1층 특등석 ; ⓒ (교회의) 성직자석, 성가대석. (4) ⓒ (개인용으로) 작게 구획된 장소〈방〉《샤워실·화장실 따위》. — *vt.* (1)(마소)를 마구간〈외양간〉에 넣다. (2)(축사)에 칸막이를 하다. — *a.* 〔限定的〕《英》 (극장의) 일등석의.

stall[2] *n.* ⓒ 【空】 (비행기의) 실속(失速) ; (자동차 따위의) 엔진 정지. —*vt.* (1)(엔진·자동차 따위)를 움직이지 않게 하다 ; (비행기)를 실속시키다. (2)(마차 따위)를 진창〈눈〉 속에서 꼼짝 못하게 하다 ; (교통 정체 따위로 자동차)를 꼼짝 못하게 하다. — *vi.* (1)(비행기가) 실속하여 불안정해지다. (2)(마차 따위가) 진창에 갇히다.

stall[3] *n.* ⓒ 《口》 (시간을 벌기 위한) 구실, 핑계 (pretext). — *vt.* 《口》 교묘하게 핑계를 대어〈속여〉 지연시키다, 발뺌하다(evade)《*off*》. — *vi.* 《口》교묘하게 시간을 벌다 : ~ for time 시간을 벌다.

stall·hold·er [´hòuldər] *n.* ⓒ 《英》 (시장의) 좌판 장수, 노점상.

stal·lion [stǽljən] *n.* ⓒ 종마, 씨말.

·stal·wart [stɔ́ːlwərt] *a.* (1)(키가 크고) 건장한〈튼튼한〉, 다부진, 억센 ; 신뢰할 수 있는. (2)(정치적으로) 신념이 확고한, 애당심이 강한, 매우 충실한.
— *n.* ⓒ (1)억센〈다부진〉 사람. (2)(정치적으로)신념이 확고한 사람.

·sta·men [stéimən/ -men] (*pl.* ***~s, stam·i·na*** [stǽmənə]) *n.* ⓒ 【植】 수술, 웅예.

stam·i·na [stǽmənə] *n.* ⓤ 지구력, 끈기, 원기, 스태미너 : build up ~ 스태미너를 기르다.

:stam·mer [stǽmər] *vi.* 《~/+前+名》 말을 더듬다. — *vt.* 《~+目/+目+副》 더듬으며 말하다《*out*》.
— *n.* ⓒ (흔히 *sing.*) 말더듬기, 웅얼거림. 【cf.】 stutter. 파) **~·er** [-rər] *n.* ⓒ 말더듬이. **~·ing·ly** *ad.*

:stamp [stæmp] *n.* ⓒ (1)스탬프, 타인기(打印器) ; 인(印), (고무) 도장, 소인(消印)《단, 우표에 찍힌 '소인'은 postmark》. (2)인지, 우표(postage ~). (3)(흔히 *sing.*) 특징, 성질. (4)(흔히 sing.) 종류, 형(type). (5)발구르기, 짓밟기 ; 발구르는 소리.
— *vt.* (1)…에 인지를 붙이다, …에 우표를 붙이다 : ~ a letter 편지에 우표를 붙이다. (2)《+目+前+名》 …에 날인하다, …에 도장을 찍다 ; …에 —을 누르다 《*with*》. (3)《+目+前+名》 (인상·추억 등)을 (마음에) 깊이 새기다, 명기(銘記)시키다《*on, upon*》 ; (사건 따위)를 (기억에) 새겨 두다《*in*》 ; (슬픔·고뇌 따위)를 (마음·얼굴에) 새겨지게 하다, 나타나게 하다. (4) 《~+目/+目+*as*補》 (사람·사물 따위가) …임을 분명하게 나타내다 ; …라고 특징지우다. (5)…에 품질 보증의 도장을 찍다. (6)《+目+副》 …을 틀로 찍어내다 《*out*》 : ~ *out* a coin 틀로 동전을 찍어내다. (7) 《~+目/+目+前+名》 …을 짓밟다, 발을 구르다, 발을 굴러 소리내다. (8)《~+目+副》 밟아 끄다〈뭉개다〉 《*out*》. (9)《~+目+補》 짓밟아 …하게 하다.
— *vi.* 《+副/+前+名》 찧다(pound) ; 발을 (동동) 구르다 ; 쿵쿵 걷다 ; 밟아 뭉개다, 짓밟다《*on* a beetle, book, etc.》. **~ *out*** 1)(불)을 밟아 끄다. 2)(폭동 따위)를 진압하다. 3)틀에 맞추어 자르다〈박다〉. 4)(병·버릇 따위)를 근절하다.

stámp collècting 우표수집(=**stámp collèction**).

stámp collèctor 우표 수집가(philatelist).

stámp dùty 〈tàx〉 인지세.

·stam·pede [stæmpíːd] *n.* ⓒ (1)놀라서 우르르 도망침《야수·가축 떼 따위가》. (2)(군대의) 대패주(大敗走), 궤주(潰走) ; (군중의) 쇄도. (3)충동적인 대중행동. — *vi.* (1)(동물 등이) 우르르 도망치다. (2)군중이 앞다투어 도망하다 ; 쇄도하다. (3)충동적으로 행동하다. — *vt.* (1)(동물 등)을 우르르 도망치게 하다. (2)충동적 행동을 하게 하다.)3) 쇄도하게 하다.

stamp·er [stǽmpər] *n.* ⓒ (1)stamp하는 사람〈것〉 ; 《英》 (우체국의) 소인을 찍는 사람. (2)자동 압인기(押印器). (3)절굿공이(pestle).

stámp·ing gròund [stǽmpiŋ-] (사람·짐승이) 잘 가는 곳, 한데 모이는 곳.

·stance [stæns] *n.* ⓒ (흔히 *sing.*) (1)【스포츠】 (골퍼·타자의) 발의 위치, 스탠스 ; 자세. (2)(사회 문제 등에 대한) 자세, 태도《*on*》.

·stanch[1] [staːntʃ, stɔːntʃ] *vt.* 《美》 (피)를 멈추게 하다 ; (상처)를 지혈하다.

·stanch[2] *a.* =STAUNCH[2].

stan·chion [stǽnʃən, -tʃən/stáːnʃən] *n.* ⓒ (1)기둥, 지주(支柱). (2)(축사에서) 소머리 둘레에 친 금속

제의 틀《소의 움직임을 억제하기 위해 씀》.
— *vt.* (1)…에 기둥을 설치하다. (2)(소의 머리)를 금속제 틀에 끼우다.

:stand [stænd] (*p.*, *pp.* ***stood*** [stud]) *vi.* (1)《~/+補/+前+名/+-*ing*》 서다, 계속해서 서 있다. (2)《~/+副》 일어서다, 기립하다《*up*》. (3)《~/+前+名》 멈춰 서다, 정지해 있다 ;《美》(차가) 일시 정차〈주차〉하다. (4)《+前+名/+副》(어떤 곳에) 위치하다, (…에) 있다, (어떤 위치에) 서다. (5)《+補/+done/+前+名》(상태·의견·입장 따위가) …이다 ; …의 상태〈관계〉에 있다. (6)《+補/+前+名》 높이가 …이다, 값이 …이다, 온도계가 (…도)를 가리키다 (7)《~/+副/+補》 오래 가다, 지속하다 ; 유효하다. (8)《~/+前+名》(물 따위가) 괴어 있다, 정체되어 있다, 흐르지 않다. (9)《+副/+前+名》【海】(배가) 어떤 방향으로 나아가다.
— *vt.* (1)《~+目/+目+前+名》…을 세우다, 서게 하다, (세워) 놓다《*in*》. (2)《~+目/+-*ing*》…에 견디다, 참다. (3)…와 맞서다, …에 대항하다. (4)고수〈고집〉하다. (5)《~+目/+目+目》《口》…에게 한턱 내다(treat), …의 비용을 부담하다. (6)(검사 따위)에 합격하다, 통과하다 ; (재판)을 받다. (7)(당번·의무 따위)를 맡(아 보)다.
as affairs 〈***matters***〉 ~ =***as it ~s*** ⇨ AFFAIR. ***as the case ~s*** 그런 이유로. ***~ alone*** 고립하다 , 뛰어나다. ***~ and deliver!*** 잔소리 말고 빨리 있는대로 다 내놔(강도가 협박하는 말). ***~ aside*** 비켜서다, 가담하지 않다, 입후보를 사퇴하다. ***~ at*** (1) 거리끼다 ; 망설이다. (2) …에 이르다. (3) (물의 깊이가) …이다. ***~ by*** 1)곁에 (서)있다, 방관하다.【cf.】bystander. 2)…을 지원〈원조, 지지〉하다. 3)(약속 따위)를 지키다. 4)【海·空】대기〈준비〉하다 ;【通信·라디오 등】다음 통신〈방송 (등)〉을 기다리다. 5)【海】〔命令形〕준비 ! ***~ clear of*** …에서 멀리 떨어지다, …을 피하다. ***~ corrected*** ⇨ CORRECT. ***~ down*** 1)【法】증인석에서 내려오다. 2)(공직에서) 물러나다 ; 입후보를 사퇴하다. ***Stand easy !***《口令》쉬엇. ***~ for*** 1)…을 나타내다, 대표〈대리〉하다, …을 상징하다. 2)…에(게) 찬성하다, …을 지지하다. 3)…을 위하여 싸우다. 4)《英》…에 입후보하다. 5)〔否定文으로〕《口》…을 참고 견디다. ***~ in*** (아무의) 대역을〈대리를〉 맡다《*for*》. ~ a person ***in good stead*** ⇨ STEAD. ***~ in with*** 1)…을 나눠 갖다 ; 비용을 서로 부담하다. 2)《美口》…와 사이가 좋다, 친하다. ***~ off*** 멀리 떨어져 있다 ; …에 응치〈동의하지〉 않다, …을 멀리하다〈경원하다〉; (적)을 물리치다 ;《英》(종업원)을 일시 해고하다 ; (채권자 등)을 피하다, (지불 등)을 교묘
하게 늦추다. ***~ on*** 1)…위에 서다, …에 의거하다. 2)…을 고수〈고집〉하다, …에 까다롭다. ***~ over*** 1)연기하다〈되다〉, 2)…을 감독하다, …에 입회하다 ***~ pat*** ***~ to*** (1) (조건·약속 등을) 지키다. (2) (진술 등의) 진실을 고집하다, 주장하다. (3) 적의 공격에 대비하여 대기하다. ***~ to*** 1)(조건·약속 등을) 지키다 ; (진술 등의) 진실을 고집〈주장〉하다. 2)【軍】경계 태세를 취하게 하다〈취하다〉 ; (적의 공격에) 대비하다. ***~ treat*** 《美口》 한턱내다. ***~ up*** 일어서다〈나다〉 ; 오래 가다, 지속하다, 유효하다, (의론 따위가) 설득력이 있다. ~ a person ***up*** 아무를 서게 하다 ;《口》(약속 시간에 나타나지 않아) 아무를 기다리게 하다, 바람맞히다. ***~ up against*** …에 저항하다. ***~ up for*** …을 옹호〈변호〉하다, …의 편을 들다. ***~ up to*** 1)…에 (용감히) 맞서다. 2)(물건이) …에 견디다. ***~ up with*** (신랑·신부의) 들러리를 서다. ***~ well with*** …와 사이가 좋다, …에게 평판이〈인기가〉 좋다.

— *n.* ⓒ (1) a]섬, 서 있음, 일어섬, 기립 ; 정지(停止) ; 정체, 막다름 : be at a ~ 정지〈정체〉해 있다. b]저항, 반항, 고수(固守) : make a ~ against aggression 침략에 저항하다. c](순회 극단 등의) 흥행(지) : a one-night ~ 하룻밤의 흥행. (2) a]〔종종 複合語로〕(물건을 꽂거나 올려놓는) 대(臺), …걸이, …꽂이 : a music ~ 악보대 / an umbrella ~ 우산꽂이. b]노점, (신문·잡지 등의) 매점 : a news ~ 신문 판매점. (3) a](종종 *pl.*) (경기장 등의) 스탠드, 관람석. b]《美》(법정의) 증인석(《英》witness-box) : take the ~ 증인석에 서다. (4)a](서는) 위치, 장소 : take a ~ at the gate 대문이 있는 곳에 자리를 잡다. b](문제에 대한) 입장, 견해, 태도 : What is your ~ on this issue ? 이 문제에 대한 너의 입장은 무엇이냐. (5)(택시 등의) 주차장, 승객 대기소 : a bus ~ 버스 정류장 / a taxicab ~ 택시 승차장. (6)(일정 지역에 군생(群生)하는) 입목(立木)〈풀〉; (일정 면적의 밭에 자라고 있는) 농작물 : a ~ of clovers 군생하고 있는 클로버. (7) 증인석. (8) 숙박지, 흥행지. (9) 영업소. (10)《美》점수, 성적.

stand-a·lone [stǽndəlóun] *a.* 【컴】(주변장치가) 독립(형)의 : ~ system 독립 체계.

:stand·ard [stǽndərd] *n.* ⓒ (1)(종종 *pl.*) 표준, 기준, 규격 ; 규범, 모범. (2)【經】(화폐 제도로서의) 본위 : the gold ~ 금본위제. (3)(도량형의) 기본 단위, 원기(原器). (4)【樂】《美》스탠더드넘버《표준적인 연주 곡목이 된 곡》. (5)기(旗) ; 군기 ; 기병 연대기. (6)지주(支柱), 전주 ; 램프대, 촛대. (7)【園藝】(관목(灌木)을 접목하는) 대목(臺木), 접본.
— (***more ~ ; most ~***) *a.* (1)표준의, 보통의 ; 규격에 맞는 : the ~ size〈unit〉 표준 사이즈, 〈단위〉 / ~ English 표준 영어. (2)〔限定的〕정평이 있는, 권위 있는, 일류의 : ~ authors 권위 있는 작가. (3)《美》(쇠고기 등) 중(中)이하 품질의, 열등한. (4) 수준 정도의 무난한.

stand·ard-bear·er [-bὲərər] *n.* ⓒ (1)【軍】기수. (2)《比》(정당 따위의) 주창〈창도〉자, 당수.

stándard gáuge【鐵】표준 궤간《레일의 간격이 약 1.435m의 것》.

stándard I/O devíces【컴】표준 입출력 장치.

stan·dard·i·za·tion [stǽndərdizéiʃən/ -daiz-] *n.* ⓤⓒ 표준화, 규격화 ; 획일, 통일.

·stand·ard·ize [stǽndərdàiz] *vt.* (1) 표준〈규격〉에 맞추다, 표준화〈규격화〉하다. (2) 표준으로 삼다. (3)【化】표준에 따라 시험하다.

stándard làmp《英》플로어 스탠드《바닥에 놓는 전기 스탠드》.

stándard tìme 표준시.【cf.】local time.

·stand·by [stǽndbài] (*pl.* **~s**) *n.* ⓒ (1)(급할 때) 의지가 되는 사람〈것〉. (2)(비상시) 교대요원 ; 비상시용 물자, 예비물; 예비〈대기〉자, (비행기 따위의) 예약 취소 승객을 기다리는 사람, 대역. (3)(예정된 방송 프로그램이 취소될 때의) 예비 프로그램. (4) 찬성자, 원소사. ***on ~*** 1)대기하고 있는. 2)공석이 나기를 기다리는. — *a.* 〔限定的〕긴급시 곧 쓸 수 있는, 대역의 : a ~ player 예비〈대기〉 선수. — *ad.* 공석이 나길 기다리어.

stand·ee [stændíː] *n.* ⓒ《口》(극장·버스·열차 등의) 입석(立席) 손님.

·stand-in [stǽndìn] *n.* ⓒ (1)(배우의) 대역. (2)대리인.

·stand·ing [stǽndiŋ] *a.* 〔限定的〕(1)서 있는, 선 채로의 ; 선 자세로〈위치에서〉 행하는. (2)(기계 따위

가) 멈춰 서 있는, 움직이지 않는 ; 괴어있는《물 따위》. (3)지속〈영구〉적인, 변치 않는 ; 상설의, 상임의《위원 등》; 상비의. (4)고정된, 정해진《주문 따위》; 일정한, 늘 나오는《요리 따위》; 【印】 짜놓은《활자 따위》. (5)관습적〈법적〉으로 확립된 ; 현행의.
— *n.* ⓤ (1)기립, 서 있음. (2)지속, 존속. (3)지위, 신분 ; 명성, 평판.

stánding órder (1) ⓒ (취소할 때까지의) 계속 주문. (2)【議會】 (the ~s) 의사 규정. (3)《英》 (은행에 대한) 자동 대체(對替) 의뢰.

stánding róom (1)(열차 따위의) 서 있을 만한 여지. (2)(극장의) 입석.

stand·off [stǽndɔ̀(:)f, -ɑ̀f] *a.* (1)떨어져〈고립되어〉 있는. (2)냉담한, 무관심한. —*n.* (1) ⓤ 《美口》 떨어져 있음, 고립. (2) ⓤ 격의를 둠, 쌀쌀함. (3) ⓒ (경기 등의) 동점, 무승부. (4) ⓒ 벌충.

stand·off·ish [stæ̀ndɔ́(:)fiʃ, -ɑ́f-] *a.* (1) 쌀쌀한, 냉담한 ; 불친절한. (2) 무뚝뚝한 ; 거만한. 파) **~·ly** *ad.* **~·ness** *n.*

stand·out [stǽndàut] *n.* ⓒ 훌륭한〈걸출〉한 사람〈것〉. — *a.* 훌륭한, 뛰어난.

stand·pat [stǽndpæ̀t] *a.* 《口》 현상 유지를 주장하는, 보수적인. 파) **~·ter** [-ər] *n.*

stand·pipe [stǽndpàip] *n.* ⓒ 저수〈급수〉탑(塔).

:**stand·point** [stǽndpɔ̀int] *n.* ⓒ 입장, 견지 ; 관점.

·**stand·still** [stǽndstìl] *n.* (a ~) (1) 막힌, 정돈(停頓) ; 정지, 휴지. (2) 답보, (상태) 정돈.

stand-up [stǽndʌ̀p] *a.* 〔限定的〕 (1)(옷깃이) 서 있는. (2)선 채로 하는《식사 따위》. (3)【拳】 서로 치고 받는, 정정당당한. (4)연기보다 익살을 떠는.

stank [stæŋk] STINK 의 과거

Stan·ley [stǽnli] *n.* 남자 이름.

·**stan·za** [stǽnzə] *n.* ⓒ 【韻】 (시의) 연(聯). 파) **stan·za·ic** [stænzéiik] *a.*

·**sta·ple**[1] [stéipəl] *n.* (1) ⓒ (흔히 *pl.*) a]주요 산물〈상품〉. b]주요〈기본〉 식품. c]주요소, 주성분 ; 주된 화제《*of*》. (2) ⓤ 섬유의 털 ; 섬유, 실 : wool of fine ~ 상질의 양모. (3) 요강, 주요한 테마. (4) 원료, 재료. (5) 《古》 상업 중심지. — *vt.* (양모 등을) 분류하다, 선별하다. — *a.* 〔限定的〕 중요한, 주요한 : a ~ diet 주식(主食) / the ~ industries of Korea 한국의 중요 산업.

sta·ple[2] *n.* ⓒ (U자모양의) 꺾쇠 ; (스테이플러의) 철(綴)쇠, 철침, 스테이플 ; 거멀못.
— *vt.* …을 꺾쇠〈철쇠〉로 박다〈고정시키다〉.

sta·pler[1] [stéiplər] *n.* ⓒ (1)주산물 상인. (2)양털 선별인〈선별기〉.

sta·pler[2] *n.* ⓒ 스테이플러《호치키스》.

:**star** [stɑːr] *n.* (1) ⓒ 별. (2) ⓒ 별 모양의 것, 【印】 별표《*》. (3)(종종 *pl.*) 운, 운수. (4) ⓒ 스타, 인기 배우, 인기인. (5)(*sing.*) 성공, 행운. ***see ~s*** (얻어맞아서) 눈에서 불꽃이 번쩍 튀다, 눈앞이 아찔하다. ***~s in*** one***'s eyes*** 낙관적인 안이한 기분, 몽상. ***the Stars and Stripes*** 성조기.
— *a.* 〔限定的〕 (1)스타의, 인기배우의. (2)별에 관한, 별의.
— (***-rr-***) *vt.* (1)《~+目/+目+前+名》 (흔히 *pp.*로) …을 별(모양의 것으)로 장식하다, …에 별을 점점이 박다《*with*》 ; …에 별표를 붙이다. (2)…을 주역으로 하다.
— *vi.* (1) 주연하다《*in*》. (2) 별처럼 빛나다.

star·board [stɑ́ːrbɔ̀ːrd] *n.* ⓤ 【海】 (이물을 향해) 우현(右舷)(〖opp.〗 *larboard, port*[3]) ; 【空】 (기수를 향해) 우측. —*a.* 〔限定的〕 우현의. —*vt., vi.* (배의) 진로를 오른쪽으로 잡다, 우현으로 돌리다 : *Starboard* (the helm) ! 우현으로, 키를 우로《구령》.

·**starch** [stɑːrtʃ] *n.* (1)ⓤⓒ 녹말, 전분 ; (*pl.*) 녹말이 많은 식품. (2) ⓤ (의류용의) 풀. (3) ⓤ 딱딱함, 꼼꼼함, 형식을 차리기. (4) ⓤ 《美俗》용기.
— *vt.* (의류)에 풀을 먹이다 : ~ sheets / take the ~ out of (1) 거만한 콧대를 꺾다. (2) 피곤하게 하다. — *a.* 거북스러운.

starchy [stɑ́ːrtʃi] (***starch·i·er ; -i·est***) *a.* (1)녹말의 ; 녹말이 많은 : ~ foods 녹말이 많이 든 음식. (2)풀먹인(것 같은). (3)딱딱한 ;《口》 형식을 차리는. 파) **stárch·i·ly** *ad.*

star-crossed [⊿krɔ̀(:)st] *a.* 《文語》운수 나쁜, 복 없는, 불운한 : ~ lovers 불운한 연인들.

star·dom [stɑ́ːrdəm] *n.* ⓤ (1)주역〈스타〉의 지위〈신분〉 : rise to ~ 스타덤에 오르다. (2)〔集合的〕 스타들.

star·dust [⊿dʌ̀st] *n.* ⓤ (1)소성단(小星團), 우주진(塵). (2)《口》 황홀한 기분, 매혹적인 느낌.

:**stare** [stɛər] *vt.* (1)《+目+副/+目+前+名》 …을 응시하다, 빤히 보다. (2)《+目+副/+目+前+名/+目+補》 (아무)를 노려보아 …하게 하다《*into*》.
— *vi.* 《~/+前+名》 눈을 동그랗게 뜨고 보다 ; 빤히 보다 ; 응시하다《*at*》. ~ a person ***down*** 〈***out of countenance***〉 아무를 빤히 쳐다보아 무안케 하다. ~ a person ***in the face*** 1)아무의 얼굴을 빤히 쳐다보다. 2)(사실 따위가) 아무에게 명백해지다.
— *n.* ⓒ 응시, 빤히 쳐다보기 : give a person a cold ~ 아무를 차가운 눈으로 바라보다.

star·fish [stɑ́ːrfiʃ] *n.* ⓒ 【動】 불가사리.

star·gaze [⊿gèiz] *vi.* (1)별을 쳐다보다. (2)공상에 빠지다. 파) **-gàz·er** *n.* ⓒ (1)《戲》 점성가, 천문학자. (2)몽상가.

·**stark** [stɑːrk] *a.* (1)(시체 따위가) 굳어진, 빳빳해진. (2)〔限定的〕 순전한, 완전한 ; 진짜의 (3)(묘사 따위가) 있는 그대로의, 적나라한. (4)(전망 등이) 삭막〈황량〉한 ; 장식이 없는, 휑한《방 따위》. (5)《詩》 힘찬, 단단한 ; 굳게 결심한. 파) **⊿·ly** *ad.*

star·less [stɑ́ːrlis] *a.* 별(빛)이 없는.

star·let [stɑ́ːrlit] *n.* ⓒ (1)작은 별. (2)(각광을 받기 시작한) 신진 여배우, 신출내기 스타.

·**star·light** [⊿làit] *n.* ⓤ 별빛.
— *a.* 〔限定的〕 별빛의, 별빛이 밝은 (밤의) : a ~ night. 별이 총총한 밤.

star·like [⊿làik] *a.* 별 모양의 ; 별처럼 빛나는.

star·ling [stɑ́ːrliŋ] *n.* ⓒ 【鳥】 찌르레기.

star·lit [stɑ́ːrlìt] *a.* 《文語》별빛의.

·**star·ry** [stɑ́ːri] (***-ri·er ; -ri·est***) *a.* (1)별의. (2)별이 많은, 별을 총총히 박은. (3)빛나는 ; 별 모양의 : ~ eyes 별처럼 반짝이는 눈. (4) 별 모양의.

star·ry-eyed [stɑ́ːriàid] *a.* 《口》 공상적인, 비현실적인 : a ~ optimist 비현실적인 낙천가.

stár shèll 조명탄, 예광탄.

star-span·gled [stɑ́ːrspæ̀ŋgəld] *a.* 별이 총총히 박힌, 별이 총총한.

Stár-Spangled Bánner (the ~) (1)성조기《미국 국기》. (2)미국 국가.

star-stud·ded [⊿stʌ̀did] *a.* 인기 배우들이 많이 출연한.

:**start** [stɑːrt] *vi.* (1)《~/+前+名》 출발하다, 떠나

다(leave)《*from* ; *for* ; *on*》. (2)《~/+前+名》 시작하다, 시작되다 ; 개시하다, 착수하다《*on* ; *with*》. (3)《~/+前+名》 돌발하다, 생기다, 일어나다《*up*》. (4)《~/+前+名/+副》 (놀라서) 펄쩍 뛰다, 소스라치다, 움찔하다 ; 재빨리 움직이다 ; 물러서다《*away* ; *aside*》 ; (기계 따위가) 움직이기 시작하다 ; 시동이 걸리다. (5)《~/+前+名/+副》 (눈알 따위가) 튀어나오다 ; (눈물·피 따위가) 확 쏟아지다. (6)(선재(船材)·못 따위가) 느슨해지다, 휘다, 빠지다.

— *vt.* (1)…을 출발시키다 ; (여행)을 떠나게 하다 ; (인생 행로)로 내어보내다. (2)《+目+前+名/+目+-*ing*》 …을 시작하게 하다. (3)(일 따위)를 시작하다 : ~ work. (4)《~+目/+-*ing*/+*to* do》 …하기 시작하다. (5)《~+目/+目+副》 (기계 따위)를 시동하다, 움직이게 하다 ; (사업 따위)를 일으키다 : He ~*ed* a newspaper. 신문사업을 시작했다. (6)(사냥감)을 튀어 달아나게 하다, 몰아내다. (7)《古》 깜짝〈흠칫〉 놀라게 하다. (8)(말 따위)를 꺼내다, (불평 따위)를 말하다. (9)…을 앞장서서 하다, 선도하다, 주창하다. (10)(화재 따위)를 일으키다. (11)(술 따위)를 통에서 따르다 ; (통 따위)를 비우다. (12)(못 따위)를 휘게 하다, 빠지게 하다.

~ after …을 좇다. ***~ against*** …에 대항하여 입후보하다. ***~ in*** 1)(일 따위)를 시작하다《*on* ; *to do*》 : ~ *in on* a work 일을 시작하다. 2)《口》 (아무)를 비난하기 시작하다《*on*》. ***~ out*** 1)출발하다. 2)…하기 시작하다. (…에) 착수하다《*to* do》. 3)《美》 여행을 떠나다. 4)인생〈일〉을 시작하다 《*as*》. ***~ over*** 《美》 (처음부터) 다시 하다. ***~ something*** 《口》 사건〈소동〉을 일으키다. ***~ up*** (*vi.*) 1)(놀라서) 일어서다. 2)갑자기 나타나다. 3)(일·연주 따위)를 시작하다. 4)(마음에) 떠오르다. (*vt.*) (자동차 등)을 움직이게 하다. ***to ~ with*** 우선 첫째로(to begin with).

— *n.* (1) ⓒ 출발, 스타트 ; 출발점 ; 출발 신호 : a ~ in life 인생의 첫 출발. (2) ⓒ (흔히 *sing.*) 펄쩍 뜀 ; 깜짝 놀람 ; 《口》 놀랄 만한 일 : with a ~ 흠칫 놀라. (3) ⓒ 시동 ; (사업 등의) 개시, 착수 : make a ~ (on...) (…을) 착수하다. (4) ⓤ (또는 a ~) 선발(先發)(권) ; 기선(機先), 유리(한 위치) ; (경주의) 출발(점) : line up at the ~ 출발선에 서다 / I gave her seven meter's ~. 나는 그녀가 7m 앞서 출발하도록 했다. (5)(*pl.*) 발작. ***at the ~*** 처음에는. ***for a ~*** 《口》 우선, 시작으로. ***from ~ to finish*** 처음부터 끝까지, 철두철미.

·start·er [stáːrtər] *n.* ⓒ (1)출발자, 개시자 ; 경주 참가자 ; 출전하는 말. (2)(경주 등의) 출발 신호원(員), (기차 등의) 발차계. (3)【機】 (내연기관의) 시동 장치. (4)(과정의) 첫 단계, 시초, 개시. (5)(식사의) 제1코스. (6)【電子】 시동기, (형광등의) 스타터. ***as***〈***for***〉 ***a ~*** =***for ~s*** 《口》 처음에, 우선 먼저.

stárt·ing blòck [stáːrtiŋ-] (단거리 경주용의) 스타팅 블록, 출발대(臺).

stárting gàte (경마·스키 경기 따위의) 출발문, 발마문(發馬門).

stárting pòint 기점(起點), 출발점.

:star·tle [stáːrtl] *vt.* 《~+目/+目+前+名》 (1)…을 깜짝 놀라게 하다 ; 펄쩍 뛰게 하다. (2)놀라서 …하게 하다《*into* ; *out of*》.

— *n.* ⓒ 깜짝 놀람, 깜짝 놀라게 하는 것.

— *vi.* 뛰어 일어나다, 뛰어오르다, 깜짝 놀라다《*at*》.

star·tled [ˊ-d] (1)(깜짝) 놀란. (2)〔敍述的〕 …에 놀란《*at* ; *by*》 ; …하여 놀란《*to* do》.

·star·tling [stáːrtliŋ] *a.* 놀라운, 깜짝 놀라게 하는 : ~ news 놀라운 뉴스. 파) **~·ly** *ad.*

·star·va·tion [staːrvéiʃən] *n.* ⓤ 굶주림, 기아.

— *a.* 〔限定的〕 기아의 ; 박봉의 : ~ wages 박봉.

:starve [staːrv] *vi.* (1)굶어 죽다, 아사하다. (2)〔進行形으로〕 굶주리다, 배고프다. (3)《+前+名》 …을 간절히 바라다 《*for*》. (4) 단식하다.

— *vt.* 《~+目/+目+前+名》 …을 굶기다, 굶겨 죽이다. (2)《+目+前+名/+目+副》 굶겨서 …시키다. (3)(…의) 부족〈결핍〉을 느끼게 하다. (4) (감정·지성을) 쇠약하게 하다.

starved [staːrvd] *a.* (1)굶주린, 배고픈 ; 굶어 죽은 : a ~ cat 굶주린 고양이. (2)〔敍述的〕 결핍한《*of* ; *for*》 : The orphans are ~ *of* affection. 고아들은 사랑에 굶주리고 있다.

starve·ling [stáːrvliŋ] 《古·文語》 *n.* ⓒ 굶주려서 여윈 사람〈동물〉. — *a.* (1) 굶주린 ; 수척한. (2) 빈약한, 열등한.

Stár Wàrs 《美》 별들의 전쟁《적의 핵미사일이 미국 상공에 이르기 전에 격추시키려는 전술, SDI의 속칭》. 【cf.】 Strategic Defense Initiative.

stash [stæʃ] *vt.* 《口》 (돈·귀중품 따위)를 간수하다〈챙겨두다〉 ; 은닉하다, 숨기다.

— *n.* ⓒ (1)숨는 곳. (2)은닉물, 숨긴 것.

sta·sis [stéisis] (*pl.* ***-ses*** [-siːz]) *n.* ⓤⓒ (1)【生理】 혈행(血行) 정지, 울혈(鬱血). (2)정체, 침체.

:state [steit] *n.* (1) ⓒ (흔히 *sing.*) 상태, 형편, 사정, 형세. (2) ⓒ 〔흔히 in〈into〉 a ~로〕 《口》 흥분〈불안〉 상태. (3) ⓤ 위엄, 당당한 모습, 공식. (4) ⓒ (흔히 the S-) 국가, 나라 ; ⓤ (church에 대한) 정부. (5) ⓤ 국사, 국무, 국정 ; (S-) 《美口》 국무부(the Department of S-). (6) ⓒ (S-)(미국·오스트레일리아 등의) 주(州) ; (the S-s) 《口》 미국《미국인이 국외(國外)에서 씀》. (7)【컴】 (컴퓨터를 포함한 automation의) 상태 : ~ table 상태표. (8)《英軍》 군사보고서. ***the ~ of the art*** (과학 기술 등의) 현재의 도달 수준〈발달 상태〉. 【cf.】 state-of-the-art. ***the State of the Union Address*** 〈***Message***〉 《美》 대통령의 연두 교서.

— *a.* 〔限定的〕 (1)(종종 S-) 국가의, 국사에 관한. (2)《美》 주(州)의 ; 주립의. (3)의식용의, 공식의.

— *vt.* 《~+目/+*that*節/+*wh.*節/+目+*to* do》(명확히 의견 따위)를 진술하다, 주장하다, 말하다.

state·craft [ˊkræ̀ft, ˊkrɑ̀ːft] *n.* ⓤ 치국책(治國策), 국가 통치 능력 ; 정치적 수완.

stat·ed [stéitid] *a.* 정하여진, 정기(定期)의 ; 규정된 ; 공인된. 파) **~·ly** *ad.* 정기적으로.

Státe Depàrtment (the ~) 《美》 국무부(the Department of State).

státe fáir 《美》 주(州)의 농산물〈가축〉 품평회.

Státe flówer 《美》 주화(州花).

state·hood [stéithud] *n.* ⓤ (1)국가로서의 지위. (2)(종종 S-) 《美》 주(州)로서의 지위.

state·house [ˊhàus] *n.* ⓒ (종종 S-) 《美》 주의사당.

state·less [stéitlis] *a.* (1)국적 없는. (2)시민권 없는. (3) 《英》 위엄을 잃은. 파) **~·ness** *n.*

:state·ly [stéitli] (***-li·er*** ; ***-li·est***) *a.* 당당한 ; 위엄 있는, 장중한 ; 품위 있는. (2) 뽐내는, 거만한. 【cf.】 grand. 파) **-li·ness** *n.*

stately hóme 《英》 (유서 깊은 시골의) 대저택《일반에게 공개되는 것이 많음》.

:state·ment [stéitmənt] *n.* (1) ⓒ (정부 등의) 성명 ; 성명서. (2) ⓤ (아무의) 말, 설, 말한 것. (3) ⓒ

(문서·구두에 의한) 진술. (4) ⓒ 【商】 (회사 따위의) 대차 대조표, 사업보고서, 결산서 ; (은행의) 구좌 수지 계산서(bank ～). (5)【컴】 문(장), 명령문《고급 프로그램 언어에 의한 실행명령 등의 프로그램 기술(記述)상 필요한 기본적 표현》.

Státen Ísland [stǽtn-] 스태튼 아일랜드《뉴욕만 안의 섬 ; 뉴욕시의 한 행정구(區)(borough)를 이룸》.

state-of-the-art [´-əvðiáːrt] *a.* (기기 따위가) 최신식의, 최신 기술을 구사한, 최첨단의.

státe políce (미국의) 주(州) 경찰.

Státe Régistered Núrse 《英》 국가 공인 간호사《略 : S.R.N.》.

state·room [stéitrùːm] *n.* ⓒ (1)(궁중 따위의) 큰 홀, 의전실. (2)(열차·여객기·미국 열차 따위의) 특별〈전용〉실.

state·side [´sàid] *a.* 《美口》 (해외에서 보아) 미국(본토)의. — *ad.* (해외에서 보아) 미국으로 〈에〉.

:states·man [stéitsmən] (*pl.* ***-men*** [-mən]) *n.* ⓒ (공정하고 훌륭한) 정치가.
파) **~·lìke, ~·ly** *a.* **~·shìp** *n.* ⓤ,ⓒ 정치적 수완.

státe sócialism 국가 사회주의.

státe univérsity (미국의) 주립 대학.

states·wom·an [stéitswùmən] (*pl.* ***-wom·en*** [-wìmin]) *n.* ⓒ 여성 정치가.

státe táble 【컴】 상태표《입력과 그 이전의 출력을 기초로 한 논리 회로의 출력 목록》.

state·wide [stéitwáid] *a.* (때로 S-) 《美》 주(州) 전체의〈에 걸친〉. — *ad.* 주 전체로, 주 전체에 걸쳐.

·stat·ic [stǽtik] *a.* (1)정적(靜的)인 ; 활기가 없는. (2)정지(靜止) 상태의 ; 정역학(靜力學)의. (3)【電】 공전(空電)〈정전(靜電)〉의. (4)【컴】 정적(靜的)《재생하지 않아도 기억 내용이 유지되는》.
— *n.* ⓤ (1)【電】 공전(空電) ; 전파 방해. (2)정전기. (3)《美口》 격렬한 반대, 요란한 비평.
파) **-i·cal** [-ikəl] *a.* **-i·cal·ly** [-ikəli] *ad.*

státic mémory 【컴】 정적(靜的) 기억 장치《기억 내용이 공간적으로 고정되어 있고, 시간에 대하여 이동이나 변화가 없는 기억 장치》.

státic RAM [-rǽm] 【電子】 정적(靜的) 램〈막기억장치〉《전원만 끊지 않으면 속의 정보가 꺼지지 않고 보존되는 IC 기억장치》.

stat·ics [stǽtiks] *n.* ⓤ 정역학(靜力學), 정태이론.

:sta·tion [stéiʃən] *n.* (1) ⓒ 정거장, 역(railroad ～), 정류장 ; 역사(驛舍). (2) ⓒ (관청·시설 따위의) 소(所), 서(署), 국(局), 부(部). (3) ⓒ (군대의 소규모) 주둔지, 근거지, 요항(要港). (4) ⓒ 위치, 장소 ; (담당) 부서(部署). (5) ⓒ 지위, 신분. (6) 《Austral.》 (건물·토지를 포함한) 대목장, 농장. (7) 【컴】 국《네트워크를 구성하는 각 컴퓨터》. ***be on ～*** 지위에 올라 있다. ***in 〈out of〉 ～*** (배가) 제 위치에서〈를 떠나서〉. ***of good 〈lowly〉 ～*** 좋은〈낮은〉 신분의. ***take up*** one***'s ～*** 부서에 자리잡다. ***the ～s of the Cross*** 【가톨릭】 십자가의 길《예수의 수난을 14 장면으로 나타낸 것 ; 그 앞에서 순차적으로 기도함》.
— *vt.* 《～+目/+目+前+名》 (1)…을 부서에 앉히다, 배치하다, 주재시키다《*at* ; *on*》. (2)〔再歸的〕 …에 위치하다, 서다. 파) **~·al** *a.*

·sta·tion·ary [stéiʃənèri/ -nəri] *a.* (1)움직이지 않는, 정지(靜止)된. (2)변화하지 않는《온도 등》 ; 증감하지 않는《인구 등》. (3)움직일 수 없게 장치한, 고정시킨《기계 등》. (4)주둔한 ; 상비의《군대 등》 : ～ troops 주둔군. (5) (유성이) 얼핏보아 경도에 변화가 없는.
— *n.* (*pl.* ***-ar·ies***) (1) 움직이지 않는 사람〈것〉. (2) (*pl.*) 주둔군.

státionary sátellite 정지(靜止) 위성.

státion brèak 《美》 【라디오·TV】 스테이션 브레이크《프로와 프로 사이의 토막 시간 ; 그 사이의 공지사항이나 광고》.

sta·tio·ner [stéiʃənər] *n.* ⓒ 문방구상〈점〉.

·sta·tio·nery [stéiʃənèri/ -nəri] *n.* ⓤ (1)〔集合的〕 문방구, 문구. (2)(봉투가 딸린) 편지지.

státion hòuse 《美》 경찰서〈소방서〉(의 건물).

sta·tion·mas·ter [stéiʃənmæ̀stər, -mὰːs] *n.* ⓒ (철도의) 역장.

sta·tion-to-station [´-tə´-] *a.* (장거리 전화가) 번호 통화의.

státion wàgon 《美》 스테이션 왜건(《英》 estate car)《뒤에 접는식 좌석이 있는 대형 승용차》.

stat·ism [stéitizəm] *n.* ⓤ (1)국가 주권주의. (2)(경제·행정의) 국가 통제(주의).

sta·tis·tic [stətístik] *n.* ⓒ 통계치, 통계량.

·sta·tis·ti·cal [stətístikəl] *a.* 통계(상)의. 파) **~·ly** [-kəli] *ad.*

stat·is·ti·cian [stæ̀tistíʃən] *n.* ⓒ 통계가〈학자〉.

:sta·tis·tics [stətístiks] *n.* (1)〔複數취급〕 통계(표). (2) ⓤ 통계학.

stat·u·ary [stǽtʃuèri/ -əri] *n.* ⓤ (1)〔集合的〕 조상(彫像), 조각(statues). (2)조상술.

:stat·ue [stǽtʃuː] *n.* ⓒ 상(像), 조상(彫像) : set up a bronze ～ 동상을 세우다. ***Statue of Liberty*** (the ～) 자유의 여신상《New York항의 Liberty Island에 있는 청동상》.

stat·u·esque [stæ̀tʃuésk] *a.* 조상(彫像) 같은 ; 균형 잡힌 ; 윤곽이 뚜렷한 ; 아름다운 ; (여성이) 위엄 있는, 윤곽이 고른, 우미한.

stat·u·ette [stæ̀tʃuét] *n.* ⓒ 작은 조상(彫像).

:stat·ure [stǽtʃər] *n.* ⓤ (1)(특히 사람의) 키, 신장. (2)《比》 (지적·도덕적인) 성장(도), 진보.

·sta·tus [stéitəs, stǽtəs] *n.* 《L.》 (1) ⓤ 지위, 신분《*of* ; *in*》. (2) ⓤ 높은 사회적 지위, 명성, 신망 : seek ～. (3) ⓤ 상태, 사정, 형세.

státus quó [-kwóu] (the ～) 현상(現狀) (=**státus in quó**) : maintain *the* ～ 현상을 유지하다.

státus sỳmbol 지위의 상징, 높은 사회적 신분의 상징《고급 승용차나 별장 따위》.

·stat·ute [stǽtʃuːt] *n.* ⓒ 법령, 성문법, 법규 ; 정관(定款), 규칙.

státute bòok (흔히 *pl.*) 법령집(集).

státute làw 성문법.

státute mìle 법정 마일《5,280 피트 ; 1,609.3m》.

stat·u·to·ry [stǽtʃutɔ̀ːri/ -təri] *a.* 법령의 ; 법정의 ; 법령에 의한.

·staunch[1] [stɔːntʃ, stɑːntʃ] =STANCH[1].

·staunch[2] [stɑːntʃ, stɔːntʃ] *a.* (1)(사람이) 믿음직한, 신뢰할 만한, 충실한 : a ～ friend 충실한 친구. (2)(건물 따위가) 견고한, 튼튼한 ; (배 따위가) 방수(防水)가 된. 파) **´·ly** *ad.* **´·ness** *n.*

·stave [steiv] *n.* (1)통(桶)널. (2)(사닥다리의) 단(段), 디딤대《가로장》. (3)시의 일절, 시구 ; (시행(詩行)의) 두운(頭韻). (4)【樂】 보표(譜表)(staff).
— (*p., pp.* ***~d, stove*** [stouv]) *vt.* (1)…에 통널을 붙이다. (2)(통)에 구멍을 뚫다 ; (상자·모자 따위)를 찌그러뜨리다《*in*》. (3) 부수다, 산산조각을 내다. (4) (모둥이로) 두들기다, 때리다 : ～ off (위험·파멸 등을) 저지하다, 피하다.

— *vi.* (보트 등이) 구멍이 뚫리다《*in*》. **~ *off*** (위험·파괴 등을) 막다, 피하다.

:stay[1] [stei] (*p.*, *pp.* **~*ed*** [-d], 《古》 ***staid*** [steid]) *vi.* (1)《~/+副/+前+名》(장소·위치 등에) 머무르다, (오래) 있다 ; 체재하다, (…에) 묵다《*at* ; *in*》. (2)《+補》…인 채로 있다(remain). (3)《~/+前+名》《口》 지탱〈지속〉하다, 견디다. (4)호각〈백중〉이다, …와 겨루다《*with*》. (5)《古》〔종종 命令形〕 기다리다 ; 멈추다.
— *vt.* 《~+目》 (1)《文語》…을 멈추(게 하)다, 막(아내)다. (2)《文語》 일시적으로 (욕망)을 채우다, (굶주림)을 일시 때우다〈면하게 하다〉. (3)《口》…동안 지속하다, 지탱하다, …의 최후까지 버티다. (4)《古》(분쟁·반란 등)을 가라앉히다, 진압하다. (5)…동안 (쭉) 머무르다〈체재하다〉《*out*》. (6)(판결 따위)를 연기하다, 유예하다. ***be here to ~*** (유행·관습 따위가) 정착하다. **~ *around*** 《美口》 근처에 있다. **~ *after*** =~in. **~ *away from*** 1)…에서 떨어져 있다. 2)결석하다. **~ *in*** 1)집에 있다. 2)(학교 따위에 벌로) 남아 있다. **~ *on*** (임무·기한 등이 지난 후에도) 계속 남아 있다, 유임하다. **~ *out*** (*vi.*) 1)밖에 있다, 외출해 있다. 2)파업을 계속하다. **~ *over*** (집에서 떨어진 곳에) 묵다. **~ *put*** 그대로 있다. **~ *the course*** 끝까지 버티다. **~ *up*** 1) 머물러 있다. 2)밤새우다, 밤샘하다. **~ *with*** (1) (손님으로서) 머무르다. (2) 뒤지지 않고 따라가다. (3)《美口》…와 결혼하다. (4)《美口》(음식이) 든든하다. (5) 계속 사용하다. (6) (남의 이야기를) 계속 듣다.
— *n.* (1) ⓒ (흔히 *sing.*) 머무름, 체재 (기간) : make a long ~ 장기 체류하다. (2) ⓤⓒ 【法】 연기, 유예 : a ~ of execution 형의 집행 유예.

stay[2] *n.* 【船】 ⓒ (돛대를 지탱해 주는) 지삭(支索).

stay[3] n. (1) ⓒ 지주, 버팀. (2)《比》 의지가 되는 것〈사람〉《*of*》. — *vt.* (1)…을 지주로 버티다《*up*》. (2)《文語》(아무)의 심적인 의지가 되다 ; 안정시키다 ; (정신적)으로 격려하다.

stay-at-home [stéiəthòum] *a.* 《口》 집에 틀어박혀 있는 ; 외출을 싫어하는. — *n.* ⓒ《口》 (1) 집에 틀어박혀 있는 사람, 외출을 싫어하는 사람. (2) (보통 *pl.*) 《俗》 (선거의) 기권자.

stay·er[1] [stéiər] *n.* ⓒ (1)체재자. (2)끈기 있는 사람〈동물〉. (3)【競馬】 장거리 경주마.

stay·er[2] *n.* ⓒ 지지〈옹호〉자.

stáy·ing pòwer [stéiiŋ-] 지구력, 내구력, 내구성.

stáy-in (strìke) [stéiìn(-)] 연좌 파업.

·stead [sted] *n.* 《文語》 ⓤ (1)대신, 대리. (2)도움, 이익. (3) 《古》 장소. ***in*** a person***'s ~*** =***in the ~ of*** a person 아무의 대신에. ***stand*** a person ***in good ~*** 아무에게 크게 도움〈이익〉이 되다.

:stead·fast [stédfæ̀st, -fəst] *a.* 확고 부동한, 고정된. (신념 등) 불변의, 부동의. 파) **~·ly** *ad.* **~·ness** *n.*

:stead·i·ly [stédili] (***more ~ ; most ~***) *ad.* 착실하게 ; 꾸준히 착착

:steady [stédi] (***stead•i•er; -i•est***) a. (1)고정된, 확고한, 흔들리지 않는. (2)안정된 ; 견고한, 한결같은, 착실한, 절도 있는. (3)불변의, 끊임없는 ; 상습의 ; 정상(定常)의. ***go ~*** 《口》 한 사람하고만 데이트하다《*with*》 : 애인 사이가 되다.
— *n.* ⓒ《美口》 (1) 정해진 상대〈애인〉. (2) 대, 받침(rest, support)
— *vt.* …을 견고하게 하다 ; 침착하게 하다 ; …을 안정시키다, 흔들리지 않게 하다 : ~ a ladder 사다리를 고정시키다. — *vi.* 견고해지다 ; 안정되다, 침착해지다. 파) **stéad·i·ness** *n.*

:steak [steik] *n.* ⓤⓒ (비프) 스테이크(beefsteak)

steak·house [´hàus] *n.* ⓒ 스테이크 전문점.

stéak knìfe (톱니 있는) 스테이크 나이프.

:steal [sti:l] (***stole*** [stoul] ***; stolen*** [stóulən]) *vt.* (1)《~+目/+目+前+名》 (몰래) …을 훔치다, 절취하다《*from*》. (2)《~+目/+目+前+名》 …을 무단 차용하다 ; 몰래 가지다 ; 교묘히 손에 넣다 ; 【競】 교활한 수단으로 득점하다 ; 【野】 도루를 하다. (3) 도루하다. (4) (소 등을) 혼자 독차지 하다.
— *vi.* (1)《~/+副》 훔치다, 도둑질하다. (2)《+副/+前+名》 몰래〈가만히〉 …가다〈오다〉《*along* ; *by* ; *up* ; *through*》, 숨어 들어가다《*in* ; *into*》. (3)《+副/+前+名》 (졸음·안개 따위가) 어느새 엄습하다〈뒤덮다〉《*on* ; *over*》. (4)【野】 도루하다. ▫ stealth *n.* **~ *a march on*** ⇨ march. **~ *away*** (1) 몰래 떠나다. (2) 살며시 훔치다. **~ *in*** (1) 살며시 들어가다. (2) 밀수입하다. **~ *off*** 가지고 도망치다. **~ *over*** 〈***on***〉 (기분·감정 등이) 모르는 사이에 스며들다. **~** a person***'s thunder*** ⇨ thunder. **~** one***'s way*** 몰래 오다〈가다. **~ *upon*** 살며시〈어느덧〉 다가오다.
— *n.* (1) ⓒ 《美口》 도둑질, 훔침, 절도 ; 훔친 물건, 장물. (2)(a ~) 《美口》 염가품 : It's *a* ~ at that price. 그 값이라면 거저나 진배없다. (3)【野】 도루(盜壘). 파) **~·er** *n.*

·stealth [stelθ] *n.* ⓤ 몰래 하기, 비밀. ***by ~*** 몰래, 비밀히. — *a.* (종종 S-) 레이더로 포착하기 어려운《비행기 따위》 : a ~ jet.

·stealthy [stélθi] (***stealth·i·er ; -i·est***) *a.* 비밀의, 남의 눈을 피하는, 살금살금 하는.

:steam [sti:m] *n.* ⓤ (1)(수)증기, 스팀 ; 증기력. (2)김. (3)《口》 힘, 원기, 정력 : run out of ~ 기력을 잃다, 숨차다. ***at full ~*** =***full ~ ahead*** 전속력으로 전진하여. ***let*** 〈***blow, work***〉 ***off ~*** 《口》 울분을 풀다〈터뜨리다〉. ***under*** one***'s own ~*** 혼자 힘으로, 자력으로.
— *a.* 〔限定的〕 증기의〈에 의한〉.
— *vi.* 《~/+副》 (1)김을 내다 ; 증기를 발생하다. (2) 증기의 힘으로 나아가다〈움직이다〉 : The ship *~ed away*〈*off*〉. 증기선이 떠나갔다. (3)(말 따위가) 땀을 흘리다 ; (유리가) 김으로 흐려지다《*up* ; *away*》. (4)《口》 화내다(boil). (5) 증발하다, 발산하다. (6)《美》 빠른 속도로 움직이다, 열심히 일하다. —*vt.* (1)《~+目》(감자·빵 따위)를 찌다 ; ~ potatoes. (2)《~+目/+目+補》 …을 김에 쐬다 : He *~ed* open an envelope. 그는 김을 쐬어 봉투를 열었다. (3) 증발〈발산〉시키다. (4) 흐려지게 하다《*up*》. (5)《口》 흥분시키다, 화나게 하다《*up*》.

stéam bàth 증기탕.

:steam·boat [stí:mbòut] *n.* ⓒ (주로 하천용·연안용의 작은) 기선.

stéam bòiler 증기 보일러.

·steam·er [stí:mər] *n.* ⓒ (1)기선. (2)찌는 기구〈사람〉, 찜통, 시루.

steam·ing [´iŋ] *a.* (1)김을 푹푹 내뿜는. (2)〔副詞的〕 김이 날 정도로. (3) 《俗》 벌컥 화를 낸〈내어〉.
— *n.* (1) 김을 쐼. (2) 증기 다림질. (3) (일정 시간 안에) 기선이 항행하는 거리.

stéam ìron 증기 다리미.

steam·roll·er [stí:mròulər] *n.* ⓤ (1)증기 롤러《도로 공사용》. (2)《比》 (반대를 억압하는) 강압(수단). — *vt.* (1)증기 롤러로 (땅을) 고르다. (2)《口》 (반대 따위)를 깔아뭉개다, 진압하다 ; 끝까지 밀고 나아가다.

— *a.* 증기 롤러 같은 ; 강압적인.
:steam·ship [∠ʃìp] *n.* ⓒ 기선, 증기선, 상선.
stéam shòvel (굴착용의) 증기삽.
steamy [stíːmi] (**steam·i·er ; -i·est**) *a.* (1)증기의〈같은〉 ; 증기를 내는. (2)《口》 에로틱한. 파) **stéam·i·ly** *ad.* **-i·ness** *n.*
ste·a·rin [stíːərin] *n.* ⓤ 【化】 스테아린《지방소(素)》, 경지(硬脂) 스테아르산《양초 제조용》.
·steed [stiːd] *n.* ⓒ 《古·文語》 (승마용의) 말.
:steel [stiːl] *n.* ⓤ (1)강철, 강(鋼), 스틸. (2)〔集合的〕 《文語》검(劍), 칼(sword). (3)(강철 같이) 단단함, 강함; 냉혹함. **a grip of ~** 꽉 잡아쥠. **cold ~** 도검, 총검. **draw** one**'s ~** 《美》 권총을 뽑아들다. **foe worthy of** one**'s ~** 상대할 만한 적수·호적수. **hard**〈**soft**〉 **~** 경〈연〉강.
— *a.* 〔限定的〕 (1)강철(제)의 ; (강철같이) 단단한. (2)무감각한.
— *vt.* (1)…에 강철을 입히다. (2)《~+目/+目+前+名/ ~+目+*to* do》 (…에 대해 마음)을 냉혹〈비정〉하게 먹다, 단단히 먹다《*against* ; *to*》 ; (마음)을 독하게 먹고 …하다 : I *~ed* my heart *against* their sufferings. 나는 마음을 단단히 먹고 그들의 고통에 눈을 감았다.
stéel bánd 【樂】 스틸 밴드《드럼통 등을 타악기로 한 서(西)인도 제도의 밴드》.
steel-blue [stíːlblúː] *a.* 강철색의.
steel-clad [∠klǽd] *a.* 장갑(裝甲)의 ; 갑옷으로 무장한.
stéel guitár 【樂】 스틸기타(Hawaiian guitar).
stéel wóol 강모(鋼毛)《연마용》.
steel·work [stíːlwə̀ːrk] *n.* ⓤ 〔集合的〕 강철 제품.
steel·work·er [∠wə̀ːrkər] *n.* ⓒ 철강 노동자.
steel·works [∠wə̀ːrks] *n.* ⓒ 제강소.
steely [stíːli] (**steel·i·er ; -i·est**) *a.* (1)강철의 ; 강철로 만든 ; 강철같은 ; 강철빛의. (2)냉혹한 ; 엄격한, 완고한 ; 무정한. 파) **stéel·i·ness** [-inis] *n.*
steel·yard [stíːljàːrd, stíljəd] *n.* ⓒ 큰 저울.
:steep[1] [stiːp] *a.* (1)가파른, 깎아지른 듯한, 급경사진, 험한. (2)《口》 (요구·값 따위가) 터무니없는, 무리한 ; (이야기 따위가) 과장된. (3)(상승·하락이) 급격한. — *n.* 가파른 언덕, 가풀막 ; 절벽. 파) **˙∠·ly** *ad.* 가파르게. **∠·ness** *n.* 가파름, 낭떠러지, 절벽.
:steep[2] *vt.* (1)《~+目/+目+前+名》 (액체에) …을 담그다, 함빡 젖게 하다《*in*》. (2)《目+前+名》 〔흔히 受動으로〕 …에 빠져들게 하다, 몰두〈열중〉하게 하다《*in*》. (3)《+目+前+名》 …을 뒤덮다, 싸다《*in*》. — *vi.* (물 따위에) 잠기다 : This tea ~s well. 이 차는 잘 우러난다. — *n.* (1) ⓤⓒ 담금, 담김. (2) ⓤ (종자 등을) 담그는 액체.
steep·en [stíːpən] *vt.* …을 가파르게〈험준하게〉 하다. — *vi.* 가파르게 되다, 험준하게 되다.
steep·ish [stíːpiʃ] *a.* 물매가 좀 가파른.
·stee·ple [stíːpəl] *n.* ⓒ (교회 따위의) 뾰족탑《그 끝은 spire》.
stee·ple·chase [-tʃèis] *n.* ⓒ 장애물 경마〈경주〉.
stee·ple·jack [-dʒæ̀k] *n.* ⓒ (뾰족탑·높은 굴뚝 따위의) 수리공.
:steer[1] [-stiər] *vt.* (1)《~+目/+目+副/+目+前+名》 …의 키를 잡다, …을 조종하다 ; (어떤 방향으로) 돌리다. (2)《~+目/+目+前+名》 (진로·방향)을 …으로 나아가게 하다〈이끌다〉. (3)〔~ one's way로〕 …로 향해 나아가다《*to* ; *for*》. — *vi.* (1)《~/+前+名》 (배의) 키를〈핸들을〉 잡다〈조종하다〉, 향하다, 나아가다《*for* ; *to*》. (2)《+前+名》 처신하다, 행동하다. (3)《+副》 키가 듣다 ; 조종되다. **by**〈**past**〉 곁을 지나가다, 비켜가다, 피하다. **~ clear of**《口》 …을 피하다, …와 관계하지 않다.
— *n.* ⓒ 《美口》 조언, 충고 ; 지시 ; 《俗》 (도박 따위의) 정보.
steer[2] *n.* ⓒ 불깐 수소《식용》.
steer·age [stíəridʒ] *n.* ⓤ 【海】 조타(성)(操舵性)), 조종.
steer·age·way [-wèi] *n.* ⓤ 【海】 키 효율 속도《키를 조종하는 데 필요한 최저 속도》.
steer·ing [stíəriŋ] *n.* ⓤ 조타(操舵), 조종, 스티어링 ; =STEERING GEAR.
stéering committee 운영 위원회.
stéering gèar 〔集合的〕 조타 장치 ; (자동차 등의) 스티어링 기어.
stéering whèel (배의) 조타륜(操舵輪); (자동차의) 핸들.
steers·man [stíərzmən] (*pl.* **-men** [-mən]) *n.* ⓒ 조타수(helmsman).
stein [stain] *n.* ⓒ (오지로 만든) 맥주 컵《약 1 pint 들이》.
ste·le [stíːli] (*pl.* **-lae** [-liː], **~s**) *n.* ⓒ 【考古】 비문을 새긴 돌기둥, 돌비.
stel·lar [stélər] *a.* (1)별의 ; 별 같은〈모양의〉 ; 별빛 밝은. (2)화려한 ; 일류의, 우수한.
:stem[1] [stem] *n.* ⓒ (1)(풀·나무의) 줄기, 대. (2)꽃자루, 잎자루〈꼭지〉, 열매꼭지. (3)(특히 성서에서) 종족, 혈통, 계통. (4)【文法】 어간. 【cf.】 ending, root, base[1]. (5)줄기〈대〉 모양의 것 ; 【機】 굴대, 회전축 ; (공구(工具)의) 자루 ; 담배 설대 ; (온도계의) 유리관 ; (컵의) 굽 ; (시계의) 용두의 축. (6)【樂】 (음표의) 대《수직선 부분》. (7)【海】 이물, 선수(船首).
— (**-mm-**) *vt.* (과일의 꼭지 따위)를 떼어내다.
— *vi.* 《+前+名》《美》 (…에서) 유래하다, 일어나다, 생기다《*from* ; *out of*》 : The plan *~s from* his idea. 그 계획은 그의 착상이다.
:stem[2] (**-mm-**) *vt.* (1)(…의 흐름 따위)를 막아내다, 저지하다, 막다. (2)(시류 따위)에 저항하다 ; 역행하다. (3)【스키】 (스키)를 제동 회전시키다.
stemmed [stemd] *a.* 〔複合語로서〕 (1) …한 줄기가〈굽이〉 있는. (2) 줄기나 꼭지를 떼어낸.
stench [stentʃ] *n.* ⓒ (흔히 *sing.*) 고약한 냄새, 악취 : a ~ trap 방취(防臭) 밸브. 【cf.】 stink.
sten·cil [sténsəl] *n.* ⓒ (1)스텐실, 형판(型板)《금속판·종이 따위에 무늬〈글자〉를 오려 내어, 그 위에 잉크를 발라 인쇄하는》 ; 스텐실로 찍은 문자〈그림 무늬〉. (2)등사 원지. — (**-l-**, 《英》 **-ll-**) *vt.* …에 스텐실〈형판〉을 대고 찍다 ; 등사하다.
sten·o·graph [sténəgræ̀f, -gràːf] *vt.* …을 속기하다.
·ste·nog·ra·pher, -phist [stənágrəfər/ -nɔ́g-], [-fist] *n.* ⓒ 《美》 속기사 ; 속기 타자수(《英》short-hand typist).
·ste·nog·ra·phy [stənágrəfi/ -nɔ́g-] *n.* ⓤ 속기 ; 속기술.
·sten·o·typy [sténətàip] *n.* ⓤ 스테노타이프 속기《보통의 알파벳 문자를 쓰는 속기술》. — *vt.* 스테노타이프로 기록하다.
sten·to·ri·an [stentɔ́ːriən] *a.* 큰 목소리의.
:step [step] (**-pp-**) *vi.* (1)《~/+前+名/+副》(몇 걸음 또는 조금) 걷다, 발을 내딛다 ; (독특한) 걸음걸

이를 하다 ; (한 걸음씩) 나아가다, 가다. (2)《口》 급히 서두르다《*along*》. (3)(…을) 밟다《*on*》. (4) (어떤 상태로) 되다, …을 쉽게 얻다《*into*》, (어떤 지위를) 차지하다, …에 참여하다. **~ *into journalism*** 언론계에 발을 들여놓다. **~ *into an estate*** 〈***a fortune***〉 재산을 이어받다.

—*vt*. (1)《~+目/+目+前+名》 걷다, (발)을 …에 들여놓다 ; …을 밟다, 디디다. (2)《~+目/+目+副》 …을 보측(步測)하다《*off* ; *out*》. (3)춤추다, (댄스의 스텝)을 밟다. (4)…을 계단처럼 만들다 : ~ a hill 산에 층계를 내다. (5)【海】 (돛대)를 장좌(檣座)에 세우다, (마스트)를 세우다. **~ *along*** 떠나다. **~ *aside*** 1)옆으로 비키다. 2)양보하다 ; =~ down(2). **~ *back*** 뒤로 물러서다 : 거리를 두고 생각하다. **~ *down*** 1)(차 따위에서) 내리다. 2)《口》 (일·지위에서) 사직〈사임, 은퇴〉하다. **~ *in*** 1)들르다, 들어가다. 2)《比》 간섭〈개입〉하다 ; 끼어들다. **~ *on it*** 《口》 (자동차의) 액셀을 밟다 ; 스피드를 내다 ; 급히 서두르다 ; =~ on the GAS. **~ *out*** 1)성큼성큼〈큰 보폭으로〉 걷다, 빠르게 걷다. 2)(잠시) 자리를 뜨다〈밖으로 나가다〉. 3)《口》 놀러 〈파티에〉 나가다, 《특히》데이트하러 가다. **~ *out of line*** 개별 행동을 하다; 예상 밖의 행동을 하다. **~ *out on*** 《口》 (아내·남편)을 배반하여 바람을 피우다 ; 부정(不貞)한 짓을 하다. **~ *up*** 1)(계단을) 올라가다 ;《美》 승진하다. 2)가까이 (다가)가다《*to*》. 3)《口》 …을 촉진하다, (생산·속도 따위)를 올리다〈늘리다〉, (전압)을 올리다.

—*n*. (1) ⓒ 걸음 ; (*pl.*) (걷는) 방향. (2)ⓤⓒ 걸음걸이, 보조 ; (댄스의) 스텝. (3) ⓒ 발소리 ; 발자국. (4) ⓒ 한 걸음, 일보, 보폭(步幅), 근거리. (5) ⓒ 단(段) ; 디딤판, (탈것의) 발판, 스텝 ; (*pl.*) 계단. (6) ⓒ 단계, 계층, 계급 ;《比》 승급, 승진. (7) ⓒ 조치, 수단, 방법. (8) ⓒ 【樂】 음정. (9)【컴】 스텝《단일한 계산기 명령〈조작〉》. ***in* ~** 보조를 맞추어《*with*》 ;《比》 일치〈조화, 협조〉하여《*with*》 : march *in* ~ 보조를 맞추어 행진하다. ***follow in*** a person***'s ~s*** 아무의 뒤를 따라가다. ***make***〈***take***〉 ***a false* ~** 1)발을 헛디디다. 2)잘못하다, 틀리다. ***out of* ~** 보조를 흩뜨려 ; 조화되지 않아《*with*》. **~ *by* ~** 한 걸음 한 걸음 ; 착실히. ***take ~s*** 수단을 강구하다, 조치를 취하다 : *take* ~*s* to avoid troubles 골치 아픈 문제들을 피하기 위해 수단을 강구하다. ***watch*** 〈***mind***〉 one***'s*** ~ ⇨ WATCH.

step- *pref*. '의붓…, 계(繼)…, 아버지〈어머니〉가 다른'의 뜻.

step·broth·er [stépbrʌ̀ðər] *n*. ⓒ 아버지〈어머니〉가 다른 형제, 배다른 형제, 이복 형제.

step-by-step [ˊbəˊ, ˊbaiˊ] *a* 한걸음 한걸음의, 단계적〈점진적〉인, 서서히 나아가는.

step·child [ˊtʃàild] (*pl*. ***-child·ren*** [-tʃìldrən]) *n*. ⓒ 의붓자식.

step·daugh·ter [ˊdɔ̀ːtər] *n*. ⓒ 의붓딸.

step-down [ˊdàun] *a*. (1)단계적으로 감소하는, 체감하는. (2)전압을 낮추는.

step·fa·ther [ˊfɑ̀ːðər] *n*. ⓒ 의붓아버지, 계부.

Ste·phen·son [stíːvənsən] *n*. **George ~** 스티븐슨《증기 기관차를 완성한 영국인 ; 1781-1848》.

step-in [stépìn] *a*. 〔限定的〕 발을 꿰어 그냥 입을 수 있는. — *n*. ⓒ 발을 꿰어 입을 수 있는 의상.

step·lad·der [stéplæ̀dər] *n*. ⓒ 발판 사닥다리.

·step·moth·er [ˊmʌ̀ðər] n. ⓒ 의붓어머니, 계모, 서모.

step·par·ent [ˊpɛ̀ərənt] *n*. ⓒ 의붓어버이.

·steppe [step] *n*. (1) ⓒ 스텝 지대《수목이 없는 대초원》. (2)(the S-(s)) 대초원 지대《시베리아·아시아 남서부 등지의》.

stepped-up [stéptʌ̀p] *a*. (1) 증가된, 증강〈증대〉된. (2) 속력을 증가한.

step·ping-stone [stépiŋstòun] *n*. ⓒ (1)디딤돌, 징검돌. (2)《比》 (출세 따위를 위한) 수단, 방법, 발판 : a ~ to success.

step·sis·ter [stépsìstər] *n*. ⓒ 아버지〈어머니〉가 다른 자매, 배다른 자매.

·step·son [ˊsʌ̀n] *n*. ⓒ 의붓아들〈자식〉.

step-up [ˊʌ̀p] *a*. 단계적으로 증가하는 ; 체증하는. (2)전압을 높이는.

step·wise [ˊwàiz] *ad*. 서서히, 계단식으로 ; 한 걸음씩.

-ster '…하는 사람, …한 사람'의 뜻의 결합사.

·ster·eo [stériòu, stíər-] (*pl*. ***ster·e·os***) *n*. (1) ⓤ 입체 음향. (2) ⓒ 스테레오 장치〈테이프, 레코드〉.

stereo- *pref*. '단단한 ; 3차원의, 실체적인, 입체의'란 뜻.

ster·e·o·graph [stériəgræ̀f, stíər-, -grɑ̀ːf] *n*. ⓒ 실체화(畵), 입체화, 실체 사진.

ster·e·o·phon·ic [stèriəfánik, stìər- / -fɔ́n-] *a*. 입체 음향(효과)의, 스테레오의.

ster·e·oph·o·ny [stèriáfəni, stìər- / -ɔ́f-] *n*. ⓤ 입체 음향(효과).

ster·e·o·scope [stériəskòup, stíər-] *n*. ⓒ 실체경(實體鏡), 입체경(鏡), 입체 사진경.

ster·e·o·scop·ic [stèriəskápik, stìər- / -kɔ́p-] *a*. 입체적인, 실체경(鏡)〈입체경〉의.

·ster·e·o·type [stériətàip, stíər-] *n*. ⓒ (1)【印】 연판(鉛版)(stereo), 스테로판. (2)(신선미·독창성 없는) 전형 ; 고정 관념, 판에 박힌 문구, 평범한 생각 ; 상투수단. — *vt*. (1)…을 연판〈스테로판〉으로 하다 ; 연판으로 인쇄하다. (2)…을 정형화〈유형화〉하다, 판에 박다. 파) **~d** [-t] *a*. 연판의 ;《比》 판에 박은, 진부한 : ~*d* phrases 상투 문구.

·ster·ile [stéril / -rail] (***more* ~ ; *most* ~**) *a*. (1)메마른, 불모의《땅 따위》. (2)자식을 못 낳는, 불임의. (3)살균한, 무균의. (4)내용이 빈약한《강연·문장 등》, 단조로운, 함축성 없는《문체 따위》 ; (사상·창작력이) 빈곤한. (5) 중성의, 열매를 맺지 않는. 파) **~·ly** *ad*.

ste·ril·i·ty [stəríləti] *n*. (1) ⓤ 생식(生殖)〈번식〉 불능(증), 불임(증). (2) ⓤ (토지의) 불모. (3) ⓤ 무균(상태). (4) ⓤⓒ (흔히 *pl.*) (내용·사상의) 빈약, 무미건조. (5) 중성.

ster·i·li·za·tion [stèrəlizéiʃən] *n*. (1) ⓤⓒ 불임케 하기 ; 단종(斷種)(수술). (2) ⓤ (땅을) 척박하게 함. (3) ⓤ 살균(법), 소독(법).

ster·i·lize [stérəlàiz] *vt*, (1)(토질)을 불모로 되게 하다. (2)…을 불임케 하다 ; 단종(斷種)하다. (3)…을 살균하다, 소독하다.

·ster·ling [stə́ːrliŋ] *a*. (1)영화(英貨)의. (2)순은(純銀)의. (3)〔限定的〕 진정한, 순수한 ; 훌륭한. — *n*. ⓤ 영화(英貨) ; 순은 ; 순은 제품.

stérling sílver 법정 순은《은 함유율이 92.5% 이상》.

:stern[1] [stəːrn] (**ˊ·*er* ; ˊ·*est***) *a*. (1) 엄격한《사람 등》, 단호한. (2)(외모 따위가) 무서운 ; 험상스러운. (3)가차 없는.

파) **·ˊ·ly** *ad*. **ˊ·ness** *n*.

:stern[2] *n.* ⓒ (1)고물, 선미(船尾). 【opp.】 *bow*[3]. 【cf.】 stem[1]. (2)〔一般的〕 뒷부분. ***Stern all !*** =***Stern hard !*** 【海】 뒤로! ***down by the ~*** 고물이 물속에 가라앉아서. ***~ foremost*** 고물을 앞으로 하여, 후진하여. ***~ on*** 고물을 돌려서.

stern·most [stə́ːrnmòust/ -məst] *a.* 고물에 가장 가까운 ; 최후방의, 최후의 후미의.

ster·num [stə́ːrnəm] (*pl.* ***-na*** [-nə], ***~s***) *n.* ⓒ 【解】 흉골(breastbone), 흉판, 복판.

ster·nu·ta·tion [stə̀ːrnjətéiʃən] *n.* ⓤ 재채기(하기)(sneezing).

stern·ward [stə́ːrnwərd] *a.* 고물의, 후부의. — *ad.* 고물로, 후부로.

stern·way [∠wèi] *n.* ⓤ 배의 후진(後進), 후퇴.

stern·wheel·er [∠hwìːlər] *n.* ⓒ 선미 외륜(外輪) 기선.

ster·oid [stérɔid] *n.* ⓤ 【生化】 스테로이드《스테롤·담즙산·성호르몬 등 체내에 있는 지방 용해성 화합물의 총칭》. — *a.* 스테로이드의.

ster·tor·ous [stə́ːrtərəs] *a.* (1)코고는. (2)숨결이 거치른. 파) **~·ly** *ad.*

stet [stet] (***-tt-***) *vi.* 《L.》 (=let it stand) 【校正】 (지운 것을) 살리다. — *vt.* (지운 곳)에 '生'이라고 쓰다, (지운 곳)을 살리다.

steth·o·scope [stéθəskòup] *n.* ⓒ 【醫】 청진기.

steth·o·scop·ic, -i·cal [stèθəskápik/ -skɔ́p-], [-əl] *a.* 청진기의 ; 청진기에 의한.

Stet·son [stétsn] *n.* ⓒ (종종 s-) 스테츤《차양이 넓은 소프트 모자 ; 카우보이 모자 ; 商標名》.

ste·ve·dore [stíːvədɔ̀ːr] *n.* ⓒ (1) (뱃짐을) 싣고 부리는 인부, 하역 인부, 항만 노동자, 부두 일꾼. (2) 하역회사. —*vt.* 하역 인부로서 (짐을) 싣다, (배의) 짐을 싣다〈부리다. —*vi.* 하역 인부로서 일하다.

·stew [stjuː] *vt.* …을 뭉근한 불로 끓이다, 스튜 요리로 하다.
— *vi.* (1)뭉근한 불에 끓다. (2)《口》 더워서 땀을 흘리다. (3)《+前+名》《口》 마음 졸이다, 안달하다, 애태우다《*over* ; *about*》. ***~ in*** one***'s own juice*** 자업자득으로 고통을 당하게 하다 — *n.* (1) ⓒ,ⓤ 스튜(요리) : (a) beef ~ 비프 스튜. (2)(a ~)《口》 근심, 당황, 초조 : He was in *a* ~. 그는 초조해 하고 있었다. (3)(a ~) (사람·사물의) 뒤섞임《*of*》. ***get***〈***go***〉 ***into a ~*** 《口》 흥분하다, 안절부절 못하다, 초조해지다. ***in a ~*** (1) 안절부절 못하여, 속이타서. (2) 화가 나서.

·stew·ard [stjúːərd] *n.* ⓒ (1)가령(家令), 집사, 청지기《식탁 및 재산의 관리 책임자》.

:stew·ard·ess [stjúːərdis] *n.* ⓒ 여성 steward ; 스튜어디스《여객선·여객기 등의 여자 안내원》.

stewed [stjuːd] *a.* (1)뭉근한 불로 끓인 ; 스튜로 한. (2)《英》 (차가) 너무 진해진. (3)〔敍述的〕《俗》 억병으로 취한 : get ~ 억병으로 취하다.

stew·pan [sjúːpæ̀n] *n.* ⓒ 스튜 냄비.

:stick[1] [stik] *n.* (1) ⓒ 막대기, 나무토막, 잘라낸 나뭇가지. (2) ⓒ 단장(短杖), 지팡이. (3) ⓒ 막대 모양의 것《초콜릿·캔디·입술연지 따위》 ; 바이올린의 활 ; 북채 ; 지휘봉 ; 하키 스틱 ; 골프 클럽 ; 당구 큐 ; 비행기 조종간 따위. (4) ⓤ 《英》 매질〈채찍질〉하기 ; 《比》 엄벌 ; 비난. (5) ⓒ (흔히 *pl.*) (가구의) 한 점. (6)〔흔히 dull, dry 따위 修飾語와 함께〕 쓸모 없는 사람 : a *dull*〈*dry*〉 ~. (7)(the ~s)《口》 삼림지 ; 오지, 벽지. (***as***) ***cross as two ~s*** ⇨ CROSS *a.* ***get*** (***hold of***) ***the wrong end of the ~*** 상황 판단 따위를 잘못하다, 잘못 알다. ***in a cleft ~*** 《英》 진퇴 유곡에 빠져. ***want the ~*** 매를 맞을 필요가 있다. ***wield a big ~ over*** 강권을 휘두르다. ***with a ~ in it*** 《美俗》 (커피 등에) 브랜디를 약간 넣은. — *vt.* (식물 등을) 막대기로 버티다, (활자를) 스틱에 짜다 ; (재목을) 쌓아올리다.

:stick[2] (*p.*, *pp.* ***stuck*** [stʌk]) *vt.* (1)《~+目/+目+前+名》 (뾰족한 것으로) …을 찌르다《*with*》 ; 꿰찌르다《*in, into*》 ; 꿰뚫다《*through*》. (2)《~+目+副/+目+前+名》 …을 찔러〈끼워〉 넣다, 꽂다 ; …을 내밀다《*out* ; *up*》 ; 들이밀다, 집어넣다《*in, into*》. (3)《~+目/+目+前+名/+目+副》 …을 (핀으로) 고정하다, 들러붙게 하다 ; 붙이다. (4)《+目+前+名/+目+副》 (아무렇게나) …을 놓다(put). (5)《~+目/+目+前+名》〔주로 受動으로〕 …을 꼼짝 못하게 하다 ; 《口》 (아무)를 당혹케 하다. (6)《~+目+前+名》《口》 …에게 (귀찮은 일 따위)를 떠맡기다, 강요하다 ; 《俗》 …을 속이다, 야바위치다. (7)《~+目/+目+副》〔흔히 否定文·疑問文으로〕《口》 …을 참다, 견디다.
— *vi.* (1)《+前+名/+副》 찔리다, 꽂히다《*in*》. (2)《~/+前+名/+副》 달라붙다, 들러붙다《*on* ; *to*》, 떨어지지 않다, 교착하다 《*together*》. (3)《~/+前+名/+副》 움직이지 않게〈꼼짝 못 하게〉 되다, 박히다, 끼다. (4)《+前+名/+副》 (생각 따위가) 마음에서 사라지지〈떠나지〉 않다. (5)《+前+名》 (…에) 충실하다 ; (…을) 고집하다《*to* ; *by*》 ; (일 따위)를 착실〈꾸준〉히 하다《*with* ; *at* ; *to*》. (6)〔흔히 否定文·疑問文에서〕 주저하다《*at*》. (7)(…에서) 튀어나오다, 비어져 나오다 《*up* ; *out*》.
~ around〈***about***〉 《口》 근처에 있다 ; 가까이에서 기다리고 있다. ***be stuck for*** …이 부족하다. ***be stuck on*** 《口》 …에 열중하다, …에 반해 있다. ***~ down*** 1)《口》 …을 적어 두다. 2)…을 붙이다. 3)…을 내려놓다. ***~ in*** one***'s throat*** ⇨ THROAT. ***~ it out*** 《口》 꾹 참고 해내다 ; 끝까지 버티다. ***~ it to*** 《口》 …을 가혹〈부당〉하게 다루다. ~ one***'s neck***〈***chin***〉 ***out*** 《口》 위험을 자초하다. ***~ out*** (*vi.*) 1)튀어나오다. 2)《口》 (사람·물건이) 두드러지다, (사물이) 명료하다. (*vt.*) 1)…을 내밀다. 2)…을 끝까지 참아내다 ; …을 해내다. ***~ out a mile*** =***~ out like a sore thumb*** 《口》 (어울리지 않게) 두드러지다. ***~ out for*** (임금 따위)를 끈질기게 요구하다. ***~ to it*** 버티다, 끝내 해내다. ***~ to*** one***'s guns*** ⇨ GUN. ***~ to*** one***'s last*** ⇨ LAST[3]. ***~ up*** 1)튀어나와 있다, 곧추서다. 2)《口》 (흉기를 들고) (은행 따위)를 습격하다(hold up).
— *n.* (1) ⓒ (한번) 찌르기. (2) ⓤ 접착력〈성〉 ; 풀. (3) ⓒ 막다름, 막힘.

stick·ball [∠bɔ̀ːl] *n.* ⓤ 《美》 막대기〈빗자루〉와 고무공으로 하는 어린이 노상 야구, 스틱볼.

stick·er [stíkər] *n.* ⓒ (1)찌르는 사람 ; 찌르는 연장. (2)끈질긴〈집요한〉 사람. (3)풀 묻힌 레테르, 스티커 ; (자동차의) 주차 위반 딱지.

stícking plàster [stíkiŋ-] 반창고.

stick-in-the-mud [stíkinðəmʌ̀d] *n.* ⓒ 《口》《蔑》 시대에 뒤진 사람, 새로운 것을 싫어하는 사람.
— *a.* (1) 구폐의 민습적인 (2) 굼뜬, 미련한.

stick·le [stíkəl] *vi.* (1)(하찮은 일을) 끈덕지게 주장하다《*for*》. (2)이의를 제기하다 ; 망설이다《*at* ; *about*》.

stick·le·back [-bæ̀k] *n.* ⓒ 【魚】 큰가시고기.

stick·ler [stíklər] *n.* ⓒ (1)잔소리가 심한 사람, 꽤 까다로운 사람《*for*》. (2)곤란한 문제.

stick·on [´-ɑ̀n/ ´-ɔ̀n] *a.* 〔限定的〕 (뒷면에 접착제가 묻어 있어) 착 달라붙는《스티커 따위》.
stick·pin [´-pìn] *n.* ⓒ《美》넥타이핀, 장식핀.
stíck shìft《美》(자동차의) 수동 변속기.
stick-to-it·ive [stìktúːitiv] *a.*《美口》끈덕진, 끈기 있는. 파) **~·ness** *n.*
stick·up [stíkʌ̀p] *n.* ⓒ《口》권총 강도《행위》.
:**sticky** [stíki] (***stick·i·er*** ; ***-i·est***) *a.* (1)끈적끈적〈끈끈〉한, 들러붙는, 점착성의. (2)《口》(날씨 따위가) 무더운.
파) **stíck·i·ly** *ad.* **-i·ness** *n.*
stícky fíngers《美俗》손버릇이 나쁨, 도벽.
:**stiff** [stif] (***´-·er*** ; ***´-·est***) *a.* (1)뻣뻣한, 딱딱한, 경직된, 굳은. (2)(목·어깨 따위가) 뻐근한 ; (몸의 근육이) 땅기는. (3)(줄 따위가) 팽팽한. (4)(문·기계 따위가) 잘 움직이지 않는, 고착된, 움직임이 둔한 : ~ hinges 잘 움직이지 않는 경첩. (5)(점토·반죽 따위가) 된 ; 응고한, 딱딱해진, 끈적이는. (6)완강한, 강경한 ; 무리한, 거북스런, 딱딱한. (7)단호한, 불굴의, (저항 따위가) 강경한 ; (바람·비 따위가) 맹렬한 ; (술 따위가) 독한. (8)어려운, 힘드는. (9)(조건·벌 따위가) 엄한, (경쟁 따위가) 심한 ;《口》(가격 따위가) 엄청난, 터무니없는. (10)〔敍述的〕 …이 가득한. ***keep a ~ upper lip*** ⇨ LIP.
— *ad.* 터무니없이 ; 굉장히, 엄청나게 : I was scared ~. 나는 아주 겁이 났었다.
— *n.* ⓒ《俗》(1)딱딱한 사람, 융통성 없는 사람. (2)《美》팁 주기를 아까워하는 사람 ; 구두쇠. (3)술 취한 사람. (4)시체. (5)(…한) 인간〈사람〉: a poor ~ 가련한 놈. (6) 틀림없이 지는 말. 파) ***´-·ly** *ad.* **´-·ness** *n.*
·**stiff·en** [stífən] *vt.* (1)《~+目/+目+前+名》(…으로) …을 뻣뻣하게 하다, 딱딱하게 하다 ; 경직시키다《*with*》. (2)(사람의 몸)을 경직시키다, 굳어지게 하다《*up*》. (3)(태도 따위)를 경화시키다, 완고하게 하다 ; 딱딱〈어색〉하게 하다. (4)(풀 따위)를 진하게 하다.
— *vi.* (1)《~/+前+名》뻣뻣해지다, 딱딱해지다 ; (긴장 따위로 몸이) 굳어지다. (2)(바람 따위가) 거세지다. (3)어색해지다 ; 데면데면해지다. (4)(풀 따위가) 굳다, 진해지다. (5) 보강하다. (6) 감응을 높이다. 파) **~·er** *n.*
stiff·en·ing [stífəniŋ] *n.* ⓤ 천 따위를 빳빳하게 하는 재료《풀 따위》; (양복 따위에) 심(芯)으로 쓰이는 재료.
stiff-necked [stífnékt] *a.* (1)완고한, 고집센. (2) 목이 뻣뻣해진.
·**sti·fle** [stáifəl] *vt.* (1)《~+目/+目+前+名》…을 숨막히게 하다, 질식시키다《*by* ; *with*》. (2)(불 따위)를 끄다 ; (숨·소리·감정 따위)를 억누르다 . (하품)을 억지로 참다 ; (폭동·반란 따위)를 진압하다, (자유)를 억압하다. — *vi.* (1) 숨막히다 ; 질식하다. (2) 그을다, 연기하다.
sti·fling [stáifliŋ] *a.* 숨막힐 듯한, 질식할 것 같은. 파) **~·ly** *ad.*
·**stig·ma** [stígmə] (*pl.* ***~s, ~·ta*** [-tə]) *n.* (1) ⓒ 치욕, 오명, 오점, 불명예. (2) ⓒ【植】암술머리.
stig·mat·ic [stigmǽtik] *a.* 불명예스러운.
stig·ma·tize [stígmətàiz] *vt.* (1)《+目+*as*補》…의 오명을 씌우다, …라고 비난하다. (2) 낙인을 찍다. (3) …에 홍반이 생기게 하다 ; 성흔이 생기게 하다. 파) **stìg·ma·ti·zá·tion** [-tizéiʃən] *n.*
·**stile** [stail] *n.* ⓒ (1) 디딤판, 계단. (2)회전(식 나무)문(turnstile).
sti·let·to [stilétou] (*pl.* ~(***e***)***s***) *n.* ⓒ (1)《It.》(송곳 모양의) 단검. (2)(자수용·재봉용의) 구멍 뚫는 바늘〈송곳〉.
stilétto héel《英》스틸레토 힐《여자 구두의 가늘고 높은 굽》.
:**still**[1] [stil] (***´-·er*** ; ***´-·est***) *a.* (1)정지(靜止)한, 움직이지 않는 ; (수면 따위가) 잔잔한 ; 바람이 없는. (2) 소리가 없는, 조용〈고요〉한 ; 말이 없는. (3)(소리·음성이) 낮은, 평온한, 평화로운. (4)평온 무사한, 평화로운. (5)(술이) 거품이 일지 않는. (6)【映·寫】스틸 사진의《영화에 대하여》. ***as ~ as ~***《口》… 아주 조용한〈히〉. ***stand ~*** 가만히 서 있다. 활동하지 않다. ***~ waters run deep.***《俗談》잔잔한 물이 깊다.
— *ad.* (1)아직(도), 상금, 여전히. (2)〔接續詞的으로〕 그럼에도, …하지만, 그러나. (3)〔比較級과 더불어〕 더욱, 더, 더한층. (4)〔another, other와 함께〕 그 위에, 또한. ***~ less*** 〔否定을 받아〕 하물며 (…않다), 더군다나 (…아니다). ***~ more*** 〔肯定을 받아〕 하물며, 황차, 더군다나.
— *n.* (1)(the ~) 고요, 정적, 침묵 : *the ~* of the night 밤의 정적. (2) ⓒ【映·寫】스틸 ; 보통 사진《영화에 대하여》.
— *vt.* (1)…을 고요하게 하다, 가라앉히다 ; 달래다. (2)(식욕·양심·공포 따위)를 누그러뜨리다. (3)(소리·움직임 따위)를 그치게〈멎게〉 하다.
still[2] *n.* ⓒ 증류기(器) ; =DISTILLERY.
still·birth [stílbə̀ːrθ] *n.* ⓤⓒ 사산(死産) ; ⓒ 사산아(兒).
still·born [´-bɔ̀ːrn] *a.* (1)사산의, 사산한. (2)처음부터 실패작인.
stíll hùnt (사냥감·적 등에게) 몰래 다가감 ; (정치적인) 이면 공작.
stíll lífe 정물(화)(靜物(畵)).
still-life [stílláif] *a.* 정물(화)의.
·**still·ness** [´-nis] *n.* ⓤ 고요, 평온 ; 정지(靜止).
stilly [stíli] (***still·i·er*** ; ***-i·est***) *a.*《詩》조용한, 고요한. — *ad.*《古·文語》고요히 ; 소리 없이.
stilt [stilt] *n.* ⓒ (흔히 *pl.*) 대말, 죽마(竹馬).
stilt·ed [stíltid] *a.* 죽마를 탄. 파) **~·ly** *ad.*
Stíl·ton (**chéese**) [stíltn(-)] 고급 치즈의 일종《영국 Stilton산(産)》.
·**stim·u·lant** [stímjələnt] *a.* (1)흥분성의 ; 자극성의 : a ~ drug 흥분제. (2)격려하는, 고무하는.
— *n.* ⓒ (1)【醫】흥분제 ; 자극제 ; 흥분성 음료《술·커피·차 따위》: Coffee and tea are mild *~s.* 커피와 차는 순한 흥분제이다. (2)자극(물) ; 격려.
:**stim·u·late** [stímjəlèit] *vt.* (1)《~+目/+目+ *to* do/+目+前+名》…을 자극하다, 활기차게 하다. (2)(커피·주류 따위)로 흥분시키다 ; 【醫·生理】(기관(器官) 따위)를 자극하다.
— *vi.* 자극〈격려〉이 되다.
·**stim·u·la·tion** [stìmjəléiʃən] *n.* ⓤⓒ (1)자극 ; 흥분. 【opp.】 *response.* (2)격려, 고무.
stim·u·la·tive [stímjəlèitiv] *a.* 자극적인 ; 흥분시키는 ; 고무하는. — *n.* 자극물.
·**stim·u·lus** [stímjələs] (*pl.* ***-li*** [-lài]) *n.* ⓤⓒ (1) 자극 ; 격려, 고무《*to*》. (2)자극물, 흥분제.
:**sting** [stiŋ] (*p.*, *pp.* ***stung*** [stʌŋ], 《美古》***stang*** [stæŋ]) *vt.* (1)《~+目/+目+前+名》(침 따위로) …을 찌르다. (2)…을 얼얼〈따끔따끔〉하게 하다. (3)…을 괴롭히다, 고민하게 하다 ; (감정)을 해치다.
(4)(혀 등)을 자극하다, 톡 쏘다. (5)《~+目/+目+前+名》…을 자극해서〈부추겨서〉 …하게 하다《*to*.

into》. (6)《口》〔주로 受動으로〕 …을 속이다, 속여 빼앗다.

— *vi.* (1)(침·가시를 가진 동식물이) 쏘다, 찌르다 ; 침이〈가시가〉 있다. (2)얼얼〈따끔따끔〉하다 : 톡 쏘는 맛이〈향기가〉 있다. (3)(정신적으로) 괴로움을 주다. (4) 고뇌하다, 안달하다.

— *n.* ⓒ (1)찌르기, 쏘기 ; 찔린 상처. (2)쑤시는〈찌르는〉 듯한 아픔, 격통 ; (정신적인) 고통, 괴로움. (3) 자극 ; 신랄함, 비꼼, 빈정댐. (4)【動】 침, 독아(毒牙), 독침 ; 【植】 가시. (5)《口》 함정 수사. ***have a ~ in the tail*** (말·편지 따위에) 빈정거림이〈가시가〉 있다. ***have no ~ in it*** 자극이 없다 ; (물 등) 맛이 없다.

sting·er [stíŋər] *n.* ⓒ (1)쏘는 동물〈식물〉 ; 빈정거리는 사람 ; (동·식물의) 침, 가시. (2)《口》 통격(痛擊) ; 빗댐, 빈정거림. (3)(S-) 【軍】 스팅어《어깨에 놓고 사격하는 휴대용 방공 미사일》.

sting·ing [stíŋiŋ] *a.* (1)침이 있는, 찌르는, 쏘는. (2)쑤시듯이 아픈, 따끔따끔한. (3)고통을 주는, 괴롭히는. (4)신랄한《풍자 등》. 파) **~·ly** *ad.*

stin·go [stíŋgou] *n.* ⓤⓒ 《英》 (1) 독한 맥주의 하나. (2)《俗》 열심, 기력, 원기.

sting·ray [stíŋrèi] *n.* ⓒ 【魚】 노랑가오리《꼬리에 맹독 있는 가시가 있음》.

stin·gy [stíndʒi] (***-gi·er*** ; ***-gi·est***) *a.* (1)인색한, 쩨쩨한《*with*》. (2)(수입·식사 따위가) 빈약한, 부족한, 적은. 파) **-gi·ly** *ad.* **-gi·ness** *n.*

·stink [stiŋk] (***stank*** [stæŋk], ***stunk*** [stʌŋk] ; ***stunk***) *vi.* (1)《~/+前+名》 고약한 냄새가 나다 ; …냄새가 코를 찌르다《*of*》. (2)평판이 매우 나쁘다 ; 불쾌하다 : 역겹다. (3)《俗》 서투르다, (솜씨가) 형편없다《*at*》. (4)《~/+前+名》《俗》 (…을) 굉장히 많이 갖고 있다《*of* : *with*》.

— *vt.* (1)《+目+副》 악취를 풍기게 하다《*up*》 ; 악취로 괴롭히다, 냄새를 피워 내쫓다《*out*》 : ~ *out* a fox 연기를 피워 여우를 굴에서 내몰다. (2)(장소)를 악취로 가득 채우다《*out*》.

— *n.* (1) ⓒ 악취, 고약한 냄새. (2)(a ~) 소동, 논쟁, 물의 : His comments caused *a* ~. 그의 코멘트가 물의를 빚었다. ***like ~*** 《口》 맹렬히, 열심히《일하다 따위》. ***raise*** 〈***create, kick up, make***〉 ***a big ~*** 《口》 (불만 따위를 터뜨리며) 물의를〈소동을〉 일으키다《*about*》.

stínk bòmb 악취탄《폭발하면 악취를 냄》.

stínk bùg 【蟲】 노린재류(類) ; 악취를 풍기는 곤충.

stink·er [stíŋkər] *n.* ⓒ (1)냄새나는 사람〈동물〉. (2)《俗》 불쾌한 놈. (3)고약한(어려운) 문제, 골칫거리 ; 《英俗》 불쾌한 편지〈비평(따위)〉.

stink·ing [stíŋkiŋ] *a.* 〔限定的〕 (1)악취를 풍기는. (2)《俗》 역겨운, 지독한 ; 불유쾌한.

·stint [stint] *vt.* (1)《~+目/+目+前+名》 (비용·식사 등)을 바싹 줄이다. (2)…을 내기 아까워하다. (3)〔再歸的〕 …을 바싹 줄이다, 쩨쩨하게 굴다《*of*》.

— *n.* (1) ⓒ (일에) 할당된 기간 ; 할당된 일(양). (2) ⓤ (특히 양의) 제한, 한정 ; 내기를 아낌.

sti·pend [stáipend] *n.* ⓒ 수당, 급료 ; 연금 ; (목사·교사 등의) 봉급 ; (학생·연구원이 정기적으로 받는) 장학금, 급비. 【cf.】 salary.

sti·pen·di·ary [staipéndièri/ -diəri] *a.* 봉급을 받는, 유급의. — *n.* ⓒ 유급자.

stip·ple [stípəl] *n.* ⓤⓒ 점각법(點刻法) ; 점화(點畵)(법), 점채(點彩)(법).

stip·u·late [stípjəlèit] *vt.* (계약서·조항 등이) …을 규정하다, 명기하다.

— *vi.* (조건으로서) 요구하다, 명기하다《*for*》 : We ~*d for* inclusion of these terms in the agreement. 우리는 협정에 이들 조건을 포함시키도록 요구했다. 파) **-la·tor** [-lèitər] *n.*

stip·u·la·tion [stìpjəléiʃən] *n.* (1) ⓤ 규정화, 명문화, 약정. (2) ⓒ (계약) 조항, 조건.

:stir[1] [stəːr] (***-rr-***) *vt.* (1)《~+目》 …을 움직이다, (억지로, 약간) 움직이다, 흔들다, 살랑거리게 하다 ; 옮기다. (2)《~+目/+目+前+名》 (액체 따위)를 휘젓다, 뒤섞다. (3)《~+目》 …을 분발시키다 ; 각성시키다《*up*》. (4)《~+目/+目+副/+目+前+名/+目+ to do》 …을 감동〈흥분〉시키다《*up*》 ; 선동〈자극〉하여 … 하게 하다《*to*》. (5)(감정)을 움직이다, 일으키다.

— *vi.* (1)움직이다 ; 꿈틀거리다. (2)일어나다 ; 활동하다. (3)(감정이) 일다, 솟아나다. (4) (활발하게) 걸어다니다 ; 활발하게 되다. (5) 감동하다. (6) (가루 등이) 섞이다. ***Stir your stumps.*** 서둘러라, 빨리 해라.

—*n.* (1) ⓒ 움직임, 휘젓기. (2) ⓒ 움직임, (바람의) 살랑거림. (3)(흔히 a ~) 대소동, 법석 ; 물의, 평판.

stir[2] *n.* ⓒ《俗》 교도소.

stir·rer [stə́ːrər] *n.* ⓒ (1)휘젓는〈뒤섞는〉 사람 ; 교반기(器). (2)활동가 ; 《俗》 선동자.

·stir·ring [stə́ːriŋ] *a.* (1)마음을 동요시키는 ; 감동시키는 ; 고무하는. (2)활발한, 활동적인, 바쁜 ; 번화한, (거리 따위가) 붐비는. 파) **~·ly** *ad.*

·stir·rup [stə́ːrəp, stír-, stʌ́r-] *n.* ⓒ (1)등자(子). (2)【解】 등골(=~ **bòne**). (3) 등자 가죽끈.

stírrup cùp (옛날 말 타고 떠나는 사람에게 권한) 작별의 잔 ; 이별주.

stírrup pùmp (소화용의) 수동식 펌프.

:stitch [stitʃ] *n.* (1) ⓒ 한 바늘, 한 땀, 한 코, 한 뜸. (2) a]ⓒ 바늘땀〈코〉, 바느질 자리 ; 한 번 바느질할 길이의 실 ; 솔기. b](흔히 *pl.*) 【醫】 (상처를 꿰매는) 한 바늘. (3) ⓤ (또는 a ~) 바느질〈뜨개질〉 방식. (4) ⓒ 〔흔히 否定文〕 (a ~) 헝겊〈천〉 조각. (5)(a ~) (돌연한) 통증, 쑤심. ***be in ~es*** 《口》 포복절도하다.

— *vt.* (1)《~+目/+目+副》 …을 바느질하다 ; 꿰매다, 깁다 ; …에 자수하다(embroider) : ~ *together* …을 꿰매어 합치다 / ~ *up* a rent 터진 곳을 꿰매다. (2)《英》 (사람)을 속이다《*up*》. (3) 철하다, 매다《*up, together*》

— *vi.* 꿰매다 ; 바느질하다, 뜨개질하다.

stoat [stout] *n.* ⓒ 【動】 담비《특히 여름의》.

:stock [stak/stɔk] *n.* (1) a]ⓒ (나무·풀 등의) 줄기, 그루터기 ; 뿌리줄기. b]ⓒ (접목의) 대목(臺木), 접본(接本), 어미그루. c]ⓤ 혈통, 가계(家系), 가문《※ 흔히 수식어를 수반》 : a man of Jewish ~ 유대계의 사람. d]ⓤ 어족(語族) ; 【生】 군체(群體), 군서(群棲). e]ⓤ 【言】 어계 (語系). (2) a]ⓒ 받침 나무, 총 개머리 ; (가래·채찍 등의) 자루 ; (낚싯대 따위의) 기부(基部) ; 【海】 닻장. b](*pl.*) 조선대〈가〉(造船臺〈架〉) ; 포가(砲架). c](the ~s) 【史】 차꼬《옛 형구의 하나》. 【cf.】 pillory. d]ⓒ 한 마리만 넣는 동물우리. (3) ⓒ 【植】 스톡, 자라난화(紫羅欄花). (4)스톡카(~ car). (5) a]ⓒ,ⓤ 《美》 주식, 증권, 주(株)(《英》 share). b]ⓒ (사람의) 평가, 평판, 신용 ; 지위. c](the ~s)《英》 공채, 국채. d]ⓒ,ⓤ 주식 자본. (6) a]ⓒ,ⓤ 저장, 비축 ; (지식 따위의) 축적. b] ⓒ 재고(품) ; 사들인 물건. (7) a]ⓤ 자원 ; 원료 : paper ~ 제지의 원료. b]ⓒ,ⓤ 국거리, (고기·물고기 따위

의) 삶아낸 국물. (8) ⓤ a)가축(livestock) ; 사육용 동물. b)【鐵】 =ROLLING STOCK.
have* ⟨*keep*⟩ *in* ~** 재고품이 있다. ***have money in the ~s 국에에 투자해 두다. ***off the ~s*** (배가) 진수하여 ; 완성되어. ***on the ~s*** 건조중, 계획중. ***in*⟨*out of*⟩** ~ 재고가 있는⟨품절이 된⟩ : goods *in* ~ 재고품. ***put ~ in*** =take ~ in(3). ***~in trade*** 1)재고품. 2)장사 도구 ; 상투적 수단. ***~s and stones*** 목석 같은 사람, 무정한 사람. ***take ~*** 재고 조사를 하다 ; 평가⟨음미⟩하다. ***take ~ in*** 1)…의 주(株)를 사다. 2)《比》 …에 관심을 가지다. 3)《口》 …을 신뢰하다, …을 중히 여기다. ***take ~ of*** 《比》 (정세 따위)를 판단하다 ; 잘 조사하다.
— *a.* 〔限定的〕 (1)수중에 있는, 재고의. (2)표준의 ; 평범한, 진부한, 보통의 : ~ sizes in hats 표준 치수의 모자 / a ~ comparison 진부한 비유. (3)《美》 주(식)의 ; 《英》 공채의. (4)가축 사육의.
— *vt.* (1)《~+目》 …에 자루⟨대(臺)⟩를 달다 : ~ a rifle 총에 개머리판을 달다. (2) a)《~+目/+目+前+名》 …에 씨를 뿌리다《*with*》 ; (농장)에 가축을 넣다《*with*》 ; (강 따위)에 물고기를 방류하다 : ~ land *with* clover 땅에 클로버 씨를 뿌리다. b)《+目+前+名》 (가게)에 (상품)을 사들이다, 구입하다《*with*》 ; (가게에 물품)을 놓다 ; 비축하다, 갖추다《*with*》 ; …에 보충⟨보급⟩하다《*with*》 : ~ one's store (*up*) *with* summer goods 가게에 여름철 물건을 들여놓다. (3) 가축을 넣다 ; (토지에) 공급하다. (4) ···에 자루를 달다. (5) 차꼬를 채워 망신주다.
—*vi.* (1) 사들이다, 구입하다, 들여놓다《*up*》 : We must ~ *up* (*with* food) *for* the winter. 겨울에 대비해서 식품을 구입해야 한다. (2) 어린 가지가 돋아나다, 움이 트다(tiller).

·stock·ade [stakéid/stɔk-] *n.* ⓒ (1)방책 ; 말뚝으로 둘러친 장소. (2)【美軍】 영창.

stockbreed·er [stákbrìːdər/stɔ́k-] *n.* ⓒ 목축⟨축산⟩업자.

stock·bro·ker [⁄-bròukər] *n.* ⓒ 증권 중개인.

stock·brok·ing, -brok·er·age [⁄-bròukiŋ], [⁄-bròukəridʒ] *n.* ⓤ 주식 중개(업).

stóck certificate 《美》 주권 ; 《英》 공채 증서.

stóck exchànge (1)(종종 S- E-) 증권 거래소. (2)(종종 the ~) 증권 거래.

stóck fàrm 목축장.
파) **~·er** *n.* ⓒ 목축업자. **~·ing** *n.* ⓤ 목축업.

stock·fish [stákfìʃ/stɔ́k-] (*pl.* ***~, ~·es***) *n.* ⓒ 어물(魚物), 건어(乾魚).

·stock·hold·er [⁄-hòuldər] *n.* ⓒ 《美》 주주 (《英》 shareholder).

stock·i·net(te) [stàkinét/stɔ̀k-] *n.* ⓤ 메리야스 《유아복·속내의 등에 씀》.

:stock·ing [stákiŋ/st

stócking càp 꼭대기에 술이 달린 겨울 스포츠용 털모자.

stock·inged [stákiŋd/stɔ́k-] *a.* (1)양말을 신은 : in one's ~ feet 양말 바람으로. (2)〔複合語로〕 (…의) 양말을 신은.

stock-in-trade [stákintréid/stɔ́k-] *n.* =STOCK in trade. (1) 재고품, 재하 ; 장사 밑천. (2) 상투 수단.

stock·ist [stákist/stɔ́k-] *n.* ⓒ 《英》 (특정 상품의) 구매업자⟨상점⟩ ; 특약점 (주인).

stock·job·ber [⁄-dʒàbər/ ⁄-dʒɔ̀b-] *n.* ⓒ (1)《美》 증권 거래인. (2)《英》 투기꾼.

stock·man [stákmən, -mæ̀n/ stɔ́k-] (*pl.* ***-men*** [-mən]) *n.* ⓒ (1)《주로 美》 목축업⟨축산업⟩자 ; 《주로 Aurstral.》목동. (2)《美》 창고계원, 재고 관리원.

stóck màrket (1) (종종 the ~) 증권 거래소⟨시장⟩ ; 증권 매매. (2) 가축 시장.

stock·pile [stákpàil/stɔ́k-] *n.* ⓒ (자재 따위의 비상용) 비축(축적)(량), 재고.

stock·pot [⁄-pàt/ ⁄-pɔ̀t] *n.* ⓒ 수프 냄비.

stóck ràising 목축, 축산.

stock·room [stákrù(ː)m/stɔ́k-] *n.* ⓒ (물자·상품 따위의) 저장실.

stock-still [⁄-stíl] *ad.* 움직이지 않는.

stock·tak·ing [⁄-tèikiŋ] *n.* ⓤ (또는 a ~) 재고 조사 ; 실적 평가, 현상 파악.

stocky [stáki/stɔ́ki] (***stock·i·er ; -i·est***) *a.* (체격이) 땅딸막한, 탄탄한.
파) **stóck·i·ly** *ad.* **-i·ness** *n.*

stock·yard [stákjàːrd/stɔ́k-] *n.* ⓒ 임시 가축 수용장 ; (농장의) 가축 방목장.

stodge [stadʒ/stɔdʒ] *n.* ⓤ 《口》 (1)(소화가 잘 안 되는) 기름진 음식, 실속있는 음식. (2)지루한 읽을거리 ; 읽기 어려운 것. — *vt.*, *vi* 게걸스럽게 먹다, 마구 퍼먹다.

stodgy [stádʒ/stɔ́dʒi] (***stodg·i·er ; -i·est***) *a.* (1)(음식이) 기름진, 소화가 잘 안 되는. (2)(책·문체 따위가) 지루한, 딱딱한, 난해한. (3)(사람이) 재미없는, 지루한. 파) **stódg·i·ly** *ad.*

sto·gy, sto·gie [stóugi] (*pl.* ***sto·gis***) *n.* ⓒ 《美》 (1)(튼튼하고 싼) 장화의 일종. (2)(긴) 싸구려 여송연.

sto·i·cal [stóuikəl] *a.* 스토아 학파의 ; 금욕주의의, 자제심⟨극기(克己)심⟩이 강한 ; 냉철한.
파) **~·ly** *ad.*

Sto·i·cism [stóuəsìzəm] *n.* ⓤ (1)스토아 철학. (2)(s-) 금욕, 극기, 금욕주의 ; 냉정, 태연.

stoke [stouk] *vt.* 《~+目+副》 (기관차·난로 따위)에 불을 지피다⟨피우다⟩《*up*》 : ~ (*up*) a furnace 아궁이에 땔감을 지피다. — *vi.* (1)불을 때다《*up*》. (2)《口》 실컷 먹다.

stoke·hold [stóukhòuld] *n.* ⓒ (배의) 보일러실.

stok·er [stóukər] *n.* ⓒ (1)(기관의) 화부. (2)급탄기(給炭機), 자동 급탄 장치.

:stole STEAL 의 과거.

:sto·len [stóulən] STEAL 의 과거분사.
— *a.* 〔限定的〕 훔친 : ~ goods 도둑 맞은 물건 / a ~ base 【野】 도루(盜壘) / a ~ car 도난차.

stol·id [stálid/stɔ́l-] (***~·er ; ~·est***) *a.* (1)둔감한, 멍청한. (2)감정을 드러내지 않는.
파) **~·ly** *ad.* **~·ness** *n.*

sto·lid·i·ty [stəlídəti/stɔl-] *n.* ⓤ 둔감, 무신경.

:stom·ach [stʌ́mək] *n.* (1) ⓒ 위(胃). (2) ⓒ 복부, 배, 아랫배. (3) ⓤ 〔흔히 否定文으로〕 식욕 ; 욕망, …하고 싶은 마음⟨기분⟩《*for*》. — *vt.* (1)《~+目》 〔흔히 否定文·疑問文으로〕 …을 먹다, 마시다, (2)(모욕 따위)를 참다, 견디다.

·stom·ach·ache [stʌ́məkèik] *n.* ⓤⓒ 위통, 복통 : suffer from ~ 위통으로 고생하다.

stom·ach·er [stʌ́məkər] *n.* ⓒ (15-16 세기에 유행한) 부인용 삼각형 가슴 장식, 가슴받이.

stom·ach·ful [stʌ́məkfùl] *n.* ⓒ 배⟨위⟩ 가득함⟨한 양⟩ ; 한껏 참음, 그 한도《*of*》.

sto·mach·ic [stəmǽkik] *a.* 위의 ; 건위(建胃)의, 식욕을 증진하는. — *n.* ⓒ 건위제(劑).

stómach pùmp 【醫】 위 세척기, 위 펌프.

stomp [stamp/stɔmp] *n.* ⓒ 곡에 맞춰 발을 세게 구르는 춤 ;《口》발구르기(stamp).

:stone [stoun] *n.* (1) a]ⓒ 돌, 돌멩이. b]ⓤ 바위 ; 석재, 돌. (2) ⓒ 비석, 기념비, 묘비 ; 맷돌 ; 숫돌 ; 바닥에 까는 돌. (3) ⓒ 보석 ; 우박, 싸락눈(hailstone). (4) ⓒ【醫】결석(結石). (5)ⓒ【植】핵(核), 씨. (6)(흔히 *pl.*)《古·卑》불알. ***age of ~*** 석기시대. ***(as) cold* 〈*hard*〉 *as (a) ~*** 돌처럼 차가운〈단단한, 무정한〉. ***cast the first ~***【聖】먼저 돌을 던지다 ; 먼저 비난하다《요한복음 VIII : 7》. ***kill two birds with one ~*** 일석이조, 일거양득. ***throw ~s*** …을 비난하다《*of*》.
— *a.* 〔限定的〕 돌의, 석조의.
— *vt.* (1)…에(게) 돌을 던지다. (2)(과일)에서 씨를 바르다.

Stóne Àge (the ~) 석기 시대.

stone-blind [stóunbláind] *a.* 눈이 아주 먼, 전맹(全盲)의.

stone·break·er [스brèikər] *n.* ⓒ (도로 포장에 쓰이는) 돌을 깨는 사람, 쇄석기.

stone-broke [스bróuk] *a.* 〔敍述的〕《俗》한푼도 없는, 파산한, 망한.

stone-cold [스kóuld] *a.* 돌처럼〈매우〉 차가운.

stone·cut·ter [스kʌ̀tər] *n.* ⓒ 석수 ; 돌을 자르는 기계, 채석기.

stoned [stound] *a.* (1)(과일 따위가) 씨를 발라 낸. (2)〔敍述的〕《俗》(마약·술 따위에) 취한.

stone-dead [stóundéd] *a.* 완전히 죽은.

stone-deaf [스déf] *a.* 전혀 못 듣는.

stóne frùit 핵과(核果).

stone-ground [stóungráund] *a.* 돌절구로 빻은.

Stone·henge [스hèndʒ/ 스스] *n.*【考古】영국 Wiltshire의 Salisbury 평원에 있는 선사시대의 환상(環狀) 거석주군(巨石柱群).

stone·less [스lis] *a.* (1)돌〈보석〉이 없는. (2)(과일이) 씨 없는, 알맹이 없는, 핵이 없는.

stone·ma·son [스mèisən] *n.* ⓒ 석수, 석공.

stóne pìt 채석장.

stóne's thrów 〈**cást**〉 (a ~) 돌을 던지면 닿을 만한 거리, 가까운 거리《약 50-150 야드》: at a ~ 가까운 거리에 / within a ~ of …의 바로 가까이에, 지척에.

stone·wall [stóunwɔ̀ːl] *vi.* (1)《英》(의사(議事) 진행을) 방해하다(《美》filibuster). (2)【크리켓】신중히 타구하다.

stone·ware [스wɛ̀ər] *n.* ⓤ 〔集合的〕 석기《고온 처리된 도자기의 일종》.

stone·work [스wəːrk] *n.* ⓤ 돌〈보석〉 세공.

:stony [stóuni] (***ston·i·er ; -i·est***) *a.* (1)돌의 ; 돌 같은 ; 돌이 많은《땅·길 등》. (2)돌처럼 단단한. (3)돌처럼 차가운, 무정한, 냉혹한《마음 따위》; 무표정한, 부동의《시선 따위》. 파) **stón·i·ly** *ad.*

stony-broke [-bróuk] *a.* 〔敍述的〕《英俗》=STONE-BROKE.

ston·y-heart·ed [-háːrtid] *a.* 무정한, 냉혹한.

:stood STAND 의 과거·과거분사.

stooge [stuːdʒ] *n.* ⓒ (1)《口》희극의 조연역. (2)《口》꼭두각시, 끄나풀. — *vi.* (1)《口》조연역을 하다《*for*》. (2)어슬렁거리다. (3) 비행기로 날아다니다.

:stool [stuːl] *n.* (1) ⓒ a](등 없는) 걸상. b](바 등에 있는) 다리 하나만 있는 높은 의자. c](발·무릎을 올려놓는) 발판. (2) a]ⓤⓒ 대변. b]ⓒ 변기 ; 변소.
— *vi.* (1) 싹이 트다, 싹을 내밀다. (2)《美俗》꾀어 내는 미끼노릇을 하다《*on*》. (3)《古》대변보다, 변소에 가다. —*vt.*《美》(들새 등을) 후림새로 꾀다.

stóol pìgeon (1)후림 비둘기. (2)손님을 끄는 사람. (3)밀고자, 끄나풀.

:stoop[1] [stuːp] *vi.* (1)《~/+副/+前+名》몸을 꾸부리다, 허리를 굽히다, 웅크리다《*down*》. (2)《+前+名/+*to* do》자신을 낮춰 …짓을 하다, …할 정도로 자신〈인격〉을 떨어뜨리다 ;《稀》굴복하다. (3)(매 따위가 먹이를) 덮치다《*at* ; *on, upon*》. — *vt.* (머리·목 등)을 굽히다, 꾸부리다.
— *n.* (a ~) 앞으로 몸이 굽음, 새우등, 구부정함, 굴종, 낮춤 ;《古》(매의) 습격 : He has *a* bad ~. 그는 등이 심하게 굽었다.

stoop[2] *n.* ⓒ《美·Can.》현관 입구(의 계단).

:stop [stɑp/stɔp] (*p., pp.* ***~ped,*** [-t],《古·詩》***~t ; ~·ping***) *vt.* (1)《~+目》(움직이는 것)을 멈추다, 정지시키다, 세우다.
(2)《~+目/+目+前+名》…을 막다, 방해하다, 중단하다.
(3)《~+目/+-*ing*》…을 그치다, 중지하다 ; 그만두다.
(4)(통로 따위)를 막다, 차단하다.
(5)《~+目/+目+副/+目+前+名》(구멍 등)을 막다, 메우다《*up*》.
(6)(흐르는 것)을 막다, 잠그다.
(7)(지급·공급 따위)를 정지〈중지〉시키다 ; (봉급·적립금 따위에서) …을 공제하다《*out of*》.
(8)【競】패배시키다(defeat).
(9)【樂】(관악기의 구멍, 현악기의 현)을 손가락으로 누르다.
— *vi.* (1)《~/+*to* do》멈추다, 멈춰 서다.
(2)《+前+名》들르다 ;《口》묵다, 체재하다 ; (교통기관이) 서다.
(3)〔흔히 否定文에서〕 a]〔will, would를 수반하여〕 주저하다, 단념하다《*at*》. b]곰곰이 …하다《*to* do》. ***~ a gap*** 부족을 메우다, 일시적으로 쓸모있다. ***~ (a)round*** (잠깐) 들르다. ***~ bullet*** 〈***shell, packet***〉 총탄에 맞아 죽다,〈부상당하다〉. ***~ by***《美》(아무의 집에) 잠시 들르다. ***~ dead*** 〈《美俗》***cold***〉 갑자기 (딱) 멈춰 서다〈멈추다〉. ***~ down***【寫】렌즈를 조르다. ***~ in*** 1)《口》집에 있다. 2)잠시 들르다. ***~ off*** …에서 도중 하차하다, 도중에 들르다《*at*》. ***~ over*** 1)(경유지에서) 잠시 머무르다《*at* ; *in*》. 2)도중 하차〈하선〉하다. ***~ short*** 1)(남의 얘기를) 가로막다, 중지시키다. 2)갑자기 멈추어 서다〈그만두다〉. ***~ short at*** …까지는 이르지 않다, …직전에 멈추다. ***~ short of*** do***ing*** …하기까지는 이르지 않았다, …하기 직전에 멈추다. ***~ the show (cold)*** 매우 인기를 끌다. ***~ the way*** 진행을 방해하다. ~ thief! 도둑 잡아라! ***~ to think*** 〈***consider***〉 곰곰 생각하다. ***~ up*** 1)(구멍 등을) 틀어막다, 메우다. 2)일어나 있다.
— *n.* ⓒ (1)멈춤, 중지, 휴지(休止), 끝을 냄 : There'll be no ~ to our efforts. 우리는 계속 노력할 것이다. (2) a]정지 ; (단기간의) 머무름〈체제〉; 정거, 착륙, 기항 : No ~ is permitted on the road. 노상 정차 금지. b]정거〈정류〉장, 착륙장 : a bus ~ 버스 정류소 / the last ~ 종점. (3) a]방해(물), 장애(물) ; 방지, 저지. b]【光·寫】조리개, F넘버. c]【音聲】(숨의) 폐쇄 ; 폐쇄음《[p, t, k, b, d, g] 따위》. (4)(흔히 *pl.*)【建】(문짝이 걸리게 문턱이나 바닥에 박은) 원산(遠山), 걸리개, 멈추개, 멈춤턱《doorstop 따위》;【機】억제〈제어〉장치. (5)틀어막음, 마개 ; (풍금의) 음전(音栓), 스톱, (관악기의) 지공(指孔). (6)《英》구두점,《특히》피리어드(full ~). ***pull***

out all (*the*) *~s* 최대한의 노력을 하다. ***with all the ~s out*** 전력을 기울여.

stop-and-go [≐əngóu] *a.* (1)조금 가다가는 서는 : ~ traffic 교통 정체. (2)(교통이) 신호 규제의.

stop·cock [stápkɑ̀k stɔ́pkɔ̀k] *n.* ⓒ (수도 따위의) 꼭지, 고동, 조절판.

stóp èlement 【컴】 멈춤 요소《비동기(非同期)식(asynchronous) 직렬 전송에 있어서 문자의 끝에 놓이는 요소》.

stop·gap [stápgæ̀p/stɔ́p-] *n.* 빈 데 매워 넣기. ⓒ (1)구멍 메우개 ; 빈곳 메우기. (2)임시 변통, 미봉책.
— *a.* 〔限定的〕 임시 변통의, 미봉의.

stop-go [≐gòu] *n.* ⓤ (1)【經】 인플레이션과 디플레이션이 섞바꾸어 나타나는 시기. (2)《英》 스톱고정책《경제의 긴축과 완화를 섞바꾸어 행하는》.
— *a.* 〔限定的〕 스톱고의.

stóp làmp (자동차의) 정지등《브레이크를 밟을 때 켜짐》.

stop·light [≐làit] *n.* ⓒ (1)(교통의) 정지 신호. (2)=STOP LAMP.

stop·out [≐àut] *n.* ⓒ《美學》 일시 휴학의 대학생.

stop·o·ver [≐òuvər] *n.* ⓒ 도중하차 ; (여행 경유지에서의) 단기 체류 ; 잠깐 들름.

stop·pa·ble [≐əbəl] *a.* 멈출 수 있는, 중지 가능한.

stop·page [stápidʒ/stɔ́p-] *n.* (1) ⓒ (활동을) 멈추기, 정지. (2) ⓒ 장애, 고장, 지장. (3) ⓒ 파업, 휴업. (4) ⓤⓒ 지불 정지 ; (임금의) 공제 지급. (5) 억류

stop·per [stápər/stɔ́p-] *n.* ⓒ (1)멈추는 사람〈물건〉, 방해자〈물〉. (기계 따위의) 정지 장치. (2)【野】 (효과적인) 구원 투수. (3)(병·통 따위의) 마개 ; (관의) 막는 꼭지, 스토퍼. ***put a ~*** 〈***the ~s***〉 ***on***《口》 …에 마개를 하다 ; …을 누르다 ; 방지하다. — *vt.* (1) …에 마개를 하다 ; 막다. (2) 지삭을 걸다.

stop·ping [stápiŋ/stɔ́p-] *n.* (1) ⓤ 중지, 정지. (2) ⓤⓒ (구멍·이 따위의) 충전물, 충전제. (3) 구두점을 찍음. (4) 손가락으로 현을 누름. (5) 차단벽.

stop·ple [stápəl/stɔ́pəl] n. ⓒ 마개.
— *vt.* …에 마개를 하다.

stóp prèss 《英》 신문 인쇄 중에 추가〈정정〉된 최신 기사(란), 마감 후의 중대 기사.

·**stor·age** [stɔ́:ridʒ] *n.* (1) ⓤ 저장, 보관. (2) ⓒ 창고, 저장소. (3) ⓤ 보관〈창고〉료. (4) ⓤ (창고·저수지의) 수용력. (5) ⓤ 【컴】 기억 (장치)《기억된 정보량》.

stórage bàttery 축전지.

stóorage capàcity 【컴】 기억 용량.

stórage cèll 【電】 축전지 ; 【컴】 기억 소자.

stórage device 《英》【컴】 기억 장치(memory).

stórage hèater 축열기(蓄熱器), 저장식 온수 가열기.

:store [stɔ:r] *n.* (1) a)ⓒ (종종 *pl.*) (식료품·의류 따위 필수품의) 저장, 비축. b)ⓒ(지식 등의) 축적 ; 온축 ; 많음. c)(흔히 *pl.*) (육군·해군 등의) 의류·식료품의 비축, 용품, 비품. (2) a)ⓒ《美》 가게, 상점(《英》 shop) ; (흔히 ~s) 〔單·複數 취급〕《英》 백화점(department ~), 잡화점 ;《美俗》(축제 따위의) 간이 매점 : a general ~ 잡화점. b)〔形容詞的〕《美》 기성품의, 대량 생산품의 : ~ clothes 기성복. (3) ⓒ《주로 英》 창고, 저장소. (4)(*pl.*) 필수품, 용품, 비품 ; 스페어 부품. (5) ⓤ 【컴】 기억 장치(memory). ***a great ~ of*** 많은. ***in ~*** 1)비축하여. 2)(미래·운명 등이) …에게 덮치려고, 기다리고. ***out of ~*** 저장〈준비〉하지 않고. ***set no*** (***great***) ***~ by*** …을 경시하다, 업신여기다. ***set*** 〈***put, lay***〉 ***~ by*** 〈***on***〉 …을 중히 여기다.
— *vt.* (1)《+目+副/ +目+前+名》 …을 비축〈저장〉하다《*up*》. (2)《+目+前+名》 …을 마련하다, …에 공급하다《*with*》. (3)창고에 보관하다. (4)【컴】 기억시키다, 축전하다. — *vi.* 〔樣態의 副詞를 수반하여〕 (식품 등) 저장이 가능하다.

store·front [≐frʌ̀nt] *n.* ⓒ (1)(거리에 면한) 가게의 정면. (2)(물건이 전시되어 있는) 점두(店頭).

store·house [≐hàus] *n.* ⓒ (1)창고. (2)(지식 따위의) 보고.

store·keep·er [≐kì:pər] *n.* ⓒ (1)《美》 가게 주인(《英》 shopkeeper). (2)(특히 군수품의) 창고 관리인.

store·room [≐rù(:)m] *n.* ⓒ 저장실, 광.

store·wide [≐wàid] *a.* 전점포의.

:storey ⇨ STORY[2].

sto·ried[1] [stɔ́:rid] *a.* 〔限定的〕 (1) 이야기〈역사, 전설 등〉에서 유명한. (2) 역사화(畫)로 장식한.

sto·ried[2], 《英》 **sto·reyed** [stɔ́:rid] *a.* 〔複合語를 이루어〕 …층으로 지은.

·**stork** [stɔ:rk] *n.* ⓒ 황새《갓난아기는 이 새가 갖다 주는 것이라고 아이들은 배움》. ***a visit from the ~*** 아기의 출생.

:storm [stɔ:rm] *n.* ⓒ (1)폭풍(우), 모진 비바람. 《俗談》고진감래(苦盡甘來). (2)큰 비, 세찬 비〈눈〉. (3)(탄알 등의) 빗발, (우레 같은) 박수. (4)격정. (5)【軍】 강습, 급습. ***a ~ in a teacup***《英》 '찻잔 속의 태풍', 헛소동. ***take ... by ~*** 1)【軍】 강습하여 …을 빼앗다 : *take* a fort *by* ~ 요새를 급습하여 빼앗다. 2)(청중 등을) 금세 매료〈황홀케〉하다. ***up a ~***《口》 극도로, 잔뜩.
— *vi.* (1)〔it를 主語로 하여〕 (날씨가) 사나워지다. (2)《+前+名》 호통치다, 홀닦다《*at*》. (3)《+副/+前+名》 돌격하다 ; 돌진하다 ; 사납게 날뛰다. — *vt.* 《~+目/+目+前+名》 강습하다.

storm·bound [≐bàund] *a.* (배 따위가) 폭풍우에 발이 묶인.

stórm cènter 폭풍우의 중심 ;《比》 소동의 중심인물〈문제〉.

stórm clòud (1)폭풍우를 실은 구름. (2)(*pl.*) 동란의 전조.

storm coat 스톰 코트《두터운 안감을 받치고 깃에 모피를 댐 ; 대개 방수가 됨》.

stórm dòor (출입문 밖에 덧대는) 유리 끼운 덧문, 방풍(防風) 문.

stórm dràin =STORM SEWER.

stórm·ing pàrty [stɔ́:rmiŋ-] 【軍】 습격대, 공격부대.

stórm làntern 〈**làmp**〉 《英》 방풍등(防風燈), 칸델라(hurricane lamp).

stórm pétrel 【鳥】 바다제비《폭풍우를 예보한다고 함》.

stórm sèwer 빗물 배수관.

stórm tròoper (나치스) 돌격대원.

stórm wìndow (눈·찬바람을 막기 위한) 빈지문, 덧문.

:stormy [stɔ́:rmi] (***storm·i·er ; -i·est***) *a.* (1)폭풍우의, 폭풍의 ; 날씨가 험악한. (2)격렬한《정열 따위》 ; 사나운, 논쟁적인, 노발대발하는.

stórmy pétrel (1) =STORM PETREL. (2)분쟁을 일으키는 사람.

:sto·ry[1] [stɔ́:ri] (*pl.* ***sto·ries***) *n.* (1) ⓒ 이야기, 설화 ; 실화 ; 동화 ; (단편)소설. (2) ⓤⓒ 줄거리, 구상. (3) ⓒ (하나의) 역사, 연혁《*of*》. (4) ⓒ 소문. (5) ⓒ《兒·口》거짓말, 꾸며댄 이야기 ; 거짓말쟁이. (6)【新聞·放送】 기사, 뉴스. ***as the ~ goes*** 소문에 의하면. ***A likely ~ !*** 믿을 수 없다, 설마. ***but that is another ~*** 그러나 그것은 전혀 다른 이야기다. ***to make a long ~ short***=***to make short of a long ~*** 한마디로 말하면.

:sto·ry[2], 《英》 **sto·rey** [stɔ́:ri] (*pl.* ***sto·ries,*** 《英》 ***-reys***) *n.* ⓒ 층, 계층.

sto·ry·book [-bùk] *n.* ⓒ (특히 어린이를 위한) 이야기〈동화〉책. — *a.* 〔限定的〕 (1)동화의, 동화 같은 ; 비현실적인. (2)해피엔딩으로 끝나는.

stóry lìne 【文藝】 줄거리(plot).

·sto·ry·tell·er [-tèlər] *n.* ⓒ (1)이야기를 (잘) 하는〈쓰는〉 사람, (단편) 작가. (2)《口》 거짓말쟁이. (3) 만담가.

sto·ry·writ·er [-ràitər] *n.* ⓒ (단편) 소설가.

stoup [stu:p] *n.* ⓒ (1)잔, 큰 컵 ; 잔에 하나 가득한 분량. (2)【教會】 성수반(聖水盤).

:stout [staut] (*~·er ; ~·est*) *a.* (1)단단한, 질긴 ; 튼튼한, 견고한. (2)굳센, 단호한 ; 용감한 ; 완강한 ; 세찬. (3)살찐, 뚱뚱한. (4)(술 따위가) 독한.
— *n.* ⓤⓒ 스타우트, 흑맥주. 【cf.】 ale, beer, lager, porter[2]. (2) 뚱뚱보 ; 비만형의 의복. 파) **~·ly** *ad.* **~·ness** *n.*

stout-heart·ed [-há:rtid] *a.* 용감한, 어기찬, 대담한. 파) **~·ly** *ad.* **~·ness** *n.*

:stove [stouv] *n.* ⓒ (1)스토브, 난로. (2)풍로 (cooking ~). (3)《英》【園藝】 온실(溫室).

stove·pipe [stóuvpàip] *n.* ⓒ (1)난로 연통〈굴뚝〉. (2)《口》 (우뚝한) 실크 해트(~ hat).

stow [stou] *vt.* 《~+目/+目+前+名》 …을 집어넣다, 틀어넣다《*away ; in*》 ; 가득 채워 넣다《*with*》 ; 싣다, 실어 넣다. (2)〔흔히 命令形〕 (법석·농담 따위)를 그치다. — *vi.* (배·비행기 등으로) 밀항하다, 몰래 무임 승차〈승선〉하다. 파) **~·age** [stóuidʒ] *n.* ⓤ (1) 실어〈쌓아〉 넣기, 짐 싣기, 적하(積荷) 작업. (2)적하료.

stow·a·way [-əwèi] *n.* ⓒ (1)밀항자 (2)무임승객.

stra·bis·mus [strəbízməs] *n.* ⓤ 【醫】 사팔눈, 사시(斜視) : cross-eyed ~ 내(內)사시, 모들뜨기 / wall-eyed ~ 외(外)사시.
파) **~·mal, ~·mic** *a.*

Strad [stræd] *n.* 《口》 =STRADIVARIUS.

strad·dle [strǽdl] *vi.* (1)두 다리를 벌리다, 다리를 벌리고 서다〈앉다, 걷다〉. (2)기회를 엿보다. (3) 협차하다, 찬부를 분명히 하지 않다《*on*》.

strafe [streif, stra:f] *vt.* (1)(저공 비행)으로 기총 소사하다. (2)…를 몹시 꾸짖다〈벌주다〉.

strag·gle [strǽgəl] *vi.* (1)《~/+副/+前+名》 (뿔뿔이) 흩어지다 ; 무질서하게 가다〈오다〉 ; 일행에서 뒤떨어지다. (2)《+前+名》 산재〈점재〉하다. (3)《+前+名》 무질서하게 퍼지다 ; (복장 등이) 단정치 못하다, (머리카락이) 헝클어지다《*over*》. (4) (길 등이) 구불구불 뻗어가다.

strag·gler [stǽglər] *n.* ⓒ (1)낙오자〈병〉. (2)우거져 퍼지는 초목〈나뭇가지〉.

strag·gling [stǽgliŋ] *a.* (1)대열을 떠난, 낙오한. (2)뿔뿔이 흩어져 나아가는. (3)볼품없이 퍼진. 파) **~·ly** ad.

strag·gly [strǽgli] (***-gli·er ; -gli·est***) *a.* =STRAGGLING.

:straight [streit] (*~·er ; ~·est*) *a.* (1) a]곧은, 일직선의 ; 수직의, 곧추 선 ; 수평의, 평탄한 ; (스커트가) 플레어가 아닌. b]연속한, 끊이지 않는《열(列) 따위》. (2)정돈〈정리〉한. (3)a](목적을 향해) 외곬으로 나가는, 직접의, 숨김없는《말 따위》, 태도가 분명한. (4) a]정직한, 공명정대한 ; (논리 등이) 조리가 선, 정확한 ; 《口》(정보 따위가) 확실한, 신뢰 할 수 있는. b]변경을 가하지 않는, 개변하지 않은 ; 《美》 순수한, 물타지 않은 : ~ whiskey =whiskey ~ 물타지 않은 위스키. (5)《卑》〔感歎詞的〕 맞다, 그렇고 말고. ***get something ~*** 《美口》 이해하다. ***keep ~*** 착실하게 하다, 정직하게 하다, 정조를 지키다. ***keep*** one***'s face ~*** 진지한 표정을 하다; 웃음을 참다. ***put*** 〈***set***〉 ***a room***〈***things***〉 ***~*** 방〈물건〉을 정돈하다. ***vote a ~ ticket*** 【美政】 자기 당 공천 후보에게 투표하다.
— *ad.* (1)곧장, 똑바로, 일직선으로. (2)곧추 서서, 바른 위치에. (3)직접(으로), 빗나가지 않고. (4)솔직하게, 정직하게. (5)객관적으로, 꾸밈없이. (6)계속해서. (7)(수량에 관계없이) 할인 않고. ***hit ~ from the shoulder*** 정면으로 때리다 ; 당당하게 맞서다〈비평하다〉. ***ride ~*** 장애물을 넘어 말을 달리다. ***run ~*** 똑바로 달리다. ***shoot***〈***hit***〉 ***~*** 명중시키다. ***~ away*** 즉시, 척척. ***~ from the shoulder*** ⇨ SHOULDER. ***~ off*** 《口》 솔직하게, 깊이 생각하지 않고. ***~ out*** 솔직히. ***~ up*** 1)《英俗》 정말로《질문이나 답변에 사용》. 2)《美口》 물을 타지 않은.
— *n.* (1)(the ~) 곧음, 일직선 ; 직선 코스. (2) ⓒ (흔히 *sing.*) 직선인 부분. (3) ⓒ 【카드놀이】 (포커의) 스트레이트. (4) ⓒ 《口》 (호모가 아니고) 정상적인 사람. ***on the ~*** 똑바로. ***out of the ~*** 구부러져. ***the ~ and narrow*** 도덕적으로 바른 생활, 정도(正道) : keep to *the ~ and narrow* 정도를 지키다.
파) **~·ly** ad.

stráight A [-ei] 전과목 수(秀)의.

stráight àngle 평각《180°》.

straight·a·way [-əwèi] 《美》 *a.* 일직선의.
— *ad.* 곧, 즉시.
— *n.* ⓒ 직선 코스 ; 직선 주로.

straight·bred [-brèd] *a.* 순종의.

straight·edge [-èdʒ] *n.* ⓒ 직선(直線)자.

:straight·en [stréitn] *vt.* 《~+目/+目+副》(1)똑바르게 하다. (2) a]정리〈정돈〉하다 ; 해결하다《*up ; out*》. b]…을 청산하다《*up ; out*》. c]바로잡다, 교정(矯正)하다. — *vi.* 《+副》 (1)(몸을) 똑바르게 하다 《*out ; up*》. (2)정돈되다, 해결되다《*out*》. ***~*** one***'s face*** 정색을 하다, 진지한 태도를 취하다. ***~ out*** 해결하다 ; 똑바르게 하다 ; 분명히 하다. ***~ up*** 똑바로 서다, 기립하다.

stráight fáce (a ~) 진지한 체하는 얼굴 : keep *a ~* 진지한 얼굴을 하고 있다.

straight-faced [stréitféist] *a.* 진지한 얼굴을 한.

stráight fíght 《英》 (선거에서 두 후보의) 맞대결.

stráight flúsh 【포커】 스트레이트 플러시《같은 짝패의 다섯 장 연속》.

·straight·for·ward [strèitfɔ́:rwərd] *a.* (1)똑바른. (2)정직한 ; 솔직한. (3)(일이) 간단한.
— *ad.* =STRAIGHTFORWARDS. 똑바로, 솔직히.
파) **~·ly** *ad.* **~·ness** *n.*

straight·for·wards [-fɔ́:rwərdz] *ad.* 똑바로 ; 솔직하게.

straight·jack·et [-dʒǽkit] *n.* =STRAITJACKET.

straight·laced [⸗léist] *a.* =STRAIT-LACED.
stráight màn 희극 배우의 조연역(役).
straight·ness [⸗nis] *n.* ⓤ (1)똑바름, 일직선. (2)솔직함, 정직 ; 공명 정대.
straight-out [⸗áut] *a.* (1)솔직한, 노골적인. (2)《美口》 철저한 ; 완전한.
stráight rázor 면도칼《칼집에 날을 접어 넣을 수 있는》.
:strain[1] [stein] *vt.* (1) a](로프)를 잡아당기다. b]긴장시키다. (귀)를 쫑그리다. (목소리)를 짜내다. (2) a]너무 긴장시키다, 무리하게 사용하다, 혹사하다. b](근육 따위가) 접질리게 하다, 뒤틀리게 하다, (발목 따위)를 삐다. (3) a]견강부회하다, 곡해하다 ; (권력 따위)를 남용하다. b]…에게 무리한 요구를 하다; …을 기회로 삼다 ; 허점을 이용하다. (4)《~+目/+目+前+名》 껴안다《*to*》. (5)《~+目/+目+前+名》 거르다, 걸러 내다《*out* ; *off* ; *from*》. — *vi.* (1)《+前+名》 잡아당기다《*at*》. (3)《~/+*to* do/+前+名》 힘껏 노력하다, 분투하다. (4)《+前+名》 반발하다 ; 난색을 표하다, 물러서다 ; 참다《*at*》. (5)모양이 찌다, 뒤틀리다. (6)《~/+前+名》 걸러지다, 스며 나오다《들다》, 여과하다. ***~ a point*** 월권행위를 하다. ***~ after*** …에 열중하다. ***~ at*** …을 잡아당기다. ***~ courtesy*** 예절에 구애되다. ***~ every nerve*** ⇨ NERVE.
— *n.* (1) ⓒ,ⓤ 긴장, 팽팽함 ; 당기는 힘〈무게〉. (2) ⓤ 피로, 피곤; 정신적 긴장. (3) ⓤⓒ (무리해 몸 따위를) 상하게 함, 삠, 접질림(muscular ~). (4) ⓒ,ⓤ (…에 대한) 부담, 중압 ; 압력《*on*》. ***at* (*full*) *~*** 전력을 다하여.
strain[2] *n.* (1) ⓒ 종족, 혈통, 가계(家系) ; 계통. (2)(a ~) 유전질, 소질 ; 기질, 기풍 ; 경향. (3)〔*sing.* 修飾語와 함께〕 어조, 말씨. (4) ⓒ (종종 *pl.*) 가락, 선율(旋律), 곡(曲), 노래《*of*》.
strained [streind] *a.* (1)긴박한, 긴장된. (2)부자연한, 일부러 꾸민 ; 억지의.
strain·er [stréinər] *n.* ⓒ 여과기, 체.
:strait [streit] *n.* (1) ⓒ 해협《※ 고유명사에 붙일 때는 보통 복수로서 단수 취급》. (2)(흔히 *pl.*) 곤란, 곤란, 궁핍.
— (***⸗·er ; ⸗·est***) *a.* 《古》 (1) 좁은, 거북한 : the ~ gate 【聖】 좁은 문《마태복음 VII : 13》. (2) 엄중〈엄격〉한, 까다로운.
strait·ened [stréitnd] *a.* 금전적으로 곤궁한 : in ~ circumstances 궁핍하여.
strait·jack·et [⸗dʒækit] *n.* ⓒ (1)(미친 사람, 광포한 죄수에게 입히는) 구속복. (2)구속, 속박.
strait-laced [⸗léist] *a.* (예의 범절에) 엄격한, 사람이 딱딱한. 파) **~·ly** *ad.* **~·ness** *n.*
·strand[1] [strænd] *n.* ⓒ 《詩》 물가, 바닷가, 해안.
— *vt.* (1)(배)를 좌초시키다. (2)〔흔히 受動으로〕 이러지도 저러지도 못하다, 궁지에 몰다 ; 빈털터리가 되다. ***be ~ed*** (자금·수단 부족으로) 군색하다, 오도가도 못하나.
strand[2] *n.* ⓒ (1)(밧줄의) 가닥 ; 한 가닥의 실. (2) 요소, 성분《*of*》.
:strange [streindʒ] (***stráng·er ; stráng·est***) *a.* (1)이상한, 야릇한, 기묘한. (2)(사람·장소·물건 따위가) 낯선, 모르는 미지의, 생소한, 알지 못하는. (3)(사람이) (…에) 생무지여서, 익숙지 않아, 경험이 없어. (4)서먹서먹한, 스스러워하는, 부끄러워하는(shy). (5)《古》 외국의, 이국의. ***feel ~*** (몸이) 찌뿌드드하다. ***~ to say*** 〈***tell***〉 이상한 이야기지만.
— *ad.* 〔흔히 複合語〕《口》 이상하게, 묘하게 ; 스스러워 : act ~ 이상한 행동을 하다 / ~-clad풍채가 이상한 / ~-fashioned 묘하게 만든.
:strange·ly [stréindʒli] (***more ~ ; most ~***) *ad.* 별스럽게, 이상〈기묘, 불가사의〉하게, 이상할 만큼 ; 진기하게 ; 이상하게도.
:stran·ger [stréindʒər] *n.* ⓒ (1)모르는〈낯선〉 사람(【opp.】 *acquaintance*), 남 ; 방문자, 손님. (2)경험 없는 사람, 문외한, 생무지. ***be no ~ to*** …을 (잘) 알고 있다. ***I spy*** 〈***see***〉 ***~s.*** 방청 금지를 요구합니다. ***make a*** 〈***no***〉 ***~ of*** …을 쌀쌀하게 〈따뜻이〉 대하다.
·stran·gle [strǽŋgəl] *vt.* (1)《~+目/+目+前+名》 …을 교살하다 ; 질식(사)시키다 : ~ a person *to* death 아무를 교살하다. (2)(칼라 따위가 목에) 꽉 끼다. (3)(발전·활동 따위)를 억제〈억압〉하다 ; (의안 따위)를 묵살하다. 파) **strán·gler** [-ər] *n.*
stran·gle·hold [-hòuld] *n.* ⓒ (1)【레슬링】 목조르기. (2)《比》 자유를〈발전을〉 억누르는〈저해하는〉 것.
stran·gu·late [strǽŋgjəlèit] *vt.* 【醫】 압박하여 혈행(血行)을 멈추게 하다, …을 괄약(括約)하다.
파) **stràn·gu·lá·tion** [-ʃən] *n.* (1)교살, 질식. (2)【醫】 감돈(嵌頓), 교액.
:strap [stræp] *n.* (1) ⓒ 가죽 끈, 혁대. (2) ⓒ (전동차 등의) (가죽) 손잡이. (3) ⓒ 가죽숫돌(strop). (4)(the ~) (가죽끈으로 하는) 매질, 고문. —(***-pp-***) *vt.* (1) …을 끈으로 매다〈묶다〉. (2)…을 가죽끈으로 때리다. (3)…을 가죽숫돌에 갈다. (4)【醫】 …에 반창고를 붙이다《*up* ; *down*》.
strap·hang·er [⸗hæŋər] *n.* ⓒ 가죽 손잡이에 매달려 있는 승객.
strap·hang·ing [⸗hæŋiŋ] *n.* ⓤ 가죽 손잡이에 매달려 감.
strap·less [⸗lis] *a.* (여성복 등의) 어깨 끈이 없는.
strapped [stræpt] *a.* (1)가죽끈으로 붙들어 맨. (2)〔敍述的〕《美口》 빈털터리인, 한푼없는《*for*》 : I'm a little ~ *for* cash. 약간 돈에 쪼들리고 있다.
strap·per [strǽpər] *n.* ⓒ (1)가죽끈으로 묶는 사람〈것〉. (2)《美口》 몸집 큰 사람. — *a.* 키가 크고 건장한, 큰, 엄청난〈거짓말 등〉.
strap·ping [strǽpiŋ] *a.* 〔限定的〕《口》 건장한 체격을 한, 다부진 ; 터무니없이 큰, 큼직한. — *n.* (1) 가죽끈 재료 ; 가죽끈. (2) 반창고 ; 띠모양의 고약.
stra·ta [stréitə, strǽtə] STRATUM 의 복수.
·strat·a·gem [strǽtədʒəm] *n.* ⓒ (1)전략, 군략. (2)책략(trick), 계략, 술책, 모략.
·stra·te·gic, -gi·cal [strətíːdʒik] [-əl] *a.* 전략(상)의 ; 전략상 중요〈필요〉한. 파) **-gi·cal·ly** *ad.*
Stratégic Áir Commánd 미국 전략 공군 사령부《略 : SAC》.
Stratégic Defénse Initiative 【軍】 전략 방위 구상《略 : SDI》. 【cf.】 Star Wars.
stra·te·gics [strətíːdʒiks] *n.* ⓤ 병법, 용병학, 전략(strategy).
strat·e·gist [strǽtədʒist] *n.* ⓒ 전략가 ; 모사, 책사.
·strat·e·gy [strǽtədʒi] *n.* (1) ⓤ (대규모의) 전략. 【cf.】 tactics. (2) ⓤⓒ 계략, 책략 ; 계획, 방책.
stra·ti [stréitai, strǽ-] STRATUS 의 복수.
strat·i·fi·ca·tion [stætəfikéiʃən] *n.* ⓤ 층화(層化) ; 【統】 층별(화) ; 【地質】 층리(層理), 성층(成層) ; (지층 중의) 단층(stratum) ; 【社】 사회 성층.
strat·i·fy [strǽtəfài] *vt.* (1)층을 이루게 하다. (2) 【社】 (사람)을 계층별로 분류하다, 계급으로 나누다. — *vi.* (1)층을 이루다. (2)【社】 …을 계층화하다, 계급으

로 나누어지다.

strato- '층운(層雲), 성층권'의 뜻의 결합사.

stra·to·cu·mu·lus [strèitoukjú:mjələs, stræt-] (*pl.* **-li** [-lai]) *n.* ⓒ 층적운(層積雲), 층쌘구름, 두루마리구름《略 : Sc.》.

strat·o·sphere [strǽtəsfiər] *n.* (the ~) 【氣】 성층권.

파) **strat·o·spher·ic** [strætəsférik] *a.* 성층권의.

·stra·tum [stréitəm, strǽt-] (*pl.* **-ta** [-tə], **~s**) *n.* ⓒ (1)【地質】 지층 ; 단층 ; (고고학상의) 유적이 있는 층. (2)【社】 계층, 계급 : the *strata* of society 사회 계층.

stra·tus [stréitəs, strǽ-] (*pl.* **-ti** [-tai]) *n.* ⓒ 층운(層雲), 층구름, 안개구름《기호 St.》.

Strauss [straus, ʃt-] *n.* **Johann ~** 슈트라우스《오스트리아의 작곡가 ; 1825-99》.

:straw [strɔ:] *n.* (1) ⓤ〔集合的〕 짚, 밀짚. (2) ⓒ 짚 한 오라기 ; (음료용의) 빨대. (3) ⓒ〔否定文으로〕 지푸라기 같은 것, 하찮은 물건. ***a man of ~*** 짚 인형 ; 가공의 인물 ; 재산 없는 사람. ***a ~ in the wind*** 바람의 방향
〈여론의 동향〉을 나타내는 것 ; 조짐. ***catch*** 〈***clut-ch, grab, grasp***〉 ***at a ~*** 〈***~s, any ~(s)***〉 《口》 짚이라도 잡으려 하다, 의지가 안 되는 것을 의지하다. ***make bricks without ~*** ⇨ BRICK.

— *a.* 〔限定的〕 (1)(밀)짚의, (밀)짚으로 만든 : a ~ hat 밀짚모자. (2)밀짚 빛깔의, 담황색의. (3) 가치없는 ; 가짜의.

:straw·ber·ry [strɔ́:bèri/ -bəri] *n.* (1) ⓒ,ⓤ 딸기, 양딸기 : ~ jam 딸기 잼. (2) ⓤ 딸기 빛깔, 심홍색.

stráwberry blónde 불그레한 금발머리(의 여인).

stráwberry màrk 【醫】 딸기 모양의 혈관종(血管腫) ; 딸기 반점.

stráw bòss 《美口》 (일터의) 감독 조수.

straw-col·ored [´kʌ̀lərd] *a.* (밀)짚 빛깔의, 담황색의.

stráw màn (1)(허수아비를 쓰는) 짚 인형. (2)보잘 것 없는 사람〈것〉. (3)(간단히 처리할 수 있게 일부러 고른) 형편없는 문제(대립의견). (4)허수아비로 내세우는 사람.

stráw vòte 〈**pòll**〉 《美》 (투표 전에 하는) 비공식 여론 조사〈투표〉.

:stray [strei] *vi.* 《~/+前+名/+副》 옆길로 빗나가다, 길을 잃다. (2)탈선하다, (주제(主題) 등에서) 빗나가다《*from*》. (3)《+前+名》 타락하다. (4)헤매다, 떠돌다.

— *a.* 〔限定的〕 (1)길 잃은, 처진, 길을 잃은. (2)이따금 나타나는《실례(實例) 등》, 불쑥 찾아오는《손님 등》.

— *n.* (1) ⓒ 길잃은 사람〈가축〉, (2) ⓒ 무숙자, 부랑자 ; 미아. (3)(*pl.*) 【電氣】 표유(漂遊)전기. (4) 공전.

:streak [stri:k] *n.* ⓒ (1)줄, 선, 줄무늬 ; 광선, 번개. (2)《口》 연속. (3)《比》 경향, 티, 기미《*of*》. (4)《口》 기간, 단기간(spell). ***a yellow ~ in him.*** 그에게는 비겁〈나약〉한 점이 있다. ***have a ~ of*** …의 기미가 있다, 잠깐 …이 계속되다. ***like a ~ of lightning*** 전광석화 같이 ; 전속력으로. — *vt.* 《~+目/+目+前+名》〔흔히 過去分詞 : 受動으로〕 …에 줄을 긋다, 줄무늬를 넣다《*with*》.

— *vi.* (1)《+副》번개처럼 달리다, 질주하다 : When I opened the door, the cat *~ed in.* 문을 열었더니 고양이가 번개같이 들어왔다. (2)《口》 스트리킹하다. 파) **~·er** *n.* ⓒ 스트리커.

streak·ing [strí:kiŋ] *n.* ⓤ 스트리킹《벌거벗고 대중 앞을 달리기》.

streaky [strí:ki] (**streak·i·er ; -i·est**) *a.* (1)줄이〈줄무늬가〉 있는. (2)(고기 따위가) 층이 있는. 파) **stréak·i·ly** *ad.* **-i·ness** *n.*

:stream [stri:m] *n.* ⓒ (1)시내, 개울. (2)흐름, 조류. (3)(액체·기체·광선·사람·차량·물자 등의) 흐름《*of*》; (…의) 홍수. (4)《주로 英》【敎】 능력별 클래스〈코스〉. (5)(흔히 *sing.* 또는 the ~) (때·역사·여론 등의) 흐름 ; 동향, 경향, 추세, 풍조. ***down*** (***the***) ***~*** 흐름을 따라, 하류로. ***go with*** 〈***against***〉 ***the ~*** 흐름〈시류〉을 따르다. ***in a ~*** (***~s***) 속속, 계속하여. ***in the ~*** 흐름한 가운데에 ; 시대 조류에 밝은. ***on ~*** (공장이) 가동되어, 조업 중에. ***the ~ of consciousness*** 【心·文】 의식의 흐름.

— *vi.* 《~/+前+名》 (1)흐르다, 흘러나오다 ; (빛 따위가) 흘러들다. (2)끊임없이 계속되다, 세차게 나아가다. (3)(눈물·땀·비 등이) 흘러내리다, 듣다《*down*》. (4)(기 등이) 펄럭이다 ; (머리칼 등이) 나부끼다.

— *vt.* (1)(눈물 따위)를 흘리다 ; 유출시키다 ; 붓다, 따르다. (2)《英》 (학생)을 능력별로 가르다. (3) (깃발 등을) 나부끼게 하다. (4) 세광하다.

stream·er [strí:mər] *n.* ⓒ 기(旗)드림 ; 장식리본; (기선이 떠날 때 쓰는) 색 테이프(=**páper ~**).

stream·let [strí:mlit] *n.* ⓒ 작은 시내, 실개천.

stream·line [´làin] *n.* ⓒ 유선(형). — *a.* 〔限定的〕 유선형(의). — *vt.* (1)…을 유선형으로 하다. (2)《比》 …을 능률적으로 하다. 파) ***~d** [-d] *a.* (1)유선형의. (2)능률화한. (3)최신식의.

:street [stri:t] *n.* (1) ⓒ 거리, 가로 ; 가(街), …거리《略 : St.》. 【cf.】 avenue. (2) ⓒ (인도와 구별하여) 차도, 가도. (3)(the ~) 〔集合的〕 동네사람들. ***live*** 〈***go***〉 ***on the ~s*** 매춘부 생활을 하다〈매춘부가 되다〉 ; 떠돌이 생활을 하다〈떠돌이 신세가 되다〉. ***not in the same ~ with*** 〈***as***〉 《口》 …와 겨룰 수 없는, …에는 도저히 미칠 수 없는. (***right*** 〈***just, bang***〉) ***up*** 〈***down***〉 a person***'s ~*** 〈***alley***〉 ⇨ ALLEY. ***the man in*** 〈《美》 ***on***〉 ***the ~*** 보통 사람, 풋내기. ***~s ahead of*** 《英口》 …보다는 훨씬 뛰어난《※ 이 때의 streets는 부사로 "훨씬"의 뜻》. ***walk the ~(s)*** ⇨ WALK *v.*

— *a.* 〔限定的〕 (1)거리의, 거리에서 일하는〈연주하는〉 ; 가로에 면한〈있는〉 : ~ fight 시가전 / a ~ peddler 거리의 행상인. (2)거리에 어울리는 : a ~ dress 외출복.

stréet Àrab 〈**àrab**〉 집없는 아이, 부랑아.

:street·car [´kɑ̀:r] *n.* ⓒ 《美》 시가〈노면〉 전차 (《英》 tram(car)).

stréet credibílity 젊은이들 사이의 신용〈인기〉.

stréet críes 《英》 행상인의 외치는 소리.

stréet dòor 가로에 접한 문. 【cf.】 front door.

stréet musícian 거리의 음악가.

street-smart [´smɑ́rt] *a.* 《美俗》 =STREET-WISE.

stréet smàrts 《美俗》 (빈민가에서의 생활로 익힌) 어떤 처지에서도 살아갈 수 있는 요령〈지혜〉.

stréet vàlue 시가(市價) ; 암거래 값, (마약의) 말단 가격.

street·walk·er [´wɔ̀:kər] *n.* ⓒ 매춘부.

street·wise [´wàiz] *a.* 세상 물정에 밝은, 서민 생활에 통한.

:strength [streŋkθ] *n.* ⓤ (1)세기, 힘 ; 체력. (2) 정신력, 지력 ; 도의심, 위력. (3)강한 점, 장점, 이점.

(4)힘이〈의지가〉 되는 것. (5)저항력, 내구력, 견고성. (6)세력 ; 병력, 인원수, 정원. (7)(약·술·색깔·소리·향기 등의) 농도, 강도. (8)(의론 따위의) 효과, 설득력. (9)《英口》 진의, 참뜻. ▫ strong *a.* ***below* 〈*up to*〉 ~** 정원미달의〈에 달한〉. ***effective ~*** 정원. ***from ~*** 강한 위치〈처지〉에서. ***from ~ to ~*** 더욱더 유명〈강〉해지는. ***Give me ~ !*** 《口》 더는 못 참겠다. ***on the ~ of*** …을 의지하여, …의 힘〈도움〉으로.

:**strength·en** [stréŋkθən] *vt.* (1)강하게〈튼튼하게〉 하다, 강화하다 ; 증강하다. — *vi.* 강해지다, 튼튼해지다 ; 기운이 나다.

·**stren·u·ous** [strénjuəs] *a.* 분투적인, 불굴의 ; 노력을 요하는, 격렬한. 파) **~·ly** *ad.* **~·ness** *n.*

strep·to·coc·cus [strèptəkákəs/ -kɔ́k-] (*pl.* ***-coc·ci*** [-sai]) *n.* ⓒ 연쇄구균(球菌).

strep·to·my·cin [strèptoumáisən] *n.* ⓤ 【藥】 스트렙토마이신《결핵 등에 듣는 항생물질》.

:**stress** [stres] *n.* (1) ⓤⓒ (정신적) 압박감, 스트레스. (2) ⓤⓒ 압박, 강제 ; 긴장, 긴박. (3) ⓤⓒ 【音聲】 강세, 악센트(4) ⓤ (중요성의) 강조, 역설. (5)압력, 중압.
— *vt.* (1)…을 강조하다 ; 역설하다. (2)【音聲】 …에 강세〈악센트〉를 붙이다〈두다〉. (3)…을 긴장시키다. (4)압력〈응력〉을 가하다.

stréss àccent 【音聲】 (영어 등의) 강약의 악센트, 강세. 【cf.】 pitch 〈tonic〉 accent.

stréss disèase 스트레스 병.

stress·ful [strésfəl] *a.* (작업 등이) 긴장이〈스트레스가〉 많은, 정신적으로 피로한. 파) **~·ly** *ad.* **~·ness** *n.*

stréss màrk 【音聲】 강세 기호

:**stretch** [stretʃ] *vt.* (1)《~+目/+目+前+名/+目+補》 …을 늘이다, 펴다, 잡아당기다. (2)(시트 따위)를 깔다. (3)《~+目/+目+副/+目+前+名》 (손 따위)를 내밀다, 내뻗다《*out*》. (4)(신경 등)을 극도로 긴장시키다, 과로시키다 ; 모든 정력을 쏟다《oneself》. (5)《口》 (법·주의·진실 따위)를 왜곡하다, 확대 해석하다 ; 《口》 과장하다. (6)(음식물·마약·그림 물감 등)을 (…로) 묽게 하여 양을 늘리다《*with* ; *by*》. (7)《口》 …를 뻗게 하다, 때려눕히다《*out*》 ; 《美俗》죽이다. (8)(프로그램·이야기 등)을 질질 끌다, 늘리다.
— *vi.* (1)《+前+名》(시간적·공간적으로) 뻗다, 퍼지다. (2)《+副》 기지개를 켜다 ; 큰대자로 눕다《*out*》. (3)《+前+名》 손을 내밀다. (4)(시간이) 계속되다, 미치다. (5)《~/+副》 늘어나다, 신축성이 있다. ***~ out*** (1) 팔다리를 뻗다. (2) 큰걸음으로 걷기 시작하다.
— *n.* (1) ⓒ 뻗기, 질펀함. (2) ⓒ 한 연속, 단숨 ; 한 연속의 시간〈일, 노력〉. (3) ⓒ 신장(伸張), 팽팽함 ; 무리한 사용. (4) ⓒ (흔히 *sing.*) a]【競】 직선코스 ; 《특히》최후의 직선코스. b](야구·선거 따위의) 최후의 접전〈분발〉. ***at a ~*** 1)단숨에. 2)전력을 다하여. ***at full ~*** 1)(설비 등을) 최대한으로 이용〈활용〉하여. 2)팔을 힘껏 뻗고. ***at a ~*** 단숨에. ***at full ~*** (시설 등을) 최대한 활용하여. ***by any ~ of the imagination*** 〔否定文으로〕 아무리 상상하여도.

·**stretch·er** [strétʃər] *n.* ⓒ (1)뻗는〈펴는, 펼치는〉 사람 ; 신장구(伸張具), 구두〈모자〉의 골. (2)들것 : on a ~ 들것에 실려서.

stretch·er-bear·er [-bɛ̀ərər] *n.* ⓒ 들것 드는사람.

strétcher pàrty 들것 구조대.

strétch màrks (경산부(經産婦) 하복부의) 임신선.

stretchy [strétʃi] (***stretch·i·er ; -i·est***) *a.* (잘) 늘어나는, 신축성 있는(elastic).

·**strew** [struː] (***~ed ; ~ed, ~n*** [struːn]) *vt.*《~+目/+目+前+名》 (모래·꽃 따위)를 흩뿌리다《*on* ; *over*》.

strewn [struːn] STREW 의 과거 분사.

'strewth ⇨ 'STRUTH.

stri·ate [stráieit] *vt.* …에 줄무늬를〈선, 홈을〉 넣다. — [stráiit, -eit] *a.* 줄〈선, 줄무늬, 홈〉이 있는 ; 선 모양의.
파) **stri·at·ed** [stráieitid/ -ˊ-ˋ-] *a.* 평행으로 달리는 줄〈홈〉이 있는 : *striated* muscle 가로무늬근, 횡문근(【cf.】 smooth muscle).

stri·a·tion [straiéiʃən] *n.* (1) ⓤ 줄무늬 넣기. (2) ⓒ 줄 자국, 줄무늬, 가는 홈.

·**strick·en** [stríkən] 《古》 STRIKE 의 과거분사.
— *a.* (1)〔限定的〕 (탄환 등에) 맞은 ; 다친. (2)불행〈공포〉에 휩쓸린. (3) a]〔敍述的〕 병에 걸려, (불운 따위로) 큰 타격을 받아《*with*》. b]〔종종 複合語〕 (병에) 걸린 ; (불행을) 당한.

strick·le [stríkəl] *n.* ⓒ (1)평미레. (2)(낫 가는) 숫돌.

:**strict** [strikt] (***ˊ-er ; ˊ-est***) *a.* (1)(사람·규칙 등이) 엄격한, 엄한. (2)엄밀한, 정밀한. (3)진정한, 순전한 ; 완전한. 파) **ˊ·ness** *n.*

:**strict·ly** [stríktli] (***more ~ ; most ~***) *ad.* (1)엄격히 ; 엄하게. (2)〔文章修飾〕 엄밀히 말하자면.

stric·ture [stríktʃər] *n.* ⓒ (1)【醫】 협착(狹搾). (2)(흔히 *pl.*) 혹평, 비난, 탄핵《*on, upon*》.

strid·den [stridn] stride의 과거 분사.

:**stride** [straid] (***strode*** [stroud] ; ***strid·den*** [strídn], 《古》 ***strid*** [strid]) *vi.* (1)《+副/+前+名》 큰 걸음으로 걷다, 활보하다 : ~ *away* 성큼성큼 가버리다. (2)《+前+名》 넘(어서)다. — *vt.* (1)…을 큰 걸음으로 걷다, 활보하다. (2)…을 넘어서다. (3)…에 걸터앉다〈서다〉.
— *n.* ⓒ (1)큰 걸음, 활보. (2)(흔히 *sing.*) 보폭, 페이스. (3)한 걸음. (4)(흔히 *pl.*) 진보, 발달, 전진. ***get into* one's *~*** 본궤도에 오르다, 제가락이 나다. ***take... in* one's *~*** 쉽게 뛰어넘다 ; (어려운 일을) 무난히 해결해 나가다.

stri·dent [stráidənt] *a.* 귀에 거슬리는, 새된.
파) **~·ly** *ad.* **-dence, -den·cy** *n.*

strid·u·late [stídjulèit] *vi.* (곤충이) 찍찍 울다.
파) **strìd·u·lá·tion** [-ʃən] *n.* (곤충의) 울음소리.

:**strife** [straif] *n.* ⓤ 투쟁, 다툼 ; 싸움, 경쟁(contest) ; 분쟁.

:**strike** [straik] (***struck*** [strʌk], ***struck,*** 《古》 ***strick·en*** [stríkən]) *vt.* (1)《+目+前+名》 …을 치다, 두드리다, 때리다《*up* ; *down* ; *aside*》.
(2)…을 두들겨 만들다〈…하다〉 ; 주조하다.
(3)(시계가 시각)을 치다, 쳐서 알리다.
(4)(부싯돌)을 치다 ; (성냥)을 긋다 ; (불꽃)을 튀게 하다.
(5)(되에 담은 곡물)을 평미레로 밀다(strickle).
(6)《~+目/+目+前+名》 …에 부딪다, 들이받다.
(7)(우연히) 도로 따위에 나오다 ; (지하자원)을 발견하다.
(8)결제·결산하다, (평균)을 산출하다, (결론·타협 따위)에 이르다, (거래·예약·조약)을 맺다, 확정하다.
(9)《~+目/+目+前+名》 …의 마음을 울리다〈찌르다〉, …에 감명을 주다.
(10)《~+目/+目+*as* 補》 …이 갑자기 떠오르다, …의

마음이 생기다, …에게 인상을 주다.
(11)《~+目/+目+目》 일격을 가하다, (타격)을 가하다, 주다
(12)《+目+前+名》 …을 꿰뚫다, (칼 따위)를 찌르다.
(13)**[낚시]** (물고기가 미끼)를 덥석 물다, (물고기)를 걸려들게 하다 ; (미끼를 무는 물고기)를 낚아채다 ; 고래에 작살을 명중시키다.
(14)《+目+前+名》 (공포 따위)를 불어넣다《*into*》.
(15)습격〈공격〉하다 ; (병·불행 등이) 닥치다 ; 습격하여 …하다.
(16)…을 잘라 내다《*off*》.
(17)(글자 따위)를 지우다 ; (표·기록)에서 삭제하다.
(18)**[野]** 삼진(三振)으로 아웃시키다《*out*》.
(19)…에 대해 파업을 하다, …에게 파업을 선언하다, (일을) 파업으로 포기하다.
(20)해체하다, 철거하다 ; (조명)을 어둡게 하다, 끄다.
(21)(돛·기 등)을 내리다, 걷다.
(22)갑자기 …하기 시작하다 ; (어떤 태도)를 취하다 ; 《口》(남에게) 맹렬하게 호소〈읍소〉하다, 조르다.
(23)(포즈)를 취하다.
—*vi.* (1)《~/+前+名》 치다, 때리다 ; 공격하다《*at*》 ; (뱀·호랑이가) 급습하다 ; (고기가) 미끼를 물다. (2)《+前+名》 타격을 가하다 ; …의 근본을 찌르다《*at*》. (3)《~/+前+名》 부딪다, 충돌하다 ; 좌초하다《*against* ; *on*》. (4)점화〈발화〉하다. (5)《+副/+前+名》 향하다, 가다, 지나다, 꿰뚫다. (6)(식물이) 뿌리박다, 붙다 ; (안료가) 달라붙다. (7)(시계가) 울리다, 치다 ; (때가) 오다. (8)퍼뜩 (…에) 떠오르다 ; (…을) 생각해내다《*on, upon*》. (9) 감동을 주다.
be struck on …에 열중하다. ***~ a blow for*** ⇨ BLOW[2]. ***~ a note of*** …을 표명하다. ***~ back*** 되받아치다 ; (버너의 불이) 역류(逆流)하다. ***~ home*** 치명상을 입히다 ; (말 따위가) 핵심을 찌르다. ***~in*** 1)(회화 따위에) 갑자기 끼어 들다 ; 훼방놓다. 2)(통풍(痛風) 등이) 내공(內攻)하다. ***~ it rich*** 좋은 광맥〈유맥〉을 찾아내다 ;《比》 뜻밖의 횡재를 하다. ***~ lucky*** 잘 돼가다, 잠깐 재미를 보다. ***Strike me dead!*** 아이구 놀래라 ! 거짓말 ! ***~ off*** 1)(목·나뭇가지 따위를) 베어 버리다 ; 이름을 명부에서 삭제하다 ; 인쇄하다. 2)(…을 향해)나아가다 ; 출발하다. ***~ out*** 1)(힘차게) 전진하다《*for* ; *toward*》. 2)새로운 길을 가기 시작하다, (독립하여) 활동을 시작하다. 3)치려고 덤비다《*at*》. 4)**[野]** 삼진하다〈시키다〉. 5)**[泳]** 물을 헤쳐 헤엄치다. 6)《美口》 실패하다(fail) ; 삭제하다. ***~ through*** 선을 그어 지우다. ***~ together*** 충돌하다. ***~ twelve*** 전력을 다하다, 대성공하다. ***~ up*** 1)(협정·친교 등을) 맺다. 2)(노래를) 부르기 시작하다, (악곡을) 타기 시작하다 ; (대화를) 시작하다. ***~ upon an idea*** 〈***a plan***〉 (어떤 생각〈계획〉이 떠오르다. ***~ up the heels of*** …을 던져 넘어뜨리다.
— *n.* ⓒ (1)타격, 치기, 때리기. (2)스트라이크, 파업, (노동) 쟁의. (3)**[野]** 스트라이크. 〚opp.〛*ball*. (4)(유전·금광 따위의) 노다지의 발견 ;《口》(사업의) 대성공. (5)**[볼링]** 스트라이크《제1투로 전부 쓰러뜨리는 일》; 그 득점. (6) 미끼에 걸림. (7) 공갈.
strike·bound [stráikbàund] *a.* 파업으로 기능이 정지된《공장 등》, 파업으로 고민하는.
strike·break·er [⌐brèikər] *n.* ⓒ 파업 파괴자.
strike·break·ing [⌐brèikiŋ] *n.* ⓤ 파업 파괴(행위).
strike-out [⌐àut] *n.* ⓒ **[野]** 삼진 ;《美口》 실패.
stríke pày 〈**bènefit**〉 (노조로부터의) 파업 수당.
strik·er [stráikər] *n.* ⓒ (1)치는 사람. (2)파업 참가자. (3)(포경선의) 작살 사수(射手) ; (총의) 공이 ; 자명종. (4)《口》(축구의) (센터)포워드.
stríke zòne (the ~) **[野]** 스트라이크 존〈범위〉.
:strik·ing [stráikiŋ] (***more ~ ; most ~***) *a.* (1)현저한, 두드러진 ; 인상적인, 멋있는. (2)치는, 시간을 울리는《시계》. 파) **~·ly** *ad.* 현저하게.
stríking prìce **[金融]** (옵션계약이 가능한) 행사가격.
:string [striŋ] *n.* (1) ⓤⓒ 끈, 줄, 실, 노끈 ; (꼭두각시 인형의) 줄《※ cord 보다 가늘고 thread 보다 굵은 끈》. (2) ⓒ 끈으로〈실로〉 꿴 것. (3) ⓒ 일련(一連), 한 줄, (사람 따위의) 일렬, 일대(一隊). (4) ⓒ (악기의) 현(絃), (활의) 시위. (5)(*pl.*)《比·口》 부대조건, 단서(但書). (6) ⓒ (능력별) 경기자 명단. ***a second ~ to*** one***'s bow*** 다른 수단, 제 2의 수단〈방법〉. ***by the ~ rather than the bow*** 단도직입적으로. ***harp on one*** 〈***the same***〉 ***~*** 같은 짓을 되풀이하다. ***have*** a person ***on a ~*** (아무를) 조종하다. ***have two ~s*** 〈***another ~, an extra ~, a second ~, more than one ~***〉 ***to*** one***'s bow*** 제 2의 방책이 있다, 만일의 대비가 있다. ***play second ~*** 1)후보 노릇을 하다. 2)보조역할을 하다. ***pull*** (***the***) ***~s*** (인형극에서) 줄을 조종하다 ; 배후에서 조종하다. — *a.* 〔限定的〕 (1)끈으로 엮은 : ⇨ STRING BAG. (2)현악의 : ⇨ STRING QUARTET.
— (*p., pp.* ***strung***) *vt.* (1)끈으로〈실로〉 묶다. (2) 실을 꿰다, 연달아 꿰다 : ~ beads 구슬을 실에 꿰다. (3)《~+目/+目+副》 (악기·활)의 현을〈시위를〉 팽팽히 하다〈고르다〉 ; (악기 등)에 현을 끼우다. (4)《+目+前+名/+目+副》 치다 ; 매달다. (5)《~+目/+目+副/+目+*to* do》〔흔히 受動 또는 再歸用法으로〕 (신경 등)을 긴장시키다 ; 흥분시키다《*up*》. (6)한줄로 세우다, 배열하다《*out*》. (7)교수형에 처하다《*up*》.
— *vi.* (1)실같이 되다 ; (아교 등이) 실처럼 늘어나다. (2)퍼지다, 흩어지다. ~ a person ***along*** 1)《口》 아무를 기다리게 해두다. 2)《口》 (시간을 벌기 위해)(아무를) 속이다. ***~ on*** (시간을 벌기 위해) 속이다. ***~ out*** (1) 《美口》 연장하다. (2) 한 줄로 세우다. ***~ together*** (사실 등을) 서로 연결시키다.
stríng bàg 망태기.
stríng bànd 현악단.
stríng bèan (1)《美》 깍지째 먹는 콩(꼬투리)《강낭콩·완두 따위》 ; 그 깍지. (2)《口·比》 키가 크고 마른 사람.
stringed [striŋd] *a.* (1)현이 있는. (2)현악기에 의한. (3)〔複合語를 이루어〕 현이, 현이 …한.
strin·gen·cy [stríndʒənsi] *n.* ⓤ (1) 엄중. (2)(상황(商況) 등의) 절박, 핍박. (3)(학설 등의) 설득력, 박력.
strin·gen·do [strindʒéndou] *ad.* 《It.》 **[樂]** 점점빠르게.
strin·gent [stríndʒənt] *a.* (1)(금융 등이) 절박한 ; 자금이 핍박한(tight). (2)엄중한《규칙 따위》. (3)(학설 등의) 설득력 있는. 파) **~·ly** *ad.*
string·er [stríŋər] *n.* ⓒ (활)시위를 메우는 장색(匠色) ; (악기의) 현(絃)을 만드는 기술자〈도구〉.
stríng órchestra 현악 합주단.
stríng quartét 현악 사중주(단, 곡).
stríng tìe 가늘고 짧은 넥타이《보통 나비매듭으로 맴》.

stringy [stríŋi] (***string·i·er ; -i·est***) *a.* (1)실의, 끈의 ; 근(筋)의. (2)섬유질의.

:strip[1] [strip] (*p., pp.* ***~ped*** [stript], 《稀》 ***~t ; ~·ping***) *vt.* (1)《~+目/+目+前+名/+目+副》 (겉껍질 따위)를 벗기다 ; 떼어버리다, 발기다《*off*》. (2)《+目+前+名》…로부터 빼앗다《*of*》. (3)《~+目/+目+補/+目+副/+目+前+名》 (사람)의 옷을 벗기다. (4)(차 따위)를 해체하다 ; (엔진 등)을 분해하다《*down*》.

—*vi.* (1)옷을 벗다, 알몸이 되다 : She *~ped* and ran into the sea. 그녀는 옷을 벗고 바다로 뛰어들었다. (2)춤을 추며 옷을 하나하나 벗다, 스트립을 하다.

—*n.* ⓒ 스트립(쇼).

:strip[2] *n.* ⓒ (1)(헝겊·종이·널빤지 따위의) 가늘고 긴 조각, 작은 조각. (2)좁고 긴 땅 ; 【空】 가설(假設) 활주로(airstrip). (3)=COMIC STRIP. (4)(the ~) 각종 가게가 즐비한 거리. ***tear a ~*** 〈***~s***〉 ***off*** a person =***tear*** a person *off* ***a ~*** 《英口》 아무를 호통치다.

stríp àrtist 스트리퍼(stripteaser).

stríp cartòon =COMIC STRIP.

:stripe [straip] *n.* ⓒ (1)줄무늬, 줄, 선조(線條) ; 줄무늬 있는 천. (2)【軍】 수장(袖章), 계급 : ⇨SERVICE STRIPE. (3)채찍질, 매질, 채찍 자국.

stríp lìghting (관상 형광등에 의한) 조명.

strip·ling [strípliŋ] *n.* ⓒ 풋내기, 애송이.

stríp màp 진로를 표시한 지도.

stripped [stript] *a.* (1)옷을 벗은, 벌거벗은. (2)거죽이 벗겨진, 껍데기가 까진.

strip·per [strípər] *n.* ⓒ (1)껍질 벗기는 사람〈기구·도구〉. (2)《口》 =STRIPTEASER. (3)표면에서 바니시·페인트 따위를 벗기는 약품.

strip·tease [strípti:z] *n.* ⓤⓒ 스트립(쇼).

파) **-tèas·er** *n.* ⓒ 스트리퍼, 스트립쇼의 무희.

stripy [stráipi] (***strip·i·er ; -i·est***) *a.* 줄무늬 있는.

:strive [straiv] (***strove*** [strouv] ; ***striv·en*** [strívən]) *vi.* (1)《~/+*to* do》 노력하다. (2)《+前+名》 얻으려고 애쓰다, 힘쓰다《*after* ; *for*》. (3)《+前+名》 싸우다, 항쟁〈분투〉하다.

striv·en [strívən] STRIVE 의 과거분사.

strobe [stroub] *n.* =STROBE LIGHT.

stróbe lìght 【寫】 (스트로보의) 플래시 라이프, 섬광 전구(flash lamp).

:stroke[1] [strouk] *n.* (1) ⓒ 한번 치기〈찌르기〉, 일격, 타격. (2) ⓒ (보트를) 한번 젓기 ; 젓는 법 ; (구기에서의) 공을 한번 치기, 타격법. (3) ⓒ (수영의) 한번 손발을 놀리기, 수영법 ; (새의) 한번 날개치기. (4) ⓒ 일필(一筆), 필법 ; 한 획, (한자(漢字)의) 자획 ; 사선(斜線) (virgule) : 【機】 전후〈상하〉 왕복운동〈거리〉 행정(行程). (5) ⓒ 한 칼, 한번 새김. (6) ⓒ 치는 소리《시계·종 따위》 ; (심장의) 한 고동, 맥박 : on the ~ of two. 2시를 치면. (7) ⓒ (병의) 발작, 《특히》 뇌졸중. (8)(a ~) 한바탕 일하기, 한바탕의 일 ; 수완, 솜씨, 공모, 성공. (9)【컴】 사획 , (키보드 상의 키) 누르기, 치기 (자판). ***at*** 〈***in***〉 ***a*** 〈***one***〉 ~ 일격으로 ; 일거에, 단숨에. ***off*** one's ***~*** 능률〈가락〉이 여느 때와 달라. ***on*** 〈***at***〉 ***the ~*** 정각에《도착하다 등》.

— *vt.* (1)(보트의) 피치를 정하다, (보트의〈경조(競漕)에서〉) 정조를 치다. (2)【球技】 (공)을 겨냥하여 치다, 확실하게 치다.

:stroke[2] *vt.* 《~+目/+目+副》 …을 쓰다듬다, 어루만지다, 달래다, 어르다.

stróke òar 【보트】 정조수(整調手)가 젓는 노 ; 정조수.

stróke plày 【골프】 타수 경기(medal play).

:stroll [stroul] *n.* ⓒ 어슬렁어슬렁 (이리저리, 한가로이) 거닐기, 산책 : go for 〈take〉 a ~ 산책하다.

— *vi.* (1)《~/+副/+前+名》 산책하다 : ~ *around* the park 공원을 산책하다 / ~ *along* the beach 해안을 거닐다. (2)방랑하다, (정처없이) 떠돌다.

파) **~·er** [-ər] *n.* ⓒ (1)산책하는 사람 ; 방랑자. (2)《美》 접상식으로 된 유모차.

stroll·ing [stróuliŋ] *a.* 〔限定的〕 떠돌아다니는, 순회공연하는《배우 등》.

stro·mat·o·lite [stroumǽtəlàit] *n.* ⓤ 【古生】 스트로마톨라이트《녹조류(綠藻類) 화석을 포함하는 층상(層狀) 석회석》.

:strong [strɔ(:)ŋ, straŋ] (***~·er*** [-gər] ; ***~·est*** [-gist]) *a.* (1)강한, 강대한, 힘센, 강건한, 유력한.

(2)굳센, 완강한, (몸이) 튼튼한 ; (천이) 질긴 ; 딱딱한, 소화가 안 되는《음식》.

(3)(정신적으로) 튼튼한, 움직이지 않는, 확고한, 완고한.

(4)강렬한, 힘찬, 세찬.

(5)(의론·증거 등이) 설득력 있는 ; 효과적인, 유력한 ; (극·이야기의 장면이) 감동적인, (말 따위가) 격렬한, 난폭한.

(6)뛰어난, 잘하는.

(7)(정도가) 강한〈큰〉.

(8) (감정 등이) 격렬한 ; 열심인, 열렬한 ; 철저한 .

(9)(경제력이) 튼튼한 ; 견실〈건전〉한 ; (카드놀이의 패 등이) 센.

(10)(인원·수효가) 많은, 강대한 ; 〔數詞 뒤에서〕 총 …명의, …에 달하는.

(11)(소리·빛·맛·냄새 따위가) 강한, 강렬한 ; 선명한 ; 악취가 풍기는.

(12)(차(茶) 등이) 진한 ; (술이) 독한, (알코올분이) 센; (약효가) 센, 잘 듣는.

(13)【商】 오를 낌새〈기미〉의, 강세의 ; 《美俗》 부당한 이익을 올리는.

(14)【文法】 강변화의.

(15)【音聲】 강세가 있는. 【cf.】 weak.

be (***still***) ***going ~*** 《口》 기운차게 하고 있다, 원기왕성하다, 정정하다 ; 《口》 아직 튼튼하다. ***come***〈***go***〉 ***it ~*** 《口》 정도가〈말이〉 지나치다. ***come on ~*** 《口》 강인한〈개성이 강한〉 인상을 주다, (너무) 강하게 자기 주장을 하다.

strong-arm [⊿à:rm] *a.* 《口》 〔限定的〕 완력(폭력)적인 ; 힘센 : a ~ man 폭력단원. — *vt.* (1)…에 폭력(완력)을 쓰다. (2)…을 강탈하다.

strong·box [⊿bàks/ ⊿bɔ̀ks] *n.* ⓒ 금고, 귀중품 상자

stróng bréeze 【氣】 된바람.

stróng drínk 주류(酒類), 증류주.

stróng gále 【氣】 큰센바람, 대강풍《시속 47-54 마일》.

strong·heart·ed [⊿há:rtid] *a.* 용감한.

·strong·hold [⊿hòuld] *n.* ⓒ (1)요새, 성채, 근거지. (2)(어떤 사상, 신앙 등의) 중심점, 본거지.

:strong·ly [strɔ́(:)ŋli, stráŋ-] *ad.* 강하게, 공고히 ; 격심하게, 맹렬히 ; 튼튼하게 ; 열심히, 강경히.

strong·man [⊿mæ̀n] (*pl.* ***-men***) *n.* ⓒ (1)(서커스 등의) 괴력사. (2)독재자 ; 실력자.

strong-mind·ed [⊿máindid] *a.* 심지가 굳은, 마음이 단단한, 과단성 있는 ; 오기 있는, 남자 못지 않은《여성 등》. 파) **~·ly** *ad.*

strong·point [⊿pɔ̀int] *n.* ⓒ (1)장기(長技), 강점

(2)【軍】 방위 거점.

strong·room [∠rù(:)m] *n.* ⓒ 《주로 英》 금고실, 귀중품실 ; 종종 정신병 환자를 가두는 특별실.

stróng súit (1)【카드놀이】 높은 끗수의 패. (2)《比》 장점, 장기(長技) (long suit).

strong-willed [∠wíld] *a.* 의지가 굳은 ; 완고한.

stron·ti·um [stránʃiəm, -tiəm/strɔ́n-] *n.* ⓤ 【化】 스트론튬《금속 원소 ; 기호 Sr ; 번호 38》.

strop [strap/strɔp] *n.* ⓒ 가죽 숫돌(strap).
— (***-pp-***) *vt.* …을 가죽 숫돌에 갈다.

stro·phe [stróufi] *n.* ⓒ (1)(옛 그리스 합창 무용단의) 왼쪽으로의 이동; 그때 노래하는 가장(歌章). (2)【韻】 절(節)(stanza).

strop·py [strápi/strɔ́pi] (***-pi·er ; -pi·est***) *a.* 《英口》 반항적인, 다루기 어려운 ; 심술사나운, 곧잘 화를 내는, 불평을 늘어놓는, 꼴 사나운.

·**strove** [strouv] STRIVE 의 과거.

:**struck** [strʌk] STRIKE 의 과거·과거분사.
— *a.* 〔限定的〕《美》 파업 중인.

·**struc·tur·al** [strʌ́ktʃərəl] *a.* 구조(상)의, 조직의 : a ~ defect 구조상의 결함.
파) **~·ly** [-i] *ad.* 구조상, 구조적으로.

strúctural fórmula 【化】 구조식.

struc·tur·al·ism [strʌ́ktʃərəlizəm] *n.* ⓤ 구조주의《언어학·인간 과학의》.
파) **-ist** *n.* ⓒ 구조주의자.

strúctural linguístics 〔單數 취급〕 구조언어학.

:**struc·ture** [strʌ́ktʃər] *n.* (1) ⓤ 구조, 구성, 조립(組立) ; 기구. (2) ⓒ 건물, 구조물, 건조물, 건축물.
— *vt.* (생각·계획 등)을 구축〈조직〉하다, 조직화〈체계화〉하다.

stru·del [strú:dl] *n.* ⓤⓒ 과일·치즈 따위를 반죽한 밀가루로 얇게 싸서 화덕에 구운 과자.

:**strug·gle** [strʌ́gəl] *vi.* (1)《~/+*to* do》 발버둥〈허우적〉거리다, 몸부림치다. (2)《+前+名》 애쓰며 가다〈나아가다〉, 그럭저럭 해나가다《*along*》. (3)《+前+名》 노력〈분투〉하다 ; 격투하다, 싸우다《*against* ; *with* ; *for*》.
— *vt.* 《+目+前+名》 노력해서 …을 해내다(처리하다).
— *n.* ⓒ (1)버둥질, 몸부림. (2)(흔히 *sing.*)노력, 악전, 고투. (3)싸움, 전투, 격투, 투쟁. 【cf.】 fight.

strum [strʌm] (***-mm-***) *vt., vi.* 《~+目/ ~/+前+名》 (악기를) 서투르게 (가볍게) 치다〈타다, 켜다〉.
— *n.* ⓒ 서투르게 켜기〈탄주하기〉 ; 그 소리.

stru·ma [strú:mə] (*pl.* ***~e*** [-mi:]) *n.* 《L.》 (1)【醫】 연주창(scrofula) ; 갑상선종. (2)【植】 혹 모양의 돌기, 소엽절(小葉節).

strum·pet [strʌ́mpit] *n.* ⓒ 【古】 매춘부.

·**strung** [strʌŋ] STRING 의 과거·과거분사.
— *a.* (1)〔흔히 highly ~ 으로〕 (사람이) 흥분하기 쉬운, 신경질적인. (2)〔敍述的〕《英》 긴장한《*up*》. ***~ out*** 《口》 (1) 마약을 상용하고. (2) 몸이 쇠약하여, 피로하여.

strung-out [∠áut] *a.* 《俗》 (1)마약을 상용하는《*on*》. (2)몸이 쇠약한, 피로한.

·**strut** [strʌt] (***-tt-***) *vi.* 《~/+副/+前+名》 뽐내며〈점잔빼며, 거들거리며〉 걷다, 활보하다. — *vt.* …을 자랑하다, 과시하다.
— *n.* ⓒ (1)(흔히 *sing.*) 점잔뺀 걸음걸이, 활보; 과시, 자만. (2)【建】 버팀목.

파) **∠·ter** [-ər] *n.*

strych·nine [stríkni(:)n, -nain] *n.* ⓤ 【化】 스트리크닌《유기염기의 일종 ; 신경 흥분제》.

Stu·art [stjú:ərt] *n.* (1)스튜어트《남자 이름》. (2) ⓒ 【英史】 스튜어트 왕가의 사람.

·**stub** [stʌb] *n.* ⓒ (1)(나무의) 그루터기, (넘어진 나무 등의) 뿌리. (2)쓰다 남은 토막《연필 따위의》 ; 동강 ; 꽁초 ; 짧고 뭉뚝한 것. (3)(입장권 등의) 한쪽을 떼어 주고 남은 쪽.
— (***-bb-***) *vt.* (1)그루터기를 파내다《*up*》 ; 뿌리째 뽑다《*up*》. (2)(담배)를 비벼 끄다《*out*》. (3)(발부리)를 그루터기·돌 따위에 채다.

·**stub·ble** [stʌ́bəl] *n.* ⓤ (1)(보리 따위의) 그루터기. (2)다박나룻.

stub·bly [stʌ́bli] (***-bli·er, more ~ ; -bli·est, most ~***) *a.* (1)그루터기투성이의 ; 그루터기 같은. (2)짧고 억센《수염 따위》, 짧은 수염이 자란.

:**stub·born** [stʌ́bərn] (***more ~ ; most ~***) *a.* (1)완고한, 고집센. (2)완강한, 불굴의《저항 따위》, 굽히지 않는. (3)(문제 등이) 다루기 어려운, 말을 듣지 않는 ; (병 따위가) 고치기 어려운. (4)단단한《목재·돌 따위》, 잘 녹지 않는《금속 따위》. 【cf.】 headstrong, obstinate. (***as***) ***~as a mule*** ⇨ MULE[1].

stub·by [stʌ́bi] (***-bi·er ; -bi·est***) *a.* (1)그루터기투성이의, 갓 베어낸. (2)땅딸막한 ; 짧고 억센《털 따위》, 뭉뚝한.

stuc·co [stʌ́kou] (*pl.* ***~(e)s***) *n.* ⓤ 치장 벽토 (세공). — (***~es, ~s ; ~ed ; ~·ing***) *vt.* 치장 벽토를 바르다.

:**stuck**[1] [stʌk] STICK[2] 의 과거·과거분사.
— *a.* (1)움직이지 않는. (2)〔敍述的〕 (…에) 들러 붙은《*on* ; *to*》. (3)〔敍述的〕 막힌, 막다른. (4)〔敍述的〕 강요당한. (5)〔敍述的〕《口》 열중한《*on*》. ***get ~ in*** 열심히 하다. ***get ~ into*** 열심히 하다〈시작하다〉.

stuck-up [stʌ́kʌ́p] *a.* 《口》 거만한, 거드름 피우는, 점잔 빼는.

·**stud**[1] [stʌd] *n.* ⓒ (1)(가죽 따위에 박는) 장식 못, 징 ; 스파이크. (2)커프스 버튼, 장식 단추(《美》 collar button).
— (***-dd-***) *vt.* (1)〔흔히 受動으로〕 장식용 못을 박다 ; 장식 단추를 달다. (2)…에 온통 박다, 흩뿌리다 ; …에 산재(점재)해 있다. (3) …에 간주로 세우다.

stud[2] *n.* ⓒ (1)〔集合的으로〕 (번식·사냥·경마용으로 기르는) 말떼. (2)종마. (3)《俗》 호색한(漢).

stud·book [∠bùk] *n.* ⓒ (말·개의) 혈통 기록, 마적부(馬籍簿).

stud·ded [stʌ́did] a. (1)〔종종 複合語를 이루어〕 점재하는, 흩뿌린. (2)〔敍述的〕 …에 점재하는, 흩뿌린《*with*》.

stud·ding·sail [stʌ́diŋsèil, 《海》 stʌnsəl] *n.* ⓒ 【海】 보조돛, 스턴슬.

:**stu·dent** [stjú:dənt] *n.* ⓒ (1)학생《미국에서는 고교 이상, 영국에서는 대학생》. (2)학자, 연구자 ; (대학·연구소 따위의) 연구생.

stu·dent·ship [stjú:dəntʃip] *n.* (1) ⓤ 학생 신분. (2) ⓒ 《英》 대학 장학금.

stúdent(s') ùnion 학우회 ; (대학 구내의) 학생 회관.

stúdent téacher 교육 실습생.

stúd fàrm 종마(種馬) 사육장.

stud·horse [stʌ́dhɔ̀:rs] *n.* ⓒ 종마.

stud·ied [stʌ́did] *a.* (1)고의의 ; 부자연스러운(미소 등) : a ~ smile 억지웃음. (2)충분히 고려한, 심사숙

고한, 의도적인.
:stu·dio [stjú:diòu] (*pl.* ***-di·òs***) *n.* ⓒ (1)(예술가의) 작업장, 화실, 조각실, 아틀리에. (2)(흔히 *pl.*) 스튜디오, (영화) 촬영소 ; (방송국의) 방송실. (3)(레코드의) 녹음실.
stúdio apàrtment 원룸 아파트, 일실형(一室型) 주거.
stúdio àudience (라디오·TV의) 방송 프로 참가자〈방청객〉.
stúdio còuch 침대 겸용의 소파.
·stu·di·ous [stjú:diəs] *a.* (1)학문을 좋아하는, 면학가(勉學家)의. (2)애써 …하는, 몹시 …하고 싶어하는《*to* do ; *of*》: 열심인, 애쓰는. (3)신중한, 세심한. (4)고의의. 파) **~·ly** *ad.* **~·ness** *n.*
:study [stʌ́di] *n.* (1) ⓤ 공부, 면학(勉學), 학습. (2) ⓒ 학과, 과목(subject). (3)(종종 *pl.*) 연구, 학문, 학업. (4) ⓤⓒ 검토, 조사. (5)(a ~) 연구할〈해볼〉 만한 것. (6) ⓤ (끊임없는) 노력 ; 배려〈노력〉의 대상. (7) ⓒ 서재, 연구실. (8) ⓒ (문학·예술 등의) 스케치, 시작(試作), 습작 ; 【樂】 연습곡(étude). (9) ⓒ 【劇】 대사의 암송 ; 대사를 외는 배우.
— *vt.* (1)…을 배우다, 공부하다, 학습하다. (2)연구하다, 고찰하다 ; (지도 등)을 조사하다 ; 숙독하다. (3)눈 여겨〈유심히〉 보다. (4)(대사 등)을 외다, 암송하다. (5)(남의 희망·감정 등)을 고려하다, …을 위해 애쓰다 ; …하려고 애쓰다, 목적하다.
— *vi.* (1)《~/+前+名》 공부하다, 학습하다, 연구하다《*at* ; *for*》. (2)《+*to* do》《古》 …하려고 노력하다. (3)명상하다. ***~ up on...*** 《美口》 …을 상세히 조사하다. ***~ out*** 연구해내다 ; 안출〈고안〉하다 ; 밝히다, 풀다.
stúdy gròup (정기적인) 연구회.
stúdy hàll (넓고 감독이 딸린) 학교의 자습실 ; (수업 시간표의 일부로서의) 자습 시간.
:stuff [stʌf] *n.* ⓤ (1)재료, 원료 ; 자료. (2)《比》 요소 ; 《口》 소질, 재능. (3)《口》 (one's ~) 소지품. (4)자기의 장기, 특기 ; 전문. (5)음식물, 음료 ; 약 ; 《俗》 마약. (6)(막연히) 물건, 것. (7)잡동사니, 폐품 ; 잠꼬대, 부질없는 소리〈행동〉, 시시한 이야기〈작품〉. (8)직물 ; 《특히》모직물, 나사. (9)(흔히 a bit of ~로) 《俗, 卑》 (성적 대상으로서) 젊은 여자. (10)(the ~) 《俗》 돈. ***do*** one'***s ~*** 《口》 (기대한대로의) 솜씨를 보이다, 잘 해내다. ***Do your ~*** 《美》 네 특기르 발휘해 보라 ; 네 일을 척척 하여라. ***That's the ~!*** 《口》 맞다, 좋아, 그거야말로 학수 고대하던 거다.
— *vt.* (1)《~+目/+目+前+名》 …에 채우다〈채워 넣다〉《*with*》. (2)《+目+副/+目+前+名》 (관·구멍)을 메우다, 틀어막다《*up*》. (3)《~+目/+目+前+名》 실컷 먹이다《*with*》 (4)《~+目/+目+前+名》 (요리할 조류에) 소를 넣다 ; (새 따위에 솜을 채워 넣어) 박제(剝製)로 하다 ; (사람에게) 지식을 주입하다. (5)《美》 (투표함에) 부정표를 넣다. (6)《卑》 …와 성교하다. — *vi.* 배불리 먹다.
Get ~ed! =Stuff it! 《俗》 저리 가, 꺼져, 알았어 그만 해, 귀찮아《분노·경멸의 말》.
stúffed shírt [stʌ́ft-] 《口》 젠 체하는 사람.
stuff·ing [stʌ́fiŋ] *n.* ⓤ (1)채움. (2)(의자·이불 따위에 채우는) 깃털〈솜, 짚〉 ; 박제 ; 【料】 소 《조류의 배에 채워 넣는》 ; (신문의) 빈자리 메우는 기사. ***knock*** 〈***beat, take***〉 ***the ~ out of...*** 《口》 …을 혼내 주다, …을 꼼짝 못하게 하다 ; (병이) …을 애먹이다.
stuffy [stʌ́fi] (***stuff·i·er ; -i·est***) *a.* (1)통풍이 잘 안되는, 숨막힐 듯한. (2)코가 막힌. (3)따분한, 무미건조한. (4)《口》 딱딱한 ; 거북한. 파) **stúff·i·ly** *ad.* **-i·ness** *n.*
stul·ti·fy [stʌ́ltəfài] *vt.* (1)…을 바보처럼 보이게 하다. (2)망쳐 놓다, …을 무효화하다 ; 무기력하게 만들다.
:stum·ble [stʌ́mbəl] *vi.* (1)《+前+名》 (실족하여) 넘어지다, 곱드러지다《*at* ; *over*》. (2)《+前+名》마주치다, 우연히 만나다(발견하다). (3)《~/+副/+前+名》 비틀거리다, 비틀거리며 걷다《*along*》. (4)실수하다, 잘못하다 ; (도덕상의) 죄를 범하다. (5)《+前+名》 말을 더듬다.
— *n.* ⓤ 비틀거림, 비트적거림 ; 실책, 과오.
stum·ble·bum [-bʌ̀m] *n.* ⓒ 《俗》 (1)서투른 권투 선수. (2)무능한 놈 ; 《美》 낙오자, 거지.
stúmbling blòck 방해물, 장애물 ; 걱정의 원인, 고민거리.
stum·bling·ly [stʌ́mbəliŋli] *ad.* (1)넘어지면서, 비틀거리며. (2)더듬더듬하며, 주저하며.
stu·mer [stJ■:m2R] n. ⓒ 《英俗》 (1) 가짜, 위폐(僞幣). (2)실패, 실수. — a. 〔限定的〕 가짜의.
:stump [stʌmp] *n.* (1) ⓒ (나무의) 그루터기. (2) ⓒ (부러진 이의) 뿌리, (손이나 발의) 잘리고 남은 부분, (연필 따위의) 토막, 쓰다 남은 몽당이, (담배의) 꽁초, (잎을 따낸) 줄기. (3)(*pl.*) 【戱】 다리. (4) ⓒ 【크리켓】 3주문의 기둥. ***on the ~*** 선거에 종사하여, 유세하러 돌아다니는. ***stir*** one'***s ~s*** 《口》 걷다 ; 급히 가다.
— *vt.* (1)(나무의 윗부분을 잘라) 그루터기로 하다, 베다 ; 그루터기를 없애다〈태워버리다〉. (2)《口》 (질문 따위로) 쩔쩔매게 하다, 난처하게 하다 : Nobody knows ; even the experts are *~ed.* 아무도 아는 사람이 없고, 전문가조차도 쩔쩔매고 있다. (3)유세(遊說)하다, 연설하며 다니다 : ~ the country 전국을 유세하다. (4)【크리켓】 3주문의 기둥을 넘어뜨려 아웃시키다. — *vi* (1)《+副》 (무거운 걸음걸이로) 터벅터벅 걷다 : ~ *along* 터벅터벅 걸어가다. (2)《美》 유세하다. ***~ up*** 《英口》 (돈을 마지못해) 지불하다 ; (돈을) 내다.
stump·er [stʌ́mpər] *n.* ⓒ (1)《美口》 선거 유세자. (2)《美口》 어려운 질문, 어려운 문제. (3)【크리켓】 3주문을 수비하는 사람(포수).
stumpy [stʌ́mpi] (***stump·i·er ; -i·est***) *a.* (1)그루터기가 많은 ; 그루터기 모양의. (2)땅딸막한 ; (연필·꼬리 등이) 몽톡한.
·stun [stʌn] (***-nn-***) *vt.* (1)기절〈실신〉시키다, 아찔하게 하다. (2)〔종종 受動으로〕 어리벙벙하게 하다, 대경실색하게하다, 아연하게 하다.
·stung [stʌŋ] STING 의 과거·과거분사.
stún gùn 스턴총《폭동 진압용으로서 전기 쇼크로 미비시킴》.
·stunk [stʌŋk] STINK 의 과거·과거분사.
stun·ner [stʌ́nər] n. ⓒ (1)기절시키는 사람〈물건〉. (2)《口》 근사한 것〈말〉, 절세 미인.
·stun·ning [stʌ́niŋ] *a.* (1)기절할 만큼의 ; 아연하게 하는 귀가 멍멍할 정도의. (2)《口》 근사한, 멋진, 훌륭한, 매력적인.
stun·sail, stun·s'l [stʌ́nsəl] *n.* =STUDDING SAIL.
stunt[1] [stʌnt] *vt.* 성장〈발육〉을 방해하다 ; 저지하다. — *n.* ⓒ 발육〈발전〉 저지 ; 발육이 저해된 식물〈동물〉 ; 성장을 방해하는 것.
·stunt[2] *n.* ⓒ (1)묘기, 곡예(비행), (차의) 곡예 운전, 스턴트, 아슬아슬한 재주. (2)이목을 끌기 위한 행

위. **pull a ~** (어리석은) 책략을 쓰다.
— *vi.* 재주 부리다 ; 곡예 비행〈운전〉을 하다.

stúnt màn (*fem.* **stúnt wòman** 〈**girl**〉) 위험한 장면의 대역(代役), 스턴트맨.

stu·pa [stúːpə] *n.* ⓒ 【佛敎】 사리탑, 불탑.

stupe[1] [stjuːp] *n.* ⓒ 【醫】 더운 찜질.
— *vt.* …에 더운 찜질을 하다, 온습포하다.

stupe[2] *n.* ⓒ 《俗》 바보, 얼간이.

stu·pe·fa·cient [stjùːpəféiʃənt] *a.* 마취시키는, 무감각하게 하는, 혼수 상태에 빠뜨리는.

stu·pe·fac·tion [stjùːpəfǽkʃən] *n.* ⓤ (1)마취(상태) ; 혼수. (2)망연(자실) ; 깜짝 놀람.

·**stu·pe·fy** [stjúːpəfài] *vt.* (1)…을 마취(마비)시키다 ; 무감각하게 하다. (2)망연케 하다《종종 受動》. (3)〔종종 受動으로〕 멍하게 하다, 놀라게 하다.

stu·pe·fy·ing [stjúːpəfàiiŋ] *a.* (1)무감각하게 하는, 마비시키는 : a ~ drug 마취약. (2)깜짝 놀라게 하는.

·**stu·pen·dous** [stjuːpéndəs] *a.* 엄청난, 굉장한 ; 거대한 : a ~ success 대성공. 파) **~·ly** *ad.*

:**stu·pid** [stjúːpid] (**~·er, more ~ ; ~·est, most ~**) *a.* (1)어리석은, 우둔한, 바보 같은. (2)시시한, 재미없는, 지루한. (3)무감각한, 마비된.
— *n.* ⓒ 《口》 바보, 멍청이.
파) **~·ly** *ad.* 어리석게도.

·**stu·pid·i·ty** [stjuːpídəti] *n.* (1) ⓤ 우둔, 어리석음. (2)(흔히 *pl.*) 어리석은 언동〈소리〉.

stu·por [stúːpər] *n.* ⓤ (또는 a ~) 무감각, 인사불성, 마비 ; 혼수 ; 망연 자실.

·**stur·dy**[1] [stə́ːrdi] (**stur·di·er ; -di·est**) *a.* (1)억센, 힘센, 튼튼한, 건장한 : a ~ wall 튼튼한 벽. (2)완강한 ; 불굴의 ; (성격 따위가) 건전한 : ~ common sense 건전한 상식. 【cf.】 stout, strong.

stur·geon [stə́ːrdʒən] *n.* ⓤⓒ 【魚】 철갑상어.

stut·ter [stʌ́tər] *vi., vt.* 말을 더듬다, 더듬적거리다《*out*》. — *n.* ⓒ 말더듬기(버릇). 파) **~·er** [-rər] *n.* **~·ing·ly** *ad.*

St. Válentines' Dày 발렌타인 데이《2월 14일》.

sty[1] [stai] *n.* ⓒ (1)돼지우리(pigsty). (2)(더러운) 돼지우리 같은 집〈방〉.

sty[2] *n.* ⓒ 맥립종(麥粒腫), 다래끼.

stye [stai] *n.* =STY[2].

Styg·i·an [stídʒiən] *a.* (1)삼도(三途)내(Styx)의. (2)(종종 s-) 지옥의 ; 죽은 듯한 ; 어두운.

:**style** [stail] *n.* (1) ⓒ,ⓤ 문체 ; 필체 ; 말씨, 어조 ; 독자적인 표현법. (2) ⓤⓒ (문예·예술 따위의) 유파, 양식, 풍(風), …류(流). (3) ⓤⓒ (특수한) 방법, 방식. (4) ⓤⓒ 사는 법 ; 호화로운〈사치스러운〉 생활 ; 품격, 품위. (5) ⓤⓒ 스타일, 모양 ; 유행(형). (6) ⓒ 종류, 유형(類型), 형태. (7) ⓒ 역법(曆法). (8) ⓒ 첨필(尖筆)《옛날, 납판에 글씨를 쓰는 데 씼음》 ; 칠필 ; (문필가의 상징으로서) 펜, 붓, 연필. 【cf.】 stylus. (9) ⓒ 칭호, 명칭. (10) ⓒ 【植】 암술대, 화주(花柱). **cramp** a person**'s ~** 《口》 아무의 행동을 방해하다. **out of ~** 유행에 뒤떨어진〈뒤져〉. **live in good**〈**grand**〉 **~** 호화스럽게 살다.
—*vt.* (1)《+目+補》 …을 …라 칭하다, 부르다, …을 …이라 명명하다. (2)《~+目/+目+前+名》 유행〈일정한 양식〉에 따라 디자인하다.

-**style** *suf.* …스타일의, …양식의 : American-~ 미국식의.

style·book [∠bùk] *n.* ⓒ (복장의 유행형을 수록한) 스타일북.

sty·li [stáilai] STYLUS의 복수.

styl·ish [stáiliʃ] *a.* 현대식의, 유행의 ; 스마트한. 파) **~·ly** ad. ~ness n.

styl·ist [stáilist] *n.* ⓒ (1)문장가, 명문가(名文家). (2)(의복·실내 장식의) 의장가, 디자이너.

sty·lis·tic, -ti·cal [stailístik], [-kəl] *a.* 문체〈양식〉의 ; 문체에 공들이는 ; 문체론(상)의, 문체에 유의할.
파) **-ti·cal·ly** [-kəli] *ad.* 문체〈양식〉상.

sty·lis·tics [stailístiks] *n.* ⓤ 문체론.

styl·ize [stáilaiz] *vt.* 〔흔히 受動으로〕 틀(인습)에 박히게 하다 ; 【美術】 (도안 등)을 일정한 양식에 맞추다, 양식화(樣式化)하다.

sty·lo·graph [stáiləgræ̀f, -grɑ̀ːf] *n.* ⓒ 첨필(尖筆) 만년필《촉 끝에 핀이 나와 있어, 쓸 때에는 이것이 밀려들어가 잉크가 나옴》. 파) **sty·lo·graph·ic** [stàiləgrǽfik] *a.* 첨필(서법(書法))의.

sty·lus [stáiləs] (*pl.* **~·es, -li** [-lai]) *n.* ⓒ (1)철필, 첨필(尖筆). (2)(축음기의) 바늘.

sty·mie, sty·my [stáimi] *n.* ⓒ (1)【골프】 방해구, 스타이미《자기의 공과 홀 사이에 다른 공이 있는 상태》. (2)《比》 난처한 상태〈입장〉.

styp·tic [stíptik] *a.* 수렴성(收斂性)의 ; 출혈을 멈추는. — *n.* 【醫】 ⓒ 수렴제 ; 지혈제.

Sty·ro·foam [stáiərəfòum] *n.* ⓤ 스티로폼《발포(發泡) 폴리스티렌 ; 商標名》.

Styx [stiks] *n.* (the ~) 【그神】 지옥(Hades)의 강, 삼도(三途)내.

sua·sion [swéiʒən] *n.* ⓤ 설득, 권고.

suave [swɑːv] *a.* 기분 좋은, 유쾌한 ; 유순한, 온화한 ; 입에 순한《술·약 따위》. 파) **∠·ly** *ad.*

suav·i·ty [swɑ́ːvəti, swǽv-] *n.* (1) ⓤ 유화(柔和), 온화. (2)(흔히 *pl.*) 상냥한 언동, 정중한 태도. ◻ suave *a.*

sub [sʌb] *n.* ⓒ 《口》 (1)대리인 ; 【野】 후보 선수. (2)=SUBMARINE. (3)(클럽 등의) 회비. (4)《英》 (급료 등의) 가불. (5)편집 차장.

sub- *pref.* '아래 ; 아(亞), 하위, 부(副) ; 조금, 반'의 뜻 : *sub*class, *sub*marine.

sub·ac·id [sʌbǽsid] *a.* (1)약간 신. (2)《比》 (말 등이) 조금 신랄한 ; 좀 빈정대는 듯한.

sub·a·gent [sʌ̀béidʒənt] *n.* ⓒ 부(副)대리인.

sub·al·tern [səbɔ́ːltərn/sʌ́bltən] *n.* ⓒ 【英軍】 (1) 중위, 소위. (2) 특칭 명제.

sub·ant·arc·tic [sʌ̀bæntɑ́ːrktik] *a.* 남극권에 접한, 아(亞)남극의 (지대).

sub·aq·ua [sʌ̀bǽkwə] *a.* 수중의, 잠수의, 수중 스포츠의.

sub·arc·tic [sʌbɑ́ːrktik] *a.* 북극권에 가까운, 아(亞)북극의 (지대).

sub·at·om [sʌbǽtəm] *n.* ⓒ 【物】 원자 구성 요소《양자·전자 따위》.

sub·a·tom·ic [sʌ̀bətɑ́mik/ -tɔ́m-] *a.* 원자 내에서 생기는 ; 원자 구성 요소의.

sub·class [sʌ́bklæ̀s, -klɑ̀ːs] *n.* ⓒ 【生】 아강(亞綱)《class의 하위 분류》 ; 【數】 부분집합.

sub·com·mit·tee [sʌ́bkəmìtiː] *n.* ⓒ 분과 위원회, 소(小)위원회.

sub·com·pact [sʌbkɑ́mpekt/ -kɔ́m-] *n.* ⓒ compact[1] 보다 소형의 자동차.
— [∠-∠] *a.* compact[1] 보다 소형의.

sub·con·scious [sʌbkɑ́nʃəs/ -kɔ́n-] *a.* 잠재의식의, 어렴풋이 의식하는. — *n.* (the ~) 잠재 의식.

파) ~·ly *ad*. ~·ness *n*.
sub·con·ti·nent [sʌbkάntənənt/ -kɔ́n-] *n*. ⓒ 아(亞)대륙《인도·그린란드 등》.
sub·con·ti·nen·tal [sʌ̀bkɑntənéntl/ -kɔn-] *a*. 아대륙의.
sub·con·tract [sʌbkάntrækt/ -kɔ́n-] *n*. ⓒ 하도급, 하청계약. — [sʌ̀bkəntrǽkt] *vt*., *vi*. 도급 (계약)하다 ; 도급 계약에 내다.
파) **sub·con·trac·tor** [sʌ̀bkάntræktər/ -kəntrǽk-] *n*. ⓒ 도급인, 도급업자〈회사, 공장〉.
sub·cul·ture [sʌbkʌ́ltʃər] *n*. ⓤⓒ (하나의 문화권 안에서) 하위 문화(집단) ; 신문화, 이(異)문화..
sub·cu·ta·ne·ous [sʌ̀bkju:téiniəs] *a*. (1)피하의, 피하에 하는. (2)(기생충 등이) 피하에서 사는. 파) ~·ly *ad*.
sub·dea·con [sʌbdí:kən] *n*. ⓒ 【가톨릭】 차부제(次副祭).
sub·di·vide [sʌ̀bdiváid] *vt*. 다시 나누다, 세분하다 ; 《美》 (토지)를 분필(分筆)하다《*into*》.
— *vi*. 세분되다.
·**sub·di·vi·sion** [sʌ́bdivìʒən] *n*. (1) ⓤ 잘게 나눔, 세분 ; 《美》 (토지의) 구획〈필지〉 분할. (2) ⓒ 일부분, 일구분 ; 《美》 분양지.
sub·du·al [səbdjú:əl] *n*. ⓤ 정복 ; 억제 ; 완화. ▫ subdue *v*.
:**sub·due** [səbdjú:] *vt*. (1)(적·나라)를 정복하다, 진압하다. (2)(분노 따위)를 억제하다, 억누르다 ; (염증 따위)를 가라앉히다. (3)(목소리 따위)를 낮추다, 누그러지게 하다, 나직하게 하다.
sub·dued [səbdjú:d] *a*. 정복당한, 복종하게 된 ; 억제된 ; 부드러워진, 조용한, 가라앉은, 차분해진.
sub·ed·it [sʌbédit] *vt*. (신문·잡지 따위의) 부주필 일을 하다, …의 편집을 돕다 ; 《英》 (원고)를 정 리하다(편집하다).
sub·ed·i·tor [sʌbéditər] *n*. ⓒ 부주필, 편집 차장 ; 편집 조수 ; 《英》 원고 정리부원, 편집부원.
sub·fam·i·ly [sʌbfǽməli] *n*. ⓒ (1)【生】 아과(亞科)《과와 속(屬)의 중간》. (2)【言】 어파(語派)《어족(語族)의 하위 구분》.
sub·floor [sʌ́bflɔ̀:r] *n*. ⓒ 마루의 마감 바닥재 밑에 깔아놓은 바닥.
sub·freez·ing [sʌ̀bfrí:ziŋ] *a*. 어는점 아래의.
sub·fusc [sʌ́bfʌsk/ -⌐] *a*. (빛깔이) 거무스레한, 칙칙한 ; 어두운. — *n*. ⓒ 《英》 (대학의) 예복.
sub·ge·nus [sʌbdʒí:nəs] (*pl*. ***-gen·e·ra*** [-dʒénərə] **, ~·es**) *n*. ⓒ 【生】 아속(亞屬).
sub·group [sʌ́bgrù:p] *n*. ⓒ (집단을 분할한) 소집단, 하위(下位) 집단.
sub·head [sʌ́bhèd] *n*. ⓒ 작은 표제, 부표제.
sub·hu·man [sʌbhjú:mən] *a*. (1)인간에 가까운, 유인(類人)의. (2)(지능·행동이) 인간 이하의.
subj. subject ; subjective(ly) ; subjunctive.
sub·ja·cent [sʌbdʒéisənt] *a*. 밑에 있는 하위(下位)의.
:**sub·ject** [sʌ́bdʒikt] (***more ~ ; most ~***) *a*. (1)지배를 받는, 복종하는, 속국(속령)의, 종속하는. (2)〔敍述的〕 (…을) 받기 쉬운, 입기〈걸리기〉 쉬운. (3)〔敍述的〕…조건으로 하는, (…을) 받아야 하는《*to*》.
— *n*. ⓒ (1)(국왕·군주 아래의) 국민, 신민, 백성, 부하 ; 피지배자. (2)주제, 문제, 제목, 연제, 화제(話題). (3)학과, 과목 : required〈elective〉 ~*s* 필수〈선택〉 과목. (4)【文法】 주어, 주부(主部). (5)【論】 주사(主辭). (6)【哲】 주관, 자아. 〖opp.〗 *object*. (7)주체, 실체.【cf.】 attribute. (8)【樂】 주제, 테마, 주악상(主樂想). (9)주인(主因), 원인. (10)환자 ; …질(質)의 사람 ; 본인. (11)피(被)실험자, 실험 재료 ; (최면술의) 실험 대상자. ***on the ~ of*** …에 관하여. — [səbdʒékt] *vt*. 《+目+前+名》 (1)…을 복종〈종속〉시키다《*to*》. (2)(좋지 않은 일)을 당하게〈받게〉 하다, 입히다《*to*》. (3)(…을) …에 맡기다, 넘겨주다.
súbject càtalog (도서관의) 주제별 목록, 건명(件名) 목록.
·**sub·jec·tion** [səbdʒékʃən] *n*. ⓤ 정복 ; 복종, 종속《*to*》. ***in ~ to*** …에 종속〈복종〉하여.
·**sub·jec·tive** [səbdʒéktiv, sʌb-] *a*. (1)주관의, 주관적인 ; 사적인. (2)【文法】 주격의.
파) ~·ly *ad*.
sub·jec·tiv·ism [səbdʒéktəvìzəm] *n*. ⓤ 주관론, 주관주의, 주관적 논법(〖opp.〗 *objectivism*). 파) **-ist** *n*. ⓒ 주관론자.
sub·jec·tiv·i·ty [sʌ̀bdʒektívəti] *n*. ⓤ 주관성, 자기본위 ; 주관(주의).
súbject màtter 제재(題材), 테마, 내용, 주제, 제목.
sub·join [səbdʒɔ́in] *vt*. (끝에) …을 증보〈추가〉하다, …에 보유(補遺)를 붙이다, 보충하다《*to*》.
sub ju·di·ce [sʌb-dʒú:disì:] 〔敍述的〕 《L.》 (=under a judge) 심리중인, 미결의.
sub·ju·gate [sʌ́bdʒugèit] *vt*. …을 정복하다, 복종〈예속〉시키다 ; (격정 따위)를 가라앉히다.
파) **sùb·ju·gá·tion** [-ʃən] *n*. ⓤ 정복, 진압 ; 종속. **súb·ju·gà·tor** [-ər] *n*. ⓒ 정복자.
·**sub·junc·tive** [səbdʒʌ́ŋktiv] 【文法】 *a*. 가정법의. 파) ~·ly *ad*.
sub·king·dom [sʌ́bkìŋdəm] *n*. ⓒ 【生】 아계(亞界).
sub·lease [sʌ́blì:s] *n*. ⓒ 전대(轉貸), 다시 빌려줌. — [sʌblí:s] *vt*. (빌린 가옥·토지)를 전대하다 ; …을 다시 빌려주다.
sub·let [sʌ̀blét] (*p*., *pp*. **~ ; ~·ting**) *vt*. …을 전대하다 ; (일 등을) 하청하다.
sub·lieu·ten·ant [sʌ̀blu:ténənt/ -lət-] *n*. ⓒ 《英》 해군 중위.
sub·li·mate [sʌ́bləmèit] *vt*. (1)【化·心】 …을 승화(昇華)시키다. (2)《比》 …을 고상하게 하다, 순화(純化)하다.
— [-mit, -mèit] *n*. ⓒ 【化】 승화물 ; 승홍(昇汞).
파) **sùb·li·má·tion** [-méiʃən] *n*. ⓤ 고상하게 함, 순화 ; 【化】 승화.
:**sub·lime** [səbláim] (***-lim·er ; -est***) *a*. (1)장대한, 웅대한, 장엄한 ; 숭고한. (2)최고의, 탁월한, 빼어난. (3)《口》 엄청난. — *n*. (the ~ ; 單數 취급) 숭고한 것 ; 장엄미. — *vt*. (1)…을 고상하게 하다, 정화하다. (2)【化·物】 …을 승화시키다《*into*》.
— *vi*. (1)고상해지다, 정화되다. (2)【化·物】 승화하다《*into*》. 파) ~·ly *ad*. ~·ness *n*.
sub·lim·i·nal [sʌblímənəl] *a*. 【心】 식역하의, 잠재의식의 : the ~ self 잠재 자아.
sublíminal ádvertising (잠재 의식에의 작용을 노리는 TV 따위의) 식역하 광고, 서브리머널 광고.
sub·lim·i·ty [səblíməti] *n*. (1) ⓤ 장엄, 숭고, 고상, 절정, 극치. (2) ⓒ 숭고한 사람〈물건〉.
sub·lu·nar, sub·lu·nary [sʌblú:nər], [sʌ́blu:nèri/sʌblú:nəri] *a*. 월하(月下)의 ; 지상의, 이 세상의. 〖opp.〗 *superlunar(y)*.
sub·ma·chíne gùn [sʌ̀bməʃí:n-] 기관단총《略 :

S.M.G.》.
sub·mar·gin·al [sʌbmɑ́ːrdʒənəl] *a.* 한계 이하의 ; 수익 표준〈생산력〉 이하의.
·sub·ma·rine [sʌ́bmərìːn, ⌐-⌐] *n.* ⓒ (1)잠수함 (sub). (2)해중〈해저〉 동〈식〉물. (3)《美俗》 서브머린 샌드위치(=~ **sàndwich**)《긴 롤빵에 냉육·치즈·야채를 끼운 큰 샌드위치》.
— *a.* 바다 속의, 해저의, 바다 속에 사는 ; 바다 속에서 쓰는 : a ~ armor 잠수복 / a ~ cable 해저 전선 / a ~ depot ship 잠수 모함.
súbmarine chàser 구잠정(驅潛艇)《잠수함 추격용》.
sub·ma·rin·er [sʌ̀bməríːnər] *n.* ⓒ 잠수함 승무원.
sub·max·il·lary [sʌbmǽksəlèri/ -ləri] *a.* 【解】 아래턱의, 하악골의 ; 턱밑샘의.
:sub·merge [səbmə́ːrdʒ] *vt.* (1)…을 물 속에 잠그다〈가라앉히다〉 ; 물에 담그다 ; 물에 빠지게 하다. (2)…을 덮어 싸서 가리다《*in*》 ; 몰두〈열중〉하게 하다.
— *vi.* (1)물 속에 가라앉다, 침몰하다. (2)(잠수함 따위가 물 속에) 잠기다, 잠수〈잠항〉하다. 【opp.】 *emerge.*
sub·merged [səbmə́ːrdʒd] *a.* (1)물속에 잠긴, 침수한 : ~ plants 수중식물. (2)최저 생활을 하는, 극빈의.
sub·mer·gence [səbmə́ːrdʒəns] *n.* ⓤ 물 속에 가라앉음 ; 침수, 관수(冠水), 침몰 ; 잠수.
sub·mers·i·ble [səbmə́ːrsəbəl] *a.* 물 속에 잠길 수 있는, 잠수〈잠항〉할 수 있는.
sub·min·i·a·ture [sʌbmíniətʃər, tʃùər] *a.* (카메라·전기 부품 등이) 초소형의.
sub·min·i·a·tur·ize [sʌbmíniətʃəraiz] *vt.* (전자 장치)를 초소형화하다.
·sub·mis·sion [səbmíʃən] *n.* (1) ⓤⓒ 복종 ; 굴복《*to*》. (2) ⓤ 순종 ; 유순《*to*》. (3) ⓒ (의견의) 개진, 구신 ; 제안. ▫ submit *v.*
sub·mis·sive [səbmísiv] *a.* 복종하는, 순종하는, 유순한, 온순한(meek).
파) **~·ly** *ad.* **~·ness** *n.*
:sub·mit [səbmít] (**-tt-**) *vt.* (1)《+目+前+名》〔再歸的〕 복종시키다, 따르게 하다《*to*》. (2)《~+目/+目+前+名》 (재결을 받기 위하여) (계획·서류 따위)를 제출하다 ; 맡기다, 일임시키다. (3)《+*that* 節》 공손히 아뢰다, 의견으로서 진술하다. — *vi.* 《+前+名》 …에 복종하다 ; 굴복하다 ; 감수하다《*to*》.
sub·nor·mal [sʌbnɔ́ːrməl] *a.* 정상〈보통〉 이하의 ; 저능의《IQ 70 이하》.
sub·or·bi·tal [sʌbɔ́ːrbitl] *a.* (1)【解】 눈구멍 밑의. (2)궤도에 오르지 않은.
sub·or·der [sʌ́bɔ̀ːrdər] *n.* ⓒ 【生】 아목(亞目).
·sub·or·di·nate [səbɔ́ːrdənit] *a.* (1)하급의, 차위〈하위〉의. (2)부수〈종속〉하는《*to*》. (3)【文法】 종속의 (【opp.】 *coordinate*). — *n.* ⓒ 하위(의 사람), 속관(屬官), 부하 : 【文法】 종속절, 종속어〈구〉.
— [-nèit] *vt.* 《~+目/+目+前+名》 (1) …을 아래에 두다 ; 종속시키다《*to*》 : ~ passion *to* reason 정욕을 이성에 종속시키다. (2)…을 경시하다, 얕보다《*to*》 : He ~*s* work *to* pleasure. 그는 일을 오락보다 가볍게 생각하고 있다. 파) **~·ly** *ad.*
sub·or·di·na·tion [səbɔ̀ːrdənéiʃən] *n.* ⓤ 예속시킴 ; 종속시키기 ; 경시 ; 하위.
sub·or·di·na·tive [səbɔ́ːrdənèitiv, -dnə-] *a.* 종속적인, 종속 관계를 나타내는 ; 하위〈차위〉의.
sub·orn [səbɔ́ːrn] *vt.* 【法】 (돈 등을 주어) 거짓맹세〈위증〉시키다 ; (나쁜 일)을 교사(敎唆)하다.
sub·or·na·tion [sʌ̀bɔːrnéiʃən] *n.* ⓤ 【法】 거짓맹세〈위증〉시킴 : ~ of perjury 위증 교사죄.
sub·plot [sʌ́bplɑ̀t/-plɔ̀t] *n.* ⓒ (연극·소설의) 부차적 줄거리.
sub·poe·na, -pe- [səbpíːnə] 【法】 *n.* ⓒ (증인 등의) 소환장.
sub·ro·gate [sʌ́brəgèit] *vt.* (사람)에게 …의 대리 노릇을 시키다.
파) **sùb·ro·gá·tion** [-ʃən] *n.* 대신(함).
sub ro·sa [sʌb-róuzə] 《L.》 비밀히, 몰래..
sub·rou·tine [sʌ́bruːtìːn] *n.* ⓒ 【컴】 아랫경로.
·sub·scribe [səbskráib] *vt.* 《~+目/+目+前+名》 (1)(금전을) …에 기부하다. (2)(문서 따위)에 서명하다 ; (청원서 따위)에 서명하여 동의를 나타내다.
— *vi.* (1)《~/+前+名》 기부〈출자〉(를 약속)하다《*to* ; *for*》. (2)《+前+名》〔종종 否定文에서〕 찬동〈동의〉하다《*to*》. (3)《+前+名》 구독을 예약하다, 구독하다《*to* ; *for*》 ; (주식 등을) 매입 신청하다《*for*》. (4)《+前+名》 서명〈기명〉하다《*to*》.
·sub·scrib·er [səbskráibər] *n.* ⓒ (1)기부자《*to*》. (2)예약자, 응모자, 신청자 ; 예약 구독자《*for* ; *to*》 ; 구독자 ; 전화 가입자. (3)기명자, 서명자.
sub·script [sʌ́bskript] *a.* 밑에 쓴 ; 밑에 붙는.
— *n.* ⓒ 아래 쪽에 쓴 기호·숫자·문자《H_2SO_4의 2, 4 따위》(【cf.】 superscript).
·sub·scrip·tion [səbskrípʃən] *n.* (1) a]ⓤ 기부(신청). b]ⓒ 기부금. (2) a]ⓤ 예약 구독 : by ~ 예약으로. b]ⓒ 예약금 ; 납입금. (3) ⓒ 서명. (4) ⓤ 승낙, 찬성. (5) ⓒ 《英》회비.
subscríption còncert 《美》 예약 연주회.
subscríption télevision 유료 TV 서비스.
sub·sec·tion [sʌ́bsèkʃən, -⌐-] *n.* ⓒ 일부, 분과(分課), 소구분, 세분.
sub·se·quence [sʌ́bsikwəns] *n.* ⓤ 버금(감) ; 뒤이어 일어남 ; 계속하여 일어남.
·sub·se·quent [sʌ́bsikwənt] *a.* 다음에, 차후의 ; 계속해서 일어나는.
·sub·se·quent·ly [sʌ́bsikwəntli] *ad.* (1)그 후, 뒤에. (2)…에 이어서《*to*》.
sub·serve [səbsə́ːrv] *vt.* …을 돕다, 보조하다.
sub·ser·vi·ent [səbsə́ːrviənt] *a.* (1)도움〈공헌〉이 되는《*to*》. (2)아첨하는 ; 비굴한 ; 굽실거리는. 파) **~·ly** *ad.* **-vi·ence** *n.*
sub·set [sʌ́bsèt] *n.* ⓒ 【數】 부분 집합.
·sub·side [səbsáid] *vi.* (1)(폭풍·파도 등이)가라앉다, (홍수·부기 따위가) 빠지다. (2)움푹 들어가다, (땅이) 꺼지다 ; (건물이 땅 속으로) 내려앉다. (3)《~/+前+名》《口·戲》 앉다, 주저앉다 (4)잠잠해지다, (비바람·소동·격정 따위가) 진정되다.
파) **sub·si·dence** [səbsáidəns, sʌ́bsə-] *n.* ⓤⓒ (1)침하, 함몰. (2)감퇴 ; 가라앉음.
·sub·sid·i·ary [səbsídièri] *a.* (1)보조의 ; 부차적인 ; 종속적인, 보충적인《*to*》. (2)타국에 고용된《군대 따위》. (3)지주 회사의 보조를 받는. — *n.* ⓒ (1)자회사. (2)부가〈부속〉물 ; 보조자〈물〉. (3)【樂】 부주제(副主題).
sub·si·dize [sʌ́bsidàiz] *vt.* …에 보조〈장려〉금을 주다, 증회하다. 파) **sub·si·di·zá·tion** *n.* **súb·si·dìz·er** *n.*
sub·si·dy [sʌ́bsidi] *n.* ⓒ (국가의 민간에 대한) 보조〈장려〉금, 조성금.

·**sub·sist** [səbsíst] *vi.* (1)《~/+前+名》 살아가다, 생존하다, 연명하다 ; 생활해 가다《*on* ; *by*》. (2)존재하다, 존속하다. — *vt.* …에게 음식물을 주다.

·**sub·sist·ence** [səbsístəns] *n.* ⓤ 생존 ; 연명 ; 생활, 호구지책, 생계.

subsístence allòwance 〈**mòney**〉 (신입 사원의) 생계 가불금 ; 특별 수당, 취직준비금.

subsístence fàrming 〈**àgriculture**〉 자급적 농업.

subsístence lèvel (the ~) 최저 생활 수준.

subsístence wàges 최저 (생활) 임금.

sub·sist·ent [səbsístənt] *a.* 현존하는 ; 현실적인 ; 고유의.

sub·soil [sʌ́bsɔ̀il] *n.* ⓤ (흔히 the ~) 하층토(土), 심토(心土), 밑흙.

sub·son·ic [sʌbsánik/ -sɔ́n-] *a.* 음속보다 느린, 아(亞)음속의《시속 700-750마일 이하》. 【opp.】*supersonic.*

sub·spe·cies [sʌbspíːʃi(ː)z, ∠∠-] *n.* ⓒ 〔單·複數 동형〕 【生】 아종(亞種).

sub·spe·cif·ic [sʌbspisífik] *a.* 【生】 아종의.

:**sub·stance** [sʌ́bstəns] *n.* (1) ⓒ 물질(material), 물체. (2) ⓤ 실질, 내용, 실속. (3) (the ~) 요지, 요점, 대의(proport), 골자. (4) ⓤ 자산, 재산.

sub·stand·ard [sʌbstǽndərd] *a.* 표준 이하의.

:**sub·stan·tial** [səbstǽnʃəl] (*more* ~ ; *most* ~) *a.* (1)〔限定的〕 본질적인. (2)(음식 등이) 실속 있는, 내용이 있는. (3)많은, 다대한, 대폭적인. (4)(자산이) 풍부한 ; 재산이 있는. (5)(금전상의) 신용이 있는 ; (학자로서의) 실력 있는. (6)견고한, 튼튼한 ; 중요한, 가치 있는. ▫ substance *n.* 파) **~·ism** [-ìzəm] *n.* ⓤ 【哲】 실체론. **~·ist** *n.* ⓒ 실체론자. **sub·stan·ti·al·i·ty** [səbstæ̀nʃiǽləti] *n.* ⓤ 실재성 ; 실체 ; 견고 ; 실질.

·**sub·stan·tial·ly** [səbstǽnʃəli] *ad.* (1)실질상, 본질상 ; 대체로 ; 사실상. (2)충분히 ; 크게.

sub·stan·ti·ate [səbstǽnʃièit] *vt.* (1)…을 실체〈구체〉화하다. (2)…을 실증하다, 입증하다. 파) **sub·stàn·ti·á·tion** [-ʃən] *n.* ⓤ 실증, 입증 ; 실체화 ; 증거.

sub·stan·ti·val [sʌ̀bstəntáivəl] *a.* 【文法】 실(명)사(實(名)詞)의, 명사의. 파) **~·ly** *ad.* 실사(實詞)로서.

sub·stan·tive [sʌ́bstəntiv] *a.* (1)【文法】 실명사의 ; 명사처럼 쓰이는 ; (동사가) 존재를 가르키는. (2)실재를 나타내는, 실재적인 ; 실질이 있는 ; 본질적인 ; 현실의 ; 【法】 실체의, 명문화된 ; 견고한. (3)독립의, 자립의. — *n.* ⓒ 【文法】 실사, 실명사, 명사(상당 어구). 파) **~·ly** *ad.* 실질상 ; 【文法】 실(명)사로서.

sub·sta·tion [sʌ́bstèiʃən] *n.* ⓒ (1)변전소 ; (파이프 수송 등의) 중간 가압기지. (2)(우체국·방송국 등의) 분국, 지서(支署).

sub·sti·tut·a·ble [sʌ́bstitjùːtəbl] *a.* 대용 가능한.

:**sub·sti·tute** [sʌ́bstitjùːt] *vt.* (1)《+目+前+名》 …을 대용(代用)하다, …을 대신으로 쓰다《*for*》. (2)【化】 …을 치환하다. ▫ substitution *n.* — *vi.* 《+前+名》 대신하다, 대리하다《*for*》 ; 【化】 치환하다. — *n.* ⓒ (1)대리(인) ; 보결(자) ; 대역《사람》, 대체물. (2)대용물〈품〉. (3)【文法】 대용어.

·**sub·sti·tu·tion** [sʌ̀bstitjúːʃən] *n.* ⓤⓒ 대리, 대용, 대체 ; 【文法】 대용. 파) **~·al** *a.* **~·al·ly** *ad.*

sub·sti·tu·tive [sʌ́bstitjùːtiv] *a.* 대리가〈대용이〉 되는, 대체할 수 있는 ; 치환의. 파) **~·ly** *ad.*

sub·strato·sphere [sʌbstrǽtousfìər] *n.* (the ~) 아(亞)성층권《성층권의 바로 아래》, 해발 3.5마일 이상의 공간.

sub·stra·tum [sʌ́bstèitəm, -stræ̀t-] (*pl.* **-ta** [-tə]) *n.* ⓒ 하층 ; 【農】 하층토(土) ; 토대, 기초, 근저(根底).

sub·struc·ture [sʌ́bstrʌ̀ktʃər] *n.* ⓒ (1)하부구조. (2)기초 공사 ; 기초, 토대.

sub·sume [sʌbsúːm] *vt.* (규칙·범주 등)에 포섭〈포함〉하다《*under*》.

sub·teen [sʌ́btíːn] *n.* ⓒ《口》 (1)13세 이하 사춘기 이전의 어린이(=**sùbtéen-áger**), 서브틴. (2)서브틴 사이즈의 옷.

sub·ten·ant [sʌbténənt] *n.* ⓒ 빌린 것을 또 빌리는 사람, (가옥·토지의) 전차인(轉借人). 파) **-tén·an·cy** *n.* ⓤⓒ 전차(轉借).

sub·tend [səbténd, sʌb-] *vt.* 【數】 (1) 대(對)하다. (2) ~의 범위 한계를 정하다. (3) (잎 등을) 엽액(葉腋)으로 끼다《현(弦)·변(邊)이 호(弧)·각(角)에》.

sub·ter·fuge [sʌ́btərfjùːdʒ] *n.* (1) ⓒ 둔사(遁辭), 구실, 핑계. (2) ⓤ 속임수.

sub·ter·ra·ne·an, sub·ter·ra·ne·ous [sʌ̀btəréiniən], [sʌ̀btəréiniəs] *a.* 지하의, 지중의 ; 숨은. — *n.* ⓒ 지하에서 사는〈일하는〉 사람.

sub·text [sʌ́btèkst] *n.* ⓒ 서브텍스트《문학 작품의 텍스트 배후의 의미》 ; 언외의 의미.

sub·til·ize [sʌ́təlàiz, sʌ́btə-] *vt.* (1)…을 희박하게 하다. (2)…을 섬세하게〈세련되게〉 하다. (3)(감각 따위)를 예민하게 하다 ; 미세하게 하다. (4)…을 상세히 논하다. — *vi.* 세밀하게 구별짓다.

sub·ti·tle [sʌ́btàitl] *n.* ⓒ (1)(책 따위의) 작은 부제. (2)(흔히 *pl.*) 【映】 (화면의) 설명 자막.

:**sub·tle** [sʌ́tl] (**sub·tler** ; **-tiest**) *a.* (1)미묘한. (3)엷은, 희박한, 희미한. (4)(지각·감각 등이) 예민한, 명민한 ; (두뇌 등이) 명석한. (5)교활한, 음흉한. (6)솜씨 있는, 교묘한. ▫ subtlety *n.* 파) **súb·tly** *ad.*

·**sub·tle·ty** [sʌ́tlti] *n.* (1) ⓤ 예민, 민감 ; 정교 ; 교묘. (2) ⓒ (종종 *pl.*) 세밀한 구별. ▫ subtle *a.*

sub·to·pia [sʌbtóupiə, -pjə] *n.* ⓤⓒ 《英·蔑》교외의 신흥 주택지《건물이 잡다하게 들어찬》.

sub·to·tal [sʌ́btòutl, -∠-] *n.* ⓒ 소계(小計).

·**sub·tract** [səbtrǽkt] *vt.* (…에서) …을 빼다, 감하다 ; 공제하다《*from*》. — *vi.* 뺄셈을 하다. 【opp.】 *add.* ▫ subtraction *n.*

·**sub·trac·tion** [səbtrǽkʃən] *n.* ⓤⓒ 빼기, 공제, 삭감 ; 뺄셈.

sub·trac·tive [səbtrǽktiv] *a.* *(1)* 감하는, 빼는. (2) 마이너스의

sub·trop·i·cal [sʌ̀btrápikəl/ -trɔ́p-] *a.* 아열대의.

sub·trop·ics [sʌbtrápiks/ -trɔ́p-] *n.* (the ~) 아열대 지방.

:**sub·urb** [sʌ́bəːrb] *n.* (1) ⓒ (주택지로서) 교외, 시외. (2)(the ~s) 근교, 노시 수변의 지역《특히 수택 지구》.

·**sub·ur·ban** [səbə́ːrbən] *a.* (1)〔限定的〕 도시 주변의, 교외에서 사는, 시외〈교외〉의. (2)《蔑》 시골티가 나는, 교양이 없는, 세련되지 않은.

sub·ur·ban·ite [səbə́ːrbənàit] *n.* ⓒ 교외 거주자.

sub·ur·bia [səbə́ːrbiə] *n.* ⓤ (1)교외 ; 〔集合的〕 교외 거주자. (2)교외의 풍속〈문화 수준〉.

sub·ven·tion [səbvénʃən] *n.* ⓒ (정부가 지급하는 특별 용도의) 조성금, 보조금.

sub·ver·sion [səbvə́ːrʒən, -ʃən] *n.* ⓤ 전복, 타도,

파괴.

sub·ver·sive [səbvə́:rsiv] *a.* 전복하는, 파괴적인. ― *n.* ⓒ 파괴 분자, 위험 인물. 파) **~·ly** *ad.* **~·ness** *n.*

sub·vert [səbvə́:rt] *vt.* (1)…을 뒤엎다, 멸망시키다, 파괴하다. (2)(신념·충성 등)을 점차 잃게 하다, 부패케 하다.

:sub·way [sʌ́bwèi] *n.* ⓒ (1)(흔히 the ~)《美》지하철. (2)《英》(횡단용) 지하 보도.

sub·ze·ro [sʌbzíərou] *a.* (화씨) 영하의.

:suc·ceed [səksí:d] *vi.* (1)《~/+前+名》…에 성공하다, 출세하다《*in*》; (일이) 잘 되어가다 ; 일이 …에게 있어 잘 되어 가다《*with*》. ▫ success *n.* successful *a.* (2)계속되다, 잇달아 일어나다. (3)《~/+前+名》상속인〈후임〉이 되다 ; 상속〈계승〉하다《*to*》. ―*vt.* (1)…에 계속되다. (2)《~+目/+目+*as* 補》…의 뒤를 잇다, …의 상속자가 되다, …에 갈마들다.

·suc·ceed·ing [səksí:diŋ] *a.* 계속되는, 다음의, 계속 일어나는. 파) **~·ly** *ad.*

:suc·cess [səksés] *n.* (1) ⓤ 성공, 성취 ; 좋은 결과 ; 입신, 출세. (2) ⓒ 〔흔히 補語〕 성공자 ; 히트. ▫ succeed *v.* ***make a ~ of*** …을 성공으로 이끌다, …을 잘 해내다.

:suc·cess·ful [səksésfəl] (***more ~ ; most ~***) *a.* 성공한, 좋은 결과의, 잘된 ; 번창하는 ; (시험에) 합격한.

:suc·cess·ful·ly [səksésfəli] (***more ~ ; most ~***) *ad.* 성공적으로, 훌륭하게, 잘 ; 다행히.

:suc·ces·sion [səkséʃən] *n.* (1) ⓤ 연속. (2)(a ~) 연속하는 것, 연속물《*of*》. (3) ⓤ 상속(권), 계승(권), 왕위 계승권, 상속〈계승〉순위. (4)〔集合的〕 상속인들 ; 계승 순위의 사람들. ▫ succeed *v.* successive *a.*

suc·ces·sion·al [səkséʃənəl] *a.* (1)연달은, 연속적인. (2)계승하는, 상속의.

:suc·ces·sive [səksésiv] *a.* (1)〔限定的〕 잇따른, 연면한, 계속되는, 연속하는. (2)상속〈계승〉의. 파) **~·ly** *ad.*

:suc·ces·sor [səksésər] *n.* ⓒ (1)상속〈계승〉자 ; 후계〈후임〉자 ; 대신하는 것《*to*》. 〖opp.〗*predecessor*. 『 the ~ *to* the throne 왕위 계승자. (2)뒤에 오는 것〈사람〉, 후진.

suc·cinct [səksíŋkt] *a.* 간결한, 간명한. 파) **~·ly** *ad.* 간결히. **~·ness** *n.*

suc·cor,《英》**suc·cour** [sʌ́kər] *n.* ⓤ 구조, 원조, 구원. ― *vt.* …을 돕다, 구제하다, 구원하다.

suc·cu·bus [sʌ́kjəbəs] (*pl.* ***-bi*** [-bài]) *n.* ⓒ (1) 마녀《잠자는 남자와 정을 통한다는》. (2) 악령 ; 매춘부.

suc·cu·lent [sʌ́kjələnt] *a.* 즙〈수분〉이 많은 ; 〔植〕 다즙의, 다장(多漿)의. ― *n.* (1) ⓒ 【植】 다육다즙식물《사보텐 등》. (2) 신선한 ; 흥미진진한. 파) **~·ly** *ad.*

·suc·cumb [səkʌ́m] *vi.* 《+前+名》 (1)(유혹 따위에) 굴복하다, 압도당하다, 굽히다, 지다《*to*》. (2)(…때문에) 죽다《*to*》: ~ *to* cancer 암으로 죽다.

:such [sʌtʃ, 弱 sətʃ] *a.* (1)〔限定的〕 그러한, 그런, 그〈이〉와 같은. (2)그와 비슷한, 같은, 그런 종류의, 위에 말한 바와 같은. (3)〔敍述的〕 (앞에서 말한) 그러한 모양으로, 이런〈그런〉 식으로. (4)〔such_as…, such as…로서〕 …와 같은. (5)…하리만큼, …할 정도로 그런. (6)저만한, 저토록, 저렇게 ; 대단한, 훌륭한. (7)(법률문 따위에서) 상기의, 전술한. (8)〔不定의 뜻〕 이러이러〈여차여차〉한(~ and ~). ***~ and ~*** 〔不定의 뜻〕 이러이러한. ***~ as it is***〈was〉 =***~ as they are***〈***were***〉 …할 정도의 것은 아니지만〈아니었지만〉, 대단한 것은 못되지만, 변변치 못하지만. ***~ …but*** (***that***〈***what***〉) ⇨ BUT B(3). ***~ other***〈***another***〉 이런 다른(것).

― *pron.* (1)〔흔히 複數의 뜻을 나타냄〕 그와 같은 사람〈물건〉. (2)《俗》 지금 말한 사물 ; 【商】 상기(上記)의 물건. ***as ~*** 1)그 자체로, 그것만으로. 2) 그 자격으로. ***~ and*** ~ 이러이러한 일〈사람〉, 여차여차한 일〈사람〉.

such·like [sʌ́tʃlàik] *a.* 〔限定的〕《口》 이와 같은, 그러한 ― *pron.* 〔複數 취급〕 그런 것, 이런 종류의 것

:suck [sʌk] *vt.* (1)《~+目/+目+前+名/+目+補》 (액체)를 빨다, 빨아들이다《*in* ; *down*》. (2)…을 핥다, 빨아 먹다. (3)《~+目/+目+副/+目+前+名》《比》 (지식 따위)를 흡수하다《*in*》; (이익 등)을 짜내다《*from* ; *out of*》. (4)《+目+副》 (소용돌이 따위가 배)를 휩쓸어 넣다《*down*》. (5)〔흔히 受動으로〕 (강제로 또는 속여서) …에 끌어들이다, 말려 들이다. ―*vi.* 《+前+名/+副》 (젖 따위를) 빨다, 마시다, 홀짝이다 ; (곰방대 등을) 빨다 ; (파도 등이) 핥듯이 씻다. (2)(펌프가) 빨아들이는 소리를 내다. (3)《美俗》 아첨하다, 알랑거리다. (4)《美俗》 (일이) 마음에 안들다, 불유쾌하다. ▫ suction *n.* ***~ around*** 따라다니다, 얼씬거리다. ***~ at*** ~을 빨다, 마시다. ***~ the blood of*** ~의 피를 빨다, 고혈을 짜다. ***~ the breast*** 젖을 빨다. ***~ up to***《口》 …에게 알랑거리다.

― *n.* (1) ⓒ 한 번 빨기, 한 모금, 한 번 핥기, 한 번 홀짝하기. (2) ⓤ 젖빨기, 빨아들이기. (3) ⓒ 빨리는 것, 모유. ***What a ~!*** =***Sucks*** (***to you***) ***!*** 꼴 좋다, 아이구 시원해라.

·suck·er [sʌ́kər] *n.* ⓒ (1)빠는 사람〈것〉; 젖먹이. (2)흡관(吸管) ; 【動】 흡반(吸盤), 빨판 ; 【植】 흡지(吸枝), 흡근(吸根) ; (펌프의) 흡입관(吸入管). (3)《口》 호인, 잘 속는 사람 ; …에 열중하는 사람. (4)《美口》 막대기에 붙인 사탕.

suck·le [sʌ́kəl] *vt.* …에게 젖을 먹이다 ; 양육하다. ― *vi.* 젖을 먹다.

suck·ling [sʌ́kliŋ] *n.* ⓒ 젖먹이, 유아 ; 젖떨어지지 않은 짐승 새끼 ; 풋내기, 신출내기.

su·cre [sú:krei] *n.* ⓒ 수크레《에콰도르의 화폐 단위》.

su·crose [sú:krous] *n.* ⓤ 【化】 수크로오스, 자당(蔗糖)

suc·tion [sʌ́kʃən] *n.* (1) ⓤ 빨기 ; 빨아들이기, 빨아올리기 ; 빨아들이는 힘 ; 흡인 통풍(吸引通風). (2) ⓒ 흡입〈흡수〉관(=~ **pìpe**), 유인 통풍.

súction pùmp 빨펌프(lift pump).

suc·to·ri·al [sʌktɔ́:riəl] *a.* (1)흡착하는 ; 빨기에 알맞은 ; 빨판이 있는. (2)【動】 피를 빨아 사는.

Su·dan [su:dǽn, -dá:n] *n.* (the ~) 수단《아프리카 동북부의 공화국 ; 수도는 하르툼(Khartoum)》.

su·da·to·ri·um [sù:dətɔ́:riəm] (*pl.* ***-ria*** [-riə]) *n.* ⓒ 한증막, 증기탕, 한증.

su·da·to·ry [sú:dətɔ̀:ri/ -təri] *a.* 발한(發汗)을 촉진하는.

:sud·den [sʌ́dn] (***more ~ ; most ~***) *a.* 돌연한, 갑작스러운, 불시의, 별안간의.

― *n.* 〔다음 慣用句로만〕. (***all***) ***of a ~*** =(***all***) ***on a***〈***the***〉 ~ 돌연, 갑자기, 느닷없이. 파) **~·ness** *n.*

súdden déath (1)급사 : die a ~ 급사하다. (2)【競】 서든 데스《연장전에서, 어느 쪽에서나 먼저 득점하는 시점에서 경기가 끝나는 일》.

súdden ínfant déath sỳndrome 【醫】 유아 급사 증후군《略 : SIDS》.

:sud·den·ly [sʌ́dnli] (*more ~ ; most ~*) *ad.* 갑자기, 돌연히, 불시에, 느닷없이.

suds [sʌdz] *n. pl.* 〔單數·複數 취급〕 (1)비눗물, 비누거품. (2)《美俗》 맥주(거품).

sudsy [sʌ́dzi] (*suds·i·er ; -i·est*) *n.* (비누) 거품투성이의, 거품을 내는〈포함한〉 ; 거품 같은.

·sue [suː/sjuː] *vt.* 《~+目/+目+前+名》 …을 고소하다, (…을 상대로) 소송을 제기하다《*for*》. — *vi.* 《+前+名》 (1)소송을 제기하다《*to* ; *for*》 : ~ *for* a divorce 이혼 소송을 제기하다. (2)간원하다, 청구하다《*to* ; *for*》. ▫ suit *n.*

suede , suède [sweid] *n.* ⓤ 스웨드《안쪽에 보풀이 있는, 부드럽게 무두질한 양가죽》.
— *a.* 〔限定的〕 스웨이드 가죽의.

su·et [súːət] *n.* ⓤ 소기름, 양기름.
파) **sú·ety** *a.* 소〈양〉기름 같은〈이 많은〉.

súet púdding suet로 만든 푸딩.

Su·ez [suːéz, ⌐-] *n.* 수에즈 지협 ; 수에즈 운하 남단의 항구, 이집트 북동부의 항구도시.

Súez Canál (the ~) 수에즈 운하《1869년 완성》.

:suf·fer [sʌ́fər] *vt.* (1)《~+目/+目+前+名》 (손해·고통·형벌 따위)를 경험하다, 입다, 받다. (2)〔종종 否定文·疑問文에서〕《文語》 …에 견디다, 참다. (3) a〕《+目+to do》《古·文語》 (굳이) …하게 하다, (묵묵히) …하게 내버려두다. b〕〔종종 否定文에서〕 …을 방치하다, 묵인하다《흔히 다음 成句로》.
— *vi.* 《~/ 前+名》 (1)(…로) 괴로워하다, 고민하다, 고통을 겪다, 고생하다 ; 상처입다《*for* ; *from*》. (2)앓다, 병들다《*from*》. (3)손해를 입다 ; 손상하다. (4)벌을 받다.
파) **~·able** [-rəbəl] *a.* 참을 수 있는, 견딜 만한. **~·ably** *ad.*

suf·fer·ance [sʌ́fərəns] *n.* ⓤ 관용, 허용, 묵인, 묵허(默許). ▫ suffer *v.* ***on*** 〈***by, through***〉 ~ 눈감아 주어, 덕분에.

·suf·fer·er [sʌ́fərər] *n.* ⓒ 괴로워하는〈고민하는〉 사람, 고생하는 사람 ; 수난자, 이재민, 조난자, 피해자 ; 환자.

:suf·fer·ing [sʌ́fəriŋ] *n.* ⓤ (1)괴로움, 고통 ; 고생. (2)(종종 *pl.*) 피해, 재해 ; 재난 ; 손해.

:suf·fice [səfáis, -fáiz] *vi.* 《~/+前+名》《文語》 족하다, 충분하다. — *vt.* 《文語》 …에 충족하다, 만족시키다. ***Suffice it*** (***to say***) ***that ....*** (지금은) …이라고만 말해 두자; …이라고 말하면 충분하다.

suf·fi·cien·cy [səfíʃənsi] *n.* (1) ⓤ 충분(한 상태), 충족. (2)(a ~) 충분한 수량〈역량〉.

:suf·fi·cient [səfíʃənt] *a.* 충분한, 족한《*for*》. ▫ sufficiency *n.* 파) **:~·ly** *ad.* 충분히.

·suf·fix [sʌ́fiks] *n.* ⓒ 【文法】 접미사. 【cf.】 prefix.

·suf·fo·cate [sʌ́fəkèit] *vt.* (1)…의 숨을 막다 ; 질식(사)시키다. 【cf.】 smother, stifle 1. (2)〔종종 受動으로〕 호흡을 곤란하게 하다, 숨이 막히게 하다 ; …의 목소리가 안 나오게 하다. — *vi* 숨이 막히다, 질식(사)하다 ; 헐떡이다, 숨이 차다.
파) **sùf·fo·cá·tion** [-ʃən] *n.* ⓤ 질식. **súf·fo·cà·tive** [-tiv] *a.* 숨막히는, 호흡을 곤란케 하는.

suf·fra·gan [sʌ́frəgən] 【宗】 *n.* ⓒ 부감독, 부주교.

·suf·frage [sʌ́fridʒ] *n.* (1) ⓒ (찬성)투표. (2) ⓤ 투표권, 선거권, 참정권.

suf·fra·gette [sʌ̀frədʒét] *n.* ⓒ 여성 참정권론자《특히 여성을 말함》.

suf·fra·gist [sʌ́frədʒist] *n.* ⓒ 여성 참정권론자.

suf·fuse [səfjúːz] *vt.* 〔종종 受動으로〕 (액체·눈물·빛 따위가) 뒤덮다, 확 퍼지다, 채우다.

suf·fu·sion [səfjúːʒən] *n.* ⓤⓒ (1)넘칠 듯 가득함, 뒤덮음. (2)(얼굴 등이) 확 달아오름, 홍조.

Su·fi [súːfi] (*pl.* **~s**) *n.* ⓒ 【回敎】 수피교도《이슬람교의 신비주의자》. 파) **Sú·fism** [-fizəm] *n.* ⓤ 수피교 ; 범신론적 신비설.

:sug·ar [ʃúgər] *n.* (1) ⓤ 설탕 ; 【化】 당(糖) ; 당질. (2) ⓒ 각설탕 한 개 ; 설탕 한 숟가락. (3) ⓤ 《比》 감언, 달콤한 말, 겉치레 말. (4)《호칭으로》여보, 당신 (darling, honey).
— *vt.* …에 설탕을 넣다〈뿌리다, 입히다〉, …을 (설탕으로) 달게 하다 : Did you ~ my coffee ? 내 커피에 설탕 넣었어요. — *vi.* (1)설탕이 되다, 당화하다. (2)《美》 (사탕단풍의 수액으로) 단풍당(糖)을 만들다.

súgar bèet 【植】 사탕무.【cf.】 beet sugar.

Súgar Bòwl (the ~) 슈거볼《1)Louisiana주 New Orleans에 있는 미식 축구 경기장. 2)그 곳에서 매년 1월 1일 열리는 초청 대학팀의 미식 축구 경기》.

súgar cándy (고급) 캔디 ; 《英》 얼음사탕.

súgar càne 사탕수수.

sug·ar·coat [ʃúgərkòut] *vt.* (1)(알약 따위)에 당의(糖衣)를 입히다. (2)…을 감미롭게 보이게 하다 ; …의 겉모양을 꾸미다《※ 종종 과거 분사로 형용사적으로 쓰임》. 파) **~·ed** *a.* (1)당의를 입힌. (2)겉을 꾸민 : I'm tired of hearing John's *~ed* promises. 존의 달콤한 약속을 듣는 데도 지쳤다.

sug·ar-free [ʃúgərfríː] *a.* 설탕이 들어 있지 않은, 무당의.

sug·ar·less [-lis] *a.* (1)설탕이 들어 있지 않은, 무당의. (2)인공 감미료를 사용한.

súgar lòaf (1)막대 설탕 ; 원뿔꼴의 모자. (2)원뿔꼴의 산(山).

sug·ar·plum [ʃúgərplʌ̀m] *n.* ⓒ 눈깔 사탕, 봉봉 (bonbon).

sug·ary [ʃúgəri] *a.* (1)설탕이 든 ; 설탕 같은, 단. (2)달콤한《말 따위》 : (시·음악 등) 달콤하고 감상적인, 감미로운.

:sug·gest [səgdʒést] *vt.* (1)《~+目/+*that* 節》 …을 암시하다, 비추다, 시사하다, 넌지시 말하다. (2)《~+目/+目+前+名/ (+前+名)+*that* 節/+*wh.* 節/+*wh. to* do/+-*ing*》 제안하다, 제창하다, 말을 꺼내다, 권하다. (3)《~+目/+目+前+名》 …을 연상시키다, 생각나게 하다. ▫ suggestion *n.* ***~ itself*** (***to***) (…의) 마음〈머리〉에 떠오르다, 생각이 나다.

sug·gest·i·ble [-əbəl] *a.* (1)시사할 수 있는 ; 제의할 수 있는. (2)(최면술의) 암시에 걸리기 쉬운.
파) **sug·gèst·i·bíl·i·ty** [-əbíləti] *n.* ⓤ 시사할 수 있음 ; 피(被)암시성, 암시 감응성.

:sug·ges·tion [-tʃən] *n.* (1) ⓤⓒ 암시, 시사, 넌지시 비춤. (2) ⓤⓒ 연상, 생각남, 착상, (3) ⓤⓒ 제안, 제의, 제언. (4) ⓤ 〔催眠術〕 암시 ; ⓒ 암시된 사물. (5)(*sing.*) 투, 기색, 모양.

·sug·ges·tive [-tiv] *a.* (1)시사하는, 암시하는, 넌지시 비추는. (2)(…을) 연상시키는, 암시가 많은 ; …을 생각나게 하는《*of*》. (3)외설한. (4)(최면술적) 암시의. 파) **~·ly** *ad.* **~·ness** *n.* ⓤ

su·i·cid·al [sùːəsáidl] *a.* 자살의 자살적인 ; 자살하고 싶은 충동에 사로잡히는 ; 《比》 자멸적인. 파) **~·ly** *ad.* 자살하고 싶을 만큼.

:su·i·cide [súːəsàid] *n.* (1) ⓤⓒ 자살 ; ⓤ 자살 행위 ; 자멸. (2) ⓒ 자살자.

súicide pàct 정사(情死)〈동반자살〉(의 약속)《두 사람 이상의》.

sui ge·ne·ris [sú:ai-dʒénəris] 《L.》 독특하여, 독특한, 특수한, 독자적(으로).

:suit [su:t] *n.* (1) ⓒ 소송(lawsuit). □ sue *v.* (2) ⓤⓒ 청원, 탄원, 간원. (3) ⓤⓒ 《文語》 구혼(wooing), 구애. (4) ⓒ **a**](복장의) 한 벌, 일습, (남자 옷의) 셋 갖춤《저고리·조끼·바지》; 상하 한 벌의 여성복. **b**][수식어가 따라] …옷〈복(服)〉. (5) ⓒ (마구·갑옷 따위의) 한 벌《*of*》. (6) ⓒ 【카드놀이】 짝패 한 벌《hearts, diamonds, clubs, spades로 각 13장》.
— *vt.* (1)《+目+前+名》(…을) …에 적합하게 하다, 일치시키다《*to*》. (2)(복장 등이) …에 적합하다, …에 어울리다. (3)…의 마음에 들다 ; (목적·조건 등에) 맞다. (4)…에 편리하다, …에 형편이 좋다. (5)[ill, little등의 부사를 수반하여] …에 어울리다, 적합하다.
— *vi.* (1)《~/+前+名》 어울리다, 적합하다《*with* ; *to*》. (2)형편이 좋다.

:suit·a·ble [sú:təbəl] (***more ~ ; most ~***) *a.* (…에) 적당한, 상당한 ; 어울리는, 알맞은《*to* ; *for*》. 파) **-bly** *ad.* **suit·a·bil·i·ty** [sù:tə-bíləti] *n.* ⓤ 적합, 적당 ; 적부 ; 어울림. **~·ness** *n.*

·suit·case [⊿kèis] *n.* ⓒ 여행 가방, 슈트케이스. ***live out of a ~*** 정처 없는〈떠돌이〉 생활을 하다.

·suite [swi:t] *n.* ⓒ (1)(가구 등의) 한 벌, 세트 ; 스위트 룸《호텔에서 거실·침실·화장실이 한 세트로 되어 있는 것》; 한 세트의 가구 : a ~ of software 소프트웨어 한 벌. (2)[集合的] 일행, 수행원 : in the ~ of …에 수행하여. (3)【樂】 모음곡.

suit·ed [sú:tid] *a.* (1)[敍述的] 적당한, 적절한 ; 적합한 ; 어울리는《*to* ; *for*》. (2)[複合語] …슈트를 입은 : gray-~ 회색 슈트를 입은.

suit·ing [sú:tiŋ] *n.* ⓤ 양복지.

·suit·or [sú:tər] *n.* ⓒ (1)제소인, 원고(plaintiff). (2)(남자의) 구혼자.

sul·fa, sul·pha [sʌ́lfə] *a.* 【化·藥】 술파기(基)의 : a ~ drug 술파제.

sul·fate, -phate [sʌ́lfeit] *n.* ⓤⓒ 【化】 황산염.

sul·fide, -phide [sʌ́lfaid] *n.* ⓤⓒ 【化】 황화물.

:sul·fur, -phur [sʌ́lfər] *n.* ⓤ 【化】 황《비금속 원소 ; 기호 S ; 번호 16》; 유황빛.

sul·fu·rate, -phu- [sʌ́lfjurèit] *vt.* 황과 화합시키다, 황을 함유시키다, 황화시키다 ; 황으로 훈증하다〈그슬리다, 표백하다〉.

súlfur dióxide 【化】 이산화황, 아황산 가스.

sul·fu·re·ous, -phu- [sʌlfjúəriəs] *a.* 황의〈과 같은〉, 유황모양의, 황을 함유한, 유황빛의, 유황냄새나는.

·sul·fu·ric, -phu- [sʌlfjúərik] *a.* 【化】 황의.

sul·fur·ous, -phur- [sʌ́lfərəs] *a.* 【化】 황이〈과 같은〉; 《특히》 4가의 황을 함유한. 【cf.】 sulfuric.

sulk [sʌlk] *n.* (the ~) 실쭉하기, 부루퉁함. ***in the ~s*** 실쭉하여, 부루퉁하여.
— *vi.* 실쭉거리다, 골나다, 부루퉁해지다 : Why is Mary ~*ing* ? 왜 메리는 토라져 있지요.

·sulky [sʌ́lki] (***sulk·i·er ; -i·est***) *a.* (1)실쭉한, 뚱한, 골난, 부루퉁한. (2)음침한, 음산한《날씨 따위》. 파) **súlk·i·ly** *ad.* 심술나서, 골나서, 부루퉁해서. **sulk·i·ness** [sʌ́lk-inis] *n.*

sulky[2] *n.* ⓒ 말 한 필이 끄는 1인승 2륜 마차.

:sul·len [sʌ́lən] (***more ~ ; most ~***) *a.* (1)시무룩한, 무뚝뚝〈부루퉁, 실쭉〉한. (2)음침한, 음울한(gloomy) : (빛·소리 등이) 가라앉은, 맑지 못한. (3)굼뜬, 느릿한, 완만한. 파) **~·ly** *ad.* **~·ness** *n.* ⓤ

sul·ly [sʌ́li] *vt.* 《文語》 …을 더럽히다, 오손하다 ; 망쳐놓다 ; (명예 따위)를 훼손하다.

·sul·tan [sʌ́ltən] *n.* (1) ⓒ 술탄, 이슬람교국 군주. (2)(the S-) (옛날의) 터키 황제《1922년 이전의》.

sul·tana [sʌltǽnə, -tá:nə] *n.* ⓒ (1)이슬람교국 왕비〈왕녀, 왕의 자매, 황태후〉. (2)왕족의 후궁. (3)《주로 英》 씨 없는 (건)포도의 일종.

sul·tan·ate [sʌ́ltənit] *n.* ⓒ sultan이 지배하는 나라 ; ⓤ sultan의 지위〈통치〉.

·sul·try [sʌ́ltri] (***-tri·er ; -tri·est***) *a.* (1)무더운, 찌는 듯이 더운 ; 후덥지근한. (2)난폭한《성질·말씨 등》; 무시무시한 ; 몹시 불쾌한. (3)정열적인, 관능적인 : a ~ look 관능적 표정.
파) **súl·tri·ly** *ad.* **súl·tri·ness** *n.*

:sum [sʌm] *n.* (1)(the ~) 총계, 총액, 합계 ; (추상적인 사실의) 집합, 총량. (2)총체 ; 전체. (3)(the ~) 개요, 개략, 대의. (4) ⓒ (종종 *pl.*) 금액. (5) ⓒ (*pl.*) (학교의) 산수, 계산. ***do ~s*** 〈***a ~***〉 계산하다. ***in ~*** 요컨대, 말하자면, 결국. ***in ~*** 요컨대. ***the ~ and substance*** 요점.
— (***-mm-***) *vt.* (1)…을 총계하다, 합계하다《*up*》. (2)…을 요약하다《*up*》. (3)…의 대세를 판단하다, 재빨리 평가〈판단〉하다《*up*》.
— *vi.* (1)《+副》 요약〈개설〉하다 ; (판사가 원고·피고의 진술을 들은 후) 진술을 요약하다. (2)《+前+名》합계 …가 되다《*to* ; *into*》.

su·mac(h) [ʃú:mæk, sjú:-] *n.* ⓒ 【植】 슈막《옻나무·거망옻나무·북나무 무리》; ⓤ 슈막의 마른 잎《무두질 및 염료용》.

Su·ma·tra [sumá:trə] *n.* (1)수마트라섬. (2)(종종 s-) 말라카 해협의 돌풍.

Su·mer [su:mər] *n.* 수메르《유프라테스 강 어귀의 옛 지명》.

Su·me·ri·an [su:míəriən] *a.* Sumer 사람〈말〉의.
— *n.* ⓒ 수메르 사람 ; ⓤ 수메르말.

sum·ma cum lau·de [sʌ́mə-kʌm-lɔ́:di, súmə-kum-láudi] 《L.》 (=with highest praise)《美》 최우등으로 ; 수석으로. 【cf.】 cum laude.

·sum·ma·rize [sʌ́məràiz] *vt.* …을 요약하여 말하다, 요약하다, 개괄하다, 간략하게 말하다.
파) **sùm·ma·ri·zá·tion** [-rizéiʃən] *n.*

:sum·ma·ry [sʌ́məri] *n.* ⓒ 요약, 개요, 대략 ; 적요(서), 일람. — *a.* (1)요약한, 개략의 ; 간결한, 간략한. (3)즉석의, 재빠른, 약식의. (3)【法】 약식의(【opp.】 *plenary*) ; 즉결의《판결 따위》.

sum·ma·tion [sʌméiʃən] *n.* (1) ⓤ 합계하는 일 ; ⓒ 합계. (2) ⓒ 요약. (3) ⓒ 【法】 (쌍방 변호인의) 최종 변론.

:sum·mer[1] [sʌ́mər] *n.* (1) ⓤⓒ (특정한 때에는 the ~) 여름, 여름철.

☞ *參考* 미국에서는 6 월에서 8 월까지 ; 영국에서는 5 월부터 7 월까지 ; 천문학적으로는 하지부터 추분까지.

(2) ⓤ 더운 철〈계절〉. (3) ⓤ (the ~)《比》 전성기, 절정, (인생의) 청춘. (4)[흔히 數詞를 수반] (*pl.*)《詩》(젊은이의) 나이, …살〈세〉. (5)[形容詞的으로] [限定的] 여름(철)의, 하계의, 여름철에 알맞은.
— *vi.* (…에서) 여름을 지내다, 피서하다《*at* ; *in*》.
— *vt.* 여름철에 (가축)을 방목하다. ***~ and winter*** (…에서) 꼬박 한 해를 보내다.

súmmer hòuse 《美》 여름〈피서지의〉 별장.

sum·mer·house [sʌ́mərhàus] *n.* ⓒ (정원·공원 따위의) 정자.

súmmer schòol 하기 강습회, 여름 학교.

súmmer sólstice (the ~) 【天】 하지(점). 〖opp.〗 *winter solstice.*

súmmer tìme 《英》 일광 절약 시간, 서머타임.

·**sum·mer·time** [sʌ́mərtàim] *n.* ⓤ (종종 the ~) 여름(철), 하절.

sum·mer-weight [-wéit] *a.* (옷·신 등이) 여름용의, 가벼운.

sum·mery [sʌ́məri] *a.* 여름 같은, 여름의, 여름철에 알맞은.

sum·ming-up [sʌ́miŋʌ́p] (*pl.* ***-mings-up***) *n.* ⓒ 적요, 요약 ; 약술 ;(특히 판사가 배심원에게 하는) 사건 요지의 설명.

:**sum·mit** [sʌ́mit] *n.* (1) (the ~) 절정, 극치, 극점. (2) ⓒ 정상, 꼭대기. (3)(the ~) 수뇌급(級). (4) ⓒ 수뇌 회의. (5)(the S~) 선진국 수뇌 회의《매년 개최하며 선진 7개국 수뇌가 모임》.

sum·mit·eer [sʌ̀mitíər] *n.* ⓒ 《口》 수뇌 회담 참가국〈국〉.

:**sum·mon** [sʌ́mən] *vt.* (1) (의회·배심원 등)을 소집하다. (2) 《~+目/ +目+前+名/ +目+*to* do》 …을 소환하다, 호출하다(call) 《*to*》 ; (피고 등)에게 출두를 명하다《*to* ; *into*》. (3) 《+目+*to* do》 (…하도록)요구하다, 권고하다. (4) 《~+目/ +目+副》 (용기 따위)를 불러 일으키다《*up*》.
파) ~·**er** *n.* ⓒ 소환자 ; 【史】 (법정의)소환 담당자.

*****sum·mons** [sʌ́mənz] (*pl.* ~·***es***) *vt.* 〔종종 受動으로〕 …을 법정에 소환하다, 호출하다. — *n.* ⓒ 소환, 호출(장) ; 【法】 (법원에의) 출두 명령, 소환장 ; (의회 등의) 소집.

sum·mum bo·num [sʌ́məm-bóunəm] 《L.》 (= the highest good) (the ~) 【倫】 최고〈지고〉선(善).

sump [sʌmp] *n.* ⓒ 【鑛山】 갱저(坑底) 늬 물웅덩이 ; 오수(汚水) 모으는 웅덩이 ;(엔진의) 기름통.

sump·tu·ary [sʌ́mptʃuèri/ -əri] *a.* 지출을 규제하는, 비용 절감의, 사치를 금지하는《법령 따위》.

súmptuary láw (1) (특히 13-15세기에 개인적 소비를 제한한) 사치금지법. (2) 사회기강에 반하는 개인적 습관을 단속하는 윤리 규제 법령.

*****sump·tu·ous** [sʌ́mptʃuəs] *a.* 호화로운, 사치스러운, 값진. 【cf.】 luxurious.
파) ~·**ly** *ad.* ~·**ness** *n.*

súm tótal (1) 요지. (2) (the ~) 총액, 총수.

:**sun** [sʌn] *n.* (1) ⓒ (또한 the ~) 햇빛, 일광 ;햇볕. (2) ⓤ (일반적으로the ~) 태양, 해. (3) ⓒ 항성(恒星). ***against*** ⟨with⟩ ***the ~*** 【海】 태양의 움직임과 반대로;왼쪽으로 도는. 〖opp.〗 *with the sun.* ***catch the ~*** 1) 볕에 타다〈그을다〉. 2) 볕이 들다. ***hail ⟨adord⟩ rising*** ~새 세력에 아첨하다. ***have the ~ in one's eyes*** 눈에 해가 비치다. ***in the ~*** 양지에. ***see the*** ~출생하다. ***on which the ~ never sets*** 세계 어느 곳이고. ***place in the ~*** ⇨ PLACE. ***under⟨beneath⟩ the ~*** 이 세상에(in the world), 하늘 아래 ; 〔强調句로서〕도대체(on earth).
— (***-nn-***) *vt.* (1) …을 햇볕에 쬐다, 볕에 말리다. (2) 〔再歸的〕 햇볕을 쬐다, 일광욕하다.
— *vi.* 햇볕을 쬐다, 일광욕하다 : We were *sunning* in the yard. 마당에서 일광욕을 하고 있었다.

*****Sun.** Sunday.

sun·baked [sʌ́nbèikt] *a.* (1) 햇볕이 쨍쨍 내리 쬐는. (2) 햇볕에 말린 ; 햇볕에 구운〈탄〉.

sun·bath [ˊbæ̀θ, ˊbɑ̀:θ] *n.* ⓒ 일광욕.

sun·bathe [ˊbèið] *vi.* 일광욕을 하다.
파) **-bàth·er** *n.* ⓒ

:**sun·beam** [ˊbì:m] *n.* ⓒ 광선, 일광, 햇살.

sun·bed [ˊbèd] *n.* ⓒ (1) 태양등을 쬐기 위한 침대. (2) (일광욕을 위한) 접의자.

Sún·belt (Zòne) [ˊbèlt(-)] (the ~) 선벨트, 태양 지대《미국 남부를 동서로 뻗은 온난 지대》. 【cf.】Snowbelt.

sún blòck 자외선 방지(로션, 크림).

sun·bon·net [sʌ́nbànit/ ˊbɔ̀n-] *n.* ⓒ (어린애·여성용) 차일(遮日) 모자.

*****sun·burn** [ˊbə̀:rn] *n.* ⓤ 별에 탄 곳, 볕에 탐.
— (*p.*, *pp.* ***-burnt*** [-t], ***burned*** [-d) *vi.* 햇볕에 타다.

sun·burned [ˊbə̀:rnd] *a.* 볕에 그을린〈탄〉.

sun·burst [ˊbə̀:rst] *n.* ⓒ (1) (보석을 박은) 해 모양의 브로치. (2) 구름 사이로 비치는 강렬한 햇살. (3) 해같이 반짝이는 불꽃.

sun·dae [sʌ́ndi, -dei] *n.* ⓒⓤ 아이스크림선디《시럽·과일 등을 얹은 아이스크림》.

:**Sun·day** [sʌ́nɔi, -dei] *n.* (1) 〔形容詞的으로〕일요일의 : 일요일에 하는. (2) 〔원칙적으로 無冠詞로 ⓤ. 의미에 따라 冠詞를 붙이기도 하고 ⓒ 도 됨〕 일요일, (기독교회의) 안식일(Sabbath) (3) 〔副詞的으로〕 일요일(같은 날)에(on ~).

Súnday bést ⟨clóthes⟩ 《口》 나들이 옷.

Sun·day-go-to-meeting [sʌ́ndigòutəmí:tiŋ, -dei-] *a.* 〔限定的〕 《口·戱》 나들이(옷)의, 가장 좋은.

Súnday púnch 《美口》 녹아웃 펀치, (권투의) 강타(hard blow).

Sun·days [sʌ́ndiz, -dèiz] *ad.* 일요일마다〈에는 언제나〉 (on ~).

Súnday Schòol ⟨schòol⟩ 주일 직원〈학생〉 ;학교《略 : S.S.》.

sún dèck 【海】 (여객선 등의) 일광욕용(用) 옥상〈테라스〉 ; 상(上)갑판.

sun·der [sʌ́ndər] *n.* 〔다음 成句로만〕 ***in ~*** 떨어져서, 따로따로.
— *vt.* 《古·文語》 …을 가르다, 자르다.

sun·dew [sʌ́ndjù:] *n.* ⓒ 【植】 끈끈이주걱《식충(食蟲)식물》.

sun·di·al [ˊdàiəl] *n.* ⓒ 해시계.

sun·dog [ˊdɔ̀(:)g, ˊdɑ̀g] *n.* ⓒ (1) 작을〈부분〉무지개《지평선 근처에 나타남》. (2)= PARHELION.

*****sun·down** [ˊdàun] *n.* ⓤ 해넘이 일몰(sunset). 〖opp.〗 *sunup*
파) ~·**er** *n.* ⓒ 《주로 英口》저녁때의 한 잔 (술).

sun-drenched [ˊdrèntʃt] *a.* (해안 따위가) 볕이 잘 드는, 강렬한 햇빛을 받는.

sun·dress [ˊdrès] *n.* ⓒ (목·어깨 따위가 노출된) 여름용 드레스.

sun-dried [ˊdràid] *a.* 볕에 말린.

sun·dries [sʌ́ndriz] *n. pl.* 잡동사니, 잡화 ; 잡건(雜件) ; 잡비.

*****sun·dry** [ˊdri] *a.* 〔限定的〕 잡다한, 갖가지의 : ~ goods 잡화. — *n.* 〔다음 成句로〕 .

sun·fast [ˊfæ̀st, ˊfɑ̀st] *a.* 《美》 햇볕에 색이 바래지 않는.

sun·fish [ˊfìʃ] *n.* ⓒ 【漁】 개복치.

sun·flow·er [ˊflàuər] *n.* ⓒ 【植】 해바라기.

:sung SING의 과거 · 과거분사.

sun·glass [sʌ́nglæ̀s, ´glɑ̀:s] *n.* (1) (*pl.*) 색안경, 선글라스. (2) ⓒ 화경(火鏡) (burning glass).

sun·glow [´glòu] *n.* (*sing.*) 저녁놀, 아침놀.

sun-god [´gɑ̀d/ ´gɔ̀d] *n.* ⓒ 태양신, 해의 신(神).

sún hàt 별 가리는 (밀짚)모자《챙이 넓은》.

sún hèlmet (챙 넓은) 볕 가리는 헬멧.

:sunk [sʌŋk] sink의 과거 · 과거분사.
— *a.* (1) 〔敍述約〕《口》 패배한(subdued). (2) 가라앉은, 침몰〈매몰〉된(sunken). (3) 〔敍述的〕 (생각에) 잠긴, (절망에) 빠진.

***sunk·en** [sʌ́ŋkən] SINK의 과거 분사.
— *a.* (1) 움푹 들어간, 살 빠진. (2) 〔限定的〕 가라앉은 ; 물 속의, 물 밑의 ; 파묻힌, 땅속의. (3) (길 따위가) 내려 앉은, 침하한.

súnken gárden 침상원(沈床園)(=**súnk gárden**)《주위보다 한층 낮게 만든 정원》.

súnk fénce 은장(隱墻)(ha-ha)(토지를 경계짓기 위하여 땅속에 만든 담》.

sun·lamp [sʌ́nlæ̀mp] *n.* ⓒ 【醫】 태양등《피부병 치료 · 미용용(用)》.

sun·less [´lis] *a.* (1) 어두운 ; 음산한. (2) 볕이 들지 않는.

:sun·light [´làit] *n.* ⓤ 일광, 햇빛.

sun·lit [´lìt] *a.* 볕이 드는, 햇볕에 쬐인.

sún lòunge 《英》 일광욕실(《美》sun parlor).

Sun·ni [súni] *n.* ⓒ 수나파, 수니파(派)《회교의 2대 분파의 하나》.【cf.】 Shi´a.

Sun·nite [súnait] *n.* (회교의) 수니파 교도《코란과 더불어 전통적 구전(口傳)을 신봉함》.

:sun·ny [sʌ́ni] (***-ni•er ; -ni•est***) *a.* (1) 태양의〈같은〉 ; 맑게 갠. (2) 양지 바른, 밝게 비치는, 햇볕이 잘 드는(〖opp.〗 *shady*). (3) 명랑한, 쾌활한. 파) **sun•ni•ly** *ad.* 햇볕이 들어 ; 명랑〈쾌활〉하게 **-ni•ness** *n.*

súnny sìde (the ~) (1) 밝은면. ***look on the ~ of the things*** 일을 낙관하다. (2)볕이 드는 쪽.

sún·ny-side úp [-sàid-] *a.* (달걀이) 한 쪽만 프라이한 : fry an egg ~ 달걀을 한쪽만 지지다.

sún pàrlor 《美》 일광욕실.

sún pòrch 《美》 (특히 유리를 두른) 베란다.

sun·proof [sʌ́nprù:f] *a.* 〔限定的〕 내광성(耐光性)의, 색이 바래지 않는 ; 햇빛이 통하지 않는.

sun·ray [´rèi] *n.* ⓒ (*pl.*) 인공 태양 광선 ; 태양 광선《의료용 자외선》: ~ treatment 일광 요법.

:sun·rise [´ràiz] *n.* ⓤⓒ (1) 일출, 해돋이, 해뜨는 시각(sunup) ; 동틀녘. (2) (사물의) 시초, 시작.

súnrise ìndustry (특히 전자 공업 등의) 신흥 산업. 【cf.】 sunset industry.

sun·roof [sʌ́nrù:f] *n.* ⓒ (1) (자동차의) 개폐식 유리창이 달린 지붕 (sunshine roof). (2) 일광욕용 옥상〔지붕〕.

sun·room [´rù(:)m] *n.* =SUN PARLOR. 일광욕실.

:sun·set [´sèt] *n.* ⓤⓒ (1) 일몰, 해넘이 ; 해질녘 : at ~ 해질녘에 / after ~ 일몰 후에. (2) 마지막, 끝, 반년. 【cf.】sunrise.

súnset ìndustry 사양 산업. 【cf.】 sunrise industry.

sun·shade [sʌ́nʃèid] *n.* ⓒ (1) (창 따위의) 차양 ; (대형) 양산 ; (여성 모자의) 챙.

:sun·shine [´ʃàin] *n.* ⓤ (1) (the ~) 양지. (2) 햇빛, 일광. (3)《比》. 쾌활, 명랑, 쾌활〈명랑〉한 사람 ; 행복의 근원. (4)《英口》 날씨 좋군요, 안녕하세요. ***a ray of ~*** 1) (불행하거나 따분한 때의) 기쁨, 즐거움. 2)《口》 쾌활한 사람.

sun·shiny [sʌ́nʃàini] *a.* (1) 명랑한, 쾌활한. (2)햇볕이 잘 드는, 양지 바른 ; 청명한.

sun·spot [´spɑ̀t/ ´spɔ̀t] *n.* ⓒ 태양의 흑점.

sun·stroke [´stròuk] *n.* ⓤ 일사병.

sun·struck [´strʌ̀k] *a.* 일사병에 걸린.

sun·suit [´sù:t] *n.* ⓒ (일광욕이나 놀이 때 입는 간단한) 옷《흔히 halter와 반바지》.

sun·tan [´tæ̀n] *n.* ⓒ 볕에 그을음《살갗을 적갈색으로 태우는 일》. 파) **~ned** *a.*

sún tràp (집안의) 양지 바른 곳.

sún vìsor 차양판《자동차의 직사 광선을 막는》.

sun·ward [sʌ́nwərd] *ad.* 태양을 향하여, 태양 쪽으로. — *a.* 태양 쪽의, 태양을 향한.

sún wòrship 태양(신) 숭배.

sup[1] [sʌp] (***-pp-***) *vi.* (1) (…을) 저녁으로 먹다《*on* ; *of*》 (2) 저녁을 먹다.

sup[2] (***-pp-***) *vt.* 홀짝이다, …을 조금씩 먹다, 홀짝홀짝 마시다(sip). — *vi.* 《方》. 홀짝이다, 숟가락으로 조금씩 떠먹다.
— *n.* ⓒ《Sc.》 (음료의) 한 번 마시기, 한 모금.

sup. superlative; superior; supplement(ary); supreme.

su·per [sú:pər] *n.* ⓒ《口》 (1) 감독, 관리자(superintendent). (2) 단역(端役), 엑스트라(배우)(supernumerary) ; 여분. (3) 【商】 특등〈특대〉품. (4)《英》 총경(總警) ;《美》 경찰본부장.
— *a.* (1)《口》 최고(급)의, 극상의, 훌륭한. (2) 특대의.
— *ad.* 매우.

super- *pref.* 〔形容詞 · 名詞 · 動詞에 붙여서〕더욱 …하는, …의 위에, 뛰어나게 …한, 과도하게 …한, 초(超)…, 【化】 과(過)…'의 뜻.

su·per·a·ble [sú:pərəbəl] *a.* 이길〈정복할〉 수 있는.

su·per·a·bun·dant [sù:pərəbʌ́ndənt] *a.* 남아돌아가는 ; 과다한. 파) **-dance** [-dəns] *n.* ⓤ (또는 a~) 여분으로 있음.

su·per·add [sù:pərǽd] *vt.* …을 더 덧붙이다, 보태다.

su·per·an·nu·ate [-ǽnjuèit] *vt.* 연금을 주어 퇴직시키다, …을 고령〈병약〉 노쇠하여 때문에 퇴직시키다 ; 시대에 뒤진다 하여 제거하다. — *vi.* 정년 퇴직하다 ; 노후하다, 시대에 뒤지다. 파) **-at•ed** [-id] *a.* 구식의, 뒤떨어진 : a ~*d* factory 구식 공장. **sù·per•an•nu•á•tion** [-ʃən] *n.* ⓤ 노령 퇴직금〈연금〉 ; 노년〈정년〉 퇴직.

***su·perb** [supə́:rb] *a.* 멋진, 훌륭한 ; (건물 등이) 장려한, 당당한, 화려한 ; 뛰어난. 【cf.】 majestic, splendid. 파) **~ •ly** *ad.*

Súper Bówl (the ~) 슈퍼볼(《1967년에 시작된, 미국 프로 미식 축구의 왕좌 결정전》.

su·per·car·go [sú:pərkɑ̀:rgou] (*pl.* **~(*e*)*s***) *n.* ⓒ 【商】 (상선의) 화물 관리인.

su·per·charge [-tʃɑ̀:rdʒ] *vt.* (감정 · 긴장 · 에너지 등)을 지나치게 들이다 ; (엔진 따위)에 과급(過給)하다. 파) **-chàrg•er** *n.* ⓒ (엔진 등의) 과급기.

su·per·cil·i·ous [sù:pərsíliəs] *a.* 젠체하는, 거만한, 사람들을 깔보는, 거드름피우는.
파) **~ •ly** *ad.* **~ •ness** *n.*

su·per·city [sú:pərsìti] *n.* ⓒ 거대도시, 대도시권(megalopolis).

su·per·com·pu·ter [sù:pərkəmpjú:tər] *n.* ⓒ 초고속 컴퓨터, 슈퍼컴퓨터.
su·per·con·duc·tiv·i·ty [-kὰndəktívəti/ -kɔ̀n-] *n.* ⓤ 【物】 초전도성(超傳導性). 파) **-con•dúc•tion** *n.* **-con•dúc•tive, -ting** *a.*
su·per·con·duc·tor [-kəndʌ́ktər] *n.* ⓒ 초전도체(超傳導體).
su·per·cool [-kú:l] *vt.*, *vi.* 【化】 (액체를 동결시키지 않고) 과냉(過冷)하다〈되다〉, 빙점 이하로 냉각하다. 파) **~ed** [-d] *a.*
su·per·du·per [-djú:pər] *a.* 《口》 월등히 좋은, 훌륭한 ; 거대한, 초대형의.
su·per·e·go [sù:pərí:gou, -égou] *n.* ⓒ (흔히 the ~) 【精神分析】 초자아(超自我).
su·per·em·i·nent [-émənənt] *a.* 빼어난 ; 탁월한. 파) **-nence** *n.*
su·per·e·rog·a·to·ry [-ərάgətɔ̀:ri/ -rərɔ́gətəri] *a.* (1) 여분의. (2) 직무 이상의 일을 하는.
su·per·ex·cel·lent [-éksələnt] *a.* 탁월한, 극히 우수한, 무상(無上)의, 절묘한.
:su·per·fi·cial [sù:pərfíʃəl] (***more ~ ; most ~***) *a.* (1) 피상적인, 천박한. (2) 표면(상)의, 외면의. 파) **~ •ly** *ad.* 외면적〈피상적〉으로, 천박하게. **-fi·ci•ál•i•ty** [-fìʃiǽləti] *n.* ⓤ 표면적〈피상적〉임, 천박 ; ⓒ 천박한 것.
su·per·fi·ci·es [-fíʃìi:z, -fíʃi:z] (*pl.* ~) *n.* ⓒ (1) (본질에 대해) 외관, 외모. (2) 표면, 외면.
su·per·fine [-fáin] *a.* (1) 극상의, 월등한. (2)지나치게 세밀한 ; 미세한. (3) 지나치게 꼼꼼한.
su·per·flu·i·ty [-flú:əti] *n.* (1) ⓒ 여분, 지나치게 많은 것. (2) ⓤⓒ 여분 ; 과다《*of*》.
***su·per·flu·ous** [su:pə́:rfluəs] *a.* (1) 불필요한. (2) 남는, 여분의. 파) **~ •ly** *ad.* **~ •ness** *n.*
su·per·heat [-hí:t] *vt.* 【化】 (액체)를 과열하다, 끓이지 않고 끓는점 이상으로 가열하다.
sú·per·high fréquency [sú:pərhài-] 【電】 초고주파, 센티미터파(波)《略 : SHF.》
su·per·high·way [sù:pərháiwei] *n.* ⓒ 《美》(폭이 넓은) 초고속 도로.
su·per·hu·man [-hjú:mən] *a.* 초인적인.
su·per·im·pose [sù:pərimpóuz] *vt.* (1) 【映 · TV】 2중으로 인화하다《두 화상을 겹쳐 인화하여 새 화면 만들기》. (2)위에 놓다, 겹쳐 놓다《*on*》.. 파) **-im•po•sí•tion** [-ìmpəzíʃən] *n.*
su·per·in·duce [-indjú:s] *vt.* (1)(병 따위)를 병발(倂發)시키다. (2)…을 덧붙이다, 첨가하다, 다시 야기시키다. 파) **-dúc•tion** [-indʌ́kʃən] *n.* ⓤ 덧붙이기, 부가, 첨가 ; 여병 병발(餘病倂發).
***su·per·in·tend** [-inténd] *vt.*, *vi.* 지배하다, 지휘〈관리, 감독〉하다. 파) **~ •ence** [-əns] *n.* ⓤ 지휘, 관리 ; 감독.
***su·per·in·tend·ent** [-inténdənt] *n.* ⓒ 지휘〈관리〉자, 감독자 ; 소장, 원장, 교장 ; 경찰 ; 국장.
:su·pe·ri·or [səpíəriər, su-] (***more ~ ; most ~***) *a.* (1) (소질 · 품질 따위가) 우수한, 보다 나은, 뛰어난《*to*》 ; 양질의, 우량한. (2) (보다) 위의, 보다 높은, 보다 고위〈상위〉의, 상급의《*to*》. (3) (수량적으로) 우세한. (4) 거만한, 잘난 체하는 : with ~ airs 거만하게. (5) (장소 · 위치가) 위의, 상부의, 위쪽의 : the ~ strata 상층 지층. (6) 【植】 위에 나는, (꽃받침이) 씨방의 위에 있는. (7) 【印】 어깨 글자의, 글자가 위에 붙은.
— *n.* ⓒ (1) 윗사람, 좌상, 상관, 선배. (2) 뛰어난 사람, 상수, 우월한 사람. (3) (S-, 종종 the Father 〈Mother, Lady〉 S-) 수도원장. (4) 【印】 어깨숫자〈글자〉. 파) **~ •ly** *ad.*
supérior cóurt 《英》 고등〈항소〉 법원 ; 《美》상급법원.
***su·pe·ri·or·i·ty** [səpìəriɔ́(:)rəti, su-, -άr-] *n.* ⓤ (1) 우월, 우위, 탁월, 우수, 우세《*to* ; *over*》. (2) 거만. ㅁ superior *a.*
superióríty cómplex 【精神分析】 우월 콤플렉스《무의식적(的) 우월감》 〖opp.〗 *inferiority complex*) ; 《口》 우월감.
supérior pèrsons (비꼬아서) 높은 사람들〈양반들〉.
su·per·jet [sú:pərdʒèt] *n.* ⓒ 초음속 제트기.
superl. superlative.
***su·per·la·tive** [səpə́:rlətiv, su:-] *a.* (1) 과도한, 과장된, 떠벌린. (2) 최상의, 최고(도)의 ; 무비의(supreme). (3) 【文法】 최상급의.
— *n.* (the ~) 【文法】 최상급(~ degree) ; (흔히 *pl.*) 최상급의 말〈찬사〉 ; 극치, 완벽한 것〈사람〉. 파) **~ •ly** *ad.*
su·per·man [sú:pərmæ̀n] (*pl.* ***-men*** [-mèn]) *n.* ⓒ 초인, 슈퍼맨.
***su·per·mar·ket** [-mὰ:rkit] *n.* ⓒ 슈퍼마켓.
su·per·nal [su:pə́:rnl] *a.* 《詩 · 文語》 (1) 고매한 ; 높은, 위에 있는, 이 세상 것이 아닌. (2) 하늘의, 천상의, 신의(divine). 〖opp.〗 *infernal*.
***su·per·nat·u·ral** [sù:pərnǽtʃərəl] *a.* 불가사의한, 초자연의 ; 신의 조화의. — *n.* (the ~) 초자연적 작용〈현상〉, 불가사의 ; 신의 조화 ; 신통력. 파) **~ •ism** *n.* ⓤ 초자연성, 초자연(론) ; 초자연력 숭배. 파) **~ •ly** *ad.* 초자연적으로.
su·per·no·va [-nóuvə] (*pl.* ***-vae*** [-vi:], ***~s***) *n.* ⓒ 【天】 초신성(超新星).
su·per·nu·mer·ary [-njú:mərèri/ -əri] *a.* (1) (배우가) 단역의, 엑스트라의. (2) 정수(定數) 외의, 여분의.
su·per·nu·tri·tion [-nju:tríʃən] *n.* ⓤ 자양 과다, 영양 과다.
su·per·or·di·nate [sù:pərɔ́:rdənit] *a.* 【論】 상위의(개념) ; (격 · 지위 등이) 상위의《*to*》. — *n.* ⓒ 상위의 사람〈것〉.
su·per·pa·tri·ot [sú:pərpéitriət, -ɑt] *n.* ⓒ 극단적〈광신적〉 애국자.
su·per·phos·phate [-fάsfeit/ -fɔ́s-] *n.* ⓤⓒ 【化】 과인산 석회 ; 과인산염.
su·per·pose [-póuz] *vt.* 겹쳐 놓다, …을 위에 놓다《*on*, *upon*》. 파) **-po•sí•tion** [-pəzíʃən] *n.* ⓤ 포갬, 포개짐, 중첩(重疊).
su·per·pow·er [sú:pərpàuər] *n.* (1) ⓒ 초강대국. (2) ⓤ 초강력 ; 【電】 초(超)출력《몇 개의 발전소를 연결하여 얻음》.
su·per·sat·u·rate [sù:pərsǽtʃərèit] *vt.* …을 과포화(過飽和)시키다. 파) **sù•per•sàt•u•rá•tion** [-ʃən] *n.* ⓤ 과포화.
su·per·scribe [-skráib] *vt.* (편지)에 수취인 주소를 쓰다 ; …의 위에 쓰다〈적다, 새기다〉.
su·per·script [sú:pərskrìpt] *n.* ⓒ 어깨 글자〈기호〉, 어깨 숫자《H^2, C^n의 2, *n* 따위》.
su·per·scrip·tion [sù:pərskrípʃən] *n.* ⓒ 수취인 주소 · 성명 ; 위에 쓰기.
***su·per·sede** [-sí:d] *vt.* (1) 《~+目/ +目+前+名》 (사람)을 바꾸다, 경질하다, 면직시키다. (2) …에

대신하다. …의 지위를 빼앗다. (3) …을 소용 없게 하다. 폐지시키다.

su·per·sen·si·tive [-sénsətiv] *a*. (1) (감광 유제·신관(信管) 등이) 고감도의. (2) =HYPERSENSITIVE. 파) **~·ly** *ad*. **-sen·si·tív·i·ty** *n*.

su·per·ses·sion [-séʃən] *n*. ⓤ 교체, 경질 ; 대신 들어서기 ; 폐기, 폐지.

su·per·son·ic [-sánik/ -són-] *a*. 【物·空】 초음속의《음속의 1-5배》. 초음파의《주파수가 20, 000이상인》 파) **-i·cal·ly** *ad*. **~s** [-s] *n*. ⓤ 초음파〈초음속〉학 ; 초음속 항공기 산업.

supersónic trànsport 초음속 수송기《略 : SST》.

su·per·star [sú:pərstɑ̀:r] *n*. ⓒ(스포츠·예능의) 슈퍼스타.

su·per·state [-stèit] *n*. ⓒ (가맹국들을 지배하는) 국제 정치기구 전체주의 국가 ; 초(超)대국(super power).

:su·per·sti·tion [sù:pərstíʃən] *n*. ⓤⓒ 미신적 관습〈행위〉 ; 미신.

***su·per·sti·tious** [-stíʃəs] *a*. 미신에 사로잡힌, 미신적인 ; 미신에 의한.
파) **~·ly** *ad*. 미신에 사로잡혀. **~·ness** *n*.

su·per·store [sú:pərstɔ̀:r] *n*. ⓒ《英》 슈퍼스토어, 대형 슈퍼(마켓).

su·per·struc·ture [-strʌ̀ktʃər] *n*. ⓒ (1) (사회·사상 등의) 상부 구조. (2) 상부 구조〈공사〉 ; 건조물 ; 【海】(함선의) 상부 구조《중갑판 이상의》.

su·per·tank·er [-tæ̀ŋkər] *n*. ⓒ 매머드 탱커, 초대형 유조선(油槽船).

su·per·tax [-tæ̀ks] *n*. ⓤⓒ《英》 소득세의 누진 부가세(surtax) ;《美》부가세(surtax).

su·per·vene [sù:pərví:n] *vi*. (사건 등이) 부수하여 일어나다. 예상 밖의 형태로 일어나다.

su·per·ven·tion [-vénʃən] *n*. ⓤⓒ 병발 ; 속발(續發) ; 부가, 첨가.

***su·per·vise** [sú:pərvàiz] *vt*. …을 지휘〈지도〉하다. 관리 〈감독〉하다.

su·per·vi·sion** [sù:pərvíʒən] *n*. ⓤ 감독, 관리, 지휘, 감시. ▫ supervise *v*. ***under the ~of …의 관리 아래〈밑에〉.

***su·per·vi·sor** [sú:pərvàizər] *n*. ⓒ (학교의) 지도주임 ; 관리〈감독〉자 ;《英》(대학의) 개인 지도 교수.

su·per·vi·so·ry [sù:pərváizəri] *a*. 감독(자)의, 관리(인)의, 감시하는.

su·per·wom·an [sú:pərwùmən] (*pl*. ***-women*** [-wìmin]) *n*. ⓒ 초인적 여성, 슈퍼우먼.

su·pine [su:páin] *a*. (1) 게으른, 태만한. (2) 뒤로 누운, 반듯이 누운. 〖opp.〗 *prone*. 파) **~·ly** *ad*.

supp. supplement(ary).

:sup·per [sʌ́pər] *n*. ⓤⓒ (1) 저녁 식사 모임. ***sing for*** one***'s~*** ⇨ SING. (2) 만찬, 저녁 식사《특히 dinner보다 가벼운 식사》 서퍼. 파) **~·less** *a*. 저녁 실사를 하지 않은 ; 저녁 식사가 없는.

súpper clùb《美》(식사·음료를 제공하는) 고급 나이트클럽.

sup·plant [səplǽnt, -plɑ́:nt] *vt*. (책략 따위를 써서) 대신 들어앉다 ; …을 밀어내다 ; …에 대신하다. 파) **~·er** *n*.

sup·ple [sʌ́pəl] (***-pler ; -plest***) *a*. 유연한, 나긋나긋한 ; 온순한 ; 순응성이 있는. — *vt*. …을 유연하게 하다 ; 유순하게 하다. — *vi*. 나긋나긋하게 되다. 파) **~·ly** *ad*. 유연〈유순〉하게 **~·ness** *n*.

:sup·ple·ment [sʌ́pləmənt] *n*. ⓒ (1) 【數】 보각(補角). 【cf.】appendix. (2) 보충, 추가, 보유(補遺), 부록《*to*》. — [-mènt] *vt*. …을 보충하다, 보족하다 ; …에 보태다, 추가하다 ; 메우다《*with* : *by*》.

***sup·ple·men·ta·ry** [sʌ̀pləméntəri] *a*. (1) 【數】 보각의 (2) 보충의, 보족의, 보유(補遺)의, 추가〈부록〉의, 증보(增補)의《*to*》. 파) **-ri·ly** [-rili] *ad*.

suppleméntary bénefit《英》 보조 급부(給付)《사회 보장 제도에 따른 급여액이 적은 경우에 국가에서 보충해 주는 급부금》.

***sup·pli·ant** [sʌ́pliənt] *a*. 간청하는(entreating), 탄원하는, 애원적인. — *n*. ⓒ 탄원자, 애원자.
파) **~·ly** *ad*. 탄원〈애원〉하여.

sup·pli·cent [sʌ́plikənt] *n*. ⓒ 애원자, 탄원자.

***sup·pli·cate** [sʌ́pləkèit] *vt*. 《~+目/ +目+前+名/+目+*to* do》 …을 간곡히 부탁하다, 탄원하다 ; (신)에게 기원하다. — *vi*. 《+前+名》 탄원하다, 애원하다《*for*》 : ~ *for* mercy 자비를 애원하다. ▫ supplication *n*.

***sup·pli·ca·tion** [sʌ̀pləkéiʃən] *n*. ⓤ 애원, 탄원 ; ⓤⓒ 【宗】 기원.

sup·pli·er [səpláiər] *n*. ⓒ 원료 공급국〈지〉 ; 공급〈보충〉하는 사람〈것〉 ; 제품 제조업자.

:sup·ply[1] [səplái] *vt*. (1) 《+目+前+名》 …에 공급〈지급, 배급, 배달, 조달〉하다《*with* ; *to* ; *for*》. (2) 《~+目/ +目+前+名/ +目+目》 …을 공급하다, 지급하다 ; 배급하다 ; 배달하다. (3) …을 보완하다, 보충하다, 채우다 ; (수요)에 응하다. (4) (지위·자리 등)을 대신하다.
— *n*. (1)ⓤ 공급(〖opp.〗 *demand*), 지급 ; 배급 ;보급 : The storm cut off the water ~. 폭풍우로 물의 공급이 끊겼다. (2) ⓒ(종종 *pl.*) 공급품, 지급품, 공급량 : relief *supplies* 구호 물자. (3) (흔히 *sing.*) 재고품, 비축 물자 : have a large ~ of food 많은 식량이 준비되어 있다. (4) (종종 *pl.*) 양식 ; 【軍】 군수품, 병참;군량. — *a*. 〔限定的〕(1) 공급용의 :a ~ pipe 공급 파이프 (2) (군대의) 보급 담당의 a ~ depot 보급 부대. (3) 대리〈대용〉의 : a ~ teacher《英》 대용 교원.

sup·ply-side [səpláisàid] *a*. 【經】 공급측 중시의《감세 등의 정책을 통하여 재화 용역 공급의 증가를 꾀하고 고용을 확대하려는》.

:sup·port [səpɔ́:rt] *vt*. (1) 《~+目/ +目+前+名》 …을 쓰러지지 않게 지탱하다 ; 의지하다. (2) (주의·정책 등)을 지지하다, 지원하다. (3) (가족)을 부양하다, 먹여 살리다 ; (시설 등)을 원조하다 ; 〔再歸的〕자활하다. (4) …의 힘을 돋우다, 기운을 북돋우다 ; (생명 등)을 유지하다, 지속시키다. (5) (진술등)을 입증하다, 뒷받침하다. (6) 〔can, cannot을 수반해〕견디다, 참다 . (7) 【劇】 (맡은 역)을 충분히 연기하다;조연하다. (스타)의 조역을 하다. (8) 반주하다.
— *n*. (1) ⓤⓒ 버팀(대), 지지(대), 유지. (2) ⓤ 원조, 후원, 고무, 옹호; 찬성. (3) ⓤ 양육, 부양 ; 생활비 ; ⓒ 생활을 지탱하는 사람. (4) ⓒ《軍》 지원 부대 ; 예비대(troops in ~). (5)(the ~) ⓒ 【劇】 조연자, 공연자(共演者).

sup·port·a·ble [səpɔ́:rtəbəl] *a*. 찬성〈지지〉할 수 있는 ; 지탱〈지지〉할 수 있는 ; 부양할 수 있는 ;〔흔히 否定文에서〕참을 수 있는. 파) **-bly** *ad*.

***sup·port·er** [səpɔ́:rtər] *n*. ⓒ (1) 지지물, 버팀. (2) 지지자 ; 원조자, 옹호자, 찬성자, 후원자, 패트런 ; 시중드는 사람 ; 부양자. (3) (운동 경기용의) 서포터(athletic ~)《남자용》. (4) 【紋章】 문장(紋章)·방패

를 받드는 좌우의 동물 중의 한 쪽. (5) (운동 선수를) 돌보는 사람. (6) 조연자.

sup·port·ing [səpɔ́ːrtiŋ] *a.*〔限定的〕(1) 조연의, 보조 역할의. (2) 지탱하는, 지지〈원조, 후원〉하는.

sup·port·ive [səpɔ́ːrtiv] *a.* (1) (병자 등에게) 온순하게 대하는 ; 협력적인. (2)〔限定的〕지탱하는, 지지가 되는.

sup·pos·a·ble [səpóuzəbl] *a.* 상상할 수 있는.

:sup·pose [səpóuz] *vt.* (1)《+目+*to* do/ +目+(*to be*)補/ +(*that*)節》…을 추측하다, 헤아리다, 생각하다. (2)《~+目/ +(*that*)節》…을 가정하다(assume), 상정하다(상상하다). (3) …을 전제로하다, 필요조건으로 하다. (4)《+(*that*)節》〔現在分詞 또는 命令形으로〕만약 …하다면(if) ;〔命令形으로〕…하면 어떤가, …하세 그려, …하십시다

***sup·posed** [səpóuzd] *a.* (1)〔敍述的〕(…하도록) 되어 있는. (2)〔限定的〕상상된, 가정의, 가상의. 파) **-pós•ed•ly** [-idli] *ad.*〔文章修飾〕상상〈추정〉상, 아마, 필경:소문으로는.

sup·pos·ing [səpóuziŋ] *conj.*〔假定을 나타내어〕만약 …이라면.

sup·po·si·tion** [sʌ̀pəzíʃən] *n.* (1) ⓒ 가정, 가설. (2)ⓤ 상상, 추측, 추찰. ▫ suppose *v.* ***on the ~ that... …이라 가정하고, …이라 간주하고. 파) **~•al** [-ʃənəl] *a.* **~•al•ly** *ad.*

sup·pos·i·ti·tious [səpɑ̀zətíʃəs/ -pɔ̀z-] *a.* 몰래 바꿔친, 가짜의 ; 상상의, 가정의. 파) **~•ly** *ad.*

sup·pos·i·tive [səpázətiv/ -pɔ́z-] *a.* 가정의, 상상의 ; 【文法】 가정을 나타내는. — *n.* ⓒ 【文法】 가정을 나타내는 말《if, assuming 따위》.

sup·pos·i·to·ry [səpázətɔ̀ːri -pɔ́zətəri] *n.* ⓒ 【醫】 좌약(坐藥).

:sup·press [səprés] *vt.* (1) …을 억누르다, 참다.(웃음 · 감정 따위)를 나타내지 않다. (2) …을 억압하다 ; (반란 등)을 가라앉히다, 진압하다. (3)(증거 · 사실 · 성명 따위)를 감추다, 발표하지 않다 ; (책 따위)의 발매를〈발행을〉금지하다 ; (책의 일부)를 삭제〈커트〉하다. (기사)를 금하다.

파) **-pres•sant** [-ənt] *n.* ⓒ 억제하는 것 ; 반응 억제 물질〈약〉. **~•i•ble** [-əbəl] *a.* ~ 할 수 있는.

***sup·pres·sion** [səpréʃən] *n.* ⓤ (1) 감추기, 은폐. (2) 억압, 진압. (3) 제지, 금지 ; (책등의)발매〈발행〉 금지:삭제. (4)(충동 따위의) 억제. ▫ suppress *v.*

sup·pres·sive [səprésiv] *a.* (1) (약 따위가) 진통력이 있는. (2) 진압하는 ; 억압〈억제〉하는. (3)은폐하는. (4) (공표를) 제지〈금지〉하는 ; 말살〈삭제〉 하는. 파) **~•ly** *ad.* **~•ness** *n.*

sup·pres·sor [səprésər] *n.* ⓒ (1) 【電】 억제기(器)《잡음 따위를 감소 시키는》. (2) 진압자, 금지자, 억제자. (3) 억제 유전자.

sup·pu·rate [sʌ́pjərèit] *vi.* 화농하다, 곪다. (fester). 파) **sup•pu•ra•tion** [sʌ̀pjəréiʃən] *n.* ⓤ (1) 고름(pus). (2) 화농.

sup·pu·ra·tive [sʌ́pjərèitiv] *a.* 화농성의, 화농시키는 ; 화농을 촉진하는.

su·pra[súːprə] *ad.*《L.》앞에:위에. 〖opp.〗 *infra.* ***vide ~*** [váidi-] 상기 참조(see above)《略:v.s.》.

su·pra·na·tion·al [sùːprənǽʃənəl] *a.* 초(超)국가(적)인 : a ~ organization 초국가적 조직.

su·pra·or·bit·al [sùːprəɔ́ːrbitl] *a.* 안와(眼窩)〈눈구멍〉 위의.

su·pra·re·nal [sùːprəríːnəl] *a.* 【解】 부신(副腎)의 ; 신장(腎臟) 위의. — *n.* ⓒ 신상체(腎上體), 《특히》. 부신(= ~ glánd).

su·prem·a·cist [səpréməsist] *n.* ⓒ 지상(至上)주의자 : a white ~ 백인 지상주의자.

***su·prem·a·cy** [səpréməsi, su(ː)-] *n.* ⓤ (1) 주권, 지상권(至上權) ; 패권 ; 우위. (2) 지고(至高), 최고:최상위.

:su·preme [səpríːm, su(ː)-] *a.* (1) 가장 중요한:극상의 ; 궁극의, 최후의 (2) (종종 S~) 최고의, 최상의. ▫ supremacy *n.* 파) **~•ly** *ad.* **~•ness** *n.*

Supréme Béing (the ~) 【文法】 신, 하느님.

su·pre·mo [səpríːmou, su(ː)-] (*pl.* ***~s***) *n.* ⓒ 최고 사령관 ;《英》최고 지도자〈지배자〉; 총통.

sur·charge [sɔ́ːrtʃɑ̀ːrdʒ] *n.* ⓤ (1) (대금 따위의) 부당〈초과〉 청구 ; 추가요금. (2) 과적(過積), 과중 ; 과충전(過充電). (3) (과세 재산 따위의 부정 신고에 대한) 추징금 ; 부족세(稅). (4) (우표 따위의) 가격〈날짜〉 정정인(訂正印)《略 :s ur》.

— [səːrtʃɑ́ːrdʒ, ∠∠] *vt.* (1) …을 지나치게 쌓다〈얹다〉; …에 지나치게 충전하다. (2) …에 부당 대금〈추가요금〉을 청구하다 ; (부정 신고에 대한) 추징금을 부과하다. (3) …에 가격〈날짜〉 정정인을 찍다.

sur·cin·gle [sɔ́ːrsiŋgəl] *n.* ⓒ (말의) 뱃대끈.

sur·coat [sɔ́ːrkòut] *n.* ⓒ 갑옷 위에 덧입는 겉옷, 서코트《중세 기사가 입었으며 가문이 그려짐》.

surd [səːrd] *a.* 【數】 부진근(不盡根)의, 무리수(無理數)의, 부진근수의 : a ~ number 부진근수.

:sure [ʃuər] *a.* (1) 믿을 수 있는, 기대할 수 있는. (2) 틀림없는, 확실한. (3) 확신하고 있는, 자신이 있는, 믿고 있는《*of* ; *that*》 (4) 꼭〈반드시〉 …하는《*to do*》: He is ~ *to* come. 그는 꼭 온다. (5)〔挿入句적으로〕…라고 확신하다. ***be ~and*** do〔흔히 命令法으로〕《口》반드시 …하다. ***be* 〈*feel*〉 *~ of*** one***self*** 자신(自信)이 있다. ***for ~***《口》확실히(for certain), 틀림없는. ***make ~*** 확인〈다짐〉하다 ; 확신하다. ***make ~ of*** …을 확인하다 ; …을 손에 넣다. ***to be ~*** 1)〔讓步句〕알겠어, 과연, 그렇군, 아무렴. 2) 참말, 어머나, 저런《놀라는 말》. ***Well, I'm ~ !*** 원 이런《놀랄 때》.

— *ad.*《美口》확실히, 틀림없이, 꼭(《英》certainly) : It ~ is hot. 확실히 덥다. **(*as*) *~ as death* 〈*fate, hell*〉** 확실히, 틀림없이.

sure-fire [ʃúərfàiər] *a.*〔限定的〕《美口》틀림없는, 확실한, 실패 없는.

sure-foot·ed [∠fútid] *a.* 자빠지지 않는, 발을 단단히 딛고선 ; 틀림없는, 실수 없는, 믿음직한, 착실한. 파) **~•ly** *ad.* **~•ness** *n.*

:sure·ly [ʃúərli] (***more ~ ; most ~***) *ad.* (1)〔對答〕물론, 네, 그럼요. (2) 확실히, 반드시, 틀림없이 : work slowly but ~ 천천히 틀림없이 일하다. (3)〔否定文에서〕설마. (4)《古》안전하게, 튼튼히.

súre thíng (1)〔副詞的 또는 感歎詞的으로〕《美》틀림없이. (2) (a ~) 틀림없는 것, 확실한 것.

***sure·ty** [ʃúərti, ʃúərəti] *n.* ⓤⓒ (1) (보석) 보증인, 인수인 : stand〈go〉 ~ for …의 보증인이 되다. (2) 보증, 담보(물건).

***surf** [səːrf] *n.* ⓤ (해안으로) 밀려와서 부서지는 파도, 밀려드는 파도. — *vi.* 서핑을〈파도타기를〉하다. 파) **~•er** *n.* ⓒ 파도타기하는 사람, 서퍼.

:sur·face [sɔ́ːrfis] *n.* (1) ⓒ 외면, 표면, 외부: come〈rise〉 to the ~ (수면 따위에) 떠오르다 ; 표면화하다. (2) (the ~) 외관, 겉보기, 외양 : scratch *the ~ of* …을 겉핥기하다. (3) 【數】 면(面) : a

plane 〈curved〉 ~ 평면〈곡면〉.
— *a.* 〔限定的〕 (1) 표면의, 피상의 : a ~ view 피상적인 관찰. (2) 지상의 ; 물위의 ; 갱외의 : ~ troops 육상부대. (3) (항공 우편에 대해서) 육〈해〉상우편의 : by ~ mail 보통우편으로.
— *vt.* (1) 《~+目/ +目+前+名》 (노면)을 포장하다. (2) (잠수함 따위)를 떠오르게 하다.
— *vi.* (1) (잠수함 등이) 떠오르다. (2) (진실 등이) 명백해지다 ; 《口》(문제 등이) 표면화하다. (3) 《口》(사람이) 일어나다.
súrface sòil 표토(表土), 표층토.
súrface ténsion 【物】 표면 장력(張力).
sur·face-to-air [-təέər] *a.* 〔限定的〕 지〈함〉대공의 : a ~ missile 지대공 미사일《略 : SAM》.
sur·face-to-sur·face [-təsə́:rfis] *a.* 〔限定的〕지대지의 : a ~ missile 지대지 미사일《略 : SSM》
surf·board [sə́:rfbɔ̀:rd] *n.* ⓒ 파도타기 널.
surf·boat [∠bòut] *n.* ⓒ 거친 파도를 헤치고 나아가는 데 쓰는 보트〈구명용 보트〉.
súrf càsting 해안에서 하는 던질낚시.
*__sur·feit__ [sə́:rfit] *n.* (1) (a ~) 과도 ; 범람《*of*》. (2)(*sing.*) 폭음 ; 폭식《*of*》. ***to (a)~*** 넌더리가 나게〈날 만큼〉. — *vt.* 《~+目/ +目+前+名》 …에게 과식〈과음〉하게 하다 ; 물리게 하다.
surf·ing [sə́:rfiŋ] *n.* ⓤ 파도타기, 서핑.
sur·fy [sə́:rfi] (***sur•fi•er ; -fi•est***) *a.* (1) 밀어닥치는 파도 같은. (2) 파도가 많은, 부딪쳐 부서지는 물결의.
*__surge__ [sə:rdʒ] *n.* (1) (a ~) a〕인파, 쇄도《*of*》 : *a ~ of* refugees 난민의 쇄도. b〕 (감정의)동요, 요《*of*》. (2) ⓒ 큰 파도, 놀. (3) 급상승. — *vi.* (1) (감정이) 복받치다《*up*》. (2) 《~/ +前+名/ +副》파동치다 ; 밀어닥치다, 들끓다:(물가가)급등하다.
:**sur·geon** [sə́:rdʒən] *n.* ⓒ (1) 군의관 ; 선의(船醫). (2)외과 의사. 【cf.】 physician.
*__sur·gery__ [sə́:rdʒəri] *n.* (1) ⓒ 외과(수술)실:《英》외과의원, 진찰실. (2) ⓤ 외과 (의술), 수술. 【cf.】 medicine. (3) ⓤⓒ 진료시간.
*__sur·gi·cal__ [sə́:rdʒikəl] *a.* (1) (의복·신발 등이) 교정〈정형〉용의. (2) 외과(술(術))의 ; 외과적인 ; 외과의사의 ; 외과용의 ; 수술(상)의.
파) **~•ly** [-i] *ad.* 외과적으로.
surg·ing [sə́:rdʒiŋ] *a.* 밀려오는, 밀어닥치는 : ~ crowds 밀려오는 인파.
*__sur·ly__ [sə́:rli] (***-li•er ; -li•est***) *a.* (1) 험악한《날씨 따위》. (2) 지르퉁한, 무뚝뚝한 ; 퉁명스러운. 파) **súr•li•ly** *ad.* **-li•ness** *n.*
:**sur·mise** [sərmáiz, sə́:rmaiz] *n.* ⓒ 추량, 추측. — [sərmáiz] *vt.* 《~+目/ +*that*節》 …을 추측〈짐작〉하다 ; …라고 추측〈생각〉하다. — *vi.* 추측하다 (conjecture, guess).
*__sur·mount__ [sərmáunt] *vt.* (1) (곤란 등)을 이겨내다 ; 극복하다 (over come). (2) (산·울타리 등)을 넘다 ; 타고 넘다. (3) 〔흔히 受動으로〕 …의 위에 놓다, 얹다(cap). 《*by* ; *with*》. 파) **~•a•ble** [-əbəl] *a.* 이겨낼〈타파할〉 수 있는 ; 극복할〈넘을〉 수 있는.
*__sur·name__ [sə́:rmèim] *n.* ⓒ 성(姓)(family name) 《Christian name에 대한》 별명, 이명.
— *vt.* 《~+目/ +目+補》〔흔히 受動으로〕 …에 별명을 붙이다 ; 성을 붙이다 ; 성〈별명〉으로 부르다.
:**sur·pass** [sərpǽs, -pά:s] *vt.* 《~+目/ +目+前+名》 …보다 뛰어나다, 낫다, …을 능가하다, 초월하다. 파) **~•a•ble** *a.*
sur·pass·ing [sərpǽsiŋ, -pά:s-] *a.* 빼어난, 뛰어난, 우수〈탁월〉한 : the ~ beauty of the mountain 그 산의 절경. 파) **~•ly** *ad.*
sur·plice [sə́:rplis] *n.* ⓒ 【英國教·가톨릭】 중백의(中白衣). 파) **~d** [-t] *a.* 중백의를 입은.
:**sur·plus** [sə́:rplʌs, -pləs] *n.* ⓤⓒ (1) 【會計】 잉여(금) ; 흑자(【opp.】 *deficit*). (2) 나머지, 잔여(殘餘), 과잉 : a ~ of births over deaths 사망자 수에 대한 출생자 수의 초과. — *a.* 나머지의, 과잉의 : a ~ population과잉 인구.
súrplus válue 【經】 잉여 가치.
:**sur·prise** [sərpráiz] *vt.* (1) 《+目+前+名》 놀래주어 …하게 하다. (얼떨결에) …시키다. (2) 《~+目/ +目+前+名》…을 (깜짝) 놀라게 하다. (3) …을 불시에 (덮)치다, 기습 점령하다. (4) 《+目+前+名》 …하는 현장을 잡다. (5) …을 알아〈눈치〉채다.
— *n.* (1) ⓤ 놀람, 경악 : to a person′s ~ 놀랍게도. (2) ⓒ 놀라운 일〈물건〉 놀랄만한 사건(보도) ; 뜻밖의 일〈것〉. (3) ⓤ 기습. ***take... by ~*** 1) …에 불의의 습격을 하다, 허를 찌르다. 2) …을 기습하여 함락하다.
— *a.* 〔限定的〕 불시의, 기습의, 뜻하지 않은 : a ~ attack 기습.
sur·prised [sərpráizd] (***more ~ ; most ~***) *a.* 놀란. 파) **sur•prís•ed•ly** [-idli] *ad.* 놀라서.
:**sur·pris·ing** [sərpráiziŋ] (***more ~ ; most ~***) *a.* 불가사의한, 놀랄 만한, 의외의 : make ~ progress 눈부신 발전을 이룩하다. 파) **~ •ly** *ad.* 놀랄 정도로, 의외로 ; 놀랍게도
sur·re·al·ism [sərí:əlizəm] *n.* ⓤ 【美術·文】 초현실주의.
sur·re·al·ist[sərí:əlist] *a.* 초현실주의(자)의:a ~ painting 초현실주의 회화. — *n.* ⓒ 초현실주의자.
sur·re·al·is·tic [sərì:əlístik] *a.* 초현실 (주의) 적인.
:**sur·ren·der** [səréndər] *vt.* (1) …을 포기하다, 내던지다 : ~ all hopes 모든 희망을 버리다. (2) 《~+目/ +目+前+名》 …을 내어 주다, 넘겨 주다, 양도〈명도〉하다 : ~a fort *to* the enemy 적에게 요새를 넘겨주다. (3) 《+目+前+名》〔再歸用法〕 (감정·습관 따위)에 빠지다 ; 항복하다《*to*》 : ~ *oneself to* despair 자포자기에 빠지다. (4) …을(건네) 주다 ; 양보하다 : ~ a ticket at the entrance 입구에서 표를 내다. — *vi.* (1) (감정·습관 등에) 빠지다, 골몰하다, 몸을 내맡기다. (2) 《~/ +前+名》항복〈굴복〉하다 : ~ *to* the enemy 적군에 항복하다.
— *n.* ⓤⓒ (1) 인도 ; 양도 : ~ of a fugitive 【國際法】 탈주범의 인도. (2) 항복, 굴복, 함락 ; 자수 : make an unconditional ~ 무조건 항복하다. (3) (신념·주의의) 포기.
surrénder vàlue 【保險】 중도 해약 환급금(還給金).
sur·rep·ti·tious [sə̀:rəptíʃəs/ sʌ̀r-] *a.* 비밀의, 내밀한, 은밀한 ; 뒤가 구린 부정한 ; 간교한.
파) **~ •ly** *ad.* **~ •ness** *n.*
sur·ro·gate [sə́:rəgèit, -sit, sʌ́t-] *n.* ⓒ (1) 【英國教】 감독 대리《banns 없이 결혼허가를 할 수 있음》. (2) 대리, 대리인. (3) 《美》 유언 검증〈유산 처리〉 판사. (4) 대신, 대용물《*for* ; *of*》.
— *a.* 〔限定的〕 대리의, 대용의.
súrrogate mòther 대리모《다른 부부를 위해 자궁을 빌려주고 아기를 낳는 여성》.
:**sur·round** [səráund] *vt.* (1) 【軍】 …을 포위하다 ; 에두르다, 에우다. (2) …을 에워싸다, 둘러싸다.

【cf.】 encircle. — *n.* ⓒ 둘러싸는 것, 경계가 되는 것 ;【建】(창따위의) 가장자리의 테 ;《英》(벽과 카펫 사이의) 마루 ; 거기에 까는 깔개.

:sur·round·ing [səráundiŋ] *n.* (흔히 *pl.*) (주위), 환경, 주위의 상황 ; 주위의 사물〈사람〉, 측근자들. 【cf.】 environment. 「 social ~*s* 사회 환경.
— *a.*〔限定的〕 주위의, 둘레〈부근〉의.

sur·tax [sə́ːrtæ̀ks] *n.* ⓤⓒ 가산세, 부가세 ; 소득세 특별 부과세《영국에서는 supertax 대신 1929-30년 이후 실시》.

sur·veil·lance [sərvéiləns, -ljəns] *n.* ⓤ 감독 ; 감시.

sur·veil·lant [sərvéilənt, -ljənt] *n.* ⓒ 감시〈감독〉자. — *a.* 감시〈감독〉하는.

:sur·vey [səːrvéi] *vt.* (1) …을 개관하다 ; 개설하다 : ~ the world situation 세계 정세를 개관하다. (2) …을 내려다보다, 전망하다. (3) …을 측량하다. (4) …을 조사하다, 검사〈감정〉하다.
— *vi.* 측량하다. — [sə́ːrvei, sərvéi] *n.* ⓒ (1) 개관 : make a ~ of the situation 정세를 개관하다. (2) 바라다〈내다〉봄. (3) 측량, 실지답사 : make a ~ of the land 토지를 측량하다. (4) 조사, 감정 ; 조사표, 조사서 :【統】표본조사 : make a ~ of a house 가옥을 감정하다. 파) **~·ing** [-iŋ] *n.* ⓤ 측량(술).

***sur·vey·or** [sərvéiər] *n.* ⓒ (1)《美》조세 사정(査定)관 ;《美》(세관의) 수입품 검사관《*of*》. (2) 측량사〈기사〉; (부동산 따위의) 감정사.

sur·viv·al** [sərváivəl] *n.* (1) ⓒ 생존자, 잔존물 ; 유물, 유풍. (2) ⓤ 살아 남음, 생존, 잔존. ▫ survive *v.* ***the ~ of the fittest 적자(適者) 생존.

sur·viv·al·ism [sərváivəlìzəm] *n.* ⓤ 생존주의《전쟁·재해 등에서 살아남기 위해 대비하는 일》.
파) **-ist** *n.* ⓒ 생존주의자.

:sur·vive [sərváiv] *vt.* (1) (재해)로부터 헤어나다, 면하다. (2) …의 후까지 생존하다〈살아남다〉, (남)보다 오래 살다 : ~all perils 온갖 위험속에서도 아직 살아 있다.
— *vi.* 목숨을 부지하다, 잔존하다 ; 살아남다. ▫ survival *n.*

sur·viv·ing [sərváiviŋ] *a.*〔限定的〕(살아) 남아 있는 : one's only ~ brother 단 하나 살아 있는 형〈아우〉.

***sur·vi·vor** [sərváivər] *n.* ⓒ (1) 잔존물, 유물. (2) 살아 남은 사람, 생존자, 잔존자 ; 유족.

sus·cep·ti·bil·i·ty [səsèptəbíləti] *n.* (1) (*pl.*) 감정. (2) ⓤ a] 다감함, 감수성(性), 민감《*to*》: ~ *to* emotion 정에 약함. b] (병 등에) 감염되기〈걸리기〉 쉬움《*to*》: ~ *to* colds 감기에 걸리기 쉬움.

***sus·cep·ti·ble** [səséptəbəl] *a.* (1) 느끼기 쉬운, (다정)다감한, 민감한 ; 움직이기 쉬운, 정(情)에 무른《*to*》; (…에) 걸리기〈영향받기〉 쉬운《*to*》: a ~ youth 다감한 청년. (2) …을 할 수 있는〈허락하는〉《*of* ; *to*》: a problem ~ *to* solution 해결 가능한 문제
파) **-bly** *ad.*

:sus·pect [səspékt] *vt.* (1)《+目+前+名/ +目+*as*補》…을 의심하다, 혐의를 두다, 의혹의 눈으로 보다 : ~ a person *of* murder 아무에게 살인 혐의를 두다.
(2)《+目+*to be* 補/ +(*that*)節》…이 아닌가 의심하다, (위험·음모 따위)를 어렴풋이 느끼다〈알아채다〉: I ~ him *to be* a liar. 그는 거짓말쟁이가 아닌가 생각된다 (3) (부정·위험 등)의 낌새를 느끼다 : ~ danger 〈intrigue〉 위험을〈음모를〉 눈치채다.
— *vi.* 혐의를 두다 ; 느끼다 ▫ suspicion *n.*
— [sʌ́spekt] (***more ~ ; most ~***) *a.* 의심스러운, 수상한〈쩍은〉.
— [sʌ́spekt] *n.* ⓒ 혐의자, 용의자, 주의 인물 : a murder ~ 살인 용의자.

sus·pect·ed [səspéktid] *a.* (1) 의심스러운, 수상쩍은 : a ~ terrorist 테러 용의자. (2)〔敍述的〕(…의) 혐의를 받고 있는《*of*》..

:sus·pend [səspénd] *vt.* (1) …을 중지하다, 일시 정지하다, 보류하다. (2)《~+目/ +目+前+名》…을 (매)달다, 걸다 : ~ a ball *by* a thread 공을 실로 매달다. (3)《~+目/ +目+前+名》〔흔히 受動으로〕(선수)의 출장을 정지하다 ; …을 정직〈정학〉시키다. (4) (액체·공기 속에) …을 뜨게 하다 : dust ~*ed* in the air 공기 중에 떠도는 먼지. ▫ suspense, suspension *n.*

sus·pend·ed [səspéndid] *a.* (1) 떠 있는, 표류〈부유〉하는《*in*》. (2) 매단, 매달린. (3) 일시 정지의 ; 정직〈정학〉당한 ; 집행 유예의.

***sus·pend·er** [səspéndər] *n.* ⓒ (*pl.*)《英》양말대님 ; (매)다는 사람〈물건〉; (*pl.*)《美》바지 멜빵(《英》braces).

***sus·pense** [səspéns] *n.* ⓤ (1) 걱정, 불안. (2) 미결정, 미정 ; 허공에 떠 있는 상태. (3) (소설·영화 등에 의한) 지속적 불안감, 긴장감, 서스펜스 : a film full of ~ 서스펜스가 넘치는 영화. 파) **~·ful** [-fəl] *a.* 서스펜스가 넘치는 (4) (권리 등의) 정지 be 〈keep〉 in ~(어떻게 되나 하고) 걱정하다.

***sus·pen·sion** [səspénʃən] *n.* ⓤ (1) 이도 저도 아님, 미결정. (2) 매달기 ; 매달려 축 늘어짐 ; 걸림 ; 부유(상태). (3) 중지, 정지 ; 정직, 정학. (4) (자동차 따위의) 현가(懸架) 장치, 서스펜션. (5) 현탁(懸濁)(액). ▫ suspend *v.*

suspénsion brìdge 적교(吊橋), 현수교.

suspénsion pèriods ‹pòints›《美》【印】 생략부호《글의 생략을 나타내며, 글 안에서는 3점 (...), 글 끝에서는 보통 4점(....)을 찍음》.

sus·pen·sive [səspénsiv] *a.* (1) 중지〈휴지〉하는, 정지의. (2) 미결정의 ; 의심스러운, 불안〈불확실〉한. (3) 서스펜스가 넘치는. 파) **~·ly** *ad.*

sus·pen·so·ry [səspénsəri] a. 매달아 늘어뜨린, 매다는, 버티는 ; 일시 중지의. — *n.* ⓒ【醫】현수대(懸垂帶) ; 멜빵붕대.

:sus·pi·cion [səspíʃən] *n.* (1) ⓒ 낌새챔, 막연한 느낌. (2) ⓤⓒ 혐의, 의심(쩍음) : throw ~ on a person. 아무에게 혐의를 두다. (3) (a ~) 극소량, 기미《*of*》. ▫ suspect *v.* ***above ~*** 의심할 여지가 없이 (아주 잘). ***on*** (***the***) ***~ of...*** …한 혐의로. ***under ~*** 혐의를 받고.

:sus·pi·cious [səspíʃəs] (***more ~ ; most ~***) *a.* (1) 의심많은, 공연히 의심하는《*of* ; *that*》: a ~ nature 의심 많은 성질〈사람〉. (2) 의심스러운, 괴이쩍은, 미심한, (거동이) 수상쩍은 : ~ behavior〈characters〉 수상쩍은 행동〈사람들〉. (3) 의심쩍은, 의심을 나타내는 : a ~ look 의심쩍은 눈초리. ▫ suspect *v.* 파) **~·ly** *ad.*

suss [sʌs] *vt.*《英俗》(1) …을 조사하다 ; 밝혀 내다《*out*》. (2) …에게 범죄 혐의를 두다.

:sus·tain [səstéin] *vt.* (1) …을 유지하다, 계속하다. (2) (아래서) …을 떠받치다. (3) …을 부양하다, 기르다. (4) (손해 따위)를 받다, 입다 : ~ severe injuries 심한 상처를 입다. (5) (무게·압력·어려움)에

견디다. (6) 《~+目/ +目+前+名》…을 확증〈확인〉하다, 승인하다 ; 입증하다. (7) …을 지지〈지원〉하다 ; 격려하다, 기운내게 하다 :~ a person's spirits 아무의 원기를 북돋우다. (8)(진술·학설등)을 뒷받침하다, 확증하다. ㅁ sustenance *n.*
파) **~ •a•ble** [-əbəl] *a.* (1) 지지할 수 있는. (2) 지속할 수 있는 ; 견딜 수 있는 : *~able* development 지속할 수 있는 개발.

sus·tain·ed [səstéind] *a.* 한결 같은, 지속된, 일관된 : ~ logic 일관된 논리.

sus·tain·ing [səstéiniŋ] *a.* 버티는 ; 떠받치는 ; 몸에 좋은, 체력을 북돋우는, 지탱하는 ; a ~member 유지회원 ; ~ food 몸에 좋은 음식 / ~ power 지구력.

*__sus·te·nance__ [sʌ́stənəns] *n.* ⓤ (1) 생명(력)을 유지하는 물건 ; 음식, 먹을 것 ; 자양물. (2) 생계 ; 생활. (3) 지지, 유지 ;내구(耐久). 지속 ㅁ sustain *v.*

su·tra [súːtrə] *n.* ⓒ 《Sans.》 **[佛敎]** 경(經), 경전. ; (종종 S-) (베다 문학의) 계율 금언(집).

sut·tee, sa·ti [sʌtíː, ⌐–] *n.* 《Sans.》 (1) ⓒ 순사한 아내. (2) ⓤ 아내의 순사(殉死)《옛날 인도에서 아내가 죽은 남편과 함께 산 채로 화장되던 풍습》.

su·ture [súːtʃər] *n.* ⓒ (1) **[醫]** 봉합 ; 봉합선 ;봉합사(絲). (2) **[海]** (두개골의) 봉합선.
— *vt.* (상처 따위)를 봉합하다, 합쳐 꿰매다.

su·ze·rain [súːzərin, -rèin] *n.* ⓒ 영주, 종주(宗主) ; (속국에 대한) 종주국. 파) **~ •ty** [-ti] *n.* ⓤ 종주권 ; 영주의 지위〈권력〉.

svelte [svelt] *a.* 《F.》.몸매 좋은, 세련된, 점잖은, 날씬한, 미끈한《여성의 자태 따위》. 파) **~ •ly** *ad.* **~ •ness** *n.*

swab [swɑb/ swɔb] *n.* ⓒ (1) **[醫]** 면봉(綿棒) ;면봉으로 모은 표본《세균 검사용의 분비물 따위》. (2) (갑판 따위를 닦는) 자루걸레, 몹. (3) 《俗》 데퉁바리, 얼간이. — (***-bb-***) *vt.* (1) (약물)을 면봉으로 바르다. (2) (자루걸레로 갑판)을 훔치다《종종 *down*》; …에서 물기를 닦다, 훔치다《*up*》..

swad·dle [swɑ́dl/ swɔ́dl] *vt.* 헝겊으로〈붕대로〉 둘둘 감다 ; (갓난 아이)를 포대기로 폭 싸다.

swag [swæg] *n.* ⓤ 〔集合的〕 (1) 《Austral.》 (삼림지대 여행자 등의) 휴대품 보따리. (2) 《俗》 훔친 물건, 장물.

*__swag·ger__ [swǽgər] *vi.* (1) 《~/ +前+名》 으스대다, 뻐기다, 흰소리치다《*about*》. (2) 《~/ +副/ +前+名》 뽐내며 걷다, 활보하다《*about* ; *in* ; *out*》.
— *n.* ⓤ (또는 a ~) 으쓱거리며 걷기, 활보. — *a.* 《口》 멋진, 맵시 있는. 파) **~ •er** *n.*

swag·ger·ing [swǽgəriŋ] *a.* 뻐기는 , 뽐내며 걷는. 파) **~ •ly** [-li] *ad.* 뽐내어, 뻐기며.

Swa·hi·li [swɑːhíːli] (*pl.* ***~, ~s***) *n.* (1) ⓤ 스와힐리 어《동부 아프리카·콩고의 공용어》. (2) ⓒ 스와힐리 사람《아프리카Zanzibar 및 부근의 연안에 사는 Bantu족 사람》.

swain [swein] *n.* ⓒ 《詩》 열애하고 있는 시골 젊「은이《남자》.

swale [sweil] *n.* ⓒ 《美》 저지(低地) ; 풀이 무성한 저습지.

:**swal·low**[1] [swɑ́lou/ swɔ́l-] *vt.* (1) 《+目+副》(수익 따위)를 (써)없애다, 다 써버리다《*up*》. (2) 《~+目/ +目+副》 …을 들이켜다, 삼키다. 꿀꺽 삼키다 《*down* ; *in* ; *up*》. (3) 《口》 …을 그대로 받아들이다, 경솔히 믿다.(4)…을 참다, 받아들이다;(웃음·노여움 따위)를 억누르다 : ~ a smile 웃음을 참다. (5) (파도·군중 따위가) …을 삼키다, 안보이게하다《*up*》. (6) (말한 것)을 취소하다 ~ one's words 말한 것을 취소하다.
— *vi.* (1) 마시다, 들이켜다. (2) (감정을 억제하여 침을 꿀꺽) 삼키다. **~... *whole*** 1) 통체로 꿀꺽 삼키다. 2) (남의 말을) 곧이듣다.
— *n.* ⓒ (1) 삼킴, 마심 : at 〈in〉 one ~ 한 입에. (2) 한 모금(의 양) : take a ~ of water 물을 한 모금 마시다. (3) 식도 (4) (물등을) 빨아들이는 구멍 at〈in〉one ~한입에 단숨에.

:**swal·low**[2] *n.* ⓒ 제비.

swal·low·tail [swɑ́loutèil/ swɔ́l-] *n.* ⓒ (1)**[蟲]** 산호랑나비. (2) 제비 꼬리(모양의 것). 파) **~ •ed** *a.* 제비 꼬리 모양의 : a ~*ed* coat 연미복.

:swam [swæm] SWIM 의 과거.

:**swamp** [swɑmp/ swɔmp] *n.* ⓤⓒ 습지, 늪.
— *vt.* (1) 《~+目/ +目+前+名》 …을 물에 잠기게 하다 ; 침수하다. (2) 〔흔히 受動으로〕 (편지·일 따위가) 밀어닥치다 ; 압도하다《*with* ; *in*》; 바빠서 정신 못차리게 하다《*with*》. (3) 궁지에 빠뜨리다.

swamp·land [⌐lænd] *n.* ⓤ 소택지.

swampy [swɑ́mpi/ swɔ́mpi] (***swamp•i•er ; -i•est***) *a.* 늪이 많은 ; 늪〈수렁〉의 ; 질퍽 질퍽한.

:**swan** [swɑn/ swɔn]n. (1) ⓒ 《詩》 시인 ; 가수. (2) ⓒ 백조. (3) (the S-) **[天]** 백조자리(Cygnus).
— (***-nn-***) *vi.* 《英口》 정처없이 헤매다《*about* ; *around*》.

swank [swæŋk] 《口》 *n.* ⓤ 허풍 ; 허세(虛勢) ; 《美》 (복장·태도 등의) 스마트함, 화사함. — *a.* 화사한, 멋부린, 으스대며, 스마트한. — *vi.* (1) 자랑하다, 허세부리다. (2) 허풍침 건다.

swanky [swǽŋki] (***swank•i•er ; -i•est***) *a.* 《口》 젠체하는 ; 허세부리는 ; 화려한, 스마트한.
파) **swank•i•ness** *n.*

swap [swɑp/ swɔp] (***-pp-***) *vt.* 《~+目/ +目+前+名》《口》 …을 바꾸다, 교환하다 : ~ A *for* B, A를 B와 바꾸다. — *vi.* 물물 교환하다.
— *n.* ⓒ (1)(*sing.*) 《口》 (물물) 교환 : do〈make〉 a ~ 교환하다. (2) 교환품〈물〉.

sward [swɔːrd] *n.* ⓤ 《文語》 잔디 ; 초지(草地).

swarf [swɔːrf] *n.* ⓤ 〔集合的〕 (쇠붙이·나무 등의) 지스러기.

:**swarm**[1] [swɔːrm] *n.* ⓒ 〔集合的〕 (1) (종종 *pl.*) 대군(大群), 군중 ; 다수, 많음 : ~*s* 〈a ~〉 of tourists 다수의 관광객. (2) 떼, 무리 : a ~ of butterflies 나비 떼. — *vi.* (1) 《~/ +副/+前+名》 떼(를) 짓다 ; 떼지어 이동하다 ; 많이 모여들다 《*around* ; *about* ; *over*》. (2) 《+前+名》(장소가) 충만하다, 꽉 차다《*with*》. (3) (벌 따위가) 분봉하다.

swarm[2] *vt.*(나무 따위)에 기어오르다《*up*》..

*__swarthy__ [swɔ́ːrði, -θi] (***swarth•i•er ; -i•est***) *a.* (피부 등이) 가무잡잡한, 거무스레한.
파) **swarth•i•ly** *ad.* 거무스름하게. **-i•ness** *n.*

swash [swɑʃ/ swɔʃ] *vt.* (물)을 튀기다.
— *vi.* 첨벙소리를 내다.
— *n.* ⓒ 첨벙하는〈철썩거리는〉 소리.

swash·buck·ler [⌐bʌ̀klər] *n.* ⓒ 부랑배 ; 허세부리는 사람.

swash·buck·ling [⌐bʌ̀kliŋ] *a.* 허세를〈만용을〉 부리는.
— *n.* ⓤ 허세.

swas·ti·ka [swɑ́stikə/ swɔ́s-] *n.* ⓒ (1) 옛 나치스의 기장(記章).【cf.】 gammadion. (2)《Sans.》 만자(卍)《십자가의 변형》.

swat [swɑt/ swɔt] (**-*tt-***) *n.* ⓒ (1) 찰싹 때림. (2) 파리채. — *vt.* (파리 따위)를 찰싹 치다.

swatch [swɑtʃ/ swɔtʃ] *n.* ⓒ (직물 · 피혁 등의) 천 조각, 견본(조각)《*of*》.

swath [swɑθ, swɔːθ/ swɔːθ] (*pl.* **~s** [-θs, -ðz]) *n.* (1) (보리 · 목초 따위) 한 번 벤 자국. (2) 한 번 낫질한 넓이, 한 번 낫질한 자취 ; 한 번 벤 풀〈보리〉. ***cut a ~ through*** …을 광범하게 파괴하다. ***cut a wide ~*** 1) 넓게 파괴하다. 2)《美》허세를 부리다.

swathe [sweið, swɑð] *vt.* …을 감다, 싸다 ; 동이다 ; …을 붕대로 감다《*in*》: with his arm ~*d in* bandages 팔에 붕대를 감고.

swat·ter [swɑ́tər/ swɔ́tər] *n.* ⓒ 파리채 ; 철썩 때리는 사람〈물건〉.

:sway [swei] *vi.* (1) (판단 · 의견 등이) 동요하다 ; (차 따위가 한쪽으로) 기울다. (2) 흔들리다, 흔들흔들하다, 동요하다.

— *vt.* (1) …을 흔들다, 동요시키다. (2) …을 기울이다, 기울게 하다. (3) (사람 · 의견 따위)를 움직이다, 좌우하다. (4) …을 지배하다, 지휘하다 : ~ the realm 영토를 지배하다. **~ one*self*** 몸을 흔들다.

— *n.* ⓤ (1) 동요, 흔들림. (2)《古 · 文語》지배(력), 영향(력), 통치. ***hold ~*** (***over...***) …을 지배하다, …을 마음대로 하다. ***under the ~ of*** …에 지배되어.

sway-back [∠bæ̀k] *n.* ⓒ 【獸醫】 (말의) 척주 만곡증.

sway·backed [∠bæ̀kt] *a.* (말이) 척주가 굽은.

:swear [swɛər] (***swore*** [swɔːr], 《古》 ***sware*** [swɛər] ; ***sworn*** [swɔːrn]) *vi.* (1) 함부로 하느님의 이름을 부르다. (2)《~/ +前+名》선서하다, 맹세하다. (3)《前+名》(하느님의 이름을 내리며) 욕설하다《*at*》. (4) a〕…라고 맹세하다, 단언하다《*to*》. b〕〔흔히 否定文 · 疑問文에서〕 단언하다, 맹세코 말하다.

— *vt.* (1) …을 선서하다 : ~ a solemn oath 엄숙히 선서하다. (2)《~+目/ +*to* do/ *that*節》…을 맹세하다, …할 것을 맹세하다〈보증하다〉. (3) (선서하고) …을 증언하다. (4)《~+(*that*)節》…라고 단언하다. (5)《~+目/ +目+前+名》(법정의 증인에게) …을 선서시키다 ; 맹세시키다, 맹세코 …한 상태로 하다 : ~ a person *to* secrecy 〈*off* smoking〉 아무에게 비밀을 지킬 것〈금연〉을 맹세시키다. (6)《+目+前+名》(선서하여) …을 고발하다 : ~ treason *against* a person 아무를 반역죄로 고발하다. (7)〔再歸的〕큰 소리로 떠들어 (…한) 상태가 되다. ***~ blind***《口》주장하다, 강조하다. ***~ by*** 1)…을 두고 맹세하다. 2)《口》…을 깊이 신뢰하다. ***~in*** 선서하고 취임시키다〈하다〉《증인 · 배심원 · 공무원 등에》~for ~을 보증하다. ***~off*** (술 따위)를 끊겠다고 맹세하다 ***~ out a warrant***《美》선서하고 구속영장을 발부받다.

파) **~ •er** *n.* ⓒ (1) 선서자. (2) 욕설하는 사람.

swear·ing [swɛ̀əriŋ] *n.* ⓤ (1)욕설(하는 일). (2) 맹세(하는 일).

swear·word [ˊwə̀ːrd] *n.* ⓒ 욕설(하는 말), 욕.

:sweat [swet] *n.* (1) (종종 *pl.*) (운동 후 등의) 심한 발한(發汗) ; (a ~) 발한 상태 : in a (cold) ~ (식은)땀을 흘리고. (2) ⓤ 땀 : wipe the ~ off one's brow 이마의 땀을 닦다. (3) ⓤ 습기, (벽 · 유리 표면의) 물기. (4) (a ~) a〕《口》힘드는〈어려운〉 일, 고역. b〕《口》식은땀, 불안, 초조, 걱정. ***all of a ~***《口》1) 땀투성이가 되어. 2) 근심하여, 두려워서. ***in*** 〈***by***〉 ***the ~ of one's brow*** 〈***face***〉 이마에 땀을 흘려, 열심히 일하여. ***no ~***《美俗》1) 간단히. (2)〔感歎詞的〕걱정〈염려〉 마라, 힘든 일은 아니야.

— (*p.*, *pp.* **~, ~ •*ed***) *vi.* (1) 땀〈식은땀〉을 흘리다, 땀이 배다 : ~ with fear 무서운 나머지 식은 땀을 흘리다. (2) (벽 따위에) 물기 가 서리다, 습기가 차다. (3)《~/ +副/ +前+名》땀 흘리며 일하다. (4)《古》호된 벌을 받다. — *vt.* (1) …에게 땀을 흘리게 하다 ; 땀나게 하다《약이나 운동 따위로》. (2) (땀이 날 정도로) …을 혹사하다. ~ one's workers 노동자를 혹사하다. (3)《美口》(장시간의 심문으로) …에게 입을 열게 하다, …을 고문하다. (4)《目+前+名/ +目+副》…을 땀흘려 제거하다〈쫓아내다〉《*away* ; *out* ; *off*》. ***~ blood***《口》1) 열심히 일하다, 큰 노력을 들이다. 2) 몹시 마음을 쓰다,.= 마음 졸이다, 안절부절 못하다. ***~ it***《美口》속태우다, 시달리다 ; =~ it out. ***~ it out***《口》1) 심한 운동을 하다. 2) 끝가지 참다. ***~ out*** 1) 땀을 내어 (감기를) 고치다. 2)《美俗》끝까지 견뎌내다, 지루하게 기다리다. 3) (목표 · 해결)을 위해 힘쓰다.

sweat·band [∠bæ̀nd] *n.* ⓒ (1) (이마 · 팔의) 땀 받는 띠. (2) (모자의) 속테.

sweat·ed [swétid] *a.* 〔限定的〕 (1) 저임금으로〔악조건하에〕혹사〈착취〉당하는 : ~ labor 착취 노동. (2) 저임금 노동으로 만들어진.

***sweat·er** [swétər] *n.* ⓒ (1) (심하게) 땀 흘리는 사람 ; 발한제(劑). (2) 스웨터. (3) 노동 착취자.

sweat·shop [∠ʃɑ̀p/ ∠ʃɔ̀p] *n.* ⓒ (저임금으로 노동자를 장시간 혹사시키는) 착취 공장.

sweaty [swéti] (***sweat•i•er ; -i•est***) *a.* (1) (날씨 등이) 땀이 나는, 몹시 더운. (2) 땀에 젖은, 땀내 나는 : a ~ face 온통 땀에 젖은 얼굴. (3) (일 등이) 힘드는. 파) **swéat•i•ly** *ad.* **-i•ness** *n.*

***Swede** [swiːd] *n.* (1) ⓤⓒ (s-) 【植】 스웨덴 순무 (rutabaga). (2) ⓒ 스웨덴 사람《개인》.

***Swe·den** [swíːdn] *n.* 스웨덴《왕국 ; 수도는 스톡홀름(Stockholm)》.

***Swe·dish** [swíːdiʃ] *a.* 스웨덴식〈풍〉의 ; 스웨덴의 ; 스웨덴 사람〈말〉의. — *n.* (1) (the ~)〔集合的〕스웨덴 사람. (2) ⓤ 스웨덴 말.

:sweep [swiːp] (*p.*, *pp.* ***swept*** [swept]) *vt.* (1)《~+目/ +目+補/ +目+副》(방 · 마루 따위)를 깨끗이 하다, 쓸다, 걸레질하다《*off*》: ~ (*out*) a chimney 굴뚝을 청소하다. (2)《~+目/ +目+副/ +目+前+名》…을 청소하다 ; (먼지 따위)를 쓸다, 털다《*away* ; *up* ; *off*》 ~ *up* the dead leaves 낙엽을 쓸어 내다. (3)《~+目/ +目+副/ +目+前+名》(말끔히) …을 몰아가다〈가져가다〉 ; 일소하다 ; 휩쓸다. (4) …을 스쳐〈스칠 듯이〉 지나가다, 휙 지나가다. (5) …을 멀리 내다보다. (6) …을 소사(掃射)하다 ; 소해(掃海)하다. (7) (경기 등에서) …에 연승하다 ; (토너먼트에서) 이겨 승자전에 진출하다 (선거 따위)에 압승하다. (8) (옷자락 등이) …의 위에 끌리다. (9) (현악기)를 타다. (10)《+目+目》.얼른 (절)을 하다.

— *vt.* (1)청소하다, 쓸다 ; 솔로 털다. (2)《+副+前+名》휙 지나가다, 휩쓸다 : A flock of birds *swept by*. 한 떼의 새들이 휙 지나갔다. (3)《+副/ +前+名》엄습하다, 휘몰아치다《*over* ; *through* ; *down*》. (4)《+副/ +前+名》당당히〔조용조용히〕나아가다 ; (정확한 여성등이) 옷자락을 끌며 가다. (5)《+補/ +副》(도로 따위가) 완만한 커브를 그리며 계속되다, 멀리 저쪽까지 잇따르다〈뻗치다〉이르다, 미치다, (시선이) 닿다, 바라다보다. (6)《+前+名》휙 둘러보다 : His eyes *swept about* the room. 그는 방안을 휙 둘러 보았다 (7) 바라보다, 전망하다. (8)《美俗》도망치다.

~ *all*〈*everything*〉 *before* one 파죽지세로 나아가다. ~ *aside* (비판 등을) 일축(一蹴)하다. ~ *away* 1) 일소하다, 휩쓸어 가다. 2) 〔흔히 受動으로〕감동시키다, 마음을 빼앗다. ~ a person *off* his *feet* 1) (파도 따위가) 아무의 발을 채다. 2) 《口》 아무를 열중케 하다 ; 한눈에 반하게 하다. ~ *the board* 〈*table*〉 ⇨ BOARD ~ *... under the carpet* 〈《美》 *rug*〉 ⇨ CARPET.

— *n.* ⓒ (1) 청소, 쓸기 ; 일소 ; 소탕 : give it a through ~ 그것을 일소〈전폐(全廢)〉하다. (2) (칼 따위의) 한번 휘두르기 ; 베어 넘기기 ; 소사(掃射). (3) 흐르는 듯한 선(線), 크게 굽이진 길〈강의 흐름〉, 만곡, 굴곡. (4) 해안선. (5) 시계, (땅의)뻗침 ; 범위, 영역. (7) 연승, 압승. (8) (흔히 *pl.*) 쓸어 모은 것, 쓰레기. (9) 《英》 (굴뚝) 청소부 (chimney ~), 〔一般的〕청소부. (10) **[海]** 길고 큰 노. (11)두레박(의 장대).

sweep·er [swíːpər] *n.* ⓒ (1) (특히 융단의) 청소기 : a carpet ~ 융단 청소기. (2) 청소부〈기〉.- a chimney ~굴뚝 청소인. (3) **[蹴]** 스위퍼 (=~ *back*), 골키퍼 앞의 수비수.

***sweep·ing** [swíːpiŋ] *a.* (1) 광범위한, 포괄적인 : ~ changes 〈reforms〉 전면적인 변경〈개혁〉. (2) 일소하는 ; 파죽지세로 나가는 ; 큰 곡선을 그리며 움직이는〈뻗는〉. (3) 넓게 바라보는, 넓게 뻗쳐 있는. — *n.* (1) ⓤ 청소 ; 일소 ; 소탕. (2) (*pl.*) 쓸어 모은 것, 쓰레기, 먼지. 파) ~ **•ly** *ad.*

sweep·stake(s) [swíːpstèik(s)] *n. pl.* 〔單·複數취급〕 (1) 복권. (2) (건 돈을 혼자 또는 몇 사람만이 휩쓰는) 독점 내기〈경마〉.

⁝sweet [swiːt] (**~•er ; ~•est**) (1) 맛 좋은, 맛있는. (2) 단, 달콤한 당분이 있는. 【opp.】 *bitter*. 「~ stuff 단것《과자류》. (3) 향기로운, 방향이 있는. (4) (음의)가락이 고운, 듣기 좋은 : ~ sounds of music 신묘한 음악 소리. (5)감미로운, 유쾌한, 즐거운, 기분좋은 : words ~ to one's ears 듣기 좋은 말. (6) 상냥〈다정〉한, 마음씨고운, 얌전한. (7) 《口》 〔특히 女性用語〕예쁜, 멋진, 애교있는, 귀여운. (8) 〔反語約〕 지독한. (9) (술이) 달짝지근한 : ~ wine 단맛나는 와인. (10)염분이 없는, 짜지 않은 : ~ water 담수, 단물, 음료수. *clean and* ~ 산뜻한, 말쑥한.

— *n.* (1) ⓤ 단맛, 닮. (2) ⓒ (흔히 *pl.*) 사탕, 사탕절임 ; ⓒⓤ 《英》 식후에 먹는 단 것. (3) (the ~*s*) 즐거움, 유쾌, 쾌락 : taste *the* ~*s* of success 성공의 기쁨을 만끽하다. (4) a〕〔주로 호칭〕 귀여움〔사랑하는〕 당신 : Yes, *my* ~(*est*). 그래요 여보. b〕 애인, 연인. — *ad.* =SWEETLY.

sweet-and-sour [ˊənsáuər] *a.* 새콤달콤하게 양념한 : ~ pork 탕수육《중국 요리》.

sweet·bread [ˊbrèd] *n.* ⓒ (주로 송아지의) 췌장 또는 흉선(胸腺) 《식용으로서 애용됨》.

sweet·bri·er, -bri·ar [ˊbràiər] *n.* ⓒ **[植]** 들장미의 일종.

swéet córn **[植]** 덜 익은 말랑말랑한 옥수수 (green corn) ; 사탕옥수수.

***sweet·en** [swíːtn] *vt.* (1) …을 유쾌하게하다, 기분좋게 하다. (2) …을 달게 하다. (3) …을 온화하게〈상냥하게〉 하다 ; 누그러지게 하다. (4)(거래 조건 등)을 완화하다. (5)《俗》 …의 환심을 사다, …에게 증회(贈賄)하다《*up*》

— *vi.* 달아지다. 파) ~ **•er** [-ər] *n.* (1) ⓤⓒ 감미료. (2) ⓒ 《口》 뇌물. **-ing** [-iŋ] *n.* (1) ⓤ 달게 함. (2)ⓤⓒ 감미료.

***sweet·heart** [ˊhàːrt] *n.* (1) 《호칭》여보, 당신 (darling, sweet (one)). (2) ⓒ 연인, 애인《특히 여성에 대해서》.【cf.】 lover.

sweet·ie [swíːti] *n.* (1) 《英口》 단 과자, 사탕. (2) ⓒ 연인, 애인(sweetheart).

sweet·ish [swíːtiʃ] *a.* 약간〈몹시〉 단.

⁚sweet·ly [swíːtli] *ad.* (1) 제대로, 순조롭게. (2) 달게, 맛있게, 향기롭게. (3) 상냥하게, 친절하게, 싹싹하게. (4) 사랑스럽게, 아름답게.

sweet·meat [ˊmìːt] *n.* ⓒ 사탕 과자《 봉봉, 초콜릿, 캔디, 캐러멜 따위》 과일의) 설탕절임.

***sweet·ness** [swíːtnis] *n.* ⓤ (1) 맛있음, 맛좋음. (2) 단맛, 달콤함. (3) 신선:방향(芳香). (4) (목소리·음의) 아름다움 ; 사랑스러움. (5) 유쾌. (6) 상냥함, 친절. ~ *and light* 《종종 戱》기분좋은.

swéet pèa **[植]** 스위트피《콩과의 원예 식물》.

swéet pépper **[植]** 피망(green pepper).

swéet tàlk 《口》 아첨, 감언(甘言).

sweet-talk [ˊtɔ̀ːk] *vt.* 《美口》 꾀어 …시키다, …을 감언으로 꾀다《*into*》. — *vi.* 치켜세우다.

sweet-tem·pered [ˊtémpərd] *a.* 얌전한, 상냥한, 사랑스러운.

swéet tòoth (a ~) 단것을 좋아함.

swéet wílliam **[植]** 아메리카패랭이꽃.

⁚swell [swel] (**~ed ; swol•len** [swóulən], 《古》 ***swoln*** [swouln], **[稀]** ***~ed***) *vi.* (1) 《~/ +副/ +前+名》 (땅이) 솟아오르다, 융기하다. (2) 《~/ +副》 부풀다, 붓다, 팽창하다 ; 부어오르다《*up* ; *out*》. (3) (강이)증수하다, (물의 양이) 붇다, 늘다 ; (밀물이) 들다, 차다 ; (샘·눈물이) 솟아나오다. (4) 《~/+前+名》 (수량이) 증대하다 ; 커지다 ; (소리가) 높아지다, 격해지다. (5) (울화 따위가) 치밀어오르다, 부글부글 끓다《*up*》. (6)《~/ +前+名》 (감정이) 끓어오르다《*in*》 ;(가슴이) 벅차지다, 부풀다《*with*》. (7) 의기양양해 하다, 뽐내다《*up*》 ; 오만하게 거동하다〈말하다〉 : ~ like a turkey cock 거만하게 행동하다, 거들먹거리다.

— *vt.* (1)…을 부풀리다, 팽창시키다;부어오르게 하다. (2) (수량 따위)를 늘리다, 불리다, 크게 하다. (3) 〔주로 過去分詞形으로〕가슴 벅차게 하다《*with*》 ; 의기양양하게 하다.

— *n.* (1) ⓤ (또는 a~) 팽창 ; 종창(腫脹), 부어 오름 ; 부풂. (2) (*sing* ; 종종 the ~) a〕 큰 파도, 놀, (파도의) 굽이침. b〕 (토지의) 기복. c〕 (가슴 등의) 융기. (3) ⓤ (또는 a ~) (수량·정도 따위의) 증대, 증가, 확대. (4) ⓤ (또는 a ~) (소리의)증대, (감정의) 높아짐 ; **[樂]** (음의) 증감, 억양 ; ⓒ 증감기호《〈, 〉》

— *a.* (1) 《美口》 일류의, 훌륭한, 굉장한 : a ~ hotel 일류 호텔. (2) 《口》 멋진 ; 맵시있는 : look ~ 맵시있다, 날씬하다.

swell·head [swélhèd] *n.* ⓒ 자만하고 있는 사람. 파) ~ **•ed** *a.* 자만하는.

***swell·ing** [swéliŋ] *n.* (1) ⓒ 혹 ; 종기 ; 융기(부), 돌출부. (2) ⓤ 증대 ; 팽창 ; 팽윤(膨潤).

swel·ter [swéltər] *vi.* 더위 먹다, 땀투성이가 되다 ; 무더위에 지치다. — *n.* ⓒ(흔히 *sing.*) 무더위.

swel·ter·ing [swéltəriŋ] *a.* 땀투성이의 ; 무더운, 찌는 듯이 더운 : a ~ hot day 찌는 듯이 무더운날. 파) ~ **•ly** *ad.*

⁚swept [swept] SWEEP의 과거·과거분사.

swept·back [ˊbæ̀k] *a.* (1) (머리가) 올백의. (2) **[空]** (날개가) 후퇴각을 가진 ; (비행기·미사일 등이)

후퇴익(後退翼)이 있는.
***swerve** [swəːrv] *vi.* 《~/ +前+名》 (1) 빗나가다, 벗어나다, 갑자기 방향을 바꾸다. — *vt.* …을 벗어나게〈빗나가게〉 하다. — *n.* ⓒ 벗어남, 빗나감 : The car made a ~ to one side. 차는 한쪽으로 벗어났다. 【cf.】 veer.
Swift [swift] *n.* **Jonathan ~** 스위프트《영국의 풍자 작가 : *Gulliver's Travels*(1726)의 작자 : 1667~1745》.
:swift [swift] (**~·er ; ~·est**) *a.* (1) 순식간의, (2) 날랜, 빠른, 신속한 : a ~ runner 발 빠른 주자. (3) 즉석의, 즉각적인 : a ~ reply 즉답. (4)곧 …하는, …하기 쉬운《*to* do》. — *ad.* 신속하게, 빨리(swiftly). — *n.* ⓒ 【鳥】 칼새. 파) **: ~·ly** *ad.* 신속히, 즉각. **~·ness** *n.*
swift-foot·ed [⌐fútid] *a.* 날듯이 달리는, 발이 빠른.
swig [swig] *n.* ⓒ 《口》 꿀꺽꿀꺽 들이켬 : 통음(痛飮). — (**-gg-**) *vt.* …을 꿀꺽꿀꺽〈벌컥벌컥〉 들이켜다, 통음하다, 퍼마시다.
— *vi.* 들이키다.
swill [swil] *vt.* (1) 《~+目/ +目+副》 …을 씻가시다(rinse), 물로 씻어내다《*out*》. (2) …을 꿀꺽꿀꺽 들이켜다 ; 과음하다 : ~beer 맥주를 들이켜다. — *vi.* 꿀꺽꿀꺽 마시다 ; 걸신 들린 듯이 먹다.
— *n.* (1) ⓤ 부엌의 음식 찌끼《돼지 사료》. (2) ⓒ 통음, 경음(鯨飮). (3) (a ~ ; 또는 a ~ down〈out〉) 물로 씻어내기.
:swim [swim] (**swam** [swæm] 《古》 **swum** [swʌm] ; **swum ; ~·ming**) *vi.* (1) 《~/ +副/ +前+名》 뜨다, 부유하다 ; (미끄러지듯) 움직이다 ; (둥둥) 떠서 움직이다 : ~ *into* the room 방으로 쑥 들어서다. (2) 헤엄치다 : Let's go ~*ming*. 헤엄치러 가자. (3) 《+前+名》 (물에) 잠기다《*in*》 ; 넘치다, 가득하다《*with ; in*》 eyes ~*ming with* tears 눈물이 넘쳐 흐르는 눈. (4) 현기증이 나다, (머리가) 어찔어찔하다. (5) (물건이) 빙빙 도는 것같이 보이다. — *vt.* (1) …을 헤엄쳐 건너다 ; …한 영(泳法)으로 헤엄치다 : ~ a breaststroke 평영(平泳)을 하다. (2) (경영(競永))에 참가하다, 나가다 : Let's ~ the race. (2) (개·말 따위)를 헤엄치게 하다 : ~ a horse.
— *n.* ⓒ (*sing.*) 수영 ; 한차례의 헤엄 : have a ~ 헤엄을 치다 / go for a ~ 헤엄치러 가다. ***be in*〈*out of*〉 *the* ~** 《口》 사정에 밝다〈어둡다〉 ; 시세에 뒤지지 않다〈뒤지다〉.
swím blàdder (물고기의) 부레(bladder).
:swim·mer[swímər] *n.* ⓒ 헤엄치는 사람〈동물〉.
:swim·ming [swímiŋ] *n.* ⓤ 경영(競永), 수영 ; 유영(遊永).
swim·ming·ly [swímiŋli] *ad.* 손쉽게, 거침없이, 일사천리로.
swímming pòol 수영 풀.
swímming sùit 수영복.
swímming trùnks 수영 팬츠.
swim·suit [swímsùːt] *n.* ⓒ 수영복, 《특히》.어깨끈이 없는 여성용 수영복(maillot).
***swin·dle** [swíndl] *vt.* 《~/ ~+目/ +目+前+名》 …을 속이다, 사취(詐取)하다, 속여 빼앗다《*out of*》 ; 야바위치다. — *vi.* 사기치다. — *n.* ⓒ 사취 ; 사기, 협잡. 파) **~r** *n.* ⓒ 사기꾼.
***swine** [swain] *n.* ⓒ (1) (*pl.* **~s, ~**) 《俗》 야비한 녀석, 비열한 놈 : You ~! 이새끼. (2) (*pl.* **~**) a) 《美》 돼지. b) 멧돼지.
:swing [swiŋ] (**swung** [swʌŋ], 【稀】 **swang** [swæŋ] ; **swung**) *vi.* (1) 《~/ +前+名》 매달리다 ; 그네를 뛰다 ; 《口》 교수형을 받다 : A lamp *swung from* the ceiling. 램프가 천장에 매달려 있었다. (2)흔들리다, 흔들거리다 ; 진동하다. (3) a) 《+前+名/ +副/ +補》 (한 점을 축으로 하여) 빙 돌다, 회전하다《(a) *around*》. b) (팔을 크게 휘둘러) 때리다, 한방 먹이다《*at*》 : ~ *at* a ball 볼을 스윙 하다. (4) 《~/ +前+名/ +副》 대오정연하게 나아가다, 몸을 흔들며 힘차게 행진하다 ; 흔들거리며 나아가다《*along* ; *past* ; *by*》. (5) (밴드가) 스윙을 연주하다.
— *vt.* (1) …을 흔들다, 흔들어 움직이다 : ~ a child (그네 따위에 태워서) 아이를 흔들다. (2)《~+目/ +目+前+名》 (주먹·무기 등)을 휘두르다, 휙 치켜올리다《*up*》. (3) 《+目+補/ +目+副/ +目+前+名》 …을 빙〈휙〉 돌리다, 회전시키다 ; …에게 커브를 틀게 하다 ; …의 방향을 바꾸다. (4) 《~+目/ +目+前+名》 …을 매달다. (5) (의견·입장·취미 따위)를 바꾸다, (관심)을 돌리다 ; 《口》(여론 따위)를 좌우하다 : ~ an election 선거를 (생각대로) 좌우하다. (6) 《美口》 …을 잘 처리하다〈취급하다〉(manage). (7) …을 스윙 (음악)식으로 연주하다〈지휘하다, 춤추다, 노래하다〉.
— *n.* (1) ⓒ 휘두름 ; 【테니스·골프·野】 휘두르 기, 스윙 : a short ~ 짧게 휘두르기. (2) ⓤ 흔들림, 진동 ; 빙 돎 ; 전후 운동 ; ⓒ 진폭. (3) ⓤ(시·음악 등의) 율동, 음률, 가락. (4) ⓒ 그네, 그네 타기 : have (a ride *on*) a ~ 그네 타다. (5)ⓒ 격렬한 일격 ; 【拳】 스윙. (6)ⓒ 활기 차게 걸음, 위세 당당한 움직임 : walk with a ~ 몸을 흔들며 걷다. (7) ⓤ 자유 활동, 행동의 자유. (8) ⓤ 【樂】 스윙음악(~ music). (9) ⓒ 《美》 일주 여행 ;《美俗》 바쁜 여행. (10) (경기·여론 따위의) 변동, 동요 ; 변경, 전적(轉籍) : a ~ in public opinion 여론의 변동. ***go with a ~*** 《口》 순조롭게 진행되다 ; (집회 따위가) 성황을 이루다 ; (시·음악 따위가)가락이 좋다. ***in full ~*** 《口》 한창(진행 중)인, 한창 신나서.
swing·boat [⌐bòut] *n.* ⓒ (유원지 등의) 배모양의 그네.
swinge·ing [swíndʒiŋ] *a.* 〔限定的〕 《英》강력한, 격렬한《타격 따위》, 강력한 ; 엄청난, 굉장한.
swing·er [swíŋər] *n.* ⓒ (1) 《俗》 활동적이고 세련된 사람, 유행의 첨단을 걷는 사람. (2) swing하는 사람. (3) 쾌락의 탐닉자.
***swing·ing** [swíŋiŋ] *a.* (1) 《俗》 (걸음걸이가) 당당한, 활발한. (2) 흔들리는 ; 진동하는. (3) (노래·걸음걸이 따위가) 경쾌한, 박자가 빠른. (4) 《俗》 훌륭한, 일류의, 최고의, 활동적이고 현대적인, 유행의 첨단을 걷는;성적으로 자유 분방한.
파) **~·ly** *ad.* 흔들려서 ; 《俗》 활발하게.
swínging dóor (안팎으로 열리는) 스윙 도어(swing door), 자동식 문.
swíng shift 《美》 야근〈야반〉 교대《보통 16-24시》 ; 〔集合的〕 야간교대 직업원들.
swing-wing [swíŋwìŋ] 【空】 *n.* ⓒ 가변 후퇴익(기). — *a.* 가변 후퇴익 (可變後退翼)의.
swingy [swíŋi] (**swing·i·er ; -i·est**) *a.* (1)흔들리는, 요동하는. (2) (음악이) 스윙 형태의.
swin·ish [swáiniʃ] *a.* (1) 불결한 ; 천박한. (2)돼지의 ; 돼지 같은 ; 욕심 많은.
파) **~·ly** *ad.* 돼지같이 ; 상스럽게. **~·ness** *n.*
swipe [swaip] *n.* ⓒ (1) 신랄한 말〈비평〉 ; 비난 ;

욕설. (2) (크리켓 따위에서) 강타, 맹타, 세게 휘두르기. — *vt.* 《口》 (1) …을 강타하다. (2) …을 훔치다. — *vi.* 힘껏 치다《*at*》.

swipes [swaips] *n. pl.* 《英口》싱거운 싸구려 맥주.

*__swirl__ [swəːrl] *vi.* (1) (머리가) 어찔어찔하다. (2) 《~/ +副/ +前+名》 소용 돌이치다《*about*》 빙빙돌다 ; 소용돌이에 휩쓸리다. — *vt.* …을 소용돌이치게 하다《*about*》..

— *n.* ⓒ 소용돌이 ;(물고기 · 보트가 일으키는) 작은 소용돌이;소용돌이꼴《장식 따위》..

*__swish__ [swiʃ] *n.* ⓒ (1) 《美俗》 동성애자, 호모. (2) (날개 · 채찍 등의) 휙휙하는 소리, 워석워석하는 소리.

— *vi.* 《~/ +副/ +前+名》 (1) (채찍이나 나는 새가) 휙 소리를 내다, 휙 움직이다〈때리다, 날다〉. (2) 옷이 스치는 소리가 나다. — *vt.* (채찍 따위)를 휘두르다, 휙 소리 내다.

— *a.* (1) 《英口》 멋있는, 스마트한, 맵시 있는《옷 따위》. (2) 《美俗》 여성적 동성 연애를 하는 사람의.

:**Swiss** [swis] (*pl.* ~) *n.* (1) (the ~) 〔集合的〕스위스 사람《전체》. (2) ⓒ 스위스 사람. — *a.* 스위스의, 스위스식의 ; 스위스 사람의.

Swíss chéese 스위스 치즈《딴딴하고 구멍이 많은》.

:**switch** [switʃ] *n.* (1) (*pl.*) 【鑛】 전철기(轉轍機), 포인트(《英》points). (2) ⓒ 【電】 스위치, 개폐기 : an on-off ~ ⇨ ON-OFF. (3) ⓒ 바꿈, 전환, 변경, 교환. (4)ⓒ 휘청 휘청한 나뭇가지《회초리 따위에 씀》. (5) ⓒ(여자 머리의) 다리꼭지.

— *vt.* (1) 《+目+副》 (전류)를 통하다 ; (전등 · 라디오 따위)를 켜다. (전화)를 연결하다《*on*》 : ~ the radio *on*. (2) 《+目+副》 (전류 · 전화 따위)를 끊다, (전등 · 라디오 따위)를 끄다《*off*》 : ~ a light *off*. (3) 《~+目/ +目+前+名》 【鐵】 …을 전철하다, (다른 선로)에 바꾸어넣다. (4) 《+目+前+名》 (생각 · 화제 따위)를 바꾸다, 전환하다, 돌리다. (5) (의견 · 자리 등)을 바꿔치다, 교환하다 : ~ seats 자리를 바꾸다. (6) 《~+目/ +目+前+名》 …을 잡아채다 ; (짐승이 꼬리)를 흔들다〈치다〉, (지팡이 · 낚싯줄 따위)를 휘두르다. (7) 《~+目/ +目+前+名》 …을 회초리〈매〉로 때리다(whip).

— *vi.* (1) 대체하다, 바꾸다 : ~ *from* coal *to* oil 석탄에서 석유로 대체하다. (2) (…와) 교대하다, 교체하다《*with*》. ***~ off*** 《口》 …에게 흥미를 주지 못하다 ; …가 흥미를 잃다, 이야기를 못하게 하다 ; 스위치를 끄다. ***~ on*** 《口》〔종종 *pp.*〕《口》 (감정적 또는 성적으로) 흥분시키다〈하다〉 ; (태도 등)을 갑자기 보이다, 나타내다;스위치를 넣다 ; 흥미를 일으키게하다〈일으키다〉. ***~ over*** (다른 채널 따위로) 바꾸다《*to*》, (다른 방식 · 연료 등으로) 전환하다〈시키다〉, (다른 직(職) · 입장 등으로)바뀌다, 바꾸다《*to*》..

*__switch·board__ [⊿bɔ̀ːrd] *n.* ⓒ (전화의) 교환대 ; (전기의) 배전반(配電盤).

switched-on [swítʃtɔ́ːn/ ⊿ɔ́n] *a.* (1) 극히 현대적인, 유행의 첨단을 가는. (2) 《口》 활기찬, 민감한. (3) 《俗》 (마약으로) 환각상태에 빠진.

switch·gear [swítʃgìər] *n.* ⓤ 〔集合的〕 【電】 (고압용) 개폐기〈장치〉.

switch-hit·ter [⊿hítər] *n.* ⓒ 【野】 스위치 히터《좌우 어느 타석에서나 타격할 수 있는 타자》.

switch·o·ver [⊿òuvər] n. ⓒ =CHANGE-OVER. 바꿔넣기 ; 배치전환 ; 전환.

switch·yard [⊿jàːrd] *n.* ⓒ 《美鐵》 조차장.

:**Switz·er·land** [-lənd] *n.* 스위스《수도 Bern》□ Swiss *a.*

swiv·el [swívəl] *n.* ⓒ 회전 고리, 전환 ; 회전의자의 받침. — (***-l-***,《英》 ***-ll-***) *vt., vi* 회전〈선회〉시키다〈하다〉.

swível chàir 회전 의자.

swiz(z) [swiz] (*pl.* ***swizz•es***) *n.* (a ~) 《英口》 실망, 기대에 어긋남.

swízzle stìck (칵테일용의) 휘젓는 막대.

:**swol·len** [swóulən] SWELL의 과거분사.

— *a.* (1) 부어오른 ; 부푼 ; 물이 불은. (2) …한 감정으로 가슴이 벅찬 one's ~ heart 벅찬 가슴. (3) 으스대는, 뽐내는.

swóllen héad = SWELLED HEAD.

*__swoon__ [swuːn] *n.* ⓒ 졸도, 기절, 황홀한 상태 : He fell to the floor in a ~. 그는 의식을 잃고 마루에 쓰러졌다. — *vi.* (1) 기절〈졸도〉하다. (2)《文語 · 戱》황홀해지다《*with*》..

:**swoop** [swuːp] *vi.* (1) 《+前+名》 단숨에 내리다, 급강하하다. (2) 《+副/ +前+名》 (매 따위가) 위로부터 와락 덤벼들다 ; 급습하다《*down* ; *on, upon*》.

— *n.* ⓒ 위로부터 덮침 ; 급강하 ; 급습 ; (홱) 잡아챔. ***at*** 〈***in***〉 ***one fell ~*** 갑자기 ; 단번에, 일거에. ***make a ~ at*** 〈***on***〉 …을 급습하다.

swop [swɑp/swɔp] *n.*, (***-pp-***) *vi., vt.* =SWAP.

:**sword** [sɔːrd] *n.* (1) (the ~) 무력, 군사력. (2) ⓒ 검(劍), 칼, 사벨: a dress ~ 예장용 검. ***at the point of the ~*** =***at ~ point*** 검〈무력〉으로 협박하여. ***cross ~s with*** …와 싸우다 ; …와 다투다 ; 《比》 …와 논쟁하다. ***fire and ~*** ⇨ FIRE. ***put*** a person ***to*** (***the edge of***) ***the ~*** 아무를 베어 죽이다. ***the ~ of justice.*** 사법권.

sword·play [⊿plèi] *n.* ⓤ 검술, 펜싱.

swords·man [sɔ́ːrdzmən] (*pl.* ***-men*** [-mən]) *n.* ⓒ 검객, 검술가 : be a good〈bad〉 ~ 검술에능하다〈서툴다〉. 파) ~ **•ship** *n.* ⓤ 검술, 검도.

*__swore__ [swɔːr] SWEAR의 과거.

*__sworn__ [swɔːrn] SWEAR의 과거분사.

— *a.* 〔限定的〕 선서를 마친, 맹세한, 언약한 ; 공공연한.

swot[1] [swɑt/ swɔt] (***-tt-***)《英口》 *vt.* …을 기를 쓰고〈열심히〉 공부하다《*up*》. — *vi.* (시험을 위해) 들입다 공부하다. — *n.* ⓒ 기를 쓰고 하는 공부 ; 기를 쓰고 공부하는 사람. 파) ~ **•ter** *n.*

swot[2] *n.* (***-tt-***) *vt.* 《美》 =SWAT.

:**swum** [swʌm] 《古》 SWIM의 과거 ; SWIM의 과거분사.

:**swung** [swʌŋ] SWIM의 과거 · 과거분사.

syb·a·rite [síbəràit] *n.* ⓒ 방탕 · 사치를 일삼는 무리.

syb·a·rit·ic [sìbərítik] *a.* 나약한, 사치 향락에 빠지는.

syc·o·phan·cy [síkəfənsi] *n.* ⓤ 아부, 아첨.

syc·o·phant [síkəfənt] *n.* ⓒ 아첨꾼, 알랑쇠.

syc·o·phan·tic [sìkəfǽntik] *a.* 아첨하는, 알랑대는.

*__Syd·ney__ [sídni] *n.* 【地】 시드니《오스트레일리아 최대의 도시로 항구도시》.

syl- *pref.* = SYN-1《1 앞에 올 때의 꼴》.

syl·la·bary [síləbèri/ -bəri] *n.* ⓒ 음절 문자표《한글의 가나다 음표 따위》 ; 자음표(子音表).

syl·lab·ic [silǽbik] *a.* (1) 각 음절을 발음하는;발음이 매우 명료한. (2) 음절의, 철자의 ; 음절을 나타내는. (3) 【音聲】 음절(의 중핵)을 이루는. — *n.* ⓒ 음절 문자 ; 음절 주음(主音)《각 모음 외에, double [dʌ́bl]의 [l], rhythm [ríðəm]의 [m], hidden [hídn]의 [n]따위》;(*pl.*) 음절시.
파) **-i•cal•ly** [-əli] *ad.*

syl·lab·i·cate [silǽbəkèit] *vt.* …을 분철(分綴)하다, 음절로 나누다. 파) **syl•làb•i•cá•tion** [-ʃən] *n.* ⓤ 음절 구분 ; 분철법.

:syl·la·ble [síləbəl] *n.* ⓒ (1) 〔흔히 否定文으로〕한 마디, 일언 반구. (2) 음절, 실러블. ***in words of one ~*** 간단히 〈솔직히〉 말해서.

syl·la·bled [síləbəld] *a.* 〔複合語를 이루어〕 …음절의, …철자의 : a three ~ word 세 음절의 단어.

syl·la·bus [síləbəs] (*pl.* **~•es, -bi** [-bài]) *n.* ⓒ (강의 따위의) 적요(摘要), 요목.

syl·lep·sis [silépsis] (*pl.* **-ses** [-si:z]) *n.* ⓤ (2) 【文法】 겸용법. (2) 【修】 일필 쌍서법(一筆雙敍法)

syl·lo·gism [sílədʒìzəm] *n.* ⓒ (1)연역(법).【cf.】 deduction, induction. (2) 【論】 삼단 논법. (3) 그럴 듯한 논법, 궤변.

syl·lo·gis·tic[sìlədʒístik] *a.* 삼단 논법〈연역법〉의.

sylph [silf] *n.* ⓒ (1) 날씬하고 우아한 여자〈소녀〉. (2) 공기〈바람〉의 요정(妖精).【cf.】 gnome[1], nymph, salamander. 파) **~•like** [-làik] *a.* 공기〈바람〉의 요정 같은;가냘픈.

syl·van, sil·van [sílvən] *a.* 숲 속의 ; 숲의 ; 숲이 있는 ; 나무가 무성한 ; 목가적(牧歌的)인.

sym·bi·o·sis [sìmbaióusis, -bi-] (*pl.* **-ses** [-si:z]) *n.* ⓤⓒ 【生】 (1) 공존, 공동생활. (2) 공생(共生).

sym·bi·ot·ic [sìmbaiátik, -bi-/ -biɔ́t-] *a.* 【生】 공생의〈하는〉 : a ~ relationship 공생 관계.

:sym·bol [símbəl] *n.* ⓒ (1) 기호, 부호 chemical ~*s* 화학 기호 / a phonetic ~ 발음〈음성〉기호. (2) 상징, 표상, 심벌.

***sym·bol·ic, -i·cal** [simbálik/ -bɔ́l-], [-əl] *a.* (1) 상징주의적인. (2) 상징하는《*of*》 : The dove is *symbolic of* peace. 비둘기는 평화를 상징한다. (3) 기호의, 부호의. 파) **-i•cal•ly** *ad.*

symbólic lógic 기호 논리학.

sym·bol·ism [símbəlìzəm] *n.* ⓤ (1) 상징적 의미, 상징성. (2) 상징〈기호〉의 사용;부호 체계. (3) (종종 S~)(문학·미술등의) 상징주의. 파) **-ist** *n.* ⓒ 기호〈부호〉사용자〈학자〉, 상징주의자.

***sym·bol·ize** [símbəlàiz] *vt.* …의 상징이다, …을 상징하다 ; …을 상징〈표상〉화하다 ; 기호〈부호〉로 나타내다, …의 기호〈부호〉이다. — *vi.* 상징하다 ; 상징을〈기호를〉 쓰다. 파) **sỳm•bol•i•zá•tion** [-lizéiʃən] *n.* ⓤ 상징〈기호〉화.

sym·bol·o·gy [simbálədʒi/ -bɔ́l-] *n.* ⓤ 상징〈기호〉이 이용 ; 상징〈기호〉학. 파) **-gist** *n.*

***sym·met·ric, -ri·cal** [simétrik], [-əl] *a.* (좌우) 균형잡힌, 상징적(相稱約)인. 파) **-ri•cal•ly** [-kəli] *ad.*

sym·me·trize [símətràiz] *vt.* 균형을 이루게 하다, 조화시키다 ; …을 상칭〈대칭〉적으로 하다.

sym·me·try [símətri] *n.* ⓤ 좌우 균정(均整), 좌우 상칭(相稱)〈대칭〉 ; 조화, 균정미(美).

:sym·pa·thet·ic [sìmpəθétik] (***more ~ ; most ~***) *a.* (1) 동정〈공감〉에서 우러나오는. (2) 동정적인, 인정 있는, 공감을 나타내는 ; ~ tears동정의 눈물. (3) 호의적인, 찬성하는. (4) 마음에 맞는, 서로 마음이 통하는 : ~ friends 마음 맞는 친구들. (5) 【物】 공명(共鳴)〈공진(共振)〉하는 : ~ vibrations 공진. sympathy *n.* 파) ***-i•cal•ly** [-ikəli] *ad.* 동정하여 ; 가엾이 여겨 ; 감응하여 ; 찬성하여.

:sym·pa·thize[símpəθàiz] *vi.* 《~/ +前+名》 (1) 공명하다, 찬성〈동의〉하다《*with*》. (2) 동정하다, 위로하다《*with*》. (3) 감응〈동조〉하다 ; 일치하다. 파) **-thìz•er** [-ər] *n.* ⓒ (1) 동정자, 인정있는 사람. (2) 동조자, 공명자, 지지자, 동지.

sym·pa·thiz·ing·ly [símpəθàiziŋli] *ad.* 찬성하여 ; 동정하여.

:sym·pa·thy [símpəθi] *n.* (1) (종종 *pl.*) 호의, 찬성, 공명 ; 【心】 공감. (2) ⓤ 동정, 헤아림 ;(종종 *pl.*) 조위(弔慰), 문상, 위문. 【opp.】 *antipathy*. 「have 〈feel (a)〉 ~ for the poor 가난한 사람들에게 동정하다/ a letter of ~ 조의의 편지. (3) (*pl.*) 동정심. (4) ⓤ 감응(성) ; 【生理】 교감. (5) ⓤ 【物】 공명(共鳴), 공진(共辰). ㅁ sympathetic *a.* sympathize *v.* ***come out in ~*** 동정 파업을 하다.

sym·phon·ic [simfánik/ -fɔ́n-] *a.* 【樂】 교향악의, 심포니(식)의, 교향적인 : a ~ suite 교향 모음곡. 파) **-i•cal•ly** *ad.*

:sym·pho·ny [símfəni] *n.* ⓒ (1) 합창곡〈가곡〉 중의 기악부. (2) 교향곡, 심포니. (3) 《美》 교향악단(의 콘서트).

sym·po·si·um [simpóuziəm] (*pl.* **~s, -sia** [-ziə]) *n.* ⓒ (1) 토론회, 좌담회, 심포지엄, 연찬회(硏鑽會). (2) 주연(酒宴), (본디 옛 그리스의) 향연. (3) 논집(論集), (같은 문제에 대한 여러 사람의) 평론집.

***symp·tom** [sím*p*təm] *n.* ⓒ (1) 【醫】 증상, 증후. (2)징후, 조짐, 전조《*of*》.

symp·to·mat·ic, -i·cal [sìm*p*təmǽtik], [-əl] *a.* (1) 〔敍述的〕 (…을) 나타내는《*of*》. (2) 징후〈증후〉인《*of*》 ; 전조가 되는 ; 징후에 관한 : a *symptomatic* fever 징후적 고열. 파) **-i•cal•ly** *ad.*

syn- *pref.* '동시에 유사한, 더불어'의 뜻《※ 1 앞에서는 동화되어 syl- ; b, m, p 앞에서는 sym- ; s 앞에서는 sys-;sc, sp, st, z 앞에서는 sy-로 됨》.

***syn·a·gogue** [sínəgɔ̀:g, -gàg/ -gɔ̀g] *n.* (1) (the ~) 시나고그《예배식의 유대인 집회》. (2) ⓒ 유대인 교회.

syn·apse [sinǽps, sáinæps] *n.* ⓒ 【解】 시냅스《신경세포의 자극 전달부》 ; 【生】 염색체 접합.

sync, synch [siŋk] *n.* ⓤ 《口》 동시성 : in ~ 동조하여, 동조(同調), 일치해 / out of ~ 동조〈일치〉하지 않아.

syn·chron·ic [siŋkránik/ -krɔ́n-] *a.* =SYNCHRONOUS ; 【言】 공시(共時)적인《언어를 시대마다 구분하여 사적(史約) 배경을 배제하여 연구하는》 【opp.】 *diachronic*

syn·chro·nism [síŋkrənìzəm] *n.* (1) ⓒ 대조역사 연표(年表). (2) ⓤ 동시 발생, 동시성 ; 영상과 음성의 일치. (3) ⓤ 【物·電】 동기(同期)(성).

***syn·chro·nize** [síŋkrənàiz] *vt.* (1) (여러 개의 시계가) 같은 시간을 가리키다. (2) 《+前+名》 동시에 발생〈진행, 반복〉하다, 동시성을 가지다《*with*》. (3) 【映·TV】 영상과 발성이 일치하다, 동조(同調) 하다. — *vt.* 《~+目/ +目+前+名》 (1) …에 동시성을 지니게 하다, …을 동시에 진행〈작동〉시키다 ; (시계·행동 따위)의 시간을 맞추다 ; (사건 따위가) 동시〈동시대〉임을 나타내다. (2)【映·TV】 (음성)을 화면과 일치시

키다 ; 【寫】(셔터의 개방)을 플래시의 섬광과 동조시키다.
파) **sỳn•chro•ni•zá•tion** *n.* **sýn•chro•nìz•er** *n.* ⓒ 동기 장치.

syn·chro·nous [síŋkrənəs] *a.* (1)【物·電】동기식〔동위상(同位相)〕의. (2) 동시(성)의 ; 동시 발생〈반복, 작동〉하는. (3)【宇宙】(인공위성이) 정지(靜止) 궤도를 도는, 정지 위성의.
파) **~•ly** *ad.* 동시에 ; 동기에. **~•ness** *n.*

syn·co·pate [síŋkəpèit] *vt.* (1)【樂】당김음으로 하다. (2)【文法】(말)을 중략(中略)하다《never를 ne'er로 하는 따위》.
파) **sỳn•co•pá•tion** [-ʃən] *n.* ⓤ (1)【文法】어중음(語中音) 소실, 중략(中略). (2)【樂】당김음.

syn·co·pe [síŋkəpi] *n.* ⓤ (1)【樂】당김음법. (2)《文法》펜沮像 語中音) 소실, 중략 ; ⓒ 중략어.【cf.】apocope.

syn·dic [síndik] *n.* ⓒ (1) (Cambridge 대학의) 특별 평의원. (2)《英》(대학 등의) 평의원, 이사(理事). (3) (Andorra 등지의) 장관 ;지방 행정 장관.

***syn·di·cate** [síndikit] *n.* ⓒ〔集合的〕(1) 공사채(公社債)〈주식〉 인수 조합〈은행단〉. (2) 기업 연합, 신디케이트.【cf.】cartel, trust. (3) 신문 잡지용 기사〔사진·만화〕배급자 기업. (4) (동일 경영하의) 신문 연합. (5) (대학 등의) 이사회, 평의원회. (6)《美》조직 폭력 연합. — [-dikèit] *vt.* …을 신디케이트 조직으로 하다 ; (기사 따위)를 신디케이트를 통하여 발표〈관리, 배급〉하다. — *vi.* 신디케 이트를 만들다. 파) **sỳn•di•cá•tion** [-dikéiʃən] *n.* ⓤ 신디케이트를 조직하기 ; 신디케인트 조직.

syn·drome [síndroum, -drəm] *n.* ⓒ (1) (어떤 감정·행동이 일어나는) 일련의 징후, 일정한 행동 양식. (2)【醫】증후군, 신드롬 ; 병적 현상.

syne [sain] *ad., prep., conj.*《Sc.》전에, 이전에(since)【cf.】auld lang syne.

syn·er·gy [sínərdʒi] *n.* ⓤ (약품 따위의) 공동〈상승〉작용;(기관(器官)의) 공동〈협동〉 작용.

***syn·o·nym** [sínənim] *n.* ⓒ (1) 유의어(類義語), 동의어, 비슷한 말.〖opp.〗*antonym.*

syn·on·y·mous [sinánəməs/ -nɔ́n-] *a.* 유의어의, 동의어의 같은 뜻의《*with*》: 'Upon' is ~ *with* 'on'. 'upon'은 'on'과 뜻이 같다. 파) **~•ly** *ad.*

syn·on·y·my [sinánəmi/ -nɔ́n-] *n.* ⓤ (1) 유어 반복《뜻을 강조하기 위함 : in any *shape* or *form*》. (2) 유의(類義)〈동의〉(성). (3) 유어의 비교 연구.

syn·op·sis [sinápsis/ -nɔ́p-] (*pl.* **-ses** [-siːz]) *n.* ⓒ (1) 대조표, 일람(표). (2) 개관, 적요, 대의.

syn·op·tic [sináptik/ -nɔ́p-] *a.* 대의의, 개관의.
파) **-ti•cal•ly** [-tikəli] *ad.*

syn·tac·tic, -ti·cal [sintǽktik], [-əl] *a.* 구문론적인 ; 구문론의 ; 통어법(統語法)에 따른.
파) **-ti•cal•ly** [-tikəli] *ad.*

syn·tac·tics[sintǽktiks] *n.* ⓤ【論】기호 통합론.

:syn·tax [síntæks] *n.* ⓤ (1)=SYNTACTICS. (2)【文法】통어법〈론〉, 구문(론).

***syn·the·sis** [sínθəsis] (*pl.* **-ses** [-sìːz]) *n.* (1) ⓒ 종합〈통합〉체. (2) ⓤ 종합, 통합, 조립.〖opp.〗*analysis.* (3) ⓤ【化】합성, 인조.

syn·the·size [sínθəsàiz] *vt.* (1)【化】…을 합성하다, 합성하여 만들다. (2) …을 종합하다.

syn·the·siz·er [sínθəsàizər] *n.* ⓒ (1) 신시사이저《전자 공학의 기술을 써서 소리를 합성하는 장치〈악기〉》. (2) 합성하는 사람〈물건〉.

***syn·thet·ic** [sinθétik] *a.* (1)【化】합성의, 인조의:~ resin합성 수지. (2) 종합적인, 종합의. (3) 대용의, 진짜가 아닌 ; 인공의 : ~ sympathy 거짓 동정. — *n.* ⓒ【化】합성 물질,《특히》.합성〈화학〉섬유. 파) **-i•cal** *a.* =SYNTHETIC **-i•cal•ly** [-ikəli] *ad.* 종합하여, 합성적으로.

syph·i·lis [sífəlis] *n.* ⓤ【醫】매독.

syph·i·lit·ic [sìfəlítik] *a.* 매독에 걸린, 매독(성)의. — *n.* ⓒ 매독 환자.

***Syr·ia** [síriə] *n.* 시리아《정식명 Syrian Arab Republic ; 수도 Damascus》.

Syr·i·an [síriən] *a.* 시리아인의 ; 시리아의.
— *n.* ⓒ 시리아 사람.

sy·ringe [sərindʒ, sírindʒ] *n.* ⓒ (1) 세척기(洗滌器) ; 관장기(灌腸器). (2) 주사기. — *vt.* (1) …을 주사하다. (2) …을 세척하다, (귀 등)을 씻다. 〈화초에〉 엽면 살수하다.

syr·up,《美》**sir-** [sírəp, sə́ːr-] *n.* ⓤ (1) 당밀(糖蜜). (2) 시럽. (3) 시럽제(劑) :cough ~ 코프 시럽, 진해제.

syr·upy,《美》**sir-** [sírəpi, sə́ːr-] *a.* (1) 달콤한. (2) 시럽의 ; 시럽 같은. (3) 진득진득한.

sys·gen [sísdʒèn] *n.*【컴】시스템 생성(生成).〔◁ *sys*tem *gen*eration〕

syst. system ; systematic.

:sys·tem [sístəm] *n.* (1) (the ~) 신체. (2) ⓒ체계, 시스템 : a ~ of grammar 문법 체계. (3) ⓒ (사회적·정치적) 조직(망), 제도, 체제 : the postal ~ 우편 제도. (4) (the~, 종종 the S~) (지배)체제(the establishment). (5) ⓒ (조직적인) 방식, 방법 ; (도량형의) 법 ; 분류법 : the conveyor ~ 컨베이어 작업 방식, 유동 작업. (6) ⓒ 학문 체계 ; 가설(假證) : the Ptolemaic ~ 프톨레마이오스설, 천동설. (7) ⓤ 질서 ; 정연(성), 순서, 규칙 : Every part works with ~. 각 부분이 정연하게 작동한다. (8) ⓒ【天·化·物·地質·結晶】계(系) ;계통, 기관(器官):the ~*s* of crystalization 결정계(結晶系)/ ⇨ SOLAR SYSTEM. (9) ⓒ 복합적인 기계 장치 ; 오디오의 시스템 : a suspension ~ (자동차의) 현가(懸架)장치. ㅁ systematic *a.* ***all ~s go***《口》만사 준비 완료《우주 용어에서》 ***get... out of*** one***'s ~***《口》(생각·걱정 등)을 버리다. (감정을 솔직히 털어놓든가 하여) …에서 홀가분해지다.

:sys·tem·at·ic, -i·cal [sìstəmǽtik], [-əl] (***more ~ ; most ~***) *a.* (1) 질서 있는〈잡힌〉, 조리가 정연한 ; 규칙적인, 규칙 바른. (2) 체계〈조직, 계통〉적인. (3) 고의의, 계획적인. (4)【生】분류(법)의, 분류상의 : *systematic* botany 〈zoology〉 식물〈동물〉 분류학. 파) **-i•cal•ly** [-ikəli] *ad.*

sys·tem·a·ti·za·tion [sìstəmətizéiʃən] *n.* ⓤ(1) 분류. (2) 조직화, 체제화 ; 계통화.

sys·tem·a·tize [sístəmətàiz] *vt.* (1) …을 분류하다. (2) …을 조직화하다, 체계화하다 ; 계통적으로 하다. 파) **-tìz•er** *n.* ⓒ 조직자.

sys·tem·ic [sistémik] *a.*【生理】전신에 영향을 주는 ; 전신의 : the ~ arteries 전신 동맥.

sýstems àudit【會計】컴퓨터화된 회계 시스템의 감사.

sýstems dèsign 시스템 설계《컴퓨터 처리를하기 쉽게 문제를 분석 체계화하는 일 ; 일련의 정보처리 시스템이 기능을 다하도록 조직화하는 일》.

T

T, t [tiː] (*pl.* **T's, *Ts,* t's, *ts*** [-z]) (1) ⓒ T자 모양의 물건 : a T bandage 〔pipe, square〕. T자형 붕대〈파이프, 자〉. (2) ⓤⓒ 티《영어 알파벳의 스무 째 글자》. (3) ⓒ (흔히 T) =T SHIRT.

tab [tæb] *n.* ⓤ (1) 태브, (깡통 맥주 주스 따위의) 마개를 따는 손잡이 : a pull ~ 잡아 당겨 떼게 된 마개 (손잡이). (2) 태브. a〕 (옷 · 모자 따위에 붙은) 드림, 장식. b〕 (윗도리를 걸기 위한) 고리 끈. (3) a〕 (장부나 카드 따위의 가장자리에 붙인) 색인표. b〕 물표, 꼬리표, 부전(tag. label). (4) =TABULATOR. ***keep ~ (s)***〈***a ~***〉 ***on***《口》 1) …에 주의하다, 감시하다, 눈을 떼지 않다. 2) …을 장부에 기장(記帳)하다. ***pick up the ~***《口》셈을 치르다.
— (***-bb-***) *vt.* …에 ~을 달다, -으로 장식하다.

tab·ard [tǽbərd] *n.* ⓒ 【史】 태버드. (1) 전령사(傳令使)가 입던 문장(紋章)박은 관복. (2) 중세 기사가 갑옷 위에 입었던 소매없는 옷.

Ta·bas·co [təbǽskou] *n.* ⓤⓒ 타바스코 소스《고추로 만든 매운 소스의 일종;商品名》.

tab·by [tǽbi] *n.* ⓒ (1) 암고양이. (2) (회색 · 갈색의) 얼룩 고양이, 도둑고양이(=~ **càt**)

tab·er·nac·le** [tǽbərnæ̀kəl] *n.* (1) ⓒ 유대 신전. (2) ⓒ a〕 큰 예배당. b〕《英》《종종 蔑》.(비국교파의) 예배소. (3) ⓒ 닫집 달린 감실(龕室). (4) (the T~) 장막(帳幕)《옛 유대의 이동식 신전(神殿)》. (5) ⓒ 【基】 성합(聖盒). ***the Feast of Tabernacles (조상의 황야 방랑을 기념하는 유대인의) 초막절(草幕節), 수장절(收藏節).

táb kèy 【컴】 태브 키, 징검(글)쇠《tab character를 입력하기 위한 글쇠(key)》.

:ta·ble [téibəl] *n.* (1) (*sing.* 종종 ⓤ)(식탁 위의)요리, 음식 : lay〈set, spread〉 the ~ 식탁〈밥상〉을 차리다. (2) ⓒ **테이블, 탁자 ; 식탁** ;(일이나 유희를 위한) 대(臺) : a dining ~ 식탁 / a tea ~ / a billiard ~ 당구대. (3) ⓒ 〔集合的;單 · 複數 취급〕식탁〈탁자〉에 들러맞은 사람들, 자리를 같이 한 사람들, 동석자. (4) ⓒ 대지(臺地), 고원. (5) ⓒ (명문(銘文) 따위를 새긴) 평판(平板) ; (평판에 새긴) 명문 : ⇨ TWELVE TABLES. (6) ⓒ 표, 리스트, 목록 : a ~ of contents 목차.
a ~ of descent 계보도(系譜圖). ***at ~*** 식사 중에〈의〉, 식탁에 앉아 (있는). ***be on the ~*** 검토 중이다, 널리 알려져 있다. ***clear the ~*** 식탁을 치우다. ***get round the ~*** (노사(勞使)가〈를〉) 타협의 자리에 앉다〈앉히다〉. ***keep an open ~*** (식탁을 개방해) 손님을 환영하다. ***lay... on the ~*** 1)(의안 따위의) 심의를 일시 중지하다〈무기연기하다〉. 2) 《英》(의안을) 상정(上程)하다, 토의에 부치다. ***learn*** one***'s ~ s*** 구구단을 외다. ***on*** 〈***upon***〉 ***the ~*** 똑똑히 보이는 곳에, 공개적으로. ***set the ~ in a roar*** 좌중을 와 웃기다. ***the two ~s*** = ***the ~s of the law*** 모세의 십계명. ***turn the ~s*** 국면을〈형세를〉 일변〈역전〉 시키다, (아무의) 입장을 역으로 바꾸다.
— *a.* 〔限定的〕 (1) 테이블의, 탁상의 : a ~ lamp 탁상 전기 스탠드. (2) 식사의, 식탁용의 : ~ manners 식사 예법 / ⇨ TABLESALT. — *vt.* (1)(주)로《美》) (의안)을 묵살〈무기 연기〉하다 : ~ a motion 〈bill〉. (2) (의안)을 상정하다. (3) …을 표로〈목록으로〉 만들다.

tab·leau [tǽblou, -ˊ] (*pl.* **~*x*** [-z], **~*s*** [-z]) *n.* ⓒ 《F.》 (1) 극적〈인상적〉인 장면. (2) 그림, 그림 같은 묘사. (3) =TABLEAU VIVANT.

ta·bleau vi·vant [*F.* tɑblovivɑ̃] (*pl.* ***ta-bleaux vivants*** [--]) 《F.》 활인화(活人畵).

ta·ble·cloth** [téibəlklɔ̀(ː)θ, -klɑ̀θ] (*pl.* **~*s [-ðz, -θs]) *n.* ⓒ 식탁〈테이블〉보.

ta·ble·land [téibəllæ̀nd] *n.* ⓒ 고원(高原), 대지(plateau).

táble lìnen 식탁용 흰 천《냅킨 · 식탁보 따위》.

táble mànners 테이블 매너, 식사 예절.

:ta·ble·spoon [-spùːn] *n.* ⓒ (1) 테이블스푼《식탁용의 큰 스푼》. (2) =TABLESPOONFUL.

ta·ble·spoon·ful** [-spuːnfùl] (*pl.* **~*s, ***-spoonsfùl***) *n.* ⓒ식탁용 큰 스푼 하나 가득한 분량.

:tab·let [tǽblit] *n.* ⓒ (1) 작고 납작한 조각《비누 · 캔디 등》 a ~ of chocolate 판 초콜릿 하나. (2)(나무 · 돌 · 금속 따위의) **평판**(平板), **명판**(名板);현판(懸板), 패(牌) : a memorial ~ 기념패, 위패(位牌) / a bronze ~ 청동패. (3) **정제**(錠劑): sugar-coated ~s 당의정. (4) (떼어 쓰게 된) 편지지첩. (5) 서판(書板)《옛 로마인이 종이 대신 쓰던》. (6) 타블렛《단선 구간(單線區間) 따위에서 기관사에게 건네주는 열차 운행표》.

ta·ble·top [téibəltɑ̀p/ -tɔ̀p] *a.* 테이블 모양의 : 탁상용의. — *n.* ⓒ 테이블의 윗면.

ta·ble·ware [-wɛ̀ər] *n.* ⓤ 〔集合的〕식탁용 식기류.

táble wìne 식탁용 포도주《알코올분 8-13%》.

tab·loid [tǽblɔid] *n.* ⓒ (1) 요약, 적용(摘要) (2) 타블로이드판 신문《보통 신문의 반 페이지 크기로 사진이 많이 있는 신문》.— *a.* 〔限定的〕 (1) 요약한, 압축된 : in ~ form 요약하여. (2) 선정적인.

ta·boo, ta·bu** [təbúː, tæ-] (*pl.* **~*s [-búːz]) *n.* ⓤⓒ (1) 〔一般的〕금제(禁制), 금령(禁令).(2) (종교상의) 터부, **금기** (禁忌) ; 기(忌)하는 말〈물건〉 : be under (a)~ 터부로 되어 있다. ***put*** 〈***place***〉 ***a ~on*** = ***put... under*** (***a***) …을 엄금하다. — *a.* 금기의 ; 금제의 ; 피해야 할 : a ~ word 금기어. — *vt.* …을 금기하다 ; 금제〈금단〉하다 ; 터부로 여기다.

tab·o·ret, -ou- [tǽbərit, tæ̀bərét] *n.* ⓒ 《美》 (앉는 데가 둥근) 스툴, 작은 걸상, 작은탁자, 낮은대.

tab·u·lar [tǽbjələr] *a.* (1) 평판(모양)의 ; 얇은 판의. (2) 표(表)의, 표로 만든, 표에 의해 계산한, 표를 사용한 : in ~ form 표로 하여〈되어〉, 표의 형식으로

tab·u·late [tǽbjəlèit] *vt.* (정보 · 숫자 따위)를 (일람)표로 만들다.

tab·u·la·tion [tæ̀bjəléiʃən] *n.* (1) ⓤ 표의 작성. (2)ⓒ 표, 목록, 도표.

tab·u·la·tor [tǽbjəlèitər] *n.* ⓒ (1) 도표 작성자. (2) (타자기 · 컴퓨터 등의) 도표 작성 장치.

tach·o·graph [tǽkəgræ̀f, -grɑ̀ːf] *n.* ⓒ 태코그래프《자동차 따위의 자기(自記) 회전 속도계》.

ta·chom·e·ter [tækɑ́mətər, tə-/ tækɔ́m-] *n.* ⓒ 태코미터《자동차 엔진 따위의 회전 속도계》.

tach·y·on [tǽkiɑ̀n/ -ɔ̀n-] *n.* ⓒ 【物】 타키온《빛보다 빠른 가상의 소립자(素粒子)》.

tac·it [tǽsit] *a.* 〔限定的〕 잠잠한《관중 등》, 침묵의 ; 무언의 : 암묵(暗默)의 : a ~ consent 무언의 승낙〈동의〉. 파) ~ •**ly** *ad.*

tac·i·turn [tǽsətə̀ːrn] *a.* 무언의, 말없는 ; 입이 무거운, 말수가 적은 : He is not unfriendly ; merely ~ by nature. 그는 불친절한 것이 아니고 천성이 말이 적을 뿐이다. 파) ~ •**ly** *ad.*

tac·i·tur·ni·ty [tæ̀sətə́ːrnəti] *n.* ⓤ 무언, 과묵, 말이 없음.

tack** [tæk] *n.* ⓤ (1) ⓒ 【裁縫】 주름 ; 시침질, 가봉. (2) 납작한 못, 진하게 : a carpet ~ 양탄자 따위를 고정시키는 압정 / ⇨ THUMBTACK. (3)ⓤⓒ 【海】 (돛의 위치에 따라 정해지는) 배의 침로. (4) ⓤ ⓒ 방침, 정책 : change ~ 방침을 바꾸다. 〈*as*〉 ***sharp as a~ 1) 옷차림이 매우 단정하여. 2) 머리가 아주 좋은, 이해가 매우 빠른. be on the right 침로(방침)가 옳다. ***come down to brass ~s*** ⇨ BRASS TACKS.

— *vt.* (1) 《+目+副/+目+前+名》 …을 압정으로 고정시키다《*up* ; *down* ; *together*》. (2) 《+目+副/+目+前+名》 【裁縫】 …에 시침질〈가봉(假縫)〉하다《*up* ; *on* ; *together*》. (3) 《+目+前+名/ +目+副》 …을 부가〈첨가〉하다, 덧붙이다(add)《*to* ; *onto*》. (4) 【海】 돛의 바람받이 방향에 따라 침로를 (좌우현으로) 돌리다, 갈지자로 나아가게하다.

— *vi.* 《~/ +副/ +前+名》 (1) 방침〈정책〉을 바꾸다. (2) 【海】 (지그재그로 자주) 침로를 바꾸다《*about*》.

:tack·le [tǽkəl] *n.* (1) [téikəl] ⓤⓒ 【海】 삭구(索具), (돛 조종용의) 고패〈활차〉 장치. (2) ⓤ 연장, 도구, 기구 ; 장치 : fishing ~ 낚시 도구. (3) ⓤⓒ 도르래 장치, 자아틀, 윈치. (4) ⓒ 【球技】 태클. (5) ⓒ 【美蹴】 end와 guard 사이의 전위.

— *vt.* (1) (일 · 문제 따위)에 달려들다, 달라붙다. (2) …와 맞붙다, 붙잡다 ; 태클하다. (3) 《~+目/ +目+前+名》 (아무)와 논쟁하다, 맞싸우다. — *vi.* 【美蹴】 태클하다.

tacky[1] [tǽki] (***tack•i•er*** ; ***-i•est***) *a.* 들러붙는(sticky), 끈적거리는.

tacky[2] (***tack•i•er*** ; ***-i•est***) *a.* 《口》 (1) 쌍스러운, 악취미의, 품위 없는, 천한 : a ~ joke 천한 농담. (2) (외양 · 옷차림이) 초라한, 볼품 없는. 【cf.】 shabby. (3) 질이 나쁜〈낮은〉, 싸구려의, 날림으로 만든 : a ~ house 날림 집.

ta·co [táːkou] (*pl.* ***~s***) *n.* ⓒ 고기 · 치즈 · 양상추 등을 넣고 튀긴 옥수수빵《멕시코 요리》.

***tact** [tækt] *n.* (1) ⓒ 【樂】 택트, 박자. (2) ⓤ 재치, 기지(機智), 요령 : He lacks ~. 그는 요령이 없다.

***tact·ful** [tǽktfəl] *a.* 꾀바른, 재치 있는, 눈치빠른 ; 솜씨 좋은 ; 적절한.
파) ~ •**ly** *ad.* ~ •**ness** *n.*

tac·ti·cal [tǽktikəl] *a.* 전술적인, 전술상의, 용병(用兵)상의. 【cf.】 strategic「 a ~ point 전술상의 요점. 파) ~ •**ly** *ad.*

tac·ti·cian [tæktíʃən] *n.* ⓒ 모사(謀士), 전술〈책략가〉.

***tac·tics** [tǽktiks] *n.* ⓤ (1) 〔複數취급〕 (전술 응용으로서의) 작전, 책략, 방책. (임기응변의) 술책. (2) 〔單 · 複數 취급〕 전술(학), 병법, 용병(술).

tac·tile [tǽktil, -tail] *a.* (1) 감촉 할〈만져서 알〉 수 있는 : a ~ impression〈senesation〉 촉감. (2) 촉각의촉각을 가지고 있는 : ~ hairs 【動】 촉모(觸毛).

tact·less [tǽktlis] *a.* 분별〈눈치〉 없는 ; 재치〈요령〉 없는 ; 서투른. 파) ~ •**ly** *ad.* ~ •**ness** *n.*

tac·tu·al [tǽktʃuəl] *a.* 촉각에 의한, 촉각(기관)의. 파) ~ •**ly** *ad.* 촉감으로.

tad [tæd] *n.* ⓒ 《美口》 (1) 〔副的으로도〕 조금(bit) 《양 · 정도》. (2) 사내아이, 소년.

***tad·pole** [tǽdpòul] n. ⓒ 올챙이.

tael [teil] *n.* ⓒ 테일, 냥《중국 등지의 중량 단위, 보통 37.7g;중국의 옛 화폐 단위》.

taff·rail [tǽfrèil, -rəl] *n.* ⓒ【船】 선미(船尾)의 난간.

taf·fy *n.* (1) ⓤ 《口》아첨, 아부, 때리. (2) ⓤⓒ 태피(《英》toffee, toffy)《땅콩 넣은 버터볼》.

***tag**[1] [tæg] *n.* ⓒ (1) 늘어뜨린 끝 부분〈장식〉. 드리워진 것 ; (지퍼의) 손잡이 ; (구 두 끈 따위) 끝의 쇠붙이. (2) 태그, 표, 꼬리표, 물표 ; 정가표 ;부전, 찌지 :a name ~ 명패, 명찰. (3) (동물의) 꼬리(의 끝);(양의) 엉클린 털. (4) (특히, 라틴어 등의) 판에 박은 인용 어구.

— (***-gg-***) *vt.* (1) 《~+目/ +目+前+名》…에 표〈정가표, 찌지〉를 붙이다 ; (끈 끝 따위)에 쇠붙이를 달다 《*with*》; …에 늘어뜨린 장식물을 붙이다《*to* ; *onto*》. (2) 《~+目+(*as*)補》 …에게 별명을 붙이다. (3) 《~+目/ +目+前+名/ +目+副》(연설 · 이야기 따위)를 인용구로 맺다《*with* ; *together*》. (4) 《~+目/ +目+副》 《口》 …을 붙어다니다, 쫓아다니다. (5) 《美口》 (차)에 교통위반 딱지〈스티커〉를 붙이다.

— *vi.* 《~/ +前+名/ +副》 쫓아다니다, 뒤를 쫓다〈따르다〉《*after* ; *at*》 : ~ *at* a person's heels 아무의 뒤를 쫓아다니다.

tag[2] *n.* (1) ⓒ 【野】 터치아웃, 척살. (2) ⓤ 술래잡기. 【cf.】 tagger[2].「 play ~ 술래잡기 놀이를 하다.
— (***-gg-***) *vt.* (1) (술래가 사람)을 붙잡다. (2)【野】 (주자)를 터치아웃시키다. ***~ up*** 【野】 (주자가) 베이스에 이르다, 터치업하다.

tág ènd (1) ⓒ (흔히 ~s) 끝토막, 자투리. (2)(흔히 the ~)(경과 · 진행하고 있는 것의) 마지막 부분〈대목〉, 종말, 말기.

Ta·hi·ti [təhíːti, tɑː-] *n.* 타히티 섬《남태평양 상의 섬 ; 프랑스령(領)》..

Ta·hi·tian [təhíːʃən, -tiən, tɑː-] *n.* (1) ⓒ 타히티섬 사람. (2) ⓤ 타히티어. — *a.* 타히티섬〈사람 · 말〉의.

t'ai chi (ch'uan) [táidʒíː(tʃwɑ́ːn), -tʃíː-] 태극권(太極拳)《중국의 체조식 권법》.

:tail [teil] *n.* (1) ⓒ 꼬리 모양의 물건. a〕 땋아늘인 머리, 변발. b〕 (의복 · 셔츠 등의) 느림, 연미(燕尾); 자락 ; 연의 꼬리 ; 해성의 꼬리. c〕 【樂】 음표의 꼬리. (2) ⓒ (짐승의) 꼬리. (3) (*pl.*) 《口》 모닝 코트, 연미복. (4) ⓒ (흔히 *sing.*) 끄트머리, 말 비, 후부 ; 미지마 : (비행기 · 미사일 등의), 미부(尾部) : the ~ of a procession 행렬의 후미. (5) ⓒ a〕 동행사, 수행원. b〕《口》 미행자〈차(車)〉. (6) ⓒ (흔히 *pl.*) 〔單數 취급〕화폐의 뒷면. 『opp.』 *head.* (7) ⓒ 《俗》 궁둥이. ***cannot make head or ~ of*** (it) (그것은) 무슨 말인지 전혀 알 수 없다. ***close on*** a person***'s ~*** 아무의 바로 뒤에 (바짝 붙어서). ***get*** 〈***have***〉 one***'s ~ down*** 〈***up***〉 풀이 죽다〈기운이 나다〉 ; 자신을 잃다〈자신만만하다〉. ***on*** a person***'s ~*** 아무를 미행〈추적〉하여, 바싹 붙어서. ***out of the ~ of*** one***'s eye*** 곁눈질로, ***~(s) up*** (1) 기분이 좋아서. (2) 《比》싸울 마음가짐으로.

— *vt.* (1) …을 미행하다 : ~ a suspect 용의자를 미행하다. (2) (과실 따위)의 꼭지를 잘라내다 : (식

물 등)의 끝을〈가장자리를〉 자르다.
— *vi.* (1)《+前+名》 뒤를 따르다, 줄줄 따라가다, 줄을 짓다《*on* ; *along* ; *after*》. (2)《+副》 뒤에처지다, 낙오되다. 점점 작아〈희미해, 드문드문해, 적어〉지다《*away* ; *off*》.
— *a.* 〔限定的〕 (1) 뒤에서 오는 : a ~ wind 순풍. (2) 맨 꽁무니의, 후미의 : ⇨ TAIL END.

tail·back [´bæ̀k] *n.* ⓒ (1)《英》(사고 등으로) 밀린 자동차의 열. (2) (축구의) 후위.

tail·board [´bɔ̀ːrd] *n.* ⓒ (특히 짐마차·트럭 따위의) 떼어낼〈여닫을〉 수 있는 뒤의 판자〈뒷문〉.

tailed [teild] *a.*〔흔히 複合語로〕 꼬리 있는, 꼬리가 …한 : a long ~ bird 꽁지가 긴 새.

tail·end·er [téiléndər] *n.* ⓒ《口》(경주 등의) 꼴찌, 최하위.

tail·gate [´gèit] *n.* ⓒ (1) (트럭·마차·왜건 등의) 후미의 문. (2) (수문의) 아랫문. — *vi.* 앞차에 바싹 붙여 차를 몰다. — *vt.* (앞차)에 바싹 붙어서 가다.

tail·less [téillis] *a.* 꼬리〔미부(尾部)〕가 없는.

tail·light [téillàit] *n.* ⓒ (자동차·열차 따위의) 미등(尾燈), 테일라이트. 【cf.】 headlight.

***tai·lor** [téilər] (*fem.* **~·ess** [-ris]) *n.* ⓒ (주로 남성복의) 재단사, 재봉사《여성복 재단사는 dressmaker》: a ~ 〈《英》~'s〉 shop 맞춤 양복점. — *vi.* 양복을 짓다 ; 양복점을 경영하다. — *vt.* (1) (양복)을 짓다. (2) (요구·조건·필요에) 맞추어 만들다〈고치다〉, 맞게 하다《*to*》.

tai·lor·ing [téiləriŋ] *n.* ⓤ (1)양복짓는 법 〈기술〉. (2) 재봉업, 양복점업.

tai·lor-made [téilərméid] *a.* (1) 남자옷처럼 지은《여자옷》. (2) 양복점에서 지은, 맞춤인 : a ~ suit 맞춤 옷. (3) 잘 맞는, 꼭 맞는《*for* ; *to*》 furniture ~ *for* a small room 작은방에 잘 맞는 가구.

T

tail·piece [téilpìːs] *n.* ⓒ (1) (현악기 맨 끝의) 줄걸이. (2) 말단의 부속물; 말미의 한 부분. (3) 【印】 책의 장(章)끝〈권말〉의 여백에 넣는 장식 컷.【cf.】 headpiece.

tail·pipe [´pàip] *n.* ⓒ (1) (제트 엔진의) 미관(尾管). (2) (자동차 뒤쪽의) 배기관(排氣管).

tail·race [´rèis] *n.* ⓒ (물방아의) 방수로(放水路).

tail·spin [téilspìn] *n.* ⓒ (1)《口》(경제적) 혼란, 불경기 ; 의기소침. (2) 【空】 (비행기의) 나선식 급강하.

***taint** [teint] *n.* ⓤ (또는 a ~) (1) 오명 ; 치욕《*of*》: the ~ *of* scandal 추문이라는 오명. (2) 더럼 ; 얼룩, 오점《*of* ; *on*》: a ~ *on* one's honor 명예를 얼룩지게 한 오점. 【cf.】 soil[2], stain (3) 부패 ; 도덕적 타락 : meat free from ~ 부패되지 않은 고기. (4) ⓒ 기미, 흔적, 기색. — *vt.* (1) 〔종종 受動으로〕 …을 더럽히다, 오염시키다《*with* ; *by*》: the air ~ *ed by* 〈*with*〉 smog 스모그로 오염된 공기. (2) 〔종종 受動으로〕 …을 썩이다, 부패시키나 ; 타락시키다《*with* ; *by*》: The meat is ~*ed*. 고기는 썩어 있다.
— *vi.* 더러워지다 ; 썩다, 부패하다 ; 타락하다.

taint·less [téintlis] *a.* 순결〈깨끗〉한 ; 오점이 없는 ; 부패하지 않은 ; 병독이 없는.

Tai·peh, -pei [táipéi] *n.* 대북(臺北), 타이페이.

Tai·wan [táiwáːn] *n.* 대만(Formosa), 타이완.

Tai·wan·ess [tàiwɑːníːz, -níːs] *n.* (*pl.* **~**) ⓒ 타이완. — *a.* 타이완(사람·말)의.

Taj Ma·hal [táːdʒməháːl, táːʒ-] (the ~) 타지마할《인도 Agra의 백(白)대리석 영묘(靈廟)》.

:take [teik] (**took** [tuk] ; **ta·ken** [téikən]) *vt.* (1)《~+目/ +目+補/ +目+前+名》(덫 따위로 짐승)을 잡다, 포획하다 ; (범인 따위)를 붙잡다, 체포하다 ; 포로로 하다 :~ a wild animal 야생 동물을 포획하다.
(2)《~+目/ +目+前+名/ +目+副》…을 손에 잡다, 쥐다(seize, grasp)《*up*》 : ~ a book *in* one's hand 책을 손에 들다.
(3)《~+目/ +目+前+名》(우격다짐으로) …을 뺏다, 탈취하다 ; 점령〈점거〉하다 : ~ a bag *from* a person's hand 아무의 손에서 가방을 빼앗다.
(4) (노력하여) …을 얻다, 벌다, 손에 넣다 ; (시합)에 이기다 : ~ a degree 학위를 얻다.
(5)《~+目/+目+前+名》(아무)를 불시에 습격하다, 기습하다《*by* ; *at*》: ~ a person *by* surprise 아무의 허를 찌르다 ; 아무를 기습하다.
(6)《+目+副/ +目+前+名/ +目+目》…을 가지고 가다, 휴대하다.
(7)《+目+前+名/ +目+副》…을 데리고 가다, 동반하다, 안내하다 : ~ a person *out of* a room 아무를 방 밖으로 데리고 나가다.
(8) 【文法】 (어미·목적어·악센트 등)을 취하다, 선택하다 (select)골라서 사다.
(9)《~+目/ +目+前+名》(주는 것)을 받다(receive), 받아들이다(accept) ; (대가(代價)·보수 따위)를 받다《*for*》: ~ a bribe 뇌물을 받다.
(10) (체내에) …을 섭취하다, 먹다, 마시다, 흡수하다 : (일광·신선한 공기)를 쐬다 : Don't ~ too much. 과식하지 마라.
(11) (기장(記章)·상징으로서) …을 몸에 지니다〈걸치다〉, (익명·가명 따위)를 사용하다(adopt) ; (성직·왕위 등)에 앉다, 오르다 : ~ an assumed name 가명을 사용하다.
(12) (외부의 힘·영향)을 받다 ; (색)에 물들다 ; (냄새)를 지니게 되다 ; (불이) 붙다 : a stone which ~*s* high polish 닦으면 광택이 잘 나는 돌.
(13) (비난·충고 등)을 받아들이다, …에 따르다, 감수하다 : ~ punishment 벌을 받다.
(14) …을 선택하다, 고르다 ; (좌석·위치 따위)를 정하다, 차지하다.
(15)《~+目/ +目+*as*補》(문제·사태)를 거론하다, 초들다, 다루다(treat) ; 고려 하다 ; 예로 들다 : ~ the problems one by one 문제를 하나하나 초들다.
(16) (길)을 가다, 취하다.
(17)《~+目/ +目+前+名/ +目+*to be*》…을 채용하다, 맞이하다 ; (제자·하숙인)을 두다 : ~ pupils 〈lodgers〉 제자〈하숙인〉을 두다.
(18)《~+目/ +目+前+名》…을 예약하다, 빌리다, 확보하다 :~ a cottage *for* the summer 여름휴가를 위해 작은 별장을 빌리다.
(19) (책임·의무 등)을 지다, 떠맡다(undertake) ; (직무·역할·소임 등)을 맡다, 다하다, 행하다, 담당하다(perform) ~ duty 의무를 지다 / ~the blame 잘못의 책임을 지다.
(20) (눈길·관심)을 끌다(attract) ; 〔흔히 受動으로〕 (아무의) 마음을 끌다, 마음을 빼앗다 : ~ a person's eye 아무의 눈길을 끌다.
(21)《~+目/ +目+前+名》(방침·수단)을 취하다 ; (본)을 따르다 ; (말)을 인용하다 : ~ measures 조처를 취하다.
(22)《~+目/ +目+前+名》(시간·기회 따위)를 이용하다 : ~ advantage *of* …를 이용하다, …를 기회로

삼다.
(23) …을 사다, 구매하다(buy) ; (잡지·신문)을 구독하다 ; (수업)을 받다, (학과)를 배우다 : ~ a magazine 잡지를 구독하다.
(24) 《~+名/ +目+*to* do/ +目+目》〔it를 主語로 하는 경우가 많음〕(시간·노력 따위)를 필요로 하다, (용적·넓이)를 차지하다, (시간)이 걸리다 : It *took* (me) an hour *to* do the work. 그 일을 하는 데 한 시간 걸렸다.
(25) 《+目+前+名》(어느 장소에서) …을 가지고 오다 ; (근원)에서 캐내다, 따오다 ~ an orange *out of* the box 귤을 상자에서 꺼내다.
(26) 《+目+副/ +目+前+名》…을 치우다, 제거하다 ; 빼다, 감하다 ; (생명)을 빼앗다, 살해하다 : *Take* this chair *away*. 이 의자를 치워라.
(27) 《~目/ +目+前+名》(탈것)에 타다 : ~ a car 차를 타다 / ~ horse 말을 타다.
(28) …을 (뛰어)넘다.
(29) …로 도망쳐 들어가다, 숨다 : The fox *took* earth. 여우는 굴로 도망쳤다.
(30) (어떤 행동)을 취하다, 하다, 행하다 ; 맹세하다 : ~ a walk 산책하다 / ~ a flight 하늘을 날다 / ~ a trip 여행하다.
(31) 《~+目/ +目+前+名》(견해·주의·태도)를 가지다, 취하다 ; (항쟁·쟁의 따위에서) …측에 편들다 : ~ a gloomy view 비관적 견해를 가지다/ ~ one's stand *on*... …을 주장하다 / ~ a person's side 아무에게 편들다.
(32) 《~+目/ +目+前+名》(호감·나쁜 감정)을 일으키다, 느끼다, 품다 : ~ a dislike 싫어지다 / ~ a fancy 좋아지다《*to*》.
(33) 《~+目+副/ +目+補/ +目+*to* be 補/ +目+前+名/ +目+*as* 補》(좋게 또는 나쁘게) 받아들이다, 이해하다, …라고 생각〈간주〉하다, 믿다.
(34) 《~+目/ +目+前+名/ +目+副》…을 쓰다, 적다, 녹음하다; (사진)을 찍다, 사진으로 찍다 ; (초상)을 그리다 : They *took* notes of his speech. 그들은 그의 연설을 노트했다.
(35) …을 재다, 측정치를 내다 ; 조사하다, 사정(査定)하다 : ~ a poll 여론 조사를 하다 / ~ stock 재고를 조사하다.
(36) 《俗》…을 속이다(cheat) ; 속여서 …을 빼앗다.
(37) 《~+目/ +目+前+名/ +目+補》(병 등)에 걸리다 ; 〔受動으로〕(병 따위)가 침범하다 ; (불이) 붙다, 타다 : Plague ~ him! 염병할 놈!.
— *vi.* (1) (불이) 붙다.
(2) 《+前+名》(효과·가치 따위를) 감하다, 덜다 (명성 따위를) 해치다《*from*》 : Such weaknesses do not ~ *from* the value of the book. 그런 결함들이 있다고 해서 그 책의 가치가 덜해지는 것은 아니다.
(3) 《~/ +副》(뿌리가) 내리다 ; (색깔이) 잘 들다 ; (효과가) 나다, (약이) 듣다, (우두 따위가) 잘 되다 : The vaccination did not ~. 백신 주사는 효력이 없었다.
(4) 《~/ 前+名》인기를 얻다, 받다; The play *took from* its first performance. 연극은 첫 공연부터 인기를 얻었다.
(5) 《+前+名》나아가다, 진행하다, 가다《*across* ; *down* ; *over* ; *after* ; *to*》 : ~ *across* the field 들을 가다.
(6) 《+副》《口》(사진으로) 찍히다.
(7) 《+補》《口》(병에) 걸리다.
be taken aback 어안이 벙벙해지다 ; 허를 찔리다. ***have what it ~s*** 성공에 필요한 소질이 갖추어져 있다. ***~ a backseat*** ⇨BACKSEAT. ***~ after*** 1) …을 닮다. 2) …을 본받다, 흉내내다. 3) …을 뒤쫓다, …을 추적〈미행〉하다. ***~ against*** …반대〈반항〉하다, …에 반감을 품다. ***~ along with*** …을 같이 데리고 가다, 휴대하다. ***~ apart*** (기계 따위를) 분해하다 ; 분석하다 ; 혹평하다 ; 훑닦다. ***~ at*** a person***'s word*** 아무의 말대로 받아들이다. ***~ away*** 1) 나르다, 옮기다. 2) 줄이다, 덜다 ; 제거하다 : ~ *away* from …의 효과〈가치〉를 줄이다. 3) 식탁을 치우다. 4) 물러 가다. ***~ back*** 1) 도로 찾다. 2) (약속 따위)를 취소하다, 철회하다 : ~ *back* what one said 말을 취소하다. 3)(옛날)을 회상시키다. ~ a person ***before*** 아무를 …에 출두시키다. ***~ captive*** ⇨ CAPTIVE. ***~ down*** 1) 내리다, 낮추다 : ~ *down* a baggage from the shelf 선반에서 가방을 내리다. 2) 콧대를 꺾어주다, 비난〈욕〉하다. 3) (집 따위)를 헐다. 4) (머리)를 풀다. 5)적어 놓다, 써 두다, 녹음하다(record). 6) (겨우) 삼키다. 7) 분해〈해체〉하다, 해판(解版)하다. (8) 〔受動으로〕(병 따위로) 쓰러지다《*with*》 : He was *taken down with* the flu. 그는 독감으로 쓰러졌다. ***~for*** 1) …로 잘못 알다, …라고 생각하다. 2) 【稀】…을 편들다, …을 지지하다. ***~ from*** 1) …을 줄이다. (무게·가치 따위)를 덜다, 떨어뜨리다 ~from his credit 그의 신용을 떨어뜨리다 ; (흥미 따위)를 잡치다. (2) …에게서 이어받다 ; …에서 끌어내다 : ~ one's good looks *from* one's mother 어머니의 미모를 이어 받다. ***~ in*** 1) 받아들이다, 끌어들이다. 2) (짐·손님을) 싣다, 적재하다 ; 수용하다. 3) 묵게 하다, (하숙인을) 치다. 4)(빨래·바느질감 등을) 내직으로서 맡다. 5) 《英》(신문 등을) 받아보다, 구독하다 : ~ *in* the weekly 주간지를 보다. 6) (여성을) 객실에서 식당으로 안내하다 ; 경찰에 연행하다. 7) 납득하다, 이해하다. 8) (옷의) 기장을 줄이다 :~ *in* a dress 옷을 줄이다. 9) (돛을) 접다. 10) 뚫어지게 보다, 눈여겨보다, 잘 관찰하다. 11) 〔종종 受動으로〕…을 기만하다, 속이다. ***~ it*** 1) 믿다 ; 받아들이다 ; …로 이해하다 ; 생각하다《*that*》. 2) 〔흔히 can (not)과 함께〕《口》벌〈고생, 공격〉을 견디다, 벌을 받다. ***~ it easy*** ⇨ EASY. ***~it hard*** 걱정하다, 신경을 쓰다, 비관하다, 기가 죽다 ***~it on*** 《美俗》게걸스럽게 먹다. ***~ it on*** 〈***upon***〉 one***self to*** do 결단을 내리고 …하다 ; …할 책임을 떠맡다. ***~ it or leave it*** 그대로 받아들이든지 말든지 하다. ***~ it out of*** a person 아무를 못살게 굴다, 괴롭히다 ; 지치게 하다 ; 아무에게 분풀이하다. ***~ it out on*** …에게 마구 호통치다《분풀이의 대상으로서》. ***~ it that...*** …라고 믿다〈생각하다〉 : I ~ *it that* we are to come early. 우리는 일찍 오지 않으면 안 된다고 생각합니다. ***~... lying down*** (모욕 따위를) 감수하다. ***Take my word for it.*** 내 말은 정말이야. ***taken*** (***it***) ***altogether*** 전체적으로 보면, 대체로. ***~ off*** 1) (모자·옷 따위를) 벗다. 〖opp.〗 *put on*. 「~ *off* one's hat모자를 벗다. 2) …에서 떼어내다〈벗기다〉 ; (손발 따위를) 절단하다 ; …에서 제거하다. (채중·무게를) 줄이다 ; (근무 등에서) 빼다 ; (주의를) 딴 데로 돌리다. 3) 옮기다, 이송하다, 데리고 가다《*to*》. 4) (…의 상연을) 중지하다 ; (손·브레이크를) 놓다 ; (휴가로서) 일을 쉬다. 5) (값 따위를) 깍다, 할인하다. 6) 베끼다, 박아〈찍어〉내다, 카피하다. 7) 《口》흉내내다, 놀려 주다, 8) 마셔 버리다. 9) (병이) …의 생명을 빼앗다, (자객이) 죽이다. 10) 날아오르다, 이륙하다. 11) 떠나가다, 출발하다 ; 물러나다. 12) (조수가) 빠지다 ;(바람이) 자다, 잔잔해지

다. (비가) 그치다. 13) (경기 따위가) 상승하기 시작하다. (상품이) 잘 팔리다. 14) 쫓아가다《*after*》. 15) (가치 따위를) 감하다. 16) (본류 · 간선 따위에서) 갈라지다 ; …에 유래하다《*from*》. ***~ on*** 1) …을 고용하다(hire) ; 한패로 끼우다. 2) (일 등)을 떠맡다 ; (책임을) 지다. 3) …에 도전하다, 덤벼들다(경기 따위에서) 다투다《*at*》. 4) (성질 · 형태 · 모양 따위를) 몸에 익히다〈지니다〉, (성질을) 띠다(assume) ; 흉내내다 ; (뜻을) 갖게 되다(acquire) ;《美口》 뻐기다, 으스대다. 5) (살이) 오르다, (몸이) 좋아지다. 6)《口》 흥분하다 ; 비탄에 잠기다. 7) (인기)를 얻다. 8) (손님)을 태우다, (짐)을 싣다. ***~ or leave*** (즉석의 판단 · 기호로) …을 인정하거나 말거나의 태도를 정하다 ; 다소의 차이는〈과부족은〉 있는 것으로 치고(give or take). ***~ out*** 1) …을 꺼내다, 끄집어내다, 공제하다, 제외하다. 2)《美》 (음식을 식당)에서 사 갖고 가다 ; (산책 · 영화 등)에 데리고 나가다 ; (경기 따위)에 불러내다. 3) (이 · 얼룩 따위)를 빼다, 제거하다. 4) (전매권 보험 · 면허장 따위)를 획득하다, 받다, (보험)에 들다. 5) (서적 따위)를 대출하다 ; 베끼다, 발췌하다. 6)《口》 (여성)을 식당으로〈무도실로〉 안내하다. 7) …을 파괴하다, …의 기능을 마비시키다. 8) 나가다 ; 달려가다, 쫓아가다《*after*》. ***~... out of*** …을 …에서 빼내다, 제거하다 ; 데리고 나오다 ; …에서 …를 빌려오다. ~ a person ***out of*** him***self*** 아무에게 기분전환을 시키다〈근심을 잊게 하다〉. ***~ over*** (*vt.*) 1) …을 이어〈인계〉받다, 양도받다 ; 접수하다. 2) …을 차용〈채용, 모방〉하다. (*vi.*) 뒤를 이어 받다《*from*》. ***~ place*** 일어나다. ~ one***self away*** 〈***off***〉 물러가다, 떠나가다. ***~ shape*** 모양을 갖추다, 윤곽이 잡히다 ; 실현되다. ~ one***'s life in*** one***'s hands*** 생명의 위험을 무릅쓰다. ~ one***'s life upon*** …에 목숨을 걸고 덤벼들다, 생명을 바쳐서 …을 하다. ~ one***'s time*** 시간을 들이다, 서두르지 않다. ***~ the fifth*** 〈***Fifth***〉《美口》 1) (법정에서) 자신에게 불리한 증언을 거부하다. 2) 〔一般的〕 대답을 거부(拒否)하다. 【cf.】 Fifth Amendment. ***~ to*** 1) …이 좋아지다, …을 따르다. 2) …에 가다 : ~ *to* one's bed 자리에 눕다. 3) …에 의지하다, …에 호소하다 : ~ *to* violence 폭력에 호소하다. ***~ up*** 1)집어(들어) 올리다, 손에 쥐다, 주워 올리다 ; (화제 · 주제 따위로) 채택하다. 2) (시간 · 장소 따위)를 잡다, 차지하다, (마음 · 주의 등)을 끌다. 3) (손님)을 잡다, 태우다, (배가 짐)을 싣다. 4) 보호〈비호〉하다 ; 후원〈원조〉하다. 5) …을 체포하다, 구인(拘引)하다, 연행하다. 6) 흡수하다. 7) …의 말을 가로막다 ; …에게 질문하다, 꾸짖다, 비난하다. 8) (주문 · 도전 · 내기에) 응하다 ; (어음을) 인수〈지급〉하다, 다 갚다. 9) (옷을) 줄이다, (실패 · 릴 등이 실 · 테이프 따위)를 감다 ; 줄다, 줄어들다. 10) (꿀벌을) 그을려 죽이다《꿀 채취를 위해》. 11) …을 용해하다. 12) (기부금 따위)를 모금하다 : ~ *up* a collection 헌금을 모으다. 13) (문제 따위)를 취급하다, 처리하다 ; (태도를) 취하다. 14) (익살 등)을 이해하다. 15) (날씨)가 회복되다. 16) 재개하다 ; (수업 따위)가 시작되다. ***~ up for*** …의 편을 들다. ***~ upon*** 〈***on***〉 one***self*** 1) (책임 따위)를 지다, 떠맡다. 2) (~ (it) upon 〈on〉 oneself *to* do로) …함을 자기 책임으로〈의무로〉 하다 ; …하기를 스스로 정하다〈시작하다〉. 3) (모습 · 성질 등)을 가장하다, 꾸며 보이다. ***~ up with*** (1) (아무)와 친해지다, 친밀해지다. (2) …에 흥미를〈관심을〉 갖다. ***You can ~ that*** 〈***your...***〉 ***and....*** 그런 것〈…〉 따위는 멋대로 해라〈똥이나 먹어라〉. (3) (학대등)을 참다. (4) (학설등)에 동조하다.

— *n.* ⓒ (1) (흔히 *sing.*) 포획량, 고기잡이, 사냥 : the day's ~ 그날의 포획고. (2) (흔히 *sing.*) 매상고, (입장권의) 판매액 ; 총징수액 : the tax ~ last year작년의 세수액(稅收額). (3) (흔히 *sing.* (수익이나, (내기로) 건 돈에 대한) 분배 몫 배당. (4) 【映 · TV】 한 장면, 한 샷. ***on the ~***《美俗》(뇌물 따위를 받을) 기회를 노리고.

take·in [´ìn] *n.* ⓒⓤ《口》 협잡, 사기 ; 엉터리 ; 사기꾼.

:tak·en [téikən] TAKE의 과거분사.

take·off [téikɔ̀(:)f, -ɑ̀f] *n.* (1) ⓒ《口》 (풍자적인) 흉내 ; 만화, 희화화(戲畵化)《*on* ; *of*》 She did a marvelous ~ *of* the Queen. 그녀는 기막히게 여왕 흉내를 냈다. (2) ⓤⓒ 【空】 (비행기 등의) 이륙.

take·out [´àut] *a.* 〔限定約〕《美》 (요리 따위) 가지고 가는 : two ~ coffees 사 가지고 가는 두 잔의 커피《뚜껑 있는 종이 컵을 이용함》.

— *n.* ⓒ《美》 집에 사가지고 가는 요리(를 파는 가게)(《英》takeaway).

take·o·ver [´òuvər] *n.* ⓤⓒ 인계, 인수, (관리 · 지배 · 소유 등의) 인수, 매수.

tak·er [téikər] *n.* ⓒ (1) 수취인. (2) 잡는 사람, 포획자. (3) 구독자. (4)내기〈도전〉에 응하는 사람.

***tak·ing** [téikiŋ] *a.* (1)《英口》 옮는, 전염하는 : a ~ disease 전염병. (2) 매력〈애교〉 있는(attractive) : a ~ girl 〈smile〉 매력 있는 아가씨〈미소〉. — *n.* (1) ⓤ 획득. (2) ⓒ 어획고, 포획고. (3) (*pl.*) 매상고, 소득, 수입.

talc [tælk] *n.* ⓤ (1)=TALCUM POWDER. (2) 탤크, 활석.

tal·cum [tǽlkəm] *n.* =TALC.

tálcum pòwder 탤컴 파우더《활석 가루에 붕산(硼酸) · 향료를 넣은 화장품:면도 후 사용》.

:tale [teil] *n.* ⓒ (1) 꾸민 이야기, 거짓말 ; a tall ~ 허풍. (2) 이야기, 설화. 【cf.】 narrative. 「a fairy ~ 옛 이야기. (3) (종종 *pl.*) 소문 ; 중상, 고자질 : tell〈carry〉 ~*s* 고자질하다, 남의 소문을 퍼뜨리다 ; 비밀을 누설하다. ▫ tell *v.* ***(and) thereby hangs a~*** (그래서) 거기엔 좀 재미있는 이야기가〈까닭이〉 있다. (4) 계산 ; 총액: the shepherd tells his~ 양치기가 양의 머릿수를 세다.

tale·bear·er [téilbὲərər] *n.* ⓒ 고자질 잘하는 사람 ; 남의 나쁜 소문을 퍼뜨리는 사람.

:tal·ent [tǽlənt] *n.* (1) ⓤ 〔集合約 : 單·複數 취급〕 재주있는 사람(들), 인재 ; ⓒ (개인으로서의) 탤 트, 예능인 : scout musical ~ 유능한 음악가를 스카우트하다. (2) ⓤ (또는 a ~) (타고난) 재주, 재능·재간, 수완, 솜씨《*for*》 : have *a* ~ *for* music 음악의 재능이 있다. (3) ⓒ 탤런트《옛 그리스 · 로마 헤브라이의 무게 · 화폐의 단위》. (4) ⓤ 〔集合的:單 · 複數 취급〕성적 매력이 있는 여성(들). ***hide*** one***'s ~s in a napkin*** 【聖】 자기의 재능을 썩이다《마태복음 XXV:15》..

tal·ent·ed [tǽləntid] *a.*유능한 ; 재주있는.

tal·ent·less [tǽləntlis] *a.* 무능한.

tálent scòut ‹spòtter› 탤런트 스카우트, (운동 · 예능계 따위의) 신인발굴 담당자.

tales·man [téilzmən, -liːz-] (*pl.* ***-men*** [-mən]) *n.* ⓒ 보결 배심원《방청인 중에서 선출》.

tale·tell·er [téiltèlər] *n.* ⓒ 이야기하는 사람.

ta·li [téilai] TALUS의 복수.

tal·is·man [tǽlismən, -iz-] (*pl.* ***~s***) *n.* ⓒ (1)불가사의한 힘이 있는 것. (2) 호부(護符), 부적.

:talk [tɔːk] *vi.* (1)《+前+名/ +副》(…와 이야기를

나누다. 의논하다. 상담하다《*together* ; *with* ; *to*》: I'll ~ *to* you later. 나중 이야기 해주마.
(2)《~/ +前+名》말하다 ; (…와) 이야기하다《*to* ; *with* ; *on*》; 강연하다《*on* ; *to*》: Our child is learning to ~. 우리 아이는 (요즘) 말을 하기 시작했다.
(3)《~/ +前+名》객쩍은 소리를〈소문을, 험담을, 비밀을〉지껄이다《*of*》: She ~*s* too much. 그녀는 쓸데없는 말을 너무 한다.
(4)《+前+名》훈계〈충고〉하다, 불평을 말하다《*to*》.
(5)《~/ +前+名》(몸짓 따위로) 의사를 소통하다《by》; (무선으로) 교신하다《*with*》: ~ *by* signs 손짓으로 이야기하다.
(6) 자백하다, 입을 열다.
— vt. (1) a] …을 말하다, 이야기하다 ; 논하다 : ~ rubbish 〈nonsense〉 쓸데없는〈바보 같은〉 말을 하다 / ~ politics 정치를 논(論)하다. b] (외국어 등)을 말하다. (2)《+目+副/ +目+補/+目+前+名》…에게 말하여 …시키다《*into* do*ing* ; *away*》; …에게 말하여 …되게 하다 ; 말하여 …하지 않도록 하다《*out of* do*ing*》.
(3) 이야기 하여(시간)을 보내다.
be* 〈*get* one*self*〉 *~ed about 소문거리가 되다 You'll *get yourself ~ed about* if you behave badly. 행동을 조심하지 않으면 평판이 나빠진다. ***know what*** one ***is ~ing about*** …에 정통해 있다, 전문적이다. ***Now you're ~ing!*** 《口》 그렇다면 말이 통한다. ***~ about*** 1) …에 대하여 말하다, …을 논하다. 2) 〔命令形〕《口》…란 (바로)이거야.〔反語的〕…라니 (말도 안 돼). ***~ against*** a person 아무의 욕을 하다. ***~ around*** 1) …을 에둘러 말하다. 2) …을 설득하다. ***~*** a person ***around*** 아무를 설득하다, 설득시켜 (…에) 동조케 하다《*to*》. ***~ at*** a person 아무에게 빗대어 말하다 ; …에게 일방적으로 말하다. ***~ away*** 1)이야기로 시간을 보내다 : ~ away an evening 저녁을 이야기로 보내다. 2) 지껄이다, 수다떨다. ***~baby*** 아기의 말투로 말하다 ; 아기에게 하듯이 말하다. ***~back*** 말대꾸하다《*to*》: Don't ~ *back* to me. 말대꾸하지 마. ***~ big*** 《口》 큰소리치다, 허풍떨다. ***~ down*** 1) (상대를) 말로 꼼짝 못하게 하다, 큰 목소리로 압도하다. 2) 대수롭지 않은 일이라고 말하다 (belittle). 3) **[空]** (야간이나 안개가 짙을 때 무전으로) …의 착륙을 유도하다. ***~ from the point*** 빗나간 이야기를 하다, 탈선하다. ***~ing* 〈*speaking*〉 *of*** …으로 말하자면, …의 이야기가 났으니 말인데. ***~ of*** …에 관하여 이야기하다, …의 소문을 이야기하다, …할 생각이라고 말하다. ***~ out*** (1) 끝까지 이야기하다. (2) 《英》 (의안을) 폐회시간까지 토의를 끌어서 의안을 폐기시키다. ***~ over*** 1) …을 설득하다. (2) …에 관해서 상담〈이야기〉하다《*with*》. ***~ over*** a person***'s head*** 아무가 이해 하기 힘든 말로 이야기하다. ***~ round*** = ~ around. ~ one***self out of breath*** 너무 지껄여서 숨이 차다. ***~ sense*** 지당한 말을 하다. ***~ shop*** 남이 좋아하건 말건 자기 장사〈직업〉 얘기만하다. ***~ tall*** 흰소리치다, 허풍떨다. ***~ through*** one***'s hat*** ⇨ HAT. ***~ to*** 1) …에게 말을 걸다, …와 말하다. 2) 《口》 …에게 따지다, …을 꾸짖다(reprove). 3) …을 훈계하다, …에게 충고하다. ***~ to death*** 1)《口》 쉴새 없이 지껄이다. 2)=~ out 2). ***~ to*** one***self*** 혼잣말을 하다. 【cf.】 SAY to oneself. ***~ turkey*** 《美》 있는 그대로의 사실을 말하다. ***~ with*** …와 이야기 〈의논〉하다 ; …을 설득시키려고 하다.
— *n*. (1) ⓒ 이야기, 담화, 좌담, 회화 : I want to have a long ~ with you. 너와 찬찬히 이야기를 좀 하고싶다. (2) ⓒ (종종 *pl.*) 협의, 의논;회담, 담판. (3) ⓒ (짧은) 강연, 강의. (4) ⓤ 풍설, 소문, 알림. (5) (the ~) 화제, 얘깃거리《*of*》. (6) ⓤ 공론, 객담 : He's all ~ 그는 말뿐이다. (7) ⓤ (또는 a~) 말투, 말씨 ; (특수사회의) 말, 용어 ; 사람의 말 비슷한 (울음) 소리. ***big* 〈*tall*〉 *~*** 《俗》 허풍.

talk·a·thon [tɔ́:kəθɑ̀n/ -θɔ̀n] *n*. ⓒ 《美》 (TV · 의회 등에서의) 장시간의 토론(회)〈연설〉. 〔◁ *talk*+mar*athon*〕

***talk·a·tive** [tɔ́:kətiv] *a*. 수다스러운, 이야기하기 좋아하는, 말많은. 【opp.】 *taciturn*. 파) **~ •ly** *ad*. **~ •ness** *n*.

***talk·er** [tɔ́:kər] *n*. ⓒ (1) 말하는 새《구관조 · 앵무새 따위》. (2) 이야기하는 사람 : a good ~ 말 잘하는 사람 / I'm s poor ~. 나는 말 솜씨가 없다.

***talk·ie** [tɔ́:ki] *n*. ⓒ (1) 《美口》 토키(talking film), 발성영화. (2) (제2차 대전 때의) 휴대용 무선 전화.

:talk·ing [tɔ́:kiŋ] *a*. 표정이 있는 ; 말을 하는《눈따위》 a ~ doll 말하는 인형 / ~ eyes 표정이 있는〈으로 말하는〉 눈. — *n*. ⓤ 담화, 말하기 : do the ~ 대변(代辯)하다.

tálking bòok 맹인용의 녹음책.

tálking hèad (영화 · 텔레비전에서 화면에 등장하여) 말하는 사람.

tálking pòint (1) 화제(topic). (2) (논의 · 토론 따위에서) 한 쪽에 유리한 점〈사실〉, 논점(論點).

talk·ing-to [tɔ́:kiŋtù:] (*pl*. ***~s***) *n*. ⓒ 《口》 잔소리, 꾸지람.

talky [tɔ́:ki] (***talk•i•er ; talk•i•est***) *a*. (1) (소설 · 극 등이) 대화가 너무 많은. (2) 수다 스러운.

:tall [tɔ:l] (***~·er ; ~·est***) *a*. (1) 〔흔히 數詞를 동반하여〕 높이〈키〉가 …인. (2) 키 큰. 【opp.】 *short*. (3) 《口》 터무니없는 ; 과장된, 믿어지지 않는 : a ~ order 터무니없는 요구.
— (***~ •er ; ~ •est***) *ad* .《口》 (1) 의기양양하게 : walk ~ 의기양양하게 걷다. (2)과장하여:talk ~ 허풍(을) 떨다. walk ~뻐기며 걷다.

tall·ish [tɔ́:liʃ] *a*. 키가 큰 편인, 키가 좀 큰.

***tal·low** [tǽlou] *n*. ⓤ 수지(獸脂), 쇠〈양〉기름 : a ~ candle 수지양초 / beef ~ 쇠기름.

tal·lowy [tǽloui] *a*. (1) 창백한. (2) 수지(獸脂)(질)의, 기름기의;수지 같은.

tal·ly [tǽli] *n*. ⓒ (1) 계산서, 장부, 득점표〈판〉. (2) 부절(符節), 부신(符信). (3) a] 계정, 계산 ; (금액 등의) 기록. b] 《口》 득점, 스코어 ; 득표 : make〈earn〉 a ~ in a game 경기에서 득점하다. (4) (물건이름을 쓴) 이름표, 명찰. (5) 싹의 한 쪽 ; 일치, 부합.
— *vt*. (1) …을 계산하다. (2) …을 득점하다. — *vi*. (1) 《~/ +前+名》 일치하다《*with*》. (2) (경기에서) 득점하다. ~up 〈out〉 ~을 총계하다.

tal·ly·ho [tæ̀lihóu] *int*. 쉭쉭《사냥개를 부추기는 소리》. — (*p., pp.* ***-hoed ; -ho'd ; -ho•ing***) *vi*. (사냥개를) 쉭쉭하고 부추기다. — (*pl*. ***~s***) *n*. ⓒ 쉭쉭(소리).

tal·ly·man [tǽlimən] (*pl*. ***-men*** [-mən]) *n*. ⓒ (1) (하역 등의) 계수원. (2) 《英》할부 판매인.

tálly shèet 점수〈계산〉 기록 용지.

Tal·mud [tɑ́:lmud, tǽl-] *n*. (the ~) 탈무드《해설을 붙인 유대교의 율법 및 전설집》. 「발톱.

tal·on [tǽlən] *n*. ⓒ (독수리 같은 맹금(猛禽)의)

T

ta·lus [téiləs] (*pl.* ***-li*** [-lai]) *n.* ⓒ 【解】 복사뼈 (ankle) ; 거골(距骨).
tam·a·ble [téiməbəl] a. 길들일 수 있는.
tam·a·rin [tǽmərin, -rὲn] *n.* ⓒ 【動】 타마린《엄니가 긴 명주원숭이의 일종;남아메리카산》.
tam·a·rind [tǽmərind] *n.* (1) ⓤ 그 열매《약용 · 요리용》. (2) ⓒ 【植】 타마린드《열대산 콩과의 상록수》.
tam·a·risk[tǽmərisk] *n.* ⓒ 【植】 위성류(渭城柳).
tam·bour [tǽmbuər] *n.* ⓒ (1) (둥근) 수틀 ; 수놓은 물건. (2) (저음의) 큰 북. (3)(캐비닛 등의) 사슬문(門).
tam·bou·rine [tæ̀mbəríːn] *n.* ⓒ 【樂】 탬버린.
:tame [teim] *a.* (1) (사람 · 성격 등이) 온순한, 유순한 ; 패기 없는, 무기력한. (2) 길든, 길러 길들인. 【opp.】 *wild.* 「 a ~ porpoise〈animal〉 길든 돌고래〈동물〉. (3) 재미가 없는, 단조로운, 생기가 없는 : a ~ baseball match 박력 없는 야구경기 / a ~ resort 보잘것없는 피서지〈피한지〉. (4) 《美》 a〕 (식물이, 야생이 아니고) 재배된. b〕 (토지 따위가, 자연 그대로가 아니고) 경작된, 기경(起耕)된.
— *vt.* (1) (짐승)을 길들이다 : ~ a lion 사자를 길들이다. (2) (사람)를 복종시키다, 따르게 하다. (3) (사람의 용기 · 정열 등)을 꺾다, 약화시키다 : ~ one's temper 성질을 죽이다〈억누르다〉. (4) (자연 · 자원 등)을 이용할 수 있도록 관리〈통제〉하다. 파) **~•a·ble** *a.* =TAMABLE. **~•ly** *ad.* **~•ness** *n.*
tam·er [téimər] *n.* ⓒ (야수(野獸) 등을) 조련사, 길들이는 사람 : a lion- ~ 사자 조련사.
tam-o'-shan·ter [tǽməʃǽntər, ⌐-⌐-] *n.* ⓒ 태머샌터《스코틀랜드 사람이 쓰는 베레모》..
〔◁ R. Burns의 시(詩)의 주인공 이름에서〕
tamp [tæmp] *vt.* (1) (담뱃대에 담배)를 재다《*down*》. (2) (화약을 재고 그 발파공 입구)를 진흙〈모래 따위〉로 틀어막다《폭발력을 세게 하기 위해》.
tam·per [tǽmpər] *vi.* (1) 함부로 만지작거리다 : 멋대로 개봉하다《*with*》. (2) (원문 · 서류 등을) 함부로 고치다《*with*》 : ~ *with* a document 문서를 멋대로 고치다.
tam·per-ev·i·dent [tǽmpərèvidənt] *a.* 손댄 〈조작된, 개봉한〉 흔적이 역역히 알 수 있게 고안된.
tam·per·proof [tǽmpərprùːf] *a.* (용기 · 포장 등이) 함부로 만지작거리거나 개봉할 수 없게 된.
tam·pi·on, tom- [tǽmpiən], [tɑ́m-/ tɔ́m-] *n.* ⓒ (총구 · 포구의)나무마개.
tam·pon [tǽmpɑn/ -pɔn] *n.* ⓒ 【外科】 탐폰, 지혈(止血)마개.
tan** [tæn] (-nn-***) *vt.* (1) (피부)를 햇볕에 태우다 : ~ the skin on the beach 물가에서 피부를 태우다. (2) (가죽)을 무두질하다 : ~*ned* leather 무두질한 가죽. (3) 《口》 …을 후려갈기다, 때리다 ;매질하다. — *vi.* 볕에 타다. **~** a person**'s hide** 아무를 호되게 갈기다.
— *n.* (1) ⓒ (피부가) 햇볕에 탐, 햇볕에 탄 빛깔 : get a ~ 피부가 햇볕에 타다. (2) ⓤ 황갈색. — *a.* 황갈색의 : ~ shoes 황갈색 구두.
tan·a·gar [tǽnidʒər] *n.* ⓒ 【鳥】 풍금조《아메리카산》.
tan·dem [tǽndəm] *ad.* (1) (자전거가) 두 개(이상)의 좌석이 세로로 나란히 되어 있어 : ride ~ (자전거에) 두 사람(이상)이 앞뒤에 타다. (2) (말 두 필이) 세로로 나란히 서서.
— *a.* 세로 나란히 선 ; 두 개(이상)의 좌석이 세로로 늘어선 : a ~ bicycle 탠덤식〈2인승〉 자전거. — *n.* ⓒ (1) 세로 나란히 마차에 맨 두 필의 말 ; 그 마차. (2) (세로 나란히 앉는) 2인승 자전거(= **~ bícycle**). ***in ~*** 1) 세로로 1렬이 되어. 2) 협력하여《*with*》..
tang [tæŋ] *n.* (*sing.*) (1) 기미, 풍미《*of*》. (2) 싸한 〈톡쏘는〉맛 ;톡 쏘는 냄새《*of*》 : the ~ *of* the sea air 바닷 바람의 싸한 냄새.
tan·gen·cy [tǽndʒənsi] *n.* ⓤ 접촉.
tan·gent [tǽndʒənt] *a.* (한 점에서), 접하는 ; 접선의 접촉하는 ; 정접(正接)하는《*to*》. — *n.* ⓒ 【數】 접선 ; 정접(正接), 탄젠트《略 :t an》. ***fly 〈go〉 off at 〈on〉 a ~*** 《口》 갑자기 옆길로 새다, 방침〈생각〉을 느닷없이 바꾸다.
tan·gen·tial [tændʒénʃəl] *a.* (1) (이야기 등이) 옆길로 새는, 탈선적인. (2) 【數】 접선의, 접하는 ;정접(正接)의. 파) **~•ly** [-ʃəli] *ad.*
tan·gi·bil·i·ty [tæ̀ndʒəbíləti] *n.* ⓤ (1) 명백, 확실; 현실성. (2) 만져서 감지할 수 있음.
***tan·gi·ble** [tǽndʒəbəl] *a.* (1) 확실한, 명백한, 현실의. (2) 만져서 알 수 있는 ; 실체적인, 유형의 : ~ assets (회사의) 유체 자산. 파) **-bly** *ad.* 만져 알 수 있게 ; 명백히.
~•ness *n.*
tan·gle¹** [tǽŋgəl] *vt.* (1) (일)을 꼬이게 하다, 혼란시키다. (2) 《~+目/ +目+前+名》〔종종 受動으로〕… 을 엉키게 하다, 얽히게 하다《*with*》. (3) 《~+目+前+名》 (함정)에 빠뜨리다, (사람을 논쟁 · 혼란 등)에 말려들게 하다《*in*》. — *vi.* (1) 엉키다, 얽히다 : The fishing line ~*d* every time he cast. 던질 때마다 낚시줄이 엉켰다. (2) 혼란에 빠지다 ; 연루되다, 언걸먹다. (3) 《口》 …와 다투다, 티격태격하다《*with*》. — *n.* ⓒ (1) 엉킴, 얽힘 : This string is all in a ~. 이 실은 완전히 얽혀 있다. (2) 혼란, 혼잡, 분규. (3) 《口》 말다툼, 격론, 다툼. ***in a ~ 혼란하여 ; 뒤얽혀.
tan·gle² *n.* ⓒ 다시마류(類).
tan·gly [tǽŋgli] *a.* 뒤얽힌, 엉킨 ; 혼란한.
tan·go [tǽŋgou] (*pl.* ***~s***) *n.* (1) ⓤⓒ 탱고 곡〈음악〉. (2) ⓒ 탱고《남아메리카의 춤》 dance 〈do〉 the ~ 탱고를 추다. — *vi.* 탱고를 추다.
tangy [tǽŋi] (***tang·i·er ; -i·est***) *a.* (냄새가) 코를 쏘는 ; (맛이) 싸한. 파) **tang·i·ness** *n.*
:tank [tæŋk] *n.* ⓒ (1) 전차(戰車), 탱크 : a female〈male〉 ~ =a light 〈heavy〉 ~ 경〈중〉전차. (2) (물 · 기름 · 가스 등의) 탱크, 수조(水槽);유조(油槽) : ~*s* for storing oil 석유 저장 탱크. (3) 《美俗》 (교도소의) 혼거(混居) 감방.
— *vt.* (1) …을 탱크에 넣다〈저장하다〉. (2) 《口》〔흔히 受動으로〕몹시 취하다《*up*》 : get ~*ed up* 잔뜩 취하다.
— *vi.* 《口》 술을 진탕 마시다, 폭음하다.
***tank·er** [tǽŋkər] *n.* ⓒ (1) (휘발유 등 수송용) 탱크차. (2) 유조선, 탱커 (3) 【空】 (공중) 급유기.
tánk fàrm 석유 저장〈탱크 집합〉 지역.
tánk tòwn 《美》 (보잘것 없는) 작은 마을《전에 증기 기관차가 급수를 위해 정차한 데서》.
tánk tràiler (석유 · 가스 수송용)탱크 트레일러.
tánk tràp 대전차 장애물〈호(壕)〉.
tánk trùck 《美》(휘발유 등 수송용) 탱크차.
tan·ner [tǽnər] *n.* ⓒ 제혁(製革)업자.
tan·nery [tǽnəri] *n.* ⓒ (1) 무두질 공장. (2)무두질(법).
tan·nic [tǽnik] *a.* 타닌에서 얻은 ~ acid 【化】 타닌산(酸) ; 타닌(성)의.
tan·nin [tǽnin] *n.* ⓤ 【化】 타닌(산).

tan·ning [tǽniŋ] *n.* (1) ⓤ 볕에 탐. (2) ⓤ 무두질, 제혁(법). (3) ⓒ《口》매질 : give〈get〉 a ~ 매를 때리다〈맞다〉.

tan·sy [tǽnzi] *n.* (1) ⓤ 그 잎《약용·요리용》. (2) ⓒ 【植】 쑥국화.

tan·ta·lize [tǽntəlàiz] *vt.* (보여 주거나 헛된 기대를 갖게 하여) …을 감질나게 해서 괴롭히다. 【cf.】 Tantalus. 〔◁ *Tantal*us+*ize*〕. 파) **-liz•er** *n.* **tàn•ta•li•zá•tion** [-lizéiʃən] *n.*

tan·ta·liz·ing [tǽntəlàiziŋ] *a.* 감질나게 하는, 안타까운 : a ~ smell of food 군침이 돌게 하는 음식 냄새. 파) **~•ly** *ad.*

tan·ta·lum [tǽntələm] *n.* ⓤ 【化】 탄탈《희유 금속 원소 ; 번호 73 ; 기호 Ta ; 백금 대용품》.

tan·ta·mount [tǽntəmàunt] *a.* 〔補語로서〕 같은, 동등한, 상당하는(equal)《*to*》..

tan·ta·ra [tǽntərə, tæntɑ́:rə, tæntǽtə] *n.* ⓒ (1) 〔一般的〕. (2) 과 같은 소리. [lmit.] (2) 나팔〈뿔피리〉의 취주(소리).

tan·trum [tǽntrəm] *n.* ⓒ 울화, 불끈하기.

Ta·o·ism [tɑ́:ouìzəm, táuizəm, dáu-] *n.* ⓤ (노자가 제창한) 도교(道敎). 〔◁ 중국어 '道'+*ism*〕

Ta·o·ist [tɑ́:ouist, táu-, dáu-] *n.* ⓒ 도사, 도교 신봉자. — *a.* 도교의 ; 도교 신(봉)자의, 도사의.

***tap**[1] [tæp] (**-pp-**) *vt.* (1)《~+目/ +目+前+名》 …을 가볍게 두드려서 …하다 : ~ ashes *out of* a pipe 파이프의 재를 탁탁 털어내다. (2)《~+目/ +目+前+名》 …을 가볍게 두드리다〈치다〉, 똑똑 두드리다《*on*》. (3)《~+目/ +目+副》 …을 가볍게 쳐서 만들다, (무전·타자기 등)을 치다《*out*》 ; 박자를 맞추다. (4)《美》(클럽 멤버로) …을 뽑다〈임명하다〉.
— *vi.* (1)《~/ +前+名》 똑똑 두드리다〈치다〉《*at* ; *on*》 ~ *on* 〈*at*〉 the door 문을 똑똑 두드리다. (2) 탭댄스를 추다. ***~up*** 문을 두드려 깨우다.
— *n.* ⓒ 가볍게 두드리기 ; 그 소리.

tap**[2] *n.* ⓒ (1)=TAPROOM. (2) (통에 달린) 주둥이, (수도 등의)꼭지(《美》faucet), (급수)전(栓), 마개 : turn the ~ on 〈off〉 꼭지를 틀어서 열다〈잠그다〉. (3) 【電】 탭《전류를 따내는 중간 접점》. (4) 방수(傍受), 도청 ; 도청 장치. ***on ~ 1)(맥주 통이) 주둥이가 달려, 꼭지가 열려. 2) 언제든지 쓸 수 있도록 준비되어.
— (**-pp-**) *vt.* (1) (통·관)에 꼭지를 달다, …의 꼭지를 따다, 용기의 꼭지를 따고 (술 따위)를 따르다 : ~ a cask of wine 포도주통의 꼭지를 따다. (2)(구멍을 뚫어) …의 수액을 받다. (3) (토지·지하자원)을 개발하다. (4) (전화선 등)에 탭을 만들고 도청하다. (5)《+目+前+名》(아무에게 돈·정보 등)을 청하다 : (아무)에게서 돈을 뜯나, 조르디.

táp dànce 탭댄스.

tap-dance [tǽpdæ̀ns, -dɑ̀:ns] *vi.* 탭댄스를 추다.

táp dàncer 탭댄서.

:tape [teip] *n.* (1) ⓤⓒ 각종 테이프《녹음·비디오·접착·절연 등》 : insulating ~ 절연 테이프/ magnetic ~ 자기(磁氣) 테이프 / adhesive ~ 접착 테이프. (2) ⓤⓒ 테이프, (납작한) 끈《짐꾸러기·양재에 쓰임》. (3) ⓒ 【競】 (결승선용) 테이프 : breast the ~ 테이프를 끊다. 1착〈등〉이 되다. (4) ⓒ 줄자(~measure). (5) ⓒ 천공 테이프《컴퓨터·전신 수신용》.
— *vt.* (1) …을 테이프로 묶다〈감다〉《*up*》 ; 테이프로 붙이다. (2)《美 》…에 반창고를 붙이다《*up*》 : The doctor ~*d up* the wound. (3) …을 테이프에 기록하다 ; 녹음〈녹화〉하다. ***have* 〈*get*〉*... ~d*** 《英口》 (사람·문제 등)을 간파하다, 충분히 이해하다 ; His wife *has* him ~*d*. 그의 아내는 그를 다루는 법을 잘 알고 있다.

tápe dèck 테이프 덱《스피커· 앰프가 없는 테이프 리코더》.

tápe mèasure 줄자.

***ta·per** [téipər] *n.* ⓒ (1) 초 먹인 심지《점화용》. (2) 양초. (3) 끝이 점점 가늘어지는 일 :pants with a slight ~ 가랑이 끝이 좁아진 바지.
— *vi.* 《~/ +副/ +前+名》 점점 가늘어지다〈뾰족해지다〉《*off* ; *away* ; *down*》 : 점점 줄다, 적어지다《*off*》 : ~ (be ~*ed*) (*off*) *to* a point 점차 가늘어져 끝이 뾰족해지다, 끝이 빨다.
— *vt.* (끝)을 가늘게 하다. ~ a stake to a fine point 말뚝 끝을 뾰족하게 하다.

tápe rèader 【컴】 테이프 판독기(判讀機).

tape-re·cord [tèiprikɔ́:rd] *vt.* …을 녹음〈녹화〉하다.

:tápe rècorder 녹음기, 테이프 리코더.

tápe recòrding (1) 녹음〈녹화〉된 곡(曲)〈화상(畵像)〉. (2) 테이프 녹음:make a ~ of …을 테이프에 녹음하다.

tap·es·tried [tǽpistrid] *a.* (1) 태피스트리로 그려진〈짜인〉. (2) 태피스트리(tapes-try)로 장식한.

***tap·es·try** [tǽpistri] *n.* ⓒⓤ (1) 태피스트리《색색의 실로 수놓은 벽걸이나 실내장식용 비단》. (2) 그런 직물의 무늬.

tápe ùnit 【컴】 테이프 장치.

tape·worm [téipwə̀:rm] *n.* ⓒ 【動】 촌충.

tap·i·o·ca [tæ̀pióukə] *n.* ⓤ 태피오카《cassava 뿌리에서 채취한 식용 녹말》.

ta·pir [téipər] (*pl.* **~, ~s**) *n.* ⓒ 【動】 맥(貊).

ta·pis [tǽpi:, -∸, tǽpis] *n.* ⓒ《F.》 ※ 다음 성구(成句)로, ***on the*** ~심의〈고려〉 중인〈에〉.

tap·ping [tǽpiŋ] *n.* ⓤⓒ (전화 등의) 도청.

tap·room [tǽprù(:)m] *n.*《英》(호텔 등의) 바.

tap·root [tǽprù:t, -rùt] *n.* ⓒ 【植】 주근(主根), 원뿌리.

tap-tap [tǽptǽp] *n.* ⓒ 똑똑 두드리는 소리.

tar**[1] [tɑ:r] n. ⓤ (1) 담뱃진. (2) 타르 ;콜타르 피치. — (**-rr-**) *vt.* …에 타르를 칠하다《*with*》. ***be ~red with the same brush* 〈*stick*〉** 남과 같은 결점이 있다. 죄는 같다. ***~ and feather a person 아무를 온 몸에 타르를 칠하고 새 털을 씌워 놓다《린치의 일종》.

tar[2] *n.* ⓒ《口》 뱃사람(jack-~), 선원.

tar·a·did·dle, tar·ra- [tǽrədìdl, ∸-∸-] *n.* ⓤⓒ 《口》 허풍, 거짓말, 허튼 소리.

tar·an·tel·la, -telle [tæ̀rəntélə], [-tél] *n.* ⓒ 타란텔라《남이탈리아의 활발한 춤》; 그 곡.

tar·an·tism [tǽrəntìzəm] *n.* ⓤ 【醫】 무도병(舞蹈病).

tar·boosh, -bush [tɑ:rbú:ʃ] *n.* ⓒ 타부시《이슬람교도 남자의 술 달린 양태 없는 빨간 모자》..

tar·brush [tɑ́:rbrʌ̀ʃ] *n.* ⓒ 타르 칠하는 솔.

***tar·dy** [dɑ́:rdi] (**-di•er ; -di•est**) *a.* (1) 지각한 : a ~ student 지각생. (2) 느린, 완만한 ; 늦은, 더딘, 뒤늦은, 뒤늦게 하는 ; 마지못해 하는 : be ~ in one's payment 지불이 늦어지다 (3) 내키지않은. / a ~ consent 마지못해 하는 승낙. — *n.* ⓒ(학교 등에의) 지각.
파) **-di•ly** *ad.* **-di·ness** *n.*

tare[1] [tɛər] n. (1) (pl.) a] 【聖】 가라지, 독(毒)보리《마태복음 XIII:25, 36》. b] 탐탁지 않은 것. (2) ⓒ 【植】 살갈퀴.

tare[2] n. (sing.) (1) 【化】 (중량을 잴 때의) 용기(容器) 중량. (2) (화물의) 포장 중량;(짐·승객 등을 제외한) 차체(車體) 중량.

:tar·get [tɑ́ːrgit] n. ⓒ (1) (모금·생산 등의) 목표액 : an expert ~ 수출 목표액. (2) 과녁, 표적 : shoot at the ~ 표적을 쏘다 / a ~ area (폭격의) 목표 지구. (3) (웃음·분노·비판·비난 등의) 대상, 목표《for ; of》 : a ~ for〈of〉 criticism 비판의 대상. ***hit a ~*** 과녁에 맞(히)다 ; 목표액에 이르다. ***miss the ~*** 과녁을 빗맞히다 ; 예상이 어긋나다. ***off ~*** 과녁을〈목표를〉 벗어난, 빗나간. ***on ~*** 정확한, 정곡을 찌른.
— vt. (1) …을 목표로 정하다《일》. (2) (미사일 등을) …에 조준하다.

tárget dìsk 【컴】 대상(저장)판《복사 대상이 되는 저장판(disk)》..

:tar·iff [tǽrif, -rəf] n. ⓒ (1) (철도·전신 등의) 요금표, 운임표 ; (여관·음식점 등의) 요금표 : a hotel ~ 호텔 숙박 요금표. (2) 관세표(關稅表)〈율〉 : preferential ~ 특혜 관세 / ~ rates 세율 ; (보험 등의) 협정률 — vt. (1) 관세를 부과하다. (2) ~의 요금을 정하다.

táriff wàll 관세 장벽.

tar·mac [tɑ́ːrmæk] n. (1) (the ~) 타르머캐덤 포장 활주로. (2) ⓤ 타맥《쇄석과 콜타르를 섞은 도로 포장 재료》. — vt. (도로·활주로)를 타르머캐덤으로 포장하다.

tar·mac·ad·am [tɑ́ːrməkǽdəm] n., vt. = TARMAC.

T

tarn [tɑːrn] n. ⓒ 산 속의 작은 호수《특히, 잉글랜드 북부에 있는 것을 말함》.

tar·nish [tɑ́ːrniʃ] vt. (1) (명예 등)을 더럽히다, 손상시키다. (2) (금속 등)의 광택을 흐리게 하다 ; 녹슬게 하다 ; 변색시키다 : Salt ~es silver. 소금은 은을 변색시킨다. — vi. 흐려지다;녹슬다;변색하다.
— n. ⓤ (또는 a ~) (1) 오점, 흠. (2) 흐림, 녹 ; 변색.

ta·ro [tɑ́ːrou] (pl. **~s**) n. ⓤⓒ 【植】 타로토란.

ta·rot [tǽrou] n. ⓒ 태로 카드《22매 한 벌의 트럼프 ; 점복(占卜)에 쓰임》.

tar·pau·lin [tɑːrpɔ́ːlin] n. ⓤⓒ 타르칠한 방수포〈범포(帆布)〉.

tar·ra·gon [tǽrəgən] n. ⓒ (1) 〔集合的〕 그 잎《샐러드 등의 조미료》. (2) 【植】 사철쑥류(類).

tar·ry[1] [tǽri] vi. (1) 시간이 걸리다, 늦어지다. (2) 체재하다, 묵다《at ; in ; on》 : ~ a few days in Venice 베니스에 며칠 체류하다. (3) 기다리다 (for).

tar·ry[2] [tɑ́ːri] (**-ri·er ; -ri·est**) a. (1) 타르를 칠한, 타르로 더럽혀진. (2) 타르의 ; 타르질(質)의.

tar·sal [tɑ́ːrsəl] 【解】 n. ⓒ 발목뼈. — a. 발목뼈의.

tar·si·er [tɑ́ːrsiər] n. ⓒ 【動】 안경원숭이《동남 아시아산》..

tar·sus [sɑ́ːrsəs] (pl. **-si** [-sai]) n. ⓒ 【解】 부골, 발목뼈.

***tart**[1] [tɑːrt] a. (1) 《比》 (말·태도가) 신랄한, 날카로운 : a ~ reply 가시 돋친 대답. (2)(음식이) 시큼한. 파) **˜·ly** ad. **˜·ness** n.

tart[2] n. (1) ⓒ 《口》 행실이 나쁜 여자, 매춘부. (2) ⓤⓒ 타트《영국서는 과일 파이, 미국서는 속이 보이는 작은 파이》. (3) 여자, 여인. — vt. 《英口》 …을 야하게 꾸미다 ; 야하게 차려 입다《up》 : ~ oneself up =get ~ed up 천하게 차려 입다.

tar·tan [tɑ́ːrtn] n. (1) ⓒ 격자무늬, 티탄 체크 무늬(의 의복). (2) ⓤ (스코틀랜드의 각 씨족 특유의) 격자무늬의 모직물, 타탄. — a. 〔限定的〕 타탄(체크 무늬)의 : a ~ scarf 타탄 스카프.

Tar·tar [tɑ́ːrtər] n. (1) ⓤ 타타르말. (2) (종종 t-) ⓒ 다루기 힘든〈집념이 강한, 감사나운〉 사람 : a young ~. ***catch a ~*** 몹시 애먹이는 상대를 만나다 ; 애먹다. (3) a] (the ~s) 타타르 족(族). b] ⓒ 타타르족 사람. — a. 타타르(사람〈풍〉의 ; 사나운.

tar·tar n. ⓤ (1) 치석(齒石), 이똥. (2) 【化】 주석(酒石)《포도주 양조통 바닥에 침전하는 물질 ; 주석산 원료》 cream of ~ 주석영(酒石英).

tar·tar·ic [tɑːrtǽrik, -tɑ́ːr-] a. 【化】 주석을 함유하는 ; 주석(酒石)의〈같은〉 : ~ acid 타르타르산.

tártar sàuce 타르타르 소스《생선요리용 마요네즈 소스의 하나》.

Tar·zan [tɑ́ːrsæn, -zən] n. (1) 타잔《미국의 작가 E.R. Burroughs(1875-1950) 작 정글 모험소설의 주인공》. (2) ⓒ (종종 t-) 힘이 세고 날랜 사람.

Tash·kent [tɑːʃként/ tæʃ-] n. 타슈켄트《Uzbekistan 공화국의 수도》.

:task [tæst, tɑːsk] n. 힘든 일〈사업〉. ⓒ (힘들고) 고된 일〈노역(勞役)〉 : It's a real ~ for me. 그것은 나에게 정말 힘든 일이다 /be at one's ~일을 하고 있다.
— vt. (1) …에 일을 과하다. (2) …에게 무거운 짐을 지우다, 혹사하다, 피로케 하다.

task·mas·ter [´mæ̀stər, ´mɑ̀ːs-] (fem. **-mistress**) n. ⓒ (1) 엄한 주인〈선생〉 : a hard ~ 엄격한 교사. (2) 일을 할당하는 사람, 십장.

Tasmánian wólf 【動】 (태즈메이니아산의)주머니늑대《절멸되었다 함》.

***tas·sel** [tǽsəl] n. ⓒ (1) (옥수수의) 수염. (2)술 : 장식술《의복·기(旗)·커튼·구두 등의》..
파) **-seled**, 《英》 **-selled** [-d] a. 술 달린.

***taste** [teist] n. (1) ⓤ (또는 a ~) 맛, 풍미《of》.
(2) the ~) 미각 : sweet 〈bitter〉 to the ~ 맛이 단〈쓴〉.
(3) (a ~) 시식, 맛보기, 시음, 한 입, 소량《of》 ; 《美俗》(이익의) 몫.
(4)(a ~)(약간의) 경험, 맛 : a ~ of poverty 가난의 맛.
(5) (a ~) 기색, 기미, 눈치 : a ~ of sadness in her eyes 그녀의 눈에 어린 일말의 슬픈 기색.
(6) ⓒⓤ 취미, 좋아함, 기호《for ; in》 : a ~ for music 음악취미.
(7) ⓤ 감식력, 심미안 ; 풍취 : She has excellent ~ in music. 그녀는 음악에 대한 뛰어난 센스가 있다 / a house small but with a ~ 작으나마 풍취가 있는 집. ㅁ tasty a.
a man of ~ (미술·문학 따위의) 문예를 이해하는 사람, 멋을 아는 사람, 풍류인. ***have a ~ for*** …을 좋아하다 ; …에 대해서 심미안이 있다, …에 취미가 있다. ***leave a nasty 〈bitter, bad〉 ~ in the mouth*** 뒷맛이 쓰다 ; 나쁜 인상을 남기다. ***out of ~*** 맛을 모르는 ; 멋없는, 풍취가 없는. ***to the 〈a〉 king's 〈queen's〉 ~*** 더할 나위 없이, 완전히.
— vt. (1) …의 맛을 보다, 시식하다. (2) …의 맛을 느끼다〈알다〉 : Can you ~ anything strange in this soup? 이 수프엔 뭔가 이상한 맛이 나지 않습니

까. (3) 〔주로 否定構文〕(조금) 먹다, 마시다. (4) …을 진하게 맛보다. — *vi.* (1) 《+補/ +前+名/ +*done*》 맛이 나다 ; 풍미가 있다《*of*》: It ~*s* bitter 맛이 쓰다. (2) (맛)을 알다. (3) 《+前+名》 (…을) 경험하다, 맛보다《*of*》: *of* the joys of life 생의 즐거움을 맛보다. ~ ***blood*** ⇨BLOOD.

taste·ful [téistfəl] *a.* (1) 취미가 풍부한, 멋있는, 우아한. (2) 취미를〈멋을〉 아는, 풍류가 있는 ;심미안이 있는, 눈이 높은. 파) ~ **•ly** *ad.* **~•ness** *n.*

taste·less [téistlis] *a.* (1) 취미 없는, 멋없는 ; (연기 · 문장 따위가) 무미건조한 : a ~ performance 따분한 연기. (2) 맛없는 : a ~ meal 맛 없는 식사. (3) 풍류가 없는 ; 품위 없는, 비속한 : a ~ remark 품위없는 말.

파) ~ **•ly** *ad.* ~ **•ness** *n.*

tast·er [téistər] *n.* ⓒ (1) 맛보기용 소량의 음식물. (2) a] 맛보는 사람, 맛〈술맛〉을 감정하는 사람. b] **[史]** 독의 유무(有無)를 맛보는 사람.

tasty [téisti] (***tast•i•er ; -i•est***) *a.* (1) (뉴스 등) 재미있는, 흥미를 끄는. (2) 맛있는, 풍미 있는 : a ~ beef stew 맛있는 비프스튜. (3) 《英口》 (여성이) 매력있는. 파) **tást•i•ly** *ad.* 《口》 맛있게 ; 운치 있게, 고상하게. **-i•ness** *n.*

tat[1] *n.* ⓒ 가볍게 치기 : ***tit for ~*** 맞받아 쏘아주기.

tat[2] *n.* (1) ⓒ 추레한 사람. (2) ⓤ 〔集合的〕 《英口》 너절한 옷〈물건〉.

ta·ta [tɑ́:tɑ́/ tætɑ́:] *int.* 《英兒 · 口》 빠이 빠이, 안녕!.

Ta·tar [tɑ́:tər] *n.* (1) ⓤ 타타르 말. (2) ⓒ 타타르 사람. — *a.* 타타르 사람〈말〉의. ***the ~ Republic*** 타타르 공화국《러시아 연방의 자치 공화국의 하나 ; 수도 Kazan》..

ta·ter, 'ta- [téitər] n.《方 · 俗》=POTATO.

tat·tered [tætərd] *a.* (1) (사람이) 누더기 옷을 입은. (2) (옷이) 넝마같은.

tat·ters [tætərz] *n.* ⓒ(천 · 종이 따위의) 넝마(조각), 찢어진 것 ; 누더기 옷. ***in ~*** 1) 넝마가 되어 ; 누더기 옷을 입고. 2) (계획 · 자신 등이) 여지 없이 무너져.

tat·ting [tætiŋ] *n.* ⓤ (1) 태팅으로 뜬 레이스. (2) 태팅《레이스 모양의 뜨개질의 일종》.

tat·tle [tætl] *vi.* (1)비밀을 누설하다, 고자질하다《on》. (2)잡담하다, 수다떨다《*about* ; *over*》..

— *vi.* …을 지껄이다, (비밀 등)을 누설시키다.

— *n.* ⓤ 객담, 수다, 잡담 ; 소문 이야기.

tat·tler [tætlər] *n.* ⓒ (1) **[鳥]** 노랑발도요. (2) 수다쟁이, 잡담을 늘어 놓는 사람.

tat·tle·tale [tætltèil] *n.* ⓒ 고자쟁이《어린아이》.

tat·too[1] [tætú:] (*pl.* ~***s***) *n.* ⓒ (1) 경계(警戒) 따위의) 둥둥거리는 북소리. (2) 귀영 나팔〈북〉《보통 오후 10시의》. (3) 《英》 (흔히 야간에, 여흥으로 군악에 맞추어서 행하는) 군대의 퍼레이드 : the world-famous Edinburgh ~ 세계적으로 유명한 에딘버러의 군악대 퍼레이드. — *vi.* 똑똑〈둥둥〉 두드리다. — *vt.* (북 따위)를 둥둥거리다.

tat·too[2] *vt.* …에 문신(文身)을 하다《*on*》.

— (*pl.* ~***s***) *n.* ⓒ 문신(文身).

파) ~ **•er** *n.* ~ **•ist** *n.* ⓒ 문신사(師) 「라한.

tat·ty [tæti] (***-ti•er ; ti•est***) *a.* 《英》 추레한 ; 초

tau [tɔ:, tau] *n.* ⓤⓒ (1) T자형(字形), T표(標). (2) 그리스 자모의 열 아홉째 글자《T, τ; 영어의T, t에 해당》.

táu cròss T자형 십자가.

:taught [tɔ:t] TEACH의 과거 · 과거분사.

taunt [tɔ:nt, tɑ:nt] *n.* ⓒ(종종 *pl.*) 모욕, 비웃음, 조롱 ; 조롱거리. — *vt.* (1) …을 비웃다;조롱하다《*for* ; *with*》. (2) …을 조롱하여 …시키다《*into*》. 파) **ˊ~•ing•ly** *ad.* 조롱〈우롱〉하여, 입정사납게.

tau·rine [tɔ́:rain, -rin] *a.* 황소 같은, 황소의.

— *n.* ⓤ **[生化]** 타우린《담즙에서 얻어지는 중성의 결정 물질》.

taut [tɔ:t] *a.* (1) **[海]** 팽팽하게 친《밧줄 · 돛 따위》 a ~ rope 팽팽하게 친〈한〉 밧줄. (2) 잘 정비된《배 따위》. (3) 단정한《옷차림 따위》. (4) 긴장된《신경 · 근육 따위》. 파) **ˊ~·ly** *ad.* **ˊ~·ness** *n.*

taut·en [tɔ́:tn] *vt.* (밧줄 따위)를 팽팽하게 하다.

tau·to·log·i·cal, -ic [tɔ̀:təlɑ́dʒikəl/ -lɔ́dʒ-], [-lɑ́dʒik/ -lɔ́dʒ-] *a.* 용장(冗長)한 ; 같은 말을 거듭하는. 파) **-i•cal•ly** *ad.*

tau·tol·o·gy [tɔ:tɑ́lədʒi/ -tɔ́l-] *n.* ⓒⓤ **[修]** 같은 말의 불필요한 반복, 유어(類語) 반복《the modern college life of today에 있어서의 modern과 of today 따위》..

***tav·ern** [tævərn] *n.* ⓒ (1)여인숙(inn) : stay at a ~ 여인숙에 묵다. (2) 선술집.

taw [tɔ:] *n.* (1) ⓤ 돌 튀기기놀이. (2) ⓒ (맞혀서 튀겨내는) 튀김돌.

taw·dry [tɔ́:dri] (***-dri•er ; -dri•est***) *a.* (1) 품위없는, 천한, 비속한 : a ~ woman. (2) 야한 ; 값싸고 번지르르한. 파) **táw•dri•ly** *ad.* **-dri•ness** *n.*

taw·ny** [tɔ́:ni] (-ni•er ; -ni•est***) *a.* 황갈색의 : the lion's ~ coat 사자의 황갈색 모피.

:tax [tæks] *n.* (1) (a ~) 무거운 부담, 무리한 일, 가혹한 요구 : Climbing is *a* ~ on a weak heart. 등산은 약한 심장에는 무리다. (2) ⓒⓤ 세(稅), 세금, 조세 : after ~ 세금을 공제하고, 실수령으로 / before ~ 세금을 포함하여 / impose 〈put〉 a ~ on a fat income 고소득에 과세하다 / ⇨INCOME〈PROPERTY〉 TAX. ***free of ~*** 세금 없이.

— *vt.* (1) …에 과세하다 : ~ imported goods 수입품에 과세하다 / be ~*ed* at source 세금을 원천 징수하다. (2) …에게 (무거운) 부담을 주다, …을 혹사하다. (3) 《+目+前+名》…을 비난하다, 책망하다《*with*》. ▫ tzxation *n.* ***~away*** 세금으로 거두다. ~ once***'s brains*** 머리를 짜내다. ~ one***'s ingenuity*** 궁리해내다. ~ a person***'s strength*** 아무를 혹사하다.

tax·a·ble [tæksəbəl] *a.* 과세 대상이 되는, 과세할 수 있는, 세금이 붙는 : ~ articles 과세품.

:tax·a·tion [tækséiʃən] *n.* ⓤ (1) 조세(액), 세수(입). (2)과세, 징세 : progressive ~누진세 / heavy ~ 중세(重稅). ▫ tax *v.* ***be subject to ~*** 과세(대상이) 되다.

táx avòidance 절세(節稅), (합법적인)과세회피.

táx collèctor 수세(收稅) 관리(=**táx•gàth-er•er**). 「공제할 수 있는.

tax-de·duct·i·ble [ˊdidʌ́ktəbəl] *a.* 소득에서

táx evàsion (부정 신고에 의한) 탈세.

tax-ex·empt [ˊigzémpt] *a.* (1) 세금을 공제한《배당금 따위》. (2) 면세의, 비과세의.

tax-free [ˊfrí:] *ad.* 면세로. — *a.* 면세의.

táx hàven 조세 회피지〈국〉《저(低)과세나 무세여서 외국 투자가가 모이는 곳》.

:taxi [tæksi] (*pl.* ***tax•i(e)s***) *n.* ⓒ 택시(taxicab) : He took a ~ to the hotel. 그는 택시로 호텔에

T

갔다 / pick up a ~ 택시를 잡다.
— (*p., pp.* ***tax•ied ; taxi•ing, taxy•ing***) *vi.* 택시로 나르다(보내다) (1) 택시로 가다. (2) (비행기)를 육상〈수상〉에서 이동하다(자체의 동력으로). —*vt.* (1) …을 택시로 운송하다. (2) (비행기)를 육상〈수상〉에서 이동하게 하다.

tax·i·cab [-kæ̀b] *n.* ⓒ 택시.

tax·i·der·my [tǽksidə̀ːrmi] *n.* ⓤ 박제술. 파) **tàx•i•dér•mal, -der•mic** [-də́ːrməl], [-mik] *a.* 박제술의. **-mist** *n.* 박제사(師).

táxi drìver 택시 운전 기사.

tax·i·man [tǽksimən] (*pl.* ***-men*** [-mən]) *n.*《英》=TAXI DRIVER.

tax·i·me·ter [-mìːtər] *n.* ⓒ 요금 표시기, (택시의) 미터.

tax·ing [tǽksiŋ] *a.* 성가신, 힘든. 파) ~ **•ly** *ad.*

taxi rank =TAXI STAND.

-taxis *suf.* '배열, 주성(走性)'의 뜻을 나타내는 명사를 만듦 : para*taxis.*

táxi stànd 《美》 택시 승차장(《英》taxi rank).

tax·i·way [tǽksiwèi] *n.* ⓒ 【空】 (공항의) 유도 (활주)로.

tax·o·nom·ic, -i·cal [tæ̀ksənámik/ -nɔ́m-], [-əl] *a.* 분류학〈법〉의. 파) **-i·cal·ly** *ad.*

tax·on·o·my [tæksánəmi/ -sɔ́n-] *n.* ⓤ 분류, 분류학 ; 분류법. 파) **-mist** *n.* ⓒ 분류학자.

***tax-pay·er** [tǽkspèiər] *n.* ⓒ 납세자(納稅者).

táx retùrn (납세를 위한) 소득신고.

táx shèlter 절세(節稅)수단, 세금 회피 수단.

táx stàmp 납세필 증지, 징세 검인.

táx yèar 세제 연도《미국에서는 1월 1일부터 1년간, 영국에서는 4월 6일부터 1년간》.

T

T-bone [tíːbòun] *n.* ⓒ 티본 스테이크(=**~stéak**)《소의 허리 부분의 뼈가 붙은 T자형 스테이크》..

Tchai·kov·sky, Tschai- [tʃaikɔ́ːfski, -káf-] *n.* **Peter Ilych ~** 차이코프스키《러시아의 작곡가 ; 1840-93》..

:**tea** [tiː] *n.* (1) ⓤ 〔集合的〕 a〕 【植】 차(나무). b〕 찻잎, 차 : black〈green〉 ~ 홍〈녹〉차 / a pound of ~ 차 1 파운드. (2) a〕 ⓤ (홍)차 : a cup of ~ 차 한잔. b〕 ⓒ (흔히 *pl.*) 한잔의 차 : Three ~*s*, please 홍차 석잔 부탁합니다. (3) a〕 ⓤⓒ 《英》 티. b〕 ⓤ(오후의) 다과회(~ party). (4) ⓤ(차 비슷한) 달인 물〈국〉 : herb ~ 허브 티, 약초탕. (5) ⓤ《俗》 마리화나, 마약. ***coarse ~*** 엽차. ***have*** 〈***take***〉 ***~*** 차를 마시다. ***make ~*** 차를 끓이다. ***over ~*** 차를 마시며 (이야기하다). one***'s cup of ~*** ⇨ CUP.

téa bàg (1인분의) 차봉지.

téa bàll 티 볼《차 우리는 그릇, 작은 구멍이 뚫린 공 모양의 쇠그릇》..

téa càddy 차관(罐)(caddy), 차통.

tea·cake [tíːkèik] *n.* ⓒⓤ (1) 《美》차 마실 때 먹는 쿠키. (2) 《英》 차 마실 때 먹는 핀포도 과자.

téa cart 《美 》=TEA WAGON.

:**teach** [tiːtʃ] (*p., pp.* ***taught*** [tɔːt]) *vt.* (1)《+目+*to* do/ +目+*wh. to* do/ +目+*wh.* 節》 (사람·짐승에게) (…의 방법)을 가르치다, 훈련하다, 길들이다. (2) 《~+目/ +目+目/ +目+前+名/ *that*節》 …을 가르치다 : ~ children 아이들을 가르치다 / ~ a person English =~English *to* a person 아무에게 영어를 가르치다. (3) 《+目+目/ +目+*to* do/ +目+*that*節》 (경험·사건 등이) …을 가르쳐 주다 / This will ~ you *to* speak the truth. 거짓말을 하면 안 된다는 걸 알았지《벌을 주면서》. (4) 《+目+目/ +目+*to* do》《口》(협박적으로) …을 깨닫게 하다, 혼내 주다.
— *vi.* 《~/ +前+名》 가르치다, 선생 노릇을 하다. ***I will ~*** you 〈him, etc.〉 ***to*** do***...*** 《戱》 …하면 혼내줄 테다. ~ a person ***manners*** 〈***a lesson***〉 아무의 버릇을 고쳐 주다, 혼내 주다. ***~school*** 《美》 교편을 잡다 ~ one***self*** 독학하다. ~ one***'s grandmother*** 〈***granny***〉 (***to suck eggs***) 부처님한테 설법을하다.

teach·a·ble [tíːtʃəbəl] *a.* (1) (학생이) 가르침을 잘 듣는 학습력〈의욕〉이 있는. (2) (학과 등) 가르칠 수 있는, 가르치기 쉬운. 파) ~ **•ness** *n.*

:**teach·er** [tíːtʃər] *n.* ⓒ 교사, 선생《※ 선생에 대한 호칭으로는 Teacher Smith라 하지않고 Mr. 〈Miss, Mrs, Ms.〉 Smith라 부름》 a ~ of English 영어 선생 / an English ~ 영어 선생 ; 영국인 교사.

téachers cὸllege 《美》 교원(양성)대학, 교육대학, 종합 대학내의 교원 양성 학부.

teach-in [tíːtʃìn] *n.* ⓒ 티치인《정치문제 등에 대한 교수와 대학생의 토론회》.

:**teach·ing** [tíːtʃiŋ] *n.* (1) ⓒ (종종 *pl.*) 가르침, 교훈 : the ~(s) of Christ 그리스도의 가르침. (2) ⓤ 가르치는 일, 수업.

téaching hòspital 의과대학 부속병원.

téa clòth 작은 식탁보《차탁자용》; (찻그릇)행주.

téa còzy 찻주전자 덮개《차 보온용의 솜 둔 주머니〈커버〉》.

tea-cup** [tíːkʌ̀p] *n.* ⓒ (1) 찻잔 한잔(의 양). ***a storm in a ~ ⇨ STORM. (2)(홍차) 찻잔.

tea·cup·ful [ˊkʌpfùl] (*pl.* ***~s, -cups•ful***) *n.* ⓒ 찻잔 한잔(의 양).

tea·house [tíːhàus] *n.* ⓒ 다방, (동양의) 찻집.

teak [tiːk] *n.* (1) ⓤ 티크재(材). (2) ⓒ 【植】 티크나무.

tea·ket·tle [tíːkètil] *n.* ⓒ 차탕관.

teal [tiːl] (*pl.* ***~s,*** 〔集合的〕~) *n.* ⓒ 【鳥】 상오리.

tea·leaf [tíːlìːf] (*pl.* ***-leaves*** [-lìːvz]) *n.* ⓒ(1) (*pl.*) (차를 따르고 난 뒤의) 차 찌끼. (2)차잎사귀.

:**team** [tiːm] *n.* ⓒ 〔集合的 ; 單·複數 취급〕(1) (수레·썰매 등을 끄는) 두마리 이상의 말〈소 따위〉의 한 조〈떼〉 : a ~ of four horses 함께 끄는 4마리의 말. ***be on a ~*** 팀에 속해 있다. (2) 【競】 조, 팀 ; 작업조 ; 한패 : a bseball ~ 야구 팀. — *vi.* 팀이 되다, 팀을 짜다〈만들다〉, 협력하다《*up* ; *together*》 ~ *up with* …와 협력하다 ; 팀을 만들다.

team·mate [tíːmmèit] *n.* ⓒ 팀 동료, 팀메이트.

team·ster [tíːmstər] *n.* ⓒ (1) 《美》 트럭 운전사, (2) 일련(一連)의 말을〈소를〉 부리는 사람.

ˈ**team·work** [tíːmwə̀ːrk] *n.* ⓤ 협력, 팀워크 ; (통제하에 있는) 협동작업.

tea·pot [tíːpàt/ -pɔ̀t] *n.* ⓒ 찻주전자, 찻병 : ***a tempest in a ~*** 《美》 내분, 집안 싸움 헛소동.

:**tear**[1] [tiər] *n.* ⓒ (1) 눈물 비슷한 것, 물방울. (2) (흔히 *pl.*) 눈물 : melt into ~*s* 울음에 잠기다. ***be moved to ~s*** 감동해서 울다. ***burst*** 〈***break***〉 ***into ~s*** 울음을 터뜨리다. ***dry*** one***'s ~s*** 눈물을 닦다. ***in ~s*** 눈물을 흘리며. ***squeeze out a ~*** 억지로 눈물을 짜다. ***with ~s*** 울면서.

:**tear**[2] [tɛər] (***tore*** [tɔːr] ; ***torn*** [tɔːrn]) *vt.* (1) 《+目+副/ +目+前+名》 …을 잡아채다 ; 우격으로 떼어 놓다, 홱 채어 빼앗다〈벗기다〉 ; 잡아 뽑다 : ~ one's pajamas *off* 파자마를 후딱 벗어버리다. (2) 《~+目/ +目+前+名/ +目+補/ +目+副》 (천·종이·옷 따위)를 찢다, 째다 (【cf.】cut), 잡아뜯다 :

I've torn the letter. 나는 그 편지를 찢어버렸다. (3) 《~+目/ +目+前+名》 (구멍 따위)를 째서 내다 ; …에 찢긴 구멍을 내다 ; 상처 내다 : ~ a hole *in* one's jacket 재킷에 구멍을 내다. (4) (분노·슬픔 따위로 머리카락)을 쥐어뜯다, 할퀴다 : ~ one's hair (out) ⇨ (成句). (5) 《~+目/ +目+前+名》 〔흔히 受動으로〕 a〕 (마음)을 괴롭히다, 몹시 어지럽히다 : be *torn with* jealousy 질투로 괴로워하다 . b〕 (나라 따위)를 분열 시키다.
— *vi.* (1) 째〈찢어〉지다. (2) 《+前+名》Lace ~s eas ily 레이스는 쉽게 찢어진다. 찢으려 하다 ; 쥐어뜯다《*at*》 : ~ *at* the wrappings 포장지를 찢으려고 하다. (3) 《+副/ +前+名》 질주하다, 돌진하다 ; 날뛰다 : A car came ~*ing along*. 자동차가 질주해 오고 있었다. ***be torn between*** …의 사이에 끼어〈어느 쪽을 할까 하고〉 망설이다, 괴로워 하다. ***~... apart*** 1) (집 등)을 부수다, 해체하다. 2) (나라 따위)를 분열시키다. 3) 《口》 …을 혹평하다, 꾸짖다. ***~ at*** 1) …을 덥석 물다. 2) (마음 등)을 괴롭히다. ***~ down*** (건물 등)을 헐다, 부수다 ; 분해〈해체〉하다. ***~it*** 《英俗》 (계획·회방·목적 등)을 망쳐 놓다. ***~ off*** 1) …을 잡아 떼다 ; (옷)을 급히 벗다. 2) (일 따위)를 제꺽 해치우다. ***~ out*** 찢어〈뜯어〉 내다 : ~ *out* a weed. ~ one***self away*** (몸)을 뿌리치고 떠나다《*from*》. ~ one***'s hair*** (***out***) 머리를 쥐어뜯다《슬프거나 분해서》. ~ one***'s way*** 마구 나아가다. ***~ to pieces*** 〈***bits, ribbons, shreds***〉 갈기갈기 찢다 : (적을) 분쇄하다 ; 여지없이 혹평하다. ***That's torn it!*** 《英口》 (계획 등이) 이젠 틀렸다.
— *n.* (1) ⓒ 째진 틈, 찢어진 곳, 해진 데 : a big ~ in one's coat 상의의 크게 해진 자리. (2)ⓤ 잡아 찢기, 쥐어뜯기. ***at*** 〈***in***〉 ***a ~*** 냅다, 황급히. ***~ and wear*** = ***wear and ~*** 소모, 닳아 없어짐 : take a lot of *wear and* ~ (물건이) 꽤 오래가다, 내구성이 있다.

tear·a·way [tɛ̀ərəwèi] *n.* ⓒ 《英》 (1) 불량소년, 불량배. (2) 난폭한 젊은이, 폭주족(暴走族). — *a.* (1) 《英》 난폭한, 맹렬한. (2)《美》 간단히 벗겨지는〈열리는〉 : a ~ seal 쉽게 벗겨지는 실.

tear·drop [tíədràp/ -drɔ̀p] *n.* ⓒ 눈물(방울) : The ~*s* ran down her cheeks. 눈물이 그녀의 뺨을 흘러내렸다.

téar dùct **[解]** 누관(淚管).

***tear·ful** [tíərfəl] *a.* (1) 슬픈《소식 따위》 ~ news 비보. (2) 울먹이는, 울고 있는. 파) **~·ly** [-fəli] *ad.*

téar gàs [tíər-] 최루 가스.

tear·ing [tɛ́əriŋ] *a.* (1) 《口》 격렬한, 맹렬한 : He's in a ~ hurry. 그는 몹시 서두르고 있다. (2) 잡아찢는, 쥐어뜯는.

tear·jerk·er [tíərdʒə̀ːrkər] *n.* ⓒ 《口》 눈물나게 하는 연극·영화 따위.

tear·less [tíərlis] *a.* 눈물도 나오지 않는 ; 눈물 없는 : ~ grief. 눈물도 나오지 않은 (깊은) 슬픔. 파) **~·ly** *ad.* **~·ness** *n.*

tea·room [tíːrù(ː)m] *n.* ⓒ 다방.

téar shèet [tɛ́ər-] (잡지·신문 따위의) 뜯어 낼 수 있는 페이지. 「두른) 개봉띠.

téar strìp [tɛ́ər-] (깡통이나 포장지를 뜯기 쉽게

teary [tíəri] (***tear·i·er ; -i·est***) *a.* (1) 눈물을 자아내는, 슬픈 : a ~ letter 슬픈 편지. (2) 눈물의 〈같은〉 : 눈물 어린, 눈물에 젖은 : bid a ~ farewell 눈물의 작별을 하다.

:tease [tiːz] *vt.* (1) 《+目+前+名》 …을 희롱하다, 놀리다. (2) 《~+目/ +目+前+名》 …을 지분〈집적〉거리다, 괴롭히다 ; 애타게 만들다 : Stop *teasing* the dog. 개를 지분거리지 마. (3) 《+目+前+名/ +目+*to* do》 …을 몹시 조르다, 치근대다 : ~ one's mother *for* chocolate초콜릿을 달라고 어머니에게 보채다. (4) (삼·양털 따위)를 빗다. (5) (머리털)을 부풀리다 ; (모직물)의 보풀을 세우다.
— *vi.* (1) 집적거리다, 놀리다, 애먹이다. (2) 양털·삼 따위를 빗다. (3) 《美》 모직물의 보풀을 세우다 (《英》 backcomb).
— *n.* ⓒ (1) 괴롭히는〈놀려대는, 조르는〉 사람. (2) 지분거림, 놀림, 귀찮게 조름〈졸림〉.

tea·sel, teazle [tíːzəl] *n.* ⓒ 그 꽃의 구과(毬果) 《모직물의 보풀세우는 데 씀》 ; 산토끼꽃의 일종.

teas·er [tíːzər] *n.* ⓒ (1) 《口》 문제, 곤란한 일. (2) 지분거리는〈괴롭히는〉 사람〈것〉, 놀려대는 사람. (3)《美》 **[商]** 살 마음이 내키게 하는 광고.

téa sèrvice ‹set› 찻그릇 한 벌, 티세트.

teas·ing [tíːziŋ] *a.* 못살게 구는, 지분거리는. 파) **~·ly** *ad.*

***tea·spoon** [tíːspùːn] *n.* ⓒ (1) 찻숟가락, 티스푼. (2) = TEASPOONFUL.

tea·spoon·ful [tíːspuːnfùl] (*pl.* ***~s, tea-spoons·ful***) *n.* ⓒ 찻숟갈 하나 가득(한 양) 《tablespoon의 1/3 ; 略 : tsp》 ; 소량.

téa stràiner 차 거르는 조리.

teat [tiːt, tit] *n.* ⓒ (1) 《英》 우유병의 젖꼭지(《美》 nipple). (2) (짐승의) 젖꼭지《※ 사람의 것은 nipple》..

téa tàble 차탁자.

téa tràу 찻 쟁반.

téa wàgon 《美》 (바퀴 달린) 차도구 운반대.

teazle ⇨ TEASEL.

tec [tek] *n.* ⓒ 《俗》 형사. 〔◁ detective〕.

tech [tek] *n.* (1) ⓒ 《口》 기술자. (2) ⓤⓒ 《英口》 =TECHNICAL COLLEGE. (3) ⓤ 《口》 과학 기술. — *a.* (과학) 기술의.

tech·ne·ti·um [tekníːʃiəm] *n.* ⓤ **[化]** 테크네튬 《방사성 원소 ; 기호 Tc ; 번호 43》..

***tech·nic** [téknik] (1) (*pl.*) 〔單·複數취급〕과학기술, 공예(학), 테크놀러지. (2) [+tekníːk] =TECHNIQUE.

:tech·ni·cal [téknikəl] (***more ~ ; most ~***) *a.* (1) 전문의 ; 특수한《학문·직업·기술 등》 : ~ knowledge 전문적 지식 / ~ terms 술어, 전문어. (2) 기술적, (기법의) 기술의 : a ~ adviser 기술 고문 / ~ skill 기교 / a ~ director **[映]** 기술 감독. (3) 공업〈공예〉의 □ technique *n.*

téchnical hìtch (기계의) 일시적 고장.

tech·ni·cal·i·ty [tèknəkǽləti] *n.* (1) ⓒ 전문적 사항〈방법〉 : the *technicalities* of stagecraft 극 연출의 전문적 사항. (2) ⓤ 전문〈학술〉적임. (3)ⓒ 전문어, 학술어.

téchnical knòckout **[拳]** 테크니컬 녹아웃, 티케이오《略 : TKO.》.

***tech·ni·cal·ly** [téknikəli] *ad.* (1) 법률〈규칙〉상으로는. (2) 기술적으로, 전문적으로.

***tech·ni·cian** [tekníʃən] *n.* ⓒ (1) (음악·그림 등의) 기교가. (2) 기술자 ; 전문가.

Tech·ni·col·or [téknikʌ̀lər] *n.* ⓤ **[映]** 테크니컬러《천연색 영화〈사진〉 촬영법 ; 商標名》..

:tech·nique [tekníːk] *n.* (1) ⓒ (예술·스포츠 등의) 수법, 기법, 기교, 테크닉(음악의) 연주법 : a

T

piano player's finger ~ 피아노 주자의 운지법. (2) ⓤ (전문)기술《학문 · 과학연구 따위의》. ▫technical *a.*

techno- '공예, 기술, 응용'의 뜻의 결합사.

tech·noc·ra·cy [teknɑ́:rəsi/ -nɔ́k-] *n.* (1) ⓒ 기술우선주의 국가. (2) ⓤⓒ 기술자 정치, 테크노크라시《경제 · 정치를 전문 기술자에게 맡기는 방식》..

tech·no·crat [téknəkræ̀t] *n.* ⓒ 기술자 출신의 고급 관료, 테크노크라트. 파) **tech•no•crat•ic** [tèknəkrǽtik] *a.*

***tech·no·log·ic, -i·cal** [tèknəlɑ́dʒik/ -lɔ́dʒ-], [-əl] *a.* 과학기술(의 발달)에 의한, 과학 기술의 : a great ~ advance 과학기술의 커다란 진보. 파) **-i•cal•ly** *ad.*

tech·nol·o·gist [teknɑ́lədʒist/ -nɔ́l-] *n.* ⓒ 공학자, 과학 기술자.

***tech·nol·o·gy** [teknɑ́lədʒi/ -nɔ́l-] *n.* (1) ⓤ 응용과학 : an institute of ~ 《美》 이공 대학, 공과대학. (2) ⓤⓒ과학 기술, 테크놀러지: industrial ~ 생산기술. (3) ⓤ 〔集合約〕 전문용어, 술어.

tec·ton·ics [tektɑ́niks/ -tɔ́n-] *n.* ⓤ (1) 【地學】 구조 지질학. (2) 【建】 구조학.

téddy bèar (봉제의) 장난감 곰.

Téddy bòy 《英口》 (종종 t-) 테디보이《1950년대의 Edward 7세 시대의 복장을 즐겨 입던 영국의 소년》..

Te De·um [ti:-dí:əm, tei-déiəm] 《L.》 【가틀릭】 (1) 테데움의 곡. (2) 테데움《Te Deum으로 시작되는 하느님을 찬양하는 노래》. (3) 테데움을 노래하는 감사예배.

:te·di·ous [tí:diəs, -dʒəs] *a.* 질력나는, 지루한 ; 시시한. 【cf.】 dull, tiresome, wearisome. 「 a ~ lecture〈speech〉 지루한 강의〈연설〉. ▫ tedium *n.* 파) **~•ly** *ad.* **~•ness** *n.*

T

te·di·um [tí:diəm] *n.* ⓤ 지루함, 싫증(남).

tee[1] [ti:] *n.* ⓒ (1) T자형의 물건 ; (특히) T자관(管) ; T형강(形鑛). (2) T자(字). (3)=T~SHIRT. ***to a ~*** 정확히, 딱 들어 맞게.

tee[2] *n.* ⓒ 【골프】 (1) 티 (그라운드)《각 홀의 출발점》. (2) 구좌(球座), 티《공을 올려놓는 받침》.
— *vt.* 【골프】 (공)을 티 위에 올려놓다《*up*》..
~ off 1) 【골프】 티에서 제1타를 치다. 2) 시작〈개시〉하다. 3) 《美俗》(사람을) 화나게 하다.

***teem**[1] [ti:m] *vi.* 《+前+名》 (장소가 사람 · 동물 등으로) 많이 있다. 《*with*》 충만〈풍부〉하다.

teem[2] *vi.* (비가) 억수로 쏟아지다《*down*》.

teem·ing [tí:miŋ] *a.* 떼지어 있는, 우글거리는;생물이 많이 사는, 풍부한 : a ~ forest 동물이 많은 삼림 / a river ~ with fish 물고기가 우글대는 강. 파) **~•ly** *ad.* **~•ness** *n.*

-teen *suf.* '십(十)'의 뜻《13-19의 수의 어미에 씀》.

teen-aged(**d**) [tí:nèidʒ(d)] *a.* 〔限定的〕 10대의.

***teen-ag·er** [∸èidʒər] *n.* ⓒ 10대의 소년〈소녀〉, 틴에이저《13-19살 까지의》.【cf.】 teens.

teens** [ti:nz] *n. pl.* 10대(代)(의 소년 소녀)《흔히 13-19세》). ***in one's last ~, 19세 때에. ***out of one's ~.*** 10대를 넘어서.

tee·ny [tí:ni] (***-ni•er ; -ni•est***) *a.* 《口》 조그만. (tiny) : a ~ bit 조금.

tee·ny-wee·ny [tí:ni-wí:ni] *a.* 《口》 조그만.

tee·ter [tí:tər] *vi.* (1) a〕 동요하다, 흔들리다. b〕 주저하다《*between*》. (2) 《美》시소를 타다.
— *n.* ⓤ 시소(를 함) ; 동요.

tee·ter-tot·ter [-tɑ̀pər/ -tɔ̀t-] n. ⓒ 《美》 = SEESAW.

:teeth [ti:θ] TOOTH의 복수.

teethe [ti:ð] *vi.* (아기가) 이가 나다.

téething rìng [tí:ðiŋ-] (이가 날 시기에 아기에게 물리는) 고무〈상아, 플라스틱〉 고리.

téething tròubles(pains) (사업 따위의) 초기의 곤란, 발족〈창업〉시의 고생.

tee·to·tal [ti:tóutl] *a.* (1) 《美口》 순전한, 전적(全的)인, 절대적인. (2) 절대 금주(주의)의《略 : TT》 the ~ movement 금주 운동. 파) **~•er**, 《英》 **~•ler** [-tələr] *n.* ⓒ 절대 금주(주의)자 **~•ism** [-təlìzəm] *n.* ⓤ 절대 금주(주의), **~•ly** [-təli] *ad.*(1) 《口》 전혀. (2) 금주주의상.

tee·to·tum [ti:tóutəm] *n.* ⓒ 손가락으로 돌리는 팽이 ; 네모팽이 : ***like a ~*** 뱅글뱅글 돌아서.

Tef·lon [féflɑn/ -lɔn] *n.* ⓤ 테플론《열에 강한 수지 ; 商標名》 ~ factor 태플론 효과〈요인〉《실언 · 실책 따위를 유머 등으로 돌려서 심한 타격을 받지 않음의 비유》..

「식물의) 외피.

teg·u·ment [tégjəmənt] *n.* ⓒ 포피(包皮) ; (동

te·hee, tee·hee [ti:hí:] *int.*, *vi.* 낄낄 웃다. — *n.* ⓒ 히히〈낄낄〉 (거리는 웃음).

Te·he·ran, The·ran [tì:əná:n, -rǽn, tèhə-] *n.* 테헤란《이란의 수도》.

tel-, tele-, telo- '전신, 원거리의, 텔레비전, 전송'의 뜻의 결합사.

tele- ⇨ TEL-.

tel·e·cam·e·ra [téləkæ̀mərə] *n.* ⓒ 텔레비전〈망원〉 카메라.

tel·e·cast** [téləkæ̀st, -kɑ̀:st] (*p.*, *pp.* ***~, ~•ed) *n.* ⓒ 텔레비전 방송. 〔◁ *tele*vision+broad*cast*〕 — *vt.* …을 텔레비전으로 방송하다.

tel·e·com·mu·ni·ca·tion [tèləkəmjù:nəkéiʃən] *n.* ⓤ (또는 *pl.*) 〔單數취급〕 (라디오 · TV등에 의한) 원(遠)거리 통신(술) : a ~*s* satellite통신위성.

tel·e·con·fer·ence [téləkɑ̀nfərəns/ -ikɔ̀n-] *n.* ⓒ (텔레비전 · 장거리 전화 등을 이용한) 원격지간의 회의.

tel·e·di·ag·no·sis [tèlədàiəgnóusis] *n.* ⓤ 텔레비전〈원격〉 진단.

tel·e·fac·sim·i·le [tèləfæksíməli] *n.* ⓤ 전화 팩스, 텔레팩스, 모사 전송(模寫電送).

tel·e·film [téləfilm] *n.* ⓤ 텔레비전용 영화(필름).

tel·e·gen·ic [tèlədʒénik] *a.* 텔레비전에 깨끗이 비치는 ; 텔레비전 방송에 알 맞은 : a ~ actress 텔레비전 방송에 적합한 여배우.

:tel·e·gram [téləgræ̀m] *n.* ⓒ 전신, 전보 ; an urgent ~ 지급(至急)전보.

:tel·e·graph [téləgræ̀f, -grɑ̀:f] *n.* (1) (T-) …통신《The Daily Telegraph 따위처럼 신문 이름에 씀》. (2) a〕 ⓤ 전신, 전보 : a ~ office 전신국 / a ~ operator 전신 기사. b〕 ⓒ 전신기 : a duplex 〈quadruple〉 ~, 2중, 〈4중〉 전신기.
— *vt.* (1) 《~+目/ +目+前+名/ +目+目/ +目+*that*節/ +目+*to* do》 …을 타전하다, 전신으로 알리다 ; 전송하다. (2) (몸짓 · 눈짓 따위로) 넌지시 알리다.
— *vi.* (1) 《~/ +前+名/ +前+名+*to* do》 전보를 치다, 타전하다 : ~ to a person 아무에게 전보를 치다 / He ~*ed to* me *to* come up at once. 나에게 곧 오라고 타전해 왔다. 파) **te•leg•ra•pher**, 《英》 **-phist** [təlégrəfər], [-fist] *n.* 전신계원, 전신 기사.

télegraph bòard (경마장 등의) 속보(速報) 게시판.

tel·e·graph·ese [tèləgræfí:z, -grɑ:f-] *n.* ⓤ《口 ·

戲》 극단적으로 간결한 문체〈말투〉 ; 전문체(電文體).

tel·e·graph·ic [tèləgrǽfik] *a.* (1) 전문체(電文體)의, 간결한. (2) 전신의, 전보의 ; 전송의 : a ~ address (전보의) 수신인 약호, 전략(電略). 파) **-i•cal•ly** *ad.*

telegráphic tránsfer 《英》 전신환(換)(《美》 cable transfer)《略 : TT.》.

télegraph pole (pòst) 《英》 전(신)주.

***te·leg·ra·phy** [təlégrəfi] *n.* ⓤ 전신술.

tel·e·me·chan·ics [tèləmikǽniks] *n.* ⓤ (기계의) 원격〈무선〉 조작(법).

tel·e·me·ter [téləmìːtər, təlémətər] *n.* ⓒ 원격 계측기(計測器), 텔레미터, (로켓 등의) 자동계측 전송장치.

tel·e·o·log·ic, -i·cal [tèliəládʒik/ -lɔ́dʒ-], [-ikəl] *a.* 【哲】목적론의〈적인〉. 파) **-i•cal•ly** [-ikəli] *ad.*

tel·e·ol·o·gy[tèliálədʒi -ɔ́l-] *n.* ⓤ 【哲】 목적론. 파) **-gist** *n.* 목적론자.

tel·e·path [téləpæ̀θ] *n.* ⓒ 텔레파시 능력자 (telepathist).

te·lep·a·thist[təlépəθist] *n.* ⓒ 텔레파시 능력자.

te·lep·a·thy [təlépəθi] *n.* ⓤ 정신감응(술), 텔레파시.

:tel·e·phone [téləfòun] *n.* (1)ⓤ (종종 the ~) 전화 : a ~ line 전화선. (2) ⓒ 전화기 ; a public ~ 공중 전화 / May I use your ~ ? 전화 좀 쓸 수 있을까요. ***answer the ~*** 전화를 받다. ***call*** a person ***on*** 〈***to***〉 ***the ~*** 아무를 전화통에 불러 내다. ***speak to*** a person ***over*** 〈***on***〉 ***the ~*** 아무와 전화로 이야기하다.

— *vt.* 《~+目/ +目+前+名/ +目+目/ +目+*to* do/ +目+*that* 節》 (1) …에게 전화를 걸다, …을 전화로 불러내다〈전하다〉 : ~ a person by long distance 아무에게 장거리 전화를 걸다 (2) 전화로 신청하여 (~에게 축전등을) 보내다.

— *vi.* 《~/ +前+名/ +*to* do》 전화를 걸다〈하다〉 ; 전화로 이야기하다 : ~ *to* one's friend 친구에게 전화하다 / ~ *for* a doctor 전화로 의사를 부르다 / I ~*d to* say that I wanted to see him. 나는 전화로 그를 만나고 싶다고 말했다. ※ 특히《口》에서는 종종 *n.*, *v.* 단순히 phone을 씀.

파) **tél•e•phòn•er** *n.* 전화거는 사람.

télephone bòok 전화 번호부.

télephone bòoth (《英》**box**)공중전화 박스.

télephone exchànge 전화 교환국.

télephone òperator 교환원.

télephone pòle 전봇대, 전화선 전주.

tel·e·phon·ic [tèləfánik/ -lifɔ́n-] *a.* ⓒ 전화에 의한;전화의. 파) **-i•cal•ly** *ad.*

te·leph·o·ny [təléfəni] *n.* ⓤ 전화통신 ; (전화) 통화법 : wireless ~ 무선 전화.

tel·e·pho·to·graph [tèləfóutəgræ̀f, -təgrɑ̀ːf] *n.* ⓒ (1) 전송사진. (2) 망원사진. — *vt.* (1) …을 망원렌즈로 촬영하다. (2) (사진)을 전송하다. — *vi.* (1) 망원 렌즈로 촬영하다. (2) 사진 전송하다.

tel·e·pho·tog·ra·phy [tèləfoutáːgrəfi/ -tɔ́g-] *n.* ⓤ (1) 사진 전송술. (2) 망원 사진술.

파) **tèl•e•pho•to•gráph•ic** [-fòutəgrǽfik] *a.*

tel·e·port[1] [téləpɔ̀ːrt] *vt.* 【心·靈】 (물체·사람)을 염력(念力)으로 움직이다〈이동시키다〉.

tel·e·port[2] *n.* ⓒ 【通信】 텔레포트《통신위성으로 세계에 통신을 송수신하는 지상 센터》..

Tel·e·Promp·Ter [téləprɑ̀ptər/ -prɔ̀mp-] *n.* ⓒ 텔레비전용 프롬프터 기계《극본의 대사 따위가 보이는 장치 ; 商標名》..

Tel·e·put·er [téləpjùːtər] *n.* ⓒ 《英》 텔레퓨터《퍼스널 컴퓨터와 비디오텍스를 결합한 것》..

tel·e·ran [télərӕn] *n.* ⓤ 【空】 텔레랜《지상 레이더로 얻은 정보를 진입(進入)하는 항공기에 텔레비전으로 전달하는 시스템》. 〔◁ *tele*vision *r*adar *a*ir *n*avigation〕.

:tel·e·scope[téləskòup] *n.* ⓒ 망원경 : a sighting ~ (총포의) 조준 망원경 / an equatorial ~ 적도의(儀).

— *vi.* (망원경의 통처럼) 끼워넣어지다, 자유롭게 신축하다 ; (열차 따위가) 충돌하여 포개지다.

— *vt.* (1) (망원경의 통처럼)…을 끼워넣다 ; (열차 따위가 충돌하여) 서로 겹치게 하다. (2) …을 짧게 하다, 단축하다《*into*》..

tel·e·scop·ic [tèləskápik/ -skɔ́p-] *a.* (1) 망원경으로 본(경치 등), 망원경으로 보아야 보이는, 육안으로는 보이지 않는 : a ~ image of Mars 망원경으로 본 화성의 모습. (2) 망원경의, 망원경 같은 : a ~ lens 망원경의 렌즈 / an almost ~ eye 마치 망원경처럼 멀리 보는 눈. (3)끼워넣을 수 있는 :신축 자재의. 파) **-i•cal•ly** *ad.*

tel·e·text [téiətèkst] *n.* ⓤ (1) 【컴】 글자 방송. (2) 텔레텍스트, 문자 다중(多重) 방송.

tel·e·thon [téləθɑ̀n/ -θɔ̀n] *n.* ⓒ 텔레손《모금 따 위를 위한 장시간의 텔레비전 방송》. 〔◁*tele*vision + mara*thon*〕.

***Tel·e·type** [télətàip] *vt.*, *vi.* (종종 t-) (…을) ~로 송신하다.

— *n.* ⓒ 텔레타이프《텔레타이프라이터의 商標名》.

tel·e·view [téləvjùː] *vt.*, *vi.* (…을) 텔레비전으로 보다. 파) **~•er** [-ər] *n.* 텔레비전 시청자.

tel·e·vise [téləvàiz] *vi.* 텔레비전 방송을 하다. — *vt.* …을 텔레비전으로 방송〈방영〉하다.

:tel·e·vi·sion [téləvìʒən] *n.* (1) ⓒ 텔레비전 수상기(=**~sèt**). (2) ⓤ 텔레비전《略 : TV》. (3) ⓤ 텔레비전 (방송) 산업, 텔레비전 관계(의 일) : He is in ~. 그는 텔레비전 관계의 일에 종사하고 있다. — *a.* 〔限定的〕 텔레비전의〈에 의한〉 : a ~ camera

파) **tèl•e•ví•sion•al, tèl•e•ví•sion•ary** [-ʒənəl], [-ʒənèri/ -nəri] *a.* 텔레비전의〈에 의한〉.

tel·e·vi·sor [téləvàizər] *n.* ⓒ (1) 텔레비전 방송자. (2) 텔레비전 송〈수〉신 장치, 텔레비전 수상기 사용자.

tel·e·vi·su·al [tèləvídʒuəl] *a.* 텔레비전 방송에 알맞은, 텔레비전의.

tel·ex [téleks] *n.* (1) ⓒ 텔렉스 통신(문). (2) ⓤ 텔렉스《teletypewriter로 교신하는 통신방식》.

— *vt.* …을 텔렉스로 송신하다 ; …와 텔렉스로 교신하다. — *vi.* 텔렉스로 보내다〈송신하다〉. 〔◁*tele*typewriter 〈*tele*printer〉+*ex*change〕

:tell [tel] (*p.*, *pp.* ***told*** [tould]) *vt.* (1) 《~+目/ +*wh.* 節/ +目+*wh.*節/ +目+前+名/ +目+*that* 節/ +目+目/ +目+*wh. to* do》 (아무에게) …을 들려주다, 알리다《*about*》 ; (길 따위)를 가르쳐 주다 ; ~ news 뉴스를 알리다. (2) 《~+目/ +目+目/ +目+前+名/ +目+*that*節》 …을 말하다, 이야기하다 : ~ one's experience.

(3) 《~+目/ +目+目/ *wh.* 節》 (거짓말·비밀따위)를 말하다 ; 누설하다, 털어놓고 이야기하다 : Don't ~ (me) a lie. (내게) 거짓말을 하지 마라 / Don't ~ *where* the money is. 돈 있는 곳을 대지 마라.

T

(4) 《~+目/ +目+前+名》〔主語가 사람 이외의 경우〕…을 증명하다, 증거가 되다. (스스로) 말하다.
(5) 《+目+to do》…을 명하다, 분부하다.
(6) 《~+目/ +目+前+名/+wh.절/ +目+副》〔흔히 can, could, be able to를 수반하여〕…을 분간하다, 식별하다, 구별하다 ; …을 알다, 납득하다 : Can you ~ the difference? 차이를 알겠느냐.
— *vi.* (1) 《~/ +前+名》 말하다, 얘기하다, 보고하다, 예언하다《*about* ; *of*》 : Her tears *told of* the sorrow in her heart. 그녀의 눈물을 그녀의 슬픔을 말해주었다. (2)《~/ +前+名》고자질하다, 밀고하다《*on*》 : He promised not to ~. 그는 남에게 말하지 않겠다고 약속했다. (3) 《~/ +前+名》 효과가 있다, 듣다, 답하다 ; 명중하다 : It is the man behindthe gun that ~s 총보다도 그것을 사용하는 사람이 문제다. (4) 《+前+名》 (명확히〈잘라〉) 말하다. (5) 〔흔히 can, could, be able to 등을 수반하여〕분별하다, 식별하다.
all told 합계(해서), 통틀어, 전체적으로 보아. ***Don't* 〈*Never*〉 *~ me !*** 설마. ***Do ~ !*** 《口》 무슨 말씀, 설마. ***I am told*** …인 것 같다, …라는 이야기다 : *I am told* he is rich. 그는 부자라더라. ***I* 〈*can*〉 *~ you.*** =***I ~ you.*** =***Let me ~ you.*** 사실, 참으로, 정말 …이다, 정말이지. ***I'll ~ you what*** (***it is***). 좋은 이야기가 있으니 들어 보게나, 이야기하고 싶은 것이 있다네 ; 결국 이렇단 말야. ***I'm not ~ing !*** 말하고 싶지 않다. ***I'm ~ing you*** 《口》 (먼저 말을 강조하여) 정말이야 ; (뒷말을 강조하여) 여기가 중요한 대목인데, 잘 들어봐. ***I told you so !*** 그러게 내가 뭐라던가. ***~ a tale*** 얘기를 하다 ; 무슨 까닭이 있다. ***~ it like* 〈*how*〉 *it is* 〈*was*〉** 《美俗》 (언짢은 일도) 사실대로 말하다. ***Tell me another.*** 믿을 수 없는데, 그건 농담이겠지. ***~ off*** 1) 【軍】 (세어 갈라서 일)을 할당하다《*for* ; *to do*》. 2) 야단치다, 책망하다《*for*》. ***~ the time*** 시간을 알리다. ***~*** a person ***where to get off*** 아무를 꾸짖다, 아무에게 호통치다. ***Who can ~?*** 누가 알 수 있겠는가, 아무도 모른다. ***You can't ~him anything.*** 1) 그에게는 아무것도 말할 수 없다《곧 남에게 옮기니까》. 2) 그는 무엇이나 알고 있다. ***you never can* 〈*can never*〉 *~.*** 아무도 모르는 일이라네. ***You're ~ing me !*** 《口》 (안 들어도)다 안다. ***You ~ me.*** 나는 모르겠다.
tell·a·ble [téləbəl] *a.* (1) 이야기한 보람이 있는, 이야기할 가치가 있는. (2) 이야기할 수 있는.
***tell·er** [télər] *n.* ⓒ (1) (은행의) 금전 출납원(《英》 bank clerk). (2) 이야기하는 사람, 말하는 사람 : a clever joke ~ 농담 잘하는 사람.
tell·ing [téliŋ] *a.* (1) (저도 모르게) 감정〈속사정〉을 밖으로 나타내는. (2) 효력이 있는 ;반응이 있는 ; a ~ argument (크게) 설득력있는 의론. 파) **~·ly** *ad.* 유효하게.
tell·ing-off [-ɔ́ːf] *n.* ⓒ 《口》 꾸지람, 잔소리.
tell·tale [téltèil] *n.* ⓒ (1) 내막을 폭로하는 것, 증거. (2) 고자쟁이 ; 남의 말을 하고 싶어하는 사람. (3) 【機】 자동 표시기 ; 타임 리코더 ; 등록기. (4) 터널등의 접근을 알리는 위험 표지.
— *a.* 〔限定的〕 비밀〈내막 등〉을 폭로하는, 숨기려 해도 숨길 수 없는.
tel·lu·ri·um [telúəriəm] *n.* ⓤ 【化】 텔루르《비금속 원소;기호 Te ; 번호 52》.
tel·ly [téli] (*pl.* ***~s, -lies***) *n.* 《英口》 (1) ⓒ 텔레비전 수상기. 〔◁ *tel*evision〕 (2) ⓤ (종종 the ~) 텔레비전 : I saw it on *the* ~. 나는 그것을 텔레비전으로 보았다.
tem·blor [témblɔːr, -blər] *n.* ⓒ 《美》 지진.
te·mer·i·ty [təmérəti] *n.* ⓤ 무모(한 행위), 만용, 무모(한 행위), 낯 두꺼움.
temp [tæmp] *vi.* 임시 직원으로 일하다. — *n.* ⓒ 《口》 임시 직원《비서·타자수》.
:tem·per [témpər] *n.* (1) ⓤⓒ 화, 짜증, 노기 : be in a ~ 화내고 있다. (2) ⓒ a] 〔흔히 修飾語와 함께〕 기질, 천성, 성질. 【cf.】 disposition. 「 an equal 〈even〉 ~ 차분한 성미. b] 기분 : in a bad 〈good〉 ~ 기분 나쁘게〈좋게〉 (3) ⓤ 침착, 평정 ; 잡음 : hold onto one's ~ 평정을 유지하다. (4) ⓤ (강철의) 다시 불림, 또, 그 경도(硬度), 탄성(彈性). ***get* 〈*go*〉 *into* 〈*in*〉 *a ~*** 화를 내다. ***have a ~*** 성미가 급하다. ***put*** a person ***out of ~*** 아무를 화나게 하다. ***recover* 〈*regain*〉** one***'s ~*** 냉정을 되찾다.
— *vt.* (1) 《~+目/ +目+前+名》 …을 부드럽게 하다, 진정시키다, 조절하다, 경감하다 : ~ one's grief 슬픔을 진정시키다. (2) (강철 따위)를 불리다 : a ~*ed* sword 담금질한 칼. (3) 【樂】 (악기)를 조율하다.
***tem·per·a·ment** [témpərəmənt] *n.* (1) ⓤ 과격한 기질, 흥분하기 쉬운 성미. (2) ⓒⓤ 기질, 성질, 성미 : 체질. 【cf.】 disposition. 「 an artistic ~ 예술가적 기질 / choleric 〈sanguine〉 ~ 담즙〈다혈〉질.
tem·per·a·men·tal [tèmpərəméntl] *n.* (1) 성마른 ; 신경질〈감정〉적인 ; 변덕스러운 : a ~ person. (2) 기질〈성정〉의, 타고난.
tem·per·a·men·tal·ly [-təli] *ad.* 기질상, 기질적으로;변덕스럽게.
***tem·per·ance** [témpərəns] *n.* ⓤ (1) 절주, 금주 : a ~ hotel 술을 내지 않는 호텔 / a ~ movement 금주운동. (2) 절제 ; 자제 ; ~ in speech and conduct 언행의 절제.
tem·per·ate** [témpərit] (more ~ ; most ~***) *a.* (1) 삼가는, 중용의, 온건한, 적당한 : Be more ~ in your language, please. 말 좀 삼가시오. (2) (기후·계절 등이) 온화한 ; (지역 따위) 온대성의 : a ~ region 따스한 지방. (3) 절제하는 ; 금주의 : a man of ~ habits 절제가. 파) **~·ly** *ad.* 알맞게 **~·ness** *n.*
:tem·per·a·ture [témpərətʃər] *n.* ⓒⓤ (1) 체온 ; 신열, 고열 : the normal ~ 평열. (2) 온도 ; 기온 : the mean ~ of the month of May. 5월의 평균기온.
tem·pered [témpərd] *a.* (1) 〔흔히 複合語를 이루어〕(…한) 성질의 : good-~ 성질이 좋은 / short-~ 성급한. (2) 조절된 ; 완화된 , (강철이) 불린, 담금질된 ; (점토·회반죽 따위가) 알맞게 개어진 : ~ steel 단강(鍛鋼).
:tem·pest [témpist] *n.* ⓒ (1) 대혼란, 대소동 : a ~ of weeping 큰 소리로 울부짖음. (2) 사나운 비바람, 폭풍우〈설〉).
tem·pes·tu·ous [tempéstʃuəs] *a.* (1) 소란스러운, 광포한 ; 맹렬한 : ~ rage 격노(激怒). ▫ tempest *n.* (2) 사나운 비 바람의, 폭풍우의, 폭풍설의 : a ~ sea 사나운 비 바람이 몰아치는 바다. 파) **~·ly** *ad.* **~·ness** *n.*
Tem·plar [témplər] *n.* ⓒ (때로 t-) 《英》 법률가, 법학생, 변호사《법학원 Inner Temple 또는 Middle Temple에 사무소를 두고 있는》.
tem·plate [témplit] *n.* ⓒ (1) 【生化】 (유전자 복제의)주형(鑄型). (2) (수지(樹脂) 등의) 형판(型板) ; 본

뜨는 자.

:tem·ple¹[témpəl] *n.* ⓒ (1) (모르몬교의) 회당. (2) (기독교 이외의 불교·힌두교·유대교 등의) 신전 ; 절, 사원. (3) 전당(殿堂) : a ~ of art예술의 전당.

***tem·ple²** *n.* ⓒ (흔히 *pl.*) (1) 《美》 안경다리. (2) 【解】 관자놀이.

tem·po [témpou] (*pl.* **~s, -pi** [-pi:]) *n.* ⓒ 《It.》 (1) (활동·운동 등의) 속도 : the fast ~ of modern life 현대 생활의 빠른 템포. (2) 【樂】 빠르기, 박자, 템포《略 : t.》.

***tem·po·ral¹** [témpərəl] *a.* (1) 일시적인(temporary), 잠시의. 『opp.』 *eternal.* 「 ~ prosperity 잠깐 동안의 번영. (2)(공간에 대하여) 시간적인. 『opp.』 *spatial.* 「 a ~ restriction 시간적인 제약. (3) 현세의, 속세의. 『opp.』 *spiritual.* 「 ~ affairs 속사(俗事) / ~ powers (교황 등의) 세속적 권력. (4) 【文法】 때를 나타내는 시제의 : a ~ clause 때를 나타내는 (부사)절. 파) **~•ly** *ad.* 일시적으로, 속사에 관하여.

tem·po·ral² *a.* 【解】 측두(側頭)의, 관자놀이의 : the ~ bone 관자놀이뼈, 측두골.

tem·po·ral·i·ty[tèmpərǽləti] *n.* (1) ⓒ (흔히 *pl.*) 교회〔종교 단체〕의 재산〈수입〉. (2) ⓤ 일시적임, 덧없음. 『opp.』 *perpetuity.* 【cf.】 spiritualit.

tem·po·rar·i·ly [témpərèrəli, témp(ə)rərəli] *ad.* 임시로, 일시적으로;한 때.

***tem·po·rary** [témpəréri/ -rəri] *a.* (1) 임시의, 당장의, 임시변통의 ; ~ measures 임시 조처 / a ~ average 〈mean〉 【數】 가평균 / ~ planting 【農】 가식(假植), 한때심기. (2) 일시의, 잠깐 동안의, 순간의, 덧없는. 『opp.』 *lasting, permanent.* 「 a ~ star 신성(新星). ▫ temporize *v.*
— *n.* ⓒ 임시 고용인. 파) **-rar•i•ness** *n.*

tem·po·rize [témpəràiz] *vi.* (1) (시간을 벌기 위해) 우물쭈물하다. (2) 고식적인 수단을 취하다, 미봉책을 쓰다. (3) 세상 풍조에 따르다, 여론에 영합하다 ; 타협하다.
파) **tèm•po•ri•zá•tion** [-rizéiʃən/ -raiz-] *n.*

:tempt [tempt] *vt.* (1) 《+目+*to* do》 …할 기분이 나게 하다, 꾀다. (2) 《~+目/ +目+前+名/ +目+*to* do》.…의 마음을 끌다, 유혹하다, 부추기다《*to* ; *into*》 : Nothing could ~ him *to* evil. 무엇이거나 그를 나쁜 일에 끌어들일 수 없다. (3) (마음·식욕 따위가) 당기게 하다, 돋우다 : The cake ~*s* my appetite. 그 케이크를 보니 식욕이 난다. ***be* 〈*feel*〉 *~ed to* do** …하고 싶어지다. ***~ fate* 〈*providence*〉** 신의(神意)를 거스르다, 위험을 무릅쓰다.

tempt·a·ble [témptəbəl] *a.* 유혹당하기 쉬운, 유혹에 약한, 유혹할 수 있는.

:temp·ta·tion [temptéiʃən] *n.* (1) ⓒ 유혹물, 마음을 끄는 것 : a great ~ 크게 마음을 끄는 것 / A big city provides many ~*s.* 대도시에는 유혹하는 것이 많다. (2) ⓤ 유혹 : fall into ~ 유혹에 빠지다 lead a person ~ …을 유혹에 빠뜨리다 / yield to ~ 유혹에 지다. ▫ tempt *v.* ***lead*** a person ***into ~*** 아무를 유혹에 빠뜨리다.

tempt·er [témptər] *n.* (1) (the T-) 악마, 사탄(Satan). (2) ⓒ 유혹자〈물〉.

tempt·ing [témptiŋ] *a.* 부추기는, 유혹하는, 사람의 마음을 끄는 : a ~ offer 솔깃해지는 제안 / a ~bit of meat 먹고 싶어 군침이 도는 살코기.
파) **~•ly** *ad.*

tempt·ress [témptris] *n.* ⓒ 요부, 유혹하는 여자.

:ten [ten] *a.* (1) (막연히) 많은 : I'd ~ times rather stay here. 여기에 있는 편이 훨씬 낫다 / *Ten* men, ~ colors.《俗談》십인십색. (2) 10의 ; 10인〈개〉의 : ~cats 열마리의 고양이. — *pron.* 〔複數취급〕 (1) 10인. (2) 10개 : There're ~. 열 개가〈사람이〉 있다. — *n.* (1) a〕 ⓤⓒ (수의) 10 : Five ~*s* are fifty. 10의 5배는 50. b〕 ⓒ 10의 기호〈숫자〉《10, x, X》. (2) ⓤ 10시 ; 10세 ; 10달러〈파운드·센트 등〉 : at ~ 열 시에 / a child of ~ 10세의 아이. (3) ⓒ 열 개〈사람〉 한 조(組)로 된 것. (4) ⓒ 10달러〈파운드〉 지폐. (5) ⓒ (카드놀이의) 10끗자리 카드. ***in ~s*** 10씩, 10명씩. ***take ~***《美》 10분간 휴식하다. ***~ to one*** 십중팔구, 틀림없이. ***the best ~*** 십걸, 베스트 텐.

ten·a·ble [ténəbəl] *a.* (1) (학술·의론 등) 주장할 수 있는, 지지〈변호〉할 수 있는, 조리있는. (2) (요새·진지 따위가) 공격에 견딜 수 있는. (3) 〔敍述的〕 (지위·관직 등) 유지〈계속〉할 수 있는《*for*》 파) **-bly** *ad.* **-ten•a•bil•i•ty** [tènəbíləti] *n.* **~•ness** *n.*

te·na·cious [tənéiʃəs] *a.* (1) (기억력이) 좋은, 좀처럼 잊지 않는. (2) 고집이 센, 완강한, 집요한, 끈질긴 ; 달라붙어 놓지〈떨어지지〉 않는《*of*》 : He's ~ *of* his opinions. 그는 자기의 의견을 고집한다.
파) **~•ly** *ad.* **~•ness** *n.*

te·nac·i·ty [tənǽsəti] *n.* ⓤ (1) (기억력이) 강함. (2) 고집 ; 끈기 ; 완강, 불굴 : ~ of purpose 불굴의 의지, 목적 의식의 견고함.

ten·an·cy [ténənsi] *n.* (1) ⓤ (땅·집의) 차용, 임차. (2) ⓒ 차용〈소작〉 기간.

:ten·ant [ténənt] *n.* ⓒ (1) 거주자 ~*s* of the house 그 집의 거주자. (2) 차가인(借家人) ; 차지인(借地人), 소작인. 『opp.』 *landlord.* 「 evict ~*s* for nonpayment of rent 집세를 내지 않아 세든 사람을 내보내다 / the ~ system 소작제도. — *vt.* 〔흔히 受動으로〕(토지·가옥)을 빌리다, 임차하여 살다.

ténant fàrmer 소작인, 소작농.

ténant fàrming 소작.

ten·ant·ry [ténəntri] *n.* (1) ⓤ 차지〈소작〉인의 신분. (2) (the ~) 〔集合的〕 차지인, 차가인, 소작인.

tén-cent stòre [ténsènt-] 《美》 10센트 균일 상점. 【cf.】 five-and-ten(-cent store).

:tend¹ [tend] *vi.* (1) 《+前+名/ +*to* do》 (…한) 경향이 있다《*to* ; *toward*》 ; …하기(가) 쉽다 : One ~*s to* shout when excited. 사람은 흥분하면 소리를 지르는 경향이 있다. (2) 《+副/ +前+名》 (…방향으로) 향하다, 가다, 도달하다《*to* ; *toward*》. (3) 《+前+名/ +*to* do》 이바지하다, 공헌하다, 도움이 되다.

:tend² *vt.* (1) (가게·바 등)의 손님을 접대하다. (가게·바 등)을 지키다 : ~ shop〈store〉 가게를 시키다〈보다〉. (2) …을 돌보다, 간호하다 ; (가축 등)을 지키다 ; (식물 등)을 기르다, 재배하다 ; (기계 따위)를 손질하다. — *vi.* 《+前+名》 (1)돌보다 ; 시중들다《*on* ; *upon*》. (2)배려하다, 마음〈신경〉을 쓰다《*to*》. 〔◁ at*tend*〕.

:tend·en·cy [téndənsi] *n.* ⓒ (1) 버릇, 성벽, 성향《*to* ; *toward* ; *to* do》 : a ~ *to* talk too much 말을 많이 하는 버릇〈성향〉. (2)경향, 풍조, 추세《*to* ; *towards* ; *to* do》. (3) (작품·발언 등의) 특정한 경향, 의도 : a ~ novel 경향 소설. tend¹ *v.*

ten·den·tious [tendénʃəs] *a.* (작품·발언 등이) …경향적인, 선전적인 ; 편향(偏向)된.

:tender¹ [téndər] *a.* (1) a〕 어린, 미숙한, 유약한 : ~ buds 새싹. b〕 무른, 부서지기〈상하기, 손상되기 쉬

T

운 ; 허약한;(추위에) 상하기 쉬운 : a ~ constitution 허약한 체질. (2) a) (고기 따위가) 부드러운, 연한. 【opp.】 *tough*. 「 ~ meat. b) (색채·빛 따위가) 부드러운, 약한 : ~ colors 연한 빛깔 / 신록(新綠) / a ~ shoot 가냘픈 애가지. (3) a) 만지면 아픈, 촉각이 예민한 ; 모욕에 민감한, 상처받기 쉬운 ; 민감한 : a ~ conscience 민감한 양심. b) (사태·문제 따위) 미묘한, 다루기 까다로운 : a ~ subject 미묘한 문제 / a ~ question 까다로운 〈어려운〉 질문. (4) a) 상냥한, 친절한, 애정이 깃든 ; 동정심 많은, 남을 사랑하는 : a ~ heart 다정한 마음. b) 〔敍述的〕 마음을 쓰는, 조심하는. (…)하려 하지 않는《*of*》. ***be ~ of*** do*ing* …하지 않도록 주의하다 : *be ~ of* hurt*ing* another's feelings 남의 감정을 상하지 않도록 주의하다.

tend·er² *n.* ⓒ (1) (모선(母船)의) 부속선 거룻배. (2) 돌보는 사람, 간호사, 망꾼, 감시인, 감독 : a baby ~ 아이 보는 사람. (3) (증기 기관차의) 탄 수차(炭水車).

:ten·der³ *vt.* (1) 【法】 (금전·물품을, 채무의 변제 등으로서) 지급하다, 건네주다. (2) 《~+目/ +目+目/ +目+前+名》 …을 제출하다 ; 신청〈제공〉하다 : ~ one's apologies 〈thanks〉 사과〈사례〉하다 / ~ one's services 지원하다 / ~ a person a reception 아무에게 환영회를 열다 / ~one's thanks 사례하다. — *vi.* 【商】 입찰하다《*for*》 : ~ *for* the construction of a new bridge 새 다리의 건설에 입찰하다. — *n.* ⓒ (1) 제출, 신청《*of*》. accept a ~ 신청을 수락하다. (2) 제공물, 변제금〈물〉. (3) 화폐, 통화. ***invite ~ for*** …의 입찰을 모집하다.

ten·der-eyed [téndəráid] *a.* (1) 시력이 약한. (2) 눈매가 부드러운.

ten·der·foot [-fùt] (*pl.* ***-foots, -feet***) *n.* ⓒ (1) 초심자, 풋내기. (2) 《美》(개척지 등의) 신참자.

ten·der·heart·ed [-há:rtid] *a.* 다감한, 다정한, 상냥한, 인정 많은. 파) **~·ly** *ad.* **~·ness** *n.*

ten·der·ize [téndəràiz] *vt.* (고기 등)을 연하게하다. 파) **tèn·der·ìz·er** *n.* 식육 연화제(軟化劑).

ten·der·loin [téndərlɔ̀in] *n.* ⓤⓒ (1) 《美俗》(T-) 퇴폐적인 환락가. (2) (소·돼지 고기의) 안심, 필레살.

tendon [téndən] *n.* ⓒ 건(腱), 힘줄 : ***the ~ of Achilles*** =***Achilles' ~*** 아킬레스 건.

ten·dril [téndril] *n.* ⓒ 【植】 덩굴손 (모양의 것).

***ten·e·brous** [ténəbrəs] *a.* 《文語》음침한, 어두운.

***ten·e·ment** [ténəmənt] *n.* ⓒ (1) (차용자가 보유하는) 차지(借地), 차가(借家). (2) =TENEMENT HOUSE.

ténement hòuse (슬럼가(街) 등의) 공동 주택, 값싼 아파트.

ten·et [ténət, tí:] *n.* ⓒ(특히 집단의) 교의(教義)(doctrine) ; 주의(主義).

ten·fold [ténfòuld, ⌐⌐] *ad.* 10배〈겹으〉로, — *a.* 10배〈겹〉의.

ten·ner [ténər] *n.* ⓒ《口》(1)《英》10파운드 지폐. (2)《美》10달러 지폐.

***Ten·nes·see** [tènəsí:] *n.* (1)(the ~) 테네시 강. (2)테네시《미국 남동부의 주 ; 略 : Tenn., 【郵】 TN》..

:ten·nis [ténis] *n.* ⓤ 테니스 : play ~ 테니스를 치다.

ténnis bàll 테니스 공.

ténnis còurt 테니스 코트.

ténnis èlbow 테니스가 원인이 되어 생긴 팔꿈치의 관절염.

ténnis ràcket 테니스 라켓.

ténnis shòe (흔히 *pl.*) 테니스화(sneaker).

Ten·ny·son [ténisən] *n.* **Alfred ~** 테니슨《영국의 계관시인 ; 1802-92》..

ten·on [ténən] *n.* ⓒ 【木工】 장부.

***ten·or** [ténər] *n.* (1) (the ~)취지, 대의. (2) (the ~)(인생의) 방침, 방향, 행정(行程), 진로. (3) 【樂】 a) ⓤ 테너. b) ⓒ 테너 악기《viola 등》 ; 테너 가수. — *a.* 【樂】 테너의 : a ~ voice 테너 목소리.

ténor clèf 【樂】 테너 기호.

ten·pen·ny [ténpèni, -pəni] *a.* 《英》 10펜스의.

ten·pin [ténpìn] *n.* (1) (~s) 〔單數취급〕 텐핀즈(= **~ bòwling**)《열 개의 핀을 사용하는 볼링》.【cf.】 ninepin. (2) ⓒ 십주희(十柱戲)용 핀.

***tense¹** [tens] *a.* (1) (신경·감정이) 긴장한 ; 긴박〈절박〉한 ; (너무 긴장하여) 딱딱한, 부자연스러운. (2) 팽팽한, 켕긴 : a ~ rope 팽팽한〈하게 당겨진〉 밧줄 / ~ muscles 팽팽하게 켕긴 근육. (3) 【音聲】 혀 근육이 긴장된《주로 모음에 대해서 쓰임》【opp.】 *lax*. — *vt.* (사람·근육·신경 등)을 긴장시키다《*up*》. — *vi.* 긴장하다《*up*》. 파) **~·ness** *n.*

:tense² *n.* 【文法】 ⓤⓒ (동사의) 시제 : the present〈past〉 ~ 현제〈과거〉 시제.

tense·ly [⌐li] *ad.* 신경질적으로 ; 긴장하여 : He bit his lip ~. 그는 긴장하여 입술을 깨물었다.

ten·sile [ténsl/ -sail] *a.* 장력(張力)의, 긴장의;신장성 있는 : ~force 【物】 인장력.

ten·sil·i·ty [tensíləti] *n.* ⓤ 장력, 인장력 ; 신장성(伸張性).

***ten·sion** [ténʃən] *n.* (1) ⓤⓒ (정신적인) 긴장, 텐션 : ease the ~ 긴장을 풀다. (2) ⓤ 팽팽함 ; 켕김, 긴장 ; 신장(伸張). (3) ⓤ (또는 *pl.*) (국제 정세 따위의) 긴장상태 ; (힘의) 균형, 길항(拮抗) : at 〈on〉 ~ 긴장상태에〈로〉. (4) ⓤ a) 【物】 장력, 응력(應力) ; (기체의) 팽창력, 압력 : ⇨ SURFACE TENSION. b) 【電】 전압 : a high ~ current 고압전류. 파) **~·less** *a.*

ten·sion·al [ténʃənəl] *a.* 장력의, 긴장의. 파) **~·ly** *ad.*

ten·si·ty [ténsəti] *n.* ⓤ 긴장도, 긴장(상태).

ten-spot [ténspɑ̀t/ -spɔ̀t] *n.* ⓒ (1) 《美口》 10달러 지폐. (2) (카드의) 10끗짜리 카드.

:tent [tent] *n.* ⓒ (1) 텐트 모양의 것《특히, 의료용》 : an oxygen ~ 산소 텐트. (2) 텐트, 천막. — *vt.* …을 천막으로 덮다, 천막에서 재우다. — *vi.* 천막생활을 하다 ; 야영하다 ; 임시로 거처하다. ***~ it*** 야영하다. (3) 십, 주서. (4) 휴대밤실 ~pitch a ~텐트를 치다. ~strike a ~텐트를 걷다.

ten·ta·cle [téntəkəl] *n.* ⓒ (1)【動】 (하등동물의) 【植】 촉사(觸絲), 촉모(觸毛). (2) 촉수, 촉각. 파) **~d** [-d] *a.* 촉수〈촉모〉가 있는

ten·tac·u·lar [tentǽkjələr] *a.* 촉수〈촉사〉 (모양)의.

***ten·ta·tive** [téntətiv] *a.* (1) 주저하는, 모호한. (2) 시험적인 ; 임시의 : a ~ plan 시안(試案) / a ~ theory 가설(假說). 파) **~·ly** *ad.* 시험적으로, 시험삼아 ; 임시로.

ten·ter·hook [téntərhùk] *n.* ⓒ 재양틀의 갈고리. ***be on ~s*** 조바심〈걱정〉하다.

:tenth [tenθ] *a.* (1) 10분의 1의 : a ~ part, 10분의 1. (2) (흔히 the ~) 제10의, 10번 째의.

— *n.* (1) ⓤ 10번째, 제10. (2) ⓒ 10분의 1 : a 〈one〉 ~ three ~*s* 10분의 3. (3) (흔히 the~) (달의) 10일 : on *the* ~ of April. 4월 10일에. (4) ⓒ 【樂】 10도 음정, 제10음. 파) **~•ly** *ad.*

tenth-rate [ténθrèit] *a.* (질이) 최저의.

tént pèg (pìn) 천막 말뚝.

te·nu·i·ty [tenjúːəti] *n.* ⓤ (1) (빛·소리 등의) 미약 ; (증거 등의) 빈약, 박약. (2) 가늚 ; 엷음 ; (공기·액체 등의) 희박.

ten·u·ous [ténjuəs] *a.* (1) (근거 등이) 박약한, 빈약한. (2) 가는 ; (공기 등이) 희박한 : a ~ thread 가는 실. 파) **~•ly** *ad.* **~•ness** *n.*

ten·ure [ténjuər] *n.* ⓤⓒ (1) 《美》 a) (재직기간 후에 부여되는) 신분 보장권. b) (대학교수 등의) 종신 재직권. (2) (부동산·지위·직분 등의) 보유 ; 보유권 ;보유기간 ; 보유조건〈형태〉 : one's ~ of life 수명/ ~ for life 종신(토지) 보유권.

ten·ured [ténjərd] *a.* 신분 보장이 되어 있는, (특히 대학교수가) 종신 재 직권을 가진.

te·nu·to [tənúːtou] *ad.* 음을 충분히 지속하며, 테누토로. 【cf.】 staccato. — *a.* 《It.》 【樂】 음을 제 길이대로 충분히 지속한.
— (*pl.* **~*s*, -*ti*** [-tiː]) *n.* ⓒ 지속음, 테누토 기호.

te·pee, ti·pi [tíːpiː] *n.* ⓒ 티피《모피로 만든 아메리카인디언의 원뿔형 천막》.

tep·id [tépid] *a.* (1) (반응·대우·환영 등이) 열의 없는, 시들한. (2) 미지근한《차(茶) 따위》 ~ water〈tea〉 미지근한 물〈차〉 / a ~ bath 미지근한 목욕물. 파) **~•ly** *ad.* **~•ness** *n.*

te·pid·i·ty [tipídəti] *n.* ⓤ (1) 열의가 없음. (2)미지근함.

te·qui·la [təkíːlə] *n.* (1) ⓤ 테킬라《그 줄기의 즙을 발효시켜 증류한 술》. (2) ⓒ 【植】 테킬라 용설《멕시코산》.

ter·a·tol·o·gy [tèrətɑ́ːədʒi/ -tɔ́l-] *n.* ⓤ 【生】 (동식물의) 기형학.

ter·cel [tə́ːrsəl] *n.* ⓒ 【鳥】 (훈련된) 매의 수컷.

ter·cen·ten·ary [tə̀ːrsenténəri, təːrséntənèri/ tə̀ːrsentíːnəri] *n.* ⓤ (1) 300년제(祭). 【cf.】centenary. (2) 300년. — *a.* 300년 (간)의.

ter·cet [tə́ːrsit, təːrsét] *n.* ⓒ (1)【樂】 셋잇단음표. (2)【韻】 3행(압운) 연구(聯句)(triplet).

ter·gi·ver·sate [tə́ːrdʒivərsèit] *vi.* (1) 속이다, 핑계대다. (2) 변절〈전향, 탈당〉하다. 파) **tèr•gi•ver·sá•tion** [-ʃən] *n.* **tér•gi•ver•sà•tor** [-tər] *n.*

:term [təːrm] *n.* (1) ⓒ (의무·계약의) 기한, (만료)기일 ; (종종 full ~) 출산 예정일, 해산일 : The ~ of the loan is five years.대부 기간은 5년이다. (2) ⓒ 기간 ; 임기 ; 학기 ; 형기(刑期) ; (의회의) 회기, (법정 따위의) 개정기간 ; 【法】 권리의 존속 기간; 임대차 기간 : the first ~ 제1학기. (3) (*pl.*) (계약·지급·요금 등의) 조건《*of*》 ; 약정, 협정 ; 요구액 ; 값 ; 요금, 임금《*for*》 : the ~*s of* payment 지급 조건 / On what ~*s* ? 어떤 조건으로.(4) (*pl.*) (친한) 사이, (교제) 관계 : ~*s of* intimacy 친한 사이. (5) a] 말 ; 《특히》 술어, 용어, 전문어 : contradiction in ~*s* 말의 모순 / an abstract ~ 추상어. b] 【論】 명사(名辭) : a general ~ 전칭(全稱)〈일반〉 명사 / the major〈minor〉 ~ 대〈소〉명사. (6) (*pl.*) 말투, 말씨, 표현 : in plain ~*s* 평이한 말로. (7)ⓒ a] 【數】 항(項) ; 분수의 분자〈분모〉. b] 한계점〈선, 면〉. ***be in ~s*** 교섭〈상담, 담판〉 중이다. ***come to ~s with...*** (고난 등)을 감수하다, (체념해서)…에 길이 들다. ***eat** one**'s ~s*** 법학을 공부하다. ***fill** one**'s ~ of life*** 천명을 다하다. ***in no uncertain ~s*** ⇨ UNCERTAIN. ***in ~s*** 명확히. ***in ~s of*** 1) …식 말로 …에 특유한 말로 ; 【數】 …항〈식〉으로. 2) …에 의해 ; …로 환산하여 ; …에 관해, …의 점에서(보아). ***in the long* 〈*short*〉 ~** 장〈단〉기적으로는. ***keep a~*** 1학기 동안 출석하다. ***keep ~s*** 규정된 학기 동안 재학하다 ; 교섭〈담판〉을 계속하다《*with*》 : ***on good* 〈*friendly*〉 *~s*** 친근한 사이로, 친밀하게《*with*》 : ***on** one**'s own ~*** 자기 생각대로, 자기 방식으로. ***on writing ~s*** 편지를 주고받는 사이로《*with*》 : ***sell on better ~s*** 더 나은 값으로 팔다. ***set ~s*** 조건을 붙이다. ***~s of reference*** 《英》 위임 사항.
—*a.* 〔限定的〕 (1) 학기말의 : ~ examinations《美》 학기말 시험. (2) 기간의, 정기의 : a ~ insurance 정기 보험.
—*vt.* 《+目+補》 …을 (…라고) 이름짓다, 칭하다, 부르다(call, name) : The dog is ~*ed* John. 그 개는 존이라고 불린다. **~** one***self...*** …라고 자칭하다.

ter·ma·gant [tə́ːrməgənt] *a.* (특히, 여자가) 잔소리가 심한, 사나운. 파) **~•ly** *ad.* — *n.* ⓒ 잔소리가 심한 여자.

ter·mi·na·ble [tə́ːrmənəbəl] *a.* (1)(일정기간에) 끝마칠 수 있는. (2) (계약 따위) 기한부의, 기한이 있는 : a ~ annuity 기한부 연금.

***ter·mi·nal** [tə́ːrmənəl] *a.* (1) 종점의, 종착역(驛)의 : a ~ station 종착역. (2) 끝의, 종말의, 경제의 : the ~ part 〈section〉 말단부 / a 〈the〉 ~ stage 말기. (3) 매기(每期)의 ; 학기말의, 정기의. (4) 【醫】 (병이) 말기의, (환자가) 말기 증상의 : ~ cancer 말기암. — *n.* ⓒ (1) 끝, 말단, 맨끝 ; 어미(의 음절·글자). (2) 종점(終點), 터미널, 종착역 : 에어터미널 : a bus ~ 버스종점. (3) 【電】 전극, 단자(端子). (4) 【컴】 단말 (장치기), 터미널.

ter·mi·nal·ly [-nəli] *ad.* (1) (병이) 말기적으로 : a ~ ill patient 병이 말기적인 환자. (2) 기(期)마다, 정기에 : 매(每) 학기에.

:ter·mi·nate [tə́ːrmənèit] *vt.* (1) …을 한정하다, 경계를 짓다. (2) …을 끝내다, 종결시키다 ; …의 끝을 이루다. — *vi.* (1)끝나다, 그치다, 종결하다《*in*》. (2) 《+前+名》 (…으로) 끝나다《*in* ; *at* ; *with*》 : (어미·노력 따위) 끝나다《*in*》. (3) (열차·버스 등이) (…에서) 종점이 되다. ▫ termination *n.*

***ter·mi·na·tion** [tə́ːrmənéiʃən] *n.* (1) ⓒ 【文法】 접미사(suffix), 어미(ending). (2) ⓤⓒ 종결, 종료 ; 만기 ; 결말, 종국 ; bring... to a ~ =put a ~ to …을 종결시키다. ▫ terminate *v.*

ter·mi·na·tive [tə́ːrmənèitiv/-nə-] *a.* 끝내는 ; 종결의 ; 결정적인 (conclusive).

ter·mi·na·tor [tə́ːrmənèitər] *n.* ⓒ (1) 【天】 (달·별의) 명암(明暗) 경계선. (2) 종결시키는 사람〈물건〉. (3) 【컴】 종료기(終了器).

ter·mi·no·log·i·cal [tə̀ːrmənəlɑ́dʒikəl/ -lɔ́dʒ-] *a.* 술어〈용어〉(상)의 ; 술어학(상)의 : ~ inexactitude 용어의 부정확. 파) **~•ly** [-kəli] *ad.*

ter·mi·nol·o·gy [tə̀ːrmənɑ́lədʒi/ -nɔ́i-] *n.* ⓤ (1) (특수한) 용어법〈론〉. (2) 〔集合的〕 전문용어, 술어:technical ~ 전문어 / legal ~ 법률 용어.

ter·mi·nus** [tə́ːrmənəs] (*pl.* **-*ni [-nài], **~•*es***) *n.* ⓒ (1) 종말, 말단, 목적지. (2) (철도·버스의) 종점, 종착〈시발〉역(terminal).

ter·mite [tə́ːrmait] *n.* ⓒ 【蟲】 흰개미.

term·less [tə́ːrmlis] *a.* (1) 무조건의. (2) 기한이

T

없는.

térm lífe insùrance 【保險】 정기보험《5년, 10년 등 일정 보험기간 내에 피보험자가 사망해야 보험금이 지급됨》.

term·ly [tə́:rmli] 《英》 *ad.* 〈임기〉마다. — *a.* 매 학기〈임기〉의.

ter·mor [tə́:rmər] *n.* ⓒ 【法】 정기〈종신〉 부동산 소유권자.

térms of tráde 【經】 교역 조건(交易條件)《수출품과 수입품의 교환 비율》.

ter·na·ry [tə́:rnəri] *a.* (1) 제3위의, 세 번째의. (2) 셋의, 세 개 한 벌의. (3) 【數】 삼원(三元)의, 삼진(三進)의.

terp·si·cho·re·an [tə̀:rpsikərí:ən] *a.* (1) (T-) Terpsichore의 : the ~ art 무도. (2) 무도(舞蹈)의, 무용의. — *n.* ⓒ 댄서, 무희.

:ter·race [térəs] *n.* ⓒ (1) a〕 높은지대에 늘어선 집들. b〕 연립 주택. (2) a〕 단지(段地)《경사지를 계단 모양으로 깎은》 계단 모양의 뜰 ; 대지(臺지), 고대(高臺). b〕 【地質】 해안〈하안〉 단구(段구). (3) (집에 붙여 달아낸 식사·휴식용의 돌을 깐)테라스, 주랑(柱廊) ; 넓은 베란다.
— *vt.* (토지 등)을 계단식으로 정비하다 : ~*d* fields 계단식 밭.

tér·ra cót·ta [térəkɑ́tə/ -kɔ́tə] (1) 테라코타색, 적갈색. 〔It. =baked earth〕 (2) 테라코타《점토를 구워 만든 질그릇》..

tér·ra fír·ma [-fə́:rmə] (물·대기(大氣)에 대하여) 대지(大地), 육지.

ter·rain [təréin] *n.* ⓤⓒ (자연적 특징으로 본) 지역, 지대 : 지형, 지세 : hilly ~ 구릉 지대.

Ter·ra·my·cin [tèrəmáisin] *n.* ⓤ 【藥】 테라마이신 《oxytetracycline 의 商標名》..

ter·raz·zo [tərǽzou, -rá:tsou] *n.* ⓤⓒ 《It.》 테라초 《대리석 부스러기를 박은 다음 갈아서 윤을 낸 시멘트 바닥》..

***ter·res·tri·al** [təréstriəl] *a.* (1) 【生】 육생(陸生)의, 육서(陸棲)생물의 ; a ~ animal 육생 동물. (2) 지구(상)의. 【opp.】 *celestial*. (3) 이 세상의, 세속〈현실〉적인, 현세의 : ~ interests 명리심(名利心). 파) ~·**ly** *ad.* (4) 흙의, 토질의.

:ter·ri·ble [térəbəl] (***more ~ ; most ~***) *a.* (1) 《口》 심한, 대단한 : a ~ winter 엄동 / ~ heat 혹서(酷暑) / ~ cold 혹한. (2) 무서운, 가공할, 소름끼치는. 【cf.】 fearful. (3) 《口》 아주 나쁜, 지독한, 형편없는, 서투른. ***a ~ man to drink*** 《口》 술고래. ***~ in anger*** 화나면 무서운.

:ter·ri·bly [térəbli] (***more ~ ; most ~***) *ad.* (1)《口》 몹시, 굉장히, 내단히. (2) 무섭게, 지독하게.

***ter·ri·er** [tériər] n. ⓒ 테리어개《사냥개·애완견》

ter·rif·ic** [tərífik] (more ~ ; most ~***) *a.* (1)무시무시한, 소름 끼치는. (2) 《口》 a〕 굉장한, 대단한 ; ~ speed 맹렬한 속도. b〕 아주 좋은, 멋진. 파) **i·cal·ly** [-əli] ad.

:ter·ri·fy [térəfài] *vt.* 《~+目/ +目+前+名》 …을 놀래다(frighten), (무섭게)겁나게 하다. ***be terrified out of*** one***'s senses*** 〈***wits***〉 놀라서 혼비 백산하다. ***You ~ me!*** 놀랐다.

ter·ri·fy·ing [-iŋ] *a.* 무시무시한, 겁나게 하는, 놀라게 하는 , 소름 끼치는. 파) ~·**ly** *ad.*

ter·rine [terí:n] *n.* 《F.》 (1) ⓒ 테린 용기〈단지〉 《요리를 담아서 파는 뚜껑과 다리가 있는 단지》. (2) ⓒ ⓤ 테린 요리.

:ter·ri·to·ri·al [tèrətɔ́:riəl] *n.* 〔限定的〕 (종종T-) 【軍】 지방 수비대원 ; 《英》 국방 의용군의 병사. *a.* (1) 영토의 : 사유〈점유지〉의 ; 토지의. (2) 〔限定的〕 (종종 T-) 《美·Can.》 준주(準州)의. 파) ~·**ly** *ad.* 영토적으로 ; 지역적으로.

:ter·ri·to·ry [térətɔ̀:ri/ -təri] *n.* (1) ⓤⓒ 지역, 지방. (2) ⓤⓒ (영해를 포함한) 영토, 영지 ; (본토에서 떨어져 있는) 속령, 보호〈자치〉령. (3) ⓤⓒ a〕 (동물의) 세력권. b〕 (학문·예술 등의) 영역, 분야. c〕(외판원 등의) 판매 담당 구역. (4) ⓒ (T-) 《美·Can·Austral》준주(準州).

:ter·ror [térər] *n.* (1) ⓒ (사물의) 무서운 측면 ;공포의 원인, 가공할 일 ; 무서운 사람〈것〉. (2) ⓤ 공포, 두려움. (3) ⓒ 《口》대단히 골칫거리, 성가신 녀석〈아이〉. (4) (the T-) 【프史】 공포시대(=the Reign of Terror). (5) ⓤ 테러, 테러 계획. ***be a ~ to*** …에게 두려움이 되다. ***be in ~ of*** …을 두려워 하다. ***in ~ of*** one***'s life*** 죽지나 않을까 겁내어. ***strike ~ into*** a person***'s heart*** 아무를 공포에 몰아넣다. ***the king of ~s*** 【聖】 죽음, 사신(死神)《욥기(記) XⅧ : 14》..

ter·ror·ism [térərìzəm] *n.* ⓤ 공포정치, 테러리즘 ; 테러〈폭력〉 행위 ; 폭력주의.

ter·ror·ist [térərist] *a.* 테러리스트의, 폭력주의의. 파) **tèr·ror·ís·tic** [-ik] — *n.* ⓒ 테러리스트.

ter·ror·i·za·tion [tèrərizéiʃən] *n.* ⓤ 위협 ; 테러 수단에 의한 억압〈탄압〉.

ter·ror·ize [térəràiz] *vt.* 위협하다, 위협〈협박〉해서 …시키다《*into*》 ; 빨+ 무서워하게 하다.

ter·ror-strick·en, -struck [térərstrìkən], [-strʌ̀k] *a.* 겁에 질린, 공포에 사로잡힌.

ter·ry [téri] *n.* ⓤ 타월천, 테리천《보풀을 고리지게 짠 두꺼운 직물》 (=~ **cloth**).

terse [tə:rs] *a.* (1) 무뚝뚝한, 쌀쌀한. (2) (문체·표현 따위가) 간결한. 파) ~·**ly** *ad.* ~·**ness** *n.*

ter·tian [tə́:rʃən] *n.* ⓤ 【醫】 3일열(熱). — *a.* (열(熱)이) 사흘마다〈하루걸러〉 일어나는.

ter·ti·ary [tə́:rʃièri, -ʃəri] *a.* (1) 【醫】 제 3기의 《매독 등》 ; 제 3 도의《화상 등》. (2)제 3(차, 위, 급)의. (3)(T-)【地質】 제 3기(紀)의.
— *n.* 【地質】 (the T-) 제 3기(층).

Ter·y·lene [térəli:n] *n.* ⓤ 《英》 테릴렌《폴리에 스테르 섬유 ; 商標名》..

ter·za ri·ma [téərtsə-rí:mə] 【韻律】 3 운구법(韻句法)《Dante의 '신곡(神曲)'의 사형식》. 〔It. = third rhyme〕

tes·sel·late [tésəlèit] *vt.* (포장도로·마루 등)을 쪽매붙임〈모자이크식〉으로 만들다〈꾸미다〉.
— [-lit] *a.* =TESSELLATED.

tes·sel·lat·ed [-lèitid] *a.* 모자이크(식)의, 바둑판 무늬의 : a ~ floor 모자이크 무늬의 마루.

tes·sel·la·tion [tèsəléiʃən] *n.* ⓤ 모자이크 세공〈무늬〉 ; 쪽매붙임 세공.

:test [test] *n.* ⓒ (1) 시험의 수단〈방법〉 ; 시험하는 것, 시금석. (2)테스트, 시험, 검사, 고사(考査), 실험. (3) 【化】 분석(시험) ;감식(鑑識). (4) 《英口》 = TEST MATCH.
an oral ~ ⇨ ORAL ***by all ~s*** 어느 점으로 보아도. ***stand*** 〈***bear, pass***〉 ***the ~*** 시험에 합격하다, 시련에 견디다. ***undergo a ~*** 테스트를 받다.
— *vt.* (1) (순도·성능·정도 따위)를 검사〈시험〉하다, 테스트하다 : He ~*ed* the product for defects. 그는 그 제품의 결함 여부를 조사했다. (2) 【化】 (시약으로)…을 검출〈시험, 분석〉하다 : ~ the

ore for gold 금의 유무를 알기 위해 광석을 분석하다. (3) (가치·진위 등)을 시험하다, …의 (호된) 시련이 되다 : Misfortunes ~ a person's character. 불행을 당했을 때 사람의 성격〈인격〉을 알 수 있다 / ~ a person's courage.
— *vi.* (1) 검사하다〈받다〉, 테스트하다〈받다〉《*for*》 : ~ for color blindness 색맹 검사를 하다. ***~ out*** (이론 등)을 실지로 시험해 보다.

Test. Testament.

***tes·ta·ment** [téstəmənt] *n.* (1) (the T-) 성서 : ⇨ OLD〈NEW〉 TESTAMENT. (2) ⓒ 유언(장), 유서. (3) ⓒ a) 증좌. b) 신앙〈신조〉의 표명.

tes·ta·men·ta·ry [tèstəméntəri] *a.* 유언(장)에 의한 ; 유언의 ; 유언에 지정된.

tes·tate [tésteit] *a.* 유언(장)을 남기고 죽은 : die ~ 유언을 남기고 죽다.

tes·ta·tor [tésteitər, -ˊ-] *n.* ⓒ 유언자.

tést bàn (대기권) 핵실험 금지 협정.

tést càse (1) 선례가 되는 사례, 테스트 케이스. (2) 【法】 시소(試訴)《그 판결이 다른 유사 사건의 선례가 되는 사건》..

tést drìve (차의) 시승(試乘), 시운전.

test-drive [ˊdràiv] *vt.* (차)를 시운전하다.

test·ee [testíː] *n.* ⓒ 수험자.

test·er[1] [téstər] *n.* ⓒ (1) 시험〈검사〉 장치, 테스터. (2) 시험〈검사〉자.

tester[2] *n.* ⓒ 침대 위를 가려 덮는 천개(天蓋).

tést flìght 시험 비행.

test-fly [ˊflài] *vt.* …을 시험 비행하다.

:tes·ti·fy [téstəfài] *vi.* (1) 《+前+名》 (언동·실이 …의) 증거가 되다《*to*》 ; 【法】 선서 증언을 하다. (2) 《~/ +前+名》 증명하다, 입증하다;증언하다《*to*》 : 증인이 되다.
— *vt.* (1) 《+*that*節》 …을 증언하다, 입증하다 ; …을 확언하다. (2) …을 증명하다. (3) …을 표명하다 : ~ one's regret 유감의 뜻을 나타내다. (4) (사물이)…의 증거가 되다, ~임을 나타내다.

tes·ti·mo·ni·al [tèstəmóuniəl] *n.* ⓒ (1) 감사장, 표창장 ; (감사·공로 표창의) 선물, 기념품. (2) (인물·자격 등의) 증명서 ; 추천장 ; 상장.

:tes·ti·mo·ny [téstəmòuni/ -məni] *n.* (1) ⓤ (또는 a ~) 증거, 증명, 입증. (2) ⓤⓒ 증언. ***call*** a person ***in ~*** 아무를 증인으로 세우다 : Those people were *called in* ~. 그들이 증인으로 세워졌다.

tést màtch (크리켓 등의) 국제 결승전.

tes·tos·ter·one [testástəròun/ -tɔ́s-] *n.* ⓤ 【生化】 테스토스테론《남성 호르몬의 일종》..

tést pàper (1) 【化】 (리트머스 시험지 따위의) 시험지. (2) 시험 문제〈답안〉지.

tést pìlot 시험 조종사, 테스트 파일럿.

tést prògram 【컴】 테스트 프로그램《부호화가 끝난 프로그램을 시험하기 위한 프로그램》..

tést tùbe 시험관.

test-tube [tésttjùːb] *a.* 체외 인공수정의 ; 시험관 속에서 만들어 낸 : a ~ baby 시험관 아기.

tes·ty [tésti] (***-ti•er ; -ti•est***) *a.* (1) (언행이) 퉁명스러운. (2) 성급한, 걸핏하면 화내는.

te·tan·ic [tətǽnik] *a.* 【醫】 파상풍의.

tet·a·nus [tétənəs] *n.* ⓤ 【醫】 파상풍.

tetchy, techy [tétʃi] (***te(t)chi•er ; -i•est***) *a.* 안달하는 ; 성 잘 내는.

tête-à-tête [téitətéit, tétətét] *ad., a.* 《F.》 마주 앉아서〈앉은〉, 단 둘이서〈의〉. — *n.* ⓒ (1) S자형의 2 인용 의자. ***have a ~ talk*** 마주 앉아 이야기하다 《*with*》. (2) 터 놓고 하는 이야기;밀담;대담.

teth·er [téðər] *n.* ⓒ (1) 《比》 (능력·재력·인내 등의)한계, 범위, 극한. (2) (마소를) 매는 밧줄〈사슬〉. ***at the end of*** one***'s ~*** 궁지에 빠져, 한계에 이르러. be beyond dne's ~이 미치지 않다. 권한 밖이다. ***the matrimonial ~*** 부부의 인연.

tet·ra- '넷 : 【化】 4원자〈원자단, 기(基)〉을 갖는' 의 뜻의 결합사 : *tetra*chord, *tetr*oxide. ※ 모음 앞에서는 tetr-가 붙음.

tet·ra·gon [tétrəgɑ̀n/ -gən] *n.* ⓒ 【數】 4각형 ; 4변형 : a regular ~ 정 4각형.

tet·ra·he·dron [tètrəhíːdrən/ -héd-] (*pl.* ***~s, -dra*** [-drə]) *n.* ⓒ 【數】 4면체.

te·tram·e·ter [tetrǽmitər] *n., a.* 【韻】 4보격「(步格)(의).

tet·ra·pod [tétrəpɑ̀d/ -pɔ̀d] *n.* ⓒ (1) 【動】 사지(四肢) 동물, 네발짐승. (2) 【空】 테트 라포드《네 다리가 있는 호안용(護岸用) 콘크리트 블록》.

Teu·ton [tjúːtən] *n.* (1) ⓒ 독일인. (2) a) (the ~*s*) 튜턴족(族)《B.C. 4세기경부터 유럽 중부에 산 민족으로, 지금의 독일·네덜란드 등지의 북유럽 민족 : 略 : Teut.》. b) ⓒ 튜턴인(人).

Teu·ton·ic [tjuːtánik/ -tɔ́n-] *a.* (1) 독일(민족)의. (2) 튜턴〈게르만〉인〈민족, 어〉의. — *n.* 튜턴어, 게르만어.

Tex·an [teksən] *n.* ⓒ 텍사스 사람〈주민〉.
— *a.* 텍사스 주(사람)의.

***Tex·as** [téksəs] *n.* 텍사스《미국 남서부의 주 : 주도 Austin ; 略 : Tex, 【郵】 TX》.

Téxas léaguer 【野】 텍사스 리거《내야수와 외야수 사이에 떨어지는 안타》..

:text [tekst] *n.* (1) ⓤⓒ (요약·번역에 대하여) 원문, 원전(原典). 【cf.】 paraphrase. (2) ⓤⓒ (서문·부록 등에 대하여)본문. (3) ⓒ (설교 등에 인용되는) 성서의 구절, 성구(聖句)..

text·book [ˊbùk] *a.* 〔限定的〕 (1) 교과서의. (2) 교과서적인, 모범적인. — *n.* ⓒ 교과서.

téxt èditing 【컴】 문서〈글월〉 편집.

téxt èditor 【컴】 문서〈글월〉 편집기.

***tex·tile** [tékstail, -til] *n.* ⓒ (1) 직물의 원료. (2) 직물, 옷감. — *a.* 〔限定的〕(1) 직물의. (2) 방직된, 방직할 수 있는.

tex·tu·al [tékstʃuəl] *a.* (1) 원문 대로의, (원문의) 문자 그대로의. (2) 본문의 ; 원문의 ; (성서의) 본문에 의한. 파) **~•ly** *ad.*

téxtual críticism (작품의 독자성을 평가하는) 작품 분석 비평 ; (성서의) 원문 대조 비평.

tex·tu·al·ism [tékstʃuəlizəm] *n.* ⓤ (성서의) 원문 연구〈비판〉, (특히 성서의) 원문 고집〈존중〉.

tex·tu·al·ist [tékstʃuəlist] *n.* ⓒ 원문 학사〈비평자〉, (특히 성서의) 원문 주의자〈연구가〉.

***tex·ture** [tékstʃər] *n.* ⓤⓒ (1) a) (피부·목재·암석 등의) 결, (손에 닿는) 감촉. b) 기질, 성격. c) (음식물의) 씹히는 맛, 씹을 때의 느낌. (2)직물, 피륙, 천 ; (피륙의) 짜임새, 바탕. (3) 【컴】 그물짜기《밝기나 색의 공간적 변화가 고른 모양》..

téx·tured végetable prótein [tékstʃərd-] 식물성 단백질《콩으로 만드는 고기 대용품 ; 略 : TVP》..

-th[1] *suf.* 형용사·동사로부터 추상명사를 만듦 :tru*th* grow*th*.

-th[2] *suf.* 4이상의 기수(基數)에 붙여 서수(序數) 및분

모(分母)를 만듦:four*th*. ※ -ty로 끝나는 수사에는 -eth가 붙음 : thirtie*th*.

-th³ *suf.* 《古》 동사의 직설법 · 현재 · 3인칭 · 단수를 만듦《오늘날의 -s, -es에 해당》:do*th*(=does), ha*th*(=has).

Thai [tai, tá:i] (*pl.* **~, ~s**) *n.* (1) ⓤ 타이어(語), 샴어. (2) a] ⓒ 타이 사람. b] (the ~(s)) 타이 국민. — *a.* 타이어〈사람〉의.

thal·li·um [θǽliəm] *n.* ⓤ 【化】 탈륨.

:Thames [temz] *n.* (the ~) 템스 강《런던을 흐르는 강》. ***set the ~ on fire*** ⇨ FIRE.

:than [ðæn, 弱 ðən] *conj.* (1)〔關係代名詞約으로〕…보다, …이상으로《目的語 · 主語 · 補語의 역할을 겸해서 갖는 용법임》.
(2)〔形容詞 · 副詞의 比較級과 함께〕…에 비하여, …와 비교하여, …보다.
(3)〔rather, sooner 따위의 뒤에 와서〕(…하느니)보다는 (오히려), …할 바에는(차라리).
(4) a]〔else, other, otherwise, another 따위와 함께 ; 흔히 否定文에서〕…밖에는 (다른), …이외에(는). b]〔different, differently와 함께〕《美口》…와는 (다른, 달리).
(5)〔Scarcely 〈Hardly, Barely〉+had+主語+過去分詞의 형식으로〕.
no sooner_ ~... ⇨ SOON.
— *prep.* (1) a]〔目的格의 人稱代名詞를 수반하여〕《口》…보다도, …에 비하여. b]《ever, before, usual 따위의 앞에 와서》.…보다도. (2)〔different, differently의 뒤에 쓰여〕《美口》…와는 (다른, 달리). (3)〔關係代名詞 whom, which의 앞에서〕《文語》…보다도, …이상으로.

T

than·a·tol·o·gy [θæ̀nətάːlədʒi/ -tɔ́l-] *n.* ⓤ 사망심리 연구, 사망학(死亡學), 태너탈러지.
파) **than•a•to•log•i•cal** [-təlάdʒikəl/ -lɔ́dʒ] a.

than·a·to·pho·bia [θæ̀nətoufóubiə] *n.* ⓤ 【精神醫】 사망 공포(증).

thane [θein] *n.* ⓒ (1) 【Sc. 史】 족장, 호족(豪族). (2) (영국 앵글로색슨 시대의) 왕의 근위 무사, (귀족과 자유민 중간의) 향사(鄕士).

:thank [θæŋk] *vt.* (1)《+目+前+名/ +目+*to* do》〔흔히 I will, I'll 형식으로 강한 요망 · 의뢰 또는 반어 · 비꼬는 데 쓰임〕…을 부탁하다, 요구하다《*for*》. (2)《~+目/ +目+前+名》…에게 감사〈사례〉하다, …에게 사의를 표하다. (3)〔再歸的〕…은 제탓이다, 자업자득이다. ***No, ~ you.*** 아니, 괜찮습니다《사절의 인사》. ***Thank God 〈Heaven〉 !*** 고마워라, 이런;고맙게도. ***Thank you.*** 1) 고맙소 ; 수고했소 ; 미안합니다【감사의 뜻으로】. 2) 부탁드립니다, 제발.3)〔상대방의 Thank you.에 납하여, you에 강세를 두고〕천만에, 별 말씀을, 제가 오히려. ※2 I와 you에 강세를 두고 I must *thank* you. 라고도 함. 4) (강연의 마지막 등에) (들어 주셔서) 감사합니다 : (훈시 · 무전연락 등의 끝에) 이상 ***Thanks〈Thank you〉 for nothing.*** 걱정도 팔자다, 쓸데없는 간섭이다. ***you have only yourself to ~ for that.*** 그건 네 자업자득이다.
—*n.* (*pl.*) 감사, 사의, 치사, 사례.
— *int.* (*pl.*)《口》고맙소.
give 〈return〉 ~s to …에게 감사하다 : (건배에 대해) 답사를 하다 ; (식사 전후에) 감사기도를 드리다. ***No ~s!*** 달갑지 않다. ***No, ~s.***《口》아니 괜찮습니다 (No, ~ you). ***no〈small〉 ~s to...***《口》…의 덕분은 아니고〈아니지만〉, …에게는 아무런 도움도 받지 않고. ***~s to...*** …의 덕택에, …때문에(owing to)《※ 나쁜 뜻으로도 씀》.

:thank·ful [θǽŋkfəl] (***more ~ ; most ~***) *a.* (1) 사의를 표하는, 감사의. (2)〔敍述的〕감사하고 있는, 고맙게 여기는.
파) **~•ness** *n.* 감사, 사은.

thank·ful·ly [-fəli] *ad.* (1)〔文章修飾〕감사하게도. (2) 감사하여, 고맙게 생각하여.

***thank·less** [θǽŋklis] *a.* (1) (일이) 감사받지 못하는, 수지가 안맞는. (2) 감사하지 않는, 은혜를 모르는, 배은망덕의.

:thanks·giv·ing [θæ̀ŋksgíviŋ ⌒-] *n.* (1) a] ⓤ 감사하기 :(특히 하느님에 대한) 감사. b] ⓒ 감사의 기도. (2) (T-) =THANKSGIVING DAY.

Thanksgíving Dày 감사절《미국은 11월의 제 4 목요일 ; 캐나다는 10월의 제2 월요일》.

thank-you [θǽŋkjùː] *n.* ⓒ 감사의 말. — *a.*〔限定的〕감사의 : a ~ letter 〈note〉 사례 편지.

:that [ðæt, 弱 ðət, ðt]《용법 A] B]에 의한 발음의 차이에 주의. A]의 복수형 those는 별항에서 설명》..
A]《指示詞》[ðæt] (*pl.* ***those*** [ðouz]) *a.*〔指示形容詞〕(1) a]〔떨어져 있는 것 · 사람을 가리켜〕. b] 먼 곳 · 때를 가리켜〕그, 저 쪽의, 저. c]〔this와 상관적으로 쓰이어〕. d]〔친근·칭찬·혐오 등의 감정을 담아〉그, 저, 예의.
(2)〔앞에 말했거나 이미 서로 알고 있는 것을 가리켜〕저, 그.
(3)〔關係詞의 선행사에 붙여〕그《the 보다 뜻이 강하며 선행사임을 명시함》.
— (*pl.* ***those***) *pron.*〔指示代名詞〕(1)〔떨어져 있는 것 · 사람을 가리켜〕저것, 그것 ; 저〈그〉사람.
(2) a]〔앞에 나온 名詞의 반복을 피하여〕(…의, …한) 그것《보통 제한적 관계사절을 수반하거나 that of (복수형은 those of)의 꼴로 쓰임 ; 사람에 대하여는 안 씀》. b]〔앞선 진술을〈의 일부를〉강조적으로 반복하여〕(바로) 그렇다, 맞다 ; 좋다.
(3)〔關係代名詞 which의 先行詞로서〕《文語》(…하는) 것.
(4)〔this '후자'와 호응하여〕전자(the former).
and all ~ ⇨ ALL 成句. ***and ~...*** 1)〔앞엣말 전체를 받아〕게다가, 그것도. 2)《英俗》= and all that(⇨ ALL 成句). ***at ~*** 1)〔흔히 文 · 節의 끝에서〕그 위에, 게다가(as well). 2) 그대로, 거기까지, 그쯤에서《'그 이상은 …하지 않다'의 뜻》. 3)《美口》(그 점에 관해) 여러모로 생각해보니. (4) =with that. ***be ~ as it may*** 어떻든, 아무튼. ***Come 〈Get〉 out of ~!***《俗》비켜라, 그만둬, 꺼져버려. ***for all ~*** 그럼에도 불구하고. ***like ~*** 그렇게, 그런 식으로. ***not care 〈give〉 ~ for*** ‥따위는 (따 손가락을 울리면서) 표민큼도 상관없다. ***So ~'s ~.*** =That's ~. ***Take ~!*** (사람을 때릴 때) 이거나 먹어라, 이래도 덤빌 테냐. ***That does it !*** 1) 이제 그만 ; 이걸로 됐다. 2) 그건 너무하다, 더는 참을 수 없다. ***~ is (to say)*** 즉, 좀더 정확히 말하면 ***That's... for you.*** ⇨ FOR. ***That's it.***《口》1) 그것이 문제다. 2) 아 바로 그것(그 점)이다, 맞아. 3) 그것으로 끝장이다. 이제 틀렸다. ***That's done it!*** ⇨ DO[1] ***That's more like it!*** → LIKE[2] 成句. ***That's right! = That's so.*** 그래, 맞아, 맞았어 ;《口》찬성이요 찬성, 옳소《강연회 · 의회 등에서》. ***That's ~.***《口》그것으로 끝〈결정됐다〉; 이것으로 폐회합니다. 자〈이제〉끝났다《일 따위가 끝났을 때》; 끝장이다《단념 · 포기》; 더 이상 얘기해 보았자 소용없다. ***That's the last straw.*** ⇨ LAST STRAW. ***That's what it is.*** ⇨ WHAT. ***That's why....*** 그것이 …하는 이유다. ~

will do 그것으로 되겠다(쓸 만하다) : 이제 그만하시오, 그만하면 됐어. ***this(...) and ⟨or⟩ ~*** ⇨ THIS. ***this, ~, and the other*** ⇨ THIS. ***upon ~*** 이에, 그래서 곧. ***with ~*** 그리하여, 그렇게 말하고.

— *ad.* (비교 없음) 〔指示副詞〕 (1) 《口》 그렇게, 그정도로(to that extent) 《수량·정도를 나타내는 形容詞·副詞를 수식함》. (2) 〔흔히 not all that...으로〕 그다지 (…아니다), 그렇게(…아니다)《否定을 약화 시킴》.

B〕《連結詞》 [ðət, 《稀》 ðæt] *rel. pron.* 〔제한적 용법의 關係代名詞〕 (1) 〔先行詞가 사람이나 사물일 때〕…하는, …인. a〕〔主語로서〕 b〕〔補語로서〕《先行詞가 사람이더라도 who로 대용할 수 없으며, 종종 that은 생략됨》. c〕〔他動詞·前置詞의 目的語로서〕《흔히 that은 생략됨》.

(2) 〔주로 that을 쓰는 경우〕 a〕〔先行詞가 形容詞의 최상급 서수사. b〕〔先行詞가 疑問代名詞나 all, much, little, everything, nothing 따위일 때〕. c〕〔先行詞가 사람·사물을 함께 포함할 때〕.

(3)〔때·방법·이유 따위를 나타내는 名詞를 先行詞로 하여 關係副詞的으로 쓰여〕…하는, …인《that은 흔히 생략되며, 특히 the way 뒤의 that은 보통 쓰지 않음》.

(4) 〔It is... that_ 의 형식으로 名詞(어구)를 강조하여〕-하는 것은(…이다)《구어에서는 종종 that을 생략함》.

— [ðət, 《稀》 ðæt] *conj.* 〔從位接續詞〕 (1) 〔名詞節을 이끌어〕…하다는〈이라는〉것. a〕〔主語節을 이끌어〕. b〕〔補語節을 이끌어〕《that이 종종 생략되거나 콤마로 될 때가 있음》. c〕〔目的語節을 이끌어〕《종종 that은 생략됨》. d〕〔同格節을 이끌어〕. e〕〔形容詞·自動詞 등에 계속되는 節을 이끌어〕《종종 that은 생략되며, 副詞節로 보기도 함》.

(2) 〔副詞節을 이끌어〕 a〕〔(so) that... may do, in order that... may do의 형식으로 목적을 나타내어〕…하기 위해, 하도록《that-節 속에서 may ⟨might⟩를 쓰는 것은 딱딱한 표현이며, can, will ⟨could, would⟩가 쓰임;또 구어에서는 종종 that가 생략됨》. b〕〔so ⟨such⟩... that_의 형식으로 결과·정도를 나타내어〕 매우…해서, -할 정도로… 《구어에서는 종종 that을 생략함》. c〕〔원인·이유를 나타내어〕 …이므로, …때문에, …해서《종종 that은 생략됨》. d〕〔판단의 근거를 나타내어〕 …을 보니 ⟨보면⟩, …하다니《that-節(속)에서 종종 should가 쓰임》. e〕〔흔히 否定語 뒤에서〕…하는 한에서는. f〕〔양보·사정을 나타내어〕《文語》…이지만, …하지만;…이⟨하⟩므로, …하여서 (as)《주격 보어가 that 앞에 옴》.

(3) 〔It is... that _의 형식으로 副詞(어구)를 강조하여〕 -하는 것은 (…이다).

(4) 〔假定法〕을 수반하여 바람·기원·놀람·분개 따위를 나타내는 節을 이끌어〕《文語》…하다니 ; …면 좋을텐데.

but ~... ⇨ BUT *conj.* B〕 (2)(4). ***in ~...*** ⇨IN. ***not ~...*** ⇨ NOT. ***now ~...*** ⇨ NOW *conj.* ***so ~...*** ⇨ SO[1].

***thatch** [θætʃ] *n.* (1) ⓒ 초가지붕. (2) ⓤ (지붕 따위를 이기 위한) 짚, 억새, 풀, 이엉, 지붕을 이는 재료. (3) ⓒ 《口》 숱이 많은 머리털. — *vt.* (지붕)을 이다.

that'll [ðætl] that will의 간약형.

that's [ðæts] that has, that is의 간약형.

***thaw** [θɔː] *vi.* (1) 《~/ +副》(냉동식품이) 녹은 상태가 되다《*out*》 ; (얼었던 몸이) 차차로 따뜻해지다《*out*》. (2) 〔it를 主語로〕 (눈·서리·얼음 따위가) 녹다 ; 눈·서리가 녹는 철이 되다. (3) (감정·태도 따위가) 누그러지다, 풀리다《*out*》. — *vt.* (1)(눈·얼음·언(얼린)것 등)을 녹이다 : The sun ~*ed* the snow. 햇볕에 눈이 녹았다. (2) (얼었던 몸)을 따뜻하게 하다 : The warmth of the room gradually ~*ed out* my fingers. 방안의 따스한 기운이 조금씩 내 손가락을 녹여주었다. (3) …을 풀리게 하다, 누그러뜨리다 : Some kind words will ~ him out. 몇 마디 친절한 말을 하면 그는 누그러질 것이다.

— *n.* ⓒ (1) 눈석임, 해동, 해빙기 : spring ~ 봄의 해동 / The frost resolved into a trickling ~. 서리가 녹아 물이 되어 떨어졌다. (2) (국제 관계 등의 긴장 완화, 해빙 : a diplomatic ~ 외교상의 긴장 완화 / a ~ in U.S.·Chinese relations 미·중 관계의 해빙.

Th. D. *Theologiae Doctor* 《L.》 =Doctor of Theology 신학 박사).

⁝the [보통은 弱 ðə《자음 앞》, ði 《모음 앞》 ; 弱 ðiː] *def. art.* (1) 〔대표 단수에 붙여〕 …라는 것《동식물·발명품·악기 따위에 붙여 같은 종류의 것을 대표함》. ※ man과 woman은 child, boy, girl 등과 대조적으로 쓰이는 경우 외에는 관사 없이 인간 일반을 의미함 : *Man* is mortal. 사람은 언젠가는 죽는다.

(2) 〔限定〕 그, 이, 예의. a〕〔이미 나온 名詞에 붙여〕. b〕〔수식어에 의해서 한정되는 名詞에 붙어〕. c〕〔이미 나온 것과 관계가 있는 것 ; 그 일부〕. d〕〔주위의 정황으로 보아 듣는이가 알 수 있는 것에 붙여〕. e〕〔유일물·자연 현상·방위·계절 따위에 붙여〕.

☞ 語法 1) 형용사와 함께 쓰일 때는 종종 a, an을 붙임 : a calm sea 잔잔한 바다 / a cloudy sky 흐린 하늘 / a full moon 보름달, 만월.
2) 태양계의 지구 이외의 떠돌이별은 고유명사로서 the가 붙지 않음 : Mars 화성 / Mercury 수성.
3) 사철의 이름은 특정한 해의 철이면 the를 붙이고, 비특정이면 붙이지 않는 것이 원칙인데, *Spring* has come.과 같은 경우에는 보통 붙지 않으며 또 전치사 in을 수반할 경우, 비특정인 때에는 the가 있는 것과 없는 것 두 가지가 있음 : in (*the*) summer 여름에.

(3) 〔같은 부류의 총괄〕 모든 …, 전(全)…. a〕〔the+ 複數固有名詞〕. b〕〔the+ 複數固有名詞〕.

(4) 〔소유격 대신으로〕 **a〕**〔신체나 의복의 일부 등에 붙여〕. **b〕**《口》〔가족이나 소유물에 붙여〕.

(5) 〔單數各詞 앞에 붙여〕 그 특성·성질 따위를 나타내어〕.

(6) 〔形容詞·分詞 앞에 붙어〕 a〕〔추상명사의 대용으로서, 단수 취급〕. b〕〔보통명사의 대용으로서, 보통 복수 취급〕.

(7) 〔특수한 병명에 붙여〕.

(8) 〔단위를 나타내는 名詞에 붙여서〕《전치사 뒤에 올 때가 많음》: Tea is sold by ~ pound. 차는 파운드 단위로 판다.

(9) 〔강조적으로 쓰여〕진짜, 일류의, 대표〈전형〉적인, 그 유명한《 [ðiː]로 발음하며, 인쇄에서는 이탤릭체로 씀》: Caesar was *the* general of Rome. 카이사르는 로마 유일의 명장이었다.

(10) 〔때를 나타내는 말 앞에 붙여서〕현재의 : books of ~ month 이 달의 책.

(11) 〔twenties, thirties, forties 등의 복수형 앞에서〕 …년대 : …대(臺).

(12) 〔the를 상습적으로 수반하는 形容詞 : 비교급과

T

최상급) a) (i) 〔最上級〕: ~ best thing 최상의 것. (ii) 〔둘에 관해 쓰인 比較級〕. b) 〔동일함을 나타내는 것〕. c) 〔유일·전체를 가리키는 것〕. d) 〔바르고 그름과 適·不適 따위의 구별을 나타내는 것에〕. e) 〔'주된'을 뜻하는 것에〕. f) 〔둘 중 하나를 나타냄 ; 둘 또는 둘 이상의 것 중 어떤 수를 제외한 나머지를 나타냄〕.
(13) 〔the를 상습적으로 수반하는 固有名詞〕 a) 〔군도·산맥은 the+複數꼴〕. ※ 산 개개의 명칭은 관사가 없음. 예외. b) 〔해양·만·해협·갑(岬)·강·운하·사막·고개·반도 등〕. c) 〔국명·지명의 일부〕. d) 〔배·함대 철도·항공로〕: ~ Cleveland 클리블랜드호 / ~ Atlantic Fleet 대서양 함대. e) 〔공공 건물·시설·협회 따위〕. ※ 공원·역·공항·거리·사원·궁전·대학 따위에는 보통 관사를 안 붙임. f) 〔인명에 수반되는 形容詞·同格名詞〕. g) 〔… language 형식의 국어 명〕.
— *ad.* (1) 〔指示副詞:형용사·부사의 비교급 앞에 붙여서〕 (그 때문에) 더욱(더), 그만큼 (더), 오히려 더. (2) 〔關係副詞 : 指措示副詞節에 호응하여〕…하면 할수록〈이면 일수록〉 그만큼.

☞ *參考* 1) 위 예문에서 앞의 the는 관계부사, 뒤의 the는 지시부사, 다만, 때로는 종절《관계부사가 이끄는 절》이 뒤에 올 때도 있음. 이때 종종 주절의 the가 빠짐 : She played(~) better, ~ more she practiced. 연습하면 할수록 잘하게 되었다.
2) 주절《지시부사가 이끄는 절》의 주어와 동사는 종종 도치되는 수가 있음:The higher one goes, the rarer *becomes the air*. 높이 오르면 오를수록 공기가 희박해진다.

:the·a·ter, 《英》**-tre** [θí(:)ətər] *n.* (1) (the ~) 연극 ; 연극제. (2) ⓒ 극장. (3) ⓤ 〔無冠詞로〕극의 상연 성과〈효과〉. (4) ⓒ (사건 등의)현장, 무대 ; 전역(戰域). (5) ⓒ a) 계단식 강당〈교실〉. b) 《英》 수술실(주로《美》operating room).
— *a.* 〔限定的〕 전역(戰域)의.

the·a·ter·go·er [θí:ətərgòuər] *n.* ⓒ 연극을 좋아하는 사람, 연극 관람을 자주 가는 사람.

the·a·ter·go·ing [θí:ətərgòuiŋ] *n.* ⓤ 관극(觀劇), 구경.

the·a·ter-in-the-round [θí:ətərinðəráund] *n.* ⓒ 원형 극장.

***the·at·ri·cal** [θiǽtrikəl] *a.* (1) (언행이) 연극 같은, 과장된, 부자연스러운. (2) 극장의 ; 연극의.
— *n.* (1) (*pl.*) 연극, 《특히》.소인(素人)극, 아마추어 연극 ; 연극조의 짓:amateur 〈private〉 ~*s* 소인극. (2) ⓒ 무대 배우, 연극 배우.
파) **~·ly** *ad.* 연극처럼, 연극조로.

the·at·ri·cal·ize [-kəlàiz] *vt.* (1) …을 연극하다, 각색하다《※ dramatize가 일반적》. (2) …을 과장하여 〈연극조로〉 표현하다; 극화하다.

The·ban [θí:bən] *n.* ⓒ (특히 그리스의) Thebes 사람. — *a.* Thebes (사람)의.

thee [ði: 弱 ði] *pron.*〔thou의 目的格〕《古·詩》 그대를, 그대에게.Get~(=thyself) gone! 가라.

:theft [θeft] *n.* (1) ⓒ 【野】 도루(盜壘). (2) ⓒⓤ 도둑질, 절도 ; 절도죄.

thegn ⇨ THANE.

:their [强 ðɛər, 弱《흔히 모음 앞》 ðər] *pron.* (1) 《口》〔one, everybody 따위 單數의 不定代名詞를 받아서〕=HIS, HER. (2) 〔they의 所有格〕 그들의, 저 사람들의 ; 그것들의.

:theirs [ðɛərz] *pron.* 〔they의 所有代名詞〕 (1)〔of ~의 꼴로〕그〈그녀〉들의. (2) 그들의 것 ; 그것들의 것.

the·ism [θí:izəm] *n.* ⓤ 일신론(一神論) ; 유신론(有神論). 【opp.】 atheism.

the·ist [θí:ist] *n.* ⓒ 유신〈일신〉론자.

the·is·tic, -i·cal [θi:ístik], [-əl] *a.* 일신론(자)의 ; 유신론(자)의. 파) **-ti·cal·ly** *ad.*

:them [强 ðem, 弱 ðəm] *pron.* (1) 〔單數의 不定代名詞를 받아서〕. (2) 〔they의 目的格 ; 《口》'em [əm]〕 그들을〈에게〉 ; 그것들을〈에게〉. (3) 《口》 = THEY. a) 〔It's의 뒤에서〕. b) 〔as, than의 뒤에서〕. (4) 〔動名詞의 의미상의 主語로서〕. — *a.* 《方·俗》 = THOSE : ~(there) friends 저 친구들.

the·mat·ic [θi:mǽtik] *a.* (1) 【樂】 주제〈주선율〉의. (2)주제〈논제〉의. 파) **-i·cal·ly** *ad.*

:theme [θi:m] *n.* ⓒ (1) 《美》 (학교 과제의) 작문:the weekly ~*s* 매주의 과제 작문. (2) 주제, 제목, 테마. (3) 【樂】 테마, 주제, 주선율

théme sòng (tùne) (오페레타·영화 등의) 주제가 ; (라디오·텔레비전 프로의) 테마곡.

:them·selves [ðəmsélvz, ðèm-] *pron. pl.* (1)〔再歸的용법〕그들 자신을〈에게〉. 【cf.】 oneself. (2)〔强意的 ; 흔히 they와 동격〕 a) 그들 자신. b) 〔獨立構文의 主語關係를 특별히 나타내기 위한 용법〕. (3) 〔名詞的〕 본래의 〈정상적인〉 그들 자신. ***in ~*** 〔複數名詞를 받아서〕그 자체로(는), 본래(는). 【cf.】 in ITSELF.

:then [ðem] *ad., conj.* (1) 〔종종 and를 수반〕그리고, 그 다음에, 다음에(는).
(2) 〔過去·未來에도 씀〕그때(에〈는〉), 그 당시(에〈는〉), 그 당시(에〈는〉), 당시.
(3) 〔종종 and를 수반〕그 위에, 게다가.
(4) 〔흔히 文章 첫머리나 文尾, 또는 條件節을 받아 主節 첫머리에 써서〕그렇다면, 그러면.
and ~ some 그 이상의 것이, 적어도. ***but ~ (again)*** 그러나 한편, 그렇게는 말하지만 (또). ***even ~*** 그렇다 해도. ***(every) now and ~*** 때때로, 가끔. ***now... ~*** 어떤 때는 … 또 어떤 때는. ***~ again*** ⇨ AGAIN. ***~ and not till ~*** 그때 비로소. ***~ and there=there and ~*** 그때 그 자리에서, 즉시, 즉석에서.
— *n.* 〔주로 前置詞의 目的語〕그때, 당시. ***by then*** 그때까지(는). ***since ~ =from ~ on*** 그(때) 이래.
— *a.* 〔限定的〕 (the ~) 그 당시의 : *the ~* government 그 당시의 정부. ***the ~ existing***(system) 그 당시 있었던 (조직).

:thence [ðens] *ad.* 《文語》 (1) 그때부터(from that time) (2)거기서부터. (3) 그렇기 때문에, 그래서(therefore). ***from ~*** 《文語》 거기에서, 거기서부터.

thence·forth [-fɔ́:rθ] *ad.* 《文語》 그 이후, 그때부터, 거기서부터. ***from ~*** 《文語》 그때 이후.

the·oc·ra·cy [θi:ákrəsi/ -ɔ́k-] *n.* (1) ⓒ 신정 국가. (2) ⓤ 신권 정치, 신정(神政)《신탁(神託)에 의한 정치》.

the·od·o·lite [θi:ádəlàit/ -ɔ́d-] *n.* ⓒ 경위의(經緯儀), 세오돌라이트.

the·o·lo·gi·an [θi:əlóudʒiən] *n.* 신학자.

***the·o·log·i·cal, -log·ic** [θi:əládʒikəl/ -lɔ́dʒi-], [-ik] *a.* (1) 신학(상)의, 신학적인. (2) 성서(聖書)에 기초한.

theológical vírtues 대신덕(對神德), 신학적인 덕《faith, hope, charity의 3덕》. 【cf.】cardinal virtues.

***the·ol·o·gy** [θi:álədʒi/ -ɔ́l-] *n.* (1) ⓤⓒ (특정한) 신학 체계〈이론〉, 종교 이론. (2) ⓤ (기독교)신학.

speculative ~ 사변(思辨)신학. 파) **-gist** *n.*
the·o·rem [θí:ərəm] *n.* ⓒ (1)【數·論】정리(定理). 【cf.】axiom. (2) (일반) 원리, 법칙.
:the·o·ret·ic, -i·cal [θì:əréitk], [-əl] *a.* (1) 사색적인 ; 이론뿐인, 공론의 ; 이론을 좋아하는. (2) 이론(상)의 ; 학리(學理)〔순리(純理)〕적인.
the·o·ret·ics [θì:ərétiks] *n.* ⓤ (특정 과학·주제의) 순리(純理)적 이론, 측면.
the·o·rist [θí:ərist] *n.* ⓒ 공론가 ; 이론가.
the·o·rize [θí:əràiz] *vt.* …을 이론화하다. — *vi.* (1) 이론〈학설〉을 세우다《*about*》. (2) 공론을 일삼다.
:the·o·ry [θí:əri] *n.* (1) ⓤ (예술·과학의) 이론, 학리(學理), 원리. 【cf.】practice. 『economic ~ 경제 이론. (2) ⓒ 학설, 설(說), 논(論), (학문상의) 법칙. (3) ⓒ 지론, 사견(私見). (4) ⓤ 이치 ; 공론. (5) ⓒ 추측, 억측. **~ *of games*** =GAME THEORY.
the·os·o·phist [θi:ásəfist/ -ɔ́s-] *n.* ⓒ 신지학자(神知學者), 견신론자(見神論者), 신지론자.
the·os·o·phy [θi:ásəfi/ -ɔ́s-] *n.* ⓤ 접신(接神)론, 견신론(見神論), 접신학, 신지학(神知學).
ther·a·peu·tic, -ti·cal [θèrəpjú:tik], [-əl] *a.* (1) 건강유지에 도움이 되는. (2) 치료(상)의, 치료법의. 파) **-ti·cal·ly** *ad.*
ther·a·peu·tics [θèrəpjú:tiks] *n.* ⓤ 요법, 치료학.
ther·a·peu·tist [θèrəpjú:tist] *n.* ⓒ 임상 의사 ;요법학자 ; 치료사.
(·)ther·a·py [θérəpi] *n.* ⓤⓒ 치료 (…) 요법, 물치료 : hydro*therapy*.
:there [ðɛər, ðər] A〕《虛辭 이외의 용법》 [ðæɛr] *ad.* (비교 없음) (1) 〔文頭·文尾에서〕그 점에서, 거기서 ; 그때.
(2) 〔장소·방향을 나타내어〕거기(그곳)에 ; 거기로, 그곳으로.

☞ *參考* **here**에 대응하는 **there**의 용법 1) 명사 뒤에 와서 형용사적으로 쓸 수가 있음:The boys ~ want to see you. 거기 소년들이 당신을 만나 보고 싶어 합니다 / Take that book 〈those books〉 ~.《口》거기 그 책을 집으시오.
2) 대충의 위치를 보이고, 뒤에 동격적으로 정확한 위치를 보일 때가 있음 : The bag is ~(,) on the table. 가방은 거기 테이블 위에 있다.
3) 종종 장소를 나타내는 副詞 뒤에 사용됨 : It's cold *up* ~. 거기《고지 따위》는 춥다 /The school is *over* ~. 학교는 저쪽에 있다.

(3) 〔be ~의 형식으로〕있다, 존재하다.
(4) 〔주의를 촉구하는 强調표현〕저(것) 봐, 자아(저기)《다음의 B〕와 어순이 같지만 언세나 강세가 온다는 점에서 구별됨. 또 보통, 주어가 명사일 때 동사와의 사이에 도치를 일으키며, 대명사일 때엔 도치가 되지 않음》.
Are you ~ ? (통화가 중단되었을 때 등) 여보세요. ***be all ~*** 1)〔흔히 否定·疑問文에서〕《口》정신이 말짱하다, 제 정신이다. 2) 방심하지 않다, 빈틈이 없다. ***get ~*** ⇨ GET. ***have been ~ (before)*** 《俗》경험하여 다 알고 있다. ***here and ~*** ⇨HERE. ***then and ~*** =~***and then*** ⇨THEN. ***~ and back*** 왕복으로. ***There it is.*** 1) ⇨A〕(4). 2)《口》(안됐지만) 일이 그렇다. ***There's a good fellow 〈boy, girl〉!*** 〔命令形 뒤에서〕착하지, 부탁해《상대가 꼭 어린애는 아님》. ***There's... for you.*** ⇨FOR. ***There we are.***《口》=There you are4). ***There you are.*** 1) 자 봐(라), 자 어때 (됐지). 2) 자 어서(집으세요;드세요). 3)〔흔히 but, still 따위의 뒤에서〕《口》자 어때 맞았지〈내 말대로지〉. 4)《口》진상은 그렇단다《할 수 없다》. ***There you go.*** 《口》 1) =There you are. 2) 저 봐 또하고 있네. ***You have 〈have got〉 me ~.*** 이거 안되겠는데, 내가 졌다. ***You ~ !*** 이봐 자네.
— *n.*〔前置詞·他動詞의 목적어로서〕거기, 그 곳.
— *int.* (1)〔승리·만족·반항 따위를 나타내어〕자(봐라), 그봐, 저봐. (2)〔위로·격려·동정 단념 따위를 나타내〕자 자, 그래그래, 좋아좋아. (3)〔곤혹·비통함을 나타태어〕저런, 야. ***so ~ !***〔거절·도전따위를 나타내어〕(뭐라해도) 그렇다니까《결심은 변하지 않는다》; 자 어떠냐, 알았지.
B〕《虛辭로서의 용법》[ðər, ðɛər] (is와의 간약형(形) ***there's*** [-z]) *pron.* (1)〔there is, there can be 등의 형태로 be동사를 수반하여〕…이 있다. ※ 마지막 두 예에서처럼 主節 이나 關係詞節이 there is..의 구분일 경우에는 주격이라도 흔히 관계대명사를 생략함.
(2)〔there+존재·출현 따위의 動詞+主語〕…이 -하다, …이 발생나다.

☞ 語法 1) *There are* (*is*) a book, a pen and a few pencils on the desk. 따위의 경우, 동사는 복수 are가 되어야 할 것이나 실제로는 최초의 단수에 끌려 흔히 There is...., There's...로 됨.
2) 간약형 there's는 특히 is를 강조하든가 또는 Yes, *there is.* 나 That's all *there* is to it. 처럼 위치 관계로부터 자연히 is에 강세가 요구될 때에는 쓰이지 않음.
3) there is, there are 따위는 소개적으로 쓰이므로 보통 뒤에 불특정한 사물이나 사람이 오지만, 새로 학계에 오르거나 수식어구 따위가 따를 경우에는 특정한 사물이나 사람이 올 때도 있음: *There's the* 〈*that*〉 party. 그 파티가 있다 / *There is*, however, *the* problem of housing. 그러나 주택 문제가 있다.

There is no doing....《口》…할 수는 없다.
there·a·bout(s) [ðɛ́ərəbàut(s)] *ad.* (1) (시간·수량·정도 등) 그 무렵에, 그 때쯤 ; 대략, …정도, …쯤. (2) 그 부근에(서).
:there·af·ter [ðɛəræ̀ftər, ðɛ̀ərɑ́:f-] *ad.* 그로부터, 그 후.
:there·by [ðɛ̀ərbái] *ad.* (1) 그에 대해서〈관해서〉. (2) 그것에 의해서, 그것으로.
:there·fore [ðɛ́ərfɔ̀:r] *ad., conj.* 따라서, 그러므로, 그런 까닭에 : 그 결과(로서).
***there·in** [ðɛərín] *ad.*《文語》거기에 ; 그 가운데에 ;그 점에서.
there·in·af·ter [ðɛ̀ərinæ̀ftər, ʒɛ̀ərinɑ́:f] *ad.* 【法】이하에, 후문(後文)에.
:there'll [强 ðɛərl, 弱ðərl] there shall, there will의 간약형.
there·of [ðəərɑ́v, -ʌ́v/ ðɛərɔ́v, -ɔ́f] *ad.*《文語》그것을 ; 그것에 관하여 ; 그것으로부터.
there·on [ðɛərɑ́n -ɔ́:n/ -rɔ́n] *ad.*《文語》(1) (동작이) 그 바로 후에, 그 후 즉시(thereupon). (2) (위치가) 그 위에.
:there's [强 ðɛərz, 弱 ðerz] there has 또는 there is 의 단축형.
there·to [ðɛ̀ərtú:] *ad.*《文語》(1)또 그 위에, 게다

가. (2) 저기〈그것〉에.

there·un·der [ðὲərʌ́ndər] *ad.* 《文語》 (1) (연령 등이) 그 미만에. (2) (권위·항목의) 그 밑에(rode that).

there·up·on [ðὲərəpán, -pɔ́:n/ -pɔ́n] *ad.* (1) 그 결과로서(as a result of that);그 문제에 대하여(about that matter). (2) 그래서 즉시 ; 그 (후) 즉시. (3) 거기서.

there·with [ðὲərwíθ, -wíð] *ad.* 《文語》 (1) 《古》그래서, 그래서 즉시. (2) 그와 함께, 그것으로써.

therm [θə́:rm] *n.* ⓒ (1) 《英》 가스 사용량〈요금〉 단위. (2) 【物】 섬《열량 단위》

ther·mal [θə́:rməl] *a.* (1) 온천의. (2) 열의, 열량의, 온도의. (3) (내의 등) 보온성이 좋은, 방한의 (4) 열정적인. — *n.* ⓒ 상승 온난기류.

thérmal bárrier 【空·로켓】 열장벽(heat barrier), 초고속에 대한 고열 한계.

thérmal capàcity 【物】 열용량(heat capacity).

thérmal néutron 【物】 열중성자.

thérmal pollútion (원자력 발전소의 폐수 따위에 의한) 열오염〈공해〉.

thérmal prínter 【컴】 열(熱)인쇄기.

thérmal reáctor 【物】 열중성자 증식로.

thérmal spríng 온천(hot spring).

ther·mic [θə́:rmik] *a.* 열에 의한, 열의 ; 열량의.

therm·i·on [θə́:rmiən, -mài-] *n.* ⓒ 【物】 열이온, 열전자(熱電子).

therm·i·on·ic [θə̀:rmiánik, -mai/ -miɔ́n-] *a.* 열이온의, 열전자의 : a ~ tube 〈valve〉 열이온관.

therm·i·on·ics [θə̀:rmiániks, -mai-/-miɔ̀n-] *n.* ⓤ 【物】 열전자학, 열이온학.

thermo- '열'의 뜻의 결합사《모음 앞에서는 therm-》 : *thermo*chemistry.

ther·mo·dy·nam·ic [θə̀:rmoudainǽmik] *a.* 열량을 동력으로 이용하는;열역학의.

ther·mo·dy·nam·ics [θə̀:rmoudainǽmiks] *n.* ⓤ 열역학〔單數취급〕.

ther·mo·e·lec·tric [θə̀:rmouilektrik] *a.* ~ current 열전류(熱電流) ; 열전 기의.

ther·mo·graph [θə́:rməgræ̀f, -grɑ̀:f] *n.* 【醫】 온도 기록계.

ther·mog·ra·phy [θərmágrəfi/ -mɔ́g-] *n.* ⓤ 【醫】 서모그래피, 온도기록(법), 피부 온도 측정 그래프.

:ther·mom·e·ter [θərmámətər/ mɔ́m-] *n.* ⓒ 한란계, 온도계.

ther·mom·e·try [θərmámətri/-mɔ́m-] *n.* ⓤ 온도 측정(법) ; 검온(檢溫).

ther·mo·nu·cle·ar [θə̀:rmənjú:kliər] *a.* 원자핵 융합 반응의, 열핵(熱核)의.

ther·mo·plas·tic [θə̀:rməplǽstik] *n.* ⓤ 열가소성 물질《폴리에틸렌 따위》. — *a.* 열점성의(熱粘性)의.

ther·mo·reg·u·la·tion [θə̀:rmouregjəléiʃən] *n.* ⓤ (사람·동물의) 체온 조절.

thérmos bòttle (**flàsk**) 보온병.

ther·mo·set·ting [θə̀:rmousétiŋ] *a.* (수지(樹脂) 등이) 열경화성(熱硬化性)의. 〖opp.〗 *thermo-plastic.* 『 ~ resin 열경화성 수지.

ther·mo·sphere [θə́:rməsfiər] *n.* (the~) 온도권, 열권(熱拳)《지상 80km 이상》.

ther·mo·stat [θə́:rməstæ̀t] *n.* 자동 온도 조절 장치, 서모스탯. — *vt.* …에 자동 온도 조절 장치를 달다.

ther·mo·sta·tic [-ik] *a.* 자동 온도 조절 장치의. 파) **-i·cal·ly** *ad.* 온도 조절 장치에 의하여.

the·sau·rus [θisɔ́:rəs] (*pl.* **~·es, -ri** [-rai]) *n.* ⓒ(동의어·반의어 등을 모은) 분류 어휘 사전 ; 사전 ; 백과사전 ; 【컴】 관련어집, 시소러스《정보 검색 등을 위한 용어 사전》, 지식의 보고.

:these [ði:z] 〔this 複數꼴〕 *a.* 이것들(의) : (in).

:the·sis [θí:sis] (*pl.* **-ses** [-si:z]) *n.* ⓒ (1)【論·哲】 정립(定立), (논증되어야 할) 명제, 테제.【cf.】 antithesis. (2) 논제, 주제 ; (작문 따위의) 제목. (3) 논문, 작문;졸업 논문, 학위 논문.

Thes·pi·an [θéspiən] *a.* (종종 t-) 비극적인 ; 비극의 ; 극적인. — *n.* ⓒ (비극) 배우.

Thes·sa·lo·ni·ans [θèsəlóuniənz] *n. pl.*〔單數 취급〕【聖】 데살로니가 전서〈후서〉《신약성서의》.

the·ta [θéitə, θí:-] *n.* ⓤⓒ 그리스 알파벳의 여덟째 글자《Θ, θ ; 로마자의 th에 해당》, 세타.

Thews [θju:z] *n. pl.* 《文語》 (1) 체력, 기력. (2)근육.

:they [强 ðei, 《특히 모음 앞》 弱 ðe] *pron. pl.*〔人稱代名詞 he, she, it의 複數꼴 ; 어형변화는 主格 **they** ; 所有格 **their** ; 目的格 **them** ; 所有代名詞 **theirs**〕 (1) 〔關係代名詞 who, that 先行詞〕…하는 사람들. ※ 오늘날에는 They who... 대신에 Those who... 가 보통임. (2) **그들** ; 그들은〈이〉 ; **그것들**, 그것들은〈이〉. (3)〔막연하게〕(세상) **사람들**(people) ; 《口》 관계자들, 당국자. (4) 《口》 〔否定의 單數(代)名詞를 받아〕.

:they'd [ðeid] they had 〈would〉의 간약형.

:they'll [ðeil] they will〈shall〉dml 간약형.

:they're [ðὲər 强 ðər] they are의 간약형.

:they've [ðeiv] they have의 간약형.

:thick [θik] (**∠·er ; ∠·est**) *a.* (1) 굵은, 뚱뚱한, 살찐. (2) 두꺼운 ; 두께가 …인. (3) (액체 따위가) 진한, 걸쭉한 ; (안개·연기 등의) 짙은 ; 안개가 자욱한, 음침한. (4) (밤·어둠이) 어둠침침한, 짙은, 쥐죽은 듯 고요한. (5) 빽빽한, 우거진 ; 털이 많은. (6) a〕 (목소리가) 불명료한, 쉰, 탁한. b〕(사투리가) 심한. (7) 혼잡한, 많은, 끊임없는, (…로) 가득한《*with*》. 〖opp.〗 *thin.* (8) 《口》 우둔한 ; 미련한, 둔한.【cf.】 dense. (9)《口》친밀한《with》. (10)《口》너무 지독한, 견딜 수 없는. (**as**) **~ *as thieves*** ⇨THIEF. (**as**) ***~ as two*** (***short***) ***planks*** 《俗》 머리가 아주 나쁜. ***get a ~ ear*** 맞아서 귀〈따귀〉가 부어오르다. ***give*** a person ***a ~ ear*** 아무를 귀가 붓도록 때리다. ***have a ~ head*** 머리가 나쁘다. ***have a ~ skin*** (남의 말·비평 따위에) 둔감하다. ***~ on the ground*** ⇨ GROUND'

— *n.* (*sing.* 흔히 the ~) (1) (팔·장딴지·배트 등의) 가장 굵은〈두꺼운〉 부분 : *the* ~ of a handle 손잡이의 굵은 부분 / *the* ~ of the thigh 넓적다리의 제일 굵은 부분. (2) a〕 가장 밀집된 부분 ; 사람이 가장 많이 모이는 곳 : *the* ~ of the town 거리의 가장 번화한 곳. b〕 한창 때 ; (활동이) 가장 심한 곳, 한가운데《*of*》: in *the* ~ *of* the fight 가장 치열히 싸울 때에. ***through ~ and thin*** 좋을 때나 그렇지 못할 때나, 무슨 일이 있어도 : He stuck with her *through ~ and thin*. 그는 어떤 일이 있어도 그녀를 떠나지 않았다.

— (**∠·er ; ∠·est**) *ad.* (1) 두껍게, 짙게:The snow lay ~ upon the glacier. 빙하에는 눈이 두껍게 쌓여 있었다 / The roses grew ~ along the path. 장미가 작은 길을 따라 밀생해 있었다. (2) 술하게, 자주, 빈

번히 ; 심하게 : The heart beats ~. 가슴이 두근거린다 / Misfortunes came ~ and fast. 재난이 잇따라 밀어 닥쳤다. ***lay it on***(~) 너무 과장하다, 지나치게 간살 떨다;몹시 꾸짖다.

*__thick·en__ [θíkən] *vt.* (1) …을 복잡하게하다 ; 불명료하게 하다. (2) …을 두껍게〈굵게, 진하게〉 하다. — *vi.* (1) 두꺼워지다, 굵어지다 ; 짙어지다, 진하게 되다. (2)복잡해지다, 불명료해지다.

thick·en·er [θíkənər] *n.* ⓤⓒ 농후제(濃厚劑), 침전 농축 장치.

thick·en·ing [θíkəniŋ] *n.* (1) ⓤⓒ 농후제(劑). (2) ⓤ 두껍게 〈굵게〉 하기 ; 두꺼워짐 ; 굵어짐 ; 두꺼워진〈굵어진〉부분.

:**thick·et** [θíkit] *n.* ⓒ (우거진) 덤불, 수풀, 총림, 잡목 숲 : hide in the ~ 우거진 숲 속에 숨다.

thick·head [θíkhèd] *n.* ⓒ 머리가 둔한 사람.

thick·head·ed [´hédid] *a.* 둔한, 머리가 나쁜. 파) ~·**ly** *ad.* ~·**ness** *n.*

*__thick·ly__ [θíkli] *ad.* =THICK. 두껍게, 많이, 불분명하게.

thick-necked [θíknékt] *a.* 목이 굵은.

*__thick·ness__ [θíknis] *n.* (1) ⓒ a] 농후 ; 농도. b] 조밀 ; 무성, 밀생(密生). (2) a] ⓤⓒ 두께 ; 굵기. b] (the ~) 두꺼운 부분. (3) ⓤ 불명료 ; 혼탁 ; 우둔. (4) ⓒ (일정한 두께를 가진 물건의) 한 장.

thick·set [θíksét] *a.* (1) 울창한, 무성한, 조밀한. (2) 땅딸막한, 굵고 짧은.
— [θíksèt] *n.* ⓒ 덤불, 무성한 수풀.

thick-skinned [´skínd] *a.* (1) 가죽이〈피부가〉 두꺼운. (2) (비난·모욕 등에) 둔감한, 무신경(無神經)한 ; 뻔뻔스러운. (【opp.】 thin-skinned)

thick-skulled [´skʌ́ld] *a.* 우둔한(thickheaded), 머리가 나쁜.

thick-wit·ted [´wítid] *a.* 어리석은(stupid), 머리가 둔한.

:**thief** [θiːf] (*pl.* ***thieves*** [θiːvz]) *n.* ⓒ 좀도둑, (흔히 폭력을 안 쓰는) 도둑 ; 절도범《사람》. 【cf.】 robber.

thieve [θiːv] *vt.* …을 훔치다. — *vi.* 도둑질하다.

thiev·ery [θíːvəri] *n.* ⓤ 절도, 도둑질, 훔친 물건.

*__thieves__ [θiːvz] THIEF의 복수.

thiev·ing [θíːviŋ] *a.* 도둑의. — *n.* ⓤ 도둑질.

thiev·ish [θíːviʃ] *a.* (1) 도둑 같은, 남몰래 하는. (2) 도벽이 있는 ; 도둑〈절도〉의.
파) ~·**ly** *ad.* ~·**ness** *n.*

:**thigh** [θai] *n.* ⓒ (1) (동물 뒷다리)의) 넓적다리, (새의) 넓적다리. (2) 넓적다리.

thigh·bone [θáibòun] *n.* ⓒ 【解】 대퇴골(femur).

thill [θil] *n.* ⓒ끌채, (수레의) 채.

thim·ble [θímbəl] *n.* ⓒ 골무《재봉용》.

trim·ble·ful [-fùl] *n.* ⓒ《口》(술 따위의) 극소량.

:**thin** [θin] (**-nn-**) *a.* (1)가는, 굵지 않은. 【opp.】 *fat.*(2) 얇은. (3) 홀쭉한, 야윈, 마른.(4) (액체·기체 등이) 희박한, 묽은, 엷은, 진하지 않은. (5) 약한, 힘없는, 가냘픈 ; 활기 없는《시장 따위》. 【opp.】 *thick.* (6)내용이 빈약한, 천박한, 하찮은. (7) (공급 따위) 부족한, 적은, 얼마 안 되는 ; 작물이 잘 안 된. (***as***) ***~ as a rake*** 〈***lath, stick***〉 (사람이) 깡마른. ***have a ~ time*** (***of it***)《口》 언짢은〈불쾌한〉 일을 당하다. ***out of ~ air*** ⇨AIR. ***the ~ and of...*** 《英口》 대체로, 거의. ***~ on the ground*** ⇨ GROUND[1]. ***vanish*** 〈***melt***〉 ***into ~ air*** 완전히 자취를 감추다, 흔적도 없어지다. ***wear ~*** ⇨ WEAR[1].

— *ad.* =THINLY.
— (**-nn-**) *vt.* 《~+目/+目+前+名/+目+副》 (1) …을 얇게〈가늘게〉 하다 ; 묽게〈희박하게〉 하 다 : ~ *down* sauce 〈paint〉 소스〈페인트〉를 묽게하다 / This wine has been ~*ned with* water. 이 포도주는 물로 희석되어 있다. (2)…을 성기게 하다, 적게하다 ; 솎다:He ~*ned out* the flowers. 그는 꽃을 솎아냈다.
— *vi.* 《~/+副》 얇아지다 ; 가늘어지다 ; 야위다 ; 약해지다 ; 희박해지다 ; 적어지다《*away* ; *down* ; *out* ; *off*》 : His hair is ~*ning*(*out*). 머리 숱이 적어지고 있다 / The crowd ~*ned away*. 군중은 점점 적어져 갔다 / one's face ~*s down* 얼굴이 마르다.

thine [ðain] *pron.* 《詩·古》 (1) 〔母音 또는 h로 시작되는 各詞 앞에서〕너의, 그대의(thy). (2)〔thou의 所有代名詞〕당신의 것, 그대의 것.

:**thing** [θiŋ] *n.* (1) ⓒ 생물, 동물, 사람, 여자, 아이, 놈, 녀석〔애정·연민·칭찬 경멸 따위를 나타냄〕.
(2) ⓒ (유형의) 물건, 사물.
(3) (*pl.*) 소지품, 휴대품 ; 도구, 용구.
(4) (*pl.*) 재산, 물건.
(5) (*pl.*) 풍물, 문물.
(6) ⓒ (무형(無形)의) 일, 사항, 사물.
(7) (*pl.*) 사정, 사태.
(8) (the ~) 지당한 일, 해야 할 일, 필요〈중요〉한 일 ; 유행하는 것 ; 정상적인 건강상태.
(9) ⓒ (예술상의) 작품, 곡.
(10) ⓒ《口》 흥미, 취미 : History is my ~. 역사는 마음에 드는 과목이다.
all ~s considered ⇨CONSIDER. ***and another~*** 그 위에, 더우기(moreover) ***... and ~s***《口》 …따위. ***a ~ or two*** 꽤 많은 것, 상당한 지식〈기량, 재능〉. ***be all ~s to all men*** 누구에게나 마음에 들도록 행동하다. ***be no great ~s*** 《俗》 대단한 것은 아니다. ***be seeing ~s*** 환상을 보다, 환각 상태에 있다. ***do great ~s*** 엄청난 짓을 하다. ***do*** one's ***own ~*** 《美俗》자기가 좋아하는 일을 하다. (***Do***) ***take off your ~s.*** (어서) 외투 같은 것을 벗으시오 : *For one* ~ I haven't the money, *for another* I'm busy. 첫째로는 돈도 없고 또 바쁘기도 하다. ***have*** 〈***get***〉 ***a*** 〈***this***〉 ***~ about***《口》 …에 대해 특별한《좋은〈나쁜〉》 감정을 갖고 있다. …을 몹시 좋아〈싫어〉 하다. ***How are*** 〈***How's***〉 ***~s ?***《口》 안녕하십니까(How are you?). (***just***) ***one of those ~s***《口》 어쩔 수 없는〈피할 수 없는〉 것. ***look quite the ~*** (몸 따위) 아주 상태가 좋아 보이다. ***make a good ~***(***out***) ***of***《口》 …로 크게 벌다, …로 이익을 보다. ***make a ~ of..***《口》 …을 중대시하다, 문제 삼다, …에 대해서 법석을 떨다. ***of all ~s*** 놀랍게도, 하필이면. ***one~...another*** __ (…과 —과는) 별개다, 다르다. ***other ~s being equal*** ⇨ EQUAL. ***Poor ~ !*** 가없어라. ***taking one ~ with another*** 이것저것 생각해보고. (***the***) ***first*** 〈***next, last***〉 ***~*** 우선 먼저〈다음에, 최후에 ***the latest ~ in*** (ties) 최신 유행의 (넥타이). ***the state of ~s*** ⇨STATE.

:**think** [θiŋk] (*p., pp.* ***thought*** [θɔːt]) *vt.* (1)《+ *wh.*〈*how*〉節》 …라고 생각하다, 상상하다.
(2) 《+(*that*)節》 …라고 여기다, …라고 생각하다, …라고 믿다.
(3) 《~+目/+*wh. to* do》 …라고 생각하다, 생각나다, 마음에 그리다, 상상하다 : Don't ~ such unjust things of your friend. 친구의 일을 그토록 나쁘게 생각하지 마라.

T

(4) 《+目+(*to* be)補/+目+*to* do/+目+前+名》 …을 -로 생각하다, …이 -라고 간주하다〈믿다〉 : if you ~ him your kind of man… 만약 그와 마음이 맞는다면….
(5) 《+目+前+名/+(*that*)節/+*to* do》 …을 기대하다 ; 꾀하다, …할 작정이다 : ~ harm *to* a person 아무를 해치려고 하다.
(6) 《+目+副/+目+補/+目+前+名》 생각해서 …하다, 생각에 빠져 …이 되다.
— *vi.* (1) 《~/+前+名》생각하다, 사색하다 : ~ deeply 깊이 생각하다.
(2) 예상하다, 예기하다;판단하다, 평가하다《*of*》. □ thought *n.*
I don't ~. 《俗》 그래, 내 참 원《빈정대는 말을 한 다음에》. ***I should ~*** (***not***). 《口》 (상대방의 말을 받아)(당연히) 그렇겠지《not은 상대방의 말이 부정문일 때》 ***I ~*** …이겠지요《삽입구 · 문미구(文尾句)로서》 ***I ~ I'll*** do …할까 생각하다. ***I ~ so*** 〈***not***〉. 그렇다고〈그렇지 않다고〉 생각한다. 【cf.】 I HOPE not ; I am AFRAID not. ***Just ~ !*** =***Only ~ !*** =(***Just***〈***To***〉) ***~ of it !*** 좀 생각해 봐요. ***let me ~*** 글쎄, 가만 있자 (생각 좀 해보고). ***~ about*** 1)(계획 따위가 실행 가능한지 어떤지) 고려하다. 2) …에 대하여 생각하다 ; 회상하다. ***~ again*** 다시 생각하다, 재고하다. ***~ ahead*** 앞일을 생각하다. (…의 일을) 미리 생각하다《*to*》. ***~ aloud*** (생각하던 것을) 말해 버리다 ; 혼잣말하다. ***~ and ~*** 곰곰 생각하다. ***~ away*** (신앙 따위를) 깊이 생각한 나머지 잃다 ; (치통 등을) 딴 일을 생각하며 잊다. ***~ back to*** 기억해 내다, 상기하다. ***~ better of*** 1) 재고해서 그만두다 ; 다시 생각하다. (2) …의 생각을 바꾸다, 다시 보다 ; 더 낫다고 생각하다. ***~ fit*** 〈***good, proper, right***〉 ***to*** do …하는 편이 좋다고 생각하다. ***~ for*** one***self*** 1) 자기를 위하여 생각하다. 2) 스스로〈혼자서〉 생각하다, 자기 마음대로 생각〈판단〉하다. ***~ hard*** 신중히 생각하다. ***~ highly of*** …을 높이 평가하다, …을 중요시하다, 소중히 하다 : …을 존경하다. ***~ ill of*** …을 나쁘게 생각하다, …을 좋게 생각지 않다. ***~ much of*** …을 존중하다, 높이 평가하다 : They didn't ~ *much of* my new novel. 내 신간 소설은 호평을 못 받았다. ***~ no end of*** …을 한없이 존경하다, …을 높이 평가하다. ***~ nothing of*** …을 대수롭게 여기지 않다. ***~ of*** 1)…에 마음을 쓰다, …에 관심을 보이다 ; 숙고하다 : *Think of* those poor children 그 가엾은 애들에게 관심을 보이시오. 2) …을 상상하다 : Just ~ *of* the cost! 그 비용만이라도 상상해 보시오. 3) 생각나다. 4) …을 생각해 내다 : I can't ~ of the right word. 적절한 말이 떠오르지 않는다. 5) …을 제안하다 : Who first *thought of* the idea? 누가 처음으로 그 생각을 제안했느냐. 6) …을 (…이라고) 생각하다, 간주하다《*as*》 : ~ *of* himself *as* a poet. 7)〔흔히 否定文으로〕…을 예상〈몽상〉하다. ***~ on*** one***'s feet*** 재빨리 생각해 내다, 즉시 결단을 내리다. ***~ out*** …을 생각해 내다, 안출하다 ; 숙고하여 해결하다 : We've got to ~ *out* a plan. 계획을 생각해 내야 한다. ***~ over*** (…에 대해서) 다시 생각하다, (…을) 숙고하다 : *Think over* what I've said. 내가 한 말을 잘 새겨보아라. ***~ poorly of...*** ⇨ POORLY. ***~ the world of*** …을 높이 평가하다 : He ~*s the world of* her. 그는 그녀가 멋있다고 생각하고 있다. ***~ through*** 끝까지 생각하다, 충분히 생각하다 : ~ the problems *through* 문제가 해결될 때까지 충분히 생각하다. ***~ twice*** 재고하다 ; 잘 생각해보다 : ***~ up*** (신안 · 구실 따위를) 생각해내다, 발견하다. ***~ well of*** …을 좋게 생각하다. ***To ~ that.. !*** …이라니 놀랍다〈슬프다, 안됐다〉. ***what*** 〈***who***〉 ***do you ~ ?*** 그게 뭐〈누구〉라고 생각하니《뜻밖의 말을 꺼낼 때》.
— *n.* (*sing.*) 《口》 생각(하기), 일고(一考)(하기), 안(案) : Have a ~ about it. 그것에 대해 생각해 주시오.

think·a·ble [θíŋkəbəl] *a.* 있을법한, 생각할 수 있는 ; 믿을만한. 〖opp.〗 *unthinkable.*

***think·er** [θínkər] *n.* ⓒ 사상가, 사색가 ; 생각하는 사람 : a great〈deep〉 ~ 위대한 사상가〈생각이 깊은 사람〉.

:think·ing [θíŋkiŋ] *a.* 〔限定的〕 사고력이 있는, 생각하는, 분별있는 : all ~ men 분별있는 사람은 모두 / a ~ reed 생각하는 갈대《인간 : Pascal의 말》. ***put on*** one's ~ ***cap*** ⇨ CAP. 곰뜰히 생각하다
— *n.* ⓤ (1) 사고, 사색 : philosophical ~ 철학적 사고. (2) 생각, 견해, 의견, 판단, 사상 : He is of my way of ~. 그는 나와 같은 생각이다. ***to my*** (***way of***) ~내 생각으로는 : She is, *to my* ~, a very clever woman. 내 생각으로는 그녀는 아주 영리한 여자다.

thin·ner [θínər] *n.* ⓤⓒ (1) (페인트 등의) 용제(溶劑), 희석제, 시너. (2) 가지치는 사람, 제초하는 사람.

thin·nish [θíniʃ] *a.* 약간 가는〈드문드문한〉, 좀 얇은, 조금 약한〈야윈〉, 가느다란.

thin-skinned [θínskínd] *a.* (1) 민감한 ; 화를 잘 내는. (2)가죽이〈피부가〉 얇은.

:third [θəːrd] *a.* (1) 3분의 1의《略 : 3rd, 3d》 : *The* ~ part of this work is research. 이 일의 3분의 1은 조사이다. (2) (흔히 the ~) 제 3의 ; 세(번)째의 ; 3위〈등〉의 : be *in the* ~ grade 3학년생이다 / *the* ~ man from the left 왼쪽에서 세 번째 사람. — *n.* (1) ⓤ (the ~) a〕 제 3, 셋째 ; 세 번째 (의 것, 의 인물) : Henry *the Third* 헨리 3세. b〕 (달의) 3일, 초사흗날. (2) a〕 ⓒ 3분의 1 : one ~ 〈two ~*s*〉 of the total 전체의 3분의 1〈2〉 / cut the number of employees by a ~ 종업원 수를 3분의 1만큼 줄이다. b〕 (*pl.*) 【法】 망부(亡夫)의 유산의 3분의 1《미망인의 몫》. (3) ⓤ 〔冠詞없이〕【野】 3루. (4) ⓒ 【樂】 셋째 음, 3도 음정, 제 3도. (5) (*pl.*) 【商】 3등〈3급〉품. (6) ⓤ(자동차의) 제 3단 기어. (7) ⓒ a〕 (경기의) 3등(상), 3위. b〕 《英》(대학의) 우등 학위 3급《우등 학위 중 제일 낮음》.
— *ad.* 셋째로 ; 3등으로 The horse finished ~. 그 말은 3등이었다.

thírd báse 〔冠詞없이〕 【野】 3루, 3루의 위치(수비).

thírd báseman 【野】 3루수.

thírd cláss (1) (교통기관의) 3등. (2) (제)3급 ; 삼류. (3) 《美 · Can》 【郵】 제 3종《중량 16oz. 이하의 상품이나 광고 인쇄물 등 요금이 낸 별납 우편》.

third-class [∸klǽs, ∸kláːs] *a.* (1) 제3종의《우편 따위》 : ~ matter〈mail〉 제 3종 우편물. (2) 3등의 ; 3급의 ; 삼류의, 하등의. — *ad.* 3등으로 : travel ~ 3등으로 여행하다.

thírd fínger 약손가락, 무명지.

***third·ly** [θə́ːrdli] ad. 제3으로, 셋째로.

thírd párty (1) ⓒ 【法】 (당사자 이외의) 제삼자. (2) (the ~) 제 3당 ; 소수당.

thírd pérson (the ~) 【文法】 3인칭, 제3자.

third-rate [θə́ːrdréit] *a.* 3급의, 3등의 ; 3류의, 열등한.

T

third·rat·er [θə́ːrdréitər] *n.* ⓒ 시시한 사람, 3류의 사람.
Thírd Wórld (the ~) 제 3세계《특히 아프리카 아시아 등지의 개발 도상국》
:thirst [θəːrst] *n.* (1) (*sing.*) 갈망, 열망《*after* ; *for*》. (2) ⓒ (또는 a ~) 갈증, 목마름 : quench 〈relieve, satisfy〉 one's ~ 갈증을 풀다. ***I have a ~.*** 《口》 한잔 하고 싶다.
— *vi.* 《~/+前+名》 갈망하다, 강한 희망을 갖다 《*after* ; *for*》.
:thirsty [θə́ːrsti] (***thirst•i•er ; -i•est)*** *a.* (1) 술을 마시고 싶어하는, 술을 좋아하는 : a ~ soul 술꾼. (2) 목마른 : I'am〈feel〉 ~. 목이 마르다. (3)갈망하는, 절망하는《*for*》. 【cf.】 hungry. 『 ~ *for* knowledge 지식에 굶주리고 있는. (4) (토지 따위가) 마른, 건조한:a ~ season 건조기. (5) (일 · 음식 등이) 목이 마르(게 하)는. 파) **thírst•i•ly** *ad.* **-i•ness** *n.*
:thir·teen [θə́ːrtíːn] *a.* (1) 〔敍述的〕13세인 I'm ~. 나는 열세 살이다. (2) 〔限定的〕 13의, 13개 의, 13인의 : ~ girls 13명의 소녀. — *n.* (1) ⓤⓒ 〔흔히 無冠詞〕(기수의) 13. (2) 〔複數취급〕 13인 ; 13개 : There're ~. 열세 개〈사람〉 있다.
:thir·teenth [θə́ːrtíːnθ] *a.* (1) 13분의 1의. (2) (흔히 the~) 제 13의 ; 열세 번째의. — *n.* ⓤ (흔히 the ~) a〕 (서수인) 제 13《略 : 13th》 b〕 열세 번째의 사람〈것〉.
:thir·ti·eth [θə́ːrtiəθ] *a.* (1) 30분의 1의. (2) (흔히 the ~) 제 30의 ; 30번째의. — *n.* (1) ⓤ (흔히 the ~) a〕 (서수인) 제 30《略 : 30th》 b〕(달의) 30일. (2) ⓒ 30분의 1. (3)(흔히 the ~) 30번째의 사람〈것〉.
:thir·ty [θə́ːrti] *a.* 〔限定的〕 30개〈인〉의, 30의 ; 30세의. — *n.* (1) a〕 ⓤⓒ 〔흔히 無冠詞〕(기수의) 30. b〕 ⓒ 30의 기호《XXX》. (2) a〕 ⓤ (나이의) 30세 ; 30달러〈파운드, 센트 (등)〉. b〕 (the thirties) (세기의) 30년대. c〕 (one's thirties)(나이의) 30대. (3) ⓤ 【테니스】 서티《2점의 득점》.
Thírty Yéars' Wár (the ~) 30년 전쟁《유럽에서 행해진 종교 전쟁 ; 1618-48》
:this [ðis] (*pl.* ***these*** [ðiːz]) *pron.* 〔指示代名詞〕 (1) 후자(the later). 【cf.】 that. (2) 이것, 이 물건 〈사람, 일〉《that보다 자기에게 가까운 것을 가리킴》 : What's ~ ? 이것은 무엇이냐. (3) 지금, 바로 지금 《종종 *after, before, by* 따위를 수반하여 숙어적으로》 : *This* is the 20th century. 지금은 20세기다 / What day is ~ ? 오늘은 무슨요일이냐. (4) 여기, 이 곳(~ place). (5) (전화 무선에서) 여기, 나 ; 거기, 당신 : *This* is (Mr.) Smith (speaking). (나는) 스미스입니다. (6) 지금 말한 것 ; 다음 말할 것 : *This* is widely known. 이상 말한 것은 주지의 사실이다. ***~ and 〈or〉 that*** 이것저것, 여러가지 : put ~ *and that* together 이것저것 종합해서 생각하다. ***This is how it is.*** 실은 이렇다《설명에 앞서 하는 말》 ***~, that, and the other*** 이것저것 잡다한 것, 가지 각색의 것.
— *a.* 〔指示形容詞〕 (1) 이 : Look at ~ box 〈*these* boxes〉. 이〈이들〉 상자를 보라 / (Come) ~ way please 자아, 이리로 오십시오. (2) 지금의, 현재의 ; 오늘〈금주, 이번〉의 : (all) ~ week 금주(내내) / (all) ~ year 금년(내내).
— *ad.*《口》 이렇게, 이정도 : It was about ~ high. 이 정도의 높이였다. ***~ much*** 이만큼, 이 정도까지 : Can you spare me ~ *much*? 이만큼 가져도 좋겠나.
***this·tle**[θísl] *n.* ⓒ【植】엉겅퀴《스코틀랜드의 국화》.
this·tle·down[-dàun] *n.* ⓤ엉겅퀴의 관모(冠毛).
this·tly [θísəli] *a.* (1) 엉겅퀴 같은 ; 가시가 많은, 찌르는. (2) 엉겅퀴가 무성한.
thith·er** [θíðər, ðíð] *ad.* 《古》 저쪽으로, 저쪽에 ; 그쪽에. ***hither and ~ ⇨ HITHER.
thole [θoul] *n.* ⓒ(뱃전의)노좆.
thole·pin [θóulpìn] *n.* =THOLE.
Tho·mism [tóumizəm] *n.* ⓤ 토머스설, 토미즘 《Thomas Aquinas 신학설》 파) **-mist** *n., a.*
thong [θɔ(ː)ŋ, θaŋ] *n.* ⓒ 가죽끈, 끈《무엇을 동duaorjsk 채찍으로 사용되는 것》.
tho·rac·ic [θɔːrǽsik] *a.* 흉부의, 가슴의.
tho·rax [θɔ́ːræks] (*pl.* ***~•es, -ra•ces*** [-rəsìːz]) *n.* ⓒ (1) (옛 그리스의) 흉갑, 갑옷. (2) 【解 · 動】가슴, 흉부, 흉곽, 흉강(胸腔).
tho·ri·um [θɔ́ːriəm] *n.* ⓤ 【化】 토륨《악티늄족 원소의 하나 ; 기호 Th 번호 90》.
:thorn [θɔːrn] *n.* ⓒ (1) (식물의) 가시. (2) (*pl.*) 고통〈근심〉거리 : be 〈sit, stand, walk〉 on 〈upon〉 ~*s* 항상 불안에 떨다. (3) ⓤⓒ (hawthorn, whitethorn 따위의) 가시나무, (특히)산사나무 ; 그 재목. (4) ⓒ 고대 영어의 p자《지금의 th에 해당》. ***a ~ in*** one***'s side 〈flesh〉*** 걱정거리. 『무 열매.
thórn àpple 【植】 (1) 흰독말 풀류. (2) 산사나
thorny** [θɔ́ːrni] (thorn•i•er ; -i•est***) *a.* (1) 고통스러운 ; 곤란한 : tread a ~ path 가시받길을 걷다. (2) 가시가 많은 ; 가시 같은. 파) **thorn•i•ly** *ad.* **-i•ness** *n.*
:thor·ough [θə́ːrou, θʌ́r-] (***more ~ ; most ~***) *a.* (1) 〔限定的〕 순전한, 전적인, 철저한 : a ~ fool 순전한〈철저한〉 바보 / a ~ rascal 철저한 악당. (2) 철저한, 충분한, 완벽(完璧)한, 완전한, 절대적인 : give a room ~ cleaning 방을 완전히 청소하다 / a ~ reform 〈search〉 철저한 개혁〈수색〉. 파) **~ •ness** *n.*
***thor·ough·bred** [-bréd] *n.* ⓒ (1) 출신이 좋은 사람, 기품〈교양〉 있는 사람. (2) a〕 순종의 동물 ; 순종의 말. b〕 (T-) 서러브레드(의 말).
— *a.* (1) (동물이) 순종의. (2) (사람이) 출신이 좋은. (3) 우수한, 일류의, 고급의.
***thor·ough·fare** [-fɛ̀ər] *n.* (1) ⓤ 통행, 통과: No ~. 통행 금지《게시》. (2) ⓒ 빠져나갈 수 있는통로, 가로 ; 주요 도로, 공도 : a busy ~ 사람의 통행이 많은 가로.
thor·ough·go·ing [θə́ːrougòuiŋ, θʌ́r-] *a.* (1)〔限定的〕 순전한, 전적인 : a ~ fool. (2) 철저한, 완전한, 충분한 : ~ cooperation 완전한 협력.
:thor·ough·ly [θə́ːrouli, θʌr-] (***more ~ ; most ~***) *ad.* (1) 아주, 전적으로. (2) 순전히, 철저히 : search ~ 철저히 수사〈수색〉하다.
thor·ough·paced [-pèist] *a.* (1) 〔限定的〕 철저한, 전적인 : a ~ villain 대악인(大惡人). (2) (말이) 모든 보조를 훈련받은.
:those [ðouz] 〔that의 複數形〕 *pron.* (1) 〔the+複數名詞의 반복 대신〕. (2) 그것들, 그 사람들, 그 사물들 : These are better than ~. 이것들이 그것들보다 낫다. (3) 사람들 : *Those* (who were) present were all surprised at this. 참석했던 사람들은 모두 이에 놀랐다.

T

— *a.* (1) 그것들의, 저, 그 : ~ students 그 학생들. (2)〔關係詞 따위와 함께〕: *Those* (of our) pupils *who* won were given prizes. (우리 학교의 학생들 중에) 이긴 학생들은 상을 탔다. **(*in*) *~day*** 그 당시는. 【cf.】(in) THESE days. ※ 관련 사항 ⇨ THAT.

thou¹** [ðau] (*pl.* ***you [juː], ***ye*** [jiː]) *pron.* 〔人稱代名詞 2인칭·單數·主格. 目的格 ***thee*** [ðiː] ; 所有格 ***thy*** [ðai], ***thine*** [ðain] ; 所有代名詞 ***thine***〕《古·詩》 너(는), 그대(는), 당신(은).

thou² [θau] (*pl.* ***~s***) n. ⓒ《口》1000달러〈파운드, 원〉, 1000(개)《따위》. 〔◁ *thou*sand〕

:though [ðou] *conj.*《從屬接續詞》(1)〔종종 even ~로〕비록 …(한다) 하더라도〔할지라도〕: It is worth attempting *even* ~ we may fail 비록 실패할지라도 해볼 만한 가치는 있다. ***as ~*** ⇨ AS ***What ~...?*** ⇨ WHAT.

(2) a)〔종종 even ~ 꼴로〕…이지만, …함에도 불구하고(⇨ ALTHOUGH) : I went out yesterday ~ I had a lit- *the* fever. =*Though* I had a little fever, I went out yesterday. 미열은 있었지만 어제 외출을 했다. b)〔文尾에서 : 等位接續詞的으로〕하긴 …(이기는) 하지만 : I have no doubt our team will win, ~ no one thinks so. 우리 팀이 틀림없이 이긴다, 하긴 아무도 그렇게 생각하지 않지만. c)〔yet와 상관적으로〕: *Though* the problem is very difficult, *yet* there must be some way to solve it. 문제는 매우 어렵지만 그래도 어떤 해결의 길이 있을 것이 틀림없다.

— *ad.*《口》〔흔히 문장 끝에 와서〕그러나, 그렇지만 (however, nevertheless):I wish you had told me, ~. 그렇더라도 나에게 말을 했으면 좋았을것을.

:thought¹ [θɔːt] *n.* (1) ⓤⓒ 사려, 배려, 고려 : Show some ~ for others. 다른 사람의 일도 좀 생각〈고려〉하시오. (2) ⓤ 생각하기, 사고, 사색, 숙고 : act without ~ 생각없이 행동하다. (3) ⓤ 사고력, 지력, 판단(력), 상상력 : Apply some ~ to the problem. 그 문제를 좀 생각해 보십시오. (4) (*pl.*) 생각, 의견 : Let me have your ~s on the matter. 이 문제에 대한 의견을 들려 주시오. (5) ⓤⓒ 떠오르는 생각, 착상 : a happy 〈striking〉 ~ 묘안. (6) ⓤ 의도, 작정 : I had no ~ of seeing you here. 여기서 만나리라곤 생각도 못했다. (7) ⓤ〔흔히 수식어를 동반하여〕사상, 사조 : modern ~ in child education 현대의 아동(兒童)교육 사상. (8) (a ~)〔副詞的으로〕《口》조금, 약간(a little) : Please be *a* ~ more careful. 더 좀 조심해 주십시오. ▫ think *v.* ***A penny for your ~s.***《口》(생각에 잠긴 사람에게) 뭘 그리 생각하고 있느냐. ***Perish the~ !*** ⇨PERISH. ***take ~*** 걱정하다, 배려하다, 마음에 두다《*for*》: *Take* no ~ *for* the future. 장래의 일은 조금도 걱정 마라.

:thought² [θɔːt] THINK의 과거·과거분사.

:thought·ful [θɔ́ːtfəl] (***more ~ ; most ~***) *a.* (1) 주의 깊은, 조심하는 : I was not ~ enough of my own safety. 나는 자신의 안전에 대한 주의가 부족했다. (2) 생각이 깊은, 신중한 ; 상상이 풍부한 : a ~ person 생각이 깊은 사람 / a ~ book 사상이 풍부한 책. (3) 인정〈동정심〉있는, 친절한 : a ~ gift 정성어린 선물. (4) 생각에 잠기는 : She remained ~ for a while. 그녀는 잠시 생각에 잠겼다.

파) **~·ly** [-fəli] *ad.* **~·ness** *n.*

***thought·less** [θɔ́ːtlis] *a.* (1) 인정〈동정심〉이 없는, 매정한, 불친절한《*of*》: a ~ remark 박정한 말. (2) 생각이 없는, 생각하지 않는 ; 부주의〈경솔〉한《*of*》: a ~ driver 부주의한 운전수/~ behavior 생각없이 한 행동/be ~ *of* one's health 자기 건강에 주의하지 않다. 파) **~·ly** *ad.* **~·ness** *n.*

thought-out [θɔ́ːtáut] *a.* 〔흔히 well 등의 副詞를 동반하여〕잘 생각한, 깊이 생각하고 난, 용의주도한 : a well ~ scheme (용의) 주도한 계획.

thought-pro·vok·ing [θɔ́ːtprəvòukiŋ] *a.* 시사하는 바가 많은 ; 생각게 하는.

thóught rèader 독심술(讀心術)을 하는 사람.

thóught rèading 독심술(讀心術).

:thou·sand [θáuzənd] *a.* 〔限定的〕(1) (흔히 a ~) 수천의, 다수의, 무수한 : a ~ times easier 천 배나 쉬운. (2) 1,000의 ; 1,000 개〈사람〉의 : more than a ~ applicants 천명 이상의 지원자.

— (*pl.* ***~s*** [-z]) *n.* (1) 1,000(의 기호); 1,000개〈사람〉; 1,000달러〈파운드 (따위)〉. (2) (*pl.*) 수천, 다수, 무수 ; 여러 번 : many ~*s* of times 몇 천 번이고. ***a ~ to one*** 반드시, 틀림없이, 꼭 : It's *a* ~ *to one* that he won't keep the promise. 틀림없이 그는 약속을 지키지 않을 것이다. ***by the ~(s)*** 1,000의 단위로, 수천의, 무수히 : Bricks are sold *by the* ~. 벽돌은1,000개 단위로 매매된다.

thou·sand·fold [-fòuld] *ad., a.* 천배로.

Thóusand Ísland dréssing 사우전드 아일랜드드레싱《마요네즈에 피클·파슬리· 삶은 달걀·케첩 등을 더한 드레싱》.

thou·sandth [θáuzəndθ, -zəntθ] *a.* (1) 1,000분의 1의. (2) (흔히 the ~) 제1,000의, 1,000번째의. — *n.* (1) ⓤ (흔히 the ~) (서수의) 제 1,000《약 1000th》. (2) ⓒ 1,000분의 1. — *pron.* 1000번째의 사람〈것〉.

***thrall** [θrɔːl] *n* .《文語》(1) ⓤ 노예 상태《*to*》: in ~ to …에 사로잡혀. (2) ⓒ a) 노예《*of* ; *to*》:He is (a)~ *to* drink. 그는 술의 노예다. b) (악습 등의) 포로《*of* ; *to*》.

thral(l)·dom [∸dəm] *n.* ⓤ노예의 신분〈처지〉;속박.

thrash** [θræʃ] *vt.* (1) …을 패배시키다. (2) …을 마구 때리다, 채찍질하다, 두드리다 : ~ a person soundly 아무개를 몹시 때리다. — *vi.* (1)《~/+副/+前+名》몸 부림치다, 뒹굴다《*about*》. (2) (배가) 파도를〈바람을〉 거슬러 나아가다. ***~ out(문제 등)을 철저하게 논의하다〈검토하다〉; 논의 끝에 (답·결론)에 이르다.

— *n.* (1) (a ~) 몹시 때리기. (2) ⓒ【泳】(크롤 따위의) 물장구질. (3) ⓒ《英口》호화스러운 파티 (《美》bust, blast).

thrash·er [θrǽʃər] *n.* ⓒ【鳥】지빠귀 비슷한 앵무새의 일종《북아메리카산》, 채찍질하는 사람, 탈곡기.

thrash·ing [θrǽʃiŋ] *n.* ⓒ (1) (경기 등에서의) 대패 : get a ~ 대패하다. (2) 매질 : Give him a good ~. 그를 흠씬 패줘라.

:thread [θred] *n.* (1) ⓒ 실처럼 가는 줄《털·거미줄·비 등》《*of*》: the ~*s of* a spider web 거미줄 / a ~ of light 한줄기의 빛 / a little ~ of unfrozen water 얼지 않은 작은 시내. (2) ⓤⓒ 실, 바느질 실, 꼰실《※ 관사 없이 집합명사로 쓰이는 일이 많음》: use black ~ 검정실을 쓰다 / sew with ~ 실로 꿰매다. (3) ⓒ (이야기 따위의) 줄거리, 맥락《*of*》: resume〈take up〉 the ~ *of* a story 이야기의 맥락을 이어가다. (4) 나사(螺絲)산, 나삿니. (5) (the ~, one's ~) 생명의 줄, 인간의 수명 : *the* ~ of

life목숨. (6) (*pl.*) 《俗》 옷, 의복. ***hang by*** 〈***on, upon***〉 ***a*** **~** 매우 위태롭다, 풍전등화이다.
— *vt.* (1) (바늘 · 재봉틀 따위)에 실을 꿰다 : ~ a needle 바늘에 실을 꿰다. (2) 《+目+前+名》 …에 꿰다《*with*》 : ~ a pipe *with* wire 파이프에 철사를 꿰다. (3) (필름 · 테이프 등)을 (카메라 · 리코더 등에) 장착하다《*up* ; *into, onto*》. (4) …을 실에 꿰다. (실로) 잇다 : ~ pearls 진주를 실에 꿰다. (5) 〔~ one's way로〕 (…의 사이를) 해치고 나아가다. (6) 《~+目/+目+前+名》 …에 줄을 내다 : dark hair ~*ed with* silver 백발이 섞인 검은 머리.

thread·bare [θrédbὲər] *a.* (1) 누더기를 입은 ;초라한. (2) (옷 따위가 닳아서) 실이 드러나 보이는, 입어서 떨어진, 오래 입은 : a ~ overcoat 닳아 떨어진 코트. (3) (농담 등이) 진부한, 케케묵은.

thread·er [θrédər] *n.* ⓒ 실 꿰는 기구.

thread·like [´-làik] *a.* 얇은 ; 실 같은.

thready [θrédi] (***thread•i•er*** ; ***-i•est***) *a.* (1) 액체 따위가) 끈적끈적 한, 실처럼 늘어지는. (2) 실의, 실 같은, 실 모양의;섬유(질)의. (3) (맥박 · 목소리 따위가) 가냘픈, 약한.

:threat [θret] *n.* ⓒ (1) (흔히 *sing.*) (…의) 우려《*of*》 ; 징조. (2) 으름, 위협, 협박 : make ~*s* 협박하다. (3) 강적(스포츠에서).

:threat·en [θrétn] *vt.* (1) 《~+目/+*to* do/+*that* 節》 …하겠다고 으르대다 : They ~*ed* retaliation. 그들은 복수하겠다고 을렀다. (2)《+目+前+名》 …을 협박하다, 위협하다, 으르다 : ~ an employee *with* dismissal 종업원을 해고시킨다고 으르다. (3) 《~+目/+目+前+名》 (위해 · 위협 등이) …을 위협하다, …에 임박해 있다 ; (…로) 위협을 주다《*with*》 : A flood ~*ed* the city. 홍수가 도시를 위협하고 있었다. (4)《~+目/+*to* do》 (재해 · 위험 따위)의 징후를 보이다 ; …의 우려가 있음을 보여 주다 : The clouds ~*ed* rain. 비가 올 것 같은 구름이었다. — *vi.* (1)협박하다 : I don't mean to ~. 나는 협박할 생각은 없다. (2) …할 우려가 있다. (위험 등이) 임박하다. 파) **~•er** *n.* 협박자, 위협하는 사람〈것〉.

thréat·ened spécies [θrétnd-] (동 · 식물 등) 절멸 위기에 있는 종(種).

***threat·en·ing** [θrétniŋ] *a.* (1) (날씨 등이) 험악한 ; 잔뜩 흐린 : ~ clouds 비가 올 것 같은 먹구름. (2) 협박하는 : a ~ letter 협박장. 파) **~•ly** *ad.*

:three [θriː] *a.* (1) 〔敍述的〕3세인. (2) 〔限定的〕 셋의, 세개인 : ~ children 세 아이 / the *Three* Wise Men **[聖]** 동방의 3박사(the Magi). — *n.* (1) ⓤⓒ 〔흔히 無冠詞〕(기수의) 3. (2) 〔複數취급〕3개, 3인. (3) ⓤ 3시 ; 3달러 〈파운드 등〉. (4) ⓒ 3의 기호;카드〈주사위〉의 3끗. (5) ⓒ 3개〈인〉 한 조의 것. ***the rule of*** **~** ⇨ RULE. ***the Three in One*** 삼위 일체(the Trinity).

thrée-bàse hít [´-bèis-] **[野]** 3루타.

three-col·or [´-kʌ̀lər] *a.* (1) **[印]** 3색 판의, 3색 인쇄의 : ~ printing 3색판. (2) 3 색의.

three-cor·nered [´-kɔ́ːrnərd] *a.* (1) 삼각관계의 : (경기 따위에서) 삼파전의 : a ~ fight 삼파전/ a ~ relationship 삼각 관계. (2) 세모의, 삼각의 : a ~ hat 삼각모.

three-D, 3-D [´-díː] *n.* ⓤ 입체감, 삼차원. — *a.* (사진 · 영화 등) 입체의, 입체적인 : 3-D movies 〈television〉 입체 영화〈텔레비전〉.

three-deck·er [´-dékər] *n.* ⓒ (1) 3층 갑판선《각 갑판에 대포를 갖춘 옛 군함》. (2) (소설 따위의) 3부작. (3) 빵 세 조각을 겹친 샌드위치.

three-di·men·sion·al [´-diménʃənəl, -dai-] *a.* (1)=THREE-D. (2)3차원의 :~ space 3차원.

***three·fold** [´-fòuld] *a.* (1) 세부분〈요소〉으로 된. (2) 3배의, 세 겹의. — ad. 3배로 ; 세 겹으로.

three-hand·ed [´-hǽndid] *a.* 셋이 하는《경기 따위》.

three-leg·ged [´-légid, ´-légd] *a.* 3각의, 다리가 셋인 : a ~ race. 2 인 3각 경주.

thrée-line whíp [´-làin-] **[英議會]** 긴급 등원(登院)명령《긴급함을 강조하기 위해 밑줄을 셋 그은 데서》.

three-part [´-pɑ̀ːrt] *a.* 3부로 된, 3부의.

three·pence [θrépəns, θríp-] *n.* 《英》 (1) ⓒ 3펜스 짜리 경화《1971년 이전의 구화폐 제도하의》. (2) ⓤ 3펜스(의 금액).

three·pen·ny [θrépəni, θrí-] *a.* (1) 보잘것 없는, 값 싼. (2) 3펜스의 : a ~ stamp. 3펜스짜리 우표.

three·piece [´-píːs] *a.* 〔限定的〕 셋갖춤〈스리피스〉《남자 : a suit of jacket. vest, pair of trousers ; 여자 :an ensemble of coat, skirt, blouse 따위》의 ; 3점이 한 세트인《가구 등》 : a ~ suit 스리피스.

three-ply [´-plái] *a., n.* (1) (실 · 밧줄 등) 세 가닥으로 꼰. (2) 세 겹(의) ; 석 장 붙임의 (판자).

thrée-pòint turn [´-pɔ̀int-] 3점 방향전환《전진 · 후퇴 · 전진으로 좁은 곳에서 차를 회전하는》.

three-quar·ter [´-kwɔ́ːrtər] *a.* 〔限定的〕 (1) (초상화 · 사진의) 칠분신(七分身)의. (2) 4분의 3의.《무릎 위까지》 :얼굴의 4 분의 3이 보이는 ; (코트 따위가) 보통 기장의 4분의 3인, 칠분(길이)의 : ~ sleeves 칠분 소매. — *n.* ⓒ (1) 칠분신의 초상화〈사진〉. (2) **[럭비]** 스리쿼터백《halfback 과 full- back 사이의 공격수》.

thrée-rìng círcus [θríːrìŋ-] (1) 현란하고 사치스러운 것. (2) **[서커스]** 세 장소〈링〉에서 동시에 하는 연기.

***three·score** [´-skɔ́ːr] *n.* ⓒ *a.* 60세(의), 60(의) : ~ and ten**[聖]** 70세《인간의 수명》.

three·some [´-səm] *n.* ⓒ (1) **[골프]** a〕 스리섬《1인 대 2인의 경기》. b〕 스리섬의 경기자들. (2) 3인조(組). — *a.* 3인조의, 세 사람이 하는.

thrée stár (호텔 · 레스토랑 등의) 중급의, 별셋의.

three-wheel·er [´-*h*wíːlər] *n.* ⓒ 사이드 카, 삼륜차.

thre·no·dy [θrénədi] *n.* ⓒ 애가, 비가(悲歌) ;《특히》 만가(挽歌).

thresh [θreʃ] *vt., vi.* 타작〈탈곡〉하다 : (곡식을) 도리깨질하다.

thresh·er [θréʃər] *n.* ⓒ (1) **[魚]** 환노상어. (2) a〕 타작하는 사람. b〕 탈곡기.

thrésh·ing machìne [θréʃin-] 탈곡기.

:thresh·old [θréʃ*h*ould] *n.* ⓒ (1) (흔히 *sing.*) 발단, 시발점, 출발점. (2) 문지방, 입구 : on the ~ 문 입구에서 / cross the ~ 문지방을 넘다, 집에 들어가다. (3) **[心 · 生]** 역《자극에 대해 반응이 시작되는 분계점, 역치 :the ~ of consciousness 식역.

:threw [θruː] THROW의 과거

:thrice [θrais] *ad.* 《文語》 (1)〔흔히 複合語를 이루어〕몇 번이고 ; 크게, 매우 : ~-blessed 〈-favored〉 매우 축복받은. (2) 3 회, 세 번 ; 3배로.

***thrift**[θrift] *n.* (1)ⓒ=THRIFT INSTITUTION. (2) ⓤ 검약, 검소 : She had to practice ~. 그녀는 검약하여야만 했다. (3) ⓤ **[植]** 아르메리아.

T

thríft institùtion 저축 기관.
thrift·less [θríftlis] *a.* 돈을 헤피 쓰는, 절약하지 않는, 낭비하는. 파) **~·ly** *ad.* **~·ness** *n.*
thríft shòp 중고품 할인 상점.
thrifty** [θrífti] (thrift·i·er ; -i·est***) *a.* (1) 무성하는, 잘 자라는 ; 번성하는. (2) 검소한, 절약하는, 알뜰한《*with*》. 파) **thrift·i·ty** *ad.* **-i·ness** *n.*
:thrill [θril] n. ⓒ (1) 진동(震動)(음) ; 가슴이 두근거림, 맥박. (2) (기쁨·공포·흥분 따위로) 짜릿한〈설레는, 떨리는〉 느낌, 스릴, 전율, 오싹함 : a ~ of joy 짜릿짜릿한 기쁨 / feel a pleasant ~ go through one 기쁨에 (몸이) 흥분되다.
— *vt.* 《~+目/+目+前+名》 …을 몸이 떨리게하다, 오싹하게 하다 ; 감격〈감동〉시키다 : His words ~*ed* the audience. 그의 얘기는 청중을 깊이 감동시켰다.
— *vi.* 《~/+前+名》 (1) (사람이 …에) 가슴이 떨리다〈설레다〉, 오싹해지다 ; 감동하다 ; 감격하다 : We ~*ed* at the good news. 우리는 희소식에 감격했다. (2) (강한 감정이 온몸에) 스며들다, (몸에) 전해 퍼지다. (3) 떨리다 : His voice ~*ed* with terror〈joy〉. 그의 목소리는 공포〈기쁨〉에 떨린다. ***be ~ed to bits*** 《口》몹시 흥분〈기뻐〉하다.
thrill·er [θrílər] *n.* ⓒ (1) 스릴 있는 소설〈영화, 극〉, 스릴러. (2) 스릴을 주는 사람〈것〉.
***thrill·ing** [θríliŋ] *a.* 소름이 끼치는, 오싹하게〈두근거리게〉 하는 ; 감격적인 : a ~ experience 스릴 만점의 체험 파) **~·ly** *ad.*
:thrive [θraiv] (***throve*** [θrouv], ***~d ; thriv·en*** [θrívən], ***~d***) *vi.* (1) (사람·동식물이) 잘 자라다, 무성해지다《*on*》 : Healthy children ~ *on* good food. 건강한 아이들은 좋은 음식을 먹고 쑥쑥 자란다. (2) 번창하다, 번영하다 ; 성공하다 ; Bank business is *thriving*. 은행업은 번창하고 있다.
***thriv·en** [θrivən] THRIVE의 과거분사.
thriv·ing [θráiviŋ] *a.* 점점 커가는, 번영하는, 왕성하게 성장하는 : ~ business 번창하는 장사, 호황(好況) 사업. 파) **~·ly** *ad.*
:throat [θrout] *n.* ⓒ (1) 목구멍 모양의 것〈부분〉 ; (기물의) 주둥이, 목 ; 좁은 통로 : the ~ of a bottle 병목 / the ~ of a chimney 굴뚝의 아귀. (2) 목(구멍), 인후 : have a sore ~ 목이 아프다 /pour〈send〉... down one's ~ …을 삼키다. ***be at each other's ~s*** 서로 심하게 다투고 있다. ***cut*〈*slit*〉** one**'s** (***own***) **~** 《口》 … 목을 찌르다 ; 자살하다 ; 자멸을 초래하다. ***jump down*** a person**'s ~** 아무를 몹시 꾸짖다 ; 아무에게 느닷없이 화를 내다. ***stick in*** one**'s ~〈*gullet*〉**(뼈 따위가) 목구멍에 걸리다 ; (말 따위가) 여간해서 안 나오다;(제안 등이) 받아들이기 어렵다. 마음에 들지 않다. ***thrust* 〈*cram, force, push, ram, shove*〉 *down*** a person**'s ~** 《口》 (자기의 의견 등을) 아무에게 강요하다.
throat·ed [θróutid] *a.* 〔複合語를 이루어〕 목이 …한, …한 소리가 나는 : a white-~ bird 목이 흰새.
throaty [θróuti] (***throat·i·er ; -i·est***) *a.* (1) 목이 쉰, 쉰 목소리의 : a ~ voice 쉰 목소리. (2) 후음(喉音)의. (3) (특히 소·개 따위가) 목이 축 늘어진. 파) **throat·i·ly** *ad.* **-i·ness** *n.*
***throb** [θrab θrɔb] *n.* ⓒ 고동, 동계(動悸) ; 맥박 ; 감동, 흥분 : a ~ of the heart 심장의 고동〈동계〉.
— (***-bb-***) *vi.* (1) 《~/+前+名》 감동하다, 흥분하다 : He ~*bed* at the sight. 그는 그 광경에 감동했다. (2) 《~/+前+名》 a〕 가슴이 고동치다, 두근거리다, 맥박치다《*with*》 ; 떨다, 율동적으로 진동하다 : My heart is ~*bing* heavily. 심장은 몹시 두근거리고 있다. b〕 (머리·상처 등이) 지끈거리다, 욱신거리다.
throb·bing [θrábiŋ/ θrɔ́biŋ] *a.*〔限定的〕 (1) 활기찬, 번화한. (2) 두근거리는 ; 지근지끈한, 욱신거리는 : a ~ wound 욱신거리는 상처. 파) **~·ly** *ad.*
throes [θrouz] (*pl.*) (1) 진통, 산고(産苦). (2) 격통, 번뇌 : one's 〈the〉 death ~ 죽음의 고통, 단말마. (3) 과도기〈시련기〉의 혼란〈갈등〉 : in the ~ of a revolution 혁명이 한창일 때에.
throm·bo·sis [θrambóusis/ θrɔm-] (*pl.* ***-ses*** [-si:z]) *n.* ⓤⓒ 【醫】 혈전증(血栓症) : cerebral ~ 뇌혈전증.
:throne [θroun] *n.* (1) (the ~) 왕위, 제위 ; 재권, 왕권 : ascend 〈come to, mount, sit on〉 the ~ 즉위하다. (2) ⓒ 왕좌, 옥좌. (3)(*pl.*) 좌품(座品) 천사《9천사 중의 제 3위》.
:throng [θrɔ(:)ŋ, θraŋ] *n.* ⓒ〔集合的 ; 單·複數취급〕 다수(의 사람들 따위) ; 군중 : a vulgar ~ 일반대중 / a ~ of seagulls 갈매기 떼.
— *vi.* 《~/+前+名/+*to* do》 떼를 지어 모이다, 밀려〈모여〉들다 : ~ *into* a room 방 안으로 우루루 들어가다.
— *vt.* 《~+目/+目+前+名》〔흔히 受動으로〕 …에 모여들다, 밀려(모여)들다, 쇄도하다《*with*》 : Shoppers ~*ed* the department store. 쇼핑객이 백화점에 몰려 들었다.
thros·tle [θrásl/ θrɔ́sl] *n.* ⓒ 《英》 【鳥】 노래지빠귀.
throt·tle [θrátl/ θrɔ́tl] *n.* ⓒ 【機】 = THROTTLE VALVE, THROTTLE LEVER. — *vt.* (1) …을 억누르다, 억압하다. (2) …의 목을 조르다, …을 질식시키다, 교살하다. (3) 【機】 (차·엔진 등)의 속도를 떨어뜨리다《*back* ; *down*》— *vi.* 감속하다《*back* ; *down*》.
:through [θru:] *prep.* (1) 〔장소〕 a〕 …의 여기저기(를), …의 도처에〈를〉, 온 …을〈에〉 : travel ~ China 중국 각지를 여행하다. b〕 …사이를 (여기저기). The monkeys swung ~ the branches of the trees. 원숭이들이 나뭇가지 사이를 이리저리 뛰며 오갔다.
(2) 〔통과·관통〕 a〕 …을 통하여, 꿰뚫어 : see ~ a glass 유리를 통해서 보다 / hammer 〈drive〉 a nail ~ a board 판자에 못을 쳐(서) 박다. b〕 (통로·경로 따위를) 통과하여〈지나서〉, …에서, …으로 : go ~ the room to the kitchen 방을 지나 주방으로 가다 《방바닥의 평면을 의식할 때에는 go across the room...》. c〕 (소음 따위) 속에서(도), (지진 따위)에도 불구하고 : The building stood ~ the earthquake. 그 빌딩은 지진에도 넘어가지 않았다. d〕 (신호 따위를) 지나쳐, 무시하고. e〕 (마음따위를) 꿰뚫어(보아) ; (거짓 따위를) 간파하여 : She saw ~ the trick. 그녀는 그 속임수를 간파하였다. f〕 (의회 따위를) 통과하여 ; (남의 관리 따위를) 빗어나, 떠나.
(3) 〔처음부터 끝까지〕《강조형은 all에 〈right〉 ~》
a〕 〔시간·기간〕 …중 내내, …동안(줄곧) : We camped there ~ the summer. 우리는 여름 내내 거기에서 야영을 하였다 . b〕《美》〔(from) A ~ B〕 A부터〈에서〉 B까지 (포함시켜).
(4) 〔과정·경험·종료 따위〕 a〕 …을 끝마쳐, …을 벗어나〈넘기어, 헤어나〉 ; …을 거쳐〈겪어, 치러〉 : pass ~ adversity 역경을 벗어나다〈넘기다〉 / go ~ war 〈an operation〉 전쟁을 체험하다〈수술을 받다〉 . b〕 …을 다 써버려:He went 〈got〉 ~ a fortune in a

year. 그는 1년 내에 거금을 탕진했다.
(5) 〔수단·매체〕 …에 의하여, …을 통해서, …으로 ; …덕택으로.
(6) 〔원인·이유〕 …으로 인하여, …때문에 : run away ~ fear 무서워져서 도망치다.
— *ad.* 《be동사와 결합한 경우에는 형용사로 볼 수도 있음》. 1) 통하여, 통과하여, 지나서 ; 꿰뚫어 : They opened the gate and let the procession ~. 그들은 대문을 열어 그 행렬을 (안으로) 통과시켰다.
(2) 처음부터 끝까지 : read a book ~ 책을 끝까지 다 읽다.
(3) (어디까지) 직행으로《*to*》.
(4) 〔때·시간〕 …동안 죽〈내내, 계속하여〉 : I slept the whole night ~. 밤새 내처 잤다/She cried all the night ~. 그녀는 밤새 울고 있었다.
(5) 아주, 완전히, 완벽하게 : be wet 〈soaked〉 ~ 흠뻑 젖다.
(6) a〕 (잘, 순조롭게) 끝나, 마치어 : I'll be ~ in a few minutes. 조금 있으면 끝납니다. b〕(일 따위를) 끝내 ; (…와의) 관계가 끊어져, (…을)끊고《*with*》 : Are you ~ *with* the work? 일을 끝냈습니까《with는 생략할 수도 있음》/ I'm ~ *with* Jane 제인과의 관계가 끊어졌다. c〕 (…을) 마치어《do*ing*》 : I'll be ~ talk*ing* to him in a minute. 그와의 이야기는 곧 끝난다.
(7) (사람이) 쓸모가〈가망이〉 없게 되어, 끝장이 나서, 틀리어 : You are ~ 자네는 이제 틀렸어 / She's ~ financially. 그녀는 파산했다.
(8) a〕《美》 전화가 끝나 : I'm ~. 통화 끝났습니다 ; 끊습니다. b〕《英》 (전화의 상대와) 연결되어《*to*》 : Could you put me ~ *to* the manager? - You are ~ now. 지배인에게 이 전화를 연결해 주십시오. - 예, 연결됐습니다.
go ~ ⇨Go. ***see ~*** ⇨ SEE. ***~ and ~*** 완전히 ; 철저히, 철두철미. 어디 까지나.
— *a.* (1) (열차 따위가)직행의 ; (차표 따위가) 갈아타지 않고 직행하는 : a ~ ticket 〈passenger〉 직행 차표〈여객〉/a ~ train to Paris 파리 직행 열차. (2) (도로 따위가) 빠져 나갈 수 있는, 관통한, 직통의 : a ~ road 직통 도로.

:through·out [θru:áut] prep. (1) 〔장소〕…의 전체에 걸쳐서, …의 도처에, 온통 : ~ the country 전국 구석구석까지, 전국에/His name is famous ~ the world. 그의 이름은 온 세계에 알려져 있다. (2) 〔시간〕 …을 통하여, …동안 죽 : ~ one's life 일생을 통하여. — *ad.* (1) 처음부터 끝까지, 시종, 최후까지, 철두철미:I know the case ~. 나는 그 사건을 처음부터 끝까지 알고 있다/She has been a good friend ~ 그녀는 일관되게 좋은 친구였다. (2) 도처에, 어디든지, 전체.

through·put [θrú:pùt] *n.* ⓤⓒ 작업 처리량《1)【컴】 일정시간내에 처리되는 일의 양. 2) 일정시간 내에 가공되는 원료의 양》.

thróugh stréet 직선 우선(優先) 도로.

through·way [θrú:wèi] n. ⓒ《美》고속도로 (expressway).

***throve** [θrouv] THRIVE의 과거.

:throw [θrou] (***threw*** [θru:] ; ***thrown*** [θroun]) *vt.* (1) …을 내동댕이치다 ; (말이 기수)를 뒤흔들어 떨어뜨리다 : He *threw* his opponent to the mat. 그는 그의 상대를 매트에 내동댕이쳤다.
(2) 《+目+前+名/+目+目/+目+副》 …을 (내)던지다, 팽개치다 : He *threw* the ball (*up*). 그는 공을 (위로) 던졌다.
(3) 《+目+副/+目+前+名》 (몸·수족)을 움직이다; 〔再歸的〕몸을 확 내던지다.
(4) 《~+目/+目+前+名/+目+副》 (옷 따위)를 급히 입다 ;벗어던지다《*on* ; *off* ; *over* ; *round*》.
(5) …을 발사하다, 사출〈분출〉하다.
(6) 《+目+前+名》 (돈·정력·군대 따위)를 배치하다, 파견〈투입〉하다 ; (교량 따위)를 서둘러 놓다.
(7) 《+目+補/ 目+前+名》 …을 (어떤 상태로) 되게 하다, 빠뜨리다, (감옥 따위)에 처넣다, 던지다《*into*》.
(8) 《~+目/+目+前+名》《比》 (빛·그림자·시선 따위)를 던지다, 향하게 하다, (비난·질문 따위)를 퍼붓다, (타격)을 가하다 ; (죄 따위)를 씌우다.
(9)(목소리)를 크게 내다, (목소리)를 다른 곳에서내다《복화술(腹話術)에서》.
(10) (가축이 새끼)를 낳다.
(11) (도자기)를 녹로에 걸어서 모양을 만들다.
(12) (생사(生絲))를 꼬다.
(13) 《口》 (파티 등)을 개최하다, 열다.
(14) (심하게) …을 들이받다 ; (암초에 배)를 얹히게 하다.
(15) (기계의 스위치)를 넣다〈끄다〉 ; (작동 레버 따위)를 움직이다.
(16) (표)를 던지다 ; (주사위·카드 등)을 던져서 끗수가 나오게 하다.
— *vi.* (1) 던지다, 투구(投球)하다 : How well can you ~ ? 얼마나 잘 던질 수 있느냐. (2) (가축이) 새끼를 낳다.
~ about 〈***around***〉 (*vt.*) 1) …을 던져 흩뜨리다. (2) (돈)을 낭비하다. (3) …을 휘두르다. ***~ away*** 1) (물건)을 내다버리다, 폐기하다. 2) (충고·친절 등)을 헛되이 하다《*on*》. 3) (기회·제의)를 날려버리다, 잃다. ***~...back*** 1) (공 따위)를 되던지다 ; …을 반사하다:~ the ball *back*. 2) 《흔히受動으로》 (아무)를 의존케 하다《*on, upon*》 : He was *thrown back on* his own resources. 그는 오직 자기 자신의 능력만을 믿지 않으면 안되게 되었다. 3) …을 지연시키다, …의 진보를 방해하다 (delay). 4) …을 격퇴하다. 5)(동식물이) 격세 유전하다. ***~ down*** …을 내던지다, 내던져 버리다 : *Throw down* your weapons and come out. 무기를 버리고 나와. ***~ in*** (*vt.*) 1) …을 던져 넣다, 주입하다 : The window ~*s* the light *in*. 창문으로 빛이 들어온다. 2) (말)을 끼워 넣다, 삽입하다 : The speaker *threw in* a few jokes to reduce the tension. 연사는 긴장을 덜려고 몇 마디 농담을 곁들였다. 3) 《口》 덤으로 주다 : We'll ~ *in* another copy. 1부 더 덤으로 드립니다. ***~ in with*** 《美口》 …와 협력하다, 한패〈놓묘〉가 되다. ***~off*** (*vt.*) 1) (생각·습관 따위)를 떨쳐버리다, 버리다. 2) (옷 따위)를 급히 벗어던지다. 3) 관계를 끊나. 4) (시 따위)를 단숨에〈즉석에서〉 짓다. 5) (병 따위)를 고치다. …에서 회복하다. 6) (추적자·귀찮은 것 따위)를 떼어 버리다, 떨어버리다. ***~ on*** …을 급히 〈서둘러〉 입다. ***~ open*** 1) (문 따위)를 열어 젖히다. 2) …을 공개하다, 개방하다《*to*》 ***~ open*** one***'s door to*** …를 빈객으로 맞이하다, 환영하다. ***~ out*** 1) …을 내던지다 ; 밖으로 버리다, 처분〈제거〉하다 : ~ *out* of work 실직시키다, (직장에서) 내쫓다. 2) (건물)을 증축하다. (3) (제안·의안)을 부결 〈부인〉하다. 4) …을 (실수로)입 밖에 내다 ; 아무렇지도 않을 듯이 말하다, 암시하다 : ~ *out* a hint 슬쩍 힌트를 주다. (5) …을 당혹하게 하다 ; 혼란시키다 : ~ *out* one's calcula-

T

tions 계산을 잘못하게 하다. (6) **[野]**(타자·주자)를 송구하여 죽이다. (7) 가슴을 펴다. **~ *over*** (벗·애인 등)을 저버리다 : ~ *over* a friend 친구를 저버리다. **~** one***self down*** 벌렁 드러눕다 ; 몸을 내던지다. **~** one***'s eyes*** …을 흘끗 보다《*at*》 **~ *stones at*** …을 비난하다. **~** one***'s weight around*** 〈***about***〉 권력을 휘두르다. **~ *the book at*** …에게 가장 중한 벌을 가하다. **~ *together*** 1) (아무)를 우연히 만나게 하다. 2) 서둘러 그러모아 …을 만들다. **~ *up*** 1) …을 던져올리다. 2) (창문)을 밀어올리다. 3) …을 사직하다 ; 포기하다 : ~ *up* a plan 계획을 포기하다. 4) 《口》(먹은 것)을토하다 :~ *up* one's dinner. (5) …을 서둘러 짓다, 급조하다 : ~ *up* a hut.

— *n.* ⓒ (1) 던짐, 던지기, 투구 : a straight ~ 직구 / a ~ of the hammer 해머던지기. (2)**[레슬링·유도]** 메다 꽂는 기술. (3) 던져 닿는 거리, 투척 거리 : a ~ of 100 meters 백미터의 투척 거리. (4) 주사위를 던짐;던져 나온 주사위의 끗수 : He lost two dollars on a ~ of dice. 그는 주사위던지기에서 2달러를 잃었다 / It's your ~. 이번은 네차례다. (5) (a ~)《美口》하나, 한 잔, 1회 : at $5 a ~ 한 개〈1회〉 5달러로.

at 〈***within***〉 ***a stone's ~*** 돌을 던지면 닿을 거리에, 가까운 곳에.

throw·a·way [ˊəwèi] *n.* ⓒ (1)《口》광고용 삐라, 선전용 쪽지. (2) 쓰고〈읽고〉 나서 버리는 것. — *a.*〔限定的〕(1) 쓰고 버리는 : a ~ paper cup 쓰고 버리는 종이 컵. (2)아무렇지도 않게 말한《대사 따위》.

throw·back [ˊbæ̀k] *n.* ⓒ (1) 후퇴, 역전(逆轉). (2) 되던지기. (3) (생물의) 격세유전(隔世遺傳)(한 것) 《*to*》.

T

throw·er [θróuər] *n.* ⓒ 던지는 사람〈것〉.

throw-in [θróuìn] *n.* ⓒ (1)《俗》덤, 개평. (2)**[競]** 스로인.

:thrown [θroun] THROW의 과거분사.

***throw-off** [θróuɔ̀(:)f, -ɑ̀f] *n.* ⓤ (사냥·경주 등의) 출발 ; 개시.

thrów wèight (핵미사일의) 투사 중력(投射重力)《핵탄두의 파괴력을 나타냄》

***thrush**[1] [θrʌʃ] *n.* ⓤ **[鳥]** 개똥지빠귀.

thrush[2] *n.* ⓤ **[醫]** (1)《口》질(膣)칸디다증(症). (2) 아구창(鵝口瘡).

:thrust [θrʌst] (*p., pp.* ***thrust***) *vt.* (1)《~+目/+目+前+名/+目+副》…을 푹 찌르다, 꿰찌르다 《*into*》. (2)《~+目/+目+副/+目+前+名》…을 세차게 확 밀다 ; 밀어 넣다, 찔러 넣다《*in* ; *into*》. (3)《+目+前+名》(책임·일 따위)를 떠맡기다, 강제로 안기다〈시키다〉《*on* ; *upon*》. (4)《+目+前+名/+目+副》〔再歸用法〕 주제넘게 나서다, 억지로 끼어들다 《*into*》.

— *vi.* (1) (…을) 세차게 밀치다, 찌르다. (2)《+前+名》(찌르려고) 덤벼들다《*at*》. (3)《+前+名》밀어젖히고 나아가다, 돌진하다《*through* ; *into* ; *past*》: 뛰어들다《*in*》. **~ *aside*** 밀어젖히다. **~ *back*** 되찌르다. **~** one***'s nose*** 〈one***self***〉 ***in*** …에 쓸데없이 간섭하다〈끼어들다〉. **~** one***'s way*** 뚫고〈헤치고〉 나아가다.

— *n.* (1)ⓒ 확 밀치기. (2) ⓒ 찌르기. (3) ⓒ 공격, 돌격 : a big ~ from the air 대공습. (4) ⓒ 혹평, 날카로운 비꼼. (5) ⓤ **[空·機]** 추력(推力). (6) (the ~)(말·발언 등의) 요점, 취지《*of*》.

thrust·er [θrʌ́stər] *n.* ⓒ (1) 중뿔난 사람. (2)미는〈찌르는〉 사람. (3) (궤도 수정용의) 소형 로켓엔진.

thrúst stàge 앞으로 돌출한 무대.

thru·way [θrú:wèi] *n.* ⓒ《美》고속 도로 (=expressway).

***thud** [θʌd] *n.* ⓒ 쿵, 펑, 쾅 ; 퍽, 털썩《무거운 것이 떨어지는 소리》. — (**-dd-**) *vi.* 덜컥 떨어지다 ; 쿵 울리다 ; 탁하고 부딪치다.

thug [θʌg] *n.* ⓒ 흉한(凶漢), 자객.

thug·gery [θʌ́gəri] *n.* ⓤ 폭행, 폭력 행위.

thu·li·um [θjú:liəm] *n.* ⓤ **[化]** 툴륨《희토류 원소 ; 기호 Tm ; 번호 69》

:thumb [θʌm] *n.* ⓒ 장갑의 엄지손가락 ; 엄지손가락. ***be all ~s*** 손재주가 없다. ***by*** (***a***)***rule of ~*** 어림으로, 경험으로. ***stick out like a sore ~***《口》(장소·분위기 따위에) 전혀 어울리지 않다, 매우 부적절하다 ; 곧 남의 눈에 띄다. ***~s down*** 거부〈불만족〉(의 신호). ***~s up*** 동의〈만족〉(의 신호). ***twirl*** 〈***twiddle***〉 one***'s ~s*** 양손의 네 손가락을 끼고 좌우 엄지손가락을 빙빙 돌리다《무료해 하다》; 편둥편둥 놀다.

— *vt.* (1)(책 따위)를 엄지손가락으로 넘기다 ; 대충 훑어보며 후딱후딱 넘기다《*through*》: He ~*ed through* the book. 그는 책을 대충대충 훑어 보았다. (2)《~+目/+目+前+名》《口》(지나가는 차에게) 엄지손가락을 세워 편승시켜 달라고 신호하다(hitch-hike) :she ~*ed* her way *to* Chicago. 그녀는 시카고까지 히치하이크했다. — *vi.* (1) (책장을)슬쩍슬쩍〈급히〉 넘기다, 훑어보다《*through*》. (2)《口》편승(便乘)을 부탁하다, 편승하다, 히치하이크하다(hitch-hike). **~** one***'s nose at*** ⇨NOSE.

thúmb ìndex **[製本]** (사전 따위의) 반달 색인, 홈.

thumb·nail [ˊnèil] *n.* ⓒ (손톱같이) 작은 것 ;엄지 손톱. — *a.*〔限定的〕 간결한.

thumb·print [ˊprìnt] *n.* ⓒ 무인(拇印), 엄지손가락의 지문.

thumb·screw [ˊskrù:] *n.* ⓒ **[機]** 나비나사.

thumbs-down [θʌ́mzdàun] *n.* (the ~) 반대, 거절. 【opp.】 *thumbs-up*.

thumb·stall [θʌ́mstɔ̀:l] *n.* ⓒ (가죽) 골무.

thumbs-up [θʌ́mzʌ̀p] *n.* (the ~) 찬성, 승인.

thumb·tack [θʌ́mtæ̀k] *n.* ⓒ《美》압(押)핀 (《英》 drawing pin).

***thump** [θʌmp] *n.* ⓒ (1)(특히 주먹으로) 탁 때림. (2) 탁, 쿵(소리). — *vt.* (1)《~+目/+目+前+名/+目+補》(주먹 따위로)…을 쾅〈탁〉하고 치다〈때리다〉 ; …을 탁탁 쳐서 …하게 하다. (2) (물건이) …에 쿵 부딪치다. (3)《~+目/+目+副/+目+前+名》(악기)를 쾅쾅 치다〈울리다〉 ; (악기로 곡)을 쾅쾅 연주하다 《*out*》. — *vi.* (1)《~/+前+名》(탁) 치다〈부딪치다, 때리다, 넘어지다〉. (2)《+前+名》쿵쿵거리며 걷다. (3)《~/+前+名》(심장·맥이) 두근두근〈팔딱팔딱〉 뛰다.

— *ad.* 탁(하고), 탕(하고).

thump·ing [θʌ́mpiŋ] *a.* (1)《口》놀랄 만한 : 터무니없는《거짓말 따위》. (2) 탁〈탕〉하고 치는. 파) **~·ly** *ad.*

:thun·der [θʌ́ndər] n. (1) ⓤⓒ 우레 같은 소리. (2) ⓤ 우뢰 ; 천둥(소리) ;《詩》벼락. (3) ⓤ 위협 ; 호통, 노호 ; 비난. ***By~!*** = ***Thunder !*** (놀람·만족을 나타내어)《口》참말로, 참으로, 그것 참, 이런이런! ***like*** 〈***as black as***〉 ***~*** 몹시 화가 난. ***steal*** 〈***run away with***〉 a person***'s ~*** 아무의 고안〈방법〉을 도용하다〈가로채다〉. ***the*** 〈***in***〉 ***~***〔疑問詞를 강조하여〕대체. ***~ and lightning*** 1) 천둥과 번갯불. 2) 비난 공격, 탄

핵.
— *vi.* (1)〔it를 主語로〕 천둥치다 : It ~*ed* last night. (2)《+前+名》 큰 소리를 내다(천둥처럼) 울려 퍼지다. (3)《+前+名》 몹시 비난하다, 공격하다, 탄핵하다《*against*》; 호통치다《*at*》. — *vt.* (1) …을 큰 소리로〈소리쳐〉 말하다《*out*》. (2)《~+目/+目+副》 (큰소리를 내며) …을 치다, 발사하다.

thun·der·bird [θʌ́ndərbə̀ːrd] *n.* ⓒ 뇌신조(雷神鳥)《북아메리카 인디언이 천둥을 일으킨다고 믿었던 큰 새》.

***thunder·bolt** [-bòult] *n.* ⓒ (1) (전혀)뜻밖의 일〈사건〉, 청천 벽력. (2)천둥번개, 벼락, 낙뢰(落雷).

***thun·der·clap** [-klæ̀p] *n.* ⓒ (1) 청천벽력 (같은 사건). (2) 천둥소리.

thun·der·cloud [-klàud] *n.* ⓒ《比》 암운(暗雲), 위협을 느끼게 하는 것 ; 뇌운(雷雲).

thun·der·head [θʌ́ndərhèd] *n.* ⓒ 소나기구름, 쌘비구름, 적란운.

thun·der·ing [θʌ́ndəriŋ] *a.*〔限定的〕 (1)《口》 굉장한, 엄청난. (2) 천둥치는 ; 우렛소리같이 울리는 ; 큰 소리를 내는. 파) ~·**ly** *ad.*

thun·der·ous [θʌ́ndərəs] *a.* (1) 우뢰 같은, 우뢰같이 울리는. (2) a〕 (구름 따위가) 천둥치게 하는. b〕 (날씨 따위가) 천둥칠 듯한. 파) ~·**ly** *ad.*

thun·der·show·er [-ʃàuər] *n.* ⓒ 뇌우(雷雨), 천둥을 수반한 소나기.

thun·der·storm [-sɔ̀ːrm] *n.* ⓒ 천둥을 수반한 일시적 폭풍우, (심한) 뇌우.

thun·der·struck [-strʌ̀k] *a.*〔敍述的〕 기절초풍할 정도의, 기겁한.

thun·dery [θʌ́ndəri] *a.* 천둥치는 천둥칠 듯한 ; 천둥 같은.

thu·ri·ble [θúərəbəl] *n.* ⓒ 【가톨릭】 향로(香爐) (censer).

Thur(s). Thursday.

⁑**Thurs·day** [θə́ːrzdi, -dei] *n.*〔원칙적으로 冠詞없이 ⓤ ; 단, 뜻에 따라 冠詞가 붙고 ⓒ가 되기도함〕목요일《略 : Thurs., Thur.》. — *a.*《英》목요일의 : on ~ afternoon 목요일 오후에. — *ad.*《美》 목요일에(⇨ THURSDAYS) (또) 만나자.

Thurs·days [θə́ːrzdiz, -deiz] *ad.* 목요일에는 언제나, 목요일마다.

⁑**thus** [ðʌs] *ad.* (1) 따라서, 그래서, 그런 까닭에. (2) 이렇게, 이런 식으로 : He spoke ~. 그는 이렇게 말했다. (3)〔形容詞·副詞를 수식하여〕이만큼, 이 정도까지.
~ and ~ =《美》 ***~ and so*** 이러이러하게, 여차여차하게. ***~ far*** 여태〈여기〉까지는 (so far)《흔히 動詞의 完了形과 함께 쓰임》. ***~much*** 이것〈만큼〉은.

***thwart** [θwɔːrt] *vt.* 방해하다, …을 훼방놓다 ;좌절시키다, 꺾다.
— *n.* ⓒ (노잡이가 앉는) 보트의 널빤지〈가로장〉.

***thy** [ðai] *pron.* 〔thou 의 所有格:모음 또는 h음으로 시작되는 말 앞에서는 thine〕《古·詩》 그대의.

thyme [taim] *n.* ⓤ 타임《꿀풀과의 백리향속(白里香屬) 식물 ; 정원용, 잎·줄기는 향신료》

thy·mol [θáimoul, -mɔ(ː)l, -mɑl] *n.* ⓤ 【化】 티몰《강력 방부제》.

thy·roid [θáirɔid] *n.* 갑상선(=~ **glànd**).
— *a.* 【解】 갑상선(甲狀腺)의.

thy·rox·in, -ine [θairɑ́ksiːn/ -rɔ́k-] *n.* ⓤ 【生化】 티록신《갑상선 호르몬의 중의 하나》

***thy·self** [ðaisélf] *pron.*〔thou, thee의 再歸·强調형〕《古·詩》그대 자신, 너 자신.

ti [tiː] *n.* ⓤⓒ 【樂】 나음(si), 시《장음계의 제7음》

Tián·an·men Squáre [tiáːnáːnmén-] (베이징(北京)의) 톈안먼(天安門) 광장.

Tian·jin, Tien·tsin [tiáːndʒín], [tiéntsín, tín-] *n.* 톈진(天津)《중국 허베이(河北)성의 도시》.

ti·a·ra [tiέərə, -ɑ́ːrə] *n.* ⓒ (1) (여자용) 보석 박은 관. (2) 로마 교황의 삼중관(三重冠).

Ti·ber [táibər] *n.* (the ~)(로마의) 테베레 강《이탈리아명 Tevere》

Ti·bet·an [tibétən] *a.* 티베트 사람〈말〉의, 티베트민족의.
— *n.* (1) ⓒ 티베트 사람. (2) ⓤ 티베트 말.

tib·ia [tíbiə] (*pl.* **-i·ae** [tíbiìː], **~s**) *n.* 【解】 정강이뼈, 경골(脛骨).

tic [tik] *n.* ⓒ【醫】 틱《급격한 안면 경련》.

***tick**[1] [tik] n. ⓒ (1) 점검이나 대조필의 표시《∨》, 꺾자. (2)(시계 등의) 똑딱똑딱 소리. (3)《英口》 순간.
— *vi.* (1)《~/+副》(시계 따위가) 똑딱거리다, (재깍)거리다. (시간이) 지나가다《*away* ; *by*》. (2) (기계 따위가 시계처럼) 작동하다 ; 행동하다.
— *vt.* (1)《~+目/+目+副》 (시간)을 똑딱똑딱 가리키다〈알리다〉. (2)《~+目+副》 (장부 따위)에 (점검·대조필의) 표시를 하다 ; 체크하다《*off*》. ***~ off*** 1) …에 대조표를 하다. 2) ⇨*vt.*(2). 3)《口》 …을 나무라다, …을 꾸짖다. 4)《美》 …을 성나게 하다. ***~ out*** (수신기가 통신을) 똑똑쳐내다. ***~ over*** 1) (엔진이) 느린 속도로 회전〈공전〉하다. 2) (일·영업 등이) 시원찮은 상태로 진행되다. ***what makes*** a person ~《口》 아무가 행동하는 동기〈이유〉.

tick[2] *n.* ⓤ《英口》 외상(매출), 신용 거래〈대부(貸付)〉 : ***give ~*** 외상으로 팔다. ***go*** 〈***get***〉 (***on***) ***~*** 외상으로 사다. ***on*** 〈***upon***〉 ***~*** 신용으로, 외상으로.

tick[3] *n.* ⓒ 베갯잇, 이불잇.

tick[4] *n.* ⓒ (1)《英口》 비열한 놈, 귀찮은 녀석. (2) 【蟲】 진드기.

tick·er [tíkər] *n.* ⓒ (1) (전신의) 수신기. (2) 똑딱거리는 물건. (3) 증권 시세 표시기. (4)《俗》시계, 괘종. (5)《俗》 심장.

tick·er tàpe (1) ticker에서 자동적으로 나오는 수신용 테이프. (2) (환영을 위해 빌딩 창문 등에서 던지는) 색종이 테이프.

tíck·er-tape paràde [-tèip-] (주로 뉴욕시의 전통적인) 색종이 테이프가 뿌려지는 퍼레이드.

⁑**tick·et** [tíkit] *n.* (1) ⓒ (상품 등에 붙인) 정가표, 정찰(正札) ; (창에 내붙인) 셋집〈임대〉 광고:전당표. (2) ⓒ 표, 권(券), 입장〈승차〉권. (3) ⓒ (교통 위반자에 대한) 호출장, 빨간〈위반〉 딱지. (4) ⓒ (선장·비행사 따위) 자격 증명서, 면허증. (5) ⓒ《英》 제대증 (6) ⓒ《美》 (정당의) 공천 후보자(명단). (7) (the ~)《口》 정당〈당연〉한 일 ; 진짜, 안성맞춤의 일.
— *vt.* (1)《美》 …에게 표를 발행하다〈팔다〉 ; …에 교통〈주차〉 위반의 딱지를 붙이다, (교통 위반자)에게 소환장을 내다. (2)《~+目/+目+*as*補》 …에 표〈딱지〉를 붙이다. (상품)에 정찰을 달다. (3) (어떤 용도로) …을 충당〈할당〉하다, 지정하다《*for*》.

tícket àgent 입장권〈승차권〉 판매 대행업자.

tícket òffice《美》매표소(《英》booking office).

tick·ing [tíkiŋ] *n.* ⓤ 베갯잇, 이불잇《아마포·면포 따위》.

***tick·le** [tíkəl] *vt.* (1)《~+目》 따끔거리게하다 ; 자극하다. (2)《~+目/+目+前+名》…을 간질이다.

T

(3) 《~+目/+目+前+名》 …을 기쁘게〈즐겁게〉하다, 웃기다. (4) (물고기 등)을 손으로 잡다.
— *vi.* (1)간지럽다, 간질간질하다. (2) (자극물 따위가) 간질간질하게 하다. ***be ~d to death*** 포복절도하다 :《口》 대단히 기쁘다. **~** a person ***in the palm*** 아무에게 팁을 주(어 즐겁게 하)다. **~** a person ***pink*** 《口》 아무를 무척 기쁘게 해주다. **~** a person***'s fancy*** 아무를 웃기다. **~** a person***'s vanity*** 아무의 허영심을 만족시키다. **~** ***the ivories*** 《戱》 피아노를 치다.
— *n.* ⓤⓒ (1) 간지럼 ; 간지러운 느낌, 근질근질 함. (2)즐겁게 하는 것.

tick·ler [tíklər] *n.* ⓒ (1) 《英口》 어려운 문제〈사태, 사정〉 ; 신중을 요하는 문제〈사태〉. (2) 간질이는 사람〈것〉. (3) 《美》 수첩, 비망록 ; 메모장(帳)(= **ˊ~ file**).

tickl·ish, tick·ly [tíkliʃ], [tíkli] *a.* (1) (배가) 흔들리는, 뒤집히기 쉬운, 불안정한(unsteady). (2) (몸의 일부가) 간지러운 ;(사람이) 간지을 타는. (3) (문제 등이)다루기 어려운, 미묘한. (4) (사람이) 꾀까다로운, 성마른.
파) **tick•lish•ly** *ad.* **tick•lish•ness** *n.*

tick·tack [tíktæ̀k] *n.* ⓒ (1) 심장의 고동, 동계(動悸). (2) (시계의) 똑딱똑딱 소리. (3) (창문 따위를 똑똑 두드리는 어린이 장난용의) 소리내는 장치. (4) 《英》 (경마에서) 사설 마권업자들끼리 주고 받는 신호〈암호〉.
— *vi.* 똑딱똑딱 소리를 내다.

tick-tack-toe [tìktæktóu] *n.* ⓤ 삼목(三目) 놓기(《英》noughts-and-crosses) 《한 사람은 동그라미를, 또 한 사람은 가위표를 각각 놓아 가는 오목(五目) 비슷한 놀이》.

tic(k)·toc(k) [tíktɑ̀k/ -tɔ̀k] *n.* ⓒ (특히 큰 시계의) 똑딱똑딱 (소리).

T

***tid·al** [táidl] *a.* (1) 만조 때에 출범 하는. (2) 조수(潮水)의, 조수가 밀려드는 ; 조수의 작용에 의한 ; 간만이 있는. 파) **~•ly** *ad.*

tídal flòw (사람 · 자동차의) 시간에 따라 바뀌는 흐름.

tídal rìver 감조 하천(感潮河川)《조수의 영향을 멀리까지 받는 하천》.

tídal wàve (1) (지진 등에 의한) 큰 해일, 높은 파도. (2) (태양 또는 달의 인력에 의해 일어나는) 조파(潮波). (3) (인심 · 인사의) 대변동, 격동, 큰 동요 ; (군중 따위가) 대규모로 몰려오기.

tid·bit [tídbìt] *n.* ⓒ 《美》 (1) 재미있는 이야기 한 토막, 토막 기사. (2) (맛있는 음식의) 한입, 한 조각(《英》titbit).

tid·dle·dy·winks, tid·dly·winks [tídəldiwìŋks], [tídliwìŋks] *n.* ⓤ 작은 원반을 튕겨서 종지 속에 넣는 놀이의 하나.

tid·dler [tídlər] *n.* ⓒ 《英》 (1) 꼬마(등이). (2)작은 물고기, 잡살 뱅이 물고기.

tid·dly, -dley [tídli] *a.* 《英口》 (1) 거나하게 취한. (2) 아주 작은.

:tide [taid] *n.* (1) ⓒ 흥망, 영고 발전(rise and fall) ; (행운 · 병 따위의) 절정기 ; 호기(好機). (2) ⓒ 조수, 조류, 조수의 간만. (3) (흔히 *sing.*) (한 시대의) 풍조(風潮), 경향(傾向), 형세(trend). (4) 〔複合語 · 俗談 이외에는《古》〕계절, 때 ;(교회의) 축제(祝祭), …절(節). ***save the ~*** 조수(潮水)가 있는 동안에 입항〈출항〉하다 ; 호기를 놓치지 않다. ***take fortune at the ~*** =***take the ~ at the flood*** 호기에 편승하다. ***the ~ turns*** 형세가 변하다. ***the turn of the ~*** 조수가 바뀌는 때 ; 형세 일변. ***turn the ~*** 형세를 일변시키다. ***work double ~s*** 주야로〈전력을 기울여〉 일하다. — *vi.* 조류처럼 흐르다.
— *vt.* …이 조류를 타게 하다 ; …을 조류에 태워〈실어〉 나르다. ***~ over*** (곤란 따위를) 헤쳐나가다, 이겨내다, 극복하다(overcome). **~** one***'s way*** 조류를 타고 나아가다.

tide·land [ˊlæ̀nd] *n.* ⓤ 《美》 (조수의 간만의 영향을 받는) 간석지, 낮은 해안 지대, 개펄.

tide·mark [ˊmɑ̀ːrk] *n.* ⓒ (1) 《英口》 a〕 (욕조의) 수위(水位)의 흔적. b〕 몸의 씻은 부분과 씻지 않은 부분의 경계선. (2) (조수의 간만을 표시하는) 조석점(潮汐點) ; 조수표(潮水標).

tide·wa·ter [ˊwɔ̀ːtər, ˊwɑ̀t-] *n.* ⓤ (1) 《美》 낮은 해안 지대《특히, Virginia 주(州)의》. (2) a〕(조수의 영향을 받는) 하구(河口)의 물. b〕 조수.

tide·way [ˊwèi] *n.* ⓒ (1) (좁은 유로를 흐르는) 강한 조류. (2) (조류의 좁은) 유로(流路), 조로(潮路).

***ti·dings** [táidiŋz] *n.*〔때로 單數취급〕《文語》 통지, 기별, 소식.

:ti·dy [táidi] (***-di•er*** ; ***-di•est***) *a.* (1) 《口》 (양 · 정도가) 꽤 많은, 상당한. (2)a〕 (방 따위가) 말끔한, 정연한, 산뜻한. b〕 (사람이) 깨끗한 것을 좋아하는, 깔끔한.
— *vt.* (1) 《~+目/+目+副》 …을 정돈하다, 말끔하게 치우다, 깨끗하게 하다《*up*》. (2) 〔再歸的〕 옷차림을 단정하게〔깔끔하게〕하다 : ~ (*up*) one*self*
— *vi.* 《~/+副》 깨끗이 하다, 정돈하다, 치우다《*up*》.
— *n.* ⓒ (1) (개수통의 세모진) 찌꺼기통. (2) 《美》 (의자 · 소파용) 등 커버.
파) **tí•di•ly** *ad.* **-di•ness** *n.* ⓤ

:tie [tai] (*p.*, *pp.* ***~d*** ; ***ty•ing***) *vt.* (1) 《~+目/+目+前+名/+目+副》 (넥타이 · 리본 따위)를 매다 ; (끈으로) …을 매어 달다. (2) 《~+目/+目+副/+目+前+名》 끈 · 새끼로) …을 묶다, 매다 ; (끈)을 묶다〈매다, 잇다〉, (매듭)을 짓다《*up* ; *together*》. (3) 《~+目/+目+副/+目+*to* do/+目+前+名》 …을 (어떤 상태에) 묶어두다 ; 의무를 지우다 ; …의 사용을 제한하다. (4) …을 결합하다 : 들보로〈가로장으로〉 잇다 ; 【樂】 (음표를 붙임줄)로 연결하다. (5) 《~+目/+目+前+名》 【競】 …와 동점이 되다, …와 타이를 이루다.
— *vi.* (1) 《~/+副》 매이다, 묶이다 (2)《~/+前+名》 【競】 동점이〈타이가〉 되다 ; 비기다《*with*》.
be much ~d 바빠서 잠시도 짬이 없다. ***~ down*** 1) …을 꼭 묶다, 매다. (2) …을 구속〈속박〉하다 ; 제한하다, 의무를 지우다《*to*》. ***~ in*** 1) …을 붙들어매다《*with*》 ; 연결하다, 관계를 맺다《*with* ; *to*》. 2) …와 일치시키다〈하다〉 ; 조화시키다, 적합하게 하다《*with*》. ***~ into*** 1) (일 따위)에 적극적으로 달려들다. 2) (아무)를 맹렬히 공격하다. ~ a person′***s tongue*** 입막음을 하다, ***~ together*** 1) …을 붙들어 매다. 2) (이야기 등의) 앞뒤를 맞추다. (3) (이야기 등의) 내용이 일치하다. ***~ up*** 1) …을 단단히 묶다 ; …을 포장하다 ; (상처)를 싸매다 ; …에 붕대를 감다. 2) …을 방해하다 ; (영업 따위)를 정지시키다 ; 〔종종 受動으로〕(교통 따위)를 불통이 되게 하다. 3) 〔흔히 受動으로〕 《口》 (아무)를 몹시 바쁘게 하다, 꼼짝 못하게 하다. 4) (자금)을 마음대로 유용 할 수 없게 하다 《투자 따위로》 ; (처분할 수 없도록 재산의 유증)에 조건을 붙이다. 5) (기업 따위)를 연합〈제휴〉시키다《*with*》.
— *n.* ⓒ (1) (물건을 묶기 위한) 매듭, 새끼. (2) a〕

매어서 사용하는 것 ; 넥타이 ; 구두 끈. b) (흔히 *pl.*) 《美》 끈이 달린 바닥이 얇은 단화. (3) (장식) 매듭 : a dress with many ~*s* around the waist 허리 둘레에 장식 매듭이 많은 드레스. (4) (흔히 *pl.*) 연분 ; 인연, 기반, 의리 : matrimonial ~*s* 부부의 연분 / the ~*s* of friendship 우정의 유대. (5) (흔히 *pl.*) 속박, 거추장스러운〈귀찮은〉 것, 무거운 짐 : be bound by the ~*s* of habit 습관에 얽매이다. (6) (경기 등의) 동점, 호각(互角), 동수 득표, 무승부, 비기기 ; 《英》 비긴 후의 재시합 ; 승자 진출 시합 : The game ended in a ~ 2-2. 시합의 결과는 2대 2로 비겼다 / The ~ will be played off on Saturday. 무승부의 재시합은 토요일에 열린다. (7) a) 【建】 이음나무. b) 【鐵道】 침목(枕木)(《英》sleeper). (8) 【樂】 붙임줄, 타이(⌒, ⌣).

tie·back [táibæ̀k] *n.* ⓒ (커튼을 한쪽으로 몰아 붙여서 매는) 장식띠 ; (*pl.*) 그 커튼.

tie·break(·er) [táibrèik(ər)] *n.* ⓒ 【競】 동점 때 결말을 짓는 일 ; 동점 결승전《심지뽑기 따위》.

tíe clàsp (**clìp, bàr**) 넥타이 핀《집게식의》

tíed cóttage [táid-] 《英》 (농장주가 고용인에게 임대하는)고용인용 임대 가옥.

tie-dye [táidài] *vt.* …을 홀치기 염색하다.
— *n.* ⓤ 홀치기 염색.

tie-dyeing [-iŋ] *n.* ⓤ 홀치기 염색

tie-in [táiìn] *n.* ⓒ 함께 끼워 팔기〈파는 상품〉(=~ **sàle**).
— *a.* 〔限定的〕 《美》딴 것과 끼워 파는 : a ~ sale.

tie-on [táiàn/ -ɔ̀n] *a.* 〔限定的〕 (표찰·라벨 등을)끈으로 동여맨 : a ~ label.

tie·pin [táipìn] *n.* ⓒ 넥타이핀(《美》stickpin).

tier¹ [tiər] *n.* ⓒ (상하로 나란히 있는) 단, 줄, 층(row, range) ; (계단식 관람석 등의) 한 단〈줄〉.

ti·er² [táiər] *n.* ⓒ 매는 사람〈것〉.

***tie-up** [táiʌ̀p] *n.* ⓒ (1) 《口》 (기업 따위의)제휴, 협력 ; 합동, 관계, 연고. (2) 《美》(파업·악천후·사고 등에 의한 교통·업무 등의) 불통, 마비, 휴업 ; 교통 정체. (3) 결합, 결부, 관계《*between* ; *with*》

tiff *n.* ⓒ (1) 기분이 언짢음, 불끈 화를 냄. (2) (애인·친구간의)사소한 말다툼, 승강이.

tig [tig] *n.* ⓒ 《英》 술래잡기(tag²).

:ti·ger [táigər] *n.* ⓒ (1) 포악한〈잔인한〉 사람. ***ride a*** 〈***the***〉 ***~*** 《口》 위태로운 생활 방식을 취하다. ***work like a ~*** 맹렬히 일하다. (2) 범, 호랑이.

tíger bèetle 【蟲】 가뢰.

tíger càt 【動】 살쾡이.

ti·ger·eye, ti·ger's-eye [táigəràì], [-gərz-] *n.* ⓤⓒ 【鑛】 호안석(虎眼石)《빛깔은 황갈색, 장식돌로 이용》

ti·ger·ish [táigəriʃ] *a.* 호랑이 같은 ; 잔인한, 시나운.

tíger lìly 【植】 참나리.

tíger mòth 【蟲】 불나방.

tíger swèat 《美俗》 맥주 ; 밀조 위스키.

:tight [tait] (**~·er ; ~·est**) *a.* (1) (줄 따위가) 팽팽히 켕긴, 바짝 죈. (2) 단단한, 단단히 맨, 꽉 죄인, 단단히 고정된, (매듭 따위가) 잘 풀리지 않는. (3) (미소 등이) 어색한, 딱딱한 : a ~ smile 딱딱한 웃음. (4) (관리·당속 등이) 엄한, 엄격한 : She kept ~ control over the children. 그녀는 아이들을 엄격히 통제했다. (5) 빈틈없는 ; (피륙이) 톡톡〈쫀쫀〉한 ; 물이〈공기가〉새지 않는. (6) (옷·신발 따위가)갑갑한, 몸에 꼭 맞는, 꼭 끼는〈째는〉 ; (가슴의 느낌 따위가) 답답한, 꽉 죄는듯 한. (7) (내용물·예정 등이) 꽉 찬. (8)(입장 따위가) 어찌〈꼼짝〉할 수 없는, 곤란한, 빠져 나오기〈타개하기〉 어려운. (9) 돈이 딸리는, (금융이)핍박한 ; 이익이 신통치 않은. (10) 《口》 노랑이의, 인색한. (11) (경기 따위가) 접전의, 막상막하의. (12) 《口 술취한(drunk). (13) 【商】 (상품이) 품귀한, (시장이) 수요에 비해 공급이 적은.
(***as***) ***~ as a drum*** 몹시 취해서. ***be in a ~ place*** 〈***corner, spot, squeeze, situation***〉 진퇴유곡이 되다, 옴쭉을 못 하다. ***get ~*** 술취하다. ***keep a ~ rein***〈***hand***〉 ***on*** …을 엄격히 다루다 〈바짝 다잡이하다〉. ***on*** a person ***~*** …에게 엄하게 굴다. ***on the rope.*** (곡예사가) 줄타기를 하다.
— (**~·er ; ~·est**) *ad.* (1) 단단히, 굳게 ; 꼭, 꽉 : close one's eyes ~ 눈을 꼭 감다 / Hold it ~. 꼭 붙들고 있어라, 꼭 누르고 있거라. (2) 충분히, 푹《자는 모양》 : sleep ~ 푹 자다. ***sit ~*** (1) (말의)안장에 정좌하다. (2) 주장〈방침〉을 굽히지 않다.
— *n.* (*pl.*) (1) (무용·체조용의) 타이츠. (2) 팬티스타킹. 파) **:~·ly** [-li] *ad.* 단단히, 꼭, 굳게.

-tight *suf.* '…이 새지 않는, …이 통하지 않는, …을 막는'의 뜻 : air*tight*, water*tight*.

:tight·en [táitn] *vt.* 《~+目/+目+副》 …을(바짝) 팽팽하게 치다, 죄다, 단단하게 하다 ; (경제적으로) …을 어렵게 만들다 ; (통제·규칙)을 엄하게 하다, 강화하다《*up*》. — *vi.* 죄이다, 팽팽하게 되다, 단단해지다 ; 핍박하다 ; (규칙·사람이) 엄해지다.

tight-fist·ed [táitfístid] *a.* 《口》 검소한, 인색한.

tight·fit·ting [⌐fítiŋ] *a.* (옷이) 딱 맞는, 꼭 끼어 갑갑한 ; 몸에 착 달라붙는, 꼭 끼는.

tight-knit [⌐nít] *a.* (조직 등) 긴밀한, 야무지게 짜인 : a ~ group 긴밀한〈폐쇄적인〉집단.

tight-lipped [⌐lípt] *a.* 입을 꼭 다문《*about* ; *on*》 ; 입이 무거운, 말이 없는.

tight·rope [⌐ròup] *n.* ⓒ (1) 위태로운 입장〈상황〉. (2) (줄타기용의)팽팽하게 맨 줄.

tight·wad [táitwàd/ -wɔ̀d] n. ⓒ 《美》 노랭이, 구두쇠.

ti·gon [táigən] *n.* 타이곤《수범과 암사자와의 튀기》 〔◁ *tiger*+*lion*〕.

ti·gress [táigris] *n.* ⓒ (1)호랑이 같은 여자. (2)암범.

Ti·gris [táigris] *n.* (the~) (메소포타미아의) 티그리스 강.

tike [taik] n. =TYKE.

til·de [tíldə] *n.* ⓒ 《Sp.》 (1) 생략을 나타내는 기호 《~》. (2) 틸더《스페인어 등의 n자 위에 붙이는 발음부호 ; *señor*의 ˜》.

:tile [tail] *n.* ⓒ (1) (하수·배수의)토관(土管). (2) (마작의) 패. (2)(화장) 타일 ;기와. ***be*** (***out***) ***on the ~s*** 《俗》 방탕하다. ***have a ~ loose*** 《俗》 좀 돌았다.
— *vt.* …에 타일을 붙이다 ; 기와를 이다 ; …에 토관을 부설하다.

til·er [táilər] *n.* ⓒ 기와〈타일〉장이〈제조공〉, 기와 이는 사람.

til·ing [táiliŋ] *n.* ⓒ (1) 〔集合的〕 기와〈타일〉류(類). (2) 기와 이기 ; 타일 갈기〈공사〉.

:till¹ [til] 《※until 과 같은 뜻인데, until 은 前置詞·接續詞로서 널리 쓰이는 데 대하여, till은 주로 대화체에서 前置詞로 쓰이는 일이 많음. 용법·용례 등 until항을 참조》.
— *prep.* (1) 〔否定語와 함께〕 …까지 …않다 ; …에 이르러 …하다. (2) 〔時間的〕 …까지. (3) 경(頃), …가

T

까이.
— *conj.* (1) 〔時間的〕 …할 때까지. (2) 〔否定語와 함께〕 …할 때까지 (…않다) ; …하여 비로소 …하다. (3) 〔정도·결과를 나타내어〕 …할 정도까지, …하여 드디어.

:till² *vt., vi.* 경작하다(cultivate), (밭을) 갈다.

till³ *n.* ⓒ (은행·상점 등의) 카운터의 돈, 돈궤, 서랍. ***have*** one***'s fingers* 〈*hand*〉 *in the ~*** 《口》 자기가 일하고 있는 점포의 돈을 훔치다.

till·a·ble [tíləbəl] *a.* 경작에 알맞은, 갈 수 있는.

till·age [tílidʒ] *n.* ⓤ (1)경작지, 경지. (2)경작.

till·er¹ [tílər] *n.* ⓒ 농부, 경작자.

till·er² *n.* 【船】 키의 손잡이.

tilt** [tilt] *n.* ⓒ (1) (창으로) 찌르기 ; (중세 기사의) 마상 창시합. (2) 기울기, 경사(slant). (3) 비난 공격, 논쟁《*at*》. (at***) ***full ~*** 전속력으로, 쏜살같이 전력을 다해. ***give a ~ =give it*** 기울이다. ***have a ~ at*** (***against***) a person (주장·풍자 등으로) ~을 공격하다.
— *vi.* (1) 《~/+副/+前+名》 기울다《*up*》 : The desk is apt to ~ *over*. 그 책상은 잘 기운다 / a tree ~*ing to* the south 남쪽으로 기울어진 나무. (2) (중세 기사가) 마상 창시합을 하다《*at*》. (3)《~/+前+名》 공격하다, 돌진하다 ; 비난〈풍자〉하다《*against* ; *at*》 : ~ *at* social injustices 사회의 부정을 규탄하다. — *vt.* (1) 《~+目/+目+副/+目+前+名》 a〕 …을 기울이다 : ~ one's hat 모자를 비스듬히 쓰다 / ~ a chair *back against* the wall 의자를 벽에 기대놓다. b〕 (그릇·짐차 등)을 기울여 속〈짐〉을 비우다《*out* ; *up*》 ~ *out* coal (그릇을 기울여) 석탄을 비우다. (2) 《~+目/+目+前+名》 (창)을 쑥 내밀다, (창으로) 찌르다 : ~ a lance / ~ a person *out of* his saddle (창으로) 찔러 아무를 말에서 떨어뜨리다. ***~ at windmills*** ⇨ WINDMILL.

:tim·ber [tímbər] *n.* (1) ⓒ 〔集合的〕 (목재가 되는) 수목, 입목(立木) ; 삼림(지). (2) ⓤ (제재한) 재목, 목재, 용재, 큰 각재 ; 판재(《美》lumber). (3) a〕 ⓒ 대들보, 가로장. b〕 (*pl.*) 【船】 늑재(肋材) ; 선재(船材). (4) ⓤ 인품, 인물, 소질, 사람됨.

tim·bered [tímbərd] *a.* (1) 입목(立木)이 있는, 수목이 울창한. (2) 목재로 만든, 목조의.

tim·ber·ing [tímbəriŋ] *n.* ⓤ (1) 〔集合的〕 목재, 건축 용재. (2) =TIMBERWORK.

tim·ber·land [tímbərlæ̀nd] *n.* ⓤ 《美》 목재용 삼림지.

tímber lìne (the~)(고산·극지의)수목 한계선.

tímber wòlf 【動】 (북아메리카산) 이리.

tim·ber·work [tímbərwə̀ːrk] *n.* ⓤ 나무로 짜기, 나무틀.

tímber yàrd 목재 저장소(《美》 lumberyard), 재목 두는 곳.

tim·bre [tǽmbər, tím-] *n.* 《F.》 ⓤⓒ 음질, 음색.

:time [taim] *n.* (1) 〔冠詞 없이 또는 no, any, much, not much, little, a lot of, one's 따위가 붙는 수가 있음〕 ⓤ (소요) 시간, 쓸 수 있는 시간, 틈, 여가.
(2) 〔冠詞없이〕 ⓤ (과거·현재·미래로 계속되는) 시간, 때 ; 시일, 세월, 시간의 경과.
(3) 〔a, some이 붙어서〕 ⓤ 기간, 동안, 잠시.
(4) (the~)(한정된) 시간, 기간, 기일.
(5) ⓒⓤ (때의 한 점인) 시각, 시간 ; 기일 ; 때, 시절, 계절 ; …한 때, …할때.
(6) ⓒⓤ 시기, 기회, 때, 순번, 차례(turn)
(7) ⓒ (종종 *pl.*) (지낸) 시간 ; 경험《혼났던 일, 유쾌했던 기억 따위》.
(8) ⓒ (흔히 *pl.*)(역사상의)시대, 연대 ; (the~) 당시 ; 현대.
(9) (종종 *pl.*) 시대의 추세, 경기(景氣).
(10) ⓤ 일생, 평생, 생존중.
(11) (*pl.*)(몇) 번, 회 ; 배, 곱.
(12) ⓤ (머슴살이 등의) 연한 ; 근무시간 ; 시간급.
(13)ⓤ 죽을 때, 임종 ; 분만기 ; 형기.
(14) ⓤ 【競】 a〕 소요 시간. b〕 타임《게임의 일시 중단》 : 그만, 타임.
(15)ⓤ【樂】 박자;속도.
(16) ⓤ 표준시.
(17) ⓤ 【軍】 보조 ; 보행속도.
against ~ 시간을 다투어, 전속력으로. ***ahead of ~*** 약속〈정해진〉시간보다 앞서서. ***all the ~*** 1) 그간 줄곧, 그 동안 내내. 2) 언제나, 아무 때라도. ***at a ~*** 한꺼번에 ; 동시에. ***at odd ~s*** 이따금, 틈틈이. ***at one ~*** 1) 한때는, 일찍이. 2) 동시에. ***at the best of ~s*** 상태가 제일 좋은 때에. ***at the same ~*** 1)동시에. 2) 하지만(however). ***at ~s*** 때때로. ***behind ~*** 1) (예정보다) 늦어서, 지각하여. 2) (지불이)늦어서, 밀려서. ***before one' s*** 달 수를 채우지 않고(태어나다). ***by the ~*** …할 때까지는. ***for*** (***the***) ***~*** being=***for the ~*** 당분간. ***from ~ to ~*** 때때로. (***from***) ***~ out of mind*** 태고적부터. ***gain ~*** 1) (시계가)가다. 2) 시간을 벌다 ; 여유를 얻다. 3) 수고를 덜다. ***get*** one***'s ~*** 《美俗》 해고당하다. ***half the ~*** 1)절반의 시간. 2) 그 태반은, 거의 언제나. ***have a devil of a ~*** ⇨ DEVIL. ***have an easy ~*** (***of it***)《口》 돈·직업 등을 힘들이지 않고 얻다. ***have the ~ of*** one***' s life*** 더할 수 없이 즐거운 때를 보내다. ***have no ~ for*** 《口》아무를 싫어하다(dislike). ***have ~ on*** one***'s hands*** 시간이 남아 돌다. ***in bad ~*** 1) 때를 어겨서. 2) 늦어서. ***in due ~*** 머지 않아, 곧. ***in good ~*** 1) 꼭 좋을 때에, 기간에 맞게. 2) 여유를 두고, 일찌감치. ***in no ~*** 당장에, 지체없이. ***in*** one***'s own ~*** 여가에, 자유 시간에. ***in slow*** (***true***) 느린 (바른) 박자로. ***in the mean ~*** 머지 않아(서), 이럭저럭할 사이에. ***in ~*** 1) 때를 맞춰. 2) 머지 않아, 조만간. 3) 가락을〈박자를〉 맞추어《*with*》 ***in... ~*** …후에. ***keep good***〈***bad***〉***~*** 시계가 정확하다〈하지 않다〉. ***keep ~*** (발)장단을 맞추다《*with*》 ; 옳은 박자로 노래하다〈춤추다〉. ***kill ~*** 시간을 보내다, 하는 일 없이 시간을 보내다. ***know the ~ of day*** 잘 알고 있다. ***last*** a person***'s ~*** 일생 동안 가다. ***lose no ~*** (***in***) do***ing*** 재빨리 …하다. ***lose ~*** 1)시계가 늦다 2) 시간을 낭비하다, 꾸물거리다. ***make good*** 〈***poor***〉 ***~*** (일·속도가) 빠르다〈느리다〉. ***make ~*** 1) 시간을 내다. 2) 나아가다, 서두르다. ***mark ~*** 1) 제자리 걸음하다. 2) (기회가 올 때까지)대기하다 ; (일이) 진척되지 않다, 제자리 걸음하다. ***near*** one***'s ~*** 임종(해산 날)이 다가오는. ***no ~*** 《口》 매우 짧은 시간(에), 곧. ***on*** one***'s own ~*** (근무 시간 외의)한가한 시간에. ***on ~*** 1) 시간대로, 시간을 어기지 않고. 2)후불로, 할부로. ***out of ~*** 1) 박자가 틀리는. 2) 제철이 아닌. 3) 늦어서. ***pass the ~ of day*** (지나가는 길에) 인사를 나누다. ***play for ~*** 시간을 벌다, 신중히 생각하다. ***some ~*** (***or other***) 언젠가는. ***take*** a person ***all*** one***'s ~*** 《口》 아무를 몹시 힘들게 만들다. ***take*** one***'s ~*** 천천히 하다. ***take ~ by the forelock*** ⇨FORELOCK. ***take ~ out*** 〈***off***〉 (일하는 시간 중에)잠시 쉬다, 짬을 내다. (***the***) ***~ of day*** 시각, 시간 : What ~ *of*

day was it when he came? 그가 온 것은 몇 시였는가. (*the*) ***first ~*** 처음 …했을 때는. ***There is a ~ for everything.*** 무슨 일에나 때가 있는 법이다. ***~ after ~*** =***~ and*** (~)***again*** 몇 번이고, 재삼재사. ***Time is up.*** 이제 시간이 다 됐다. ***Time was when...*** 전에는 …한 일이 있었다. ***to ~*** 《英》 정각에. ***with ~*** 때가 지남에 따라, 머지않아.
— *vt.* (1) 《~+目/+目+副/+目+*to* do》 …의 시기를 정하다, 때를 잘 맞추어 …하다, 시기에 맞추다 : He ~*d* his journey so that he arrived before dark. 어둡기 전에 도착하도록 여행 일정을 짰다 / You should ~ your visit *to* fit his convenience. 그의 형편에 맞게 방문하는 것이 좋겠다. (2) 《~+目/+目+*to* do》 …의 시간을 (지)정하다 : The train is ~*d* to leave at 7:30. 열차는 7시 반에 출발하게 돼 있다. (3) (경주 따위)의 시간을 재다〈기록하다〉 : ~ a race〈runner〉 레이스〈러너〉의 타임을 재다. (4) 《~+目/+目+前+名》 …의 박자에 맞추다 ; (속도·시간 등)을 조절하다《*to*》 : ~ one's steps *to* the music 음악에 맞추어 스텝을 밟다.
— *a.* (1) 〔限定的〕 a〕 때의, 시간의 : ⇨ TIME LAG. b〕 시간〈시각〉을 기록하는 : a ~ register 시간 기록기. 시한장치가 붙은 : ⇨ TIME BOMB.

tíme and a hálf (시간 외 노동에 대한) 50% 할증 임금(지급), 50% 초과 근무 수당\.

tíme bòmb (1) (후일의) 위험을 내포한 정세. (2) 시한 폭탄.

tíme càpsule 타임 캡슐(후세에 남길 자료를 넣어 지하 등에 묻어 두기 위한 용기).

tíme(·)card [tàimkὰ:rd] *n.* ⓒ 근무〈작업〉시간 기록표, 타임카드.

tíme clòck 타임 리코더, 시간 기록계.

tíme-con·sum·ing [táimkənsù:miŋ] *a.* 품이 드는, 시간이 걸리는.

tíme depòsit 정기예금.

tíme dráft 시한부 환어음, 일람 후 정기불 어음.

time expòsure 【寫】 (순간노출에 대하여 $\frac{1}{2}$초를 넘는)타임 노출(에 의한 사진).

tíme fàctor 시간적 요인〈제약〉.

tíme fùse 시한 신관(信管)

time·hon·ored [táimὰnərd/ -ɔ̀n-] *a.* 전통 있는, 유서 깊은 ; 옛날부터의.

tíme immemórial 태고, 아득한 옛날 : from ~ 태곳적부터. — *ad.* 태곳적부터.

time·keeper [táimkì:pər] *n.* ⓒ (1) 시계. (2) 타임키퍼, (경기·작업 따위의) 시간 기록원.

tíme kìller (1) 오락, 심심풀이가 되는 것, 소일거리. (2)심심풀이로 시간을 보내는 사람.

time-lag [táimlæ̀g] *n.* (두 관련된 일의) 시차, 시간적차, 시간지연.

time-lapse [⌐læ̀ps] *a.* 저속도 촬영의.

time·less [⌐lis] *a.* (1) 시대를 초월한. (2) 초(超)시간적인, 영원한. 파) **~·ly** *ad.* **~·ness** *n.*

tíme lìmit 기한, 제한 시간, 시한.

tíme lòck (시간이 돼야 열리는) 시한 자물쇠.

:time·ly [táimli] (***-li·er ; -li·est***) *a.* 적시(適時)의, 타임리, 시기 적절한, 때맞춘(seasonable). — *ad.* 알맞게, 때맞춰. 파) **time·li·ness** *n.*

tíme machìne 타임 머신《과거나 미래를 여행하기 위한 상상의 기계》.

tíme nòte 약속 어음.

time-off [táimɔ̀(:)f, -ὰf] *n.* 일을 쉰 시간(수).

time-out [⌐àut] *n.* ⓒ (1) 〔흔히 time out〕(작업중의) 중간휴식(⇨ take TIME out). (2) 【競】 타임아웃《협의 등을 위한 경기의 일시 중지》.

timer [⌐ər] *n.* ⓒ (1) 스톱워치. (2) (경기·작업 등의)시간 기록원(timekeeper). (3) 시간제 노동자 : ⇨ PART-TIME. (4) (내연기관의) 자동점화〈점화 시기 조절〉장치. (5) 타임 스위치, 타이머. ***old ~*** 고참자.

Times [taimz] *n.* (The ~) 타임스《1) 영국의 신문 이름, 별칭 '런던 타임스';1785년 창간. 2) *The New York Times* ; 1851년 창간》. ***write to The ~*** 타임스지에 기고하여 세상에 호소하다.

time·sav·ing [táimsèiviŋ] *a.* 시간 절약의.

time·serv·er [táimsə̀:rvər] *n.* ⓒ 기회주의자, 시류에 편승하는 사람, 사대주의자.

time·serv·ing [⌐sə̀:rviŋ] *a.* 기회주의적인, 시류에 편승하는 ; 무절조한. — *n.* 기회주의, 편의주의, 무절조.

time-share [⌐ʃὲər] *vt.* (컴퓨터·프로그램)을 시분할 방식으로 사용하다.

time·shar·ing [⌐ʃὲəriŋ] *n.* ⓤ 【컴】 시분할, 시간 나눠쓰기《한 대의 컴퓨터를 동시에 몇 대의 단말기(端末機)로 사용하는 방식》 : ~ system 시간 나눠쓰기〈시분할〉체계.

tíme shèet 타임카드(timecard), 출퇴근 시간 기록용지, 작업별 소요시간 기록용지.

tíme sìgnal (라디오·TV의) 시보(時報).

tíme sìgnature 【樂】 박자표.

tímes sìgn 곱셈기호《×》

tíme swìtch 【電】 (자동적으로 작동하는) 시한(時限)스위치, 타임스위치.

time·ta·ble** [táimtèibl] *n.* ⓒ (1) (계획·행사 따위의) 예정표. (2) (학교·열차·비행기 따위의) 시간표. ***on ~ 시간표대로

time·work [táimwə̀:rk] *n.* 시간급제의 일.【cf.】 piecework.

time·worn [⌐wɔ̀:rn] *a.* (1) 케케묵은, 진부한. (2) 오래되어 손상된, 낡아 빠진.

tíme zòne 시간대(帶)《대체로 경선(經線)에 따라 15°씩 24시간대로 나뉘어 있음 ; 동일 표준시를 쓰는 지대》.

:tim·id [tímid] (***~·er ; ~·est***) *a.* 소심한, 겁많은, 마음이 약한, 내성적인《*with*》. ***as ~ as a rabbit*** 몹시 겁이 많은. 파) ***~·ly** *ad.* **~·ness** *n.*

ti·mid·i·ty [timídəti] *n.* ⓤ 소심, 겁, 수줍음.

***tim·ing** [táimiŋ] *n.* ⓒ 시간 조정 ; (스톱워치에 의한) 시간측정, 타이밍.

ti·moc·ra·cy [taimákrəsi/ -mɔ́k-] *n.* ⓒ (1) 명예지상(至上) 정치. (2) 돈 주고 공직을 사는 정치, 금권정치.

tim·or·ous [tímərəs] *a.* 소심한, 마음이 약한, 겁많은. 파) **~·ly** *ad.* **~·ness** *n.*

Tim·o·thy [tíməθi] *n.* (1)【聖】 니모데《성Paul의 제자》 : 디모데서(書)《신약성서의 한 편》. (2) 남자 이름《애칭 Tim》.

tim·o·thy *n.* ⓤ 【植】 큰조아재비《목초》

tim·pa·ni [tímpəni] (*sing.* ***-no*** [-nòu]) *n.* ⓤ〔集合的 ; 單·複數취급〕 【樂】 팀파니.

tim·pa·nist [-nist] *n.* ⓒ 팀파니 연주자.

:tin [tin] *n.* (1) ⓤ 함석(tinplate). (2) ⓤ 주석《금속원소 ; 기호 Sn ; 번호 50》. (3) ⓒ 주석 그릇 ; 양철 깡통〈냄비〉. (4) ⓒ 《英》 통조림(《美》can) ; 깡통 하나 가득, 한 깡통. (5) ⓤ 《英俗》 현금, 돈. — (***-nn-***) *vt.* (1) …에 주석〈양철〉을 입히다. (2) 《英》 (식품)을 통조림으로 하다(《美》can). ***put the ~***

T

haton 금상 첨화이다.
tín cán (통조림) 깡통;(특히) 빈 깡통.
tinc·ture [tíŋktʃər] *n*. (1) ⓤⓒ 【藥】 팅크(제). (2) (a~) 색, 색조 ; 낌새, 티, 약간 …한 점 ; (교양 따위의) 겉바름.
— *vt*. …을 물들이다 ; 풍미가〈맛을〉 나게 하다, (…의) 기미〈냄새〉를 띠게 하다《*with*》.
tin·der [tíndər] *n*. 불이 잘 붙는 물건, 부싯깃. ***burn like ~*** 맹렬히 불타다.
tin·der·box [-bɑ̀ks/ -bɔ̀ks] *n*. 부싯깃 통, 부싯깃 (일촉 즉발의) 위험한 장소(사람, 상태), (분쟁의) 불씨.
tine [tain] *n*. ⓒ (사슴뿔의)가지 ; (포크·빗 등의) 살.
tin ear (a~) 《美口》 음치 : have *a* ~ 음치다.
tin·foil [tínfɔ̀il] *n*. ⓤ 은종이, 은박지.
ting [tiŋ] *vi*. (방울 따위가)딸랑딸랑 울리다.
— *n*. (a~) 따르릉〈딸랑딸랑〉(하고 울리는 소리). — *vt*. (방울 따위)를 딸랑딸랑 울리다. [imit.]
ting-a-ling [tíŋəlìŋ] *n*. ⓤ 방울소리 ; 따르릉, 딸랑딸랑. [imit.]
*__tinge__ [tindʒ] *n*. (a~) (1) 낌새, …기, …티《*of*》. (2) 엷은 색조《*of*》.
— *vt*.《~+目/+目+前+名》 (1) …을 엷게 물들이다. ~ 한 맛(냄새)이 조금 나게 하다, 착색하다《*with*》. (2) …을 가미하다, (기미)를 띠게 하다《*with*》.
*__tin·gle__ [tíŋgəl] *n*. (a~) 쑤심, 따끔거림 ; 설렘, 흥분. — *vi*. 《~/+前+名》 따끔따끔 아프다, 얼얼하다, 아리다 ; (귀 따위가) 왱왱 울리다 ; 설레다, 흥분하다, 안절부절 못 하다《*with*》.
tín gód 《口》 굴뚱이, 실력도 없이 뽐내는 사람.
tín hát 《口》 철모, 헬멧, 안전모.
tin·horn [tínhɔ̀ːrn] *a*. 《美俗》 쓸모 없는, 보잘 것 없는. — *n*. ⓒ 큰소리치는 도박꾼.
*__tink·er__ [tíŋkər] *n*. ⓒ (1) 서투른 장색〈직공〉. (2) (떠돌이)땜장이. (3) 《口》 개구쟁이, 골치 아픈 아이. ***have a ~ at*** …을 만지작거리다. ***not care a ~'s damn*** 조금도 개의치 않다.
— *vi*. (1) 땜장이 노릇을 하다. (2) 《~/+副/+前+名》 서투르게 수선하다《*at*》 ; (수선한답시고) 어설프게 만지작거리다《*at* ; *with* ; *away*》. — *vt*.《~+目/+目+前+名/+目+副》 (냄비 따위)를 수선하다《*up*》.
*__tin·kle__ [tíŋkəl] *n*. ⓒ (흔히 *sing*.) (1) 《英口》 전화. (2) 딸랑딸랑〈따르릉〉(하는 소리). (3) 《英口》 쉬《오줌》.
— *vi*. 《~/+前+名》 (1) 딸랑딸랑〈따르릉〉울리다 :The sheep's bells ~*d through* the hills. 양의 방울소리가 산으로 울려 퍼졌다. (2) 《英口》 쉬하다, 오줌누다. — *vt*. 《~+目/+目+副》 …을 딸랑딸랑〈따르릉〉 울리다, 딸랑딸랑〈울려서 알리다〉 : The clock was *tinkling out* the hour of nine. 시계가 따르릉거리면서 아홉 시를 알리고 있었다.
tin·kling [tíŋkliŋ] *n*. ⓒ (흔히 *sing*.) 딸랑딸랑, 따르릉. — *a*. 따르릉〈딸랑딸랑〉울리는.
tinned [tind] *a*. (1) 《英》 통 조림으로 한. (2) 주석 도금을 한.
tin·ny [tíni] (***-ni•er*** ; ***-ni•est***) *a*. 주석이 많은;주석의;주석 같은. (소리가) 양철 소리 같은.
tin opene 《英》 깡통따개(《美》can opener).
tin·plate [tínplèit, ⌐⌐] *n*. ⓤ 양철(판).
tin-plate *vt*.(철판 등)에 주석도금을 하다.
tin-pot [⌐pɑ̀t/ -pɔ̀t] *a*. 《英》 열등한, 값싼.
tin·sel [tínsəl] *n*. ⓤ (1) 번드르르하고 값싼 물건. (2) (의상 장식용의)번쩍거리는 금속조각〈실〉
— *a*. 〔限定的〕 번쩍거리는 ; 야한, 값싸고 번드르르한.
— (***-l-***, 《英》***-ll-***) *vt*. …을 번쩍거리는 것으로 꾸미다.
tin·sel·ly [tínsəli] *a*. 번쩍번쩍하고〈번드르르하고〉 값싼.
tin·smith [tínsmìθ] *n*. ⓒ 양철공 ; 주석 세공사.
tín sóldier (양철로 만든) 장난감 병정, 군대놀이하는 사람.
:__tint__ [tint] *n*. ⓒ (1) 색의 농담 ; 색채의 배합, 색조. (2) 엷은 빛깔, 담색. (3) 머리 염색약. (4) (흔히 *sing*.) 머리 염색(하기). — *vt*. (1) …에(엷게) 색칠하다.
tin·tack [tíntæ̀k] *n*. ⓒ《英》주석을 입힌 작은 못.
tin·tin·nab·u·la·tion [tìntənæ̀bjəléiʃən] *n*. ⓤⓒ 딸랑딸랑〈따르릉〉(울리는 소리).
tin·ware [tínwɛ̀ər] *n*.ⓤ 〔集合的〕양철〈주석〉제품.
tín wédding 석혼식(錫婚式)《결혼 10주년》.
tin·work [tínwə̀ːrk] *n*. ⓤ 주석〈생철〉 제품.
:__ti·ny__ [táini] (***ti•ni•er*** ; ***-ni•est***) *a*. 조그마한, 작은. 파) **ti•ni•ly** *ad*. **-ni•ness** *n*.
-tion *suf*. '상태·행위·결과' 등의 뜻의 명사를 만듦(-ion) : condi*tion* ; destruc*tion*.
-tious *suf*. '…을 가진, …가 있는'의 뜻으로, -tion 으로 끝나는 명사에서 형용사를 만듦 : ambi*tious*.
:__tip__[1] [tip] *n*. ⓒ (1) 첨단에 대는〈씌우는〉 것〈쇠붙이〉, 금(金)고리 ; (구두의) 앞닫이, 콧등 가죽;물미, 칼집 끝 ; (장식용의) 모피〈깃털〉의 끝 ; (낚싯대의) 끝머리 ; (비행기의) 날개 끝(wing ~) ; (프로펠러의) 끝 ; (담배의) 필터. (2) 끝, 첨단. (3) 꼭대기, 정산, 정점. ***at the ~s of*** one***'s fingers*** =***at*** one***'s finger ~s*** ~에 정통하여. ***from ~ to ~***(날개 따위의) 끝에서 끝까지. ***from ~ to toe*** 머리끝에서 발끝까지, 철두철미. ***on*** 〈***at***〉 ***the ~ of*** one***'s*** 〈***the***〉 ***tongue*** 1) 하마터면 말이 나올 뻔하여. 2) 말이 혀끝에서 돌 뿐 생각나지 않아서. ***walk on the ~s of*** one***'s toes*** 발끝으로 걷다.
— (***-pp-***) *vt*. (1) 《~+目/+目+前+名》 …에 끝을 달다〈붙이다〉 ; …의 끄트머리에 씌우다 : a filter-~*ped* cigarette 필터 담배 / a church spire ~*ped with* a weathercock 꼭대기에 바람개비가 있는 교회의 뾰족탑. (2) …의 끝을 자르다 : ~ raspberries 나무딸기의 꼭지를 따다.
*__tip__[2] [tip] (***-pp-***) *vt*. (1) 《~+目/+目+副/+目+前+名》《英》 (뒤엎어 내용물)을 비우다 ; (쓰레기)를 버리다《*off* ; *out* ; *up*》. (2) 《~+目/+目+副》 …을 기울이다《*up*》 ; 뒤집어엎다, 쓰러뜨리다《*over* ; *up*》. (3) 《+目+前+名》 (인사하기 위해 모자에) 가볍게 손을 대다. — *vi*.《~/+副/+前+名》 기울다 ; 뒤집히다. ***~ the balance*** ⇨ BALANCE. ~ ***the scale***(***s***) ⇨ SCALE[2]. — *n*. (1) ⓤ 기울기, 기울이기 ; 경사 ; 뒤집어엎기. (2) ⓒ 《英》 쓰레기 버리는 곳.
*__tip__[3] *n*. ⓒ (1) 팁, 행하, 사례금 ; 비밀정보, 내보(內報) ; (유익한)조언 ; 예상.
— (***-pp-***) *vt*. (1) 《~+目/+目+目/+目+前+明》 …에게 팁을 주다 ; 팁으로서 주다 : He ~*ped* the servant *into* telling the secret. 그는 하인에게 팁을 주어 비밀을 이야기하게 했다. (2) 《口》 …에게 살짝 알리다, …에게 비밀 정보를 제공하다, (비밀·음모 따위)를 누설하다 : ~ the winner (레이스 전(前)에)이길 말의 이름을 알리다. (3) …을 예상하다 : I'm ~*ping* Mr. Anderson as the next president. 차기 대통령은 앤더슨씨라고 예상한다 / He ~*ped* the horse *to* win the race. 그는 그 말이 레이스에서 이긴다고

예상했다. — *vi.* 팁을 주다. ***give* 〈*get*〉 *the* ~ *to*** do …하라고 몰래 알리다〈통지를 받다〉. **~ *off*** 1) (경찰 등)에 밀고하다. 2) (아무) 에게 몰래 알리다. **~** a person ***the*〈*a*〉 *wink*** ⇨ WINK.

tip⁴ *n.* ⓒ (1) 【野·크리켓】 팁 : hit (2) 가볍게 침. a foul ~ 팁하다. — (**-*pp-***) *vt.* …을 가볍게 치다. 【野·크리켓】 (공)을 팁하다.

tip·cart [∸kɑ:rt] *n.* ⓒ덤프차. 【cf.】dumpcart.

tip·cat [∸kæ̀t] *n.* (1) ⓒ 자치기의 나뭇조각(cat). (2) ⓤ 자치기.

tip-off [∸ɔ̀:f/ ∸ɔ̀f] *n.* ⓒ《口》조언 ; 비밀 정보.

tipper truck (lorry) 덤프차.

tip·pet [típit] *n.* ⓒ (1) (재판관 등의) 어깨걸이. (2)(여성의) 스카프 따위의 길게 늘어진 부분.

tipple [típəl] *vi.* 술에 젖어 살다. 술을 상습적으로 마시다.
— *vt.* (술)을 (조금씩) 상습적으로 마시다.
— *n.* ⓒ(흔히 *sing.*) 술, 독한 술 : have a ~ 한잔 하다.

tip·pler [-ər] *n.* ⓒ 술고래.

tip·staff [típstæ̀f, -stɑ̀:f] (*pl.* **~*s***[-s], ***-staves***) [-stèivz]) *n.* ⓒ (1) 끝에 쇠가 달린 지팡이. (2) 그것을 휴대한 옛날의 집달관·순라군.

tip·ster [típstər] *n.* ⓒ《口》(경마·시세 따위의) 정보 전문가〈제공자〉, 예상가.

tip·sy [típsi] (***-si•er ; -si•est***) *a.* 비틀거리는 ; 술 취한.
파) **-si•ly** *ad.* **-si•ness** *n.*

:tip·toe [típtòu] *n.* ⓒ 발끝. ***on* ~** 1) 크게 기대하여. 1) 발끝으로 ; 발소리를 죽이고. — *ad.* 발끝으로, 살금살금 걸어 : 살그머니 조심스레. — *vi.* 발끝으로 걷다《*abou t; into*》 : 발돋움하다.

tip·top [∸tɑ̀p/ ∸tɔ̀p] *n.* (the~) (1)《口》절정, 최고. ***at the* ~ *of*** one***'s profession*** 한창 번성하여, 장사가 번창하여. (2) 정상(頂上). — *a.* 최고의 ; 극상의, 일류의. — *ad.*《口》더할 나위없이, 최고로 : We're getting along ~. (일은)정말 잘 돼가고 있다.

típ-up séat [∸ʌ̀p-] (극장 따위의) 등받이를 세웠다 접었다하는 의자.

ti·rade [táireid, tiréid] *n.* ⓒ (비난·공격 등의) 장광설, 긴 연설, 격론.

:tire¹ [taiər] *vt.* 《~+目/+目+副/+目+前+名》(1) (사람)을 싫증나게〈질력나게〉하다 (2) …을 피로하게 하다. — *vi.* 《~/+前+名》(1) 피곤해지다, 지치다 《*with*》. (2) 물리다, 싫증나다《*of*》. **~ *for*** ~을 기다리다, 지치다. **~ *out*** 기진맥진하다.

:tire², 《英》 **tyre** [taiər] *n.* ⓒ 바퀴, 타이어.

tíre chàin 타이어 체인.

:tired [taiərd] (***more* ~, ∸•*er* ; *most* ~, ∸•*est***) *a.* (1)〔敍述的〕 물린, 넌더리 난, 싫증난《*of*》. (2)〔敍述的〕 피로한, 지친. (3) (물건이) 낡은, 진부한 : a ~hat 낡은 모자. ***make a erson*** ~을 지치게 하다. ***sick and* ~ *of*** …에 아주 진저리가 나서. **~ *out*** =**~ *to death*** 몹시 피곤한〈지친〉.
파) **~•ly** *ad.* **~•ness** *n.*

***tire·less** [táiərlis] *a.* 정력적인, 꾸준한 ; 지칠 줄 모르는.
파) **~•ly** *ad.* **~•ness** *n.*

tire·some** [∸səm] (more* ~ ; *most* ~**) *a.* (1)성가신, 귀찮은, 속상한. (2) 지치는 ; 지루한, 싫증이 오는, 따분한.
파) **~•ly** *ad.* **~•ness** *n.*

tir·ing [táiəriŋ] *a.* 지루한 ; 지치게 하는.

'tis [tiz]《古·詩》it is의 간약형.

:tis·sue [tíʃu:] *n.* (1) 【生理】 (세포) 조직. (2) ⓤ (얇은)직물《특히 얇은 명주 따위》 사(沙). (3) ⓒ (어리석은 짓, 거짓말 등의) 뒤범벅, 연속, 투성이. (4) ⓒ 얇은 화장지

tíssue pàper 박엽지(薄葉紙), 티슈페이퍼.

tit¹ [tit] *n.* ⓒ 박새류(類)의 새.

tit² *n.* ⓒ 경타(輕打)〔다음 成句로〕. **~ *for tat*** 오는 말에 가는 말, 맞받아 쏘아붙이기.

tit³ *n.* ⓒ《口》(1)《英俗》바보, 얼간이. ***get on*** a person***'s* ~*s***《口》아무의 신경을 건드리다, 짜증나게 하다. (2) a)젖꼭지(treat). b)(흔히 *pl.*)《俗》젖통. ***look an absolute*** 어쩔 수 없는 바보 같다.

***Ti·tan** [táitən] *n.* (1) (t-) 거인, 장사, 괴력(怪力)을 가진 사람. (2) 【그神】 타이탄《Uranus(하늘)와 Gaea(땅)와의 아들인 거인족(의 한 사람) ; Atlas, Prometheus 등》. (3) 【天】 타이탄《토성의제6위성》. ***the weary* ~** 지친 Atlas 신 ; 노대국(老大國)《영국 따위》.

Ti·tan·ic [taitǽnik] *a.* (1) (t-) 거대한, 힘센. (2) 타이탄의〈같은〉. — *n.* (the ~) 타이타닉호《1912년 Newfoundland 남쪽에서 침몰한 영국 호화 여객선》.

ti·ta·ni·um [taitéiniəm] *n.* ⓤ 【化】 티타늄, 티탄 《금속 원소;기호 Ti ; 번호 22》.

tichy [títʃi] *a.*《英口》조그마한, 아주 작은.

tit·fer [títfər] *n.* ⓒ《英俗》모자(hat).

tith·a·ble [táiðəbəl] *a.* 십일조가 붙는.

***tithe** [taið] *n.* ⓒ (1) 10분의 1 ; 작은 부분 ; 조금 《*of*》. (2) 십일조 ; 10분의 1 교구세(敎區稅).

tith·ing [táiðiŋ] *n.* (1) 십일조. (2) ⓤ 십일조 징수〈납입〉.

Ti·tian [tíʃən] *n.* (1) (t-) ⓤ 금갈색(金褐色). (2) 티치아노《이탈리아의 베네치아파 화가 ;1477?-1576》.

T

tit·il·late [títəlèit] *vt.* (1) (사람)을 기분좋게〈성적으로〉 자극하다, 흥을 돋우다. (2) …을 간질이다.
파) **tìt•il•lá•tion** [-ʃən] *n.* ⓤ 간질임 ; 간지러움 ;기분 좋은 자극, 감흥.

tit·i·vate [títəvèit] *vi.* 몸치장하다, 모양을 내다. — *vt.*《口》〔再歸的〕 (외출 전에 잠깐) …을 몸치장시키다. 파) **tit•i•va•tion** [-ʃəb] *n.*

:ti·tle [táitl] *n.* (1) ⓤⓒ 직함《칭호·관직명·학위·작위·경칭등 포함. (2) ⓒ (책·영화·그림 등의) 표제, 제목, 제명(題名), 책 이름. (3) ⓤ (*sing.*) (정당한)권리, 주장할 수 있는 자격《*to* do ; *to* ; *in* ; *of*》. (4) ⓒ【스포츠】 선수권, 타이틀. ***a man of* ~** 작위·관직명·학위 등이 있는 사람.
— *a.* 표제의;선수권이 걸린.
— *vt.* (1) …에 표제를 달다, …라고 이름을 붙이다 (entitle) : a book ~*d* "Life" '인생'이라는 제목의 책. (2) …에 직함을〈칭호를, 작위를〉주다 ; 칭호로〈경칭으로〉 부르다. 파) **~•less** *a.*

ti·tled [táitld] *a.* 직함이〈작위가〉 있는 : ~ members 작위가 있는 의원 / a ~ lady 귀족 부인/ belong to the ~ class 귀족 계급에 속하다.

títle dèed 【法】 (부동산) 권리 증서.

title·hold·er [táitlhòuldər] *n.* ⓒ 칭호 소유자, 선수권 보유자.

títle pàge (책의) 속표지.

tit·mouse [títmàus] (*pl.* ***-mice***) *n.* ⓒ 【鳥】 박샛과의 작은 새.

tit·ter [títər] *n.* ⓒ 소리를 죽여 웃음, 킥킥 웃음.

— *vi.* 킥킥거리다. 소리를 죽이고 웃다.

tit·tle [títl] *n.* (1) (a ~, one ~) 〔否定文으로〕조금도 …않다〈없다〉. 털끝만큼도 …않다〈없다〉. (2) Ⓒ 글자 위의 작은 점《i의 점 따위》. ***not one jot or one ~*** 일점 일획이라도 …아니한《마태복음 V:18》. ***to a ~*** 틀림없이. 정확히. 어김없이.

tit·tle-tat·tle [-tæ̀tl] *n.* Ⓒ. *vi.* 잡담(하다)(gossip). 객쩍은 이야기(를 하다).

tit·ty [títi] *n.* 《英俗》 (1) (*pl.*) 젖(통이). 유방. (2) 젖꼭지.

tit·u·lar [títʃulər] *a.* (1) 자격이 있는. 정당한 권리가 있는〈에 의한〉. (2) 이름뿐인. 유명 무실한. (3) 직함(칭호·존칭)의〈이 있는〉. 위계(位階)의〈가 있는〉. (4) 표제의. 제목의 : ~ character (소설 등의) 주제 인물. (5) 【가톨릭】 성인(聖人)의 이름을 따온. 파) **~·ly** *ad.* 명의만 ; 표제상.

Ti·tus [táitəs] *n.* 【聖】 (1) 디도서(書)《신약 성서 중의 한 편》. (2)디도《사도 Paul의 친구》.

tizz, tizzy [tiz], [tízi] *n.* (흔히 *sing.*) 《口》 (사소한 일에) 흥분한 상태. (이성을 잃고) 흐트러진 상태 : in a ~ 당황해서.

T-man [tíːmæ̀n] (*pl.* ***-men*** [-mèn]) *n.* Ⓒ 《美口》 (재무부의) 탈세 감시관(treasuryman). 특별 세무 조사관.

:to [《문장 또는 절의 끝》 tuː 《자음 앞》 tə, 《모음앞》 tu] *prep.* A〕〔행위·작용의 대상〕 (1) a〕 …에(게). …로 ; …에 대하여. b〕〔뒤에 오는 間接目的語의 앞에서〕…에게. c〕 …에(게) 있어서는. …에게는. d〕 …을 위하여.

(2) A〕〔일반적 용법〕 a〕〔단순한 방향〕…(쪽)으로 ; …을 향하여. b〕〔도착의 뜻을 함축시킨 방향〕 …까지. …로. …에.

☞ *參考* **to** 와 **toward**의 차이 1) He ran *to*〈*toward, for*〉 the door. 그는 방문쪽으로 달려 갔다《to는 방향의 뜻에 더하여 도어에 도달했음을 암시함. toward는 방향 '문쪽을 향해'. for는 목적인 '문을 목표로 하여서'》

2) '거기까지 걸었다'는 ˣWe walked to it. / ˣWe walked toward it.라고는 하지 않으며, '…walked there'로 함.

3)We walked *toward* each other. 는 우리들은 서로 다가갔다(×We walked *to* each other.) 《to는 도착점의 뜻을 함축하고 있으므로, 서로 다가간다는 뜻은 나타낼 수 없음》.

(3) 〔변화의 방향〕 …(으)로.

(4) 〔한계〕 a〕〔도달점〕…까지. …에 이르기까지. b〕〔기한·시각〕 …까지(until) ; (…분) 전(《美》 of, before).

(5) 〔정도·범위〕 …에(이르기)까지.

(6) 〔목적〕 …을 위하여. …하려.

(7) 〔결과·효과〕 a〕〔흔히 to a person'에 감정을 나타내는 名詞가 와서〕 …하게도. …한 것은. b〕 …하게 되기까지. 그 결과….

(8) 〔접촉·결합·부착·부가〕 …에. …위에. …에 붙이어.

(9) 〔부속·연관·관계〕 …의. …에.

(10) a〕〔적합·일치〕 …에 맞추어. …에 맞아 ; …대로(의). b〕〔호응〕 …에 답하여. …에 응하여. c〕〔수반(隨伴)〕 …에 맞추어. …에 따라(서).

(11) a〕〔비교〕 …에 비해. …보다. b〕〔대비〕…에 대하여. …대(對) ; 매(每)…에. …당.

(12) 〔대향(對向)·대립〕 …을 마주 보고. …에 상대하여.

B〕《不定詞를 이끌어서》

☞ 語法 1) 이 용법의 to는 본디 전치사이지만, 현재에 와서는 'to + 動詞의 원형'으로 不定詞를 보이는 기호처럼 되었음.

2) 不定形은 否定語(not, never 따위)를 to의 바로 앞에 가져옴 : Try *not to* be late. 늦지 않도록 해라.

3) 不定詞의 되풀이를 피하여 to만을 쓸 경우가 있음(代不定詞) : I went there because I wanted *to.* 가고 싶었기에 거기(로) 갔다. ※ be 동사일 때에는 be를 생략하지 않는 것이 보통 : The examination was easier than I imagined it *to* be.

4) 의미상의 주어는 for...을 to바로 앞에 가져 옴 : I am glad *for* you *to* join us. 네가 참가해 주어 반갑다.

5) 完了不定詞인 'to have+過去分詞'는 문장의 술어동사보다 이전의 일을 나타냄 : He seems *to have been* ill. 그는 아팠던 것 같다.

6) to와 原形動詞 사이에 副詞(句)가 들어갈 때가 있음(分離不定詞) : Try *to entirely* forget your fault. 네 과실을 완전히 잊도록 해라.

(1) 〔名詞的 용법〕 …하는 것〈일〉. …하기. a〕〔主語로서〕. b〕〔目的語로〕. c〕〔補語로서〕.

(2) 〔形容詞的 용법〕 …(해야)할. …하는. …하기 위한.

(3) 〔副詞的 용법〕 a〕〔목적〕 …하기 위해. …하도록. b〕〔원인·이유·판단의 근거〕 …하고. …하니〈으니〉. …하다니. c〕〔정도의 기준〕. d〕〔적응범위를 한정하여〕 …하기에. …하는데. e〕〔결과〕 …하게 되기까지 ; …해 보니. f〕〔獨立副詞句〕 …하면.

(4) 〔그 밖의 용법〕 a〕〔疑問詞+to do〕 …야 좋을지〈할지〉. b〕〔連結詞로서〕. c〕〔be+to do 로서〕 (⇨ BE(5)). d〕《+目+ to do로》.

— [tuː] *ad.* 《be 動詞와 결합한 때에는 形容詞로 볼 수도 있음》 (1) 본디 상태〈위치〉로. 제자리에 ; 닫히어 ; 멈추어 ; 제정신이 들어. 의식을 차리어: draw the curtains *to* 커튼을 치다 / Shut the door *to.* 문을 꼭 닫아라 / bring a ship *to* 배를 멈추게 하다 / He came *to.* 그는 제정신이 들었다《'제정신이 들게 하다'는 bring him *to*》 / The gate shut *to* with a crash. 문은 쾅 소리를 내며 닫혔다. (2) 활동을〈일 따위를〉시작하고. 착수하고 : We turned *to* gladly. 기꺼이 일에 착수하였다/ We sat down for lunch and fell *to.* 우리는 점심을 먹기 위해 자리에 앉아 식사를 시작했다. (3)앞 쪽에〈으로〉 : He wore his cap wrong side *to.* 그는 모자를 뒤쪽을 앞으로 하여 쓰고 있었다. (4)가까이 : I saw him close *to.* 바로 코 앞에서 그를 보았다. (5) 부착되어 ; (말이) 마차에 매어져 : I ordered the horses *to.* 말을 마차에 매라고 일렀다. ***to and fro*** 여기저기(에). 이리저리(루). 왔다 갔다 : He was walking *to and fro* in the room. 그는 방안을 왔다갔다 하고 있었다.

toad** [toud] *n.* Ⓒ (1) 징그러운 놈. 싫은 녀석. 무가치한 것. (2) 두꺼비. ***eat a person***'s ~s*** 아무에게 아첨하다.

toad·eat·er [ˊìːtər] *n.* Ⓒ 알랑쇠. 아첨쟁이.

toad·fish [ˊfìʃ] (*pl.* ***~, ~·es***) *n.* Ⓒ 아귀과(科)의 물고기.

toad·flax [ˊflæ̀ks] *n.* Ⓒ 해란초속(屬)의 식물.

toad·stool [ˊstùːl] *n.* Ⓒ 독버섯의 하나.

toady [tóudi] *n.* Ⓒ 아첨꾼. 알랑쇠. — *vi.* 아첨하

다 : 알랑거리다《(*up*) *to*》.
파) **~•ism** *n.* ⓤ 아부, 아첨.

to-and-fro [tú:ənfróu] *a.* 〔限定的〕 전후〈좌우〉로 움직이는, 이리저리 움직이는, 동요하는.

:toast[1] [toust] *n.* ⓤⓒ 토스트. ***as warm as (a)*** ~따뜻한, 훈훈한. — *vt.* (1) (빵 따위)를 누르스름하게〈알맞게〉굽다. (2) a〕 …을 불에 쬐다, 불로 따뜻하게 하다. b〕〔再歸的〕불을 쬐다. — *vi.* (1) 노르스름하게〈알맞게〉구워지다 : This bread ~*s* well. 이 빵은 노르스름하게 잘 구워진다. (2) 불을 쬐다.

***toast**[2] *n.* (1) (the ~) 축배를 받는 사람 ; 인기 있는 사람. (2) ⓒ 건배, 축배, 건배의 (인사)말 — *vt.* …를 위해 축배를 들다, …에게 건배하다. — *vi.* (…에게)건배하다《*to*》.

toast·er [tóustər] *n.* ⓒ 빵 굽는 사람〈기구〉, 토스터.

tóaster òven 오븐 겸용 토스터.

tóasting fòrk 빵 굽는 기다란 포크.

toast·mas·ter [tóustmæ̀stər, -mɑ̀:s-] (*fem.* ***-mis•tress***) [-mìstris]) *n.* ⓒ (연회의) 사회자;축배의 말을 하는〈축배를 제창하는〉 사람.

tóast ràck 토스트를 세워 놓는 기구.

toasty [tóusti] (***toast•i•er ; -i•est***) *a.* (1) (방 따위가) 따뜻하고 쾌적한. (2) 토스트 같은.

:to·bac·co [təbǽkou] (*pl.* **~(*e*)*s***) *n.* (1) ⓤ【植】 담배(=**~ plànt**). (2) ⓤ 흡연 : give up ~ 담배를 끊다. (3) ⓤⓒ 담배, 살담배

to·bac·co·nist [təbǽkənist] *n.* ⓒ 담배 장수.

to-be [təbí:] *a.*〔흔히 復合語로〕 …이 될《사람》/ 미래의.
— *n.* (the ~) 미래.

to·bog·gan [təbɑ́gən/ -bɔ́g-] *vi.* (1) 터보건으로 미끄럼타고 내려가다. (2) (시세가) 폭락하다. (운수가) 갑자기 기울다. — *n.* ⓒ 터보건《바닥이 평평한 썰매의 일종》.

toc·ca·ta [təbɑ́:tə] *n.* ⓒ 《It.》【樂】 토카타《건반 악기를 위한 화려하고 급속한 연주를 주안으로 하는 전주곡》.

toc·sin [tɑ́ksin/ tɔ́k-] *n.* ⓒ 경보, 경종(소리).

:to·day [təbéi, tu-] *ad.* (1) 현재 〈현대, 오늘날〉(에는). (2) 오늘, 오늘은, 오늘 중에. — *n.* ⓤ 〔冠詞없이〕 (1) 오늘. (2) 현대, 현재, 오늘날.

tod·dle [tɑ́dl/ tɔ́dl] *vi.* (1) 《~/+副/+前+名》 어정거리다, 거닐다《*round* ; *to*》 ; 가다, 출발하다. (2) 아장아장 걷다. — *n.* ⓒ (1)아장아장 걷기. (2) 《口》 어슬렁어슬렁〈슬슬〉 걷기, 산책.

tod·dler [tɑ́dlər/ tɔ́d-] *n.* 아장아장 걷는 사람 ;《특히》 걸음마 타는 유아.

tod·dy [tɑ́di/ tɔ́di] *n.* (1) ⓤ 야자즙 ; 야자술. (2) ⓤⓒ 토디《위스키 · 럼 따위에 너운 물을 더고 설탕 등을 넣은 음료》.

to-do [tədú:, tu-] (*pl.* **~*s***) *n.* ⓒ(흔히 *sing.*)《口》 소동(ado), 법석.

:toe [tou] *n.* ⓒ (1) (신 · 양말 등의) 발끝 부분(【cf.】heel1). (2) 발가락(【cf.】finger) ; 발끝. (3) a〕 도구의 선단. b〕【골프 · 하키】 토《헤드의 끝》. ***dig*** one***'s ~s in*** ⇨HEEL1. ***from top 〈tip〉 to ~*** 머리끝에서 발끝까지 ; 철두철미. ***keep*** a person ***on his ~s*** 아무에게 방심하지 않도록 하다 ; 신중히 도스르게 하다. ***turn up*** one***'s ~s*** 《口》 죽다. — *vt.* (1) …을 발끝으로 건드리다〈차다〉. (2) …에 앞부리를 대다 ; …의 앞부리를 수선하다. (3) 【골프】(공)을 토《클럽의 끝》로 치다. — *vi.* 발끝으로 걷다〈서다〉 ; 발끝을 (안쪽으로) 돌리다〈향하게 하다〉《in》뜻뻴參÷ (바깥쪽으로) 돌리다《*out*》. ***~the line〈mark, scratch〉*** 1) (경주에서) 발 끝을 출발선에 나란히 하다. 2) 규칙〈명령, 교조 등〉에 따르다.

toe·cap [-kæ̀p] *n.* ⓒ (구두의) 앞닫이.

tóe dànce (발레 따위의) 토댄스.

TOEFL [tóufəl] Test(ing) of English as a Foreign Language (토플 ; 미국에의 대학 유학생에게 실시되는 영어 학력 테스트).

tóe hòld (1) 발판. (2)【登山】 발끝 디딜 홈. (3)【레슬링】 상대방의 발을 비트는 수.

TOEIC Test of English for International Communication(토익 ; 외국어로서의 영어 능력 평가 시험).

toe·nail [-nèil] *n.* 발톱.

toff [tɔ(:)f, tɑf] *n.* 《英俗》 상류 사회〈계급〉의 신사, 사람;멋쟁이 ; (the ~s) 상류 사회.

tog [tɑg/ tɔg] 《口》 *n.* (1) (*pl.*) 옷. (특정 용도의) 의복과 부속품. (2) ⓒ 상의.
— (***-gg-***) *vt.* …에게 좋은 옷을 입히다, 차려 입히다《*out* ; *up*》.

to·ga [tóugə] (*pl.* **~*s, -gae*** [-dʒi:]) *n.* ⓒ (1) (재판관 · 교수 등의) 직복(職服), 제복 : a judge's ~ 재판관 법복. (2) 토가《고대 로마 시민의 겉옷》 파) **~'d, ~ed** *a.* ~를 입은.

:to·geth·er [təgéðər] *ad.* (1) 〔動詞와 함께動詞의 동작의 결과를 나타냄〕합쳐져서, 이어져서, 모여져서, 함께 되어서. (2) 함께, 같이, 동반해서. (3) 〔名詞 뒤에서〕 계속하여, 중단없이;전부 통틀어, 모두. (4) 동시에. (5) 협력〈협조〉하여. (6) 서로 …하여. ***all ~*** 1) 다 함께. 2) 전부, 합계. **~ *with*** …와 함께, …와 더불어.
— (***more ~ ; most ~***) *a.* 《美口》(정신적 · 정서적으로) 착실한, 침착한 ; (사람의) 제대로 된, 분별이 있는 : She's a ~ person. 그녀는 착실한 사람이다.

to·geth·er·ness [-nis] *n.* ⓤ (1) 공동, 협력, 협조. (2) 연대감〈의식〉, 일체감 : They have a feeling of ~. 그들은 연대감이 있다.

tog·gery [tɑ́gəri/ tɔ́g-] *n.* ⓤ 〔集合的〕《口》 의류(衣類).

tog·gle [tɑ́gəl/ tɔ́gəl] *n.* ⓒ (1)【컴】 똑닥, 토글《on과 off처럼 두 상태를 가진 장치》. (2) 토글《스포츠웨어 따위에서 앞자락을 여미는 장식용 막대 모양의 단추》. — *vt.* …에 토글을 달다. — *vi.*【컴】 (두 상태를) 토글로 번갈아 바꾸다《*between*》.

tóggle kèy【컴】 똑딱(글)쇠.

tóggle switch (1)【컴】 똑딱엇 바꾸개〈스위치〉, 토글 스위치. (2)【電】 토글 스위치《손잡이를 위아래로 움직여 여닫는 스위치》.

To·go [tóugou] *n.* 토고《서아프리카의 공화국 ; 수도 Lome》.

:toil[1] [tɔil] *n.* ⓤ 수고, 힘드는 일, 노고, 고생. — *vi.*《~/+前+名/+副》 (1) 수고하다, 고생하다, 애써〈힘써〉일하다. (2) 애써 나아가다.
□ toilful, toilsome a. **~ *away*** = **~ *and moil*** 열심히 일하다.

toil[2] *n.* (*pl.*) (법률 등의) 법망 망.

:toi·let [tɔ́ilit] *n.* (1) ⓤ 화장, 몸단장. (2) ⓒ 화장실, 세면소, 변소 ; 변기. (3) ⓤ (분만 · 수술 후의) 세척. ***at*** one***'s ~*** 화장 중인;몸차림하고 있는.
— *a.* 〔限定的〕 화장(용)의 ; 화장실용의 : ~ articles 화장품.

tóilet pàper (tìssue) 휴지 뒤지.

tóilet pòwder (목욕 후에 쓰는) 화장분.

tóilet ròll 두루마리 화장지.

toi·let·ry [tɔ́ilitri] (*pl.* ***-ries***) *n.* (*pl.*) 화장품류《비누·치약 등의 세면 용구도 포함》.
tóilet sèt 화장·몸단장용구《솔·빗 따위》
tóilet sòap 화장 비누.
tóilet tàble 화장대.
toilet·train [ˊtrèin] *vt.* (어린아이)가 똥오줌을 가리게 하다.
toilet-trained [ˊtrèind] *a.* (어린아이가) 똥오줌을 가릴 줄 아는.
tóilet tràining (어린이의) 용변 교육.
tóilet wàter (면도·목욕 등을 하고 난 뒤에 사용하는) 화장수.
toil·ful [tɔ́ilfəl] *a.* 고된, 힘드는, 고생스러운.
toil·less [ˊlis] *a.* 편한, 힘들지 않는.
toil·some [ˊsəm] *a.* 고된(toilful), 힘이 드는. 파) **~·ly** *ad.* **~·ness** *n.*
toil·worn [ˊəɔ̀ːrn] *a.* 고생하여 수척해진 ; 일하여 지친.
toke [touk] *n.* ⓒ《俗》마리화나 담배(의 한 모금).
:to·ken [tóukən] *n.* ⓒ (1) 기념품〈물〉 ; 선물. (2) 표 ; 상징, 증거. (3) (버스 요금 등으로 이용되는) 대용 경화, 토큰. (4)《英》상품 교환권. (5) 【컴】 징표《1) 원시 프로그램 중의 최소 문법 단위. 2) LAN의 토큰 패싱 방식에 있어 제어의 목적으로 ring상의 통신로를 따라 수수 되는 frame》. ***by the same ~*** =***by this***〈***that***〉 ***~*** 1) 그 증거로는. 2) 이것으로 보면, 그것으로 생각났지만. 3) 마찬가지로 ; 게다가. ***in***〈***as a***〉 ***~ of*** …의 표시로서, …의 증거로서, …의 기념으로.
— *a.* 〔限定的〕 (1) 표(시)가 되는, 증거로서 주어진〈행해진〉 ; 내입금으로서의 : a ~ ring 약혼 반지/ TOKEN PAYMENT. (2) 형식뿐인, 명목(상)의 : a ~ resistance 명목상의 저항.
to·ken·ism [tóukənìzəm] *n.* ⓤ 명목상의 시책 ;명목상의 인종 차별 폐지.
tóken mòney 명목 화폐 : 대용 화폐.
tóken páyment (차용금 변제의) 일부 지급, 내입금(內入金).
tóken stríke (형식뿐인) 경고적 스트라이크.
To·kyo [tóukiou] n. 도쿄《일본의 수도》
:told [tould] TELL의 과거·과거분사.
***tol·er·a·ble** [tɑ́ːrəbəl/ tɔ́l-] *a.* (1)웬만한, 꽤 좋은. (2)참을 수 있는. 파) **-a·bly** *ad.* **~·ness** *n.*
tol·er·a·bly [-bəli] *ad.* (1)꽤, 어지간히. (2) 참을 수 있을 정도로.
***tol·er·ance** [tɑ́ːrəns/ tɔ́l-] *n.* (1) ⓤⓒ a〕 【醫】 내성(耐性), 내약력(耐藥力). b〕 【機】 공차(公差):허용 오차〈한도〉. c〕 【食品】 (식품 중의 살충제의) 잔류 허용 한계량. (2) ⓤ 관용, 아량, 포용력, 도량《*for*》.
tólerance lìmits 【統】 공차〈오차〉허용 한도.
***tol·er·ant** [tɑ́lərənt/ tɔ́l-] *a.* (1) 【醫】내성(耐性)이 있는. (2) 관대한, 아량 있는《*of* ; *toward*》. 파) **~·ly** *ad.*
***tol·er·ate** [tɑ́lərèit/ tɔ́l-] *vt.* (1) …을 참다, 견디다. (2) …을 관대히 다루다, 너그럽게 보아주다, 묵인하다. (3)【醫】 …에 내성(耐性)이 있다.
tol·er·a·tion [tɑ̀ləréiʃən/ tɔ̀l-] *n.* ⓤ (1) (국가가 허용하는)신앙의 자유. (2) 관용, 묵인.
toll¹** [toul] *n.* (1)《美》장거리 전화료. (2) 통행세, (다리·유료 도로의) 통행료, 나룻배 삯 ; (시장 따위의) 사용료, 시장세, 텃세 ; (항만의) 하역료 ; (철도·운하의) 운임. (3) (흔히 *sing.*)(세금처럼 뜯기는) 대가, 손실, 희생 ; 희생자《특히 교통 사고의》. ***take (***a***)***~ of*** …으로 희생자〈사상자〉를 내다:…에서 일부분을 떼어내다. ***take its ~*** …에 손실을 가져오다:(생명 등)을 잃게 하다.
***toll²** *vt.* (1) 《~+目/+目+副/+目+前+名》 (시계·종 따위)를 울려서 알리다〈불러 모으다〉. (2) (만종·조종 등)을 울리다《천천히 규칙적으로》. — *vi.* 종을 울리다 ; (종이) 느린 가락으로 울리다 : The bells were ~*ing* for the dead. 죽은 이를 애도하는 종이 울리고 있었다. — *n.* (*sing.*)(느린 간격으로 울리는) 종소리 ; 종을 울리기.
tóll bàr (통행세 징수를 위해 설치한) 차단봉(遮斷棒).
tol(l)·booth [tóulbùːθ, tál-, -bùːð/ tɔ́l-] *n.* ⓒ (고속 도로 등의) 통행세 징수소.
tóll brìdge 유료 다리.
tóll càll 장거리 통화(《英》trunk call), 시외전화.
***toll·gate** [tóulgèit] n. ⓒ톨게이트, 통행료 징수소.
toll·house [ˊhàus] *n.* (유료 도로〈교량〉의) 요금 징수소.
toll·keep·er [ˊkìːpər] *n.* ⓒ 통행료 징수인.
tóll ròad 유료 도로.
tol·u·ene [tɑ́ljuìːn/ tɔ́l-] *n.* ⓤ 【化】 톨루엔《방향족(芳香族) 화합물로 염료·화약의 원료》
:to·ma·to [təméitou/ -mɑ́ː-] (*pl.* ***~es***) *n.* (1)ⓤ 토마토색, 적색. (2) ⓒⓤ 토마토.
:tomb [tuːm] *n.* ⓒ (흔히, 묘비가 있는 훌륭한) 묘(墓), 무덤.
tom·bo·la[tɑ́mbələ/ tɔ́m-] *n.* ⓒ《英》일종의 복권.
tom·boy [tɑ́mbɔ̀i/ tɔ́m-] *n.* ⓒ 말괄량이.
tom·boy·ish [-bɔ̀iiʃ] *a.* 말괄량이 같은.
***tomb·stone** [túːmstòun] *n.* 묘비, 묘석.
tom·cat [tɑ́mkæ̀t/ tɔ́m-] *n.* ⓒ 수고양이.
tome [toum] *n.* ⓒ (내용이 방대한) 큰 책.
tom·fool [tɑ́mfúːl/ tɔ́m-] *n.* ⓒ 멍텅구리, 바보.
— *a.* 〔限定的〕 어리석은 ; 분별 없는.
tom·fool·ery [-əri] *n.* (1) (흔히 *pl.*) 시시한 농담 ; 하찮은 것. (2) ⓤ 바보짓, 어릿광대.
tómmy gùn 소형 경(輕)기관총.
tom·my·rot [tɑ́mirɑ̀t/ tɔ́mirɔ̀t] *n.* ⓤ《口》난센스, 허튼 소리.
to·mo·gram [tóuməgræ̀m] *n.* ⓒ 【醫】 (뢴트겐에 의한) 단층 사진.
to·mo·graph [tóuməgræ̀f, -grɑ̀ːf] *n.* ⓒ 【醫】 단층 사진 촬영 장치.
to·mog·ra·phy [təmɑ́grəfi/ -grɑ̀ːf] *n.* ⓤ 단층 사진 촬영(법).
:to·mor·row [təmɔ́ːrou, -már-, tu-/ -mɔ́r-] *ad.* (1) (기꺼운) 장래에는. (2) 내일(은). — *n.* (1) ⓤ 〔無冠詞〕내일. (2)ⓤ (또는 a~) (가까운) 장래, 내일.
— *a.*〔限定的〕내일의:~ morning〈afternoon, night〉내일 아침〈오후, 저녁〉.
Tóm Thúmb (1) 작은 사람〈식물, 동물〉. (2) (농화의) 난쟁이.
tom·tit [tɑ́mtit/ tɔ́m-] *n.* ⓒ《英》곤줄박이류(類) ; 〔一般的〕작은 새.
tom-tom [tɑ́mtɑ̀m/ tɔ́mtɔ̀m] *n.* ⓒ (1) 둥둥《톰톰 따위의 소리》 단조로운 리듬. (2) 톰톰《인도 등지의 큰 북:개량형이 재즈에 쓰임》
:ton¹ [tʌn] *n.* (1) ⓒ (흔히 *pl.*)《口》다수, 다량. (2) (the〈a〉 ~)《俗》매시 100마일의 속도:(크리켓 등의) 100점 ;《英》100파운드《돈의》. (3) ⓒ a〕〔重量單位〕 톤《1 ton =20 hundredweight》. b〕 (선박의 크기·적재(積載) 능력의 단위) 톤 ;총(總)톤(gross ~.

register ～)《1ton=100입방 피트》; 순(純)톤(net ～)《총톤에서 화물·여객의 적재에 이용할 수 없는 방의 용적을 제외한 것》; 용적톤《순(純)톤 산출용》; 중량톤(deadweight ～)《1 ton =35 입방피트, 2240 lbs;화물선용》.

ton² [tɔːŋ] *n.* 《F.》유행. ***in the ～*** 유행하여.

ton·al [tóunəl] *a.* (1) 【書】 색조의. (2) 【樂】 음조의, 음색의.

to·nal·i·ty [tounǽləti] *n.* (1)ⓒ 【樂】 조. (2)【樂】 ⓤⓒ a]조성(調性). 〖opp.〗*atonality.* b]【書】 색조.

:**tone** [toun] *n.* (1) ⓒ 어조, 말씨 ; 논조. (2) ⓒ 음질, 음색, 음조, 울림. (3) ⓒ 색조, 농담(濃淡), 배색;명암. (4)ⓒ 기풍, 풍조, 분위기, 기미 ; 품격 ; 경기. (5) ⓤ (정신의)정상적인 상태. (6) ⓒ 【樂】 악음(樂音) ; 전음(全音), 전음정(step). (7) ⓒ 【音聲】 (음의) 고저, 억양. (8) ⓤ 【生理】 (신체·기관·조직의) 활동할 수 있는〈정상적인〉 상태, 강건, 건강. (9) 【컴】 음조, 톤《1) 그래픽 아트·컴퓨터 그래픽에서의 명도(明度). 2) 오디오에서는 특정 주파수의 소리·신호》. ***a fundamental ～*** 원음. ***heart ～s*** 【醫】 심음(心音). ***in a ～*** 일치하여. ***take a high ～*** 큰소리치다.
— *vt.* (1) …에 어떤 가락을 붙이다〈색조를 띠게 하다〉. (2) 【寫】 (약품으로 사진)을 조색(調色)하다. ***～ down*** 가락을 떨어뜨리다〈누그러뜨리다〉. ***～ in*** …와 조화되다《*with*》. ***～ up*** 높아지다, 높이다 ; 강해지다, 강하게 하다.
— *vi.* (1) 가락을〈색조를〉띠다. (2) 색이 바래다 : The wall paper will not ～ readily. 벽지는 이내 바래지는 않을 것이다. (3) 조화하다《*with*》.

tóne còlor 〈《英》colour〉음색.

toned [tound] *a.* 〔흔히 複合語로〕(…한) tone을 지닌 : shrill-～ (목소리가) 날카로운 데가 있는.

tone-deaf [tóundèf] *a.* 음치의.

tóne dèafness 음치.

tóne lànguage 【言】 음조〈성조(聲調)〉언어《중국어 따위에서 말의 뜻을 음조의 변화에 의해서 구별하는》.

tone·less [tóunlis] *a.* 음조가〈억양이〉없는 ; 색조가 없는 ; 단조로운. 파) **～·ly** *ad.* **～·ness** *n.*

tóne pòem 【樂】 음시(音詩)《시적(詩的) 테마를 표현하려는 관현악곡》.

ton·er [tóunər] *n.* ⓤⓒ (1)(전자 복사의) 현상재(材). (2 【寫】 조색액(調色液). (3) 토너《유기안료(有機顔料)로 딴 안료의 조색에 쓰임》.

tong¹ [tɔ(ː)ŋ, tɑŋ] *n.* ⓒ 《Chin.》 (1) 《美》(미국에 있어서의) 중국인의 비밀 결사. (2) (중국의) 당(黨), 조합, 결사.

tong² *vi.* 집게로 쓰다. — *vt.* …을 집게로 집다 〈그러모으다, 조작하다, 처리하다〉.

*__tongs__ [tɔːŋz, tɑŋz] *n. pl.* (또는 a pair of ～) 집게 ; 부젓가락. ***hammer and ～*** 열심히, 맹렬히.

:**tongue** [tʌŋ] *n.* (1) ⓤⓒ (동물의 식용) 혓바닥(고기), 텅. (2) ⓒ 혀. (3) ⓒ a] (말하는)혀, 입 ; 언어능력. b] 말 ; 변설 ; 말씨, 말투. c] 언어, 국어 ; 외국어. (4) ⓒ 혀 모양의 물건《종의 불알;구두혀;관악기의 혀〈청〉 ; 저울의 바늘 ; (브로치·혁대·장식 따위의) 핀 ; (자물쇠의) 날름쇠 ; (널름거리는) 불길 ; 갑(岬)따위》. ***bite*** one***'s ～ off*** 《口》〔흔히 could have bitten... 등의 假定法으로〕실언을 후회하다, 말하고 나서 후회하다. ***find*** one***'s ～*** (깜짝 놀란 다음에) 겨우 말문이 열리다. 〖opp.〗 *lose one's tongue.* ***get*** one***'s ～ (a) round*** (몹시 놀랐다가) 겨우 말문이 열리다. ***give*** a person ***the rough edge of*** one***'s ～*** (아무)를 호되게 꾸짖다. ***have a spiteful***〈***venomous, bitter***〉***～*** 입이 걸다. ***hold*** one***'s ～*** 입을 다물다. ***keep a civil ～*** (***in*** one***'s head***) 말을 조심하다, 공손(恭遜)한 말씨를 쓰다. ***keep a quiet***〈***still***〉 ***～***〔보통 命令形〕침묵하다, 말을 삼가다. ***keep*** one***'s ～ off*** …에 말참견을 않다. ***lose*** one***'s ～*** (놀라거나 해서) 말을 못하다. ***oil*** one***'s ～*** 아첨하다, 알랑거리다. ***on***〈***at***〉***the tip of*** one***'s***〈***the***〉***～*** 말이 목구멍까지 나와. ***on the ～s of men*** 사람들의 입에 올라, 소문이나서. ***set ～s wagging*** 소문을 불러일으키다. ***tie*** a person***'s ～*** 아무를 입막음하다. ***～s wag*** 사람들이 쑥덕거리다. ***with*** one***'s ～ hanging out*** 목이 말라 ; 갈망하여. (***with*** one***'s***) ***～ in*** (one***'s***) ***cheek*** 《口》 농담으로 ; 비꼬아, 빈정대며.
— (***tóngu·ing***) *vi.* 혀로 음정을 조정하면서〈끊으면서〉 악기를 불다.
— *vt.* (악기)를 혀로 음조를 조정하면서 불다.

tongued [tʌŋd] *a.* 〔複合語로〕 (1) 말씨가 …인. (2)(…한) 혀가 있는 ; …혀의.

tongue-in-cheek [tʌ́ŋintʃíːk] *a.* 빈정거리는, 놀림조의. — *ad.* 농담으로 ; 비꼬며.

tongue-lash [tʌ́ŋlæ̀ʃ] *vt.* (사람)을 야단치다.

tongue-lashing [-ʃiŋ] *n.* ⓤ 심한 질책.

tongue-tied [tʌ́ŋtàid] *a.* (놀라거나, 당황하거나 해서) 잠자코 있는 ; 말을 제대로 못하는.

tóngue twìster 혀가 잘 안 도는〈어려운 말 빨리 말하기 놀이의〉어구.

*__ton·ic__ [tánik/ tɔ́n-] *a.* (1) 【醫】 긴장성의. (2) 튼튼하게 하는《약제 따위》 ; 원기를 돋우는. (3) 【樂】으뜸음의. (4) 【音聲】 음조(音調)의;강세가 있는.
— *n.* (1) ⓒ a] 강장제. b] (정신적으로) 기운을 돋우는 것《*for*》. (2) ⓒ 【樂】 으뜸음, 바탕음. (3)= TONIC WATER.

to·nic·i·ty [tounísəti] *n.* ⓤ (1) 【生理】 (근육의) 탄력성, 긴장력. (2) (심신의) 건강, 강장(强壯).

tónic wàter 탄산수(炭酸水)(quinine water).

:**to·night** [tənáit, tu-] *ad.* 오늘밤(에, 온). — *n.* ⓤ 오늘밤.

*__ton·nage__ [tʌ́nidʒ] *n.* ⓤⓒ (1) (한 나라의 상선 등의) 총톤수. (2) (선박의) 용적 톤수. 【cf.】ton1. (3) (배·뱃짐에 과하는) 톤세(稅).

to·nom·e·ter [tounámətər/ -nɔ́m-] *n.* ⓒ (1)【醫】 혈압계 ; 안압계(眼壓計). (2) 토노미터, 음(音) 진동 측정기.

ton·sil [tánsil/ tɔ́n-] *n.* ⓒ 【解】 편도선.

ton·si·l·lar [-lər] *a.* 편도선의.

ton·sil·lec·to·my [tànsəléktəmi/ tɔ̀n-] *n.* ⓤⓒ 【醫】 편도선 절제술.

ton·sil·li·tis [tànsəláitis/ tɔ̀n] *n.* ⓤ 【醫】 편도선염.

ton·so·ri·al [tɑnsɔ́ːriəl/ tɔn-] *a.* 이발(사)의.

ton·sure [tánʃər/ tɔ́n-] *n.* (1) ⓒ (정수리의 둥글게) 삭발한 부분. (2) ⓤ a] 삭발. b] 【基】 삭발식(式)《성직에 들어가는 사람이 정수리를 미는》 — *vt.* …의 머리를 밀다, 삭발식을 거행하다.

ton·tine [tántiːn, -ˊ/ tɔntíːn, ˊ-] *n.* ⓤ 톤틴식 연금법《가입자가 죽을 때마다 남은 가입자의 배당이 늚》.

ton-up [tʌ́nʌ̀p/ tɔ́n-] *a.* 《英口》 폭주족(暴走族)의, 시속 100마일로 오토바이를 모는 : ～ boys 폭주족.
— *n.* 폭주족.

:**too** [tuː] *ad.* (1) 〔形容詞·副詞 앞에 쓰여〕 a] 너무, 지나치게《흔히 뒤에 for구가 따름》. b]

〔too...(for X) to do의 형태로〕(X가) — 하기에는 너무 …하다, 대단히 …하여(X가) — 할 수 없다《X는 不定詞 to do의 의미상의 주어》.

☞ 語法 1) too는 also보다 구어적이며 감정적 색채를 띰.
2) 구어에서는 強勢의 위치에 다라서 의미가 달라짐 : Ben teaches skating ~. 는 '벤도 스케이트를 가르친다' (=Ben ~ teaches skating.), skating일 때는 '스케이트도', teaches는 '가르치 는 일도 한다'의 뜻이 됨.
3) 否定文에서는 either를 쓰는데, 다음 경우에는 too를 사용함:a〕否定語보다 앞에 오는 경우 : I, ~, didn't read the book. 나도 그 책을 읽지 않았다 (=I didn't read the book, either.). b〕권유를 나타내는 疑問文 : Won't you come, ~? 자네도 오지 않겠나 / Why don't you sit down, ~? 자네도 앉는게 어떤가.

(2)〔흔히 文尾에 쓰여〕a〕…도 (또한) ; 그 위에, 게다가.
b〕《美口》〔否定的 발언을 반박하여〕그런데, 실은 (indeed), (그래도) 틀림없이.
(3)《口》대단히, 매우, 무척, 너무나(very) ;〔否定文에서〕그다지, 그리(…하지 않다). ***all ~...***《口》〈때에 관해서〉정말이지〈유감스럽게도〉 너무 …하다. ***but ~***= only ~. ***cannot... ~*** - 아무리 …하여도 지나치단 법은 없다〈오히려 부족할 정도다〉. ***none ~...*** 조금도 …하지 않다, …하기는커녕-. ***only ~*** 1) 유감이지만. (2) 더없이, 참으로. ***quite ~*** = ~ too. ***~ much*** 1) (처사 따위가) 너무(심)하다, 너무 지독하다, 못 견디다. 2)〔흔히 for one과 함께〕(…에게는) 힘에 겨운〈벅찬〉. ***~ much of a good thing***《口》도가 지나쳐 지겨운 것, 고맙지만 달갑지 않은 것. ***~ too*** 너무나 ;《口》무척 훌륭한.

:took [tuk] TAKE의 과거.

:tool [tu:l] *n.* ⓒ (1) 도구의 구실을 하는 것, 수단. (2) 도구, 공구, 연장. (3) (남의) 앞잡이, 끄나풀. (4) 【製本】 압형기(押型器). (5)《卑》음경. ***A bad workman (always) blames his ~s.***《俗談》서투른 숙수가 안반만 나무란다. ***broad ~*** 날이 넓은 끌(tooler). ***be a ~ in*** a person***'s hand*** 아무의 앞잡이로 쓰이다. ***down ~s*** = ***throw down*** one***'s ~s***《英》일을 그만두다, 파업하다.
— *vt.* (1) …을 연장으로 만들다〈세공하다〉. (2) …에 (새로운) 기계를 설비하다《*up*》.
— *vi.* (1) 도구로 세공하다. (2) (공장에)기계를 설비하다《*up*》. (3)《口》탈것으로 가다 ; 차를 몰고 다니다《*along*》: ~ *along* 마차로 달리다. (4)《英俗》총기로 무장하다.

tool·box [⌐bɑ̀ks/ ⌐bɔ̀ks] *n.* ⓒ 연장통.

tool·house [⌐hàus] *n.* ⓒ 공구실(toolshed).

tool·ing [túːliŋ] *n.* ⓤ (1) (공장 등이) 기계 설비. ***a blind 〈gold, gilt〉 ~*** 민〈금박〉 압형. (2) 연장으로 세공〈마무리〉 하기.

tool·kit [túːlkìt] *n.* ⓒ (자동차·자전거 등에 비치한) 공구 세트.

toot [tuːt] *n.* ⓒ 삐익삐익, 뚜우뚜우《기적·나팔·피리 따위의 소리》. — *vt.* …을 불다, (나팔·피리 따위)를 뚜우뚜우〈삐익삐익〉울리다. — *vi.* (1) 나팔을〈피리를〉 불다;뚜우뚜우〈삐익삐익〉울리다. (2) (코끼리·나귀 등이) 울다. (3) (어린아이가) 울어대다. ***~*** one***'s own horn*** =BLOW¹ one's own trumpet. ***~ the ringer 〈dingdong〉***《美俗》현관의 벨을 울리다. — *n.* 휘파람(나팔 등)을 불기, 부는 소리.

:tooth [tuːθ] (*pl.* ***teeth*** [tiːθ]) *n.* ⓒ (1) 이 모양의 것《빗살, 톱니, 줄·포크·갈퀴 등의 이 따위》. (2) 이. (3) 식성, 취미, 기호. (4) (흔히 *pl.*) 맹위, 위력. ***arned to the teeth*** 완전 무장하여. ***between the teeth*** 목소리를 죽이고. ***by 〈with〉 the skin of*** one***'s teeth*** ⇨ SKIN. ***cast 〈fling, throw〉... in*** a person***'s teeth*** (과실로) 남을 책망하다. ***chop*** one***'s teeth***《俗》쓸데없는 말을 지껄이다. ***cut a ~*** 이가 나다. ***cut*** one***'s teeth on*** …을 어릴 적부터 익히다 ; …로 첫 경험을 쌓다. ***get〈sink〉*** one***'s teeth into*** (일 따위) …에 본격적으로 달려들다, 전심〈몰두〉하다. ***give teeth to***=***put teeth 〈tooth〉 in 〈into〉*** …을 강화하다, (법률 따위)의 효력을 높이다. ***in spite of*** a person***'s teeth*** 아무의 반대(反對)를 무릅쓰고, ***in the*** 〈a person***'s***〉 ***teeth*** 맞대놓고, 공공연히. ***in the teeth of*** …에도 불구하고 ; …을 무릅쓰고 ; …의 면전에서. ***kick*** a person ***in the teeth*** ⇨ KICK. ***lie in 〈through〉*** one***'s teeth*** ⇨ LIE². ***long in the ~*** 늙어서. ***pull*** a person***'s teeth*** (아무의) 무기를 빼앗다, 무력하게 하다. ***put teeth in〈into〉..*** (법률·조직)에 권위를 주다, …을 강화하다. ***set〈clench〉*** one***'s teeth*** (난관 등)에 이를 악물다 ; 굳게 결심하다. ***set〈put〉*** one***'s 〈the〉 teeth on edge*** …에 불쾌감을 갖게 하다, 남을 신경질나게 하다. ***show*** one***'s teeth*** ⇨ SHOW. ***~ and nail 〈claw〉*** 필사적으로, 모든 힘을 다하여. ***to the teeth*** 충분히, 완전히.
— *vt.* …에 이를 달다〈내다〉, …의 날을 세우다, (…의) 표면을 까칠까칠하게 하다

:tooth·ache [⌐èik] *n.* ⓒⓤ 치통.

***tooth·brush** [⌐brʌ̀ʃ] *n.* ⓒ 칫솔.

tooth·comb [⌐kòum] *n.*《英》빗살이, 참빗, 가늘고 촘촘한 빗.

toothed [tuːθt, tuːðd] *a.* (1)〔複合語로〕이가 …인. (2) 이가 있는 ; 톱니 모양의.

tooth·less [túːθlis] *a.* (1) 무력한, 위력이〈효과가〉 없는. (2) 이가 없는.

tooth·paste [túːθpèist] *n.* ⓤⓒ 크림 치약.

tooth·pick [⌐pìk] *n.* ⓒ 이쑤시개.

tóoth pòwder 치분, 가루 치약.

tooth·some [túːθsəm] *a.* (음식이) 맛좋은, 맛있는. 파) **~·ly** *ad.* **~·ness** *n.*

toothy [túːθi, túːði] (***tooth·i·er, -i·est***) *a.* 이를 드러낸, 이가 드러난. (2) 상쾌한. (3) (종이가) 거칠거칠한. (4) 효력이 있는 파) **tóoth·i·ly** *ad.*

too·tle [túːtl] *vi.* (1) (자동차 따위가) 천천히 가다. (2) (피리 따위를) 가볍게 불다, 계속해서 삐이삐이 불다. — *vt.* (피리 따위)를 삐이삐이 불다.
— *n.* ⓤ 피리 따위를 부는 소리.

too-too [túːtúː] *a.* 극단적인, 지나친. — *ad.* 몹시, 극단적으로.

toot·sie [tútsi] *n.* ⓒ《美口》(1) 매춘부. (2) 아가씨. (3)=TOOTSY.

toot·sy [tútsi] *n.*《兒·口》발(foot).

:top¹ [tɑp/ tɔp] *n.* (1) (*pl.* ; 종종 the ~s)《口》(능력·인기 등에서) 최고, 최고의 인물〈물건〉.
(2) ⓒ (흔히 the ~) 톱, 정상, 꼭대기, 절정, 끝.
(3) ⓒ (흔히 the ~) (식탁·방 등의) 상석, 상좌 ; (길 따위의) 끝.
(4) ⓒ (흔히 the ~) 최고〈최상〉위, 수석.

(5) (the ~)한창 때, 최성기, 절정, (능력·힘의) 최고점, 극도, 극치.
(6) ⓒ (흔히 the~) 윗면, 표면 ; (자동차 따위의) 지붕, 포장 ; (깡통 따위의) 뚜껑, 마개 ; 페이지의 위쪽, 상단 ;(*pl.*)(투피스·파자마 따위의) 윗도리.
(7) ⓒ (흔히 *pl.*) (무·당근 따위의) 땅 위로 나온 부분, 어린 잎.
(8) ⓒ (승마화(乘馬靴) 등의) 최상부(最上部).
(9) ⓒ 【野】 (한 회의) 초(初). 〖opp.〗 *bottom.*
(10) ⓤ 【自動車】 변속기의 상단〈톱〉기어.
at the ~ of one's vioce (***speed***) 목청껏 소리를 질러(전속력으로). ***blow*** one***'s ~***《口》(더 못참고) 분통을 터뜨리다. ***come out*** (***at the***) ***~*** 첫째가〈1번이〉되다. ***come to the ~*** 나타나다 ; 빼어나다, 유명하게 되다, 성공하다. ***from ~ to tail*** 온통 ; 시종 일관, 완전히, 절대적으로. ***from ~ to bottom*** 머리끝에서 발끝까지, 완전히, 몽땅. ***get on ~ of...*** 1) …을 정복하다. 2) …을 감당 못하게 되다. ***in***〈***into***〉 ***~*** (***gear***)톱기어로, 최고 속력으로. ***off*** one***'s ~*** 정신이 돌아 ; 흥분하여. ***off the ~ of*** one***'s head*** 준비없이, 즉석에서. ***in*** (***the***) ***~*** (***of***) (…의) 위에 ; (…에) 더하여, 게다가 (또), (…)외에. ***on ~*** (***of***) (상대보다)우위에 서서, (…을)숙지하여 ; 성공하여. ***on ~ of the world***《口》득의 양양하여. ***over the ~*** 【軍】 참호에서 공세로 바꾸어 ; 과감하게 ; 한계〈목표〉를 넘어 ; 목표〈규정〉 이상으로 ;《口》(어리석을 정도로) 대담한 일을 하다. ***reach*** 〈***get to***〉 ***the ~ of the tree*** 〈***ladder***〉 최고의 지위에 오르다, 제일인자가 되다. ***take the ~ of the table*** 윗자리에 앉다, 좌상이 되다. ***the ~of the market*** 최고 가격. ***~ and tail*** 전체, 전부 ; 실질 ; 결국 ; 온통, 전혀. ***~ or tail***〔否定文〕전혀.
— *a.* 최고의, 첫째의, 꼭대기의(uppermost) ; 수석의 ; 일류의, 주요한 ; (기어가) 톱인. ***at ~ speed*** 전속력으로. ***the ~ rung*** (비유) 성공의 절정 ; 중요한 지위.
— (***-pp-***) *vt.* (1) …의 정상〈표면〉을 덮다《*with*》 ; …에 씌우다 ; …에 씌우고〈올려놓고〉마무르다. (2) …의 꼭대기에 오르다 ; …의 정상에 있다 ; …의 수석을 차지하다 ; …의 선두에 서다. (3)《~+目/+目+前+名》…보다 뛰어나다〈높다〉 ; …이상이다. (4) …의 위에 오르다. (5) …을 뛰어넘다 : ~ a fence 울타리를 뛰어넘다. (6) …을 능가〈초과〉하다, 넘다 ; …보다 낫다. (7) (식물 따위의) 꼭대기를 자르다, 순을 치다 ; 잎사귀 부분을 잘라내다. (8) 【골프·테니스】 (공의) 위쪽을 치다 : ~ a ball 공의 위쪽을 치다. (9)《英俗》a〕…을 교수형으로 죽이다. b〕〔再歸的〕 목매어 자살하다. ***~ off*** 1) 마무르다, …로 끝내다《*with*》 : ~ off one's dinner with coffee 커피를 마시고 식사를 마치다. 2) …의 낙성을 축하하다. 3) (탱크)꼭대기까지 가솔린을 채우다. ***~ out*** (돌 건축)의 꼭대기를 마무르다, (빌딩)의 골조를 완성하다 ; (…의) 낙성을 축하하다 ; …을 완성하다. ***~*** one***'s part*** 최고의 연기를 하다 ;《北》역할을 훌륭히 해내다. ***~ up***《英》(액체·마실 것 등을) 가득 부어 넣다 ; …의 잔을 채우다 : ~ *up* a battery 배터리액(液)을 보충하다. ***to ~ it all*** 더욱이, 게다가 (또).

:top² [tɑp/ tɔp] *n.* ⓒ 팽이.

tóp banána《俗》(1) (그룹·조직의) 제 1인자, 우두머리. (2) (뮤지컬의) 주연 배우.
tóp bòots (일종의) 승마 구두, 장화《무릎까지 오며 위쪽에는 보통 밝은 빛깔의 가죽을 씀》.
tóp bráss (the ~)〔集合的〕《口》고급 장교들.
top·coat [⌐kòut] *n.* (1) ⓤⓒ (페인트 따위의) 마무리 칠. (2) ⓒ 톱코트, 토퍼, 가벼운 외투.
tóp dóg《口》승자, 지배자.
top-down [⌐dáun] *a.* (1) 전체에서 세부에 이르는, 통제가 잘 되었는. (2) 상의 하달 방식의. 〖opp.〗 *bottom-up.*
tóp dráwer (the ~) (1)《口》(사회·권위 등의) 최상층, 상류 계급 : be 〈come〉 out of *the* ~ 상류 계급 출신이다. (2) (장농의) 맨 윗서랍.
top-draw·er [⌐drɔ́:ər] *a.* 〔限定的〕《口》(계급·중요성 따위가) 최상층의, 최고(급)의.
top-dress [⌐drès] *vt.* 추비(追肥)하다, (밭)에 비료를 주다.
top·dress·ing [⌐drèsiŋ] *n.* ⓤ (또는 a ~) (1)피상적임. (2) 추비(追肥), 시비(施肥).
tope [toup] *n.* ⓒ 작은 상어의 일종.
top·flight [tάpfláit/ tɔ́p-] *a.*《口》일류의(first-rate), 최고의 : a ~ pianist 일류 피아니스트.
top·gal·lant [⌐gǽlənt] *a.* 밑에서 세 번째 돛(대)의. — *n.* ⓒ 【海】 (횡범선(橫帆船)에서) 밑에서 세 번째 돛대 ; 여기에 단 돛.
tóp géar《英》【機】 (자동차의) 톱 기어(《美》high-gear).
top-heavy [⌐hèvi] *a.*〔敍述的〕불안정한 ; 머리〈위〉부분이 큰〈무거운〉: That wheelbarrow is ~; it'll tip over. 그 손수레는 불안정하여 뒤집히겠다.
To·phet(**h**) [tóufit, -fet] *n.* (1) ⓤ (종종 t-)지옥, 초열(焦熱) 지옥. (2) 【聖】 도벳《옛날 유대인이 이교(異敎)의 신 Moloch에게 산 제물로서 어린아이를 불태워 바치던 Jerusalem 근처의 땅 ; 열왕기 ⅩⅩⅢ:10》.
top-hole [tάphóul/ tɔ́p-] *a.*《英口》최고의(first-rate), 일류의.
to·pi·ary [tóupièri/ -əri] *n.* ⓤⓒ 장식적 전정법(前定法). — *a.* 장식적으로 가지를 친《산울타리, 정원수 따위》.
:top·ic [tάpik/ tɔ́p-] *n.* ⓒ 토픽, 화제, 이야깃거리.
***top·i·cal** [tάpidəl/ tɔ́p-] *a.* (1) 국부적인 ; 국소(局所)의. (2) 화제의 ; 시사 문제의. 파) **~·ly** *ad.*
top·i·cal·i·ty [tὰpəkǽləti/ tɔ̀p-] *n.* (1) ⓒ (흔히 *pl.*) 시사 문제. (2) ⓤ 시사성 ; 화제성.
top·knot [tάpnὰt/ tɔ́pnɔ̀t] *n.* ⓒ (1) (머리 꼭대기) 다발;상투. (2) 새의 도가머리, 볏. (3) (여자 머리의) 나비 매듭의 리본.
top·less [tάplis/ tɔ̀p-] *a.* (1) (산 따위가) 매우 높은. (2) a〕상부가 없는, (수영복이) 흉부를 드러낸, 토플리스의 ; 토플리스를 입은. b〕토플리스를 입은 여자가 있는 : a ~ bar 토플리스 바.
top-lev·el [⌐lévl] *a.* 수뇌의 ; 최고급〈레벨〉의.
top·lofty [tάplɔ̀:fti/ tɔ́plɔ̀fti] *a.*《美口》(태도 등이) 뽐내는, 거만한, 거들먹거리는.
top·mast [tάpmæ̀st, 《海》 -məst/ tɔ́pmɑ̀:st, 《海》 -məst] *n.* ⓒ 【海】 중간 돛대, 톱 마스트.
top·most [tάpmòust/ tɔ́p-, -məst] *a.* 최고〈최상〉의 : the ~ floor of the building 건물 맨 위층.
top·notch [tάpnάtʃ/ tɔ́pnɔ́tʃ] *n.* ⓒ《口》(도달할 수 있는) 최고도 ; 최고점.
top-notch *a.*《口》최우수의, 일류〈최고〉의. 파) **~·er** *n.*
topo- '위치, 장소, 국소'의 뜻의 결합사《모음 앞에서는 top-》: *topo*logy.
to·pog·ra·pher [to*u*pάgrəfər/ -pɔ́g-] *n.* ⓒ 지형학자 ; 지지(地誌)학자 ; 지형도 작성자.

top·o·graph·ic, -i·cal [tɑ̀pəgrǽfik tɔ̀p-], [-əl] *a.* 지형상의 ; 지형학의. 파) **-i•cal•ly** [-əli] *ad.*

to·pog·ra·phy [toupɑ́grəfi/ -pɔ́g-] *n.* (1) ⓤⓒ (한 지방의) 지세(도). (2) ⓤ 지형, 지세 ; 지형학.

to·pol·o·gy [təpɑ́lədʒi/ -pɔ́l-] *n.* ⓤ (1) 【數】 위상수학, 토폴로지. (2) 지세학 ; 지지(地誌)〈풍토기(風土記)〉연구. 파) **to•pol•o•gist** [-dʒist] *n.*

top·ping [tɑ́piŋ/ tɔ́p-] *a.* 최고급의, 멋진 ; 최고위의. — *n.* ⓤⓒ (요리 · 과자 위에 얹은) 크림 · 소스 등 (의 장식).

top·ple [tɑ́pəl/ tɔ́pəl] *vi.* (1) (쓰러질 듯이) 앞으로 기울다. — *vt.* 《~+目/+目+前+名》 …을 쓰러뜨리다 ; 흔들리게 하다 ; 전복시키다. (2) 《~/+副》 (위가 무거워서) 흔들리다, 쓰러지다《*down* ; *over*》.

top-rank·ing [tɑ́præ̀ŋkiŋ/ tɔ́p-] *a.* 《美口》 일류의 ; 최고위의.

tops [tɑps/ tɔps] (*pl.* **~**) *a.* 〔敍述的〕 일류의〈인〉, 최고인. — *n.* ⓒ (the ~) 최고《사람, 물건》.

top·sail [tɑ́psèil,《海》 səl/ tɔ́psəl, -seil] *n.* ⓒ 【海】 중간 돛대의 돛, 톱 세일.

tóp sécret 극비, 1급 비밀.

top-se·cret *a.* (서류 따위가) 1급 비밀의, 극비의. 【cf.】 classified.

top·side[ˊsàid] *n.* (1) ⓤ 《英》톱사이드《허리 부위의 상질의 (쇠)고기》. (2) ⓒ (흔히 *pl.*) 【海】 건현(乾舷)《흘수선 위의 현측(舷側)》;(군함의) 상갑판. — *a.* (1) 건현〈상갑판〉의. (2)톱클래스의, 수뇌부의.

top·soil [ˊsɔ̀il] *n.* ⓤ 표토(表土), 상층토.

tóp spìn 【球技】 톱스핀《공이 나는 방향으로 회전하도록 공 위를 때려서 주는 스핀》.

***top·sy-tur·vy** [tɑ́psitə́ːrvi/ tɔ́p-] *ad.* (1) 뒤죽박죽으로 ; 혼란되어. (2) 거꾸로, 뒤집혀. — *a.* (1) 거꾸로 된. (2) 뒤죽박죽의, 혼란된. — *n.* ⓤ (1) 뒤집힘, 전도. (2) 뒤죽박죽, 혼란. 파) **-tur•vi•ly** *ad.* **-tur•vi•ness** *n.*

tor [tɔːr] *n.* ⓒ(정상이 뾰족한) 바위산.

-tor *suf* '…하는 사람' 의 뜻. 【cf.】 -or1

To·ra(h) [tɔ́ːrə] (*pl.* **-roth** [-rouθ], **~s**) *n.* (the ~) (1) 모세 오경(五經)《구약 성서 권두의 5편》. (2) 【유대教】 율법.

:torch [tɔːrtʃ] *n.* ⓒ (1) 《英》 회중 전등(《美》flashlight). (2) 횃불. (3) 《比》 빛이 되는 것《지식 · 문화 · 자유 등》. (4) 발열(發炎) 남포, 토치 램프《납땜에 씀》. ***carry a*〈*the*〉*~ for*** …에게 사랑의 불길을 태우다《특히 짝사랑》. ***put... to the ~*** (…을)불태우다.

torch·bear·er [tɔ́ːrtʃbɛ̀ərər] *n.* ⓒ (1) 계몽가, (정치 · 사회운동 등의) 지도자 ; 문화의 선구자. (2)횃불 드는 사람.

torch·light [ˊlàit] *n.* ⓤ 횃불(의 빛).

:tore [tɔːr] TEAR[2]의 과거.

tor·e·a·dor [tɔ́ːriədɔ̀ːr, tɑ́r-/ tɔ́r-] *n.* ⓒ 《Sp.》기마 투우사.

tóreador pànts 투우복 모양의 여자용 바지.

:tor·ment [tɔ́ːrment] *n.* (1) ⓒ 골칫거리《사람 · 물건》. (2) ⓤ (또는 *pl.*) 고통, 격통, 고뇌.
— [-ˊ]*vt.* (1) 《~+目/+目+前+名》 …을 괴롭히다 《*with*》 : He was ~*ed with* remorse. 그는 양심의 가책으로 괴로워했다. (2) 곤란하게 하다, 못살게 굴다 《*with* ; *by*》 : ~ a person with harsh noises. 귀에 거슬리는 소리로 …을 괴롭히다.

tor·men·tor [tɔːrméntər] (*fem.* **-tress** [-tris]) *n.* ⓒ (1) 【映】(토키 촬영용) 반향(反響) 방지 스크린. (2) 괴롭히는 사람〈것〉. (3) 【劇】 무대의 양옆 칸막이 막.

:torn [tɔːrn] TEAR[2]의 과거분사.

To·ron·to [tərɑ́ntou/ -rɔ́n-] *n.* 토론토《캐나다 Ontario주의 주도》.

***tor·pe·do** [tɔːrpíːdou] (*pl.* **~es**) *n.* ⓒ (1) 【美鐵】 신호 뇌관《경보용》. (2) 어뢰, 수뢰 ; 공중 어뢰(=**áerial ˊ~**), 공뢰. (3) 【魚】 시끈가오리(=**ˊ~ fish**). (4) (석유샘이 잘 나오게 하기 위한) 발파. (5) 딱총. — *vt.* (1) (함선)을 어뢰〈수뢰, 공뢰〉로 파괴〈공격〉하다. (2) (정책 · 제도 등)을 무력하게 만들다.

torpédo bòat 어뢰〈수뢰〉정.

torpédo tùbe 어뢰 발사관(發射管).

tor·pid [tɔ́ːrpid] (**~•er ; ~•est**) *a.* (1) 동면중인, 혼수상태의. (2) 움직이지 않는, 마비된, 무감각한 ; 둔한, 활기없는. 파) **~•ly** *ad.* **~•ness** *n.*

tor·por [tɔ́ːrpər] *n.* ⓤ (또는 a~) 무감각, 무기력 ; 마비 상태, 휴면.

torque[1] [tɔːrk] *n.* ⓤ 【物】 회전 모멘트, 토크, 염력(捻力).

torque[2] *n.* ⓒ 목걸이(torc)《옛 갈리아 사람의 목장식》.

:tor·rent [tɔ́ːrənt, tɑ́r-/ tɔ́r-] *n.* (1) (*pl.*) 억수. (2) ⓒ급류, 여울. (3) ⓒ (질문 · 욕 따위의) 연발 ; (감정 따위의) 분출.

tor·ren·tial [tɔːrénʃəl, tɑr-/ tɔr-] *a.* (1) (감정 · 변설 등이) 심한, 맹렬한 ; (언동 · 능력 등이) 압도적인. (2) a〕 급류의〈같은〉 ; 억수 같은. b〕 급류 작용으로 생긴. 파) **~•ly** *ad.*

***tor·rid** [tɔ́ːrid, tɑ́r-/ tɔ́r-] (**~•er ; ~•est**) *a.* (1) (기후 등이) 타는듯이 뜨거운, 염열(炎熱)의. (2) (햇볕에) 탄, 뙤약볕에 드러낸 ; 바짝 마른. (3) 열정적인, 열렬한. 파) **~•ly** *ad.* **~•ness** *n.*

tor•ríd•i•ty [-əti] *n.* ⓤ 뙤약볕.

Tórrid Zòne (the ~) 열대(the tropics).

tor·sion [tɔ́ːrʃən] *n.* ⓤ (1) 【機】 비트는 힘, 염력(捻力). (2) 비틂, 비틀림. (3) 【醫】 염전(捻轉).
파) **~•al** [-əl] *a.* 비트는, 비틀림의.

tórsion bàlance 【機】 비틀림 저울《비틀림을 이용해서 미소한 힘을 잼》.

tor·so [tɔ́ːrsou] (*pl.* **~s, -si** [-siː]) *n.* ⓒ 《It.》(1) (인체의) 몸통(trunk). (2) 토르소《머리 · 손발이 없는 나체조상(彫像)》. (3)미완성〈불완전한〉작품.

tort [tɔːrt] *n.* ⓒ 【法】 (피해자에게 배상 청구권이 생기게 되는) 불법 행위.

torte [tɔ́ːrt] (*pl.* **tor•ten, ~s**) *n.* ⓤⓒ 밀가루에 설탕 · 계란 · 호도 따위를 넣어 만든 과자.

:tor·toise [tɔ́ːrtəs] *n.* ⓒ (1) (육상 · 민물에 사는) 거북, 남생이. 【cf.】 turtle[1]. (2) =TESTUDO ***hare and ~*** 토끼와 거북(의 경주).

tor·toise·shell [tɔ́ːrtəʃèl, -təsʃèl] *n.* (1) ⓒ 삼색털 얼룩고양이. (2) ⓤ 거북 딱지, 별갑(鼈甲).
— *a.* 〔限定的〕 (1) 별갑의, 별갑제(製)의. (2) 별갑색〈무늬〉의 : a ~ cat 삼색털 얼룩고양이.

tor·to·ni [tɔːrtóuni] *n.* ⓤⓒ 토토니《비싸 [illegible] 든 아이스크림》.

tor·tu·os·i·ty [tɔ̀ːrtʃuɑ́səti/ -ɔ́s-] *n.* ⓤⓒ 비〈뒤〉틀림, 꼬부라짐 ; 곡절 ; 부정(不正).

tor·tu·ous [tɔ́ːrtʃuəs] *a.* (1) (마음 · 방법 등이) 솔직하지 못한, 남을 속이는 (것 같은), 부정한, 불성실한 (2) (길 · 흐름 따위의)구불구불한 ; 비틀린, 비뚤어진. 파) **~•ly** *ad.* **~•ness** *n.*

:tor·ture [tɔ́ːrtʃər] *n.* (1) ⓤⓒ (종종 *pl.*) 심한 고통, 고뇌, 고민. (2) a〕 ⓤ 고문. b〕 ⓒ 고문 방법. —

vt. (1) (사람)을 고문하다. (2) 《~+目/+目+前+名》〔종종 受動으로〕 (사람·동물)을 (몹시) 괴롭히다 《*with* ; *by*》. (3) (나무따위)를 억지로 비틀다, 구부리다《*into* ; *out of*》. (4) 《~+目/+目+前+名》 견강부회하다, 곱새기다《*into*》.
파) **-tur•er** [-tʃərər] *n.* ⓒ 괴롭히는 사람〈것〉 ; 고문하는 사람. **-tur•ous** [-tʃərəs] *a.* 고문과 같은.

***To·ry** [tɔ́ːri] *n.* (1) ⓒ 【美史】 영국〈왕당〉파《독립 전쟁 당시 영국에 가담한 자》. (2) 【英史】 a〕 ⓒ 토리당원, 왕당원. b〕 (the Tories) 토리당(the Tory Party)《19세기에 지금의 Conservative Party (보수당)로 됨》 【cf.】 Whig. (3) ⓒ (종종 t-) 보수주의자, 보수당원. ― *a.* (1)왕당〈토리당〉(원)의. (2)(종종 t-) 보수주의(자)의, 보수당(원)의.

:toss [tɔːs, tɑs/ tɔs] (*p.*, *pp.* **~ed** [-t], 《古·詩》 ***tost*** [-t]) *vt.* (1) 《~+目/+目+副》 (머리 따위)를 갑자기 쳐들다, 뒤로 젖히다《경멸·초조 따위로》《*up*》. (2) 《~+目/+目+副/+目+目/+目+前+名》(가볍게·아무렇게나)…을 던지다, (공)을 토스하다 ;치뜨리다(throw) ; 버리다, 내던지다. (3) 《~+目/+目+副》 (배 따위)를 흔들다, 들까불다《*about*》 ; (마음)을 뒤흔들다.(4) 【料】 …을 버무리다, 뒤섞다. (5) 《~+目/+目+副/+目+前+名/+副+wh.+*to* do/+副+*wh.*節》 (승부·어떤 결정 따위)를 동전을 던져서 정하다《*up* ; *for*》.
― *vi.* (1) 《~/+副/+前+名》 뒹굴다, 뒤치락거리다 《*about*》. (2) 《+前+名》 침착성 없이〈성급하게, 떠들썩하게〉움직이다 ; (경멸·초조·분노 따위로) 퉁명스럽게 굴다 ; 홱하고 기운차게〈급히〉가다. (3) 《~/+前+名》 (배 따위가 전후·좌우로)흔들리다, (몹시)들까불다.(4) a〕 《~/+副/+前+名》 동전 던지기를 하다;동전 던지기로 정하다《*up* ; *for*》. b〕 던지다, 토스하다. ***~ aside*** 내던지다. ***~ hay about*** 건초를 뒤집다. ***~ it in*** 《俗》 패배를 인정하다, 항복하다. ***~ in*** 1) (개평으로) 얹다, 첨가하다. 2) (말을) 끼워 넣다. ~ a person ***in a blanket*** 아무를 담요에 눕혀 헹가래치다. ***~oars*** 보트의 노를 세워 경례하다. ***~ off*** 1) (말이 기수)를 흔들어 떨어뜨리다. 2) 단숨에 마시다. 3) (손) 쉽게〈단숨에〉해치우다.
― *n.* (1) ⓒ ~하는 동작 ; ~ 하기 ; 머리를 쳐듦 (⇨ vt. (2)) ; 내동댕이쳐짐. (2)(*sing.* ; 종종 the ~)(물결 등의) 흔들림, 동요 ; 흥분. (3) (the ~)동전 던지기 ; 던진〈던져서 닿는〉거리.(4) (a ~)〔否定文으로〕 《英口》 조금도 (개의치 않다). ***argue the ~***《口》 일단 결정된 것을 가지고 트집을 잡다. ***full ~*** 《俗》 공을 높다랗게 던지기. ***take a ~*** 낙마하다. ***~ and catch*** 《美》 =PITCH and toss. ***win* 〈*lose*〉 *the ~*** 던지기해서 이기다〈지다〉 ; 잘 되다〈안 되다〉.

toss·up [ˊʌ̀p] *n.* (1) (a ~) 《口》 반반의 가능성(even chance). (2) ⓒ (흔히 *sing.*)(승부를 가리는) 동전 던지기

tot[1] [tɑt/ tɔt] *n.* ⓒ (1) 《口》 (특히 독한 술) 한잔 ; 《口》 한모금. (2) 소아(小兒), 어린아이 : a tiny ~ 꼬마.

tot[2] *n.* ⓒ 합계, 덧셈(의 답). ― (**-tt-**) *vt.* …을 더하다, 합계하다《*up*》. ― *vi.* (수·비용이) 합계 …이 되다《*up to…*》 : The account ~*ted up* to an enormous amount. 계산서는 모두 합해서 막대한 금액에 달했다.

tot. total.

:to·tal [tóutl] *a.* (1) 완전한, 전적인, 절대적인. (2) 전체의(whole), 합계의, 총계의, 총(總)…. (3)총력적인.
― *n.* ⓒ 합계, 총계, 총액, 총수, 총량 : the grand ~ 합계, 총계《특히 '소계'에 대한》 / in ~ 합계하여, 전부 / A ~ of 70 persons applied for the job. 그 일자리에 총 70명이 응모했다.
― (**-l-**,《英》 **-ll-**) *vt.* (1) …을 합계하다, 합치다, …의 합계를 내다《*up*》 : ~*up* the expenses 비용을 합계하다. (2) 합계 …이 되다 : The casualties ~*ed* 150. 사상자는 합계 150명이었다.
― *vi.* 《+副/+前+名》 합계 …이 되다《*to* ; *up to*》 : ~ to large sums 총계하여 거액에 이르다.

tótal eclípse 【天】 개기식(皆旣蝕).【cf.】partial eclipse.

to·tal·i·tar·i·an [toutæ̀lətέəriən] *a.* 일국일당(一國一黨)주의의 ; 전체주의의. ― *n.* ⓒ 전체주의자. 파) **~•ism** *n.* ⓤ 전체주의.

to·tal·i·ty [toutǽləti] *n.* ⓒ (1) 전체 ; 총계, 총액. (2) 완전함〈한 상태〉, 전체성. (3) 【天】 개기식(皆旣蝕)(의 시간).

to·tal·ize [tóutəlàiz] *vt.* 합하다(add up).

***to·tal·ly** [tóutəli] *ad.* 전적으로, 아주, 완전히, 전혀.

tote[1] [tout] 《口》 *vt.* 짊어지다 ; …을 나르다 : ~ a gun 총을 메다. ― *n.* (1) ⓤ나르기. (2) ⓒ짐.

tote[2] *vt.* …을 합계하다, 합치다《*up*》. ― *n.* 《口》【競馬】 =TOTALIZATOR.

tóte bòard 【競馬】 배당금 따위의 전광 표시판.

to·tem·ic [toutémik] *a.* 토템(신앙)의.

to·tem·ism [tóutəmìzəm] *n.* ⓤ 토템 제도 ; 토템 신앙〈숭배〉.

to·tem·ist [tóutəmist] *n.* ⓒ (1)토템제〈신앙〉연구가. (2) 토템 제도의 사회에 속하는 사람.

tótem pòle (pòst) 토템폴《북아메리카 원주민이 집 앞에 세우는 토템상(像)을 그리거나 조각한 기둥》.

tot·ter [tɑ́tər/ tɔ́tər] *vi.* (1) (건물 따위가) 흔들거리다 ; (국가·제도 등이) 붕괴될 위기에 놓이다. (2) 비트적거리다, 비틀〈비슬〉거리다. ― *n.* ⓒ비틀거림, 뒤뚱거림, 기우뚱거림.

tot·ter·ing·ly[-riŋli] *ad.* 비틀거리며, 비틀비틀, 쓰러질 듯이.

tot·ter·y [tɑ́təri/ tɔ́təri] *a.* 흔들거리는, 비틀거리는; 불안정한.

tot·ting-up [tɑ́tiŋʌ́p/ tɔ́t-] *n.* ⓤ (1) 《英口》 교통위반 점수의 누계. (2) 합계.

tou·can [túːkæn, -kɑːn, -ˊ] *n.* ⓒ 【鳥】 큰부리새 《열대 아메리카산》.

:touch [tʌtʃ] *vt.* (1) 《~+目/+目+前+名》 (사람이) …에 (손·손가락 따위)를 대다, …을 만지다.
(2) (무엇이) …에 닿다, 접촉하다.
(3) 《+目+前+名》 …을 어루만지다, 《특히》 치료를 위해 손으로 만지다 (【cf.】 king's evil) ; 【醫】 촉진(觸診)하다.
(4) …에 인접하다 ; …와 경계를 접하다, …에 닿다.
(5) …에 달하다〈이르다〉, …에 미치다.
(6) 《~+目/+目+前+名》 …에 가볍게 힘을 주다, …을 가볍게 치다, (벨 따위)를 누르다.
(7) 《古》 (악기)를 타다, 켜다, 연주하다.
(8) (물질적으로) …에 영향을 주다;…을 해치다, 손상하다, 다치다, 망치다.
(9) …에 관계하다, …의 관심사이다, …에게 중대하다.
(10) 〔흔히 否定文〕 (음식물)에 입을 대다 ; (사업 따위)에 손을 대다 ; …에 간섭하다.

(11) …의 마음을 움직이다, …을 감동시키다 ; 성나게 하다, 미치게하다.
(12)《+目+前+名/+目+副》(무엇을 단 것)에 접촉시키다, …을 붙이다《*to*》; (럭비공 따위)를 터치다운하다;(두 개의 물건)을 서로 스치게 하다, 접촉하다《*together*》.
(13) (붓·연필로) …을 상세히〈가볍게〉그리다 ; (그림·문장)에 가필하다;수정하다《*up*》.
(14)《+目+前+名》…에 색조를 띠게 하다, …에 ─한 기운을 띠게 하다《*with*》.
(15)《+目+前+名》《俗》(돈)을 뜯어내다 ; …에게 조르다, …에게서 꾸다《*for*》.
(16)【海】(배가) …에 기항하다, (육지)에 닿다 : ~ port 기항하다.
(17)《~+目/+目+前+名》〔흔히 過去分詞〕약간 미치게〈돌게〉하다.
(18) …에 관해 가볍게 언급하다, …을 논하다.
(19)〔흔히 否定文〕…에 작용하다.
— *vi.* (1) 닿다, 접촉하다. (2)《+前+名》(문제를)간단히 보다〈취급하다〉《*on* ; *upon*》. (3)《+前+名》【海】기항하다《*at*》. ***as ~ing*** …에 관하여. ***and go*** 간단히 논하고 넘어가다. ***~ at*** (배가) 기항하다. ***~ a*** (***raw***) ***nerve*** 아픈 데를〈약점을〉건드리다. ***~ down*** 1)【美蹴·럭비】터치다운하다. 2) (비행기·우주선이) 착륙〈착지〉하다. ***~ in*** (그림의 세부(細部)에) 가필(加筆)하다. ***~ off*** 1)발화(發火)〈폭발〉시키다 ; 발포〈발사〉하다. 2) …의 발단이 되다, 큰 일을 유발하다. ***~ on***〈***upon***〉…에 간단히 언급하다 ; …에 관계하다. ***~ out***【野】터치아웃시키다, 척살(刺殺)하다. ***~ the spot*** 효과적이다, 효능이 있다 ; 바라던 것을 찾아내다. ***~ up*** 1) (사진 따위를) 수정하다, 가필하다 ; 마무리하다. 2)《英俗》(설득하려고 이성)의 몸을 어루만지다, 애무하다.
— *n.* (1) ⓒ 접촉, 손을 댐, 스치기 : give a person a ~ 아무를 건드리다〈만지다〉/ feel a ~ on one's shoulder 어깨에 무엇이 닿는 것을 느끼다. (2) ⓤ (정신적인) 접촉, 연락 : I've lost ~ *with* her. 그녀와 연락이 끊겼다. (3) ⓤ 촉각, 감촉, 촉감 : the cold ~ of marble 대리석의 차가운 감촉. (4) ⓤ (또는 a ~)【樂】탄주(彈奏)법, 터치 : 건반의 탄주감 : a light ~ 가벼운 터치 / a piano with a stiff ~ 건반이 빽빽한 피아노. (5) ⓒ 필치, 일필(一筆) : a novel with poetic ~*es* 시적인 필치로 쓰여진 소설. (6) ⓒ 가필(加筆) ; 마무리 : add a few finishing ~*es* 마지막 마무리를 하다. (7) ⓤⓒ 수법, …류(流), 솜씨 ; 특색, 특성 ; 요령 : the Nelson ~ (난국에 대처하는) 넬슨류의 수법 / personal ~ 개인의 방식〈수법〉/ the ~ of a master 거장(巨匠)의 솜씨 / This room needs a woman's ~. 이 방에는 여자 손이 가야 한다. (8) (a ~) 기운, [illegible]기 ; 조금《*of*》: 약간의 차 : by a mere ~ 근소한 차로, 겨우《이기다 따위》/ *a* ~ *of* irony 약간의 빈정댐 / It wants *a* ~ *of* salt. 소금기가 좀 부족하다. (9) (a ~)(병의) 기미, 가벼운 이상《*of*》: He has *a* ~ *of* fever. 열이 좀 있다. (10) ⓒ【球技】터치《터치라인 바깥쪽》 (11) ⓒ《俗》(돈을) 졸라댐, 차용, 빚 ; 절취. ***at a ~*** 좀 닿기만 하여도. ***bring***〈***put***〉***to the ~*** 시험하다. ***characteristic ~*** (말 등의) 특징, 버릇. ***come in ~ with*** …와 접촉〈교제〉하다. ***in ~ of*** = ***within ~ of*** …(의) 가까이에. ***in ~ with*** …와 접촉〈교제〉하여 : I'll be *in* ~ *with* her. 그녀와 연락을 취하겠다. ***keep in ~ with*** …와 접촉〈연락〉을 유지하다. ***lose one's ~*** 기량이〈솜씨가〉떨어지다. ***lose ~ with*** …와의 접촉〈연락〉이 없다 : I've *lost* ~ *with* her since. 그 이후 그녀와 연락이 없다. ***make a ~*** 돈을 조르다. ***out of ~ with*** …와 멀어져서 : be *out of* ~ *with* the political situation 정치 정세에 어둡다. ***put*** a person ***in ~ with...*** 아무에게 …와 연락하게 하다. ***~ and go*** 불안정한 처지〈상황〉, 위태로운 상태. 파) **ˊ~•a•ble** [-əbəl] a. 만질〈감촉할〉수 있는 ; 감동시킬 수 있는.

touch-and-go [tʌ́tʃəngóu] *a.* 위태로운(risky), 아슬아슬한, 일촉 즉발의 : a ~ business 위험한 줄타기(같은 일) / a highly ~ situation 일촉 즉발의 상황.

touch·back [ˊbæ̀k] *n.* ⓒ【美蹴】터치백《골라인(goalline)을 넘어서 공이 데드(dead) 되었을 때의 판정, 어느쪽도 득점이 되지 않음》.

touch·down [ˊdàun] *n.* ⓤⓒ (1)【럭비】수비측이 자기편의 인골에서 공을 땅에 댐. (2)【美蹴】터치다운 ; 그 득점. 【cf.】touch. (3)【空】(단시간의)착륙.

tou·ché [tuːʃéi] *int.*《F.》(1) (토론회 등에서) 내가 졌다 ! (2)【펜싱】투셰《찔렸다는 선고》.
— *n.* (펜싱) 한번 찌르기 ; (비유) 급소를 찌르는 논법, 답.

touched [tʌtʃt] *a.*〔敍述的〕(1)《口》정신이 좀 돈 : We thought she was a bit ~. 우리는 그녀가 좀 돈 것으로 생각했다. (2) 감동된.

tóuch fóotball 터치 풋볼《미식 축구의 일종》.

:touch·ing [tʌ́tʃiŋ] *a.* 감동적인, 감동시키는 ; 애처로운(pathetic).
— *prep.*《文語》…에 관하여(concerning).
파) **~•ly** *ad.* 비장하게, 애처롭게. **~•ness** *n.*

tóuch jùdge【럭비】터치 저지, 선심(線審).

touch·line [ˊlàin] *n.* ⓒ【럭비·蹴】터치라인, 옆줄, 측선.

tóuch pàper (불꽃 등의) 도화지(導火紙).

tóuch scrèen【컴】만지기 화면《손가락으로 만지면 컴퓨터에 입력이 되는 표시장치 화면》.

touch·stone [ˊstòun] *n.* ⓒ (금의 순도를 판정하는) 시금석 ; 기준, 표준.

touch-type [ˊtàip] *vi.* (키를 안 보고) 타이프를 치다. 파) **-typ•ist** *n.*

touch·wood [ˊwùd] *n.* ⓤ 부싯깃(썩은 나무), 술래잡기의 일종.

touchy [tʌ́tʃi] (***touch•i•er*** ; ***-i•est***) *a.* (1) (문제·일 따위가) 다루기 힘든 : a ~ issue 골치아픈 문제. (2) 성마른(irritable) ; 성미 까다로운 ; 과민한. 파) **touch•i•ly** *ad.* **-i•ness** *n.*

:tough [tʌf] *a.* (1) 튼튼한, 병에 걸리지 않는 ; 불굴의. (2) (고기·나무·철강 등이) 질긴, 단단한, 강한. 【cf.】tender. (3) 끈기 있는, 점착력이 있는 : ~ clay 찰흙. (4) 곤란한, 고된, 고달픈;다루기 힘든, 집요한. (5)《口》불쾌한, 고달픈, 불운한. (6) (싸움 등이) 맹렬한, 격렬한, 치열한. (7) (범인 따위가) 흉악한, 무법의 ; 무뢰한들이 많은. ㅁ toughen *v.* (***as***) ***~ as nails*** (사람이) 완강한 ; 냉혹한, 비정한. (***as***) ***~ as old boots*** (고기 따위가) 아주 질긴. ***get ~ with*** a person 아무에게 심하게 대하다. ***Things are ~.*** 세상은 각박한 것이다.
— *n.* ⓒ 악한, 불량배, 깡패(ruffian). 【cf.】rough.
— *vt.*《美口》(곤란)을 참고 견디다《*out*》: He managed to ~ it *out* under unfavorable conditions. 그는 불리한 조건하에서도 이럭저럭 잘 이겨냈다. 파) **ˊ~•ly** *ad.* **ˊ~•ness** *n.* 강인함.

tough·en [tʌ́fn] *vt.* (1) …을 튼튼하게 하다. (2) …을 강(인)하게 하다, 단단하게 하다. — *vi.* (1) 강

(인)해지다. (2) 튼튼해지다.

tough·ie, toughy [tʌ́fi] (*pl.* ***-ies***) *n.* ⓒ《美口》(1)난문제, 어려운 정세, 난국. (2)=TOUGH.

tough-mind·ed [tʌ́fmáindid] *a.* (1) 의지가 강한, 완고한. (2) 현실적인, 감상적이 아닌.
파) **~·ly** *ad.* **~·ness** *n.*

tou·pee [tuːpéi, -píː] *n.* ⓒ《F.》(남자용) 가발《대머리용》, 다리《여성용 가발》.

:tour [tuər] *n.* ⓒ (1) 일순(一巡), (짧은 거리를) 한 바퀴 돌기〈돎〉. (2) 관광여행, 만유(漫遊), 유람여행. (3) (극단의) 순회(巡廻)공연. (4)【주로 軍】(외국 등에서의) 근무기간(~ of duty). (5) (공장 따위에서의 교대제 근무의) 당번 ; 근무 교대(shift). ***go on a ~*** 여행을 떠나다. ***knight' s ~*** 기사의 순력. ***make a ~ of***〈(***a***) ***round, in, through***〉(Europe) (유럽)을 한 바퀴 돌다. ***on ~*** 여행 중에 ; 순회 공연하여.
— *vt.* (1) …을 주유하다, 여행하다 : Last year they ~*ed* Europe. 작년에 그들은 유럽을 여행했다. (2) …을 보고 돌아다니다 : ~ the museum 박물관을 견학하다. (3) (극단이, 지방 등)을 순회 공연하다. (4) (자동차가) 느린 속력으로 달리다, 돌아다니다(cruise). — *vi.* (1) 주유하다, 여행하다 : ~ in 〈round〉 Italy 이탈리아를 여행하다. (2) 지방 순회 공연을 하다.

tour de force [tùərdəfɔ́ːrs] (*pl.* ***tours de force***) *n.*《F.》(1) ⓒ (예술상의) 역작, 대걸작. (2)(*sing.*) 힘을 쓰는 재주, 절묘한 기술, 묘기.

tour·ism [túərizəm] *n.* ⓤ (1) 관광사업 : *Tourism* has become a big industry. 관광 사업은 하나의 큰 산업이 되었다. (2) 관광여행.

:tour·ist [túərist] *n.* ⓒ (1) 순회〈원정〉중의 스포츠 선수. (2) (관광)여행자, 관광객.
— *a.* 〔限定的〕 (1) 여행자의〈를 위한, 에게 알맞은〉. (2) 투어리스트 클래스의.
— *ad.* (항공기·기선의) 투어리스트 클래스로.
— *vi.* 관광 여행을 하다. — *vt.* 관광여행으로 방문하다.

tóurist àgency 관광〈여행〉안내소, 여행사.

tóurist bùreau 여행사 ; (정부의)관광국.

tóurist clàss (항공기·기선 따위의)가장 요금이 싼 등급.

tóurist hòme 민박 숙소(《英》guest house), 여행자에게 돈받고 재워주는 민가.

tour·is·tic [tuərístik] *a.* 관광객의;(관광)여행의.

***tour·na·ment** [túərnəmənt, tə́ːr-] *n.* ⓒ (1) (두 패로 나뉘는) 마상(馬上) 시합《중세 기사의》. (2) 선수권대회 ; 승자 진출전, 토너먼트.

tour·ney [túərni, tə́ːr-] *vi.* 마상 시합〈무술 시합〉에 참가하다. — *n.* =TOURNAMENT.

tour·ni·quet [túərnikit, tə́ːr-] *n.* ⓒ【醫】교압기(絞壓器), 지혈대(止血帶).

tou·sle *vt.* (1) (머리)를 헝클다. (2) …을 거칠게 다루다.
— *n.* (*sing.*) 헝클어진 머리.

tout [taut]《口》*vi.* (1)《英》(경마말·마굿간 등의) 상태를 염탐하다《*round*》, 정보를 제공하다. (2)《~/+前+名》손님을 끌다 ; 강매하다, 귀찮게 권유하다《*for*》. (3) 표를 웃돈을 붙여서 팔다, 암표상(노릇)을 하다. — *vt.* (1) …에게 끈덕지게 권하다, 졸라대다. (2) …을 극구 칭찬〈선전〉하다. (3)《英》(경마 말 등의 정보)를 염탐〈제공〉하다. (4) (표)를 웃돈을 붙여서 팔다.
— *n.* ⓒ (1) (여관 따위의) 유객꾼. (2) (경마의) 예상가. (3) 암표상.

tout en·sem·ble [tuːtaːnsaːmbl]《F.》(1) 총체(總體), 전체, 전부. (2) (예술 작품 등의) 전체적 효과.

tow [tou] *vt.* (1) (어린애·개따위)를 끌고 가다. ㅁ towage *n.* (2) (배·자동차)를 밧줄〈사슬〉로 끌다, 견인하다. — *n.* ⓒⓤ 밧줄로 끌기〈끌려가기〉, 견인(牽引). ***in ~*** 끌려서《*of, by*》. ***take***〈***have***〉 ***in***〈***on***〉***~*** 1) 밧줄로 끌다, (배를) 예인하다, 예항하다. 2) 지배하다 ; 거느리다. 3) (아무를) 맡다, 돌봐주다.

tow·age [tóuidʒ] *n.* ⓤ (1) 배끄는 삯, 예선〈견인(牽引)〉료. (2) 배끌(리)기, 예선(曳船).

:to·ward [t(w)ɔːrd, təwɔ́ːrd] *prep.* (1) 〔경향〕…의 편으로, …을 향하여 : be drawn ~ new ideas 새 사상에 끌리다 / tend ~ the other extreme 정반대의 극단으로 향하다 / drift ~ war 점점 전쟁쪽으로 기울다. (2) 〔위치·방향 …쪽으로, …로 향하여, …에 면하여, …의 쪽을 향하여. (3)〔시간적·수량적 접근〕…가까이, …경〈무렵, 쯤〉. (4) 〔목적·기여·준비〕 …을 위해서, …의 일조(一助)로 ; …을 생각하여. (5) 〔관계〕…에 대하여, …에 관하여.

:to·wards[tɔːrdz, təwɔ́ːrdz] *prep.* =TOWARD.

tow·a·way [tóuəwèi] *n.* (1) ⓒ 주차 위반으로 견인되는 차. (2) ⓤⓒ 주차 위반 차량의 견인 철거.
— *a.* 〔限定的〕주차 위반 차량을 끌어가는 : a ~ zone 주차 금지 구역《주차 위반 차량을 레커차로 견인해 감》.

tow·bar [tóubàːr] *n.* ⓒ 견인봉(棒)《자동차 견인용 철봉》. — *vt.* (자동차를) 견인봉을 잡아끌다.

tow·boat [tóubòut] *n.* ⓒ 예인선(tugboat).

:tow·el [táuəl] *n.* ⓒ 세수 수건, 타월. ***throw*** 〈***toss***〉***in the ~*** 1)【拳】(패배의 자인으로서) 타월을 (링 안에) 던지다. 2)《口》패배를 인정하다.
— (***-l-***,《英》***-ll-***) *vt.* …을 타월로 닦다〈훔치다〉.

tow·el·ing,《英》**-el·ling** [táuəliŋ] *n.* ⓤ 타월천.

:tow·er [táuər] *n.* ⓒ (1) (공장 설비 등의) 탑;고압선용 철탑 ; 철도 신호소. (2) 탑, 망루. (3) 고층 건물(~ block) : new ~*s* in the downtown 도심지의 새 빌딩들. (4) 요새, 성채, 탑 모양의 감옥 ; 안전한 장소 ; 옹호자 ;【史】(바퀴 달린) 공성(攻城)탑.
— *vi.* (1)《+前+名/+副》우뚝 솟다《*above ; over ; up*》: ~ *against* the sky 공중에 우뚝솟다 / a spire ~*ing up* to the heavens 하늘 높이 치솟은 뾰족탑. (2)《+前+名》《北》(한층) 뛰어나다《*above ; over*》: He ~*ed above* his contemporaries in intellect. 그는 지적으로 동시대의 사람들보다 훨씬 뛰어났었다.

tówer blòck《英》고층 건축, 고층 빌딩.

***tow·er·ing** [táuəriŋ] *a.* 〔限定的〕 (1) 큰, 고원(高遠)한 : a man of ~ ambitions 큰 야심을 품은 사람. (2) 높이 솟은(lofty). (3) 심한, 격렬한.

tow·hee [táuhiː, tóu-] *n.* ⓒ 피리새류《북아메리카산》.

tow·line [tóulàin] *n.* ⓒ (배·자동차 등을) 끄는 견인삭(索), 밧줄〈쇠사슬〉.

:town [taun] *n.* (1) (the ~) 도회지《country와 대조해서》. (2) ⓒ 읍《village 보다 크고 city의 공칭이 없는 것》. (3) 〔冠詞 없이〕 a) 수도 ; (종종 T-)《英》《특히》 런던 ; 살고 있는 도시, 근처의 도시. b) 시내의 지구 ;《특히》 상가 ; 지방의 중심지. (4) (the ~) 〔集合的;單·複數취급〕 시민, 읍민. ***blow ~***《俗》도망하다. ***carry a ~*** 마을을 노략질하다. ***come***

to ~ 상경하다, 나타나다. ***go to ~*** 1) 읍《런던》에 가다. 2) 《口》 큰 돈을 쓰다《*on* ; *over*》 ; 흥청거리다. 3) 《口》 …을 열심히 논(論)하다. ***in ~*** 상경《재경》하여. (***out***) ***on the ~*** 《口》(특히) 밤에 흥청거리며, 환락에 빠져. ***paint the ~*** (***red***) ⇨PAINT. — *a.* 〔限定的〕 읍의, 도회의 : ~ life 도회 생활.

tówn clérk 읍《시》사무소 서기.

tówn còuncil 〔集合的〕 《英》 읍《시》의회.

tówn cóuncil(l)or 읍의회《시의회》의원《略: TC》.

tówn críer 【史】 포고 사항을 알리고 다니던 고을의 관원.

town·ee [tauníː] *n.* ⓒ 《蔑》 도시 사람.

tówn gàs 《英》 도시 가스.

tówn háll 시청, 읍사무소;시공회당.

tówn hòuse (1) 연립《공동》주택《한 벽으로 연결된 2-3층의 주택》. (2) (시골에 country house를 가진 귀족 등의) 도회지의 딴 저택(【cf.】 country seat). (3) 《英》 = TOWN HALL.

town·ie [táuni] *n.* = TOWNEE.

town·i·fy [táunəfài] *vt.* 도시화하다 ; …을 도시풍으로 하다.

town·ish [táuniʃ] *a.* 도시(식)의, 도시같은.

tówn méeting (1) 《美》읍《시》 대표자회. (2)시민 대회.

tówn plánning 도시 계획(city planning).

town·scape [táunskèip] *n.* ⓒ 도시 풍경(화).

towns·folk [táunzfòuk] *n. pl.* =TOWNSPEOPLE.

***town·ship** [táunʃìp] *n.* ⓒ (1)【英史】 읍구《parish속의 한 소구획》. (2) 《美 · Can.》군구(郡區)《county의 일부》. (3) 《南아》 (도시의) 비(非)백인 거주구.

towns·man** [táunzmən] (*pl.* ***-men [-mən]; *fem.* ***-wòm•an***, *fem. pl.* ***-wòm•en***) *n.* ⓒ (1)읍민, 같은 읍내 사람. (2) 도회지 사람.

towns·peo·ple [táunzpiːpl] *n.*〔集合的 ; 複數 취급〕도시 사람 ; (특정한 도시의) 읍민, 시민.

tówn tálk 동네《거리》의 화제, 가십거리 ; 읍내의 소문.

tow·path [tóupæ̀θ, ⌐pàːθ] *n.* ⓒ (강 · 운하 연안의) 배끄는 길.

tox·e·mia, 《英》 **tox·ae·mia** [tɑksíːmiə/ tɔk-] *n.* ⓤ 【醫】 (1) 임신 중독증. (2) 독혈증.

tox·e·mic [tɑksíːmik/ tɔk] *a.* 독혈증《임신 중독증》의 징후가 있는.

tox·ic [tɑ́ksik/ tɔ́k-] *a.* (1) 중독(성)의. (2) 독(성)의 ; 유독한.

tox·i·col·o·gist [tɑ̀ksikɑ́lədʒist/ tɔ̀ksikɔ́l-] *n.* ⓒ 독물(毒物)학사.

tox·i·col·o·gy [tɑ̀ksikɑ́lədʒi/ tɔ̀ksikɔ́l-] *n.* ⓤ 독물학.

tox·in [tɑ́ksin/ tɔ́k-] *n.* ⓒ 독소(毒素).

:toy [tɔi] *n.* ⓒ (1) 하찮은 것, 싸구려 물건. (2) 장난감, 완구. (3) 소꿉장난. ***make a ~ of*** …을 가지고 놀다 ; 장난하다.
— *vi.* (1) 《+前+名》 장난하다, 가지고 놀다 ; (…을) 적당히 생각하다《*with*》. (2) (…을 갖고) 놀다《*with*》.

tóy bòy 《英口》(연장인 여자의) 제비족, 젊은 연인《애인》.

toy·shop[tɔ́iʃɑ̀p/ -ʃɔ̀p] *n.* ⓒ 완구점, 장난감가게.

:trace[1] [treis] *vt.* (1) 《+目+前+名/+目+副》 …의 출처를《유래를, 기원을》 조사하다, 더듬어 올라가 (원인)을 조사하다《*back*》. (2)《~+目/+目+前+名/+目+副》 …의 자국을 밟다《쫓아가다》, 추적하다《*out*》 ; …의 행방을 찾아 내다《*to*》. (3) 《+目+前+名》 …의 흔적을 발견하다, (조사에 의해서) 알다. (4) (길)을 따라가다 : ~ a track 오솔길을 따라가다. (5) 《~+目/+目+副》(선)을 긋다, (윤곽 · 지도 등)을 그리다, …의 도면을 그리다 ; 계획하다, 획책하다《*out*》. (6) …을 공을 들여(천천히) 쓰다. (7) …을 투사하다, 트레이스하다, 복사하다, 베끼다(copy). — *vi.* (1) 길을 따라가다 ; 걸어가다. (2) (계통 등이) 거슬러 올라가다《*to*》.
— *n.* (1) ⓤⓒ (흔히 *pl.*) a〕 발자국, 바퀴자국, 쟁기 자국《따위》 : the ~*s* of ski in the snow 눈 위에 남은 스키 자국 / We saw ~*s* of a bear in the snow. 우리는 눈에서 곰의 발자국을 발견했다. b〕 자취, 흔적;영향, 결과 : ~*s* of an ancient civilization 옛 문명의 자취 / The war has left its ~(s). 전쟁은 그 자취를 남기고 있다 / He attempted to cover up all the ~*s* of his crimes. 그는 그의 범죄의 흔적을 모두 은폐하려고 시도했다. (2) ⓒ (흔히 *sing.*) 기운, 기색, 조금 : a mere ~ of a smile 엷은 미소/He betrayed not a ~ of fear. 조금도 무서워하는 기색을 보이지 않았다. (3) ⓒ 선(線), 도형 ;(군사 시설 등의) 배치도, 겨냥도. (4) ⓒ 자동 기록 장치의 기록. (5)ⓤⓒ 【컴】 뒤쫓기, 추적《1) 프로그램의 실행 상황을 자세히 추적함. 2) 추적정보. 3) 추적하는 프로그램(tracer)》. (***hot***) ***on the ~s of*** …에 바싹 뒤따라 붙어, …을 추적 중. ***lose***(***all***) ***~ of*** …의 발자취를 (완전히) 놓치다 ; …의 거처를 (전혀)모르게 되다. ***without*** (***a***) 흔적도 없이.

trace[2] *n.* ⓒ (마소가 수레를 끌기 위한) 끝잇줄 : in the ~s 끝잇줄에 매어서. ***kick*** 〈***jump***〉 ***over the ~*** (***s***) (사람이) 지배에서 벗어나다, 말을 듣지 않다, 반항하기 시작하다.

trace·a·ble [tréisəbəl] *a.* trace[1] 할 수 있는.
파) **trace•a•bil•i•ty** [-əbíləti] *n.*

tráce èlement 【生化】 미량(微量) 원소, 추적원소.

trac·er [tréisər] *n.* ⓒ (1) 모사자(模寫者), 등사공. (2) 추적자(者). (3) 줄 긋는 펜, 철필 ; 사도기(寫圖器), 투사기. (4) 분실물 수색계원.

trac·ery [tréisəri] *n.* ⓒⓤ (1) 트레이서리 무늬《조각 · 자수 등의 그물코 무늬》. (2) 【建】 트레이서리《고딕식 창 위쪽의 장식적 뼈대》. 파) **-er•ied** [-rid] *a.*

tra·chea [tréikiə/ trəkíːə] (*pl.* ***~s, -cheae*** [-kiiː, -kíːi]) *n.* ⓒ 【解】 호흡관(windpipe), 기관.
파) **-che•al** [-l] *a.*

tra·cho·ma [trəkóumə] *n.* ⓤ 【醫】 트라홈, 트라코마, 과립성 결막염《눈병의 하나》.

***trac·ing** [tréisiŋ] *n.* (1) ⓤ 추적 ; 근원캐기, 소원(溯源), 천착(穿鑿). (2) a〕 ⓤ 투사, 복사, 트레이싱. b〕 ⓒ 투사물. (3) ⓒ 자동 기록장치의 기록《지진계의 그래프 따위》.

trácing pàper 투사지, 트레이싱 페이퍼.

:track [træk] *n.* (1) ⓒ 통도, 밟아 다져져 생긴 길, 소로. (2) ⓒ (종종 *pl.*) a〕 (차 · 배 등이) 지나간 자국, 흔적 ; 바퀴 자국 ; 항적(航跡) ;(사냥개가 쫓는 짐승의) 냄새 자국. b〕 (사람 · 동물의) 발자국. (3) ⓒ (인생의) 행로, 진로 ; 상궤 ; 방식. (4)ⓒ 진로, 항로. (5)ⓒ 증거;단서. (6) ⓒ 《美》 선로, 궤도. (7) a〕 ⓒ (경마의) 주로(走路), 경주로, 트랙(【opp.】 *field*) b〕 ⓤ 〔集合的〕 (필드 경기에 대하여) 트랙 경기 : ⇨ INSIDE TRACK. (8)ⓒ (자동차 등의) 양쪽 바퀴의 간격, 윤거(輪距);《美》(철도의) 궤간(軌間). (9) ⓒ(전

차·트랙터의) 무한 궤도, 캐터필러. (10) ⓒ a〕(자기(磁氣)테이프의) 음대(音帶); (레코드의) 홈(band); 테이프에 녹음된 곡. b〕(영화필름의) 녹음대, 사운드 트랙 (sound track). (11) ⓒ【컴】(저장)테, (디스크의) 트랙 ***clear the ~*** 길을 트다 ; 〔명령〕비켜. ***cover*** 〈***up***〉 one***'s ~s*** (부정 행위 등의) 증거를 감추다 ; 자기 의도(따위)를 숨기다. ***in*** one***'s*** *~s* 《口》 즉석에서 ; 즉시. ***have the inside ~*** ⇨inside track. ***in the ~ of*** …의 예에 따라서 ; …의 도중에 ; …을 쫓아가서. ***keep ~ of*** …을 놓치지 않고 따라가다 ; …을 주의해 지켜 보다. ***lose ~ of*** …의 소식이 끊어지다 ; …을 놓치다. ***off the beaten ~*** 1) (장소 등) 잘 알려져 있지 않은, 인적이 드문. 2) 상도를 벗어나 ; 익숙지 않아. ***on the right***〈***wrong***〉 ***~*** (생각 따위가) 타당하여〈그릇되어〉. ***make*** 〈***take***〉 ***~s*** 《口》 (급히) 가다, 가버리다《*for*》. ***on the ~*** 1) 추적하여, 단서를 잡아서《*of*》. 2) 궤도에 올라. ***throw... off the ~*** (추적자를) 따돌리다.

— *vt.* (1) 《~+目/+目+前+名/+目+副》 …의 뒤를 쫓다, 추적하다 ; 추적하여 잡다《*down*》 : ~ a lion *to* its covert 사자를 숨은 곳까지 추적하다 / The police ~*ed down* the cruiminal. 경찰은 범인을 추적 체포했다. (2) 《~+目/+目+副/+目+前+名》 《美》 (마루등)에 발자국을 내다 ; (진흙·눈 따위)를 발에 묻혀 오다 : ~ mud *into* the house 집안으로 진흙을 묻혀 들이다. (3) (레이더 등 계기로 미사일 우주선 등)의 진로〈궤도〉를 관찰〈기록〉하다. (4) 《美》 (학생을) 능력〈적성〉별 코스로 배치하다.

— *vi.* (1) (바늘이) 레코드의 홈을 따라가다. (2) (양쪽 바퀴가) 일정 간격을 유지하다, 궤도에 맞다. (3)【映·TV】(카메라맨이) 이동하며 촬영하다. (4) 《美》 궤간이 …이다. (5) 걸어다니다《*about, around*》

tráck and fíeld 〔集合的〕 육상 경기.

tráck bàll 【컴】 (저장)테공《공(ball)을 손가락으로 회전시켜 CRT 화면상의 cursor를 이동시키는 위치 지시 장치》.

track·er [trǽkər] *n.* ⓒ (1) (냄새로 추적하는) 경찰견 (tracker dog). (2) 추적자〈하는 것〉.

track·ing [trǽkiŋ] *n.* ⓤ (1)【美教】능력〈적성〉별 학급 편성(《英》streaming). (2)【宇宙】(레이더에 의한 로켓·미사일 추적.

trácking stàtion (우주선 등의) 추적 기지.

track·lay·er [trǽklèiər] *n.* ⓒ (1) 무한 궤도차. (2) 《美》선로 부설공, 보선원(《英》platelayer).

track·less [trǽklis] *a.* (1) 무궤도의. (2) 길이 없는 ; 인적 미답(人跡未踏)의, 발자국 없는. (3) 자취를 남기지 않는.

tráck mèet 《美》 육상 경기 대회.

tráck rècord (1) (회사의) 현재까지의 업적, 실적. (2) 트랙 경기의 성적.

tráck shòe (흔히 *pl.*) (육상 선수의) 운동화〈스파이크〉.

tráck sỳstem 【美教】 능력〈적성〉별 학급편성 방식.

:tract[1] [trǽkt] *n.* ⓒ (1)【醫·解】a〕관(管), 도(道), 계통. b〕(신경 섬유의) 다발, 속(束). (2) (지면·하늘·바다 등의) 넓이 ; 넓은 지면, 토지 ; 지역 ; 지방. (3) 《英古》 기간《*of*》. (4) 영송.

***tract**[2] *n.* ⓒ (소) 논문, (특히 종교·정치 관계의)팸플릿, 소책자. ▫ tractate *n.*

trac·ta·ble [trǽktəbəl] *a.* 온순한, 유순한 ; 다루기 쉬운, 세공하기 쉬운.

파) **-bly** *ad.* **trac•ta•bil•i•ty** [-bíləti] *n.*

trac·tate [trǽkteit] *n.* ⓒ 논문 ; 소책자.

trac·tion [trǽkʃən] *n.* ⓤ (1) (차 바퀴의 선로에 대한) 정지(靜止) 마찰. (2) 끌기, 견인(력). (3)【生理】(근육의)수축. (4) 공공 수송 업무. (5)【醫】(골절 치료 등의) 견인. (5) 끄는 힘, 매력, 영향력.

tráction èngine 견인 기관차.

trac·tive [trǽktiv] *a.* 견인하는, 끄는.

***trac·tor** [trǽktər] *n.* ⓒ (1) 견인 기관차. (2) 트렉터, 견인(자동)차.

trac·tor-trail·er [-tréilər] *n.* ⓒ 트레일러 트럭 《트레일러를 연결한 큰 트럭》.

trad [trǽd] 《英口》 *a.* (재즈가) 트래드한.

— *n.* ⓒ 전통적 재즈(스타일), 트래드《1950년대에 리바이벌된 1920-30년대의 영국 재즈》

:trade [treid] *n.* (1) ⓒ 직업(【cf.】occupation) ; 직(職),《특히》 손일. (2) a〕ⓤ 매매, 상업, 장사, 거래, 무역, 교역 ; (commerce에 대하여) 소매업.【cf.】business. b〕ⓤⓒ 《美》(물물)교환(exchange). c〕ⓒ【野】(선수의) 트레이드. (3) ⓤ 〔集合的〕 (흔히 the ~) a〕동업자, 소매업자 ; …업, …업계. b〕《英》 주류 판매 업자. (4) ⓤ 《美》 고객, 거래처. (5) (the ~s) 무역풍(~ wind). ***be good*** 〈***bad***〉 ***for ~*** 살 마음을 일으키게 하다(일으키지 않다)***be in ~*** 장사하고 있다, 가게를 가지고 있다. ***carry on*** 〈***follow***〉 ***a ~*** 직업에 종사하다, 장사를 하다. ***do a busy ~*** = ***drive*** 〈***do, make***〉 ***a roaring ~*** 장사가 번창하다. ***fair ~*** 공정거래, 노예무역. ***free ~*** 자유무역. ***home*** 〈***domestic***〉 ***~*** 구내무역. ***illegal ~*** 암〈부정〉거래. ***tricks of the ~*** 장사의 비결.

— *vi.* (1) 《~/+前+名》 장사하다, 매매하다《*in*》 ; 거래〈무역〉하다《*with*》 : ~ *in* rice 쌀 장사를 하다 / He ~*s in* cotton. 그는 면직물 장사를하고 있다. (2) 《+前+名》(배가) 화물을 운송하다, 다니다《*to*》 : The ship ~*s between* London and Lisbon. 그 배는 런던과 리스본 사이를 물품을 싣고 다닌다. (3) 《+前+名》물건을 사다, 쇼핑하다, 단골로 사다《*at, with*》 : She ~*s at* my shop when she is in town. 그녀는 시내에 나오면 우리 가게에서 물건을 산다. (4) 《+前+名》 교환하다. 바꾸다 : If he doesn't like it, I will ~ *with* him. 그가 그것을 안 좋아한다면 내것과 교환하겠소. (5) 《+前+名》(…을 나쁘게) 이용하다, 기화로 삼다 : It's not good to ~ *on* 〈*upon*〉 other people's ignorance. 남의 무지를 악용하는 것은 좋지 않다.

— *vt.* (1) 《+目+副》 …을 팔아버리다《*away ; off*》 : ~ *off* 〈*away*〉 one's furniture 가구를 팔아버리다. (2) 《~ +目/+目+前+名》 …을 서로 교환하다 : ~ seats *with* a person 아무와 자리를 바꾸다 / They were standing in the middle of the yard *trading* insults. 그들은 광장 한가운데 서서 욕설을 주고받고 있었다. ***~ down*** 《口》 더 싼 물건을 매매하다, 더 싼 물건을 사다. ***~ in*** …을 웃돈을 얹어 주고 신품과 바꾸다《*for*》 : He ~*d in* his car *for* a new car. 그는 웃돈을 얹어주고 새 차를 샀다. ***~ off*** …을 다른것과 교환하다 ***~ on*** 〈***upon***〉 …을 이용〈악용〉하다 : He ~*s on* his past reputation. 자기의 과거의 명성을 이용하고 있다. ***~ up*** 고급품으로 바꾸어 사다 ; (차액을 중고차 등으로 주고) 고급품을 사다.

tráde associàtion 동업자 단체, 동업 조합.

tráde dèficit 무역 적자.

tráde edition (호화판·교과서판 등에 대하여) 보급판, 시중판(版).

tráde fàir (산업〈무역〉) 박람회.

tráde friction 무역 마찰.
tráde jòurnal 업계지(誌), 업계 잡지.
***trade·mark** [<-mà:rk] *n.* ⓒ (1) (사람·행동 등의 특징이 되는) 트레이드마크. (2) (등록) 상표, 트레이드마크《略 : TM》.
tráde nàme (1)상호, 옥호. (2)상표〈상품〉명.
trade-off [<-ɔ̀:f/ <-ɔ̀f] *n.* ⓒ (보다 유리한 것을 얻기 위해 무언가를 내놓고 하는) 흥정 거래.
tráde pàper 업계지(紙), 업계 신문.
tráde prìce 업자간의 가격, 도매 가격.
:trad·er [tréidər] *n.* ⓒ (1) 상선, 무역선. (2) 상인, 무역업자 : a fur ~ 모피 상인. (3) 거래원.
tráde sècret 기업 비밀, 영업 비밀..
trades·man** [<-zmən] (*pl.* ***-men [<-zmən]) *n.* ⓒ (1) 점원, (상품) 배달원. (2) 상인 ; (특히) 소매 상인.
trades·peo·ple [<-zpì:pl] *n. pl.* 〔集合的〕 (특히) 소매상인 ; 상인.
tráde súrplus 무역 수지의 흑자.
tráde ùnion 노동 조합(《美》labor union).
tráde únionism 노동 조합주의〈조직〉.
tráde únionist 노동 조합주의자, 노동 조합원.
tráde wàr 무역 전쟁.
tráde wìnd 무역풍.
***trad·ing** [tréidiŋ] *n.* ⓤ (1)《美》(정당간 따위의) 타협, 담합. (2) 상거래, 무역. — *a.* 상업에 종사하는 ; 통상요의 : a ~ concern 무역회사.
tráding pòst (미개지 주민과의) 교역소.
:tra·di·tion [trədíʃən] *n.* ⓒⓤ (1) 전통, 관습, 인습. (2) 전설 ; 구비(口碑), 구전, 전승(傳承). ***be handed down by ~*** 말로 전해 내려오다. ***Tradition runs* 〈*says*〉 *that...*** …라고 전해지고 있다. — *n.* **~•ism** =TRADITIONALIST : 전승에 전통한 사람 ; 전승을 전하는 사람, 전승 연구자〈기록자〉. — *a.* **~•less** ◁ **tradítional, tradítionary**
tra·di·tion·al** [trədíʃənəl] (more ~ ; most ~***) *a.* (1) 전설의, 전승의〈에 의한〉. (2) 전통의, 전통적인 ; 관습의, 인습의.
tra·di·tion·al·ism [trədíʃənəlìzəm] *n.* ⓤ 전통주의 ; 전통〈인습〉 고수. 파) **-ist** *n.* 전통주의자.
tra·di·tion·al·ly [trədíʃənəli] *ad.* (1) 관례〈전승〉에 따라, 관례상. (2) 전통적으로, 전통에 따라.
tra·duce [trədjú:s] *vt.* (남)을 비방〈중상〉하다
:traf·fic [trǽfik] *n.* ⓤ (1) 운수업, 수송(량). (2) 교통(량), (사람·차의) 왕래, 사람의 통행. (3) 장사, 매매, (종종, 부정한) 거래, 교역, 무역《*in*》. (4) (정보·의견 등의)교환. ***be open to* 〈*for*〉 *~*** …을 개통하다. ***the ~ will bear*** 현재 상황이 허락하다.
— *a.* 〔限定的〕 교통의 : a ~ accident 교통 사고.
— (*p., pp.* ***-ficked*** [-t] ; ***-fick•ing*** [-iŋ]) *vi.* (1) 《+前+名》 장사하다, (특히 부정한) 매매를〈거래, 무역을〉하다. (2) 《+前+名》 교섭을 갖다, 교제하다.
— *vt.* (1) 장사하다, 거래하다. (2) 희생시키다. (명예 등을) 팔다《*for* ; *away*》. (3) (도로 등을) 통행하다.
traf·fi·ca·tor [trǽfəkèitər] *n.* ⓒ《英》(자동차의) 방향 지시기. 〔◀ *traffic* indic*ator*〕
tráffic cìrcle 《美》 로터리(《英》roundabout).
tráffic contról sỳstem **[컴]** 소통 제어체계《차량주행이 구역(block) 신호에 따라 제어되는 체계》.
tráffic còp 《美口》 교통순경.
tráffic còurt 교통 위반 즉결 재판소.
tráffic jàm 교통 체증〈마비〉.
traf·fick·er [trǽfikər] *n.* ⓒ (1) (악덕) 상인, 불법 거래 상인. (2) 소개업자.
tráffic lìght (교차점의) 교통 신호등.
tráffic sìgn 교통 표지.
tráffic wàrden 《英》교통 단속원《주차 위반 단속, 아동 교통지도 등을 하는 경찰 보조자》.
:trag·e·dy [trǽdʒədi] *n.* ⓤⓒ (1) 비극적 장면〈사건〉, 참사, 참극 ; 불운(한 일). (2) 비극. 〖opp.〗 *comedy*
:trag·ic [trǽdʒik] (***more ~ ; most ~***) *a.* (1) 비참한, 비통한, 애처로운. (2) 비극의(〖opp.〗 *comic*), 비극적인.
— *n.* (the ~) 비극적 요소〈표현〉.
trag·i·cal [trǽdʒikəl] *a.* =TRAGIC.
파) **~•ly** [-əli] *ad.* 비참하게, 비극적으로.
trag·i·com·e·dy [trӕdʒəkámədi/ -dʒikɔ́m-] *n.* ⓤⓒ 희비극《비유적으로도 씀》.
trag·i·com·ic, -i·cal [trӕdʒəkámik/ -dʒikɔ́m-], [-kəl] *a.* 희비극적인, 희비극의.
파) **-i•cal•ly** [-ikəli] *ad.*
:trail [treil] *vt.* (1) 《~+目/+目+前+名》 …의 뒤를 밟다, …를 추적하다. (2) 《~+目/+目+前+名/+目+副》 …을 (질질) 끌다, 끌고 가다. (3) (예고편에서 영화·TV 등)을 선전하다.
— *vt.* (1) 《+副/+前+名》 (질질) 끌리다 ; (머리카락이) 늘어지다. (2) 《+前+名》 (덩굴이) 붙어서 뻗어가다. (3) 《+前+名》 꼬리를 끌다 ; (구름·안개 따위가) 길게 뻗치다. (4) 《+副/+前+名》 발을 질질 끌며 가다, 천천히 나아가다. (5) 《+副/+前+名》 (소리 따위가) 점차 사라지다〈약해지다〉《*away* ; *off*》.
— *n.* ⓒ (1) a〕 뒤로 길게 늘어진 것 ; (혜성 따위의) 꼬리 ; (구름·연기 따위의) 길게 뻗침 : a ~ of smoke 길게 뻗은 연기 / vapor ~*s* 비행기 구름. b〕 (사람·차 따위의) 줄, 열. c〕 긴 옷자락. d〕 늘어뜨린 머리카락. (2) a〕 자국, 발자국, 지나간 흔적, 밟은 자국, 질질 끌린 자국 ; 선적(船跡), 항적(航跡) : a ~ of destruction 파괴의 자취. b〕 (짐승의) 냄새 자국〈자취〉;(수색 등의) 실마리 : lose the ~ 냄새자국을 잃다. (3)(황야나 미개지의) 오솔길:He followed a narrow ~ over the mountain. 그는 좁은 오솔길을 따라가 산을 넘었다. at the ~ **[軍]** 세워 총의 자세로. ***blaze a ~ to*** …을 개척하다, 창사하다. ***hit the ~*** (짐승의) 냄새자국을 잃고 ; 실마리를 잃고. ***off the ~*** (사냥개가) 냄새 자국을 잃고, 쫓다가 놓쳐 : put pursuers *off the* ~ 추적자를 따돌리다.
tráil bìke 트레일 바이크《험로용 소형 오토바이》.
***trail·er** [tréilər] *n.* ⓒ (1) a〕 트레일러, (트랙터 등에 의해 끌리는) 부수차(附隨車). b〕 (자동차로 끄는) 이동주택. (2)(덩 위로) 끄는 식물〈것〉 ; 추적자. (3) **[映]** 예고편. (4) 만초(蔓草).
:train [trein] *n.* ⓒ (1) (흔히 *sing.*) (사람·동물·차 따위의) 열, 행렬. (2) 열차, 기차, 전동차《2량 이상 연결되어 달리는 것》, (3) 연속, 연관 ; (사고의) 맥락. (4) 뒤에 끌리는 것 ; 옷자락 ; (별똥별·새 따위의 긴) 꼬리. ***in* (*good*) *~*** 준비가 잘 갖추어져.
— *vt.* (1) 《~+目/+目+副/+목+*to* do/+目+*as*補/+目+前+名》 …을 가르치다, 교육하다《*up* ; *over*》 ; 훈련하다, 양성하다《*for*》. (2) 《~+目/+目+前+名》 …의 몸을 단련시키다 ; 길들이다. (3) 《~+目/+目+副/+目+前+名》 **[園藝]** (나뭇가지 따위)를 취미에 맞는 모양으로 가꾸다《*over* ; *up*》, 정지(整枝)하다. (4) 《~+目/+目+前+名》(망원경·카메라·포 따위)를 …에 돌리다, 가늠〈조준〉하다《*on* ; *upom*》.

— *vi.* (1) 《~/+前+名》 연습(트레이닝)하다, 실습하다 ; 훈련하다, 교육하다 : ~ *for* a contest 경기 연습을하다 / They are ~*ing for* the boat race. 그들은 보트 경주에 대비하여 연습하고 있다. (2) 《~/+前+名》기차로 여행하다 : We ~*ed to* Boston. 우리는 보스턴까지 기차로 갔다. **~ *down*** 트레이닝 등으로 체중을 줄이다. 파) **~•a•ble** *a.* 훈련〈교육〉할 수 있는.

train·bear·er [⌐bɛ̀ərər] *n.* ⓒ(의식, 특히 결혼식 때 신부의) 옷자락을 받드는 사람.

train·ee [treiníː] *n.* ⓒ 군사〈직업〉 훈련을 받는 사람;훈련을 받는 사람〈동물〉.

:train·er [tréinər] *n.* ⓒ (1) 연습용 기구. (2) 훈련자, 코치, 길들이는 사람 ; 트레이너 : a dog ~ 개의 조련사. (3) 【空】(비행사) 연습기. (4)(흔히 *pl.*) 《英》 즈크제(製) 운동화.

tráin fèrry 열차를 그대로 싣고 건너는 연락선, 열차 페리.

:train·ing [tréiniŋ] *n.* (1) ⓤ (경기의) 컨디션. (2) a] ⓤ (또는 a ~) 훈련, 교련, 트레이닝, 교육, 단련, 조련, 조교(調敎), 연습 ; 양성. b] ⓤ 훈련〈양성〉 과정. ***be in* 〈*out of*〉 ~** 컨디션이 좋다〈나쁘다〉.

tráining schòol (직업 · 기술)훈련〈양성〉소 ; 소년원 : a ~ for nurses 간호사 양성소.

tráining shìp 연습함〈선〉.

train·man [tréinmən] (*pl.* ***-men*** [⌐mən]) *n.* ⓒ 《美》 열차 승무원《제동수 · 신호수 따위》.

traipes [treips] 《口》 *vi.* 어슬렁거리다, 배회하다, 정처없이 걷다, 터벅터벅 걷다《*across* ; *along*》

***trait** [treit] *n.* ⓒ 특성, 특색, 특징.

***trai·tor** [tréitər] *n.* ⓒ 반역자, 배반자《*to*》 ; 역적, 매국노.

trai·tor·ous [tréitərəs] *a.* 불충한, 배반하는 ; 딴마음 있는;반역(죄)의. 파) **~•ly** *ad.*

tra·jec·to·ry[trədʒéktəri] *n.* ⓒ (1)【天】 (혜성 · 행성 등의) 궤도. (2)(탄환 · 로켓 등의) 탄도, 곡선.

:tram [træm] *n.* ⓒ (1)광차, 석탄 운반차. (3)(*pl.*) 《英》 전차 궤도. (2) 《英》 시가(市街) 전차.

:tram·car [trǽmkɑ̀ːr] *n.* ⓒ 《英》 시가 전차(tram) : ~ stop 전차 정류장.

tram·line [⌐làin] *n.* ⓒ (흔히 *pl.*) (1) 《口》(정구장의) 측선. (2) 《英》 시가 전차 궤도〈선로〉.

tram·mel [trǽməl] *n.* ⓒ (1)(흔히 *pl.*) 구속, 속박, 장애물《습관 · 예의 등의》. (2)(훈련 때 쓰이는) 말의 족쇄.

:tramp [træmp] *vi.* (1) 《~/+前+名》 터벅터벅 걷다, 걸어 다니다 ; 방랑하다 ; 도보 여행하다. (2) 《~/+副/+前+名》 짓밟다《*on, upon*》 ; 쿵쿵거리며 걷다《*about*》. — *vt.* (1) 《~+目/+目+前+名》 …을 쿵쿵거리며 걷다 ; 짓밟다. (2) 도보 여행하다 ;도보로 가다. — *n.* (1) (*sing* ; 흔히 the ~) 뚜벅뚜벅 걷는 소리 : *the* ~ of marching soldiers 행군하는 병사들의 무거운 걸음걸이. (2) ⓒ 방랑자, 뜨내기, 룸펜. (3) ⓒ (긴) 도보 여행 : take a long ~ 먼 길을 도보로 가다. (4)ⓒ 부정기 화물선(~ steamer) : an ocean ~ 외양(外洋) 부정기 화물선. (5) ⓒ 《俗》 음탕한 여자 ; 매춘부. ***look like a ~*** 차림새가 어수룩하다. ***on* 〈*the*〉 ~** 방랑하여 ; (구직차) 떠돌아다니는. 파) **~•ed** *n.*

:tram·ple [trǽmpəl] *vt.* (1) 《+目+副/+目+前+名》 (감정 따위)를 짓밟다, 무시하다. (2) 《~+目/+目+副/+目+前+名》 …을 짓밟다 ; 밟아 뭉개다. — *vi.* (1) 쿵쿵거리며 걷다 ; 짓밟다《*on, upon*》. (2) 《+前+名》《比》 (감정 · 정의 따위를) 짓밟다, 유린하다. **~... *under foot*** = ~ on …을 마구 짓밟다, 무시하다, 업신여기다. — *n.* ⓒ 쿵쿵거리며 걸음〈걷는 소리〉, 짓밟음 ; 짓밟는 소리.

trámp stèamer 부정기(不定期) 화물선.

tram·way [trǽmwèi] *n.* ⓒ (1) 광차 선로. (2) 《英》 =TRAM.LINE. (3) (케이블카의) 삭도.

***trance** [træns, trɑːns] *n.* ⓒ (1) 【醫】 실신, 혼수상태, 인사 불성. (2) 몽환(夢幻)의 경지, 황홀 ; 열중 ; 망연(茫然) 자실 : in a ~ 망연 자실하여.

tran·quil** [trǽŋkwil] (**~•(*l*)*er* ; ~•(*l*)*est) *a.* 고요한, 조용한, 평온한, (마음 · 바다 등이) 차분한, 잔잔한, 편안한, 평화로운. 파) **~•ly** *ad.*

tran·quil·(l)·i·ty** [træŋkwíləti] *n.* ⓤ 고요함, 평정, 평온, 차분함. ***the Sea of Tranquility 【天】 (달의) 고요의 바다.

than·quil·(l)ize [trǽŋkwəlàiz] *vt.* …을 진정시키다, 조용하게〈고요하게〉 하다 ; (마음)을 안정시키다.

tran·quil·(l)iz·er [trǽŋkwəlàizər] *n.* ⓒ 【藥】 진정제, 트랭퀼라이저, 신경 안정제.

trans- *pref.* (1) '초월'의 뜻 : transcend. (2) '횡단, 관통'의 의미. 〖opp.〗 *cis-*. (3) '변화, 이전'의 뜻. (4) '건너편'의 뜻.

***trans·act** [trænsǽkt, trænz-] *vt.* (무역 등)을 하다 ; (사무 등)을 처리〈집행〉하다, 행하다 ; 거래하다.

***trans·ac·tion** [trænsǽkʃən, trænz-] *n.* (1) ⓒ (종종 *pl.*) 업무, 거래 ; 매매. (2) ⓒ (업무의) 처리, 취급. (3)(*pl.*) 의사록, 회보, 논문.

trans·ac·tion·al analysis [trænsǽkʃənəl-, trænz-] 【心】 교류 분석《略 : TA》.

trans·at·lan·tic [trǽnsətlǽntik, trǽnz-] *a.* (1) 대서양 건너편의 ; (유럽에서 보아) 미국의 ; (미국에서 보아) 유럽의. (2) 대서양 횡단의. (3) 대서양 양안의 나라들의.

trans·ceiv·er [trænssíːvər] *n.* ⓒ 라디오 송수신기, 무선전화기, 트랜스시버. 〔◀ *trans*mitter+ re*ceiver*〕

tran·scend [trænsénd] *vt.* (1) …을 능가하다, …보다 낫다. (2) (경험 · 이해력 등의 범위 · 한계)를 넘다, 초월〈초절(超絶)〉하다.

tran·scend·ence, -en·cy [trænséndəns], [-i] *n.* ⓤ 초절(超絶), 초월, 탁월.

tran·scend·ent [trænséndənt] *a.* 탁월한, 뛰어난, 출중한 ; 경험을 초월한 ; 풀기 어려운, 불분명한 ; 【스콜라哲】 초월적인.

tran·scen·den·tal [trǽnsendéntl] *a.* (1) 탁월한, 우월한, 뛰어난. (2) 【칸트哲】 선험적인, 직관적인, 직관에 의하여 얻은. 〖opp.〗 *empirical.* 『 ~ cognition〈object〉 선험적 인식〈객관〉. (3) 초자연적인, 초절적인.
파) **~•ly** [-təli] *ad.*

tran·scen·den·tal·ism [trǽnsendéntəlìzəm] *n.* ⓤ (1) (난해한) 추상적인 사상. (2) 【哲】 a] (칸트의) 선험론. b] (Emerson 등의) 초절(超絶)주의. 파) **-ist** [-təlist] *n.* 【哲】 선험론자 ; 초절론자.

transcendéntal meditátion 초월 명상법《진언(眞言)의 암송 등으로 심신의 긴장을 풀 수 있는 명상법 ; 略 : TM》.

trans·con·ti·nen·tal [trǽnskɑntənéntl], [trǽnz- / -kɔnt-] *a.* 대륙 횡단의, 대륙저편의 : a ~ railroad 대륙 횡단 철도. 파) **~•ly** *ad.*

***tran·scribe** [trænskráib] *vt.* (1) (속기 · 녹음 따위)를 보통의 글자로 바꿔쓰다, 전사(轉寫)하다 ; 문자화하다. (2) …을 베끼다, 복사(등사)하다. (3) (발음)

을 음성〈음소(音素)〉 기호로 나타내다, 표기하다. (4) …을 (다른 언어·문자로) 고쳐쓰다, 번역하다《*into*》. (5) 【放送】 녹음〈녹화〉 (방송)하다. (6) 【樂】(다른 악기를 위해) (곡)을 편곡하다《*for*》. ▫ transcription *n.* 파) **-scrib•er** [-ər] *n.* ⓒ (1)필사생, 등사자. (2) 편곡자. (3) 전사기(機).

***tran·script** [trǽnskript] *n.* ⓒ (1) (학교) 성적 증명서. (2) 베낀 것;사본, 등본(謄本); 전사(轉寫), 복사.

tran·scrip·tion** [trænskrípʃən] *n.* (1)ⓒ 베낀 것, 사본, 등본. (2)ⓤ 필사(筆寫), 전사. (3)ⓒⓤ 【樂】 편곡, 녹음. (4)ⓤⓒ 【라디오·TV】녹음〈녹화〉(방송). ▫ transcribe *v.* ***a phonetic ~ 음성표기.

trans·duce [trænsdjúːs] *vt.* 【物】 (에너지 등)을 변환(變換)하다.

trans·duc·er [trænsdjúːsər] *n.* ⓒ 【物·電】 (에너지) 변환기(變換器)《전파를 음파로 변환하는 라디오 수신기 같은 것》.

tran·sept [trǽnsept] *n.* ⓒ 【建】 익랑(翼廊), 트랜셉트, 수랑(袖廊)《십자형의 교회당 좌우의 날개 부분》.

:trans·fer [trænsfə́ːr] (***-rr-***) *vt.* (1) 《+目+前+名》 (재산·권리)를 양도하다, 명의 변경하다. (2) 《~+目/+目+ 前+名》 …을 옮기다, 이동〈운반〉하다 ; …으로 전임〈전속, 전학〉 시키다《*from* ; *to*》. (3) 《+目+前+名》 (애정 등)을 옮기다 ; (책임 등)을 전가하다. (4) (원도(原圖) 따위)를 전사하다, (벽화)를 모사하다. — *vi.* (1) 《~/+前+名》 옮아가다, 이동하다《*from* ; *to*》 ; 전임〈전학, 전과(轉科)〉 하다. (2) 《+前+名》 (탈 것을) 갈아타다.

— [trǽnsfər] *n.* (1) ⓤⓒ 이동, 이전 ; 이적(移籍) ; 전임(轉任). (2) ⓤⓒ (재산·권리 등의) 양도 ; 양도증서. (3) ⓒ 전사도〈화〉(轉寫圖(畫)). (4) ⓒ 갈아타는 지점 ; 갈아타는 표(~ ticket). (5) ⓒ 【商】 환(換), 대체(對替). (6) ⓤ (증권 따위의) 명의 변경. (7) ⓒ (다른 대학·부서·부대로의) 이적자, 전임〈전속〉자.

trans·fer·a·ble [trænsfə́ːrəbəl] *a.* (1) 전사할 수 있는. (2) 옮길 수 있는. (3) 양도할 수 있는. 파) **trans•fèr•a•bíl•i•ty** [-rəbíləti] *n.*

trans·fer·ee [trӕnsfəríː] *n.* ⓒ (1) 전임〈전학〉, 전속하는 사람. (2) 양수인(讓受人), 양도받은 사람.

trans·fer·ence [trænsfə́ːrəns, trǽnsfər-] *n.* ⓤ (1)【精神醫】 (감정) 전이. (2) 이전, 옮김 ; 이동 ; 양도전사(轉寫) ; 전임, 전근.

tránsfer lìst (프로 선수 등의) 이적 가능 선수 명단.

trans·fer·(r)er, -fer·or [trænsfə́ːrər] *n.* ⓒ 【法】 (재산) 양도인.

transfer RNA [-ɑ̀ːrènéi] 【生化】 운빈〈이전〉 RNA《略 : tRNA》.

trans·fig·u·ra·tion [trænsfigjəréiʃən] *n.* (1) (the T~) 【聖】(산상에서의 예수의) 현성용(顯聖容)《마태 복음 XVII:2》 ; 현성용 축《8월 6일》. (2) ⓤⓒ 변형, 변신.

trans·fig·ure [trænsfígjər, -fígər] *vt.* (1) …을 거룩하게 하다, 신화(神化)하다, 미화(美化)〈이상화(理想化)〉하다. (2) …의 형상〈모양〉을 바꾸다, …을 변형〈변모〉시키다 : Her face was ~*d* with joy. 그녀의 얼굴은 기쁨으로 변했다.

trans·fix [trænsfíks] *vt.* (1) (공포 따위로 사람)을 그 자리에 못 박이게 하다《*by* ; *with*》. (2) 《~+目/+目+前+名》…을 찌르다, 꽂다, 꿰뚫다.

trans·fix·ion [trænsfíkʃən] *n.* ⓤ (1) 꼼짝 못 하게 하기. (2) 찌름, 꿰찌름.

:trans·form [trænsfɔ́ːrm] *vt.*《~+目/+目+前+名》 (1) 【數·言】 …을 변환〈변형〉 하다. (2) a] (외형·모양)을 일변시키다, 변형시키다《*into*》. b] (성질·기능·구조 등)을 (완전히) 변화시키다, 바꾸다. (3)【電】 (전류)를 변압하다. (4)【物】 (에너지)를 변환하다. (5)【生】 …을 변태시키다. ▫ transformation *n.* 파) **~•a•ble** *a.*

***trans·for·ma·tion** [trӕnsfərméiʃən] *n.* ⓒⓤ (1) a] 【物】(특히 곤충의) 탈바굼, 변태. b] 【生】 형질 전환《유전 교잡(交雜)의 한 형태》. (2) 변형, 변화, 변질. (3) 【物】 변환. (4) 【數·言】 변환, 변형. (5) 【電】 변류, 변압. 파) **~•al** *a.* 변형의.

trans·for·ma·tive [trænsfɔ́ːrmətiv] *a.* 변형시킬 힘이 있는, 변화시키는.

trans·form·er [trænsfɔ́ːrmər] *n.* ⓒ (1) 【電】 변압기, 트랜스. (2)변화시키는 사람〈것〉.

trans·fuse [trænsfjúːz] *vt.* (1) (액체·색깔 등)을 스며들게 하다 ;《比》(사상 등)을 불어 넣다. (2) a] (액체)를 옮겨 따르다〈붓다〉. b] (혈액)을 수혈하다, …에게 주입(注入)하다.

trans·fu·sion [trænsfjúːʒən] *n.* ⓒⓤ 주입(注入).

trans·gress** [trænsgrés, trænz-] *vt.* (1) (법률·계율 등)을 어기다, 범하다. (2) (제한·범위)를 넘다, 일탈(逸脫)하다. — *vi.* 법을 어기다《against***》 ;(종교·도덕적 죄를) 범하다.

trans·gres·sion [-gréʃən] *n.* ⓒⓤ 범죄, 위반.

trans·gres·sor [-grésər] *n.* ⓒ 범칙자, 위반자.

tran·sience, -sien·cy [trǽnʃəns, -ʒəns, -ziəns], [-si] *n.* ⓤ 덧없음, 일시적인 것.

***tran·sient** [trǽnʃənt, -ʒənt, -ziənt] *a.* (1) 일시 머무르는《손님 등》. (2) 일시적인(passing) ; 순간적인 ; 변하기 쉬운, 덧없는, 무상한. — *n.* ⓒ 단기 체류객, 일시 체류자〈노동자, 여행자〉. 〖opp.〗 *resident*. 파) **~•ly** *ad.*

:tran·sis·tor [trænzístər, -sís-] *n.* ⓒ (1) 《口》트랜지스터 라디오(=~ **rádio**). (2) 【電子】 트랜지스터. 파) **~•ize** [-təràiz] *vt.* (기구)에 트랜지스터를 사용하다. 〔◀ *trans*fer+re*sistor*〕

tran·sit** [trǽnsit, -zit] *n.* (1) ⓤ 《美口》 수송, 운반 ; 수송 기관, 교통 기관. (2) ⓤ 통과, 통행 ; 횡단, 변천. (3) ⓤⓒ 【天】 (천체의) 자오선 통과 ; 망원경 시야 통과;(소천체의) 다른 천체면 통과. (4) ⓒ 【側】 트랜싯, 전경의(轉鏡儀) (5) 【컴】 거쳐 보냄. ***in ~ 통과〈수송, 이동〉 중;단기 체재의.

— *vt.* …을 가로질러 가다. — vi. 통과하다.

tránsit càmp (난민·군대를 위한) 일시 수용소〈체재용 캠프〉.

tránsit dùty (화물의) 통과세.

tránsit ìnstrument (1) (측량용) 전경의(轉鏡儀), 트랜싯. (2) (천체 관측용) 자오의(子午儀).

***tran·si·tion** [trænzíʃən, -síʃən] *n.* ⓒⓤ (1) 과도기, 변천기. (2) 변이 (變移), 변천, 추이 ; 이행.

tran·si·tion·al [trænzíʃənəl, -síʃ-] *a.* 과도적인, 변하는 시기의. 파) **~•ly** *ad.*

:tran·si·tive [trǽnsətiv, -zə-] *n.* ⓒ 타동사 (=~verb). 파) **~•ly** ad. 타동(사) 적으로, **~•ness** *n.* — *a.* 【文法】 타동(사)의. 〖opp.〗 *intransitive*. 『 a ~ verb 타동사《略: *vt.*, *vt.*》

:tran·si·to·ry [trǽnsətɔ̀ːri, -zə-/ -təri] *a.* 덧없는, 일시적인, 무상한. 파) **-to•ri•ly** *ad.* **-ri•ness** *n.*

:trans·late [trænsléit, trænz-, ´-] *vt.* (1) 《+

目+*as*補/+目+*to* do》 (행동 말 따위)를 (…로) 해석하다. (2) 《~+目/+目+前+名》 …을 번역하다. (3) …을 환언하다, 쉬운 말로 다시 표현하다《*into*》. (4) 《+目+前+名》 …을 다른 형식으로 바꾸다. (5) a) …을 옮기다, 나르다, 이동시키다. b) 【敎會】 (bishop)을 전임시키다. translation *n.* — *vi.* (1) 번역하다. (2) 《+副/+前+名》 번역할 수 있다. 파) **-lat•a•ble** *a.*

:trans·la·tion [trænsléiʃən, trænz-] *n.* (1) ⓒ 번역문, 번역서. (2) ⓤⓒ 번역. (3) ⓤⓒ a) 해석, 설명. b)환언. translate *v.* 파) **~•al** *a.*

***trans·la·tor** [trænsléitər, trænz-, ∠--] *n.* ⓒ 반역자, 역자.

trans·lit·er·ate [trænslítərèit, trænz-] *vt.* 음역(音譯)하다, …을(타국어 문자 등으로) 자역(字譯)하다, 고쳐쓰다《*into*》《'上海'를 Shanghai로 쓰는 따위》.

trans·lit·er·a·tion [trænslìtəréiʃən] *n.* ⓒⓤ 음역(音譯) ; 자역.

trans·lu·cence, -cen·cy [trænslú:səns, trænz-], [-si] *n.* ⓤ 반투명.

trans·lu·cent [trænslú:sənt, trænz-] *a.* 반투명의(=trans · lu · cid) : a ~ body 반투명체. 파) **~•ly** *ad.*

trans·lu·na·ry [trǽnslu:nèri, trǽnz-/ trænslú:nəri, trænz-] *a.* (1) 《文語》 천상의. (2) 달 저편의.(天上)의, 공상적인, 비현실적인, 환상적인.

trans·ma·rine [trӕ̀nsməríːn, trӕ̀nz-] *a.* (1) 바다를 건너는〈횡단하는〉. (2) 해외의, 바다 건너의.

trans·mi·grate [trænsmáigreit, trænz-] *vi.* (1) 윤회〈환생〉하다.(2) 이주〈이동〉하다.

trans·mi·gra·tion[trӕ̀nsmaigréiʃən, trӕ̀nz-] *n.* ⓤ (1) 환생, 윤회(輪廻). (2) 이주.

trans·mis·si·ble [trænsmísəbəl, trænz-] *a.* 전염성(性)의 ; 전할, 전도할〈보낼〉 수 있는.

***trans·mis·sion** [trænsmíʃən, trænz-] *n.* (1)ⓤ 【物】 (열 · 빛 등의) 전도(傳導). (2) ⓤ송달, 회송 ; 전달 ; 매개, 전염《*of*》. (3) ⓒ【通信】 전송, 송신 ; 전신(문). (4) ⓒ 【機】 전동(傳動) (장치), (특히 자동차의) 변속기〈장치〉, 트랜스미션(gearbox).

***trans·mit** [trænsmít, trænz-] (**-tt-**) *vt.* (1) (지식 · 보도 따위)를 전하다, 전파〈보급〉시키다. (2) 화물 등)을 보내다, 발송하다. (3) (전기 · 열 따위)를 전도하다. (빛)을 투과시키다. (4) (성질 등)을 유전하다 ; 후세에 전하다. (5) 《~+目/+目+前+名》 (병)을 옮기다, 전염시키다. (6) 《+目+前+名》 …을 전달하다. (7) a) 【機】 …을 전동(傳動)하다. b) (신호)를 발신하다. — *vi.* 송신하다 ; 방송하다.

***trans·mit·ter** [trænsmítər, trænz-] *n.* ⓒ (1)【通信】 송신기〈장치〉, 송화기, 발신기 〖opp.〗 *receiver*. (2)송달자 ; 전달자.

trans·mog·ri·fy [trænsmágrəfài, trænz-/ -mɔ́g-] *vt.* 《戱》 (마법으로 모습 · 성격)을 완전히 바꾸다. 파) **trans•mòg•ri•fi•cá•tion** [-fikéiʃən] *n.*

trans·mut·a·ble [trænsmjú:təbəl, trænz-] *a.* 변형〈변질 · 변화〉시킬 수 있는. 파) **-bly** *ad.*

trans·mu·ta·tion [trӕ̀nsmju:téiʃən, trӕ̀nz-] *n.* ⓤⓒ (1) 【鍊金術】 변성(變成)《비금속을 귀금속으로 변화시키기》. (2) 변형, 변용(變容), 변성, 변질, 변화.

trans·mute [trænsmjú:t, trænz-] *vt.* …을 변형〈변질, 변화〉시키다, (성질 · 외관 등)을 (…로) 변하게 하다.

trans·na·tion·al [trӕ̀nsmǽʃənəl] *a.* 다국적(多國籍)의, (기업 등이) 초국적(超國籍)의.

trans·oce·an·ic [trӕ̀nsouʃiǽnik, trӕ̀nz-] *a.* (1) 대양 횡단의. (2) 해외의, 대양 건너편의.

tran·som [trǽnsəm] *n.* ⓒ (1) 《美》 (문 위쪽의) 채광창(光窓)(=**~ wìndow**). (2) 【建】 중간틀, 민홈대, 트랜섬《교창 아래의 상인방》.

tran·son·ic [trænsánik/ -sɔ́n-] *a.* 음속에 가까운 《시속 970-1450km 정도의》.

trans·par·cif·ic [trӕ̀nspəsífik] *a.* (1) 태평양 저편의. (2) 태평양 횡단의.

trans·pa·en·cy [trænspέərənsi] *n.* (1) ⓒ 투명화(畵)〈문자〉, 슬라이드 ; (컬러 사진의) 슬라이드 ; (사기 그릇의) 투명 무늬. (2) ⓤ 투명(성) ; 투명도 ; 명백, 완료.

:trans·par·ent [trænspέərənt] (**more ~ ; most ~**) *a.* (1) (천이) 비쳐 보이는. (2)투명한, 비치는. 〖opp.〗 *opaque*. (3) 명료한 ; 평이한, 쉬운《문체 등》. (4) 솔직한, 공명한《성격 · 생애 등》. (5) 명백한, 빤히 들여다보이는《변명 등》. 파) **~•ly** *ad.* **~•ness** *n.*

tran·spi·ra·tion [trӕ̀nspəréiʃən] *n.* (1) ⓤ (비밀의) 누설. (2) ⓤⓒ 증발(물), 발산(작용).

tran·spire [trӕ̀nspáiər] *vi.* (1) 〔it ~s that...의 꼴로〕(일이) 드러나다, 밝혀지다 ; (비밀 등이) 새다. (2) 수분(냄새)을증발〈발산〉하다 ; 배출(排出)하다. (3) 《口》 (일이) 일어나다, 발생하다. — *vt.* …을 증발시키다. (기체)를 발산시키다 ; (액체)를 배출하다.

***trans·plant** [trænsplǽnt, -plá:nt] *vt.* (1) (제도 등)을 …에서 …로 이입(移入)하다 ; …을 이주시키다, 식민하다《*from* ; *to*》. (2)《~+目/+目+前+名》 (식물)을 옮겨 심다. (3) 【醫】 (기관 · 조직 따위)를 이식하다. — *vi.* (쉽게) 이주하다, 이식할 수 있다, 이식에 견디다. — [trǽnsplӕ̀nt, -plὰ:nt] *n.* ⓒ (1) a) 이식. b)【外科】 이식(수술). (2) 이식물〈기관, 조직〉. 파) **~•er** *n.* ⓒ 이식기(機).

trans·plan·ta·tion [trӕ̀nsplæntéiʃən, -pla:nt-] *n.* ⓤ (1) 이주, 이민. (2) a) 이식. b) 【外科】 이식법.

trans·po·lar [trænspóulər] *a.* 극지 횡단의, 남극〈북극〉을 넘어가는.

:trans·port [trænspɔ́:rt] *vt.* (1)〔흔히 受動으로〕황홀하게〈정신없게〉 만들다. (2)…을 수송하다, 운반하다《*from* ; *to*》. (3【史】 (죄인)을 유배하다, 추방하다. ㅁ transportation *n.* — [∠-] *n.* (1) ⓤ 수송, 운송 ; 수송 기관. (2) ⓒ (군용) 수송선, 수송기. (3) (a ~; 또는 *pl.*) 황홀, 도취, 열중. 파) **trans•pórt•a•ble** *a.* 가지고 다닐 〈운송〉할 수 있는. **trans•pòrt•a•bíl•i•ty** [-əbíləti] *n.*

:trans·por·ta·tion [trӕ̀nspərtéiʃən/ -pɔ:rt-] *n.* (1) ⓤ 《美》 운송료, 운임, 교통비, 여비. (2) ⓤ (주로 《美》) 운송, 수송 ; 교통〈수송〉기관(《英》transport). (3) ⓤ 【史】 유형, 추방.

tránsport càfe 《英》 (장거리 트럭 운전사 등이 이용하는) 드라이브인〈간이〉 식당.

trans·port·er [trænspɔ́:rtər] *n.* ⓒ (1) a) 운반기〈장치〉. b) 대형 트럭. (2) 운송(수송)(업)자.

transpórter bridge 운반교(橋)《트롤리에서 드리운 대(臺)에 사람 · 차를 나르는 장치》.

trans·pose [trænspóuz] *vt.* (1) 【樂】 조옮김하다, 조바꿈하다. (2) (…의 위치 · 순서)를 바꾸어 놓다〈넣다〉 ; (문자 · 낱말)을 전치(轉置)하다 ; 바꾸어 말하다〈쓰다〉, 고쳐 표현하다. (3) 【數】 (수 등)을 이항하다, 변환하다.

trans·po·si·tion [trӕ̀nspəzíʃən] *n.* ⓤⓒ (1)【數】 이항(移項). (2) 치환(置換), 전위(轉位). (3)【樂】 조옮김, 조바꿈, 바꾸어 놓음.

trans·sex·u·al [trænssékʃuəl] *n.* ⓒ 성전환자;성 도착자. — *a.* 성전환의.
trans·ship [trænsʃíp] (**-pp-**) *vt.* (승객·화물)을 다른 배〈열차〉에 옮겨 싣다옮기다. 파) **~•ment** *n.*
trans·u·ran·ic [trænsjurǽnik, trænz-, ˌ-ˌ-] *a.* 【物·化】 초우라늄의.
trans·ver·sal [trænsvə́ːrsəl, trænz-] *a.* 횡단선의, 횡단하는. — *n.* 【數】 횡단선 ; 횡행근〈조직〉.
***trans·verse** [trænsvə́ːrs, trænz-/ ˌ-] a. 횡단하는, 가로지르는, 가로의. 파) **~•ly** *ad.* 가로로, 가로질러, 횡단하여.
trans·ves·tism [trænsvéstizəm, trænz-] *n.* ⓤ 【心】 복장 도착(服裝倒錯)《이성의 옷을 입고 좋아하는》.

trans·ves·tite [trænsvéstait, trænz-] *a.* 복장 도착(자)의. — *n.* ⓒ 복장 도착자 ; 변태 성욕자.
:trap[1] [træp] *n.* ⓒ (1) 함정, 계략. (2) (특히 용수철식의) 올가미, 함정 : 덫, …잡는 기구. (3)트랩, 방취(防臭) U자관(管). (4) =TRAPDOOR. (5)《英》 2륜 경마차. (6) 【射擊】 표적(標的)사출기. (7) (개 경주에서) 출발 지점에서 그레이하운드를 대기시키는 우리. (8)=SPEED TRAP. (9)《俗》 (특히 발음 기관으로서의) 입. (10) (*pl.*) 【樂】 (재즈밴드의) 타악기류《cymbal, drum, maracas 등》. (11)【골프】=SAND TRAP. ***be up to ~*** 《英口》 여간 아니다, 교활하다. ***be caught in*** one***'s own ~*** = ***fall***〈***walk***〉 ***into*** one***'s own ~*** 자승 자박이 되다. ***understand*** 〈***know***〉 ***~*** 《英口》 빈틈없다.
— (**-pp-**) *vt.* (1) …을 덫으로 잡다, …에 덫을 놓다《*into*》 : ~ a fox 여우를 덫으로 잡다. (2) (아무)를 함정에 빠뜨리다, 속이다;곤궁한 처지로 몰다 : He was ~*ped into* giving away the secret. 그는 계략에 넘어가 비밀을 토설했다. (3) (배수관 따위)에 방취판(瓣)〈U자관〉을 설치하다 ; (물·가스 따위)의 흐름을 막다. — *vi.* 《+前+名》 덫을 놓다《*for*》 : ~ *for* a beaver 비버잡이 덫을 놓다.
trap[2] (**-pp-**) *vt.* (말)에 장식을 달다 ; 성장(盛裝)시키다. — *n.* (*pl.*) 《口》 휴대품, 짐 ; 세간.
trap·door [trǽpdɔ́ːr] *n.* ⓒ (지붕·마루·천장·무대 등의) 함정문, 뚜껑문, 들창.
tra·pe·zi·um [trəpíːziəm] (*pl.* **~s, -zia** [-zjə, -ziə]) *n.* ⓒ 【數】 (2) 《英》 사다리꼴. (2) 《美》 부등변 사각형.
trap·e·zoid [trǽpəzɔ̀id] *n.* ⓒ 【數】 (1) 《英》 부등변 사각형. (2) 《美》 사다리꼴.
trap·per [trǽpər] *n.* ⓒ 《특히》 모피를 얻기 위해 덫 사냥을 하는 사냥꾼(a fur ~) ; 통풍구 개폐 담당자.
trap·pings [trǽpiŋz] *n. pl.* (1) 장식적인 마구. (2)(관등(官等)등을 나타내는) 장식, 부속물 : the ~ of success 성공〈출세〉에 따르는 허식.
trap·shoot·ing [trǽpʃùːtiŋ] *n.* ⓤ clay pigeon 〈트랩〉 사격
***trash** [træʃ] *n.* ⓤ (1)(문학·예술상의) 졸작(拙作), 시시한 작품. (2) 《美》 쓰레기, 폐물, 무가치한 물건. (3) 《美》 〔集合的적으로도 ; 單·複數취급〕 인간 쓰레기.
trásh càn 《美》 (문 밖에 두는) 쓰레기통(《英》dustbin).
trashy [trǽʃi] (***trash•i•er ; -i•est***) *a.* 쓰레기 같은, 쓰레기의, 싯한 : a ~ novel 삼류 소설.
trau·ma [trɔ́ːmə, tráu-] (*pl.* **-ma•ta** [-mtə], **~s**) *n.* ⓤⓒ (1) 【精神醫】 정신적 외상, 마음의 상처, 쇼크. (2) 【醫】 외상(外傷)(성 증상).
trau·mat·ic [trɔːmǽtik, trə-, trau-] *a.* (1) 정신적 상처를 주는. (2) 외상(外傷)의 ; 외상 치료(용)의. 파) **-i•cal•ly** *ad.*
trau·ma·tize [trɔ́ːmətàiz, tráu-] *vt.* (1) 마음에 상처를 주다. (2) …에 외상을 입히다.
***trav·ail** [trəvéil, trǽveil] *n.* ⓤ (1) 고생, 노고 〈수고〉; 곤란. (2) 산고(產苦), 진통.
:trav·el [trǽvəl] (**-l-**,《英》, **-ll-**) *vi.* (1)《~/+前+名》 이동하다, 나아가다 ; 걷다, 달리다;(빛·소리 등이) 전해지다 ; (기억·시선 등이) 연해 옮겨지다《*over* a scene, topic》. (2) (멀리 또는 외국에) 여행하다. (3) 《+前+名》 팔면서 돌아다니다, 외교원으로〈주문받으러〉 다니다《*in* ; *for*》. (4) 《+前+名》《口》 교제가 있다, 사귀고 있다《*with* ; *in*》. (5) 《美口》 빨리 움직이다 ; (차 등이) 고속으로 달리다 ; 급히 걷다 — *vt.* (1) …을 여행하다. (2) (어느 일정 거리)를 답파하다.
— *n.* (1) a) ⓤ 여행 : I like ~ / *Travel* broadens the mind. 여행은 견문을 넓혀 준다. b) ⓒ (흔히 *pl.*) 장거리〈외국〉여행 : foreign ~ 해외 여행, 외유 / start on one's ~*s* 여행을 떠나다. (2) (*pl.*) 여행담, 여행기 :*Gnlliver's Travel* 걸리버 여행기 / He worte a number of ~*s.* 그는 여러 권의 여행기를 썼다.
trável àgency(bùreau) 여행안내소, 여행사.
trável àgent 여행사 직원, 여행 안내업자.
trav·eled,《英》 **-elled** [trǽvld] *a.* (1)(도로 등) 여행자가 많은, 여행자가 이용하는. (2) 널리 여행한 ; 견문이 넓은.
:trav·el·er, 《英》 **-el·ler** [trǽvlər] *n.* ⓒ (1) (주로《英》)(지방 판매) 외판〈외무〉원, 세일즈맨. (2)여행자, 나그네, 여객 ; 여행에 익숙한 사람. (3) 《英》 (또는 T-) 집시(Gypsy).
tráveler(')s chèck 〈《英》cheque〉 여행자 수표, 트래 블러스 체크.
:trav·el·ing, 《英》 **-el·ling** [trǽvliŋ] *a.* (1) 순회 영업하는. (2) 여행(용)의 ; 여행하는. (3) 움직이는, 움직일 수 있는, 활주하는. — *n.* ⓤ 여행 ; 순업(巡業).
trav·e·log(ue) [trǽvəlɔ̀(ː)g, -lὰg] *n.* ⓒ (1) 기행(紀行) 영화, 관광 영화. (2) (슬라이드·영화 등을 이용해서 하는) 여행담.
travel·sick [trǽvlsik] *a.* 멀미가 난.
travel·sickness 멀미.
tra·vers·a·ble [trævə́ːrsəbəl, trǽvəː-] *a.* 통과할 수 있는, 횡단 할〈넘을〉 수 있는.
:trav·erse [trævə́ːrs, trəvə́ːrs] *vt.* (1) …의 여기저기를 걷다, 구석구석을 걷다, (2) …을 가루지르다, 횡단하다. (3) …을 주의깊게 자세히 고찰〈검토〉하다. (4) (의견·계획 등) 에 반대하다, 방해하다. (5) (법정에서) 부인〈반박〉하다. — *vi.* (1) 가로질러 가다, 횡단하다. (2) 좌우로〈여기저기〉 이동하다. (3) 【登山·스키】 지그재그로 올라가다.
— *n.* ⓒ (1) 횡단, 통과 ; 횡단 거리. (2) 가로지르고 있는 것 ; 가로대, 가로장. (3) 【登山】 지그재그로 오름〈오르는 장소〉, 트래버스.
파) **tra•vers•er** *n.* 가로질러 가는 사람〈물건〉.
trav·er·tine [trǽvəːrtin, -tìːn] *n.* ⓤ 【鑛】 석회화(石灰華)《건축용》 ; 용천(湧泉) 침전물.
trav·es·ty [trǽvəsti] *vt.* …을 희화화하다, 우스꽝스럽게 만들다, 익살맞은 모방으로 조롱하다, 놓으로 돌리다. — *n.* ⓒ 우스꽝스럽게 만듦 ; (작품 등을) 익살맞게 고친 것 졸렬한 모조품〈작품〉.

Trav·o·la·tor [trǽvəlèitər] *n.* ⓤ 트래벌레이터《움직이는 보도(步道) ; 商標名》.
trawl·er [trɔ́:lər] *n.* ⓒ (1) 트론선. (2) 트롤 어업자〈어부〉.
trawl·er·man [trɔ́:lərmən] (*pl.* **-men** [-mən] *n.* ⓒ 트롤 어선의 선원, 트롤 어업을 하는 사람.
trawl·net [trɔ́:lnèt] *n.* ⓒ. 저인망, 트롤망.
:**tray** [trei] *n.* ⓒ (1) (책상 위의) 사무 서류 정리함. (2) 푼주, 쟁반 ; 음식 접시 ; 거기에 담은 것.
tray·ful [tréifùl] *n.* ⓒ 한 쟁반 가득《*of*》.
***treach·er·ous** [trétʃərəs] *a.* (1) 믿을 수 없는, 방심할 수 없는 ; (안전한 것 같으면서도) 위험한. ㅁ teachery *n.* (2) 불충(不忠)한, 배반하는, 반역하는 ; 기대에 어긋나는《to》. 파) **~•ly** *ad.* **~•ness** *n.*
***treach·ery** [trétʃəri] *n.* (1) ⓒ 반역〈불신〉행위. (2) ⓤ 배반, 반역 ; 변절. ㅁ treacherous *a.*
trea·cle [trí:kəl] *n.* ⓤ 《英》 당밀(糖蜜)(《美》 molasses).
trea·cly [tríkli] (**trea•cli•er ; -cli•est**) *a.* (1) (말 · 목소리 · 웃음 따위) 달콤한, 아첨하는 듯한, 나므이 환심을 사려는〈웃음 등〉 ;(노래 따위) 감상적인. (2) 당밀의, 당밀 같은 ; 진득거리는.
:**tread** [tred] (**trod** [trɑ:/ trɔd] ; **trod·den** [trɑ́dn/ trɔ́dn], **trod**) *vt.* (1) 《+目/+目+前+名》 …을 짓밟다, 밟아 으깨다 ; 밟아 끄다 ; (길 · 구덩이 따위)를 밟아서 만들다《*out*》 ; 《英》 (진흙 따위)를 묻혀 오다(《美》track). (2) (길 · 장소 따위)를 밟다, 걷다, 가다, 지나다. (3) 《+目+副》(권리 등)을 유린하다, (감정)을 짓밟다《*down*》. (4) (수새가) …와 붙다, 교미하다.
— *vi.* (1) 걷다, 가다(walk). (2) 《+前+名》 밟다, (잘못해서) 밟아 뭉개다《*on* ; *upon*》. (3) (수새가) 교미하다(copulate)《*with*》. **~ in** 땅 속에 밟아 넣다. **~ on air** 마음이 들뜨다. 기뻐 어쩔 줄 모르다. **~ on** one**'s own tail** 아무를 치려다 도리어 자신이 상처 입다. **~ on the gas** ⇨GAS. **~ on the heels of** …의 바로 뒤를 따르다. **~ out** (1) 불을 밟아 끄다 ; 진압〈박멸〉하다. (2) (포도즙 등을) 밟아 자다 ; 밟아서 탈곡하다. **~ under foot** 짓밟다, 밟아 뭉개다 ; 《比》압박하다 ; 경멸하다. **~ warily** 신중히 행동하다. **~ Water** 선헤엄을 치다《※ 이 경우의 과거형은 흔히 treaded》.
— *n.* (1)(*sing.*) 밟음 ; 발걸음, 걸음걸이, 보행 ; 밟는 소리, 발소리:walk with a heavy 〈cautious〉~ 무거운 〈조심스러운〉 발걸음으로 걷다 / an airy ~ 경쾌한 발걸음. (2) ⓒ (계단의) 디딤판 ; (사닥다리의) 가로장. (3) ⓤⓒ 타이어의 접지면, 트레드 ; (타이어의) 트레드에 새겨진 무늬 : The tire ~*s* are worn. 타이어의 트레드가 닳았다. (4) ⓒ (자동차 · 항공기의)좌우 양 바퀴 사이의 폭〈나비〉, 윤거(輪距). (5) ⓤⓒ (신의) 바닥;구두창의 무늬. (6) ⓒ (수새의 암컷과의) 교접.
treadle [trédl] *n.* ⓒ (선반 · 재봉틀 등)의 디딤판, 발판, 페달. — *vi.* 디딤판〈페달〉을 밟다.
tread·mill [trédmìl] *n.* (1) (the ~)(쳇바퀴 돌 듯하는) 단조롭고 고된 일. (2) ⓒ 밟아 돌리는 바퀴《옛날 감옥에서 죄수에게 징벌로 밟게 한》.
***trea·son** [trí:zən] *n.* ⓤ 반역(죄) ; 이적 행위.
trea·son·a·ble, trea·son·ous [trí:znəbəl], [trí:znəs] a. 국사범의, 반역의 ; 반역심이 있는, 대역의.
:**treas·ure** [tréʒər] *n.* (1) ⓒ 귀중품, 소중한 물건, 보물. (2) 〔集合的〕 보배, 재보, 금은, 보물 ; 비장품. (3) ⓒ 《口》 귀중한 사람 ;가장 사랑하는〈아끼는〉 사람.
— *vt.* 《~+目/+目+副》 (1) (안전 · 장래를 위하여) …을 비축해 두다, (귀중품)을 비장하다《*up*》 : 소중히 하다 : *Treasure* friendship. 우정을 소중히 해라 / ~ *up* money and jewels 돈과 보석을 모으다. (2) (교훈 등)을 마음에 새기다《*up*》, 명기하다 : ~ those beautiful days in one's memory 그 아름다웠던 나날을 잊지 않다.
tréasure hòuse (1) (지식 등의) 보고《*of*》. (2) 보고, 보물 창고.
tréasure hùnt (1) 보물찾기 놀이. (2) 보물 찾기.
***treas·ur·er**[tréʒərər] *n.* ⓒ 출납계원, 회계원, 회계 담당자.
treas·ure-trove [tréʒərtròuv] *n.* (1) ⓒ 〔一般的〕귀중한 발굴〈수집〉물;귀중한 발견. (2) ⓤ 【法】 매장물《소유주 불명의 금은 등 고가의 발굴물》.
:**treas·ury** [tréʒəri] *n.* (1) ⓒ (공공 단체 등의 기금, 자금. (2) ⓒ 보고《재보를 보관하는 건물 · 방 · 상자 등》, 보물광 ; 국고 ; (국가 지방 자치단체 · 기업 · 기타 각종 단체의) 금고(에 보관된 자금 · 재원). (3) (the T-) (영국의) 재무성. (4) ⓒ (지식 등의) 보고(寶庫), 박식한 사람 ; (특히 책 이름으로) 보전(寶典) ; 명시문집.
Tréasury Bòard (the ~) 《英》 재정 위원회.
tréasury bònd 《美》 (재무부 발행) 장기 채권, 국채.
:**treat** [tri:t] *vt.* (1) 《+目+*as*補》 (…으로) 간주〈생각〉하다. (2) 《+目+副/+目+前+名/+目+*as*補》 (사람 · 짐승)을 다루다, 대우하다. (3) …을 논하다 ; (문학 · 미술 따위에서) 다루다, 표현하다. (4) 《~+目/+目+前+名》 …을 치료하다. (5) 《+目+前+名》 (화학적으로) 처리하다 ; (약)을 바르다. (6) 《~+目/+目+前+名》 …을 대접하다 ; …에게 음식을 대접하다, …에게 한턱내다《*to*》.
— *vi.* (1) 《+前+名》 (글 · 담화로) 다루다, 설명하다, 논하다, 쓰다, 언급하다《*of*》. (2) 《+前+名》 교섭하다, 단판하다, 거래〈흥정〉하다《*with*》. (3) 한턱하다, 음식을 대접하다. **~** one**self to** (큰마음 먹고) …을 즐기다, …을 사다.
— *n.* (1) (one's ~) 한턱, 한턱 냄〈낼 차례〉 : Of course this is *my* ~ 물론 이건 내가 내는 거야 / ⇨ DUTCH TREAT. (2) ⓒ 큰 기쁨, 예기치 않은 멋진 경험 ; 아주 좋은 것〈일〉 : It is a ~ to see you. 만나 뵙게 되어 매우 기쁩니다 / a school ~ 학교의 위안회《교외 소풍, 운동회 등》. (3) (a ~) 〔副詞的〕 만족하게 더 없이 : work a ~ 잘 돼가다. **be** a person**'s ~** 아무가 내는 턱이다 : This is to *be my* ~, 이것은 내가 내기로 하지. **stand ~** 《美口》한턱 내다. 파) **~•er** *n.*
treat·a·ble [trí:təbəl] *a.* (1) 처리할 수 있는 ; 다루기 쉬운, 온순한. (2) (특히 병 따위) 치료 할 수 있는.
***trea·tise** [trí:tis, -tiz] *n.* ⓒ (학술) 보고서, 논문《*on*》 : a ~ *on* chemistry 화학에 관한 논문.
:**treat·ment** [trí:tmənt] *n.* (1) ⓤ 처리(법). (2) ⓤ 취급, 대접 ; 대우. (3) ⓤ 다루는 법, 논법. (4) ⓤⓒ 치료 ; 치료법〈약〉.
:**trea·ty** [trí:ti] *n.* (1) ⓤ (개인간의) 약정, 계약;약속. (2) ⓒ 조약, 협정, 맹약 ; 조약 문서. **be in ~ with** …와 교섭 중이다.
***tre·ble**[trébəl] *a.* 3배〈겹, 중〉의, 3단의, 세부분으

로〈요소로〉 되는, 세 가지의(용도가 있는).
—*n*. (1) ⓒ 3 배, 3중(重)〈세 겹〉의 것. (2) **[樂] a]** ⓤ 최고 성부(聲部). **b]** ⓒ 최고 성부의 목소리 〈가수, 악기〉.
—*vt*. …을 3배로 하다. —*vi*. 3배가 되다.
파) **-bly** *ad*. 3배로 ; 3중으로.
tréble cléf **[樂]** '사'음자리표, 높은음자리표.
:tree [triː] *n*. ⓒ (1) 나무, 수목, 교목(喬木)《낮은 것은 shrub》. **[cf.]** bush. (2) 〔흔히 複合語를 이루어〕 목제 물건〈기둥, 말뚝, 대들보〉. (3) 나무모양의 것〈도표〉 : 계도(系圖), 계보 : the family ~ 가계(家系) (도). ***at the top of the ~*** 최고〈지도자〉의 지위에. ***be up a ~*** 《口》 진퇴 양난에 빠지다, 궁지에 몰려 있다. ***grow on ~s*** 〔흔히 否定文으로〕 쉽게 손에 넣다. ***in the dry ~*** 역경에서, 불행하여. ***the ~ of Buddha*** 보리수. ***the ~ of knowledge*** (***of good and evil***) **[聖]** 지혜의 나무《창세기 Ⅱ : 9》. ***the ~ of life*** **[聖]** 생명의 나무《창세기 Ⅱ : 9》.
—*vt*. (1) (짐승)을 나무 위로 쫓아 버리다. (2) (사람)을 궁지에 몰아넣다.
파) **~·less** *a*.
trée fèrn **[植]** 목생(木生) 양치류.
trée fròg 〈**tòad**〉 **[動]** 청개구리.
trée hòuse 나무 위의 오두막《아이들 놀이터》.
tree-lined [ˊlàind] *a*. (길 따위의) 한 줄로 나무를 심은 : a ~ road 가로수길.
tree·nail, tre- *n*. ⓒ 나무못.
trée sùrgeon 수목 외과(外科) 전문가.
trée sùrgery 수목 외과술(外科術).
·tree·top [ˊtɑ̀p/ˊtɔ̀p] *n*. ⓒ 우듬지.
tre·foil [tríːfɔil, tréf-] *n*. ⓒ (1) **[植]** 토끼풀속(屬)의 식물 : 관개자리《콩과》. (2) **[建]** 세잎 쇠시리, 삼판(三瓣).
trek [trek] (***-kk-***) *vi*. 느릿느릿〈고난을 견디며〉 여행하다. —*n*. ⓒ (오래고 힘든) 여행 ; (특히) 도보 여행 ; 이주.
trel·lis [trélis] *n*. ⓒ (1) (마름모를) 격자(格子) 울타리. (2) 덩굴이 오르는 격자 구조물 ; 격자 구조의 정자.
—*vt*. (덩굴 식물)에 격자울타리를 달다 ; (덩굴 식물)을 격자 울타리에 휘감기게 하다 : ~*ed* roses 격자 울타리를 타고 올라간 장미.
trem·a·tode [trémətòud, tríː-] *n*. ⓒ **[動]** 흡충(吸蟲)《기생충의 일종》.
:trem·ble [trémbəl] *vi*. (1) 《~/+前+名》 (몸·손발·목소리 등이) 떨리다 ; 부들부들 떨다《*with*》 ; (건물·땅이) 진동하다 ; (나무·잎·빛 등이) 흔들리다. (2) 《~/+*to* do/+前+名》 몹시 불안해하다, 조바심하다《*at* ; *for* ; *to do*》. —*n*. (a) 떨림, 몸을 떪.
파) **-bler** *n*. ⓒ 떠는 사람(것), (벨 등의) 진동판.
·trem·bling [trémbliŋ] *n*. ⓤ 떨기. ***in fear and ~*** ⇨ FEAR. 파) **~·ly** *ad*.
trémbling póplar 사시나무.
trem·bly [trémbli] (***-bli·er*** ; ***-bli·est***) *a*. 《口》 떠는, 전율하는.
:tre·men·dous [triméndəs] (***more ~*** ; ***most ~***) *a*. (1) 무서운, 무시무시한. (2) (크기·양·정도 따위가) 굉장한, 거대한, 엄청난, 터무없는. (3) 《口》 멋진, 근사한. 파) **~·ness** *n*.
them·o·lo [tréməlòu] (*pl*. ***~s***) *n*. ⓒ 《It.》 **[樂]** 트레몰로, 전음(顫音).
·trem·or [trémər] *n*. ⓒ (1) 전율, 떨림 ; 겁 ; 떨리는 목소리. (2) (나뭇잎·물 따위의) 미동(微動), 살랑거림. (3) 작은 지진, 미진(微震) : ⇨ EARTH TREMOR. (4) **a]** (흥분으로 인한) 설레이는〈떨리는〉 마음 ; 불안감. **b)** 공포심, 축기(縮氣).
trem·u·lant [trémjələnt] *a*. = TREMULOUS.
·trem·u·lous [trémjələs] *a*. (1) 떠는, 전율하는 ; (필적 등이) 떨린. (2) (사람이) 겁이 많은, 마음이 약한. 파) **~·ly** *ad*. **~·ness** *n*.
:trench [trentʃ] *n*. ⓒ (1) 트렌치, 도랑, 해자, 호(壕). (2) **[軍]** 참호.
—*vt*. (1) …에 도랑을 〈호를〉 파다. (2) (거점)을 참호로 지키다. —*vi*. (1) 도랑을〈참호를〉 파다. 《*down* ; *along*》 (2) 《+前+名》 (권리·토지 따위를) 침해하다, 잠식하다《*on* ; *upon*》 ~ 접근하다, …에 가깝다《*on* ; *upon*》.
trench·an·cy [tréntʃənsi] *n*. ⓤ 통렬함, 신랄함.
trench·ant [tréntʃənt] *a*. (1) (말 따위가) 통렬한, 신랄한. (2) (정책 등이) 강력한, 철저한, 엄격한. (3) (무늬·윤곽 등이) 명확한, 뚜렷한. 파) **~·ly** *ad*.
trénch còat 트렌치 코트《벨트 있는 레인 코트》.
trench·er[1] [tréntʃər] *n*. ⓒ 참호를 파는 사람. (2) 참호병.
trench·er[2] *n*. ⓒ 큰 나무접시 ; 목판《식탁에서 빵을 썰어 도르는》.
trench·er·man [-mən] (*pl*. ***-men***[-mən]) *n*. ⓒ 먹는 사람, (특히) 대식가.
trénch wárfare 참호전.
·trend [trend] *n*. ⓒ (1) 방향, 경향, 동향 추세 ; 시대 풍조, 유행의 양식〈형〉. (2) (길·강·해안선 따위의) 방향, 기울기: —*vi*. (1) 《+副/+前+名》 (특정한 방향으로) 향하다, 기울다. (2) 《+前+名》 (사태·여론 따위가 특정 방향으로) 기울다, 향하다《*toward*》. **[cf.]** tend[1].
trend·set·ter [tréndsètər] *n*. 유행을 선도하는 사람. 파) **-sèt·ting** *a*.
trendy [tréndi] (***trend·i·er*** ; ***-i·est***) *a*. 《종종 蔑》 최신 유행의 ; 유행을 따르는. —*n*. ⓒ 유행을 좇는〈유행의 첨단을 걷는〉 사람
파) **trénd·i·ly** *ad*. **-i·ness** *n*.
tre·pan [tripǽn] *n*. ⓒ **[外科]** (옛날, 머리에 둥근 구멍을 뚫었던) 천두기(穿頭器) — (***-nn-***) *vt*. **[外科]** (두개)에 천두기로 구멍을 내다.
tre·phine [trifáin, -fíːn] *n*. ⓒ **[外科]** 관상거(冠狀鉅)《자루 달린 둥근 톱 : trepan의 개량된 것》.
—*vt*. …을 관상거로 수술하다.
trep·i·da·tion [trèpədéiʃən] *n*. ⓤ (1) 공포, 전율 ; 당황 ; 걱정, 불안 : be in ~ 공포에 떨고 있다. (2) (손발의) 떨림.
·tres·pass [tréspəs, -pæ̀s] *vi* (1) 《~/+前+名》 **[法]** (남의 토지·가택에) 침입하다 ; (남의 권리를) 침해하다 《*on* ; *upon*》. (2) 《+前+名》 끼어들다, 방해〈훼방〉하다 《*on* ; *upon*》. (3) 《+前+名》 (남의 호의를 기화로) 염치 없이 굴다. (4) 〔古·文語〕 (신(神)·법도 등에) 위반하다, 죄를 범하다《*against*》. ***May I ~ on you for*** (that book) **?** 미안하지만 (그 책)을 좀 집어주겠소. ***No ˋing !*** 출입 금지 《게시》. ***~ on a*** person**'*s preserves*** 아무의 영역을 침범하다 ; 주제넘게 나서다.
—[tréspəs] *n*. (1) ⓒ,ⓤ (남의 토지·가옥에의) 불법 침입, (남의 권리·재산에 대한) 불법 침해, 권리 침해. (2) ⓒ,ⓤ (남의 시간·호의·인내 등에 대한) 폐, 누 ; 방해. (3) ⓒ 《古》 범죄 ; (종교·도덕상의) 죄.
tres·pass·er [-sər] *n*. ⓒ 불법 침입자, 침해자.
tress [tres] *n*. (1) ⓒ (여자의) 긴 머리털 한 다발,

땋은 머리. (2) (*pl.*) 삼단 같은 머리.

tres·tle [trésəl] *n.* ⓒ (1) **a**] 가대(架臺). **b**] 【土】 트레슬, 구각(構脚). (2) = TRESTLE BRIDGE.

tréstle bridge 【土】 구각교(構脚橋).

tréstle tàble 가대식 식탁《2-3 개의 trestles 위에 판을 얹은》.

tres·tle·work [-wə̀ːrk] *n.* ⓤ 【土】 (다리의) 구각(構脚) 구조《교각(橋脚) 등의 조립》.

tri- '3의, 3배의, 3중의, 세 겹의' 의 뜻의 결합사.

tri·a·ble [tráiəbəl] *a.* 【法】 공판에 부칠 수 있는.

:tri·bal [tráiəl] *n.* (1) ⓒ,ⓤ 【法】 공판, 재판, 심리. (2) ⓤ,ⓒ 시도 시험 ; 시용, 시운전. (3) ⓒ 시련, 고난, 재난. (4) ⓒ 골칫거리, 귀찮은 사람.

bring a person ***to ~*** = ***put*** a person ***on*** (his) ~ 아무를 공판에 부치다. ***on ~*** 1) 심리중인, 재판에 회부되어 He was *on* ~ for theft. 그는 절도죄로 재판중이었다. 2) 시험해보니 : He was found *on* ~ to be unqualified. 시험해 본 즉 부적격이라고 판정이 났다. 3) 시험적으로 : take a person for a month *on* ~ 시험적으로 아무를 한 달 써보다. ***~ and error*** 시행(試行) 착오 : learn by ~ *and error* 시행착오로 배우다.

tríal ballóon (1) 관측 기구. (2) (여론의 반응을 보기 위한) 예비적 타진(*balloon d'essai*).

tríal márriage 시험적 결혼(기간)《companionate marriage 와는 달리 법률상의 절차를 밟음》.

tríal rún 〈**tríp**〉 시운전, 시승(試乘).

·tri·an·gle [tráiæŋgəl] *n.* ⓒ (1) 【數】 삼각형. (2) 삼각형의 물건 ; 삼각자 : a ~ of land 삼각형의 토지. (3) 【樂】 트라이앵글《타악기의 일종》. (4) 3인조, 《특히》 삼각 관계(의 남녀). ***a red ~*** 적색 삼각형《Y.M.C.A.의 표장》. ***the eternal ~*** (남녀의) 삼각관계.

·tri·an·gu·lar [traiǽŋgjələr] *a.* (1) 삼각(형)의. (2) 3자(간)의 《다툼따위》

tri·an·gu·late [traiǽŋgjəlèit] *vt.* (1) …을 삼각이 되게 하다 ; 삼각형으로 나누다. (2) (토지)를 삼각법으로 측량하다. —[-lit] *a.* 삼각형의 ; 삼각형으로 된, 삼각무늬의.

tri·an·gu·la·tion [traiæ̀ŋgjəlaeiʃən] *n.* ⓤ 삼각측량.

tri·ar·chy [tráiɑːrki] *n.* (1) 삼두정치(三頭政治). (2) ⓒ 삼두정치의 나라.

Tri·as·sic [traiǽsik] *a.* 【地質】 삼첩기(三疊紀)의. —*n.* (the ~) 트라이아스기, 삼첩기〈계(系)〉.

tri·ath·lon [traiǽθlɑn/-lɔn] *n.* ⓒ 3종경기, 트라이애슬론《하루에 장거리 수영·자전거 경주·마라톤 세 가지를 계속 행하는》.

·tri·bal [tráibəl] *a.* 부속의, 종속의.

파) **~·ly** [-bəli] *ad.*

trib·al·ism [tráibəlìzəm] *n.* ⓤ 부족 제도〈조직〉 ; 부족 중심주의, 부족의 특징, 부족 근성.

:tribe [traib] *n.* ⓒ 〔集合的 ; 單·複數 취급〕 (1) 부족, 종족, …족, 야만족. 【cf.】 race². (2) 【動·植】 족(族), 유(類) : the dog (rose) ~ 개〈장미〉족. (3) 〔集合的〕《蔑》 패, 동아리, 패거리《*of*》. (4) 【史】 (옛 이스라엘의) 12 지족(支族)〈지파(支派)〉의 하나.

tribes·man [tráibzmən] (*pl.* ***-men*** [-mən]) *n.* ⓒ (남성) 부족〈종족〉의 일원.

trib·u·la·tion [trìbjəléiʃən] *n.* ⓤ,ⓒ 고난, 고생, 시련 : a time of ~ 고난의 시기 / Life is full of *~s.* 인생은 시련(고난)으로 가득차 있다.

·tai·bu·nal [traibjúːnl, tri-] *n.* ⓒ (1) 재판소, 법정《※ 정규 사법 체계의 밖에서 사법적 기능을 행사하는 기관에 쓰이는 일이 많음》. (2) 〔集合的 ; 單·複數 취급〕 판사석, 법관석. (3) 《比》 여론의 비판, 심판《*of*》

trib·une¹ [tríbjuːn, -ㅅ] *n.* ⓒ (1) 【古로】 호민관《평민의 권리를 보호하기 위해 평민에 의해 선거된 관원》. (2) 민중의 보호자〈지도자〉 《*the Tribune*처럼 신문 이름으로도 쓰임》.

trib·une² *n.*ⓒ (1) 단(壇), 연단《특히 프랑스 하원의》. (2) (교회의) 설교단, 주교좌(座).

·trib·u·ta·ry [tríbjətèri/-təri] *a.* (1) 공물을 바치는 ; 종속하는《나라 따위》. (2) 지류(支流)의, 지류를 이루는《*to*》.

—*n.* ⓒ (1) 공물을 바치는 사람〈나라〉, (종)속국. (2) (강의) 지류 : a ~ of the Amazon River 아마존강의 지류.

:trib·ute [tríbjuːt] *n.* (1) ⓤ,ⓒ 공물, 조세 ; 과도한 세. (2) ⓒ 찬사, 칭찬,〈감사, 존경〉을 나타내는 말〈행위, 선물, 표시〉《*of* ; *to*》. (3) (a ~) 가치를 〈유효성을〉 입증하는 것, 증거《*to*》.

trice [trais] *n.* 〔다음 成句〕 ***in a ~*** 순식간에, 곧.

tri·ceps [tráiseps] (*pl.* ~, ***~es***) *n.* ⓒ 【解】 삼두근(三頭筋). 【cf.】 biceps.

trich·i·no·sis [trìkənóusis] *n.* 【醫】 선모충병「旋毛蟲病.

tri·chol·o·gy [trikɑ́lədʒi/-kɔ́l-] *n.* ⓤ 모발학(毛髮學). 파) **-gist** *n.* ⓒ 모발학자.

tri·chro·mat·ic [tràikroumǽtik] *a.* 3 원색(原色) (사용)의 : ~ photography, 3색 사진(술).

:trick [trik] *n.* ⓒ (1) 묘기(抄拔), 재주, 곡예 ; 요술. (2) 비결, 요령. (3) 책략, 계교, 속임수. (4) 장난, 농담 : the ~ of fortune 운명의 장난. (5) 환각, 착각. (6) 【카드놀이】 한 판(에 얻는 득점), 한 판에 돌리는 패《보통 4매》. (7) 버릇, 특징《*of*》. (8) (키잡이·운전사의) 1회 교대 근무 시간《보통 2시간》. ***do the ~*** (일이) 잘 돼가다 : (약 따위가) 효험(效驗)이 있다. ***How's ~s ?***《口》 잘 있나, 경기는 어때. ***Know a ~ or two*** 보통내기가 아니다. ***not*** 〈***never***〉 ***miss a ~*** 《口》 호기를 놓치지 않다, 약다, 빈틈없다. ***the*** (***whole***) ***bag of ~s*** 《口》 1) (써도 좋은) 갖은 술책, 수단〉. 2) 온갖 것, 모조리. ***turn the ~*** 《口》 목적을 달성하다, 잘 해내다. ***up to*** a person***'s ~*** 남이 장난치려는 것을 알아차리고. ***up to*** one***'s ~s*** 《口》 장난치려고. ***use ~s*** 잔재주를 부리다.

—*vt.* (1) 《~+目/+目+前+名》 (사람)을 속이다 : 속여서 빼앗다, 속여서 …하게 하다 : I found I had been ~*ed.* 나는 속았음을 깨달았다 / The boy was ~*ed out of* all his money. 소년은 속아서 돈을 몽땅 빼앗겼다. (2) 《+目+副》 장식 〈치장〉하다《*out* ; *up*》 : She ~*ed* herself *up* for the party. 그녀는 파티를 위해 치장을 했다. ~ a person ***into*** 〈***out of***〉 아무를 속여서 …을 시키다〈빼앗다〉 : They ~*ed* him *into* approval of their fraud 그들은 그를 속여서 자기들의 협잡에 찬성케 했다. —*a.* 〔限定的〕 (1) 곡예(용)의 ; 남의 눈을 속이는 : ~ cycling 자전거 곡예 / ~ candies made of wax 밀랍으로 만든 가짜 캔디. (2) (문제 등이) 의외로 어려운, 헷갈리게 하는 : a ~ question 함정이 있는 문제〈질문〉. (3) (관절이) 잘 움직이지 않는, 갑자기 걸리는.

tríck cyclist (1) 자전거 곡예사. (2) 《俗談》 정신과 의사(psychiatrist).

trick·ery [tríkəri] *n.* ⓤ 속임수, 사기, 책략.

trick·i·ly [tríkili] *ad.* 교활하게, 속임수로.

·trick·le [tríkəl] *vi.* (1) 《~/+前+名》 (액체가)

T

똑똑 듣다〈떨어지다〉. (2) 《+副/+前+名》 (사람 등이) 드문드문〈하나 둘 씩〉 오다〈가다〉《*away* ; *out* ; *in*》.
—*vt*. …을 톡톡 떨어뜨리다, 졸졸 흐르게 하다.
—*n*. (a ~) 방울져 떨어짐, 점적(點滴), 물방울 ; 가는 흐름《*of*》.

tríckle chàrger 【電】 세류(細流) 충전기.

trick·ster [tríkstər] *n*. ⓒ (1) 사기꾼, 협잡꾼. (2) 트릭스터《원시 민족의 민화 · 신화에 등장하는, 요술이나 장난으로 질서를 어지럽히는 신화적 형상(形象)》.

trick·sy [tríksi] (***-si·er*** ; ***-si·est***) *a*. 장난 좋아 하는. 파) **trícks·i·ly** *ad*. **-i·ness** *n*.

tricky [tríki] (***trick·i·er*** ; ***-i·est***) *a*. (1) (사람 · 행동이) 교활한, 방심할 수 없는. (2) 솜씨를 필요로 하는 《일 따위》, 다루기 힘든 ; 미묘한, (의외로) 까다로운. 파) **tríck·i·ness** *n*.

tri·col·or [tráikʌ̀lər/tríkələr] *a*. 3 색의. —*n*. (1) ⓒ 3 색기. (2) (the T-) 프랑스 국기.

tri·cot [tríkóu, tráikət] *n*. ⓤ 《F.》 손으로 짠 편물 ; (기계로 짠) 그 모조품 ; 트리코.

tri·cus·pid [traikʌ́spid] *a*. (1) (치아가) 세 개의 돌기(突起)가 있는. (2) 【解】 삼처판(三尖瓣)의. —*n*. ⓒ 세 돌기가 있는 치아.

tri·cy·cle [tráiskəl] *n*. ⓒ 세발 자전거 ; 삼륜차, 삼륜 오토바이 : ride (on) a ~ 삼륜차를 타다.

tri·dent [tráidənt] *n*. ⓒ (1) 【그神 · 로神】 삼지창 《로마〈그리스〉의 바다의 신 Neptune 〈Poseidon〉이 가진》. (2) (물고기 찌르는) 세 갈래진, 작살.
—*a*. 삼차(三叉)의, 세 갈래진.

tri·den·tate [tràidénteit, -tit] *a*. 이가 셋 있는 ; 세 갈래 진, 삼차(三叉)의.

:tried [traid] TRY의 과거 · 과거 분사.
—*a*. (1) 시험필(畢)의. (2) (친구 등을) 믿을 수 있는.

tri·en·ni·al [traiéniəl] *a*. (1) 3 년 계속하는. (2) 3 년마다의. —*n*. ⓒ 3년마다의 축제〈행사〉 : 3년제(祭). 파) **~·ly** *ad*. 3 년마다.

tri·er [tráiər] *n*. ⓒ (1) try하는 사람〈것〉 ; 시험관〈자〉 ; (식품 등의) 검사원. (2) 노력가.

:tri·fle [tráifəl] *n*. (1) ⓒ 하찮은 것〈일〉. (2) ⓒ 소량, 약간 ; 푼돈. (3) ⓒ,ⓤ 《주로 英》 트라이플《포도주로 적신 스펀지 케이크에 거품 크림을 바른 과자》.
—*vi*. (1) 《+前+名》 가지고 놀다, 만지작거리다 《*with*》 : ~ *with* a pen 펜을 가지고 장난하다. (2) 《+前+名》 가벼이 다루다, 소홀히 다루다, 우습게 보다 《*with*》 : It's wrong of you to ~ *with* a girl's affection. 처녀의 순정을 농락하는 것은 나쁘다 / He's not a man to be ~*d with*. 그는 우습게 볼 사람이 아니다.
—*vt*. 《+目+副》 (시간 · 돈 등)을 낭비하다《*away*》 : ~ *away* money 돈을 낭비하다

tri·fler [tráiflər] *n*. ⓒ 경박한 사람 ; 실떡거리는 사람.

:tri·fling [tráifliŋ] *a*. (1) 하찮은, 시시한, 사소한. (2) 약간의, 얼마 안 되는. (3) 경박한, 진실〈진지〉하지 못한 【cf.】 petty, trivial.
파) **~·ly** *ad*. **~·ness** *n*.

tri·fo·li·ate [traifóuliit, -èit] *a*. 【植】 삼엽(三葉)의.

tai·fo·ri·um [traifɔ́:riəm] (*pl*. ***-ria*** [-riə]) *n*. ⓒ 【建】 교회와 신자석 및 성가대석 측벽(側壁)의 아치와 지붕과의 사이 부분.

trig [trig] (***´~ger*** ; ***´~gest***) *a*. 《英》 (1) 말쑥한, 멋진. (2) 튼튼한, 건강한.

·trig·ger [trígər] *n*. ⓒ (1) (총의) 방아쇠 : = HAIR TRIGGER. (2) (분쟁 등의) 계기, 발단. ***in the drawing of a ~*** 즉시. ***quick on the ~*** 1) 사격이 빠른. 2) 재빠른, 빈틈없는.
—*vt*. (1) …의 방아쇠를 당기다. (2) (사건 등이) …의 계기가 되다(*off*).

trígger fìnger 오른손의 집게손가락.

trig·ger-hap·py [-hæ̀pi] *a*. 《口》 (1) 덮어놓고 총질하고 싶어하는. (2) 호전적(공격적)인.

tri·glyph [tráiglìf] *n*. ⓒ 【建】 트라이글리프《도리스식 건축에서 세 줄기 세로홈 장식》.

trig·o·no·met·ric, -ri·cal [trìgənəmétrik], [-əl] *a*. 삼각법의, 삼각법에 의한. 파) **-ri·cal·ly** *ad*.

trig·o·nom·e·try [trìgənɑ́mətri/-nɔ́m-] *n*. ⓤ 【數】 삼각법.

tri·graph [tráigræ̀f, -grɑ̀:f] *n*. ⓒ 【音聲】 석자 일음(一音), 삼중음자(三重音字)《Sapphic, schism 등의 이탤릭체부》.

tri·he·dral [traihí:drəl/-héd-] *a*. 【幾】 3 면(面)이 있는 ; 3 면체의.

tri·hed·ron [traihí:drən/-héd-] (*pl*. ***~s, -ra***[-rə]) *n*. ⓒ 【幾】 삼면체.

trike [traik] *n*. 《英口》 삼륜차(tricycle).

tri·lat·er·al [trailǽtərəl] *a*. (1) 세 변(邊)이 있는. (2) 3 자간의. —*n*. ⓒ 삼각형, 삼변형.

tril·by [trílbi] *n*. ⓒ 《英》 트릴비 (= ***´~ hát***) 《챙이 좁은 중절모》.

tri·lin·gual [trailíŋgwəl] *a*. 세 나라 말의 세 나라 말을 하는.

tri·li·thon [tráiləθɑ̀n/-θɔ̀n] *n*. ⓒ 【考古】 삼석탑(三石塔)《직립한 두 돌 위에 한 돌을 얹은 거석 기념물》.

·trill [trill] *n*. ⓒ (1) **a**] 떨리는 목소리. **b**] 【樂】 트릴, 떤꾸밈음《기호 *tr*., *tr*》 : = VIBRATO (2) (새의) 지저귐. (3) 【音聲】 전동음(顫動音)《기호 [R]》.
—*vt*. …을 떨리는 목소리로 노래하다, 트레몰로로 연주하다. —*vi*. (1) 떨리는 목소리로 노래하다.
트레몰로로 연주하다. (2) (새 등이) 떨리는 소리로 지저귀다.

·tril·lion [tríljən] *n*. ⓒ (1) 《美》 1 조(兆)《10^{12}》. (2) 《英 · 獨 · 프》 100 만조 《10^{18}》.

tri·lo·bate [trailóubeit] *a*. 【植】 (잎이) 세 갈래진.

tri·lo·bite [tráiləbàit] *n*. ⓒ 【古生】 삼엽충.

tril·o·gy [trílədʒi] *n*. ⓒ (극 · 가극 · 소설 등의) 3부작, 3부곡.

:trim [trim] (***-mm-***) *vt*. (1) …을 손질하다 ; (잔디 · 산울타리 등)을 치다, 깎아 다듬다, …의 끝을 자르다〈깎다〉. (2) **a**] 《+目+副/ +目+前+名》 …을 잘라내다, 잘라 없애다 ; (사진)을 트리밍하다《*away* ; *off*》. **b**] (예산 · 인원)을 삭감하다, (3) 《~+目/+目+副/ +目+前+名》 … 을 장식하다, …에 장식(물)을 달아 꾸미다. (4) (의견 · 견해)를 형편에 맞게 바꾸다. (5) 【海】 (화물을 정리하여 선체의) 균형을 잡다. (6) (돛)을 (바람을 잘 받도록) 조절하다. (7) 《口》 **a**] (시김)을 꾸짖다, 때(밍)이다, 배밀이다. **b**] (경기에서, 상대)를 완패시키다.
—*vi*. (1) 《~/+前+名》 중도〈중립〉 정책을 취하다 ; (형편에 따라) 의견(방침)을 바꾸다. (2) (배 · 비행기 등이) 균형을 잡다, 균형이 잡히다. (3) 【海】 돛이 바람을 잘 받을 수 있도록 조절하다. ***get one's hair ~med*** 조발(調髮)하(게 하)다. ***~ up*** 잘라서 잘 다듬다 : ~ *up* one's bread.
—*n*. (1) ⓤ 정돈, 정비 ; 정돈된 상태, 정비 ; 준비 상태 ; (건강 등의) 상태, 컨디션 : in (good, proper) ~ 잘 정돈되어(있는) ; (몸의) 컨디션이 좋아(좋은) /

in fighting ~ 전투 준비가 되어 (있는). (2) (a ~) 깎기, (기지 등을) 치기, 손질, 컷 ; 조발(調髮). ***into ~*** 적절한〈정돈〉 상태에〈로〉. ***out of ~*** 정돈이 안 되어〈된〉 ; 상태가 나빠〈나쁜〉 : The car was *out of* ~. 차는 상태가 나빴다.
—(**´~mer ; ´~ mest**) *a.* (1) 말쑥한, 정연한, 정돈된, 손질이 잘 된 : a ~ garden 손질이 잘된 정원 / a ~ house 잘 정돈된 집 / a ~ mustache 잘 손질한 콧수염. (2) 날씬한, 호리호리한 : She cuts a ~ figure. 그녀는 날씬해 보인다. (3) (몸의) 컨디션이 좋은. 파) **´~·ly** *ad.* **´-ness** *n.*

tri·mes·ter [traiméstər] *n.* ⓒ (1) 3개월(동안) 《특히, 임신 기간에 대하여 말함》. (2) 《美》 (3학기제의) 1 학기.

trim·e·ter [trímətər] *n.* ⓒ 【韻】 삼보격(三步格)(의 시행(詩行)). —*a.* 삼보격의.

trim·mer [trímər] *n.* ⓒ (1) 정돈하는 사람 ; 손질〈장식〉 하는 사람. (2) 깎아〈잘라〉 손질하는 도구《손도끼 · 가위 따위》. (3) (정치적) 기회주의자.

trim·ming [trímiŋ] *n.* ⓤ 정돈, 정리, 깔끔하게 함. (2) ⓤ,ⓒ 깎아 다듬기, 손질 (3) (*pl.*) (옷 · 모자 등에 붙이는) 장식. (4) (*pl.*) 곁들인 음식, (요리의) 고명. (5) (*pl.*) 깎아 다듬은 것 ; 깎아〈잘라, 베어〉 낸 부스러기, 가윗밥. (6) 【寫】 트리밍.

tri·month·ly [traimʌ́nθli] *a.* 3 개월마다의.

tri·nal, tri·na·ry [tráinl], [tráinəri] *a.* 3 배〈3 겹, 3중〉의 ; 3 부로 된.

trine [train] *a.* 3 배의 ; 3 중〈세 겹〉의.

Trin·i·tar·i·an [trìnitέəriən] *a.* 【基】 삼위 일체(설)의 ; 삼위 일체를 믿는.
—*n.* ⓒ 삼위 일체의 교리를 믿는 사람.
파) **~·ism** *n.* ⓤ 삼위 일체설〈신앙〉.

tri·ni·tro·tol·u·ene, -tol·u·ol [trainàitroutɑ́ljuìːn/-tɔ́l-], [-tɑ́ljuòul/-tɔ́l-] *n.* ⓤ 트리니트 로톨루엔《강력 폭약 ; 略 : TNT, T.N.T.》.

·Trin·i·ty [trínəti] *n.* (1) (the ~) 【基】 삼위 일체《성부 · 성자 · 성령을 일체로 봄》. (2) = TRINITY SUNDAY. (3) (t-) ⓒ 〔集合的 ; 單 · 複數취급〕 3인조 ; 세 개 한 조의 것 ; 3부분으로 된 것.

Trínity Súnday 삼위 일체의 축일《Whitsunday 다음의 일요일》.

Trínty tèrm 〔흔히 the ~〕 《英》 대학의 제 3학기《4월 중순부터 6월말까지》.

trin·ket [tríŋkit] *n.* ⓒ (1) (값싼 보석 · 반지 따위) 자잘구레한 장신구(裝身具). (2) 하찮은 것.

tri·no·mi·al [trainóumiəl] *a.* (1) 삼항(三項) (식)의. (2) 【動 · 植】 삼명법(三名法)(속(屬) · 종(種) · 아종(亞種)을 표시하는)의. —*n.* ⓒ (1) 【數】 3 항식. (2) 【動 · 植】 삼명법에 의한 학명(學名).

·trio [tríːou] (*pl.* ***tri·os*** [-z]) *n.* ⓒ (1) 【樂】 트리오, 삼중주(곡, 단(團)) ; 삼중창(곡, 단). (1) 〔集合的 ; 單 · 複數취급〕 3인조, 세 개 한 벌, 세 개 한 쌍, 세 폭짜리.

tro·i·ode [tráioud] *n.* ⓒ 【電子】 3 극 진공관.

tri·o·let [tráiəlit] *n.* ⓒ 【韻】 트리올렛, 2운각(韻脚) 8행(行)의 시《ab, aa, abab로 압운(押韻)하고 제 1행을 제 4행과 제 7행에서, 제 2행을 제 8 행에서 반복함》.

tri·ox·ide [traiɑ́ksaid/-ɔ́k-] *n.* ⓒ 【化】 3 산화물(酸化物).

:trip [trip] *n.* ⓒ (1) (짧은) 여행, 출장 여행 ; 소풍 ; 유람 ; (짧은) 배편 여행. (2) (용건 · 일 따위로) 찾아감, 다녀옴, 통근, 통학. (3) 곱드러짐, 곱드러지게 함, 헛디딤 (4) 실수, 실책, 과실, 실언. (5) 【機】 시동 장치 ; 스위치. (6) 《口》 (마약 · LSD에 의한) 환각(기간).
—(**-pp-**) *vi.* (1) 《~/+前+名》 곱드러지다, 헛디디다, 발이 걸려 넘어지다《*on* ; *over*》. (2) 《~/+副/+前+名》 과실을 저지르다 ; 실수하다, 잘못하다. (3) 《~/+前+名》 경쾌한 발걸음으로 걷다(춤추다). (4) 《俗》 (LSD등에 의한) 환각 증상에 빠지다, 환각을 경험하다《*out*》. —*vt.* (1) 《~/+目/+目+副》 …을 곱드러지게 하다 ; …을 딴죽걸다《*up*》 : The wrestler ~*ped*(*up*) his opponent 레슬러는 상대의 다리를 걸어 넘어뜨렸다. (2) 《~/+目/+目+副》 …을 실패하게 하다 ; 잘못 말하게 하다 ; …의 잘못〈약점〉을 찾다, …의 뒷다리를 잡다《*up*》 : The clever lawyer ~*ped* the witness. 능갈친 변호사는 증인의 모순을 찔렀다 / He was ~*ped up* by artful questions. 그는 교묘한 심문에 이치에 닿지 않는 말을 해 버렸다. (3) 【機】 (기계 · 장치)를 시동시키다. ***catch*** a person ***~ping*** 아무의 뒷다리를 잡다 ; 약점을 잡다.

tri·par·tite [traipɑ́ːrtait] *a.* (1) 셋으로〈3 부로〉 나뉘어진. (2) 3자간의 ; 3자 구성의. (3) 【植】 삼심렬(三深裂)의 《잎》. (4) (같은 문서) 세 통의, 세 통으로 작성한. 【cf.】 bipartite.

tripe [traip] *n.* ⓤ (1) 반추 동물(특히 소)의 위(胃)《식용(食用)으로서의》. (2) 《口》 시시한 것〈말, 생각, 읽을거리 따위〉 ; 허튼 소리.

triph·thong [trífθɔ(ː)ŋ, -θɑŋ] *n.* ⓒ 3중모음《예컨대 power의 〔auər 등의 단음절적인 발음》.

:tri·ple [trípəl] *a.* 3배〈3중〉의, 세 겹의, 세 부분으로 된. —*n.* ⓒ (1) 3 배의 수〈양〉. (2) 【野】 3루타 【cf.】 single, double.
—*vt.* (1) …을 3배로〈3중으로〉 하다. (2) 【野】 3루타로 (주자)를 생환시키다. —*vi.* (1) 3 배가 되다. (2) 【野】 3루타를 치다.

tri·ple·deck·er [trípəldékər] *n.* ⓒ 《美》 빵 세 조각을 겹친 샌드위치 (three-decker).

tríple júmp 【스포츠】 (the ~) 3단(세단) 뛰기.

tríple pláy 【野】 3 중살(重殺), 트리플 플레이.

trip·let [tríplit] *n.* (1) ⓒ 세 개 한벌〈조〉 (가 되는 것). (2) ⓒ 【韻】 삼행 연구(三行聯句). (3) ⓒ 【樂】 셋잇단 음표. (4) **a**] ⓒ 세 쌍둥이 중의 하나. **b**) (*pl.*) 세 쌍둥이.

tríple tìme 【樂】 3박자.

trip·lex [trípleks] *a.* (1) 세겹〈3중의〉의, 3배의 ; 세 부분으로 된. (2) 세 가지 효과를 내는.
—*n.* (1) ⓒ 셋 한 벌〈조〉. (2) 《美》 3층 아파트. (3) (T-) 【商標】 트리플렉스 (= **Tríplex glàss**)《자동차 창 유리 등으로 쓰이는 3중 유리》.

trip·li·cate [tríplәkit] *a.* (1) 3중의, 세 겹의. (2) (서류를) 세 통 작성하는. 【cf.】 duplicate.
—*n.* ⓒ 세 개〈폭〉 한벌 중의 하나 ; 세 통 서류중의 하나. ***in ~*** 세 통으로 (작성된).
—[-kèit] *vt.* (1) …을 3배(로) 하다. (2) (서류_를 세 통 작성하다. 파) **trìp·li·cá·tion** [-kéiʃən] *n.*

triply [trípli] *ad.* 3배로, 3중(세 겹)으로.

tri·pod [tráipɑd/-pɔd] *n.* ⓒ (1) 삼각대, 세 다리 걸상〈탁자〉《따위》 【寫】 삼각가(架).

trip·o·dal [trípədl] *a.* 3 각(脚) (tripod)의 〈모양의〉 ; 발이 셋 있는.

tri·pos [tráipɑs/-pɔs] *n.* ⓒ (Cambridge 대학의) 우등 졸업 시험, 그 합격자 명부.

trip·per [trípər] *n.* ⓒ (1) 《英》 (단기의) 관광 여행자. (2) 발에 걸려 넘어지는 사람 ; 딴죽 걸어 넘어뜨리는 사람. (3) 경쾌하게 걷는〈춤추는〉 사람. (4)

《俗》 환각제 사용자.

trip·ping [trípiŋ] *a.* 발걸음이 가벼운, 경쾌한. 파) **~·ly** *ad.*

trip·tych [tríptik] *n.* ⓒ (삼면경(三面鏡)처 럼 경첩으로 이어붙인) 세 폭짜리 그림《흔히 종교화》.

trip·wire [trípwàiər] *n.* ⓒ (1) 덫의 철사. (2) 지뢰 장치가 된 줄.

tri·reme [tràiri:m] *n.* ⓒ (고대 그리스·로마의) 3단(段) 노의 군성(軍船).

tri·sect [traisékt] *vt.* …을 삼분하다, 3등분하다.

tri·sec·tion [-ʃən] *n.* ⓤ 삼분(三分) ; 3등분.

Tris·tram [trístrəm] *n.* (아서왕 전설의) 트리스트럼《원탁의 기사의 한 사람》.

tri·syl·lab·ic [tràisislǽbik] *a.* 3음절(音節)의.

tri·syl·la·ble [traisíləbəl, ∸∸--] *n.* ⓒ 3 음절어(音節語). 【cf.】 monosyllable, disyllable.

trite [trait] *a.* (말·생각등이)흔해빠진, 진부한, 케케묵은. 파) **~·ly** *ad.* **~·ness** *n.*

trit·i·um [trítiəm] *n.* ⓤ 【化】 트리튬, 3중 수소(수소의 동위 원소 ; 기호 T, ^{3}H, H[3]).

:tri·umph [tráiəmf] *n.* (1) ⓒ 승리. (2) ⓒ 대성공 ; 성공한 예, 개가, 업적, 위업. (3) ⓤ 승리감, 성공의 기쁨, 의기 양양한 표정. (4) ⓒ (고대 로마의) 개선식. ▫triumphant *a.*

—*vi.* (1) 《~/+前+名》 승리를 거두다, 이기다, 이겨내다《*over*》. (2) 《~/+前+名》 의기 양양해 하다.

·tri·um·phal [traiʌ́mfəl] *a.* (1) 개선의. (2) 승리를 축하하는 ; 승리의《노래 따위》.

triúmphal árch 개선문.

·tri·um·phant [traiʌ́mfənt] *a.* (1) 승리를 거둔, 성공한. (2) 의기양양한. 파) **~·ly** *ad.* 의기양양하게〈하여〉.

tri·um·vir [traiʌ́mvər] (*pl.* **~s**, **-vi·ri**[-viràì]) *n.* ⓒ 【古로】 세 집정관(執政官)의 한 사람.

tri·um·vir·ate [traiʌ́mvirit, -réit] *n.* ⓒ (1) 【古로】 삼두(三頭)정치 ; 삼인 집정의 직〈임기〉. (2) 〔集合的 ; 單·複數 취급〕 (지배층의) 3인조.

tri·une [tráiju:n] *a.* 삼위 일체의.

—*n.* (the T-) = TRINITY.

tri·u·ni·ty [traijú:nəti] *n.* ⓤ,ⓒ 3 자 일체(의 것) ; 삼위일체(trinity).

tri·va·lent [traivéilənt] *a.* 【化·生】 3 가(價)의. 파) **-lence, -len·cy** *n.* ⓤ 【化】 3 가(價).

triv·et [trívit] *n.* ⓒ (1) (불에 냄비 등을 올려 놓을 때 쓰는) 삼발이. (2) (식탁에서, 뜨거운 냄비 등을 올려 놓는) 삼각대(三脚臺).

(**as**) ***right as a ~*** 《口》 만사 순조로운, 매우 건강한, 극히 좋은.

triv·ia [tríviə] *n. pl.* 하찮은〈사소한〉 것〈일〉.

:triv·i·al [tríviəl] (***more ~ ; most ~***) *a.* 하찮은, 사소한, 대단치 않은. 파) **~·ly** *ad.*

·triv·al·i·ty [trìviǽləti] *n.* (1) ⓤ 하찮음, 평범. (2) ⓒ 시시한〈평범한〉 것〈일, 생각, 작품〉.

triv·i·al·ize [tríviəlàiz] *vt.* …을 하찮게 만들다, 평범하게 만들다. 파) **trìv·i·al·i·zá·tion** *n.*

tri·week·ly [traiwí:kli] *a.*, *ad.* (1) 3주(週)마다, 3주에 한 번(의). (2) 1주 3회(의)

—*n.* ⓒ (1) 3주에 1회 발행되는 간행물《신문·잡지 등》. (2) 1주에 3회 발행되는 간행물.

tro·cha·ic [troukéiik] 【韻】 *a.* 강약격(强弱格)의 ; 장단(長短)격의.

—*n.* (*pl.*) 강약격〈장단격〉의 시.

tro·chee [tróuki:] *n.* ⓒ 【韻】 (1) (영시(英詩)의) 강약격(格)《́-×》. (2) (고전시의) 장단격《—》.

·trod [trad/trɔd] TREAD의 과거·과거분사.

·trod·den [trádn/trɔ́dn] TREAD의 과거분사.

trog·lo·dyte [trágləd àit/trɔ́g-] *n.* ⓒ (1) (선사시대 서유럽의) 혈거인(穴居人). (2) 은자(隱者).

troi·ka [trɔ́ikə] *n.* ⓒ 《Russ.》 트로이카《러시아의 3두 마차·썰매》. (2) 〔集合的 ; 單·複數 취급〕 3두제 ; 3 인조.

·Tro·jan [tróudʒən] *a.* 트로이의 ; 트로이 사람의.

—*n.* ⓒ (1) 트로이 사람. (2) 용사, 분투가. ***work like a ~*** 용감하게〈부지런히〉 일하다.

Trójan Hórse (1) (the ~) 트로이의 목마. (2) ⓒ (적국에 잠입한) 파괴 공작(단·원).

Trójan Wàr (the ~) 트로이 전쟁《Homer 작의시 *Iliad* 의 주제》.

troll[1] [troul] *n.* ⓒ (1) 윤창(輪唱) ; 윤창가(歌). (2) 견지 낚시질 ; 견지 낚시질용, 제물낚시.

—*vt.* (1) (노래)를 윤창하다. (2) 견지낚시를 하다. (3) (공·주사위 따위)를 굴리다. —*vi.* (1) 윤창하다. (2) 《+前+名》 (제물낚시로) 견지낚시질하다《*for*》. (3) 걷다, 슬슬 걸어다니다.

troll[2] *n.* ⓒ 【北유럽神】 트롤《동굴이나 동굴에 사는 초자연적 괴물로, 거인이나 난쟁이로 묘사됨》.

·trol·ley [tráli/trɔ́li] (*pl.* **~s**) *n.* ⓒ (1) 《英》 **a**〕 손수레 (《美》 cart). **b**〕 광차(鑛車)(《美》 handcar). **c**〕 (요리 등을 나르는) 왜건(《美》 wagon). (2) 【電】 촉륜(觸輪) 《전차의 폴 끝에 있어 가공선(架空鑛)에 접하는》, 트롤리. (3) **a**〕 《美》 = TROLLEY CAR **b**) 《英》 TROLLEY BUS.

trólley bùs 트를리 버스, 무제도 버스.

trólley càr 《美》 (트를리식의) 시내 전차.

trom bone [trambóun, ∸-/trɔmbóun] *n.* ⓒ 【樂】 트롬본《저음의 나팔》.

trom·bon·ist [-ist] *n.* ⓒ 트롬본의 주자.

:troop [tru:p] *n.* ⓒ (1) (특히 이동중인 사람·동물의) 떼, 무리, 대(隊). (2) (흔히 *pl.*) 군대, 병력. (3) 【軍】 기병 중대. (4) (보이 스카우트의) 분대《최소 5명》 ; (걸스카우트의) 단(團)《8-32명으로 구성됨》.

—*vi.* 《+副/+前+名》 (1) 떼지어 모이다, 모이다《*up ; together*》 : The employees *~ed together around* the gate of the works. 종업원들은 공장문 주위에 모여들었다. (2) 한무리가 되어 나아가다 ; 떼를 지어서 〈우르르〉 몰려오다《*away ; into ; off*》 : The students *~ed into* the classroom 학생들은 우르르 교실로 들어왔다. —*vt.* 《英》 국왕 생일에 군기를 선두로 분열 행진하다

tróop cárrier 병원(兵員) 수송기(선).

troop·er [trú:pər] *n.* ⓒ (1) 기병. (2) 《美》 기마경관. (3) 《美》 주(州)경찰관. (4) 《주로 英》(군대) 수송선. ***swear like a ~*** 심한 욕설을 퍼붓다.

troop·ship [∸ʃip] *n.* ⓒ 군(軍) 수송선(transport).

trope [troup] *n.* ⓒ 【修】 말의 수사(修辭) ; 비유적 용법 ; 수사 어구.

tro·phied [tróufid] *a.* 기념품〈전리품〉으로 장식한 : ~ walls 기념품으로 장식된 벽.

:tro·phy [tróufi] *n.* ⓒ (1) 전리품, 전승 기념품(물) ; 노획품. (2) (경기 등의)트로피, 우승배. (3) (옛 그리스·로마의) 전승 기념비.

:trop·ic [trápik/trɔ́p-] *n.* (1) ⓒ 【天·地】 회귀선. (2) (the ~s) 열대(지방). : ***the Tropic of Caner***〈Cavicon〉 북〈남〉회귀선. —*a.* 열대(지방)의.

:trop·i·cal[1] [trápikəl/trɔ́p-] *a.* (1) 열대(지방)의, 열대산의. (2) 열대성의 ; 몹시 더운.

파) **~·ly** [-kəli] *ad.*

trop·i·cal[2] **【修】** 비유의, 비유적인.
tro·pism [tróupizəm] *n.* ⓤ **【生】** (자극에 대한) 향상(向上), 주성(走性), 굴성(屈性).
파) **tro·pis·tic** [troupìstik] *a.*
trop·o·sphere [trápəsfìər, tróup-/trɔ́p-] *n.* (the ~) 대류권(對流圈)《지구 표면에서 약10-20km 높이의 대기층》. **【cf.】** stratosphere.
파) **tròp·o·sphér·ic** [-sférik] *a.*
trop·po [trápou/trɔ́p-] *ad.* 《it.》 **【樂】** 지나치게.
:trot [trat/trɔt] (*-tt-*) *vi.* (1) (말 따위가) 속보로 가다, 구보하다. (2) 《~/+副》 (사람이) 속보로 걷다 ; 총총걸음 치다《*along* ; *away* ; *off*》.
—*vt.* (1) (말)을 속보로 달리게 하다. (2) (어떤 거리를 속보로 가다. ***~ out*** 《口》 1) (말·물건 등)을 자랑해 보이다. 2) 다 아는 얘기를 되뇌다 : *out* a song 한곡 불러제끼다.
—*n.* (1) (a ~) (말의) 속보. **【cf.】** gallop, canter walk. (2) (a ~) (사람의) 총총걸음, 빠른 걸음. (3) (a ~) 빠른 걸음의 산책. (4) ⓒ 《美俗》 (어학) 자습서, 번역서. **【cf.】** crib, pony. (5) (the ~s) 《俗》 설사(함) (diarrhea) : have *the ~s* 배탈이 났다. ***on the ~*** 1) 쉴새없이 뛰어다녀. 2) 내리 : He lost five game *on the* ~. 그는 내리 다섯 판을 졌다.
troth [trɔːθ, trouθ] *n.* ⓤ **【古】** (1) 진실, 성실 : in ~ 진실로 참으로. (2) 충실, 충성 : by〈upon〉 my ~ 맹세코, 단연코. (3) 약속 ; 약혼 : pledge 〈plight〉 one's ~ 서약하다 ; 부부의 약속을 하다.
trot·ter [trátər/trɔ́tər] *n.* (1) ⓒ 속보(速步) 훈련을 받은 말, 속보로 달리는 말. (2) ⓒ 종종 걸음 치는 사람. (3) (흔히 *pl.*) **a**] 양·돼지 따위의 족 (足) 《식용》. **b**] **【戱】** (사람의) 발.
:trou·ble [trʌ́bəl] *n.* (1) ⓤ,ⓒ 고생, 근심, 걱정, 고민. (3) ⓒ 골칫거리, 성가신 놈 : I hate to be a ~ to yon. 너의 골칫거리가 되고 싶진 않다. (3) ⓤ 수고, 노고, 폐. (4) ⓒ,ⓤ 시끄러운 일, 불화, 사건, 트러블 ; 분쟁, 동란 : family ~*s* 가정 불화 / labor ~(*s*) 노동 쟁의 / *Troubles* never come singly. 《俗談》 화불단행(禍不單行). (5) ⓒ 고장 : an engine ~ 엔진의 고장. (6) ⓤ,ⓒ 병 : liver ~ 간장병. ◻ troublesome *a.*
ask* 〈*look*〉 *for ~ 화를 자초하는 짓을 하다, 경솔한 짓을 하다. ***be in ~*** 1) …으로 애먹다, 고난에 처해있다《*over*》. 2) …와 말썽을(문제를) 일으키다《*with*》 : He *was in* ~ *with* the union. 그는 노조문제로 말썽을 일으키고 있었다. 3) …으로 욕먹을 〈처벌될〉 처지에 있다《*with*》. ***get into ~*** (일이) 성가시게 되다 ; 분란(말썽)을 일으키다 ; 《口》 (미혼여성이) 임신하다 : ***get... into ~*** 1) (남에게) 폐를 끼치다. 2) 《口》 (미혼여성)을 임신시키다. ***go to the ~ of** doing* 일부러 …하다. ***make ~*** 소란〈말썽〉 을 일으키다. 세상을 시끄럽게 하다. ***put** a person **to ~*** 아무에게 폐를 끼치다, 성가시게 하다. ***take ~*** 수고하다 : 노고를 아끼지 않다. ***~ and strife*** 《英俗》 마누라, 여편네.
—*vt.* (1) 《~+目/+目+前+名》 …을 괴롭히다, 난처하게 하다, 걱정시키다 : What ~*s* me is that... 내가 고민하고 잇는 것은 …이다. (2) … 에게 폐 〈수고〉를 끼치다, …를 번거롭게 하다. (3) 《~+目/+目+前+名》 (병 등)이 고통을 주다 ; 괴롭히다 : be ~*d with* 〈by〉 a nasty cough 악성 기침으로 고생하다. (4) 《+目+前+名/+目 *to* do》 …에게 폐가됨을 돌보지 않고 간청하다. (5) …을 교란하다, 어지럽히다, 파란을 일으키다.
—*vt.* (1) 《+前+名》 걱정하다《*over*》 : ~ *over* trifles 사소한〈하찮은〉 일을 염려하다. (2) 《~/+*to* do》 〔주로 疑問·否定形으로〕 수고하다 ; 일부러 〈애써〉 …하다. ***be ~d about* 〈*with*〉** (money matters)(금전 문제)로 고민하다.
trou·bled [trʌ́bld] *a.* (1) 난처한, 곤란한, 걱정스러운《얼굴 따위》 : a ~ expression 불안한 표정. (2) 거친 떠들썩한《바다·세상 따위》: ~ times 어지러운 시대. ***fish in ~ water*** 혼란을 틈타서 한몫 보다.
thou·ble·shoot [-ʃùːt] (***~-ed -shòt***) *vt.* (1) (기계)를 수리하다. (2) (분쟁)을 조정하다. —*vi.* 수리원으로서 일하다 ; 분쟁 조정자로서 일하다.
trou·ble·shoot·er [-ʃùːtər] *n.* ⓒ (1) (기계의) 수리원. (2) 분쟁 해결자〈조정자〉
:trou·ble·some [trʌ́blsəm] (***more ~ ; most ~***) *a.* (1) 골치아픈, 귀찮은 : a ~ child 귀찮은 아이 / a ~ car 고장만 나는 차. (2) 어려운, 다루기 힘든 : a ~ problem 어려운 문제. ◻ trouble *n.*
파) **~·ly** *ad.* **~·ness** *n.*
·trough [trɔ(ː)f, traf] *n.* ⓒ (가축의 긴) 구유, 여물통. (2) (빵 따위의) 반죽 그릇. (3) 홈통 ; 물받이. (4) (파도와 파도) 골 (**【cf.】** crest). (5) **【氣】** 기압골.
trounce [trauns] *vt.* (1) …을 흠씬 패주다 ; 혼내주다 : 엄한 벌을 주다. (2) (시합 등에서 상대)를 참패시키다.
troupe [truːp] *n.* ⓒ (배우·곡예사 등의) 일단(一團), 한 패.
trou·ser [tráuzər] *a.* 〔限定的〕 양복바지(용)의 : a ~ pocket 바지 호주머니. 파) ***~ed*** *a.* 바지를 입은.
:trou·sers [tráuzərz] *n.*, *pl.* (남자의) 바지. ※ 수를 셀 때는 a pair (three pairs) of ~ 라 하고 바지 한쪽 가랑이를 말할 때는 trouser ***wear the ~*** ⇨ WEAR[1]
tróuser sùit 《英》 = PANSUIT.
trous seau [trúːsou, -⌐] (*pl.* ***~x***[-z], ***~s***) *n.* ⓒ 혼수, 옷가지, 혼숫감.
·trout [traut] (*pl.* ***~s***, 〔集合的〕 ~) *n.* (1) ⓒ **【魚】** 송어. (2) (요리한) 송어(살). (3) ⓒ (old ~) 《英·俗·蔑》 미련하고 못생긴 할망구.
trow·el [trὰuəl] *n.* ⓒ (1) (미장이의) 흙손. (2) 모종삽. ***lay it on with a ~*** ⇨ LAY[1].
·Troy [trɔi] *n.* 트로이《소아시아 북서부의 옛 도시》.
tróy wèight 금형(金衡), 트로이형《금·은·보석의 무게를 다는 형량(衡量)》.
tru·an·cy [trúːənsi] *n.* ⓤ,ⓒ 무단 결석.
·tru·ant [trúːənt] *n.* ⓒ (1) 게으름쟁이. (2) 무단결석자《특히 학생》. ***play ~* (*from . . .*)** (학교·근무처를) 무단 결석하다, 농땡이 부리다.
—*a.* 게으름피우는, 무단 결석하는, 게으른.
vi. 빈들거리다, 무단 결석하다.
trúant òfficer 무단 결석생 지도원.
·truce [truːs] *n.* ⓒ,ⓤ (1) 정전〈휴전〉(협정) : a flag of ~ 휴전의 백기 / make〈call〉 a ~ 휴전하다. (2) (고생·고통 따위의) 휴지(休止), 중단.
:truck[1] [trʌk] *n.* ⓒ (1) 트럭(《英》 lorry). (2) 《英》 (철도의) 무게 화차. (3) (2바퀴의) 손수레. ***fall off the back of a ~*** 물건이 도난당하다.
—*vt.* (물건)을 트럭(화차)에 싣다 ; 트럭으로 운반하다. —*vi.* 트럭을 운전하다 : sustain one's family by ~*ing* 트럭 운전을 해서 가족을 부양하다.
truck[2] *n.* ⓤ 〔集合的〕 (물물교환의) 교역품. (2) (임금의) 현물 지급. (3) 《美》 시장에 낼 야채(garden

~).
—*vt.* 《~+目/+目+前+名》 …을 (물물) 교환하다, 교역하다《*for*》. —vi. 《~/+前+名》 거래하다《*with* ; *for*》.

truck·age [trʌ́kidʒ] *n.* 트럭 운송(교)

truck·er [trʌ́kər] *n.* ⓒ 트럭 운전사〈운송업자〉.

trúck fàrm 〈**gàrden**〉 《美》 시판용 채소 재배 농원(《英》 market garden).

trúckfàrming 《美》 시장 출하용 야채재배(업).

truck·ing[1] [trʌ́kiŋ] *n.* ⓤ 《美》 트럭 운송(업) : ~ company 운송 회사.

truck·ing[2] *n.* ⓤ 《美》 시판용 야채 재배.

truck·load [trʌ́klòud] *n.* ⓒ 트럭 1 대분의 화물.

truck·man [trʌ́kmən] (*pl.* **-men**[-mən]) *n.* ⓒ 《美》 (1) 트럭 운전사. (2) 트럭 운송업자.

truc·u·lece, -len·cy [trʌ́kjələns], [-lənsi] *n.* ⓤ 영악함, 야만, 잔인.

truc·u·lent [trʌ́kjələnt, trú:-] *a.* (1) 모질고 사나운, 잔인한 : a ~ villain 잔인한 악당. (2) (말·비판 등) 신랄한, 통렬한. 파) **~·ly** *ad.*

·trudge [trʌdʒ] *vi.* 터벅터벅 걷다《*along* ; *away*》. —*n.* ⓒ 무거운 걸음, 터벅터벅 걷기.

trudg·en [trʌ́dʒən] *n.* ⓤ 【泳】 양손으로 번갈아 물을 끌어당겨 치는 헤엄(= ~**stòke**).

:true [tru:] *a.* (1) 정말의, 진실한, 사실과 틀리지 않는.〖opp.〗 *false* 『a ~ story 실화 / Is that ~ ?. 그거 정말이냐. (2) 〔限定的〕 가짜가 아닐 진짜의, 순수한, 진정한 : ~ gold 순금 / ~ friendship 진정한 우정. (3) 성실한, 충실한《*to*》 : a ~ friend 성실한 친구. (4) 정복한, 틀림 없는 : a ~ copy 정확한 복사 / a ~pair of scales 정확한 천칭(天秤). (5) (실물) 그대로의, 박진의《*to*》 : ~ *to* life 〈nature, the original〉 실물 그대로의〈원문에 충실한〉. (6) **a**] (목소리 따위가) 음조에 맞는 ; (기구·바퀴 따위가) 올바른 위치에 있는, 이상 없는. **b**] (자극(磁極)이 아닌) 지축(地軸)을 따라 정한.

come* ~** 희망 등이 실현되다. ***hold* ~** (…에 대해 규칙 말 따위가) 들어 맞다, 유효하다《*of* ; *for*》 (It is***) **~ *that . . . , but*_** 과연 …은 사실이지만 (그러나)— . ***prove* ~** 진실임이 판명되다, 들어맞다. ***Too* ~ !** = ***How* ~ !** 《口》 〈강한 同意〉 과연 (그렇소). **~ *to type*** 전형적인, (동식물이) 순종의.

—*ad.* (1) 참으로, 정확하게. (2) 【生】 순수하게, 순종으로 : breed ~ 순종을 낳다.

—*vt.* 《~+目/+目+副》 (도구·차바퀴 ·엔진등)을 바로 맞추다《*up*》.

—*n.* (the ~) 진실임 ; 진리 : *the* ~, the good, and the beautiful 진선미. ***in* 〈*out of*〉 (*the*) ~** 정확〈부정확〉하니, 빗나(이긋나〉. 파) **~·ncoo** *n.*

true-blue [-blú:] *a.* (1) 아주 충실한. (2) 《英》 충실한 보수당의.

true·born [-bɔ́:rn] 순수한 : a ~ Londoner 런던 토박이

true·bred [-bréd] *a.* (1) (동물이) 순종의. (2) (사람이) 바르게 자란, 뱀뱀이가 있는.

true·heart·ed [-há:rtid] *a.* 성실〈충실〉한.

true-life [-làif] *a.* 〔限定的〕 사실에 근거한, 실화의 : a ~ story 실화(實話).

true·love [-lʌ̀v] *n.* ⓒ 연인, 애인

truf·fle [trʌ́fəl] *n.* (1) ⓒ 【植】 송로(松露)의 일종 《버섯의 일종으로 조미용》. (2) ⓒ,ⓤ 트러플, 트뤼프 《구형(球形)의 초콜릿 과자의 일종》.

trug [trʌg] *n.* ⓒ 《英》 (원예용(園藝用)의) 얕으막한 타원형 바구니(꽃·도구 등을 넣음).

tru·ism [trú:izəm] *n.* ⓒ 자명한 이치, 명명백백한 일.

:tru·ly [trú:li] (***more* ~ ; *most* ~**) *ad.* (1) 참으로, 진실로 : report ~ 진실을 보도하다. (2) 올바르게, 확실히 ; 정확히 : Tell me ~. 사실대로 말해다오. (3) 진심으로, 정말로. (4) 충실히, 성실하게 : serve one's master ~ 주인을 성실하세 섬기다. (5) 〔文章修飾〕 사실을 말하자면, 사실은. ***Yours* ~.** = ***Truly yours.*** 총총, 불비례 《편지의 맺는 말》.

:trump [trʌmp] *n.* (1) **a**] ⓒ (카드놀이의) 으뜸패. **b**] (*pl.*)으뜸패의 한벌. 【cf.】 playing card. (2) ⓒ 비결, 최후〈필승〉의 수단. (3) ⓒ 《口》 믿음직스런 사람, 호남아. ***no* ~** 으뜸패 없는 승부. ***turn* 〈*come*〉 *up* ~*s*** (일이) 예상 외로 잘 돼 가다. —*vt.* (1) …을 으뜸패로 따다〈이기다〉. (2) (아무)를 이기다. —*vi.* 으뜸패를 내놓다〈로 이기다〉. **~ *up*** (이야기·구실 따위를) 꾸며내다, 조작하다, 날조하다 : a ~*ed up* story 꾸며낸 이야기.

trumped-up [trʌ́mtʌ́p] a. 날조된.

trump·ery [trʌ́mpəri] *n.* ⓒ,ⓤ 〔集合的〕 (1) 겉만 번드레한 물건, 굴통이, 야하고 값싼 물건. (2) 허튼 소리, 잠꼬대. —*a.* (1) 겉만 번드르르한《장식품 등》. (2) 시시한 ; 천박한《의견 등》.

:trum·pet [trʌ́mpit] *n.* (1) 【樂】 트럼펫, 나팔. (2) 나팔 모양의 것. **a**] (축음기·라디오 등의) 나팔 모양의 확성기. **b**]나팔 모양의 보청기 (3) **a**] 나팔 소리, 나팔소리 같은 소리. **b**] (코끼리의) 나팔소리 같은 울음 소리. (4) 트럼펫 주자, 나팔수.

***blow* one*'s own* ~** 자랑하다, 자화자찬하다.

—*vi.* (1) 나팔을 불다. (2) (코끼리가) 나팔 같은 소리를 내다. —*vt.* (1) …을 나팔로 알리다. (2) 《~+目/+目+副》 …을 큰소리로 알리다, 떠벌리다, 알리며 돌아다니다.

trúmpet crèeper 〈**flòwer, vìne**〉 【植】 능소화(凌霄花) 나무《미국산》.

turm·pet·er [trʌ́mpitər] *n.* ⓒ (1) 트럼펫 주자 ; 나팔수. (2) 떠버리. ***be* one*'s own* ~** 제자랑하다.

turn·cate [trʌ́ŋkeit] *vt.* (1) (원추 토는 나무 따위)의 꼭대기를〈끝을〉 자르다. (2) (긴 인용구 등)을 잘라 줄이다. —*a.* = TRUNCATED.

turn·cat·ed [trʌ́ŋkeitid] *a.* (1) 끝을 자른 ; 끝을 자른 모양의. (2) (문장 등) 생략된, 불완전한. (3) 【數】 (기하도형이) 절두(截頭)된.

turn·ca·tion [trʌŋkeiʃən] *n.* ⓤ 끝을 자름 ; 절두(截頭), 절단(截斷).

·trun·dle [trʌ́ndl] *n.* (1) ⓒ (침대, 피아노 등의 작은) 바퀴 롤러 ; (침대 따위의) 각륜(脚輪). (2) = TRUCKLE BED.

—*vt.* 《~+目/+目+前+名/+目+副》 (무거운 것)을 굴려서〈데굴데굴 밀어서〉 나르다 : ~ a hoop *along* the street 길에서 굴렁쇠를 굴리다.

—*vi.* 《~/+副》 구르다, 회전하다 ; 구르며 나아가다, 드르르 움식이다.

:trunk [trʌŋk] *n.* ⓒ (1) (나무의) 줄기. 【cf.】 branch. (2) 몸통, 동체(부분). 【cf.】 head, limb[1]. (3) 본체, 중앙 부분 ; 《比》 주요〈중요〉 부분. (4) 트렁크, 여행 가방《suitcase 보다 대형이며 견고한 것》. (5) 《美》 자동차의 짐칸, 트렁크(《英》 boot). (6) (철도·인공수로·강 따위의) 간선(幹線), 본선. (7) (코끼리의) 코. (8) (*pl.*) 트렁크스《남자용 운동〈수영〉 팬츠》 : bathing〈swimming〉 ~*s*. (9) 【建】 기둥줄기, 주신(株身).

trúck lìne (철도 · 도로 · 전신 · 전화 · 수도 · 가스 등의 간선, 본선.

trúck ròad 간선 도로.

truss [trʌs] *n.* ⓒ (1) 【建】 (지붕 · 다리 등의) 트러스, 형구( ). (2) 《英》 (건초 · 질 따위의) 단, 다발. (3) 【醫】 헤르니아〈탈장(脫腸)〉대. —*vt.* 《~+目/+目+副》 (1) …을 다발 짓다, …을 (로프 따위로) 묶다 ; (아무의) 두 팔을 몸통에 묶어 매다《up》 : ~ hay 건초를 다발 짓다. (2) (요리 전에 새의) 날개와 다리를 몸통에 묶다. (3) (지붕 · 교량 따위)를 트러스로 떠받치다.

trúss brìdge 트러스교( ), 결구교(結構).

:trust [trʌst] *n.* (1) **a**] ⓤ 신뢰, 신용, 신임《in》 : have〈put, place〉 ~ *in* a person 아무를 믿다. **b**] ⓒ 신용〈신뢰〉할 수 있는 사람. **c**] ⓤ (또는 a ~) 확신, 기대, 소망. (2) ⓤ,ⓒ (신뢰 · 위탁에 대한) 책임, 의무 : be in a position of ~ 책임이 있는 지위에 있다. (3) **a**] ⓤ 위탁, 보관, 보호 : leave a thing in ~ with a person 물건을 아무에게 맡기다. **b**] ⓒ 위탁물, 맡은 물건. (4) 【法】 **a**) ⓤ 신탁 : a breach of ~ 배임. **b**] ⓒ 신탁 재산〈물건〉 : ⇨ INVESTMENT TRUST. (5) ⓒ 【經】 트러스트 기업합동. (6) ⓒ 【商】 외상 (판매), 신용(대부). ***on ~*** 1) 외상으로 : buy 〈sell〉 things on ~ 외상으로 물건을 사다〈팔다〉. 2) 신용하고, 그대로 믿고 : take... *on* ~ …을 그대로 믿다. ***take . . . on ~*** (확인도 않고) …을 그대로 믿다.
—*vt.* (1) …을 신뢰하다, 신용〈신임〉하다 : He is not a man to be ~*ed*. 그는 신용할 수 있는 사람이 아니다. (2) 《+目+*to* do/+目+前+名》 …을 안심하고 …시켜 두다 : 능히 …하리라 생각하다. (3) 《+*to* do /+(*that*) 節》 …을 기대하다, 희망하다. (… 이라면 좋겠다고) 생각하다 : I ~ *to* hear better news 더 좋은 소식을 듣고 싶다. (4) 《+目+前+名》 (안심하고) …을 위탁하다, 맡기다《to》 : …에 위탁하다, …에게 맡기다《with》. (5) 《+目+前+名》 …에게 털어놓다《with》 : ~ a person *with* a secret 아무에게 비밀을 털어놓다. (6) 《~+目/+目+前+名》 …에게 외상판매〈신용대부〉하다 : I wonder whether my tailor ~*s* me. 양복점에서 외상으로 양복을 지어 줄는지.
—*vi.* (1) 《+前+名》믿다, 신뢰하다《in》: ~ *in* God 하느님을 믿다. (2) 《+前+名》(운수 · 기억 등에) 의존(의지)하다, 기대하다《to》 : Don't ~ *to* chance. 운에 기대를 걸지 마라. (3) 《~/+前+名》 …을 기대하다《for》.
파) **~·er** *n.*

trúst còmpany 신탁 회사〈은행〉.

trust·ee [trʌstíː] *n.* ⓒ (1) 피(被)신탁인, 수탁자, 보관인, 보관 위원, 관재인 : a ~ in bankruptcy 파산 관재인(管財大). (2) (대학 등의) 평의원, 이사.

trust·ee·ship [-ʃip] *n.* (1) ⓤ,ⓒ 수탁인 〈관재인〉의 직〈지위, 임기〉. (1) **a**] ⓤ (UN에 의해 어떤 나라에 위임되는 영토의) 신탁 통치. **b**] ⓒ 신탁 통치령〈지역〉.

trust·ful [trʌ́stfəl] *a.* (쉽게, 잘) 믿는, 신뢰하는.
파) **~·ly** [-fəli] *ad.* **~·ness** *n.*

trúst fùnd 신탁 자금〈기금, 재산〉.

trust·ing [trʌ́stiŋ] *a.* 믿는, 《신뢰하여》 사람을의심치 않는, 신용하는(confiding, trustful) : a ~ child 의심할 줄 모르는 아이.
파) **~·ly** *ad.* 믿고, 안심하고. **~·ness** *n.*

trust·less [trʌ́stlis] *a.* (1) 신용 없는, 신뢰할 수 없는. (2) 신용하지 않는, 의심 않은.

trúst tèrritory (유엔) 신탁 통치령〈지역〉.

·trust·wor·thy [trʌ́stwəːrði] (***-thi·er ; -thi·est***) *a.* 신용〈신뢰〉할 수 있는, 믿을 수 있는.
파) **-wòr·thi·ly** *ad.* **-wòr·thi·ness** *n.*

·trusty [trʌ́sti] (***trust·i·er ; -i·est***) *a.* 믿을 만한, 신뢰할 수 있는, 충실한.
—*n.* ⓒ (1) 믿을 수 있는 사람. (2) 모범수(囚).
파) **trúst·i·ly** *ad.* **-i·ness** *n.*

:truth [truːθ] (*pl.* **~*s***[truːðz, -θs]) *n.* (1) ⓤ,ⓒ 진리(眞理), 참 : God's ~ 절대의 진리 / a universal ~ 보편적 진리. (4) ⓤ 진실성, 진실임 : doubt the ~ of it. 그 진위를 의심한다. (3) ⓒ,ⓤ 사실, 진실, 진상 : The ~ is that.... 사실은 …(이라는 것)이다. (4) ⓤ 성실, 정직 : You may depend on his ~. 그의 성실을 믿어도 좋다. ***in ~*** 참으로, 실제로 : 사실은. ***tell the ~ and shame the devil*** 과감히 진실을 말하다. ***to tell 〈speak〉 the ~ = ~ to tell*** 실은, 사실을 말하자면.
직한, 거짓말을 하지 않는 : a ~ child 정직한 아이. (2) (말 따위) 진실한, 정말의 : a ~ story 진실된 이야기.
파) **~·ly** [-i] *ad.* **~·ness** *n.*

:try [trai] (*p., pp.* ***tried ; trý·ing***) *vt.* (1) 《~+目/+ -*ing*》 …을 해보다, 시도하다《*doing*》 : ~ an experiment 실험하여 보다. ※ try doing은 '시험삼아 해보다' '실제로 …해보다', try to do 는 '…해 보려고 시도하다' '…하려고 노력하다《아직 하고는 있지 않다》' 의 뜻 She *tried to* write in pencil. 그녀는 연필로 써 보려고 했다. ⇨*vi.* (2).
(2) 《~+目/+目+前+名/+*wh.* 節》 …을 시험하다. (알기 위해) …을 시험해 보다, 조사해 보다 : ~ the brake 브레이크를 점검하다 / ~ a dish 요리를 맛보다.
(3) 《~+目/+目+前+名》 【法】 …을 재판에 부치다, (사건)을 심리〈심문〉하다, (아무)를 재판하다 : ~ a person *for* murder 〈theft〉 아무를 살인(절도)죄로 심리하다 / ~ the accused *for* his life 피고인을 사형죄로 심문하다.
(4) 《~+目/+目+前+名》 …에게 시련을 겪게 하다, 고생하게〈혹독한 일을 당하게〉 하다, 괴롭히다, 혹사하다 : That boy *tries* my patience. 저 아이는 정말 사람 미치게 만든다.
—*vi.* (1) 시험해 보다 : I don't think I can do it but I'll ~. 할 수 있을 것 같지는 않지만 해보겠소. (2) 《~/+前+名/+*to* do》 (…하도록) 노력하다〈힘쓰다〉 《*for*》 : ~ *for* a scholarship 장학금을 타려고 노력하다. ***~ it on*** 《口》 1) (허용한도가 얼만인지 알아보려고) 대담하게〈뻔뻔하게〉 행동해보다. (2) …을 속이려 들다《*with*》 : It's no use ~*ing it on with* me. 나를 속이려고 해봤자 소용없다 : ***~ on*** 몸에 맞는지 입어 보다〈써 보다, 신어 보다〉 : ~ a new coat on 새 코트를 입어 보다. ~ one***'s hand at . . .*** ⇨ HAND. ***~ out*** 1) (밀랍 등을) 가열하여 빼내다. 2) 시험해 보다. 3) (경기 등에) 출장하다《*for*》.
—*n.* ⓒ (1) 시험〈해 보기〉, 시도, 노력. (2) 【럭비】 트라이.

:try·ing [tràiiŋ] *a.* (1) 견디기 어려운, 괴로운, 고된(painful) : a hat ~ day 못견디게 더운 날. (2) 화가 나는, 참을 수 없는. 파) **~·ly** *ad.*

try-on [tráiɑ̀n, -ɔ̀ːn/-ɔ́n] *n.* ⓒ 《口》 (1) (속이려는) 시도. (2) (가봉한 옷을) 입어보기.

try·out [tráiàut] *n.* ⓒ 《口》 (1) 적성검사. (2) 【劇】 시험 흥행, 시연(試演).

tryp·sin [trípsin] *n.* ⓤ 【生化】 트립신《췌액(膵液) 중의 소화 효소》.

T

try·sail [tráséil, 《海》-səl] *n.* ⓒ 【船】 돛대 뒤쪽의 보조적인 작은 세로돛.

tryst [trist, traist] *n.* ⓒ 《古》 (1) (특히, 애인 등과의) 만날 약속 ; 약속한 회합, 데이트 : keep 〈break〉 (a) ~ 만날 약속을 지키다〈어기다〉. (2) 밀회〈회합〉의 장소〈시간〉.

tset·se [tsétsi, tét-, tsí:tsi] *n.* ⓒ 【蟲】 체체파리 (= ⌐~**flỳ**) 《가축의 전염병·수면병을 매개하는 아프리카 중남부의 집파리의 일종》.

T-shirt [⌐ʃə̀rt] *n.* ⓒ 티셔츠.

T sqare [tí:-] T자.

:tub [tʌb] *n.* ⓒ (1) 통, 물통 : a wash ~ 세탁물통. (2) 통 하나 가득(한 분량) : a ~ of water. (3) 목욕통, 욕조(bathtub). (4) 《口》 목욕, 입욕(入浴) : have 〈take〉 a (hot) ~ 목욕하다. (5) 《口》 볼품 없고 느린 배. (6) 《俗》 뚱뚱보.

tu·ba [tjú:bə] (*pl.* **~s, -bae**[-bi:]) *n.* ⓒ 【樂】 튜바《최저음의 금관 악기》.

tub·al [tjú:bəl] *a.* (1) 관(모양)의. (2) 【解·動】 수란관〈나팔관〉의 : ~ pregnancy 수란관 임신.

tub·by [tʌ́bi] (**-bi·er ; -bi·est**) *a.* (1) 통 모양의. (2) (사람이) 땅딸막한. 파) **túb·bi·ness** *n.*

:tube [tju:b] *n.* ⓒ (1) (금속·유리·고무 따위의) 관(菅), 통 ; (관악기의) (관악기의) 관, 몸통 : boiler ~*s* 보일러 관. (2) (그림물감·치약 등의) 튜브 ; (타이어의) 튜브: a ~ of toothpaste (튜브에 든) 치약. (3) **a**] (관상(菅狀)의) 지하도. **b**] 《英口》 지하철(《美》 subway) : a ~ station 《英》 지하철역. (4) **a**] 《美》진공관(《英》 valve). **b**] (텔레비전의) 브라운관. **c**] (the ~) 《美口》 텔레비전. (5) **a**] 【植】 관, 통 모양의 부분. **b**] 【解·動】 관, 관상 기관 : bronchial ~*s* 기관지. ***go down the ~(s)*** 《美口》 폐물이 되다, 폐기되다.

tube·less [-lis] *a.* 튜브가 (필요) 없는 : a ~ tire.

tu·ber·cle [tjú:bərkəl] *n.* ⓒ (1) 【植】 소괴경(小塊莖). (2) 【解】 소류(小瘤). (3) 【醫】 결절(結節), 결핵 결절.

túbercle bacillus 결핵균《略 : T.B.》

tu·ber·cu·lar [tjubə́:rkjələr] *a.* (1) 결절(結節)의, 결절이 있는. (2) 결핵(성)의 ; 결핵에 걸린.
—*n.* ⓒ 결핵 환자.

tu·ber·cu·lin-test·ed [-tèstid] *a.* 투베르쿨린 반응 음성의 소에서 짜낸《우유》.

·tu·ber·cu·lo·sis [tjubə̀:rkjəlóusis] (*pl.* **-ses** [-si:z]) *n.* ⓤ 결핵(병)《略 : T.B, TB》 ; 폐핵 (pulmonary ~).

tu·ber·ous [tjú:bərəs] *n.* (1) 결절이 있는. (2) 괴경(塊莖) 모양의.

tub ful [tʌ́nfùl] *n.* ⓒ 한 통〈대야〉분, 통 하나 가득한 양《*of*》.

tub·ing [tjú:biŋ] *n.* (1) 관(管)공사, 배관(配管) ; 관(管)재료. (2) [集合的] 관류(管類).

tub-thump·er [tʌ́bθʌ̀mpər] *n.* ⓒ 《口》 (탁자를 치며) 열변을 토하는 사람〈변사〉.

tu·bu·lar [tjú:bjələr] *a.* 관(管)의, 관상(管狀) 조직의 ; 파이프식의 ; 관 모양의, 관으로 된 : a ~ boiler 관식(管式) 보일러 / a ~ railway 지하 철도.

:tuck [tʌk] *n.* (1) ⓒ (옷의) 단, 주름겹단, 접어 올려 시친 단. (2) ⓤ 《美俗》 음식 ; 과자.
—*vt.* (1) 《+目+前+名》 …을 챙겨넣다, 쑤셔 넣다. (2) 《+目+前+名》 (다리)를 구부려서 당기다 ; (머리 따위)를 움츠리다, 묻다《*in*》 : The bird ~*ed* its head *under* Its wing 새는 날개 밑에 머리를 묻었다. (3) 《+目+副/+目+前+名》 (냅킨 셔츠·담요 따위의 끝) 을 밀어〈찔러〉 넣다《*in* ; *up* ; *under*》 : *Tuck* in your blouse. 블라우스 자락을 속에 밀어넣어라. (4) 《+目+副/+目+前+名》 (아이·환자)에게 시트·담요 따위를 꼭 덮어 주다. (침구 따위로) …을 감싸다《*up*》. (5) 《+目+副》 (옷자락 등)을 걷어〈치켜〉 올리다《*up*》. (6) (옷)을 호아 올리다, 시쳐넣다, 접어올려 호다《*up* ; *in*》. ***~ away*** 1) …을 챙겨넣다, …을 안전한 곳에 두다〈세우다〉. 2) 《口》 …을 배불리 먹다〈마시다〉. 3) (집 따위)를 세우다. ***~ in*** …을 쑤셔〈밀어〉 넣다. ***~ up*** 1) (옷 단 등)을 걷(어 올리)다. 2) 〈受動으로〉 (다리)를 꺾어 앉다. 3) (애기)를 포대기에 잘 감싸다《*in*》 : ~ a child *up in* bed.

tuck·er[1] [tʌ́kər] *n.* ⓒ **a**] 옷 단을 호아 올리는 사람. **b**] (재봉틀의) 주름잡는 장치 . (2) (17-18세기 여성 복장의) 깃 장식. ***in*** one***'s best bib and ~*** 나들이 옷을 입고.

tuck·er[2] *vt.* 《美口》 …을 피곤하게〈지치게〉 하다《*out*》 : be ~*ed out* 몹시 지치다.

tuck-in [tʌ́kìn] *n.* ⓒ (흔히 sing) 《英俗》 진수 성찬.

tuck-shop [tʌ́kʃɑ̀p/-ʃɔ̀p] *n.* ⓒ 《英俗》 과자 가게 《학교 구내 또는 부근의》.

-tude *suf.* 〔주로 라틴 계통의 形容詞에 붙여〕 '성질, 상태' 란 뜻의 명사를 만듦 : atti*tude*.

Tu·dor [tjú:dər] *a.* (1) 영국의 튜더 왕가〈왕조〉의. (2) 【建】 튜더 양식의. —*n.* (1) 튜더《영국의 왕가 (1485-1603)》. (2) ⓒ 튜더 왕가의 사람. ***the ~s*** = ***the House of ~*** 튜더 왕가 .

·Tues., Tue. Tuesday.

:Tues·day [tjú:zdi, -dei] *n.* ⓤ,ⓒ 화요일《略 : Tue., Tues》. : on a ~ (과거·미래의) 어느 화요일에.
—*ad.* 《美》 화요일에 (on Tuesday).

Tues·days [tjú:zdiz, -deiz] *ad.* 《口》 화요일에, 화요일마다(on Tuesdays).

·tuft [tʌft] *n.* ⓒ (1) (머리칼·깃털·실 따위의)술, 타래. (2) (풀이나 나무의) 덤불, 수풀. —*vt.* …에 술을 달다, 술로 장식하다.

tuft·ed [-id] *a.* (1) 술이 있는, 술로 장식한 ; 술 모양의. (2) 총생(叢生)한.

tufty [tʌ́fti] (**tuft·i·er ; -i·est**) *a.* (1) 술의 ; 술이 많은. (2) 총생의. 파) **túft·i·ly** *ad.*

:tug [tʌg] (**-gg-**) *vt.* 《~+目/+目+前+名》 …을 당기다, (세게) 잡아당기다 : ~ a car *out of* the mire 진창에서 차를 끌어내다. (2) (배)를 예인선으로 끌다 : ~ a boat.
—*vi.* 《~/+前+名》 (힘껏) 당기다, 잡아당기다《*at*》.
—*n.* ⓒ (1) 세게 당김 ; 잡아당김. (2) 벅찬 노력 분투 ; 투쟁, 치열한 다툼 : the ~ of young minds in a seminar 세미나에서의 청년들의 분분한 의견 충돌. (3) (마구의) 끄는 가죽. (4) 예인선(tugboat) ; (글라이더) 예항기. (***a***) ***~ of war*** 1) 줄다리기. 2) 주도권 싸움. ***~ of love*** 《英口》 (이혼한 부부의 아이에 대한) 친권자 싸움.

·tug·boat [⌐bòut] *n.* ⓒ 예인선, 터그보트.

·tu·i·tion [tju:íʃən] *n.* ⓤ (1) 교수, 수업 : give 〈have〉 private ~ in English 영어 개인 교수를 하다(받다). (2) 수업료(= **~ fèe**).
파) **~·al** [-əl] *a.* 교수(용)의 ; 수업료의.

:tu·lip [tjú:lip] *n.* ⓒ 튤립 ; 그 꽃〈구근〉.

túlip trèe 목련과의 나무(《美》 poplar. (2)).

tu·lip·wood [-wùd] *n.* ⓤ tulip tree의 목재《주로, 가구 제작용》.

:tum·ble [tʌ́mbəl] *vi.* (1) 《~/+前+名》 엎드러지다, 넘어지다《*off* ; *over*》 ; 굴러떨어지《*down*》 : ~ *down* the stairs 〈off a horse〉 계단〈말〉에서 굴러떨어지다. (2) 《+副/+前+名》 굴러다니다, 몸부림치며 뒹굴다 ; 자면서 몸을 뒤치다《*about*》. (3) (가격 따위가) 폭락하다 ; 갑자기 떨어지다. (4) 《+副/+前+名》 (건물 따위가) 무너지다, 붕괴 직전이다. (5) 《+副/+前+名》 뒹굴다시피〈급하게〉 …하다 : *Tumble up.* 서둘러라. (6) 공중제비하다, 재주넘다. (7) 《+前+名》 《口》 갑자기 생각이 미치다, 이해하다, 깨닫다《*to*》.
—*vt.* (1) 《~+目/+前+副》 …을 굴리다, 넘어뜨리다, 뒤집어 엎다《*down* ; *over*》. (2) 《~+目/+目+前+名》 …을 내던지다, 내팽개치다. (3) 《~+目/+目+前+名》 …을 혼란시키다, 뒤범벅을 만들다, 엉클어뜨리다 : ~ a bed 잠자리를 흩뜨려 놓다.
—*n.* (1) ⓒ 엎드러짐, 넘어짐, 뒹굶, 전락, 전도(轉倒). (2) ⓒ (곡예의) 공중제비(somersault). (3) (a ~) 혼란, 뒤범벅. ***get a ~*** 《口》 관심을〈호의를〉 끌다. ***give a ~*** 《口》 관심을〈호의를〉 보이다.

tum·ble·down [-dàun] *a.* (건물 따위가) 찌부러질 듯한, 황폐한.

tum·ble-dry [tʌ́mbldrài] *vt.* (세탁물)을 회전식 건조기로 말리다.

·tum·bler [tʌ́mblər] *n.* ⓒ (1) 텀블러《굽·손잡이가 없는 큰 컵》 ; 그 컵 한잔. (2) 공중제비하는 사람, 곡예사 ; 오뚝이《장난감》. (3) (자물쇠의) 날름쇠.

túmbler drìer (세탁물의) 회전식 건조기.

tum·bler·ful [tʌ́mblərfùl] *n.* ⓒ 큰 컵 한잔의 분량.

tum·ble·weed [tʌ́mblwìːd] *n.* ⓒ 【植】 회전초《가을 바람에 쓰러지는 명아주 엉겅퀴 따위의 잡초》.

tum·brel, -bril [tʌ́mbrəl], [-bril] *n.* ⓒ (1) 비료 운반차. (2) (프랑스 혁명 시대의) 사형수 호송차.

tu·me·fac·tion [tjùːməfǽkʃən] *n.* (1) ⓤ 부어오름. (2) ⓒ 종창(腫脹), 종기.

tu·me·fy [tjúːməfài] *vt.* …을 붓게 하다. —*vi.* 붓다.

tu·mes·cence [tjuːmésəns] *n.* ⓤ 부어오름.

tu·mes·cent [tjuːmésənt] *a.* (1) 부어오르는, 종창성(腫脹性)의. (2) (성기가) 발기한.

tu·mid [tjúːmid] *a.* (1) 부어오른 ; 융기한. (2) 과장된《문장 따위》.

tu·mid·i·ty [tjuːmídəti] *n.* ⓤ (1) 부어오름, 종창(腫脹). (2) 과장.

tu·mor, 《英》 **-mour** [tjúːmər] *n.* ⓒ (1) 종창(腫脹, 종기. (2) 【醫】 종양(腫瘍) : a fatty ~ 지방종(脂肪腫) / a benign 〈malignant〉 ~ 양성〈악성〉 종양.

tu·mor·ous [tjúːmərəs] *a.* 종양의, 종양 같은.

:tu·mult [tjúːmʌlt, -məlt] *n.* ⓤ,ⓒ (1) 법석, 소동; 소음 ; 폭동. (2) 격정, (마음의) 산란, 흥분 : in a ~ of grief 비탄에 젖어.

·tu·mul·tu·ous [tjuːmʌ́ltʃuəs] *a.* (1) 떠들썩한, 소란스러운. (2) (마음이) 동요한, 격앙된 : ~ passions 폭풍과 같은 격정. 파) **~·ly** *ad.*

tu·mu·lus [tjúːmjələs] (*pl.* ***~·es***, ***-li*** [-lài]) *n.* ⓒ 뫼, 무덤, 《특히》 봉분 ; 고분(mound).

tun [tʌn] *n.* ⓒ (1) 큰 통, 큰 술통 ; (양조용의) 발효통(醱酵桶). (2) (술 등의) 용량 단위《252 갤런》.
—(***-nn-***) *vt.* (술)을 큰 통에 넣다〈저장하다〉.

tu·na [tjúːnə] (*pl.* **~(*s*)**) *n.* (1) ⓒ 【魚】 다랑어. (2) ⓤ 다랑어〈참치〉의 살.

tun·a·ble [tjúːnəbəl] *a.* 조율〈조정(調整)〉할 수 있는. 파) **~·ness** *n.* **-bly** *ad.*

túna fìsh (식용의) 다랑어〈참치〉살.

tun·dra [tʌ́ndrə, tún-] *n.* ⓤ,ⓒ (북시베리아 등지의) 툰드라, 동토대(凍土帶).

:tune [tjuːn] *n.* (1) ⓒ 곡, 곡조, 멜로디 ; 가곡 ; 주(主)선율 ; 분명한 선율 : whistle a popular ~ 휘파람으로 유행가를 부르다. (2) ⓤ (노래·음률의) 올바른 가락, 장단. (3) ⓤ 조화, 어우러짐. ***call the ~*** 결정권을 가지다, 좌지우지하다. ***change*** one***'s ~*** (의견·태도)를 싹 바꾸다. ***sing another 〈a different〉 ~*** = change one's ~. ***to the ~ of*** ($500), ($500) 상당액. ***turn a ~*** 《口》 한 곡 부르다〈연주하다〉.
—*vt.* (1) …의 가락을 맞추다 ; (악기)를 조율〈조 음〉하다《*to*》 : ~ a piano 피아노를 조율하다. (2) 《+目+前+名》 【通信】 (회로)를 동조시키다, …에 파장을 맞추다. (3) …에 적합하게 하다 ; 조정〈조절〉하다 ; 일치〈조화〉시키다. ***~ down*** …의 음량을 낮추다. ***~ in*** 1) (*vt.*) (라 디오·TV의) 다이얼(채널)을 …에 맞추다《*to*》 ; 2) (*vi.*) 수신기를 (방송국·프로에) 동조시키다《*to*》. ***~ out*** 1) (수신기의 다이얼을 조정하여 잡음 등이) 안 들리게 하다. 2) 《口》 남의 일에 신경〈마음〉을 안 쓰다, 무시하다.

tune·ful [tjúːnfəl] *a.* 음조가 좋은, 음악적인, 좋은 소리를 내는. 파) **~·ly** *ad.* **~·ness** *n.*

tune·less [⌐lis] *a.* (1) 음조가 맞지 않는, 난조(亂調)의 ; 운율이 고르지 않은. (2) 소리가 안 나는 《악기 따위》. 파) **~·ly** *ad.* .

tun·er [⌐ər] *n.* ⓒ (1) 조율사(調律師) : a piano ~. (2) 정조기(整調器). (3) 【電子】 동조기(同調器).

tune-up [⌐ʌ̀p] *n.* ⓒ (엔진 등의) 조정.

tung·sten [tʌ́ŋstən] *n.* ⓤ 【化】 텅스텐《금속 원소 ; 기호 W ; 번호 74》.

tu·nic [tjúːnik] *n.* ⓒ (1) 튜닉. **a**] 고대 그리스·로마 사람의 소매가 짧고 무릎까지 내려오는 속옷. **b**] 스커트 등과 함께 입는 긴 여성용 상의. **c**] 《英》 (군인·경관 등의) 웃옷의 일종. (2) 【解】 피막(皮膜), 막(膜).

tun·ing [tjúːniŋ] *n.* ⓤ (1) 조율. (2) (무전기의)파장 조정.

Tu·ni·sia [tjuːníː(ː)ʒiə] *n.* 튀니지《북아프리카의 공화국 ; 수도 Tunis》.

Tu·ni·sian [tjuːníːʒiən] *n.* 튀니지〈튀니스〉 사 람. —*a.* 튀니지〈튀니스〉 (사람)의.

:tun·nel [tʌ́nl] *n.* ⓒ (1) 터널, 굴 ; 지하도. (2) (광산의) 갱도(坑道). (3) (동물이 사는) 굴. —(***-l-***, 《英》 ***-ll-***) *vt.* 《~+目/+目+前+名》 (1) …에 터널을 파다. (2) 〔~ one's way로〕 터널을〈갱노를〉 파고 나아가다《*through* ; *into*》.
—*vi.* 터널을 만들다 ; 터널을 파 나아가다.

·tur·ban [tə́ːrbən] *n.* ⓒ (1) 터번《이슬람교 남자가 머리에 감는 두건》. (2) (여성용의) 터번식 모자. 파) **~·ed** [-d] *a.* 터번을 감은.

tur·bid [tə́ːrbid] *a.* (1) (액체가) 혼탁한. (2) 짙은 《구름·연기 따위》, 농밀한. (3) (생각·문체 등이) 어지러운, 혼란된. 파) **~·ly** *ad.* **~·ness** *n.*

tur·bid·i·ty [təːrbídəti] *n.* ⓤ (1) 흐림, 혼탁. (2) 혼란(상태).

tur·bi·nate [tə́ːrbənit, -nèit] *a.* (1) 팽이 모양의. (2) (조개 따위가) 소용돌이 모양의.

·tur·bine [tə́ːrbin, -bain] *n.* ⓒ 【機】 터빈 : a steam ~ 증기 터빈.

tur·bo-charged [tə́:rboutʃɑ̀:rdʒd] *a.* 터보차저가 달린 : a ~ engine 터보차저 엔진.

tur·bo·charg·er [-ər] *n.* ⓒ 【機】 터보차저, 배기(排氣) 터빈 과급기《내연기관의 배기로 구동되는 터빈에 의해 회전되는 과급(過給) 장치》.

tur·bu·lence [tə́:rbjələns] *n.* ⓤ (1) **a**] (바람 · 물결 등의) 거칠게 몰아침, 거침. **b**] (사회 · 정치적인) 소란, 동란(disturbance). (2) 【氣】 (대기의) 난기류(亂氣流).

·tur·bu·lent [tə́:rbjələnt] *a.* (1) 몹시 거친, 사나운《바람 · 파도 따위》. (2) 떠들썩한, 소란스러운 : 광포한, 난폭한. 파) **~·ly** *ad.* 몹시 거칠게.

turd [tə:rd] *n.*ⓒ《卑》(1) 똥. (2) 똥 같은 놈.

tu·reen [tjurí:n] *n.* ⓒ (수프 따위를 담는) 뚜껑 달린 움푹한 그릇.

turf [tə:rf] (*pl.* **~s**《稀》 ***turves*** [tə:rvz]) *n.* (1) **a**] ⓤ 〔集合的〕 잔디. **b**] ⓒ 뗏장 : make a lawn by laying ~ 뗏장을 심어서 잔디밭을 만들다. (2) ⓤ,ⓒ 이토(泥土) ; 토탄(土炭). (3) (the ~) **a**] 경마. **b**] 경마장. 《美俗》 (폭력단 등의) 세력권. —*vt.* (1) (땅)을 잔디로 덮다, …에 잔디를 심다. (2)《英口》(사람 · 물건)을 내쫓다, 내던지다《*out*》.

turfy [tə́:rfi] (***turf·i·er ; -i·est***) *a.* (1) 잔디가 많은 ; 잔디로 덮인 ; 잔디 같은. (2) 토탄이 많은 :토탄질의. (3) 경마(장)의.

tur·gid [tə́:rdʒid] *a.* (1) 부어오른. (2) (말 · 글 따위가) 과장된. 파) **~·ly** *ad.* **~·ness** *n.*

tur·gid·i·ty [tə:rdʒídəti] *n.* ⓤ (1) 부어 오름, 부풀기, 팽창. (2) (물체 따위의) 과장(誇張).

·Turk [tə:rk] *n.* ⓒ 터키족의 사람, 터키사람 · (특히) 오스만 제국의 사람. ***the Grand*** 〈***Great***〉 **~** (제정 시대의) 터키 황제.

Tur·ke·stan [tə̀:rkistǽn, -stɑ́:n] *n.* 투르키스탄《중앙 아시아의 광대한 지방》.

:Tur·key [tə́:rki] *n.* 터키《중동의 공화국 : 수도 Ankara》.

:tur·key [tə́:rki] (*pl.* **~(s)**) *n.* (1) **a**] ⓒ 【鳥】 칠면조. **b**] ⓤ 칠면조 고기. (2) ⓒ《美口》(연극 · 영화 등의) 실패작. (3) ⓒ《美口》 바보, 얼간이. ***talk*** (***cold***) **~**《美口》(상담(商談)등)을 솔직히 〈단도직입적으로〉 말하다.

:Turk·ish [tə́:rkiʃ] *a.* 터키의 ; 터키 사람〈어〉의 ; 튀르크어(군)의. —*n.* ⓤ 터키 어.

Túrkish báth 터키식 목욕, 증기목욕(탕).

Túrkish cárpet 〈**rúg**〉 터키 융단.

·tur·moil [tə́:rmɔil] *n.* ⓤ,ⓒ 소란, 소동, 혼란 (tumult) : The country is in a state of political ~. 그 나라는 정치적 혼란 상태에 있다.

:turn [tə:rn] *vt.* (1)《~+目/+目+副》…을 돌리다, 회전시키다 : ~ the wheel of a car 자동차의 핸들을 돌리다.
(2)《~+目/+目+副》(스위치 · 고동 · 마개를) 틀다 ; (조명 · 라디오 · 가스 · 수도 따위)를 켜다, 틀다《*on*》 ; 잠그다, 끄다《*off*》 : ~ the tap *on* 〈*off*〉 고동을 틀다〈잠그다〉.
(3) (모퉁이)를 돌다, …을 돌아가다, 구부러지다 ; (적의 측면)을 우회하다 : The car ~*ed* the corner. 차는 모퉁이를 돌았다.
(4) (연령 · 시각 등)을 넘다, 지나다 : It has just ~*ed* five. 지금 막 5 시가 지났다.
(5)《~+目/+目+副》…을 감아〈걷어〉올리다《*up*》 : (옷의 깃)을 세우다 ; (책장)을 넘기다 ; 접 다, 구부리다 ; 파헤치다 ; (날)을 무디게 하다 : ~ *up* one's shirt sleeves 셔츠의 소매를 걷어 올리다 : 활기 있게 일에 달려들다 / ~ (*over*) the pages 책장을 넘기다.
(6) (옷)을 뒤집다, (뒤집어) 고치다 : have an old overcoat ~*ed* 헌 외투를 뒤집어 고치게 하다.
(7) …을 뒤집다, 거꾸로 하다, 전도하다 : ~ a cake on a gridiron 석쇠 위에서 과자를 뒤집다 / ~ a phonograph record 축음기 판을 뒤집다.
(8) (다른 그릇)이 거꾸에 기울여 붓다 : ~ oil from the pan into a can 기름을 프라이팬에서 깡통으로 붓다.
(9)《+目+前+名》(눈 · 얼굴 · 등 따위를) …으로 돌리다《*to* ; *on, upon*》 : (어떤 방향으로) 향하게 하다, … 을 향해 나아가게 하다(direct)《*to* ; *toward* ; *on*》 ; 적대하게 하다《*against*》.
(10)《+目+前+名》(어떤 용도 · 목적)으로 쓰다, 충당하다, 돌려대다. (… 의) 대상으로 만들다, 이용 하다《*to*》 : ~ a thing *to* good use〈account〉 물건을 선용(이용)하다.
(11)《~+目/+目+前+名》(타격 · 탄환 따위)를 빗나가게 하다 ; (사람의 마음 따위)를 딴 데로 돌리다, 변화시키다 : ~ the blow 주먹을 피하다.
(12)《~+目/+目+副/+目+前+名》…을 좇아 버리다, 좇아내다 : ~ a mob 폭도를 몰아내다 / ~ a person *out* (*of* door) 아무를 (집)밖으로 내좇다.
(13)《~+目/+目+前+名/+目+補》(성질 · 외관 따위)를 …으로 변화시키다, 만들다〈바꾸다〉, 변질〈변색〉시키다《*into* ; *to*》 : Warm weather has ~*ed* the milk. 더워서 우유가 변질하였다 / Worry ~*ed* his hair gray. 걱정으로 머리가 희어졌다.
(14) (머리)를 돌게 만들다, 혼란시키다 (마음)을 뒤집히게 하다 : Success has ~*ed* his head 성공하자 머리가 돌았다.
(15) …의 관절이 삐다〈접질리다〉 : ~ one's ankle 발목을 삐다.
(16)《+目+前+名》(돈 따위)로 바꾸다, 교환하다《*into*》 : ~ one's check *into* cash 수표를 현금으로 바꾸다.
(17)《+目+前+名》…을 번역하다 : 바꾸어 말하다《*into*》.
(18) (자금 · 상품)을 회전시키다 ; (주)를 처분하다《딴 주를 사기 위해》 ; (이익)을 올리다.
(19)《+目+副》(이것저것)을 생각하다, 숙고하다《*over*》 : She ~*ed* the plan *over* in her mind. 그녀는 곰곰이 그 계획을 검토했다.
(20) …을 녹로로(선반으로) 깎다(만들다) ; 매끈하게 만들다 ; 둥그스름히 하다. : ~ a candlestick out of brass 놋쇠로 촛대를 만들다.
(21) …을 모양 좋게 만들다, (표현)을 멋있게 하다.
(22) (공중제비)를 하다, (재주)를 넘다 : ~a somersault 공중제비를 하다.
(23) (위 · 속)을 구역질나게 하다 (upset).
—*vi.* (1)《+前+名》(축(軸) 또는 물체의 주위를) 돌다, 회전하다(rotate), 선회하다(whirl around) ; ~ on one's heel(s) 발뒤꿈치로 돌다 / A wheel ~*s* on its axis 바퀴는 축을 중심으로 회전한다.
(2)《+前+名》몸의 방향을 바꾸다 : (잠자리에서)몸을 뒤척거리다《*over*》. 뒤치락거리다 : ~ on one's side while sleeping 자면서 몸을 뒤치락거리다.
(3) (가는) 방향을 바꾸다《*to*》. (배가) 진로를 바꾸다 ; (모S퉁이를) 돌다, 구부러지다. : ~ *to* the left 왼쪽으로 방향을 바꾸다 / ~ left *down* a side street 왼쪽 골목길로 들어가다.
(4) 눈(길)을 돌리다〈보내다〉 ; 뒤돌아보다, 얼굴을 돌

리다 : everywhere the eyes ~ 눈길이 가는 곳에는 어디에나 / He ~*ed* when I called him. 불렀더니 그는 이쪽을 돌아다보았다.
(5) 《~/+前+名/+副》 (마음·문제 따위가) 향 하다, 관심(생각)을 향하게 하다《*to* ; *toward*》 : 주의를 (생각·관심 등을) 다른 데로 돌리다, 옮기다 《*away* ; *from*》 : He ~ed back tohis work 그는 자기의 일로 되돌아갔다.
(6) 《+前+名》 의지하다, 도움을 구하다 ; (사전 등을) 참조하다《*to*》 : ~ *to* God 하느님께 기도하다 / ~ *to* a dictionary.
(7) 《~+前+名/+補》 (성질·외관 따위가) 변(화)하다, 변전(變轉)하다《*to* ; *into*》 ; 〔冠詞 없는 名詞를 補語로 수반하여〕 (변하여) …이 되다, …으로 전직하다 ; (종교적으로) 개종하다 ; 변절하다 : Dusk was ~*ing into* night. 황혼이 저물어 가고 있었다 / The weather ~*ed* fine. 날씨가 활짝 개었다 / ~ Christian 〈politician〉 기독교인이〈정치가가〉 되다.
(8) 《+補》 (우유 등이) 시어지다, 산패(酸敗)하다 : The milk ~*ed* sour. 우유가 시어졌다.
(9) (나뭇잎이) 단풍들다, 변색하다.
(10) (페이지가) 젖혀지다 ; 페이지를 펼치다, (의복 따위가) 걷어지다 ; …이 뒤집히다《*inside out*》 ; (칼날이) 무디어지다 : His umbrella ~*ed inside out*. 그의 우산이 뒤집혔다.
(11) (형세 따위가) 역전하다, 크게 바뀌다, (조수가 밀물·썰물 등으로) 바뀌다 ; 되돌아오다〈가다〉 : Things are ~*ing for* the worse〈better〉 사태는 악화〈호전〉되고 있다.
(12) (…을)적대하다, 적의를 가지다 ; 배반하다 ; …에게 갑자기 덤벼들다, 반항하다《*against* ; *on*》 He ~*ed against* his friends. 그는 친구들을 배반했다.
(13) 《+前+名》 관계가 있다, …여하에 달려 있다, (…에) 의하다《*on, upon*》 : Everything ~*s of* your answer 만사는 너의 대답 여하에 달려 있다.
(14) 현기증이 나다 ; (머리가) 이상해지다 ; 구역질나다 : My head ~*s.* 머리가 어찔어찔하다.
(15) 선반을 돌리다 ; (녹로〈선반〉 세공이) 완성되다, …로 갈리어지다.
not know where* 〈*which way*〉 *to* ~** 《口》 (머리가 혼란하여) 어찌할 바를 모르다. **~ *about 빙돌다〈돌리다〉, 되돌아보다. 【軍】 '뒤로 돌아'를 하다〈시키다〉. **~ *against*** (*vi.*) 1) … 에 거역하다, … 반항〈반발〉하다 ; … 을 싫어하다. 2) (상황 따위가) 아무에게 불리해지다. (*vt.*) …에게 거역〈반항〉하게 하다, …에 대해 반감을 품게 하다. **~ *around*** 1) 회전하다〈시키다〉. 2) 방향을 바꾸다〈바꾸게 하다〉, 뒤돌아보(게 하)다. 3) 《美》 …이 호전되다, …을 호전시키다 : How did you ~ your company *around* ? 어떻게 자네 회사를 호전 시켰는가. 4) (태도 등을) 일변하다〈시키다〉. 5) …으로 의견 〈방침〉 따위를 바꾸다〈바꾸게 하다〉, 변절하다〈시키 다〉. 6) (배 따위에) 손님(짐)을 바꿔 싣고 다시 출발시킨다. **~ *aside*** 1)길을 잘못 들다. 2) 얼굴을 돌리다, 외면하다 ; 옆을 보다. 3) 슬쩍 받아넘기다, 비키다 ; (분노)를 가라앉히다. **~ *away*** (*vi.*) 외면하다, 돌보지 않다《*from*》 ; 떠나다. (*vt.*) 1) …을 쫓아내다. (손님 등)을 거절하다 : ~ *away* a beggar 거지를 쫓아버리다. 2) …을 돌보지 않다. 3) (얼굴)을 돌리다, 외면하다. **~ *back*** (*vt.*) 1) …을 되돌아가게 하다 ; 퇴각시키다 ; (시계)를 늦추다. 2) 되접다, 되접어서 꾸미다. 3) (책장 따위)를 되넘기다. 4) 〔흔히 否定文에서〕 (계획 따위)를 취소하다 ; 본래대로 돌리다. (*vi.*)되돌아가다(오다) ; 《比》 제자리로 돌아가다. **~ *down*** (*vt.*) 1) …을 접다, 개다. 2) (카드)를 뒤집어놓다, 밑을 향하게 놓다. 3) (제안·후보자 따위)를 거절〈각하〉하다. 4) (등불·가스 따위의) 심지를 내리다, 불을 작게 하다 ; (라디오 등의) 소리를 작게 하다. (*vi.*) 되접어지다 ; 내려가다 ; (시황(市況)·경기 등이) 하강하다 ; (길 따위가) 꼬불꼬불 내리막 길이다 ; (차 따위가) 돌아서 샛길로 들어가다. **~ *from . . .*** (사는 방식·연구 등)을 바꾸다 ; 버리다, 그만두다 ; (눈·주의 등)을 돌리다. **~ *in*** (*vt.*) 1) (발가락 따위)를 안쪽으로 굽히다. 2) …을 안에 넣다, 몰아넣다 ; (비료 따위)를 땅속에 갈아 넣다. 3) …을 돌려주다, 반환하다. 4) 《美》 (서류·사표 등)을 제출하다, 건네다 ; 작성하다 : ~ *in* one's resignation 사표를 내다. 5) (중고차 등)을 대금 일부로 내놓다. 6) (경찰)에 인도하다, 밀고하다. 7) 〔再歸的〕 자수하다. 8) 《口》 (계획 등)을 그만두다, 단념하다. 9) (성적·기록등)을 획득하다, 올리다, 성취하다. (*vi.*) 1) (방향을 바꾸어) …로 들어가다. 2) 《口》 잠자리에 들다. 3) 잠깐 들르다. ~ *in* at a bar. 바에 들르다. 4) (발·무릎 따위가) 안으로 굽다. **~ *loose*** ⇨ LOOSE. **~ *off*** (*vt.*) 1) 《英》 …을 쫓아버리다 ; 해고하다. 2) (수도)를 잠그다. (라디오·전등 따위)를 끄다 : ~ *off* the water〈lights, radio〉 3) …을 만들어내다, 생산하다 : ~ *off* an epigram 경구(警句)를 멋지게 만들어내다. 4) …을 돌려서 빼내다 ; …을 돌려서 형체를 만들다. 5) 《口》 …에게 (…에 대한) 흥미를 잃게 하다. 6) (표정·웃음 등)을 갑자기 멈추다. 7) … 을 피하다 : ~ *off* the question 질문을 피하다. (*vi.*) 1) (간선 도로에서) 샛길로 들어서다 ; (길이) 갈라지다. 2) 《口》 흥미를 잃다 ; 《俗》 듣기를 그만두다 ; 《英》 나빠지다, 상하다 ; …이 되다(become) . **~ *on* a**〕 〔on은 副詞〕 1) (가스·수도 등)을 틀다 ; (전등·라디오, TV등)을 켜다 : *on* the lights 불을 켜다. 2) 《俗》 …을 시작하게 하다《*to*》. 3) 《俗》 마약을 먹고〈먹여〉 기분좋게 취(하게)하다. 4) 《口》 (아무)를 흥분시키다, 성적으로 자극하다 ; …을 열중하게〈빠져들게〉 하다 ; 《俗》 … 에게 마약맛을 들이게 하다, …에게 (새로운 경험·가치 등)을 가르치다《*to*》. 5) 《口》 (표정·기색·눈물 등)을 갑자기〈저도 모르게〉 나타내다. **b**〕 〔on은 前置詞〕 1) (호스·조소 등)을 …에게 돌리다. 2) …에게 반항하(게 하)다, …을 갑자기 공격하다〈시키다〉, …에게 대들다. 3) …에 의하여 결정되다, …여하에 달리다 : Everything ~*s on* your consent. 만사는 너의 찬성여하에 달려 있다. 4) …을 중심으로〈주제로〉 하다. **~ *on the heat*** ⇨ HEAT ~ *out* (*vt.*) 1) (가스)를 잠그다, (전등)을 끄다 : Please ~ *out* the lights before you go to bed. 자기 전에 불을 끄세요. 2) (용기에 든 것)을 비우다 ; 뒤엎다. 3) …을 쫓아내다〈버리다〉, 해고하다 ; (가축)을 밖으로 내몰다. 4) …을 만들어 내다, 생산〈제조〉하다 : The factory ~*s out* 100,000 cars a month. 그 공장은 한 달에 10만 대의 자동차를 생산한다. 5) 〔흔히 受動으로〕 성장(盛裝)시키다. 6) 《口》 (방·용기 따위)를 비우고 청소하다. 7) 《比》 (사람)을 양성하다, 배출하다 8) (발가락 등)을 밖으로 향하게 하다. (*vi.*) (1) (발가락·발 따위가) 바깥쪽으로 향하다. 2) 《口》 밖으로 나가다 ; 모여들다 ; 떼지어 나오다 ; 출동하다. 3) 결국 …임이 판명되다(prove) ; (사태 등이) …로 되다〈끝나다〉. 4) (침대에서) 일어나다. **~ *over*** (*vi.*) 1) 몸의 방향을 바꾸다 ; (자면서 몸을) 뒤척이다. 2) (엔진이) 걸리다, 시동하다. 3) (속이) 메슥하다 ; (심장이) 뛰다. 4) 〔흔히 進行形〕 (일 따위가) 순조로이 되고 있다. 5) 사직 〈전직〉하다 : (다음 사람에게) 교대〈인도〉하다《*to*》. (*vt.*) 1) …을 숙고

하다, 검토하다. 2) …의 방향을 바꾸게 하다 ; 몸을 뒤치게 하다 : *Turn* the patient *over* on his right side. 환자를 오른쪽으로 눕히시오. 3) …을 뒤집다, 넘어뜨리다 ; 갈아엎다 ; (책장)을 넘기며 읽다. (서류·옷 등)을 뒤집고 조사하다〈찾다〉. 4) (재산 등)을 양도하다 ; (경찰·책임자 등에게) …을 인도하다 ; (아이 등)을 맡기다 ; (권한 등)을 위임하다《*to*》 5) (엔진 따위)를 시동시키다. 6) 《口》 (…의) 기분을 상케 하다, 구역질나게 하다. 7) **[商]** (상품) 을 매매하다, 회전시키다 ; (어떤 액수의) 거래가 〈매상이〉 있다 ; (자본·자금)을 운용하다. ***~ round*** : ~ around ~ a person ***round*** one***'s little finger*** ⇨FINGER ***~ up*** (*vt.*) 1) (소매 따위)를 걷어 붙이다 ; 뒤집다 ; 위로 향하게 하다 ; (얼굴)을 돌리게 만들다 ; 위로 구부리다 ; 젖히다. 2) (패)를 뒤집다 ; …의 겉이 위가 되게 놓다. 3) (램프·가스 따위)를 밝게〈세게〉 하다. (라디오) 소리를 크게 하다 ~ *up* one's lamp등잔의 심지를 돋우다. 4) 파뒤집다, 발굴하다, 발견하다 : The ploughman ~*ed up* an ancient pitcher. 농부가 고대의 주전자를 파냈다. 5) …에게 구토증을 일으키게 하다, …의 속을 메스껍게 하다. 6) 〔흔히 命令形 ; ~ it 〈that〉 up 로서〕 (싫은 언동을 그만두다.(*vi.*) (1) 모습을 나타내다. (불쑥) 오다 ; (물건이) 우연히 나타나다〈발견되다〉. 2) 위로 굽다〈향하다〉. 3) (어떤 일이)갑자기 일어나다, 생기다. 4) …임을 알다 ; 눈에 띄다, 보이다 : His name has ~*ed up* in several magazines recently. 최근 몇 개의 잡지에 그의 이름이 보였다. ***~ upside down*** 1) 거꾸로 되다, 역전되다. (2) (방안을) 어지럽히다. ***~ up*** one***'s nose at*** ⇨NOSE. ***Whatever ~s you on!*** 《俗》 나에겐 전혀 흥미가 없구나.

—*n*. (1) ⓒ **a**] 회전, 돌림, 돌아감 : 선회, 회전운동, (댄스의) 턴 ; (스키의) 회전. **b**) 감음, 감는〈꼬는〉 식 ; (로프 따위의) 한 사리(의 길이), (소용돌이의) 휘돎, (코일의) 감김. (2) 《口》 **a**] 굽음, 변환, 사태의 전환 ; **[軍]** 우회, 방향 전환 ; **[樂]** 돈꾸밈음, 회음(回音), 턴 ; **[競]** 턴, 반환 : make a ~ to the left 좌회전하다. **b**] 굽은 곳, 모퉁이, 만곡부 : sudden ~s in the road 도로의 급한 커브. **c**] 바뀌는 때, 전환점 : the ~ of life 갱년기. (3) ⓒ **a**] 뒤집음 ; (카드 따위를) 넘김, 엎음 ; **[印]** 복자(伏字). **b**] (병·노여움 따위의) 발작 ; 《俗》 메스꺼움, 현기증 ; 《口》 놀람, 쇼크, 충격 : get quite a ~ 몹시 질겁하다. (4) 〔흔히 a ~〕 (성질·사정 따위의) 변화, 일변, 역전 ; 전기(轉機) ; 《稀》 전화(轉化), 변경 ; 되어감, 경향(trend) ; (새로운) 견해〈사고 방식〉 : His illness took *a* favorable ~. 그의 병은 차차 나아지고 있다. (5) ⓒ 순번, 차례, 기회 : it's my ~ to pay the bill. 내가 계산을 치를 차례다. (6) **a**] 한바탕의 일 ; 동작 ; 산책, 드라이브, 한 바퀴돎 ; (직공의) 교내 시간(근무). **b**] (경기·내기 등의) 한번 승부 ; 《英》 연예 프로〈상연물〉의 일장(一場)〈한 차례〉 ; 연예인 : a star ~ at the circus 서커스에서의 인기 프로 (7) ⓒ **a**] (좋은〈나쁜〉) 행위, 처사. **b**] 보복, 앙갚음 : repay it with a bad 앙갚음하다. (8) (a ~) **a**] 성향, 성질 ; 능력, 특수한 재능, 기질 : boy with *a* mechanical ~ 기계를 만지는 재능이 있는 아이. **b**] 형(型), 모양 ; 주형, 성형틀 **c**] 말솜씨, 표현 방법, 문체(文體), 말(투) : *a* happy ~ of expression 멋진〈아름다운, 알맞은〉 표현 (특정한) 목적, 필요, 요구, 요망 ; 급할 때 : I think this book will seve my ~ . 이 책으로 족하리라고 생각한다. (10) 형세, 동향, 형편, 경향 ; (*pl.*) 월경. (11) **[商]** (자본의) 회전(율).

at every ~ 바뀔 때〈바뀌는 곳〉마다, 도처에 ; 언제나, 예외없이 : We met with kindness *at every* ~. 우리는 가는 데마다 친절한 대접을 받았다. ***by ~s*** 번갈아 ; 차례로. ***in the ~*** *of* ***a hand*** 손바닥 뒤집듯이 ; 금방 ***in ~*** 번갈아 ; 차례차례, 《文語》 다음에는, 똑같이 : The doctor saw them all *in* ~. 의사는 그들 모두를 차례로 진찰했다. ***in*** one***'s ~*** 1) 자기 차례가 되어. 2) 이번에는 자신이 : I was scolded *in my* ~. 이번에는 내가 꾸중들었다. ***on the ~*** 바뀌기 시작하여, 바뀌는 고비에 : The tide is *on the* ~. 물때가 되었다. ***out of ~*** 1) 순서 없이 ; 순번이 뒤바뀌어. 2) 무분별하게 ***take it in ~(s) to*** do 교대로 …하다. ***take ~s*** 교대로 하다, 서로 교대하다《*at* ; *about* ; *in* ; *with* ; *to* do》. ***to a ~*** (특히 요리가) 나무랄 데 없이, 꼭 알맞게《조리되어》 : done *to a* ~ (요리가) 꼭 알맞게 익은〈구워진〉. ***~ (and ~) about*** (둘 또는 여럿이) 번갈아. 파) **~·able** *a.*

turn·a·bout [tə́:rnəbàut] *n*. ⓒ (1) 방향 전환(turnaround), 선회 ; (사상 따위의) 전향 ; 변절 ; 변절〈배신〉자. (2) 회전 목마.

turn·a·round [⌐əràund] *n*. ⓒ (1) 전회, 선회 ; (진로·방침·의견 등의) 180 도 전환, 전향. (2) (자동차 도로상의) 차 돌리는 장소. (3) ⓒ,ⓤ (배·비행기 따위의) 왕복 소요 시간 ; 도착에서 출발까 지의 시간《화물의 탑재, 승객의 탑승, 정비 등의》 ; (처리를 위한)소요시간(=**⌐ tíme**). (4) (판매 등의)호전.

turn·coat [⌐kòut] *n*. ⓒ 배반자, 변절자.

turn·cock [⌐kàk/⌐kɔ̀k] *n*. ⓒ (수도 따위의)고동 ; 수도 급수전(栓) 담당자.

turn·down [⌐dàun] *a*. 〔限定的〕 접어 젖힌, 접은 깃의 ; 접는 방식의 : a ~ bed 접침대. —*n*. ⓒ배척, 거절 ; 각하 ; 하락 ; 하강.

turned [tə:rnd] *a*. (1) 돌린. (2) 역전〈전도〉된, 거꾸로 된. (3) 〔複合語로〕 맵시가 …한, 모양이 …한. 말솜씨가 …한.

turn·er[1] [tə́:rnər] *n*. ⓒ (1) 뒤집는〈돌리는〉 사람. (2) 선반공(旋盤工), 녹로공. (2) 뒤집개《요리 기구》.

turn·er[2] *n*. ⓒ (1) 공중제비하는 사람. (2) 《美》 체조 협회원. (3) 《美俗》 독일인, 독일계 사람.

turn·ery [tə́:rnəri] *n*. ⓤ 선반〈녹로〉 세공〈기 술〉 ; ⓒ 선반 공장 ; 선반〈녹로〉 제품.

:turn·ing [tə́:rniŋ] *n*. (1) ⓤ,ⓒ 회전, 선회 ;전향 : the ~ of the earth 지구의 회전. (2) ⓒ 굴곡 ; 구부러지는 곳, 모퉁이, 분기점, 갈랫길 : a sharp ~ in〈of〉 the road. 길의 급커브. (3) 선반〈녹로〉 세공.

túrning pòint 전환〈변환〉점, 전기(轉機), 위 기, 고비 : the ~ of a disease 병의 고비.

·tur·nip [tə́:rnip] *n*. ⓒ (1) **[植]** 순무(의 뿌리). (2) 《俗》 대형 은딱지 회중시계.

turn·key [tə́:rnkì:] *n*. ⓒ 《古》 옥지기, 교도관(jailer). —*a*. 〔限定的〕 (건축물 등) 완성품 인도〈턴키〉 방식의.

turn·off [⌐ɔ̀(:)f, -àf] *n*. (1) ⓒ 옆길 ; (간선 도로의) 분기점, 지선도로 ; (고속 도로의) 램프웨이 ;대피로. (2) ⓒ 《美俗》 흥미를 잃게 하는 것.

turn·on [⌐àn, ⌐ɔ̀(:)n] *n*. ⓒ 《俗》 (환각제 등에 의한) 도취(상태) ; 흥분〈자극〉시키는 것.

·turn·out [⌐àut] *n*. (1) (흔히 *sing.*) 〔修飾語를 수반하여〕 (구경·행렬 따위에) 나온 사람(수), (집회의) 출석자(수), 회중, 투표(자)수. (2) (흔히 *sing.*) 〔修飾語를 수반하여〕 생산액, 산출고 : a large ~대량의 산출고. (3) ⓒ **[鐵]** 대피선(線) ; (고속도로의)차대피소, (도로 따위의) 분기점. (4) ⓒ의상 ; 준비, 채비. (5) ⓒ (사람 등의) 내용물을 끄집어 냄, 청소.

turn·o·ver [⌐òuvər] *n.* (1) ⓒ 반전, 전복. (2) (*sing.*) 〔修飾語를 수반하여〕 (자금 등의)회전율 : ~ ratio of capital **[商]** 자본 회전율. (3) (*sing.*) 《英》 전직률, 이직률 ; 이동, 출입. (4) (*sing.*) 일기(一期)의 총매상고, 거래액.
—*a.* 〔限定的〕 반전하는 ; 접어 젖힌《칼라 따위》.

·turn·pike [⌐pàik] *n.* ⓒ 《美》 유료 고속 도로 ; (옛날의) 유료 도로(tollroad).

turn·round [⌐ràund] *n.* ⓒ (1) 《英》 화물의 싣고 내림. (2) (의견 · 정책 따위의) 전향〈변절〉 (turnaround).

turn·spit [tə́:rnspìt] *n.* ⓒ 고기 굽는 꼬챙이를 돌리는 사람〈회전기〉.

turn·stile [⌐stàil] ⓒ *n.* (한 사람씩 드나들게 되어 있는) 십자형 회전식 문.

turn·ta·ble [⌐tèibəl] *n.* ⓒ (1) **[鐵]** 전차대(轉車臺)《기관차 따위의 방향을 전환하는》. (2) (레코드 플레이어의) 턴테이블, 회전반. (3) (라디오 방송 용) 녹음 재생기 ; 《美》 = LAZY SUSAN.

turn·up [⌐ʌ̀p] *n.* ⓒ (1) (종종 *pl.*) 《英》 (바지의) 접어올린 단(《美》 cuff). (2) 《英俗》 뜻밖의 일, 이례적인 일.
—*a.* 접어올린 ; 들창코의.

·tur·pen·tine [tə́:rpəntàin] *n.* ⓤ 테레빈, 송진(松津)《소나뭇과 나무에서 채취한 수지(樹脂) ; 테레빈유(油) (= **~ òil**).

tur·pi·tude [tə́:rpitjù:d] *n.* ⓤ 간악, 비열(한 행위), 배덕(背德).

tur·quoise [tə́:rkwɔiz] *n.* ⓤ,ⓒ **[鑛]** 터키석(石) ; 청록색(= **~blúe**).

·tur·ret [tə́:rit, tʌ́rit] *n.* ⓒ **[建]** (본 건물에 붙여 세운) 작은 탑 ; **[軍]** (탱크 · 군함 따위의) 포탑, (전투기 등의) 돌출 총좌(銃座).

tur·ret·ed [tə́:ritid, tʌ́r-] *a.* 작은 탑이 있는 ; 탑 모양의 ; 포탑이 있는. 탐

:tur·tle [tə́:rtl] (*pl.* **~s, ~**) *n.* ⓒ 《특히》 바다거북 ; ⓤ 바다거북의 수프. (수프용의) 거북 살. ***turn ~*** (배 따위가) 뒤집히다.

tur·tle·dove [-dʌ̀v] *n.* ⓒ **[鳥]** 호도애《암수가 사이 좋기로유명》 ; 연인.

tur·tle·neck [-nèk] *n.* ⓒ (스웨터 따위의) 터틀네크 ; 터틀네크의 스웨터 〈셔츠〉.

tush [tʌʃ] *int.*, *n.* 《古》 체, 쳇《초조 · 경멸 등을나타내는 소리》. —*vi.* 쳇 하고 소리 내다.

tusk [tʌsk] *n.* ⓒ (1) (코끼리 따위의) 엄니. (2) 뻐드렁니 · 엄니 같은 것. 파) **~·ed** *a.* 엄니가 있는.

tusk·er [tʌ́skər] *n.* ⓒ 큰 엄니가 있는 코끼리 〈산돼지〉《따위》.

tus·sle [tʌ́səl] *n.* ⓒ 격투, 투쟁, 논쟁 ; 난투, 고전《*with*》 : have a ~ *with* a person 〈job〉 아무와 〈일과〉 맞붙어 씨름하다〈고투하다〉.
—*vi.* (…와) 격투하다, 맞붙어 싸우다.

tus·sock [tʌ́sək] *n.* ⓒ 덤불, 풀숲, 총생(叢生) ; 더부룩한 털.

tu·te·lage [tjú:təlidʒ] *n.* ⓤ 보호, 보호 감독, 후견 ; 교육, 지도 ; 보호〈지도〉 받기〈기간〉 : under the ~ of …의 지도 아래.

tu·te·lar, -lary [tjú:tələr], [-lèri/-ləri] *a.* 〔限定的〕 수호〈보호, 감독, 후견〉하는, 수호자〈보호자, 감독자, 후견인〉의〈인〉 : a *tutelary* god 수호신. —*n.* ⓒ 수호자, 수호신.

:tu·tor [tjú:tər] (*fem.* **~ess**[tjú:təris]) *n.* ⓒ (1) **a]** 가정교사(**[cf.]** governess) ; 튜터《영국 대학의 개별 지도 교수 ; 미국 대학의 강사, instructor 의 아래》 ; (학교에는 적이 없는) 수험 지도교사. **b]** 《英》 교본 : a guitar ~ (2) **[法]** (연소자의) 후견인 ; 보호자. —*vt.* (1) …에게 가정교사로서 가르치다〈지도하다〉, 후견(보호, 감독, 지도)하다, …을 돌보다. (2) (감정 따위)를 억제하다《*to* do》 : ~ one's passions 정욕을 누르다. —*vi.* tutor 로서의 일을 하다. 《특히》 가정교사를 하다 ; 가정교사로 임하다 : make a living by ~*ing* 가정교사를 해서 생계를 세우다.

tu·to·ri·al [tju:tɔ́:riəl] *a.* tutor의 〈에 의한〉 : a ~ class 개별지도 학급. —*n.* (1) (대학에서 tutor 에 의한) 개별지도 시간〈학급〉 ; (tutor 에 의한) 개별지도. (2) 《美》 지도서.

tutórial sỳstem **[敎]** 《특히 대학의》 개인〈개별〉 지도제.

tu·tu [tú:tu:] *n.* ⓒ 《F.》 튀튀《발레용의 짧은 스커트》.

tux·e·do [tʌksí:dou] (*pl.* **~(*e*)*s***) *n.* 《美》 턱시도 (《英》 dinner jacket) 《남자의 약식 야회복》 ; 《俗》 구속복.

:TV [tí:ví:] (*pl.* **~s, ~'s**) *n.* 텔레비전(수상기) : watch a game on ~ 텔레비젼으로 경기를 보다.

TV dìnner [tì:ví:-] 《美》 텔레비전 식품《은종이 에 싼 냉동식품 ; 가열해서 먹음》.

twad·dle [twɑ́dəl/twɔ́dəl] *n.* ⓤ 실없는 소리, 허튼 소리 ; ⓒ 객설을 농하는 자. —*vi.* 실없는 소리를 하다, 객담을 늘어놓다.

twain *n.*, *a.* 《古 · 詩》 둘(의), 두 사람(의), 쌍(의), 짝(의). ***in ~*** 두 동강이로《자르다 등》.

twang [twæŋ] *n.* ⓒ 현(絃), 소리, 팅〈윙〉 하고 울리는 소리 ; 콧소리, 비음(鼻音). —*vt.* (현)을 퉁겨 팅하고 울리다(소리내다), (화살)을 윙하고 쏘다. —*vi.* (악기의) 현을 뜯어 소리내다, 뜯다 ; (활의) 시위가 탕 울리다 ; 콧소리로 말하다

'twas [twɑz, 弱 twəz/twɔz] it was의 간약형.

tweak [twi:k] *n.* ⓒ 비틀기 ; 꼬집기, 홱 잡아당기기 ; (마음의) 동요. —*vt.* (사람의 귀 · 코 따위)를 비틀다, 꼬집(어 잡아당기)다, 홱 잡아당기다 : ~ a person's ear 아무의 귀를 잡아당기다.

twee [twi:] *a.* 《英口》 새침떼는.

·tweed [twi:d] *n.* ⓤ 트위드《스카치 나사(羅紗)의 일종 ; (*pl.*) 트위드 옷.

tweedy [twí:di] (***tweed·i·er, -i·est***) *a.* (1) 트위드의〈같은〉 ; 트위드를 즐겨 입는. (2) 옥외 생활을 즐기는, 소탈한.

·tween [twi:n] *prep.*, *ad.* 《詩》 = BETWEEN.

tweet [twi:t] *vi.* (작은 새가) 짹짹〈삑삑〉 울다. —*n.* ⓒ 지저귀는 소리, 짹짹, 삑삑. [imit.]

tweez·ers [twí:zərz] *n. pl.* 핀셋, 족집게 : a pair of ~ 족집게 하나.

:twelfth [twelfθ] *a.* (흔히 the ~) (1) 열두째의 《略 : 12th》. (2) 12분의 1의. —*n.* ⓤ (흔히 the ~) (1) 제12 ; (달의) 12 일. (2) ⓒ 12 분의 1 ; **[樂]** 제 12 음, 12 도 음정. —*pron.* (the ~) 열두째의 사람〈것〉.

Twélfth Dày 주현절(Epiphany)《크리스마스로 부터 12 일째 되는 1월 6일》.

Twélfth Night (1) 주현절(主顯節) 《1월 6일》의 전야. (2) 주현절(날) 밤.

:twelve [twelv] *a.* (1) 〔限定的〕 12 의 ; 12 개〈사람〉의. (2) 〔敍述的〕 열두살의. —*n.* (1) ⓤ,ⓒ 〔흔히 無冠詞〕 (기수의) 12 ; ⓒ 열두 사람〈개, 시, 살〉. (2) ⓒ 12의 기호. (3) (*pl.*) 12 절판 ; 사륙(四六)판.

(4) (the T-) 예수의 12 사도(= the Twelve Apostles).

twelve-tone, -note [⌐tóun], [⌐nóut] *a.* 【樂】 12 음 (조직)의 : *twelve-tone* music 12 음 음악.

:twen·ti·eth [twéntiiθ] *a.* (1) (흔히 the ~) 제 20의. (2) 20 분의 1 의. —*n.* (1) ⓤ (흔히 the ~) (서수의) 제 20 ; 스무 번째의 것〈사람〉. (2) ⓒ 20 분의 1 ; (달의) 20일 : five ~*s* 20 분의 5.

twen·ty [twénti] *a.* (1) 〔限定的〕 20 의, 20 개〈사람〉의 : He is ~ years old〈of age〉 그는 20 세이다. (2) 다수의 : ~ and ~ 다수의. (3) 〔敍述的〕 20 세인. —*n.* (1) ⓤ (또는 a ~) 〔흔히 無冠詞〕 (기수의) 20. (2) ⓒ 의 기호《20 ; xx, XX》. (3) **a**] ⓤ 20 세 ; 20 달러〈파운드, 센트〉 : a man of ~. **b**] (the twenties) 세기의 20 년대. **c**] (one's twenties) (연령의) 20 대. 파) **~·fold** [-fòuld] *a.*, *ad.* 20 배의〈로〉.

twen·ty-one [-wʌ́n] *n.* ⓤ 【카드놀이】 21 (blackjack)《최고의 끗수》.

:twice [twais] *ad.* 2 회, 두 번 ; 2배로 : once or ~ 한두 번 / *Twice* three is six 3×2=6 / I phoned him ~. 그에게 재차 전화 걸었다. ***in*** **~** 두번에 걸쳐서 : I did it *in* ~ ***think*** **~** 재고하다. **~ *as much*** 〈***many***〉 (양·수가) 두 배(의) : I have ~ *as much as* you. 너의 2 배나 갖고 있다.

twice-told [⌐tóuld] *a.* 몇 번이고 말한 ; (이야기 등이) 고리타분한.

twid·dle [twídl] *vt.* …을 회전시키다, 빙빙 돌리다 ; 만지작거 리다 ; 《해커俗》 (프로그램) 작은 변경을 가하다. —*vi.* 빙빙 돌다 ; 만지작거리다, 가지고 놀다 《*with* ; *at*》.

thumbs ⇨ THUMB(成句). —*n.* (a ~) 빙빙 돌리기, 친친 감긴 표시〈기호〉.

:twig[1] [twig] *n.* ⓒ (나무의) 잔가지.
파) **~·gy** *a.* 잔가지의〈같은〉 ; 연약한, 섬세한 ; 잔가지가 많은.

twig[2] (***-gg-***) 《口》 *vt.* …을 깨닫다 ; 간파하다.
—*vi.* 알다, 이해하다, 인정하다.

:twi·light [twáilàit] *n.* ⓤ (1) (해뜨기 전·해질 무렵의) 박명(薄明), 땅거미, 황혼. (2) 황혼 때 ; (때로) 새벽녘 : take a walk in the ~ 해질녘에 산책하다. (3) 【比】 (전성기 전후의) 여명기〈쇠퇴기〉 : the ~ of life 인생의 황혼. (4) (의미·지식·평판 따위의) 몽롱〈불확실〉한 상태.
—*a.* 〔限定的〕 박명의〈같은〉 ; 몽롱한, 희미한 ; = CREPUSCULAR : the ~ hour 황혼기.

twilight zòne (1) 빛이 닿을 수 있는 바다 최심층(最深層). (2) 어느 쪽에도 붙지 않는 영역, 중간대(帶).

twi·lit [twáilit] *a.* 어슴푸레한, 몽롱한 : a ~ street 희미한 거리.

:twin [twin] *n.* (1) ⓒ 쌍둥이의 한 사람 ; (*pl.*) 쌍생아 : one of the ~*s* 쌍둥의의 한 쪽. (2) ⓒ꼭 닮은 사람〈것〉의 한 쪽 ; 한 쌍의 한 쪽 (3) (*pl.*) Love and hate are ~*s*. 사랑과 미움은 표리 일체다. (4) 【結晶】 쌍정(雙晶) (= **~crystal**). (5) (the T-s) 【天】 쌍둥이 자리, 쌍둥이궁(Gemini).
—*a.* 〔限定的〕 (1) 쌍둥이의 : ~ brothers 〈sisters〉 쌍둥이 형제〈자매〉. (2) 【動·植】 쌍생(雙生)의 ; 한 쌍의 ; 꼭 닮은. (3) 【結晶】 쌍정(雙晶)의.
—(***-nn-***) *vt.* (1) (…와) …을 한 쌍으로 하다 ; (두 개)를 밀접히 결합시키다. (2) 〔受動으로〕 …을 자매 도시로 하다. …와 쌍을 이루다《*with*》. (3) 【結晶】 쌍정으로 하다.

·twine [twain] *n.* ⓤ,ⓒ (1) 꼰 실 ; 삼실 ; 바느질 실. (2) 꼬아〈짜〉 합친 것, 감긴 것〈부분〉 : 물건에 감기는 덩굴〈가지, 줄기〉. (3) 꼬아〈짜〉 합침, 사리어 갈김. —*vt.* (1) (실)을 꼬다, 비비꼬다. (2) 《~+目/+目+前+名》 (화환·직물 따위)를 엮다, 짜다 ; 엮어서 장식하다. (3) 《~+目+副/+目+前+名》 (덩굴·실 등)을 얽히게 하다. 감기게 하다《*round* ; *about*》 : ~ a cord *around* a branch 가지에 새끼를 감다.
—*vi.* 《~/+前+名》 얽히다, 감기다《*around* ; *about*》 : The vine ~*d around* the tree. 덩굴풀이 그 나무에 감겨 있었다.

twin-en·gine(*d*) [twínéndʒin(d)] *a.* (비행기가) 쌍발의.

twinge [twindʒ] *n.* ⓒ 쑤시는 듯한 아픔, 동통, 자통(刺痛), 격통《*of*》 ; (마음의) 아픔, (양심의) 가책, 회한《*of*》.

twin·kle [twíŋkəl] *vi.* (1) 반짝반짝 빛나다, 반짝이다 : stars that ~ in the sky 하늘에서 반짝이 는 별. (2) 《稀》 (춤추는 발 등이) 경쾌히 움직이다 : (기 등이) 펄럭이다 ; (나비 등이) 펄펄 날다. (3) 《~/+前+名》 (흥미·기쁨 따위로 눈이) 빛나다, 눈을 깜박이다.
—*n.* (흔히 *sing.*) (1) (the ~) 반짝임, 번뜩임, 섬광, 깜박임. (2) 경쾌한 운동, 어른거림. (3) (생기 있는) 눈빛 : a ~ of amusement in one's eyes 흥미진진해 하는 눈빛. (4) 순간. ***in a ~ = in the ~ of an eye*** 눈 깜짝할 사이에. ***when you were just*** 〈***no more than***〉 ***a ~ in your father's eye*** 《口·종종 戲》 (네가 태어나기) 훨씬 전에, 아주 옛날에.

:twin·kling [twíŋkliŋ] *a.* (1) 반짝반짝하는, 빛나는, 번쩍이는《별·창끝따위》. (2) (발놀림이)경쾌한. —*n.* (*sing.*) 반짝임 ; 깜박거림 ; 순간 ; (발 따위의) 경쾌한 움직임 : with a ~ in one's eyes 눈을 깜박이면서. ***in a ~ = in the ~ of an eye*** 눈깜박할 사이에, 순식간에.

twin-lens [⌐lènz] *a.* 【寫】 2 안(眼)의, 쌍안 렌즈의 : a ~ reflex camera. 2 안 리플렉스 카메라.

twín sèt 《英》 cardigan과 pullover의 앙상블. 《여성용》.

twín tówn 자매 도시.

·twirl [twəːrl] *vt.* (1) …을 빙빙 돌리다, 휘두르다. (2) 《~+目/+目+副》 …을 비비 꼬다, 비틀다 : ~ one's mustache(*up*). 콧수염을 배배 꼬다. (3) 【野】 (공)을 던지다(pitch). —*vi.* (1) 빙빙 돌다, 휙 방향을 바꾸다《*around* ; *about*》. (2) 【野】 투구를 하다.
~ one***'s thumbs*** ⇨ THUMB.
—*n.* ⓒ 회전, 빙빙 돎, 선회 ; 코일꼴〈나선형〉의 것 ; 소용돌이꼴 : give a ~ 빙빙 돌리다.
파) **~·er** *n.* ⓒ (1) 《美口》 투수(pitcher). (2) 바통걸(baton twirler)《고적대의 선두에서 지휘봉을 돌리면서 나아가는 소녀》. (3) 빙빙 돌리는 사람〈것〉.

:twist [twist] *vt.* (1) …을 뒤틀다 비틀(어 돌리)다. (2) …을 비틀어 —을 만들다 ; 비틀어서〈꼬아서〉 (…) 모양으로 하다《*into*》. (3) 《~+目/+目+前+名》 …을 짜다, 엮다 ; 꼬다, 모아서 (… 으로) 만들다 《*into*》 ~ flowers *into* a wreath 꽃을 엮어 화환을 만들다. (4) 《+目+前+名》 …을 얽히게 하다, 휘감다, 감아 붙이다. (5) 《~+目/+目+前+名》 …을 비틀어 구부리다, 구부려 붙이다 ; (얼굴)을 찡그리다 : a face ~*ed with* pain 고통으로 찡그린 얼굴. (6) (발목 따위)를 삐다, 접질리다. (7) 《+目+前+名》 …을 비틀어 떼다, 비틀어 꺾다《*off*》. (8) …의 뜻을 억지로 붙이다, 왜곡하다, 곡해하다 : ~ a person's words아무의 말을

곡해하다. (9) (공)을 틀어 〈깎아〉 치다《야구 · 당구 등에서》. (10) 《+目+前+名》 〈one's way로〉 …을 누비며 나아가다《through》. (11) 《+目+前+名》 …을 회전〈선회〉시키다 ; …의 방향을 바꾸게 하다 : ~ one's chair *toward* a window 창쪽으로 의자를 돌리다. (12) 〔흔히 過去分詞로〕 (마음)을 비뚤어지게 하다.

—*vi.* (1) 뒤틀리다, (비)꼬이다. (2) 얽히다, 휘감기다, 감기어 붙다. (3) 《+前+名》 나선상으로 돌다〈감다, 굽다〉, (길·내 따위가) (…을) 굽이쳐 가다, 사행(蛇行)하다《*around*》 ; 누비며 가다《*through* ; *alon*》. (4) 몸을 뒤틀다, 몸부림치다. (5) **[댄스]** 트위스트를 추다.

~ and turn (길 등이) 구불구불하게 되어 있다.

—*n.* ⓒ (1) 비틂 ; 한 번 비틀기〈꼬기〉 : give a ~ to the rope 밧줄을 비틀다. (2) ⓒ,ⓤ 실로 꼰 밧줄 ; (실 따위의)꼬임, 꼰 것 : a rope full of ~*s* 비꼬인 밧줄. (3) ⓤ,ⓒ 꼬인 담배 ; 꼬인 빵 : a ~ of bread. (4) ⓒ 버릇 ; 기벽(奇癖), 묘한 성격. (5) ⓒ,ⓤ 회전, 선회 ; 나선상의 운동〈만곡, 곡선〉 ; ⓒ (야구·당구의)커브, 틀어치기 ; ⓒ (도로 따위의) 굴곡. (6) ⓤ 《英口》 (왕성한) 식욕 ; ⓤ,ⓒ 《英俗》 혼합음료, 혼합주. (7) (the ~) **[댄스]** 트위스트. (8) (사건·사태의) 예기치 않은 진전, 뜻밖의 전개. (9) (얼굴 등의) 찡그림 ; (발목 등의)삠. (10) ⓒ 《英口》 사기.

(***after many***) ***~s and turns*** 우여 곡절(을 거쳐). ***round the ~*** 《英口》 = round the BEND[1]

twist·ed [∠id] *a.* (1) 굽은 꼬인. (2) (성격이) 비꼬인, 비뚤어진. (3) (표정 등이) 일그러진《*with* ; *by*》.

twist·er [∠ər] *n.* ⓒ (1) (새끼 따위를) 꼬는 사람, 실 꼬는 기계. (2) 곱새기는〈왜곡하는〉 사람. (3) 부정직한 사람 ; 사기꾼. (4) **[球技]** 틀어 치는 공, 곡구(曲球). (5) 어려운 일〈문제〉 : 발음하기 어려운 말 (tongue ~). (6) 《美》 선풍, 회오리바람. (7) 트위스트 추는 사람.

twisty [twísti] (***twist·i·er*** ; ***-i·est***) *a.* (1) 꼬불꼬불한 : a ~ mountain road 꼬불꼬불한 산길. (2) 정직하지 않은, 사곡(邪曲)한, 교활한.

twit[1] [twit] (**-*tt*-**) *vt.* 《~+目/+目+前+名》 야유하다, 비웃다, 조롱하다 ; 책망하다, 꾸짖다. —*n.* ⓒ 힐책, 힐문 ; 조롱.

twit[2] *n.* ⓒ 《英口》 바보.

·twitch [twitʃ] *vt.* (1) …을 홱 잡아당기다 ; 잡아채다《*off* ; *out of*》. (2) (몸 의 일부)를 무의식적으로 씰룩씰룩 움직이다, 경련시키다 ; 꼬집다. —*vi.* (1) (손가락·근육 따위가) 씰룩거리다. (2) 《+前+名》 와락 잡아당기다《*at*》. —*n.* ⓒ (1) (근육 따위의) 경련, 씰룩거림. (2) 갑작스런 격통 ; 홱 잡아당김. ***at a ~*** 곧, 금세.

twitchy [twítʃi] (***twitch·i·er*** ; ***-i·est***) *a.* (1) 안달이 난, 들뜬, 침착하지 못한. (2) 《口》 실룩거리는.

·twit·ter [twítər] *vi.* (1) (새가) 지저귀다, 찍찍〈짹짹〉 울다. (2) 재잘재잘 지껄이다《*on* ; *about*》. (3) 마음이 들떠서 침착하지 못하다, 흥분하여 가슴이 두근거리다, 떨다. —*n.* (1) ⓤ (흔히 the ~) 지저귐 : *the* ~ of sparrows. (2) (a ~) 《口》 가슴 설레임 ; 떨림. (***all***) ***in*** 〈***of***〉 ***a ~*** 흥분하여, 침착하지 못하여. 파) **~·y** *a* [imit].

:two [tu:] (*pl.* **~*s***) *n.*, *a.* 2 의, 2개의, 두 사람의 ; ⓤ,ⓒ 〔흔히 無冠詞〕 2 ; ⓒ 한 쌍 ; 2 의 기호 ; 두 살 ; 두 점 ; 2달러〈파운드〉. ***be of*** (***in***) ***~ minds*** ⇨ MIND. ***by***〈***in***〉 ***~s and threes*** 두 세사람씩, 삼삼오오 (떼를 지어서). ***in ~*** 둘로. ***in ~s*** 《英口》 즉시, 순식간에. ***know a thing or ~*** 다소 무엇을 알고 있다. ***put ~ and ~ together*** (추론하여) 올바른 결론을 내다 ; 이것저것 종합해서 생각해 보다. ***That makes ~ of us.*** 《口》 그것은 나 자신에 대해서도 말할 수 있다, 나도 마찬가지다〈그렇게 생각한다〉. ***~ and*** 〈***by***〉 ***~*** 둘〈두 사람〉씩. ***Two and ~ makes four.*** 2+2=4 (는 자명한 이치).

two-bit [∠bit] *a.* 〔限定的〕 《美口》 25 센트의 : 싸구려의, 가치 없는.

two-by-four [∠baifɔ̀:r, ∠bə-] *a.* (1) 투바이포 공법(工法)의 《두께 2 인치, 나비 4 인치의 판자를 쓰는》. (2) 《美俗》 (방 따위가)좁은, 작은 ; 하찮은. —*n.* ⓒ 투바이포 재목.

twó cénts wòrth (흔히 one's) 자기 소견 : put in *one's* ~ 자기 의견을 말하다.

twó cúltures (the ~) 인문·사회 과학과 자연과학.

two-di·men·sion·al [tú:dimén∫ənəl] *a.* (1) 2 차원의 ; 평면적인. (2) (작품 등이) 깊이가 없는.

two-edged [∠edʒd] *a.* (1) 양날의. (2) (이론 따위가) 2개의 뜻을 가진, 애매한.

two-faced [∠fèist] *a.* (1) 두 얼굴〈2 면〉을 가진 ; 표리부동한. (2) 두가지 뜻으로 이해되는, 뜻이 애매한.

two·fer [∠fər] *n.* ⓒ 《美口》 (1) (한 장 요금으로 2인분의 표를 살 수 있는) 우대권. (2) (한 개 값으로 두 개 살 수 있는) 반액 쿠폰.

two-fist·ed [∠fístid] *a.* 《美口》 (싸우려고) 두 주먹을 움켜쥔. (2) 힘센, 정력적인.

·two·fold [∠fòuld] *a.*, *ad.* 2 중의〈으로〉, 두 배의〈로〉 ; 2 개의 부분〈면〉을 가진.

two-four [∠fɔ́:r] *a.* **[樂]** 4 분의 2 박자의.

two-hand·ed [∠hǽndid] *a.* 양손이 있는 ; 양손으로 다루는 ; **[테니스]** 양손으로 치는 ; 2 인용의 ; 둘이서 행하는《게임 따위》 ; 양손잡이의.

·two·pence [tʌ́pəns] (*pl.* ~, ***-penc·es***) *n.* 《英》 (1) ⓤ 2 펜스(은화), (2) ⓒ 2 펜스 동전. (3) ⓤ 《口》 〔否定文 중에서 副詞的으로〕 조금도. ***do not care ~*** 조금도 상관〈개의〉치 않다.

two·pen·ny [tʌ́pəni] *a.* 〔限定的〕 (1) 2 펜스의. (2) 《口》 보잘것 없는, 싸구려의. (3) (못 길이가) 1 인치의.

two·pen·ny-half·pen·ny [tʌ́pənihéipəni, -pèni-] *a.* (1) 2 펜스 반의. (2) 하찮은.

two-piece [tú:pí:s] *a.* 〔限定的〕 두 부분으로 된, 《특히》 (옷이) 투피스의. —*n.* ⓒ 투피스 옷.

two·ply [∠plái] *a.* (1) 두 겹의, 두 겹으로 짠 ; 2 장 겹친. (2) (실 등이) 두 가닥의, 두 가닥으로 짠.

two·some [∠səm] *a.* 한 쌍의, 두 사람의, 둘이서 하는. —*n.* ⓒ (흔히 *sing.*) 2 인조 ; 두 사람 이 하는 놀이 〈경기·댄스〉 ; **[골프]** 두 사람이 하는 경기 (single).

two-step [∠stèp] *n.* ⓒ 투스텝《사교 댄스의 일종》 ; 그 곡.

two-story〈**-storied**〉 [-stɔ́:ri〈-stɔ́:rid〉] *a.* 2층의.

two-time [tú:tàim] *vt.* 《俗》 (남편·아내·애인)을 배반하다, 부정을 저지르다. 파) **twó-tìm·er** *n.* ⓒ 배반자, 부정(不貞)한 사람.

two-tone(**d**) [∠tóun(d)] *a.* 〔限定的〕 투톤 컬러의, 두 색을 배합한 : ~ shoes 두 색의 신발.

two-val·ued [tú:vǽlju:d] *a.* 【哲】 (진(眞)·위(僞)) 2가(價)의.
two-way [⊿wéi] *a.* (1) 두 길의, 양면 교통의. (2) (협력 등이) 상호적인. (3) 송수신 양용의 : a ~ radio 송수신 겸용 무전기.
twó-way stréet 양방향 도로 ; 쌍무적〈호혜적〉인 상황〈관계〉.
:ty·ing [táiiŋ] TIE 의 현재분사.
—*n.* ⓒ,ⓤ 매듭 ; 매기. —*a.* 맺은, 구속적인.
tyke, tike [taik] *n.* ⓒ (1) 똥개. (2) 《口》 개구쟁이. (3) 《주로 英》 촌뜨기.
tym·pan·ic [timpǽnik] *a.* 북의 (가죽 같은) ; 【解】 고막의 ; 고실(鼓室)의 ; 중이(中耳)의.
tym·pa·ni·tis [tìmpənáitis] *n.* ⓤ 【醫】 중이염.
tym·pa·num [tímpənəm] (*pl.* **~s, -na**[-nə]) *n.* ⓒ (1) 【解】 고막 ; 고실(鼓室) 중이(中耳). (2) 《美》 (전화기의) 진동판.
tyne [tain] *n.* = TINE.
Týne and Wéar [táinəndwíər] 타인 위어《잉글랜드 북동부의 주 ; 주도(州都)는 Newscastle upon Tyne ; 1974년 신설》.
:type [taip] *n.* (1) **a**] 형(型), 타입, 유형 : men of this ~ 이 형(型)의 사나이들 / whisky of the Scotch ~ = 《口》 Scotch ~ whisky 스카치 타입의 위스키. **b**] ⓒ,ⓤ 전형, 모범, 견본, 표본. **c**] 【生】 병, 유형, 양식 : variant ~*s* pigeon 비둘기의 변종(變種). **d**] ⓒ ; 【生理】 병형(病型), 균형(菌型) ; 혈액형 ; 【畜産】 체형(體型). (2) ⓒ **a**] 상징, 표상 ; 【神學】 예징(豫徵)《특히 후세의 것의 전조로서의 구약성서 중의 사건〈인물〉》. **b**] (경화·메달의)의장, 무늬. (3) 【印】 ⓒ,ⓤ 활자, 자체 ; 인쇄한 문자 ; 인쇄물. (4) 《英俗》 = TYPEWRITER. (5) 【컴】 꼴, 유형, 타입《 1)데이터의 형. 2) DOS 등의 OS에서 파일의 내용을 화면에 나타나게 하는 명령》. ▫ typical *a.*, typify *v.* ***in*** **~** 활자로 조판되어〈된〉. ***revert to*** **~** 원래의 상태로〈형(形)으로〉 되돌아가다. ***true to*** **~** ⇨ TRUE. ***wooden*** **~** 목판.
—*vt.* (1) …을 타이프라이터로 치다 : ~ a letter편지를 타자하다. (2) …의 형(型)을 조사〈분류〉하다 ; 【劇】 = TYPECAST : ~ a person's blood 아무의 혈액형을 검출하다.
—*vi.* 타자기를 치다 : She ~*s* well. 타자를 잘 친다.
type·case [táipkèis] *n.* ⓒ 활자 케이스.
type·cast [⊿kæ̀st, ⊿kɑ́:st] (*p.*, *pp.* ~) *vt.* 〔흔히 受動으로〕 (배우에게 같은 유형의) 역할만을 배역 하다.
type·face [⊿fèis] *n.* ⓒ 활자의 자면(字面) ; 인쇄면 ; (활자) 서체, 체.
type·script [⊿skrìpt] *n.* ⓤ,ⓒ 타자기로 친 문서〈원고〉.
type·set [⊿sèt] *vt.* (기사 따위)를 활자로 짜다, 식자하다. —*a.* 활자로 짠.
type·set·ter [⊿sètər] *n.* ⓒ 식자공.
·type·write [⊿ráit] (**-wrote**[-ròut] ; **-writ·ten** [-rìtn]) *vt.* …을 타자기로 치다, 타이프하다《그냥 type라고도 함》.
—*vi.* 타이프치다.
:type·writ·er [⊿ràitər] *n.* ⓒ 타자기.
·type·writ·ing [⊿ràitiŋ] *n.* ⓤ 타자기를 치기 ; 타자술(術) ; ⓤ,ⓒ 타이프라이터 인쇄물.
·ty·phoid [táifɔid] *a.* 【醫】 (장)티푸스성(性)의 : a ~ bacillus 장티푸스균 / ~ fever 장티푸스.
—*n.* ⓤ 장티푸스.
:ty·phoon [taifú:n] *n.* ⓒ (특히 남중국해의) 태풍. 【cf.】 cyclone, hurricane.
:typ·i·cal [típikəl] (***more ~ ; most ~***) *a.* (1) 전형적인, 모범적인, 대표적인, 표본이 되는. (2) 특유의, 특정적《*of*》. (3) 상징적인. ▫ type *n.*
파) **~·ly** [-i] *ad.* 〔문장 전체를 수식〕 전형적〈상징적〉으로 ; 정해 놓고, 일반적으로는, 대략.
typ·i·fi·ca·tion [tìpəfikéiʃən] *n.* ⓤ,ⓒ 전형(이 됨) ; 모식(模式), 기형(基型) ; 특징 표시 ; 상징 ; 예표(豫表) ; 전조.
typ·i·fy [típəfài] *vt.* …을 대표하다, 전형이 되 다 ; 상징하다 ; 특질을 나타내다 ; 유형화하다.
týp·ing pàper [táipiŋ-] 타자 용지.
:typ·ist [táipist] *n.* ⓒ 타이피스트, 타자수.
ty·po [táipou] (*pl.* **~s**) *n.* ⓒ 《口》 인쇄〈식자〉공 ; 오식(誤植).
ty·pog·ra·pher [taipɑ́grəfər/-pɔ́g-] *n.* ⓒ 인쇄〈식자〉공.
ty·po·graph·ic, -i·cal [tàipəgrǽfik], [-əl] *a.* (활판) 인쇄(상)의 ; 인쇄술의 : a ~ error 오식 / *typographic* design 인쇄 디자인. 파) **-i·cal·ly** *ad.*
ty·pog·ra·phy [taipɑ́grəfi/-pɔ́g-] *n.* ⓤ (1) 활판 인쇄술. (2) 조판 ; 인쇄의 체제, 타이포그래피.
·ty·ran·ni·cal, -nic [tirǽnikəl, tai-], [-nik] *a.* 폭군의, 폭군 같은 ; 압제적인, 전제적인, 포악한. ▫ tyranny *n.* 파) **-ni·cal·ly** *ad.*
ty·ran·ni·cide [tirǽnəsàid, tai-] *n.* ⓤ 폭군 살해 ; ⓒ 폭군 살해자. 파) **ty·ràn·ni·cí·dal** *a.*
tyr·an·nize [tírənàiz] *vi.*, *vt.* 학정을 행하다, 압제하다, 학대하다《*over*》.
ty·ran·no·saur [tirǽnəsɔ̀:r, tai-] *n.* 【古生】 폭군용, 티라노사우르스《육생(陸生) 동물 중 최대의 육식 공룡(恐龍)》.
:tyr·an·ny [tírəni] *n.* (1) ⓒ,ⓤ 포학, 학대 ; 포학 행위. (2) ⓤ 폭정, 전제 정치. (3) ⓤ 【그 史】 참주(僭主) 정치. ▫ tryannical *a.*
:ty·rant [táiərənt] *n.* ⓒ (1) 폭군, 압제자 ; 전제 군주. (2) 【그 史】 참주(僭主). (3) 폭군과 같은 사람 : a domestic ~ 가정의 폭군. ***The Thirty Tyrants*** 30 참주《기원전 404 년부터 403 년까지 Athens 를 지배한 독재적 집정관들》.
:tyre ⇨ TIRE[2].
ty·ro, ti- [táiərou] (*pl.* **~s**[-z]) *n.* ⓒ 초학자, 초 심자.
Ty·ro·le·an, Ty·ro·li·an [tiróuliən] *a.* (1) 티롤(주민)의. (2) (모자가) 펠트제(製)로 앞이 좁고 깃털이 달린. —*n.* ⓒ 티롤의 주민.
ty·ro·sine [tàiərəsì:n, -sin, tírə-] *n.* 【生化】 티로신《대사(代謝)에 중요한 phenol성(性) α-아미 노산》.
Tzi·gane, -ga·ny [tsigɑ́:n], [-gɑ́:ni] *n.*, *a.* 헝가리계(系) 집시(의).

U

U, u [juː] (*pl.* **U's, Us, u's us** [-z]) (1) 유《영어 알파벳의 스물한째 글자》: *U* for Uncle, Uncle의 U 《국제 통신 통화 용어 : 지금은 Uniform을 흔히 씀》. (2) U자 모양의 것 : a *U*-tube, U자 관(管). (3) 제 21번째(의 것)《J 를 뺄 때는 20번째》.

ubiq·ui·tous [juːbíkwətəs] *a.* (1) (동시에) 도처에 있는, (널리) 어디에나 있는. (2) (사람이) 여기저기 모습을 나타내는. 파) **~·ly** *ad.* **~·ness** *n.*

ubiq·ui·ty [juːbíkwəti] *n.* ⓤ (동시에) 도처에 있음, 편재(遍在).

U-boat [júːbòut] *n.* ⓒ U 보트《제 1차 · 제 2차 세계 대전 중 활약한 독일의 장수함》.

ud·der [ʌ́dər] *n.* ⓒ (소 · 염소 따위의 늘어진) 젖통.

UFO [júːèfóu, júːfou] (*pl.* **~s, ~'s**) *n.* 미확인 비행 물체, 《특히》 비행 접시 (flying saucer)

ufol·o·gy [juːfálədʒi/-fɔ́l-] *n.* ⓤ 미확인 비행 물체 (UFO) 연구. 파) **-gist** *n.*

Ugan·da [juːgǽndə, uːgáːndaː] *n.* 우간다. 파) **~n** *a.*, *n.*

ugh [uːx, ʌx, ʌ, u, ʌg] *int.* 우, 와, 오《혐오 · 경멸 · 공포 등을 나타냄》.

:ug·ly [ʌ́gli] *a.* (1) 추한, 보기 싫은, 못생긴. (2) 몹시 불쾌한, 추악한, 사악한 ; 염기(厭忌)할. (3) 험악한, 불온한. (4) 위험한, 사나운. (5) 싫은 귀찮은. (6) 《口》 기분이 언짢은 ; 심술궂은. 파) **-li·ly** *ad.* **úg·li·ness** *n.*

úgly cústomer 귀찮은 녀석, 어찌할 도리가 없는 인간.

úgly dúckling 미운 오리 새끼.

uh-uh [ʌ́ʌ́, ə̃ə̃] *int.* 아니《부정》.

Ukraine [juːkréin, -kráin] *n.* (the ~) 우크라이나 《수도는 Kiev》.

Ukrain·i·an [juːkréiniən, -krài-] *a.* 우크라이나의, 우크라이나 사람〈말〉의. —*n.* (1) ⓒ 우크라이나 사람. (2) ⓤ 우크라이나 말.

uku·le·le [jùːkəléili] *n.* ⓒ 우쿨렐레《기타 비슷한 소형의 4 현 악기》.

UlanBa·tor [úːlaːnbáːtɔːr] 울란바토르 《몽골공화국의 수도》.

-ular *suf.* '(작은) …의, …비슷한'의 뜻 : glob*ular*, tub*ular*, valv*ular*.

ul·cer [ʌ́lsər] *n.* ⓒ (1) 【醫】 궤양 ; 종기. (2) 병폐, 도덕적 부패(의 근원).

ul·cer·ate [ʌ́lsərèit] *vi.* 궤양이 생기다.

ul·cer·a·tion [ʌ̀lsəréiʃən] *n.* ⓤ 궤양화〈형성〉.

ul·cer·ous [ʌ́lsərəs] *a.* 궤양성〈상태〉의.

-ule *suf.* '작은 것'의 뜻 : caps*ule*, glob*ule*.

ul·lage [ʌ́lidʒ] *n.* ⓤ 누손(漏損)《통 · 병 따위에 담긴 액체의 누출 · 증발로 인해 생기는》.

ul·na [ʌ́lnə] (*pl.* **-nae**[-niː], **~s**) *n.* ⓒ 【解】 척골(尺骨). 파) **ul·nar** [ʌ́lnər] *a.*

-ulous *suf.* '…의 경향이 있는, 다소 …한'의 뜻 : cred*ulous*, fab*ulous*, trem*ulous*.

Ul·ster [ʌ́lstər] *n.* (1) 얼스터《 1) 아일랜드 북부의 한 주(州)의 옛 이름. 2) 아일랜드 공화국 북부지방. 3) 《口》 북아일랜드》. (1) (u-) ⓒ 얼스터 외투 《띠가 달린 품 넓은 긴 외투》.

ul·te·ri·or [ʌltíəriər] *a.* 〔限定的〕 (1) (목적 · 의향 따위가) (의도적으로) 숨겨진, 감춘, 이면(裏面)의 ; (마음) 속의. (3) 뒤에 오는, 앞으로의, 장래의《계획 등》.

ul·ti·ma [ʌ́ltəmə] *n.* ⓒ 【文法】 최후의 음절, 미음절(尾音節).

:ul·ti·mate [ʌ́ltəmit] *a.* 〔限定的〕 (1) 최후의, 최종회의, 마지막의, 궁극의. (2) 근본적인, 본원적인. (3) **a**] 최고의, 최대(한)의, 더없는. **b**] 가장 중요한 〈강력한〉. —*n.* (the ~) 궁극의 것, 최종의 결론〈결과, 단계, 수단〉 ; 근본원리. 파) **ˋ~·ness** *n.*

últimate constítuent 【言】 종극(終極) 구성 요소《그 이상 세분할 수 없는 요소》.

ˑul·ti·mate·ly [ʌ́ltəmitli] *ad.* (1) 최후로〈에는〉, 마침내, 결국. (2) 〔文章修飾〕 궁극적으로(는).

últimate párticle 소립자(elementary particle).

última Thúle (the ~) 《L.》 (1) 세계의 끝. (2) 최북단(最北端). (3) **a**] 극한, 극점. **b**] 아득한 목표〈이상〉.

ˑul·ti·ma·tum [ʌ̀ltəméitəm] (*pl.* **~s, -ta** [-tə]) *n.* ⓒ 최후의 말〈제언, 조건〉.

ˑul·ti·mo [ʌ́ltəmòu] *a.* 《L.》 지난달의《보통 ult로 생략》. 【cf.】 proximo, instant 「on the 5th ~ 지난 달 5 일에.

ul·tra [ʌ́ltrə] *a.* (주의 · 사상 등이) 과도한, 과격한, 극단의.

ultra- *pref.* '극단으로, 극도로, 초(超)…, 과(過)…, 한외(限外)…' 따위의 뜻.

ul·tra·con·serv·a·tive [ʌ̀ltrəkənsə́ːrvətiv] *a.* ⓒ 초(超) 보수적인 (사람)

úl·tra·high fréquency [ʌ́ltrəhài-] 【電】 극초단파《略 : U.H.F., u.h.f.》.

ul·tra·ism [ʌ́ltrəìzəm] *n.* ⓤ 과격주의 ; 극단〈과격〉론. 파) **-ist** *n.*, *a.* 극단〈과격〉주의자(의).

ul·tra·ma·rine [ʌ́ltrəməríːn] *a.* (1) 해외의, 바다 저쪽의. (2) 군청색(群靑色)의. —*n.* ⓤ 군청색(의 채료), 울트라마린.

ul·tra·mi·cro·scope [ʌ̀ltrəmáikrəskòup] *n.* ⓒ 한외(限外) 현미경. 파) **-mi·cro·scóp·ic**[-maikrəskápik/-skɔ́p-] *a.* 한외 현미경의 ; 초(超)현미경적인, 극히 미소한.

ul·tra·mod·ern [ʌ̀ltrəmádərn/-mɔ́d-] *a.* 초현대적인.

ul·tra·mon·tane [ʌ̀ltrəmantéin/-mɔntéin] *a.* (1) 산〈알프스〉 저쪽의 【opp.】 *cismontane* ; 알프스 남쪽의, 이탈리아의. (2) 교황권 지상론〈주의〉의. —*n.* ⓒ (1) 알프스 이남 사람. (2) 교황권 지상주의자.

ul·tra·na·tion·al [ʌ̀ltrənǽʃənəl] *a.* 초국가주의〈국수주의적〉인. 파) **~·ism** [-ìzəm] *n.* 초국가주의, 국수주의. **~·ist** *n.*

ul·tra·short [ʌ̀ltrəʃɔ́ːrt] *a.* (1) 극단으로 짧은. (2) 【物】 초단파의《파장이 10 m 이하의》 : an ~ wave 초단파.

ul·tra·son·ic [ʌ̀ltrəsánik/-sɔ́n-] *a.* 초음파의. 파) **-i·cal·ly** *ad.*

ul·tra·son·ics [ʌ̀ltrəsániks/-sɔ́n-] *n.* ⓤ 초음파학(supersonics).

ul·tra·sound [ʌ̀ltrəsàund] *n.* ⓤ 【物】 초음파.

ul·tra·vi·o·let [ʌ̀ltrəváiəlit] *a.* 【物】 자외(선)의.
ultraviolet rays 자외선.
ul·u·late [ʌ́ljəlèit, jú:l-] *vi.* (개 · 이리 따위가) 짖다 ; (부엉이 따위가) 부엉부엉 울다 ; (사람이) 울부짖다. 파) **ùl·u·lá·tion** [-léiʃən] *n.*
Ulys·ses [ju:lísi:z, jú:ləsì:z] *n.* 【그神】 율리시스《Ithaca의 왕 ; Homer의 시 *Odyssey*의 주인공 ; Odysseus 의 라틴명》.
um [əm, m:] *int.* 응, 아니《주저 · 의심 등을 나타냄》.
um·ber [ʌ́mbər] *n.* ⓤ (1) 엄버《암갈색의 천연 안료(顔料)》. (2) 암〈황〉갈색, 밤색, 적갈색《채료》.
—*a.* ~의.
um·bil·i·cal [ʌmbílikəl] *a.* (1) 배꼽(모양)의. (2) 배꼽 가까이의. (3) 밀접〈긴밀〉한 관계의〈가 있는〉.
—*n.* = UMBILICAL CORD(2).
umbilical còrd (1) 【解】 탯줄. (2) 【宇宙】 **a**] 공급선(線)《발사 전의 로켓 · 우주선에 전기·냉각수 등을 공급함》. **b**] 생명줄《우주선 밖의 비행사에 대한 공기 보급 · 통신용》. (3) (잠수부의) 생명줄, 연락용 줄.
um·bil·i·cus [ʌmbílikəs, ʌ̀mbilái-] (*pl.* **-ci** [-sài], **~·es**) *n.* ⓒ 【解】 배꼽.
um·bra [ʌ́mbrə] (*pl.* **-brae**[-bri:]) *n.* ⓒ (1) 그림자. (2) 【天】 본(本)그림자(일식 · 월식 때의 지구·달의 그림자).
um·brage [ʌ́mbridʒ] *n.* ⓤ 불쾌, 노여움.
:um·brel·la [ʌmbrélə] *n.* ⓒ (1) 우산, 박쥐 우산. (2) 양산《보통 sunshade 또는 paraso 이라고 함》. (3) **a**] 보호(하는 것), 비호, '우산', 산하. **b**] 포괄적 조직〈단체〉. (4) 【動】 해파리의 갓 ; 삿갓조개 (~ shell) —*a.* 〔限定的〕 우산의〈같은〉.
umbrélla shèll 【貝】 삿갓조개.
umbrélla stànd 우산꽂이.
umbrélla tàlks 포괄 교섭〈협상, 회담〉.
umi·a(c)k [ú:miæ̀k] *n.* ⓒ 우미애크. 【cf.】 kayak.
um·laut [úmlàut] *n.* 《G》 【言】 (1) ⓤ 움라우트, 모음 변이(變異). (2) ⓒ (움라우트에 의해 생긴) 변모음《보기 : ä[e, ɛ], ö[ø], ü[y]》; 움라우트 기호《¨》.
:um·pire [ʌ́mpaiər] *n.* ⓒ (경기의) 심판원, 엄파이어. —*vt.* (경기 · 논쟁 따위)를 심판하다 ; 중재하다. —*vi.* 《~/+前+名》 심판원(의) 일을 보다.
ump·teen [ʌ́mpti:n] *a.* 〔限定的〕 《口》 많은, 다수의.
파) **~th** *a.* 《口》몇 번째인지 모를 만큼의.
un- *pref* (1) 형용사 (동사의 분사형을 포함함) 및 부사에 붙여서 '부정(否定)'의 뜻을 나타냄. (2) 동사에 붙여서 그 반대의 동작을 나타냄: *un*bend / *un*cover. (3) 명사에 붙여서 그 명사가 나타내는 성질·상태를 '제거'하는 뜻을 나타내는 동사를 만듦: *un*man.
un·a·bashed [ʌ̀nəbǽʃt] *a.* 얼굴을 붉히지 않는, 뻔뻔스러운; 태연한.
un·a·bat·ed [ʌ̀nəbéitid] *a.* (힘 따위가) 줄지 않는, 약해지지 않는. 파) **~·ly** *ad.*
:un·a·ble [ʌnéibəl] *a.* 〔敍述的〕 …할 수 없는《*to* do》
un·a·bridged [ʌ̀nəbrídʒd] *a.* 생략하지 않은, 완전한.
un·ac·a·dem·ic [ʌ̀nækədémik] *a.* 학구적〔학문적〕이 아닌.
un·ac·cent·ed [ʌnǽksentid] *a.* 악센트〔강세〕가 없는.
un·ac·cept·a·ble [ʌ̀nəkséptəbəl] *a.* 받아들일 수 없는; 용납〔용인〕할 수 없는.
un·ac·com·pa·nied [ʌ̀nəkʌ́mpənid] *a.* (1) 동행자〔동반자〕가 없는 , (…이) 따르지〔함께 하지〕 않는《*by* ; *with*》. (2) 〔樂〕무반주(無伴奏)의.
un·ac·com·plished [ʌ̀nəkɑ́mpliʃt/-kɔ́m-] *a.* (1) 성취되지 않은, 미완성의. (2) 재주없는.
:un·ac·count·a·ble [ʌ̀nəkáuntəbəl] *a.* (1) 설명할 수 없는, 까닭을 알 수 없는, 불가해한, 이상한. (2) 〔敍述的〕 책임이 없는, (변명의)책임을 지지 않는《*for*》.
un·ac·count·a·bly [-bli] *ad.* (1) 설명할〔까닭을 알〕수 없을 정도로 ; 기묘〔이상〕하게. (2) 〔文章修飾〕웬일인지.
un·ac·count·ed-for [ʌ̀nəkáuntidfɔ̀:r] *a.* 설명되어 있지 않은 ; (용도·원인) 불명의.
·un·ac·cus·tomed [ʌ̀nəkʌ́stəmd] *a.* (1) 〔敍述的〕 익숙지 않은, 숙달되지 않은《*to* ; *to* do*ing*》. (2)〔限定的〕 보통이 아닌, 심상치 않은; 별난. 파) **~·ly** *ad.* **~·ness** *n.*
un·ac·knowl·edged [ʌ̀nəknɑ́lidʒd/-nɔ́l-] *a.* 일반적〔정식〕으로 인정되어 있지 않은, 무시돼 있는.
un·ac·quaint·ed [ʌ̀nəkwéintid] *a.* 모르는, 낯선, 면식이 없는 ; 경험이 없는《*with*》.
un·a·dapt·a·ble [ʌ̀nədǽptəbəl] *a.* 적응〔적합〕할 수 없는, 맞출 수 없는, 융통성이 없는.
un·a·dopt·ed [ʌ̀nədɑ́ptid/-dɔ́pt-] *a.* (1) 채용되지 않은 ; 양자로 되어 있지 않은. (2) 《英》《특히》 (신설 도로가) 지방 당국에 의해 관리돼 있지 않은.
un·a·dorned [ʌ̀nədɔ́:rnd] *a.* 꾸밈〔장식〕이 없는, 간소한
un·a·dul·ter·at·ed [ʌ̀nədʌ́ltərèitid] *a.* 섞인것이 없는, 다른 것이 섞이지 않은; 순수한; 진짜의.
un·ad·vis·a·ble [ʌ̀nədváizəbəl] *a.* 충고를 〔조언을〕 받아들이지 않는; 권할 수 없는, 적당치 않은.
un·ad·vised [ʌ̀nədváizd] *a.* 분별없는, 경솔한. 파) **-vis·ed·ly** [-váizidli] *ad.*
un·af·fect·ed [ʌ̀nəféktid] *a.* (1) 있는 그대로의, 꾸밈없는 ; 진실한. (2) 〔敍述的〕 (사람·감정 따위가 …에)변화를 〔영향을〕 받지 않는, 변하지 않는; 움직여지지 않는《*by*》. 파) **~·ly** *ad.*
un·a·fraid [ʌ̀nəfréid] *a.* 〔敍述的〕(…을) 두려워〔무서워〕하지 않는, (…에) 태연한, 놀라지 않는《*of*》.
un·aid·ed [ʌnéidid] *a.* 도움이 없는, 혼자 힘의.
un·al·loyed [ʌ̀nəlɔ́id] *a.* (1) 합금이 아닌, 섞인 것이 없는, 순수한. (2) (감정 따위가) 진실한, 참된: ~ happiness / ~ satisfaction.
un·al·ter·a·ble [ʌnɔ́:ltərəbəl] *a.* 변경할 수 없는, 불변(不變)의. ~ decisions 단호한 결정.
un·al·tered [ʌnɔ́:tərd] *a.* 변하지 않은, 불변의, 본래대로의.
un-A·mer·i·can [ʌ̀nəmérikən] *a.* (가치관 · 주의 등이) 미국식이 아닌, 비(非)미국적인.
una·nim·i·ty [jù:nənímәti] *n.* 전원 이의 없음, (전원) 합의, (만장) 일치.
·unan·i·mous [ju:nǽnəməs] *a.* (1) 만장〈전원〉 일치의, 이의없는. (2) 〔敍述的〕 (…에) 합의한, 같은 의견인《*in* ; *for* ; *about*》.
파) **~·ly** *ad.* 만장일치로.
un·an·nounced [ʌ̀nənáunst] *a.* 공표(발표)되지 않은 ; 미리 알리지 않은.
un·an·swer·a·ble [ʌnǽnsərəbəl/-ɑ́:n-] *a.* (1) 대답〔답변〕할수 없는. (2) 반박할 수 없는, 결정적인 ; 책임 없는《*for*》.

un·an·swered [ʌnǽnsərd, -ɑ́:n-] *a.* 대답없는 ; 반박되지 않는, 반론이 없는 ; 보답되지 않는.

un·a·pol·o·get·ic [ʌ̀nəpɑ̀lədʒétik/-pɔ̀l-] *a.* 변명하지 않는, 사죄[사과]도 하지 않는.

un·ap·peal·ing [ʌ̀nəpí:liŋ] *a.* 호소력[매력]이 없는.

un·ap·peas·a·ble [ʌ̀nəpí:zəbəl] *a.* 가라앉힐[완화시킬] 수 없는, 진정시킬 수 없는.

un·ap·pe·tiz·ing [ʌnǽpətàiziŋ] *a.* 식욕을 돋우지 않는; 맛이 없(어 보이)는.

un·ap·proach·a·ble [ʌ̀nəpróutʃəbəl] *a.* (1) (장소 따위가) 접근하기 어려운, 도달할 수 없는 (inaccessible). (2) 비할 데 없는, 따를 수 없는, 무적의.

un·apt [ʌnǽpt] *a.* (1) a] 어울리지 않는, 부적당한. b] 〔敍述的〕(…에) 부적당한 《*for*》. (2) (학습 따위에) 머리가 둔한 (dull), 서투른《※ inapt가 일반적임》. (3) 〔敍述的〕 (…하는)경향이 없는, …하지 않는, …에 익숙지 않은. 파) **~·ly** *ad.*

un·ar·gu·a·ble [ʌnɑ́:rgjuəbl] *a.* 논의의 여지가 없는 , 명백한. 파) **-bly** *ad.*

un·arm [ʌnɑ́:rm] *vt.* …을 무장 해제하다. (disarm) ; 무력하게 하다 《*of* 》.

·**un·armed** [ʌnɑ́:rmd] *a.* (1) 무기를 가지지 않은, 무장하지 않은. (2) 맨손의.

un·a·shamed [ʌ̀nəʃéimd] *a.* 부끄러워하지 않는. 파) **~·ly** *ad.*

un·asked [ʌnǽskt, -ɑ́:skt] *a.* 〔敍述的〕 부탁[요청, 요구]받지 않은《*for*》.

un·asked-for [-fɔ̀:r] *a.* 〔限定的〕《口》 요청하지 〔받지〕 않은《충고 등》.

un·as·sail·a·ble [ʌ̀nəséiləbəl] *a.* (1) 공격할 수 없는. (2) 논쟁[비판, 의심]의 여지가 없는 ; 부정할 수 없는, 확고한. 파) **-bly** *ad.*

un·as·sum·ing [ʌ̀nəsjú:miŋ] *a.* 겸손한, 주제넘지 않은. 파) **~·ly** *ad.*

un·at·tached [ʌ̀nətǽtʃt] *a.* (1) 떨어져 있는 ; 붙어 있지 않은. (2) 무소속의. (3) 약혼〈결혼〉하지 않은; 독신의.

un·at·tend·ed [ʌ̀nəténdid] *a.* (1) 시중꾼을 거느리지 않은, 수행원이 없는 ; 동반[수반]하지 않은 《*with* ; *by*》. (2) 보살핌을 받지 않는, 내버려 둔 《*to*》. (3) (집회 따위에)참석자가 적은〈없는〉.

un·at·trac·tive [ʌ̀nətrǽktiv] *a.* (1) 매력없는, 남의 눈을 끌지 않는. (2) 흥미가 없는, 시시한. 파) **~·ly** *ad.* **~·ness** *n.*

un·au·tho·rized [ʌnɔ́:θəràizd] *a.* 권한이 없는 ; 공인[승인, 인정]되지 않은, 독단의.

un·a·vail·a·ble [ʌ̀nəvéiləbəl] *a.* (1) 입수할 수 없는, 얻을 수 없는 ; 통용되지 않는《*for*》. (2) (사람이)손이 비어 있지 않은, 만나볼[면회할] 수 없는. 파) **~·ness** *n.*

un·a·vail·ing [ʌ̀nəvéiliŋ] *a.* 무익한, 무용의 ; 헛된. 파) **~ly** *ad.*

un·a·void·a·ble [ʌ̀nəvɔ́idəbəl] *a.* 피할〈어쩔〉수 없는, 부득이한. 파) **-bly** *ad.*

·**un·a·ware** [ʌ̀nəwέər] *a.* 〔敍述的〕 눈치채지 못하는, 알지 못하는《*of* ; *that*》. —*ad.* = UNAWARES. 파) **~·ly** *ad.* **~·ness** *n.*

un·a·wares [ʌ̀nəwέərz] *ad.* (1) 뜻밖에, 불의(不意)에, 갑자기; 뜻하지 않게. (2) 깨닫지 못하고, 무심결에.

un·backed [ʌnbǽkt] *a.* (1) 지지〈후원〉자가 없는. (2) (경마 따위에서)거는 사람이 없는.

un·bal·ance [ʌnbǽləns] *vt.* (1) …을 불균형하게 하다, …을 균형을 잃게 하다. (2) (마음의) 평형을 깨뜨리다, …을 착란시키다.

un·bal·anced [ʌnbǽlənst] *a.* (1) 균형이 잡히지 않은, 평형을 잃은. (2) 정신〈정서〉불안정에 빠진, 정신이 착란된. (3) 미결산의 : ~ accounts 미결산 계정.

un·ban [ʌ̀nbǽn] *vt.* …의 금지를 풀다, …을 합법화하다.

un·bar [ʌnbɑ́:r] (*-rr-*) *vt.* …의 빗장을 빼다 ; …을 열다, 개방하다.

·**un·bear·a·ble** [ʌnbέərbəl] *a.* 참을 수 없는, 견딜 수 없는《*to*》. 파) **~bly** *ad.* 참을 수 없이.

un·beat·a·ble [ʌnbí:təbəl] *a.* 패배시킬수 없는 ; 탁월한.

un·beat·en [ʌnbí:tn] *a.* (1) 져본 일이 없는, 불패의. (2) 매맞지 않은. (3) 사람이 다닌 일이 없는.

un·be·com·ing [ʌ̀nbikʌ́miŋ] *a.* 어울리지 않는, 부적당한, 격에 맞지 않는《*to* ; *for* ; *of*》. 파) **~ly** *ad.*

un·be·known, -knownst [ʌ̀nbinóun], [-nóunst] *a.* 〔敍述的〕 알려지지 않은 ; 알아[눈치] 채이지 않은《*to*》.

un·be·lief [ʌ̀nbilí:f] *n.* ⓤ (특히 종교상의)회의, 불신 ; 불신앙.

·**un·be·liev·a·ble** [ʌ̀nbilí:vəbəl] *a.* 믿을 수 없는, 거짓말 같은. 파) **~bly** *ad.*

un·be·liev·er [ʌ̀nbilí:vər] *n.* ⓒ 신앙이 없는 사람, 불(不) 신앙자.

un·be·liev·ing [ʌ̀nbilí:viŋ] *a.* 믿으려 하지 않는; 의심 많은, 회의적인. 파) **~ly** *ad.*

un·bend [ʌnbénd] (*p.*, *pp.* ***-bent***[-bént], ***~ed***[-id]) *vt.* (1) (굽은것) 을 곧게 하다, 펴다. (2)(심신)을 편안하게 하다; (긴장을) 누그러지게 〔풀리게〕하다 ; 쉬게 하다. —*vi.* (1) 펴지다. (2) 누그러지다, (심신의)긴장을 풀다.

un·bend·ing [ʌnbéndiŋ] *a.* 꺾이지 않는, 불굴의《정신 등》; 단호한 ; 고집센, 완고한. 파) **~ly** *ad.*

un·bi·as(s)ed [ʌnbáiəst] *a.* 선입관〈편견〉이 없는, 공평한.

un·bid·den [ʌnbídn] *a.* (1) 명령〈지시〉받지 않은, 자발적인. (2) 초대받지 않은.

un·bind [ʌnbáind] (*p.*, *pp.* ***-bound***[-báund]) *vt.* (1) …의 밧줄을[붕대를] 풀다, …을 끄르다. (2) …을 석방하다. : ~ a prisoner.

un·blem·ished [ʌnblémiʃt] *a.* 흠〈결점, 오점〉이 없는, 결백한.

un·blessed, un·blest [ʌnblést] *a.* 축복받지 못한 ; 저주받은.

un·blink·ing [ʌnblíŋkiŋ] *a.* 눈을 깜박이지 않는 ; 눈하나 깜짝 않는, 동하지 않는. 파) **~ly** *ad.*

un·blush·ing [ʌnblʌ́ʃiŋ] *a.* 부끄럼을 모르는, 뻔뻔스러운, 염치없는. 파) **~ly** *ad.*

un·bolt [ʌnbóult] *vt.* …의 빗장을 벗기다.

un·bolt·ed[1] [ʌnbóultid] *a.* 빗장이 벗겨진.

un·bolt·ed[2] *a.* 체질하지 않은, 거친.

un·born [ʌnbɔ́:rn] *a.* (1) 아직 태어나지 않은. (2) 장래〈미래〉의, 후대의.

un·bos·om [ʌnbú(:)zəm] *vt.* (1) (속마음 · 비밀 따위)를 털어놓다, 밝히다. 고백하다《*to*》. (2) 〔再歸的〕 (아무에게) 의중을 밝히다. 고백하다.《*to*》.

U

un·bound [ʌnbáund] UNBIND의 과거(분사). —a. (1) (속박에서)풀린, 해방된. (2) (책·종이 따위가) 묶이지〔철하지〕 않은.

un·bound·ed [ʌnbáundid] *a.* (1) 한계가〈끝이〉 없는; 무한한. (2) (기쁨 따위를)억제할 수 없는.

un·bowed [ʌnbáud] *a.* (1) (무릎 따위가) 굽지 않은. (2) 굴복하지 않는〈않은〉.

un·break·a·ble [ʌnbréikəbəl] *a.* 깨뜨릴수 없는 ; (말이) 길들이기 어려운.
파) **-bly** *ad.* **~ness** *n.*

un·bri·dled [ʌnbráidld] *a.* (1) 재갈을 물리지 않은, 고삐를 매지 않은. (2) 구속이 없는, 억제할 〈억누를〉 수 없는 ; 난폭한.

·un·bro·ken [ʌnbróukən] *a.* (1) 파손되지 않은, 완전한. (2) 끊이지 않은, 계속되는. (3) 꺾이지 않은. (4) (기록 따위가) 깨지지 않은. (5) 미개간의. 파) **~ly** *ad.*

un·buck·le [ʌnbʌ́kəl] *vt.* …의 죔쇠를〈버클을〉 끄르다 ; (칼 등의) 죔쇠를 풀어 끄르다.

un·bur·den [ʌnbə́ːrdn] *vt.* (1) a〕 …의 짐을 부리다. b〕 …에서 (짐을)내리다. 《*of*》. (2) a〕 (털어놓아) (마음)의 무거운 짐을 덜다, (마음)을 홀가분하게 하다. b〕〔再歸的〕 (비밀 등을) 털어 놓고 홀가분해 하다. 《*of* 》. (3) (괴로움·비밀 등)을 털어놓다.

un·but·ton [ʌnbʌ́tn] *vt.* …의 단추를 끄르다. 파) **~ed** *a.*

un·called-for [ʌnkɔ́ːldfɔ̀ːr] *a.* (1) 불필요한, 쓸데없는, 건방진. (2) 까닭〈이유〉없는.

un·can·ny [ʌnkǽni] (***-ni·er ; -ni·est***) *a.* (1) 기분 나쁜, 섬뜩한. 파) **-cán·ni·ly** *ad.*

un·cap [ʌnkǽp] (***-pp-***) *vi., vt.* 모자를 벗(기)다 ; (병·만년필 따위의) 뚜껑을 벗기다.

un·cared-for [ʌnkɛ́ərdfɔ̀ːr] *a.* 돌보는 사람이 없는, 돌보지 않는 ; 황폐한.

un·ceas·ing [ʌnsíːsiŋ] *a.* 끊임없는, 부단한. 파) **~ly** *ad.*

U

un·cen·sored [ʌ̀nsénsərd] *a.* 무검열의, (검열에서) 삭제〈수정〉되지 않은.

un·cer·e·mo·ni·ous [ʌ̀nserəmóuniəs] *a.* 격식을 차리지 않는, 딱딱하지 않은. 파) **~ly** *ad.*

:un·cer·tain [ʌnsə́ːrtn] (***more ~ ; most ~***) *a.* (시기·수량등이) 불명확한, 분명치 않은, 미정의. (2) 확실히 모르는, 단언할 수 없는 ; (…에 대해) 확신〈자신〉이 없는 《*of* ; *about* ; *as to.*》※ wh-절이〈구가〉 올 때에는 종종 전치사가 생략됨. (3) 변덕스러운, 믿을 수 없는; (기후 등이)변하기 쉬운 : a person of ~ opinions 의견이 변하기 쉬운 사람 / ~ weather 변덕스러운 날씨. ***in no ~ terms*** 분명하게 딱 잘라서《말하다》. 파) **~·ly** *ad.* **~·ness** *n.*

·un·cer·tain·ty [ʌnsə́ːrtnti] *n.* (1) ⓤ 불확실(성) ; 반신반의. (2)ⓤ 불안정; 부정(不定), 불확정 ; 믿을 수 없음. (3) ⓒ (종종 *pl.*) 확실히 알 수 없는 일〈것〉, 믿을 수 없는 일〈것〉.

uncértainty prínciple (흔히 the ~) 【化】 불확정성 원리.

un·chain [ʌ̀ntʃéin] *vt.* …을 사슬에서 풀어주다, 해방하다.

un·chal·lenged [ʌntʃǽlindʒd] *a.* (1) 도전받(고 있)지 않은, 확고한. (2) 문제가 되지 않는, 논쟁되지〈의문시되(고 있)지〉 않는.

un·change·a·ble [ʌntʃéindʒəbəl] *a.* 변하지 않는, 일정 불변의 : ~ facts 불변의 사실.

:un·changed [ʌntʃéindʒd] *a.* 불변의, 변하지 않은.

un·char·ac·ter·is·tic [ʌ̀nkæriktərístik] *a.* 특징〈특성, 특색〉이 없는 ; 독특하지 않은.

un·char·i·ta·ble [ʌntʃǽrətəbəl] *a.* 무자비한, 무정한 ; 가차 없는, 가혹한. 파) **-bly** *ad.*

un·chart·ed [ʌntʃáːrtid] *a.* 해도〈지도〉에 실려 있지 않은 ; 미답(未踏)의 , 미지의.

un·chaste [ʌntʃéist] *a.* 행실이 나쁜, 부정(不貞)한 ; 음탕한 : a ~ woman. 파) **~·ly** *ad.*

un·checked [ʌntʃékt] *a.* 저지〈억제〉되지 않은.

un·chris·tian [ʌnkrístʃən] *a.* (1) a〕 기독교 정신에 반하는. b〕〔敍述的〕 관대하지 못한, 인정 없는 ; 불친절한. (2) 《口》 터무니없는. 파) **~·ly** *ad.*

un·ci·al [ʌ́nʃiəl] *n.* ⓒ 언셜 자체(字體)《3-8세기에 그리스, 라틴어의 필사(筆寫)에 쓰여졌던, 둥근 맛이 있는 옛 자체》. —*a.* 언셜 자체의.

un·cir·cum·cised [ʌnsə́ːrkəmsàizd] *a.* (1) 할례(割禮)받지 않은, 유대인이 아닌. (2) 이교(異敎)〔이단〕의 ; 죄많은.

un·civ·il [ʌnsívəl] *a.* (1) 버릇없는, 무례한 《말씨 등》. (2) 야만적인, 미개한. 파) **~·ly** *ad.* **~·ness** *n.*

un·civ·i·lized [ʌnsívəlàizd] *a.* (1) 미개한, 야만의. (2) 문명에서 멀리 떨어진.

un·clad [ʌnklǽd] *a.* 옷을 입지 않은, 벌거숭이의.

un·claimed [ʌnkléimd] *a.* 요구〈청구〉되지 않은, 청구자가 없는.

un·clasp [ʌnklǽsp, -kláːsp] *vt.* (1) …의 죔쇠를 벗기다. (2) (쥐었던 손 따위)를 펴다.

un·clas·si·fied [ʌnklǽsəfàid] *a.* (1) 분류〈구분〉하지 않은. (2)(문서 따위가) 기밀 취급을 받지 않은, 비밀이 아닌.

:un·cle [ʌ́ŋkəl] *n.* ⓒ 아저씨, 백부, 숙부. aunt. ***cry* 〈*say*〉 ~** 《美口》졌다고 말하다, 항복하다. ***talk like a Dutch ~*** 몹시 꾸짖다.

·un·clean [ʌnklíːn] *a.* (1) 불결한, 더러운. (2) (도덕적으로) 더럽혀진, 부정(不貞)한. (3) 【宗】 부정(不淨)한. 파) **~·ness** *n.*

un·clear [ʌnklíər] *a.* 불분명한, 불확실한.

un·clench [ʌnkléntʃ] *vt.* 억지로〈비집어〉 열다 ; (억지로) 벌리다 ; (쥐었던) 손을 풀다. —*vi.* (쥔)손이 느슨해지다, 벌어지다.

Úncle Sám (1) 미국 (정부). (2) 전형적인 미국 사람 《첫 글자 U.S. 로써 만든 말》.

Úncle Tóm 톰 아저씨 《H.B.Stowe 작 *Uncle Tom's Cabin* 의 주인공》 ; 《美,蔑》 백인에게 굴종적인 흑인.

un·cloak [ʌnklóuk] *vt.* (1) …에게 외투를 벗게 하다. (2) a〕 (가면)을 벗기다, 폭로하다. b〕 (계획 따위)를 밝히다. —*vi.* 외투를 벗다.

un·close [ʌnklóuz] *vt., vi.* 열(리)다; 나타내다 ; 드러나다, 드러내다.

un·closed [ʌnklóuzd] *a.* (1) 닫(혀 있)지 않은, 열려있는 : an ~ door. (2) 완결되지 않은.

un·clothe [ʌnklóuð] *vt.* …의 옷을 빼앗다, 옷을 벗기다.

un·clothed [ʌnklóuðd] *a.* 옷을 벗은.

un·cloud·ed [ʌnkláudid] a. (1) 구름 없는, 갠 ; 맑은. (2) 밝은, (어두운)그늘이 없는.

un·clut·tered [ʌnklʌ́tərd] *a.* 어지러져 있지 않은, 정돈된 ; an ~ room 잘 정돈된 방.

un·coil [ʌnkɔ́il] *vt., vi.* (감긴 것)을 풀다; 풀리다.

un·col·ored [ʌnkʌ́lərd] *a.* (1) 채색하지 않은.

(2) 꾸밈〈과장〉이 없는, 있는 그대로의《*by*》.

un·combed [ʌnkóumd] *a.* 빗질하지 않은, 헝클어진

:un·com·fort·a·ble [ʌnkʌ́mfərtəbəl] (*more* ~ ; *most* ~) *a.* (1) 불쾌감을 주는〈느끼게 하는〉, 쾌적함을 주지 않는. (2) (상황따위가) 난처한, 거북한. 파) **-bly** *ad.* 불쾌하게 ; 거북하게. **~·ness** *n.*

un·com·mer·cial [ʌ̀nkəmə́ːrʃəl] *a.* 상업에 종사하지 않는, 장사에 관계 없는.

un·com·mit·ted [ʌ̀nkəmítid] *a.* (1) (범죄 따위를) 저지르지 않은, 미수의. (2) 중립의. (3) 〔敍述的〕 (언질등에) 구애받지 않은, 약속〈예정〉이 없는.

·un·com·mon [ʌnkɑ́mən/-kɔ́m-] (*more* ~ ; *most* ~) *a.* 흔하지 않은, 보기 드문. 파) **~·ly** *ad.* 드물게 ; 특별히 : not ~ *ly* 흔히 / ~*ly* warm weather 드물게 따뜻한 날씨. **~·ness** *n.*

un·com·mu·ni·ca·tive [ʌ̀nkəmjúːnəkèitiv , -nikətiv] *a.* 속을 터놓지 않는, 스스럼을 타는.

un·com·pli·men·ta·ry [ʌ̀nkɑmpləméntəri /-kɔm-] *a.* 예의를 결한, 무례한.

un·com·pre·hend·ing [ʌ̀nkɑmprihéndiŋ/-kɔm-] *a.* 이해할 수 없는, 모르는. 파) **~·ly** *ad.*

un·com·pro·mis·ing [ʌnkɑ́mprəmàiziŋ/-kɔ́m-] *a.* 양보〈타협〉하지 않는; 강경한, 단호한. 파) **~·ly** *ad.*

un·con·cern [ʌ̀nkənsə́ːrn] *n.* ⓤ 태연, 무관심 : with an air of ~ 무관심한 태도로.

un·con·cerned [ʌ̀nkənsə́ːrnd] *a.* (1) 걱정하지 않는 : 태평한《*about* ; *with*》. (2) 관계치 않는, 상관 없는《*in*》; 관심을 가지지 않는《*with* ; *at*》. 파) **-cérn·ed·ly** [-nidli] *ad.* **-ed·ness** *n.*

·un·con·di·tion·al [ʌ̀nkəndíʃənəl] *a.* 무조건의, 절대적인. 파) **~·ly** *ad.* **~·ness** *n.*

un·con·di·tioned [ʌ̀nkəndíʃənd] *a.* 무조건의, 절대적인 : an ~ reflex 〔心〕무조건 반사.

un·con·firmed [ʌ̀nkənfə́ːrmd] *a.* 확인되지 않은 : an ~ report 미확인 보도.

un·con·nect·ed [ʌ̀nkənéktid] *a.* 연계되지 않은 ; 관계없는.

un·con·quer·a·ble [ʌnkɑ́ŋkərəbəl/-kɔ́ŋ-] *a.* 정복할〔억누를〕 수 없는 : an ~ will 불굴의 의지.

un·con·scio·na·ble [ʌnkɑ́nʃənəbəl/-kɔ́n-] *a.* (1) 비양심적인 ; 부당한. (2) 터무니 없는, 엄청난. 파) **-bly** *ad.* **~·ness** *n.*

:un·con·scious [ʌnkɑ́nʃəs/-kɔ́n-] *a.* (1) 무의식의, 부지중의. (2) 〔敍述的〕 모르는, 깨닫지 〈알아채지〉 못하는《*of*》. (3) 의식을 잃은, 의식 불명의, 기절한. (4) **〔心〕** 무의식의. ―*n.* (the~) **〔心〕** 무의식. 파) **~·ly** *ad.* 무의식적으로, 부지중에. **~·ness** *n.*ⓤ 무의식 (상태) ; 의식 불명, 인사 불성.

un·con·sid·ered [ʌ̀nkənsídərd] *a.* (1) 고려되지 않은; 무시된. (2) (언동등이) 경솔한, 무분별한.

un·con·sti·tu·tion·al [ʌ̀nkɑnstətjúːʃənəl/-kɔ̀n-] *a.* 헌법에 위배되는, 위헌(違憲)의. 파) **~·ly** *ad.*

un·con·trol·la·ble [ʌ̀nkəntróuləbəl] *a.* 제어할 수 없는, 억제하기 어려운. 파) **-bly** *ad.* 억제하지 못하고.

un·con·trolled [ʌ̀nkəntróuld] *a.* 억제〈제어, 통제〉되지 않은, 자유스러운. 파)**-tról·led·ly** [-lidli] *ad.*

un·con·ven·tion·al [ʌ̀nkənvénʃənəl] *a.* (1) 관습〈관례〉에 따르지 않는, 인습에 얽매이지 않는. (2) (태도 · 복장 따위가) 판에 박히지 않은, 자유로운 : her ~ dress.
파) **~·ly** *ad.* **ùn·con·vèn·tion·ál·i·ty** [-ʃənǽləti] *n.* (1)ⓤ 비(非) 인습적인 일〈행위〉 ; 자유로움. (2) ⓒ 인습에 얽매이지 않은 언행.

un·cooked [ʌnkúkt] *a.* (열을 사용하여) 요리되지 않은, 날것의.

un·co·op·er·a·tive [ʌ̀nkouɑ́pərətiv/-ɔ́p-] *a.* 비협력적인, 비협조적인.

un·cork [ʌnkɔ́ːrk] *vt.* (병 따위의) 코르크 마개를 뽑다.

·un·count·a·ble [ʌnkáuntəbəl] *a.* (1) 무수한. ―*n.* ⓒ **〔文法〕** 셀 수 없는〈불가산〉 명사《보기: health, water 따위》〖opp.〗 *countable.*

un·count·ed [ʌnkáuntid] *a.* 세지 않은; 무수한, 많은.

un·cou·ple [ʌnkʌ́pəl] *vt.* (1) a〕 (열차의) 연결을 풀다. (2) (두 마리 개의) 붙들어 맨 가죽 끈을 풀다.

·un·couth [ʌnkúːθ] *a.* (사람 · 태도 · 말 따위가) 촌스러운, 세련되지 않은. 파) **~·ly** *ad.* **~·ness** *n.*

:un·cov·er [ʌnkʌ́vər] *vt.* (1) (비밀 · 음모 따위)를 폭로하다, 적발하다. (2) …의 덮개를 벗기다, 뚜껑을 열다. (3) a〕 (경의를 표하여) 모자를 벗다. b〕 〔再歸的〕 모자를 벗다 ; 몸에 걸친 것을 벗다.
파) **-ed**[-d] *a.* (1) 덮개를 씌우지 않은 ; 드러낸, 노출된 : ~*ed* legs. (2) 보험에 들지 않은.

un·crit·i·cal [ʌnkrítikəl] *a.* (1) 비판〈비평〉적이 아닌, 무비판의. (2) 〔敍述的〕 (…을) 비판하지 않은, (…에) 무비판인《*of*》. 파) **~·ly** *ad.*

un·cross [ʌnkrɔ́(ː)s, -krɑ́s] *vt.* …의 교차(交叉)를 풀다 : ~ one's arms 팔짱을 풀다.

un·crossed [ʌnkrɔ́(ː)st, -krɑ́st] *a.* (십자로) 교차하지 않는 ; 횡선을 긋지 않은《수표》.

un·crowned [ʌnkráund] *a.* (1) 아직 왕관을 쓰지 않은. (2)《the ~ king〔queen〕으로 》(…계(界)에서 공인되지 않았지만) 제일인자로 간주되는 사람《*of*》.

un·crush·a·ble [ʌnkrʌ́ʃəbəl] *a.* (1) (천 등이) 구기지(주름이 지지) 않는. (2) (사람 · 의지 등이)꺾이지 않는, 불굴의.

unc·tion [ʌ́ŋkʃən] *n.* ⓤ (1) **〔가톨릭〕** (축성의 표지인) 도유(塗油).

unc·tu·ous [ʌ́ŋktʃuəs] *a.* (1) 기름 같은, 유질(油質)의 ; 매끄러운, 반드러운. (2) 간살떠는 ; 자못 감동한 듯한. 파) **~·ly** *ad.* **~·ness** *n.*

un·cul·ti·vat·ed [ʌnkʌ́ltəvèitid] *a.* (1) 아직 경작되지 않은, 미개간의. (2) 교양이 없는.

un·cured [ʌnkjúərd] *a.* (1) 치료되지 않은, 아직 낫지 않은. (2) (고기 등이) 저장 처리되지 않은.

un·curl [ʌnkə́ːrl] *vt.* (곱슬곱슬한 것)을 펴다, 곧게 펴다. ―*vi.* 펴지다, 곧게 되다.

un·cut [ʌnkʌ́t] *a.* (1) 자르지〈베지〉 않은. (2) 아직 깎지 않은《보석 따위》. (3) **〔製本〕** 도련하지 않은. (4) (영화 등) 삭제〈컷〉 하지 않은.

un·dam·aged [ʌndǽmidʒd] *a.* 손해를 입지 않은, 손상〈파손〉되지 않은.

un·dat·ed [ʌndéitid] *a.* 날짜 표시가 없는.

·un·daunt·ed [ʌndɔ́ːntid, -dɑ́ːn-] *a.* 불굴의, 기가 죽지 않는. 파) **~·ly** *ad.*

un·de·ceive [ʌ̀ndisíːv] *vt.* …의 미망(迷妄)을 깨우쳐 주다. 진실을 깨닫게 하다.

un·de·cid·ed [ʌ̀ndisáidid] *a.* (1)(사람이) 결심

U

이 서지 않은. (2) (문제등이) 아직 결정을 못본. 파) **~ly** *ad.* **~ness** *n.*

un·de·clared [ʌ̀ndiklέərd] *a.* (1) 과세 신고를 하지 않은. (2) (전쟁이) 선전포고가 없는.

un·de·fend·ed [ʌ̀ndiféndid] *a.* (1) 방비가 없는. (2) 옹호〈변호〉되지 않은; 변호인이 없는.

un·de·liv·ered [ʌ̀ndilívərd] *a.* (1) 배달되지 않은. (2) 석방되지 않은. (3) (아이가) 아직 태어나지 않은.

un·de·mand·ing [ʌ̀ndimǽndiŋ/-mɑ́:nd-] *a.* (일·사람이) 과도하게 요구하지 않는, 힘들지 않은.

un·dem·o·crat·ic [ʌ̀ndeməkrǽtik] *a.* 비민주적인. 파) **-i·cal·ly** *ad.*

un·de·mon·stra·tive [ʌ̀ndəmɑ́nstrətiv/-mɔ́n-] *a.* 감정을 나타내지 않는, 조심스러운. 파) **~·ly** *ad.* **~·ness** *n.*

·un·de·ni·a·ble [ʌ̀ndináiəbəl] *a.* (1) 부인〈부정〉할 수 없는, 명백한. (2) 흠잡을 데〈더할 나위〉 없는. 파) **-bly** *ad.* 부정할 수 없을 정도로, 틀림없이, 명백히.

un·de·pend·a·ble [ʌ̀ndipéndəbəl] *a.* 믿을 수 없는, 의지〈신뢰〉할 수 없는.

:un·der [ʌ́ndər] *prep.* (1) 〔위치〕 a〕 …의 (바로) 아래에, …의 밑에 , …기슭에. b〕 …의 안〈속〉에, 안쪽에 ; …에 덮이어.
(2) a〕 (수량 (數量)·때·나이 등이) …미만인〈의〉 (less than). b〕 (지위·가치 따위가) …보다 하급의; …만 못한.
(3) 〔상태〕 a〕 (작업·고려·주목 따위)를 받고 ; …중인〈의〉. b〕 (지배·감독·규제 따위)의 밑〈아래〉에 ; (지도·영향 따위)를 받아. c〕 (치료·공격·시련·형벌 따위를) 받고. d〕 (조건·사정 따위)의 밑〈아래〉에. e〕 (의무·부담·맹세 등)의 밑〈아래〉에.
(4) 〔가장(假裝)·빙자〕 …의 이름으로, …의 구실 아래, …에 숨어.
(5) 〔분류·구분·소속〕…에 속하는 〈포함되는〉, …(항목) 속에.
(6) (토지·밭 따위가) (작물)이 심어져 있는.
—*ad.* (1) 밑에〈으로〉, 아래에〈로〉; 물속에 : *Under* you come. 내려오너라 / The ship went ~ . 배는 가라앉았다.
(2) 미만으로 ; (지위·신분이) 하위(下位) 에〈로〉 : children of 18 or ~. 18세 이하의 아이들. (3) 종속되어 ; 억압되어, 지배되어 : bring 〈get〉 the fire ~ (화재의) 불을 끄다 / The rebels were quickly brought ~. 폭도들은 곧 진압되었다. ***down ~*** ⇨ DOWN. ***go ~*** ⇨ GO ***keep ~*** ⇨ KEEP. ***one degree ~*** 《口》 (좀) 안색이〈상태가〉 나빠. ***out from ~*** 《口》위험〔궁지〕에서 벗어나.
—(***un·der·most***) [-mòust] *a.* 〔종종 複合語로〕 (1) 아래〈밑〉의, 하부의 ; 부족한 ; 하위의; 열등한 : the ~ jaw 아래턱 / the ~ 〈lower〉 lip 아랫입술 / ~ layers 밑층 / an ~ tenant 전차인(轉借人). (2) 〔敍述的〕 (남에게) 지배된 ; (약 따위의) 작용을 받은.

under- *pref.* 명사·형용사·동사·부사 따위에 붙여서 '아래의〈에〉, 열등한, 차위(次位)의 ; 보다 조금 〈작게, 싸게〉 ; 불충분하게' 등의 뜻을 나타냄.

un·der·a·chieve [ʌ̀ndərətʃí:v] *vi.* (학생이) 능력〈예상〉 이하의 성적을 얻다.

un·der·a·chiev·er [∸ətʃí:vər] *n.* ⓒ 성적 부진아.

un·der·act [ʌ̀ndərǽkt] *vt., vi.* 소극적으로 연기하다.

un·der·age [ʌ̀ndəréidʒ] *a.* 미(未)성년의.

un·der·arm [ʌ́ndərɑ̀:rm] 겨드랑 밑의《솔기 따위》.
—[ʌ́ndərɑ̀:rm, ∸-∸] *ad.* = UNDERHAND.
—*n.* ⓒ 겨드랑이 밑.

un·der·bel·ly [ʌ́ndərbèli] *n.* ⓒ (1) (동물의) 하복부. (2) (장소·계획 따위의) 약점, 공격에 약한 곳, 급소《*of* 》.

un·der·bid [ʌ̀ndərbíd] (***~ ; ~den***[-bídn], ***~ ; ~ding***) *vt.* (1) …보다 싼 값을 매기다, (남보다) 싸게 입찰하다. (2) 【카드놀이】 가지고 있는 패의 끗수보다 낮게 비드하다.

un·der·bred [ʌ̀ndərbréd] *a.* (1) 본데없이 자란. (2) (말·개등이) 순종이 아닌.

***un·der·brush, -bush** [ʌ́ndərbrʌ̀ʃ], [-bùʃ] *n.* ⓤ 《美》(큰 나무 밑에 자라는) 관목, 덤불.

un·der·car·riage [ʌ́ndərkæ̀ridʒ] *n.* ⓒ (1) (자동차 등의) 차대 (車臺). (2) (비행기의) 착륙 장치.

un·der·charge [ʌ̀ndərtʃɑ́:rdʒ] *vt.* (1) 제값보다 싸게〈적게〉 청구하다. (2) (총포에) 불충분하게 장약(裝藥) 하다 ; (축전지에) 과소 충전을 하다.
—[ʌ́ndərtʃɑ̀:rdʒ] *n.* ⓒ 정당한 대금 이하의 청구.

un·der·class [ʌ́ndərklæ̀s, -klɑ̀:s] (the ~ (es)) 〔集合的 ; 單·複數 취급〕사회의 저변, 하층 계급(의 사람들).

un·der·class·man [ʌ̀ndərklǽsmən/-klɑ́:s-] (*pl.* ***-men***[-mən]) *n.* ⓒ《美》(대학, 고교의) 하급생《1, 2년 생》【cf.】 upperclassman.

un·der·clothes [ʌ́ndərklòuðz] *n., pl.*속옷.

un·der·cloth·ing [ʌ́ndərklòuðiŋ] *n.* ⓤ 〔集合的〕 속옷〈내의〉류(類).

un·der·coat [ʌ́ndərkòut] *n.* (1) ⓒ (개 따위의 긴 털 밑의) 짧은 털, 속털. (2) 밑칠.

un·der·cov·er [ʌ́ndərkʌ̀vər, ∸-∸-] *a.* 비밀리에 하는 ; (특히) 첩보 활동 〈비밀 조사〉에 종사하는.

un·der·cur·rent [ʌ́ndərkə̀:rənt, -kʌ̀r-] *n.* ⓒ (1) (해류 따위의) 저류(底流). (2) (감정·의견 따위의) (표면에 드러나지 않은) 암류(暗流)《*of* 》.

un·der·cut [ʌ́ndərkʌ̀t] *n.* ⓒ (1) 밑 부분을 잘라〈도려〉 내기; 그 부분 (2) 《英》 (소의)텐더로인. (3) 【골프】 공이 역회전하도록 쳐올리기 ; 【테니스】 밑에서 쳐올리기.
—[∸-∸] (*p., pp.* ***~ ; ~ting***) *vt.* (1) …의 하부를 잘라버리다〈도려내다〉. (2) 남보다 싼 값으로 팔다 ; (경쟁자)보다 싼 임금으로 일하다. : The large scale producer can usually ~ smaller competitors. 대규모의 생산업자들은 보통 영세한 경쟁업자들보다 싼 값으로 팔 수가 있다. (3) 【골프】 공을 역회전시켜 쳐올리다 ; 【테니스】 밑에서 위로 쳐서 커트하다.

un·der·de·vel·oped [ʌ̀ndərdivéləpt] *a.* (1) 발달〈발육〉이 불충분한. (2) 저개발의.

un·der·dog [ʌ́ndərdɔ̀(:)g, -dɑ̀g] *n.* ⓒ (1) (시합 등에서) 질것 같은 선수〔팀〕. (2) (사회적 부정·박해 등에 의한) 희생자, 약자.

un·der·dress [ʌ̀ndərdrés] *vi.* 너무 간소한〈허름한〉 옷을 입다.

un·der·em·ployed [ʌ́ndəremplɔ́id] *a.* 1) 불완전 고용〈취업〉의. (2) 능력 이하의 일에 종사하고 있는. (3) (기계·설비 따위가) 충분히 활용되어 있지 않은.

un·der·em·ploy·ment [ʌ̀ndəremplɔ́imənt] *n.* ⓤ (1) 불완전 고용〈취업〉. (2) 능력 이하의 일에 종사〈고용〉 하는 일.

·un·der·es·ti·mate [ʌ̀ndəréstəmèit] *vt., vi.*

싸게 어림하다, 과소 평가하다 .

un·der·ex·pose [ʌ̀ndərekspóuz] *vt.* 【寫】〔종종 受動 으로〕노출을 부족하게 하다. 파) **-ex·po·sure** [-póuʒər] *n.* ⓤ,ⓒ 노출 부족. 【opp.】 *overexposure.*

un·der·fed [ʌ̀ndərféd] *a.* 영양부족의.

un·der·feed [ʌ̀ndərfí:d] (*p., pp.* ***-fed***[-féd]) *vt.* (1) …에게 충분한 음식〈영양〉을 주지 않다. (2) [∸-∸] (난로 등에) 아래쪽에서 연료를 공급하다.

un·der·felt [ʌ́ndərfèlt] *n.* ⓤ양탄자 밑에 까는 펠트 천.

un·der·floor [ʌ́ndərflɔ̀:r] *a.* 〔限定的〕 방바닥에 장치하는《난방 등》: ~ heating 바닥밑 난방.

un·der·foot [ʌ̀ndərfút] *ad.* (1) 발 밑에〈은〉. (2) 짓밟아서. (3) 방해가 되어, 거치적거려.

un·der·gar·ment [ʌ́ndərgɑ̀:rmənt] *n.* ⓒ속옷.

:un·der·go [ʌ̀ndərgóu] (***-went***[-wént] ; ***-gone***[-gɔ́:n/-gɔ́n]) *vt.* (1) (영향·변화·수술 따위)를 받다, 입다 ; (시련 등)을 경험하다, 겪다, 당하다. (2) 견디다, 참다.

·un·der·grad·u·ate [ʌ̀ndərgrǽdʒuit, -èit] *n.* ⓒ 대학(학부) 재학생, 대학생《졸업생, 대학원생, 연구원 따위와 구별해서》.

—*a.* 〔限定的〕 학부(학생)의, 대학생의 : in my ~ days 대학 시절에.

:un·der·ground [ʌ́ndərgràund] *a.* (1) 지하의, 지하에 있는. (2) (지하조직·활동 따위가) 잠행적인, 비밀의: 지하(조직)의.

—*n.* (1) ⓒ a] 《英》 지하철(《美》subway). b]《美》지하도(道)(《英》subway). (2) 〔集合的 單·複數 취급〕(the ~) a] 지하조직, 지하 운동 단체, b] 전위(前衛)《단체·운동》.

un·der·growth [ʌ́ndərgròuθ] *n.* ⓤ (큰 나무 밑의) 관목 ; 덤불.

un·der·hand [ʌ́ndərhæ̀nd] *a.* (1) ⓤ 【크리켓·테니스】 치던지는. 【opp.】 *overhand.* 「an ~ pitcher 언더핸드의 투수. (2) 비밀의 ; 몰래 하는 : play a ~ game 부정 시합을 하다. —*ad.* (1) 【크리켓·테니스】 치던져, 치켜 쳐. (2) 내밀(內密)히, 몰래.

un·der·hand·ed [ʌ̀ndərhǽndid] (1) 비밀리의, 불공정한. (2) 사람〈일손〉이 부족한. 파) **~·ly** *a.* **~·ness** *n.*

un·der·hung [ʌ̀ndərhʌ́ŋ] (아래턱이)주걱턱의.

un·der·lay [ʌ̀ndərléi] (*p,.pp.* ***-laid***[-léid]) 《+目+前+名》 …의 밑에 놓다〈깔다〉.

un·der·lie [ʌ̀ndərlái] (***-lay***[-léi] ; ***-lain***[-léin]) (1) …의 밑에 있다. 〈가로 놓이다〉. (2) …의 기초가 되다, …의 밑바닥에 잠재하다.

:un·der·line [ʌ̀ndərláin] (1) …의 밑에 선을 긋다. (2) …을 강조하다. 분명히 하다. —[∸-∸] *n.* ⓒ 밑줄.

un·der·ling [ʌ́ndərliŋ] *n.* ⓒ《蔑》 아랫사람, 부하, 졸개.

·un·der·ly·ing [ʌ́ndərláiiŋ] *a.* (1) 밑에 있는. (2) 기초가 되는, 근본적인. (3) 잠재적인.

un·der·manned [ʌ̀ndərmǽnd] *a.* (1) (공장 등이)인원이 부족한, 손이 모자라는 (shorthanded). (2) (선박 등이) 승무원 부족의.

un·der·men·tioned [ʌ̀ndərménʃənd] *a.* (1) 〔限定的〕 하기(下記)의, 아래에 언급한. (2) (the ~)〔名詞的 單·複數 취급〕 하기의 것 (사람).

·un·der·mine [ʌ̀ndərmáin] (1) …의 밑을 파다, …의 밑에 갱도를 파다. (2) …의 토대를 침식하다. (3) a] (명성·권위 따위)를 음험한 수단으로 훼손시키다. b] (건강 등)을 서서히 해치다.

un·der·most [ʌ́ndərmòust] *a., ad.* 최하(위)의〈에〉, 최저의〈에〉.

:un·der·neath [ʌ̀ndərní:θ] *prep.* …의 아래〈밑〉에〈를, 에서〉 (under, beneath). — *ad.* 아래에 (below) ; 밑에, 밑면에 ; 속으로.

— *n.* (the ~) 아래쪽, 바닥 ; 하부, 바닥면(面) : *the* ~ of a cup 찻잔의 밑바닥.

un·der·nour·ished [ʌ̀ndərnə́:riʃt, -nʌ́riʃt] *a.* 영양부족〈불량〉의.

un·der·nour·ish·ment [ʌ̀ndərnə́:riʃmənt, -nʌ́riʃ-] *n.* ⓤ 영양 부족〈불량〉.

un·der·pants [ʌ́ndərpæ̀nts] *n. pl.* (남성용) 속바지, 팬츠(drawers).

un·der·pass [ʌ́ndərpæ̀s, -pɑ̀:s] *n.* ⓒ 지하도 (undercrossing)《철도·도로 밑을 입체로 교차하는》. 【opp.】 *overpass.*

un·der·pay [ʌ̀ndərpéi] (*p.,pp.* ***-paid***[-péid]) *vt.* (임금·급료)를 충분히 지불하지 않다, 저임금을 지불하다.

un·der·pin [ʌ̀ndərpín] (***-nn-***) *vt.* (1) (건물 등)의 약한 토대를 갈다〈보강하다〉, …의 밑에 버팀을 대다. (2) (주장 따위)를 지지하다(support).

un·der·pin·ning [ʌ́ndərpìniŋ] *n.* ⓤ,ⓒ (1) 받침, 버팀(물): 지주(支柱): 토대. (2) 지지, 응원.

un·der·play [ʌ̀ndərpléi] *vt.* (역·장면)을 소극적으로 〈두드러지지 않게〉 연기하다. —*vi.* 소극적인 연기를 하다.

un·der·plot [ʌ́ndərplɑ̀t/-plɔ̀t] *n.* ⓒ (소설·연극 따위의) 삽화(揷話), 곁줄거리.

un·der·pop·u·lat·ed [ʌ̀ndərpɑ́pjəlèitid/-pɔ́p-] *a.* 인구가 적은, 과소(過疏)한.

un·der·pop·u·la·tion [ʌ̀ndərpɑ̀pjəléiʃən/-pɔ̀p-] *n.* ⓤ 인구 부족 , 과소(過疏).

un·der·priv·i·leged [ʌ̀ndərprívəlidʒd] *a.* (1) (사회적·경제적으로)혜택을 받지 못하는 : an ~ family 빈곤한 가족. (2) (the~)〔名詞的 ; 複數취급〕 (사회·경제적) 혜택이 없는 사람들.

un·der·pro·duc·tion [ʌ̀ndərprədʌ́kʃən] *n.* ⓤ 생산부족 , 저(低) 생산. 【opp.】 *overproduction.*

·un·der·rate [ʌ̀ndərréit] (사람·능력)을 낮게 〈과소〉평가하다 (undervalue).

un·der·score [(*vt.*) ʌ̀ndərskɔ́:r:(*n.*)∸-∸] (1) …에 언더라인을 긋다. (2) …을 강조하다. (3) (영화)에 배경음악을 깔다. —*n.* (1) ⓒ 밑줄, 언더라인. (2) ⓤ 【映·劇】배경음악.

un·der·sea [ʌ́ndərsì:] *a.* 바닷속의 , 해저의. —[-sí:] *ad.* 바닷속〈해저〉에(서).

파) **ùn·der·séas** [-sí:z] *ad.* = UNDERSEA.

un·der·sec·re·tary [ʌ̀ndərsékrətèri/-təri] ⓒ (종종 -U) 차관(次官).

un·der·sell [ʌ̀ndərsél] (*p.,pp.* ***-sold***[-sóuld]) *vt.* (남)보다도 싼 값으로 팔다 : (상품)을 실제〈시장〉가격보다도 싸게 팔다.

un·der·sexed [ʌ̀ndərsékst] *a.* 성욕이 약한, 성적 관심이 낮은.

un·der·sher·iff [ʌ́ndərʃèrif] *n.* ⓒ《美》 sheriff의 대리(代理).

un·der·shirt [ʌ́ndərʃə̀:rt] *n.* ⓒ《美》(특히, 남성용의) 속셔츠, 내의(《英》vest).

un·der·shoot [ʌ̀ndərʃú:t] (*p.,pp.* ***-shot***[-ʃɑ́t/-ʃɔ́t]) *vt.* (1) (목표·과녁)에 미치지 못하다. (2) (비

행기가)활주로에 못미쳐 착지〈착륙〉하다.

un·der·shorts [ʌ́ndərʃɔ̀ːrts] *n. pl.* 《美》(남자용)팬츠.

un·der·shot [ʌ́ndərʃɑ̀t/-ʃɔ̀t] *a.* (1) 하사(下射)(식)의《물레방아》. (2) 아래턱이 쑥 나온《개 따위》

un·der·side [ʌ́ndərsàid] *n.* (the ~) 밑면(面), 아래쪽 ; 내면.

un·der·sign [ʌ̀ndərsáin] (편지 · 서류 등의) 아래에 서명하다.

un·der·signed [ʌ̀ndərsáind] (1) 아래에 기명한, 하기(下記)의. (2) (the ~) 〔名詞的 單 · 複數 취급〕문서의 서명자.

un·der·sized [ʌ̀ndərsáizd] *a.* 보통보다 작은, 소형의.

un·der·skirt [ʌ́ndərskə̀ːrt] *n.* = PETTICOAT (1)

un·der·slung [ʌ́ndərslʌ́ŋ] (1) (자동차의 프레임 따위가) 차축(車軸) 밑에 달린 ; 중심(重心)이 낮은. (2) 아래턱이 나온.

un·der·staffed [ʌ̀ndərstǽft, -stɑ́ːft] *a.* 인원이 부족되는, 손이 모자라는. 【opp.】 *overstaffed.*

:un·der·stand [ʌ̀ndərstǽnd] (***-stood***[-stúd] ; ***-stood*** 《古》 ***-stand•ed***) (1) 《~+目/+*wh. to* do/+*wh.* 節/+*-ing*》 (뜻 · 원인 · 성질 · 내용 따위)를 이해하다, 알아듣다 ; (기술 · 학문 · 법률 따위)에 정통하다.
(2) …의 말을 알아듣다.
(3) 《~+目/+*that* 節/+目+*to* do/+目+*as* 補》 …의 뜻으로 해석〈이해 · 생각〉하다, 추측하다, 미루어 알다; …을 들어서 알고 있다.
(4) 〔종종 受動으로〕 …을 마음속으로 보충하여 해석하다 ; (만)을 생략하다.
—*vi.* 알다, 이해하다. ***give*** a person ***to ~ that...*** 아무에게 …라고 말하다〈알리다〉. ***make*** one***self under-stood*** 자기의 말〈생각〉을 남에게 이해시키다. ***~ one another*** 〈***each other***〉 서로 이해하다, 의사가 소통하다.

U

·un·der·stand·a·ble [ʌndərstǽndəbəl] 이해할 수 있는, 아는.

un·der·stand·a·bly [ʌndərstǽndəbəli] (1) 이해할 수 있게. (2) 〔文章修飾〕이해할 수 있지만; 당연한 일이지만.

:un·der·stand·ing [ʌ̀ndərstǽndiŋ] *n.* (1) a] ⓤ(또는 an ~) 이해, 납득《*of*》. b] ⓤ 이해력, 지력(知力). (2) ⓒ (혼히 *sing.*) a] (비형식적인) 합의, 양해 : a tacit ~ 암묵(暗默)의 양해, 묵계. b] (…라는) 합의 ; 양해. (3) ⓤ (또는 an ~) (타인에 대한) 이해심, 동정심 : 공감.
—*a.* 사려 분별이 있는 ; 사려 깊은 : an ~ attitude 이해 있는 태도. 파) **~·ly** *ad.*

un·der·state [ʌ̀ndərstéit] *vt.* (1) (조심스럽게) 안틀어 말하다. (2) (수 따위)를 실제보다 적게 말하다. : 줄잡아 말하다.
파) **~·ment** *n.* (1) ⓤ 줄잡아 말함. 【opp.】 *overstatement.*

un·der·steer [ʌ́ndərstìər] *n.* ⓤ 언더스티어《핸들을 꺾은 각도에 비하여 차체의 선회 반경이 커지는 조종 특성》. 【opp.】 *oversteer.*
—[∸∸́] *vi.* (차가) 언더스티어이다〈하다〉.

:un·der·stood [ʌ̀ndərstúd] UNDERSTAND의 과거, 과거 분사.

un·der·study [ʌ́ndərstʌ̀di] *vt.* …의 대역의 연습을 하다. ; …의 임시 대역을 하다. : ~ (the role of) Hamlet 햄릿의 대역 연습을 하다. —*vi.* (…의) 대역 연습을 하다. ; 대리를 하다《*for*》 : ~ for a leading actor 주연 배우의 대역 연습을 하다.

:un·der·take [ʌ̀ndərtéik] (***-took***[-túk] ; ***-tak•en***[-téikən]) (1) (일 · 의무 · 책임 따위)를 떠맡다. (2) 《~+目/+*to* do/+*that* 節》 …할 의무를 지다. 약속하다 ; 보증하다, 책임지고 말하다, 단언하다(affirm). (3) …을 맡아서 돌보다. (4) …에 착수하다, 손대다.

:un·der·tak·en [ʌ̀ndərtéikən] UNDERTAKE의 과거분사.

un·der·tak·er [ʌ̀ndərtéikər] *n.* ⓒ (1) 떠맡는 사람 ; 도급인 ; 기업〈사업〉가. (2) [∸∸̀-] 장의사〈업자〉

:un·der·tak·ing [ʌ̀ndərtéikiŋ] *n.* (1) ⓒ(혼히 *sing.*) 사업, 기업 (enterprise). (2) ⓒ a] (…한다는) 약속 《*to do*》. b] (…라는) 약속, 보증(guarantee)《*that*》. (3) [∸∸̀-] ⓤ 장의사업(業).

un·der-the-count·er [ʌ́ndərðəkáuntər] *a.* 〔限定的〕 비밀 거래의 ; 불법의.

un·der-the-ta·ble [ʌ́ndərðətéibəl] *a.* 〔限定的〕 불법의, 비밀〈부정〉 거래되는.

un·der·tone [ʌ́ndərtòun] *n.* ⓒ (1) 저음 (低音), 작은 목소리. (2) 잠재적 성질〈요소〉, 저류(底流).

·un·der·took [ʌ̀ndərtúk] UNDERTAKE의 과거.

un·der·tow [ʌ́ndərtòu] *n.* (*sing.*) 해안에서 되물러가는 물결 ; 수면 아래의 역류.

un·der·val·ue [ʌ̀ndərvǽljuː] (1) …을 싸게 어림하다. 【opp.】 *overvalue.* (2) …을 얕보다, 경시하다. 파) **ùn·der·vàl·u·á·tion** [-éi-ʃən] *n.* ⓤ 싸게 견적함, 과소평가.

un·der·vest [ʌ́ndərvèst] *n.* ⓒ 소매 없는 속 셔츠, 내의(undershirt).

·un·der·wa·ter [ʌ́ndərwɔ́ːtər, -wɑ́t-] (1) 물속의〈에서 쓰는〉. (2) 흘수선(吃水線) 밑의. — *ad.* 물 속에 (서); 수면 밑에. — *n.* (the ~) (1) 물 속. (2) (*pl.*) (바다 따위의) 깊은 곳.

·un·der·wear [ʌ́ndərwɛ̀ər] *n.* ⓤ 〔集合的〕 내의.

un·der·weight [ʌ́ndərwèit] *n.* ⓤ 중량 부족.
—[∸∸́] *a.* 중량 부족의〈인〉.

·un·der·went [ʌ̀ndərwént] UNDERGO의 과거.

un·der·whelm [ʌ̀ndərhwélm] *vt.* …의 흥미를 못 갖게 하다.

·un·der·world [ʌ́ndərwə̀ːrld] *n.* ⓒ (1) 범죄사회, 암흑가. (2) (흔히 the U-) 【그 神】 저승, 황천.

un·der·write [ʌ̀ndərráit, ∸-∸́] (***-wrote***[-róut, ∸-∸́] ; ***-writ·ten***[-rítn, ∸-∸́-]) (1) …의 보험을 계약하다, 보험을 인수하다.《특히 해상 보험 따위를 》. (2) 【商】(회사 발행의 새 주식 · 사채 따위)를 일괄 인수하다. (3) (금액 따위)의 지급을 보증하다. 파) **ún·der·writ·er** *n.* ⓒ (1) 보험업자, 《특히》 해상 보험업자. (2) (주식·공채등의)인수 업자.

un·der·writ·ten [ʌ̀ndərítn, ∸∸́] UNDERWRITE의 과거 분사. —*a.* 아래에 쓴〈서명한〉.

un·de·served [ʌ̀ndizə́ːrvd] *a.* (마땅히) 받을 가치가 〈자격이〉 없는, 부당한. 파) **ùn·de·sérv·ed·ly** [-vidli] *ad.* 부당하게(도).

·un·de·sir·a·ble [ʌ̀ndizáiərəbəl] *a.* 바람직하지 않은, 불쾌한. —*n.* ⓒ (사회적으로) 탐탁지 않은 인물. 파) **ùn·de·sìr·a·bíl·i·ty** *n.* ⓤ 바람직하지 않은 것, 불쾌.

un·de·vel·oped [ʌ̀ndivéləpt] *a.* 발달하지 못한; 미개발의《땅 · 지역 · 나라 따위》

un·dies [ʌ́ndiz] *n. pl.* 《口》(특히 여성·어린이용) 속옷류(類).

un·dig·ni·fied [ʌndígnəfàid] *a.* 위엄이 없는; (볼)꼴 사나운.

un·di·lut·ed [ʌ̀ndilúːtid, -dai-] *a.* 묽게 하지 않은, 물을 타지 않은; (감정 따위가) 순수한.

un·di·min·ished [ʌ̀ndimíniʃt] *a.* (힘·질 따위가) 떨어지지 않은, 쇠퇴〈저하〉되지 않은.

un·dis·charged [ʌ̀ndistʃáːrdʒd] *a.* (1) 발사되지 않은. (2) (짐이) 내려지지 않은.

un·dis·ci·plined [ʌndísəplind] *a.* 규율이 없는; 예절〈가정교육〉이 없는.

un·dis·cov·ered [ʌ̀ndiskʌ́vərd] *a.* 발견되지 않은; 미지의.

un·dis·guised [ʌ̀ndisgáizd] *a.* 변장하지 않은; 공공연한, 숨김없는.

un·dis·mayed [ʌ̀ndisméid] *a.* 당황하지 않는, 태연한.

un·dis·put·ed [ʌ̀ndispjúːtid] *a.* 의심의 여지 없는, 이의없는, 확실한; 당연한.

un·dis·tin·guished [ʌ̀ndistíŋgwiʃt] *a.* 특별히 뛰어난〈걸출한〉데가 없는; 평범한.

·un·dis·turbed [ʌ̀ndistə́ːrbd] *a.* 방해받지 않은, (마음이) 흐트러지지〈흔들리지〉 않은, 조용한. 파) **-túrb·ed·ly** [-bidli] *ad.*

un·di·vid·ed [ʌ̀ndiváidid] *a.* 가르지〈나뉘지〉 않은; 완전한; 집중된.

·un·do [ʌndúː] (***-did***[-díd]***; -done***[-dʌ́n]) (1) (일단 해버린 것)을 원상태로 돌리다, 원상태대로 하다. ;(노력 따위의) 결과를 망쳐놓다. (2) (매듭·꾸러미 따위)를 풀다; (단추 따위)를 끄르다.

un·dock [ʌndák/-dɔ́k] (1) (배)를 선거(船渠)에서 내보내다. (2) (도킹한 우주선)을 분리시키다.
— *vi.* (1) (배가) 선거에서 나가다. (2) (우주선이) 분리되다.

un·do·ing [ʌndúːiŋ] *n.* (1) ⓤ 타락, 영락, 파멸. (2) (one's ~) 파멸〈영락〉의 원인. (3) ⓤ(소포 등을) 풀기.

un·do·mes·ti·cat·ed [ʌ̀ndəméstəkèitid] *a.* (동물이) 길들(여지)지 않은.

·un·done[1] [ʌndʌ́n] UNDO의 과거분사.
—*a.* 〔敍述的〕 풀어진, 끌러진 : He has got a button ~. 그의 단추 하나가 벗겨져 있다.

un·done[2] *a.* 하지 않은, 미완성의.

·un·doubt·ed [ʌndáutid] *a.* 의심할 여지가 없는, 틀림없는, 확실한.

:un·doubt·ed·ly [ʌndáutidli] *ad.* (1) 틀림없이, 확실히. (2) 〔文章修飾〕 틀림없다.

un·draw [ʌndrɔ́ː] (***-drew***[-drúː]***;-drawn***[-drɔ́ːn]) *vt.* (커튼 따위)를 당겨서 열다.

un·dreamed-of, un·dreamt-of [ʌndríːmdὰv, -ɔ̀v], [-drémt-] *a.* 생각지도 않은, 천만 뜻밖의 : ~ happiness 전혀 뜻밖의 행복

un·dress[1] [ʌndrés] *vt.* (1) a] …의 옷을 벗기다. b] 〔再歸的〕 옷을 벗다. (2) (상처)의 붕대를 떼다. — *vi.* 옷을 벗다.

un·dress[2] *n.* ⓤ (1) 약복(略服), 평복. (2) 【軍】 통상 군복 (= **~ùniform**). (3) 옷을 입지 않은〈알몸뚱이〉 상태.

un·dressed [ʌndrést] *a.* (1) 옷을 벗은; 잠옷 바람의 : get ~ 옷을 벗다. (2) (상처에) 붕대를 감지 않은. (3) 【料】 소스〈양념 따위〉를 치지 않은. (4) (가죽 따위를)무두질 하지 않은.

un·drink·a·ble [ʌndríŋkəbəl] *a.* 마실 수 없는, (마시기에는) 맛이 없는.

·un·due [ʌndjúː/-djúː] *a.* (1) 〔限定的〕 지나친, 과도한. (2) 부당한, 부적당한. (3) 기한이 되지 않은.

un·du·lant [ʌ́ndjulənt] *a.* 파도〈물결〉치는, 물결 모양의 : ~ fever 【醫】 파상열(波狀熱).

un·du·late [ʌ́ndʒəlèit, -djə-] (1) (수면 등에) 물결이 일다; 파동치다. (2) (땅이) 기복하다. 굽이치다.

un·du·la·tion [ʌ̀ndʒəléiʃən, -djə-] *n.* a] ⓤ 파동, 굽이침. b] ⓒ 파동하는〈굽이치는〉 것. (2) ⓤ,ⓒ 【物】 파동, 진동; 음파, 광파(光波).

un·du·la·to·ry [ʌ́ndʒələtɔ̀ːri, -djə-/-təri, -dʒə-] *a.* 파동치는, 기복이 있는, 굽이치는; 물결 모양의.

·un·du·ly [ʌndjúːli] *ad.* 과도하게, 몹시; 부(적)당하게.

un·dy·ing [ʌndáiiŋ] *a.* 〔限定的〕 불멸의, 불후의.

un·earned [ʌnə́ːrnd] *a.* (1) 노력하지 않고 얻은. (2) (상벌 따위가) 받기에 부(적)당한.

un·earth [ʌnə́ːrθ] *vt.* (1) (땅속에서) …을 발굴하다, 파내다. (2) (여우 따위)를 굴에서 몰아내다. (3) (새로운 사실 따위)를 발견하다(discover); (음모 따위)를 밝혀내다, 폭로하다.

un·earth·ly [ʌnə́ːrθli] *a.* (1) 이 세상 것이라고는 생각되지 않는; 초자연적인; 섬뜩한. (2) 〔限定的〕 《口》 (시각 따위가)터무니 없이 이른〈늦은〉, 전혀 뜻〈상식〉밖의.

un·ease [ʌníːz] *n.* ⓤ 불안, 걱정.

·un·eas·i·ly [ʌníːzili] *ad.* (1) 불안하게, 걱정스레. (2) 불쾌하게.

:un·eas·i·ness [ʌníːzinis] *n.* ⓤ 불안, 걱정, 근심.

:un·easy [ʌníːzi] (***-eas·i·er ; -i·est***) *a.* (1) 불안한, 걱정되는, 근심스러운. (2) 어색한, 부자연스러운.

un·eat·a·ble [ʌníːtəbəl] *a.* 먹을 수 없는.

un·ec·o·nom·ic, -i·cal [ʌ̀niːkənámik/-nɔ́m-], [-ikəl] *a.* 비경제적인, 채산이 맞지 않는. 파) **-i·cal·ly** [-ikəli] *ad.*

un·ed·u·cat·ed [ʌnédʒukèitid] *a.* 교육 받지 못한, 무학의 : ~ English 무학자의 영어.

un·e·mo·tion·al [ʌ̀nimóuʃənəl] *a.* 감정적〈정서적〉이 아닌; 냉정한, 비정한. 파) **~·ly** [-əli] *ad.*

un·em·ploy·a·ble [ʌ̀nemplɔ́iəbəl] *a.* (노령·병 따위로)고용할 수 없는.

·un·em·ployed [ʌ̀nemplɔ́id] *a.* (1) 일이 없는, 실직한. (2) 이용〈활용〉되(고 있)지 않은《도구·방법 따위》; 잠자고〈놀려 두고〉 있는《자본 따위》.

:un·em·ploy·ment [ʌ̀nemplɔ́imənt] *n.* ⓤ 실업(률), 실직, 실직자수.

un·end·ing [ʌnéndiŋ] *a.* 끝이 없는; 끊임〈간단〉없는; 영원한. 파) **~·ly** *ad.*

un·en·dur·a·ble [ʌ̀nendjúərəbəl] *a.* 견딜〈참을〉 수 없는. 파) **-bly** *ad.*

un-Eng·lish [ʌníŋgliʃ] *a.* (1) 영국식이 아닌; 영국인답지 않은. (2) 영어가 아닌.

un·en·light·ened [ʌ̀ninláitnd] *a.* (1) 진상을 모르는. (2) 계몽되지 않은, 무지한. (3) 완미(頑迷)한, 편견에 찬.

un·en·vi·a·ble [ʌnénviəbəl] *a.* 부럽지 않은, 부러워할 것이 없는; 귀찮은.

***un·e·qual** [ʌníːkwəl] *a.* (1) 같지 않은, 동등하지 않은, 고르지 못한. (2) 한결같지 않은; 불평등한; (시합 등이) 일방적인. (3) 〔敍述的〕 역부족인, 감당 못 하는《*to*》. 파) **~·ly** *ad.* **~·ness** *n.*

U

un·e·qualed, 《英》**- qualled** [ʌ̀níːkwəld] *a.* 필적하는〈견줄〉 것이 없는, 무적의, 무비(無比)의.

un·e·quiv·o·cal [ʌ̀nikwívəkəl] *a.* 모호하지 않은, 명료〈명백〉한; 솔직한. 파) **~•ly** *ad.*

un·err·ing [ʌnə́ːriŋ] *a.* 틀림없는 ; (판단 따위가) 정확한. 파) **~•ly** *ad.*

***UNESCO, Unes·co** [juːnéskou] *n.* 유네스코, 유엔 교육 과학 문화기구

un·es·sen·tial [ʌ̀nisénʃəl] *a.* 본질적인 것이 아닌 ; 중요하지 않은. — *n.* 중요하지 않은 것.

un·eth·i·cal [ʌnéθikəl] *a.* 비윤리적인, 파렴치한.

***un·e·ven** [ʌníːvən] *a.* (1) 평탄하지 않은, 울퉁 불퉁한. (2) 한결같지 않은, 불규칙한 ; 질이 고르지 못한. (3) 걸맞지 않은, 균형이 맞지 않는 ; (경기가)일방적인. (4) 홀수의 (odd). 파) **~•ly** *ad.* **~•ness** *n.*

unéven (**párallel**) **bàrs** (the ~) 2단 평행봉 《여자 체조 경기 종목〈용구〉》.

un·e·vent·ful [ʌ̀nivéntfəl] *a.* 사건이 없는, 평온 무사한《해·생애등》. 파) **~•ly** *ad.* **~•ness** *n.*

un·ex·am·pled [ʌ̀nigzǽmpld, -záːm-] *a.* 유례〈전례〉없는 ; 비길 데 없는.

un·ex·cep·tion·a·ble [ʌ̀niksépʃənəbəl] *a.* 나무랄 데 없는, 더할 나위 없는, 완벽한 : an ~ record of achievement 아주 훌륭한 학업성적. 파) **-bly** *ad.* **~•ness** *n.*

un·ex·cep·tion·al [ʌ̀niksépʃənəl] *a.* (1) 예외〈이례(異例)가 아닌, 평범한. (2) 예외를 인정하지 않는 파) **~•ly** *ad.* 예외없이, 모두.

:un·ex·pect·ed [ʌ̀nikspéktid] (*more ~; most ~*) *a.* (1) 예기치 않은, 의외의, 뜻밖의. (2) (the ~) 〔名詞的 ; 單數취급〕 예기치 않은 일. 파) **~•ly** *ad.* **~•ness** *n.*

un·ex·pur·gat·ed [ʌnékspərgèitid] *a.*(좋지 않은 부분을) 삭제하지 않은, 삭제 없이 출판한.

un·fail·ing [ʌnféiliŋ] a.(1)다함이 〈끝이〉없는, 무한한 ; 끊이지 않는. (2) 신뢰할 만한 ; 틀림없는, 확실한. 파) **~•ly** *ad.*

U

un·fair [ʌnfɛ́ər] (***-fair•er, more ~ ; -fair•est, most ~***) *a.* 공정치 못한, 공명정대하지 못한, 부정한. 파) **~•ly** *ad.* **~•ness** *n.*

un·faith·ful [ʌnféiθfəl] a. (1) 부실한 ; 부정(不貞)한《*to*》. (2) 성실〈충실〉하지 못한. 파) **~•ly** *ad.* **~•ness** *n.*

un·fal·ter·ing [ʌnfɔ́ːltəriŋ] a.(1) 비틀거리지 〈흔들리지〉 않는, 확고한. (2) 주저하지 않는, 단호한. 파) **~•ly** *ad.*

un·fa·mil·iar [ʌ̀nfəmíljər] *a.* (1) 생소한, 낯익지 않은. (2) 〔敍述的〕 (사람이 …을) 잘 모르는, 정통〈통달〉하지 못한《*with*》.
파) **un•fa•mil•i•ar•i•ty** [ʌ̀nfəmìliǽrəti] *n.*

un·fash·ion·a·ble [ʌnfǽʃənəbəl] a. 유행하지 않는, 유행〈시대〉에 뒤〈떨어〉진, 낡은.

un·fast·en [ʌnfǽsn, -fáːsn] *vt.* …을 풀다, 벗기다.

un·fath·om·a·ble [ʌnfǽðəməbəl] a. 잴 수 없는 . 파)**-bly** *ad.* **~•ness** *n.*

un·fath·omed [ʌnfǽðəmd] a. (1) (바다 등이)깊이를 알 수 없는. (2) 충분히 탐구돼 있지 않은.

***un·fa·vor·a·ble** 《英》 **-vour-** [ʌnféivərəbəl] *a.* (1) 형편이 나쁜, 불리한, 좋지 〈바람직하지〉 못한《*to* ; *for*》. (2) (보고·비평 따위가) 호의적이 아닌, 비판적인. 파) **-bly** *ad.* **~•ness.** *n.*

un·fazed [ʌnféizd] *a.* 동하지〈당황하지〉 않는; 태연한.

un·feel·ing [ʌnfíːliŋ] *a.* 느낌이 없는 (insensible). 파) **~•ly** *ad.* **~•ness** *n.*

un·feigned [ʌnféind] *a.* 거짓 없는, 진실한, 성실한. 파) **un•féign•ed•ly** [-nidli] *ad.*

un·fet·ter [ʌnfétər] *vt.* (1) …의 족쇄〈차꼬〉를 풀다. (2) 《~+目/+目+前+名》 …을 석방하다 : ~ a prisoner 죄수를 석방하다. 파) **~ed** [-d] *a.* 족쇄〈차꼬〉가 풀린 ; 속박〈구속〉을 받지 않는, 자유로운.

***un·fin·ished** [ʌnfíniʃt] *a.* (1) 미완성의, 다 되지〈끝내지〉 않은. (2) (직물, 페인트 등의) 마무리를 다하지 않은.

un·fit** [ʌnfít] (more ~, -fit•ter ; most ~, -fit•test***) *a.* 〔敍述的〕 (1) 부적당한, 적임(適任)이 아닌(unqualified)《*for* ; *to*》. (2) 건강하지 않은, (상태가) 좋지 않은. — (***-tt-***) 〔종종 受動으로〕 …에 부적당하게 하다, 어울리지 〈맞지〉 않게 하다, 자격을 잃게 하다 : a profession *for* which nature has utterly ~*ted* me 선천적으로 나에게는 맞지 않는 직업.

un·fix [ʌnfíks] *vt.* (1) …을 풀다, 끄르다, 벗기다, 빼다.

un·flag·ging [ʌnflǽgiŋ] *a.* 쇠하지 않는, 지칠 줄 모르는. 파) **~•ly** *ad.*

un·flap·pa·ble [ʌnflǽpəbəl] *a.* 《*口*》 (위기에 처해서도) 흔들리지 않는, 침착한 파) **-bly** *ad.*

un·fledged [ʌnflédʒd] *a.* 아직 깃털이 다 나지 않은 ; 젖내 나는, 미숙한. 〖opp.〗 *fullfledged.*

un·flinch·ing [ʌnflíntʃiŋ] *a.* 굽히지 않는, 움츠리지 않는, 위축되지 않는, 단호한(firm) : ~ fight 움츠러들지 않는, 투지. 파) **~•ly** *ad.*

un·fo·cus(**s**)**ed** [ʌnfóukəst] *a.* (1) 초점이 맞지 않은. (2) (목표 따위가) 정해져 있지 않은.

***un·fold** [ʌ̀nfóuld] *vt.* (1) a) (접은것·잎·봉오리 따위)를 펼치다, 펴다. (2) (의중·생각 등)을 밝히다, 털어놓다《*to*》. — *vi.* (1) (잎, 봉오리 따위가) 벌어지다. (2) (풍경이) 펼쳐지다. (사태 따위가) 전개되다 : Soon the landscape ~*ed* before them. 곧 질펀한 광경이 그들의 눈앞에 펼쳐졌다.

un·forced [ʌnfɔ́ːrst] *a.* 강제적이 아닌, 자발적인 ; 무리없는.

un·fore·seen [ʌ̀nfɔːrsíːn] *a.* 생각지〈예기치〉 않은, 뜻하지 않은, 의외의.

un·for·get·ta·ble [ʌ̀nfərgétəbəl] *a.* 잊을 수 없는, (언제까지나) 기억에 남는 (memorable). 파) **-bly** *ad.*

un·for·giv·a·ble [ʌ̀nfərgívəbəl] *a.* 용서할 수 없는. 파) **-bly** *ad.*

un·formed [ʌnfɔ́ːrmd] *a.* (1) 아직 형체를 이루지 않은. (2) 충분히 발달하지 못한; 미숙한.

:un·for·tu·nate [ʌnfɔ́ːrtʃənit] (***more~ ; most~***) *a.* (1) 불운한, 불행한. (2) 유감스러운, 한심스러운. (3) 부적당한, 적절치 못한. (4) 불행한 결과를 가져오는 ; 잘못된.
— *n.* ⓒ 불행한〈불운한〉 사람.

:un·for·tu·nate·ly [ʌnfɔ́ːrtʃənitli] (***more ~ ; most ~***) *ad.* (1) 〔文章修飾〕 불행하게도 ; 공교롭게도 ; 유감이지만. (2) 운나쁘게.

un·found·ed [ʌnfáundid] *a.* 이유〈근거〉가 없는.

un·freeze [ʌnfríːz] *vt.* (1) …을 녹이다. (2)〖經〗 (자금 등)의 동결을 풀다, …의 제한을 〈통제를〉 해제하다. — *vi.* (얼음등이) 녹다.

un·fre·quent·ed [ʌnfríːkwəntid, ʌ̀nfri(ː)kwént-]

a. 인적이 드문; 사람의 왕래가 적은.

*__un·friend·ly__ [ʌnfréndli] *a.* (1) 불친절한 (unkind), 박정한, 우정이 없는 ; 적의를 품은. (2) 적의가 있는 (hostile). (3) (기후 등이)나쁜, 형편이 나쁜, 불리한.

__un·frock__ [ʌnfrák/-frɔ́k] *vt.* (사제)에게서 성직을 박탈하다.

__un·fruit·ful__ [ʌnfrú:tfəl] *a.* (1) 효과가 없는, 보답〈보람〉이 없는. (2) 열매를 맺지 않는.

__un·ful·filled__ [ʌ̀nfulfíld] *a.* 다하지 못한.

__un·furl__ [ʌnfə́:rl] *vt.* (우산 따위)를 펴다 (spread) ; (기·돛 따위)를 올리다, 바람에 펄럭이게 하다. — *vi.* 펴지다, 오르다, 펄럭이다.

__un·fur·nished__ [ʌnfə́:rniʃt] *a.* 가구가 비치 안된.

__UNGA__ United Nations General assembly (유엔 총회).

__un·gain·ly__ [ʌngéinli] (*-li•er ; -li•est*) *a.* 보기 흉한, 볼품없는(clumsy), 어색한. 파) __-li•ness__ *n.*

__un·gen·er·ous__ [ʌndʒénərəs] *a.* 도량이 좁은 ; 인색안. 파) __~•ly__ *ad.*

__un·gird__ [ʌngə́:rd] (*p., pp.* __~ed, -girt__ [-gə́:rt]) *vt.* …의 띠를 끄르다 ; 띠를 끌러 늦추다.

__un·glued__ [ʌnglú:d] *a.* 잡아 뗀. ***come* 〈*get*〉 ~** (1) (산산이) 허물어지다. (2) 《美俗》흥분하여 냉정을 잃다, 격노하여 이성을 잃다.

__un·god·ly__ [ʌngádli/-gɔ́d-] (*-li•er ; li•est*) *a.* (1) 신앙심 없는, 신을 두려워〈공경〉하지 않는 ; 죄 많은 (sinful). (2) 〔限定的〕《口》지독한, 격렬한. 파) __-li•ness__ *n.*

__un·gov·ern·a·ble__ [ʌngʌ́vərnəbəl] *a.* 제어. 파) __-bly__ *ad.*

__un·grace·ful__ [ʌngréisfəl] *a.* 우아하지 않은, 촌스러운 ; 예의가 없는 ; 보기 흉한. 파) __~•ly__ [-fəli] *ad.* __~•ness__ *n.*

__un·gra·cious__ [ʌngréiʃəs] *a.* 공손치 않은, 불친절한, 무례한 (rude). 파) __~•ly__ *ad.*

__un·gram·mat·i·cal__ [ʌ̀ngrəmǽtikəl] *a.* 문법에 맞지 않는, 비문법적인. 파) __~•ly__ *ad.*

*__un·grate·ful__ [ʌngréitfəl] *a.* (1) 은혜를 모르는. (2) 일한 보람이 없는. 파) __~•ly__ [-fəli] *ad.* __~•ness__ *n.*

__un·ground·ed__ [ʌngráundid] *a.* 근거〈이유〉없는.

__un·grudg·ing__ [ʌngrʌ́dʒiŋ] *a.* 아끼지 않는, 활수한 (generous) ; 진심으로의. 파) __~•ly__ *ad.*

__un·guard·ed__ [ʌngá:rdid] *a.* (1) 부주의한, 방심하고있는. (2) 탁 터놓은, 개방적인 : an ~ manner 개방적인 태도. (3) 무방비의. 파) __~•ly__ *ad.* __~•ness__ *n.*

__un·guent__ [ʌ́ŋgwənt] *n.* 연고(軟膏).

__un·gu·late__ [ʌ́ŋgjəlit, -lèit] *a.* 【動】 발굽이 있는 , 유제류(有蹄類)의. — *n.* ⓒ 유제 동물.

__un·hal·lowed__ [ʌnhǽloud] *a.* 신성치 않은, 더럽혀진, 부정(不淨)한.

__un·hand__ [ʌnhǽnd] *ad.* 〔흔히 命令法으로〕 …을 손에서 놓다 ; …에서 손을 떼다.

*__un·hap·pi·ly__ [ʌnhǽpili] *ad.* (1) 불행〈불운〉하게 ; 비참하게. (2) 〔文章修飾〕 불행하게도, 유감스럽게도, 공교롭게도.

:__un·hap·py__ [ʌnhǽpi] (*-hap•pi•er; -pi•est*) *a.* (1) a) 불행한 ; 비참한. b) 〔敍述的〕 (…을) 슬프게〈비참하게, 불만으로〉 생각하는《*at* ; *about*》. c) (…해서) 슬프게〈가엾게, 유감으로〉 생각하는《*to* do》. d) …에 불만인, 화를 내는《*that*...》. (2) 공교로운. (3) (말씨 따위가) 적절치 않은, 서투른. 파)

*__ùn•háp•pi•ness__ [-nis] *n.*

__un·harmed__ [ʌnhá:rmd] *a.* 해를 입지 않은, 부상하지〈손상되지〉 않은; 무사한.

__un·har·ness__ [ʌnhá:rnis] *vt.* (말)의 마구(馬具)를 풀다, 마구를 끄르다.

__un·health·ful__ [ʌnhélθfəl] *a.* 건강에 좋지 않은.

__un·healthy__ [ʌnhélθi] (-health•i•er ; -i•est*) *a.* (1) 건강하지 못한, 병든. (2) a) (장소·기후 따위가) 건강에 좋지 않은, 건전치 못한, 유해한. 파) __ùn•héalth•i•ly__ *ad.* __-i•ness__ *n.*

__un·heard__ [ʌnhə́:rd] *a.* (1) 들리지 않는 ; (부탁 따위를)들어주지 않는. (2) (특히 법정에서) 변명이 허용되지 않는.

__un·heard-of__ [ʌnhə́:rdɑ̀v/-ɔ̀v] *a.* (1) 전대 미문의. (2) 무명의.

__un·heed·ed__ [ʌnhí:did] *a.* 주의를 끌지 못하는, 무시된.

__un·hes·i·tat·ing__ [ʌnhézətèitiŋ] *a.* 주저〈우물쭈물〉하지 않는, 민활한. 파) __~•ly__ *ad.*

__un·hinge__ [ʌnhíndʒ] *vt.* (1) (문 등)의 돌쩌귀를 벗기다 ; 떼(어 놓)다(detach). (2) 〔종종 受動으로〕 (마음 따위)를 어지럽히다 ; (사람)을 미치게 하다.

__un·hitch__ [ʌnhítʃ] *vt.* (말 따위)를 풀어놓다 〈주다〉.

__un·ho·ly__ [ʌnhóuli] (*-li•er ; -li•est*) *a.* (1) 신성하지 않은, 부정(不淨)한(profane) ; 신앙심이 없는, 죄많은. (2) 〔限定的〕《口》 지독한. 파) __-hó•li•ness__ *n.*

__un·hook__ [ʌnhúk] *vt.* (1) …을 갈고리에서 벗기다. (2) (옷 따위)의 혹단추를 끄르다.

__un·hoped-for__ [ʌnhóuptfɔ̀:r] *a.* 예기치 않은, 바라지도 않은, 뜻밖의 : an ~ piece of good fortune 바라지도 않은 행운.

__un·horse__ [ʌnhɔ́:rs] *vt.* (사람)을 말에서 떨어뜨리다, 낙마시키다.

__un·hur·ried__ [ʌnhə́:rid, -hʌ́r-] *a.* 서두르지 않는, 느긋한. 파) __~•ly__ *ad.*

__un·hurt__ [ʌnhə́:rt] *a.* 해를 입지 않은 ; 다치지 않은.

__uni-__ *pref.* '일(一), 단(일)' 의 뜻.

__uni·cam·er·al__ [jù:nəkǽmərəl] *a.* (의회가) 단원(單院)제의.

__UNICEF__ [jú:nəsèf] United Nations Children's Fund (유니세프, 유엔 아동 기금).

__uni·cel·lu·lar__ [jù:nəséljələr] *a.* 【生】 단세포의.

__uni·corn__ [jú:nəkɔ̀:rn] *n.* ⓒ (1) 일각수(一角獸) (2) 【紋章】 일각수.

__uni·cy·cle__ [jú:nəsàikəl] *a.* ⓒ (곡예사 등이 타는) 외바퀴 자전거.

__un·i·den·ti·fi·a·ble__ [ʌ̀naidéntəfàiəbəl] *a.* 확인 할 수 없는, 정체불명의.

__un·i·den·ti·fied__ [ʌ̀naidéntəfàid] *a.* 미확인의, 신원(身元)〈국적〉불명의 ; 정체 불명의.

__un·id·i·o·mat·ic__ [ʌ̀nidiəmǽtik] *a.* (어법이) 관용에 어긋나는, 관용적이 아닌.

__uni·fi·ca·tion__ [jù:nəfikéiʃən] *n.* ⓤ 통일 ; 통합.

:__uni·form__ [jú:nəfɔ̀:rm] *a.* (1) a) 한결같은, 균일한, 같은《형상·빛깔 따위》. b) 〔敍述的〕 (…와) 같은 모양〈형(形)〉의《*with*》. (2) 동일 표준의, 획일적인 ; 일정 불변의. — *n.* ⓤⓒ 제복, 유니폼. 파) __~ed__ *a.* 제복을 입은. __~•ly__ *ad.* 한결같이, 균등하게 ; 일률적으로.

*__uni·form·i·ty__ [jù:nəfɔ́:rməti] *n.* ⓤ 한결같음, 획일 ; 균일.

__uni·fy__ [jú:nəfài] *vt.* (1) …을 하나로 하다, 통합하다 ; 단일화하다. (2) …을(한결) 같게 하다.

__uni·lat·er·al__ [jù:nəlǽtərəl] *a.* (1) 한 쪽 〈면·편〉만

의, 일방적인. (2) 【法】 편무적(片務的)인. 파) ~•ism 일방적 군비 폐기〈군축〉론. ~•ist *n.* ~•ly *ad.*

un·im·ag·in·a·ble [ʌ̀nimǽdʒənəbəl] *a.* 상상〈생각조차〉 할 수 없는.

un·im·ag·i·na·tive [ʌ̀nimǽdʒənətiv] *a.* 상상력이 없는 ; 재미가 없는.

un·im·paired [ʌ̀nimpɛ́ərd] *a.* 손상되지 않은.

un·im·peach·a·ble [ʌ̀nimpíːtʃəbəl] *a.* 나무랄 데 없는(irreproachable), 더할 나위없는 ; 확실한. 파) **-bly** *ad.*

un·im·ped·ed [ʌ̀nimpíːdid] *a.* 방해받지 않(고 있)는, 원활한.

*__un·im·por·tant__ [ʌ̀nimpɔ́ːrtənt] (*more ~; most ~*) *a.* 중요하지 않은, 하찮은.

un·im·pressed [ʌ̀nimprést] *a.* 〔敍述的〕 감동하지 않은, 감명을 받지 않은.

un·im·pres·sive [ʌ̀nimprésiv] *a.* 인상적이 아닌, 강한 감동을 주지 않는.

un·im·proved [ʌ̀nimprúːvd] *a.* (1) 개선〈개량〉되지 않은. (2) (토지가) 경작되지 않은 ; (기회, 자원등이) 활용〈이용〉되지 않은. (3) (건강따위가) 좋아지지 않은.

un·in·formed [ʌ̀ninfɔ́ːrmd] *a.* (1) 충분한 지식이〈정보가〉 없(이 하)는. (2) (사람이) 모르는, 무지의.

un·in·hab·it·a·ble [ʌ̀ninhǽbitəbəl] *a.* 살〈거주할〉 수 없는, 주거에 부적당한.

un·in·hab·it·ed [ʌ̀ninhǽbitid] *a.* (섬 따위) 사람이 살지 않는, 무인의 : an ~ island 무인도.

un·in·hib·it·ed [ʌ̀ninhíbitid] a. 제약받지 않은, 거리낌없는 : . 파) ~•ly *ad.* ~•ness *n.*

un·in·i·ti·at·ed [ʌ̀niníʃièitid] *a.* (1) 기초를 밟지 않은, 충분한 경험〈지식〉이 없는, 풋내기의. (2) (the ~) 〔名詞的 ; 複數 취급〕 미경험자.

un·in·jured [ʌníndʒərd] *a.* 손상되지 않은, 상처를 받지 〈상해를 입지〉 않은.

un·in·spired [ʌ̀ninspáiərd] *a.* 영감을 받지 않은, 독창성이 없는.

U

un·in·tel·li·gent [ʌ̀nintélədʒənt] *a.* 이해력〈지력〉이 없는 ; 무지한.

un·in·tel·li·gi·ble [ʌ̀nintélədʒəbəl] *a.* 이해하기 어려운, 난해한, 뜻〈영문〉을 알 수 없는. 파) **-bly** *ad.*

un·in·tend·ed [ʌ̀ninténdid] *a.* 의도적이 아닌, 고의가 아닌, 우연의.

un·in·ten·tion·al [ʌ̀ninténʃənəl] *a.* 고의가 아닌, 무심코 한, 우연한. 파) ~•ly *ad.*

un·in·ter·est·ed [ʌníntərəstid] *a.* 무관심한.

*__un·in·ter·est·ing__ [ʌníntərəstiŋ] *a.* 흥미〈재미〉가 없는, 지루한(dull). 파) ~•ly *ad.*

un·in·ter·rupt·ed [ʌ̀nintərʌ́ptid] *a.* (1)중간에 끊어지지 않는, 연속된, 부단한. (2) (경치 등) 아무것도 가리우는 것이 없는. 파) ~•ly *ad.* ~•ness *n.*

*__un·in·vit·ed__ [ʌ̀ninváitid] *a.* 〔限定的〕 (1) 초대받지 않은 : an ~ guest 불청객. (2) 주제넘은.

:**un·ion** [júːnjən] *n.* (1) ⓤ 결합(combination), 합일, 연합; 합동, 합체. (2) ⓤ 융화, 융합;화합;일치, 단결. (3) ⓤⓒ 혼인, 결혼(marriage) : a happy ~ 행복한 결혼. (4) ⓒ 조합, 동맹, 협회; 노동 조합(trade ~). (5) ⓒ (흔히 -U) 학생 클럽 ; 학생 회관(student ~). (6) ⓤ (흔히 U-)연합국가, 연방 ; (the U-)아메리카 합중국. (7) ⓒ 【機】 접합관(管).

únion càtalog (여러 도서관의) 종합 도서 목록.

Únion Flàg (the ~) 영국 국기 (Union Jack) 《1801년에 잉글랜드의 St. George, 스코틀랜드의 St. Andrew, 아일랜드의 St. Patrick 의 3개의 십자를 합친 3국 연합의 표상》.

un·ion·ism [júːnjənìzəm] *n.* ⓤ (1) 노동 조합주의. (2) (U-) 《英》 연합주의, 통일주의《Great Britain 과 전(全) Ireland 의 연합 통일을 도모한 정책》. (3) (U-) 《美史》 (남북전쟁 당시의)연방주의.

un·ion·ist [júːnjənist] *n.* ⓒ(1) 노동 조합원. (2) (U-) 《美史》 (남북 전쟁 당시의) 연방 합동주의자. (3) (U-) 《英史》 연합〈통일〉론자.

un·ion·ize [júːnjənàiz] *vt.* (1) …을 노동 조합화하다 ; …에 노동조합을 조직하다. (2) …을 노동 조합에 가입시키다. — *vi.* 노동조합에 가입하다, 노동조합을 결성하다. 파) **un•ion•iza•tion** [jùːnjənizéiʃən/-naiz-] *n.* ⓤ 노동 조합으로의 조직화 ; 노조 가입.

únion shòp 유니언숍 《비조합원을 고용해도 좋으나 일정 기간내에 조합에 가입시킬 것을 조건으로 하는 사업장》. 【cf.】 open shop, closed shop.

únion sùit 《美》 아래위가 한데 붙은 내의(《英》 combinations).

:**unique** [juːníːk] (*more ~ ; most ~*) *a.* (1) 유일(무이)한, 하나밖에 없는(sole). (2) a] 유(類)가 없는, 독특한. b] 〔敍述的〕 (…에) 특유(特有)한, …만의 《*to*》. (3) 《口》 색다른 ; 보통이 아닌. 파) ~·ly ~·ness *n.*

uni·sex [júːnəsèks] 남녀 공용 ; 남녀의 구별이 없는.

uni·sex·u·al [jùːnəsékʃuəl] *a.* 【生】 단성(單性)의 ; 암수 딴몸의, 자웅 이체의. 파) ~·ly *ad.*

·**uni·son** [júːnəsən] *n.* ⓤ (1) 조화(harmony), 화합, 일치. (2) 【樂】 제창 ; 동음(同音), 유니슨. *in ~* 제창〈동음〉으로; 일제히, 일치하여《행동하다 따위》 : sing〈recite〉 *in ~* 제창하다.

:**unit** [júːnit] *n.* ⓒ (1) 단위, 구성【편성】 단위. (2) 단일체, 한 개, 한 사람, 일단. (3) 【軍】(보급) 단위, 부대 : a tactical ~ 전술 단위. (4) 【數】 '1'의 수, 단위. (5) 【物】(계량, 측정의)단위. (6) 【美敎】 (학과목의) 단위, 학점 ; (교재의) 단원. (7) (기계, 장치의) 구성 부분 ; (특정 기능을 가진) 장치 〈설비, 기구〉 한 세트. — *a.* 〔限定的〕 단위의 , 단위를 구성하는 ; 유닛 시스템의 : ~ furniture 유닛식 가구.

Uni·tar·i·an [jùːnətɛ́əriən] *n.* (1) a] (the ~s) 유니테리언교파《삼위 일체를 인정하지 않음》. b] ⓒ유니테리언교도. (2) (u-) ⓒ 단일 정부주의자, 중앙 집권론자.
— *a.* 유니테리언교의. 파) ~·ism *n.* ⓤ 유니테리언파의 교의(教義).

uni·tary [júːnətèri/-təri] (1) 단위의, 단위로 사용하는 ; 【數】일원(一元)의 : ~ method 【數】귀일법(歸一法). (2) 중앙 집권제의.

:**unite** [juːnáit] *vt.* (1) a] 《~+目/+目+前+名》 …을 결합하다, 하나로 묶다, 합하다, 접합하다 《*with*》 ; 합병하다, 합동시키다. b] (나라, 조직 따위)를 단결〈일치〉시키다. (2) 《~+目/+目+前+名》결혼시키다. ; (정신적으로) 결합하다. (3) (성질·재능 따위)를 아울러 갖추다, 겸비하다.
— *vi.* (1) 《~/+前+名》하나〈일체〉가 되다, 합체하다, 연합하다, 합병하다《*with*》. (2) 《~/+前+名/+*to* do》 (행동, 의견 따위가) 일치하다, 협력하다, 결속하다.

:**unit·ed** [juːnáitid] (*more ~; most ~*) *a.* (1)하나가 된, 결합된. (2) 합병한, 연합한. (3) 〔限定的〕(정신적으로) 화합한, 일심동체의, 일치한. 파) ~·ly *ad.*

Uníted Árab Emír·ates [-əmíərits] (the~) 〔單,複數 취급〕 아랍에미리트 연방《아라비아 반도 동북부, 페르시아만(灣) 에 면한 공화국 : 수도 Abu Dhabi ; 略 : U.A.E.》.

:Uníted Kíngdom (the ~) 연합 왕국《대브리튼과 북아일랜드를 합친 왕국.

:Uníted Nátions (the~) 〔흔히 單數취급〕 국제연합, 유엔 《略 : UN, U.N.》.

Uníted Nátions Géneral Assémbly (the ~) 유엔 총회 《略 : UNGA》.

Uníted Nátions Secúrity Còuncil (the ~) 유엔 안전 보장 이사회 《略 : UNSC》.

Uníted préss Internátional (the~) 유피아이 통신사 《略 : UPI》.

:Uníted Státes (of América) (the~) 〔單數 취급〕 아메리카 합중국, 미국 《略 : the States, America, U.S., U.S.A., USA》.

unit·hold·er [jú:nithòuldər] *n.* unit trust의 투자자〈수익자〉.

únit trùst 《英》 계약형 투자 신탁 회사.

uni·ty [jú:nəti] *n.* (1) ⓤ 통일(성), 단일(성) ; 불변성, 일관성. (2) ⓤ일치(단결), 협동, 화합. (3) ⓒ 【數】 1(이라는 수). (4)〔 the(three) unities로〕 【劇】 삼일치(三一致)의 법칙.

uni·valve [jú:nəvæ̀lv] *a.* 【動】 단판(單瓣)의, 단각(單殼)의. — *n.* ⓒ단각 연체 동물.

:uni·ver·sal [jù:nəvə́:rsəl] (***more ~; most ~***) *a.* (1) 우주의, 우주적인, 만물에 관한〈을 포함하는〉. (2) 전세계의, 만국의, 전인류의, 만인(공통)의. (3) 보편적인, 예외없이 적용되는. (4) 세상 일반의, 누구나다(행)하는. (5) 만능의 : 박식(博識)한. (6) 【機】 만능의, 자재(自在)의. (7) 【論】 전칭(全稱)의(【opp.】 *particular*).

uni·ver·sal·i·ty [jù:nəvə:rsǽləti] *n.* ⓤ (1) 보편(타당)성, 일반성. (2) 다방면임〈성〉.

univérsal jóint〈cóupling〉 【機】자재이음.

univérsal lánguage 세계(공통)어 《에스페란토 따위》.

·uni·ver·sal·ly [jù:nəvə́:rsəli] *ad.* 보편적〈일반적〉으로, 예외없이, 널리.

Univérsal Póstal Ùnion (the ~) 만국 우편 연합 《略 : UPU》.

Univérsal Próduct Còde (the ~) 《美》 통일 상품 코드 《슈퍼마켓 등에서 전자 판동하기 위한 상품 코드 : 略 : UPC》. 【cf.】 bar code.

univérsal súffrage 보통 선거권.

univérsal tìme 【天】 세계시(時) 《略 :UT》.

:uni·verse [jú:nəvə̀:rs] *n.* (1) (the ~) 우주, 만유(萬有), 삼라 만상. (2) (the ~) (전)세계, 전인류. (3) ⓒ 분야, 영역.

:uni·ver·si·ty [jù:nəvə́:rsəti] *n.* (1) ⓒ대학(교) 《종합 대학 : 미국에서는 대학원이 설치되어 있는 대학》: go to (a) ~ 대학에 가다〈다니다〉 《※《英》에서는 흔히 무관사(無冠詞). 【cf.】 college. (2) (the~) 〔集合的 : 單, 複數 취급〕 대학 《교원, 학생 등》; 대학 당국. (3) ⓒ 대학 선수단, 대학 팀.
— *a.* 〔限定的〕 대학의〈에 관계있는〉 : a ~ scholarship 대학의 장학금.

:un·just [ʌndʒʌ́st] (***more ~; most ~***) *a.* 부정한, 불의〈불법〉의 ; 불공평한, 부당한. 파) **~·ly** *ad.* **~·ness** *n.*

un·jus·ti·fi·a·ble [ʌndʒʌ́stəfàiəbəl] *a.* 정당하다고 인정할 수 없는. 파) **-·bly** *ad.*

un·jus·ti·fied [ʌndʒʌ́stəfaid] *a.* 부당한, 근거없는 : an ~ attack 부당한 공격.

un·kempt [ʌnkémpt] *a.* (1) 단정하지 못한, 남잡한《복장 따위》. (2) 빗질하지 않은, 텁수룩한: ~ hair 흐트러진 머리(털). 파) **~·ness** *n.*

:un·kind [ʌnkáind] (***more ~; most ~***) (1) 불친절한, 몰인정한, 매정한, 냉혹한. (2) (날씨·기후 따위가) 지독한 ; 나쁜.
파) **~·ness** *n.*

un·kind·ly [ʌnkáindli] *ad.* 불친절하게 ; 몰인정하게 : look ~ at〈on〉 …에게 무서운 얼굴을 하다.

un·know·a·ble [ʌnnóuəbəl] *a.* 알 수 없는 ; 【哲】 불가지(不可知)의. — *n.*(1) ⓒ불가지물. (2) (U-) 【哲】절대, 제 1 원인.

un·know·ing [ʌnnóuiŋ] *a.* 모르는, 알아채지 못하는. 파) **~·ly** *ad.* 모르고.

:un·known [ʌnnóun] (1) 알려지지 않은, 진기한, 미지의, 무명의. (2) 알 수 없는, 분명하지 않은. (3) 【數】미지의 : an ~ quantity 미지수. — *n.* (1) ⓒ 세상에 알려지지 않은 사람【것】, 무명인; 미지의 것. (2) (the ~) 미지의 세계 : venture into *the* ~ 미지의 세계에 뛰어들다. (3) 【數】미지수.

Únknown Sóldier 〈《英》**Wárrior**〉 (the ~) 무명 용사《미국은 Arlington 국립 묘지에, 영국은 Westminster Abbey 에 묘가 있음》.

un·lace [ʌnléis] *vt.* (구두·코르셋 등)의 끈을 풀다.

un·lade [ʌnléid] *vt.* (배 등)에서 짐을 부리다.

un·latch [ʌnlǽtʃ] *vt.* …의 걸쇠를 벗기다, 열다.

un·law·ful [ʌnlɔ́:fəl] *a.* (1) 불법의, 비합법적인. (2) 불의의, 패덕의. 파) **~·ly** *ad.* **~·ness** *n.*

un·lead·ed [ʌnlédid] *a.* 납(성분)을 제거한, 무연의 : ~ gasoline 무연 가솔린.

un·learn [ʌnlə́:rn] (*p., pp.* ***~ed,*** [-d, -t] ***~t***[-t]) *vt.* (1) (배운 것)을 잊다(forget). (2) (버릇·잘못 따위)를 버리다.

un·learn·ed[1] [ʌnlə́:rnid] *a.* (1) a] 무식한, 교육을 받지 못한. b](the~) 〔名詞的 : 複數 취급〕 배우지 못한〈교육을 받지 못한〉 사람들. (2) 〔敍述的〕…에 숙달【정통】하지 못한《*in*》.

un·learned[2] [ʌnlə́:rnd, -t] *a.* 배운것이 아닌 ; 배우지 않고 알고 있는.

un·leash [ʌnlí:ʃ] *vt.*(1) …의 가죽끈을 풀다 ; …의 속박을 풀다 ; 해방하다. (2) (…에게 감정·공격 따위)를 퍼붓다 《*on, upon*》.

un·leav·ened [ʌnlévənd] *a.* (1) (빵이) 이스트를 넣지 않은. (2) 〔敍述的〕변화를〈영향을〉 받지 않은 《*by*》.

:un·less [ənlés] *conj.* …하지 않으면, …하지 않는 한, …한 경우 외에는.

☞ 語法 (1) 위의 마지막 예문에서처럼 unless 가 이끄는 부사절의 동사가 be 이고 그 주어가 주절(主節)의 주어와 일치할 때 부사절의 주어와 be는 생략할 수 있음. (2) 보통 unless 는 if...not 으로 바꿀수 있으나 가정법과 함께 쓰지는 못함. 따라서 If he had not helped me...의 뜻으로 *Unless* he had helped me...라고는 할 수 없음. (3) if, when 따위의 경우와 마찬가지로 부사절 중에서는 미래(완료)시제 대신 현재(완료)시제를 씀 : *Unless* he *has done* the work to my satisfaction, I shall not pay for it. 내가 만족할 만큼 일을 해 놓지 않았으면 돈을 안 주겠다.
~ and until = UNTIL.

un·let·tered [ʌnlétərd] *a.* 배우지 못한, 문맹의.

U

일자무식의.

un·li·censed [ʌnláisənst] *a.* (1) 무면허의, 감찰이 없는. (2) 억제하지 못하는, 방종한 ; 무법의.

:un·like [ʌnláik] (*more* ~ ; *most* ~) *a.* 닮지〈같지〉 않은, 다른.

— *prep* (1) …을 닮지 않고 ; …와 달라서. (2) …답지 않게, …에게 어울리지 않게. 파) **~·ness** *n.*

***un·like·ly** [ʌnláikli] (*-li·er, more~ ; -li·est, most ~*) *a.* (1) a] 있음직하지 않은, 정말같지 않은 (improbable). b] 〔敍述的〕 …할 것 같지 않은. (2) 가망 없는, 성공할 것 같지 않은. (3) 뜻밖의, 의외의. 파) **-li·hood, -li·ness** [-hùd], [-nis] *n.* ⓤ있을 법하지 않음《*of*》 ; 가망 없음.

·un·lim·it·ed [ʌnlímitid] *a.* (1) 한없는, 끝없는, 광대한. (2) 제한없는, 무제한의. (3) 월등히 큰, 과도한. 파)**~·ly** *ad.* 무한히. **~·ness** *n.*

un·lined[1] [ʌnláind] 안을 대지 않은.

un·lined[2] *a.* 선(線)이 없는 ; 주름이 없는《얼굴 따위》.

un·list·ed [ʌnlístid] *a.* (1) 표면에 나와 있지 않은 ; (전화 번호부 따위에) 실려 있지 않은 (2) **[證]**비상장(非上場)의 : ~ stock 비상장주(株).

un·lit [ʌnlít] *a.* 점화되지 않은 ; 불이 켜있지 않은.

·un·load [ʌnlóud] *vt.* (1) (배, 차 따위)에서 짐을 부리다. …에서 짐을 풀다. (2) 《+目+前+名》 a] …을 떠넘기다. 《*on, onto*》. b] (걱정·고민·정보·따위)를 털어놓다《*on, onto*》. (3) (총)에서 총알을 뽑다 ; (카메라)에서 필름을 빼내다. — *vi.* (1) 짐을 내리다 〈풀다〉. (2) 총알〈필름〉을 뽑다.

***un·lock** [ʌnlák/-lɔ́k] *vt.* (1) 자물쇠를**[**잠긴 것을**]** 열다. (2) (마음, 비밀)을 털어놓다. 누설하다. 밝히다.

un·looked-for [ʌnlúktfɔ̀ːr] *a.* 예기**[**뜻**]**하지 않은(unexpected). 뜻밖의.

un·loose, un·loos·en [ʌnlúːs], [-ən] *vt.* 늦추다 ; 풀어놓다(release), 해방하다.

un·lov·a·ble [ʌnlʌ́vəbəl] *a.* 귀엽지 않은, 애교가 없는.

un·love·ly [ʌnlʌ́vli] *a.* 사랑스럽지 않은.

:un·lucky [ʌnlʌ́ki] (*-luck·i·er ; -i·est*) *a.* (1) 불운한, 불행한. (2) 불길한, 재수없는. (3) 〔敍述的〕(…에) 운이 없는〈다한〉 ; 잘 되지 않은, 성공 못한《*in* ; *at*》. (4) 공교로운, 계제가 나쁜. 파) **ùn·lúck·i·ly** *ad.*불운〈불행〉하게도, 계제 나쁘게, 공교롭게도.**ùn·lúck·i·ness** *n.*

un·made [ʌnméid] UNMAKE의 과거·과거 분사. — *a.* (1) 만들어지지않은. (2) (침대가)정돈되지 않은. (3) 파괴된.

un·make [ʌnméik] (*p., pp.* **-made** [-méid]) *vt.* (1) …을 부수다, 파괴하다(destroy). (2) …을 변형〈변질〉시키다. …의 지위를 빼앗다.

un·man [ʌnmǽn] (*-nn-*) *vt.* (1) 〔종종 受動으로〕 …의 남자다움을 잃게 하다 ; …을 몹시 나약케**[**기죽게**]**하다. (2) …을 거세하다.

un·man·age·a·ble [ʌnmǽnidʒəbəl] *a.* 다루기 힘든 ; 제어하기 어려운, 힘에 겨운.

un·man·ly [ʌnmǽnli] (*-li·er ; -li·est*) *a.* 남자 답지 않은, 계집애 같은 ; 비겁한, 겁이 많은.

un·manned [ʌnmǽnd] *a.* 사람이 타지 않은: (인공 위성 등이)무인 (조종)의.

un·man·ner·ly [ʌnmǽnərli] *a.* 버릇없는, 예의 없는, 무모한.

un·marked [ʌnmáːrkt] *a.* (1) 표시〈표지〉가 없는, 더러워지지 않은. (2) 눈에 띄지 〈알아채이지〉 않는. (3) **[言]**무표(無標)의. 【opp.】 marked.

un·mar·ried [ʌnmǽrid] *a.* 미혼의, 독신의.

un·mask [ʌnmǽsk, -máːsk] *vt.* …의 가면을 벗기다. ; …의 정체를 폭로하다. — *vi.* 가면을 벗다.

un·matched [ʌnmǽtʃt] *a.* (1) 비길 데 없는 ; 무적의. (2) 균형이 맞지 않는, 부조화의.

un·mean·ing [ʌnmíːniŋ] *a.* (1) 무의미한, 부질없는. (2) 무표정한, 지적(知的)이 아닌.

un·meas·ured [ʌnméʒərd] *a.* (1) 잴 수 없는 ; 측정되지 않은. (2) 끝없는, 무한한.

un·men·tion·a·ble [ʌnménʃənəbəl] *a.* (지나치게 충격적이거나 천박하여) 입에 담을 수 없는 : an ~ word. — *n.* (1) 입에 담기조차 꺼리는 것〈사람〉. (2) (*pl.*) **[戲]**속옷(underwear).

un·mer·ci·ful [ʌnmə́ːrsifəl] *a.* 무자비〈무정〉한 ; 심한, 엄청난. 파) **~·ly** *ad.***~·ness** *n.*

un·mind·ful [ʌnmáindfəl] *a.* 〔敍述的〕(…을)마음에 두지 않는:무심한, 무관심한(regardless)《*of*》. 파) **~·ly** *ad.*

un·mis·tak·a·ble [ʌ̀nmistéikəbəl] *a.* 명백한, 틀림없는. 파) **-bly** *ad.* 틀림없이, 명백히.

un·mit·i·gat·ed [ʌnmítəgèitid] *a.* 〔限定的〕 (1) 누그러지지 않은, 경감되지 않은. (2) 순전한, 완전한.

un·mixed [ʌnmíkst] *a.* 섞인 것이 전혀 없는, 순수한.

un·mo·lest·ed [ʌ̀nməléstid] *a.* 방해되지 않은, 괴로움을 당하지 않은.

un·moor [ʌnmúər] *vt.* **[海]** …의 닻을 올리다.

un·mor·al [ʌnmɔ́(ː)rəl, -már-] *a.* 초도덕적인.

***un·moved** [ʌnmúːvd] *a.* (1) 확고한《결심 따위》. (2) 〔敍述的〕 마음이 흔들리지 않는, 냉정한, 태연한.

un·mu·si·cal [ʌnmjúːzikəl] *a.* (1) 비음악적인, 귀에 거슬리는. (2) 음악적 소양이 없는. 파) **~·ly** *ad.* **~·ness** *n.*

un·muz·zle [ʌnmʌ́zəl] *vt.* (1) (개 등)의 부리망을 벗기다. (2) …에게 언론의 자유를 주다.

un·named [ʌnnéimd] *a.* (1) 이름이 없는, 무명의. (2) 이름이 공표되지〈밝혀지지〉 않는, 이름을 숨긴.

:un·nat·u·ral [ʌnnǽtʃərəl] (*more* ~ ; *most* ~) *a.* (1) a] 부자연스러운, 이상한. b] 변태적인, 기괴한. (2) 인정에 반(反)하는, 인도(人道)에 어긋나는; 몰인정〈잔인〉한. 파) **~·ness** *n.*

un·nat·u·ral·ly [-rəli] *ad.* (1) 부자연스럽게. (2) 인정에 어긋나게. ***not*** **~** 당연한 일이지만.

:un·nec·es·sary [ʌnnésəsèri/-səri] *a.* 불필요한 쓸데없는 ; 무익한(useless).

파) **un·nec·es·sar·i·ly** [ʌnnèsəsérəli, ʌnnésəsè-] *ad.* 불필요하게 , 헛되이.

un·nerve [ʌnnə́ːrv] *vt.* (1) …의 기력을〈용기를〉 잃게 하다. (2) (사람)을 겁나게 하다 ; 당황하게 하다 , 깜짝 놀라게 하다.

***un·no·ticed** [ʌnnóutist] *a.* 주목되지 않는, 주의를 끌지 않는, 무시된, 남의 눈에 띄지 않는.

un·num·bered [ʌnnʌ́mbərd] *a.* (1) 헤아릴 수 없는, 무수한. (2) (도로·페이지 등) 번호가 없는.

un·ob·served [ʌ̀nəbzə́ːrvd] *a.* (1) 눈치채이지 않는, 주목받지 않는. (2) 지켜지지 않는《규칙 따위》.

un·ob·tain·a·ble [ʌ̀nəbtéinəbəl] *a.* 얻기〈입수하기〉 어려운.

un·ob·tru·sive [ʌ̀nəbtrúːsiv] *a.* 주제넘지 않는, 중뿔나지 않는(modest), 겸손한, 삼가는. 파) **~·ly**

ad. ~·ness n.
***un·oc·cu·pied** [ʌnákjəpàid/-ɔ́k-] a. (1)(집, 토지 따위가) 임자 없는, 사람이 살고 있지 않는; 점유(占有)되어 있지 않은. (2) 일을 하고 있지 않는(disengaged), 할 일이 없는, 한가한
***un·of·fi·cial** [ʌ̀nəfíʃəl] a. (1) 비공식적인 ; 미확인의. (2)공인되지 않은. 파) ~·ly [-ʃəli] ad.
un·opened [ʌnóupənd] a. 열려있지 않은 ; 개방되지 않은 ; 개봉되지 않은 : an ~ letter.
un·or·gan·ized [ʌnɔ́:rgənàizd] a. (1) 조직되(어 있)지 않은. (2)노동 조합에 가입하지 않은, 조직이 없는 《노동자 등》.
un·or·tho·dox [ʌnɔ́:rθədàks/-dɔ̀ks] a. 정통이 아닌 ; 이단(異端)의.
un·pack [ʌnpǽk] vt. (꾸러미·짐)을 풀다, 끄르다 ; (속에 든 것)을 꺼내다 ; …에서 짐을 부리다. — vi. 꾸러미를 **[**짐을**]** 풀다.
un·paid [ʌnpéid] a. (1) 지급되지 않은《빚 따위》, 미납의. (2) 무급의, 무보수의.
un·pal·at·a·ble [ʌnpǽlətəbəl] a. (1) (음식 따위가) 입에 맞지 않는, 맛없는, (2) (생각 따위가) 받아들이기 힘든, 불쾌한, 싫은. 파) **-bly** ad.
un·par·al·leled [ʌnpǽrəlèld] a. 비할**[**견줄**]**데 없는, 무비(無比)의; 전대 미문의, 미증유의.
un·par·don·a·ble [ʌnpá:rdənəbəl] a. 용서할 수 없는. 파) **-bly** ad.
un·par·lia·men·ta·ry [ʌ̀npɑ:rləméntəri] a. 국회법에 어긋나는〈의하지 않는〉.
un·pa·tri·ot·ic [ʌ̀npeitriátik/-pætriɔ́t-] a. 비애국적인, 애국심이 없는. 파) **-i·cal·ly** [-əli] ad.
un·per·son [ʌ́npə́:rsən] n. ⓒ (정치적·사상적으로)존재를 완전히 무시당한 사람, 실각한〈좌천된〉 사람.
un·per·turbed [ʌ̀npərtə́:rbd] a. 흐트러지지 않은, 평정을 잃지 않은, 침착한(calm).
un·pick [ʌnpík] vt. (옷의 솔기 따위)를 뜯어풀다.
un·pin [ʌnpín] (**-nn-**) vt. …의 핀을 뽑다 : 핀을 뽑아 벗기다〈열다〉.
un·placed [ʌnpléist] a. (경마, 경기에서) 등외의, 3등 안에 들지 않는.
un·play·a·ble [ʌnpléiəbəl] a. 연주할 수 없는 ; (운동장 등이) 경기할 수 없는.
:un·pleas·ant [ʌnplézənt] (**more ~; most~**) a. (1) 불쾌한, 싫은. (2) a] 짓궂은, 불친절한. b] 《敍述的》짓궂은, 고약하게 구는 《to : with》. 파) **~·ly** ad.
un·pleas·ant·ness [ʌnplézəntnis] n. (1) ⓤ 불쾌(감). (2) ⓒ 불쾌한 일 ; 불화, 디툼
un·plug [ʌnplʌ́g] (**-gg-**) vt. …의 마개를 뽑다; **[**電**]** 플러그를 뽑다.
un·plumbed [ʌnplʌ́md] a. 측연(測鉛)으로 잴수 없는 ; 깊이를 모르는.
un·po·lit·i·cal [ʌ̀npəlítikəl] a. 정치에 관심이 없는.
un·pol·lut·ed [ʌ̀npəlú:tid] a. 오염되지〈돼 있지〉 않은 ; 청정한.
***un·pop·u·lar** [ʌnpápjələr/-pɔ́p-] a. 인기없는 ; 평판이 나쁜, 유행하지 않는. 파) **~·ly** ad. **ùn·pop·u·lár·i·ty** [-lǽrəti] n. ⓤ 평판이 나쁨, 인기가 없음.
un·prac·ti·cal [ʌnprǽktikəl] a. 비실용적인 ; (아무가) 실제적인 기능이 없는, 실무적이 아닌.
un·prac·ticed 《英》 **-tised** [ʌnprǽktist] a. (1)미숙한, 서투른. (2) 실행되지 않은.
***un·prec·e·dent·ed** [ʌnprésədèntid] a. (1) 선례〈전례〉가 없는, 미증유(未曾有)의, 공전(空前)의. (2) 신기한(novel), 새로운. 파) **~·ly** ad. 선례〈전례〉없이. **~·ness** n.
un·pre·dict·a·ble [ʌ̀npridíktəbəl] a. 예언〈예측〉할 수 없는. 파) **-bly** ad.
un·prej·u·diced [ʌnprédʒədist] a. 편견이 없는, 선입관이 없는, 공평한(impartial).
un·pre·med·i·tat·ed [ʌ̀nprimédətèitid] a. 미리 계획되지 않은, 고의적이 아닌.
***un·pre·pared** [ʌ̀npripέərd] a. (1) 준비가 없는, 즉석의. (2) 준비〈각오〉가 되어 있지 않은.
un·pre·pos·sess·ing [ʌ̀npri:pəzésiŋ] a. 호감을 주지 못하는, 매력이 없는.
un·pre·ten·tious [ʌ̀npriténʃəs] a. 허세부리지 않는, 겸손한. 파) **~·ly** ad. **~·ness** n.
un·prin·ci·pled [ʌnprínsəpəld] a. 절조가 없는 ; 부도덕한 ; 파렴치한. 파) **~·ness** n.
un·print·a·ble [ʌnpríntəbəl] a. (문장 · 그림 등이)인쇄하기에 적당치 않은《외설 따위로》.
un·pro·duc·tive [ʌ̀nprədʌ́ktiv] a. 비생산적인. 파) **~·ly** ad. **~·ness** n.
un·pro·fes·sion·al [ʌ̀nprəféʃənəl] a. (1) 전문가가 아닌, 비직업적인. (2) 직업상의 윤리〈습관〉에 어긋나는.
***un·prof·it·a·ble** [ʌnpráfitəbəl/-prɔ́f-] a. 이익 없는, 수지 안 맞는 ; 무익한, 헛된.
un·prom·is·ing [ʌnprámәsiŋ/-prɔ́m-] a. 가망〈장래성〉이 없는, 유망하지 않은.
un·prompt·ed [ʌnprám*p*tid/-prɔ́m*p*t-] a. (행동 · 대답따위가) 남의 재촉〈요청〉을 받은 것이 아닌.
un·pro·nounce·a·ble [ʌ̀nprənáunsəbəl] a. 발음할 수 없는, 발음하기 어려운.
un·pro·tect·ed [ʌ̀nprətéktid] a. (1) 보호(자)가 없는. (2) 무방비의 ; 장갑(裝甲) 되어 있지 않은. (3) (산업 따위가)관세 보호를 받지 않는.
un·pro·voked [ʌ̀nprəvóukt] a. 자극〈도발〉되지 않은 ; 정당한 이유가〈동기가, 유인이〉 없는 : casual and ~ violence 우연한 이유없는 폭력.

un·pub·lished [ʌnpʌ́bliʃt] a. (1) 공개되(어 있)지 않은, 숨은. (2) 미출판〈미간행〉의.
un·punc·tu·al [ʌnpʌ́ŋktʃuəl] a. 시간〈기일, 약속〉을 지키지 않는, 차근하지 못한.
un·pun·ished [ʌnpʌ́niʃt] a. 처벌되지 않은, 형벌을 면한.
un·put·down·a·ble [ʌ̀nputdáunəbəl] a. 《口》 (책이) 재미있어 읽기를 그만둘 수 없는.
un·qual·i·fied [ʌnkwáləfàid/-kwɔ́l-] a. (1) 부자격의 ; (…에) 부적당한, 적임이 아닌《do》. (2) 무제한의, 무조건의.
un·quench·a·ble [ʌnkwéntʃəbəl] a. 끌 수 없는 ; (욕망 따위를) 누를 수 없는.
***un·ques·tion·a·ble** [ʌnkwéstʃənəbəl] a. (1) 의심할 바 없는, 논의할 여지 없는, 확실한. (2) 나무랄 데 없는. 파) ***-bly** ad.
un·ques·tioned [ʌnkwéstʃənd] a. (1) 문제되지 않는, 의심되지 않는(undoubted) ; 의문의〈의심할〉 여지가 없는, 틀림없는. (2) 조사〈심문〉받지 않는.
un·ques·tion·ing [ʌnkwéstʃəniŋ] a. (1) 질문하지 않는. (2) 의심하지 않는 ; 절대적인.
un·qui·et [ʌnkwáiət] a. 동요하는.
un·quote [ʌnkwóut] vi. 인용을 끝내다《다음 같은

독립용법이 보통》.

un·rav·el [ʌnrǽvəl] (**-l-**, 《英》 **-ll-**) *vt.* (엉클어진 실, 짠 것 등)을 풀다. — *vi.* 풀어지다 ; 해명되다, 명백해지다.

un·read [ʌnréd] *a.* 읽혀지지 않는《책 따위》 ; 책을 읽지 않은, 무식한.

un·read·a·ble [ʌnríːdəbəl] *a.* (1) 읽어서 재미없는 ; 읽을 가치가 없는. (2) 판독하기 어려운 ; 읽기 어려운.

un·ready [ʌnrédi] *a.* (1) 〔敍述的〕 준비가 없는〈돼 있지 않은〉(unprepared)《*for* ; *to* do》. (2) 민첩하지 않은, 재빨리 머리가 돌지 않는, 느린.

***un·re·al** [ʌnríːəl] *a.* (1) 실재하지 않는, 가공의, 비현실적인. (2) 진실이 아닌, 거짓의, 부자연스러운. (3)《美俗》 믿을 수 없는, 놀라운.

un·re·al·is·tic [ʌ̀nriːəlístik] *a.* 비현실적인 ; 비현실주의의. 파) **-ti•cal•ly** *ad.*

un·re·al·i·ty [ʌ̀nriːǽləti] *n.* (1) ⓤ 비현실(성). (2) ⓒ 실재하지 않는 것, 허구.

un·re·al·ized [ʌnríːəlàizd] *a.* (1) 실현되지 않은. (2) 인식〈이해〉되지 않은, 알려지지 않은.

:un·rea·son·a·ble [ʌnríːzənəbəl] *a.* (1) 비합리적인 ; 이치에 맞지 않는, 불합리한. (2) (값 따위가) 터무니없는, 부당한. 파) **-bly** *ad.* **~•ness** *n.*

un·rea·son·ing [ʌ̀nríːzəniŋ] *a.* 이성적으로 생각하지 않는 ; 사리를 모르는, 생각이 없는 ; 불합리한. 파) **~•ly** *ad.*

un·rec·og·niz·a·ble [ʌ̀nrékəgnàizəbəl] *a.* (1) 인지〈승인〉할 수 없는. (2) 분간〈식별〉을 할 수 없는.

un·rec·og·nized [ʌ̀nrékəgnàizd] *a.* (1) 인식〈승인〉되지 않은, 인정〈평가〉받지 못한. (2) (누구라고) 분간〈식별〉되(어 있)지 않은.

un·re·cord·ed [ʌ̀nrikɔ́ːrdid] *a.* 등록되어 있지 않은, 기록에 실리지 않은.

un·reel [ʌnríːl] *vt.* (얼레에 감은 것)을 풀다 ; 펴다 ; 펼치다. — *vi.* (감긴 것이) 풀리다 ; 펼쳐지다.

un·re·fined [ʌ̀nrifáind] *a.* (1) (말·행동이) 세련되지 않은, 촌스러운. (2) 정제〈정련〉 되지 않은.

un·re·gard·ed [ʌ̀nrigáːrdid] *a.* 주의되지 않는, 돌보아지지 않는, 무시된.

un·re·gen·er·ate [ʌ̀nridʒénərit] *a.* (정신적으로) 갱생하지 못한.

un·re·lat·ed [ʌ̀nriléitid] *a.* 관련이〈관계〉 없는 ; 친족〈혈연〉이 아닌《*to*》.

un·re·lent·ing [ʌ̀nriléntiŋ] *a.* (1) 용서 없는, 엄한, 무자비한, 단호한. (2) (속도·노력·세력 등이) 끝까지 변함없는.
파) **~•ly** *ad.*

***un·re·li·a·ble** [ʌ̀nriláiəbəl] *a.* 신뢰할〈믿을〉 수 없는, 의지할 수 없는. 파) **-bly** *ad.*

un·re·lieved [ʌ̀nrilíːvd] *a.* (1) 구제〈경감, 완화〉되지 않은. (2) 변화 없는, 단조로운.

un·re·li·gious [ʌ̀nrilídʒəs] *a.* 종교와 관계없는, 비종교적인 ; =IRRELIGIOUS.

un·re·mark·a·ble [ʌ̀nrimáːrkəbl] *a.* 주의를 끌지 않는, 눈에 띄지 않는, 알아〈눈치〉채이지 않는.

un·re·mit·ting [ʌ̀nrimítiŋ] *a.* 간단 없는, 끊임〈그칠 새〉 없는 ; 끈질긴. 파) **~•ly** *ad.*

un·re·pent·ant [ʌ̀nripéntənt] *a.* 후회하지 않는 ; 완고한, 고집센.

un·rep·re·sent·a·tive [ʌ̀nrèprizéntətiv] *a.* 대표되지 않는, 전형적이 아닌.

un·re·quit·ed [ʌ̀nrikwáitid] *a.* (1) (사랑이) 보답이 없는 ; 보수가 없는 ; 일방적인. (2) 보복되지 않는.

un·re·served [ʌ̀nrizə́ːrvd] *a.* (1) 거리낌없는, 숨김없는, 솔직한. (2) 제한이 없는, 무조건의, 충분한. (3) 예약되지 않은《좌석 따위》. 파) **-sérv•ed•ly** [-vidli] *ad.*

un·re·spon·sive [ʌ̀nrispɑ́nsiv/-pɔ́n-] *a.* 반응이 느린, (…에) 둔감한《*to*》.

***un·rest** [ʌnrést] *n.* ⓤ (특히 사회적인)불안, 불온(한 상태) ; 걱정 : social ~ 사회 불안.

un·re·strained [ʌ̀nristréind] *a.* 억제〈제어〉되지 않은, 무제한의. 파) **-stráin•ed•ly** [-nidli] *ad.* 억제되지 않고, 자유롭게.

un·re·strict·ed [ʌ̀nristríktid] *a.* 제한〈구속〉없는, 무제한의, 자유로운.

un·re·ward·ed [ʌ̀nriwɔ́ːrdid] *a.* 보수〈보답〉없는, 무보수의, 무상의.

un·re·ward·ing [ʌ̀nriwɔ́ːrdiŋ] *a.* 하는 보람이 없는 : an ~ task 보람없는 일.

un·right·eous [ʌ̀nráitʃəs] *a.* (1) 불의(不義)의, 죄가 많은, 사악한. (2) 공정하지 않은, 부당한. 파) **~•ly** *ad.* **~•ness** *n.*

un·rip [ʌnríp] (**-pp-**) *vt.* (1) …을 절개하다, 잘라버리다. (2) (솔기)를 잡아 찢다〈뜯다〉.

un·ripe [ʌ̀nráip] *a.* 익지 않은, 미숙한 ; 생것의.

***un·ri·valed,** 《英》 **-valled** [ʌ̀nráivəld] *a.* 경쟁 상대가 없는, 무적의, 비할 데 없는.

***un·roll** [ʌnróul] *vt.* (1) (만〈감은〉 것)을 풀다, 펴다, 펼치다. (2) 전개하다. — *vi.* (1) (만〈감은〉 것이) 풀리다, 펴지다. (2) (풍경·시야 따위가) 전개되다, 펼쳐지다.

un·ruf·fled [ʌ̀nrʌ́fəld] *a.* (1) 조용한, 냉정한. (2) 주름이 잡히지 않은.

un·ru·ly [ʌ̀nrúːli] (**-ru•li•er ; -li•est**) *a.* (1) 감당할 수 없는, 남의 말을 듣지 않는, 제멋대로의. (2) (머리털 따위가) 흐트러지기 쉬운. 파) **ùnrú•li•ness** *n.*

un·sad·dle [ʌ̀nsǽdl] *vt.* (1) (말 따위)의 안장을 벗기다. (2) (사람)을 안장에서 떨어뜨리다. — *vi.* 말의 안장을 벗기다.

***un·safe** [ʌ̀nséif] *a.* 안전하지 않은, 위험한.

un·said [ʌ̀nséd] UNSAY의 과거·과거분사. — *a.* 〔敍述的〕말하지 않은, 입 밖에 내지 않은 : Better(=You'd better) leave it ~. 그것은 말하지 않고 두는 것이 좋다.

un·sal·a·ble [ʌ̀nséiləbəl] *a.* 팔 것이 못되는 ; 팔리지 않는.

un·san·i·tary [ʌ̀nsǽnətèri/-təri] *a.* 비위생적인 ; 불결한.

***un·sat·is·fac·to·ry** [ʌ̀nsætisfǽktəri] (**more ~ ; most ~**) *a.* 마음에 차지 않는, 불충분한(inadequate). 파) **-ri•ly** *ad.*

un·sat·is·fied [ʌ̀nsǽtisfàid] *a.* 불만스러운.

un·sat·is·fy·ing [ʌ̀nsǽtisfàiiŋ] *a.* 만족시키지 못하는, 만족〈충족〉감을 주지 않는.

un·sa·vory, 《英》 **-voury** [ʌnséivəri] *a.* (1) 고약한 냄새가 나는 ; 맛이〈냄새가〉 좋지 않은. (2) (도덕적·사회적으로) 불미스러운.

un·say [ʌnséi] (*p.*, *pp.* **-said** [-séd]) *vt.* (먼저 한 말) 을 취소〈철회〉하다.

un·scathed [ʌ̀nskéiðd] *a.* (육체적·도덕적으로) 상처를 입지 않는, 상처가 없는, 다치지 않은.

un·sched·uled [ʌ̀nskédʒuːld/-ʃédjuːld] *a.* 예정〈계

획, 일정〉에 없는, 예정 밖의, 임시의.

un·schooled [ʌnskúːld] *a.* 정식 교육〈훈련〉을 받지 않은 ; (…의) 경험이 없는《*in*》.

un·sci·en·tif·ic [ʌnsaiəntífik] *a.* 비과학적인. 파) **-i·cal·ly** *ad.*

un·scram·ble [ʌnskrǽmbəl] *vt.* (1) (흐트러진 것)을 제대로 해놓다. (2) (암호)를 해독하다.

un·screw [ʌnskrúː] *vt.* …의 나사를 돌려서 빼다 ; (병마개 등)을 돌려서 빼다〈열다〉.

un·script·ed [ʌnskríptid] *a.* (방송·연설 따위에서) 대본 〈원고〉에 없는, 즉흥의.

·**un·scru·pu·lous** [ʌnskrúːpjələs] *a.* 양심적이 아닌, 부도덕한. 파) **~·ly** *ad.* **~·ness** *n.*

un·seal [ʌnsíːl] *vt.* …을 개봉하다 ; (봉인한 것)을 열다 ; (입)을 열게 하다.

un·sea·son·a·ble [ʌnsíːzənəbəl] *a.* (1) 철 아닌, (기후가) 불순한. (2) 시기가 나쁜, 계제 나쁜. 파) **-bly** *ad.* **~·ness** *n.*

un·sea·soned [ʌnsíːzənd] *a.* 양념을〈조미를〉 하지 않은. (2) (재목이) 잘 마르지 않은.

un·seat [ʌnsíːt] *vt.* (1) …을 말등에서 떨어뜨리다. (2) (선거 등에서 의원)의 의석을 빼앗다, 낙선 시키다.

un·seed·ed [ʌnsíːdid] *a.* (선수가) 시드되지 않은.

un·see·ing [ʌnsíːiŋ] *a.* (1)잘 보(고 있)지 않는 ; 《특히》 보려고 하지 않는. (2) 눈이 보이지 않는.

un·seem·ly [ʌnsíːmli] (1) 모양이〈보기〉 흉한, 꼴사나운. (2) 어울리지 않는. — *ad.* 꼴사납게, 보기 흉하게 ; 부적당하게. 파) **-li·ness** *n.*

:**un·seen** [ʌnsíːn] *a.* (1) (눈에) 안 보이는. (2) (과제·악보 등) 처음 보는 〈대하는〉 ; 즉석에서 하는. — *n.* (1) (the ~)보이지 않는 것 ; 영계(靈界). (2) ⓒ《英》 즉석 번역 과제.

***un·self·ish** [ʌnsélfiʃ] *a.* 이기적이 아닌, 욕심〈사심〉이 없는. 파) **~·ly** *ad.* **~·ness** *n.*

un·ser·vice·a·ble [ʌnsə́ːrvisəbəl] *a.* 도움이 안 되는, 쓸모없는, 실용적이 아닌, 무용의.

un·set·tle [ʌnsétl] *vt.* a] …을 어지럽히다, 동요시키다. b] …의 마음을 어지럽히다, 침착성을 잃게 하다, 불안하게 하다. (2) (위의) 상태를 고장나게 하다. — *vi.* 동요하다, 평정을 잃다.

un·set·tled [ʌnsétld] *a.* (1) a] (날씨 따위가) 변하기 쉬운, 일정치 않은. b](상태 따위가) 불안정한, 동요하는 ; 혼란된. (2) 미결제의. (3) 결심이 서지 않은 ; 미정의 ; 미해결의.

un·sex [ʌnséks] *vt.* 성적 불능이 되게 하다.

un·sexed [ʌnsékst] *a.* (병아리가) 암수 선별이 안 된.

un·shack·le [ʌnʃǽkəl] *vt.* …의 속박을 풀다 ; 석방하다, 자유의 몸으로 하다.

un·shak·a·ble [ʌnʃéikəbəl] *a.* (신념 따위가) 흔들림이 없는, 부동의. 파) **-bly** *ad.*

un·shak·en [ʌnʃéikən] *a.* 흔들리지 않는, 동요하지 않는 ; 확고한《결심 따위》.

un·shaven [ʌnʃéivn] *a.* 면도하지 않은.

un·sheathe [ʌnʃíːð] *vt.* (칼 따위)를 칼집에서 뽑다.

un·ship [ʌnʃíp] (*-pp-*) *vt.* (1) (뱃짐)을 배에서 부리다 ; (선객 등)을 하선시키다. (2) 【海】(노, 선구(船具) 따위)를 떼어내다.

un·shod [ʌnʃád/-ʃɔ́d] *a.* 신발을 신지 않은, 맨발의; (말이) 편자를 박지 않은.

un·sight·ly [ʌnsáitli] (*-li·er* ; *-li·est*)*a.* 추한, 볼품없는, 꼴불견의, 꼴사나운, 눈에 거슬리는. 파) **-li·ness** *n.*

un·signed [ʌnsáind] *a.* 서명 없는〈되지 않은〉.

·**un·skilled** [ʌnskíld] *a.* (1) 숙련〈숙달〉 되지 않은, 미숙한, 서투른《*in*》. (2) 숙련을 요하지 않는.

un·skill·ful 《英》 **-skil-** [ʌnskílfəl] *a.* 서투른, 어줍은. 파) **~·ly** [-fəli] *ad.* **~·ness** *n.*

un·so·cia·bil·i·ty [ʌnsouʃəbíləti] *n.* ⓤ 교제를 싫어함, 무뚝뚝함.

un·so·cia·ble [ʌnsóuʃəbəl] *a.* 교제를 싫어하는, 비사교적인; 무뚝뚝한.

un·so·cial [ʌnsóuʃəl] *a.* (1) 반사회적인. (2) 비사교적인. (3) (시간이) 사교〈가정〉생활을 희생시키는.

un·sold [ʌnsóuld] *a.* 팔리지 않는, 팔다 남은.

un·so·lic·it·ed [ʌnsəlísətid] *a.* 탄원〈간청〉 되지 않은, 청탁〈부탁〉 받지 않은.

un·solved [ʌnsálvd/-sɔ́l-] *a.* 해결되지 않은, 미해결의 : an ~ problem 미해결의 문제.

un·so·phis·ti·cat·ed [ʌnsəfístəkèitid] *a.* (1) a] (사람이)세정(世情)에 때묻지 않은, 순진한, 단순한. b] (사교적으로) 세련되지 않은, 고상하지 못한. (2) 섞인 것이 없는, 순수한, 진짜의. 파) **~·ly** *ad.* **~·ness** *n.*

un·sought [ʌnsɔ́ːt] *a.* 찾지〈구하지〉 않은, 원하지 〈부탁하지〉 않은.

un·sound [ʌnsáund] *a.* (1) (심신이) 건전〈건강〉하지 못한. (2) (학설 등이) 근거가 박약한 ; 불합리한 ; 잘못된. (3) (건물, 기초 따위가) 견고하지 않은, 흔들거리는. (4) (회사, 계획 따위가) (경제적으로) 불안정한 ; 신용할 수 없는 파) **~·ly** *ad.* **~·ness** *n.*

un·spar·ing [ʌnspéəriŋ] *a.* (1) 가차없는, 엄한. (2) 아끼지 않는, 후한, 활수한, 인색하지 않은《*in* ; *of*》. 파) **~·ly** *ad.* 용서 없이 ; 아낌없이, 후하게.

·**un·speak·a·ble** [ʌnspíːkəbəl] *a.* (1) 이루 말할 수 없는, 말로 다할 수 없는《기쁨, 손실 따위》. (2) 언어도단의, 입에 담기도 싫은〈무서운〉, 몹시 나쁜. 파) **-bly** *ad.* 말할 수 없이.

un·spec·i·fied [ʌnspésəfàid] *a.* 특히 지정하지 않은, 특기【명기, 명시】 하지 않은. 불특정의.

un·spoiled, -spoilt [ʌnspɔ́ild], [-t] *a.* (1) (가치·아름다움 등이) 손상되지 않은. (2) 응석받이로 망쳐지지〈버릇 없게 되지〉 않은.

un·spo·ken [ʌnspóukən] *a.* 암암리의, 이심전심의, 암묵의.

un·sports·man·like [ʌnspɔ́ːrtsmənlàik] *a.* 스포츠 정신에 반(反)하는, 스포츠맨답지 않은.

un·spot·ted [ʌnspátid/-spɔ́t-] *a.* (1) 반점〈오점〉이 없는. (2) (도덕적으로) 흠이 없는 ; 결백〈순결〉한. (3) 알아〈눈치〉채이지 않은.

***un·sta·ble** [ʌnstéibəl] *a.* (1) a] 불안정한, 곧 무너질 것 같은, b] 변하기 쉬운. (2) 침착하지 않은, 정서적으로 불안정한. 파) **-bly** *ad.* **~·ness** *n.*

un·stat·ed [ʌnstéitid] *a.* 말하(여지)지 않은, 설명〈발표〉되지 않은.

un·steady [ʌnstédi] (*-stead·i·er* ; *-i·est*) *a.* (1) 불안정한 ; 흔들거리는. (2) 변하기 쉬운, 일정치 않은; 동요하는《시세 따위》. (3) 한결같지 않은, 불규칙한. 파) **-stéad·i·ly** *ad.* 불안정하게, 비틀거리는 발걸음으로. **-stéad·i·ness** *n.*

un·stick [ʌnstík] (*p.*, *pp.* *-stuck* [-stʌ́k]) *vt.* (붙어 있는 것)을 잡아떼다.

un·stint·ing [ʌnstíntiŋ] *a.* (1) 아낌없는. (2) 〔敍述的〕(…을)아낌없이 주는《*in*》. 파) **~·ly** *ad.*

un·stop [ʌnstáp/-stɔ́p] (*-pp-*) *vt.* (1) …의 마개

를 뽑다, 아가리〈마개〉를 열다. (2) …에서 장애를 제거하다.

un·stop·pa·ble [ʌnstápəbəl/-stɔ́p-] *a.* 멈출〈막을〉수 없는, 제지〈억지〉할 수 없는.

un·strap [ʌnstrǽp] (*-pp-*) *vt.* …의 가죽끈을 끄르다〈풀다〉.

un·stressed [ʌ̀nstrést] *a.* 강세〈악센트〉가 없는, 강하게 발음하지 않는.

un·string [ʌnstríŋ] (*p., pp.* ***-strung*** [-strʌ́ŋ]) *vt.* (1) (현악기 등)의 현(絃)을 풀다(늦추다). (2) (신경)을 약하게 하다, (사람의) 자제를 잃게 하다 ; (마음·머리)를 혼란시키다《※ 흔히 과거분사로 형용사적으로 쓰임 ; ⇨ UNSTRUNG》.

un·struc·tured [ʌ̀nstrʌ́ktʃərd] *a.* (1)(사회가) 체계적으로 조직되지 않은. (2) 정식이 아닌.

un·strung [ʌnstrʌ́ŋ] UNSTRING의 과거·과거분사. — *a.* (1) (현(絃) 따위가) 느슨한〈벗겨진〉. (2) 〔敍述的〕(신경, 기력이) 약해진 ; (사람이) (…에) 침착〈마음의 평정〉을 잃은《*by* ; *at*》.

un·stuck [ʌ̀nstʌ́k] *a.* 〔敍述的〕느슨해진, (붙은 것이) 떨어진, 풀린 : When firmly pushed, the door became ~. 세게 미니까 문은 열렸다. ***come ~*** (1) (붙었던 것이) 떨어지다. (2) 《口》(사람, 계획이) 실패하다, 망쳐지다.

un·stud·ied [ʌ̀nstʌ́did] *a.* 꾸밈〈무리가〉 없는, 자연스러운《문체 따위》.

un·sub·stan·tial [ʌ̀nsəbstǽnʃəl] *a.* (1) 실체가 〈실질이〉 없는. (2) (음식 따위가) 겉모양뿐인 ; 요기도 안 되는. (3) 비현실적인, 공상적인, 꿈 같은. 파) **~·ly** [-ʃəli] *ad.* **ùn·sub·stàn·ti·ál·i·ty** [-ʃiǽləti] *n.* ⓤ

un·sub·stan·ti·at·ed [ʌ̀nsəbstǽnʃièitid] *a.* 실증되지 않은, 근거없는.

***un·suc·cess·ful** [ʌ̀nsəksésfəl] *a.* 성공하지 못한, 실패한, 불운의. 파) **~·ly** [-fəli] *ad.*

***un·suit·a·ble** [ʌnsúːtəbəl] *a.* 부적당한, 부적절한, 어울리지 않는《*for* ; *to*》. 파) **-bly** *ad.*

un·suit·ed [ʌ̀nsúːtid] *a.* (1) 〔敍述的〕적합하지 않은, 부적당한《*for* ; *to*》. (2) 어울리지 않는, 상충(相衝)되는.

un·sul·lied [ʌ̀nsʌ́lid] *a.* 더럽혀지지 않은.

un·sung [ʌ̀nsʌ́ŋ] *a.* 시가(詩歌)로 읊어지지 않은 ; (시가로) 찬미할 수 없는.

un·sup·port·ed [ʌ̀nsəpɔ́ːrtid] *a.* (1) 지지를 못 받은, 입증〈실증〉되(어 있)지 않은. (2) 부양해줄 사람이 없는.

un·sure [ʌnʃúər] *a.* (1) 〔敍述的〕 a〕 (…에) 확신〈자신〉이 없는《*of* ; *about*》. b〕 (…하여야 할지) 자신이 없는, 확실치 않은《*wh. to* do》. (2) 불확실한 ; 불안정한; 믿을 수 없는.

un·sur·passed [ʌ̀nsərpǽst, -pɑ́ːst] *a.* 능가할 자 없는, 비길 데 없는, 탁월한.

un·sur·pris·ing [ʌ̀nsərpráiziŋ] *a.* 놀랄 정도가 못되는, 예상할 수 있는. 파) **~·ly** *ad.*

un·sus·pect·ed [ʌ̀nsəspéktid] *a.* 의심〈혐의〉 받지 않은 ; 생각지도 않은. 파) **~·ly** *ad.*

un·sus·pect·ing [ʌ̀nsəspéktiŋ] *a.* 의심하지 않는, 수상히 여기지 않는. 파) **~·ly** *ad.*

un·sweet·ened [ʌ̀nswíːtnd] *a.* 단맛이 없는, 달게 하지 않은.

un·swerv·ing [ʌ̀nswə́ːrviŋ] *a.* 벗어나지 않는; 헤매지〈흔들리지〉 않는, 변하지 않는, 확고한.

un·sym·met·ri·cal [ʌ̀nsimétrikəl] *a.* 비대칭적인. 파) **~·ly** *ad.*

un·sym·pa·thet·ic [ʌ̀nsimpəθétik] *a.* (1) 동정〈이해〉심이 없는, 매정〈냉담〉한. (2) 〔敍述的〕(의견·제안 등에)공감하지 않는《*to*》. 파) **-i·cal·ly** *ad.*

un·sys·tem·at·ic [ʌ̀nsistəmǽtik] *a.* 비체계〈비계통·비조직〉적인. 파) **-i·cal·ly** *ad.*

un·tamed [ʌ̀ntéimd] *a.* (1) 길들지 않은, 야성의, 거친. (2) (사람이)억제〈제어〉되(어 있)지 않은.

un·tan·gle [ʌ̀ntǽŋgəl] *vt.* (1) …의 엉킨 것을 풀다, 끄르다. (2) (분규 따위)를 해결하다.

un·tapped [ʌ̀ntǽpt] *a.* (자원 등이) 이용〈개발〉되지 않은, 미개발의.

un·tar·nished [ʌ̀ntɑ́ːrniʃt] *a.* 변색〈퇴색〉하지 않은 ; 더럽혀지지 않은.

un·taught [ʌ̀ntɔ́ːt] *a.* 교육을 받지 못한, 무식〈무지〉한.

un·ten·a·ble [ʌ̀nténəbəl] *a.* 〈버틸〉수 없는 ; (이론, 입장 따위를) 지지〈주장, 옹호〉할 수 없는 ; 조리가 서지 않는, 박약한.

un·ten·ant·ed [ʌ̀nténəntid] *a.* (토지·집이) 임대〈임차〉되어 있지 않은 ; 비어 있는.

un·thank·ful [ʌnθǽŋkfəl] *a.* 고마워〈감사〉하지 않는 (ungrateful), 달갑지 않은. 파) **~·ly** [-fəli] *ad.* **~·ness** *n.*

un·think·a·ble [ʌnθíŋkəbəl] *a.* 생각도〈상상도〉할 수 없는 ; 터무니없는. 파) **-bly** *ad.*

un·think·ing [ʌnθíŋkiŋ] *a.* 생각이 없는, 조심하지 않는, 사려〈지각〉없는; 경솔한.

un·thread [ʌ̀nθréd] *vt.*(1) (바늘 따위)의 실을 빼다. (2) (엉킨 것)을 풀다. (3) (미로(迷路) 따위)를 빠져나오다, 벗어나다.

un·ti·dy [ʌntáidi] (***-di·er*** ; ***-di·est***) *a.* (1) 말끔〈말쑥〉하지 않은, 단정치 못한, 게으른. (2) 어질러진, 흐트러진, 어수선한, 난잡한. 파) **-di·ly** *ad.* **-di·ness** *n.*

·**un·tie** [ʌntái] (*p.,pp.* ***-tied*** ; ***-ty·ing, -tie·ing***) *vt.* (1) …을 풀다, 끄르다. (2) …의 속박을 풀다, 해방하다《*from*》. (3) (곤란 따위)를 해결하다.

⁝**un·til** [əntíl] *prep.* (1) 《때의 계속》 …까지, …이 되기까지, …에 이르기까지 줄곧. (2) 《否定語어 와 함께》 …까지 …않다, …에 이르러(서) 비로소 (…하다). — *conj.* (1) 《때의 계속의 뜻으로》 …할 때까지, …까지. (2) 《내리 번역하여》 …하여 결국, …하고 그리고. (3) 《否定語를 수반하여》 …까지 …않다, …이 되어 비로소 (…하다).

☞ 參考 (1) **until**과 **till**의 차이 until은 문장의 앞이나 긴 clause 앞에 쓰며, till은 명사나 짧은 clause의 앞에 오는 경향이 있음. (2) **until, till**과 **by, before**와의 차이 by는 '…까지'의 뜻으로 기한을 나타내며, before는 '…이전에, …하기 전에'의 뜻으로 till until과 같이 계속의 뜻은 없음 : Can you finish your work *by* tomorrow? 내일까지 일을 끝낼 수 있겠습니까. Think well *before* you decide. 결정하기 전에 잘 생각해라.

·**un·time·ly** [ʌntáimli] *a.* (1) 때가 아닌〈이른〉. (2) 시의를 얻지 못한, 시기가 적절치 못한, 시기를 놓친. 파) **-li·ness** *n.*

un·tinged [ʌntíndʒd] *a.* (1) 색(色)을 칠하지 않은, 착색되(어 있)지 않은. (2) 〔敍述的〕 (…에)물들지 않은.

un·tir·ing [ʌntáiəriŋ] *a.* 지칠〈물릴〉 줄 모르는, 끊

임없는, 불굴의. 파) **~·ly** *ad.*
·un·to [《모음 앞》 ʌ̀ntu, 《자음 앞》 ʌ̀ntə, 《문장 끝》 ʌ́ntu:] *prep.* 《古·詩》 (1) …에, …쪽에. (2) …까지.
·un·told [ʌntóuld] *a.* (1) 언급되어 있지 않은 ; 밝혀지지 않은. (2) 셀 수 없는, 무수한, 막대한.
un·touch·a·ble [ʌ̀ntʌ́tʃəbəl] *a.* (1)만질〈건드릴〉 수 없는, 손을 대서는 안 되는 ; 금제(禁制)의 ; 손이 닿지 않는. (2) 무적의. (3) 더러운; 불가촉 천민(不可觸賤民)의. — *n.* ⓒ불가촉 천민《인도 최하층 계급의 사람》. (2) (사회가) 따돌린 사람. (3) (정직, 근면에서) 비난의 여지가 없는 사람.
·un·touched [ʌ̀ntʌ́tʃt] *a.* (1) 손대지 않은, 만지지 않은. (2) (건물 따위가) 손상되지 않은 ; 피해를 입지 않은. (3) 언〈논〉급되지 않은《*on*》. (4) 마음이 움직이지 않은, 감동되지 않은, 냉정한.
un·to·ward [ʌntɔ́:rd, ʌ̀ntóuərd] *a.* 좋지 않은 ; 귀찮은, 성가신. **~·ly** *ad.* **~·ness** *n.*
un·trained [ʌ̀ntréind] *a.* 훈련되지 않은, 연습을 쌓지 않은.
un·tram·meled, 《英》 **-melled** [ʌ̀ntrǽməld] *a.* 구속받지 않은 ; 자유로운.
un·trav·eled, 《英》 **-elled** [ʌ̀ntrǽvəld] *a.* 여행한 일〈경험〉이 없는 , 견문이 좁은.
un·treat·ed [ʌ̀ntrí:tid] *a.* (1) (사람, 상처 등이) 치료되지 않은. (2) (유독물 따위가)처리되지 않은, 미처리의.
un·tried [ʌ̀ntráid] *a.* (1) 해보지 않은, 아직 실험〈시험〉해 보지 않은. (2) 【法】 미심리의, 공판에 회부되지 않은.
un·trod·den [ʌ̀ntrádn/-trɔ́dn] *a.* 밟히지 않은 ; 인적 미답(人跡未踏)의.
un·trou·bled [ʌntrʌ́bəld] *a.* 곤혼스럽지 않은, 시달리지 않는 ; 평화로운, 조용한
·un·true [ʌ̀ntrú:] *a.* (1) 진실이 아닌, 거짓의. (2) 불성실한, 충실지 않은 ; 부정(不貞)한《*to*》. (3) (치수 따위가) 부정확한 《*to*》.
un·trust·wor·thy [ʌ̀ntrʌ́stwə̀:rði] *a.* 신뢰할 수 없는, 믿을 수 없는.
un·truth [ʌ̀ntrú:] (*pl.* **~s**[-ðz, -θs]) *n.* (1) ⓤ진실이 아님, 허위. (2) ⓒ 거짓말, 거짓.
un·truth·ful [ʌ̀ntrú:θfəl] *a.* 진실이 아닌, 거짓의, 거짓말하는. 파) **~·ly** [-fəli] *ad.* **~·ness** *n.*
un·turned [ʌ̀ntə́:rnd] *a.* 돌려지지 않은, 뒤집혀지지 않은. ***leave no stone*** ~ ⇨ STONE.
un·tu·tored [ʌ̀ntjú:tərd] *a.* (1) 정식 교육을 받지 않은 ; 무지한. (2) 순박한, 소박한.
un·twist [ʌ̀ntwíst] *vt., vi.* (실의) 꼬인 것을 풀다 ; 꼬인〈비틀린〉 것이 풀리다.
·un·used [ʌ̀njú:zd] *a.* (1) 쓰지 않은. (2) 쓴 적이 없는, (쓰고) 남은. (3) 《to 가 오면》〔敍述的〕 익숙지 않은, 경험이 없는.
:un·usu·al [ʌ̀njú:ʒuəl, -ʒwəl] (***more ~; most ~***) *a.* (1) a] 보통이 아닌, 이상한. b]〔敍述的〕 (…가 -하는 것은) 이상한, 드문 《*for*》. (2) 유별난, 색다른 : an ~ hobby 색다른 취미.
·un·usu·al·ly [ʌ̀njú:ʒuəli, -ʒwəli] (***more ~ ; most ~***) *ad.* 전에 없이, 평소와는 달리.
un·ut·ter·a·ble [ʌ̀nʌ́tərəbəl] *a.* (1) 〔限定的〕말로 표현할 수 없는. (2) 철저한, 순전한. 파) **-bly** *ad.*
un·var·nished [ʌ̀nvá:rniʃt] *a.* (1) 니스를 칠하지 않은. (2) 꾸밈이 없는, 있는 그대로의.
un·vary·ing [ʌ̀nvέəriiŋ] *a.* 불변의, 한결같은.
un·veil [ʌ̀nvéil] *vt., vi.* (1) a] (…의) 베일을 〈덮개를〉 벗(기)다. b] (…의) 제막식을 행하다. c) 〔再歸的〕 정체를 드러내다. 가면을 벗다. (2) a] (비밀 따위를) 밝히다. 털어놓다. b](신제품 따위를) 첫 공개하다.
un·voiced [ʌ̀nvɔ́ist] *a.* 목소리로 내지 않은, 말하지 않은; 무성(음)의.
un·waged [ʌ̀nwéidʒd] *a.* 급여소득이 없는 ; 실직 중인.
un·want·ed [ʌnwántid, -wɔ́(:)nt-] *a.* 볼일이 없는, 요구되지 않은, 불필요한.
un·war·i·ly [ʌ̀nwέərəli] *ad.* 부주의하게, 방심하고.
un·war·rant·a·ble [ʌnwɔ́(:)rəntəbəl, -wár-] *a.* 정당하다고 인정할 수 없는, 변호할 수 없는; 부당한, 무법의.
un·war·rant·ed [ʌnwɔ́(:)rəntid, -wár-] *a.* 정당하다고 인정되지 않은, 부당한.
un·wary [ʌ̀nwέəri] *a.* 부주의한, 조심하지 않는, 방심하는 ; 경솔한. 파) **-wár·i·ness** *n.*
un·washed [ʌnwáʃt, -wɔ́(:)ʃt] *a.* 씻지〈빨지〉 않은 ; 불결한, 더러운. — *n.* (the (great) ~)〔集合的〕 하층민.
un·wa·ver·ing [ʌ̀nwéivəriŋ] *a.* 확고한, 의연(毅然)한. 파) **~·ly** *ad.*
un·wea·ried [ʌ̀nwíərid] *a.* 지치지 않는 ; 지칠줄 모르는 ; 끈기 있는, 불굴의.
un·wed [ʌ̀nwéd] *a.* 미혼의(unmarried), 독신의.
·un·wel·come [ʌ̀nwélkəm] *a.* 환영받지 못하는, 반기지 않는《손님 등》; 반갑지〈달갑지〉 않은.
un·well [ʌ̀nwél] *a.* 〔敍述的〕 불쾌한, 기분이 좋지 않은, 찌뿌드드한.
un·wept [ʌ̀nwépt] *a.* 울어〈슬퍼해, 애도해〉 줄 사람도 없는.
·un·whole·some [ʌ̀nhóulsəm] *a.* 몸〈건강〉에 나쁜 ; (정신적으로) 불건전한, 유해한, 해로운. 파) **~·ly** *ad.*
un·wieldy [ʌ̀nwí:ldi] (***-wield·i·er ; -i·est***) *a.* 다루기 힘드는 ; 부피가 큰 ; 너무 무거운 ; 귀찮은. 파) **-wíeld·i·ness** *n.*
:un·will·ing [ʌnwíliŋ] (***more ~ ; most ~***) (1) 〔敍述的〕 …하고 싶어하지 않는, …할 마음이 없는 《*for*》. (2)본의(가) 아닌, 마지못한. 파) **~·ly** *ad.* 마지못해. **~·ness** *n.*
un·wind [ʌnwáind] (*p., pp.* ***-wound*** [-wáund]) *vt.* (감은 것)을 풀다 ; (엉킨 것)을 풀다 ; …의 긴장을 풀게 하다. — *vi.* (감은 것이) 풀리다. ; 긴장이 풀리다.
***un·wise** [ʌnwáiz] *a.* 지각〈분별〉 없는, 지혜가 없는, 어리석은, 천박한 ; 상책이 아닌. 파) **~·ly** *ad.*
un·wit·ting [ʌ̀nwítiŋ] *a.* 〔限定的〕 모르는, 의식하지 않은, 부지불식간의. 파) **~·ly** *ad.*무심코, 부지중에 : He ~*ly* entered the ladies' toilet. 그는 무심코 여성용 화장실에 들어갔다. **~·ness** *n.*
un·wont·ed [ʌ̀nwóuntid, -wɔ́:nt-] *a.* 〔限定的〕 이례적인, 좀처럼 없는. 파) **~·ly** *ad.*
un·work·a·ble [ʌ̀nwə́:rkəbəl] *a.* 실행〈실시〉 불가능한 : an ~ plan 실행 불가능한 계획.
un·world·ly [ʌ̀nwə́:rldli] *a.* 세속을 떠난, 탈속한 ; 정신〈심령〉계의, 천상(天上)의. 파) **-li·ness** *n.*
:un·wor·thy [ʌnwə́:rði] (***-thi·er ; -thi·est***) *a.* (1) 〔限定的〕 (도덕적으로) 가치 없는, 존경할 가치가 없는, 비열한. (2)〔敍述的〕 (지위, 명예 따위에) 어울리지 않는, (칭찬 따위를) 받을 가치가 없는, …에 부끄러운, (…하기에) 부족한《*of*》. 파) **-thi·ness** *n.*

U

·**un·wrap** [ʌnrǽp] (**-pp-**) *vt.* …의 포장을 풀다, (꾸러미 따위)를 끄르다.

un·writ·ten [ʌ̀nrítn] *a.* 씌어 있지 않은, 기록되어 있지 않은 ; 구두(구전)의.

unwritten láw 관습법, 불문율.

un·yield·ing [ʌ̀njíːldiŋ] *a.* (1) 굽히지〈양보하지〉 않는 ; 완고한, 단호한. (2) 유연성〈탄력〉이 없는, 단단한. 파) **~·ly** *ad.* **~·ness** *n.*

un·yoke [ʌ̀njóuk] *vt.* (1) (소 따위의) 멍에를 벗기다, 해방하다. (2) …을 분리시키다.

un·zip [ʌ̀nzíp] (**-pp-**) *vt.* …의 지퍼(zipper)를 열다〈끄르다〉, (문제를) 푸다, (일을) 해결하다.

up [ʌp] *ad.* (비교 없음) 〔be 動詞와 결합한 때에는 形容詞로 볼 수도 있음〕. 【opp.】 *down.* (1) (위로의 방향) a〕 (낮은 위치에서) 위쪽으로, 위로. b〕 (물속에서) 수면으로, 지상으로. c〕 (먹은 것을) 토하여, 게워. **d**〕 〔be의 補語로 쓰이어〕 올라가.
(2) 〔위쪽의 위치〕 높은 곳에(서), 위에(서), 위쪽에(서).
(3) a〕 몸을 일으켜, 일어서서 ; (자리에서) 일어나. b〕 (건물이) 세워져.
(4) a〕 (천체가) 하늘에 떠올라. b〕 〔be의 補語로 쓰여〕 떠올라.
(5) a〕 《口》 (일 · 문제 등이) 일어나 ; (사람이) 나타나. b〕 (의론 · 화제 등에) 올라. c〕 (범죄 따위로) 고소되어 《*for*》 ; 판사〈법정〉 앞에.
(6) 〔흔히 前置詞와 결합하여〕 a〕 (특정한 장소 · 말 하는 이가 있는) 쪽으로, 가까이 가서. b〕 《英》 〔수도·도시·대학 등을〕 향해 ; 상경하여〈중에〉.
(7) a〕 (남쪽에서) 북(쪽)으로. b〕 고지〔高地〕로, (연안에서) 내륙으로〈에〉 ; (강의) 상류에.
(8) a〕 (지위 · 성적 · 연령 따위가) 올라가, 높아져 ; 커져, 자라(서). b〕 〔종종 be의 補語로 쓰여〕 (물가 따위가) 올라 ; (양이) 불어 ; (소리 따위가) 더 크게, (속도 · 온도 따위가) 더 올라 〈높아져〉. **c**〕 (…에서) —까지, (…부터) 이후에 걸쳐. **d**〕 (be (well)up으로) 《口》 (…에) 정통하여, 잘 알고《*in* ; *on*》.
(9) 〔종종 be의 補語로 쓰여〕 **a**〕 세게, 기운차게 ; 활발하게 ; 시동을 걸어 ; 흥분하여. **b**〕 (싸우려고) 분발하여.
(10) **a**〕 〔종결 · 완성 · 충만 따위를 나타내는 強意語로서 動詞와 결합하여〕 완전히, 아주 ; 다 …하다. **b**〕 〔be의 補語로 쓰이어〕 (시간이) 다 되어, 끝나 ; (사람이) 이젠 글러, 잘못되어 . c〕 〔취합(聚合)을 나타내는 動詞와 함께〕 전부, 모두, 함께. **d**〕 〔분할을 나타내는 動詞와 함께〕 잘게, 토막토막, 조각조각. **e**〕 〔접합 · 부착 · 폐쇄 등을 나타내는 動詞와함께〕 단단히, 꽉.
(11) 〔動詞와 결합하여〕 무활동의 상태로 ; 정지하여
(12) 〔노날〕 (수순 따위에) 달하여, 미치어, 따라붙어 ; 뒤지지 않게.
(13) 〔be의 補語로 쓰이어〕 《英》 (도로가) 공사 중에.
(14) 【競】 a〕 (…점) 앞서서, (상대에게, 경기에서)리드하여《*on* ; *in*》. b〕 《美》 (두점은 빙빙이) 리기.
(15) 【野】 (타자가) 타석에〈으로〉 ; (팀이) 공격 중에.
all up ⇨ALL. ***be up against it*** 《口》 (경제적으로 몹시) 궁핍해 있다. ***be up and about*** 〈***around***〉 (환자가) 자리를 털고 일어나 있다 ; (건강해져서) 활동하다. ***be up and coming*** 〈***doing***〉 《美》 활동적〈적극적〉이다, 크게 활약하고 있다. ***up against ...*** 1) 《口》 (어려움 · 장애 따위)에 직면하여. 2) …에 접근하여 ; …에 접촉하여. ***up and doing*** 맹활동하고, 분주히 일하고. 2) (재판을 위해) 출정(出廷)하여 ; (시험 등을) 치르고. 3) (팔려고) 내놓아져. ***up front*** ⇨FRONT. ***up till*** 〈***until***〉 ~ ~에 이르기까지는. ***up to ...*** 1) (최고) …까지, …에 이르기까지 : count *up to* ten, 10까지 세다 /*up to* this time 〈now〉 이 때까지, 지금까지 《'up to +數詞'는 形容詞적으로도 쓰임》 / ⇨up to (one's) EARs, up to the 〈one's〉 NECK, up to DATE, up to the MINUTE (成句). 2) 〔흔히 否定·疑問文 에서〕 …와 나란히, …에 필적하여〈맞먹어〉 《up with ..라고도 함》 ; (기대 따위)에 부응하여〈미치어〉. 3) 〔흔히 否定 · 疑問文에서〕 (일 따위)를 (감당)할 수 있어, …을 할 만하여. 4) (좋지 않은 일)에 종사하고, (못된 일)을 꾀하고〈꾸미고〉. 5) 《口》 (아무)의 의무〈책임〉인, (아무)가 해야 할, …에게 맡겨져〈달려〉. 6)(계략 따위)를 깨닫고〈알아채고〉, …을 잘 알고. ***up untill*** 〈***till***〉 ***...*** 《口》 …(에 이르기)까지는 《특히 그 시점까지의 동작 · 상태의 계속을 강조하기 위해 씀》. ***What's up?*** ⇨WHAT.
—*prep.* (1) (낮은 위치 · 지위 따위에서) …의 위로〈에〉, …을 올라가(서), …의 높은 쪽으로〈에〉.
(2) (강)의 상류로〈에〉 ; (흐름)을 거슬러.
(3) (어떤 방향을 향하여) …을 따라〈끼고〉 (along); (말하는 이로부터) …의 위〈저〉쪽에〈으로〉.
(4) (어느 지역의) 내부〈오지〉로〈에〉 ; (해안에서) 내륙으로〈에〉 ; …의 북(부)에〈으로〉.
up and down ... …을〈를〉 왔다갔다, 이리저리. ***up there*** 저쪽에는 ; 천국에. ***Up yours!*** 〔感嘆詞的으로 ; 혐오·반항 따위를 나타내어〕 《俗》 제기랄, 나쁜 놈, 빌어먹을《상소리로, up your ass〈arse〉에서》.
—*a.* 〔限定的〕 위로 향하는, 올라가는, 상행(上行)의 : on the *up* grade 치받이에〈의〉 ; 개선〈개량〉쪽을 향하여 / an *up* train 상행 열차 / the *up* line (철도의) 상행선(上行線).
—*n.* (1) ⓒ 상승, 상향 ; 오르막, 치받이. (2) (the ~) (타구(打球)가 바운드하여) 튀어오르는 상태 : hit a ball on *the up* 튀어오르는 공을 치다. ***on the up*** 《英口》 (사업 · 회사 따위가) 순조로워 ; 호조를 보여. ***on the up and up*** 1) 《美口》 정직한, 신뢰할 수 있는, 공정한. 2) = on the up. ***ups and downs*** 1) (길 따위의) 오르내림, 기복(起伏) : a house full of *ups and downs* 작은 층계 따위가 많은 집. 2) 변동, 부침(浮沈), (영고) 성쇠 : the *ups and downs* of fate 〈life〉 운명〈인생〉의 부침. —(**-pp-**) *vi.* 《口》 〔흔히 ~ and +動詞의 형식으로〕 갑자기 …하다〈하기 시작하다〉 : He ~*ped and* said 갑자기 그는 입을 열었다 《※ 이 뜻으로 up은 종종 무변화로 3人稱單數現在形으로도 쓰임 : He *up and* left. 그는 갑자기 떠나갔다》.
—*vt.* 《口》 (노임 · 가격 따위)를 올리다 ; (생산 따위)를 늘리다

UP- *pref.* up의 뜻 : (1) 부사적 용법으로 동사 (특히 그 과거분사) 및 gerund에 붙임《주로 古 · 文語》 : *up*lifted, *up*bringing. (2) 전치사적 용법으로 부사 · 형용사 · 명사를 만듦 : *up*stream. (3) 형용사적 용법 : *up*land.

up-and-com·ing [ʌ́pəndkʌ́miŋ] *a.* 〔限定的〕 (1) 정력적인, 활동적인, 적극〈진취〉적인 ; 유망한. (2) 세상의 주목을 받고 있는.

up-and-down [ʌ́pəndáun] *a.* 〔限定的〕 (1) 오르내리는, 기복이〈고저가〉 있는 ; 성쇠가 있는《운명 따위》. (2) 《美》 경사가 가파른, 수직의.

up·beat [ʌ́pbìːt] *n.* (the ~) 【樂】 (1) 여린박. (2) 여린박을 나타내는 지휘자의 동작. —*a.* 낙관적인, 명랑한.

up·braid [ʌ̀pbréid] *vt.* 《~+目/+目+前+名》 …을

비난〈질책〉하다《for ; with》.
up·bring·ing [ʌ́pbrìŋiŋ] *n.* ⓤ (또는 an ~) (유년기의) 양육, 가정 교육.
up·chuck [ʌ́ptʃʌ̀k] *vi., vt.* 《美口》 (…을) 토하다, 게우다.
up·com·ing [ʌ́pkʌ̀miŋ] *a.* 〔限定的〕 다가오는, 곧 나올(공개 될).
up·coun·try [ʌ́pkʌ̀ntri] *n.* (the ~) 내륙, 오지(奧地). —*a.* [ˊˏ-] 내지〈오지〉의 ; 궁벽한, 시골의. —*ad.* 내륙으로〈에〉, 오지로〈에〉 ; 시골의〈로〉 : travel ~ 오지로 여행하다.
up·date [ʌ̀pdéit] *vt.* …을 새롭게 하다, 최신의 것으로 하다(bring up to date). —[ʌ́pdèit] *n.* ⓤ,ⓒ새롭게 하기 ; 최신 정보 ; 최신판, 새롭게 함.
up·draft [ʌ́pdræ̀ft] *n.* ⓒ 기류〈가스〉의 상승(운동), 상승 기류.
up·end [ʌ̀pénd] *vt.* (통 등)을 거꾸로 세우다 ; 뒤집(어 놓)다.
up·front [ʌ̀pfrʌ́nt] *a.* (1) 〔敍述的〕 (말·행동 등이) …에 솔직한《with》. (2) 선불(先拂)의.
up·grade [ʌ́pgrèid] *n.* ⓒ (1) 《美》 오르막. (2) 증가, 향상. ***on the ~*** 오르막에 ; 잘되어, 향상〈상승〉하고 있는, 개선되어. —[ˊˏ] *a., ad.* 《美》 치받이의〈에〉. —[ˏˊ] *vt.* (1) …의 등급〈수준〉을 늘리다. (2) (직원 등)을 승격〈격상, 승진〉시키다, 한층 중요한 일을 맡게 하다. (3) (제품 따위)의 질을 높이다 ; (가축)의 품종을 개량하다.
up·growth [ʌ́pgròuθ] *n.* (1) ⓤ 성장, 발육, 발달. (2) ⓒ 성장〈발육〉한 것.
up·heav·al [ʌphíːvəl] *n.* ⓤ,ⓒ (1) a] 들어올림. b] 【地質】 (지각의) 융기. (2) (사회 등의) 대변동, 동란, 격변.
up·heave [ʌphíːv] (*p., pp.* ***~d, -hove*** [-hóuv]) *vt.* …을 들어〈밀어〉올리다, 상승〈융기〉시키다. —*vi.* 치오르다 ; 상승〈융기〉하다(rise).
·up·held [ʌphéld] UPHOLD의 과거·과거분사.
·up·hill [ʌ́phìl] *a.* (1) 오르막의, 올라가는, 치받이의 《길 따위》. (2) 힘드는, 어려운. —[ˏˊ] *ad.* 치받이를 올라, 고개 위로, 언덕 위로. —[ˊˏ] *n.* ⓒ 치받이, 오르막(길).
:up·hold [ʌphóuld] (*p., pp.* ***-held*** [-héld]) *vt.* (1) …을 (들어)올리다. (2) 지지〈시인, 변호〉하다 ; 유지〈관리〉하다. (3) (결정·판결따위)를 확인하다, 확정하다. 파) **~·er** *n.* ⓒ 지지자, 옹호자, 후원자.
up·hol·ster [ʌphóulstər] *vt.* (1) a] (집·방 등)에 가구를 비치하다《with》. b] (집·방 등)을 커튼·양탄자·가구 따위로 장식하다. (2) (의자 등)에 속을 넣어 천을 씌우다.
up·hol·ster·er [ʌphóulstərər] *n.* ⓒ 가구상, 실내 장식업자, (의자류의) 천갈이업자.
·up·hol·stery [ʌphóulstəri] *n.* ⓤ (1) 〔集合的〕 실내 장식 재료. (2) 가구 제조 판매업.
·up·keep [ʌ́pkìːp] *n.* ⓤ (1) 유지《of》. (2) (토지·가옥·자동차 따위의) 유지비《of》.
·up·land [ʌ́plənd, lænd] *n.* ⓒ (흔히 *pl.*) 고지, 고원, 산지, 대지(臺地). —*a.* 〔限定的〕 고지에 있는, 산지〈대지〉의.
·up·lift [ʌ̀plíft] *vt.* (1) …의 정신을〈의기를〉 앙양〈고양〉하다. (2) …을 (사회적·도덕적으로) 향상시키다. (3) …을 올리다, 들어올리다. —[ˊˏ] *n.* (1) ⓤ a] 올림, 들어올림. b] 향상《지위 또는 도덕적인》 ; (정신의) 앙양 : He devoted his life to their ~. 그는 그들의 지위향상을 위해 일생을 바쳤다. (2) ⓒ 브래지어(= **~ brassiere**).
up·link [ʌ́plìŋk] *n.* ⓒ 【通信】 업링크《지상에서 우주선〈위성〉으로의 정보 전송》.
up-mar·ket [ʌ́pmɑ́ːrkit] *a.* (상품 등이) 고급품 시장용의. —*ad.* 고급품 시장(용)으로.
:up·on [强 əpɑ́n, 弱 əpən/强 əpɔ́n] *prep.* = ON.

☞參考 **upon**과 **on** : 1)on쪽이 대체로 구어조. 2) 동사에 뒤따를 경우 upon은 특히 문미에 쓰이는 일이 많음 : There was not a chair to sit *upon.* 앉을 의자 하나 없었다. 3) 관용구에서는 관용상의 용법에 따라 on 또는 upon 중 한 가지에 한정됨 : Depend *upon* it, he will come. 틀림없이, 그는 온다 / once upon a time 옛날에 / *upon* my word 맹세코, 예외 : *upon* 〈*on*〉 the whole 대체로.

:up·per [ʌ́pər] 〔up의 比較級〕 *a.* 〔限定的〕 (1) 위쪽의, 상부의 ; (비교적) 높은〈위쪽의〉. (2) (등급·지위 따위가) 높은, 상위의, 상급의, 고등의. (3) a] 상류의, 고지의, 오지의, 내륙의. b] 북부의. (4) (U-) 【地質】 후기의, 신(新) …. —*n.* ⓒ (1) 구두의 갑피《바닥을 제외한 윗부분의 총칭》. (2) (선실·침대차의) 상단 침대. (3) 《俗》 각성제. ***be*** (***down***) ***on*** one***'s ~s*** 《口》 구두창이 닳아 버리다 ; 몹시 가난하다.
úpper cáse (흔히 the ~)〕 【印】 대문자 활자 상자. 【opp.】 *lower case.* 『 in ~ 대문자로.
up·per·case [ʌ́pərkéis] *n.* ⓤ 대문자《略 : uc, u.c.》. —*a.* 【印】 대문자의, 대문자로 인쇄된.
úpper círcle 어퍼 서클《극장 3층의 비교적 요금이 싼 좌석》.
up·per-class [ʌ́pərklǽs, -klɑ́ːs] *a.* 〔限定的〕 (1) 상류 사회〈계급〉의, 상류 계급 특유의 : an ~ accent 상류 계급 특유의 악센트. (2)《美》〔대학·고교의〕 상급의《학생》.
up·per·class·man [ʌ́pərklǽsmən, -klɑ́ːs-] (*pl.* ***-men***[-mən]) *n.* ⓒ 《美》 (대학·고교의) 상급생 《junior 또는 senior》. 【cf.】 underclassman.
úpper crúst (the ~) 《口》 상류 사회, 귀족 계급.
up·per·cut [ʌ́pərkʌ̀t] *n.* ⓒ 【拳】 어퍼컷. —(*p., pp.* ~ ; ***~ting***) *vt.* …에게 어퍼컷을 먹이다.
úpper hánd (the ~) 우위, 우세, 지배《※ 주로 다음 성구(成句)로서만》. ***get*** 〈***gain, win***〉 ***the ~*** (…보다) 우세해지다, (…에) 이기다《of ; over》.
Úpper Hóuse (the ~) 상원.
·up·per·most [ʌ́pərmòust/-məst] *a.* (1) 최상〈최고〉의 ; 최우위의(최우수의). (2) (생각 따위) 가장 중요한, 맨 먼저 마음에 떠오르는. —*ad.* (1) 가장 위에〈높이〉. (2) 맨 먼저.
úpper régions (the ~) 하늘 ; 천국.
úpper stóry (1) 2층, 위층. (2) (the ~) 《俗》 머리, 두뇌.
up·per·works [ʌ́pərwə̀ːrks] *n. pl.* 【海】 건현(乾舷).
up·pish [ʌ́piʃ] *a.* 《口》 우쭐한, 도도한, 건방진. 파) **~·ly** *ad.* **~·ness** *n.*
up·raise [ʌ̀préiz] *vt.* …을 들어 올리다.
up·rear [ʌ̀príər] *vt.* (1) …을 들어올리다. (2) (건물)을 세우다 ; …을 일으키다, 일으켜 세우다. (3) …을 고양하다, 높이다. (4) …을 기르다. —*vi.* 오르다.
:up·right [ʌ́pràit, ˏˊ] *a.* (1) 직립한, 똑바로〈곧추〉선, 수직의. (2) (정신적으로) 곧은, 올바른, 정직한. —*n.* (1) a] ⓤ 수직〈직립〉의 상태 : be out of ~ 기울어져 있다. b] ⓒ 곧은 물건 ; 건축물의 직립재(材).

(2) ⓒ = UPRIGHT PIANO. —*ad.* 똑바로, 곧추 서서, 직립 하여 : stand 〈hold oneself〉 ~ 곧바로 서다.
파) **~·ly** *ad.* 똑바로 ; 정직하게. ***~·ness** *n.*
úpright piáno 업라이트 피아노, 직립형 피아노.
up·rise [ʌpráiz] (**-rose** [-róuz] ; **-ris·en**[-rízən]) *vi.* (1) (태양이) 떠오르다. (2) 일어서다 ; 기상하다. (3) (소리 따위가) 높아지다 ; 커지다.
—*n.* ⓒ (1) 해돋이. (2) 기상, 기립.
·**up·ris·ing** [ʌ́pràiziŋ, -ˊ-] *n.* ⓒ (1) 《美》 일어남, 기상. (2) 반란, 폭동. (3) 오르막.
up·riv·er [ʌ́prívər] *a.*, *ad.* 강의 상류의〈로〉.
·**up·roar** [ʌ́prɔ̀ːr] *n.* ⓤ (또는 an ~) 소란.
up·roar·i·ous [ʌprɔ́ːriəs] *a.* (1) 소란한, 시끄러운. (2) 아주 재미있는, 크게 웃기는 : an ~ comedy. 파) **~·ly** *ad.* **~·ness** *n.*
·**up·root** [ʌprúːt] *vt.* (1) a] …을 뿌리째 뽑다 (root up). b] (악습)을 근절〈절멸〉시키다 : ~ a bad habit (2)《~+目/+目+前+名》 (정든 땅·집 등에서) …을 몰아내다, 떠나게 하다《*from*》.
:up·set [ʌpsét] (*p.*, *pp.* ~ ; **~·ting**) *vt.* (1) a] …을 뒤집어엎다, 전복시키다. b] (계획 따위)를 틀어지게 만들다, 망쳐버리다. (2) a] …의 마음을 뒤흔들다, …의 정신을 못차리게 하다, 당황하게 하다 ; …을 걱정〈고뇌〉하게 하다《※ 흔히 과거분사로 형용사적으로 씀》. b] 〔再歸的〕 …을 걱정하다. (3) …의 몸을 해치다, 탈이 나게 하다. —*vi.* 뒤집히다, 전복하다.—[ˊˊ] *n.* (1) ⓤ,ⓒ a] 전복, 전도〔轉倒〕, 뒤집힘. b] 혼란(상태). (2) ⓒ 고장, 탈. (3) ⓒ (마음의) 동요, 당황, 쇼크. (4) ⓒ (시합·선거 따위에서의) 뜻밖의 패배. —[-ˊ] *a.* (1) (위 따위가) 탈이 난. (2) 〔敍述的〕 혼란한, 당황한, 걱정한.
úpset price 【商】 (경매 개시 때의) 최저 가격.
up·set·ting [ʌpsétiŋ] *a.* 동요〈혼란〉시키는.
up·shot [ʌ́pʃɑ̀t/-ʃɔ̀t] *n.* (the ~) (최후의) 결과, 결말, 결론.
:up·side [ʌ́psàid] *n.* ⓒ 상부, 윗면, 위쪽 : 상승 경향 ; 상행선(上行線) 플랫폼.
~ down 1) 거꾸로, 뒤집혀. 2) 난잡하게, 혼란스럽게.
·**up·side-down** [ʌ́psaiddáun] *a.* 〔限定的〕 거꾸로 된, 전도된 : 엉망이 된, 혼란된.
up·sides [ʌpsáidz] *ad.* 《英口》 (보복 따위에서)비등하여, 팽팽하게, 호각으로.
up·si·lon [júːpsəlɑ̀n, ʌ́p-/juːpsáilən] *n.* ⓤ,ⓒ 그리스어 알파벳의 스무째 글자《*Υ*, *υ* ; 로마자의 u 또는 y에 해당》.
up·spring [ʌ́pspriŋ] *vi.* (*p.* **-sprang,** *pp.* **sprung**) (식물 따위가) 움트다, 생겨나다 ; 나타나다, 발생하다.
up·stage [ʌ́pstéidʒ] *ad.* 무대 안쪽으로〈에서〉. —*a.* 〔限定的〕 (1) 무대 안쪽의. (2) 《口》 도도한, 거만한. —*n.* ⓤ 무대 안쪽. —*vt.* 무대 안쪽에 있어서 (다른 배우)를 불리한 입장에 놓이게 하다《관객에게 등을 보이기 때문에》 ; 《比》 …의 인기를 가로채다 : The dog ~*d* the human actors. 개가 배우들보다 더 인기를 끌었다.
:up·stairs [ʌ́pstɛ́ərz] *ad.* (1) 2층에〈으로, 에서〉 ; 위층에〈으로, 에서〉. (2) 한층 높은(그러나 별로 권위가 없는) 지위에.
— *a.* 〔限定的〕 2층의, 위층의 : an ~ room 2층〈위층〉의 방. —*n.* ⓤ 〔單數취급〕 위층, 2층.
up·stand·ing [ʌpstǽndiŋ] *a.* (1) (자세가) 직립한, 똑바로 서 있는. (2) 몸이 늘씬한 ; 반듯한. (3) (인물이) 정직한, 고결한.
up·start [ʌ́pstɑ̀ːrt] *n.* ⓒ 어정뱅이, 벼락 부자. —*a.* 〔限定的〕 벼락 출세한.
up·state [ʌ́pstéit] 《美》 *a.*, *ad.* 주(州)의 대도시에서 먼〈멀리〉, 해안에서 먼〈멀리〉 ; 북쪽의〈에, 에서〉. —*n.* ⓤ 《특히》 New York주의 북부 지방 ; (주(州) 내의) 벽촌.
up·stream [ʌ́pstríːm] *ad.* 상류로〈에〉, 흐름을 거슬러 올라가. —*a.* 상류의, 흐름을 거슬러 올라가는 ; 상류에 있는. 【opp.】 *downstream.*
up·surge [ʌ́psə̀ːrdʒ] *n.* 솟구쳐 오름 ; 고조(高潮) ; 급증 : an ~ in violence 폭력의 급증.
up·sweep [ʌ́pswìːp] *n.* ⓒ (1)위쪽으로 〔향해〕 쓰다듬기〈솔질하기〉. (2)올린〈업스타일〉 머리《위로 빗어 올린 머리형》. —[-ˊ] (**-swept**) *vt.* …을 쓸어〈빗어〉올리다.
up·swept [ʌ́pswèpt] *a.* 위로 휜〈굽은〉 ; 위로 굽게 빗어 올린《머리털 따위》.
up·swing [ʌ́pswìŋ] *n.* ⓒ (급)상승, 향상, 두드러진 증대《*in*》.
up·take [ʌ́ptèik] *n.* (1)《口》 (the ~) (특히 새로운 것에 대한) 이해(력) : quick〈slow〉 on 〈in, at〉 *the* ~ 이해가 빠른〈더딘〉. (2)ⓤⓒ (생체(生體)로의) 흡수, 섭취《*of* 》 ; 들어 올림(집어 올림).
up·tick [ʌ́ptik] *n.* (수요·공급의) 증대, 상향 ; 〔사업·경기·금리의〕 상승 경향.
up·tight [ʌptáit] *n.* 《口》 (1)〔敍述的〕 (…의 일로) 몹시 긴장한 ; 초조해 하는. (2)《美》 몹시 보수적인.
:up-to-date [ʌ́ptədéit] (**more ~ : most ~**) *a.* 최신(식)의, 현대적인, 첨단의 파) **~·ness** *n.*
up-to-the-min·ute [ʌ́ptəðəmínit] *a.* 최신 정보를〈사실을〉 담고 있는 ; 최신식의.
up·town [ʌ́ptáun] *ad.* 《美》 주택 지구에〈로〉 : go 〈live〉 ~. —*n.* ⓒ 《美》 주택지(구). —*a.* 〔限定的〕 《美》 주택 지구의. 【opp.】 *downtown.*
up·turn [ʌ̀ptə́ːrn] *vt.* …을 위로 향하게 하다〈젖히다〉 ; 뒤집다. —[ˊˊ] *n.* ⓒ (경기·물가 따위의) 상승, 호전《*in*》 : the long-awaited ~ *in* the economy 대망하던 경제의 호전.
up·turned [ʌptə́ːrnd] *a.* (1) 위로 향한《눈·코끝 따위》. (2) 〔限定的〕 뒤집힌.
:up·ward [ʌ́pwərd] *a.* (1) 〔限定的〕 위로〈위쪽 으로〉 향한. (2) 상승의 ; 향상하는. —*ad.* (1) 위를 향해서, 위쪽으로. (2) (…and ~로) …이상.
·**up·wards** [ʌ́pwərdz] *ad.* = UPWARD.
Ur- (종종 ur-) '원시의, 초기의, 원형의' 의 뜻의 결합사 : *ur*text 원문, 원본.
Ural [júərəl] *a.* 우랄 산맥〈강〉의. —*n* (1) (the ~) 우랄 강. (2) (the ~s) 우랄 산맥.
Ural-Al·ta·ic [júərəlæltéiik] *a.* 우랄알타이 지방(주민)의 ; 우랄알타이 어족(語族)의. 【cf.】 Altaic. —*n.* ⓤ 우랄알타이 어족.
uran·ic [juərǽnik] *a.* 【化】 우라늄의, 우라늄을 함유한.
·**ura·ni·um** [juəréiniəm] *n.* ⓤ 우라늄《방사성 원소 ; 기호 U ; 번호 92》.
Ura·nus [jùərənə/juəréinəs] *n.* (1) 【그神】 우라누스《Gaea(지구)의 남편》. (2) 【天】 천왕성.
·**ur·ban** [ə́ːrbən] *a.* 〔限定的〕 도시의, 도회지에 있는 ; 도시 특유의.
ur·bane [əːrbéin] *a.* 점잖은 ; 세련된 (refined), 품위 있는. 파) **~·ly** *ad.* **~·ness** *n.*
ur·ban·ite [ə́ːrbənàit] *n.* ⓒ 도회 사람, 도시 생

활자.

ur·ban·i·ty [ərbǽnəti] *n.* (1) ⓤ 품위 있음, 세련, 우아, 도시풍. (2) (*pl.*)예의바른 점잖은 태도〈행동〉, 세련된 언동.

ur·ban·ize [ə́ːrbənàiz] *vt.* …을 도시화하다 ; 도회풍으로 하다. 파) **ùr·ban·i·za·tion** *n.*

ur·ban·ol·o·gy [ə̀ːrbənɑ́lədʒi/-nɔ́l-] *n.* ⓤ 도시학, 도시 문제 연구.

·**ur·chin** [ə́ːrtʃin] *n.* ⓒ (1) 장난꾸러기, 개구쟁이. (2) 【動】 성게(sea urchin).

-ure *suf.* 동사에 붙여서 그 '동작, 상태, 성질《보기 : censure, pleasure, culture》 ; 결과《보기 : creature》 ; 집합체《보기 : legislature》 따위'를 나타내는 명사를 만듦.

urea [juəríːə, júəriə] *n.* ⓤ 【化】 요소(尿素).

ure·mia [juəríːmiə] *n.* ⓤ 【醫】 요독증.

ure·ter [juəríːtər] *n.* ⓒ 【解】 요관〔尿管〕, 수뇨관.

ure·thane [júərəθèin] *n.* ⓤ 【化】 우레탄.

ure·thra [juəríːθrə] (*pl.* **-thrae** [-θriː], **~s**), *n.* ⓒ 【解】 요도(尿道).

:**urge** [əːrdʒ] *vt.* (1) 《+目+副/+目+前+名》 …을 (— 방향으로) 몰(아대)다 ; 좨치다, 재촉하다. (2) 《+目/+目+副》 (일)을 강력히 추진하다 ; …을 부지런히 〈세게〉 움직이다. (3) a] …을 주장하다, 역설〈강조〉하다. b] (…에게) —을 역설하다《*on, upon*》. c] 《+*that* 節》 (…라고) 주장하다. **d**] (…라고) 주장하다. (4) a] 《~+目+前+名/~+目+*to* do》 (…에게 —하도록) 자꾸만 촉구하다〈권하다〉, 설복〈설득〉하다. b] 《+目+副》 …을 자꾸만 촉구〈재촉〉하여 (—)하게 하다.

—*n.* (1) ⓒ 몰아댐 ; 몰아치는 힘, (강한) 충동. (2) (an ~) (…하고 싶은) 충동《*to* do》.

·**ur·gen·cy** [ə́ːrdʒənsi] *n.* ⓤ (1) 긴급, 절박, 화급. (2) 끈덕진 재촉, 강력한 주장, 역설, 집요. ▫ urgent *a.*

:**ur·gent** [ə́ːrdʒənt] (**more ~ ; most ~**)*a.* (1) 긴급한, 절박한, 매우 화급을 요하는. (2) a] 좨치는, 재촉하는, 졸라대는, 강요하는. b] 〔敍述的〕 《+前+名》 (…을) 끈덕지게 요구하는《*for, in*》.

파) ***~·ly** *ad.* 긴급히, 다급하여 ; 억지로.

uric [júərik] *a.* 〔限定的〕 오줌의, 오줌에서 얻은.

uri·nal [júərənəl] *n.* ⓒ (1) (남자용) 소변기 ; 소변소. (2) (병실용) 요강.

uri·nal·y·sis [jùərənǽləsis] (*pl.* **-ses** [-sìːz])*n.* ⓤ,ⓒ 【醫】 오줌 분석, 검뇨(檢尿).

uri·nary [júərənèri] *a.* 오줌의, 비뇨(기)의.

uri·nate [júərənèit] *vi.* 소변보다, 방뇨하다. 파) **ùri·ná·tion** [-néiʃən] *n.* ⓤ 배뇨(排尿)(작용).

urine [júərin] *n.* ⓤ 소변, 오줌.

·**urn** [əːrn] *n.* ⓒ (1) 항아리, 단지 ; 납골(納骨)〈유골〉 단지. (2) (꼭지 달린) 커피 끓이는 기구.

uro·gen·i·tal [jùəroudʒénətl] *a.* 비뇨 생식기의.

urol·o·gy [juərɑ́lədʒi/-rɔ́l-] *n.* ⓤ 비뇨기학, 비뇨기과(科).

Úrsa Májor 【天】 큰곰자리《略 : UMj》.

Úrsa Mínor 【天】 작은곰자리《略 : UMi》.

ur·sine [ə́ːrsain, -sin] *a.* 곰의, 곰류(類)의 ; 곰 비슷한.

ur·ti·car·ia [ə̀ːrtikέəriə] *n.* ⓤ 【醫】 두드러기.

Úruguay Róund (the ~) 우루과이 라운드《1986년 우루과이에서 개최된 GATT 각료 회의에서 선언된 15개 분야의 다자간 무역 협상》.

⁝**us** [ʌs, 弱 əs, s] *pron.* 〔we의 目的格〕 (1) 우리들을〈에게〉. (2) 《古·文》 = OURSELVES. (3) (신문·논설 등에서) 우리(들). 【cf.】 we. (4) 《英方·俗》 = ME, to ME. (5) 〔動名詞 앞에서〕 《口》 = OUR.

:**US, U.S.** United States (of America).

:**USA, U.S.A.** United States of America ; United States Army(미육군).

us·a·bil·i·ty [jùːzəbíləti]*n.* ⓤ 유용성, 편리(함).

us·a·ble [júːzəbəl] *a.* 사용할 수 있는, 사용가능 한 : (쓰기에) 편리한, 쓸모 있는.

USAF United States Air Force(미공군).

:**us·age** [júːsidʒ, -zidʒ] *n.* (1) ⓤ 용법, 사용(법), 취급(법), 사용량 ; 처우, 대우. (2) ⓤ,ⓒ 관습, 관행, 관례, 습관. (3) ⓤ,ⓒ (언어의) 관용(법), 어법. (4) 취급(법), 대우, 처우. ***by ~*** 관례상. ***come into ~*** 쓰이게 되다.

us·ance [júːzəns] *n.* ⓤ (1) 【商】 (관례에 의한) 외국환 어음 지급 유예 기간. (2) 【商】 유전스, 기한부 어음.

USCG United States Coast Guard(미국 연안경비대).

⁝**use** [juːs] *n.* (1) ⓤ (또는 a ~) 사용, 행사, 이용(법)《*of*》 ; (식품 등의) 소비.

(2) ⓤ 사용 능력《*of*》 ; 사용의 자유〈허가〉, 사용권《*of*》 ; 사용의 필요〈기회, 경우〉《*for*》 ; 【法】 (토지 등의) 향유(권).

(3) ⓒ 용도, 사용 목적 ; 효용, 효과, 유용.

(4) ⓤ 쓸모, 이익, 이득.

(5) ⓤ 습관, 관습, 관용, 관행.

as (***the***) ***~ is*** 관습대로. ***be of*** (***great***) ***~*** (크게) 소용이 되다. ***have no ~ for*** 1) …의 필요는 없다. 2) …은 싫다, …은 못참겠다〈용납못하겠다〉. ***in*** 〈***out of***〉 ***~*** 쓰이고〈쓰이지 않고〉 ; 행해지고〈폐지되어〉. ***make ~ of*** …을 사용〈이용〉하다. ***put . . . to ~*** …을 쓰다, 이용하다 : *put* it *to* (a) good *~* 그것을 크게 이용하다. ***and wont*** 관습, 관례. ***with ~*** 늘 사용하여. ***what is the ~ of talking*** =of what ~ is it to talk 말하면 무슨 소용이 있느냐?

—[juːz] *vt.* (1) a] …을 사용하다, 쓰다, 이용하다. b] 《+目+前+名》 (…을 위해 —을) 쓰다. (2) (재능·폭력 따위)를 행사하다, 작용시키다, 쓰다. (3) a] …을 소비하다 ; (돈)을 쓰다. b] (습관적으로) 쓰다, 마시다, 피우다 : ~ tobacco 담배를 피우다. (4) 《+目+副/+目+前+名》〔well 따위의 양태를 보이는 副詞를 수반하여〕 (아무를 …하게) 대(우)하다, 다루다. (5) (남)을 이기적 목적에 이용하다, (기회)를 잘 이용하다. (6) (could〈can〉 ~로) 《口》 …을 얻을 수 있으면 좋겠다, 필요하다. ***~ up*** 1) 다 써 버리다. 2) 지치게 하다.

use·a·ble [júːzəbəl] *a.* =USABLE.

⁝**used**[1] [juːst 《to의 앞》 juːsᴛ] (**more ~ ; most ~**) *a.* 《+to+名》〔敍述的〕 …에 익숙하여《※ (+to do)는 드묾》.

☞參考 1) 다음의 차이점에 주의 : These men *are used* [juːsᴛ] *to* paint*ing* big pictures. 큰 그림을 그리는 일에 익숙해져 있다. These brushes *are used* [juːzd] *to* paint big pictures. 이 붓은 큰 그림을 그리는 데 쓰인다.
2) used (a.) 앞에는 be, get, become 등의 동사가 옴. 다음의 *vi.*에서는 오지 않음.

—*vi.* 《+*to* do》 …하는 것이 보통이었다, 늘 …했다, …하는 버릇〈습관〉이 있었다 ; 원래는〈이전에는〉 …했

U

었다.

☞ 參考 1) 否定文 및 疑問文에서는 did를 쓰는 꼴과 쓰지 않는 꼴이 있다 : He ~*n't* 〈*didn't use*(*d*)〉 *to* answer. 그는 언제나 대답하지 않았다 / What ~ he 〈*did* he *use*(*d*)〉 *to* say? 언제나 무어라고 하셨습니까 / Brown ~ *to* live in Paris. — Oh, *did* he 〈~ he〉? 브라운은 파리에 살았었습니다. — 아 그랬습니까 / He ~ *to* live in Paris, ~*n't* he 〈*didn't* he〉? 파리에 살지 않았었습니까.
2) 다음의 차이점(點)에 주의 : used to 다음은 부정사, be 〈get, become〉 used to 다음은 흔히 동명사가 오며 부정사는 드묾 : She ~ *to* sing before large audiences. 그녀는 많은 청중에게 늘 노래를 들려주곤 했었다. ≠ She *was* ~ *to* sing*ing* before large audiences. 그녀는 많은 청중에게 노래를 들려주는 데 익숙하였다.

used² [juːzd] (*more ~ ; most ~*) *a.* (1) 써서 낡은, 중고의. (2) (써서) 더러워진.

used·n't [júːsnt] used not의 단축형.

:use·ful [júːsfəl] (*more ~ ; most ~*)*a.* (1) 쓸모있는, 유용한, 유익한, 편리한, 실용적인. (2) 《口》 훌륭한, 유능한 : a ~ member of the team 팀의 유능한 멤버. ***come in ~*** 쓸모 있게 되다. ***make*** one***self ~*** (남의) 도움이 되다, (남을) 돕다, 협력하다. 파) **~·ly** *ad.* **:~·ness** *n.* ⓤ 쓸모 있음, 유용성.

úseful lóad (항공기의) 적재량.

:use·less [júːslis] (*more ~ ; most ~*) *a.* (1) 쓸모 없는 ; 쓸데 없는, 무익한, 헛된. (2) 《口》 a] (사람이) 바보짓만 하는. b] 〔敍述的〕 (…에) 서투른, 무능한. 파) **:~·ly** *ad.* 무익하게, 쓸데없이, 소용없이, 헛되이. **~·ness** *n.* ⓤ 무익, 무용.

:us·er [júːzər] *n.* ⓒ (1) 사용〈이용〉자, 소비자. (2) 사용하는 것.

us·er-friend·ly [-fréndli] *a.* 【컴】 (시스템이)사용하기 쉬운.

U

U-shaped [júːʃèipt] *a.* U자 꼴〈형〉의.

·ush·er [ʌ́ʃər] *n.* ⓒ (1) 안내인. (2) (법정 따위에서의) 수위, 정리(廷吏). (3) (교회·극장 등의) 좌석 안내원 ; 《美》 (결혼식장에서 내빈의) 안내원. —*vt.* 《~+目/+目+副/+目+前+名》 (…을 —로) 안내(案內)하다, 선도(先導)하다《*in* ; *out* ; *into*》. ***~ in*** 〈***into***〉 1) (손님)을 안내해 들이다. 2) 《文語》 (날씨가 계절)을 미리 알리다 ; (사건·시대가 …의) 도래를 알리다 : the song of birds that ~*s in* the dawn 새벽을 알리는 새들의 노랫소리.

ush·er·ette [ʌ̀ʃərét] *n.* ⓒ (극장 등의) 안내양.

US Ópen [júːés-] (the ~) 【골프】 전미(全美) 오픈《세계 4대 토너먼트의 하나 : 미국에서 매년 6월에 열림》.

US PGA [-píːdʒìːéi] (the ~) 【골프】 전미(全美) 프로《세계 4대 토너먼트의 하나》. [PGA = *Professional Golf Association*]

:usu·al [júːʒuəl, -ʒwəl] (*more ~ ; most ~*) *a.* (1) a] 여느때와 같은, 보통의, 일상의, 평소의, 통상의(통례의), 흔히 있는. b] 흔히 있는, 보통인. (2) 흔히 보는〈경험하는〉 ; 평범한. ***as is ~ with*** …이 언제나 하듯이, …에게는 언제나〈흔히〉 있는 일이지만. ***as per ~*** 《口·戱》 = ***as*** (***is***) ***~*** 여느 때처럼.
—*n.* (the 〈one's〉 ~) 《口》 평소의 것〈건강 상태〉, 늘 마시는 것〈요리〉 : "*The* ~, please." 늘 먹던 것으로 주시오 / the (one's) ~ (thing) 평소 정해진 일(물건, 말).

:usu·al·ly [júːʒuəli, -ʒwəli] (*more ~ ; most ~*) *ad.* 보통, 통례〈일반〉적으로, 일반적으로, 평소(에는).

usu·fruct [júːzjufrʌ̀kt, -sju-] *n.* ⓤ 【로法】 용익권(用益權), 사용권.

usu·rer [júːʒərər] *n.* ⓒ 고리 대금업자.

usu·ri·ous [juːzúəriəs] *a.* 고리를 받는, 고리 대금의. 파) **~·ly** *ad.* **~·ness** *n.*

·usurp [juːsə́ːrp, -zə́ːrp] *vt.* (권력·지위 등)을 빼앗다, 찬탈하다, 강탈〈횡령〉하다, 불법행사하다. 파) **~·er** *n.*

usur·pa·tion [jùːsərpéiʃən, -zər-] *n.* ⓤ,ⓒ 권리 침해, 횡령.

usu·ry [júːʒəri] *n.* ⓤ 고리대금《행위》 ; (법정 이율을 넘는) 엄청난 고리, 폭리.

·Utah [júːtɔː, -tɑː] *n.* 유타《미국 서부의 주 ; 略 : Ut. ; 【美郵】 UT》. 파) **~·an** [-ən] *a.*, *n.* 유타주의 (사람).

:uten·sil [juːténsəl] *n.* ⓒ 가정 용품, 기구, 도구, 교회용 기구, 성구.

uter·ine [júːtəràin, -rin] *a.* (1) 【解】 자궁의, 자궁안에 생기는. (2) 아비 다른 ; 어머니쪽의.

uter·us [júːtərəs] (*pl.* **-ri** [-rài]) *n.* ⓒ 【解】 자궁.

util·i·tar·i·an [juːtìlətέəriən] *a.* 공리적인, 실리적〈실용적〉인 : 실용성만을 중히 여기는.

util·i·tar·i·an·ism [-nìzəm] *n.* ⓤ (1) 【哲】 공리설, 공리주의. (2) 공리적 성격〈정신, 성질〉.

:util·i·ty [juːtíləti] *n.* (1) ⓤ 쓸모가 있음(usefulness), 효용, 유용, 유익 ; 실용, 실익(實益), 실리(實利). (2) ⓒ (종종 *pl.*) 도움(소용)이 되는 것, 실용품, 유용물. (3) ⓒ (종종 *pl.*) (수도·전기·가스·교통기관 등의) 공익 사업〈기업〉체 : ⇨PUBLIC UTILITY.
—*a.* 〔限定的〕 (1) 실용적인, 실용 본위의 《가구·의류 따위》 : a ~ model 실용 신안품. (2) 여러 가지로 쓸 수 있는 ; 다양한 용도의 : ~ truck 다(多)용도 트럭. (3) (야구 선수 등) 여러 포지션에 쓸 수 있는, 만능의 : a ~ infielder 어느 포지션이나 수비할 수 있는 내야수.

utílity pòle 《美》 전봇대, 전신주.

utílity ròom 다용도실(室), 편의실.

:uti·lize [júːtəlàiz] *vt.* …을 이용〈활용(活用)〉하다 : 소용되게 하다.
파) **-lìz·a·ble** [-əbəl] *a.* **uti·li·za·tion** [jùːtəlizéiʃən] *n.* 이용. **úti·lìz·er** *n.*

:ut·most [ʌ́tmòust/-məst] *a.* 〔限定的〕 (1) 최대(한도)의, 최고(도)의, 극도의, 극단의. (2) 가장 먼, 맨 끝의.
—*n.* (the ~, one's ~) (능력·노력·힘 따위의) 최대 한도, 최고도, 극한, 극도. ***at*** (***the***) ~ 기껏해야. ***the ~ out of*** ~을 최대한 활용하다.

·Uto·pia [juːtóupiə] *n.* (1) 유토피아. (2) ⓒ (종종 u-) 공상적〈실현 불가능한〉 사회. (3)ⓒ (u-) 유토피아 이야기.

Uto·pi·an [juːtóupiən] *a.* (1) 유토피아의, 이상향의. (2) (종종 u-) 유토피아적인 ; 공상적〈몽상적〉인, 실현 불가능한 : ~ socialism 공상적 사회주의. —*n.* ⓒ (1) 유토피아〈이상향〉의 주민. (2) (종종 u-) 공상적 사회 개혁론자, 몽상가. 파) **~·ism** *n.* ⓤ (1) 유토피아적 이상주의. (2) 〔集合的〕 공상적 사회 개혁안 ; 유토피아적〈공상적〉 이념〈이론〉.

:ut·ter¹ [ʌ́tər] *a.* 〔限定的〕 전적인, 완전한, 철저한.

:ut·ter² *vt.* (1) (목소리·말 따위)를 내다, 내뱉다, 입밖에 내다, 발음하다. (2) (생각·마음 따위)를 말하

다, 말로 나타내다, 털어놓다. (3) (위조 지폐 따위)를 유통시키다, 사용하다. □utterance[1] *n.* 파) **~·er** [-rər] *n.* 발언〈발음〉하는 사람 ; (지폐의) 위조 행사자.

·ut·ter·ance [ʌ́tərəns] *n.* (1) ⓤ a] 말함, 입 밖에 냄, 발언, 발성. b] 말하기, 말〈이야기〉투, 표현, 말하는 능력, 발표력 ; 어조, 발음. (2) ⓒ (입밖에 낸·씌어진) 말 ; 이야기한 말 ; 의견 ; 【言】 발화(發話). (3)유통시킴, 유포 ; 사용, 유통. □ utter[2] *v.*

·ut·ter·ly [ʌ́tərli] *ad.* 아주, 전혀, 완전히.

·ut·ter·most [ʌ́tərmòust/-məst] *a.*, *n.* = UTMOST.

U-turn [júːtə̀ːrn] *n.* ⓒ (1) U턴 : make 〈do〉 a ~ U턴을 하다 / No ~*s.* U턴 금지《게시》. (2) (정책 등의) 180° 전환 : make an economic ~ 경제 정책을 일변하다.

uvu·la [júː; vjələ] (*pl.* ***~s, -lae*** [-lìː]) *n.* ⓒ 【解】 현옹수(懸壅垂), 목젖.

파) **úvu·lar** [-lər] *a.* 목젖의 ; 【音聲】 연구개의. —*n.* ⓒ 연구개음.

ux·o·ri·ous [ʌksɔ́ːriəs, ʌgz-] *a.* 아내에게 무른, 애처가인. 파) **~·ly** *ad.* **~·ness** *n.*

Uz·beg, Uz·bek [úzbeg, ʌ́z-, -bek] *n.* (1) a] (the ~(s)) 우즈베크족《중앙 아시아의 터키 종족》. b] ⓒ 우즈베크족 사람. (2) ⓤ 우즈베크 말.

Uz·bek·i·stan [uzbékistæ̀n, ʌz-, -stɑ́ːn] *n.* (the ~) 우즈베키스탄《독립 국가 연합(CIS) 가맹 공화국의 하나로 1992년 독립함 ; 수도는 Tashkent》.

U

V

V,v [viː] (*pl.* **V's. Vs. v's. vs**[-z] (1) ⓤ,ⓒ 브이《영어 알파벳의 스물두째 글자》. (2) ⓒ V자형(의 것) ; (연속된 것의) 제 22번째(의 것)《J를 빼면 21번째》. (3) ⓤ 로마 숫자의 5 : IV=4 / VI=6 / XV = 15.

vac [væk] *n.* ⓒ《英口》(대학의) 휴가 (vacation) : in 〈during〉 the ~ 휴가에〈중에〉.

·va·can·cy [véikənsi] *n.* (1) ⓤ 공허, 빔, 공간. (2) ⓒ 틈, 사이, 간격. (3) ⓒ 공석, 결원, 공백. (4) ⓒ 공터, 빈 방, 빈 집. (5) ⓤ 방심(상태), 마음의 공허〈허탈〉;《稀》무위.

:va·cant [véikənt] (***more ~ ; most ~***) *a.* (1) 공허한, 빈. (2) (토지·집·방 따위가) 비어 있는, 사는 사람이 없는, 세든 사람이 없는. (3) 빈자리(지위)의, 공석중인, 결원으로 된. (4) (시간이) 한가한, 할 일이 없는, 무위한, 틈이 있는. (5) (마음·머리가) 멍(청)한, 비어 있는, 얼빠진.
파) **~·ly** *ad.* 멍청하게, 멍하니.

vácant posséssion《英》즉시 입주가(可)《광고문》; 가옥·건물 매입자의 입주원.

va·cate [véikeit/vəkéit] *vt.* (1)《~+目/+目+前+名》…을 비우다, 퇴거하다, 떠나가다 (2) 그만두고 물러나다, (직 따위)를 사퇴하다, 공석으로 하다.

:va·ca·tion [veikéiʃən, və-] *n.* (1) ⓒ 휴가《학기말 이나 회사 따위의》; (법정의) 휴정기. (2) ⓤ,ⓒ (가옥 등의) 명도, 퇴거. (3) ⓤ,ⓒ 사직 ; 사임.
—*vi.*《~/+前+名》《美》휴가를 얻다, 휴가를 보내다.
파) **~·al** [-ʃənəl] *a.* **~·er, ~·ist** *n.* ⓒ《美》휴가 여행자〈관광객〉, (휴일의) 행락객, 피서객.

va·ca·tion·land [-lǽnd] *n.* ⓒ《美》행락지.

vac·ci·nal [vǽksənəl] *a.* 백신〈접종〉의〈에 의한〉.

·vac·ci·nate [vǽksənèit] *vt.*《~+目/+目+前+名》…에게 예방 접종을 하다《aginst》,《특히》종두하다.

·vac·ci·na·tion [væ̀ksənéiʃən] *n.* ⓒ,ⓤ 종두(種痘) ; 백신 주사, 예방 접종 ; 우두 자국.

vac·cine [vǽksi(ː)n, væksí(ː)n] *a.* 〔限定的〕 우두의 ; 종두의 ; 백신의.

vac·il·late [-vǽsəlèit] *vi.* (1) (사람·마음이) 망설이다, 생각이 흔들리다, 주저하다. (2) (물건이) 흔들거리다. 파) **-là·tor** *n.*

vac·il·la·tion [væ̀səléiʃən] *n.* ⓤ,ⓒ (1) 흔들림, 동요. (2) (마음·생각 등의) 망설임, 우유부단.

va·cu·i·ty [vækjúːəti, və-] *n.* (1) ⓤ 공허, 텅 빔 ; 진공 ; 빈 곳. (2) ⓤ 마음의 공허, 방심, 멍청함 ; 얼빠짐 ; 허무. (3) ⓒ (흔히 *pl.*) 얼빠진 말〈행위〉.

vac·u·ous [vǽkjuəs] *a.* (1) 빈, 공허한. (2) 마음이 공허한 ; 멍청한 ; 바보 같은, 얼빠진. (3) 아무 일도 하지 않는 ; 무의미한, 무위의. 파) **~·ly** *ad.* 무위로. **~·ness** *n.*

:vac·u·um [vǽkjuəm, -kjəm] (*pl.* ***~s. vac·ua***[-ə]) *n.* ⓒ (1) 진공. (2) (a ~) 공허(감), 공백. 〖opp.〗*plenum.*
—*vt.* …을 진공 청소기로 청소하다 : ~ a room (out) (진공 청소기로) 방을 청소하다.

vácuum bòttle 〈**flàsk**〉 보온병.

vácuum bràke 진공 브레이크.

vácuum clèaner 전기〈진공〉 청소기.

vácuum gàuge 진공계(計).

vac·u·um-packed [vǽkjuəmpǽkt] *a.* (식품이) 진공 포장된.

vácuum pùmp 진공〈배기〉 펌프.

vácuum tùbe 〈《英》 **vàlve**〉 진공관.

va·deme·cum [véidi-míːkəm, vάːdi-] (*pl.* ***~s***) *n.* ⓒ 필휴(必携), 참고서, 편람, 핸드북.

·vag·a·bond [vǽgəbɑ̀nd/-bɔ̀nd] *n.* ⓒ (1) 부랑자, 방랑자. (2) 무뢰한, 깡패. —*a.* 〔限定的〕 부랑〈방랑〉하는, 방랑성의 ; 무뢰한의, 부랑자의.

vag·a·bond·age [vǽgəbɑ̀ndidʒ/-bɔ̀nd-] *n.* ⓤ 방랑(생활) ; 방랑성〈벽〉〔集合的〕 방랑자들.

va·gar·i·ous [vəgέəriəs] *a.* (1) 엉뚱한, 기발한, 변덕스러운. (2) 방랑하는, 편력하는.

va·gary [véigəri, vəgέəri] *n.* ⓒ (흔히 *pl.*) 기발한 행동, 엉뚱한 짓, 기행(奇行).

va·gi·na [vədʒáinə] (*pl.* ***~s, -nae*** [-niː]) *n.* ⓒ 【解】 질(膣). 파) **va·gi·nal** [vǽdʒənəl] *a.*

vag·i·ni·tis [væ̀dʒənáitis] *n.* ⓤ 【醫】 질염(膣炎).

va·gran·cy [véigrənsi] *n.* ⓤ 방랑, 유랑, 부랑 ; 방랑 생활 ; 방랑죄.

·va·grant [véigrənt] *a.* 〔限定的〕 (1) 방랑하는, 주거부정의, 헤매는떠도는, 방랑성의. (2) (생각 등이) 종잡을 수 없는, 변덕스러운, 불안정한. —*n.* ⓒ 방랑자, 부랑자. 파) **~·ly** *ad.*

·vague [veig] (***vá·guer ; vá·guest***) *a.* (1) 막연한, 애매한, 모호한. (2) 말〈생각 등〉이 분명치 않은《*about* ; *as* ; *to* ; *on*》. (3) (빛깔·모양 등이) 흐리멍덩한 ; 어렴풋한 ; 희미한 ; 흐린. (4) a] 희미한 ; 미미한 ; 약간의. b] 〔흔히 the ~st …로, 否定文·疑問文에 써서〕 (이해·생각 따위가) 극히 조금〈약간〉의. (5) (표정 따위가) 멍청한, 넋나간. 파) **~·ly** [-li] *ad.* **~·ness** *n.*

va·gus [véigəs] (*pl.* ***-gi***[-dʒai, -gai]) *n.* ⓒ 【解】 미주(迷走) 신경 (= **~ nérve**).

:vain [vein] (***´~·er ; ´~·est***) *a.* (1) 헛된, 무효의, 헛수고의, 보람 없는. (2) 공허한, 속이 빈, 시시한, 허울〈허식〉만의. (3) 허영심이 강한, 자만하는, 우쭐대는, 뽐내는. ***be ~ of*** (***about***) …을 자랑하다. ***in ~*** 1) 무위(無爲)로, 무익하게, 헛되이. 2) 경솔하게, 함부로.
파) **´~·ly** [-li] *ad.* (1) 헛되이, 쓸데없이. (2) 자만하여, 우쭐하여. **´~·ness** *n.* ⓤ (1) 무익, 헛됨, 무효. (2)《稀》자만, 허영.

vain·glo·ri·ous [vèinglɔ́ːriəs] *a.* 자만심〈허영심〉이 강한. 파) **~·ly** *ad.*

vain·glo·ry [véinglɔ̀ːri, ˌ⌐⌐-] *n.* ⓤ《文語》자만, 자부(심) ; 허영(심), 허세 ; 허식, 과시.

val·ance [vǽləns, véil-] *n.* ⓒ (침대·설교단 주위의) 휘장. (창문 위쪽의) 장식 커튼.

·vale [veil] *n.* ⓒ (1)《詩》골짜기, 계곡. (2) 현세, 뜬세상, 속세. ***the ~ of years*** 노년(老年). ***this ~ of tears*** 〈***misery, woe***〉 이 눈물〈불행, 비애〉의 골짜기《현세》.

val·e·dic·tion [væ̀lədíkʃən] *n.* ⓤ,ⓒ 고별〈사〉.

val·e·dic·to·ri·an [væ̀lədiktɔ́ːriən] *n.* ⓒ《美》(졸업식에서) 고별사를 읽는 학생.

val·e·dic·to·ry [væ̀lədíktəri] *a.* 고별(작별)의.
—*n.* ⓒ 고별 연설, 고별사 :《美》졸업생 대표의 고별사〈연설〉.

va·lence [véiləns] *n.* ⓒ (1) 【化】 원자가. (2) 【生】 (항원 등의 반응·결합하는) 결합가, 수가.
Val·en·tine [vǽləntàin] *n.* (1) 성(聖) 발렌타인 《3세기 로마의 기독교 순교자》. (2) ⓒ (v-) a] 성발렌타인 축일에 택한 애인 ; 연인, 애인. b] 성발렌타인 축일에 이성에게 보내는 카드·편지·선물 《따위》 : Saint *Valentine's* Day(2월 14일).
—*a.* 〔限定的〕 (v-) (성)발렌타인의〈에 보내는〉 : a ~ card 발렌타인 카드.
va·le·ri·an [vəlíəriən] *n.* ⓒ 【植】 쥐오줌풀; ⓤ 【藥】 그 뿌리에서 채취한 진정제.
val·et [vǽlət, rǽlei] *n.* ⓒ 시종《주인의 시중을 드는 자》, 종자(從者) ; (호텔 등의) 보이.
—*vt.*, *vi.* (1) (…에게) 시종으로서 섬기다〈시중들다〉. (2) (남의 옷의) 시중을 들다《솔질·세탁·수선 따위를 하다》. (3) (차를) 세차(洗車)하다.
val·e·tu·di·nar·i·an [væ̀lətjúːdənɛ́əriən] *a.* 병약한, 허약한 ; 건강〈병〉에 지나치게 신경 쓰는.
Val·hal·la, Val·hall [vælhǽlə] [vælhǽl] *n.* 【北유럽神】 발할라《Odin 신의 전당(殿堂) : 전사한 국가적인 영웅을 모시는 기념당〔記念堂〕.
·**val·iant** [vǽljənt] *a.* (1) 용감한, 씩씩한, 용맹스런, 장한, 영웅적인. (2) 훌륭한, 뛰어난, 가치 있는. 파) **~·ly** *ad.*
·**val·id** [vǽlid] (**~·er, more ~ ; ~·est, most ~**) *a.* (1) (의론·이유 따위가) 근거가 확실한, 정확한, 정당한 ; 타당한. (2) 유효한, 효력이 있는, 효과적인. (3) 【法】 (법적으로) 유효한, 정당한 절차를 밟은. 〖opp.〗 *invalid, void.* 파) **~·ly** *ad.* **~·ness** *n.*
val·i·date [vǽlədèit] *vt.* (1) …을 (법률적으로) 유효하게 하다, 비준하다. 〖opp.〗 *invalidate.* (2) …을 확증하다 ; 확인하다. 파) **val·i·da·tion** [væ̀lədéiʃən] *n.* ⓤ 비준 ; 확인.
·**va·lid·i·ty** [vəlídəti] *n.* ⓤ (1) 정당성, 타당성 ; 확실성. (2) 유효성, 효력. (3) 합법성.
va·lise [vəlíːs/-líːz] *n.* ⓒ (1) 《美》 여행용 손가방. (2) 배낭(背囊).
Val·i·um [vǽliəm, véil-] *n.* ⓤ 발륨 《정신 안정제 ; 商標名》.
Val·ky·rie [vælkíːri, -kái-, vǽlkəri] *n.* 【北유럽神】 Odin신의 12시녀의 하나.
⁝**val·ley** [vǽli] *n.* ⓒ (1) 골짜기, 계곡, 산협. 【cf.】 dale, vale. (2) (흔히 *sing.*) 〔종종 修飾語를 수반하여〕 (큰 강의) 유역(流域) : 계곡과 같은 분지. (3) 골짜기 모양(의 것) ; 【建】 (지붕의) 골. ***the ~ of the shadow of death*** 【聖】 죽음의 음침한 골짜기 ; 큰 고난(의 시기) 《시편 XXⅢ : 4》.
·**val·or** 《英》 **-our** [vǽlər] *n.* ⓤ 《詩·文語·戯》 (특히 싸움터에서의) 용기, 무용(武勇).
val·or·ize [vǽləràiz] *vt.* 【經】 (특히 정부가) 가격을 정하다〈올리다·안정시키다〉 ; 물가를 안정시키다. 파) **val·or·i·za·tion** [væ̀lərizéiʃən/-raiz-] *n.* ⓤ (정부의) 물가 안정정책.
val·or·ous [vǽlərəs] *a.* 용감한, 용맹한, 씩씩한. 파) **~·ly** *ad.* **~·ness** *n.*
⁝**val·u·a·ble** [vǽljuːəbəl, -ljəbəl] (***more ~ ; most ~***) *a.* (1) 귀중한, 귀한, 소중한 ; (…에) 도움이 되는, 유익한《*for* ; *to*》. (2) 값비싼 ; 금전적 가치가 있는. (3) 평가할 수 있는.
—*n.* ⓒ (흔히 *pl.*) 귀중품《보석·귀금속 등》 All ~*s* should be kept in the safe. 귀중품은 모두 금고에 보관하십시오《호텔 등에서의 게시》.
파) **-bly** *ad.*

val·u·ate [vǽljuèit] *vt.* 《美》 …을 평가〈견적〉하다.
·**val·u·a·tion** [væ̀ljuéiʃən] *n.* (1) ⓤ 평가, 값을 매김, 가치 판단 ; ⓒ 사정 가격. (2) ⓤ,ⓒ (인물·재능 따위의) 평가(견적) ; 품정 ; 판단.
⁝**val·ue** [vǽljuː] *n.* (1) ⓤ 가치 ; 값어치, 진가 ; 유용성. (2) ⓤ,ⓒ 가격, 값, 대가 ; (통화의) 교환 가치 (3) ⓤ (흔히 good〈poor〉 ~ (for money)로) (돈을 지급한 만큼의) 값어치의 물건〈것〉 ; 가격에 합당한 물건. (4) ⓤ (또는 a ~) 평가. (5) (*pl.*) (인생에 있어서의) 가치 기준, 가치관. (6) ⓒ (어구 등의) 진의, 참뜻, 의의(意義)《*of* 》. (7) ⓒ 【數】 값. (8) ⓒ 【樂】 음표가 나타내는 길이, 시간적인 가치 ; 【音】 (문자가 나타내는) 음가〔音價〕. ***give ~ for*** ~ 값어치만큼 지불하다. ***of ~*** 가치있는 ; 귀중한, 중요한, 값비싼. ***~ for money*** 금액 만큼의 가치가 있는 것.
—*vt.* (1) 《+目/+目+前+名》 …을 (금전적으로) 평가하다, (물건)에 값을 매기다 ; (~의 값을) 어림하다 : ~ old books for an auctioin 경매를 위해 고서(古書)에 값을 매기다 / They ~*d* the jewel at $ 5,000. 그들은 그 보석을 5천 달러로 평가했다. (2) …을 높이 평가하다, 존중하다 ; 소중히 여기다 : He ~*s* your friendship 〔highly〕. 그는 너의 우정을 (매우) 소중히 여기고 있다.
val·ue-add·ed tàx [-ǽdid-] 부가 가치세《略 : VAT》.
val·ued [vǽljuːd] *a.* (1) 귀중한, 소중한 ; 값진. (2) 〔複合語를 이루어〕 …의 가치가 있는.
válue jùdgment 가치 판단.
val·ue·less [vǽljuːlis] *a.* 가치가〈값어치〉 없는, 시시한, 하찮은. 【cf.】 invaluable. 파) **~·ness** *n.*
val·u·er [vǽljuːər] *n.* ⓒ 평가자, 《英》 가격 사정인 ; 《美》 삼림(森林) 답사자.
⁝**valve** [vælv] *n.* ⓒ (1) 【機】 판(瓣), 밸브. (2) 【醫·動】 판, 판막(瓣膜). (3) 【植】 (꼬투리, 포(苞)) 한 조각 ; 【動】 (조개) 껍질, 조가비. (4) 《英》 진공관, 전자관. (5) 【樂】 (금관악기의) 판(瓣). 파) **~d** *a.* 밸브가 있는.
val·vu·lar [vǽlvjulər] *a.* 판(瓣)의 ; 심장 판막의 ; 판 모양의 ; 판이 달린 ; 판으로 작용하는.
va·moose [væmúːs, və-] *vi.* 〔종종 命令法으로〕 《美俗》 줄행랑치다, 달아나다, 도망치다 (decamp).
vamp[1] [væmp] *n.* ⓒ (1) 구두의 앞닫이(가죽). (2) 【樂】 (재즈의) 즉석 반주(곡). —*vt.* (1) (구두)에 새 앞닫이를 대다 ; …을 새 것처럼 보이게 하다, 꾸미다 《*up*》. (2) 【樂】 (노래 따위)에 즉흥적으로 반주〈전주〉를 붙이다《*out* ; *up*》. —*vi.* 【樂】 즉흥적으로 반주하다.
vamp[2] *n.* ⓒ 요부(妖婦) ; 마성(魔性)의 여사 ; 요부역(役). —*vt.*, *vi* (…을) 유혹하다, 사내를 호리다 ; 요부역(役)을 하다. [◁ *vamp*ire]
vam·pire [vǽmpaiər] *n.* ⓒ (1) 흡혈귀. (2) 사람의 고혈 착취자 ; 요부(妖婦). (3) 【動】 (남아메리카의) 흡혈박쥐(= ⌒ **~ bàt**).
⁝**van**[1] [væn] *n.* ⓒ (1) (포장 달린) 큰 마차, 유개트럭. (2) 《英》 (철도의) 수화물차, 유개 화차, 소형 짐마차〈트럭〉. (3) (집시의) 포장 마차《※ 무관사》.
van[2] *n.* (the ~) (1) (군대·함대의) 선봉, 선진(先陣), 전위. 〖opp.〗 *rear.* (2) 〔集合的〕 (정치 운동 따위의) 선두, 선구, 선도자. ***in the ~ of*** …의 선두에 서서, …의 선구자로서. [◁ *van*guard]. ***lead the ~ of*** ~의 선봉이 되다, 주동자가 되다.
van[3] *n.* 《英口》 【테니스】 = ADVANTAGE.

va·na·di·um [vənéidiəm] *n.* ⓤ 【化】 바나듐《금속 원소 ; 기호 V ; 번호 23》.

Van Al·len (radiátion) bèlts [vænǽlən-] 【物】 밴앨런(방사)대《지구를 둘러싼 방사능대》.

Van·dal [vǽndəl] *n.* (1) (the ~s) 반달 사람《5세기에 로마를 휩쓴 게르만의 한 민족》. (2) (v-)ⓒ 문화·예술의 파괴자. —*a.* = VANDALIC.

Van·dal·ic [vændǽlik] *a.* 반달 사람의 ; (*or* v-) 문화·예술을 파괴하는, 야만적인.

Van·dal·ism [vǽndəlìzəm] *n.* ⓤ 반달 사람 기질〈풍습〉 ; (v-) 문화·예술의 파괴 ; 만풍, 만행. 파) **vàn•dal·ís·tic, ván·dal·ish** *a.*

van·dal·ize [vǽndəlàiz] *vt.* (예술·문화·공공 시설 등)을 고의적으로 파괴하다.

Vandýke béard [vændaik-] 반다이크 수염《끝이 뾰족한 짧은 턱수염》.

·**vane** [vein] *n.* ⓒ (1) 바람개비, 풍신기(風信旗). (2) (풍차·추진기·터빈 따위의) 날개.

van·guard [vǽngὰːrd] *n.* (1) ⓒ 〔集合的〕 【軍】 전위, 선봉. 〖opp.〗 *rear guard*. (2) (the ~) (사회·정치운동 따위의) 선구〈지도〉자들 ; 전위, 지도적 지위.

·**va·nil·la** [vənílə] *n.* (1) ⓒ 【植】 바닐라 ; 바닐라 빈(= **~ bèan** 〈**pòd**〉)《바닐라 열매》. (2) ⓤ 바닐라(에센스) (= **~ èxtract**)《바닐라 열매에서 채취한 향료》. —*a.* 〔限定的〕 바닐라로 맛을 돋군 : three ~ ice creams 바닐라 아이스크림 3개.

:**van·ish** [vǽniʃ] *vi.* (1) 《~/+副/+前+名》 사라지다, 자취를 감추다(disappear) ; 없어지다. (2) (이제까지 존재했던 것이) 없어지다 ; 소멸하다. (3) 【數】 영이 되다.

vánishing crèam 배니싱크림《화장 크림》.

vánishing pòint (*sing.*) (1) (투시화법에서)소점(消點). (2) 물건이 다하는 최후의 한 점, 한계점.

:**van·i·ty** [vǽnəti] *n.* (1) ⓒ 덧없음, 무상함 ; 허무 ; 공허, 헛됨, 무익. (2) ⓒ 무익한〈헛된〉 일〈행위〉, 보잘것 없는 일. (3) a] ⓤ 허영(심), 자만. b] ⓒ 자랑거리, 허영의 근원. (4) ⓒ 유행의 장식품〈방물〉 ; (여성의) 콤팩트.

vánity bàg〈**càse, bòx**〉 휴대용 화장품 상자.

vánity plàte (자동차의) 장식된 번호판.

vánity prèss 〈**pùblisher**〉 자비 출판 전문 출판사.

·**van·quish** [vǽŋkwiʃ] *vt.* (1) (적)을 이기다, 정복하다. (2) (감정·유혹 따위)를 억누르다, 극복하다.

·**van·tage** [vǽntidʒ, vάːn-] *n.* ⓤ (1) 우월, 유리한 입장〈상태〉. (2) 【테니스】 = ADVANTAGE.

vántage pòint 〈**gròund**〉 (1) 유리한 지점〈입장〉, 지리(地利). (2) 견해, 관점.

Va·nu·a·tu [vænuάːtuː] *n.* 바누아투《태평양 남서부의 공화국 ; 수도 Vila》.

vap·id [vǽpid] (**~•er; ~•est**) *a.* (1) (음료 따위가) 맛이 없는, 김빠진. (2) (이김 · 이야기 따위가) 활기〈생기·흥미〉가 없는. ***run*** 〈***go***〉 **~** 맥 빠지다. 파) **~·ly** *ad.* 활기 없게 ; 무기력하게 ; 지루하게. **~·ness** *n.* **va·pid·i·ty** [væpídəti] *n.*

:**va·por,** 《英》 **-pour** [véipər] *n.* ⓤ,ⓒ 증기, 수증기, 김.

vápor bàth 증기탕, 한증.

va·por·ish [véipəriʃ] *a.* 증기 같은 ; 증기가 많은.

va·por·i·za·tion [vèipərizéiʃən/-raiz-] *n.* ⓤ 증발 (작용), 기(체)화.

va·por·ize [véipəràiz] *vt.* …을 증발시키다, 기화시키다. —*vi.* 증발〈기화〉하다.

va·por·iz·er [véipəràizər] *n.* ⓒ 증발기, 기화기, 분무기.

va·por·ous [véipərəs] *a.* a] 증기를 내는. b] 증기가 많은〈충만한〉 ; 안개낀. c] 증기 같은. 파) **~•ly** *ad.* **~•ness**

vápor prèssure 증기 압(력).

vápor tràil 비행 기운(雲).

var. variant ; variation ; variety ; various.

var·i·a·bil·i·ty [vὲəriəbíləti] *n.* ⓤ 변하기 쉬움, 변화성 ; 【生】 변이성(變異性).

var·i·a·ble** [vέəriəbəl] (more ~ ; most ~***) *a.* (1) 변하기 쉬운, 변덕스러운. (2) 변화무쌍한. (3) 변할 수 있는, 가변성의, 변하게 할 수 있는. (4) 【數】 가변(可變)의, 부정(不定)의. (5) 【生】 변이(變異)하는. —*n.* ⓒ (1) 변화하는 것, 변하기 쉬운 것. (2) 【數】 변수(變數). 〖opp.〗 *constant*. 파) **-bly** *ad.*

váriable stár 【天】 변광성(變光星).

·**var·i·ance** [vέriəns] *n.* ⓤ (1) (의견·생각 따위의) 상위(相違), 불일치 ; 불화, 알력, 적대. (2) 【統·數】 분산(分散). ***at ~*** (***with***) (…와) 사이가 나빠. ***be at ~*** 1) (의견·언행 따위가)(…와) 다르다, 일치하지 않다 ; 모순되다《*with*》 : I *am at ~ with* him on that point. 나는 그 점에서 그와 의견이 다르다. 2) (…와) 사이가 안좋다, 적대(敵對)하다 : The brothers have *been at ~* for many years. 그들 형제는 여러 해 동안 사이가 좋지 않았다.

·**var·i·ant** [vέəriənt] *a.* 〔限定的〕 (1) 다른, 상이한 《*from*》. (2) 가지가지의. —*n.* ⓒ (1) 변체, 변형, 별형. (2) (철자·발음의)이형(異形) ; (원전의) 이문(異文), 이본(異本).

:**var·i·a·tion** [vὲəriéiʃən] *n.* (1) ⓤ,ⓒ 변화(change), 변동, 변이(變異). (2) ⓒ 변화의 양〈정도〉. (3) ⓒ 변형물, 이체(異體). (4) ⓒ 【樂】 변주(곡). (5) 【生】 a] ⓤ,ⓒ 변이(變異). b] ⓒ 변종. 【cf.】 mutation.

var·i·col·ored [vέərikʌ̀lərd] *a.* 잡색의, 가지각색의.

var·i·cose [vǽrəkòus] *a.* 【醫】 (특히, 다리의)정맥류(瘤)의, 정맥 노장의.

:**var·ied** [vέərid] (***more ~ ; most ~***) *a.* (1) 가지가지의, 가지각색의. (2) 변화 있는, 다채로운. 파) **~·ly** *ad.* 여러가지로 ; 변화가 많이 **~·ness** *n.*

var·i·e·gat·ed [vέəriəgèitid] *a.* (1) (꽃·잎 따위) 잡색의, 얼룩덜룩한, 여러가지 색으로 물들인. (2) 여러 종류로 된, 다양한.

var·i·e·ga·tion [vὲəriəgéiʃən] *n.* ⓤ (꽃·잎 따위) 잡색, 얼룩이 ; 다양성〈화〉.

:**va·ri·e·ty** [vəráiəti] *n.* (1) ⓤ 변화(가 많음), 다양(성). (2) 〔a ~ of …로〕 가지각색(의) ; 여러 가지(의)《※ of 다음의 各詞에는 複數形 또는 集合名詞가 옴》. (3) a] 〔a ~ of …또는 varieties of 로〕 (동종의 것 중의) 종류 : *a ~ of* cat 고양이의 일종. b] 【生】 (동 식물 분류상의) 변종《※ of 다음의 명사는 흔히 단수형으로서 무관사》 : *a* new *~ of* rose 장미의 신종. (4) = VARIETY SHOW.

variety mèat 《美》 잡육(雜肉) 《내장·혓바닥 따위》 ; 잡육 가공품.

variety shòw 버라이어티 쇼. 【cf.】 vaudeville.

variety stòre 〈**shòp**〉 《美》 잡화상〈점〉.

var·i·form [vέərəfɔ̀ːrm] *a.* 가지가지의 모양의 〈모양을 한〉, 모양이 다른. 파) **~·ly** *ad.*

va·ri·o·la [vəráiələ] *n.* 【醫】 천연두(smallpox).

var·i·o·rum [vὲəriɔ́:rəm] *a.* 여러 대가(大家)의 주(註)가 있는. 집주(集註)의. —*n.* ⓒ 집주판(集註版).

:var·i·ous [vέəriəs] (***more ~ ; most ~***) *a.* (1) 〔複數名詞와 함께〕 가지가지의, 여러 가지의, 가지각색의 : for ~ reasons 여러가지 이유로. (2) 〔單數名詞와 함께〕 여러 방면의, 다각적인.

var·i·ous·ly [vέəriəsli] *ad.* 여러가지로.

var·ix [vέəriks] (*pl.* ***var·i·ces***[vὲərəsì:z, vǽərə-])*n.* ⓒ 【醫】 정맥류(靜脈類).

var·let [vɑ́:*r*lət] *n.* ⓒ 【古·戱】 (기사(騎士) 등의) 종복, 수종(隨從), 시종 ; 악한. 무뢰한.

var·mint, -ment [vɑ́:*r*mint] *n.* ⓒ (1) 《美》 해를 끼치는 들짐승 ; 해조(害鳥). (2) 《俗·方》 장난꾸러기 ; 개구쟁이

·var·nish [vɑ́:*r*niʃ] *n.* (1) ⓤ,ⓒ 매니큐어 에나멜. (2) (*sing.*) (니스칠 한) 광택면. (3) ⓤ (또는 a ~) 겉치레, 눈가림. —*vt.* (1) 《+目+副》 a] …에 니스 칠하다 : ~ *over* a table. b] (손톱)에 매니큐어를 바르다, 매니큐어〈페디큐어〉를 하다. (2) (보기 싫은 것)의 겉을 꾸미다, …을 가림하다《*over*》. (언짢은 기분을) 꾸며 속이다.

var·si·ty [vɑ́:*r*səti] *n.* (1) ⓒ 《美》 (대학 따위의) 대표팀. (2) (the ~) 《英口》 대학《※ Oxford 대학 또는 Cambridge 대학을 가리킴》. —*a.* 〔限定的〕 (1) 《美》 대학(따위)의 대표팀의 : a ~ plyer 대표팀의 선수. (2) 《英口》 대학의 : a ~ team 대학팀 / the ~ boat race 대학 보트레이스. (◁ uni*versity*)

:vary [vέəri] *vt.* (1) …에 변화를 주다〈가하다〉, …을 다양하게 하다. (2) …을 (여러가지로) 바꾸다, 변경하다, 고치다(change). —*vi.* (1) 《~/+前+名》 (여러가지로) 변하다 ; 변화하다 ; 바뀌다. (2) 《+前+名》 (…에서) 벗어나다, 일탈하다《*from*》. (3) 《+前+名》 가지각색이다, 다르다, 상위(相違)하다. 파) **~·ing** *a.* (연속적으로) 바뀌는 ; (색깔이) 변화하는.

vas·cu·lar [vǽskjulə*r*] *a.* 【解·生】 관〈도관(導管), 맥관(脈管), 혈관 등〉의.

vas·cu·lum [vǽskjuləm] (*pl.* ***-la***[lə], ***~s***) *n.* ⓒ 식물 채집용 상자〈통〉.

:vase [veis, veiz, vɑ:z] *n.* ⓒ 꽃병(flower ~), 항아리, 병.

vas·ec·to·my [vəséktəmi] *n.* ⓤ,ⓒ 정관 절제(수술).

Vas·e·line [vǽsəlì:n, ⇀-⌐] *n.* ⓤ 【化】 바셀린《商標名》.

·vas·sal [vǽsəl] *n.* ⓒ 【史】 봉신(封臣)《봉건 군주에게서 영지를 받은 제후(諸侯)·배신(陪臣)》, 가신(家臣) ; 예속자, 종자(從者), 수하. —*a.* 〔限定的〕 (1) 가신의〈같은〉 : ~ homage〈fealty〉 신하의 예(禮). (2) 예속하는 ; 노예적인 : a ~ state 속국.

vas·sal·age [vǽsəlidʒ] *n.* ⓤ 【史】 가신(家臣)의 신분, 충근(忠勤)(의 서약) : 예속.

:vast [væst, vɑ:st] (***´~·er ; ´~·est***) *a.* (1) a] 광대한, 광막한. b] 거대한, 방대한. (2)《口》 대단한, 엄청난 ; 다대한. 파) **´~·ly** *ad.* 광대하게, 광막하게 ; 방대하게 ; 《口》 매우, 굉장히. **´~·ness** *n.* (1) ⓤ 광대(함). (2) (*pl.*) 광대한 퍼짐 : the ~*nesses* of space 끝없는 대공간〈대우주〉.

vat [væt] *n.* ⓒ 〔양조·염색용 따위의〕 큰 통. —〔***-tt-***〕 vt …을 큰 통에 넣다, 큰 통 안에서 처리하다〈숙성시키다〉.

·Vat·i·can [vǽtikən] *n.* (the ~) (1) 바티칸 궁전. (2) 로마 교황청.

Vátican Cìty (the ~) 바티칸 시《교황 지배하의 세계 최소의 독립 국가 ; 1929년 설립》.

·vau·de·ville [vɔ́:dəvil, vóud-] *n.* ⓤ 보드빌《노래·춤·만담·곡예 등을 섞은 대중 연예》.

·vau·de·vil·lian [vɔ́; dəvíljən, vòud-] *n.* ⓒ 보드빌빌리언, 대중 연예인.

:vault[1] [vɔ:lt] *n.* (1) a] ⓒ 둥근 천장, 아치형 천장. b] (the ~) 둥근 천장 비슷한 것. (2) ⓒ 둥근 천장이 있는 방〈장소, 복도〉. (3) ⓒ a] (식료품·주류(酒類) 따위의) 지하(저장)실. b] (교회·묘소(墓所)의) 지하 납골소.

vault[2] *vi.* (막대기·손 따위를 짚고) 뛰어오르다, 도약하다. —*vt.* (손·막대기를 짚고) …을 뛰어넘다 : a fence 울타리를 뛰어 넘다. —*n.* ⓒ 뛰어넘음, 도약 : a pole ~ 장대 높이뛰기 .

vault·ed [vɔ́:ltid] *a.* 둥근 천장의〈이 있는〉, 아치형의.

vault·ing[1] [vɔ́:ltiŋ]*n.* ⓤ (1) 【建】 둥근 천장공사, 둥근 천장의 건축물. (2) 〔集合的〕 둥근 천장.

vault·ing[2] *a.* (1) 뛰어넘는. (2) 과대한, 지나치게 높은《야심 따위》 : ~ ambition 지나친 야심.

váulting hòrse 뜀틀《체조 경기용》.

vaunt [vɔ:nt, vɑ:nt] *vi.* 자랑하다, 뽐내다, 허풍떨다《*of* ; *over* ; *about*》. —*vt.* …을 자랑하다 : ~ one's skill 자기의 솜씨를 자랑하다.
—*n.* ⓒ 자랑, 허풍, 큰 소리 : make a ~ of …을 자랑하다. 파) **´~·er** *n.*

vaunt·ed [vɔ́:ntid, vɑ́:n-] *a.* 과시되어 있는, 자랑의.

vaunt·ing·ly [vɔ́:ntiŋli] *ad.* 자랑스러운 듯이, 자랑하여.

've [v] 《口》 I, we, you, they에 따르는 have의 간약형《I' *ve* ; you' *ve* 따위》.

veal [vi:l] *n.* ⓤ 송아지 고기. 【cf.】 calf[1].

vec·tor [véktə*r*] *n.* ⓒ (1) 【數·物】 벡터, 방향량(方向量). 【cf.】 scalar. (2) 【天】 동경(動徑). (3) 【醫】 (병균의) 매개 동물 《주로 곤충》. (4) 【空】 (무전에 의한) 유도(誘導) ; (비행기의) 진로, 방향. —*vt.* (비행기·미사일 등)을 전파로 유도하다.

Ve·da [véidə, ví:də] (*pl.* ~, ~s) *n.* (the ~(s)) 《Sans.》 베다〔吠陀〕《옛 인도의 성전(聖典)》.

veer [viə*r*] *vi.* 《~/+副/+前+名》 (1) (바람·사람·차·도로가) 방향이 바뀌다(shift) ; (급히 방향이)꺾여 나아가다. (2) 【海】 (배가) 침로(針路)를 바꾸다, (특히)바람불어 가는 쪽으로 돌다. (3) (의견·이야기 등이) 바뀌다 ; (사람이) 갑자기 마음〈계획〉을 바꾸다 ; 전향하다《*about* ; *round*》. —*vt.* 【海】 (배)의 침로를 바꾸다 ; (배)를 바람불어 가는 쪽으로 돌리다. ***~ and haul*** (밧줄을) 늦추었다 단겼다 하다. ***~ out* 〈*away*〉** 늦추다, 풀어주다.

Ve·ga [ví:gə, véigə] *n.* 【天】 베가, 직녀성《거문고자리의 1등성》.

veg·an [védʒən, -æn/ví:gən] *n.* ⓒ, *a.* 채식주의자(의). (◀ *vegetarian*) 파) **~·ism** *n.* **~·ist** *n.*

veg·e·bur·ger [védʒəbə̀:*r*gə*r*] *n.* ⓒ,ⓤ 베지버거《야채와 식물성 단백질로 만드는 햄버거》.

:veg·e·ta·ble [védʒətəbəl] *n.* (1) ⓒ (흔히 *pl.*) 야채, 푸성귀. (2) ⓤ 식물. (3) ⓒ 《口》 (의식·사고력을 잃은) 식물 인간 ; 무기력한 사람.
—*a.* 〔限定的〕 (1) 야채의. (2) 식물(성)의. (3) a] 반응이 없는. b] 단조로운, 하잘것 없는.

végetable gàrden 남새밭, 채원.

végetable spònge 수세미《접시 닦기용》.

V

veg·e·tar·i·an [vèdʒətέəriən] *a.* (1) 채식주의(자)의. (2) 야채만의, 채식의. —*n.* ⓒ (1) 채식(주의)자 : a strict ~ 엄격한 채식주의자. (2) **【動】** 초식동물(herbivore).
파) **~·ism** [-ìzəm] *n.* ⓤ 채식주의.

veg·e·tate [védʒətèit] *vi.* (1) 식물처럼 생장〈증식〉하다 ; 무성하게 나다. (2) 초목과 다름없는 (단조로운) 생활을 하다, 무위로 지내다.

·veg·e·ta·tion [vèdʒətéiʃən] *n.* ⓤ (1) 〔集合的〕 식물, 초목. (2)무위 (無爲)의 생활.

veg·e·ta·tive [védʒətèitiv] *a.* (1) a] (식물처럼) 생장하는, 생장력이 있는. b] (식물의) 발육〈영양〉기능에 관한. (2) **【生】** (생식이) 무성(無性)의. (3) (옥토 따위가) 식물을 성장시키는 힘이 있는. (4) 식물(계)의. (5) 식물적인〈단조로운〉 생활의, 무위(도식)의.
파) **~·ly** *ad.* **~·ness** *n.*

veg·gie, veg·ie [védʒi(ː)] *n.* ⓒ 《口》, *a.* 채식주의자(의).

·ve·he·mence [víːəməns] *n.* ⓤ 격렬(함), 맹렬(함) ; 힘, 열정 : with ~ 격렬하게, 열렬히.

·ve·he·ment [víːəmənt] (***more ~ ; most ~***) *a.* (1) 격렬한, 맹렬한. (2) 열심인, 열렬한, 간절한, 열성적인. 파) **~·ly** *ad.* 열렬히 ; 격렬하게 ; 맹렬히.

:ve·hi·cle [víːhikəl] *n.* ⓒ (1) a] (육상의) 수송 수단, 탈것, 차량《자동차·버스·트럭·열차·선박·항공기·우주선 따위》. b] (우주 공간의) 탈 것. (2) 매개물, 전달 수단. (3) (재능 따위를) 발휘할 수단 ; 배출구《*for*》.

ve·hic·u·lar [viːhíkjələr] *a.* 탈 것의, 차의, 수레의 ; 탈것에 의한〈관한〉 ; 매개(媒介)〈전달〉하는.

V-eight, V-8 [víːéit] *n.* V형 8기통 엔진 ; 그런 엔진의 자동차.

:veil [veil] *n.* (1) ⓒ 베일, 너울 ; (수녀가 쓰는) 베일. (2) (*sing.*) a] 덮어 가리는것, 덮개, 씌우개, 장막, 포장, 휘장. b] 구실, 가면, 핑계《*of*》. ***beyond the ~*** 저세상에(서), 저승에(서). ***draw a ~ over*** 1) …을 베일로 가리다. 2) …을, …에 대해 입을 다물다 ; (불쾌한 것)을 불문에 부치다 : Let's *draw a ~ over* the rest of the episode. 나머지 에피소드는 말 않기로 하자. ***lift the ~*** 베일을 벗기다, 진상을 밝히다. ***pass the ~*** 죽다. ***take the ~*** 수녀가 되다.
—*vt.* (1) …에 베일을 씌우다, 배일로 가리다 : ~ one's face. (2) (감정 따위)를 숨기다, 감추다 : Her past *was ~ed* in secrecy. 그녀의 과거는 비밀에 싸여 있었다.

veiled [veild] *a.* (1) 베일로 가린. (2) 베일에 싸인, 가면을 쓴, 숨겨진 ; 분명치 않은.

veil·ing [véiliŋ] *n.* ⓤ (1) 베일로 가림 ; 싸서 감춤. (2) 베일용 천.

:vein [vein] *n.* (1) ⓒ **【解】** 정맥(靜脈) ; 혈관. (2) ⓒ **【植】** 잎맥(脈) ; **【動】** (곤충의) 시맥(翅脈) ; **【地質·鑛】** 맥, 암맥, 광맥 ; 지하수(맥) ; (대리석의) 돌결 ; 나뭇결. (3) ⓤ (또는 a ~) a] (…한) 기미, 경향, 성질, 기질《*of*》. b] (일시적인) 기분《*in*》.

veined [veind] *a.* 줄〈맥〉이 있는, 잎맥이 있는 ; 나뭇〈돌〉결이 있는 : ~ marble 결이 있는 대리석.

vein·ing [véiniŋ] *n.* ⓤ (시맥(翅脈)·잎맥 등의) 줄무늬.

veiny [véini] (***vein·i·er ; -i·est***) *a.* 정맥이 드러나 보이는〈있는〉 ; 심줄이 많은《손 따위》.

ve·lar [víːlər] *a.* **【解】** 막의, 개막(蓋膜)의 ; **【音聲】** 연구개(음)의. —*n.* ⓒ 연구개음《[k, g] 등》.

ve·lar·ize [víːləràiz/-raiz] *vt.* **【音聲】** (음)을 연구개음화하다.
파) **ve·lar·i·za·tion** [vìːlərizéiʃən] *n.*

veld, veldt [velt, felt] *n.* ⓒ (흔히 the ~) (남아프리카의) 초원(지대).

vel·lum [véləm] *n.* ⓤ (1) (송아지·새끼양 가죽의) 고급 피지(皮紙). (2) = VELLUM PAPER.

véllum pàper 모조 피지.

·ve·loc·i·ty [vəlásəti/-lɔ́s-] *n.* (1) ⓤ,ⓒ 속력, 빠르기. (2) ⓤ **【物】** 속도.

ve·lo·drome [víːlədròum, vél-] *n.* ⓒ 벨로드롬 《경사진 트랙이 있는 자전거 경주장》.

ve·lour(s) [vəlúər] (*pl.* ***-lours***) *n.* ⓤ,ⓒ 벨루어, 플러시천(plush)의 일종.

ve·lum [víːləm] (*pl.* ***-la*** [-lə]) *n.* ⓒ (흔히 the ~) **【解】** 개막(蓋膜) ; 연구개.

:vel·vet [vélvit] *n.* ⓤ (1) 벨벳, 우단. (2) 벨벳 비슷한 것〈면(面)〉《복숭아 껍질·솜털이 난 뺨 따위》 ; (돌·나무 줄기 따위에 난) 이끼. (***as***) ***smooth as ~*** 매우 매끄러운. ***be*** 〈***stand***〉 ***on ~*** 1) 유복(裕福)하게 지내다. 2) (도박·투기 등에서) 유리한 입장에 있다.
—*a.* 〔限定的〕 (1) 벨벳(제(製))의 : a ~ jacket 벨벳 재킷. (2) 조용한 ; 부드러운 : with a ~ tread 발소리를 죽이고. ***have an iron hand in a ~ glove*** (사람이) 외유내강하다.

·vel·vety [vélvəti] *a.* (1) 벨벳〈우단〉 같은, (촉감이) 부드러운 ; (음성·색이) 부드러운. (2) 맛이 순한, 입에 당기는《술 등》.

ve·nal [víːnl] *a.* (사람이) 돈으로 좌우되는, 매수할 수 있는 ; 부패〈타락〉한. 파) **~·ly** *ad.*

ve·nal·i·ty [vinǽləti] *n.* ⓤ (1) 돈에 좌우됨, 매수되기 쉬움, 매수됨. (2) (금전상의) 무절조(無節操).

vend [vend] *vt.* (작은 상품)을 팔다, 판매〈행상〉하다 ; **【法】** (소유물·토지)를 매각(처분)하다.
파) **~·a·ble** *a.* = VENDIBLE.

vend·ee [vendíː] *n.* ⓒ **【法】** 사는 사람, 매주(買主), 매수인. 〖opp.〗 *vendor*.

ven·det·ta [vendétə] *n.* ⓒ 피의 복수(blood feud)《Corsica, Sicily 섬 등에서 살상에 기인하여 대대(代代)로 이어지는》.

vend·i·bil·i·ty [vèndəbíləti] *n.* ⓤ 팔림, 시장 가치.

vend·i·ble [véndəbəl] *a.* 판매 가능한, 잘 팔리는.
—*n.* (*pl.*) 판매 가능품.

ven·dor [véndər, vendɔ́ːr] *n.* ⓒ (1) 파는 사람, **【法】** 매주(賣主). 〖opp.〗 *vendee*. (2) 행상인, 도붓장수 ; 노점 상인. (3) = VENDING MACHINE.

ve·neer [vəníər] *n.* (1) ⓤ,ⓒ (합판용의) 박판(薄板), (베니어) 단판(單板). (2) ⓒ (흔히 *sing.*) 겉발림, 겉치장, 허식《*of*》. —*vt.* (1) …에 상질(上質)의 박판을 붙이다, (나무·돌 따위)에 미장 (덧)붙임을 하다《*with*》 ; (박판)을 마주붙여서 합판으로 만들다 : ~ a wooden table *with* mohogancy 목재 테이블에 마호가니 미장 붙임을 하다. (2) …의 겉을 꾸미다, (결점 따위)를 감추다《*with*》.

·ven·er·a·ble [vénərəbəl] (***more ~ ; most ~***) *a.* (1) a] (나이·인격·지위로 보아) 존경〈공경〉할 만한, 훌륭한, 덕망있는. b] (토지·건물 따위가) 장엄한, 예스럽고 숭엄한. (2) (the V-) …부주교님《영국 국교에서의 존칭 ; 略 : Ven.》 ; 가경자(可敬者)《가톨릭에서 시복(諡福)과정에 있는 사람에 대한 존칭》. 파) **-bly** *ad.* **~·ness** *n.* **ven·er·a·bil·i·ty** [vènərəbíləti] *n.*

ven·er·ate [vénərèit] *vt.* …을 크게 존경하다 ; 공경하

다, 숭앙하다.
ven·er·a·tion [vènəréiʃən] *n.* ⓤ 존경, 숭앙 ; 숭배. ***hold*** a person ***in ~*** 아무를 존경〈숭배〉하다.
ve·ne·re·al [vəníəriəl] *a.* 〔限定的〕 성교로 전염되는 ; 성병에 걸린 : a ~ patient 성병 환자.
venéreal diséase 성병《略 : VD》.
·Ve·ne·tian [vəníːʃən] *a.* 베네치아(사람)의.
venétian blínd 베니션 블라인드《끈으로 올리고 내리어 채광 조절을 하는 발》.
Venétian gláss (때로 v-) 베네치아산 유리그릇《고급품》.
Ven·e·zue·la [vènəzwéilə] *n.* 베네수엘라《남아메리카 북부의 공화국 ; 수도 Caracas》.
파) **-lan** *n., a.* 베네수엘라인〈문화〉(의).
:ven·geance [véndʒəns] *n.* ⓤ,ⓒ 복수, 원수 갚기, 앙갚음. ***take*** 〈***inflict, wreak***〉 ***~ on***〈***upon***〉 a person ***for*** (a thing) 아무에게 (어떤 일)의 복수를 하다. ***with a ~*** 격심하게, 몹시 ; 극단으로, 철저하게 ; 문자 그대로.
venge·ful [véndʒfəl] *a.* 복수심에 불타는〈이 있는〉 ; 앙심을 품은. 파) **~·ly** *ad.* **~·ness** *n.*
ve·ni·al [víːniəl, -njəl] *a.* (죄·과실 따위가) 용서할 수 있는, 가벼운, 경미한, 사면할 수 있는.
파) **~·ly** *ad.*
·Ven·ice [vénis] *n.* 베니스《베네치아의 영어명 ; 이탈리아 동북부의 항구도시》. [《It.》 Venezia]
·ven·i·son [vénəzən, -sən] *n.* ⓤ 사슴고기.
ve·ni, vi·di, vi·ci [víːnai-váidɑi-váisai, véiniː-víːdiː-víːtʃiː] 《L.》 왔노라, 보았노라, 이겼노라(I came, I saw, I conquered)《원로원에 대한 Caesar의 전황 보고》.
·ven·om [vénəm] *n.* ⓤ (1) (독사 따위의) 독액. (2) 악의, 원한, 격렬한 증오 ; 독설, 비방.
ven·om·ous [vénəməs] *a.* (1) 독이 있는 ; 독액을 분비하는 : a ~ snake 독사(毒蛇). (2) 악의에 찬, 원한을 품고 있는. (3) 불쾌한, 형편 없는.
ve·nous [víːnəs] *a.* (1) 정맥의〈에 있는〉 : ~ blood 정맥혈(血). (2) 【植】 엽맥이 많은. ㅁ vein *n.*
파) **~·ly** *ad.* **~·ness** *n.*
·vent[1] [vent] *n.* ⓒ (1) (공기·액체 따위를 뺐다 넣었다 하는) 구멍, 환기〈통풍〉구. (2) (새·벌레·어류 따위의) 항문. ***find*** (***a***) ***~ for*** 의 출구를 찾다. ***give ~ to*** (감정·욕구 따위)의 배출구를 찾다 ; 터뜨리다, …을 드러내다〈발산시키다〉.
—*vt.* (1) …에 구멍을〈배출구를〉 내다 ; (통)에 구멍을 뚫다. (2) 《~+目/+目+前+名》 (감정 따위)를 발산하다, (남에게) (분노 따위)를 터뜨리다《*on, upon*》 : He ~*ed* his ill humor *on* his wife. 그는 불쾌한 나머지 아내에게 화풀이했다.
vent[2] *n.* ⓒ 벤트, 슬릿《상의(上衣)의 등, 양쪽 겨드랑이, 스커트의 단 따위에 내는 아귀》.
vent·age [véntidʒ] *n.* ⓒ (공기·가스·액체 등이) 나가는〈새는〉 구멍 ; (감정의) 배출구 ; (관악기의) 지공(指空).
·ven·ti·late [véntəlèit] *vt.* (1) (방·건물·갱내 따위)에 공기가 통하게 하다, 통풍이 잘 되게 하다, 환기하다. (2) a] (문제 따위)를 공론(公論)에 부치다, 자유롭게 토의하다, 여론에 묻다 ; 공표하다. b] (의견)을 말하다 ; (감정 따위)를 나타내다.
:ven·ti·la·tion [vèntəléiʃən] *n.* ⓤ (1) 통풍, 공기의 유통, 환기(법) ; 통풍〈환기〉 장치. (2) a] 자유토의, 검토 ; 여론에 물음. b] (의견·감정 따위의) 표출(expression).
ven·ti·la·tor [véntəlèitər] *n.* ⓒ (1) 통풍〈환기〉 장치, 통풍기, 송풍기 ; 환기팬(fan) ; 통풍 구멍, 환기통〈창〉. (2) 여론에 호소하기 위해 문제를 제기하는 사람.
ven·tral [véntrəl] *a.* 【解·動】 배의, 복부의.
ven·tri·cle [véntrikəl] *n.* ⓒ 【解】 (1) (뇌수·후두 따위의) 공동(空洞), 실(室), 뇌실(腦室). (2) (심장의) 심실(心室).
ven·tri·lo·qui·al [vèntrəlóukwiəl] *a.* 복화(술)(腹話(術))의, 복화술을 쓰는.
파) **~·ly** *ad.*
ven·tril·o·quism,-quy [ventríləkwìzəm], [-kwi] *n.* ⓤ 복화(술).
파) **-quist** *n.* ⓒ 복화술사(師).
ventril·o·quize [ventríləkwàiz] *vt.* 복화술로 이야기하다.
:ven·ture [véntʃər] *vi.* (1) 《+副/+前+名》 위험을 무릅쓰고 가다, 과감히 나아가다. (2) 《+前+名》 위험을 무릅쓰고 (…에) 나서다, 과감이 (…을) 시도하다《*on, upon*》. (3) 《+*to* do》 과감히 …하다, 대담하게도 …하다. —*vt.* (1) 《+目+前+名》 (생명·재산 등)을 위험에 내맡기다, 내걸다(risk)《*on, upon* ; *in* ; *for*》. (2) 《+目/+*to* do》 위험을 무릅쓰고 …하다, 과감히 …해보다, …을 감행하다(brave).
—*n.* ⓒ (1) 모험, 모험적 사업. (2) 투기(사업), 사행 : a business ~ 투기적 사업 / a joint ~ 합작 회사. (3) 투기의 대상물《배·선하(船荷)·상품 등》 ; 건물건〈돈〉. ***at a ~*** 운에 맡기고, 모험적으로 ; 되는 대로.
vénture càpital 【經】 위험 부담 자본, 모험 자본.
vénture càpitalist 【經】 투자 자본가.
ven·tur·er [véntʃərər] *n.* ⓒ 모험자 ; 투기자 ; (예전의 투기적인) 무역 상인.
ven·ture·some [véntʃərsəm] *a.* 모험을 좋아하는, 모험적인 ; 대담한, 무모한. 파) **~·ness** *n.*
ven·ue [vénjuː] *n.* (1) 【法】 (배심 재판의) 재판지(地). (2) 회합장소, 개최(예정)지 ; (일 따위의) 장소. ***a change of ~*** 회합 장소의 변경 ; 【法】 재판지의 변경.
·Ve·nus [víːnəs] *n.* (1) 【로神】 비너스《사랑과 미의 여신 ; 【그神】 Aphrodite에 상당》. (2) 절세의 미인. (3) 【天】 금성, 태백성. 【cf.】 planet. (4) ⓒ 비너스여신의 상(像)〈그림〉. 파) **Ve·nu·si·an** [vənjúːsiən, -ʃiən] *a.* 금성의.

ve·ra·cious [vəréiʃəs] *a.* 《文語》 (1) (사람이) 진실을 말하는, 성실한, 정직한. (2) (진술·보고 등이) 진실한, 정확한. 파) **~·ly** *ad.*
ve·rac·i·ty [vərǽsəti] *n.* ⓤ (1) 진실을 말함, 정직(함), 성실. (1) 진실임, 진실성 ; 정확(도).
:ve·ran·da(h) [vərǽndə] *n.* ⓒ 【建】 (흔히 지붕이 달린) 베란다, 툇마루(《美》 porch).
:verb [vəːrb] *n.* ⓒ 【文法】 동사《略 : v., vb.》.
·ver·bal [və́ːbəl] *a.* (1) 말의, 말로 나타낸, 말에 관한, 어구〈용어상〉의. (2) 구두〈구술〉의, 말만의, 어구의, 용어상의. (3) (번역 등이)축어(逐語)적인, 문자대로의. (4) 【文法】 동사의, 동사적인.
—*n.* ⓒ (1) 【文法】 준(準)동사(꼴) 《부정사·분사·동명사 따위》. (2) 《英》 진술, 자백. (3) 《英俗》 욕지거리.
ver·bal·ism [və́ːrbəlìzəm] *n.* (1) a] ⓒ 언어적 표현, 어구(語句). b] ⓤ 어구의 사용〈선택〉. (2) ⓤ 자구에 구애됨, 자의(字義)를 캠 ; 언어 편중. (3) ⓤ 말

의 용장(冗長). (4) ⓒ 형식적인(공허한) 문구.

ver·bal·ist [-list] *n.* ⓒ (1) 언어 구사를 잘하는 사람. (2) 자구(字句)에 구애받는 사람, 자구만을 따지는 사람.

ver·bal·ize [və́ːrbəlàiz] *vt.* (1) (사고·감정 따위)를 말로 나타내다, 언어화(化)하다. (2) …을 동사적으로 쓰다 ; 동사화하다. —*vi.* 어구가 장황해지다, 말이 너무 많다.
파) **vèr·bal·i·zá·tion** [-lizéiʃən] *n.*

ver·bal·ly [və́ːrbəli] *ad.* (1) 말로 ; 구두로, 언어로. (2) 축어적으로. (1) 동사로서.

ver·ba·tim [vəːrbéitim] *a.*, *ad.* 축어적(으로), 말대로(의).

ver·be·na [vəːrbíːnə] *n.* ⓒ 【植】 마편초속(屬)의 식물, 《특히》 버배나.

ver·bi·age [və́ːrbiidʒ] *n.* ⓤ 군말이 많음, 말이 많음 : lose oneself in ~ 정신없이 마구 지껄이다 / eliminate irrelevant ~ 불필요한 어구를 지우다.

ver·bose [vəːrbóus] *a.* 말이 많은, 다변의.
파) **~·ly** *ad.* **~·ness** *n.* **ver·bos·i·ty** [vəːrbɑ́səti/-bɔ́s-] *n.*

ver·dan·cy [və́ːrdənsi] *n.* ⓤ (1) 파릇파릇함, 신록(임). (2) 미숙함, 초심, 순진.

ver·dant [və́ːrdənt] *a.* (1) 푸릇푸릇한, 푸른잎이 무성한, 신록의. (2) (사람이) 젊은, 경험 없는, 미숙한.
파) **~·ly** *ad.*

·**ver·dict** [və́ːrdikt] *n.* ⓒ (1) 【法】 (배심원의)평결, 답신(答申). (2) 판단, 의견, 견해. ***general*** **~** 일반 답신. ***pass*** one***'s*** **~** ***upon*** …에 판단을 내리다〈소견을 말하다〉.

ver·di·gris [və́ːrdəgrìːs, -grìs] *n.* ⓤ 녹청(綠靑), 푸른 녹.

ver·dure [və́ːrdʒər] *n.* ⓤ (1) (초목의) 푸르름, 신록. (2) 푸릇푸릇한 초목. (3) 《詩》 신선함, 생기, 활력.

ver·dur·ous [və́ːrdʒərəs] *a.* 푸릇푸릇한, 신록의 ; 신록에 덮인, 푸른 잎이 무성한.

·**verge** [vəːrdʒ] *n.* ⓒ (1) 가, 가장자리, 모서리. (2) 권장(權杖), 권표(權標)《고관의 행렬 따위에 받드는》. ***on the*** **~** ***of*** …하려고 하여 ; 직전에(서).
—*vi.* 《+前+名》 (1) 가에 있다 ; (…에) 접하다, 인접〈근접〉하다《*on, upon*》 : Our property ~*s on* theirs 우리의 땅은 그들의 땅과 경계를 접하고 있다 / ~ to 〈toward(s)〉 a close 끝장에 가까워지다. (2) (어떤 상태·성질 등에) 다가가다, (이제 막) …이 되려하다, 거의 (…와) 같다《*on, upon*》 : The American eagle is *verging on* extinction. 흰 머리수리는 멸종 직전에 있다.

verg·er [və́ːrdʒər] *n.* ⓒ (1) 《英》 (성당·대학 따위의) 권표(權標) 받드는 사람. (2) 교회당 접대원〈안내인〉 (usher).

ver·i·est [vériist] *a.* 《美·英·古》 아주 …한, 순전한, 더할 나위 없는(utmost).

ver·i·fi·a·ble [vérəfàiəbəl] *a.* 입증〈검증, 증명〉 할 수 있는, 증언할 수 있는. 파) **-bly** *ad.* **~·ness** *n.*

ver·i·fi·ca·tion [vèrəfikéiʃən] *n.* ⓤ (1) 확인, 조회 ; 입증, 검증, 증명. (2) (특히 군비(軍備)관리 협정 준수 확인을 위한) 상호 검증.

·**ver·i·fy** [vérəfài] *vt.* (1) (사실·진술 따위)의 옳음〈진실임·정확함〉을 확인(확증·입증)하다. (2) (종종 受動으로) (사실·사건 등이) (예언·약속 따위)를 실증하다. (3) 【法】 (증거·선서서 따위에 의해) (법정에 제출된 물건·증언 따위)를 입증하다.

ver·i·ly [vérəli] *ad.* 《古》 참으로, 진실로.

ver·i·sim·i·lar [vèrəsímələr] *a.* 진실〈사실, 정말〉 같은, 그럴싸한, 있을 법한.

ver·i·si·mil·i·tude [vèrəsimílətjùːd] *n.* ⓤ 정말〈진실〉 같음, 있을 법함.

·**ver·i·ta·ble** [vérətəbəl] *a.* 〔限定的〕 진실의, 틀림없는, 참된, 진정한. 파) **-bly** [-bli] *ad.* **~·ness** *n.*

ver·i·ty [vérəti] *n.* (1) ⓤ 참, 진실(성). (2) ⓒ (흔히 *pl.*) 진실의 진술.

ver·juice [və́ːrdʒùːs] *n.* ⓤ (1) (미숙한 사과 따위의) 신 과즙. (2) 성미 까다로움.

ver·mi·cide [və́ːrməsàid] *n.* ⓤ,ⓒ 구충제 ; 살충제.

ver·mic·u·lar [vəːrmíkjuələr] *a.* (1) 연충의 ; 연충 비슷한. (2) 연동하는 ; 구불구불한.

ver·mic·u·lite [vərmíkjəlàit] *n.* ⓤ 【鑛】 질석(蛭石)《풍화한 흑운모 ; 단열재 따위로 쓰임》.

ver·mi·form [və́ːrməfɔ̀ːrm] *a.* 연충 모양의.

vérmiform appéndix 【解】 충양(蟲樣) 돌기. 【cf.】 caecum.

ver·mi·fuge [və́ːrməfjùːdʒ] *n.* ⓤ,ⓒ 【醫】 구충제.

ver·mil·ion [vərmíljən] *n.* ⓤ 주홍, 진사(辰砂) ; 주색(朱色) (안료). —*a.* 주홍색의, 주홍색 물을 들인〈으로 칠한〉.

ver·min [və́ːrmin] *n.* ⓤ 〔흔히 集合的 ; 複數취급〕 (1) 해로운 작은 동물《쥐·족제비 등》 ; 해충《벼룩·빈대·이·바퀴·모기 따위》 ; 기생충 ; 해조《매·올빼미 따위》. (2) 사회의 해충, 인간 쓰레기, 망나니.

ver·min·ous [və́ːrmənəs] *a.* (1) 해충이〈벼룩이, 이가, 빈대가〉 뀐〈끓는〉. (2) (병이 해충에) 의한. (3) (사람이) 비열한, 싫은. 파) **~·ly** *ad.*

·**ver·nac·u·lar** [vərnǽkjələr] *n.* ⓒ (1) (종종 the ~) 제 나라 말, 국어 ; 지방어, 방언 ; 일상어. (2) (어떤 직업·집단의) 통용어, 직업어. (3) 그 지방의 독특한 건축 양식. —*a.* 제 나라의, 본국의 ; 지방의《말·어법 등》 ; 지방의 말로 쓴, 방언을 쓴 ; 지방〈시대, 집단〉 (특유)의《말·병·건축 양식 따위》 ; 풍토(병)의.

ver·nal [və́ːrnl] *a.* (1) 봄의, 봄 같은 ; 봄에 일어나는, 봄에 나는, 봄에 피는《꽃 따위》. (2) 청춘의, (싱싱하게) 젊은. 파) **~·ly** [-nəli] *ad.*

ver·ni·er [və́ːrniər] *n.* ⓒ 아들자, 부척(副尺), 버니어(= **~ scàle**).

ve·ron·i·ca [virɑ́nikə/-rɔ́n-] *n.* (1) ⓤ,ⓒ 【植】 현삼과의 식물《개불알풀류(類)》. (2) (때로 V-) 베로니카의 성백(聖帛)《형장으로 끌려가는 예수의 얼굴을 후에 성녀가 된 Veronica가 닦으니 예수의 얼굴 모습이 남았다는 천》, 그 안면상 ; 〔一般的〕 예수의 얼굴을 그린 천조각. 【cf.】 sudarium (1).

ver·ru·ca [verúːkə] (*pl.* **-cae**[-rúːsiː]) *n.* 【醫】 무사마귀(wart).

·**Ver·sailles** [vəːrsái, vɛər-] *n.* 베르사유《파리 서남쪽의 도시》.

·**ver·sa·tile** [və́ːrsətl/-tàil] *a.* (1) 재주가 많은, 다재(多才)·다능(多能)한. (2) 다목적에 사용될 수 있는, 용도가 넓은. 파) **~·ly** [-i] *ad.*

ver·sa·til·i·ty [vəːrsətíləti] *n.* ⓤ 다예, 다재(多才), 다능(多能).

:**verse** [vəːrs] *n.* (1) ⓤ a) (문학 형식으로서의) 운문, 시(詩). 【cf.】 prose. b) 〔集合的〕 (어떤 작가·시대·나라 따위의) 시가(詩歌). (2) ⓒ a) (특정의 격조를 지닌) 시의 한 행(行), 시구. b) (한편의) 시, 시편(詩編). c) (노래의) 절(節). (3) a) ⓒ 시의 마디

〈절(節)〉, 연(聯)(stanza)《refrain이나 chorus에 대한》. (4) ⓒ (성서·기도서의) 절. ***elegiac ~*** 애가. ***give chapter and ~ for*** (인용구 따위의) 출처를 밝히다.

versed [vəːrst] *a.* 〔敍述的〕 (흔히 well ~로) (…에) 숙달한, 정통한, 조예가 깊은(acquainted).

ver·si·cle [vɔ́ːrsikəl] *n.* ⓒ 단시(短詩), 【敎會】 창화(唱和)의 단구《사제(司祭)를 따라 부름》.

ver·si·fi·ca·tion [vəːrsəfikéiʃən] *n.* ⓤ 작시(법), 시작(詩作) ; (산문작품의) 운문화.

ver·si·fi·er [vɔ́ːrsəfàiər] *n.* ⓒ 작시자 ; 산문(散文)을 운문(韻文)으로 고치는 사람.

ver·si·fy [vɔ́ːrsəfài] *vi.* 시를 짓다. —*vt.* …을 시로 짓다〈말하다〉 ; (산문)을 시로 고치다.

·**ver·sion** [vɔ́ːrʒən, -ʃən] *n.* ⓒ (1)번역 ; 번역문〈서〉 ; (소설 따위의) 각색, 번안(飜案) ; 편곡 ; (성서의) 역(譯). (2) …화(化). (3) 변형, 이형(異形), …판(版). (4) (개인적 또는 특수한 입장에서의) 해석, 의견, 소견, 설명 ; 이설(異說).

vers li·bre [vέərlíːbrə] 〔*pl.* **~s** [—]〕 《F.》 자유시(free verse).

ver·so [vɔ́ːrsou] (*pl.* **~s**) *n.* ⓒ (1) (펼친 책의) 왼쪽 페이지, 뒤 페이지. 〖opp.〗 *recto.* (2) (화폐·메달 등의) 이면(裏面). 〖opp.〗 *obverse.* —*a.* 〔限定的〕 왼쪽〈뒤〉 페이지의 : the ~ side (책의) 왼쪽(의 페이지).

·**ver·sus** [vɔ́ːrsəs] *prep.* 《L.》 (1) (소송·경기 등에서) …대(對)《略 : v., vs.》. (2) …와 대비하여, 비교하여(in contrast with).

ver·te·bra [vɔ́ːrtəbrə] *pl.* ***-brae*** [-briː]. **~s**) *n.* 【解】 (1) ⓒ 척추골, 추골(椎骨). (2) (the ~e) 척주, 척추, 등뼈(spine).

ver·te·bral [vɔ́ːrtəbrəl] *a.* 【解·動】 척추골의, 척추의〈에 관한〉 ; 등뼈로 된, 척추골을 가진.

ver·te·brate [vɔ́ːrtəbrèit, -rit] *n.* ⓒ 척추동물. —*a.* 척추〈등뼈〉가 있는 ; 척추 동물문(門)에 속하는, 척추 동물 특유의 : a ~ animal 척추 동물.

ver·tex [vɔ́ːrteks] (*pl.* ***~es, -ti·ces***[-təsìːz]) *n.* ⓒ 정점, 절정 ; 정상, 꼭대기산정(山頂).

:ver·ti·cal [vɔ́ːrtikəl] *a.* (1) 수직의, 연직의, 곧추선, 세로의. 【cf.】 horizontal. (2) 정점〈절정〉의 ; 꼭대기의. (3) (조직·사회 기구 따위를) 세로로 연결한, 수직적〈종단적(縱斷的)〉인. (4) 【生】 축(軸) 방향의. (5) 【解】 두정(頭頂)의.
—*n.* ⓒ (the ~) 수직선〈면, 권〉, 수직의 위치.
파) **~·ly** [-kəli] *ad.* 수직으로, 직립하여 : a ~*ly* structured society 종적(縱的) 구조의 사회.

vértical pláne 연직면, 수직면.

ver·tig·i·nous [vəːrtídʒənəs] *a.* (1) 현기증 나는, 어지러운(dizzy), 눈이 (핑핑) 도는. (2) 빙빙 도는, 회전〈선회〉하는(whirling). (3) 어지럽게 변하는, 변하기 쉬운, 불안정한. 파) **~·ly** *ad.* **~·ness** *n.*

ver·ti·go [vɔ́ːrtigòu] (*pl.* ***~es, -tig·i·nes*** [vəːrtídʒənìːz]) *n.* ⓤ (높은 데서 내려다 보았을 때의) 현기증, 어지러움.

verve [vəːrv] *n.* ⓤ (예술 작품에서의) 열정, 기백 ; 〔一般的〕 힘, 활기, 정력.

:very [véri] *ad.* (1) 대단히, 매우, 아주, 몹시, 무척. a〕 〔原級의 形容詞·副詞를 수식하여〕. b〕 〔形容詞化한 現在分詞를 수식하여〕. c〕 〔形容詞化한 過去分詞를 수식하여〕.

☞語法 1) 비교급의 형용사·부사는 (very) much 나 far로, 동사는 (very) much로 수식함 : I feel *much*〈*far*〉 better today. 나는 오늘 기분이 훨씬 더 좋다 / Thank you *very much*. 대단히 고맙다.
2) 서술 형용사인 afraid, alike, ashamed, aware 따위에는 very를 사용하는 일이 많으며 much를 쓰면 딱딱한 표현이 됨 : She is ~ 〈*much*〉 afraid to die. 그 여자는 죽는 것을 몹시 두려워하고 있다.
3) few, little, many, much 따위는 본래 형용사이기 때문에 대명사로 쓰인 경우에도 very로 수식함 : I see ~ little of him. 그와는 거의 만나지 않는다.
4) too 앞에서는 very를 쓸 수가 없음 : You are *much* 〈*far*〉 too nice. 자넨 정말 멋지다.
☞參考 **very**와 과거분사 1) 과거분사형의 형용사가 한정적으로 쓰일 때, 특히 명사와의 의미상의 관계가 간접적인 때에는 very를 씀 : a ~ *valued* friend 매우 귀중한 친구.
2) 과거분사가 명확히 수동형인 경우에는 (very) much를 쓰나, 감정이나 심리의 상태를 나타내는 amused, excited, pleased, surprised, worried 따위나 물건의 상태를 나타내는 changed, damaged 따위는 (very) much보다 very로 수식을 할 때가 많음 : I was ~ *surprised* at the news. 그 소식에 무척 놀랐다.
3) 충분히 형용사화 되지 않아서 한정적 용법에서만 very로 수식하는 과거분사도 있음 : a ~ damaged car 몹시 망가진 차.

(2) 〔形容詞의 最上級, first, last, next, same, opposite, own 따위 限定語 앞에서〕 정말, 실로, 확실히, 바로. (3) 〔否定文에서〕 a〕 그다지〈그리〉 (…않다). b〕 〔정반대의 뜻을 완곡하게 나타내어〕 조금도〈전혀〉 (…않다). ***all ~ well*** (***fine***)《口》 〔흔히 but...을 수반하여〕 아주 좋은〈괜찮은〉 일이다(만), (…하는 것은) 상관없다(만). ***Very fine!*** 1) 훌륭하다, 멋지다. 2) 〔종종 反語的으로〕 훌륭하기도 해라 ! ***Very good.*** (명령·지시에 대해) 좋습니다, 알았습니다 : ***Very well.*** 좋아, 알았어《※ 흔히 마지못한 승낙》.
—*a.* (1) a〕 〔this, that, the, one's 따위의 뒤에 와서 名詞를 강조하여〕 바로 그, 다름 아닌. b〕 (the ~) 단지 …만으로도(mere) ; …까지도, …조차도(even).
(2) (***ver·i·er ; ver·i·est***) 《文語》 참된, 정말의 ; 틀림없는, 순전한.

véry high fréquency 초단파《30-300 메가헤르츠 ; 略 : VHF, v. h. f., vhf》.

véry lárge scàle integrátion 【電子】 초고밀도 집적 회로《略 : VLSI》.

Véry lìght 베리식(式) 신호광《야간의 비행기 착륙 및 구난용 색채 섬광》.

véry lòw fréquency 초장파《3-30 킬로 헤르츠 ; 略 : V. L. F., VLF, v. l. f., vlf》.

Véry pistol 베리 신호 권총. 【cf.】 Very light.

ve·si·ca [visáikə, vésikə] (*pl.* ***-cae***[-siː]) *n.* ⓒ 【解】 낭(囊), 《특히》 방광(膀胱).

ves·i·cal [vésikəl] *a.* 【解】 낭(囊)의, 《특히》 방광의.

ves·i·cle [vésikəl] *n.* ⓒ (1) 소낭(小囊), 소포(小胞). (2) 【醫】 작은 수포(水疱).

ve·sic·u·lar [visíkjələr] *a.* 소포(小胞)(성)의, 소포가〈기공이〉 있는.

ves·per [véspər] *n.* (1) 《詩》 (V-) 개밥바라기. (2) (*pl*) 〔單·複數 취급〕 【가톨릭】 저녁 기도, 만과(晩課)(evensong), 저녁 기도 시간. —*a.* 저녁의 ; 저녁

기도의.

:ves·sel [vésəl] *n.* ⓒ (1) 용기(容器), 그릇《통 · 단지 · 대접 · 주발 · 잔 · 접시 따위》. (2) 배《흔히 boat 보다도 큰 것》. (3) 【解 · 植】 도관(導管), 맥관(脈管), 관(管).

:vest [vest] *n.* (1) 조끼(《英》 waistcoat). (2) 《英》 속옷, 셔츠 (underwear). (3) (여성복의) V자형 앞장식.
—*vt.* (1) 《+目+前+名》〔흔히 受動으로〕 (권리 · 재산 따위)를 주다, 수여〈부여〉하다《*in*》; 【法】 …에게 소유권〈행사권〉을 귀속시키다《*with*》. (2) 《古》 a〕 …에게 의복을 입히다, 차려입히다《특히 제복(祭服)을》. b〕〔再歸的〕 옷을 입다 ; 《특히》 제복(祭服)을 입다.
—*vi.* (1) 《+前+名》 (권리 · 재산 따위가) 속하다, 귀속하다《*in*》. (2) 《古》 옷을 입다, 《특히》 제복(祭服)을 입다.

ves·tal [véstl] *a.* (1) Vesta 여신의〈을 섬기는〉. (2) 처녀의, 순결한. —*n.* = VESTAL VIRGIN.

véstal vírgin Vesta 여신을 섬긴 처녀《영원한 순결을 맹세하고 여신 제단의 꺼지지 않는 성화(聖火)(vestal fire)를 지킨 여섯의 처녀 중 한 사람》.

vésted ínterest (1) 【法】 기득(이)권, 확정적 권리(vested right) ; 기득권자. (2) (*pl.*) 현존 체제의 수익계층〈단체〉《국가 경제를 조종하는 기업가(그룹) 따위》.

vésted ríght 【法】 기득권, 확정적 권리.

ves·tib·u·lar [vestíbjələr] *a.* (1) 현관의, 문간방의. (2) 【解】 (귀 · 코 따위의) 전정(前庭)〈전실(前室)〉의.

ves·ti·bule [véstəbjùːl] *n.* ⓒ (1) 현관, 문간방, 현관홀. (2) 【美鐵】 (객차의 양끝에 있는)승강구 또는 차량 사이의 통로. (3) 【解】 전정(前庭), (특히 내이(內耳)의) 미로(迷路) 전정.

véstibule tràin 《美》 각 객차의 복도가 서로 통하는 열차.

·ves·tige [véstidʒ] *n.* ⓒ (1) (옛 것의) 자취, 흔적, 형적(形跡)《*of* 》. (2) 【生】 흔적 기관. (3) 〔흔히 不定詞를 수반하여〕 아주 조금(도 …않다)《*of* 》.

ves·tig·i·al [vestídʒiəl] *a.* (1)흔적의, 남은 자취〈모습〉의. (2)【生】 퇴화한. 파) **~·ly** *ad.*

vest·ment [véstmənt] *n.* ⓒ (1) (종종 *pl.*) 옷, 의복, 의상. (2) 정복, 예복. (3) 【敎會】 (성직자 · 성가대원이 입는) 제의(祭衣), 가운.

vest-pock·et [véstpɑ̀kit/-pɔ̀k-] *a.* 〔限定的〕 《美》 회중용의, 아주 소형의《책·카메라 따위》 아주 소규모의.

ves·try [véstri] *n.* ⓒ (1) (교회의) 제의실(祭衣室), 제구실(祭具室). (2) 교회 부속실《사무실 · 기도실 · 수일 학교 따위로 씀》. (3) 〔集合的〕 【英國國敎】 교구회(敎區會), 교구민 대표자회, 특별 교구회.

ves·try·man [-mən] (*pl.* ***-men*** [-mən]) *n.* ⓒ 교구민 대표자, 교구 위원.

ves·ture [véstʃər] *n.* ⓤ 《古 文語》 옷, 의복, 의류 ; (옷처럼) 감싸는 것, 가리개.

vet [vet] 《口》 *n.* ⓒ 수의(獸醫)(사)《veterinarian 의 간략형》. —(***-tt-***) *vt.* (1) (동물)을 진료하다 ; 《戱》 (사람)을 진찰〈치료〉하다. (2) 《口》 (남의 이력 · 자격 따위)를 면밀히 조사〈점검〉하다, 심사하다.

vetch [vetʃ] *n.* ⓤ 【植】 살갈퀴《잠두속》.

·vet·er·an [vétərən] *n.* ⓒ (1) 고참병, 노병(老兵) ; 《美》 퇴역〈재향〉 군인(《英》 exserviceman). (2) 노련가, 베테랑, 경험이 많은 사람, (특히) 노병(老兵). —*a.* 〔限定的〕 (1) 전투 경력을 쌓은, 역전의. (2) 노련한, 숙련된, 많은 경험을 쌓은. (3) 《美》 퇴역 군인의 ; 장기에 걸친(prolonged) ; 오래 사용한.

Véterans Administràtion (the ~) 《美》 재향 군인 원호청《略 : VA, V.A.》.

Véterans' Dày 《美·can·》 재향 군인의 날《11월 11일》. 【cf.】 Armistice Day.

vet·er·i·nar·i·an [vètərənέəriən] *n.* ⓒ 《美》 수의사(《英》 veterinary surgeon).

vet·er·i·nary [vétərənèri/-rinəri] *a.* 〔限定的〕 가축병 치료의, 수의(학)의.
—*n.* ⓒ 수의사(veterinarian).

·ve·to [víːtou] (*pl.* ***~•es***) *n.* (1) a〕 ⓤ,ⓒ (대통령 · 지사 · 국제 정치면에서의) 거부권 ; 거부권의 행사〈발동〉. b〕 ⓒ (대통령의) 거부 교서〈통지서〉. (2) ⓒ (…에 대한) 단호한 거부, 엄금, 금지《*on, upon*》. ***put*** 〈***set***〉 ***a*** 〈one***'s***〉 ***~ on*** 〈***upon***〉 …에 거부권을 행사하다 ; …을 금지하다. —*vt.* (1) (의안 등)을 부인〈거부〉하다. (2) (행위 따위)를 금지하다, 엄금하다.
파) **~·er** *n.* ⓒ 거부(권 행사)자 ; 금지자.

:vex [veks] *vt.* (1) 《~+目/+目+前+名》 (주로 자질구레한 일로) …을 짜증나게 하다, 애타게 하다초조하게 하다, 안절부절 못하게 하다, 귀찮게〈성가시게〉 굴다 ; 성나게 하다. (2) …을 괴롭히다, …에게 고통을 주다 ; …을 학대하다. (3) (오랫동안) …을 논의〈격론〉하다.

·vex·a·tion [vekséiʃən] *n.* ⓤ (1) 애탐, 마음아픔, 속상함, 분함, 원통함 ; 난처함 ; 화냄. (2) 괴로움, 고민 ; (종종 *pl.*) 고민거리, 고뇌〈고통, 불안〉의 원인.

vex·a·tious [vekséiʃəs] *a.* 귀찮은, 성가신 ; 안달나는, 약오르는, 속상한, 부아가 나는 ; 곤란한, 난처한. 파) **~·ly** *ad.*

vexed [vekst] *a.* (1) 〔限定的〕 (문제가) 골치 아픈, 귀찮은, 결론이 나지 않는. (2) 〔敍述的〕 애타는, 마음 아픈, 안절부절 못하는, 초조한, 곤란〈난처〉한 ; 화난《*at* ; *about* ; *with*》.
파) **vex·ed·ly** [véksidli, vékst-] *ad.* 성을 내어, 화를 내어.

:via [váiə, víːə] *prep.* 《L.》 (1) …을 경유하여, …을 거쳐 (by way of). (2) …을 매개로 하여 (through the medium of).

vi·a·ble [váiəbəl] *a.* (1) (태아 · 신생아가) 생존(생육)가능한. (2) (계획 따위가) 실행 가능한 ; 존립〈존속〉할 수 있는. 파) **vi·a·bil·i·ty** [vàiəbíləti] *n.* ⓤ 생존 능력, (특히 태아 · 신생아의) 생육력 ; (계획 따위의) 실행 가능성. **-bly** *ad.*

vi·a·duct [váiədʌ̀kt] *n.* ⓒ 구름다리, 고가교(高架橋), 고가도(道), 육교.

vi·al [váiəl] *n.* ⓒ 유리병, 물약병. ***pour out the ~s of wrath upon*** 〈***on***〉 …에게 복수하다《계시록 XVI : 1》; 《口》 …에 대한 울분을 터뜨리다.

vi·and [váiənd] *n.* (1) ⓒ 식품. (2) (*pl.*) 음식, 양식, 고급 요리.

vi·brant [váibrənt] *a.* (1) 떠는, 진동하는 ; (소리가) 울려퍼지는, 떨리는. (2) (색깔 · 빛이) 선명한, 빛나는. (3) (흥분 · 기쁨 따위로) 설레는, 스릴이 있는 ; 활기찬《*with*》.
파) **~·ly** *ad.* **ví·bran·cy** [-brənsi] *n.* ⓤ,ⓒ 활기(에 넘침) ; (소리 · 목소리의)진동〈반향〉(성), (색 · 빛의) 선명함.

vi·bra·phone [váibrəfòun] *n.* ⓒ 비브라폰《전기 공명(共鳴) 장치가 붙은 marimba 비슷한 악기》.
파) **ví·bra·phòn·ist** [-ist] *n.* ⓒ ~ 연주가.

:vi·brate [váibreit/-ˊ] *vi.* (1) 진동하다, (진자(振子)같이) 흔들리다. (2) (목소리가) 떨(리)다, 진동하다 ; (소리가) 반향하다, 울리다. (3) 《+前+名》 감동하다, (흥분하여) 떨(리)다. —*vt.* (1) 진동시키다, 흔들다. (2) …을 (가늘게) 떨게 하다 : ~ one's vocal cords 성대를 진동시키다. ▫ vibration *n.*

·vi·bra·tion [vaibréiʃən] *n.* ⓤ,ⓒ (1) 진동(振動) ; 진동(震動) ; 동요 ; (진자의) 흔들림 (oscillation). (2) 떨림, 전율. (3) (*pl.*) 《口》 (상대방의 생각이나 주위 환경에서 받는) 느낌, 분위기 ; (사람·사물에서 발산된다고 느껴지는) 정신적 전파, 감정적 반응 작용, 감촉(感觸).

vi·bra·to [vibrɑ́ːtou] (*pl.* **~s**) *n.* 《It.》 ⓤ,ⓒ 【樂】 비브라토《떨어서 내는 소리·음성》.

vi·bra·tor [váibreitər/-ˊ-] *n.* ⓒ 진동하는〈시키는〉 사람〈것〉 : 【電】 진동기 ; 바이브레이터.

vi·bra·to·ry [váibrətɔ̀ːri/-təri] *a.* 떨리는 ; 진동시키는 일으키는 ; 진동(성)의.

vibro- '진동'의 뜻의 결합사 : *vibro*massage.

vi·bro·scope [váibrəskòup] *n.* ⓒ 진동계.

·vic·ar [víkər] *n.* ⓒ (1) 【英國國敎】 교구(대리) 목사《교구세를 받는 rector와 달리 봉급만을 받음》. (2) 《美》 (감독 교회의) 회당(會堂) 목사, 전도 목사. (3) 【가톨릭】 대목(代牧) ; 대리(자). ***cardinal ~*** 【가톨릭】 주교대리. ***of Bray*** 〈***the ~***〉 기회주의자. ***the Vicar of Christ*** 【가톨릭】 교황.

vic·ar·age [víkəridʒ] *n.* ⓒ vicar의 주택, 목사관(館) ; vicar의 직〈지위〉 ; vicar의 봉급.

vícar apostólic 【가톨릭】 교황 대리 (대)주교 ; 대목 교구장(代牧敎區長).

vi·car·i·ous [vaikɛ́əriəs, vi-] *a.* (1) 대리의 ; 대리직의. (2) 대신하는 : ~ punishment 대신 받는 형벌. (3) (남의 경험을) 상상하여 느끼는, 남의 몸이〈마음〉이 되어 경험하는 ; 【醫】 대상(代償)(성) 의. ***the ~ sacrifice*** 〔***sufferings***〕 ***of Christ*** 【基】 죄인을 대신한 예수의 희생〈수난〉.

파) **~·ly** *ad.* 대리로(서). **~·ness** *n.*

:vice[1] [vais] *n.* (1) ⓤ 악덕, 악, 사악, 부도덕. (2) ⓤ 악덕 행위, 비행 ; ⓒ 악습, 악폐, 나쁜 버릇. 〖opp.〗 *virtue.* 『Her only ~ was smoking. 그녀의 단 한가지 악습은 담배 피우는 것이었다. (3) ⓒ (인격·문체·제도·조직 따위의) 결함, 결점, 약점, 불비점. (4) ⓤ 성적 부도덕 행위, 《특히》 매춘(賣春). (5) ⓒ (말·개 따위의) 나쁜 버릇. ▫ vicious *a.*

vi·ce[2] [váisi] *prep.* 《L.》 …의 대신에, …의 대리로서(in place of) ; …의 뒤를 이어.

vice- *pref.* 관직을 나타내는 명사에 붙어서 '부(副), 대리, 차(次)'의 뜻.

více ádmiral 해군 중장.

vice-chair·man [váistʃɛ́ərmən] (*pl.* **-men** [-mən]) *n.* ⓒ 부회장, 부위원장, 부의장.

vice-chan·cel·lor [ˊtʃǽnsələr, ˊtʃɑ́ːn-] *n.* ⓒ (주로 영국의) 대학 부총장 ; 부〈대리〉대법관 ; 장관대리, 차관.

vice-con·sul [ˊkɑ́nsəl/ˊkɔ́n-] *n.* ⓒ 부영사.

vice-min·is·ter [ˊmínistər] *n.* ⓒ 차관.

vi·cen·ni·al [vaiséniəl] *a.* 20년의〈간의〉 ; 20년마다의(계속하는), 20년에 한 번의.

·vice-pres·i·dent [váisprézədənt] *n.* ⓒ 부통령 ; (흔히 V-P-) 미국 부통령 ; 부총재 ; 부회장 ; 부사장 ; 부총장.

vice-pres·i·den·tial [-dénʃəl] *a.* 부통령의 ; 부사장의 ; 부총장의.

vice-prin·ci·pal [-prínsəpəl] *n.* ⓒ 부교장, 교감.

vice·roy [váisrɔi] *n.* ⓒ 부왕(副王) ; 총독, 태수.

více squàd (경찰의)풍속 범죄 단속반.

vi·ce ver·sa [váisi-vɔ́ːrsə] 《L.》 반대로, 거꾸로 ; (흔히 and ~ 로, 생략문으로서) 역(逆)도 또한 마찬가지로《略 : v. v.》.

vic·i·nal [vísənəl] *a.* 인근의, 부근〈근처〉의.

·vi·cin·i·ty [visínəti] *n.* (1) ⓒ a] 근처, 부근, 주변. b] (흔히 *pl.*) 가까운 곳, 주변, 근린지(近隣地). (2) ⓤ 가까이 있음, 근접《*to*》. ***in the ~ of*** 1) …의 부근에〈의〉. 2)약 …, …전후의.

:vi·cious [víʃəs] (***more ~ ; most ~***) *a.* (1) 나쁜, 사악한, 악덕한, 부도덕의 ; 타락한. (2) 악의 있는, 심술궂은. (3) 버릇 나쁜, 길들지 않은《말·개 따위》. (4) a] (말·추론(推論) 따위가) 틀린, 결점이 있는, 옳지 않은. b] (경제 현상 따위가) 악순환을 이루는. (5) 심한 ; 악성의. (6) 《美俗》 굉장히 좋은, 멋진, 최고의. ▫ vice *n.*

파) **~·ly** *ad.* 도덕에 반하여, 부정하게, 《특히》 심술궂게 ; 몹시《때리다, 아프다》. **~·ness** *n.*

vícious círcle 〈**cýcle**〉 (1) 악순환. (2) 【論】 순환 논법.

vícious spíral 【經】 (임금 상승과 물가 앙등의 경우와 같은) 악순환 : ~ of wages and prices.

·vi·cis·si·tude [visísətjùːd] *n.* (1) ⓒ (사물 따위의) 변화, 변천. (2) ⓤ 《古·詩》 순환, 교체. (3) (*pl.*) (인생·운명 따위의) 변천 ; 영고성쇠.

:vic·tim [víktim] *n.* ⓒ (1) a] (박해·사고·불행 따위의) 희생(자), 피해자, 이재민, 조난자《*of*》. b] (사기꾼 등의)봉, 당하는 희생자(dupe)《*of*》. (2) 【宗】 희생, 산 제물, 인신 공양.

vic·tim·ize [víktəmàiz] *vt.* (1) (남)을 희생시키다, 희생으로 바치다. (2) …을 속이다 ; (부당하게) 괴롭히다, 학대하다.

파) **vic·tim·i·za·tion** [vìktəmizéiʃən/-maiz-] *n.*

:vic·tor [víktər] (*fem.* ***vic·tress***[-tris]) *n.* ⓒ (1) 승리자, 전승자, 정복자(conqueror). (2) (경기 따위의) 우승자(winner). (3) (V-) 문자 V를 나타내는 통신 용어.

Vic·to·ria [viktɔ́ːriə] *n.* (1) 빅토리아《여자 이름》. (2) 영국의 여왕(1819-1901).

Victória Cróss (the ~) 빅토리아 십자 훈장《1856년 Victoria 여왕이 제정 ; 수훈을 세운 군인에게 수여함 ; 略 : V. C.》 ; 그 훈장의 소지자.

·Vic·to·ri·an [viktɔ́ːriən] *a.* (1) 빅토리아 여왕(시대)의 ; Victoria 왕조풍의 ; (사람·생각 따위가) 융통성이 없는, 위선적이고 예스러운 : the ~ Age 빅토리아 왕조 시대(1837-1901).

—*n.* ⓒ Victoria 여왕 시대의 사람《특히 문학자》. 파) **~·ism** *n.* ⓤ 빅토리아 왕조풍.

Vic·to·ri·ana [viktɔ̀ːriɑ́ːnə, -ǽnə] *n.* (*pl.*) 빅토리아조(풍)의 물건〈장식품, 골동품〉 ; 빅토리아조 물품의 컬렉션 ; 빅토리아조에 관한 자료.

:vic·to·ri·ous [viktɔ́ːriəs] (***more ~ ; most ~***) *a.* (1) 승리를 거둔, 이긴. (2) 승리의, 전승의. (3) 이겨서 의기양양한.

파) **~·ly** *ad.* **~·ness** *n.*

:vic·to·ry [víktəri] *n.* ⓤ,ⓒ (1) 승리, 전승, 승전 ; 극복, 정복《*in* ; *over*》. 〖opp.〗 *defeat.* (2) (V-) 【로神】 승리의 여신. ***gain*** 〈***get, win***〉 ***a*** 〈***the***〉 ***~ over*** …에게 이기다. ***lead the troops to ~*** 군(軍)을 승리로 이끌다.

V

·vict·ual [vítl] *n.* ⓒ《古》(흔히 *pl.*) 음식물, 양식. —(-*l*-, 《英》-*ll*-) *vt.* …에게 식량을 공급하다 ; …에 식량을 싣다. —*vi.* 식량을 사들이다〈저장하다〉.

vict·ual·er, 《英》 **-ual·ler** [vítlər] *n.* ⓒ 식료품 공급자《함선·군대 따위에의》.

vid [vid] *n.*, *a.* 《口》 비디오〔의〕.

vi·de [váidiː, víːdei] *v.* 《L.》 (…을) 보라, 참조하라 《略 : v. 또는 vid.》 : ~ 〔*v.*〕 p. 30, 30 페이지 참조.

vide an·te [-ǽnti] 《L.》 앞을 보라(= see before).

vide in·fra [-ínfrə] 《L.》 아래를 보라(= see below).

vi·del·i·cet [vidéləsèt, vai-] *ad.* 《L.》 즉, 바꿔 말하면《略 : viz ; viz. 는 namely [néimli]라고 읽음》.

·vid·eo [vídiòu] (*pl.* ***vid·e·os***) *n.* (1) ⓤ 【TV】 (음성에 대해) 영상(부분), 비디오. (2) 《口》 텔레비전. (3) ⓒ 비디오 리코더. (4) ⓒ 비디오 테이프 녹화(錄畫).

vídeo àrt 비디오 아트〈예술〉. 파) **~·ist** *n.*

vídeo càmera 비디오 카메라.

vid·e·o·cas·sette [vídioukəsèt] *n.* ⓒ 비디오 (테이프가 들어 있는) 카세트. —*a.* 비디오카세트(용)의.

vid·e·o·con·fer·ence [vídioukɑ̀nfərəns/-kɔ̀n-] *n.* ⓒ 텔레비전 회의《TV로 원격지를 연결하여 행하는 회의》.

vid·e·o·disc, -disk [vídioudìsk] *n.* ⓒ 비디오 디스크《레코드 모양의 원반에 화상과 음성을 기록한 것》.

vídeo displáy términal 【컴】 데이터 표시 장치《略 : V. D. T.》.

vídeo gàme 영상 놀이, 비디오 게임.

vid·e·o·ma·nia [vídiouméiniə] *n.* 비디오광〔狂〕.

vídeo mònitor 【TV】 영상 화면기.

vídeo násty 《口》 폭력〈외설〉 비디오.

vid·e·o·phone [vídoufòun] *n.* ⓒ 텔레비전 전화, 비디오 전화.

vídeo pìrate 비디오 저작권 침해자. 【cf.】 videotape pirate

vid·e·o·play·er [vídioupléiər] *n.* 비디오테이프 재생 장치.

V

vídeo recòrder 비디오테이프식 녹화기.

vid·e·o·tape [vídioutèip] *n.* ⓤ 비디오테이프 ; 비디오테이프 녹화.

vídeotape recòrder 비디오 테이프 녹화장치《略 : VTR》.

vide post [váidiː póust] 《L.》 뒤를 보라(=see after).

vide su·pra [-súːprə] 《L.》 위를 보라(=see above).

·vie [vai] (*p.*, *pp.* ***vied*** ; ***vý·ing***) *vi* 《+前+名》 겨루다, 경쟁하다, 우열을.

Viénna sáusage 비엔나 소시지.

Vi·en·nese [vìːəníːz, -níːs] *a.* 빈 (사람)의 ; 빈식〈풍〉의. —(*pl.* ~) *n.* ⓒ 빈 사람.

Vi·et·nam, Viet-Nam, Viet Nam [vìètnɑ́ːm, vjèt-, -nǽm] *n.* 베트남《인도 차이나의 공화국 ; 수도 Hanoi》.

Viétnam Wàr (the ~) 베트남 전쟁(1954-73).

:view [vjuː] *n.* (1) ⓒ a] (탁 트인) 전망, 조망(眺望) ; 광경, 경치, 풍경. b] 풍경화〈사진〉 ; 전망도(圖). (2)ⓤ 보이는 상태〈범위〉, 시계, 시야. (3) (*sing.*) 봄, 바라봄, 관람, 구경 ; 관찰, 검토 ; 【法】 실지 검증《*of* 》. (4) ⓤ 언뜻 봄, 일견(一見), 일람(一覽). (5) ⓒ (흔히 *sing.*)〔修飾語를 수반하여〕 (특정한 눈으로) 보기, 사고방식. (6) ⓒ a] (…에 관한 개인적인) 의견, 견해, 생각《*on* ; *about*》. b] 《+*that*》 (…하다는) 생각, 의견. (7) ⓤ,ⓒ 목적, 계획, 의도, 고려, 기도 ; 기대, 가망. (8) ⓒ 개관(槪觀), 개념, 개설 : a ~ of German literature. 독일문학 개설. ***come into*** ~ 시야에 들어오다, 보이게 되다. ***exposed to*** ~ 나타나서, 보여서. ***field of*** ~ 시야. ***have in*** ~ 마음 먹다. ***in the long*** 〈***short***〉 ~ 장기〈단기〉적으로 보면. ***in*** ~ 1) 보이는 곳에, 시계 안에. 2) 고려〈계획〉 중(인), 목표로 하여 ; 기대〈희망〉하여. ***in ~ of*** 1) …로부터〈이〉 보이는 곳에. 2) …을 고려하여, …한 점에서 보아, …에 비추어 ; …때문에 : *in ~ of* the fact that …이라는 사실을 고려하여〈사실에 비추어〉. ***keep*** 〈***have***〉 a thing ***in*** ~ 1) …을 보이는 곳에 두다, …에서 눈을 떼지 않다. 2) 마음〈기억〉에 새겨두다, 유의하다 ; 목적으로〈목표로〉 하다 ; …을 기대하다〈믿다〉. ***leave . . . out of*** ~ …을 문제외(外)로 치다, …을 고려에 넣지 않다. ***lost to*** ~ 보이지 않게 되어. ***on the ~ of*** 보는 것만으로, 첫눈에. ***on*** ~ 공개〈전시〉 중(인) ; 상영 중인. ***take a ~ of*** …을 관찰〈시찰〉하다, …을 검분(檢分)하다. ***take*** (***the***) ***long*** 〈***short***〉 ***~s*** 선견지명이 있다〈없다〉 ; 장래를 내다보다〈근시안적이다〉. ***to the*** ~ 공공연히, 내놓고 ; 보이는 곳에. ***with a ~ to*** …을 예상〈기대〉하여 ; …을 노리고. ***with a ~ to*** do***ing*** (《俗》 do) …하기 위하여, …을 바라고 ; …에 관하여 ; …을 예상하여.

—*vt.* (1) …을 보다, 바라보다 : ~ the landscape 풍경을 바라보다 / ~ a moive 영화를 보다. (2) …을 조사하다, 검토하다 ; 관찰하다, 시찰하다 ; 【法】 검증〈검시(檢屍)〉하다 : ~ the records 기록을 조사하다 / ~ a house (살까말까) 집을 보다 / ~ the body (배심원이) 검시하다. (3) 《+目+前+名/+目+*as* 補/+目+副》 …로 간주하다 ; …라고 판단하다, 보다 : He ~*s* the matter *in* a different light 그는 그 문제를 다른 관점에서 본다/We ~ the policy *with* skepticism. 우리는 그 정책을 회의적으로 보고 있다/The problem must also be ~*ed from* the employers angle. 그 문제는 또 사용자의 입장에서도 보아야 한다/The natives ~ the old man's words *as* law. 원주민은 그 노인의 말을 법률로 보고 있다. (4) …을 텔레비전으로 보다 ; 텔레비전을 보다, 시청하다(watch). —*vi.* 검시하다 ; 텔레비전을 보다 : an order to ~ (가옥·건물 등에 대한) 임검 허가..

:view·er [vjúːər] *n.* ⓒ 보는 사람 ; 구경꾼, 관찰자 ; 검사관, 감독(관) ; 【寫】 뷰어《슬라이드 따위의 확대 투시 장치》.

view·find·er [vjúːfàindər] *n.* ⓒ 【寫】 파인더.

view·less [vjúːlis] *a.* 눈에 보이지 않는(invisible) ; 전망이 좋지 않는 ; 의견이〈견해가〉 없는, 무정견(無定見)의. 파) **~·ly** *ad.*

·view·point [vjúːpɔ̀int] *n.* ⓒ (1) 견해, 견지, 관점(point of view). (2) 관찰하는〈보이는〉 지점.

view·port [vjúːpɔ̀ːrt] *n.* ⓒ 【컴】 보임창《화면상의 화상 표시 영역, 좌표축에 평행한 4변형으로 경계가 지어짐》.

·vig·il [vídʒil] *n.* ⓤ,ⓒ (1) 철야, 불침번 ; 밤샘 ; 밤샘 병구완《*over* ; *beside*》 ; 경계, 망(봄). (2) 【宗】 철야 기도. ***keep*** ~ 불침번을 서다 ; (병간호 따위로) 밤새우다, 밤샘을 하다.

·vig·i·lance [vídʒələns] *n.* ⓤ 조심, 경계 ; 불침

번. ㅁ vigilant *a.*

·**vig·i·lant** [vídʒələnt] *a.* 자지 않고 지키는, 경계하고 있는 ; 방심하지 않는, 주의 깊게 지키는.
파) **~·ly** *ad.*

vig·i·lan·te [vìdʒəlǽnti] *n.* ⓒ 《美》 자경단원 : ~ corps 자경단.

vig·i·lan·tism [vídʒələntìzəm, vìdʒəlǽntizəm] *n.* ⓤ 《美》 자경단 제도 ; 자경주의〈행위〉.

vi·gnette [vinjét] *n.* ⓒ (1) 당초문(唐草紋), 《특히》 책의 속표지 · 장(章) 머리나 맨 끝의 장식 무늬. (2) 비네트《배경을 흐리게 한 상반신의 사진 · 초상화》. (3) (책 속의 작고 아름다운) 삽화. (4) 소 품문(小品文), 《특히》 간결한 인물 묘사 (5) (연극 · 영화 속의) 짧은 사건〈장면〉.

:**vig·or,** 《英》 **vig·our** [vígər] *n.* ⓤ (1) 활기, 힘, 정력, 정신력 ; 활력. (2) (말 · 문장 등의) 힘참, 박력.

:**vig·or·ous** [vígərəs] (***more ~ ; most ~***) *a.* (1) 정력적인, 원기 왕성한, 활발한, 활기있는, 박력 있는,강건한. (2) 강력한 ; 강경한, 단호한.
파) ***~·ly** *ad.* **~·ness** *n.*

·**Vi·king** [váikiŋ] *n.* ⓒ (*or* v-) 바이킹, 북유럽 해적《8-10 세기경 유럽 해안을 노략질한 북유럽 사람》.

:**vile** [vail] (***víl·er ; víl·est***) *a.* (1) a] 비열한, 야비한, 부도덕한, 수치스러운. (2) (감각적으로) 혐오할 만한, 고약한, 불쾌한 ; 싫은. (3) 시시한, 하찮은 : the ~ chores of the kitchen 부엌의 허드렛일. (4) 심한, 나쁜, 넌더리 나는, 지독한.
파) **~·ly** *ad.* **~·ness** *n.*

vil·i·fi·ca·tion [vìləfikéiʃən] *n.* ⓤ,ⓒ 비방, 욕설 ; 중상, 비난.

vil·i·fy [víləfài] *vt.* (아무)를 비방〈중상〉하다, 헐뜯다 ; 욕하다.

·**vil·la** [vílə] *n.* ⓒ (1) (큰 규모의) 별장《※ 작은 것은 cottage라 함》 ; (교외 · 시골의) 대저택, 전원 주택 ; (피서지 · 해안의) 임대 별장. (2) 《英》 a] 교외 주택 《두 채가 붙은》. b] (Villas) (주택명의 일부로서) …주택. (3) (고대 로마의) 장원(莊園).

:**vil·lage** [vílidʒ] *n.* ⓒ (1) 마을, 촌락《hamlet 보다 크고 town보다 작음》. (2) 〔集合的 ; 單 · 複數취급〕 마을 사람 ; 촌사람. (3) (비교적 독립된 지구로서의) …촌(村).

:**vil·lag·er** [vílidʒər] *n.* ⓒ 마을 사람, 시골사람.

·**vil·lain** [vílən] *n.* (1) ⓒ 악인, 악당, 악한. (2) (the ~) (극 · 소설 따위의) 악역. (3) ⓒ 《英口》 범인, 범죄자. (4) ⓒ 《戱》 놈, 이자식. ***the ~ of the piece*** 《종종 戱》 (문제를 일으킨) 장본인, 원흉.

vil·lain·ous [vílənəs] *a.* (1) 악한 같은, 악당의 ; 악랄한, 극악 무도한. (2) 지독한, 고약한. 파) **~·ly** *ad.*

vil·lainy [víləni] *n.* (1) ⓒ 나쁜 짓, 악행. (2) ⓤ 극악, 악랄.

-ville (1) 지명 의 일부로서 'town, city'의 뜻 : Nash*ville*. (2) 《口·蔑》 '특정한 상태〈장소〉'의 뜻의 결합사 : dulls*ville*.

vil·lein [vílən] *n.* ⓒ 【史】 농노(農奴)《봉건시대의 영국의 반(半) 자유민》.

vil·len·age, vil·lein- [vílənidʒ] *n.* ⓤ (봉건시대의 영국의) 농노의 신분〈지위〉.

vim [vim] *n.* ⓤ 《口》 정력, 생기.

vinaigrétte sàuce 비네그렛 소스《초 · 기름 · 향신료 따위로 만든 샐러드용 소스》.

vin·di·ca·ble [víndikəbəl] *a.* 변호〈옹호〉할 수 있는, 입증할 수 있는.

vin·di·cate [víndəkèit] *vt.* (1) (아무)의 결백을 증명하다, 혐의를 불식하다 ; (명예)를 회복하다. (2) (권리 등)을 주장〈변명 · 옹호〉 하다, …의 정당성을 입증하다《~+目+前+名》. 파) **vin·di·ca·tor** [víndəkèitər] *n.*

vin·dic·a·tion [vìndəkéiʃən] *n.* (1) ⓤ 변호, 옹호, 변명 ; 입증, 증명《*of*》. (2) (a ~) 옹호〈입증〉하는 것〈사실〉.

vin·di·ca·tive [vindíkətiv, víndikèi-] *a.* 변호〈옹호〉하는 ; 변명하는. 파) **~·ly** *ad.*

vin·di·ca·to·ry [víndikətɔ̀ːri, -təri] *a.* 변명〈변호〉하는 ; 입증하는.

vin·dic·tive [vindíktiv] *a.* (1) 복수심이 있는, 원한을 품은, 앙심깊은. (2) 악의에서 나온, 보복적인.
파) **~·ly** *ad.* **~·ness** *n.*

:**vine** [vain] *n.* ⓒ (1)덩굴, 덩굴풀, 덩굴식물. (2) 포도나무(grapevine).

vine·dress·er [⌐drèsər] *n.* ⓒ 포도밭의 일꾼.

·**vin·e·gar** [vínigər] *n.* ⓤ (1) (식)초. (2) (표정 · 태도 따위의) 꽤 까다로움, 지르퉁함. (3) 《美口》 활력, 정력, 기운.

vin·e·gary [vínigəri] *a.* (1) 식초 같은 ; 신. (2) 성미 까다로운, 지르퉁한, 심술궂은.

vin·ery [váinəri] (1) ⓒ 포도원, 포도온실. (2) ⓤ 〔集合的〕《美》 포도나무, 덩굴 식물.

·**vine·yard** [vínjərd] *n.* ⓒ 포도원〈밭〉.

vin·i·cul·ture [vínəkʌ̀ltʃər] *n.* ⓤ (포도주용) 포도 재배.

vi·no [víːnou] (*pl.* ~s) *n.* 《It.·Sp.》 포도주 《Chianti 따위》 : 싸구려 포도주.

vi·nous [váinəs] *a.* (1) 포도주의 ; 포도주 같은 ; 포도주 빛깔의. (2) 포도주에 취한 ; 얼큰히 취한.

·**vin·tage** [víntidʒ] *n.* (1) ⓒ (흔히 *sing.*) a] 포도 수확(기). b] (일기(一期)의) 포도 수확량 ; 포도주 생산량. c] (특정한 해의) 포도《*of*》. (2) ⓒ = VINTAGEWINE. (3)ⓤ,ⓒ (…해의) 제품 ; 형 ; 제조 연도, 제작 연대《자동차 등의》. — *a.* 〔限定的〕 (1) (포도주가) 특정 연도 및 상표의, 양질의 : ~ wines 우량〈양질의〉 포도주. (2) a] (제작물 · 문예작품 등이) 전성기의, 우량〈우수〉한 ; 오래되고 가치 있는. b] 낡아빠진, 시대에 뒤진.

víntage càr 《英》 1917-30년에 제조된 구형의 고급차.

vin·tag·er [víntidʒər] *n.* ⓒ (포도주용의) 포도수확자.

víntage yéar (1) 포도작황이 좋았던 해(2) 《比》 대성공의 해, 크게 성과가 좋은 해, 알찬 해.

vint·ner [víntnər] *n.* ⓒ 포도주 상인〈양조인〉.

·**vi·nyl** [váinəl, vín-] *n.* ⓤ,ⓒ 【化】 비닐(기(基)). —*a.* 비닐기를 함유한 ; 비닐제(製)의 : a ~ tablecloth 비닐의 식탁보.

vi·ol [váiəl] *n.* ⓒ 비올《중세의 현악기 ; 현대 violin류의 전신》.

vi·o·la[1] [vióulə] *n.* ⓒ 비올라《violin과 cello의 중간 크기의 현악기》.

vi·o·la[2] [vaióulə, váiələ] *n.* ⓒ 【植】 제비꽃속〔屬〕의 식물. [L. =violet]

vi·o·la·ble [váiələbəl] *a.* 범할 수 있는, 깨뜨릴 수 있는, 더럽힐 수 있는(〖opp.〗 inviolable).

viola da gamba [vióulədəgɑ́ːmbə] (*pl.* ***violas da gam·ba*** [vióulei-]) 비올라다감바《viol류의 저음 악기 ; cello의 전신》. [It. =viol for the leg]

:vi·o·late [váiəlèit] *vt.* (1) (법률·맹세·약속·양심 따위)를 어기다, 위배하다, 범하다. (2) …을 신성을 더럽히다, …을 모독하다. (3) …을 어지럽히다, 방해하다, 침해하다. (4) (여자)를 강간하다, 폭행하다 (rape). ㅁ violation *n.*

·vi·o·la·tion [vàiəléiʃən] *n.* ⓤ,ⓒ (1) (법률·약속 따위의) 위반, 위배《*of* 》. (2) 방해 : 침해, 침입《*of* 》. (3) (신성의)모독《*of* 》. (4) (여성에 대한) (성)폭행. ㅁ violate *v.*

vi·o·la·tor [váiəlèitər] *n.* ⓤ (1) 위반자, 위배자. (2) 방해자 : 침해자. (3) 모독자. (4) (성)폭행자.

:vi·o·lence [váiələns] *n.* ⓤ (1) (자연 현상·사람의 행동·감정 등의) 격렬함, 맹렬함, 사나움, 맹위. (2) 폭력, 난폭 : 폭행. ***do ~ to*** 1) …에게 폭행을 가하다 : (감정 따위)를 해치다. 2) …를 범하다, …에 위반하다. (3) (의미·사실 따위)를 왜곡하다, 곡해하다.

:vi·o·lent [váiələnt] (***more ; most ~***) *a.* (1) (자연 현상·사람의 행동·감정 따위가) 격렬한, 맹렬한. (2) 극단적인, 극심한 : (느낌이) 강력한. (3) 난폭한, 광포한, 폭력적인. (4) (죽음이) 폭력〈사고〉에 의한. 파) **:~·ly** *ad.*

:vi·o·let [váiəlít] *n.* (1) ⓒ 【植】 제비꽃, 바이올렛. (2) ⓤ 보랏빛. —*a.* 보라색의.

:vi·o·lin [vàiəín] *n.* ⓒ (1) 바이올린, 바이올린 계통의 악기《viola, cello 등》. (2) (흔히 *pl.*) 바이올린 연주자.

·vi·o·lin·ist [vàiəlínist] *n.* ⓒ 바이올린 연주자, 바이올리니스트, 제금가(提琴家). 【cf.】 fiddler.

vi·o·list [vióulist, vai-] *n.* ⓒ viola 연주자.

VIP, V. I. P. [víːàipíː] (*pl.* ***~s***) *n.* ⓒ 《口》 요인, 중요인물, 귀빈

·vi·per [váipər] *n.* ⓒ (1) 【動】 북살모사 : 〔一般的〕 독사. (2) 독사 같은 놈, 독살스러운〈속검은〉 사람. ***a ~ in*** a person***'s bosom*** 은혜를 원수로 갚는 사람.

vi·per·ous [váipərəs] *a.* (1) 독사의, 독사 같은. (2) 독살스러운, 속 검은, 사악한, 음흉한, 악의가 있는. 파) **~·ly** *ad.*

vi·ra·go [viráːgou, -réi-] (*pl.* ***~(e)s***) *n.* ⓒ 잔소리 많은 여자, 앙알거리는 계집.

vi·ral [váiərəl] *a.* 바이러스성(性)의, 바이러스가 원인인. 파) **~·ly** *ad.*

V

:vir·gin [vɔ́ːrdʒin] *n.* (1) ⓒ a] 처녀, 아가씨, 미혼여성, 젊은 여자. b] 《稀》 동정(童貞)의 남성. (2) a] (the (Blessed) V-) 동정녀 마리아. b] (종종 V-) 성모 마리아의 그림〈상〉. (3) (the V-) 【天】 처녀자리 (Virgo).
—*a.* (1) 〔限定的〕 처녀의, 동정의 : 처녀로 있는〈를 지키는〉. (2) 처녀다운(같은), 얌전한, 순결한. (3) 더럽혀지지 않은, 순결한, 깨끗한. (4) 처음 겪은. (5) 사용한 일이 없는, 미개척의.

vir·gin·al [vɔ́ːrdʒənl] *a.* (1) 처녀의, 처녀〈아가씨〉 다운. (2) 순결한, 무구한, 흠없는, 수처녀의.

vírgin bírth (the ~ : 종종 V- B-) 【神學】 성모 마리아의 처녀수태(설).

Vir·gin·ian [vəːrdʒínjən] *a.* 버지니아주(산)의. *n.* ⓒ 버지니아주의 (사람).

Virgínia réel 《美》 포크 댄스의 일종《남녀가 두줄로 마주서서 춤》 : 그 음악.

Vírgin Íslands (the ~) 버진아일랜드《서인도 제도 북동부, 소(小)앤틸리스 섬 북부에 있음》.

vir·gin·i·ty [vərdʒínəti] *n.* ⓤ (1) 처녀임, 처녀성, 동정. (2) 순결 : 신선함.

Vírgin Máry (the ~) 성모 마리아.

Vírgin Quéen (the ~) 처녀왕《영국 여왕 Elizabeth 1 세》.

Vir·go [vɔ́ːrgou] *n.* (1) 【天】 처녀자리. (2) 【占星】 a] (12궁의) 처녀궁. b] ⓒ 처녀자리 태생의 사람(= **Vír·go·an**).

vir·gule [vɔ́ːrgjuːl] *n.* ⓒ (어느 쪽 말을 취해도 좋음을 나타내는) 사선《보기 : and/or의 /》.

vir·i·des·cent [vìrədésənt] *a.* 담녹색의, 초록색을 띤〈이 도는〉 : 녹색으로 변하는, 푸르게 되는.

vir·ile [vírəl, vírail] *a.* (1) 남성의, 성년 남자의 : 남자로서 한창때의. (2) 남성적인, 사내다운. (3) (남자로서의) 생식력이 있는. (4) 힘찬, 웅건한.

vi·ril·i·ty [viríləti] *n.* ⓤ (1) (성년) 남자임, 성년. (2) 사내다움 : (남자가) 한창때임. (3) (남자의) 정력, 생식력. (4) 활기, 힘참.

vi·rol·o·gy [vaiərɑ́lədʒi/-rɔ́l-] *n.* ⓤ 바이러스학(學). 【cf.】 virus. 파) **-gist** *n.*

virtu [vəːrtúː] *n.* ⓤ (1)〔集合的〕 미술품〈골동품〉. (2)미술 취미, 골동 애호, 골동벽. ***articles 〈objects〉 of ~*** 골동품, 미술품.

·vir·tu·al [vɔ́ːrtʃuəl] *a.* 〔限定的〕 (1) (명목상으로는 그렇지 않으나) 실제상의, 실질적인, 사실상의. (2) 【光】 허상(虛像)의. 〖opp.〗 *real.*

vir·tu·al·ly [vɔ́ːrtʃuəli] *ad.* 사실상, 실질적으로.

vírtual mémory 【컴】 가상 기억 장치.

vírtual reálity 가상〈인공〉 현실(감)《컴퓨터 시뮬레이션으로 만드는 가상 환경 속에 있는 듯한 의사(擬似)적 체험》.

vírtual stórage 【컴】 가상 기억 (장치).

:vir·tue [vɔ́ːrtʃuː] *n.* (1) ⓤ 미덕, 덕, 덕행, 선행. 〖opp.〗 *vice*[1]. (2) ⓒ (어떤 특수한) 도덕적 미점, 덕목. (3) ⓤ 정조. (4) ⓤ,ⓒ 장점, 가치. (5) ⓤ 효력, 효능. (6) (*pl.*) 역품(力品) 천사《천사의 제 5계급》. ***by 〈in〉 ~ of*** …의 힘으로, …의 덕택으로. ***make a ~ (out) of necessity*** ⇨ NECESSITY(成句).

vir·tu·os·i·ty [vɔ̀ːrtʃuɑ́səti/ -ɔ́s-] *n.* ⓤ (1) 예술상의 묘기, 기교《특히 음악의》. (2) 미술취미, 골동취미. (3) 미술 애호가, 골동품.

vir·tu·o·so [vɔ̀ːrtʃuóusou, -zou] (*pl.* ***~s, -si*** [-siː, -ziː]) *n.* ⓒ 예술의 거장, 《특히》 음악의 대가〈명연주가〉. —*a.* 〔限定的〕 명인의, 거장(巨匠)(풍)의.

·vir·tu·ous [vɔ́ːrtʃuəs] (***more ~ ; most ~***) *a.* (1) 덕이 높은, 덕이 있는, 고결한. (2) 정숙한, 절개 있는. (3) 《때로 蔑》 고결한 체하는, 젠체하는, 독선적인. 파) **~·ly** *ad.* **~·ness** *n.*

vir·u·lence, -len·cy [vírjuləns], [-si] *n.* ⓤ (1) 독성, 유독. (2) (지독한) 증오, 악의 : 신랄함.

vir·u·lent [vírjulənt] *a.* (1) 유독한, 맹독성의. (2) 독기를 품는, 악의가 있는, 적의(敵意)에 찬. (3) 【醫】 (병이) 악성의. 파) **~·ly** *ad.*

·vir·us [váiərəs] *n.* ⓒ (1) 【醫】 바이러스, 여과성(濾過性) 병원체. (2) 바이러스(성) 질환, 감기. (3) (도덕·정신상의) 해독. (4) 【컴】 전산균, 바이러스.

·vi·sa [víːzə] *n.* ⓒ (여권 따위의) 사증(査證), 비자, (여권등의) 이서(裏書). —(***~ed, ~'d ; ~·ing***) *vt.* (패스포트)에 사증〈배서〉하다.

vis·age [vízidʒ] *n.* ⓒ 얼굴, 얼굴 모습, 용모. 파) **~d** [-d] *a.* 〔複合語로〕 …한 얼굴의.

vis·à·vis [vìːzəvíː] (*pl.* ~[-z]) *n.* ⓒ 《F.》 마주보고 있는 사람〈물건〉 : 《특히》 (춤의) 상대역, (사교장에서의) 파트너. —*a.* 마주보고 있는.
—*ad.* 마주보고, 마주 향하여, 상대해서《*to* : *with*》 : talk ~ *with* him 그와 마주보고 이야기하다.

—*prep.* (1) …와 마주보고. (2) …에 대하여〈대한〉 ; …에 관하여〈관한〉 ; …에 비하여, …와 비교하여.
vis·cera [vísərə] (*sing.* ***vis·cus*** [vískəs]) *n. pl.* (the ~) 내장 ; 《俗用》 창자, 배알.
vis·cer·al [vísərəl] *a.* (1) 내장의, (병이) 내장을 범하는. (2) 직감적(直感的)인 ; 본능적인, 비이성적인, 직감적인 : 마음속으로부터의. 파) **~·ly** *ad.*
vis·cid [vísid] *a.* 끈적이는, 끈끈한, 점착성의. 파) **~·ly** *ad.* **~·ness** *n.* **vis·cid·i·ty** [visídəti] *n.*
vis·cose [vískous] *n.* ⓤ 【化】 비스코스《인조견사·셀로판 따위의 원료》.
vis·cos·i·ty [viskásəti/-kɔ́s-] *n.* ⓤ 점질(粘質) ; 【物】 점성(粘性), 점성도(度).
ˑvis·count [váikàunt] *n.* ⓒ (흔히 V-) 자작(子爵)《※ 백작(earl)의 맏아들에 대한 경칭으로도 쓰임 : 略 : V., Vis(c).》.
파) **~·cy**, **~·ship** [-si], [-ʃìp] *n.* ⓤ 자작의 지위〈신분〉. **~·ess** [-is] *n.* ⓒ 자작 부인, 자작 미망 인 ; 여(女)자작. **~y** *n.* = viscountcy.
vis·cous [vískəs] *a.* (1) 들러붙는, 끈적이는. (2) 【物】 점성(粘性)의. 파) **~·ly** *ad.* **~·ness** *n.*
vise, 《英》 **vice** [vais] 【機】 *n.* 바이스.
—*vt.* …을 바이스로 죄다 ; 힘껏 누르다〈죄다〉.
vise·like [váislàik] *a.* 바이스처럼(기능을 하는) : a ~ grip 단단히 〈꽉〉 잡음.
vis·i·bil·i·ty [vìzəbíləti] *n.* (1) ⓤ 눈에 보임, 볼 수 있음. (2) ⓤ,ⓒ 【氣·海】 시계(視界), 시도(視度), 시정(視程).
:vis·i·ble [vízəbəl] (***more ~ ; most ~***) *a.* (1) (눈에) 보이는. (2) 명백한, 보아 알 수 있는, 분명한, 력연한. (3) 눈에 띄는, 뚜렷한, 두드러진. (4) (사람·일이) 자주 뉴스에 나오는, 활동이 두드러진. 〖opp.〗 *invisible.* ▫ visibility *n.* 파) **-bly** *ad.* 눈에 보이게, 뚜렷이.
Vis·i·goth [vízəgɑ̀θ/-gɔ̀θ] *n.* (1) (the ~s) 서(西)고트족(族). (2) ⓒ 서고트족(族)의 사람.
:vi·sion [víʒən] *n.* (1) ⓤ 시력, 시각. (2) ⓤ (보이지 않는 것을 마음 속에 그리는) 상상력, 선견지명, 통찰력. (3) ⓒ (마음 속에 그린) 미래상, 비전《*of* 》. (4) ⓒ (머릿속에 그리는) 환상, 환영, 꿈 ; 【映】 환상의 장면《상상·회상 등》 : see a ~ 환상을 보다 / It appeared to me in a ~. 그것은 환상으로 나타났다. (5) ⓒ 보이는 것, 눈에 띄는 것, 광경 ; (TV의) 영상. (6) ⓒ 매우 아름다운 모습〈광경, 여성〉. (7) ⓒ 한 눈, 일견(一見).
ˑvi·sion·ary [víʒənèri/-nəri] *a.* (1) 환영(幻影)의 〈같은〉 ; 환상의. (2) 비현실적인 ; 실행 불가능한, 실제적이 아닌《계획 따위》. (3) 상상력〈비전〉이 있는 ; 장래를 내다 본. —*n.* ⓒ 공상〈몽상〉가 ; 환상을 좇는 사람.
:vis·it [vízit] *vt.* (1) (사교·용건·관광 등을 위해) …을 방문하다, …에 가다 ; …의 집에 머물다. (2) …을 시찰하다 ; 위문하다, 왕진하다. (3) (재해 따위가) …을 덮치다, 엄습하다, …에 닥치다. (4) (생각 따위가) 떠오르다. (5)《+目+前+名》《古》 (사람·죄)를 벌하다, (고통·벌)을 주다《*on, upon*》.
—*vi.* (1) 《~/+前+名》 방문하다, (손님으로) 체류하다〈머무르다〉 《*with* a person ; *in* a place》 : ~ *at* one's friend's 친구집에 묵다. (2) 《~/+副/ +前+名》《美口》 이야기〈잡담〉하다《*with*》.
—*n.* ⓒ (1) 방문 ; 구경, 견학 ; 문병 ; 참예 ; 〔손님으로서의〕 체류 : receive a ~ from a person 아무의 방문을 받다. (2) 시찰 ; 왕진 ; (환자의) 병원다니기 : one's daily ~ to a dentist 매일 치과 에 가기. (3) 《美口》 잡담, 이야기, 수다 : have a ~ on the telephone 전화로 이야기하다 / on a ~ to ~을 방문중에. ***pay a ~ to*** …을 방문하다 : *pay a ~ to* one's parents 부모를 뵈러 가다. ***receive a ~ from*** a person ~의 방문을 받다. ***return a ~*** 답례로 방문하다.
vis·it·ant [vízətənt] *n.* ⓒ (1) (특히 영계(靈界)로부터의) 방문자, 내방자. (2) 【鳥】 철새.
ˑvis·i·ta·tion [vìzətéiʃən] *n.* ⓒ (1) a] (감독관의) 공식 방문, 순찰, 순시, 임검 ; 선박 임검. b] (성직자의) 병자(고통받는 자)에 대한 방문, 문병《*of* ; *by*》. (2) ⓒ 천벌《불행·천재 등》 ; 재해《*of* 》. (3)《口》 밑질긴 체류, 오래 있음.
vis·it·ing [víziti ŋ] *n.* ⓤ 방문 ; 위문 ; 순시, 시찰.
—*a.* 방문하는, 방문의, 문병하는 ; 순회의, 순시하는, 임검의. ***be on ~ terms with*** =***have a acquaintance with*** …와 서로 왕래할 만큼 친한 사이다.
vísiting càrd 명함(《美》 calling card).
vísiting fíreman 《美口》 (1) (후대하지 않으면 안 되는) 귀한 손님, 중요한 귀빈, 방문객. (2) (도시에서 돈을 뿌리는) 시골 사람, 돈 잘 쓰는 관광〈여행〉객.
vísiting núrse 《美》 순회〈방문〉 간호사.
vísiting proféssor (다른 대학에서 와서, 일정기간 동안만 강의하는) 객원 교수.
:vis·i·tor [vízitər] *n.* (1) ⓒ a] 방문자, 내객 ; 손님 ; 위문〈문병〉객. b] 체재객(滯在客), 숙박객. (2)ⓒ 시찰자, 순시관. (3) (*pl.*) 【스포츠】 원정 팀. (4)ⓒ 【鳥】 철새.
vísitors'bòok (1) (여관의) 숙박(자 명)부. (2) (교회·대사관 등의) 방문자 서명록, 방명록.
vi·sor [váizər] *n.* ⓒ (1)【史】 〔투구의〕 면갑〔面甲〕. (2)〔모자의〕 챙. (3)=SUN VISOR.
ˑvis·ta [vístə] *n.* ⓒ (1) 전망, 조망(眺望). (2) (과거에의) 추억 ; (앞으로의) 전망, 예상.
ˑvis·u·al [víʒuəl] *a.* (1) 시각의, 시각에 의한. (2) 【空·海】 (레이더·계기(計器)에 의하지 않는) 유시계(有視界)의.
vísual áids 【教】 시각 교육 기재《영화·슬라이드 영사(기)·괘도 따위》.

vísual displáy ùnit 【컴】 영상 표시(디스플레이) 장치《略 : ADU》(video display unit).
vis·u·al·i·za·tion [vìʒuəlizéiʃən] *n.* ⓤ 보이게 함, 시각화 ; 생생하게 마음에 그림.
ˑvis·u·al·ize [víʒuəlàiz] *vt.* (1) …을 눈에 보이게 하다, 시각화하다. (2) …을 마음에 그리다〈떠오르게 하다〉, 상상하다 ; 예상하다.
vis·u·al·ly [víʒuəli] *ad.* (1) 시각적으로 ; (눈에) 보이도록. (3) 〔文章修飾〕 겉보기엔, 외관상으로는.
⁑vi·tal [váitl] (***more ~ ; most ~***) *a.* (1) a] 생명의, 생명에 관한, 생명 유지에 필요한, 생명의 원천을 이룬. (2) 생명에 관계되는, 치명적인. (3) 극히 중대〈중요〉한, 긴요한《*to* ; *for*》. (4) 생생한 ; 활력〈활기〉에 찬 ; 생기를 주는, 기운을 북돋우는 ▫ vitality *n.* —*n.* (*pl.*) (1) 생명 유지에 필요한 기관들《특히 심장·폐·뇌·장 따위》. (2) 중추 요부(要部), 급소, 핵심 : the ~*s* of a subject 문제의 핵심.
파) ***~·ly** [-təli] *ad.* 치명적으로, 극히 중대하게, 긴요하게 ; 진실로, 참으로.
vítal capácity 【生理】 폐활량(肺活量).

vi·tal·ism [váitəlìzəm] *n.* ⓤ 【哲·生】 활력론(論). 생기(生氣)론《mechanism에 대해》.

·vi·tal·i·ty [vaitǽləti] *n.* ⓤ (1) 생명력, 활력, 체력, 생활력 ; (종자의) 발아력(發芽力). (2) 활기, 정력, 원기. (3) 지속력, 지구력, 존속력. ◻ vital *a.*

vi·tal·ize [váitəlàiz] *vt.* (1) …에 활력을 북돋아주다, 생명을 주다. (2) …에 생기를 불어넣다 ; …을 활기띠게 하다, 활성화하다.
파) **vi·tàl·i·zá·tion** [-lizéiʃən] *n.*

vítal statístics (1) 인구 통계《사망·결혼·출생 등의 통계》. (2) 《口》 여성의 버스트·웨이스트·히프의 치수.

:vi·ta·min, -mine [váitəmin/vít-] *n.* ⓤ,ⓒ 비타민.

vi·ta·min·ize [váitəminàiz/vít-] *vt.* (음식 따위)에 비타민을 보충하여 강화하다.

vi·ti·ate [víʃièit] *vt.* (1) …의 가치를 떨어뜨리다, 손상시키다, 해치다. (2) …을 나쁘게 하다 ; 더럽히다, (공기)를 오염시키다, 불순하게 하다. (3) …을 무효로 하다.
파) **vì·ti·á·tion** [-éiʃən] *n.* **ví·ti·à·tor** [-tər] *n.*

vit·i·cul·ture [vítəkʌ̀ltʃər] *n.* ⓤ 포도 재배(학), 포도 재배술〈연구〉. 파) **vìt·i·cúl·tur·al** [-kʌ́ltʃərəl] *a.* **vìt·i·cúl·tur·ist** *n.* ⓒ 포도 재배가.

vit·re·ous [vítriəs] *a.* (1) 유리의〈같은〉, 유리질〈모양〉의 ; 투명한. (2) 유리로 된〈만든〉.

vit·ri·fi·ca·tion [vìtrəfikéiʃən] *n.* (1) ⓤ 유리(질)화(化), 투화(透化), 유리(모양)으로 만듦. (2) ⓒ 유리화된 것.

vit·ri·fy [vítrəfài] *vt.* …을 유리(모양으)로 변화시키다. —*vi.* 유리 모양으로 되다(만들다).

vit·ri·ol [vítriəl] *n.* ⓤ (1) 【化】 황산(염) ; 반류(礬類). (2) 신랄한 말〈비평〉, 통렬한 비꼼. ***blue*** (***copper***) ~ 담반, 황산동. ***dip*** one***'s pen in*** ~ 독필을 휘두르다. ***oil of*** ~ 진한 황산. 파) **vìt·ri·ól·ic** [-ɑ́lik/-ɔ́l-] *a.* (1) 황산(염)의〈같은〉. (2) 신랄한, 통렬한 : ~*ic* criticism 통렬한 비평.

vi·tu·per·ate [vaitjúːpərèit, vi-] *vt.*, *vi.* (…을) 꾸짖다 ; 욕하다 ; 나무라다, 호통치다.

vi·tu·per·a·tion [vaitjùːpəréiʃən] *n.* (1) ⓤ,ⓒ 욕(설), 독설, 매도, 질책. (2) ⓤ 매도하는 말.

vi·tu·per·a·tive [vaitjúːpərèitiv, vi-] *a.* (1)욕(설)하는, 악담하는 ; 독설을 퍼붓는. (2) 통렬한.

Vi·tus [váitəs] *n.* **Saint ~** 3 세기경 로마 황제에게 박해받은 순교자로, 무도병(舞蹈病). (St. Vitus's dance) 환자의 수호 성인.

vi·va [víːvə] 《It.》 *int.* 만세. —*n.* (1) ⓒ 만세 소리. (2) (*pl.*) 환성.

vi·va·ce [vivɑ́ːtʃei] *ad.* *a.* 《It.》 【樂】 활발하게 ;활발한, 힘차게, 힘찬.

vi·va·cious [vivéiʃəs, vai-] *a.* 쾌활한, 활발한, 활기있는, 명랑한 : a ~ girl 발랄한〈명랑한〉 소녀. 파) **~·ly** *ad.* **~·ness** *n.*

Vi·vac·i·ty [víviən] *n.* ⓤ 쾌활, 활발, 발랄, 명랑.

Vi·val·di [vivɑ́ːldi/-vǽl-] *n.* **Antonio ~** 비발디 《이탈리아의 바이올린 연주자·작곡가 ; 1675 ?-1741》.

vi·var·i·um [vaivέəriəm] (*pl.* **~s, -ia** [-riə]) *n.* ⓒ (자연적 서식 환경으로 꾸민) 동식물 사육장 ; 자연 동물〈식물〉원.

vi·va vo·ce [váivə-vóusi] 《L.》 *ad.* 구두(口頭)로 (orally). —*n.* ⓒ 구두〈구술〉 시험.

vi·va-vo·ce [váivəvóusi] 《英》 *a.* 구두〈구술〉의 : a ~ examination 구두〈구술〉 시험.

:viv·id [vívid] (***more ~ ; most ~***) *a.* (1) 발랄한, 생기있는, 활기찬, 활발한, 약동적인 ; 왕성한, 힘찬=. (2) (빛·색이) 눈부신, 빛나는, 선명한, 밝은, 강렬한. 〖opp.〗 *dull.* (3) (묘사·인상·기억 따위가) 생생한, 똑똑한, 눈에 보이는 듯한, 박진(迫眞)한. 파) ***~·ly** *ad.* **~·ness** *n.*

viv·i·fy [vívəfài] *vt.* …에 생기를〈생명을〉 주다.
파) **vìv·i·fi·cá·tion** [-fikéiʃən] *n.*

vi·vip·a·rous [vaivípərəs, vi-] *a.* 태생(胎生)의. 【cf.】 oviparous ; 【植】 모체 발아.

viv·i·sect [vívəsèkt, ⌐-⌐] *vt.*, *vi.* (동물을) 산 채로 해부하다 ; 생체 해부를 하다.

viv·i·sec·tion [vìvəsékʃən] *n.* ⓤ,ⓒ 생체해부.
파) **~·al** [-ʃənəl] *a.* **~·ist** *n.* ⓒ 생체 해부(론)자.

vix·en [víksən] *n.* ⓒ (1) 암여우. (2) 앙알거리는〈잔소리 많은, 심술궂은〉 여자.

vix·en·ish [víksəniʃ] *a.* (여자가) 앙알거리는, 잔소리가 심한, 심술궂은, 암여우 같은.

Vla·di·vos·tok [vlæ̀divəstɑ́k/-vɔ́stɔk] *n.* 블라디보스톡《러시아의 아시아 동남부의 항구》.

V nèck [víː-] (셔츠·스웨터 따위의) V형 깃.

vo·ca·ble [vóukəbəl] *n.* ⓒ (1) 낱말, 단어《특히 의미보다도 음 또는 문자의 구성으로 본》. (2) 모음 (vowel). —*a.* 발성〈발음〉할 수 있는.

:vo·cab·u·lary [voukǽbjəlèri/-ləri] *n.* (1) ⓤ,ⓒ a] (한 개인·분야 따위의) 어휘 ; 용어수(범위). b] (한 언어의) 총 어휘 (2) ⓒ 어휘표, 단어표〈집〉.

:vo·cal [vóukəl] (***more ~ ; most ~***) *a.* (1) 목소리의, 음성의〈에 관한〉 ; 발성에 필요한 ; 구두의 ; 목소리를 내는. (2) 《口》 의견을 자유롭게 말하는, 거리낌없이 말하는, 능변(能辯)인 ; 잔소리가 심한, 시끄러운. (3) 목소리를 내는. (4) 【音聲】 유성음의 ; 모음의. —*n.* ⓒ (종종 *pl.*) (재즈·팝뮤직의) 보컬(연기), 가창(歌唱) ; 성악곡 : give with the ~s 《美俗》 노래를 부르다.

vócal còrds 〈**chòrds**〉 【解】 성대(聲帶).

vo·cal·ic [voukǽlik] *a.* (1) 모음(성)의. (2) 모음이 많은 ; 모음변화를 하는.

vo·cal·ist [vóukəlist] *n.* ⓒ (재즈 밴드 등의)성악가, (유행) 가수.

vo·cal·ize [vóukəlàiz] *vt.* (1) …을 목소리로 내다, 발음〈발성〉하다. (2) 【音聲】 (무성음)을 유성음화하다 ; (자음)을 모음화하다. —*vi.* 목소리를 내다, 소리치다, 지껄이다. (2) 【樂】 모음창법으로 노래하다.

vo·cal·ly [vóukəli] *ad.* 목소리로, 목소리를 내어 : 구두로, 말로.

·vo·ca·tion [voukéiʃən] *n.* (1) ⓤ (또는 a ~) 소명(감), 사명(감). (2) ⓒ a] (흔히 *sing.*) (사명감을 갖고 종사하는) 천직, 천직으로서의 일 ; 신의 뜻. b] (일정한) 직업, 생업, 일. (3) (a ~, one's ~) (특정 직업에 대한) 적성, 소질, 재능《*for*》.

·vo·ca·tion·al [voukéiʃənəl] *a.* (1) 직업의, 직업상의. (2) 직업 지도〈훈련〉의.
파) **~·ly** [-nəli] *ad.*

vo·ca·tion·al·ism [voukéiʃənəlìzəm] *n.* ⓤ 직업〈실무〉 교육 중시주의.

voc·a·tive [vɑ́kətiv/vɔ́k-] *a.* 【文法】 호격(呼格)의, 부르는 : the ~ case 호격. —*n.* ⓒ 호격 ; 부르는 말.

vo·cif·er·ant [vousífərənt] *a.* 큰소리를 내는, 소리치는, 시끄러운.

V

vo·cif·er·ate [vousífərèit] *vi.*, *vt.* (…라고) 큰 소리를 내다, 고함치다, 소리지르다, 호통치다.
파) **vo·cìf·er·á·tion** [-ʃən] *n.* ⓤ,ⓒ 소리지름 ; 노호(怒號).

vo·cif·er·ous [vousífərəs] *a.* (1) 큰소리로 외치는, 소리지르는, 시끄러운, 큰소리의, 떠들썩한. (2) (항의 따위가) 소리가 크고 집요한. 파) **~·ly** *ad.* **~·ness** *n.*

·vogue [voug] *n.* (1) (the ~) (일시적인) 유행, 성행《*for*》. (2) (a ~) 인기, (세상의) 평판. ***come into ~*** 유행하기 시작하다. ***all the ~*** 최신유행(품). ***give ~ to*** =bring into vogue. ***have a geat ~*** 대유행〈대인기〉이다. ***have a short ~*** 인기가 오래 못가다. ***in ~*** 유행하여. ***out of ~*** 유행이 지나〈스러져〉, 인기를 잃어 : go *out of* ~ 유행하지 않게 되다 ; 인기를 잃다. —*a.* 〔限定的〕 (일시적으로) 유행하는 : a ~ word 유행어.

:voice [vɔis] *n.* (1) a] ⓤ,ⓒ 목소리, 음성. b] ⓒ (인간에 비유한 자연물의) 목소리 ; 소리《*of*》. c] ⓒ (흔히 *sing.*) (인간의 말에 비유한 하늘·이법(理法)의) 목소리, 알림. 【cf.】 *vox populi vox Dei.* (2) a] ⓤ (또는 a ~) 발언권, 투표권 ; 결정〈선택〉권. b] 의견, 희망. (3) ⓤ (사상·감정 따위의) 발언, 표현. (4) ⓤ (또는 one's ~) 목소리를 내는 힘, 말하고 싶은 욕망 ; 말하는 힘. (5) ⓒ (흔히 *sing.*) 【文法】 태(態) : the active 〈passive〉 ~ 능동〈수동〉태. (6) ⓤ 【音聲】 유성음. 【opp.】 *breath.* (7) ⓒ 성악 소리, 음성의 사용법, 발성법 ; 성부(聲部) ; 가수. ***be in good*** 〈***bad, poor***〉 ~ = ***be in*** 〈***out of***〉 ~ 목소리가 잘〈안〉나오다. ***find*** one'***s*** ~ 음성이 나오다 ; 입밖에 내어〈용단을 내어〉 말하다. ***give ~ to*** …을 입밖에 내다, …을 토로하다, …을 표명하다. ***chest ~*** 흉성(胸聲). ***deep ~*** 우렁찬 소리. ***in a loud ~*** 큰소리로. ***lift up*** one'***s ~*** 소리지르다, 외치다 ; 항의하다. ***lose*** one'***s ~*** 목소리가 나오지 않게 되다, 노래할 수 없게 되다. ***raise*** one'***s ~*** 1) 목소리를 높이다 ; 거칠게 말하다. 2) 이의를 제기하다, 불만을 나타내다. ***with one ~*** 이구 동성으로, 만장 일치로. —*vt.* (1) …을 목소리로 내다, 말로 나타내다〈표현하다〉 : ~ one's opinions 의견을 말하다 / ~ one's discontent 불평을 말하다. (2) 【樂】 (풍금 따위)를 조율하다 ; (악보)에 성부를 기입하다. (3) 【音聲】 …을 유성(음)화하다.

(·)voiced [vɔist] *a.* (1) 목소리로 낸 ; 소리가 …인 : rough- ~ 거치른 목소리의. (2) 【音聲】 유성음의 : ~ sounds 유성음.

·voice·less [vɔ́islis] *a.* (1) 목소리가 없는 ; 무언의, 묵묵한, 말을 못하는. (2) 의견을 말하지 않는 ; 발언권이 없는. (3) 【音聲】 무성음의. 파) **~·ly** *ad.* **~·ness** *n.*

voice-o·ver [⁄-òuvər] *n.* ⓤ,ⓒ 【TV·映】 (화면에 나타나지 않는) 내레이터의 음성.

voice·print [⁄-prìnt] *n.* ⓒ 성문(聲紋).

vóice procèssor 【컴】 음성 프로세서.

vóice recognítion 【컴】 음성 인식《음성을 컴퓨터가 처리 가능한 것으로 인식함 ; 그 기술》.

vóice vòte 《美》 발성 투표《투표에 의하지 않고 찬반의 소리를 듣고 결정하는 의결법》.

:void [vɔid] *a.* (1) 빈, 공허한. 【cf.】 empty. (2) (직위 따위가) 공석인, 자리가 빈. (3) 없는, 비어있는, 결여한〈된〉《*of*》. (4) 【法】 무효의, 법적 효력이 없는. 【opp.】 *valid.* —*n.* (1) (the ~) (우주의) 공간, 허공, 무한(無限) : gaze into *the* ~ 허공을 응시하다. (2) (a ~) 공허한 느낌, 마음의 쓸쓸함, 허전한 느낌 : the aching ~ in one's heart 안타까운 공허감. (3) ⓤ (지위 따위의) 결원, (자리가) 빔 ; (물질 사이의) 틈 : fill the ~ 빈 자리를 보충하다. —*vt.* (1) (계약 따위)를 무효로 하다 ; 취소하다. (2) …을 방출하다, 배설하다 : ~ excrement 배설하다. (3) (방·그릇·장소 등)을 비우다, 텅 비게 하다 : ~ a chamber *of* occupants 방에서 사람들을 내쫓다.

void·a·ble [vɔ́idəbəl] *a.* (1) 비울 수 있는 ; 배설할 수 있는. (2) 【法】 무효로 할 수 있는.

vo·lant [vóulənt] *a.* (1) 【動】 나는, 날 수 있는. (2) 【文語】 날쌘, 기민한 재빠른, 민첩한. (3) 【紋章】 나는 모습의.

·vol·a·tile [válətil/vɔ́lətàil] *a.* (1) 【化】 휘발성의, 휘발하는 ; 폭발하기 쉬운《물질》. (2) (사람·성질 등이) 격하기 쉬운, 흥분하기 쉬운. (3) (상황 등이) 변하기 쉬운, 불안정한. (4)【컴】 (기억이) 휘발성(의)《전원을 끄면 데이터가 소실되는》.

vol·a·til·i·ty [vàlətíləti/vɔ̀l-] *n.* ⓤ (1) 【化】 휘발성. (2) 침착성이 없는〈들뜬〉 성질, 변덕.

·vol·can·ic [valkǽnik/vɔl-] *a.* (1) a] 화산의 ; 화산성의 ; 화산 작용에 의한, 화성(火成)의. b] 화산이 있는〈많은〉. (2)폭발성의, 격렬한. ▫ volcano *n.* 파) **-i·cal·ly** *ad.* 화산처럼 ; 격렬〈맹렬〉하게.

vol·can·ism [válkənìzəm/vɔ́l-] *n.* ⓤ 화산 작용〈활동, 현상〉.

:vol·ca·no [valkéinou/vɔl-] (*pl.* **~(*e*)*s***) *n.* ⓒ (1) 화산, 분화구. (2) 《比》 금방 폭발할 것 같은 감정〈사태〉. 일촉 즉발(의 상태).

vol·ca·nol·o·gy [vàlkənálədʒi/vɔ̀ikənɔ́l-] *n.* ⓤ 화산학. 파) **-gist** *n.*

vole [voul] *n.* ⓒ 【動】 들쥐류.

vo·li·tion [vouliʃən] *n.* ⓤ (1) 의지, ; 의지력 ; 결의, 결단력. (2) 의지 작용, 의욕. ***of*** 〈***by***〉 one'***s own ~*** 자기의 자유의사로, 자발적으로.
파) **~·al** [-ʃənəl] *a.* 의지의 ; 의지에 의한 ; 의지적인 ; 의지를 가진 : ~*al* power 의지력. **~·al·ly** [-ʃənəli] *ad.*

·vol·ley [váli/vɔ́li] *n.* ⓒ (1) 일제 사격. (2) (저주), (질문·욕설 등의) 연발《*of*》. (3) 【球技】 발리《공이 땅에 닿기 전에 치거나 또는 차보내는 것》.
—*vt.* (1) (화살·탄환 등)을 일제히 사격. (2) (질문 따위)를 연발하다, 잇따라 퍼붓다. (3) 【球技】 (공)을 발리로 되치다〈되차다〉.
—*vi.* (1) 《+前+名》 일제히 발사하다〈되다〉 : ~ *at* the enemy 적에게 일제 사격을 가하다. (2) (탄환·돌 등이 …에) 날아오다. (3) 【球技】 발리를 하다, 발리로 차다.

:vol·ley·ball [-bɔ̀:l] *n.* (1) ⓤ 【球技】 배구. (2) ⓒ 배구공.

volt[1] [voult] *n.* ⓒ (1) 【乘馬】 윤승(輪乘), 회전(回轉). (2) 【펜싱】 (찌르기를 피하기 위한) 재빠른 다리의 동작.

·volt[2] [voult] *n.* ⓒ 【電】 볼트 《略 : V, v》.

volt·age [vóultidʒ] *n.* ⓤ,ⓒ 【電】 전압, 전압량, 볼트 수《略 : V》 : (a) high ~ 고압(高壓).

vol·ta·ic [valtéiik/vɔl-] *a.* 동(動)전기의(galvanic).

vol·tam·e·ter [valtǽmitər/vɔltǽm-] *n.* ⓒ 【電】 전해 전량계〔電解電量計〕《전류계의 일종》. 볼타계.

volt·am·pere [vóultǽmpiər] *n.* ⓒ 【電】 볼트 암페어, 피상 전력《전력량 측정의 단위 ; 略 : va.》.

volte-face [valtəfá:s, vɔ(:)lt-] *n.* ⓒ (흔히 *sing.*) 《F.》 (의견·태도·정책 등의) 대(大)전환, 표변.

V

방향전환, 역전.

volt·me·ter [vóultmìːtər] *n.* ⓒ **【電】** 전압계.

vol·u·bil·i·ty [vɑ̀ljubíləti/vɔ̀-] *n.* ⓤ 다변(多辯), 수다 : with ~ 수다스럽게.

vol·u·ble [vɑ́ljəbəl/vɔ́l-] *a.* (1) 수다스러운, 말 많은 ; 입심 좋은, 변설이 유창한. (2) (덩굴 등이) 휘감는(습성이 있는).
파) **-bly** *ad.* **~·ness** *n.*

:vol·ume [vɑ́lju; m/vɔ́l-] *n.* (1) ⓒ (특히 두꺼운) 책, 서적. (2) ⓒ a] (전집 · 세트로 된 책의) 권(卷)《略 : v., vol(s).》. b] (잡지 · 기관지 · 월보 따위를 1년치를 간추려 모은)호(號). (3) ⓤ a] 용적, 부피, 체적, 용량. b] (사람 · TV · 라디오의) 음량, 볼륨. (4) ⓤ (또는 a ~) (산업 · 무역 따위의) 생산량, 거래량〈액〉. (5) (흔히 *pl.*) 대량, 다량, 많음. (6) ⓤ **【컴】** 용량, 부피, 볼륨《파일의 기록을 위한 1개의 매체 ; 독립적으로 번지가 붙여진 기록 영역의 단위》. ***gather ~*** 정도가 커지다, 증대(증가)하다. ***in ~*** 대량으로. ***speak*** 〈***express, tell***〉 ***~s*** 1) 의미 심장하다. 2) 웅변으로 말하다, 증명하고도 남음이 있다《*for*》.

vol·u·met·ric, -ri·cal [vɑ̀ljəmétrik/vɔ̀l-] [-əl] *a.* 부피〈용적〉 체적, 측정의.

·vo·lu·mi·nous [vəlúːmənəs] *a.* (1) 권수(책수)가 많은, 여러 권으로 된 ; (작가 등이) 저서가 많은, 다작(多作)의. (2) (분량이) 많은, 방대한, 풍부한. (3) (용기의) 용적이 큰, 부피가 큰 ; 넉넉한《옷 따위》. 파) **~·ly** *ad.* **~·ness** *n.*

vol·un·ta·rism [vɑ́ləntərìzəm, vɔ́l-] *n.* ⓤ (1) (종교 · 교육 · 병역 따위의, 강제적이 아닌) 임의제, 수의제, 자유 지원제. (2) **【哲】** 주의설(主意說), 주의주의(主意主義).

:vol·un·tary [vɑ́ləntèri/vɔ́ləntəri] *a.* (1) 자발적인, 자유의사에서 나온, 수의의, 지원의, 임의의. (2) 자유의사를 가진〈에 의해 행동하는〉. (3) 고의(故意)의〈적인〉, 계획적인. 【opp.】 *accidental.* (4) (독지가의) 기부로 경영되는 : ~ churches 〈hospitals〉 임의 기부제 교회〈병원〉. (5) **【解】** 수의(隨意)의〈적인〉(【opp.】 *involuntary*).
—*n.* ⓒ **【樂】** (교회에서 예배의 전후 또는 도중에 행하는) 오르간 독주.

vóluntary schòol 《英》 임의 기부제의 학교.

:vol·un·teer [vɑ̀ləntíər/vɔ̀l-] *n.* ⓒ (1) 지원자, 유지, 독지가《*for*》. (2) **【軍】** 지원병, 의용병. (3) 임의 행위자.
—*a.* 〔限定的〕 (1) 자발적인, 지원(병)의, 의용(군)의 : a ~ corps〈army〉 의용군 / a ~ police 자경단(自警團). (2) **【植】** 자생의 : a ~ plant 자생 식물.
—*vi.* (1) 《+前+名》 자진하여 하다, 지원하다 : ~ *in* an undertaking 자진하여 일을 맡다. (2) 《+前+名》 지원하다, 지원병〈의용병〉이 되다 : He ~*ed for* the army. 그는 군에 자진 입대했다. —*vt.* 《~+目/ +*to* do》 …을 자진하여 맡다〈제공하다〉, …한다고 자발적으로 나서다 : ~ an explanation 〈a remark〉 자진하여 설명하다〈말하다〉 / ~ *to* help others 딴 사람을 돕기를 자청하다.

vol·un·teer·ism [vɑ̀ləntíərizəm/vɔ̀l-] *n.* ⓤ 자유 지원제, 볼런티어 활동.

vo·lup·tu·ary [vəlʌ́ptʃuèri/-əri] *a.*, *n.* ⓒ 주색(酒色)〈쾌락〉에 빠진 (사람).

vo·lup·tu·ous [vəlʌ́ptʃuəs] *a.* (1) 육욕에 빠진, 관능적인, 방탕한. (2) 육욕을 자극하는 ; 육감적인. (3) 기분좋은, 만족스런 파) **~·ly** *ad.* **~·ness** *n.*

vo·lute [vəlúːt] *n.* ⓒ (1) **【建】** 소용돌이《특히 이오니아 및 코린트식 기둥 머리 장식의》. (2) **【貝】** 고둥류.

vo·lut·ed [vəlúːtid] *a.* (1) 소용돌이 꼴의, 나선형의. (2) **【建】** 소용돌이 꼴의 장식이 있는.

·vom·it [vɑ́mit/vɔ́m-] *vi.* (1) a] 토하다, 구토하다, 게우다《*forth* ; *out* ; *up*》. b] 《口》 속이 울컥거리다, 역겨워지다. (2) (연기 · 용암 등이) 분출하다, 내뱉다, 내뿜다, 발사하다.
—*vt.* (1) …을 토하다, 게우다《*up*》 : ~ *up* what one has eaten 먹은 것을 토하다 《※ 《口》에서는 throw up이 일반적임》. (2) 《~+目/+目+副》 (연기 따위)를 뿜어 내다, 분출하다, (욕설 따위)를 퍼붓다《*out*》 : ~ abuse 욕설을 퍼붓다 / ~ lava 용암을 분출하다 / The huge chimney ~*s* volumes of smoke into the air 거대한 굴뚝이 다량의 연기를 대기중에 뿜어내고 있다. —*n.* ⓤ,ⓒ 구토(물), 게운 것.

voo·doo·ism [vúːduːìzəm] *n.* ⓤ 부두교(의 마술). 파) **-ist** *n.* ⓒ 부두교의 신자〈마술사〉.

vo·ra·cious [vouréiʃəs, vɔː-] *a.* (1) 게걸스레 먹는, 대식(大食)하는, 식욕이 왕성한. (2) 탐욕스러운, 물릴 줄 모르는.
파) **~·ly** *ad.* **~·ness** *n.*

vo·rac·i·ty [vɔːrǽsəti, və-] *n.* ⓤ 폭식, 대식(大食) ; 탐욕.

vor·tex [vɔ́ːrteks] (*pl.* **~·es, -ti·ces** [-təsìːz]) *n.* (1) ⓒ 소용돌이, 화방수 ; 회오리바람, 선풍 : a ~ ring (담배 연기 등의) 와륜(渦輪). (2) (the ~) (전쟁 · 논쟁 · 사회운동 따위의) 소용돌이《*of*》.

vor·ti·cal [vɔ́ːrtikəl] *a.* 소용돌이 꼴의 ; 소용돌이 치는, 선회하는. 파) **~·ly** [-kəli] *ad.*

vot·a·ble [vóutəbəl] *a.* (1) 투표권이 있는, 투표할 수 있는. (2)투표로 결정할 수 있는.

vo·ta·ry [vóutəri] (*fem.* **vo·ta·ress** [-ris]) *n.* ⓒ (1) 신자, 독실한 신자《*of*》. (2) (이상·주의 등의) 열성적인 지지자, 신봉자《*of*》, 숭배자, 헌신자.

:vote [vout] *n.* (1) a] ⓒ (투표용지 따위에 의한) 투표. b] (흔히 the ~) 표결. c] ⓤ 투표(권 행사). (2) (the ~) 〔集合的〕 투표 총수, 득표수. (3) (the ~) 투표권, 선거권, 참정권 ; 의결권. (4) ⓒ 《英》 결의 사항, 의결액(額). ***cast a ~*** 한표를 던지다. ***come*** 〈***go, proceed***〉 ***to the ~*** 표결에 부쳐지다. ***sive*** 〈***record***〉 one***'s ~*** 투표하다《*to* ; *for*》. ***in a voice ~*** 《美》 만장일치의 투표로. ***take a ~ on*** …에 대하여 표결하다.
—*vi.* 《~ /+前+名》 투표하다《*for* ; *in favor of* ; *against* ; *on*》.
—*vt.* (1) 《~+目/+目+副》 …을 투표하여 결정하다, 가결(可決)하다, 표결하다. (2) …에 투표하다 ; …을 투표하여 선출하다, 투표로 지지하다. (3) 《+目+補》 (세상 사람들이) …이라고 인정하다, 간주하다. (4) 《+*that* 節》《口》 …을 제의〈제안〉하다. ***~ down*** (제의 따위를) 투표하여 부결하다. ***~ for*** (1) …에게 (찬성)투표하다. (2) 《口》 제안하다. ***~ in*** (***into***) (아무)를 선출하다. ~ a person ***out*** 아무를 투표에 의해 추방〈제명, 제적〉하다. ***~ . . . through*** (의안 등)을 투표로 통과시키다, 의결하다.

vote·less [vóutlis] *a.* (1) 투표가 없는. (2) 투표〈선거〉권이 없는.

·vot·er [vóutər] *n.* ⓒ (1) 투표자. (2) (특히, 국회의원 선거에서의) 선거인 ; 유권자.

vot·ing [vóutiŋ] *n.* ⓤ 투표(권 행사), 선거.

vo·tive [vóutiv] *a.* (맹세를 지키기 위해) 봉납〈봉헌〉한 ; 축원하는, 소원성취를 비는.

·vouch [vautʃiː] *vi.* (1) 《+前+名》 보증하다, 증

인이 되다 ; 단언하다《*for*》: ~ *for* a person's honesty 아무의 정직함을 보증하다. (2) (사람의) 보증인이 되다.

vouch·ee [vautʃíː] *n.* ⓒ 피보증인.

vouch·er [váutʃər] *n.* ⓒ (1) 증인, 보증인, 증명인. (2) 증거물 ; 증명서 ; 증거서류 ; 영수증. (3) (현금 대용의) 상환권, 상품권(coupon).

vouch·safe [vautʃséif] *vt.* (1)《~+目/+目+目/ +*to* do》 허락하다 ; …을 주다, 내려 주시다 ; …해 주시다(deign). (2) (안전 등)을 보증하다.

:vow [vau] *n.* ⓒ (1) 맹세, 서약, 서원. (2) (수도 생활에 들어가는, 또는 계율을 지키는 것에 대한) 서원(誓願), 서약 / marital ~*s* (교회에서) 부부가 되는 서약 / monastic ~*s* 수도 서원《청빈·동정(童貞)·복종의 서약》. ***take*** 〈***make***〉 **~*s*** (서원을 하고) 수사〈수녀〉가 되다, 수도원(생활)에 들어가다.
—*vt.* (1)《~+目/+*that* 節/ +*to* do》 …을 (엄숙히)맹세하다, 서약하다. (2)《+目+前+名》 …을 (…에) 바칠 것을 맹세하다《*to*》, 단언하다.

:vow·el [váuəl] *n.* ⓒ (1) 모음. (2) 모음자(母音字)《a, e, i, o, u 따위》. 〖opp.〗 *consonant.*

vow·el·like [váuəllàik] *a.* 모음같은, 모음과 유사한 음의《bottle [bátl/bɔ́tl]의 1따위》.

vox [vɑks/vɔks] (*pl.* ***vo·ces*** [vóusiːz]) *n.* ⓒ《L.》 목소리, 음성 ; 말.

vóx póp [∠páp/∠pɔ́p]《口》(라디오·TV 등에 수록되는) 거리〈시민〉의 소리, 가두 인터뷰.

vóx·pó·pu·li [∠pápjəlài/∠pɔ́p-] 민성(民聲), 국민의 소리, 여론《略 : vox pop.》.

vox po·pu·li vox Dei [wouks-póupuliː-wouks-déiː]《L.》 백성의 소리는 하느님의 소리.

:voy·age [vɔ́iidʒ] *n.* (1) ⓒ a] 항해, 항행, 《특히》 긴 배 여행. b] 하늘의 여행《비행기에 의한》: 우주여행. (2) (the ~s) 여행기〈담〉《*of*》, 《특히》 항해기.
—*vi.* (1) 항해하다, 배로 여행하다, 항행하다. (2) (비행기·우주선으로) 하늘 여행을 하다.

voy·ag·er [vɔ́iidʒər, vɔ́iədʒ-] *n.* (1) ⓒ 항해자, (특히, 옛날의) 모험적 항해자, 여행자. (2) (V-) 【宇宙】 보이저《미국의 무인(無人) 목성·토성 탐사 위성》.

voy·eur [vwɑːjə́ːr] *n.* ⓒ《F.》 (성적으로) 엿보는〈훔쳐보는〉 취미를 가진 성적 이상자.

voy·eur·ism [vwaːjə́ːrizəm] *n.* ⓤ 훔쳐보는〈들여다보는〉 취미〈행위〉, 관음증(觀淫症).

voy·eur·is·tic [vwɑ̀ːjərístik] *a.* 훔쳐보는 취미의, 관음증의.

VTOL [víːtɔ̀(ː)l, -tòul, -tɑ̀l] *n.* (1) ⓤ 【空】 수직 이착륙(방식), 비톨. (2) ⓒ 수직 이착륙기(機), VTOL기. [◁ *v*ertical *t*ake*o*ff and *l*anding]

VTP videotape player. **VTR** videotape recording〈recorder〉(비디오테이프 녹화〈녹화기〉).

Vul·can [vʌ́lkən] *n.* 【로神】 불카누스《불과 대장일의 신》.

vul·can·ite [vʌ́lkənàit] *n.* ⓤ 경질(硬質) 고무, 에보나이트.

vul·can·ize [vʌ́lkənàiz] *vt.* (고무)를 가황 처리〈경화(硬化)〉하다, 가황(加黃)하다. 파) **vùl·can·i·zá·tion** [-nizéiʃən] *n.* ⓤ 가황, 황화(黃化)《생고무에 유황을 화합시켜 행하는 경화 조작》.

vul·gar [vʌ́lgər] (***~·er, more ~ ; ~·est, most ~***) *a.* (1) 저속한, (교양·취미·태도·말 따위가) 속악한, 야비한, 천박한, 비천한. (2) a] 일반대중의, 평민의, 서민의 : the ~ herd 일반민중, 서민. b] 통속적인, 세속적인, 속세의, 일반적으로 유포된. (3) (언어가) 대중이 사용하는, 자국의.

vul·gar·i·an [vʌlgέəriən] *n.* ⓒ 교양없는 사람 ; 속물(俗物) ;《특히》 저속한 벼락출세자(부자).

vul·gar·ism [vʌ́lgərìzəm] *n.* (1)ⓤ 속악(성), 야비(vulgarity). (2) ⓒ 상말, 야비한〈외설한〉 말.

vul·gar·i·ty [vʌlgǽrəti] *n.* (1) ⓤ 속악, 야비, 천박, 상스러움, 비속성(卑俗性). (2) ⓒ (종종 *pl.*) 무례한 언동.

vul·gar·ize [vʌ́lgəràiz] *vt.* (1) …을 속악하게 하다, 천박하게 하다, (비)속화하다, 상스럽게 하다. (2) (원작 등)을 통속화하다.
파) **vùl·gar·i·zá·ion** *n.*

Vúlgar Látin 통속 라틴말《classical Latin에 대하여 일반 대중이 사용한 라틴말》.

vul·gar·ly [vʌ́lgərli] *ad.* (1) 상스럽게, 천박하게, 속악하게. (2) 통속적으로.

vul·gate [vʌ́lgeit, -git] *n.* (1) (the V-) 불가타 성서《4세기에 된 라틴어역〔譯〕 성서》. (2) 유포본(流布本), 일반적으로 통용되고 있는 텍스트.
—*a.* 〔限定的〕 (1) (V-) 불가타 성서의. (2) 일반적으로 통용〈유포〉되고 있는.

vul·ner·a·ble [vʌ́lnərəbəl] *a.* 비난〈공격〉을 받기 쉬운, 상처입기 쉬운 ; 취약성(약점)이 있는 ; (유혹 따위에) 약한, 민감한 : a ~ point 공격받기 쉬운 지점 / a ~ girl (마음에) 상처받기 쉬운 소녀. 파) **-bly** *ad.* **vul·ner·a·bil·i·ty** [vʌ̀lnərəbíləti] *n.* ⓤ 상하기 쉬움 ; 비난〈공격〉받기 쉬움, 약점, 취약성.

vul·pine [vʌ́lpain] *a.* (1) 여우의, 여우 같은. (2) 간사한, 교활한(cunning).

·vul·ture [vʌ́ltʃər] *n.* ⓒ (1) 【鳥】 독수리 ; 대머리수리 ; 콘도르. (2)《比》 탐욕스러운 사람, 지독한 욕심쟁이, 무자비한 사람.

vul·va [vʌ́lvə] (*pl.* ***-vae*** [-viː], ***~s***) *n.* ⓒ 【解】 음문(陰門), 외음(外陰).

vul·vate [vʌ́lveit, -vit] *a.* 음문〈외음(外陰)〉의, 음문〈외음〉과 같은.

vy·ing [váiiŋ] VIE의 현재 분사.
—*a.* 다투는, 경쟁하는, 겨루는《*with*》.

W

W, w [dʌ́bljù(:)] (*pl.* **W's, *Ws*, w's, *ws*** [-z]) *n.* (1) ⓤ,ⓒ 더블류《영어 알파벳의 스물 셋째 글자》. (2) ⓤ,ⓒ W자 형(의 것) ; 제 23 번째(의 것)《J를 빼면 22번째》. ※ W는 UU의 겹자로 된 것으로 12 세기경부터 일반화됨.

wacky [wǽki] (***wack·i·er*** ; ***-i·est***) *a.*, *n.* 《美口》 괴짜(인), 괴팍스러운 (놈), 별난(놈), 이상한(놈)엉뚱한 (놈).

wad [wɑd/wɔd] *n.* ⓒ (1) (면 · 종이 따위 부드러운 것을 둥글린) 작은 덩어리〈뭉치〉 : a ~ of cotton 작은 솜뭉치. (2) (부드러운 것을 둥글게 뭉친) 충전물, 채워〈메워〉 넣는 물건, 패킹. (3) (지폐 · 서류의) 다발, 뭉치 : a ~ of bills〈bank notes〉 돈 다발. (4) (종종 *pl.*) 《俗》 다량, 대량, (많은) 돈. —(***-dd-***) *vt.* (1) 《~+目+(副)》 (면 · 종이 따위)를 작은 뭉치로 뭉치다《*up*》 : ~ paper into a ball 종이를 뭉쳐서 공을 만들다 / ~ *up* a letter 편지를 똘똘 구겨 뭉치다. (2) 《+目+前+名》 사이를 메우다. (구멍 따위)를 (틀어)막다, 채우다《*with*》 : ~ one's ears *with* cotton 귀를 솜으로 틀어막다.

wad·ding [wɑ́diŋ/wɔ́dl] *n.* ⓤ 충전물, 메우는 물건 ; (특히, 의료용의) 충전용 솜.

wad·dle [wɑ́dl/wɔ́d-] *vi.* (1) (오리 · 뚱뚱한 사람 따위가) 어기적어기적〈뒤뚱뒤뚱〉 걷다. (2) (배가) 흔들거리며 나아가다. —*n.* ⓤ (a ~) 뒤뚱걸음, 어기적어기적 걸음 : walk with *a* ~ 비척〈어기적〉거리며 걷다.

:wade [weid] *vi.* 《+前+名》 (1) (강 따위를) 걸어서 건너다, 도섭(徒涉)하다. (2) (진창 · 눈길 · 모래밭 · 풀숲 따위를) 힘들여 걷다, 간신히 지나다《*across* ; *into* ; *through*》. (3) 《比》 (어려운 일 · 책 등을) 힘들여서 해나가다〈해내다, 읽어내다〉《*through*》. —*vt.* 《~+目》 (강 따위)를 걸어서 건너다, 힘들여 지나가다 : ~ a brook 개울을 걸어서 건너다. ***~ in*** 1) 얕은 여울로 들어서다. 2) 《口》 싸움〈논쟁〉에 참가하다. 3) 《口》 (어려운 일 따위에) 의욕적으로 덤벼들다 : He rolled up his sleeves and *~d in*. 그는 소매를 걷어올리고 의욕적으로 (일에) 덤벼 들었다. ***~ into . . .*** 《口》 1) (아무)를 맹렬히 공격하다. 2) (일 따위)를 힘차게〈정력적으로〉 시작하다.
—*n.* (흔히 a ~) (강 따위를) 걸어서 건너기 ; (걸어서 건널 수 있는) 여울, 얕은 물.

wad·er [wéidər] *n.* ⓒ (개천 따위를) 걸어서 건너는 사람 ; **[鳥]** = WADING BIRD ; (*pl.*) 《英》 (낚시할 때 신는) 방수 장화 ; (가슴까지 오는) 방수복.

wa·di, wa·dy [wɑ́di/wɔ́di] *n.* ⓒ **[地]** 와디《아라비아 등지의, 우기 이외에는 물이 없는 강》.

wád·ing·bìrd [wéidiŋ-] **[鳥]** 섭금류〔涉禽類〕의 새.

wád·ing·pòol [wéidiŋ-] 《美》 (공원 등지의) 어린이 물놀이터(풀장).

:wa·fer [wéifər] *n.* (1) ⓤ,ⓒ 웨이퍼《살짝 구운 얇은 과자의 일종》. (2) ⓒ **[가톨릭]** 성체용 제병(祭餠). (3) ⓒ얄팍한 것 ; 봉함지 ; 봉함풀. (4) ⓒ **[電子 · 컴]** 회로판《집적 회로의 기판(基板)이 되는 실리콘 등의 박편(薄片)》. —*vt.* …을 봉함풀〈봉함지〉로 봉하다.

waf·fle[1] [wɑ́fəl/wɔ́fəl] *n.* ⓤ,ⓒ 와플《밀가루 · 달걀 · 우유를 섞어 말랑하게 구운 케이크》.

waf·fle[2] 《口》 *vi.* 쓸데없는 말을 지껄이다 ; (…에 대해) 애매〈모호〉하게 말하다《*on* ; *about*》.
—*n.* ⓤ 쓸데없는 말 ; 애매〈모호〉한 말.

·waft [wɑːft, wæft] *vt.* 《~+目/+目+副/+目+前+名》 (물체 · 소리 · 냄새 따위)를 떠돌게 하다, 감돌게 하다, 가볍게(둥실둥실) 나르〈보내〉다, 둥둥 띄우다. —*vi.* 《+前+名/ +副》 떠돌다, 둥실(훨훨) : The smell ~ed off. 냄새가 흩어져 사라졌다.
—*n.* ⓒ (1) 풍기는〈떠도는〉 향기 ; 한바탕 부는 바람 ; 바람에 실려 오는 소리. (2) (연기·김 따위의) 한 번 일기 ; 한순간의 느낌 : a ~ of joy 한순간의 기쁨. (3) 흔들림, 펄럭임 ; 손짓 ; (새의) 날개치기.

:wag [wæg] (***-gg-***) *vt.* (1) (꼬리 따위)를 흔들다, 활발하게 흔들다. (2) (손가락 · 머리 따위)를 흔들다《비난 · 경멸의 동작》, …에게 (면전에) 삿대질하다.
—*vi.* (1) 흔들거리다, 요동하다. (2) (혀 등이) 쉴새없이 움직이다 ; 지껄이다, 계속 움직이다. ***The tail ~s the dog.*** 《口》 꼬리가 개를 흔들다, 하극상이다.
—*n.* ⓒ (흔히 *sing.*) (1) (머리 · 꼬리 따위를) 흔듦, 요동하게 함 : give a ~ 흔들다 / with a ~ of the tail 꼬리를 흔들며. (2) ⓒ 익살꾸러기, 까불이.

:wage [weidʒ] *n.* ⓒ (1) (흔히 *pl.*) 임금, 급료, 노임, 품삯《주로 시간급 · 일급 · 주급 따위》. (2) (흔히 *pl.*)〔《古》 單數취급〕 (죄값의) 응보, 보상.
—*vt.* 《~+目/+目+前+名》 (전쟁 따위)를 수행하다, 행하다 ; 유지하다《*against* ; *on*》.

wáge clàim 임금 인상요구.

wáge èarner 임금 노동자, 봉급 생활자, 노동자.

wáge frèeze 임금 동결 : a one-year ~.

·wa·ger [wéidʒər] *n.* ⓒ 노름, 도박, 내기 ; 내기한 것〈돈〉.
—*vt.* 《~+目/+目+目/+目+前+名/+*that* 節》 …을 (내기에) 걸다《*on*》 ; 보증하다.

wáge scàle 임금표 ; (한 사용자가 지급하는)임금의 폭.

wáge slàve 《비꼼》 임금 생활자, 임금의 노예《생활을 임금에만 의존하는》.

wag·gery [wǽgəri] *n.* ⓤ 우스꽝스러움. ⓒ 익살, 장난, 농담.

wag·gish [wǽgiʃ] *a.* 익살맞은, 우스꽝스러운, 장난스러운. 파) **~·ly** *ad.* **~·ness** *n.*

:waggon 《英》 = WAGON.

Wag·ne·ri·an [vɑːgníəriən] *a.* 바그너작(식)의.
—*n.* ⓒ 바그너 숭배자, 바그너풍의 작곡가.

:wag·on [wǽgən] *n.* ⓒ (1) 짐마차, 4륜마차《보통 2필 이상의 말이 끄는》. (2) (바퀴 달린) 식기대, 왜건(dinner ~). (3) 배달용의 트럭 ; = STATION WAGON ; 《美俗》 자동차. (4) 《美》 (노상의) 물건〈음식〉 파는 수레〈차〉. (5) (the ~) 《美口》 죄수 호송차(police ~). (6) **[英鐵]** 무개(無蓋) 화차, 화차. ***fix*** a person***'s*** (***little red***) ***~*** 《美口》 아무를 혼내주다 ; 《美口》 앙갚음으로 아무를 상하게 하다. ***hitch*** one***'s ~ to a star*** 〈***the stars***〉 ⇨HITCH. ***off the*** (***water***) ~ 《俗》 끊었던 술〈마약〉을 다시 시작하여. ***on the*** (***water***) ~ 《俗》 금주하여, 술을 끊고.

wag·on·er [wǽgənər] *n.* ⓒ 짐마차꾼 ; (the W-

) 【天】 마차부자리(Auriga).
wag·on·ette [wæ̀gənét] *n.* ⓒ (6-8인승 4륜의) 일종의 유람 마차.
wa·gon-lit [*F.* vagɔ̃li] (*pl.* ***wag·ons-lits*** [—], ***~s*** [—]) *n.* ⓒ (유럽 대륙 철도의) 침대차.
wag·on·load [wǽgənlòud] *n.* ⓒ wagon 한 대분의 짐.
wágon tràin 《美》 (서부 개척 시대의) 포장 마차대(隊) ; 마차 수송대.
wag·tail [wǽgtèil] *n.* ⓒ 【鳥】 할미새《총칭》.
waif [weif] *n.* ⓒ (1) 방랑자〈아〉 ; 집 없는 사람〈동물〉. (2) 소유주 불명의 습득물. ***~s and starys*** 부랑아들 ; 잡동사니.
Wai·ki·ki [wáikikìː, ⌐-⌐] *n.* 화와이 Honolulu의 해변 요양지.
:wail [weil] *vi.* 《~/+前+名》 (1) 소리 내어 울다, 울부짖다, 통곡하다. (2) 울며 슬퍼하다, 비탄하다《*over* ; *for*》. (3) (바람이) 울부짖듯 윙윙대다, 구슬픈 소리를 내다. (4) (…의 일로) 불평하다, 한탄하다, 푸념하다《*about* ; *over*》.
—*vt.* …을 비탄하다, 통곡하다, 울며 슬퍼하다 : ~ a person's death 아무의 죽음을 슬퍼하다. —*n.* ⓒ (1) 울부짖음, 울부짖는 소리 : the ~*s* of a baby 갓난 아기의 울부짖는 소리. (2) (*sing.*)(바람 따위의) 구슬픈 소리. 【cf.】 lament, moan.
파) **~·er** *n.* **wail·ing·ly** [wéiliŋli] *ad.*
Wáil·ing Wáll [wéiliŋ-] (the ~) (예루살렘의) 통곡의 벽.
wain·scot [wéinskət, -skòut] *n.* ⓤ,ⓒ 【建】 (실내의) 징두리 판자, 징두리 벽판, 그 재목 ; 양질(良質)의 오크재(材). —*vt.* …에 징두리 널을 대다.
:waist [weist] *n.* ⓒ (1) 허리 ; 허리의 잘록한 곳, 날씬하고 가는 허리 ; 허리의 둘레(치수). (2) (여성복의) 몸통. (3) (바이올린 따위의) 가운데의 잘록한 곳. (4) 【海】 중앙부 상갑판.
waist·band [wéistbæ̀nd] *n.* ⓒ (스커트 · 바지 따위의) 마루폭, 말기 ; 허리띠, 허리끈.
***waist·coat** [wéis*t*kòut, wéskət] *n.* ⓒ 《英》 (남자용의) 조끼(《美》 vest), 양복조끼.
waist-deep [wéistdíːp] *a.*, *ad.* 깊이가 허리까지닿는〈닿게〉.
waist·ed [wéistid] *a.* (옷이) 허리가 잘룩한, 허리 모양의 ; 〔複合語〕 허리가 …한.
waist-high [⌐hái] *a.*, *ad.* 허리 까지 올라오는높이의〈로〉.
waist·line [⌐làin] *n.* ⓒ 허리의 잘록한 선, 허리의 선〈치수〉 ; 【洋裁】 여성의 허리통.
:wait [weit] *vi.* (1) 《~/+前+名/+前+名+*to* do/+*to* do》 기다리다, 만나려고 기다리다 ; 대기하다, 기대하다《*for* ; *to* do》. (2) 《+前+名》 〔흔히 進行形〕 (식사 따위가) 준비되어 있다〈갖추어져 있다〉《*for*》. (3) 〔종종 can 〈cannot〉 ~로〕 잠시 미루다, 내버려 두어도 되다, 급하지 않다.
—*vt.* (1) 《~+目/+目+副》 (기회 · 신호 · 차례 · 형편 등)을 기다리다, 대기하다 : ~ one's turn〈chance〉 차례〈따위〉를 기다리다. (2) 《~+目/ +目+前+名》 《口》 (식사 따위)를 늦추다, 미루다 : Don't ~ dinner *for* me. 나 때문에 식사를 미루지 말게. (***Just***) ***you ~.*** 어디 두고보자. ***keep*** 〈***make***〉 a person ***~ing*** 아무를 기다리게 하다. ***~ and see*** 일이 돌아가는 것을 관망하다. ***Wait for it.*** 시기가 올 때까지 움직이지 마라. ***~ on*** 〈***upon***〉 1) …을 모시다〈섬기다〉 ; …의 (식사) 시중을 들다. 2) …를 방문하다, 문안드리다. 3) (결과로서) …에 수반되다. ***~ out*** …이 호전되는 것을 기다리다. ***~ up*** 《口》 자지 않고 (아무를) 기다리다《*for*》.
—*n.* (1) ⓒ 기다리기, 대기 ; 기다리는 시간 : I had a long ~ *for* the bus. 나는 오랫동안 버스를 기다렸다. (2) (*pl.*) 《英》 성탄절날 밤에 찬송가를 부르며 이 집 저 집 돌아다니는 찬양대 ; 그 찬송가. ***lie in*** 〈***lay***〉 ***~ for*** (…을) 잠복해서 기다리다《*for*》.
:wait·er [wéitə*r*] *n.* ⓒ (1) (호텔 · 음식점 따위의) 사환, 웨이터, 시중드는 사람. (2) (요리 따위를 나르는) 쟁반(tray, salver). (3) 《美》 (가정의) (잔)심부름꾼. (4) 기다리는 사람.
:wait·ing [wéitiŋ] *n.* ⓤ (1) 기다리기, 대기 ; 기다리는 시간 ; 《英》 (자동차의) 정차. (2) 시중들기. ***in ~*** 모시고, 시중을 드는, 섬기는. —*a.* 〔限定的〕 기다리는 ; 시중드는, 섬기는 : a ~ maid〈man〉 시녀〈시종〉 ; 하녀〈하인〉.
wáiting gàme 연기 작전, 대기작전(전술), 상황이 좋아지기를 기다리다.
wáiting list 후보자〈대기자〉 명단, 보결 명부 : be on the ~ 대기자 명단에 올라있다.
wáiting ròom (역 · 병원 등의) 대합실.
wait·list [wéitlìst] *vt.* …를 waiting list에 올리다.
wait·per·son [⌐pə̀ːrsən] *n.* ⓒ (호텔 · 식당 등의) 웨이터, 웨이트리스.
:wait·ress [wéitris] *n.* ⓒ (1) (호텔 · 음식점 따위의) 웨이트리스, 여자급사. (2) 《美》 (가정의) 잔심부름하는 여자.
waive [weiv] *vt.* 《~+目+(前+名)》 (1) (자진해서 권리 · 주장 · 기회 따위)를 포기하다, 철회하다. (2) (문제 등)을 우선 보류하다, 미루다, 연기하다. (3) (주장 · 행동 따위)를 삼가다, 그만 두다.
waiv·er [wéivə*r*] *n.* ⓤ 【法】 〔권리의〕 포기, 기권 ; ⓒ 기권 증서.
:wake[1] [weik] (**~d** [-t], ***woke*** [wouk] ; ***~d***, ***wok·en*** [wóukən], 《稀》 ***woke*** ; ***wák·ing***) *vi.* (1) 《~/+副/+前+名/+*to* do》 잠깨다, 눈을 뜨다, 일어나다《*up*》. (2) 〔주로 現在分詞〕 깨어 있다, 자지 않고 있다. (3) 《~/+副/+前+名》 《比》 (정신적으로) 눈뜨다, 깨닫다, 각성하다《*up* ; *to*》. (4) 《~/+前+名》 되살아나다《*into* life》, 활기를 되찾다.
—*vt.* (1) 《~+目/+目+副》 …의 눈을 뜨게 하다, …을 깨우다《*up*》. (2) 《~+目/+目+副/+目+前+名》 (정신적으로) …을 눈뜨게 하다, 깨닫게 하다, 분발시키다《*up*》. (3) (기억 따위)를 되살아나게 하다 ; (동정 · 분노 등)을 일으키다. (4) 《文語》 …의 정적을 깨뜨리다.
—*n.* ⓒ (1) 《주로 Ir.》 (장례식 전날밤의) 경야, 밤샘, 철야 : hold a ~ 밤샘을 하다.
wake[2] *n.* ⓒ 배 지나간 자국, 흔적, (수면의) 항적(航跡) ; (물건이) 지나간 자국. ***in the ~ of*** …의 뒤를 따라〈좇아서〉 ; …을 본떠서 ; …에 잇따라서〈뒤이어〉 : Rain came *in the ~ of* the thunder. 천둥에 뒤이어 비가 내렸다 / take ~ 다른 배의 항적을 따르다.
wake·ful [wéikfəl] *a.* (1) 깨어 있는, 자지 않는 ; 잠 못 이루는, 불면의, 자주 깨는. (2) 방심하지 않는, 주의깊은 ; 불침번의, 밤샘하는.
파) **~·ly** [-fəli] *ad.* **~·ness** *n.*
:wak·en [wéikən] *vi.* 《~/+前+名》 (1) 눈을 뜨다, 잠이 깨다《*up*》 ; 일어나다. (2) 자각하다, 각성하다《*to*》. —*vt.* 《~+目/+目+副/+目+前+名》 (1)

…을 일으키다, 깨우다, 눈뜨게 하다. (2) (정신적 으로) …을 눈뜨게 하다, 각성〈환기〉시키다, 고무 하다《*up*》.

wake-up [wéikʌ̀p] *n.* ⓒ (1) 잠을 깨움, 일으킴. (2) 기상. —*a.* 〔限定的〕 잠을 깨우는〈깨우기 위한〉 : a ~ call (호텔의) 잠을 깨우는 전화.

wak·ey-wak·ey [wéikiwéiki] *int.* 《英口 · 戱 》 일어나.

wak·ing [wéikiŋ] *a.* 〔限定的〕 깨어 있는, 일어나 있는.

wale [weil] *n.* ⓒ (1) 채찍 자국(의 부르튼 곳). (2) (직물의) 골(ridge) . —*vt.* (1) …에 채찍 자국을 내다. (2) …에 이랑지게 짜다.

:Wales [weilz] *n.* 웨일스 (지방)《Great Britain의 남서부》. ***the Prince of ~*** 영국 왕세자.

⁝walk [wɔ:k] *vi.* (1) 걷다 ; 걸어가다 ; 도보로 가다 ; 산책하다. (2) (유령이) 나오다, (말이) 보통 걸음으로 걷다. (3) 【野】 (타자가) 4구를 얻어 1루에 나가다 ; 【籠】 트래블링하다(travel) 《반칙임》. (4) 《~/+前+名》 《古》 처신하다 ; 처세하다 : ~ *in* peace 평화롭게 지내다.

—*vt.* (1) (장소 · 길 따위)를 걷다, 걸어가다, 걸어다니며 살피다 : 보측(步測)하다. (2) 《~+目/+目+副/+目+前+名》 (아무)를 안내하다, (함께) 데리고 가다 ; (개)를 산책시키다 ; (말 따위)를 천천히 걷게 하다 ; (말 · 자전거 따위)를 끌고〈밀고〉 가다. (3) 《+目+副/+目+前+名》 (무거운 물건을 좌우로 번갈아 움직여 가거나 하여) 조금씩 움직이다〈나르다〉. (4)【野】 (타자)를 4구로 출루시키다〈걸어나가게 하다〉. (5) 《+目+副》 걸어서 …을 없애다〈줄이다〉《*off* : *down*》. ***~ about*** 걸어다니다, 거닐다, 산책하다. ***~ abroad*** (질병·범죄 등이) 만연하다. ***~ all over*** a person 《口》 =~ over a person. ***~ away from*** 1) (경기 등에서) …에게 낙승하다. 2) (사고 등에서) 상처 하나 없이 살아나다. 3) …에 걸어 나가다〈도망치다〉 : (책임 · 곤란 등을) 피하다. ***~ away*** 〈***off***〉 ***with*** 《口》 1) …을 가지고 도망치다 ; 실수하여 남의 물건을 가지고 가다. 2) (상품 등을) 따다, (경기 등에서) 쉽게 이기다. ***~ into*** 1) …에 들어가다. 2) (일자리)를 쉽게 얻다. 3) (함정 등)에 빠지다. 4) 《口》 …을 용감하게 공격하다. 5) …를 큰 소리로 꾸짖다, 매도하다. ***~ it*** 《口》 1) 걸어서 가다 2) 《口》 낙승하다. ~ a person ***off*** his ***legs*** 〈***feet***〉 아무를 걸려서 매우 피곤하게 하다. ***~ out*** 1) 나다니다. 2) (불만의 의사 표시로) 갑자기 가버리다, 항의하고 퇴장하다 ; (근로자가) 동맹파업하다. ***~ out on*** 《口》 1) (아무)를 버리다(desert). 2) (계획 등)을 포기하다. ***~ over*** a person 《口》 1) 아무를 몹시 다루다, 깔고 뭉개다. 2) (상대)에게 낙승하다. ***~ tall*** 가슴을 펴고 걷다, 의기양양해지다, 자신에게 긍지를 갖다. ***~ the streets*** (거리에서) 손님을 끌다, 매춘하다. ***~ up*** …을 걸어서 가다〈오다〉 ; 계단을 오르다 ; (…에) 성큼성큼 다가서다《to》 ; ***Walk up! Walk up!*** 이리 오십쇼, 이리 오십쇼《문지기의 외치는 소리》. ***~ with God*** 고결하게 살다, 바르게 살다.

—*n.* (1) ⓒ 걷기, 보행 ; 산책, 소풍, 우주 유영(space ~). (2) (흔히 *sing.*) 걸음걸이 ; 보통 걸음. (3) (흔히 *sing.*) 보행거리 ; 보행 시간. (4) ⓒ 보도, 인도, 샛길, 산책길. (5) ⓒ 【野】 4구가 되어 1루로 나가기(a base on balls). (6) ⓒ (가축 따위의) 사육장 ; (가축 따위를) 가둔 장소 ; (사냥개 · 투계(鬪鷄) 따위의) 훈련장. (7) ⓤ 행동 범위, 활동 영역 ; ⓒ 《英》 (상인 · 우편 배달원 등의) 담당 구역 ; 《英》(산림관의) 산림(山林) 감독 구역. ***~ of*** 〈***in***〉 ***life*** 직업, 생업(生業) ; (사회적) 계급 : people in every ~ *of life* 각 계층의 사람들. ***in a ~*** 쉽게《이기다 따위》. ***take*** 〈***go*** (***out***) ***for, have***〉 ***a ~*** 산책 나가다. ***take*** a person ***for a ~*** 아무를 산책에 데리고 가다.

walk·a·bout [wɔ́:kəbàut] *n.* ⓒ 도보 여행 ; ⓤ (오스트레일리아 원주민의 일시적인) 숲속의 떠돌이 생활 ; 《英》 (왕족 · 정치가 등이) 거리를 걸어 다니며 서민과 접촉하는 일.

walk·a·thon [wɔ́:kəθɑ̀n/-θɔ̀n] *n.* ⓒ (1) 장거리 경보. (2) (정치적 목적, 자선의 기부금을 모금하기 위한) 장거리 행진.

walk·a·way [ˊəwèi] *n.* ⓒ 《美口》 낙승(樂勝) : 쉬이 성취되는 일.

·walk·er [wɔ́:kər] *n.* ⓒ (1)보행자. (2)산책하는 사람, 산책 좋아하는 사람 ; 경보 선수. (3)보행〔보조〕기〔gocart〕《유아 · 불구자 등의》.

walk·ie-talk·ie, walky·talky [wɔ́:kitɔ́:-ki] *n.* ⓒ 워키토키, 휴대용 무선 전화기.

walk·in [wɔ́:kin] *a.* 〔限定的〕 《美口》 (1) 사람이 서서 드나들 수 있는 크기의《냉장고 등》 ; (현관을 통하지 않고) 직접 방으로 들어갈 수 있는《아파트 등》. (2) 예약없이 오는〈들여보내는〉. (3) 쉬운 : ~ victory 낙승. —*n.* ⓒ (1) 서서 들어설 수 있는 크기의 것《대형 냉장고, 냉장실, 반침 등》. (2) ~식(式)아파트. (3) 훌쩍 찾아오는 방문자. (4) (선거의) 쾌승.

·walk·ing [wɔ́:kiŋ] *n.* ⓤ (1) 걷기, 보행. (2) 걸음 걸이, 걷는 법. (3) (보행을 위한) 도로 상태.

—*a.* 〔限定的〕 걷는 ; 보행(자)용의 ; 걸으면서 조작하는 ; (기계가) 이동하는 ; 살아 있는 : a ~ dictionary 살아 있는 사전, 박식한 사람.

wálking dístance 〔다음의 成句로〕 ***within ~ of*** 걸어서 갈 수 있는 곳에, …의 근처에.

wálking géntlemen 【劇】 (대사 없는) 단역배우, 풍채로 한 몫 보는 배우.

wálking lády 【劇】 (대사 없는) 단역《여성》.

wálking pàpers 《口》 면직 ; 해고 (통지서).

wálking pàrt 【劇】 (대사 없는) 단역(walk-on).

·wálking stìck 지팡이 ; 단장 ; 《美》 【蟲】 대벌레.

walk·ing-wound·ed [-wú:ndid] *a.* (흔히 the ~) 〔名詞的 · 集合的 ; 複數취급〕 (1) 보행 가능한〈침상에서 움직일 수 있을〉 정도의 부상을 입은 사람들. (2) 《口》 정신적으로 장애가 있는 사람들.

walk·on [wɔ́; kɑ̀n/-ɔ̀n] *n.* ⓒ 【劇】 단역(端役), 통행인 역(役)(walking part) 《대사 없이 무대를 거닐기만 하는 역》. —*a.* 〔限定的〕 단역의, 걸어가는.

walk·out [ˊàut] *n.* ⓒ 파업, 스트라이크 ; 항의 퇴장.

walk·o·ver [ˊòuvər] *n.* ⓒ 《口》 부전승 ; 독주(獨走), 낙승.

walk·through [ˊθrù] *n.* ⓒ 【劇】 리허설 ; (카메라 없이 하는) 연습.

walk-up [ˊʌ̀p] *a., n.* 《美》 엘리베이터 설비가 없는 아파트〈건물〉 ; (건물에 들어가지 않고) 밖에서 일을 볼 수 있는 : a ~ teller's window at a bank 은행의 보도에 면한 금전 출납창구.

walk·way [ˊwèi] *n.* ⓒ 보도, 산책길 ; 현관에서 길까지의 통로 ; 〔공장 열차 내의〕 통로.

⁝wall [wɔ:l] *n.* ⓒ (1) 벽, 담, 외벽, 내벽. (2) (흔히 *pl.*) 방벽, 성벽. (3) 벽 같은 것《산 · 파도 따위》 ;

높이 솟은 것. (4) 장애, 장벽. (5) (종종 *pl.*) (기관(器官)·용기 등의) 내벽. ***drive* 〈*push, thrust*〉** a person ***to the ~*** 아무를 궁지에 몰아 넣다. ***give*** a person ***the ~*** …에게 길을 비켜주다. ***go over the ~*** 탈옥하다 ; (갇힌 생활에서) 빠져나오다. ***go to the ~*** 궁지에 빠지다 ; (경기 따위에) 지다 ; 밀려나다 ; 굴복하다 ; (사업 따위에) 실패하다, 도산하다. ***knock* 〈*bang, beat, hit, run*〉** one***'s head against a* 〔*brick*〕 *~*** ⇨HEAD. ***off the ~*** 《美俗》 1) 미쳐서. 2) 이상한, 엉뚱한. ***up against a ~*** 곤란한 상황 속에서 ; 벽에 부딪혀. ***up the ~*** 《口》 몹시 골이 나 ; 확 달아올라 : go 〈climb〉 *up the* ~ 발끈 화를 내다. ***with*** one***'s back to the ~*** ⇨BACK. —*vt.* 《~+目/+目+副》 …을 벽〈담〉으로 둘러싸다 ; …에 성벽을 두르다 ; 벽으로 칸막이하다《*off*》 ; 벽 속에 가두다 ; (입구·창문 따위)를 벽으로 막다《*up*》 : ~ a person (*up*) *in* a dungeon 아무를 지하감옥에 가두다 / ~ a town 도시의 주위를 성벽으로 둘러싸다. —*a.* 〔限定的〕 벽〈담〉의 ; 벽쪽의 ; 벽에 거는 ; 벽〈담〉에 붙어 사는.

wall·board [ɔ́ːlbɔ̀ːrd] *n.* ⓤ (펄프·플라스틱·석고 따위의) 벽〈천장〉재료 ; ⓒ 인조 벽판.

walled [wɔːld] *a.* 벽이 있는, 벽으로 둘러싸인.

:wal·let [wɑ́lit/wɔ́l-] *n.* ⓒ (1) 지갑. (2) (가죽으로 만든) 작은 연장주머니.

wall·eye [wɔ́ːlài] *n.* ⓒ 〔사시〔斜視〕 따위로〕 각막이 커진 눈 ; 외〔外〕사시.

wall·eyed [ˊàid] *a.* 각막이 흐린, 각막이 커진 눈의 ; 사팔눈의.

wall·flow·er [ˊflàuər] *n.* ⓒ 【植】 계란풀《겨잣과의 관상용 식물》 ; 《口》 '벽의 꽃'《무도회 따위에서 상대가 없는 젊은 여자》.

wáll néwspaper 벽신문, 대자보(大字報).

wal·lop [wɑ́ləp/wɔ́l-] *vt.* 《口》 …를 구타하다, 강타 하다, 호되게 때리다 ; 《口》 …에 대승하다. —*n.* ⓒ 《口》 강타(强打) ; 《英浴》 맥주 : give a peison a ~ 아무를 강타하다.

wal·lop·ing [wɑ́ləpiŋ/wɔ́l-] *a.* 〔限定的〕 《口》 육중한, 거대한 ; 터무니없는.

wal·low [wɑ́lou/wɔ́l-] *vi.* (1) 《~/+前+名》 (동물·아이들이) 뒹굴다《수렁·모래·물 속에서》 몸부림치다. (2) 《+前+名》 (주색 따위에) 빠지다, 탐닉하다《*in*》. (3) (배 따위가) 흔들거리며 나아가다. (4) 《+前+名》 (돈 따위가) 남아 돌아갈 만큼 있다《*in*》. —*n.* ⓒ 뒹굶 ; 물소 따위가 뒹구는 수렁 ; ⓤ 주색〈나쁜 일〉에 빠지기.

wáll pàinting 벽화 기법 ; 벽화, 프레스코(fresco).

·wall·pa·per [wɔ́ːlpèipər] *n.* ⓤ 벽지. —*vt., vi.* (벽·천장·방에) 벽지를 바르다.

wall-to-wall [wɔ́ːltəwɔ́ːl] *a.* (1) (깔개 따위가) 마루 전체를 덮는. (2) 〔限定的〕 《比》 (장소·시간대를) 빽빽히 채운 〈메운〉 ; 전면적인.

wal·ly [wɑ́li/wɔ́li] *n.* ⓒ 《俗》 바보, 멍청이.

·wal·nut [wɔ́ːlnʌ̀t, -nət] *n.* (1) ⓒ 【植】 호두나무 (= ˊ~ **trèe**) ; 후두(열매) ; ⓤ 그 목재. (2)ⓤ 호두색.

·wal·rus [wɔ́(ː)rəs, wɑ́l-] (*pl.* **~·es,** 〔集合的〕 ~) *n.* ⓒ 【動】 해마.

wálrus mustáche 팔자 콧수염.

·waltz [wɔːlts] *n.* ⓒ 왈츠《춤, 그 곡》, 원무곡, 왈츠곡. —*vi.* 왈츠를 추다 ; (춤추는 듯한) 경쾌한 걸음걸이로 걷다〈움직이다〉 ; 덩실거리다《*in* ; *out* ; *round*》 ; 《美俗》 (권투 선수가) 춤추듯 가벼운 동작으로 싸우다 ; 쉽게 빠져나가다〈돌파하다〉《*through*》 : He ~*ed through* his exams. 그는 시험에 무난히 패스했다.

—*vt.* 왈츠로 (파트너를) 리드하다, (아무와) 왈츠를 추다 : He ~*ed* me around the hall. 그는 나를 왈츠로 리드하면서 홀을 빙글빙글 돌았다. ***~ into*** …을 공격(비난)하다, 야단치다. ***~ off with*** 《口》 경쟁자를 쉽게 물리치고 (상을) 획득하다.

wam·pum [wɑ́mpəm, wɔ́ːm-] *n.* ⓤ 조가비 염주《옛날 북아메리카 원주민이 화폐 또는 장식으로 사용함》 ; ⓤ 《美俗》 금전, 돈.

·wan [wɑn/wɔn] (***wán·ner ; -nest***) *a.* (1) 핏기없는, 병약한, 창백한, 파랗게 질린 : a ~ face 창백한 얼굴. 【cf.】 pale[1]. (2) 병약한, 힘없는. (3) (빛·표정 따위가) 희미한.

·wand [wɑnd/wɔnd] *n.* ⓒ (마술사의) 지팡이, 요술지팡이 ; 나긋나긋하고 가는 막대기 ; (직권을 표시하는) 관장(官杖).

:wan·der [wɑ́ndər/wɔ́n-] *vi.* 《~/+副/+前+名》 (1) 헤매다, (걸어서) 돌아다니니다, 걸어다니니다, 어슬렁거리다, 방랑〈유랑〉하다《*about* ; *over*》. (2) (옆길로) 빗나가다, 길을 잃다, 헤매다, 미아가 되다《*out* ; *off* ; *from*》 ; (이야기·논점 따위가)빗나가다 ; 탈선하다, 나쁜 길로 빠지다《*from* ; *off*》. (3) (정신이) 일시적으로 혼란해지다. (4) (강·언덕 등이) 구불구불 흐르다〈이어지다〉.

—*vt.* …을 돌아다니니다, 헤매다, 방황〈방랑〉하다.

—*n.* ⓒ 유랑, 방랑, 어슬렁어슬렁 걸어다님.

파) ***~·er** [-dərər] *n.*

:wan·der·ing [wɑ́ndəriŋ/wɔ́n-] *a.* 〔限定的〕 (1) 헤매는, 돌아다니는 ; 방랑하는, 굽이쳐 흐르는《강 따위》 : 옆길로 새는. (2) 두서없는.

—*n.* (종종 *pl.*) 산책, 방랑 ; (상궤) 일탈, 탈선 ; 혼란한 생각〈말〉. 파) **~·ly** *ad.*

Wándering Jéw (the ~) 방랑하는 유대인《형장으로 가는 예수를 모욕했기 때문에, 최후의 심판일까지 세계를 유랑할 벌을 받았다는 전설상의 인물》 ; 〔w-J-〕 유랑인.

wan·der·lust [wɑ́ndərlʌ̀st/wɔ́n-] *n.* ⓤ (또는 a ~) 《G.》 여행열(熱), 방랑벽(癖).

·wane [wein] *vi.* (1) (달이) 이지러지다. 【opp.】 wax[2]. (2) (밝기·힘·명성 등이) 약해지다, 쇠약해지다, 작아지다 ; 시기·권세 등의〕 끝이 가까워지다. —*n.* (the ~) (달의) 이지러짐 ; 감소, 쇠미, 감퇴. ***on* 〈*in*〉 *the ~*** (달이) 이지러지기 시작하여 ; (빛·세력 따위가) 쇠퇴하기 〈기울기〉 시작하여.

wan·gle [wǽŋgəl] 《口》 *vt.* 《~+目/+目+前+名》 (1) …을 속임수로 손에 넣다, 교묘히 빼앗다《*out of*》 ; …을 속여서 〈구슬러〉 …시키다〈하게 하나〉《*into*》. (2) 〔~ oneself 또는 ~ one's way로〕 (어려움·난관 등을) 용케 빠져나가다, 뚫고 나가다《*out of*》. —*vi.* (곤경 따위에서) 빠져나가다《*from*》 ; 술책을 부리다, 속이다. —*n.* ⓒ (책략·음모 따위로) 손에 넣음 ; 교활한 책략.

wan·na [wɔ́ːnə, wɑ́nə] 〔發音綴字〕 《美口》 want to ; want a 《3인칭 단수형은 주어가 되지 못함》. I ~ go. 나는 가고 싶다.

:want [wɔ(ː)nt, wɑnt] *vt.* (1) a〕 …을 탐내다, 원하다, 갖고〈손에 넣고〉 싶어하다. b〕 (아무) 에게 볼일이 있다 ; (아무)를 용무로 부르다〈찾다〉 ; (경찰이) …을 찾고 있다 ; (고용자가) …을 구하고 있다. (2) a〕

《+*to* do/+目+*to* do》 …하고 싶다, …하기를 원하다, ~하지 않으면 안된다 ; (아무가) …해 줄 것을 바라다, …해 주었으면 하다. b] 《~+目+*done*/ +目+*-ing*/ +目+(*to* be)補》 …이 행하여지기를 (강하게) 바라다 ; 〔종종 否定文에서〕 …것을 바라다 ; …이 —일 것을 바라다. (3) 《~+目/+*-ing*》 …이 필요하다, …을 필요로 하다(need). (4) 《+*to* do》《英口》 …하지 않으면 안되다, …하여야 한다(ought, must). (5)《~+目/+目+前+名》 …이 없다, 빠져 있다 ; 부족하다.
—*vi*. 《~/+前+名》 (1) 바라다, 원하다. (2) 빠져 있다, 부족하다, 모자라다, 없다《*in* ; *for*》. (3) (…을) 필요로 하다《*for*》. (4) 생활이 군색스럽다, 옹색하다. ***~ for nothing*** 없는 것이 없다, 무엇 하나 부족한 것이 없다. ***~ in*** 《美口》 1) 안〈속〉에 들어가고 싶어 하다. 2) (사업 따위에) 참여하고 싶어하다. ***~ off*** 《口》 떠나고 싶어하다. ***~ out*** 《美口》 1) 밖에 나가고 싶어하다. 2) (사업의 동업자들로부터) 몸을 빼고 싶어하다.
—*n*. (1) ⓤ 필요, 소용. (2) ⓒ (흔히 *pl.*) 필요로 하는 것, 원하는 것, 필요물 ; 욕구, 욕망. (3)ⓤ 결핍, 부족《*of* 》. (4) ⓤ 가난, 곤궁, 빈곤. ***for*** 〈***from, through***〉 ***~ of*** …의 결핍 때문에, …의 부족으로(인해). (*be*) ***in ~ of*** …이 없어서 곤란받고 (있다), …을 필요로 (하다).

wánt àd 《美口》 (신문의) 구인〈구직, 분실〉 광고.

·**want·ed** [wɔ́(ː)ntid, wάnt-] WANT 의 과거·과거 분사. —*a*. (1) 【廣告】 …을 구함, …모집, 채용코자 함 : ~ a cook 요리사 구함. (2) 지명 수배된 : a ~ man (경찰의) 지명 수배자 / the ~ list 지명 수배 리스트.

·**want·ing** [wɔ́(ː)ntiŋ, wάnt] *a*. 〔敍述的〕 (1) 빠져 있는 : 없는. (2) 부족한《*in*》, 모자라는, 미달인 : 목표〈표준〉 따위에 이르지 못한.
—*prep*. …이 없는(without) ; …이 모자라는(minus) : a book ~ a cover 표지가 없는 책 / a month ~ three days. 3 일 모자라는 한 달.

·**wan·ton** [wɔ́(ː)ntən, wάn-] *a*. (1) 터무니없는, 불합리한, 무리한, 이유 없는 : 무자비한, 잔인한. (2) 방자(방종)한, 변덕스러운, 제멋대로의 ; 까부는, 장난이 심한《아이 등》. (3)바람난, 음탕한, 부정(不貞)한, 외설한. (4) (초목 따위가) 아무렇게나 마구 우거진, 무성한.
—*n*. ⓒ 바람둥이《특히 여자》 ; 장난꾸러기.
파) **~·ly** *ad*. **~·ness** *n*.

wap·i·ti [wάpəti/wɔ́p-] (*pl*. ***~s***, 〔集合的〕 ~) *n*. ⓒ 【動】 큰사슴(elk) 《북아메리카산》.

W

:**war** [wɔːr] *n*. (1) ⓤ,ⓒ 전쟁, 싸움, 투쟁, 교전〈전쟁〉 상태《주로 국가 사이의》 (2) ⓤ 군사 (軍事), 군무(軍務), 전술. (3) ⓤ,ⓒ 《比》 다툼, 싸움, 투쟁(conflict). (4) ⓤ 적의(敵意), 적대(敵對) 상태. ***be at ~*** 교전 중이다 ; 사이가 나쁘다《*with*》. ***carry the ~ into the enemy's camp*** 〈***country***〉 공세로 전환하다. ***declare ~ against*** 〈***on, upon***〉 …에 선전포고를 하다 ; (해악 따위)의 퇴치를 선언하다. ***go to ~*** 개전하다, 무력에 호소하다《*against* ; *with*》 ; 출정하다. ***have been in the ~s*** 《口·戱》 (사고·싸움 따위로) 다쳤다, 상처투성이이다. ***make*** 〈***wage***〉 ***~ on*** 〈***upon, against***〉 (국가·인플레·질병 따위)와 싸우다. ***prisoners of ~*** 포로.
—(***-rr-***) *vi*. 《~/+前+名》 전쟁하다, 싸우다 ; 다투다《*with* ; *against*》 ; (…을 얻기 위해) 다투다, 싸우다《*for*》 : ~ *against* social evils 사회악과 싸우다 / ~ *for* supremacy 패권을 다투다.
—*a*. 〔限定的〕 전쟁의〈에 관한〉 : a ~ widow 전쟁 미망인 / a ~ novel 전쟁소설 / a ~ zone 교전 지역.

wár bàby 전시에 태어난 아기 ; 《특히》 전쟁 사생아 ; 전쟁의 산물.

·**war·ble** [wɔ́ːrbəl] *vi*. (1) (새가) 지저귀다. (2) (여성이 목소리를 떨며) 노래하다.

war·bler [wɔ́ːrblər] *n*. ⓒ 지저귀는 새 ; (지저귀듯이)목청을 떨며 노래하는 사람 ; 가수.

war·bon·net [∠bὰnit/∠bɔ̀nit] *n*. ⓒ (새 깃털로 장식한 아메리카 인디언의 예장용) 전투모.

wár brìde 전쟁 신부《출정하는 군인의 신부 ; 점령군의 현지처》.

wár chèst 군자금, 운동〈활동〉 자금.

wár clòud (흔히 *pl.*) 전운(戰雲).

wár correspòndent 종군 기자.

wár crìme (흔히 ~*s*) 전쟁 범죄.

wár crìminal 전쟁 범죄인, 전범.

wár crỳ (1) (공격·돌격시의) 함성. (2) (정당·캠페인 따위의) 슬로건, 선전 구호, 표어.

:**ward** [wɔːrd] *n*. (1) ⓒ 【法】 피보호자 ; 피후견인 (= ***~ of cóurt***) 《미성년자·금치산자 등》 ; 피감시자. (2) ⓒ 병실, 병동 ; (교도소의) 감방 ; 《英》 기숙사, 수용실(양로원 등의). (3) ⓒ (도시 행정 구획으로서의) 구(區) ; 선거구.
—*vt*. (위험·타격)을 받아 넘기다, 막다, 피하다《*off*》 : ~ *off* a blow 펀치를 피하다.

-ward *suf*. '…쪽의〈으로〉'의 뜻의 형용사·부사를 만듦 : bed*ward* 침대쪽의〈으로〉.

wár dàmage 전화(戰禍), 전재(戰災).

wár dànce (원시 민족의) 출진〈전승〉의 춤.

·**war·den** [wɔ́ːrdn] *n*. ⓒ (1) 관리인, 파수꾼, 감독관, 감시인 ; 《美》 교도소장. (2) (각종 관공서의) 기관장(長), 소장. (3) 《英》 학장.

ward·er [wɔ́ːrdər] (*fem*. ***wárd·ress***) *n*. ⓒ 《美》 지키는 사람, 감시인, 관리자, 수위.

·**ward·robe** [wɔ́ːrdròub] *n*. (1) ⓒ 옷〈양복〉장. (2) 〔集合的〕 (개인·극단이 갖고 있는) 의류(전체), 무대 의상.

wárdrobe trùnk 의상용 대형 트렁크《옷장 겸용》.

·**ward·room** [wɔ́ːrdrù(ː)m] *n*. ⓒ 【海】 (군함의) 상급 사관실, 고급사관실; 〔集合的〕 상급 사관. 【cf.】 gun room.

-wards *suf*. 《英》 '…쪽으로'의 뜻 : down*wards*, sky*wards*. ⇨-WARD.

ward·ship [wɔ́ːrdʃip] *n*. ⓤ 후견받는 미성년자의 신분〈지위〉 ; 후견(권). ***be under the ~ of*** …의 후견을 받고 있다. ***have the ~ of*** …을 후견〈보호〉하고 있다.

:**ware** [wɛər] *n*. (1) (*pl.*) (흔히 文語) 상품, 판매품. 【cf.】 goods. (2) ⓤ 〔集合的 ; 흔히 複合語〕 a] 〔재료·용도를 나타내는 명사에 붙여〕 …제품, …기(器), …물(物), 세공품, 제작품. b] 〔생산지명을 붙여서〕 도(자)기 (pottery). ***praise*** one***'s own ~s*** 자화 자찬하다.

:**ware·house** [wέərhàus] *n*. ⓤ (1) 창고, 저장소. (2) 《英》 도매점, 큰 가게. —[-hàuz, -hàus] *vt*. …을 창고에 넣다 ; 보세 창고에 예치하다.

ware·house·man [wέərhàusmən] (*pl*. ***-men***) *n*. ⓒ 창고업자, 창고계원.

wárehouse recèipt 《美》 창고 증권.

:**war·fare** [wɔ́ːrfὲər] *n*. ⓤ 전투(행위), 교전(상

태) ; 전쟁(war).
wár gàme 도상(圖上) 작전 ; (종종 *pl.*) (실제의) 기동 훈련 ; **[컴]** 전쟁놀이.
wár gòd 군신《로마 신화의 Mars 따위》.
wár gràve 전몰자의 묘(墓).
war·head [wɔ́ːrhèd] *n.* ⓒ (어뢰·미사일 등의) 탄두 : nuclear ~ 핵탄두.
war-horse [wɔ́ːrhɔ̀ːrs] *n.* ⓒ 군마 ; (종종 old ~) 《口》 노병 ; (정계 따위의) 노련가, 백전노장.
war·i·ly [wέərili] *ad.* 방심하지 않고, 조심하여.
war·i·ness [wέərinis] *n.* ⓤ 신중함 ; 경계심 ; 조심, 주의. ▫ wary *a.*
·war·like [wɔ́ːrlàik] *a.* (1) 전쟁의, 전쟁을 위한, 전쟁에 관한, 군사(상)의. (2) 호전적인, 도전적인, 용맹적인.
wár lòan 《英》 전시 공채.
war·lord [∠lɔ̀ːrd] *n.* ⓒ 《文語》 장군, 군사령관 ; (특정지역의 통치권을 가진) 군 지도자, 군벌(軍閥).
:warm [wɔːrm] (**∠·er ; ∠·est**) *a.* (1) 따뜻한, 온난한 ; 더운. (2) (몸이) 화끈거리는, 더워지는. (3) (마음씨·태도 따위가) 다정스러운, 따뜻한, 인정이 있는, 진심이 담긴. (4) 열렬한, 열심인. (5) 열광적인, 흥분한 ; 활발한, 격렬한. (6) (색이) 따뜻한 느낌의, 따뜻한 색 계통의 ; (소리가) 부드러운, 듣기 좋은, 난색(暖色). (7) 《英口》 유복한, 주머니가 두둑한. (8) (냄새 따위가) 강한 ; **[獵]** (짐승 냄새·자국이) 아직 생생한. (9) 도발적인, 선정적인. (10) 《口》 (숨바꼭질에서) 숨은 사람 쪽으로 가까이 간 ; (퀴즈 따위에서) 정답에 가까워진, 맞출 것 같은. (11) 《口》. 힘이 드는, 괴로운 ; 《口》 (환경 따위가) 불쾌한, 기분 나쁜. ***get ~*** 1) 따뜻해지다 ; 더워지다, 화끈 달아오르다. 2) 열중하다. 3) 찾고 있는 것〈정답〉에 접근하다. ***grow ~*** 흥분하다, (토론 등이) 활발해지다. ***keep*** one***self ~*** 옷을 입어 몸을 따뜻하게 하다. ***keep ~*** 식지 않도록 하다. ***make it*** 〈***a place, things***〉 (***too***) ~ ***for*** a person 아무를 배겨낼 수 없게 하다, …에 대한 반감을 조장하다.
—*vt.* (1) 《~+目/ +目+副/+目+前+名》 …을 따뜻하게 하다, 〔찬 것〕을 데우다, 녹이다《*up*》. (2) …의 마음을 따뜻〈흐뭇〉하게 하다, 힘을 내게 하다. (3) …을 흥분시키다, 열중하게 하다《*up*》 ; 기운나게 하다 ; 격노케 하다.
—*vi.* (1) 《~/+副》 따뜻해지다, 데워지다. (2) 《~/+副/+前+名》 …에 흥분하다, 열중하다《*to*》. (3)《~/+前+名》 …에 흥미를 가지게 되다 ; …에 호의를〈동정을〉 기울이게 되다《*to* ; *toward*》. 1) (경기 전에) 가벼운 준비 운동을 하다, 워밍업하다 : He is ~*ing up* for the race. 그는 달리기의 준비 운동을 하고 있다. 2) (엔진 따위가) 작동할 수 있는 적온(適溫)의 상태가 되다〈되게 하다〉.
—*n.* (1) (흔히 a ~) 따뜻하게 하기 ; 데우기, 따뜻해지기 : Come near the fire and have *a* ~. 불가에 와서 몸을 녹여라. (2) (흔히 the ~) 따뜻한 곳〈상태〉 : Come into *the* ~. 따뜻한 곳으로 들어오너라.
warm-blood·ed [wɔ́ːrmblʌ́did] *a.* **[動]** (동물이) 온혈의 ; 《比》 열혈의, 격하기 쉬운, 열렬한 (ardent). 파) **~·ly** *ad.* **~·ness** *n.*
wárm bòot **[컴]** 다시 띄우기《컴퓨터를 완전 정지하지 않고 운영 체제를 다시 올려(load) 곧 쓸 수 있게 하기 ; 특히 프로그램 변경시 행함》.
warmed·o·ver [wɔ́ːrmdóuvər] *a.* 《美》 (식은 음식 따위를) 다시 데운.
warmed-up [∠ʌ́p] *a.* = WARMED-OVER.
wár mamòrial 전쟁 기념비〈관〉 ; 전몰자 기념비〈관〉.
warm·er [wɔ́ːrmər] *n.* ⓒ 따뜻하게 하는 사람〈물건〉 ; 온열〈가열〉 장치.
wárm frònt **[氣]** 온난 전선. 【opp.】 *cold front.*
warm-heart·ed [wɔ́ːrmhάːrtid] *a.* 인정이 있는, 온정적인, 친절한.
파) **~·ly** *ad.* **~·ness** *n.*
warm·ing [wɔ́ːrmiŋ] *n.* (1) ⓤ 따뜻하게 하기, 따뜻해지기, 가온(加溫). (2) 《俗》 채찍질.
warm·ish [wɔ́ːrmiʃ] *a.* 좀 따스한.
:warm·ly [wɔ́ːrmli] (***more ~ ; most ~***) *ad.* (1) 따뜻하게. (2) 다정〈친절〉하게 (3) 열심〈열렬〉히 ; 흥분하여.
war·mon·ger [wɔ́ːrmʌ̀ŋgər] *n.* ⓒ 전쟁 도발자, 전쟁광(狂), 주전론자.
파) **~·ing** *n.*, ⓤ *a.* 전쟁 도발(의).
wárm restàrt **[컴]** 다시 시동.
:warmth [wɔːrmθ] *n.* ⓤ (1) 따뜻함 ; 온기, 따뜻한 기운. (2) 온정, 동정(심). (3) 열심, 열렬, 흥분, 격렬 ; 격앙, 열정. (4) (색의) 따스한 느낌. ***with ~*** 동정하여 ; 흥분하여 ; 감격하여.
warm-up [wɔ́ːrmʌ̀p] *n.* ⓒ (1) (운동에서의)준비운동, 워밍업. (2) 일의 시초, 실마리 ; 사전 연습.
:warn [wɔːrn] *vt.* (1) 《~+目/+目+前+名/+目+*that* 節》 (…에게) …을 경고하다, 조심시키다 ; 주의를 주다. (2) 《+目+*to* do》 (…에게) …할 것을〈하도록〉 경고〈주의〉하다. (3) 《+目+前+名/+目+*to* do》 (경찰 따위)에 알리다, 통고하다《*of*》, 예고하다. —*vi.* 《~/+前+名》 경고를 주다, 경계하다《*of*》 : ~ *of* danger 위험을 경고하다. ***~ away*** 〈***off***〉 (아무에게) 접근하지 말라고(떨어지라고) 경고하다 ; (아무를) 경고해서 떠나게 하다.
:warn·ing [wɔ́ːrniŋ] *n.* (1) ⓤ 경고, 경계, 주의 ; 훈계 ; ⓒ 경보 ; 교훈. (2) ⓤ 《英》 통지 ; 《古》 (해고·사직 따위의) 예고, 통고. (3) ⓒ 조짐, 징후 : a storm ~ 폭풍우의 전조. ***give ~*** 경고하다 ; 훈계하다 ; 《古》 예고하다. ***sound a note of ~*** =sound a ~ note 경고하다《*to*》. ***strike a note of ~*** (***against***) (…에 대해) 경종을 울리다. ***without ~*** 예고 없이, 갑자기. take ~ 경계하다. ***take ~ by*** …을 훈계삼다.
—*a.* 〔限定的〕 경고의, 경계의 ; 훈계의, 교훈적인 : a ~ signal 위험 신호 / ~ coloration (동물의)경계색.
파) **~·ly** *ad.*
wárning bèll 경종, 신호종.
wárning mèssage **[컴]** 경고문《오류 가능성이 있는 상태의 검출을 나타내는》.
·warp [wɔːrp] *vt.* (1) (목재 등)을 휘게 하다, 뒤틀다, 구부리다. (2) (마음·판단 따위)를 왜곡시키다 ; 비꼬이게〈비뚤어지게〉 하다. (3) **[海]** (배)를 밧줄로 끌다. —*vi.* 뒤틀어지다, 휘다, 뒤둥그러지다 ; (마음 따위가) 비뚤어지다, 앵돌아지다.
—*n.* (1) (the ~) 〔集合的〕 (직물의) 날실. 【cf.】 woof[1]. (2) (흔히 a ~) 휨, 비뚤어짐, (목재 따위가) 뒤틀림 ; 마음이 비꼬임, 빙퉁그러짐. (3) **[海]** (배를 끄는) 밧줄. ***~ and woof*** 기초, 기틀(foundation base). 파) **∠·age** *n.*
wár pàint (1) (아메리카 인디언이) 출진할 때 얼굴·몸에 칠하는 그림 물감 (2) 《口》 성장(盛裝) ; 여성의 화장품.
war·path [wɔ́ːrpæ̀θ, -pὰːθ] *n.* ⓒ (북아메리카 인디언의) 출정의 길, 정도(征途). (특히 다음 成로) ***on***

***the* ~** 싸우려고, 싸우고자 ; 성나서, 싸울 기세로.

war·plane [wɔ́ːrplèin] *n.* ⓒ 군용기 ; 전투기.

wár pòwer 전력 ; (행정부의) 비상 대권.

:war·rant [wɔ́(ː)rənt, wɑ́r-] *n.* (1) ⓤ **근거** ; 정당한 이유 ; 권능(authority). (2) ⓒ **보증**(이 되는 것). (3) ⓒ (행위·권리 등을 보증하는) 증명(서), 인가서, 보증서 ; (체포 따위의) 영장, 소환장.
—*vt.* (1) 《~+目/+目+(*to be*)+補/+(*that*) 節》 …을 보증하다, 단언하다 ; 장담하다 ; 보장하다. (2) …을 정당화하다, (행위 따위)의 정당한〈충분한〉 이유가 되다 ; 시인하다. ***I('ll) ~(you)***. 〔揷入的·附加的〕 확실히 …이다.

war·rant·a·ble [wɔ́(ː)rəntəbəl, wɑ́r-] *a.* 보증〈장담〉할 수 있는, 정당한. 파) **-bly** *ad.*

war·ran·tee [wɔ̀(ː)rəntíː wɑ̀r-] *n.* ⓒ 【法】 피보증인.

wárrant òfficer 【軍】 준사관(准士官), 준위.

war·ran·tor [wɔ́(ː)rəntɔ̀ːr, -tər, wɑ́r-] n ⓒ 【法】 보증인, 담보인.

war·ran·ty [wɔ́(ː)rənti, wɑ́r-] *n.* (1) ⓒ 【法】 담보(계약) ; (상품의 품질 따위의) 보증(서). (2) ⓤ (정당한) 근거〈이유〉《*for*》.
***under* ~** (상품이)보증기간중에 있는 : The machine is still *under* ~. 그 기계는 아직도 보증기간 중에 있다.

war·ren [wɔ́(ː)rən, wɑ́r-] *n.* ⓒ (1) 양토장(養兎場) ; 토끼의 군서지(群棲地). (2) 많은 사람이 복작거리며 살고 있는 지역〈건물〉.

war·ring [wɔ́ːriŋ] *a.* 서로 싸우는 ; 적대하는, 투쟁하는 ; 양립하지 않는《의견·신조 따위》.

:war·ri·or [wɔ́(ː)riər, wɑ́r-] *n.* ⓒ 《文語》 **전사**(戰士), 무사, 역전의 용사 ; 고참병 ; (정계 따위의) 투사. ***the Unknown Warrior*** 무명 용사.

War·saw [wɔ́ːrsɔː] *n.* 바르샤바《Poland의 수도 ; 폴란드어로는 Warszawa》

:war·ship [wɔ́ːrʃìp] *n.* ⓒ **군함**, **전함** (war vessel).

wart [wɔːrt] *n.* ⓒ 사마귀 ; (나무 줄기의) 혹, 옹두리. ***paint*** a person ***with*** his **~s** 사람을 있는 그대로 그리다. ***~s and all*** (부사적으로)결점도 있는 그대로 숨기지 않고, 남김없이 전부. ***I like him, ~s and all.*** 나는 생긴 그대로의 그를 좋아한다.

wart·hog [wɔ́ːrthɔ̀ːg, -hɑ̀g] *n.* ⓒ 【動】 흑멧돼지《아프리카산》.

war·time [wɔ́ːrtàim] *n.* ⓤ, *a.* 전시(의). 〖opp.〗 *peacetime.* 『~ rationing 전시의 배급(제도).

W

war·torn [wɔ́ːrtɔ̀ːrn] *a.* 전쟁으로 파괴된.

warty [wɔ́ːrti] (***wart•i•er ; -i•est***) *a.* 무사마귀가 있는 ; 무사마귀투성이의 ; 무사마귀 같은.

war-weary [wɔ́ːrwìəri] *a.* 전쟁으로 피폐한 ; 더는 못 쓰게 된《군용기》.

wár whòop (아메리카 인디언 등의) 함성.

wár wìdow 전쟁 미망인.

·wary [wέəri] (***war•i•er ; -i•est***) *a.* (1) a] (사람이) 조심성 있는, 주의 깊은, 신중한. b] 〔敍述的〕 (…에) 주의 깊은, 방심하지 않은《*of*》. (2) (행동·관찰 등이) 세심(신중)한, 방심하지 않은.

:was [wɑz, 弱 wəz/wɔz] BE의 제1·3인칭 단수·직설법 과거.

:wash [wɑʃ, wɔ(ː)ʃ] *vt.* (1) 《~+目/+目+補》 …을 씻다 ; 세탁하다, 빨래하다 ; …을 씻어서 (…상태로) 하다. (2) 《~+目+副/+目+前+名》 (더러움 따위)를 씻어내다(없애다)《*off ; away ; out*》 ; 《比》 깨끗이 하다, 결백하게 하다. (3) 《~+目/+目+前+名》 a] (파도 따위가) 밀려 오다, (해변·기슭)을 씻다 ; (바위 등)을 침식하다《*out ; away*》. b] (물로) …을 적시다, 축축하게 하다. (4) 《+目+副》 (물결·흐름이) …을 떠내려 보내다, 휩쓸어 가다《*off ; out ; away*》. (5) 《+目+前+名》 …에 엷게 입히다〈칠하다, 도금하다〉《*with*》. (6) 【鑛山】 세광(洗鑛)하다. (7) (세제 따위가) …을 씻을 수 있다.
—*vi.* (1) 세수하다, 얼굴(과 손)을 씻다, 목욕하다. (2) 빨래하다, 옷을 세탁하다 : ~ twice a week 1주일에 두번 빨래하다. (3) 《~/+副》 (천이) 빨래가 잘 되다, 빨아도 줄지〈색이 날지〉않다. (4) 《口·比》 〔否定構文〕 (이론·충성심 등이) 검증〈시련〉에 견디다, (말·변명 등이) …에게 통용되다, 받아들여지다. (5) 《+副/+前+名》 (파도가) 철썩철썩 밀려오다《*on ; against*》. (6) 《~/+副》 (폭우 따위로) 쓸려 내려가다, 침식되다. (7) 《+前+名》 세광(洗鑛)하다.
~ *down* 1) (호스 따위로) 씻어 내리다. 2) (물 따위로) 음식을) 꿀꺽 삼키다. 3) (파도 따위가) 쓸어가 버리다. **~ *for a living*** 세탁업을 하다. **~ *out*** (*vt.*) 1) …의 때를 씻어내다. 2) (병 따위)의 속을 씻다, (입)을 가시다, 양치질하다. 3) (제방·다리 등을) 휩쓸어가다《비 따위가》. 4) 〔흔히 受動으로〕 (큰비 등이) (경기 따위를) 중지케 하다, '유산시키다' ; (계획 등)을 엉망이 되게 하다 ; 낙제시키다. 5) 《口》 〔過去分詞 꼴로〕 지쳐 버리게 하다 : I feel ~*ed out*. 지쳐버리고 말았다. 6) 《美俗》 낙오〈실패, 낙제〉하다 ; 【美空軍】 비행훈련에 실격하다. ~one***self*** 몸〈손, 얼굴〉을 씻다. **~ *over*** 1) (비난 따위가 아무에게) 별 영향이 없다, 들어 흘려 보내다. **~ *up*** 1) 《美》 세수하다. 2) 《英》 (식기 등을) 씻어 치우다, 설거지하다. 3) (파도가 물건)을 바닷가에 밀어올리다. 4) (흔히 受動으로) 실패하게 만들다, 망치다, 파국을 맞게 하다=.
—*n.* (1) (the ~) 세탁, 빨래 ; (흔히 a ~) 씻기, 세정 : have 〈get〉 *a* good ~ (손·얼굴을) 잘 씻다. (2) 〔集合的〕 세탁물 ; (the ~) 세탁소 : hang out *the* ~ on the line 빨래를 널다. (3) (the ~) 파도의 밀어닥침, 그 소리 ; 밀어닥치는 파도. (4) (the ~) 침전물 ; 흐르는 물에 운반되는 토사. (5) ⓤ (강물 등에 의한) 침식 ; ⓒ 물이 흘러 생긴 도랑. (6) ⓒ,ⓤ 〔흔히 複合語〕 세(척)제 ; 화장수 ; 【醫】 세정액, 회석액 : a mouth ~ /an eye ~. (7) ⓤ 물기가 많은〈멀건〉 음식물. (8) ⓤ 설거지 찌꺼기. (9) ⓤ 엷게 입힌 도금 ; ⓒ 엷은 칠 ; 애벌칠의 도료《페인트 등》 : white ~ 백색 도료, 플라스터. (10) ⓤ 세광(洗鑛) 원료. (11) (the ~) (배가 지나간 뒤의) 물결, 흰 파도 ; (비행기가 날 때 생기는) 기류. ***come out in the* ~** 1) (나쁜 일 따위가) 탄로나다, 드러나다. 2) 결국 잘 되다, 좋은 결과를 얻게 되다.
—*a.* 《美》 = WASHABLE.

wash·a·ble [wɑ́ʃəbəl, wɔ́(ː)ʃ-] *a.* 빨 수 있는, 세탁이 되는 ; (색 따위가) 빨아도 날지 않는.

wash·and·wear [wɑ́ʃənwέər, wɔ́(ː)ʃ-] *a.* 빨아서 다리미질이 필요없는.

wash·ba·sin [⌐bèisn] *n.* ⓒ 세면기, 세수대야, 세면대.

wash·board [⌐bɔ̀ːrd] *n.* ⓒ 빨래판.

wash·cloth [⌐klɔ̀(ː)θ, ⌐klɑ̀θ] *n.* ⓒ 《美》 세수〈목욕용〉 수건(facecloth) ; 마른 행주(접시 닦는).

wash·day [⌐dèi] *n.* ⓤ,ⓒ (가정의) 세탁일.

wásh dràwing 단색(單色) 담채(淡彩)풍의 수채

(화), 투명 수채화(법) ; 수묵화.

washed-out [wɑ́ʃtàut, wɔ́(:)ʃt-] *a.* 빨아서 색이 바랜, 퇴색한 ; 색이 선명하지 않은.

washed-up [⌐ʌ́p] *a.* (1) 깨끗이 씻은. (2) 《口》 (사람·사업 따위가) 완전히 결딴이 난.

·**wash·er** [wɑ́ʃər, wɔ́(:)ʃ-] *n.* ⓒ (1) 세탁기 ; 세척기 ; 세광기. (2) 씻는 〈빨래하는〉 사람. (3) 【機】 (볼트의) 와셔, 똬리쇠. (4) 《美俗》 술집 ; 《英俗》 동전 ; 《Austral.》 세수 수건.

wash·er-dry·er [-dràiər] *n.* ⓒ 탈수기가 딸린 세탁기.

wash·er·wom·an [-wùmən] (*pl.* ***-wom·en***) *n.* ⓒ (직업적인) 세탁부(laundress).

wash·house [⌐hàus] *n.* ⓒ 세탁장 ; 세탁소.

·**wash·ing** [wɑ́ʃiŋ, wɔ́(:)ʃ-] *n.* ⓤ,ⓒ (1) 빨기, 빨래, 세척, 씻기, 세탁. (2) 〔集合的〕 세탁물《주로 의류》, 빨랫감 (3) (때로 *pl.*) 세광하여 채취한 사금.

wáshing machìne 세탁기.

wáshing pòwder 분말 (합성) 세제, 가루 비누.

wáshing sòda 세탁용 소다.

⁑**Wash·ing·ton** [wɑ́ʃiŋtən, wɔ́(:)ʃ-] *n.* (1) 워싱턴(시) 《미국의 수도》. (2) 미국 정부. (3) 워싱턴 주 (= the ~ State) 《주도 : Olympia ; 略 : Wash., 【美郵】 WA》. (4) **George ~** 워싱턴《미국 초대 대통령 ; 1732-99》.

Wash·ing·to·ni·an [wɑ̀ʃiŋtóuniən, wɔ́(:)ʃ-] *a.* 워싱턴(주민)의, 워싱턴 주〈시〉(출신)의. —*n.* ⓒ 워싱턴 주민(州民)〈시민〉.

Wáshington's Bírthday 워싱턴 탄생 기념일 《미국의 많은 주에서 법정 공휴일》.

Wáshington Státe (the ~) 워싱턴 주(州)《특히 Washington. D. C.와 구별하여 ; 略 : Wash., 【美郵】 WA》.

wash·ing-up [wɑ́ʃiŋʌ̀p, wɔ́(:)ʃ-] *n.* ⓤ 《英》 (1) 설거지. (2)〔集合的〕 음식찌꺼기가 묻어 있는 식기.

wash·out [wɑ́ʃàut, wɔ́(:)ʃ-] *n.* (1) ⓤ (도로·교량 따위의) 유실, 붕괴 ; ⓒ (유실로 인한) 붕괴 (침식) 장소. (2) ⓤ 【醫】 (장(腸)·방광의) 세척. (3) ⓒ 《口》 대실패, 실망. (4)ⓒ 《口》 실패자, 낙오자, 낙제생.

wash·room [⌐rù(:)m] *n.* ⓒ 《美》 세면소, 화장실 ; (염색 공장의) 세척장.

wash·stand [⌐stæ̀nd] *n.* ⓒ 세면대.

wash·tub [⌐tʌ̀b] *n.* ⓒ 세탁용 대야, 빨래통.

wash·up [⌐ʌ̀p] *n.* ⓤ,ⓒ 씻음, 씻는곳 ; 세면(장) ; 세광(洗鑛)(장), 빨래터.

washy [wɑ́ʃi, wɔ́(:)ʃi] (***wash·i·er ; -i·est***) *a.* (1) 물기가 많은, 묽은, 물을 탄 : ~ tea. (2) (색깔이) 엷은, 연한. (3) (문체·성격·사상·표현 등이) 힘이 없는, 약한.

파) **wash·i·ly** *ad.* **-i·ness** *n.*

⁑**wasn't** [wɑ́znt, wʌ́z-/wɔ́z-] was not의 단축형.

·**wasp** [wɑsp, wɔ(:)sp] *n.* ⓒ (1) 【蟲】 장수말벌, 나나니벌. (2) 《比》 성 잘내는〈까다로운〉 사람.

wasp·ish [wɑ́spiʃ, wɔ́(:)sp-] *a.* (특히 행동이) 말벌 같은 ; (사소한 무례에) 성 잘내는, 심술궂은, 성마른 ; (말·태도 등이) 쏘는 듯한.

wasp-waist·ed [wɑ́spwèistid, wɔ́(:)sp-] *a.* 허리가 가는.

·**wast** [wɑst, 弱 wəst/wɔst] 《古》 BE의 2인칭 단수·직설법 과거《주어가 thou일 때》.

wast·age [wéistidʒ] *n.* (1) ⓤ (또는 a ~) 소모, 손모(損耗) ; 낭비 ; 소모액〈량〉.

⁑**waste** [weist] *vt.* (1) 《~+目/ +目+前+名/ +目+-ing》 …을 헛되이 하다, 낭비하다. (2) (좋은 기회 따위)를 놓치다. (3) 〔종종 受動으로〕 (국토 따위)를 황폐케 하다. (4) 〔종종 受動으로〕 (질병 따위가 체력)을 쇠약하게 하다, 소모시키다. (5) 【法】 (가옥 등)을 손상〈훼손〉하다. (6) 《美俗》 늘씬하게 패주다, 죽이다. —*vi.* (1) 《~/+副》 (사람·체력이) 쇠약해지다, 말라빠지다, 약화되다《*away*》 : 소모하다, 마손되다. (2) 낭비되다, 헛되이 되다. **~ *away*** 야위고 쇠약해지다, (시간을) 헛되이 보내다. **~ one's *breath*** 쓸데없는 말을 하다.

—*n.* (1) ⓤ (또는 a ~) 낭비, 허비. (2) ⓤ (종종 *pl.*) 폐물, 쓰레기 (산업) 폐기물 ; (*pl.*) 배설물. (3) ⓒ 황무지, 불모(不毛)의 땅 ; 사막 ; 광막한 지역〈수면〉. (4) ⓒ (전쟁·화재 등에 의한)황폐(지) ; 폐허 ; 【法】 (토지·건물의) 훼손. (5) ⓤ 쇠퇴, 쇠약, 소모. ***run* 〈*go*〉 *to* ~** 폐물이 되다 ; 허비되다.

—*a.* 〔限定的〕 (1) 폐물의, 쓸모없는 ; 내버려진. (2) 황폐한, 불모의, 경작되지 않은, 황량한, 메마른. ***lay* ~** (토지 따위)를 황폐케 하다.

·**waste·bas·ket** [wéistbæ̀skit, -bɑ̀ːs-] *n.* ⓒ 《美》 휴지통(wastepaper basket).

wast·ed [wéistid] *a.* (1) 황폐한, 쇠약한 ; 소용이 없는, 헛된《노력》. (2) 《美俗》 살해된 ; (정신적·육체적으로) 지쳐 있는.

wáste dispòsal 폐기 처분, 폐물 처리.

·**waste·ful** [wéistfəl] (***more ~ ; most ~***) *a.* (1) 헛된, 허비의, 소모성의, 비경제적인, 낭비적인. (2) 〔敍述的〕 낭비하는, 헛되게 쓰는. (3) 황폐시키는, 파괴적인.

파) **~·ly** *ad.* **~·ness** *n.*

wáste hèat 폐열, 여열(餘熱).

waste·land [wéistlæ̀nd] *n.* ⓒ,ⓤ (미개간의)황무지, 불모의 땅, 폐허 ; (정신적·정서적·문화적으로) 불모의〈황폐한〉 지역〈시대, 생활 등〉.

waste·pa·per [wéistpèipər] *n.* ⓤ 휴지, 종이쓰레기, 헌종이 ; 〔흔히 waste paper〕 【製本】 면지(end paper).

wáste pìpe 배수관.

wáste pròduct (생산 과정에서 나오는) 폐기물 ; (흔히 *pl.*) (몸의) 노폐〈배설〉물.

wast·er [wéistər] *n.* ⓒ 낭비가 ; (연료 따위를) 낭비하는 것.

wáste ùnit 쓰레기 처리 공장 (waste disposal plant).

waste·wa·ter [wéistwɔ̀ːtər] *n.* ⓤ (공장) 폐수, 오수, 폐액, 하수 : ~ treating 폐수 처리.

wast·ing [wéistiŋ] *a.* 〔限定的〕 황폐하게 하는, 파괴적인 ; 소모성의, 소모시키는.

wast·rel [wéistrəl] *n.* ⓒ 《文語》 낭비자 ; 건달, 불량배, 부랑아 ; 〔제품의〕 파물, 파치, 흠 있는 물건.

⁑**watch** [wɑtʃ, wɔːtʃ] *vt.* 《~+目/ +目+*do*/ +目+-*ing*/ +*wh.*節》 (1) …을 지켜보다, 주시하다 ; 관전〈구경〉하다 ; 주목〈관찰〉하다. (2) (적 따위)를 망보다, 경계하다 ; 감시하다. (3) (가축·물건 따위)를 지키다 ; (아무의) 간호를 하다, 돌보다. (4)《口》 …에 신경을 쓰다, 조심하다, 주의하다. (5) (기회 따위)를 기다리다, 엿보다.

—*vi.* 《~/ +前+名》 (1) 지켜보다, 주의하여 보다, 주시〈관찰〉하다 ; 구경〈방관〉하다. (2) 망보다, 감시하다 ; 조심하다, 계제하다《*for*》. (3)대기하다, 출현에

주의하다《for》. (4) 불침번을 서다, 잠자지 않고 간호하다.
bear ~ing (1) 주목할 가치가 있다, 전도가 유망하다. (2) 주시할 필요가 있다, 위태롭다. ***Watch it!*** 《口》 조심해라, 주의해라, 위험하다. : ***~ out*** 《口》 망보다, 경계하다《for》; (위험 등을) 조심하다, 주의하다《for》: *Watch out!* 위험해 ; 조심해라. ***~ out for*** …을 망보다, 경계하다, …에 조심〈주의〉하다. ***~ over...*** …을 감시하다 ; …을 호위하다 ; …을 돌보아주다. ~ ***one's step*** 발 밑을 조심하다 ; 《口》 조심하다.
—*n*. (1) ⓤ (또는 a ~) 조심, 경계, 망보기, 감시. (2) ⓒ 손목 시계, 회중 시계《탁상 시계인 clock에 대해》. (3) ⓤ 《옛투》 불침번 ; 밤샘(wake) ; 자지 않는 기간. (4) (종종 the ~) 〔集合的〕 【史】 파수꾼, 망보는 사람 ; 야경꾼. 【cf.】 watchan. 『place a ~ 파수꾼을 두다. (5) ⓒ 【史】 밤을 4구분한 것의 하나. (*pl.*) 야간. (6) ⓤ 【海】 4시간 교대의 당직〈근무〉. ***be off ~*** 비번이다. ***be on the ~ for*** …을 조심〈경계〉하고 있다 ; 대기하고 있다. ***be on ~*** 당직이다. ***keep ~ for*** …을 주의해서 기다리다, …을 대기하고 있다.

wátch and wárd 《文語》 방심 없는 철저한 감시〈경계〉; 부단의 경계.

watch·band [∠bæ̀nd] *n*. ⓒ 손목시계줄〈밴드〉.

wátch bòx 망보는 막사 ; 초소, 보초막사.

watch case [∠kèis] *n*. ⓒ 회중 시계의 케이스.

wátch chàin 회중 시계의 쇠줄.

wátch crỳstal 《美》 손목〈회중〉시계의 유리.

watch·dog [wátʃdɔ̀(ː)g, wɔ́; tʃ-, -dàg] *n*. ⓒ 집지키는 개 ; (충실한) 감시인, 경비원

watch·er [wátʃər, wɔ́ːtʃ-] *n*. ⓒ 지키는〈망보는〉 사람 ; 망꾼, 당직자 ; 밤샘하는 사람 ; 간호인.

·watch·ful [wátʃfəl, wɔ́ːtʃ-] (***more ~ ; most ~***) *a*. 조심스러운, 주의 깊은, 방심하지 않는.
파) **~·ly** [-fəli] *ad*. **~·ness** *n*.

wátch hànd 손목〈회중〉 시계의 바늘.

watch·house [∠hàus] *n*. ⓒ 파수막, 초소, 감시소.

·watch·mak·er [∠mèikər] *n*. ⓒ 시계 제조인〈수리인〉.

watch·mak·ing [∠mèikiŋ] *n*. ⓤ 시계 제조 〈수리〉(업).

watch·man [∠mən] (*pl*. ***-men***) *n*. ⓒ (건물 따위) 야경(夜警), 경비원 ; 【史】 순라군, 야간순찰차.

wátch nìght 제석(除夕), 섣달 그믐날 밤.

wátch òfficer (군함의) 당직 사관 ; (상선의)당직 항해사.

W

wátch pòcket 회중 시계용 주머니《조끼·바지 등의》.

watch·strap [∠stræ̀p] *n*. ⓒ 손목 시계줄〈밴드〉.

watch·tow·er [∠táuər] *n*. ⓒ 망루, 감시탑.

watch·word [∠wə̀ːrd] *n*. ⓒ (정당 따위의)표어, 슬로건.

:wa·ter [wɔ́ːtər, wát-] *n*. (1) ⓤ 물. (2) (종종 *pl.*) 넘칠 듯한 많은 물, 바다, 호수, 강 ; 유수, 파도, 조수 ; (*pl.*) 홍수. (3) (*pl.*) 《文語》 바다. (4) (*pl.*) 근해, 영해 ; 수역, 해역. (5) ⓤ 〔複合語로〕 …수(水) ; 화장수 ; 《古》 증류주. (6) ⓤ 수위, 수심 ; 수면 ; 흘수. (7) a〕 ⓤ,ⓒ 분비물, 눈물, 땀, 오줌, 침. b〕 (흔히 the ~(s)) 양수(羊水). (8) ⓤ 물약, 용액 ; (종종 the ~s) 광천수, 온천 : ⇨ LAVENDER WATER. (9) ⓒ (금속·직물의) 물결 무늬. (10) ⓤ (보석 특히 다이아몬드의) 품질 ; 〔一般的〕 품질, 등급 : first ~ 최고급. (11) ⓤ 【經】 (주식의) 물타기《실질 자산을 수반하지 않는 주식의 증발(增發)에 의한》. (12) ⓒ 수채화 : oils and ~*s* 유화와 수채화.
above ~ 1) 수면 위로 고개가 나와, 물위에. 2) (경제적)위기를 면하여. ***break ~*** 물 위로 떠오르다《물고기 ·잠수함 따위가》. ***by ~*** 수로로, 배로. ***deep ~(s)*** 심해, 원해(遠海) ; 《比》 위험, 곤란 : in *deep* ~(*s*) 매우 곤란하여. ***fresh ~*** 민물, 담수. ***get into*** 〈***be in***〉 ***hot ~*** 곤경에 빠지다〈처해 있다〉. ***hard*** 〈***soft***〉 ***~*** 경수〈연수〉. ***hold ~*** 1) (용기 따위가) 물이 새지 않다. 2) 〔흔히 否定文〕 (이론 따위가) 정연하다, 완벽하다 : That accusation *won't hold* ~. 그 비난은 조리가 닿지 않는다. ***in smooth ~(s)*** 순조롭게, 난국을 극복하여. ***like ~*** 물쓰듯, 아낌없이 : spend money *like* ~ 돈을 아낌없이 쓰다. ***make*** 〈***pass***〉 ***~*** 《婉》 소변을 보다. ***take*** (***the***) ***~*** (새 따위가) 물속으로 뛰어들다, 헤엄치기 시작하다 ; (배가) 진수(進水)하다 ; (비행기가) 착수(着水)하다 ; 《美西部》 도망치다. ***test the ~(s)*** 되어가는 형편을 보다, 사정을 살피다. ***the ~s of forgetfulness*** 망각의 강(Lethe) ; 죽음. ***throw*** 〈***pour, dash***〉 ***cold ~ on*** 〈***over***〉 (남의 계획 등에) 찬물을 끼얹다, 방해하다, 트집 잡다. ***tread ~*** ⇨ TREAD. ***turn off*** a person***'s ~*** 《美俗》 아무의 (자랑) 이야기의 허리를 꺾다, 아무의 계획(목적 달성)을 망치다. ***under ~*** 물속에 ; 침수하여 : houses *under* ~ 침수가옥. ***~ of life*** 【敎會】 생명수《영원한 생명을 주는 물》. ***~ under the bridge*** 〈***over the dam***〉 지나버린 일, 되돌릴 수 없는 일. ***written*** 〈***writ***〉 ***in ~s*** (명성이) 덧없는 ; (업적이) 곧 잊혀지는.
—*vt*. (1) …에 물을 끼얹다〈뿌리다〉; 적시다 ; (식물)에 물을 주다 ; (토지)를 관개하다, 급수하다. (2) 《~+目/+目+副》 …에 물을 공급하다 ; (동물)에 물을 먹인다 ; (엔진)에 물을 넣다. (3) 《~+目/+目+副》 물을타서묽게 하다, 물을 타다《*down*》; 《比》 (표현 따위)를 약하게 하다. (4) 〔흔히 過去分詞꼴〕 (주단·금속 따위)에 물결 무늬를 넣다. (5) 【經】 (주식)에 물타기를 하다《자산의 증가없이 주식의 발행을 늘리다》. —*vi*. (1) 눈물이 나다 ; 침을 흘리다 ; 소변을 보다 ; 분비액이 나오다 : His eyes ~*ed* from the smoke. 연기 때문에 눈물이 나왔다. (2) (동물이) 물을 마시다. (3) (엔진·배 따위가) 급수되다. ***make a*** person***'s mouth ~*** 아무로 하여금 군침을 흘리게 하다, 욕심을 일으키게 하다 ; 부러워하게 하다. ***~ at the mouth*** (기대하며) 침을 흘리다, 부러워하다. ***~ down*** 1) 물을 타다. 2) 〔종종 受動으로〕 적당히 조절하여 말하다 ; …의 효력을 약화시키다.

wáter bàg 물주머니 ; (가축의) 양수막(羊水膜) ; 낙타의 봉소위(蜂巢胃) (reticulum).

wáter Bèarer (the ~) 【天】 물병자리 (Aquarius).

wáter bèd (환자용의) 물 넣은 고무요 ; 수분이 많은 토양.

wáter bèetle 【蟲】 말선두리《따위》.

wáter bìrd 물새.

wáter biscuit (밀가루·물·버터 등으로 만든) 크래커.

wáter blìster (피부의) 물집.

wa·ter·borne [-bɔ̀ːrn] *a*. 물 위에 뜨는 ; 수상 수송의, 배로 나르는.

wáter bòttle 물병 ; 《英》 수통.

wa·ter·buck [-bʌ̀k] *n*. ⓒ 【動】 큰 영양《남·중앙

아프리카산》.
wáter bùffalo [動] 물소 ; 《美俗》 수륙 양용 수송 전차(戰車).
wa ter-bus [-bʌ̀s] *n.* ⓒ 수상 버스 ; 나룻배.
wáter cànnon 방수포(放水砲)《데모대 해산용 방수차(放水車)의》.
wáter càrt 물 운반차 ; 살수차, 물 파는 수레.
wáter chèstnut [植] 마름《수생초 ; 과실은 식용》.
wáter clòset (수세식) 변소《略 : W.C》 ; 수세식 변기.
*__wa·ter·col·or__ [-kʌ̀lər] *n.* (1) ⓤ (또는 *pl.*)수채화 물감. (2) ⓒ 수채화. (3) ⓤ 수채화법. 파) **~ed** *a.* **~·ist** *n.* ⓒ 수채화가.
wáter convèrsion (바닷물의) 담수화(淡水化).
wa·ter-cool [-kù:l] *vt.* [機] (엔진 따위)를 물로 식히다. 파) **~ed** *a.* [機] 수냉식의.
wáter còoler 음료수 냉각기, 냉수기.
wa·ter·course [-kɔ̀:rs] *n.* ⓒ 물줄기, 강, 개울 ; (어느 시기만 물이 흐르는) 강 바닥.
wa·ter·cress [-krès] *n.* ⓤ [植] 양갓냉이《샐러드용》.
wáter cùlture [農] 수경(水耕)(재배).
wáter cùre [醫] 수료법(水療法)(hydro pathy) ; 《口》 물 먹이는 고문(拷問).
wa·ter·cy·cle [-sàikl] *n.* ⓒ 수상 자전거《페달식 보트》.
wáter cỳcle (the ~) 물의 순환.
wa·ter·drop [-dràp/-drɔ̀p] *n.* ⓤ (1) 물방울, 빗방울 ; 눈물 방울. (2) (산불 등을 끄기 위한 비행기 등에서의 살수)
wa·tered [wɔ́:tərd, wɑ́t-] *a.* (1) 물을 뿌린 ; 관개(灌漑)된. (2) (견직 · 금속 등에) 물결 무늬가 있는. (3) 물을 탄〈술 등〉 ; [經] (자본 따위) 물타기한.
wa·tered-down [-dáun] *a.* (1) 물을 탄, 묽어진 ; (밀도·강도 등) 약화된, 둔화된, 경감된. (2) 손을 댄, 적당히 고친 ; 재미가 경감된.
:**wa·ter·fall** [wɔ́:tərfɔ̀:l, wɑ́t-] *n.* ⓒ 폭포(수) ; (수력에 이용되는) 낙수.
wáter fòuntain 분수식의 음료수대.
wa·ter·fowl [-fàul] *n.* ⓒ 〔集合的〕 물새.
wa·ter·front [-frʌ̀nt] *n.* ⓒ (흔히 a ~) 물가〈바닷가〉의 토지 ; 해안의〈호숫가의〉 거리, 해안 지구 ; 부두, 선창. ***cover the ~ (on . . .)*** (…에 대하여) 여러 각도에서 문제를 빠짐없이 논하다.
wáter gàte 수문(floodgate).
wáter gàuge 수면계, 액면계《탱크 따위의 수면의 높이를 표시하는 유리관》.
wáter glàss (1) 큰 컵 ; 수반(水盤)《꽃을 꽂아 두는 원예용의》. (2) (물속을 들여다보는) 물안경. (3) (옛날의) 물시계. (4) 물유리《규산나트륨 용액 ; 접착제 · 비누의 배합제 · 도료 · 매염제용》.
wáter gùn 물총(water pistol).
wáter hèater (가정용) 온수기.
wáter hèn [鳥] 쇠물닭 ; 《美》 검둥오리.
wáter hòle (야생 동물이 물 마시러 오는) 물웅덩이 ; 작은 못 ; (사막 등의) 샘.
wáter ìce 《英》 과즙 · 설탕을 넣어 얼린 과자, 셔벗(sherbet).
wa·ter·ing [wɔ́:təriŋ, wɑ́t-] *n.* ⓤ,ⓒ 급수, 관수, 살수 ; (비단·금속 등의) 물결무늬. —*a.* 살수〈급수〉, 관수용의 ; 온천〈광천〉의 ; 해수욕장의.
wátering càrt 살수차.
wátering hòle 《美俗》 사교장(watering place) 《특히 나이트 클럽 · 라운지 등》 ; 《口》 물놀이할 수 있는 행락지.
wátering plàce (1) 《英》 온천장, 탕치장(湯治場) ; 해수욕장, 해안 · 호반의 행락지. (2) (동물의) 물 마시는 곳. (3)〔대상〔隊商〕·배 따위의〕 물 보급지.
wátering pòt 〈càn〉 물뿌리개, 살수기.
wáter jàcket [機] 물 재킷《기계의 과열 냉각용 장치》 ; (기관총의) 냉수통.
wáter jùmp (장애물 경마의) 물웅덩이, 도랑.
wa·ter·less [wɔ́:tərlis, wɑ́t-] *a.* 건조한, 마른, 물이 없는 ; 물을 필요로 하지 않는《요리》 ; 공랭식의 《엔진》. 파) **~·ly** *ad.* **~·ness** *n.*
wáter lèvel 수위(水位) ; (수평) 수준기(水準器) ; 흘수선.
wáter lìly [植] 수련(pond lily).
wáter lìne [海] (흘)수선 ; 해안선 ; 지하수면 ; 수위 ; 송수관, 송수선 ; (종이의) 내비치는 선.
wa·ter·log [wɔ́:tərlɔ̀(:)g, wɑ́t-, làg] *vt.* (배)를 침수시켜 항행불능케 하다 ; 물이 흠뻑 젖어서 (목재가) 물에 뜨지 않게 하다 ; (토지)를 물에 잠기게 하다. —*vi.* 침수되어 흠뻑 젖다〈움직임이 둔해지다〉.
wa·ter·logged [-lɔ̀(:)gd, -làgd] *a.* 물이 밴《재목 따위》 ; (배가) 침수된, (땅이) 물에 잠긴 ; 《比》 수렁〈곤경〉에 빠진.
Wa·ter·loo [wɔ́:tərlù:, wɑ́t-, ⌐-⌐] *n.* (1) 워털루《벨기에 중부의 마을 ; 1815년 나폴레옹의 패전지》. (2) (때로 w-) ⓒ a] 대패배, 참패. b] 파멸(패배)의 원인. ***meet*** one***'s ~*** 일패 도지(塗地)하다, 참패당하다.
wáter màin 급수〈수도〉 본관(本管).
wa·ter·man [wɔ́:tərmən, wɑ́t-] (*pl.* **-men** [-mən]) *n.* ⓒ 뱃사공 ; 나룻배 사공, 노젓는 사람 ; 수산업으로 생계를 잇는 사람 ; 물의 요정 ; 인어. 파) **~·shìp** *n.* ⓤ ~의 직무〈기능〉 ; 노젓는 솜씨.
wa·ter·mark [-mà:rk] *n.* ⓒ 수위표(水位標); (종이의) 내비치는 무늬.
wáter mèadow 강의 범람으로 비옥해진 목초지〈저지〉.
*__wa·ter·mel·on__ [-mèlən] *n.* ⓒ [植] 수박.
wáter mèter 수량계, 수도의 계량기.
wáter mìll 물방아 ; (물방아에 의한) 제분소.
wáter mòccasin [動] (1) 독사《북아메리카 남부산》. (2) 물뱀(water snake)《무독》.
wáter mòtor 수력 발동기, 수력 기관《수력 터빈 따위》.
wáter nỳmph (1) 물의 요정(naiad) ; 인어. (2) [植] 수련.
wáter pàint 수성 도료.
wáter pìpe 송수관, 배수관 ; 수연통(水煙筒).
wáter pìstol 물딱총(water gun).
wáter pollùtion 수질 오염.
wáter pòlo [競] 수구(水球).
*__wáter pòwer__ 수력, 낙수.
*__wa·ter·proof__ [-prù:f] *a.* 방수의 ; 물이 새지 않는, 내수(耐水)의.
wáter ràt [動] 물쥐 ; 《俗》 (해안 따위의) 부랑자, 좀도둑 ; 《口》 수상 스포츠 애호가.
wáter ràte 〈rènt〉 수도 요금.
wa·ter·re·pel·lent [-ripélənt] *a.* (완전 방수는 아니지만) 물을 튀기는〈튀기게 만든〉.

W

wa·ter·re·sist·ant [-rizístənt] *a.* (완전 방수는 아니지만) 물이 스며들지 않는, 내수(耐水)(성)의.
wáter resòurces 수자원.
wáter rìght 용수(用水)권, 수리권(水利權).
wa·ter·scape [-skèip] *n.* ⓒ 물가의 풍경 ; 물이 있는 경치. (2) 수경화
wa·ter·shed [-ʃèd] *n.* ⓒ 분수령(divide, 《美》 water parting) ; 유역 ; 분기점, 중대한 시기.
wa·ter·side [-sàid] *n.* ⓤ (the ~) 물가 ; 수변, 분수선, 분수계.
wáter skì 수상 스키《용구》.
wa·ter-ski [-skìː] (p., pp. ***-ski'd, -skied***) *vi.* 수상 스키를 하다.
파) **~·er** *n.* ⓒ **~·ing** *n.* ⓤ 수상 스키 (경기).
wáter snàke **[動]** 물뱀《독이 없음》.
wáter sòftener 연수제(軟水劑) ; 정수기.
wa·ter-sol·u·ble [-sɑ̀ljəbəl/-sɔ̀l-] *a.* 수용성의, 물에 용해되는 : ~ vitamins 수용성 비타민.
wáter spàniel 워터스패니엘《오리 사냥개》.
wa·ter·splash [-splæ̀ʃ] *n.* ⓒ 얕은 여울 ; 물〈웅덩이〉에 잠긴 도로(의 부분).
wa·ter·spout [-spàut] *n.* ⓒ 물이 나오는구멍.
wáter sprite 물의 요정(water nymph).
·**wáter supplỳ** 상수도 ; 급수(법) ; 급수(량).
wáter tàble **[建]** 물받이 돌림띠《외벽의》 ; 지하수면.
wáter tànk 물탱크, 물통.
wa·ter·tight [-tàit] *a.* 방수의 ; 물이 들어오지 못하는 ; (이론 등이) 완벽한, 빈틈없는.
wáter tòwer 급수탑 ; 소방용 방수〔放水〕 장치《고층 건물용》.
wáter vàpor 수증기(비등점 이하에서 발산된 가스체의 물).
wáter vòle **[動]** 물쥐의 일종.
wáter wàgon 급수차 ; 살수차(water cart). ***on the ~*** ⇨WAGON.
·**wa·ter·way** [-wèi] *n.* ⓒ (1) 수로 ; 항로 ; 운하. (2) (갑판의) 배수구, 물 빼는 험.
wa·ter·weed [-wìːd] *n.* ⓒ (각종의) 수초(水草).
wáter whèel 수차, 물레바퀴 ; 양수차.
wáter wìngs (수영 연습용으로 양겨드랑이에 끼는) 날개꼴 부낭.
wa·ter·works [-wəːrks] *n.* (1) 〔單·複數 취급〕 급수(ㄹ비) ; 급수소 ; 상수도, 수도. (2) 〔複數취급〕 《口》 비뇨기 계통. (3) 《俗》 눈물. ***turn on the ~*** 《俗》 (관심을 끌기 위해) 울음보를 터뜨리다, 울다.
wa·ter·worn [-wɔ̀ːrn] *a.* (바위 등이) 물의 작용으로 마멸된.
·**wa·tery** [wɔ́ːtəri, wɑ́t-] (***-ter·i·er ; -i·est***) *a.* (1) 물의 ; 물속의 ; 물같은. (2) 축축한, 비올 듯한《땅·하늘 등》. (3) 눈물어린《눈 따위》 : ~ eyes 눈물맺힌 눈. (4) 물을 너무 탄, 묽은, 맛없는, 싱거운《술·수프 등》. (5) 연한, 엷은《색따위》. (6) 《比》 약한, 재미없는, 힘없는, 맥빠진《문장 등》 : ~ prose 박력 없는 산문. (7) 〔限定的〕 수중의 〔다음 成句로〕.
·**watt** [wɑt/wɔt] *n.* ⓒ **[電]** 와트《전력의 실용단위 ; 略 : W, w》. 파) **~·age** [-idʒ] *n.* ⓤ 와트수.
watt-hour [∸àuər] *n.* ⓒ 와트시(時)《1시간 1와트에 해당하는 에너지 단위 ; 略 : Wh》.
wat·tle [wɑ́tl/wɔ́tl] *n.* (1) ⓤ,ⓒ 욋가지 ; 욋가지로 엮은 울타리〈벽, 지붕〉 ; (벽의) 외(楾) ; 《英方》 잔가지 ; 지팡이. (2) ⓒ (닭·칠면조 등의) 육수(肉垂). (3) ⓤ **[植]** 아카시아의 일종《오스트레일리아산》. ***~ and daub*** 〈***dab***〉 **[建]** (엮은 욋가지 위에 흙을 바른)초벽.
—*vt.* 욋가지〈오리〉로 엮어 만들다《울타리·벽 등을》 ; 엮어 겯다. 파) **~d** *a.* (1) 오리〈욋가지〉로 엮어만든. (2) (닭 따위의) 육수가 있는.
watt·me·ter [wɑ́tmìːtər/wɔ́t-] *n.* ⓒ 전력계.
:wave [weiv] *n.* ⓒ (1) 파도, 물결, 파문 : (2) 파도와 같은 움직임 ; 요동, 굽이침 : (3) **[物]** 파(波), 파동《열·빛·소리 등의》 ; **[氣]** 파 ; **[地]** 파랑 : (4) (감동·상황·상태 등의) 물결, 고조 : (5) 손을 흔드는 신호 : (4) (머리카락 등의) 물결 모양, 퍼머넌트 웨이브 : ***attack in ~s*** **[軍]** 파상 공격을 가하다 ; 물결처럼 밀려오다. ***make ~s*** 《口》 풍파를 일으키다.
— *vi.* (1)《~/ +前+名》 파도〈물결〉치다, 파동〈기복〉하다 : (2)《~/ +前+名》 (기·가지 등이) 흔들리다 : (3)《~/+前+名》 (머리털 따위가) 물결 모양을 이루다 : (4) 손을 흔들다 ; (손·손수건 따위를) 흔들어 신호〈인사〉하다 : —*vt.* (1)《~+目/+目+副/+目+前+名》 흔들어 움직이다 ; 흔들다, 휘두르다, 나부끼게 하다 : (2)《~+目/+目+目/+目+前+名/+目+副/+目+*to* do》 손을〈기 따위를〉 흔들어 …신호〈인사〉하다 : (3) 물결 모양으로 하다, …에 웨이브를 하다 : ***~ aside*** 1) (아무)에게 신호하여 비켜서게 하다, 신호하여 (물건을) 비키게 하다. 2) (반대 등)을 물리치다, 뿌리치다, 가벼이 일축하다. ***away*** 〈***off***〉 손을 흔들어 쫓아버리다, 거절하다. ***~ down*** (차를) 손을 흔들어 세우다 : He ~*d down* a taxi. 그는 손을 흔들어 차를 세웠다.
wáve bànd **[通信]** 주파대(帶).
wave·length [wéivlèŋkθ] *n.* ⓒ (1) **[物]** 파장《기호 : λ》. (2) 사고 방식. ***on the same ~ as*** 《口》 …와 같은 파장으로 ; …와 의기 투합하여〈같은 생각으로〉.
wave·less [wéivlis] *a.* 파도(물결)가 없는, 파동〈기복〉이 없는 ; 조용한.
파) **~·ly** *ad.*
wave·let [wéivlit] *n.* ⓒ 작은 파도, 잔물결.
:wa·ver [wéivər] *vi.* (1) 흔들리다 ; 나부끼다, (불길 등이) 너울거리다 ; (목소리가) 떨리다 : (2) 망설이다, 주저하다, 머뭇거리다 : (3)《~/ +目+前》 동요가 일어나다, 들뜨다, 혼란해지다 : 파) **~·er** [-vərər] *n.*
wa·ver·ing [wéivəriŋ] *a.* 흔들리는, 나붓거리는, 떨리는 : ~ shadows 흔들거리는 그림자. (2) 망설이는, 동요하는, 주저하는.
파) **~·ly** *ad.* 동요되어, 흔들려서, 주춤거려, 주저하여.
wavy [wéivi] (***wav·i·er ; -i·est***) *a.* 파도치는 ; 물결이는〈같은〉, 기복 있는, 굽이치는
:wax¹ [wæks] *n.* ⓤ (1) 밀초 ; 밀랍, 왁스(beeswax). (2) 밀 모양의 것, 봉랍(封蠟) ; 구두 꿰매는 실에 바르는 밀. (3) 귀지(earwax). (4) (마루의) 윤내는 약, 왁스.
be (***like***) ***~ in the hands of*** 완전히 …의 마음〈뜻〉대로 되다. ***mold*** a person ***like*** ~ 아무를 자기 뜻대로의 인간으로 만들다〈행동시키다〉. ***put on ~*** 레코드에 취입하다. —*vt.* (1) 밀로 닦다, …에 초를 칠하다 : ~ furniture 가구를 왁스로 닦다. (2)《美口》 (경기·작전에서) 결정적으로 이기다 ;《俗》 …을 때려눕히다, 죽이다.
wax² (***~ed ; ~ed***, 《古》 ***~·en*** [wǽksən]) *vi.*

W

(1) (세력·감정 등이) 성해지다, 강해지다, 증가하다 ; (해가) 길어지다 ; (달이) 차다. 【opp.】 *wane*. (2) 《+補》 …상태로 되다, 명랑해지다. **~ *far*** 살찌다. **~ *and wane*** (달이) 찼다 이울었다 하다 ; 성쇠〈증감〉하다.

wax³ *n*. ⓤ (또는 a ~) 《英口》 불끈함, 욱함, 노여움, 분통, 노발대발 : get into *a* ~ 불끈하다, 노하다. ***put*** a person ***in a*** **~** 아무를 발끈 성나게 하다.

wáx càndle 양초.

wáx dòll 납인형 ; 《比》 표정 없는 미인, 매끈매끈한.

wax·en [wǽksən] *a*. (1) 초처럼 ; 납빛의, 창백한 《얼굴 등》. (2) 초로 만든 ; 초를 바른.

wáx musèum 납인형관(蠟人形館).

wáx pàper 밀 먹인 종이, 파라핀 종이.

wax·wing [wǽkswìŋ] *n*. ⓒ 【鳥】 여샛과의 새.

wax·work [⌐wə̀ːrk] *n*. ⓒ 납〔蠟〕세공, 밀랍인형.

wax·works [⌐wə̀rks] (*pl*. ~) *n*. ⓒ 납인형진열관.

waxy¹ [wǽksi] (***wax·i·er ; -i·est***) *a*. 납(蠟)〈밀〉 같은 ; 납빛의, 창백한 ; 밀을 입힌, 말랑말랑한 파) **wax·i·ly** *ad*. **-i·ness** *n*.

waxy² [wǽksi] (***wax·i·er ; -i·est***) *a*. 《英俗》 불끈한, 성난 : get ~ 불끈하다.

⁝**way**¹ [wei] *n*. (1) ⓒ 길, 도로, 통로, 진로 : (2) a] (a ~) 노정, 거리 : b] 〔a ~s로 ; 副詞的으로〕 《美口》 멀리 : (3) ⓤ (흔히 one's ~) 진행, 진보, 진척 ; 전진 ; 【法】 통행권 : (4) ⓒ 〔흔히 副詞的으로〕 방향, 방면(方面) ; (분할된 부분) ; ⓤ 《口》 (…의) 근처, 부근 : (5) ⓒ (특정한) 방식 ; 수단, 방법 ; 행동 ; 방침 : (6) ⓒ a] (종종 *pl*.) 습관, 풍습, 버릇 ; 풍, 식, 언제나 하는 〈특유한〉 식〈방식〉 : b] 〔the ~ (that) …의 형식으로 ; 接續詞的으로〕—이 …하는 식〈것〉을 따라서, —이 …하는 식으로(는).
(7) ⓒ …점, 사항 : (8) ⓤ (사람의) 경험〈주의력, 지식, 행동〉의 범위 (9) ⓤ 장사, 직업 (10) (a ~) 《口》 형편, 상태 ; 《英口》 동요〈흥분〉 상태 : (11) ⓤ (배의) 속도; 항행.
(12) (*pl*.) 진수대, 선대(船臺).
all the **~** 1) 도중, 내내 : 2) 멀리, 일부러 : 3) 《美》 (…에서 …까지) 여러가지로, …의 범위내에 : 4) 완전히, 전적으로 : ***a long*** **~ *off*** 먼곳에, (…을) 멀리 떨어져서 : ***any*** **~** 어떤 방법으로든 ; 여하튼(any way). ***both*** **~*s*** 1) 왕복 모두 : 2) 〔can을 수반하여 否定文에서〕 양쪽에 : ***by a long*** **~** 〔흔히 否定文에서〕 훨씬 …하다 : ***by the*** **~** 1) 〔화제를 바꿀 때〕 그런데, 여담이지만 : 2) (길의) 도중에서. ***by*** **~ *of*** 1) …로서, …할 셈으로 : 2) …을 위하여, …할 목적으로〈의도로〉 : 3) 〔動名詞를 수반하여〕 《英》 …라고 일컫고〈일컬어져〉《있다》, …한 것으로〈하다고〉 알려져《있다》 : 4) …을 경유하여, …을 지나서 : *by* ~ *of* Hongkong 홍콩을 거쳐. ***come a long*** **~** 〔完了形〕 계속 출세하다 : You have *come a long* ~(, baby). 너도 이젠 출세했군. ***come*** 〈***happen, pass***〉 a person'***s*** **~** …의 수중에 떨어지다, …에게 (무슨 일이) 일어나다 ; 《口》 (일이) 잘 되어가다 : ***find*** one'***s into*** (1) …의 속으로 들어가다, …한 상태가 되다. (2) (신문 등에) 나다. ***find*** one'***s*** **~** ⇨FIND. ***find*** one'***s*** **~ *about*** (지리에 밝아) 스스로 어디라도 갈수 있다 : ***get in*** a person'***s way*** 아무를 방해하다 《목적이나 행동을》. ***get*** 〈***have***〉 one'***s*** (***own***) **~** 하고 싶은 것을 해내다, 하고 싶은 대로 하다. ***get under*** **~** 시작되다, 개시하다 : ***give*** **~** 1) 무너지다, 부러지다 ; 꺾이다 ; 물러나다 ; 지다 ; (길을) 양보하다《*to*》 ; (마음이) 꺾이다, 풀이 죽다, 낙심하다 : 2) 비탄에 젖다 ; (감정 등에) 지다, 참다 못해 …하다《*to*》 : 3) (…) 대체되다《*to*》 : ***go a good***〈***great, long***〉 **~** 1) 멀리까지 가다. 2) (물건·돈 등을) 오래 쓰다. 3) (사람·회사 등이) 성공하다 : ***go all the*** **~** 1) (…까지) 계속하다〈달하다〉《*to*》 : 2) 전면적으로 일치하다〈지원하다, 의기(意氣)가 투합하다〉. 3) 《口·婉》 성교하다. ***go a long*** **~ *with*** 〈***to, toward***〉 크게 도움이 되다, …에 효과있다 : ***go out of*** one'***s*** 〈***the***〉 **~** 각별히 노력하다, 일부러(고의로) …하다《*to*》 : ***go*** one'***s own*** **~** 제 생각대로 하다. ***go*** a person'***s*** **~** 1) 《口》 아무와 같은 방향으로 가다 : 2) (일이) 아무에게 유리하게 진행되다 : ***go the*** **~ *of*** …와 같은 길을 가다(취급을 받다), …의 전철을 밟다 : ***go the*** **~ *of all the earth*** 〈***all flesh, all living, nature***〉 【聖】 죽다《여호수아 XXⅢ : 14》. ***have a*** **~ *of*** do***ing*** …하는 버릇이 있다. ***have a*** **~ *with*** a person 아무를 잘 다루다 ; 영향력이 있다 : ***n a big*** 〈***great***〉 **~** 《口》 대대적으로《장사하다》, 호화로이《지내다》. ***in a fair*** 〈***good***〉 **~ *of*** do***ing*** 〈***to*** do〉 …할 것 같은, 유망한 : ***in a kind*** 〈***sort***〉 ***of*** **~** 《口》 다소, 얼마간. ***in a large*** 〈***small***〉 **~** 대〈소〉규모로, 거창〈조촐〉하게. ***in a*** 〈***one***〉 **~** 보기에 따라서는 ; 어느정도, 다소 : ***in more*** **~*s than one*** 여러가지 의미로. ***in no*** **~** 결코〈조금도〉 …않다 : (***in***) ***one*** **~ *or anther*** 어떻게라도 해서 : ***in some*** **~*s*** 여러가지 점에서 ***in some*** **~** 어떻게든 해서. ***in*** one'***s*** 〈***it's***〉 (***own***) **~** 1) 〔흔히 否定文에서〕 특기여서, 전문으로 :2) 그 나름대로, 꽤 : ***in the*** **~ *of*** 1) …한 점에서는, …으로서는 : 2) …에 유리한〈 …이 가능한〉 지위에 : be *in the* ~ *of* getting …을 손에 넣을 유리한 입장에 있다. (***in***) ***the worst*** **~** 《美口》 매우, 대단히 : ***keep out of a*** person'***s*** **~** (아무에게) 길을 터주다, (아무의) 방해가 되지 않다 : ***know*** one'***s*** **~ *around*** 〈《英》 ***about***〉 《口》 …의 지리에 밝다 ; …에 정통하다 : ***lead the*** **~** 선두에 서서 가다, 길 안내를 하다. ***look the other*** **~** 시선을 돌리다, 못본 체하다, 무시하다 : ***lose*** one'***s*** 〈***the***〉 **~** 길을 잃다. ***make*** one'***s*** **~** (애써) 나아가다, 가다《*across, along, back, through,* etc》 ; (자력으로) 출세하다 ; 번성하다, 잘되다 : ***make He best of*** one' ***s*****~** ⇨ BEST. ***make*** **~** 1) (일이) 진척되다, 출세하다. 2)길을 비키다〈양보하다〉《*for*》. ***no*** **~** 조금도 떨어지지 않나 : 《口》 (요구·제안 따위에 대하여) (그건)안된다, 싫다(no). **~ *and another*** 이것 저것으로 ***one*** **~ *or the other*** 어차피, 아무리 생각해도 ; 어떤 쪽이든 : ***on the*** 〈one' ***s***〉 **~** 1) ~하는중에, 진행 중에. 2) (해결·목적에)가까워져서《*to*》, 일어나려 하여 : 3) (아기가) 태어나려고 뱃속에 있어. 4) 〔on one's ~로〕가서,떠나서 : ***on the*** 〈one' ***s***〉 **~ *out*** 쇠퇴하기 시작하여 ; 사멸하기 시작하여 ; 퇴직하려고 ; 나가려는 중에서 : ***out of the***(a Person' ***s***) **~** 1) 방해가 되지 않는 곳에 ; …이 미치지 못하는 곳에, …갈 피해서 〈비켜서〉 : 2) 길에서 벗어나, 외진〈인가에서 떨어진〉 곳에: 3) 상규(常規)를 벗어나, 색다른, 경탄할 만한 ; 터무니 없는 ; 그릇된, 부적당한 ; 4) 해결 〈처리〉된, 끝난 : ***pave the*** **~ *for*** ⇨ PAVE. ***pay***〈***earn***〉 one' ***s*** **~** ⇨ PAY. ***put*** a person ***in the*** **~ *of ...*** = ***put ...*** (***in***) a person' ***s*** **~** 아무에게 …의 기회를 주다 : ***put*** a person ***out of the*** **~** 남몰래 (아무를) 소리없이 없애다〈암살 또는 감금하다〉. ***right of*** **~** 통행권. ***see*** one' ***s*** **~**

(**clear**) **to** do 〈do**ing**〉 …할 수 있다고 생각하다, 전망이 서다 ; …하고 싶어하다 : **send...** a person'**s ~** 아무에게 주다. **set in** one'**s ~s** (나이 탓으로, 자기 방식·생각 등에) 집착하여《※흔히 be, get, seem 등과 함께 쓰임》: He *seems* very *set in his* ~*s*. 그는 퍽 고집센 사람 같다. **show the ~** 1) 길을 가르쳐 주다. 2) 본을 보여주다. **smooth the ~** 방해물〈곤란〉을 제거하다. **take** one'**s own ~** = go one's own way. **that ~** 저리로; 그런 식으로 ;《口》사랑 〈반〉해서, (물건을) 매우 좋아하여《*about*》;《美》임신하여 **the other ~about**〈**round**〉 반대로, 거꾸로 : **the parting of the ~s** 결단의 갈림길 : **this ~ and that** 여기저기로, 왔다갔다하며, 이리저리. **to my ~ of thinking** 내 생각에는. (**There's** 〈**There're**〉) **no two ~s about it** 〈**that**〉. 《口》 달리 생각할〈…할, 말할〉 여지가 없다, 의심의 여지가 없다. **under ~** 진행중에 ; 【海】 항해 중에 : **~s and means** 수단, 방법 ; 재원 ; (종종 Ways and Means) (정부의) 세입 재원 : 새입 〈예산〉 위원회. **Way to go !** 그거다, 가라, 힘내라《응원 소리》. **work** one'**s~** ⇨ work.

way² **'way** [wei] *ad.* 《口》〔副詞·前置詞를 강조하여〕 아득히, 멀리 ; 저쪽으로; 훨씬 : **from ~ back** 먼 옛날 ; 먼 벽지에서〈의〉. **~ above** 훨씬 위에, 훨씬 거슬러 올라가, 먼 옛날. **~ ahead** 훨씬 앞에〈앞으로〉. **~ behind** 훨씬 늦어서〈뒤에〉 : After the third lap, she was ~ *behind* the other runners. 네 바퀴 때부터 그녀는 다른 러너에 훨씬 뒤전 있었다.

way·bill [wéibìl] *n.* ⓒ 승객 명부: (육상운송시의) 화물 운송증《略 : W.B., W/B》

·way·far·er [´fɛ̀rər] *n.* ⓒ (특히 도보) 여행자 ; (여관·호텔의) 단기 숙박객.

way·far·ing [´fɛ̀əriŋ] *n., a.* ⓤ (특히 도보) 여행(하는), 여행 중(의).

wáy ín 《英》 (지하철이나 극장 따위의) 입구(入口)(entrance).

way·lay [´léi] (*p.,pp.* **-laid**[-léid]) *vt.* (1) …을 매복(공격)하다, 요격하다. (2) (도중에 갑자기 사람)을 불러 세우다.

wáy óut 《英》(극장·지하철 등의) 출구(exit).

way-out [wéiáut] *a.* 《口》 (스타일·기술 등이) 첨단을 걷는, 전위 〈급진〉적인, 특이한, 색다른.

-ways *suf.* '방향, 위치, 상태' 를 표시하는 부사 를 만듦. 【cf.】 -wise 『length*ways.*

·way·side [wéisàid] *n.* (the ~) 길가, 노방, 노변. **fall by the ~** 중도에서 단념〈탈락, 좌절〉하다. —*a.* 길가의 : a ~inn 길가의 여인숙.

W

wáy stàtion 《英》 (주요 역 사이의)중간역, 급행열차는 그냥 통과하는 작은 역.

·way·ward [wéiwərd] *a.* (1) 제멋대로 하는 ; 고집 센. (2) 변덕스러운, 흔들리는, 일정치 않은.
파) **~·ly** *ad.* **~·ness** *n.*

way·worn [´wɔ̀:rn] *a.* 여행에 지친.

⁝we [wí: 弱 wi] *pron.*〔所有格 **our,** 目的格 **us.** 所有代名詞 **ours**〕 (1) 〔人稱代名詞 1인칭 複數·主洛〕 우리가〈는〉 : *We* are seven in our family. 우리는 식구가 일곱이다.

☞ 參考 수동으로 나타내는 대신에 막연히 일반 사 람을 가리키는 형식적 주어로서 we를 사용하여 능동태로 나타내는 경우가 있음: Books are made of paper.) / *We* speak Korean in Korea. 한국에서는 한국어가 쓰인다(Korean is spoken in Korea.). 비교 : *They* speak English in England. 영국에서는 영어가 쓰인다.

(2)나는, 우리들은《신문의 논설 따위에서는 필자가 공적 입장에서 I 대신에 씀》. (3) 짐(朕)(은)《공식문서 따위에 쓰는 군주의 자칭》. (4) 너는, 너희들은《비꼬거나 아이·환자 등을 격려·위로할 때》: **⁝weak** [wi:k] (**~·er ; ~·lest**) *a.* (1) 약한, 무력 한, 연약한, 박약한. (2) (머리가) 우둔한, (상상력 등이) 모자라는; 결단력이 없는, 우유부단한, 의지력이 약한 ; 서투른, 열등한 ; (3)불충분한 ; 증거 박약한, 설득력이 없는 ; (문체·표현 등이) 힘〈박력〉이 없는 : (4) (차 등이)묽은,희박한 : ~soup 묽은 수프. (5) 【經】 (주식·물가가) 떨어질듯한, 저조한. (6) **a**) 【文法】 약변화의. b] 【音聲】 악센트 없는. **~ at ne knees** 《口》 (공포·질병 등으로) 무릎이 떨려 서 있을 수 없는, 휘청거리는.

:weak·en [wí:kən] *vt.* (1) …을 약하게 하다, 약화시키다 : (2)(음료)를 묽게 하다. —*vi.* (1) 약해지다. (2) 결단성이 없어지다, (생각이) 흔들리다 ; 굴하다.

weak·fish [wí:kfìʃ] (*pl.* **-fish·es,**《集合的》 ~) *n.* ⓒ 민어과의 식용어《미국의 대서양 연안산(産)》

weak·heart·ed [´há:rtid] *a.* 용기가 없는, (마음이) 나약한. 파) **~·ly** *ad.*

weak-kneed [wí:kní:d] *a.* (1)무릎이 약한. (2) 나약한 ; 결단력이 없는.

weak·ling [wíkliŋ] *n.* ⓒ 허약자〈동물〉, 병약자 ; 약골.

weak·ly [wí:kli] (**-li·er; -li·est**) *a.* 약한, 가냘픈 ; 병약한 : a ~ child 허약한 아이. —*ad.* 약하게, 가냘프게 ; 우유부단하게.

weak-mind·ed [´màindid] *a.* (1) 정신박약의, 머리가 나쁜, 저능한. (2) 의지가 박약한, 마음이 약한.
파) **~·ness** *n.*

:weak·ness [wí:knis] *n.* (1) ⓤ 약함, 가냘픔, 허약, 유약. (2) ⓤ 우유부단, 심약. (3) ⓤ (근거의) 박약. (4) ⓒ 약점, 결점 : (5) ⓒ 못 견디게 좋아하는 것 ; (좋아서 못 견딜 정도의) 애호, 기호《*for*》:

weal¹ [wi:l] *n.* ⓤ《文語》복리, 번영, 행복 :

weal² *n.* = WALE.

weald [wi:ld] *n.* (1) ⓒ 광야 ; 삼림 지대. (2) (the W-) 월드 지방

:wealth [welθ] *n.* ⓤ (1) 부(富), 재산(riches) (2) (a ~) 풍부, 다량 :

wéalth tàx 부유세(일정한도 이상의 개인 재난에 부과되는 세).

:wealthy [wélθi] (**wealth·i·er ; -i·est**) *a.* (1) 넉넉한, 유복한 : 파) **wealth·i·iy** *ad.* **-i·ness** *n.* ⓤ

wean [wi:n] *vt.* (1)《~+目/+目+前+名》 젖을떼다, 이유(離乳)시키다 (2)《+目+前+名》 (나쁜 버릇 따위)를 버리게 하다, 단념시키다《*from* ; *off* 》:

wean·er [wí:nər] *n.* ⓒ (1) 갓 젖을 뗀 새끼 짐승〈송아지, 새끼돼지〉. (2) 이유시키는 사람.

wean·ling [wínliŋ] *n.* ⓒ 젖 뗀 아이〈동물〉.
—*a.* 젖을 뗀지 얼마 안되는.

:weap·on [wépən] *n.* ⓒ (1) 무기, 병기, 흉기 (2) 공격〈방어〉 수단 : 파)**~·ed** a. 무기를 지닌, 무장한. **~·less** *a.*

weap·on·ry [wépənri] *n.* ⓤ〔集合的〕 무기류

⁝wear [wɛər] (**wore**[wɔ:r] ; **worn**[wɔ:rn] ; **wear·ing**[wɛ̀əriŋ]) *vt.* (1) 《~+目/+目+補》 …을 입

고〈신고, 쓰고〉있다, 몸에 지니고 있다, 띠고있다 : …의 지위에 있다 : (배가 기(旗)를 내걸다: (2) (수염·머리 등)을 기르고 있다 : (향수)를 바르고 있다 : (표정·태도 따위)에 나타내다 :(3) 〔흔히 否定文에서 it을 目的語로 하여〕 …을 인정하다, 용서하다, 용납하다. (4) a〕《~+目/+ 目+ 副/+目+前+名/+目+補》 …을 해지게 하다, 써서 낡게하다 : b〕《 ~+目/+目+副/+目+前+名》 …을 지치게 하다, 약하게 하다; 서서히 …하게 하다 : c〕 (시간)을 천천히 〈우물우물, 질질〉 보내다《*away; out*》. (5) 《+目/+目+前+名》(구멍·길·도랑따위)를 뚫다, 내다 : —*vi.* (1) 《~/+副》 a〕 (물건따위가) 사용에 견디다, 오래가다 : 쓸모가 있다 : b〕 (사람이) 여전히 싱싱하다〈젊다〉: (2) 《+副/+前+名+補》 닳아 해지다, 낡아 지다, 닳아서 …이 되다 : (3) 《+副/+前+名》 (때가) 서서히 지나다 : 점점 경과하다 : ***~ away*** 1) 닳아 빠지게 하다〈없어지다〉. 2) (시간이) 지나다 ; (시간을) 보내다. ***~ down*** 1) 피로하게 하다. 2) 지치게 하다, 약화시키다 : 3) 닳아 없어지게 하다, 마멸시키다 : 닳다 : ***~ off*** 1) 점점 줄어들다, 작아지다. 2) 점차로 사라지다 : ***~ on*** 1) (시간이) 지나다. 2) 초조하게 하다, 애타게 하다 : ***~ out*** 1) 닳다, 닳아 없어지다,마멸하다. 2) 서서히 없어지다 : My fear began to ~ *out*. 나의 공포는 사라지기 시작했다. ***~ the pants*** 〈***trousers***〉《口》 (여자가) 남편을 깔아 뭉개다. ***~ thin*** 1) 닳아서 얇아지다. 2) (인내 따위 가) 한계에 이르다. (3) (이야기 따위가 반복되어) 신선미를 잃다, 지루해지다, 물리다, 싫증나다.

—*n.* ⓤ (1) 착용, 입기 : clothing for summer 〈everyday〉 ~ 여름옷〈평상복〉. (2) 의류, 옷, …복(服) : children's ~ 아동복. (3) 닳아 해짐, 써서 낡게하기, 입어 해뜨리기 : The rug shows(signs of) ~ 융단이 닳아 해지기 시작했다. (4) 오래 견딤〈감〉, 내구성〈력〉 : There is still much 〈not much〉 ~ (left) in these shoes. 이 구두는 아직 신을 만하다 〈다 됐다〉. ***the worse for ~*** ⇨ WORSE. ***~ and tear*** 소모, 닳아 없어짐, 마멸.

wear² [wεər] (***wore***[wɔːr]; ***worn*** [wɔːrn], 《英》 ***wore***) *vt., vi.* 【海】(배를·배가) 바람을 등지게 돌리다〈돌다〉.

wear·a·ble [wέərəbəl] *a.* 착용할 수 있는, 입기에 적합한. — *n.* ⓒ (흔히 *pl.*) 의복.

wear·er [wέərəbər] *n.* ⓒ (1) 착용자, 휴대자. (2) 소모시키는 것, 닳아 없애는것.

wear·ing [wέəriŋ] *a.* 피곤하게 하는 ; 진저리나게 하는

wear·ri·some [wíərisəm] *a.* (1) 피곤하게 하는, 지치게 하는. (2) 싫증〈넌더리〉나는. 파)**~·ly** *ad.*

:wea·ry [wíəri] (***-ri·er ; -ri·est***) *a.* (1) 피곤한, 지쳐 있는 ; (2) 싫증나는, 따분한, 진저리 나는《*of*》 : (3) (일 등이) 사람을 지치게 하는 : —(*p., pp.* ***wea·ried*** [-d]; ***~·ing***) *vt.* 《~+目/+目+前+名/+目+副》 (1) 을 지치게 하다 : (2) 싫증〈진저리〉나게 하다 : 지루하게 하다 : —*vi.* 《+前+名》 (1) 싫증나다, 권태를 느끼다 ; 싫어지다《*of* 》: (2) 피곤해지다, 지치다.

파) ***ˊ-ri·ly*** *ad.* 지루하게, 피곤하여 ; 싫증나서. ***ˊ-ri·ness*** *n.* ⓤ 피로 ; 권태, 지루함.

·wea·sel [wíːzəl] (*pl.* ***~ s, ~***) *n.* ⓒ (1) 족제비. (2) 교활한 사람. —*vi.* (1) 《美口》 말끝을 흐리다. (2)《口》 (의무 등을) 회피하다《*out*》.

wea·sel-faced [-fèst] *a.* (족제비처럼) 하관이 빤 얼굴을 한.

wéasel wòrds 모호한 말.

:weath·er [wéðər] *n.* (1) ⓤ 일기, 기후, 기상, 날씨. 【cf.】 climate. (2) ⓤ (종종 the ~) 거친 날씨, 비바람 : (3) (*pl.*) 변천, 영고성쇠. ***in all ~s*** 어떤 날씨에도 ; 《比》 역경에서도 순경에서도. ***in the ~*** 비바람을 맞고. ***make heavy ~ of*** (작은일을) 너무 어렵게〈과장하여〉 생각하다. ***under the ~*** 《口》 (1) 기분이 언짢아, 몸 상태가 좋지 않아. (2) 좀 취하여, 얼근한 기분으로. ***~ permitting = if*** (***the***) ***~ permits*** 날씨만 좋으면.

— *a.* 〔限定的〕 【海】 바람 불어오는 쪽의, 바람을 안은 : — *vt.* (1) …을 비바람에 맞히다; 바깥 공기에 쐬다 ; 말리다 : ~ wood 목재를 외기에 쐬어 말리다. (2)〔受動으로〕 (외기에 쐬어) 풍화〈탈색〉시키다 : Rocks *were~ed* by wind and rain. 바위들은 비바람에 의해 풍화됐다. (3) (재난등)을 뚫고 나아가다 : As a small new company they did well to ~ the recession. 새로 설립된 중소기업으로서 그들은 그 경기 후퇴를 잘 헤쳐나갔다. (4) 【海】 …의 바람을 거슬러 나아가다〈지나다〉 : The ship *~ed* the cape. 배는 곶의 바람길에 들어섰다.

—*vi.* (1) (외기에 쐬이어) 색이 날다 ; 풍화하다《*away*》 (2)비바람에 견디다《*out*》. ***~ a storm*** 폭풍우를 뚫고 나가다 ; 《比》 어려움을 뚫고 나가다. ***~ through*** 뚫고 나가다 ; 헤쳐 나아가다.

·weath·er-beat·en [-bìːtn] *a.* (1) 비바람에 시달린〈바랜〉, 비바람을 맞아 온〈견디어 낸〉. (2) (사람이) 풍우에 단련된 ; 햇볕에 탄《얼굴 따위》.

weath·er·board [-bɔ́ːrd] *n.* (1) ⓤⓒ 【建】비막이 판자, 미늘판자. (2) ⓒ a〕【海】 바람 불어 오는 쪽의 뱃전. b〕물〈물결〉막이 판. —*vt.* …에 비막이 판자〈미늘판자〉를 대다.

weath·er·board·ing [-bɔ̀ːrdiŋ] *n.* ⓤ (1) (집의 외벽에) 미늘 판자를 대기. (2) 〔集合的〕 미늘 판자.

weath·er·bound [-bàund] *a.* 비바람 때문에 출항 못하는〈출항이 지연된〉《배·비행기 따위》.

wéather chàrt 일기도(weather map).

·weath·er·cock [-kàk/-kɔ̀k] *n.* ⓒ (1) 바람개비, 풍향계《지붕 위에 설치하는 수탉 모양의》. (2) 《比》 마음이 잘 변하는 사람, 변덕쟁이.

wéather èye (1) 일기(日氣) 관측안〈력〉. (2) 빈틈없는 경계〈조심〉. (3) 기상 관측 장치.

wéather fòrecast 일기예보.

wéather fòrecaster 일기 예보관.

weath·er·glass [-glæ̀s, -glàːs] *n.* ⓒ 청우계(計) (barometer).

weath·er·ing [wéðəriŋ] *n.* ⓤ 【地質】 풍화 (작용).

weath·er·man** [-mæ̀n] (*pl.* ***-men[-mèn]) *n.* ⓒ《口》 일기예보자, 예보관, 기상대 직원.

wéather màp 일기도(weather chart).

weath·er·proof [-prùːf] *a.* (건물·의복등) 비바람에 견디는. —*vt.* …을 비바람에 견디게 하다.

weather radar 기상 레이더.

weather report 일기예보, 기상 통보《예보를 포함함》.

wéather sàtellite 기상 관측 위성.

wéather shìp 기상 관측선《해상에 정치된》.

wéather stàtion 측후소, 기상 관측소.

wéather strìp 틈마개《창·문 따위의 틈새에 끼워 비바람을 막는 나무나 고무조각》, 문풍지.

W

weath·er·wise [-wàiz] *a.* (1) 일기를 잘 맞히는. (2) 여론 등의 동향을 잘 예측하는.

weath·er·worn [-wɔ̀ːrn] *a.* 비바람에 상한.

:weave [wiːv] (***wove***[wouv], 《稀》***weaved*** ; ***wov·en***[wóuvən], ***wove***) *vt.* (1) (직물·바구니따위)를 짜다, 뜨다, 엮다, 겯다, 치다 ; (거미가집)을 얽다 : (2) 《+目/+目+前+名》 실·대나무·등 따위의 재료)를 엮다, 짜다《*into*》 (3) (이야기·계획 등)을 만들어 내다 ; …을(…로) 엮다《*up; into*》 (4) (생각 등)을 짜넣다, 집어 넣다, 도입하다《*in, into*》(5) 사이를 헤집듯 (몸 따위)를 나가게 하다.
—*vi.* (1) 천을〈베를〉짜다. (2) 《+前+名》 (사람이) 누비듯이 나아가다, 차선을 자주 바꾸어 달리다 ; (길이) 누비듯이 구불구불 이어지다 : ***get weaving*** 《英口》 지체없이〈활기있게〉 착수하다 ; 서두르다 : —*n.* ⓤ (또는 a ~)짜기, 뜨기 ; 짜는〈뜨는〉법 ; …짜기〈직〉, …뜨기

·weav·er [wíːvər] *n.* ⓒ (1) (베)짜는 사람, 직공(織工). (2) 【鳥】 피리새류(類)(= ***weaverbird***).

:web [web] *n.* ⓒ (1) 피륙, 직물 ; 한 베틀분의 천 ; 한 필의 천. (2) a] 거미집(cobweb). b] 거미집 모양의 것, …망(network) ; 《美口》 (TV·라디오의) 방송망 : (3) 뒤얽혀 있는 것 ; 계획적으로 꾸민 것, 함정 : (4) (물새 따위의) 물갈퀴 ; (박쥐 따위의) 날개모양의 막(膜). (5) 【印】 두루마리 종이.

webbed [-d] *a.* (1) 거미줄을 친, 거미줄 모양의. (2) 물갈퀴가 있는 : **web·bing** [wébiŋ] *n.* ⓤ (튼튼한) 띠줄《말의 복대(腹帶), 의자의 스프링 지지벨트 등》(야구 글러브의 손가락을 잇는) 가죽 끈.

·wed [wed] (***~·ded*** ; ***~·ded,*** 《稀》***~*** ; ***~·ding***) *vt.* (1) a] …와 결혼하다 ; (남자가) …을 아내로 맞다 ; (여자가) …에게 출가하다 : b] 《~+目/+目+前+名》 (목사·부모가) …을 결혼시키다, (딸)을 …에게 시집보내다《*to*》(2)《~+ 目/+ 目+前+名》 …을 (…와) 결합〈융합, 통합〉시키다, …에 연결시키다《*to; with*》 3) 《+目+前+名》〔주로 受動으로〕헌신〈집착〉하다 :

:we' d [wiːd, 弱 wid] we had 〈would, should〉 간약형.

***Wed.** Wednesday.

·wed·ded [wédid] *a.* (1) 결혼한, 결혼의 : ~ (2) 〔敍述的〕잘 결합된 : (3) 〔敍述的〕집착〈고집〉하는, 몰두한《*to*》

:wed·ding [wédiŋ] *n.* ⓤⓒ (1) 혼례, 결혼식. (2) …혼식《금혼식 따위》 ; 결혼 기념식

wédding brèakfast 《英》 결혼 피로연《결혼식 후 신혼 여행 출발 전에 신부집에서 행하였음》

wédding càke 웨딩 케이크.

wédding càrd 결혼 피로 안내장.

wédding dày (1) 결혼식 날. (2) 결혼 기념일.

wédding drèss (신부의) 웨딩 드레스.

wédding nìght 결혼 첫날밤.

wédding màrch 결혼 행진곡.

wédding rìng 결혼 반지.

:wedge [wedʒ] *n.* ⓒ (1) 쐐기 : (2) a] 쐐기 모양의 것 ; V자형 : b] 【골프】 웨지《쳐올리기용 아이언 클럽》 (3) 사이를 떼는 것, 분열〈분리〉의 원인 :
— *vt.* (1) 《目+前+名/+ 目+副》 …을 끼어넣다, 억지로 밀어넣다《*in, into*》 be *~d in between* two stout men 뚱뚱한 두 사람 사이에 꼭 끼이다. (2) 《~+目/+目+補/+目+副》 …을 쐐기로 고정하다, …에 쐐기를 박다 : ~ a door open 문이 닫히지 않게 쐐기로 받쳐 놓다. ~one***self in*** (좁은 곳에) 억지로 끼어들다 : He *~d* him*self in* 〈*into*〉 the queue. 그는 열〈줄〉 속에 비집고 들어갔다.

:wedged [wedʒd] *a.* (1) 쐐기꼴의 (2) 〔敍述的〕고정되어 : He was ~ into a small chair. 그는 작은 의자에 끼어 꼼짝도 못했다.

wedge-shaped [-ʃèipt] *a.* 쐐기 모양의, V자꼴의.

wed·lock [wédlɑk/-lɔk] *n.* ⓤ 결혼 생활, 혼인. ***born in***(***lawful***) ***~*** 적출(嫡出)의. ***born out of ~*** 서출(庶出)의.

:Wednes·day [wénzd, -dei] *n.* ⓒ 〔흔히 冠詞없이〕 수요일《略 : W., Wed.》 —*a.* 〔限定的〕수요일의 : —*ad.* 《美》수요일에

Wednes·days [wénzdiz, -deiz] *ad.* 수요일마다, 수요일에는 언제나 : The club meets ~. 그 클럽은 수요일마다 모임을 갖는다.

Weds. Wednesday.

·wee[1] [wiː] (***wé·er; wé·est***) *a.* (1) 《兒·方》작은, 조그마한. (2) (시간이) 매우 이른 :

:weed [wiːd] *n.* (1) ⓒ 잡초 ; 해초(seaweed) (2) ⓤ (the ~) a] 《口》엽(葉)궐련 ; 궐련, 담배. ***b***] 《俗》 = MARIJUANA. (3) ⓒ 호리호리한 사람 ; 야위고 가냘픈 사람〈말〉.
—*vt.* (1) …에서 잡초를 뽑다 ; …의 잡초를 뽑아 내다 :(2) 《+目+副/+目+前+名》 (무용물·유해물등)을 치우다. —*vi.* 잡초를 뽑다, 제초하다.
파) ***~·er*** *n.* ⓒ 풀 뽑는 사람 ; 제초기.

weed·kill·er [wíːdkìlər] *n.*ⓒ 제초제(劑).

weedy [wíːdi] (***weed·i·er*** ; ***-i·est***) *a.* (1) 잡초 투성이의 : a ~ garden 잡초가 무성한 뜰. (2)(화초가) 잡초처럼 빨리 자라는. (3) (사람·동물이) 깡총한, 마른, 가냘픈.

:week [wiːk] *n.* (1) ⓒ 주 《Sunday 에서 시작하여 Saturday에서 끝남》 (2) ⓒ (요일에 관계없이) 7일간, 1주간 : a ~'*s* journey, 1주간의 여행. (3) ⓤ (W-)(특별한 행사등이 있는) 주간 : (4) ⓒ (일요일〈토·일요일〉이외의) 평일(平日), 취업〈등교〉일 : ***a ~ of Sun-days*** = ***a ~ of ~s,*** 7주간 ; 《口》 (진절머리 나도록) 긴동안. ***knock*** a person ***into the middle of next ~*** 아무를 호되게 혼내주다. ***~ after ~*** 매주(매주), 몇 주간이나(계속해서). ***~ by ~*** 매주마다 ***~ in***(~*in,* ~*out,*)***~out*** 매주 매주

:week·day [wíːkdèi] *n.* ⓒ 주일, 《일요일 또는 토요일 이외의 요일》

week·days [-dèiz] *ad.* 주일〈평일〉에(는):

:week·end [-ènd] *n.* (1) ⓒ 주말《토요일 오후〈금요일밤〉부터 월요일 아침까지》 주말 휴가, 주말 파티 :(2) 〔形容詞的〕주말의 : a ~ trip 주말여행.
—*vi.*《~/+前+名》 주말을 지내다《*at* 》 : 파) ***~·er*** *n.* ⓒ 주말 여행자.

week·ends [-èndz] *ad.* 《美》 주말마다, 주말에는: go fishing ~ 주말마다 낚시질 가다.

:week·ly [wíːkli] *a.* (1) 매주의, 주1회의; 1주간(분)의 : —*ad.* 매주, 1주 1회 : be paid ~ 주급이다. — *n.* ⓒ 주간지〈신문, 잡지〉, 주보.

week·night [-nàit] *n.* ⓒ 평일의 밤.

week·nights [-nàits] *ad.* 《美》 평일의 밤에.

wee·ny (***-ni·er; -ni·est***) *a.* 《口》 아주 조그만.

:weep [wiːp] (*p., pp.* ***wept*** [wept] *vi.* (1) 《~/+前+名 *to* do》 눈물을 흘리다, 울다, 비탄〈슬퍼〉하다《*for; over*》 (2) a] 물방울을〈이〉 떨어뜨리다〈듣다 b] (상처에서) 피가〈고름이〉 나오다 : (3) (하늘이)

비를 내리다, 비가 오다.
—*vt.* (1) (눈물)을 흘리다 : (2) 《+目/+目+副/+目+前+名/+目+補》 (어떤 일)에 눈물 흘리다 ; 한탄〈슬퍼〉하다 : ~one***self out*** = ~ one***'s fill*** 실컷 울다. ~ one***self to sleep*** 울다(지쳐서) 잠을 들다. ~ one***'s eyes*** 〈***heart***〉 ***out*** 눈이 퉁퉁 붓도록 울다, 가슴 찢어질듯이 슬프게 울다.
—*n.* (a ~) (한 차례, 한 바탕) 울기 : They had *a* good ~ together. 그들은 함께 실컷 울었다.

weep·er [wíːpər] *n.* (1) ⓒ a] 우는사람. b] (옛날 장례식에 고용되어 울던) 곡꾼. (2) (*pl.*) 상장(喪章) ; (과부용) 검은베일.

weep·ie [wíːpi] *n.* ⓒ 《口》 (극 · 영화등의) 눈물을 자아내게 하는것.

·weep·ing [wíːpiŋ] *a.* 〔限定的〕 (1) 눈물을 흘리는, 우는. (2) 빗물을 떨어뜨리는, 물방울이 듣는. (3) (가지 따위가) 늘어진.

wéeping willow 【植】 수양버들.

weepy [wíːpi] (***weep·i·er ; -i·est***) *a.* 《口》 (1) 눈물어린, 눈물 잘 흘리는 : her ~ eyes 눈물어린 그녀의 눈. (2) 눈물을 짜내는《이야기 · 영화따위》 —*n.* 《口》 = WEEPIE.

wee·vil [wíːvəl] *n.* ⓒ바구밋과의 곤충.

wee·wee [wíːwìː] 《英俗 · 兒》 *n.* ⓤ (또는 a ~) 오줌 : Have〈Do〉 a ~. 쉬해라. — *vi.* 쉬하다.

weft [weft] *n.* (the ~ ; 集合的) (피륙의) 씨실, 위사(緯絲). 【opp】 *warp.*

:weigh [wei] *vt.* (1) 《~+目/+目+前+名》 …의 무게를 달다 : (2) 《~+目/+目+副/+目+前+名》 …을 심사 숙고하다, 고찰(考泰)하다 ; 평가하다 : 비교 검토하다 (3) …을 (…로) 무겁게 하다 《*with*》 ; …에 무게를 가〈더〉하다 : (4) 〔종종 委動 으로〕 (책임 · 걱정 등이, 사람)을 압박하다《*with* ; *by*》: (5) 【海】 (닻)을 올리다 ~ anchor 닻을 올리다, 출항(出港) (준비를) 하다.
—*vi.* (1) 무게를 달다 : (2) 《+ 補》 무게 가 …이다 〈나가다〉 …(만큼)무겁다 : (3) 숙고하다, 고찰하다 : (4) 《~/+前+名》 중요시되다, 중요하다《*with*》 : (5) 《+前+名/+補》 (일이) 무거워 부담이 되다 ; 압박하다 《*on, upon*》 ***~ against*** …에게 불리하게 작용하다. ***~ down*** 1) (무게로) 내리누르다, 무게 때문에 가라앉다. . 2) (사람의) 마음을 까라지게〈무겁게〉하다. ***~ in*** (권투 선수 등이) 시합 당일 체중검사를 받다 ; (경마 기수가) 경주 후에 체중검사를 받다 : (2) (싸움 · 논쟁에) 끼어들다, 간섭하다. ***~ into*** 《俗》 …을 공격하다. ***~ out*** (1) 무게를 달아서 덜어내다 : (2) (경마기수가) 경주 전에 체중 검사를 받다. ***~ up*** 비교 고량(考量)하다 ; 헤아리다 ; …을 평가하다 :

weigh·bridge [wéibrìdʒ] *n.* ⓒ 대형 앉은뱅이 저울, 계량대(臺)《가축 · 차량 등의 무게를 다는》.

weigh-in [wéiìn] *n.* ⓒ 기수(騎手)의 레이스 직후의 계량 ; 권투선수의 경기전의 계량.

weigh·ing machine 계량기(機) 《특히 무거운 물건〈사람〉을 다는》, 앉은뱅이 저울.

:weight [weit] *n.* (1) ⓤ a] 무게, 중량, 체중 b] 【物】 무게《질량과 중력 가속도의 곱 ; 기호 W》. (2) ⓒ a]분동(分銅). b]무거운 물건 : c] 문진(文鎭), 서진. d] (경기용의) 포환, 원반 ; (역도의) 바벨. (3) a] ⓤ 형량 체계, 형법(衡法). b] ⓒ 형량〈중량〉 단위: (4) ⓤ (…의) 무게에 상당하는 양 : (5) ⓒ (흔히 *sing.*)(마음의) 부담, 무거운 짐, 중압, 압박. (6) ⓤ 중요성, 중요성 : 세력, 영향력. : 비중 : (7) ⓤ 【競】 웨이트《권투 · 역도 · 레슬링 등의 선수 체중에 의한 등급》 ㅁ weigh v. ***carry ~*** (의견 등이 …에게) 영향력이 있다, 중요하다. ***pull*** one***'s ~*** 자기의 힘에 상응하는 일을 하다, 자기의 역할을 다하다. ***throw*** 〈***chuck***〉 one' ***s ~ around*** 〈***about***〉 ⇨ THROW.
—*vt.* (1) 《~+目/+目+前+名》 …에 무게를 가하다, …을 무겁게 하다 ; …에 싣다 : (2) …에 (핸디캡으로) 중량을 과하다 ; …에 무거운 것을 지게하다 ; 불리한 경우를 당하게 하다. (3) 《+目+ 副/+目+前+名》〔흔히 受動으로〕 …에게 과중한 부담을 지우다 ; (아무를) …로 괴롭히다, 압박하다 : (4) 〔흔히 受動으로〕 …을 한쪽에 치우치게 하다 ; 파) ***~·ed*** [-id] *a.* (1) 무거워지게 된 ; 무거운 짐을진 ; 가중된. (2) (한쪽으로) 치우친, 기울어진.

weight·ing [wéitiŋ] *n.* ⓤ (또는 a ~) 《英》 급여에 없는 수당, 《특히》 지역 수당 (= ***~allow-ance***).

weight·less [wéitlis] *a.* (거의) 중량이 없는 ; 무중력(상태)의 : 파) **~·ly** *ad.* **~·ness** *n.* ⓤ 무중량 ; 무중력(상태).

wéight lifter 역도선수.

wéight lifting 【競】 역도.

wéight wàtcher 체중에〈체중이 늘지 않도록〉 신경을 쓰는 사람(식이 요법에서) 감량에 노력하는 사람.

·weighty [wéiti] (***weight·i·er ; -i·est***) *a.* (1) (매우) 무거운, 무게가 있는. (2) (문제 따위가) 중요한, 중대한 ; (책임 등이) 무거운. (3) 세력있는, 유력한. 파) **weight·i·ly** *a.* **-i·ness** *n.*

weir [wiər] *n.* ⓒ (1) 둑 《물레방아용 · 관개용 등》 (2) 어살.

·weird [wiərd] *a.* (1) 수상한, 신비로운, 불가사의한, 이 세상 것이 아닌 ; 섬뜩한, 무시무시한. 파) **~·ly** *ad.* **~·ness.**

weirdo [wíərdou] 《美口》 (*pl.* ***~s***) *n.* ⓒ 기인, 별난 사람.

Weird Sisters (the ~) 운명의 3여신 (the Fates).

:wel·come [wélkəm] *int.* 어서 오십시오, 잘 오셨소 : —*n.* ⓒ 환영, 환대 ; 환영의 인사 : ***bid*** a person ~ = ***say ~ to*** a person 아무를 환영〈환대〉하다. ***wear out*** one' ***s ~*** 너무 자주 찾아가서〈오래 머물러〉 미움을 받다.
—(*p., pp.* ***~d***) *vt.* 《~+目/+目+前+名》 손님 등)을 환영하다, 기꺼이 맞이하다〈받아들이다〉 : — *a.* (1) 환영받는, 기꺼이 받아들여지는, 고마운, 좋은 : (2) 〔敍述的〕마음대로 해도 좋은《*to*》 〔 비꼬아〕 마음〈멋〉대로 …할 테면 해라(내가 알 바 아니다) 《*to* a thing ; *to* do》

wélcome màt (현관의) 매트(doormat) ; 《口 · 比》환영. ***put out the ~*** 대환영하다《*for*》

wel·com·ing [wélkəmiŋ] *a.* 환영하는, 우호적인.

·weld [weld] *vt.* (1) …을 용접(단접)하다 (2) …을 결합시키다, 밀착시키다. —*vi.* 용접되다 ; 밀착되다. —*n.* ⓒ 용접, 밀착 ; 용접점 ; 접착(부분).
파) ***~·er, wel·dor*** *n.* ⓒ 용접공〈기〉

weld·ing [wéldiŋ] *n.* ⓤ 용접(기술).

:wel·fare [wélfɛ̀ər] *n.* ⓤ (1) 복지, 후생 ; 행복, 번영 : (2) 복지 사업. (3) 《美》생활보호(《英》 social security). ***on ~*** 《美》복지생활 보호를 〈복지혜택을〉 받아.

wélfare stàte 복지국가.

wélfare wòrk 복지사업.

wélfare wòrker 복지 사업가, 사회 사업가.

W

wel·far·ism [wélfɛ̀ərizəm] *n.* ⓤ 복지 국가 주의적 정책〈태도〉. 파) **-ist** *n.*, *a.*

wel·kin [wélkin] *n.* (the ~)《古·詩》창공, 대기, 하늘. ***make the ~ ring*** (큰 목소리로) 하늘까지 쩌렁쩌렁 울리게 하다, 천지를 경동시키다.

:well[1] [wel] *n.* ⓒ (1) 우물 ; (유정 따위의) 정(井): (2) (감정·지식 등의) 샘, 원천 : (3) 우물 모양의 것 ; 엘리베이터가 오르내리는 공간 ; 계단통《계단을 포함하는 수직공간》(stair ~). (4)《英》(법정의) 변호인석.

—*vi.* 《+副/+前+名》 솟아나오다, 내뿜다, 분출하다《*up; out ; forth*》(생각등) 치밀어오르다《*up*》

:well [wel] (***bet·ter*** [bétər] **; *best*** [best]) *ad.* (1) 잘, 만족스럽게, 더할나위 없이, 훌륭하게((2) 능숙하게, 솜씨있게, 잘(〖opp〗*badly*): (3) 잘, 충분히, 완전히(thoroughly) : (4) 잘, 적절히, 알맞게, 바로 : (5) 호의를 가지고, 친절히, 잘, 후하게 : (6) 잘, 유복하게 (7) 침착하게, 평정(平靜)〈담담〉하게 : / Her assets amounted to ~ over $1 billion. 그 여자의 재산은 족히 10억달러 이상은 되었다. b] 〔able, aware, worth 따위의 敍述形容詞앞에서〕상당히, 충분히 : ***as ~*** 1) 더욱이, 또한, 더구나, 그 위에 : 2) 똑같이 잘 : (1) 의 뜻으로는 '그는 중국어도 할 수 있다'의 의미가 될 때도 있음》 ***as ~ as...*** …뿐 아니라 —도, …은 물론 —도 : (2) …와 마찬가지로 잘 : ***be ~ off*** 유복하다, 잘 살다 ; (…가) 많다《*for*》 : ***be ~ out of ...*** 《口》(언짢은 일 등)에서 벗어나다 : ***be ~ up in 〈on〉...*** …을 잘 알고 있다, …에 정통하다. ***cannot 〈could not〉*** ~ do(당연한 일이지만) 도저히 …할 수 없다《※ 이 could not은 가정법 과거형으로서 cannot보다 완곡한 표현이며, 또한 보통의 과거형으로도 사용될 수가 있음》 ***come off ~*** (아무가) 행운이다, 운이 좋다 : (일이) 잘 돼 가다. ***could just as ~*** do …하는 편이 낫다 : ***do*** one***self ~*** 부유롭게 살다. ***do~*** (1) (아무에게) 친절히 대하다《*by*》 (2) 잘 돼가다, 성공하다. (3) 〔進行形으로〕건강이 회복회복되다, 점차 좋아지다. ***do ~ out of***... 《口》…에서 이익을 올리다 : ***do ~ to*** do …하는것〈편〉이 좋다〈현명하다〉 : ***Just as ~*** 〔대답에 쓰이어〕 무방하고, 그것으로 괜찮아 — 연필이라도 괜찮습니다. ***may〈might〉(just)as ~ ...(as)*** (— 하는 것은) …하는 것과 마찬가지이다 ; (— 한다면) …하는것이 낫다《 불가능성을 강조하거나 표현을 완곡히 할 때는 may 대신 might를 씀》 ***may ~*** do 1) …하는 것도 당연하다 : 2) …일지도 모른다 ; (충분히) …할것 같다 ***pretty ~***《口》 1) 거의, 거진(almost) : 2) (환자 따위가) 꽤 좋아〈건강하게〉 ; (일 따위가) 꽤 잘 : ***~ and truly***《英口》 완전히, 아주 ***~ away***《英》 1) 진행 〈진척〉하여 : We're ~ *away.* 잘 되어가고 있다. 2)《俗》취《醉》하기 시작하여, 얼큰하여. ***Well done !*** *ad.* —(***bet·ter ; best***) *a.* (1) 【흔히 敍述的】 건강한, 튼튼한《이러한 뜻으로는 最上級을 쓰는 일은 드묾》. (2) 〔敍述的〕(형편이) 좋은, 잘되는, 만족스러운 ; 다행한 : (3) 타당한, 적당한 : ***all very ~*** ⇨ VERY (***all***) ***~ and good***《口》좋다 ; 할 수 없다《흔히 불만을 말할 때 서두로서 씀》 ***juts as ~*** 1) 아주 운이 좋은, 마침 잘된 : 2) 도리어 좋은 : (***just***) ***as ~*** …하는 편이 좋은 : —*int.* (1) 〔놀라움〕이것 참〈원〉, 원 이거 : *Well,* ~, it's a small world we live in ! 이거 원, 세상이란 넓고도 좁은 것이로군. (2) 〔망설임·의문〕그런데, 글쎄(요) : Can you do that ? —*Well.* I'm afraid not. 할 수 있습니까 —글쎄요, 아무래도 못할 것 같군요. (3) 〔안도·이야기의 계속 따위〕 그런데, (자) 이제, 이제는, 우선 : *Well.* I'm through now 자 끝났다 / *Well.* as I was saying, Tom and I happened to be in 〈on〉 the same train. 그런데 앞서도 말했습니다만 톰과 나는 공교롭게도 한 차에 타고 있었어요. (4) 〔안심·체념·양보〕후유 ; 괜찮아 ; 그래 : *Well.* finally found the house, huh ? 후유, 겨우 그 집을 찾았구나 / Well, you can't help it. 뭐 하는 수 없는 일이야.

—*n.* ⓤ 좋음, 만족함 ; 건강, 행복

well- well[2]의 결합형

:We'll [wi:l] we shall 〈will〉의 간약형.

well-a·cquaint·ed [wéləkwéitid] *a.* (…을) 잘 알고 있는《*with*》.

well-ad·just·ed [-ədʒʌ́stid] *a.* (사람이) 사회에 잘 순응한. **well-ad·vised** [∠ədváizd] *a.* 사려 있는, 분별있는, 신중한《*to* do》:

well-af·fect·ed [∠əféktid] *a.* 호의를〈호감을〉갖고 있는《*to; toward*》

well-ap·point·ed [∠əpɔ́intid] *a.* 설비가 잘 갖추어진

Well-bal·anced [∠bǽlənst] *a.* (1) 균형이 잡힌 : a ~ diet 균형식(食). (2) 분별있는, 상식있는.

well-be·haved [∠bihéivd] *a.* 행실이 좋은.

·well-be·ing [∠bí:iŋ] *n.*ⓤ행복(한 상태) ; 건강(한 상태). 〖opp〗 *ill-being.*

well-be·lov·ed [∠bilʌ́vid] *a.*, *n.* ⓒ 가장 사랑받는 (사람).

well·born [∠bɔ́:rn] *a.* 태생이〈가문이〉 좋은.

well-bred [∠bréd] *a.* (1) 본데 있게 자란, 행실이 좋은. (2) (개·말이) 종자가 좋은.

well-built [wélbílt] *a.* (건물이) 튼튼한 ;《口》(사람이) 체격이 좋은.

Well-chos·en [∠tʃóuzən] *a.* (어구 따위가) 적절한 : in ~ words 적절한 말로.

Well-con·di·tioned [∠kəndíʃənd] *a.* 건강한, 컨디션이 좋은.

well-con·duct·ed [∠kəndʌ́ktid] *a.* (조직 등이) 제대로 관리〈운영〉된.

well-con·nect·ed [∠kənéktid] *a.* 문벌〈가문〉이 좋은

well-covered [-kʌ́vərd] *a.* 살이 찐, 통통한《사람》.

well-de·fined [∠difáind] *a.* (1) (정의(定義)가)분명한. (2) 윤곽이 뚜렷한.

well-de·served [-dizɔ́:rvd] *a.* (상벌 등을) 받기에 어울리는, 당연한.

well-dis·posed [∠dispóuzd] *a.* 〔敍述的〕마음씨 고운, 친절한《*to; toward* 》

well-do·ing [∠dú:iŋ] *n.* ⓤ 선행, 덕행.

well-done [∠dʌ́n] *a.* (1) (고기가) 잘 익은, 충분히 조리된. (2) (공사가) 훌륭하게 된.

well-dressed [∠drést] *a.* 옷맵시가 단정한 ; 좋은 옷을 입은.

well-earned [∠ɔ́:rnd] *a.* 제 힘으로 얻은 :

well-ed·u·cat·ed [∠edʒukèitid] *a.* 충분한 교육을 받은 : 교양 있는.

well-en·dowed [-endáud] *a.* (1) (재능·지질등) 이 있는, 많은. (2)《口》(여성이) 풍만한 가슴을 가진.

well-es·tab·lished [∠estǽbliʃt] *a.* (1) 확립〈정착〉한《습관·어법 따위》. (2) (회사 등) 정평있는.

well-fa·vored [∠féivərd] *a.* 미모의, 잘생긴.

well-fed [∠féd] *a.* 영양이 좋은 ; 살찐.

well-fixed [∠fíkst] *a.*《口》유복한, 부유한.

W

well-found [⁄fáund] *a.* = WELL-APPOINTED.
well-found·ed [⁄fáundid] *a.* (의심할) 근거가 충분한.
well-groomed [⁄grúːmd] *a.* (1) 몸차림이 깔끔한. (2) (동물·정원등이) 손질이 잘 된.
well-ground·ed [⁄gráundid] *a.* (1) 충분한 기초 훈련을 받은《*in*》: (2) 충분한 근거가 있는.
well·head [⁄hèd] *n.* ⓒ (1)수원(水源), 원천(源泉)《*of*》
well-heeled [⁄híːld] *a.* 《口》 부유한.
well-in·formed [⁄infɔ́ːrmd] *a.* (1) 〔敍述的〕 정보에 밝은, 잘 알고 있는《*about*; *in*; *on*》: 【opp】*ill-informed*. (2) 박식한, 견문이 많은.
Wel·ling·ton [wéliŋtən] *n.* **Arthur Wellesley ~** 웰링턴《영국의 장군·정치가 ; 1769-1852》
well-in·ten·tioned [wélinténʃənd] *a.* (결과는 여하간에) 선의의, 선의에서 나온, 선의로 한
well-judged [⁄dʒʌ́dʒd] *a.* 판단이 옳은〈알맞은〉, 적절한.
well-kept [⁄képt] *a.* 손질이 잘 된, 잘 간수〈관리〉된.
well-knit [⁄nít] *a.* (1) (체격이) 튼튼한, 건장한. (2) (이론 등이) 정연한.
⁑**well-known** [⁄nóun] *a.* 유명한, 잘 알려진,
well-lined [⁄láind] *a.* (1) (지갑에) 돈이 두둑한. (2) 배가부른.
well-made [⁄méid] *a.* (체격이) 균형잡힌 ; (세공품이) 잘 만들어진 ; (소설·극이) 구성이 잘 된.
well-man·nered [⁄mǽnərd] *a.* 예절 바른 ;
well-marked [⁄máːrkt] *a.* 뚜렷이 식별되는
well-matched [⁄mǽtʃt] *a.* 배합이 잘 된, 어울리는《부부 따위》.
well-mean·ing [⁄míːniŋ] *a.* 선의〈호의〉의, 선의로 행한 ; 호인인.
well-nigh [wélnái] *ad.* 《文語》 거의 : be ~ perfect 거의 완전하다.
well-off [⁄ɔ́(ː)f, ⁄ɑ́f] *a.* (1) 부유한, 유복한 : (2) 〔敍述的〕(입장·상태가) 순조로운, 만족스러운. (3) 〔敍述的〕 …이 풍부한《*for*》: 【opp】 *badly-off*.
well-oiled [⁄ɔ́ild] *a.* (1) (표현이) 간살스러운 (2) 《口》〔종종 well oiled〕취한
well-or·dered [⁄ɔ́ːrdərd] *a.* 질서 정연한.
well-paid [⁄pèid] *a.* 급료〈보수〉가 좋은, 좋은 보수를 받고 있는.
well-pre·served [⁄prizə́ːrvd] *a.* (1) 잘 보존된, (2) (연령에 비해) 젊어 보이는.
well-pro·por·tioned [⁄prəpɔ́ːrʃənd] *a.* 균형이 잘 잡힌.
well-read [⁄réd] *a.* 많이 읽은 ; 박식〈해박〉한《*in* ; *on*》
well-round·ed [⁄ráundid] *a.* (1) (문장·구상등이) 균형이 잡힌. (2) (경험·지식등이) 다방면에 걸친, 폭넓은. (3) 포동포동하게 살찐, 풍만한.
well-spent [⁄spént] *a.* (돈·시간이) 뜻있게〈유익하게〉 사용된.
well-spo·ken [wélspóukən] *a.* 말씨가 세련된〈고상한〉 ; 표현이 적절한.
well·spring [⁄spriŋ] *n.* ⓒ 수원(水源) ; 《比》 (마르지 않는) 원천(源泉)《*of*》
well-thought-of [⁄θɔ́ːtàv, -ʌ̀v/ɔ̀v] *a.* (사람이) 평판이 좋은, 존경받고 있는.
well-thought-out [⁄θɔ̀ːtáut] *a.* 면밀한, 잘 생각하여 다듬어낸.
well·thumbed [⁄θʌmd] *a.* (책장등이)손자국이〈손때가〉 묻은.
well-timed [⁄táimd] *a.* 때를 잘 맞춘, 시의적절한, 시기〈기회〉가 좋은 :
˙**well-to-do** [⁄tədúː] *a.* 유복한, 편한〈넉넉한〉 살림의.
well-tried [⁄tráid] *a.* 많은 시련을 겪은 ; 충분히 음미된.
well-trod·den [⁄trádn/⁄trɔ́dn] *a.* (길 따위가) 잘 다져진 ; 사람의 통행이 많은.
well-turned [⁄tə́ːrnd] *a.* (1) 교묘하게 표현한 (2) (체격따위가) 미끈한, 균형있는
well-up·hol·stered [⁄ʌphóulstərd] *a.* 《英·戱》 (사람이) 뚱뚱한, 살집이 좋은.
well-versed [-vəːrst] *a.* 〔敍述的〕 …에 정통한《*in*》.
well-wish·er [⁄wíʃər] *n.* ⓒ 남의 행복을 비는 사람, 호의를 보이는 사람 ; 독지가, 유지.
˙**Welsh** [welʃ, weltʃ] *a.* Wales의 ; 웨일스 사람〈말〉의. —*n.*(1) ⓤ 웨일스 말. (2) (th e~)〔集合的〕웨일스 사람.
welt [welt] *n.* ⓒ (1) 대다리《구두창에서 갑피를 대고 맞꿰매는 가죽테》 (2) 가장자리 장식. (3) 맷〈채찍〉 자국. (4) 강타, 일격.
—*vt.* (1) (구두)에 대다리를 대다. (2) …에 가장자리 장식을 붙이다. (3) (아무)를 매질하다.
wel·ter[1] [wéltər] *vi.* (1) 《+ 副/+前+名》 구르다, …의 속)을 굴러다니다 ; 뒹굴다《*in*》: (2) (물결이) 파도치다, 굽이치다. (3) 《+前+名》 (쾌락등에) 잠기다, 빠지다《*in*》 —*n.* ⓤ (1) 뒹굴기. (2) (또는 a ~) 혼란, 뒤죽박죽 ; 잡동사니.
wel·ter[2] *n.* ⓒ (1) 평균체중 이상의 기수(騎手);(2) 《口》강타, 강한 펀치. (3) 유별나게 무거운〈큰〉 것〈사람〉.
wel·ter·weight [wéltərwèit] *n.* ⓒ, *a.* 【拳·레슬링】웰터급의(선수).
wen [wen] *n.* ⓒ (머리·목 따위의) 부스럼, 혹. ***the great ~*** 런던의 속칭.
wench [wentʃ] *n.* ⓒ 《古》 (1) 계집아이. —*vi.*(남성이) 많은 허튼 여자와 관계하다.
wend [wend] (*p.*, *pp.* ***~·ed***, 《古》***went***) *vt.* 〔다음 慣用句에만 쓰임〕~one' ***s way*** (천천히) 가다, 여행하다.
Wen·dy house [wéndi-] 《英》(아이들이 안에 들어가 노는) 장난감 집(play house).
⁑**went** [went] GO의 과거. 【cf.】wend.
⁑**wept** [wept] WEEP의 과거·과거분사.
⁑**were** [wəːr, 弱 wər] BE의 과거《直說法 複數(2인칭에서는 單數에도)·假定法 單數 및 複數》: ***as it ~*** 말하자면. ***if it ~ not for*** = ***~ it not for*** …이 없다면, …의 도움이 아니면 : ⁑**we' re** [wiər] we are의 간약형.
⁑**were·n' t** [wəːrnt] were not의 간약형.
wer(e)·wolf [wíərwùlf, wə́ːr-] (*pl.* ***-wolves***[-wùlvz]) *n.* ⓒ 【傳說】 늑대인간.
Wes·ley·an [wésliən, wéz-] *a.*, *n.* ⓒ 웨슬리 교파의(교도). 파) ***~·ism*** *n.* ⓤ 웨슬리교〈주의〉.
⁑**west** [west] *n.* (1) (the ~) 서(西), 서쪽, 서방 (2) a] (the ~) 서부지방〈지역〉 :b](the W-) 서양 《동양에 대하여》 서유럽, '서방측'《공산 국가에 대하여》 【史】 서로마 제국. c](the W-)《美》(미국의) 서부 《Mississippi강 서쪽을 가리키며, 동부(the East)에 대하여 씀》
—*a.* 〔限定的〕(1) 서쪽의 〈에 있는, 에서 오는〉 : a ~

gate 서쪽으로 향한 문, 서문 / *West* Africa 아프리카 서부. (2) 서양의, 서양풍〈식〉의. (3) (W-)《美》 서부의.
—*ad.* 서쪽에〈으로, 에서〉. ***due ~*** 정서(正西)로. ***go ~*** 1) 서쪽으로 가다. 2) 죽다 : 쓸모없게 되다, 못쓰게 되다.
West. Western.
west·bound [wéstbáund] *a.* 서쪽으로 가는(略 : w.b.) a ~ train 서부행 열차.
Wést Còuntry (the ~) 《英》 서부지방.
west·coun·try [wéstkʌ́ntri] *a.* 《英》서부지방의〈에서 온〉.
Wést Énd (the ~) 《英》웨스트엔드《런던의 서부지역 : 대저택 · 큰 상점 · 공원 따위가 많음》.
west·er [wéstər] *n.* ⓒ 서풍, 《특히》 서쪽에서 불어오는 강풍〈폭풍〉.
west·er·ing [wéstəriŋ] *a.* (태양이) 서쪽으로 기운.
west·er·ly [wéstərli] *a.* 서쪽에의, 서쪽으로 향한, 서쪽에 있는 : 서쪽에서 오는. —*ad.* 서쪽에〈으로〉. —(*pl.* ***-lies***) *n.* ⓒ 서풍.
:**west·ern** [wéstərn] *a.* (1) 서쪽의〈으로부터의, 에서의, 에 있는〉 : (2) (W-) 서양의, 구미의, 서방측의 (3) (종종 W-)《美》 서부 지방의 : —*n.* ⓒ (1) 서부사람 ; 서쪽 나라사람. (2) 서유럽 사람. (3) (종종 W-) 《美》 서부극 ; 서부음악.
Wéstern Austrália 웨스턴 오스트레일리아《오스트레일리아 서부의, 인도양에 면한 주》.
Wéstern Chúrch (the ~) 서방 교회, 로마 가톨릭 교회.
West·ern·er [wéstərnər] *n.* ⓒ 서부지방 사람.
Wéstern Hémisphere (the ~) 서반구.
west·ern·i·za·tion [wèstərnizéiʃən] *n.* ⓤ (사고 · 생활양식 등의)서유럽화.
west·ern·ize [wéstərnàiz] *vt.* …을 서양식으로〈서유럽화〉하다
west·ern·most [wéstərnmòust/-məst] *a.* 가장 서쪽의, 최서단(西端)의.
Wéstern Róman Émpire (the ~) 【史】 서로마 제국(395-476).
Wéstern Samóa 서사모아《남태평양 사모아제도 서부를 차지하는 독립국 : 수도 Apia》.
west·ern·style [wéstərnstáil] *a.* (때로 W-)서양풍의, 양식의 : a ~ hotel 서양식 호텔.
Wést Gérmany (구) 서독.
Wést Índian 서인도 제도의 (사람).
Wést Índies (the ~) 서인도 제도.
W
Wést Mídlands 웨스트 미들랜드《잉글랜드 중부의 주(州) ; 주도는 Birmingham》.
·**West·min·ster** [wésᵗmìnstər] *n.* 웨스트민스터 《런던의 한 구역》.
Wéstminster Ábbey 웨스트민스터 성당《런던에 있으며, 국가적 공훈이 있는 사람의 장지》.
West·mor·land [wéstmɔ̀ːrlənd/wésᵗmərlənd] *n.* 웨스트몰랜드《잉글랜드 북서부의 옛 주 : 지금은 Cumbria 주의 일부》.
west-north·west [wéstnɔ̀ːrθwést, 《海》-nɔ́ːr-wést] *n.* (the ~)서북서.
—*a.*, *ad.* 서북서의〈로, 에서〉.
Wést Póint 《美》 웨스트포인트《New York 주에있는, 미육군 사관학교(소재지)》.
west·south·west [wéstsàuθwést, 《海》-sàu-wést] *n.* (the ~) 서남서.
—*a.*, *ad.* 서남서의〈로, 에서〉.
Wést Sússex 웨스트서섹스《잉글랜드 남부의 주 : 주도는 Chichester》.
Wést Virgínia 웨스트버지니아《미국 동부의 주 ; 略 : W. Va》.
:**west·ward** [wéstwərd] *a.* 서쪽으로 향하는 : 서쪽의. —*ad.* 서부로, 서쪽으로.
—*n.* (the ~)서방, 서부지방 : to〈from〉 *the* ~ 서쪽으로〈에서〉.
파) **~·ly** *ad.*, *a.* 서쪽으로(의), 서쪽에서(의).
:**west·wards** [wéstwərdz] *ad.* = WESTWARD.
Wést Yórkshire 웨스트요크셔《잉글랜드 북부의주 : 1974년 신설 ; 주도는 Wakefield》.
:**wet** [wet] (***ˊ~·ter ; ˊ~·test***) *a.* (1) 젖은, 축축한 ; (천연 가스가) 습성의 ; (애기가) 오줌을 싼. 【opp】 *dry*. (2) 비내리는, 비의 ; 비올듯한 ; 비가 잘 오는 : (3) (페인트 등을) 갓 칠한 : (4) 《美》주류 판매를 인정하는《주 따위》 ; 금주법에 반대하는 : (5) (알코올 · 시럽등에) 절인 ; 【化】습식(濕式)의. (6) 《俗》거나한, 술좋아하는 :(7) 《英口》 (사람이) 나약한, 감상적인.
all ~ 《俗》 전혀 잘못 생각한, 틀린. ***~ behind the ears*** ⇨ EAR[1] ***~ through*** =~ to the skin 함빡 젖어서.
—*n.* (1) ⓤ 물 ; 액체. (2) ⓤ 습기, 물기. (3) ⓤ (the ~) 우천, 비, 비내림 : (4) ⓒ 《美》 (주류 판매를 인정하는) 반금주론자 ; 《英俗》 나약한 사람 ; 비둘기파의 정치가 : Don't be such a ~. 나약한 소리는 그만둬. (5) (a ~) 《英俗》 술 한잔, 음주 : (6) ⓤ (the ~) 젖은 곳, 진창.
—(*p.*, *pp.* ~, ***ˊ~·ted ; ˊ~·ting***) *vt.* (1) …을 축이다, 적시다 : ~ one's lips 입술을 적시다. (2) a] 〔再歸的〕 (애기가) 오줌을 싸다. b] (오줌을 싸서 옷 등)을 적시다.
~one***'s whistle* 〈*goozle, throat*〉** 《口》 술을 마시다. ***~ the baby's head*** ⇨ BABY.
파) ***ˊ~·ly*** *ad.*
wet·back [wétbæ̀k] *n.* ⓒ 《美口》 미국으로 밀입국하는 멕시코인.
wét blánket (남의) 흥을 깨는 사람, 결점을 들추는 사람.
wét dréam 몽정(夢精).
wet·land [wétlæ̀nd, -lənd] *n.* ⓒ (종종*pl.*)습지대.
wét lóok (천 · 가죽 다위의) 광택(처리), 윤기.
wet-nurse [wétnə̀ːrs] *vt.* …의 유모가 되다, …의 유모가 되어 젖을 먹이다 ; …을 과보다.
wet suit (잠수용의) 고무 옷.
wet·ting [wétiŋ] *n.* ⓒ (흠뻑) 젖음
wet·tish [wétiʃ] *a.* 축축한, 눅눅한.
wet·ware [wétwɛ̀ər] *n.* (컴퓨터의 소프트웨어를 고안해내는) 인간의 두뇌.
whack [*h*wæk] *vt.* 《口》 (지팡이 따위로) …을 철썩 때리다, 세게 치다. ***~ off*** …을 잘라 버리다.
—*n.* ⓒ (1)구타, 강타 ; 철썩. (2) (a ~) 《俗》기도, 시도 : have〈take〉 a ~ at …을 해보다. (3) (흔히 *sing.* : 또 one's ~로) 《口》몫, 분배. ***out of ~*** 《美口》 상태가 나빠 : My stomach's *out of* ~. 속이 좋지 않다.
whacked [*h*wækt] *a.* 〔敍述的〕 《英口》몹시 지친
whacked-out [ˊ-àut] *a.* 《美俗》 (1) 지친. (2) 별난. (3)(술 · 마약에) 취한.
whack·ing [*h*wǽkiŋ] *a.* 《口》 거창한 : a ~ lie 터무니 없는 거짓말. —*ad.* 《口》 굉장히 : a ~ great fellow 엄청나게 큰 거인. —*n.* ⓒ 철썩〈세게〉치기 :

give a person a ~ 아무를 후려갈기다.
whacko [*h*wǽkou] *int.* 《俗》 굉장하군.
:whale[1] [*h*weil] *n.* ⓒ 【動】 고래. —*vi.* 고래잡이에 종사하다.
whale[2] 《美口》 *vt.* …을 때리다 ; 강타하다.
whale·back [ˊbæ̀k] *n.* ⓒ 고래등 모양의〈고래등처럼 둥글게 솟은〉 것《언덕·파도 따위》
whale·boat [ˊbòut] *n.* ⓒ (앞뒤가 뾰족한) 구명용 보트《원래는 포경용》
whale·bone [ˊbòun] *n.* ⓒ 고래 수염(baleen).
whále òil 고래 기름.
whal·er [*h*wéilər] *n.* ⓒ 고래잡이《사람》 : 포경 선.
whal·ing [hwéiliŋ] *n.* ⓤ 고래잡이, 포경.
wháling gùn 포경포, 작살 발사포.
wháling màster 포경선장.
wham [*h*wæm] *n.* ⓒ 쾅(소리)
wham·my [*h*wǽmi] *n.* 《美俗》 ⓒ (1) a] 불행을 가져오는 초자연력, 흉안(凶眼)(evil eye). b]마력, 마법 (2) 강한 힘〈타격〉, 《특히》 치명적인 일격.
whang [*h*wæŋ] 《口》 *vt.* …을 강타하다(beat, whack), 뻥〈찰싹, 탕〉 때리다.
·wharf [*h*wɔːrf] (*pl.* **~s, wharves**[-vz]) *n.* ⓒ 부두, 선창(pier). 【cf.】pier.
—*vt.* (배)를 부두에 매다 ; (짐)을 선창에 풀다 ; …에 부두를 설비하다. —*vi.* 부두에 닿다.
wharf·age [*h*wɔ́ːrfidʒ] *n.* (1) ⓤ 부두 사용(료) ; 계선료. (2) 〔集合的〕부두(시설).
wharf·in·ger [*h*wɔ́ːrfindʒər] *n.* ⓒ 부두 관리인.
wharves [*h*wɔːrvz] WHARF의 복수.
:what [*h*wɑt, 弱 *h*wʌt, *h*wət] **A)** ≪疑問詞≫ *pron.* 〔疑問代名詞〕 (1) 〔主語·目的語·補語로서〕 a] 무엇, 어떤 것〈일〉 : 무슨(일) : b] 얼마, 얼마나〈쯤〉 : c] 〔직업 따위를 물어〕무엇하는 사람, 어떤 사람 (2) 〔흔히 文尾에서 ; 되묻는 疑問詞〕 《흔히 올림조가 되며, 상대방에 대한 놀라움·확인 따위에 쓰임》 (3) 〔感歎文에 쓰이어〕정말이지 많이, 얼마나 —*a.* 〔疑問形容詞〕 (1) 〔名詞와의 사이에 a, an 없이〕무슨, 어떤, 《口》어느(which) ; 얼마만큼의 (2) 〔感歎 : 다음이 單數 可算名詞이면 a, an을 사이에 둠〕정말이지, 얼마나 : —*ad.* 〔疑文副詞〕어떻게, 얼마만큼, 얼마나, 어떤 점에서 : ***and ~ not*** = ***and*〈*or*〉 *~ have you***(열거한 뒤에) 그 밖에 그런 따위의 것〈여러가지〉, …따위, 등등 장편 소설, 단편 소설, 희곡 따위. ***I know ~.*** 《口》좋은 생각이 있다. ***I will tell you~.*** 실은 이렇다; 좋은 수를 말씀드리지; 그럼 이렇게 하지. ***So ~ ?*** 《口》 1) 그러니 어떻단 말이냐 2) 그런 건 상관 없지 않느냐. (***Well***) ***~ do you know*** (***about that***)***?*** ⇨ KNOW. ***What about. . .?*** 1) 〔상대에게 권유하여〕 …하는 게〈…은〉 어떤가 : *What about bed?* 이제 자는 게 어떤가. 2) …은 어떻게 되느가, …은 어떻게 되어 있나 :***~ about that !*** 〔놀라움·칭찬을 나타내어〕 그거 굉장하군, 야. ***What do you say to. . .?*** ⇨ SAY. ***~ d' you call it*** 《口》 = ~'s it. ***~ for*** 1) 무엇 때문에, 어째서 : 2) 《口》 후려갈김, 질책, 비난 : I gave him ~ *for.* 혼내 주었다. ***What... for ?*** 1) 무슨 목적으로, 왜, 무엇 때문에(why) : ***What gives?*** ⇨ GIVE. ***What if. . .?*** …라면〈하면〉 어찌될 것인가 ; (설사) …한다 하더라도 어쨌단 말인가, …한들 상관 없지 않은가 : ***What is it ?*** 용건이 뭐냐, 무슨일이냐. ***What is it to you ?*** 그것이 네게 무슨 상관이 있는가 ; 그것을 알아 무엇하는가. ***What... like ?*** 어떠한 사람〈것, 일〉인, (상태·형편이) 어떠하여 : ***What next ?*** 《口》 (어처구니없는 일이지만) 다음은 어떻게 나올건가 : 놀랍군, 기가 막히군, 발칙〈괘씸〉하군. ***What of it ?*** 《口》 그것이 어쨌단 말인가, 상관 없지 않은가(= So what?). ***~'s his*** 〈***her, their***〉 ***name*** 《口》 뭐라던가 하는 남자〈여자, 사람들〉 :***~'s it = ~'s its name*** 《口》그 뭐라고〈뭐라던가〉 하는것《이름이 생각나지 않는 기구 등에 이름》 :***What s up ?*** 《口》 1) 어찌된 거냐. 2) 무슨 일이 생겼느냐. ***~'s~*** 무엇이 무엇인지 ; 《口》 중요〈유익〉한 것 ; 일의 진상《흔히 know, see, find out의 목적어로 쓰임》. ***What though. . .?*** 설사 …더라도 무슨 상관이 있는가 ***You ~ ?*** 1) 뭐라고 하셨지요《한번 더 말해 주십시오》. 2) 뭐라고《놀라움·당혹을 나타냄》.
B) ≪關係詞≫ *pron.* 〔關係代名詞〕 (1) 〔先行詞를 포함하여〕 a] …하는 것〈일〉 (that which, the thing(s) that, *etc.*) : b] …하는 것은 무엇이나〈무엇이든〉 : (2) 〔挿入節을 이끌어〕 (더욱) …한 것은 : —*a.* 〔關係形容詞〕 (…할) 만큼의, (…하는) 어떠한 …이든 《'적지만 모든'이란 뜻이 포함되어 있으므로, 구체적으로 what little〈few〉 …란 표현도 씀》 : ***not but ~*** ⇨ BUT. ***come ~ may*** 〈***will***〉 ⇨ COME. ***have*** (***got***) ***~ it takes*** 《口》 (어떤 목적달성에) 필요한 재능〈자질〉을 갖고 있다. (A) ***is to*** (B) ~ (C) ***is to*** (D). A의 B에 대한 관계는 C의 D에 대한 관계와 같다 : ***or ~*** 〔흔히 否定·條件文에서〕 아니면 그 밖에 무언가 : ***That's ~ it is.*** 《口》 그런 이유 때문이다 《자신이 말한 이유가 타당함을 강조》. ***~ is called*** = ***~ we*** 〈***you, they***〉 ***call*** 소위, 이른바 : ***What price... ?*** ⇨ PRICE. ***~ with*** (A) ***and*** (***~ with***) (B) = ***~ between*** (A)***and*** (B). A 다 B다 하여, A 하거나 B 하거나 하여《흔히 좋지 않은 사태의 원인을 열거할 때 씀》 : ***~ you may call it*** 《口》 뭐라고〈뭐라든가〉 하는 것《작은 것에 쓰임》.
·what·e'er [*h*wɑtɛ́ər, *h*wʌt-/*h*wɔt-] *pron a.* 《詩》 = WHATEVER.
:what·ev·er [*h*wɑtévər, *h*wʌt-/*h*wɔt-] *pron.* 〔ever에 의한 what 의 强意〕 (1) 〔名詞節을 이끎〕 …하는〈…인〉 것은 무엇이든(anything that...) : (2) 〔副詞節을 이끎〕 무엇을〈무엇이〉 …하든지〈이든지〉 : (3) 〔疑問詞〕 《口》 도대체 무엇을〈무엇이〉***or ~*** 또는 무엇이든 유사한것 : — *a.* 〔 關係詞 : 양보를 나타냄〕 (1) 〔名詞節을 인도〕 …하는 모든, …하는 어떤 —도 : (2) 〔副詞節을 이끎〕 어떤 …이라도(no matter what) : *Whatever results may follow, I'll try again.* 어떤 결과가 되든, 다시 해 볼것이다. (3) 〔no, any의 다음 따위 否定적인 문중에서〕 약간의 …도(없는) :
what-if [hwʌ́tif, *h*wɑ́t-/*h*wɔ́t-] *n.* ⓒ (만일에 과거의 사건이 이렇다면 현재 어떻게 되었을까 하는) 가정(의 문제); 만약이라는 문제.
what'll [*h*wʌ́tl, *h*wɑ́tl/*h*wɔ́t-] what will 〈shall〉의 단축형.
what·not [*h*wɑ́tnɑ̀t, *h*wʌ́t-/*h*wɔ́tnɔ̀t] *n.* (1) ⓒ(장식품 등을 얹어 놓는) 장식 선반. (2) ⓤ 이것저것, 여러가지 물건 ; 정체 알 수 없는 놈〈것〉 :
what're [(h)wɑ́tər, (h)wʌ́tər/wɔ́tə-] 《口》 what are 의 간약형.
:what's [*h*wʌts, *h*wɑts, 弱 *h*wəts/*h*wɔts] 《口》what is, what has의 단축형.
·what·so·e'er [*h*wʌ̀t-souɛ́ər, *h*wɑ̀t-/*h*wɔ̀t-] *pron., a.* 《詩》 = WHATSOEVER.
·what've [*h*wɑ́təv, wʌ́t-] what have의 간약형.
:wheat [*h*wiːt] *n.* ⓤ 【植】 밀, 소맥(【cf.】barley, oats, rye). ***separate*** (***the***) ***~ from (the) chaff*** ⇨

W

SEPARATE.
whéat bèlt [地] 밀 생산 지대.
whéat càke 밀가루로 만든 핫케이크류(類).
wheat·en [*h*wíːtn] *a.* 밀의 ; 밀로만든.
whéat gèrm 맥아(麥芽).
wheat·meal [*h*wíːtmìːl] *n.* ⓤ《英》(기울을 뽑지 않은) 통째로 빻은 밀가루.
whee [*h*wiː] *int.* 와아, 야아《기쁨 · 흥분 따위를 나타냄》.
whee·dle [*h*wíːdl] *vt.* (사람)을 감언 이설로 유혹하다, 속여서 …시키다《*into*》: 감언 이설로 속이다〈빼앗다〉《*from* ; *out of*》: 파) **~r**[-ər] *n.* **-dl·ing·ly** [-iŋli] *ad.*
:wheel [*h*wiːl] *n.* (1) ⓒ 수레바퀴 ; (*pl.*)《美俗》자동차. (2) ⓒ 물레(spinning~). (3) (the ~) a](자동차의) 핸들 :b](선박의) 타륜(舵輪). (4) ⓒ《口》a] 자전거 : b] (*pl.*)자동차. (5) ⓒ 회전 ; 운전 ; 선회 : (6) ⓒ (흔히 *pl.*)기구, 원동력, 추진력 : (7) ⓒ(흔히 *pl.*)기계 ; 기계류. (8) ⓒ (종종 *big*~) 세력가 ; 거물 ***at the next turn of the ~*** 이번에 운이 트이면 ***at the ~*** 1) 핸들을 잡고, 운전하여 : Who's *at the ~ ?* 누가 운전하고 있나. 2) 타륜을 잡고. 3) 지배권을 잡고. ***fortune's~*** 운명의 수레바퀴, 영고성쇠. ***go*** 〈***run***〉 ***on*** (***oiled***) ***~s*** 순순〈원활〉히 진행되다. ***put a spoke in*** a person's ~ ⇨ SPOKE. ***put***〈***set***〉 one' ***s shoulder to ~*** ⇨ SHOULDER. ***set*** 〈***put***〉 ***(the) ~s in motion***(계획 등)을 궤도에 올려놓다, 일을 원활하게 진행시키다. (***the***) ***~s are in motion*** = (***the***) ***~s start turning*** 일이 실행에 옮겨지다. ***~s within ~s*** 복잡한 동기〈사정기구〉.
—*vt.* (1)《~+目/+目+前+名/+目+副》…을 수레〈차〉로 나르다 : (2) …에 바퀴〈차〉를 달다. (3)《~+目/+目+前+名/+目+副》(수레차)를 움직이다, 밀다, 끌다 : —*vi.* (1)《~/+副/+前+名》선회하다 : (2)《~/+副》방향을 바꾸다《 *about; around*》: (3)《~/+前+名/+副》차로 가다 ; 자전거〈삼륜차〉를 타다 ; (차가) 미끄러지듯 달리다 ; 원활하게 진행되다《*along*》: ***~ and deal***《口》(장사 · 정치등에서) 수완을 발휘하다, 술책을 부리다.
wheel·bar·row [*h*wíːlbæ̀rou] *n.* ⓒ 외바퀴 손수레.
wheel·base [⁄bèis] *n.* ⓤⓒ 축거(軸距), 차축 거리《자동차의 앞뒤 차축간의 거리》.
wheel·chair [⁄tʃɛ̀ər] *n.* ⓒ (부상자 · 환자용) 바퀴달린 의자
wheel clamp [⁄klæmp]《英》(주차 위법 차량 바퀴에 끼워 움직일 수 없게 하는) 꺽쇠.
wheeled [*h*wiːld] *a.* (1) 바퀴 달린 : (2) 〔흔히 複合語로〕…의 바퀴가 있는 .
wheel·er [*h*wíːlər] *n.* ⓒ (1) 짐수레꾼. (2) 바퀴만드는 사람. (3) = WHEEL HORSE. (4) 〔複合語를 이루어〕…의 바퀴가 있는 것 : a four-~, 4륜 마차.
wheel·er-deal·er [-díːlər] *n.* ⓒ《美俗》활동가, 수완가 ; 책략가.
whéel hòrse (네 필이 끄는 마차의) 뒷말(wheeler) ;《美》(정당 · 기업등의) 충실한 노력가.
wheel·ie [*h*wíːli] *n.* ⓒ (자전거 · 오토바이를) 뒷바퀴만으로 달리는 곡예.
wheel·ing [*h*wíːliŋ] *n.* ⓤ (1) 손수레로 운반하기. (2) (차의 진행 상태로 본) 노면의 상태.
wheel·man [*h*wíːlimən] (*pl.* ***-men***[-mən]) *n.*ⓒ (1) [海] (조) 타수. (2) 자전거〈오토바이〉타는 사람 ; 자동차 운전자.

W

wheels·man [*h*wíːlzmən] (*pl.* ***-men*** [-mən]) *n.* ⓒ《美》[海] (조)타수.
wheel·wright [*h*wíːlràit] *n.* ⓒ 수레바퀴 제조인, 수레 목수.
wheeze [*h*wiːz] *vi.* (천식 따위로) 씨근거리다.
—*vt.*《+目+副》숨을 헐떡이며 말하다《*out*》: ~ *out* words 헐떡이며 말하다.
—*n.* ⓒ (1) 숨을 헐떡이는 소리. (2) (희극배우의) 진부한 재담.
wheezy [*h*wíːzi] (***wheez·i·er; -i·est***) *a.* 씨근거리는, 헐떡거리는. 파) ***wheez·i·ly*** *ad.* ***-i·ness*** *n.*
whelk [*h*welk] *n.* ⓒ[貝] 쇠고둥《식용》.
whelm [*h*welm] *vt.*《詩》(1) …을 압도하다, 내리덮치다. (2) …을 (물속에) 가라앉히다.
whelp [*h*welp] *n.* ⓒ (1) 강아지. 【cf.】cub, dog. (2) (사자 · 범 등의) 새끼. (3) (버릇 나쁜) 개구쟁이 불량아,《戱》꼬마.
:when [*h*wen] **A**) ≪疑問詞≫ *ad.* 〔疑問副詞〕(1)언제 : (2) 어떤 때〈경우〉에 : (3) 어느 정도(의 시점)에서, 얼마쯤에서 : ***Say ~.*** ⇨ SAY.
—*pron.* 〔疑問代名詞〕언제《흔히 전치사의 뒤에 둠》
☞ 參考 till〈since〉 when의 용도는 대체로 how long과 같지만 전자는 특히 *Till* July., *Sinces* Monday. 따위처럼 종점·기점(起點)의 대답을 기대함.

—*n.* (the ~)(문제의) 때, 시기(time) : **B**)≪從屬接續詞≫ *conj.* (1) a] …할 때에 ; ~ 때에 : b]〔흔히 現在時制의 문장에서〕…할 때는 언제나(whenever) : c](…하는데) 그때《主節이 진행형 또는 과거 완료형일 때에 쓰임》: d] …한뒤 〈…하면〉 곧 : (2) a] …하면〈이면〉(if): b]…을 생각하면, …한데 : (3)〔主文과 상반하는 내용의 副詞節을 이끌어〕…인데도 불구하고, …이지만(though) : (4)〔形容詞節로서 바로 앞의 名詞를 수식하여〕…할〈한〉때의

☞ 語法 主節과 從屬節의 주어가 같을 경우, 종속절의 '主語+be'가 생략되는 수가 있음. 또, 관용적 표현에서는 주어가 달라도 생략됨: *When*(he was) young, he was very poor. 그는 젊었을 때 무척 가난했다/ Be careful ~ crossing. 길을 건널 때는 조심하여라/ Use my dictionary ~ (it is) necessary. 필요할 때에는 내 사전을 써라.

hardly... ~ ⇨ HARDLY. ***scarcely... ~*** ⇨ SCARCELY.
C)≪關係詞≫ *ad.* 〔關係詞名〕(1)〔制限용버〕…하는〈한, 할〉(때)

☞ 語法 (1)이 용법의 when은 종종 생략함: The day (~) we arrived was a holiday. 우리가 도착한 날은 휴일이었다. 그러나 선행사와 떨어져 있으면 생략할 수 없음: The time will come ~ you will regret it. 그 일을 후회할 때가 올 것이다.
(2) 강조구문 : It *was* last year *when* we met first. 우리가 처음 만난 것은 작년이었다《We met first last year. 의 last year를 강조하여 이를 it was로 글머리에 끌어낸 것. =*It was* last year *that* we met first.》.
(3)특정한 때를 나타내는 when 비슷한 용법의 that이 있음: the year (*that*) I was born내가 태어난 해.

(2)〔非制限용법〕그때 (and then)《흔히 when 앞에 콤마가 옴》(3)〔先行詞를 포함한 名詞節을 이끌어〕…

할 때《 의미상의 선행사는 보통 the time으로 간주됨》 —*pron.* 〔非制限的용법의 關係代名詞〕(그리고 그때《흔히 전치사의 뒤에 둠》

·whence [*h*wens] *ad., conj.* (1)〔疑問詞〕어디로부터 (2)〔關係詞〕a]〔制限的用法〕…이 나온(장소):b]〔非制限的〕(그리고) 거기서부터, 그곳에 :

·when·e'er [*h*wenέər] *ad., conj.* 《詩》= WHENEVER.

:when·ev·er [*h*wenévər] *ad., conj.* (1)〔關係詞〕

when's [*h*wenz] when is, when has의 간약형.

:where [*h*wεər] **A**) ≪疑問詞≫ *ad.* (비교없음)〔疑文副詞〕(1)어디에, 어디서 ; 어디로 : (2) 어떤 점에서 : *Where* is he to blame ? 어떤 점에서 그는 비난받아야 하느냐. (3) 어떤 입장에서〈사태로〉: —*pron.*〔疑問代名詞〕《前置詞의 目的語로서》어디, 어떤곳 ; 어떤점 : ***Where away ?*** 【海】 어느 방향인가《망보는 사람이 발견한 것에 관해서》. ***Where from?*** 어디서 오셨습니까. ***Where to?*** 이디로 가시죠《흔히 택시 기사가 손님에게 묻는 말》. ***Where were*〈*was*〉*?*** 어디까지 얘기했지《중단된 이야기를 다시 시작할때》.
—*n.* (the ~)(문제의) 장소《*of*》 **B**)≪從屬接續詞≫ *conj.* (1) …하는 곳에〈으로〉 (2) …하는 곳은 어디든(wherever) : I'll go ~ you go. 네가 가는 곳이면 어디라도 함께 가겠다.
(3) …할 경우에 (4)〔대조·범위〕…한〈인〉데 (whereas; while); …한〈인〉 한은(so far as) : They are submissive ~ they used to be openly hostile. 전에 그들은 공공연히 적대적이었는데 지금은 유순하다.
C) ≪關係詞≫ *ad*〔關係副詞〕《장소에 관한 先行詞와 결합하여서, in〈at, on〉which에 상당》(1)〔制限용법〕…하는(곳, 경우 따위) : (2)〔非制限용법 ; 흔히 앞에 콤마가 옴〕그러자 그곳에, 그리고 거기서(and there) ; (3)〔先行詞를 포함하여〕…하는 장소(the place where), …한 점(the point where)《名詞節을 이끎》 —*pron.*〔關係代名詞〕《전치사를 수반하여》…하는(곳): = This is the place he comes from. ***~ it s*(*all*) *at*** 《美俗》활동의 중심〈핵심〉; 《 특히》 가장 재미있는〈훌륭한, 중요한, 유행의〉 것〈장소〉: Baseball's ~ *it's at* (스포츠를 아는 사람에겐) 야구가 제일이다.

:where·a·bouts [*h*wέərəbàuts] *ad.* (1)〔疑問詞〕어디(쯤)에 : (2)〔關係詞〕…하는 곳〈장소〉 : —*n.* ⓤ〔單·復響취급〕있는 곳, 소재 ; 행방 :

where·as [*h*wεərǽz] *conj.* (1) …임에 반하여 (while on the other hand…) : (2)〔法〕…인 까닭에 (since), …라는 사실에서 보면 (in view of the fact that…)《흔히 글머리에 둠》: …. —*n.* (본론 전의) 서두(序頭), 단서(但書); 【法】 전문(前文)(preamble).

·where·at [*h*wεərǽt] *ad.* 《文語》(1)《古》〔疑問詞〕무엇에 대하여〈관하여〉, 어찌하여. (2)〔關係詞〕그곳에서 ; 거기에, (거기에서) …하는(at which) :

:where·by [*h*wεərbái] *ad.* 《文語》(1)〔疑問詞〕무엇에 의하여(by what), 어떻게 하여(how), 어찌하여 : (2)〔關係詞〕(그것에 의해) 그것에 따라, …하는(by which):

:where·fore [*h*wέərfɔ̀ːr] *ad.* (1)〔疑問詞〕무엇 때문에, 왜(why) : (2)〔關係詞〕그러므로 —*n.* (보통 *pl.*)원인, 이유(reason):

:where·in [*h*wεərín] *ad.* 《文語》(1)〔疑問詞〕어디에, 어떤점에서 : (2)〔關係詞〕그 점에서 …하는(in which)

·where·of [*h*wəərάv] *ad.* (1)〔疑問詞〕《文語》무엇의, 무엇에 대하여 ; 누구의. (2)〔關係詞〕《文語》그것의, 그것에 관하여 ; 그 사람의.

·where·on [*h*wεərάn/-rɔ́n] *ad.* 《古》(1)〔疑問詞〕무엇 위에, 누구에게. (2)〔關係詞〕그위에(on which).

:where's [*h*wέərz] where is 〈has〉의 단축형 : *Where's* he gone ? 그는 어디 갔느냐.

where·to [*h*wὲərsouəevər] *ad.* 《文語》(1)〔疑問詞〕무엇에, 어디로 ; 무엇 때문에(to what end). (2)〔關係詞〕그것에, 거기로, 그것에 대하여(to which).

·where·up·on [*h*wὲərəpάn/-pɔ́n] *ad.* (1)《古》〔疑問詞〕= WHEREON. (2)〔關係詞〕a] 그래서, 그때문에, 그 결과, 그 후에. b] 그 위에, 게다가.

:wher·ev·er [*h*wεərévər] *ad.* (1)〔關係詞〕어디든지 …하는 곳에〈곳에서〉: (2)〔關係詞: 양보의 副詞節을 이끎〕어디서〈어디에서, 어디로〉…하여도 : (3)〔疑問詞〕《口》대체 어디에〈에서, 로〉《疑問詞 where의 强調形》: ***or ~*** 《口》또는 어딘가에 〈어딘가로〉《장소를 나타내는 부사(구) 뒤에서》:

·where·with [*h*wεərwíð, -wíθ] *ad.* (1)〔疑問詞〕《古》무엇을 가지고, 무엇으로. (2)〔關係詞〕그것을 가지고, 그것으로.

where·with·al [*h*wέərwiðɔ̀ːl, -wiθ-] *n.* (the ~) 필요한 자금〈수단〉

wher·ry [*h*wéri] *n.* ⓒ (하천용의) 보트, 나룻배, 거룻배 ; 《美》1인승 스컬《경조용》; 《英》평저(平底) 짐배.

·whet [*h*wet] (**-tt-**) *vt.* (1) (칼 따위)를 갈다 : ~ a knife. (2) (식욕·호기심 따위)를 자극하다, 왕성하게 하다, 돋우다 : —*n.* ⓒ (1)갈기, 연마(硏磨). (2) 자극(물) ; 식욕을 돋우는 물건《특히 술 따위》.

:wheth·er [*h*wéðər] *conj.* (1) a]〔名詞節을 이끎〕…이지 어떤지(를, 는) : b]〔主語 또는 主格補語가 되는 名詞節을 이끎〕: c]〔名詞와 동격인 名詞節을 이끎〕: **d**)〔前置詞의 目的語가 되는 名詞節을 이끎〕: (2)〔양보를 나타내는 副詞節을 이끎〕…이든지(아니든지), …이든지 …이든지(여하간에) : ***~ or no*〈*not*〉** 어느 쪽이든, 하여간 ; …인지 어떤지 —*pron.* 《古》(둘 중의) 어느 하나.

whet·stone [*h*wét-stòun] *n.* ⓒ 숫돌 ; 자극물, 흥분제 ; 격려자 ; 타산지석(他山之石).

whet·ter [*h*wétər] *n.* ⓒ 칼 가는 사람 ; 자극물.

whew [*h*əjuː, hjuː] *int.* 어휴 !《놀라움·당황·안도 따위를 나타냄》. —*n.* 휘파람 같은 소리, 퓨〈휙〉하는 소리.

whey [*h*wei] *n.* ⓤ 유장(乳漿). 【cf.】curd.

whey·face [*h*wéifèis] *n.* ⓒ (섭에 질리거나 병때문에) 창백한 얼굴(의 사람).

:which [*h*witʃ] **A**) ≪의문사≫ *pron.*〔疑問代名詞〕(1)〔主語·目的語·補語로서〕어느 것, 어느 쪽, 어느 사람, (한 무리 중의) 누구《※일정한 수의 대상으로부터의 선택·지정에 관해서 씀. 따라서 이 경우에는 뒤에 대상을 나타내는 어구나 of의 구를 수반하는 일이 많음》: (2)〔흔히 文尾에서 ; 되묻는 疑問文〕《상대의 말에 대한 놀람·확인에 쓰임》: —*a.*〔疑問形容詞〕어느, 어떤, 어느 쪽의
B)≪關係詞≫ *pron.*〔關係代名詞〕(소유격 ***of which, whose***)《先行詞는 원칙적으로 사물 또는 동물》.
(1)〔制限용법〕…하는(것, 일)《주격·목적격 모두 that과 바꿔 쓸 수 있음》. a]〔主格〕 b]〔所有格: of which 또는 whose로〕
☞ 語法 (1) **which**의 생략 1) 제한용법의 which가 관계절 중에서 목적어일 때뿐만 아니라 보어로 되어 있

W

는 경우에도 생략할 수가 있음 : He is no longer the timid fellow (*which*) he used to be. 이제 그는 이전의 겁쟁이가 아니다. 2) 주격이라도 삽입구(揷入句)앞의 which가 생략될 때가 있음 : I bought a book(*which*) I thought would be of interest to my son. 아들의 흥미를 끌 것으로 생각되는 책을 샀다《I thought는 삽입구》.
(2) 제한용법에서는 which보다 that을 많이 쓰나, that은 앞에 전치사를 취할 수 없음.
(3) 선행사에 지시형용사 that 이 따를 때에는 불필요한 혼동을 피하기 위해 *that*를 쓰지 않고 which를 씀 : He gave me *that* part of his property ~ he had cherished most. 그는 자기재산 중에서 가장 소중히 간직하던 부분을 나에게 주었다《that은 선행사 part의 수식어임이 명백해짐》.

(2)〔非制限용법 : 보통 앞에 콤마가 옴〕a〕〔單一語를 선행사로 하여〕 그리고 그것은〈을〉 : b〕〔句·節·文章 또는 그 내용을 선행사로 하여〕 그리고 그것은, 그리고 그 때문에 : ※ 關係詞節이 主節앞에 나오는 경우도 있음 : Moreover, ~ you may hardly believe, he committed suicide. 거기다가, 거의 믿지 못할 일이겠지만, 그는 자살해 버렸단 말일세.
(3)〔先行詞를 포함하여〕(…하는 것은) 어느 것이나 (whichever)《名詞節을 이끎》 : Take ~ you like. 어느 것이든 좋은 것을 택해라(whichever) /You may take ~ (of the books) you like. 어느 것이든지 마음에 드는 것(책)을 가지시오.

參考 (1) 비제한 용법의 which는 문맥에 따라서 and〈because, but, though〉+it〈they, them〉으로 바꿀 수 있을 때가 많음.
(2)제한 용법에서는 which를 that으로 바꿔 쓸수 있으나 비제한 용법에서는 바꿔 쓸 수 없음.

that ~ ... …하는〈한〉것 : ***~ is ~*** 어느 것이 어느 것인지, 어디가 다른지, 누가 누군지 : —*a.*〔關係形容詞〕(1)〔制限용법〕 어느 …이나〈이든〉(whichever) (2)〔非制限용법〕《文語》 그리고〈그런데〉 그《이 which는 다음에 오는 명사보다도 세게 발음됨》

:which·ev·er [*h*witʃévər] *pron.* (1)〔不定關係詞 : 名詞節을 이끎〕 …하는 어느 것〈쪽〉이든(지) (any one that...) : (2)〔關係詞 : 양보를 나타내는 副詞節을 이끌어(서)〕 어느 것〈쪽〉을〈이〉 …하든(지) (no matter which...): (3)〔疑問詞〕 대체 어느 것〈쪽〉을〈이〉 : —*a.* (1)〔關係詞 : 名詞節을 이끎〕 …하는 어느, 어느쪽이든 …한(any _ that...). 【cf.】whatever. (2)〔關係詞 : 양보를 나타내는 副詞節을 이끎〕 어느(쪽이) -을 …하여도(no matter which...): (3)〔疑問詞〕 대체 어느(쪽의)

W

·whiff [*h*wif] *n.* ⓒ (a ~)(1) (바람등의) 한번붊 ; 확 풍기는 향기 : (2) (담배의)한 모금 ; 궐련, 작은 여송연 : (3) 징후, 기미, 낌새《*of*》 : (4)《口》(골프의) 헛침 : 【野】 삼진(三振).
—*vt., vi.* 훅〈가볍게〉 불다 ; 불어보내다 ; 냄새를〈가〉 확 풍기다 ;《口》【野】 …에게 삼진(三振)을 먹이다〈먹다〉, 헛치다, 삼진하다.

whif·fle [*h*wífəl] *vi.* (바람이) 살랑거리다 ; (잎따위가) 흔들리다 ; (생각 등이) 바뀌다, 흔들리다. —*vt.* (바람이 배의진로)를 이리저리 바꾸다 ; (생각 따위)를 동요시키다.
파) **~r** [-ər] *n.* ⓒ 정견(定見)없는 사람, 변덕스런운 사람.

Whig [*h*wig] *n.* (1) 【英史】 휘그당원, (the ~s)휘그당《자유당의 전신 ; Tory와 대립》. (2) 【美史】휘그당원《 1)(독립전쟁 당시의) 독립당원. 2) the Democratic party(민주당)와 대립한 정당의 당원; 1834년경 결성》. —*a.* 휘그당(원)의.

:while [*h*wail] *conj.* (1) a〕 …하는 동안〈사이〉에 ; …하면서, …함과 동시에《동작이나 상태가 계속되고 있는 기간을 나타내는 副詞節을 만듦》 : b〕 …하는 한(as long as) : *While* there's life, there's hope.《俗談》 목숨이 있는 한 희망이 있다. (2) a〕〔양보(讓步)의 從屬節을 이끌어; 흔히 글머리에 옴〕 …라고는 하나, …하면서도, …하지만(although) : b〕〔대조(對照)를 나타내어 ; 흔히 主節의 뒤쪽에 옴〕 그런데, 한편(으로는) : —*n.* ⓤ (흔히 a ~) 동안, 시간 ; 잠시 : ***all the ~*** 1)그 동안 죽〈내내〉 : 2)〔接續詞的〕 …하는 동안 죽 : ***between ~s*** 때때로, 이따금 : ***once in a ~*** 이따금. ***the ~***〔副詞句로서〕 그동안에 ; 동시에 : ***worth*** a person***'s ~*** ⇨ WORTH. ***this long ~*** =all this WHILE.
—*vt.*《+目+副》(시간)을 느긋하게〈한가하게, 즐겁게〉 보내다《*away*》 : He ~*d away* his vacation on the beach. 그는 휴가를 바닷가에서 보냈다.

·whim [*h*wim] *n.* ⓒ 잘 변하는 마음, 일시적인 생각, 변덕. ***full fo ~ (and fancies)*** 변덕스러운.

·whim·per [*h*wímpər] *vi.* (어린애가) 훌쩍훌쩍 울다, 울먹이다 ; (개가) 킹킹거리다 ; 애처로이 하소연하다. —*vt.* …을 우는 소리로 말하다.
—*n.* ⓒ 훌쩍거림, 훌쩍이는 소리; 코를 킹킹거리는 소리. 파) **~·er** *n.* **~·ing·ly** *ad.*

·whim·si·cal [*h*wímzikəl] *a.* 마음이 잘 변하는, 변덕스러운 ; 별난, 묘한. 파) **~·ly** [-i] *ad.*

whim·si·cal·i·ty [*h*wìmzəkǽləti] *n.* ⓤ 변덕 ; 별스러움 ; ⓒ 기상(奇想), 기행(奇行).

whim·s(e)y [*h*wímzi] *n.* ⓒ 별난 생각 ; 종작없는 생각, 변덕 ; 기발한 언동.

whin [*h*win] *n.* ⓤ 【植】 가시금작화.

·whine [*h*wain] *vi.* (1) 애처로운 소리로 울다, 흐느껴 울다 ; (개 따위가) 낑낑거리다. (2)《 ~/+前+名》 우는 소리를 하다, 푸념하다, 투덜대다《*about*》. —*vt.* 애처로운 소리로 울다〈말하다〉《*out*》.
—*n.* ⓒ (1) (아이들의) 칭얼거림 ; 우는 소리 ; (사이렌·탄환·바람 등의) 날카로운 음향 ; (개 따위의) 낑낑거리는 소리. (2) 푸념하는 소리, 넋두리. 파) **whin·er** *n.* **shin·ing·ly** *ad.*

whin·ny [*h*wíni] *n.* ⓤⓒ 히힝《말의 울음소리》. —*vi.* (말이) 히힝 울다.

:whip [*h*wip] (*p., pp.* **~ped, ~t ; ´~·ping**) *vt.* (1) …을 채찍질하다 ; (세게) 때리다.
(2)《~+目/+目+副》 …을 편달하다, 격려하다, 자극하다《*on ; up*》.
(3)《+目+前+名》 …을 채찍질하여 …하게 하다 ; (엄하게 타일러서) …을 가르치다《*into*》 ; (잔소리해서 나쁜버릇)을 고치게 하다《*out of* 》. (4) (크림·달걀 등)을 휘저어 거품이 일게하다. (5)《+目+副/+目+前+名》 …을 갑자기 움직이게 하다〈잡아 당기다〉. (6) (솔기)를 꿰매다, 감치다 ; (실·끈으로) …을 칭칭 감다. (7) …에서 던질 낚시를 하다, 견지질하다. (8)《口》 …을 완패시키다 ; …에게 이기다. (9) …을 훔치다. —*vi.* (1) 채찍을 사용하다, 매질하다 ; (비바람이) 휘갈기듯 불다. (2)《+副/+前+名 》 갑자기 움직이다 ; 휘달리다, 돌진하다, 뛰어들다〈나가다〉《*behind; away; along* 따위》. (3) 던질 낚시를 하다.
~ away 채찍으로 쫓아버리다. ***~ in*** (사냥개)를 채찍으

로 불러모으다 ; (의원에게) 등원(登院)을 돌려하다. ***~... into shape***(어떤 목적을 위해) …을 힘들여 다듬어〈훈련시켜〉 바라는 것으로〈상태로〉 만들다〈이룩하다〉. ***~on*** 채찍질하여 나아가게 하다; 급히 입다〈걸치다〉 : ~ a horse *on* 채찍질하여 말을 몰다. ***~ out*** (***of***)(칼·권총 따위)를 갑자기 뽑다 ; (…에서) 급히 꺼내다〈뽑다〉; 갑자기 거칠게 말하다. ***~ round*** 휙 돌아보다 ; 《英》 (모금 등)을 걷으며 다니다《*for*》. ***~ the devil around the stump*** 구실 등을 대어 반란을 타개하다. ***~ through*** 《美談》 (일 따위)를 서둘러 끌어모으다 ; (요리)를 재빨리 만들다 ; (계획 따위)를 짜내다 ; (감정·흥미 따위)를 돋우다, 자극하다.

—*n*. (1) ⓒ 채찍. (2) (the ~) 채찍으로 때리기. (3) ⓒ,ⓤ 【料】 디저트의 일종《크림·달걀 따위를 저어서 거품을 내게 하여 만듦》. (4) ⓒ (정당의) 원내총무 (party ~) ;《英》(원내 총무가 의원에게 내는) 등원 통지서. (5) ⓒ 【獵】 사냥개 담당자. (6) ⓒ (특히 4두 마차의) 마부. (7) ⓒ 끌어올리는 작은 고패 ; (풍차의) 날개 바퀴.

a fair crack of the ~ 《口》 공평〈공정〉한 기회〈취급〉. ***crack the ~*** 채찍을 휘두르다 ;《口》엄하게 감독하다, 겁을 주다. ***with ~ and spur*** 즉석에서, 황급히.

whip·cord [ˊkɔ̀ːrd] *n*. ⓤ 채찍 끈 ; 능직물의 일종《사선으로 교차된 줄무늬가 있는 직물》.

whíp hànd (채찍을 쥐는) 오른손 ; 유리한 지위, 우위(優位).

whip·lash [ˊlæ̀ʃ] *n*. ⓒ (1) (채찍의 자루 끝에 맨) 채찍끈, 가죽끈 ; 강타, 편달(鞭撻), (채찍을 맞은 것 같은) 충격. (2) 【醫】 (자동차의 충돌·급정거 등에 의한) 편타증(鞭打症)(= ***ˊ~injury***).

whip·per-in [*h*wípərín] (*pl*. ***-pers-in***) *n*. ⓒ(국회의) 원내 총무(whip) ; 【獵】 사냥개 담당자.

whip·per·snap·per [*h*wípərsnæ̀pər] *n*. ⓒ 《口》 건방진 젊은 녀석.

whip·pet [*h*wípit] *n*. ⓒ 휘펫《그레이 하운드와 비슷한 경주용 개의 일종》.

whip·ping [*h*wípiŋ] *n*. ⓤⓒ 채찍질 ; 태형, 급히 움직임 ; 덤벼들기 : give a ~ 태형에 처하다.

whípping bòy 【史】 (왕자의 학우로서) 왕자를 대신하여 매맞는 소년 ; 대신 당하는자, 희생.

whip·poor·will [*h*wípərwil] *n*. ⓒ 【鳥】 쏙독새의 무리《북아메리카산》.

whip-round [*h*wípràund] *n*. ⓒ 《英》(친구·회원에게 돌리는) 기부 권유(장) ; (자선) 모금.

whip·saw [*h*wípsɔ̀ː] *n*. ⓒ 틀에 낀 가늘고 긴 톱《흔히 두사람이 사용함》.

whir, whirr [*h*wəːr] *n*.ⓒ (흔히 *sing*.) 휙하는소리 ; 빙빙 도는 소리.

:whirl [*h*wəːrl] *vi*. (1) 《~/+副/+前+名》 빙빙돌다 ; 선회하다, 소용돌이치다. (2) (머리가) 어지럽다 ; 현기증이 나다. (3) 《+前+名》(배·비행기 따위를 타고) 급행하다 ; (차 따위가) 질주하다.

—*vt*. (1) …을 빙글빙글 돌리다 ; 선회시키다 ; 소용돌이치게 하다. (2) 《+目+副/+目+前+名》 (탈것이 사람)을 빨리 나르다〈태워가다〉《*away*》. ***~ aloft*** 〈***up***〉 감아올리다 ; 회오리쳐〈소용돌이쳐〉오르다.

—*n*. (종종 a ~) (1) 회전 ; 선회, 핑핑 도는 것 : give the crank a ~ 크랭크를 1회전하다. (2) ⓒ(흔히 a~)(사건·회합등의) 연속《*of*》 : *a* ~ *of* parties 연속되는 파티. (3) (흔히 a ~)(정신의) 혼란, 어지러움. (4) (종종*pl*.) 빙글빙글 도는것, 소용돌이; 선풍. ***give... a ~*** 《口》 …을 시험해 보다. ***in a ~*** 선회하여.

whirl·i·gig [*h*wə́ːrligìg] *n*. ⓒ 회전하는 장난감《팽이·팔랑개비 등》; 회전 목마 ; 변덕스러운 사람; 회전운동 ; 윤회(輪廻); 변전(變轉); 【蟲】 물매암이 (= ***ˊ~beetle***).

˙whirl·pool [*h*wə́ːrlpùːl] *n*. ⓒ 소용돌이 ; 혼란, 소동 ; 감아들이는 힘.

˙whirl·wind [*h*wə́ːrlwìnd] *n*. ⓒ (1) 회오리 바람, 선풍. (2) (선풍과 같은) 급격한 행동 ; 격렬한 감정, (감정의) 회오리. (3) 〔形容詞的〕 눈깜짝할 사이의, 분주한.

whirl·ly·bird [*h*wə́ːrlibə̀ːrd] *n*. ⓒ 《美俗》 헬리콥터.

whish [*h*wiʃ] *vi*. 쉿〈휙〉하고 소리나다 ; 쉿하고 움직이다. 쉿〈휙〉하는 소리.

whisk [*h*wisk] *n*. ⓒ (1) (털·짚·잔가지 등으로 결어 만든) 작은 비, 총채, 양복 솔 ; = WHISK BROOM. (2) (달걀·크림 등의) 거품내는 기구. (3) (건초·강모·깃털 등의) 다발《*of* 》. (4) (흔히 *sing*.)(꼬리·손따위를) 한번 휘두름 ; (고속열차 등의) 휙 달림.

—*vt*. (1) 《+目+副/+目+前+名》 (먼지·파리등)을 털다, 털어〈쫓아〉 버리다《*away; off* 》. (2) 《+目+副/+目+前+名》렁 …을 휙 채가다〈데려가다, 치우다〉《*away; off* 》. (3) (꼬리·채찍 등)을 (털 듯이) 흔들다, 휘두르다. (4) (달걀등)을 휘젓다, 거품내다 (whip). —*vi*. 《~/+前+名》 휙 움직이다 ; 휙 사라지다 : The car has ~*ed from* sight. 그 차는 시야에서 휙 사라졌다.

whísk bròom (자루가 짧은) 솔, (옷·소파 따위의 먼지를 터는) 작은비, 양복 솔.

˙whisk·er [*h*wískər] *n*. ⓒ (1) (흔히*pl*.) 구레나룻. (2) (흔히 *pl*.)(고양이·범·메기 따위의) 수염 ; (새의) 부리 주위의 깃털. (3) 《口》 약간의 거리 ; 근소한 차이. 파) ***~·ed*** *a*. 구레나룻이 있는.

:whis·key, -ky [*h*wíski] (*pl*. ***-keys, -kies***) *n*. ⓤⓒ (1) 위스키. (2) 위스키 한 잔(a glass of ~).

:whis·per [*h*wíspər] *vi*. 《~/+前+名》 (1) 속삭이다, 작은 소리로 이야기하다《*to*》. (2) 내밀한 이야기를 〈밀담을〉 하다 ; (소근소근) 소문내다〈퍼뜨리다〉, 일러바치다 《*about*》. (3) (나뭇잎·바람 따위가) 살랑살랑 거리다(rustle).

—*vt*. (1) 《~+目+前+名/+前+名+*that*節/+目+*to* do》 …을 작은 소리로 말하나, …에세 속삭이나. (2) 《+目+副》 …을 살그머니 퍼뜨리다《흔히 수동태》. ***It is ~ed that....*** …라는 소문이다.

—*n*. (1) ⓒ 속삭임, 낮은 목소리, 수군거림, 귀엣말. (2) ⓒ소문, 풍설 ; 고자질, 험담. (3) ⓒ 졸졸〈와삭와삭하는〉 소리 ; ⓤ【音聲】속삭임. (4) (흔히 a~)미량(微量), 조금. 파) ***~·er***[-pərər] *n*.

whis·per·ing [*h*wíspəriŋ] *n*. ⓤ 속삭임 ; 와삭와삭하는 소리. —*a*. 속삭이는〈듯한〉 ; 귀엣말의 ; 와삭와삭하는 ; (중상적인) 비밀 이야기를 퍼뜨리는. 파) ***~·ly*** *ad*.

whíspering campàign 《美》 중상운동《 대항 후보자의 중상적 소문을 조직적으로 퍼뜨리는》.

:whis·tle [*h*wísəl] *n*. ⓒ (1) 휘파람. (2) 호각, 경적, 기적(汽笛). (3) (새·바람·탄환 따위가 내는) 피리 비슷한 날카로운 소리, 휙하는 소리. ***as clean*** 〈***clear, dry***〉 ***as a ~*** 매우 깨끗〈명백, 건조〉하게. ***blow the ~ on...*** 1) 【競】 (심판이 선수)에게 (벌칙 적용의) 호각을 불다. (2)《口》(부정행위)를 금지시키다 ; …을 불법이라 말하다 ; (동료 따위)를 밀고하다 ; (일)

W

을 폭로하다. ***not worth the ~*** 전혀 무익한. ***steam ~*** 기적. ***wet one' s ~*** 《口》술을 한잔 하다.
—*vi.* (1) 《~/+前+名/+名+*to* do》 휘파람을 불다 ; 휘파람으로 신호하다. (2) 《~/+副/+前+名》 (바람·증기 따위가) 쌩쌩〈칙칙〉 소리내다 ; (총알 따위가) 핑하고 날아가다 ; (새가) 짹짹 지저귀다. —*vt.* (1) 《~+目/+目+副》 …을 휘파람으로 부르다, …에게 호각으로 신호하다. (2) (노래 따위)를 휘파람으로 불다 ; ~a merry tune 휘파람으로 명랑한 곡을 부르다. ***let*** a person ***go ~*** 아무에게 단념시키다. ~ ... ***down the wind*** (사물)을 내버려 두다, 포기하다 ; 제멋대로 가게하다. ***~ for*** …을 휘파람으로 부르다 ; 《口》 …을 바라도〈요구해도〉 헛수고다. ***~ in the dark***(무서움을 감추려고) 어둠 속에서 휘파람 불다 ; (위험에 직면하여) 침착한 체하다. ~one' ***s life away*** 태평스럽게 일생을 보내다. ***~up*** 불러모으다 ; (부족한 재료 따위로) …을 만들어내다. 파) ***~·a·ble*** *a.*

whis·tler [*h*wislər] *n.* ⓒ 휘파람 부는 사람 ; 삐울리는 것.

whístle stòp (1) 《美》(역에서 신호가 있어야만 정거하는) 작은 역(flag stop); 선로 연변의 자그마한 마을. (2) (유세 중인 후보자가 열차에서 하는) 작은 역에서의 연설. —*a.* 〔限定的〕 지방 유세의.

·whit [*h*wit] *n.* ⓤ (a ~)〔흔히 否定文에서〕 약간, 조금, 미소(微少). ***every ~*** 어떤 점으로나, 전혀. ***no 〈not a, never a〉 ~*** 조금도 …아니다〈않다〉.

⁝white [*h*wait] *n.* (1) ⓤⓒ 백(白), 백색 ; 흰 그림물감, 백색 도료. (2) ⓤ 흰옷, 흰천 ; (*pl.*) 흰천제품. (3) ⓤ (물건의) 흰 부분 ; (보통 the ~) (달걀의) 흰자위, (안구의) 흰자위 ; (the ~)(인쇄의) 여백. (4) ⓒ (흔히 *pl* ; 종종 W-) 백인 ; 초(超) 보수〈반동〉주의자 ; 왕당원. (5) ⓒ 【蟲】 배추흰나비류(類). (6) 《口》 백포도주 ; 《美俗》 코카인. ***in the ~*** (가구·목재가) 아무 칠도 안한.
—(***whit·er ; whit·est***) *a.* (1) 흰, 흰빛의. (2) (공기·물따위가) 무색의, 투명한 : ⇨ WHITE WINE. (3) 백인의. 【opp】*colored.* (4) 눈으로 덮인. (5) 핏기를 잃은. (6) 흰옷의〈을 입은〉. (7) 써어 있지 않은. (8) 결백한, 순수한 ; 신뢰할 수 있는. (9) 선의(善意)의, 죄 없는. (10) 백열(白熱)의, 열렬〈격렬〉한. (11) 보수적인, 반동적인; 반(反)공산주의의; 왕당(王黨)의. (12) 행운의, 길한: a~day 길일. (13) (커피·홍차가) 밀크를 탄. ***bleed*** a person ~ ⇨ BLEED. 핏기를 잃을 정도로 출혈하다. ***in the ~*** (가구·천 따위가) 물들이지 〈칠하지〉 않은 원래 그대로의. ***make*** one' ***s name ~ again*** 오명을 씻다, 설욕하다.
—*vt.* (1) 《古》 …을 희게 하다〈칠하다〉. (2) 【印】여백으로 남기다《*out*》.

W

whíte ànt 흰개미(termite).

white·bait [´bèit] (*pl.*~) *n.* ⓤ 【魚】 뱅어과(科)의 물고기 ; 청어 따위의 새끼.

whíte béar 【動】 북극곰 ; 백곰.

whíte béard 노인, 늙은이(gray beard), 옹.

whíte bírch 【植】 자작나무, 흰자작나무.

whíte (blóod) céll 백혈구(leukocyte).

whíte bóok 백서《국내 문제의 정부 보고서》.

white bréad 흰빵《정백분(精白粉)으로 만든》. 【cf.】black〈brown〉 bread.

white·cap [*h*wáitkæ̀p] *n.* (흔히 *pl.*)물마루, 흰파도.

whíte céll 백혈구(white blood cell).

whíte cóal (에너지원(源)으로서의) 물, 수력 ; 전력.

whíte cóffee 《英》 우유를 탄 커피. 【opp】*black coffee.*

white-col·lar [´kálər/´kɔ̀lər] *a.* 〔限定的〕 (사무실에서 일하는) 사무직 계급의, 두뇌 근로자의, 샐러리맨의.

whíte córpuscle 백혈구(leukocyte).

whíted sépulcher 【聖】 회칠한 무덤 ; 위선자 《마태복음 XXIII : 27》.

whíte élephant 흰코끼리《인도 등지에서 신성시되는》.

whíte énsign (the ~) 영국 군함기(旗).

whíte féather (the ~) 겁먹은 증거 ; 겁쟁이.

white·fish [´fiʃ] *n.* ⓒ 【魚】 송어의 일종 ; 은백색의 물고기《황어 따위》 ; ⓤ (특히 대구 따위의) 물고기의 흰살.

whíte flág 백기(白旗), 항복기(旗). ***hoist 〈hang out, show, wave〉 the ~*** 항복하다.

whíte fróst 흰서리. 【cf.】black frost.

whíte góld 금을 함유한 합금의 일종《금·니켈·구리·아연 등을 함유함》 ; 백색의 산물《설탕·목화 따위》, 화이트 골드.

whíte gòods 린네르류(類)《시트 따위》 ; (희게칠한 냉장고·세탁기 따위) 대형 가정용 기구.

white-haired [*h*wáithέərd] *a.* 백발의 ; 흰 털로 덮인 ; 《口》 마음에 드는: a ~ boy.

White·hall [*h*wáithɔ́:l] *n.* 런던의 중앙 관청가.

white·head·ed [´hédid] *a.* 백발의 ; 금발의 ; 《口》 마음에 쏙 드는.

whíte héat (구리·철 등의) 백열 ; (심신의) 극도의 긴장, (투쟁 등의) 백열 상태, 치열한 상태.

whíte hópe (흔히 *sing.*) 《口》 크게 기대되는 사람 ; 흑인 챔피언에 도전하는 백인복서 ; 백인 대표.

whíte hórse 백마 ; (흔히 *pl.*) 흰 파도(white-cap).

white-hot [*h*wáithát/´hɔ́t] *a.* 백열의《금속 따위》 ; 열심인, 흥분한 ; 《美俗》 지명수배 중인.

·Whíte Hòuse (the ~) 화이트하우스, 백악관《워싱턴의 미국대통령 관저》 ; 《口》 미국대통령의 직(職)〈권위, 의견〉 ; 미국정부.

whíte kníght 정치 개혁자, (주의를 위한) 운동가 ; 《美》【經】 기업 매수의 위기에 처한 회사를 구제하기 위해 개입하는 제3의 기업.

white-knuck·le [*h*wáitnʌ́kəl] *a.* 《口》 무서운, 공포를 불러일으키는, 긴장과 불안의 찬.

whíte léad [-léd] 【化】백연(白鉛) ; 탄산납.

whíte líe 악의 없는 거짓말.

white-liv·ered [*h*wàitlívərd, ´´-] *a.* 혈색이 나쁜, 창백한 ; 겁 많은, 비겁한.

whíte mágic (치료·구제 따위의 선행을 목적으로 하는) 선의의 마술. 【opp】*black magic.*

whíte mán 백인 ; (th e~) 백색인종, 공평한 사람.

whíte màtter 【解】 (뇌의) 백질(白質).

whíte mèat (1) (닭·돼지·토끼 따위의) 흰고기. 【cf.】red meat. (2) 《俗》 여배우, 가수.

whíte métal 백합 합금 ; 가짜 은.

·whit·en [*h*wist] *vt., vi.* (…을) 희게 하다〈칠하다〉, 표백〈마전〉하다 ; 희게 되다.

whíte níght 백야 ; 잠 못 이루는 밤.

Whíte Níle (the ~) 백(白) 나일(나일강의 원류(源流)의 하나).

whit·en·ing [*h*wáitniŋ] *n.* ⓤ 희게 함〈됨〉, 표백제, 호분(胡粉); 백색 도료.

white nóise 【物】 (모든 가청(可聽) 주파수대를 포함한) 백색잡음, 화이트 노이즈.
white óak 참나무의 일종《북아메리카산》, 떡갈나무.
white·out [*h*wáetàut] *n*. (1) ⓤⓒ화이트아웃. (2) ⓒ 심한 눈보라.
white páper 백지 ; 백서《특히 영국정부의 보고서로 white 〈blue〉 book 보다 간단한 것 : 미국 정부는 공식으로는 쓰지 않음》 : ~ on national defense 국방백서.
white potàto 감자.
white ràce (the ~) 백색 인종, 백인종.
white sàle 흰 섬유제품〈여름 옷〉의 대매출.
white sàuce 화이트 소스《밀가루에 버터 · 우유를 섞어 만듦》.
white sálve 백인 노예 ; (매춘을 강요당하는) 백인 여성〈소녀〉.
white slávery 강제매춘 ; 백인 노예의 매매.
white·smith [*h*wáitsmìθ] *n*. ⓒ 양철공, 은도금공. 【cf.】blacksmith.
white smóg 광화학 스모그.
white suprémacy (흑인 등에 대한) 백인 우월론.
white·thorn [*h*wáitθɔ̀ːrn] *n*. ⓒ 【植】 산사(山査) 나무(hawthorn).
white tíe (연미복용의) 흰 나비 넥타이 ; (남자의) 만찬용 정장, 연미복.
white-tie [*h*wáittái] *a*. 〔限定的〕 정장을 필요로하는 : a ~ party 정장을 요하는 파티.
·**white·wash** [´wɑ̀ʃ, ´wɔ̀(ː)ʃ] *n*. (1) ⓤ 수성 백색도료, 회반죽《벽 따위의 겉에 바르는》 ; (벽돌 표면에) 생기는 백화(白華) ; (옛날의 피부 표백) 화장수. (2) ⓤⓒ 《口》(추문 · 실책을 숨기기 위한) 겉발림(의 수단) ; 여론 진정용의 공식보고, 속임수 ; 《美口》 영패, 완봉(完封).
—*vt*. (1) …에 희게 회칠하다. (2) 《口》 실책을 얼버무리다 ; 《口》 여론 무마용으로(의옥(疑獄)등을) 관청용어를 써서 교묘히 설명하다 : I have no wish to ~ my sin. 나는 나의 죄를 얼버무릴 생각은 없다. (3) 《美口》 …을 영패시키다.
white whále 흰돌고래(beluga).
white wíne 백포도주.
white·wood [*h*wáitwùd] *n*. ⓒ 백색수(樹)《 보리수 · 참피나무 등》 ; ⓤ 흰 목재.
whitey [*h*wáiti] (*pl*. **~s**) *n*. ⓤⓒ(종종 W-)《俗 · 蔑》 흰둥이, 백인종 ; 백인 체제〈문화, 사회〉.
·**whith·er** [*h*wíðər] *ad*. 《詩 · 文語》 (1) 〔疑問詞〕 a〕 어디로. b〕 〔특히 신문 · 정치 용어로 동사를 생략하여〕 어디로 가는가, …의 장래〈전도〉는 (어떻게). (2) 〔關係詞〕(…하는〈한〉) 그곳에. (3) 〔先行詞 없는 關係詞〕 어디로든지 …한〈하는〉 곳으로.
whit·ing[1] [*h*wáitiŋ] *n*. ⓤ 호분(胡粉), 백악 (白堊)(whitening).
whit·ing[2] (*pl*. **~ s,** 〔集合的〕 ~) *n*. ⓒ 【魚】 (1) 대구과(科)의 일종《유럽산》. (2) 동갈민어의 일종 《북미산》.
whit·ish [*h*wáitiʃ] *a*. 약간 흰, 희읍스름한.
whit·low [*h*wítlou] *n*. ⓤ 【醫】 표저(瘭疽) ; 【獸醫】 제관염(蹄冠炎).
Whit·sun [*h*wítsən] *a*., *n*. 성령(聖靈) 강림절(의).
Whit·sun·day [*h*wítsʌ́ndi, -dei, -səndèi] *n*. 성령 강림절(Pentecost)《부활절 후의 제7 일요일》.
Whit·sun·tide [*h*wísəntàid] *n*. 성령 강림절 주간《Whitsunday로부터 1주간, 또는 그 1주간의 처음 3일간》.
whit·tle [*h*wítl] *vt*. 《~+目/+目+副/+目+前+名》 (나무)를 조금씩 깎다, 베다, 자르다 ; 깍아서 어떤 모양을 갖추다 ; …을 조금씩 줄이다, 삭감하다《*down*; *away*》 ; 《美俗》 수술하다. —*vi*. 《~/前+名》조금씩 깎다〈새기다〉 : She was whittling at a stick. 그녀는 한 자루의 막대기를 깎고 있었다 ; 고뇌〈초조〉로 몸과 마음이 지치다 ; 《美俗》 수술하다.
·**whiz**(**z**) [*h*wiz] *n*. (1) ⓤⓒ 윙《총알 따위가 공중을 나는 소리》 ; 윙(하고 날기, 달리기). (2) ⓒ 만족할 협정〈조처〉. (3) ⓒ 《美俗》민완가, 명수, 명인.
whíz(**z**) **kíd** 《口》젊은 수재 ; 성공한 젊은 실업가.
:who [huː, 弱 hu] (소유격 ***whose*** [huːz] ; 목적격 ***whom*** [huːm], 《口》***who***(***m***) *pron*. **A**) ≪疑問代名詞≫ 누구, 어느사람, 어떤 사람《이름 · 신분 · 신원 관계 따위를 물음》 (1) a〕〔主格〕《주어로 쓰인 때에는 疑問文이라도 주어와 동사의 어순은 平敍文과 같음》. b〕〔目的格〕《흔히 구어에서는 whom대신 who를 씀》.
(2)〔 흔히 文尾에서; 되묻는 疑問文〕《상대의 말에대한 놀람·확인에 쓰임》: You said ~? 누구라고 했지/ Punish. —Punish *whom?* 벌을 주어라 —벌하다니, 누굴.
B) ≪關係代名詞≫ [huː, hu, u] 《원칙적으로 先行詞는 사람》 (1) 〔制限용법〕 …하는〈한, 인〉(사람).
a〕〔主格〕. b〕〔目的格〕《구어에서는 whom대신 who를 쓰기도 하며, 흔히 생략함》. c〕〔It is... who_의 강조 구문으로〕 —하는것은 …이다 《It is...that_이 일반적임》.

☞ 語法 (1) 主銘 **who**의 생략 1) There is...나 强詞構文 It is...의 뒤에서는 생략될 때가있음 : *There's* somebody at the door(~) wants to see you. 출입구에 선생 님을 만나 뵙고자 하는 사람이 있습니다. 2) 삽입구 앞에서는 생략될 때가 있음 : They gave attention to the children (~) they believed were clever. 그들은 영리 하다고 믿고 있는 아이들에게 주목했다.
(2) 제한용법의 who. whom (whose를 제외)은 흔히 that으로 바꿔 쓸 수 있음.
(3) 선행사가 사람의 집단을 나타내는 말로서 복수 취급이 될 때에는 who를, 단수 취급할 경우에는 which를 씀: a family ~ often quarrel among themselves 가족간에 자주 싸우는 집안 / a team *which* has won the championship 우승한 팀.

(2) 〔非制限 용법 ; 보통 앞에 콤마가 옴〕 그리고〈그런데〉 그 사람(들)은《흔히 and he 〈she. they〉의 뜻이 되지만 앞뒤 관계에 따라 and외에 but, because. though.if 등의 뜻이 될 때도 있음》.
(3) 〔先行詞를 포함하여〕. 《古》 …하는 사람(들), …하는 〈한〉 사람은 누구나《명사절을 이끎》. ***as ~ should say...***《古》 …라고 말 하기라도 하려는 사람처럼, ~이라고 말할 듯이. ***know ~' s*** 〈***~ is***〉 ***~*** 1) 누가 누군지〈어떤 사람인지〉를 알고 있다. 2) (어떤 곳에서) 누가 유력자인지 알고 있다. ***Who goes there ?*** 누구야《보초의 수하》. ***Who me ?*** 나 말입니까 《상대가 자신에 대해 말하고 있는지의 여부를 묻는 표현인데 이 때 흔히 엄지손가락을 가슴에 댐》.
Whoa, wo [*h*wou/wou], [wou] *int*. 워《말을 멈추게 할 때 내는 소리》.
Who' d [húːd] who would(had)의 간약형.

W

Who·dun·(n)it [huːdʌ́nit] *n.* ⓒ 《口》 탐정〈추리〉 소설〈영화, 극〉, 스릴러, 미스터리.

Who·e'er [hu(ː)ɛ́ər] *pron.* 《詩》 = WHOEVER.

:who·ev·er [huːévər] (所有格 ***Whos·ev·er***; 目的格 ***Whom·ev·er***) *pron.* (1) 〔關係詞 ; 名詞節을 이끎〕 …하는 누구든지(any person that …). (2) 〔關係詞 ; 양보를 나타내는 副詞節 을 이끎〕 누가(누구를) …하더라도(하여도)(no matter who). (3) 《口》 〔疑問詞〕도대체 누가(who ever)

:whole [houl] *a.* (1) 〔限定的〕 (the ~, one's~) 전부의, 모든. (2) 〔限定的〕 (시간 · 거리 등의) 만〈온〉 …, …중 내내. (3) 완전한, 결하지 않은, 있는 그대 로의 ; 가공하지 않은 ; 필요한 자질을 다 갖춘.
— *ad.* (1) 통째로. (2) 건강하게. ***a ~ lot*** 〔副詞的 《口》 크게, 퍽. ***a ~ lot of*** 《口》 많은. ***go the ~ hog*** 철저히 하다. ***the ~ lot*** 전부, 남김 없이. ***with a ~ skin*** ⇨ SKIN.
— *n.* ⓒ,ⓤ (1) (the ~) 전제, 전부. 【opp】 *part.* 『I spent *the* ~ of that year in India. 그 해 꼬박 1년을 인도에서 보냈다. (2) (흔히 *sing.*) 완전체, 통일제, 완전한 모습 Four quarters make a ~.4분의 1이 4개 모이면 완전체가 된다. ***as a ~*** 전 체로서, 총괄하여. ***on*** (***upon***) ***the ~*** 전체로 보아서, 대체로 : The food was, *on the* ~, satisfactory. 식 사는 대체로 만족할 만했다.

whóle bròther 부모가 같은 형제. 【cf】 half brother.

whole·food [hóulfùːd] *n.* ⓤⓒ 《英》 (식품 첨가물 · 방부제가 들어 있지 않은) 자연 식품.

whóle gàle 【氣】 노대바람《초속 24.5-28.4m》. 【cf】 wind scale.

whole·grain [hóulgréin] *a.* (곡물이) 정제하지 않은, 전립(全粒)의.

·whole·heart·ed [´háːrtid] *a.* 전심(專心)의, 성심성의의. 파) **~·ly** *ad.* **~·ness** *n.*

whóle hóg (the ~) 《俗》 전체, 전부, 극단. ***go*** (***the***) ***~*** 《口》 ⇨ go the WHOLE hog.

whole-hog [hóulhɔ́ːg, ´hág/´hɔ́g] *a.* 〔限定的〕 《俗》 철저한, 완전한

whóle hóliday 만 하루의 휴일, 전(全) 휴일. 【cf】 half-holiday.

whóle mèal (기울을 제거하지 않은) 완전 밀가루.

whóle mílk 전유(全乳).

whóle nòte 온음표.

whóle nùmber 【數】 정수 ; 자연수.

whóle rèst 【樂】 온쉼표.

·whole·sale [hóulsèil] *a.* (1) 도매의. (2) 대규모의, 대량의, 대대적인. (3) 몰밀어서의, 일괄적인, 무차별의. — *n.* ⓤ 도매. 【opp】 *retail.* ***at*** 〈《英》***by***〉 ~ 도매로 ; 대규모로. — *ad.* 도매로 ; 대규모로, 대대적으로 ; 대강. — *vt.*, *vi.* 도매하다 ; 대량으로 팔다. 파) ***whóle·sàl·er*** [-lər] *n.* ⓒ 도매업자.

:whole·some [´səm] (***more ~ ; most ~***) *a.* (1) 건강에 좋은, 위생적인 ; 건강해 보이는. (2) 건전한, 유익한. 파) **~·ly** *ad.* **~·ness** *n.*

whóle stèp 〈**tone**〉 【樂】 온음정.

whole-wheat [hóulhwíːt] *a.* 기울을 제거하지 않은 밀가루의: ~ flour 〈bread〉.

:whol·ly [hóu*l*li] *ad.* (1) 전혀, 완전히. (2) 〔否定어구를 수반하여 부분부정〕 전부가 전부 (…아니다)

:whom [huːm 弱 hum] *pron.* WHO의 목적격.

whom·ev·er, whom·so·ev·er [huːmévər], [hùːmsouévər]. *pron.* WHO(SO)EVER의 목적격.

·whoop [hu(ː)p, *h*wu(ː)p] *n.* ⓒ (1) 야아〈우아〉하는 외침. (2) (올빼미의) 후우후우 우는 소리. (3) (백일해로) 그르렁거리는 소리. (4) 《口》조금, 근소. ***not worth a ~*** 아무 가치도 없는.

whoop·ee [*h*wú(ː)piː, wúpiː] 《口》 *int.* 우아《기쁨 따위의 외침 소리》.
— *n.* ⓤ 우아 하는 외침 ; (축제 따위의) 잔치 소동, 야단 법석. ***make ~*** 야단 법석을 떨다.

whóop·ing còugh [húːpiŋ-] 【醫】 백일해.

whoops [*h*wu(ː)ps, wu(ː)ps] *int.* 아이고, 이크《곱드러지거나 실족했을 때 등의 말》.

whoosh [*h*wú(ː)ʃ] *n.* ⓒ (공기 · 물 따위의) 휙〈쉭〉 하는 소리.

whop, whap [*h*wap/*h*wɔp] (**-pp-**) 《口》 *vt.* …을 마구 때리다 ; 《比》 (경기 따위에서) …을 완파하다. — *n.* ⓒ 후려때리기〈때리는 소리〉 ; 벌떡 넘어짐.

whop·per, whap- [*h*wápər/*h*wɔ́pər] *n.* ⓒ (1) 《俗》 때리는 사람. (2) 《口》터무니없이 큰 물건.

whop·ping, whap- [*h*wápiŋ/*h*wɔ́p-] *a.* 〔限定的〕 《口》 터무니없이 큰, 터무니없는《허풍 등》.

whore [hɔːr] *n.* ⓒ 매춘부, 음탕한 여자.

who're who are의 간약형.

whor·ish [hɔ́ːriʃ] *a.* 매춘부 같은, 음란한. 파) **~·ly** *ad.* **~·ness** *n.*

whorl [*h*wəːrl] *n.* ⓒ 【植】 윤생체(輪生體) ; 【動】 (소라의) 나선 ; 나선의 한 감김 ; 와상형(渦狀型)의 지문. 파) ***~ed*** [-d] *a.* 윤생(輪生)의 ; 나선형으로 된.

whor·tle·ber·ry [*h*wɔ́ːrtlbèri] *n.* ⓒ 【植】 월귤 나무의 일종 ; 그 열매.

:who's [huːz] who is, who has의 간약형.

:whose [huːz] *pron.* (1) 〔疑問詞〕 누구의 …(2) 〔關係詞〕 (그 사람〈물건〉의 -이) …하는〈…인〉 《who 또는 which의 소유격》.

who's who (1) 누가 누구〈명사(名士)〉인지. (2) (W-W-) 명사〈신사〉록 ; 인명 사전.

:why [*h*wai] *ad.* **A**) 《疑問副詞》 왜, 어째서《이유 또는 목적을 물음》. 2) 너는 왜 내가 그것을 했다고 생각하나《 why는 do you think에 걸림》.

☞參考 (1) 문맥으로 보아 이해가 가능할 때는 주어와 동사가 생략되거나 문제의 중심되는 말만이 남을 때가 있음 : *Why* so ? 왜 그러냐 / I want you to do this. — *Why* me ? 네가 이것을 해주기 바란다 —왜 나냐.
(2) 동사 바로 앞에서 불찬성 · 반대 따위를 나타냄 : *Why* take a taxi? It's five minutes' walk to the station. 왜 택시를 타. 정거장까지 걸어서 5분이면 가는데.

Why don't you (**...**)**?** 1) 왜 …하지 않느냐. 2) 〔권유 · 제안〕 《口》 …하는 것이 어떤가, …하지 않겠나《친근한 사람 사이에 쓰며 손위의 사람에게는 쓰지 않음》. ***Why is it that ...?*** …하는 것은 어째서인가《why를 강조하는 구문》. ***Why not*** (**...**)**?** 1) 〔상대의 否定의 말에 反論하여〕 왜〈어째서〉 안 되는가〈하지 않은가〉, 괜찮지 않은가. 2) 〔권유 · 제안〕 …은〈…하는 게〉 어떤가, …합시다그려《흔히 동사의 원형이 수반됨》. 3) 〔권유 · 제안등에 동의하여〕 응 좋아, 그렇게 하지.

B) 《關係副詞》 1) 〔制限용법〕 …하는 (이유) 《reason(s)를 선행사로 하는 形容詞節을 만듦 ; 非制限용법은 없음》. 2) 〔先行詞를 내포하여〕 …한 이유《the reason why의 생략 표현으로 볼 수 있음.
—(*pl.* ~*s*) *n.* ⓒ (1) 〔흔히 the ~(s) and(the)

W

wherefore(s)로] 이유, 까닭. (2) [흔히 ~s] '어째서'라는 질문.
— *int.* [일반적으로 비교적 낮은 내림조로 말하며, 미국에서도 종종〈wai〉가 됨] (1) [놀라움·승인 따위를 나타내어]아니, 저런, 어머 ; 그야, 물론(이지). (2) [반론·항 의를 나타내어] 뭐라고, 뭐야. (3) [망설임을 나타내거나, 이음말로서] 에, 저 ; 글쎄요, 그렇군(요). (4) [if-節 에 계속되어] 그럼, 그 때엔.

wick [wik] *n.* ⓒ (양초·램프 따위의) 심지. ***get on*** a person'***s ~*** 《英口》아무를 짜증나게 하다.

:wick·ed [wíkid] (***~·er ; ~·est***) *a.* (1) 악한, 사악한 ; 부정(不正)한, 불의의 ; 악의 있는. (2) 심술궂은, 장난기 있는. (3) 장난기 있는, 성질이 몹시 거친, 위험한. (4) 《口》불쾌한, 싫은, 심한. (5) 《俗》멋진, 훌륭한. 파) **~·ly** *ad.* **~·ness** *n.*

wick·er [wíkər] *n.* ⓒ (버들 따위의) 흐느적거리는 가는 가지 ; ⓤ 고리 버들 세공, 가는 가지 세공. —*a.* [限定的] 가는 가지로 엮어 만든, 고리 버들 세공의 : a ~ basket〈chair〉.

wick·er·work [-wə̀ːrk] *n.* ⓤ 고리 버들 세공.

wick·et [wíkit] *n.* ⓒ (1) 작은문, 쪽문, 협문(夾門);(역의) 개찰구. (2) (매표구 따위의) 작은 창구. (3) 【크로케】 활모양의 작은 문. (4) 【크리켓】 삼주문(三住門), 위켓 ; 위켓장(場)의 상태 ; 치는 순서.

wicket door 〈**gate**〉 (대문의) 쪽문.

wick·et·keep·er [wíkitkìːpər] *n.* ⓒ 【크리켓】 삼주문의 수비자.

wi(c)k·i·up, wick·y·up [wíkiʌ̀p] *n.* ⓒ 《美》 (미국 인디언의) 오두막집 ; [一般的] 오두막.

:wide [waid] (***wíd·er ; wíd·est***) *a.* (1) 폭넓은 ; (…만큼) 폭이 있는, 폭이 …인. 【opp】 *narrow.* (2) 넓은, 광대한. (3) 광범(위)한, (범위가) 넓은, 해박한, 다방면의. (4) 헐거운, 낙낙한. (5) 자유로운, 구속받지 않는, 방종한 ; 편협지 않은, 편견 없는 ; 일반적인. (6) 크게 열린. (7) (차이·간격 따위가) 동떨어진. (8) 【音聲】 개 구음의, 광음(廣音)의. (9)《英俗》 약은, 빈틈없는(~-awake) : a ~ man 빈틈 없는 사내. ***give a ~ berth to*** ⇨ BERTH. ***~ of the mark*** ⇨ MARK.
— *ad.* (1) 넓게 ; 광범위하게. (2) 크게 열어〈뜨고〉; 충분히(열어서), 완전히 : with eyes ~ open 눈을 크게 뜨고. (3) 엉뚱하게, 빗나가서 ; 동떨어져 : The bullet went ~. 탄환은 빗나갔다. ***far and ~*** 널리, 광범위하게.
—*n.* ⓒ 【크리켓】 폭투(爆投), 이로 인해 타자측에 주어지는 1점.

-wide '…의 범위에 걸친, 전(全) …의'의 뜻의 결합사 : tion*wide.*

wide-an·gle [⌐ǽŋgəl] *a.* [限定的] 【寫】 (렌즈가) 광각의 ; (사진기가) 광각 렌즈가 달린, (사진이) 광각 렌즈를 사용한 ; 【映】 = WIDE-SCREEN.

wide-a·wake [-əwéik] *a.* 완전히 잠이 깬 ; 정신을 바짝 차린, 빈틈 없는. —[⌐⌐] *n.* ⓒ 챙 넓은 중절모(= ~**hàt**).

wide-eyed [⌐àid] *a.* (1) 눈을 크게 뜬 ; 깜짝 놀란. (2) 소박한, 순진한. (3) 잠을 못 이루고 눈이 말똥말똥한.

:wide·ly [wàidli] (***more ~ ; most ~***) *ad.* (1) 널리 ; 광범하게. (2) 크게, 대단히.

:wid·en [wáidn] *vt., vi.* 넓히다, 넓게되다. 파) **~·er** *n.*

wide-o·pen [⌐óupən] *a.* (1) 크게 벌린《눈·입 따위》, 넓게 열린 활짝 연《창 따위》; 편견없는. (2) 제한〈차폐 등〉이 전혀 없는

wide-rang·ing [⌐rèindʒiŋ] *a.* 광범위한.

wide-screen [⌐skrín] *a.* 【映】 화면이 넓은, 와이드스크린의.

·wide·spread [⌐spréd] *a.* (1) 널리 보급되어 있는, 보급된 ; 만연된. (2) (양팔 따위를) 넓게 펼친, 널찍널찍한.

widg·eon [wídʒən] *n.* ⓒ 【鳥】 홍머리오리.

widg·et [wídʒit, dʒɛt] *n.* ⓒ 《口》(이름을 모르거나 생각나지 않는) 작은 장치, 도구, 부품.

:wid·ow [wídou] *n.* ⓒ 미망인 ; 홀어미, 과부 ; (남편이 골프나 낚시에 미쳐 따돌려진) 생과부 ; = GRASS WIDOW. 【cf.】 widower. 파) **~ed**[-d] *a.* 미망인이〈홀아비가〉 된 ; 외톨로 남겨진.

wid·ow·er [wídouər] *n.* ⓒ 홀아비.

wid·ow·hood [-hùd] *n.* ⓤ 과부 생활〈신세〉.

:width [widθ, witθ] (*pl.* ***~s*** 〈-s〉) *n.* (1) ⓤ 폭, 너비, 가로. (2) ⓤ (마음·지식 따위의)넓이, 넓음《*of*》. (3) ⓒ 일정한 너비의 직물〈물건〉.

width·wise [⌐wàiz] *ad.* 옆으로, 가로방향으로 (latitudinally).

·wield [wiːld] *vt.* (1) (칼 따위)를 휘두르다 ; (도구 따위)를 쓰다, 사용하다 : ~ a facile pen 건필을 휘두르다. (2) 《~+目/+目+前+名》 (권력·무력 따위)를 휘두르다, 떨치다, 장악하다, 행사하다. 파) **~·er** *n.*

wie·ner·wurst [wíːnərwə̀ːrst] *n.* ⓒ,ⓤ 《美》비엔나 소시지《소·돼지 고기를 섞어 넣은 가느다란 소시지》. 【cf】frankfurter.

:wife [waif] (*pl.* ***wives*** [waivz]) *n.* ⓒ (1) 아내, 부인, 처, 마누라. 【cf】husband. (2) 《古·方》여자, 부녀자. ***all the world and his ~*** ⇨WORLD. ***man***〈***husband***〉***and ~*** 부부. ***old wives tale*** 어리석은〈허황한〉 이야기〈전설〉. ***take*** (***give***) ***to ~*** 장가들다(시집 보내다). 파) **~·*hood*** [-hud] *n.* ⓤ 아내의 지위〈신분〉 ; 아내다움. **~·*less*** *a.* 아내 없는, 독신의. **~·*like*** *a.* = WIFFLY.

wife·ly [wáifli] (***-li·er; -li·est***) *a.* 처의 ; 아내다운 ; 아내에 어울리는.

wife swàpping 《口》부부 교환, 스와핑.

·wig [wig] *n.* ⓒ 가발 ; 머리 장식. ***flip*** one'***s ~***《美俗》 ⇨ FLIP. —(***-gg-***) *vt.* (1) …에 가발을 씌우다. (2) 《口》 …을 꾸짖다. (3) 《美俗》 …을 괴롭히다, 짜증나게 하다. ***~ out*** (1) (마약 따위에) 취하다. (2) 크게 흥분하다 ; 열광하다.

wigged [wigd] *a.* 가발을 쓴.

wig·ging [wígiŋ] *n.* ⓒ (흔히 *sing.*) 《口》 질책 (scolding).

wig·gle [wígəl] *vt.* (신체의 일부)를 (뒤)흔들다 ; 살래살래 흔들다 ; 꾸불꾸불 나아가다. —*vt.* 살래살래 흔들리다, 몸부림 ; 몸을 뒤틀어 탈출하다《*out*》; 《美俗》댄스하다. —*n.* (1) ⓒ 살래살래 흔들림 ; 구불구불한〈파동치는〉 선〈움직임〉 : She gave a sexy ~. 그녀는 섹시하게 몸을 흔들었다. (2) 《美俗》 댄스. 파)**wíg·gler** *n.* ⓒ (1) 뒤흔드는〈흔들리는〉 사람〈것〉. (2) 【蟲】 장구벌레.

wig·gly [wígli] (***-gli·er; -gli·est***) *a.* 꿈틀거리는.

wight [wait] *n.* ⓒ 《古》인간, 사람 ; 초자연적 존재《요정 등》; 생물.

wig·let [wíglit] *n.* ⓒ (여성용의) 작은 가발, 헤어피스.

wig·wag [wígwæ̀g] (***-gg-***) *vt.*, 흔들(리)다 ; 【軍】 (신호하기 위해) 수기(手旗)를 흔들다 ; 수기〈등화〉로

W

신호하다. —*n.* ⓤ (1) 수기〈등화〉에 의한 신호(법) ; ⓒ《美》 수기〈등화〉에 의한 신호.

wig·wam [wígwɑm/-wɔm] *n.* ⓒ (1) (북아메리카 원주민의) 원형의 오두막집. (2)《美俗》(정치 집회 등을 위해 급히 만든) 대회장.

:wild [waild] (**~·er ; ~·est**) *a.* (1) 야생의, 자연 그대로 자란, 자생(自生)의. 〖opp〗 *domestic, tame.* (2) (동물이) 사나운 ; 길들지 않은. (3) 야만의, 미개한. (4) 황량한, 사람이 살고 있지 않는. (5) (바람 따위가)거친, 사나운. (6) (움직임이)거친, 난폭한. (7) 야단 법석 떠는 ; 방종한, 무궤도한. (8) 열광적인, 흥분한, 열중〈골똘〉한, 미친듯한《분노·기쁨·탄식등》. (9) (계획 따위가) 무모한, 미치광이 같은. (10) 엉터리 같은, 엉뚱한, 빗나간. (11)《口》 대단한, 멋진, 즐거운. ***be ~ about*** ~에 열중하다. ***beyond*** a person***'s ~est dreams*** 꿈에서조차 생각지 못했던 멋진. ***go ~*** 미쳐 날뛰다 ; 몹시 화내다〈기뻐하다〉. ***run ~*** 1) 들에서 키우다. (식물이) 마구 퍼지다. 2)방종을 극하다 ; 난폭해지다. ***~ and wooly***《美》거친, 야성적인.
—*ad.* 난폭〈격렬〉하게, 형편없이, 엉망진창으로 : shoot ~ 난사하다 / talk ~ 마구 지껄이다.
—*n.* (the ~) 미개한〈자연 그대로의〉지역 ; (종종 *pl*.)광야, 황무지 ; (the~)자연(상태), 야생. 파) ***~·ness*** *n.* ⓤ 야생 ; 황폐 ; 난폭 ; 무모 ; 황야.

wíld bóar 멧돼지.

wíld càrd (1) (카드놀이에서) 자유패, 만능패. (2) 예측할 수 없는 사람〈것, 일〉.

·wild·cat [wáildkæ̀t] *n.* ⓒ (1) **[動]** 살쾡이. (2)《口·比》 성급(난폭)한 사람, 우악스런 사람, 거친 사람.
— *a.* 〔限定的〕 당돌한, 엉뚱한, 무모한 : a ~ company 방만한 경영의 회사.

:wil·der·ness [wíldərnis] *n.* ⓒ,ⓤ (1) (the ~) 황야, 황무지, 미개지 ; 자연 그대로의 상태 : *the* Arctic ~ 북극의 황무지. (2) (정원 가운데의) 황폐하게 내버려 둔 곳. (3) (흔히 a ~)(수면·공간 따위의) 끝없는 넓이〈연속〉, (황야같이) 광대한 곳《*of*》. (4) (a ~)(사람·물건 등의)어수선한 집단〈무리〉《*of*》 ; 혼란 상태: *a* ~ of houses 어수선하게 죽 늘어서 있는 집들. ***a voice (crying) in the ~*** **[聖]**광야에서 외치는 자의 소리《마태복음 Ⅲ:3》 ; 세상에 받아들여지지 않는 도덕가의 외침. ***a watery ~*** =a ~ of waters 〈sea〉 망망 대해. ***in the ~*** 고립하여, 중앙에서 떨어져 ; (정치가가) 실각하여, 야(野)로 내려가.

wild-eyed [wáildàid] *a.* 눈이 분노로 이글거리는, 눈이 핏발 선.

wild·fire [⁄fàiər] *n.* ⓤ (1) 옛날 적의 배에 불지를 때 쓴 소이제(燒夷劑)(Greek fire). (2) ⓒ 도깨비불. ***spread 〈run〉 like ~*** (소문 따위가) 삽시간에 퍼지다.

wíld flòwer 야생의 화 ; (고운) 야생화, 들꽃.

wild·fowl [wáildfàul] *n.* ⓒ 야생조, 들새, 엽조.

wíld góose 기러기 ;《英口》 이상한 놈, 바보.

wíld-góose chàse [wáildgú:s-] 헛된 시도〈추구〉.

wíld hórse 야생마 ; (종종 *pl.*) 강력한 힘.

wild·ing [wáildiŋ] *n.* ⓒ (1) 야생의 식물. 《특히》 야생의 사과나무 ; 그 열매. (2) 야생동물. (3)《美俗》(젊은이들의) 범죄적 소란. — *a.* 〔限定的〕 야생의.

wild·life [⁄làif] *n.* 〔集合的〕 야생 생물.

:wild·ly [⁄li] *ad.* (1) 격렬하게, 사납게, 심하게. (2) 야생 상태로.

wíld màn 미개인, 야만인 ; 난폭한 사내 ; 과격주의자 ; **[動]** 오랑우탄, 성성이.

wíld óat **[植]** 야생귀리 ; (*pl.*) 젊은 시절의 방탕〈난봉〉.

wíld róse **[植]** (각종의) 야생 장미, 들장미.

wíld sílk 멧누에실 〈명주〉.

Wíld Wést (the ~) (개척 시대의) 미국 서부 지방.

wild·wood [wáildwùd] *n.* ⓒ 자연림.

wile [wail] *n.* (흔히 *pl.*) 간계(奸計), 계략 ; 농간 ; 교활. —*vt.* (1) 《+目+副/+目+前+名》(사람)을 속이다 ; 꾀어서 …시키다《*away* ;*into* 》. (2) 《+目+副》 (시간따위)를 지내다, 이럭저럭 보내다.

·wilful ⇨ WILLFUL.

:will[1] [wil, 弱 wəl, l] (***would***[wud]; 바로 앞 낱말과의 간약형 ***'ll*** [-l] ; will not의 간약형 ***won't***[wount], would not의 간약형(形) ***would·n't***[wúdnt]) *aux. v.*

☞ 語法 (1)單純未來에 《美》에서는 인칭에 관계없이 will을 씀. 《英》에서는 보통 1인칭에는 shall을 쓰나 《口》에서는 흔히 will을 씀.
(2) 意志未來에는 주어의 의지를 나타낼 때는 모든 인칭에 will을, 말하는 사람의 의지를 나타낼때는 1인칭에 will, 2·3인칭에 shall을 쓰며, 또 상대방의 의지를 물을 때는 1·3인칭에는 shall, 2인칭에는 will을 씀.

A) 《1 인칭 주어 ; I〈we〉~》 (1) 〔單純未來〕 …일〈할〉 것이다 《흔히 미래를 나타내는 副詞어구가 따름》.
(2) 〔의향·속셈〕 …할 작정이다, …하겠다.
(3) 〔강한 의지·결의〕 기어코 …할 테이다.
(4) 〔맹세·단언〕 …해도 좋다.
B) 《2 인칭 주어 ; you~》 (1) 〔單純未來〕 …일〈할〉것이다.
(2) 〔상상·추측〕 …일 것이다.
(3) 〔부탁·명령〕 …해다오, …해라.
(4) 〔상대의 의향을 물어〕 …하겠느냐.
(5) 〔制件文의 if-範에서, 상대방의 호의를 기대하여〕 …해 주다.
C) 《3 인칭 주어 ; he 〈she, it, they〉~》 (1) 〔單純未來〕 …일〈할〉 것이다.
(2) a〕〔현재의 상상·추측) …일 것이다. b〕〔疑問文에서 未來의추측〕.
(3) 〔主語의 주장·고집·거부〕 …하려고〈하겠다고〉하다, …라고 우기다, 끝까지 …하다 ; 〔否定文에서〕 아무리 해도〈도무지〉 …하려고 하지 않다.
(4) 〔制件文의 if-範에서, 主語의 호의를 기대하여〕…해 주다.
(5) 〔습관·습성·경향〕 곧잘 …하다, …하곤 하다 ; (특징으로서) …하다.
(6) 〔가능성·능력〕 …할 수 있다, …할 능력이 있다.

☞ 語法 (1) 왕래나 발착(發着)을 나타내는 동사(go, come, leave, arrive따위)는 가까운 미래를 will(또는 shall)을 쓰지 않고 現在形으로 나타낼때가 많음: I *leave* Paris for London tomorrow. 내일 런던을 향해 파리를 떠난다.
(2) 間接 話法과 직접 화법의 주어에 응하는 will은 간접화법에서 주어가 바뀌었을 때 I〈we〉 shall〈will〉; you will; he 〈she, it, they〉will이 됨: "I *will* do my best."→You say(that)you *will* do your best; He says (that)he *will* do his best. / "You〈He, They〉 *will* succeed."→He hopes (that) I *shall* 〈*will*〉 succeed〈you *will* succeed; they *will* succeed〉. 또한 오늘날엔 "I *shall* suc-

W

ceed"도 He hopes he *will* succeed. 로 될 때가 많으며, 《美》에서 특히 그런 경향이 강함. 즉《美》에서는 간접화법에서 모든 인칭에 will을 사용하는 경향이 있음. 【cf.】 shall. …**~ *do*** …이면 되다〈쓸만하다〉(⇨Do vi. (3)).

:will² [wil] *n.* ⓒ,ⓤ (종종 *the* ~) 의지 ; 의지의 힘. (2) a] ⓤ (God's ~로) 신(神)의 뜻. b] (흔히 one's ~)(…하고자 하는) 원망, 욕망, 뜻, 의도, 목표. (3) ⓤ (남에대한) 마음, 태도 : good〈ill〉 ~ 선의〈악의〉. (4) ⓒ 유언(서).

against one***'s ~*** 본의 아니게. ***at ~*** = ***at*** one***'s*** (***own sweet***) ~ 뜻대로. 마음 내키는 대로. ***have*** one's (***own***) ~ 뜻대로하다 ; 소원을 이루다. ***of*** one***'s own free ~*** 자발적으로 ; 자유 의지로. ***take the ~ for the deed*** 실행은 못하였지만 그 의도는 높이 사다. ***where there's a ~s there's a way.*** 하려고 들면 방법은 있는 법이다《俗談》. ***with a ~*** 진지하게 ; 진심으로.

with the best ~ in the world 마음가짐이 아무리 좋아도, 아무리 그런 마음이 있어도, 전심전력을 다 해도.

—*vt.* (1) 《~+目/+*to do*/+*that* 절》 …을 바라다, 이루기를 원하다, 의도하다 ; …하려고 생각하다, 결의하다. (2)《+目+前+名/+目+*to do*》 의지력으로 (…에게) …시키다. (3) 《+目+前+名/+目+副/+目+目》(재산 등)을 유언으로 남기다〈주다〉《*to*》.

—*vi.* 의지를 작용케 하다 ; 바라다 : lose the power to ~ 의지력을 잃다.

(-)willed [wild] *a.* 〔흔히 複合語를 이루어〕 …의) 의지를 가진 : strong-~ 강한 의지를 가진.

·will·ful, 《英》 **wil·ful** [wífəl] (***more ~ ; most ~***) *a.* (1) 〔限定的〕 계획적인, 고의의 . (2) 외고집의, 제멋대로의, 강퍅한.

wil·lies [wíliz] *n.* (the ~) 《口》오싹하는〈겁나는〉 기분, 겁 : It gave me *the* ~. 그것은 나를 오싹하게 했다 / get〈have〉 *the* ~ 오싹하다.

:will·ing [wíliŋ] (***more ~; most ~***) *a.* (1) 〔敍述的〕 기꺼이 …하는《*to* do》. (2) 〔限定的〕 자진해서 (행)하는, 자발적인. ***~ or not*** 좋든 싫든. 파) **:~·ly** *ad.* 기꺼이, 자진해서.

~·ness *n.* ⓤ 기꺼이〈자진해서〉함 : with ~ *ness* 자진해서, 기꺼이.

will-o'-the-wisp [wíləðəwísp] *n.* (1) 도깨비불. (2) 사람을 홀리는것〈사람〉 ; 환영〈幻影〉. (3) 달성할 수 없는 목표.

:wil·low [wílou] *n.* ⓤⓒ 버드나무《수목 · 재목》 ; 버드나무 제품《특히 크리켓의 배트 등》 : ⇨WEEPING WILLOW.

wil·lowy [wíloui] (***-low·i·er ; -i·est***) *a.* 버들이 무성한《강가 따위》 ; 버들과 같은, 나긋나긋한.

wíll pòwer 의지〈정신〉력, 자제심, 결단력.

wíll to pówer (니체 철학의) 권력에의 의지.

wil·ly [wíli] *n.* ⓒ 《英口》 페니스, 음경.

Wil·ly [wíli] *n.* 윌리. (1) 남자 이름《William 의 애칭》. (2) 여자 이름.

wil·ly-nil·ly [wílinílì] *ad.* 싫든 좋든 간에, 좋아하든 말든.

Wílson's disèase 【醫】 윌슨병《구리(銅)대사(代謝)의 이상으로 간경변 · 정신 장애 등을 일으키는 유전병》.

wilt¹ [wilt] *aux. v.* 《古》 WILL의 2인칭 단수《주어 thou의 경우》.

wilt² *vi.* (1) (초목 등이) 시들다. (2) (사람이) 풀이 죽다 ; 약해지다. —*vt.* (1) (초목등)을 시들게 하다. (2) (남)을 풀이 죽게 하다. — *n.* ⓤ 【植】시듦, 시들어 죽는 병(○○病).

wily [wáili] (***wil·i·er; -i·est***) *a.* 계략을 쓰는, 꾀가 많은, 약삭빠른, 교활한.

wim·ble [wímbəl] *n.* ⓒ (구멍 뚫는) 송곳.

wimp [wímp] *n.* ⓒ 《美俗》무기력한 사람 ; 겁쟁이. —*vi.* (다음 成可로) ***~ out*** 뒤꽁무니를 빼다, 기가 죽어 (…에서) 손을 떼다.

wimp·ish [wímpiʃ] *a.* 《口》무기력한, 겁이 많은.

wim·ple [wímpəl] *n.* ⓒ 두건의 일종《지금은 수녀가 씀》, 수녀의 쓰개.

:win [win] (*p., pp.* **won**[wʌn] **; win·ning**) *vt.* (1) (경쟁 · 경기 따위에서) …을 이기다. (2) 《~+目/+目+前+名》 …을 쟁취〈획득〉하다. (3) 《+目+目/+目+前+名》(노력해서) …을 손에 넣다, 얻다, 확보하다. (4) 친구〈결혼상대〉를 얻다 ; (적)을 만들다 ; …의 지지를〈애정을, 결혼 승낙을〉얻다. (5) 《~+目/+目+副/+目+前+名/+目+*to* do》(아무)를 설득하다, 설복시키다《*over*》. (6) (주장 따위)를 남에게 납득시키다, ~을 사로잡다. (7) a](곤란을 물리치고) …에 도달하다. b](~ one's way로) 장해를 극복하고 나가다, 각고(刻苦)끝에 성공하다.

—*vi.* (1) 《~/+前+名》 이기다, 성공하다 ; 일착이 되다 ; 알아맞히다, 바르게 추측하다. (2) 《+副/+前+名》 나아가다 ; 닿다, 드디어 다다르다. (3) 《+副/+前+名/+補》 경우 …할 수 있다, 완전히 수행하다 《*across; away ; back ; down ; off ; over ; through*》. (4) 《+前+名》 (차츰차츰) 영향력을 미치다, 끌어당기다《*on, upon*》. (5) 〔補語를 수반하여〕 (노력하여) …이 되다.

~ around = win over. ***~ back*** (실지(失地)따위)를 되찾다. ***~ hands down*** 낙승하다. ***~ or lose*** 이기든 지든. ***~ over***〈***round***〉(아무를) 마침내 자기편으로 끌어들이다《*to*》. ~ one'***s way*** 애써서 나아가다 ; 노력하여 성공하다. ***~ the day***〈***field***〉 싸움에 이기다. ***~ up*** 일어나다, 일어서다, 말을 타다. ***You can't ~ them***〈***'em***〉***all.*** 《口》 다 잘 되라는 법은 없는 거야《실패한 이에게》.

wince [wins] *vi.* 《~/+前+名》주춤거리다, 움츠리다. —*n.* ⓤ (a ~) 주춤함, 질림, 춤츠림 : without a ~ 조금도 굽히지 않고.

win·cey, -sey [wínsi], [-zi] *n.* ⓤ 면모교직(綿毛交織)의 일종《스커트 따위를 만듦》.

win·cey·ette [wìnsiét] *n.* ⓤ 《英》(양면(兩面)에 보풀이 있는) 융(絨)《 헐거美 속옷 · 잠옷용》.

winch [wintʃ] *n.* ⓒ 윈치, 권양기(捲揚機) ; 굽은 축, 크랭크 ; (낚시용의)릴. —*vt.*《~+目/+目+前+名》…을 윈치로 감아 올리다 : The glider was *~ed off* the ground. 글라이더는 윈치에 끌려서 이륙했다.

:wind¹ [wind《詩》 waind] *n.* (1) ⓒ,ⓤ 바람 ; 강풍 ; (공기의) 강한흐름〈움직임〉. (2) (the ~) 【海】 바람 불어오는 쪽 ; (*pl.*)(나침반의) 방위(方位). (3) ⓤ 바람에 풍겨오는 냄새. (4) ⓤ(무언가의)예감, 낌새《*of* 》. (5) ⓤ 위〈장〉 안의 가스 : break 〈make〉 ~ 방귀 뀌다. (6) ⓤ 《흔히 one's〈a, the〉~》숨, 호흡. (7) 관악기(류) ; (the ~s)관〈취주〉악기 연주자들. 【cf.】 string. (8) 실속없는 말. ***before the ~*** 바람부는 쪽에 ; 순풍에, 순조롭게. ***between ~ and water*** 1) 【海】 배의 흘수선에. 2) 《比》 급소에. ***by the***〈***on a, on the***〉 ***~*** = close to the wind. ***close***〈***near***〉 ***to the ~*** ⇨ sail close to the ~. ***down the ~*** 바람을

따라서, 바람을 등에 지고 ; 바람을 따라, 바람을 등지고. ***feel the ~*** 곤궁하다, 주머니가 비어있다. ***fling ...to the ~s*** 1) …을 바람에 날려버리다. 2) (불안등)을 떨쳐 버리다: *fling* care *to the ~s* 근심 걱정을 떨쳐 버리다. ***from to the four ~s*** 사면 팔방에서. ***gain the ~ of*** =get the WIND. ***get⟨recover⟩*** one'***s ~*** 숨을 돌리다. ***get*** one'***s ~ up***《美俗》분개하다, 울컥하다. ***get⟨have⟩~ of*** …을 냄새 맡다 ; …의 소문을 탐지해내다⟨듣다⟩. ***gone with the ~*** 바람과 함께 흩어져, 흔적도 없이 사려져. ***hang in the ~*** 그 어느쪽인지 결정이 나지 않다, 애매모호하다 ; (생사·결과등이) 불명하다, 불확실하다. ***have in the ~*** (사냥감의) 냄새를 맡아내다 ; …의 소문을 탐지해 니다. ***head ~*** =HEDA wind. ***in the teeth⟨eye⟩of the ~*** = ***in the ~'s eye*** 정면으로 바람을 향하여 ; 반대⟨방해⟩를 무릅쓰고. ***in the ~*** 1) 바람받이에. 2) (일이)일어날듯한 ; 몰래 행해지고. ***like the ~*** (바람처럼) 빠르게. ***near the ~*** ⇨SAIL. ***off the ~*** 【海】 바람을 등지고, 순풍을 받고. ***on the⟨a⟩ ~*** 【海】 거의 정면으로 바람을 거슬러 ; (소리 따위가) 바람을 타고. ***put the ~ up*** a person《口》아무를 깜짝놀라게 하다, 불안하게 하다. ***raise the ~***《英口》돈을 마련하다. ***sail near⟨close to⟩the ~*** ⇨SAIL. ***see how⟨which way⟩ the ~ blows⟨lies⟩*** 1) 풍향을 알다. 2) 여론의 향배를 알다. ***sound in ~ and limb*** 매우 건강한. ***take the ~ out of*** a person'***s sails⟨the sails of*** a person⟩(아무를) 선수를 쳐서 앞지르다⟨패배시키다, 당황케하다⟩, (아무를)꼭뒤지르다, 기선을제하다. ***take ~*** 소문이 퍼지다, 세상에 알려지다. ***under the ~*** 【海】바람이 불어가는 쪽으로, 바람받지 않는 쪽으로. ***up(the) ~*** 바람을 거슬러, 바람을 향하여. ***whistle down the ~*** = WHISTLE. ***with the ~*** 바람과 함께, 바람 부는 대로.

—*vt.* (1) …을 바람에 쐬다, 통풍하다(air). (2) (사냥개가 사냥감)의 냄새를 맡아 알아내다. (3) …을 숨차게 하다. (4) (애기의 등을 가볍게 쳐서) 트림이 나게 하다.

:**wind²** [waind] (*p.*, *pp.* ***wound*** [waund], 《稀》 ***wind·ed***) *vi.* (1) 《~/+副/+前+名》《比》(강·길이) 꼬불꼬불 구부러지다, 굽이치다, 굴곡하다. (2) 《+前+名》 *round* ; *about*》. (3)(시계가) 감기다.

— *vt.* (1) 《~+目/+目+副》 (나사·시계태엽등)을 감다, 돌리다 ; 손잡이를 돌려 올리다⟨내리다⟩ 《*up*; *down*》. (2) 《+目+前+名》 …을 싸다 ; 휘감다. (3) 《+目+前+名》 감아서 …으로 하다《*into*》 ; (감긴 것을) 풀다《*off* ; *from*》. (4) 《~+目/+目+副/+目+前+名》(자아틀 따위로) …을 감아올리다《*up*》. (5) 《目+前+名》 굽이쳐 나아가다 ; 에둘러⟨몰래⟩ 들여보내다. (6) 《目+前+名》 ~oneself 또는 ~ one's way 로) 아첨하다, 환심을 사다. ***~ down*** 1) (시계 태엽이) 풀리다, 느슨해지다. 2) (손잡이를 돌려) 차창을 내리다. 3) (사업·활동등을) 단계적으로 끝내다. ***~ off*** 감긴 것을 도로 풀다. ***~ up*** (*vt.*) 1) (실 따위)를 끝까지 감다, 다감다. 2) (닻·두레박 따위)를 감아올리다. (3) 《口》〔흔히 受動으로〕…을 긴장시키다, 다조지다 ; 흥분시키다. 4) 《口》 …을 끝으로 하다⟨끝내다⟩, …에 결말을 짓다, …을(…로) 끝내다《*by*; *with*》. 5) 《口》 …을 청산하다 ; (회사 등을) 폐쇄하다. (*vi.*) 1) 《口》〔副詞句를 수반하여〕 …라는) 처지가 되다 ; (…라는 것으로) 끝나다 ; 결국(…으로) 되다 : ~ *up* exhausted 녹초가 되었다. 2) 《口》(이야기·활동등을)(…로) 끝맺음하다《*with* ; *by*》. (3) 【野】 (투수가) 와인드업하다.

—*n.* (1) ⓒ 굴곡 ; 굽이(침). (2) (시계·실 따위를) 한번 감기 ; 한번 돌리기.

wind³ [waind, wind] (*p.*, *pp.* ***wound***[waund], 《文語》 ***wind·ed***) *vt.* (피리·나팔 따위)를 불다(blow), 취주하다.

wind·age [wíndidʒ] *n.* ⓒ,ⓤ (1) 틈새, 유극(遊隙) 《마찰을 적게 하기 위한 강면(腔面)과 포탄과의 틈》. (2) (바람에 의한 총탄의) 편차 ; 편차조절 ; 【機】 풍손(風損), 윈디지《회전물과 공기와의 마찰》.

wind·bag [wíndbæ̀g] *n.* ⓒ 수다스러운 사람.

wind·blown [ˊblòun] *a.* 바람에 날린 ; (여성의 헤어스타일이) 윈드블로형인《짧게 잘라서 앞이마에 매만져 붙인》.

wind-borne [ˊbɔ̀ːrn] *a.*(씨앗·꽃가루 따위가) 바람으로 옮겨지는.

wind·break [ˊbrèik] *n.* ⓒ 바람막이, 방풍 설비⟨벽⟩ ; 방풍림(shelterbelt).

wínd còne (비행장 따위의) 풍향기.

wind·ed [wíndid] *a.* (1) 숨을 헐떡이는(out of breath). (2)〔複合語로〕 호흡이 …인.

wind·er [wáindər] *n.* ⓒ (1) 감는 사람⟨물건⟩ ; (시계 등의) 태엽을 감는 기구 ; 실감는 기구, 권사기(捲絲機). (2) 【建】 나선 계단.

wind·fall [wíndfɔ̀ːl] *n.* ⓒ (1) 바람에 떨어진 과실. (2) 예기치 않았던 횡재《유산 등》.

wind·flow·er [wíndflàuər] *n.* ⓒ 【植】 아네모네.

wind-force [wíndfɔ̀ːrs] *n.* ⓤ 풍력(風力)

wind·gauge [ˊgèidʒ] *n.* ⓒ 풍력⟨풍속⟩계.

wind·hov·er [ˊhʌ̀vər/ˊhɔ̀vər] *n.* 《英》 【鳥】 황조롱이(kestrel).

·**wind·ing** [wàindiŋ] *n.* (1) ⓒⓤ 감기, 감음, 감아들이기, 감아올리기. (2) ⓒ 감은것, 감은선(線). (3) ⓤⓒ 구부러짐, 굴곡, 굽이. (4) 꼬불꼬불한 길. (5) (*pl.*) 부정한 방법⟨행동⟩. —*a.* (1) 굽이치는, 꼬불꼬불한 ; 나선 모양의. (2) (사람이)비틀거리는, 휘청거리는.

wínding shèet (매장을 위해) 시체를 싸는 흰천, 수의(壽衣).

wínd ìnstrument [wínd-] 【樂】 (1) 관악기, 취주악기. (2) (the ~*s*) 〔集合的〕 (오케스트라의) 관현악부.

wind·jam·mer [wínddʒæ̀mər] *n.* ⓒ 【海】 대형돛배.

wind·lass [wíndləs] *n.* ⓒ 자아틀, 윈치 ; 【海】 양묘기(揚錨機).

wind·less [wíndlis] *a.* 바람없는, 고요한, 잔잔한.

:**wind·mill** [wíndmìl] *n.* ⓒ (1) (제분소·양수기 따위의) 풍차. (2) 《英》 팔랑개비(《美》 pinwheel). ***fight ⟨tilt at⟩ ~s*** 가공의 적과 싸우다. ***fling ⟨throw⟩*** one'***s cap ⟨bonnet⟩ over the ~*** 무모한 짓을 하다.

:**win·dow** [wíndou] *n.* ⓒ (1) 창(문) ; 창유리 ; 창틀. (2) (가게 앞의) 진열창(show~). (3) (은행따위의) 창구, 매표구. (4) 창문 모양의 것 ; (봉투의) 파라핀 창《수신인의 이름 따위가 보임》 : (*pl.*)《美俗》안경. (5) 외부로 열린것, 외부를 관찰하는 기회·수단《*on*》. ***have ⟨put⟩ all*** one'***s goods in the (front) ~*** 겉치레뿐이다 ; 피상적이다. ***in the ~*** 창구에 게시한《광고·주의서 따위》 ; 진열창에 내놓은《상품 등》. ***out of the ~*** 《口》 고려 대상에 빠져. ***throw the house out at(the) ~*** 대혼란에 빠뜨리다, 엉망진창으로 만들다.

wind·dow-based [wíndoubéist] *a.* 【컴】 창을⟨윈도를⟩ 사용한 화면 표시⟨디스플레이⟩를 채택하고 있는.

wíndow blìnd 창문용 블라인드.

wíndow clèaning 창 청소, 창닦기(업).

win·dow-dress [∠drès] *vt.* …의 체재를 갖추다, …을 겉치레하다.
wíndow drèssing (1) 창문 장식(법), 점두(店頭) 진열법 ; (2) 체면〈겉〉치레, 눈속임.
wíndow énvelope (주소 성명이 보이는) 파라핀 봉투, 창 달린 봉투.
wíndow fràme 창(문)틀.
·**wind·dow·pane** [-pèin] *n.* ⓒ 창유리.
wíndow sèat (1) 창 밑에 장치된 의자. (2) (탈것의) 창문쪽 좌석.
win·dow-shop [-ʃàp/-ʃɔ̀p] *vi.* (사지않고) 진열창(의 상품)을 들여다보며 다니다.
파)~·**per** *n.* ⓒ 진열창을 들여다보고 다니는 사람. ~·**ping** *n.* ⓤ 진열창을 들여다보(고 다니)기.
wind·pipe [wíndpàip] *n.* 【醫】 기관(氣管), 숨통(trachea).
wínd pòwer generàtor 풍력 발전기.
wind·proof [wín*d*prù:f] *a.* (옷 따위가) 방풍(防風)의 : a ~ jacket.
wind·row [wín*d*ròu] *n.* ⓒ (1) (말리기 위하여 널어놓은) 꼴풀, 보릿단. (2) (바람에 불려서 몰린) 가랑잎〈낙엽〉 (등)의 줄.
wínd scàle [wínd-] 풍력 계급. 【cf】Beaufort scale.
wind·screen [wín*d*skrì:n] *n.* 바람막이.
wíndscreen wìper 《英》(자동차) 앞유리의 와이퍼(=《美》 **wíndshield wìper**).
Wíndsor cháir 윈저체어《등이 높은 의자의 일종》.
Wíndsor tíe (명주로 만든) 폭넓은 넥타이.
wind·storm [wíndstɔ̀:*r*m] *n.* ⓒ (비를 수반하지 않는〈비가 적은〉) 폭풍.
wind·surf [∠sə̀:*r*f] *vi* 윈드서핑을 하다.
wind·surf·er [∠sə̀:*r*fə*r*] *n.* ⓒ 윈드서핑을 하는 사람.
wind·surf·ing [∠sə̀:*r*fiŋ] *n.* ⓤ 윈드서핑《돛을단 파도타기 판으로 물 위를 달리는 스포츠》, 파도타기.
wind-swept [wín*d*swèpt] *a.* (1) 바람받이의, 바람에 휘몰린, 바람에 노출된. (2) (머리카락 등이) 바람에 날려 헝크러진.
wínd tùnnel [wínd-] 【空】 풍동(風洞).
wind·up [wáindʌ̀p] *n.* ⓒ (1) 결말, 종료 ; 마무리. (2) 【野】 (투수의) 와인드업.
wind·ward [wíndwə*r*d] *ad.* 바람 불어오는 쪽으로, 바람받이로.
—*n.* ⓤ 바람 불어오는 쪽 ; 바람받이. 【opp】 *leeward.* ***get to* (*the*) *~ of*** 1) (냄새 등을 피하기 위해) 바람받이 쪽으로 나가다. 2) …보다 유리한 위치를 점하다 ; …을 앞지르다. ***keep to ~ of*** …을 피하고 있다.
:**windy** [wíndi] (***wind·i·er; -i·est***) *a.* (1) 바람이 센. (2) 바람을 세게 맞는, 바람결에 놓인. (3) 《口》 공허한, 내용없는, 허풍떠는 ; 수다스러운, 다변의. (4) (뱃속에) 가스가 차는, 헛배가 부른. (5) 《英俗》 겁이 많은 : feel ~ 주죽 들다. ***get to ~ of*** 바람 불어오는 쪽으로 나가다. ***on the ~ side of*** (the law) 법률)이 미치지 못하는 곳에.
:**wine** [wain] *n.* ⓒ,ⓤ (1) 포도주. (2) 과실주. (3) ⇨WINE COLOR. ***Adam's ~*** 물. ***bread and ~*** ⇨BREAD. ***have a ~ in*** one***'s room*** 자기 방에서 주연을 열다. ***put new ~ in old bottles*** 헌 가죽부대에 새 술을 담다《낡은 형식으로 새 일을 하려들다》. ***~, women, and song*** 환락.
—*vi.* 포도주를 마시다 : ~and dine *with* a person (레스토랑에서) 아무와 술을 즐기면서 식사하다. —*vt.* …을 포도주로 대접하다 : ~ and dine a person 아무를 술과 음식으로 대접하다.
wíne bàr 와인 바《간단한 식사도 냄》.
wine·bib·ber [∠bìbə*r*] *n.* ⓒ 술고래, 모주꾼.
wine·bib·bing [∠bìbiŋ] *a.* 말술을 마시는.
—*n.* ⓤ 술을 많이 마심.
wine·bot·tle [∠bàtl/∠bɔ̀tl] *n.* ⓒ 포도주 병.
wíne cèllar (지하의) 포도주 저장실.
wíne còlor 적포도주 색《검붉은 색》.
wine-col·ored [∠kʌ̀lə*r*d] *a.* 포도주 색을 한, 검붉은 색의.
wíne còoler 포도주 냉각기.
wine·glass [∠glæ̀s, ∠glɑ̀:s] *n.* ⓒ 포도주 잔.
wine·grow·er [∠gròuə*r*] *n.* ⓒ 포도 재배 겸 포도주 양조업자.
wine·grow·ing [∠gròuiŋ] *n.* ⓤ 포도 재배 겸 포도주 양조(업).
wíne lìst (레스토랑 등의) 와인 일람표.
win·ery [wáinnəri] *n.* ⓒ 포도주 양조장.
wine·skin [wáinskìn] *n.* ⓒ 포도주용 가죽부대 ; 술고래.
wíne vìnegar 포도주로 양조한 식초.
:**wing** [wiŋ] *n.* ⓒ (1) (새·곤충 등의) 날개. (2) (비행기·풍차의) 날개. (3) 【植】 (꽃의) 익판(翼瓣); 익상과(翼狀果)의 깃. (4) 【建】 물림, 퇴, 날개, 익(翼), 익벽(翼壁) ; (성의) 익면. (5) (*pl.*)(무대의) 양옆(의 빈칸). (6) 【軍】(본대의 좌·우의) 익. (7)【政】 (좌익·우익의) 익, 당파, 진영. (8) 【競】 (축구 등의) 날개 ; 윙. (9) 《英》(자동차 따이의) 흙받기(《美》 fender). (10) ⓤ 비행, 날기(flight). (11) 【空軍】비행단《미국은 보통 둘 이상의 groups, 영국은 3-5 squadrons로 된 연대》. (12)(*pl.*) 공군 기장(aviation badge)《주로 조종사의》. ***add* 〈*lend, give*〉 *~s* (*to*)** …을 빠르게 하다 ; 촉진하다 : Fear *lent* him *~s.* 그는 무서워서 나는 듯이 뛰었다. ***clip*** a person'***s ~s*** = ***clip ~s of*** a person ⇨CLIP ***in the ~s*** 무대 옆에서. ***give ~s to*** ~을 촉진하다. ***on the ~*** (1) 날아서 ; 비행 중에. (2) 여행중에 ; 활동 중에. ***spread* 〈*stretch*〉** one'***s ~s***《比》능력〈수완〉을 충분히 발휘하다. *take under* one's ~(s) …을 비호하다 ; 품어 기르다. ***take ~ (s)*** (1) 날아가다. (2) (시간·돈 따위가) 나는 듯이 가버리다, 없어지다. ***wait in the ~s*** 대기하고 있다《배우가 무대 옆에서 대기하는 데서》.
—*vt.*(1) …을 날리다 : ~ a ball 공을 날리다. (2) 《~+目/+目+前+名》 …의 속도를 빠르게 하다, 증대하다 ; 발하다. (3) 《~+目/+目+前+名》 …에 날개를 달다 ; (건물에) 물림을 달다 ; …에 (날개처럼) 달다《*with*》. (4) 《口》 …의 날개〈팔, 어깨 따위〉에 상처를 입히다. (5) (비행기 따위)를 격추하다. —*vi.* 《~/+副/+前+名》날다 : ~ *over* the Alps 알프스의 위를 날다 / The year ~ s *away.* 세월은 유수(流水)와 같다. ***~ it*** 《口》 즉흥적으로 연기하다〈만들다〉. ~ its way (새가) 날아가다.
wíng chàir (등받이 좌우에 날개가 있는) 안락의자.
wíng commànder 《英》 공군 중령.
wing·ding [wíŋdìŋ] *n.* ⓒ 《美俗》 야단 법석, 떠들어댐, 술잔치.
·**winged** [wiŋd] *a.* (1) 날개 있는 ; 날개를 쓰는, 나는. (2) 고속의, 신속한: ~ feet 발이 잰. (3) (사상 등이) 숭고한.

wing·er [wíŋər] *n.* ⓒ 《英》(축구등의) 윙의 선수.
wing·less [wíŋlis] *a.* 날개 없는 ; 날지 못하는.
wíng nùt 【機】 나비꼴나사, 집게 나사.
wing·span [ˊspæ̀n] *n.* ⓒ 【空】 날개 길이.
wing·spread [ˊspred] *n.* ⓒ 날개 폭(새 · 곤충 따위의 펼친 날개의 끝에서 끝까지의 길이).
:wink [wiŋk] *vi.* (1) 눈을 깜박이다(blink). (2) 《~/+前+名》 윙크〈눈짓〉하다, 눈으로 신호하다《*at*》. (3) (별 · 빛 따위가) 반짝이다, 번쩍이다. (4) 《+前+名》 보고도 못 본 체하다, 눈감아주다《*at*》.
—*vt.* (1) (눈)을 깜박이다. (2) (눈물 · 이물)을 깜박여 제거하다《*away; back*》. (3) 《英》(라이트 따위)를 점멸시키다(《美》 blink).
—*n.* (1) ⓒ 눈을 깜박임. (2) ⓒ 눈짓, 윙크. (3) ⓒ (별 · 빛 따위의) 깜박임, 반짝임, 번쩍임. (4) (a ~) 〔흔히 否定文으로〕 일순간(도 …않다), 한잠도(…않다). (5) (*pl.*) 걷잠 : ⇨FORTY WINKS. ***at a ~ of an eye*** 눈깜짝할 사이에. ***in a ~*** 순식간에. ***tip*** a person ***the*** 〈***a***〉 ***~*** 《口》 아무에게 눈짓하다. like ~ing 재빨리. not a ~ 조금도 ~않다.
wink·er [wíŋkər] *n.* ⓒ (1) 깜박이는 〈눈짓하는〉사람 ; 깜박이는 것. (2) 《口》 (*pl.*) (자동차의)방향 지시등, 깜박이등. (3) (흔히 *pl.*) 《口》속눈썹, 눈. (4) (*pl.*) (말의) 눈가리개(blinkers).
wink·ing [wíŋkiŋ] *n.* ⓒ 눈을 깜박임.
win·kle [wíŋkəl] *n.* ⓤ 【貝】 경단고둥의 일종(periwinkle). —*vt.*(사람·정보등)을 가까스로 찾아 내다〈끄집어 내다〉《*out*》.
wink·kle-pick·er [wíŋklpìkər] *n.* (흔히 *pl.*) 《英》 끝이 뾰족한 구두(부츠).
:win·ner [wínər] *n.* ⓒ (1) 승리자, 우승자 ; (경마의) 이긴 말. (2) 수상자〈작품〉, 입상〈입선〉자. (3) 《口》출세〈성공〉할 가망이 있는사람.
·win·ning [wíniŋ] *n.* (1) a〕 ⓤ 승리 ; 성공. b〕 ⓒ 점령지, 노획물. (2) (*pl.*) 상금, 상품벌이, 소득. (2) 사람의 마음을 끄는, 매력적인.
wínning pòst (경마장의) 결승점(의 푯말).
win·now [wínou] *vt.* (1) 《~+目/+目+副/+目+前+名》(곡물 · 겨 등)을 까부르다《*away* ; *out; from*》. (2) 《+目+副/+目+前+名》(구하는 것)을 고르다, 골라내다《*out* ; *from*》, 분석 · 검토하다 ; (진위 · 선악)을 식별하다《*out*》.
wi·no [wáinou] (*pl.* ***~s***) *n.* ⓒ 《俗》포도주〈알코올〉중독자.
Win·some [wínsəm] (***-som·er*** ; ***-est***) *a.* (사람 · 성질 · 태도 등이) 미력〈애교〉 있는 ; 쾌활한.
:win·ter [wíntər] *n.* (1) ⓒ,ⓤ 〔흔히 無冠詞, 또는 특정한 때에는 the ~〕 겨울. (2) 한기. (3) ⓒ,ⓤ만년 ; 쇠퇴기 ; 역경있는〈쓸쓸한〉 시기. (4) 〔復彎形으로 數詞와 함께〕 《詩》 …살.
—*a.* 〔限定的〕 겨울(용)의 ; (과일 · 야채가) 겨울 저장이 되는 ; (곡식이) 가을에 파종하는. —*vi.* (1) 겨울을 지내다, 활동하다, 피한하다 《*at* ; *in*》. (2) 동면하다. —*vt.*(가축 · 식물 등)을 월동시키다, 겨울 동안 둘러싸서 잘 보전하다.
wínter gàrden 동원(動園)《열대 식물을 심고 유리로 덮은 휴식 장소》.
win·ter·ize [wíntəràiz] *vt.* (텐트 · 집 · 자동차등)에 방한 장치〈장비〉를 하다.
win·ter-kill [wíntərkil] *vt.* 《美》 (식물 등)을 얼려 죽게 하다.
Wínter Olýmpic Gámes (the ~) 동계 올림픽 대회(= **Wínter Olýmpics**).
wínter slèep 【動】 동면(hibernation).
wínter spórts 겨울 스포츠《스키 등의》.
win·ter·time [-tàim] *n.* ⓤ (종종 The ~)겨울.
·win·try [wíntri] (***-tri·er; -tri·est***) *a.* (1) 겨울의〈같은〉 ; 겨울처럼 추운 ; 쓸쓸한, 황량한. (2) 《比》 쌀쌀한.
win-win [ˊwín] *a.* 《美俗》(교섭 따위에서) 양자에 유리한 : a ~ proposal 쌍방에 유리한 제안.
winy [wáini] (***win·i·er*** ; ***-i·est***) *a.* (맛 · 색 따위가) 포도주와 같은 ; 풍미가 있는.
:wipe [waip] *vt.* (1) 《~+目/+目+副/+目+補/+目+前+名》 …을 닦다, 훔치다, 닦아내다 ; 닦아 없애다. (2) 《+目+副》 (흔적없이) 지우다, 일소하다 《*out*》. (3) 《+目+前+名》 (기억 · 생각 등)을 씻어버리다《*from*》. (4) 《+目+前+名》 칠하다 ; 북북 문지르다《*on*; *over*》. (5) (녹음 · 녹화된 테이프)를 지우다. ***~ down*** 구석구석까지 닦다, (특히 수직면을) 닦다. ***~ off*** 1)…을 닦다, 닦아내다. 2) (부채등)을 상각하다, 청산하다. ***~ out*** 1)(먼지따위)를 닦아내다 ; 내면을 닦다 : ~ *out* the bath 욕조 안을 닦다. 2) 《俗》 …을 죽이다. 3) …을 소탕하다 ; 파괴하다. 4) 《口》 …을 빈털터리로 만들다. 5) …을 기억에서 지우다; 부채를 상각하다 ; 설욕하다. ~ a person'***s eye*** 아무를 놀라게 하다, 앞지르다, 아무의 허를 찌르다. ***~ the floor*** 〈***ground***〉***with*** ⇨FLOOR. 참패시키다
—*n.*ⓒ 닦음, 훔침 : Do you mind giving this table a ~? 이 식탁을 좀 닦아 주겠나.
wipe·out [wáipàut] *n.* ⓒ 《俗》 (1) 일소, 전멸 ; 살해. (2) 《俗》 (파도타기에서) 나가 떨어지기.
wip·er [wáipər] *n.* ⓒ 닦는〈훔치는〉사람 ; 닦는것 《타월 · 스펀지 등》 ; (*pl.*)(차의) 와이퍼.
WIPO [wáipou] *n.* 세계 지적 재산권 기구. 〈World *I*ntellectual *P*roperty *O*rganization〉
:wire [waiər] *n.* (1) ⓒ,ⓤ 철사. (2) ⓒ,ⓤ 전선. (3) ⓤ 전신 ; ⓒ 《口》 전보 ; 《口》 (the ~) 전화. (4) ⓤ 철망 ; 철사 세공 ; 와이어 로프. (5) ⓒ (철망) 덫(snare). (6)(악기의) 현. ***by ~*** 전신으로 ; 《口》 전보로. ***down to the ~*** 《美》 최후 순간까지. ***get***(***in***) ***under the ~*** 《美》 가까스로 시간에 대다. ***get*** one'***s ~s crossed*** 1) (전화가) 혼선되다. 2) 혼란스러워 잘못 듣다. ***pull*** (***the***) ***~s*** 위에서 조종하다. ***lay ~s for*** ~의 준비를 하다.
—*vi.* 《~/+副/+前+名》《口》 타전하다, 전보를 치다 《*to*》 : Don't write, ~. 편지로 하지 말고 전보를 쳐라.
—*vt.* (1) 《~+目/+目+副》 …을 철사로 고정시키다〈매다, 감다〉 : ~ beads *together* (목거리를 만들기 위하여) 염주알을 철사로 꿰다. (2) 《~+目/+目+前+名》 …에 전선을 가설하다, 배선하다 : The stereo didn't work because he hadn't~*d* it *up* properly. 제대로 배선을 하지 않았기 때문에 스테레오는 작동하지 않았다. (3) 《~+目/+目+目/+目+前+名/+目+*to* do/+*that* 節/+目+*that* 절》《口》 …을 타전〈전송〉하다 ; 전보로 통지하다 : He ~*d* me the result. = He ~*d* the result *to* me. 그는 내게 결과를 전보로 알렸다.
wíre àgency 《美》 통신사(wire service).
wíre cùtters (펜찌 등의) 철사 끊는 기구.
wired [waiərd] *a.* (1) 유선(有線)의. (2) 철사로 보강한 ; (건물 등에) 도난 경보장치가 돼 있는. (3) 《美俗》 a〕 흥분한. b〕 마약에 취한.
wire·danc·ing [wáiərdæ̀nsiŋ, -dɑ̀ːns] *n.* 줄타기 《곡예》.

wire·draw [wáiərdrɔ̀ː] (**-drew** [-drùː] ; **-drawn** [-drɔ̀ːn]) *vt.* (1) (금속)을 늘여서 철사로 만들다. (2) …을 길게 늘이다.

wire·haired [∸hὲərd] *a.* (개 따위) 털이 빳빳한.

:wire·less [wáiərlis] *a.* 〔限定的〕(1) 무선의, 무선 전신〈전화〉의. (2) 《英》 라디오의. —*n.* (1) ⓤ 무선 전신〈전화〉, 무선(전보). (2) a] (the ~)라디오《지금은 radio가 일반적》. b] = WIRELESS SET.

wíreless sèt 무선 전신〈전화〉기, 라디오 수신기.

wíre nètting 철망.

wire·pull·er [∸pùlər] *n.* ⓒ (1) (인형극의) 꼭두각시 놀리는 사람, 인형을 조종하는 사람. (2) 흑막《사람》.

wire·pull·ing [∸pùliŋ] *n.* ⓤ 《美》 이면 공작.

wíre rópe 강철 밧줄, 와이어 로프.

wíre sèrvice 《美》 (뉴스) 통신사.

wire·tap [∸tæ̀p] (**-tapped ; -tap·ping**) *vt.* (전신·전화)를 도청하다.

wire-walk·ing [∸wɔ̀ːkiŋ] *n.*ⓤ줄타기《곡예》.

wíre wóol 《英》 (식기 등을 닦는) 쇠수세미.

wire·worm [∸wɔ̀ːrm] *n.* ⓒ 【蟲】 방아벌렛과의 애벌레.

wir·ing [wáiəriŋ] *n.* ⓤ 배선〈가선(架線)〉 (공사).

·wiry [wáiəri] (**wir·i·er ; -i·est**) *a.* (1) 철사로 만든 ; 철사 같은. (2) (인품·체격 따위가) 강단 있는, 강인한, 끈기 있는. (3) (음성 등이) 금속성의. ▫ wire *n.*

파) **wir·i·ly** *ad.* **-i·ness** *n.*

:wis·dom [wízdəm] *n.* ⓤ (1) 현명함, 지혜, 슬기로움 ; 분별. (2) 학문, 지식.

wísdom tòoth 사랑니, 지치(智齒). ***cut*** one***'s wisdom teeth*** 사랑니가 나다 ; 철들 나이가 되다.

·wise[1] [waiz] (**wis·er ; wis·est**) *a.* (1) 슬기로운, 현명한, 총명한, 사려〈분별〉 있는. (2) 〔敍述的 흔히 比較級으로〕 (지금까지 모르던 것을) 깨달은, 얻은 바가 있어. (3) 박식의, 해박한. (4) 현인 같은 ; 교활한 ; 《美俗》건방진. (5) 〔敍述的〕 a] 《美口》비밀을 알고 있는, 내막을 눈치채고 있는. b](…에) 정통한《*in*》. ***be*** 〈***get***〉 ***~ to*** 〈***on***〉 《口》 …을 알(고있)다 : *get ~ to* a fraud 속임수를 알아채다, 부정을 깨닫다. ***look ~*** 잘난 체하다. ***with a ~ shake of the head*** 알고 있는 듯이 고개를 끄덕이고.

— *vt., vi.*〔다음 成句로〕 ***~ up***《口》 …에게 알리다《*to; on; about*》, 알다《*to; on*》.

wise[2] *n.* (*sing.*) 《古》방법, 양식, 식(way) ; 정도. 〔주로 다음의 成句로〕 ***in any ~*** 아무리 해도, 어떻게 하든. ***in like ~*** 마찬가지로. (***in***)***no ~*** 결코 …아니다〈않다〉. ***in some ~*** 이럭저럭 ; 어딘가. ***on this ~*** 이와 같이.

-wise *suf.* '…와 같이 ; …방향으로'의 뜻. 【cf.】 -ways. 『like*wise*.

wise·a·cre [wáizèikər] *n.* ⓒ 점짓 아는 체하는 사람, 현자(賢者) 연하는 사람.

wise·crack [∸kræ̀k] *n., vt.* 《口》 신랄한〈재치있는〉 말(을 하다), 경구(警句)(를 말하다).

wíse gùy 《口》 아는 체하는 놈.

:wise·ly [wáizli] *ad.* 슬기롭게 ; 현명하게(도) ; 빈틈없이.

wíse mán 현인(賢人) : the *Wise Men* of the East = the MAGI.

wíse sáw 금언(金言), 명언(名言).

·wish [wiʃ] *vt.* (1) 《~+目/+目+前+名》 …을 바라다, 원하다. (2) 《+*to* do/+目+to do/+(*that*)節/+目+(*to be*) 보》 …하고 싶다(고 생각하다) : (아무에게) …해 주기를 바라다.
(3) 《+(*that*)節》〔假定法을 수반하여〕 …하면 〈…했으면〉좋겠다고 여기다 《사실과 반대되는 사태에 대한 소원》.
(4) 《+目+目/+目+前+名》 (아무의 행복·건강따위)를 빌다. 원하다 ; (작별 등)의 인사를 하다.
(5) 《+目+前+名》 (자기가 싫은 것을) …에게 억지로 떠맡기다《*on, upon*》.
—*vi.* (1) 《+前+名》 원하다, 바라다《*for*》. (2) 《~/+前+名》 기원하다《*on, upon*》.
—*n.*ⓒ,ⓤ (1) 소원, 소망, 희망. (2) (*pl.*)호의, 행복을 비는 마음. (3) (종종 *pl.*) 의뢰, 요청, 희망. (4) ⓒ 바라는 것, 원하는 것. ***carry out*** a person***'s ~es*** ~의 희망을 성취하다, 기대에 어그러지지 않다. ***good ~es*** 행복을 비는 마음, 호의. ***with best ~es*** 행복〈성공〉을 빌며《편지를 끝맺는 말 ; with every good wish 라고도 함》.

wish·bone [wíʃbòun] *n.* ⓒ (새의 가슴 뼈 앞에 있는 Y자 형의) 창사골(暢思骨)《새요리를 먹을때 이 뼈의 양끝을 당겨 긴쪽을 가진 사람은 소원이 이루어진다고 함》.

wish·er [wíʃər] *n.* ⓒ 희망자, 원〈기원〉하는 사람.

·wish·ful [wíʃəfl] *a.* 원하는, 존경하고 있는《*to do*》 ; 탐내는 듯한《눈짓 따위》 ; 희망에 따른.

파) **~·ly** [-tàid] *ad.* **~·ness** *n.*

wishful thínking 희망적 관측〈해석〉.

wish·ing well [wíʃiŋ-] 동전을 던져 넣으면 소망이 이루어진다는 우물.

wish·y-washy [wíʃiwɑ̀ʃi/∸wɔ̀ʃi] *a.* 묽은, 멀건 《렐置 따위》 ; 시시한《이야기 따위》.

wisp [wisp] *n.* ⓒ (1) (볏짚 따위의) 작은 단 ; (머리카락 따위의) 작은 다발《*of*》. (2) 작은 물건, 가느다란 것〈사람〉. (3) (연기·구름 따위의) 조각, 조각, 한 줄기.

wispy [wíspi] (**wisp·i·er; -i·est**) *a.* (1) 작게 다발 지은, 한 줌의. (2) 가냘픈.

·wis·tar·ia, -te·ria [wistíːriə, -tέər-], [-tíəriə] *n.*ⓒ,ⓤ 【植】 등나무(류).

·wist·ful [wísfəl] *a.* (1) 탐내는 듯한. (2) 곰곰히 생각하는. 파) **~·ly** [-fəli] *ad.* **~·ness** *n.*

:wit [wit] *n.*(1) ⓤ (또는 *pl.*)기지, 재치, 위트. (2) ⓒ 재치있는 사람, 재사. (3) ⓤ (종종*pl.*)지혜, 이지, 이해력. (4) (*pl.*) 제 정신. ***at*** one***'s ~'s***〈***~s'***〉 ***end*** 어찌할 바를 몰라. ***have***〈***keep***〉 one***'s ~s about*** one (어떤 위기에도 대처할 수 있도록) 냉정을 잃지 않다. ***have quick ~s*** 재치가 있다, 약삭빠르다. ***in*** one***'s***(***right***) ***~s*** 본정신으로. ***live by*** 〈***on***〉 one***'s ~s*** (노력을 않고) 잔재주로 이럭저럭 둘러 맞추다. ***out of*** one***'s ~s*** 제정신을 잃고. ***pit one's ~s against*** a person 아무와 지혜 겨루기를 하다.

:witch [witʃ] *n.* ⓒ (1) 마녀, 여자 마법〈마술〉사. (2)추악한 노파. (3) 《口》 매혹적인 여자, 요부.

witch·craft [wítʃkræ̀ft/-krɑ̀ːft] *n.* ⓤ 마법, 요술, 주술 ; 마력.

wítch dòctor (특히 아프리카 원주민 등의) 마법사, 주술사(呪術師).

witch·ery [wítʃəri] *n.* = WITCHCRAFT.요술, 마법, 마력.

wítch házel 【植】 (북미산) 조롱나무의 일종 : 그 껍질·잎에서 채취한 약물《의상용 外傷用》.

witch-hunt [-hʌ̀nt] *n.* ⓒ (1) 마녀 사냥. (2) 정

적(政敵)에 대한 중상〈박해〉.

witch·ing [wítʃiŋ] *a.* 〔限定的〕 마력이 있는 ; 매혹하는. ***the ~ time of night*** = ***the ~ hour*** 마녀들이 활동하는 시각; 한밤중.

:with [wið, wiθ] *prep.* **A**) 《對立·隨伴》 (1) 〔대립·적대〕 …와, …을 상대로 ; …에 반대하여.
(2) 〔수반·동반〕 …와 (함께), …같이〈더불어〉, …을 데리고 ; …의 집에(서).
(3) a〕〔소속·근무〕 …의 일원으로, …에 근무하여. b〕〔포함〕 …을 포함하여, …을 합하여.
(4) a〕〔일치·조화〕 …와 일치되어, …와 같은 의견으로 ; …에 맞아〈적합, 조화하여〉. b〕〔동조·찬성〕…에 찬성하고, …에. c〕〔흔히 否定·疑問文에서〕래 《be의 補語가 되는 句를 이끎》 …의 말을 이해할 수 있어.
(5) 〔동시·같은정도·같은 방향〕 …와 동시에, …와 같이 〈함께, 더불어〉, …에 따라(서), …와 비례해서.
(6) 〔분리 ; 특정한 動詞에 수반되어〕 …와 (떨어져), …에서 (떠나).
B) 《所有》 (1) 〔소유·소지·구비〕 a〕 …을 가지고 (있는), …을 가진, …이 있는(〖opp〗*without*).
(2) 〔휴대〕 …의 몸에 지니고《on 보다 일반적》.
(3) 〔부대(附帶) 상황〕 …한 상태로, …하고, …한채, …하면서《(1) 보통 with+명사+보어(形容詞·分詞·副詞語句·前置語句 따위)의 형태를 취함. (2) with 는 종종 생략되는데 이 때 冠詞·所有格 따위도 생략될 때가 있음》.
(4) 〔양태〕 …으로(써), …하게, …히《보통 추상 명사와 더불어 副詞句를 만듦》.
(5) 〔관리·위탁〕 a〕 (아무)의 손에, …에 맡기어. b〕 (책임·결정 따위가 아무)에게 달려〈있어〉.
C) 《手段·材料·原因》
(1) 《도구·수단》 …(으)로, …을 사용하여.
(2) 〔이유·원인〕 …으로 인해, …때문에, …탓으로.
(3) a〕〔양보 ; 종종 ~ all로〕 …에도 불구하고, …이 있으면서도. b〕〔제외〕 …한 점을 제외하면, …한 점 외에는.
(4) 〔재료·성분·내용물〕 …(으)로, …을.
D) 《對象·關聯》
(1) a〕〔접촉·교섭·결합 따위〕 …와, …을, …에. b〕〔혼합·혼동〕 …와, …을 가하여〈섞어, 타〉.
(2) 〔관련·관계〕 …와(의) ; …에 대〈관〉하여 ; …에 있어서(는).
(3) 〔대상〕 a〕〔감정·태도의〕 …에 대해서, …에(게). b〕〔비교의〕…와. c〕〔종사·연구의〕 …을 대상으로, …을. **d**) 〔up, down, in, out, off 따위 방향의 副詞 다음에서 命令文으로〕 …을.
what ~ (A) (***and***) ***what ~*** (B)⇨WHAT. ***~ it*** 《俗》(1) (복장·사상·행동 등이) 시대〈유행〉의 최첨단을 걸어, 최신식인. (2) 그 위에, 게다가(as well). (3)잘 알고〈이해하고〉. ***~ that*** = THEREUPON. ***~ this*** = HEREUPON.

with- *pref.* '대하여, 향하여, 떨어져, 역(逆), 반대'의 뜻 : *withstand.*

with·al [wiðɔ́ːl, wiθ-] 《古》 *ad.* 그위에, 더욱이.
— *prep.* 〔항상 文尾에 두어 ; 흔히 疑問文·否定文으로〕 …으로써(with) : What shall he fill his belly ~ ? 그는 무엇으로써 배를 채울 것인가.

:with·draw [wiðdrɔ́ː, wiθ-] (***-drew*** [-drúː-] ; ***-drawn*** [-drɔ́ːn]) *vt.* (1) 《~+目/+目+前+名》(손 등을) 빼다, 뒤로 물리다, (손 따위)를 움츠리다. (2) 《~+目/+目+前+名》 (통화·서적 등)을 회수하다. (3) 《~+目/+目+前+名》 …을 거두다, 물러나게 하다, 철수하다 ; (군대)를 철수시키다 ; (돈)을 인출하다 ; (시선 따위)를 딴 데로 돌리다《*from*》. (4) (제의·신청 등)을 철회하다 ; 취소하다 ; (소송)을 취하하다. (5) 《+目+前+名》 (은혜·특권등)을 박탈하다 《*from*》.
—*vi.* (1) 《~/+前+名》 물러나다, 물러나오다, 퇴출하다《*from*》 : After dinner the ladies *withdrew.* 회식후에 부인들은 물러났다 / ~ *from* politics 정계에서 물러나다. (2) (군대가) 철수하다, 거두어 물러나다 : All the troops *withdrew.* 전군이 철수했다. (3) 《+前+名》 탈퇴하다, 탈회하다《*from*》 : ~ *from* a society 탈회하다 / ~ *from* a competition 시합을 기권하다. (4) 동의(動議)를 〈제안을〉 철회하다. ***~ into*** one***self*** 자폐(自閉)상태가 되다.

·with·draw·al [wiðdrɔ́ːəl, wiθ-] *n.* ⓒ,ⓤ (1) 움츠러들임 ; 움츠림 ; 물러남 ; 퇴학, 탈퇴. (2) (예금·출자금 등의) 되찾기, 회수. (3) 철수, 철퇴, 철병. (4) 취소, 철회 ; (소송의) 취하.

·with·drawn [wiðdrɔ́ːn, wiθ-] WITHDRAW의 과거분사. —*a.* (1) 깊숙히 들어간, 인가에서 떨어진. (2) (사람이) 집안에 틀어박힌; 내성적인.

·with·drew [-drúː] WITHDRAW의 과거.

withe [wiθ, wið, waið] (*pl.* **~*s***[wíspi]) *n.* ⓒ(장작을 묶거나 바구니를 짜는) 가는 버들가지.

:with·er [wíðər] *vi.* (1) 《~+副》 시들다, 이울다, 말라빠지다, 말라〈시들어〉 죽다《*up*》. (2) 《~/+副/+前+名》 (애정·희망 등이) 시들다, 희미해지다 《*away*》.
—*vt.* (1) 《~+目/+目+副》 …을 시들게 하다, 이울게 하다. (2) 《+目+前+名》 …을 움츠러들게 하다 ; 위축시키다.

with·er·ing [wíðəriŋ] *a.* (1) 생기를 잃게 하는, 시들게 하는. (2) 위축시키는, 기를 죽이는.

with·ers [wíðərz] *n. pl.* (주로말의) 양어깨 뼈사이의 융기.

with·hold [wiðhóuld, wiθ-] (*p., pp.* ***-held*** [-héld] *vt.* 《~+目/+目+前+名》 (1) …을 주지 〈허락하지〉 않고 두다, (승낙 등)을 보류하다. (2) a〕 …을 억누르다, 억제하다, 말리다, 손대지 못하게 하다(holdback check). b〕〔再歸的〕 자제하다. (3) (세금 등)을 원천징수하다.

with·hóld·ing tàx [wiðhóuldiŋ-, wiθ-] 《美》 원천과세〈징수〉(액)

·with·in [wiðín, wiθ-] *prep.* (1) …의 안쪽에〈으로〉, …의 내부에〈로〉. (2) (기간·거리가) …이내에. (3) …의 범위 안에, …을 할 수 있는 곳에(서). ***keep ~ bounds*** 범위를 넘지 않(게 하)다. (be true) ~ limits 어느정도(진실이다). ~ one***self*** 마음속으로 : pray ~ *oneself* 마음속으로 기도하다.
—*ad.* (1) 안에〈으로〉 ; 안쪽에 ; 내부〈옥내〉에. 〖opp〗 *without.* (2) 마음속으로. ***~ and without*** 안에도 밖에도, 안팎이 모두.
—*n.* ⓤ 〔흔히 from ~ 으로〕 안, 내부 : Seen *from* ~, the cave looked lager. 안에서 보니 동굴은 더 커보였다.

with-it [wíðit, wíθ-] *a.* (옷이) 최신식의, 유행하는.

:with·out [wiðáut, wiθ-] *prep.* (1) …없이, …이 없는, …을 갖지 않고 ; …이 없어도.
(2) 〔假定의 뜻을 함축시켜서〕 …없이는, …이 없(었)다면(but for).
(3) 〔動名詞를 수반하여〕 -이) …하지 않고.
do 〈***get***〉 ~ a thing 〈a person〉 …없이 때우다 〈지내다〉. ***It goes ~ saying that...*** =say. …은 말할 나위도 없다. ***not*** 〈***never***〉 ***~ doing*** ~하면 반드시 ~하다.

times ~ number ⇨TIME ***~ difficulty*** 쉽게. ***~ doubt*** 확실히. ***~ fail*** 꼭, 반드시. ***~ mercy*** 사정〈용서〉 없이, 무자비하게.
—*ad.* (1) 《古·文語》밖에, 외부에(는). (2) 《口》없이 : If there's no sugar we'll have to do 〈manage〉 ~. 설탕이 없으면 없는대로 해야겠다.
—*n.* ⓤ 〔흔히 from ~ 으로〕 외부 ; 외면 : The door opened *from* ~. 문이 밖으로부터 열렸다.

:with·stand [wiðstǽnd, wiθ-] (***-stood***[-stúd]) *vt.*(1) …에 저항하다, …에 반항〈거역〉하다 : ~ temptation 유혹에 저항하다. (2) (곤란 등)에 잘 견디다, 견디어내다, 버티다.
—*vi.* 반항〈저항〉하다 ; 잘견디다, 버티다.

wit·less [wítlis] *a.* (1) 지혜〈재치〉없는 ; 분별이 없는 ; 어리석은(foolish). (2) 정신이 돈, 미친.

:wit·ness [wítnis] *n.* (1) ⓤ 증언. (2) ⓒ 증인, 목격자. (3) ⓒ (거래·협정의)입회인. (4) ⓒ 증거(가되는 것)《*of* ; *to*》. ***be ~ to*** ~을 목격하다. ***bear ~ to*** 〈***of***〉 …을 입증하다 ; …의 증인이〈증거가〉되다. ***call***〈***take***〉 ***... to ~*** …에게 증명을 청하다, …를 증인으로 내세우다. ***give ~ on be half of*** ~을 위하여 증언하다.
—*vt.*(1) …을 목격하다, 눈앞에 보다. (2) 《~+目/+*that* 節》 …을 증언하다 ; 입증하다 ; …의 증거가 되다. (3) …에 입회하다 ; 〈증인으로서〉 …에 서명하다.
—*vi.* 《~/+前+名》 증언〈증명, 입증〉하다 《*to*》 : ~ *to* having seen it 그것을 보았다고 증언하다 / These acts ~ *to* his essential goodness. 이들 행위는 그가 본질적으로 선량함을 입증하고 있다. ***~ for*** 〈***against***〉 a person 아무에게 유리〈불리〉한 증언을 하다.

wítness stànd 《美》 (법정의) 증인석.

wit·ted [wítid] *a.* 〔흔히 複合語로〕 재지(才智)가 〈이해력이〉 …한 : keen-~ 두뇌가 명석한.

wit·ter [wítər] *vi.* 《英口》 하찮은 일을 장황하게 지껄이다《*on*》.

wit·ti·cism [wítəsìzəm] *n.* ⓒ 재치있는 말 ; 재담, 익살, 명언 ; 경구(警句), 비웃음, 조롱.

wit·ting [wítiŋ] *a.* 《稀》 짐짓 ~하는, 의식하고서〈알고서, 고의〉의. 파) **~·ly** *ad.*

·wit·ty [wíti] (***-ti·er*** ; ***-ti·est***) *a.* 재치〈기지〉 있는 ; 재담을 잘하는. 파) **-ti·ly** *ad.* **-ti·ness** *n.*

·wives [waivz] WIFE의 복수.

wiz [wiz] *n.* 《口》 천재, 귀재. 〈wizard〉

·wiz·ard [wízərd] *n.* ⓒ (1) (남자) 마법사. 【cf.】 witch. (2) 《口》 비상한 재능을 가진 사람, 귀재(鬼才), 놀라운 솜씨, (재능)을 가진 사람, 천재《*at*》: a ~ at chess. —*a.* (1) 마법사의 ; 마법의. (2) 《英俗》 훌륭한.
파) **~·ly** *a.* 마법사 같은 ; 초현실적인.

wiz·ard·ry [wízərdri] *n.* ⓤ 마법, 마술, 묘기.

wiz·en(ed) [wízən(d)] *a.* (1) (과일 등이) 시든 : a ~ apple (시들어) 쭈글쭈글한 사과. (2) (사람·얼굴 등이) 쭈글쭈글한, 몹시 여윈.

woad [woud] *n.* ⓤ 【植】 대청(大靑)《유럽산 미나릿과의 관상 식물》 ; 대청《청색 물감》.

wob·ble [wάbəl/wɔ́bəl] *vi.* 《~/+副/+前+名》(1) (의자 따위가) 흔들리다, 비틀거리다, 흔들흔들하다. (2) (사람이) (정책이나 기분 등으로) 동요하다, 불안정하다《*in*》. —*vt.* …을 흔들리게 하다. —*n.* ⓒ (흔히 *sing.*) 비틀거림, 흔들림, 동요 ; (정정(政情) 따위의) 불안정. 파) ***~r*** *n.* ⓒ 비틀거리는 사람〈물건〉 ; 생각〈주관〉이 일정하지 못한 사람. ***-bling***[-iŋ] *a.* 비틀〈흔들〉거리게 하는.

wob·bly [wάbli/wɔ́b-] (***-bli·er*** ; ***-bli·est***) *a.* 흔들리는, 동요하는, 불안정한 : a ~ chair. (2) (선(線)이) 파상(波狀)의, 물결 모양의. (3) 주견(主見)이 없는.

Wo·den [wóudn] *n.* ⓒ 워든《앵글로색슨족의 주신(主神) ; 북유럽 신화의 Odin에 해당》.

wodge [wadʒ] *n.* ⓒ 《英口》 큰 덩어리《*of*》.

:woe [wou] *n.* (1) 《古·文語》 ⓤ 비애, 비통 ; 고뇌. (2) (흔히 *pl.*) 화, 불행, 재난. —*int.* 슬프다. ***woe*(*be*) *to... !*** = ***Woe betide... !*** …에 화가 있으라. ***Woe to*** 〈***is***〉 ***me !*** 아아 슬프도다.

wo(e)·be·gone [wóubigɔ̀(:)n, -gὰn] *a.* 슬픔에 잠긴, 수심에 찬.

·woe·ful [wóufəl] *a.*(1) 슬픈 ; 비참한, 애처로운 ; 흉한. (2) (무지(無知)의 정도가) 심한, 한심한.
파) **~·ly** [-i] *ad.*

wok [wak/wɔk] *n.* ⓒ 중국 냄비.

:woke [wouk] WAKE[1]의 과거·《稀》 과거분사.

wok·en [wóukən] WAKE의 과거분사.

wold [would] *n.* ⓒ,ⓤ (불모(不毛)의 넓은) 고원 ; 원야(原野).

:wolf [wulf] (*pl.* ***wolves*** [wulvz]) *n.* ⓒ (1)【動】 이리 ; ⓤ 이리 가죽. (2) 탐욕스런〈잔인한〉 사람. (3) 《俗》여자 궁둥이를 쫓아 다니는 남자, 색마, '늑대'. (4) (늑대처럼) 탐욕한 사람. (5) 【樂】 (현악기의) 귀에 거슬리는 소리. (6) (the W-) 【天】 이리자리 (Lupus). ***a ~ in sheep's clothing*** ⇨SHEEP. (***as***) ***greedy as a*** (이리처럼) 욕심이 많은. ***cry ~*** (***too often***) 함부로 거짓 경고를 발하다《그 결과 남이 믿지 않게 됨 ; 이솝 이야기에서》. ***have*** 〈***hold***〉 ***a ~ by the ears*** 진퇴양난〈궁지〉에 빠지다. ***keep the ~ from the door*** 겨우 굶주림을 면하다. ***throw... to the wolves*** …을 태연히 죽게 내버려 두다, 희생시키다. ***wake a sleeping ~*** 긁어 부스럼을 만들다. —*vt.* 《~+目/+目+副》 …을 게걸스럽게 먹다《*down*》 : ~ *down* scraps 먹다 남은 음식을 게걸스럽게 먹다.

wolf·fish [wúlffiʃ] *n.* ⓒ 【魚】 (강한 이를 가지고 있는 탐욕스런) 베도라치류(類)(심해어로서 날카로운 이를 가진).

wolf·hound [wúlfhàund] *n.* ⓒ 울프하운드《옛날에 이리 사냥에 쓴 사냥개》.

wolf·ish [wúliʃ] *a.* 이리 같은 ; 욕심 많은, 잔인한. 파) **~·ly** *ad.* **~·ness** *n.*

wólf whìstle 매력적인 여성을 보고 부는 휘파람.

wol·ver·ine [wùlvəríːn, ∠-∠] *n.* ⓒ 【動】 오소리의 무리(carcajou) 《북아메리카산》 ; ⓤ 그 모피.

·wolves [wulvz] WOLF의 복수.

:wom·an [wúmən] (*pl.* ***wom·en***[wímin]) *n.* (1) ⓒ 여자, (성인) 여성, 부인. (2) 〔冠詞없이, 單數취급〕 여성《남성에 대한》. (3) (the ~)여자다움. (4) 《俗》 a] ⓒ 아내, 처. b] (노했을 때 등에 아내에 대한 호칭으로) 이봐, 여봐 : Come here, ~. 이봐, 이리 와. (5) ⓒ 《口》 청소부, 잡역부. ***a bad ~*** 행실이 나쁜 여자. ***a ~ of pleasure*** 쾌락을 좇는 여자, 방종한 여자. ***a ~ of the house*** (가정) 주부(a lady of the house). ***a ~ of the street***(***s***)〈***town***〉 매춘부. ***a ~ of the world*** 세상 물정에 밝은 여자, 닳고 닳은 여성. ***born of ~*** 인간으로서 〈여자에게서〉 태어난; 인간으로서의. ***make an honest ~*** (***out***) ***of*** 《종종 戱》 관계한 여자와) 정식으로 결혼하다.
—*a.* 〔限定的〕 여자의, 여성의 : a ~ driver 여자 운전사 / a ~ doctor 여자 의사(複數形은 두말 다 複數

形이 됨 : *women* drivers ; *women* reporters; *women* doctors》.

-wom·an [wùmən] (*pl.* *-wom·en* [winmin]) 〔複合要素〕 (1) …나라 여성, …에 사는 여성의 뜻 : English*woman*. (2) (직업·신분을) 나타냄 : police*woman*/chair*woman*.

wóman chàser 여자 꽁무니를 좇아다니는 남자, 탕아.

·wom·an·hood [wúmənhùd] *n.* ⓤ 여자임, 여자다움 ; 〔集合的〕 여성.

wom·an·ish [wúməniʃ] *a.* (1) (남자가) 여자다운. (2) 《蔑》 유약(柔弱)한, 사내답지 못한 【opp】 *mannish.* 파) **~·ly** *ad.* **~·ness** *n.*

wom·an·ize [wúmənàiz] *vt.* …을 여자같이〈연약하게〉하다. —*vi.* 《口》 계집질하다.
파) **-iz·er** *n.* 《口》 = WOMAN CHASER.

wom·an·kind [wúmənkàind] *n.* 〔集合的〕 부인들, 여성, 여자, 부녀자.

wom·an·like [wúmənlàik] *a.* 여자같은.

·wom·an·ly [wúmənli] (***-li·er*** ; ***-li·est***) *a.* 여자다운 ; 여성〈부인〉에게 어울리는.
파) **-li·ness** *n.* ⓤ 여자다움.

wóman's 〈wómen's〉 ríghts 여권.

wóman súffrage 여성 참정권.

·womb [wu:m] *n.* ⓒ (1) 【解】 자궁(uterus), 태내 내부. (2) (일의) 배태〈발생, 요람〉지.

·wom·en [wímin] WOMAN의 복수.

wom·en·folk(s) [-fòuk(s)] *n.* 〔集合的〕 (집단·공동체·한 집안의) 부인, 여성.

Wómen's Institute 《英》 (지방도시) 여성회.

women's lib (종종 W-L-) 우먼리브, 여성 해방 운동《women's liberation의 단축형》.

wómen's liberátionist 여성 해방 운동자.

wómen's móvement (the ~) 여성 해방운동.

wómen's ròom 여성 화장실.

wómen's stúdies 여성학《여성의 역사적·문화적 역할을 연구》.

:won¹ [wʌn] WIN의 과거·과거분사.

:won² [wɑn/wɔn] (*pl.* ~) *n.* 원《한국의 화폐 단위; 기호 W, ₩》.

:won·der [wʌ́ndər] *n.* (1) ⓤ 불가사의, 경이, 경탄. (2) a] ⓒ 불가사의〈이상〉한 물건〈일〉 ; 놀랄만한 물건〈일〉 ; 기관(奇觀) ; 기적. b] (a ~) 놀라운 일. ***and no〈little, small〉*** ~ 그도 그럴 것이다《놀럴 것 없다》. ***do ~s*** =work wonders. ***for a ~*** 신기하게(도); 이상하게도. ***in the name of ~*** 도대체. ***It is a ~ (that...)***(…은) 이상한 일이다. ***(It is) no ~ (that...)*** = ***what ~ (that...)?*** (…은) 당연하다, 놀랄 것 없다.

—*vi.* (1) 《~/+前+名/+*to* do》 놀라다, 경탄하다 《*at*》. (2) a] 《+前+名》 의아하게 여기다, 의심하다 《*about*》 ; 호기심을 가지다. b] 〔흔히 進行形으로〕 (…에 대해) 사색하다, 곰곰이 생각하다 ; 알고 싶어하다 《*about*》.

—*vt.* (1) 《+(*that*)節》 …을 이상하게 여기다, …이라니 놀랍다. (2) 《+*wh.*節/+*wh.* to do》 …나 아닐까 생각하다, …인가하고 생각하다. ***I don't 〈shouldn't〉 ~ if*** …해도 놀라지 않는다.

:won·der·ful [wʌ́ndərfəl] (***more ~ ; most ~***) *a.* (1) 이상〈불가사의〉한, 놀랄 만한. (2) 훌륭한, 굉장한 : a ~ view 훌륭한 경치. 파) **~·ly** *ad.* (1) 이상하게(도), 놀랄만큼. (2) 훌륭〈굉장〉하게. **~·ness** *n.*

won·der·ing [wʌ́ndəriŋ] *a.* 〔限定的〕 이상한 듯한 ; 이상〈의아〉하게 생각하는. 파) **~·ly** *ad.*

won·der·land [wʌ́ndərlæ̀nd] *n.* ⓤ 이상한 나라, 동화의 나라 ; ⓒ (흔히 sing.)(경치 따위가 좋은) 굉장한 곳.

won·der·ment [wʌ́ndərmənt] *n.* (1)ⓤ 놀라움, 경탄, 경이. (2) ⓒ 이상한〈놀라운〉일·사건.

won·der-strick·en, -struck [wʌ́ndər-strikən], [-strʌ̀k] *a.* 놀라움에 질린, 아연실색한.

won·der·work [-wə̀:rk] *n.* ⓒ 경이적인 일〈역사(役事)〉, 기적 ; 놀랄 만한 것(wonder).
파) ~·***er*** *n.*ⓒ기적을 행하는 사람.

·won·drous [wʌ́drəs] 《詩·文語》 *a.* 놀라운, 이상〈불가사의〉한. —*ad.* 〔形容詞 수식〕 놀랄만큼, 놀라운 : She was ~ beautiful. 그녀는 놀랄만큼 아름다웠다.

wonky [wɑ́ŋki/wɔ́ŋki] (***wonk·i·er*** ; ***-i·est***) *a.* 《英俗》 (1) 흔들흔들하는, 비틀거리는, 불안정한 : a ~ table. (2) 미덥지 못한, 기대할 수 없는.

:wont [wɔ:nt, wount, wʌnt] *a.* 〔限定的〕 버릇처럼된, ~하는 것이 습관된, 늘 …하는《*to* do》.
—*n.* ⓤ 〔흔히 one's ~로〕 습관.

:won't [wount, wʌnt] will not 의 간약형.

wont·ed [wɔ́:ntid, wóunt-, wʌ́nt-] *a.* 〔限定的〕 버릇처럼 된, 일상의.

:woo [wu:] *vt.* (1) 《文語》(남자가 여자)에게 구애하다, 구혼하다. 【cf.】 court. (2)(명예·행운·재산 따위)를 추구하다, 구(求)하다, 얻으려고 노력하다. (3) a] 《+目+*to* do》 (아무)를 조르다, 설득하다. b] (아무에게) …을 간원하다, 탄원하다《*with*》.

:wood [wud] *n.* (1) ⓤ 나무, 목재. (2) ⓒ (종종 ~s) 〔單·複數취급〕 숲, 수풀《forest 보다 작고 grove 보다 큼》. (3) ⓤ 땔나무: gather ~. (4) (the ~) (물건의) 목질부 ; ⓒ 【골프】우드《헤드 목제인 채》 ; (라켓의) 나무테. (5) a] (the ~) 통, 술통. b] 판목(版木), 목판(木版). c] (the ~) 【樂】 목관 악기류(類), 〔集合的〕 목관악기부(部); (the ~s) 목관악기 연주자《전체》 ***cannot see the ~ 〈forest〉 for the trees*** 나무는 보고 숲을 보지 못하다《작은 일에 매달려 큰 일을 보지 못한다》. ***out of the ~(s)*** 위기를 모면하여, 곤란을 벗어나. ***saw ~*** 기 일에 전념하다. ***take to the ~s*** 《口》 숲속으로 달아나다; 행방을 감추다. —*a.* (1) 〔限定的〕 나무의, 나무로 된 : a ~ floor 〈screw〉 판자를 깐 마루〈나무 나사〉. (2) 숲에 사는〈있는〉.
—*vt.* …에 식목하다 : The town is ~*ed* everywhere. 그 도시는 곳곳에 나무가 우거져 있다.

wóod àcid 목초(산)(木醋(酸)).

wóod álcohol 메틸알코올, 목정(木精).

wood·bine [´bàin] *n.* ⓒ,ⓤ 【植】 인동덩굴속(屬)의 식물(honeysuckle) ; 《美》 아메리카담쟁이덩굴(Virginia creeper).

wóod blòck 판목 ; 목판, 목판타.

wood-bor·er [´bɔ̀:rər] *n.* ⓒ (1) 목질부에 구멍을 뚫는 기계〈사람〉. (2) 나무에 구멍을 뚫는 동물〈곤충〉.

wood-carv·er [´kɑ̀:rvər] *n.* ⓒ 목각사(木刻師).

wood·carv·ing [´kɑ̀:rviŋ] *n.* (1) ⓤ 목제 조각, 목각(술). (2) ⓒ 목각물.

wood·chuck [´tʃʌ̀k] *n.* ⓒ 【動】 마멋류(類)(groundhog) 《북아메리카산》.

wood·cock [´kɑ̀k/´kɔ̀k] (*pl.* ***~s***, 〔集合的〕~) *n.* ⓒ 【鳥】 누른도요, 멧도요.

wood·craft [´kræ̀ft, ´krɑ̀:ft] *n.* ⓤ (특히 사냥·야영 따위에 관련해서) 숲에 대한 지식 ; 삼림학.

·wood·cut [´kʌ̀t] *n.* ⓒ 목판(화), 판목, 목판.

wood·cut·ter [´kʌ̀tər] *n.* ⓒ 나무꾼, 초부(樵夫) ; 목판 조각사(wood engraver).
wood·cut·ting [´kʌ̀tiŋ] *n.* ⓤ 목재 벌채 ; 목판 조각.
wood·ed [wúdid] *a.* 나무가 우거진, 숲이 많은.
⁝wood·en [wúdn] (***more ~ ; most ~***) *a.* (1) 나무의, 나무로 만든〈된〉. (2) 생기없는, 무표정한. (3) (태도 따위가) 무뚝뚝한, 어색한, 부자연스런. 파) **~·ly** *ad.* (1) 부자연스럽게, 어색하게. (2) 활기없이, 무표정하게.
wóod engràver 목각사(木刻師), 목판사(師).
wóod engràving 목판(술); 목판화.
wood·en·head [wúdnhèd] *n.* ⓒ《口》 얼간이, 바보.
wood·en-head·ed [-hèdid] *a.*《口》 얼빠진, 멍청한.
wóoden spòon (1) 나무 숟갈. (2)《英口》최하위상(賞)(booby prize), 나무숟가락을 받은 사람.
wood·en·ware [-wɛ̀ər] *n.* ⓤ〔集合的〕(통·공기·접시 따위의) 나무그릇.
:wood·land [wúdlənd, -æ̀nd] *n.* ⓤ (종종 *pl.*) 삼림(지대). —*a.*〔限定的〕삼림(지대)의 : ~ scenery 숲의 경치. 파) **~·er** *n.* 삼림 지대의 주민.
wood·lot [´lɑ̀t/´ɔ̀t] *n.* ⓒ 식림용지(植林用地).
wóod lòuse 【蟲】 쥐며느리(sow bug).
·wood·man [´mən] (*pl.* ***-men***[´mən])*n.* ⓒ (1) 나무꾼, 초부. (2) 숲에 사는 사람. (3) 산림보호관.
wood·note [´nòut] *n.* ⓒ 숲의 노랫가락《아름다운 새의 지저귐 따위》.
wóod nỳmph 숲의 요정(dryad).
·wood·peck·er [´pèkər] *n.* 【鳥】 딱따구리.
wóod pìgeon 【鳥】 산비둘기(ringdove)《유럽산》.
wood·pile [´pàil] *n.* ⓒ 장작 더미.
wood·ruff [´rʌ̀f, ´rəf] *n.* ⓒ 【植】 선갈퀴.
wood·shed [´ʃèd] *n.* ⓒ 장작 두는 곳, 오두막집.
woods·man [wúdzmən] (*pl.* ***-men***[-mən]) *n.*ⓒ 숲에 사는 사람.
wóod sòrrel 【植】 괭이밥류(類).
woodsy [wúdzi] (***woods·i·er; -i·est***) *a.*《美》 숲의, 숲과 같은.
wood·turn·er [wúdtə̀ːrnər] *n.* ⓒ 갈이대패질을 하는 사람, 목각 건목치기공.
wóod tùrning 녹로 세공, 갈이질, 목재선반 가공.
wood·wind [wúdwìnd] *n.* 【樂】 (1) ⓒ 목관 악기류(類). (2) (the ~;《美》the ~s)〔集合的〕(오케스트라의) 목관 악기부.
wood-wool [wúdwùl] *n.* ⓤ 지저깨비《포장 충전용》.
·wood·work [´wə̀ːrk] *n.* ⓤ 목조부《가옥 내부의 문짝·계단 따위》 ; 목제〈목공〉품 ; 목재 공예. ***come〈crawl〉 out of the ~***《口》 난데 없이 나타나다.
wood·worm [wúdwə̀ːrm] *n.* ⓒ 【蟲】 나무좀.
·woody [wúdi] (***wood·i·er ; -i·est***) *a.* (1) 수목〈숲〉이 많은, 수목이 우거진. (2) 나무의 ; 목질의.
wood·yard [-jɑ̀ːrd] *n.* ⓒ 목재를 쌓아두는곳.
woo·er [wúːər] *n.* ⓒ 구혼〈구애〉자.
woof[1] [wuːf] *n.* (the ~) 씨줄(weft). 〖opp.〗*warp.* 직물, 피륙.
woof[2] *n.* ⓒ 개가 낮게 우웅하고 짖는 소리.
woof·er [wúfər] *n.* ⓒ 저음 전용 스피커.
⁝wool [wul] *n.* ⓤ (1) 양털, 울《산양·알파카의 털도 포함》. (2) 털실 ; 모직물(의 옷). (3) 양털 모양의 것;《口》 북슬털, (특히 흑인의) 고수머리,《戱》머리털 ; (털짐승의) 밑털 ; (모충(毛蟲)·식물의) 솜털. ***against the ~*** 털을 세워서, 역으로, 거꾸로. ***all ~ and a yard wide*** 진짜의, 틀림없는. ***all cry and no~ =more cry than ~ =much cry and little ~*** ⇨CRY *n.* ***all ~ and a yard wide***《美口》나무랄데 없는, 순수한, 진짜의, 훌륭한. ***dyed in the ~*** ⇨DYE. ***keep*** one'***s ~ on***《英》 침착〈냉정〉해 있다. ***lose*** one'***s ~***《英口》 흥분하다, 성내다. ***pull〈draw〉 the ~ over*** a person'***s eyes***《口》 아무를 속이다.
:wool·en, 《주로 英》 **wool·len** [wúlən] *a.* 양털의 ; 모직물의.
—*n.* ⓒ,ⓤ 방모사 ; 담요, 울 ; ⓒ(흔히*pl.*) 모직물 ; 모직의 옷.
wóol fàt 양모지(羊毛脂), 라놀린.
wool·gath·er·ing [´gæ̀ðəriŋ] *n.* ⓤ (1) 방심 ; 허황한 공상. (2) (털갈이 철에 덤불 등에 붙은) 양털 주어 모으기. — *a.* 방심한, 얼빠진.
wool·grow·er [´gròuər] *n.* ⓒ (양털을 얻기 위한) 목양업자.
wool-hat [´hæ̀t] *n.* ⓒ 전이 넓은 펠트모(帽);《美口》남부의 소농민. — *a.*《美口》 남부 벽지의.
·wool·ly, 《美》 **wooly** [wúli] (***-li·er ; -li·est***) *a.* (1) 양털의 ; 양모질의. (2) 양털 같은, 뭉게뭉게 피어오른, 텁수룩 한. (3) 털이 많은 ; 【植】 솜털로 덮인, 솜털이 밀생한 (4) (생각이) 선명치 않은, 희미한. (5) (목소리가) 쉰. (6) 거칠고 야만적인, 거친 파란많은.
—*n.* (1) (흔히 *pl.*)《口》 모직의 옷 ; 니트웨어. (2) (흔히 *pl.*) 모직의 속옷. (3) ⓒ〔美西部〕양(羊). (4) (the wool(l)ies)《美俗》 = WILLIES
파) **-li·ness** *n.*
wool·ly-head·ed [wúlihèdid] *a.* (1) 고수머리의 ; 쓸모없는, 비실용적인. (2) 생각이 혼란한.
wool·pack [´pæ̀k] *n.* ⓒ (1) 양모의 한 짝《한짝은 보통 240파운드》. (2) (1) 을 연상케하는것,《특히》 소나기 구름.
wool·sack [´sæ̀k] *n.* ⓒ (1) 양털 부대. (2) (the W-)《英》 (양털을 넣은 상원(上院)의) 의장(Lord Chancellor)석, 상원 의장의 직.
wool·work [wúlwə̀ːrk] *n.* ⓤ 털실 세공, 털실자수.
woozy [wu(ː)zi] (***wooz·i·er; -i·est***) *a.*《口》 멍청한, 멍한, 얼빠진 듯한.
wop [wɑp/wɔp]《俗·蔑》 *n.* ⓒ 라틴계통의 사람 ;《특히》 이탈리아 사람.
⁝word [wəːrd] *n.* (1) ⓒ 말, 낱말, 단어. (2) ⓒ 이야기, 한 마디 말 ; 짧은 담화. (3) ⓤ (one's ~) 약속, 서언, 언질. (4) (*pl.*)말다툼, 논쟁. (5)〔冠詞없이〕 소식, 기별, 알림, 기별 ; 소문 ; 전갈. (6) ⓒ (one's ~, the ~)지시, 명령 ; 암호. (7) (*pl.*)가사 ; (연극의) 대사. (8) (the W-) 하느님(의 말씀) ; 복음, 성서. (9)《古》격언, 표어. (10) ⓒ 【컴】 낱말, 단어《자료 처리를 위한 기본 단위》. ***a good ~*** 좋은 소식, 길보. ***a man of few 〈many〉 ~s*** 말이 적은〈많은〉 사람. ***a man 〈woman〉 of his 〈her〉 ~*** 약속을 지키는 사람. ***at a〈one〉 ~*** 일언지하에, 곧. ***a ~ in*** a person'***s ear*** 귀엣말, 충고, 내밀한 이야기. ***a ~ in 〈out of 〉 season*** 때에 알맞은〈알맞지 않은〉말, 적절한〈적절하지 못한〉말. ***A ~ with you.*** 잠깐 말씀드릴 것이 있는데. ***be as good as*** one'***s ~*** 약속을 이행하다, 언행이 일치하다. ***God s Word =the Word of***

God 성서 ; 하느님의 말씀 ; 그리스도. ***hang on*** a person'***s ~s*** 〈***every ~***〉 =***hang on the ~s of*** a person 아무의 말을 열심히 듣다. ***hard ~s*** 욕; 난어. ***have a ~ to say*** 솔깃한 말이 있다. ***have a ~ with*** ~와 한두마디 나누다. ***have*** 〈***get, say***〉 ***the final ~*** 최후의 단〈결정〉을 내리다. ***in other ~s*** 바꾸어 말하면, 즉. ***in plain ~s*** ⇨ PLAIN. ***in so many ~s*** 글자 그대로, 꼭 그대로 ; 명백히. ***make ~s*** 말하다. ***My ~ !*** 어이구(깜짝이야), 아이고머니 ; 이런. ***not mince*** one'***s ~s*** ⇨MINCE. ***put ~s into*** a person'***s mouth*** ⇨MOUTH. ***say*** 〈***put in***〉 ***a good ~ for*** … 을 추천〈변호〉하다 ; …을 칭찬하다 ; …을 중재〈조언〉하다. ***Sharp's the ~ !*** 서둘러라. ***suit the action to the*** 말대로 실행하다. ***take*** a person ***at his ~*** 아무의 말을 곧이듣다, 말하는대로 믿다〈받아들이다〉. ***take*** a person'***s ~for it*** (***that. . .***) 아무의 말을 믿다. ***take the ~s out of*** a person'***s mouth*** 아무가 말하려 하는 것을 먼저 앞질러서 말해 버리다. ***too***(beautiful) ***for ~s*** 너무(아름다워서) 말로 표현할 수 없는. ***upon my ~*** 1) 맹세코 ; 반드시, 꼭. 2) 어이구, 이거 참《놀람 따위의 표현 ; My word ~ 라고도함》. ***weigh*** one'***s ~s*** 잘 생각해서 말을 하다, 조심해서 말을 하다. ***~ by ~*** 한마디 한마디, 축어적으로. ***~ for ~*** 축어적으로, 한마디 한마디, 완전히 말 그대로《번역하다 따위》: translate ~ *for* ~ 축어역하다.

—*vt.* …을 말로 나타내다. ***a well ~ed letter*** 표현이 잘 된 편지. ***Worded plainly*** 〔文章修飾〕 쉽게 말하면.

word·age [wə́ːrdidʒ] *n.* ⓤ 말(words); 쓸데없는 수다 ; 어법, 용어의 선택(wording).

word·book [ˊbùk] *n.* ⓒ 단어집 ; 사전, 사서.

word-for·ma·tion [ˊfɔːrméiʃən] *n.* ⓤ 【文法】낱말의 형성 ; 조어법(造語法).

word-for-word [ˊfəːrˋ] *a.* 〔限定的〕 축어적인.

word·ing [wə́ːrdiŋ] *n.* ⓤ 말씨, 어법, 용어 ; ⓒⓤ 말로 나타내기.

:word·less [wə́ːrdlis] *a.* 말없는, 무언의, 벙어리의(dumb) ; 입밖에 내지 않는(unexpressed).

word-of-mouth [ˊəvmáuθ] *a.* 〔限定的〕 구두의, 구전(口傳)의.

wórd òrder 【文法】 어순(語順), 배어법(配語法).

word·paint·ing [ˊpèintiŋ] *n.* ⓤ 생생한(말로서) 묘사.

word-per·fect [ˊpəːrfikt] *a.* (1) (배우등이) 대사가 완전한. (2) 축어적인 ; (문서·교정쇄가) 완벽한, 정확한.

wórd pìcture 생생한 묘사의 문장, 그림을 보는 듯한 서술.

wórd strèss 【音聲】 단어의 강세〈악센트〉(= ***word accent***).

wordy [wə́ːrdi] (***word·i·er ; -i·est***) *a.* 말의 ; 구두의, 언론의, 어구의 ; 말많은, 수다스러운, 장황한 : ~ warfare 논전, 논쟁.

:wore [wɔːr] (1) WEAR의 과거. (2) WEAR의 과거·과거분사.

:work [wəːrk] *n.* (1) ⓤ 일, 작업, 노동 ; 공부, 연구 ; 노력. (2) ⓤ a〕 (해야 하는)일, 업무, 과업. b〕 〔無定詞〕 일자리, 직(업). c〕 〔無定詞〕 근무처, 회사, 직장. d〕 하고 있는일《바느질·자수 따위》 ; 〔無定詞〕 그 재료〈도구〉. (3) ⓤ a〕 소행, 짓 ; 작용, 효과 ; (사이다의) 거품. b〕 일하는품, 솜씨 c〕 (*pl.*) 【神學】 의로운 행위,(종교적·도덕적) 행위. (4) ⓤ세공, 가공, 제작 ; 〔集合的〕 세공물, 공작물, 가공물, 제작품. b〕 ⓒ (예술) 작품, 저작. (5) a〕 (*pl.*) 〔종종 單數취급〕공장, 제작소 ; 〔形容詞的〕(경주용 차 등) 재작자 자신의 손에 의한. b〕 (*pl.*) (시계 등의) 장치, 구조, 기구(機構); 《戱》내장. (6) (*pl.*) 공사, 토목 ; (다리·제방·댐·빌딩 등의) 건조물 ; 방어 공사, 보루. (7) (the (whole)~*s*) 《俗》 부속품(딸린 물건) 전부, 일체. (8) ⓤ 【物】 일. (9) (흔히 *pl.*) 《美俗》 마약 주사기구 한 벌. ***all in the***〈***a***〉 ***day's ~*** 〔敍述的〕 《口》 《종종戱》 (불쾌하나)언제나의 일(로), (뜻밖의 일이라도) 참으로 당연한, 일상 있을 수 있는 일(로). ***at ~*** 일터에서 ; 일하고 ; 작동〈작용〉하여 : be hard *at* ~ 힘써 일하고 있다. ***fall*** 〈***get, go, set***〉 ***to ~*** 일에 착수하다 ; 행동개시하다. ***get the ~s*** 《口》 충분한 대접을 받다 ; 몹쓸 욕을 당하다. ***give ... the*** (***whole*** 〈***entire***〉) ***~s*** 《口》 …에게 가능한 한의 일을 해주다 에게 모두 밝히다〈주다〉 ; 《口》 …를 혼내주다, 몹시 질책하다 ; 죽이다. ***have*** one'***s ~ cut out*** (***for*** one) 《口》 벅찬〈어려운〉 일이 맡겨지다. ***in good*** 〈***full***〉 ***~*** 순조로이〈바쁘게〉 일하여. ***in the ~s*** 《口》 완성 도상에 있어, 진행중이어서. ***in ~*** 취직〈취업〉하고 ; (말이) 조교(調教) 중이어서. 【cf.】out of work. ***make light*** 〈***hard***〉 ***~ of*** 《口》 …을 손쉽게 해치다 〈…에 필요 이상으로 힘이 든다〉. ***make short*** 〈***quick***〉 ***~ of*** 《口》 …을 손쉽게 해치우다 ; (아무를 간단히) 죽이다, 처리하다. ***make ~ for*** 1) (아무)에게 일을 주다. 2) (아무)에게 폐를 끼치다. ***out of ~*** 실업하고 ; (기계등)이 고장나서. ***put***〈***set***〉 person ***to ~*** (아무)를 취업시키다; 일에 종사시키다. ***shoot the ~s*** 《美俗》 성패를 운에 맡기고 모험을 해보다 ; 온갖 노력을 다하다, 크게 분발하다. ***the ~s of God*** 자연 (nature).

—(*p., pp.* ***worked,*** 《古》 ***wrought*** [rɔːt] *vi.* (1) 《~/+前+名/+副》 일하다, 노동하다. (2) 《~/+前+名》 노력〈공부〉하다.

(3) 《~/+前+名》 근무하고 있다 ; 종사〈경영〉하다 《*in*》.

(4) 《~/+前+名/+副》 (기계 따위가) 작동하다, 움직이다.

(5) (계획 등이) 잘 되어가다 ; (약 등이) 듣다.

(6) 《~/+前+名》 영향을 미치다, 작용하다, 효과가 있다《*on, upon*》.

(7) 《~/+副》(쉽게) 다룰 수 있다.

(8) 《+副/+前+名》 조금씩〈겨우〉 나아가다 〈들어가다〉, 점차 …되다.

(9) 《+補》 (혹사당하여) …이 되다.

(10) 《~/+前+名》〔 *p., pp.*는 종종 ***wrought***〕 세공하다《*in*》 ; 바느질을 하다, 수를 놓다.

(11) 가공되다, 섞이다 ; 발효하다, 《比》 빚어지다 ; 싹트다.

(12) (마음·물결이) 동요하다, 술렁이다.

(13) 《~/+前+名》 (얼굴이) 실룩거리다.

—*vt.* (1) 《~+目/+目+補/+目+前+名》 (아무)를 일시키다, 부리다 ; 《口》 (이기적으로) 이용하다, (아무)를 속이다.

(2) (손가락·기계·도구·기관 등)을 움직이다 조작〈운전〉하다, (공장 등)의 가동〈조업〉을 계속하다; 《俗》 처리해 나가다, 해내다.

(3) 《~+目/+目+*to* do》 …을 이용〈활용〉하다.

(4) (특정 지역)을 담당하다, …에서 영업하다.

(5) (농장·사업)을 경영하다 ; (광산)을 채굴하다 ; 경작하다.

(6) 《~+目/+目+副》(계획)을 세우다, 실시하다, 주선하다.

(7) 《~+目/+目+補/+目+前+名》〔*p., pp.*는 종종

wrought] (어떤 상태)를 일으키게 하다, 생기게하다, 가져오다.
(8) 《+目+前+名》 (아무)를 …하도록 만들다, 설득하다.
(9) 《+目+前+名》 점차로〈교묘하게, 솜씨 좋게〉 …하게 하다.
(10) 《+目+前+名/+目+副》 (서서히) 애쓰며 나아가다 ; 노력하여 얻다.
(11) 《目+副/+目+前+名》 (점차로) 흥분시키다.
(12)《~+目/+目+副》 (문제 등)을 풀다, 《美》 산출하다.
(13) 《~+目/+目+前+名》 〔*p.*, *pp.*는 때때로 *wrought*〕(노력을 들여) 만들다, 가공〈세공〉하다 ; 반죽하다, 뒤섞다 ; 불리다.
(14) 《~+目/+目+前+名》 〔*p.*, *pp.*는 때때로 *wrought*〕 …을 짜서 만들다 ; …에 수놓다 ; 꿰매다 ; (초상을) 그리다, 파다.
(15) 《目+副》 …을 일〈노동〉하여 지불하다.
(16) …을 발효시키다 ; 접지(接枝)하다 ; 발아시키다.
(17) (동물에게) 재주를 부리게 하다.
(18) (얼굴 등)을 씰룩이게 하다.
~ around 〈***round***〉 ***to*** a thing 〈do***ing. . .***〉 겨우 …에 착수하다, …까지 손이 미치다, …할 시간이 되다. ***~ at*** …에 종사하다 ; …을 연구하다. ***~ away*** 부지런히 일을〈공부를〉 계속하다《*at*》. ***~ for*** (peace)(평화)를 위하여 힘을 다하다. ***~ hard*** 〈***with a will***〉 열심히 일하다. ***~ in*** (*vi.*) 들어가다 ; 알맞다, 조화하다, 잘되어가다《*with*》. (*vt.*) 넣다, 삽입하다, 섞다, 문질러 바르다. ***~ into*** …에 삽입하다〈넣다, 섞다〉 ; …에 (서서히) 밀어넣다, 삽입하다. ***in with ~er*** 협조하다. ***~ it*** 《俗》 잘 하다 ; 몰래 마련하다 ; (생각대로) 해치우다. ***~ it out*** 해답을 내다. ***~ off*** (*vi.*) 1) 빠지다. 2) (아픔·피로등이)가시다, 없어지다. 3) (도구·기구등이) …을 동력으로 하여 작동하다. (*vt.*) 1) …을 제거하다. 2) (울분 등을) 풀다, (딴 데) 떠넘기다 ; 일을 끝내다, 처리하다. 3) (빚)을 일해서 갚아버리다. 4) 《俗》 죽이다, 교살하다 ; 속이다. ***~ on*** (*ad.*) 계속 일하다. (*prep.*) 1) …에 종사하다 ; …에 효험이 있다, 작용하다. 2) (사람·감정 등)을 움직이다, 흥분시키다 ; 애써 설득하다. ***~ on*** 〈***onto***〉 …에(서서히) 끼우다〈씌우다〉. ~ one***'s head off*** 맹렬히 일하다. ***~ out*** (*vi.*) 1) (총액 등) 합해서 …이 되다《*at* ; *to*》. 2) 결국 …이 되다 ; 잘되다. 3) (문제가) 풀리다, 성립하다 ; 제대로 납이나오다. 4) (스포츠등의)트레이닝을 하다. (*vt.*) 1) (문제)를 풀다; 잘해결하다: *~out* a problem. 2) …의 사실을 알다, 이해하다 : I've never been able to ~ her *out*. 그녀를 전혀 이해할 수 없었다. 3) 애써서 성취하다 ; 산출〈계산〉하다, (계획 등)을 완전히 세우다, 만들어내다, 안출하다 ; 결정하다. 4) (광산)을 파다 ; 써서 낡게하다 ; 피로케하다. 5) (빚 등)을 일하여 갚다, 노무 제공으로 갚다. ***~ over*** 철저히 연구〈조사〉하다 ; 다시하다, 손을 보다, 다시 문제삼다 ; 《俗》거칠게 다루다, 때리다. ***~ round*** (바람이) 방향을 바꾸다. ~ one***self to death*** 너무 일해서 죽다 ; 몸이 녹초가 되도록 일하다. ~ one'***s fingers to the bone*** 열심히 일하다. ~ one'***s way*** 일〈고생〉하면서 나아가다 ; 일하면서 여행하다 ; 고학하다. ~ one'***s will upon*** …을 소원대로 행하다. ***~ to rule*** 《英》 준법(遵法) 투쟁을 하다. ***~ toward***(***s***) …을 지향하여 노력하다. ***~ up*** 〔점차 노력하여 등의 뜻을 내포하고〕 (*vt.*) 1) …까지 흥분시키다《*to*》. 부추기다 : 부추겨 …로 하다《*into*》 ; (흥미·식욕등)을 불러일으키다. 2) (회사·세력등)을 발전시키다, 확장하다. 3) (흔히 ~ oneself〈one' way〉up으로) …로 가지 출세하다. 4) (자료 등)을 집성(集成)하다《*into*》. 5) (찰흙 등)을 빚어내다, 파서 만들다, 섞어서 만들다 ; (계획 등)을 작성하다, 마련하다. 6) 《俗》 (땀)을 내다. (*vi.*) 1) 흥분하다. 2) …에까지 이르다, 나아가다, 오르다 ; 입신하다, 출세하다 : He *~ed up* from office boy *to* president. 그는 사환에서 대통령까지 출세했다. ***~ upon*** …에 영향을 주다 ; …에 작용하다 ***~ with*** 1) …와 함께 일하다. 2) …을 일〈연구〉의 대상으로 삼다 : I am*~ing with* children. 나는 아이들을 대상으로 일을〈연구를〉하고 있습니다.

work·a·ble [wə́ːrkəbəl] *a.* 일시킬〈일할〉 수 있는 ; 움직일 수 있는 ; 운전이 가능한.

work·a·day [wə́ːrkədèi] *a.* 일하는 날의, 평일의 ; 보통의, 평범한 ; 실제적인, 무미 건조한.

work·a·hol·ic [wəːrkəhɔ́ːlik, -hál-/-hɔ́l-] *n.* ⓒ지나치게 일하는 사람, 일벌레.

work·a·hol·ism [wə́ːrkəhɔ̀ːlizəm] *n.* ⓤ 일중독, 지나치게 일함.

wórk àrea **[컴]** 작업 영역《자료 항목이 처리되거나 일시 저장되는 기억장치의 한 영역》.

work·bag [ˊbæ̀g] *n.* ⓒ 연장 주머니 ; 재봉〈바느질〉 도구 주머니.

work·bas·ket [ˊbæ̀skit/-bɑ̀s-] *n.* ⓒ 도구 바구니 《특히 재봉〈바느질〉 도구의》.

work·bench [ˊbèntʃ] *n.* ⓒ (목수 등의) 작업대.

work·book [wə́ːrkbùk] *n.* ⓒ 과목별 학습지도 요령 ; (교과서와 병행해 쓰는) 워크 북.

work·box [ˊbɑ̀ks/ˊbɔ̀ks] *n.* ⓒ 도구 상자 ; 《특히》 재봉〈자수, 편물〉함반짇고리.

wórk càmp 모범수 노동자 수용소 ; 봉사 활동 캠프.

work·day [wə́ːrkdèi] *n.* ⓒ 근무일, 작업일, 평일 ; 하루의 법정 노동 시간(working day).

wórked úp [wə́ːrkt-] 흥분한, 신경을 곤두세운.

:work·er [wə́ːrkər] *n.* ⓒ (1) 일을〈공부를〉하는 사람. (2) 일손 ; 노동자, 공원, 직공 ; 세공인. (3)**[蟲]** 일벌.

wórker participàtion (기업경영에의) 근로 자 참가, 노사 협의제.

wórk fòrce (실동(實動)·잠재의) 총노동력, 노동인구 ; 모든 종업원.

wórk fùnction **[物]** 일 함수.

work·horse [ˊhɔ̀ːrs] *n.* ⓒ (1) 일빌, 사역마, 짐말, (2) 부지런히 일하는 사람 ; 내구력이 있는 기계〈차〉.

work·house [ˊhàus] *n.* ⓒ 《美》 경범죄자 노역소 ; 《英》 (옛날의)구빈원.

:work·ing [wə́ːrkiŋ] *n.* (1) ⓒ,ⓤ 일, 노동 작용, 활동 ; 작업, 운전. (2) ⓒ,ⓤ 공작, 가공 ; 제조, 건조. (3) ⓤ 해결 ; (*pl.*) 계산과정. (4) ⓤ (얼굴 등의) 씰룩임, 경력 ; 발효 작용. (5) (*pl.*) 짜임, 기구 ; (광산·채석장 따위의) 작업장, 채굴장, 갱도 ; 갱도망(網).
—*a.* (1) a〕 일하는, 노동에 종사하는 ; 경작에 쓰이는 《가축 등》. b〕 경영의, 영업의 ; 운전하는 ; 실행의. c〕 소용되는 ; 일의 추진을 위한〈에 필요한〉. (2)경련하는《얼굴》 ; 발효중인《맥주》.

wórking bùdget 실행 예산.

wórking càpital **[商]** 운전 자본 ; 유동 자산.

work·ing-class [-klæ̀s/-klɑ̀ːs] *a.* 〔限定的〕 임금〈육체〉 노동자 계급의〈에 어울리는〉.

wórking còuple 맞벌이 부부.

wórking dày = WORKDAY ; 일일 노동 시간.

wórking gìrl 근로 여성 ; 《俗》 매춘부.
wórking hypòthesis 작업 가설(假說).
·**work·ing·man** [-mən] *n.* ⓒ 노동자, 직공.
wórking mèmory 【컴】 계산 도중의 결과를 고속으로 기억하는 장치.
wórking òrder 정상적으로 운전〈작동〉할 수 있는 상태.
work·ing-out [∠àut] *n.* ⓤ (1) 계산, 산출. (2) 입안(立案), (계획의) 세부의 완성.
wórking pàrty 《英》 전문 조사 위원회 ; 【軍】 작업반.
work·ing·wom·an [-wùmən] (*pl.* ***-wo·men***[-wìmin]) *n.* ⓒ 여자 노동자.
work·less [wə́ːrklis] *a.* 일거리가 없는, 실업한. the ~ 〔集合的〕 실업자, 시리직자. 파) **~·ness** *n.*
work·load [∠lòud] *n.* ⓒ (사람·기계의) 작업부하(負荷) ; 표준 작업량〈시간〉.
:**work·man** [∠mən] (*pl.* ***-men***[∠mən]) *n.* ⓒ (1) 노동자, 직공, 공원. (2) 기술자 ; 숙련가. ***a master ~*** 명공(名工) ; 직공장.
work·man·like, work·man·ly [∠mən-làik], [∠mənli] *a.* (1) 직공다운. (2) 능숙한, 솜씨좋은 : do a ~ job 훌륭한 솜씨의 일을 하다. (3) 《蔑》 손끝만의, 기교에 치우친.
·**work·man·ship** [∠mənʃip] *n.* ⓤ (1) 솜씨, 기량, 기능 ; 만듦새. (2) 세공, 제작품.
work·mate [wə́ːrkmèit] *n.* ⓒ 직장동료.
·**work·out** [∠àut] *n.* ⓒ (1) (권투 등의) 연습, 트레이닝. (2) 운동, 체조.
work·peo·ple [∠pìːpəl] *n. pl.* (공장) 근로자들 ; 공원들.
work·piece [∠pìːs] *n.* ⓒ (기계·도구로) 가공중에 있는 제품.
work·place [∠plèis] *n.* ⓒ 일터 작업장.
work·room [∠rù(ː)m] *n.* ⓒ 작업실, 일하는 방.
wórks còuncil 〈**committee**〉 (1) 공장 협의회. (2) 노사협의회.
wórk shèet (1) 작업 계획〈예정기록〉표, (회계용) 시산 용지. (2) 연습 문제지.
·**work·shop** [wə́ːrkʃɑ̀p/-ʃɔ̀p] *n.* ⓒ (1) 작업장, 일터, 직장. (2) (참가자가 자주적 활동을 행하는) 강습회, 연구집회.
work-shy [∠ʃài] *a.* 일하기 싫어하는.
work·sta·tion [wə́ːrkstèiʃən] *n.* ⓒ 워크스테이션《1) 사무실 안 등에서 한 사람의 근로자가 일하기 위한 장소〈자리〉. 2)【컴】 작업(실) 전산기》.
wórk stùdy (생산 능률 향상을 위한) 작업 연구.
work·ta·ble [∠tèibəl] *n.* ⓒ 작업대 ; 재봉대.
work·top [∠tɑ́p/∠tɔ̀p] *n.* ⓒ 《美》 (카운터식 주방의)카운터, 배선대(配線臺).
work-to-rule [wə́ːrtərùːl] *n.* ⓤ 《英》 준법투쟁, 합법 투쟁.
work·week [∠wìːk] *n.* ⓒ 《美》 1주 근로시간.
work·wom·an [∠wùmən] (*pl.* ***-wom·en***[-wìmin]) *n.* ⓒ 여성 근로자 ; 여자 공원, 여직공.
:**world** [wəːrld] *n.* ⓤ (1) a〕 (the ~)세계, 지구 ; (세계 속의) 사람, 인류《이 때에는 단수 취급》. b〕 (흔히 the ~) (시대·지역·내용에 의해서 한정된) 세계. (2) (이〈저〉) 세상 ; 현세 ; (the ~)(살아가는) 세상, 세인, 속인, 세속, 세태, 세상사 : this〈the〉 ~ 이승, 이 세상. (3) a〕 분야. b〕 (동식물 따위의) (세)계(界). (5) a〕 우주, 만물 ; (거주자가 있는) 천체, 별의세계. b〕 삼라만상, 모든것. (6) (종종*pl.*) 대량, 다수.
a better ~ = another ~ 저 세상 내세. ***against the ~*** 전세계를 적으로 돌리고, 세상과 싸워. (***all***) ***the ~ and his wife*** 《戱》(신사 숙녀의) 그 누구나, 어중이 떠중이 모두. ***a man of the ~*** 세상물정에 밝은 사람. ***all the ~ over*** = ***all over the ~*** 온 세계에서. ***as the*** 〈***this***〉 ***~ goes*** 보통으로 말하면. ***a ~ of*** ⇨(6) ***a ~ too...*** 너무나 …한. ***be all the ~*** 〈***mean***(***all***) ***the ~*** 〉 ***to*** 〈***for***〉(아무에게 있어) 무엇과도 바꿀 수 없는 것이다. ***before the ~*** 공공연히. ***begin the ~*** 실사회에 나가다. ***be not long for this ~*** 죽어가고 있다. 오래 지는 않다. ***bring... into the ~*** ⇨BRING. ***carry all the ~ before*** one ⇨ CARRY. ***come***〈***go***〉 ***down in the ~*** 영락하다. ***come into the ~*** 태어나다 ; 출판되다. ***come*** 〈***go, move***〉 ***up in the ~*** 사회적 지위가 오르다 ; 한 밑천 잡다. ***dead to the ~*** ⇨ DEAD. ***end of the ~*** 세상의 종말. ***for all the ~*** = 《美口》 for anything in the ~ = for the ~ 〔否定文에서〕 결코 : I would*n't* sell that picture *for all the ~*. 결코 저 그림은 팔지 않겠다. ***for all the ~ like*** 〈***as if***〉 ***...*** 아주 …와 똑같은, 아주 꼭닮은 (exactly like): You look *for all the ~ like* my cousin. 자네는 내 조카와 아주 흡사하네. ***forsake the ~*** 속세를 떠나다 ; 유혹을 뿌리치다. ***get on*** 〈***rise***〉 ***in the ~*** 처세하다, 출세하다. ***give to the ~*** 세상에 내다, 출판하다. ***give***(***all***) ***the ~ to*** do 어떤 희생을 치르더라도 …하고 싶다. ***go out into the ~*** 사회에 나가다. ***have the ~ before*** one 앞길이 양양하다. ***have the ~ at*** one's ***feet*** 크게 성공하다, 만인의 칭송을 받다. ***It s a small ~***. 《口》 세상은 넓은 것 같아도 좁다. ***make a noise in the ~*** ⇨ NOISE. ***make*** one'***s way in the ~*** (노력하여) 출세〈성공〉하다. ***make the ~ go around***〈***round***〉극히 중요하다. ***on top of the ~*** ⇨TOP. ***out of this*** 〈***the***〉 ***~*** 《口》 비길 데 없는, 아주 훌륭한. ***see the ~*** 세상 여러가지를 경험하다, 세상을 알다. ***set the ~ on fire*** ⇨FIRE. ***take the ~ as it is*** 〈***as one finds it***〉(세상 일을 그대로 받아들여) 현재의 추세에 순응하다. ***the best of both ~s*** (양족에서) 좋은 점만을 취하기. ***the ~ at large*** 일반서민. ***The ~ is*** one'***s oyster***. 세상이 다 제것이다, 만사가 뜻대로다. ***the ~, the flesh, and the devil*** 여러가지 유혹물《명리·정욕·사념》. ***think the ~ of*** ⇨THINK. 대단히 중시하다. (***think***) ***the ~ owes*** one ***a living*** 세상〈사회〉의 보살핌을 받는 것을 극히 당연하다(고 생각하다).
Wórld Bànk (the ~) 세계 은행.
world-beat·er [∠bìːtər] *n.* ⓒ 《口》 기록 보유자, 제1인자.
world-class [∠klǽs, ∠klɑ̀s] *a.* 세계적인, 국제 적인.
Wórld Cúp (the ~) 【競】 월드컵《축구·스키·육상 경기 따위 세계 선수권 대회》.
Wórld Héalth Organizàtion (the ~) 세계 보건 기구《略 : WHO》.
wórld lánguage 세계어, 국제어.
world·ling [wə́ːrldliŋ] *n.* ⓒ 속인, 속물.
:**world·ly** [wə́ːrldli] (***-li·er; -li·est***) *a.* 이 세상의, 세속적인, 속세의, 속인의, 현세의. 【cf.】earthly.
world·ly-mind·ed [-máindid] *a.* 세속적인 ; 명리(名利)를 좇는. 파) **~·ness** *n.*
world·ly-wise [-wáiz] *a.* 처세술이 능한, 세상물정에 밝은.
wórld's 〈**wórld**〉 **fáir** 만국 박람회.
world-shak·ing [wə́ːrldʃèikiŋ] *a.* 세계를 뒤흔드

는 ; 획기적인.
Wórld Tráde Organizàtion (the ~) 세계무역기구.
wórld víew 세계관.
Wórld Wár I [-wʌ́n] 제1차 세계대전 (the first World War)《1914-18》
Wórld Wár III [-θríː] (장차 일어날지도 모르는) 제3차 세계 대전.
Wórld Wár II [-túː] 제2차 세계 대전(the Second World War)《1939-45》.
world-wea·ry [ˊwìəri] a. 염세적인.
:world·wide [ˊwáid] a. (명성 등이) 세계에 미치는, 세계적인, 세계에 알려진.
:worm [wəːrm] n. ⓒ (1) a] 벌레《지렁이·털벌레·땅벌레·구더기·거머리·회충류(類)》. 【cf.】 insect. b] (pl.)(체내의) 기생충 ; (~ s)〔斷水취급〕기생충병 ; 장충(腸蟲)병. (2) 벌레 같은 인간, '구더기'. (3) 고통〈회한(悔恨)〉의 원인. (4) a] 나사(screw) ; 나사산 ; 【機】 웜《worm wheel과 맞물리는 전동축(傳動軸)의 나선》 ; = SCREW CON-VEYOR ; (증류기의) 나선관. b] 【解】 충양(蟲樣)구조, (소뇌(小腦)의) 충양체 ; (육식 짐승혀 안쪽의) 종행근(從行筋) 섬유. c] (pl.) 《美俗》 마카로니, 스파게티. ***food 〈meat〉 for ~s*** 인간의 시체. ***I am a ~ today.*** 오늘은 아주 기운이 없다. ***the ~ of conscience*** 양심의 가책.
—vi. (1) 송충이처럼 움직이다, 천천히 나아가다 ; 몰래 나아가다. (2) 《+前+名》 교묘히 빌붙다. (3) 【治】 (금속·도자기 따위 겉면에) 금이가다. —vt. (1) 《+目+前+名》 서서히 나아가게 하다 ; 차차 환심을 사게 하다. (2) 《 +目+前+名》 점점 기어 들어가게〈나오게〉 하다《into; out of》. (3) 《+目+前+名》 (비밀 따위)를 캐내다. (4) 기생충을 없애다 ; (식물)에서 벌레를 구제(驅除)하다 : ~ a flower bed 꽃밭의 벌레를 잡다. ***~ out of...*** 《俗》 …에서 빠져나오다, 《比》 (문제, 싫은 의무) 에서 몰래 도망치다. ~ one***self into*** …으로 기어 들어가다 ; 살살 …의 환심을 사다. ~one***self through*** 슬금슬금 나아가다.
worm·case [ˊkæ̀st, ˊkɑ̀ːst] n. ⓒ 지렁이, 똥.
worm-eat·en [ˊìːtən] a. 벌레 먹은, 벌레가 파먹은 ; 낡아 빠진 ; 시대에 뒤진.
worm·hole [wə́ːrm, -hòul] n.ⓒ(목재·의류·종이 등에난) 벌레먹은 자리, 벌레 구멍.
wórm whèel 【機】 웜 기어, 웜 톱니바퀴.
worm·wood [wə́ːrmwùd] n.ⓤ 【植】 다북쑥속(屬)의 식물, 《특히》 쓴쑥; 고뇌, 고민거리.
wormy [wə́ːrmi] (***worm·i·er ; -i·est***) a. 벌레붙은〈먹은〉, 벌레가 많은 ; 벌레같은.
:worn[1] [wɔːrn] WEAR의 과거분사
—a. 닳아빠진, 닳아 해진 ; 야윈, 초췌한.
worn[2] WEAR의 과거분사
:worn-out [ˊáut] a. (1) 닳아빠진. (2) 기진맥진한. (3) 케케묵은, 진부한.
·wor·ried [wə́ːrid, wʌ́rid] a. 난처한, 딱한, 걱정〈근심〉스러운, 곤란한〈귀찮은〉듯한. ***be ~ about 〈over〉*** …의 일을 걱정하다.
wor·ri·er [wə́ːriər, wʌ́r-] n. ⓒ 괴롭히는 사람 ; 걱정이 많은 사람.
wor·ri·less [wə́ːrilismwʌ́r-] a. ⓒ 근심〈걱정〉거리가 없는 ; 태평스런.
wor·ri·ment [wə́ːrimənt, wʌ́r-] n. ⓤ 《口》 걱정, 근심, ⓒ 근심거리.
wor·ri·some [wə́ːrisəm, wʌ́r-] a. 곤란한, 귀찮은 ; 걱정되는, 늘 걱정하는.
wor·rit [wə́ːrit, wʌ́r-] v., n.《英口》 = WORRY.
:wor·ry [wə́ːrit, wʌ́ri] vi. (1) 《~/+前+名/+that 節/+-ing》걱정〈근심〉하다, 속태우다, 고민하다 ; 안달하다《about; over》. (2) 《+前+名》 애쓰며 나아가다 ; 간신히 타개하다《along ; through》. (3) 물다, 잡아당기다(《at》 ; (문제 따위를) 풀려고 애쓰다, 귀찮게 조르다《at》. (4)《英口》 질식하다.
—vt. (1) 《~+目/+目+前+名/+目+補/+目+to do》(아무)를 난처하게 하다, 괴롭히다, (…하라고) 성가시게 굴다. (2) 《+目+前+名》〔受動으로 또는 再歸的〕 곤란을 당하다, 고민하다《about; over》. (3) …를 집적거리다, 귀찮게 조르다, 쑤석거리다 ; (개)가 물고 뒤흔들다. ***I should ~ !*** 《口》 조금도 상관없습니다. ***Not to〈No〉 ~.*** 《英口》 걱정마라, 신경쓰지 마라. ***~ along***(고생해가면서) 그럭저럭 해나가다〈살아가다〉.
—n. (1)ⓤ 걱정, 고생 ; ⓒ(흔히pl.)골칫거리 : Worry has made him look an old man. 근심 때문에 그는 얼굴이 노인처럼 되었다 / Life is full of worries 인생은 근심투성이(고해)이다. (2) ⓤ 사냥개가 사냥감을 물어뜯기.
wórry bèads 걱정거리가 있을때 손으로 만지작 거려 긴장을 푸는 염주.
wor·ry·ing [wə́ːriŋ, wʌ́r-] a. 성가신, 귀찮은.
wor·ry·wart [ˊwɔ̀ːrt] n. ⓒ 《口》 사소한 일을 늘 걱정하는 사람, 소심한 사람.
·worse [wəːrs] a. ⓒ 〔bad ill의 比較級〕 보다 나쁜 ; (병이) 악화된. ***be ~ off*** 돈 융통이 더욱 나쁘다, 살림이 더욱 어렵다. ***be ~ than*** one***'s word*** 약속을 깨다〈어기다〉. ***be ~ than useless*** 유해 무익하다. ***none the ~ for***(the accident)(사고)를 당해도 태연하게. ***nothing ~ than*** (최악의 경우에도) 겨우 …만은. ***so much the ~*** (오히려) 그만큼 나쁜. one'***s ~ half*** ⇨HALF. ***the ~ for ...*** …때문에 악화되어〈상태가 나빠져〉. ***the ~ for drink*** 취하여. ***the ~ for wear*** 지쳐버려; 입어서 낡은 ; 《口》 취하여. (and) ***what is ~ = to make matters ~ = ~ than all*** 설상가상으로. ***~ luck*** ⇨LUCK.
—ad. 〔badly, ill의 比較級〕더 나쁘게, 보다 심하게, 더 서투르게. ***none the ~*** 역시 ; 그럼에도 불구하고. ***think none the ~ of*** …을 여전히 중히 여기다〈존경하다〉. ***~ still*** 설상가상으로(=(and) what is ~).
—n. ⓤ (1) 더욱 나쁨. (2) (the ~)더욱 나쁜쪽, 불리, 패배; 불화. do ~ 욱 나쁜〈어리석은〉 짓을 하다《to》. ***for better or for ~*** 좋든 나쁘든. ***for the ~*** 나쁜 쪽으로, 더욱 나쁘게. ***go from bad to ~*** ⇨BAD ***have the ~*** (경기 등)에 지다 ; 〔一般的〕 불리한 입장에 있다. ***If ~ comes to worst*** ⇨WORST ***or 〈and〉 ~*** 더욱 나쁜 것. 파) ***~·ness*** n.
wors·en [wə́ːrsən] vt., vi. 악화하다, 악화시키다.
:wor·ship [wə́ːrʃip] n. ⓤ (1) 예배, 참배 ; ⓒ예배식. (2) 숭배, 존경 ; 숭배의 대상. (3) 《英》각하《치안 판사·시장 등에 대한 경칭, 때로 反語的》. ***a house〈place〉 of ~*** 교회 ; 예배소. ***a man of ~*** 훌륭한 사람, 신분 있는 사람 ***a public ~*** 교회의 예배식.
—(***-p-,*** 《英》***-pp-***) vt., vi (1) 예배하다, …에 참배하다, (신으로) 모시다〈공경하다〉. (2) 숭배〈존경〉하다.
파) *~·(p)er [-ər] n. ⓒ 예배자, 참배자, 숭배자.
wor·ship·ful [wə́ːrʃipfəl] a. 〔限定的〕 존경할 만한, 훌륭한, 존귀한, 고명한《경칭으로서》.
:worst [wəːrst] a. 〔bad, ill의 最上級〕최악의, 가

장 나쁜 ; (용태가) 최악의 ; 가장 심한《限定的으로 쓰는 경우에는 the ~ 가 수반되지만 敍述的으로 쓰일 때는 the 를 생략하는 수도 있음》. ***come off ~*** 지다, 패배하다, 혼나다. ***the ~ way* 〈*kind*〉** 《美俗》 가장 나쁘게.
—*n.*(the ~)ⓤ 최악, 최악의 것〈사람〉. ***at*(*the, one's*)** ~ 최악의 경우는 ; 아무리 나빠도. ***Do your*〈*Let him do his*〉*~ !*** 무슨 일이건 멋대로 해봐《도전의 말》 ***get*〈*have*〉 *the ~* (*of. . .*)** 《口》 …에(서)지다, 혼나다. ***give*** a person ***the ~ of it*** 아무를 지우다. ***have the ~*** 패배하다. ***if* 〈*when*〉(*the*) ~ 〈《美》*worse*〉 *comes to* (*the*)~** 최악의 사태가 되면, 만일의 경우는. ***make the ~ of*** (곤란 따위)를 과장해서 말하다, …을 큰일인 것처럼 말하다 ; …을 비관하다, 최악의 경우로 여기다; (곤란 등에) 대처하지 못하다. ***speak* 〈*talk*〉 *the ~ of*** …을 나쁘게 말하다, …을 깍아내리다. ***The ~ of it is that ... .*** 가장 곤란한 일은 …이다. —*ad.* 〔badly, ill의 最上級〕가장 나쁘게 ; 매우, 대단히 ; 가장 서툴게 : John played ~. 존의 연주〈연기〉가 가장 서툴렀다. ***~ of all*** 무엇보다도 나쁜 것은.
—*vt.* …을 지우다, 무지르다. ***be ~ed*** 지다.

worst-case [wə́ːrstkèis] *a.* 〔限定的〕 최악의 경우도 고려한.

wor·sted [wústid, wə́ːr-] *n.* ⓤ, *a.* 소모사(梳毛絲)(의), 우스티드(의) ; 소모사 직물(의), 모직물(의).

wort [wəːrt] *n.* ⓤ 맥아즙(麥芽汁)《맥주 원료》.

:worth [wəːrt] *a.* 〔敍述的〕 (1) …의 가치가 있는, …의 값어치가 있는 ; 〔動名詞·금액·노력등을 나타내는 명사를 수반하여〕 …할 만한 가치가 있는. 【cf.】 worthy. (2) 재산이 …인, …만큼의 재산을 가지고. ***as much as... is ~*** …의 가치에 필적할 만큼 : It's *as much as* my place *is* ~ to do it. 그것을 하면 내 지위가 위태롭다. ***for all*** one ***is ~*** 《口》 전력을 다해서. ***~ it*** 《口》 (시간·수고 따위를 들일 만한) 가치가 있는.
—*n.* ⓤ (1) 가치, 값어치 : the ~ of the man 사람의 가치. (2) …의 값만큼의 분량, …어치〈*of*〉 : three dollars' ~ *of* meat, 3달러어치의 고기. (3) 재산. ***get*** one'***s money's ~*** 치른 돈만큼의 것을 획득하다, 본전을 뽑다. ***of great ~*** 대단히 가치가 있는. ***of little* 〈*no*〉 ~** 가치가 적은〈없는〉. ***put*〈*get*〉 *in*** one's ***two cents*('**)《俗》 ~ 주장하다, 의견을 말하다.

worth·ful [wə́ːrθfəl] *a.* 가치 있는, 훌륭한.

:worth·less [wə́ːrθlis] (***more ~ ; most ~***) *a.* 가치 없는, 하잘것 없는, 쓸모 없는, 시시한, 무익한.

·worth·while [wə́ːrθ*h*wáil] *a.* 〔흔히 附加語的〕 할 보람이 있는, 시간을 들일 만한 ; 상당한

:wor·thy [wə́ːrði] (***-thi·er; -thi·est***) *a.* (1) 훌륭한, 존경할 만한, 가치있는, 유덕한. 【cf.】 worth (2) 〔敍述的〕 (…에) 어울리는.
—*n.*ⓒ 훌륭한 인물 ; 명사 ; 《戱·反語的》양반.

-worthy '…에 알맞은, …할 만한' 의 뜻의 결합사.

wot [wɑt/wɔt] 《古》 WIT[2]의 직설법 현재 제1·제3인칭 단수.

wotch·er, watch- [wɑ́tʃər/wɔ́tʃ-] *int.* 《美俗》 안녕하십니까(What cheer!).

:would [wud, 弱 wəd, əd] (would not 의 간약형 ***wouldn't*** [wúdnt] ; 2인칭 단수《古》(thou) ***wouldst*** [wudst], ***would·est*** [wúdist] *aux. v.* **A**) 《直說法》 (1) 〔從屬節 안에서, 時制의 일치에 의한 間接話法〕 〔單純未來〕 …할〈일〉 것이다
(2) 〔過去의 의지·주장·고집·거절〕(기어코) …하려고 했다《흔히 否定文에서》.
(3) 〔말하는 이의 짜증·비난을 나타내어〕(아무가)상습적으로 …하다 ; (공교로운 사태 등이) 늘 …하다《종종 過去의 때와는 관계없이 쓰임》.
(4) 〔過去에 관한 추측〕 …했을 〈이었을〉는 지도 것이다, …했을〈이었을〉는지도 모른다.
(5) 〔過去의 습관·습성〕 (사람이) 곧잘 …하곤 했다.
(6) 〔過去의 수용력·능력〕 (물건이) …할 능력이 있었다, …할 수 있었다(could).
B) 《假定法》 (1) 〔修飾節에서〕 …하려고 했으면, …할 마음만 있으면.
(2) 〔主節에서 (1) : I ~〕 a〕 〔상상을 포함한 의지〕 …할〈했을〉 텐데
(3) 〔主節에서 (2) : you 〈he, she, it, they〉 ~〕 a〕 〔修飾節 또는 그에 상당하는 句의 귀결로서, 또는 條件節 따위가 생략되어〕 …할 것이다《이 would 는 말하는 이의 추측을 보이는 것으로 주어의 의지는 없음》. b〕 〔말하는 이의 상상〕, c〕 〔말하는 이의 바람〕.

☞參考 (1) '의뢰·권유·바람' 을 나타내는 Would you...? 에 대한 肯定의 대답은 Yes, I *would*. 가 아니고 Certainly(, I will), 따위로 되며 否定의 대답은 I'm afraid I can't 따위가 됨.
(2) **I would like to** 와 **I should like to** I should like 〈prefer, care, be glad, be inclined 따위〉가 바르고 would 는 잘못이라는 설이 있음. 그 이유는 like에는 이미 would(…하고싶다)의 뜻이 포함되어 있기 때문임. 그러나 실제로는 특히《美》에서는 would가 훨씬 많이 쓰이고 있으며 간약형 I'd like는 많은 사람이 I would like의 간약형으로 보고 있음.

Would that... ! …면 좋을텐데《節안은 보통 假定法過去形》.

·would-be [wúdbìː] *a.* 〔限定的〕 …이 되려고 하는, …지망의, 지침의 ; …연(然)하는, …이라고 자인하는.

·would·n't [wúdnt] would not의 간약형.

:wound[1] [wuːnd《古·詩》waund] *n.* ⓒ (1) 부상, 상처 : a knife ~ 칼로 베인 상처. (2) (정신적) 고통, 상처, 타격 ; 《詩》 사랑의 상처. ***inflict a ~ upon*** a person 아무에게 상처를 입히다. ***lick*** one'***s ~s*** 1) 상처를 치료하다. 2) 상한 마음을 고치다 ; (좌절 따위를) 딛고 일어서려 하다. ***open up old ~s*** 묵은 상처를 쑤시다.
—*vt.* 《~+目/+目+前+名》 상처를 입히다, 부상하게 하다 ; (감정)을 해치다.

wound[2] [waund] WIND의 과거·과거분사.

:wound·ed [wúːndid] *a.* 상처입은, 부상당한 ; (감정 등을) 상한.

:wove [wouv] WEAVE의 과거·과거분사.

·wov·en [wóuvən] WEAVE의 과거분사.

wove paper 비쳐보면 그물 무늬가 있는 종이.

wow[1] [wau] 《口》 *int.* 야아《놀라움·기쁨·고통등을 나타냄》. —*n.* ⓒ (a ~)(흥행의) 대성공, 성황 ; (무의식중에 야아 하고 소리 지르게 될 만한) 굉장한 것, 잘 생긴 여자〈남자〉. —*vt.* (관중)을 열광시키다, 대성공하다.

wow[2] *n.* ⓤ 와우《재생장치의 속도 변화로 소리가 일그러짐》. 〈imit.〉

wrack[1] [ræk] *n.* (1) ⓤ 바닷가에 밀려올라온 해초. (2) ⓒ 표착물 ; 난파선, 진해. (3) ⓤ 파멸 ; 파괴. ***go to ~ and ruin*** ⇨ RACK.

wrack[2] *n.* ⓒ (중세의) 고문대.
— *vt.* 고문하다.

wraith [reiθ](*pl.* **~s**[-θs, ðz]) *n.* ⓒ (죽어가는 사람의) 생령, (막 죽은 사람의) 영혼 ; 〔一般的〕 유령, 망령 ; 《比》 앙상하게 말라빠진 사람 ; 피어오르는 연기〈증기〉. 파) **~·like** *a.*

·**wran·gle** [rǽŋgəl] *vi.* 말다툼하다, 논쟁하다, 언쟁하다, 다투다《*with ; about ; over*》. —*vt.* …을 설복하다《*out ; in*》, 토론하다 ; 《美》 (가축따위)를 보살피다 : ~ a person *into* 〈*out of*〉 agreeing to the proposal 아무를 설득하여 그제안에 동의시키다〈하지 않도록 하다〉.

—*n.* ⓒ 말다툼, 논쟁, 입씨름(dispute).

wran·gler [rǽŋgələr] *n.* ⓒ 토론자, 논쟁자언쟁하는 사람 ; 《美》 말지기, 가축지키는 사람, 카우보이.

:**wrap** [ræp] (*p.*, *pp.* **~ped**[ræpt], **~t**[ræpt] ; **~·ping**) *vt.* (1)《~+目/+目+副/+目+前+名》 …을 감싸다, 싸다, 입다 ; 포장하다《*up ; in*》. (2)《+目+前+名》 …을 둘러싸다, 감다, 얽다 《*about ; around ; round*》. (3) 《~+目/+目+前+名》(사건·진의 등)을 가리다, 숨기다《*in*》. (4) …을 포함하다《*up*》. (5) (냅킨 등)을 접다. (6) 【映·TV】 촬영을 완료하다, 끝내다, 마치다. (7) (아무를) …에 골몰케하다, 열중케 하다《*up in*》《흔히 受動으로 '아무가 …에 골몰하다〈열중하다〉' 의 뜻이 됨》. (8) (업무·회의따위)를 끝내다 ; (숙제 등)을 끝내다 ; (뉴스 등)을 요약하다《*up*》 : ~ *up* a meeting 회의를 끝내다.

—*vi.* (1) 《+副》 (몸을 옷 따위로) 휘감다, 둘러입다 ; (의류 등에) 휘감기다, (옷을) 입다《*up ; in*》. (2)(의류 등이) …을 감싸다 ; (식물 등이) …을 휘감다《*round ; about*》. (3) (의복·가장자리등이)겹쳐지다(overlap). **be ~ped up in** 1) …에 싸이다. 2) …에 열중하고 있다 ; …에 정신을 빼앗기고 있다. (3) 《口》 …와 관련이 있다, 말려들다. **~ it up**《美俗》잘 해내다 ; (경쟁에서) 결정적 타격을 가하다. **~ over** 포개다, 겹쳐지다, 겹치다, 포개지다. **~ up**(진의)를 …에 숨기고 표현하다《*in*》 ; 《口》(협정 따위)를 체결하다, 결말을 짓다 ; 《口》 (기사 따위)를 요약(要約)하다 ; (외투 등으로)몸을 싸다 ; 〔命令形〕 《俗》입 다물다, 침묵(沈默)하다.

—*n.* (1) ⓒ 두르개, 덮개, 싸개, 외피 ; 어깨두르개, 외투 ; ⓤ (엷은 플라스틱) 포장(재료), 랩. (2) ⓤ (*pl.*) 구속, 억제, 비밀(유지책), 검열. (3) ⓤ 완성, 끝냄. **keep... under ~s** (계획·사람등을) 숨겨두다, 비밀로 해두다, 공개하지 않고 두다. **take the ~s off** (드러내)보이다, 공표하다, 알리다, 비밀을 폭로하다.

wrap·a·round [rǽpəràund] *a.* 몸에 둘러서 입는 : 광각(廣角)의, (끝쪽이) 굽은, 겹친(= **wrap·o·over**). (2) 【製本】바깥 접장(outsert).

wrap·per [rǽpər] *n.* ⓒ (1) 싸는 사람, 감싸는 사람. (2) 포장지, 싸는 것, 싸개(잡지·신문의 봉(封)띠, 띠지 ; 《英》(책의 커버. 【cf.】 jacket. (3) (몸에 두르는) 실내복, 어깨 두르개. (4) 여송연의 겉잎.

wrap·ping [rǽpiŋ] *n.* ⓤ 포장, 쌈 ; (흔히 *pl.*)포장지, 보자기.

wrapt [ræpt] WRAP의 과거·과거분사.

wrap-up [rǽpʌ̀p] *n.* ⓒ (뉴스 등의)요약 ; 결말, 결론, 간추린 뉴스.

·**wrath** [ræθ, rɑ́:θ/rɔ:θ] *n.* ⓤ 《文語》 격노.

wrath·ful [rǽθfəl, rɑ́:θ-/rɔ:θ-] *a.* 격노한.

wrathy [rǽθi/rɔ́; θi] (**wrath·i·er ; wrath·i·est**) *a.* 《口》 = WRATHFUL. 파) **wrath·i·ly** *ad.*

wreak [ri:k] *vt.* 《~+目/+目+前+名》 (1) (원수)를 갚다, (벌)을 주다, (분노)를 터뜨리다 ; (원한)을 풀다, (위해(危害) 따위)를 가하다, 가져오다《*on, upon*》.

:**wreath** [ri:θ] (*pl.* **~s**[-ðz, -θs]) *n.* ⓒ (1) 화관, 화환. (2) (연기·구름 따위의) 소용돌이, 동그라미《*of*》. (3) 《詩》 (춤추는 사람·구경꾼 등의) 일단《*of*》. (4) 【建】 계단 난간의 만곡부.

·**wreathe** [ri:ð] (**~d; ~d,** 《古》**wreath·en**) *vt.* 《~+目/+目+前+名》 (1) (화환 따위로) …을 장식하다《*with*》. (2) (꽃·가지 등을 엮어) 둥글게 하다, 환상(環狀)으로 만들다. (3) …을 둥글게 둘러싸다 ; (팔·다리로) …을 휘감다 ; 〔再歸的〕 (뱀·덩굴 등이) …을 휘감다《*about ; around*》. (4) …을 감싸다 ; (얼굴 따위에 미소·슬픔등)을 띠다, (…로) 바꾸다《*in*》.

—*vi.* 《~/+副》 (수목이) 원을 이루다, 서로 얽히다 ; (연기 따위가) 동그라미가 되(어 움직이)다, 감돌다, 소용돌이쳐 오르다 : The smoke was wreathing upward. 연기가 소용돌이치며 올라가고 있었다.

:**wreck** [rek] *n.* (1) ⓒ,ⓤ(배의) 난파. (2) ⓤ 파괴, 파멸. 【cf.】 ruin. (3) ⓒ 난파선(의 잔해). (4) ⓒ,ⓤ 【法】 조난 화물, 표착물. (5) ⓒ 《美俗》 (파괴된 열차·건물 따위의) 비참한 잔해, 부서진 차, 사고차 ; 패잔〈몰락〉한 몸 ; (병으로) 수척해진 사람, 신경 쇠약자.

go to ~ (**and ruin**)파멸하다. **make a ~ of** a person' **s life** 아무의 인생을 망쳐 놓다.

—*vt.* (1) …을 난파시키다 ; (선원) 을 조난시키다 〔종종 受動으로 '난파하다' 의 뜻이 됨〕. (2) (자동차·건물따위)를 파괴하다, 부수다. (3) …를 파멸로 이끌다 ; 결딴내다. (4) 《美俗》 (지폐)를 주화로 바꾸다 ; 《美俗》 활수하게(돈)을 써 즐기다. —*vi.* (1) 난파〈파멸〉하다 : The ship *~ed* on a sunken rock. 배는 암초에 걸렸다〈걸려 난파했다〉. (2) 부서지다. (3) 폐물을 회수〈이용, 제거, 약탈, 수리〉하다.

·**wreck·age** [rékidʒ] *n.* ⓤ (1) 난파, 난선, 난파선. (2) 난파 화물, 표착물 ; 잔해, 파편. (3) 파멸, 파괴.

wrecked [rekt] *a.* (1) 《美俗》몹시 취한, 마약으로 몽롱해 있는. (2) 난파한 ; 파괴된.

wreck·er [rékər] *n.* ⓒ (1) 배를 난파시키는 사람 ; 난파선 약탈자. (2) 《美》 조난선 구조자〈선〉.

Wren [ren] *n.* ⓒ 《英》 해군 여자 부대원.

wren [ren] *n.* ⓒ 【鳥】 굴뚝새《유럽산》.

·**wrench** [rentʃ] *vt.* (1) 《~+目/+目+前+名/+目+補》 (갑자기, 세게) …을 비틀다(twist), 비틀어 돌리다《*round*》. (2) …을 삐다, 접질리다. (3) (말·의미·사실 따위)를 견강 부회하다, 왜곡하다 ; (생활 양식등)을 싹 바꾸다 ; (마음)을 괴롭히다. —*vi.* (세게, 갑자기) 비틀리다, 뒤틀리다. —*n.* ⓒ (1) 세차게 비틂. (2) ⓒ 접질림, 삠. (3) ⓒ 【機】 렌치《볼트·너트 따위를 돌리는 공구》 ;《美俗》(자동차 레이스에서) 자동차 정비사〈수리공〉. (4) ⓒ (모진) 고통 ; (이별의) 쓰라림. (5) 견강 부회, 왜곡. **throw a** (**monkey**) **~ into...** …을 방해하다, 실패하게 하다, 파괴하다.

·**wrest** [rest] *vt.* (1) …을 비틀다. (2) 《~+目/+目+前+名》 …을 비틀어 떼다, 잡아 떼다, 억지로 빼앗다. (3) 《~+目/+目+前+名》 …을 노력하여 얻다, 애써서 손에 넣다. (4) (사실 등)을 왜곡하다, (의미를) 억지로 맞추다, 견강부회하다.

—*n.* ⓒ (1) 비틂. (2) 《古》(피아노·하프 등의) 조율건(調律鍵)《현의 고정 못을 조절하는 도구》.

·**wres·tle** [résəl] *vi.* (1) 맞붙(어 싸우)다, 레슬링〈

씨름)하다《*with*》. (2)《+前+名》 고통·유혹 따위와) 싸우다《*with* ; *against*》; (일과) 씨름하다. (문제 등에) 전력을 다하다 ; 애써서 전진하다《*through*》. ―*vt*. (1) …와 맞붙어 싸우다. (2)《+目+副》 레슬링 따위에서) …을 넘어뜨리다 : He ~*d* me *down*. (3) …을 힘껏 밀다〈밀어 움직이게 하다〉;《美西部》(낙인을 찍기 위해) 소 따위를 넘어뜨리다. ***~ in prayer = ~ with God*** 일심 불란하게 기도하다. ***~ out*** 애써 행하다. 분투하여 완수하다.

―*n*. ⓒ (1) 맞붙(어 싸우)기 ; 레슬링(의 한경기). (2) 분투, 고투, 대단한 노력 : a ~ for life or death 생사를 건 싸움〈투쟁〉.

·**wres·tler** [réslər] *n*. ⓒ 레슬링 선수; 씨름꾼 ; 격투하는 사람.

·**wres·tling** [résliŋ] *n*. ⓤ 레슬링 ; 격투.

·**wretch** [retʃ] *n*. ⓒ (1) 가엾은 사람, 비참한 사람. (2)《종종 戱》비열한 사람, 천박한 사람 : You ~! 이놈(아). (3)《戱》(귀여운) 녀석, 놈.

:**wretch·ed** [rétʃid] (*~·er ; ~·est*) *a*. (1) 가엾은, 불쌍한, 비참한, 불행한《생활》. (2) 야비한, 비열한, 치사한, 가증스런. (3) 지독한, 불쾌한, 견딜 수 없는. (4) 초라한, 빈약한, 변변치 못한.

·**wrig·gle** [rígəl] *vi*. (1)《~/+前+名》 몸부림치다, 꿈틀거리다 : 꿈틀거리며 나아가다《*along*》; 몸을 비틀며 들어가다〈나가다〉《*into* ; *out of*》. (2) 우물쭈물하다. (3)《+前+名》 환심을 사다《*into*》; 그럭저럭 헤어나다《*from* ; *out of*》.

―*vt*. (1)《~+目/+目+副/+目+前+名》 몸부림치게 하다, 움직이게 하다, 꿈틀거리게 하다 : the earthworm ~*d* its way *into* the earth. 지렁이는 꿈틀거리며 땅속으로 기어 들어갔다. (2)《+目+前+名》 교묘히, …하게 하다. ~ one***'s way*** 꿈틀거리며 나아가다.

―*n*. ⓒ 몸부림침, 꿈틀거림 ; 꿈틀거린 흔적.

wrig·gler [ríglər] *n*. ⓒ 꿈틀거리는 사람〈것〉.

wrig·gly [rígli] (*-gli·er; -gli·est*) *a*. 몸부림치는, 꿈틀거리며 돌아다니는 ; 우물쭈물하는.

wright [rait] *n*. ⓒ《稀》건조자, 제작자 ; (배·수레 따위의) 목수. ※주로 복합어로 사용됨.

:**wring** [riŋ] (*p*., *pp*. ***wrung*** [rʌŋ]) *vt*. (1) …을 짜다, 틀다, 비틀다 ; 비틀어 꺾다. (2)《~+目/+目+前+名》 (물 따위)를 짜내다 ; (돈 따위)를 우려내다 ; (승낙 따위)를 억지로 얻다. (3) (자듯이) …을 괴롭히다. (4)《+目+前+名》 (말의미 등)을 왜곡하다. (5)(손)을 굳게 잡고 크게〈세게〉흔들다. ―*vi*. 짜다, 짜내다 ; (고통 따위로) 몸부림치다, 바르작거리다. (***Know***) ***where the shop ~s*** a person 아무의 아픈 데(를 알고 있다). ***~ down***(특히 목을) 세게 조르다. ***~ in*** 끼들게 하다. ***~ ing wet*** 짤 수 있을 정도로 젖어, 흠뻑 젖어. ***~ off*** 비틀어 끊다〈자르다〉, 비틀어 떼다. ***~ out of***〈***from***〉 짜내다, 우려내다 ; (…에게서 돈·승낙 등을) 억지로 얻어내다. ~ a person***'s hand*** 감격하여 아무의 손을 꽉 쥐다. a person***'s heart*** ~의 마음을 몹시 아프게 하다. ~ one***'s hands*** (비통한 나머지) 양손을 쥐어 틀다 ; 비비적거리다. ~ a person***'s neck*** 아무에게 크게 화내다 ; 혼내주다. ***~ up*** 세게〈꽉〉 조르다. ~ing wet 쥐어짤 만큼 젖어, 흠뻑 젖어.

―*n*. ⓒ (1) 쥐어 짬, 한 번 비틂. (2) 손을 부르쥠, 힘찬 악수. (3) (사과즙·치즈 등의) 압착기.

wring·er [ríŋər] *n*. ⓒ 쥐어짜는 사람〈기계〉; 착취자. ***put*** a person ***through the ~***《美俗》아무를 (신문(訊問) 등으로) 추궁하다, 협박하다.

:**wrin·kle**[1] [ríŋkəl] *n*. ⓒ (피부·천 따위의) 주름〈구김〉(살) ; 쪼그랑 할멈.

―*vt*.《~+目/+目+副》…에 주름을 잡다.

―*vi*. 주름(살)이 지다.

wrin·kle[2] *n*. ⓒ《口》재치 있는 조언, 좋은 생각, 묘안, 신기축(新機軸), 유행 ; 얻어 들음, 정보.

wrin·kly [ríŋkli] (*-kli·er; -kli·est*) *a*. 주름(살)진〈많은〉; 잘 구겨지는, 많이 구겨진.

:**wrist** [rist] *n*. (1) ⓒ 손목 ; 【醫】손목 관절. (2) ⓤ 손끝〈손목〉의 힘〈재주〉. ***a slap***〈***tap***〉***on the ~*** ⇨ SLAP.

wrist·band [rístbæ̀nd] *n*. ⓒ (셔츠 등의) 소매끝, 소맷동 ; (손목시계 따위의)밴드, 팔찌.

wrist·let [rístlit] *n*. ⓒ 토시, 팔찌.

wrist·watch [rístwɑ̀tʃ/-wɔ̀tʃ] *n*. ⓒ 손목시계.

wristy [rísti] *a*. 【스포츠】 손목을 쓴, 손목이 센.

writ[1] [rit] *n*. ⓒ 【法】 영장 ;《英》공식 서한, 칙서 ;《古》서류, 문서.

writ[2]《古》WRITE의 과거·과거분사. ***~ large*** ⇨ WRITE.

:**write** [rait] (***wrote*** [rout], 《古》 ***writ*** [rit] ; ***writ·ten*** [ritn], 《古》 ***writ***) *vt*. (1)《~+目/+目+前+名》(글자·말·책·악보 등)을 쓰다, 기록하다, …이라고 쓰다 ; …에 써 넣다. (2)《~+目/+目+目/+目+前+名/+目+*to* do/+目+*that*節/+目+*wh* 節》…에게 써서 보내다〈알리다〉;《美》…에게 편지를 쓰다. (3) …을 기재〈기록〉하다. (4)《+目+前+名》〔흔히 受動으로〕. (5)《+目+補》〔再歸用法〕(자기)를 …이라고 칭하다, 쓰다, 서명하다. (6)《+that 節》(책속)에 …라고 쓰여 있다. (7) (보험 회사가 보험)을 인수하다, (보험증서)에 서명하다(underwrite). (8) 【컴】 (정보)를 기억하게 하다, 써넣다.

―*vi*. (1)《~/+副/+前+名》(글씨를) 쓰다, 쓰는 일을 하다, 저술하다. (2)《~/+副+前+名/+*to* do》편지를 쓰다〈보내다〉. (3)《~/+前+名》(원고를) 기고하다, 작가 생활을 하다.

nothing to ~ home about 특별히 내세울 만한 것이 없는 것, 하찮은 것. ***~ a good hand*** 글씨를 잘 쓰다. ***~ away*** …을 우편으로 주문〈청구〉하다《*for*》. ***~ back*** 답장을 쓰다〈써서 보내다〉. ***~ down*** 1) 써 두다 ; 적다, 기록하다. 2) 정도를 낮추어서 쓰다, 쉽게 쓰다. 3) …라고 지상(紙上)에서 헐뜯다 ; …로 기록하다. (4) (자산 따위의)장부 가격을 내리다. ***~ for*** 1) 편지로 …을 청구하다. 2) …에 기고하다 : ~ *for* the newspaper. ***~ home about*** ⇨HOME *ad*. ***~ in***〈***into***〉 1) 써넣다. 2) 조회〈신청,고충 등〉의 편지를 내다, 제출하다. 3)《美》(후보자 명부에 없는 후보자를) 기명 투표하다 ; (표를 기명하여 투표하다. ***~ off*** 1) (시 등을) 막힘없이 쓰다. 2) (곧) 편지를 써내다, …을 우편으로 주문〈청구〉하다《*for*》. 3) (회수 불능 자금 등을) 장부에서 지우다 ; (자산을) 감가 상각하다. (4) 무가치〈실패〉로 보다, 고려의 대상외로치다, 없는 것으로 치다, (실패 등을) (…을 위해 잘되었다고) 단념하다《*to*》. (5) 틀렸다고 간주한다, …을 (…로서) 부적절하게 보다《*as*》; …을 (무용지물·실패 등으로) 간주하다《*as*》; (차·비행기를) (폐기하려고) 마구 부수다. ***~ out*** (남김 없이) 완전히 다 쓰다 ; 고스란히 그대로 베끼다, 정서하다 ; (작가 등이) 다써서 쓸 거리가 없어지다 ; (연속극 등에서) 등장 인물을 없애다 ; (수표·영수증 따위를) 쓰다 : ~ a person *out* a receipt 영수증을 써주다. ***~ out fair***(***ly***) 정서(淨書)하다. ***~ over*** 1)다시쓰다. 2) …에 가득히 쓰다. ~ one***self out*** (작가등이 재능·재료 등을) 다 써버려서 쓸 것이 없어지다. ***~ up*** 1) 써서 높은 곳에 달다. 2) 자세히 쓰다 :

(문장으로) 표현하다 : ~ *up* one's diary 일기를 자세히 쓰다. 3) (영화·연극·소설의) 평을 쓰다 ; 지상(紙上)에 칭찬하여 논평하다. (4) …의 장부 가격을 올리다 : ~ *up* an asset 자산의 평 가 가격을 올리다 : writ ***writ*〈*written*〉 *large*** 대서 특필하여 ; 대규모로 ; 확대(강조)하여. ***writ small*** 축소한 규모로, 소규모로.

write-in [ráitìn] *a. n.* ⓒ 기명투표《후보자 리스트에 없는 후보자 이름을 기입하는》 기명투료를 얻은〈얻으려는〉 후보자(의).

write-off [⌐ɔ̀ːf] *n.* ⓒ 부채등의 대손 처리 ; 감가계정(減償計定) ; (충돌하여) 수직 불능의 비행기〈자동차 따위〉, 폐품.

wríte protéct **[컴]** 쓰기방지.

:writ·er [ráitər] *n.* ⓒ (1) 저자, 필자. (2) 작가, 저술가, 문필가 ; 문필에 능한 사람. (3) 필기자 ; (관청, 특히 해군의) 서기(clerk). (4) 사자기(寫字器). ***the*** (***present***) ~ = ***this*** ~ 필자《저자 자신인 I를 가리킴》.

wríte/réad head **[컴]** 쓰기읽기 머리틀.

wríter's crámp 〈***pálsy, spásm***〉 **[醫]** 서경(書經)《손가락의 경련》 : get ~ 서경에 걸리다.

write-up [ráitʌ̀p] *n.* ⓒ (1) 《口》 호의적인 기사. (2) (자산의) 평가 절상, 과대평가.

·writhe [raið] *vt.* (몸)을 비틀다, 찡그리다, 흔들다.

—*vi.*《~/+前+名》 몸부림치다, 몸부림치며 괴로워하다 ; 고민하다 《*at; under; with*》. (뱀 따위가) 꿈틀꿈틀 기어가다, 구불구불 움직이다〈나아가다, 올라가다〉. ***~ oneself*** 몸부림치다, 발버둥치다.

—*n.* ⓤ 몸부림 ; 고뇌.

:writ·ing [ráitiŋ] *n.* (1) ⓤ 쓰기, 씀, 집필, 저술. (2) ⓤ 저술업. (3) ⓤ 쓴것 ; 문서, 서류 ; 문장 ; 논문 ; 비명(碑銘), 명(銘). (4) ⓤ 필적 ; 서법(handwriting). (5) (종종 *pl.*) 저작, 작품《문학·작곡의》.

wríting bòok 습자책.

wríting brùsh 붓, 모필.

wríting càse 필갑 ; 문방구 상자.

wríting dèsk 글 쓰는 책상 ; 사자대(寫字臺).

wríting matèrials 문방구.

wríting pàd (한 장씩 떼어 쓰는) 편지지.

wríting pàper 필기용지 ; 편지지; 원고용지.

wríting will 유언서

·writ·ten [rítn] WRITE의 과거분사.

—*a.* (1) 문자로 쓴〈된〉, 필기의. (2) 서면으로 된, 성문의. (3) (구어에 대하여) 문어의. 【opp.】『*spoken*. ~ language 문어.

wrítten constitútion **[法]** 성문 헌법.

wrítten láw **[法]** 성문법.

:wrong [rɔːŋ, raŋ] (***more ~, ⌐~·er; most ~, ⌐~·est***) *a.* (1) (도덕적·윤리적으로)그릇된, 부정의, 올바르지 못한, 나쁜. 【cf.】bad. (2) 잘못된, 틀린. (3) 부적당한, …답지 못한, 어울리지 않는《*for* ; *to do*》. (4) 〔敍述的〕 상태가 〈컨디션이〉나빠서, 고장나서. (5) 뒷면의, 반대 쪽의. ***be caught on the ~ foot*** ⇨foot. ***get*** (***hold of***) ***the ~ end of the stick*** ⇨end ***get on the ~ side of*** …의 역정을 사다, …에게 미움받다. ***go***(***down***) ***the ~ way*** (음식물이) 숨통으로 잘못 들어가다. ***have***〈***get***〉 ***hold of the ~ end of the stick*** (이론·입장 따위를) 잘못 알다, 착각〈오해, 전도〉하다. ***on the ~ side of*** (연령)을 초과한 (older than). ***what s ~ with it ?***《口》〔反語的〕 그것이 어디가 나쁘단 말이냐《좋지 않으냐》. ***~ in the head***《口》 미쳐서, 머리가 돌아. ***~ move*** (체스의) 잘못둔 수. ***~ side out*** 뒤집어서 ; 거꾸로 해서.

—*ad.* 〔比較변화는 없음〕 (1) 부정하게, 나쁘게. (2) 잘못된 방법으로, 그릇〈잘못〉되게, 틀리게 : guess~ 그릇 추측하다. (3) 탈이 나서, 고장나서. (4) 반대로, 거꾸로. 【cf.】wrongly.

get a person ***in ~***《美口》 아무를 남에게 미움받게 하다. ***get it ~*** 계산을 잘못하다, 오산하다 ; 오해하다. ***get*** a person ~ 아무를 오해하다. ***go ~*** 1) 길을 잘못 들다 ; 정도(正道)를 벗어나다. 2) (일이) 잘 안되나 ; 실패하다. 3) 고장나다. 4) (여자가) 몸을 망치다, 타락하다. 5) 불쾌해지다 ; (음식이) 썩다. ***put... ~*** …을 그르치다〈어지럽히다〉.

—*n.* (1) ⓤ (도덕적인)악, 부정, 사악, 죄. (2) ⓒ,ⓤ (남에게 대한) 부당(해위), 부정행위, 부당한 대우, 학대.

do ~ 나쁜 짓을 하다 ; 잘못을 저지르다. ***do*** a person ~ = ***do ~ to*** a person 아무를 부당하게 다루다 ; (남의 동기를) 나쁘게 해석하다 ; 오해하다. ***get in ~ with*** a person《美口》 아무의 반감을 사다, 아무에게 미움을 받다 ; 아무와의 관계가 원만치 않다. ***in the ~*** 부정으로 ; 그릇되어(있는), 나쁜. ***put*** a person ***in the ~*** 잘못을 아무의 탓으로 돌리다. ***suffer~*** 학대를 받다, 불법적인 조치를 당하다. —*vt.* (1) …에게 해를 끼치다 ; …에게 부당한 취급을 하다, 학대하다 : As you ~ others knowingly, so shall you be~*ed* in turn. 알고도 남에게 해를 끼치면 다음에는 네가 해를 입게 될 것이다. (2) …을 오해하다, …에게 누명을 씌우다. (3) …에게서 사취하다《*out of* 》.

wrong·do·er [⌐dúːər] *n.* ⓒ 악행자 ; 범죄자 ; 가해자, 나쁜 짓을 하는 사람 ; **[法]** 권리 불법 침해자, 비행자.

wrong·do·ing [⌐dúːiŋ] *n.* ⓤ 나쁜 짓을 함 ; 비행, 악한 짓 ; 범죄, 가해.

wrong-foot [⌐fút] *vt.* 《口》 (1) (테니스)에서 상대방이 몸의 균형을 잃도록 공을 쳐보내다. (2) …을 습격하다, 불의의 기습을 가하다.

wrong·ful [rɔ́ːŋfəl] *a.* 부정한, 불법의, 무법의 ; 나쁜, 사악한(wicked) : ~ dismissal 부당해고.

wrong·head·ed [rɔ́ːŋhédid] *a.* (생각이) 비뚤어진, 뒤틀어진 ; 완고한, 사리에 어두운.

wróng númber 전화(번호)를 잘못 걺 ; 잘못 건 (전화)번호, 잘못 불러낸 상대〈집〉.

wrong'un [⌐ən] *n.* 《口》 ⓒ 나쁜놈, 악당.

:wrote [rout] WRITE의 과거.

wroth [rɔːθ, rɑθ/rouθ] *a.* 《古·文語》 WORK의 과거·과거분사. — *a.* (1) 가공한, 만든. (2) 정련(精鍊)한, 단련한. (3) 정교한, 공들여 세공한(highly ~) : a highly ~ article 정교한 물건. (4) 수놓은, 장식을 붙인, 꾸민《*with*》. (5) (지나치게) 흥분한 ; 짜증난《*up*》.

wróught íron **[冶]** 단철(鍛鐵).

wronght-up [⌐ʌ́p] *a.* 매우 흥분한, 초조한.

***wrung** [rʌŋ] WRING의 과거·과거분사.

— *a.* 쥐어짠, 비튼 ; 고통〈슬픔〉에 짓눌린.

wry**[rai] (wrý•er, wri•er ; wrý•est, wri•est***) *a.* 〔限定的〕 (1) 뒤틀린, 비틀어진, 옆으로 굽은 : a ~ nose 꾸부러진 코. (2) 곧잘 비꼬는, 비뚤어진.

wry·neck [ráinèk] *n.* 《口》 ⓒ 목이 비뚤어진 사람; 《口》 []醫

사경(斜經 ; **[鳥]** 딱따구릿과(科)의 일종.

wurst [wəːrst, wuərst] *n.* ⓤⓒ 〔종종 複合語〕로〕 (특히 독일·오스트리아의) 소시지.

***Wy·o·ming** [waióumiŋ] *n.* 와이오밍《미국 북서부의 부 ; 略 : Wy., Wyo ; 【郵】 WY》.
파) **~·ite** [-àit] *n.* ⓒ 와이오밍주(州)의 사람.

wy·vern, wi·vern [wáivərn] *n.* ⓒ 날개 있는 용.

X, x [eks] (*pl.* **X's, Xs, x's xs** [éksiz]) (1)엑스《영어 알파벳의 스물넷째 글자》; X자 모양의 것. (2)《美口》10달러 지폐 ; 로마 숫자의 10 : *XX*=20/*XV*=15. (3) 【數】(제1) 미지수(【cf.】 Y, Z), 변수, x축, x좌표 ; 미지의 것〈사람〉 예측할 수 없는 것 ; 【通信】 공중 장애. (4) X표 ; 글자를 못 쓰는 사람의 서명 대용 ; 키스의 부호《연애 편지의 끝 따위에 씀》; 지도상의 지점 등을 나타내는 부호. (5) 24번째의 것《J를 제외할 때에는 23번째, 또 J, V, W를 제외 할 때는 21번째》. (6) 《美》 성인영화의 기호. double -X, triple-x 맥주의 강도를 나타내는 부호. ***put*** one'***s X on the line*** 《美俗》서명하다. ***Put the X on***... 《俗》 ……에 X표를 하여 지우기로 하다. ***X marks the spot***. 저곳이 문제의 지 점이다.
—*a*. X형의 ; X표가 있는.
—(*p.*, *pp.* ***x-ed, xed, x'd*** [ekst] ; ***x-ing, x'ing***, [éksiŋ]) *vt*. ……에 X표를 하다. **X out.** X표를 지우다 ; 《美俗》 무효로 하다, 취소하다 : *x out* an error 틀린 것을 가위표〈X표〉로 지우다.

xan·thate [zǽnθeit] *n*. ⓤ 【化】 크산틴 〈크산토겐〉 산염(酸鹽)〈에스테르〉.

xan·the·in [zǽnθiin] *n*. ⓤ 【化】 크산테인《수용성의 황색 색소》. 【cf.】 xanthin.

xan·thene [zǽnθiːn] *n*. ⓤ 【化】 크산텐(염료의 원료).

xánthene dýe 【化】 크산텐 염료 〈물감〉.

xan·thic [zǽnθik] *a*. (1) 황색의 ; 황색을 띤.

xánthene ácid 【化】 크산틴산(酸).

xan·thin [zǽnθin] *n*. ⓤ 【化】 (불용해성의) 황색 색소(노란꽃의 비수용성). 【cf.】 xanthein.

xan·thine [zǽnθin] *n*. ⓤ 【化】 크산틴《혈액·오줌·간장 등에 있는 질소 화합물》; 크산틴 유도체(誘導體).

Xan·thip·pe [zæntípi] *n*. 크산티페《Socrates의 아내》; 〔一般的〕 잔소리 많은 여자(she), 악처(惡妻).

xantho- '황색'의 뜻의 결합사.

xan·thoch·roi [zænθɑ́krouài/-θɔ́k-] *n. pl*. (or X-) 【人種】 황백(黃白) 인종《금발이며 살갗이 흰 코카서스 인종》. 파) **xan·tho·chro·ic** [zæ̀nθə-króuik] *a*. 황백 인종의. **xan·tho·chroid** [zæ̀nθə-krɔ̀id, zænθɑ́krɔid] *a*., *n*. 황백 인종에 속하는 사람.

xan·tho·ma [zænθóumə] (*pl.* **~s, -ma·ta** [-mətəl]) *n*. (눈까풀·등·목 등에 생기는)황색종(腫)《피부병의 일종》.

xan·tho·mel·a·nous [zæ̀nθouméIənəs] *a*. 머리가 검고 올리브색〈황갈색〉 피부의.

xan·thone [zǽnθoun] *n*. 【化】 크산톤《살충제· ·염료 중간체 약제 등에 쓰임》.

xan·tho·phyl(l) [zǽnθəfil] *n*. ⓤ 【化】 크산토필, (가을 나뭇잎의) 황색 색소.

xan·thop·sia [zænθɑ́psiə/-θɔ́p-] *n*. ⓤ 【醫】 황(색)시증(黃(色)視病).

xan·thous [zǽnθəs] *a*. (피부가) 황색의 ; 【人種】 황색 인종의, 몽고 인종의.

Xa·vi·er [zéiviər, zǽv-, -vjər] *n*. **Saint Francis ~** 자비에르《인도·중국·일본 등에 포교한 스페인의 가톨릭 선교사 : 1506-52》.

X chròmosome [éks-] 【生】 X염색체(자웅이 결정에 중요한 소인이 되는)《성(性)염색체의 하나》. 【cf.】 Y chromosome.

x-co·or·di·nate [ékskouɔ́ːrdənit, -nèit] *n*. 【數】 x좌표.

X-dis·ease [éksdiziːz] *n*. 【醫】 X병《병원(病原)을 알 수 없는 각종 바이러스 병》.

X-dou·ble mínus [éksdʌ̀bəl-] 《俗》(연주·연기 따위의) 성적이 매우 좋지 않은.

xe·bec [zíːbek] *n*. 지벡《지중해의 세대박이의 작은 범선》.

xen-, xeno- '손님, 외국인, 외래의(것), 이종(異種)의'의 뜻의 결합사 : *xeno*gamy.

xe·nate [zíːneit, zén-] *n*. 【化】 크세논산염(에스테르).

xe·nia [zíːniə] *n*. ⓤ 【植】 크세니아《배유(胚乳)에 꽃가루가 싸 열매에 미치는 직접적 영향 현상》.

xe·ni·al [zíːniəl] *a*. 접대상(接待上)의, 주객관계의.

xe·nic [zíːník, zén-] *a*. 미확인 유인물을 함유한 배양기의〈를 쓴〉. 파) **xé·ni·cal·ly** *ad*.

xe·no·bi·ol·o·gy [zènoubaiɑ́lədʒi/-ɔ́l-] *n*. ⓤ 우주생물학.

xe·no·bi·ot·ic [zènoubaiɑ́tik/-ɔ́t-] *n*., *a*. 【生·醫】 생체 이물(異物)(의).

xen·o·cur·ren·cy [zènəkɔ́ːrənsi/-kʌ̀r-] *n*. 【經】 국외 유통 화폐.

xen·o·di·ag·no·sis [zènədaiəgnóusis] *n*. 【醫】 외인(外因) 진단법.

xe·nog·a·my [zinɑ́gəmi/-nɔ́g-] *n*. ⓤ 【植】 이주이화(異株異花) 수정〈수분(受粉)〉.

xe·no·ge·ne·ic [zènədʒəníːik] *a*. 【生·醫】 이종 개체의, 이종의 개체 안에 발생한《이식 장기 따위》.

xe·no·gen·e·sis [zènədʒénəsis] *n*. 【生】 (1)=HETEROGENESIS. (2)완전 변이 세대.

xen·o·glos·sia [zènəglɑ́siə/-glɔ́s-] *n*. 【心靈】 배운 적이 없는 언어를 읽고 쓰고 말하고 이해하는 초능력'.

xe·no·graft [zènəgræ̀ft/-grɑ̀ːft] *n*. 【醫】 이종 이식편(移植片)《이종 동물에서 이식된 장기〈조직〉》; 이종 이식.

xen·o·lith [zénəliθ] *n*. 포로암(捕虜岩)《화성암 속의 이질(異質)암석 조각》.

xen·o·ma·nia [zènəméiniə, -njə] *n*. 외제품광(狂), 외국열.

Xe·non [zíːnɑn, zé-/zénɔn] *n*. ⓤ 【化】 크세논《비활성 기체 원소 ; 희유 가스 원소 ; 기호 Xe ; 번호 54》.

xénon hexa·flú·o·ride [-hèksəflúːəraid] 【化】 6플루오르화(化) 크새논.

xénon tet·ra·flú·o·ride [-tètrəflúːəraid] 【化】 4플루오르화(化) 크새논.

xen·o·phile [zénəfàil] *n*. 외국(인), 외국풍을 좋아하는 사람.
파) **xe·noph·i·lous** [zenɑ́fələs, zi-/-nɔ́f-] *a*.

xen·o·phil·ia [zènəfiliə, ziː-] *n*. 외국인〈문물〉에 대한 선호〈매력〉. 파) **-phíl·ic** *a*.

xen·o·phobe [zénəfòub] *n*. 외국(인), 외국것을 싫어하는 사람.

xen·o·pho·bia [zènəfóubiə, zìnə-] *n*. ⓤ 외국(인) 혐오. 파) **-phó·bic** *a*.

Xen·o·phon [zénəfən] *n*. 크세노폰《그리스의 철학

자 · 역사가 · 장군 ; 434? -355? B.C.》.
xe·ric [zíərik] *a.* (토양 따위가) 건조한 ; (식물등이) 건조를 좋아하는, 내건성(耐乾性)의, 건성의.
xe·ro·der·ma, -mia [zìərədə́:rmə], [-miə] *n.* ⓤ 【醫】 피부 건조증, 건피증.
xe·ro·gel [zíərəʒèl] *n.* 크세로겔, 다공성, 건성 겔.
xer·o·gram [zíərəgræ̀m] *n.* 제로그라피에 의한 복사물, 제록스 복사.
xe·rog·ra·phy[zirágrəfi/zirɔ́g-] *n.* ⓤ 제로 그라피, 전자 사진(술), 건식 인쇄(술).
파) **xè·ro·gráph·ic** [zìə-] *a.* **-i·cal·ly** *ad.*
xe·roph·i·lous [zirάfələs/-rif-] *a.* 【動 · 植】 건조를 좋아하는, 내건성(耐乾性)의 ; 열대 건조지에 나는〈사는〉. 파) **xe·róph·i·ly** *n.* 건성(乾性).
xe·roph·thal·mia [zìərɑfθǽlmiə/-rɔf-] *n.* ⓤ 【醫】 안구(眼球) 건조증.
xe·ro·phyte [zíərəf/-ríf] *n.* (사막 등의) 건생(乾生)식물《선인장 따위》.
xe·ro·phyt·ic [zíərəfàit] *a.* 건생식물의.
xe·ro·ra·dio·graph [zìərəréidiougræ̀f, -grὰ:f] *n.* 엑스선 전자 사진. —*vt.* 엑스선 전자 사진법 으로 촬영 〈기록〉하다.
xe·ro·ra·di·og·ra·phy [zìərərèidiάgrəfi, -ɔ́g-] *n.* ⓤ 엑스선 전자 사진법.
xe·ro·sis [zìəróusis] (*pl.* -ses[-si:z]) *n.* ⓤ 【醫】 건조증(病)《피부 · 안구따위의》.
Xe·rox [zìərɑks/-rɔks] *n.* 제록스《서류복사기 ; 商標名》; ⓒ 제록스에 의한 복사〈카피〉.
— *vt.*, *vi.* (x-) 제록스로 복사하다(인쇄하다).
Xer·xes[zə́:rksi:z] *n.* 크체륵세스《옛 페르시아의 왕 ; 519? -465? B.C.》
x-fac·tor [éksfæ̀ktər] *n.* 미지의 요인〈인물, 사물〉.
X Generàtion X세대《1980 년대 중반에서 후반의 번영에서 소외된, 실업과 불황에 시달린 세대》.
【cf.】 X'er
Xho·sa[kóusə, -zə, kɔ́:-] *n.* (1)(*pl.* **~s,** 《특히 集合的》 ~) 코사(호사)족(族)(의 한 종족)《남아공화국 Cape Province 동부에 사는 Nguni족》. (2) 코사〈호사〉어. —*a.* 코사족〈어〉의.
xi[zai, sai, ksi] *n.* 그리스어 알파벳의 열넷째 글자《Ξ, ξ ; 로마 글자의 x에 해당함》; 【物】 크시 입자(粒子)(particle).
XING [ktɔ́(:)siŋ, krάs-] *n.* (1) 【交通標識】 동물 횡단길. (2)(철도의) 건널목.
Xin·gu [ʃiŋgú:] *n.* (the) 싱구 강《브라질 중앙부를 북으로 질러 Amazon 하구에 이름》.
xiph-, xiphi-, xipho- (흉부의) 검상 부부, '검(劍) 모양의'의 뜻의 결합사.
xiph·i·ster·num [zífistə́:rnəm] (*pl.* **-na** [-nə]) *n.* 【解】 검상 연골(劍狀軟骨) ; 검 모양의 돌기(突起), 검상돌기(조류늑골의).
xiph·oid [zífɔid] *n.* = XIPHISTERNUM.
—*a.* 검 모양(돌기)의, 검상부분.
xi-zang, Si·tsang [ʃí:zά:ŋ], [ʃí:zά:ŋ / sí:tsǽŋ] *n.* 시짱(西藏)《Tibet의 중국어명》.
*̣**Xmas**[krísməs, 《俗》 éksməs] *n.*= CHRIST-MAS.
※ X는 Christ의 그리스 문자(文字) XPIΣTOΣ의 첫 글자 ; X:mas라고 씀.
xo·a·non [zóuənὰn/nɔ̀n] (*pl.* **-na** [-nə]) *n.* 크소아논, (옛 그리스의) 원시적 목조 신상(木彫神像).
X·o·graph [éksəgræ̀f, -grὰ:f] *n.* 3차원 복사 사진(술)《商標名》.
XOR [eksɔ́:r] *n.* 【컴퓨터】 오직 또는, 배타적 OR (exclusive OR)《2 입력의 어느 쪽이 참이면 그 때 만 참이 되는 논리 연산자》.
XR, x.r., xr 【證】 ex rights(권리락(權利落)으로〈의〉《신주 인수권등이 붙지 않는》).
X-ra·di·ate [éksrèidieit] *vt.* (신체의 일부에) 엑스선을 조사(照射)하다(엣스선을 방사하다).
X-ra·di·a·tion [éksreidiéiʃən] *n.* 엑스선 방사(放射)〈조사(照射)〉.
X-rat·ed [éksrèitid] *a.* (영화가) 성인용의 ; 《口》 (서적 · 쇼 등이)외설한, 음란한, 외설적인 ; 《口》 품위 없는 《말》.
X-ràting [éks-] 《口》 (영화의)성인용이라는 지정.
***X ràv** [éks-] (1)엑스선, 뢴트겐선 (Röntgen rays). (2)엑스선 사진.
***X-ràv** [éksrèi] *a.* 엑스선의 : an~ examination, 엑스선 검사. — vt. …의 엑스선 사진을 찍다 ; 엑스선으로 검사〈치료〉하다.
X-ràv astrònomy x선 천문학.
X-ràv bùrster 【天】 엑스선 버스터《X-ray burst를 발하는 엑스선원(源)》.
X-ràv diffràction 【物】 엑스선 회절(回折) (법).
X-ràv làser 【物】 x선 레이저.
X-ràv machìne x선 기기 ; 《美俗》 (경찰차의) 속도 측정 장치.
X-ràv phòtograph 〈Picture〉 x선 사진, 엑스레이 사진.
X-ràv pùlsar 【天】 x선 펄서《x선을 방사(旅財)하는 전파 천체》.
X-ràv sàtellite 【天】 x선 위성《천체의 엑스선을 관측하는 장비를 실은 인공 위성》.
X-ràv scànning 【工】 x선 주사(走射)《엑스선을 주사하여 흠의 유무를 검사하는 기술》.
X-ray stàr 【天】 x선 성.
X-ray tèlescope 【天】 x선 망원경
X-ray thèrapy 【醫】 x선 요법.
X-ray tùbe x선관(管).
X. rts. 【證】 ex rights(신주 인수의) 권리락(權利落)으로〈의〉.
Xtra [ékstrə] *n.* 호외 ; 【映】 엑스트라(extra).
X-unit [éksjù:nit] *n.*【物】 엑스 단위《방사선의 파장 측정에 씀》.
xy·lan [záilæn] *n.* 【化】 크실란《펜토산(Pentosan)으로 이루어진 다당류, 식물이 목화(木化)한 세포막 속에 존재》.
xy·lem [záiləm, -lem] *n.*【植】 목질부, 목부.
xy·lem ràv 【植】 목부(木部) 방사(放財) 조직 (=**wóod ràv**).
xy·lene [záili:n] *n.*【化】 크실렌《물감의 원료》.
xy·li·tol [záilətɔ̀(:)l, -tòul, -tὰl] *n.* 크실리톨 《xylose의 환원으로 얻어지는 당(糖)알코온》.
xy·lo·carp [záiləkὰ:rp] *n.* 【植】 경목질과(硬木質果) ; 경목질과수(果樹).
xy·lo·graph [záiləgræ̀f, -grὰ:f] *n.* 목판《특히 15세기의》 ; 목판화 ; 목판 인쇄.
—*vt.* 목판으로 찍다〈인쇄하다〉.
xy·log·ra·pher [zailάgrəfər/ -lɔ́g-] *n.* 목판사(師), 조판사(彫版師).
xy·log·ra·phy [zailάgrəfi/ -lɔ́g-] *n.* ⓤ 목판술(특히 15세기의) ; (활판 인쇄에 대한)목판 인화법.
파) **xy·lo·graph·ic** [zàiləgrǽfik]*a.* 목판(술)의.
xy·lo·nite [záilənàit] *n.* 자일로나이트《합성 수지 ; 商標名》.
xy·loph·a·gous [zailάfəgəs/-lɔ́f-] *a.* (곤충 등이)

X

나무를 먹는, 나무에 구멍을 내는《곤충의 유충 따위》.

***xy·lo·phone** [záiləfòun, zíl-] *n.* 실로폰, 목금(木琴). 파) **xý·lo·phòn·ist** *n.* 실로폰 연주자.

xy·lose [záilous] *n.* 【化】 크실로오스《목재, 짚 등에 들어 있는 당(糖)의 일종》.

xy·lot·o·my [zailátəmi/-lɔ́t-] *n.* 목질 박편(木質 薄片) 절단법《검경용(劍鏡用)》.
파) **-mist** *n.* **xy·lo·tom·ic, -i·cal** [záilətámik/-tɔ́m-], [-əl] *a.*

xys·ter [zístər] *n.* (외과용의) 골막 박리기, 외과용 줄.

xys·tus [zístəs] (*pl.* ***-ti*** [-tai]) *n.* (1)【古그】(주랑식(株廊式)) 실내 경기장. (2)【古로】정원 안의 산책길, 테라스.

XYY sýndrome [èksdʌ́bəlwái-]【醫】 XYY증후군(症候群)《남성 염색체(染色體), 곧 Y염색체를 하나 더 갖고 있는 염색체 이상(異常) : 저지능, 공격적이 됨》.

X

Y

Y, y [wai] (*pl.* **Y's, Ys, y's, ys** [-z]) (1) 와이《영어 알파벳의 스물 다섯째 글자》 : Y자 모양의 것. (2) 【數】 (제2) 미지수(의 부호)(【cf.】x, z), 변수, y축, y좌표. (3) 25번째의 것《J를 제외할 때에는 24번째, 또 J, V, W를 제외찰 때에는 22번째》. (4) 중세 로마 숫자의 150.

yab·ber [jǽbər] *n.*, *vi.* 《Austral. 口》 수다 (떨다)(talk, jabber).

***yacht** [jɑt/jɔt] *n.* 요트《돛·엔진으로 달리는 유항(遊航)·레이스용 배 ; 대형의 호화 쾌주선》.

yacht·ie [játi/jɔ́t] *n.* 배(특히 요트)의 소유자 ; 요트에 타는 사람(요트족).

yacht·ing [játiŋ/jɔ́t-] *n.* ⓤ 요트 조종(술).

yachts·man [játsmən/jɔ́ts-] (*pl.* ***-men*** [-mən] ; *fem.* ***-women*** [-wùmən]) *n.* 요트 조종자〈소유자, 애호가〉. 파) ～·***ship*** *n.* ⓤ 요트 조종술.

yaff [jæf] *vi.* (1) 《sc.》 개처럼 짖다.(bark). (2) 훌 닦다, 딱딱거리다, 야단치다, 나무라다(scold), 잔소리 하다.

yaf·fle [jǽfəl], [jǽfəl] *n.* 《方】 청딱따구리.

yah [jɑː] *int.* 야아, 어어이《불쾌·조소·초조 등을 나타냄》.

Yah·veh, Yah·weh [jáːve], [jáːwe, -ve] *n.* 【유대教·聖】 야훼(jehovah)《히브리어로 '하느님'의 뜻인 YHWH의 음역 ; 구약성서에서 하느님에 대한 호칭의 하나》. 【cf.】 Elohim, Adonai.

Yah·wism [jáːwizəm, -vi-] *n.* ⓤ 고대 히브리 사람의 Yahweh 신앙, Yahweh를 신의 이름으로 쓰는 일.

Yah·wist [yáːwəst, -və-] *n.* 야훼스트, 구약성서 중 신을 Yahweh라고 적은 부분의 기자(記者) ; Yahweh 숭배자. — *a.* = YAHWISTIC.

Yah·wis·tic [yɑːwístik, -vís-] *a.* Yahweh를 신의 이름으로 쓰는 ; Yahweh 기자가 쓴 ; Yahweh신앙(상)의.

yak[1] [jæk] (*pl.* **～*s*,** 〔集合的〕～) *n.* 【動】 야크《티베트·중앙아시아산의 털이 긴 소》.

yak[2] 《俗》 *n.* 수다, 쓸데 없는 말.
—(***-kk-***) *vi.* 수다떨다, 재잘거리다.

yak[3] [jæk, jɑːk] *n.* 《美俗》 동료, 짝 ; 바보, 멍텅구리, 시골뜨기, 얼간이 ; 《美俗》 큰 웃음(laugh) ; 농담, 재담.
—(***-kk-***) *vi.*, *vt.* 크게 웃다〈웃기다〉.

yak·ka, yak·ker, yack·er [jǽker] *n.*, *vi.* (1) 《美野球俗》 날카로운 커브. (2) 《Austral. 口》 (괴로운) 일(을 하다), 고된 일.

yak·ky [jǽki] *a.* 《美俗》 수다떠는 ; 시끄러운, 잘 지껄이는.

yak·ow [jǽkau] *n.* 【畜産】 야카우《영국에서 만들어진 야크와 하일랜드산(産) 암소와의 교배 잡종 ; 육용》.

yak-yak [jǽkjæ̀k] *n.* 《美俗》 (쉴새 없는) 지껄임.

***Yale** [jeil] *n.* 예일대학, 미국 Connecticut주 New Haven에 있는 대학《1701년에 창립》.

Yále(lòck) 예일 자물쇠《미국인 L. Yale 이 발명한 문에 쓰는 원통형 자물쇠 ; 商標名》.

Yal·ie [jéili] *n.* Yale 대학 출신자.

Yálta Cónference (the～) 얄타회담《1945년 2월 미·영·소의 수뇌가 모여 제 2차 세계 대전 종전의 사후 처리를 논의한 회담.

Ya·lu [jáːlù] *n.* (the～) 압록강.

·yam [jéili] *n.* 【植】 참마속(脚)의 식물, 그 뿌리 ; 《美南部》 고구마(의 일종) ; 《Sc.》 감자.

yam·mer [jǽmər] 【口·方】 *vi.*, *vt.* (1) 한탄하다, 슬퍼하다. (2) 울다. ; 투덜대다, 불평을 하다. — *n.* 볼멘〈불평의〉 소리 ; 수다 파) ～**·er** *n.*

Yank *vt.* (1) 《口》 확 잡아당기다(jerk)《at》 ; 《美俗》(시원찮은 사람을) 교체하다, 물러나게 하다(retire). (2) 《美俗》 a〕(업적 부진으로)해임하다, 쫓아내다, 목자르다 ; (광고·공연 등이 인기 없어)취소하다, 중단하다. b〕 체포하다, 연행하다. (3) 《美俗》 괴롭히다 ; 속이다, 봉으로 삼다.
—*vi.* 확 잡아 당기다 ; 《俗》 수음(手淫)하다. 《*off*》 ; 《美字俗》 토하다. —*n.* 《口》 홱 당김.

***Yan·kee** [jǽŋki] *n.* (1) 미국사람. (2) NEW England사람 ; 미국 북부 여러 주의 사람 ; 북부 〈북군〉의 사람《남북 전쟁 당시 남부 사람들이 적의와 경멸의 뜻을 함축시켜서 썼던 말》.
—*a.* 양키의, 양키식의 : ～ blarney 미국인식의 발림말 / ～ notions 양키의 세공품 ; 미국인의 고안품 / ～ rails 《英俗》 미국 철도주(株)
파) **～·dom** [-dəm] *n.* 〔集合約〕 양키 ; 미국, 양키의 나라《특히 New England 지방》.

Yánkee Dóodle [-dúːdl] (1) 독립 전쟁 때 미국인이 애창한 국민가. (2)양키, 미국 사람 : They're as ～ as apple pie and baseball. 완전히 미국적이다.

Yan·kee·fy [jǽŋkifài] *vt.* 양키화하다.
파) **-fied** [-fàid] *a.* 양키화한, 미국식의

Yan·kee·ism [jǽŋkiìzəm] *n.* ⓤ (1)《美南部》 미국, 미국적 풍습. (2) 북부 여러주. (3) 《美北部》 New England 지방 ; 《英》 미국.

Yap [jɑːp, jæp] *n.* 얍《서태평양 Caroline제도 서부의 구역 ; 그 구역 안의 섬들, 미국 해저 전신의 중계지》.
파) ～**·ése** [-piːz, -s] *n.*

yap [jæp] (***-pp-***) *vi.* ① (개가)요란하게 짖어대다, 캥캥하고 짖다. 【cf.】yclp. (2) 《口》 시끄럽게〈재잘재잘〉 지껄이다. 《美俗》 투덜거리다.
—*n.* (1) 요란하게 짖음〈짖는 소리〉. (2) 《美俗》 시끄러운 사람 ; (수다스러운) 입 ; 요구, 불평, 항의. (3) 《俗》 무지렁이, 투미한 자 ; 《美俗》 (범죄 특히 소매치기의 봉 ; 《俗》 불량자.

ya·po(c)k [jəpák/-pɔ́k-] *n.* 【動】 물주머니쥐 《남아메리카산(産)》.

Yar·bor·ough [jáːrbə̀ːrou/-bərə] *n.* (*or* y-) (whist[2]나 bridge[2]에서) 9점 이상의 카드가 없는 손에 든 패.

yard**[1] [jɑːrd] *n.* (1)(건물에 인접한) 울을 친 지면, 안마당, 구내 ; 《美·Austral.》 (가축용의) 울. (2)〔흔히 複合語〕 작업장, 제조장, 일터 ; (재료) 두는 곳. (3) (화물) 조차장(《英》 railway ～ yard). (4) 《美》 (사슴류(類)가) 겨울철에 풀을 뜯어먹는 곳. (5)(the Y-) = SCOTLAND YARD. ***stay in one'***s own*** ～ 참견하다.
—*vt.* (가축 따위를)울 안에 넣다《*up*》 ; ～에 비축하다. —*vi.* (뜰에) 모이다 ; 《美俗》 연인 〈남편, 처〉 외

의 상대와 자다, 바람 피우다.

:yard² *n.* (1) 야드《길이의 단위 ; 36인치, 3피트 약 0.914미터》; 마(碼) ; 1마(碼)의 분량. (2) 막대, 지팡이 ; 야드 자(yardstick). (3) 【航】 활대. (4) 《美俗》 100달러(지폐), 《때로》 1,000달러. ***by the*** ~ 《比》 상세히, 장황하게. ***man the*** ~***s*** 【海】 등현례(登炫禮)를 행하다.

yard·age¹ [já:rdidʒ] *n.* ⓤ (가축 등의) 위탁장 사용료〈사용권〉; 역 구내 사용료〈사용권〉.

yard·age² *n.* ⓤ (야드제(制) 채탄(採炭)에서) 야드 수(數)《임금의 기준으로서》; 야드로 잰 길이 〈양〉《골프 코스의 타구(打球) 거리 따위》; 《美》 = YARD GOODS.

yard·arm [já:rdà:rm] *n.* 【航】 (가로 돛의) 활대의 양쪽 끝.

yard·bird [ˊbə̀:rd] *n.* (벌로서) 잡(雜)일을 하는군인 ; 초년병 ; 〔一般的〕 보병, 병사, 죄수, 전과자.

yárd·bùll 《美俗》 (1) 철도 공안관. (2) (교도소의) 교도관.

yard·man [ˊmən] (*pl.* ***-men*** [ˊmən]) *n.* (1) 【鐵】 조차장(操車場) 작업원. (2) (날품팔이) 일꾼, 《美》 (특히 저택 뒤의) 뜰을 손질하는 사람.

yard·mas·ter [ˊmæ̀stər, ˊmɑ̀:s-] *n.* 【鐵】 조차장장(操車場長).

yárd mèasure 야드 자.

yárd ròpe 【航】 돛 활대를 올리는 밧줄.

yárd sàle 《美》 (개인의 뜰 앞에서 벌이는)중고(中古) 가정용꿈 판매(garage sale).

yard·stick [ˊstik] *n.* (1) 야드 자. (2) 《比》 (판단 따위의) 표준, 척도, 자.

yard·wand [ˊwɑ̀nd/ˊwɔ̀nd] *n.* 《古》 뜰〈마당〉 일. =YARDSTICK.

yare [jɛər, jɑ:r] *a.* 활발한, 재빠른 ; (배 따위가) 다루기 쉬운 ; 《古》 준비가 된. 파) ˊ~·**ly** *ad.*

yar·mul·ke [já:rməlkə] *n.* 【유대教】 야물커, 정통파 남자 신자가 기도할 때나 Torah를 읽을 때 쓰는 작은 두건.

:yarn [jɑ:rn] *n.* (1) (자은) 실, 피륙 짜는 실, 방적사. 【SYN.】 ⇨ THREAD. (2) 털실, 모사(woolden~), 뜨개실, 꼰 실 ; 실 모양의 유리〔금속, 플라스틱〕: worsted ~ 소모사(梳毛絲). (3) ⓤ 《口》 (특히 꾸며낸) 이야기, 긴 이야기, 모험담.

yárn bèam〔ròll〕 방직기의 날실을 감는 막대기.

yar·row [jǽrou] *n.* 【植】 서양톱풀, 사양가새풀.

yash·mak [jǽʃmæk, jɑ:ʃmák] *n.* 《Ar.》 (이슬람교 국가의 여자가 얼굴을 가리는) 긴 베일.

ya·ta·ta [jɑ̈:tətə, -jǽt] *vi., n.* (흔히 ~ ~) 《美俗》 재잘재잘 수다떨다〈떨기〉, 객담, 잡담.

yate [jeit] *n.* 【植】 오스트레일리아산(産) 유칼리속 여러 나무의 총칭. ; 그 단단한 재목.

yauld [jɔ:ld, jɑ:ld] *n.* 《Sc.》 방심 않는, 민활한, 장건한.

yaup ⇨YAWP.

ya(u)·pon [jɔ́:pən, jú:-] *n.* 【植】 미국 남부산(産)의 감탕나무속의 관목《잎은 차 대용》.

yaw [jɔ:] 【空·海】 *n.* ⓤ (1) 한쪽으로 흔들림 ; (선박·비행기가) 침로에서 벗어남. (2) (우주선이) 옆으로 흔들림, 편주, 편요.

yawl [jɔ:l] 【海】 *n.* 배에 실은 보트, 함재(艦載)한 잡용선(雜用船) ; 일종의 작은 범선, 돛단배.

:yawn [jɔ:n] *vi.* (1) 하품하다. (2) (입·틈 따위가) 크게 벌어지다.

—*n.* (1) 하품 ; 하품소리, 입을 크게 벌림 :with a ~ 하품을 하면서 / give a ~ 하품을 하다. (2) 틈 : 《俗》 따분한 사람(것, 일). 파) ~·**er** *n.*

yawn·ful [jɔ́:nfəl] *a.* (지루하여) 하품이 나오는(나오게 하는) 파) ~·**ly** *n.*

***yawn·ing** [jɔ́:niŋ] *a.* 하품을 하고 있는, 피로한〈지루한〉 기색을 보이는 ; (입·틈 등이) 크게 벌어져 있는. 파) ~·**ly** *ad.*

yawny [jɔ́:ni] (***yawn·i·er*** ; ***-i·est***) *a.* 하품을 하는.

yawp, yaup [jɔ́:p, jɑ:p] 《美口·英方》 *vi.* (1)시끄럽게 외치다, 소리치다 ; 반대를 외치다. (2) 불평을 하다 ; 바보 같은 소리를 하다.

yawp·ing [jɔ́:piŋ] *n.* 푸념, 잡담.

yaws [jɔ:z] *n.* 〔單數취급〕 【醫】 인도마마, 딸기종 (frambesia), 열대지방의 전염성 피부병.

Y-branch [wáibræ̀ntʃ, -brɑ̀:ntʃ] *n.* Y자형관(菅).

Y chròmosome [wái-] 【生】 Y염색체《성 (性) 염색체의 하나》.

yclept, ycleped [iklépt] *a.* 《古·液》 …이라고 불리어지는, …이라는 이름의.

y connèction [wái-] 【電】 Y결선(結線), Y접속.

y co·or·di·nate [wàikouɔ́:rdənit, -nèit] *n.* 【數】 y좌표.

y cròss [wái-] Y자형 십자가《예수의 못박힘을 나타내는 것으로 제의(祭衣) 위에 떰》.

:ye¹ [ji:, 弱 ji] 《文語·方》 *pron. pl.* 〔thou의 복수형〕 너희, 그대들.

ye² [ði:, 弱 ðə, ði] *def. art.* 《古》 =THE. ※ ye는 th [θ, ð]의 음을 나타내는 옛 영어 문자 þ와y를 혼동한 것 : *Ye* Arte Shoppe 미술품 상점《간판》.

***yea** [jei] *ad.* (1) 그렇고 말고 ; 그렇지. (2) 《古·文語》 실로, 참으로(indeed). 【opp.】 *nay.* (3) 《古·文語》 그 위에; 아니 뿐 아니라.

***yeah** [jɛə, jɑ:] *ad.* 《口》 =YES : Oh, ~? 정말, 거짓말(이야).

yeah-yeah [jɛ́:jɛ́:] *int.* 《口》 허 그래《불신을 나타내어 비꼬는 말투》.

yeah-yeah-yeah [jɛ́:jɛ́::jɛ́:] *int.* 《口》 이젠 그만해라《수다스럽다는 핀잔》.

yean [ji:n] *vt., vi.* (새끼를) 낳다《양·염소 따위가》.

yean·ling [jí:nliŋ] *n.*새끼 양 ; 새끼 염소.

:year [jiər/jə:r] *n.* (1) 연(年) 해《1월 1일에 시작하여 12월 31일에 끝남》. (2) 1년간. (3) (*pl.*) 다년(ages) ; 시대. (4) (*pl.*) 연령(ages) ; 노령. (5) 연도, 학년 ; 동연도생, 동기생(class). (6) (천문학상·관행상의) 역년(曆年). (7) 《美俗》 달러(지폐) : 5 ~s. 5 딜러(지폐). ***academic*** 〈***school***〉 ~ 학년. ***all the*** ~ ***round*** 일년 내내. ***a*** ~ ***and a day*** 【法】 만 1개년 《꼭 1년과 하루의 유예(猶豫) 기간》. ***from*** ~ ***to*** ~ = ~ ***after*** ~ = ~ ***by*** 매년, 연마다 ; 연년. ***in*** ~***s*** 《古》 나이들어. ***of late*** ~***s*** 근년. ...***of the*** ~ 그 해에 뛰어난(것으로 뽑힌) ; 월등한 …, 제 일급의… : the understatement *of the* ~ 너무 줄잡아 하는 말〈표현〉. ***old in*** ~***s but young in vigor*** 나이 먹어도 원기는왕성하여. ***put*** ~***s on*** a person 아무를 (나이보다) 늙게보다, 늙은이 취급하는 투의 말을 하다 ; 《比》 매우 짜증나게 하다. ***the*** ~ ***of grace*** = ***the*** ~ ***of Our Lord*** 서기(西紀) ; 그리스도 기원. ***the*** ~ ***one***〈《英》 ***dot***〉 《口》 《종종 戲》 때의 시작, 오래전, 오랜 옛날 : in 〈since, from〉 *the* ~ *one* 〈*dot*〉. ***~in, ~ out*** = ~ ***in and*** ~ ***out*** 연년세세, 해마다 ; 끊임없이 : 언제나. ***~-on-~ increase*** 전년 동월비(前年同月比) 증가. ***~-on-~ rate*** 전년 동월비 증감율. ***~-over-~ basis*** 전년 동기비(同期比). ***~-to-~ basis*** 전년 동

월비. ~-**to**-~ **in-crease** 전년 동월비 등귀율. ~s bring wisdom. 《俗談》 나이를 먹으면 철이 난다.
year·book [´bùk] *n.* 연감, 연보 ; 졸업 기념 앨범.
year-end [jíərénd/jə́:r-] *n., a.* 연말(의), 《특히》 회계 연도말(의) ; 《口》 (주식의) 기말 배당.
year-ling [jíərliŋ/jə́:r-] *n.* 한 살 아이 : (식물의) 1년 지난 것 ; (동물의) 1년생 ; 【競馬】 한 살난 말. 《美俗》 (육사(陸士) 등에서) 2년생.
— *a.* 한 살의, 당년치의 ; 1년 지난 ; 1년만기의 : a ~ bride 결혼한 지 1년 되는 새색시.
year-long [´lɔ́(:)ŋ, ´láŋ] *a.* 1년간 계속되는.
‡year·ly [jíərli/jə́:r-] *n.* (1) 매년의, 연1회의. (2) 1년간의, 그 해(만)의. — *ad.* (1) 매년 해마다. (2) 1년에 한 번. — *n.* 1년에 1회 발간되는 간행물, 연간지.
‡yearn [jə:rn] *vi.* (1)《+前+明》 그리워〈동경〉하다, 갈망하다《*for* ; *after*》. (2) 《+*to* do》 간절히〈몹시〉 ……하고 싶어하다. (3) 《+前+明》 그리다, 사모의 정을 품다, 사모하다. 파) '~ **·er** *n.* '~ **·ful** *a.*
***yearn·ing** [jə́:rniŋ] *n.* ⓤ 그리워〈동경〉함, 사모 ; 열망《*for* ; *of* ; *toward*》.
—*a.* 그리워〈동경〉하는, 사모〈열망〉하는.
파) ~**·ly** *ad.*
yéar plànner 연간 예정표《사무실 벽에 걸어놓고 쓰는 대형의 행사 예정과 연간 계획의 표》.
year-round [jíərráund/jə́:r-] *a.* 연중 계속되는.
***yeast** [ji:st] *n.* (1) ⓤ 이스트, 효모(醴母), 누룩 ; 이스트균. (2) 고체 이스트(= '~ **cake**). (3) 거품 (foam). (4) 활동을 왕성케 하는 것, 자극, 영향. (5) 큰 소동, 홍분. — *vi.* 발효하다 ; 거품이 일다.
— *vt.* …에 이스트를 넣다.
yeast-pow·der [jí:stpàudər] *n.* 《英》 베이킹 파우더.
yeasty [jí:sti] (***yeast·i·er*** ; ***-i·est***) *a.* 이스트 비슷한〈를 함유한〉 ; 발효하는 ; 거품이 이는. (2) 동요하고 있는, 뒤끓는, 침착지 못한, 불안정한. (3) 활력 있는, 기력이 왕성한. (4) 거품처럼 실질이 없는, 경박한.
파) **yéast·i·ly** *ad.* **-i·ness** *n.*
ye(c)ch [jək] *int.* 《美口》 왝, 체, 어허《구토·혐오·심한 불쾌 등을 나타냄》. 〈imit.〉
yegg(·man) [jég(mən), jéig(-)] *n.* 《美俗》 떠돌이 도둑, 강도, 금고털이, 금고털이, 살인 청부사.
ye·hu·da [jəhú:də] (*pl.* ***-dim*** [-dim]) *n.* 《美俗》 유대인(Jew)《유대인 자신이 쓰는 말》.
yelk [jelk] *n.* 《方》 = YOLK.
‡yell [jel] *vi.* 《~+副 /+前+明》 (1) 고함치다. (2) (바람·물·기계 등이) 굉음을 내다.
— *vt.* 《~+目 /+目+副》 큰 소리로 외치며 말하다 《*out*》 ; 큰 소리로 외쳐 …에 영향을 끼치다 : ~ *out* an abuse〈a command〉 큰 소리로 악담을 퍼붓다〈명령하다〉. ~ **at** …에게 고함치다.
— *n.* (1)(날카로운) 외침소리 ; (고통 등의) 부르짖음, 고함소리. (2) 엘《미국·캐나다의 대학에서 응원할 때 쓰는 특정한 외침 소리》.
yéll lèader 《美》 (대학 · 고교의) 옐 선창자, 응원단장.
‡yel·low [jélou] *n.* (1) ⓤ 노랑, 황색. (2) ⓒ 노란 물건 ; (달걀의) 노른자위 ; 노란옷. (3) ⓤ 노란그림 물감 ; 노란색 안료. (4) ⓒ 노란 나비 ; 노란 나방. (5) (the ~s)(가축의) 황달(jaundice) ; (식물의) 위황(萎黄)병. (6)《口》 겁 ; (the ~ s) (癈)시기, 질투. (7) ⓒ 황색 신문《속된 기사를 쓰는 신문》. (8)(the Y-) 【地】 황하(黄河).
— *vt.* 노랗게 하다 ; 노랗게 물들이다.
— *vi.* 황색으로 되다 ; 노란 빛이 돌다 : ~*ing* leaves 노랗게 물든 나뭇잎.
파) ~**·ly** *ad.* ~**·ness** *n.*
yel·low·back [jéloubæ̀k] *n.* (19 세기에 유행한 황색 표지의) 저속한 싸구려 소설 ; (노란 표지의) 프랑스 통속 소설.
yel·low-bel·lied [-bèlid] *a.* 배가 노란.
yel·low-bel·ly [-bèli] *n.* 겁쟁이 ; 누런 피부의 사람 ;《美南西部·蔑》 멕시코 사람.
Yéllow Bòok (1) 황서(黄書)《프랑스 · 중국 정부의 보고서》. (2)예방 접종 증명서(Yellow Card) 《정식 명칭은 International Certificate of Vaccination》.
yéllow bòy (1)《英俗》 금화. (2)《美口》 흑백 혼혈아.
yéllow bráss 【冶】 (구리 70%, 아연30%의) 황동(黄銅), 황색 합금.
yel·low-cake [-kèik] *n.* 조제(粗製) 우라늄 광.
yéllow cárd 【蹴】 옐로카드《심판이 반칙을 범한 선수에게 경고할 때에 보이는》, 황색 카드.
yéllow dóg 잡종개, 똥개 ; 야비한 인간, 비겁한 자, 겁쟁이 ;《美俗》 노동 조합 비가입 노동자.
yéllow dwárf 【植】 황화 왜소(黄化矮小), 위황병 (萎黄病).
yéllow féver 황열병(黄熱病), 열대병.
***yel·low·ish** [jélouiʃ] *a.* 누르스름한, 황색을 띤.
yéllow jàck 황열병(yellow fever) ; 검역기(檢疫旗)(~flag).
yéllow jóurnalism 【新聞】 선정주의.
yel·low·legs [-lègz] (*pl.* ~) *n.* 【鳥】 노랑발도요.
yéllow líght 노란 불《황색의 교통 신호등》.
yéllow líne (1) 《英》 (주차 규제 구역임을 표시하는 길가의) 황색선. (2) (추월 금지를 표시하는 도로 중앙의) 황색선.
yel·low-liv·ered [-lìvərd] *a.* 《美》 겁 많은.
yéllow métal (1) 놋쇠(Muntz metal) (2) 금(金)(gold).
yéllow ócher 【鑛】 황토 ; (그림물감의) 연한 황갈색, 황토색.
yéllow píne 소나무의 일종《미국산(産)》.
yéllow ráce 황색 인종(Mongoloid).
yéllow ráin 황색비《화학전 때 비행기에서 뿌리는, 황색 유독 분말로, , 이에 맞으면 경련 · 출혈을 일으키고 곧 죽음》.
yéllow ríbbon 《美》 노란 리본《억류된 인질·포로나 멀리 떨어진 남성이 되돌아 오기를 기원하여 나무에 거는》.
Yéllow Séa (the ~) 황해.
yéllow sóap 보통의 가정용 비누《노랑 내지 갈색》.
yéllow spòt 【解】 (망막의) 황반(黄斑).
yéllow stréak 겁 많은 행동〈성격〉.
yel·low·tail [-tèil] *n.* 【魚】 방어류(類).
yéllow wárbler 【鳥】 아메리카 솔새.
yel·low·wood [jélouwùd] *n.* 재목이 노란 나무 (gopherwood, smoke tree 따위).
***yelp** [jelp] *vi.* (1)(개·여우·칠면조 따위가)캥캥〈꽥꽥〉하고 울다 〈짖다〉. (2) 새된 소리를 내다, 소리치다. - *vt.* 소리쳐 말하다. —*n.* (1) (개 따위의) 캥캥 짖는〈우는〉 소리. (2)소리침, 비명.

Y

yen[1] [jen] 《口》 *n.* 열망 ; 야심《*for*》 ; 마약에 대한 강한 욕구 ; 성욕. —(*-nn-*) *vi.* 열망하다, 간절히 바라다《*for*》.
yen[2] (pl. ~) n. 엔(円_《일본의 화폐 단위 ; 기호 ¥, ¥》
yen·ta, yen·te [jéntə] *n.* 《俗》 수다스러운 〈오지랖넓은〉 여자.
yen(m). yeomanry.
*__yeo·man__ [jóumən] (*pl.* **-men**[mən]) *n.* (1)【英史】 자유민, 향사(鄕史). (2) 《英》 소지주 ; 중류 농민, 자작농. (3) 《英》 (yeoman계급의 자제로 편성된) 기마 의용병. (4) 《古》 (국왕 · 제후의) 시종, 종자(從者). 보좌관. (5) 《英》 (해군의) 통신계 하사관. (6) 크게 공헌하는 사람〈것〉. ***a ~of the(royal) guard*** 영국왕의 위병 (beefeater).
파) ~**·ly** *a.*, *ad.* ~다운〈답게〉 ; 용감한〈하게〉.
yeo·man·ry [jóumənri] *n.* 〔集合的〕 자유민, 향사 ; 소지주들 ; 자작농 ; 《英》 기마 의용병《18세기에 yeoman의 자제로 조직》.
yéoman('s) sèrvice 유사시의 충성, 다급할 때의 원조, 적절한 조력(助力), 큰 공헌.
yep [jep] *ad.* 《口》 = YES. 【opp.】 *nope.* ※ 마지막 p는 입술을 다물 뿐 파열되지 않음.
-yer *suf.* 명사의 어미에 붙어 '…하는 사람'의 뜻의 명사를 만듦 : law*yer*.
⁝**Yes** [jes] *ad.* (1) 〔疑問詞 없는 상대방 발언에 대한 대답〕 **a**) 〔상대의 질문 · 진술에 대한 肯定〕 네, 그렇(습니)다, 암〈참〉 그래《상대방이 긍정 문으로 발언했을 때》 ; 아뇨, 아니, 그렇지 않(습니)다《상대방이 부정 문으로 발언했을 때》. **b**) 〔부름 · 命令에 대답하여〕 네, 예. **c**) 〔상대의 否定적인 말에 反論하여〕 아니, 아냐. **d**) 〔상대의 말에 同意하여〕그렇(습니)다, 맞(습니)다.

☞ *參考* yes는 우리말에서 볼 때 상대의 발언이 긍정적이면 '예, 그렇습니다'에, 상대의 발언이 부정적이면 '아뇨'에 상당하며, no는 이것의 역(逆)이 된다. 그러나 영어 자체로서 yes와 no를 가려서 사용하는 가장 간단한 방법은 상대의 발언 중에 not따위의 부정어가 있더라도 이것을 무시해야 하는 것이다. 즉 Don't you like it? 로 묻더라도 Do yon like it? 로 물었다고 생각하면 된다.

(2) 〔흔히 Yes?(↗) **a**) 〔상대를 부르거나 다음 말이 궁금할 때〕 네?, 왜 그러지〈그러십니까〉, 무슨? ; 그래서?, 그런데? b) 〔말 없이 기다리는 사람의 의향·목적을 알수가 없어〕 저 무슨 (일로)?, 무슨 일이시죠. **c**)〔상대말에 대해 맞장구 · 가벼운 疑問을 나타내어〕 그래(서)?, 정말?, 설마. **d**) 〔 상대 이야기의 후속을 재촉하여〕 하(하), 그래서?. **e**) 〔상대에게 자신의 말을 다짐허여〕 알겠죠?
(3) 〔Oh와 함께 혼잣말로〕 아, 그렇다, 그렇지, 옳지《무엇인가 생각이 났을 때》.
(4) 〔종종 ~, and..., 또는 ~, or...〕《긍정적 진술에 이어 强調的으로》아니(그뿐인가), 더구나, 게다가(moreover) ; 확실히, 암.
(5) 〔앞의 말을 强調하여〕 다름 아닌(바로)…… .
Yes and no. (↘) 글쎄 어떨지, 어느 쪽이라고도 할 수가 없군《단지 yes나 no로 대답할 수 없을 경우에 쓰임》.
—(*pl.* ~**·es, ~·ses** (jésiz)) *n.* (1) yes 라는 말, 동의〈긍정〉의 말 ; 긍정, 승낙. (2) @ 〔보통 複數形으로〕 찬성표, 찬성 투표자《이 뜻으로는, 특히 영국 의회에서는 보통 aye》.

☞ *參考*(1) **yes**와 **no**대 '네'와 '아뇨' 우리말의 '네' '아뇨'는 상대방의 발언 형식 전체에 대해서 각각 肯定 · 否定을 하지만 영어에서는 상대방이 말한 표현 중에 만약(특히 동사에 관계되어) 부정하는 말이 있으면 이를 무시하고 yes로 긍정을. no로 부정을 함 : He doesn't *like* it.- *Yes* (, he does = he *likes* it).: *No* (, he doesn't = he doesn't *like* it) . 그는 그것을 좋아 하지 않는다 - 아냐(좋아해) ; 그래(좋아하지 않는다). 즉 영어에서는 상대가 He does*n't* like it. 라고 했어도 He like it. 라고 했을때와 같이 yes, no중에서 고르면 됨. ※ dosen't like 대신 dislike 라고 하면 다음과 같이 됨 : He *dislikes* it.-*Yes*(,he does=he *dislikes* it).: *No*(,he doesn't = he doesn't *dislike* it). 그는 그것을 싫어한다 - 그렇다(싫어한다) ; 아니(싫어하지 않는다). 즉 doesn't like와 dislike는 의미는 극히 가깝지만 문제의 동사가 like가 아닌 dislike이므로 역시 위에 보인 원칙에 따라 그 동사를 긍정하거나 부정하거나 함《dislike의 접두사 dis-는 부정적이지만, 이것은 동사에 흡수되어 독립된 부정사가 아니므로 무시되지 않음》. 결과로서 yes와 no의 의미가 거의 정반대가 됨은 당연함. 또한 표정을 수반할 때 고개를 가로 젓는 동작은 no라고 하는 대답에 결부되는 것이며, 동의·부동의와는 관계 없음 : You did*n't* come? - No. 너는 안 왔지 -응.

☞ *參考*(2) **yes**+부정, **no**+긍정 Are you feeling well? - *Yes,* I *never* felt better ; *No,* I'*m* feeling awfully bad. (기분 좋으십니까 - 네 전에 없이 좋습니다 ; 아뇨 기분이 몹시 좋지 않습니다). 이 보기에서도 ㉟[1]의 원칙은 지켜지고 있음. 즉 '상대방이 쓴 동사' be feeling을 써서 각기 Yes (, I am).: No(,I am not). 라는( )속 말이 생략된 셈임. Are you a student? - *No,* (I'm not. I am) a policeman.처럼( )속의 생략이 있지만, 그것은 특수한 예임.

☞ *參考*(3) **That's right**. 우리말의 '그렇다' '맞았어'에 가까우며, 부정(否定)이 있고 없고에 관계 없이 상대방의 진술이나 추측에 동의(同意)하는 표현으로서 사용됨 : So, you did it 〈didn't do it〉yourself? - *That's right.* 그럼 자네 자신이 했단〈안 했단〉말인가 - 그렇단 말야. Isn't there a stream near here? - *That's right.* 아마 요 근처 어디에 내가 있지 - 암, 있지

⁝**yes·ter·day** [jéstərdi, -dèi] 어제, 어저께 ; 작금, 요즘. ***be not born*** ~경험이 없지는 않다. 좀처럼 속아 넘어가지 않는다. —*n.* 어제, 어저께. (2) 최근, 요즘. 작금. (3) (종종 *pl.*) 과거. ***all ~*** 어제 하루 종일. ***the day before*** ~ 그저께. ~ , ***today, and forever*** 《美俗·보통 戲》 (매일 팔다 남은 것을 보태어 손님에게 내놓는) 해시 요리(hash). ***~ week*** = ***a week (from) ~*** 지난 주의 어제.
yes·treen [jestríːn] *n.*, *ad.* 《詩·Sc》 어젯저녁, 지난밤, 간밤(yesterday evening).
⁝**yet** [jet] *ad.* (1)〔否定文속에서〕 **a**) 아직(…않다), 아직〈지금〉까지는 (……않다) ; 현재로서는 ; (그 때까지는) 아직(……않았다) 《흔히 문미(文尾) 또는 否定語의 바로 뒤에 옴》.

☞ *參考* **yet**용법은 '아직'〔否定에 수반〕 또는 '이미'〔肯定에 수반〕의 뜻의 부사와 '그래도'의 뜻인 등위 접속사로 대병된다. 전자의yet와 already의 관계는 any와

some의 관계와 비슷하며, 부정문 또는 의문문에서 yet를 사용할 곳에 긍정문에서는 already를 사용한다. 그러나 yet는 긍정에도 '아직, 여전히(still)'의 뜻으로 사용되는 경우가 있으며, 그 밖의 접속사의 경우가 있으며, 그 밖에 접속사의 경우도 포함하여 전반적으로 꽤 광범위하게 still과 대치시킬 수 있음을 주목하여야 한다.

b)〔흔히 否定文에서 ; 종종 just ~〕 지금은, 아직 ; 아직 얼마 동안.
(2)〔肯定의 疑問文 속에서〕 이미, 벌써, 이제.
【SYN.】 **yet** 보통 의문문·부정문에 쓰임 **already** 보통 긍정문에 쓰임. 의문문에 쓰이면 놀람을 나타냄.
(3)〔肯定文에서〕〔현재적 긍정 표현에서〕 아직도, 아직껏《〔1〕still이 보통이지만, yet를 쓰면 감정적 색채를 띰. 〔2〕진행형 계속의 뜻을 나타내는 동사와 함께 씀》.
(4) **a**)〔比較級을 강조하여〕 더 한층, 더욱(더), 그위에(still, even). b)〔흔히 another, more앞에〕 다시(더), 더욱, 그 위에.
(5) 언젠가(는), 이윽고, 머지않아, 조만간《흔히 文尾에 오지만, 《正式》 또는 《文語》에서는 조동사 바로 뒤에 쓰임》.
(6) 《옛풍》〔nor 를 강조하여〕 …도 또한(-않다), 그위에(…도 -않다) ; 더욱이(…은 -아니다), 하물며 …(조차도 -않다).
(7) 〔보통 and 〈but〉 ~로〕 그럼에도, 그런데도, (…) 했음에도, 그러나.
(8)〔最上級과 함께〕 이제까지(ever).
and ~ 그럼에도 (불구하고), 그런데도, 게다가 (더욱) (⇨(7)). ***another and ~ another*** 꼬리를 이어서, 차례차례, 잇따라. ***as ~*** 아직(까지), 이제껏 《'앞으로 어떨지 모르지만'의 뜻을 함축하며, 종종 完了形의 동사와 함께 否定文에 쓰임》. ***but ~*** =and ~. ***have ~ to*** do... 아직도 …해야 한다, 아직 …하(고 있)지 않다 : I *have* ~ *to* learn it. 아직껏 그걸 모르겠다. ***just ~*** 이제 막 ;〔否定語와 함께〕 지금 당장은 …(않다) (⇨ (1) b). ***may ~*** 언제 …하지 않으리라고 장담 못 하다. ***more and ~ more*** ⇨ (4) b]. ***nor ~*** ⇨(6). ***not ~*** (1) ⇨ (1). (2)〔否定文을 대표해〕 아직이다. ***~ again -~ once*** (***more***) 다시〈또〉 한 번.
— *conj.* 그럼에도 (불구하고), …그런데도, 하나 (그래도), 하지만 (그래도).

***yew** [ju:] *n.* 【植】 주목(朱木)(속(屬)의 나무)《흔히 묘지에 심는 상록수》 ; ⓤ 주목재(朱木材)《가구등을 만듦》.
yid·dish·er [jídiʃər] *n., a.* 유대인(의), 이디시말을 하는(유대인).
:yield [ji:ld] *vt.* (1) 생기게 하다, 산출(産出)하다(produce) ; (이익 따위를) 가져오다. (2) 《~+目/+目+前+名/+目+副/+目+目》 양보〈양도〉하다, 굴복하다, 명도하다 ; 주다 ; 포기하다 《종종 up》. (3) (사물이 비밀 따위르르) (끝내) 밝히다《노력에 의해》. (4) 《古》 지급하다, 치르다 ; (빌려 쓴 돈 등을) 갚다 ; (대)갚음하다.
— *vt.* (1) 《+副》 (땅이) 농작물을 산출하다 ; (노력이) 보수를 가져오다. (2)《~/+前+名》 지다, 굴복하다 ; 따르다《*to*》. (3)《+前+名》구부러〈휘어〉지다《*to*》 ; 무너지다 (4) 《+前+名》 (남에게) 한결 뒤지다 ; …만 못하다. (5) 《+前+名》 명도〈양도〉하다 ; 양보하다. (6) 《+前+名》 (치료한 결과로 병이) 낫다, 좋아지다《*to*》 : ~ *to* treatment 치료하여 좋아지다.
~ consent 승낙하다 ***~ precedence to*** …에게 차례를 양보하다. ~ one***self*** (***as***) ***prisoner*** 투항하여 포로가 되다. ~ one***self*** (***up***) ***to*** …에 몰두하다. ***~ submission*** 복종하다. ***~ the palm to*** …에게 승리를 양보하다. ***~ the*** 〈***a***〉 ***point*** 논점을 양보하다.
— *n.* (1) 산출고〈물〉 ; 수확(량), 농작물.
파) **~·a·ble** *a.* **~·er** *n.*
yield·ing** [jí:ldiŋ] *a.* 다산의, 수확이 많은(productive) ; 압력에 대해 유연한 ; 영향을〈감화를〉 받기 쉬운, 하라는 대로 하는, 순종하는. ***in ~ mood 동의할 생각으로.
파) **~·ly** *ad.* **~·ness** *n.*
yíeld pòint 【物】 (금속 따위의) 항복점(降伏點)《인장(引張) 시험에서의》.
yíeld sìgn 《美》 (도로상의) '양보하라'의 표지.
yíeld strèngth 【物】 (금속 따위의) 항복 강도(降伏强度).
yíeld to matúrity 【債券】 만기 이율.
yike [jaik] *n., vi.* 《Austral. 口》 논의〈말다툼〉(하다).
yip [jip] 《美口》 (**-pp-**) *vi.* (강아지 등이) 깽깽 울다(yelp) ; 커다란〈새된〉 소리로 불평을 말하다.
— *vt.* 새된 소리로 말하다.
— *n.* 깽깽거리는 소리. [imit]
yob [jab/jɔb] *n.* 《美俗》 (1) 신병. (2) 건달, 깡패. (3) 무지렁이, 시골뜨기.
yo·del [jóudl] *n.* 요들《스위스나 티롤(the Tyrol)의 산간 주민 사이에서 불려지는 노래》. — (**-*l*-**, 《俗》 **-*ll*-**) *vt., vi.* 요들 가락으로 노래하다 ; 요들을 부르다.
yo·del·(l)er [jóudlər] *n.* 요들 가수 ; 《野球俗》 3루 코치 ; 《美俗》 밀고자.
yod(h) [jud, jɔ:d] *n.* 요드《헤브라이어 알파벳의 10번째 글자》.
yo·g(h)urt, yo·ghourt [jóugə:rt/jɔ́-] *n.* 《Turk.》 ⓤ 요구르트《유산 발효로 응고시킨 우유》.
yo·gism [jóugizəm] *n.* (1) 요가의 수행(修行). (2) (Y-) ⓤ 요가의 교리〈철리〉.
:yoke [jouk] *int., vi.* 《英》 쉿(하고 소리치다), 한 쌍(의 소). (2) 《比》 (보통 the ~) 속박(束縛), 지배, 멍에. (3) 연결, 이어매는 것, 기반(羈絆), 인연. (4) 멍에 모양의 것 ; 목도의 일종 ; 종을 매다는 가로대 ; 【船】 (키의) 가로 손잡이 ; 【機】 테, 거멀쇠, 이음쇠 【建】 이음보. (5) (시트·윗도리·블라우스·스커트 따위의) 어깨, 요크, 말기(천). (6) 《古》 한쌍〈두 필〉의 소가 하루에 갈 수 있는 토지(~ of land) ; 《英方》 농부와 소가 쉬지 않고 일하는 시간, 노동 시간. (7) 【로史】 복종의 표시로 포로로 하여금 기어나가게 한 멍에 또는 세 자루의 창으로 된아치. (8) 【空】 (대형 항공기의) 조종륜(操縱輪) (control column). (9) 【電子】 요크《브라운관(菅)에 있는 편향(偏向) 코일을 짜맞춘 것》. ***endure the ~*** 남의 지배를 받다. ***pass*** 〈***come***〉 ***under the ~*** 굴복하다. ***put to the ~*** 멍에를 얹다, 멍에에 연결하다. ***send under the ~*** 굴복시키다, 지배를 받게 하다. ***shake*** 〈***throw***〉 ***off the ~*** 멍에를 흔들어 떨어뜨리다 ; 속박을 벗어나다.
— *vt.* (1) 《~+目/+目+前+名/+目+副》 …에 멍에를 얹다 ; 멍에로 연결하다 ; (마소를 수레·쟁기에) 매다《*to*》. (2) 《~+目/+目+前+名》 이어맞추다. (3) 《美俗》 (강탈하려고) …을 뒤에서 덮쳐 나이프를 목에 들이대다. (4) 일을 시키다, 취역시키다 ; 《古》 속박〈압박〉하다.
— *vi.* (1)《+副》 결합하다, 짝이 되다, 동행이 되다 ;

걸맞다, 어울리다 : They ~ *well*. 잘 어울린다. (2) 《+副》 협조하다, 함께 일하다《*together*; *with*》. (3) 《美俗》 뒤에서 덮쳐 목에 나이프를 들이대다.

yóke bòne 【解】 광대뼈.

yoke·fel·low [jóukfèlou] *n*. (일 따위의) 동료, 함께 일하는 자, 협동자 ; 배우자.

yo·kel [jóukəl] *n*. 《蔑》 촌놈, 시골뜨기, 촌부(rustic). 파) **~·ish** *a*.

yoke·lines [jóuklàinz] *n. pl*. 【船】 키를 조종하는 밧줄.

yolk [jou/k] *n*. ⓒⓤ 노른자위, 난황(卵黃) ; 양모지(羊毛脂). 파) **~ed** [-t] *a*. **~·less** *a*. **~y** *a*. 노른자위(질)의 ; (양털이) 야드르르한.

yólk glànd 난황선(卵黃腺).

yólk sàc 〈**bàg**〉 난황낭(卵黃囊), 노른자위 주머니.

Yòm Kíppur Wár 제4차 중동 전쟁—1973년 10월 6일 유대교의 속죄일에 이집트·시리아가 공동으로 이스라엘에 대해 일으킨 전쟁》.

yond [jand/jɔnd] *a*., *ad*., *pron*. 《古·方》 = YONDER. — *prep*. 《古》 …의 저쪽에, …을 지나서.

‡yon·der [jándər/jɔ́n-] *a*. 저쪽의, 저기의. ※ 보통 시계(視界) 범위내의 것에 대하여 쓰며, 관사는 붙이지 않음. 단 'more distant', 'farther'의 뜻으로 쓰일 때에는 the yonder... 로 함.
— *ad*. 저쪽에, 저기에 (over there) : *Yonder* stands an oak. 저쪽에 오크나무가 있다.
— pron. 저쪽에 있는 것〈사람〉.

yonks [jaŋks/jɔŋks] *n*. 《英口》 오랜 기간 : for ~ 오랫동안.

yon·nie [jáni/jɔ́ni] *n*. 《Austral. 兒》 돌맹이.

yor·dim [jɔːrdíːm] *n. pl*. 《蔑》 국외로 〈《특히》 미국으로〉 이주하는 이스라엘 시민. 〖cf.〗 olim.

yore [jɔːr] *n*., *ad*. ⓤ 《文語》 옛날, 옛적《지금은 다음 관용구에만》. ***in days of ~*** 옛날에는 ***of ~*** 옛날의, 옛적의 ; 옛날, 옛적.

york [jjɔːrk] *vt*. 【크리켓】 yorker로 (타자를) 아웃시키다. 파) **~·er** *n*. 【크리켓】 배트(bat)의 바로 밑에 떨어지게 던진 공.

York·shire [jɔ́ːrkʃiər] *n*. (1) 요크셔《이전의 잉글랜드 북동부의 주 ; 1974년 North Yorkshire, Humberside, Cleveland의 일부, South Yorkshire, West Yorkshire로 나뉨 ; 略 : Yorks(.)》. (2) 【畜産】 요크셔종(種) 《육용의 흰 돼지》. ***come ~ on*** 〈***over***〉 a person = ***put ~ on*** a person 《口》 아무를 (감쪽같이) 속이다.

Yórkshire stóne 요크셔 돌《건축재》.

York·town [jɔ́ːrktàun] *n*. 요크타운《미국 Virginia주 남동부의 도시 ; 독립 전쟁 때 Washington 이 영국의 장군 Cornwallis를 항복시킨 땅》.

Yo·ru·ba [jɔ́(ː)rəbə, jár-, -bàː] (*pl*. **~**, **~s**) *n*. 요루바족(族) 《Guinea 지방에 사는 흑인》 ; ⓤ 요루바어(語).

‡you [juː, 弱 ju, jə] *pron*. (1)〔人稱代名詞 2인칭 주격·목적격〕 당신(들)은〈이〉 ; 당신(들)에게〈을〉 ; 자네(들)은〈이〉 ; 자네(들)에게〈을〉. (2) 〔일반 사람을 가리킴〕. (3) 〔부를 때 또는 감탄문 중에서〕 여보세요, 야아, 어이 (4) 《口》〔動名詞 앞에서 your 대신에〕. (5) 《古》 당신 자신(yourself). ***Are ~ there?*** (전화로) 여보세요. ***~ all*** (1)당신들 모두. (2) =YOU-ALL. ***You and your..!*** …은 너의 입버릇이구나《또 시작했구나 따위》. ***~ folks = ~ people*** 《口》 당신들《단수의 you와 구별하기 위하여. 기타의 보기 : *you* boys 너희 소년들》. ***Your're another.*** (욕설에 대한 대꾸로) 너야말로(그렇)다, 너도 그렇다. ***~ see*** 실은 …, 자아 그렇지.

you-all, y'all [juːɔ́ːl, 弱 jɔːl], [jɔːl] *pron*. 《美南部》 (2인 (이상)에게 또는 한 집안을 대표하는 한 사람에게) 당신들, 자네들.

‡you'd [juːd, jod] you had, you would의 간약형.

you-know-what 〈**-who**〉 [júːnòuhwàt 〈-hùː〉, -*h*wʌ̀t 〈-〉 / -*h*wɔ̀t 〈-〉] *n*. 저 그거 〈사람〉말이야 《자명(自明)하거나 분명하게 말하고 싶지 않을 때 씀》.

‡you'll [juːl, 弱 jul, jəl] you will, you shall의 간약형.

‡young [jʌŋ] (**~·er** [jʌ́ŋgər]; **~·est** [jʌ́ŋgist]) *a*. (1) 젊은, 어린, 연소한. 〖opp.〗 *old*. 〖cf.〗 middleaged. .
【SYN.】 **young** 가장 일반적인 말. 사람·동물에게만 쓰는 것은 아님. **youthful** 청년의 좋은 면을 강조함. 한창 젊은. **juvenile** 청소년의 유치함 또는 나쁜면·충동적인 것·무분별(無分別)·무책임등을 시사하며, 심리·교육·법률 따위의 전문 영역을 연상케 하는 바가 있음. (2) 나이가 아래인. (3) 새로운, 된지 얼마 안 되는 ; 신흥의. (4) 시작한 지 얼마 안 되는, 초기의 (5) 한창 젊은, 쌩쌩한, 기운찬. (6) 경험 없는, 미숙한. (7) (과실 따위가) 익지 않은 : (술 따위가) 안 익은 : 연한(tender). (8) 소규모의. (9) (*or* Y-)(정치 운동 등에서) 진보파의, 청년당의. (10)【地】 유년기(幼年期)의 (youthful). ***a ~ man in a hurry*** 급진적 개혁자. ***her ~ man*** 그녀의 애인. ***his ~ woman*** 그의 애인. ***in*** one'***s ~(er) days*** 청년 시절에 (는).
— *n*. 〔集合的 : 複數취급〕 (1) (the ~) 젊은이들. (2) (동물의) 새끼, 치어(稚魚) : the ~ of the eel 뱀장어 새끼. ***with ~*** (동물의) 새끼를 배어. ***~ and old*** 남녀노소 ; 늙은이나 젊은이나 : a sport for ~ *and old* 노소를 막론하고 즐길 수 있는 수 있는 스포츠. 파) **~·ness** *n*.

young·er [jʌ́ŋgər] *a*.(형제 자매의) 연하(年下)쪽의 〖opp.〗 *elder* . ***~ branch of a family*** 분가. — *n*. (보통 a person's ~) 연하인 사람《略 : yr》 ; (보통 pl.) 젊은이, 자녀.

young·est [jʌ́ŋgist] (pl. ~) n. 최연소자, 《특히》 가장 나이 어린 가족, 막내 아이.

Yóung lády (1) 적령기의 미혼 여성, 젊은 숙녀, '아가씨' (2)여자 친구 ; 연인 ; 약혼자. (3)《俗》 정부(情婦).

young·ling [jʌ́ŋliŋ] *n*. 어린 것, 유아, 동물의 새끼, 어린〈애〉나무《따위》 ; 애송이.
— *a*. 젊은, 어린.

Yóung mán (1) 젊은 남성, 청년. (2) 남자 친구 ; 연인 ; 약혼자. (3) 젊은 고용인, 조수. (4) 《호칭》 젊은이.

Yóung Mén's Chrístian Associátion 기독교 청년회 《略 : Y.M.C.A.》.

yóung pérson 젊은 사람 ; (a ~) 젊은 여자 ; (the ~) 세상사에 익숙지 않은 청년《단, 법률상으로는 유아 이외의 18세 이하인 자》.

yóung mòdulus 【物】 영률(率), 세로 탄성계수, 영 계수.

‡young·ster [jʌ́ŋstər] *n*. (1) 젊은이, 청(소)년, 아이. 〖opp.〗 *oldster*. (2) 어린 동물 ; (식물의) 묘목. (3) 《美》 해군 사관 학교 2년생.

yóung thìng 《특히》 젊은 여성 ; 어린 동물.

young'un [jʌ́ŋʌn] *int*. 어이 젊은이《호칭》.

young·ker [jʌ́ŋkər] *n.* (1)《古》젊은이, 소년. (2)《廢》= JUNKER.
:your [juər, jɔːr, 弱 jər] *pron.* 〔you의 所有格〕 (1) 당신(들)의 ; 너(희들)의 : Do ~ best. 최선을 다하라. (2)《口》흔히 말하는, 이른바, 소위, 예의. (3) 〔경칭 앞에 붙임〕. (4) 〔動名詞의 '의미상의 주어'를 나타내〕 당신(들)이.
:you're [juər, 弱 jər] you are의 간약형.
:yours [juərz, jɔːrz] *pron.* 〔you의 所有代名詞〕 (1) 당신의 것. (2) 당신의 가족〈재산, 편지, 임무 따위〉. (3) (보통 Y-) (편지의 끝맺음의) 경구(儆具), 총총, ……드림……올림. ※ 첨가하는 副詞에 따라 친소(親疎)의 구별이 있음 ; 첨가하는 말 없이 단순히 yours, (생략하여) yrs. 라고도 씀 ***Up ~ (and twist it)!***《俗》맘대로해, 엿 먹어라. ***What's ~?***《口》무엇을 마시렵니까. ***~ truly*** ·《口·戱》나, 소생.
:your·self [juərsélf, jər-, jɔːr-] (*pl.* ***-salves*** [-sélvz]) *Pron.* (1) 〔再歸約〕 당신 자신을(에게). **a)** 〔동사의 직접 목적어로서〕 **b)** 〔동사의 간접목적어로서〕 **c)** 〔전치사의 목적어로서〕. (2) 〔强意的〕 당긴 자신(이). **a)** 〔You와 함께 동격적으로〕. **b)** 〔and ~로, You 대용으로〕. **c)** 〔You대용으로, as, like, than 뒤에서〕. **d)** 〔독립구문의 주어관계를 특히 나타내기 위해〕. ***(all) by ~*** 혼자만으로 ; 혼자 힘으로. ***Be ~!*** 진정〔침착〕하라, 정신차려라. ***beside ~*** ⇨beside. ***for ~*** 〔1〕 당신 자신을 위하여. 〔2〕 자기 자신이 ; 혼자서. ***help ~.*** (음식·담배 등을) 마음대로 드십시오. ***How's~?***《俗》당신은 어떻습니까《How are you?등의 인사에 대답한 후에 하는》. ***to ~*** ⇨oneself.
:your·selves [juərsélvz, jər-, jɔːr-] YOURSELF의 복수형.
:youth [juːθ] (*pl.* ***~s*** [juːðz, -θs] ; 所有格 ***~s*** [-θs]) *n.* (1)ⓤ 젊음, 원기 ; 혈색, 무분별. (2) ⓤ 청년 시절, 청춘기, 초기의 시대. (3) ⓒ 청년. (4)〔集合的〕 청춘 남녀, 젊은이들. ***in** one**'s hot ~*** 혈기 왕성한 시절에. ***the ~ of the world*** 고대; 상고(上古), 태고. 파) ***~·less*** *a.*
yóuth cènter 〔**clùb**〕《英》유스 센타〈클럽〉《청소년 남녀의 여가 활동을 위한 장소(단체)》.
youth·cult [júːθkʌ̀lt] *n.* 청년 문화, 젊은이 문화.
youth·en [júːθən] *vt.* 젊게 하다, 되젊게 만들다.
:youth·ful [júːθən] *a.* (1) 젊은 발랄한, 기운찬, 팔팔한. (2) 청년의 ; 젊은이 특유의. (3) 초기의. (4) 【地】 유년기(幼年期)의 파) **~·ly** [-fəli] *ad.* **~·ness** *n.*
yóuth hòstel 유스호스텔《주로 청소년 여행자들을 위한 숙박시설》.
yóuth hòsteler 〔《英》 **hòsteller**〕 유스호스텔 숙박자.
:you've [juːv, 弱 juv, jəv] you have의 간약형.
yowl [jaul] *n.* (길고 슬프게) 짖는 소리, 신음 소리. — *vi.* 길고 슬프게 (우)짖다, 신음하다 ; 비통한 소리로 불만을 호소하다. — *vt.*비통한 소리로 호소하다. [imit.]
yo-yo [jóujòu] (*pl.* ***~s***) *n.* (1)요요《장난감의 일종》 ; (Y-) 그 상표 이름 ; (요요처럼) 상하 운동을 거듭하는 것 ; (인공위성의) 크게 요동하는 궤도. (2)《俗》의견이 자꾸 변하는 자, 《美俗》얼간이, 아둔패기. — *a.* 오르내리는, 변동하는, 상하〈전후〉로 여러 가지로 움직이는. — *vi.* 흔들리다, 변동하다 ; (생각 등이) 흔들리다.
Y tràck [wái-] 【鐵】 (기관차의 방향 전환용) Y자형 궤도.
yt·ter·bia [itə́ːrbiə] *n.* ⓤ 【化】 산화 이테르븀 파) **yt·tér·bic** [-bik] *a.*
yt·ter·bi·um [itə́ːrbiəm] *n.* ⓤ 【化】 이테르븀《희토류 원소 ; 기호 Yb ; 번호 70》.
yt·ter·bous [itə́ːrbəs] *a.* ⓤ 【化】 2가(價)의 이테르븀의〈을 함유한〉.
yt·tria [ítriə] *n.* ⓤ 【化】 산화 이트륨.
yt·trif·er·ous [itrífərəs] *a.* 【化】 이트륨을〈과 동종의 원소를〉 함유한.
yt·tri·um [ítriəm] *n.* ⓤ 【化】 이트륨 《희토류 원소 ; 기호 Y ; 번호 39》.
파) **yt·tric, yt·tri·ous** [ítrik], [ítriəs] 【化】 *a.* 이트륨의 ; 이트륨을 함유한.
ýttrium gàrnet 이트륨 가닛《인공적으로 만든 강(强)자성체》.
ýttrium mètal 【化】 이트륨족(族) 금속.
ýttrium óxide 【化】 산화 이트륨(yttric).
Yu·an[1] [juːάːn] n. (때로 y-) 유안(院) (타이완의 의회).
Yu·an[2] [juːάːn] *n.* 《Chin.》 위안, 원(元) 《(1)중국의 화폐 단위 ; 기호 RMB, Y. (2) 대만의 화폐단위 ; = 100cents ; 기호 NT $》.
yu·ca·tan [jùːkətάːn] *n.* 유카탄《멕시코 남동부의 주(州) 〈반도〉》.
yuc·ca [jʌ́kə] *n.* 실난초, 백합과(百合科) 유카속(屬)의 각종 식물《실없는 유카, 실유카 따위》.
yucky, yuk·ky [jʌ́ki] *a.* 《美俗》 불쾌한, 지독히 맛없는.
Yug., Yugo. Yugoslavia.
Yu·go·slav, Ju- [júːgouslὰːv, -slǽv] *a.* 유고슬라비아(사람)의. — *n.* 유고슬라비아 사람〈말〉.
파) **-vi·an** [-n] *a.*, *n.* = YUGOSLAV.
Yu·go·slav·ic [júːgouslάːvik, -slǽvik] *a.* 유고슬라비아(사람)의.
Yu·ka·ghir [júːkəgíər] (pl. ~s, 〔특히 集合的〕 ~). (1) 유카기르족《시베리아 북동부의 토나카이 수렵민》. (2) 유카기르어《옛 아시아어군의 하나》.
Yu·kon [júːkɑn/-kɔn] *n.* (1) 유콘《캐나다 서북부의 지방》. (2) (the ~) 유콘 강《Yukon에서 발원해 알래스카 중앙부를 지나서 베링해에 흐르는 강》.
yu·lan [júːlɑn, -læn] *n.* 【植】 백목련(白木蓮).
yu·le [júːl] *n.* (종종 Y-) 성탄절 ; 크리스마스 계절.
yum·pie [jʌ́mpi] *n.* 《美》 염피《출세 지향적인 젊은 지적 직업인》. 〔◁ young upwardly mobile professionals + *ie*〕
yum·pish [jʌ́mpiʃ] *a.* 염피족(族)풍의.
yum·yum [jʌ́mjʌ́m] *int.* 아 맛있다 !
— *n.* 《兒》 것 맛있는 것, 냠냠, 즐거운 것.
yup [jup] *ad.* 《口》 = YEP.
yup·pie [jʌ́pi] *n.* (종종 Y-) 여피족(=**Yúppy**) 《고학력으로 직업상의 전문적인 기술을 지니고, 도시(근교)에 살며, 높은 소득을 올리고 있는 젊은 엘리트》. 〔◁ young *u*rban *m*obile *p*rofessionals + *ie*〕

Y

Z

Z, z [zi:/zed] (*pl.* **Z's, Zs, z's, zs**[-z]) (1) 제트《영어 아파벳의 스물 여섯째 글자〈마지막 글자〉》 (2) 26번째(의 것). (3) 【數】 (제3) 미지수, 변수, Z축, Z좌표. 【cf.】 x, y. (4) 수면, 잠 ; 코고는 소리. I' ve got to catch some *Z* s. 한잠 자야 겠다. — vi. 《美俗》 자다, 잠자다(sleep) : I' m tired. I' m gonna *Z*. 피곤하군, 자야지. ***cut some Z's*** 《CB 俗》 한잠 자다, 잠깐 쉬다. ***from A to Z*** 처음부터 끝까지, 철두철미.

za·min·dar, ze- [zəmi:ndáːr, zǽməndàːr], [zə-, zé] *n.* 【史】 (1) (영국정부에 지조(地租)를 바친) 인도인, 대지주. (2) (무굴 제국 시대의) 수세리(收稅吏).

za·ny [zéini] *n.* (1) 바보. (2) 어릿광대, 익살 광대 ; 알랑쇠. — (***-ni·er ; -ni·est***) *a.* 어릿광대 같은 ; 어리석기 짝이 없는 ; 미치광이 같은.

zap [zæp] (***-pp-***) 《俗》 *vt.* (1) 갑자기(철저히, 홱) 치다〈패배시키다, 분쇄하다, 습격하다, 죽이다〉 ; (활·광선총·전류 등으로) 공격하다, 갑자기 움직이다 ; (특히 말로) …와 대결하다. (2) …에게 강한 인상을 주다, 매우 감동시키다. (3) 《해커 俗》 (음식에) 매운 양념을 넣어 깜짝 놀라게 하다. (4) 【TV】 (시청자가) 광고방송을 안 보다 ; 광고방송 시간에 채널을 바꾸거나 자리를 뜨다. ~ (***it***) ***up*** (일을) 한층 활발하게 하다.
— *n.* (1) 힘, 정력, 원기, 공격, 일격 ; 대결 ; 굴욕 ; 【컴퓨터】 (EPROM상의 프로그램의) 지움. (2) 【TV】 (시청자의) 광고방송 기피.
— *int.* (종종 ~ ~) 앗 ! ; 탕, 휙 ; (마법을 걸때의) 얏. 〔limit.〕

zap·per [zǽpər] *n.* 《美》 (1) (해충 · 잡초 등의) 마이크로파 구제(驅除) 장치. (2) 《比》 (비판 · 공격의) 급선봉, 유력한 비판자, 강력한 적수, 신랄한 비평.

zap·py [zǽpi] (***pi·er ; -pi·est***) *n.* 《口》 원기 왕성한, 활발한.

za·re(e)·ba, -ri- [zəríːbə] *n.* 가시나무 울타리(에 둘린 장소)《동부 아프리카치 촌락 · 캠프 등의 방어용》.

zarf [zaːrf] *n.* (Levant 지방에서 쓰는) 금속제의 컵 받침《손잡이 대용》.

zax [zæks] *n.* 슬레이트(slate)를 자르는 연장.

ZCZC 【國際電報】 전보의 시작을 나타내는 기호.

Z'd óut [zi:d-] 《美俗》(너무 사서) 휘청거리는, 머리가 띵한 ; 잠에서 덜깬(= **zèed óut**).

zeal [ziːl] *n.* ⓤ 열중, 열의, 열심, 열성 ; 열정 《*for*》 : show ~ *for* …에 열의를 나타내다. 【SYN.】 ⇨ PASSION. ***with ~*** 열의를 갖고.

Zea·land [ziːlənd] *n.* 덴마크 최대의 섬.

zeal·ot [zélət] *n.* 열중자, 열광자《*for*》 ; 《口》 광신자 ; (Z-) 열심당원(熱心黨員)《기원전 1세기, 로마에 반항한 유대 민족주의자》.
파) ~**·ly** *ad.* ⓤ 열광 ; 열광적 행위.

zeal·ous [zéləs] *a.* 열심인, 열광적인, 열성적인
파) ~**·ly** *ad.* ~**·ness** *n.*

***ze·bra** [zíːbrə] (*pl.* ~, ~**s**) *n.* 【動】 얼룩말(아프리카 산) ; 얼룩무늬 있는 것 ; 《美蹴俗》 심판원《얼룩무늬 셔츠》.

ze·brine, ze·broid [zíːbrain, -brin], [-brɔid] *a.* 얼룩말(무늬)의 ; 얼룩말을 닮은.

ze·bu [zíːbjuː] *n.* 혹소, 제부《등에 혹이 있는 소:중국 · 인도산》.

ze·donk [zíːdaŋk, -dɔ(ː)ŋk, -dʌŋk] *n.* 수 얼룩말과 암탕나귀의 잡종. 〔◁*zebra*+*donkey*〕

Zéeman effèct 【物】 제만 효과《자기장(場)중의 물질의 에너지 준위(準位)가 분열하는 현상》.

ze·in [zíːin] *n.* 【生化】 제인《옥수수에서 추출하는 일종의 단백질 ; 천·플라스틱 제조용》.

zeiss [tsais] *n.* 차이스. (1) **Carl ~** 독일의 광학 기술자 · 기업가《jena에 정밀 기계 공장을 설립하여 Carl Zeiss사의 기초를 이룸 ; 1816-88》. (2) (1)이 설립한 독일의 광학 정밀기기 제조 회사 ; 또 그 商標名.

zel·ko·va [zélkəvə, zelkóu-] *n.* 【植】 느티나무.

ze·lo·so [zelóusou, zi-] *a., ad.* 《It.》 【樂】 열렬한 ; 열심히.

zem·stvo [zémstvou] (*pl.* ~**s**) *n.* 《Russ.》 (제정 러시아의) 지방 자치 단체, 주 의회, 지방자치회.

ze·na·na [zeŋáːnə] *n.* (인도·페르시아의) 여인방(女人房) ; (集合的) 규방의 여성들 : the ~ mission 인도 여성 전도회《기독교의》.

Zén Búddhism 선종(禪宗).

Zend [zend] *n.* ⓤ (1) 고대 페르시아 말. (2) 젠드 아베스타《조로아스터로의 경전과 그 주석서》.
파) ~**·ic** *a.*

ze·nith** [zíːniθ/zén-] *n.* (1) 천정(天頂). 【opp.】 *nadir.* ¶the ~ distance 천정 거리 / a ~ telescope천정의(儀). (2) ⓤ 《比》 (성공 · 힘 등의) 정점, 절정 ; 전성기 : He has passed his ~. 전성기가 지났다. (3) 제니스《테이프리코더로 쓰이는 오디오헤드 · 비디오헤드의 기울기 ; '도(度)' 로나타냄》 (【cf.】 azimuth). (4) (Z-) 제니스. a〉 미국의 전기 제품 회사 ; 또 그 제품. 《TV, 라디오 등》. b〉 스위스의 시계 제조 회사 ; 또 그 제품. ***at one' ***s***~전성기에, 득의의 절정에. ***at the ~ of*** … 의 절정에 달하여. ***be at*** one' ***s*** 〈***its***〉 ***~*** 성공〈영광, 위대〉의 절정에 있다, 최고조에 달해 있다.

ze·nith·al [zíːniθəl/zén-] *a.* 천정의 ; 정점의, 절정의 ; 중심으로부터의 실지 방위를 나타나게 그린 《지도》.

zénith tèlescope 〔**tùbe**〕 【天】 천정의(天頂儀) 《시간 · 위도 측정용 망원경》.

Ze·no [zíːnou] *n.* 제논《〔1〕~**of Ci·ti·um** [-síʃiəm] 그리스의 철학자 ; 스토아 학파의 시조(335? - 263? B.C.). 〔2〕 ~ **of Elea** [-íːliə] 그리스 엘레아학파의 철학자(490? - 430 B.C.)》.

Ze·no·bia [zənóubiə] *n.* 제노비아. (1) 여자 이름. (2) Syria의 Palmyra의 여왕(재위 267-272).

ze·o·lite [zíːəlàit] *n.* 【鑛】 비석(沸石), 제올라이트.

ze·ro [zíərou] (*pl.* ~(**e**)**s**) *n.* (1) ⓒ 【數】 제로, 영(naught) : six-~seven, 607번《전화번호 따위 ; 그러나 0을[ou]라고 발음하는 일이 많음》. (2) ⓒ 영점(零點) : I put a ~ on his paper. 그의 답안지에 영점을 주었다. (3) ⓤ (온도계의) 영도 ; (기준이 되는) 영위(零位), 빙점(氷點). (4) ⓤ 최하점 ; 밑바닥 ; 무(無) ; ⓒ 가치없는 인간〈물건〉. ⑤ ⓤ 【空】 500피트 이하의 고도 : fly at ~. (8) 【軍】 = ZERO HOUR ; 【砲術】 영점 규정(規正).
— *a.* (1) 영의 ; 결여되어 있는, 빠져서 없는. (2) 【氣】 (시계(視界)가) 제로인《수평 165피트, 수직 50피트 이하》. — *vt.* (1) (계기의 바늘을) 제로에 맞추다 ; (주의를) 집중하다. (2) 《해커俗》 비트(bit)를) 영의 값

으로 하다 ; (정보를) 버리다, 소거(消去)하다. — *vi.* 화기의 조준을 바르게 하다. ~***in***(소총 등의 가늠자를) 영점 조준 하다. ~***in on*** …에 겨냥을 정하다 ; 《口》 …에 주의를〈화제가〉 집중하다 ; 《口》 (순찰차 등이) …로 집결하다.

ze·ro-base(d) [zíərоubèis(t)] *a.* (지출 등의) 각 항목을 비용과 필요성을 고려하여 백지 상태로 부터 검토한, 제로 베이스 예산 편성한, 제로 베이스의.

ze·ro-base(d) búdgeting 제로베이스 예산 편성《모든 항목을 제로 상태에서 검토하여 예산을 정하는 방법 ; 略 : ZBB》.

ze·ro-cóu·pon bònd [zíəroukjú:pan-/-pɔn-] 【經】 제로쿠폰채(債), 무이자 할인채《상환 기일 까지 이자는 없으나 액면을 대폭 할인한 가격으로 발행됨》.

zéro défects 【經營】 무결함 운동, ZD운동《종업원 개개인이 자각적으로 추진자가 되어 일의 결함을 제거해 나가려는 관리 기법 ; 略 : ZD》.

zéro-ǵ manufàcturing 【宇宙】 무중력 상태에서의 제품 생산《약품, 미소 기계부품 특히 마이크로 칩의 생산》.

zéro grávity 【空·宇宙】 무중력(상태).

zéro grówth 경제의〈인구의〉 제로 성장(zero economic 〈population〉 growth) ; 억제〈비확장〉 정책.

zéro hòur 【軍】 예정 행동〈공격〉개시 시각 ; 《口》 예정 시각 ; 결정적 순간, 위기, 하루의 시간 계산 개시 시각.

ze·ro·ize [zíərouàiz] *vt.* 【컴퓨터】 제로로 하다 ; 기억 영역의 내용을 제로로 하다.

zéro óption 【軍】 제로 옵션, 0의 선택《냉전 시대에 NATO측과 소련측 쌍방이 유럽의 전역핵(戰域核)을 전면 폐기한다는 구상》.

zéro pòint 영점, 영도.

ze·ro-sum [zíərousʌm] *a.* 영합(零合)의, 쌍방득실의 차가 없는《게임의 이론 등에서 한 쪽의 득점〈이익〉이 다른 쪽에 실점〈손실〉이 되어 플러스 마이너스 제로가 되는》.

zéro suppréssion 【컴퓨터】 제로 억제《수치중의 의미없는 제로를 표현하지 않는 일》.

ze·ro-ze·ro [zíərouzíərou] *a.* 【氣】 (수평·수직 모두가) 시계(視界) 제로의 : ~ weather 시정 제로의 악천후.

***zest** [zest] *n.* ⓤ (1) 풍미, 맛 ; 향미. (2) ⓒ 풍미를 더 하는 것, 맛을 곁들이는 것. (3) (종종 a ~) 풍취, 묘미 : add〈give〉 a~ to …에 풍취를 더 하다. (4) (종종 a~) 비상한 흥미 ; 열의 ; 열정 : with ~ 열심히 ; 흥미 깊게 ; 맛있게. — *vt.* …에 풍취〈풍미〉를 더하다. 파) **~y** *a.* (짜릿하게) 기분 좋은 풍미가 있는 ; 뜨거운. 〔《F.》 = orange or lemon peel 〈?〉〕

zest·ful [zéstfəl] *a.* 풍미〈묘미〉가 있는 ; 풍취가 있는 ; 열의가 있는, 열심인, 흥미를 가진. 파) ~**·ly** *ad.* ~**·ness** *n.*

ze·ta [zéitə, zí:-] *n.* 제타《그리스어 알파벳의 여섯째 글자 Z, ζ ; 로마자의 z에 해당함》.

zetz [zets] 《美俗》 *n.* 일격, 구타. — *vt.* (일격을) 가하다, (한대) 먹이다.

zeug·ma [zú:gmə] *n.* 【文法】 액어법(軛語法)《하나의 형용사 또는 동사를 두 개 (이상)의 명사에 무리하게 사용함. 【cf.】 syllepsis.
파) **zeug·mat·ic** [-mǽtik] *a.*

***Zeus** [zju:s] *n.* 【그神】 제우스신《Olympus 산의 주신(主神) ; 로마의 Jupiter에 해당함》.

z-gun [zí:gʌn/zéd-] *n.* 《英軍俗》 고사 로켓포.

zib·el·(l)ine [zíbəlàin, -lin, -li:n] *a.* 검정담비(sable)의 ; 검정담비의 모피로 만든.
— *n.* 검정담비의 모피 ; ⓤ 검은담비 비슷한 보풀이 긴 모직물.

zib·et [zíbit] *n.* 【動】 사향고양이의 일종.

ziff [zif] *n.* 《Austral.口》(짧은) 턱수염.

zig [zig] *n.* 지그재그 코스에서 꺾이는 각〈커브〉 ; (정책 등의) 급격한 방향 전환, 급격한 변경. 【cf.】 zag.
— (**-gg-**) *vi.* (지그재그의 진행 과정에서) 급하게 꺾이다 ; 급히 방향 전환 하다. 【cf.】 zag.

zig·ger-zag·ger [zígərzæ̀gər] *n.* 《英俗》 귀찮게 떠들어 대는 사람.

zig·get·ty, -git- [zígəti] *int.* 《美俗》 좋아, 대단하군, 해냈군(= **hót ~**).

zig·gu·rat, zik·(k)u- [zígurǽt], [zíku-] *n.* 옛 바빌로니아·아시리아 신전《피라미드 꼴》.

***zig·zag** [zígzæ̀g] *a.* 지그재그의, Z자형의, 톱니 모양의, 번개 모양의, 꾸불꾸불한.
— *n.* 지그재그, Z자꼴《보행·댄스의 스탭 등》 ; 지그재그의 꼴《장식·선·도로 따위》; 【建】 Z자꼴 쇠사리.
— *ad.* 지그재그로, Z자 모양으로, 꾸불꾸불하게 : run ~ 지그재그로 달리다.
— (**-gg-**) *vt.* 지그재그로〈Z자 모양으로〉 하다.
— *vi.* 《~ / + 前 + 名》 지그재그로 나아가다 ; Z자 모양을 하다 ; 갈짓자로 걷다, z자 꼴로 흐르다 : The demonstrators ~ *ged along* the street. 데모대는 거리를 지그재그로 행진했다.
파) ~**·ger** *n.* ~하는 사람〈것〉 ; (재봉틀의) 지그재그 재봉용 부분품.

zilch [ziltʃ] 《俗》 *n.*, *a.* (1) 제로(의), 영. (2) 아주 무능한〈하찮은, 중요치 않은〉(인물). (3) 아무개.

zil·lah [zílə] *n.* 《Ind.》 (영령 인도 시대의) 주(州), 군(郡)《행정 구역》. 〔《Hind.》〈《Ar.》=part〕

zil·lion [zíljən] *n.*, *a.* 《口》(몇 조억이라는) 엄청난 수(의) : a ~ mosqitoes 무수한 모기. 〔◁z (미지(未知)의 양(量) + m*illion*〕

zil·lion·aire [zìljənέər] *n.* 《美俗》 억만장자.

⁑**zinc** [ziŋk] *n.* ⓤ 【化】 아연《금속 원소 ; 기호 Zn ; 번호 30》 ; ⓒ 함석. ***flowers of*** ~ 아연화(亞鉛華). ***sulfate*** 〔***sulphate***〕 ***of*** ~ 황산 아연.
—(**-c(k)-**) *vt.* 아연으로 도금하다, 아연을 입히다.

zinc·ate [zíŋkeit] *n.* 아연산염(亞鉛酸鹽).

zínc blènde 섬아연광(閃亞鉛鑛).

zinc·ic [zíŋkik] *a.* 아연의 ; 아연에서 얻은 ; 아연을 함유한, 아연 비슷한.

zinc·if·er·ous [ziŋkífərəs, zinsíf-] *a.* 아연을 함유한(생성하는).

zinc·i·fy [zíŋkəfài] *vt.* 아연을 입히다 ; 아연을 함유하게 하다. 파) **zìnc·i·fi·cá·tion** [-fikéiʃən] *n.* ⓤ 아연 도금.

zinc·ite [zíŋkait] *n.* ⓤ 【鑛】 홍(紅) 아연광.

zinc·ode [zíŋkoud] *n.* (전지의) 양극.

zin·co·graph [zíŋkəgræ̀f, -grà:f] 【印】 *n.* 아연판〈볼록판(版)·평판(平版)〉 ; 아연판화(인쇄물).
— *vt.* 아연판에 식각(蝕刻)하다, 아연 식각법으로 인쇄 하다.

zin·cog·ra·phy [ziŋkágrəfi, -kɔ́g-] *n.* ⓤ 아연제판(술), 아연 조각술. 파) **zin·cóg·ra·pher** [-ər] *n.* 아연 제판공. **zin·co·graph·ic, -i·cal** [zìŋkəgrǽfik], [-ikəl] *a.* 아연 제판술의.

zinc·oid [zíŋkɔid] *a.* 아연의, 아연같은.

zínc óintment 【藥】 아연화 연고.
zinc·ous [zíŋkəs] *a.* 아연의 ; 아연을 함유한 ; 아연 비슷한 ; (전지의) 양극의. =ZINCIC.
zínc óxide 【化】 산화 아연, 아연화.
zínc súlfate 【化】 황산 아연(안료원료·의약품이 됨).
zínc whíte 산화 아연, 아연화, 아연백《백색의 안료》.
zin·fan·del [zínfəndèl] *n.* (캘리포니아산의)흑포도 ; 그것으로 만든 붉은 포도주.
zing [ziŋ] 《口》 *n.* 윙윙〈쌩쌩〉(하는 소리) ; ⓤ 활기, 기력, 열성. — *int.* 쌩쌩, 핑핑.
— *vi.* 쌩쌩 소리를 내다〈내고 나아가다〉. 〔imit.〕
zing·er [zíŋər] 《俗》 *n.* 기운찬〈위세 좋은〉 사람 ; 활발한 발언〈행동〉, 재치있는 대답 ; 사람을 깜짝 놀라게 하는 것 ; 《野球俗》 쾌속구.
zingy [zíŋi] 《口》 (***zing·i·er ; -i·est***) *a.* 활기〈열기〉 있는 ; 자극적이고 재미있는 ; 신선하고 매력적인.
zinky [zíŋki] *a.* 아연으로 만든, 아연을 함유한 ; 아연과 비슷한. =ZINCKY
zin·nia [zíniə] *n.* 백일초.
Zi·on [záiən] *n.* (1) 시온 산《Jerusalem에 있는 유대인이 신성시하는 산》 ; (유대인의 고국 유대교의 상징으로서의) 이수라엘(Israel). (2) 〔集合的〕 신의 선민(選民). (4) 천국 ; 이상향. (5) 《英》 영국 비국교파의 교회당.
Zi·on·ism [záiənìzəm] *n.* ⓤ 시온주의《Palestine에 유대인 국가를 건설하려는 민족 운동》.
파) **-ist** *n.* 유대 민족주의자.
zi·on·ward(s) [záiənwərd(s)] *ad.* 천국으로.
zip[1] [zip] *n.* (1) 핑, 휭, 찍《총알 따위가 날아가는 소리 또는 천을 찢는 소리》. (2)《口》원기, 정기(精氣).
— (***-pp-***) *vi.* 《~ / + 副 + 前 + 名》 핑 소리를 다 ; 휭하고 날다 ; 《口》 기운차게 전진〈행동〉하다 : *~by* 핑 소리를 내며 지나가다. / ~ *along* the street 거리를 기운차게 나아가다. —*vt.* 《口》 신속하게 하다 ; 활발히 하다, …에 활기(活氣)를 주다《*up*》. ***~across the horizon*** 《美口》 갑자기 유명해지다, 인기가 대단해지다. 〔imit.〕
zip[2] *n.* 《英》지퍼(zipper). — (***-pp-***) *vt.* (1) 《~+目/目+前+名/目+補/目+副》 지퍼로 〈척으로〉 잠그다〈열다〉 : ~ one's bag open 〈close〉 가방의 지퍼를 열다〈잠그다〉 / ~ *up* one's jacket재킷의 지퍼를 잠그다. (2) 《美俗》 (입을 다물다, …에 지퍼를 달다. — *vi.* 지퍼를〈척을〉 닫다〈열다〉 : The bag *~s in* easily. 그 가방은 쉽게 지퍼로 잠긴다. ~ 〈***button***〉 one'***s lips***《俗》 입을 다물다. 파) **~·less** *a.*
zip[3] 《俗》 *n.* (스포츠 득점 등의) 영 ; 《美軍俗》《美軍俗》 베트남 사람. — (***-pp-***) *vt.* 무득점으로 누르다, 완봉〈영봉〉하다.
Zi·pan·gu [zipǽŋgu:] *n.* 지팡구《Marco Polo에 의한 일본의 호칭》.
***zip, 〔ZIP, Zíp〕 còde** 《美》 우편 번호(《英》 postcode). 〔◁*z*one *i*mprovement *p*rogram 〈*p*lan〉〕
zip-code, ZIP-, Zip- [zípkòud] *vt.* 《美》 …에 우편 번호를 써넣다.
zíp fùel 《美口》 【宇宙·空】 고(高)에너지 연료, 집연료.
zíp gùn 《美俗》 수제(手製) 권총(보통 직경 0.22인치의 탄환을 사용).
zíp-in lìning [zípìn-] (오버코트 등의) 지퍼로 달 수 있는 안.
zíp-loc bág [zíplɑ̀k-/-lɔ̀k] 지플록 백《요철(凹凸)로 된 양쪽선을 맞물리어 닫는 지퍼식 비닐주머니 ; 미국 Dow Chemical 사제 ; 商標名》.
zip-out [zípàut] *a.* (양복 등이) 지퍼로 여닫을 수 있는, 지퍼식의.
zipper [zípər] *n.* (1) zip[2] 하는 사람〈것〉. (2)《美》 지퍼(slide 〈《英》 zip〉 fastener). (3) 지퍼 달린(고무) 장화, 척, 패스너. — *vt.* …을 지퍼로 채우다〈열다〉. — *vi.* 지퍼로 열리다〈채워지다〉.
파) **~ed** [-d] *a.* 지퍼가 달린.
zip+4 (code) [zípplʌ̀sfɔ́:r(≚)] 《美》 집플러스포(코드)《종래의 5자릿수의 우편 번호 뒤에 세분한 배달구역을 나타내는 4자리 숫자를 더한 우편 번호》.
zip·po [zípou] (*pl.* **~s**) *n.*, *a.* 《美俗》 기운(찬), 생기 넘치는.
Zip·po *n.* 지포《〔1〕 어릿광대가 많이 쓰는 이름. (2) 미국제 오일 라이터 ; 商標名》.
zip·py[2] [zípi] (**-pi·er ; -pi·est**) *a.* 《口》 기운찬, 활발한, 민첩한.
zip·top [zípt p/-tɔ̀p] *a.* 뚜껑 가장자리의 금속띠를 말면서 따는 식의, 집톱(식)의 : a ~ can.
zip-up [zípʌ̀p] *a.* 지퍼로〈척으로〉 잠그는(잠글 수 있는).
zir·ca·loy, -cal·loy [zə́:rkəlɔ̀i, ≚-≚] *n.* ⓤ 지르코늄 합금.
zir·con [zə́:rkɑn/-kɔn] *n.* ⓤ 【鑛】 지르콘《투명한 것은 보석으로 씀》.
zir·con·ate [zə́:rkənèit] *n.* ⓤ 【化】 지르콘산염(酸鹽).
zir·co·nia [zərkóuniə] *n.* ⓤ 【化】 지르코니아, 산화 지르코늄.
zir·con·ic [zərkɑ́nik/-kɔ́n-] *a.* ⓤ 【化】 지르콘의〈과 비슷한〉 ; 지르코늄을 함유한 : ~acid 【化】 지르콘산(酸).
zir·co·ni·um [zərkóuniəm] *n.* ⓤ 【化】 지르코늄《금속 휜소 ; 기호 Zr ; 번호 40》.
zit [zit] *n.* 《美俗》 여드름(pimple).
zít dòctor 《美俗》피부과 의사(dermatologist).
zi·zit(h), tzi·tzit(h), tzi·tzis [tsítsis, tsi(:)tsí:t] *n. pl.* 《유대教》(유대인 남성의 어깨걸이 네 귀에 드리기 위해 꼰 청실·백실로 꼰 술《민수기 XV: 38-39》. 파) **zizz** [ziz] *n.*, *vi* 《口》 한 칸 내려서 한잠 (자다), 선잠(자다) ; 《英口》 윙윙(소리를 내다) : have〈take〉 a ~.
zizzy [zízi] 《俗》 *a.* 화려한, 야한, 현란한 ; 떠들썩한.
zlo·ty [zlɔ́:ti/zlɔ́ti] (*pl.* **~s**, 〔集合的〕 ~) n. Poland의 화폐 단위《기호 Zl》. 〈Pol. =golden〉
-zoa '동물'의 뜻의 복수형 명사를 만드는 결합사 : Hydro*zoa*, Proto*zoa*.
Zo·ar [zóuər, -ɑ:r] *n.* 【聖】 피난처, 성역(聖域)《롯(Lot)과 그 아들이 피난한 마을 이름에서 ; 창세기 XIX : 20-30》.
zod [zɑd/zɔd] *n.* 《美俗》 묘한 사람, 괴짜, 기인.
zo·di·ac** [zóudiæ̀k] *n.* (1) (the~)【天】 황도대(黃道帶), 수대, 【天】12궁(宮) ; 12궁도(圖). (2) (시간·세월 등의) 일주(一周) ; 《比》 범위, 한계(compass) ; 《比》 12로 되는 한조(組). ***the sings of the ~ 【天】 12궁(宮).
zo·e·trope [zóuitròup] *n.* 활동 요지경《연속된 동작의 그림을 그린 원통을 회전시켜, 구멍으로 들여다 보는 장치》. 【cf.】 wheel of life.
Zo·har [zóuhɑ:r] *n.* 14세기경의 유대 신비교의 경

전, 주해서(註解書).

zo·ic [zóuik] *a*. 동물의 ; 동물 생활의 ; **【地質】** 생물의 유적이 있는, (암석이) 동식물의 화석을 함유한.

Zoll·ver·ein [tsɔ́(ː)lfəràin, tsɑ́l-] *n*. 《G.》 (19세기) 독일연방 관세동맹 ; 〔一般的〕 관세동맹.

zom·bi(e) [zɑ́mbi/zɔ́m-] (*pl*. **~s**) *n*. (1) 죽은 사람을 되살아나게 하는 초자연적인 힘 ; 《서인도 제도 원주민의 미신》 ; 마법으로 되살아난 시체. (2) (무의지적 · 기계적인 느낌의) 무기력한 사람, 얼간이, 멍청이. (3) 《口》 괴짜, 기인. (4) 좀비《몇 가지 럼술·과즙이 든 칵테일의 일종》. (5) 서부 아프리카 원주민이 받드는 뱀 신.

zómbi jùice 《CB俗》 커피.

zon·al [zóunəl] *a*. 띠의 ; 띠 모양의 : 지역〈구역〉으로 갈린, 지구의, 구역의 ; 토양대(土壤帶)의 파) **~·ly** *ad*.

zo·na pel·lu·ci·da [zóunə pəlúːsidə, -peljúː-] (*pl*. ***zó·nae pel·lú·ci·dae*** [-niː-dìː]) **【解】** 투명대(帶)《포유 동물 난자를 에워싼 투명한 무세포질의 층》.

zo·na·ry [zóunəri] *a*. 띠 모양의.

zon·ate, zon·at·ed [zóuneit], [-id] *a*. **【動·植】** 윤층대(輪層帶)가 있는, 띠 모양의 얼룩 무늬가 있는.

zo·na·tion [zounéiʃən] *a*. 띠 모양 구성〈반문. ; (생물의) 대상(帶狀) 분포.

‡**zone** [zoun] *n*. (1) **【地】** (한대·열대 따위의) 대(帶) : ⇨ FRIGID〈TEMPERATE, TORRID, etc〉 ZONE. (2) (특정한 성격을 띤) 지대, 지역, 구역. (3) 시간대(time~). (4) (옷감 등의 뚜렷한) 띠 모양의 부분 ; 선(線) 모양의 부분. (5) **【數】** (구면·원뿔 등의) 대(帶) : spherical ~ 구대(球帶). (6) 《美》 소포 우편의 동일 요금 구역(parcel post ~) ; 통화료 운임 등의 동일요금 구간. 《美》 (대도시 안의) 우편구(區)(post delivery ~). (7) (도시안의) …(지정)지구, 지역 ; (도로의) 교통 규제 구간 : the school〈business〉 ~ 교육〈상업〉지구. (8) 《古》 띠, 끈. (9) **【地質】** 정대(晶帶). (10) 윤상대(輪狀帶), 환대(環帶) : an annual ~ **【植】** 연륜(年輪). (11) **【컴퓨터】** 구역, 존 《데이터의 내부 표현에서 숫자 이외의 문자나 기호를 나타내기 위해 사용되는 특정 bit가 놓이는 위치》. ***in a*** ~ 멍청히, 집중이 안 되는 상태에, 공상에 잠겨.

— *vt*. (1) 띠(모양으)로 두르다(감다). (2) 《+目+前+名》 …을 을 띠 모양으로 구획하다 ; 지역으로〈지구로〉 나누다. 구분하다 : ~ the world *into* climatic provinces 세계를 기후 구역으로 구분하다. (3) 《+目+前+名/+目+as 補》 (건축법에 의하여) …을 구획하다 : ~ a city *into* several districts 도시를 몇 개의 지역으로 나누다.

— *vi*. 대상(帶狀)이 되다, 존을 형성하다.

파) ~**d** [-d] *a*. 지대(구역, 지구)로 나누어진 ; 정조대를 차고 있는, 정조(貞操)가 굳은, 처녀의.

zóne defènse **【競】** 존디펜스, 지역 방어《축구·농구 등에서 선수가 책임 지역만을 수비하는 방법.》 〖opp.〗 *man-to-man defense*.

zóne plàte **【光】** 동심원 회절판(同心圓回折板)《회절을 이용하여 광선을 초점에 집중시키는 유리판》.

zóne tìme 지방시(地方時), 경대시(經帶時) 《Greenwich 표준시에 대하여》.

zon·ing [zóuniŋ] *n*. (공장·주택 지대 등의) 지대 설정, 지역제 ; (소포 우편의) 구역제.

zonk [zɔ(ː)ŋk, zaŋk] 《俗》 *vt*. (종종 ~out) 제정신을 잃게〈멍하게〉 만들다, (술 · 마약에) 취하게 하다 ; 철썩 때리다. —*vi*. 곧 잠들어 버리다 ; 지치다 ; (술·마약으로) 제정신을 잃다, 술에 곤드라 지다.

zonked, zonked-out [zaŋkt, zɔ(ː)ŋ-], [∸àut] 《俗》 *a*. 마약 또는 술에 취한〈로 멍청해진〉 ; 지친 ; (지쳐서) 푹 잠든.

zonk·ers [zɑ́ŋkərz, zɔ(ː)ŋ-] *a*. 《美俗》 〔다음 成句로〕 go ~ 열광하다.

zon·ule [zóunjuːl] *n*. 소대(小帶), 작은 띠 ; **【解】** (눈의) 모양 소대(毛樣小帶).

파) **zon·u·lar** [zóunjələr] *a*. 작은 띠 (모양)의.

‡**zoo** [zuː] *n*. (1) 동물원(zoological garden). (2) 《俗》 사람으로 혼잡한 비좁은 장소 ; 고에너지 물리학 연구 결과로 나타나는 많은 소립자군(群). (3) 《美軍俗》 정글(지역) ; 《CB俗》 경찰서.

zoo- 동물 (생활) …'의 뜻의 결합사.

zo·o·blast [zóuəblæ̀st, -blɑ̀ːst] *n*. 동물 세포.

zo·o·chem·is·try [zòuəkémistri] *n*. ⓤ 동물 화학. 파) **-chém·i·cal** [-kəl] *a*.

zo·o·dy·nam·ics [zòuədainǽmiks] *n*., *pl*. 〔單數취급〕 동물 역학 ; 동물 생리학.

zo·og·a·my [zouɑ́gəmi/-ɔ́g-] *n*. ⓤ 유성(有性) 생식, 양성 생식.

zo·og·e·ny [zouɑ́dʒəni/-ɔ́dʒ-] *n*. ⓤ 동물 발생론.

zo·o·ge·og·ra·phy [zòuədʒiɑ́grəfi/-ɔ́g-] *n*. ⓤ 동물 지리학. 파) **-pher** [-fər] *n*. 동물 지리학자. **zo·o·ge·o·graph·ic, -i·cal** [zòuədʒìːəgrǽfik], [-əl] *a*. 동물 지리학상의.

zo·o·ge·ol·o·gy [zòuədʒiːɑ́lədʒi/-ɔ́l-] *n*. 동물 지질학《화석에 남긴 동물을 다루는 지질학》.

zo·o·gl(o)ea [zòuəglíːə] (*pl*. ***~s, -gl(o)e·ae*** [-glíːiː]) *n*. (젤리 모양의) 물질로 싸인 세균 집단.

파) **-gl(o)e·al** *a*.

zo·o·graft·ing [zòuəgræ̀ftiŋ, -grɑ̀ːf-] *n*. ⓤ 동물 조직의 인체 이식.

zo·og·ra·phy [zouɑ́grəfi/-ɔ́g-] *n*. ⓤ 동물지학(動物誌學)《동물의 형태·습성 따위를 연구함》.

파) **-pher** [-fər] *n*. ⓤ 동물지학자. **zo·o·graph·ic, -i·cal** [zòuəgrǽfik], [-əl] *a*. 동물지학의.

zo·oid [zóuɔid] *a*. 동물(성)의 ; 동물 비슷한.

— n. **【生】** (군체를 구성하는) 개충(個蟲) ; (분열·증식에 의해서 생기는) 독립 개체.

zoo·keep·er [zúːkìːpər] *n*. 동물원의 관리자〈소유자, 사육담당자〉(zooman) ; 《호모俗》 야수같은 사내를 좋아하는 호모, 파) **-kèep·ing** *n*. 동물원 경영 (동물원에서의) 동물 사육.

zo·ol·a·try [zouɑ́lətri/-ɔ́l-] *n*. ⓤ 동물 숭배.

파) **-ter** *n*. 동물 숭배자 ; (특히 애완) 동물 편애자.

zo·o·lite [zóuəlàit] *n*. 《稀》 화석 동물.

‡**zo·o·log·i·cal** [zòuəlɑ́dʒikəl, lɔ́dʒ-] *a*. 동물학(상)의 ; 동물에 관한. 파) **~·ly** *ad*.

zoológical gárden 동물원 ; (the Z- G-s) 런던 동물원《略 : the Zoo》.

***zo·ol·o·gist** [zouɑ́lədʒist/-ɔ́l-] *n*. 동물학자.

‡**zo·ol·o·gy** [zouɑ́lədʒi/-ɔ́l-] *n*. 동물학.

***zoom** [zuːm] *vi*. (1) 《+前+名》 붕 소리를 내다, (자동차) 붕하고 달리다〈움직이다〉. (2) (비행기가) 급상승하다 ; (물가가) 급등하다. (3) **【寫】** 줌 렌즈로 피사체(被寫體)가 급격히 확대〈축소〉 되다《*in* ; *out*》. (4) 《美俗》 무료로〈거저〉 손에 넣다. — *vt*. (1) (비행기를) 급상승 시키다. (2) **【映·TV】** (영상을) 갑자기 확대〈축소〉시키다. (3) 《美俗》 거저 손에 넣다.

~ out (카메라가 줌렌즈로) 화상을 서서히 축소하다.

~ up (비행기·물가 등이) 급상승하다.

zo·o·man·cy [zóuəmæ̀nsi] *n*. ⓤ 동물점(占).

Z

Zóom·ar lèns [zú:mɑ:r-] 텔레비전용 줌 렌즈《商標名》.
zóom bùggy 《美俗》 자동차, (특히) 고속차.
zo·om·e·try [zouámətri/-ɔ́m-] n. ⓤ 동물 측정(測定). 【cf.】 biometry.
파) **zo·o·met·ric** [zòuəmétrik] a.
zoom·ing [zú:miŋ] n. 【軍】 급상승, 줌상승《요격기(邀擊機)에서 쓰이는 방법》; 【컴퓨터】 끌밀기, 확대《(1) 표시 요소의 집합 부분 또는 일부를 단계적으로 확대·축소하는 시법. (2) 그림(graphic)의 화면 표시 체계에서 도형을 확대·축소하는 일》.
zóom lèns 줌 렌즈《영상을 연속적으로 확대〈축소〉키 위해 초점거리를 임의로 바꿀 수 있는 렌즈》.
zoo·mooze·phone [zumú:zfoun] n. 주무즈폰《미분음(微分音)의 연주가 가능한 비브라폰 모양의 악기》.
zo·o·mor·phic [zòuəmɔ́:rfik] n. 동물 형태을한, 동물을 본 뜬 ; 수형신(獸形神)의 : a ~ deity 수형신.
zo·o·mor·phism [zòuəmɔ́:rfizəm] n. ⓤ 동물 형태관(觀)《신 등을 동물의 형상으로 나타내는》; (미술·상징 따위에) 동물의 형상을 사용 함.
zoomy [zú:mi] a. 줌 렌즈에 의한, 줌 렌즈를 사용한.
-zoon '동물·생물'의 뜻의 명사를 만드는 결합사 : spermato*zoom*.
zo·on·o·my [zouánəmi/-ɔ́n-] n. ⓤ 동물 생리학.
zo·on·o·sis [zouánəsis/-ɔ́n-] (*pl.* ***-ses***[-sì:z]) n. 【醫】 동물원성(原性) 감염증《동물로부터 사람에게 전염되는 질병》.
파) **zò·o·not·ic** [zòuənátik/-nɔ́t-] a.
zo·o·par·a·site [zòuəpǽrəsàit] n. (1) 기생(寄生) 동물 ; 윈생 동물. (2) 기생 생물.
파) **zò·o·pàr·a·sít·ic** a.
zo·oph·a·gous [zouáfəgəs/-ɔ́f-] a. 【動】 육식하는, 육식 동물의.
zo·o·phile [zòuəfàil] n. 동물에 의하여 꽃가루가 매개되는 식물 ; 동물 애호가.
zo·o·phil·ia [zòuəfílə] n. (1) 동물 애호. (2)【精神醫】 동물 성애(性愛)《동물에 의해 성욕을 만족시키는 일》.
zo·oph·i·list [zouáfəlist/-ɔ́f-] n. 동물애호가.
zo·oph·i·lous [zouáfələs/-ɔ́f-] a. (1) 【植】 (씨가) 새·작은 동물 따위에 의하여 전파되는. 【cf.】 anemophilous, entomophilous. (2) 동물애호의.
zo·oph·i·ly [zouáfəli/-ɔ́f-] n. ⓤ 동물애호.
zo·o·pho·bia [zòuəfóubiə] n. ⓤ 동물 공포증.
파) **zo·oph·o·bous** [zouáfəbəs/-ɔ́f-] a.
zo·o·phys·ics [zòuəfíziks] n., *pl.* 〔單數취급〕 동물 구조학.
zo·o·phyte [zóuəfàit] n. 【動】 식충류(植蟲類)《불가사리·산호·해면 따위》.
파) **zo·o·phyt·ic, -i·cal** [zòuəfítik], [-əl] a.
zo·o·phy·tol·o·gy [zóuəfaitálədʒi/-tɔ́l-] n. 식충학(植蟲學), 식충론. 파) **-gist** n. 식충류 연구가.
zóo plàne 《美》 (선거 운동 때 후보자를 따르는 기자단이 탄) 수행 비행기.
zo·o·plank·ton [zòuəplǽŋktən] n. 동물성 플랑크톤.
zo·o·psy·chol·o·gy [zòuəsaikálədʒi/-kɔ́l-] n. ⓤ 동물 심리학.
zo·o·spore [zóuəspɔ̀:r] n. 【植·動】 운동성 홀씨, 정포자, 유주자(遊走子). 파) **zò·o·spór·ic, zo·ospor·ous** [-rik], [zouáspərəs/-ɔ́s-] a.
zoot [zu:t] n. 《俗》 너무 화려한, 최신 유행의.
— n. 젠체하는 자, 멋쟁이. — vt. 대금(大金)을 쓰게 하다.
zo·otaxy [zóuətæ̀ksi] n. ⓤ 동물 분류학, 동물 계통학.
zo·o·tech·nics [zòuətékniks] n., *pl.* 〔單·複數취급〕 ⓤ 동물 사육 개량술, 축산학 ; 동물 조종법. 파) **-téch·ni·cal** a. 축산학의.
zo·o·the·ism [zóuəθì:izəm] n. ⓤ 동물신교(神敎), 동물 숭배(zoolatry).
zo·ot·o·my [zouátəmi/-ɔ́t-] n. ⓤ 동물 해부(학).
파) **zo·o·tom·ic, -i·cal** [zòuətámik/-tɔ́m-], [-əl] a. **zo·ot·o·mist** [zouátəmist/-ɔ́t-] n. 동물 해부학자.
zo·o·tox·in [zòuətáksin/-tɔ́k-] n. 동물 독소《뱀 독(毒) 등》.
zooty [zú:ti] a. 《美俗》 현란한, 화려한, 아주 멋진《헤어스타일 따위》.
zos·ter·ops [zástəràps/zɔ́stərɔ̀ps] n. 동박새류《동박새속의 총칭》.
zot[1] [zɑt/zɔt] n. 《美俗》 (성적·득점의) 제로, 0점.
zot[2] *int.* 싹, 휙《재빠른 동작》, (우레 따위의) 우르르, 퉁탕. 〔imit.〕
Z pàrticle [zí:-/zéd-] 【物】 Z입자《핵안에서 약한 힘을 전달한다고 하는 가설적인 입자》.
Z thèrapy [zí:-/zéd-] 【精神醫】 Z요법《환자에게 여러 사람들이 유체적·정신적으로 거칠게 다룸으로써 억압된 감정의 해방을 꾀하는》.〔◁ Robert W. Zaslow《20세기 미국의 정신과 의사》.
zuc·chet·to, -ta [zu:kétou, tsu:-], [-tə] (*pl.* ***~s***) n. 《It.》 【카톨릭】 (성직자의 반원형의 작은)모관(毛冠)《검정은 신부, 보라는 주교, 빨강은 추기경, 흰 것은 교황이 씀》.
zuc·chi·ni [zu(:)kí:ni] (*pl.* ~, ***~s***) n. 《It.》 【植】 (오이 비슷한) 서양 호박.
Zui·der, 〔**Zuy·der**〕 **Zee** [záidərzéi, -zi:] (the ~) 조이데르 해《네덜란드 북쪽 해안의 얕은 만(灣) ; 지금은 둑으로 바다와 차단되어 아이셀(Ijssel)호(湖)로 명명됨》.
Zu·lu [zú:lu:] n. (1) (*pl.* ~, ***~s***) 줄루 족《남아 공화국 Natal주 일대의 용맹(勇猛)한 종족》; ⓤ 줄루 말. (2) 문자 z를 나타내는 통신 용어. (3) 【空】 = GREENWICH MEAN TIME《경도 0(zero)의 머리글자 z를 나타내는 통신 용어에서》.
— a. 줄루 사람의, 줄루 말의.
zunk [zʌŋk] *int.* 푹, 쓱, 삭, 쿵, 퉁《찌르거나 자르거나 부딪히는 소리》. 〔imit.〕
Zu·rich, Zü- [zúrik/zjúə-], [*G.* tsý:riə] n. (1)취리히《스위스 북부의 주 : 그 주도》. (2) (Lake (of) ~) 취리히 호《스위스 중북부의 호수》.
Zwícky gàlaxy [tsvíki-] n. 【天】 츠비키 은하, 컴팩트 은하《밝은 영역이 작은 중심핵에 집중한 은하》. 〔◁불가리아 태생 스위스의 천문학자 F. Zwicky(1898-1974)〕
Zwing·li [zwíŋgli, swíŋ-] n. **Ulrich** ~ 츠빙글리《스위스의 종교 개혁가 ; 1484-1531》.
Zwing·li·an [zwíŋgliən, swíŋ-] a., n. 츠빙글리(주의)의, 츠빙글리파의 (교도).
파) **~·ism** n. 츠빙글리주의. **~·ist** n.
zwit·ter·ion [tsvítəràiən] n. 【化】 쌍극성〈양성(兩性)〉 이온《음전기와 양전기를 띤 이온》.
zy·gal [záigəl] a. H자 모양의 : the ~ fissure 【解】 (대뇌의) H자 열구(裂溝).

Z

zy·go·dac·tyl [zàigədǽktil, zìgə-] 【鳥】 *a.* 대지족(對趾足)의, 전후에 발가락이 둘씩 있는. — n. (대지족류) 반목류(攀木類)의 새《딱다구리·앵무새 따위》.

zy·go·gen·e·sis [zàigoudʒénəsis, zìgou-] 【生】 *n.* 특수한 배(胚)세포〈배우자(配偶者)〉에 의한 생식 ; 접합자〈체〉 형성.
파) **-ge·nét·ic** (-dʒənétik) a.

zy·goid [záigɔid, zíg-] *a.* 【生】 접합자〈체〉의.

zy·go·ma [zaigóumə, zi-] (*pl.* **~·ta** [-tə]) *n.* 【解】 = ZYGOMATIC ARCH 〔BONE, PROCESS〕. 광대뼈, 협골

zy·go·mat·ic [zàigəmǽtik, zìgə-] *a.* 관골(觀骨)〈광대뼈〉의. — *n.* ZYGOMATIC BONE.

zygomátic árch 【解】 관골궁(觀骨弓).

zygomátic bóne 【解】 관골(觀骨), 협골, 광대뼈.

zygomátic prócess 【解】 관골돌기.

zy·go·mor·phic, -mor·phous [zàigəmɔ́ːrfik, zìgə-], [-mɔ́ːrfəs] *a.* 【植·動】 (꽃 등이) 좌우 상칭(相稱)〈동형(同形)〉의.

zy·go·phyte [záigəfàit, zíg-] *n.* 【植】 접합식물.

zy·go·sis [zaigóusis] (*pl.* **~ses** [-siːz]) *n.* ⓤⓒ 【生】 (생식세포의) 접합(接合).

zy·gos·i·ty [zaigɑ́usət, zi-/-gɔ́s-] *n.* 접합자〈체〉의 구조〈특징〉.

zy·go·sperm, zy·go·spore [záigəspə̀ːrm, zígə-], [-spɔ̀ːr] *n.* 【植】 접합자《2개의 생식세포가 결합해서 생김》. 접합 포자.

zy·gote [záigout, zíg-] *n.* 【生】 접합자〈체〉.
파) **zy·go·tic** [zaigɑ́tik, zi-/-ɔ́t-] *a.* **-i·cal·ly** *ad.*

zy·go·tene [záigətìːn, zíg-] *n.* 【生】 합사기(合絲期), 접합기(接合期).

zy·mase [záimeis] *n.* ⓤ 【生化】 치마아제《당(糖)을 분해하여 알코올이 되게 하는 효소》.

zyme [zaim] *n.* 《廢》 【病理】 발효병(zymotic disease)의 병소(病素) ; 전염병의 병원체.

zym(o)- '효모'의 뜻의 결합사(모음 앞에서는 zym-).

zy·mo·gen [záimədʒən] *n.* ⓤ 【生化】 치모겐, 효소원(酵素原)《효소가 되는 모체》 ; 【生】 발효균.

zy·mo·gen·e·sis [zàimədʒénəsis] *n.* 【生化】 (효소 전구체(前驅體)의) 효소화.

zy·mo·gen·ic, zy·mog·e·nous [zàimədʒénik], [zaimɑ́dʒənəs/-mɔ́dʒ-] *a.* 【生化】 발효를 일으키는, 녹말 분해 작용으로 활력을 얻는 ; 발효성의 ; zymogen의.

zy·mol·o·gy [zaimɑ́lədʒi/-mɔ́l-] *a.* ⓤ 【生化】 발효학, 발효론.
파) **-gist** *n.* 발효학자. **zy·mo·log·ic, -i·cal** [zàimәlɑ́dʒik/-lɔ́dʒ-], [-əl] *a.*

zy·mol·y·sis [zaimɑ́ləsis/-mɔ́l-] *n.* 발효(효소 성분), 효소분해.
파) **zy·mo·lyt·ic** [zàimәlítik] *a.*

zy·mom·e·ter, zy·mo·sim·e·ter [zaimɑ́mitər/-mɔ́m-], [zàiməsímitər] *n.* 발효계(計), 발효도 측정기.

zy·mo·plas·tic [zàiməplǽstik] *a.* 효소를 형성하는, 반응에 관여하는.

zy·mo·san [záiməsæ̀n] *n.* 【生化】 치모산, 자이모산《효모에서 얻어지는 다당(多糖) ; 항보체(抗補體) 작용을 함》.

zymosimeter ⇨ ZYMOMETER.

zy·mo·sis [zaimóusis] (*pl.* **-ses**[-siːz]) *n.* ⓤ 발효《특히 병적인》 ; ⓤⓒ 《廢》 【病理】 발효병, 발효작용 ; 《稀》 전염병.

zy·mos·then·ic [zàiməsθénik] *a.* 효소 작용을 강화하는, 발효성의, 발효병의.

zy·mo·tech·nics [zàimətékniks] *n.* 발효법, 양조법.

zy·mot·ic [zaimɑ́tik/-mɔ́t-] *a.* 발효(성)의 ; 발효병의 ; 전염병〈성〉의 : ~ disease 발효성 질환. 파) **-i·cal·ly** *ad.*

zymótic diséase *a.* 《廢》 【病理】 발효병《티푸스·천연두 따위 세균성 질환의 옛 이름》.

zy·mur·gy [záiməːrdʒi] *n.* ⓤ 양조학, 발효 화학.

Zyr·i·an [zíriən] *n.* 지리안어(語)《Finno-Ugric에 속함》. — *a.* 지리안어〈사람〉의.

Zy·thum [záiθəm] *n.* ⓤ 고대 이집트〈북방민족〉의 맥주.

zz zigzag.

ZZZ, zzz, z-z-z 드르렁드르렁《코고는 소리》 ; 쿨쿨 ; 부르릉부르릉《동력 톱 등의 소리》 ; 윙윙《파리·벌 따위가 나는 소리》.

불규칙 동사표

1. 이탤릭체는 옛말
2. 숫자(오른쪽 위의)는 본문 참조

현 재	과 거	과거분사
abide	adobe, abided	adobe, abided
alight[1]	alighted, alit	alighted, alit
arise	arose	arisen
awake	awoke	awoke, awaked
be(am:art:is: are)	was:*wasr*, *wərt*:were	been
bear[1]	bore, *bare*	borne, born
beat	beat	beaten, *beat*
become	became	become
befall	befell	befallen,
beget	begot	begotten begot
begin	began	begun
begird	begirt, begirded	begirt, begirded
behold	beheld	beheld
bend	bent	bent, bended
bereave	bereaved, bereft	bereaved, bereft
beseech	besought, beseeched	besought, beseeched
beset	beset	beset
bespeak	bespoke, *bespake*	bespoken, bespake
bestrew	bestrewed	bestrewed, bestrewn
bestride	bestrode, bestrid	bestridden, bestrid
bet	bet, betted	bet, betted
betake	betook	betaken
bethink	bethought	bethought
bid	bade, bid	bidden, bid
bide	bided, bode	bided
bind	bound	bound, *bounden*
bite	bit	bitten, bit
bleed	bled	bled
blend	blended, blent	blended, blent
bless	blessed, blest	blessed, blest
blow[1.3]	blew	blown
break	broke, *brake*	broken, *broke*
breed	bred	bred
bring	brought	brought
broadcast	broadcast(ed)	broadcast(ed)
build	built, *builded*	built, *builded*
burn[1]	burned, burnt	burned, burnt
burst	burst	burst
buy	bought	bought
can[1]	could	——
cast	cast	cast
catch	caught	caught
chide	chid, chided	chidden, chid, chided
choose	chose	chosen
cleave[1]	cleft, cleaved, cloven	cleft, cleaved, cloven
cleave[2]	cleaved	cleaved
cling	clung	clung
clothe	clothed, clad	clothed, clad
come	come	come
cost	cost	cost
creep	crept	crept
crow[2]	crowed	crowed
curse	cursed, curst	cursed, curst
cut	cut	cut
dare	dared	dared
deal[1]	dealt	dealt
dig	dug, *digged*	dug, *digged*
do[1], does	did	done
draw	drew	draw
dream	dreamed, dreamt	dreamed, dreamt
dress	dressed, drest	dressed, drest
drink	drank	drunk, drunken
drip	dripped, dript	dripped, dript
drive	drove	driven
drop	dropped, dropt	dropped, dropt
dwell	dwelt	dwelt
eat	ate	eaten
fall	fell	fallen
feed	fed	fed
feel	felt	felt
fight	fought	fought
find	found	found
fix	fixed, fixt	fixed, fixt
flee	fled	fled
fling	flung	flung
fly[1]	flew	flown
forbear[1]	forbore	forborne
forbid	forbade, forbad	forbidden
forecast	forecast(ed)	forecast(ed)
forego[1.2]	forewent	foregone
foreknow	foreknew	foreknown
foresee	foresaw	foreseen
foretell	foretold	foretold
forget	forgot	forgotten, forgot
forgive	forgave	forgaven

현 재	과 거	과거분사	현 재	과 거	과거분사
forsake	forsook	forsaken	outbid	outbid,	outbid,
freeze	froze	frozen		outbade	outbidden
get	got	got, gotten	outdo	outdid	outdon
gild[1]	gilded, gilt	gilded, gilt	outgo	outwent	outgone
gird[1]	girded, girt	girded, girt	outgrow	outgrew	outgrow
give	give	given	outrun	outran	outrun
gnaw	gnawed	gnawed,	outsell	outsold	outsold
		gnawn	outshine	outshone	outshone
go	went	gone	outshoot	outshot	outshot
grave[3]	graved	graven,	outspread	outspread	outspread
		graved	outwear	outwore	outworn
grind	ground	ground	overcast	overcast	overcast
grow	grew	grown	overcome	overcame	overcome
hamstring	hamstrung	hamstrung	overdo	overdid	overdone
hang	hung, hanged	hung, hanged	overdraw	overdrew	overdrawn
have, *hast*,	had, *hadst*,	had	overdrink	overdrank	overdrunk
has			overeat	overate	overaten
hear	heard	heard	overfeed	overfed	overfed
heave	heaved, hove	heaved, hove	overgrow	overgrew	overgrown
hew	hewed	hewn, hewed	overhang	overhung	overhung
hide[1]	hid	hidden, hid	overhear	overheard	overheard
hit	hit	hit	overlay	overlaid	overlaid
hold[1]	held	held, *holden*	override	overrode	overridden,
hurt	hurt	hurt			overrid
inlay	inlaid	inlaid	overrun	overran	overrun
inset	inset	inset	oversee	oversaw	overseen
keep	ketp	ketp	oversleep	overslept	overslept
kneel	knelt,	knelt,	overspend	overspent	overspent
	kneeled	kneeled	overtake	overspread	overspread
knit	knit, knitted	knit, knitted	overthrow	overtook	overtaken
know	knew	know	overwork	overthrew,	overthrown,
lade	laded	laden		overwrought	overwrought
lay[1]	laid	laid	overwrite	overwrote	overwritten
lead[1]	led	led	partake	parrtook	parrtaken
lean[1]	leaned, learnt	leaned, learnt	pass	passed	passed, past
leap	leaped, leapt	leaped, leapt	pay[1]	paid	paid
learn	learned,	learned,	pen[2]	penned, pent	penned, pent
	learnt	learnt	plead	pleaded,	pleaded,
leave[1]	left	left		ple(a)d	ple(a)d
lend	lent	lent	prepay	prepaid	prepaid
let[1]	let	let	prove	proved	proved,
let[2]	letted, let	letted, let			proven
lio[1]	lay	lain	put[1]	put	put
light[1,3]	lighted, lit	lighted, lit	quit	quited, quit	quited, quit
lose	lost	lost	read[1]	read	read
make	made	made	reave	reaved, reft	reaved, reft
may	might		rebuild	rebuilt	rebuilt
mean[1]	meant	meant	recast	recast	recast
meet[1]	met	met	re-lay[2]	re-laid	re-laid
melt	melted	melted,	rend	rent	rent
		moiten	repay	repaid	repaid
methinks	methought		reread	reread	reread
misdo	misdid	misdid	resell	resold	resold
misgive	misgave	misgiven	reset	reset	reset
mislay	mislaid	mislaid	resell	retold	retold
mislead	misled	misled	rid	rid, ridded	rid, ridded
misspell	misspelled,	misspelled,	ride	rode, *rid*	ridden
	misspelt	misspelt	ring[2]	rang	rung
mistake	mistake	mistaken	rise	rose	risen
misunder-	misunder-	misunder-	rive	rived	riven, rived
stand	stood	stood	run[1]	ran	run
mow[1]	mowed	mown	saw[1]	sawed	sawn, sawed

현 재	과 거	과거분사	현 재	과 거	과거분사
say	said	said	stay[1]	stayed, stove	stayed, stove
see[1]	saw	seen	steal	stole	stolen
seek	sought	sought	stick[2]	stuck	stuck
seethe	seethed, *sad*	seethed, *sodden*	sting	stung	stung
sell	sold	sold	stink	stank, stunk	stunk
send[1]	sent	sent	stride	strode	strid, stridden
	set	set	strike	struck	stuck, *stricken*
sew	sewed	sewed, sewr	string	strung	strung
shake	shook	shaken	strive	strove	striven
shall	should		strow	strowed	strown, strowed
shave	shaved	shaved, shaven	sunburn	sunburned, sunburnt	sunburnd, sunburnt
shear	sheared, *shore*	shorn	swear	swear,	sworn
shed[1]	shed	shed	sweat	sweated	sweat, sweated
shine	shone	shone	sweep	swept	swept
shoe	shod	shod	swell	swelled	swollen, *swoln*
shoot	shot	shot	swim	swam, *swum*	swung
show	showed	shown, showed	swing	swung, swang	swung
shred	shredded, *shred*	shredded, *shred*	take	took	taken
shrink	shrink, shrunk	shrunk, shrunken	teach	taught	taught
shrive	shrived, *shrove*	shrived, *shriven*	tear[2]	tore	torn
shut	shut	shut	tell	told	told
sing	sang, *sung*	sung	think	thought	thought
sink	sank, *sunk*	sunk, sunken	thrive	throve	thrust
sit	sat	sat	throw	threw	tossed, tost
slay	slew	slain	thrust	thrust	thrust
sleep	slept	slept	toss	tossed, tost	tossed, tost
slide	slid	slide, slidden	tread	trod	trodden
sling[1]	slung	slung	typewrite	typewrote	typewritten
slink[1]	slunk	slunk	unbend	unbent, unbended	unbent, unbound
slink[2]	slinked, slunk	slinked, slunk	unbind	unbound	unbound
slit	slit	slit	underbid	underbid	underbid
smell	smelled, smelt	smelled, smelt	undergo	underwent	undergone
smite	smote	smitten, smit	underlay[1]	underlaid	underlaid
sow[1]	sowed	sowed, sown	underlet	underlet	underlet
speak	spoke, *spake*	spoken, *spoke*	underlie	underlay	underlain
speed	sped, speeded	sped, speeded	understand	understood	understood, under-standea
spell[1,3]	spelled, spelt	spelled, spelt	undertake	undertook	undertaken
spellbind	spellbound	spellbound	underwrite	underwrote	underwritten
spend	spent	spent	undo	undid	undone
spill[1]	spilled, spilt	spilled, *spit*	upholo	upheld	upheld
spin	spun, *span*	spun	upset	upset	upset
spit[1]	spat, *spil*	spat, *spit*	wake[1]	waked, woke	waked, woken
split	split	split	waylay	waylaid	waylaid
spoil	spoilt, spoiled	spoilt, spoiled	wear[1]	wore	worn
spread	spread	spread	wear[2]	wore	wore
spring	sprang, sprung	sprung	weave	wove	woven, wove
squat	squatted. squat	squatted squat	weep	wept	wept
stand	stood	stood	wet	wet, wetteo	wet, wetted
stave	stave, stove	staved, stove	will[1], *wilt*	would, *wouldst*	
			win	won	won
			wind[2,3]	wound	wound

현 재	과 거	과거분사	현 재	과 거	과거분사
withdraw withhold withstand work	withdrew withheld withstood worked, *wrought*	withdrawn withheld withstood worked, *wrought*	wrap wring write	wrapped, wrapt wrung wrote, *writ*	wrapped, wrapt wrung written, *writ*

I. 수를 읽는 법

♣ 1. 기수

기수(Cardinals)

1……one
2……two
3……three
4……four
5……five
6……six
7……seven
8……eight
9……nine
10……ten
11……eleven
12……twelve
13……thirteen
14……fourteen
15……fifteen
16……sixteen
17……seventeen
18……eighteen
19……nineteen
20……twenty
21……twenty-one
22……twenty-two
23……twenty-three
24……twenty-four
30……thrity
40……forty
50……fifty
60……sixty
70……seventy
80……eighty
90……ninety
100……one hundred
101……one hundred and one

서수(Ordinals)

1st……the first
2nd……the second
3rd……the third
4th……the fourth
5th……the fifth
6th……the sixth
7th……the seventh
8th……the eighth
9th……the ninth
10th……the tenth
11th……the eleventh
12th……the twelfth
13th……the thirteenth
14th……the fourteenth
15th……the fifteenth
16th……the sixteenth
17th……the seventeenth
18th……the eighteenth
19th……the nineteenth
20th……the twentieth
21st……the twenty-first
22nd……the twenty-second
23rd……the twenty-third
24th……the twenty-fourth
30th……the thirtieth
40th……the fortieth
50th……the fiftieth
60th……the sixtieth
70th……the seventieth
80th……the eightieth
90th……the ninetieth
100th……the one hundredth
101st……the (one) hundred and first

♣ 2. 천 이상의 기수

1,000(천)……one thousand
10,000(만)……ten thousand
100,000(십만)……one hundred thousand
1,000,000(백만)……one million
100,000,000(억)……one hundred million
8,245,456……eight million, two hundred, forty-five thousand, four hundred and fifty-six
659,678,123……six hundred and fifty-nine million, six hundred and seventy-eight thousand one hundred twenty = three

10억 이상의 큰 수에 대해서는 영국과 미국에서 다르게 부른다.

10억 (英) one thousand million (英)one billion
100억 (英) ten thousand million (英)ten billion
1000억 (英) one hundred thousand million (英)one hundred billion
1조 (英) one billion (英)one trillion

♣ 3.분수(Fractions)

분수는 분자를 먼저 기수로 읽고, 그 다음에 분모를 서수를 읽는다.

$\frac{1}{2}$ = a(one)half $\frac{1}{3}$ = a third $\frac{1}{4}$ = a quarter

$\frac{3}{4}$ = three quarters(fourths) $\frac{5}{7}$ = five-sevenths $9\frac{5}{6}$ = nine and five sixth

$\frac{120}{765}$ = one hundred and twenty over(by)seven hundred and sixty-five

♣ 4.소 수(Decimals)

24.63 = twenty-four decimal (point) six three
0.25 = nought decimal two five
38.89 = thirty-eight decimal eight nine recurring

♣ 5.수 식(Expressions))

9 + 5 = 14 Nine plus five equals fourteen.
7-3 = 4 Seven minus three is thirty is equal to four. 또는 Three from seven leaves four.
9 × 4 = 36 Nine times four is thirty six
10 × 0 = 0 Ten multiplied by nought is nought
48 ÷ 6 = 8 Forty-eight divided by six makes eight

$(4 + 3\frac{5}{8} - 2.66 \times 4) \div 4\frac{1}{2}$ Four plus five three and a half. by four, all divided by four and a half
2:4 = 6:12 Two is to four as is twelve
The raito of two to four equals the raito of six to twelve
x^2 x square 또는 x squared
y^3 y cube 또는 y cubed
z^4 z(raised) to the fourth (power)
b^{-1} b to the minus one
$a^2 + 2b = 6$ a squared and two times b make six
$\sqrt{144}$ the square(second) root of 144
$\sqrt{9,000}$ the cube(third) root of 9,000
a
b

$\frac{x^4}{6} = y^2$ x raised to the fourth power divided by equals squared

♣ 6.시 간(Time)

9.30 a.m = nine thirty a.m. 또는 half past (= (美)after) nine a.m. (오전9시 30분)
6.45 p.m = six forty-five p.m 또는a quarter of seven p.m (오후7시 15분 전)

♣ 7.연 • 월 • 일

(Date)(미국에서는 달을 앞에, 유럽에서는 날짜를 앞에 놓는 습관이 있다.)
5/2/1971 = May (the)sceond, nineteen seventy-one(미국식)
25/5/1969[또는 25V69] = (the)twenty-fifth of May ninrteen sixty-nine(유럽식)

♣ 8. 화 폐(Money)

영국 화폐 ½d. = a hahpenny[helpəni]
¼d. = a farthing
5/7 = 5s.7d = five (shillings)and seven (pence)
£4.3s 5d = four pounds three (shillings)and five (pence)
미국화폐 $7.40 = seven dollar (and) forty (cents)
프랑스화폐 1*fr.* 60 = one franc sixty (centimes)
독일 화폐 2*m.* 80 = two mark eight pfenning
한국 화폐 ₩4.325.00 = four thousand three hundred and twenty-five won

♣ 9. 도량형(Weights and Measures)

길이 3ft.4in. = three foot[feet]four
넓이 20 × 9feet = twenty by nine feet 또는 twenty feet by nine
부피 6″ × 4″ × $3\frac{1}{2}$″ = six inches by four by three and a half
액량(掖量) 3gal.2qt.1pt = three gallons two quarts one pint
무게 12lbs.3oz. = twelve pounds three ounces
8cwt.3lbs = eight hundredweights three pounds
4dwt.12gr = four pennyweights twelve grains

♣ 10.전화번호(Telephone Numbers)

숫자는 보통 하나하나를 기수로 읽는데, 두개씩 묶어서 읽는 것이 이해하기 쉽다. 국(局)번호를 넣을 때는 대개 번호 앞에 또는 뒤에 추가해서 읽는다.
0209 = o[ou]two o mine 또는 nought two, nought nine
(73)5233 = seven three, five two,three three 또는 seven three five two, double three
《주의》 숫자를 하나하나의 기수로 일을 경우, 가령5233을 five, two, double three와 같이 읽지는 않는다.

미국의 국경일

New Year's Day(신정) ……………………………………1월1일
Lincoln's Birthday(링컨 탄생기념일) ……………………………………2월12일
Washington's Birthday(워싱턴 탄생기념일) ……………………………………2월22일
Memorial [Decoration]Day(현충일) ……………………………………5월30일
Independence Day(독립기념일) ……………………………………7월4일
Labor Day(노동절) ……………………………………9월 제1월요일
Columbus Day(미대륙 발견 기념일) ……………………………………10월12일
Armistice Day(휴전기념일) ……………………………………11월11일
Thanksgiving Day(감사절) ……………………………………11월 제4목요일
Christmas(성탄절) ……………………………………12월25일

이 밖에 Election Day(선거일: 11월제1월요일 다음의 화요일)을 추가하는 일도 있음

Ⅱ. 도량형(Weights and Measures)

Ⅰ. 형(衡)(Weights)
1. 상형(常衡)(Avoirdupois Weight)
1ton(t(n)) = 20 hundredweight
1long ton【영】= 2240 pounds
1short ton【미】= 2000 pounds
1hundredweight (cwt.)
= 100[【영】112]pounds
1stone(st.) = 14 pounds
1pound(lb.) = 16 ounces
1ounce(oz.) = 16drams(dr.)
2.금형(金衡)(Troy Weight)
1.pound(lb.t.) = 12 ounces
1.ounce(oz.t) = 20 pennyweights
1.pennyweight(dwt) = 24 grains(gr.)
1.carat(car.) = 3.086 grains
3.약형(藥衡)(Apothecaries' Weight)
1.pound(lb.t.) = 12 ounces
1.ounce(oz.ap.) = 8 drams
1.dram(dr.ap.) = 3 scruples
1.scruple.(scr.ap.) = 20 grains(gr.)
Ⅱ. 도・량(度・量)(Measures)
1.길이(Linear Measures)
1.mile (m,mi.)(English *statute mile)*
= 8 furlongs
1furlong(fur.) = 40 rods
1rod(rd.) = 5.5 yards
1yard(yd.) = 3 feet
1foot 〈ft.기호(')〉 = 12inches〈in(s). 기호(")〉
2. 해양 길이(Nautical Measure)
1 nautical mile = 10 cables' lengths
1 cable's lenght = 100 fathom(s)
1 fathom 〈f.fm〉 = 6 feet
《참고》
1 nautical mile = 1.15157 statute miles
3 nautical mile = 1(marine)league
3. 넓이 $30\frac{1}{4}$(Square Measure)
1 acre(a.) = 160 square rods
(4840 sq.yds.)
1square rod(sq.rd.) = sq.yards
1square yard(sq.yd.) = 9 sq. feet
1square foot(sq.ft.) = 144sq.inches
4.곡량(穀量)(Dry Measure)
1bushel (bu.) = 4 pecks
1peck (pk.) = 8 quarts
1quart (qt.) = 2 pint
《참고》
【영】1 dry quart
= 【미】1.0320 dry quarts
5. 액량(液量)(Liquid Measure)
1.gallon (gal.) = 4 quarts
1quart (qt.) = 2 pint
1pint (pt.) = 4 gills(gi.)
《참고》
【영】1quart = 【미】 1.2003 quarts

도량형 간이 환산표

(yard, pound) (meter)	1 U.S. quart = 0.9463 *l*	1 kilometer = 0.621 mi.
1 inch = 2.54㎝	1 English quart = 1.136 *l*	1 are = 0.025 acre
1 foot = 30.5㎝	1 U.S.gallon = 3.7853 *l*	1 liter = 1.76 English pt.
1 yard = 91.4㎝	1 English gallon = 4.546 *l*	= 0.22 English gal
1 mile = 1.609㎞	1 av. ounce = 28.3g. *l*	= 2.114 U.s.pt
1 acre = 0.404ha.	1 av. pound = 454g.	= 0.264 U.s.gal
1 square mile = 2.59sq.km	(meet) (yard,pound)	1 gram = 0.03533 av.oz.
1 U.S.pint = 0.473 *l*	1 meter = 3.28 ft.	1 kilogram = 2.205 av.lb
1 English pint = 0.568 *l*	= 1.094 yd.	

크라운 영한사전

2000년 1월 10일 초판 인쇄
2017년 1월 20일 12쇄 발행

편저자 : 편집부
발행자 : 유건희
발행처 : 삼성서관

등　록 : 제300-2002-153호
등록일 : 1992. 10. 9
주　소 : 서울 종로구 창신동 457-33
전　화 : 763-1258, 764-1258

* 잘못된 책은 교환해 드립니다

정가 30,000원

世界主要言語分布圖

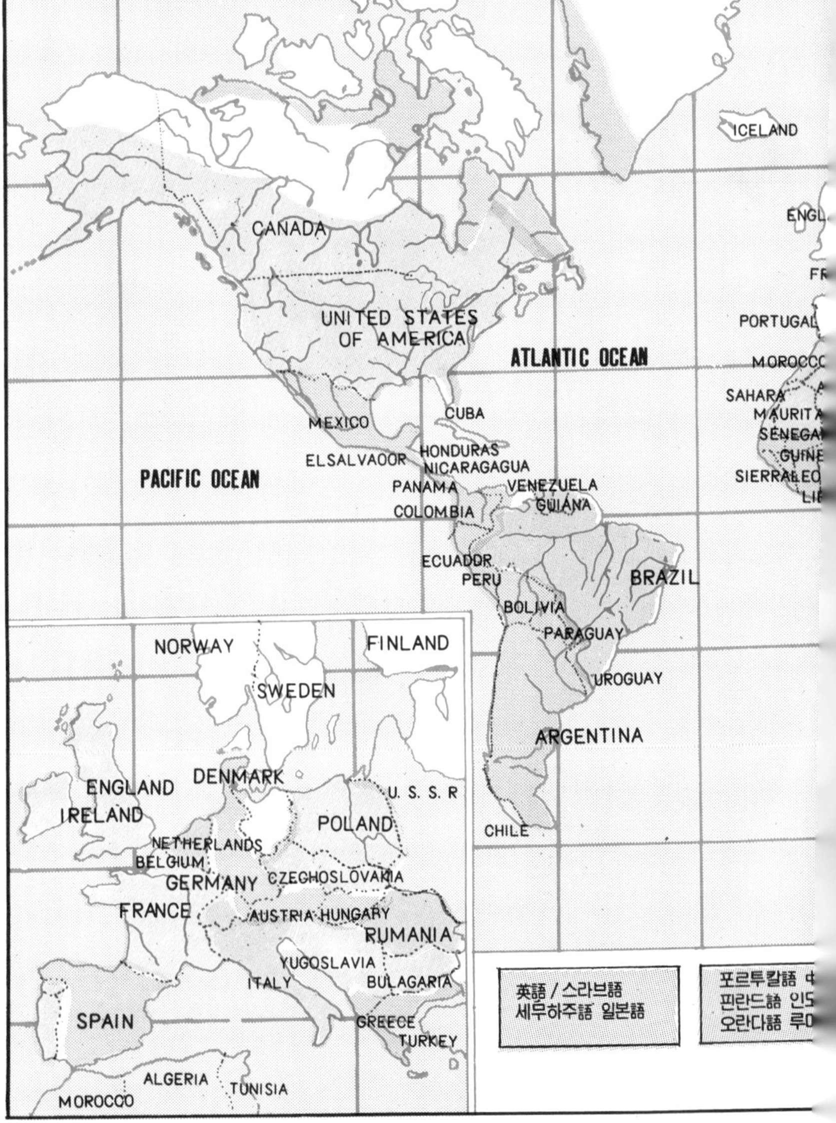
150°
ICELAND
ENGL
FR
PORTUGAL
MOROCCO
SAHARA
MAURITA
SENEGA
GUINE
SIERRALEO
CANADA
UNITED STATES
OF AMERICA
ATLANTIC OCEAN
MEXICO
CUBA
HONDURAS
NICARAGAGUA
ELSALVAOOR
PACIFIC OCEAN
PANAMA
VENEZUELA
GUIANA
COLOMBIA
ECUADOR
PERU
BRAZIL
BOLIVIA
PARAGUAY
UROGUAY
ARGENTINA
CHILE
NORWAY
FINLAND
SWEDEN
ENGLAND
DENMARK
U. S. S. R
IRELAND
POLAND
NETHERLANDS
BELGIUM
GERMANY
CZECHOSLOVAKIA
FRANCE
AUSTRIA-HUNGARY
RUMANIA
YUGOSLAVIA
ITALY
BULAGARIA
SPAIN
GREECE
TURKEY
ALGERIA
TUNISIA
MOROCCO
英語 / 스라브語
세무하주語 일본語
포르투칼語
핀란드語
오란다語